学研 全訳古語辞典

改訂第二版

監修 金田一春彦
編者代表 小久保崇明

学研

監修
金田一春彦
前上智大学教授

編者代表
小久保崇明
日本大学名誉教授

編集委員
平田喜信
元横浜国立大学教授
菅野雅雄
中京大学教授
中村幸弘
國學院大學教授

図説 古典の世界

▲**源氏物語絵巻**　「宿木（やどりぎ）」の一場面。右に結婚し寄り添う匂宮（におうみや）と六の君、左に華やかな装いの女房が描かれている。　（源氏物語絵巻　宿木（二）　徳川美術館蔵）

口絵もくじ

古語の風景

◎百人一首で用いられている古語

にほふ＝美しく咲いている。

いにしへの奈良の都の八重桜
けふ九重に にほひぬるかな

うつる＝色があせる。

花の色は 移りにけりな いたづらに
わが身世にふる ながめせし間に

おきまどはす

＝見分けがつかないよう置く。

心あてに 折らばや折らむ
初霜の 置きまどはせる
白菊の花

さしもぐさ

＝蓬（よもぎ）の別名。

かくとだに えやはいぶきの
さしも草 さしも知らじな
燃ゆる思ひを

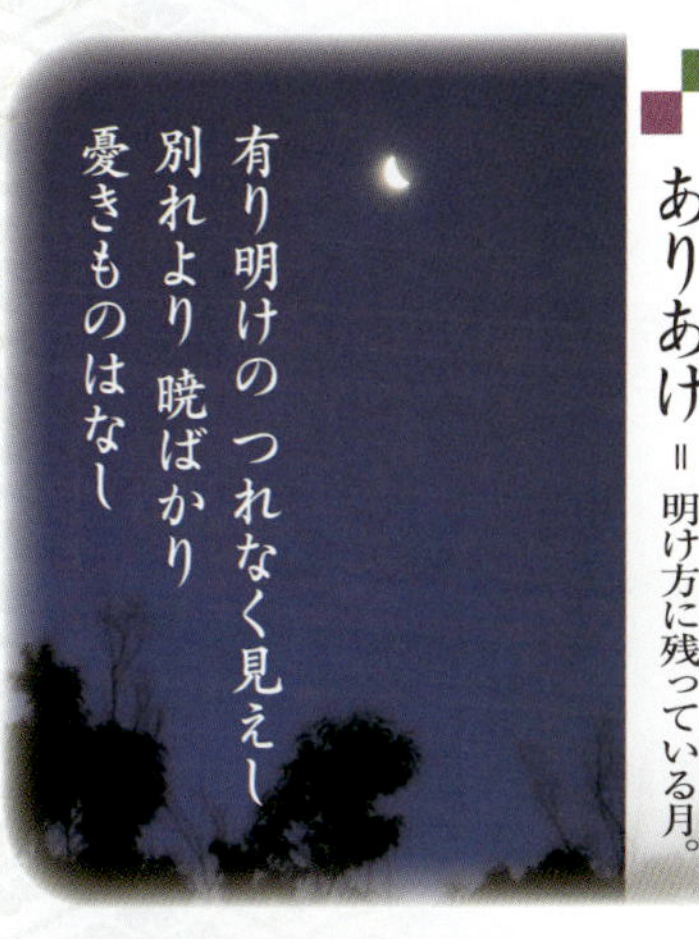

ありあけ

＝明け方に残っている月。

有り明けの つれなく見えし
別れより 暁ばかり
憂きものはなし

やまどり

＝キジ科の鳥。

あしひきの 山鳥の尾の
しだり尾の 長々し夜を
ひとりかも寝む

文字の変遷

◎ 書物の中の文字

日本書紀

奈良時代に成立した歴史書。漢文体で記されている。かたかなは後世に添えられたもの。

（国立国会図書館蔵）

万葉集

奈良時代に成立した、現存最古の歌集。漢字の音を用いて日本語を表記する「万葉がな」で書かれている。

（京都国立博物館蔵）

古今和歌集

平安時代に成立した歌集。主にひらがなを用いて記されている。季節・恋・羇旅などに分類され、全二十巻に、およそ千百首が収められている。

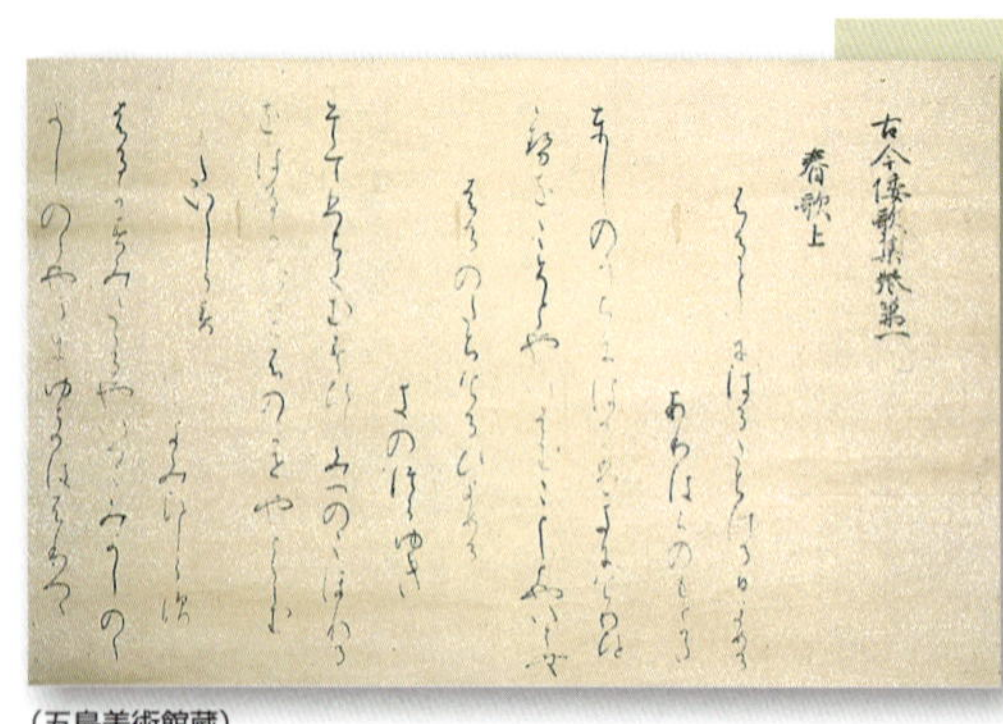

（五島美術館蔵）

源氏物語（げんじものがたり）

平安時代に成立した物語。作者は紫式部（むらさきしきぶ）。漢字とひらがなを主に用いて記されている。

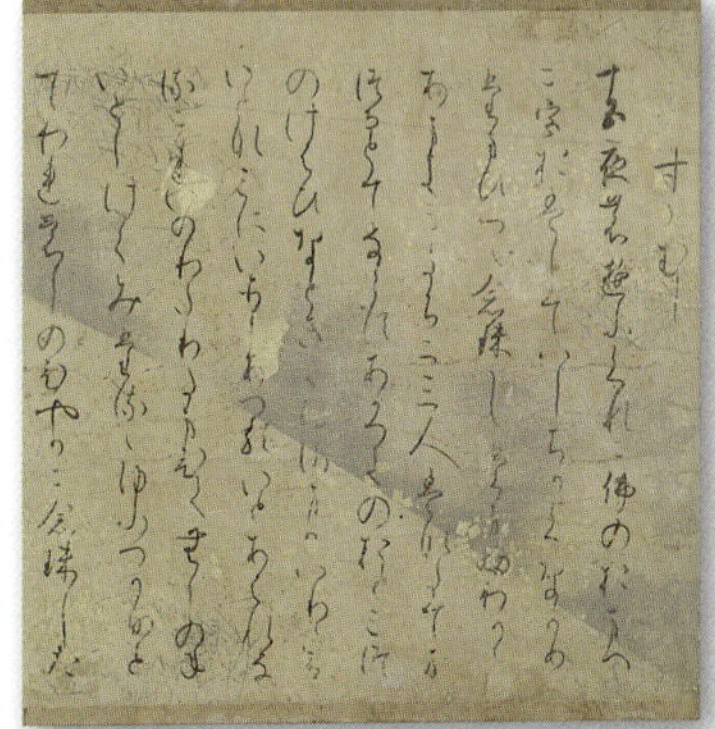

（五島美術館蔵）

類聚名義抄（るいじゅみょうぎしょう）

平安時代末期に成立した漢字辞書。仏・法・僧の三部から成り、漢字の字音・字義・和訓などが、主にかたかなを用いて記されている。

（国立国会図書館デジタル化資料より）

天草本（あまくさぼん） 平家物語（へいけものがたり）

安土桃山時代に成立した、日本最初の活版印刷本。キリスト教の宣教師の日本語学習のために、「平家物語（へいけものがたり）」の内容をローマ字で表記している。

NIFON NO
COTOBA TO
Historia uo narai xiran to
FOSSVRV FITO NO TAME-
NI XEVA NI YAVA RAGVETA-
RV FEIQE NO MONOGATARI.

IESVS NO COMPANHIA NO
Collegio Amacusa ni voite Superiores no go men-
qio to xite core uo fan ni qizamu mono nari.
Go xuxxe yori M. D. L. XXXXII.

日本の
ことばと
ヒストリアを習い知らんと
欲する人のため
に世話にやわらげた
る平家の物語

（平家物語・キリシタン版「日本の言葉」の表紙
学研 GPA/ 大英図書館 / ユニフォトプレス）

古墳に描かれた「四神」

奈良県明日香村にあるキトラ古墳は、七世紀末から八世紀はじめに作られたとされる円墳。内部の壁面には、朱雀のほか、青竜・白虎・玄武の「四神」、天井には天文図が描かれている。

▲キトラ古墳の壁画／朱雀図（©Asuka2001／明日香村教育委員会蔵）

平城京

和銅三（七一〇）年、唐の都長安にならい造営。豪壮雄大で仏教的色彩の強い天平文化が花を咲かせた。

▲現在の奈良市と平城京

▲朱雀門　平城京の入り口である羅城門をくぐり、朱雀大路をまっすぐ進んだ先にある、平城宮の正門。門の前では外国使節の送迎や、さまざまな行事が行われた。

奈良時代の装束

礼服（らいふく）

皇族や五位以上の貴族などが、国家の重要な儀式の際に着用するよう定められた服。

朝服（ちょうふく）

初位以上の官人が、出仕する際に着用した服。奈良時代に最も一般的な袍袴（ほうこ）・裙（くん）様式。

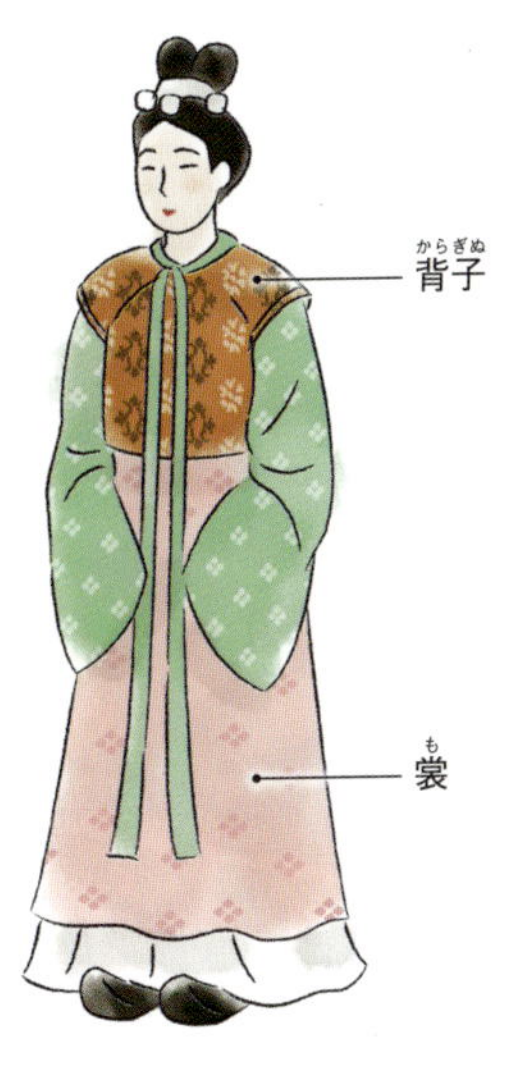

◆平安時代の暮らし

平安京

延暦十三（七九四）年に遷都。以後千年に及ぶ王都となった。東西南北を走る大路により整然と区画された都域の中央北側に大内裏、その中心には内裏が置かれた。

（大内裏図、内裏図は巻末資料を参照）

▲**平安神宮の大極殿**　平安遷都 1100 年を記念して建立された。平安京の、約三分の二の規模で大内裏の大極殿を模している。

四神相応

▲**平安京付近**　四神にふさわしい地形を「四神相応」という。東に流水、西に大道、南に沢畔、北に丘陵で、平安京はこれにあたるとされる。

紫宸殿

内裏の正殿。前庭の桜と橘は、儀式の際に左・右の近衛府の役人がそばに並んだことから、左近の桜、右近の橘といわれた。

（宮内庁京都事務所蔵）

清涼殿

内裏にある天皇の日常生活の場所。四方拝・叙位などの儀式・政務や、公卿の会議などにも使用された。

（宮内庁京都事務所蔵）

▲**夜の御殿**　天皇の寝室。打毬が描かれた屛風に囲まれている。

（宮内庁京都事務所蔵）

▲**昼の御座**　天皇の日中の居間。帳を垂らした御帳台がすえられる。

清涼殿図

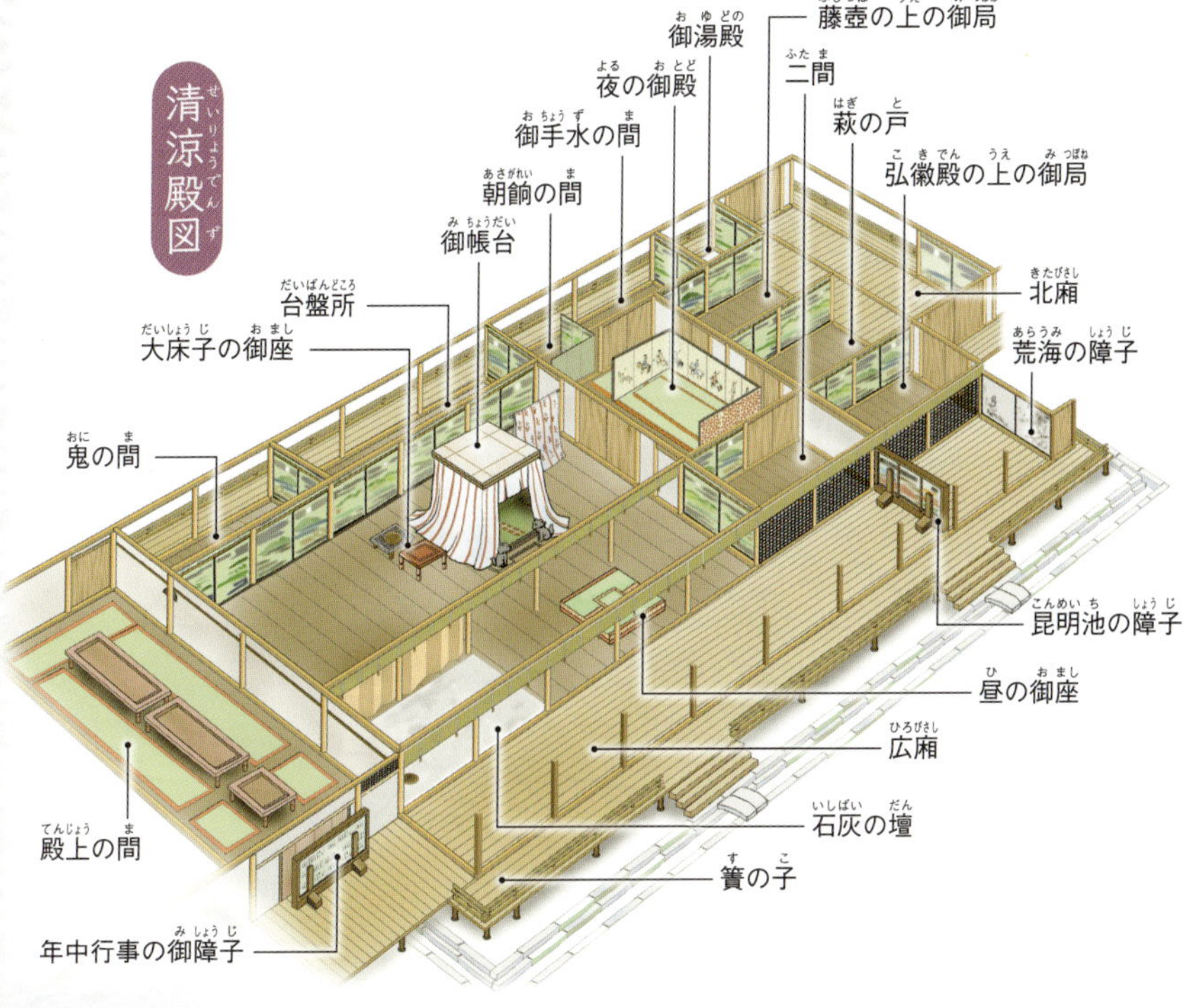

藤壺の上の御局
御湯殿
二間
夜の御殿
萩の戸
御手水の間
弘徽殿の上の御局
朝餉の間
御帳台
北廂
台盤所
荒海の障子
大床子の御座
鬼の間
昆明池の障子
昼の御座
広廂
殿上の間
石灰の壇
簀の子
年中行事の御障子

寝殿造り

平安時代の貴族の住宅様式で、「寝殿」という南向きの建物を邸宅の中心とする。渡殿により連なる対の屋や、池に張り出す釣殿がある。

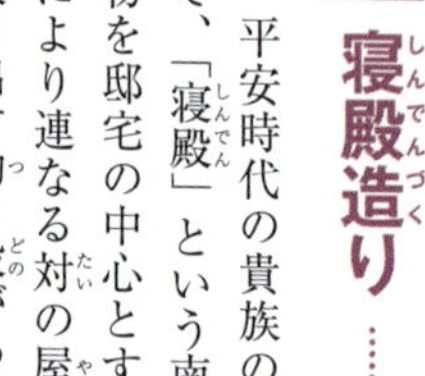

渡殿

建物間をつなぐ渡り廊下。側面に建具を入れず、あけ放つ形式のものを透渡殿という。

上客料理所
北の対
透渡殿
台盤所廊
西蔵人所
細殿
寝殿
渡殿
東北の対
東二棟廊
東の対
侍所
西中門廊
四つ足門
西中門

（東三条院模型
京都文化博物館蔵）

東中門
東中門廊
東随身所

釣り殿

池に張り出した、四面が吹き抜けの小さな建物。

遣り水

水を引き入れて作った小さな流れ。

車宿り

牛車用の車庫。

寝殿の構造

母屋を中心として、その周囲に廂を、さらに必要に応じて孫廂を設けた。

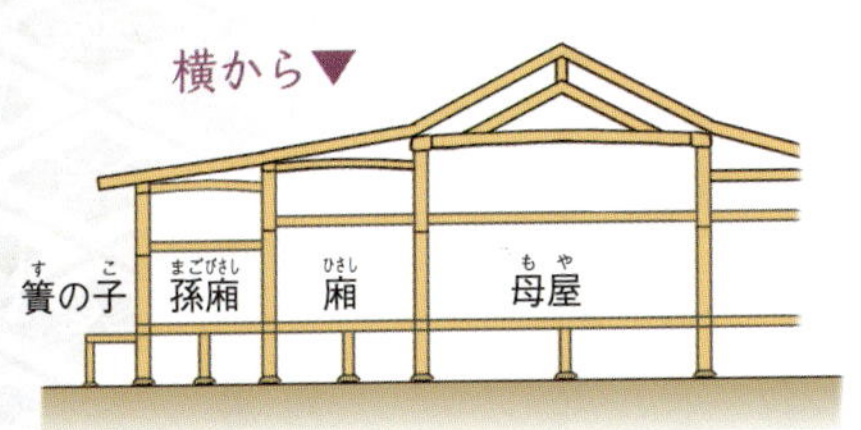

上から▶

廂
塗籠
母屋
廂
簀の子

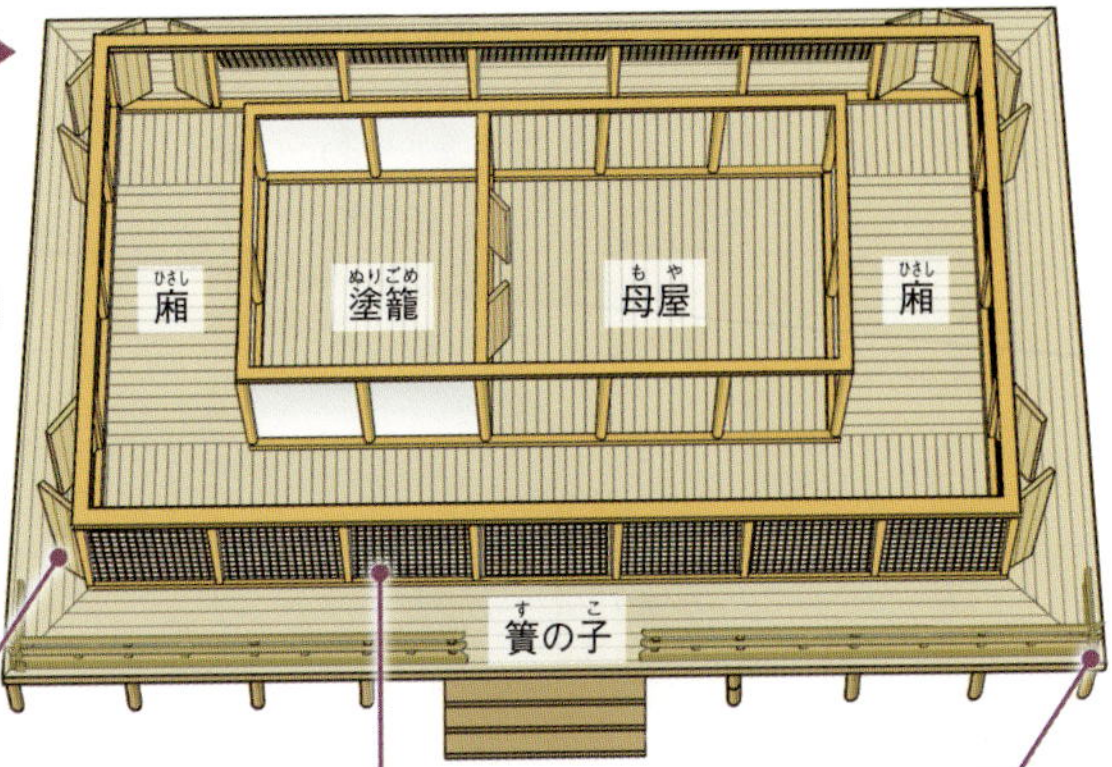

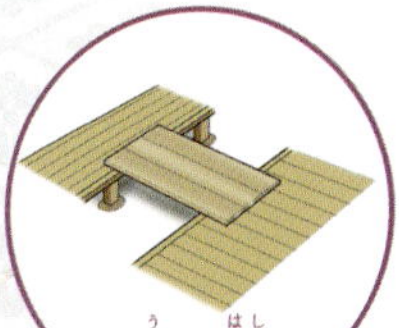

打ち橋

建物の間に渡した、取り外しができる橋。

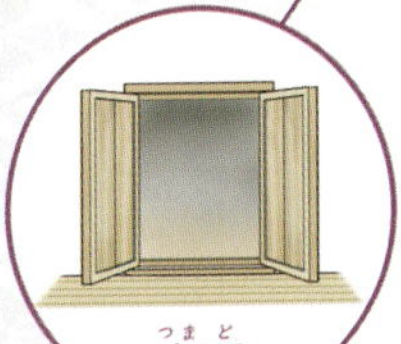

妻戸

建物の四隅に設けられた両開きの戸。

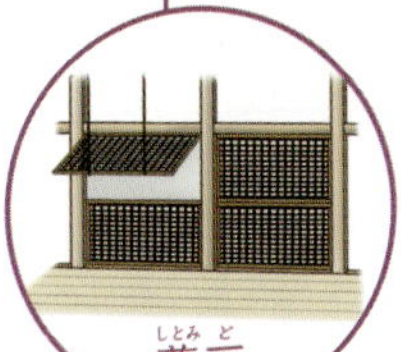

蔀戸

押し上げて開き、軒から下げた金具につる形式の戸。上下二段式のものは半蔀という。

高欄

縁に設けられた手すり。

家や庭の周りを囲う垣根。素材や形状を表す名前がついている。

小柴垣

雑木の小枝で編んだ垣根。

檜垣

檜の薄い板で編んだ垣根。

透垣

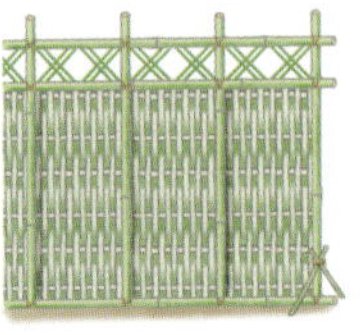

隙間のある垣根。

貴族の家具・調度

貴族の生活空間である寝殿の内部は、美しい家具や、漆や金箔工芸で装飾された調度品で飾られていた。

冬はつとめて。雪の降りたるは言ふべきにもあらず。(中略) 昼になりて、ぬるくゆるびもていけば、火桶の火も白き灰がちになりてわろし。

枕草子「春はあけぼの」より

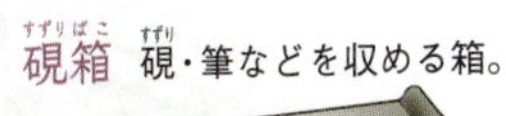

硯箱（すずりばこ） 硯（すずり）・筆などを収める箱。

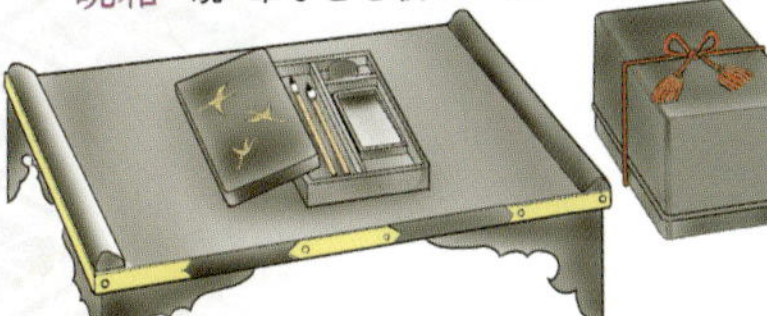

文台（ぶんだい） 小さな机。

文箱（ふばこ）
書状を入れておく箱。

火桶（ひおけ）
外側が木製の丸火鉢（まるひばち）。

鏡箱（かがみばこ）
鏡を収める箱。

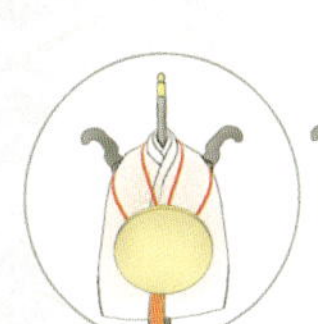

▲鏡を鏡台（きょうだい）に結びつけた状態。

鏡台（きょうだい）

角盥（つのだらい）
取っ手付きの盥（たらい）。

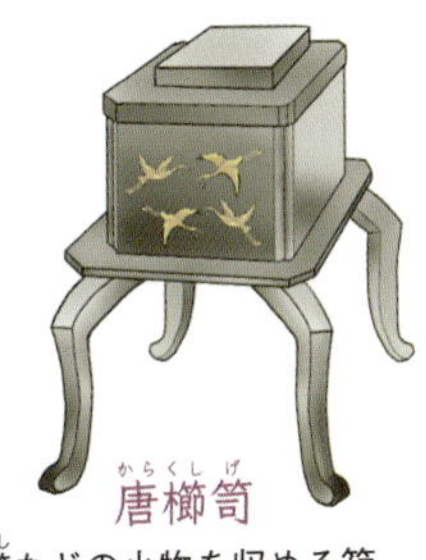

唐櫛笥（からくしげ）
櫛（くし）などの小物を収める箱。

丸高坏（まるたかつき）
食物を盛る器。

角高坏（かくたかつき）
正式な場で使う高坏（たかつき）。

二階棚（にかいだな） 二層からなる高脚の棚。（道具を配置した状態）

泔坏（ゆするつき）
洗髪用の米のとぎ汁を入れる器。
火取り（ひとり）
衣服などに香（こう）をたきしめるのに用いる。
打ち乱りの筥（うちみだりのはこ）
理髪道具などの入れ物。
唾壺（だこ）
つばを吐き入れる壺（つぼ）。
（風俗博物館蔵）

衝立て障子（ついたてしょうじ）
台脚をつけた移動式の障子（しょうじ）。

伊勢物語（いせものがたり）

芥川（あくたがわ）

原文

昔、男ありけり。女のえ得（う）まじかりけるを、年を経てよばひわたりけるを、辛うして盗み出でて、いと暗きに来けり。芥川（あくたがは）といふ河を率（ゐ）て行きければ、草の上に置きたりける露を、「かれは何ぞ」となむ男に問ひける。

現代語訳

昔、男がいた。自分のものにできそうになかったある女に、幾年もずっと求婚しつづけていたのを、やっとのことで盗み出して、とても暗い夜に逃げてきた。芥川（あくたがわ）という川のほとりを、女を伴って行ったところ、女は草の上に降りた露を、「あれは何」と男にたずねた。

作品解説

「伊勢物語」は、在原業平がモデルとされる「男」の恋愛模様などを和歌とともにつづった歌物語。百二十五段の独立した物語から成り、冒頭は「昔、男ありけり。」の形が多い。「芥川」に登場する女は、草の露を見たことのない深窓の姫君である。結局、姫君は連れ戻されてしまい、後で男は次のような和歌をよんだ。

白玉かなにぞと人の問ひし時
露と答へて消えなましものを

（「白玉かしら、何かしら」とあの人がたずねたとき、「露だよ」と答えて、露のようにわたくしの身も消えてしまったらよかったのに。）

ここにも注目

筒井筒

「筒井筒」とは井戸を囲む枠のことだが、幼なじみの男女を表す言葉でもある。それは、伊勢物語の中の、幼い頃に井戸のまわりで遊んでいた男女が成人してからよんだ次の和歌に由来する。

男 **「筒井つの 井筒にかけし まろが丈 過ぎにけらしな 妹見ざるまに」**

（筒井を囲む井筒と背比べした私の背丈は、井筒を越してしまったようだなあ。あなたと会わずにいるうちに。）

女 **「比べ来し 振り分け髪も 肩過ぎぬ 君ならずして 誰か上ぐべき」**

（お互いに長さを比べ合ってきた私の振り分け髪も肩を過ぎるほどに伸びてしまいました。夫と思い定めたあなた以外の誰のために髪上げをしましょうか。）

枕草子

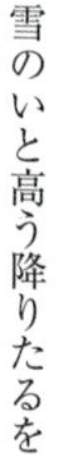

雪のいと高う降りたるを

原文

雪のいと高う降りたるを、例ならず御格子参りて、炭櫃に火おこして、物語などして集まりさぶらふに、「少納言よ、香炉峰の雪いかならん」と仰せらるれば、御格子上げさせて、御簾を高く上げたれば、笑はせ給ふ。

現代語訳

雪がたいへん深く降り積もっているのを、いつものようでもなく御格子をおろし申しあげて、角火鉢に火をおこして、（わたしたち女房が）話などをして集まって（中宮様のおそばに）お控え申し上げていると、中宮様が「清少納言よ。香炉峰の雪はどんなであろう」と仰せになるので、（女房に）御格子を上げさせて、御簾を高く巻き上げたところ、中宮様はにこにことお笑いになる。

作品解説

「枕草子」は日本最古の随筆で、作者は、一条天皇の中宮定子に仕えた清少納言。宮仕えで得た見聞や、自然・人生に対する感想などが率直に記されている。

「雪のいと高う降りたるを」は、中国の白居易の詩の中の、「遺愛寺の鐘は枕をそばだてて聴き、香炉峰の雪は、簾をかかげて看る」をすぐさま思い浮かべた清少納言が、中宮の問いかけに機知に富む対応をしたことをほこらしげに記すくだりである。

▲香炉峰　中国にある廬山の峰。香炉の形に似ている。

ここにも注目◆

出だし衣・出だし車

「出だし衣」とは、部屋や牛車の簾の下から、華やかに見せるために衣を出すことをいう。出だし衣をした牛車は「出だし車」という。

「清涼殿の丑寅のすみの」では、

「藤、山吹など色々このましうて、あまた小半蔀の御簾よりも押し出でたる程…」

（藤襲や山吹襲など、さまざまな色合いも感じよくて、たくさん小半蔀の御簾から袖口を押し出しているころ…）と、描写されている。

源氏物語(げんじものがたり)

若紫(わかむらさき)

原文

中に、「十ばかりにやあらむ」と見えて、白き衣(きぬ)、山吹(やまぶき)などの、なれたる着て、走り来たる女子(をんなご)、あまた見えつる子どもに、似るべうもあらず、いみじく、生ひ先見えて、美しげなるかたちなり。

現代語訳

その中に、「十歳ばかりであろうか」と思われて、白い下着に山吹襲(やまぶきがさね)かなにかの体によくなじんだものを着て、走って来た少女は、たくさん見える子供たちとはかけはなれて（比べようもなく）、成人したときの姿がはっきりと想像されてかわいらしい容貌である。

作品解説

「源氏物語」は、紫式部によって書かれた長編小説。主人公の貴公子、光源氏の華やかな宮廷生活を中心に、四世代にわたる栄華と変遷が五十四帖の物語に著されている。

「若紫」は、光源氏が恋い慕っている義母の藤壺宮に生き写しの美しい少女に出会う話である。少女が、捕らえたすずめの子が逃げてしまったと嘆いているところを、光源氏が垣間見する。その少女、紫の上は、光源氏に引きとられた後、成長してからその妻となる。

（石山寺蔵）

▲紫式部

歌人や学者を輩出した家系に生まれ、一条天皇の中宮彰子に仕えた。

ここにも注目◆

楽器

「若菜下」では、光源氏が朱雀院の五十歳の祝宴に女楽（女性奏者の演奏会）を催す。紫の上が和琴、明石の女御が箏、女三の宮が琴、明石の君が琵琶と、光源氏にゆかりの女性たちが、それぞれ楽器を受け持って合奏した。

琵琶　弦をばちではねて鳴らす。

和琴　六弦の琴。

箏　十三弦の琴。

琴　柱がない七弦の琴。

女性の装束

貴族の女性の装束は、正装と日常着の二種に分かれるが、公式の場に出る機会は少なかったため服の種類や規則は少ない。

紅梅の、いと、いたく文浮きたるに、葡萄染の御小袿、今様色のすぐれたるは、この御料、さくらの細長に、つやゝかなる掻練とり添へて、ひめ君の御料なめり。

源氏物語「玉鬘」より

女房装束

公家女性の正装。袿を数枚重ね着した上に、唐衣と裳を加える。

女房装束の着用順序

一、小袖を着て、長袴をはく。

二、単を着る。

三、袿を重ねる。

四、打ち衣・表着の順に袿を着用し、唐衣と裳を着る。

細長

略装のひとつで、小袿の上に着用する細身の衣服。

小袿

唐衣・裳の代わりに小袿を着用した通常の礼装。

汗衫

もとは汗取り用の下着もいったが、のち宮廷の童女の正装となった。

衵

童女の服装で、袿と同形だが丈が短く仕立てられている。

白拍子装束

白拍子とは、平安時代末から鎌倉時代にかけて見られた、男装の踊り子。水干を着て烏帽子をかぶった。

女性の髪型

平安時代の女性の髪型は、まっすぐに垂らす形が多かった。

色

草木染めなどによって、さまざまな色を生み出し、装束を彩った。

▲「葡萄（えび）」の名は、エビカズラというヤマブドウの熟した実の色に由来する。

襲の色目

「襲」とは衣服を重ね着すること、また重ねる衣服を表す。特に衣服の表地と裏地の色の組み合わせを「襲の色目」といい、季節に合わせて着こなしていた。色の組み合わせには諸説がある。また、青は、現在の緑色にあたる。

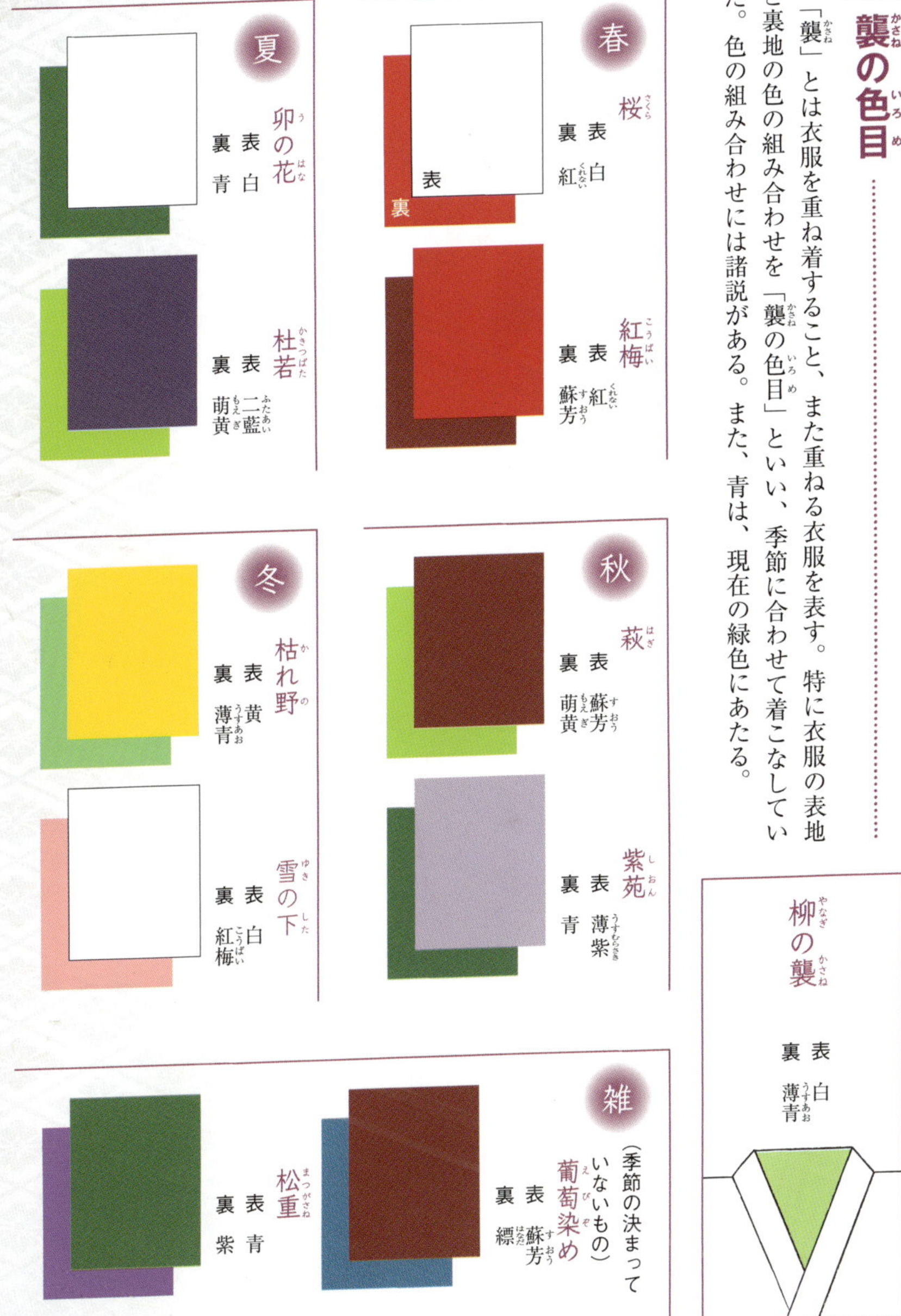

男性の装束

貴族の男性の装束には、細かい規定があった。特に正装に関しては身分・位階により服の色まで定められた「位袍」の制度が行われていた。

文官束帯（前面）

垂纓の冠
笏
縫腋の袍
平緒
裾
上の袴
大口袴

束帯

公家男性の正装で、参内や公的行事の際に着用した。

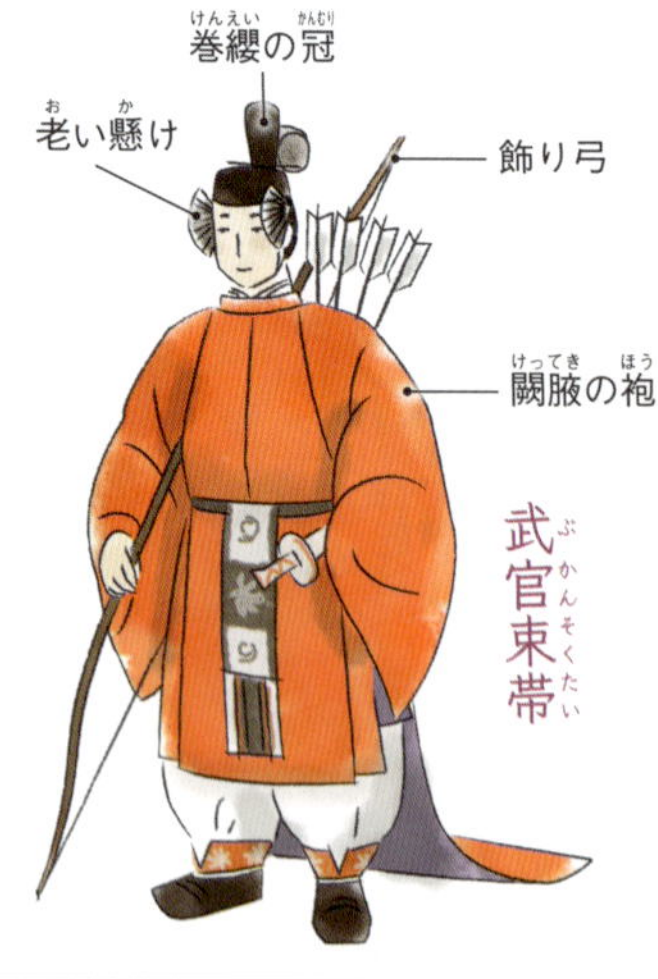

武官束帯

石帯
飾り太刀

文官束帯（背面）

束帯の着用順序

一、小袖を着て、大口袴をはく。

二、単の上に、衵と上の袴を着る。

三、下襲を付ける。

四、袍を着て、笏を持つ。

直衣（のうし）

皇族・貴族が私邸で着る略装。色にきまりはない。

狩衣（かりぎぬ）

狩猟などの野外活動の際に貴族が着用した私服。活動しやすく仕立てられている。

衣冠（いかん）

束帯を簡略にした位袍で、宿直用だったがのちに参内用になった。

水干（すいかん）

公家に雇用された武士や下級の役人、また童子などが着用した狩衣の一種。

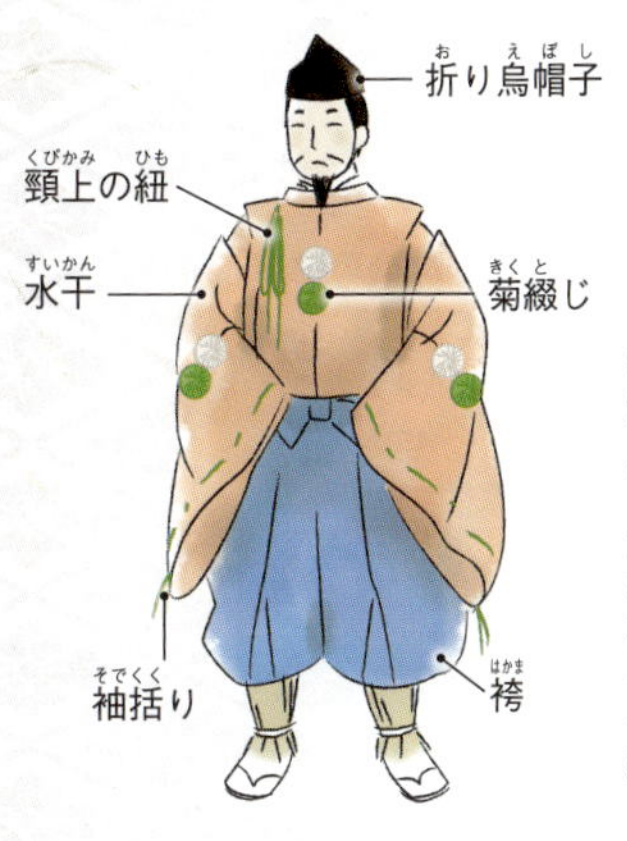

褐衣（かちえ）

衛府の下級武官や公家の随身が用いた闕腋の袍。

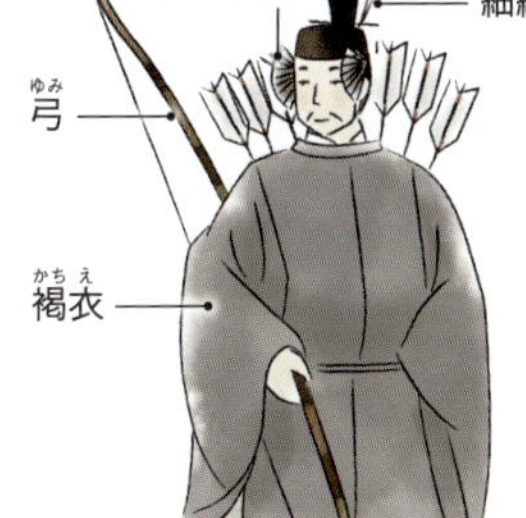

僧衣（そうい）

大陸から仏教とともに伝来した僧服は、風土に合わせて次第に和様化していった。

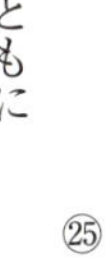

乗り物

牛が引く牛車、人の手で引く手車、人がかつぐ輿などが用いられた。

牛車

おもに貴族が乗用に用いた。乗る人の身分に応じて構造に違いがある。

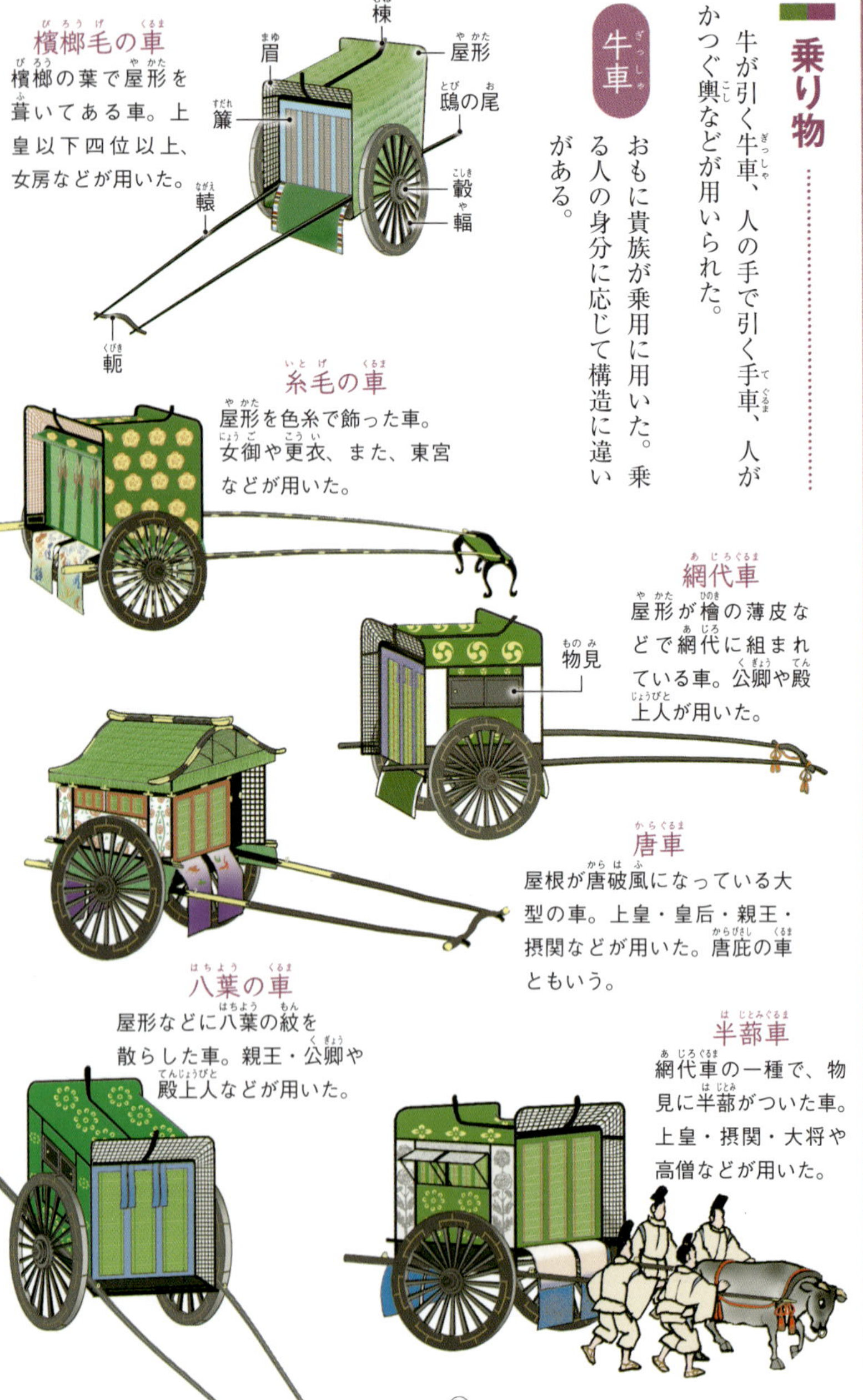

檳榔毛の車
檳榔の葉で屋形を葺いてある車。上皇以下四位以上、女房などが用いた。

糸毛の車
屋形を色糸で飾った車。女御や更衣、また、東宮などが用いた。

網代車
屋形が檜の薄皮などで網代に組まれている車。公卿や殿上人が用いた。

唐車
屋根が唐破風になっている大型の車。上皇・皇后・親王・摂関などが用いた。唐庇の車ともいう。

八葉の車
屋形などに八葉の紋を散らした車。親王・公卿や殿上人などが用いた。

半蔀車
網代車の一種で、物見に半蔀がついた車。上皇・摂関・大将や高僧などが用いた。

輦輿

屋形に人を乗せ、長柄を人力で持ち運んだ乗り物を輿という。長柄を肩に乗せてかつぐ輿を輦、長柄を持った手を腰で支える輿を手輿という。輿に乗るのは、はじめ天皇だけだったが、平安時代末期には皇后や公卿などにも許されるようになった。

◀**葱花輦**　天皇の略式用、皇后・中宮などの儀式用の輦。屋根の中央には、ねぎぼうず形の金色の飾りがついていた。

（『故実叢書』「輿車圖考」版本　井筒家蔵）

◀**鳳輦**　天皇の儀式用の輦。屋根の中央には、金色の鳳凰の飾りがすえられていた。

（『故実叢書』「輿車圖考」版本　井筒家蔵）

手車

東宮や大臣など、「手車の宣旨」を受けた者が用いた車。腰車ともいう。

竜頭鷁首

船首にそれぞれ竜と鷁（想像上の水鳥）の頭部の彫刻を飾った二隻一対の船。貴族が池などに浮かべて遊びに用いた。

◆年中行事・貴族の暮らし

毎年一定の時期に、宮中では公事や儀式がとり行われた。

正月二日ごろ　朝覲行幸

天皇が上皇・皇太后の御所に行幸して新年のあいさつをする。宴が催されたり、天皇へ衣が贈られたりした。

（年中行事絵巻　田中重 蔵）

正月八日～十四日　御斎会

大極殿に僧を集め、国家の安穏を祈願する儀式。

（年中行事絵巻　田中重 蔵）

正月十四日・十六日
踏歌の節会

（年中行事絵巻　田中重 蔵）

足を踏み鳴らして踊り、豊年・繁栄を祈願する。十四日に男だけによる男踏歌、十六日に女だけによる女踏歌が行われた。

正月十八日
賭弓

（年中行事絵巻　田中重 蔵）

近衛府と兵衛府の射手が分かれて賞を賭けて行う弓の競技。勝者には賭け物（金品）が与えられ、敗者には罰として酒を飲ませた。

三月上巳の日
曲水の宴

（公事十二ケ月絵巻　国立国会図書館デジタル化資料より）

庭園の曲がりくねった流れ（曲水）にそって座り、上流から流された杯が前を通過しないうちに詩歌をよみ、酒を飲んでから杯を次へ流す遊び。

◆年中行事・貴族の暮らし

四月中の酉の日　賀茂の祭り

上賀茂神社と下鴨神社の祭礼。祭りに先立ち斎院の御禊があり、当日の華麗な行列に観衆が集まった。葵祭りともいう。

（年中行事絵巻　田中重 蔵）

七月下旬　相撲の節

天皇が相撲を観覧する行事。諸国から集められた相撲人が相撲の試合を行った。

（平安朝相撲節会図　相撲博物館蔵）

十二月三十一日　追儺

悪鬼を追い払うために行う。鬼に扮した舎人を、桙と楯を持った「方相氏」が、数人の侲子を従えて追う。鬼遣らいともいう。

（公事十二ケ月絵巻　国立国会図書館デジタル化資料より）

年中行事

1月（睦月）
1日……四方拝
2日ごろ…朝覲行幸
7日……白馬の節会
8～14日…御斎会
14日……踏歌の節会（男踏歌）
16日……踏歌の節会（女踏歌）
17日……射礼
18日……賭弓

2月（如月）
4日……祈年祭

3月（弥生）
上巳の日…曲水の宴

4月（卯月）
1日……更衣
8日……灌仏会
中の酉の日…賀茂の祭り

5月（五月）
5日……端午の節句

6月（水無月）
晦日……大祓え（水無月祓え・夏越しの祓え）

7月（文月）
7日……七夕（乞巧奠）
15日……盂蘭盆会
下旬……相撲の節

8月（八月）
15日……中秋観月（十五夜・芋名月）

9月（長月）
9日……重陽の節句（菊の節句）

10月（神無月）
1日……更衣

11月（霜月）
中の卯の日…新嘗祭り

12月（師走）
19～21日…御仏名
31日……大祓え（年越しの祓え）
追儺

蹴鞠

貴族が屋外で行った遊戯。鹿革製の鞠を足の甲で蹴り上げて、落とさないように受け渡す。四隅に桜、柳、楓、松を植えた場所で行われた。

（年中行事絵巻　田中重 蔵）

平家物語

那須与一

原文

与一鏑を取ってつがひ、よつぴいてひやうど放つ。小兵といふぢやう十二束三伏、弓は強し、浦響く程長鳴りして、誤たず扇の要ぎは一寸ばかりを射て、ひいふつとぞ射切ったる。鏑は海へ入りければ、扇は空へぞあがりける。

現代語訳

与一は鏑矢を取って弓につがえ、十分に引きしぼってひゅうっと放った。小柄とはいうものの、矢の長さは十二束三伏の大矢だし、弓は強弓だ、鏑矢は浦一帯に響くほど長く鳴りわたって、あやまりなく扇のかなめの際から一寸ぐらい上を、ひいふっと射切った。鏑矢の方は海へはいって、一方、扇は空へ舞い上がった。

作品解説

「平家物語」は、平清盛を中心とした平家一門の繁栄と滅亡を描いた軍記物語。琵琶法師が演奏しながら物語り、人々に伝えていった。「祇園精舎の鐘の声、諸行無常の響あり。」から始まる。

「那須与一」は、屋島の戦いのとき、源義経の家来である那須与一が、平家の舟に立てられた扇の的を見事に射落として源平両軍に賞賛されたという話である。

▲祇園精舎跡とされる、インドのサヘート遺跡。

ここにも注目◆ 琵琶法師

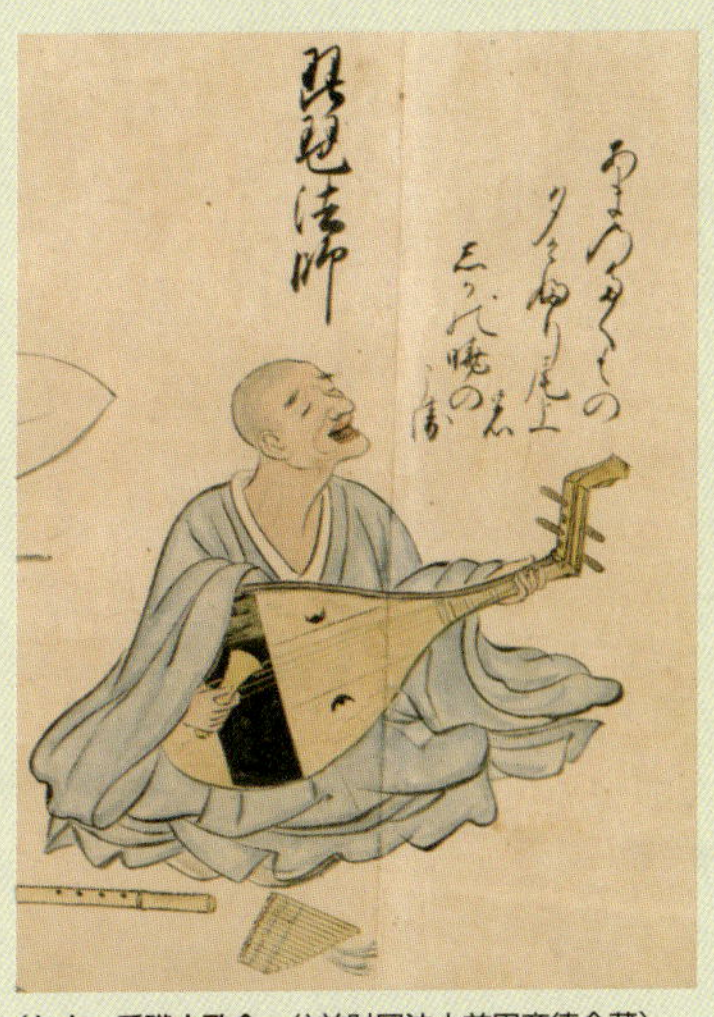

（七十一番職人歌合　公益財団法人前田育徳会蔵）

琵琶の伴奏に合わせて物語を語ることを職業とする琵琶法師は、諸国を歩き、人々に物語や歌謡を伝えた。

琵琶の伴奏によって「平家物語」を語るものを「平曲」とよぶ。信濃前司行長がつくり、生仏という盲目の法師に語らせたのが始まりといわれるが、諸説ある。

徒然草（つれづれぐさ）

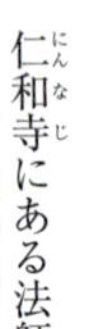
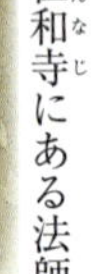

仁和寺（にんなじ）にある法師

原文

さて、かたへの人にあひて、「年ごろ思ひつること、果たし侍（はべ）りぬ。聞きしにも過ぎて、尊くこそおはしけれ。そも、参りたる人ごとに、山へ登りしは、何事かありけむと、ゆかしかりしかど、神へ参るこそ本意（ほい）なれと思ひて、山までは見ず」とぞ言ひける。

現代語訳

さて、傍輩（ほうばい）の人にむかって、「長年、思い続けていたことを成し遂げました。伝え聞いていたのにもまさって、尊くていらっしゃいました。それにしても、参詣している人々が、みな山へ登ったのは、何があったのか知りたかったのですが、神へ参拝するのこそが本来の目的であると思って、山の上までは見ませんでした。」と言ったということだ。

作品解説

「徒然草」は、兼好が著した随筆で、「つれづれなるままに…」（することもなく手持ちぶさたなのにまかせて…）という序段の書き出しが書名の由来となっている。

「仁和寺にある法師」で、法師が参詣したのはふもとの極楽寺や高良神社で、人々が向かっていた先こそが目指していた石清水八幡宮であった。この話は「少しのことにも先達はあらまほしきことなり。」（ちょっとしたことにも、その道の指導者は、あってほしいものである。）と締めくくられている。

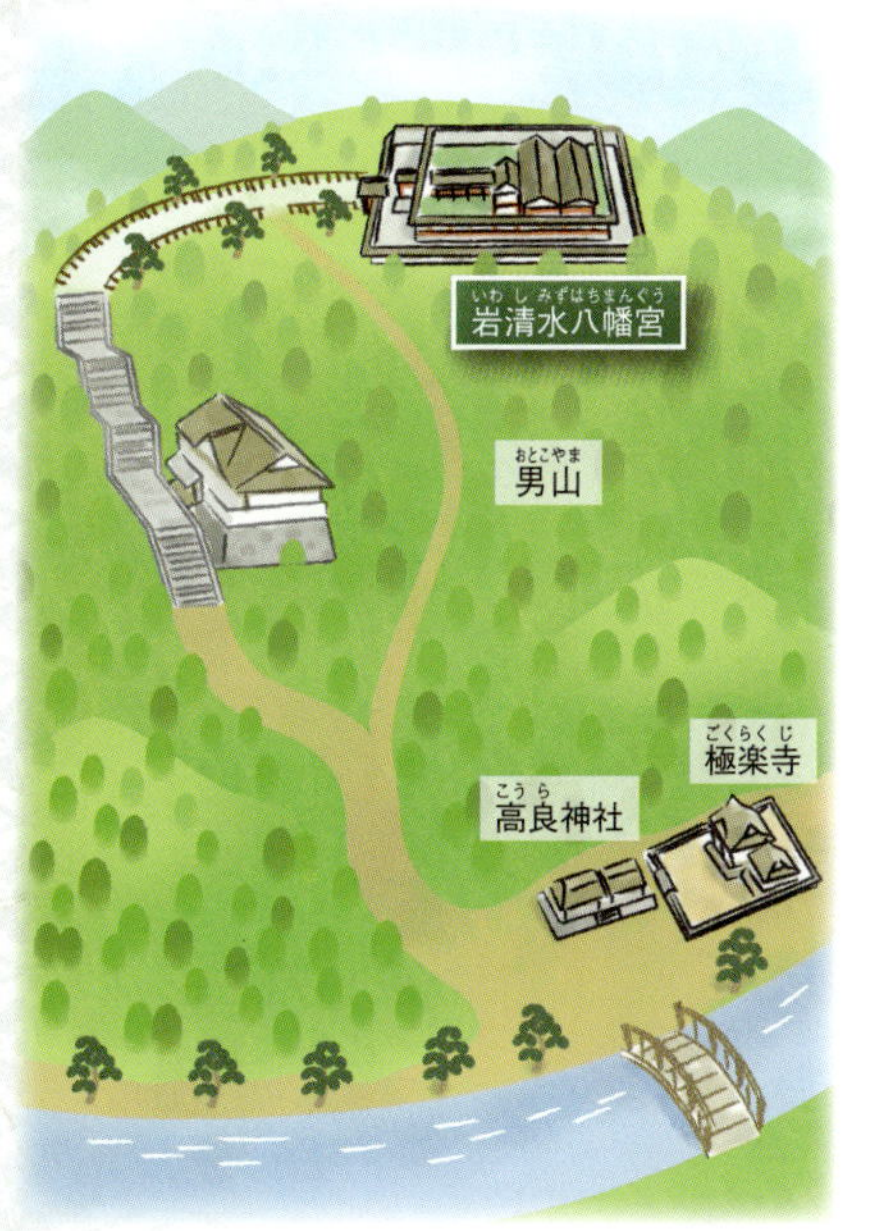

ここにも注目

仁和寺の法師

この話のほかにも、仁和寺の法師の行動をこっけいに著した段がある。早合点したりふざけ過ぎたり、だまそうとしたりする人間の一面をとらえている。

◆是も仁和寺の法師

宴席で調子にのった法師が鼎を頭にかぶって踊り、おもしろがられた。ところが鼎が抜けなくなってしまい、力いっぱい引っ張ったところ、顔に大けがを負ってしまった。

◆御室にいみじき児のありけるを

法師は弁当箱を地中に埋め、後で掘り出して稚児をびっくりさせようと企てる。ところが掘ってみると何も出てこない。埋めるところを見ていた何者かに盗まれたらしい。むやみに興をそえようとすると失敗するという逸話。

武装

平安時代末期になり、武士が台頭するようになると、武装も次第に国風になり、重厚長大な大鎧などが発達していった。

与一其比は廿ばかりのをの子也。（中略）萌黄をどし（縅）の鎧きて、足じろの太刀をはき、きりふ（切り斑）の矢の、其日のいくさ（戦）にゐて少々のこったりけるを、（後略）

平家物語「那須与一」より

大鎧

源平時代などに用いられた、騎射戦用の典雅で重厚な鎧。着背長、式正の鎧ともいう。

(赤糸威大鎧　春日大社蔵)

大鎧の前面

大鎧の背面

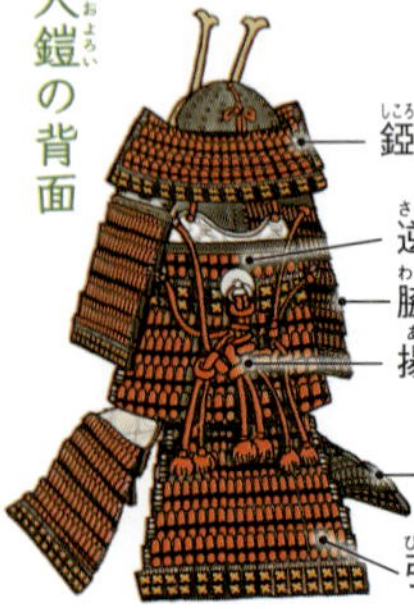

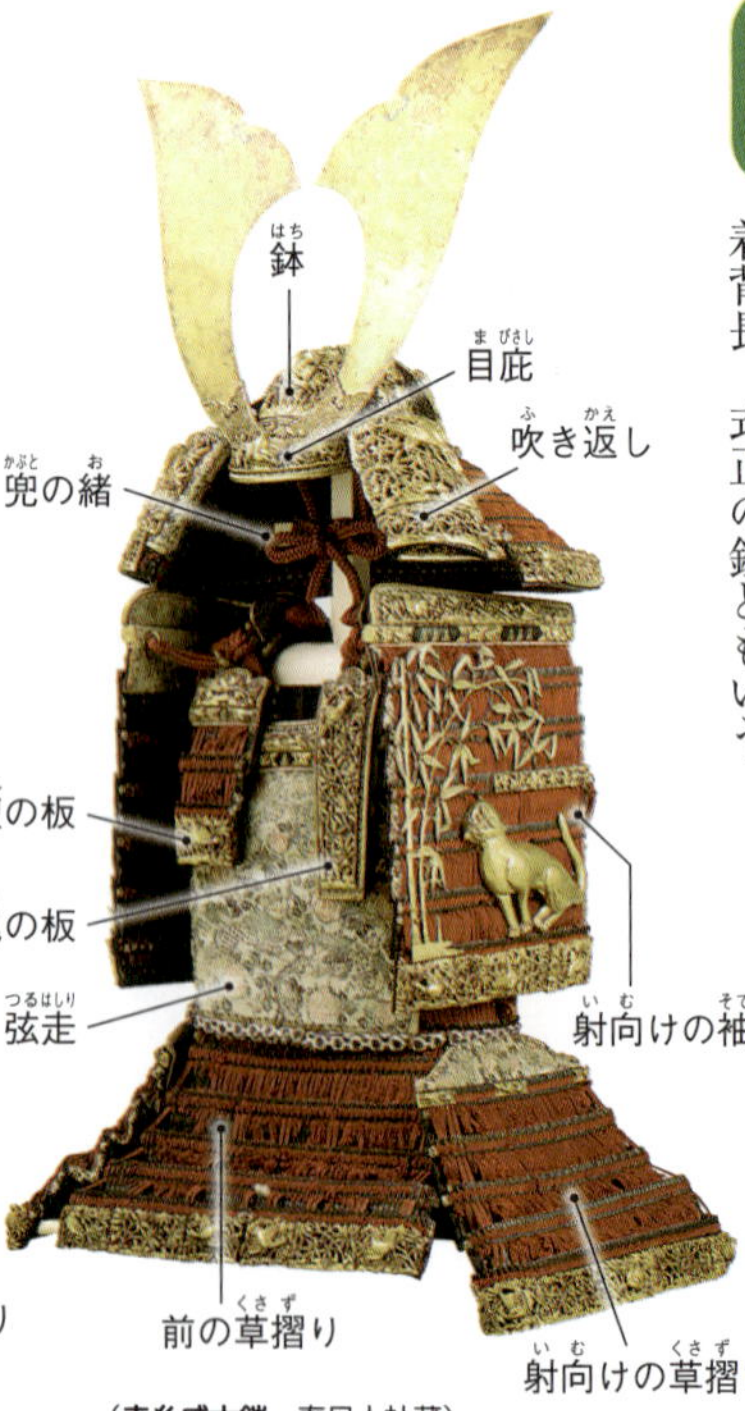

腹巻(はらまき)

腹に巻いて背中で合わせるようにした簡略な鎧(よろい)。

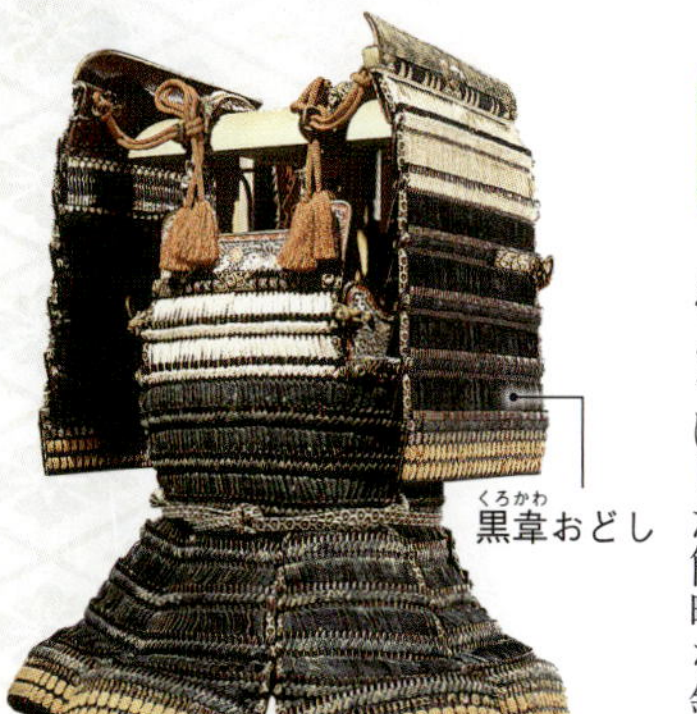

(黒韋威肩白腹巻　金剛寺蔵)

胴丸(どうまる)

胴に巻いて右脇で合わせるようにした簡略な鎧(よろい)。

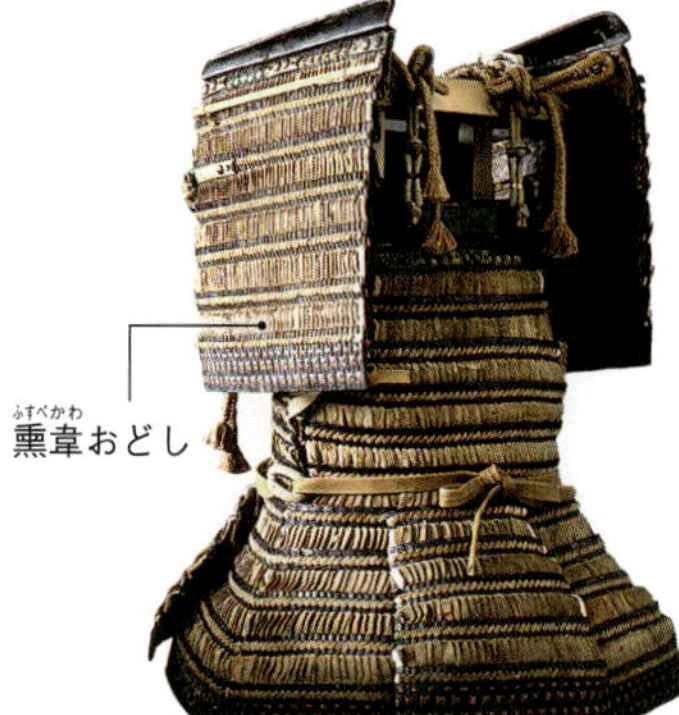

(熏韋威胴丸・大袖・袖印付(重文)　大山祇神社蔵)

(小桜韋黄返威鎧・兜大袖付(国宝)　厳島神社蔵)

おどし(縅/威)

鎧(よろい)の札(さね)(長方形の小板)をつづり合わせたもの。材料・色・つづり方によって、さまざまある。

(色々威腹巻・兜・喉輪・大袖付(重文)　大山祇神社蔵)

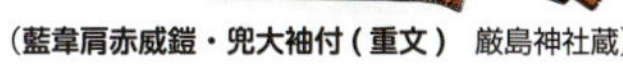

(藍韋肩赤威鎧・兜大袖付(重文)　厳島神社蔵)

◆鎌倉・室町時代の暮らし

武具

実用的で、かつ美しさも兼ね備えていた。

弓矢

弓は弦を張ったもので、その弾力で矢を射た。

刀剣

実戦用と、儀式用の装飾的なものとがあった。

その他の武具

接近戦闘に有利な長刀類も用いられた。

馬装

軍団の機動力を担う馬は、平安時代中期以降、不可欠の兵器であった。

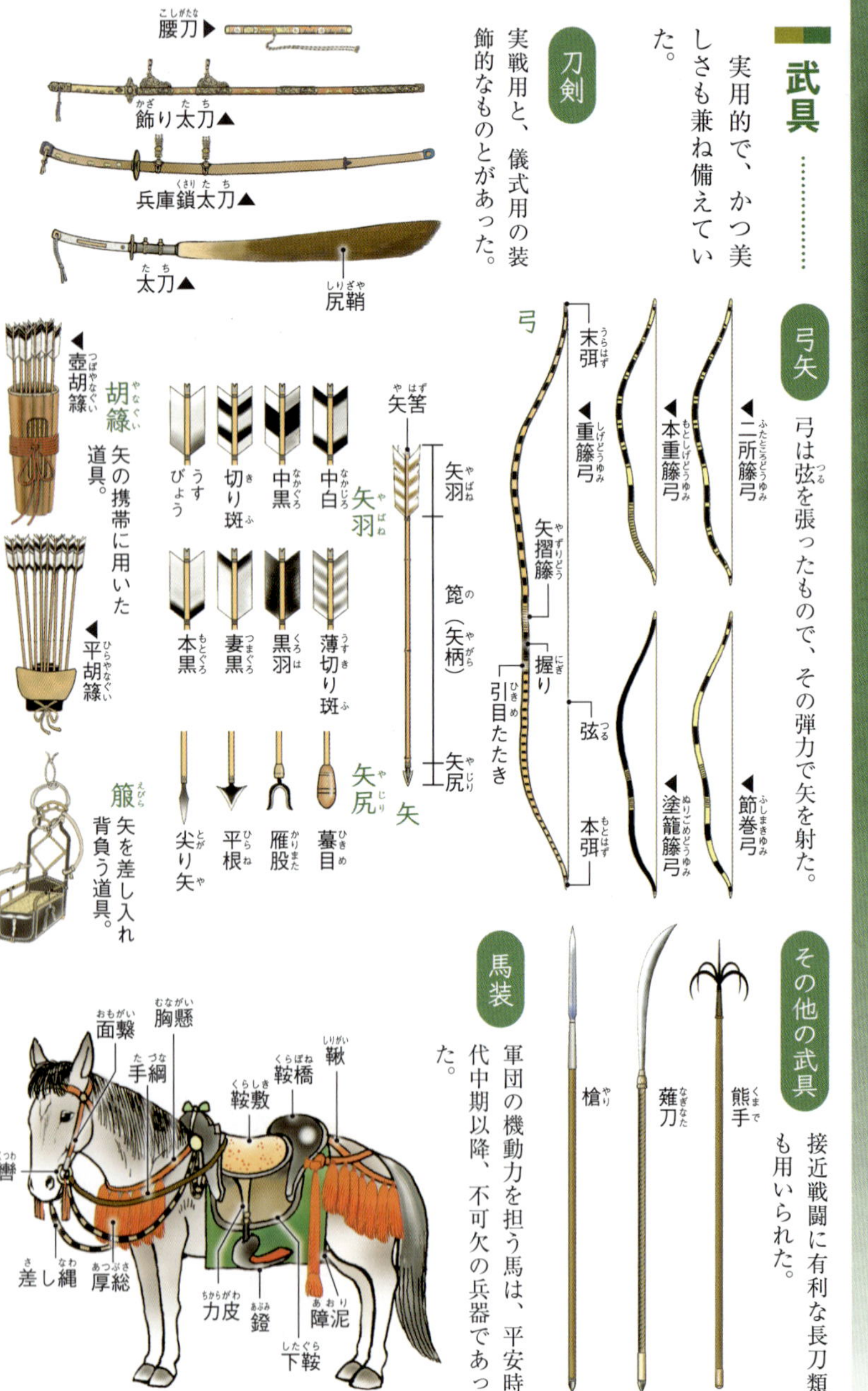

装束

正装の簡略化が進み、日常着が儀式用へと変化していった。

直垂

袴とともに着る庶民の仕事着で、後に武士の衣服となった。

大紋

直垂の一種で、家紋を大きく染め出したことからの名称。

素襖

裏を付けない簡素な直垂で、下層武士が着たが、後に礼装となった。

武家小袿

中世初頭の武家の女性は公家風を簡略化した小袿を着た。

壺装束

女性の外出の際の装束。笠をかぶり、衣服を短く着た。

腰巻

下級の女官などが、夏小袖の上から腰に巻きつけたもの。

狩装束

武士の旅姿を弓射用にしたもので、流鏑馬の装束でもある。

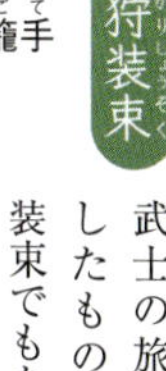

山伏装束

山伏とは、野山で暮らし修行した僧や修験者のこと。

◆江戸時代の暮らし

装束

装束の中心は小袖で、着丈や袖丈が長いものなど、多様になっていった。

長上下

肩衣と袴を同じ生地で作ったもので、上級武士の礼装となった。

半上下

袴が足の長さしかない裃で、下級武士や庶民の礼装となった。

打ち掛け

裾長の小袖で、武家・町人の女性の礼装。

小袖

庶民が着た小袖が近世になると現在の和服として完成され、武家の女性も着る衣服となった。

振り袖

袖を長くし、脇下を縫わない仕立ての着物。江戸時代には元服前の男女が着た。

羽織

戦国時代には武士が着たが、江戸時代には防寒用・礼装用として庶民も着るようになった。

髪型

未婚女性は島田髷、既婚女性は丸髷が多かった。

はじめに

日本の古典文学は難しい。これは当然です。『源氏物語』でも『平家物語』でも十一世紀・十三世紀の作品ですから。イギリスではテニソンという人の作品が代表的な古典作品になっていますが、それは十九世紀の作品で、日本の江戸時代末期にあたります。それがイギリスでは大学で勉強する作品になっています。日本ではそれより何百年も昔に出来た作品を中学校・高等学校で学習するのですから、大変なのです。

皆さんは『百人一首』をご存知でしょう。あの中に皆さんにもすぐに意味がわかるのがありますね。

「奥山に紅葉踏み分け鳴く鹿の声聞く時ぞ秋はかなしき」

「寂しさに宿を立ち出でて眺むればいづくも同じ秋の夕暮れ」

などそうですね。「奥山に……」は奈良時代末の作品と言われています。「寂しさに……」は平安時代です。こういうのがわかる日本人は立派なのです。

古典の教科書を開いてみましょう。たとえば、『徒然草』。

「つれづれなるままに、日暮らし硯に向かひて……」

などと書いてあります。

まず、どこで言葉を切るか、切る場所がちょっとわかりません。これは原文では「つれ〴〵」とある。「〳〵」のしるしの前で切れることはありません。もちろん「〳〵」の途中でも切れません。「つれづれ」これは切ってもいいと、この辞典の七二〇ページにちゃんと書いてあります。ただし、この場合「つれ〴〵」の次に「なる」とあります。「なる」は「なり」の変化です。このような場合は「つれ〴〵なり」で引いて下さい。「することもなく手持ちぶさただ」とあります。それだけではありません。『徒然草』の「つれづれなるままに……」という文の全体の意味も、その次の訳の欄に書いてありますから便利でしょう。「つれづれなる」の次の「ままに」は、次に「、」がありますからここで切れます。「ままに」の解釈は九九九ページの「ままに」の❷に出てきます。その次の「日暮らし」は前と後に「、」がありますから、「日暮らし」という見出しを探します。八九九ページにちゃんと「朝から晩まで」という訳が出ています。そうして「つれぐ〵なり」のところでも「日暮らし」のところでも古典の有名な箇所はみなこのように、一つ一つの文ごとに解釈がついています。皆さんが高等学校で習う教科書に出て来る文章は、この辞典のどこかに全訳がついていると思って頂いて結構です。大学の入学試験に出てくる古文も大体この辞典に出てきます。

またこの辞典では、少し長い見出しを探して下さい。「心にもあらず」「かかりしかども」「聞きもあへず」などという語句も載っています。そういう語句を探して意味がわかると文の解釈が楽にできます。最後に辞典から離れたことを言いますが、『百人一首』は是非全体を暗記しておかれるといい。「あさぼらけ」「有り明けの月」「あしひきの」「あじろ木」「あまの原」「あまの小舟」のようないろいろの単語や語句を覚えるでしょう。辞書を引くのが大変楽になります。

大学の入学試験を受けるための受験参考書というものがあります。皆さんも読んでおられますか。この辞典のどこでも結構です。受験参考書を読むような気持ちで読み、もしおもしろくなったらしめたものです。続けてお読み下さい。あなたの古文を読む力は、その間にすばらしく伸びていることでしょう。

金田一春彦

初版から改訂第二版へ

『学研全訳古語辞典』は、金田一春彦先生のご監修で、一九九八年に刊行の『完訳用例古語辞典』、および一九九九年に刊行の『全訳用例古語辞典』の長所を受け継ぎながら、学習性をより高めるべく創意工夫を加え、二〇〇三年に刊行しました。

『学研全訳古語辞典』の発刊に至る日時は、古語辞典の用例文の全体に現代語訳が付される「全訳」というひとしずくが、みるみる広まっていく時期に重なっていました。

私ども編者は、高等学校での古典科目の学習と大学受験に重きを置きつつ、古典愛読者の期待にも応えられるよう、収録語数を二万六千語と定めました。

収録語数は、高等学校で採択される国語や古典の教科書に載る古典文学作品を分析し、その結果として導かれたものです。

内容は、古語辞典に掲載されることのなかった、和歌や俳句、品詞分解し難い連語や長い句をそのまま見出し項目にしたり、「漂泊」などの漢語を積極的に採用したりしました。また、用例文は教科書に載る古典文学作品を採用対象に、学習効果も考慮して全訳を付して掲載しました。さらに、古語も「日本語」であるという観点から、金田一春彦先生の言葉への愛があふれるコラム「日本語のこころ」を新たに設けました。

このように随所に、高等学校で古典科目を学習する者への心配りを織り込み、『学研全訳古語辞典』を刊行しました。

改訂第二版までの十年間、初版は多くの方々に愛用していただきました。また、さまざまなご意見、ご指摘もあり、編集部に多くの知見が蓄積されました。

それら寄せられた多くの知見を形にするにあたって、読者に便利であるように、より学習性が高まるようにとの期待をこめることにとどまらず、古典文学作品を鑑賞しその魅力を味わっていただきたいとの気持ちをこめました。また、古語は、現代日本語に強くつながる「日本語」であり、先人たちが大切に伝え続けてきた貴重な文化遺産であることを心のどこかにとどめていてほしいとの気持ちも添えています。そうして、初版から改訂第二版へと生まれ変わるため、新たに一歩を踏み出しました。

改訂第二版では、古典文学作品を読み解き、学び修めるための新たな工夫を加えています。

一つめが「文脈の研究」、二つめが「漢語の窓」、三つめが「歴史スコープ」です。

辞典の用例は、語の意味を的確に示すため、必要最小限に引用しています。原典にあたることで、果たして引用の用例文中の語がその意味で使われていることが確認できます。しかし、用例は辞典の根幹を支えるもので、原典にあたる必要があることと、あたらなくても理解できるようにすることとは極めて微妙な均衡の上になりたっています。また、高校生をはじめとする古典愛読者が、辞典だけを見て、用例だけを見て、古語を現代語へとことばを置き換えることに満足して、文脈を読むことに思いが至らなかったり、古典文学作品を鑑賞する力が育たなかったりしているとしたら、それは惜しむべきことです。

「文脈の研究」は、それらを解消する一つの方法として具体化したものです。

日本語は、古代の中国からさまざまなものを取り入れてきました。文字の面では、古代の中国語を表記する文字の漢字そのもの、また漢字から生み出されたひらがなやカタカナは現代日本語の表記へとつながっています。語彙の面でも、古代の中国語である漢語から大きな影響を受け、それにとどまらず漢字や漢語を駆使して、新たな文化や思想を理解することに寄与してきました。

「漢語の窓」は、漢字の語源から、漢語の意味、それを古代の日本が受容したのちの意味拡張などを記述しています。

日本語は、古代から現代へと連綿と続き使われてきた言語です。語の意味が拡張してもとの意味が使われなくなったり、語そのものが使われなくなってしまったりもしますが、古語は現代日本語につながっています。そのつながりは現代日本語の中にしっかりと見て取ることができます。

「歴史スコープ」は、日本語の時間的に見た移り変わりや、空間的に見た広がりなど、それらを知って日本語を深く広く理解するために多くの知見を加えています。

また、主に最重要語に設けた「語義の扉」も右のような発想のもと、語源からの意味拡張、またそれにとどまらない情報を加えていくことにも成功しました。

これらを『全訳古語辞典』のたどってきた歴史として通観してみると、初版でのいくつかの試みが改訂第二版で結実したと捉えることができます。

品詞分解し難い連語や長い句をそのまま見出し項目にしたことで、品詞分解だけではない、文脈の中でのセンテンスという意識が自然と身に付けられるという初版での試みは、改訂第二版での「文脈の研究」につながりました。また、漢語を積極的に採用することで、日本語は和語だけで成り立っているのではないことを表明した初版での試みは、改訂第二版の「漢語の窓」を設けることにつながり、古語も「日本語」であるという初版での観点の結晶「日本語のこころ」につながるものとして、改訂第二版での「歴史スコープ」が生まれたのです。

本辞典の編集作業にあたった二〇一三年は、監修者であった金田一春彦先生のご誕生から百年という節目の年にあたっています。現在もなお燦然と輝く先生のご研究の業績のごく一端ではあるこの改訂第二版を、古語辞典の歩む一つの道標としたく編集スタッフ一同考えています。

最後に、読者の方には本書をひもとき、現代日本語につながる古語という理解のもと、多くの古典文学作品に触れて楽しんでいただければ幸いです。

平成二六年二月

小久保　崇明

■装丁
武本勝利（LYCANTHROPE Design Lab.）
■装丁協力
株式会社永楽屋
■デザイン・紙面設計
佐藤かおり（クラップス）
■イラスト
橋本寅一
■地図制作
オフィス・ギャザー
■編集協力
岩崎美穂　遠藤理恵　銀林由美子
鈴木瑞穂　中村威也　平本智弥
■編集・企画
学研辞典編集部
（森川聡顕　鈴木かおり　今井優子）
■製作管理
学研プロダクツサポート
（中野忠昭　北澤直樹）
■営業・販売
学研マーケティング（小林伸一　遠藤勇也）

■口絵制作
●デザイン
青橙舎
●イラスト
高品吹夕子　高橋陽子　もちつきかつみ
●編集協力
堀内眞里
●写真・資料
明日香村教育委員会　アフロ　石山寺
厳島神社　井筒家　稲垣博司　大山祇神社　春日大社　学研写真資料センター
学研GPA／大英図書館／ユニフォトプレス
神谷修一　京都国立博物館　京都文化博物館　宮内庁京都事務所　公益財団法人
前田育徳会　国立国会図書館　五島美術館　金剛寺　シーピーシー・フォト　相撲博物館　田口精男　田中重　徳川美術館
© 徳川美術館イメージアーカイブ／
DNPartcom　風俗博物館　文部科学省

初版刊行時、執筆者

青木太朗　阿久澤忠　石上七鞘　糸井明子　伊藤一重　卯坂羊子　小野村浩　菊地圭介　木越　隆
北川定男　北村　進　熊田洋子　小石川正文　小村健二　近藤明日子　近藤　聡　佐藤元信　品川
利幸　神能精一　菅原　悟　杉本完治　鈴木　伸　鈴木良治　節丸恭生　高野瀬恵子　竹林一志
谷口雅博　寺尾登志子　徳植俊之　中澤豊作　永吉寛行　新川雅朋　花上和広　林　安一　平林一
利　藤井雅和　古井純士　堀江　徹　本澤淑子　松本邦博　三井庄二　宮原俊二　藪田憲正　山下
かおり　山田元就　山本哲夫　吉原泰輔　若林俊英

初版刊行時、内容について御意見を賜った先生方

芦田美香　天野嘉則　新居和子　石橋貴子　岩野訓子　有働健龍　江崎公徳　太田寛隆　太田康治　大野健久　奥田靖彦
奥村俊哉　小倉誠司　小倉　紘　笠井輝光　堅石慎裕　河上清孝　工藤勝利　黒瀬二郎　鍬田研一　金出地義仁　近藤晉平
堺　正博　佐々木育雄　佐藤恵子　佐野茂樹　澁谷幸代　城後恭子　新谷　修　鈴木研吾　鈴木啓和　大工原明人　高野克
宏　竹田敏子　谷　寛史　津田公政　戸田正聡　永江純一　中島　透　中嶋礼子　中西欽也　西海淳二　吐師　修　久本紘
史　平野久美子　廣保恭子　深谷久美子　藤野和雄　二石朝子　松崎　充　松田妙子　村上　洋　望月　久　安田一之　山
下敏裕　吉垣　滋　笠　和久　竜波和幸

この辞典の特色ときまり

1 この辞典の特色

1 高校の古典学習から大学入試までの語彙を

1この辞典には、高等学校の国語の教科書を中心に、大学入試によく出題される作品まで含め、奈良時代以前から江戸時代に至る五〇〇余りの古典作品から選んだ二万六〇〇〇余語を収録している。

2古典学習に役立つ文芸用語のほか、古典の理解を助ける歌枕・旧国名などの地名、枕詞・文学作品名・作者名なども掲載している。

3教科書などに採用されている有名な和歌・歌謡・俳句を立項し、現代語訳と鑑賞文を付している。また、用例に採用された作品も含めた**「和歌・歌謡・俳句索引」**を巻末に載せ、検索の便を図っている。また、百人一首については、特に**「百人一首索引」**を載せている。

4古典学習上重要な複合語・連語・慣用的表現を積極的に立項した。また、品詞分解しづらい「いみじうゆるぎありきつるものを」のような長い句も立項し、単語に分けてそれぞれ品詞と活用形を示している。

2 最重要語・重要語・学習基本語

1古典読解上最も重要な語を五〇〇語選び、三行取りの赤文字見出しでわかりやすく示し、特に詳しく解説している。

2古典学習上重要な語を六〇〇語選び、二行取りの大文字見出しで示し、丁寧に解説している。

3教科書や大学入試によく出るその他の**基本的な語**を二二〇〇語選び、＊印を付けて示している。

4最重要語、重要語、基本語、一般語、助詞、助動詞の一部の、意味の解説の前に 語義の扉 語義の扉 欄を設け、なりたちや文法情報、意味拡張、意味の概略などの情報を示している。また、漢語由来の語の一部には特に 漢語の窓 を設け、漢字のなりたち、漢語本来の意味などの情報を示している。

3 用例と完全訳

1用例文は原則として教科書の教材や大学入試問題から採用し、すべてに現代語訳を付けている。出典名は成書時代、ジャンルとともに大きなロゴタイプで示している。

2現代語訳は意訳をさけて、原文に即した逐語訳を心掛け、用例文中の見出し語部分と、現代語訳中の見出し語該当部分とを赤文字で対応させ、ひと目で訳がわかるようにしている。また、語義の判定に関わる部分に赤傍線を付している。

4 簡潔な訳語と丁寧な解説

1わかりやすさを第一に考え、簡潔な言葉による訳語を太文字で示した。古典の意味がひと目でわかり、古文の現代語訳の際にも便利である。

2語義は訳語・定義・補足など段階的記述になっており、補足事項は なりたち 参考 注意 語法 語の歴史 歴史スコープ などの項目に分けてわかりやすく示している。

5 豊かな日本語を

1古文学習の大きなねらいの一つを、豊かな日本語の力をつけることと考え、「**類語と使い分け**」のコラムを設けている。類語の語源・語史・語感のちがいなどをくわしく解説し、現代語に通じる古語の力をつけることをねらいとしている。

2本項目中の語の歴史 歴史スコープ 参考、コラム「**学習ポイント**」などの欄でも、現代語に至る日本語の諸相を解説している。

6コラム・口絵・イラスト

1古典の理解に役立つよう、「**文脈の研究**」「**学習ポイント**」「**古典の常識**」「**日本語のこころ**」の四つのコラムを設けている。

「**文脈の研究**」は、文脈を読みたどり、古典作品を読解、鑑賞するための情報を収めている。

「**学習ポイント**」は、普段の授業に役立つような基本的な項目を収めている。

「**古典の常識**」は、大学入試などでも役立つやや高度な情報を収めている。

「**日本語のこころ**」は、監修者金田一春彦博士執筆のコラム、古語、ひいては日本語に興味を持ってもらえるような、博士独特の観点に立つ言葉に関する話を収めている。

2巻頭のカラー口絵に、衣服・調度などの資料画を豊富に収め、巻末の資料編に、歌枕地図、旧国名・都道府県名対照地図、奈良・京都付近地図、平安京地図、大内裏・内裏図を収めている。

3本項目中にも、語義の理解を助ける資料イラストを数多く掲載している。なお、資料イラストは、該当部分を赤色または黒色で、その他を黒色または灰色で示し、ひと目でわかるようにしている。

2この辞典のきまり

1見出し

1見出し語の仮名表記は、歴史的仮名遣いにより、平仮名で示している。

※ただし、文芸用語は現代仮名遣いで示している。また、現代仮名遣いの空見出しのうち、漢字一字の音（＝漢字音）は片仮名、それ以外は平仮名で示している。

（例）おも・ふ【思ふ】

東歌(あずまうた)

ガン〔元・願〕⇩ぐゎん

きちょう〔几帳〕⇩きちゃう

2文芸用語のほか、歌枕・旧国名などの地名や、書名・人名・寺社名などは、漢字仮名まじりの見出しとしている。

（例）枕草子(まくらのそうし)

清水寺(きよみづでら)

3活用語は終止形（＝言い切りの形）で示している。

4活用語の語幹と語尾の間を・で区切って示している。

（例）き・る【切る】

5語の基本的な構成（＝語構成）を‐で示している。

（例）あぢき‐な・し

6三行取りの太い赤文字見出しは**最重要語**、二行取りの太文字見出しは**重要語**、＊は教科書や大学入試によく出る**基本語**を示している。

7見出しの仮名表記が同じ語には、その数を右肩の1・2・3…の数字で示して、検索しやすくしている。

8接頭語はその後に、接尾語はその前に、それぞれ「―」を付けて示している。

(例) こ―【小】接頭語

　―さ　接尾語

9主要な動詞・助動詞には、終止形以外の活用形を見出し語として掲げ、検索しやすくしている。

10歴史的仮名遣いのわかりにくい語には、検索のための現代仮名遣いの空見出しを立てている。また、漢字音の歴史的仮名遣いが現代仮名遣いと異なるものは、本文の欄外にも示している。

※歴史的仮名遣いについては、巻末の「**歴史的仮名遣いと読み方一覧**」「**字音仮名遣い対照表**」を参照のこと。

11和歌・歌謡・俳句は最初の五文字で「あしひきの…」のように示している。

12見出しの仮名に対応する標準的な漢字表記を【 】内に示している。漢字の字体は、「常用漢字表」「人名用漢字別表」の漢字はその字体に従った。その他の漢字は原則として正字体を用いたが、一般的に用いられている俗字を用いたものもある。送り仮名は現行の「送り仮名の付け方」(内閣告示)をよりどころとし、歴史的仮名遣いで示している。

2見出し語の配列

1見出し語は、仮名見出しの五十音順に配列している。

2濁音・半濁音は清音の後に、拗音・促音は直音の後に配列している。

3仮名見出しが同じ語は、次の品詞(準品詞・文芸用語・文芸ジャンルなども含む)順に配列している。

名詞↓代名詞↓動詞↓形容詞↓形容動詞↓連体詞↓副詞↓接続詞↓感動詞↓助詞↓助動詞↓接頭語↓接尾語↓連語↓枕詞↓和歌↓俳句↓人名↓書名↓地名↓寺社名↓文芸

4仮名見出しも品詞も同じ場合は、漢字表記の画数の少ない順。

5歴史的仮名遣いの検索のための現代仮名遣いの空見出しや、その他の空見出しは、同じ仮名見出しの最初に置いている。同音の場合は、片仮名・平仮名の順。

3読み方

1歴史的仮名遣いによる見出しの仮名が、現代の読み方と異なる場合に、その読み方を現代仮名遣いにより、片仮名で示している。

2二通りの読みがある場合には、|で区切って示している。

4品詞と活用

1見出し語の品詞と活用の種類を、見出しの下に示している。

2代名詞は一品詞として扱っている。

3動詞は自動詞・他動詞を区別し、また、本来の動詞と補助動詞とを区別して、「他動サ四／補助動ラ四」のように示している。また、「す」をつけてサ変動詞となるものについては、「―す自動サ変」のように示している。

4形容詞はク活用とシク活用の別を示している。また、本来の形容詞と補助形容詞とを区別している。

5形容動詞は「静かなり」「漫々たり」のように終止形で掲げている。

6助詞は、次の六つに分類している。

格助詞　接続助詞　副助詞　係助詞　終助詞　間投助詞

7助動詞は、「四型」「ラ変型」のように、活用の型も示している。

8接頭語・接尾語は品詞に準じて扱い、接尾語で活用のあるものは、その活用の型を示している。

9二つ以上の語が結びついてできた語のうち、結合のしかたが弱く、一語とは考えにくいもの、また、慣用句・成句などはすべて「連語」として扱い、[連語]の表示をしている。

10枕詞・文芸などの項目は品詞の表示をせず、[枕詞]・[文芸]の表示をしている。

11固有名詞の地名（歌枕・旧国名）・人名・書名・寺社名などの項目も品詞の表示をせず、それぞれ[歌枕]・[地名]・[人名]・[書名]・[寺社]の表示をしている。

12和歌・歌謡・俳句も、それぞれ[和歌]・[歌謡]・[俳句]の表示をしている。

13接尾語がついて一語になっている語のうち、品詞を特定することができないものは、「派生語」という表示をしている。

14活用語には活用表をつけている。

5意味解説

1解説の文章は、原則として「常用漢字表」「現代仮名遣い」により、「常用漢字表」以外の漢字を用いる場合や、表内字であっても難読・誤読のおそれのある語には、読み仮名を付している。

2意味が二つ以上ある場合は、❶❷❸…によって区分している。また、その下位はアイウ…で、上位は一二三…で区分している。一二三は、漢字表記の違いによるものも含む。（ex.【治む・修む／収む・納む】…）一つの見出し語内で品詞が異なる場合は、一二三…に区分している。

3意味の配列は、原義あるいは原義に近いものから、論理順に並べている。

4意味や訳語を補足するため、次の通り括弧で情報を付している。

（　）意味・訳語の補足情報

〔　〕文法・用法の情報

［　］尊敬語・謙譲語・丁寧語の情報

5訳語を太字で示している。ただし、現代語の意味・用法とほぼ同一のものは、見出し語を用いて意味・訳語としたものもある。（ex.雷、年ごろ…）また、適切な訳語がない場合は、解説（定義）文としている。

6▼の印のあとに語釈の補足説明をしている。

7[語義の扉][語義の扉]欄は、語のなりたちや、変遷、また、語の意味拡張、意味の概略などを解説している。意味拡張の過程で、反対の意味に転じたりしたものについては、特に⊕（プラス）、⊖（マイナス）の記号をつけている。漢語由来の語のうち、特に設けた[漢語の窓]欄は、漢字のなりたち、漢語としての意味などを示している。また、意味欄に対応して、語義の一覧を示しているものもある。

8[参照▼]欄は、参照して語の理解を深める項目を示している。

9[なりたち]欄は、連語の組成、語形の変化などを、わかりやすく示している。

10[参考]欄は、古文読解の助けとなる文法的事項や、語義の移り変わりなどの参考知識を載せた。なお短い解説は、◆または◇の印のあとに示している。

11[注意]欄は、まちがえやすい事柄を簡潔にまとめて載せている。
12 関連語 欄は、その語と関連する語や想起される語などを示している。
13 語法 欄は、品詞・活用・係り受けなど文法上の機能をくわしく解説している。
14 語の歴史 欄は、語史や語義の時代的移り変わりを解説している。
15 歴史スコープ 欄は、文法、語法、語の時代的変遷など現代日本語につながるものを解説している。
16 反対語は対のロゴタイプのあとに示している。
17 文芸 欄は、教科書に出る和歌・俳句の修辞上の用語、文学理念を表す語などの文芸用語を取り上げ、解説している。
18 書名 人名 欄は、教科書や大学入試に取り上げられる古典の作品と作者名を選び、解説している。
19 地名 欄は、旧国名・歌枕など、古典作品に登場する地名を解説している。歌枕である地名には、特に 歌枕 のロゴを付している。
20 寺社 欄は、古典に登場する寺社名を解説している。
21 和歌 歌謡 俳句 欄は、教科書や大学入試に出る和歌・歌謡・俳句のほか、有名作品を選び見出しとして掲げている。また、百人一首は、特に 百人一首 のロゴタイプの下に示している。通釈を施し、鑑賞 の下に、その作品の評価、他への影響などに触れた鑑賞文を付している。また、俳句には季語と季節を付記している。
22 枕詞 歌枕 欄は、主要な枕詞また歌枕を取り上げ解説している。

6 用例

1 語義を理解する上で適切と思われる用例を、有名古典・教科書の教材、大学入試問題などから選び載せている。
2 表記は歴史的仮名遣いにより、原典とした刊本の表記を尊重しながらも、教科書等に準じて読みやすい形に改めている。
3 用例中の見出し語の部分や、訳文中の見出し語該当部分を――線などで置き換えることをせずに、原文のままあるいはひらがな表記にして掲載し、ともに赤文字で示して対照しやすくしている。見出し語の訳出の際に注意する必要がある語には、赤い傍線を付している。
4 用例文中の見出し語が複合動詞であるなどで、訳文と対応しづらい箇所は――線で示している。
5 用例の訳文は、学習性を考慮して逐語訳を心掛けている。また、( )で補足し訳の理解を助けている。
6 用例として取り上げた和歌・歌謡・俳句が、見出しとして立項されている場合は訳を付けず、見出し項目の口語訳を参照するようにしている。
7 用例の出典は、成書時代、ジャンルとともに大きなロゴタイプで用例の初めに示し、ひと目でわかるようにしている。
8 出典の作品名は略称で示しているものもある。巻末の「用例出典一覧」を参照されたい。なお、読みのわからない出典名についても、参照されたい。
9 出典の作品名の下に、作品によって、巻名・巻数・部立てや、章段名・段数・歌番号などを示している。
10 出典名の下の時代は、次の十種類としている。奈良、平安、鎌倉、南北（南北朝）、室町、安桃（安土桃山）、江戸、明治、大正、昭和。

出典名の下のジャンルは、次の十四種類としている。史書（日本書紀、古事記、風土記など）、物語（物語、草紙、洒落本、滑稽本など）、説話、歌集、句集（連歌、俳諧、川柳など）、漢詩、詩集（近現代詩）、日記、随筆、紀行、論（歌論、評論、芸能楽論、注釈書など）、絵（絵巻、絵詞など）、能楽、狂言、歌舞伎、浄瑠（浄瑠璃）。

11江戸時代の文学作品のうち、特に井原西鶴・近松門左衛門・松尾芭蕉の作品には、作者名も示している。

7コラム

1**文脈の研究**―文脈を読みたどる力、古典作品の文章を読解および鑑賞する力、その基盤を支える論理的な言語の力を養うため、有名作品の一部を取り上げて解説している。

2**学習ポイント**―類語の識別・語彙の背景解説・表記・文法の補説・文芸用語補説など、普段の授業に役立つ項目を取り上げて解説している。ジャンルは、次の七種とし、それぞれにアイコンを付している。作品、有職・その他、人物（男）、人物（女）、動植物、民俗、ことば関連、貴族の生活。

3**古典の常識**―有名作品のあらすじ、作家のエピソード・古典と民俗・古典と動植物など、古文読解や試験に役立つ情報を集めて解説している。

4**日本語のこころ**―日本語の奥にひそむ日本人の思い、日本語の特徴などに関する内容で、言葉に興味を持つことをねらいとしている。

5**類語と使い分け**―類語の意味の比較、現代語との比較、語の歴史などを解説。言葉に興味を持ち、日本語の力をつけることをねらいとしている。

※それぞれ巻末に索引がついている。

8口絵・イラスト

1古典理解の助けとなる、都城・建築・衣服・家具・調度・食事・乗り物・武具・武装などを、奈良時代以前から江戸時代まで時代順に、巻頭カラーページに示した。

2本文中にも図を多く示し、理解が深まるようにした。

9巻末資料編

古典の理解を深めるため、数多くの資料を用意した。

1**動詞・形容詞・形容動詞活用表**―動詞・形容詞・形容動詞それぞれ、活用の種類ごとの活用形を表で掲載。補足情報、活用における注意なども掲載。

2**助動詞・助詞一覧**―「助動詞一覧」は、助動詞の種類、活用形とともに、用法や接続、注意などを一覧表で掲載。「助詞一覧」は、助詞の種類とともに、用法や注意などを一覧表で掲載。

3**区別のまぎらわしい語一覧**―品詞や活用の一部で、同じ語のため判別がまぎらわしいものについての識別法と、その用例を表で掲載。

4**係り結びのまとめ**―係り結びの基本と、その用例を表で掲載。留意事項なども掲載。

5**敬語について・敬語一覧**―「敬語については」は、敬語の概略と種類、注意すべき敬語について解説。「敬語一覧」は、通常の語と尊敬語、謙譲語、丁寧語の対応を表で掲載。

6**古語類語一覧**―現代語から、古語の類語を検索できる一覧。

7**現代語と意味の異なる言葉一覧**—品詞と、昔の意味、共通の意味、現代の意味を表で掲載。

8**歴史的仮名遣いと読み方一覧**—語の発音から、仮名あるいは仮名の種類を検索できる一覧。語例も掲載。

9**字音仮名遣い対照表**—語の発音から、仮名あるいは仮名の種類ごとに漢字を検索できる一覧。

10**文法用語辞典**—五十音順で検索できる、文法解説でよく使われる用語の辞典。

11**和歌の修辞**—和歌特有の修辞法を、百人一首を例として解説。「主な歌枕と、その歌枕が詠み込まれている歌」付き。

12**枕詞について・主な枕詞一覧**—「枕詞については」は、かかり方ごとに分類して解説。「主な枕詞一覧」は、枕詞と、それが導く語の対応を表で掲載。

13**歌枕地図**—和歌に詠み込まれた歌枕を掲載している地図。

14**俳諧入門**—俳諧の歴史、流派ごとの特徴、修辞法などを解説。

15**主な季語一覧**—季語を、季節と内容によって分類した一覧。

16**用例出典一覧**—本文に出現する用例の出典名の、正式な題名と、成書時代、ジャンルを五十音順に掲載。

17**古典文学史年表**—時代順に文学作品を年表で掲載。文学史的事項や人物、日本史と外国史も掲載。

18**年号対照表（時代順・五十音順）**—「時代順年号対照表」は、時代順に年号を掲載。時代、天皇、重要人物も掲載。「五十音順年号対照表」は、年号を読みの五十音順に掲載。

19**古典文学と宗教**—日本人の宗教観や代表的な宗派、文学への影響について解説。

20**時刻・方位・干支**—時刻、方位、十干十二支を図で掲載。

21**旧国名・都道府県名対照地図**—旧国名と都道府県名の対照を掲載している地図。

22**奈良付近地図**—平城京、藤原京を中心に、奈良付近の地名などを掲載している地図。

23**京都付近地図**—平安京を中心に、京都付近の地名などを掲載している地図。

24**平安京地図**—平安京の、条里やその名称を掲載している地図。

25**大内裏図**—平安京の大内裏やその名称を掲載している図。

26**内裏図**—平安京の大内裏の、内裏やその名称を掲載している図。

27**官位相当表**—八省などの官と官職、位階を表で掲載。また、四等官の官ごとの階級を漢字表記した表で掲載。

28**和歌・歌謡・俳句索引**—本文に出現する和歌・歌謡・俳句を五十音順に配列し、本文の出現ページを掲載。百人一首も掲載。

29**百人一首索引**—百人一首を番号順に配列し、本文の出現ページを掲載。

この辞典の使い方

1この辞典に収められている語

一般的に古語辞典には次のような語が収められている。この辞典もおおむねそのようになっている。

1古典に用いられているが、現代では用いられていない語。

(例)あてなり　あやなし　つきづきし　ほいなし

2現代でも用いられているが、あまり用いられないか、または、古典では違った意味で用いられている語。

(例)あからさまなり　ありがたし　おどろく　漂泊

3有識故実の用語、仏教関係の用語、風俗・習慣の用語のように、古典を読む場合に特に知っておく必要のある語。

(例)白馬(あをうま)の節会(せちゑ)　前世　往生(わうじやう)　蔵人(くらうど)　中宮　几帳(きちやう)　直衣(なほし)

4古典を読む場合に必要な慣用句・枕詞・歌枕・旧国名・寺社名など。

(例)さるものにて　けしからず　あかねさす　南都

5助詞・助動詞・接辞(接頭語・接尾語)・敬語など。

(例)て　に　らむ　ぬ　なり　けり　うち　めく　給ふ

6なお、この辞典にはこのほかに、文芸用語・書名・人名・和歌・歌謡・俳句も収められている。

7巻末付録は辞典によってさまざまであるが、この辞典では、前ページに挙げたように、資料編が充実している。

古語辞典の内容はだいたい以上のようになっており、古典の読解上欠かすことのできないものである。

2この辞典の利用法

1この辞典の引き方

1古語辞典は、見出し語を歴史的仮名遣いの五十音順で示している。したがって、歴史的仮名遣いの表記法を知る必要がある。歴史的仮名遣いは多くの例に触れて覚えるのがいちばんであるが、大体のきまりは巻末の「**歴史的仮名遣いと読み方一覧**」「**字音仮名遣い対照表**」にまとめてあるので、参照されたい。

2歴史的仮名遣いに慣れる過程として、この辞典では、現代仮名遣いから引けるように空見出し(本文と欄外)をたくさん入れてある。利用されたい。

3その他の構成は国語辞典とほぼ同じである。ただし、活用のある語(用言・助動詞)は国語辞典と同様終止形で掲載してあるが、古語の活用を覚えやすくするため、本書では活用語には活用表を入れている。また、主要な動詞や助動詞には終止形以外の活用形も立項して、検索しやすくしている。

4仮名表記の同じ語がいくつもならぶ場合がある。最初の語だけ見て目指す語がないと思いこむ場合があるので、同じ仮名表記の語の数を1・2・3…の数字で示している。

5この辞典では見やすさを考えて、記号・略号が使ってある。(18)ページの「**記号・略号一覧**」を参照されたい。

2この辞典の利用

●この辞典は言葉の意味だけでなく、古典の背景(図録)、文化史、和歌・俳句、日本人の精神史など、古典とその周辺を幅広く学べるようになっている。十分に活用されたい。

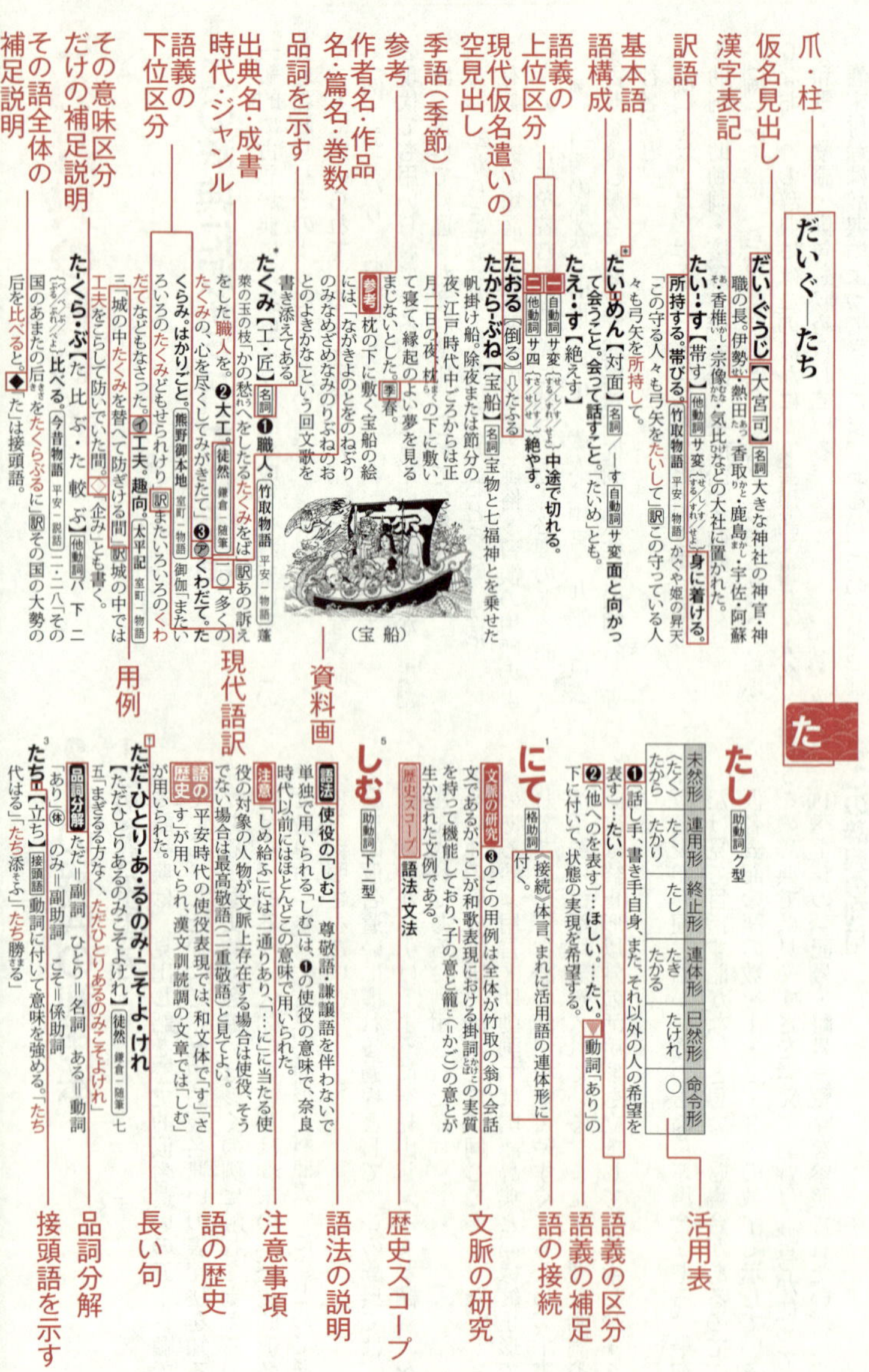

だいぐ—たち

た

だい-ぐうじ【大宮司】 名詞 大きな神社の神官・神職の長。伊勢・熱田・香取・鹿島・宇佐・阿蘇・香椎・宗像・気比などの大社に置かれた。

たい-・す【帯す】 他動詞サ変{せ/し/す/する/すれ/せよ} 身に着ける。所持する。帯びる。竹取物語 平安—物語 かぐや姫の昇天「この守る人々も弓矢をたいして」訳この守っている人々も弓矢を所持して。

たい-めん【対面】 名詞/—す 自動詞サ変 面と向かって会うこと。会って話すこと。「たいめ」とも。

たえ-・す【絶えす】 一 自動詞サ変{せ/し/す/する/すれ/せよ} 中途で切れる。二 他動詞サ四{さ/し/す/す/せ/せ} 絶やす。

たおる【倒る】 ⇩たふる

たから-ぶね【宝船】 名詞 宝物と七福神とを乗せた帆掛け船。除夜または節分の夜、江戸時代中ごろからは正月二日の夜、枕の下に敷いて寝て、縁起のよい夢を見るまじないとした。季春。

参考 枕の下に敷く宝船の絵には、「ながきよのとをのねぶりのみなめざめなみのりぶねのおとのよきかな」という回文歌を書き添えてある。

(宝船)

たくみ【工・匠】 名詞 ❶職人。竹取物語 平安—物語 蓬莱の玉の枝「かの愁へをしたるたくみをば」訳あの訴えをした職人を。❷大工。徒然 鎌倉—随筆 二二「多くのたくみの、心を尽くしてみがきたて」❸ア くわだて。たくらみ。はかりごと。熊野御本地 室町—物語 御伽「またいろいろのたくみどもせられけり」訳またいろいろのくわだてなどもなさった。イ 工夫。趣向。太平記 室町—物語 三「城の中たくみを替へて防ぎける間」訳城の中では工夫をこらして防いでいた間。◇「企み」とも書く。

た-くら・ぶ【た比ぶ・た較ぶ】 他動詞バ下二{べ/べ/ぶ/ぶる/ぶれ/べよ} 比べる。今昔物語 平安—説話 二二・八「その国のあまたの后をたくらぶるに」訳その国の大勢の后を比べると。◆「た」は接頭語。

たし 助動詞ク型

未然形	連用形	終止形	連体形	已然形	命令形
(たく) たから	たく たかり	たし	たき たかる	たけれ	○

❶〔話し手、書き手自身、また、それ以外の人の希望を表す〕…たい。❷〔他へのを表す〕…ほしい。…たい。▼動詞「あり」の下に付いて、状態の実現を希望する。

にて 格助詞 《接続》体言、まれに活用語の連体形に付く。

文脈の研究 ❸のこの用例は全体が竹取の翁の会話文であるが、「こ」が和歌表現における掛詞の実質を持って機能しており、子の意と籠(=かご)の意とが生かされた文例である。

歴史スコープ 語法・文法

しむ 助動詞下二型

語法 使役の「しむ」 尊敬語・謙譲語を伴わないで単独で用いられる「しむ」は、❶の使役の意味で、奈良時代以前にはほとんどこの意味で用いられた。

注意 「しめ給ふ」には二通りあり、「…に」に当たる使役の対象の人物が文脈上存在する場合は使役、そうでない場合は最高敬語(二重敬語)と見てよい。

語の歴史 平安時代の使役表現では、和文体で「す」「さす」が用いられ、漢文訓読調の文章では「しむ」が用いられた。

ただ-ひとり-あ・る-のみ-こそ-よ・けれ【ただひとりあるのみこそよけれ】 徒然 鎌倉—随筆 七五「まぎるる方なく、ただひとりあるのみこそよけれ」

品詞分解 ただ=副詞 ひとり=名詞 ある=動詞「あり」体 のみ=副助詞 こそ=係助詞 よけれ

たち-【立ち】 接頭語 動詞に付いて意味を強める。「たち代はる」「たち添ふ」「たち勝る」

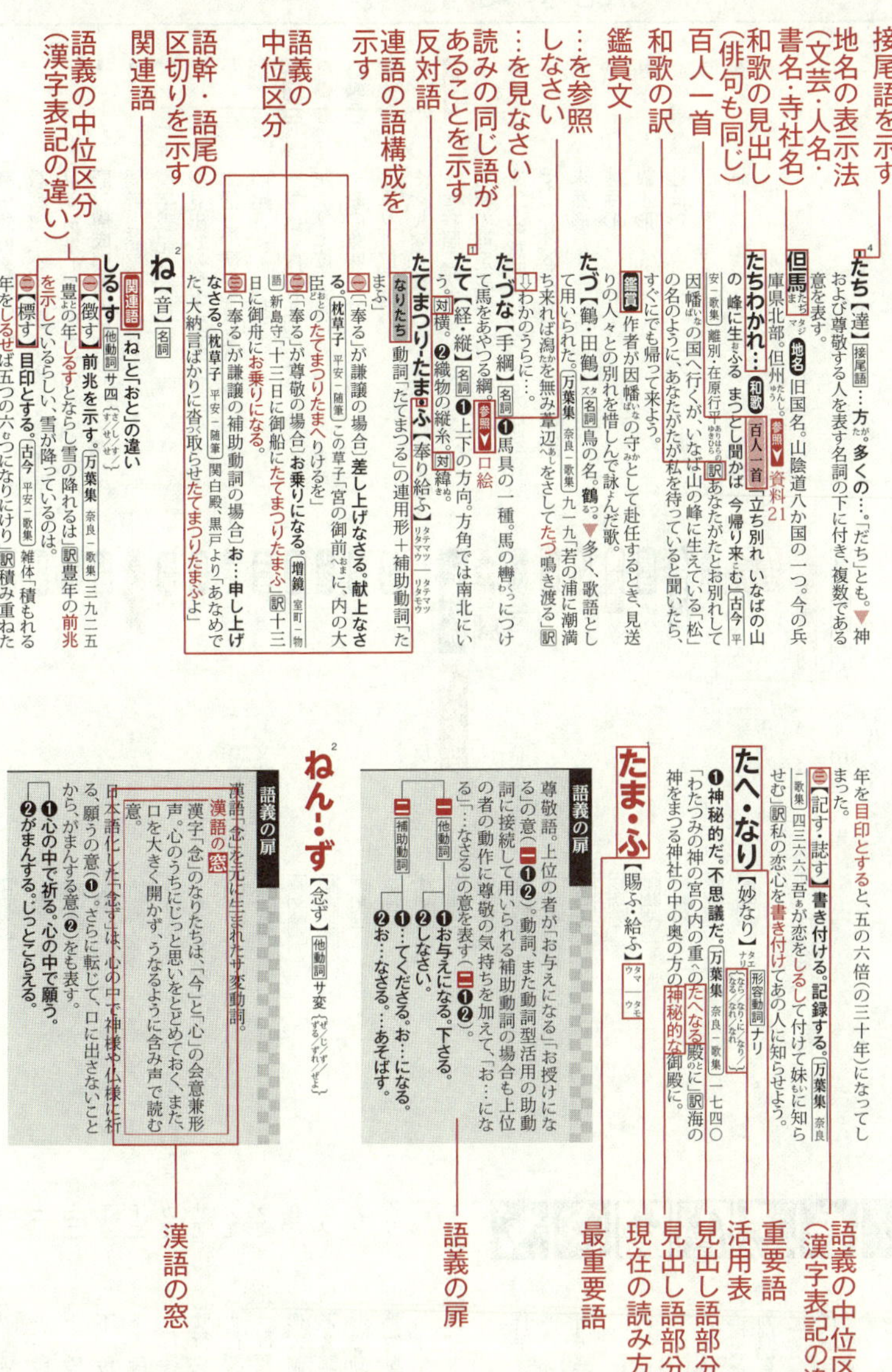

たち[4]【達】〔接尾語〕…方(がた)。多くの…。「だち」とも。▼神および尊敬する人を表す名詞の下に付き、複数である意を表す。

但馬(たぢま)〔マタジ〕〔地名〕旧国名。山陰道八か国の一つ。今の兵庫県北部。但州(たんしう)。〔参照〕▼資料21

たちわかれ…〔和歌〕〔百人一首〕「立ち別れ いなばの山の 峰に生ふる まつとし聞かば 今帰り来む」〔古今〕平安一歌集 離別・在原行平(ありはらのゆきひら)〔訳〕あなたがたとお別れして因幡(いなば)の国へ行くが、いなばの山の峰に生えている「松」の名のように、あなたがたが私を待っていると聞いたら、すぐにでも帰って来よう。

〔鑑賞〕作者が因幡(いなば)の守(かみ)として赴任するとき、見送りの人々との別れを惜しんで詠んだ歌。

たづ【鶴・田鶴】〔名詞〕鳥の名。鶴(つる)。▼多く、歌語として用いられた。〔万葉集〕奈良一歌集 九一九「若の浦に潮満ち来れば潟(かた)を無み葦辺(あしべ)をさしてたづ鳴き渡る」〔訳〕⇩わかのうらに…。

たづな【手綱】〔名詞〕❶馬具の一種。馬の轡(くつわ)につけて馬をあやつる綱。〔参照〕▼口絵

たて[1]【経・縦】〔名詞〕❶上下の方向。方角では南北にいう。❷織物の縦糸。〔対〕横。〔対〕緯(ぬき)。

たてまつり-たま・ふ【奉り給ふ】タテマツリタマウ｜タテマツリタモウ

〔なりたち〕動詞「たてまつる」の連用形＋補助動詞「たまふ」

㊀「奉る」が謙譲の場合」**差し上げなさる。献上なさる。**〔枕草子〕平安一随筆 この草子「宮の御前(おまへ)に、内の大臣(おとど)のたてまつりたまへりけるを」

㊁「奉る」が尊敬の場合」**お乗りになる。**〔増鏡〕室町一物語 新島守「十三日に御船にたてまつりたまふ」〔訳〕十三日に御舟にお乗りになる。

㊂「奉る」が謙譲の補助動詞の場合」**お…申し上げなさる。**〔枕草子〕平安一随筆 関白殿、黒戸より「あなめでた、大納言ばかりに沓(くつ)取らせたてまつりたまふよ」

ね[2]【音】〔名詞〕

〔関連語〕「ね」と「おと」の違い

しる・す

㊀【徴す】〔他動詞〕サ四 {さ/し/す/す/せ/せ} **前兆を示す。**〔万葉集〕奈良一歌集 三九二五「豊(とよ)の年しるすとならし雪の降れるは」〔訳〕豊年の前兆を示しているらしい、雪が降っているのは。

㊁【標す】**目印とする。**〔古今〕平安一歌集 雑体「積もれる年をしるせば五つの六(むゆ)つになりにけり」〔訳〕積み重ねた年を目印とすると、五の六倍（の三十年）になってしまった。

㊂【記す・誌す】**書き付ける。記録する。**〔万葉集〕奈良一歌集 四三六六「吾(あ)が恋をしるして付けて妹(いも)に知らせむ」〔訳〕私の恋心を書き付けてあの人に知らせよう。

たへ・なり【妙なり】タエナリ〔形容動詞〕ナリ {なら/なり・に/なり/なる/なれ/なれ}

❶**神秘的だ。不思議だ。**〔万葉集〕奈良一歌集 一七四〇「わたつみの神の宮の内の重(へ)のたへなる殿(との)に」〔訳〕海の神をまつる神社の中の奥の方の神秘的な御殿に。

たま・ふ[1]【賜ふ・給ふ】タマウ｜タモウ

語義の扉

尊敬語。上位の者が「お与えになる」「お授けになる」の意（㊀❶❷）。動詞、また動詞型活用の助動詞に接続して用いられる補助動詞の場合も上位の者の動作に尊敬の気持ちを加えて、「お…になる」「…なさる」の意を表す（㊁❶❷）。

㊀他動詞 ❶お与えになる。下さる。❷しなさい。

㊁補助動詞 ❶…てくださる。お…になる。❷お…なさる。…あそばす。

ねん・ず[2]【念ず】〔他動詞〕サ変 {ぜ/じ/ず/ずる/ずれ/ぜよ}

語義の扉

漢語「念」を元に生まれたサ変動詞。

漢語の窓

漢字「念」のなりたちは、「今」と「心」の会意兼形声。心のうちにじっと思いをとどめておく、また、口を大きく開かず、うなるように含み声で読む意。

日本語化した「念ず」は、心の中で神様や仏様に祈る、願うの意（❶）。さらに転じて、口に出さないことから、がまんする意（❷）をも表す。

❶心の中で祈る。心の中で願う。

❷がまんする。じっとこらえる。

記号・略号一覧

- 1 2 3　歴史的仮名遣いが同じ語
- ＊　教科書・大学入試によく出る基本語
- †　品詞分解しづらい長い句
- ▮　語の構成要素の区切り
- ●　語幹と語尾の区切り
- 【　】　漢字表記
- 〖　〗　空見出しの漢字表記
- ―　二通りの読みの区切り
- {は/ひ/ふ/へ/へ}　活用
- 一 二 三　一見出し内の品詞による区分
- ㊀ ㊁ ㊂　左より上位の区分
- ❶ ❷ ❸　一般の意味区分
- ㋐ ㋑ ㋒　右より下位の区分
- ⇩　…を見なさい
- 参照➤　…を参照しなさい
- ▼　語釈の補足説明
- ◆　すべての意味区分についての補足説明
- ◇　その意味区分についての補足説明
- 未　未然形
- 用　連用形
- 終　終止形
- 体　連体形
- 已　已然形（いぜんけい）
- 命　命令形

- 連語
- 枕詞
- 歌枕
- 和歌
- 百人一首
- 歌謡
- 俳句
- 季　（＝季語）
- 文芸　（＝文芸用語）
- 書名
- 人名
- 地名
- 寺社
- 対　（＝反対語）
- 語義の扉　語義の扉
- 漢語の窓
- なりたち　（＝語の構成）
- 参考
- 注意
- 関連語
- 語法
- 品詞分解
- 鑑賞
- 語の歴史
- 歴史スコープ
- 源氏 平安―物語　（＝出典、成書時代、ジャンル）
- 訳　（＝現代語訳）

【品詞】

- 名詞
- 代名詞
- 自動詞
- 他動詞
- ―す（＝「す」が付いてサ変動詞になることを示す。）
- 形容詞
- 形容動詞
- 補助動詞
- 補助形容詞
- 連体詞
- 副詞
- 接続詞
- 感動詞
- 格助詞
- 接続助詞
- 副助詞
- 係助詞
- 終助詞
- 間投助詞
- 助動詞
- 接頭語
- 接尾語

- 四　四段活用
- 上一　上一段活用
- 上二　上二段活用
- 下一　下一段活用
- 下二　下二段活用
- カ変　カ行変格活用
- サ変　サ行変格活用
- ナ変　ナ行変格活用
- ラ変　ラ行変格活用
- ク　形容詞ク活用
- シク　形容詞シク活用
- ナリ　形容動詞ナリ活用
- タリ　形容動詞タリ活用

・古典の常識のジャンル

- 作品
-  有識・その他
- 人物（男）
- 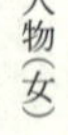 人物（女）
-  動植物
-  民俗
-  ことば関連
-  貴族の生活

あ[1]【足】名詞 **足**。万葉集 奈良―歌集 三三八七「あの音せず行かむ駒もが葛飾の真間の継ぎ橋止まず通はむ」訳足の音を立てないで行くような馬があればなあ。葛飾の真間継ぎ橋をたえず通おう。

参考 奈良時代以前の語。「足占」「足結ひ」などのように多く複合語の形で使われた。

あ[2]【案】名詞 **考え。思案。**◆「あん(案)」の撥音「ん」が表記されない形。

あ[3]【吾・我】代名詞 **わたし。**▼自称の人称代名詞。万葉集 奈良―歌集 八九〇「出でてゆきし日を数へつつ今日今日とあを待たすらむ父母らはも」訳出発していった日を指折り数えて今日こそは今日こそはと私を待っていらっしゃることだろう、父上母上は。

語の歴史 主に奈良時代以前に使われた語。平安時代以後は、助詞「が」を伴った「あが君」「あが仏」などの形でのみ使われた。参照▶ あが。

あ[4]【彼】代名詞 **あれ。あちら。あの人。**▼遠称の指示代名詞。更級 平安―日記 竹芝寺「あの男、こち寄れ」訳あちらの男よ、こちらへ寄りなさい。

あ[5] 感動詞 ❶**あっ。ああ。**▼驚いたり感動したりしたときに発する語。❷**おい。**▼呼びかけるときに発する語。❸**はい。**▼答えるときに発する語。去来抄 江戸―論 先師評「凡兆、『あ』と答へて」訳(芭蕉の弟子である)凡兆は「はい」と答えて。

ああ 感動詞 ❶**ああ。**▼感動したときに発する語。❷**はい。はあ。**▼相手の問いかけに答える語。問い返す気持ちを含むこともある。源氏物語 平安―物語 若菜上「耳もおぼおぼしかりければ、『ああ』とかたぶきて」訳耳もよく聞こえなかったので、「はあ」と言って頭を傾けて。❸**もし。**▼相手に呼びかける語。

ああ-まうし【ああ申し】連語

なりたち 感動詞「ああ」＋「申し」

ああ、もし。▼呼びかけるときに発する語。国姓爺 江戸―浄瑠 浄瑠・近松「ああまうし御堪忍。御免御免と手を合はせ」訳ああ、もしどうかお許しを。御容赦を、御容赦を、と手を合わせ。

あい[1]【合い・会い・逢い・相・間】⇩あひ

あい[2]【藍】⇩あゐ

あい[3]【愛】名詞 ❶親子や兄弟などの間で交わされる情愛。❷生物や品物を気に入って大切にすること。❸仏教語。執着を貫こうとすること。愛執。愛欲。❹愛想。愛敬。

あい-きゃう【愛敬】名詞「あいぎゃう」の変化した語。**愛らしさ。かわいらしさ。**

あい-ぎゃう【愛敬】名詞

語義の扉

人の心をひきつける、にこやかで上品な魅力を表し、顔立ち・表情の愛らしさから、性格・言動のかわいらしい魅力・やさしさまで幅広く用いられる。

❶いつくしみ敬うこと。親しみ好むこと。
❷顔立ち・表情などがかわいらしいこと。愛らしさ。魅力。
❸心がやさしく、思いやりがあること。

❶**いつくしみ敬うこと。親しみ好むこと。敬愛。**風姿花伝 室町―論 五「この芸とは、衆人愛敬をもて、一座建立の寿福とせり」訳この(猿楽の)芸というものは、大勢の人が親しみ好むことをもって、一座を成り立たせる幸せの基礎としている。

❷(仏のおだやかで慈悲にあふれた顔相の意の仏教語「愛敬(の)相」という語から)**顔立ち・表情などがかわいらしいこと。愛らしさ。魅力。**枕草子 平安―随筆 木の花は「あいぎゃうおくれたる人の顔などを見ては」訳かわいらしさが劣っている人の顔などを見ては。

❸**心がやさしく、思いやりがあること。**徒然 鎌倉―随筆 一「あいぎゃうありて、言葉多からぬこそ、飽かず向かはまほしけれ」訳やさしさがあって、口数の多くない人こそ、飽きることなくずっと向かいあっていたいものだ。

語の歴史 室町時代以後は「あいきゃう」と清音でも発音されるようになり、❷❸には、江戸時代以降「愛嬌」の字が当てられるようになった。

あいぎゃう-づ・く【愛敬づく】自動詞 カ四 {か/き/く/く/け/け} **魅力がある。愛らしさがある。**枕草子 平安―随筆 鳥は「夜深くうちいでたる声の、らうらうじうあいぎゃうづきたる」訳夜が更けて鳴き出した(ほととぎすの)声の、気品があって美しく魅力があるのは。

あい-げう【愛楽】名詞／―す 他動詞 サ変 親しみ愛すること。徒然 鎌倉―随筆 一三四「人にあいげうせられずして衆に交はるは」訳人々に親しみ愛されないで、多くの人と付き合うのは。◆もと仏教語で、仏の教えを願い求めるの意。

あい-さつ【挨拶】名詞／―す 自動詞 サ変 ❶**あいさつ。**▼人と会ったり別れたりするときの言葉や動作。❷**対応。返事。**❸**間柄。関係。仲。**❹**紹介。仲介。世話。**◆もと禅宗で用いた語。問答を行って、僧の悟りの程度を試すこと。

あいさつ-き・る【挨拶切る】連語 **関係を絶つ。縁を切る。**心中天網島 江戸―浄瑠 浄瑠・近松「あいさつきると取り交はせしその文を反古にし」訳(治兵衛と)縁を切るとして取り交わしたあの手紙をむだにして。

あい-しふ【愛執】名詞 仏教語。愛するものに強く執着すること。愛着。

あい-しゃう【哀傷】一 名詞／―す 自動詞 サ変 (人の死などを)悲しみ嘆くこと。悲哀。

二 名詞「哀傷歌」に同じ。

哀傷歌 文芸 勅撰和歌集における、和歌の分類の一つ。人の死を悲しむ歌で、『万葉集』の「挽歌」に当たる。和歌集の部立てとしては、最初の勅撰和歌集『古今和歌集』に始まる。

あい-・す*【愛す】他動詞 サ変 {せ/し/す/する/すれ/せよ}

語義の扉

漢語「愛」を元に生まれたサ変動詞。

漢語の窓
漢字「愛」のなりたちは、「旡」と「心」と「夂」の会意。うまく歩くことができないほどせつなく、いとおしく思う気持ちの意。

日本語化した「愛す」は、相手をかわいく思い愛情をそそぐ、気に入る意(❶❷)。また、仏教語の「愛着」と同じく、愛情や欲望にとらわれて執着する意(❸)、さらに、相手と適度に対応することから、あやす、適当にあしらう意(❹)を表す。

❶㊉かわいがる。愛情をそそぐ。
❷㊉気に入る。好む。
❸㊀気にかけて執着する。
❹あやす。適当にあしらう。

❶**かわいがる。愛情をそそぐ。** 堤中納言 平安—物語 虫めづる姫君「この虫どもを朝夕に**あいし**給ふ」訳この虫たちを朝夕**かわいがり**なさる。❷**気に入る。好む。** 今昔物語 平安—説話 一九・九「**あいし**て手の裏に据ゑて差し上げ差し下ろし」訳**気に入っ**て手のひらにのせて上げたり下げたりし。❸**気にかける。執着する。** 方丈記 鎌倉—随筆「今、草庵を**あいする**も、咎とす」訳今、(自分の住む)草ぶきの粗末な庵を**気にかけ執着する**のも、(仏道では)罪となることである。❹**あやす。適当にあしらう。** 平家物語 鎌倉—物語 九・二度之懸「よしよし、しばし**あいせよ**」訳まあよい、しばらく**適当にあしらえ**。

◆**学習ポイント❶**
古語の「愛」と「愛す」
現代語の「愛」「愛する」は、対等の立場での好意や愛情(特に男女間の恋愛感情)をいうことが多いが、古語の「愛」「愛す」は、親が子を、夫が妻を、男が女を、人物が動物をなどのように、優位な立場にある者が、弱小の者をいとおしみ、かわいがり、大切にする気持ちを表すことが多い。

また、現代語の「愛」「愛する」は、よい意味やプラスの語感を持つが、古語の「愛」「愛す」は、必ずしもそうではない。特に仏教的な見方でこれらの語が用いられる時は、仏教では物事に執着することをよしとしないところから、悪い意味やマイナスの語感を持つ。

あいだ〖間〗⇩あひだ

あいだち-な・し 形容詞ク{(く)・から/く・かり/し/き・かる/けれ/かれ}❶**無愛想だ。つれない。** 源氏物語 平安—物語 夕霧「心よからず、**あいだちなき**者に思ひ給へる」訳気だてがよくなく、**無愛想な**人だと思っていらっしゃるのは。❷**遠慮がない。あけすけだ。** 源氏物語 平安—物語 宿木「**あいだちなく**ぞうれへ給ふ」訳**あけすけに**愚痴をこぼしなさる。

参考 語源は「愛立ちなし」「間立ちなし」の二説があり、確定的ではない。

あいだて-な・し 形容詞ク{(く)・から/く・かり/し/き・かる/けれ/かれ}❶**度が過ぎている。常軌を逸している。** ❷**無分別だ。思慮がない。** 用明天皇 江戸—歌舞 浄瑠・近松「**あいだてなし**とも狂気とも笑はば笑へ」訳**無分別だ**とも狂気だとも笑うなら笑うがいい。

あいた-どころ【朝所】名詞 太政官庁の北東にあった建物。儀式などの際に参議以上の人が会食をした。ここで政務を執り、会議を行うこともあった。「あいたんどころ」とも。◆「あしたどころ」の変化した語。

あい-だ・る 自動詞ラ下二{れ/れ/る/るる/るれ/れよ}**なよなよしている。** 源氏物語 平安—物語 柏木「いと若やかになまめき、**あいだれ**てものしたまひし」訳とても若々しくて優雅で、**なよなよし**ていらっしゃった。

あいたん-どころ【朝所】名詞「あいたどころ」に同じ。

あい-ぢやく【愛着】名詞/—す 自動詞サ変 仏教語。深く愛して執着すること。愛執。徒然 鎌倉—随筆 九「まことに、**あいぢやく**の道、その根深く」訳本当に、男女の**深く愛して執着をする**という方面のことは、そのもとは深く。

あい-な・し 形容詞ク{(く)・から/く・かり/し/き・かる/けれ/かれ}

語義の扉
対象を素直に受け入れられない気分をいう。「合ひ(調和)なし」「愛(おもしろみ)なし」、また、「あや(筋道)なし」の変化ともいう。

❶気に入らない。不快である。
❷つまらない。おもしろくない。
❸不似合いだ。不調和だ。
❹(連用形「あいなく」「あいなう」の形で)わけもなく。

❶**気に入らない。不快である。** 源氏物語 平安—物語 桐壺「上達部・上人なども、**あいなく**目をそばめつつ」訳上達部や殿上人なども、みな**気に入らなく**て目をそむけて。❷**つまらない。おもしろくない。** 徒然 鎌倉—随筆 七三「世に語り伝ふること、まことは**あいなき**にや、多くはみな虚言なり」訳世間に語り伝えていることは、真実は**つまらない**のであろうか、多くはみんなつくりごとである。❸**不似合いだ。不調和だ。** 枕草子 平安—随筆 木の花は「げに、葉の色よりはじめて、**あいなく**見ゆるを、唐土には限りなきものにて、文にも作る」訳(梨の花は)ほんとうに、葉の色からして(風流なことには)**不似合いに**見えるが、中国ではこの上なくすばらしいものとして、漢詩にも作る。❹(連用形「あいなく」「あいなう」の形で)**わけもなく。** 源氏物語 平安—物語 澪標「おほかたの世の人も**あいなく**うれしきことに喜び聞こえける」訳世間一般の人も**わけもなく**うれしいこととしてお喜び申し上げた。

参考 平安時代から「あいなし」「あひなし」の両形の表記がある。

あいな-だのみ【あいな頼み】名詞 **当てにならない期待。そら頼み。** 更級 平安—日記 宮仕へ「過ぎにし方のやうなる**あいなだのみ**の心おごりをだに」訳以前のような**そら頼み**をする心のおごりさえ。

あいべつり-く【愛別離苦】名詞 仏教語。「八苦」の一つ。愛する肉親や親しい人と生き別れたり、死に別れたりする苦しみ。

あい-ら・し【愛らし】形容詞シク{(しく)・しから/しく・しかり/し/しき・しかる/しけれ/しかれ}**かわいらしい。** 沙石 鎌倉—説話 一

「御目は細々として、あいらしくおはしますぞや」訳（姫の）御目はほっそりとしていて、かわいらしくいらっしゃいますよ。

あう〖会う・逢う・合う・和う・敢う・饗う〗⇩あふ

あう-い・く【奥行く】自動詞 カ四（か/き/く/く/け/け）**奥の方に行く。更に遠くへ行く。** 枕草子 平安—随筆 五月の御精進のほど「あういかむことこそ、いとすさまじけれ」訳 奥の方に行くようなことは、ひどく興ざめなことだ。

奥羽 地名 陸奥と出羽の両国を合わせていう。今の東北六県。

あう-ぎ【奥義】名詞 学問・芸道・宗教などの奥深くにある重要な意味・道理。極意。「おくぎ」とも。

奥州 地名 陸奥の国の別名。今の福島・宮城・岩手・青森の四県。

あうしう-かいだう【奥州街道】名詞 江戸時代の五街道の一つ。一般に、江戸千住から宇都宮・白河などを経て陸奥（青森県）三厩に至る道をいう。江戸幕府の法制上は江戸から宇都宮までの日光街道を除き、宇都宮から白河までをいう。

あう-な・し【奥無し】形容詞 ク（く・から/く・かり/し/き・かる/けれ/かれ）**深い考えがない。浅はかだ。軽率だ。** 源氏物語 平安—物語 東屋「怪しくあうなく、人の思はむ所も知らぬ人にて」訳 見苦しく浅はかで、人が心に思っていることもわからない人で。

あうむ【鸚鵡】名詞 鳥の名。おうむ。古くは西域の霊鳥とされ、日本には大化年間に新羅から渡来したといわれる。

あう-よ・る【奥寄る】自動詞 ラ四（ら/り/る/る/れ/れ）❶**奥の方へ寄る。** 枕草子 平安—随筆 宮にはじめてまゐりたるころ「あうよりて三、四人さしつどひて絵など見るもあめり」訳 奥の方へ寄って三、四人寄り集まって絵など見ている人もいるようだ。❷**年をとる。老いる。**❸**古風になる。**

あ-うら【足占】名詞 古代の占いの一つ。目標の地点まで歩いて行って、右足で着くか左足で着くかによって恋などの吉凶を占ったといわれる。「あしうら」とも。

あ-うん【阿吽】名詞 ❶吐く息と吸う息。呼吸。❷寺院の山門にある仁王や神社の狛犬などの一対。❸相対する二つのもの。表裏、明暗、善悪など。

参考 梵語の音写。「阿」は口を開いて発する声、「吽」は口を閉じて発する声で、すべての音声の始めと終わりを表す。

あえ〖饗〗⇩あへ

あえか・なり 形容動詞 ナリ（なら/なり・に/なり/なる/なれ/なれ）**か弱い。弱々しい。きゃしゃだ。繊細だ。** 源氏物語 平安—物語 夕顔「世の人に似ず、あえかに見え給ひしも」訳 他の人々とは違って、か弱くお見えになったのも。

あえしらう ⇩あへしらふ

あえず〖敢えず〗⇩あへず

あえて〖敢えて〗⇩あへて

あえなし〖敢え無し〗⇩あへなし

あえ-もの【肖え物】名詞 ❶**手本。見本。**❷**幸福になるためのあやかりもの。**

あお〖青・襖〗⇩あを

あおい〖葵〗⇩あふひ

葵の上 ⇩葵の上

あおうま〖青馬・白馬〗⇩あをうま

青本 文芸 江戸時代中期に出版された「草双紙」の一つ。おとぎ話や、歌舞伎・浄瑠璃・歴史などの話の粗筋に挿し絵を添えた、娯楽的な読み物。表紙が青い色に近い萌黄色であるところからいう。「赤本」のあとに現れた。

あか[1]【赤】名詞 ❶**赤色。**❷「赤米」の略。小粒で赤味を帯びた米。

あか[2]【閼伽】名詞 仏教語。**仏に供える神聖な水。**

あか-[3]【赤】接頭語 〔名詞の上に付いて〕**はっきりした。隠す所のない。まったくの。**「あか裸」

あ-が*【吾が・我が】連体詞 **私の。** ▼相手を呼ぶ語の上に付いて、親しみの気持ちを表すことが多い。源氏物語 平安—物語 玉鬘「あが姫君」訳 私の姫君。

なりたち 平安時代に代名詞「あ」に格助詞「が」の付いたかたちが一語化したもの。

参考 奈良時代以前の「あが」は連体詞とはしないで、「あ」と「が」の二語とみなす。参照▼ あ（吾）。

あかあか-と[1]【明明と】副詞 **たいへん明るく。** 讃岐典侍 平安—日記 上「御枕がみに大殿油近く参らせて、あかあかとあり」訳 御まくらもとに灯火を近くお置き申し上げて、たいへん明るくなっている。

あかあかと…[2] 俳句「あかあかと 日はつれなくも 秋の風」奥の細道 江戸—紀行 金沢・芭蕉 訳 立秋も過ぎたというのに、夕日は相変わらず素知らぬふうに赤々と照りつけ、残暑はきびしいが、さすがに風だけは秋の気配を感じさせる。

鑑賞 この句は、「秋来ぬと目にはさやかに見えねども風の音にぞ驚かれぬる」（『古今和歌集』）〈⇩あききぬと…。〉という歌を念頭に置いて詠んでいる。季語は「秋の風」で、季は秋。

あか-いろ【赤色】名詞 ❶緋・紅・朱色などの総称。❷染め色の一つ。やや黒みがかった赤色。「禁色」の一つ。❸織り色の一つ。縦糸が紫、横糸が赤といわれる。❹襲の色目の一つ。表が赤、裏は二藍。❺「赤色の袍」の略。

あかいろ-の-はう【赤色の袍】連語 ねずみがかった赤色に染めた袍。上皇常用の袍で、時には天皇・摂政・関白なども用いた。

あが-おもと【吾が御許】代名詞 **あなたさま。あなた。** ▼女性、特に宮中や貴族に仕える「女房」を親しんで呼ぶ語。

あか-かう【赤香】名詞 染め色の一つ。香色（＝黄色がかった薄赤色）の濃いもの。

あか-かがち【赤酸漿】名詞 熟して赤くなったほおずきの実。

あか-がね【銅・赤金】名詞 **銅。**「あかかね」とも。

あか-がり【皸】名詞 **あかぎれ。**

あか-ぎ【赤木】名詞 ❶皮を削りとった材木。白木。❷花櫚・紫檀・梅・蘇芳など、材質の赤い木。◇「明木」とも書く。対 黒木。

あ-がき【足掻き】名詞 ❶（馬などが）前足で地面をけること。また、そのようにして進むこと。（馬の）歩み。❷もがくこと。

あか-ぎぬ【赤衣】名詞 ❶緋色の「袍」。五位の官人が着る朝服。❷赤色・薄紅色の狩衣。検非違使の下役人や貴族の下人が着用した。

あが-きみ【吾が君】 名詞 あなた。あなたさま。▼相手を親しんで、また敬愛の気持ちをこめて呼びかける語。源氏物語 平安―物語 夕顔「あがきみ、生き出で給へ」訳あなた(＝夕顔)、生き返ってください。

あ-が・く【足掻く】 自動詞カ四{か/き/く/く/け/け} ❶(馬などが)前足で地面をける。万葉集 奈良―歌集 一一四一「武庫川の水脈を速みと赤駒のあがく激ちに濡れにけるかも」訳武庫川の流れが速いからか赤毛の馬が地面をけるしぶきに濡れてしまったよ。❷もがく。宇治拾遺 鎌倉―説話 一二・一九「虎、逆さまにふして倒れてあがくを」訳虎がまっさかさまに転倒してもがくのを。❸あくせくする。

あか-くちば【赤朽ち葉】 名詞 染め色の一つ。朽ち葉色(＝茶色)の赤味を帯びたもの。

あが-こころ【吾が心】 枕詞 心が明るい、心を尽くす、心が清いの意から、地名の「明石」「筑紫」「清澄」にかかる。万葉集 奈良―歌集 三六二七「さ夜更けて行くへを知らにあがこころ明石の浦に船泊めて浮き寝をしつつわたつみの沖辺を見れば」訳夜がふけて、行き先もわからないので明石の浦に船をとめて浮き寝しながら海原の沖の方を見ると。

あかざ-の-あつもの【藜の羹】 連語 あかざの葉の吸い物。粗末な料理のたとえにいう。

1 **あかし【明かし・灯】** 名詞 ともしび。あかり。▼多く、「みあかし」「おほみあかし」の形で、神仏の灯明の意に用いる。

2 **あか・し【赤し】** 形容詞ク{(く)・から/く・かり/し/き・かる/けれ/かれ} 赤い。伊勢物語 平安―物語 九「白き鳥の、嘴と脚とあかき」訳白い鳥であって、くちばしと脚とが赤い(鳥)。

3 **あか・し【明かし】** 形容詞ク{(く)・から/く・かり/し/き・かる/けれ/かれ} ❶明るい。更級 平安―日記 大納言殿の姫君「その十三日の夜、月いみじく隈なくあかきに」訳その十三日の夜、月がたいそう曇りもなく明るいのに。❷清らかだ。偽りがない。続日本紀 平安―史書 文武「あかき浄き直き誠の心をもちて」訳清らかでうそのない素直で誠実な心によって。

4 **明石(あかし)** 地名 今の兵庫県明石市一帯。海岸は「明石の浦」と呼ばれ、古来須磨と並んで名勝の地として有名。『源氏物語』第十三帖の「明石」の巻の舞台としても知られる。参考 形容詞「明かし」との掛け詞となる。

あかし-くら・す【明かし暮らす】 自動詞サ四{さ/し/す/す/せ/せ} 日々を過ごす。竹取物語 平安―物語 竜の頸の玉「ひとりあかしくらし給ふ」訳ひとりで日々をお過ごしになる。

明石(あかし)の上(うへ) アカシノウエ ⇨明石の君

明石(あかし)の浦(うら) 地名 歌枕 今の兵庫県明石市一帯の海岸で、明石海峡を隔てて淡路島を南にのぞみ、海岸の景色の美しい場所として名高い。

明石(あかし)の君(きみ) 人名 『源氏物語』の作中人物。前播磨守の明石の入道の娘。須磨に流された光源氏との間に姫君が生まれる。上京後この姫君は光源氏の妻の紫の上の養女となり、のちに中宮になって、母の明石の君も幸福な人生を送る。

あか・す【明かす】 他動詞サ四{さ/し/す/す/せ/せ} ❶明るくする。万葉集 奈良―歌集 三六四八「海原の沖辺にともし漁る火はあかしてともせ大和島見む」訳広い海の沖のあたりにともして漁をする火は明るくして照らしてくれ。大和の国を見よう。❷夜を明かす。伊勢物語 平安―物語 八三「親王、大殿ごもらであかし給うてけり」訳親王は、おやすみにならないで夜を明かしなさってしまった。❸明らかにする。はっきりさせる。大鏡 平安―物語 後一条「次に大臣の続きはあかさむ」訳次に(藤原の)大臣の順序を明らかにしよう。❹打ち明ける。源氏物語 平安―物語 若菜下「まほにそのこととはあかし給はねど」訳あからさまにそのこととは打ち明けなさらないけれど。

あか-ず【飽かず】 連語

語義の扉
動詞「飽く」の未然形に打消の助動詞「ず」の連用形が付いた形が副詞のようなはたらきで用いられた連語で、それで十分だという気持ちを表し、否定的にも肯定的にも用いる。

❶満ち足りず。不満足で。もの足りなく。名残惜しい。徒然 鎌倉―随筆 七「あかず惜しと思はば、千年を過ぐすとも、一夜の夢の心地こそせめ」訳(いつまで生きても)満ち足りずに(死ぬのが)惜しいと思うならば、たとえ千年を過ごしたとしても、たった一夜の夢のように短い気がするであろう。❷飽きることがなく。いやになることがなく、ずっと。徒然 鎌倉―随筆 一「愛敬ありて、言葉多からぬこそ、あかず向かはまほしけれ」訳やさしさがあって、口数の多くない人こそ、飽きることなくずっと向かいあっていたいものだ。参照▼あかなくに。あかで。

* **あか-ず-や-あり-けむ【飽かずやありけむ】** 連語 なりたち 動詞「あく」の未然形＋打消の助動詞「ず」＋係助詞「や」＋動詞「あり」の連用形＋過去推量の助動詞「けむ」の連体形 飽き足りなかったのであろう。満足しなかったのだろう。土佐日記 平安―日記 一・二〇「あかずやありけむ、二十日の夜の月いづるまでぞありける」訳(名残惜しく、まだ)飽き足りなかったのであろう。二十日の夜ふけの月が出るまでそこに残っていた。

赤染衛門(あかぞめゑもん) アカゾメエモン 人名 生没年未詳。平安時代中期の女流歌人。父は赤染時用、実父は平兼盛か。大江匡衡と結婚、藤原道長の妻倫子に仕え、のち、その娘彰子の女房となった。鋭い感受性で上品な和歌を詠み、和泉式部と並び称され、『栄花物語』の作者ともいわれる。家集に『赤染衛門集』がある。

あがた【県】 名詞 ❶大和朝廷の支配下にあった地方豪族を長とする地域。大化改新以後、「郡」というようになった。❷平安時代、国司など地方官の任地。任国。

あがた-ありき【県歩き】 名詞 地方官が地方の任国から地方の任国へと転勤すること。

県居派(あがたゐは) 文芸 江戸時代中・後期の和歌の流派。県居と号した賀茂真淵とその門人の本居宣長・加藤千蔭・村田春海らをいう。歌風は万葉調を主に、古今調あり新古今調ありで、当時の歌壇の主流をなした。「県門派」とも。

あか-だな【閼伽棚】〔名詞〕仏に供える水や花などを置く棚。「あかのたな」とも。

あがた-ぬし【県主】〔名詞〕大和朝廷時代の律令制以前の地方官で、「県」の長。

***あがた-めし**【県召し】〔名詞〕「県召しの除目」の略。〔栄花物語 平安―物語〕駒競べの行幸「新玉の(=枕詞)年立ち返る春のあがためしに」〔訳〕年が改まる春の県召しの除目に。〔対〕司召し。

あがためし-の-ぢもく【県召しの除目】〔名詞〕平安時代以降、国司などの地方官を任命する、宮廷の年中行事。通常、正月の十一日から三日間行われ、「春の除目」ともいわれた。県召し。〔対〕司召しの除目。

あか-ぢ【赤地】〔名詞〕赤い織り地。地色の赤い織物。

あか-つ【頒つ・班つ】〔他動詞〕タ四｛た／ち／つ／つ／て／て｝分ける。分配する。分散させる。〔大和物語 平安―物語〕一四八「ともの人、手をあかちて、もとめさわぎけり」〔訳〕供の人は、手を分けて(=手分けして)、さがすのに大さわぎした。

あか-つき[1]【暁】〔名詞〕夜明け前。未明。▼夜半過ぎから夜明け近くのまだ暗い時分。「あけぼの」よりやや早い時刻をいう。〔古今 平安―歌集〕恋三「有り明けのつれなく見えし別れよりあかつきばかり憂きものはなし」〔訳〕⇩ありあけの…。〔参考〕「あかとき」の変化した語。奈良時代以前は「あかとき」で、平安時代以降は「あかつき」という。⇩あした・ゆふべ

あか-つき[2]【閼伽坏】〔名詞〕仏前に供える水を入れる碗や皿。多く銅製。

あかつき-おき【暁起き】〔名詞〕❶夜明け前に起きること。❷夜明け前に行う勤行。

あかつき-がた【暁方】〔名詞〕夜明け前の暗い時分。〔歌の大むね 江戸―論〕「世にあかつきがたの月より恨めしく思はるる物はなしと言へるなり」〔訳〕まったく夜明け前の暗い時分の月より恨めしく思われるものはないというのである。

あかつき-づくよ【暁月夜】〔名詞〕明け方近くになっても空に月が残っていること。また、その月。◆古くは「あかときづくよ」とも。

あかつき-の-わかれ【暁の別れ】〔連語〕女と夜を共にした男が、暁のころ、女と別れて帰ること。

あか-で【飽かで】〔連語〕〔なりたち〕動詞「あく」の未然形＋打消の意の接続助詞「で」
満ち足りずに。もの足りなく。〔古今 平安―歌集〕離別「むすぶ手の雫に濁る山の井のあかでも人に別れぬるかな」〔訳〕⇩むすぶての…。〔参照▼〕あかず。あかなくに。

あか-で-も【飽かでも】〔連語〕⇩あかで。◆「も」は係助詞

***あか-とき**【暁】〔名詞〕「あかつき(暁)」に同じ。◆「明時」の意から。「あかつき」の奈良時代以前の語。

あかとき-づくよ【暁月夜】〔名詞〕「あかつきづくよ」に同じ。

あかとき-つゆ【暁露】〔名詞〕明け方に置く露。◆後には「あかつきつゆ」。

あか-なく-に【飽かなくに】〔連語〕
〔なりたち〕動詞「あく」の未然形＋打消の助動詞「ず」の古い未然形「な」＋接尾語「く」＋助詞「に」
❶まだ満足していないのに。名残惜しいのに。▼「なくに」が逆接の意を表す。〔古今 平安―歌集〕雑上・〔伊勢物語 平安―物語〕八二「あかなくにまだきも月の隠るるか山の端にげて入れずもあらなむ」〔訳〕⇩あかなくに…。
❷満足していないので。▼「なくに」が順接または詠嘆の意を表す。〔万葉集 奈良―歌集〕一二二二「わが舟の楫はな引きそ倭より恋ひ来し心いまだあかなくに」〔訳〕私の舟の櫓を引いてこぎ始めないでおくれ。大和から恋いしたってやって来た心が、まだ満足していないので。〔参照▼〕あかず。あかで。

あかなくに…〔和歌〕「あかなくに まだきも月の 隠るるか 山の端にげて 入れずもあらなむ」〔古今 平安―歌集〕雑上・在原業平・〔伊勢物語 平安―物語〕八二〔訳〕名残惜しいのに(=まだ十分に見てはいないのに)、早くも月は隠れてしまうのか。西の山の稜線が引っ込んで、月を入れないでほしいものだ。

〔鑑賞〕あるとき、業平は惟喬親王の狩りのお供をし、その夜は一晩中、飲みかつ語り明かしたのだった。十一日の月が沈む時分(=午前三時ごろ)、親王が退席されようとしたときに、名残を惜しんで詠んだ一首。実景の月を親王に見立てた即興性が、おもしろい。「なむ」は、活用語の未然形に付いて相手に対する願望を表す。「…してほしい」と訳す。

あがな-ふ【贖ふ】〔他動詞〕ハ四｛は／ひ／ふ／ふ／へ／へ｝❶「あがふ❶」に同じ。❷「あがふ❷」に同じ。〔雨月物語 江戸―物語〕吉備津の釜「妓女にふかくなじみて、遂にあがなひ出だし」〔訳〕遊女と深くなじみ合う仲となり、とうとう(その遊女を)買い取って。

あか-ぬ【飽かぬ】〔連語〕満ち足りない。名残惜しい。⇩あかぬわかれ

***あか-ぬ-わかれ**【飽かぬ別れ】〔連語〕
〔なりたち〕動詞「あく」の未然形＋打消の助動詞「ず」の連体形＋名詞「わかれ」
名残惜しい別れ。〔後撰 平安―歌集〕恋一「今ぞ知るあかぬわかれの暁は君をこひぢに濡るる物とは」〔訳〕今初めて知った。名残惜しい別れとなった暁の道は、あなたを恋い慕う(涙によってできた)泥土のために濡れるものであることを。

あかね【茜】〔名詞〕❶草の名。根から赤色の染料をとる。〔季〕秋。❷染め色の一つ。❶の根からとった染料で染めた色で、やや黒ずんだ赤色。

あかね-さす[1]【茜さす】〔枕詞〕赤い色がさして、美しく照り輝くことから「日」「昼」「紫」「君」などにかかる。〔万葉集 奈良―歌集〕二〇「あかねさす紫野行き」〔訳〕⇩あかねさす…。

あかねさす…[2]〔和歌〕「あかねさす(=枕詞) 紫野行き 標野行き 野守は見ずや 君が袖振る」〔万葉集 奈良―歌集〕二〇・額田王〔訳〕紫草の生えている野原を行き、立ち入りできない御料地の野原を行き来

あ

して、野の番人が見はしないでしょうか。あなたが私に向かって袖を振っているのを。

鑑賞 人目を忍ぶ恋を詠んだもので、この歌に答えた大海人皇子の歌は「紫草の匂へる妹を憎くあらば人妻ゆゑに我恋ひめやも」(『万葉集』)〈⇩むらさきのにほへるいもを…〉である。

あか-はた【赤旗】 名詞 ❶赤地の旗。天皇にかかわる印として用いられた。❷平安時代末期、源氏の白旗に対し平氏(=平家)の旗。

あがひ【贖ひ】 名詞 罪をつぐなうこと。**賠償。**

赤人 ⇩山部赤人

あか-ひも【赤紐】 名詞「小忌衣」の右肩(舞人は左肩)につけて、前後に垂らした飾りのひも。古くは赤色、のちには濃紫と蘇芳色の絹に蝶・鳥をえがいた二本のひも。

あが・ふ【贖ふ】 他動詞ハ四{は/ひ/ふ/ふ/へ/へ} ❶金品を代償にして罪をつぐなう。**贖罪する。つぐなう。** 宇治拾遺 鎌倉―説話 八・四「この科は、四巻経書き、供養してあがはん」訳この罪は金光明経四巻を書き、供養してつぐなおう。❷**買い求める。** 今昔物語 平安―説話 九・三九「銭十万をもってこれをあがふに」訳銭十万でこれを買い求めたが。◆奈良時代以前から平安時代には「あかふ」。後に「あがなふ」とも。

あか-ほし【明星】 名詞 **明けの明星。** ◆後に「あかぼし」とも。対夕星

あかほし-の【明星の】 枕詞「明星」が明け方に出ることから「明く」に、また、それと同音の「飽く」にかかる。万葉集 奈良―歌集 九〇四「あかほしの明くる朝はしきたへの床の辺去らず立てれども居れどもともに戯れ」訳朝になれば床のあたりをはなれず、立っていても座っていても共にたわむれ、

あが-ほとけ【吾が仏】 連語 **わたくしの大切なお方。** ▼自分の守り仏のように大切に思っている人に呼びかける語。

赤本 文芸 江戸時代中期に出版された「草双紙」の一つ。五枚一冊の、子供向けの絵本で、おとぎ話や、歌舞伎・浄瑠璃などの話の粗筋を内容とする。表紙が赤いところからの名称。後の「黄表紙」や「合巻」の源流として、文学史的な意義がある。

あがま・ふ【崇ふ】 他動詞ハ下二{へ/へ/ふ/ふる/ふれ/へよ}「あがむ」に同じ。

あか・む【赤む】

一 自動詞マ四{ま/み/む/む/め/め} **赤くなる。赤みを帯びる。** 枕草子 平安―随筆 清水にこもりたりしに「唐の紙のあかみたるに」訳中国製の紙の赤みを帯びたものに。

二 他動詞マ下二{め/め/む/むる/むれ/めよ} (顔などを)**赤くする。赤らめる。** 源氏物語 平安―物語 手習「面もあかめ給へるも」訳顔を赤くしなさるのも。

あが・む【崇む】 他動詞マ下二{め/め/む/むる/むれ/めよ} ❶**尊敬する。崇拝する。** 大鏡 平安―物語 時平「いとかしこくあがめ奉り給ふめり」訳大変おそれ多いものと尊敬申し上げなさるようだ。❷**大切にする。寵愛する。** 源氏物語 平安―物語 若菜上「あがめられかしづかれし、人の娘の」訳寵愛され大事に育てられた人の娘が。

あか-もがさ【赤疱瘡】 名詞 病気の一つ。**はしか。**

あから-さま・なり

形容動詞ナリ{なら/なり・に/なり/なる/なれ/なれ}

語義の扉

「あから」は「一時的に離れる」がもとの意味。奈良時代以前には❶の意で、平安時代には主に❷❸の意で用いられた。

- ❶急だ。突然だ。たちまちだ。
- ❷ほんのちょっとだ。かりそめだ。
- ❸〔打消の語を下接して〕ほんの少しも。かりそめにも。まったく。
- ❹あらわだ。明白だ。露骨だ。

❶**急だ。突然だ。たちまちだ。** 日本書紀 奈良―史書 雄略「嗔猪、草中よりあからさまに出でて人を逐ふ」訳怒り狂ったいのししが、草の中から急に出てきて人を追う。

❷**ほんのちょっとだ。かりそめだ。** 紫式部 平安―日記 寛弘五・一一・一「あからさまにまかでたるほど、二日ばかりありてしも雪は降るものか」訳ほんのちょっと(私が里に)退出している間、二日ほどたって(あいにくにも)雪が降ったではないか。

❸〔打消の語を下接して〕**ほんの少しも。かりそめにも。まったく。ちっとも。** 源氏物語 平安―物語 葵「大将の君は、二条院にだに、あからさまにも渡り給はず」訳大将の君(=源氏)は、(紫の上のいる)二条院にさえ、まったくお出かけにならない。

❹**あらわだ。明白だ。露骨だ。** 一代女 江戸―物語 浮世・西鶴「女はうつくしき肌をあからさまになし」訳女は美しい肌をあらわにして。

◆学習ポイント❷

「あからさまなり」の用法

現代語の「あからさま」は、あらわだ、露骨だの意味で使われるが、これは江戸時代以降の用法で、古語では、急だ、ほんのちょっと、かりにの意味を表す。もとになった動詞「あかる」(=散り散りになる)の意から、原義は散り散りになるさま、あっけないさまをいう。そこから、ほんのちょっと、かりになどの意に転じた。

ただし、急だ、突然だの意味での用例は奈良時代以前に多く、ほんのちょっと、かりにの意味での用例は平安時代に多い。また、下に打消の語を伴って、たとえば「あからさまにも渡り給はず」のような場合は、ほんの少しも、まったくの意味となり、〈まったくおいでにならない〉のように訳す。

あから-ひく【赤ら引く】 枕詞 赤い色を帯びて輝く意から「肌」「日」「朝」などにかかる。万葉集 奈良―歌集 二三九九「あからひく肌も触れずて寝たれども心を異には我が思はなくに」訳肌も触れないで寝たけれど、あだな心を私はもっていない。

あから-め【傍目】

名詞／―す 自動詞サ変

❶**よそ見。わき見。わき目。** 徒然 鎌倉―随筆 一三七「花の本には、ねぢ寄り立ち寄り、あからめもせずまもりて」訳(桜の)花の下に、にじり寄って近寄り、わき見もしないで見つめて。

❷**浮気。心変わり。** 大和物語 平安―物語 一五七「もと

のごとく、あからめもせで添ひ居にける」訳もとのとおりに、浮気もしないで(この女と)夫婦としてともに暮らしていた。

❸**急に姿を隠すこと。雲隠れすること。** 栄花物語 平安一物語 花山たづぬる中納言「わが宝の君はいづくにあからめせさせ給へるぞや」訳私の大切な主君(=花山天皇)はどこに雲隠れなさったのか。

あかり【明かり】名詞 ❶**明かり。光。** ❷**ともしび。灯火。** ❸**無実であることの証明。** あかし。

あがり【上がり・揚がり】名詞 ❶(位置や程度が)高くなること。❷**仕上がり。できばえ。** ❸地方から京都・大坂に行くこと。おのぼり。❹**前身。**

あがり-うま【上がり馬】名詞 後ろ足で立ち、跳ねる癖のある馬。はね馬。

***あかり-さうじ**【明かり障子】名詞 外の明かりをとるために、枠の片面だけに紙を張った障子。今の障子のこと。「あかりしゃうじ」とも。

あがり-さわ・ぐ【上がり騒ぐ】自動詞ガ四 {が/ぎ/ぐ/ぐ/げ/げ} (馬が)**跳ね上がって騒ぐ。** 枕草子 平安一随筆 正月一日は「馬のあがりさわぐなども、いとおそろしう見ゆれば」訳馬が跳ね上がって騒ぐのなども、とても恐ろしく思われるので。

あかり-しゃうじ【明かり障子】名詞「あかりさうじ」に同じ。

あがり-たる-よ【上がりたる世】連語 **遠い昔。大昔。** ◆「たる」は完了の助動詞「たり」の連体形。

あがりて-の-よ【上がりての世】連語「あがりたるよ」に同じ。

(明かり障子)

1**あか・る**【赤る】自動詞ラ四 {ら/り/る/る/れ/れ} **赤くなる。赤みを帯びる。** 万葉集 奈良一歌集 四二六六「あかる橘髻華にさし紐解き放けて千年寿き」訳赤みを帯びる橘を髪飾りとしてさし、衣の紐を解きくつろいで千秋万歳を祝い。

2**あか・る**【明かる】自動詞ラ四 {ら/り/る/る/れ/れ} **明るくなる。** 枕草子 平安一随筆 春はあけぼの「やうやうしろくなりゆく山ぎは、少しあかりて」訳だんだんと白くなっていく空の、山の稜線に接するあたりが、少し明るくなって。

3**あか・る**【離る・別る】自動詞ラ下二 {れ/れ/る/るる/るれ/れよ} **散り散りになる。別々になる。** 源氏物語 平安一物語 空蟬「うちそよめく心地して、人々あかるるけはひなどすなり」訳ざわざわと衣ずれの音をさせる感じがして、人々が別れていく気配などがするようだ。

関連語「あかる」と「わかる」の違い
「あかる」は「つどふ」の反対語で、多くの人々が集まった場所から離れて別れていく意味を表し、主語が複数の場合に使われている。それに対して「わかる」は、「あふ」の反対語で、一つのものが別々になる意味が原義であり、単数の主語にも使われる。

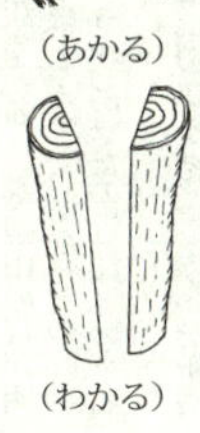
(あかる)

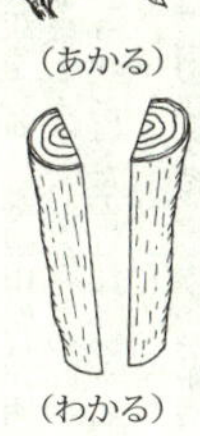
(わかる)

あが・る【上がる】自動詞ラ四 {ら/り/る/る/れ/れ}
❶**高い方に移る。** 更級 平安一日記 後の頼み「蓮華の座の、土をあがりたる高さ三、四尺」訳蓮華の台座が、地上から上がった高さ三、四尺。
㋐(馬が)**はねる。** 枕草子 平安一随筆 正月一日は「馬のあがり騒ぐなどもいとおそろしう見ゆれば」訳馬がはねて騒ぐのなどもとても恐ろしく思われるので。
㋑**時代がさかのぼる。** 大鏡 平安一物語 後一条「大織冠より始め奉りて申すべけれど、それはあまりあがりて」訳大織冠藤原鎌足公から始め申して申し上げるのが当然ですが、それはあまりにも時代がさかのぼって。
㋒(京都で内裏のある)**北へ行く。** 膝栗毛 江戸一物語 滑稽「京都千本通り、中立売ひょいとあがる所」訳京都千本通り、中立売をちょっと北に行ったところ。
❷**官位が進む。昇進する。** 源氏物語 平安一物語 少女「大臣、太政大臣にあがり給ひて」訳(源氏の)内大臣は太政大臣にご昇進になって。
❸**上達する。** 連理秘抄 南北一論「人にふと越されて縮け立ちぬれば、あがることなし」訳人にちょっと追い越されて萎縮してしまうと上達することはない。
❹(「気のあがる」などの形で)**のぼせる。上気する。** 徒然 鎌倉一随筆 四二「気のあがる病ありて、年のやうやうたくるほどに、鼻の中ふたがりて」訳のぼせる病気があって、年がしだいに盛りをすぎるにつれて、鼻の中がふさがって。

関連語「あがる」と「のぼる」の違い
上の方に移動する意味を表す点では共通しているが、「あがる」は一気に上に移動して、上にあるという状態を表す方に重点がある。それに対して「のぼる」は、しだいに上の方に移動する意味を表し、あがっていく過程・経過が中心になる。

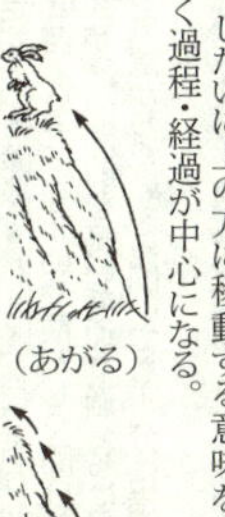
(あがる)
(のぼる)

あかれ【散れ・別れ】名詞 ❶**分かれること。分岐。** ❷分かれてその方に属する集団。**分派。**

あかれ-あかれ-に【別れ別れに】副詞 **別々に。** 大鏡 平安一物語 為光「男君達の御母、皆あかれあかれにおはしましき」訳ご子息たちの御母は、皆別々に(=別の人で)いらっしゃった。

あか-をどし【赤縅】名詞 鎧の縅の一つ。赤革・赤糸でつづったもの。

1**あき**【秋】名詞 四季の一つ。陰暦では七月から九月までの三か月。
参考 秋は、落葉など物寂しさを感じさせる季節として和歌に詠まれることが多かった。また、和歌では、「飽き」とかけて用いることが多い。

2**安芸** 地名 旧国名。山陽道八か国の一つ。今の広島県の西半部。芸州。参照▶資料21

あぎ【腭】名詞「あぎと㊀」に同じ。

あき-うど【商人】アキュウド 名詞「あきびと」の変化した語。商人しょう。

あき-かぜ【秋風】名詞 秋に吹く風。古今 平安｜歌集 恋五「あきかぜにあふ田の実こそ悲しけれわが身むなしくなりぬと思へば」訳 秋風にあう田の実(=稲)のように、あの人が私に飽きた気配があって、私の頼みは実らず、悲しいことだ。わが身が朽ち果てることは稲の実が入らないのと同じに思われるのだから。

あきかぜに… 和歌 百人一首「秋風に たなびく雲の 絶え間より 漏れ出づる月の 影のさやけさ」新古今 鎌倉｜歌集 秋上・藤原顕輔 訳 秋風に吹かれてたなびいている雲の切れ間から漏れて射し出る月の光の、澄みきって清らかなことよ。

あきかぜ-の【秋風の】枕詞「風」を「ち」ということから「千江」に、秋風が吹く意で「吹き上げ」などにかかる。万葉集 奈良｜歌集 二七二四「あきかぜの千江の浦廻のこつみなす心は寄りぬ後は知らねど」訳 千江の入り組んだ海岸に寄る芥のように、心が傾いた。先のことはわからないが。

1 **あきかぜや…** 俳句「秋風や むしりたがりし 赤い花」おらが春 江戸｜句集 俳文・一茶 訳 死んだわが子の墓参りの途中、赤い花が秋風に揺られ道ばたに咲いている。子供がよくむしりたがったあの花だ。

鑑賞 秋の沈んだ色調の中に、亡き子が好んだ赤い花を見て、悲しみを新たにして詠んだもの。季語は「秋風」で、季は秋。

2 **あきかぜや…** 俳句「秋風や 藪も畠も 不破の関」野ざらし 江戸｜句集 俳文・芭蕉 訳 不破の里に来てみると、そこには物寂しく秋風が吹き渡っている。古来名高いあの不破の関跡は、今やただ藪や畑が広がるばかりで、遠い昔の幻のように思われることだ。

鑑賞 藤原良経の「人住まぬ不破の関屋の板廂荒れにしのちはただ秋の風」(『新古今和歌集』)〈⇨ひとすまぬ…〉をふまえている。奈良時代以前の三関の一つである「不破の関」は、平安時代にはすでに荒廃していた。季語は「秋風」で、季は秋。

あき-がた【飽き方】名詞 嫌気がさしてくるころ。飽き気味。伊勢物語 平安｜物語 一二三「深草にすみける女を、やうやうあきがたにや思ひけむ」訳 深草に住んでいた女を、しだいに飽き気味に思ったのだろうか。

あききぬと… 和歌「秋来ぬと 目にはさやかに 見えねども 風の音にぞ 驚かれぬる」古今 平安｜歌集 秋上・藤原敏行 訳 秋が来たと目にははっきり見えないけれども、風の音に秋の訪れをはっと気づかされたよ。

鑑賞 この歌は、暦の上の立秋という知識がまずあって、実感(残暑の中に感じた秋の涼しさ)があとを追うという、両者の違和感がそのまま歌になったもので、『古今和歌集』の秋の巻の冒頭に収められている。「驚かれぬる」の「驚く」は、はっと気がつく意味。◆「れ」は自発の助動詞「る」の連用形。

あきぎり-の【秋霧の】枕詞 秋霧が立つ意から「立つ」「立田山」などに、霧のようすから「晴る」などにかかる。後撰 平安｜歌集 恋四「鏡山あけてきつればあきぎりのけさや立つらむ近江てふ名は」訳 鏡山の夜が明けて帰ってきたので、今朝は、もう(私とあなたとの評判は)立っていることでしょうか。あなたの近江という名は。

あきくさ-の【秋草の】枕詞 草を結んで幸いを祈った習慣から「結ぶ」にかかる。万葉集 奈良｜歌集 一六一二「神さぶと否にはあらずあきくさの結びし紐を解くは悲しも」訳 神々しく見せようと、いやというのではありません。結んだひもを解くのが悲しいのです。

あき-さ【秋沙】名詞 鳥の名。鴨に似た渡り鳥。「あいさ」とも。

あきさり-ごろも【秋さり衣】名詞 秋になって着る着物。

あき-さ-る【秋さる】連語 秋になる。万葉集 奈良｜歌集 九二三「あきされば霧立ち渡る」訳 ⇨やすみしし…。

あきすずし… 俳句「秋涼し 手ごとにむけや 瓜茄子」奥の細道 江戸｜紀行 金沢・芭蕉 訳 おもてなしに出していただいた新鮮なうりやなすを、皆さん、めいめいで皮をむいてごちそうになろうではないか。こうしていると、残暑も忘れて、秋の涼しさが感じられる。

鑑賞 金沢滞在中、斎藤一泉の草庵に招かれたときの作。俳人仲間とのくつろいだ交遊を思わせる軽い即興の句。季語は「秋涼し」で、季は秋。

あき-た【秋田】名詞 稲の実った秋の田。

あき-た-く【秋闌く】連語 秋まっさかりになる。秋たけなわになる。金塊 鎌倉｜歌集 秋「あきたけて夜ふかき月の影見ればあれたる宿に衣うつなり」訳 秋たけなわになって夜ふけの月の光を見ていると、荒れはてた家で衣服を砧で打っている(のが聞こえる)。

***あき-た-し**【飽きたし】形容詞ク {く・から/く・かり/し/き・かる/けれ/かれ} あきあきする。ひどく嫌気がさす。源氏物語 平安｜物語 夕霧「事の乱れ出で来ぬるのち、我も人も憎げにあきたしや」訳 何かの間違いが出て来た後は、私も相手の人も憎らしくなって、ひどく嫌気がさすことよ。◆「あきいたし(甚し)」の変化した語。

あき-た-つ【秋立つ】連語 (暦のうえで)秋になる。立秋になる。古今 平安｜歌集 秋上・詞書「あきたつ日よめる」訳 立秋になる日に詠んだ歌。

あき-だ-る【飽き足る】自動詞ラ四 {ら/り/る/る/れ/れ} 十分に満足する。万葉集 奈良｜歌集 四一七六「我が門ゆ鳴き過ぎ渡るほととぎすいや懐かしく聞けどあきだらず」訳 我が家の門前を鳴いて通り過ぎるほととぎすはことさらに懐かしくいくら聞いても十分に満足しない(=飽きない)。

あき-づ【秋津・蜻蛉】名詞 とんぼ。季 秋。◆平安時代以後は「あきつ」。

あき-つ-かみ【現つ神】名詞「天皇」の尊敬語。現実に姿を現している神。◆「つ」は「の」の意の奈良時代以前の格助詞。

あき-づ-く【秋づく】自動詞カ四 {か/き/く/く/け/け} 秋らしくなる。万葉集 奈良｜歌集 二二六〇「庭草に村雨降りてこほろぎの鳴く声聞けばあきづきにけり」訳 庭草に村雨が降ってこおろぎの鳴く声を聞くと秋らしくなったことだ。

1 **あきづ-しま**【秋津島・蜻蛉島】名詞 大和。日本。◆平安時代以降は「あきつしま」とも。

2 **あきづ-しま**【秋津島・蜻蛉島】枕詞「やまと(大和・日本)」にかかる。万葉集 奈良｜歌集 三二五〇「あきづしま大和の国は神からと言挙げせぬ国」訳 大和の国は神意のままに(自分の考えを)言葉に出して言い立てない国だ。

あきづ-ひれ【蜻蛉領巾】名詞 とんぼの羽のように薄く美しい細長い布。奈良時代以前の婦人の装身具。

あき-つ-みかみ【現つ御神】名詞「あきつかみ」に同じ。

あぎ-と 名詞 ㊀【腭門・腭・腮】あご。㊁【鰓】（魚の）えら。

あきととせ… 俳句「秋十とせ かへって江戸を 指す故郷」野ざらし 江戸―句集 俳文・芭蕉 訳 故郷を離れ、望郷の念を抱きながらこの江戸に暮らして十年の秋を重ねてきた。今また風雅の旅に出ようとすると、仮の住まいであったその江戸も、故郷のように懐かしく思われてくることだ。

鑑賞 貞享元年（一六八四）八月、江戸を出発する折の『野ざらし紀行』旅立ちの句。唐の賈島の詩「桑乾を渡る」の一節をふまえている。季語は「秋」で、季は秋。

あきなひ【商ひ】名詞 商売。取り引き。

あきなひ-ぐち【商ひ口】名詞 ❶（商人の）巧みな口のきき方。売り口上。❷得意先。

あきな・ふ【商ふ】他動詞 八四｛は／ひ／ふ／ふ／へ／へ｝商売する。取り引きする。

秋成 ⇩上田秋成

阿騎野 地名 今の奈良県宇陀郡大宇陀町辺りの野。古代の狩猟地であった。「安騎野」とも書く。

あき-の-こころ【秋の心】連語 秋のもの悲しい情感。◆「愁」の字を上下に分けて書き表した言葉。

1 **あきのたの…** 和歌 百人一首「秋の田の かりほの庵の 苫を粗み わが衣手は 露に濡れつつ」後撰 平安―歌集 秋中・天智天皇 訳 秋の田の刈った稲穂の番をする仮の小屋の屋根は、苫の編み目が粗いので、そこに泊まる私の衣の袖は、夜露に濡れてかわくひまもないことである。

鑑賞「かりほ」に「仮庵」「刈り穂」をかけている。また、『万葉集』には「秋田刈る仮庵を作りわが居れば衣手寒く露ぞ置きける」という読み人知らずの歌がある。

2 **あきのたの…** 和歌「秋の田の 穂の上に霧らふ 朝霞 いづへの方に 我が恋ひやまむ」万葉集 奈良―歌集 八八・磐姫皇后 訳 秋の田の稲穂の上に一面にかかって晴れ間のない朝霧のようにいつになったら私の恋は消えていくのだろうか。

鑑賞 万葉集の時代は「霞」と「霧」とは区別して使われることはなかった。磐姫皇后は仁徳天皇の皇后。上三句は序詞。秋の田一面に低くかかって晴れることのない朝の霧が、相手を待ち続けて夜を明かした作者の心中を象徴している。この歌は磐姫皇后に仮託した（＝かこつけた）、奈良時代の作かとも言われている。

あき-の-たもと【秋の袂】連語（秋の）物思いのため涙でぬれたたもと。

あき-の-ちぎり【秋の契り】連語 男女の愛のさめること。◆「秋」に「飽き」をかけている。

あき-の-ななくさ【秋の七草】名詞 秋の野に咲く代表的な七種の草花。はぎ・おばな（＝すすき）・くず・なでしこ・おみなえし・ふじばかま・ききょうをいう。「七草」とも。

参考 七種の草花の名は、山上憶良の歌「萩の花尾花葛花なでしこの花女郎花また藤袴朝顔の花」（『万葉集』）による。ここの「朝顔」はききょうのことで今の朝顔ではない。

はぎ
おばな
おみなえし
なでしこ
ききょう
ふじばかま
くず

（秋の七草）

あきのひのあめ… 俳句「秋の日の雨 江戸に指折らん 大井川」野ざらし 江戸―句集 俳文・千里 訳 秋の雨が降り続く日に、江戸では親しい者たちが、今ごろは大井川を渡る時分であろうと、指折り数えてうわさし合っていることだろう。

鑑賞 今の静岡県を流れる大井川を渡る折の句。千里は芭蕉の門人で、芭蕉とともに『野ざらし紀行』の旅に出た。季語は「秋の日」で、季は秋。

安芸の宮島 地名 今の広島県佐伯郡宮島町にある島。「厳島」の別名。平家一門（清盛の安芸守任官以後）の信仰の厚かった厳島神社がある。

あき-の-ももよ【秋の百夜】連語 秋の長夜を百夜連ねたほどのとても長い夜。

あき-はぎ【秋萩】名詞 はぎ。◆秋に咲くことから「秋」を上にかぶせている。

あきはぎ-の【秋萩の】枕詞 はぎの枝のしなやかなことから「しなひ」にかかる。「いささめに今も見が欲し**あきはぎの**しなひにあらむ妹が姿を」万葉集 奈良―歌集 二二八四 訳 ほんの少しでも、今でも見たい。秋萩のようにしなやかだろう彼女の姿を。

あき-びと【商人】名詞 商人。◆「あきひと」とも。のち「あきうど」「あきんど」と変化する。

あきふかき… 俳句「秋深き 隣は何を する人ぞ」笈日記 江戸―論 俳諧・芭蕉 訳 旅の宿りのうちに秋はいよいよ深まってゆく。ひっそりとした隣家は一体どんな生活をしている人なのだろうか。

鑑賞 この句は芭蕉の最晩年の作。孤独感が表されているが、人恋しさという、他者に対する心の広がりを感じさせる句でもある。季語は「秋深し」で、季は秋。

あき-み・つ【飽き満つ】自動詞 タ四｛た／ち／つ／つ／て／て｝十分に満足する。満ち足りる。土佐日記 平安―日記 一・七「**あきみち**て舟子どもは腹鼓をうちて」訳（ごちそうを食べて）**満足し**て、水夫たちは腹を鼓のように打ち鳴らして。

あき-もの【商物】名詞 商品。商売。雨月物語 江戸―物語 浅茅が宿「**あきもの**買ひて京に行くといふを」訳 **商品**を買って（商売に）京都へ行くというのを。

1 **あきやま-の**【秋山の】枕詞 秋の山が美しく紅葉することから「したふ（＝赤く色づく）」「色なつかし」にかかる。万葉集 奈良―歌集 二一七「**あきやまの**したへる妹なよ竹のとをよる児らはいかさまに思ひ居れか」訳 赤く色づいた（ように美しい）あの娘、（なよ竹のように）しなやかなあの娘はどのように思っていたのだろうか。

あきやまの…[2] 和歌「秋山の　黄葉を茂み　迷ひぬる　妹を求めむ　山道知らずも」万葉集 奈良―歌集 二〇八・柿本人麻呂 訳秋の山に美しく色づいた木の葉がいっぱい茂っているので、迷い込んだ妻を探そうにも、その山道がわからないことよ。

鑑賞 妻の遺体を秋の山に葬ったときの歌で、妻は山中をさまよっているのだという、古代信仰的な気持ちの表現となっている。

あきら-か・なり【明らかなり】形容動詞ナリ {なら/なり・に/なり/なる/なれ/なれ} ❶**明るい。**源氏物語 平安―物語 椎本「夜深き月のあきらかにさし出でて」訳真夜中の月が明るく輝き出て。❷**はっきりしている。明白だ。**徒然 鎌倉―随筆 一六七「みづからあきらかにその非を知るゆゑに」訳自分自身ではっきりと自分の欠点を知っているので。❸**物事の道理・筋道に明るい。賢明だ。**徒然 鎌倉―随筆 一九四「あきらかならん人の、惑へる我らを見んこと」訳道理に明るいような人が、あれこれと思い悩んでいる我々を見ることは。❹**ほがらかだ。明朗だ。**源氏物語 平安―物語 若菜下「むつかしくもの思し乱れず、あきらかにもてなし給ひて」訳めんどうにお悩みにならず、明朗にお振る舞いなさって。

あきら-け・し【明らけし】形容詞ク {(く)・から/く・かり/し/き・かる/けれ/かれ} ❶**清らかだ。けがれがない。**大鏡 平安―物語 後一条「あきらけき鏡にあへば」訳けがれがない鏡に向かうと。❷**はっきりしている。明白だ。**万葉集 奈良―歌集 三八八六「何せむに我を召すらむやあきらけく吾が知ることを」訳なんで私をお呼びになるのだろうか。(呼ばれるはずなどないと)はっきりと私が知っていることなのに。❸**賢明だ。聡明だ。**源氏物語 平安―物語 若菜上「末の世のあきらけき君として」訳末世の賢明な君主として。

あきら・む【明らむ】他動詞マ下二 {め/め/む/むる/むれ/めよ} ❶**明らかにする。はっきりさせる。**徒然 鎌倉―随筆 一三五「ここもとの浅きことは、何事なりともあきらめ申さん」訳身辺の簡単なことは、どんなことでも明らかに説明申し上げよう。❷**晴れ晴れとさせる。心を明るくする。**源氏物語 平安―物語 早蕨「嘆かしき心の中もあきらむばかり、かつは慰め、またあはれをもさまし…」訳悲嘆にくれていた心の中も晴れ晴れとさせるほどに一方では慰め、また悲しさを薄れさせもし…。

あき・る【呆る】自動詞ラ下二 {れ/れ/る/るる/るれ/れよ} (予想外の事にあって)**途方に暮れる。**源氏物語 平安―物語 夕顔「いと、あわただしきに、あきれたる心地し給ふ」訳あまりにも突然なので、途方に暮れた心地になられる。

注意 現代語の「あきれる」のもとになった語だが、軽蔑・非難の気持ちは含まない。

あく[1]【灰汁】名詞 灰を水に浸してできる上澄みの汁。洗濯、染色に用いた。

あく[2]【悪】名詞 道徳・正義・良心などにそむくこと。悪いこと。徒然 鎌倉―随筆 九一「吉日にあくをなすに必ず凶なり」訳吉日に悪いことを行うと、(結果は)必ず凶となる。対善。

あ・く[3]【明く】自動詞カ下二 {け/け/く/くる/くれ/けよ} ❶(夜が)**明ける。**から檜葉 江戸―句集 俳諧「白梅にあくる夜ばかりとなりにけり―蕪村」訳⇨しらうめに…。❷(年・月・日・季節などが)**改まる。**方丈記 鎌倉―随筆「あくる年は立ち直るべきかと思ふほどに」訳改まった年は立ち直ることができるかと思っていると。

あ・く[4]【開く・空く】

一 自動詞カ四 {か/き/く/く/け/け} ❶**ひらく。**竹取物語 平安―物語 かぐや姫の昇天「立て籠めたるところの戸、すなはち、ただあきにあきぬ」訳閉め切っておいた所の戸が、すぐに、ただもうどんどんひらいてしまった。❷(すきま・穴などが)**あく。**竹取物語 平安―物語 かぐや姫の昇天「あける隙もなく守らす」訳あいているすきまもなく守らせる。❸**欠員ができる。**更級 平安―日記 富士川「この国、来年あくべきにも」訳この国は来年(国守の)欠員ができるはずであることに対しても。❹**ある一定の期間が終わりになる。**源氏物語 平安―物語 松風「今日は六日の御物忌みあく日にて、かならず参りたまふべきを、いかなれば」訳今日は六日間の御物忌みが終わりになる日なので、必ず参内なさるはずなのに、どうしたことか。

二 他動詞カ下二 {け/け/く/くる/くれ/けよ} ❶(閉じていたものを)**あける。**和泉式部集 平安―歌集「門もあけねば、御使ひ待ち遠にや思ふらむ」訳門もあけないので、お使いが待ち遠しく思うだろう。❷(すきま・穴などを)**あける。**源氏物語 平安―物語 蜻蛉「心なし。道あけ侍りなむよ」訳うっかりしていました。通り道をあけてしまいましょうよ。

あ・く[5]【飽く】

一 自動詞カ四 {か/き/く/く/け/け} ❶**十分に満足する。満ち足りる。**宇治拾遺 鎌倉―説話 一・一八「あはれ、いかで芋粥にあかん」訳ああ、何とかして、芋粥に十分に満足したい。❷**いやになる。飽きる。**古今 平安―歌集 雑下「世の中の憂けくにあきぬ奥山の木の葉に降れる雪や消なまし」訳この世のつらさにいやになった。奥山の木の葉に降り積もった雪が消えるように、私も奥山に入ってこの世から姿を隠してしまおうか。

二 補助動詞カ四 {か/き/く/く/け/け} 〔動詞の連用形に付いて〕**十分に…する。**土佐日記 平安―日記 一二・二二「上中下、酔ひあきて」訳身分の上の者も中の者も下の者も十分に酔っぱらって。

参考 平安時代以降、「あかず」「あかで」の形で使われることが多い。

あく-[6]【悪】接頭語 人名などに付いて荒々しくたけだけしいの意を表す。賞賛の気持ちでいう。「悪七兵衛景清」

あ・ぐ【上ぐ・挙ぐ】他動詞ガ下二 {げ/げ/ぐ/ぐる/ぐれ/げよ} ❶**上へやる。位置を高くする。**源氏物語 平安―物語 若紫「簾少しあげて、花奉るめり」訳(尼君は)すだれを少し上げて、(仏に)花をお供えしているようだ。❷(髪を)**結いあげる。**伊勢物語 平安―物語 二三「比べ来し振り分け髪も肩過ぎぬ君ならずして誰かあぐべき」訳⇨くらべこし…。❸**神仏に供える。奉納する。**栄花物語 平安―物語 鶴の林「経一偈をあげさせ給ひて」訳お経の一つを奉納なさって。

❹（地方から）**都へ行かせる。**〔更級 平安―日記〕かどで「京にとく**あげ**給ひて、物語の多く候ふなる、あるかぎり見せ給へ」訳（神様どうか）私を都に早く**行かせ**てくださって、物語がたくさんございますそうですが、（それを）残らず全部お見せください。❺**昇任・昇格させる。**〔夜の寝覚 平安―物語〕五「弁少将を右大将に**あげ**て」訳弁少将を右大将に**昇格させ**て。❻**声を大きくする。**〔平家物語 鎌倉―物語〕九・宇治川先陣「佐々木、鐙踏んばり立ち上がり大音声を**あげ**て名乗りけるは」訳佐々木は、鐙を踏んばり馬上に立ち上がり、大声を**上げ**て名乗ることには。❼**世に名を広める。**〔平家物語 鎌倉―物語〕五・五節之沙汰「後代に名を**あげ**たりし者にて候ふ」訳後の世まで評判を**上げ**ていた者でございます。❽**成し遂げる。仕上げる。**〔平家物語 鎌倉―物語〕四・競「屋形に火かけ焼き**あげ**て、三井寺へこそ馳せたりけれ」訳建物に火を付け、**すっかり**焼いてしまって三井寺へと馬を走らせたのだった。❾**差し上げる。**〔膝栗毛 江戸―物語〕滑稽「おつれのおかたへ**あげ**てくださんせ」訳お連れのお人へ**差し上げ**てくださいませ。

あく-えん【悪縁】名詞 ❶仏教語。前世の悪業によって生ずる現世の悪い出来事。❷不幸な結果になる男女の縁。

あくがら・す【憧らす】他動詞サ四{さ/し/す/す/せ/せ} **落ち着きを失わせる。さまよわせる。**〔源氏物語 平安―物語〕若菜上「わが身をさしもあるまじきさまに**あくがらし**たまふと」訳私をこんなにも身分不相応なところに（縁づけて）**さまよわせ**なさるのだと。

あくが・る

【憧る】自動詞ラ下二{れ/れ/る/るる/るれ/れよ} ❶**心が体から離れてさまよう。うわの空になる。**〔源氏物語 平安―物語〕葵「物思ふ人の魂は、げに、**あくがるる**物になむありける」訳思い悩む人の魂は、なるほど、**体から離れてさまよう**ものであったのだなあ。❷**どこともなく出歩く。さまよう。**〔源氏物語 平安―物語〕夕顔「いさよふ月に、ゆくりなく**あくがれ**むことを、女は思ひやすらひ」訳沈むのをためらいがちな月に（さそわれて）、不意に**どこともなく出歩く**ようなことを、女はためらい。❸**心が離れる。疎遠になる。**〔源氏物語 平安―物語〕真木柱「御仲も**あくがれ**て、程経にけれど」訳ご夫婦の仲も**疎遠になっ**て、月日がたってしまったけれど。

注意 現代語「あこがれる」のもとになった語。

あくがれ-あり・く【憧れ歩く】自動詞カ四{か/き/く/く/け/け}**（うわの空で）さまよい歩く。**〔源氏物語 平安―物語〕柏木「かの院の内に**あくがれありか**ば、結びとどめたまへよ」訳もし、あの院の中で**さまよい歩いてい**たら、（着物の褄を）結んで引きとどめてください。

あくがれ-い・づ【憧れ出づ】自動詞ダ下二{で/で/づ/づる/づれ/でよ} **ふらふらとさまよい出る。**〔後拾遺 平安―歌集〕雑六「沢の蛍も我が身より**あくがれいづる**たまかとぞ見る」訳⇨ものおもへば…。

あくがれ-まど・ふ【憧れ惑ふ】自動詞ハ四{は/ひ/ふ/ふ/へ/へ} **ひどく落ち着かない。気もそぞろになる。**〔源氏物語 平安―物語〕若紫「かかるをりだにと、心も**あくがれまどひ**て」訳せめてこうした折にだけでも（源氏は藤壺に会いたい）と気も**そぞろになっ**て。

あく-ぎゃう【悪行】名詞 **神仏の教えにそむく悪い行為。**

あく-ぎゃく【悪逆】名詞 **人の道にそむいた大悪事。**

あくぎゃく-ぶたう【悪逆無道】名詞 **道にはずれた大悪事。**◆「あくぎゃく」を強めた語。

あくぎゃく-ぶたう・なり【悪逆無道なり】形容動詞ナリ{なら/なり・に/なり/なる/なれ/なれ} **道理にそむいた大悪事を重ねている。**〔平家物語 鎌倉―物語〕三・医師問答「**あくぎゃくぶたうに**して、ややもすれば君を悩まし奉る」訳（清盛は）**道理にそむいた大悪事を重ねていて**、なにかにつけ法皇を悩ませ申し上げる。

あく-ごふ【悪業】名詞 仏教語。**後世で悪い報いを受ける悪事。**対善業。

あく-さう【悪相】名詞 **不吉な前兆。**

あく-しゃう【悪性】名詞 **人間のもつ悪い性質。悪い心。**〔正像末 鎌倉―声明〕「**あくしゃう**さらにやめがたし」訳**人間のもつ悪い性質**は全くどうしようもない。

あく-しょ【悪所】名詞 ❶**道の険しい所。難所。**❷**遊里。遊郭。**◇江戸時代の語。

あくしょ-おとし【悪所落とし】名詞 馬で険しい坂を駆け下ること。また、それに巧みなこと。

あく-そう【悪僧】名詞 武芸を得意とする勇猛な荒法師。◆「悪」は、勇猛な、荒々しいの意。

あくた【芥】名詞 **ごみ。くず。**

あく-だう【悪道】名詞 ❶仏教語。この世で悪事を行った者が死後におちていくという世界。地獄道・餓鬼道・畜生道。「三悪道」ともいう。「悪しき道」とも。❷酒色にふけること。遊蕩。

芥川〔地名〕〔歌枕〕今の大阪府高槻市を流れ、淀川に注ぐ川。『伊勢物語』六段の舞台になっている。

あく-ぢょ【悪女】名詞 ❶**顔の醜い女。**❷**性質のよくない女。**

あく-にち【悪日】名詞 暦の上で、物事をすると悪い結果になるという日。**凶の日。**〔徒然 鎌倉―随筆〕九一「**あくにち**に善を行ふに、必ず吉なり」訳**凶の日**に善いことを行うと、その結果は必ず吉となる。対吉日。

あく-ねん【悪念】名詞 悪事をたくらむ心。**悪心。**

あく-ば【悪馬】名詞「あくめ」に同じ。

あく・ぶ【欠ぶ】自動詞バ四{ば/び/ぶ/ぶ/べ/べ} **あくびをする。**〔枕草子 平安―随筆〕懸想人にて来たるは「ながやかにうち**あくびて**」訳長々と**あくびをして**。

あく-まで【飽くまで】副詞 **思う存分。どこまでも。**〔源氏物語 平安―物語〕絵合「**あくまで**かどかどしく今めきたまへる御心にて」訳**どこまでも**性質がかどばって現代風に派手好きでいらっしゃるお気持ちなので。

あぐま・ふ【足組まふ】自動詞ハ下二{へ/へ/ふ/ふる/ふれ/へよ} **両足を組んで締めつける。あぐらをかいて座る。**〔今昔物語 平安―説話〕二三・二四「足を以て後ろより**あぐまへ**て抱きて居たり」訳両足でもって背後から**締めつけ**て（姫君を）抱きかかえて座っていた。

あく-みゃう【悪名】名詞 **悪い評判。**

あく-め【悪馬】名詞 性質が荒く、扱いにくい馬。「あくば」とも。

あ-ぐら【胡床】名詞 ❶**脚のついた高い座席。**古代の貴族が足を組んですわったり、寝所に用いたりした。❷**腰掛け。**脚を交差させる折り畳み式のものや、刳り形の二枚の板を脚としたものなどがある。❸高い所に登るために材木などで組んだ足場。◆「あ」は足、「くら」は座・台などの意。

(胡床❷)

あく-らう【悪霊】アクロウ 名詞 「あくりゃう」に同じ。

あく-りゃう【悪霊】アクリョウ 名詞 人にたたりをする、死者などの霊。「あくらう」とも。

あくる【明くる】 連体詞 **次の。翌。** 平家物語 鎌倉－物語 一・俊寛沙汰鵜川軍「あくる卯の剋に押し寄せて」訳 翌日の午前六時に(館に)押し寄せて。

あけ【赤・朱・緋】 名詞 「あか(赤)」の変化した語。❶**赤色。**朱色・緋色・紅色などを含む。❷「あけごろも」の略。

あげ【上げ】 動詞「あぐ」の未然形・連用形。

あけ-あは・す【開け合はす】アケアワス 他動詞 サ下二 {せ／せ／す／する／すれ／せよ} **戸を両方ともに開け放つ。** 更級 平安－日記 宮仕へ「局のへだてなるやり戸をあけあはせて」訳 部屋の仕切りである引き戸を両方ともに開け放って(一部屋にして)。

あげ-おとり【上げ劣り】 名詞 元服して髪を上げて結ったとき、以前より顔かたちが見劣りすること。対 上げ優り。

あけ・く【明け来】 自動詞 カ変 {こ／き／く／くる／くれ／こ(こよ)} **夜が明けてくる。** 万葉集 奈良－歌集 九一三「あけくれば朝霧立ち夕さればかはづ鳴へなへ」訳 夜が明けてくると朝霧が立ち夕方になると蛙が鳴くにつけて。

[1]**あげ-く【挙げ句・揚げ句】** 名詞 ❶連歌・連句の、結びとなる七・七の二句。⇩挙げ句 文芸。❷**物事の終わり。結局。** 冥途飛脚 江戸－浄瑠 浄瑠・近松「人の金を誤り、あげくに所を走って」訳 他人の金をだまし取り、結局住所から逃走して。

挙げ句[2] 文芸 連歌・連句の、結びとなる七・七の二句。「発句(＝最初の五・七・五の句)」に対していう。◆「揚げ句」とも書く。

あけ-くら・す【明け暮らす】 他動詞 サ四 {さ／し／す／す／せ／せ} **月日を送る。日を過ごす。** 源氏物語 平安－物語 橋姫「公私に暇なくあけくらし」訳 公務や私的なことで暇がなく月日を送り。

あけ-く・る【明け暮る】 自動詞 ラ下二 {れ／れ／る／るる／るれ／れよ} **夜が明けて、日が暮れる。月日が過ぎる。** 源氏物語 平安－物語 明石「雲間もなくてあけくるる日数にそへて」訳 雲の晴れ間もなくて明けては暮れる日々(がたつの)に従って。

あけ-くれ【明け暮れ】

一 名詞 ❶**夜明けと夕暮れ。朝と晩。朝夕。**❷**毎日。ふだん。日常。**

二 副詞 **明けても暮れても。いつも。** 竹取物語 平安－物語 かぐや姫の昇天「あけくれ見なれたるかぐや姫を」訳 いつも見てなじんでいるかぐや姫を。

あけ-ぐれ【明け暗れ】 名詞 夜明け前のまだうす暗い時分。**未明。** 枕草子 平安－随筆 雪のいと高うはあらで「あけぐれのほどに帰るとて」訳 夜明け前のまだうす暗い時分に帰ると言って。

あけ-ごろも【緋衣・緋袍】 名詞 五位の者が着た緋色の「袍」。また、転じて、五位の者。「あけ」「あけのころも」とも。

あげ-ず【上げず】 連語

なりたち 動詞「あぐ」の未然形＋打消の助動詞「ず」の連用形

〔「…にあげず」の形で〕**間をおかないで。** 大和物語 平安－物語 一五二「二、三日にあげず御覧ぜぬ日なし」訳 二、三日の間をおかないでご覧にならない日はない。

あげ-す・う【上げ据う】 他動詞 ワ下二 {ゑ／ゑ／う／うる／うれ／ゑよ} 高い場所に上げ、そこに置く。高い場所に上げ、そこにいさせる。竹取物語 平安－物語 燕の子安貝「二十人ばかりつかはして、あななひにあげすゑられたり」訳 二十人ほどを遣わして、高い足場に上げてそこにいさせなさった。

あげ-た【上げ田・高田】 名詞 高い所にあって、水はけのよい田。対 下田。

あけ-た・つ【明け立つ】 自動詞 タ四 {た／ち／つ／つ／て／て} **夜が明け始める。** 枕草子 平安－随筆 つねに文おこする人の「あけたてばさし出づる文の」訳 夜が明け始めるとすぐ差し出す手紙の。

あげ-ちら・す【上げ散らす】 他動詞 サ四 {さ／し／す／す／せ／せ} **戸や格子などを乱暴に上げる。** 枕草子 平安－随筆 宮にはじめてまゐりたるころ「あげちらしたるに、雪降りにけり」訳 格子を乱暴に上げたところ、雪が降っていた。

*__あげ-つら・ふ【論ふ】__アゲツラウ 他動詞 ハ四 {は／ひ／ふ／ふ／へ／へ} **あれこれと言い合う。議論する。** 玉勝間 江戸－論 一「善悪是非をあげつらひ」訳 よい悪いを議論し。

あげ-て【挙げて】 副詞 **いちいち。残らず。こぞって。** 方丈記 鎌倉－随筆「心を悩ますことは、あげてかぞふべからず」訳 心を悩ますことは、いちいち数え上げることは(とても)できない。

あけぬれば… 和歌 百人一首「明けぬれば 暮るるものとは 知りながら なほ恨めしき 朝ぼらけかな」後拾遺 平安－歌集 恋二・藤原道信 訳 夜が明けてしまうと、(やがて)日は暮れるもの、(そして、あなたにまた逢える)とわかってはいるものの、やはり恨めしいのは(お別れしなければならない)この夜明けだなあ。

あけ-はな・る【明け離る】 自動詞 ラ下二 {れ／れ／る／るる／るれ／れよ} **夜がすっかり明ける。明けきる。** 徒然 鎌倉－随筆 一三七「あけはなれぬほど、忍びて寄する車どもの」訳 夜がすっかり明けきらないころ、そっとやってくる多くの車が。

あけばまた… 和歌「明けばまた 越ゆべき山の 嶺なれや 空ゆく月の 末の白雲」新古今 鎌倉－歌集 羇旅・藤原家隆 訳 夜が明けたなら、また越えていかなければならない山の峰であることよ。空を渡っていく月の傾いていくかなた、白雲のかかっているあたりの峰は。

鑑賞 山中の旅を続ける途中、夜になって仮寝をする頃、空を渡る月が傾いて沈んでいく先の、山の端あたりに白い雲がかかっているのが見える。あの白雲のかかる峰が、明日また越えなければならない峰なのだろうと、これまでの長い道のりの苦労を思い出しながらも、これからの前途に対する不安とあこがれを強く感じているのである。

あけぼの【曙】 名詞

夜明け方。枕草子 平安－随筆 春はあけぼの「春はあけぼの。やうやうしろくなりゆく山ぎは、少しあかりて、紫だちたる雲の細くたなびきたる」訳春は夜明け方がよい。だんだんと白くなっていく空の山の稜線に接するあたりが、少し明るくなって、紫がかっている雲が細く横に長く引いているの(はとても趣深い)。

参考 東の空が明けはじめ、ほのかに白い状態の時分。夜明け前のまだ暗い時分の「暁」の終わりころから、日の出前の明るくなる時分の「朝ぼらけ」に先立つ時刻をさす。⇩あした・ゆふべ

あけぼのや… 俳句「あけぼのや 白魚白き こと一寸」野ざらし 江戸－句集 俳文・芭蕉 訳冬の浜辺、今、夜がしらじらと明けようとしている。その光の中で、とれたばかりの一寸(＝約三センチ)ほどの白魚が、透きとおるような白さを見せている。

鑑賞 季語は「白魚」で、季は冬。

あげ-まき【揚げ巻・総角】 名詞 ❶子供の髪の結い方の一つ。「髫髪」にしていた髪を、中央から左右に分けて耳の上に巻き上げて丸く輪に結ったもの。❷髪を❶に結っている子供。❸紐の結び方の一つ。輪を左右に作り、中を「井」の字形に結んで房をつけたもの。❹鎧の背の逆板につけてある、❸に結んだ飾り紐。参照▶口絵

(揚げ巻❸)

あげ-まく【揚げ幕】 名詞 能舞台の橋がかりや歌舞伎の花道への出入り口にかける幕。

あけまく-をし-み【明けまく惜しみ】 連語

なりたち 動詞「あく」の未然形＋推量の助動詞「む」の未然形＋接尾語「く」＋形容詞「をし」の語幹＋接尾語「み」

夜の明けるのを惜しがって。万葉集 奈良－歌集 一七六二「妻を枕かむと朝月夜あけまくをしみあしひきの山彦とよめ呼び立て鳴くも」訳妻と一緒に寝ようと、(鹿は)月の残っている明け方、夜の明けるのを惜しがって山彦を鳴りひびかせて呼び立てて鳴くことだ。

あげ-まさり【上げ優り】 名詞 元服して髪を上げて結ったとき、以前より顔かたちがすぐれて見えること。対上げ劣り。

曙覧 あけみ ⇩橘曙覧

あけ-むつ【明け六つ】 名詞 明け方の六つ時。今の午前六時ごろ。また、その時刻に鳴らす鐘の音。対暮れ六つ。

あけ-もてゆ-く【明けもて行く】 自動詞カ四〈か／き／く／く／け／け〉(夜が)しだいに明けていく。伊勢物語 平安－物語 八二「夜ひと夜酒飲み遊びて、夜あけもてゆくほどに」訳一晩中酒盛りをし音楽を楽しんで、夜がしだいに明けていくころに。

あげ-や【揚げ屋】 名詞 遊里で、客が置き屋から高級な遊女を呼び寄せて遊ぶ家。

あけ-ゆ-く【明け行く】 自動詞カ四〈か／き／く／く／け／け〉(夜が)明けていく。伊勢物語 平安－物語 六「やうやう夜もあけゆくに」訳だんだんと夜も明けていくので。

朱楽菅江 あけらかんこう 人名(一七四〇～一八〇〇)江戸時代後期の狂歌師・戯作者。本名、山崎景貫。大田南畝・唐衣橘洲と共に狂歌三大家の一人で、川柳・洒落本にも活躍した。編著に狂歌集『故混馬鹿集』がある。

あげ-わた-す【上げ渡す】 他動詞サ四〈さ／し／す／す／せ／せ〉(「蔀」や「格子」などを)全部上げる。一面に引き上げる。源氏物語 平安－物語 夕顔「半蔀四、五間ばかりあげわたして」訳上半分引き上げる蔀を四、五間ほど全部上げて。

あげ-を【揚げ緒】 名詞 冠のひも。

あ-こ【吾子】

一 名詞 わが子。▼自分の子を親しんでいう語。万葉集 奈良－歌集 四二四〇「大舟にま梶しじ貫きこのあこを韓国へ遣る斎へ神たち」訳大舟に梶をいっぱい通しこのわが子を唐(＝中国)へ行かせる。大切に守って下さい、神たちよ。火の島 昭和－歌集 中村草田男「万緑の中やあこの歯生え初むる」訳見渡すかぎり緑の木々の中、(その万緑の生命力に呼応するように)わが子の歯が生えはじめ、白く光ることであるよ。◆奈良時代以前には「あご」のかたち。

二 代名詞 おまえ。きみ。▼目下の相手を親しんで呼ぶ語。源氏物語 平安－物語 帚木「あこは、わが子にてあれよ」訳おまえは、私の子でいなさいよ。◆奈良時代以前には「あご」のかたち。

あ-ご【網子】 名詞 地引き網を引く人。漁師。

あこが-る【憧る】 自動詞ラ下二「あくがる」に同じ。

あ-こぎ【阿漕】 名詞 ❶度重なること。隠れて行うことも、度重なると隠しきれないこと。❷ずうずうしいこと。あつかましいこと。◆何度も禁を犯すことから。⇩阿漕が浦

阿漕が浦 あこぎがうら 地名 今の三重県津市阿漕町の海岸。伊勢神宮に供える魚介の漁場で、禁漁区であった。ある漁夫がたびたび密漁して捕らえられ、海に沈められたという伝説がある。

あ-こぎ-なり【阿漕なり】 形容動詞ナリ〈なら／なり・に／なり／なる／なれ／なれ〉❶度重なっている。❷身勝手だ。ずうずうしい。阿波鳴渡 江戸－浄瑠 浄瑠・近松「あこぎな申し事なれど」訳身勝手なお願い事ですが。

***あこめ【衵・袙】** 名詞 ❶男子が束帯をつけるとき、「下襲」の下、「単衣」の上に着る衣服。表は綾、裏は平絹。色はふつう表裏とも紅。参照▶口絵 ❷童女が「表の衣」と肌着との間に着る衣服。「袿」より裾が短い。参照▶口絵

あこめ-ぎぬ【衵衣】 名詞「あこめ❷」に同じ。

あこめ-すがた【衵姿】 名詞 童女が「表の衣」を着ないで、衵だけでいる姿。

あさ【朝】 名詞 夜が明けてからしばらくの間。

参考 日の出ている間を三分して「あさ」→「ひる」→「ゆふ」という場合の、始まりの段階をいう。時間的には、夜間を区分した「ゆふべ」→「よひ」→「よなか」→「あかつき」→「あけぼの」→「あした」の、「あした」とほぼ重なる。「あさ」は「あさがすみ」など複合語として使われることが多く、単独の語としては多く「あした」が使われた。⇩ゆふべ・あした

あ

あさあさ-・し【浅浅し】形容詞シク〔(しく)・しから／しく・しかり／し／しき・しかる／しけれ／しかれ〕**考えが浅い。軽々しい。**著聞集 鎌倉—説話 四八六「なにのいみじき事とても、あさあさしく散りぬれば」訳どんなに立派なものであっても、軽々しく分散してしまったならば。

あさあさ-と【浅浅と】副詞あっさりと。うっすらと。一代男 江戸—物語 浮世・西鶴「雪のあさあさと降りそめし十一月三日」訳雪がうっすらと降り始めた十一月三日。

あざあざ-と【鮮鮮と】副詞あざやかに。きわだってはっきりと。平家物語 鎌倉—物語 二・卒都婆流「波にも洗はれず、あざあざとしてぞ見えたりける」訳波にも消されずに、きわだってはっきりとして見えた。

***あさ-い**【朝寝】名詞朝寝。

あさ-かう【朝講】名詞「あさざ」に同じ。

あさ-かげ【朝影】名詞❶朝、鏡などに映した姿。❷朝日の光。対夕影。❸朝日の光によってできる細長い影。恋にやつれ、身がやせほそった姿をたとえていう。万葉集 奈良—歌集 二六六四「夕月夜暁闇のあさかげに吾が身はなりぬ汝を思ひかねて」訳月のない明け方の、朝日でできる細長い影のように私の身はやせほそってしまった。あなたを恋しい気持ちに耐えられなくて。

[1]**あさ-がすみ**【朝霞】名詞朝立つ霞。季春。

[2]**あさ-がすみ**【朝霞】枕詞朝霞は幾重にもかかるところから「八重」に、はっきり物が見えないことから「ほのか」に、春立つことから「春日」に、たなびくようすが煙に似ていることから「鹿火屋(=田畑を荒らす鹿を追う火をたく小屋か)」などにかかる。万葉集 奈良—歌集 一八七六「あさがすみ春日の暮れば木の間より移ろふ月をいつとか待たむ」訳春の日が暮れたら、木の間から現われてくる月をいつ出るかと待てばいいのだろうか。

安積の沼 地名歌枕今の福島県郡山市にある安積山の麓にあった沼。水辺に生える「花かつみ」で知られていた。

あさ-がほ【朝顔】名詞❶朝の寝起きの顔。枕草子 平安—随筆 関白殿、二月二十一日に「寝くたれのあさがほも」訳寝乱れ姿の朝の寝起きの顔も。❷草花の名。㋐ききょう。秋の七草の一つ。㋑むくげ。㋒今の朝顔。

語の歴史 草花の名としては、室町時代以前には❷の㋐㋑㋒をさしたが、江戸時代には今の朝顔だけをさすようになった。

あさがほに… 俳句「朝顔に　つるべとられて　もらひ水」千代尼句集 江戸—句集 俳諧・千代女 訳井戸水をくみ上げるつるべの縄に、朝顔がつるをからめて花を咲かせている。つるをほどき捨てて花を手折るのも忍びないので、近所から水をもらったことだ。

鑑賞 「朝顔につるべとられて」という表現に面白みがある。平易で、女性らしい優しさの表れた句。季語は「朝顔」で、季は秋。

あさがほ-の【朝顔の】枕詞朝顔の花が、人目につきやすいことから「穂に咲き出づ」にかかる。万葉集 奈良—歌集 二二七五「言に出でて言はばゆゆしみあさがほの穂には咲き出でぬ恋もするかも」訳口に出して言うと不吉なので、朝顔のように目立つ咲き方とは異なって、人に知られない恋をすることよ。

あさがみ-の【朝髪の】枕詞朝起きたばかりの髪が乱れていることから「乱る」にかかる。万葉集 奈良—歌集 七二四「あさがみの思ひ乱れてかくばかりなねが恋ふれそ夢に見えける」訳思い乱れて、これほどまでにあなたが(私を)恋い慕っているから夢に(あなたが)見えたのだね。

安積山 地名歌枕今の福島県郡山市にある山。

***あさ-がれひ**【朝餉】名詞❶天皇のとる簡単な食事。正式の食事の「大床子の御膳」に対していう。朝食とは限らない。源氏物語 平安—物語 桐壺「あさがれひの、けしきばかり触れさせ給ひて」訳朝がれいには、形だけ箸をおつけになられて。❷「朝餉の間」の略。

あさがれひ-の-ま【朝餉の間】名詞天皇が略式の食事をとる部屋。清涼殿の西廂にある。「大床子の御膳」は、清涼殿の「昼の御座」でとる。参照▶口絵

あさ-ぎ【浅葱・浅黄】名詞❶緑色がかった薄い藍色。「葱(=ねぎ)」の葉色の浅い色の意。参照▶口絵 ❷六位の者が着た浅葱色の「袍」。また、転じて、六位のこと。

あさ-きた【朝北】名詞朝吹く北風。

あさ-ぎぬ【麻衣】名詞❶麻の粗末な着物。❷喪中に着る白い麻の着物。◆「あさごろも」とも。

あさ-ぎよめ【朝浄め】名詞／—す自動詞サ変朝の掃除。「あさきよめ」とも。

あさ-ぎり【朝霧】名詞朝立ちこめる霧。季秋。対夕霧。

あさぎり-ごもり【朝霧籠り】連語立ちこめた朝霧につつまれて。万葉集 奈良—歌集 三六六五「妹を思ひ眠の寝らえぬに暁のあさぎりごもり雁がねぞ鳴く」訳妻を思って眠ることができないでいると暁の朝霧につつまれて雁が鳴いている。

あさぎり-の【朝霧の】枕詞朝霧が深くたちこめることから「思ひまどふ」「乱る」「おほ(=おぼろなようす)」などにかかる。万葉集 奈良—歌集 五九九「あさぎりのおほに相見し人ゆゑに命死ぬべく恋ひ渡るかも」訳ほのかに見ただけのあの人なのに、死ぬほど激しく恋いつづけることよ。

あさ-ぐつ【浅沓】名詞木製のくつ。公卿や殿上人などが、指貫を着用するときにはいた。

[1]**あさ-け**【朝明】名詞「あさあけ」の変化した語。朝早く、東の空の明るくなるころ。

参考 「あさけ」は「あかとき(あかつき)」よりも朝に近い時刻をさす。

[2]**あさ-け**【朝食・朝餉】名詞朝食。◆「け」は食事の意。のちに「あさげ」。対夕食。

あざけ・る【嘲る】

一自動詞ラ四〔る／ら／り／る／る／れ／れ〕❶あたりかまわず、声を上げる。今昔物語 平安—説話 二〇・七「たちまちに狂ひて哭きあざける」訳にわかに狂って泣きわめく。❷声を上げてうたう。吟ずる。後拾遺 平安—歌集 序「月にあざけり、風にあざむく事たえず」訳月を見て詩歌を声を上げてうたい、風に興じて詩歌を吟詠することは絶えることなく。

二他動詞ラ四〔る／ら／り／る／る／れ／れ〕あざ笑う。更級 平安—日記 初瀬

―あさみ笑ひ、あさける者どもあり」訳あなどって笑ったり、あざ笑う者たちもいる。

あさ-ごろも【麻衣】名詞「あさぎぬ」に同じ。

あさ-ざ【朝座】名詞 仏教語。法華八講など、朝夕二座に分けて行われる場合の、朝の読経や説経。朝講。

あさ-さむ【朝寒】名詞 秋の朝方の寒さ。また、その時節。季秋。

あさ-さ・る【朝さる】自動詞ラ四{ら/り/る/る/れ/れ} **朝になる。**万葉集 奈良―歌集 三六二七「あさされば妹が手にまく鏡なす三津の浜辺に」訳朝になると妻が手に(ひもを)巻いて持つ鏡を見るように三津の浜辺に。

あさ・し【浅し】形容詞ク{(く)・から/く・かり/し/き・かる/けれ/かれ}

❶**浅い。**▼深さや距離があまりない意。また、時間がたっていない意。山家集 平安―歌集 中「春あさき篠の籬に風さえてまだ雪消えぬ信楽の里」訳春が浅く、篠竹の垣根に風が冷たく冴えて、まだ雪が消えない信楽の里よ。

❷**情が薄い。考えが浅い。いいかげんだ。**発心 鎌倉―説話 六「あさからぬ所望はべるを」訳いいかげんでない望みがございますのを。

❸**平凡だ。情趣が少ない。**源氏物語 平安―物語 若紫「これはいとあさく侍り」訳この景色はたいそう平凡でございます。

❹(色や香りが)**薄い。**大和物語 平安―物語 六一「藤の花色のあさくも見ゆるかな」訳藤の花よ、花の色が薄く見えるなあ(=ご寵愛が薄れたことよ)。

❺(身分や家柄が)**低い。**源氏物語 平安―物語 梅枝「位あさく、何となき身の程」訳位が低く、なんということもない身分のほど。

あさ-じめり【朝湿り】名詞 朝方、露や霧、小雨などで物がしっとりとしめっていること。

あさしも-の【朝霜の】枕詞 朝の霜が消えやすいことから「消(け)」にかかる。万葉集 奈良―歌集 一三七五「あさしもの消やすき命誰がために千歳もがもと我が思はなくに」訳朝霜のように消えやすい命なのに、あなたのためなら千年もあってほしいと私は思う。

あさ-すずみ【朝涼み】名詞 ❶夏の朝のまだ涼しいとき。❷夏の朝の涼しいころに、風に吹かれて涼むこと。季夏。対❶❷夕涼み。

あさ-だ・つ【朝立つ】自動詞タ四{た/ち/つ/つ/て/て} **朝早く出かける。**万葉集 奈良―歌集 四四七四「群鳥の(=枕詞)あさだちいにし君が上はさやかに聞きつ思ひしごとく」訳朝早く出かけて行ってしまったあなたのことははっきり伺いました。思ったとおりに。

あさ-ぢ【浅茅】アサジ 名詞 荒れ地に一面に生える、丈の低いちがや。

あさぢ-が-はら【浅茅が原】アサジガハラ 名詞 ちがやが一面に生えている、荒れ果てた野原。

参考 平安時代以後、人が住まなくなった、物さびしいさびれた場所をいうことが多い。

あさぢ-が-やど【浅茅が宿】アサジガヤド 名詞 庭にちがやなどが乱れ茂った、荒れ果てた家。「あさぢふのやど」とも。

あさぢ-はら[1]【浅茅原】アサジハラ 名詞「あさぢがはら」に同じ。

あさぢ-はら[2]【浅茅原】アサジハラ 枕詞「ちはら」と音が似ていることから「つばら」にかかる。万葉集 奈良―歌集 三三三「あさぢはらつばらつばらに物思へば古りにし里し思ほゆるかも」訳しみじみ物思いに沈んでいると古い都が思い出されることだ。

あさぢ-ふ【浅茅生】アサジウ 名詞 ちがやが生えている場所。▼荒れ果てた場所の意を含む。源氏物語 平安―物語 桐壺「虫の音しげきあさぢふに」訳虫の音がしきりにひびく、このちがやの生えた荒れはてた所に。

参考「ふ」は生えている所の意。類似表現の語に「蓬生」がある。

あさぢふ-の[1]【浅茅生の】アサジウノ 枕詞 ちがやの生えていることから「小野」にかかる。後撰 平安―歌集 恋一「あさぢふの小野の篠原忍ぶれど」訳⇩あさぢふの…。

あさぢふの…[2] 和歌 百人一首「浅茅生の 小野の篠原 忍ぶれど あまりてなどか 人の恋しき」後撰 平安―歌集 恋一・源等 訳浅茅(=丈の低いちがや)の生えた小野の篠原の「しの」ということばのように、あなたへの思いを忍んでこらえようとしているのにこらえきれず、どうして、こんなにもあなたが恋しいのだろうか。

鑑賞 第二句の「小野の篠原」までは同音の「しのぶ」を導く序詞で、姿を隠しきれないことの比喩ともする。本歌は『古今和歌集』恋一・読人知らず「浅茅生の小野の篠原忍ぶとも人知るらめやいふ人なしに」。

あさぢふ-の-やど【浅茅生の宿】アサジウノヤド 名詞「あさぢがやど」に同じ。

あさ-づきよ【朝月夜】名詞「あさづくよ」に同じ。

あさ-づくよ【朝月夜】名詞 月が残っている明け方。また、そのときの月。「あさづきよ」とも。対夕月夜。⇩有り明け

参考 陰暦で、月の下旬の夜明け方になる。「つくよ」は月の意。

あさ-つゆ【朝露】名詞 朝置く露。消えやすいことからはかないもののたとえにも使われる。

***あさつゆ-の**【朝露の】枕詞 ❶朝露は消えやすいことから、「消(け)」「消(き)ゆ」、また「命」「我が身」にかかる。万葉集 奈良―歌集 八八五「あさつゆの消やすき我が身他国に過ぎかてぬかも親の目を欲り」訳消えやすいこの身だが、親に会いたくて、他国では死ぬことができないことよ。❷朝露が置く意から、「置く」に、また同音の「起く」にかかる。古今 平安―歌集 恋三「ほととぎす夢かうつつかあさつゆの起きて別れし暁の声」訳ほととぎすよ、さっきの声を夢の中で聞いたのか、目覚めて聞いたのか。朝起きて彼女と別れたあの夜明けの声よ。

あさて【明後日】名詞 あすの次の日。**あさって。**

あさ-で【浅手】名詞 **浅い傷。**◆「手」は傷の意。対深手。

あさ-と【朝戸】名詞 **朝、起きて開ける戸。**

あさと-で【朝戸出】名詞 朝、戸を開けて出て行くこと。万葉集 奈良―歌集 一九二五「あさとでの君が姿をよく見ずて」訳朝、戸を開けて出て行くあなたの姿をよく見ないで。

あさとり-の【朝鳥の】枕詞 朝、鳥が巣から飛び立ち、鳴くことから「朝立つ」「通ふ」「音泣く」にかかる。万葉集 奈良―歌集 一九六「あさとりの通はす君が夏草の思ひしなへて」訳(亡き皇女の生前に)いつも通っ

ておられた皇子が、思いしおれて。

あざ-な【字】 名詞 ❶中国の風習にならって文人・学者などが付けた、実名以外の名。❷呼びならわされている名。通称。

*****あさな-あさな【朝な朝な】** 副詞 朝ごとに。毎朝毎朝。「あさなさな」とも。古今 平安－歌集 春上「野辺ちかく家居しせれば鶯(うぐひす)の鳴くなる声はあさなあさな聞く」訳野辺近くに住居をかまえているのでうぐいすの鳴くような声を毎朝毎朝聞くことだ。対夜(よ)な夜な。

あさ-なぎ【朝凪】 名詞 朝、風がなくて海が静かであること。対夕凪。

あさな-けに【朝な日に】 副詞 「あさにけに」に同じ。

あさな-さな【朝なさな】 副詞 「あさなあさな」に同じ。万葉集 奈良－歌集 四〇一〇「うら恋しわが背(せ)の君はなでしこが花にもがもなあさなさな見む」訳慕わしいあなたがなでしこの花であったらいいなあ。そうすれば毎朝見るだろう。

あざな・ふ【糾ふ】(アザナウ) 他動詞ハ四〔は／ひ／ふ／ふ／へ／へ〕(糸などを)よりあわせる。平治物語 鎌倉－物語 上「吉凶あざなへる縄のごとしといふ本文あり」訳吉と凶はよりあわせた縄のようなものだということは漢籍の本文にある。

*****あさなゆふなに【朝な夕なに】**(アサナユウナニ) 副詞 朝夕に。万葉集 奈良－歌集 二七九八「伊勢の海人(あま)のあさなゆふなに潜(かづ)くといふ鮑の貝の片思(かたもひ)にして」訳伊勢の漁師が朝夕に水中にもぐってとるというあわびの貝のように片思いで。

*****あさに-けに【朝に日に】** 副詞 朝に昼に。いつも。「あさなけに」とも。万葉集 奈良－歌集 三七七「青山の嶺(みね)の白雲あさにけに常に見れどもめづらし我が君」訳青山の峰にかかっている白雲のように朝に昼にいつも見ているけれども愛すべきあなたよ。

あさね-がみ【朝寝髪】 名詞 朝起きたままの乱れた髪。

あさ-の-なか-の-よもぎ【麻の中の蓬】 連語 まっすぐな麻の中に生えてまっすぐ育つ蓬。良い人の中に入って生活して良い感化を受けた人をたとえていう。十訓抄 鎌倉－説話 五「あさのなかのよもぎはためざるに、おのづから直しといふたとひあり」訳麻の中に生える蓬は、力を加えなくとも、自然とまっすぐ伸びるというたとえがある。◆『荀子(じゅんし)』勧学編に「蓬(ほう)、麻の中に生え、扶(たす)けずして自ら直し」とあることから。

あさ-はか-なり【浅はかなり】 形容動詞ナリ〔なら／なり・に／なり／なる／なれ／なれ〕❶奥深くない。枕草子 平安－随筆 五月の御精進のほど「廊めきて端ぢかにあさはかなれど」訳(全体が)渡り廊下みたいで外に近くて奥深くない(貧弱な感じである)が。❷思慮が足りない。源氏物語 平安－物語 朝顔「あさはかなる筋などもて離れ給(たま)へりける人の御心を」訳思慮が足りない方面(＝浮気)などは、全く見向きもなさらなかった人の御心なのに。❸重大でない。取るに足りない。源氏物語 平安－物語 須磨「あさはかなることにかかづらひてだに」訳取るに足りないことにかかわりを持っただけでも。

あさ-は-ふ・る【朝羽振る】 自動詞ラ四〔ら／り／る／る／れ／れ〕朝、鳥が羽ばたくように、風・波が寄せる。万葉集 奈良－歌集 一三一「か青なる玉藻(たまも)沖つ藻あさはふる風こそ寄せめ」訳青々とした美しい沖に生えている藻を、朝、鳥がはばたくように風が寄せるだろう。対夕羽振る。

あさひ-こ【朝日子】 名詞 朝日。◆「こ」は親しみを表す接尾語。

あさひ-なす【朝日なす】 枕詞 朝日のように美しいという意味から「まぐはし」にかかる。万葉集 奈良－歌集 三二三四「山辺(やまのへ)の五十師(いし)の原にうちひさす大宮仕へあさひなすまぐはしも」訳山辺の五十師の原に大宮を営まれて、朝日のようにうるわしいことよ。

あさ-びらき【朝開き】 名詞 船が朝になって漕(こ)ぎ出すこと。朝の船出。

あさ・ふ【浅ふ】(アソウ) 自動詞ハ下二〔へ／へ／ふ／ふる／ふれ／へよ〕❶(家柄・地位などが)低い。源氏物語 平安－物語 竹河「まだ位などもあさへたる程を」訳まだ位なども低い身分なので。❷思慮が浅い。浅はかである。源氏物語 平安－物語 幻「さやうにあさへたる事は、かへりて軽々しきもどかしさなども立ち出(い)でて」訳そのような浅はかなこと(＝出家)は、かえって軽率だという非難なども起こってきて。

参考 完了の助動詞「たり」を伴った「あさへたる」の形で用いられる。

あざ・ふ【糾ふ】(アゾウ) 他動詞ハ下二〔へ／へ／ふ／ふる／ふれ／へよ〕組み合わせる。交差させる。からみ合わせる。三宝絵詞 平安－説話 上「手をあざへ、地(ち)にひざまづきて」訳手の指を組み合わせ、地面にひざまずいて。

あさ-ぶすま【麻衾】 名詞 麻製の粗末な寝具。

[1]**あさ-ぼらけ【朝朗け】** 名詞 朝、ほのぼのと明るくなるころ。夜明け方。後拾遺 平安－歌集 恋二「明けぬれば暮るるものとは知りながらなほ恨(うら)めしきあさぼらけかな」訳⇨あけぬれば…。

[2]**あさぼらけ…** 和歌 百人一首「朝ぼらけ 有り明けの月と 見るまでに 吉野の里に 降(ふ)れる白雪(しらゆき)」古今 平安－歌集 冬・坂上是則(さかのうへのこれのり)訳しらじらと夜が明けるころ、まるで明け方の月の光かと思ってしまうほどに明るい、吉野の里に降り積もっている白雪であるなあ。

[3]**あさぼらけ…** 和歌 百人一首「朝ぼらけ 宇治(うぢ)の川霧(かはぎり) たえだえに あらはれわたる 瀬々(ぜぜ)の網代木(あじろぎ)」千載 鎌倉－歌集 冬・藤原定頼(ふぢはらのさだより)訳しらじらと夜が明けるころ、宇治川に立ちこめていた川霧がとぎれとぎれに晴れて、それにつれて見えてくる、あちらこちらの川瀬にかけた網代木よ。

あさま・し

形容詞シク〔(しく)・しから／しく・しかり／し／しき・しかる／しけれ／しかれ〕

語義の扉

予期も予測もできなかった事柄に触れて、驚いたりあきれたりする気持ちを表す。本来、よい意味にも悪い意味にも用いられたが、現代語の「あさましい」では悪い意味に限って用いられる。動詞「あさむ」が形容詞化したものである。

- ❶驚くばかりだ。意外だ。
- ❷情けない。興ざめだ。
- ❸とてつもなくひどい。はなはだしい。
- ❹見苦しい。みっともない。みじめな感じだ。
- ❺(「あさましくなる」の形で)亡くなる。死ぬ。

❶驚くばかりだ。意外だ。十訓抄 鎌倉—説話 三「思はずにあさましくて、『こはいかに。かかるやうやはある』とばかり言ひて返歌にも及ばず、袖をひき放ちて逃げられけり」訳(こんなに歌が上手とは)思いもかけずただ驚くばかりで、「これはどうしたことか、こんなことがあるだろうか。(いや、あるはずがない)」とだけ言って返歌もできずに、(引っぱられていた)袖を引き離して逃げてしまった。

❷情けない。興ざめだ。枕草子 平安—随筆 あさましきもの「あさましきもの　挿し櫛すりてみがく程に、物に突きさへて折りたる心地。」訳興ざめなもの。挿し櫛をこすって磨くうちに、何かにぶつかってつかえて折ってしまった気持ち。

❸とてつもなくひどい。はなはだしい。方丈記 鎌倉—随筆「二年が間、世の中飢渇して、あさましきこと侍りき」訳二年の間、世の中は食糧が欠乏して、とてつもなくひどいことがございました。

❹見苦しい。みっともない。みじめな感じだ。枕草子 平安—随筆 ふと心おとりとかするものは「わがもてつけたるをつつみなく言ひたるは、あさましきわざなり」訳自分が使い慣れている言葉を遠慮なく言うのは、みっともないものである。徒然 鎌倉—随筆 一五二「むく犬の、あさましく老いさらぼひて、毛はげたるを引かせて」訳むく犬で、みっともなく年老いてよぼよぼになって、毛が抜け落ちているのを(従者に)引かせて。参照▼類語と使い分け⑱

❺(「あさましくなる」の形で)亡くなる。死ぬ。増鏡 室町—物語「三月二十日、終ひにあさましくならせたまふ」訳三月二十日、とうとう大変なことにお亡くなりになった。

***あさまし-が・る**【浅ましがる】自動詞ラ四{ら/り/る/る/れ/れ} 驚きあきれはてる。びっくりしたようすをする。竹取物語 平安—物語 燕の子安貝「人々あさましがりて、寄りて抱へ奉れり」訳人々はびっくりして、近寄って抱きかかえ申し上げた。◆「がる」は接尾語。

あさましく-な・る 連語 死ぬ。亡くなる。▽「意外なことになる」意からの間接的表現。増鏡 室町—物語 春の別れ「三月二十日、つひにいとあさましくならせ給ひぬ」訳三月二十日に、とうとうお亡くなりになられた。

あさまし-げ・なり【浅ましげなり】形容動詞ナリ{なら/なり・に/なり/なる/なれ/なれ} あきれるほどひどいようすだ。枕草子 平安—随筆 うへにさぶらふ御猫は「あさましげなる犬のわびしげなるが、わななきありけば」訳あきれるほどひどいようすの犬で、いかにもみすぼらしいのが、ふるえながら歩き回るので。

あさ-まだき【朝まだき】副詞 朝早く。拾遺 平安—歌集 秋「あさまだき嵐の山の寒ければ紅葉のにしききぬ人ぞなき」訳朝早く嵐山のあたりは寒いので(山から吹きおろす風で)紅葉が散り、その錦の衣を着ない人はいない。◆「まだき」は、まだその時になりきっていない、の意。

あさ-まつりごと【朝政】名詞 ❶朝、天皇が正殿で政務をとること。また、転じて、天皇が執務すること。❷朝廷の役人が朝から執務すること。

あさ-ま・なり【浅まなり】形容動詞ナリ{なら/なり・に/なり/なる/なれ/なれ} ❶外部に近い。浅い。平家物語 鎌倉—物語 一一・勝浦付大坂越「むげにあさまに候ふ」訳(海は)ひどく浅うございます。❷あさはかだ。うすっぺらだ。❸あらわだ。むきだしだ。黒塚 室町—能楽 謡曲「隠れ住みしもあさまになりぬ」訳隠れ住んでいたのもあらわになってしまった。

あさ-まもり【朝守り】名詞 朝、宮廷の門を警護すること。

浅間山(あさまやま) 地名 歌枕 今の長野・群馬両県にまたがる活火山で昔から噴煙が絶えない。

あさ-みどり[1]【浅緑】名詞 薄い緑色。浅葱色。

あさ-みどり[2]【浅緑】枕詞 浅緑色の、の意から「糸」「野辺」にかかる。古今 平安—歌集 春上「あさみどり糸よりかけて白露を玉にもぬける春の柳か」訳糸をよって掛けて、白露を玉のように貫ぬいている春の柳であるよ。

あさ-みや【朝宮】名詞 朝の御殿。朝の宮仕え。

あさ・む【浅む】

㊀自動詞マ四{ま/み/む/む/め/め} 驚きあきれる。宇治拾遺 鎌倉—説話 一・三「集まり居たる鬼どもあさみ興ず」訳そこに集まって座っていた鬼どもは、驚きあきれ、面白がる。◆後に「あざむ」とも。

㊁他動詞マ四{ま/み/む/む/め/め} あなどる。見下す。徒然 鎌倉—随筆 四一「これを見る人、あざけりあさみて」訳この男を見る人は、あざ笑い、見下して。◆後に「あざむ」とも。

あざむ・く【欺く】

㊀他動詞カ四{か/き/く/く/け/け} ❶だます。いつわる。言いくるめる。古今 平安—歌集 夏「蓮葉の濁りに染まぬ心もてなにかは露を玉とあざむく」訳⇨はちすばの…。❷みくびる。軽蔑する。太平記 室町—物語 八「小勢なりといへども、あざむきがたし」訳小人数だといってもみくびりがたい。

㊁自動詞カ四{か/き/く/く/け/け} (詩歌を)吟ずる。吟詠する。後拾遺 平安—歌集 序「月に嘲り風にあざむくこと絶えず」訳月を見て詩歌を吟じ風に興じて詩歌を吟詠することは絶えることなく。

あさも-よし【麻裳よし】枕詞 麻で作った裳の産地であったことから、地名「紀」に、また、同音を含む地名「城上」にかかる。万葉集 奈良—歌集 五五「あさもよし紀人ともしも真土山行き来と見らむ紀人ともしも」訳紀伊の国の人がうらやましい。真土山を行き来するごとに見ているであろう紀伊の国の人がうらやましい。

あさ-もよひ【朝催ひ】名詞 朝食の準備。また、そのころ。

あざ-やか・なり【鮮やかなり】形容動詞ナリ{なら/なり・に/なり/なる/なれ/なれ} ❶際立っていて美しい。鮮明だ。枕草子 平安—随筆 木の花は「いみじうあざやかに見えたるなど」訳非常に鮮明に見えているようすなどは。❷きっぱりしている。はきはきしている。源氏物語 平安—物語 柏木「例は、心強うあざやかに、誇りかなる御けしき」訳いつもは、気強くきっぱりして、得意げなごようすなのに。❸新鮮だ。いきがよい。今昔物語 平安—説話 一二・二七「あざやかなる鯔」訳いきがよいぼらの幼魚。

あざ・やぐ【鮮やぐ】

㊀自動詞ガ四{が/ぎ/ぐ/ぐ/げ/げ} ❶はっきりして、目立つ。際立つ。どぎつい感じがする。源氏物語 平安—物語 浮舟「あや

あ

しき褶(しびら)着たりしを、あざやぎたれば」訳みっともない褶(＝腰から下に着ける衣服)を着ていたのが(着替えて)際立ったので。❷てきぱきとしている。はっきりしている。源氏物語 平安―物語 宿木「もののしくあざやぎて、心ばへもたをやかなる方はなく」訳なまいきで物もはっきり言って、気立てもしとやかなところがなく。
二 他動詞 ガ下二 {げ/げ/ぐ/ぐる/ぐれ/げよ} 目立たせる。鮮やかにする。栄花物語 平安―物語 ゆふしで「宮たちの御衣(おんぞ)ばかりをぞあざやげさせ給ひて」訳皇子たちの衣服だけを鮮やかにしなさって。

あさ-ゆふ【朝夕】(アサユウ)
一 名詞 朝と夕方。朝晩。また、毎日。
二 副詞 朝晩。毎日。いつも。徒然 鎌倉―随筆 一四〇「あさゆふなくてかなはざらん物」訳朝晩なくてはならないような物。

あさ-よひ【朝宵】(アサヨイ) 名詞 朝夕。朝晩。

あさ-らか・なり【浅らかなり】 形容動詞ナリ {なら/なり・に/なり/なる/なれ/なれ} 気軽だ。万葉集 奈良―歌集 二九六六「紅の薄染め衣あさらかに相見し人に恋ふるころかも」訳紅花の薄染めの衣のように気軽に会った人に恋するこのごろであることよ。

あざ-らか・なり【鮮らかなり】 形容動詞ナリ {なら/なり・に/なり/なる/なれ/なれ} 新鮮だ。土佐日記 平安―日記 二・八「ある人、あざらかなるものもて来たり」訳ある人が、新鮮な物(＝鮮魚)を持って来た。

あざらけ・し【鮮らけし】 形容詞ク {(く)・から/く・かり/し/き・かる/けれ/かれ} 新鮮だ。雨月物語 江戸―物語 菊花の約「あざらけきを煮て」訳新鮮なのを煮て。

あさり[1]【浅り】 名詞 (川や海などの)浅いところ。

あさり[2]【漁り】 名詞／―す 他動詞サ変 ❶えさを探すこと。万葉集 奈良―歌集 一一六五「夕なぎにあさりする鶴(たづ)潮満てば沖波高み己が妻呼ぶ」訳夕なぎ時にえさを探す鶴が、潮が満ちると波が高いので、自分の妻を呼んでいる。❷魚介や海藻をとること。万葉集 奈良―歌集 八五三「あさりする海人(あま)の子どもと人は言へど見るに知らえぬうまひとの子と」訳魚をとる漁師の子供だと人は言うけれど見てわかりました。高貴な身分のお子だと。

あざり【阿闍梨】 名詞 仏教語。❶弟子を教え導く、徳の高い僧。❷天台宗や真言宗で、宣旨(せんじ)によって任じられる僧職。❸修法(ずほう)や儀式の導師をつとめる僧。◆「あじゃり」とも。

***あさ・る【漁る】** 他動詞ラ四 {ら/り/る/る/れ/れ} ❶えさを探し求める。万葉集 奈良―歌集 一四四六「春の野にあさる雉(きぎし)の妻恋に己があたりを人に知れつつ」訳春の野でえさを探し求める雉が妻を恋い慕って鳴いて自分の居場所を人に知らせている。❷魚や貝や海藻などをとる。源氏物語 平安―物語 須磨「潮干(しほひ)の潟(かた)にあさりても」訳干潟で貝などをとっても。❸あちらこちら探し求める。徒然 鎌倉―随筆 五四「掘らぬ所もなく山をあされども」訳掘りおこさない所もないくらい山じゅう探し求めるけれども。

あざ・る[1]【鯘る】 自動詞ラ下二 {れ/れ/る/るる/るれ/れよ} (魚肉などが)腐る。腐敗する。日本書紀 奈良―史書 仁徳「海人(あま)の苞苴(おほにへ)かよふあひだにあざれぬ」訳海人の貢ぎ物は運んでくる間に腐ってしまった。

あざ・る[2]【戯る・狂る】
一 自動詞ラ四 {ら/り/る/る/れ/れ} 取り乱して動き回る。万葉集 奈良―歌集 九〇四「かからずもかかりも神のまにまにと立ちあざりわれ乞(こ)ひ祈(の)めど」訳いかようになろうと神の思し召しのままだと取り乱し動き回って私は請い祈ったが。
二 自動詞ラ下二 {れ/れ/る/るる/るれ/れよ} ❶ふざける。土佐日記 平安―日記 一二・二二「酔(ゑ)ひあきて、…あざれあへり」訳ひどく酔っぱらって、…ふざけあっている。❷儀式ばらない装いをする。くつろぐ。源氏物語 平安―物語 紅葉賀「あざれたる袿(うちき)姿にて」訳くつろいだ袿姿で。❸機転をきかす。しゃれた振る舞いをする。枕草子 平安―随筆 職の御曹司(みざうし)におはします頃、西の廂にて「あざれたり。御簾(みす)の前にて、人に語り侍(はべ)らむ」訳(歌は)しゃれている。御簾の前で、女房の方々に披露しましょう。

あざれ-あ・ふ【戯れ合ふ】(アザレアウ) 自動詞ハ四 {は/ひ/ふ/ふ/へ/へ} ふざけあう。土佐日記 平安―日記 一二・二二「潮海(しほうみ)のほとりにてあざれあへり」訳海の近くでふざけあっている。

あざれ-がま・し【戯れがまし】 形容詞シク {(しく)・しから/しく・しかり/し/しき・しかる/しけれ/しかれ} ふざけたようにみえる。ふまじめだ。源氏物語 平安―物語 横笛「またあざれがましう、すきずきしき気色などに」訳またふざけたようにみえ、浮気っぽいようすなどに。◇「あざれがましう」はウ音便。

あざれ-ば・む【戯ればむ】 自動詞マ四 {ま/み/む/む/め/め} ふざけた態度を見せる。好色な振る舞いをする。源氏物語 平安―物語 夕霧「わがいにしへすこしあざればみ、あだなる名を取り給ひ面(おも)て起こしに」訳自分がむかしすこしふざけた態度を見せ、浮気だという評判をお取りになった名誉回復に。◆「ばむ」は接尾語。

あざ-わら・ふ【嘲笑ふ】(アザワラウ) 自動詞ハ四 {は/ひ/ふ/ふ/へ/へ} ❶大声で笑う。大鏡 平安―物語 序「翁(おきな)二人、見かはしてあざわらふ」訳老人二人は顔を見合わせて大声で笑う。❷あざけり笑う。

浅井了意(あさゐれうい)(アサイリョウイ) 人名 (一六一二ころ～一六九一)江戸時代前期の仮名草子作者。京都の本性(ほんしやう)寺の住職。内外の書物に通じ、博学多識で多くの著作がある。仮名草子の代表作家で、中国の『剪灯新話(せんとうしんわ)』の翻案の『伽婢子(おとぎぼうこ)』が有名である。

あし[1]【足・脚】 名詞 ❶(人や動物の)あし。伊勢物語 平安―物語 九「白き鳥の、嘴(はし)とあしと赤き、鴫(しぎ)の大きさなる」訳白い鳥で、くちばしと脚とが赤い(鳥で)、鴫くらいの大きさの(鳥)が。❷歩くこと。歩み。源氏物語 平安―物語 玉鬘「少しあし馴(な)れたる人は、とく御堂(みだう)に着きにけり」訳少し歩くことになれている人は早く本堂に着いてしまった。❸物の下部に付いていて、下から上を支える部分。源氏物語 平安―物語 行幸「かすかなるあし弱き車など、輪を押しひしがれ、哀れげなるもあり」訳貧弱な、車輪のしっかりしていない車などは、その車輪を押しつぶされ、見るからに気の毒なものもある。❹(「雨のあし」「風のあし」の形で)雨の降るようす。風の吹くようす。枕草子 平安―随筆 八九月ばかりに「雨のあし横さまに騒がしう吹きたるに」訳雨の降り方が横向きに激しく吹きつけているときに。❺船の進みぐあい。船の速力。日本永代蔵 江戸―物語浮世・西鶴一三千七百石積みでもあしかろく」訳三千七百石を積んでも船の速度ははやく。❻船体が水中に沈んでいる深さ。喫水(すいきっ)。義経記 室町一物語 四「潮干なれども小船なり、あしは浅し」訳引き潮であるけれども小さな船である、（その小船の）喫水は浅い。

あし[2]【葦・蘆】名詞 水辺に生える草の名。よし。和歌では「難波江(なには)」の景物として詠まれる。季秋。新古今 鎌倉一歌集 春上「夕月夜潮満ち来(く)らし難波江(なには)のあしの若葉に」訳⇩ゆふづくよ…。

参考 (1)和歌では、「刈(か)り」「節(ふし・よ)」などを縁語とすることが多い。(2)「あし」が「悪(あ)し」に通じるのを避けて、「よし」ともいう。

あし[3]【銭】名詞 **金銭。おあし。**▼足で歩き回るように世間に流通するところから。

あ・し[4]【悪し】形容詞シク {（しく）・しから／しく・しかり／し／しき・しかる／しけれ／しかれ}

語義の扉

絶対的な価値基準に従って本質的に悪い状態で、その価値を全く否定してしまいたい気持ち、しりぞけてしまいたいと思う気持ちを表す。

❶悪い。
❷荒れ模様である。
❸みすぼらしい。いやしい。
❹下手だ。
❺（味が）まずい。
❻具合が悪い。不都合である。

❶**悪い。**枕草子 平安一随筆 ふと心おとりとかするものは「いづれをよしあしと知るにかは」訳どれがよい、どれが悪いと判断するのであろうか、いや、わかりはしない。❷**荒れ模様である。**▼天候が悪い。土佐日記 平安一日記 一二・二七「今日、風雲のけしきはなはだあし」訳今日は空のようすがひどく荒れ模様である。❸**みすぼらしい。いやしい。**枕草子 平安一随筆 わびしげに見ゆるもの「下衆(すげ)女のなりあしきが子負ひたる」訳身分の低い女で身なりのみすぼらしいのが子供を背負っているの（はわびしい感じがする）。❹**下手だ。**宇治拾遺 鎌倉一説話 三・六「年頃(ごろ)、不動尊の火炎をあしく書きけるなり」訳長年、不動尊の後背の炎を下手に書いてきたことだった。❺**まずい。**▼味が悪い。枕草子 平安一随筆 思はむ子を「精進(さう)物のいとあしきをうち食ひ」訳精進(しょうじん)物でひどくまずいのを食べ。❻**具合が悪い。不都合である。**源氏物語 平安一物語 桐壺「唐土(もろこし)にも、かかることの起こりにこそ、世も乱れ、あしかりけれ」訳中国でもこんなことが原因で、世の中が乱れて具合の悪いことになったのだと。

◆**学習ポイント❸**

関連語「あし」と「わろし」

「あし」とよく似た意味の語に「わろし」がある。平安時代には「あし」は、絶対的・本質的に悪い状態と、それに対する不快感や嫌悪感を表し、「わろし」は、他と比較して相対的に悪い、その状態がどちらかと言えば悪い、よくない、の意味を表す。

現代語の悪いの意味に「あし」が、よくないの意味に「わろし」が相当する。この両語の関係は、「よし」と「よろし」の間にも認められる。鎌倉時代以後は、「わろし」が「あし」の持っていた意味をも表すようになり、「わろし」が一般的な語となり、「あし」は文語的な語と意識され、次第に使われなくなった。

あ-じ【阿字】名詞 仏教語。梵語(ぼんご)の字母の一番目である「阿」の字。一切の言葉の始まりを表すとされ、また、宇宙の根元は本来空(くう)で不生不滅であることを表すとされる。

（阿 字）

あし-うら【足占】名詞「あうら」に同じ。

あし-かき【葦垣】名詞 葦を組み合わせて作った粗末な垣根。◆のちに「あしがき」。

あしかき-の【葦垣の】枕詞 ❶葦垣は古びて乱れやすいことから「古(ふ)る」「乱る」などにかかる。万葉集 奈良一歌集 九一二八「おしてる難波(なには)の国はあしかきの古りにし里と人皆の思ひやすみて」訳難波の国はさびれてしまった里だと皆が心にかけなくなり。❷外と隔てることから「外(ほか)」にかかる。万葉集 奈良一歌集 三九七五「我が背子に恋ひすべながりあしかきのほかになげかふ我し悲しも」訳私のあの人が恋しくてならず、外に離れて嘆き続ける私は悲しい。❸間をつめて編むことから「間ぢかし」にかかる。古今 平安一歌集 恋一「人知れぬ思ひやなぞとあしかきのまぢかけれども逢ふよしのなき」訳相手に知られない思いなど何の意味があるのだろうかと思うが、葦垣のように間近いけれども逢う機会がない。

あし-がた【足形】名詞 **足跡。**◆「あしかた」とも。

あし-がなへ【足鼎】(アシガナエ) 名詞 脚が三本ついている金属製の容器。単に「かなへ」とも。

あし-かび【葦牙】名詞 葦の若芽。

あし-がも【葦鴨】名詞 葦辺(あしべ)に群がる鴨。◆歌語。

あしがも-の【葦鴨の】枕詞 鴨が葦辺(あしべ)で群れていることから「うち群れ」にかかる。土佐日記 平安一日記 一二・二七「をしと思ふ人やとまるとあしがものうち群れてこそ我は来にけれ」訳名残り惜しいと思うあなたが、（お帰りにならずに）留まってくださるかと思って、葦辺で群れる鴨のように群れて私たちは来たのだ。

足柄山(あしがらやま) 地名 歌枕 今の神奈川県と静岡県の境にある、金時(きんとき)山以北の連山。北端に足柄峠があり、古代からの東西の交通の要路。

あし-かり【葦刈り】名詞 晩秋、葦を刈ること。また、その人。

あしかり-をぶね【葦刈り小舟】(アシカリオブネ) 名詞 刈った葦を運ぶ船。

あし-がる【足軽】名詞 ❶平時は雑役、戦時は歩兵として主に敵を攪乱(かくらん)する役目を果たした者。❷江戸時代、幕府や藩で組織された、武士の階級で一番下の身分の常備兵。

あじきなし ⇩あぢきなし

あしき-みち【悪しき道】名詞「あくだう❶」に同じ。◆仏教語の「悪道(あくだう)」を訓読した語。

あしく【悪しく】副詞 **下手に。まずく。間違えて。**徒然鎌倉－随筆 一〇六「口ひきける男あしくひきて」訳馬の手綱を引いていた男が下手に引いて。

あし-げ【葦毛】名詞 馬の毛色の一つ。白毛に青・黒・濃褐色などの毛がまじったもの。

あしけく【悪しけく】

なりたち 形容詞「あし」の奈良時代以前の未然形＋接尾語「く」

悪いこと。 万葉集 奈良－歌集 九〇四「いつしか人と成り出いでてあしけくも善けくも見むと」訳早く一人前になって、悪いこともよいことも(そのようすを)見たいと。

あし-げ・なり【悪しげなり】形容動詞ナリ｛なら／なり・に／なり／なる／なれ／なれ｝**不都合だ。ぶざまだ。** 七夕 室町－物語 御伽『一粒足らず』とて、あしげなる気色にて」訳「一粒足りない」と不都合なようすで。

あし-こ【彼処】代名詞 **あそこ。** 源氏物語 平安－物語 若菜上「あしこに籠こもりなむのち」訳あそこにこもってしまった後は。

あし-ざま・なり【悪し様なり】形容動詞ナリ｛なら／なり・に／なり／なる／なれ／なれ｝**悪いふうだ。悪いようだ。** 枕草子 平安－随筆 職の御曹司の西面の「御前にさへぞあしざまに啓する」訳中宮にまで悪いふうに申し上げる。

あしじろ-の-たち【足白の太刀】名詞 ひもを通すための金具を銀で作った太刀。

あし-ずり【足摺り】名詞 激しい悲しみや怒りを表す動作で、地にすりつけるように足踏みをすること。じだんだを踏むこと。伊勢物語 平安－物語 六「やうやう夜も明けゆくに、見れば率ゐて来し女もなし。あしずりをして泣けどもかひなし」訳だんだん夜が明けていくのに、見ると連れてきた女もいない。足摺りをして泣くけれど、どうにもならない。

あした【朝】名詞

語義の扉

夜が明けて明るくなったころをいい、暗い夜の終わりとしての朝という意識が強い。そこから、❷の、夜に何か事があった時の「翌朝」の意が生じた。現代語の「明くる日」の意はここから変化したものだが、それは江戸時代以降の用法で、古くは「あす」の語を用いた。

❶朝。朝方。明け方。
❷翌朝。あくる朝。

❶**朝。朝方。明け方。** 徒然 鎌倉－随筆 三一「雪のおもしろう降りたりしあした」訳雪が趣深く降り積もっていた朝。

❷**翌朝。あくる朝。** ▼前夜に何か事があった次の日の朝。徒然 鎌倉－随筆 一九「野分のわきのあしたこそをかしけれ」訳台風の(あった)翌朝(のありさま)は興味深い。

参考 ⇩ゆふべ

◆学習ポイント❹

関連語「朝」と「あした」

古代において「朝あさ」はアサ→ヒル→ユフと続く、昼を中心とした時間区分の始まりの部分であり、「あした」はユフベ→ヨヒ→ヨナカ→アカツキ→アシタと続く、夜を中心とした時間区分の終わりの部分であるが、実際上時間的にはほぼ同じ時間帯を表す。

あし-だ【足駄】名詞 歯のついた木の台に鼻緒はなをつけたはきもの。

あし-だか・なり【足高なり】形容動詞ナリ｛なら／なり・に／なり／なる／なれ／なれ｝**足が長く見える。** 枕草子 平安－随筆 うつくしきもの「鶏のひなの、あしだかに白うをかしげに」訳鶏のひなが、足が長く見え、白くかわいらしくて。

あし-たづ【葦鶴】アシタズ 名詞 鶴つる。▼葦の生えている水辺によくいるところから。◆「たづ」は歌語。

あしたづ-の【葦鶴の】アシタズノ 枕詞 鶴つるが鳴くように泣くの意から、「ね泣く」にかかる。万葉集 奈良－歌集 四五六「君に恋ひ、いたもすべなみあしたづのねのみし泣かゆ朝夕あさよひにして」訳あなたを恋い慕い、どうしようもなくて、葦辺に鳴く鶴のように声を立てて泣けてくる。

あした-の-つゆ【朝の露】連語 **朝露。** ◆消えやすいので、短くはかないことのたとえに用いる。

***あした-ゆふべ**【朝夕】アシタユウベ 名詞 **朝夕。いつも。**

あし-で【葦手】名詞 ❶「葦手書あしでがき」の略。❷葦の形を下絵にかいた紙。

あしで-がき【葦手書き】名詞 平安時代に行われた書体の一つ。水辺の光景を描いた絵に文字を葦・鳥・石などに絵画化して散らし書きにする書き方。また、そのように書いたもの。

(葦手書き)

あして-かげ【足手影】名詞 ❶目の前にいないのにまるでいるかのように見える人の姿。面影。❷往来の激しいところ。

あし-なか【足半】名詞 かかとの当たる部分のない短い草履。◆軽くて走るのに便利で、室町時代から兵卒や僧侶そうりょに使われた。

(足 半)

あし-なが【足長】名詞 足の異常に長い、中国の想像上の人間。◆「手長てなが」とともに清涼殿の「荒海の障子さうじ」に描かれている。

あしね-はふ【葦根延ふ】アシネハウ 枕詞 葦の根は泥土ひぢの中に伸びることから「下」「憂き」にかかる。拾遺 平安－歌集 雑下「あしねはふ下にのみこそしづみけれ」

あし-の-かりね【葦の仮寝】連語 かりそめに一夜を過ごすこと。ちょっと寝ること。千載 鎌倉－歌集 恋三「難波江なにはえのあしのかりねのひとよゆゑ」訳⇩なにはえの…。

あし-の-け【足の気】連語 足の病気。**脚気かっけ。**

あしのね-の【葦の根の】枕詞 ❶「根」と同音の繰り返しで「ねもころ」にかかる。万葉集 奈良－歌集 一三二四「あしのねのねもころ思ひて結びてし玉の緒といはば人解かめやも」訳心をこめて結んだ玉の緒ならば人が解くことがあろうか。❷葦には節よがあることから「夜」「世」など「よ」で始まる語にかかる。「あしのねの夜」「あ

「しのねの弱き心」❸葦の根は分かれていることから、「分く」「分かる」にかかる。[後撰 平安|歌集] 恋二「あしのねの分けても人にあはむとぞ思ふ」[訳](地下を)わけて行ってでもあなたに会おうと思う。

あし-の-ふし-の-ま【葦の節の間】[連語]時間の短いことのたとえ。[新古今 鎌倉|歌集] 恋二「難波潟短きあしのふしのまも」[訳]⇨なにはがた…。

あし-の-まろや【葦の丸屋】[連語]「あしのや」に同じ。

あし-の-や【葦の屋】[連語]葦で屋根をふいた粗末な小屋。葦の丸屋。

あし-はら【葦原】(アシワラ)[名詞]葦が一面にはえている原。

あしはら-の-なかつくに【葦原の中つ国】(アシワラノナカツクニ)[名詞]日本の国。▼高天の原(=天上界)と黄泉の国(=地下の死者の世界)の中間にある、葦の生い茂る世界の意。

あしはら-の-みづほ-の-くに【葦原の瑞穂の国】(アシワラノミズホノクニ)[名詞]日本国の美称。▼葦原にある、みずみずしい稲穂の実る国の意。

あし-ひ【葦火】[名詞]葦を燃料として燃やした火。◆のちに「あしび」とも。

あしび【馬酔木】[名詞]木の名。あせび。すずらんの花に似た、白い小さな花を房状につける。葉に毒があり、牛馬が食べると酔ったようになる。[季]春。

1 **あしひき-の**【足引きの】[枕詞]「山」「峰」などにかかる。語義・かかる理由未詳。[万葉集 奈良|歌集] 一〇八八「あしひきの山川の瀬の」[訳]⇨あしひきのやまがはのせの…。◆平安時代以後は「あしびきの」とも。

2 **あしひきの…**[和歌]「あしひきの(=枕詞) 山川の瀬の 鳴るなへに 弓月が岳に 雲立ち渡る」[万葉集 奈良|歌集] 一〇八八・柿本人麻呂[訳]山の中の川の浅瀬の音が激しく鳴るにつれて、弓月が岳には一面に雲が立ち込めてくる。

[鑑賞]変化する自然を聴覚と視覚とでとらえ、力強く詠んでいる。「なへに」は「…するとちょうどその折に」の意を表す。「弓月が岳」は今の奈良県の巻向山の峰の一つ。

3 **あしひきの…**[和歌][百人一首]「あしひきの(=枕詞) 山鳥の尾の しだり尾の 長々し夜を ひとりかも寝む」[拾遺 平安|歌集] 恋三・柿本人麻呂[訳]山鳥の長く垂れ下がっている尾のように長い長い夜を、独りでさびしく寝ることかなあ。

あしびなす【馬酔木なす】[枕詞]あしびの花が咲き栄えているようにの意から「栄ゆ」にかかる。[万葉集 奈良|歌集] 一一二八「あしびなす栄えし君が掘りし井の石井の水は飲めど飽かぬかも」[訳]栄えたあなたさまが掘った井戸の水は、飲んでも飽きないことだ。

あし-ふ【葦火】[名詞]「あしひ」に同じ。

あし-ぶみ【足踏み】[名詞]足で地を踏むこと。特に、舞楽・能楽などでの足拍子や足の運びなどの動作。

あし-べ【葦辺】[名詞]葦が生えている水辺。[万葉集 奈良|歌集] 九一九「あしへをさして鶴鳴き渡る」[訳]⇨わかのうらに…。◆古くは「あしへ」とも。

あしべゆく…[和歌]「葦辺行く 鴨の羽交に 霜降りて 寒き夕べは 大和し思ほゆ」[万葉集 奈良|歌集] 六四・志貴皇子[訳]葦の生えている水辺を泳ぐ鴨の羽交いに霜が降りて寒い夕暮れには、ただひたすらに暖かい我が家のあるあの大和のことが思い出されるよ。

[鑑賞]文武天皇の難波行幸に随行した志貴皇子の歌。「大和し思ほゆ」の「し」は強意の副助詞。

あじ-ほんふしやう【阿字本不生】(アジホンフショウ)[名詞]仏教語。密教の根本の教えで、万法の根元である「阿字」には、すべてが「不生(=不生不滅)」すなわち空であるという「本(=根本)」の真理が表されていること。「あじほんぶしやう」とも。

あし-ま【葦間】[名詞]葦の茂みの間。

あし-まゐり【足参り】(アシマイリ)[名詞]貴人の足をもみさすること。みあしまゐり。

あし-まゐ-る【足参る】(アシマイル)[連語]貴人の足をもみさする。みあしまゐる。

あしみ-・す【悪しみす】[自動詞]サ変{せ/し/す/する/すれ/せよ}(気分などが)悪い状態になる。悪そうになる。[土佐日記 平安|日記] 一・九「あるが中に、心地あしみして」[訳]一行の中で、気分が悪そうになって。

あし-もと【足元】[名詞]❶足で立っているあたり。❷足つき。歩き方。❸すぐそば。身近。

蘆屋[地名]今の兵庫県芦屋市付近。『万葉集』の「菟原処女」の伝説で知られる。

あじゃら-・く【戯らく】[自動詞]カ下二{け/け/く/くる/くれ/けよ}ふざける。ばかげる。[難波土産 江戸|論] 発端「昔のやうなる、子供だましのあじゃらけたることは取らず」[訳]昔のような、子供だましのふざけたことは取らない。

あじゃり【阿闍梨】[名詞]「あざり」に同じ。

あしゅら【阿修羅】[名詞]仏教語。帝釈天に敵対して戦う悪神。のち、仏法に帰依して仏法を守護する。「あすら」「しゅら」とも。

あしら・ふ(アシラウ)[他動詞]ハ四{は/ひ/ふ/ふ/へ/へ}もてなす。応対する。[一代男 江戸|物語] 浮世・西鶴「もとより商ひの得意ことさらにあしらひ」[訳]もとより商売の得意客を特別に応対し。◆動詞「あへしらふ」「あひしらふ」の変化した語。

***あ-じろ**【網代】[名詞]❶川の流れの中に杭を立て並べ、竹・木などを細かく編んで魚を通れなくし、その端の水面に簀を置いて魚がかかるようにしたもの。宇治川などで、冬期、氷魚(=鮎の稚魚)を取るのに用いたのが有名。[季]冬。◇和歌で「宇治」「寄る」の縁語として用いることが多い。❷檜皮・竹・葦などを薄く削って斜めに編んだもの。垣根・屏風

(網代❶)

(網代❷)

ぶ・天井・車の屋形・笠などに用いる。❸「あじろぐるま」に同じ。

あじろ-き【網代木】名詞「網代❶」の網を掛けるための杭。「あじろぎ」とも。季冬。万葉集 奈良－歌集 二六四「もののふの八十宇治川のあじろきに」訳⇨もののふのやそうぢがはの…。

あじろ-ぐるま【網代車】名詞「牛車」の一つ。車体の屋根や両側に竹や檜皮の「網代❷」を張ったもの。殿上人の常用の車であるが、大臣・納言・大将なども略儀・遠出の際に用いる。参照▼口絵

あじろ-ひと【網代人】名詞夜、「あじろ❶」で漁をする人。

あじろ-びゃうぶ【網代屛風】【アジロビョウブ】名詞「あじろ❷」を張った屛風。田舎風のものとされる。

あじろ-もり【網代守り】名詞「あじろひと」に同じ。

あしわけ-をぶね【葦分け小舟】【アシワケオブネ】名詞葦の間をかき分けて進む小舟。

あし-を-そら【足を空】連語❶落ち着きを失って足が地につかないほど浮き立つようす。源氏物語 平安－物語 夕顔「殿の内の人、あしをそらにて思ひまどふ」訳邸内の人は、足が地につかないほどにおろおろする。❷浮かれ歩くようす。浮世物語 江戸－物語 仮名「これより、身持ちわがままになりて、あしをそらになし」訳これ以後、行いが自分勝手になって、浮かれ歩くようになり。

あ・す*　自動詞サ下二〔せ/せ/す/する/すれ/せよ〕㊀【浅す】(海・川・池などが)浅くなる。干上がる。金塊 鎌倉－歌集 雑「山は裂け海はあせなむ世なりとも君に二心わがあらめやも」訳たとえ、山は裂け、海は干上がってしまうような異常な世であっても、上皇様に背く心が(私に)ありましょうか、いや、ありません。㊁【褪す】❶(色が)さめる。あせる。源氏物語 平安－物語 桐壺「結びつる心も深き元結ひに濃き紫の色しあせずば」訳末長い縁を深く結びこめた元結にゆかりの濃い紫の色があせなければ、(うれしいことだ)。❷(勢いが)衰える。徒然 鎌倉－随筆 二五「いかならん世にも、かばかりあせ果てんとは思ぼしてんや」訳どのような時代においても、これほど衰え果ててしまうとはお思いになったであろうか、いや、お思いにならなかっただろう。

明日香(あすか)　地名今の奈良県高市郡明日香村とその付近の地一帯。北は大和三山でかぎられ、中央を飛鳥川が流れる。推古天皇から持統天皇までの多くの天皇が都を置き、政治・文化の中心となっていた。「飛鳥」とも書くが、それは「明日香」にかかる枕詞「飛ぶ鳥の」の文字による。

[1]**あすかがは…**　和歌「飛鳥川淵は瀬になる世なりとも思ひそめてむ人は忘れじ」古今 平安－歌集 恋四・よみ人知らず 訳たとえ飛鳥川の淵が瀬になるような変わりやすい世の中であっても、思いそめたならば、その人のことを忘れまい。

鑑賞 飛鳥川の淵瀬が変わりやすいということを前提として、そのように変わりやすい世の中であっても、いったん思い込んだ以上その人のことは何があっても忘れはしまい、という女性のいちずな思いを詠んだ。「世」は世の中の意と二人の仲の意とをかけている。「思ひそめてむ」の「む」は仮定。

[2]**飛鳥川**(あすかがは)【アスカガワ】地名 歌枕 今の奈良県高市郡明日香村を南から北に流れて大和川に注ぐ川。流路が変わりやすかったので、特に平安時代以降は無常のたとえとして用いられることが多かった。

あずかる【与る・預かる】⇨あづかる

飛鳥井雅経(あすかゐまさつね)【アスカイマサツネ】人名(一一七〇～一二二一)鎌倉時代の歌人。飛鳥井流蹴鞠の祖。藤原頼経の子で、飛鳥井と号した。後鳥羽院の歌壇で活躍し、『新古今和歌集』の撰者の一人となった。家集に『明日香井和歌集』がある。

あずさ【梓】⇨あづさ

あす-しら-ぬ【明日知らぬ】連語明日はどうなるかわからない。古今 平安－歌集 哀傷「あすしらぬわが身と思へど暮れぬ間の今日は人こそ悲しかりけれ」訳明日はどうなるかわからないわが身だと思うけれど、日の暮れない今日のうちは死んだ人のことがとりわけ悲しく思われる。

なりたち 名詞「あす」＋動詞「しる」の未然形＋打消の助動詞「ず」の連体形

あす-とて-の【明日とての】連語明日何か予定のある日の前日の。源氏物語 平安－物語 須磨「あすとての暮れには院の御墓拝み奉り給ふとて」訳明日(須磨への出発の)予定のある日の前日の暮れには、院(＝桐壺帝)のお墓をご参拝なさろうと。

あす-は-ひのき【明日は檜】【アスヒノキ】名詞木の名。檜に似た常緑高木。あすなろ。▼明日は檜になろうの意。

あずま【東】⇨あづま

東遊び(あづまあそび)　文芸平安時代に行われた歌舞。古代の東国地方の、舞踊を伴う歌謡が、平安時代になって神社の祭儀や宮廷・貴族の宴遊に用いられるようになったもの。

東歌(あづまうた)　文芸奈良時代以前の東国地方の、民謡風の和歌。『万葉集』巻十四や、『古今和歌集』巻二十に収められている。『万葉集』のものは、東国地方の農民の素朴な生活感情を、日常の言葉で率直に歌っている。当時の東国方言が含まれている。

あすら【阿修羅】名詞「あしゅら」に同じ。

あ-せ【吾兄】代名詞あなた。▼男子を親しんで呼ぶ語。古事記 奈良－史書 景行「尾津の崎なる一つ松、あせを」訳尾津のみさきにある一本松、あなたよ。

あぜ【何】副詞なぜ。どのように。万葉集 奈良－歌集 三五一七「白雲の絶えにし妹をあぜ為せろと心に乗りてここばかなしけ」訳会うことが絶えてしまったあなたをどのようにしろというのか、心にのりうつってこんなにも悲しいのか。◆奈良時代以前の東国方言。

あせ-あ・ゆ【汗あゆ】連語汗がにじみ出る。枕草子 平安－随筆 宮にはじめてまゐりたるころ「いかで立ちいでしにかと、あせあえていみじきには」訳どうして(宮仕えなどに)出たのかと、汗がにじみ出てたまらないので。

あぜ-くら【校倉】名詞古代の倉の一つ。断面が三角形または台形の木材を「井」の字形に交差させて積み上げて壁とした、高床式の倉。防湿・通風にすぐれ、物の保存に適する。奈良時代に広く行われ、東大寺の正倉院や唐招提寺の宝蔵などが有名。◆「あぜ」は、交差させる意。

あぜち【按察使・按察】名詞奈良時代の「令外」の官の一つ。地方官の行政監督や民情視察に当たった職。平安時代には納言以上の兼官として名目のみと

なった。按察使(あんさ)。

あせ-とり【汗取り】 名詞 上衣に汗がしみないように、直接肌(つし)につけて着るもの。肌着。季夏。

あせ-に-な・る【汗になる】 連語 ❶**汗水をたらす。一生懸命に働く。** 蜻蛉 平安－日記 上「いかで安らかにと思ひつつ、わが身はあせになりつつ」訳(母を)何とか平穏に過ごさせたいと気を配り、自分は汗水をたらしながら。❷(恥ずかしさ・緊張感・恐怖心などで)**汗をかく。** 源氏物語 平安－物語 帚木「女は、この人の思ふことさへ、死ぬばかりわりなきに、流るるまであせになりて」訳女は、この人(＝女房)がどう思うかまで、死ぬほど耐え難く、汗を、びっしょりかいて。

あせ-は・つ【褪せ果つ】 自動詞タ下二 {て/て/つ/つる/つれ/てよ} **すっかりあせる。荒れ果てる。** 徒然 鎌倉－随筆 二五「かばかりあせはてんとはおぼしてんや」訳これほど荒れ果てようとはお思いになっただろうか、いや、お思いにならなかっただろう。

あせび【馬酔木】 名詞「あしび」に同じ。

あそ-こ【彼処】 代名詞 **あの場所。あそこ。** ▼遠称の指示代名詞。「ここ」との対で用いることが多い。対此処(ここ)。

あそば-か・す【遊ばかす】 他動詞サ四 {さ/し/す/す/せ/せ} **遊ばせる。** 物くさ太郎 江戸－物語 御伽「寝ながら、胸の上にてあそばかして」訳寝たまま、胸の上で遊ばせて。◆「かす」は接尾語。

あそば・す【遊ばす】

なりたち 四段動詞「あそぶ」の未然形に奈良時代以前の尊敬の助動詞「す」の付いた連語「あそばす」が平安時代以後一語化したもの。

一 他動詞サ四 {さ/し/す/す/せ/せ} ❶「遊ぶ」の尊敬語」(詩歌・狩猟・管弦などを)**なさる。お楽しみになる。** 栄花物語 平安－物語 月の宴「みかど、箏(さう)の御琴をぞいみじうあそばしける」訳天皇は、箏を巧みに演奏なさった。

❷「為(す)」の尊敬語」(いろいろな動作を入れて)**お…になる。なさる。** 平家物語 鎌倉－物語 四・源氏揃「御手跡(おんしゆせき)うつくしうあそばし」訳文字を立派にお書きになり。

二 補助動詞サ四 {さ/し/す/す/せ/せ}「多く「お」「ご」の付いた動詞の連用形または名詞に付いて」**…なさる。お…になる。** 油地獄 江戸－浄瑠 浄瑠璃・近松「あれへお通りあそばせ」訳あちらへお通りになってください。◆江戸時代の語。

あそび【遊び】 名詞

語義の扉

本来、好きなことをして楽しむことの意で、現代語と同じ意味にも用いられるが、特に平安時代では、貴族たちの管弦の遊び、詩歌などの催しをさしていう例が多い。

❶神前での歌舞や音楽。神遊び。
❷狩猟・行楽・酒宴などで楽しむこと。
❸詩歌・管弦・舞などで楽しむこと。
❹遊ぶこと。遊戯。娯楽。慰み。
❺「遊(あそ)び女(め)」の略」遊女。

❶**神前での歌舞や音楽。神遊び。神楽(かぐら)。** 日本書紀 奈良－史書 天智「打橋(うちはし)のつめのあそびに出でませ子」訳板を渡しただけの仮の橋のたもとの(歌垣(うたがき)の)歌舞・音楽の遊びに出ていらっしゃい、奥さんよ。

❷山野で、**狩猟・行楽・酒宴などをして楽しむこと。** 万葉集 奈良－歌集 八三五「春さらば逢(あ)はむと思(も)ひし梅の花今日のあそびにあひ見つるかも」訳春になったら会おうと思っていた梅の花に、今日の宴席で会ったことだよ。

❸**詩歌・管弦や舞などをして楽しむこと。** ◇平安時代の作品の中の例は、ほぼこの意味と見てよい。源氏物語 平安－物語 桐壺「月のおもしろきに、夜更くるまであそびをぞし給(たま)ふなる」訳月が美しいので、夜が更けるまで音楽の催しをなさっているようだ。

❹**遊ぶこと。遊戯。娯楽。慰み。** 徒然 鎌倉－随筆 一三〇「万(よろづ)のあそびにも、勝負を好む人は、勝ちて興あらんためなり」訳いろいろな遊戯の中でも、勝負事の好きな人は、勝って得意な気持ちになろうとしてするのだ。

❺「遊(あそ)び女(め)」の略。**遊女。** 宿場などの宴席で歌舞を演じて旅人の遊興の相手をした女性。更級 平安－日記 足柄山「あそび三人(みたり)、いづくよりともなく出(い)で来たり」訳遊女が三人、どこからともなく出てきた。

あそび-がたき【遊び敵】 名詞 **遊び相手。** ◆敵(かたき)は相手の意。源氏物語 平安－物語 若紫「君は、うへを恋ひ聞こへ給ひて、泣き臥し給へるに、御あそびがたきどもの『なほしきたる人のおはする。宮のおはしますなめり』と聞こゆれば、起き出で給ひて」訳姫君は、祖母上をお慕い申し上げなさって泣き臥していらっしゃったが、お遊び相手方が、「直衣を着たお方がいらっしゃっている。父宮さまがおいであそばしたのでしょう」と申し上げると、起き出しなさって。

あそび-ぐさ【遊び種】 名詞 遊びの材料。**遊び相手。**

あそび-な・る【遊び慣る・遊び馴る】 自動詞ラ下二 {れ/れ/る/るる/るれ/れよ} **遊んで、すっかり慣れ親しむ。** 更級 平安－日記「年来(としごろ)あそびなれつる所を、あらはにこほち散らして立ち騒(さわ)ぎて」訳⇒あらはなり❶。沙石 鎌倉－説話「病重くして憑(たの)み無かりければ、日来(ひごろ)あそびなれたる歌仙(かせん)寄り合ひて、最後の会(くわい)と思ひて」訳(東入道は)病気が重篤で、回復の望みがもはやなかったので、日ごろ(連歌の道で)遊び慣れ親しんだ歌仙たちが寄り集って、これが最後の会になることと考えて」

あそび-ののし・る【遊び罵る】 自動詞ラ四 {ら/り/る/る/れ/れ} **にぎやかに管弦を演奏する。** 源氏物語 平安－物語 末摘花「今年、男踏歌(をとこたふか)あるべければ、例の所どころあそびののしりたまふに」訳今年は、男踏歌があるはずなので、例によって諸所でにぎやかに管弦を演奏しなさるので。

あそび-ひろ・ぐ【遊び広ぐ】 他動詞ガ下二 {げ/げ/ぐ/ぐる/ぐれ/げよ} **遊び道具などをいっぱい広げて遊ぶ。** 源氏物語 平安－物語 紅葉賀「ところせきまであそびひろげたまへり」訳(雛(ひな)遊びの道具を)場所が狭くなるほどいっぱい広げて遊んでいらっしゃる。

あそび-ほふし【遊び法師】(アソビホウシ) 名詞 僧の姿をして歌舞音曲をなりわいとする者。琵琶(びわ)法師の類。

あそび-め【遊び女】 名詞「いうぢょ❶」に同じ。「あそ

あ

びをんな」とも。

あそび-もの[1]【遊び物】名詞 ❶遊び道具。おもちゃ。❷楽器。

あそび-もの[2]【遊び者】名詞「いうぢょ❶」に同じ。

あそび-わざ【遊び業】名詞 遊び事。技量を競う娯楽・スポーツの類をいう。

あそびをせむとや… 歌謡「遊びをせむとや 生まれけむ 戯れせむとや 生まれけむ 遊ぶ子供の 声聞けば 我が身さへこそ ゆるがるれ」梁塵秘抄 平安 歌集 四句神歌 訳遊びをしようとして生まれてきたのであろうか。あるいは、戯れをしようとして生まれてきたのであろうか。無邪気に遊んでいる子供のはしゃぐ声を聞くと、大人である私の身体までもが、それにつられて自然と動き出してしまいそうだ。

鑑賞 無心に戯れ、喜々として声をあげる子供の姿に、忘れていた童心を呼び覚まされた大人の感懐を詠んだ歌。◆「るれ」は自発の助動詞「る」の已然形で、係助詞「こそ」の結び。

あそ・ぶ【遊ぶ】

語義の扉

ふるく、神事に際して歌舞や音楽を行う意であったとされ、のち、ひろく、心のままに楽しんで行動する意に転じて、詩歌、管絃、舞い、遊戯・遊興、娯楽、舟遊び、狩猟、気晴らしの気ままな活動、また、外出散策などをして過ごす意の用法を持った。そこには、共通して日課や日常の規範を抜け出て楽しむ特質がみとめられる。

一 自動詞
- ❶詩歌・歌舞・管絃などで楽しむ。
- ❷心のままに楽しむ。楽しんで過ごす。遊戯する。
- ❸狩りをする。
- ❹自由に動き回る。
- ❺仕事などをしないでいる。何もしないで、ぶらぶら過ごす。
- ❻遊興する。茶屋、遊里で酒色にふける。
- ❼(特定の場所に)出かけて興じる。情趣を楽しむ。

二 他動詞 (楽器を)演奏する。奏でる。

一 自動詞 バ四 {ば／び／ぶ／ぶ／べ／べ}

❶**詩歌を作ったり、音楽を演奏したり、歌舞をしたりして楽しむ。** 枕草子 平安 随筆 御仏名のまたの日「ひとわたりあそびて、琵琶弾きやみたる程に」訳一とおり音楽を楽しんで、琵琶を弾き終えたときに。

❷**遊戯する。** 伊勢物語 平安 物語 二三「昔、田舎わたらひしける人の子ども、井のもとにいでてあそびけるを」訳昔、田舎で生計を立てていた人の子供たちが、井戸のところに出て楽しんで過ごしていたが。源氏物語 平安 物語 若紫「清げなる大人ふたりばかり、さては童べぞ出で入りあそぶ。」訳美しくこざっぱりとした女房が二人ほど、それから子供たちが出たり入ったりして楽しんで過ごしている。

❸**狩りをする。射とめる。** 古事記 奈良 史書 雄略「やすみしし(=枕詞)わが大君のあそばしし猪の」訳わが大君が狩りをして射とめられた猪が。

❹**自由に動き回る。気ままに歩きまわる。** 伊勢物語 平安 物語 九「白き鳥の、嘴と足と赤き、鴫のおおきさなる、水の上にあそびつつ魚を食ふ」訳白い鳥であって、くちばしと脚とが赤い、鴫くらいの大きさのある(鳥が)、水の表面で自由に泳ぎ回りながら魚をとって食う。

❺**仕事などをしないでいる。何もしないで、ぶらぶら過ごす。** 狂言記 江戸 物語 さし縄「『してそれは、だうも治しやうはないか』『いや、あそんでさへをれば治りまする』」訳「それで、(その手中風は)どうにかして治す方法はないか」「はい、何もしないでいれば(いつの間にか)治るのです」

❻**遊興する。茶屋、遊里で酒色にふける。** 西鶴置土産 江戸 物語「南江のいたり茶屋にあそんで」訳(遊びなれた仲間たちと一緒に)道頓堀の行き届いたお茶屋で楽しんで。」

❼(特定の場所に)**出かけて興じる。情趣を楽しむ。** 月見座頭 室町 狂言「今宵は八月十五夜、名月でござるによって、心ある人は野辺に出で、沢辺のあそび、月を眺め歌を詠み詩を作って楽しまれまする」訳今夜は八月十五日、十五夜の名月でございますから風雅を解する人は野辺にくり出し沢のほとりに出かけて興じ、満月を眺め、私歌を詠み、漢詩を作ってお楽しみになります。

二 他動詞 バ四 {ば／び／ぶ／ぶ／べ／べ} (**楽器を)演奏する。奏でる。** 源氏物語 平安 物語 椎本「わざと設けたるやうにはあらで、次々弾き出でたまひて、壱越調の心に、桜人あそびたまふ」訳ことさらに用意したというふうではなく、次々取り出してはお弾きになって、壱越調の心持ちで、「桜人」を演奏なさる。

***あそみ**【朝臣】名詞 奈良時代の「姓」の一つ。「八色の姓」の第二位に位する。◆「あせ(吾兄)おみ(臣)」あるいは「あさおみ(朝臣)」の変化した語。

あそん【朝臣】名詞

❶平安時代、五位以上の貴族男子の姓または名の下に付けて、敬意を表した語。身分によって付く位置が違う。三位以上には姓の下に付け、名は記さない。四位には名の下に、五位には姓と名との間に入れた。今昔物語 平安 説話 二八・二「今は昔、摂津の守源頼光のあそんの郎等にてありける」訳今ではもう昔の話だが、摂津の守源頼光の朝臣の家来であった。

❷**あなた。** ▼貴族の男性同士で、相手を親しんで呼ぶ語。源氏物語 平安 物語 東屋「よろづのこと足らひて目安きあそんの、妻をなむ定めざなる」訳万事がそなわっていて難のない(=立派な)あなたが、まだ妻を定めないでいると聞いているよ。

参考「あそみ」の変化した語。鎌倉時代以降「あっそん」とも。

あた【仇・敵・賊】名詞

江戸時代以降、「あだ」という。

❶**敵。外敵。** 万葉集 奈良 歌集 四三三一「しらぬひ(=枕詞)筑紫の国はあた守る鎮への城そと」訳筑紫の国は外敵を防ぐしずめのとりでだぞと。

❷かたき。仇敵。伊勢物語 平安｜物語 三一「ある御達の局の前を渡りけるに、何のあたにか思ひけむ」訳(男が)ある身分の高い女房のつぼねの前を通ったときに、(男を)どういうかたきに思ったのだろうか。❸害。酒呑童子 江戸｜浄瑠璃 御伽「丹波の国大江山には鬼神がすみてあたをなす」訳丹波の国の大江山には鬼が住んでいて(人々に)害を加える。❹恨み。恨みの種。今昔物語 平安｜説話 二四・二〇「年来棲みける妻を去り離れにけり。妻、深くあたを成して嘆き悲しみけるほどに」訳長年連れ添った妻を離縁した。妻はこれを深く恨みに思って嘆き悲しんでいたうちに。

参考「当たる」の語幹から派生した語で、自分に当たってくるもの・自分に向かってくるものの意。

あた-あた【熱熱】 感動詞 熱い、熱い。平家物語 鎌倉｜物語 六・入道死去「ただのたまふ事とては『あたあた』とばかりなり」訳(熱病の清盛は)ただおっしゃることとしては「熱い、熱い」とだけである。

あだ-あだ・し【徒徒し】 形容詞シク {(しく)・しから/しく・しかり/し/しき・しかる/しけれ/しかれ} 浮気だ。移り気だ。うわべだけで誠意がない。源氏物語 平安｜物語 夕霧「いささかあだあだしき御心づかひをば」訳少しの(あなたの)うわべだけで誠意がないお心配りを。

あたう【能う・与う】 ⇨あたふ

あた-かたき【仇敵】 名詞 憎い相手。恨みに思う相手。

安宅の関 地名 今の石川県小松市に置かれた関所。謡曲「安宅」、歌舞伎「勧進帳」の舞台として有名。

あたか-も【恰も】 副詞 ちょうど。まるで。▼多く「似る」「ごとし」などを下接して用いる。万葉集 奈良｜歌集 四二〇四「我が背子が捧げて持てるほほがしはあたかも似るか青き蓋」訳我が君が捧げ持っているほおがしわは、ちょうど似ているなあ、青い蓋(＝貴人の後ろからさしかける絹張りの傘)に。

あだ-く【徒く】 自動詞カ下二 {け/け/く/くる/くれ/けよ} 浮気っぽい行いをする。源氏物語 平安｜物語 朝顔「まいて、うちあだけ好きたる人の」訳まして、ちょっと浮気っぽく色好みの人が。

あだ-くらべ【徒競べ】 名詞 ❶男女が互いの浮気を言い合うこと。❷互いにはかないことを競い合うこと。

あだ-け【徒気】 名詞 浮気な行い。

あだ-ごころ【徒心】 名詞 浮気な心。誠意のない移り気な心。竹取物語 平安｜物語 貴公子たちの求婚「あだごころつきなば、のち悔しき事もあるべきを」訳浮気な心がついてしまったら、後で後悔することもあるに違いないものを。

あだ-こと¹【徒言】 名詞 上べだけの言葉。冗談。宇津保 平安｜物語 藤原の君「人の御あだことなど」訳人の上べだけのお言葉などに。◆のちに「あだごと」とも。

あだ-こと²【徒事】 名詞 ❶浮気な行為。浮ついた事。雨月物語 江戸｜物語 吉備津の釜「ただかりそめなるあだことに」訳ほんのちょっとした浮気な行為に。❷つまらない事柄。ちょっとしたたわむれごと。源氏物語 平安｜物語 絵合「筆のついでにすさび給ふあだこと」訳筆まかせに慰みにお書きになられるちょっとしたたわむれごと。◆のちに「あだごと」とも。対忠実事。

あだ・し 形容詞シク {(しく)・しから/しく・しかり/し/しき・しかる/しけれ/しかれ}
㊀【他し・異し】他のものである。違っている。玉の小櫛 江戸｜論「あだし書どもは、かばかり長からぬだに」訳他の書などは、それほど長くないものでさえ。◇古くは「あたし」。
㊁【徒し】はかない。変わりやすい。玉葉 鎌倉｜歌集 春下「あだし色になほうとまれぬ桜花」訳変わりやすい色にやはり嫌われてしまう桜の花。

あだし-ごころ【徒し心】 名詞「あだごころ」に同じ。古今 平安｜歌集 東歌「あだしごころをわが持たば」訳⇨きみをおきて…。

化野 地名 歌枕 今の京都市右京区嵯峨の奥、愛宕山のふもとにあった平安京の代表的な墓地。東山の「鳥辺野」とともに、無常を象徴する地として文学作品に現れる。「徒し野」「仇し野」とも書く。

あたたけ・し【暖けし】 形容詞ク {(く)・から/く・かり/し/き・かる/けれ/かれ} 暖かい。千里集 平安｜歌集「あたたけき春の山べに花のみぞところもわかず咲きわたりける」訳暖かい春の山のあたりに花ばかりが場所の区別なく一面に咲いていることだ。

安達が原 地名 歌枕 今の福島県の安達太良山の東の裾野。鬼婆が住んでいたという黒塚伝説で知られる。「安達の原」とも。

あだ-な【徒名】 名詞 浮気だという評判。浮き名。

あだ-なみ【徒波】 名詞 むやみに立ち騒ぐ波。変わりやすい人の心にたとえる。古今 平安｜歌集 恋四「そこひなき淵やは騒ぐ山川の浅き瀬にこそあだなみは立て」訳底なしの深い淵が荒れることがあるだろうか。山あいの川の浅瀬にこそむやみに立ち騒ぐ波が起こるのだ。

あだ・なり【徒なり】 形容動詞ナリ {なら/なり・に/なり/なる/なれ/なれ}

語義の扉
「空虚で中身がない」が根本の意味で、否定的な評価や残念がる気持ちを込めて言う語。
❶はかない。もろい。
❷誠実でない。浮気だ。
❸疎略だ。
❹無駄だ。無用だ。

❶はかない。もろい。徒然 鎌倉｜随筆 一三七「会はでやみにし憂さを思ひ、あだなる契りをかこち」訳会わないで終わってしまったつらさを思い、はかない約束を恨み嘆き。

❷誠実でない。浮気だ。紫式部 平安｜日記 消息文「そのあだになりぬる人の果て、いかでかはよく侍らむ」訳そういう不誠実な性質になってしまった人(＝清少納言)の末路が、どうしてよいでありましょうか、よいはずがありません。対忠実なり。

❸疎略だ。源氏物語 平安｜物語 葵「確かに御枕上に参らすべき祝ひの物にて侍る。あなかしこ、あだにな」訳確かに枕もとに差し上げなければならない祝いのものです。決して疎略に扱ってはいけません。

❹無駄だ。無用だ。堤中納言 平安｜物語 虫めづる姫君「蝶になりぬれば、いともそでにて、あだになりぬるを

や」訳（絹をとる蚕が）蝶になってしまうと、（人は）まったくおろそかにして無用になってしまうのよね。

あたは-ず【能はず】連語

なりたち 動詞「能ふ」の未然形＋打消の助動詞「ず」

❶…できない。⇩能ふ❶❷適さない。ふさわしくない。⇩能ふ❸納得できない。道理にかなわない。能ふ⇩❷

あたひ【価・値】名詞 ❶値打ち。価値。徒然 鎌倉一随筆 九三「牛のあたひ、鵞毛よりも軽し」訳牛の値打ちは、がちょうの羽毛よりも軽い。❷値段。

あだ-びと【徒人】名詞 移り気な人。浮気者。

あた・ふ[1]【与ふ】他動詞ハ下二{へ／へ／ふ／ふる／ふれ／へよ} 与える。徒然 鎌倉一随筆 一二八「彼に苦しみをあたへ」訳彼らに苦しみを与え。

あた・ふ[2]【能ふ】自動詞ハ四{は／ひ／ふ／ふ／へ／へ}

❶できる。方丈記 鎌倉一随筆「深く喜ぶことあれども、大きに楽しむにあたはず」訳深く喜ぶことがあっても、大いに楽しむことはできない。

❷道理にかなう。納得がいく。竹取物語 平安一物語 かぐや姫の昇天「罪の限り果てぬればかく迎ふるを、翁は泣き嘆く、あたはぬことなり」訳（かぐや姫の）罪のすべてが終わったのでこのように（月から）迎えに来るのを、翁は泣き嘆くが、道理にかなわないことである。

❸適する。ふさわしい。今昔物語 平安一説話 一〇・一「高く直くして壁を塗りたるごとし。人登るにあたはず」訳（山は）高く垂直であり壁を塗ったようである。人が登るのに適さない。

参考 (1)多く打消の語を下接する。(2)不可能を表す表現として「…ことあたはず」「…にあたはず」の形で漢文訓読系の文章で用いられた。和文では「え…ず」「え…あへず」が用いられた。

あだ・ふ【徒ふ】自動詞ハ下二{へ／へ／ふ／ふる／ふれ／へよ} 戯れる。ふざける。源氏物語 平安一物語 夕霧「すずろにかくあだへ隠して」訳むやみにこのようにふざけて隠して。

あたま【頭】名詞 ❶体の首から上の部分。あたま。◇この意味では古くは「かしら」と言った。❷頭髪。❸先端。上の部分。❹物事の初め。

あた・む【仇む】他動詞マ四{ま／み／む／む／め／め} 敵視する。恨む。憎む。平家物語 鎌倉一物語 七・主上都落「一門にはあたまれて」訳（源氏の）一門には敵視されて。

あだ-め・く【徒めく】自動詞カ四{か／き／く／く／け／け} 浮気っぽく振る舞う。うわつく。源氏物語 平安一物語 帚木「あだめき、目なれたるうちつけの好き好きしさなどは」訳浮気っぽく振る舞う、ありふれた露骨な色事などは。◆「めく」は接尾語。

あだ-もの【徒物】名詞 はかないもの。つまらないもの。

あた-ゆまひ【あた病】名詞 急病。◆「ゆまひ」は「やまひ」の奈良時代以前の東国方言。

あたら【惜・可惜】

一 連体詞 惜しい。もったいない。せっかくの。方丈記 鎌倉一随筆「いかが要なき楽しみを述べて、あたら時を過ぐさむ」訳どうして役に立たない楽しみを述べて、せっかくの（大切な）時を過ごそうか、いや、過ごすことはない。

二 副詞 もったいないことに。惜しいことにも。源氏物語 平安一物語 賢木「あたら、思ひやり深うものし給ふ人の」訳惜しいことに、（あれほど）思慮の深くていらっしゃるお方が。

参考 形容詞「あたらし」のもとをなす部分で、立派なものに対し、その価値相当に扱われないことを残念だという感情を表す。

あたら・し[1]【惜し】形容詞シク{(しく)・しから／しく・しかり／し／しき・しかる／しけれ／しかれ}

もったいない。惜しい。素晴らしい。源氏物語 平安一物語 桐壺「きはことに賢くて、ただ人にはいとあたらしけれど」訳（源氏は）きわだって賢明で、臣下にするには非常にもったいないけれど。

関連語 「あたらし」と「をし」の違い 「を（惜）し」が自分のことについていうのに対し、「あたらし」は外から客観的に見た気持ちをいう。

あたら・し[2]【新し】形容詞シク{(しく)・しから／しく・しかり／し／しき・しかる／しけれ／しかれ}

新しい。堤中納言 平安一物語 虫めづる姫君「いまあたらしきには名を付けて興じ給ふ」訳（姫君は）さらに新しいの（＝虫）には名前を付けて面白がりなさる。

語の歴史 奈良時代以前には「あらたし」といったが、平安時代以降音変化で「あたらし」の形が現れ、「あたら（惜）し」とも混同されて定着した。

あたらし-が・る【惜しがる】他動詞ラ四{ら／り／る／る／れ／れ} 残念がる。源氏物語 平安一物語 若菜下「世の中惜しみあたらしがりて」訳世間は惜しみ残念がって。

あたり[1]【辺り】名詞

❶付近。周辺。あたり。竹取物語 平安一物語 かぐや姫の昇天「子の時ばかりに、家のあたり、昼の明かさにも過ぎて光りわたり」訳夜中の十二時ごろに、家の周辺が、昼の明るさと比べても、それ以上に一面に光り輝き。

❷（その状態にある）人。方。紫式部 平安一日記 寛弘五・一一・一五「あはれなりし人の語らひしあたりも」訳かつて情趣をわかりあった人で親しく語り合った人も。

❸親類。縁者。大鏡 平安一物語 師輔「御あたりを広くかへり見給ふ御心深さに」訳（安子は）ご縁者の方々を広くお目をかけ配慮なさるご愛情の深さから。

あたり[2]【当たり】名詞 ❶当たること。ぶつかること。❷手に触れた感じ。感触。❸人に対する応対のしかた。応対。仕打ち。❹仕返し。復讐。❺心当たり。❻興行・商売などの成功・好評。

あたり-を-はら・ふ【辺りを払ふ】連語 ❶そばに近寄らせない。宇治拾遺 鎌倉一説話 一四・一「女人に近づく事なかれ。あたりをはらひて馴るる事なかれ」訳女人に近づいてはならない。そばに近寄らせないでなれ親しんではならない。❷周囲を圧する。威圧する。平家物語 鎌倉一物語 一一・能登殿最期「およそあたりをはらってぞ見えたりける」訳まったく周囲を威圧して見えた。◇「あたりをはらっ」は促音便。

あた・る【当たる】自動詞ラ四{ら／り／る／る／れ／れ}

❶ぶつかる。触れる。古今 平安一歌集 物名「楫にあたる波のしづくを」訳舟の櫂にぶつかる波のしずくを。

❷接する。今昔物語 平安一説話 三一・一三「その人のため

に、太子ねんごろにあたり給(たま)ふ事有れども」訳その人のために、太子は心を込めて接しなさることがあるけれども。

❸**思い当たる。**徒然 鎌倉―随筆 四一「折からの思ひかけぬ心地して胸にあたりけるにや」訳ちょうどそのときの(私の言葉が)意外な気がして、(人々の)心に思い当たったのだろうか。

❹**出会う。直面する。**源氏物語 平安―物語 須磨「かく思ひかけぬ罪にあたり侍(はべ)るも」訳このように思いがけない罪に直面しておりますのも。

❺**道理にかなう。匹敵する。**徒然 鎌倉―随筆 一九三「暗き人の、人をはかりてその智を知れりと思はん、更にあたるべからず」訳愚かな人が他人を推測して、その知恵(の程度)をわかっていると思うのは、全く道理にかなうはずがない。

❻**命中する。**平家物語 鎌倉―物語 四・鵼「手ごたへしてはたとあたる」訳手ごたえがして(矢が)ぱしっと命中する。

あだ-わざ【徒業】名詞 ❶**つまらないこと。むだなこと。**❷**うわついたこと。**

あた-を-おに-に-つく-る【仇を鬼に作る】連語 自分に害を与えるものを鬼の姿になぞらえ、恐ろしい状況を作り出すことのたとえ。源氏物語 平安―物語 浮舟「いみじきあたをおににつくりたりとも」訳ひどく恐ろしい敵を鬼の姿に作ったとしても。

あぢ【䳑】ジア 名詞 水鳥の名。秋に飛来し、春帰る小形の鴨(かも)。あじがも。ともえがも。

あぢき-な・し アジキナシ 形容詞ク {(く)から/く・かり/し/き・かる/けれ/かれ}

表記はあて字。
❶道をふみはずしている。無軌道だ。道理に合わない。
❷無益だ。なんのかいもない。つまらない。
❸思うようにならず、いやだ。にがにがしい。
❹世が無常だ。

語義の扉

「道をふみはずしている」「無軌道だ」「道理に合わない」の意の奈良時代以来の用法を原義とし、のち、心情的な表出を主として心にそぐわないものの、どうすることもできない不満な気持ちを表した。「おもしろくない」「つまらない」意に用いられる。現代語「あじけない」につながる語であるが、「味気ない」の

❶**道をふみはずしている。無軌道だ。道理に合わない。**源氏物語 平安―物語 若紫「我が罪のほどおそろしう、あぢきなきことに心をしめて、生けるかぎりこれを思ひなやむべきなめり」訳自分の罪の深さがおそろしく、道をふみはずしたことで心をいっぱいにして、生きているかぎり、これを思い悩まなければならないように思う。続後撰 鎌倉―歌集 雑中「人もをし人も恨(うら)めしあぢきなく世を思ふゆゑに物思ふ身は」訳⇩ひともをし…。

❷**無益だ。なんのかいもない。つまらない。**方丈記 鎌倉―随筆「さしも危ふき京中の家を造るとて、宝を費やし、心を悩ますことは、すぐれてあぢきなくぞ侍(はべ)る」訳あんなにも危険な都の中に家を造るからといって、財産を使って減らし、神経を悩ますことは、まことにかいがないことでございます。鶉衣 江戸―句集「旅の賦一章を書きて寓居(ぐうきょ)の筆をつひやすも、誠はあぢきなきすさびなるべし」訳「旅の賦」の一文を書いて、仮住居に筆をもてあそぶのも、実はつまらぬ慰みごとであろう。

❸**思うようにならず、いやだ。にがにがしい。**源氏物語 平安―物語 桐壺「やうやう天の下にもあぢきなう、人のもて悩みぐさになりて」訳しだいに世間でもにがにがしく、人の悩みの種となって。◇「あぢきなう」はウ音便。

❹**世が無常だ。**源氏物語 平安―物語 橋姫「この世の、かりそめにあぢきなきことを、申し知らすれば」訳この世の中が、はかなく無常であることを、わかるようにお話しすると。◆「あづきなし」の変化した語。

あぢ-さはふ アジサワウ/アジサオウ 枕詞 ❶「目」にかかる。万葉集 奈良―歌集 二五五五「朝戸を早くな開けそあぢさはふ目が欲(ほ)る君が今夜来ませる」訳朝の戸を早く開けないで下さい。会いたいと思っていたあなたが昨夜来たのですから。❷「夜昼知らず」にかかる。万葉集 奈良―歌集 一八〇四「あぢさはふ夜昼知らずかぎろひの心燃えつつ嘆き別れぬ」訳夜昼の別もわからぬほど心は燃えつづけ嘆き別れたことよ。

あぢ-はひ【味はひ】ワアジ 名詞 ❶(飲食物の)**味。**❷**趣(おもむき)。おもしろみ。**❸**食べ物。**

あ・つ【当つ】他動詞 タ下二 {て/て/つ/つる/つれ/てよ}

❶**ぶつける。当てる。**平家物語 鎌倉―物語 九・木曾最期「痛手(いたで)なれば、真向(まっかう)を馬の頭(かしら)にあててうつぶし給(たま)へるところに」訳(木曾殿は)深手なので、兜(かぶと)の鉢の前正面を(乗っていた)馬の頭に当ててうつ伏せになられたところに。

❷**さらす。向ける。**枕草子 平安―随筆 成信の中将は「廂(ひさし)にさし入りたる月にあてて、人の見しこそをかしかりしか」訳ひさしに差し込んでいる月の光に向けて、人が読んでいた姿は趣のあるものだった。

❸**分け与える。配分する。**大鏡 平安―物語 実頼「夏冬の法服を賜(たび)、供料(くれう)をあて賜びて」訳夏冬の法服をお与えになり、供養料を配分しお与えになって。

❹**推測する。当てる。**源氏物語 平安―物語 葵「大将の君の御通ひ所、ここかしこと思(おぼ)しあつるに」訳大将の君(＝源氏)がお通いになる女性は、あの方かこの方かと推測なさると。

❺**直面させる。**宇津保 平安―物語 俊蔭「汝(なんぢ)らをさへ罪にあてむ」訳おまえたちまで罪に直面させよう。

あつ-あつ【厚厚】副詞 厚ぼったいさま。宇治拾遺 鎌倉―説話 八・三「太き糸して、あつあつとこまかに強げにしたるを持て来たり」訳太い糸で、厚ぼったく、きめこまかく丈夫そうに作った着物を持って来た。

あつ-いた【厚板】名詞 ❶**厚い板。**❷「厚板織(あついたおり)」の略。縦糸に練り糸、横糸に生糸を使って地紋を織り出した厚地の絹織物。

あづかっ-し【与っし】アズカッシ 連語 **…を受けた。いただいた。**平家物語 鎌倉―物語 一・殿上闇討「忠盛が咎(とが)にあらずとて、かへって叡感(えいかん)にあづかっしうへは」訳忠盛の罪ではないといって、かえって(上皇の)おほめをいただいた以上は。

なりたち 動詞「あづかる」の連用形＋過去の助動詞

「き」の連体形からなる「あづかりし」の促音便。

[1]あつかは・し【扱はし】形容詞シク{(しく)・しから/しく・しかり/し/しき・しかる/しけれ/しかれ}**世話をしたい。面倒をみたい。** 源氏物語 平安―物語 総角「人知れずあつかはしくおぼえ侍れど」訳人に知られず世話をしたいと思っておりますが。

[2]あつ・かは・し【暑かはし】形容詞シク{(しく)・しから/しく・しかり/し/しき・しかる/しけれ/しかれ}❶**暑苦しい。** 源氏物語 平安―物語 常夏「なほ、け近くてあつかはしや」訳(灯籠は)やはり近くて暑苦しいことよ。❷**わずらわしい。** 源氏物語 平安―物語 蛍「いと、あまりあつかはしき御もてなしなり」訳まったく、あまりに(私を)わずらわしく(思っている)ようなご対応です。

あつかひ【扱ひ】名詞❶(客の接待・育児・看病などの)世話をすること。❷(訴訟・争い事などの)調停・仲裁。また仲裁人。◇江戸時代の語。❸示談。◇江戸時代の語。

あつかひ-ぐさ【扱ひ種】名詞❶子供など、世話をする対象。面倒を見る相手。❷**話題。** 源氏物語 平安―物語 椎本「この君達の御事をあつかひぐさにし給ふ」訳この宇治の姫君たちのことを話題になさる。

[*]あつか・ふ【扱ふ】他動詞ハ四{は/ひ/ふ/ふ/へ/へ}❶**世話を焼く。** 源氏物語 平安―物語 帚木「まことに親めきてあつかひ給ふ」訳本当に親らしく世話を焼きなさる。参照▼類語と使い分け⑩ ❷**うわさする。** 源氏物語 平安―物語 紅葉賀「人々も、思ひの外なる事かなとあつかふめるを」訳人々も、意外なことだなあとうわさするらしいのを。❸**もてあます。** 枕草子 平安―随筆 なほめでたきこと「多く取らむと騒ぐ者は、なかなかうちこぼしあつかふほどに」訳(食べ物を)たくさん取ろうとあわてるものは、かえって取りこぼしてもてあますうちに。❹**仲裁する。** 諸国ばなし 江戸―物語 浮世・西鶴「さまざまにあつかへども、きかざれば」訳いろいろと仲裁するが、聞かないので。◇江戸時代の語。

あづかり【預かり】名詞❶**任されること。担当。** 源氏物語 平安―物語 夕顔「かの、惟光があづかりの垣間見」訳あの、惟光が担当ののぞき見。❷**管理人。担当者。** 源氏物語 平安―物語 夕顔「あづかり召し出づる程」訳管理人をお呼び寄せになる間。❸平安時代、役所の事務を管理する職。

あづかり-てがた【預かり手形】名詞江戸時代、無利息の借金の借用書。

[1]あづか・る【与る】自動詞ラ四{ら/り/る/る/れ/れ}❶**関与する。かかわる。** 枕草子 平安―随筆 にくきもの「このごろ、物の怪にあづかりて困じにけるにや」訳(この修験者は)近ごろ、物の怪(の調伏)にかかわって非常に疲れていたからであろうか。❷**手に入れる。** 源氏物語 平安―物語 若菜下「宝にあづかり」訳財宝を手に入れ。❸(目上の人の配慮・恩恵を)**受ける。いただく。** 平家物語 鎌倉―物語 二・教訓状「神明の加護にあづかり」訳神の加護をいただき。

[2]あづか・る【預かる】他動詞ラ四{ら/り/る/る/れ/れ}**管理・保管する。あずかる。** 土佐日記 平安―日記 二・一六「望みて、あづかれるなり」訳(先方から)望んで、(私の家を)あずかったのである。

あづき-がゆ【小豆粥】名詞小豆を混ぜて炊いたかゆ。正月十五日に食べると一年の邪気を払うとされた。季春。

あづき-な・し形容詞ク{(く)・から/く・かり/し/き・かる/けれ/かれ}平安時代以降「あぢきなし」となる。❶「あぢきなし❶」に同じ。万葉集 奈良―歌集 二五八二「あづきなく何の狂言今更に童言する老人にして」訳思うようにならず何というたわごとを言うのか。いまさらに、子供のように愚かなことを言う。老人の身で。❷「あぢきなし❸」に同じ。日本書紀 奈良―史書 神代上「汝、はなはだあづきなし」訳あなたは、たいそう手がつけられないほどひどい。◆奈良時代以前の語。

あつきひを… 俳句「暑き日を 海に入れたり 最上川」奥の細道 江戸―紀行 酒田・芭蕉 訳暑い一日であったが、その暑さを、滔々と流れる最上川が海に流し入れてくれた。そのせいか、河口のあたりはようやく夕方の涼味が感じられることだ。鑑賞 季語は「暑き日」で、季は夏。

あづ・く【預く】他動詞カ下二{け/け/く/くる/くれ/けよ}❶**預ける。** 竹取物語 平安―物語 かぐや姫の生ひ立ち「妻の嫗にあづけて養はす」訳(かぐや姫を)妻である老女に預けて育てさせる。❷**縁づける。結婚させる。** 源氏物語 平安―物語 夕顔「娘をば、さるべき人にあづけて」訳娘をふさわしい男と結婚させて。

あつ-け【暑気】名詞❶暑さ。❷**暑気当たり。**

あつ-ご・ゆ【厚肥ゆ】自動詞ヤ下二{え/え/ゆ/ゆる/ゆれ/えよ}**厚くふくらむ。** 紫式部 平安―日記 寛弘五・一一・一七「あつごえたる着かさねて」訳厚くふくらんでいるのを重ね着して。

あづさ【梓】名詞❶木の名。今の「よぐそみねばり」にあたるといわれる。硬い木なので弓の材とした。❷「梓弓」の略。

[1]あづさ-ゆみ【梓弓】名詞梓の木で作った丸木の弓。狩猟のほか、祭りにも用いられた。

[2]あづさ-ゆみ【梓弓】枕詞❶弓を引き、矢を射るときの動作・状態から「ひく」「はる」「い」「いる」にかかる。伊勢物語 平安―物語 二四「あづさゆみ引けど」訳⇩あづさゆみひけどひかねど…。❷射ると音が出るところから「音」にかかる。万葉集 奈良―歌集 二一七「あづさゆみ音聞く我もおほに見しこと悔やしきを」訳(死んだという)うわさを聞いた私も軽い気持ちで見ていたことが悔やしいのに。❸弓の部分の名から「すゑ」「つる」にかかる。万葉集 奈良―歌集 二九八五「あづさゆみ末はし知らず然れどもまさかは君に寄りにしものを」訳行く末はわからない。だがしかし、今は君に寄り添ってしまったことだ。

[3]あづさゆみ… 和歌「あづさ弓(=枕詞) 引けど引かねど 昔より 心は君に 寄りにしものを」伊勢物語 平安―物語 二四 訳あなたがわたしの心を引こうと引くまいと、昔からわたしの心はあなたに傾いていたのに。鑑賞 宮仕えのため三年間家を留守にしている間に妻が再婚してしまい、それを知って去ってゆく夫に妻が詠んでやった歌。「引く」は心を引く、愛する意。弓は引くとその本と末が寄るところから「寄る」の縁語。言外に、それなのに私を捨てて去ってゆくのはうらめしいの意を含む。次項の歌の返歌。

[4]あづさゆみ… 和歌「あづさ弓 ま弓槻弓 年を経て わがせしがごと うるはしみせよ」伊勢物語 平安―物語 二四 訳長年にわたってわたしがあなたにしたように、新し

い夫をすばらしい人として愛しなさい。

鑑賞 自分の留守中に妻が再婚し、それを知って妻のもとを去ってゆく男の歌。「あづさ弓」は梓の木で、「ま弓」は檀の木で、「槻弓」は槻の木で作った弓。上二句は、三種の弓を並べて最後の「槻弓」の「槻」に「月」をかけ、年月の意から「年」を導いた序詞となっている。前項の歌はこの歌の返歌。

あつ・し[1]【厚し】形容詞ク {(く)・から/く・かり/し/き・かる/けれ/かれ} ❶厚い。❷甚だしい。深い。方丈記 鎌倉—随筆「恩顧あつきを先きとす」訳恩恵が深いことを第一とする。

あつ・し[2]【熱し・暑し】形容詞ク {(く)・から/く・かり/し/き・かる/けれ/かれ} ❶熱い。宇津保 平安—物語 俊蔭「炎あつく」訳炎は熱く。❷暑い。奥の細道 江戸—紀行 酒田「あつき日を海に入れたり最上川—芭蕉」⇩あつきひを…。❸熱がある。源氏物語 平安—物語 夕顔「身もあつき心地して」訳体も熱がある気持ちがして。

あつ・し[3]【篤し】形容詞シク {(しく)・しから/しく・しかり/し/しき・しかる/しけれ/しかれ} 病気が重い。病気がちである。「あづし」とも。源氏物語 平安—物語 桐壺「恨みを負ふつもりにやありけむ、いとあつしくなりゆき」訳(桐壺更衣はほかの女御や更衣たちの)恨みを受けることが積み重なった結果であったのだろうか、ひどく病気が重くなってゆき。

あっそん【朝臣】名詞「あそん」に同じ。

あったら 感動詞「あたら」に同じ。

あつち-じに【あつち死に】名詞 はねるようにもだえ苦しんで死ぬこと。平家物語 鎌倉—物語 六・入道死去「悶絶びゃくちして、つひにあつちじにぞし給ひける」訳苦しみもだえ地に倒れて転げ回って、とうとうはねるようにもだえ苦しんで死になさった。◆「あつち」は、はねる意。

あっぱれ*【天晴れ】感動詞 ❶ああ。▼強く感動したときに発する語。平家物語 鎌倉—物語 一・殿下乗合「あっぱれ、その人の滅びたらばその国は空きなむ」訳ああ、その人が死んだらその国はきっと欠員が出るはずだ。❷ああ、すばらしい。▼ほめたたえるときに発する語。保元 鎌倉—物語 中「あっぱれ大将軍なり」訳ああ、すばらしい総大将である。

参考「あはれ」を促音便化して強調した語。「天晴れ」は当て字。

あづま【東・吾妻】アズマ 名詞

語義の扉

「あづま」はもともと東方・東の地方のこと。「とり(鶏)が鳴く」という枕詞をともなったり、また「あづまごゑ(東声)」「あづまうど(東人)」「あづまくだり(東下り)」などの語のあることからも、「みやこ」に対比され、文化の遅れた辺鄙な土地という語感をもって用いられる。

❶東国。
❷鎌倉。鎌倉幕府。
❸「東琴」の略。

❶東国。▼都のあった奈良・京都の地から見て東の地方。万葉集 奈良—歌集 三一九四「息の緒に吾が思ふ君は鶏が鳴くあづまの坂を今日か越ゆらむ」訳命をかけてわたしが恋い慕うあなたは、鶏が鳴き騒ぐという東国の坂を今日越えていることであろうか。伊勢物語 平安—物語 九「京にはあらじ、あづまの方に住むべき国求めにとて行きけり」訳(その男は)都にはおるまい、東国のほうに住むにふさわしい国を探しにと思って出かけて行った。参照▼文脈の研究 あづま。

❷鎌倉。鎌倉幕府をさして言う語。▼都(京都)から見た言いかた。十六夜 鎌倉—日記「あづまにて住む所は月影の谷とぞいふなる」訳鎌倉で住む所は月影の谷というそうだ。

❸「東琴」の略。源氏物語 平安—物語 花散里「あづまに調べて搔き合はせ」訳和琴に合わせて演奏し。

歴史スコープ 「あづま」の範囲

時代・文献によって異り、奈良時代以前でも碓氷峠・足柄峠以東、信濃の国・遠江の国以東、近江の国以東などと一定していない。のち、しだいに、今の東北地方をも含んで、今の関東地方をさして言うようになった。

文脈の研究 あづま

『伊勢物語』第九段の右の例文の直前には、

その男、身を要なきものに思ひなして、

とある。

「昔、男ありけり」で登場したその男は、みずから自分を都にいても役に立たない者と思い込んでの旅立ちであったことが分かる。なお、この章段は「あづま下り」としてよく知られており、とくに

三河国八橋での

唐衣　きつつなれにし　つましあれば
はるばるきぬる　たびしをぞ思ふ

(きつつなれにし：長く着なれた　つま：(妻・褄))

駿河国での

時知らぬ　山は富士の嶺　いつとてか
鹿の子まだらに　雪の降るらむ

(時知らぬ：季節を知らない　いつとてか：今をいつの季節と　降るらむ：思っているのか)

すみだ河での

名にし負はば　いざ言問はむ　都鳥　わ
が思ふ人は　ありやなしやと

(名にし負はば：名に負っているならば　いざ言問はむ：さあたずねてみよう　ありやなしやと：都で健在かそうではないかと)

という著名な和歌を含んでいる。

あづま-あそび〖東遊び〗⇩あずまあそび 文芸

あづま-うた〖東歌〗⇩あずまうた 文芸

あづま-うど【東人】アズマウド 名詞「あづまひと」に同じ。

吾妻鏡アズマカガミ 書名 史書。作者未詳。鎌倉時代成

立。五十二巻。〔内容〕治承四年(一一八〇)の源頼朝(よりとも)の挙兵から六代将軍宗尊(むねたか)親王の帰京までの八十七年間の鎌倉幕府の歴史を、日本的な漢文体で日記風に編述してある。当時の政治・文化・生活・風俗を知るうえで貴重な歴史書。「東鑑」とも書く。

あづま-ぎぬ【東絹】(アズマギヌ) 名詞 東国産の(粗悪な)絹織物。

あづま-くだり【東下り】(アズマクダリ) 名詞 京都から東国へ行くこと。鎌倉時代には、もっぱら鎌倉に行くことをいった。◆「くだり」は都から地方へ行くことの意。

あづま-ごと【東琴】(アズマゴト) 名詞 「わごん(和琴)」に同じ。「あづま」とも。

あづま-ごゑ【東声】(アズマゴエ) 名詞 東国なまりの発音。

あづま-ぢ【東路】(アズマジ) 名詞 京都から東国へ行く道筋。東海道または東山道。また、単に、東国。更級 平安―日記 かどで「あづまぢの道の果てよりも、なほ奥つ方に生ひ出(い)でたる人」訳東国へ行く道筋の道の最果て(=常陸(ひたち)の国)よりも、さらに奥まった所(=上総(かずさ)の国)で成長した人(である私)。

あづま-ひと【東人】(アズマヒト) 名詞 **東国の人**。田舎者の意を含んでもいう。「あづまびと」「あづまうど」とも。

あづま-や【東屋・四阿】(アズマヤ) 名詞 ❶屋根を四方にふきおろした簡素な家。❷特に、庭園などに休息・眺望などのために設けた「あづまや❶」。

春満(あづままろ) ⇩荷田春満(かだのあづままろ)

あづま-をとこ【東男】(アズマオトコ) 名詞 ❶**東国の男性**。多く、田舎者、粗野な男などの意をこめて用いる。❷**江戸生まれの男**。

あづま-をのこ【東男】(アズマオノコ) 名詞 「あづまをとこ❶」に同じ。

あづま-をみな【東女】(アズマオミナ) 名詞 **東国の女性**。多く、田舎者の意をこめて用いる。

あつ・む【集む】 他動詞マ下二{め/め/む/むる/むれ/めよ} **集める**。奥の細道 江戸―紀行 最上川「五月雨(さみだれ)をあつめて早し最上川(もがみがは)」芭蕉 訳⇩さみだれを…。

あつ-もの【羹】 名詞 **熱い汁物。吸い物**。源氏物語 平安―物語 若菜上「若菜の御あつものまゐる」訳若菜の吸い物を召し上がる。◆熱い物の意。

あつ-らか-なり【厚らかなり】 形容動詞ナリ{なら/なり・に/なり/なる/なれ/なれ} **厚みがある**。宇治拾遺 鎌倉―説話 一・一八「練り色の衣の綿あつらかなる」訳薄い黄色の衣で綿に厚みがあるのを。対薄らかなり。

あつら・ふ【誂ふ】(アツラウ―アツロウ) 他動詞ハ下二{へ/へ/ふ/ふる/ふれ/へよ} ❶**頼む**。落窪物語 平安―物語 三「あつらへたるやうに」訳頼んだように。❷(物を作るように)**注文する。あつらえる**。宇治拾遺 鎌倉―説話 五・七「仮名暦あつらへたる事」訳仮名暦を注文したこと。

あて[1]【父】 名詞 **父君**。

あて[2]【当て】 動詞「あつ」の未然形・連用形。

あて-おこな・ふ【宛て行ふ】(アテオコナウ―アテオコノウ) 他動詞ハ四{は/ひ/ふ/ふ/へ/へ} ❶**割り振る。割り当てる**。伊曾保 安桃―物語 仮名「下人どもに荷物をあておこなふ」訳従者たちに荷物を割り振る。❷(土地などを恩賞として)**授ける。あてがう**。太平記 室町―物語 三三「軍勢の兵糧料所にあておこなひしによりて重病を受けたり」訳我が軍勢の兵糧や領地としてあてがったために、(天罰として)重病になった。

あてがひ【宛行】(アテガイ) 名詞 ❶一方的な割り当て。生活費や給金。❷配慮。心遣い。

あてが・ふ【宛行ふ】(アテガウ―アテゴウ) 他動詞ハ四{は/ひ/ふ/ふ/へ/へ} ❶**分け与える。あてがう**。国姓爺 江戸―浄瑠 浄瑠・近松「敵に食ひ物あてがふは」訳敵に食べ物を分け与えるのは。❷**あてはめる。適用する**。風姿花伝 室町―論 六「この分け目をばあてがはずして」訳この区別を適用しないで。❸**ぴったり当てる。あてがう**。おらが春 江戸―句集 俳文「乳房あてがへば」訳乳房をあてがうと。

あて-こと【当て言】 名詞 ❶**あてこすり。いやみ**。日本永代蔵 江戸―物語 浮世・西鶴「『貧乏神め』とあてことを」訳「貧乏神め」とあてこすりを。❷それとなく遠回しに言う言葉。

あてど-な・し【当て所無し】 形容詞ク{(く)・から/く・かり/し/き・かる/けれ/かれ} **めどが立たない。心当たりがない**。春雨物語 江戸―物語 樊噲上「ここよりいづちへとも、あてどなくて」訳ここからどこかへといっても心当たりがなくて。

あて・なり【貴なり】

形容動詞ナリ{なら/なり・に/なり/なる/なれ/なれ}

語義の扉

身分・血筋の高貴さと、感覚的・内面的な美しさが調和した上品な美しさ・優雅さを表す語。

❶高貴だ。身分・家柄が高い。
❷上品だ。優美だ。

❶**高貴だ。身分・家柄が高い**。竹取物語 平安―物語 貴公子たちの求婚「世界の男(をのこ)、あてなるもいやしきも、いかでこのかぐや姫を、得てしがな、見てしがなと」訳世の中の男は、身分が高い者も低い者も、どうにかしてこのかぐや姫を、手に入れたいものだなあ、結婚したいものだなあと。

❷**上品だ。優美だ**。枕草子 平安―随筆 ふと心おとりとかするものは「ただ文字一つに、あやしう、あてにもいやしうもなるは、いかなるにかあらむ」訳ほんの言葉遣い一つで、上品にも下品にもなるというのは、どういうわけであろうか。

関連語 「あてなり」と「やむごとなし」「けたかし」との違い

「あてなり」「けたかし」は「やむごとなし」ほどには最高の血筋や身分を表さず、皇子や権力者には用いない。「あてなり」が親しみやすい感じをもつのに対し、「けたかし」の方は、近寄りがたい感じをもつ。また、同系の語「あてはかなり」「あてやかなり」は人柄や容姿についての上品さをいうが、身分や家柄を表すことはない。

あて-はか・なり【貴はかなり】 形容動詞ナリ{なら/なり・に/なり/なる/なれ/なれ} 「あてやかなり」に同じ。伊勢物語 平安―物語 一六「人がらは、心うつくしく、あてはかなることを好みて」訳人柄は、心がりっぱで、上品であることを好んで。◆「はか」は接尾語。

あて-びと【貴人】 名詞 **高貴な人。身分の高い人**。源氏物語 平安―物語 帚木「あてびとと見えたり」訳高貴な人と見えた。

あて・ぶ【貴ぶ】 自動詞 バ上二 {び/び/ぶ/ぶる/ぶれ/びよ} **上品ぶる。優雅に振る舞う。** 源氏物語 平安一物語 東屋「若き君達とて、すきずきしく**あてび**てもおはしまさず」訳若い貴公子だからといって、好色めいたり**上品ぶっ**てもいらっしゃらない。◆「ぶ」は接尾語。

あて-やか・なり[*]【貴やかなり】 形容動詞 ナリ {なら/なり・に/なり/なる/なれ/なれ} **上品だ。優雅だ。**「あてはかなり」とも。竹取物語 平安一物語 かぐや姫の昇天「心ばへなど**あてやかに**うつくしかりつる事を見ならひて」訳（かぐや姫の）気立てなどが**優雅で**愛らしかったことを（召使いたちは）見慣れていて。◆「やか」は接尾語。

あと[1]【後】 名詞

❶**後ろ。背後。** 落窪物語 平安一物語 一「少将の直衣の、**あと**の方より出でたるを、ふと見つけて」訳（几帳の陰に隠れている）少将の直衣が、（几帳の）**後ろ**の方から出ているのを、（北の方は）とっさに見つけて。

❷（その時より）**あと。のち。以後。** 徒然 鎌倉一随筆 三二「**あと**まで見る人ありとは、いかでか知らん」訳（客の帰った）**あと**まで、（自分を）見る人がいるとは、どうして知るだろうか、いや、知るはずはない。

❸**死後。** 徒然 鎌倉一随筆 一四〇「『我こそ得め』などいふ者どもありて、**あと**にあらそひたる、様あし」訳「（遺産を）自分こそ手に入れよう」などと言う者たちがいて、**死後**に争っているのは、みっともない。対❶❷先。

あと[2]【跡】 名詞

語義の扉

「足ぁ処と」で足のある処。足の踏んだ処。そこから変化して、残ったしるし、物事が起こって経過したしるしをもいうようになっていった。

❶足もと。足のあたり。足。
❷足跡。
❸（去って行った）方向。行方。
❹痕跡。形跡。
❺筆跡。
❻（定まった）形式。様式。先例。
❼家のあとめ。家督。

❶**足もと。足のあたり。足。** 万葉集 奈良一歌集 八九二「父母は枕のかたに妻子どもは**あと**のかたに囲みゐて」訳⇩かぜまじり…。

❷**足跡。** 徒然 鎌倉一随筆 一三七「雪にはおり立ちて**あと**つけなど、よろづのものよそながら見ることなし」訳（田舎者は）雪の上には下りて立って**足跡**をつけるなど、すべてについてそれとなく見ることがない。

❸（去って行った）**方向。行方。** 古今 平安一歌集 離別「君がゆく越の白山しらねども雪のまにまに**あと**はたづねむ」訳あなたがこれから行く越国の白山を私は知らないが、雪の中を行きながら（あなたの）**行方**を尋ねよう。

❹**痕跡。形跡。** 奥の細道 江戸一紀行 平泉「夏草や兵どもが夢の**あと**―芭蕉」訳⇩なつくさや…。

❺**筆跡。** 源氏物語 平安一物語 橋姫「古めきたるかびくささながら、**あと**は消えず」訳（紙は）古めかしくかびくさいが、**筆の跡**は消えないでいて。

❻（定まった）**形式。様式。先例。** 源氏物語 平安一物語 帚木「臨時のもてあそび物の、その物と**あと**も定まらぬは」訳その場限りの慰みもので、そのものはこうしたものだという**様式**も定まらないのは。

❼**家のあとめ。家督。** 平家物語 鎌倉一物語 一・鱸「清盛嫡男たるによって、その**あと**をつぐ」訳清盛は正式の長男であることによって、その（死んだ父忠盛の）**家督**を継ぐ。

あど[1] 名詞 ❶**相手に調子を合わせた受け答え。あいづち。** ❷狂言で、シテ（＝主役）の相手をする役。◇ふつう「アド」と書く。

あど[2] 副詞 **どのように。どうして。** 万葉集 奈良一歌集 三四九四「子持山若かへるてのもみつまで寝もと我は思ふ汝は**あど**か思ふ」訳子持山の楓の若葉が紅葉するまで寝ようと私は思う。お前は**どのように**思うか。◆「など」の奈良時代以前の東国方言か。

あと-あがり【後上がり】 名詞 江戸時代の男性の髪型の一つ。鬢が後ろ上がりになるように、月代をそったもの。◆江戸時代の語。

あど-う・つ【あど打つ】 連語 **あいづちを打つ。相手に応答する。**「あどをうつ」とも。大鏡 平安一物語 序「この侍ぞ、よく聞かむと**あどうつ**めりし」訳この侍は、しっかり聞こうと**あいづちを打っ**ているようだった。

あと-ごし【後輿】 名詞 輿の轅の後方をかつぐこと。また、かつぐ人。対先輿。

あと-しき【跡職・跡式】 名詞 相続の対象となる家督と財産。家督。遺産。また、それを相続する人。

あと-た・ゆ【跡絶ゆ】 自動詞 ヤ下二 {え/え/ゆ/ゆる/ゆれ/えよ} ❶**行方をくらます。** 俗世を捨てて隠遁生活に入る。源氏物語 平安一物語 明石「これより深き山を求めてや、**あとたえ**なまし」訳ここよりも深い山を探し求めて、（いっそのこと）**行方をくらまし**てしまおうか。❷**訪れる人がなくなる。** 源氏物語 平安一物語 末摘花「今は浅茅分くる人も**あとたえ**たるに」訳今は浅茅を分けて**訪れる人もなくなっ**ていたところに。❸**音信が途絶える。** 源氏物語 平安一物語 橋姫「京のことさへ**あとたえ**て」訳京のことまでも**音信が途絶え**て。

あと-つけ【後付け・跡付け】 名詞 ❶客を乗せた馬の尻につけた荷物。❷芸者が付きそいに持たせる三味線箱。❸護衛して後ろからついて歩くこと。また、その人。◆「あとづけ」とも。

あと-と・ふ【跡問ふ・跡訪ふ】 自動詞 八四 {は/ひ/ふ/ふ/へ/へ} ❶**行方を尋ねる。** 平家物語 鎌倉一物語 三・有王「浜千鳥の外は**あととふ**ものもなかりけり」訳（かもめや）浜千鳥以外は**行方を尋ねる**者もなかった。❷**死者の霊をとむらう。** 徒然 鎌倉一随筆 三〇「**あととふ**わざも絶えぬれば」訳**死者の霊をとむらう**法事もしなくなってしまうと。◆「あとをとふ」とも。

あと-と・む[1]【跡求む】 自動詞 マ下二 {め/め/む/むる/むれ/めよ} ❶**行方を尋ねる。跡を追う。** 山家集 平安一歌集 下「雪しのぐ庵のつまをさしそへて**あととめ**て来む人をとどめむ」訳雪が降りつもる草庵の軒を、柴を添えて補強して、**行方を尋ね**て来るかもしれない人を引きとどめよう。❷**先例に従う。**

あと-と・む[2]【跡留む】 自動詞 マ下二 {め/め/む/むる/むれ/めよ} ❶**生き長らえる。** 源氏物語 平安一物語 真木柱「この世に

あ

あととむべきにもあらず」訳この世に生き長らえるにふさわしい身でもなく。❷昔からの状態で残す。方丈記 鎌倉―随筆「つひにあととむる事を得ず」訳とうとう（継承した家を）もとのまま残すこともできず。

あと-な・し【跡無し】 形容詞ク{(く)・から/く・かり/し/き・かる/けれ/かれ}❶跡が残らない。万葉集 奈良―歌集 三五一「世の中を何に喩へむ朝開き漕ぎ去にし船のあとなきがごと」訳世の中を何にたとえよう。朝の船出で、港を漕ぎ去って行った船の跡が残らないようなものだ。❷訪れる者がない。山家集 平安―歌集 上「とへな君ゆふぐれになる庭の雪をあとなきよりはあはれならまし」訳夕暮れとなる庭の雪を訪ねて下さい。人が訪れた跡がないのよりは趣があるだろう。❸根拠がない。徒然 鎌倉―随筆 五〇「早くあとなき事にはあらざめり」訳初めから根拠のないことではないようだ。

あど-な・し 形容詞ク{(く)・から/く・かり/し/き・かる/けれ/かれ}子供っぽい。あどけない。著聞集 鎌倉―説話 六九六「あからさまにも、あどなきことをばすまじきことなり」訳かりそめにも、子供っぽいことをしてはならないことだ。

あと-の-まつり【後の祭り】 連語❶祭礼の翌日。また、その日に供物を下げて飲食すること。世間胸算用 江戸―物語 浮世・西鶴「神々に備へたるあとのまつりなり」訳この（伊勢の）神々にお供えしたあとの食物である。❷手おくれ。▼祭りの済んだ後に山車を出しても役に立たず無駄であることから。艶容女舞衣 江戸―浄瑠 浄瑠「悔やんでもあとのまつり」訳後悔しても手おくれだ。

あと-はかな・し【跡はかなし】 形容詞ク{(く)・から/く・かり/し/き・かる/けれ/かれ}❶跡形もない。行方がわからない。源氏物語 平安―物語 若紫「尋ね聞こえ給へど、あとはかなくて」訳尋ね申し上げなさるが、行方がわからなくて。❷心細い。源氏物語 平安―物語 玉鬘「いとあとはかなき心地して」訳たいそう心細い気持ちがして。

あと-び【跡火】 名詞 葬式のとき、出棺後に家の門口でたく火。

あと-まくら【後枕】 名詞❶足もとと枕もと。❷物事の後先。

あども・ふ【率ふ】 アドモウ 他動詞ハ四{は/ひ/ふ/ふ/へ/へ}ひきつれる。万葉集 奈良―歌集 一九九「御軍士をあどもひ給ひ」訳皇軍をひきつれなさり。◆奈良時代以前の語。

あとら・ふ【誂ふ】 アトラウ 他動詞ハ下二{へ/へ/ふ/ふる/ふれ/へよ}頼んで自分の思いどおりにさせる。誘う。古事記 奈良―史書 景行「いざ刀合はさむとあとらへて」訳さあ勝負しようと誘って。

あと-を-かく・す【跡を隠す】 連語 隠れ住む。隠居する。方丈記 鎌倉―随筆「日野山の奥にあとをかくして後」訳日野山の奥に隠れ住んだ後。

あと-を-くらう-な・す【跡を暗うなす】 アトヲクロウナス 連語 逃げてゆくえをくらます。逃げうせる。「あとをくらくす」とも。源氏物語 平安―物語 絵合「古への墨書きの上手ども、あとをくらうなしつべかめるは」訳昔の絵の名人たちが（恥ずかしさに）ゆくえをくらましかねないように見えるのは。

あと-を-くらく・す【跡を暗くす】 連語「跡を暗うなす」に同じ。

あと-を-た・る【跡を垂る】 連語❶仏・菩薩が人々を救うために神の姿でこの世に現れる。源氏物語 平安―物語 明石「まことにあとをたれ給ふ神ならば」訳本当に仏が人々を救うためにこの世に現れなさった神であるならば。❷（❶から転じて）本来の地と違う所に住む。更級 平安―日記 竹芝寺「この国にあとをたるべき宿世こそありけめ」訳この国に下向して住むことになるような宿命があったのでしょう。◆「垂迹」を訓読した語。

あと-を-と・ふ【跡を問ふ・跡を訪ふ】 連語「あととふ」に同じ。

あな 感動詞

語義の扉

感動・驚き・苦痛などを表す語。多くの場合、下に形容詞の語幹などを伴う。強めて「あな…や（＝間投助詞）」の形をとることも多い。

ああ。あれ。まあ。徒然 鎌倉―随筆 二三六「あなめでたや。この獅子の立ちやう、いと珍し。深きゆゑあらん」訳まあ、すばらしいことよ。この獅子の立ち方は、たいへん珍しい。なみたいていでないわけがあるのだろう。

あ-ない【案内】

語義の扉

「あんない」の撥音「ん」が表記されない形。平安時代では通常「ん」を表記しない。「案」は文書の草案、控え。「内」はその内容。平安時代以降、事情→相手の事情をきく→きいて取り次ぎを頼む、のように意味が変化していった。

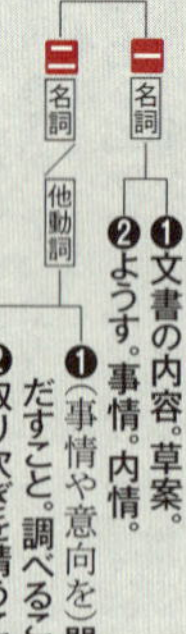

一 名詞 ❶文書の内容。草案。❷ようす。事情。内情。
二 名詞／他動詞 ❶（事情や意向を）問いただすこと。調べること。❷取り次ぎを請うこと。

一 名詞❶文書の内容。草案。紫式部 平安―日記 寛弘五・一〇・一六「頭の弁してあない奏せさせ給ふめり」訳頭の弁に命じて（加階の）草案を天皇に申し上げさせなさるようだ。

❷ようす。事情。内情。大鏡 平安―物語 花山「かくとあない申して、必ず参り侍らむ」訳（父に）これこれと（出家する）事情を申し上げて、きっと戻って参りましょう。

二 名詞／―す 他動詞サ変❶（事情や意向を）問いただすこと。調べること。源氏物語 平安―物語 東屋「ようもあないせで、浮かびたることを伝へける」訳よく内情を調べもしないで、いいかげんな縁談をもってきたことよ。❷取り次ぎを請うこと。徒然 鎌倉―随筆 三二「おぼしいづる所ありて、あないせさせて入りたまひぬ」訳思い出しなさるところがあって、（従者に）取り次ぎを請わせてから（その家に）お入りになった。

あない-しゃ【案内者】 名詞「あんないしゃ」に同じ。

あな-いみじ 連語 ああ大変なことだ。ああひどい。源氏物語 平安―物語 若紫「あないみじや。いとあやしきさまを、人や見つらむ」訳まあ大変だこと。ひどく見苦しいさまを人が見てしまっているだろうか。

あな-う【あな憂】 連語 なりたち 感動詞「あな」＋形容詞「う(憂)し」の語幹 **ああ、いやだなあ。ああ、つらい。** 古今 平安—歌集 雑下「しかりとてそむかれなくに事しあればまづ嘆かれぬあなう世の中」訳つらいとは言っても、すぐに世に背くことができるわけではない。何かあるとまっさきについため息が出てしまう。ああ、つらいなあ、この世の中は。

あ-な-うら【足裏・蹠】 名詞 **足の裏。** ◆「あ」は「足」、「な」は「の」の意の奈良時代以前の格助詞。

***あな-かしこ【あな畏】** 連語 なりたち 感動詞「あな」＋形容詞「かしこ(畏)し」の語幹

❶**ああ恐れ多いことよ。ああ慎むべきだ。** 竹取物語 平安—物語 火鼠の皮衣「『あなかしこ』とて箱に入れ給ひて」訳「ああ恐れ多いことよ」と言って(皮衣を)箱にお入れになって。❷**恐れ入りますが。失礼ですが。** ▼呼びかけるときに発する語。紫式部 平安—日記 寛弘五・一一・一「あなかしこ、このわたりに若紫や候ふ」訳恐れ入りますが、このあたりに若紫はいらっしゃいませんか。❸**かしこ。敬具。** ▼手紙の末尾に記す語。古くは男女ともに用いた。❹〔禁止の語を下接して、副詞的に用いて〕**決して。ゆめゆめ。** 宇治拾遺 鎌倉—説話 一三・五「あなかしこ、人に語りたまふな」訳決して、他人に語りなさるな。

あな-かしこ…な ⇩あなかしこ❹

あながち【強ち】 副詞 〔打消の語を下接して〕**決して。必ずしも。むやみに。** 平家物語 鎌倉—物語 一〇・首渡「範頼・義経が申し状、あながち御許容あるべからず」訳範頼・義経の申すこと、決してお許しになってはいけない。

あながち・なり【強ちなり】

語義の扉

形容動詞 ナリ〔なら／なり・に／なり／なる／なれ／なれ〕

自分の意志や欲望を通そうと無理にものごとを行うさまがもとの意味。そのことから程度の甚だしいことにも用いられる。

- ❶無理だ。身勝手だ。強引だ。
- ❷ひたすらだ。ひたむきだ。
- ❸はなはだしい。ひどい。

❶**無理だ。身勝手だ。強引だ。** 宇治拾遺 鎌倉—説話 一・一三「桜の散らむは、あながちにいかがはせむ」訳桜の花が散るのは、無理にどうすることができようか、できはしない。

❷**ひたすらだ。ひたむきだ。一途だ。** 竹取物語 平安—物語 貴公子たちの求婚「あながちに心ざしを見えありく」訳一途に真心が人目につくように歩き回る。

❸**はなはだしい。ひどい。** 源氏物語 平安—物語 明石「二条院よりぞ、あながちに怪しき姿にてそぼち参れる」訳二条院(の紫の上の所)から(使いが)、ひどくみすぼらしい格好でびしょぬれで参上した。

***あな-かま** 感動詞 なりたち 感動詞「あな」に形容詞「かまし」(一説に「かまびすし」)の語幹の付いたかたちが一語化したもの。「あなかまたまへ」はその尊敬形。**声が高いぞ。静かに。しっ。** ▼人の話をやめさせようとして発する語。源氏物語 平安—物語 若紫「人々、いとかたはらいたしと思ひて、『あなかま』と聞こゆ」訳人々は、ほんとうに間が悪いことと思って、「静かに」と申し上げる。

***あなかま-たまへ【あなかま給へ】** 連語 **ああ、うるさい、静かにしてください。** 源氏物語 平安—物語 玉鬘「あなかまたまへ。大臣・公卿もしばし待て」訳ああうるさい、静かになさい。大臣・公卿(の話)も(おっしゃるのも)ちょっと待って。◆「たまへ」は動詞「たまふ」の命令形。

あな-くら【あな暗】 連語 **おやまあ、まっ暗だ。** 蜻蛉 平安—日記 下「あなくら、ありつるものをたのまれたりけるにこそありけれ」訳おやまっ暗だ。今まであった物(火事の火のあかり)をあてにされていたのでしょう。

あな-ぐ-る【探る】 他動詞ラ四〔ら／り／る／る／れ／れ〕**探す。さぐる。せんさくする。** 日本書紀 奈良—史書 舒明「因りて山をあなぐる」訳そこで山を探す。

***あな-こころ-う【あな心憂】** 連語 なりたち 感動詞「あな」＋形容詞「心憂し」の語幹。**ああつらいことだ。ああいやだ。** 源氏物語 平安—物語 若紫「『あなこころう。まろも同じ人ぞ』」訳ああいやだ。私も宮と同じ人ですよ。

あなずらわし〔侮らはし〕⇩あなづらはし

あなずる〔侮る〕⇩あなづる

あな-すゑ【足末】 名詞 ❶**足の先。** ❷**子孫。** ◆「あ」は「足」、「な」は「の」の意の奈良時代以前の格助詞。

あなた 代名詞

㊀【彼方】❶**あちら。むこうの方。** ▼遠称の指示代名詞。空間的に見た遠くをさす。伊勢物語 平安—物語 八二「山崎のあなたに、水無瀬といふ所に宮ありけり」訳山崎のむこうの方で、水無瀬という所に御殿があった。❷**以前。過去。** ▼遠称の指示代名詞。時間をさす。枕草子 平安—随筆 成信の中将は「昨夜も、昨日の夜も、そがあなたの夜も、すべてこのごろうちしきり見ゆる人の」訳昨夜も、一昨夜も、またその以前の夜も、ずっとこのごろしきりに現れる人が。❸**将来。これから先。** ▼遠称の指示代名詞。時間をさす。源氏物語 平安—物語 若菜上「目の前に見えぬあなたのことはおぼつかなくこそ思ひわたりつれ」訳目に見えない将来のことは不安に思い続けてきたのだったよ。

㊁【彼方・貴方】❶**あの方。あちらの方。** ▼他称の人称代名詞。対等・目上の人を、尊敬の意をこめてさす。落窪物語 平安—物語 一「この落窪の君の、あなたにのたまふことに従はず」訳この落窪の君が、あの方(＝継母である北の方)のおっしゃることに従わないで。❷**あなたさま。** ▼対称の人称代名詞。対等・目上の人に対して尊敬の意を含んで用いる。浮世風呂 江戸—物語 滑稽「あなたがお屋敷においで遊ばす時分は」訳あなたさまがお屋敷においでなさったころは。◇江戸時代の語。

参考 ㊁❶は㊀❶の遠称の指示代名詞からの転用。㊁❶から、㊁❷の対称の人称代名詞が発生する。㊁❷は現代語の「あなた」より敬意が高い。

あなた-おもて【彼方面】名詞 あちら側。向こう側。

あなた-がた【彼方方】代名詞 ❶あちら側。枕草子 平安―随筆 殿などのおはしまさで後「また宮の辺には、ただあなたがたにいひなして」訳また中宮側近たちは、(私を)むやみにあちら側(=左大臣側)と言い立てて。❷あなたたち。◇「貴方方」とも書く。

あなた-こなた【彼方此方】代名詞 あちらこちら。

あなた-ざま【彼方様】代名詞 あちらの方。

あなづらは・し【侮らはし】(アナズラワシ) 形容詞シク {(しく)・しから／しく・しかり／し／しき・しかる／しけれ／しかれ} ❶軽く扱ってもかまわない。あなどりやすい。枕草子 平安―随筆 鳥は「人をも、人げなう、世の覚えあなづらはしうなりそめにたるをばそしりやはする」訳人間でも、人並みでなく、世間の評判が軽く扱ってもかまわないように(悪く)なり始めた人のことをそしったりするであろうか、いや、そんなことはしない。◇「あなづらはしう」はウ音便。❷気が置けない。遠慮がいらない。栄花物語 平安―物語 浦々の別れ「右近(うこん)をばむつまじうあなづらはしき方にと」訳右近を親しく気の置けない者として(召し使え)と。

あなづり-やす・し【侮り易し】(アナズリヤスシ) 形容詞ク {(く)・から／く・かり／し／き・かる／けれ／かれ} 「あなづらはし❶」に同じ。枕草子 平安―随筆 にくきもの「あなづりやすき人ならば、『のちに』とてもやりつべけれど」訳軽く扱ってもかまわない人であるならば、「後で」と言って帰してしまうこともできるだろうが。

あなづ・る*【侮る】(アナズル) 他動詞ラ四 {ら／り／る／る／れ／れ} 軽べつする。あなどる。枕草子 平安―随筆 人にあなづらるるもの「人にあなづらるるもの、築土(ついぢ)のくづれ」訳人に軽べつされるもの、土塀のくずれ。

参考 現代語「あなどる」のもとになった語。

あな-と【あな疾】連語 まあ早いことだ。紫式部日記 平安―日記 寛弘五・七・中「『あなと』とほほゑみて、硯(すずり)召し出づ」訳「まあ早いこと」とほほえんで、硯をお取り寄せになる。

あななひ(アナイ) 名詞 足場。

あな-に 感動詞 ああ、本当に。▼強い感動を表す。万葉集 奈良―歌集 一四二九「桜の花のにほひはもあなに」訳桜の花の美しさは、ああ、本当に(すばらしいことよ)。

あな-にく【あな憎】連語

なりたち 感動詞「あな」＋形容詞「にくし」の語幹

ああ、気に入らない。まあ、みっともない。枕草子 平安―随筆 方弘は、いみじう人に「あなにくの男や」訳ああ、気に入らない男だ。

あなみにく… 和歌「あなみにく 賢(さか)しらをすと 酒飲まぬ 人をよく見れば 猿にかも似る」万葉集 奈良―歌集 三四四・大伴旅人(おほとものたびと) 訳ああみっともない。賢(かし)こぶって酒を飲まない人をよく見ると、猿に似ているよ。

鑑賞 旅人が大宰帥(だざいのそち)として九州に在任したころ詠まれた「酒を讃(ほ)むる歌十三首」のうちの一首。酒を飲まない人たちが偉そうに利口ぶるようすを猿にたとえ、皮肉をこめてからかっている。「す」はサ変動詞の終止形。「かも」は詠嘆を込めた疑問の係助詞。

あな-や 感動詞 ああっ。あら。▼強い驚きを表す。伊勢物語 平安―物語 六「『あなや』と言ひけれど、神鳴る騒ぎにえ聞かざりけり」訳「ああっ」と言ったが、雷が鳴る騒々しさに、(男は)聞くことができなかった。

あ・なり 連語

なりたち ラ変動詞「あり」の連体形＋推定・伝聞の助動詞「なり」からなる「あるなり」の撥(はつ)音便「あんなり」の「ん」が表記されない形。読むときは「あんなり」と発音する。

あるようだ。あるそうだ。源氏物語 平安―物語 若紫「心恥づかしき人住むなる所にこそあなれ」訳(こちらが気おくれするほど)立派な人が住んでいるという所であるようだ。

あに*【豈】副詞 ❶〔打消の語を下接して〕決して。少しも。日本書紀 奈良―史書 仁徳「あに良くもあらず」訳決して良くはない。❷〔反語表現を下接して〕どうして。なんで。万葉集 奈良―歌集 三四五「価(あたひ)なき宝といふとも一坏(ひとつき)の濁れる酒にあに益(ま)さめやも」訳値段がつけられないほどに貴重な宝だといっても、一杯の濁り酒にどうしてまさろうか、いや、まさりはしない。参照▼類語と使い分け⑬

参考 平安時代以降は漢文訓読系の文章にもっぱら用いられ、ほとんどが❷の用法となった。

あ-の【彼の】連語

なりたち 代名詞「あ」＋格助詞「の」

あの。▼話し手から遠く離れている人・事物をさす。蜻蛉 平安―日記 上「あの御方にもて参れ」訳あの御方の所に持って参上せよ。

あのくたら-さんみゃく-さんぼだい【阿耨多羅三藐三菩提】名詞 仏教語。すべての真理を広く正しく知る仏の知恵。

安房[1](アワ) 地名 旧国名。東海道十五か国の一つ。今の千葉県房総半島南部。房州(ぼうしゅう)。参照▼資料21

阿波[2](アワ) 地名 旧国名。南海道六か国の一つ。今の徳島県。阿州(あしゅう)。参照▼資料21

あはあは・し【淡淡し】(アワアワシ) 形容詞シク {(しく)・しから／しく・しかり／し／しき・しかる／しけれ／しかれ} いかにも軽薄だ。浮ついている。枕草子 平安―随筆 おひさきなく「あはあはしう悪きこと」訳いかにも軽薄でいけないこと。◇「あはあはしう」はウ音便。

あは-うみ【淡海】(アワウミ) 名詞 淡水の水をたたえた広い場所。湖。「あふみ」とも。対潮海(しほうみ)。

あは-ざら-め-や-も【会はざらめやも】(アワザラメヤモ) 連語

なりたち 動詞「あふ」の未然形＋打消の助動詞「ず」の未然形＋推量の助動詞「む」の已然形＋係助詞「や」＋終助詞「も」

会わないだろうか、いや、きっと会うに違いない。古今 平安―歌集 恋一「種しあれば岩にも松は生ひにけり恋をし恋ひばあはざらめやも」訳種があったから、松は岩にも生えたのだ。恋をし続ければ、(あの人に)会わないということがあろうか、いや、きっと会うに違いない。

あは・し*【淡し】(アワシ) 形容詞ク {(く)・から／く・かり／し／き・かる／けれ／かれ} ❶薄い。あわい。対濃し。❷淡白だ。徒然 鎌倉―随筆 一七二「老いぬる人は、精神衰へ、あはくおろそかにして」訳老いた人は、気力がおとろえ淡白で執着せず。❸軽薄だ。源

氏物語 平安―物語 澪標「なのめなることだに少しあはき方に寄りぬるは」訳何でもないことであっても多少とも軽薄なほうに傾く場合は。

あはしま-の【粟島の】 枕詞「粟」と同音の「会ふ」にかかる。万葉集 奈良―歌集 三六三三「あはしまの逢はじと思ふ妹にあれや安寝も寝ずて我が恋ひ渡る」訳もう会うまいと思う妻ではないのに、どうしてまあ、安眠もしないで恋いつづけることか。

あは・す【合はす】

一 他動詞 サ下二〔せ／せ／す／する／すれ／せよ〕 ❶**合わせる。** 源氏物語 平安―物語 桐壺「こなたかなた心をあはせて、はしたなめ煩はせ給ふ時も多かり」訳こちらとあちらで心を一つに合わせて、(桐壺更衣を)きまりの悪い目にあわせ、悩ませなさる時も多い。❷**合奏する。合わせる。** 源氏物語 平安―物語 若菜下「この対に常にゆかしくする御琴の音、いかでか人々の箏・琵琶の音もあはせて女楽試みさせむ」訳こちらの対(のお方)がいつも聞きたがっているお琴の音色を、何とかして箏・琵琶の音も合わせて女楽を試みたい。❸**結婚させる。** 伊勢物語 平安―物語 二三「女はこの男をと思ひつつ、親のあはすれども、聞かでなむありける」訳女はこの男を(夫にしたい)と思い続けて、親が(他の男と)結婚させようとするけれども、承知しないでいたのだった。❹(優劣を)**対比させる。** 源氏物語 平安―物語 絵合「竹取の翁に、宇津保の俊蔭をあはせて争ふ」訳『竹取の翁の物語』に、『宇津保物語』の俊蔭を対比させて(絵の)優劣を競う。❺**夢占いをする。**(夢で)**吉凶を判断する。** 更級 平安―日記 夫の死「夢解きもあはせしかども、そのことは一つかなはでやみぬ」訳夢占いも吉凶を判断したけれども、そんなことは一つも当たらずに終わってしまった。

二 補助動詞 サ下二〔せ／せ／す／する／すれ／せよ〕(動詞の連用形に付いて)**互いに…する。同時に…する。** 源氏物語 平安―物語 玉鬘「語らひあはすべき人もなし」訳互いに相談することのできる人もいない。

あはせ[1]【合はせ】 名詞 **おかず。副食。**

あはせ[2]【袷】 名詞 ❶**裏地のついた着物。** ❷綿入れの着物に対して、初夏に着る、綿の入らない裏地のついた着物。季夏。◇江戸時代の語。

あはせ-たきもの【合はせ薫き物】 名詞 沈香・丁子香・麝香などを数種類蜜で練り合わせて作った香。**練り香。**

あはせ-て【合はせて】 連語

なりたち 動詞「あはす」の連用形＋接続助詞「て」

〔多く「…にあはせて」の形で〕❶(…と)**同時に。** 竹取物語 平安―物語 燕の子安貝「燕、尾をささげていたくめぐるにあはせて」訳燕が尾をあげてさかんに回るのと同時に。❷(…に)**加えて。** 平家物語 鎌倉―物語 三・赦文「かかる御悩の折節にあはせて」訳このようなご病気のときに加えて。

あは-そか・なり 形容動詞 ナリ〔なら／なり・に／なり／なる／なれ／なれ〕**軽々しい。軽率だ。** 大鏡 平安―物語 道長下「あはそかに申すべきにはべらず」訳軽々しく申し上げるべきではありません。◆「そか」は接尾語。

粟田口 地名 今の京都市東山区粟田口。近江へ抜け、東海道に続く京の出入り口。

淡路 地名 旧国名。南海道六か国の一つ。今の淡路島。淡州。◆阿波への途路の意から。参照▶資料21

あはぢしま[1]… 和歌 百人一首 「淡路島 かよふ千鳥の 鳴く声に 幾夜寝ざめぬ 須磨の関守」金葉 平安―歌集 冬・源兼昌 訳淡路島へ飛び通う千鳥の(もの悲しく)鳴く声で、幾晩も眠りから覚めたであろう、須磨の関所の番人は。

鑑賞 「幾夜寝ざめぬ」は「幾夜寝ざめぬる」で、「幾夜寝ざめたか、幾夜も寝ざめたであろう」となるところの結びが省略された形。

淡路島[2] 地名 歌枕 瀬戸内海第一の島。島内に「松帆の浦」「野島が崎」「絵島」「由良」などの歌の名所がある。

参考 和歌で、「あはぢしまあはれと君を」(『万葉集』)〈淡路島のあわれ、ああ、と君を(嘆かない日はない)。〉のように同音の繰り返しにより「あは」「あはれ」を導くことが多く、また、「千鳥」「月」などを詠み込んだものが多い。

粟津 地名 今の滋賀県大津市。琵琶湖西南、瀬田川近辺。湖畔の松原は、木曾義仲が最期を遂げた所。

あは-つか・なり 形容動詞 ナリ〔なら／なり・に／なり／なる／なれ／なれ〕**軽率だ。間が抜けている。** 源氏物語 平安―物語 帚木「『何事ぞ』など、あはつかにさしあふぎ居たらむは」訳「どうしたのか」などと、間の抜けたように仰ぎ見ているようなのは。

あはつけ・し 形容詞 ク〔(く)・から／く・かり／し／き・かる／けれ／かれ〕**軽率だ。軽薄だ。** 源氏物語 平安―物語 夕霧「あはつけき人の心なりけり」訳軽率なあの人の心であったことよ。

あは-に[1] 副詞 **多く。深く。** 万葉集 奈良―歌集 二〇三「降る雪はあはにな降りそ吉隠の猪養の岡の寒からまくに」訳降る雪はたくさん降ってくれるな。吉隠の猪養の岡が寒かろうから。

あは-に[2]【淡に】 副詞 **ゆるく。薄く。たよりなく。** 枕草子 平安―随筆 宮の五節いださせ給ふに「うは氷あはにむすべるひもなればかざす日かげにゆるぶばかりを」訳表面に張った氷は、薄く凍った氷なので日がさすととけるだけのことであるように、ゆるく結んだ紐なので日陰かずらをかざすだけで、ゆるんだだけのことです。◇「紐」と「氷」は、掛け詞。

阿波の鳴門 地名 今の淡路島と四国との間にある海峡。鳴門海峡。

あはひ【間】 名詞

❶(物と物との)**あいだ。すきま。** 伊勢物語 平安―物語 七「伊勢・尾張のあはひの海づらを行くに」訳伊勢の国(三重県の北部)と尾張の国(愛知県の西半部)のあいだの海岸を行く時に。❷**仲。間柄。** 源氏物語 平安―物語 宿木「いとよきあはひなればかたみにぞ思ひかはすらむ」訳(二人は)とてもよい仲なので、互いに思い合っていることであろう。❸**組み合わせ。つりあい。色の調和。** 源氏物語 平安―物語 浮舟「濃き衣に紅梅の織物など、あはひをかしく着替へて居給へり」訳(浮舟は)濃い紫の単衣の上に紅梅襲の織物など、つりあいも面白く着替えて

あ

座っていらっしゃる。❹**情勢。形勢。**〔平家物語 鎌倉―物語〕一一・逆櫓「**あはひ**悪しければ、引くは常の習ひなり」〔訳〕**形勢**が悪いので、引き上げるのが普通のやり方だ。

あはび【鮑】(アワビ)〔名詞〕巻き貝の一つ。◆殻は二枚貝の片側だけのように見えるため、「あはびの貝の片思ひ」と使い、片思いを表す。

あは・む【淡む】(アワム)〔他動詞〕マ下二{め/め/む/むる/むれ/めよ}**ばかにする。さげすむ。**〔源氏物語 平安―物語〕宿木「浅ましと**あはめて**」〔訳〕あきれたことだと**さげすんで**。

あは-め-や-も【会はめやも・逢はめやも】(アワメヤモ)〔連語〕
なりたち 動詞「あふ」の未然形＋推量の助動詞「む」の已然形＋係助詞「や」＋終助詞「も」
会えるだろうか、いや、会えないに違いない。〔万葉集 奈良―歌集〕三一「ささなみの志賀の大わだ淀むとも昔の人にまたも**あはめやも**」〔訳〕⇩ささなみのしがのおほわだ…。

あは-や(アワヤ)〔感動詞〕❶**ああ。**▼喜んだりほっとしたりしたときに発する語。〔大鏡 平安―物語〕道長上「**あはや**宣旨下りぬ」〔訳〕**ああ**、宣旨(＝天皇の言葉を伝える文書)が下った。❷**あっ。**▼驚いたり緊張したりしたときに発する語。〔平家物語 鎌倉―物語〕三・法皇被流「**あはや**法皇の流されさせましますぞや」〔訳〕**ああっ**、法皇が流されなりなさるのだなあ。

あは-ゆき【淡雪】(アワユキ)〔名詞〕春先に降る雪。積もることなく、すぐ解けてしまうはかない雪。
参考 『万葉集』など奈良時代以前にみられる「沫雪」は、まさに「沫のような」の意で使われたが、平安時代にみられる「淡雪」は「淡い」「はかない」などの意を含んで用いられている。

あばら・なり【荒らなり】〔形容動詞〕ナリ{なら/なり・に/なり/なる/なれ/なれ}❶(粗末で)**すきまが多い。**〔伊勢物語 平安―物語〕四「**あばらなる**板敷きに」〔訳〕(戸障子もなく)**すきまの多い**板張りの部屋に。❷**荒れている。**〔伊勢物語 平安―物語〕六「**あばらなる**蔵に」〔訳〕**荒れている**蔵に。❸**すきが多い。手薄だ。**〔平家物語 鎌倉―物語〕七・篠原合戦「後ろ**あばらに**なりければ」〔訳〕(味方の軍の)後ろが**手薄に**なったので。

あば・る【荒る】〔自動詞〕ラ下二{れ/れ/る/るる/るれ/れよ}**荒れ果てる。荒廃する。**〔源氏物語 平安―物語〕末摘花「むかひたる廊の上もなく**あばれたれば**」〔訳〕向かい側の廊下の屋根もなく**荒れ果てて**いるので。

あはれ[1](アワレ)
□一〔感動詞〕**ああ。あれ。**▼しみじみと感動したときに発する語。〔源氏物語 平安―物語〕夕顔「**あはれ**。いと寒しや」〔訳〕**ああ**。ひどく寒いことだ。
□二〔名詞〕❶**しみじみとした趣。しみじみとわき上がってくる気持ち。**〔新古今 鎌倉―歌集〕秋上「心なき身にも**あはれ**は知られけり鴫立つ沢の秋の夕暮れ」〔訳〕⇩こころなき…。❷**寂しさ。悲しさ。**〔源氏物語 平安―物語〕橋姫「木の葉の散りかふ音、水の響きなど、**あはれ**も過ぎて、もの恐ろしく心細き所のさまなり」〔訳〕木の葉が散り乱れる音や、水の流れの響きなど、**寂しさ**も通り越して、何か恐ろしく心細いあたりのようすである。❸**愛情。人情。情け。**〔徒然 鎌倉―随筆〕一四二「子ゆゑにこそ、よろづの**あはれ**は思ひ知らるれ」〔訳〕子(を持つこと)によってこそ、すべての(人の)**情け**は思いあたって理解できるのだ。

あはれ[2](アワレ)**文芸**「をかし」とともに、平安時代における文学の基本的な美的理念。深いしみじみとした感動・情趣をいう。のち、しだいに日本文学の美の根幹として発展し、調和美・優雅美・静寂美・悲哀美などのさまざまな内容を持つようになった。**参照▼** もののあはれ・をかし

あはれ-が・る【哀れがる・憐れがる】(アワレガル)〔他動詞〕ラ四{ら/り/る/る/れ/れ}❶**しみじみと感慨深く思う。感動する。感心する。**〔更級 平安―日記〕物語「**あはれがり**、めづらしがりて」〔訳〕**しみじみと懐かしがり**、めずらしく思って。❷**悲しがる。同情する。**〔竹取物語 平安―物語〕ふじの山「いと**あはれがら**せ給ひて、物もきこしめさず」〔訳〕(帝は)たいそう**お悲しみになられ**て、何も召し上がらない。◆「がる」は接尾語。

あはれ-げ・なり【憐れげなり】(アワレゲナリ)〔形容動詞〕ナリ{なら/なり・に/なり/なる/なれ/なれ}❶**しみじみとしたようすだ。**〔浜松中納言 平安―物語〕四「経を読みつつ明かし給ふ気色の、類なう**あはれげなる**を」〔訳〕経を読みつづけて夜をお明かしになるようすが、比べるものがないほど**しみじみとしたようすな**ので。❷**いとおしいようすだ。いじらしいようすだ。**〔源氏物語 平安―物語〕夕顔「ひたぶるに従ふ心はいと**あはれげなる**人、と見たまふに」〔訳〕ひたすらつきしたがう性格は大変**いじらしいようすの**人だ、と御覧になるにつけて。◆「げ」は接尾語。

あはれとも… **和歌** **百人一首**「あはれとも　言ふべき人は　思ほえで　身のいたづらに　なりぬべきかな」〔拾遺 平安―歌集〕恋五・藤原伊尹〔訳〕私が死んでも、気の毒だと言ってくれそうな人がいるとは思われなくて、このまま空しく死んでしまうにちがいないことだよ。

あはれ・なり

(アワレナリ)〔形容動詞〕ナリ{なら/なり・に/なり/なる/なれ/なれ}

語義の扉

「あはれ」は、感動詞「あ」と「はれ」が結合した語で、その用法は感動詞から名詞、さらに形容動詞と広がる。奈良時代には、感動詞と名詞の例のみであるが、平安時代になると形容動詞の例が見えるようになる。形容動詞「あはれなり」は、しみじみと深く心の中に受けた喜び、悲しみ、楽しみなどのさまざまな感動・感情を表す。江戸時代以降、相手を気の毒に思う感情に傾き、現代語の「あわれ」に続いていく。

❶しみじみとした思いだ。
❷しみじみと心打たれる。
❸どうしようもなく悲しい。
❹もの寂しく、心引かれる。
❺かわいそうだ。気の毒だ。
❻しみじみとかわいい。いとしい。
❼尊く、ありがたい。

❶**しみじみとした思いだ。趣深く感じる。**〔枕草子 平安―随筆〕九月ばかり、夜一夜「蜘蛛の巣のこぼれ残りたる

に、雨のかかりたるが、白き玉を貫きたるやうなるこそ、いみじうあはれにをかしけれ」訳蜘蛛の巣が壊れずに残っているところに、雨が降りかかったのが、白い玉を(糸で)貫いたようであるのは、なんともしみじみとした思いで興味深い。

❷しみじみと心打たれる。すばらしい。徒然 鎌倉―随筆 一一「かくてもあられけるよとあはれに見るほどに」訳このような(寂しい)ありさまでも住んでいられたのだなあとしみじみと心打たれて見ているうちに。

❸どうしようもなく悲しい。身につまされて悲しい。源氏物語 平安―物語 若紫「いとはかなうものし給ふこそ、あはれにうしろめたけれ」訳とても幼くていらっしゃるのが、どうしようもなく悲しく気がかりだ。

❹もの寂しく、心引かれる。徒然 鎌倉―随筆 一九「あやしき家に夕顔の白く見えて、蚊遣火ふすぶるもあはれなり」訳粗末な家(の塀)に夕顔の花が白く見えて、そして蚊遣り火がくすぶっているのももの寂しく心引かれる。

❺かわいそうだ。気の毒だ。枕草子 平安―随筆 正月一日は「得たるはいとよし、得ずなりぬるこそいとあはれなれ」訳(思いどおり官職を)得たのは大変よいが、(官職を)得ないでしまったのは、ひどく気の毒である。

❻しみじみとかわいい。いとしい。更級 平安―日記 大納言殿の姫君「例の猫にはあらず、聞き知り顔にあはれなり」訳普通の猫のようではなく、(人の言うことを)聞き分けるようでしみじみとかわいい。

❼尊く、ありがたい。▼神仏を崇める気持ち。源氏物語 平安―物語 若紫「寺のさまもいとあはれなり」訳寺のありさまもたいそう尊く、ありがたい。

◆学習ポイント❺

関連語「あはれ(なり)」と「をかし」

「あはれ(なり)」と同じように感動や情感を表す言葉に、「をかし」がある。「あはれ」が、しみじみとした感動や身にしみるような情感を表し、主として悲しくさびしい感じを示すのに対し、「をかし」は対象を離れたところから見た知的な感情を表し、主として明るくさっぱりとした感じを示す。ただし、「をかし」は平安時代末期以後、こっけいである、変だの意味で用いられることが多くなった。

なお、「あはれ」は、意味が現代語の「あわれ」(気の毒である、かわいそう)に限定されないので注意が必要である。参照▼文脈の研究 もののあはれ。

あはれ・ぶ[*]【哀れぶ・憐れぶ】アワレブ 他動詞バ四 {ば/び/ぶ/ぶ/べ/べ} ❶しみじみと感じ賞美する。方丈記 鎌倉―随筆「冬は雪をあはれぶ」訳冬は雪をしみじみ賞美する。参照▼類語と使い分け⑰ ❷あわれみをかける。同情する。源氏物語 平安―物語 明石「神・仏のあはれびおはしまして」訳神仏があわれみをかけていらっしゃって。

あはれ・む【哀れむ・憐れむ】アワレム 他動詞マ四 {ま/み/む/む/め/め} ❶「あはれぶ❶」に同じ。源氏物語 平安―物語 若菜下「女は春をあはれむ」訳女は春をしみじみと感じる。❷「あはれぶ❷」に同じ。著聞集 鎌倉―説話 一九「神明あはれみ給ふ事」訳神があわれみをかけなさること。

あはれ-を-か・く【あはれを掛く】アワレヲカク 連語 愛情を寄せる。また、あわれみの情を寄せる。落窪物語 平安―物語 一「我に露あはれをかけばたちかへり共にを消えよ」訳私に少しでもあわれみの情を寄せてくれるなら、この世に戻って来ていっしょに死んでください。

あはれ-を-かは・す【あはれを交はす】アワレヲカワス 連語 深く愛し合う。源氏物語 平安―物語 藤裏葉「うちとけずあはれをかはし給ふ御仲なれば」訳人目を忍んで深く愛し合いなさる御間柄なので。

あひ[1]【合ひ・会ひ・逢ひ】アイ 名詞 あうこと。対面。

あひ[2]【間】アイ 名詞 あいだ。

あひ-[3]【相】アイ 接頭語 (動詞の上に付いて)❶ともに。いっしょに。万葉集 奈良―歌集 一五五八「鶉鳴く古りにし郷の秋萩を思ふ人どちあひ見つるかも」訳古い都の跡の秋萩を仲の良い者同士でいっしょに見たことよ。❷互いに。万葉集 奈良―歌集 一三「香具山は畝傍をををしと耳梨とあひ争ひき」訳香久山は畝傍山をいとしいとして耳梨山と互いに争った。❸たしかに。まさに。▼語調を整え、また、強調したり改まった態度などを示す。源氏物語 平安―物語 蜻蛉「あひ思ひたるさまながら」訳(私を)たしかに慕ってくれているようすながら。

あび【阿鼻】名詞 仏教語。八大地獄の一つ。現世での極悪人が死後に落ち、剣の樹・刀の山・熱湯などで苦しみを絶えず受けるという、地獄の中で最も恐ろしい所。阿鼻地獄。

あひ-あひ【相合ひ】アイアイ 名詞 一つのものごとを、共有または共用すること。

あひ-おひ【相生ひ】アイオイ 名詞 ❶いっしょに並んで生育すること。❷二つの幹または二種の木が根元で一つになっていること。また、その木。

あひおもはで… 和歌「相思はで 離れぬる人を とどめかね わが身は今ぞ 消え果てぬめる」伊勢物語 平安―物語 二四 訳お互い愛し合うことなく離れていってしまった人を引き止めることができず、わたしの身は、今、消え果ててしまうようだ。

鑑賞 男が妻を残して宮仕えに出かけ、三年後に戻るが、その時妻の再婚を知り、妻の幸せを願いながらその場を立ち去るのを、妻は追いかけ、とうとう倒れてしまった。その時そこにあった岩に指の血で書きつけた歌という。どちらの男の愛も得ることができず死んでゆく女の哀れ深い話である。

あひおもはぬ… 和歌「相思はぬ 人を思ふは 大寺の 餓鬼のしりへに 額づくがごと」万葉集 奈良―歌集 六〇八・笠女郎 訳こちらから一方的に思うだけで、こちらのことを思ってもくれない人を思うのは、何の功徳もない大寺の餓鬼の像の、しかもその背中を拝んでいるようなものだ。

鑑賞 笠女郎が大伴家持に贈った戯れ歌で、大胆な発想の中に、恋心の激しさを自嘲する気持ちがにじみ出ている。

あひ-おも・ふ【相思ふ】アイオモウ 他動詞ハ四 {は/ひ/ふ/ふ/へ/へ} お互い同じようにいとしく思う。万葉集 奈良―歌集 六〇八「あひおもはぬ人を思ふは」訳⇩あひおもはぬ…。◆「あひ」は接頭語。

あひ-がた・し【逢ひ難し】アイガタシ 形容詞ク {(く)・から/く・かり/し/き・かる/けれ/かれ} 会うことが難しい。なかなか会うことができない。古今 平安―歌集 恋四・詞書「人を忍びにあひ

あ

知りて、あひがたくありければ」訳人とひそかに愛し合う関係になって、なかなか会うことができなかったので。

あひ-かたら・ふ【相語らふ】 アイカタラウ／アイカタロウ 他動詞ハ四{は/ひ/ふ/ふ/へ/へ} ❶語り合う。古今 平安ー歌集 雑体「誰にかもあひかたらはむ」訳だれと語り合おうかなあ。❷交際する。伊勢物語 平安ー物語 一六「ねむごろにあひかたらひける友だちのもとに」訳親しく交際していた友人のところに。❸恋愛関係を結ぶ。

あひかまへ-て【相構へて】 アイカマエテ 副詞 ❶十分に気を付けて。よく注意して。今昔物語 平安ー説話 一六・二五「あひかまへて上りぬ」訳十分に気を付けて上京した。❷(命令・要求の語を下接して)必ず。きっと。平家物語 鎌倉ー物語 二・大納言死去「あひかまへて我が後世を弔らへ」訳必ず私の来世の霊を慰めよ。❸(禁止の語を下接して)決して。平家物語 鎌倉ー物語 一・祇王「あひかまへて念仏おこたり給ふな」訳決して念仏をおこたりなさるな。

あ-びき【網引き】 名詞／ーす 自動詞サ変 魚をとる網を引くこと。

あひ-ぐ・す【相具す】 アイグス 一 他動詞サ変{せ/し/す/する/すれ/せよ} 連れて行く。伴う。平家物語 鎌倉ー物語 一・祇王「妹の祇女をもあひぐしけり」訳妹の祇女をも連れて行った。
二 自動詞サ変{せ/し/す/する/すれ/せよ} 連れ添う。夫婦になる。平家物語 鎌倉ー物語 二・小教訓「かの大納言が妹にあひぐして」訳あの大納言の妹に連れ添って。

あひ-くち【合ひ口・相口】 アイクチ 名詞 ❶互いに気の合うこと。またそのような間柄。❷鍔のない短刀。

あひ-ごと【会ひ事】 アイゴト 名詞 (男女が)会うこと。◆「相言」で、二人で語り合うことする説もある。

あひ-しらひ アイシライ 名詞 ❶応対。受け答え。❷相手役。多く、能楽で、シテの演技に応じるワキ・ツレをいう。◆「あへしらひ」とも。

*__あひ-しら・ふ__ アイシラウ／アイシロウ 他動詞ハ四{は/ひ/ふ/ふ/へ/へ} 程よく受け答えをする。応対する。徒然 鎌倉ー随筆 七三「おほかたはまことしくあひしらひて」訳だいたいは本当らしく受け答えをして。◆「あへしらふ」とも。

あひ-し・る【相知る】 アイシル 自動詞ラ四{ら/り/る/る/れ/れ} ❶知り合う。源氏物語 平安ー物語 夕顔「いと尊き老僧のあひしりてはべるに」訳たいへん尊い老僧で私が知り合っております人に。❷愛し合う関係になる。伊勢物語 平安ー物語 一九「御達なりける人をあひしりたりける」訳女房であった人と愛し合う関係になっていた(男が)。◆「あひ」は接頭語。

あひ-ずみ【相住み】 アイズミ 名詞 一緒に住むこと。また、その人。

あひ-す・む【相住む】 アイスム 自動詞マ四{ま/み/む/む/め/め} 一緒に住む。徒然 鎌倉ー随筆 一九〇「いかなる女を取りすゑて、あひすむ」訳これこれの女を住まわせて、一緒に住んでいる。◆「あひ」は接頭語。

あひ-せん【間銭】 アイセン 名詞 手数料。

あひ-そ・ふ【相添ふ】 アイソウ 一 自動詞ハ四{は/ひ/ふ/ふ/へ/へ} 一緒にいる。大和物語 平安ー物語 一五六「年ごろ親のごと養ひつつあひそひにければ」訳数年来、親のようにずっと養育し一緒にいたのだったから。◆「あひ」は接頭語。
二 他動詞ハ下二{へ/へ/ふ/ふる/ふれ/へよ} 添える。古今 平安ー歌集 離別「たらちねの(＝枕詞)親の守りとあひそふる心ばかりはせきなとどめそ」訳親がわが子の守りとして子に添える親心ぐらいは、関所よせきとめないでおくれ。◆「あひ」は接頭語。

あひだ【間】 アイダ 名詞

❶(空間的な)あいだ。すきま。隔たり。万葉集 奈良ー歌集 二四四八「白玉のあひだ開けつつ貫ける緒もくくり寄すればまた逢ふものを」訳白玉と白玉とのあいだをあけて通したひもも、くくり寄せると、またくっつくのだから、私たちも遠く離れても、また会えるだろう。

❷(時間的な)あいだ。期間。うち。土佐日記 平安ー日記 一・一一「かかるあひだに、みな、夜明けて、手洗ひ、例のことどもして、昼になりぬ」訳こうしているうちに、すっかり夜が明けて、手を洗い、いつものことなどをして、昼になった。

❸(時間的な)切れ目。絶え間。万葉集 奈良ー歌集 三七八五「ほととぎすあひだしまし置け汝が鳴けば吾が思ふこころいたもすべなし」訳ほととぎすよ、しばらく切れ目をいれて(鳴いて)くれ。おまえが鳴くと、私の物思いに沈む心がどうしようもなくなるのだよ。

❹仲。間柄。今昔物語 平安ー説話 二九・五「貞盛は、この僧ともとよりいみじき得意にて、いみじく親しく語らひたりけるあひだなりければ」訳貞盛は、この僧と以前からたいそう通じ合う関係で、とても親しく話し合っていた間柄であったので。

❺…ので。…だから。平家物語 鎌倉ー物語 二・西光被斬「昼は人目の繁う候ふあひだ、夜にまぎれて参って候ふ」訳昼は人目が多うございますので、夜にまぎれて参上いたしました。

参考 ❺は形式名詞化して接続助詞のように用い、原因・理由を表す。平安時代には、記録体の文章にしかみられなかったが、鎌倉時代以降通常の和文にも使われるようになった。

あひだち-な・し アイダチナシ 形容詞ク 「あいだちなし」に同じ。

あひだて-な・し アイダテナシ 形容詞ク 「あいだてなし」に同じ。

あひだ-な・し【間無し】 アイダナシ 連語 途切れない。絶え間がない。万葉集 奈良ー歌集 二七三七「大伴の三津の白波あひだなく我が恋ふらくを人の知らなく」訳大伴の三津(＝「御津」とも書く。今の大阪市にあった港。「大伴の三津」も同じ)の白波のように絶え間なく私が恋いしたっていることを、あの人は知らないことよ。

会津 あいづ 地名 今の福島県の西部一帯で、会津盆地を中心とする地方。

あひ-づち【相鎚・相槌】 アイヅチ 名詞 ❶鉄を鍛えるとき、師が打つ合間に弟子が鎚を打つこと。❷相手の話に調子を合わせること。

あひ-な・し アイナシ 形容詞ク 「あいなし」に同じ。

あひ-な・る【相馴る】 アイナル 自動詞ラ下二{れ/れ/る/るる/るれ/れよ} (夫婦として)なれ親しむ。ねんごろになる。伊勢物語 平安ー物語 一六「年ごろあひなれたる妻」訳長年なれ親しんできた妻。

あひ-の・る【相乗る】 アイノル 自動詞ラ四{ら/り/る/る/れ/れ} 一緒に乗る。源氏物語 平安ー物語 帚木「ある上人来あひて、この車にあひのりてはべれば」訳ある殿上人が来合わせて、私の車に一緒に乗っておりましたので。◆「あひ」は接頭語。

あひ-は・つ【相果つ】自動詞 タ下二 {て/て/つ/つる/つれ/てよ} **死ぬ。** 油地獄 江戸ー浄瑠 浄瑠・近松「あひはてし時の葬礼には」訳死んだ時の葬式には。◆「あひ」は接頭語。

あひ-びき【相引き】名詞 ❶戦場で、両軍が同時に後方へ退くこと。❷敵味方両方が同時に弓を引くこと。

あひ-み・す【相見す】他動詞 サ下二 {せ/せ/す/する/すれ/せよ} **会わせる。** 大和物語 平安ー物語 一六八「生きて世にあるものならば、今ひとたびあひみせ給へ」訳生きてこの世にいるのならば、今一度会わせてください。◆「あひ」は接頭語。

あひみての… 和歌 百人一首「逢ひ見ての 後の心に くらぶれば 昔は物を 思はざりけり」拾遺 平安ー歌集 恋二・藤原敦忠 訳あなたと逢って契りを結んだ後のこの切ない恋心にくらべれば、逢う以前は物思いをしなかったも同然だなあ。

***あひ-・みる**【相見る・逢ひ見る】自動詞 マ上一 {み/み/みる/みる/みれ/みよ} ❶**互いに会う。対面する。** 源氏物語 平安ー物語 明石「父母にもあひみず」訳父母にも対面しない。徒然 鎌倉ー随筆 一三七「男女のなさけも、ひとへにあひみるをばいふものかは」訳男女の愛情も、ただ互いに会うことだけを言うものであろうか。❷**契りを結ぶ。** 拾遺 平安ー歌集 恋二「あひみての後の心にくらぶれば」訳⇩あひみての…。

あびらうんけん【阿毘羅吽欠】名詞 仏教語。大日如来に祈るときに唱える呪文。唱えれば一切の行法が成就するという。

あひ-・ゐる【相居る】自動詞 ワ上一 {ゐ/ゐ/ゐる/ゐる/ゐれ/ゐよ} **一緒にいる。**

あ・ふ[1]【会ふ・逢ふ】自動詞 ハ四 {は/ひ/ふ/ふ/へ/へ} ❶**出会う。巡り合う。** 伊勢物語 平安ー物語 九「もの心細くすずろなる目を見ることと思ふに、修行者あひたり」訳なんとなく心細く、思いがけないひどい目にあうことよと思っていると、修行者が(我々と)出会った。❷**結婚する。** 竹取物語 平安ー物語 貴公子たちの求婚「この世の人は、男は女にあふことをす」訳この世の人は、男は女と結婚することをする。❸**対する。向かう。** 徒然 鎌倉ー随筆 一四二「かたへにあひて『御子はおはすや』と問ひしに」訳そばの人に向かって、『お子さんはおいでか』と質問したところ。❹**争う。戦う。** 万葉集 奈良ー歌集 一四「香具山と耳梨山とあひしとき立ちて見に来し印南国原」訳香具山と耳梨山が争ったときに、(阿菩の大神が)立って見に来た印南国原よ。

あ・ふ[2]【合ふ】一 自動詞 ハ四 {は/ひ/ふ/ふ/へ/へ} ❶**調和する。似合う。** 枕草子 平安ー随筆 二月つごもり頃に「げに今日の気色にいとようあひたるも」訳本当に今日の気分にぴったり似合っているにつけても。❷**一つになる。一致する。** 源氏物語 平安ー物語 若紫「この夢あふまで、また、ひとにまねぶな」訳この夢が(事実と)一致するまでは、決して、だれにも言うな。二 補助動詞 ハ四 {は/ひ/ふ/ふ/へ/へ} (動詞の連用形に付いて)**みなで…する。互いに…し合う。** 伊勢物語 平安ー物語 九「限りなく遠くも来にけるかなとわびあへるに」訳この上もなく遠くまでもまあ来てしまったものだなあと、互いに嘆き合っていると。

あ・ふ[3]【和ふ】他動詞 ハ下二 {へ/へ/ふ/ふる/ふれ/へよ} **味付けのため調味料に混ぜ合わせる。あえる。** 今昔物語 平安ー説話 三一・三二「其の突き懸けたる物を、鮨鮎にこそあへたりけれ」訳その吐きかけたものを鮨にした鮎にあえていたのだったよ。

あ・ふ[4]【敢ふ】一 自動詞 ハ下二 {へ/へ/ふ/ふる/ふれ/へよ} **堪える。我慢する。持ちこたえる。** 源氏物語 平安ー物語 宿木「霜にあへず枯れにし園の菊なれど」訳霜に堪えられず枯れてしまった庭園の菊であるけれども。二 補助動詞 ハ下二 {へ/へ/ふ/ふる/ふれ/へよ} (動詞の連用形に付いて)**すっかり…する。…しきる。** 源氏物語 平安ー物語 桐壺「御かたち・心ばへ、ありがたく珍しきまで見え給ふを、え嫉みあへ給はず」訳ご容貌やご性質が世にもまれで珍しいまでにお見えになるのを、(人々も)憎み通すことがおできにならない。参考 下に「ず」「なむ」を伴って用いられることが多い。

あ・ふ[5]【饗ふ】他動詞 ハ下二 {へ/へ/ふ/ふる/ふれ/へよ} **食事のもてなしをする。** 日本書紀 奈良ー史書 推古「使人等に朝にあへたまふ」訳使者たちに宮廷で食事のもてなしをなさる。

あ・ぶ【浴ぶ】他動詞 バ上二 {び/び/ぶ/ぶる/ぶれ/びよ} **浴びる。**「あむ」とも。枕草子 平安ー随筆 すさまじきもの「寝おきてあぶる湯は、はらだたしうさへぞおぼゆる」訳目覚め起きあがって浴びる湯は、腹立たしくまでも思われるものよ。

あふぎ【扇】名詞 **扇子。団扇。** 季夏。参考 奈良時代には団扇であったといわれるが、平安時代以後、多く扇子をさす。扇子は日本人の発明で、涼をとるためのものと、悪気・けがれをはらうための祭事用のものとがあった。扇面に絵や和歌を書いた鑑賞用のものも作られ、人への贈答に用いたり、神仏に献上したりもした。

あふぎ-ちら・す【扇ぎ散らす】他動詞 サ四 {さ/し/す/す/せ/せ} **あおいで物を散らす。** 枕草子 平安ー随筆 にくきもの「まづ扇してこなたかなたあふぎちらして、塵は掃き捨てて」訳まず扇であちらこちらあおいで散らして、塵を掃き捨てて。

あふぎ-を-さしかく・す【扇を差し隠す】連語 **扇で顔を隠す。** 蜻蛉 平安ー日記 下「この車を見つけて、ふとあふぎをさしかくして渡りぬ」訳このわたしの車を見つけて、さっと扇で顔を隠して通り過ぎていった。

あふぎ-を-なら・す【扇を鳴らす】連語 ❶(案内を求めたり人を呼んだりするために)**扇を手の平に当てて鳴らす。** 源氏物語 平安ー物語 総角「戸口に寄りて、あふぎをならし給へば弁も参りて」訳戸口に近づいて、扇を鳴らして人をお呼びになると弁(=人名)もお出迎えして。❷(歌の拍子をとるために)**扇を手で打ち鳴らす。** 竹取物語 平安ー物語 貴公子たちの求婚「あるいは唱歌をし、あるいはうそぶき、あふぎをならしなどするに」訳ある者は笛・琴などの旋律を歌い、ある者は口笛を吹き、ある者は扇を手で打ち鳴らして拍子をとりなどしているときに。

あふ・ぐ[1]【仰ぐ】他動詞ガ四(が/ぎ/ぐ/ぐ/げ/げ) ❶**仰ぎ見る。** 平家物語 鎌倉―物語 三・足摺「天にあふぎ地に臥して」訳天を仰ぎ見、地にうつぶして。❷**尊敬する。** 古今 平安―歌集 仮名序「古へをあふぎて」訳昔のことを尊敬して。❸**請い求める。** 古事記 奈良―史書 雄略「天皇の命をあふぎ」訳勅命を請い求め。

あふ・ぐ[2]【扇ぐ】㊀自動詞ガ四(が/ぎ/ぐ/ぐ/げ/げ) (風が)**吹く。** 三宝絵詞 平安―説話 中「大きに魔の風あふぎて」訳ひどく(仏道を妨げる)魔の風が吹いて。㊁他動詞ガ四(が/ぎ/ぐ/ぐ/げ/げ) 扇などを動かして風を起こす。**あおぐ。** 源氏物語 平安―物語 東屋「乳母のうちあふぎなどして」訳乳母はふとあおいだりして。

あふご[1]【朸】名詞 荷物に通して担ぐために用いる棒。「あふこ」とも。
参考 和歌では「会ふ期」とかけて用いることが多い。

あふ-ご[2]【会ふ期】名詞 **会う時。**

あふことの… 和歌 百人一首 「逢ふことの 絶えてしなくは なかなかに 人をも身をも 恨みざらまし」拾遺 平安―歌集 恋一・藤原朝忠 訳もし、逢って契りを結ぶということが全くなければ、かえって、あなたのことも私自身のことも恨んだりはしないだろうに。
鑑賞 「まし」は反実仮想の助動詞。逢ったが故の恋の苦しさを、逆説的に相手に強く訴えた。

あふことも… 和歌 「逢ふことも 涙に浮かぶ わが身には 死なぬ薬も 何にかはせむ」竹取物語 平安―物語 ふじの山 訳もうかぐや姫に会うこともないので、こぼす涙に自分の身が浮かぶほど悲しい私には、不死の薬も何になるだろうか、何の役にも立ちはしない。参照▼ 文脈の研究 あふことも…。
鑑賞 かぐや姫が月に帰るとき、帝に手紙と不死の妙薬を贈った。帝は二度と姫に会えない悲しみにくれてこの歌を詠んだという。そして、天に最も近い富士の山で、姫からの手紙と薬を燃やすように命じた。その煙が、いまだに雲の中に立ちのぼっているのだと物語は言い伝えている。「涙」の「なみ」に「(逢ふことも)無み」がかけられている。◆「かは」は反語表現の係助詞。

文脈の研究 あふことも…

よく知られた『竹取物語』の「かぐや姫の昇天」の条で、かぐや姫が月に帰るとき、帝に手紙と不死の妙薬を奉っている。

帝は、二度と姫に会えない悲しみにくれて、もはや無理に命を長らえても意味が無いとその薬も召さず、天に最も近い高山が駿河の国にあるということをお聞きになって、「あふことも…」の歌を詠み、勅使を遣わして、その山で手紙と薬を燃やすように命じた。

そのよし承りて、士どもあまた具して山へのぼりけるよりなむ、その山を「ふじの山」とは名づけける。その煙、いまだ雲の中へ立ちのぼるとぞ、いひ伝へたる。
(勅使が士たちをたくさん引き連れて登ったことから)(「富士の山」(=士に富む山)と名づけたというのである)(言い伝えてきている)

この作品の著された平安時代の初期ごろに、今の富士山がいわゆる活火山として噴火していたことを明らかに語る叙述である。

逢坂の関 地名 歌枕 「逢坂山」のふもとに置かれた関所。京都から東国への出口に当たる要所で、三関の一つ。和歌では多く「逢ふ」にかけて用いる。⇩これやこの…。

逢坂山 地名 歌枕 今の滋賀県大津市の南にある山。古くから交通の要地で、ふもとに「逢坂の関」が設けられていた。和歌では多く「逢ふ」にかけて用いる。⇩なにしおはば…。

あふさ-きるさ・なり【合ふさきるさなり・逢ふさきるさなり】形容動詞 ❶**ちぐはぐだ。** 源氏物語 平安―物語 帚木「とあればかかりあふさきるさにて」訳⇩とあればかかり。❷**ああかこうか。** 徒然 鎌倉―随筆 三「あふさきるさに思ひ乱れ、さるはひとり寝がちに、まどろむ夜なきこそ、をかしけれ」訳ああかこうかと思い乱れ、それにもかかわらずひとり寝することが多く、うとうとと眠る夜がないのがおもしろい。
参考 「さ」は動詞の終止形につく接尾語で、時・折の意。

あふさわに 副詞 **すぐに。** 万葉集 奈良―歌集 二三六二「山城の久世の若子が欲しと言ふ我あふさわに我を欲しと言ふ山背の久世」訳山城の久世の若者が欲しいという私。すぐに私を欲しいと言う山城の久世の若者。

あぶ・す[1]【浴ぶす】㊀他動詞サ四(さ/し/す/す/せ/せ) (湯などを)**浴びせる。**「あむす」とも。今昔物語 平安―説話 一五・二八「起きて湯をあぶし」訳起きて湯を浴びせ。㊁他動詞サ下二(せ/せ/す/する/すれ/せよ) ㊀に同じ。「あむす」とも。年中行事歌 南北―歌集 一三「仏に水をあぶせ奉るなり」訳仏に水を浴びせ申し上げるのである。

あぶ・す[2]【溢す】他動詞サ四(さ/し/す/す/せ/せ) **余す。捨てる。** 源氏物語 平安―物語 玉鬘「落としあぶさず」訳見下げて捨てず。

あふ-せ【逢ふ瀬】名詞 **男女の会う機会。**

あふち【楝・樗】名詞 ❶**せんだん。** 木の名。初夏、淡紫色の花をつける。季夏。❷襲の色目の一つ。表は薄色で、裏は青。一説に、表は紫、裏は薄色。夏に用いた。

あふ・つ【煽つ】他動詞タ四(た/ち/つ/つ/て/て) ❶(風の力で)**動かす。あおる。** 粟田口 室町―狂言「夏の虻蜂を大うちわであふちのける」訳夏の虻蜂を大うちわであおって退ける。❷(感情を)**燃え立たせる。**(行動に)**駆り立てる。** ❸(手足を)**ばたばた動かす。**

阿仏尼 人名 (?～一二八三)鎌倉時代中期の女流歌人。平度繁の養女。安嘉門院に仕え、のち藤原為家の妻となり、冷泉為相・為守

（ためもり）と一女を生んだ。実子と継子の相続争いの訴訟で、鎌倉に下ったときの日記紀行に『十六夜日記』がある。

あふな-あふな（オウナオウナ） 副詞 **分相応に。それぞれの分に応じて。** 伊勢物語 平安―物語 九三「あふなあふな思ひはすべし」訳分相応に、恋はするのがよい。

あふのき【仰のき】（アオノキ） 名詞 **あお向け。**

あふの・く【仰のく】（アオノク） 一 自動詞 カ四｛か／き／く／く／け／け｝**あお向きになる。** 著聞集 鎌倉―説話 二〇「岩の上にあふのきふして」訳岩の上にあお向きになり横たわって。 二 他動詞 カ下二｛け／け／く／くる／くれ／けよ｝**あお向けにする。** 平家物語 鎌倉―物語 九・敦盛最期「頸をかかんと甲をおしあふのけてみければ」訳首をはねようとしてかぶとを押してあお向けにしてみたところ。

あふのけに… 俳句「仰のけに 落ちて鳴きけり 秋のせみ」八番日記 江戸―句集 俳文・一茶 訳夏の間は盛んに鳴いていたせみも、秋になってすっかり弱り、木にとまる力もなく落ちて、地面に仰むけになってもがき鳴いていることだ。

鑑賞 地上に落ちたせみが、必死に起きあがろうとして、短くジジジと鳴き声を発しているようす。季語は「秋のせみ」で、季は秋。

あふひ【葵】（アオイ） 名詞 ❶**ふたばあおい。** 草の名。平安時代、賀茂神社の祭りに用いられたことで有名。「あふひぐさ」とも。❷**たちあおい。** 草の名。江戸時代ごろから鑑賞用に盛んに栽培された。季❶❷夏。

参考 和歌では「逢ふ日」とかけて用いることが多い。

あふひ-かつら【葵鬘】（アオイカツラ） 名詞 京都の賀茂神社の祭礼の際、参列者・見物人がつけた飾り。賀茂神社の紋であるふたばあおいの葉で作り、頭・冠・牛車などに飾った。「あふひかづら」とも。

葵の上（アオイノウエ） 人名 『源氏物語』の作中人物。左大臣の娘。夫の光源氏より四歳年上の正妻で、端正な人柄。光源氏の愛人、六条御息所の生霊に悩まされ、男の子（＝夕霧）を生んだ後、二十六歳の若さで急死する。

あふひ-まつり【葵祭り】（アオイマツリ） 名詞「かものまつり」に同じ。季夏。◆「葵」の葉を冠や牛車・桟敷・社前などに飾ったところから。

あふみ[1]**【淡海】**（オウミ） 名詞 **湖。** ◆「あはうみ」の変化した語。対潮海。

近江[2]（オウミ） 地名 旧国名。東山道十三か国の一つ。今の滋賀県。江州。「近江」の字は「近つ淡海（＝琵琶湖）」の意から。参照▼資料21

あ-ぶみ【鐙】 名詞 馬具の一つ。鞍の両脇に垂らして、乗る人が足を踏みかけるもの。参照▼口絵

あふみのうみ…[1] 和歌「淡海の海 夕波千鳥 汝が鳴けば 心もしのに 古へ思ほゆ」万葉集 奈良―歌集 二六六・柿本人麻呂 訳琵琶湖の夕波を飛ぶ千鳥よ、おまえが鳴くと、心もしおれるように、しみじみと昔のことが思われる。

鑑賞「古へ」は近江に天智天皇の都があった近江朝時代をさす。夕方という時刻と、悲しげに鳴く千鳥とに誘われて懐旧の思いはいっそう痛切なものとなっている。「夕波千鳥」は作者の造語といわれる。

近江の海[2]（オウミノウミ） 地名 歌枕 琵琶湖。

参考 和歌では、音数を整えるために「あふみのみ」と五音で詠むことがある。

近江天皇（オウミノスメラミコト） ⇩天智天皇

近江八景（オウミハッケイ） 地名 琵琶湖南西岸の八つのすぐれた景観。三井の晩鐘、唐崎の夜雨、堅田の落雁、粟津の晴嵐、矢橋の帰帆、比良の暮雪、石山の秋月、瀬田の夕照。

あぶら【油・脂・膏】 名詞 ❶（動物性・植物性の）あぶら。❷酒の表面に浮いているあぶらのようなもの。❸おだて。おせじ。

あぶら-づ・く【脂付く】 自動詞 カ四｛か／き／く／く／け／け｝**肉付きがよくなり皮膚がつややかになる。** 徒然 鎌倉―随筆 八「手足・はだへなどのきよらに肥えあぶらづきたらんは」訳手足・肌などが美しく太り皮膚がつややかになっていただろうようすは。

あぶら-ひ【油火】 名詞 灯油に灯心を浸してともすあかり。**灯火。** ◆後に「あぶらび」とも。

あぶら-を-う・る【油を売る】 連語 **仕事の途中でなまける。** 川柳 江戸―句集「油売り油は売れずあぶらうり」訳油売りが商売物の油が売れずなまけている。◆油は粘り気があるため、油売りが油を器に移すときに時間がかかることから。

あふり【障泥】（アオリ） 名詞 馬具の一つ。はね上がる泥を防ぐために鞍の下から馬の両脇腹に垂らす、皮製の覆い。野外で敷物にも用いた。参照▼口絵

あふりやう-し【押領使】（オウリョウシ） 名詞 平安時代以後、地方にあって兵を統率し、反乱の鎮圧や凶賊の討伐をした官職。

あふ・る【煽る】（アオル） 他動詞 ラ四｛ら／り／る／る／れ／れ｝❶（あぶみで）**馬の腹をける。** 平家物語 鎌倉―物語 九・木曾最期「あふれども、あふれども、…はたらかず」訳馬の腹をけっても、…動かない。❷**おだてる。そそのかす。**

あぶ・る[1]**【炙る・焙る】** 他動詞 ラ四｛ら／り／る／る／れ／れ｝**太陽や火の熱に当て熱する。** 堤中納言 平安―物語 虫めづる姫君「日にあぶらるるが苦しければ」訳太陽の熱に当てられ熱せられるのが苦しいので。

あぶ・る[2]**【溢る】** 自動詞 ラ下二｛れ／れ／る／るる／るれ／れよ｝❶**散らばる。** 平家物語 鎌倉―物語 二・烽火之沙汰「あぶれゐたる兵ども」訳散らばっていた兵士たち。❷**落ちぶれてさまよう。** 源氏物語 平安―物語 東屋「世にあぶれむも」訳世の中で落ちぶれてさまようようなのも。◆「あふる」とも。

あへ【饗】（エ） 名詞／―す 自動詞 サ変 **食事のもてなし。**

あ-べい-やう 連語

なりたち 動詞「あり」の連体形＋打消推量の助動詞「べし」の連体形＋名詞「やう」からなる「あるべきやう」の撥音便「あんべいやう」の撥音「ん」が表記されない形。

当然であるようす。あるはずのこと。 更級 平安―日記 夫の死「今ゆく末はあべいやうもなし」訳今も将来もあるはずがない。

あ-べか-めり 連語

なりたち ラ変動詞「あり」の連体形＋推量の助動詞「べし」の連体形「べかる」＋推定の助動詞「めり」からなる「あるべかるめり」の撥音便「あんべかんめり」の「ん」が表記されない形。

ありそうに思われる。あるにちがいなく見える。 更級

平安一日記 宮仕へ「悲しかるべきことにこそあべかめれ」訳悲しいようなことでありそうに思われる。

あ-べかり 連語
なりたち ラ変動詞「あり」の連体形＋推量の助動詞「べし」の連用形「べかり」からなる「あるべかり」の撥音便「あんべかり」の「ん」が表記されない形。
あるだろう。あるにちがいない。 源氏物語 平安一物語 帚木「後に思へば、をかしくもあはれにもあべかりけることの」訳後になって思うと、おもしろくもしみじみとした趣もあるにちがいなかったことが。

あ-べかり-けり 連語
なりたち 動詞「あり」の連体形＋推量の助動詞「べし」の連用形＋過去の助動詞「けり」からなる「あるべかりけり」の撥音便「あんべかりけり」の撥音「ん」が表記されない形。
あるはずだった。あるにちがいなかった。…するのがよかった。 源氏物語 平安一物語 帚木「言はまほしからむ事をも一つ二つのふしは過ぐすべくなんあべかりける」訳言いたいことがあっても一つ二つの事は言わないでおくほうがよかった。

あへ・く【喘く】（アエク） 自動詞 カ四 〔か／き／く／く／け／け〕 **息づかい激しく苦しげに息をする。あえぐ。** 万葉集 奈良一歌集 三六六「いさなとり（＝枕詞）海路に出でてあへきつつ我が漕ぎ行けば」訳海の航路に出てあえぎあえぎ私が漕いで行くと。◆後に「あへぐ」とも。

あ-べし 連語
なりたち ラ変動詞「あり」の連体形＋推量の助動詞「べし」からなる「あるべし」の撥音便「あんべし」の「ん」が表記されない形。
あるだろう。あるはずだ。あるにちがいない。 蜻蛉 平安一日記 下「そのころ院の賭弓あべし」訳そのころ院の賭弓があるはずだ。源氏物語 平安一物語 行幸「いとこまかに、あべきことども教へ聞こえ給へば」訳実にこまごまと（内大臣との対面に）必要なことをお教え申し上げなさるので。源氏物語 平安一物語 胡蝶「さもあべいことなれば」訳それももっともなことですから。◇「あべい」はイ音便。
参考 平安時代、主として会話文に使われた。

あへ-しらひ（アエシライ） 名詞 「あひしらひ」に同じ。

あへ-しら・ふ（アエシラウ ― アエシロウ） 他動詞 ハ四 〔は／ひ／ふ／ふ／へ／へ〕
❶**受け答えする。応対する。もてなす。交際する。** 源氏物語 平安一物語 桐壺「もののつましきほどにてともかくもえあへしらひ聞こえ給はず」訳（源氏は）何かと恥ずかしい年ごろなので、なんともご返事申し上げなさることができない。❷**適当に取り合わせる。** 蜻蛉 平安一日記 上「切り大根、物の汁してあへしらひて」訳切り干し大根を、何かの汁で取り合わせて。◆「あひしらふ」とも。
参考 「あしらふ」の古形で、現代語「あしらう」に続く。ただし、現代語「あしらう」は、人に対する場合、古語の「あしらふ」などより意味が限定されて、相手よりも優位に立って応対する意に使われる。

あへ-ず*【敢へず】（アエズ） 連語
なりたち 下二段動詞「あ（敢）ふ」の未然形＋打消の助動詞「ず」
❶**堪えられない。こらえきれない。** 万葉集 奈良一歌集 三六九九「置く露霜にあへずして都の山は色付きぬらむ」訳露や霜のおりるのに堪えられないで都の山は色付いたであろう。❷〔動詞の連用形の下に付いて、「…もあへず」の形で〕㋐**…しようとしてできない。最後まで…できない。** 古今 平安一歌集 秋下「山川に風のかけたるしがらみは流れもあへぬ紅葉なりけり」訳⇩や まがはに…。㋑**…し終わらないうちに。…するや否や。** 平家物語 鎌倉一物語 四・鼬之沙汰「入道相国…聞きもあへず」訳入道相国（＝平清盛）は…聞くや否や。◇㋑は鎌倉時代以降の用法。

あへ-て*【敢へて】（アエテ） 副詞
なりたち 下二段動詞「あ（敢）ふ」の連用形に接続助詞「て」の付いたかたちが一語化したもの。
❶**進んで。力いっぱいに。**▼困難に勝つよう積極的に事をするさま。万葉集 奈良一歌集 一六七一「湯羅の崎潮干にけらし白神の磯の浦廻をあへて漕ぐなり」訳湯羅の崎は潮が干たらしい。白神の磯の浦を力いっぱい漕いでいるようだ。❷〔打消の語を下接して〕**少しも。まったく。** 今昔物語 平安一説話 二八・三八「底へ降るべき様もあへてなければ」訳谷底におりられる方法もまったくないので。

あへなく-な・す【敢へ無くなす】（アエナクナス） 連語
なりたち 形容詞「あへなし」の連用形＋動詞「なす」
死なせる。 卯月潤色 江戸一浄瑠 浄瑠・近松「ひとり子をあへなくなせしその悔やみ」訳ただひとりだけの子を死なせた後悔。

あへなく-な・る【敢へ無くなる】（アエナクナル） 連語 **死ぬ。** 国姓爺 江戸一浄瑠 浄瑠・近松「玉の緒も切れてあへなくなり給ふ」訳命も絶えて死になさった。

あへ-な・し【敢へ無し】（アエナシ） 形容詞 ク 〔（く）・から／く・かり／し／き・かる／けれ／かれ〕
❶（今さら）**どうしようもない。仕方がない。** 源氏物語 平安一物語 東屋「誰も誰も、怪しうあへなき事を思ひ騒ぎて」訳だれもかれも、異常でどうしようもないできごとに心の中であわてて。❷**がっかりする。張り合いがない。** 源氏物語 平安一物語 桐壺「御使ひも、いとあへなくて、帰り参りぬ」訳お使いも、たいそうがっかりして、宮中に帰って参った。
参考 「何かしようとしてもどうにもならない」が原義。そこから「がっかりする」「張り合いがない」の意味が生まれた。

あへ-な-む【敢へなむ】（アエナン） 連語
なりたち 下二段動詞「あ（敢）ふ」の連用形＋完了の助動詞「ぬ」の未然形＋推量の助動詞「む」
かまわないだろう。差し支えないだろう。がまんしよう。 大鏡 平安一物語 時平「小さきはあへなむ」訳幼い者は（流罪の地へ連れて行っても）かまわないだろう。

あへ-ぬ・く【合へ貫く】（アエヌク） 他動詞 カ四 〔か／き／く／く／け／け〕 **合わせて貫き通す。** 万葉集 奈良一歌集 四〇〇七「我が背子は玉にもがもなほととぎす声にあへぬき手に巻きて行かむ」訳私のあの人は玉であればいいのに。ほととぎすの声に合わせて貫き通して手に巻いて行こうものを。

阿部仲麻呂（あべのなかまろ） 人名 （六九七？～七七〇）奈良時代の漢詩人・歌人。遣唐留学生として七一七年唐に渡り、玄宗皇帝に仕えた。在唐約五十年、李白・王維らの文人とも交際し、要職を歴任したが、帰国できないまま都の長安で死んだ。故国をしのんだ「天まの原振りさけ見れば春日なる三笠の山に出でし月かも」(『古今和歌集』)〈⇩あまのはら…。〉の和歌で有名。

あへ-ら-く【会へらく】アエラク
なりたち 四段動詞「あ(会)ふ」の已然形＋完了の助動詞「り」の未然形＋接尾語「く」
会っていること。出会っていること。 万葉集 奈良―歌集 九九六「御民我生けるしるしあり天地の栄ゆる時にあへらく思へば」訳大王の民である私は生きる甲斐がございます。天も地も繁栄しているこの時代に出会っていることを思うと。

あま1【天】名詞 **天。空。** 万葉集 奈良―歌集 二四〇「ひさかたの(=枕詞)あま行く月を網に刺し我が大君は蓋にせり」訳大空を行く月を網に捕らえ、わが大君はきぬがさにしている。
参考「あめ」の古形といわれる。単独ではあまり用いられず、ふつう「天つ」(「つ」は「の」の意の奈良時代以前の格助詞)「天の」の形で用いられるか、または複合語を作ることが多い。奈良時代以前には主として高天原に関する事象に用いられたが、平安時代以降は空の意にも用いられた。

◆学習ポイント❻
天—あまとあめの読み
「あま」「あめ」の読み方は、「あま」が古形といわれ、ama→ameと母音が交替して「あめ」の読みが生じた。「天つ」の形の語(「天つ風」など)や複合語の多くは「あま」と読む(「天離る」など)。「天の」の形は「天の川」などは「あま」、「天の下・天の御門」などは「あめ」と読む。

あま2【尼】名詞 ❶**出家して仏門に入った女性。** ❷「あまそぎ」に同じ。

あま3【海人・海士・蜑】名詞 ❶**海で魚や貝を採ったり、塩を作ることを仕事とする人。漁師。漁夫。** 古今 平安―歌集 羇旅「わたの原八十島かけて漕ぎ出でぬと人には告げよあまの釣り舟」訳⇩わたのはらやそしまかけて…。
❷**海にもぐって貝や海藻を採る女性。** 枕草子 平安―随筆 日のいとうららかなるに「あまの潜きしに入るは憂きわざなり」訳海女が海に潜りに入るのはつらい仕事だ。◇「海女」とも書く。

あまえ-いた・し【甘え甚し】形容詞ク〈く・から／く・かり／し／き・かる／けれ／かれ〉**ひどく恥ずかしい。** 蜻蛉 平安―日記 中「いまはあまえいたくて、まかり帰らむこともかたかるべきここちしける」訳今はひどく恥ずかしくて、帰ってまいりますことも難しいに違いない気持ちがすることです。

あま-おほひ【雨覆ひ】アマオイ 名詞 **鳥の翼の、風切り羽の根元を覆っている羽毛。**

あま-がけ・る【天翔る】自動詞ラ四〈ら／り／る／る／れ／れ〉**天高く飛び走る。** 「あまかける」とも。◇多く、神・霊魂などについていう。万葉集 奈良―歌集 八九四「ひさかたの(=枕詞)天のみ空ゆあまがけり」訳大空を飛び走り。

あま-かぜ【雨風】名詞 **雨気を含んだ風。**

あま-がつ【天児】名詞 **幼児のお守りの一つ。** 木や竹で丁字形に作り、首をつけて衣装を着せたもの。幼児の身近に置き、ふりかかる災難を身代わりとして負わせた。

(天児)

あま-かは【雨皮】アマカワ 名詞 ❶**雨天の時、牛車や輿などにかける覆い。** 絹の布などに油を塗って作る。❷**油を塗った厚紙で作ったかっぱ。** ◆「あまがは」とも。

あま-ぎみ【尼君】名詞 「尼」の尊敬語。高貴な女性で尼になった人をいう。

あま-ぎら・す【天霧らす】他動詞サ四〈さ／し／す／す／せ／せ〉**空を一面に曇らせる。** 万葉集 奈良―歌集 一六四三「あまぎらし雪も降らぬかいちしろくこのいつ柴に降らまくを見む」訳空を一面に曇らせて雪でも降らないかなあ。はっきりと、この柴原に降るのを見よう。

あまぎら・ふ【天霧らふ】アマギラウ／アマギロウ 連語
なりたち 動詞「あまきる」の未然形＋反復継続の助動詞「ふ」
空が一面に曇っている。 万葉集 奈良―歌集 二三四五「あまぎらひ降り来る雪の消なめども君に逢はむとながらへ渡る」訳空が一面に曇って降ってくる雪のように今も消えてしまいそうだが、君に逢おうと、生き長らえ続けている。

あま-ぎ・る【天霧る】自動詞ラ四〈ら／り／る／る／れ／れ〉(雲・霧などで)**空一面が曇る。** 古今 平安―歌集 冬「梅の花それとも見えずひさかたの(=枕詞)あまぎる雪のなべて降れれば」訳梅の花がどれか、見分けがつかない。空一面が曇る雪が一帯に降っているので。

あまくだり-びと【天降り人】名詞 **天上からくだってきた人。天人。**

あま-くだ・る【天降る】自動詞ラ四〈ら／り／る／る／れ／れ〉**天から下界に降りる。** 万葉集 奈良―歌集 四〇九四「葦原の瑞穂の国をあまくだり知らしめしける天皇の」訳葦原の瑞穂の国を天上から降り、お治めになった天皇の。

あま-くも1【天雲】名詞 **(天の)雲。** ◆後に「あまぐも」とも。

あま-くも2【雨雲】名詞 **雨を降らせる雲。** ◆後に「あまぐも」とも。

あまくも-の【天雲の】枕詞 ❶雲が定めなく漂うところから、「たどきも知らず」「たゆたふ」などにかかる。万葉集 奈良―歌集 三七一六「あまくものたゆたひ来れば九月の黄葉の山もうつろひにけり」訳天雲のように波にゆれながらくると九月のもみじの山も変わりはててしまった。❷雲の奥がどこともわからない遠くであるところから、「奥処も知らず」「はるか」などにかかる。土佐日記 平安―日記 二・一六「あまくものはるかなりつる桂川そでをひでてもわたりぬるかな」訳天雲のようにはるかに遠いと思っていた桂川を、その流れに袖をぬらして、渡ってしまったことだなあ。❸雲が離れ離れにちぎれるところから、「別れ(行く)」「外」などにかかる。万葉集 奈良―歌集 五四七「あまくもの外に見しより我妹子に心も身さへ寄りにしものを」訳天雲のように離れて見てから、心も身もあなたに傾いてしまった。❹雲が遠くに飛んで行くところから、「行く」にかかる。万葉集 奈良―歌集 三三四四「いづくにか君がまさむとあまくもの行きのまにまに射ゆ鹿の行きも死なむと思へども」訳どのあたりに君が行かれただろうかと、行くあとに従って行って死のうと思うけれども。◆「あまぐもの」とも。

あまぐり-の-つかひ【甘栗の使ひ】アマグリノツカイ 名詞「大臣の大饗」に甘栗などを持って行く勅使。

あま-ごぜ【尼御前】名詞〔「尼」の尊敬語〕尼さま。◆「ごぜ」は「ごぜん(御前)」の変化した語。

あま-ごもり【雨隠り】名詞 長雨のために家にこもっていること。

あま-ごも・る【雨隠る】自動詞ラ四〔ら/り/る/る/れ/れ〕長雨のために家に閉じこもっている。万葉集 奈良―歌集 三七八二「あまごもり物思ふ時にほととぎす我が住む里にこよ鳴き渡る」訳長雨のために家に閉じこもり物思いをしているときにほととぎすが私の住む里に来て鳴きたてる。

あま-ごろも【雨衣】名詞 雨を防ぐために着る衣服。あまぎぬ。

[1]**あま-ざか・る**【天離る】枕詞 天遠く離れている地の意から、「鄙」にかかる。「あまさかる」とも。万葉集 奈良―歌集 二五五「あまざかる鄙の長道ゆ」訳⇩あまざかる…。

[2]**あまざかる…** 和歌「天離る(=枕詞) 鄙の長道ゆ 恋ひ来れば 明石の門より 大和島見ゆ」万葉集 奈良―歌集 二五五・柿本人麻呂 訳西の地方からの長い道のりをたどって、都を恋しく思いながらやって来ると、明石の海峡から、あの懐かしい大和の山々が見えるよ。

鑑賞「長道ゆ」の「ゆ」は動作の経由する場所を示す格助詞。「大和島」は、海上から望む大和の山々を島といったもの。

あま-さへ【剰へ】アマサエ 副詞 そればかりか。落窪物語 平安―物語 四「あまさへ、憂き恥の限りこそ見せつれ」訳それはかりか、つらい恥のすべてを見せてしまった。◆「あまっさへ」の促音「っ」の表記されない形。

あま・し【甘し】形容詞ク〔(く)・から/く・かり/し/…〕❶(味が)甘い。❷おいしい。うまい。笈の小文 江戸―紀行 俳文・芭蕉「晩食、肉よりもあまし」訳遅い夕食は肉よりもおいしい。❸(性格・態度ややり方などが)しっかりしていない。なまぬるい。甘い。百日曾我 江戸―浄瑠 浄瑠・近松「武士に似合はぬあまい事」訳武士に似合わないなまぬるいこと。

あま・す【余す】他動詞サ四〔さ/し/す/す/せ/せ〕❶余らせる。取り残す。平家物語 鎌倉―物語 九・六ケ度軍「あますな、漏らすな」訳取り残すな、討ちもらすな。❷見捨てる。持て余す。方丈記 鎌倉―随筆「世にあまされて」訳世に見捨てられて。

あま-ぜ【尼前】名詞「尼御前」の略。

あま-そぎ【尼削ぎ】名詞 少女の髪型の一つ。尼のように、垂れ髪を肩のあたりで切りそろえた型。参照▶口絵

あま-そそき【雨注き】名詞 雨のしずく。雨だれ。◆後に「あまそそぎ」とも。

あま-そそ・る【天聳る】自動詞ラ四〔ら/り/る/る/れ/れ〕天空に高くそびえ立つ。万葉集 奈良―歌集 四〇〇三「白雲の千重を押し別けあまそそり高き立山」訳白雲が幾重にも重なったのを押し分けて、空に高くそびえ立つこの高い立山よ。

あまた【数多】副詞 ❶数多く。たくさん。源氏物語 平安―物語 桐壺「いづれの御時にか、女御・更衣あまたさぶらひ給ひける中に」訳どの帝の御代であったろうか、女御や更衣がたくさんお仕えしておられたなかに。❷非常に。はなはだ。万葉集 奈良―歌集 三一八四「草枕(=枕詞)旅行く君を人目多み袖振らずしてあまた悔しも」訳旅に出るあなたを、見送る人の目が多いので、袖を振らずに別れて非常に後悔されることだ。

参考 奈良時代以前には、❶❷両方の意味に使われていたが、平安時代以降は、❶の意味だけになった。

あまた-かへり【数多返り】アマタカエリ 名詞 多くの回数。幾度。▼多く副詞的に用いる。源氏物語 平安―物語 総角「あまたかへりづつ奉らせ給ふ」訳幾度もくり返し差し上げなさる。

あまた-たび【数多度】副詞 何度も。たびたび。▼多く副詞的に用いる。源氏物語 平安―物語 若紫「あまたたび起こり給へば」訳何度も(病気が)お起こりになるので。

あまたら・す【天足らす】連語

なりたち 動詞「あまたる」の未然形＋奈良時代以前の尊敬の助動詞「す」

空に満ち満ちていらっしゃる。万葉集 奈良―歌集 一四七「天の原振り放け見れば大君の御寿は長くあまたらしたり」訳大空をふり仰いで見上げると天皇のご寿命は長く空に満ち満ちていらっしゃった。

あま-だり【雨垂り】名詞 ❶あまだれ。❷あまだれが落ちる軒下。

あま-ぢ【天路・天道】アマジ 名詞 ❶天上への道。万葉集 奈良―歌集 八〇一「ひさかたの(=枕詞)あまぢは遠しなほなほに家に帰りて業をしまさに」訳天上への道は遠い。すなおに家に帰って家業をしなさい。❷天上にある道。万葉集 奈良―歌集 二〇一〇「夕星も通ふあまぢをいつまでか仰ぎて待たむ月人をとこ」訳宵の明星も通う天上にある道をいつまで仰ぎ見て待てばよいのか。月の若者よ。

[1]**あま-つ**【天つ】連語 天の。天空の。高天原の。

あま-つ-かぜ【天つ風】名詞 空を吹く風。古今 平安―歌集 雑上「あまつかぜ雲の通ひ路吹き閉ぢよ」訳⇩あまつかぜ…。

[2]**あまつかぜ…** 和歌 百人一首「天つ風 雲の通ひ路 吹き閉ぢよ 乙女の姿 しばしとどめむ」古今 平安―歌集 雑上・遍昭 訳空を吹く風よ、雲の中の通路を吹き寄せて閉ざしてしまえ。(帰り道を閉ざして、)美しく舞う天女の姿をしばらくここにとどめておこう。

鑑賞 作者が「五節の舞姫」を天女に見立てて詠んだ歌。

あま-つ-かみ【天つ神】名詞 天上(=高天原)にいる神。また、そこからこの国土にくだった神。対国つ神。

あまっ-さへ【剰へ】アマッサエ 副詞「あまりさへ」の促音便。❶そればかりか。平家物語 鎌倉―物語 一・鱸「あまっさへ丞相の位にいたる」訳そればかりか大臣の位に至

る。❷事もあろうに。平家物語 鎌倉―物語 一一・文之沙汰「あまっさへ封をも解かず」訳事もあろうに封も解かずに。

参考 現代語では音便の意識がなくなって「あまつさえ」となったが、古文では「アマッサエ」と促音で読む。

あま-つ-しるし【天つ印】 名詞 ❶「天つ神」の子としてのしるし。❷天上にある境目のしるし。天の川をさす。

あま-つ-そで【天つ袖】 名詞 天女の着る衣の袖。多く、五節の舞のときの舞姫の袖。

あま-つ-そら【天つ空】 名詞 ❶天。空。古今 平安―歌集 恋五「ひさかたの(=枕詞)あまつそらにも住まなくに人はよそにぞ思ふべらなる」訳空の上に住んでいるのでもないのに(彼女は私を)別世界の人と思っているようだ。❷はるか遠い所。手の届かない世界。古今 平安―歌集 恋一「あまつそらなる人を恋ふとて」訳⇩ゆふぐれは…。❸宮中。天皇。古今 平安―歌集 雑体「言の葉をあまつそらまで聞こえ上げ」訳言葉(=和歌)を天皇にまで申し上げ。❹うわのそら。万葉集 奈良―歌集 二八八七「立ちて居てたどきも知らずわが心あまつそらなり地は踏めども」訳立ったり座ったりして、どうにもならず、私の心はうわのそらだ。土は踏んでいるが。

[1]**あま-づた・ふ【天伝ふ】** 自動詞ハ四{は/ひ/ふ/ふ/へ/へ}空を伝い行く。万葉集 奈良―歌集 二六一二「ひさかたの(=枕詞)あまづたひ来る雪じもの」訳空を伝ってくる雪のように。

[2]**あま-づたふ【天伝ふ】** 枕詞 空を伝い行く太陽の意から、「日」「入り日」などにかかる。万葉集 奈良―歌集 三八九五「たまはやす武庫の渡りにあまづたふ日の暮れ行けば家をしぞ思ふ」訳武庫川の渡し場に日が暮れていくと、家のことばかりが思われる。

あま-つ-ひつぎ【天つ日嗣ぎ】 名詞「天つ神」、特に天照大神の系統を受け継ぐこと。皇位の継承。皇位。

あま-つ-みかど【天つ御門】 名詞 皇居の門。皇居。

あま-づら【甘葛】 名詞 ❶つる草の一つ。❷❶から採取した液を煮つめて作った甘味料。

あま-つ-をとめ【天つ少女】 名詞 ❶天女。新古今 鎌倉―歌集 雑中「ひさかたの(=枕詞)あまつをとめが夏衣雲居にさらす布引の滝」訳天女が夏衣をさらしているのかと思われる布引の滝よ。❷「五節の舞姫」のたとえ。▼天女のように思われるところから。

あまてら-・す【天照らす】 連語

なりたち 動詞「あまてる」の未然形＋尊敬の助動詞「す」

❶天にあって照っていらっしゃる。万葉集 奈良―歌集 四一二五「あまてらす神の御代より」訳天にあって照っていらっしゃる神(=天照大神)の治めていらっしゃった時代から。❷天下を治めていらっしゃる。三代実録 平安―史書「朕が食す国を平らけく安けくあまてらし」訳私がお治めになる国を、平穏に治めていらっしゃる。

あまてらす-おほみかみ【天照大神・天照大御神】 名詞 高天原を治める主神。皇室の祖神として伊勢内宮にまつられている。

あま-て・る【天照る】 自動詞ラ四{ら/り/る/る/れ/れ}大空に照る。万葉集 奈良―歌集 二四六三「ひさかたの(=枕詞)あまてる月の隠れなば何になそへて妹を偲はむ」訳大空に照る月が隠れたならば何になぞらえてあの娘を思い出そう。

あまてる-や【天照るや】 枕詞 空に照る意から「日」にかかる。万葉集 奈良―歌集 三八八六「あしひきのこの片山のもむにれを五百重剥ぎ垂れあまてるや日の気に干しさひづるや韓臼に搗き」訳この片山のもむにれを、いくえにも剥ぎつるし、日光に干してからうすで搗き。

あま-と・ぶ【天飛ぶ】 自動詞バ四{ば/び/ぶ/ぶ/べ/べ}空を飛ぶ。万葉集 奈良―歌集 二六七六「ひさかたの(=枕詞)あまとぶ雲にありてしか君を相見むおつる日なしに」訳私が空を飛ぶ雲だったらなぁ。一日も欠けることなくあなたを見たい。

[1]**あまとぶ-や【天飛ぶや】** 枕詞 ❶空を飛ぶ意から、「鳥」「雁」にかかる。万葉集 奈良―歌集 八七六「あまとぶや鳥にもがもな都まで送りまをして飛び帰るもの」訳鳥であったら、都までお送りして飛んで帰るのに。❷「雁」と似た音の地名「軽」にかかる。万葉集 奈良―歌集 二〇七「あまとぶや軽の道は我妹子の里にしあればねもころに見まく欲しけど」。訳軽の道は我が妻の住む里であるので熱心に通いたいけれど。❸空を軽く飛ぶといわれる「領巾」にかかる。万葉集 奈良―歌集 一五二〇「ひさかたの天の川原にあまとぶや領巾片敷きま玉手の玉手さし交へあまた夜も寝ねてしかも秋にあらずとも」訳天の川原に領巾を敷いて、うるわしい手をさし交わし、幾夜でも寝たいものだ。七夕の秋でなくとも。

[2]**あまとぶや…** 和歌「天飛ぶや(=枕詞) 軽の路は 吾妹子が 里にしあれば ねもころに 見まく欲しけど 止まず行かば 人目を多み まねく行かば 人知りぬべみ さね葛(=枕詞) 後も逢はむと 大船の(=枕詞) 思ひたのみて 玉かぎる(=枕詞) 磐垣淵の 隠りのみ 恋ひつつあるに 渡る日の 暮れ行くがごと 照る月の 雲隠るごと 沖つ藻の(=枕詞) なびきし妹は 黄葉の(=枕詞) 過ぎて去にきと 玉梓の(=枕詞) 使ひの言へば 梓弓(=枕詞) 声に聞きて 言はむすべ 為むすべ知らに 声のみを 聞きてあり得ねば わが恋ふる 千重の一重も 慰むる 情もありやと 吾妹子が 止まず出で見し 軽の市に わが立ち聞けば 玉だすき(=枕詞) 畝火の山に 鳴く鳥の 声も聞こえず 玉桙の(=枕詞) 道行く人も 一人だに 似てし行かねば 術を無み 妹が名喚びて 袖そ振りつる」万葉集 奈良―歌集 二〇七・柿本人麻呂

訳軽の道は私の妻が住む里なので、心から見たいのだが、絶えることなく行ったら人の目も多いので、何度も何度も行ったら、人が知りそうだし、後で会おうと将来を頼みとして、玉となって輝く岩に囲まれた淵のように隠れて恋い慕っていたところ、空を渡る日が暮れていくように、照る月が雲に隠れるように、寄り添って寝た妻は黄葉の散るようにはかなく死んでしまったと、使者が来て言うので、その知らせを聞いて何と言ってよいのかどうすればよいのかわからなくて、話だけを聞いてじっとしていられないので、私の恋心の千分の一だけなりとも慰められるだろうかと、妻がいつも出て見ていた軽の市に私もたたずんで聞いていると、畝傍山に鳴く鳥の声も妻の声も聞こえず、道を行く人も一人として似ていないので、仕方なく妻の名を呼んで袖を振ったことよ。

鑑賞 妻を亡くした作者が非常に泣き悲しんで作ったと、題詞にある。この妻は軽の里(今の奈良県橿原市大軽町周辺の地で、市が立ち、歌垣が行われた)に住んでいるが、正式の妻ではなく、二人は人目をしのんで会う仲であり、作者は妻の死の知らせを聞いても訪ねても行けない。この後に、次の反歌二首が続く。「秋山の黄葉を茂み迷ひぬる妹を求めむ山道知らずも」〈⇩あきやまの…。〉「黄葉の散り行くなへに玉梓の使ひを見れば逢ひし日思ほゆ」〈⇩もみちばの…。〉

あまな・ふ【甘なふ】 自動詞 八四〔は/ひ/ふ/ふ/へ/へ〕 甘んじる。同意する。 雨月物語 江戸―物語 菊花の約「清貧をあまなひて、友とする書の外はすべて調度のわづらはしきをいとふ」訳 清貧の暮らしに甘んじて、友のように親しむ書物以外はすべて道具はわずらわしいものとして置かなかった。

あまね・し【普し・遍し】 形容詞ク〔(く)・から/く・かり/し/き・かる/けれ/かれ〕 残る所なく行き渡っている。 方丈記 鎌倉―随筆「あまねく紅なる中に」訳 残る所なくまっかになっている中に。

あま-の【天の】 連語 天上にある。高天原の。「あめの」とも。

あま-の-いざり【海人の漁り】 連語 漁師が漁のときにともす火。

あま-の-いはと【天の岩戸】 名詞 高天原にあるという岩屋の、堅固な戸。

あま-の-いはや【天の岩屋】 名詞 高天原にあるという岩窟。

参考 神話では、素戔嗚尊の乱暴な行いに怒った天照大神がこの岩屋にこもったとき、手力男命がその戸を引き開けたという。

あま-の-うきはし【天の浮き橋】 名詞 神代に、天の神が地上への通路にしたという、天上界と地上とを結ぶ橋。

天の香具山 地名 歌枕 大和の国にある小山。今の奈良県橿原市にある。近くの畝傍山・耳成山とともに大和三山と呼ばれ、神聖視されてきた。香具山。奈良時代以前は「あめのかぐやま」とも。

あま-の-がは【天の川・天の河】 名詞 銀河。多く七夕伝説の背景として用いられる。 季 秋。

あま-の-かはら【天の川原・天の河原】 名詞 ❶高天原にあるという「天の安の河」の川原。❷「天の川」の川原。

あま-の-かるも【海人の刈る藻】 連語 漁師が製塩や肥料にするため刈り取る海藻。◆和歌では「思ひ乱る」の序詞として用いる。

あま-の-こ【海人の子】 連語 ❶漁師の子。❷遊女。❸身分の卑しい者のたとえ。

▼船に住んでいるところから。

あま-の-さかて【天の逆手】 名詞 のろいやまじないを行う際に普通とは逆のやり方で打つ柏手。

あま-の-さへづり【海人の囀り】 連語 鳥のさえずるような聞きとりにくい漁師の言葉。

あま-の-つりぶね【海人の釣り舟】 連語 漁師が釣りをする舟。

あま-の-と[1]【天の戸・天の門】 名詞 ❶「あまのいはと」に同じ。❷「天の川」の、舟の渡し場。❸天上にある、舟の通るところ。

あま-の-と[2]【海の門】 名詞 海峡。瀬戸。

あま-の-とまや【海人の苫屋】 連語 屋根を苫でふいた粗末な漁師の小屋。

あま-の-ぬぼこ【天の瓊矛】 名詞 玉で飾った神聖な矛。

あま-の-はごろも【天の羽衣】 名詞 天人が着て空を飛ぶという薄く美しい衣服。

天の橋立 地名 歌枕 今の京都府宮津市江尻から宮津湾西岸に突き出た砂州。海岸の美しい景色で知られ、宮城県の松島、広島県の宮島(＝厳島)とともに日本三景の一つとして有名。

あま-の-はら[1]【天の原】 名詞 ❶「天つ神」の住む天上界。高天原。❷広々とした大空。 古今 平安―歌集 羇旅「あまのはら振りさけ見れば」訳 ⇩あまのはら…。

あま-の-はら[2]【天の原】 枕詞 大空にそびえる意から、「富士」にかかる。 万葉集 奈良―歌集 三三五五「あまのはら富士の柴山木の暗の時ゆつりなば逢はずかもあらむ」訳 富士の柴山の木の下闇(で過ごす)時が過ぎたら逢えなくなるのではなかろうか。

あまのはら…[3] 和歌 百人一首 「天の原 振りさけ見れば 春日なる 三笠の山に 出でし月かも」 古今 平安―歌集 羇旅・阿倍仲麻呂 訳 大空をはるか遠く仰いで見ると月が出ているが、あの月はかつて、故郷の春日にある三笠山に出た月だなあ。

鑑賞 遣唐使で唐に渡ったまま帰れなかった仲麻呂が、故郷をしのんで詠んだ歌。「出でし月かも」の「かも」は、詠嘆の終助詞とする説のほかに、疑問の係助詞「か」＋感動の終助詞「も」で、感動を含む疑問の終助詞(…かなあ)とする説もある。

あま-の-ひつぎ【天の日嗣ぎ】 名詞 「あまつひつぎ」に同じ。

あまのやは… 俳句 「海士の屋は 小海老にまじる いとどかな」 猿蓑 江戸―句集 俳諧・芭蕉 訳 漁師の家の土間に置かれた平ざるには、小海老がたくさん入っているが、よく見ると海老に似た虫のえびこおろぎが混じっていることだ。

鑑賞 琵琶湖のほとりの、漁師の家の日常生活の一場面をとらえた句。「いとど」は、きりぎりす科の昆虫。「かまどうま」とも。季語は「いとど」で、季は秋。

あまのやや… 俳句 「蜑の家や 戸板を敷きて 夕涼み」 奥の細道 江戸―紀行 象潟・低耳 訳 象潟の海岸にある漁師の家々では、縁台の代わりに戸板を浜辺に敷き並べて、夕涼みをしている。

鑑賞 低耳は、芭蕉と旧知の仲であった美濃の国(岐阜県)の商人で俳人。象潟に行商に来ていた折の作。漁師の質素な生活の一端をとらえた句。「蜑の家」は漁師の家。季語は「夕涼み」で、季は夏。

あまはせ-づかひ【天駆せ使ひ】 名詞 天空を飛んで使いをする者とも、海人部という部族出身の召使いともいう。

あま-びこ[1]【天彦】 名詞 こだま。やまびこ。◆「天人」との説もある。

あま-びこ[2]【雨彦】 名詞 やすで(＝節足動物の一つ)の

別名。

あまびこ-の【天彦の】 枕詞 やまびこの音の意から「音」「訪る」にかかる。〔古今 平安―歌集〕雑下「あまびこのおとづれじとぞ今は思ふわれか人かと身をたどる世に」訳（山彦が返るように）あなたを訪ねたいが）訪ねて行くまいと今は思います。（あなたが）自分か他人か区別がつかないほど気が転倒している時であるから。

あまびさし-の-くるま【雨庇の車】 連語 牛車の一種。屋形の中央部を高く、両端を弓なりに作ってある。雨眉の車。

あま-びたひ【尼額】（アマビタイ） [名詞]「尼削ぎ」にした額。尼になって前髪を切った額。

[1]**あま-びと【天人】** [名詞]「あめひと❶」に同じ。

[2]**あま-びと【海人】** [名詞]「あま」に同じ。

あま-ひれ【天領巾】 [名詞] 天人が身につける美しい装飾用の布。あまつひれ。

あま-ぶね【海人舟】 [名詞] 漁師の乗る舟。

あま-ほふし【尼法師】（アマホウシ） [名詞] 尼。

あま-ま【雨間】 [名詞] 雨と雨との合間。雨の晴れ間。

あま・ゆ【甘ゆ】 [自動詞]ヤ下二〔え／え／ゆ／ゆる／ゆれ／えよ〕❶甘い味・香りがする。〔源氏物語 平安―物語〕常夏「いとあまえたる薫き物の香を」訳たいへん甘い香りがしている薫き物の香りを。❷甘えてなれなれしくする。好意によりかかる。〔源氏物語 平安―物語〕賢木「あまえて侍るなるべし」訳好意によりかかっているのでしょう。❸恥ずかしがる。〔栄花物語 平安―物語〕浦々の別れ「あまえて出でにけり」訳恥ずかしがって出ていってしまった。

[1]**あまり【余り】**

一 [名詞] ❶余分。余り。〔古事記 奈良―史書〕仁徳「枯野を塩に焼き、其があまりを琴に作り」訳枯野（という名の船）を塩（を取るため）に焼き、その余分（の木）を琴に作り。

❷〔多く「…のあまりに」の形で〕非常な…の結果。…の余り。〔土佐日記 平安―日記〕二・五「京の近づく喜びのあまりに、ある童の詠める歌」訳京に近づいたその非常な喜びの結果、ある子供が詠んだ歌。

二 [副詞] ❶あまりにひどく。度を超えて。〔源氏物語 平安―物語〕若紫「あやしうもあまりやつしけるかな」訳みっともなくもあまりにひどく（身なりを）みすぼらしくしたものだなあ。

❷〔打消の語を下接して〕たいして。〔枕草子 平安―随筆〕「こころゆくもの」「いとあまりむつまじうもあらぬまらうとの来て」訳それほどたいして親しくもない客が来て。

[2]**-あまり【余り】** [接尾語] ❶…ぐらい。…余。▼数量を表す語に付いて、その数量よりいくらか多いことを表す。〔平家物語 鎌倉―物語〕九・宇治川先陣「頃は睦月二十日あまりのことなれば」訳時は一月二十日ぐらいのことなので。❷…と。▼二桁の数を示すとき、十の位の数の後に付け、一の位の数がその後にあることを示す。〔土佐日記 平安―日記〕一二・二一「それの年の十二月の二十日あまり一日の日の」訳ある年の十二月二十日と一日の日の。

あまり-ごと【余り事】 [名詞] ❶余分なこと。〔今昔物語 平安―説話〕五・二〇「師子に乗るがあまりごとにて有るなり」訳（象だけでやめておけばよかったのに）獅子に乗ったのが余分なことだったのである。❷もうけもの。〔枕草子 平安―随筆〕職の御曹司におはします頃、西の廂にて「今日まではあまりごとになむ」訳今日まで（雪が消えずに残ったの）は、もうけもので。

あまりことばのかけたさに… 歌謡「あまり言葉のかけたさに　あれ見さいなう　空行く雲の速さよ」〔閑吟集 室町―歌謡〕訳恋しい人に、あまりにも言葉をかけてみたい気持ちが募ったので、つい「あれをご覧なさい。空を流れていく雲の何と速いこと」と言ってしまった。

鑑賞 恋しい気持ちをいくらかでも伝えたいと思いながら、どうしても声をかけられずに並んで空を見上げている二人。やっとの思いでかけた言葉も、さほど重要でない空の雲の話題で、滑稽さとほのぼのとした雰囲気が漂う歌。◆「さい」は、軽い尊敬や親愛の情を表す助動詞「さる」の命令形。「なう」は詠嘆を表す終助詞。

あまり-さへ【剰へ】（アマリサエ） [副詞] そればかりか。〔方丈記 鎌倉―随筆〕「あまりさへ疫癘うち添ひて」訳そればかりか伝染病まで加わって。

あまり・なり【余りなり】 [形容動詞]ナリ〔なら／なり・に／なり／なる／なれ／なれ〕むやみだ。あんまりだ。度が過ぎている。〔平家物語 鎌倉―物語〕九・木曾最期「なほ落ちも行かざりけるが、あまりに言はれ奉りて」訳（巴は）まだ逃げていかなかったが、むやみに（木曾殿から）言われ申し上げたので。

余りの心 文芸 和歌用語。言葉の外に自然ににじみ出た余情や情趣のこと。藤原公任の歌論書『新撰髄脳』などで、理想とした和歌の姿である。

あま・る【余る】 [自動詞]ラ四〔ら／り／る／る／れ／れ〕❶（ある数量を）越える。余る。〔竹取物語 平安―物語〕貴公子たちの求婚「翁、年七十にあまりぬ」訳老人は年が七十歳を越えていた。❷満ちあふれる。ありすぎる。〔古今 平安―歌集〕仮名序「在原業平は、その心あまりて」訳在原業平は情愛が満ちあふれて。❸（能力・身分の程度などを）超える。分に過ぎる。〔源氏物語 平安―物語〕桐壺「身にあまるまでの御心ざしの」訳分に過ぎるほどまでのご愛情が。

[1]**あま-をとめ【海人少女】**（アマオトメ） [名詞] 海で働く少女。

[2]**あま-をぶね【海人小舟】**（アマオブネ） [名詞] 漁師の小舟。

あま-をぶね【海人小舟】（アマオブネ） 枕詞 漁師の舟が停泊する意から「泊つ」と同音の「はつ」にかかる。〔万葉集 奈良―歌集〕二三四七「あまをぶね泊瀬の山に降る雪の日長く恋ひし君が音そする」訳長い月日恋い慕ったあなたの気配がする。◇「泊瀬の山に降る雪の」は「日」を導く序詞。

あまん・ず【甘んず】 [他動詞]サ変〔ぜ／じ／ず／ずる／ずれ／ぜよ〕満足する。楽しむ。〔奥の細道 江戸―紀行〕跋「ひとたびは坐して まのあたり奇景をあまんず」訳しばらくの間座ったまま目の前に広がる珍しい景色を楽しむ。

あみ-うど【網人】 [名詞] 漁師。◆「あみびと」の変化した語。

あみ-がさ【編み笠】 [名詞] 菅やいぐさなどで編んだ笠。

あみ-さ・す【網さす】 連語 鳥網（＝鳥を取る網）を張る。〔万葉集 奈良―歌集〕四〇一一「二上のをてもこのもにあみさして我が待つ鷹を夢に告げつも」訳二上山（＝奈良県と大阪府の境にある山）のあちらこちらに鳥網を張って私が待つ鷹を夢に告げたことだ。

あみ・す【浴みす】他動詞サ下二「あむす 二」に同じ。

あみだ【阿弥陀】名詞 仏教語。西方浄土にいる仏。すべての人々を救うために四十八の誓いを立てているとされる。平安時代の中ごろからこの仏の信仰が盛んになり、浄土宗・浄土真宗の本尊となる。この仏の名を唱えれば死後ただちに極楽に往生すると信じられる。弥陀(みだ)。阿弥陀如来(にょらい)。阿弥陀仏(あみだぶつ)・阿弥陀仏(あみだほとけ)。

(阿弥陀)

あみだ-がさ【阿弥陀笠】名詞 阿弥陀像の光背(こうはい)のように、笠をうしろ下がりにあおむけぎみにかぶること、また、その笠。

あみだ-きゃう【阿弥陀経】(アミダキョウ) 名詞 浄土三部経の一つ。極楽往生するために阿弥陀の名号を唱えることを勧める。

あみだ-にょらい【阿弥陀如来】名詞「あみだ」に同じ。

あみだ-の-ひじり【阿弥陀の聖】連語「南無阿弥陀仏」と名号を唱え、極楽往生の教えを勧めて歩くこと。また、それをする僧。

あみだ-ぶつ【阿弥陀仏】名詞「あみだ」に同じ。

あみだ-ほとけ【阿弥陀仏】名詞「あみだ」に同じ。「あみだぼとけ」とも。

あみ-ど【編み戸】名詞 竹・柴(しば)・葦(あし)などを編んで作った戸。粗末な戸の意をこめて用いられる。

あ・む【浴む・沐む】他動詞マ上二{み/み/む/むる/むれ/みよ}(湯や水を)浴びる。古今 平安一歌集 離別・詞書「筑紫(つくし)へ湯あみむとて」訳九州へ、温泉を浴びようといって。

あむ・す*【浴むす】一 他動詞サ四{さ/し/す/す/せ/せ}浴びせる。入浴させる。万葉集 奈良一歌集 三八二四「さし鍋に湯沸かせ子ども櫟津(いちひつ)の檜橋(ひばし)より来む狐(きつ)にあむさむ」訳柄のついた鍋に湯を沸かせ、皆さん、櫟津の檜橋を通って来ようきつねに浴びせよう。

二 他動詞サ下二{せ/せ/す/する/すれ/せよ}一に同じ。「あみす」とも。夜の寝覚 平安一物語 二「姫君に湯などあむせたてまつる」訳姫君に湯を浴びせ(=入浴させ)申し上げなどする。

あめ[1]【天】名詞 ❶天上界。万葉集 奈良一歌集 九八五「あめに坐(ま)す月読(つくよみ)をとこ賂(まひ)はせむ今夜(こよひ)の長さ五百夜(いほよ)継ぎこそ」訳天上界にいらっしゃる月読おとこよ、贈り物をしましょう。今夜の長さを五百夜分も継ぎ合わせて下さい。対国(くに)。❷空。対地(つち)。⇩天(あま)

あめ[2]【雨】名詞 ❶雨。❷涙のたとえ。涙の雨。古今 平安一歌集 恋四「数々に思ひ思はず問ひがたみ身をしるあめはふりぞまされる」訳(あなたが私を)思っているのかいないのか事細かにおたずねしたいのですがそうもいきません。(自分の)身を知る(悲しみの)涙の雨は(外の雨より)さかんに降っています。

あめ-うじ【黄牛】名詞 あめ色(=薄い黄褐色)の牛。上等の牛とされた。◆江戸時代以降「あめうし」とも。

あめ-が-した【天が下】名詞「あめのした」に同じ。

あめ・く【叫く】自動詞カ四{か/き/く/く/け/け}わめく。枕草子 平安一随筆 にくきもの「酒飲みてあめき」訳酒を飲んでわめき。

あめ-つち*【天地】名詞 ❶天と地。❷天の神と地の神。万葉集 奈良一歌集 四四八七「いざ子ども狂(たは)わざなせそあめつちの固めし国ぞ大和島根(やましまね)は」訳皆のものの、おろかなまねをするな。天の神と地の神が固めた国であるぞ、日本の国は。

あめつちの… 和歌「天地の 分かれし時ゆ 神(かむ)さびて 高く貴き 駿河(するが)なる 富士の高嶺(たかね)を 天の原 振り放(さ)け見れば 渡る日の 影も隠らひ 照る月の 光も見えず 白雲も い行きはばかり 時じくそ 雪は降りける 語り継ぎ 言ひ継ぎ行かむ 富士の高嶺は」万葉集 奈良一歌集 三一七・山部赤人(やまべのあかひと) 訳天と地が別れたときからずっと、神々しくて高く貴い駿河の国の富士の高嶺を、大空のはるか遠くに振り仰いで見ると、空を渡る太陽の光も隠れ、照る月の光も見えない、白雲も進みかね、いつも雪が降っている。語り継いでいこう、言い継いでいこう、この富士の高嶺のことを。

鑑賞 霊山として信仰されていた富士山の雄大な姿をたたえた歌。「ゆ」は奈良時代以前に用いられた格助詞で、時間的な起点を表す。この歌の反歌が、「田子(たご)の浦ゆうち出(い)でて見れば真白(ましろ)にそ富士の高嶺(たかね)に雪は降りける」〈⇩たごのうらゆ…〉。

天地の詞(あめつちのことば) 文芸 平安時代前期の手習い歌で、「あめ(天)つち(地)ほし(星)そら(空)」で始まり、「なれゐて(馴れ居て)」で終わる四十八字の異なる平仮名

日本語のこころ 「雨」と日本人

日本に降る雨の量は、世界の同じ緯度の国に比べて約四倍ということを聞いたことがあります。それくらい雨の多い国ですから、雨の種類に関する単語は、春雨・秋雨・涙雨・にわか雨・通り雨・霧雨・氷雨・小雨・大雨・時雨(しぐれ)・雷雨や「狐の嫁入り」(日照り雨)……というようにたくさんあります。またそれだけに限らず、雨に関する語彙も豊富です。たとえば、雨宿り・雨間・雨脚・雨ごもり・雨曇り・雨垂れ……といった具合です。しかし、これらを英語で言おうとしてもみな単語では言えないのです。

「雨宿り」を英語に訳すと、taking shelter from the rainとなってしまいます。

「雨天順延」などはin case it rains it will be postponed till the next fine dayというたいへん長い句になってしまいます。

昔の川柳に、

本降りになって出ていく雨宿り
うまそうになにやら煮える雨宿り

という句がありますが、ここから感じることは、日本人は急な思いがけない雨に降られ、戸惑いながらも何となくそれを楽しんでいるという情緒的なものですね。雨というのはそれだけ日本人にとって重要な、またなじみのあるものであったといえます。

を並べた習字練習の歌。「いろは歌」よりも先に作られた。「天地の歌」ともいう。

あめ-の【天の】連語「あまの」に同じ。

あめ-の-あし【雨の脚】連語 ❶筋を引いたように見える雨。**雨脚**。❷たえまなく降る雨。物ごとの頻繁さを表すたとえ。源氏物語 平安一物語 夕顔「内裏よりの御使ひ、あめのあしよりもけに繁し」訳宮中からのお使いが、たえまなく降る雨よりもきわだってしきりである。◆漢語「雨脚」を訓読した語。

あめのうみに… 和歌「天の海に 雲の波立ち 月の舟 星の林に 漕ぎ隠る見ゆ」万葉集 奈良一歌集 一〇六八・柿本人麻呂 訳海のような大空に雲の波が立ち、月の舟が星の林に漕ぎ隠れるのが見える。

鑑賞 天上の夜空を海に、雲を波に、月を舟に、星の群れを林にたとえ、月が天上のきらめく星の間を縫って移動して行くさまを詠んだ歌。七夕歌とは断定できないが、そうであれば七日の月はちょうど半月で、その形は舟に似ている。

あめ-の-した*【天の下】名詞 ❶**地上の全世界。この世の中。世間。** 源氏物語 平安一物語 桐壺「やうやうあめのしたにも」訳しだいに世間でも。❷**日本の全国土。** 万葉集 奈良一歌集 三六「やすみしし（＝枕詞）わご大君の聞こし召すあめのしたに」訳わが天皇がお治めになる日本の全国土に。❸**国家。国の政治。** 源氏物語 平安一物語 玉鬘「今はあめのしたを御心にかけ給へる」訳今は国家を御心にかけなさる。◆「あめがした」とも。

あめ-の-した-しら-・す【天の下知らす】連語「あめのしたしらしめす」に同じ。

なりたち「しらす」は、動詞「しる」の未然形＋尊敬の助動詞「す」

あめ-の-した-しらしめ-・す【天の下知らしめす】連語 **天下をお治めになる。** 万葉集 奈良一歌集 二九「つがの木の（＝枕詞）いやつぎつぎにあめのしたしらしめしを」訳いよいよ次々と天下をお治めになったのに。

あめ-の-みかど【天の御門・天帝】名詞 ❶**朝廷。** ❷天皇の尊敬語。**天皇。** ❸人名。㋐天智天皇。㋑聖武天皇。㋒平城天皇。㋓文武天皇。

あめ-ひと【天人】名詞 ❶天人。「あまびと」とも。❷天皇の支配下の人。❸都の人のたとえ。

あめ-まだら【飴斑・黄斑】名詞 あめ色（＝薄い黄褐色）で、まだらのある牛の毛色。また、その毛色の牛。

あめ-もよ-に【雨もよに】副詞 **雨が降っている状態で。** 源氏物語 平安一物語 椎本「木幡の山のほども、あめもよにいと恐ろしげなれど」訳木幡の山のあたりも、雨が降っている状態で、たいそう恐ろしいようすであるけれど。

あめ-やま【天山】名詞（副詞的に用いて）**たくさん。非常に。** 平家物語 鎌倉一物語 四・源氏揃「堪増は、平家の御恩をあめやまとかうむったれば」訳堪増は平家の御恩をたくさんいただいているので。

あ-・めり 連語

なりたち ラ変動詞「あり」の連体形＋推定の助動詞「めり」からなる「あるめり」の撥音便「あんめり」の「ん」が表記されない形。

あるようだ。あるように見える。 徒然 鎌倉一随筆 一九「今ひときは心も浮き立つものは春の気色にこそあめれ」訳さらにいちだんと心もうきうきするものは、春の景色であるようだ。◆読むときは「あんめり」と発音する。

あも-しし【母父】名詞 **母と父。父母。** ◆奈良時代以前の東国方言。

あもり-つく【天降り付く】枕詞「天降る」は天から降りる意。香具山は天から降りてきたという伝説から「天の香具山」「神の香具山」にかかる。万葉集 奈良一歌集 二五七「あもりつく天の香具山霞立つ春に至れば松風に池波立ちて」訳天から降ってきたという天の香具山は霞が立つ春になると、松風に池は波立ち。

あも・る【天降る】自動詞 ラ四〔ら／り／る／る／れ／れ〕❶**天上から地上にくだる。あまくだる。** 万葉集 奈良一歌集 四四六五「高千穂の岳にあもりし」訳高千穂の岳にあまくだった。❷（天皇が）**お出かけになる。行幸する。** 万葉集 奈良一歌集 一九九「行宮にあもりいまして」訳仮の宮殿にお出かけになられて。◆「あまおる」の変化した語。

あや 名詞

㊀【文・彩】❶**模様。** 土佐日記 平安一日記 二・一一「さざれ波寄するあやをば青柳の影の糸して織るかとぞ見る」訳さざ波が寄せることでできる模様を、青柳の枝の影が糸となって織りなしているかと見ることだ。❷**筋道。道理。理由。** 平中物語 平安一物語 二七「などて寝られざらむ。もしあややある」訳どうして寝られないでいるのだろう。もしかしたら理由があるのか。❸（文章の）**かざり。修辞。** 三冊子 江戸一句集 俳論「和に習ひなし、漢にはそのあやもあることとなり」訳日本の文章に習う点はなく、漢文には（習うべき）修辞もあることだ。

㊁【綾】**綾織物。絹織物。** 枕草子 平安一随筆 清涼殿の丑寅のすみの「上には濃きあやのいとあざやかなるを出だしてまゐりたまへるに」訳一番上には濃い紅の綾織物でたいへん鮮やかなものを、（直衣の下から）出して参上なさったところ。

あやうし〘危うし〙⇨あやふし

あや-おりもの【綾織物】名詞 様々な模様を織り出した美しい絹織物。

あやか・る【肖る】自動詞 ラ四〔ら／り／る／る／れ／れ〕（影響を受けて、それに）**似る。幸福な人に似て幸福になる。** 三冊子 江戸一句集 俳論「人にあやかりてゆくのみなり」訳人に似てゆくばかりである。

あや・し

形容詞 シク〔（しく）・しから／しく・しかり／し／しき・しかる／しけれ／しかれ〕

語義の扉

人間の理解を超えたものごとに対して、不思議だと思う気持ちを表す。正体不明なので、疑わしい、警戒したくなるようすに対していう。

㊀【怪し・奇し】
- ❶不思議だ。神秘的だ。
- ❷おかしい。変だ。
- ❸みなれない。もの珍しい。
- ❹異常だ。程度が甚だしい。

㊁【賤し】
- ❶身分が低い。卑しい。
- ❷みすぼらしい。

⑤きわめてけしからぬ。
⑥不安だ。気がかりだ。

㊀【怪し・奇し】❶不思議だ。神秘的だ。源氏物語 平安-物語 桐壺「げに御かたち・有り様、あやしきまでぞ覚え給へる」訳なるほど、お顔だち・お姿が、不思議なほど(亡き更衣に)似ていらっしゃる。
❷おかしい。変だ。枕草子 平安-随筆 清涼殿の丑寅のすみの「女御、例ならずあやしとおぼしけるに」訳女御は、いつもとは違い、(ようすが)おかしいとお思いになったところ。
❸みなれない。もの珍しい。徒然 鎌倉-随筆 一二一「珍しき鳥、あやしき獣、国に養はず」訳珍しい鳥、みなれない獣は、国内では飼わない。
❹異常だ。程度が甚だしい。徒然 鎌倉-随筆 序「心にうつりゆくよしなしごとを、そこはかとなく書きつくれば、あやしうこそ、ものぐるほしけれ」訳心に浮かんでは消えてゆくたわいもないことを、とりとめもなく書きつけていると、(思わず熱中して)異常なほど、狂おしい気持ちになるものだ。◇「あやしう」はウ音便。
❺きわめてけしからぬ。不都合だ。源氏物語 平安-物語 桐壺「打ち橋・渡殿のここかしこの道にあやしき業をしつつ」訳打ち橋や渡殿のあちこちの通り道にきわめてけしからぬことをしては。
❻不安だ。気がかりだ。奥の細道 江戸-紀行 那須「うひうひしき旅人の、道ふみたがへん、あやしう侍れば」訳(その地に)まだ物慣れていない旅人が、道を間違えるようなのも、不安でありますから。◇「あやしう」はウ音便。

㊁【賤し】❶身分が低い。卑しい。発心 鎌倉-説話 六「あやしの身には得がたき物にて」訳身分が低い者の身には、手にいれにくい物で。
❷みすぼらしい。みっともない。見苦しい。枕草子 平安-随筆 虫は「親の、あやしき衣ひき着せて」訳親が、みすぼらしい着物を着せて。

参考 貴族には当時の庶民の生活は不思議で理解できないところから、㊁の意味が生じた。㊀㊁の別系統の意味があることに注意すること。

あや・しう-こそ-ものぐるほ・しけれ【奇しうこそ物狂ほしけれ】徒然 鎌倉-随筆 序 訳異常なほど、狂おしい気持ちになるものだ。
品詞分解 あやしう＝形容詞「あやし」用(ウ音便) こそ＝係助詞「こそ」 ものぐるほしけれ＝形容詞「ものぐるほし」巳

あやし-が・る【怪しがる】他動詞ラ四{ら/り/る/る/れ/れ}不思議に思う。竹取物語 平安-物語 かぐや姫の生ひ立ち「あやしがりて寄りて見るに」訳不思議に思って近づいて見ると。◆「がる」は接尾語。

あやし-げ・なり 形容動詞ナリ{なら/なり・に/なり/なる/なれ/なれ}
㊀【怪しげなり】不審なようすだ。蜻蛉 平安-日記 中「会ふ者、見る人、あやしげに思ひて」訳会う人や見る人が不審なようすだと思って。
㊁【賤しげなり】いかにもみすぼらしい。更級 平安-日記 初瀬「いとあやしげなる下衆の小家」訳たいそうみすぼらしい身分の低い者の小屋。◆「げ」は接尾語。

あやし-の-しづ【賤しの賤】（アヤシノシズ）連語 身分の低い者。徒然 鎌倉-随筆 一四「あやしのしづ・山がつのしわざも、言ひ出でつればおもしろく」訳身分の低い者や木こりのすることも(和歌として)言葉に出してしまうと(＝詠みこむと)趣深く。

あやし-ば・む【怪しばむ】自動詞マ四{ま/み/む/む/め/め}怪しげに見える。怪しいようすをしている。平家物語 鎌倉-物語 一二・泊瀬六代「この辺にあやしばうだる旅人のとどまったる所やある」訳このあたりに怪しいようすをしている旅人がとどまっている所があるか。◇「あやしばう」はウ音便。

あやし・ぶ【怪しぶ】他動詞バ四{ば/び/ぶ/ぶ/べ/べ}「あやしむ㊀」に同じ。源氏物語 平安-物語 桐壺「あまたたびかたぶきあやしぶ」訳幾度も首をかしげて不思議に思う。

あやし・む【怪しむ】
㊀他動詞マ四{ま/み/む/む/め/め}不思議に思う。奇妙に思う。「あやしぶ」とも。徒然 鎌倉-随筆 一三六「おのおのあやしみて、『誠に他に異なりける。都のつとに語らむ』など言ふに」訳それぞれ皆不思議に思って、「本当に他と変わっている。都への土産話に話そう」などと言うのに。
㊁他動詞マ下二{め/め/む/むる/むれ/めよ}不審に思う。見とがめる。いぶかる。徒然 鎌倉-随筆 五三「道すがら、人のあやしみ見ること限りなし」訳道中、人々が不思議に思い見ることはこの上ない。奥の細道 江戸-紀行 尿前の関「関守にあやしめられて」訳関所の番人に不審に思われて。◇鎌倉時代以降の語。

あや・す【落す・零す】他動詞サ四{さ/し/す/す/せ/せ}(血や汗などを)にじみ出す。したたらす。宇治拾遺 鎌倉-説話 二・一二「血をあやして」訳血をしたたらして。

あ-やつ【彼奴】代名詞 あいつ。きゃつ。▼他称の人称代名詞。第三者をののしっていう語。十訓抄 鎌倉-説話 一「あやつばら捕らへよ」訳あいつらを捕まえろ。

あや-な・し【文無し】
形容詞ク{(く)・から/く・かり/し/き・かる/けれ/かれ}

> **語義の扉**
> 「文」は、ものの表面の筋目・文様。その意から、道理・理屈の意味を生じた語。「あやなし」は、それがない意から、「道理に合わない」「無意味だ」の意味。
> ❶道理・理屈に合わない。
> ❷つまらない。無意味である。

❶道理・理屈に合わない。理由がわからない。古今 平安-歌集 春上「春の夜の闇はあやなし梅の花色こそ見えね香やは隠るる」訳⇩はるのよのやみはあやなし…。
❷つまらない。無意味である。取るに足りない。源氏物語 平安-物語 明石「などて、あやなきすさびごとにつけても、さ思はれ奉りけむ」訳どうして、つまらない慰みごとにつけても、そのように(浮気者として)思われ申したのだろうか。

あや-に【奇に】副詞 ❶なんとも不思議に。言い表しようがなく。古事記 奈良-史書 雄略「あやにかしこし」訳言い表しようがなく恐れ多いことでございます。❷むやみに。ひどく。万葉集 奈良-歌集 一五九「夕さればあやに悲しひ」訳夕方になるとひどく悲しく思い。

あや-にく-が・る【生憎がる】自動詞ラ四{ら/り/る/る/れ/れ}**憎らしいと思う。いやがる。意地を張る。**[大鏡 平安－物語]道兼「習はせ給(たま)ふほども、あやにくがりすまひ給へど」訳(舞を)お習いになる間も、いやがり抵抗なさったけれど。◆「がる」は接尾語。

あや-にく-ごころ【生憎心】名詞**意地悪な心。憎らしいと思う心。**

あや-にく・し【生憎し】形容詞ク{(く)・から/く・かり/し/き・かる/けれ/かれ}**予想外でつらい。**[宇津保 平安－物語]楼上・下「さてもあやにくきめを見るかな」訳それにしても予想外でつらい目にあうことだなあ。

あや-にく-だ・つ【生憎だつ】自動詞タ四{た/ち/つ/つ/て/て}**他を困らせたがる。いたずら心が起こる。**[枕草子 平安－随筆]人ばへするもの「あやにくだちて物取り散らしそこなふを」訳いたずら心が起こって、物を散らかしたり壊したりするのを。◆「だつ」は接尾語。

あや-にく・なり【生憎なり】形容動詞ナリ{なら/なり・に/なり/なる/なれ/なれ}❶**都合が悪い。おりが悪い。**[源氏物語 平安－物語]浮舟「あやにくに殿の御使ひのあらむ時」訳都合悪く、殿のお使いの者がきたような時は。❷**厳しい。意地が悪い。**[大鏡 平安－物語]時平「帝(みかど)の御おきて、きはめてあやにくにおはしませば」訳帝(みかど)のご処置は、この上なく厳しくていらっしゃるので。❸**はなはだしい。とても大きい。**[源氏物語 平安－物語]桐壺「かれは人の許し聞こえざりしに、御志あやにくなりしぞかし」訳あの人(＝桐壺更衣(きりつぼのこうい))は人々がお認め申し上げなかったのに、(帝(みかど)の)ご愛情は大変深かったのであったよ。

参考 予想・期待に反して好ましくないことが起こったときに広く用いる語である。現代語の「あいにく」のもとになった語だが、現代語の意味にはない❷❸に注意すること。

あやふ-が・る【危ふがる】(アヤウガル)自動詞ラ四{ら/り/る/る/れ/れ}**あぶないと思う。気がかりに思う。**[枕草子 平安－随筆]正月十よ日のほど「木の本(もと)を引きゆるがすに、あやふがりて」訳木の幹をゆさぶるので、あぶないと思って。◆「がる」は接尾語。

あやふ-げ・なり【危ふげなり】(アヤウゲナリ)形容動詞ナリ{なら/なり・に/なり/なる/なれ/なれ}**あぶなっかしい。物騒だ。**[源氏物語 平安－物語]松風「川のわたりあやふげなれば」訳川のあたりはあぶなっかしいので。◆「げ」は接尾語。

あやふ・し*【危ふし】(アヤウシ)形容詞ク{(く)・から/く・かり/し/き・かる/けれ/かれ}❶**あぶない。危険だ。**[徒然 鎌倉－随筆]一〇九「いとあやふく見えしほどは言ふ事もなくて」訳(高くて)大変危険に思われた間は何も言わないで。❷**不安だ。気がかりだ。**[徒然 鎌倉－随筆]一八六「轡(くつわ)・鞍(くら)の具に、あやふきことやあるとみて」訳馬の轡や鞍などの馬具に、気がかりなところがありはしないかと見て。❸**不確実だ。**[平家物語 鎌倉－物語]五・富士川「平らかに帰り上らむこともまことにあやふき有り様どもにて」訳無事に帰京することも本当に不確実なようすであって。

あやぶ・む*【危ぶむ】

一他動詞マ四{ま/み/む/む/め/め}**あぶないと思う。気にかかって不安に思う。**[源氏物語 平安－物語]浮舟「あやぶむ方(かた)に心さわぐな」訳不安に思って、心配なさるな。

二他動詞マ下二{め/め/む/むる/むれ/めよ}**あぶない状態にする。危険なめにさらす。苦しめる。**[徒然 鎌倉－随筆]一七二「身をあやぶめて砕けやすきこと」訳身を危険なめにさらして破滅しやすいこと。

あやほかど【危ほかど】連語**あぶないけれど。**[万葉集 奈良－歌集]三五三九「崩岸(あず)の上に駒をつなぎて危ほかど」訳崩れやすい岸に馬をつなぐようにあぶないけれど。◆「あやふけど」の転。奈良時代の東国方言。

あやまた-・ず【過たず】連語

なりたち 動詞「あやまつ」の未然形＋打消の助動詞「ず」

❶(連用修飾語を受けて)…**のとおり。…にたがわず。**[今昔物語 平安－説話]一九・七「夢の告げをあやまたず」訳夢のお告げのとおり。❷(副詞的に用いて)㋐**ねらいたがわず。**[平家物語 鎌倉－物語]一一・那須与一「あやまたず扇の要(かなめ)ぎは一寸ばかりおいて」訳ねらいたがわず扇の要のきわから一寸(＝約三センチ)くらい離れて。㋑**案の定。**[徒然 鎌倉－随筆]八九「あやまたず足もとへふと寄り来て」訳案の定足もとへすばやく寄ってきて。

あやまち*【過ち・誤ち】名詞／―す自動詞サ変❶**失敗。過失。**[徒然 鎌倉－随筆]一〇九「あやまちすな。心して降りよ」訳失敗するな。用心して(木から)降りろ。❷**とが。罪。**[今昔物語 平安－説話]二八・四「何の罪のあやまちのあれば」訳どういう罪のとががあるから。❸(男女間の)**過失。**[源氏物語 平安－物語]花宴「かやうにて、世の中のあやまちはするぞかし」訳このように(不用心なため)、男女間の過失は起こるのだ。❹**けが。**[平家物語 鎌倉－物語]四・信連「近う寄ってあやまちすな」訳近くへ寄ってけがするな。

あやま・つ*【過つ・誤つ】他動詞タ四{た/ち/つ/つ/て/て}❶**間違える。取り違える。**[竹取物語 平安－物語]蓬萊の玉の枝「一つの所あやまたず持ておはしませり」訳一つの所も間違えずに持っておいでになった。❷**たがえる。背く。**[源氏物語 平安－物語]桐壺「故大納言の遺言あやまたず」訳亡くなった大納言の遺言に背かないで。❸**過失や不正をおかす。**[平家物語 鎌倉－物語]一・祇王「わが身にあやまつことはなけれども」訳自分が過失をおかすことはないが。❹**傷つけ、そこなう。こわす。**[平家物語 鎌倉－物語]五・文覚被流「いかに、これほどの大願起こいたる聖(ひじり)が乗ったる船をばあやまたうどはするぞ」訳なんと、これほどの大願を起こしている聖が乗っている船を傷つけ、そこなおうとするのか。

あやまり*【誤り】名詞❶**正しくないこと。間違い。**[徒然 鎌倉－随筆]一六八「おのづからあやまりもありぬべし」訳自然に間違いもあるにちがいない。❷**心得違い。取り違え。**[徒然 鎌倉－随筆]一三一「己(おの)れがあやまりなり」訳自分の心得違いだ。❸**失敗。粗相。**[枕草子 平安－随筆]関白殿、二月二十一日に「なにごとのあやまりにか、泣きののしり給(たま)ふさへ」訳どんな粗相があったのか、大声でお泣きになるのまでも。

あやま・る*【誤る】

一自動詞ラ四{ら/り/る/る/れ/れ}❶(道理や正常な状態から)**外れる。間違う。**[徒然 鎌倉－随筆]一九四「達人の人を見る目(まなこ)は、少しもあやまる所あるべからず」訳道理に通じた人の人間を見る眼力は、少しも間違うところがあるはずがない。❷〔多く「心地あやまる」の形で〕気分が悪くなる。病気になる。源氏物語 平安―物語 若菜上「今朝の雪に心地あやまりて」訳今朝の雪で気分が悪くなって。

二 他動詞ラ 四 {ら/り/る/る/れ/れ} ❶（道理・約束を）たがえる。伊勢物語 平安―物語 一二二「契れることあやまれる人に」訳約束したことをたがえた女に。❷だまし取る。冥途飛脚 江戸―浄瑠 浄瑠・近松「大分(だいぶん)人の金をあやまり」訳かなり他人の金をだまし取り。

あや-め[1]【文目】名詞 ❶模様。❷（物の形・色などの）区別。枕草子 平安―随筆 心にくきもの「長炭櫃(ながすびつ)の火に、もののあやめもよく見ゆ」訳長炭櫃の火で、ものの区別もはっきり見える。❸筋道。分別。源氏物語 平安―物語 帚木「何のあやめも思ひしづめられぬに」訳何の分別も落ち着いて考えられない時に。

あやめ[2]【菖蒲】名詞 草の名。しょうぶ。剣状の葉は香気が強く、昔から邪気を払うものとされる。五月五日の節句に、軒や車にさし、また、身につけた。「あやめぐさ」とも。季夏。

参考 和歌では「あやめ（文目）」＝「あやなし」にかけて詠まれることが多い。

あやめ-ぐさ[1]【菖蒲草】名詞「あやめ（菖蒲）」に同じ。

参考 和歌では、「ほととぎす鳴くや五月(さつき)のあやめ草（＝序詞(じょことば)）あやめも知らぬ恋もするかな」（『古今和歌集』）〈⇩ほととぎすなくやさつきの…。〉のように「あやめも知らぬ」を導く序詞の一部ともなる。

あやめぐさ…[2] 俳句「菖蒲草 足に結ばん 草鞋(わらぢ)の緒を」奥の細道 江戸―紀行 仙台・芭蕉(ばせう) 訳折から端午(たん ご)の節句で、家々の軒には菖蒲(しょうぶ)が葺(ふ)いてある。せめて自分も草鞋の緒に菖蒲を結び、邪気をはらって旅立とう。

鑑賞 旅の餞別(せんべつ)に草鞋をもらったときの作。季語は「あやめ草」で、季は夏。

あやめ-の-くらうど【菖蒲の蔵人】(アヤメノクロウド) 連語 五月五日の節会(せちえ)で、天皇からの薬玉(くすだま)を親王や公卿(くぎょう)に配る役をする女官。

あやめ-の-せっく【菖蒲の節句】連語 五月五日の節句。端午(たん ご)の節句。

あやめ-ふ・く【菖蒲葺く】連語（端午の節句の前日の夜に）家の軒に菖蒲(しょうぶ)を挿す。徒然 鎌倉―随筆 一九「五月(さつき)、あやめふく比(ころ)」訳五月の、菖蒲を軒に挿すころ。

参考 軒に菖蒲を挿すのは、健康を願ってする風習だった。なお、「葺く」には、屋根を覆いつくる意もあるが、菖蒲は屋根材には用いない。

あやめ-も-しら-ず[*]【文目も知らず】連語

なりたち 名詞「あやめ」＋係助詞「も」＋動詞「しる」の未然形＋打消の助動詞「ず」

物の区別ができない。分別がつかない。古今 平安―歌集 恋一「ほととぎす鳴くや五月(さつき)のあやめ草あやめもしらぬ恋もするかな」訳⇩ほととぎすなくやさつきの…。

◆「あやめもわかず」とも。

あやめ-も-わか-ず【文目も分かず】連語

なりたち 名詞「あやめ」＋係助詞「も」＋動詞「わく」の未然形＋打消の助動詞「ず」

「あやめもしらず」に同じ。

あや-ゐがさ【綾藺笠】(アヤイガサ) 名詞 藺草(いぐさ)を綾に編んで、裏に絹を張った笠。中央が突出していて、そこに髻(もとどり)を入れる。武士が旅行・狩り・流鏑馬(やぶさめ)などに着用した。参照▼口絵

（綾藺笠）

あゆ[1]【東風】名詞 東風(ひがしかぜ)。「あゆのかぜ」とも。◆奈良時代以前の北陸方言。

あゆ[2]【鮎・年魚・香魚】名詞 淡水魚の名。細長く、体長二十センチほど。

あ・ゆ[3]【肖ゆ】自動詞ヤ下二 {え/え/ゆ/ゆる/ゆれ/えよ} 似る。あやかる。源氏物語 平安―物語 帚木「長き契りにぞあえまし」訳長く変わらぬ縁にあやかりたかったであろうに。

あ・ゆ[4]【落ゆ】自動詞ヤ下二 {え/え/ゆ/ゆる/ゆれ/えよ} ❶（花・実などが）落ちる。万葉集 奈良―歌集 四一一一「あゆる実は玉に貫(ぬ)きつつ」訳落ちる実は飾り玉として糸に通して。❷（血・汗などが）したたり流れる。枕草子 平安―随筆 清涼殿の丑寅のすみの「すずろに汗あゆる心地ぞする」訳むやみに冷汗がしたたり流れる気持ちがした。

年魚市潟(あゆちがた) 地名 歌枕 今の愛知県名古屋市南区の西方にあった入り江。当時の海岸線は不明。

あゆ-の-かぜ【東風の風】連語「あゆ（東風）」に同じ。

あゆば・す【歩ばす】他動詞サ 四 {さ/し/す/す/せ/せ} 歩かせる。今昔物語 平安―説話 二五・一二「水をつふつふとあゆばして行きけるに」訳水たまりをばしゃばしゃと歩かせて行ったところ。

あ-ゆひ【足結ひ】(アユイ) 名詞 古代の男子の服飾の一つ。活動しやすいように、袴(はかま)をひざの下で結んだ紐(ひも)。鈴・玉などを付けて飾りとすることがある。「あよひ」とも。

日本語のこころ　鮎(あゆ)の語源

「あゆ」は昔から、日本人にたいへん愛され、また食されてきた魚として『源氏物語』をはじめ、たくさんの文献に出てきます。

さて、この「あゆ」という名前は、魚偏に占うと書いて「あゆ」と読みますが、中国では、この漢字は「なまず」のことを意味します。ではいったいなぜ、魚偏に占うという字をあてるようになったのでしょうか。

これは『古事記』の中の神功(じんぐう)皇后の伝説からきたものとされています。神功皇后とは、名を息長帯日売命(おきながたらしひめのみこと)といい、仲哀天皇のお妃でした。天皇西征に同行していた時に、天皇が急に亡くなってしまいました。その時に群がる「あゆ」をご覧になって次のように言って、戦(いくさ)の勝敗を占ったそうです。

「この戦　われに勝利あらばこの針をのめ。われに利がなければのむな。」と言って、裳の糸を引き抜いて投げたところ、すぐさま「あゆ」がかかってきて、このお告げ通りに新羅(しらぎ)を討ったということです。このことから、占う魚と書いて、「鮎」というようになったとされています。

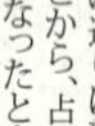

あ-ゆ・ふ【足結ふ】 自動詞 ハ四 {は/ひ/ふ/ふ/へ/へ} **袴の膝下あたりをひもで結ぶ。**▼動きやすくするため。万葉集 奈良―歌集 一一一〇「湯種蒔く新墾の小田を求めむとあゆひ出で濡れぬこの川の瀬に」訳湯種を蒔く新墾地の田を探し出そうと袴の膝下あたりをひもで結んで出かけ濡れた。この川の瀬で。

あゆ・ぶ【歩ぶ】 自動詞 バ四 {ば/び/ぶ/ぶ/べ/べ} 「あゆむ」に同じ。

あゆまひ【歩まひ】 名詞 **歩きぶり。**歩くようす。

あゆみ【歩み】 名詞 **足運び。**歩くこと。

あゆみ-あり・く【歩み歩く】 自動詞 カ四 {か/き/く/く/け/け} **歩きまわる。**枕草子 平安―随筆 うらやましげなるもの「思ふ事なげにてあゆみありく人見るこそ」訳心配することがなさそうに歩きまわる人を見るのは。

あゆみ-い・づ【歩み出づ】 自動詞 ダ下二 {で/で/づ/づる/づれ/でよ} **歩き出る。**大鏡 平安―物語 花山「あゆみいでさせ給ふほどに」訳歩き出なさるときに。

あゆ・む【歩む】 自動詞 マ四 {ま/み/む/む/め/め} **歩く。**「あゆぶ」「あよぶ」「あよむ」とも。枕草子 平安―随筆 五月ばかりなどに「人などのあゆむに走り上がりたる」訳人などが歩くのにつれて(水が)はねあがっているのは。

あよ・ぶ【歩ぶ】 自動詞 バ四 {ば/び/ぶ/ぶ/べ/べ} 「あゆむ」に同じ。

あよ・む【歩む】 自動詞 マ四 「あゆむ」に同じ。

あら[1] 感動詞 **ああ。**▼驚いたり感動したりして発する語。奥の細道 江戸―紀行 日光「あらたふと青葉若葉の日の光―芭蕉」訳⇩あらたふと…。◆鎌倉時代以降多く使われた語で、男女とも使う。

あら-[2]【荒・粗】 接頭語 ❶**荒々しい。荒い。荒れた。**「あら野」「あら法師」「あら武者」。❷**目があらい。こまやかでない。**「あら垣」「あら妙」

あら-[3]【現】 接頭語 **現実に存在する。**「あら人神」

あら-[4]【新】 接頭語 **新しい。**「あら田」「あら手」

あら-あら【粗粗】 副詞 **大体。ざっと。およそ。**今昔物語 平安―説話 一九・一一「忍びて仏に申す事どもあらあら聞こゆ」訳こっそりと仏に申し上げる事の数々が大体聞こえる。

あらあら・し[1]【荒荒し】 形容詞 シク {(しく)・しから/しく・しかり/し/しき・しかる/しけれ/しかれ} ❶**激しい。乱暴だ。**源氏物語 平安―物語 夕顔「風のややあらあらしう吹きたるは」訳風がだんだんと激しく吹いているのは。◇「あらあらしう」はウ音便。❷**粗野だ。武骨だ。**徒然 鎌倉―随筆 一四一「この聖、声うちゆがみあらあらしくて」訳(東国出身の)この僧は、発音がなまって(もの言いも)粗野であって。

あらあら・し[2]【粗粗し】 形容詞 シク {(しく)・しから/しく・しかり/し/しき・しかる/しけれ/しかれ} ❶**ひどく粗雑だ。**源氏物語 平安―物語 浮舟「さすがにあらあらしくて隙ありけるを」訳やはりひどく粗雑であって透き間があったのを。❷**いかにも粗末だ。**徒然 鎌倉―随筆 二〇八「布の帽額あらあらしく」訳布製の帽額(=御簾の上部に横長に引く幕)はいかにも粗末で。

あら-いそ【荒磯】 名詞 「ありそ」に同じ。

あらうみ-の-さうじ【荒海の障子】 名詞 清涼殿の東の広廂の北の端に立てられた衝立て。表に墨絵で荒海の浜辺に「手長」「足長」の怪物がいるところを描き、裏に宇治川の網代の絵がある。参照▼口絵

あらうみや… 俳句 「荒海や 佐渡に横たふ 天の河」奥の細道 江戸―紀行 越後路・芭蕉 訳眼前に広がる日本海の荒海のかなたに佐渡が島がある。仰ぎ見ると、その佐渡が島へかけて冴え冴えとした銀河が夜空に大きく横たわっている。

鑑賞『奥の細道』中の絶唱としてよく知られる。出雲崎(新潟県三島郡出雲崎町)で詠まれたが、実際には出雲崎から佐渡に向かって天の河が横たわることはない。文学表現上の虚構である。「横たふ」は、珍しい自動詞の用法で、文法的には「横たはる」であるが、漢文訓読の影響を受けてこの形となった。流人の島佐渡が島を前にした、芭蕉の旅愁がこもった句。季語は「天の河」で、季は秋。

あら-えびす【荒夷】 名詞 **荒々しい東国人。**◆都の人が東国人を軽べつして呼んだ語。

あらがう〔争う〕 ⇩あらがふ

あら-がき【荒垣】 名詞 目の粗い垣根。

あらかじめ【予め】 副詞 **前もって。かねて。**万葉集 奈良―歌集 一〇一三「あらかじめ君来まさむと知らませば門にも宿にも玉敷かましを」訳前もってあなたがおいでになるとわかっていましたなら門にも家にも玉を敷きつめておきましたものを。

あら-かね【粗金】 名詞 ❶採掘したままの、精錬していない金属。❷鉄。◆後に「あらがね」とも。

あらかね-の【粗金の】 枕詞 「あらかね」を槌で鍛えることから「つち(土・地)」にかかる。古今 平安―歌集 仮名序「あらかねのつちにしては」訳地上にあっては。

あらがひ【争ひ・諍ひ】 名詞 **言い合い。論争。**徒然 鎌倉―随筆 一三五「興あるあらがひなり」訳おもしろい論争だ。

あらが・ふ【争ふ・諍ふ】 自動詞 ハ四 {は/ひ/ふ/ふ/へ/へ} ❶**言い争う。反論する。否定する。**徒然 鎌倉―随筆 七三「わがため面目あるやうに言はれぬる虚言は、人いたくあらがはず」訳自分のために名誉であるようなふうに言われたうそに対しては、(その)人自身はそんなには否定しない。❷(かけごとなどで)**張り合う。**枕草子 平安―随筆 職の御曹司におはします頃、西の廂にて「言ひ初めてむ事はとて、固うあらがひつ」訳(一度)言い出したようなことは(取り消すまい)と思って、がんこに張り合った。

あらかん【阿羅漢】 名詞 仏教語。すべての迷いを断ち切り、最高の悟りを得た者。「羅漢」とも。

あら-き[1]【新木・荒木】 名詞 新しい木。切り出したばかりの、加工をしていない木。

あら-き[2]【新墾】 名詞 新しく土地を切り開くこと。開墾。また、その土地。

あら-き[3]【殯】 名詞 埋葬までの間、死者を一時的に棺に納めて安置しておくこと。また、その場所。「もがり」とも。

荒木田守武 人名 (一四七三～一五四九)室町時代後期の連歌・俳諧師。伊勢神宮の神官の家に生まれ、早くから和歌・連歌に親しんだ。のち俳諧に関心を広げ、独吟の『守武千句』で俳諧を確立した。山崎宗鑑と共に俳諧の祖といわれる。

あら-くま・し【荒くまし】 形容詞 シク {(しく)・しから/しく・しかり/し/しき・しかる/しけれ/しかれ} **荒々しい。ひどく乱暴だ。**枕草子 平安―随筆 花の木ならぬは「枝ざしなどは、いと手ふれ

にくげにあらくましけれど」訳枝のようすなどは、たいそう手を触れがたい感じで荒々しいけれど。

あらけ-な-し【荒けなし】 形容詞ク {く・から/く・かり/し/き・かる/けれ/かれ} 荒々しい。乱暴だ。世間胸算用 江戸ー物語 浮世・西鶴「仏壇をあらけなく打てば」訳仏壇を荒々しく打つと。◆「なし」は程度の甚だしさを表す接尾語。

あら-げ-なり【荒げなり】 形容動詞ナリ {なら/なり・に/なり/なる/なれ/なれ} 荒々しいようすである。土佐日記 平安ー日記 一・二二「今日、海あらげにて」訳今日は海が荒々しいようすであって。

あら-こ【粗籠】 名詞 編み目の粗いかご。

あら-ごと【荒事】 名詞 江戸歌舞伎の演出および演技の一つ。超人的な力を持つ主人公が演じる豪快な劇。また、その豪快な演技。対和事。

あら-ごも【荒薦】 名詞 編み目の粗いむしろ。

あらざらむ… 和歌 百人一首「あらざらむ この世の ほかの 思ひ出に 今ひとたびの 逢ふこともがな」後拾遺 平安ー歌集 恋三・和泉式部 訳私は(病が重くなり)まもなくこの世を去ると思いますが、あの世での思い出として、もう一度、あなたにお逢いしたいものです。

あらし[1]【嵐】 名詞 激しい勢いで吹く風。古今 平安ー歌集 秋下「吹くからに秋の草木のしをるればむべ山風をあらしといふらむ」訳⇨ふくからに…。

あら-し[2]【荒し】 形容詞ク {く・から/く・かり/し/き・かる/けれ/かれ} ❶(風・波などの勢いが)強く激しい。土佐日記 平安ー日記 一・一八「海あらければ、舟出ださず」訳海が荒れているので、舟を出さない。❷(気持ち・態度などが)荒々しい。枕草子 平安ー随筆 にくきもの「遣り戸をあらく閉てて開くる」訳引き戸を荒々しく閉めたり開けたりする。❸荒れてけわしい。万葉集 奈良ー歌集 五六七「周防なる磐国山を越えむ日は手向けよくせよあらしその道」訳周防の磐国山を越えようとする日には峠の神への供え物を十分にしなさい。けわしいですよ、その山道は。

あら-し[3]【粗し】 形容詞ク {く・から/く・かり/し/き・かる/けれ/かれ} (目が)粗い。後撰 平安ー歌集 秋中「秋の田のかりほの庵の苫をあらみ」訳⇨あきのたのかりほのいほの…。

あ-らし[4] 連語

なりたち ラ変動詞「あり」の連体形＋推量の助動詞「らし」からなる「あるらし」が変化した形。

あるらしい。あるにちがいない。万葉集 奈良ー歌集 七九二「春雨を待つとにあらし我がやどの若木の梅もいまだ含めり」訳春雨を待つということであるらしい。私の家の若木の梅もまだつぼみの状態でいる。◆ラ変動詞「あり」が形容詞化した形とする説もある。

あらしふく… 和歌 百人一首「嵐吹く 三室の 山の もみぢ葉は 竜田の川の 錦なりけり」後拾遺 平安ー歌集 秋下・能因 訳激しい風が吹いている三室山の紅葉は、竜田川の水面に一面に散り浮かんで、美しい錦を織りなしているよ。

嵐山 地名 歌枕 今の京都市西京区嵐山にある山。大堰川を東に臨み、紅葉や桜の名所として知られる。嵐の山。

あらし-を【荒し男】 アラシオ 名詞 荒々しい男。勇ましい男。「あらを」とも。

あら-ず 感動詞 いいえ。いや、別に。▼相手の質問に否定的に応ずる語。枕草子 平安ー随筆 職の御曹司におはします頃、木立などの「また、『あらず』など言へば」訳また、(他の女房が)「いいえちがいます」などと言うので。

あらそ-ふ【争ふ】 アラソウ 自動詞ハ四 {は/ひ/ふ/ふ/へ/へ} ❶張り合う。争う。方丈記 鎌倉ー随筆「棟を並べ甍をあらそへる」訳棟を並べ、屋根の高さを張り合っている。❷さからう。抵抗する。万葉集 奈良ー歌集 一八六九「春雨にあらそひかねて我がやどの桜の花は咲きそめにけり」訳春雨にさからいかねて我が家の桜の花は咲きはじめた。❸言い争う。議論する。徒然 鎌倉ー随筆 二一「『露こそあはれなれ』とあらそひしこそ」訳『露の方がしみじみとした趣がある』と言い争ったのは。

あらた-し*【新たし】 形容詞シク {しく・しから/しく・しかり/し/しき・しかる/しけれ/しかれ} 新しい。万葉集 奈良ー歌集 四五一六「あらたしき年の始めの初春の」訳⇨あらたしき…。

参考「あらたし」が平安時代以後、音変化を起こして(「ら」と「た」とが逆になって)「あたらし」の形が現れ、「あたらし」に統一されていった。

あらたしき… 和歌「新たしき 年の始めの 初春の 今日降る雪の いやしけ吉事」万葉集 奈良ー歌集 四五一六・大伴家持 訳新しい年の始めの初春の今日降っている雪が積もり重なるように、もっと重なれ、良いことが。

鑑賞 この和歌は、『万葉集』全巻の最終歌。「いやしけ」の「いや」はいよいよの意の副詞、「しけ」はたび重なるの意の動詞「しく」の命令形。

あら-だ-つ【荒立つ】

[一] 自動詞タ四 {た/ち/つ/つ/て/て} 荒々しく振る舞う。暴れ出す。源氏物語 平安ー物語 帚木「鬼神も荒だつまじきけはひなれば」訳鬼神も荒々しく振る舞いそうにないようすなので。

[二] 他動詞タ下二 {て/て/つ/つる/つれ/てよ} ❶ことさらに荒立たせる。源氏物語 平安ー物語 真木柱「あらだてては、いみじきこと出で来なむ」訳ことさらに荒立たせては、大変なことが起こるだろう。❷怒らせる。落窪物語 平安ー物語 二「今少しあらだて惑はし給へ」訳今少し怒らせ心を乱れさせなさい。

あらた-なり[1]【灼なり・験なり】 形容動詞ナリ {なら/なり・に/なり/なる/なれ/なれ} あらたかだ。▼神仏の霊験がはっきり現れるさま。源氏物語 平安ー物語 玉鬘「初瀬なむ、日の本のうちにあらたなる験現し給ふ」訳初瀬の観音は、日本の中ではあらたかな霊験をあらわしなさる。

あらた-なり[2]【新たなり】 形容動詞ナリ {なら/なり・に/なり/なる/なれ/なれ} 新しい。万葉集 奈良ー歌集 一八八四「冬過ぎて春し来れば年月はあらたなれども人は古りゆく」訳冬が過ぎ春が来れば年月は新しくなるが人は年老いていく。

あらたふと… 俳句「あらたふと 青葉若葉の 日の光」奥の細道 江戸ー紀行 日光・芭蕉 訳ああ尊いことよ。この日光山の霊域の青葉若葉に降りそそぐ、明るく輝く日の光は。

鑑賞「たふと」は「たふとし」の語幹で、感動の気持ちを表す。「日の光」に地名「日光」をきかせている。季語は「若葉」で、季は夏。

あら-たへ【荒妙・荒栲・粗栲】 アラタエ 名詞 織り目の粗い粗末な織物。対和栲。

あらたへ-の【荒妙の】 アラタエノ 枕詞 藤の繊維で作った

粗末な布を「あらたへ」ということろから、「藤江」「藤原」などの地名にかかる。万葉集 奈良―歌集 二五二「あらたへの藤江の浦にすずき釣る海人とか見らむ旅行く我を」訳藤江の浦ですずきを釣る海人だと、人は見るかもしれない。旅人の私を。

あらたま-の[1]【新玉の】枕詞「年」「月」「日」「春」などにかかる。万葉集 奈良―歌集 四四九〇「あらたまの年行き返り春立たばまづ我がやどにうぐひすは鳴け」訳年があらたまり春が来たら、真っ先にわが家の庭にうぐいすよ鳴け。

あらたまの…[2] 和歌「あらたまの(=枕詞)年の三年を 待ちわびて ただ今宵こそ 新枕すれ」伊勢物語 平安―物語 二四・続古今 鎌倉―歌集 恋四・よみ人知らず 訳三年という年月を、あなたの帰りを待ちわびて暮らしてきましたが、ちょうど今夜、私は初めての枕を交わすのです。

鑑賞「新枕」は初めて男女が共に寝ること。『伊勢物語』二十四段に載る歌で、男が宮仕えに出たまま三年間帰らなかったので、妻は待ちわびて、ほかの男と結婚の約束をしたが、その夜、男が帰って来たので詠んでやった歌とある。夫が他国へ行って帰らない時、子の無い妻は三年後に再婚できた。

あらたま-る【改まる】自動詞ラ四{ら/り/る/る/れ/れ}❶新しくなる。古今 平安―歌集 春上「百千鳥さへづる春は物ごとにあらたまれども我ぞふりゆく」訳いろいろな鳥がさえずる春は物みな新しくなるのに私は年老いてゆくことよ。❷よい状態に変わる。直ってよくなる。枕草子 平安―随筆 職の御曹司の西面の「あらたまらざるものは心なり」訳よくならないものは人間の本性である。

あらた-む【改む】一 他動詞マ下二{め/め/む/むる/むれ/めよ}❶新しくする。変える。源氏物語 平安―物語 行幸「狩りの装ひなどにあらため給ふほどに」訳狩りの装束などに変えなさっている時分に。❷吟味する。調べる。世間胸算用 江戸―物語 浮世・西鶴「屋根裏まであらためける時」訳屋根裏まで調べたとき。
二 自動詞マ下二{め/め/む/むる/むれ/めよ}改まる。変わる。奥の細道 江戸―紀行 松島「昼のながめまたあらたむ」訳昼間のながめとはまた変わる。

愛発山(あらちやま) 地名 歌枕 今の福井県敦賀市南部にある山。愛発の関が置かれていた。「有乳山」とも書く。

あら-づくり【粗造り】名詞 下ごしらえのままで、仕上げをしていないこと。

あら-て【新手】名詞 まだ戦わない元気な軍勢。

あら-で【有らで】連語
なりたち ラ変動詞「あり」の未然形＋打消の接続助詞「で」
ないで。なくて。源氏物語 平安―物語 夕霧「思ふ心なきにしもあらで」訳(慕わしく)思う心がないわけでもなくて。

あら-な【有らな】連語
なりたち ラ変動詞「あり」の未然形＋願望の終助詞「な」
ありたい。あってほしい。万葉集 奈良―歌集 三四九「生ける者遂にも死ぬるものにあればこの世なる間は楽しくをあらな」訳生きているものはいずれは死ぬものであるのだから、生きている間は楽しくあってほしい。

あら-なく-に*【有らなくに】連語
なりたち ラ変動詞「あり」の未然形＋打消の助動詞「ず」の未然形の古い形「な」＋接尾語「く」＋助詞「に」
ないことなのに。あるわけではないのに。万葉集 奈良―歌集 二六五「苦しくも降り来る雨か神が崎狭野の渡りに家もあらなくに」訳困ったことに降ってきたにわか雨だなあ。三輪の崎の狭野の渡し場には雨宿りする家もないのになあ。⇩なくに
参考 文末に用いられるときは詠嘆の意を含む。

あら-なむ【有らなむ】連語
なりたち ラ変動詞「あり」の未然形＋他に対する願望の終助詞「なむ」
あってほしい。あってくれ。古今 平安―歌集 雑上・伊勢物語 平安―物語 八二「あかなくにまだきも月の隠るるか山の端にげて入れずもあらなむ」訳⇩あかなくに…。

あら-ぬ 連体詞

語義の扉
ラ変動詞「あり」の未然形に打消の助動詞「ず」の連体形が付いて一語化したもの。
❶ほかの。別の。
❷意外な。思いもかけない。
❸いやな。不都合な。望ましくない。

❶ほかの。別の。枕草子 平安―随筆 職の御曹司の西面の「なほ則隆なめりとて見やりたれば、あらぬ顔なり」訳やはり則隆であるようだと思って見てみると、別の顔である。
❷意外な。思いもかけない。徒然 鎌倉―随筆 一八九「今日はそのことをなさんと思へど、あらぬ急ぎまづ出で来て紛れ暮らし」訳今日はそのことをしようと思っても、思いもかけない急なことが先にできて、そのことに気を取られて一日を過ごし。
❸いやな。不都合な。望ましくない。平家物語 鎌倉―物語 七・経正都落「弓箭を帯し、あらぬさまなるよそほひにまかりなりて候へば」訳弓矢を身につけ、(参上するのには)不都合な姿である装いになっておりますので。

あらぬ-さま-なり【有らぬ様なり】連語
なりたち 連体詞「あらぬ」＋名詞「さま」＋断定の助動詞「なり」
普段とは異なるようすである。望ましくないようすである。源氏物語 平安―物語 蓬生「年ごろ、あらぬさまなる御さまを」訳数年来の(源氏の)普段とは異なるごようすを。

あらぬ-よ【あらぬ世】連語 この世とは違う別の世界。別世界。あの世。

あら-の[1]【荒野】名詞 人里離れた荒れた野。

曠野(あらの)[2] 書名 俳諧集。山本荷兮編。元禄二年(一六八九)成立。三冊。(内容)松尾芭蕉と門人百七十九人の発句を一・二冊に、歌仙を三冊に収めてある。「阿羅野」とも書く。

あら-ば-こそ*【有らばこそ】連語
なりたち ラ変動詞「あり」の未然形＋接続助詞「ば」

＋係助詞「こそ」

❶もしあるならば（…だろうけれど、実際はそうでないから…でない）。もしあるならばとにかく。▼仮定条件を強め、全体で反語的な気持ちを表す。多く下に推量の助動詞を伴う。〔万葉集 奈良－歌集〕二八六五「玉釧くもうれしかるべき」（＝枕詞）まき寝る妹もあらばこそ夜の長けくもうれしかるべき」〔訳〕手枕を交わしていっしょに寝る妻がいるのならば、夜の長いのもうれしいだろうけれど、いないから少しもうれしくはない。❷あろうはずがない。ありはしない。▼文末に用いて、もしあるならばとにかくの意から、強い打消を表す。〔平家物語 鎌倉－物語〕七・一門都落「今は世の世にてもあらばこそ」〔訳〕今は（自分たちが栄えていた）世であるならとにかく、そのような世ではあろうはずがない。

あらはし-ぎぬ【著し衣】 〔名詞〕「あらはしごろも」に同じ。

あらはし-ごろも【著し衣】 〔名詞〕喪服。「あらはしぎぬ」とも。◆喪中であることをあらわす衣の意。

*** あらは・す【現す・表す・顕す】** 〔他動詞〕サ四｛さ／し／す／す／せ／せ｝❶表面に出して示す。明らかにする。〔徒然 鎌倉－随筆〕八〇「死を安くして後はじめて名をあらはすべき道なり」〔訳〕（武勇の道とは）平然と死んで、はじめて武勇の誉れを天下に明らかにすることができる道である。❷隠さず言う。打ち明ける。〔万葉集 奈良－歌集〕八五四「玉島のこの川上に家はあれど君を恥しみあらはさずありき」〔訳〕玉島のこの川上に私の家はありますが、あなたに対して恥ずかしいので打ち明けずにいたのだ。❸（神仏などが）この世に姿を現す。霊験を示す。〔源氏物語 平安－物語〕玉鬘「初瀬なむ、日の本のうちにあらたなる験あらはし給ふ」〔訳〕初瀬の観音は、日本の中ではあらたかな霊験をあらわしなさる。❹（文章に）表現する。書き記す。◇「著す」とも書く。

あらは・なり【露なり・顕なり】

〔形容動詞〕ナリ｛なら／なり・に／なり／なる／なれ／なれ｝

語義の扉

本来よく見えないもの、また、内にあるべきものがはっきりと表立って見えているようす（❶❷❸）。それを批判的にとらえた用法が❹。人の表情や態度の場合でも、気持ちがはっきりと外面に出ているようすを表す。

- ❶さえぎられることなくはっきりと見えるさま。
- ❷明白だ。はっきりしている。
- ❸公的で。表立っている。
- ❹㊀無遠慮だ。慎みがない。

❶さえぎられることなくはっきりと見えるさま。〔源氏物語 平安－物語〕若紫「少し立ちいでつつ見渡し給へば、高き所にて、ここかしこ、僧坊どもあらはに見下ろさる」〔訳〕少し外へ出ていって、あたりを見わたしなさると、高い場所なので、あちらこちら、僧の住居がさえぎられることなくはっきりと見下ろすことができる。〔更級 平安－日記〕門出「年来遊び慣れつる所を、あらはにこほち散らして、立ち騒ぎて」〔訳〕長い年月遊び親しんできた住居のなかを、外からはっきりと見えてしまうほどに（家具・調度の類を）次々とこわしてばらばらにし、大きな音や声を立てて騒いで。❷明白だ。はっきりしている。〔平家物語 鎌倉－物語〕六・祇園女御「運命の末になることあらはなりしかば年来恩顧のともがらのほかは、従ひ付く者なかりけり」〔訳〕（平家一門の）運命が終わりになることがはっきりしていたので、長いこと恩を受けた者たちのほかには、付き従って行く人たちはなかった。❸公的で、表立っている。公然としている。〔源氏物語 平安－物語〕行幸「必ずしも氏神の御勤めなど、あらはならぬ程なればこそ、年月は紛れ過ぐし給へ」〔訳〕氏神様へのご参詣など、必ずしも公的に表立ってしないでいてよい境遇であるから、これまでの歳月は、（権門出身の姫君という素性を）分からないようにお過しであったが…。❹無遠慮だ。慎みがない。〔枕草子 平安－随筆〕御前にて人々とも「赤衣着たる男、畳を持て来て、「これ」と言ふ。「あれは誰そ。あらはなり」などものはしたなく言へば、差し置きて住ぬ。」〔訳〕赤い着物を着ている男が、畳を持ってきて、「これ」と言った。「あれはだれだ。無遠慮だ」などとそっけなく言うと、（この男は、）（畳を）そこへ置いて行ってしまった。

*** あらは・る【現る・顕る】** 〔自動詞〕ラ下二｛れ／れ／る／るる／るれ／れよ｝❶表面に出る。はっきり見えるようになる。〔徒然 鎌倉－随筆〕二七「かかる折にぞ、人の心もあらはれぬべき」〔訳〕こういう折にこそ、人の本心もはっきり見えてしまうにちがいない。❷人に知られる。露顕する。〔徒然 鎌倉－随筆〕七三「かつあらはるるをもかへりみず、口にまかせて言ひ散らすは」〔訳〕（話しているはしからうそが）すぐにばれるのも気にかけないで、口からでまかせに勝手なことを言うのは。❸（神仏などが）この世に現れる。〔更級 平安－日記〕宮仕へ「神のあらはれ給へるかと覚ゆ」〔訳〕神様がこの世に現れなさったかと思われる。

あらひ-かは【洗ひ革】 〔名詞〕❶薄紅色に染めたなめし革。洗って白くなめした革。❷「洗ひ革縅」の略。鎧の縅で❶を用いたもの。

あらひ-きぬ【洗ひ衣】 〔枕詞〕着ている衣を、洗った衣と取り替えて着る意から「取り替ふ」と同音の「とりかひがは」にかかる。〔万葉集 奈良－歌集〕三〇一九「あらひきぬ取替川の川淀の淀まむ心思ひかねつも」〔訳〕取替川の水のよどんだ所のように通うことが途絶えるなどは思いもよらない。

あら-ひじり【荒聖】 〔名詞〕荒々しい振る舞いをする僧。荒行をする僧。

あらひと-がみ【現人神】 〔名詞〕❶人の姿となってこの世に姿を現した神。❷霊験あらたかな神。特に住吉の神や、北野の神をいう。❸天皇。

*** あら・ぶ【荒ぶ】** 〔自動詞〕バ上二｛び／び／ぶ／ぶる／ぶれ／びよ｝❶荒々しくする。あばれる。〔古事記 奈良－史書〕景行「あらぶる蝦夷どもを言向け」〔訳〕あばれる蝦夷どもを説得して服従させ。❷情が薄くなる。疎遠になる。〔万葉集 奈良－歌集〕二八二二「あらぶる妹に恋ひつつそをる」〔訳〕疎遠になるあなたに恋いこがれていることだ。

あらまし[1]

㊀〔名詞〕❶願望。期待。予想。〔徒然 鎌倉－随筆〕一八九「かねてのあらまし、みな違ひゆくかと思ふに、おのづから

違はぬこともあれば」訳かねてからの予想がすべて食い違っていくかと思うと、たまには違わないこともあるので。

❷だいたいの内容やようす。あらすじ。一部始終。一代男 江戸―物語 浮世・西鶴「ちかぢか尋ねて無事のあらましを聞かせ申すべし」訳近々訪ねて、(あなたの)無事なようすをお伝え申し上げよう。

二 副詞〔多く「に」を伴って〕だいたい。おおよそ。世間胸算用 江戸―物語 浮世・西鶴「既にその年の大晦日(おほつごもり)に、あらましに正月の用意をして」訳すでにその年の大晦日(おおみそか)に、だいたい正月の用意をして。

[2]あらま・し【荒まし】 形容詞シク{(しく)・しから/しく・しかり/し/しき・しかる/しけれ/しかれ}

❶激しい。荒い。▼風・波・物音などのようす。源氏物語 平安―物語 橋姫「いとあらましき水の音」訳とても激しい流れの音。

❷荒々しい。乱暴だ。▼人の言動・ようす。源氏物語 平安―物語 宿木「あらましき東男(あづまをとこ)の、腰に物負へる、あまた具して」訳荒々しい東国の男で、腰に何か物を着けている者を、大勢従えて。

[3]あら-・まし【有らまし】 連語

なりたち ラ変動詞「あり」の未然形＋反実仮想の助動詞「まし」

あろう。…であろうに。…であればよいのに。万葉集 奈良―歌集 一六三「神風の(＝枕詞(まくらことば))伊勢の国にもあらましを」訳伊勢の国にいればよかったのに。

あらまし-ごと【あらまし事】 名詞 予測される事柄。予想。源氏物語 平安―物語 総角「亡からむ後のあらましごとを」訳死後の予測される事柄を。

***あらま・す** 他動詞サ四{さ/し/す/す/せ/せ}(将来のことを)思いめぐらす。予定する。徒然 鎌倉―随筆 七「さかゆく末を見んまでの命をあらまし」訳栄えていく将来を見とどけるまでの寿命を予定し。

[1]あら-まほ・し 形容詞シク{(しく)・しから/しく・しかり/し/しき・しかる/しけれ/しかれ}望ましい。理想的だ。徒然 鎌倉―随筆 一「人はかたち、ありさまの、優れたらんこそあらまほしかるべけれ」訳人間は容貌(ようぼう)や風采がすぐれていることこそ、望ましいだろう。

◆連語「あらまほし」が一語化して用いられるようになったもので。

[2]あら-・まほし 連語

なりたち ラ変動詞「あり」の未然形＋希望の助動詞「まほし」

あってほしい。好ましい。徒然 鎌倉―随筆 五二「少しのことにも先達(せんだつ)はあらまほしきことなり」訳ちょっとしたことでも、指導者はあってほしいものである。

あら-み【粗み】

なりたち 形容詞「あら(粗)し」の語幹＋接尾語「み」

粗いので。後撰 平安―歌集 秋中「秋の田のかりほの庵(いほ)の苫(とま)をあらみわが衣手(ころもで)は露(つゆ)に濡(ぬ)れつつ」訳⇩あきのたのかりほのいほの…。

あら-みさき【荒御前・荒御裂】 名詞 ❶軍の先頭にたつ荒々しい神。❷人の仲や男女の仲を裂くという荒々しい神。

あら-みたま【荒御魂】 名詞 激しく活動的な行動をする神。神霊の勇猛な面をいう。対和御魂(にきみたま)。

あら-むず-・らむ 連語

なりたち ラ変動詞「あり」の未然形＋推量の助動詞「むず」の終止形＋現在推量の助動詞「らむ」

あるであろう。…であるだろう。平家物語 鎌倉―物語 三・足摺「少将は、情ふかき人なれば、よき様に申す事もあらむずらむと」訳少将は情け深い人なので、よいように(都へ)申し伝えてくれることもあるだろうと。

あら-め【荒布】 名詞 食用の海藻の一つ。対和布(にきめ)。

あら-やま【荒山】 名詞 人けのない、さびしい山。

あら-ゆる【所有】 連体詞 ある限りの。すべての。

***あら-らか・なり** 形容動詞ナリ{なら/なり・に/なり/なる/なれ/なれ}

一【荒らかなり】❶荒々しい。荒っぽい。源氏物語 平安―物語 帚木「なみなみの人ならばこそ、あららかにも引きかなぐらめ」訳普通の身分の者ならば、(源氏から空蟬(うつせみ)を)荒っぽくひきのけるだろうが。❷粗野だ。源氏物語 平安―物語 東屋「怪しうあららかに、田舎びたる心ぞ付きたりける」訳普通と違って粗野で、田舎じみた考えが身についている。

二【粗らかなり】大ざっぱだ。蜻蛉 平安―日記 下「文(ふみ)して告げたれば、返り言、いとあららかにてあり」訳手紙で知らせると、返事は、とても大ざっぱであった。

[2]あら-・る【有らる】 連語

なりたち ラ変動詞「あり」の未然形＋可能の助動詞「る」

居ることができる。生きていられる。住んでいられる。方丈記 鎌倉―随筆「すべてあられぬ世を念じ過ぐしつつ」訳まったく住みにくい世の中をがまんして過ごしてきて。

あられ【霰】 名詞 ❶空中の水蒸気が凍ってできた小さな氷のかたまりが降るもの。冬に降るあられ。古くは夏に降る雹(ひょう)を含めていったらしい。季冬。❷「霰地(あられぢ)」の略。

あられ-ぢ【霰地】 アラレジ 名詞 霰模様を織り出した織物の地紋。

あら-れ-ぬ【有られぬ】 連語

なりたち ラ変動詞「あり」の未然形＋可能の助動詞「る」の未然形＋打消の助動詞「ず」の連体形

あり得ない。あってはならない。不都合な。みっともない。宇治拾遺 鎌倉―説話 五・九「(一乗寺僧正は)あられぬありさまをして行ひたる人なり」訳(一乗寺僧正は)通常はあり得ない、みっともないかっこうをして、修行した人である。

***あら-れ-ぬ-よ【有られぬ世】** 連語

なりたち ラ変動詞「あり」の未然形＋可能の助動詞「る」の未然形＋打消の助動詞「ず」の連体形＋名詞「よ」

生きていられない世の中。住みにくい世の中。方丈記 鎌倉―随筆「あられぬよを念じ過ぐしつつ」訳住みにくい世の中をがまんして過ごしてきて。

あられ-ばしり【あられ走り】 名詞「踏歌(たふか)」の別名。◆歌曲の終わりに「よろづとせあられ(＝万年に生命あれ)」とはやしながら走って退場することから。

あらわす〖現す・表す・顕す〗⇩あらはす

あらわなり〖露なり・顕なり〗⇩あらはなり

新井白石(あらゐはくせき) アライハクセキ 人名 (一六五七～一七二五)江戸時代中期の学者・政治家。名は君美(きみよし)。木下順庵(じゅんあん)門下。六代将軍徳川家宣(いえのぶ)・七代家継(いえつぐ)に仕え、幕府の政治にも参加した。歴史書『藩翰譜(はんかんぷ)』、自叙伝『折たく柴(しば)の記』などを書いた。

あら-を【荒男】(オアラ) 名詞 「あらしを」に同じ。

あら-をだ【新小田・荒小田】(アラオダ) 名詞 ❶新たに開墾した田。❷荒れたまま手を入れていない田。◆「を」は接頭語。

あ・り【有り・在り】

語義の扉

自動詞と補助動詞がある。一自動詞の場合は、存在するの意味。二補助動詞の場合は、存在の意味あいを失っている。

一 自動詞
- ❶(人・動物などが)いる。(無生物・物事が)ある。
- ❷生きている。無事でいる。
- ❸住む。暮らす。生活する。
- ❹居あわせる。
- ❺すぐれたところがある。
- ❻(「世にあり」の形で)繁栄して暮らす。
- ❼行われる。起こる。
- ❽たつ。経過する。

二 補助動詞
- ❶…(で)ある。
- ❷…の状態にある。
- ❸…(て)いる。…(て)ある。
- ❹…なさる。お…なる。

一 自動詞 ラ変 {ら/り/り/る/れ/れ} ❶(人・動物などが)いる。(無生物・物事が)ある。竹取物語 平安―物語 かぐや姫の生ひ立ち「今は昔、竹取の翁(おきな)といふ者ありけり」訳今となってはもう昔のことであるが、竹取の翁という人がいたということだ。

❷生きている。無事でいる。古今 平安―歌集 羈旅・伊勢物語 平安―物語 九「名にし負はばいざ言問(こと)はむ都鳥わが思ふ人はありやなしやと」訳⇩なにしおはばいざことはむ…。

❸住む。暮らす。生活する。徒然 鎌倉―随筆 一一「かくてもあられけるよと、あはれに見るほどに」訳このような(寂しい)ありさまでも住んでいられたのだなあと、しみじみと心打たれて見ているうちに。

❹ちょうどそこにいる。居あわせる。枕草子 平安―随筆 はしたなきもの「おのづから人の上などうち言ひそしりたるに、幼き子どもの聞きとりて、その人のあるに言ひいでたる」訳(きまりの悪いものは)たまたま他人の話などをしてけなしていたのを、幼い子供が聞いて心にとめて、その人がちょうどそこにいる前で言いだした場合。

❺すぐれたところがある。源氏物語 平安―物語 若紫「御供に声ある人して歌はせ給(たま)ふ」訳お供の中で声のよい者に歌わせなさる。

❻(「世にあり」の形で)繁栄して暮らす。時めいて過ごす。平家物語 鎌倉―物語 一・文之沙汰「我、世にありし時は、娘どもをば女御(にょうご)・后(きさき)とこそ思ひしか」訳私が世に時めいていた時は、娘たちを女御・后に立てようと思っていたけれど。

❼行われる。起こる。源氏物語 平安―物語 桐壺「春宮(とうぐう)の御元服、南殿(なでん)にてありし儀式」訳先年の東宮のご元服、南殿で執り行われたその儀式が。

❽たつ。経過する。万葉集 奈良―歌集 七九四「年月もいまだあらねば心ゆも思はぬ間に」訳年月のまだたたないうちに死なれるなど夢にも思わない間。

二 補助動詞 ラ変 {ら/り/り/る/れ/れ} ❶…(で)ある。▼断定の助動詞「なり」「たり」の連用形「に」「と」、およびそれに接続助詞「て」、または係助詞や副助詞を介した形に付いて、指定の意を表す。今昔物語 平安―説話 二五・一二「頼義(よりよし)見るに、まことによき馬にてありければ」訳頼義はその馬を見ると、実にすばらしい馬であったので。

❷…の状態にある。▼形容詞・形容動詞の連用形、助動詞「ず」「べし」の連用形、副詞「さ」「かく」(および、それらに係助詞・副助詞が付いたもの)などに付いて、その状態であることや、その状態が継続していることを表す。更級 平安―日記 春秋のさだめ「とみに立つべくもあらぬほど」訳すぐには立ち上がりそうでもないとき。

❸…(て)いる。…(て)ある。▼動詞の連用形や、助詞「て」「つつ」の付いた語に付いて、存続の状態を表す。今昔物語 平安―説話 二九・一八「盗人、死人の着たる衣と嫗(おう)の着たる衣と抜き取りてある髪とを奪ひ取りて」訳盗人は、死人の着ている衣と老婆の着ている衣と抜き取ってある髪の毛とを奪い取って。

❹…なさる。お…なる。▼尊敬の意を含む名詞や、「御」「お」を冠した名詞の下に付く。平家物語 鎌倉―物語 灌頂・大原御幸「法皇これを叡覧(えいらん)あって」訳法皇はこの景色をご覧なさって。◇鎌倉時代以降の用法。

参考 古語の「あり」は生物・無生物いずれにも用いるが、現代語の「ある」は無生物や植物に限り、人や動物の場合は「いる」を使う。逆に古語の「ゐる」は、生物・無生物いずれにも用いる。

あり-あかし【有り明かし】 名詞 夜通しともしておく灯火。また、その行灯(あんどん)。

あり-あけ【有り明け】 名詞

❶まだ月が空に残っているうちに夜が明けること。そのころの夜明け。▼陰暦で十六日以後、特に二十日過ぎについていうことが多い。新古今 鎌倉―歌集 冬「志賀の浦や遠ざかりゆく波間より氷(こほ)りて出(い)づる有明の月」訳⇩しがのうらや…。参照▼口絵

❷夜が明けてもまだ空に残っている月。季秋。古今 平安―歌集 恋三「ありあけのつれなく見えし別れより暁(あかつき)ばかり憂(う)きものはなし」訳⇩ありあけの…。

❸「有り明け行灯(あんどん)」の略。

参考 月が空に残ったまま夜が明けることをいうが、特に二十日余りの月が代表的で、男女の朝の別れの情景に取り上げられることが多い。

あり-あけ-あんど【有り明け行灯】 名詞 夜通しともしておく行灯(あんどん)。◆「あんど」は「あんどん」の変化したもの。

ありあけの… 和歌 百人一首「有り明けの つれなく見えし 別れより 暁(あかつき)ばかり 憂(う)きものはなし」古今 平安―歌集 恋三・壬生忠岑(みぶのただみね) 訳明け方のそっけない月のように、あなたが薄情に見えたあの別れ以来、夜明け前ほど、つらく情けないものはない。

鑑賞 まだ暗い「暁(あかつき)」は、平安時代の結婚生活においては、女の家に通って来た男が、女と別れて帰らなければならない時とされていた。

ありあけ-の-つき【有り明けの月】連語「ありあけ」に同じ。

ありあけや… 俳句「有り明けや 浅間の霧が 膳をはふ」七番日記 江戸－日記 俳文・一茶 訳有り明けの月が淡く空に残っている夜明け、朝早く出発するために朝食の膳に向かう。浅間山から流れて来た朝霧が膳の辺りをはうように流れる。鑑賞 旅宿でのすがすがしい早朝の気分を詠んだもの。季語は「有り明け」「霧」で、季は秋。

あり-あ・ふ【有り合ふ】(アリアウ―アリオウ) 自動詞ハ四〔は/ひ/ふ/ふ/へ/へ〕❶**居合わせる。** 土佐日記 平安－日記 二・九「子生める者どもありあへる」訳子どもを生んだ人たちが居合わせた。❷**出会う。めぐりあう。** 栄花物語 平安－物語 初花「路の程などに、夜行の夜などもおのづからありあふらむ」訳路の辺りなどに、夜行の夜などもおのづから妖怪が列をなして夜歩きする夜などもたまたまめぐりあうだろう。❸**生きていて会う。**

*__ありあり-て__【在り在りて】連語 なりたち ラ変動詞「あり」の連用形を重ねた「ありあり」＋接続助詞「て」

❶**このままでいて。生き長らえて。** 万葉集 奈良－歌集 三一一三「ありありてのちも逢はむと言のみを堅く言ひつつ逢ふとはなしに」訳このままでいて後で会おうと言葉でばかり堅く約束しながら逢うわけでもなく。❷**その果てに。とどのつまり。** 源氏物語 平安－物語 夕顔「ありありて、をこがましき名をとるべきかな」訳その果てに、ばかげた評判をとることになるのだろうな。

ありあり-と 副詞 **はっきりと。** 新花摘 江戸－句集 俳文「その影ありありとさうじにうつりて、おそろしなんどいふばかりなし」訳その影がはっきりと障子に映って、恐ろしいといったら言いようもない。

あり-か【在り処】名詞 ❶**落ち着く所。** ❷**物のある所。人のいる所。**

あり-かず【在り数・有り数】名詞 **人や物がある数。人の生きる年数。**

あり-かた【有り形】名詞 **現にある形。ありさま。実情。**

ありがた-げ・なり【有り難げなり】形容動詞ナリ〔なら/なり・に/なり/なる/なれ/なれ〕**めったにないようすだ。珍しいようすだ。** 源氏物語 平安－物語 宿木「うつ臥したまへる、髪のかかり髪ざしなど、なほいとありがたげなり」訳うつむいていらっしゃる、その髪の垂れかかる風情や髪かたちなど、やはり本当にめったにないようすだ。

あり-がた・し【有り難し】

形容詞ク〔(く)・から/く・かり/し/き・かる/けれ/かれ〕

語義の扉

「有り＋難し」で「存在することが困難である。めったにない。」がもとの意味。後に、めったにない幸運を尊び、感謝する気持ちから、現代語の「ありがたい」になる。

❶めったにない。めずらしい。
❷めったにないほど優れている。
❸生きにくい。過ごしにくい。
❹むずかしい。容易でない。
❺尊い。おそれ多い。

❶**めったにない。めずらしい。** 枕草子 平安－随筆 ありがたきもの「ありがたきもの。舅にほめらるる婿。また、姑に思はるる嫁の君」訳めったにないもの。(それは)舅にほめられる婿。また、姑にかわいがられるお嫁さん。

❷**めったにないほど優れている。貴重だ。** 徒然 鎌倉－随筆 一七七「取りためけん用意ありがたし」訳(のこぎりのくずを)ためておいたのであろうその心づかいは、めったにないほど優れている。

❸**生きにくい。過ごしにくい。** 源氏物語 平安－物語 東屋「世の中は、ありがたくむつかしげなるものかな」訳人の世は、生きにくくわずらわしいものよ。

❹**むずかしい。容易でない。** 源氏物語 平安－物語 行幸「さるべきついでなくては、対面もありがたければ」訳そのような機会がなければ、会って話すのもむずかしいので。

❺**尊い。おそれ多い。** 世間胸算用 江戸－物語 浮世・西鶴「これは神仏のこと、末世ならず、ありがたき御事と思ひ」訳これは神仏のご加護のしるしで、(それがあるということは)まだ末世ではなく、おそれ多い御ことと思い。

注意 現代語では感謝の意を表すが、古文では❶の意味に用いられることが多い。

あり-がほ【有り顔】(アリガオ) 名詞 **いかにもあるような顔つき・態度・ようす。**

あり-が-ほ・し【有りが欲し】形容詞シク〔(しく)・しから/しく・しかり/し/しき・しかる/しけれ/しかれ〕**ありたい。住んでいたい。** 万葉集 奈良－歌集 一〇五九「ありがほし住みよき里の荒るらく惜しも」訳いつまでも住んでいたいこの住みよい里が荒れてしまうのは惜しいことだ。◆奈良時代以前の語。

あり-がほ・なり【有り顔なり】(アリガオナリ) 形容動詞ナリ〔なら/なり・に/なり/なる/なれ/なれ〕**いかにもありそうな顔つきだ。あるように装う顔つきだ。** 栄花物語 平安－物語 衣の珠「いと美しうおはすと、ありがほに聞こえなして」訳たいそうかわいらしくいらっしゃると、いかにもそれらしい顔つきでうまく申し上げて。

あり-がよ・ふ【有り通ふ】(アリガヨウ) 自動詞ハ四〔は/ひ/ふ/ふ/へ/へ〕**いつも通う。通い続ける。** 万葉集 奈良－歌集 一〇六三「ありがよふ難波の宮は海近み海人娘子らが乗れる舟見ゆ」訳いつも通う難波にある皇居は海が近いので海人おとめたちの乗っている舟が見える。◆「あり」は継続の意の接頭語。

ありき【歩き】名詞 **歩きまわること。外出。** ▼旅行や寺社の参詣や女の所へ行くことなどにいう。源氏物語 平安－物語 若紫「かかるありきも慣らひ給はず」訳このような外出にも慣れておられず。

ありき-ちが・ふ【歩き違ふ】(アリキチガウ―アリキチゴウ) 自動詞ハ四〔は/ひ/ふ/ふ/へ/へ〕**行き来する。** 蜻蛉 平安－日記 上「脛を布の端して引きめぐらかしたるものども、ありきちがひ騒ぐめり」訳すねを布きれでまいている者たちが行き来して騒いでいるようである。

あり-・く[1]【在り来・有り来】自動詞カ変〔こ/き/く/くる/くれ/こ(こよ)〕**変わらずにずっと存続してくる。** 万葉集 奈良－歌集 四〇〇三「古へゆありきにければ」訳昔から変わらずにずっと来てしまったので。

ありく[2]【歩く】

語義の扉

単に、歩く、出かけるのほか、幅広く、人や動物、また人の乗り物による移動、さらに、車・舟などが移動する補助動詞の場合は、あちこちでその動作をするという意味になる。

一 自動詞 ❶あるく。外出する。❷動きまわる。行き来する。

二 補助動詞 ❶…してまわる。❷ずっと…して過ごす。…して日を送る。

一 自動詞 カ四〈か／き／く／く／け／け〉❶**あるく。外出する。訪問する。** 方丈記 鎌倉｜随筆「かくわびしれたる者どもの、ありくかと見れば、すなはち倒れ伏しぬ」訳このようにつらい目にあってぼけたようになっている者たちが、歩いているかと思うと、すぐに倒れて横たわってしまう。❷**動きまわる。行き来する。** 今昔物語 平安｜説話 二九・一八「朱雀の方に人しげくありきければ」訳朱雀大路の方に人が大勢行き来していたので。

二 補助動詞 カ四〈か／き／く／く／け／け〉〔動詞の連用形に付いて〕❶**…してまわる。方々で…する。** 枕草子 平安｜随筆 にくきもの「衣の下にをどりありきてもたぐるやうにする」訳(蚤が)着物の下で飛び跳ねまわって、(着物を)持ち上げるようにする(のはにくらしい)。❷**ずっと…して過ごす。…して日を送る。** 源氏物語 平安｜物語 東屋「後ろ見ありき給ふめる」訳お世話をずっとしてくださっているようだ。

関連語 「ありく」「あるく」と「あゆむ」の違い　「ありく」と「あるく」は広く移動することを表すのに対し、一歩一歩の歩行の意味には「あゆむ」を用いる。また下図のように「ありく」「あるく」が目的の場所をひとつに定めずあちこち移動する場合をも言うのに対し、「あゆむ」は人物の、目的対象を限定した歩行を言う。

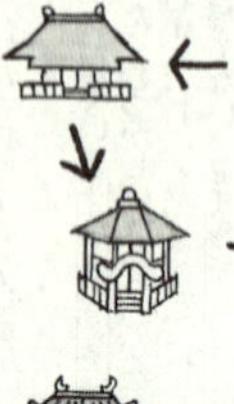

ありける【有りける】連語 なりたち ラ変動詞「あり」の連用形＋過去の助動詞「けり」の連体形 **前に述べた。先程の。** 土佐日記 平安｜日記 一・一二「ありける女童なむ、この歌をよめる」訳先程の女の子が、この歌を詠んだ。

ありこす【有りこす】連語 なりたち ラ変動詞「あり」の連用形＋奈良時代以前の希望の助動詞「こす」(こちらに対して)**あってくれる。** 万葉集 奈良｜歌集 一一九「吉野川行く瀬の早みしましくも淀むことなくありこせぬかも」訳吉野川の早瀬のように少しでもとだえることなくあってくれないものかなあ。

ありさま*【有様】名詞 ❶**ようす。状態。** ❷**外見。風采。** 徒然 鎌倉｜随筆 一「人は、かたち・ありさまのすぐれたらんこそ、あらまほしかるべけれ」訳人間は、容貌や風采がすぐれていることこそ、望ましいだろう。❸**境遇。身分。** 源氏物語 平安｜物語 須磨「身のありさまを、くちをしきものに思ひ知りて」訳自分の境遇を、不本意なものだと身にしみて知って。

ありさる【在り去る・有り去る】自動詞 ラ四〈ら／り／る／る／れ／れ〉**ずっとそのままの状態で過ごす。このまま時が過ぎる。** 万葉集 奈良｜歌集 三九三三「ありさりて後も逢はむと思へこそ露の命も継ぎつつ渡れ」訳このまま時を過ごしてもいずれは会えるだろうと思うからこそ、露のようにはかない命でもつないで生きているのだ。◆「あり」は継続して存在する意。「さる」は時間が経過する意。

ありし*【在りし・有りし】連語 なりたち ラ変動詞「あり」の連用形＋過去の助動詞「き」の連体形 **昔の。以前の。いつぞやの。** 源氏物語 平安｜物語 帚木「かのありし中納言の子を得させてむや」訳あのいつぞやの中納言の子を私にもらわせてくれまいか。

ありしながら【在りしながら・有りしながら】連語 なりたち ラ変動詞「あり」の連用形＋過去の助動詞「き」の連体形＋接続助詞「ながら」 **以前のまま。生きていた時のまま。** 源氏物語 平安｜物語 帚木「かくうき身のほどの定まらぬありしながらの身にて」訳このようにつらい身分と決まらない、以前のままの身で。

ありしにもあらず【在りしにもあらず・有りしにもあらず】連語 なりたち ラ変動詞「あり」の連用形＋過去の助動詞「き」の連体形＋断定の助動詞「なり」の連用形「に」＋係助詞「も」＋ラ変補助動詞「あり」の未然形＋打消の助動詞「ず」 **昔のようではない。** 源氏物語 平安｜物語 賢木「よろづのこと、ありしにもあらず変りゆく世にこそあめれ」訳様々なことが昔のようではなく変っていく世であるのだろう。

ありそ【荒磯】名詞 岩石が多く、荒波の打ち寄せる海岸。◆「あらいそ」の変化した語。

ありそうみ[1]【荒磯海】名詞 岩石が多く、波の荒い海。

有磯海[2](ありそうみ) 地名 歌枕 今の富山県高岡市伏木から氷見市に至る近海一帯。越中の守の大伴家持がしばしば遊覧した所。

ありそなみ【荒磯波】枕詞 同音の繰り返しで「あり」にかかる。万葉集 奈良｜歌集 三二五三「幸くいまさばありそなみありても見むと」訳お元気でいらっしゃったらそのうちに会えもしようと。

ありたつ【あり立つ】自動詞 タ四〈た／ち／つ／つ／て／て〉❶**いつも立っている。ずっと立ち続ける。** 万葉集 奈良｜歌集 五二「埴安の堤の上にありたたし見し給へば」訳埴安の池の堤の上にいつもお立ちになって御覧になると。❷**繰り返し出かける。** 古事記 奈良｜史書 神代「さ婚ひにありたたし」訳求婚に繰り返しお出かけになり。

ありつき-がほ・なり【有り付き顔なり】(アリツキガオナリ) 形容動詞 ナリ｛なら／なり・に／なり／なる／なれ／なれ｝**物慣れたようすだ。** 更級 平安―日記 宮仕へ「慣れたる人は、こよなく何事につけても**ありつきがほに**」訳（宮仕えに）慣れている人は、格別に何事においても**物慣れたようすで**。

***あり-つ・く**【在り付く・有り付く】自動詞 カ四｛か／き／く／く／け／け｝❶**住みつく。落ち着く。** 宇治拾遺 鎌倉―説話 三・一五「わざと**ありつき**たる男となくて」訳特に（結婚して）**住みついた**男もなくて。❷（すっかり）**慣れる。** 源氏物語 平安―物語 蓬生「さるかたに**ありつき**たりしあなたの年ごろは」訳それ相応（＝貧しさ）に**すっかり慣れて**いた過去の何年かは。❸（ある身分・環境のもとに）**生まれつく。** 源氏物語 平安―物語 蓬生「もとより**ありつき**たる、さやうの並々の人は」訳もともとそういう**身分に生まれついて**いる、それらの並の階級の人は。❹**似合う。** 源氏物語 平安―物語 手習「古体の心どもに**ありつか**ず今めきつつ」訳古風な心持ちには**似合わ**ず現代風であって。❺**生活する。** 今昔物語 平安―説話 二七・二四「年ごろ身貧しくして、世に**ありつく**方(たか)もなかりける程に」訳数年来貧しくて、世の中で**生活していく**方法もなかったころに。

あり-つる【在りつる・有りつる】連語

なりたち ラ変動詞「あり」の連用形＋完了の助動詞「つ」の連体形

さきほどの。さっきの。 宇治拾遺 鎌倉―説話 八・三「まことにまことに、**ありつる**鉢を忘れて、取り出(い)でずなりぬる」訳そうそう、**さきほどの**鉢を忘れて、取り出さないままにしてしまった。

関連語 「ありつる」と「ありし」の違い
「ありし」が遠い過去のことを示すのに対して、「ありつる」は比較的近い過去にあったことを示す。

あり-てい【有り体】名詞 ❶偽りや飾りのないこと。ありのまま。❷ありふれたこと。通り一ぺん。

あり-と-ある【有りと有る・在りと有る】

連語

なりたち ラ変動詞「あり」の連用形＋格助詞「と」＋ラ変動詞「あり」の連体形

ある限りの。すべての。 竹取物語 平安―物語 竜の頸の玉「わが家に**ありとある**人召し集めてのたまはく」訳わが家に仕える**すべての**人を呼び集めておっしゃる。

参考 「ある」の意を強めた言い方。格助詞「と」をはさんで同じ語を重ねる構成のものには、「来(き)と来(く)」などもある。

あり-どころ【在り処・在り所】名詞 **物のある所。人のいる所。所在。**

あり-と-し-ある【有りとし有る】連語

なりたち ラ変動詞「あり」の連用形＋格助詞「と」＋副助詞「し」＋ラ変動詞「あり」の連体形

あらゆる。すべての。 方丈記 鎌倉―随筆「**ありとしある**人はみな浮雲の思ひをなせり」訳**この世のすべての**人はみな不安な思いをしている。◆「ありとある」を更に強めた言い方。

あり-なし【有り無し】名詞 ❶有るか無いかということ。また、いるかいないかということ。**有無(うむ)。** ❷健在かどうかということ。

あり-な・む【在りなむ・有りなむ】連語

なりたち ラ変動詞「あり」の連用形＋完了（確述）の助動詞「ぬ」の未然形＋推量の助動詞「む」

きっとあるだろう。 源氏物語 平安―物語 桐壺「若宮など生(お)ひ出(い)でたまはば、さるべきついでも**ありなむ**」訳若宮が成長なさいましたならばしかるべき機会も**きっとあるでしょう**。

あり-にく・し【在りにくし】形容詞 ク｛(く)・から／く・かり／し／き・かる／けれ／かれ｝**この世に存在しているのがつらい。生きていくのがむずかしい。** 方丈記 鎌倉―随筆「すべて世の中の**ありにくく**、我が身と栖(すみか)との、はかなく、あだなるさま」訳すべてこの世の中が**生きていくのがむずかしく**、自分の身と住まいとがもろくたよりないようすは。対在り良(よ)し。

あり-ぬ-・べし【在りぬべし・有りぬべし】連語

なりたち ラ変動詞「あり」の連用形＋完了（確述）の助動詞「ぬ」の終止形＋推量の助動詞「べし」

あるに違いない。あるはずだ。きっとあるだろう。 源氏物語 平安―物語 賢木「人笑へなることは、**ありぬべき**身にこそあめれ」訳笑いものになることは、**あるに違いない**身であるようだ。

あり-の-あな-から-つつみ-も-くづ・れる【蟻の穴から堤も崩れる】(アリノアナカラツツミモクズレル) 連語 小さなことから大事が起こる（というたとえ）。▼『韓非子(かんぴし)』の中の文句からできたことわざ。丹波与作 江戸―浄瑠 浄瑠・近松「**ありの穴からつつみもくづれる**。軽いやうで重い事、ひそひそいうて人も聞く」訳**ごくわずかな事から大事に至る**ものだ。軽いようでも重大な秘密を、ひそひそとしゃべっている人も聞くだろう。（それでは大変まずいことになる）。

あり-の-おもひ-も-てん-に-のぼ・る【蟻の思ひも天に登る】(アリノオモイモテンニノボル) 連語 弱小の者でも、一心に願い続ければ望みを達せられる（というたとえ）。

あり-の-ことごと【有りのことごと】連語 **あるものすべて。ある限り全部。** 万葉集 奈良―歌集 八九二「布肩衣(ぬのかたぎぬ)**ありのことごと**着襲(きそ)へども」訳⇩かぜまじり…。

あり-の-すさび【有りの遊び・在りの遊び】

連語 生きているのに慣れて、ありがたみを感じないこと。「ありのすさみ」とも。古今六帖 平安―歌集 五「ある時は**ありのすさび**に語らはで」訳生きている時は**生きているのに慣れて、ありがたみを感じず**に親しく語り合わないでいて。

あり-の-すさみ【有りの遊み・在りの遊み】

連語「ありのすさび」に同じ。

あり-の-まに-まに【有りの随に】連語

なりたち ラ変動詞の連用形から転成した名詞「あり」＋格助詞「の」＋名詞「まにま」＋格助詞「に」

ありのままに。 後拾遺 平安―歌集 羈旅「言問はば**ありのまにまに**都鳥みやこのことを我に聞かせよ」訳（もし私が）尋ねたら、都鳥よ、**ありのままに**都のことを私に聞かせてくれよ。

あり-の-み【有りの実】名詞 梨(なし)の実。◆「梨」が「無し」に通じるのをきらって言いかえた語。

ありのみち… 俳句「蟻の道 雲の峰より つづきけん」おらが春 江戸―句集 俳文・一茶(いっさ) 訳えんえんと続く黒いありの行列。これは、あの入道雲からずっとつながっているのだろうか。

鑑賞 入道雲とありの行列、大と小を組み合わせた奇抜で大胆な構想がおもしろい。季語は「雲の峰」で、季は夏。

ありは・つ【在り果つ】 自動詞 タ下二｛て/て/つ/つる/つれ/てよ｝ ❶**いつまでも生き長らえる。天寿を全うする。** 源氏物語 平安一物語 松風「これこそは、世を限るべき住みかなれと、ありはてぬ命を限りに思ひて、契り過ぐし来つるを」訳この土地こそは一生を終える住みかであると、いつまでも生き長らえない命を最後と考えて共に暮らす約束をしてきたのに。❷**最後まで持続する。貫き通す。** 更級 平安一日記 宮仕へ「さてもありはてず」訳そうではあっても貫き通せないで。

在原業平 アリワラノナリヒラ 人名（八二五～八八〇）平安時代前期の歌人。平城天皇の孫で、母は桓武天皇の皇女。在原行平の弟。在五中将ともよばれた。美男子で、絶世の美女といわれた小野小町とならび称された。六歌仙の一人。情熱的で余情をただよわせた和歌が多い。業平をモデルとした『伊勢物語』がある。

在原行平 アリワラノユキヒラ 人名（八一八～八九三）平安時代前期の歌人。平城天皇の皇子阿保親王の子で、在原業平の兄。中納言、正三位兼民部卿と栄進した。最古の歌合わせ「在民部卿家歌合」を主催した。『古今和歌集』などに和歌があり、配流された須磨での松風・村雨姉妹との恋の伝説は謡曲『松風』で有名。

古典の常識
『王朝のプレイボーイ』—在原業平

歴史書『三代実録』に「業平は閑麗な美男子で性格・行動は気まま、漢詩文には劣るが和歌にはすぐれている」と伝えられている。十八歳のときに父の阿保親王が急死し、多感な青年業平の人生観に影を落とした。以後、藤原摂関政治の中で官職を重ねるが、その間、清和天皇の女御高子との恋愛にからむ東国放浪、伊勢の斎宮との密通など、虚実とりまぜた話が『伊勢物語』の主人公とも重ねられ、王朝の恋愛の代表人として業平を伝説化していった。官僚としての彼に目立った業績はないが、五十五歳で蔵人頭となり、その翌年没した。

あり・ふ【在り経】 自動詞 ハ下二｛へ/へ/ふ/ふる/ふれ/へよ｝ **生き長らえる。年月を過ごす。** 源氏物語 平安一物語 須磨「せめて知らず顔にありへても、これよりまさることもや」訳無理に知らん顔で年月を過ごしても、今以上に（悪いことが）ふえることもあろうか。

有馬 地名 今の神戸市北区の温泉町。「有間」とも書く。

有馬皇子 人名（六四〇～六五八）孝徳天皇の皇子。斉明天皇の四年（六五八）蘇我赤兄にそそのかされて謀反を計画したが、赤兄に裏切られ、紀伊に送られ藤白坂（今の和歌山県海南市）で処刑された。その途中で詠んだ和歌が『万葉集』にある。

[1]**ありまやま…** 和歌 百人一首「有馬山猪名の笹原風吹けばいでそよ人を忘れやはする」後拾遺 平安一歌集 恋二・大弐三位 訳有馬山から猪名の笹原に風が吹くと、そよそよと音がするけれど、さあそれですよ、（揺れて心もとないのはあなたの方で）私があなたを忘れましょうか、忘れはしませんよ。

鑑賞 足が遠のいている男から、お前の心がおぼつかないと言ってよこしたのに応えた歌。作者は紫式部の娘。

[2]**有間山** 地名 歌枕 今の兵庫県神戸市の六甲山北側にある有馬温泉付近の山々。「有馬山」とも書く。

*__あり・も・つか・ず【有りも付かず・在りも付かず】__ 連語 なりたち 動詞「あり」㊊＋係助詞＋動詞＋「つく」㊌＋打消の助動詞「ず」 **なじまない。落ち着かない。** 更級 平安一日記 梅の立枝「ありもつかず、いみじう物騒がしけれども」訳（帰京したばかりで）落ち着かず、ひどく騒がしいけれど。

あり・やう【有り様】 アリヨウ 名詞 ❶**状態やようす。** ❷**ありのまま。実態。実情。**

あり・や・なし・や【有りや無しや】 連語 なりたち ラ変動詞「あり」の終止形＋係助詞「や」＋形容詞「なし」の終止形＋係助詞「や」 **生きているかいないか。無事でいるかどうか。** 古今 平安一歌集 羇旅・伊勢物語 平安一物語 九「名にし負はばいざ言問はむ都鳥わが思ふ人はありやなしやと」訳⇒なにしおはばいざこととはむ…。

あり・よ・し【在り良し】 形容詞ク｛（く）・から/く・かり/し/き・かる/けれ/かれ｝ **生きているのが快い。住みよい。暮らしやすい。** 万葉集 奈良一歌集 一〇五九「住み良しと人は言へどもありよしと我は思へど」訳住みよいと人は言うけれど、暮らしやすいと私は思うけれど。対在りにくし。

あり・わた・る【在り渡る】 自動詞ラ四｛ら/り/る/る/れ/れ｝ **ずっとそのままの状態で時を過ごす。生き続ける。** 伊勢物語 平安一物語 六五「かくかたはにしつつありわたるに、身もいたづらになりぬべければ」訳このようにみっともないようすで生き続けているうちに、自分も無意味な人間になりそうに思われたから。

あり・わ・ぶ【在り侘ぶ】 自動詞バ上二｛び/び/ぶ/ぶる/ぶれ/びよ｝ **生きているのがつらくなる。住みづらくなる。** 伊勢物語 平安一物語 七「京にありわびて、東に行きけるに」訳京の都に住みづらくなって東国へ行ったが。

あり・んす 連語 なりたち ラ変動詞「あり」の連用形＋丁寧の助動詞「ます」が変化した「んす」 **あります。** ▼吉原の遊女が使った言葉。虚実情夜桜 江戸一物語「いっそ死んだらこのうきめはありんすめへとおもひんす」訳いっそ死んだらこのつらいことはありますまいと思います。◆江戸時代の語。

[1]**あ・る【生る】** 自動詞ラ下二｛れ/れ/る/るる/るれ/れよ｝（神や天皇など神聖なものが）**生まれる。** 万葉集 奈良一歌集 二九「玉だすき（＝枕詞）畝傍の山の橿原のひじりの御代ゆあれましし神のことごと」訳畝傍の山の橿原の天皇（＝神武天皇）の御代以来お生まれになった天皇のすべてが。

[2]**あ・る【荒る】** 自動詞ラ下二｛れ/れ/る/るる/るれ/れよ｝ ❶**荒れる。荒れ騒ぐ。** 土佐日記 平安一日記 一・九「海はあるれども、心は少しなぎぬ」訳海は荒れるけれども、心はいくらか穏や

かになった。❷荒れ果てる。荒廃する。〔源氏物語 平安―物語〕末摘花「いといたうあれわたりて、さびしき所に」〔訳〕たいそうひどく一面に荒れ果てて、さびしい所に。❸すさむ。〔土佐日記 平安―日記〕二・一六「家に預けたりつる人の心も、あれたるなりけり」〔訳〕(留守中)家に預けておいた人(＝家を託してあった留守番の人)の心もまた、(この家と同様に)すさんでいたのだ。❹興ざめする。〔平家物語 鎌倉―物語〕五・文覚被流「御遊もはやあれにけり」〔訳〕管弦のお遊びはもう興ざめしてしまった。

あ・る[3]【散る・離る】〔自動詞〕ラ下二｛れ/れ/る/るる/るれ/れよ｝遠のく。離れる。〔竹取物語 平安―物語〕燕の子安貝「あれて寄りまうで来ず」〔訳〕離れて寄ってまいりません。

ある[4]【或る】〔連体詞〕ある。▼不確定の人や物事を漠然とさす語。〔土佐日記 平安―日記〕一二・二一「ある人、県の四年五年果てて」〔訳〕ある人が、任国での四、五年の任期が終わって。◆ラ変動詞「あり」の連体形から変化した語。

ある-い-は*

一〔連語〕なりたち ラ変動詞「あり」の連体形＋間投助詞「い」＋係助詞「は」

ある者は。〔竹取物語 平安―物語〕貴公子たちの求婚「あるいは笛を吹き、あるいは歌をうたひ」〔訳〕(貴公子たちの)ある者は笛を吹き、ある者は歌をうたい。

二【或いは】〔接続詞〕❶(「あるいは…、あるいは…」の形で)一方では。時には。〔平家物語 鎌倉―物語〕二・烽火之沙汰「あるいはよろひ着ていまだ甲を着ぬもあり、あるいは矢負うていまだ弓を持たぬもあり」〔訳〕一方ではよろいを着てまだ甲をかぶらない者もあり、一方では矢を負ってまだ弓を持たない者もあり。❷(「…あるいは…」の形で)または。もしくは。〔徒然 鎌倉―随筆〕六六「枝の長さ七尺、あるいは六尺」〔訳〕枝の長さは七尺、または六尺。

参考 二は多く漢文訓読系の文章の中で用いられ、女流仮名文学では「あるは」を用いる。

ある-かぎり【有る限り・在る限り】〔名詞〕❶残らず全部。ありったけ。全員。〔更級 平安―日記〕かどで「物語の多く候ふなる、あるかぎり見せ給へ」〔訳〕物語がたくさんございますそうですが、(その物語を)残らず全部お見せください。❷生きている間。〔蜻蛉 平安―日記〕上「女親といふ人、あるかぎりはありけるを」〔訳〕母親である人が、生きている間はどうにか過ごしていたが。

ある-が-なか-に【有るが中に】〔連語〕たくさんある中でも特別に。大勢いる中で特に。〔伊勢物語 平安―物語〕四四「この歌はあるがなかにおもしろければ」〔訳〕この歌はたくさんある中でも特におもしろいので。

ある-か-なき-か【有るか無きか・在るか無きか】

〔連語〕なりたち 動詞「あり」㊍＋係助詞＋形容詞「なし」㊍＋係助詞

❶あるのかないのか。いるのかいないのか。▼ひっそりとして目立たないようすを表す。〔徒然 鎌倉―随筆〕五「あるかなきかに門さしこめて」〔訳〕いるのかいないのかわからないくらいに門を閉じて。❷生きているのか死んでいるのかわからないほど弱々しい。〔源氏物語 平安―物語〕桐壺「あるかなきかに消え入りつつ物し給ふを」〔訳〕生きているのかいないのかわからないほどに正気を失っていらっしゃるのを。

あるき【歩き】〔名詞〕❶あちこち動きまわること。❷江戸時代、(名主・庄屋などに使われ)走り使いをする者。

あるじ

一【主】〔名詞〕

❶主人。主君。〔伊勢物語 平安―物語〕五「度重なりければ、あるじ聞きつけて、その通ひ路に、夜ごとに人を据ゑて守らせければ」〔訳〕(男の訪れが頻繁だったので、)主人が聞きつけて、その通って来る道に、毎晩人を置いて守らせたので(女に逢うことができないで帰った)。

❷持ち主。〔枕草子 平安―随筆〕にくきもの「その車のあるじさへ憎し」〔訳〕その牛車の持ち主まで気にいらない。〔方丈記 鎌倉―随筆〕ゆく川の流れ「そのあるじと栖と、無常を争ふさま、いはば朝顔の露に異ならず」〔訳〕⇩むじゃう(無常)。

❸(比喩的に)主たるもの。導き手。〔徒然 鎌倉―随筆〕一〇七「ただ迷ひをあるじとして、かれに随ふとき、やさしくも、おもしろくも覚ゆべき事なり」〔訳〕ただ一途に心の迷いに身を任せてそれに素直にしたがうとき、やさしくも面白くも感じられるはずなのである。

❹(比喩的に)第一人者。専門家。権威のある大家。長者。〔徒然 鎌倉―随筆〕一六八「『さだかに弁へ知らず』など言ひたるは、なほ、まことに、道のあるじとも覚えぬべし」〔訳〕「はっきりと理解し会得しておりません」などと(知ったかぶりでなく)語っている人は、やはり、ほんとうにその道の第一人者と思われるにちがいない。

二【饗】〔名詞〕/―す〔自動詞〕サ変 客を招いてもてなすこと。ごちそう。「あるじまうけ」とも。〔土佐日記 平安―日記〕二・一五「この人の家、喜べるやうにて、あるじしたり」〔訳〕この人の家では、喜んでいるようすで、もてなしてくれた。

朝顔と露

『方丈記』「ゆく川の流れ」は、人と栖の常住でないことを説いて、「あるじ一❷」の用例本文の後も「朝顔」と「露」の比喩を次のように展開している。

あるいは(ある場合は)露落ちて花残れり。残るといへども(しぼまないで残っている)朝日に枯れぬ(朝の陽に照らされて枯れてしまう)。あるいは花しぼみて露なほ(また)消えず(ないでいる)。消えずといへども夕べを待つことなし。

〔訳〕ある場合は、露が落ちて花が残る。残るといってもわずかな時間で朝の陽に照らされて枯れてしまう。ある場合は、花がしぼんでも露は消えないでいる。消えないとはいっても夕暮れを待つことはない。

あるじ-が・る【主がる】〔自動詞〕ラ四｛ら/り/る/る/れ/れ｝いかにも主人らしい態度をとる。主人らしく振る舞う。〔源氏

物語 平安—物語 蜻蛉「常陸の守来て、**あるじがり**をるなむ、あやしと人々見ける」訳常陸の守が来て**主人らしく振る舞っ**ているのを見苦しいと人々は思った。

◆「がる」は接尾語。

あるじ-ぶり【主ぶり・饗応ぶり】名詞 **客のもてなし方。**

あるじ-まうけ【饗設け】名詞／—す 自動詞サ変 ごちそうして客をもてなすこと。饗応。「あるじ」とも。

ある-ぞ-かし【有るぞかし】連語

なりたち ラ変動詞「あり」の連体形＋係助詞「ぞ」＋終助詞「かし」

…であるのだよ。 徒然 鎌倉—随筆 七「夏の蟬の春秋をしらぬも**あるぞかし**」訳夏の蟬が(夏だけの命で)春秋を知らない、そういう類いも**あるのだよ**。

ある-に-したが-ふ【有るに従ふ】

連語

なりたち ラ変動詞「あり」の連体形＋格助詞「に」＋動詞「したがふ」

❶**なりゆきにまかせる。** 源氏物語 平安—物語 椎本「何事にも**あるにしたがひ**心を立つるかたもなく」訳何事においても**なりゆきにまかせ**、自分の意志を通すことなく。❷**ありあわせのものでよしとする。** 徒然 鎌倉—随筆 二「**あるにしたがひ**て用ゐよ」訳**ありあわせの物でよいと**して使用せよ。

***ある-に-も-あら-ず**【有るにもあらず】連語

なりたち 動詞「あり」(体)＋断定の助動詞「なり」(用)＋係助詞＋補助動詞「あり」(未)＋打消の助動詞「ず」

❶**生きているかどうかわからないくらい、はかない。生きていないのと同じほどである。** 伊勢物語 平安—物語 六五「**あるにもあらぬ**身を知らずして」訳**生きていないのと同じほどである**(私の)身の上を知らないでいて。❷**正気を失っている。やっと生きていられる。** 源氏物語 平安—物語 総角「**あるにもあらず**見え給ふを」訳**正気を失っている**ようにお見えになるのを。

***ある-は**

一 連語

なりたち ラ変動詞「あり」の連体形＋係助詞「は」

あるものは。 枕草子 平安—随筆 祭のかへさ「**あるは**狩衣などみだれて」訳**あるものは**狩衣などいろいろな服装が交じって。⇩あるいは(連語)

二【或は】接続詞 ❶(「あるは…、あるは…」の形で)**ある場合には。一方では。** 源氏物語 平安—物語 朝顔「**あるは**ひたすら亡くなり給ひ、**あるは**かひなくて、はかなき世にさすらへ給ふもあべかめり」訳**ある人**はすっかりお亡くなりになってしまい、また**ある人**は生きるかいもなく定めない世にさすらいなさっていることもあるようだ。❷**または。もしくは。** 古今 平安—歌集 仮名序「逢坂山に至りて手向けを祈り、**あるは**春・夏・秋・冬にも入らぬ種々の歌をなむ、選ばせ給ひける」訳逢坂山まで来て手向けの神を祈り、**もしくは**春夏秋冬の部立てにも入らないいろいろな歌を選ばせなさった。

ある-べう-も-な-し【有るべうもなし】連語

なりたち ラ変動詞「あり」の連体形＋推量の助動詞「べし」の連用形＋係助詞「も」＋補助形容詞「なし」からなる「あるべくもなし」のウ音便。

あってはならない。とんでもない。 平家物語 鎌倉—物語 二・西光被斬「入道相国簾中より見出だして、**あるべうもなし**とのたまへば」訳入道相国(＝平清盛)はすだれの中から外を見て、「**とんでもない**」とおっしゃると。

ある-べか-し【有るべかし】形容詞シク 〔(しく)・しから／しく・しかり／し／しき・しかる／しけれ／しかれ〕 **ふさわしい。ちょうどよい。** 源氏物語 平安—物語 紅葉賀「御男などまうけたてまつり給ひては、**あるべかしう**しめやかにてこそ、見えたてまつらせ給はめ」訳お婿さまをお迎えなさいましたうえは、(奥方として)**ふさわしく**いかにもしとやかに、(夫君に)お会い遊ばせ。◇「あるべかしう」はウ音便。

ある-べき【有るべき】連語

なりたち ラ変動詞「あり」の連体形＋推量の助動詞「べし」の連体形

❶**適当な。それ相応の。** 大鏡 平安—物語 道長上「おほやけざまの公事・作法ばかりには、**あるべき**ほどに振る舞ひ」訳宮中の行事や儀式だけは**それ相応の**ように振る舞い。❷**することになっている。当然しなければならない。** 源氏物語 平安—物語 玉鬘「**あるべき**ことは、たがへ給はず」訳**することになっている**ことは、間違いなさらず。

ある-べき-かぎり【有るべき限り】連語

なりたち ラ変動詞「あり」の連体形＋推量の助動詞「べし」の連体形＋名詞「かぎり」

できる限り。このうえなく。 源氏物語 平安—物語 若菜上「**あるべきかぎり**、気高うはづかしげに整ひたるに添ひて」訳(紫の上は)**このうえなく**気品があり、こちらが恥ずかしくなるほど整ったようすに加えて。

***ある-まじ**【有るまじ】連語

なりたち ラ変動詞「あり」の連体形＋打消推量の助動詞「まじ」

〔多く「あるまじき」の形で用いられて〕❶**する必要がない。** 土佐日記 平安—日記 二・一六「必ずしも**あるまじき**わざなり」訳わざわざ**する必要がない**ことだ。❷**当然あってはならない。とんでもない。** 源氏物語 平安—物語 桐壺「かかる折にも『**あるまじき**恥もこそ』と心づかひして」訳このような場合にも「**とんでもない**不面目な事態でもあったら困る」と気配りして。❸**生きていられそうもない。** 竹取物語 平安—物語 仏の御石の鉢「なほ、この女見では世に**あるまじき**心地のしければ」訳(石作りの皇子は)やはり、この女(＝かぐや姫)と結婚しないでは、この世に**生きていられそうもない**気持ちがしたので。

あるみ【荒海】名詞 波の荒い海。◆「あらうみ」の変化した語。

ある-やう【有る様・在る様】名詞 ❶**ようす。状態。** 更級 平安—日記 かどで「その物語、かの物語、光源氏の**あるやう**など」訳あの物語や、この物語、光源氏の**ようす**など。❷**態度。性格。**❸**事情。理由。**

あれ[1]【吾・我】代名詞 **私。** 万葉集 奈良—歌集 八九二「**あれ**をおきて人はあらじと誇ろへど」訳⇩かぜまじり…。

あれ[2]【彼】代名詞 ❶**あれ。** 枕草子 平安—随筆 人ばへするもの「**あれ**見せよ。やや、はは」訳**あれ**を見せてよ。ねえ、お母さん。❷**それ。そこ。**▼話し手にとって確認できない正体不明な物・人や、高貴な人をさすことが多い。平家物語 鎌倉—物語 九・敦盛最期「**あれ**は大将軍とこそ見まゐらせ候へ」訳**それ**は大将軍であると拝見いたします。❸あなた。〔平家物語 鎌倉―物語〕六・慈心房「『あれはいづくよりの人ぞ』と問ひければ」訳「あなたはどちらからの人ですか」と尋ねたところ。

あれ-か-に-も-あら-・ず【吾かにもあらず】連語

なりたち 代名詞＋係助詞＋補助動詞「あり」㊀＋係助詞断定の助動詞「なり」㊥＋打消の助動詞「ず」

茫然自失している。夢見心地である。〔更級 平安―日記〕宮仕へ「あれかにもあらず、現ともおぼえで」訳夢見心地であって、現実のこととも思われなくて。

*__あれ-か-ひと-か__【吾か人か】連語

なりたち 代名詞「あれ」＋係助詞「か」＋名詞「ひと」＋係助詞「か」

(自他の区別もつかないほど)**どうしてよいかわからない。茫然自失である。**〔蜻蛉 平安―日記〕中「いと顕証なる心地すれば、あれかひとかにおぼゆる」訳たいそう姿が丸見えのような気持ちがするので、どうしてよいかわからないように思われる。

あれ-か-ひと-か-に-も-あら-・ず【吾か人かにもあらず】連語 ⇩あれかにもあらず

あれ-ど 連語

なりたち ラ変動詞「あり」の已然形＋逆接の接続助詞「ど」

〔「…はあれど」の形で〕**…はともかくとしても。…は別としても。**〔万葉集 奈良―歌集〕九三「君が名はあれど」訳あなたの浮名が立つのはともかくとしても。◆「あれども」とも。

あれ-ども 連語

なりたち ラ変動詞「あり」の已然形＋逆接の接続詞「ども」

「あれど」に同じ。〔万葉集 奈良―歌集〕三五九一「妹とありし時はあれども別れては衣手寒きものにありける」訳妻といっしょにいた時はともかくとしても、別れてからは、(ひとり寝る夜は)衣の袖が寒いものであったよ。

あれ-に-も-あら-・ず【吾にもあらず】連語

なりたち 代名詞「あれ」＋断定の助動詞「なり」の連用形「に」＋係助詞「も」＋ラ変補助動詞「あり」の未然形＋打消の助動詞「ず」

我を忘れている。夢のような気持ちである。〔源氏物語 平安―物語〕夢浮橋「あれにもあらず居給へるけはひ」訳我を忘れて夢のような気持ちでいらっしゃったようす。

あれ-は-いかに【彼は如何に】連語

なりたち 代名詞「あれ」＋係助詞「は」＋副詞「いかに」

なんとまあ。いったいどうしたことだ。▼予期しないことに対して驚いていう。〔平家物語 鎌倉―物語〕一・鹿谷「法皇『あれはいかに』とおほせければ」訳法皇が『いったいどうしたことか』とおっしゃったところ。

あれは-たそ-どき【彼は誰そ時】名詞「あれはたれどき」に同じ。

あれは-たれ-どき【彼は誰時】名詞 薄暗くて、あの人はだれと人を見定めることができない時刻。特に、夕暮れ時。「あれはたそどき」とも。

あれ-は・つ【荒れ果つ】自動詞タ下二 {て/て/つ/つる/つれ/てよ} **すっかり荒れてしまう。**〔雨月物語 江戸―物語〕浅茅が宿「かくあれはてぬれど、もと住みし家にたがはで」訳このようにすっかり荒れ果ててしまっているが、もと住んでいた家には違いなく。

あれ-まさ・る【荒れ増さる】自動詞ラ四 {ら/り/る/る/れ/れ} ❶**荒れ方がひどくなっていく。**〔源氏物語 平安―物語〕須磨「いとどあれまさらむほど、おぼしやられて」訳いよいよ(邸内の)荒れ方がひどくなっていくだろうようすが思いやられなさって。❷**心がますます荒れていく。**〔蜻蛉 平安―日記〕上「心のとくる世なきに、あれまさりつつ」訳心がしっくりと打ち解けあうときもなく、気持ちがいよいよ荒れていっては。

あれ-ま・す【生れます】連語

なりたち 動詞「あ(生)る」の連用形＋尊敬の補助動詞「ま(坐)す」

お生まれになる。現れなさる。〔万葉集 奈良―歌集〕二九「あれまし神のことごと」訳お生まれになった天皇のすべてが。

あれ-まど・ふ【荒れ惑ふ】アレマドウ 自動詞ハ四 {は/ひ/ふ/ふ/へ/へ} ❶**ひどく荒れ果てる。**〔源氏物語 平安―物語〕末摘花「いとあはれにさびしくあれまどへるに」訳たいそう哀れに寂しく荒れ果てているところに。❷(天候が)ひどく荒れる。〔更級 平安―日記〕富士川「雪降り、あれまどふに」訳雪が降り、ひどく荒れるので。

あれ-や 連語

なりたち ラ変動詞「あり」の已然形＋係助詞「や」

❶**あるのだろうか。あるからか。あるから…のか。**〔万葉集 奈良―歌集〕一八八三「ももしきの大宮人は暇あれや梅をかざしてここに集へる」訳宮廷に仕える人たちはゆとりがあるからか、梅を髪に挿してここに集まっていることだ。▼「や」は疑問を表す。❷**あるとでもいうのか**(そんなことはないのに)。〔万葉集 奈良―歌集〕三二「古の人にわれあれやささなみの故き京を見れば悲しき」訳私が昔の人であるとでもいうのか(そんなことはないのに)、このさざなみの(近江の)古い都を見ると悲しいことだ。▼「や」は反語。「…あれや」は逆接で下に続く。❸**あるか**、(いや、ありはしない)。〔万葉集 奈良―歌集〕四一一三「慰むる心し無くは天離る鄙に一日もあるべくもあれや」訳(自分を)慰める心がなければ、都から遠い田舎に一日たりともいられるはずがあろうか、(いやいられるはずもない)。▼「や」は反語。下に続かない場合。◆「や」が詠嘆を表す場合もあるとの説がある。

1 **安房** アワ ⇩安房

2 **阿波** アワ ⇩阿波

3 **あわ**【泡・沫】名詞 **水のあわ。**はかないものにたとえる。〔方丈記 鎌倉―随筆〕「朝に死に、夕べに生まるるならひ、ただ水のあわにぞ似たりける」訳朝死ぬ者があれば、夕方に生まれる者があるという(人の世の)さだめは、ちょうど水の泡に似ていることだ。

あわい【間】⇩あはひ

あわし【淡し】⇩あはし

淡路 アワジ ⇩淡路

あわす【合わす】⇩あはす

粟田口 アワタグチ ⇩粟田口

あわたた・し【慌たたし】形容詞シク {(しく)・しから/しく・しかり/し/しき・しかる/しけれ/しかれ} **落ち着いていられない。気ぜわしい。あわただしい。**〔徒然 鎌倉―随筆〕一九「雨風うち続きて、心あわたたしく散り過ぎぬ」訳雨や風が続いて、(桜は)気ぜわしくすっかり散ってしまった。◆江戸時代以降、「あわただし」とも。

あわ・つ【慌つ・周章つ】自動詞 タ下二 {て/て/つ/つる/つれ/てよ} あわてる。竹取物語 平安 物語 かぐや姫の昇天「公に御文奉り給ふ。あわてぬさまなり」訳帝にお手紙をお書き申し上げなさる。あわてていないようすである。

粟津アワヅ ⇩粟津(あはづ)

あわつけし ⇩あはつけし

あわや ⇩あはや

あわ-ゆき【沫雪・泡雪】名詞 泡のように消えやすい、やわらかな雪。万葉集 奈良 歌集 一六三九「あわゆきのほどろほどろに降りしけば」訳⇩あわゆきの…。

[1]**あわゆき-の**【沫雪の・泡雪の】枕詞 泡のように消えやすいことから「消(け)」にかかる。万葉集 奈良 歌集 一六六二「あわゆきの消ぬべきものを今までに流らへぬるは妹に逢はむとぞ」訳沫雪のように消えんばかりであるのに、今まで生き長らえているのはあなたに逢おうと思うからなのです。

[2]**あわゆきの…** 和歌「沫雪の　ほどろほどろに　降りしけば　奈良の都し　思ほゆるかも」万葉集 奈良 歌集 一六三九・大伴旅人 訳泡のようにとけやすい雪が降って地上にまだらに積もると、奈良の都がひたすら思われることだなあ。

鑑賞 大伴旅人が大宰府在任中に都を懐かしんで詠んだもの。◆「都し」の「し」は強意の副助詞。

あわれ ⇩あはれ

あゐ【藍】アイ 名詞 ❶草の名。あい。古くから、葉や茎は染料に、種子は解熱・解毒に用いられた。たであい。❷❶から製した染料で染めた色。緑色を帯びた暗い青色。藍色。

あゐ-ずり【藍摺り】アイズリ 名詞 藍からとった染料で布や紙に模様をすりつけて染め出すこと。またその布や紙。青摺り。

[1]**あを**【青】アオ 名詞 ❶青い色。本来は、白と黒の間の広い範囲の色で、主として青・緑・藍をさす。❷馬の毛色の名。全体に青みがかった黒色。また、その毛色の馬。

[2]**あを**【襖】アオ 名詞 ❶武官の礼服。襴(=裾に付けた布)がなく、両腋を縫い合わせず、後ろを長く仕立てたもの。「脇明」「闕腋」ともいい、位階によって色にきまりがあった。❷「狩衣」のこと。❸上に着る「袷」の衣服。綿を入れたものもある。防寒用で、男女ともに用いる。

[3]**あを-**【青】アオ 接頭語 人を表す名詞に付けて未熟である、経験が浅いなどの意を表す。「あを侍」「あを道心」。

あを-あらし【青嵐】アオアラシ 名詞 初夏青葉のころを吹き抜けるやや強い風。◆「青嵐(せいらん)」を訓読した語。

あを-いろ【青色】アオイロ 名詞 ❶「あを(青)❶」に同じ。❷染め色の一つ。黄色がかった萌葱色。黄緑色。❸「青色の袍」の略。黄色がかった萌葱色の袍。平安時代には、主として天皇が着用した。六位の蔵人なども許されれば着用した。

あをいろ-すがた【青色姿】アオイロスガタ 名詞「蔵人」が「青色の袍」を身に付けた姿。

あを-うま【青馬・白馬】アオウマ 名詞 ❶毛色が淡い青色の馬。青みを帯びた灰色の馬。万葉集 奈良 歌集 四四九四「水鳥の鴨羽の色のあをうまを今日見る人は限り無しといふ」訳水鳥の鴨の羽の色と同じ青馬を(正月七日の)今日見る人は寿命が限りないということだ。❷白い馬。葦毛の馬。❸「白馬の節会」の略。

あをうま-の-せちゑ【白馬の節会】アオウマノセチエ 名詞 奈良時代から行われた朝廷の年中行事の一つ。正月七日、左右の馬寮から二十一頭の「あをうま」を庭に引き出し、年中の邪気を除くとしてそれを天皇がご覧になって、そのあと宴を行った儀式。「あをうま」は、初めは青毛、または青みをおびた灰色の毛の馬であったが、醍醐天皇のころから白馬に変わった。以後、文字では「白馬」と書くが、慣習によって「あをうま」と読む。季春。参照▶口絵

あを-かき【青垣】アオカキ 名詞 周囲をめぐっている青々とした山々を緑の垣根にたとえた語。国ぼめに用いる。

あをかき-やま【青垣山】アオカキヤマ 名詞 垣根のように連なっている、木々が青々と茂った山々。

あをき-まなこ【青き眼】アオキマナコ 連語 人の訪問を歓迎する目つき。穏やかな目つき。徒然 鎌倉 随筆 一七〇「阮籍があをきまなこ、誰もあるべきことなり」訳阮籍が(気に入った訪問者は)穏やかな目つき(で迎えたというようなこと)は、だれにでもあるはずである。

参考 晋の阮籍が、気に入らない人は白い目で、気に入った人は青い目(=黒い目)で迎えたという故事による。

あを-くちば【青朽ち葉】アオクチバ 名詞 ❶染め色。また、織り色の一つ。青みのある、朽ち葉色(=赤みのある黄色)。織物では縦糸が青、横糸が黄のものをいう。❷襲の色目の一つ。表は青、裏は黄または朽ち葉色。または、表は萌葱色、裏は青ともいう。夏・秋に着用する。

あを-くび【青衿】アオクビ 名詞 青い布で作った着物の襟。▼粗末な着物につける。

あを-くも【青雲】アオクモ 名詞 青みを帯びた雲。一説に、青空の意とも。「あをぐも」とも。

あをくも-の【青雲の】アオクモノ 枕詞 白を含む雲の色から地名の「白肩」に、雲の出る意から「出づ」にかかる。万葉集 奈良 歌集 三五一九「汝が母にこられ我は行くあをくもの出で来我妹子相見て行かむ」訳おまえの母親に叱られて私は帰る。出ておいで、あなたよ。顔を見て帰ろう。

あを-げ【青毛】アオゲ 名詞 (馬などの)青っぽく見える色の毛並み。

あを-ざし【青挿し】アオザシ 名詞 青麦を煎り、臼でひいて糸状にひねった、青みを帯びた菓子。季夏。

あを-さぶらひ【青侍】アオサブライ 名詞 若く身分の低い侍。「あをざむらひ」とも。

あを・し【青し】アオシ 形容詞ク {く・から/く・かり/し/き・かる/けれ/かれ} (色が)青い。広く、青・緑・藍などにいう。

あを-すそご【青裾濃】アオスソゴ 名詞 青い染料で、上のほうを薄く、下にいくにつれだんだんに濃く染めた着物。

あを-ずり【青摺り】アオズリ 名詞「あゐずり」に同じ。

あを-だうしん【青道心】アオドウシン 名詞 ❶出家したてで、まだ仏道修行の心が薄いこと。またそういう僧。今道心。❷いい加減な気持ちで起こした信仰心や慈悲心。

心。◆「あを」は未熟の意の接頭語。

あを-つづら【青葛】（アオツヅラ）名詞 つづらふじなど、山野に自生し、蔓でからみつく低木類。

参考 この蔓は糸のように繰ることができるところから、和歌などで「くる」を導く序詞の一部として用いられることが多い。

あを-に【青丹】（アオニ）名詞 ❶顔料や染料に用いられる、青黒い土。岩緑青。❷染め色の一つ。濃い青色に、黄色の加わった色。参照▼口絵 ❸襲の色目の一つ。表裏ともに、濃い青に黄色がかった色。

あを-にび【青鈍】（アオニビ）名詞 ❶染め色の一つ。青みがかった鈍色。多く仏事の服飾・調度に用いる。参照▼口絵 ❷襲の色目の一つ。表裏ともに、濃い縹色。

あを-にぶ【青鈍】（アオニブ）名詞「あをにび」に同じ。

あをに-よし[1]**【青丹よし】**（アオニヨシ）枕詞 奈良坂の付近で「青丹❶」を産したところから、「奈良」にかかる。「万葉集 奈良―歌集 三二八「あをによし奈良の都は」訳⇩あをによしならのみやこは…。

あをによし…[2] 和歌「青丹よし（＝枕詞） 奈良の都は 咲く花の 匂ふがごとく 今盛りなり」万葉集 奈良―歌集 三二八・小野老 訳奈良の都は、咲いている花が美しく照り映えているように今真っ盛りである。

鑑賞 はなやかな奈良の都の繁栄を賛美したもので、「咲く花の匂ふがごとく」というたとえが巧みである。

あをはた-の【青旗の】（アオハタノ）枕詞 ❶青々と木の茂るようすが青い旗のように見えるところから地名「木幡」にかかる。❷青々と木の茂るようすから、「葛城山」「忍坂山」にかかる。「あをはたの葛城山」「あをはたの忍坂の山」

あを-ひとくさ【青人草】（アオヒトクサ）名詞 人民。▼人の繁栄を草の繁茂にたとえていう。

あを-へど【青反吐】（アオヘド）名詞 なまなましい嘔吐物。激しく吐いたへど。

あをみ-わた・る【青み渡る】（アオミワタル）自動詞ラ四 ｛ら／り／る／る／れ／れ｝一面に青々となる。徒然 鎌倉―随筆 一〇四「梢も庭もめづらしくあをみわたりたる」訳梢も庭も新鮮な感じに一面に青々となっている。

あを・む【青む】（アオム）自動詞マ四 ｛ま／み／む／む／め／め｝❶青くなる。青みを帯びる。徒然 鎌倉―随筆 一三七「いと心深うあをみたるやうにて」訳いかにも趣深く、青みを帯びているようで。❷（草木が）青々と茂る。奥の細道 江戸―紀行 平泉「城春にして草あをみたり」訳城は春になって草が青々と茂っている。

あを-やか・なり【青やかなり】（アオヤカナリ）形容動詞ナリ ｛なら／なり・に／なり／なる／なれ／なれ｝青々としている。青く鮮やかだ。枕草子 平安―随筆 なまめかしきもの「あをやかなる御簾の下より、几帳の朽木形いとつややかにて」訳青々とした簾の下から、几帳の帷の朽木の板目をかたどった模様がとてもつやつやと見えて。

あを-やぎ【青柳】（アオヤギ）名詞 春になって青々と芽をふき始めた柳。「あをやなぎ」とも。季春。

あをやぎ-の[1]**【青柳の】**（アオヤギノ）枕詞 ❶その葉の形がまゆ毛に似ているところから、「細き眉根」にかかる。万葉集 奈良―歌集 四一九二「あをやぎの細き眉根を笑み曲がり」訳青柳のように細い眉を曲げてほほえみ。❷その枝を「糸」に見立てて、糸と同音の副詞「いと」「いとど」に、また、枝を「鬘」にするので地名「葛城山」にかかる。

あをやぎの…[2] 和歌「青柳の（＝枕詞） 糸よりかくる 春しもぞ 乱れて花の ほころびにける」古今 平安―歌集 春上・紀貫之 訳青柳が糸を縒り合わせたように風になびいているこの春に、一方では桜の花が咲き乱れていたんだなあ。

鑑賞「糸」「よる」「かく」「張る（春）」「乱れ」「ほころび」は縁語。風になびく青柳の細枝と、咲きそめた桜の花という、緑と紅の色の対比。都の春の景を色彩豊かにとらえている。柳と桜はともに都の春を彩る代表的な景物。縁語を多用した古今集的な歌である。

あをやぎ-の-いと【青柳の糸】（アオヤギノイト）連語 青い柳の枝を糸にたとえた語。

あん【案】名詞 ❶物を載せる台。机。❷文書の下書き。草案。❸予想。推量。思案。工夫。計略。

あん-ぎゃ*【行脚】名詞／―す自動詞サ変 ❶仏教語。禅僧が諸国を巡って仏法を修行すること。また、その僧。❷広く、修行などのために諸国を歩いて回ること。また、その人。

あん-ぐう【行宮】名詞 天皇の旅行の際、その地に一時的に設けられる御所。行在所。

あん-ご【安居】名詞 仏教語。僧が陰暦四月十六日から三か月間、外出しないで一室にこもり、経典の講読などの仏法修行に専念すること。夏安居。夏籠り。季夏。

あんざい-しょ【行在所】名詞「あんぐう」に同じ。

あんさつ-し【按察使】名詞「あぜち」に同じ。

あんじ-さだ・む【案じ定む】他動詞マ下二 ｛め／め／む／むる／むれ／めよ｝よく考えて決める。徒然 鎌倉―随筆 一八八「第一のことをあんじさだめて」訳一番大切なことをよく考えて決めて。

あん-じち【庵室】名詞 僧など、世を捨てた人が住む粗末な住まい。いおり。「あんじつ」とも。

あん-じつ【庵室】名詞「あんじち」に同じ。

あんしょう-の-ぜんじ【暗証の禅師】連語 座禅ばかりしていて教理をおろそかにする禅僧。◆他宗の者があざけって言う言葉。

あんじ-・ゐる【案じ居る】（アンジイル）他動詞ワ上一 ｛ゐ／ゐ／ゐる／ゐる／ゐれ／ゐよ｝思案をしている。考えこんでいる。徒然 鎌倉―随筆 一九四「あんじゐたる人あり」訳考え込んでいる人がある。

あん-じん【安心】名詞 仏教語。信仰によって心の動揺をなくし、迷いのない境地に達すること。

あん-・ず[1]**【按ず】**他動詞サ変 ｛ぜ／じ／ず／ずる／ずれ／ぜよ｝❶指先で押さえる。太平記 室町―物語 二一「右の御手には御剣をあんじて」訳右のお手ではお刀を押さえて。◇特に、刀の柄に手をかける意に用いる。❷（弦楽器の）弦を指で押さえて音を出す。源氏物語 平安―物語 若菜下「揺しあんずるいとまも、心あわたたしければ」訳弦を手でゆすぶり押さえて琴を弾くゆとりも、気ぜわしいので。◇琴の演奏法。

あん-・ず[2]**【案ず】**他動詞サ変 ｛ぜ／じ／ず／ずる／ずれ／ぜよ｝❶あれこれと考える。工夫する。徒然 鎌倉―随筆 一一六「深くあんじ、才覚を現さん」訳深く考え、学識を見せよう。❷心配する。思い煩う。平家物語 鎌倉―物語 五・福原院宣「思はじ事なうあんじつづけて」訳思わないことはなく

(＝考えられるすべてを)心配しつづけて。

あん-ぢ【安置】（ジアン） 名詞 ／―す 他動詞 サ変 神仏の像などをあがめ尊んで据えること。方丈記 鎌倉―随筆「阿弥陀(あみだ)の絵像をあんぢし」訳 阿弥陀仏の画像をあがめて据え。◆後には「あんち」とも。

あん-ど【安堵】 一 名詞 ／―す 自動詞 サ変 ❶その居所に安心して住むこと。安住する。著聞集 鎌倉―説話 四四二「八幡(はちまん)にもあんどせず」訳 八幡にも安住できなく。❷心が落ち着くこと。安心すること。平家物語 鎌倉―物語 一〇・三日平氏「いまだあんどしても存じ候はねば」訳 まだ安心してもおりませんので。
二 名詞 ／―す 他動詞 サ変 鎌倉時代以後、将軍や領主が武士や寺社の土地などの所有を認めること。また、その旨を記した文書。

あん-どん【行灯】 名詞 照明器具の一つ。角形または円形の木・竹などの枠に紙を張り、中に油皿を置いて火をともす。もと、さげて持ち歩いたが、江戸時代には室内に置いた。「あんど」「あんどう」とも。

(行灯)

あん-ない【案内】 名詞 ／―す 他動詞 サ変「あない」に同じ。

あんない-しゃ【案内者】 名詞 ❶その土地・場所のようすをよく知っている人。❷道案内をする人。

あん-なり 連語
なりたち ラ変動詞「あり」の連体形＋推定・伝聞の助動詞「なり」からなる「あるなり」の撥(はつ)音便形。
あるように聞く。あるそうだ。あるようだ。更級 平安―日記 かどで「世の中に物語といふ物のあんなるを」訳 世の中に物語というものがあるそうだが。◆ふつう「あなり」と表記される。⇩あなり

あん-に-お・つ【案に落つ】 連語 思ったとおりになる。思うつぼにはまる。今昔物語 平安―説話 二八・八「何(い)かでか心を得ずして、基増(きぞう)が、あんにおちてかく言はれたるこそつたなけれ」訳 (相手の)心がどうであるか気づかないで、基増(＝人名)が、(相手の)思うつぼにはまってこのように言われてしまったのは愚かなことだ。

あん-に-たが・ふ【案に違ふ】（アンニタガウ） 連語 予想と相違する。予想に反する。著聞集 鎌倉―説話 六九九「にかへりたる湯を、穴の口にくみ入れたりけるほどに、あんにたがはず、蛇(くちなは)いでて」訳 熱湯をくんで穴の口に入れたところ、予想に反せず、蛇は(鼠(ねずみ)の穴から)出て。

あん-の-うち【案の内】 連語 考えのとおり。計画どおり。思いのまま。平家物語 鎌倉―物語 一〇・千手前「平家を滅ぼさんのあんのうちに候へども」訳 平家を滅ぼそうということは考えのとおりでございましたが。

あん-の-ごと・く【案の如く】 連語
なりたち 名詞「あん」＋格助詞「の」＋比況の助動詞「ごとし」の連用形
考えていたとおり。思ったとおり。案の定。平家物語 鎌倉―物語 四・宮御最期「あんのごとく宮は三十騎ばかりで落ちさせ給(たま)ひけるを」訳 思ったとおり高倉宮は三十騎ほどの騎馬武者をつれてお逃げになったので。

あん-の-ほか【案の外】 連語 思いも及ばない。予想外。今昔物語 平安―説話 二五・九「かの奴(やっこ)はあんのほかにて迷はめ」訳 あいつは予想外であって戸惑ったのであろう。

あん-ばい【塩梅】 名詞 ❶料理の味加減を調えること。また、その味加減。特に、よい味加減。❷物事の具合。また、物事のやり方。❸体の具合。健康状態。

あんふく-でん【安福殿】 名詞 平安京内裏(だいり)内の建物。紫宸殿(ししんでん)の西南、清涼殿、校書殿(きょうしょでん)の南にある。医薬関係の部門が置かれた。侍医・薬生の控え所。「あんぷくでん」とも。

あん-べし 連語
なりたち ラ変動詞「あり」の連体形＋推量の助動詞「べし」からなる「あるべし」の撥(はつ)音便形。
あるだろう。あるはずだ。あるにちがいない。◆ふつう「あべし」と表記される。⇩あべし

あん-めり 連語
なりたち ラ変動詞「あり」の連体形＋推定の助動詞「めり」からなる「あるめり」の撥(はつ)音便形。
あるように見える。あるようだ。蜻蛉 平安―日記 上「わが家とおぼしき所は、ことになむあんめれば」訳 自分の家と考えているらしい所は、(私の所とは)違っているようだから。◆ふつう「あめり」と表記される。⇩あめり

あんら【菴羅】 名詞 熱帯産の高木。マンゴー。
参考 仏典に見えるインドの木。花は咲くが実は少ないところから、仏道に志すものは多いが大成するものは少ないということのたとえに用いられる。

安楽庵策伝(あんらくあんさくでん) 人名 (一五五四～一六四二)江戸時代前期の噺本(はなしぼん)作者。京都の誓願寺(せいがんじ)竹林院の住職で、境内に茶室安楽庵を作った。貴人・文人との交友が広く、和歌・狂歌に長じ、話術の名人で、咄家(はなしか)の祖といわれる。噺本『醒睡笑(せいすいしょう)』の著者。

あん-をん・なり【安穏なり】（アンノンナリ） 形容動詞 ナリ {なら／なり・に／なり／なる／なれ／なれ} 何事もなく安らかで穏やかだ。平穏無事だ。平家物語 鎌倉―物語 一二・六代「命生きてあんをんに都まで上りつくべし」訳 生きながらえて平穏無事に都まで上りつけるだろう。

イ[1]〘位・囲・威・為・韋・違・遺〙⇩ゐ

い[2]〘井・亥・居・率・猪〙⇩ゐ

い[3]【異】名詞 ❶普通と違うこと。不思議なこと。❷仏教語。四相(=万物が変化していく四種の相)の一つ。物事が変化していくこと。

い[4]【寝・睡】名詞 **眠ること。睡眠。**更級 平安―日記 かどで「恐ろしくていも寝られず」訳恐ろしくて、眠ることもできない。参考 単独では用いられず、「朝寝」「熟寝」「安寝」などの複合語を作るか、助詞「を」「も」などを伴い、動詞「寝ぬ」と共に「いを寝ぬ」「いも寝ぬ」として打消の語を下接して用いられる。

い[5]【網】名詞 くもの糸。また、その巣。

い[6] 終助詞《接続》種々の語に付く。〔念押し〕**…よ。**末広がり 室町―狂言「習うて成ることならば教へてくだされい」訳習って(たやすく)できることなら教えてくださいよ。◆室町時代以降の語。

い[7] 間投助詞《接続》体言や活用語の連体形に付く。〔強調〕**…こそ。とくにその。**万葉集 奈良―歌集 一八五一「春風に乱れぬい間に」訳春風に乱れてしまわないその間に。◆奈良時代以前の語。
参考 主語の下に付く「い」を格助詞、副助詞「し」・係助詞「は」の上に付く「い」を副助詞とする説がある。

い-[8] 接頭語 動詞に付いて、意味を強める。「い隠る」「い通ふ」「い行く」。◆奈良時代以前の語。

い-[9]【斎】接頭語 不浄を清める意を表す。〔神事に関する名詞に付いて〕**神聖な。清浄な。**「い垣」

い-あ・つ【射中つ】他動詞タ下二{て/て/つ/つる/つれ/てよ}(矢を)**命中させる。**大和物語 平安―物語 一四七「それをいあて給へらむ人に奉らむ」訳それ(=水鳥)に命中させなさった人に(娘を)差し上げよう。

いい〘言い・飯〙⇩いひ

飯尾宗祇⇩飯尾宗祇

いいがいなし〘言い甲斐無し〙⇩いひがひなし

いう〘言う〙⇩いふ

いう-えん・なり【優艶なり】形容動詞ナリ{なら/なり・に/なり/なる/なれ/なれ}**優美で上品だ。風情がある。**六百番歌合 鎌倉―歌集 恋七「歌はいうえんならんことをこそ庶幾すべきなのを」訳和歌は優美で上品であることを期待すべきなのを。

いうかいなし〘言う甲斐無し〙⇩いふかひなし

いう-きょ【幽居】名詞／―す 自動詞サ変 俗世間を避けて引きこもって静かに暮らすこと。また、その住まい。奥の細道 江戸―紀行 象潟「まづ、能因島に舟をよせて、三年幽居の跡をとぶらひ」訳最初に能因島に舟を寄せて、(能因法師が)三年間引きこもって静かに暮らした住まいの跡を訪ね。

いう-くん【遊君】名詞「いうぢょ」に同じ。

いう-げん【幽玄】名詞

❶奥深い境地。古今 平安―歌集 真名序「興、いうげんに入る」訳趣は奥深い境地に入る。

❷優雅な深い味わい。徒然 鎌倉―随筆 一二二「詩歌に巧みに、糸竹に妙なるは、いうげんの道」訳漢詩や和歌を作るのが上手で、管弦にすぐれているのは、優雅な深い味わいの(芸術の)道(であって)。

❸優しく上品な美しさ。歌論・連歌論・能楽論などの美的理念を表す語。花鏡 室町―論 幽玄之入階事「ただ美しく柔和なる体、いうげんの本体なり」訳もっぱら美しく柔和なありさまが、幽玄の本質である。⇩幽玄

いうげん-たい【幽玄体】名詞「幽玄」の趣をそなえた和歌・連歌などの歌体。言外に奥深い情趣・余情のある歌体をいい、室町時代ごろからは優雅で穏やかな美しさのある歌体をもさす。「いうげんてい」とも。

いう-げん・なり[*]【幽玄なり】形容動詞ナリ{なら/なり・に/なり/なる/なれ/なれ}❶**優雅で深い味わいがある。奥深く神秘的だ。**愚管抄 鎌倉―論 四「内裏の御事はいうげんにて、やさやさとのみ思ひならへる人の言ふなるべし」訳宮中に関する事柄に優雅で深い味わいがあって と ても優美なものと思いこんでいる人の言うことであろう。

❷**閑寂だ。**一言芳談 鎌倉―論「いうげんなる棲にうそぶきたるばかりを持て」訳閑寂な住まいに平然と暮らしているだけで。

❸**深い余情が言外に漂っている。**御裳濯河歌合 鎌倉―歌集「鴫立つ沢のと言へる、心いうげんに、姿及びがたし」訳鴫立つ沢のと詠んだ歌(⇩こころなき…。)は、内容に深い余情が言外に漂っており、表現も追いつくのがむずかしい(ほどすぐれている)。

いう-し[1]【遊子】名詞 家を離れて他郷にある人。**旅人。**枕草子 平安―随筆 大納言殿まゐりたまひて「いうしなほ残りの月に行く」訳旅人はやはり月の残っている中を歩き続ける。千曲川旅情 明治―詩集 島崎藤村「小諸なる古城のほとり、雲白くいうし悲しむ」訳小諸(=長野県にある市)にある古城のあたり、(青空に)雲は白く(浮かび)、旅人が嘆いている。

いう-し[2]【猶子】名詞 ❶甥、または姪。兄弟の子。❷養子。◆「いうじ」とも。
参考『礼記』の「兄弟の子は猶子のごとし」から。

いう-しょく【有識・有職】名詞「いうそく」に同じ。

いうぜんとして… 俳句「悠然として 山を見る 蛙かな」おらが春 江戸―句集 俳文・一茶 訳春の昼下がり、一匹のかえるが悠然とした態度で大きな山と向かい合っている。
鑑賞 中国、東晋の陶淵明の有名な詩の一節「菊を採る東籬(=東の垣根)の下、悠然として南山を見る」を踏まえており、ゆったりと落ち着いた隠者風のかえるの姿がユーモラスである。季語は「蛙」で、季は春。

いう-そく【有識・有職】名詞

❶**学識者。博識。物知り。**▼学問に通じている人。源氏物語 平安―物語 藤裏葉「君は末の世にあまるまで、天の下のいうそくに物し給ふめるを」訳あなたは、この末法の世にはできすぎたほどの天下の学識者でいらっ

しゃるようだが。❷名人。名手。達人。▼芸能の道に優れた人。源氏物語 平安―物語 若菜下「ただいま、いうそくの覚え高き、その人かの人」訳現在、(音楽の)名人として評判の高い、あの人この人。❸教養・容貌・家柄・人格などがすぐれた人。大鏡 平安―物語 道長下「いかでかさるいうそくをば、ものげなき若人にては取り込められしぞ」訳どうしてそんな容貌のすぐれた女性を、たいしたことのない若者の身で手に入れなさったのか。❹(朝廷・公家などの)儀式・官職などの先例・制度に通じていること。また、その人。徒然 鎌倉―随筆 四八「いうそくの振る舞ひ、やんごとなきことなり」訳儀式・官職の先例に通じた行いは、りっぱなことである。◆「いうしょく」とも。

いう-そく・なり【有識なり・有職なり】(ユウソクナリ) 形容動詞ナリ {なら/なり・に/なり/なる/なれ/なれ} **物事に通じている。優れている。**▼教養のあるさま。大鏡 平安―物語 伊尹「御心だましひいと賢く、いうそくにおはしまして」訳ご才覚がたいへん優れ、(礼儀・作法などの)物事に通じておいでになり。

いう-ぢょ【遊女】(ユウジョ) 名詞 ❶招かれて歌舞・音曲を演じるなどして、客の遊興の相手をすることを職業とする女。「白拍子」「傀儡」などもこの類。「遊び女」「遊君」とも。❷江戸時代以降、官許の遊郭に抱えられた女と、各地にいた官許を得ていない私娼。女郎。

いう・なり【優なり】(ユウナリ) 形容動詞ナリ {なら/なり・に/なり/なる/なれ/なれ}

語義の扉

漢語「優」を元に生まれた形容動詞。

漢語の窓 漢字「優」のなりたちは、「憂」と「人」の会意兼形声。すぐれている、美しくひいでている、ゆたかである、がさつかない意。

日本語化した「優なり」は、ゆったりと落ち着いた、上品で優雅な、教養が感じられるような美しさを表す。

❶すぐれていて立派だ。
❷上品で美しい。優雅だ。優美だ。

❶**すぐれていて立派だ。すばらしくすぐれている。**竹取物語 平安―物語 御門の求婚「かぐや姫のかたちいうにおはすなり」訳かぐや姫の容貌はすばらしくすぐれていらっしゃるそうだ。❷**上品で美しい。優雅だ。優美だ。**徒然 鎌倉―随筆 三二「なほ事ざまのいうにおぼえて、物の隠れよりしばし見ゐたるに」訳(自分は)それでもやはり、(この家に住む)人のようすが優雅に感じられて、物陰からしばらく見続けていると。

いう-ひつ【右筆・祐筆】(ユウヒツ) 名詞 ❶筆をとって文章を書くこと。❷文筆にたずさわって仕官する者。文官。❸武家の職名の一つ。文書の書写や記録にあたる職。書記。

いう-ゑん・なり【幽遠なり】(ユウエンナリ) 形容動詞ナリ {なら/なり・に/なり/なる/なれ/なれ} **奥深く微妙な味わいがある。**許六離別詞 江戸―俳文 俳文・芭蕉「そのいうゑんなるところ、予が見るところにあらず」訳その(許六の絵に)奥深く微妙な味わいがあるところは、私などのうかがい知るところではない。

いえ【家】⇩いへ

いえども【雖も】⇩いへども

いお[1]【魚】⇩いを

いお[2]【庵・廬】⇩いほ

いおり【庵・廬】⇩いほり

いか[1]【五十日】 名詞 ❶五十日。五十日間。❷「五十日の祝ひ」の略。❸「五十日の餅」の略。

い-か[2]【衣架】 名詞 衣類を掛ける家具。衣桁。

(衣架)

いか[3]【紙鳶・凧】 名詞「いかのぼり」に同じ。◆上方語。

伊賀 地名 旧国名。東海道十五か国の一つ。今の三重県北西部。伊州。賀州。参照▼資料21

いか・い【厳い】 形容詞 口語 ❶**大きい。**鈍根草 室町―狂言 狂言「聞き及うだよりいかい川ぢや」訳聞いていたより大きい川だ。❷**はなはだしい。たいそうだ。**油地獄 江戸―浄瑠 浄瑠・近松「いかいお世話でござんしょ」訳たいそうなご心労でございましょう。◆「いかし」の口語形。

いかいか-と 副詞 **おぎゃあおぎゃあと。**赤ん坊の泣き声を表す。「いがいがと」とも。今昔物語 平安―説話 二七・四三「児の音にていかいかと哭くなり」訳赤ん坊の声でおぎゃあおぎゃあと泣くのである。

いかい-こと【厳い事】 副詞 **たくさん。たいそう。**浮世風呂 江戸―物語 滑稽「おらがとこじやあ、いかいこと買つたよ」訳私のところでは、たくさん買ったよ。

いかう【厳う】(イコウ) 副詞 **はなはだしく。ひどく。**冥途飛脚 江戸―浄瑠 浄瑠・近松「ああいかう酒くさい」訳ああひどく酒くさい。◆形容詞「いかい」の連用形「いかく」のウ音便。

いかう-に【一向に】(イコウ) 副詞 **ひたすら。もっぱら。**落窪物語 平安―物語 二「医師なり。御病もふとやめたてまつりて。今宵よりはいかうにあひ頼みたまへ」訳医者ですよ。御病気もたやすくお治し申し上げますから。今夜からは、ひたすらに(私を)頼りになさってください。◆「いっかうに」の促音「っ」が表記されない形。

いかが【如何】 副詞

語義の扉

もともと「いかに」に係助詞「か」が付いた「いかにか」の変化形「いかんが」を経て生まれた語で、疑問や反語の意を表す。「か」の作用で、文末に位置する活用語は連体形になる。

❶(疑問)どのように…か。
❷(反語)どうして…か、いや、そんなことはない。
❸(ためらい・心配)どんなものだろうか。

―❹（相手に問いかける）どのようであるか。どうであるか。

❶どのように…か。どんなに…か。▼疑問の意を表す。徒然 鎌倉―随筆 三一「この雪いかが見ると、一筆のたまはせぬほどのひがひがしからん人の仰せらるること、聞き入るべきかは」訳この雪をどのように見るかと、手紙に一言もおっしゃらないほどの情趣を解さないような人が言われることを、聞き入れることができようか、いや、できない。

❷どうして…か、いや、そんなことはない。▼反語の意を表す。竹取物語 平安―物語 竜の頸の玉「いはむや、竜の頸の玉はいかが取らむ」訳まして、竜の首の玉などどうして取ることができようか、いや、とてもできない。

❸どんなものだろうか。どうしたものだろうか。▼ためらいや、心配する気持ちを表す。徒然 鎌倉―随筆 二三一「皆人、別当入道の包丁を見ばやと思へども、たやすくうち出でむもいかがとためらひけるを」訳すべての人が、別当入道の料理の腕前を見たいと思うが、軽率に口に出して言うのもどんなものだろうかとためらっていたところ。

❹どのようであるか。どうであるか。▼相手に問いかける語。竹取物語 平安―物語 燕の子安貝「『御心地はいかが思さるる』と問へば」訳ご気分はどのように感じていらっしゃるかと尋ねると。

いかが-し-けむ【如何しけむ】連語
なりたち 副詞「いかが」＋サ変動詞「す」の連用形＋過去推量の助動詞「けむ」の連体形
どうしたのだろうか。竹取物語 平安―物語 竜の頸の玉「いかがしけむ、疾き風吹きて、世界暗がりて、船を吹きもて歩く」訳どうしたのだろうか、激しい風が吹いて、あたり一帯が暗くなって、船を吹き動かして行く。

いかが-す-べから-む【如何すべからむ】連語
なりたち 副詞「いかが」＋サ変動詞「す」の終止形＋推量の助動詞「べし」の未然形＋推量の助動詞「む」の連体形
どうしたらよいだろうか。大鏡 平安―物語 時平「不便なりと見れど、いかがすべからむ」訳不都合なことだとは思われるけれども、どうしたらよいだろうか。

いかが-す-べき【如何すべき】連語
なりたち 副詞「いかが」＋サ変動詞「す」の終止形＋推量の助動詞「べし」の連体形
（相手に問いかけて）どうしようか。どうしたらよいだろうか。竹取物語 平安―物語 燕の子安貝「『いかがすべき』と思しわづらふに」訳「どうしたらよいだろうか」と頭を悩ましていらっしゃるときに。

いかが-せ-まし【如何せまし】連語
なりたち 副詞「いかが」＋サ変動詞「す」の未然形＋推量の助動詞「まし」の連体形
どうしたらよいだろう（か）。どうしたものだろう（か）。著聞集 鎌倉―説話 六九九「女おそろしく思ひて、いかがせましと思ひたるところに」訳女は（蛇を）恐しく思って、どうしたらよいだろうかと思っているところに。

いかが-せ-む【如何せむ】連語
なりたち 副詞＋サ変動詞＋「す」㊍＋推量の助動詞「む」㊍
❶疑問の意を表す。どうしようか。どうすればよいだろうか。徒然 鎌倉―随筆 一七七「御鞠ありけるに、雨降りてのち、いまだ庭の乾かざりければ、いかがせむと沙汰ありけるに」訳蹴鞠の会があったときに、雨が降ってその後、まだ庭が乾かなかったので、どうしようかと評議があったときに。
❷反語の意を表す。どうしようか、いや、どうしようもない。しかたがない。枕草子 平安―随筆 鳥は「夜鳴かぬもいぎたなき心地すれども、今はいかがせむ」訳夜鳴かないのも寝坊な感じがするけれども、今さらどうしようか、いや、どうしようもない。

いかが-は【如何は】連語 ❶疑問の意を表す。いったいどのように。紫式部 平安―日記 寛弘五・九・一五「『女房さかづき』などあるをり、いかがはいふべき」訳（祝宴で）「女房よ、盃を（受けて歌を詠め）」などと言われたとき、どのように詠んだらよいだろう。❷程度の強意を表す。どんなに…か。どれほど…か。土佐日記 平安―日記 二・一六「この家にて生まれし女子のもろともに帰らねば、いかがは悲しき」訳この家で生まれた女の子がみんなといっしょに帰ってこないので、どんなに悲しいことか。❸反語の意を表す。どうして…か、いや、…ない。竹取物語 平安―物語 竜の頸の玉「君の仰せ言をば、いかがは背くべき」訳主君のご命令をどうして背くことができようか、いや、できない。
語法 文末の活用語は連体形となる。
参考 副詞「いかが」が係助詞「は」によって補強され、語勢を強めたもの。

いかが-は-す-べき【如何はすべき】連語
なりたち 副詞「いかが」＋係助詞「は」＋サ変動詞「す」の終止形＋推量の助動詞「べし」の連体形
いったいどうしたらよいのだろうか。蜻蛉 平安―日記 上「いかがはすべきなど、よろづに思ふことのみ繁きを」訳いったいどうしたらよいのかなど、すべてに悩むことばかり多いので。

いかが-は-せ-む【如何はせむ】連語
なりたち 副詞「いかが」＋係助詞「は」＋サ変動詞「す」の未然形＋推量の助動詞「む」の連体形
❶疑問の意を表す。どうしようか。どうしたらよいだろうか。徒然 鎌倉―随筆 五三「酒宴ことさめて、いかがはせむと惑ひけり」訳酒宴は興ざめになって、どうしようかと途方に暮れた。❷反語の意を表す。どうしようか、いや、どうにもならない。しかたがない。枕草子 平安―随筆 大進生昌が家に「いとにくく腹立たしけれども、いかがはせむ」訳しゃくにさわって腹立たしいけれども、どうしようか、いや、どうにもならない。
参考「いかがはせむ」は、「いかがせむ」が係助詞「は」によって補強されたもの。

い-かか・る【い懸かる】自動詞ラ四（ら/り/る/る/れ/れ）かかる。かぶさる。万葉集 奈良―歌集 三五一八「岩の上にいかかる雲の」訳岩の上にかぶさる雲のように。◆「い」は強めの意味の接頭語。

い-がき【斎垣】名詞（みだりに人の入ることを許さない）神社のまわりの垣。玉垣。瑞垣。「いかき」とも。◆「い」は神聖の意を表す接頭語。

い-か・く【沃懸く】他動詞カ下二（け/け/く/くる/くれ/けよ）注ぎかける。あびせる。枕草子 平安―随筆 陰陽師のもとなる「酒・水いかけさせよ」訳酒や水を注ぎかけさせよ。

い

い-かく・る【い隠る】自動詞ラ四〈ら/り/る/る/れ/れ〉隠れる。万葉集 奈良-歌集 一七「あをによし奈良の山の山の際にいかくるまで」訳⇒うまさけ…。◆「い」は強めの意味の接頭語。奈良時代以前の語。

いかけ-ぢ【沃懸地】名詞 蒔絵の技法の一つ。漆塗りの上に金粉や銀粉を流し、さらに漆を塗り重ねて磨き上げたもの。「いっかけぢ」とも。

いか-さま【如何様】

一 副詞 ❶きっと。確かに。平家物語 鎌倉-物語 一・祇王「いかさまこれは祇といふ文字を名について、かくはめでたきやらん」訳きっとこれは「祇」という文字を名前につけているので、このようにすばらしい運なのだろうか。

❷ぜひとも。羽衣 室町-能楽 謡曲「いかさま取りて帰り、古き人にも見せ、家の宝となさばや」訳ぜひとも（羽衣を）取って帰り、古老にも見せ、家宝としたい。◆形容動詞「いかさまなり」の連用形「いかさまに」に係助詞「も」が付いた「いかさまにも」の略。

二 感動詞 いかにも。なるほど。▼相手の言葉に同意して答える。土筆 室町-狂言 狂言『これは芍薬草にござる』『いかさま、芍薬と見えました』訳「これは芍薬草です」「いかにも、芍薬と思われました」。

参考 現代語のいんちき・偽物の意の「いかさま」はいかにも本当らしく見せる「いかさまもの」の略で、江戸時代の中期以降の語である。

***いか-さま・なり**【如何様なり】形容動詞ナリ〈なら/なり・に/なり/なる/なれ/なれ〉どのようだ。どんな具合だ。源氏物語 平安-物語 若紫「よし、のちにも人はまいりなむとて御車寄せさせ給へば、あさましう、いかさまにと思ひあへり」訳「よし、後からでも女房は参ればよい」といってお車を寄せさせなさるので驚き、どのように(しよう)と一様に思っていた。

いかさまに-か【如何様にか】連語

なりたち 形容動詞「いかさまなり」の連用形＋係助詞「か」

❶「いかさまにかせむ」の略。どうしよう。どうしたらよいだろう。源氏物語 平安-物語 桐壺「浅からぬ気色にて臥したれば、『いかさまにか』と、思し召しまどはる」訳意識もないようなようすで横になっているので、（帝は）「どうしたらよいだろう」と途方にくれていらっしゃる。❷どのように…か。源氏物語 平安-物語 若紫「宮の渡らせたまはんには、いかさまにか聞こえやらん」訳父宮がこちらにおいでになりましたときは、どのように申し上げましょうか。

いかさまに-も【如何様にも】連語

なりたち 形容動詞「いかさまなり」の連用形＋係助詞「も」

❶自分の判断を確信して推量する。どうみても。きっと。確かに。平家物語 鎌倉-物語 九・坂落「いかさまにも上の山より源氏おとすにこそ」訳どうみても上の山から源氏が攻め降りてくるだろう。❷強い依頼や意志を表す。なんとか。ぜひ。なんとしても。平家物語 鎌倉-物語 二・小教訓「いかさまにも御声のいづべう候」訳なんとかお声が出るはずです。

いか・し【厳し】

一 形容詞ク〈く・から/く・かり/し/き・かる/けれ/かれ〉激しく荒々しい。源氏物語 平安-物語 葵「うつつにも似ず、猛くいかきひたぶる心出できて」訳正気の時とはちがって、強く激しく荒々しい一途な心が出てきて。

二 形容詞シク〈しく・しから/しく・しかり/し/しき・しかる/しけれ/しかれ〉❶いかめしく立派だ。❷勢いが盛んだ。

参考 二は奈良時代以前の語で、多くは終止形(語幹)が体言を修飾したり、助詞「の」を伴ったりして使われた。「いかしの御世」など。

いかずち【雷】⇒いかづち

いが-たうめ【伊賀専女・伊賀姥】名詞 ❶きつねの別名。❷仲立ちをする人。仲人。◇口がうまく人をだますことの多い仲人をきつねにたとえたことば。

いかだ-し【筏師】名詞 いかだに乗り、木材などを川下に運ぶことを職業とする人。いかだ乗り。

いかづち【雷】名詞 かみなり。季夏。

いか-で【如何で】副詞

語義の扉

「どうして」の意で疑問・反語になる用法と、「どうにかして…したい」の意で強い願望を表す用法がある。

❶(疑問)どうして。どういうわけで。どのようにして。
❷(反語)どうして…か、いや、そんなことはない。
❸(願望)どうにかして。ぜひとも。

❶〈推量の語を下接して〉どうして。どういうわけで。どのようにして。▼理由や方法について、疑問の意を表す。源氏物語 平安-物語 若紫「ただ今、おのれ見捨て奉らば、いかで世におはせむとすらむ」訳たった今、私が（あなたを）あとにお残し申して死んでしまったら、どのようにしてこの世を生きていこうとなさるのだろうか。

❷〈推量の語を下接して〉どうして…か、いや、そんなことはない。▼反語の意を表す。源氏物語 平安-物語 桐壺「雲の上も涙にくるる秋の月いかですむらむ浅茅生の宿」訳⇒くものうへも…。

❸〈主に願望・意志の語を下接して〉どうにかして。ぜひとも。なんとしても。▼強い願望の意を表す。竹取物語 平安-物語 貴公子たちの求婚「世界の男、あてなるもいやしきも、いかでこのかぐや姫を得てしがな、見てしがなと、音に聞き、めでて惑ふ」訳世の中の男は、身分の高い者も身分の低い者も、どうにかしてこのかぐや姫を手に入れたいものだなあ、結婚したいものだなあと、うわさに聞いて思い慕って思い乱れる。

「いかで」と願望の呼応
いかでとく京へもがな。（願望の終助詞）
（どうにかして早く京へ帰りたい。）

いかで-か【如何でか】連語

なりたち 副詞「いかで」＋係助詞「か」

❶反語の意を表す。どうして…か、いや、そんなはずはない。竹取物語 平安-物語 かぐや姫の昇天「いざ、かぐや

姫、汚き所に、いかでか久しくおはせむ」訳さあ、かぐや姫よ、(このような)けがれたところ(=この世)に、どうして長い間いらっしゃることがあろうか、いや、ない。❷疑問の意を表す。どうして。どのようにして。伊勢物語 平安―物語 九「かかる道はいかでかいますると言ふを見れば見し人なりけり」訳「このような道にどうしていらっしゃるのか」と言うのを見ると、以前に会った人であった。❸願望の意を表す。なんとかして。宇治拾遺 鎌倉―説話 四・七「いかでか心にいらんと思ひたる郎等(らうどう)の」訳なんとかして気に入られたいと思っている家来の。

いかで-かは【如何でかは】 連語

なりたち 副詞「いかで」＋係助詞「かは」

❶強い願望の意を表す。**どうにかして。なんとかして。** 源氏物語 平安―物語 明石「いと興ありける事かな。いかでかは聞くべき」訳たいそう興味をひかれることだ。なんとかして聞きたいものだ。❷疑問の意を表す。**いったいどうして。どのようにして。** 伊勢物語 平安―物語 五三「いかでかは鳥の鳴くらむ人知れず思ふ心はまだ夜深きに」訳いったいどうして(夜明けを告げる)鶏が鳴くのだろうか。ひそかにあなたを思う心はまだ暗い夜であるのに。❸強い反語の意を表す。**どうして…か、いや、…ない。** 伊勢物語 平安―物語 三三「こもり江に思ふ心をいかでかは舟さす棹(さを)のさして知るべき」訳隠れてみえない入り江のようにひそかに恋しく思っている心の中をどうして舟のさおでさし示すようにはっきりと知り得ようか、いや、知り得ない。

参考 「いかでか」を強めたもの。意味は、「いかで」「いかでか」に比べると最も強い。

†**いかで-とく-きゃう-へ-もがな【如何で疾く京へもがな】** 土佐日記 平安―日記 一・一一「男も女も、『いかでとくきゃうへもがな』と思ふ心あれば」訳男も女も、「どうにかして早く京へ帰りたいものだ」と思う心があるので。

品詞分解 いかで＝副詞 とく＝副詞 きゃう＝名詞 へ＝格助詞 もがな＝終助詞

いかで-も【如何でも】 連語

なりたち 副詞「いかで」＋係助詞「も」

❶願望の意を表す。(多く、「いかでもいかでも」の形で)**どうしても。なんとしてでも。** 蜻蛉 平安―日記 上「いかでも、いかでも物し給(たま)はめと思へば」訳なんとしてでも暮らしがお立ちになるようにと配慮もしたが。❷なげやりな気持ちを表す。**どのようにでも。** 平家物語 鎌倉―物語 六・小督「わが身の事はいかでもありなむ」訳私の身の上はどのようにでもなってしまおうとよい。

***いか-な【如何な】**

一 連体詞 **どんな(…でも)。どのような(…も)。** 竹子 室町―狂言 狂言「いかな畑(はた)でも種をまかいで、物が出来るものでござるぞ」訳どんな畑でも種をまかないで、作物ができるものですか。

二 副詞(多く、打消の語を下接して)**どうしても。どうにも。**「いっかな」とも。心中天網島 江戸―浄瑠璃 浄瑠・近松「いかなにっこりと笑顔も見せず」訳どうしてもにっこりと笑顔も見せず。

参考 形容動詞「いかなり」の連体形「いかなる」の変化した語。

いかな-いかな【如何な如何な】 副詞(打消の語を下接して)**とてもとても。どうしてどうして。決して。** 西鶴置土産 江戸―物語 浮世・西鶴「徳利(とくり)・手樽(てだる)をさがせども、いかないかな一滴もなかりし」訳徳利や手提げ樽をさがしてみたけれども、どうしてどうして一滴の酒もなかった。◆副詞「いかな」を重ねて強調した語。

いかな-こと【如何な事】 連語

なりたち 副詞「いかな」＋名詞「こと」

❶(多く「これはいかなこと」の形で)**どうしたことか。** 驚いたとき、困ったときに感動詞のように用いる。水掛聟 室町―狂言 狂言「や、これはいかなこと。田に水が一水もない」訳あっ、これはどうしたことか。田に水が一滴もない。❷(打消の語を下接して)**どうしても。どんなことがあっても。** 国姓爺 江戸―浄瑠璃 浄瑠・近松「さもない内はいかなことならぬ。ならぬとねめ付くる」訳そうでないうちはどうしてもだめだ。だめだとにらみつける。

いかなら-む【如何ならむ】 連語

なりたち 形容動詞「いかなり」の未然形＋推量の助動詞「む」

❶**どうだろう。どんなであろう。** 枕草子 平安―随筆 雪のいと高う降りたるを「少納言よ、香炉峰(かうろほう)の雪いかならむ」訳清少納言よ、香炉峰の雪はどんなであろう。❷**どうなることだろう。** 源氏物語 平安―物語 夕顔「『これも、いかならむ』と、心そらにて」訳「この人(=侍女の右近(うこん))もどうなるだろう」と(源氏は)うわのそらで。❸(連体修飾語として)**どのような。** 徒然 鎌倉―随筆 二五「いかならむ世にも、かばかりあせはてんとは」訳どのような時代においても、これほど荒れ果ててしまうとは。

いか・なり【如何なり】 形容動詞ナリ {なら/なり・に/なり/なる/なれ/なれ}

状態・状況・程度・理由などを疑う意を表す。**どうだ。どのようだ。どういうわけだ。** 源氏物語 平安―物語 末摘花「かかる人々の末々いかなりけむ」訳このような人々の将来はどうだったのだろうか。

参考 終止形「いかなり」の使用例はほとんどなく、連用形「いかに」連体形「いかなる」などの形で使われる。「いかに」を副詞、「いかなる」を連体詞とする説もある。

いかなる【如何なる】 形容動詞「いかなり」の連体形。徒然 鎌倉―随筆 七五「つれづれわぶる人は、いかなる心ならん」訳することがなく手持ちぶさたなことをつらいと思う人は、どのような気持ちなのであろうか。

いかなれ-ば【如何なれば】 連語

なりたち 形容動詞「いかなり」の已然形＋接続助詞「ば」

どういうわけで。どうして。 源氏物語 平安―物語 葵「いかなればかくおはしますらむ」訳どうしてこんなに寝ていらっしゃるのでしょう。

いかなれ-や【如何なれや】 連語

なりたち 形容動詞「いかなり」の已然形＋係助詞「や」

❶原因・理由についての疑問を表す。**どうしてか。なぜなのか。** 落窪物語 平安―物語 二「いかなれや昔思ひしほどよりは今の間(ま)思ふことのまさるは」訳なぜなのか、以前あなたと逢(あ)う前に恋いしく思ったのよりは、逢った後の今この時のほうが恋い焦がれる気持ちが一層強いのですよ。❷状態についての疑問を表す。**どのようであるか。** 新古今 鎌倉―歌集 哀傷「神無月(かみなづき)しぐるるころもいかなれや」訳十月、時雨(しぐれ)が降るころの衣は

い

どのようであろうか。

いか-に【如何に】

一 副詞 ❶どう。どのように。〔大和物語 平安―物語〕一四九「あやし、いかにするにかあらむ」訳変だ、どうするのであろうか。

❷どうして。なぜ。〔徒然 鎌倉―随筆〕一〇九「かばかりになりては、飛び降るるとも降りなん。いかにかく言ふぞ」訳これくらい(の高さ)になったからには、飛び降りても、降りることができるだろう。どうしてこのように言うのか。

❸どれほど。どんなにか。〔十訓抄 鎌倉―説話〕三「いかにこころもとなくおぼすらん」訳どれほど気がかりに思っていらっしゃるのであろうか。

❹なんと。じつに。〔大鏡 平安―物語〕序「世はいかに興あるものぞや」訳世の中はなんとおもしろいものだろう。

❺どんなに(…だとしても)。▼鎌倉時代以降、仮定表現を伴い逆接条件を表す。〔平家物語 鎌倉―物語〕一一・能登殿最期「いかに猛(たけ)うましますとも、我ら三人取りついたらんに」訳どんなに強くいらっしゃったとしても、我々三人で組みついたならば。

二 感動詞 おい。もしもし。▼呼びかけるときに発する語。〔徒然 鎌倉―随筆〕二三六「いかに、殿ばら、殊勝のことは御覧じとがめずや。むげなり」訳なんと、皆さん、(こんな)すばらしいことを見てお気づきにならないのか。あまりにひどい。〔平家物語 鎌倉―物語〕九・宇治川先陣「いかに佐々木殿、高名(かうみやう)せうどて、不覚し給(たま)ふな」訳おい佐々木殿、手柄を立てようとして、油断して失敗しなさるな。

参考 一は形容動詞「いかなり」の連用形とする説もある。

いかに-いかに【如何に如何に】 連語

一 疑問や質問の意を表す。どうだろうか。どうしたのか。〔蜻蛉 平安―日記〕中「それより、まだうしろめたき人をさへ添へてしかば、いかにいかにと念じつつ」訳それからは、まだ先が気がかりである子供までも一緒にやったので、どうだろうかと祈りながら。◆副詞「いかに」を重ねて強調した語。

二 ❶驚いたり感動したときに発する語。なんとなんと。〔蜻蛉 平安―日記〕下「『あなかしがまし。御子ぞかし』といふに、驚きて、『いかにいかに。いづれぞ』とあれど」訳「まあやかましいこと。あなたのお子様ですよ」と言うと、驚いて「なんとなんと。どちらの子か」と言うけれども。❷呼びかけるときに発する語。もしもし。これこれ。〔今昔物語 平安―説話〕二六・二「垣の内より出て、『いかにいかに』と問ふに」訳垣根の内側から出て、「もしもし」と聞くと。◆感動詞「いかに」を重ねて強調した語。

*いかに-いはむや【如何に況むや】(イカニイワンヤ) 連語

なりたち 副詞「いかに」＋副詞「いはむや」

ましてや。いうまでもなく。〔方丈記 鎌倉―随筆〕「いかにいはむや、常に歩(あり)き、常に働くは」訳まして、いつも歩き、いつも体を動かすのは。

いかに-か【如何にか】 連語

なりたち 副詞「いかに」＋係助詞「か」

❶状態・程度・方法などについての疑問の意を表す。どのように。どういうふうにして。〔万葉集 奈良―歌集〕一〇六「いかにか君が独り越ゆらむ」訳⇩ふたりゆけど…。❷原因・理由について疑問の意を表す。どうして。なぜ。〔風雅 南北―歌集〕恋五「いかにか妹(いも)が逢(あ)ふ時もなき」訳どうしてあなたが会う時がないのか。❸反語の意を表す。どうして…か、いや、…ない。〔源氏物語 平安―物語〕東屋「げにいと見苦しきことにもはべるかな。右近はいかにか聞こえさせむ」訳本当にまあ、ひどくみっともないことでございますね。右近はどうして(匂宮に)申し上げることができましょうか。いや、できません。

語法 係助詞「か」があるので、文末の活用語は連体形となり、また、「いかに」に比べて、疑問や反語の意が強まる。

いかに-かは【如何にかは】 連語

なりたち 副詞「いかに」＋係助詞「かは」

反語の意を表す。どうして…か、いや、…ない。〔今昔物語 平安―説話〕二四・二二「日本にありてもいかにかはせむとする」訳日本にいて(仕官せずにいて)もどうしようというのか、いや、どうしようもない。

語法 文末の活用語は連体形となる。

いかに-し-て【如何にして】 連語

なりたち 副詞「いかに」＋サ変動詞「す」の連用形＋接続助詞「て」

❶疑問の意を表す。どのようにして。どうして。〔源氏物語 平安―物語〕宿木「いとはかなげに住まひたるを、あはれに、いかにして過ぐすらむ、と見たまふ」訳たいそう頼りなげに住んでいるようすを、お気の毒に、どのようにして暮らしているのだろう、とご推察なさる。❷願望の意を表す。どうにかして。なんとかして。〔源氏物語 平安―物語〕明石「いかにして都の貴(あて)き人に奉らむと思ふ心深きにより」訳どうにかして都の尊い方に差し上げようと思う気持ちが深いので。

いかに-し-て-かは【如何にしてかは】 連語

なりたち 副詞「いかに」＋サ変動詞「す」の連用形＋接続助詞「て」＋係助詞「かは」

❶疑問の意を表す。どうして…か。どのようにして…か。〔後拾遺 平安―歌集〕春上「雪降りて道ふみまどふ山里にいかにしてかは春の来つらむ」訳雪が降り積もって人が道を歩き迷ってしまうこの山里にどのようにして春が来たのだろうか。❷反語の意を表す。どうして…か、いや、…ない。〔後撰 平安―歌集〕恋二「あやしくも厭(いと)ふにはゆる心かないかにしてかは思ひやむべき」訳不思議なことに相手に嫌われるとかえって燃え上がる私の恋心であることよ。どうしてこの思いを押しとどめることができようか、いや、できない。

いかに-し-て-も【如何にしても】 連語

なりたち 副詞「いかに」＋サ変動詞「す」の連用形＋接続助詞「て」＋係助詞「も」

❶願望の意を強調する。なんとかして。なんとしても。〔狭衣 平安―物語〕一「ただいかにしても死ぬるわざもがな」訳ただなんとしても死ぬ手だてがほしい。❷断定・打消の意を強調する。なんとしても。どうあろうとも。〔世間胸算用 江戸―物語〕浮世・西鶴「いかにしてもこなたの横に出やうが古い」訳なんとしてもお前の横車の押しようは古い。

いかに-せ-む【如何にせむ】[1] 連語

なりたち 副詞「いかに」＋サ変動詞「す」の未然形＋推量の助動詞「む」

❶疑問・反語の意を表す。どうしようか。どうしたらよいだろう。枕草子 平安―随筆 日のいとうららかなるに「絶えもしなばいかにせむとならむ」訳もし切れでもしたら、どうしようというのだろう。❷反語的に嘆きあきらめる意を表す。どうすることができようか(どうしようもない)。新古今 鎌倉―歌集 雑下「いかにせむ身を浮舟の荷を重み」訳どうしようもないことだ。浮舟のような私の身には背負っている荷が重いので。

いかにせむ…[2] 和歌「いかにせむ 来ぬ夜あまたの ほととぎす またじと思へば 村雨の空」新古今 鎌倉―歌集 夏・藤原家隆 訳待とうか待つのをよそうか、どうしようか。来ない夜が多かったほととぎすよ。今夜はもう待たないでいようと思うと、いかにもほととぎすの来そうな村雨の空であることよ。

鑑賞「頼めつつ来ぬ夜あまたになりぬれば待たじと思ふぞ待つにまされる」(『拾遺和歌集』)〈期待させておきながら来ない夜がたび重なったから、もう待つのはよそうと思う気持ちが、待つよりも強くなったことだよ。〉を本歌としている。本歌の、不実な恋人を待ち続ける切なさが根底にあり、ほととぎすを待つ思いに恋の情緒を重ねている。

***いかに-ぞ【如何にぞ】** 連語

なりたち 副詞「いかに」＋係助詞「ぞ」

❶どうだ。いかがですか。▼ようすを問う。枕草子 平安―随筆 祭のかへさ「いかにぞ。事なりぬや」訳どうだ。(行列は)始まったか。❷どういうわけなのか。どうしてか。▼原因や事情を問う。大鏡 平安―物語 兼家「いかにぞ、物見よりは、それをこそ人見るありしか」訳どういうわけなのか、見物よりは、そちらのほうを人が珍しがって見たようでした。

***いかに-ぞ-や【如何にぞや】** 連語

なりたち 副詞「いかに」＋係助詞「ぞ」＋係助詞「や」

❶疑問の意を表す。どういうわけか。なぜか。枕草子 平安―随筆 殿などのおはしまさで後「言ひ出でられぬはいかにぞや」訳口に出てこないのは、どういうわけか。❷不満や非難の意を表す。どういうわけか。どんなものだろうか。徒然 鎌倉―随筆 一四「いかにぞや、言葉の外に、あはれに気色覚ゆるはなし」訳どういうわけか、言外にしみじみと深く興趣の感じられるものはない

いかに-と-か-や【如何にとかや】 連語

なりたち 副詞「いかに」＋格助詞「と」＋係助詞「か」＋間投助詞「や」

❶原因・理由についての疑問を表す。どうしてなのか。源氏物語 平安―物語 鈴虫「いかにとかや。いで思ひのほかなる御言にこそとて」訳どうしてなのか。いやもう意外なお言葉であるよといって。❷名称や言い方についての疑問を表す。なんというのか。枕草子 平安―随筆 能因本・無名といふ琵琶「これが名よ、いかにとかや」訳これの名はまあ、なんというのでしょうか。

いかにまれ【如何にまれ】「いかにもあれ」に同じ。大和物語 平安―物語 一四七「いかにまれこの事をさだめてむ」訳どうなりと、この事を決めてしまおう。◆「いかにもあれ」の「もあれ」が「まれ」と変化したもの。

***いかに-も【如何にも】** 連語

なりたち 副詞「いかに」＋係助詞「も」

❶どのようにでも。どうにでも。源氏物語 平安―物語 宿木「いかにも、さるべきさまになさせ給はば」訳どのようにでも、ふさわしいようすに(山荘を)お造りいただけたら。❷(打消の語を下接して)どんなことがあっても。どうしても。決して。大鏡 平安―物語 道長上「こと殿達の御気色は、いかにもなほ直らで」訳ほかの殿たちのお顔色は、どうしてもやはり直らず。❸(願望・意志を表す語を下接して)どうにか。ぜひとも。徒然 鎌倉―随筆 五八「いかにもして世を逃れんことこそあらまほしけれ」訳どうにかして出家することこそ望ましい。❹程度が甚だしいことを表す。非常に。まったく。宇治拾遺 鎌倉―説話 一・三「いかにも山の中にただ一人居たるに」訳まったく山の中にたった一人で座っていると。❺そうそう。確かに。▼相手の言うことを肯定する語。末広がり 室町―狂言 狂言「いかにもわごりょの事ぢゃ」訳そうそうあなたのことだ。

いかに-も-あれ【如何にもあれ】 連語

なりたち 副詞「いかに」＋係助詞「も」＋ラ変動詞「あり」の命令形

結果を考えない意を表す。どうであっても。どうなろうとも。土佐日記 平安―日記 一・七「悪しくもあれ、いかにもあれ、たよりあらばやらむ」訳出来がよくなくても、どうであっても、ついでがあれば送ろう。

いかに-も-いかに-も【如何にも如何にも】

連語 ❶ぜひとも。なんとしても。更級 平安―日記 夫の死「をさなき人々を、いかにもいかにも、わがあらむ世に見おくこともがなと」訳幼い子供たち(の行く末)を、なんとしても、私の生きているうちにとりはからっておくことができたらなあと。

❷いずれにしても。源氏物語 平安―物語 東屋「いかにもいかにも、二心なからむ人のみこそ、めやすく頼もしきことにはあらめ」訳いずれにしても浮気心がないような人だけが、見苦しくなく、頼りにできるであろう。

❸なるほど。そのとおり。冥途飛脚 江戸―浄瑠 浄瑠・近松「忠兵衛、はつと思ひ、いかにもいかにも、大坂でもその取沙汰」訳忠兵衛は、はっと思い、そのとおり、大坂でもその評判(が立っている)。◆「いかにも」を重ねて強調した語。

***いかに-も-な・る【如何にも成る】** 連語

なりたち 副詞「いかに」＋係助詞「も」＋動詞「なる」

亡くなる。あの世へいく。平家物語 鎌倉―物語 六・入道死去「われいかにもなりなん後は、堂塔をもたて孝養をもすべからず」訳私が死んだ後は、堂塔を建てても供養をしてもいけない。◆「どのようにもなる」から転じた「死ぬ」の婉曲表現。

†いかに-もの-の-あはれ-も-な・から-む【如何に物の哀れも無からむ】 徒然 鎌倉―随筆 七訳どんなにか物事の情趣もないことであろう。

品詞分解 いかに＝副詞　もののあはれ＝名詞　も＝係助詞　なから＝形容詞「なし」㊍　む＝推量の助動詞「む」㊍

いかに-や【如何にや】 連語

なりたち 副詞「いかに」＋係助詞「や」

疑問・問いかけの意を表す。どうしたのか。どんなぐあいか。平家物語 鎌倉―物語 七・維盛都落「行幸は遥かにのびさせ給ひぬらん。いかにや今まで」訳天皇のご一行はもうずっと遠くまでお進みになってしまっているだろう。どうしたのか、今まで(ご出発もなさらないとは)。

いか-の-いはひ【五十日の祝ひ】(イカノイワイ) 連語 生後五十日目の祝い。餅を作って赤子の口に含ませる儀式を行う。

1 **いか-のぼり**【紙鳶・凧】 名詞 凧。季 春。◆形がいかに似ているところから。上方語。

2 **いかのぼり…** 俳句「凧 きのふの空の ありどころ」蕪村句集 江戸-句集 俳諧・蕪村 訳 見上げると、今日も凧が昨日と同じところに上がっている。思い返せば、少年だったころにも同じところに凧が上がっていたような気がする。

鑑賞 凧の上がっているようすから、遠い昔の少年時代への郷愁を感じている。「いかのぼり」は、凧の関西での呼び名。「ありどころ」は物のある所の意。季語は「凧」で、季は春。

いか-の-もちひ【五十日の餅】(イカノモチイ) 連語「五十日の祝ひ」のとき、赤子の口に含ませる餅。

* **いか-ばかり**【如何ばかり】 副詞 ❶〔程度や状態を推測して〕どれほど。どれくらい。徒然 鎌倉-随筆 三十六「久しくおとづれぬころ、いかばかり恨むらんと、我がおこたり思ひ知られて」訳 長い間(女の元を)訪ねないでいるころ、どれほど恨んでいるだろうと、自分の訪れがとだえがちなのを十分理解して。❷程度がはなはだしい意を表す。どれほどに。どんなにか。古今 平安-歌集 恋四「偽りのなき世なりせばいかばかり人の言の葉うれしからまし」訳 もし偽りというものが存在しない世の中であったならば、どんなにか、あなたがかけてくれる言葉がうれしいことであろうに。

いかばかり-かは【如何ばかりかは】(イカバカリカワ) 連語 なりたち 副詞「いかばかり」＋係助詞「かは」 どんなにかまあ。▼「いかばかり」に詠嘆の意が加わる。新古今 鎌倉-歌集 冬「いかばかりかは物はかなしき」訳 どんなにまあ、もの悲しいことか。◆文中にあるとき、文末の活用語は連体形となる。(係り結び)

伊香保 地名 今の群馬県北群馬郡伊香保町。榛名山の北東斜面に位置する温泉地。

いか-ほど【如何程】 副詞 どれくらい。どれほど。平家 鎌倉-物語 二・阿古屋之松「備前の有木の別所へは、いかほどの道ぞ」訳 備前の有木の別所へは、どれくらいの道のりか。

伊香保の沼 地名 歌枕 今の群馬県にある榛名湖をさすといわれる。和歌では同音の「いか」「いかが」を導く序詞を形成することが多い。

* **いか-め・し**【厳めし】 形容詞シク {(しく)・しから/しく・しかり/し/しき・しかる/しけれ/しかれ} ❶威厳がある。厳粛だ。源氏物語 平安-物語 桐壺「いといかめしうその作法したるに」訳 大変厳粛にその葬儀をとり行っているところに。◇「いかめしう」はウ音便。❷盛大だ。竹取物語 平安-物語 御門の求婚「あるじいかめしう仕うまつる」訳 もてなしを盛大にし申し上げる。◇「いかめしう」はウ音便。❸激しい。恐ろしい。源氏物語 平安-物語 明石「いかめしき雨風、雷の驚かし侍りつれば」訳 激しい雨風、雷が(私に)注意を促しましたので。

いかもの-づくり【厳物作り・怒物作り】 名詞 太刀の外装がいかめしく立派に作ってあること。また、その太刀。

いか-やう・なり【如何様なり】(イカヨウナリ) 形容動詞ナリ {なら/なり・に/なり/なる/なれ/なれ} どのようだ。どんなふうだ。竹取物語 平安-物語 貴公子たちの求婚「いかやうなる心ざしあらむ人にか会はむと思す」訳 いったいどのような誠意のある人と結婚しようとお思いですか。

† **いかやう-に-か-あ・る**【如何様にか有る】 枕草子 平安-随筆 中納言まゐり給ひて 訳 どんなようす(の骨)ですか。

品詞分解 いかやうに＝形容動詞「いかやうなり」用 か＝係助詞 ある＝補助動詞「あり」体

い-かよ・ふ【い通ふ】(イカヨウ) 自動詞ハ四 {は/ひ/ふ/ふ/へ/へ} 通う。行き来する。万葉集 奈良-歌集 一五二八「霞立つ天の河原に君待つといかよふほどに裳の裾ぬれぬ」訳 かすみの立つ天の河原で君(＝彦星)を待って行き来するうちに裳の裾がぬれてしまったよ。◆「い」は強めの意味の接頭語。

いから-か・す【怒らかす】 他動詞サ四 {さ/し/す/す/せ/せ} おどすようなようすをする。怒らせる。「いからす」とも。三宝絵詞 平安-説話 上「目をいからかしてあまねく四方を見めぐらす」訳 めを怒らせて残すところなく周囲を見まわす。「かす」は接尾語。

いかり【碇・錨】 名詞 ❶船をとめておくために、綱や鎖に付けて海底に沈めておくおもり。❷物にかけてとめるための、いかり形のおもり。❸紋所の一つ。

* **いか・る**【怒る】 自動詞ラ四 {ら/り/る/る/れ/れ} ❶腹を立てる。おこる。❷荒々しく振る舞う。あばれる。源氏物語 平安-物語 帚木「荒海のいかれる魚の姿」訳 荒海の荒々しい魚の姿。❸ごつごつする。宇治拾遺 鎌倉-説話 三・五「碁盤の足の、いかりさしあがりたるに」訳 碁盤の足のごつごつし高くなっているところに。

1 **いかるが**【斑鳩】 名詞 鳥の名。もずに似た渡り鳥。まめまわし。「いかる」とも。

2 **斑鳩** 地名 今の奈良県生駒郡斑鳩町。法隆寺がある。

* **いか-ん**【如何】 副詞 どのように。どうしてか。▼疑問の意を表す。方丈記 鎌倉-随筆「人のために造らず。ゆゑいかんとなれば」訳 (私はいおりを)人のために造ったのではない。その理由はどうしてかというと。◆「いかに」の撥音便。

* **いかん-が**【如何が】 副詞 疑問あるいは反語の意を表す。どのようにしてか。どうして…か。平家物語 鎌倉-物語 二・康頼祝言「ここに利益の地を頼まずんば、いかんが歩みを嶮難の路に運ばん」訳 この時(人々に)ご利益を与える大地(のような菩薩)を頼みにしなかったなら、どうして険しい道に足を運ぶことができるだろうか。いや、できない。

1 **いき**【息】 名詞 ❶息。呼吸。❷命。万葉集 奈良-歌集 三五三九「人妻児ろをいきにわがする」訳 人妻であるあの子を命のように私は思うことだ。

2 **いき**【意気】 名詞 ❶心ばえ。気性。❷いきごみ。気概。

3 **壱岐** 地名 旧国名。西海道十二か国の一つ。今の長崎県壱岐島。壱州。参照▼資料21

4 **粋** 文芸 江戸時代後期、江戸町人に好まれた美的理念。嫌みのないさっぱりとした、いさぎよい気立て・容姿・言動などをいい、人情本・洒落本などに描かれている。正反対の理念・態度を「野暮」といい、軽蔑され、嫌われた。同趣・同類の概念に「粋」「通」がある。「意気」とも書く。

意気 一「いき（粋）」に同じ。

いき-あか・る【行き別る】 自動詞 ラ下二 「ゆきあかる」に同じ。

いき-あ・ふ【行き逢ふ】 自動詞 ハ四 「ゆきあふ」一に同じ。

いき-い・づ【生き出づ】 自動詞 ダ下二 {で/で/づ/づる/づれ/でよ} **生き返る。息を吹き返す。** 源氏物語 平安一物語 夕顔「あが君、いきいで給へ」訳あなた（＝夕顔）、生き返ってください。

いきおい〘勢い〙 ⇩いきほひ

いき-かよ・ふ[1]【行き通ふ】 自動詞 ハ四 「ゆきかよふ」に同じ。

いき-かよ・ふ[2]【息通ふ】 連語 **息がある。呼吸している。** 源氏物語 平安一物語 夢浮橋「なくなり給へる様ながら、さすがにいきはかよひておはしければ」訳お亡くなりになった様子であるものの、それでもやはり呼吸はしていらっしゃったので。

いき-ざし【息差し】 名詞 ❶**息づかい。呼吸。** ▼特に嘆きや不満などの激しい感情が表れている場合に用いる。❷**ようす。気配。**

いき-すだま【生き霊】 名詞 他の人にとりついて悩ます生きている人の霊魂。**生き霊**。「いきずたま」とも。

い-ぎたな・し【寝汚し】

形容詞 ク {(く)・から/く・かり/し/き・かる/けれ/かれ}

❶**ぐっすり寝込んでいる。** 源氏物語 平安一物語 帚木「いといぎたなかりける夜かな」訳随分ぐっすりと寝込んでいた夜だなあ。

❷**寝坊である。** 枕草子 平安一随筆 鳥は「夜鳴かぬもいぎたなきここちすれども」訳夜鳴かないのも寝坊な感じがするけれども。

参考 「い」は「眠ること」で、眠っているようすが見苦しく感じられるがもとの意味。

いき-た・ゆ【息絶ゆ】 連語 ❶**息が切れる。息が続かなくなる。** 奥の細道 江戸一紀行 出羽三山「いきたえ身こごえて、頂上に臻れば」訳息が切れ体も凍えて頂上に至ると。❷**死ぬ。** 源氏物語 平安一物語 夕顔「いきはとくたえ果てにけり」訳すでに死んでしまったのであった。

いき-ちが・ふ【行き違ふ】 自動詞 ハ四 {は/ひ/ふ/ふ/へ/へ} **すれ違う。行きかう。** ◇「ゆきちがふ」とも。更級 平安一日記 初瀬「いきちがふ馬も車も、かち人も」訳すれ違う馬（に乗った人）も牛車（に乗った人）も、（また）徒歩の人も。

いき-づか・し【息衝かし】 形容詞 シク {(しく)・しから/しく・しかり/し/しき・しかる/しけれ/しかれ} **思わずため息がでるような気持ちだ。嘆かわしい。** 万葉集 奈良一歌集 一四五四「あないきづかし相別れなば」訳ああ、ため息がでるような気持ちだなあ。お別れしてしまったならば。

いき-つ・く【行き着く】 自動詞 カ四 {か/き/く/く/け/け} ❶**到着する。** 更級 平安一日記 竹芝寺「武蔵の国にいきつきにけり」訳武蔵の国に到着した。❷（気力や資力などが）**尽きる。行き詰まる。** 心中天網島 江戸一浄瑠・近松「治兵衛身代いきついての」訳治兵衛は財産が尽きてしまっただの。◆「ゆきつく」とも。❷は江戸時代の語。

いき-づ・く【息衝く】 自動詞 カ四 {か/き/く/く/け/け} ❶**大きく呼吸する。苦しそうに呼吸する。あえぐ。** 竹取物語 平安一物語 竜の頸の玉「いきづき伏し給へり」訳苦しそうに呼吸して伏していらっしゃる。❷**ため息をつく。** 万葉集 奈良一歌集 八九七「夜はもいきづき明かし」訳夜は夜でため息をついて明かし。

いき-づ・む【息詰む】 自動詞 マ四 {ま/み/む/む/め/め} **息を詰めて腹に力を入れる。いきむ。** 著聞集 鎌倉一説話 五四二「これは人まへぞかしとおもふ心候て、いきづみ候ふまじければ」訳ここは人前だと思う気持ちがございまして、いきむことができなくなりますから。

いき-と-し-いけ-る-もの【生きとし生けるもの】 連語

なりたち 動詞「いく」用＋格助詞＋副助詞＋動詞「いく」已＋存続の助動詞「り」体＋名詞

この世に生を受けているものすべて。 古今 平安一歌集 仮名序「いきとしいけるもの、いづれか歌を詠まざりける」訳この世に生を受けているものすべて、どれが歌を詠まなかっただろうか、いや詠まないものはなかった。

いきどほ・る【憤る】 自動詞 ラ四 {ら/り/る/る/れ/れ} ❶**胸に思いがつかえる。気がふさぐ。** 万葉集 奈良一歌集 四一五四「いきどほる心の内を思ひのべ」訳ふさいだ心の中をのびのびとさせて。❷**腹を立てる。怒る。** 宇治拾遺 鎌倉一説話 十五・八「はじめ、めし上げられざりしを、やすからず、いきどほり思ひて」訳はじめにお呼び出しいただけなかったのを、おもしろくなく、腹が立つと思って。

いき-とま・る【生き止まる】 自動詞 ラ四 {ら/り/る/る/れ/れ} **生きながらえる。生き残る。** 源氏物語 平安一物語 手習「さばかりにていきとまりたる人の命なれば、いと執念くて」訳あれほどであったのに生きながらえたこの人の命であるので、たいそう生命力が強くて。

いき・なり【意気なり】 形容動詞 ナリ {なら/なり・に/なり/なる/なれ/なれ} **さっぱりして嫌みがない。垢抜けした色気がある。** 遊子方言 江戸一物語 洒落「どうぞ形や何かをいきにさっしゃい」訳どうぞ身なりなどをさっぱりして嫌みがないようになさい。◆「粋なり」とも書く。江戸時代の語。対野暮なり。

いき-の-した【息の下】 連語 **絶え入るばかり（に）。息も絶え絶え（に）。** ▼かすかな声でものを言うようす。

いき-の-を【息の緒】 名詞 ❶**命。**❷**息。呼吸。**

参考 「を（緒）」は長く続くという意味。多くは「いきのをに」の形で用いられ、「命がけで」「命の綱として」と訳される。

いき-ぶれ【行き触れ】 名詞 死者などけがれたものに会い、そのけがれを身に受けること。「ゆきぶれ」とも。源氏物語 平安一物語 夕顔「いかなるいきぶれにかからせ給ふぞや」訳どんなけがれに出会いなさったのですか。

いきほひ*【勢ひ】 名詞 ❶**気勢。気力。活力。** 伊勢物語 平安一物語 四〇「人の子なれば、まだ心いきほひなかりければ」訳（男は）親がかりの身なので、まだ（人に対抗する）心の勢いがなかったので。❷**権勢。権力。財力。** 徒然 鎌倉一随筆 五八「たとひ望みありとも、いきほひある人の貪欲多きに似るべからず」訳たとえ欲望があっても、権勢ある人の非常に深い欲望の多いのとは比べものにならない。❸（盛んな）**ようす。形勢。** 源氏物語 平安一物語 少女「大方世ゆすりて、所せき御いそぎのいきほひなり」訳世間一般でも大騒ぎで、大げさなご準備のようすである。

いきほひ-まう【勢ひ猛】 連語

なりたち 名詞「いきほひ」＋形容動詞「まうなり」の語

幹　富裕で勢力の盛んなようす。竹取物語 平安―物語 かぐや姫の生ひ立ち「いきほひまうの者に成りにけり」訳富裕で勢力の盛んな者になったということだ。

いきほ・ふ【勢ふ】イキオウ 自動詞ハ四{は/ひ/ふ/ふ/へ/へ} ❶**活気づく。勇みたつ。**更級 平安―日記 夫の死「もの騒がしきまで人多くいきほひたり」訳騒々しいまでに人が多くて活気づいていた。❷**富み栄える。時めく。**源氏物語 平安―物語 玉鬘「いかめしくいきほひたるを羨みて」訳堂々として富み栄えるのをうらやんで。

いき-ま・く【息巻く】自動詞カ四{か/き/く/く/け/け} ❶**息を荒げて怒る。いきりたつ。**徒然 鎌倉―随筆 一〇六「上人なほいきまきて」訳上人はなおいきりたって。❷**勢力をふるう。時めく。**源氏物語 平安―物語 若菜上「大后の坊の初めの女御にて、いきまき給ひしかど」訳大后が東宮の一番目の后で、勢力をふるっていらっしゃったけれど。

いき-めぐ・る【生き廻る】自動詞ラ四{ら/り/る/る/れ/れ} **生きながらえる。生き続ける。**今昔物語 平安―説話 二九・四「世の中にいきめぐりておはしまさむずるものとな思しめしそ」訳この世に生きながらえてお過ごしになれようとはお思いなさいますな。

い-きゃう【異香】イキョウ 名詞 この世のものとは思えない、すばらしい香り。

い-ぎゃう【異形】イギョウ 名詞 普通とは異なる無気味な怪しい姿・形。

いき-りゃう【生き霊】イキリョウ 名詞「いきすだま」に同じ。

いき-わか・る【行き別る】自動詞ラ下二{れ/れ/る/るる/るれ/れよ}「ゆきあかる」に同じ。更級 平安―日記 太井川「いきわかるるほど、ゆくもとまるも、みな泣きなどす」訳別れ別れになるときは、行く者もとどまる者も、皆泣いたりする。

いき-を-つ・ぐ【息を継ぐ】連語 **一息入れる。ちょっと一休みする。**平家物語 鎌倉―物語 九・六ヶ度軍「ここをばおちてしばらくいきをつがん」訳ここを退却して、少しの間、一息入れよう。

いき-を-の・ぶ【息を延ぶ】連語 (緊張がとけて)**ほっとする。安心する。**源氏物語 平安―物語 夕顔「この人にいきをのべたまひてぞ、悲しきことも思されける」訳この人(=惟光)が来たのでほっとなさって、悲しい気持ちがこみあげておいでだった。

いき-を-はな・つ【息を放つ】連語 **息を大きく吐き出す。**宇治拾遺 鎌倉―説話 一一・九「そそといきをはなつやうにして、集ひたる者どもの顔を見わたせば」訳ふうっと息を大きく吐き出すようにして、集まっている人たちの顔を見渡すと。

1 **い・く【生く】**

語義の扉

自動詞と他動詞がある。自動詞は「生きる」の意味。他動詞は「生かす」の意味。

一 自動詞カ四 **生きる。生存する。**
二 自動詞カ上二 **生きる。生存する。**
三 他動詞カ下二 ❶**生かす。生存させる。生き返らせる。** ❷(草花などを)**器にさす。いける。**

一 自動詞カ四{か/き/く/く/け/け} **生きる。生存する。**更級 平安―日記 竹芝寺「竹芝のをのこに、いけらむ世のかぎり、武蔵の国を預けとらせて」訳竹芝の男に、今後生きているかぎり、武蔵の国を預け与えて。

二 自動詞カ上二{き/き/く/くる/くれ/きよ} **生きる。生存する。助かる。**徒然 鎌倉―随筆 五三「命ばかりは、などかいきざらん」訳命だけは、どうして助からないことがあろうか、いや、助かるだろう。

三 他動詞カ下二{け/け/く/くる/くれ/けよ} ❶**生かす。生存させる。生き返らせる。**蜻蛉 平安―日記 上「いで、なほここながら死なむと思へど、いくる人ぞ、いとつらきや」訳それでもやはりここにいるままで死にたいと思うけれど、私を生かす人がいるのは、たいそうつらい。❷(草花などを)**器にさす。いける。**野ざらし 江戸―句集「つつじいけてその陰に干鱈さく女」訳つつじを桶にいけて、その傍らで食事の用意に干した鱈を裂く女がいる。◇「活く」とも書く。

歴史スコープ **文法** 自動詞は、奈良時代以前から平安時代までが四段、鎌倉時代ごろからは上二段、他動詞は平安時代から下二段活用として用いられ、江戸時代後半期ごろまでに上一段化して「生ける」「活ける」となり、現代語に引き継がれている。「生け花」「生け簀」「生け捕る」「生け造り」などの複合語の中の「生け」にも他動詞性の「生きさせる」「生きたままにする」の意が保存されている。

2 **い・く【行く・往く】**自動詞カ四{か/き/く/く/け/け} ❶**行く。**❷**うまくはかどる。**❸**満足する。納得がいく。**土佐日記 平安―日記 二・五「幣には御心のいかねば」訳幣では(神様の)お心に満足がいかないから。

参考 (1)「ゆく」のほうが広く用いられたが、平安時代になって、「いく」「ゆく」が併用されるようになった。(2)和歌では、「限りとて別るる道の悲しきにいかまほしきは命なりけり」(『源氏物語』)〈⇨かぎりとて…〉のように、「生く」とかけて用いることが多い。

3 **い-く【生く】**接頭語 名詞に付いて、生命力の盛んなのをほめたたえる意を表す。「いく大刀」「いく魂」

いく-いく 副詞 〔多く、「と」を下接して〕**いくつもいくつも。あれこれと。**宇治拾遺 鎌倉―説話 二・一「いくいくと置きて食はせさせ給ひければ」訳(白米をいろいろなものに入れて、それらを)いくつもいくつも並べて置いて食べさせなさったので。

いく-か【幾日】名詞 **なん日。いく日。**

いく-かへり【幾返り】イクカエリ 副詞 **なんべん。何度。**源氏物語 平安―物語 松風「いくかへり行きかふ秋を過ごしつつ」訳何度も巡り移る秋を過ごして。

＊**いくさ【軍・戦】**名詞 ❶**兵士。武人。軍勢。軍隊。**万葉集 奈良―歌集 九七二「千万のいくさなりとも」訳(敵が)千万の軍隊であろうと。❷**戦い。合戦。**

いくさ-がみ【軍神】名詞 武運をつかさどる神。戦いの勝利を導く神。

いくさ-だち【軍立ち】名詞 ❶軍勢が戦場に向かって出発すること。**出陣。**❷**戦い。戦いぶり。**❸戦場における軍勢の態勢をととのえたり、作戦を立てること。

また その態勢や作戦

いくさ-びと【軍人】名詞 **武人。兵士。**

いくさ-よばひ【軍呼ばひ】(ヨバイ)名詞 戦場で両軍があげる名のり合いなどの喚声。**鬨の声。**

い-くし【斎串】名詞 榊や小竹に麻や木綿などをかけて神前に供えたもの。**玉串**。「いぐし」とも。◆「い」は神聖の意を表す接頭語。

いく-せ【幾瀬】名詞 ❶**いくつの瀬。どれほどの瀬。** ❷〔「いくせの」の形で〕**多くの。たくさんの。どれほどの。**▼苦労・心配・思慕などを表す語を修飾する。阿波鳴渡 江戸 — 浄瑠 浄瑠・近松「それはいくせの物案じ」訳それはまあ、たくさんの心配(があった)。

いく-そ【幾十】副詞 **どのくらい数多く。** 拾遺 平安 — 歌集 恋五「いくその煙雲となるらむ」訳どのくらい多くの煙が雲になるのであろう。

いくそ-たび【幾十度】副詞 **何十回。何度も。たびたび。** 伊勢物語 平安 — 物語 九二「いくそたび行きかへるらむ」訳何十回行ったり来たりすることだろう。

いくそ-ばく【幾十許】副詞 **どれぐらい数多く。どれほど。** 方丈記 鎌倉 — 随筆「その費え、いくそばくぞ」訳その損失は、どれほどであったろうか。

いく-だ【幾だ】副詞〔「いくだもあらず」の形で〕**どれほども。いくらも。たいして。** 万葉集 奈良 — 歌集 二〇二三「さ寝そめていくだもあらねば」訳共寝しはじめていくらもたっていないのに。◆「だ」は接尾語。

生田の川(イクタノカワ) 地名 歌枕 今の兵庫県神戸市にある川。生田川。摩耶山に発し、「布引の滝」を経て市中央部を流れ、神戸港にそそぐ。「菟原処女」がこの川に身を投げたという妻争いの伝説で知られる。

生田の森 地名 歌枕 今の兵庫県神戸市の生田神社の境内の森。平清盛が都とした福原の大手門にあたり、源平の一の谷の合戦や、南北朝時代の足利勢と新田勢との合戦場。

いく-ちとせ【幾千年】名詞 **何千年。**

いく-とせ【幾年・幾歳】名詞 **何年。どれほどの年数。**

生野 地名 歌枕 今の京都府福知山市生野。山陰道の小駅で、天の橋立へ行く途中にあった。

いくはう-もん【郁芳門】(イクホウモン)名詞 平安京の大内裏の外郭十二門の一つで、東側南端にあり、東大宮大路に通じた門。「いうはうもん」とも。

いく-ばく【幾許】副詞 ❶**どのくらい。どれほど。** 万葉集 奈良 — 歌集 一六五八「わが背子と二人見ませばいくばくかこの降る雪のうれしからまし」訳もしわが夫と二人で見るのだったらどれほどかこの降る雪がうれしいことであろうに。❷〔「いくばくも」の形で、打消の語を下接して〕**いくらも。たいして。** 万葉集 奈良 — 歌集 一八〇七「いくばくも生けらじものを」訳いくらも生きられないだろうものを。

いくばく-なら-ず【幾許ならず】連語

なりたち 副詞「いくばく」＋断定の助動詞「なり」の未然形＋打消の助動詞「ず」

どれほどのことでもない。たいしたことでない。いくらもない。 源氏物語 平安 — 物語 若菜上「いくばくならぬこの世の間は」訳いくらもないこの世にいる間は。

いくばく-も-な・し【幾許も無し】連語

なりたち 副詞「いくばく」＋係助詞「も」＋形容詞「なし」

まもない。それほど時のたたない。 伊勢物語 平安 — 物語 七八「いくばくもなくて持て来ぬ」訳まもなく持って来た。

いく-ほど【幾程】副詞 **どれほど。** 今昔物語 平安 — 説話 二三・一五「いくほども隔てず」訳どれほども時間をおかずに。

い-く・む【射組む】他動詞 マ四〔ま/み/む/む/め/め〕(矢を)**射合う。射かわす。** 今昔物語 平安 — 説話 二五・三「各の楯を寄せて、今はいくみなむとする程に」訳それぞれ楯を引き寄せて、今にも射合おうとするときに。

いく-よ[1]【幾世・幾代】名詞 **どれほどの年代、年月。**

いく-よ[2]【幾夜】名詞 **幾晩。** 金葉 平安 — 歌集 冬「淡路島かよふ千鳥の鳴く声にいくよ寝ざめぬ須磨の関守」訳⇩あはぢしま…。

いく-ら【幾ら】副詞 ❶**どれくらい。どれほど。** 平家物語 鎌倉 — 物語 一・吾身栄花「庄園田畠いくらという数を知らず」訳(平家の)荘園や田畑はどれほどという数もわからない。❷**たくさん。** 平中物語 平安 — 物語 五「君が思ひ今はいくらに分くればか我に残りの少なかるらむ」訳君の友情は今はたくさん(の方面)に分けたので、私に残ったのが少ないのだろうか。

いくら-と-も-な・し【幾らとも無し】連語

なりたち 副詞「いくら」＋格助詞「と」＋係助詞「も」＋形容詞「なし」

数多い。大量だ。幾らと数え切れないほど多い。 宇治拾遺 鎌倉 — 説話 六・三「蔵もいくらともなく持ち」訳蔵も数多く持ち。

いくら-ばかり【幾らばかり】連語 **どれほど。どれくらい。** 今昔物語 平安 — 説話 二八・三八「底いくらばかりとも知らぬ深さなれば」訳(谷の)底はどれくらいともわからない深さなので。◆「ばかり」は副助詞。

いくら-も【幾らも】連語 ❶〔打消の語を下接して〕**どれほども(…ない)。** 万葉集 奈良 — 歌集 三九六二「年月もいくらもあらぬに」訳年月も(まだ)どれほどもたたないのに。❷**いくつでも。たくさん。** 平家物語 鎌倉 — 物語 九・知章最期「いくらもなみゐたりける平家の侍ども」訳たくさん並んで座っていた平家の侍たちは。◆「も」は係助詞。

いくり【海石】名詞 **海中の岩石。暗礁。**

い-くわん【衣冠】(イカン)名詞 ❶平安時代中期以後、文武の別なく用いられた、貴人の略式礼服。「束帯」の略装で、もと「宿直」用であったが、しだいに宮中に参内するときにも用いられるようになった。冠・袍・指貫を着け、半臂・衵・下襲・石帯を省く。❷衣服と冠。

い-げ【以下・已下】名詞 **以下。**

いけ-ながら【生けながら】連語

なりたち 下二段動詞「いく」の連用形＋接続助詞「ながら」

生かしたままで。 宇治拾遺 鎌倉 — 説話 四・七「この雉子、いけながら作りて食はん」訳この雉子を、生かしたままで料理して食おう。

いけ-にへ【生け贄・犠牲】(イケニエ)名詞 動物や人を生きたまま神に供えること。また、その供え物。

いけ-はぎ【生け剝ぎ】名詞 生きている動物の皮をはぐこと。「天つ罪(＝天上界で犯した罪)」の一つとされた。「いきはぎ」とも。

いこ・ぐ【い漕ぐ】 他動詞 ガ四 {ぐ/が/げ/ぎ/ぐ} （舟を）漕ぐ。万葉集 奈良 歌集 四四〇八「島伝ひいこぎ渡りて」訳島伝いに（舟を）漕ぎ渡って。◆「い」は接頭語。

い-こそ-ね-られ-ね【寝こそ寝られね】 連語
なりたち 名詞「い」＋係助詞「こそ」＋動詞「ぬ」の未然形＋可能の助動詞「らる」の未然形＋打消の助動詞「ず」の已然形
とても寝てはいられない。 後拾遺 平安 歌集 雑二「月のさかりはいこそねられね」訳月の最も美しいさかりにはとても寝てはいられない。

***いこ・ふ【息ふ・憩ふ】** イコ
一 自動詞 ハ四 {は/ひ/ふ/ふ/へ/へ} **休む。休息する。** 万葉集 奈良 歌集 七九「寒き夜をいこふことなく」訳寒い夜でも休息することもなく。
二 他動詞 ハ下二 {へ/へ/ふ/ふる/ふれ/へよ} **休ませる。平穏にする。** 今昔物語 平安 説話 二八・三八「国の政をもいこへ」訳任国の政治をも平穏にし。

生駒山 地名 歌枕 今の奈良県生駒郡と大阪府東大阪市の境にある山。大和（奈良県）から河内（大阪府）への重要な交通路にあった。

いさ

語義の扉
相手の発言に即答できないときや、否定的に受け流すときに発する語。のちに副詞の用法が発生した。
一 感動詞 **さあねえ。ええと。**
二 副詞（「知らず」などを下接して）**さあ、どうだかわからない。**

一 感動詞 **さあねえ。ええと。** 枕草子 平安 随筆 七日の日の若菜を『何とかこれをば言ふ』と問へば、とみにも言はず、『いさ』など、これかれ見合はせて」訳「なんとこれ（の名）を言うのか」と聞くと、すぐには答えず、「さあねえ」などと言って、あれこれ顔を見合わせて。
二 副詞（「知らず」などを下接して）**さあ、どうだかわからない。** 古今 平安 歌集 春上「人はいさ心も知らずふるさとは花ぞ昔の香ににほひける」訳⇩ひとはいさ…。

「いさ」と打消の呼応
いさ心も知らず。（打消の助動詞）
（さあどうだか、心の中はわからない。）

注意 「いざ知らず」などと濁るのは江戸時代以降の誤用。「いざ」は別語。

いざ 感動詞

語義の扉
相手を行動に誘ったり、自分が行動を起こすときに発する語。
❶（人を誘うとき）**さあ。**
❷（自分が行動を起こすとき）**どれ。さあ。**

❶**さあ。**▼人を誘うときに発する語。竹取物語 平安 物語 かぐや姫の昇天「いざ、かぐや姫。きたなき所に、いかでか久しくおはせむ」訳さあ、かぐや姫。（この）きたない人間界に、どうして久しくいらっしゃるのでしょう。
❷**どれ。さあ。**▼行動を起こすときに発する語。今昔物語 平安 説話 二八・二「一人がいはく、『いざ、某大徳が車を借りて、それに乗りて見む』」訳一人（の男）が言うには、「どれ、某高僧の車を借りて、それに乗って（祭を）見よう」。

いざ-いざ 感動詞 **さあさあ。どれどれ。** 枕草子 平安 随筆 五月ばかり、月もなう「いざいざ、これまづ殿上に行きて語らむ」訳さあさあ、このことをまず殿上の間に行って（みんなに）語ろう。◆「いざ」を重ねて強調したもの。

いざうたへ… 和歌「いざ歌へ われ立ち舞はむ ひさかたの（＝枕詞） 今宵の月に 寝ねらるべしや」良寛歌集 江戸 歌集 良寛 訳さあ、みんな歌っておくれ。私は立って踊ることにしよう。今宵は美しい月が出ているので、寝ていられるだろうか、いや、とても寝てなどいられない。
鑑賞 良寛の住む村の人々との風流な交流を詠んだ歌。「や」は係助詞で、反語の意を表す。

いざ-うれ 感動詞 **さあ。いざ。** 平家物語 鎌倉 物語 一一・能登殿最期「いざうれ、さらばおれら死途の山の供せよ」訳さあ、それではお前たち、（私の）あの世へ行く旅の供をしろ。参考「うれ」は、もと対称の人称代名詞「おれ（＝お前）」の変化した形とされるが、その意味は消え、「いざうれ」で一語となった。

***いざ-かし** 連語 **さあ、行きましょうよ。さあ、おいでよ。** 源氏物語 平安 物語 若紫「いざかし、ねぶたきに」訳さあ、（寝所へ）行きましょうよ、眠たいから。◆「かし」は終助詞。

いさかひ【諍ひ】 イサカイ 名詞 **言い争い。口論。**

いさか・ふ[1]【叱ふ】 イサカウ 他動詞 ハ四 {は/ひ/ふ/ふ/へ/へ} **しかる。** 十訓抄 鎌倉 説話 七「客人の前には、犬をだにもいさかふまじ」訳客人の前では、犬でさえもしかってはならない。

いさか・ふ[2]【諍ふ】 イサカウ 自動詞 ハ四 {は/ひ/ふ/ふ/へ/へ} **言い争う。口論する。けんかする。** 徒然 鎌倉 随筆 一七五「罵りあひいさかひて」訳ののしり合い、口論して。

いざ-かまくら【いざ鎌倉】 連語 **さあ、一大事だ。さあ、大変だ。** ◆鎌倉時代の武士は、幕府に大事が起こると鎌倉へはせ参じるものだったことからいう。

いさぎよ・し【潔し】 形容詞 ク {く・から/く・かり/し/き・かる/けれ/かれ} ❶**清らかだ。清浄だ。** 梁塵秘抄 平安 歌集 四句神歌「瑠璃の浄土はいさぎよし」訳薬師如来の東方浄土は清浄である。❷（心・行為などが）**清らかだ。潔白だ。** 新古今 鎌倉 歌集 神祇「いさぎよき人の心を我忘れめや」訳清らかな人の心を私は忘れるだろうか、いや、忘れはしない。❸**思い切りがよい。さっぱりしている。** 徒然 鎌倉 随筆 一一五「少しもなづまざるかたのいさぎよく覚えて」訳少しも気にしないところが思い切りがよく思われて。

いさ-ご【砂・砂子】 名詞 **砂。**

いざこども… 和歌「いざ子ども 早く日本へ 大伴の 御津の浜松 待ち恋ひぬらむ」万葉集 奈良 歌集 六三・山上憶良 訳さあ、諸君。早く日本へ帰ろう。

思っているだろう。

鑑賞 山上憶良の、遣唐使として唐に滞在中の歌。「子ども」は従者や舟子らをさす。「大伴の御津」は難波(=今の大阪)の港。

いささ- 【接頭語】ほんの小さな。ほんの少しばかりの。「いささ群竹」「いささ小川」

いささ-か* 【聊か・些か】【副詞】❶少し。わずか。【徒然】鎌倉―随筆 一二「いささか違ふ所もあらむ人こそ」【訳】少し(意見が)違うところのあるような人こそ。❷(打消の語を下接して)少しも。まったく。【枕草子】平安―随筆 頭の中将の「いささかなにとも思ひたらず、つれなきも」【訳】まったく何とも思っていないで、平然としているのも。

いささ-か・なり* 【聊かなり・些かなり】【形容動詞】ナリ {なら/なり・に/なり/なる/なれ/なれ} ほんのわずかだ。ほんの少しだ。【竹取物語】平安―物語 かぐや姫の昇天「いささかなる功徳を翁つくりけるによりて」【訳】ほんのわずかの善行を翁が行ったことによって。

いささけ-わざ 【聊け業】【名詞】わずかなこと。ちょっとしたこと。【土佐日記】平安―日記 一・四「物持てくる人に、なほしもえあらで、いささけわざせさす」【訳】贈り物を持って来る人に何もせずにはいられないで、わずかなことをさせる。

いざ-させ-たまへ 【いざさせ給へ】【連語】さあ、なさいませ。さあ、おいでなさいませ。▼「いざ給へ」にさらに敬意が加わった語。【今昔物語】平安―説話 二六・一七「いざさせたまへ、大夫殿」【訳】さあ、おいでなさいませ、大夫殿。⇩いざ給へ

参考 二重尊敬の「させ給へ」の上にくる「行く」「来く」「す」の未然形を省略した形。

いささ-むらたけ 【いささ群竹】【名詞】少しばかり群生している竹。【万葉集】奈良―歌集 四二九一「わが宿のいささむらたけ吹く風の」【訳】⇩わがやどの…。◆「いささ」は接頭語。

いささめ-に 【副詞】かりそめに。いいかげんに。【万葉集】奈良―歌集 一三五五「真木柱つくる杣人いささめに仮廬のためと造りけめやも」【訳】立派な柱をつくる木こりは、いいかげんに、仮小屋を作るためと思って柱を

いざ-さらば 【連語】さあ(よし)、それでは。▼何かの行動を促したり始めようとしたりするときに言う。

なりたち 感動詞「いざ」＋感動詞「さらば」

【今昔物語】平安―説話 二五・一〇「いざさらば、同じくはこの奴射ころして頸取りて、河内の殿に奉らむ」【訳】よし、それでは、いっそのことこいつを射殺して首を取って、河内の殿様に差し上げよう。

いざさらば… ²【俳句】「いざさらば 雪見にころぶ 所まで」【新花摘】江戸―句集 俳諧・芭蕉【訳】外は一面の雪、さあ、それならば雪見にと参ろう。ころぶ所までどこまでも。

鑑賞 外へ出ての雪見の句であるが、「ころぶ」という表現に作者の躍る心がうかがわれる。季語は「雪見」で、季は冬。

いささ-をざさ 【いささ小笹】【名詞】少しばかりの丈の低い笹。◆「いささ」は接頭語。

いさ-しら-ず 【いさ知らず】【連語】さあ、どうだかわからない。⇩いさ二

いざ-たまへ 【いざ給へ】【連語】さあ、いらっしゃい。さあ、おいでなさい。▼相手を誘い、行動を促す。【枕草子】平安―随筆 五月の御精進のほど「いざたまへ、内裏へ」【訳】さあ、いらっしゃいませ、内裏へ。【徒然】鎌倉―随筆 二三六「いざたまへ、出雲拝みに。かひもち召させん」【訳】さあ、いらっしゃい、出雲神社の参拝に。ぼたもちを召しあがっていただこう。

参考 尊敬の「給へ」の上にくる「行く」「来く」などの動詞の連用形を省略した形。

いさ・ちる 【自動詞】タ上一 {ち/ち/ちる/ちる/ちれ/ちよ} はげしく泣く。泣きさけぶ。【古事記】奈良―史書 神代「あが哭きいさちる事を」【訳】私が泣きさけぶことを。◆奈良時代以前の語。

い-ざと・し 【寝聡し】【形容詞】ク {(く)・から/く・かり/し/き・かる/けれ/かれ} 目がさめやすい。【源氏物語】平安―物語 末摘花「うたていざとき心地する」【訳】異様に目がさめやすい気持ちがする。【対】いぎたなし。

いさ-とよ* 【感動詞】返答しかねたり、ためらったときに発する語。さあ。それは。ええと。【平家物語】鎌倉―物語 二・有王「いさとよ、さやうの人は三人これにありしが」【訳】さあ、それは。そのような人は三人ここにいたが。

いさ-な 【鯨・勇魚】【名詞】くじら。

いさな-とり 【鯨取り】【枕詞】いさな(=くじら)を捕る所の意から、「海」「浜」などにかかる。【万葉集】奈良―歌集 一三八「いさなとり海辺をさして」【訳】海岸をめざして。

いざ-な・ふ* 【誘ふ】【他動詞】ハ四 {は/ひ/ふ/ふ/へ/へ} ❶(呼びかけて)誘う。【源氏物語】平安―物語 須磨「御簾巻き上げて、端の方にいざなひ聞こえ給へば」【訳】御簾を巻き上げて、縁側にお誘い申し上げなさると。❷(誘って)連れて行く。伴う。【古今】平安―歌集 羇旅・詞書「友とする人ひとりふたりいざなひて行きけり」【訳】友達を一人二人誘って行った。

いさま・し 【勇まし】【形容詞】シク {(しく)・しから/しく・しかり/し/しき・しかる/しけれ/しかれ} ❶気乗りがする。心が奮い立つ。【徒然】鎌倉―随筆 五八「家を顧みる営みのいさましからん」【訳】家のことを心配したりするというようなことに気乗りがするだろうか。❷勢いが強い。勇ましい。

いさみ 【勇み】【名詞】❶勇気。気力。【著聞集】鎌倉―説話 三〇二「母を失ひては何のいさみかあらむ」【訳】母を失ってはどんな(生きる)気力があるだろうか。❷任侠。任侠心のあること。任侠心のある人。勇み肌。【浮世床】江戸―物語 滑稽「出刃包丁はいさみの魂だ」【訳】出刃包丁は任侠心のある人の魂だ。◇町人についてだけいう。江戸時代の語。

いさ・む ¹【他動詞】マ下二 {め/め/む/むる/むれ/めよ} ㊀【禁む】禁止する。【伊勢物語】平安―物語 七一「ちはやぶる(=枕詞)神のいさむる道ならなくに」【訳】神が禁止する道ではないのだから。㊁【諫む】忠告する。諫言する。【源氏物語】平安―物語 桐壺「かへすがへすいさめおかれ侍りしかば」【訳】繰り返し繰り返し忠告しおかれましたので。

いさ・む ²【勇む】一【自動詞】マ四 {ま/み/む/む/め/め} 気負ってはやり立つ。【徒然】鎌倉―随筆 一一七「猛くいさめる兵」【訳】勇猛ではやり立っている武士。二【他動詞】マ下二 {め/め/む/むる/むれ/めよ} 励ます。元気づける。【平治

物語[鎌倉―物語] 中「あまりに遅れたれば、いさむるなりとて」[訳]あまりに遅れたので、励ますのだといって。

いさめ [名詞]

㊀【禁め】[名詞] **禁止。制止。禁制。** [和泉式部 平安―日記]「あふ道は神のいさめにさはらねどのりのむしろにをればたたぬぞ」[訳]男女の恋の道は神の禁制に触れないが、法事の席にいるので、あなたの所へは行かないのだよ。

㊁【諫め】[名詞] **忠告。戒め。** [平家物語 鎌倉―物語] 一・祇園精舎「いさめをも思ひいれず」[訳](人の)忠告をも深く心にとどめないで。

いさ-や*

㊀[感動詞] **さあ、ねえ。そうですねえ。** [源氏物語 平安―物語] 帚木「いさや、異なることもなかりきや」[訳]さあ、ねえ、特にどうということもありませんでしたよ。

㊁[副詞] **さあ、それはどうだか。さあ、どうだか知らない。** [徒然 鎌倉―随筆] 一四「歌の道のみ、古(いに)へに変はらぬなどいふ事もあれど、いさや」[訳]歌の道だけは、昔と変わらないなどということもあるが、さあ、それはどうだか。

いざ-や [感動詞] **さあ。どれ。** ▼人を誘うとき、また、自分に対して、行動を促すときに発する語。[保元 鎌倉―物語] 下「鎮西(ちんぜい)八郎こそ生け捕られて渡さるるなれ。いざや、見ん」[訳]鎮西八郎(=源為朝(ためとも))が生け捕りにされて引き渡されるぞ。さあ、見よう。

不知哉川(いさやがは)(イサヤガワ) [地名][歌枕] 今の滋賀県にある川。和歌で多く、「いさ」を導き出すための序詞(じょことば)に使われる。

いさよ-ひ* (イサヨイ) [名詞]

㊀【猶予】**ためらい。** [古今 平安―歌集] 恋四「君や来(こ)む我や行かむのいさよひに」[訳]あなたが来てくれるだろうか、それとも私が行こうかというためらいのために。

㊁【十六夜】❶「十六夜の月」の略。❷陰暦の十六日。また、その夜。◆鎌倉時代ごろからは「いざよひ」。

十六夜日記(いざよひにっき)(イザヨイニッキ) [書名] 阿仏尼(あぶつに)の日記。鎌倉時代後期(一二八〇ころ)成立。一巻。〔内容〕阿仏尼がわが子為相(ためすけ)のための訴訟で、鎌倉に下ったときの旅日記。文中に子を思う母性愛があふれている。題名は建治三年(一二七七)十月十六日夜、京都を出発したことによる。

> **古典の常識**
>
> **『十六夜日記(いざよひにっき)』―母性愛あふれる旅日記**
>
> 遺産相続の裁決を仰ぐための鎌倉への道中の旅日記と、鎌倉滞在記、勝訴祈願の歌の三部構成になっている。
>
> 子の為相(ためすけ)・為守(ためもり)との贈答歌も収め、擬古文で書かれている。子を思う母の愛情にあふれた鎌倉時代の女流日記として有名である。

いさよひ-の-つき*【十六夜の月】(イサヨイノツキ) [名詞] 陰暦十六日の夜の月。特に、陰暦八月十六日の夜の月。満月の次の晩は月の出がやや遅れ、それがためらっているように思われることからいう。

いさよ・ふ*【猶予ふ】(イサヨウ) [自動詞]ハ四{は/ひ/ふ/ふ/へ/へ} **ためらう。たゆたう。** [万葉集 奈良―歌集] 二六四「もののふの八十(やそ)宇治川の網代木(あじろき)にいさよふ波の行く方知らずも」[訳]⇩もののふのやそうぢがはの…。◆鎌倉時代ごろからは「いざよふ」。

いさよふ-つき【猶予ふ月】(イサヨウツキ) [連語] ❶**出そうで出ない月。** ❷「いさよひのつき」に同じ。

いさら-ゐ【いさら井】(イサライ) [名詞] ❶**水の少ない井戸・泉。** ❷**ちょっとした(流れの少ない)遣(や)り水。**

いざり【漁り】[名詞]/―す[自動詞]サ変 **漁をすること。** [万葉集 奈良―歌集] 三六五三「志賀(しか)の浦にいざりする海人(あま)」[訳]志賀の浦で漁をする漁師。◆後に「いさり」とも。

いざり-び【漁り火】[名詞] 夜の漁で魚を誘い集めるために船上でたく火。「いざりひ」とも。◆後に「いさりび」とも。

いざりび-の【漁り火の】[枕詞] 漁り火は遠くほのかに見えることから、また、「火」は「ほ」ともいったことから「ほのか」「ほ」にかかる。[万葉集 奈良―歌集] 三一七〇「志賀の海人(あま)の釣し鐙(とも)せるいざりびのほのかに妹を見むよしもがな」[訳]志賀の海人が釣をして燭している漁火のように、ほんの少しでもいいから恋しい彼女を見るてだてがほしいものだ。◆後に「いさりびの」とも。

いざり-ぶね【漁り船】[名詞] **漁船。** ◆後に「いさりぶね」とも。

いざ・る*【漁る】[他動詞]ラ四{ら/り/る/る/れ/れ} **魚や貝などをとる。漁をする。** [万葉集 奈良―歌集] 三六四八「海原(うなはら)の沖辺(おきへ)にともしいざる火は明(あ)かしてともせ」[訳]広い海の沖のあたりにともして漁をする火は明るく照らしてくれ。◆後に「いさる」とも。

いさを【功】(イサオ) [名詞] **手柄。功績。**

いさを・し【功し】(イサオシ) [形容詞]シク{(しく)・しから/しく・しかり/し/しき・しかる/しけれ/しかれ} ❶**勇ましい。雄々しい。** [日本書紀 奈良―史書] 孝徳「清(いさぎよ)く正しくいさをしき者を」[訳](里長には)清廉で正しく雄々しい者を。❷**手柄をたてている。功績がある。** [日本書紀 奈良―史書] 天武「諸(もろもろ)のいさをしき者どもに恩勅(めぐみのみことのり)して」[訳]すべての功績がある者に、恩恵のみことのりを発して。❸**努め励んでいる。**

いし[1]【石】[名詞] ❶**岩石のうち、比較的小さいもの。** ❷**宝石・碁石・墓石・石茶碗(いしぢゃわん)など、石でできているもの。**

い-し[2]【倚子】[名詞] 室内用の腰掛けの一つ。四角、四脚で、背もたれがあり、左右に肘掛(ひじか)けがある。宮中で天皇や公卿(くぎょう)、鎌倉・室町時代には禅僧などが儀式のときに用いた。

(倚 子)

い・し[3]【美し】[形容詞]シク{(しく)・しから/しく・しかり/し/しき・しかる/しけれ/しかれ} ❶**よい。好ましい。みごとだ。** [盛衰記 鎌倉―物語] 一七「歌の声のよさよ、いしういしうとほめられたり」[訳]歌の声の良さよ、みごとだ、みごとだとおほめになった。◇「いしう」はウ音便。❷**殊勝だ。けなげだ。** [平家物語 鎌倉―物語] 九・三草合戦「いしう申させ給(たま)ふ田代殿かな」[訳]殊勝にも申された田代殿であるよ。❸(味が)**よい。うまい。** [比丘貞 室町―狂言] 狂言「いしい酒でおりゃる」[訳]うまい酒でございます。◇「いしい」はイ音便。

語の歴史 ❸は、現代語の「おいしい」の元となった語。上に「お」を付けた「おいしい」が、室町時代に女房詞として女性に多く用いられた。

いし-うち【石打ち】 名詞 「石打ちの羽」の略。たかやとびの尾を押し広げたとき、両端に出る羽。飛び立つときや降り立つときに、この羽で地面の石を打つところからという。堅いので矢羽根として珍重した。

いし-うら【石占】 名詞 奈良時代以前の占い。石を用い、石の数や軽重、けった方角などによって吉凶を判断した。

いしき-を・る【い敷き折る】 他動詞ラ四 {ら/り/る/る/れ/れ}（食物を盛るために、木の葉を）平らに広げて折り曲げる。万葉集 奈良―歌集 四二〇五「いしきをり酒飲みきといふぞこの厚朴」訳（葉を）広げて折り曲げ、酒を飲んだということだ、このほおがしわの木は。◆「い」は接頭語。

いし-ずゑ【礎】 名詞 「石据ゑ」の意。❶建物の土台石。徒然 鎌倉―随筆 二五「おのづからいしずゑばかり残るもあれど」訳偶然に土台石だけ残っている所もあるが。❷基礎。基礎となる人。

いし-だたみ【石畳・甃】 名詞 ❶地面に四角で平らな石を敷き詰めた所。❷模様の一つ。碁盤じまの各方形が、上下・左右とも隣が色違いになる模様。市松模様。

いし-づき【石突き】 名詞 ❶刀剣の鞘の末端（鞘尻）を包む金具。鐺。❷槍などの柄の地面を突く部分を包む金具。❸建物の土台になる部分に、石を突き込めて固めること。

いし-はし【石階】 名詞 石の階段。石段。「いしばし」とも。

いし-はじき【石弾き】 名詞 ❶「いしゆみ」に同じ。❷遊びの一つ。おはじき。盤上の小石を指先ではじいて相手の石に当て、とりあって数をきそうもの。

いしばひ-の-だん【石灰の壇】 名詞 天皇が伊勢神宮や内侍所などを遥拝する壇。清涼殿の東廂の南の隅にあり、板敷きと同じ高さに土を盛り、石灰で塗り固めてあった。参照▶口絵

いし-びや【石火矢】 名詞 大砲。火薬の力で石や金属の弾丸をとばす兵器。参考 古くは石を飛ばしたのでこの名がある。江戸時代には西洋式大砲をいう。

いし-ふし【石伏・石斑魚】 名詞 淡水魚の名。かじか。季 秋。◆石の間に伏し沈んでいることからいう。

いし-ぶみ【碑】 名詞 事跡や業績などを後世に伝えるために建てた石碑。

い-じやう【以上・已上】 一 名詞 ❶（それを含めて）それより上。対以下。❷これまで。▼手紙や目録などの末尾の慣用語。❸（芸道などで）最高の境地に達すること。二 接続詞 ❶結果として。平治物語 鎌倉―物語 上「いじやう義朝一人にまかりなり」訳結果として義朝一人になり。❷合計して。平家物語 鎌倉―物語 七・北国下向「いじやう大将軍六人」訳合計して大将軍六人。

いしやう-まく【衣裳幕】 名詞 花見や遊山などのとき、木の間に綱をはり、女性の美しい着物をかけて幕としたもの。小袖幕。

石山 地名 ❶歌枕 今の滋賀県大津市石山町。瀬田川の西岸に沿い、背後に石山をひかえ、山麓に石山寺がある。近江八景の一つで、観月の名所。❷「いしやまでら」に同じ。

石山寺 寺社 今の滋賀県大津市石山町にある真言宗の寺。天平勝宝年間（七五〇～七五九）、聖武天皇の勅により良弁が開基。本尊は如意輪観音。平安時代に観音信仰が高まり、天皇をはじめ貴族の参詣が盛んであった。紫式部が『源氏物語』を書き始めたという「源氏の間」がある。

いしやまの… 俳句 「石山の 石より白し 秋の風」奥の細道 江戸―紀行 那谷・芭蕉 訳この那谷寺の石山は、近江の石山寺の石山よりいっそう白い。その辺りを清澄な秋の風が白々と吹き渡っている。

鑑賞 石川県小松市の那谷寺での句。那谷寺は越前の国の古刹で、灰白色の岩山の洞窟中に千手観音をまつる。「石山」といえば、ふつうは近江の石山寺をさすが、那谷の石は近江の石山よりも白いと土地では言われていた。季語は「秋の風」。「白」の色は、季節では秋に当てられる。

いしやま-まうで【石山詣で】 名詞 陰暦十月の甲子の日に石山寺に参詣すること。

い-しゅ【意趣】 名詞 ❶考え。意向。平家物語 鎌倉―物語 二・一行阿闍梨之沙汰「衆徒のいしゅに至るまでならびなく」訳（比叡山は）多くの僧の考えまで他と比べものにならないほど立派で。❷意地。著聞集 鎌倉―説話 三四七「いしゅなればと思ひて」訳意地だからと思って。❸恨み。徒然 鎌倉―随筆 七〇「いかなるいしゅかありけん」訳どんな恨みがあったのだろうか。

いしゅ-がへし【意趣返し】 名詞 恨みを返すこと。しかえし。

いし-ゆみ【石弓・弩】 名詞 城壁の上などに木や綱で石をとめておき、敵が近づくと木を外したり綱を切ったりして石を落とすようにした装置。

い-しらま・す【射白ます】 他動詞サ四 {さ/し/す/す/せ/せ}矢などを激しく射て、敵の勢いをくじく。射すくます。「いしらまかす」とも。平家物語 鎌倉―物語 一一・鶏合壇浦合戦「楯も鎧もこらへずして、さんざんにいしらまさる」訳楯でも鎧でも、もちこたえることができず、さんざんに勢いをくじかれる。

いし-ゐ【石井】 名詞 岩の間から湧く清水。また、石で囲った井戸。対板井。

いず〖出ず・伊豆〗⇩いづ

いずく〖何処〗⇩いづく

いずこ〖何処〗⇩いづこ

い-ずし【貽鮨】 名詞 貽貝の肉を発酵させた鮨。

五十鈴川 地名 歌枕 今の三重県伊勢市を流れる川。神路山に発し、伊勢神宮の内宮を通り、参拝者が手などを清める手水場、御手洗となる。五十鈴の川。御裳濯川。

いずち〖何方・何処〗⇩いづち

いずみ〖泉・和泉〗⇩いづみ

和泉式部 ⇩和泉式部

いずみどの〖泉殿〗⇩いづみどの

いずも〖出雲〗⇩いづも

いずら〖何ら〗⇩いづら

いずれ〖何れ〗⇩いづれ

[1]伊勢 人名 生没年未詳。平安時代前期の女流歌人。三十六歌仙の一人。父が前の伊勢守であったので伊勢とよばれた。宇多天皇の寵愛をうけ、また敦

慶親王との間に娘中務をもうけた。技巧と情熱の和歌が家集『伊勢集』や『古今和歌集』などに収録されている。

伊勢[2] ［地名］旧国名。東海道十五か国の一つ。今の三重県の北部。勢州。参照▶資料21

いせ‐ごよみ【伊勢暦】［名詞］江戸時代、伊勢神宮の神官である藤浪家が発行した暦。御師が土産として全国に配った。［季］春。

伊勢神宮 ［寺社］今の三重県伊勢市にある皇室の宗廟。天照大神を祭る皇大神宮（＝内宮）と、豊受大神を祭る豊受大神宮（＝外宮）の通称。二十年ごとに遷宮が行われている。

伊勢の海 ［地名］［歌枕］伊勢湾。今の三重県志摩半島と愛知県伊良湖岬を結ぶ線より北側の内海。和歌では多く、「海人」とともに詠まれる。

伊勢大輔（いせのおおすけ） ⇩伊勢大輔（いせのたいふ）

伊勢大輔（いせのたいふ） ［人名］生没年未詳。平安時代中期の女流歌人。大中臣輔親の娘。一条天皇の中宮彰子（上東門院）に仕え、「いにしへの奈良の都の八重桜けふ九重ににほひぬるかな」（『詞花和歌集』）〈⇩いにしへの…。〉の歌で名をあげ、歌人として活躍。高階成順と結婚したが死別し出家した。家集に『伊勢大輔集』がある。

いせ‐へいじ【伊勢瓶子】［名詞］伊勢産のとっくり。品質が悪く、酒は入れられず、酢を入れるかめに用いたという。

伊勢物語 ［書名］歌物語。作者未詳。平安時代前期成立。別称『在五が物語』『在五中将の日記』など。一冊（分冊あり）。〔内容〕在原業平と思われる男の一代記の形をとる歌物語で、百二十五の小話のほとんどが「昔、男ありけり」の書き出しで始まっている。叙情性豊かな文章でつづられ、絵巻物を見るような趣がある。参照▶口絵

いそ【磯】［名詞］❶岩。石。❷（海・湖・池・川の）水辺の岩石。岩石の多い水辺。

いそ‐がく・る【磯隠る】

一 ［自動詞］ラ四｛ら／り／る／る／れ／れ｝海辺の岩石の陰に隠れる。人目につかない辺鄙な所に隠れ住む。［万葉集 奈良―歌集］三八八「波を恐み淡路島いそがくり居て」［訳］波をおそれ、淡路島の海辺の岩の陰に（舟を）寄せていて。

二 ［自動詞］ラ下二｛れ／れ／る／るる／るれ／れよ｝一に同じ。［源氏物語 平安―物語］行幸「いそがくれける海人の心よ」［訳］海辺の岩の陰に隠れていたあまの心よ。

参考 奈良時代以前では四段活用、平安時代以降は多く下二段活用。

いそ‐かげ【磯影】［名詞］水面にうつった、岸辺の岩影。

いそが・し【忙し】［形容詞］シク｛（しく）・しから／しく・しかり／し／しき・しかる／しけれ／しかれ｝❶多忙である。忙しい。❷気ぜわしい。落ちつかない。［源氏物語 平安―物語］宿木「例の心の癖なれば、いそがしくしもおぼえず」［訳］いつもの（気の長い）性分なので、気ぜわしく（お受けしよう）という気にもならない。

いそがし‐た・つ【急がしたつ】［他動詞］タ下二｛て／て／つ／つる／つれ／てよ｝せきたてる。急がせる。［源氏物語 平安―物語］澪標「よろしき日なりければ、いそがしたてたまひて」［訳］（旅立ちの日取りには）悪くない日であったので、急がせなさって。

いそが・はし【忙はし】［形容詞］シク｛（しく）・しから／しく・しかり／し／しき・しかる／しけれ／しかれ｝気ぜわしそうだ。忙しそうだ。［徒然 鎌倉―随筆］七五「走りていそがはしく」［訳］走り回って忙しそうで。

いそぎ【急ぎ】［名詞］❶急なこと。あわただしく感じること。［徒然 鎌倉―随筆］一八九「あらぬいそぎまづ出で来て紛れ暮らし」［訳］思いもかけない急なことが先にできて（それに）気をとられて一日を過ごし。❷支度。準備。［徒然 鎌倉―随筆］一九「公事どもしげく、春のいそぎに取り重ねて催し行はるるさまぞ、いみじきや」［訳］宮中の行事が絶え間なく、新年を迎える支度に加えて開催し行われるようすは、実にすばらしいことだなあ。

いそぎ‐あ・ふ【急ぎ合ふ】［自動詞］ハ四｛は／ひ／ふ／ふ／へ／へ｝いそがしそうにしあう。みんなが準備する。［徒然 鎌倉―随筆］一九「年の暮れはてて、人ごとにいそぎあへるころぞ」［訳］年が押しつまって、人それぞれいそがしそうにしあっているころは（感慨深い）。

いそぎ‐い・づ【急ぎ出づ】［自動詞］ダ下二｛で／で／づ／づる／づれ／でよ｝急いで出かける。［源氏物語 平安―物語］少女「忍びやかにいそぎいでたまふけはひを聞くも」［訳］こっそりと急いで出かけていかれる気配を聞くにつけても。

いそぎ‐た・つ【急ぎ立つ】［自動詞］タ四｛た／ち／つ／つ／て／て｝❶準備を始める。支度にとりかかる。［源氏物語 平安―物語］藤裏葉「人の装束何かのことも、やむごとなき御ありさまに劣るまじくいそぎたつ」［訳］女房の衣装やあれこれも、尊い方（＝紫の上）のごようすに劣らないように準備を始める。❷急いで出かける。［蜻蛉 平安―日記］中「明けぬれば、いそぎたちてゆくに」［訳］夜が明けたので、急いで出かけてゆくと。

古典の常識

『伊勢物語』―みやびな愛の世界を描く

在原業平や彼をうかがわせる男が主人公の歌物語。各段は、和歌を中心にその歌の成立の経緯を語る形式で、愛を求める風雅な男の心象を和歌を通してうたい上げている。

・春日の里に鷹狩りに行った男が、美しい姉妹を見、狩衣のすそを切って恋歌〈⇩かすがののわかむらさきの…。〉を書いて渡した。（一段）

・京を捨てて東国に下った男が、三河の国で「かきつばた」の花を見て、都に残してきた妻を思う歌〈⇩からころも…。〉を詠み、周りの涙をさそった。また、隅田川の渡しでは「都鳥」を見て、妻の安否をたずねる歌〈⇩なにしおはばいざこととはむ…。〉を詠んだところ、船上の人はみな泣いてしまった。（九段）

・伊勢の国に勅使として行った男が、伊勢神宮の斎宮と出会って恋におち、愛の歌を交わす。（六九段）

・男は死を感じ、辞世の歌〈⇩つひにゆく…。〉を詠んだ。（一二五段）

いそ・ぐ【急ぐ】
一 自動詞 ガ四 {が/ぎ/ぐ/ぐ/げ/げ} ❶**急いでする。急ぐ。** 枕草子 平安―随筆 宮にはじめてまゐりたるころ「暁には、とく下りなむと**いそがるる**」訳夜明け前には、早く退出しようと気がせかれる。❷**急いで行く。急ぐ。** 蕪村句集 江戸―句集 俳諧「鳥羽殿へ五六騎**いそぐ**野分かな―蕪村」訳⇩とばどのへ…。
二 他動詞 ガ四 {が/ぎ/ぐ/ぐ/げ/げ} ❶**急いでする。急ぐ。** 徒然 鎌倉―随筆 四九「ゆるくすべきことを**いそぎて**」訳ゆっくりしなければならないことを急いでして。❷**支度する。準備する。** 更級 平安―日記 夫の死「下るべきことども**いそぐ**に」訳(任地に)下るためのいろいろなことを準備していると。

いそ・し【勤し】 形容詞 シク {(しく)・しから/しく・しかり/し/しき・しかる/しけれ/しかれ} **勤勉である。よく勤める。** 万葉集 奈良―歌集 七八〇「**いそしき**奴と褒めむともあらず」訳勤勉な若者だとほめてくれるとも思えない。

いそじ【五十】 ⇩いそぢ

いそ-ぢ[*]【五十】 名詞 ❶**五十。** ❷**五十年。五十歳。** 方丈記 鎌倉―随筆「**いそぢ**の春を迎へて、家を出で、世を背けり」訳五十歳の春を迎えて出家した。
参考「ぢ」は「はたち(二十)」の「ち」と同じく、「十」「百」「千」の単位の数詞に付く接尾語「ち」の連濁したもの。後世、「路」と解されて「五十路」と書かれることが多い。

いそ-な【磯菜】 名詞 磯にはえる草のうち、食用となる海藻の総称。いそなぐさ。

いそのうへに… 和歌「**磯の上に 生ふる馬酔木を 手折らめど 見すべき君が ありと言はなくに**」万葉集 奈良―歌集 一六六・大伯皇女 訳石のほとりに生えている馬酔木を手折ろうとしても、それを見せるべきあなたが生きているとはだれも言ってはくれないことだ。
鑑賞 処刑された弟の大津皇子の遺体を、墓所の二上山(今の奈良県と大阪府の境の山)に移葬した時に詠んだ歌。白く咲いた馬酔木の花を二度と死者に見せることができないという深い悲しみが切々と歌いだされている。「磯」は石のある場所。

いそ-の-かみ[1]【石の上】 枕詞 今の奈良県天理市石上付近。ここに布留の地が属して「石の上布留」と並べて呼ばれたことから、布留と同音の「古る」「降る」などにかかる。「**いそのかみ**古き都」

石上[2] 地名 歌枕 今の奈良県天理市石上付近の地名。石上神宮や石上寺がある。

いそ-ふり【磯振り・磯触り】 名詞 磯に打ち寄せる荒波。

伊曾保物語 書名 仮名草子。訳者未詳。江戸時代前期(一六三九)刊。三巻。〔内容〕『イソップ物語』の「犬と肉の事」「狐と庭鳥の事」などの話が、やさしい文体で書かれている。わが国翻訳文学の始まりで、原本は一五九三年刊のローマ字つづりの天草版である。

いそ-まつ【磯松】 名詞 **磯の付近にはえている松。**

いそ-み【磯回・磯廻】 名詞 歌語。❶**湾曲した磯。入り込んだ磯。**「いそわ」とも。❷(舟などで)**磯に沿ってめぐること。** ◆「み」は接尾語。

いそ-もと【磯許】 名詞 磯の波打ち際。**磯辺。**

いそ-もの【磯物】 名詞 磯近くでとれる海藻・小魚・貝などの類。

いそ-や【磯家・磯屋】 名詞 磯の付近にある漁師などの家。

いそ-わ【磯回】 名詞「いそみ❶」に同じ。

い-そん・ず【射損ず】 他動詞 サ変 {ぜ/じ/ず/ずる/ずれ/ぜよ} **矢を的に当てそこなう。射そこなう。** 平家物語 鎌倉―物語 一一・那須与一「これを**いそんずる**ものならば」訳これ(=扇の的)を射そこなうものならば。

いた[1]【板】 名詞 ❶薄く平たい木材。❷「板の物」の略。薄い板をしんにして平たくたたんだ織物。唐織物。❸「板敷き」の略。❹「組板」の略。料理の材料をのせて切る、板の台。❺板木。

いた[2]【甚】 副詞 **ひどく。激しく。** 古事記 奈良―史書 允恭「**いた**泣かば人知りぬべし」訳ひどく泣くなら人が知ってしまうに違いない。◆奈良時代以前の語。

いたいけ・す【幼気す】 自動詞 サ変 {せ/し/す/する/すれ/せよ} 〔多く「いたいけしたる」の形で〕**かわいらしく、いじらしいようすをしている。** 平家物語 鎌倉―物語 六・小督「**いたいけしたる**小女房、顔ばかりさし出だいて」訳かわいらしいようすをしている小柄な女房が、顔だけさし出して

いたいけ・なり【幼気なり】 形容動詞 ナリ {なら/なり・に/なり/なる/なれ/なれ} (幼くて)**かわいらしい。いじらしい。** 三人法師 室町―物語 御伽「かたち**いたいけに**見えたり」訳姿はかわいらしく見えた。

いたう[*]【甚う】 副詞「いたく」のウ音便。❶「いたく❶」に同じ。伊勢物語 平安―物語 六「雨も**いたう**降りければ」訳雨もひどく降ったので。❷「いたく❸」に同じ。更級 平安―日記 夫の死「いと**いたう**遠き程ならず」訳それほどたいした道のりでもない。

いた-がき【板垣】 名詞 板で作った垣根。**板塀。**

いた-がね【板金・板銀】 名詞 室町時代の末期から江戸時代の初期に用いられた貨幣。銀を板のように延ばし、適当な大きさに切って使った。ばんきん。

いだか・ふ【抱かふ】 他動詞 ハ下二 {へ/へ/ふ/ふる/ふれ/へよ} **抱きかかえる。** 竹取物語 平安―物語 かぐや姫の昇天「嫗、塗籠の内に、かぐや姫を**いだかへて**をり」訳嫗は、塗籠の中で、かぐや姫を抱きかかえてすわっている。

いた-が・る【痛がる・甚がる】 自動詞 ラ四 {ら/り/る/る/れ/れ} **大そう感服する。ほめる。** 土佐日記 平安―日記 一二・七「これをのみ**いたがり**」訳この歌ばかりを大そうほめて。◆「がる」は接尾語。

いたく【甚く】 副詞
❶**はなはだしく。ひどく。** 万葉集 奈良―歌集 四三二二「わが妻は**いたく**恋ひらし飲む水に影さへ見えて世に忘られず」訳⇩わがつまは…。
❷**うまく。** 源氏物語 平安―物語 浮舟「**いたく**もしたるかな。かけても見及ばぬ心ばへよ」訳うまく(返事を)したものだなあ。まったく見たこともない(感心な)心遣いであるよ。
❸〔打消の語を下接して〕**それほど。たいして。** 徒然 鎌倉―随筆 二二九「よき細工は、少し鈍き刀を使ふと言ふ。妙観が刀は**いたく**たたず」訳りっぱな細工師は、少し切れ味のにぶい小刀を使うという。妙観の刀はそれほど切れない。
参考 形容詞「いたし」の連用形から生じた。ウ音便で

「いたう」とも。

*いだ・く【抱く・懐く】他動詞カ四{か/き/く/く/け/け}
❶抱く。徒然 鎌倉－随筆 八九「川の中よりいだき起こしたれば」訳川の中から(法師を)抱き起こすと。❷心にもつ。今昔物語 平安－説話 二・三〇「子の殺さるるを見て、悲しびをいだけるなり」訳子が殺されるのを見て、悲しみを心にもったのである。◆「うだく」の変化した語。「だく」の古形。

いた-ごし【板輿】名詞 輿の一つ。屋根と両側面を白木の板で張り、前後に簾をかけた簡素なもの。貴人や僧侶などが小旅行のときなどに用いた。

いた・し【痛し・甚し】

形容詞ク{(く)・から/く・かり/し/き・かる/けれ/かれ}

語義の扉

良くも悪くも、強い刺激を受けたときのはなはだしさをいう。

❶㊀(肉体的に)痛い。
❷㊀(精神的に)苦痛だ。つらい。
❸㊀甚だしい。ひどい。
❹㊉すばらしい。感にたえない。
❺㊀見ていられない。情けない。いたわしい。

❶❷には「痛」、❸❹❺には「甚」が該当する。

❶痛い。▼肉体的に。徒然 鎌倉－随筆 一七五「明くる日まで頭いたく、物食はず」訳翌日まで頭が痛く、物も食べない。

❷苦痛だ。痛い。つらい。▼精神的に。竹取物語 平安－物語 かぐや姫の昇天「胸いたき事なのたまひそ」訳胸が痛むことをおっしゃいますな。

❸甚だしい。ひどい。竹取物語 平安－物語 かぐや姫の昇天「八月十五日ばかりの月にいでゐて、かぐや姫いといたく泣き給ふ」訳八月十五日も近いころの月になって、縁側に出てすわり、かぐや姫はたいそうひどくお泣きになる。

❹すばらしい。感にたえない。源氏物語 平安－物語 若紫「女か[illegible]づきたる家、い[illegible]いた[illegible]か[illegible]」訳[illegible]を大切に育てている家というのがとてもすばらしいよ。

❺見ていられない。情けない。いたわしい。源氏物語 平安－物語 行幸「古体なる御文書きなれど、いたしや、この御手よ」訳古風なお書きぶりだが、見ていられないなあ、このご手跡は。

いだし-あこめ【出だし衵】名詞「出だし衣❶」に同じ。

いだし-うちき【出だし袿】名詞「出だし衣❶」に同じ。「いだしうちぎ」とも。

いた-じき【板敷き】名詞 床が板張りになっている所。板の間。簀の子。

いだし-ぎぬ【出だし衣】名詞 ❶貴族の男子の晴れの姿の折の、風流な衣服の着方の称。直衣や狩衣などの裾から、下着の衵・袿などの裾を、わざとのぞかせて着るしゃれた着方をいい、それぞれ「出だし衵」「出だし袿」などとも呼ぶ。「いだしづま」とも。❷女官や童などが、乗った牛車の下簾の下から、女房装束の一部を外に出すこと。また、その衣装。⇩出だし車 参照▼口絵

(出だし衣❶)

いだし-ぐるま【出だし車】名詞 ❶女房・女官が「出だし衣❷」をして乗った牛車。参照▼口絵 ❷行幸や諸儀式、賀茂の祭りなどのときに、女房・

(出だし車❶)

女官に貸し出した牛車。

いだし-た・つ【出だし立つ】他動詞タ下二{て/て/つ/つる/つれ/てよ}❶(用意を整えて)出発させる。源氏物語 平安－物語 桐壺「いだしたてさせ給ひて」訳(帝は、命婦を)出発させなさって。❷宮仕えに出す。出仕させる。更級 平安－日記 宮仕へ「しぶしぶにいだしたてらる」訳しぶしぶ宮仕えに出された。

いだし-づま【出だし褄】名詞「いだしぎぬ❶」に同じ。

いだし-や・る【出だし遣る】他動詞ラ四{ら/り/る/る/れ/れ}送り出す。伊勢物語 平安－物語 二三「あしと思へるけしきもなくて、いだしやりければ」訳(女は男を)憎いと思ったそぶりもなく、(新しい妻の所へ)送り出したので。

いた・す【致す】

㊀他動詞サ四{さ/し/す/す/せ/せ}

❶至らせる。届かせる。日本書紀 奈良－史書 持統「水田は曾孫にいたせ」訳水田は曾孫にまで至らせよ。

❷尽くす。ささげる。沙石 鎌倉－説話 八「貧しき民は妻子を売り、家財をいたし」訳貧しい民は妻子を売り、家財を出し尽くし。

❸もたらす。平家物語 鎌倉－物語 一・鹿谷「是れにも、よろづ、思ふさまなるがいたす所なり」訳これもすべて(平家が)思いのままに振る舞っていることがもたらした結果なのである。

❹「す」「なす」の謙譲語。いたす。させていただく。庖丁聟 室町－狂言 狂言「そのとほりにいたせば済む事でござるか」訳そのとおりにさせていただくと済むことでございますか。

❺「す」「なす」の丁寧語。また、改まった言い方。します。太平記 室町－物語 四「さまざまの作善をいたして」訳さまざまの善事を行い、功徳を積むことをしました。

㊁補助動詞サ四{さ/し/す/す/せ/せ}〔謙譲・丁寧の意を表す〕〔動詞の連用形や漢語サ変動詞の語幹に付いて〕…させていただく。…申し上げる。…します。秀句傘 室町－狂言 狂言「身どもは御奉公いたすことがなるまい」訳私としてはご奉公申し上げるわけにはいかない。

いだ・す【出だす】

一〔他動詞〕サ四{さ/し/す/す/せ/せ}❶(外へ)**出す**。〔竹取物語 平安―物語〕かぐや姫の生ひ立ち「帳の内よりもいださず、いつき養ふ」〔訳〕(翁はかぐや姫を)垂れぎぬの中からさえも出さないで、大切に養い育てる。❷**行かせる**。〔枕草子 平安―随筆〕すさまじきもの「忍びやかに門をたたけば…人いだして問はするに」〔訳〕こっそりと門をたたくので…人を行かせて尋ねさせると。❸**提出する。差し出す**。〔土佐日記 平安―日記〕一・一一「ある人の書きていだせる歌」〔訳〕ある人が書いて差し出した歌。❹**引き起こす**。〔大鏡 平安―物語〕伊尹「昨日事いだしたりし童べ」〔訳〕昨日事件を引き起こした子供。❺**口に出す。言う。歌う**。〔源氏物語 平安―物語〕梅枝「弁少将拍子とりて、『梅が枝』いだしたるほど、いとをかし」〔訳〕弁少将が拍子をうって「梅が枝」を歌い出したようすはたいへん趣がある。❻**出す。表す**。〔源氏物語 平安―物語〕東屋「降魔の相をいだして」〔訳〕悪魔をこらしめる不動尊のような怒りの形相を表して。

二〔補助動詞〕サ四{さ/し/す/す/せ/せ}(動詞の連用形に付いて)外へ向かって行う、または外へ表し出す意を表す。〔伊勢物語 平安―物語〕二三「…と言ひて見いだすに、からうじて大和人、『来む』といへり」〔訳〕…と言って外を見るとやっとのことで大和の男から「(そちらへ)行こう」と言ってきた。

いたずらなり〔徒らなり〕⇩いたづらなり

いただき【頂・戴き】〔名詞〕❶**頭のてっぺん**。❷**物のいちばん上の所。頂上**。〔竹取物語 平安―物語〕ふじの山「駿河の国にあなる山のいただきに」〔訳〕駿河の国にあるという山(=富士山)の頂上に。

いただき-もちひ【戴き餅】(イタダキモチイ)〔名詞〕平安時代、貴族の家で幼児の頭に餅を触れさせて、祝言を唱え、その前途を祝う儀式。正月一日、または吉日を選んで行われた。

いただ・く【頂く・戴く】〔他動詞〕カ四{か/き/く/く/け/け}❶頭の**上に載せる**。〔宇治拾遺 鎌倉―説話〕一一六八「こと魚などしたためて、桶に入れて、女どもにいただかせて、わが坊に帰りければ」〔訳〕ほかの魚などを処理して、桶に入れて、女たちに頭の上に載せさせて、自分の僧房に帰ったところ。❷**あがめ敬い、大切にする**。〔源氏物語 平安―物語〕真木柱「石山の仏をも、弁のおもとをも、並べていただかまほしうと思へど」〔訳〕石山の仏も、弁のおもと(=女房の名)も、一緒にあがめ敬いたく思うけれども。❸[「受く」「もらふ」の謙譲語]**ちょうだいする**。❹[「飲む」「食ふ」の謙譲語または丁寧語]

いたち【鼬】〔名詞〕動物の名。いたち。

いたち-の-みち【鼬の道】〔連語〕❶いたちの通る道。❷人の往来や音信が絶えることのたとえ。鼬の道切り。

〔参考〕いたちは同じ道を二度と通らないといわれ、また、いたちが道を横切ると親しい人との交際が絶えるという俗信があった。

い-た・つ【射立つ】〔他動詞〕タ下二{て/て/つ/つる/つれ/てよ}**矢を射て(体などに)突き立てる**。〔平家物語 鎌倉―物語〕七・篠原合戦「矢七つ八ついたてられて」〔訳〕矢を七、八本(体に)突き立てられて。

いたつかは・し【労かはし】(イタツカワシ)〔形容詞〕シク{(しく)・しから/しく・しかり/し/しき・しかる/しけれ/しかれ}**わずらわしい。ご苦労さまだ**。〔徒然 鎌倉―随筆〕九三「いたつかはしく外の楽しびを求め」〔訳〕ご苦労なことに外の楽しみを求め。

1 **いた-つき**【平題箭】〔名詞〕先がとがっていない、練習用矢じり。

2 **いたつき**【労き・病き】〔名詞〕❶**骨折り。苦労**。〔大和物語 平安―物語〕一四七「そのいたつきかぎりなし」〔訳〕その苦労はひととおりではない。❷**病気**。〔古今 平安―歌集〕仮名序「身にいたつきのいるも知らずて」〔訳〕我が身に病気が入り込んでくるのも知らないで。

* **いたつ・く**【労く・病く】

一〔自動詞〕カ四{か/き/く/く/け/け}❶(気を配って)**骨を折る**。〔蜻蛉 平安―日記〕上「とかうものすることなどいたつく人多くて、皆し果てつ」〔訳〕あれこれ処置することなどは骨を折ってくれる人が多くて、すべてし終えた。❷**わずらう。病気になる**。

二〔他動詞〕カ四{か/き/く/く/け/け}**世話する。いたわる**。〔伊勢物語 平安―物語〕六九「かくてねむごろにいたつきけり」〔訳〕(女は男を)このように心をこめて世話した。

1 **いたづら-ごと**【徒ら言】(イタズラゴト)〔名詞〕**無用な言葉。役に立たない言葉**。

2 **いたづら-ごと**【徒ら事】(イタズラゴト)〔名詞〕❶**無用なこと。役に立たないこと**。❷**みだらなこと**。

いたづら・なり【徒らなり】(イタズラナリ)

〔形容動詞〕ナリ{なら/なり・に/なり/なる/なれ/なれ}

> **語義の扉**
>
> 予想・期待に反していて、役に立たないようすをいうのが、もとの意。現代語の「悪ふざけ」の意味は、江戸時代以降の用法。
>
> ❶つまらない。むなしい。
> ❷無駄だ。無意味だ。
> ❸手持ちぶさただ。ひまだ。
> ❹何もない。空だ。

❶**つまらない。むなしい**。〔古今 平安―歌集〕春下「花の色は移りにけりないたづらにわが身世にふるながめせし間に」〔訳〕⇩はなのいろは…。

❷**無駄だ。無意味だ**。〔徒然 鎌倉―随筆〕一二三六「上人の感涙いたづらになりにけり」〔訳〕上人が感激のあまりに流した涙は無意味になってしまった。〔参照〕▶〔文脈の研究〕…をそむく。

❸**手持ちぶさただ。ひまだ**。〔土佐日記 平安―日記〕一・一八「舟も出ださで、いたづらなれば、ある人の詠める」〔訳〕舟も出さないでいて、手持ちぶさたなので、ある人が詠んだ歌。

❹**何もない。空だ**。〔更級 平安―日記〕富士川「入り江のいたづらなる州どもに」〔訳〕入り江の何もない州に。

いたづらに-な・す【徒らになす】(イタズラニナス)〔連語〕

〔なりたち〕形容動詞「いたづらなり」の連用形＋動詞「なす」

❶無駄にする。だめにする。今昔物語 平安―説話 一・三八「我ら心をもって二世をいたづらになせり」訳私たちは自分の心がけにより、現世と来世を無駄にした。❷命を捨てさせる。滅ぼす。竹取物語 平安―物語 御門の求婚「多くの人の身をいたづらになして会はざなるかぐや姫はいかばかりの女ぞと、まかりて見てまゐれ」訳多くの人の身を滅ぼしても結婚しないというかぐや姫はどれほどの女性であるか、出向いて見てこい。

いたづらに-な・る【徒らになる】イタズラニナル 連語

なりたち 形容動詞「いたづらなり」の連用形＋動詞「なる」

❶無駄になる。宇津保 平安―物語 藤原の君「仏に奉るものはいたづらにならず」訳仏に差し上げるものは無駄にならない。❷死ぬ。一生がだいなしになる。伊勢物語 平安―物語 二四「…と書きて、そこにいたづらになりにけり」訳…と書いて、そこで死んでしまった。参照▼類語と使い分け⑨

いたづら-びと【徒ら人】イタズラビト 名詞 ❶物の役に立たない人。❷落ちぶれた人。❸死んだ人。

いたづら-ぶし【徒ら臥し】イタズラブシ 名詞 思う人に会えず、むなしくひとり寝ること。いたづらね。

いたづら-もの【徒ら者】イタズラモノ 名詞 ❶「徒ら人❶」に同じ。❷悪さをする人。腕白者。ならず者。

いた-で【痛手】名詞 (刀・矢などで受けた)重い傷。深手。◆古くは「いたて」とも。

い-たど・る【い辿る】自動詞ラ四 {ら/り/る/る/れ/れ} たずねる。たどる。万葉集 奈良―歌集 八〇四「をとめらがさ寝なす板戸を押し開きいたどり寄りて」訳少女たちが寝ている家の板戸を押し開いてたずね寄って。◆「い」は接頭語。奈良時代以前の語。

いたは・し【労し】イタワシ 形容詞シク {(しく)・しから/しく・しかり/し/しき・しかる/しけれ/しかれ}

❶苦労だ。骨が折れる。日本書紀 奈良―史書 景行「臣いたはしといふとも、頓にその乱れを平けむ」訳(たとえ)私には苦労であっても、ひたすらその乱を平定しよう。

❷病気で苦しい。万葉集 奈良―歌集 八八六「己が身しいたはしければ」訳自分の体が病気で苦しいので。

❸大切にしたい。いたわってやりたい。方丈記 鎌倉―随筆「わが身は二の次にして、人をいたはしく思ふ間に」訳自分の身は二の次にして、相手を大切にいたわりたいと思っているので。

❹気の毒だ。痛々しい。平家物語 鎌倉―物語 灌頂・大原御幸「さこそ世を捨つる御身といひながら、御いたはしうこそ」訳いくら世を捨てたお身の上とはいっても、まことにお気の毒なことで(ございます)。◇「いたはしう」はウ音便。

***いたはり**【労り】イタワリ 名詞 ❶骨折り。功績。手柄。源氏物語 平安―物語 葵「君たちも、いたはり望み給ふことどもありて」訳ご子息たちも、功績(として昇進)を望みなさることなどがあるので。❷用心深く大切に扱うこと。手間。工夫。源氏物語 平安―物語 松風「何のいたはりもなく建てたる寝殿のことそぎたるさまも、おのづと山里のあはれを見せたり」訳特にどうという工夫もなく建てた寝殿の簡素なようすも、自然と、山里の情緒が感じられる。❸ねぎらうこと。世話をすること。源氏物語 平安―物語 須磨「この御いたはりにかからぬ人なく」訳源氏のお世話に頼らない人はなく。❹病気。平家物語 鎌倉―物語 九・木曾最期「山吹はいたはりあって、都にとどまりぬ」訳山吹は病気になって、京の都にとどまった。

いたは・る【労る】イタワル

一 自動詞ラ四 {ら/り/る/る/れ/れ}

❶気をつかう。苦労する。骨を折る。源氏物語 平安―物語 少女「津の守は『典侍あきたるに』と申させたれば、『さもやいたはらまし』と大殿も思いたるを」訳津の守(＝惟光)は(源氏に)「典侍が空いているので」と申し上げたので、「そのように骨を折ってやろうか」と大殿(＝源氏)もお思いになったのを。

❷病気になる。平家物語 鎌倉―物語 一〇・三日平氏「をりふしいたはる事候ひて、下り候はず」訳ちょうどその時病気することがございまして、下って来ません。

二 他動詞ラ四 {ら/り/る/る/れ/れ}

❶ねぎらう。手厚くもてなす。奥の細道 江戸―紀行 大垣「蘇生の者に会ふがごとく、且つ悦び且ついたはる」訳生き返った人に会うかのように、一方では(私の無事を)喜び、一方ではねぎらってくれる。

❷治療する。休養する。平家物語 鎌倉―物語 四・競「此のほどあまりに乗り損じて候ひつるあひだ、しばらくいたはらせ候はんとて」訳このところあまりに乗りすぎて疲れさせてしまいましたので、しばらく休養させようと思いまして。

いた-びさし【板庇・板廂】名詞 板製のひさし。

参考 もっぱら歌語として用い、秋の荒涼とした趣を背景に、荒れさびれた光景を詠むことが多い。散文では、単に「ひさし」。

いた-ぶき【板葺き】名詞 板で屋根をふくこと。また、その屋根。

いた-ぶ・る【甚振る】

一 自動詞ラ四 {ら/り/る/る/れ/れ} 激しく揺れ動く。万葉集 奈良―歌集 二七三六「風をいたみいたぶる波の間なく」訳風が激しいので激しく揺れ動く波のように休みなく。

二 他動詞ラ四 {ら/り/る/る/れ/れ} 金品をせびる。ゆすり取る。浮世風呂 江戸―物語 滑稽「伯父御でもいたぶらねえきゃあ」訳伯父さんにでもせびらなきゃあ。

いた-ま【板間】名詞 板葺き屋根の透き間や裂け目。

***いたま・し**【悼まし・傷まし・痛まし】形容詞シク {(しく)・しから/しく・しかり/し/しき・しかる/しけれ/しかれ} ❶ふびんだ。かわいそうだ。徒然 鎌倉―随筆 一二八「いかでかいたましからざらん」訳どうしてふびんでないことがあろうか。❷つらい。苦しい。悩ましい。徒然 鎌倉―随筆 一「いたましうするものから」訳(酒をすすめられて)つらいようにするものの。◇「いたましう」はウ音便。

いた-み【甚み】

なりたち 形容詞「いた(甚)し」の語幹＋接尾語「み」

甚だしいので。ひどいので。詞花 平安―歌集 恋上「風をいたみ岩うつ波のおのれのみ」訳⇩かぜをいたみ…。

¹い-た・む【い回む・い廻む】自動詞マ上二 {み/み/む/むる/むれ/みよ} めぐる。めぐり行く。万葉集 奈良―歌集 四四〇八「丘の岬いたむるごとに」訳丘の岬をめぐるたびに。◆「い」は接頭語。奈良時代以前の語。

²いた・む【痛む・傷む】

一 自動詞マ四{ま/み/む/む/め/め} ❶(体が)痛む。❷(心が)痛む。苦痛を感じる。嘆く。徒然 鎌倉―随筆 一八八「一事を必ずなさんと思はば、他の事の破るるをもいたむべからず」訳 一つの事を必ずなしとげようと思うならば、ほかの事がだめになることを嘆いてはならない。❸破損する。傷つく。平家物語 鎌倉―物語 二・烽火之沙汰「再び実なる木はその根必ずいたむ」訳 年に二度実のなる木はその根が必ず傷つく。

二 他動詞マ四{ま/み/む/む/め/め} (人の死を)悲しむ。曠野 江戸―句集 俳諧「李下(りか)が妻のみまかりしをいたみて」訳 李下の妻が亡くなったのを悲しんで。◆「悼む」とも書く。

三 他動詞マ下二{め/め/む/むる/むれ/めよ} 苦痛を感じさせる。痛めつける。徒然 鎌倉―随筆 一二八「生けるものを殺し、いため」訳 生き物を殺したり、痛めつけたり。

いた-も【甚も】副詞 甚だ。全く。万葉集 奈良―歌集 四五六「君に恋ひいたもすべなみ」訳 君に恋して、全く方法がないので。

いた-や【板屋・板家】名詞 ❶板葺(ぶ)きの屋根。❷板葺きの(粗末な)家。

いたら-ぬ-ところ-な-し【至らぬ所無し】連語 ❶どこにでも行く。堤中納言 平安―物語 はなだの女御「いやしからぬすき者の、いたらぬところなく、人に許されたる」訳 身分の低くない好色者で、(すばらしい女性と聞けば)どこにでも行き、それを世の人々に是認されている男が。❷非の打ちどころがない。蜻蛉 平安―日記 上「いたらぬところなしとききふるした手も」訳 非の打ちどころがない(ほどみごとに書くものだ)と聞き慣れていた筆跡も。

いたり【至り】名詞 ❶極まったところ。至極。きわみ。徒然 鎌倉―随筆 一二九「短慮のいたり」訳 浅はかな考えのきわみ。❷行き届いていること。思慮・学問などの深さ。源氏物語 平安―物語 帚木「深きいたりなからむは」訳 深い行き届いた思慮がないとしたら。

いたり-いたら-ぬ【至り至らぬ】連語 なりたち 動詞「いたり」の連用形＋同じ動詞の未然形＋打消の助動詞「ず」の連体形 来る、または、来ない。新古今 鎌倉―歌集 秋上「秋風のいたりいたらぬ袖(そで)はあらじ」訳 秋風が、吹いて来るまたは来ない袖というものはあるまい(どの袖にも秋風は吹いてくる)。

***いたり-たる**【至りたる】連語 なりたち 動詞「いたる」の連用形＋完了の助動詞「たり」の連体形 極致に達した。きわめている。大鏡 平安―物語 道長下「まことにこれは徳いたりたる翁(おきな)どもにてさぶらふ」訳 まったく我々は人徳が極致に達した老人たちでございます。

いたり-て【至りて】副詞 非常に。きわめて。いたって。徒然 鎌倉―随筆 八五「いたりて愚かなる人は」訳 非常に愚かな人は。

いたり-ふか・し【至り深し】形容詞ク{(く)・から/く・かり/し/き・かる/けれ/かれ} ❶注意深い。思慮深い。源氏物語 平安―物語 帚木「思ひめぐらさむ方(かた)もいたりふかく」訳 いろいろ考える点でも思慮深く。❷造詣(ぞうけい)が深い。❸奥深い趣がある。源氏物語 平安―物語 若紫「なにのいたりふかき隈(くま)はなけれど」訳 何の趣深い場所とてないけれど。

いた・る【至る・到る】自動詞ラ四{ら/り/る/る/れ/れ} ❶行き着く。到達する。やって来る。土佐日記 平安―日記 二・一六「家にいたりて、門(かど)に入るに、月明かければ、いとよくありさま見ゆ」訳 家に到着して、門を入ると、月が明るいので、たいそうよく(庭の)ようすが見える。❷(ある時期・時点に)なる。(あるときが)やって来る。徒然 鎌倉―随筆 一〇八「命を終ふる期(ご)、たちまちにいたる」訳 命を終える時は、またたく間にやってくる。❸(ある地位に)達する。なる。徒然 鎌倉―随筆 一五〇「つひに上手の位にいたり、徳たけ、人に許されて、並びなき名を得ることなり」訳 最後には上手といわれる名人の段階に達し、人格が円熟し、人から認められて、並ぶもののない名声を得るのである。❹(極限に)達する。極まる。徒然 鎌倉―随筆 六〇「人に厭(いと)はれず、よろづ許されけり。徳のいたれりけるにや」訳 人にはいやがられず、万事について許されていたそうだ。これは徳が極限に達していたからであろうか。❺行きわたる。行き届く。思い及ぶ。源氏物語 平安―物語 帚木「などかは女といはむからに、世にある事の公私(おほやけわたくし)につけて、むげに知らずいたらずしもあらむ」訳 どうして女だからといって、世間のでき事の公事や私事について、全然知らないで思い及ばないということがあろうか。いや、そんなことはない。

いたわし【労し】⇨いたはし

いたわる【労る】⇨いたはる

いた-ゐ【板井】イタ 名詞 板囲いの井戸。対 石井(いしゐ)。

いち[1]【一・壱】一 名詞 ❶一つ。ひとつ。❷(順位の)一番。第一。最高。最上。❸最もすぐれている事や物。第一。枕草子 平安―随筆 御かたがた、君たち「人にいちに思はれずは」訳 人に第一と思われないなら。二 副詞 最も。合柿 室町―狂言 狂言「いちうまい柿(かき)でござる」訳 最もうまい柿でございます。◆鎌倉・室町時代の語。

いち[2]【市】名詞 人が多く集まってきて、物品の交換・売買などを行う場所。

い-ぢ【意地】ジイ 名詞 ❶気だて。こころね。❷自分の主張を押し通そうとする性質。我(が)。❸連歌(れんが)で、歌人としての心のはたらき。

いち-いち【一一】一 名詞 ❶一つ一つ。❷ひとりひとり。めいめい。二 副詞 ことごとく。一つ残らず。平家物語 鎌倉―物語 六・祇園女御「事の体(てい)いちいちにあらはれぬ」訳 事の真相がことごとくわかった。

いち-う【一宇】名詞 一軒。一棟(むね)の家。◆「う」は家の意。

いち-え【一衣】名詞 一枚の衣服。

市川団十郎(いちかわだんじふらう) イチカワダンジュウロウ 人名 (初代)(一六六〇～一七〇四)江戸時代前期の歌舞伎(かぶき)俳優。江戸の人。幼名は海老蔵(えびざう)。屋号は成田屋。荒事(あらごと)芸の創始者。三升屋兵庫(みますやひょうご)の筆名で脚本も書いた。元禄(げんろく)時代の江戸歌舞伎の代表的名優。市村座の舞台で、俳優の生島(いくしま)半六に刺されて殺された。

いち-がん【一眼】名詞 ❶片方の目。片目。奥の細道 江戸―紀行 象潟「風景いちがんのうちに尽きて」訳風景はひと目ですっかり見渡せて。

いち-ぐ【一具】名詞 **ひとそろい。一式。**徒然 鎌倉―随筆 八二「物を必ずいちぐに調へんとするは」訳物を何としてもひとそろいに備えようとするのは。

いち-ぐら【肆】名詞 市で取り引きのための商品を並べておく所。「いちくら」とも。

いち-げん【一見】名詞 ❶初めて会うこと。**初対面。** ❷遊女が、その客と初めて会うこと。◇遊里語。

いち-ご【一期】名詞 **一生。生涯。**平家物語 鎌倉―物語 灌頂・女院死去「いちごつひに終はらせ給ひぬ」訳生涯をついにお閉じなさった。◆もとは仏教語。

いち-こつ【壱越】名詞 雅楽の音階である「十二律」の第一音。

いちこつ-でう【壱越調】名詞 雅楽の「六調子」の一つ。「壱越」を主音とする調子。「いちこちでう」とも。

いち-ざ【一座】名詞 ❶**第一の上席。首席。**宇治拾遺 鎌倉―説話 一三・一二「いちざより次第に」訳首席(の僧)から順番に。❷席を同じくすること。**同席。**❸同じ集まりに出席している者全員。**一同。**❹連歌・俳諧を催す会席。❺芸能を興行する役者などの一団。

いち-じ【一時】名詞 **ほんのわずかの時間。いっとき。**奥の細道 江戸―紀行 平泉「功名いちじの叢となる」訳(弁慶たちの)手柄の名声もいっときの(夢として消え、今は)草むらとなっている。

いち-しちにち【一七日】名詞 ❶**七日間。**▼おもに加持・祈禱・物忌み・修行などの期間にいう。❷(特に)人の死後の七日間。**初七日。**

いちじょう【一定】⇩いちぢやう

一条兼良 ⇩一条兼良

いちじょう-の-ほふ【一乗の法】連語 仏教語。この世のすべてのものを悟りに導き、成仏させる唯一無二の教え。「法華経」をさす。比類のない物事のたとえにも使う。

参考「乗」は衆生を彼岸に運ぶ乗り物の意で仏の教えのたとえ。「一乗」は唯一の乗り物の意。

いち-しる・し【著し】形容詞ク{(く)・から/く・かり/し/き・かる/けれ/かれ} **明白だ。はっきりしている。**枕草子 平安―随筆 胸つぶるるもの「いちしるからぬ人の声」訳(だれとは)はっきりしない人の声。

参考古くは「いちしろし」。鎌倉時代以降、シク活用となり、「いちじるし」と濁って用いられる。「いち」は接頭語。

いち-しろ・し【著し】形容詞ク「いちしるし」に同じ。◆奈良時代以前の語。

いち-じん【一人】名詞 天皇の別称。▼天下にただひとりの人の意。平家物語 鎌倉―物語 一二・土佐房被斬「上いちじんはじめ奉り」訳上は天皇をはじめとして。◆「いちにん」とも。

いち-だい【一代】名詞 ❶**人の一生。一生涯。**❷ひとりの君主や天皇が国を治めている間。❸一人が家長として家を継いでいる間。

参考「一代男」や「一代女」は一代限りで終わる男や女の意で、一生定まった配偶者や子がいない者をいう。

いち-だいじ【一大事】名詞 ❶仏教語。仏が衆生救済のため、この世に現れるという重大事。転じて、悟りを開くこと。❷きわめて重要なこと・事件。**重大事。**

いち-だう【一道】名詞 学問や芸道などで一つの専門とする分野。一つの芸道。

いち-だん【一段】
一 名詞 ❶(階段などの)一きざみ。❷(文章などの)一区切り。
二 副詞 **いっそう。ひときわ。**鍋八撥 室町―狂言 狂言「いちだんとよう御座る」訳いっそうようございます。

いち-ぢ【市路・市道】名詞 市へ通じる道。また、市にある道。

いち-ぢやう【一定】
一 名詞 確かにそれと決まっていること。**確実なこと。**徒然 鎌倉―随筆 三九「往生は、いちぢやうと思へばいちぢやう、不定と思へば不定なり」訳極楽往生は確かなことと思えば確かなこと、不確かなことと思えば不確かなことである。
二 副詞 **確かに。必ず。**平家物語 鎌倉―物語 一一・那須与一「この若者、いちぢやうつかまつり候ひぬ」訳この若者(=那須与一)は、必ずやりとげるに違いない。

いち-ぢん【一陣】名詞 ❶風が一吹きさっと吹くこと。❷**第一線の陣。先鋒。**平家物語 鎌倉―物語 六・祇園女御「いちぢんを破るといへども」訳(敵の)先鋒を破るとはいっても。❸最初に敵陣を攻めること。**先駆け。一番乗り。**

いち-でう【一条】名詞 **ひとすじ。ひとつながり。**徒然 鎌倉―随筆 三八「可・不可はいちでうなり」訳よいとすること、よくないとすることは、ひとつながりである。

一条兼良 人名 (一四〇二～八一)室町時代中期の歌人・学者。「兼良」ともよむ。太政大臣・関白。和漢の学に精通し、和歌や連歌の興隆にもつくした。著作は多分野にわたり、古典の注釈『花鳥余情』のほか、有職故実や神道の研究書などがある。

いちどう-に【一同に】副詞 **一緒に。そろって。**平家物語 鎌倉―物語 一〇・首渡「おのおのいちどうに申されければ」訳皆がそろって申し上げたので。

いち-なか【市中】名詞 **町の中。市街の中。**

いち-なん【一男】名詞 一番目の男子。**長男。**

いちにち-ぎやう【一日経】名詞 供養のために、大勢が分担して一部の経を一日で写し終えること。また、その経。多く『法華経』を写す。

いち-にん【一人】名詞 ❶**ひとり。**❷天皇の別称。「いちじん」とも。❸**第一人者。**日本永代蔵 江戸―物語 浮世・西鶴「いちにんの才覚者」訳第一の知恵者。

いちにん-たうぜん【一人当千】名詞 一人で千人の敵に当たれるほどの勇気や力を持っていること。勇士のたとえ。一騎当千。

いち-ねん【一念】名詞 ❶仏教語。**きわめて短い間。一刹那。一瞬。**徒然 鎌倉―随筆 一〇八「ただ今のいちねん」訳今の一瞬。❷仏教語。ひとたび心に仏を念ずること。また、一回念仏を唱えること。歎異抄 鎌倉―論 一四「いちねん申せば」訳一回念仏を唱え申すならば。❸ひたすら思いつめること。また、その心。**執念。**源氏物語 平安―物語 横笛「今はのとぢめいちねんのうらめしきも」訳臨終に際して執念のうらめしい心も。

いちねん-ほっき【一念発起】名詞 /―す 自動詞サ

変❶仏を信じ、悟りを求める心を起こすこと。❷迷いや悪心を捨てて善心を起こすこと。

いち-の【一の】 連語 ❶**第一番目の。最初の。** ❷**最もすぐれた。いちばん大切な。**

いち-の-おとど【一の大臣】 名詞 「いちのかみ」に同じ。

いち-の-かみ【一の上】 名詞 「左大臣」の別名。ただし、左大臣を欠くときや、左大臣が摂政・関白を兼ねるときは「右大臣」をいい、また、上に太政大臣がいるときは「太政大臣」をさした。「一の大臣」とも。

いち-の-きさき【一の后】 名詞 **第一の后。**皇后の別名。

いち-の-くに【一の国】 名詞 その年に国司が交替する国の中で、一番よい国。**最上の任国。**

いち-の-ざえ【一の才】 名詞 身につけた芸能の中で、一番すぐれたもの。**最も得意とする技芸。**

一の谷 地名 今の兵庫県神戸市須磨区の西部にある谷。源平の戦いの古戦場で、源義経が背後の鵯越から、平家の軍を奇襲して屋島に敗走させた合戦で知られる。

いち-の-ところ【一の所】 名詞 「いちのひと」に同じ。

いち-の-ひと【一の人】 名詞 「摂政」「関白」の別名。「一の所」とも。

いち-の-ふで【一の筆】 名詞 ❶戦場で最初に首を取った手柄を首帳(=戦功を記す帳面)の一番目に記録されること。❷**最初。筆頭。**

いち-の-みこ【一の御子・一の皇子・一の親王】 名詞 **第一皇子。**

いち-の-みや【一の宮】 名詞 ❶**第一皇子。第一皇女。**❷その国の神社の中で、第一位に待遇される由緒ある神社。

いち-の-や【一の矢】 名詞 最初に射る矢。また、矢を射るとき持つ二本の矢のうちで、先に射る矢。

いち-の-ゐん【一の院】 名詞 同時に二人以上の院(=上皇・法皇)があるとき、先に院になった上皇。本院。参考 後からなった院を「新院」、三人のときは二番目になった院を「中院」という。

いち-ばい【一倍】 一 名詞／—す 自動詞 サ変 (今でいう)**二倍。倍。** 二 副詞 **いっそう。一段と。ひとしお。**▼程度・数量が格段に大きいようす。◆江戸時代の語。

参考 一は漢語で、ある数量を二つ重ね合わせること、また、その数量をいう。今でいう三倍は二層倍、四倍は三層倍といった。

いち-はや・し【逸早し】 形容詞ク {(く)・から／く・かり／し／き・かる／けれ／かれ} ❶**すばやい。性急だ。** 源氏物語 平安-物語 須磨「いちはやき世のいと恐ろしうはべるなり」訳(うわさが伝わるのが)すばやい世間がたいそう恐ろしいのでございます。❷**激しい。熱烈だ。** 伊勢物語 平安-物語 一「昔人は、かくいちはやきみやびをなむしける」訳昔の人は、このように熱烈な風流を行ったものだった。❸**厳しい。容赦のない。** 源氏物語 平安-物語 須磨「いちはやき世を思ひはばかりて参り寄る人もなし」訳厳しい時勢を思いはばかって(源氏のもとに)立ち寄る人もいない。

いち-ばん【一番】 一 名詞 ❶(物事の順序で)**最初。第一。** ❷**最もすぐれたもの。**また、最大のもの。❸**一組み。** ❹(能・狂言・歌舞伎などの)**一曲。** ❺(碁・将棋・相撲などの)**一勝負。**

二 副詞 ❶**試みに。一応。** ❷**最も。第一に。**

いちひ【石櫧・櫟】 名詞 木の名。いちいがし。木の質は堅く器物の材料に適し、実は食用となる。

いち-ぶ【一分・一歩】 名詞 ❶尺度の単位で、一寸の十分の一(=約三・〇三ミリメートル)。❷江戸時代の貨幣の単位。一両の四分の一。❸「一分金」「一分銀」の略。

いちぶ-きん【一分金・一歩金】 名詞 江戸時代の金貨の一つ。形は長方形で、一両の四分の一に当たる。「一分判金」「一分小判」「一分」「小粒」とも。

いちぶ-ぎん【一分銀・一歩銀】 名詞 江戸時代の銀貨の一つ。形は長方形で、一両の四分の一に当たる。

参考 江戸時代後期の一八三七年(天保八)に初めて鋳造され、流通した。

市振の関 地名 今の新潟県西頸城郡青海町市振にあった関所。江戸時代、北陸道の越後の国(新潟県)と越中の国(富山県)の境に置かれた日本海に面し、近くに親不知などの難所がある。芭蕉の『奥の細道』に見える。

いち-ぶん【一分】 名詞 ❶幾つかに分けたものの一つ。❷**自分の身。自身。一身。また、その面目。責任。** 日本永代蔵 江戸-物語 浮世・西鶴「いちぶんをさばきかねつるは」訳責任を果たすことができない者は。❸**同様。同然の身。** ▼名詞に直接付く。一代男 江戸-物語 浮世・西鶴「我とは兄弟いちぶんに」訳私とは兄弟同様に。

いちまい-かんばん【一枚看板】 名詞 ❶上方の歌舞伎で芝居小屋の前に掲げる大看板。◇芝居の名題(=題名)や立役者の絵姿などを記した。江戸では「名題看板」という。❷(❶の看板に絵姿の出るような)一座の中心となる役者。

いちまつ-もやう【市松模様】 名詞 地紋の一つ。格子の方形の升を一つおきに色違いに並べた、碁盤縞の模様。江戸時代中期、歌舞伎役者の佐野川市松が舞台衣装に用いたことから。「石畳」とも。

いち-み【一味】 一 名詞 仏教語。仏の教えは、時・所・人によって説き方はさまざまであるが、海水がどこまでも同じ塩味であるように、その根本は平等・無差別であるということ。

二 名詞／—す 自動詞 サ変 他と志を同じくすること。味方すること。**仲間。同志。** 平家女護島 江戸-浄瑠 浄瑠・近松「いちみして戦場に討ち死にするも」訳志を同じくして戦場で討ち死にするとしても。

いちみ-どうしん【一味同心】 名詞／—す 自動詞 サ変 他と志を同じくして力を合わせること。また、その人々。

いち-め【市女】 名詞 市で物を商う女。

いちめ-がさ【市女笠】 名詞 すげやひのきの折板などで編み、中央が突起した形の、漆を塗った笠。はじめ

(市女笠)

「市女」がかぶったのでこの名がある。参照▼口絵

いち-めん【一面】 名詞 ❶初めて会うこと。一度だけ会うこと。❷(両面あるうちの)**一方の面。片面。**

いちめん-に【一面に】 副詞 ❶**いっせいに。そろって。** 平家物語 鎌倉―物語 一一・能登殿最期「太刀を抜いていちめんに打ってかかる」訳(主従三人が)太刀を抜いていっせいに攻めかかる。❷**あたり一帯に。そこらじゅう。** 平家物語 鎌倉―物語 一一・那須与一「おきには平家舟をいちめんにならべて見物す」訳沖では平家方が舟をあたり一帯に並べて見物する。

いち-もう【一毛】 名詞 一本の毛。転じて、きわめてわずかなこと。ごく軽いもの。平家物語 鎌倉―物語 四・南都牒状「いちもう心にたがへば」訳ごくわずか心にそむけば。

いち-もち【逸物】 名詞 多くの中で、群を抜いてすぐれているもの。「いちもつ」とも。▼人物や、馬・牛・犬・鷹などにいうことが多い。

いち-もつ[1]【逸物】 名詞 「いちもち」に同じ。

いち-もん【一文】 名詞 ❶一つの文字。また、一つの文。❷貨幣の最小単位で、一貫の千分の一に当たる。一文銭。

いち-もん[2]【一門】 名詞 ❶**一族。** 平家物語 鎌倉―物語 一〇・首渡「いちもんの人々の残り少なう」訳(平家の)一族の人々は残り少なく。❷(仏教の)同じ宗派。

いち-もんじ【一文字】 名詞 ❶漢字の「一」の字。❷(「一の字のように」)まっすぐなこと。**一直線。**▼多く「に」を伴って副詞的に用いる。平家物語 鎌倉―物語 九・宇治川先陣「いちもんじにざっと渡いて」訳一直線にざっと渡って。

いちや-づけ【一夜漬け・一夜付け】 名詞 歌舞伎で世間で起こった事件をすぐに脚色して上演すること。また、その出し物。◆「一晩だけ漬けた漬け物」の意から。

いち-らふ【一臈・一﨟】 名詞 ❶仏教語。仏教界で、一番多く修行の年功を積んだ最長老の僧侶。◇「﨟」は「臈」の俗字で、僧侶が得度してからの年数を表す語。❷(一般の役人社会で)最上席の役人。特に、六位の蔵人や武者所の武士など多くの最古参の長老。または、最上席の者。

いちれん-たくしゃう【一蓮托生】 名詞 ❶仏教語。死後、極楽浄土で共に一つの蓮の花の上に生まれ変わること。❷結果や善悪にかかわらず、行動や運命を共にすること。

いち-ろく【一六】 名詞 ❶双六や博奕で、二つのさいころを振って、一と六が同時に出ること。❷毎月、一と六の付く日。江戸時代、休日や稽古日、会合の日であった。「一六日」とも。

いち-ゐん【一院】 名詞 「いちのゐん」に同じ。

いち-ゑん【一円】
一 名詞 ある区域内の全体。**全域。**▼所領する土地に関していう。
二 副詞 ❶〔多く「いちゑんに」の形で〕**全体にわたって。すっかり。残らず。** 太平記 室町―物語 三九「いちゑんに家中の料所にぞなしたりける」訳(河口の庄を)全体にわたって家臣の兵糧米をまかなう土地としたのだ。❷〔打消の語を下接して〕**少しも。全然。** きのふは 江戸―物語 咄本「このごろいちゑん暇なきゆゑ」訳このごろは全然暇がないので。

いつ[1]【何時】 代名詞 ❶**いつ。** 徒然 鎌倉―随筆 七一「いつとは思ひ出でねども」訳いつとは思い出せないけれど。❷〔多く「より」を下接して〕**いつも。ふだん。** 徒然 鎌倉―随筆 一一五「いつよりも、ことに今日は尊く覚え侍りつ」訳いつもよりも、特別今日は尊く感じられたことでございました。

い・つ[2]【凍つ・冱つ】 自動詞 タ下二〔て/て/つ/つる/つれ/てよ〕**凍る。いてつく。** 堀河百首 平安―歌集「冬寒みいてし氷を」訳冬は寒く凍った氷を。

い・づ[1]【出づ】
一 自動詞 ダ下二〔で/で/づ/づる/づれ/でよ〕
❶(中から外に)**出る。** 更級 平安―日記 後の頼み「月もいでで闇に暮れたるをばすてに」訳月も出ないで闇に沈んでいる姨捨山に。
❷**でかける。出発する。** 土佐日記 平安―日記 一二・二一「住む館よりいでて、船に乗るべき所へ渡る」訳住んでいる官舎を出発して、船に乗ることになっている所へ多
る。
❸**のがれる。超越する。** 徒然 鎌倉―随筆 五八「必ず生死をいでんと思はんに」訳どうしても生死にとらわれる境地を超越しようと思うならば。
❹(表に)**現れる。発生する。** 伊勢物語 平安―物語 九六「身に瘡も一つ二ついでたり」訳体にはれものも一つ二つ出てきた。
二 他動詞 ダ下二〔で/で/づ/づる/づれ/でよ〕
❶**出す。現す。** 古今 平安―歌集 春下「花見れば心さへにぞ移りける色にはいでじ人もこそ知れ」訳(移ろいやすい)花を見ると(花ばかりか)心までもが(ほかの人に)移っていってしまう。(その心を)顔には出すまい、人が知ったら大変だもの。
❷〔「言にいづ」の形で〕**口に出す。** 古今 平安―歌集 恋二「言にいでて言はぬばかりぞ」訳口に出して言わないだけだよ。
三 補助動詞 ダ下二〔で/で/づ/づる/づれ/でよ〕〔動詞の連用形に付いて〕❶**…はじめる。** 蜻蛉 平安―日記 下「雨、降りいでぬ」訳雨が降りはじめた。
❷**…だす。** 徒然 鎌倉―随筆 二一五「台所の棚に、小土器に味噌の少しつきたるを見いでて」訳台所の棚に、小さな素焼きの皿にみその少しくっついているのを見つけだして。

語の歴史 一の「いづ」の語頭の母音「い」が脱落した形が江戸時代に下一段活用化して、現代語の「でる」になった。

伊豆[2] 地名 旧国名。東海道十五か国の一つ。今の静岡県伊豆地方と東京都の伊豆七島。豆州。参照▼資料21

いつ-か【何時か】 連語
なりたち 代名詞「いつ」＋係助詞「か」
❶はっきりしない時点についての疑問の意を表す。**いつ…か。** 源氏物語 平安―物語 少女「五節はいつか内へは参る」訳五節の舞姫はいつ宮中に参上するのか。
❷その実現を待ち望む気持ちをこめた疑問の意を表す。**いつになったら…か。** 古今 平安―歌集 夏「山ほととぎすいつか来鳴かむ」訳山のほととぎすはいつになったら飛んで来て鳴くだろうか。

❸その時点がはっきりせず、怪しむ気持ちをこめた疑問の意を表す。**いつのまに…か。いつのまにか。**古今 平安―歌集 秋下「いつか千歳を我は経にけむ」訳いつのまに私は千年を過ごしてしまったのだろうか。
❹反語の意を表す。**いつ…か、いや、…ない。**枕草子 平安―随筆 にくきもの「いつか若やかなる人などさはしたりし」訳いつ若々しい人などがそんな(はしたない)ことをしたか、いや、しない。

語法 文末の活用語は、連体形となる。

いっ-かう【一向】イッコウ 副詞
❶**ひたすら。いちずに。**曾我物語 鎌倉―物語 二「いっかう彼をうち頼み年月を送り給ふ」訳ひたすら彼をあてにして年月をお送りなさった。
❷**すべて。ことごとく。**平家物語 鎌倉―物語 一・鹿谷「ただいっかう平家のままにてありしかば」訳(叙位などは)まったくすべて平家の意のままであったので。
❸〔多く、打消の語を下接して〕**さっぱり。まるで。**平家物語 鎌倉―物語 八・妹尾最期「いっかう前が暗うて見えぬぞ」訳さっぱり前が暗くて見えないぞ。
❹**いっそのこと。**出世景清 江戸―浄瑠 浄瑠・近松「本意なくも打ち損じ、いっかうに重忠とさし違へ死なんとは思ひしが」訳意に反して打ち損ない、いっそのこと重忠と刺し違えて死のうと思ったが。

いっかう-せんじゅ【一向専修】イッコウセンジュ 名詞 仏教語。ひたすら修行に専念すること。平家物語 鎌倉―物語 一・祇王「いっかうせんじゅに念仏して」訳ひたすら修行に専念するかたちで念仏を唱えて。

いっかけ-ぢ【沃懸地】イッカケジ 名詞 「いかけぢ」に同じ。

いつか-し【厳し】形容詞 シク {しく・しから/しく・しかり/し/しき・しかる/しけれ/しかれ} **いかめしく荘重だ。おごそかで立派だ。**源氏物語 平安―物語 少女「節会の日々、内裏の儀式をうつして、昔の例よりも事添へて、いつかしき御有様なり」訳節会の日には、宮中の儀式をまねて、昔の例よりも新しい行事を付け加えて、おごそかで立派なごようすである。

***いづ-かた【何方】**イズカタ 代名詞 ❶**どちら。**▼方向・方面について用いる。方丈記 鎌倉―随筆「知らず、生まれ死ぬる人いづかたより来たりていづかたへか去る」訳生まれて死ぬ人はどちらから来てどちらへ去るのか分からない。
❷**どれ。**徒然 鎌倉―随筆 一八八「いづかたをも捨てじと心にとり持ちては」訳どれをも捨てまいと心にこだわりがあっては。❸**どこ。**平家物語 鎌倉―物語 二・小教訓「いづかたへもしのばせ給へ」訳どこへでもお隠れなさい。
❹**どなた。**平家物語 鎌倉―物語 灌頂・六道之沙汰「いづかたより訪づる事もさぶらはず」訳どなたから便りのくることもございません。⇨いづち・いづへ・いづら

いつか-の-せちゑ【五日の節会】イツカノセチエ 連語 宮中行事の一つ。毎年陰暦五月五日に天皇が武徳殿に出て菖蒲を受け、参議以上に薬玉が除災のまじないとして与えられる。その後、宴会や騎射が行われる。平安時代後期には衰退したが、幕府や民間で菖蒲の節句として行われた。「五月節」とも。

いつ-かは【何時かは】連語
なりたち 代名詞「いつ」＋係助詞「かは」
❶実現がむずかしいことについて、待ち望む気持ちをこめた疑問の意を表す。**いつ…か。いつになったら…か。**源氏物語 平安―物語 明石「いつかはさる人の御有様を、ほのかにも見たてまつらむ」訳いつになったらそのような(すばらしい)お方のお姿を、ちらっとでも拝見できるだろうか。❷反語の意を表す。**いつ…か、いや、…ない。**古今 平安―歌集 雑下「君をのみ思ひこしぢの白山はいつかは雪の消ゆる時ある」訳あなただけを恋い慕ってはるばる越えて来た越路(＝北陸道)の白山は、いつ雪の消えるときがあるか、いや、消えるときはない。(私の思いと同様に。)

い-つが・る【い繋る】自動詞 ラ四 {ら/り/る/る/れ/れ} **つながる。自然につながり合う。**万葉集 奈良―歌集 一七六七「紐児にいつがり居れば香春は吾家」訳(香春の家は)紐児(＝妻の名)につながっているから、香春はわが家である。◆奈良時代以前の語。「い」は接頭語。

いつき[1]【斎】名詞 ❶身心を清めて、神に仕えること。また、その場所。❷「斎の皇女」「斎の宮❷❸」の略。

い-つき[2]【斎槻】名詞 神が宿るという槻の木。神聖な槻の木。一説に、「五十槻」で、枝葉の多く茂った槻の木の意とも。◆「い」は神聖・清浄の意の接頭語。

一休イッキュウ 人名 (一三九四～一四八一)室町時代中期の臨済宗の僧。大徳寺の住職となり、また多くの貴人や高僧と交際する一方で禅の大衆化につとめた。江戸時代の咄本『一休咄』などの頓智咄で有名。

いっき-たうぜん【一騎当千】イッキトウゼン 名詞 一騎で千騎の敵を相手にできるほど武勇にすぐれていること。また、その人。勇猛の士のたとえ。

歴史スコープ 変遷 『将門記』『太平記』に初出の語で、それ以前の『平家物語』などでは、「一人当千」の語を用いた。「いっきたうぜん」の読みは新しく、近代になって生まれたもの。

いつき-の-ひめみこ【斎の皇女】名詞 「斎宮」。また、「斎院」。「いつきのみこ」「いつきのみや」とも。

いつき-の-みこ【斎の皇女】名詞 「いつきのひめみこ」に同じ。

いつき-の-みや【斎の宮】名詞 ❶神に奉仕する人が、身を清めてこもる所。❷転じて、「斎宮」「斎院」の御所。❸「いつきのひめみこ」に同じ。❹「大嘗祭」のとき、「悠紀」「主基」の祭場となる両神殿。

いつき-むすめ【斎娘・傅娘】名詞 **大切に育てている娘。愛娘。**

いつき-やしな・ふ【傅き養ふ】イツキヤシナウ 他動詞 ハ四 {は/ひ/ふ/ふ/へ/へ} **大切に養い育てる。**竹取物語 平安―物語 かぐや姫の生ひ立ち「帳の内よりも出ださず、いつきやしなふ」訳(翁はかぐや姫を)垂れぎぬの中からさえも出さないで、大切に養い育てる。

いっきょう-なり【一興なり・逸興なり】形容動詞 ナリ {なら/なり・に/なり/なる/なれ/なれ} ❶**ちょっとしたおもしろみがある。**諸国ばなし 江戸―物語 浮世・西鶴「何によらず、花車の道こそいっきょうなれ」訳何事によらず、風流の道はちょっとしたおもしろみがある。❷**風変わりだ。奇抜だ。**一寸法師 江戸―物語 御伽「不思議に思ひて見れば、いっきょうなるものにてありけり」訳不思議に思って見ると、風変わりな者であった。❸**意外だ。あきれたことだ。**

い-つ・く[1]【射付く】他動詞 カ下二 {け/け/く/くる/くれ/けよ} ❶**(矢を)射当てる。**今昔物語 平安―説話 二五・六「いつけずして箭は道に落つべきなり」訳(弱い弓で重い矢を射る

と）射当てないで矢は道に落ちるにちがいないのだ。❷矢で物を射通して、他の物に突きさす。平家物語 鎌倉一物語 九・二度之懸「弓手の眼を甲の鉢付の板にいつけられながら」訳左の眼を甲の首をおおう一枚目の板に矢で射通し突きさされながら。

いつ・く[2] 一【斎く】自動詞 カ四｛か/き/く/く/け/け｝けがれを除き、身を清めて神に仕える。大切に祭る。大切に祭っている。万葉集 奈良一歌集 四二四一「春日野にいつく御諸の」訳春日野に大切に祭っている神社の。二【傅く】他動詞 カ四｛か/き/く/く/け/け｝神に対するように大切に世話をし育てる。かしずく。源氏物語 平安一物語 若紫「故大納言、内裏に奉らむと、かしこういつき侍りしを」訳亡き大納言が、（娘を）宮中に差し上げようと、大変大切に世話をし育てましたが。

一九 ⇨十返舎一九

い-つ・ぐ【い次ぐ・い継ぐ】自動詞 ガ四｛が/ぎ/ぐ/ぐ/げ/げ｝連続する。続く。万葉集 奈良一歌集 二一四五「さ男鹿の声いつぎいつぎ恋こそまされ」訳雄鹿の声が続き続き恋心がいよいよつのることだ。◆「い」は接頭語。

いづ-く【何処】（イズク）代名詞 どこ。▼場所についていう不定称の指示代名詞。更級 平安一日記 大納言殿の姫君「いづくより来つる猫ぞと見るに」訳どこからやってきた猫かと見ているうちに。◆「く」は場所を表す接尾語。⇨いづこ・いづち

参考 平安時代に「いづこ」となるが、「いづく」も用いられた。

いつくさ-の-たなつもの【五種の穀】連語 稲・粟・稗・麦・豆の五穀。◆「五穀」を訓読した語。

いつく・し*【厳し】形容詞 シク｛（しく）・しから/しく・しかり/し/しき・しかる/しけれ/しかれ｝❶威厳がある。おごそかだ。いかめしい。万葉集 奈良一歌集 八九四「皇神のいつくしき国」訳皇室の祖先のおごそかな国。❷きびしく、厳格だ。源氏物語 平安一物語 匂宮「いつくしうはもてなし給はず」訳厳格にはお取り計らいなさらず。◇「いつくしう」はウ音便。❸端正で美しい。今昔物語 平安一説話 一・三「めでたくいつくしき女」訳すばらしく端正で美しい女。

語の歴史 ❸は、室町時代に入ってさらに「うつくし」と混同され「かわいらしい」の語義も生じた。

厳島 地名 今の広島県佐伯郡宮島町にある島。広島湾に浮かび、安芸の国の一の宮であり、殊に平清盛一門の崇敬があつかった厳島神社がある。のちに「宮島」といわれ、日本三景の一つ「安芸の宮島」として有名。

いつくし・む【慈しむ】他動詞 マ四｛ま/み/む/む/め/め｝かわいがり、いとおしむ。大切にする。二十四孝 江戸一浄瑠 御伽「後には隔てなくいつくしみ」訳後には分け隔てなく大切にし。

いづく-と-も-な・し【何処ともなし】連語 ⇨いづこともなし

いづくにか… 和歌「いづくにか 舟泊てすらむ 安礼の崎 漕ぎ廻み行きし 棚なし小舟」万葉集 奈良一歌集 五八・高市黒人 訳今ごろはどこに停泊していることであろうか。安礼の崎を漕いで迂回して行ったあの舟棚もない小さな舟は。

鑑賞 持統上皇の三河（愛知県東半部）御幸に従って旅したときの歌。高市黒人は旅の叙景歌人として知られる。夕暮れどき、昼間見た、安礼の崎（未詳。愛知県御津町の崎ともいう）を巡って視界から去って行った小さな舟を思い出して、その行方を案じている。「棚なし小舟」の語に、当時の旅中の不安な思いが象徴されている。

いづく-は-あれ-ど【何処はあれど】（イズクハアレド）連語 なりたち 代名詞＋係助詞＋動詞「あり」㊁＋接続助詞

他の場所はともかくとして。古今 平安一歌集 東歌「陸奥はいづくはあれど塩竈の浦こぐ舟の綱手かなしも」訳陸奥では、他の場所はともかくとして、塩竈の浦を引き綱で引かれて進む舟の、その引かれているようすがしみじみと心にしみるよ。

いっ-けん【一見】名詞／―す 他動詞 サ変 ひととおり見ること。一度見ること。奥の細道 江戸一紀行 立石寺「いっけんすべきよし、人々の勧むるによって」訳一度見るのがよいことと、人々が勧めるので。

いづ-こ【何処】（イズコ）代名詞 どこ。どちら。▼場所についていう不定称の指示代名詞。枕草子 平安一随筆 うらやましげなるもの「上の女房の、御方々いづこもおぼつかなからず参り通ふ」訳帝付きの女房で、お妃がたのどこへでも気がかりでなく参上して出入りする（人はうらやましい）。

いっこう〖一向〗⇨いっかう

いづこ-と-も-な・し【何処ともなし】（イズコトモナシ）連語 なりたち 代名詞「いづこ」＋格助詞「と」＋係助詞「も」＋形容詞「なし」

どことも知れない。源氏物語 平安一物語 夕顔「いづこともなく惑ふ心地し給ふ」訳（道が）どこともしれなく途方にくれる気持ちになられる。

いづこ-を-おもて-に【何処を面に】（イズコヲオモテニ）連語 なりたち 代名詞「いづこ」＋格助詞「を」＋名詞「おもて」＋格助詞「に」

何の面目あって。源氏物語 平安一物語 賢木「いづこをおもてにてかは、またも見え奉らむ」訳何の面目あって再び（藤壺に）お目にかかれようか、いや、かかれない。

いづこ-を-はか-と【何処をはかと】（イズコヲハカト）連語 「いづこをはかりと」に同じ。

いづこ-を-はかり-と【何処をはかりと】（イズコヲハカリト）連語 なりたち 代名詞「いづこ」＋格助詞「を」＋名詞「はかり」＋格助詞「と」

どこを目当てと。「いづこをはかと」とも。伊勢物語 平安一物語 二一「いづこをはかりとも覚えざりければ」訳（女を探すのに）どこを目当てと（してよいか）もわからなかったので。◆「はかり」は目当ての意。

いっ-こん*【一献】名詞 ❶酒宴で、最初に出される酒と肴。▼二献・三献が続く。徒然 鎌倉一随筆 二一六「いっこんにうちあはび」訳最初の酒・肴には打ちのばした干しあわび。❷ちょっとした酒宴。小酒盛り。

一茶 ⇨小林一茶

いっさい-きゃう【一切経】（イッサイキョウ）名詞 仏教語。すべての経典。経・律・論の三蔵と、それらの注釈書の総称。大蔵経。

いっさい-しゅじゃう【一切衆生】（イッサイシュジョウ）名詞 仏

教語。この世に生を受けたすべての生き物。特に、すべての人間。

いっ-さう【一双】名詞 二つで一組みに数えるもの。一対。

いっ-さく【一作・一策】名詞 **ひと工夫。趣向。**

いつ-し-か【何時しか】副詞

語義の扉

代名詞「いつ」に副助詞「し」、さらに係助詞「か」が付いて副詞のはたらきを持つようになった語。これから起こること(❶)、また、すでに起こったこと(❷)について表し、さらに、願望表現とともに用いて早い実現を求める気持ちを表す。

❶いつになったら…か。
❷いつのまにか。早くも。
❸〔多く願望の表現を下接して〕早く。いつになったら。

❶**いつになったら…か。**万葉集 奈良―歌集 四四五「いつしかと待つらむ妹に玉梓のことだにつげずいにしきみかも」訳いつになったら(帰って来る)かと待っているであろう妻に言付けもしないで死んでいった君よ。

❷**いつのまにか。早くも。**枕草子 平安―随筆 鳥は「いつしかしたり顔にも聞こえたるに」訳(ほととぎすは)いつのまにか得意そうに鳴いているのが聞こえているが。

❸〔多く願望の表現を下接して〕**早く。いつになったら。**▼実現を待ち望む意。更級 平安―日記 梅の立枝「いつしか梅咲かなむ」訳早く梅が咲いてほしい。

いつしか-と【何時しかと】連語

なりたち 副詞「いつしか」＋格助詞「と」

いつになったら…かと。いつのことかと。万葉集 奈良―歌集 一三七四「闇の夜は苦しきものをいつしかと我が待つ月もはやも照らぬか」訳闇の夜は苦しいものよ。いつになったら出るかと私の待っている月がはやく照らないものか。

†いつしか-と-こころもとなが・ら-せ-たま・ひ-て【何時しかと心許ながらせ給ひて】源氏物語 平安―物語 桐壺「いつしかとこころもとながらせたまひて、急ぎ参らせて御覧ずるに」訳早く(皇子を見たい)と待ち遠しくお思いになって、急いで参内させてご覧なさると。

品詞分解 いつしか＝副詞 と＝格助詞 こころもとながら＝動詞「こころもとながる」㊍ せ＝尊敬の助動詞「す」㊞ たまひ＝尊敬の補助動詞「たまふ」㊞ て＝接続助詞

いつしか・なり【何時しかなり】形容動詞ナリ〔なら／なり・に／なり／なる／なれ／なれ〕**あまりに早すぎる。**平家物語 鎌倉―物語 四・厳島御幸「新帝今年三歳、あはれいつしかなる譲位かな」訳新帝は今年三歳、ああ、あまりに早すぎる譲位であることよ。

いつしか-も【何時しかも】連語

なりたち 副詞「いつしか」＋係助詞「も」

〔下に願望の表現を伴って〕**早く(…したい)。今すぐにも(…したい)。**万葉集 奈良―歌集 八八六「いつしかも都を見むと思ひつつ」訳今すぐにも都を見たいと思いながら。

いっし-に【一時に】副詞 **たちまちのうちに。**平家物語 鎌倉―物語 七・返牒「数日の鬱念いっしに解散す」訳数日間のうっとうしい気持ちがたちまちのうちに消え去る。

いつ-しば【厳柴】名詞 **生い茂った小木。**◆「いつ」は勢いの盛んなの意の接頭語。

いつしば-はら【厳柴原】名詞「厳柴」の原。◆「いつもいつも」を導く序詞の一部となる。万葉集 奈良―歌集 二七七〇「道の辺のいつしばはらのいつもいつも人の許さむ言をし待たむ」訳道ばたの厳柴の原のいつではないが、いつもいつもあの人の許そうという言葉を待とう。

いっし-はんせん【一紙半銭】名詞 **ごくわずかなもの。**額のわずかな寄進をたとえていう。◆紙一枚と銭半文の意。

いっしゃう-さうじん【一生精進】名詞 仏教語。一生、戒律を守って仏道修行に専念すること。「いっしゃうしゃうじん」とも。

いっ-しゅ【一朱】名詞 江戸時代の貨幣の単位で一両の十六分の一。また、その貨幣。一朱金と一朱銀とがある。

いっ-しょ【一所】名詞 ❶**一か所。**❷**同じ所。**平家物語 鎌倉―物語 九・木曾最期「これまでのがれくるは汝といっしょで死なんと思ふためなり」訳お前と同じ所で死のうと思うからである。❸「一人」の尊敬語。**お一人。**平家物語 鎌倉―物語 六・入道死去「ただいっしょこそおもむき給ひけめ」訳ただお一人で向かいなさったのだろう。

いっしょ-けんめい【一所懸命】名詞 ❶〔多く「いっしょけんめいの地」の形で〕鎌倉時代、武士が一か所の領地に命をかけて、生活の頼みとすること。また、その領地。転じて、一家の生計を支える大切なもの。太平記 室町―物語 一二「いっしょけんめいの地を安堵仕る」訳命をかけてきた一か所の土地の領有権を認めていただく。❷命がけで事にあたること。必死。

語の歴史 ❷は江戸時代に発生した用法で、命がけで事にあたる意にひかれて、表記も「一生懸命」と書かれるようになった。

いっ-しん【一心】名詞 ❶**一つの心。心一つ。**❷心を一つに集中すること。

いっすい-の-ゆめ【一炊の夢】連語 人生の栄華のはかないことのたとえ。邯鄲の夢。邯鄲の枕。

参考 唐の盧生という青年が、身を立てようと楚へ向かう途中、邯鄲の地で道士に枕を借りてひと眠りし、その間の夢で、栄華を尽くした一生を送るが、目覚めてみると、まだ炊きかけの粟飯もできあがっていない程の短い時間にすぎなかったという、『枕中記』の説話から。

いっ-せ【一世】名詞 ❶仏教語。「三世」の一つ。特に、現世。❷**一生涯。終生。**一代男 江戸―物語 浮世・西鶴「いっせの思ひ出なり」訳一生の思い出である。

いっ-せい【一声】名詞 ❶ひと声。❷能楽で、シテが登場して最初に謡い出す詞章。五・七・五・七・五の句で、その場の情景や自己の境遇・心情を述べる。また、そのときの囃子。❸歌舞伎で、役者が登場または退場するときの囃子。

い

い

いっ-せつ【一切】副詞〔打消の語を下接して〕まったく。いっさい。保元 鎌倉―物語 中「この御所を退いて他所(よそ)へ出でさせましまさんこといっせつ有るべからず」訳この御所から退出してよそへお出かけさせなさることはいっさいあってはならない。

いっ-せつな【一刹那】名詞**ほんの一瞬。**

いっせ-の-げんじ【一世の源氏】連語天皇の子で、「源(みなもと)」の姓を賜って臣下になった人。

参考 嵯峨(さが)天皇の皇子、源信(みなもとのまこと)が最初。親王の子で「源」の姓を賜って臣下となった人を「二世(にせ)の源氏」というのに対して言う。

いっ-せん【一銭】名詞❶**貨幣の単位。一文。**❷**わずかな金額。**

いつ-ぞ-や【何時ぞや】副詞

なりたち 代名詞「いつ」＋係助詞「ぞ」＋係助詞「や」

いつだったか。先ごろ。武家義理 江戸―物語 浮世・西鶴「この人、いつぞや仮初(かりそめ)に申し交せし言葉を違(たが)へず」訳この人、いつだったか一時しのぎに言いかわした言葉に背かず。

いっ-たん【一旦】

一 名詞❶**ある朝。ある日。一日。**今昔物語 平安―説話 一・三「いったんにこれを捨てて、死ぬ」訳一日でこれ(＝財宝)を捨てて死ぬ。❷**一時。しばし。**平家物語 鎌倉―物語 一・祇王「いったんの楽しみにほこって」訳一時の富貴に得意になって。

二 副詞**ひとたび。一度でも。**徒然 鎌倉―随筆 一二九「いったん恥ぢ恐るることあれば」訳ひとたび恥じたり恐れたりすることがあると。

いづ-ち【何方・何処】イズチ 代名詞**どこ。どの方向。**▼方向・場所についていう不定称の指示代名詞。平家物語 鎌倉―物語 九・木曾最期「おのれはとうとう、女なれば、いづちへも行け」訳おまえは早く、女なので、どこへでも(逃げて)行け。◆「ち」は方向・場所を表す接尾語。⇩いづかた・いづこ・いづら・いづれ

いづち-も-いづち-も イズチモイズチモ【何方も何方も・何処も何処も】連語**どこへなりとも。**竹取物語 平安―物語 竜の頸の玉「いづちもいづちも、足の向きたらむ方(かた)へいなむず」訳どこへなりとも、足の向いている方向へ行ってしまおう。

いっ-ちゃう[1]【一町】イッチョウ 名詞❶**土地の広さの単位。十反。約九九アール。**❷**長さの単位。六十間。約一〇九メートル。**

いっ-ちゃう[2]【一張】イッチョウ 名詞**弓・弦楽器・幕などの一つ。ひと張り。**

いつ-つ【五つ】名詞❶**五。五歳。**❷**時刻の名。今の午前八時ごろ、または午後八時ごろ。**「いつつどき」とも。

いづつ【井筒】⇩ゐづつ

いつつ-ぎぬ【五つ衣】名詞女房装束の一つ。表衣(うはぎ)と単(ひとへ)との間に袿(うちき)を五枚重ねたもの。のちには一枚の衣で袖口(そでぐち)と裾(すそ)だけを五枚重ねに見えるように仕立てた。その重ね方によって梅襲(がさね)・桜襲・柳襲などという。参照▼口絵

参考 もと数は不定で、もっと多く重ねて着ることもあったが、しだいに簡略化されていった。

いつつ-の-にごり【五つの濁り】連語「ごぢょく」に同じ。◆漢語「五濁(ごぢょく)」を訓読した語。

いつつ-を【五つ緒】イツツオ 名詞牛車(ぎっしゃ)の簾(すだれ)の上部から垂らす五本の革の緒。また、それをつけた簾や、その簾をかけた牛車。

いっ-てん[1]【一天】名詞❶**空一面。**❷「一天下」の略。

いっ-てん[2]【一点】名詞❶一つの点。一つ。転じて、ほんのわずか。❷漏刻(ろうこく)(＝水時計)で一時(いっとき)(＝約二時間)を四等分した最初のくぎり。

いってん-か【一天下】名詞**世の中全体。国全体。**一天。「いってんが」とも。

いってん-しかい【一天四海】名詞**全国。全世界。**

いってん-の-あるじ【一天の主】連語「いってんのきみ」に同じ。

いってん-の-きみ【一天の君】連語**天皇。**「いってんのあるじ」とも。◆天下を支配する君主の意。

いってん-ばんじょう【一天万乗】名詞**天皇。天皇の位。**

参考 「乗」は兵車を数える語で、天子は一万台の兵車を出す国を支配するという中国の故事による。

いっ-とき【一時】名詞❶**一日の十二分の一にあたる時間。二時間。**❷**わずかの時間。**❸**同時。**

いつ-と-な・し*【何時と無し】連語

なりたち 代名詞「いつ」＋格助詞「と」＋形容詞「なし」

❶**いつまでも際限がない。**宇治拾遺 鎌倉―説話 一・一四「春雨いつとなくふりて」訳春雨がいつまでも際限なくふり続いて。❷**いつと限らない。常にそうだ。**新古今 鎌倉―歌集 雑中「いつとなき小倉の山のかげを」訳いつと限らず常に小暗いという名の小倉山の山陰を。❸**いつともわからない。いつの間にか。**源氏物語 平安―物語 少女「数ならぬ人は、いつとなく紛らはさむと思(おぼ)して」訳取るに足らない者は、いつの間にか目立たないように(移り住もう)とお思いになって。

いつ-と-も-な・し【何時とも無し】連語

なりたち 代名詞「いつ」＋格助詞「と」＋係助詞「も」＋形容詞「なし」

いつと限ることもない。いつものことである。源氏物語 平安―物語 手習「老いの病のいつともなきが、苦し」訳年老いての病のいつものことであるのが、苦しい。

いつ-と-も-わか・ず【何時とも分かず】連語

なりたち 代名詞「いつ」＋格助詞「と」＋係助詞「も」＋動詞「わく」の未然形＋打消の助動詞「ず」

特にいつとは区別し難い。いつも変わらない。栄花物語 平安―物語 御裳着「月影はいつともわかぬものなれど」訳月の光はいつも変わらないものであるけれど。

いっ-ぱ【言っぱ】連語

なりたち 動詞「いふ」の連体形＋係助詞「は」からなる「いふは」の変化した形。

〔「といっぱ」の形で〕…(と)**言うのは。**羽衣 室町―能楽 謡曲「それ久方の(＝枕詞(まくらことば))天(あめ)といっぱ」訳そもそも「久方の天」と言うのは。

いつ-は-あれ-ど【何時はあれど】連語

なりたち 代名詞「いつ」＋係助詞「は」＋ラ変動詞「あり」の已然形＋逆接の接続助詞「ど」

いつでもそうだが、とりわけて。雪玉集 室町―歌集「時わかぬいつ葉(は)の松のいつはあれど春ひとしほの緑をぞ見む」訳時を区別しない常緑の玉葉公の、いつもそうだ

がとりわけ春にひときわ美しい緑を見よう。

いっ-ぱい【一杯・一盃】 一 名詞 ❶酒・飯などを杯や椀に入れたもの一つ。また、容器一つ分の量。❷軽く酒を飲むこと。❸だまされること。◇一杯食わされたの意。❹ぎりぎりの限度。範囲。◇接尾語的に用いる。二 副詞 **ありったけ。じゅうぶん。** 日葡辞書 江戸｜辞書「ゆみをいっぱいひいてはなつ」訳弓をじゅうぶん引きしぼって(矢を)放つ。

いつはり【偽り・詐り】 名詞 **うそ。つくりごと。**

いつは・る【偽る・詐る】 一 自動詞 ラ四〔ら／り／る／る／れ／れ〕 **うそをつく。それらしくよそおう。** 徒然 鎌倉｜随筆 八五「いつはりても賢を学ばんを」訳それらしくよそおうのであっても賢人の行いをまねる人を。二 他動詞 ラ四〔ら／り／る／る／れ／れ〕 **だます。** 宇津保 平安｜物語 藤原の君「事をいつはりて」訳事実を曲げてだまして。

いっ-ぴつ【一筆】 名詞 ❶同じ筆遣いで一気に書くこと。また、同じ筆跡。❷**一通の書面。**

いつ-へ【五重】 名詞 ❶袿などを、五枚重ねること。❷袖口や褄の部分に重ね縫いをして五枚の重ね着に見えるようにしたもの。また、地の紋の上に五色の糸で模様を織り出したものとも。❸「五重の扇」の略。

いづ-へ【何処・何方】 代名詞 **どのあたり。どちら。** ▼場所についていう不定称の指示代名詞。万葉集 奈良｜歌集 四一九五「霍公鳥いづへの山を鳴きか越ゆらむ」訳ほととぎすは、どのあたりの山を鳴いて越えているだろうか。

いつへ-の-あふぎ【五重の扇】 連語 檜扇の一つ。七、八枚を一重としてその五倍の板数を持つ扇という説、ふつう一寸五分ずつ開く板の幅を、五枚の板で三分ずつ開くようにした扇という説、両端の板を薄様紙で五重に包み、色々の糸で飾った扇という説がある。

いっ-ぽん【一品】 名詞 ❶親王の位階の第一位。❷経巻中の一章。特に法華経をいう。

いっぽん-きゃう【一品経】 名詞 法華経二十八品を一品ずつ書写して、別々の巻き物に仕立てたもの。

いつま【暇】 名詞 **ひま。いとま。**「いづま」とも。◆「いとま」の奈良時代以前の東国方言。

和泉 地名 旧国名。畿内五か国の一つ。今の大阪府南部。泉州。参照▼資料21

泉川 地名 歌枕 今の京都府の南部を流れて淀川に注ぐ木津川の古名。「泉」の地を流れるのでこの名がある。

参考 (1)平安時代の女流文学に、初瀬詣での折にこの川の流れがしばしば描かれる。(2)和歌では「いつ見」や「出づ」にかけたり、導いたりして用いることが多い。

和泉式部 人名 生没年未詳。平安時代中期の女流歌人。大江雅致の娘で、初め橘道貞の妻となり小式部内侍を生んだが、のち為尊親王、ついで敦道親王の寵愛をうけ、また藤原保昌に嫁したが不和のため離別した。情熱を底に秘めた和歌が多く、『和泉式部集』と『和泉式部日記』がある。

和泉式部日記 書名 日記。和泉式部作(他作説もある)。平安時代中期成立。『和泉式部物語』ともいう。一巻。〔内容〕情熱の女流歌人和泉式部の、冷泉院の皇子帥宮敦道親王との和歌のやりとりを含む、第三人称でしるした恋愛物語風の日記である。

古典の常識

『和泉式部日記』—和歌を交えた恋愛日記

和泉式部は恋人であった為尊親王の死後、その弟宮の帥宮敦道親王と知り合う。そして、贈答歌や手紙をやりとりするうちに二人の恋情が高まり、ついに式部が宮邸に移り住む。この間十か月の二人の微妙な心理の綾を描き出した、恋愛物語風の日記である。

いづみ-どの【泉殿】 名詞 寝殿造りで、邸宅内にわき出る泉の上に設けられた建物。四方に壁がなく、水をくむほか、観月・納涼などに用いる。

出雲 地名 旧国名。山陰道八か国の一つ。今の島根県東部。雲州。参照▼資料21

いつ-もじ【五文字】 名詞 和歌や連歌の最初の五音。

出雲の阿国 人名 生没年未詳。江戸時代前期の、歌舞伎を創始した女芸人。京都に出て出雲大社の巫女を名のり、一座を組んで「ややこ踊り」や「念仏踊り」から発展させた、はでな「かぶき踊り」を興行し、公家や宮廷にまで好評を博した。

いづも-の-かみ【出雲の神】 連語 ❶出雲大社の祭神、大国主命。❷縁結びの神。

参考 ❷は全国の神々が毎年十月に出雲に集まって縁結びの相談をするという伝説から。

い-つも・る【い積もる】 自動詞 ラ四〔ら／り／る／る／れ／れ〕 **積もる。積み重なる。** 万葉集 奈良｜歌集 一七「道の隈いつもるまでにつばらにも見つつ行かむを」訳⇩うまさけ…。◆「い」は接頭語。

いづ-ら【何ら】 一 代名詞 **どこ。** ▼方向・場所についていう不定称の指示代名詞。土佐日記 平安｜日記 十二月二十七日「あるものと忘れつつなほ亡き人をいづらと問ふぞ悲しかりける」訳生きているものと、(死んだことを)忘れては、なお亡くなった人を「どこか」と問うのが悲しかったことだ。二 感動詞 ❶**さあさあ。** ▼相手の行動を促すときに発する語。源氏物語 平安｜物語 帚木「『いづら』とのたまふに、しかじかと申す」訳「さあさあ(言え)」とおっしゃるので、これこれこうと申し上げる。❷**どれどれ。どうした。** ▼疑問に思って問いかけたり自問したりするときに発する語。堤中納言 平安｜物語 はいずみ「いづら、いづこにぞと言ひて、櫛の箱を取り寄せて」訳「どうしたの、どこにあるの」と言って櫛の箱を取ってこさせて。

参考「ら」は漠然とした場所・方向を表す接尾語。

いづ-れ【何れ】 一 代名詞 ❶**どれ。** ▼不定称の指示代名詞。源氏物語

平安一物語 桐壺「いづれの御時にか、女御・更衣あまたさぶらひ給ひける中に」訳どの帝の御代であったろうか、女御や更衣がたくさんお仕えしておられたなかに。❷いつ。▼不定称の指示代名詞。著聞集 鎌倉一説話 五四五「いづれのころのことにか、山僧あまたともなひて、…、竹生島へ参りたりけり」訳いつのころのことであろうか、比叡山の僧が大勢連れだって、…、竹生島神社にお参りをした。❸どこ。どちら。▼不定称の指示代名詞。竹取物語 平安一物語 ふじの山「いづれの山か天に近き」訳どこの山が天に近いか。

□二副詞 いずれにしても。どちらにせよ。文相撲 室町一狂言 狂言「『さて、今のはそれがしが負けか』『いづれ、お勝ちとは見えませぬ』」訳「さて、今の勝負は私の負けか」「いずれにしても勝ちとは見えません」。

参考 □一は事物・時・場所などについて、多くのものの中から不定の一つを選ぶ場合に用いる。

いづれ-か【何れか】イズレカ 連語

なりたち 代名詞「いづれ」＋係助詞「か」

❶疑問を表す。どちらが…か。新古今 鎌倉一歌集 雑中「いづれか露のおきまさるとも」訳どちらが露(涙)により多くぬれているものかと。❷反語を表す。どれが…か、いや、どれでもない。古今 平安一歌集 雑下「世の中はいづれか指してわがならむ」訳世の中のものはどれを指して我がものであるといえようか。いや何一つ我がものではない。

いづれ-と-な・し【何れと無し】イズレトナシ 連語

なりたち 代名詞「いづれ」＋格助詞「と」＋形容詞「なし」

優劣がつかない。どれということがない。宇津保 平安一物語 楼上・下「いづれとなく清げに目とまりぬばかりなり」訳優劣がつかなくきれいで目にとまるほど(の人たち)である。

いづれ-と-も-な・し【何れとも無し】イズレトモナシ 連語

なりたち 代名詞「いづれ」＋格助詞「と」＋係助詞「も」＋形容詞「なし」

どちらということもない。優劣つけがたい。源氏物語 平安一物語 賢木「御子どもはいづれともなく」訳お子たちは優劣つけがたく。

いづれ-も【何れも】イズレモ 連語

なりたち 代名詞「いづれ」＋係助詞「も」

どちらも。どれも。だれも。みんな。源氏物語 平安一物語 夕顔「いづれも、いづれも若きどちにて」訳(源氏と惟光の)どちらもどちらも若い者どうしであって。

いで[1]

□一感動詞 ❶さあ。▼相手を行動に誘ったり、促したりするときに発する語。源氏物語 平安一物語 若紫「いで、君も書い給へ」訳さあ、あなたも書きなさい。❷どれ。さあ。▼自分が行動を起こすときに発する語。源氏物語 平安一物語 若紫「いで、御消息聞こえむ」訳どれ、ごあいさつ申し上げよう。❸おやまあ。いやもう。▼感動したり驚いたときに発する語。源氏物語 平安一物語 若紫「いで、あな幼や。言ふかひなうものし給ふかな」訳いやもう、まあ子供っぽいことよ。たわいなくいらっしゃることよ。❹いや。さあ。▼疑いや否定の気持ちで発する語。大鏡 平安一物語 序「いで、さも侍らず」訳いや、そうでもありません。

□二接続詞 さて。そもそも。▼あらたに話題をおこすときに用いる。景清 室町一能楽 謡曲「いで、そのころは寿永三年三月下旬のことなりしに」訳さて、その時は寿永三年三月下旬のことであったが。

いで[2] 接続助詞《接続》動詞・助動詞の未然形に付き、上の語句を打ち消しつつ下の語句に続ける。〔打消〕…ないで。寿の門松 江戸一浄瑠 浄瑠・近松「我とても女の身、腹が立たいであるものか」訳私だって女の身、腹が立たないでいられるものか。◆室町時代以降に使われた語。

いで-あ・ふ【出で会ふ・出で逢ふ】イデアウ ― イデオウ 自動詞ハ四〔は/ひ/ふ/ふ/へ/へ〕 ❶出て人に会う。対面する。竹取物語 平安一物語 かぐや姫の昇天「御使ひに竹取いであひて」訳お使いの方に竹取の翁が対面して。❷偶然にめぐりあう。出あう。紫式部 平安一日記 消息文「そこにて知らぬ男にいであひ」訳そこで知らない男に出あい。❸(出て)戦う。立ち向かう。徒然 鎌倉一随筆 一一五「二人河原へいであひて」訳二人は河原へ出て戦って。

いで-いで 感動詞 ❶さあさあ。どれどれ。❷いやもう。大鏡 平安一物語 後一条「いでいで、いといみじうめでたしや」訳いやもう、非常にすばらしく結構なことだなあ。◆感動詞「いで」を重ねて強めた語。

いで-いり【出で入り】名詞 ❶出はいり。更級 平安一日記 初瀬「この男のいでいりし歩くを」訳この男が出入りをしながら歩きまわるので。❷立ち居振る舞い。土佐日記 平安一日記 二・一五「家の人のいでいりにくげならず」訳(宿として泊まった)家の人の立ち居振る舞いは感じがよくて。❸訴訟沙汰。日本永代蔵 江戸一物語 浮世・西鶴「いでいりになる事なりしに」訳訴訟沙汰になることであるのに。◆❶❸は「でいり」とも。❸は江戸時代の語。

いでいり-な・る【出で入り慣る】自動詞ラ下二〔れ/れ/る/るる/るれ/れよ〕 出はいりしなれる。振る舞いがものなれる。枕草子 平安一随筆 小白河といふ所は「家の子にて今すこしいでいりなれたり」訳一門の子弟であって(他の人より)少し振る舞いがものなれている。

いで-い・る【出で入る】自動詞ラ四〔ら/り/る/る/れ/れ〕 出はいりする。源氏物語 平安一物語 若紫「さては、童べぞいでいり遊ぶ」訳ほかには、子供たちが出はいりして遊んでいる。

い-てう【異朝】イチョウ 名詞 外国。特に、中国をいう。対本朝。

いで-おはしま・す【出で御座します】イデオワシマス 自動詞サ四〔さ/し/す/す/せ/せ〕 ❶「出で行く」の尊敬語。出ていらっしゃる。お出ましになる。源氏物語 平安一物語 浮舟「ただ今いでおはしまさむはまことに死ぬべく思さるれば」訳今すぐ出ていらっしゃるのでは本当に恋死にしそうにお思いになるので。❷「出で来」の尊敬語。出てこられる。お生まれになる。源氏物語 平安一物語 松風「若君の、かういでおはしましたる御宿世の」訳若君が、こうしてお生まれになった前世からのご因縁の。

いで-か・つ【出でかつ】連語

なりたち 動詞「いづ」の連用形＋補助動詞「かつ」

出られる。立ち去れる。万葉集 奈良―歌集 一三三二「山なつかしみいでかてぬかも」訳山に心ひかれて立ち去れないことだよ。◆「かつ」は、できる意。多く打消の助動詞を伴う。

いで-がて-に【出でがてに】 連語
なりたち 動詞「いづ」の連用形＋補助動詞「かつ」の未然形＋打消の助動詞「ず」の奈良時代以前の連用形「に」からなる「いでかてに」の濁音化。
立ち去ることができなくて。立ち去りがたくて。 源氏物語 平安―物語 横笛「いでがてにやすらひたまふに」訳立ち去りがたくてためらっていらっしゃるうちに。

い-てき【夷狄】 名詞 **野蛮人。田舎者。** 参考 古代中国で東方の未開人を「夷」、北方のそれを「狄」と呼んだことから。

いで-ぎえ【出で消え】 名詞／―す 自動詞サ変 人前に出ると、見劣りがすること。出来栄えの悪いこと。源氏物語 平安―物語 若菜下「例の上手めき給ふ男たちも、なかなかいでぎえして」訳いつもどおり上手らしくお振る舞いになる男の方々も、かえって人前に出ると見劣りがして。対 出で栄え。

いで-く【出で来】 自動詞カ変{こ／き／く／くる／くれ／こよ}
❶**出て来る。現れる。** 平家物語 鎌倉―物語 九・木曾最期「武蔵の国に聞こえたる大力、御田八郎師重三十騎ばかりでいできたり」訳武蔵の国で評判の大力、御田八郎師重が、三十騎ほどを引き連れて現れた。
❷**生じる。起こる。できる。** 伊勢物語 平安―物語 二三「河内の国、高安の郡に行き通ふ所いできにけり」訳河内の国、高安の郡に通って行く所(=新しい女)ができてしまった。
❸**やって来る。めぐって来る。** 源氏物語 平安―物語 須磨「三月の朔日にいできたる巳の日に」訳三月の初旬にめぐって来た巳の日に。
❹**できる。** ▼可能の意。風姿花伝 室町―論 三「これ、能のよくいでくる成功の初めなり」訳これは能がうまくできる成功の糸口である。

いで-さ・す【出で止す】 自動詞サ四{さ／し／す／す／せ／せ} **出かかって途中でやめる。** 源氏物語 平安―物語 宿木「まだ穂にいでさしたるも」訳(尾花の)まだ穂に出かかって途中でやめているのも。

いで-たち*【出で立ち】** 名詞 ❶(山・樹木などが)**突き出てそびえている姿。** 万葉集 奈良―歌集 三三三一「いでたちのくはしき山ぞ」訳そびえている姿がうるわしい山よ。❷**旅に出ること。出立。出立準備。** 落窪物語 平安―物語 四「いでたち更にいと近し」訳出立はいっそう押し迫っている。❸**世に出ること。立身出世。** 源氏物語 平安―物語 若紫「大臣の後にていでたちもすべかりける人の」訳大臣の子孫で出世もするはずだった人で。❹**宮仕えに出ること。出仕。** 平家物語 鎌倉―物語 一・二代后「もの憂き御いでたちなれば」訳気の進まない御出仕であるので。❺**身なり。**

いでたち-いそぎ【出で立ち急ぎ】 名詞 ❶**出発の支度。** 土佐日記 平安―日記 一二・二七「このごろのいでたちいそぎを見れど」訳近ごろの出発の支度を見ても。❷**死の用意。** 源氏物語 平安―物語 椎本「世に心とどめ給はねばいでたちいそぎをのみおぼせば」訳この世に心を残しなさらないで死の用意をばかりお思いになるので。

いで-た・つ*【出で立つ】** 自動詞タ四{た／ち／つ／つ／て／て} ❶**突き出てそびえ立つ。** 万葉集 奈良―歌集 三一九「いでたてる富士の高嶺は」訳そびえ立っている富士の高い峰は。❷**出ていってそこに立つ。** 万葉集 奈良―歌集 四一三九「下照る道にいでたつ乙女」訳⇩はるのその…。❸**出発する。旅立つ。** 万葉集 奈良―歌集 四三七三「大君の醜の御楯といでたつ我は」訳天皇の頑強な警護人として出発するのだ、私は。❹**宮仕えに出る。出仕する。** 枕草子 平安―随筆 あぢきなきもの「宮仕へにいでたちたる人の」訳宮仕えに出ている人が。❺**世に出る。立身出世する。** 源氏物語 平安―物語 少女「世にいでたたむと」訳世の中で立身出世しようと。❻**身支度する。** 平家物語 鎌倉―物語 五・富士川「照り輝く程にいでたたれたりしかば」訳照り輝くほどに身支度しなさっていたので。

いで-つか・ふ【出で仕ふ】 自動詞ハ下二{へ／へ／ふ／ふる／ふれ／へよ} **宮仕えに出る。出仕する。** 源氏物語 平安―物語 橋姫「をさをさおほやけごとにもいでつかへず、籠もりゐたるに」訳ほとんど公務にも出仕せず、隠居しているところへ。

いで-ばえ【出で栄え】 名詞／―す 自動詞サ変 人前で見栄えがすること。源氏物語 平安―物語 若菜下「御琴の音の、いでばえしたりしも面目ありて」訳御琴の音が、人前でいっそう出来栄えのよかったのも名誉であって。対 出で消え。

いで-まうで-く【出で参で来】 自動詞カ変{こ／き／く／くる／くれ／こ(こよ)}「いでまゐでく」の変化した語。❶**参上する。** 源氏物語 平安―物語 蜻蛉「下童の、ただこのごろ、宰相が里にいでまうできて」訳下仕えの子供が、つい近ごろ、宰相の里に参りまして。❷(事件や事態などが)**発生します。起きます。** 源氏物語 平安―物語 東屋「聞きにくき事もこそいでまうでくれ」訳耳障りなこともきっと起きます。
参考 「出で来」の謙譲語だが、多くは会話文や詞書の中で、丁寧な物言いとして使われる。

いで-まし【行幸】 名詞 **天皇のお出かけ。行幸。**

いで-まじら・ふ【出で交じらふ】 自動詞ハ四{は／ひ／ふ／ふ／へ／へ} **人々や世の中にかかわる。交際する。** 徒然 鎌倉―随筆 七「人にいでまじらはん事を思ひ」訳人々と交際するような事を思い。

いで-ま・す*【出で座す】** 自動詞サ四{さ／し／す／す／せ／せ} ❶「出づ」「行く」の尊敬語。**いらっしゃる。お出かけになる。** 古事記 奈良―史書 景行「そこよりいでまして能煩野に至りまし時」訳そこからお出かけになって能煩野にお着きになったとき。❷「来」の尊敬語。**おいでになる。** 万葉集 奈良―歌集 一四五二「梅の花咲ける月夜にいでまさじとや」訳梅の花の咲いている月夜においでにならないというのですか。❸「あり」の尊敬語。**おられる。いらっしゃる。** 万葉集 奈良―歌集 四三二六「百代にいでませ」訳百代までも(生きて)いらっしゃってください。

いで-まど・ふ【出で惑ふ】 自動詞ハ四{は／ひ／ふ／ふ／へ／へ} **やたらと出掛ける。数多く出る。** 徒然 鎌倉―随筆 五〇「鬼見にとていでまどふ」訳(人々が)鬼見物にといってやたらと出掛ける。

いで-むか・ふ【出で向かふ】 ❶ 自動詞 ハ四 {は/ひ/ふ/ふ/へ/へ} **出向く。向かって行く。** 万葉集 奈良－歌集 四三三一「東男は**いでむかひ**、顧みせずて」訳東国の男は(敵に)**向かって行き**、(わが身を)顧みることなく。
❷ 他動詞 ハ四 {は/ひ/ふ/ふ/へ/へ} **出迎える。** 笈の小文 江戸－紀行 俳文・芭蕉「かの伊良湖崎にて契りおきし人の伊勢にて**いでむかひ**」訳あの伊良湖崎で約束した人が伊勢の地で**出迎え**。

いで-もの・す【出で物す】 自動詞 サ変 {せ/し/す/する/すれ/せよ} **生まれ出る。** 源氏物語 平安－物語 薄雲「やむごとなき御方々にかかる人**いでものし**給はば」訳高貴な御方々にこのような(女の)子がお**生まれ**になるならば。◆「生まれる」の婉曲的表現。

いで-や* 感動詞 ❶不満や反発の気持ちを表す。**さてどうかな。いやはや。** 源氏物語 平安－物語 若紫「**いでや**、さ言ふとも、田舎びたらむ」訳**いやはや**、そうは言っても、(その娘は)田舎風であろう。❷感慨や詠嘆を表す。**さてさて。いやもう。** 徒然 鎌倉－随筆 一「**いでや**、この世に生まれては」訳**さてさて**、現世に生まれたからには。❸決意を表す。**どれ。さあ。** 勧進帳 江戸－歌舞 歌舞「**いでや**関所を踏み破らん」訳**さあ**関所を突破しよう。◆「いで」を強めた語。

いで-ゆ【出で湯】 名詞 **温泉。**

いで-ゐ【出で居】 名詞 ❶出て座っていること。枕草子 平安－随筆 職の御曹司におはします頃、西の廂にて「縁に人々**いでゐ**などしたるに」訳縁に女房たちが**出て座る**などしていたところに。❷平安時代、寝殿造りで、廂の間の内部に設けた、居間と客間を兼ねた部屋。❸朝廷で「賭弓」「相撲」などの儀式のとき、庭に臨時に設ける座。

いで-ゐる【出で居る】 自動詞 ワ上一 {ゐ/ゐ/ゐる/ゐる/ゐれ/ゐよ} **進み出て座る。** 源氏物語 平安－物語 花宴「人々**いでゐ**たり」訳(藤の花を見ようと)人々が(前へ)**進み出て座っ**ている。

いと[1]【糸】 名詞 ❶**糸。** ❷糸のように細く長いもの。柳の枝やくもの糸をたとえていう。❸(弦楽器の)**弦。弦楽器。**

いと[2] 副詞

語義の扉

程度のはなはだしいことを表す。副詞「いたく」と同じ意味に用いられるが、「いたく」が動作性の語(＝動詞)を修飾するのに対して、状態性の語(＝形容詞・形容動詞、副詞)を修飾する傾向がある。

❶**大変。非常に。**
❷〔打消の語を下接し〕**それほど。たいして。**

❶**大変。非常に。** ▼程度がはなはだしい。伊勢物語 平安－物語 九「かきつばた**いと**おもしろく咲きたり」訳かきつばたが**大変**きれいに咲いていた。
❷〔打消の語を下接して〕**それほど。たいして。** 源氏物語 平安－物語 桐壺「**いと**やむごとなききはにはあらぬが、すぐれて時めき給ふありけり」訳**それほど**高貴な身分ではない方で、際だって帝のご寵愛を受けて栄えていらっしゃる方があった。

いと-いたう【いと甚う】 「いといたく」のウ音便。

いと-いたく【いと甚く】 連語
なりたち 副詞「いと」＋副詞「いたく」
たいそうひどく。 竹取物語 平安－物語 かぐや姫の昇天「かぐや姫**いといたく**泣き給ふ」訳かぐや姫は**たいそうひどく**お泣きになる。◆音便で「いといたう」ともいう。

いと-いと 副詞 **とても。非常に。** 源氏物語 平安－物語 胡蝶「われにもあらぬさまして、**いといと**憂しとおぼいたれば」訳茫然自失のようすで、**とても**つらいとお思いになられているので。◆「いと」を重ねて「いと」の意をさらに強調している。

いとう[1]【甚う】 ⇩いたう

いとう[2]【厭う】 ⇩いとふ

伊藤仁斎 人名 (一六二七～一七〇五)江戸時代前期の儒学者。名は維楨。はじめ朱子学を修め、のち古学を樹立して京都の堀川の塾で講義した。門弟三千人、堀川学の祢までであった。著書に『論語古義』『孟子古義』などがある。

いとおし ⇩いとほし

いと-かく 連語
なりたち 副詞「いと」＋副詞「かく」
こんなにもひどく。本当にこれほど。 伊勢物語 平安－物語 四〇「**いとかく**しもあらじと思ふに」訳**本当にこれほど**(息絶えるほど)でもあるまいと思うのに。

いとき-な・し【幼きなし・稚きなし】 形容詞 ク「いとけなし」に同じ。

いと-げ【糸毛】 名詞 ❶「糸毛の車」の略。❷鎧の札(＝鉄または革製の小さな板)を組み糸でおどした(＝つなぎ合わせた)もの。「糸縅」とも。

いとけ-な・し【幼けなし・稚けなし】 形容詞 ク {(く)・から/く・かり/し/き・かる/けれ/かれ} **幼い。あどけない。子供っぽい。** 方丈記 鎌倉－随筆「**いとけなき**子の、なほ乳を吸ひつつ臥せるなどもありけり」訳**幼い**子が(母が死んでも)依然として乳を吸いながら横たわっているのなどもあった。◆「いときなし」とも。

いとげ-の-くるま【糸毛の車】 名詞 色糸で車体を飾った牛車。主として更衣以上の地位の高い女性用で、糸の色から青糸毛・赤糸毛・紫糸毛などがある。参照▼口絵

いと-こ【愛子】 名詞 **いとしい人。** ▼男女を問わず愛しい人を親しんで呼ぶ語。

いどこ【何処・何所】 代名詞 **どこ。** ▼場所について不定称の指示代名詞。土佐日記 平安－日記 一・二九「ここや**いどこ**」訳ここは**どこ**か。◆「いづく」の変化した語。

いと・し*【愛し】 形容詞 シク {(しく)・しから/しく・しかり/し/しき・しかる/しけれ/しかれ} ❶**かわいい。** 歌念仏 江戸－浄瑠 浄瑠・近松「お夏様が**いとしく**は」訳お夏様が**かわいい**のなら。❷**気の毒だ。哀れだ。** 冥途飛脚 江戸－浄瑠 浄瑠・近松「見つけられては**いとしい**こと」訳見つけられては**気の毒な**こと。◆「いとほし」の変化した語。室町時代の末期からの語。

いと-しも* 連語
なりたち 副詞「いと」＋副助詞「しも」
〔打消の語を下接して〕たいして。特に。枕草子 平安

随筆 すさまじきもの「いとしもおぼえぬ人の」訳たいして思っていない人が。

いと-しも-な・し【いとしも無し】 連語

なりたち 副詞「いと」＋副助詞「しも」＋形容詞「なし」

たいしたことでもない。それほどよくはない。宇治拾遺 鎌倉―説話 一一・一〇「いとしもなきことばなり」訳それほどよくはない言葉である。

いと-すぢ【糸筋】 名詞 ❶糸のように細く長い筋。❷琴や三味線などの弦。

いと-せめ-て 連語

なりたち 副詞「いと」＋動詞「せむ」の連用形＋接続助詞「て」

とても切実に。きわめて。古今 平安―歌集 恋三「いとせめて恋しき時は」訳とても切実に(あなたのことが)恋しいときは。

***いと-たけ【糸竹】** 名詞 ❶楽器。❷管弦の音楽。新花摘 江戸―句集 俳文「和歌の道いとたけの技」訳和歌の道や音楽の技術。

参考 漢語「糸竹」を訓読した語。「糸」は琴・箏・三味線など弦楽器、「竹」は笛・笙など管楽器。

[1]いとど【蟋蟀・竈馬】 名詞 昆虫の名。かまどうま。

[2]いと-ど 副詞

語義の扉

副詞「いと」を重ねた「いといと」から変化した語。程度がいっそうはなはだしくなる意。

❶ますます。いよいよ。いっそう。
❷そのうえさらに。

❶ますます。いよいよ。いっそう。更級 平安―日記 かどで「ところどころ語るを聞くに、いとどゆかしさまされど」訳(物語の)ところどころを語ってくれるのを聞くと、ますます知りたい気持ちがつのるけれど。

❷そのうえさらに。大鏡 平安―物語 序「これは四十たりの子にて、いとど五月にさへ生れて、むつかしきなり」訳この子は(父親の)四十歳のときの子で、そのうえさらに五月に生まれて(縁起でもない子なので)不快なのである。

いとど・し 形容詞 シク〔(しく)・しから／しく・しかり／し／しき・しかる／しけれ／しかれ〕

❶ますますはなはだしい。源氏物語 平安―物語 若紫「めづらしうあはれにて、いとどしき御思ひのほど限りなし」訳目新しくしみじみといとおしく、ますますはなはだしいご寵愛のようすはこの上ない。

❷ただでさえ…なのに、いっそう…である。源氏物語 平安―物語 桐壺「いとどしく虫の音しげき浅茅生に露おきそふる雲の上人」訳⇩いとどしく…。

いとどしく… 和歌「いとどしく 虫の音しげき 浅茅生に 露おきそふる 雲の上人」源氏物語 平安―物語 桐壺 訳虫の音がしきりに聞こえる草深い荒れはてた家に、(ただでさえ悲しみの涙にくれているのに)いっそう涙の露を置き加える、宮中からの使いの方よ。

鑑賞 桐壺更衣が亡くなり悲嘆にくれる母親のもとへ、帝は「靫負の命婦」を見舞いに遣わした。命婦が退出する折に詠んだ「鈴虫の声の限りを…」〈⇩すずむしの…。〉に対して、母親が別れのあいさつとして詠んだ歌。「いとどしく」は「露おきそふる」にかかる。「音」は「虫の音」と「泣く音」をかけている。「雲の上人」は宮中に仕える人を指す。ここでは、靫負の命婦のこと。

いと-な・し【暇無し】 形容詞 ク〔(く)・から／く・かり／し／き・かる／けれ／かれ〕 絶え間がない。古今 平安―歌集 恋五「などか涙のいとなかるらむ」訳どうして涙の絶え間がないのだろうか。

いとな・ぶ【営ぶ】 他動詞 バ四〔ば／び／ぶ／ぶ／べ／べ〕「いとなむ」に同じ。

***いとなみ【営み】** 名詞 ❶勤め。仕事。生業。源氏物語 平安―物語 夕顔「おのがじしのいとなみに起き出でて」訳各自それぞれの仕事のために(朝早く)起き出して。❷準備。平家物語 鎌倉―物語 一・鹿谷「そのいとなみの外は他事なし」訳その準備のほかは何もしない。❸仏道のつとめ。源氏物語 平安―物語 鈴虫「様変はりたるいとなみに、そそきあへる」訳(俗人と)ようすの違っている仏道のつとめに、忙しそうにしているのが。

いとなみ-あ・ふ【営み合ふ】 自動詞 ハ四〔は／ひ／ふ／ふ／へ／へ〕 皆でいっしょに事を行う。それぞれが互いに行う。徒然 鎌倉―随筆 一六六「人間のいとなみあへるわざを見るに」訳世間で人々がそれぞれ互いに行っている仕事を見ると。

いとなみ-いだ・す【営み出だす】 他動詞 サ四〔さ／し／す／す／せ／せ〕 こしらえあげる。徒然 鎌倉―随筆 五一「数日につにいとなみいだして掛けたりけるに」訳(水車を)数日かかってこしらえあげて設置したのに。

いとなみ-い・づ【営み出づ】 他動詞 ダ下二〔で／で／づ／づる／づれ／でよ〕「いとなみいだす」に同じ。

いとなみ-つかうまつ・る【営み仕う奉る】 自動詞 ラ四〔ら／り／る／る／れ／れ〕 心を尽くしてお仕え申し上げる。一生懸命お世話申し上げる。源氏物語 平安―物語 藤裏葉「あはれにいとなみつかうまつり給ふ」訳(法事の供養を)しみじみと一生懸命お世話申し上げなさる。

いとなみ-ま・つ【営み待つ】 他動詞 タ四〔た／ち／つ／つ／て／て〕 一生懸命働き、成果を期待する。徒然 鎌倉―随筆 一六六「いとなみまつ事甚だ多し」訳(命尽きていくまでの間人間は)一生懸命働き、その成果を期待する事がたいへん多い。

***いとな・む【営む】** 他動詞 マ四〔ま／み／む／む／め／め〕 ❶忙しく行う。努めてする。励む。徒然 鎌倉―随筆 一八八「少しも益のまさらむ事をいとなみて」訳少しでも利益が多いことを努めてして。❷作り整える。準備する。方丈記 鎌倉―随筆「老いたる蚕の繭をいとなむがごとし」訳成長した蚕が繭を作り整えるのに似ている。❸(仏事を)とり行う。勤める。平家物語 鎌倉―物語 灌頂・女院死去「折々の御仏事、いとなみ給ふぞあはれなる」訳(女院の死後、女房たちが)その時々のご仏事をとり行いなさるのは感慨深いことである。

いと-のき-て 副詞 とりわけ。特別に。万葉集 奈良―歌集 八九二「いとのきて短き物を端切ると」訳⇩かぜまじり…。◆奈良時代以前の語。

†いと-はかな・う-もの・し-たま・ふ-こそ-あはれ・に-うしろめた・けれ【いと果無う物し給ふこそあはれに後ろめたけれ】 源氏物語 平安―物語

若紫訳ほんとうに、たわいもないごようすでいらっしゃるのが、頼りなく気がかりでなりません。
品詞分解 いと＝副詞 はかなう＝形容詞「はかなし」用(ウ音便) ものし＝動詞「ものす」用 たまふ＝尊敬の補助動詞「たまふ」体 こそ＝係助詞 あはれに＝形容動詞「あはれなり」用 うしろめたけれ＝形容詞「うしろめたし」已

＊いとは・し【厭はし】 イトワシ 形容詞シク {(しく)・しから／しく・しかり／し／しき・しかる／しけれ／しかれ} **いやだ。わずらわしい。** 源氏物語 平安―物語 明石「常はいとはしき夜の長さも」訳いつもはいやな夜の長さも。

いとはし-げ・なり【厭はしげなり】 イトワシゲナリ 形容動詞ナリ {なら／なり・に／なり／なる／なれ／なれ} **いかにも面倒そうだ。とても嫌なようだ。** 徒然 鎌倉―随筆 一七〇「いとはしげに言はんもわろし」訳いかにも面倒そうに言うようなのもよくない。◆「げ」は接尾語。

いと-はや-も【いと早も】 連語
なりたち 副詞「いと」＋形容詞「はやし」の語幹＋係助詞「も」
たいそう早くも。 古今 平安―歌集 秋上「いとはやもなきぬるかりか」訳たいそう早くも鳴きはじめた雁だなあ。

いと-びん【糸鬢】 名詞 江戸時代に流行した髪形。両方の鬢の毛を細く残して剃り落とした形。

(糸鬢)

いと・ふ【厭ふ】 イトウ 他動詞ハ四 {は／ひ／ふ／ふ／へ／へ}
❶**いやがる。** 徒然 鎌倉―随筆 六〇「世の常ならぬさまなれども、人にいとはれず、万づ許されけり」訳(この盛親僧都は)世間一般とは違うようすであるけれど、人にいやがられず、万事許されていた。
❷「多く「世をいとふ」の形で」**この世を避ける。出家する。** 奥の細道 江戸―紀行 松島「松の木陰に世をいとふ人もまれまれ見え侍りて」訳松の木陰に俗世間を避けている人もごくまれには見られまして。
❸**いたわる。かばう。大事にする。** 浮世風呂 江戸―物語 滑稽「客人をいとふ気になりますから」訳客を大事にする気持ちになりますから。

いとふ-に-は・ゆ【厭ふに栄ゆ】 イトウニハユ 連語
なりたち 動詞「いとふ」の連体形＋接続助詞「に」(逆接の用法)＋動詞「はゆ」
❶**嫌われるとかえって恋心が燃え上がる。** 後撰 平安―歌集 恋二「あやしくもいとふにはゆる心かな」訳不思議なことに相手に嫌われるとかえって燃え上がる私の恋心であることよ。❷**世を厭うのに、ますます長生きする。** 源氏物語 平安―物語 早蕨「いとふにはえて延び侍る命のつらく」訳この世を厭うのに、ますます長生きして延びております自分の命がつらく。

いとほ・し

イトオシ 形容詞シク {(しく)・しから／しく・しかり／し／しき・しかる／しけれ／しかれ}

語義の扉
辛い立場の人へ「気の毒だ」「かわいそうだ」という同情の念を表すのが原義で(❶)、気の毒から、さらに、力の弱い、また幼少の者への「かわいい」「いとしい」という情も表す(❷)。❶❷が「いたはし(労)」を語源としているとみられるのに対して、❸が「いとはし(厭)」を語源としているとみられる「困ったことだ」「つらくて嫌だ」の意がある。
いたはし(労)―❶気の毒だ。かわいそうだ。
　　　　　　　└❷⊕かわいい。
いとはし(厭)―❸⊖困ったことだ。いやだ。つらい。

❶**気の毒だ。かわいそうだ。** 竹取物語 平安―物語 かぐや姫の昇天「翁をいとほしく、かなしと思しつることも失せぬ」訳翁を気の毒で、ふびんだとお思いになっていた気持ちも(かぐや姫の心から)消えてしまった。
参照▶類語と使い分け④
❷**かわいい。** 源氏物語 平安―物語 少女「宮はいといとほしと思す中にも、男君の御かなしさはすぐれ給ふにやあらん」訳大宮は(孫たちを)とてもかわいいとお思いになるその中でも、男君(＝夕霧)のおかわいさは(他の子よりも)まさっていらっしゃるのだろうか。
❸**困ったことだ。いやだ。つらい。** 源氏物語 平安―物語 蛍「人の上を、難つけ、おとしめざまの事言ふ人をば、いとほしきものにし給へば」訳他人の身の上について、欠点を指摘し、さげすむようなことを言う人を、困った人間と考えなさるので。

歴史スコープ 現代語につながる動詞「いたはる(労)」と同系の形容詞に「いたはし」があり、また、やはり現代語にも継承された動詞「いとふ(厭)」と同系の形容詞に「いとはし」がある。「いとほし」の語はこれら二系統から変化したものと考えられ、その三つの語義は、「気の毒だ(❶)」「かわいい(❷)」が前者、「困ったことだ(❸)」の意が後者を受け継いだものとみなされる。

いとほし-が・る イトオシガル 他動詞ラ四 {ら／り／る／る／れ／れ} **気の毒に思う。同情する。** 源氏物語 平安―物語 賢木「おとづれ給はぬを命婦などはいとほしがり聞こゆ」訳(源氏が藤壺を)訪れなさらないのを、命婦などは気の毒に思い申し上げる。◆「がる」は接尾語。

いとほし-げ・なり イトオシゲナリ 形容動詞ナリ {なら／なり・に／なり／なる／なれ／なれ} **気の毒そうだ。** 源氏物語 平安―物語 若菜下「この端書きのいとほしげに侍るぞや」訳この手紙の端書きが気の毒そうでございますよ。◆「げ」は接尾語。

いとほし-さ イトオシサ 名詞 ❶**気の毒さ。** ❷**かわいらしさ。** ◆「さ」は接尾語。

いとほし-み イトオシミ 名詞 ❶**気の毒に思うこと。同情。** ❷**かわいらしく思うこと。愛情。** ◆「み」は接尾語。

いとま【暇】 名詞
❶**ゆとり。ひま。余暇。** 万葉集 奈良―歌集 一八八三「ももしきの(＝枕詞)大宮人はいとまあれや梅をかざしてここに集へる」訳宮廷に仕える人はゆとりがあるからか、梅を髪にさしてここに集まっていることだ。
❷**休み。休暇。** 源氏物語 平安―物語 桐壺「まかでなむとし給ふを、いとまさらに許させ給はず」訳(桐壺更衣は宮中から)退出しようとなさるけれども、(帝は)少しも休みをお許しにならない。
❸**辞任。辞職。** 宇津保 平安―物語 楼上・上「院にいとま

申し侍りしを」訳院に辞任を申し出ましたが。❹別れ。離別。離婚(状)。西鶴織留 江戸―物語 浮世・西鶴「いとま書きてらちをあけける」訳離婚状を書いて決着をつけた。❺別れのあいさつ。いとまごい。源氏物語 平安―物語 蓬生「忍びて対の上に御いとま聞こえて、出で給ふ」訳こっそりと対の屋の紫の上にお別れのあいさつを申し上げて、お出かけになる。

いとま-あれ-や【暇あれや】 連語 なりたち 名詞「いとま」＋ラ変動詞「あり」の已然形＋係助詞「や」ひまがあるからか。新古今 鎌倉―歌集 春下「ももしきの大宮人はいとまあれや」訳宮廷の人はひまがあるからだろうか。⇩あれや

いとま-い・る【暇入る】 自動詞ラ四 {ら/り/る/る/れ/れ} 時間がかかる。源氏物語 平安―物語 梅枝「目もおよばず。これはいとまいりぬべき物かな」訳いくら見ても見尽くせない。これはきっと時間がかかるに違いない物だな。

いと-まき【糸巻き】 名詞 ❶糸を巻き付けること。また、その道具。❷「糸巻きの太刀」の略。柄や鞘の足金のあたりを平組みの糸で巻いた太刀。❸琵琶・三味線の弦を巻き付けて、弦の張りで音を調節する部分。

いどま・し【挑まし】 形容詞シク {(しく)・しから/しく・しかり/し/しき・しかる/しけれ/しかれ} 競い合いたい。競争心が強い。源氏物語 平安―物語 行幸「はかなきことにつけて、いどましき御心も添ふべかめれ」訳取るに足りないことにつけても、競い合いたい御気持ちが起きてくるようだ。

いとま-ぶみ【暇文】 名詞 休暇願い。辞表。

いとま-まう・す【暇申す】 連語 ❶休暇を願い出る。竹取物語 平安―物語 蓬萊の玉の枝「おほやけには『筑紫の国にゆあみにまからむ』とて、いとまうして」訳朝廷には「筑紫の国に湯治に参ろう」と、休暇を願い出て。❷お別れを申し上げる。平家物語 鎌倉―物語 九・河原合戦「木曾左馬頭、最後のいとままうさんとて」訳木曾左馬頭は最後のお別れを申し上げようと思って。

いどみ【挑み】 名詞 ❶競争。競い合い。❷恋の誘いかけ。

いどみ-かは・す【挑み交はす】 自動詞サ四 {さ/し/す/す/せ/せ} 競い合う。古本説話集 平安―説話 二六「今は昔、長能・道済と言ふ歌詠みどもいみじういどみかはして詠みけり」訳昔々、長能、道済という歌人たちがたいそう競い合って歌を詠んだということだ。

いどみ-どころ【挑み所】 名詞 (風流を)競い合う場。

いと-みや【幼宮】 名詞 幼い皇子や皇女。◆「いと」は接頭語。

いど・む【挑む】 自動詞マ四 {ま/み/む/む/め/め} ❶張り合う。挑発する。競争する。枕草子 平安―随筆 うれしきもの「なにくれといどむことに勝ちたる」訳(物合わせなど)あれこれと競争することに勝ったのは。❷恋をしかける。平中物語 平安―物語 一「なまいどみて、ものなど言ふ人」訳なんとなく恋をしかけて、話などをする人。

いと-も 副詞 ❶非常に。拾遺 平安―歌集 雑下・大鏡 平安―物語 道長下「勅なればいともかしこし」訳⇩ちょくなれば…。❷〔打消の語を下接して〕㋐まったく。万葉集 奈良―歌集 四三七九「いともすべなみ」訳まったくしかたがないので。㋑たいして。徒然 鎌倉―随筆 五七「いとも知らぬ道の物語したる」訳たいして知らない方面の話をしているのは。

いと-ゆふ【糸遊】 名詞「かげろふ(陽炎)」に同じ。季春。

いとゆふ-むすび【糸遊結び】 名詞 几帳や衣の袖口などに組みひもを花結びにして垂らし、飾りとしたもの。

い-と・る【い捕る】 他動詞ラ四 {ら/り/る/る/れ/れ} 捕らえる。古事記 奈良―史書 応神「いとらむと心は思へど」訳捕らえようと気持ちは思うけれど。◆「い」は接頭語。

いと-をか・しう-やうやう-な・り-つる-ものを【いとをかしう漸う成りつるものを】 源氏物語 平安―物語 若紫 訳たいそうかわいらしくだんだんなってきていたのに。

品詞分解 いと＝副詞 をかしう＝形容詞「をかし」用(ウ音便) やうやう＝副詞 なり＝動詞「なる」用 つる＝完了の助動詞「つ」体 ものを＝終助詞

い-な【異な】 連体詞 変な。妙な。丹波与作 江戸―浄瑠璃 浄瑠璃・近松「縁はいなもの」訳男女の縁とは妙なもの。◆形容動詞「いなり」の連体形「いなる」の変化した語。

いな【否】 感動詞 ❶いえ。いいえ。▼相手の問いに対して、それを否定するときに発する語。竹取物語 平安―物語 竜の頸の玉「いな、さもあらず」訳いいえ、そうではありません。❷いやだ。いいえ。▼相手の言動に対する不同意を表す語。徒然 鎌倉―随筆 一四一「始めより、いなと言ひて止みぬ」訳(東国の人はできそうもない事は)始めからいやだと言ってやめてしまう。

いなおほせ-どり【稲負鳥】 名詞 鳥の名。「呼子鳥」「百千鳥」とともに、「古今伝授」の三鳥の一つ。季秋。参考 秋の末、この鳥の群れを見て稲を刈るところから、「稲課せ取り(＝収税吏)」の意に通わせて用いることもあった。歌語。

いな-がら【稲幹・稲茎】 名詞 稲の茎。

いな-き【稲置・稲寸】 名詞 ❶大和朝廷の地方官で稲の税を管理する役職名。❷天武天皇時代に制定された「八色の姓」のうち、最下級の姓。◆「いなぎ」とも。

いな・く【嘶く】 自動詞カ四 {か/き/く/く/け/け} 馬が声高く鳴く。いななく。蜻蛉 平安―日記 上「かたかひの駒や恋ついなかせんと」訳飼育が不十分な子馬(＝片親育ちの道綱)を(親を)恋しく思って声高くなかせるだろうかと。

いなご-まろ【稲子麿】 名詞 虫の名。いなご。▼いなごを人のように扱っていう。

いな-せ【否応・否諾】 名詞 ❶不承知と承知。❷安否。◆「いな」は否定の意味。「せ」は「然」の変化した語で、肯定の意味。

いな-づま【稲妻・電】 名詞 ❶いなびかり。季秋。❷非常に短い時間、また、はかないもののたとえ。❸敏捷な行動・動作のたとえ。◆稲の夫の意から。いなずまは、稲の開花のころに多く、これによって稲が実ると考えた古代信仰による。

因幡 地名 旧国名。山陰道八か国の一つ。今の鳥取県東部。因州。参照▼資料21

因幡の山 地名 歌枕 今の鳥取県東部にある山。

「往なば」と掛け詞にすることもある。

稲日野 地名 「印南野」に同じ。

いな・ぶ【否ぶ・辞ぶ】
一 他動詞 バ上二 {び/び/ぶ/ぶる/ぶれ/びよ} **拒む。断る。辞退する。**「いなむ」とも。竹取物語 平安―物語 蓬萊の玉の枝「親ののたまふことを、ひたぶるにいなび申さむことのいとほしさに」訳親がおっしゃることを、ひたすらに断り申し上げることがお気の毒なので。
二 他動詞 バ四 {ば/び/ぶ/ぶ/べ/べ} 一に同じ。今昔物語 平安―説話 二二・三五「定めて一切はいなばむずらむと思ひつるに」訳きっとひたすら断ろうとするだろうと思っていたのに。

いな-ぶね【稲舟】 名詞 刈り取った稲を積んで運ぶ小舟。最上川で使われたものが有名。季 秋。

印南野 地名 歌枕 今の兵庫県加古川市から明石市付近。「否」と掛け詞にしたり、「否」を引き出すため、序詞的な使い方をすることもある。稲日野。

いな・む【否む・辞む】 他動詞 マ上二 {み/み/む/むる/むれ/みよ}「いなぶ」に同じ。蜻蛉 平安―日記 中「あしともよしともあらむをいなむまじき人は」訳悪いとも良いとも判断するようなことを、拒否できそうにない人は。

いな-や【否や】
一 感動詞 ❶いいや。いやいや。▼相手の言動を強く否定するときに発する語。平家物語 鎌倉―物語 一一・副将被斬「『いなや、帰らじ』とこそ泣き給へ」訳「いいや、帰るまい」とお泣きになる。❷これはこれは。いやはや。▼ひどく驚いて発する語。今昔物語 平安―説話 二三・一九「いなや、かくは思はざりつ」訳いやはや、こんな事とは思わなかった。❸どうであろうか。▼問いかける語。枕草子 平安―随筆 御かたがた、君たち「思ふべしや、いなや」訳愛するのがよいだろうか、どうであろうか。
二 副詞 〔「…といなや」「…やいなや」の形で〕…するとすぐに。するかしないかのうちに。世間胸算用 江戸―物語 浮世・西鶴「朝飯過ぎるといなや」訳朝飯が終わるとすぐに。
参考 「や」はもとは間投助詞。「いな」を強めた語。

いなり【稲荷】 名詞 ❶五穀（＝米・麦・黍・粟・豆）を取り扱う神の宇迦之御魂命。❷稲荷神社。特に今の京都市伏見区の伏見稲荷神社を指す。❸狐の別名。▼狐は稲荷の神の使いという言い伝えから。

いな-を-かも【否をかも】 連語
なりたち 感動詞「いな」＋間投助詞「を」＋係助詞「かも」
いや、そうではないのかな。違うのだろうか。万葉集 奈良―歌集 三三五一「筑波嶺に雪かも降らるいなをかも」訳⇩つくはねに…。

いに-あし【往に足】 名詞 去って行く足取り。

いに-かけ【往に掛け】 名詞 帰りがけ。

いに-し【往にし・去にし】 連体詞 〔時を表す語を修飾して〕去る。過ぎ去った。源氏物語 平安―物語 須磨「いにし年、京を別れし時」訳（源氏が）過ぎ去った年に、京に別れたとき。

いにし-へ【古へ・古】 名詞
❶経験したことのない遠い過去。遠い昔。万葉集 奈良―歌集 二六六「淡海の海夕波千鳥汝が鳴けば心もしのにいにしへ思ほゆ」訳⇩あふみのうみ…。
❷経験したことのある近い過去。以前。徒然 鎌倉―随筆 一九「なほ、梅のにほひにぞ、いにしへのこともたちかへり、恋しく思ひ出でらるる」訳やはり、梅の花の香りによって、以前のことも（当時に）さかのぼって、自然となつかしく思い出される。
❸昔の人。過去のこと。夜の寝覚 平安―物語 四「いにしへもかくやは物を思ひけむ」訳昔の人もこのように物思いをしたのだろうか。

関連語 「いにしへ」と「むかし」の違い
「いにしへ」は遠い昔・以前（＝近い過去）のように時間の経過を意識しているが、類義語の「むかし」は、漠然とした過去（＝ずっと以前・かつて）を表している。

いにしへ-がたり【古へ語り】 名詞 思い出話。

いにしへの… 和歌 百人一首 「いにしへの　奈良の都の八重桜　けふ九重に　にほひぬるかな」詞花 平安―歌集 春・伊勢大輔 訳その昔栄えた奈良の平城京で咲いた八重桜が、今日は平安の都の宮中で美しく咲いていることです。
鑑賞 詞書によれば、ある人が奈良の八重桜を宮中に奉ったとき、「その花を題に歌を詠め」との仰せに従っての即詠であるという。「けふ」は「今日」と「京」の掛け詞。「九重」は宮中の意で、「ここの辺（＝このあたり）」とかけている。また、「いにしへ」と「けふ」、「八重」と「九重」は、それぞれ対語になっている。

いにしへ-の-ひと【古への人】 連語 ❶古人。昔の人。❷古風な人。昔風な家柄の人。源氏物語 平安―物語 桐壺「母北の方なむ、いにしへのひとの由あるにて」訳母である正妻は、古風な人で由緒ある家柄の人なので。

いにしへ-びと【古人】 名詞 かつてなじみのあった人。昔の恋人。

いにしへ-ぶみ【古へ文・古典】 名詞 昔の書物。古典。

いぬ[1]【犬・狗】 名詞 ❶犬。❷まわし者。間者。密偵。◇あちこちとかぎ回るところからの比喩。

いぬ[2]【戌】 名詞 ❶「十二支」の第十一。❷時刻の名。午後八時。また、それを中心とする二時間。❸方角の名。西北西。参照▼ 資料20

い・ぬ[3]【往ぬ・去ぬ】 自動詞 ナ変 {な/に/ぬ/ぬる/ぬれ/ね}

語義の扉
「行く」が目的地に向かって進行するのに対して、「いぬ」は、その場から消え失せる意を表す。なお、「死ぬ」とこの語だけがナ変動詞で、完了の助動詞「ぬ」もまた、同じ活用である。
❶立ち去る。去る。行ってしまう。
❷過ぎ去る。
❸死ぬ。亡くなる。

❶立ち去る。去る。行ってしまう。伊勢物語 平安―物語 二三「前栽の中にかくれゐて、河内へいぬる顔にて見れば」訳庭の植え込みの中に隠れて座って、河内へ

行ってしまう…をして（ようすを）見ると

❷**過ぎ去る。**〔万葉集 奈良－歌集〕三四七〇「相見ては千年(ちとせ)やいぬる否をかも我れやしか思ふ君待ちがてに」〔訳〕会ってから千年も過ぎ去ったであろうか、いや違うであろうか。私がそう思うのか。あなたを待ちかねて。
❸**死ぬ。亡くなる。**▼「死ぬ」の婉曲(えんきょく)的な表現。〔万葉集 奈良－歌集〕一八〇九「うち嘆き妹(いも)がいぬれば」〔訳〕運命を嘆きながら、菟原処女(うないおとめ)が死ぬと。

い-・ぬ[4]【寝ぬ】〔自動詞〕ナ下二｛ね／ね／ぬ／ぬる／ぬれ／ねよ｝
寝る。眠る。〔万葉集 奈良－歌集〕一五一一「夕されば小倉(をぐら)の山に鳴く鹿(しか)は今夜(こよひ)は鳴かずいねにけらしも」〔訳〕⇨ゆふさればをぐらのやまに…。
〔参考〕名詞「寝(い)」と下二段動詞「寝(ぬ)」が複合した語。

いぬ-[5]【犬・狗】〔接頭語〕〔名詞に付いて〕❶卑しめ軽んじる気持ちを表す。「いぬ侍(ざむらひ)」。❷役に立たない、むだである意を表す。「いぬ死に」。❸似てはいるが実は違っている、にせの意を表す。「いぬ桜」

いぬ-おふもの【犬追物】イヌオウモノ〔名詞〕鎌倉時代、武士の間で行われた騎射の一種。竹垣で囲んだ馬場に犬を放し、馬上から「蟇目(ひきめ)の矢」で射るもの。

（犬追物）

いぬ-しま【犬島】〔名詞〕犬を捨てる所。◆故事に備前の国（岡山県）の犬島に犬を流したという説がある。

いぬ-じもの【犬じもの】
㊀〔副詞〕**犬のように。犬でもないのに犬のごとく。**〔万葉集 奈良－歌集〕八八六「いぬじもの道に臥(ふ)してや命過ぎなむ」〔訳〕犬でもないのに犬のように、道に横たわって命が終わるのだろうか。◆「じもの」は接尾語。
㊁〔名詞〕**犬のようなもの。犬の類(たぐい)。**◆「じもの」は接尾語。

◆**学習ポイント❼**
〔関連語〕「往ぬ」と「さる」と「行く」
「往ぬ」は、その場やその時から離れていって遠くなり、見えなくなるという点に意味の中心があるのに対し、類義語の「さる」は、空間的・時間的に移動する点に意味の中心があり、「行く」は、目的地に向かって進むという点に意味の中心がある。

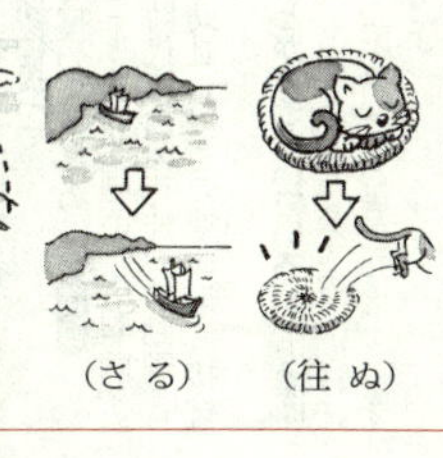
（往 ぬ）　（さ る）　（行 く）

犬筑波集(いぬつくばしふ)イヌツクバシュウ〔書名〕俳諧(はいかい)集。山崎宗鑑(そうかん)編。室町時代後期（一五三二ころ）成立。一冊。〔内容〕室町時代の滑稽(こっけい)な連歌の俳諧を集めたもので、俳諧が連歌から独立するきざしとなり、江戸時代前期の俳諧に影響を与えた。『新撰(しんせん)犬筑波集』とも。

いぬ-はりこ【犬張り子】〔名詞〕犬の張り子細工（＝紙を張り合わせて作った、中が空洞の置物）。◆安産のお守りや魔除(まよ)けに使われ、婚礼や出産の贈り物にもした。

いぬ-ふせぎ【犬防ぎ】〔名詞〕仏堂で、本尊を安置している内陣と、参拝者が入る外陣(げじん)との境に仕切りとして立てる、丈の低い格子。「いぬふせき」「いぬぶせき」とも。

いぬる【往ぬる・去ぬる】〔連体詞〕**過ぎ去った。去る。**〔源氏物語 平安－物語〕若紫「いぬる十余日のほどより」〔訳〕去る十日過ぎのころから。

いぬ-ゐ【戌亥・乾】イヌイ〔名詞〕方角の名。**北西。**「戌」と「亥」との間の方角。

いね-か-・つ【寝ねかつ】〔連語〕
〔なりたち〕動詞「いぬ」の連用形＋補助動詞「かつ」

寝ることができる。眠れる。〔万葉集 奈良－歌集〕四九七「わがごとか妹(いも)に恋ひつついねかてずけむ」〔訳〕私のように妻を思っては寝ることができなかったのか。
〔語法〕打消の助動詞を下接する。

いね-がてに-・す【寝ねがてにす】〔連語〕
〔なりたち〕動詞「いぬ」の連用形＋補助動詞「かつ」の未然形＋打消の助動詞「ず」の奈良時代以前の連用形「に」＋サ変動詞「す」からなる「いねかてにす」の濁音化。
寝付きにくくなる。〔古今 平安－歌集〕秋上「今よりやひとりある人のいねがてにする」〔訳〕今からは（自分のような）独身者は寝付きにくくなるのかなあ。

いねつけば…〔和歌〕「稲つけば　かかる吾(あ)が手を　今夜(こよひ)もか　殿(との)の若子(わくご)が　取りて嘆かむ」〔万葉集 奈良－歌集〕三四五九・東歌〔訳〕稲をつくためにひびやあかぎれで荒れた私の手を、今夜もまたお屋敷の若様が手に取って嘆くだろうか。
〔鑑賞〕本来は農作業の折などにうたった作業歌という。しかし、労働で荒れた手を恥じながらも、若様との夜を期待する、農村の女性の素朴でしおらしい心情のうかがえる歌である。

いのち【命】〔名詞〕
❶**生命。寿命。**〔徒然 鎌倉－随筆〕五九「いのちは人を待つものかは」〔訳〕寿命は人間を待ってくれるであろうか、いや待ってはくれない。
❷**生涯。一生。**〔伊勢物語 平安－物語〕一一三「長からぬいのちのほどに忘るるはいかに短き心なるらむ」〔訳〕長くもない生涯なのに私を忘れてしまったとは、何と愛情の足りない心だったのだろう。
❸**死。臨終。**〔蜻蛉 平安－日記〕下「今や今日やと待たるるいのち」〔訳〕今か今日かと待っている臨終。
❹**いのちの支え。唯一のよりどころ。**〔後撰 平安－歌集〕夏「常もなき夏の草葉に置く露をいのちと頼む蟬(せみ)のはかなさ」〔訳〕変わりやすい夏の草の葉におりる露を唯一のよりどころと頼りにする蟬のはかないことよ。

いのち-い・く【命生く】〔連語〕❶**生き長らえる。生き延びる。**〔平家物語 鎌倉－物語〕一・祇王「年老い衰へたる

い

母、いのちいきても何にかはせむなれば」訳年老い衰えた母は、生き長らえても何になろうか、いや、何にもならないので。❷命拾いする。命を取りとめる。徒然 鎌倉―随筆 八七「辛(から)きいのちいきたれど」訳あやうい命を取りとめたが。

いのち-たへ・ず【命堪へず】イノチタエズ 連語
なりたち 名詞「いのち」＋動詞「た(堪)ふ」の未然形＋打消の助動詞「ず」
生き長らえることができない。死ぬ。源氏物語 平安―物語 玉鬘「ここながらいのちたへずなりぬる事」訳ここ(＝筑紫(つくし))にいるまま生き長らえることができなくなってしまうこと。

いのち-ながさ【命長さ】名詞 長い寿命。いつまでも生きていること。

いのち-なり-けり【命なりけり】連語
なりたち 名詞「いのち」＋断定の助動詞「なり」＋過去・詠嘆の助動詞「けり」で、『古今和歌集』を始めとする和歌に用いられる。
❶命であるよなあ。古今 平安―歌集 哀傷「もみぢばを風にまかせてみるよりもはかなきものはいのちなりけり」訳もみじの葉を風が吹くのにまかせているのを見ていると(はらはらと散るもみじの葉よりも)はかないものは人の命であるよなあ。❷命あってのことだったのだなあ。新古今 鎌倉―歌集 羇旅「年たけてまた越ゆべしと思ひきやいのちなりけり佐夜(さや)の中山」訳⇩としたけて…。

いのち-に-むか・ふ【命に向かふ】イノチニムカウ―イノチニムコウ
連語 命に匹敵する。命がけである。万葉集 奈良―歌集 二九七九「いのちにむかふわが恋やまめ」訳命がけの私の恋の心もしずまるだろうが。

いのちふたつの… 俳句「命二ツの 中に生きたる 桜かな」野ざらし 江戸―句集 芭蕉(ばせう)訳あなたと私の命二つ、生き長らえてこうして再会することができた。その二人の間に、生き生きと咲きほこっている桜であることよ。

鑑賞「水口(みなくち)にて二十年を経て故人に逢(あ)ふ」と前書きにある。芭蕉が故郷伊賀(いが)の旧知である服部土芳(はっとりとほう)と二十年ぶりに近江(おう)水口で再会[illegible]

もの。西行の「年たけてまた越ゆべしと思ひきや命なりけり佐夜(さや)の中山」(『新古今和歌集』)〈⇩としたけて…。〉という歌を踏まえている。季語は「桜」で、季は春。

いのち-を-かぎ・る【命を限る】連語 命のある限り続ける。源氏物語 平安―物語 夕霧「いのちをかぎりける山籠(やまごも)りを」訳命のある限り続けるはずだった(比叡(ひえ)の山での)山籠りであるのを。

いのち-を-か・く【命を懸く】連語 ❶命を懸ける。拾遺 平安―歌集 恋四「何せむにいのちをかけて誓ひけん」訳どうして命を懸けて(死んでも来るものかなどと)誓ったのだろうか。❷命を託す。浜松中納言 平安―物語 五「中納言の添ひゐ給(たま)へりしけはひにいのちをかくる心ちして」訳中納言が寄り添ってお座りになっていた気配に、命を託す気持ちになって。

いのち-を-きは・む【命を極む】イノチヲキワム 連語 ❶命を終わらせる。死ぬ。源氏物語 平安―物語 明石「何ばかりのあやまちにてか、この渚(なぎさ)にいのちをばきはめむ」訳どれ程の罪で、この海のほとりで命を終わらせるのであろうか。❷命を危うくする。源氏物語 平安―物語 明石「かくいのちをきはめ、世にまたなき目の限りを見尽くしつ」訳このように命を危うくし、この世にまたとないつらい目をありったけ見つくした。

いのち-を-ゆづ・る【命を譲る】イノチヲユズル 連語 命を譲り与える。自分を犠牲にする。源氏物語 平安―物語 東屋「我はいのちをゆづりてかしづきて」訳私は自分を犠牲にして(浮舟(うきふね)を)大切に扱って。

い-の-ね-らえ-ぬ-に【寝の寝らえぬに】連語
なりたち 名詞「い(寝)」＋格助詞「の」＋動詞「ぬ(寝)」の未然形＋奈良時代以前の可能の助動詞「らゆ」の未然形＋打消の助動詞「ず」の連体形＋接続助詞「に」
眠れないときに。寝ることができないでいると。万葉集 奈良―歌集 一四八四「ひとり居ていのねらえぬに聞けば苦しも」訳ひとりでいて、眠れないときに(ほととぎすの)声を聞くと苦しいことよ。

いの・る【祈る】他動詞 ラ四{ら/り/る/る/れ/れ} 神仏に祈願する。神仏(かみほとけ)をいのる。土佐日記 平安―日記 一・二二「よもすがら、神仏をいのる」訳一晩中[illegible]、神仏に祈願する。

参考 本来は、唱えるの意味が中心だったので、「(神仏)を祈る」の形をとったが、しだいに、願う対象に重点が移り、「(神仏)に…を祈る」の形になった。

いは[1]【岩・石・磐】ワイ 名詞 ❶岩石。❷(岩を砕いて作った)錨(いかり)や漁網のおもり。

いは[2]【家】ワイ 名詞 家(いへ)。◆奈良時代以前の東国方言。

いは-かき【岩垣】イワカキ 名詞 ❶岩が垣根のように囲っている所。❷石垣。◆「いはがき」とも。

いは-がく・る【岩隠る】イワガクル
一 自動詞 ラ四{ら/り/る/る/れ/れ}(貴人が)亡くなる。万葉集 奈良―歌集 一九九「神さぶといはがくります」訳神らしくお亡くなりになった(大君が)。◆貴人を葬るのに「石城(いはき)(＝棺(かん)を納めるための石室)」に入れたことから。奈良時代以前の語。
二 自動詞 ラ下二{れ/れ/る/るる/るれ/れよ} 岩陰に隠れる。

いは-がくれ【岩隠れ】イワガクレ 名詞 岩陰。

いは-が-ね【岩が根・石が根・磐が根】イワガネ 名詞 大地にどっしりと根のように張った頑強な岩盤。大きな岩。「いはね」とも。

いは-き[1]【石木・岩木】イワキ 名詞 岩石や木。多く、心情を持たないものをたとえて言う。平家物語 鎌倉―物語 二・卒都婆流「入道もいはきならねば」訳入道(＝平清盛)も岩石や木のように非情ではないので。

磐城[2](いはき)イワキ 地名 旧国名。東山道十三か国の一つ。今の福島県東部と宮城県南部。明治一年(一八六八)、陸奥(みちのく)から分割された。

いは-く[1]【曰く・言はく】イワク 名詞 そう言われる理由。いわれ。

いは・く[2]【幼く・稚く】イワク 自動詞 カ下二{け/け/く/くる/くれ/けよ} 子供っぽいことをする。幼く行動する。「いわく」とも。源氏物語 平安―物語 蛍「まだ、いはけたる御雛(ひひな)遊びなどのけはひ見ゆれば」訳まだ、子供っぽいことをしている御雛(ひいな)遊びなどのようすが見えるので。

いは-く[3]【曰く・言はく】イワク 連語
なりたち 動詞「いふ」の未然形＋接尾語「く」
言うことには。言うこと。徒然 鎌倉―随筆 九二「師のいはく、『初心の人、二つの矢を持つことなかれ。…』と言ふ」訳師匠が言うことには「(弓を)初めて習う人は二本の矢を持つことをするな。…」と言う。

いは-くら【岩座・磐座】 名詞 **神のおられる所。神のまします場。天の磐座。**

いはけ-な・し【幼けなし・稚けなし】

形容詞ク {(く)・から/く・かり/し/き・かる/けれ/かれ} **幼い。子供っぽい。あどけない。** 源氏物語 平安―物語 若紫「いはけなくかいやりたる額つき、髪ざし、いみじううつくし」訳あどけなく(髪を)払いのけた額のようす、髪の生え具合が、たいそうかわいらしい。

関連語 「いはけなし」と「いとけなし」との違い
類義語「いとけなし」は単に年少である意だが、「いはけなし」は年端がゆかず、頼りない感じの意。

いは-じ-と-に-も-あら-・ず【言はじとにもあらず】 連語

なりたち 動詞「いふ」の未然形＋打消意志の助動詞「じ」の終止形＋格助詞「と」＋断定の助動詞「なり」の連用形＋係助詞「も」＋ラ変補助動詞「あり」の未然形＋打消の助動詞「ず」

言うまいというわけでもない。 徒然 鎌倉―随筆 一九「同じ事、また今さらにいはじとにもあらず」訳(古人と)同じことをまた今更言うまいというわけでもない。

いは-しみづ【石清水・岩清水】 名詞 ❶岩の間からわき出る清水。❷「石清水八幡宮」に同じ。

石清水八幡宮 寺社 今の京都府八幡市の男山にある応神天皇・神功皇后・比売大神を祭る神社。朝廷の信仰があつく、行幸もたびたびあった。また、鎌倉時代以後は源氏の氏神としても信仰された。陰暦三月に臨時祭り(＝「南祭り」)、同八月に放生会が行われた。男山八幡宮。

岩代 地名 旧国名。東山道十三か国の一つ。今の福島県西部。明治一年(一八六八)、陸奥から分割された。参照▶資料21

いはしろの… 和歌「磐代の 浜松が枝を 引き結び 真幸くあらば また帰り見む」万葉集 奈良―歌集 一四一・有間皇子 訳磐代の浜に生えている松の枝を引き結んで(旅の無事を祈って行くが)、運よく無事でいられたら、また帰って来て見よう。

鑑賞「磐代」は今の和歌山県日高郡南部町岩代。有間皇子が、謀反の罪で捕らえられて護送される途中で詠んだ歌。松の枝を結ぶのは、旅路や将来の平安無事を祈るまじないであるが、皇子は、中大兄皇子の尋問を受けた帰途、藤白の坂(和歌山県海南市藤白)で処刑され、再びその松を見ることはなかった。

いは-せ【岩瀬・石瀬】 名詞 **岩の多い川の浅瀬。**

岩瀬の森 地名 歌枕 今の奈良県生駒郡斑鳩町竜田の森。紅葉、呼ぶ子鳥、ほととぎすの名所として多く歌に詠み込まれた。

いは-そそ・く【石注く・岩注く】 自動詞カ四 {か/き/く/く/け/け} ❶(波が)**岩に打ちかかる。** 万葉集 奈良―歌集 一三八八「いはそそく岸の浦廻に寄する波」訳岩に打ちかかって海岸の入り組んだ所に寄せる波。❷(水が)**岩の上に流れかかる。** 新古今 鎌倉―歌集 春上「いはそそく垂水の上の」訳岩の上に流れかかる滝のほとりの。◆後代は「いはそそぐ」。

いは-つつじ【岩躑躅】 名詞 花の名。岩と岩の隙間に咲くつつじ。山つつじ。

参考「言はねば」を導く序詞として使われることもある。

いは-と【岩戸・石戸】 名詞 岩屋に設けた、岩の戸。また、古墳の石城(＝棺をおさめる石室)の入り口に設けた、岩の戸。

いは-とこ【岩床】 名詞 床のように平らな岩。「いはどこ」とも。

いは-なし【岩梨】 名詞 木の名。**こけもも。** 常緑低木で食用になる赤い実をつける。季夏。

いは-なみ【岩波】 名詞 **岩に打ち寄せる波。**

いは-ね【岩根】 名詞 **大きな岩。**「いはがね」とも。

いは-の-かけみち【岩の懸け道】 連語 岩に挟まれた険しい山道。

いは-ば【言はば】 連語

なりたち 動詞「いふ」の未然形＋接続助詞「ば」

言うならば。たとえると。 方丈記 鎌倉―随筆「無常を争ふさま、いはばあさがほの露に異ならず」訳不変なものはないことを競うようすは、たとえると朝顔の(花の上の)露(の関係)と同じだ。

いは-はし【石橋・岩橋】 名詞 浅瀬に並べ置いて、橋の代わりとした石。**川の中の飛び石。**「いはばし」とも。

いはばし-の【石橋の・岩橋の】 枕詞 浅瀬に石を並べて橋と見立て、その飛び石の間隔が広かったり狭かったりすることから、「間」「近き」「遠き」などにかかる。万葉集 奈良―歌集 五九七「うつせみの人目を繁みいはばしの間近き君に恋ひ渡るかも」訳世間の人目をはばかり間近にいらっしゃるあなたに逢えず恋いつづけていることです。

[1]**いは-ばし・る【石走る・岩走る】** 自動詞ラ四 {ら/り/る/る/れ/れ} **水がしぶきを上げながら岩の上を激しく流れる。** 万葉集 奈良―歌集 一四一八「いはばしる垂水の上の早蕨の」訳⇩いはばしる…。

[2]**いは-ばしる【石走る・岩走る】** 枕詞 動詞「いはばしる」の意から「滝」「垂水」「近江(淡海)」にかかる。「いはばしる近江の国」

[3]**いはばしる…** 和歌「石走る 垂水の上の 早蕨の 萌え出づる春に なりにけるかも」万葉集 奈良―歌集 一四一八・志貴皇子 訳岩の上を激しく走る滝、その滝のほとりの早蕨が、芽を出す春になったなあ。

鑑賞 春を迎え、自然が生命感、躍動感にあふれていくようすを喜びをもってうたった歌。この歌の「石走る」を枕詞と解する説もある。

いは-はな【岩端・岩鼻】 名詞 **岩の先端。岩頭。** 笈日記 江戸―論 俳諧「いははなやここにもひとり月の客―去来」訳⇩いははなや…。

いははなや… 俳句「岩端や ここにもひとり 月の客」笈日記 江戸―論 俳諧・去来 訳今夜の名月を賞する人も多かろうが、月よ、この岩頭に、私というもう一人の風流人がいて、月を眺めていますよ。

鑑賞 この句は、有名な逸話とともに『去来抄』の先師評の部にも出ている。去来はこの句を「自身が明月に興じていると、岩頭にもう一人月見の風流人を見つけた」の意で作ったのであるが、師の芭蕉は「作者自身の姿が自ら名乗り出たものと解釈すべきだ」としたという。「月の客」を、他称ではなく自称とすることによって、風流の趣が深まり、より味わいの深い句となった。季語は「月の客」で、季は秋。

いはひ[1]【祝ひ】名詞 **祝福。祝賀。**

いはひ[2]【斎ひ】名詞 ❶(吉事が起こることを願って)忌み慎むこと。❷神を祭る所。また、祭る人。日本書紀 奈良一史書 垂仁「いはひの宮」訳神を祭るお宮。

いはひ-うた【祝ひ歌】名詞 『古今和歌集』の仮名序にいう和歌の「六義」の一つ。祝い、ことほぐ歌。漢詩の六義の頌に当たる。

いはひ-こ【斎ひ児】名詞 いとおしんで育てている子ども。「いはひご」とも。

いはひ-づき【祝ひ月】名詞 正月・五月・九月を指す忌み詞。これらは凶の月で不吉なので、逆の表現で表した。

いは-びと【家人】名詞 **家にいる人。家族。**◆「いへびと」の奈良時代以前の東国方言。

いはひ-べ【斎ひ瓮】名詞 神にささげる酒を入れる神聖な甕。土を掘って設置したらしい。

いは・ふ[1]【祝ふ】他動詞ハ四{は/ひ/ふ/ふ/へ/へ} **将来の幸福を願い祈る。祝福する。**源氏物語 平安一物語 葵「『千尋』といはひきこえたまふを」訳『長く長く(髪が伸びるように)』と祝福し申しあげなさるのを。

いは・ふ[2]【斎ふ】他動詞ハ四{は/ひ/ふ/ふ/へ/へ}

❶**けがれを避け、身を清める。忌み慎む。**万葉集 奈良一歌集 二九七五「高麗錦紐の結びも解き放けずいはひて待てどしるし無きかも」訳高麗錦の紐の結びも解きはなたず身を清めて待つけれども効果がないことだなあ。

❷**神としてあがめ祭る。**万葉集 奈良一歌集 二三〇九「祝部らがいはふ社の黄葉も」訳神職たちが神としてあがめ祭る神社の紅葉も。

❸**大切に守る。慎み守る。**万葉集 奈良一歌集 四二四〇「この吾児を韓国へ遣るいはへ神たち」訳このわが子を唐(=中国)へ行かせるので、大切に守ってください、神様たち。

いは-ふね【磐船・岩船】名詞 岩のように頑強な船。神が乗って天空を駆けめぐる船。「天の磐船」とも。

いは-ほ【巌】名詞 **高くそびえる、大きな岩。**参考「ほ」は「秀」で、高くぬき出たところの意。

いは-ま【岩間】名詞 **岩と岩の間。**

いは-ま-く-も【言はまくも】連語

なりたち 動詞「いふ」の未然形＋推量の助動詞「む」の古い未然形＋接尾語「く」＋係助詞「も」

口に出して言うのも。万葉集 奈良一歌集 一九九「いはまくもあやにかしこき」訳口に出して言うのもまことにおそれ多い。

いは-まくら【岩枕・石枕】名詞 岩(=石)を枕にして旅寝すること。**野宿すること。**季秋。

いは-・まほし【言はまほし】連語

なりたち 動詞「いふ」の未然形＋希望の助動詞「まほし」

言いたい。源氏物語 平安一物語 柏木「いはまほしき事は多かるべけれど」訳言いたいことはたくさんあるが。

石見 地名 旧国名。山陰道八か国の一つ。今の島根県西部。石州。参照▶資料21

いはみのうみ… 和歌「石見の海 角の浦廻を 浦なしと 人こそ見らめ 潟なしと 人こそ見らめ よしゑやし 浦はなくとも よしゑやし 潟はなくとも 鯨魚取り(=枕詞) 海辺を指して 和多津の 荒磯の上に か青なる 玉藻沖つ藻 朝羽振る 風こそ寄せめ 夕羽振る 波こそ来寄せ 波のむた か寄りかく寄る 玉藻なす 寄り寝し妹を 露霜の(=枕詞) 置きてし来れば この道の 八十隈ごとに 万たび かへりみすれど いや遠に 里は離りぬ いや高に 山も越え来ぬ 夏草の(=枕詞) 思ひしなえて 偲ふらむ 妹が門見む なびけこの山」万葉集 奈良一歌集 一三一・柿本人麻呂

訳石見の海の角の入り江を、船を着けるのによい浦がないと人は見るだろうが、藻を刈るのによい潟がないと人は見るだろうが、たとえ浦はなくても、たとえ潟はなくても、海辺を目指して、和多津の荒磯のあたりに青々と生い茂る玉藻や沖の藻は、朝方に吹きつける風が寄せるだろう。夕方押し寄せる波が寄せてくるだろう。その波とともにあちこちと寄る玉藻のように、寄り添って寝た妻を残して置いてきたので、この旅ゆく道のいくつもの曲がり角ごとに、何度も振り返って見るけれど、いよいよ遠く妻の里は遠ざかってしまった。いよいよ高く山も越えて来たことだ。恋しさに思いしおれて私のことを思っているであろう妻の家の門を見たい。なびき伏せ、この山よ。

鑑賞 人麻呂が石見の国(島根県西部)から妻と別れて上京したときの歌。

いはみのや… 和歌「石見のや 高角山の 木の間より わが振る袖を 妹見つらむか」万葉集 奈良一歌集 一三二・柿本人麻呂 訳石見の国の高角山の木の間から、私が別れを惜しんで振る袖を妻は見ているだろうか。

鑑賞 作者が妻と別れて上京するときの歌。「妹見つらむか」に作者の興奮した気持ちが表れている。「や」は間投助詞。

***いは-む-かた-な・し**【言はむ方無し】連語

なりたち 動詞「いふ」㊍＋推量の助動詞「む」㊍＋名詞＋形容詞「なし」

何とも言いようがない。格別だ。「いふかたなし」「いふべきかたなし」とも。竹取物語 平安一物語 蓬萊の玉の枝「いはむかたなくむくつけげなるもの」訳何とも言いようがなく恐ろしそうなもの。

いは-む-すべ【言はむ術】連語

なりたち 動詞「いふ」の未然形＋推量の助動詞「む」の連体形＋名詞「すべ」

言う方法。言いよう。万葉集 奈良一歌集 三四二「いはむすべせむ術知らず」訳言いようも、行動する方法もわからず。

***いはむ-や**【況むや】副詞

なりたち 動詞「いふ」の未然形に推量の助動詞「む」と反語の係助詞「や」の付いたかたちが一語化したもの。

まして。なおさら。「いはんや」とも。竹取物語 平安一物語 「竜の頸の玉「この玉たはやすくえ取らじを、いはむや竜の頸の玉はいかが取らむ」訳この玉はたやすくは取れだろうか、いや、とてもできない。

参考「…む」「…むや」「…をや」を下接してそれと呼応するのがふつう。

いは-や【岩屋・窟】(イワヤ) 名詞 **岩の洞穴。**古代には住居とすることもあった。

*****い-ば・ゆ**【嘶ゆ】自動詞ヤ下二{え/え/ゆ/ゆる/ゆれ/えよ} **いななく。**源氏物語 平安―物語 総角「馬どものいばゆる音も」訳馬たちがいななく声も。

いは-ゆる【所謂】(イワユル) 連体詞

なりたち 動詞「いふ」の未然形に奈良時代以前の受身の助動詞「ゆ」の連体形の付いたかたちが一語化したもの。

世間で一般に言われている。よくいうところの。方丈記 鎌倉―随筆「いはゆる折り琴、継(つ)ぎ琵琶(びわ)これなり」訳世間で一般に言われている、折り琴、継ぎ琵琶がこれである。

参考 主として漢文の「所謂」の訓読語として使われ、平安時代の和文ではまれにしか使われなかった。

いばら【茨・荊】名詞 とげのある低木の総称。特に野いばら。◆古くは「うばら」「むばら」とも。

[1]**井原西鶴**(イハラサイカク) ⇩井原西鶴(いはらさいかく)

いは-れ【謂はれ・言はれ】(イワレ) 名詞 **理由。由来。**日本永代蔵 江戸―物語 浮世・西鶴「今日の七草(ななくさ)といふいはれは」訳現在の七草がゆというものの由来は。

[2]**磐余**(いはれ)(イワレ) 地名 歌枕 今の奈良県桜井市南部から香具山の北東部にかけての地。「言はれ」と掛け詞(ことば)にして使う。「磐余の池」「磐余野」の形でも詠まれた。

いは-れ-ぬ【言はれぬ】(イワレヌ) 連語

なりたち 動詞「いふ」の未然形＋可能の助動詞「る」の未然形＋打消の助動詞「ず」の連体形

❶**道理が通らない。**竹取物語 平安―物語 御門の求婚「いはれぬ事なし給(たま)ひそ」訳道理の通らないことをなさいますな。❷**不必要な。無用の。**油地獄 江戸―浄瑠璃 浄瑠璃・近松「いはれぬ気骨(きぼね)折らるる」訳無用の心配をされる。

いはれ-ほのめ・く【言はれ仄めく】(イワレホノメク) 連語 **言われもし、それらしいそぶりが見えもする。**土佐日記 平安―日記 二・一二「いはれほのめく」訳この(送りに)来た人々は、人情に厚いようだと言われもするし、それらしいそぶりが見えもする。

いは-ろ【家ろ】(イワロ) 名詞 **家。**◆「ろ」は接尾語。奈良時代以前の東国方言。

いは-ゐ【岩井・石井】(イワイ) 名詞 岩の間から湧(わ)く水を利用した井戸。

いはん-かた-な・し【言はん方無し】(イワンカタナシ) 連語 「いはむかたなし」に同じ。

いはん-や【況んや】(イワンヤ) 副詞 「いはむや」に同じ。

[1]**いひ**【家】(イイ) 名詞 **家(え)い。**◆奈良時代以前の東国方言。

[2]**いひ**【飯】(イイ) 名詞 **飯(め)し。**米などを蒸したり煮たりしたもの。万葉集 奈良―歌集 一四二「家にあれば笥(け)に盛るいひを」訳⇩いへにあれば…。

参考 奈良時代以前には、甑(こしき)で蒸して作った「強飯(こはいひ)」(＝今の、おこわ)」を食べたが、のちには、水で炊いた「姫飯(ひめいひ)」(＝今の普通の飯(めし))」や粥(かゆ)を食べるようになった。

いひ-あつか・ふ【言ひ扱ふ】(イイアツカウ)—(イイアツコウ) 他動詞ハ四{は/ひ/ふ/ふ/へ/へ} ❶**あれこれ話して世話をする。**源氏物語 平安―物語 夕霧「ただかくいひあつかひ侍(はべ)るなり」訳ただこのようにあれこれ話して世話をするのです。❷**うわさする。**枕草子 平安―随筆 いみじうしたてて婿とりたるに「いひあつかふは聞くらむかし」訳うわさするのは、当人も聞いているだろうよ。

いひ-あつ・む【言ひ集む】(イイアツム) 他動詞マ下二{め/め/む/むる/むれ/めよ} **さまざまに言ったものを集める。さまざまに言う。**源氏物語 平安―物語 蛍「いひあつめたる中にも、わが有り様のやうなるはなかりけり」訳さまざまに言ったものを集めた(物語の)中にも、私の境遇のような話はなかった。

いひ-あは・す【言ひ合はす】(イイアワス) 他動詞サ下二{せ/せ/す/する/すれ/せよ} ❶(互いに)**話し合う。**源氏物語 平安―物語 桐壺「いひあはせつつ嘆く」訳話し合ってはため息をつく。❷**相談する。**蜻蛉 平安―日記 中「いひあはすべきこともあれば」訳相談しなければならないこともあるので。❸**あらかじめ申し合わせる。**宇治拾遺 鎌倉―説話 二・一二二「『おどして走らせて、笑はん』といひあはせて」訳「おどかして走らせて笑おう」と申し合わせて。

いひ-あらは・す【言ひ表す・言ひ顕す】(イイアラワス) 他動詞サ四{さ/し/す/す/せ/せ} ❶**言葉で表現する。**新千載 南北―歌集 釈教「いかにしていひあらはさむ法(のり)の道」訳どのようにして言葉で表現しようか仏の説いた道を。❷**打ち明ける。白状する。**枕草子 平安―随筆 うへにさぶらふ御猫は「つひに、これをいひあらはしつること」訳とうとうこれを白状したね。

いひ-いだ・す【言ひ出だす】(イイイダス) 他動詞サ四{さ/し/す/す/せ/せ} ❶**内から外にいる人に向かって言う。**古今 平安―歌集 春上・詞書「いひいだして侍(はべ)りければ」訳外にいる人に向かって言いましたので。対言ひ入(い)る。❷**口に出して言う。**徒然 鎌倉―随筆 一〇七「問はず語りにいひいだす」訳人が尋ねないのに自分から口に出して言

日本語のこころ

五月・六月の代表的な花は数多くありますが、その中に「ばら」があります。最近は、四季咲きのものもあり、年中楽しめるようになりました。

さて、この「ばら」ですが、今でこそ美しい花として庭を彩り、愛されるようになりましたが、日本では昔はあまり好まれていなかったように思います。「ばら」はヨーロッパを中心に発展し、広く愛好されています。

では、いったいなぜ、日本ではあまり好まれなかったのでしょうか。

日本に「ばら」が入ってきたのは平安時代頃で、中国からきたものとされています。文献の中にもいくつか出てきますが、『万葉集』の中では、「うまら」と呼ばれ、『枕草子』や『源氏物語』では「そうび」という名で出てきます。この「うまら」とは「いばら」、とげのある植物の意味です。

日本の野生の「ばら」と言ったら、のいばら・てりはのいばらといずれも「○○いばら」と呼ばれ、このとげが好まれなかったのが、広くは普及しなかった理由のようです。

う。❸言い始める。徒然 鎌倉｜随筆 一四七「近く人のいひいだせるなり」訳近年人が言い始めたのだ。

いひ-い・づ【言ひ出づ】イイズ 他動詞ダ下二{で/で/づ/づる/づれ/でよ}口に出して言う。徒然 鎌倉｜随筆 一四「いひいでつればおもしろく」訳口に出して言うと趣がある。

いひ-いひ-て【言ひ言ひて】イイイイテ 連語

なりたち 動詞「いふ」の連用形＋動詞「いふ」の連用形＋接続助詞「て」

繰り返し言って。あれこれ言って。伊勢物語 平安｜物語 二三「いひいひて、つひに本意のごとくあひにけり」訳繰り返し言って、(その男女は)とうとうかねての望みどおり結婚した。

いひ-い・る【言ひ入る】イイイル 他動詞ラ下二{れ/れ/る/るる/るれ/れよ}❶(屋外から)中にいる人に向かって言う。大和物語 平安｜物語 一七六「門のはざまよりいひいれける」訳門のすき間から中にいる人に向かって言った。◇人や手紙を介して述べる場合にもいう。対言ひ出だす。❷案内を申し入れる。徒然 鎌倉｜随筆 一七六「聖法師のまじりていひいれ、たたずみたるこそ」訳修行僧がまじって案内を申し入れ、(門口に)たたずんでいるのは。❸言い含める。ささやく。枕草子 平安｜随筆 あかつきに帰らむ人は「女の耳にいひいれて」訳女の耳にささやいて。

いひ-お・く【言ひ置く】イイオク 他動詞カ四{か/き/く/く/け/け}言い残す。沙石 鎌倉｜説話 九「まめやかにありがたくおぼえていひおきはべるなり」訳本当にすぐれていると思われて、言い残すのです。

いひ-おこ・す【言ひ遣す】イイオコス 他動詞サ下二{せ/せ/す/する/すれ/せよ}言ってよこす。徒然 鎌倉｜随筆 一七〇「文も、『久しく聞こえさせねば』などばかりいひおこせたる」訳手紙も「長らくお便りを差し上げないので」などぐらいに言ってよこしたのは。

いひ-おと・す【言ひ落とす】イイオトス 他動詞サ四{さ/し/す/す/せ/せ}けなす。枕草子 平安｜随筆 頭の中将の「すずろなるそら言を聞きて、いみじういひおとし」訳他愛もないうわさを聞いて、(私を)たいそうけなし。

いひ-おほ・す【言ひ果す】イイオ 他動詞サ下二{せ/せ/す/する/すれ/せよ}言い尽くす。去来抄 江戸｜論 先師評「先師曰く『いひおほせて何か有る』」訳先師(＝芭蕉)が言うことには「言い尽くしたといってそれがどうだというのだ」と。

いひ-おも・ふ【言ひ思ふ】イイオモウ 他動詞ハ四{は/ひ/ふ/ふ/へ/へ}言葉にもし、心でも思う。右京大夫 鎌倉｜歌集「このあはれをいひおもはぬ人はなけれど」訳この悲しみを言葉にもし、思わない人はいないけれど。

いひ-おもむ・く【言ひ赴く・言ひ趣く】イイオモムク 他動詞カ下二{け/け/く/くる/くれ/けよ}説き伏せる。堤中納言 平安｜物語 花桜をる少将「いひおもむけて侍り」訳説き伏せてあります。

いひ-かかづら・ふ【言ひかかづらふ】イイカカズラウ｜イイカカズロウ 自動詞ハ四{は/ひ/ふ/ふ/へ/へ}❶言いわずらう。言いあぐむ。竹取物語 平安｜物語 仏の御石の鉢「いひかかづらひて帰りぬ」訳(石つくりの皇子は)言いあぐんで帰ってしまった。❷あれこれ言ってまといつく。源氏物語 平安｜物語 夕霧「いひかかづらひ出でむも、煩はしう」訳あれこれ言ってまといついてくるだろうことも、やっかいで。

いひ-かか・る【言ひ掛かる】イイカカル 自動詞ラ四{ら/り/る/る/れ/れ}❶(相手に近づこうとして)話しかける。言い寄る。竹取物語 平安｜物語 貴公子たちの求婚「物をだに言はむとて、いひかかれども」訳せめて話だけでもしようとして、話しかけるけれども。❷言いがかりをつける。難癖をつける。世間胸算用 江戸｜物語 浮世・西鶴「『きっと母屋から済まし給へ』といひかかり」訳「必ず母屋から(離れに隠居している私に)返済してください」と言いがかりをつけ。

いひ-か・く【言ひ掛く】イイカク 他動詞カ下二{け/け/く/くる/くれ/けよ}話しかける。更級 平安｜日記 大納言殿の姫君「『侍従大納言の姫君のおはするな。…』といひかくれば」訳「侍従大納言の姫君がいらっしゃるのね。…」と話しかけると。

いひ-かけ【言ひ掛け】イイカケ 名詞❶言いがかり。難癖をつけること。曾根崎心中 江戸｜浄瑠 浄瑠・近松「全くこの徳兵衛がいひかけしたるで更になし」訳まったくこの徳兵衛が言いがかりをつけたのではさらさらない。❷[illegible]一つ。掛け詞こと。[illegible]「又いひかけは大かた歌がら賤しく、心おとりのするものにして」訳また掛け詞は一般的に言って歌の品格を下げ、見劣りのするものであって。

いひ-かた・む【言ひ固む】イイカタム 他動詞マ下二{め/め/む/むる/むれ/めよ}言葉にして堅い約束を交わす。宇治拾遺 鎌倉｜説話 一一・一「『酒、果物など取り出ださせて、あがひせむ』といひかためて」訳「酒や果物を取り出させて償おう」と言葉にして堅い約束を交わして。

いひ-かたら・ふ【言ひ語らふ】イイカタラウ｜イイカタロウ 他動詞ハ四{は/ひ/ふ/ふ/へ/へ}語り合う。打ち解けて語らう。雑々集 平安｜論「又こと女にいひかたらひ」訳また別の女と語り合い。

いひ-かな・ふ【言ひ叶ふ】イイカナウ｜イイカノウ 他動詞ハ下二{へ/へ/ふ/ふる/ふれ/へよ}うまく言い表す。徒然 鎌倉｜随筆 一四「ひとふしをかしくいひかなへたり」訳どこか一点味わい深くうまく言い表している。

＊**いひ-かは・す【言ひ交はす】**イイカワス 他動詞サ四{さ/し/す/す/せ/せ}❶語り合う。枕草子 平安｜随筆 淑景舎、東宮に「女房と物いひかはすほど」訳女房と言葉を交わすころは。❷(手紙・歌などの)やりとりをする。枕草子 平安｜随筆 うれしきもの「人といひかはしたる歌の聞こえて」訳他の人とやりとりをした歌が評判になって。❸(言葉に出して)たがいに約束する。誓い合う。伊勢物語 平安｜物語 二一「ありしより異にいひかはして」訳以前より一段と(かたく)約束して。

いひ-がひ【飯匙】イイガイ 名詞しゃもじ。

いひがひ-な・し【言ひ甲斐無し】イイガイナシ 形容詞ク「いふかひなし」に同じ。

いひ-かま・ふ【言ひ構ふ】イイカマウ｜イイカモウ 他動詞ハ下二{へ/へ/ふ/ふる/ふれ/へよ}言い繕う。源氏物語 平安｜物語 浮舟「かどかどしき人にて、とかくいひかまへて」訳気がきく人で、あれこれと言い繕って。

いひ-き・す【言ひ期す】イイキス 他動詞サ変{せ/し/す/する/すれ/せよ}言葉にして約束を交わす。口約束をする。枕草子 平安｜随筆 五月ばかり、月もなう「殿上にていひきしつる本意もなくては、など帰り給ひぬるぞ」訳殿上の間で口約束した目的も遂げずに、どうしてお帰りなさったのか。

いひ-くく・む【言ひ含む】イイク 他動詞マ下二

{むる/むれ/めよ}言い含める。理解できるよう言い聞かせる。枕草子 平安ー随筆 能因本・職の御曹司におはします頃、西の廂にて「『きたなげならむは、かき捨てて』などいひくくめてやりたれば」訳「汚らしいようなところは捨てて」など言い含めて行かせたところ。

＊いひ-くた・す【言ひ腐す】 他動詞 サ四 {さ/し/す/す/せ/せ} けちをつける。けなす。源氏物語 平安ー物語 少女「このごろ、紅葉をいひくたさむは、立田姫の思はむこともあるを」訳（秋の）今ごろ、紅葉をけなすとしたら、立田姫が（不快に）思うようなこともあるので。

いひ-くん・ず【言ひ屈んず】 自動詞 サ変 {ぜ/じ/ず/ずる/ずれ/ぜよ} 愚痴を言う。しょげて言う。枕草子 平安ー随筆 職の御曹司におはします頃、西の廂にて「『夜の程に消えぬらむこと』といひくんずれば」訳「（雪の山が）夜の間に消えてしまうようなことは」としょげて言うと。

いひ-け・つ【言ひ消つ】 他動詞 タ四 {た/ち/つ/つ/て/て}
❶打ち消す。否定する。源氏物語 平安ー物語 松風「わざとはなくていひけつさま、みやびかによしと聞き給ふ」訳ことさらにというのではなくて（自分の育ちの良さを）否定する（尼君の）ようすを、（源氏は）上品で優雅だとお聞きになる。
❷言いかけて途中でやめる。言いさす。源氏物語 平安ー物語 椎本「『はつるる糸は』と末はいひけちて」訳「ほつれた糸は」とその下の句は言いかけてやめて。
❸非難する。徒然 鎌倉ー随筆 一六七「をこにも見え、人にもいひけたれ、禍をも招くは、ただこの慢心なり」訳愚かにも見え、人にも非難され、災難をも招いたりするのはただもう、このおごりたかぶる心である。

＊いひ-けら-く【言ひけらく】 連語
なりたち 動詞「いふ」の連用形＋過去の助動詞「けり」の未然形＋接尾語「く」
言ったことには。土佐日記 平安ー日記 一・二九「そがいひけらく」訳その人（＝女）が言ったことには。

いひ-こしら・ふ【言ひ拵ふ】 他動詞 ハ下二 {へ/へ/ふ/ふる/ふれ/へよ} 言ってなだめる。源氏物語 平安ー物語 若菜下「果て果ては腹立つを、よろづにいひこしらへて」訳最後には腹を立てるのを、さまざまに言ってなだめて。

いひ-こと【言ひ事】 名詞 ❶話題。話の種。❷言い分。言いぐさ。❸口論。

いひ-さ・す【言ひさす】 他動詞 サ四 {さ/し/す/す/せ/せ} 途中まで言いかけてやめる。言いさす。源氏物語 平安ー物語 手習「詳しくもその程の事をばいひさしつ」訳詳しくその時のことを途中まで言いかけてやめてしまった。

いひ-さだ・む【言ひ定む】 他動詞 マ下二 {め/め/む/むる/むれ/めよ} 話し合って取り決める。徒然 鎌倉ー随筆 一一五「『前の河原へ参り合はむ。…』といひさだめて」訳「前の河原へ出て対決いたそう。…」と話し合って取り決めて。

いひ-しら-ず【言ひ知らず】 連語
なりたち 動詞「いひしる」の未然形＋打消の助動詞「ず」
❶言い尽くせない。言いようがない。古今 平安ー歌集 恋三「などいひしらぬ思ひ添ふらむ」訳なぜ言い尽くせない（あなたへの）思いがつのるのだろうか。❷（言いようがないほど）すばらしい。また、ひどい。▼よい意味でも悪い意味でも用いる。源氏物語 平安ー物語 末摘花「白き衣のいひしらず煤けたるに」訳白い衣服のひどくすすけたのに。❸取るに足りない。つまらない。枕草子 平安ー随筆 節は「いひしらぬ民のすみかまで」訳取るに足りない庶民の住宅まで。

いひ-し・る【言ひ知る】 他動詞 ラ四 {ら/り/る/る/れ/れ} 適切な言い方を知っている。伊勢物語 平安ー物語 一〇七「若ければ、…ことばもいひしらず」訳（女は）若いので、…言葉も適切な言い方を知らない。

＊いひ-しろ・ふ【言ひしろふ】 自動詞 ハ四 {は/ひ/ふ/ふ/へ/へ}
❶言い合う。語り合う。徒然 鎌倉ー随筆 五四「『いたうこそ困じたれ…』などいひしろひて」訳「ひどく疲れてしまった…」などと（人々が）互いに言い合って。❷言い争う。口論する。源氏物語 平安ー物語 夕霧「とかくいひしろひて」訳あれこれと言い争って。

いひ-すぐし【言ひ過ぐし】 名詞 言い過ぎ。必要以上に言うこと。

いひ-す・つ【言ひ捨つ】 他動詞 タ下二 {て/て/つ/つる/つれ/てよ}
❶言いっ放しにする。言い捨てる。源氏物語 平安ー物語 藤裏葉「『無礼なれば、まかり入りぬ』といひすてて入り給ひて（め」訳「失礼になりますから、ご免こうむるとしましょう」と言い捨てて（奥へ）お入りになった。❷無造作に言う。徒然 鎌倉ー随筆 一四「昔の人は、ただいかにいひすてたる言種も」訳故人（の言葉）は、どんなに無造作に言った言葉でも。

いひ-そ・す【言ひ過す】 他動詞 サ四 {さ/し/す/す/せ/せ} 言い過ごす。源氏物語 平安ー物語 帚木「我たけくいひそし侍るに」訳得意になって言い過ぎますと。◆「そす」は度を過ごす意を表す接尾語。

いひ-そ・む【言ひ初む】 他動詞 マ下二 {め/め/む/むる/むれ/めよ}
❶言い出す。枕草子 平安ー随筆 職の御曹司におはします頃、西の廂にて「いひそめてむことはとて、かたうあらがひつ」訳（いったん）言い出したようなことはと思って、強く反論した。❷初めて話をする。初めて言い寄る。万葉集 奈良ー歌集 三一三〇「何しか妹にあひいひそめけむ」訳どうしてあの娘に初めて言い寄ったのだろうか。

いひ-た・つ【言ひ立つ】
一 自動詞 タ四 {た/ち/つ/つ/て/て} ❶ものを言いながら立っている。枕草子 平安ー随筆 職の御曹司の西面の「物をいと久しういひたち給へれば」訳ずいぶん長くものを言いながら立っていらっしゃるので。❷言い始める。言い出す。盛衰記 鎌倉ー物語 三四「いひたちぬる事をひるがへらぬ者なり」訳（木曾義仲は）言い出したことを変えない者である。❸評判になる。宇治拾遺 鎌倉ー説話 二・三「『この岩のあるゆゑぞ』といひたちにけり」訳「この岩があるためだぞ」と評判になってしまった。
二 他動詞 タ下二 {て/て/つ/つる/つれ/てよ} 特に取り上げて言う。言い立てる。徒然 鎌倉ー随筆 一四「かくいひたてられたるも知りがたし」訳このように特に取り上げて言われた理由がわからない。

いひ-たはぶ・る【言ひ戯る】 自動詞 ラ下二 {れ/れ/る/るる/るれ/れよ} 面白い言葉をかけてからかう。冗談を言う。源氏物語 平安ー物語 東屋「前なる御達に物などいひたはぶれて、うち解けたるは」訳前にいる女房たちに何か冗談を言って、親しんでいるのは。

いひ-ちぎ・る【言ひ契る】 他動詞 ラ四 {ら/り/る/る/れ/れ} 言葉に出して約束する。伊勢物語 平安ー物語 一一二「ねむごろにいひちぎりける女の」訳心をこめて言葉に

い

出して約束した女が。

いひ-ちら・す【言ひ散らす】(イイチラス) 他動詞 サ四 {さ/し/す/す/せ/せ} ❶勝手なことを言う。徒然 鎌倉―随筆 七三「口にまかせていひちらすは」訳口からでまかせに勝手なことを言うのは。❷言いふらす。紫式部 平安―日記 消息文「殿上人などにいひちらして」訳殿上人などに言いふらして。

いひ-つか・ふ【言ひ使ふ】(イイツカウ―イイツコウ) 他動詞 ハ四 {は/ひ/ふ/ふ/へ/へ} 仕事を言いつけて使う。召し使う。土佐日記 平安―日記 一二・二三「この人、国に必ずしもいひつかふものにもあらざなり」訳この人は、国府で必ずしも召し使う者でもないようだ。

いひ-つが・ふ【言ひ継がふ】(イイツガウ―イイツゴウ) 他動詞 ハ四 {は/ひ/ふ/ふ/へ/へ} 言葉にして継承する。言い伝える。万葉集 奈良―歌集 八九四「言霊(ことだま)の幸(さき)はふ国と語り継ぎ、いひつがひけり」訳言霊の力が幸福をもたらす国と語り継ぎ、言葉にして伝えてきた。

＊いひ-つ・く【言ひ付く】(イイツク) 一 自動詞 カ四 {か/き/く/く/け/け} 言い寄る。言い寄って親しい間柄になる。大和物語 平安―物語 一〇三「後は返り事はしていひつきにける」訳後には返事をして親しい間柄になってしまった。二 他動詞 カ下二 {け/け/く/くる/くれ/けよ} ❶頼む。託す。大和物語 平安―物語 一六八「宮の御返りも人々の消息(せうそこ)もいひつけて」訳宮のお返事も人々の伝言も託してと。❷告げ口する。枕草子 平安―随筆 弘徽殿とは「人に恥ぢがましきことといひつけたりと恨みて」訳人に外聞が悪いことを告げ口したと恨んで。❸言いなれる。徒然 鎌倉―随筆 七八「ここもとにいひつけたる言種(ことくさ)、物の名など」訳こちらで言いなれている話題や、物の名前などを。

いひ-つ・ぐ【言ひ継ぐ】(イイツグ) 他動詞 ガ四 {が/ぎ/ぐ/ぐ/げ/げ} 言い伝える。万葉集 奈良―歌集 三一七「語り継ぎいひつぎ行かむ」訳⇩あめつちの…。

いひ-つた・ふ【言ひ伝ふ】(イイツタウ―イイツトウ) 他動詞 ハ下二 {へ/へ/ふ/ふる/ふれ/へよ} ❶言い伝える。竹取物語 平安―物語 ふじの山「雲の中へ立ちのぼるとぞいひつたへたる」訳(煙は)雲の中へ立ちのぼると言い伝えている。❷取り次ぐ。伝言する。源氏物語 平安―物語 帚木「幼き人の、かかる事いひつたふるは」訳子どもが、このような事を伝言するのは。

いひ-て-あり-なん【言ひてありなん】(イイテアリナン) 連語 なりたち 動詞「いふ」の連用形＋接続助詞「て」＋ラ変動詞「あり」の連用形＋完了(確述)の助動詞「ぬ」の未然形＋推量(適当)の助動詞「ん(む)」 言って(すまして)いるのがよかろう。徒然 鎌倉―随筆 一六七「知らぬ道のうらやましく覚えば、『あなうらやまし。などか習はざりけん』といひてありなん」訳自分の知らない(専門外の)道がうらやましく思われるならば、(ただ)「ああうらやましい。どうして習わなかったのだろうか」と言ってすましているのがよかろう。

いひ-とぢ・む【言ひ閉ぢむ】(イイトジム) 他動詞 マ下二 {め/め/む/むる/むれ/めよ} 断言する。枕草子 平安―随筆 御かたがた、君たち「いひとぢめつることは」訳断言したことは。

いひ-ととの・ふ【言ひ調ふ】(イイトトノウ) 他動詞 ハ下二 {へ/へ/ふ/ふる/ふれ/へよ} 指図して統率する。言い聞かせる。源氏物語 平安―物語 夕霧「わづかなる下人(しもびと)をもいひととのへ」訳少数の従者にもきちんと指図して統率し。

いひ-とほ・る【言ひ通る】(イイトオル) 自動詞 ラ四 {ら/り/る/る/れ/れ} 筋の通った話をする。源氏物語 平安―物語 帚木「参れる、世のすきものにて、ものよくいひとほれるを」訳参上した者は、世間で評判の風流な人で、よく筋の通った話をしているので。

＊いひ-なぐさ・む【言ひ慰む】(イイナグサム) 一 他動詞 マ下二 {め/め/む/むる/むれ/めよ} あれこれ言って慰める。枕草子 平安―随筆 たのもしきもの「まことまことしき思ひ人のいひなぐさめたる」訳まことに誠実な恋人があれこれ言って慰めたの(は頼もしいことだ)。二 自動詞 マ四 {ま/み/む/む/め/め} 話して気が晴れる。徒然 鎌倉―随筆 一二「うらなくいひなぐさまんこそ」訳気がねなく話して気が晴れるなら。

＊いひ-な・す【言ひ做す・言ひ成す】(イイナス) 他動詞 サ四 {さ/し/す/す/せ/せ} ❶言いまぎらわす。言いつくろう。更級 平安―日記 大納言殿の姫君「異事(ことごと)にいひなして」訳ほかの話に言いまぎらわして。❷ことさらに強調して言う。徒然 鎌倉―随筆 七三「人は物をいひなすに」訳人は話をことさらに強調して言うが。

いひ-な・る[1]【言ひ成る】(イイナル) 自動詞 ラ四 {ら/り/る/る/れ/れ} (話のゆきがかりで)言ってしまう。話のなりゆきで、そうなる。蜻蛉 平安―日記 上「我も人も悪(あ)しういひなりて」訳私もあの人(＝兼家)も気まずくなるようなことまで言ってしまって。

いひ-な・る[2]【言ひ馴る】(イイナル) 他動詞 ラ下二 {れ/れ/る/るる/るれ/れよ} ❶言いなれる。呼びなれる。枕草子 平安―随筆 能因本・若くてよろしき男の「げす女の名いひなれて呼びたるこそ」訳身分の低い女の名を言いなれて呼んでいるのは。❷言い寄ってなれ親しむ。源氏物語 平安―物語 末摘花「言(こと)多くいひなれたらむ方にぞ」訳(末摘花(すゑつむはな)は)言葉が多く言い寄ってなれ親しむようなほうに。

いひ-のの・しる【言ひ罵る】(イイノノシル) 他動詞 ラ四 {ら/り/る/る/れ/れ} 大声で騒ぐ。声高にうわさする。宇治拾遺 鎌倉―説話 一〇・一「『罪かうぶり給(たま)ふべし』といひののしる」訳「罪をお受けになるにちがいない」と大声でうわさする。

いひ-はげま・す【言ひ励ます】(イイハゲマス) 他動詞 サ四 {さ/し/す/す/せ/せ} 激しい口調で言い立てる。源氏物語 平安―物語 帚木「憎げなる事どもをいひはげまし侍(はべ)るに」訳憎らしいようなことなどを激しい口調で言い立てますと。

いひ-は・つ【言ひ果つ】(イイハツ) 自動詞 タ下二 {て/て/つ/つる/つれ/てよ} 言い尽くす。言いきる。言い終わる。源氏物語 平安―物語 蛍「空言(そらごと)といひはてむも」訳(物語を)虚構と言いきるのも。

いひ-はづかし・む【言ひ辱む】(イイハズカシム) 他動詞 マ下二 {め/め/む/むる/むれ/めよ} からかう。徒然 鎌倉―随筆 一二九「いときなき子をすかし、おどし、いひはづかしめて」訳幼い子をだまし、おどかし、からかって。

いひ-はな・つ【言ひ放つ】(イイハナツ) 他動詞 タ四 {た/ち/つ/つ/て/て} 遠慮せずに、きっぱりと言う。徒然 鎌倉―随筆 一四一「よろづえいひはなたず」訳万事につけて遠慮せずにきっぱりと言うことができなくて。

いひ-はや・す【言ひ囃す】(イイハヤス) 他動詞 サ四 {さ/し/す/す/せ/せ} ❶ほめて、おだてる。今昔物語 平安―説話 三一・一三「僧もいひはやしけるにやあらむ」訳僧もほめておだてたからだろうか。❷しきりに言いふらす。雨月物語 江戸―物語 浅茅が宿「豕鹿の岐(ちまた)となりしよしをいひはやす」

訳戦場になった旨をしきりに言いふらす

いひ-はらだ・つ【言ひ腹立つ】イイハラダツ ㊀自動詞タ下二｛てる/てる/つれ/てよ｝**怒って文句を言う。腹を立てて言う。**大和物語 平安－物語 一五六「いひはらだてける折をりは、腹立ちてかくしつれど」訳怒って文句を言ったときは、腹が立ってこのようにしてしまったけれど。
㊁自動詞タ四｛た/ち/つ/つ/て/て｝㊀に同じ。枕草子 平安－随筆 関白殿、二月二十一日に「寒きままいひはらだてど」訳寒いので怒って文句を言うが。

いひ-ひら・く【言ひ開く】イイヒラク 他動詞カ四｛か/き/く/く/け/け｝**口で説明する。弁解する。**三道 室町－論「事の謂いはれを問答だもんひて、いひひらく事あり」訳事の由来を問答して説明することがある。

いひ-ひろ・む【言ひ広む】イイヒロム 他動詞マ下二｛め/め/む/むる/むれ/めよ｝**口で広める。言いふらす。**徒然 鎌倉－随筆 七八「今様いまやうの事どもの珍しきを、いひひろめ」訳当世風のことなどで珍しいことを(話題にして)、言いふらし。

いひ-ふ・る【言ひ触る】イイフル 他動詞ラ下二｛れ/れ/る/るる/るれ/れよ｝❶**ちょっと言葉をかける。**源氏物語 平安－物語 紅葉賀「はかなき事をもいひふれ給またふには」訳少しのことでもちょっと言葉をかけなさろうものなら。❷**相談を持ちかける。**源氏物語 平安－物語 夕顔「いひふれ給またふべき人もなし」訳相談を持ちかけなさることのできる人もない。❸**言いふらす。言い広める。**五人女 江戸－物語 浮世・西鶴「『これはお夏に盗み出させ、清十郎とりて逃げし』といひふれて」訳「これ(＝小判七百両)はお夏に盗み出させ、清十郎がとって逃げた」と言いふらして。

いひ-ぶん【言ひ分】イイブン 名詞❶**主張。**言いたいこと。❷**口論。口争い。**

いひ-ぼ【飯粒】イイボ 名詞**めしつぶ。**

いひ-まが・ふ【言ひ紛ふ】イイマガウ 他動詞ハ下二｛へ/へ/ふ/ふる/ふれ/へよ｝**言い違える。**徒然 鎌倉－随筆 六七「人の常にいひまがへ侍はべれば」訳人々がいつも言い違えますので。

いひ-まぎらは・す【言ひ紛らはす】イイマギラワス 他動詞サ四｛さ/し/す/す/せ/せ｝**他のことを言って話をはぐらかす。言い紛らす。**蜻蛉 平安－日記 下「とかういひまぎらはしてあり」訳あれこれと他のことを言って話をはぐらかしていた。

いひ-まは・す【言ひ回す・言ひ廻す】イイマワス 他動詞サ四｛さ/し/す/す/せ/せ｝❶**上手に表現する。**源氏物語 平安－物語 帚木「消息文せうそこぶみにも仮名かんなといふものを交えずに書いて、もっともらしく(漢字で)上手に表現しております。❷**周囲に言いふらす。**宇治拾遺 鎌倉－説話 三・一「同類どもに『かかる所こそあれ』といひまはして」訳仲間たちに「このような場所もある」と言いふらして。

いひ-みだ・る【言ひ乱る】イイミダル 他動詞ラ四｛ら/り/る/る/れ/れ｝**言って混乱させる。口出しをして邪魔をする。**源氏物語 平安－物語 手習「かばかりにし初そめつるを、いひみだるるものしと思ひて」訳これほどまでにし始めたのに、口出しして混乱させるのも気にくわないと思って。

いひ-むか・ふ【言ひ逆ふ・言ひ迎ふ】イイムカウ イイムコウ 他動詞ハ下二｛へ/へ/ふ/ふる/ふれ/へよ｝**言い争う。逆らって言う。**源氏物語 平安－物語 紅葉賀「事のついでごとに、いひむかふるくさはひなるを」訳事あるごとに、言い争う種であるので。

いひ-もてゆ・く【言ひもて行く】イイモテユク 自動詞カ四｛か/き/く/く/け/け｝
なりたち 動詞「いふ」の連用形＋動詞「もてゆく」
❶**言い続けてゆく。だんだんと話をつめてゆく。せんじつめる。**源氏物語 平安－物語 若菜下「いひもてゆけば、女の身は皆同じ罪深きもとゐぞかし」訳せんじつめると、女の身というものはみな同じに罪深さの原因になるものであるよ。❷**言いながら行く。**徒然 鎌倉－随筆 四七「『くさめ、くさめ』といひもてゆきければ」訳「くさめ、くさめ」と言いながら行ったので。
参考「もてゆく」は「もていく」ともいい、動詞の連用形に付き、「だんだん…してゆく」の意を表す。

いひ-もよほ・す【言ひ催す】イイモヨオス 他動詞サ四｛さ/し/す/す/せ/せ｝**そそのかす。**大鏡 平安－物語 師輔「伊尹これまさ・兼通かねみち・兼家かねいへなどがいひもよほして、せさするならむ」訳伊尹・兼通・兼家などがそそのかしてさせるので

いひ-やぶ・る【言ひ傷る・言ひ破る】イイヤブル 他動詞ラ四｛ら/り/る/る/れ/れ｝❶**非難する。中傷する。**うひ山ぶみ 江戸－論「後世の歌をば、ひたすらあしきやうに、いひやぶれど」訳後の世の歌をやたらと悪いように、非難するが。❷**論破する。言い負かす。**新可笑記 江戸－物語 浮世・西鶴「恨みの旨をいひやぶって」訳恨んでいるその趣旨を言い負かして。◇「いひやぶっ」は促音便。

いひやら-・ず【言ひ遣らず】イイヤラズ
なりたち 動詞「いひやる」＋打消の助動詞「ず」
連語 **すらすらと言えない。最後まで言えない。言い尽くせない。**⇨いひやる❷

*__いひ-や・る__【言ひ遣る】イイヤル 他動詞ラ四｛ら/り/る/る/れ/れ｝❶(使者や手紙を通して)**言葉で伝える。言い送る。**伊勢物語 平安－物語 五四「昔、男、つれなかりける女にいひやりける」訳昔、男が、冷淡だった女に言い送った(歌)。❷〔多く、打消の語を下接して〕**すらすらと言う。最後まで言う。**枕草子 平安－随筆 宮の五節いだささせ給ふに「えもいひやらねば」訳どうしてもすらすらと言わないので。
参考「いひもやらず」も❷と同意の表現。「も」は挿入された強めの助詞。「いひもやらず、むせかへり給またふほどに」(『源氏物語』)〈最後まで言うこともできず、涙にむせかえりなさるうちに。〉

いひやる-かた-な・し【言ひ遣る方無し】イイヤルカタナシ
連語
なりたち 動詞「いひやる」＋名詞「かた」＋形容詞「なし」
言ってやるすべがない。言い尽くしようがない。源氏物語 平安－物語 夕霧「この御仲らひのこといひやるかたなく、とぞ」訳この方々の御関係のことは(複雑で)言い尽くしようがない、ということだ。

*__いひ-よ・る__【言ひ寄る】イイヨル 自動詞ラ四｛ら/り/る/る/れ/れ｝❶**話しかけながら近寄る。**枕草子 平安－随筆 正月一日は「『ここなる物取り侍はべらむ』などいひよりて」訳「ここにあるものを取りましょう」などと話しかけながら近寄って。❷(異性に)**言い寄る。結婚を申し込む。**源氏物語 平安－物語 帚木「はかなきついでにいひよりて侍はべりしを」訳

ふとした機会に言い寄りましたが。❸申し入れる。頼み込む。更級 平安－日記 大納言殿の姫君「えいひよらぬに」訳（所有者に）とても頼み込めないでいたが。

いひ-わ・く【言ひ分く】イイワク 一 他動詞 カ四〔か／き／く／く／け／け〕筋道を立てて説明する。宇津保 平安－物語 俊蔭「誰かはいひわく人あらむ」訳だれか筋道を立てて説明する人がいるだろうか、いや、いない。

二 他動詞 カ下二〔け／け／く／くる／くれ／けよ〕❶説得して、手もとから離して行かせる。源氏物語 平安－物語 手習「わが人にしたりける二人をのみぞ、この御方にいひわけたりける」訳（尼君が）自分の召使いにしていた二人だけを、このお方のそばに、説得して手もとから離して行かせた。

❷言い訳をする。

いひ-わた・る【言ひ渡る】イイワタル 自動詞 ラ四〔ら／り／る／る／れ／れ〕❶言い続けて月日を過ごす。いつも言う。大和物語 平安－物語 一四八「『男を捨ててはいづちか行かむ』とのみいひわたりけるを」訳「夫のあなたを捨ててはどこへ行けましょうか」とばかり言い続けて月日を過ごしてきたが。❷絶えず言い寄る。徒然 鎌倉－随筆 四〇「人あまたいひわたりけれども」訳多くの人が絶えず言い寄ったが。

いひ-わづら・ふ【言ひ煩ふ】イイワズラウ 他動詞 ハ四〔は／ひ／ふ／ふ／へ／へ〕言いあぐねる。言い悩む。枕草子 平安－随筆 一一ー「いひわづらひて、消息などするこそをかしけれ」訳言いあぐねて、手紙で伝えることが面白い。

いひ-わ・ぶ【言ひ侘ぶ】イイワブ 他動詞 バ上二〔び／び／ぶ／ぶる／ぶれ／びよ〕言いあぐねる。言い悩む。源氏物語 平安－物語 明石「いひわびて、入道ぞ書く」訳言いあぐねて、（娘の代わりに父である）入道が（返事を）書く。

いひ-ゐる【言ひ居る】イイイル 他動詞 ワ上一〔ゐ／ゐ／ゐる／ゐる／ゐれ／ゐよ〕話をしている。言って座っている。徒然 鎌倉－随筆 一一三「老人の若き人にまじはりて、興あらんとものいひゐたる」訳（見苦しいことは）老人が若い人とつき合って、おもしろがらせようと話をしていることだ。

飯尾宗祇 いひをソウギ イイオ 人名（一四二一〜一五〇二）室町時代後期の連歌師。連歌を宗砌・心敬に学び、和歌や古典も研究し、諸国を回って連歌の普及と指導につとめた。著書に、連歌論『吾妻問答』、連歌撰集『新撰菟玖波集』など。

い・ふ【言ふ】ウイ 一 他動詞 ハ四〔は／ひ／ふ／ふ／へ／へ〕❶言葉で表現する。言う。話す。徒然 鎌倉－随筆 二一五「桃李ものいはねば、誰とともにか昔を語らん」訳桃や李はものを言わないのだから、だれとともに昔を語ろうか、いや、だれとも語れない。❷（詩歌を）詠む。吟ずる。土佐日記 平安－日記 一二・二六「唐歌声上げていひけり」訳漢詩を声を上げて吟じた。❸（「…といふ」の形で）呼ぶ。伊勢物語 平安－物語 九「それを隅田川といふ」訳それを隅田川と呼ぶ。❹うわさをする。評判を立てる。大和物語 平安－物語 四二「とかく世の中にいふことありければ」訳何かと世間でうわさをすることがあったので。

二 自動詞 ハ四〔は／ひ／ふ／ふ／へ／へ〕❶鳴く。蜻蛉 平安－日記 中「あやしき声するを『こは何ぞ』と問ひたれば、『鹿のいふなり』と言ふ」訳妙な声がするので「これは何だ」と質問したところ、「鹿が鳴いているようだ」と言う。❷言い寄る。求婚する。伊勢物語 平安－物語 二四「いとねむごろにいひける人に、『今宵あはむ』とちぎりたりけるに」訳たいへん心を込めて求婚した人に「今夜会おう」と約束していたところ。

いふ-いふ【言ふ言ふ】イウイウ 連語 なりたち 動詞「いふ」の終止形を重ねたもの。言いながら。何度も言って。源氏物語 平安－物語 夕顔「『火危し』といふいふ預かりが曹司の方に去ぬなり」訳「火の用心」と言いながら番人の部屋の方へ行くようだ。

いふ-かぎり-に-あら-・ず【言ふ限りにあらず】イウカギリニアラズ 連語 なりたち 動詞「いふ」の連体形＋名詞「かぎり」＋断定の助動詞「なり」の連用形＋ラ変補助動詞「あり」の未然形＋打消の助動詞「ず」何も言うことはない。しかたがない。源氏物語 平安－物語 手習「遂に死なば、いふかぎりにあらず」訳（手をつくして）結局死ぬならば、（もう）なにも言うことはない（しかたがないとあきらめよう）。

いぶか・し【訝し】形容詞 シク〔（しく）・しから／しく・しかり／し／しき・しかる／しけれ／しかれ〕❶心が晴れない。気がかりだ。万葉集 奈良－歌集 六四八「相見ずて日長くなりぬこのころはいかに幸くやいぶかし我妹」訳会わないで長い日数がたちました。このごろはどうですかお元気ですか。気がかりです、いとしいあなたよ。❷不審である。疑わしい。徒然 鎌倉－随筆 二一九「横笛の五の穴は、いささかいぶかしき所の侍るかと」訳横笛の五の穴（＝夕の穴）については少々不審な点がありますかと。❸（ようすが）知りたい。見たい。聞きたい。源氏物語 平安－物語 夕顔「雨夜の品定めののち、いぶかしくおもほしなる品々のあるに」訳雨の夜の批評以来、ようすが知りたいという気持ちにおなりになるいろいろの階層（の女）があるので。

関連語「いぶかし」と「ゆかし」の違い
「いぶかし」が、不審・不明なことを明らかにしようとする気持ちが強いのに対して、類義語の「ゆかし」は、興味をそそられたり愛着を感じたりして心が引かれ、知りたくなるようすを表す。

いふ-かた-な・し【言ふ方無し】イウカタナシ 連語 なりたち 動詞「いふ」の連体形＋名詞「かた」＋形容詞「なし」
「いはむかたなし」に同じ。源氏物語 平安－物語 桐壺「御覧じだに送らぬおぼつかなさを、いふかたなくおぼさる」訳お見送りさえもなさらない心もとなさを、なんとも言いようもなくお思いになる。

いふ-かひ【言ふ甲斐】イウカイ 連語 話のしがい。話をする価値。源氏物語 平安－物語 若紫「いふかひありて、をかしう、うち答らへたまはばこそ」訳話のしがいがあって、面白く、少[illegible]答えてくださるようだと[illegible]。

いふかひな・き‐もの‐の‐きは‐に‐や‐と‐おも・へ‐ど【言ふ甲斐無き者の際にやと思へど】枕草子 平安―随筆 にくきもの 訳とるに足りない身分の者であろうかと思っていたところが。

品詞分解 いふかひなき＝形容詞「いふかひなし」㊊ もの＝名詞 の＝格助詞 きは＝名詞 に＝断定の助動詞「なり」㊊ や＝係助詞 と＝格助詞 おもへ＝動詞「おもふ」㊐ ど＝接続助詞

* **いふかひなく‐な・る**【言ふ甲斐無くなる】イウカイナクナル 連語

なりたち 形容詞「いふかひなし」の連用形＋動詞「なる」

何を言ってもかいのない、死んだような状態になる。亡くなる。死ぬ。 源氏物語 平安―物語 夕顔「いふかひなくなりぬるを見給ふに、やる方なくて」訳（夕顔が）死んだような状態になってしまったのをご覧になると、心を晴らしようもなくて。

いふかひ‐な・し【言ふ甲斐無し】イウカイナシ

形容詞ク｛（く）・から／く・かり／し／き・かる／けれ／かれ｝

なりたち 動詞「いふ」の連体形に名詞「かひ」と形容詞「なし」の付いたかたち一語化したもの。

❶**言ってもしかたがない。どうしようもない。** 枕草子 平安―随筆 御前にて人々とも「怪しがり言へど、使ひのなければいふかひなくて」訳不審がっていろいろ言うけれど、（それを持ってきた）使いの者がいないので、どうしようもなくて。

❷**情けない。ふがいない。** 伊勢物語 平安―物語 二三「女、親なく、たよりなくなるままに、もろともにいふかひなくてあらむやはとて」訳女が、親がなくなり、よりどころがなくなるにつれて、（男はこの妻と）ともに、ふがいないさまでいてよいだろうか、よくはないと思って。

❸**とるに足りない。つまらない。** 堤中納言 平安―物語 虫めづる姫君「男の童の、ものおぢせず、いふかひなきを召し寄せて」訳男の子で、何も怖がらず、とるに足りないのをお呼び寄せになって。

❹**たわいない。幼稚である。** 源氏物語 平安―物語 若紫「いで、あな幼や。いふかひなうものし給ふかな」訳いやもう、まあ子供っぽいことよ。たわいなくいらっしゃることよ。◇「いふかひなう」はウ音便。

参考 「言うだけのかいがない」が本来の意味。

いぶか・る【訝る】自動詞ラ四｛ら／り／る／る／れ／れ｝**気がかりに思う。知りたいと思う。** 万葉集 奈良―歌集 一七五三「いぶかりし国のまほらを」訳知りたいと思った国のまことにすぐれたところを。◆奈良時代以前は「いふかる」。

伊吹山いぶきやま 地名 歌枕 今の滋賀県と岐阜県の境にある山。古くからの修験道の山であり、日本武尊の山の神退治の伝説でも知られる。また、薬草の自生地として名高い。歌では、さしも草（＝よもぎ）から作る「もぐさ」の縁で、「燃ゆ」が詠み込まれることが多い。

い‐ぶ・く【息吹く】自動詞カ四｛か／き／く／く／け／け｝**息を吹く。呼吸する。**◆奈良時代以前は「いふく」。

いぶせ‐げ・なり 形容動詞ナリ｛なら／なり・に／なり／なる／なれ／なれ｝**むさくるしそうだ。きたならしそうだ。** 徒然 鎌倉―随筆 二三八「虫の巣にていぶせげなるを」訳虫の巣できたならしそうなのを。

いぶせ‐さ 名詞 ❶**晴れない気持ち。うっとうしいこと。** 源氏物語 平安―物語 桐壺「いぶせさを、限りなく、のたまはせつるを」訳（桐壺帝は）晴れない気持ちを、しきりにおっしゃっていたのを。

❷**不潔さ。不快さ。** 平家物語 鎌倉―物語 一〇・海道下「旅の空はにふの小屋のいぶせさに」訳旅先で、粗末な小屋の不潔さに。

❸**恐ろしさ。気持ち悪さ。** 平家物語 鎌倉―物語 九・坂落「あまりのいぶせさに、目をふさいでぞおとしける」訳あまりの恐ろしさに、目をつぶって駆け下りた。◆形容詞「いぶせし」の語幹に接尾語「さ」がついて名詞になったもの。

いぶせ・し

形容詞ク｛（く）・から／く・かり／し／き・かる／けれ／かれ｝

語義の扉

「いぶ」は「いぶかし」「いぶかる」の「いぶ」と共通し、はっきりしないようすをいい、「いぶせし」で、はっきりしないことからくる気持ちの晴らしどころがなく胸がふさがる思いを意味する。

❶気が晴れない。うっとうしい。
❷気がかりである。
❸不快だ。気づまりだ。

❶**気が晴れない。うっとうしい。** 源氏物語 平安―物語 須磨「一、二日たまさかに隔つるをりだに、あやしういぶせき心地するものを」訳一日二日たまに（あなたと）間を置くときでさえ、不思議なほど気が晴れない思いがするのに。

❷**気がかりである。** 源氏物語 平安―物語 夕顔「今一度かのなきがらを見ざらむが、いといぶせかるべきを」訳もう一度あの遺体を見ないとしたら、それがひどく気がかりにちがいないから。

❸**不快だ。気づまりだ。** 徒然 鎌倉―随筆 一五四「やがてその興尽きて、見にくく、いぶせく覚えければ」訳すぐにその興味がなくなって、見苦しく、不快に感じられたので。

関連語 「いぶせし」と「いぶかし」の違い
「いぶせし」は、どうしようもなくて気が晴れない。「いぶかし」はようすがわからないので明らかにしたいという気持ちが強い。

いふ‐ぢゃう【言ふ定】イウジョウ 連語 **（…と）言うものの。** 平家物語 鎌倉―物語 一一・那須与一「小兵といふぢゃう、十二束三つ伏せ、弓は強し」訳小柄とは言うものの、（矢の長さは）十二束三つ伏せもあり、弓は強くて。

いふ‐なら‐く【言ふならく】イウナラク 連語

なりたち 動詞「いふ」の終止形＋推定・伝聞の助動詞「なり」の未然形＋接尾語「く」

人の言うことには。聞いた話では。 俊頼髄脳 平安―論「いふならく、奈落の底に入りぬれば、刹利も首陀も変はらざりけり」訳聞いた話では、地獄の底に入ってしまうと、王族も最低階級も変わらないそうだ。

いふ‐に‐およ・ば‐ず【言ふに及ばず】イウニオヨバズ 連語

なりたち 動詞「いふ」の連体形＋格助詞「に」＋動詞「およぶ」の未然形＋打消の助動詞「ず」

言うまでもない。もちろんだ。宇治拾遺 鎌倉―説話 三・四「熊野、御嶽はいふにおよばず、白山、伯耆の大山…」訳熊野、御嶽(吉野の金峰山)は言うまでもなく、加賀の白山、伯耆の大山…(なども)。

いふ-に-も-あま・る【言ふにも余る】イウニモアマル 連語 言葉で言い尽くせない。後拾遺 平安―歌集 雑三「思ふにもいふにもあまることなれや」訳(出家する日というものは)思うに思い尽くせず、言うに言い尽くせないことであるよ。

いふ-ばかり-な・し【言ふばかり無し】イウバカリナシ 連語
なりたち 動詞「いふ」の連体形＋副助詞「ばかり」＋形容詞「なし」
何とも言いようがない。言葉で言い尽くせない。宇津保 平安―物語 あて宮「少将いふばかりなく泣き惑ひて」訳少将は言葉で言い表しようもなく泣き乱れて。

いふ-べき-かた-な・し【言ふべき方無し】イウベキカタナシ 連語
なりたち 動詞「いふ」終＋可能の助動詞「べし」体＋名詞　形容詞「なし」
「いはむかたなし」に同じ。枕草子 平安―随筆 鳥は「ほととぎすは、なほさらにいふべきかたなし」訳ほととぎすは、なんといってもまったく言いようがない(ほどすばらしい)。

いふ-べき-に-あら-・ず【言ふべきにあらず】イウベキニアラズ 連語
なりたち 動詞「いふ」の終止形＋可能の助動詞「べし」の連体形＋断定の助動詞「なり」の連用形＋補助動詞「あり」の未然形＋打消の助動詞「ず」
言うことができるものではない。とても言い尽くせない。枕草子 平安―随筆 春はあけぼの「風の音、虫の音など、はたいふべきにあらず」訳風の音や虫の鳴き声など(の趣のあることは)、やはり、とても言い尽くせない。

いふ-べき-に-も-あら-・ず【言ふべきにもあらず】イウベキニモアラズ 連語
なりたち 動詞「いふ」終＋可能の助動詞「べし」体＋断定の助動詞「なり」用＋係助詞＋補助動詞「あり」未＋打消の助動詞「ず」
言うまでもない。枕草子 平安―随筆 春はあけぼの「冬はつとめて。雪の降りたるはいふべきにもあらず」訳冬は早朝(が趣深い)。雪が降っている(朝がよい)のは言うまでもない。

いふ-べく-も-あら-・ず【言ふべくもあらず】イウベクモアラズ 連語
なりたち 動詞「いふ」終＋可能の助動詞「べし」用＋係助詞＋補助動詞「あり」未＋打消の助動詞「ず」
言いようもない。「いふべうもあらず」とも。竹取物語 平安―物語 竜の頸の玉「いふべくもあらぬ綾織物に絵をかきて」訳言いようもない(ほどすばらしい)綾織物に絵を描いて。

いふ-も-おろか・なり【言ふも愚かなり】イウモオロカナリ 連語
なりたち 動詞「いふ」の連体形＋係助詞「も」＋形容動詞「おろかなり」
いくら言っても言い尽くせない。言うまでもない。枕草子 平安―随筆 鳥は「六月になりぬれば音もせずなりぬる、すべていふもおろかなり」訳六月になってしまうと(ほととぎすの)声もしなくなってしまうのも、すべていくら言っても言い尽くせない(すばらしさだ)。

いふ-も-さら・なり【言ふも更なり】イウモサラナリ 連語
なりたち 動詞「いふ」の連体形＋係助詞「も」＋形容動詞「さらなり」
「いへばさらなり」に同じ。

いふ-も-よ-の-つね【言ふも世の常】イウモヨノツネ 連語 言っても世間並みの表現にしかならず、言葉では言い尽くせない。枕草子 平安―随筆 一条の院をば今内裏とぞいふ「なほいみじうめでたしといふもよのつねなり」訳なんといってもほんとうにすばらしいと言っても世間並みに過ぎず、言葉では言い尽くせないのである。

いふ-やう【言ふ様】イウヨウ 連語
なりたち 動詞「いふ」の連体形＋名詞「やう」
言うには。語るところによると。竹取物語 平安―物語 かぐや姫の生ひ立ち「翁いふやう『…』とて」訳翁が言うには『…』といって。

いふ-よし-な・し【言ふ由無し】イウヨシナシ 連語
なりたち 動詞「いふ」の連体形＋名詞「よし」＋形容詞「なし」

いへ【家】イエ 名詞 ❶住居。住まい。方丈記 鎌倉―随筆「昔ありしいへはまれなり」訳(今ある家で)昔からあった住居はめったにない。❷自宅。我が家。万葉集 奈良―歌集 一四二「いへにあれば笥に盛る飯を」訳⇩いへにあれば…。❸一族。一家。家族。平家物語 鎌倉―物語 九・宇治川先陣「木曾殿のいへの子に、長瀬判官代重綱(と申す)」訳木曾殿の一族の家来で、長瀬判官代重綱。❹妻。宇津保 平安―物語 忠こそ「左大臣のいへ、昔よろしからず、心聞こゆる人なり」訳左大臣の妻は、昔から心が良くないと評判の人である。❺家柄。血筋。名門。平家物語 鎌倉―物語 九・敦盛最期「武芸のいへに生まれずは、何とてかかる憂き目をば見るべき」訳武士の家柄に生まれなかったならば、どうしてこんなつらい目にあっただろうか。

関連語「いへ」と「や(屋)」の違い
「や」が建物自体をさすのに対し、「いへ」は人の生活のよりどころとなる場所をさす。

いへ-あるじ【家主】イエアルジ 名詞 一家の主人。「いへのきみ」とも。

いへ-かぜ【家風】イエカゼ 名詞 故郷の家の方から吹いてくる風。

いへ-ざくら【家桜】イエザクラ 名詞 人家の庭に植えてある桜。季春。対山桜。

いへ-ざま【家ざま】イエザマ 名詞 自分の家がある方向。

*いへ-たか・し【家高し】イエタカシ 連語 家柄がよい。大鏡 平安―物語 道隆「いへたかくおはします故に」訳家柄がよくいらっしゃるので。

*いへ-ぢ【家路】イエジ 名詞 ❶自宅への帰路。❷その家へ行く道。

いへ-づと【家苞】イエヅト 名詞 自分の家への土産。

いへ-で【家出】イエデ 名詞 ❶**俗世間を捨て、仏門に入ること。出家。** 万葉集 奈良―歌集 三二六五「世の中を憂しと思ひて、いへでせしわれや」訳俗世間をつらい、嫌だと思って、出家した私は。❷**外出。** ❸**家を出ること。出奔。家出。**

いへ-とうじ【家刀自】イエトウジ 名詞 **主婦。**「いへとじ」とも。

いへ-とじ【家刀自】イエトジ 名詞 「いへとうじ」に同じ。

いへ-ども【雖も】イエドモ 接続助詞《接続》格助詞「と」に付く。

なりたち 動詞「いふ」の已然形に接続助詞「ども」の付いたかたちが一語化したもの。

〔逆接の仮定条件・逆接の確定条件〕…**といっても。…であっても。…というけれども。** 徒然 鎌倉―随筆 一八七「万の道の人、たとひ不堪なりといへども、堪能の非家に並ぶとき」訳あらゆる道の専門家は、たとえ無器用であるといっても、器用な素人と並んで競うとき。

参考 漢文の「雖」を訓読した語。

いへ-に-あ・り【家に在り】イエニアリ 連語 **出家しないで俗世間にいる。** 徒然 鎌倉―随筆 五八「いへにあり、人に交はるとも」訳出家しないで俗世間にいて、俗人と交際しても。対家を出づ。

いへにあれば… 和歌「家にあれば 笥に盛る飯を 草枕(=枕詞) 旅にしあれば 椎の葉に盛る」万葉集 奈良―歌集 一四二・有間皇子 訳家にいるときはいつでも食器に盛って食べる飯を、今は旅に出ているので椎の葉に盛って食べることだ。

鑑賞 有間皇子が、斉明天皇に対する謀反の罪で捕らえられて、牟婁の湯(=今の和歌山県白浜)へ護送される途中で詠んだ歌。「磐代の浜松が枝を」(『万葉集』)〈⇩いはしろの…。〉に続く作である。「旅にし」の「し」は強意の副助詞。また、この歌は、接続助詞「ば」が已然形に接続した場合の用法を理解するのに最適の例である。「家にあれば」の「ば」は恒常的条件(=その事柄があると、いつもきまってある事柄がおこること)を表し、「旅にしあれば」の「ば」は原因・理由を表している。

いへ-ぬし【家主】イエヌシ 名詞 ❶**一家の主人。** ❷ア(上方で)貸し家の持ち主。イ(江戸で)地主・貸し家主の代理として、借地・借家を管理し、町の公用を務めた人。上方では、「家守」「差配」という。◇江戸時代の語。

いへ-の-かぜ【家の風】イエノカゼ 連語 代々その家に継承されてきた伝統。**家風。**◆「家風」を訓読した語。

いへ-の-きみ【家の君】イエノキミ 連語 「いへあるじ」に同じ。

***いへ-の-こ【家の子】**イエノコ 名詞 ❶**同じ家門の人。一門。** 大鏡 平安―物語 道長上「閣下の君、末のいへのこにおはしませば」訳閣下の君(=道長)は(私の主君の)子孫の同じ家門の人でいらっしゃるので。❷**上流の子弟。名門の子弟。** 源氏物語 平安―物語 紅葉賀「舞のさま、手づかひなむ、いへのこはことなる」訳舞いぶりや、手さばきは、名門の子弟は違うものだ。❸**家来。従者。召使い。** 枕草子 平安―随筆 正月に寺にこもりたるは「内外許されたる若き男ども、いへのこなど、あまた立ちつづきて」訳出入りを許されている若い男たちや、家来などが、たくさん立ち並んで。❹武家社会で、分家の出身で、本家の家来になった者。家人。

いへ-の-しふ【家の集】イエノシュウ 連語 個人の歌を集めたもの。私家集。◆『紀貫之集』など。

いへ-ば-え-に【言へば得に】イエバエニ 連語

なりたち 動詞「いふ」の已然形＋接続助詞「ば」＋動詞「う」の未然形＋打消の助動詞「ず」の古い連用形

言おうとすると言うことができなくて。 伊勢物語 平安―物語 三四「いへばえにいはねば胸に騒がれて」訳言おうとするとうまく言えず、言わなければ胸が苦しくて。

いへ-ば-おろか-・なり【言へば愚かなり】イエバオロカナリ 連語

なりたち 動詞「いふ」の已然形＋接続助詞「ば」＋形容動詞「おろかなり」

「いふもおろかなり」に同じ。

いへ-ば-さら・なり【言へば更なり】イエバサラナリ 連語

なりたち 動詞「いふ」の已然形＋接続助詞「ば」＋形容動詞「さらなり」

わかりきっていて、言うまでもない。 源氏物語 平安―物語 鈴虫「軸・表紙・箱のさまなどいへばさらなりかし」訳軸や表紙・箱のようすの(立派なことは)わかりきっていて、言うまでもないよ。

いへ-ば-よ-の-つね【言へば世の常】イエバヨノツネ 連語 「いふもよのつね」に同じ。

いへ-びと【家人】イエビト 名詞 ❶**家族。**特に、家を出ている夫に対して、家にいる妻をさす。❷貴族などの家に出入りする人。貴族の家に仕える人。

いへ-ひろ・し【家広し】イエヒロシ 連語 **一族が栄えている。** 竹取物語 平安―物語 火鼠の皮衣「たから豊かにいへひろき人にておはしけり」訳金持ちで、一族が栄えている人でいらっしゃった。

いへ-ら-く【言へらく】イエラク 連語

なりたち 動詞「いふ」の已然形＋完了の助動詞「り」の未然形＋接尾語「く」

言っていることには。言ったことには。 万葉集 奈良―歌集 一七四〇「妹がいへらく」訳妻が言ったことには。

***いへ-ゐ【家居】**イイエ 名詞 ❶(家を造って)住むこと。万葉集 奈良―歌集 一四八二「あしひきの(=枕詞)山片付きていへゐせる君」訳山のすぐそばに家を造って住むことをしているあなたよ。❷**住居。住まい。** 徒然 鎌倉―随筆 一〇「いへゐのつきづきしく、あらまほしきこそ」訳住居が(その主人に)似つかわしく、理想的なのは。

いへ-を-い・づ【家を出づ】イエヲイズ 連語 **仏門に入る。出家する。** 源氏物語 平安―物語 御法「一度いへをいで給ひなば」訳一度出家しなさったなら。対家に在り。

い-ほ[1]【五百】イオ 名詞 **五百。**また、数の多いことのたとえ。◆「い」は五、「ほ」は百の意。

いほ[2]【庵・廬】イオ 名詞 ❶**仮小屋。**▼農作業のために、草木などで造った。後撰 平安―歌集 秋中「秋の田のかりほのいほの苫を粗み」訳⇩あきのたのかりほのいほの…。❷**草庵。**▼僧や世捨て人の仮ずまい。自分の家をへりくだってもいう。奥の細道 江戸―紀行 雲岸寺「木啄もいほは破らず夏木立」―芭蕉 訳きつつきも、この草庵だけは敬して破らなかったとみえ、静まり返った夏木立の中に昔の姿を残している。

いほ-え【五百枝】イオエ 名詞 **たくさんの枝。**

いぼ-じり【蟷螂】名詞 虫の名。**かまきり。**「いぼうじり」とも。

いほ-ち【五百個・五百箇】イホチ 名詞 五百個。また、多数。◆「ち」は数を表す接尾語。

いほ-つ【五百個・五百箇】イホツ 名詞 五百ほどもあること。数多いこと。◆「つ」は数を表す接尾語。▼多く、名詞に付けて接頭語的に用いる。

いほ-へ【五百重】イホエ 名詞 幾重にも重なっていること。多くの重なり。

いほへ-なみ【五百重波・五百重浪】イホエナミ 名詞 **多くの波。幾重もの波。**

*__いほり__【庵・廬】イオリ 名詞 ❶「いほ(庵)❶」に同じ。万葉集 奈良―歌集 二二三五「秋田刈る旅のいほりに時雨(しぐれ)降り」訳秋の田を刈る仮小屋に時雨が降って。❷「いほ(庵)❷」に同じ。徒然 鎌倉―随筆 一一「心細く住みなしたるいほりあり」訳心細く住みついているといった草庵がある。

いほ-る【庵る・廬る】イオル 自動詞ラ四 {ら/り/る/る/れ/れ} **仮小屋を造って宿る。** 万葉集 奈良―歌集 二三五「天雲(あまくも)の雷(いかづち)の上にいほらせるかも」訳空の雲にいる雷のその上に仮宮を造っていらっしゃることだ。

いま【今】

一 名詞 ❶**現在。現代。今の世。** 伊勢物語 平安―物語 三二「いにしへのしづのをだまき繰り返し昔をいまになすよしもがな」訳古代の倭文(しづ)織物を織るために繰り返しまいた苧環(おだまき)のように、もう一度たぐり寄せて(仲むつまじかった)昔を今に戻す方法があったらなあ。

❷**新しいこと。新しいもの。** 万葉集 奈良―歌集 三三九九「信濃路(しなのぢ)はいまの墾道(はりみち)刈り株(ばね)に足踏ましなむ沓(くつ)はけわが背」訳⇨しなのぢは…。

二 副詞 ❶**たった今。ちょうど今。** 枕草子 平安―随筆 うれしきもの「いま上りたるは、少し遠き柱のもとにゐたるを」訳たった今参上したの(=女房)は、(中宮から)少し遠い柱のそばに座っているが。

❷**今すぐ。すぐに。** 古今 平安―歌集 離別「立ち別れいなばの山の峰に生(お)ふるまつとし聞かばいま帰り来(こ)む」訳⇨たちわかれ…。

❸**間もなく。近く。** 枕草子 平安―随筆 虫は「いま秋風吹かむをりぞ来(こ)むとする」訳間もなく秋風が吹くだろうそのときに来ようと思っている。

❹**新たに。最近。** 万葉集 奈良―歌集 一〇三七「いま造る久邇(くに)の都は」訳新たに造った久邇の都は。

❺**さらに。もう。** 宇治拾遺 鎌倉―説話 一・一二「いま一度起こせかし」訳もう一度起こせよ。

いま-いま【今今】副詞 ❶**今か今か。** ▼待ち望む気持ちを表す。枕草子 平安―随筆 心もとなきもの「いまいまと苦しう居入りてあなたをまもらへたる心地」訳今か今かとつらい気持ちですわりこみじっと遠くのほうを見守り続ける心持ち。❷**これが最後か。今か今か。** ▼恐れ危ぶむ気持ちを表す。古今 平安―歌集 哀傷・詞書「にはかに病をしていまいまとなりにければ」訳急に病気になってこれが最後かとなってしまったので。❸**今すぐに。** ▼早く実現しようという意志を表す。蜻蛉 平安―日記 下「『いまいま』とてあるほどに、使ひは帰しつ」訳「今すぐに」と答えておいて、使者は帰した。

いまいま-し【忌ま忌まし】

形容詞シク {(しく)・しから/しく・しかり/し/しき・しかる/しけれ/しかれ}

語義の扉

動詞「忌む」を重ねて形容詞化した語で、非常に不吉なもの、けがれたものを避けたい状態を表す。

❶慎むべきだ。けがれを避けたい。
❷縁起が悪い。不吉だ。
❸癪(しゃく)にさわる。憎らしい。

❶**慎むべきだ。けがれを避けたい。** 源氏物語 平安―物語 桐壺「ゆゆしき身に侍(はべ)れば、かくておはしますも、いまいましう、かたじけなく」訳(喪中で)不吉な身でございますから、こうして(若宮が)ここにおいでになりますのも忌み慎むべきで、もったいないことと(存じます)。◇「いまいましう」はウ音便。

❷**縁起が悪い。不吉だ。** 平家物語 鎌倉―物語 五・都遷「聞くもいまいましう恐ろしかりし事どもなり」訳それを聞くだけでも不吉で恐ろしかった事である。◇「いまいましう」はウ音便。

❸**癪(しゃく)にさわる。憎らしい。** 義経記 室町―物語 七「弁慶これを聞いていまいましくぞ思ひければ」訳弁慶はこれを聞いて憎らしく思ったので。

関連語「いまいまし」と「ゆゆし」の違い

「いまいまし」は不吉な対象を避けたいと感ずる気持ちを表し、類義語「ゆゆし」は清浄・神聖で恐れ慎むべきだという気持ちと、不吉であるという気持ちの両様を表す。

今鏡(いまかがみ) 書名 歴史物語。藤原為経(ためつね)作。平安時代後期(一一七〇)成立。十巻。『大鏡』の記事の後をうけて、後一条天皇から高倉天皇までの十三代百四十六年間の出来事が記されている。

古典の常識 『今鏡』―『栄花物語』にならう優美な章名

初瀬詣(はつせもうで)(=長谷寺参詣(けい))帰りの作者が『大鏡』の語り手大宅世次(おおやけのよつぎ)(世継)の孫の老女から昔話を聞く体裁をとる。帝紀三巻、藤原・源氏・皇族の列伝、「昔話」「打聞(うちぎき)」(雑史)各一巻、という紀伝体形式で、平安時代後期の宮廷貴族社会の歴史を記述している。

列伝の各巻や章に「藤波」「雁(かり)がね」などの名を付けてある点に、『栄花物語』の影響が見られる。

いま-きさき【今后】名詞 既に入内(じゅだい)し、后になっている人に対して、新しく后になった人。

いまこむと… 和歌 百人一首「今来(こ)むと 言ひしばかりに 長月(ながつき)の 有り明けの月を 待ち出(い)でつるかな」古今 平安―歌集 恋四・素性(そせい) 訳すぐ来るとあなたが言ったばかりに、私は秋九月の夜長を待ち続けて、とうとう、待ちもしない有り明けの月が出てしまったことよ。

いまさう-ず【坐さうず】イマソウズ 一 自動詞サ変 {ぜ/じ/ず/ずる/ずれ/ぜよ} 「あり」の尊敬語。(人々が)**いらっしゃる。** 大鏡 平安―物語 道長下「いとよく参りたる御房(ごばう)たちもいまさうじけり」訳(かゆを)非常にたくさん召しあがったお坊さまたちもいらっしゃった。

【二】補助動詞 サ変{ぜ/じ/ず/ずる/ずれ/ぜよ}〔動詞の連用形に付いて〕(人々が)…しておいでになる。大鏡 平安―物語 道長上「『…』とのたうびいまさうじける」訳「…」とおっしゃっておいでになった。

*いま-さら【今更】副詞 今はもう。今になって。今改めて。平家物語 鎌倉―物語 七・忠度都落「いまさら思ひ出(い)でてあはれなりければ」訳今になって思い出してしみじみと心打たれたので。

*いま-さら・なり【今更なり】形容動詞ナリ{なら/なり・に/なり/なる/なれ/なれ}いまさらのことだ。今となってはもう…である。▼多く、否定的な気持ちを含んで用いられる。万葉集 奈良―歌集 五〇五「いまさらに何をか思はむうちなびき心は君に寄りにしものを」訳今となってはもう何を思うのであるか。すっかりそちらになびいて、私の心はあなたに寄り添っているものを。

いまさら-め・く【今更めく】自動詞カ四{か/き/く/く/け/け}こと新しく言うのも気がひける感じがする。増鏡 室町―物語 新島守「二千里の外(ほか)も残りなき心地する、いまさらめきたり」訳二千里の外の遠くまですっかり見渡せる気がするのは、こと新しく言うのも気がひける感じがしている。◆「めく」は接尾語。

いまし[1]【汝】代名詞 対称の人称代名詞。あなた。▼親しんでいう語。万葉集 奈良―歌集 三三五九「いましを頼み母に違(たが)ひぬ」訳あなたを頼みにして母と仲たがいをしてしまった。◆奈良時代以前の語。

いま-し[2]【今し】副詞 今まさに。ちょうど今。土佐日記 平安―日記 一・一一「いまし、羽根(はね)といふ所に来(き)ぬ」訳今まさに、羽根という所に来た。

いまし-が・り【在しがり】自動詞ラ変「いますがり」に同じ。「いましかり」とも。

*いまし・む【戒む・警む】他動詞マ下二{め/め/む/むる/むれ/めよ}❶教えさとす。注意する。しかる。枕草子 平安―随筆 故殿の御服のころ「ありし暁の事いましめらるるは」訳あの明け方のことをご注意なさるのだよ。❷禁じる。栄花物語 平安―物語 花山たづぬる中納言「かやうの事はいましめたるこそよけれ」訳このようなことは禁じているのがよいのだ。❸縛る。罰する。古本説話集 平安―説話 四四「罪にまかせて重く軽くいましむることあり」訳罪によって重くあるいは軽く罰することがある。❹用心する。▼自分に対して注意させる意から自動詞的に用いる。徒然 鎌倉―随筆 九「自らいましめて恐るべく慎むべきは、この惑ひなり」訳自ら用心して恐れ慎まなければならないのは、この迷いである。

*いましめ【戒め・警め】名詞❶訓戒。教え。警告。源氏物語 平安―物語 桐壺「宮の内に召さむことは、宇多(うだ)の帝(みかど)の御いましめあれば」訳(高麗人(こまうど)を)宮中にお召しになるようなことは、宇多天皇のご訓戒があるので。❷禁制。徒然 鎌倉―随筆 一八三「人食ふ犬をば養ひ飼ふべからず。…律のいましめなり」訳人にかみつく犬を飼ってはならない。…刑罰に関する法で禁制とされていることだ。❸監禁・捕縛。刑罰。平家物語 鎌倉―物語 五・咸陽宮「いましめを蒙(かう)ぶること十二年」訳監禁されること十二年。❹警戒。注意。(用心しての)見張り。枕草子 平安―随筆 職の御曹司におはします頃、西の廂にて「公人(おほやけびと)・すまし・長女(をさめ)などして、絶えずいましめにやる」訳宮仕えの女官、下級の女官、雑用の女などを使って絶えず見張りにやる。

い-ま・す【坐す・在す】

【一】自動詞サ四{さ/し/す/す/せ/せ}・サ変{せ/し/す/する/すれ/せよ}❶〔「あり」の尊敬語〕いらっしゃる。おいでになる。大鏡 平安―物語 六十四代「いませぬ後なれど、この世の光はいと面目(めいぼく)ありかし」訳(経邦殿は)いらっしゃらない後のことですが、この世の光栄で面目をほどこしたことですなあ。❷〔「行く」「来(く)」の尊敬語〕おでかけになる。おいでになる。源氏物語 平安―物語 浮舟「右大将の宇治へいますること、なほ絶え果てずや」訳右大将(＝薫(かおる))が宇治へおでかけになることは、すっかりなくなっていないのか。

【二】他動詞サ下二{せ/せ/す/する/すれ/せよ}〔「あらしむ」「行かしむ」などの尊敬語〕〔主に奈良時代以前に用いられ〕いらっしゃるようにさせる。いらっしゃっていただく。万葉集 奈良―歌集 三七四九「他国(ひとくに)に君をいませ(伊麻勢)て何時(いつ)までか吾(あ)が恋ひをらむ時の知らなく」訳他国にあなたをいらっしゃるようにさせていったい何時までわたしは恋い焦がれているのだろうか、その時も知れないことだ。

【三】補助動詞サ四{さ/し/す/す/せ/せ}・サ変{せ/し/す/する/すれ/せよ}〔活用語の連用形、またはそれに助詞「て」の付いた形に付いて〕…て(で)いらっしゃる。…て(で)おいでになる。▼尊敬の意を表す。枕草子 平安―随筆 関白殿、二月二十一日に「をこなりと見てかく笑ひいまするが、恥づかし」訳愚かだと思ってこのように笑っていらっしゃるのが、恥ずかしい。

【四】補助動詞サ下二{せ/せ/す/する/すれ/せよ}〔動詞の連用形に付いて〕…ていらっしゃるようにさせる。…おいでにならせる。▼尊敬の意を表す。万葉集 奈良―歌集 七五九「いかならむ時にか妹(いも)を葎生(むぐらふ)の汚き屋戸(やど)に入りいませなむ」訳いつどんなときであったらあなたを雑草の生えているようなむさくるしい我が家に入っていらっしゃるようにさせることができるだろうか。

歴史スコープ 文法 【一】の自動詞、また【三】の補助動詞は奈良時代以前から平安時代の初期ごろまでは四段に活用し、それ以後は主にサ変として用いられた(ただし、漢文訓読系の文章では四段)。

*います-が・り【在すがり】
【一】自動詞ラ変{ら/り/り/る/れ/れ}〔「あり」の尊敬語〕いらっしゃる。「いましがり」「いますかり」「いまそがり」とも。大和物語 平安―物語 一五九「染殿(そめどの)の内侍(ないし)といふいますがりけり」訳染殿の内侍という方がいらっしゃった。
【二】補助動詞ラ変{ら/り/り/る/れ/れ}〔用言の連用形、および断定の助動詞「なり」の連用形「に」(さらに助詞の「て」が加わることもある)に付いて〕…て(で)いらっしゃる。「いますかり」「いまそがり」とも。大鏡 平安―物語 道長下「なにがしのぬしの、蔵人(くらうど)にていますがりし時」訳なんとかいう方が蔵人でいらっしゃったとき。
参考 ラ変動詞は「あり」「をり」「はべり」と、「いますがり」とその異型および「みまそがり」だけ。

*いまそ-が・り【在そがり】
【一】自動詞ラ変{ら/り/り/る/れ/れ}「いますがり【一】」に同じ。「いまそかり」とも。伊勢物語 平安―物語 三九「その帝(みかど)の御子(みこ)たかい子と申すいまそがりけり」訳その帝の子にたかい子と申し上げる方がいらっしゃった。

二 補助動詞 ラ変 {ら/り/り/る/れ/れ}「いますがり 二」に同じ。「いまそかり」とも。伊勢物語 平安―物語 七七「右大将にいまそがりける藤原の常行と申す」訳右大将でいらっしゃった藤原常行と申し上げる方が。

いま-だ【未だ】 副詞

❶〔打消の語を下接して〕まだ。平家物語 鎌倉―物語 九・木曾最期「御身もいまだ疲れさせ給はず」訳お体もまだお疲れになっていない。

「いまだ」と打消の呼応

いまだ暮れず。（まだ暮れていない。）
（打消の助動詞）

❷まだ。今でも。竹取物語 平安―物語 ふじの山「その煙、いまだ雲の中へ立ち上る、とぞ言ひ伝へたる」訳その(不死の薬を焼く)煙は、今でも雲の中へ立ち上っている、と言い伝えている。

いま-だいり【今内裏】 名詞 天皇が一時的に使用するために設けた、仮の内裏。仮の御所。

いまだ・し【未だし】 形容詞 シク {(しく)・しから/しく・しかり/し/しき・しかる/しけれ/しかれ} 未熟だ。まだその時期でない。源氏物語 平安―物語 夢浮橋「母に、いまだしきに言ふな」訳母には、まだその時期ではないので話してはいけない。

[†]**いまだ-しろしめ・さ-れ-さうら・は-ず-や【い】** まだしろしめされ候はずや】平家物語 鎌倉―物語 一一・先帝身投 訳まだ、ごぞんじございませんか。

品詞分解 いまだ＝副詞 しろしめさ＝動詞「しろしめす」㊍ れ＝尊敬の助動詞「る」㊊ さうらは＝補助動詞「さうらふ」㊍ ず＝打消の助動詞「ず」㊎ や＝係助詞

いま-に【今に】 副詞 ❶今でもまだ。今だに。源氏物語 平安―物語 帚木「いまにその恩は忘れ侍らねど」訳今でもまだその恩を忘れておりませんが。❷近いうちに。そのうちに。

いま-の-うへ【今の上】（イマノウエ） 連語 在位中の天皇。今上天皇。源氏物語 平安―物語 少女「いまのうへに、御土器まゐり給ふ」訳今上天皇に御杯を差し上げなさる。

いま-の-まさか【今のまさか】 連語 今の今。今この時。万葉集 奈良―歌集 四〇八八「いまのまさかもうるはしみすれ」訳今この時もむつまじくすることだ。

いま-の-よ【今の世】 名詞 ❶現代。当世。❷現在の天皇の御代。当代の天皇。

いま[1]-は【今は】（イマワ） 名詞 臨終。死にぎわ。最期。源氏物語 平安―物語 桐壺「故大納言、いまはとなるまで」訳亡き大納言が臨終となるまで。

いま[2]-は【今は】 連語

なりたち 名詞「いま」＋係助詞「は」

❶もはや、今となっては。もうこうなっては。蜻蛉日記 平安―日記 上「いまはいかで見聞かずだにありにしがな」訳もはや、今となっては何とか見たり聞いたりさえしないでいたい。❷もはやこれまで。竹取物語 平安―物語 かぐや姫の昇天「いまはとて天の羽衣着る折ぞ」訳⇩いまはとて…。

いま-は-かう【今は斯う】（イマハコウ） 連語

なりたち 名詞「いま」＋係助詞「は」＋副詞「かく」からなる「いまはかく」のウ音便。

今はこれまで。もはや最期。平家物語 鎌倉―物語 一一・能登殿最期「いまはかうと思はれければ、太刀、長刀海へ投げ入れ」訳もはや最期と思われたので、太刀、長刀を海へ投げ入れて。

いま-は-かぎり【今は限り】 連語 ❶これが最後。もうこれっきり。伊勢物語 平安―物語 五九「いまはかぎりと山里に身を隠すべき宿求めてむ」訳これが最後と思って、山里に人知れず住める所をさがそう。❷臨終の時。

いま-は-かく【今は斯く】 連語「いまはかう」に同じ。

[*]**いま-は・し【忌まはし】**（イマワシ） 形容詞 シク {(しく)・しから/しく・しかり/し/しき・しかる/しけれ/しかれ} 不吉で、いやな感じがする。平家物語 鎌倉―物語 三・医師問答「あの御浄衣のよにいまはしきやうに」訳あの白い狩衣がとても不吉なように。

[*]**いま-はた【今将】** 連語

なりたち 名詞「いま」＋副詞「はた」

今はもう。今となっては。後撰 平安―歌集 恋五「わびぬればいまはた同じ難波なるみをつくしても逢はむとぞ思ふ」訳⇩わびぬればいまはたおなじ…。

いまはただ… 和歌 百人一首「今はただ 思ひ絶えなむ とばかりを 人づてならで 言ふよしもがな」後拾遺 平安―歌集 恋三・藤原道雅 訳（逢うことを遮られた）今は、ただもう、思いをあきらめてしまおうということだけを、人づてではなく、直接あなたにお話しする方法があればよいがなあ。

いまはとて… 和歌「今はとて 天の羽衣 着る折ぞ 君をあはれと 思ひ出でける」竹取物語 平安―物語 かぐや姫の昇天 訳今はもうこれでお別れと、天の羽衣を着るときになってあなた様のことをしみじみと慕わしく思い出しますよ。

鑑賞 月に帰るかぐや姫が、求婚者の帝に贈った歌。天の羽衣を着て天人になってしまえば、人情や物思いが消えてしまう。姫はその寸前に、帝に対して敬意と感謝を込めた歌を贈った。「ぞ」は強意の係助詞。

いま-は-の-きざみ【今はの刻み】（イマワノキザミ） 連語「いまはのきは」に同じ。

いま-は-の-きは【今はの際】（イマワノキワ） 連語 死に際。臨終の時。増鏡 室町―物語 藤衣「いまはのきはまで持たせ給ひける桐の御数珠なども」訳臨終の時までお持ちになっていた桐の御数珠なども。

いま-は-むかし【今は昔】 連語 今となっては、もう昔のことだが。竹取物語 平安―物語 かぐや姫の生ひ立ち「いまはむかし、竹取の翁といふ者ありけり」訳今となっては、もう昔のことだが、竹取の翁という人がいたということだ。◆物語、説話の冒頭に用いられた慣用句。

いま-ほど【今程】 副詞 近ごろ。西鶴織留 江戸―物語 浮世・西鶴「いまほど諸人賢く」訳近ごろ多くの人は賢く。

いま-まゐり【今参り】（イママイリ） 名詞 新しく仕えること。また、その人。新参者。

いま-めか・し【今めかし】形容詞シク {(しく)・しから／しく・しかり／し／しき・しかる／しけれ／しかれ}

語義の扉
動詞「いまめく」の形容詞化した語で、平安時代には多く華やかなようすについて肯定的に使われたが、否定的に華やかすぎて軽薄なようすにも用いられた。
❶㊉現代風で好ましい。目新しく華やかだ。
❷㊀落ち着かない。現代風の度が過ぎて軽々しい。感心しない。
❸今さらだ。わざとらしい。

❶**現代風で好ましい。目新しく華やかだ。** 源氏物語 平安―物語 若紫「なかなか長きよりも、こよなういまめかしきものかな」訳かえって、長い髪よりも、(この方が)はるかに現代風であることよ。
❷**落ち着かない。現代風の度が過ぎて軽々しい。感心しない。** 枕草子 平安―随筆 宮にはじめてまゐりたるころ「『人をとらへて立て侍(はべ)らぬなり』とのたまふも、いといまめかしく、身の程(ほど)に合はず、かたはらいたし。」訳「私をつかまえて立たせないのです」と(大納言様が)冗談におっしゃるのも、たいそう現代風過ぎて軽薄な感じで手配のわたしの身にふさわしくなく、きまり悪く、いたたまれない。
❸**今さらだ。わざとらしい。** 平家物語 鎌倉―物語 三・法印問答「いまめかしき申し事にてさうらへども、七代まではこの一門をばいかでか捨てさせたまふべき。」訳今さらである申しあげようではございますが、七代まではこの(平家)一門を(後白河法皇が)どうしてお見捨てになられるでしょうか、(いや、お見捨てにはなられない)。
関連語 今めく／古めかし。

*__いま-め・く__【今めく】自動詞カ四{か／き／く／く／け／け} **当世らしくなる。現代風である。** 土佐日記 平安―日記 二・五「『欲しきものぞおはすらむ』とは、いまめくものか」訳「欲しいものがおありなのでしょう」とは、なんとまあ当世風であることよ。◆「めく」は接尾語。

いま-やう【今様】イマヨウ 名詞
❶**今風のやり方。現代風。** 徒然 鎌倉―随筆 二二「いまやうは無下にいやしくこそなりゆくめれ」訳今風のやり方は何とも言いようのないほど下品になってゆくようだ。
❷「今様歌」の略。⇩今様(いまよう) 文芸

いまやう-うた【今様歌】イマヨウウタ 名詞 ⇩今様(いまよう) 文芸

いまやう-だ・つ【今様立つ】イマヨウダツ 自動詞タ四{た／ち／つ／つ／て／て} **当世風になる。今めく。** 源氏物語 平安―物語 手習「山ごもりの御羨(うらや)みは、なかなかいまやうだちたる、御物まねびになむ」訳山籠(ご)もりをうらやみなさることは、かえって当世風になっているお人真似なのだ。

いま-ゆくする【今行く末】イマユクスエ 連語 **これから先。将来。** 源氏物語 平安―物語 椎本「いまゆくするも定めなき世にて」訳将来も不安定な世の中ですので。

今様(いまよう) 文芸 当世風のはやり歌の意味の「今様歌(うた)」の略。平安時代中期ごろから流行した、七五調の四句からなる歌謡。平安時代末期ごろから白拍子(しらびょうし)(＝遊女)によって貴賤(きせん)の宴席で歌われ、しだいに世に広まって、皇族などにも愛好された。後白河(ごしらかわ)法皇の撰(せん)になる『梁塵秘抄(りょうじんひしょう)』に収められている。「伊呂波歌(いろはうた)」は今様形式である。

*__いみ__【斎み・忌み】名詞 ❶神事を行う際、身を清め、言動を慎むこと。❷穢(けが)れを避けて慎むこと。また、その期間。㋐服喪の期間。㋑出産の穢れを慎む期間。❸はばかるべきこと。縁起が悪いこと。

いみ-あけ【忌み明け】名詞 出産の穢(けが)れを慎む期間や服喪の期間が終わること。「いみあき」とも。

いみ-き【忌寸】名詞 天武(てんむ)天皇が制定した「八色(やくさ)の姓(かばね)」の第四位。

いみ-ことば【忌み詞・忌み言葉】名詞 ❶宗教上、または不吉なことを連想するという理由で避ける言葉。❷❶の代わりに使う言葉。
参考 ❷は、たとえば、斎宮では仏教関係の語を避け、「仏」を「中子(なかご)」、「寺」を「瓦(かわら)ぶき」、「僧」を「髪長」などという。民間でも「剃(そ)る」を「あたる」、「梨」を「ありの実」などという。

いみ・じ 形容詞シク {(じく)・じから／じく・じかり／じ／じき・じかる／じけれ／じかれ}

語義の扉
動詞「忌む」の形容詞化した語で、神聖であるから、けっして触れてはならないと感じられる意という原義から、転じて、良い場合にも、悪い場合にも極端にはなはだしい意。
❶はなはだしい。並々でない。
❷㊉よい。すばらしい。優れている。
❸㊀ひどい。恐ろしい。悲しい。

❶**はなはだしい。並々でない。** 徒然 鎌倉―随筆 二三六「御前なる獅子(しし)・狛犬(こまいぬ)そむきて、後ろさまに立ちたりければ、上人いみじく感じて」訳社殿の前の獅子と狛犬とが(たがいに)背中を向けて、後ろ向きに立っていたので、上人は並々でなく感激して。参照▶ 文脈の研究 …をそむく。
❷**よい。すばらしい。優れている。** 徒然 鎌倉―随筆 七「世は定めなきこそ、いみじけれ」訳この世は無常であるからこそ、すばらしいのだ。
❸**ひどい。恐ろしい。悲しい。** 枕草子 平安―随筆 うへにさぶらふ御猫は「あないみじ。犬を蔵人(くらうど)二人して打ち給(たま)ふ。死ぬべし」訳ああひどい。犬を蔵人(くろうど)が二人でお打ちになっている。死ぬにちがいない。

◆**学習ポイント**⑧
「いみじ」の用法
連用形の「いみじく」(またはウ音便の形「いみじう」)は、副詞のように働いて「すごく」「たいそう」の意味で用いられる。

†__いみ・じう・あはれ・に-をか・しけれ__【いみじうあはれにをかしけれ】 枕草子 平安―随筆 九月ばかり、夜一夜 訳まことにしみじみとして趣が深い。

品詞分解 いみじう＝形容詞「いみじ」用(ウ音便) あはれに＝形容動詞「あはれなり」用 をかしけれ＝形容詞「をかし」已

†いみ・じう・め・で・させ・たま・ひ・けれ【いみじう愛でさせ給ひけれ】 枕草子 平安一随筆 村上の前帝の御時に 訳 非常におほめになったのであった。

品詞分解 いみじう＝形容詞「いみじ」用(ウ音便) めで＝動詞「めづ」用 させ＝尊敬の助動詞「さす」用 たまひ＝尊敬の補助動詞「たまふ」用 けれ＝過去の助動詞「けり」已

†いみ・じう・ゆるぎ・あり・き・つる・ものを【いみじう揺るぎ歩きつるものを】 枕草子 平安一随筆 うへにさぶらふ御猫は 訳 たいそう体をゆすって得意そうに歩き回っていたのになあ。

品詞分解 いみじう＝形容詞「いみじ」用(ウ音便) ゆるぎありき＝動詞「ゆるぎありく」用 つる＝完了の助動詞「つ」体 ものを＝終助詞

†いみ・じく・め・で・させ・たま・ひ・ける【いみじく愛でさせ給ひける】 枕草子 平安一随筆 清涼殿の丑寅のすみの 訳 たいそうおほめになったということです。

品詞分解 いみじく＝形容詞「いみじ」用 めで＝動詞「めづ」用 させ＝尊敬の助動詞「さす」用 たまひ＝尊敬の補助動詞「たまふ」用 ける＝過去の助動詞「けり」体

いみじ・げ・なり 形容動詞ナリ {なら/なり・に/なり/なる/なれ/なれ} **とてもひどい。たいへんすばらしい。** 枕草子 平安一随筆 うへにさぶらふ御猫は「いみじげにはれ」訳 (体が)とてもひどく腫(は)れ。◆「げ」は接尾語。

いみ・たがへ【忌み違へ】 イミタガエ 名詞 「かたたがへ」に同じ。

いみ・な【諱・謚・諡】 名詞 ❶(貴人の生前の)**実名。** ❷**死後に贈る称号。**

い・みゃう【異名】 イミョウ 名詞 **あだ名。**

¹**いむ【妹】** 名詞 「いも(妹)」に同じ。◆奈良時代以前の東国方言。

²**い・む【斎む・忌む】**

一 自動詞マ四 {ま/み/む/む/め/め} **身を清めて慎む。** 今昔物語 平安一説話 二六・一二「『所を去りて、いめ』ともいひて」訳「今いる場所を立ち去って、身を清めて慎め」とも言って。

二 他動詞マ四 {ま/み/む/む/め/め} **忌み嫌う。不吉として避ける。** 竹取物語 平安一物語 かぐや姫の昇天「『月の顔見るはいむこと』と制しけれども」訳「月の表面を見ることは不吉として避けることだ」と制止したけれども。

いむけ・の・そで【射向けの袖】 連語 **鎧(よろい)の左側の袖。** ◆矢を射るときに弓を持つ左側(弓手(ゆんで))を敵に向けることによる。参照▼口絵

いむ・こと【忌む事・戒む事】 名詞 **仏教の戒め。戒律。** ◆多く「いむこと受く」の形で使う。

いむ・べ【斎部・忌部】 名詞 奈良時代以前の氏族の名。祭祀(さいし)を担当し、祭器の製作に従った。「いんべ」とも。◆「いみべ」の変化した語。

¹**い・め【射目】** 名詞 狩りをするとき、弓を射る人が隠れるところ。◆奈良時代以前の語。

²**いめ【夢】** 名詞 ゆめ。◆「寝(い)目(め)」からという。奈良時代以前の語。

いめ・たてて【射目立てて】 枕詞 射目(いめ)に隠れて、動物の足跡を調べることから「跡見(とみ)」にかかる。万葉集 奈良一歌集 一五四九「いめたてて跡見の丘辺(をかべ)のなでしこの花ふさ手折り我は持ちて行く奈良人のため」訳 跡見(＝地名)の丘辺のなでしこの花よ、その茎を折り私は持って行く奈良人のために。

¹**いも【妹】** 名詞

❶**妻。恋人。姉妹。** ▼男性から女性を親しんで呼ぶ語。万葉集 奈良一歌集 二一「紫草(むらさき)の匂(にほ)へるいもを憎くあらば」訳 ⇨むらさきのにほへるいもを…。

❷**あなた。** ▼対称の人称代名詞的に用いて、女性から親しい女性を呼ぶ語。万葉集 奈良一歌集 七八二「風高く辺(へ)には吹けどもいもがため袖(そで)さへ濡(ぬ)れて刈れる玉藻ぞ」訳 風は激しく岸には吹くが、あなたのために袖までぬれて刈った玉藻であるよ。

²**いも【疱・疱瘡】** 名詞 ❶**天然痘(てんねんとう)。** ❷天然痘によって顔に残ったあと。**あばた。** ◆「いもがさ」とも。

いも・うと【妹】 名詞 ❶**姉。妹。** ▼年齢の上下に関係なく、男性からその姉妹を呼ぶ語。対 兄人(せうと)。❷兄妹になぞらえて、男性から親しい女性をさして呼ぶ語。❸**年下の女のきょうだい。妹。** 対 姉。◆「いもひと」の変化した語。「いもと」とも。

いも・が・うむ【妹が績む】 枕詞 「妹が績む(＝紡ぐ)麻(を)」の意から同音の「を」を含む地名「小津(をづ)」にかかる。土佐日記 平安一日記 二・一「いもがうむ小津の浦なる岸の松原」訳 小津の浦にある岸の松原。

いも・が・きる【妹が着る】 枕詞 「妹が着る(＝かぶる)御笠(みかさ)」の意から同音の地名「三笠(みかさ)」にかかる。万葉集 奈良一歌集 九八七「待ちかてに我がする月はいもがきる三笠の山に隠れてありけり」訳 待ちきれずに私が思う月は三笠の山にまだ隠れていたのだった。

いも・がしら【芋頭】 名詞 里芋の茎の根もとのかたまり。親芋に当たる部分。

いも・が・そで【妹が袖】 枕詞 「妹が袖を巻く」意から同音の地名「巻来(まき)」にかかる。万葉集 奈良一歌集 二一八七「いもがそで巻来の山の朝露ににほふ黄葉(もみち)の散らまく惜しも」訳 巻来の山の朝露で色づいた紅葉の散るのが惜しい。

いも・がゆ【芋粥】 名詞 山芋を薄く切ったものを、甘葛(あまづら)の汁で煮たかゆ。宮中の「大饗(だいきやう)」や、貴族の宴などの際に用いられた。

いも・がり【妹許】 名詞 愛する妻や女性のいる所。◆「がり」は居所および居る方向を表す接尾語。

いも・し【芋茎】 名詞 里芋の茎を乾かしたもの。ずいき。いもがら。「いもじ」とも。

いも・せ【妹背】 名詞 ❶特に親しい間柄の男女。**夫婦。** ❷**妹と兄。姉と弟。**

妹背(いもせ)の山(やま) 地名 歌枕 ❶今の和歌山県伊都(いと)郡かつらぎ町の、紀ノ川の北岸の背山と、南岸の妹山をいう。『万葉集』以後に、妻恋いの歌が多く詠まれた。❷今の奈良県吉野町の、吉野川を隔てて対する背山、妹山をいう。

いもとこし… 和歌 「妹と来し 敏馬(みぬめ)の崎を 帰るさに 独りして見れば 涙ぐましも」万葉集 奈良一歌集 四四九・大伴旅人(おほとものたびと) 訳 妻と来てともに見た敏馬の崎を、帰り道に一人で見ると、自然と涙ぐまれることだ。

鑑賞 大宰帥として九州に下った作者は、下向直後に任地で愛妻を失った。この作は、都に帰る途中にあって、往路には妻と二人で眺めた敏馬の崎を、今はただ一人で眺めなければならない悲しみを、切々と歌っている。「敏馬」は、神戸市灘区付近の古い地名。「帰るさ」は、帰る途中、帰り道。「さ」は接尾語である。「涙ぐまし」は「涙ぐむ」という動詞が形容詞に転成したもの。

いもとして… **和歌** 「妹として 二人作りし わが山斎は 木高く繁く なりにけるかも」〔万葉集 奈良―歌集〕四五二・大伴旅人 訳いとしい妻が生きていたとき、二人して作った我が家の庭は、しばらく見ない間に木も高く伸び、葉もうっそうと茂ってしまったなあ。

鑑賞 大伴旅人が、九州の大宰府での任務を終えて帰京したときに、大宰府滞在中に失った妻とのかつての生活をしのんで作った歌。

い‐も‐ぬ‐らめ‐や‐も【寝も寝らめやも】**連語**

なりたち 名詞「い(寝)」＋係助詞「も」＋動詞「ぬ(寝)」の終止形＋現在推量の助動詞「らむ」の已然形＋係助詞「や」＋終助詞「も」

寝ていられようか、いや、寝てはいられない。〔万葉集 奈良―歌集〕四六「安騎の野に宿る旅人うちなびきいもぬらめやも古思ふに」訳安騎の野に仮寝をする旅人(＝軽皇子)は、横になって寝ていられようか、いや、寝てはいられない。(父草壁皇子全盛の)昔を思い起こして。

い‐も‐ね‐・ず【寝も寝ず】**連語**

なりたち 名詞「い(寝)」＋係助詞「も」＋動詞「ぬ(寝)」の未然形＋打消の助動詞「ず」

眠りもしない。〔万葉集 奈良―歌集〕一七八八「いもねず恋ふる遠からなくに」訳眠りもしないで恋い慕っている。遠くもないのに。

い‐も‐ね‐られ‐・ず*【寝も寝られず】**連語**

なりたち 名詞「い(寝)」＋係助詞「も」＋動詞「ぬ」の未然形＋可能の助動詞「らる」の未然形＋打消の助動詞「ず」

眠ることもできない。〔更級 平安―日記〕かどで「庵なども浮きぬばかりに雨降りなどすれば、恐ろしくていもねられず」訳仮小屋も浮いてしまうほどに雨が降ったりなどするので、恐ろしくて眠ることもできない。

いもひ【斎ひ・忌ひ】イモ 名詞 身心を清め、不浄を避けること。**斎戒。精進潔斎。物忌み。**

いも‐めいげつ【芋名月・芋明月】名詞 陰暦八月十五夜の月。季秋。◆里芋の新芋を月に供えることによる。参照▶口絵

1**いや**〔礼〕⇩ゐや

2**いや**【弥】副詞 ❶**いよいよ。ますます。**〔源氏物語 平安―物語〕玉鬘「京の事はいや遠ざかるやうに隔たり行く」訳京の事はいよいよ縁が遠くなるようにかけ離れていく。❷**きわめて。最も。**〔古事記 奈良―史書〕神武「かつがつもいや先立てる兄をし枕かむ」訳とりあえず最も先に立っている年長の娘を妻にしよう。

参考 修飾する語と一体化して接頭語的に用いられる場合が多い。従って、接頭語とする説もある。

3**いや** 感動詞 ❶**やあ。いやはや。**▼驚いたときや、嘆息したときに発する語。❷**やあ。**▼気がついて思い出したときに発する語。❸**よう。あいや。**▼人に呼びかけるときに発する語。❹**やあ。それ。**▼はやしたてる掛け声。

いや・し【卑し・賤し】

形容詞シク {(しく)・しから／しく・しかり／し／しき・しかる／しけれ／しかれ}

語義の扉

「身分が低い」の意を原義とし、貴族の目から見た、身分が低い人々の風貌、性質から、「みすぼらしい」「さもしい」「下品だ」の意味が生まれた。

❶身分が低い。地位が低い。
❷粗末である。みすぼらしい。
❸けちだ。さもしい。いじきたない。
❹下品だ。

❶**身分が低い。地位が低い。**〔方丈記 鎌倉―随筆〕「たましきの都のうちに、棟を並べ甍を争へる、高きいやしき人のすまひは」訳玉を敷いたように美しくりっぱな都の中に、棟を並べ屋根の高さを競っている、身分が高い人や身分が低い人の住居は。

❷**粗末である。みすぼらしい。**〔徒然 鎌倉―随筆〕二二〇「何事も辺土はいやしく、かたくななれど」訳何事につけても片いなかは粗末で、粗野であるけれども。

❸**けちだ。さもしい。いじきたない。**〔枕草子 平安―随筆〕関白殿、二月二十一日に「いかにいやしく物惜しみせさせ給ふ宮とて」訳どんなにさもしく物惜しみをなさる宮だといって。

❹**下品だ。**〔枕草子 平安―随筆〕ふと心おとりとかするものは「ただ文字一つに、あてにもいやしうもなるは、いかなるにかあらむ」訳ほんの言葉づかい一つで、上品にも下品にもなるのは、どういうわけだろうか。◇「いやしう」はウ音便。

いやしう‐も【苟うも】イヤシユウモ 副詞「いやしくも」に同じ。〔源氏物語 平安―物語〕東屋「なにがしらが女子をぞいやしうも尋ねのたまふめれ」訳私どもの娘をこそもったいなくも、探し出して声をおかけくださるそうだ。◆「いやしくも」のウ音便。

いや‐し・く【弥頻く】自動詞カ四 {か／き／く／く／け／け} **ますます重なる。いよいよさかんになる。**〔万葉集 奈良―歌集〕四五一六「新しき年の始めの初春の今日降る雪のいやしけ吉事」訳⇩あらたしき…。

いやしくしく‐に【弥頻く頻くに】副詞 **ますますひんぱんに。いよいよしきりに。**〔万葉集 奈良―歌集〕四四一一「浜波はいやしくしくに高く寄すれど」訳浜の波はますますひんぱんに高く寄せるが。

いやしく‐も【苟くも】副詞 ❶**身分不相応にも。柄でもないが。もったいなくも。**〔平家物語 鎌倉―物語〕三・医師問答「重盛いやしくも九卿に列して」訳平重盛は身分不相応にも公卿に列して。❷**かりそめにも。もしも。**〔太平記 室町―物語〕一二「夫に別れたる妻室、いやしくも二夫に嫁かせん事を悲しんで」訳夫に死別した妻は、かりそめにも二人の夫に嫁ぐようなことを悲しんで。◆「いやしうも」とも。

いやし・む【卑しむ・賤しむ】他動詞マ四 {ま／み／む／む／め／め} **さげすむ。見下す。**〔宇治拾遺 鎌倉―説話〕一一・一「寺僧、憎みいやしみて交会する事なし」訳寺僧たちが嫌いさげすんで交わることもない。

いや・す【癒やす】他動詞サ四 {さ／し／す／す／せ／せ} (病気・飢え・

苦しみなどを)なおす。徒然 鎌倉―随筆 六〇「万(よろづ)の病(やまひ)をいやしけり」訳あらゆる病気をなおしたということだ。

いや-た・つ【弥立つ】 自動詞タ下二{て/て/つ/つる/つれ/てよ}ますます心を奮い立たせる。万葉集 奈良―歌集 四〇九四「我をおきて人はあらじといやたて思ひしまさる」訳(天皇の護衛をする人は)私をおいては他にはいまいとますます心を奮い立たせ、その決意が強まる。◆奈良時代以前の語。

いやちこ・なり【灼然なり】 形容動詞ナリ{なら/なり・に/なり/なる/なれ/なれ}明白だ。神仏の霊験やご利益(りやく)などが顕著である。あらたかだ。日本書紀 奈良―史書 神武「『理実(ことわり)いやちこなり』とまうす」訳「道理は明白だ」と申し上げる。◆奈良時代以前の語。

いやつぎつぎ-に【弥次次に・弥継ぎ継ぎに】 副詞いよいよ次から次へと。万葉集 奈良―歌集 二九「つがの木の(=枕詞(まくらことば))いやつぎつぎに天(あめ)の下知らしめししを」訳いよいよ次から次へと天下をお治めになったのに。

いや-とほなが・し【弥遠長し・弥遠永し】(イヤトオナガシ) 形容詞ク{く・から/く・かり/し/き・かる/けれ/かれ}❶(距離が)非常に遠く長い。万葉集 奈良―歌集 三三五六「富士の嶺(ね)のいやとほながき山路(やまぢ)をも」訳富士山の非常に遠く長い山道でも。❷(時間が)長い。末長い。永久だ。万葉集 奈良―歌集 四四六五「いやとほながく祖(おや)の名も継ぎゆくものと」訳末長く祖先の名を継いでいくものと。

いや-とよ【否とよ】 感動詞いや、そうではない。いやいや。▼相手の発言を強く否定するときに発する語。八島 室町―能楽 謡曲「いやとよ、弓を惜しむにあらず」訳いや、そうではない。弓を惜しんでいるのではない。

いやひけ-に【弥日異に】 副詞日増しに。日を追うにつれますます。万葉集 奈良―歌集 二七〇二「いやひけに恋のまさらば」訳日増しに恋心が募るとしたら。

いや-まさり・なり【弥増さりなり】 形容動詞ナリ{なら/なり・に/なり/なる/なれ/なれ}いよいよつのる。伊勢物語 平安―物語 四〇「思ひはいやまさりにまさる」訳(女を恋する男の)思いはいよいよつのっていく。

いや-まさ・る【弥増さる】 自動詞ラ四{ら/り/る/る/れ/れ}ますますつのる。いよいよ多くなる。伊勢物語 平安―物語 一〇五「いとなめしと思ひけれど、心ざしはいやまさりけり」訳(男は女の返事を)ひどく無礼だと思ったが、恋心はますますつのった。

いやまし-に【弥増しに】 副詞いよいよ多く。ますます。万葉集 奈良―歌集 二八七二「いやましに人言(ひとごと)繁(しげ)く聞こえ来るかも」訳ますます人のうわさがいろいろ聞こえてくるよ。

いやます-ます-に【弥益益に】 副詞いよいよますます。万葉集 奈良―歌集 九二三「その山のいやますますにこの川の絶ゆることなく」訳⇨やすみしし…。

いや-め【否目・嫌目】 名詞悲しそうな目つき。涙ぐんでいる目。

いやをち-に【弥復ちに】(イヤオチニ) 副詞何度も繰り返して。ますます若返って。万葉集 奈良―歌集 四四四六「ゆめ花散るないやをちに咲け」訳決して花よ散るな。何度も繰り返して咲け。

***い・ゆ【癒ゆ】** 自動詞ヤ下二{え/え/ゆ/ゆる/ゆれ/えよ}(病気や傷が)なおる。回復する。いえる。徒然 鎌倉―随筆 九六「すなはちいゆとなむ」訳すぐになおるということだ。

いゆき-はばか・る【い行き憚る】 自動詞ラ四{ら/り/る/る/れ/れ}行くのをためらう。行きかねる。万葉集 奈良―歌集 三一七「白雲もいゆきはばかり」訳⇨あめつちの…。◆「い」は接頭語。

い-ゆ・く【い行く】 自動詞カ四{か/き/く/く/け/け}行く。進む。万葉集 奈良―歌集 二一四七「山の辺(へ)にいゆく猟夫(さつを)は多かれど」訳山のあたりに行く猟師は多いけれど。◆「い」は接頭語。奈良時代以前の語。

いゆしし-の【射ゆ猪鹿の】 枕詞射られ、傷を負った獣の意から「心を痛み」「行きも死なむ」にかかる。万葉集 奈良―歌集 三三四四「いゆししの行きも死なむと思へども」訳行って死のうと思うけれども。

伊予(いよ) 地名旧国名。南海道六か国の一つ。今の愛媛県。予州(よしゅう)。参照▼資料21

***いよ-いよ【愈愈】** 副詞❶ますます。いっそう。徒然 鎌倉―随筆 四五「いよいよ腹立ちて、切りくひを掘り捨てたりければ」訳いっそう腹を立てて切り株を掘りあげて捨ててしまったところ。❷確かに。きっと。諸国ばなし 江戸―物語 浮世・西鶴「袖(そで)など振るひ、前後を見れども、いよいよ無いにきはまりける」訳袖などを打ち振り、前後を見たが、(無くなった一両は)確かにないということになった。

いよ-す【伊予簾】 名詞「いよすだれ」に同じ。

いよ-すだれ【伊予簾】 名詞伊予の国(愛媛県)で産する御器竹(ごきだけ)で作ったすだれ。「いよす」とも。季夏。

***いよ-よ【愈】** 副詞なおその上に。いよいよ。いっそう。万葉集 奈良―歌集 七九三「世の中は空(むな)しきものと知る時しいよよますます悲しかりけり」訳⇨よのなかはむなしきものと…。◆「いよいよ」の音変化。

い-よ・る【い寄る】 自動詞ラ四{ら/り/る/る/れ/れ}側に寄る。近寄る。万葉集 奈良―歌集 三「夕には、いより立たししとらしの梓(あづさ)の弓の」訳夕方には近くに寄ってお立ちになったご愛用の梓弓の。◆「い」は接頭語。奈良時代以前の語。

いらう【答う・応う】⇨いらふ

いらえ【答え】⇨いらへ

いらか【甍】 名詞❶(瓦(かはら)でふいた)屋根の峰の部分。上棟(うはむね)。また、そこの瓦。棟瓦。❷瓦ぶきの屋根。また、その瓦。

いらか-あらたま・る【甍改まる】 連語改築される。奥の細道 江戸―紀行 瑞巌寺「七堂いらかあらたまりて金壁荘厳(こんぺきしゃうごん)光を輝かし」訳七堂が改築されて仏堂の金箔(きんぱく)の壁や仏具の飾りは光り輝いて。

いらか-を-あらそ・ふ【甍を争ふ】(イラカヲアラソウ) 連語棟瓦(むながわら)の高さを競い合うようにぎっしり家が立ち並ぶ。家の高さを競う。方丈記 鎌倉―随筆「たましきの都のうちに、棟を並べいらかをあらそへる」訳玉を敷いたように美しくりっぱな都の中に棟を並べ、屋根の高さを競っている(人々の住居は)。

伊良湖が崎(いらごがさき) 地名 歌枕今の愛知県渥美(あつみ)半島の突端伊良湖岬(いらごみさき)。「いらござき」とも。

いらたか-じゅず【苛高数珠】 名詞玉の角がとがっている数珠。山伏などの修験者が使い、もむと高い音がする。

いら・つ【苛つ】 一 自動詞タ四{た/ち/つ/つ/て/て}いらいらする。いらだつ。仁勢

江戸ー物語 仮名「昔人はかくいらちたる飲みやうをなんしける」訳昔の人はこのようにいらだった飲み方をしたという。

二 他動詞 タ下二{て/て/つ/つる/つれ/てよ}せかす。せきたてる。「いらづ」とも。平家物語 鎌倉ー物語 一・殿下乗合「『乗り物よりおり候へおり候へ』と、いらてけれども」訳「乗り物から下りなさい、下りなさい」とせかしたけれども。

***いら-つ-こ【郎子】** 名詞 奈良時代以前、若い男性を親しんで呼んだ語。◆「つ」は「の」の意の奈良時代以前の格助詞。対郎女(いらつめ)

***いら-つ-め【郎女・女郎・娘子】** 名詞 奈良時代以前、若い女性を親しんで呼んだ語。◆「つ」は「の」の意の奈良時代以前の格助詞。対郎子(いらつこ)

***いら-な・し【苛なし】** 形容詞ク{(く)・から/く・かり/し/き・かる/けれ/かれ} ❶(程度が)甚だしい。ひどい。大和物語 平安ー物語 一六八「さぶらふ人々もいらなくなむ泣きあはれがりける」訳お仕え申し上げる人々も甚だしく泣いていたましく思った。❷大げさだ。仰々しい。徒然 鎌倉ー随筆 五四「印(いん)ことことしく結び出(い)でなどして、いらなく振る舞ひて」訳(僧たちは)印を仰々しく結んで作り出したりして、大げさに振る舞って。❸(物の状態などが)強い。鋭い。宇治拾遺 鎌倉ー説話 一〇・六「明け暮れはいらなき太刀をみがき」訳毎日は、鋭い太刀をみがき。

いら・ふ【答ふ・応ふ】(イラウ—イロウ) 自動詞 ハ下二{へ/へ/ふ/ふる/ふれ/へよ} 答える。返事をする。宇治拾遺 鎌倉ー説話 一・一二「いま一声呼ばれていらへんと、念じて寝たるほどに」訳もう一度呼ばれてから返事をしようと、じっとこらえて寝ているうちに。

関連語「いらふ」と「こたふ」の違い
「こたふ」が相手の問いにまともに答えるのに対して、「いらふ」は、適当に返事する場合に用いられる。鎌倉時代以降は多く「こたふ」が用いられた。

いらへ【答へ】(イラエ) 名詞 返事。返答。

いら-め・く【苛めく・刺めく】 自動詞 カ四{か/き/く/く/け/け} とがって見える。角張っている。宇治拾遺 鎌倉ー説話 一一・一〇「胸骨(むねぼね)はことにさしいでて、いらめき」訳胸の骨は特に出て角張って見え。◆「めく」は接尾語。

いらが・す【苛らがす】 他動詞 サ四{さ/し/す/す/せ/せ}「いららぐ」二に同じ。宇治拾遺 鎌倉ー説話 九・一「毛をいららがして」訳(猪(いのしし)が)毛を逆立てて。

いらら・ぐ【苛らぐ】
一 自動詞 ガ四{が/ぎ/ぐ/ぐ/げ/げ} ❶突っぱる。とがる。角(かど)だつ。源氏物語 平安ー物語 手習「こはごはしういららぎたる物ども着給(きたま)へるしも」訳ごわごわして突っぱっているものなどを着ていらっしゃるのも。❷鳥肌が立つ。源氏物語 平安ー物語 橋姫「寒げに、いららぎたる顔して」訳寒そうに、鳥肌が立っている顔をして。
二 他動詞 ガ下二{げ/げ/ぐ/ぐる/ぐれ/げよ} とがらせる。逆立たせる。角(かど)だてる。今昔物語 平安ー説話 五・二〇「獅子(しし)の、かく項(うなじ)の毛をいららげ」訳獅子が、このように首の後ろの毛を逆立たせ。

いら・る【苛らる・焦らる】 自動詞 ラ下二{れ/れ/る/るる/るれ/れよ} いらいらする。気をもむ。じれる。落窪物語 平安ー物語 一「泣きいらるれば」訳泣いていらいらするので。

***いり-あひ【入相】**(イリアイ) 名詞 ❶夕暮れ時。日没時。❷「入相の鐘(かね)」の略。

いりあひ-の-かね【入相の鐘】(イリアイノカネ) 連語 夕暮れにつく寺の鐘。またその音。新古今 鎌倉ー歌集 春下「山里の春の夕暮れきてみればいりあひのかねに花ぞ散りける」訳春、夕暮れどきに山里を訪れてみると、夕暮れにつく鐘の音につれて桜の花が散ることよ。

いり-あや【入り綾】 名詞 舞楽(ぶがく)で、舞人(まいびと)が舞い終わって舞台から楽屋に退くとき、いったん引き返して改めて舞いながら退場すること。また、その舞。入り舞。

いり-がた【入り方】 名詞 日や月が没しようとするころ。「いりかた」とも。

いり-ぎは【入り際】(イリギワ) 名詞「いりがた」に同じ。

いり-ずみ【煎り炭・炒り炭】 名詞 火であぶって乾燥させ、火つきをよくした炭。

いり-たち【入り立ち】 名詞 ❶入りこむこと。親しく出入りすること。また、その人。❷「簾中(れんちゅう)入り立ち」の略。宮中にある台盤所(だいばんどころ)(=女房たちの詰め所)に出入りを許されること。また、許された人。

類語と使い分け① 「いらっしゃる」の意味を表す言葉

「いらっしゃる」という言葉は、現代語の動詞の「いる」「行く」「来る」の尊敬語であるが、この意味を示す古語には、「おはす」「おはします」「ます」「います」がある(古語の「あり」「行く」「来(く)」の尊敬語)。また、もっぱら「あり」の尊敬を表す語として「まします」がある。

おはす…平安時代から用いられた語で、いらっしゃる、おありになる、おいでになる、お越しになる、の意味を表す。主語が複数の場合は「おはさふ」「おはさうず」が使われた。

おはします…平安時代から用いられた語で、「おはす」よりもさらに敬意の高い語。主語が複数の場合は「おはしまさふ(おはしましあふ)」が使われた。

ます…主に奈良時代に用いられ、平安時代は和歌のなかや複合語などにわずかに使われるのみとなった。

います…奈良時代から用いられたが、平安時代の初期まで四段・下二段の両様があった。平安時代の中ごろからはサ変に活用した。平安時代女流文学の作品では「います」よりも「おはす」が多用されるようになった。

まします…鎌倉時代になって盛んに用いられた語で、平安時代の和文では神・仏・国王などに対して用いられることが多い。「王の国には、仏まします(王の国には、仏がいらっしゃる)」(『今昔物語集』一・一三)

右の諸語のほかに、「ものしたまふ」で「(…で)いらっしゃる」の意を表す。

いりた・つ【入り立つ】自動詞タ四{た/ち/つ/つ/て/て} ❶**中に入る。はいり込む。**土佐日記 平安―日記 二・一六「京にいりたちて、うれし」訳京の町にはいって、うれしい。❷**親しく出入りする。親しく交わる。**枕草子 平安―随筆 淑景舎、東宮に「山の井の大納言は、いりたたぬ御兄(せうと)にても、いとよくおはすかし」訳山の井の大納言は(異腹で)親しく交わらない兄君の割には、たいそう立派でいらっしゃるよ。❸**物事に深く通じる。**徒然 鎌倉―随筆 七九「何事もいりたたぬさましたるぞよき」訳何事も深く通じていないようすをしているのがよい。

いり-ちゃう【入り帳】(ヨイリチョウ) 名詞 **収入簿。**収入を記録しておく帳簿。

いり-は・つ【入り果つ】自動詞タ下二{て/て/つ/つる/つれ/てよ} **すっかり入る。**(月や日などが)**没する。**枕草子 平安―随筆 春はあけぼの「日いりはてて、風の音(おと)、虫の音(ね)など、はた言ふべきにあらず」訳日がすっかり没してしまって、(耳に聞こえてくる)風の音や虫の鳴き声など(の趣のあることは)、さらにまた言うまでもない。

いり-ひ【入り日】名詞 **沈みゆく太陽。落日。**

いりひ-なす【入り日なす】枕詞「入り日」のように沈みゆく意から「隠る(=死ぬ)」にかかる。万葉集 奈良―歌集 四六六「いりひなす隠りにしかば」訳隠れてしまったので。

いり-ふね【入り船】名詞 **入港する船。**

いり-まい【入り米】(イリマイ) 名詞 **収入。**◆江戸時代の語。

いり-まひ【入り舞】(イリマイ) 名詞 ❶「いりあや」に同じ。❷**物事の終わり。おしまい。**

いり-まへ【入り前】(イリマエ) 名詞 ❶**収入。**❷**生活費。必要経費。**

いり-みなと【入り湊】名詞 **船が停泊する港。**

いり-め・く 自動詞カ四{か/き/く/く/け/け} **ひしめき騒ぐ。もみ合い騒ぐ。言い争う。**今昔物語 平安―説話 二八・三八「口々にいりめくほどに、はるかの底に呼ばふ声ほのかに聞こゆ」訳口々に言い争ううちに、遠く離れた谷の底で呼ぶ声がかすかに聞こえる。◆「めく」は接尾語。

いり-も・む【いり揉む】

一 自動詞マ四{ま/み/む/む/め/め} ❶**激しくもみ合う。風などが吹き荒れる。**源氏物語 平安―物語 明石「いりもみつる風の騒ぎに」訳激しく吹き荒れた風の騒々しさに。❷**気をもむ。**宇治拾遺 鎌倉―説話 三・九「いりもみ思ひければ」訳気をもんで思いこんだので。

二 他動詞マ四{ま/み/む/む/め/め} **ぜひにと一心に祈り願う。**宇治拾遺 鎌倉―説話 一一・七「『…』といりもみ申して」訳「…」と一心に祈り願い申し上げて。

いり-もや【入り母屋】名詞 屋根の形式の一つ。上部を切り妻にし、下部は四方へ廂(ひさし)をふきおろしたもの。

いる[1]【居る・率る】⇨ゐる

い・る[2]【入る】

一 自動詞ラ四{ら/り/る/る/れ/れ}

❶**はいる。はいってゆく。**伊勢物語 平安―物語 九「宇津の山に至りて、我がいらむとする道は、いと暗う細きに」訳宇津の山について、自分たちがはいってゆこうとする道は、たいそう暗く細いうえに。

❷(日・月が)**沈む。隠れる。没する。**枕草子 平安―随筆 淑景舎、東宮に「日のいるほどに起きさせ給(たま)ひて」訳(天皇は)日が沈むころにお起きになられて。

❸(宮中・仏門などに)**はいる。**徒然 鎌倉―随筆 五八「一度(ひとたび)道にいりて世を厭(いと)はん人」訳一度仏道にはいって世俗を嫌い離れようとするような人は。

❹**至る。なる。達する。**徒然 鎌倉―随筆 一九一「『夜にいりてもの映えなし』と言ふ人、いとくちをし」訳「夜になっては物の見ばえがしない」と言う人は、とても情けない。

❺(心に)**しみる。はいりこむ。**万葉集 奈良―歌集 二九七七「何ゆゑか思はずあらむ紐(ひも)の緒の(=枕詞(まくらことば))心にいりて恋しきものを」訳どうして(あの人のことを)思わないでいられようか、いや思わずにいられない。心にしみて恋しくてならないのに。

❻**必要である。**源氏物語 平安―物語 梅枝「これは暇(いとま)いりぬべきものかな」訳これは(書くのに)時間が必要だったろうなあ。◇「要る」とも書く。

❼〔「いく」「来(く)」などの尊敬語〕〔尊敬語を伴って〕**いらっしゃる。おいでになる。**源氏物語 平安―物語 賢木「いらせ給(たま)ひけるを珍しきことと承るに」訳(中宮が春宮(とうぐう)御所へ)いらっしゃったのを珍しいことと伺うにつけ。

二 他動詞ラ下二{れ/れ/る/るる/るれ/れよ}

❶**入らせる。入れる。**古今 平安―歌集 雑上・伊勢物語 平安―物語 八二「あかなくにまだきも月の隠るるか山の端(は)にげていれずもあらなむ」訳⇨あかなくに…。

❷**含める。加える。**枕草子 平安―随筆 中納言まゐり給ひて「かやうの事こそは、かたはらいたきことのうちにいれつべけれど」訳こういうことは、きまりが悪いことの中に加えてしまうべきだけれども。

❸**こめる。うちこむ。**古今 平安―歌集 仮名序「力をもいれずして天地(あめつち)を動かし」訳(和歌は)力をこめないで天地を動かし。

三 補助動詞ラ四{ら/り/る/る/れ/れ}〔動詞の連用形に付いて〕

❶**すっかり…(のように)なる。ほとんど…(に)なる。**宇治拾遺 鎌倉―説話 一・一二「幼き人は寝(ね)いり給(たま)ひにけり」訳幼い人はすっかり寝てしまわれたのだ。

❷**熱心に…する。ひたすら…する。**源氏物語 平安―物語 夕霧「この人も、まして、いみじう泣きいりつつ」訳この人も、(夕霧より)なおさら、たいへんひどく泣きながら。

四 補助動詞ラ下二{れ/れ/る/るる/るれ/れよ}〔動詞の連用形に付いて〕中に入れる、受け入れるの意を表す。源氏物語 平安―物語 帚木「人も聞きいれず」訳供の人は聞き入れない。

いる[3]【沃る】他動詞ヤ上一{い/い/いる/いる/いれ/いよ} **そそぐ。浴びせる。**平家物語 鎌倉―物語 六・入道死去「板に水をいて」訳板に水をそそいで。⇨い(射)る 注意

いる[4]【射る】他動詞ヤ上一{い/い/いる/いる/いれ/いよ} **弓に矢をつがえて放つ。矢を射当てる。射る。**徒然 鎌倉―随筆 九二「ある人、弓いる事を習ふに」訳ある人が弓を射ることを習うときに。

注意 ヤ行上一段活用の動詞は「射る」「沃(い)る」「鋳(い)る」の三語だけである。

い・る[5]【煎る・炒る】他動詞ラ四{ら/り/る/る/れ/れ} **水分がなくなるまで火であぶる。煮つめる。**徒然 鎌倉―随筆 一七五「冬せばき所にて、火にて物いりなどして」訳冬狭い所で火で何か物をあぶるなどして。

いる[6]【鋳る】他動詞ヤ上一{い/い/いる/いる/いれ/いよ} **金属を溶かし、鋳型に入れて器物を造る。鋳造する。**更級 平安―日記 鏡のかげ「母一尺の鏡をいさせて」訳母は直径一尺(=

約三〇センチメートル)の鏡を造らせて。⇩い(射)る

注意

いるかせ・なり【忽なり】形容動詞ナリ {なら/なり・に/なり/なる/なれ/なれ} いい加減だ。おろそかだ。平家物語 鎌倉―物語 一・禿髪「いささかいるかせにも申す者なし」訳(平清盛が全盛のころは)少しもいい加減に申し上げる者はいない。◆後に「いるがせなり」「ゆるかせなり」「ゆるがせなり」とも。漢文訓読語。

いる-さ【入るさ】名詞 はいるとき。はいる方角。◆「さ」は時・方角を表す接尾語。

いれ-かたびら【入れ帷子】名詞 衣類を箱にしまうときに包む布。

いれ-ずみ【入れ墨】名詞 ❶皮膚を傷つけ、墨や色ものので字や絵を彫り込むこと。また、その彫りもの。❷江戸時代、犯罪を犯した者の手足などに墨を彫り込み、「前科あり」のしるしとした刑罰。❸書・絵などに既にあるものに後から書き加えること。入れ筆。

いれ-ひも【入れ紐】名詞 直衣や狩衣、袍などの首回りや裾についている紐。紐の先が輪になっている側(女紐)に、結び玉になっている側(男紐)をかけてとめる。

いれ-ふだ【入れ札】名詞 土木工事などの請負や物品の売買の値を決めるときに、見込み額を紙に書き、箱に入れること。入札。

いろ[1]【色】名詞

❶**色。色彩。** 宇治拾遺 鎌倉―説話 一・三「赤きいろには青き物を着」訳赤い色(の鬼)は青い着物を着て。

❷**衣服の色。** ▼身分や階級によって定められていた。源氏物語 平安―物語 若菜下「御衣のいろも深くなり給へれ」訳(昇進して)お召し物の色も濃く(＝上位の色に)おなりになったが。

❸**喪服。喪服の色。** ▼黒、または鈍色(＝濃いねずみ色)。源氏物語 平安―物語 幻「女房なども、かの御形見のいろ替へぬもあり」訳女房などの中には、亡き人の思い出の手がかりとなる喪服を(平服に)着替えないものもいる。

❹**表面。顔色。表情。態度。** 伊勢物語 平安―物語 七八「いろ見えぬ心を見せむよしのなければ」訳表面に現れない私の気持ちを見せる方法がないので。

❺**風情。趣。気配。** 古今 平安―歌集 春下「春のいろの至り至らぬ里はあらじ咲ける咲かざる花の見ゆらむ」訳春の気配が及んでいる里と及んでいない里の違いはあるまいが、咲く花と咲かない花があるようだ。

❻**はなやかさ。華美。** 古今 平安―歌集 仮名序「今の世の中、いろにつき、人の心、花になりにけるより」訳今の世の中は、華美に傾き、人の心が、浮わついてきてしまったので。

❼**やさしさ。人情味。** 徒然 鎌倉―随筆 一四一「げには、心のいろ無く、情け遅れ」訳(東国の人は)本当のところは、心のやさしさがなく、情味に乏しく。

❽**恋愛。色欲。** 徒然 鎌倉―随筆 一七二「いろにふけり、情けに愛で」訳恋愛に夢中になり、愛情に心動かされたりして。

❾**恋人。愛人。** 太平記 室町―物語 一八「御心に染むいろもなかりけるにや」訳お心にかなう恋人もなかったのであろうか。

古典の常識

『古代の色』

古代から日本人は白や赤の色にまじないの力を感じ、白は清浄・神聖な色として、また赤は祝福の色として、祭りや物忌みの際に使われてきた。また黒も古くからけがれの色と考えられていた。奈良時代以前で純粋に色を表す言葉は赤・黒・白・青の四語だが、これは特定の色名というより明度や純度をもとにした広範囲な呼び名で、赤にはだいだい・黄・紫、青には藍・緑なども含んでいた。そのほかの色名としては、草木や鉱物など原料に基づくものが多い(「あかね」「くちなし」「丹色」など)。

中国では青・赤・黄・白・黒を「五色」といって重んじたが、日本でも律令時代にこれを採り入れ、貴族の階級によって使用する色や、天皇や皇族以外には使用できない色を決めた。これを「禁色」という。日本では中国と違って紫を最上位においており、紫が貴族のあこがれの色となっていた。色は和歌にも多く詠み込まれている。⇩むらさきの…(二首)。うすきこき…。

い-ろ[2]【倚廬】名詞 天皇や皇族が、その父母の喪に服するときにこもる仮屋。通例初めの十三日間こもる。

いろ-[3] 接頭語 〔血族関係を表す名詞に付いて〕同母の。▼母親が同じであることを示す。「いろえ」「いろせ」「いろも」「いろは」◆奈良時代以前の語。

いろ-あひ【色合ひ】名詞 ❶色のぐあい。色調。❷顔の色つや。

いろ-あらたま・る【色改まる】連語 喪が明け、鈍色(＝濃いねずみ色)の衣服から平常の服に戻る。喪が明ける。源氏物語 平安―物語 少女「世の中いろあらたまりて」訳世間は喪が明けて平常の服装に戻って。

いろ-いろ【色色】

一 名詞 ❶さまざまの色。▼平安時代には衣服にいうことが多い。❷さまざまな種類。種々さまざま。

二 副詞 ❶色とりどりに。源氏物語 平安―物語 須磨「前栽の花、いろいろ咲き乱れ」訳植え込みの花が、色とりどりに咲き乱れて。❷さまざま。いろいろ。源氏物語 平安―物語 御法「いとかくいろいろおぼしまうけけむ」訳こんなにもさまざまご用意なさったのであろうか。

いろ-いろ・し【色色し】形容詞シク {(しく)・しから/しく・しかり/し/しき・しかる/しけれ/しかれ} ❶好色だ。著聞集 鎌倉―説話 五五四「いろいろしき者にて、良き悪しきを嫌はず、女といへば心動かしけり」訳好色な人で、(器量の)良い悪いを問わず、女というと心を動かした。❷はなやかだ。きらびやかだ。義経記 室町―物語 六「別していろいろしくも出で立たず」訳特にきらびやかにも着飾らない。

いろ-いろ・なり【色色なり】形容動詞ナリ {なら/なり・に/なり/なる/なれ/なれ} ❶色さまざまだ。万葉集 奈良―歌集 四二五四「秋の花其しがいろいろに見めたまひ」訳秋の花、それを色さまざまにご覧になり。❷種々さまざまだ。源氏物語 平安―物語 行幸「いろいろなりし御睦言の定めを思し出でて」訳種々さまざまであった語らいの品定めのことを思い出しなさって。

いろう〖色う・彩う・綺う・弄う〗⇩いろふ

いろ-え【いろ兄】 名詞 同じ母から生まれた兄。◆「いろ」は接頭語。奈良時代以前の語。

いろ-か【色香】 名詞 ❶(花の)色と香り。古今 平安―歌集 春上「梅の花あかぬいろかは折りてなりけり」訳 梅の花の飽きないろかは、折って(手に取って)のことだったのだな。❷色気。❸物事のようすや気配。態度や顔色。

いろ-かたち【色形】 名詞 顔の血色。顔色。

いろ-かは・る【色変はる】 イロカワル 連語 喪に服するため鈍色(=濃いねずみ色)の服を着る。喪に服する。源氏物語 平安―物語 椎本「いろかはる袖をば」訳 喪に服するために鈍色の服を着る(私の)袖を。

いろ-くさ【色種】 名詞 さまざまな種類。(特に秋の草の)たくさんの種類。

いろ-くづ【鱗】 イロクズ 名詞「うろくづ」に同じ。

いろこ【鱗】 名詞 魚のうろこ。◆「うろこ」の古い形。

いろ-こ・し【色濃し】 連語 ❶色が濃い。特に、衣服の紫や紅の色が濃い。更級 平安―日記 足柄山「いろこき衣に」訳(富士山は)色の濃い着物(の上)に。❷あくどい。しつこい。徒然 鎌倉―随筆 一三七「片田舎の人こそ、いろこく万はもて興ずれ」訳 へんぴな田舎の人は、しつこく何もかもおもしろがる。

いろこ-だ・つ【鱗だつ】 自動詞タ四{た/ち/つ/つ/て/て} うろこのような模様をもつ。堤中納言 平安―物語 虫めづる姫君「いろこだちたる懸袋に入れて」訳 うろこのような模様をもっている懸袋(=袋の両端をひもで結び、首にかけるようにした袋)に入れて。◆「だつ」は接尾語。

***いろ-ごのみ【色好み】** 名詞 ❶恋愛の情趣を解し、洗練された恋ができること。また、その人。粋人。多情な人。伊勢物語 平安―物語 三七「昔、男、いろごのみなりける女に逢へりけり」訳 昔、男が恋愛の情趣を解する女に会った。❷風流・風雅な方面に熱意・関心がある人。風流人。古今 平安―歌集 仮名序「いろごのみの家に埋もれ木の人知れぬこととなりて」訳(和歌は)風流人の私的な場に埋もれ、埋もれ木のように人に知られない存在になって。

参考 平安時代には、恋愛の情趣や風雅を解した人物に対する賛美の意を含んで、男女ともに用いた。

いろ-この・む【色好む】 連語 恋愛の情趣を解する。洗練された恋愛をする。徒然 鎌倉―随筆 一三七「浅茅が宿に昔を偲ぶこそ、いろこのむとは言はめ」訳 浅茅が茂る荒れた住まいに、(二人で過ごした)昔を懐かしむことこそ、恋愛の情趣を解すると言ってよいだろう。

いろ-ごろも【色衣】 名詞 色鮮やかな衣服。

いろ-しな【色品】 名詞 ❶さまざまな品物。しなじな。❷いろいろな手段。方法。

いろ-せ 名詞 同じ母から生まれた兄または弟。◆「いろ」は接頭語。奈良時代以前の語。

***いろ-づ・く【色付く】** 自動詞カ四{か/き/く/く/け/け} 植物の葉や花や実が季節の色を帯びる。徒然 鎌倉―随筆 一九「萩の下葉いろづくほど」訳 萩の下葉が季節の色を帯びる(=紅葉する)ころ。

いろ-と 名詞 同じ母から生まれた弟または妹。「いろど」とも。◆「いろ」は接頭語。「と」は「おと」の変化した語で、弟・妹の意。奈良時代以前の語。対 いろね。

***いろ-ど・る【色取る・彩る】** 他動詞ラ四{ら/り/る/る/れ/れ} ❶色をつける。彩色する。万葉集 奈良―歌集 一三三九「鴨頭草に衣いろどり」訳 つゆ草で着物に彩色し。❷紅や白粉などを顔にぬる。化粧する。源氏物語 平安―物語 総角「いろどりたる顔づくりをよくして」訳 紅や白粉をぬった化粧を念入りにして。

いろ・なり【色なり】 形容動詞ナリ{なら/なり・に/なり/なる/なれ/なれ} ❶はなやかで美しい。源氏物語 平安―物語 竹河「御髪いろにて、柳の糸のやうに、たをたをと見ゆ」訳 髪の毛がはなやかで美しくて、柳の枝のようにしなやかに見える。❷風流だ。色好みだ。源氏物語 平安―物語 総角「いろなる御心にはをかしくおぼしなさる」訳(匂宮の)風流なお心には興味深くお感じになられる。

***いろ-に-い・づ【色に出づ】** イロニイズ 連語(思っていることが)顔やそぶりに表れる。態度に出る。拾遺 平安―歌集 恋一「忍ぶれどいろにいでにけりわが恋は物や思ふと人の問ふまで」訳 ⇨しのぶれど…。

いろ-に-いだ・す【色に出だす】 連語 心の内を顔やそぶりに表す。源氏物語 平安―物語 玉鬘「げにおしはかるるを、いろにはいだし給はねど」訳 いかにも(玉鬘の容貌が)推量されるのを、(紫の上は)顔には表しなさらないが。

◆学習ポイント⑨

五十音図

〈表1〉

あ	い	う	え	お
か	き	く	け	こ
さ	し	す	せ	そ
た	ち	つ	て	と
な	に	ぬ	ね	の
は	ひ	ふ	へ	ほ
ま	み	む	め	も
や		ゆ		よ
ら	り	る	れ	ろ
わ				を
ん				

〈表2〉

あ	い	う	え	お
か	き	く	け	こ
さ	し	す	せ	そ
た	ち	つ	て	と
な	に	ぬ	ね	の
は	ひ	ふ	へ	ほ
ま	み	む	め	も
や	い	ゆ	え	よ
ら	り	る	れ	ろ
わ	ゐ	う	ゑ	を

五十音図というと、日本語の読み書きを習い始めた児童が学ぶ〈表1〉のような仮名の一覧表を思い浮かべるかもしれないが、本来の五十音図は〈表2〉のように、同じ母音を持った音節を横(段)に、同一、または類似の子音を持った音節を縦(行)に、五十字の仮名を配列した図のことである。〈表2〉の段と行の順序に固定したのは江戸時代初期で、それ以前は配列が今と違っているものがある。作成目的としては漢字音を示すためとか日本語の音節表を示すためなど諸説ある。平安中期ごろの成立と考えられる。

いろ-ね 名詞 同じ母から生まれた兄または姉。◆「いろ」は接頭語。奈良時代以前の語。対 いろと。

[1]いろ-は【母】 名詞 実の母。生母。◆「いろ」は接頭語で、本来は同母による血族関係を示すが、ここでは血がつながっている意。奈良時代以前の語。対 父。

[2]い-ろ-は【伊呂波】 名詞 ❶「伊呂波歌」の略。❷「いろは歌」を仮名書きにした平仮名四十七文字。また、その末尾に「ん」または「京」の文字を加えた四十八文字。❸物事の初歩。特に、稽古事の初め。▼手習い(=習字)の最初に「いろは歌」を手本にしたことから。

伊呂波歌 文芸 発音の異なる仮名四十七文字を、同じ仮名を重複させずにつづった、七五調の四句からなる今様形式の歌謡。「いろはにほへとちりぬるをわかよたれそつねならむうゐのおくやまけふこえてあさきゆめみしゑひもせす」。仮名を習うときの手本や、国語の音韻の整理の資料・辞典の語彙の配列などに利用された。

古典の常識

『伊呂波歌』

伊呂波歌は、『涅槃経』というお経の中の仏教のさとりについて書かれた文句を、日本語の今様形式の歌につくりかえたものという。

いろはにほへと　ちりぬるを
わかよたれそ　つねならむ
うゐのおくやま　けふこえて
あさきゆめみし　ゑひもせす

色は匂へど　散りぬるを
わが世誰ぞ　常ならむ
有為の奥山　今日越えて
浅き夢見じ　酔ひもせず

〈経文〉
諸行無常　是生滅亡
生滅滅已　寂滅為楽

〈『伊呂波歌の現代語訳』〉
花が咲いてもやがて散るように、この世ははかないものだ。そのことを知って悩みを断ち切ったときに、さとりが得られる。

いろ-びと【色人】 名詞 ❶なまめかしい美人。❷遊女。❸色の道に通じている人。粋人。

いろ・ふ[1]【色ふ・彩ふ】
一 自動詞 ハ四{は/ひ/ふ/ふ/へ/へ} **美しい色になる。色鮮やかになる。** 和泉式部集 平安－歌集「いかばかり思ひおくとも見えざりし露にいろへる撫子の花」訳どれほど心にとどめていても見えなかった露にぬれて美しい色になったなでしこの花だ。
二 他動詞 ハ下二{へ/へ/ふ/ふる/ふれ/へよ} ❶**美しく彩る。彩色する。** 平家物語 鎌倉－物語 一一・那須与一「赤地の錦をもって大領・端袖いろへたる直垂に」訳赤地の錦で前襟と端袖を美しく彩ってある直垂に。❷(文章などに)**工夫をこらす。** 風姿花伝 室町－論 二「安き所を少な少なといろへてせしかども」訳無造作な所を少しずつ工夫をこらしてしたが。

いろ・ふ[2]
一【綺ふ】 自動詞 ハ四{は/ひ/ふ/ふ/へ/へ} **かかわる。口出しする。干渉する。** 徒然 鎌倉－随筆 七七「いろふべきにはあらぬ人の、よく案内知りて人にも語り聞かせ」訳かかわるはずでない人が、よく事情を知っていて人にも語り聞かせ。
二【弄ふ】 他動詞 ハ四{は/ひ/ふ/ふ/へ/へ} **手を触れる。いじる。** 鑓権三 江戸－浄瑠 浄瑠・近松「下女・中間にもいろはせず」訳下女や中間にも手を触れさせず。

いろ-ふか・し【色深し】 連語 ❶**色が濃い。** 枕草子 平安－随筆 草の花は「萩、いといろふかう枝たをやかに咲きたるが」訳萩の花は、とても色が濃く、枝もしなやかに咲いているのが。◇「いろふかう」はウ音便。❷**思い入れが強い。愛情深い。** 古今 平安－歌集 恋四「いろふかく思ひし心われ忘れめや」訳(あの人を)愛情深く思った心を私が忘れるでしょうか、いや、忘れはしません。❸**色欲が強い。**

いろ-ふし【色節】 名詞 ❶目立って晴れがましいこと。名誉なこと。❷晴れの儀式。❸きらびやかなこと。はでな色彩。

いろみえで… 和歌「色見えで　うつろふものは　世の中の　人の心の　花にぞありける」古今 平安－歌集 恋五・小野小町 訳(草木の花であるならば、色あせてゆくようすが目で確かめられるのに)色に見えないで移り変わるものは、人の心という花であったことだ。
鑑賞 普通の花は色あせてゆくようすを目で確かめることができるのに、人の心に咲く恋の花はそうと知らないうちに移ろってゆくものだと、相手の男の不実を嘆いた歌。非常に知性的でありながら、豊かな叙情性が感じられる。「世の中」は「男女の仲」を意味している。「ぞありける」は係り結びによる強めの用法で、「ぞ」の結びの「ける」は、詠嘆の助動詞「けり」の連体形。

いろ-め【色目】 名詞 ❶**色合い。** 特に、衣服などに用いられる布の色合い。❷恋の思いをひそかに知らせようとする目つき。流し目など。❸思いが表れている顔色。

いろ-めか・し【色めかし】 形容詞 シク{しく・しから/しく・しかり/し/しき・しかる/しけれ/しかれ} **なまめかしい。艶っぽい。** 源氏物語 平安－物語 葵「いろめかしき心地にうちまもられつつ」訳なまめかしい気持ちでつい見続けなさって。

いろ-め・く【色めく】 自動詞 カ四{か/き/く/く/け/け} ❶**美しく色づく。はなやかな色を見せる。** 熊野 室町－能楽 謡曲「いろめく花衣」訳はなやかな色を見せる花見の衣。❷**色好みのように見える。なまめかしく見える。** 徒然 鎌倉－随筆 一一三「四十にも余りぬる人の、いろめきたる方」訳四十歳を越えてしまった人で、色を好むように見えた方面が。❸**敗色が見える。** 太平記 室町－物語 八「その陰に隠れんといろめきける気色を見て」訳そのうしろに隠れようという敗色が見えたようすを見て。

いろ-も 名詞 同じ母から生まれた妹。◆「めく」は接尾語。◆「いろ」は接頭語。奈良時代以前の語。

いろ-ゆるさ-・る【色許さる】 連語
なりたち 名詞「いろ」＋動詞「ゆるす」の未然形＋受身の助動詞「る」
「禁色」とされた色の衣の着用を許される。伊勢物語 平安－物語 六五「昔おほやけおぼして使う給ふ女の、いろゆるされたるありけり」訳昔、帝がご寵愛になってお使いあそばす女で、禁色の着用を許されていた人がいた。

いろ-を-うしな・ふ【色を失ふ】 連語 (恐怖や緊張で)顔が青ざめる。顔色をなくす。平家物語 鎌倉－物語 三・法印問答「伝奏の人もいろをうしなひ」訳(地震占いの結果について上皇に)取り次ぐ人も顔が青ざめ。

いろ-をとこ【色男】 名詞 ❶**好色な男。** ❷**美男子。女性にもてる男。** ❸**情夫。間男。**

いやなし〖礼無し〗⇨ゐやなし

いわ[1]〖石・岩・磐〗⇨いは

いわう[1]〖祝う・斎う〗⇨いはふ

い-わう[2]【医王】 名詞 ❶仏・菩薩を医者の王にたとえていう語。❷仏教語。薬師如来の別名。

いわお〖巌〗⇨いはほ

磐城 ⇨磐城

い

いわく〖曰く・言わく〗⇩いはく

いわけ-な-し〖幼けなし・稚けなし〗⇩いはけなし

いわた-す【射渡す】他動詞サ四〔さ/し/す/す/せ/せ〕(矢を)**射て遠くまで届かせる。** 万葉集 奈良一歌集 四一六四「投矢(なぐや)もち千尋(ちひろ)いわたし」訳投げ矢で、千尋の遠くまで射て届かせ。

いわた-る【い渡る】自動詞ラ四〔ら/り/る/る/れ/れ〕**渡る。** 万葉集 奈良一歌集 四一〇一「沖つ御神(みかみ)にいわたりて」訳沖の神社がある島に渡って。◆「い」は接頭語。

いわんかたなし〖言わん方無し〗⇩いはむかたなし

いわんや〖況んや〗⇩いはむや

いを【魚】名詞 さかな。「うを」とも。

い-を-ぬ【寝を寝】連語

なりたち 名詞「い(寝)」＋格助詞「を」＋動詞「ぬ(寝)」

眠る。 万葉集 奈良一歌集 四四〇〇「家思ふといをねずをれば」訳家を思って眠らずにいると。

イン[1]〖院・韻〗⇩ゐん

いん[2]【因】名詞 仏教語。果の報いを生ずる原因となるもの。物事が起きる原因。対果(くわ)。

いん[3]【印】名詞 ❶仏教語。仏・菩薩(ぼさつ)の悟りや誓いの内容を示すものとして、手の指を組み合わせて作る種々の形。仏像に見られる。また、真言密教で、僧が陀羅尼(だらに)(＝呪文(じゅもん))を唱えるときに行う。「印相(いんさう)」とも。❷**印判。印章。**また、しるし。

(印❶)

いん[4]【陰】名詞 中国の易学で宇宙の根源とされる二つの気のうちの一つ。受動的・消極的な作用をもつ気。たとえば、月・地・冬・女・北など。対陽(やう)。

いん-えん【因縁】名詞 ❶仏教語。結果を引き起こすもとである「因」と、その結果の成立を助けるものである「縁」。ある結果を生む必然的な原因・機縁。❷**物事の由来。いわれ。**◆「いんねん」とも。

いんが〖因果〗⇩いんぐわ

いん-きょ【隠居】

一 名詞／―す 自動詞サ変 ❶世俗を避けて山野など閑静な所に隠れ住むこと。❷官職をやめたり、家督を譲って、表立ったことから退くこと。また、その人。

二 名詞 一❷をした人が住む家。**隠居所。**

いんぎん-な-り【慇懃なり】形容動詞ナリ〔なら/なり・に/なり/なる/なれ/なれ〕**丁重だ。きわめて礼儀正しい。** 春風馬堤曲 江戸一詩集 俳詩「茶店の老婆子儂(われ)を見ていんぎんに無恙(ぶやう)を賀し」訳茶店の老婆が私を見て、丁重に無事を祝い。

いん-ぐわ【因果】名詞 仏教語。

❶**すべてのものにある原因と結果。**▼よい行いにはよい結果が、悪い行いには悪い結果が来るという、因果応報の道理。徒然 鎌倉一随筆 一八八「学問していんぐわのことわりをも知り」訳学問をして、すべてのものにある原因と結果の道理を悟り。

❷**悪業(あくごふ)。悪業の報い。**▼前世、または以前の行いが原因となって受ける結果。鉢かづき 江戸一物語 御伽「いかなるいんぐわの報いにや、かかるうき世に住みそめて」訳いったいどのような(前世の)悪業の報いであろうか、こんなつらい世の中に住みはじめて。

いん-ぐわ-なり【因果なり】形容動詞ナリ〔なら/なり・に/なり/なる/なれ/なれ〕**不運だ。不幸だ。** 諸国ばなし 江戸一物語 浮世・西鶴「金子(きんす)一両持ち合はすこそいんぐわなれ」訳金を一両持ち合わせているのが不運である。

いん-さう【印相】名詞 ❶仏教語。「いん(印)❶」に同じ。❷仏や菩薩(ぼさつ)の表情。◆「いんざう」とも。

いん-し【隠士】名詞 俗世間との交わりを避け、ひとり静かに暮らしている立派な人。隠遁(いんとん)者。「いんじ」とも。

いん-じ【往んじ】

一 連体詞 **過ぎ去った。去る。** 方丈記 鎌倉一随筆「いんじ安元三年四月廿八日(にじふはちにち)かとよ」訳(あれは)去る安元三年四月二十八日であったかなあ。◆動詞「い(往)ぬ」の連用形＋過去の助動詞「き」の連体形からなる「いにし」の撥(はつ)音便。

二 名詞 **過ぎ去った時。過ぎ去った昔の事柄。**

隠者文学(いんじゃぶんがく) 文芸 平安時代の末期から鎌倉時代にかけて、現実社会を捨てて出家という形で人里離れた地に隠れ住んだ人(＝隠者)によって書かれた文学。出家して世を逃れた生活のようすや心境などが、仏教思想に基調を置いて書かれている。主な作品としては、和歌集では西行(さいぎやう)法師の『山家(さんか)集』、散文では鴨長明(かものちやうめい)の『方丈記』、吉田兼好(けんかう)の『徒然草(つれづれぐさ)』などが特に名高い。「草庵(さうあん)文学」ともいう。

いん-ぜふ【引接・引摂】名詞／―す 他動詞サ変 仏教語。阿弥陀仏(あみだぶつ)が、念仏者の臨終のときにあらわれて、極楽浄土に導くこと。◆「引導接取(いんだうせつしゆ)」の略。

いん-だう【引導】名詞／―す 他動詞サ変 ❶手引きして導くこと。❷仏教語。仏門へ人々を教え導くこと。❸仏教語。葬送のとき、僧が柩(ひつぎ)の前で経文を唱え、死者の迷いを取り去って、浄土に導くこと。

いん-ねん【因縁】名詞「いんえん」に同じ。

いん-ばん【印判】名詞 石や木に字などを彫り込み、判としたもの。**印章。印鑑。**

いん-やう【陰陽】名詞 中国の古代の哲学ともいうべき易学で、宇宙の万物を造り出す根源とされる、相反する性質をもつ二つの気。積極的な性格をもつ日・春・夏・昼・東・南・火・男などは陽、消極的な性格をもつ月・秋・冬・夜・西・北・水・女などは陰とする。「おんやう」「おんみやう」「いんにやう」とも。

いん-ろう【印籠】名詞 江戸時代、応急用の薬を入れて持ち歩く、三重または五重の長円筒形の小さな箱。両端に紐(ひも)を通して緒締めで締め、根付けを帯に挟んで腰に下げる。蒔絵(まきゑ)などの細工が施されている。もと、印判・印肉を入れる重箱であったのでこの名がある。

(印籠)

う[1]【卯】名詞 ❶「十二支（じふにし）」の第四。❷時刻の名。午前六時。また、それを中心とする二時間。❸方角の名。東。参照▶資料20

う[2]【鵜】名詞 水鳥の名。鵜飼いに使われる。季夏。

う[3]【得】

一 他動詞 ア下二{え/え/う/うる/うれ/えよ} ❶**手に入れる。自分のものにする。** 竹取物語 平安一物語 貴公子たちの求婚「いかで、このかぐや姫をえてしがな、見てしがなと」訳どうにかしてこのかぐや姫を自分のものにしたいものだなあ、結婚したいものだなあと。伊勢物語 平安一物語 六「女のえうまじかりけるを、年を経てよばひわたりけるを」訳自分のものにできそうになかった女に、何年も求婚しつづけていたのだが。

❷**得意とする。優れる。** 古今 平安一歌集 仮名序「これかれえたるところ、えぬところ、互ひになむある」訳それぞれ得意としている点、得意としない点がお互いにある。

❸〔多く、「心を得」「意を得」などの形で〕**理解する。** 今昔物語 平安一説話 二九・一八「盗人（ぬすびと）これを見るに、心もえねば」訳盗人はこれを見るが、意味もわからないので。

❹〔用言の連体形に名詞「こと」に格助詞「を」の付いた「ことを」の付いた形に続けて〕**…を可能とする。…できる。** 今昔物語 平安一説話 六・二一「汝（なんぢ）が寿命を延ぶることをえたり」訳おまえの寿命を延ばすことができた。

二 補助動詞 ア下二{え/え/う/うる/うれ/えよ}〔動詞の連用形に付いて〕…（することが）**できる。** 徒然 鎌倉一随筆 二一五「『これぞ求めえて候ふ』と申ししかば」訳「これを見つけることができました」と申し上げたところ。

注意 ア行に活用する動詞は、「得」とその複合語「心得（う）」「所得（う）」などだけ。

う[4]【憂】形容詞語幹 ⇩うし。古今 平安一歌集 雑上「事しあればまづ嘆かれぬあな憂世の中」訳何かあるとまずため息が出てしまうああつらい世の中よ。

注意 多く「あな憂（=ああつらいことよ）」「心憂（=気がめいる）」の形で用いられる。

う[5] 助動詞 特殊型《接続》動詞の未然形に付く。{○/○/う/う/○/○}

❶〔推量〕…**だろう。…う。** 宗論 室町一狂言 狂言「同道致すも、他生の縁でかなござらうぞ」訳連れ立って参りますのも、多く生まれ変わる間に結ばれた因縁ででもございましょうぞ。

❷〔意志〕…**う。…よう。** 平家物語 鎌倉一物語 九・一二之懸「死なば一所で死なう」訳死ぬならば同じ所で死のう。

❸〔仮定・婉曲（えんきょく）〕…**ならば。…ような。** 平家物語 鎌倉一物語 四・橋合戦「馬の足及ばうほどは、手綱をくれて歩ませよ」訳馬の足が（川底に）届くようなうちは、手綱をゆるめて（馬を）歩かせよ。

❹〔適当・当然〕…**するのがよい。…するのが当然だ。…すべきだ。** 天草伊曾保 安桃一物語 獅子と犬と狼と豹との事「人はただ我に等しい人を伴はうことぢや」訳人間はひたすら自分に等しい（身分の）人を連れ添うのがよいことなのだ。

語の歴史 助動詞「む」が「ん」となり、さらに「う」に変化した語。平安時代の末に現れ、鎌倉時代以降「む」に代わって用いられ、現代語に続く。

-う[6]【宇】接尾語 建物や屋根などを数える語。「一うの御堂（みだう）」

うい〖初〗⇩うひ

ういうい し〖初初し〗⇩うひうひし

うい こうぶり〖初冠〗⇩うひかうぶり

うい-ろう【外郎】（ウイロウ）名詞 ❶「外郎薬（ぐすり）」の略。痰（たん）をきったり、口臭を消す丸薬（がんやく）の名。江戸時代、小田原の名産。透頂香（とうちんこう）。❷「外郎餅（もち）」の略。米粉に黒砂糖を入れ蒸したもので色が❶の薬に似ている餅菓子。❸「外郎売（う）り」の略。独特の口上で❶を売り歩く人。

参考 「外郎」は中国の官名。元（げん）の外郎で室町時代の渡来人陳宗敬が❶の薬を作り出した。

う・う[1]【飢う・饑う】自動詞 ワ下二{ゑ/ゑ/う/うる/うれ/ゑよ} **飢える。** 万葉集 奈良一歌集 八九二「われよりも貧しき人の父母はうゑ寒（こご）ゆらむ」訳⇩かぜまじり…。⇩う（植）う 注意

う・う[2]【植う】他動詞 ワ下二{ゑ/ゑ/う/うる/うれ/ゑよ} **植える。** 奥の細道 江戸一紀行 蘆野「田一枚うゑて立ち去る柳かな―芭蕉」訳⇩たいちまい…。

注意 ワ行下二段動詞は「飢（う）う」「植う」「据（す）う」の三語だけである。

うえ〖上〗⇩うへ

上島鬼貫（ウエジマオニツラ）⇩上島鬼貫（うへじまおにつら）

上田秋成（ウエダアキナリ）⇩上田秋成（うへだあきなり）

う-えん【有縁】名詞 ❶関係があること。因縁があること。❷仏教語。仏に導かれる因縁のあること。対無縁（むえん）。

う-がい【有涯】名詞 仏教語。**変化して定まらない世の中。限りある人の一生。**

う-がく【右楽】名詞「うはう」に同じ。

うかがひ（ウカガイ）名詞

一【窺ひ】**ようすを見ること。**

二【伺ひ】「尋ねること」の謙譲語。**目上の人に指示をあおぐこと。うかがい。**

うかが・ふ（ウカガウ）他動詞 ハ四{は/ひ/ふ/ふ/へ/へ}

一【窺ふ】❶**それとなくようすを探る。こっそりのぞく。** 竹取物語 平安一物語 燕の子安貝「籠（こ）に乗りて釣られ上りて、うかがひ給（たま）へるに」訳かごに乗ってつり上げられて（つばめの巣の中を）それとなくようすを探られると。❷**ひそかに待つ。**（機会を）**ねらう。** 枕草子 平安一随筆 正月一日は「粥（かゆ）の木ひき隠して、家の御達（ごたち）・女房などのうかがふを」訳かゆの杖（つえ）を隠し持って、家の年功を積んだ女房や若い女房などが（腰を打つ機会を）ねらうのを。❸**調べてみる。尋ね求める。** 平家物語 鎌倉一物語 一・祇園精舎「近く本朝をうかがふに」訳最近の日本（の例）を尋ね求めると。❹**ひととおり知っておく。** 徒然 鎌倉一随筆 一二二「弓射（ゆみい）、馬に乗る事、六芸（りくげい）に出（い）だせり。必ずこれをうかがふべし」訳弓を射ること、馬に乗ることは、六芸にあげられている。必ずこれらをひととおり知っておかなければならない。

二【伺ふ】「問ふ」「聞く」「尋ぬ」の謙譲語。**お尋ねする。うかがう。** 平家物語 鎌倉一物語 五・福原院宣「院宣（ゐんぜん）

う

うかがはうに一日が逗留ぞあらんずる」訳（平家討伐の）法皇の命令書をお尋ねするためには一日は滞在することになるであろう。◆奈良時代以前は「うかかふ」。

うがち 文芸 江戸時代後期に見られる文学理念の一つ。人情の機微や、世の中の物事の、普通には気付かない真実などを、言語表現で鋭く巧みにつくこと。洒落本・黄表紙・滑稽本・川柳・狂歌などに見られる。支配される庶民の立場から生まれたものである点に、意義がある。

うが・つ【穿つ】 他動詞タ四{た/ち/つ/つ/て/て} ❶**穴をあける。** ❷**突きさす。** 土佐日記 平安―日記 一・一七「棹はうがつ、波の上の月を」訳さおは突きさす、波の上の月を。❸人や物の癖・欠陥や、世態・人情の機微などを指摘し、明らかにする。◇江戸時代の語。

うか・ねら・ふ[1]【窺狙ふ】 他動詞ハ四{は/ひ/ふ/ふ/へ/へ}（ようすを）うかがってねらう。万葉集 奈良―歌集 一五七六「この岡に雄鹿踏み起こしうかねらひかもかもすらく君ゆゑにこそ」訳この丘で雄鹿をけり起こしうかがいねらいあれこれするというのは、皆君のためなのです。

うか・ねらふ[2]【窺狙ふ】 枕詞 狩猟のとき、鳥獣の足跡をたどってねらうことやねらう人を「跡見」ということから、同音の地名「跡見山」にかかる。

う-かは【鵜川】 名詞 鵜の習性を利用して魚（多く鮎）をとること。鵜飼い。また、その川。

う-かひ【鵜飼ひ】 名詞 鵜を使ってあゆなどの川魚をとること。また、それを仕事とする人。鵜匠。季夏。

うか・ぶ【浮かぶ】

一 自動詞バ四{ば/び/ぶ/ぶ/べ/べ} ❶**浮く。浮かんでいる。** 方丈記 鎌倉―随筆「淀みにうかぶうたかたは、かつ消えかつ結びて」訳（川の）流れの滞っている所に浮かんでいる水の泡は、一方では消え、同時に一方ではできて。❷**落ち着かない。うわつく。** 源氏物語 平安―物語 夕顔「うかびたる心のすさびに」訳うわついた気まぐれで。❸**思い出される。思い浮かぶ。** 更級 平安―日記 物語「空に覚えうかぶを」訳（『源氏物語』の文章が）そらんじて思い出されるのを。❹**あてにならない。いいかげんだ。** 源氏物語 平安―物語 東屋「ようも案内せで、うかびたることを伝へける」訳よく内情を調べもしないで、いいかげんであること（＝縁談）を伝えたものだ。❺**出世する。世に出る。** 源氏物語 平安―物語 澪標「御子どもなど沈むやうにものし給へるを、みなうかび給ふ」訳お子様方なども不遇であるようでいらっしゃったが、みな出世しなさる。❻**成仏する。** 梁塵秘抄 平安―歌集 法文歌「終に我等もうかびなむ」訳ついには私たちも成仏するだろう。

二 他動詞バ下二{べ/べ/ぶ/ぶる/ぶれ/べよ} ❶**水面に浮かべる。** 奥の細道 江戸―紀行 象潟「象潟に舟をうかぶ」訳象潟に舟を浮かべる。❷**暗記する。暗唱する。** 枕草子 平安―随筆 清涼殿の丑寅のすみの「古今の歌二十巻を皆うかべさせ給ふを御学問にはせさせ給へ」訳『古今和歌集』二十巻を全部暗唱しなさることをご学問になさいませ。❸**出世させる。世に出す。** 源氏物語 平安―物語 明石「沈めるともがらをこそ、多くうかべ給ひしか」訳（逆境に）沈んでいる人たちを、多く世に出しなさった。❹**成仏させる。** 宇津保 平安―物語 梅の花笠「かのおもとをも、うかべ救はむとて」訳あのお方（＝母の亡霊）をも、成仏させて救おうということで。

うかべ・た・つ【浮かべ立つ】 他動詞タ下二{て/て/つ/つる/つれ/てよ} **すっかり暗記する。はっきり思い出す。** 大鏡 平安―物語 後一条「世の中を見知り、うかべたてて侍る翁なり」訳世間の事をよく知り、すっかり暗記して（胸中に）持っております老人です。

うか・む【浮かむ】 自動詞マ四{ま/み/む/む/め/め}「うかぶ」に同じ。

うから【親族】 名詞 **血縁のある人。血族。身内。** ◆奈良時代以前には「うがら」とも。

うかりける… 和歌 百人一首「憂かりける 人を初瀬の 山おろしよ はげしかれとは 祈らぬものを」千載 鎌倉―歌集 恋二・源俊頼 訳つれなかったあの人を、初瀬の山おろしよ、（私になびきますようにと初瀬の観音さまにお祈りこそしたけれど、つれなさが）いっそう激しくなれとは祈りはしなかったのに。

***うか・る【浮かる】** 自動詞ラ下二{れ/れ/る/るる/るれ/れよ} ❶**自然に浮く。浮かぶ。** 日本書紀 奈良―史書 神代上「洲壌のうかれ漂へること」訳国土が自然に浮き揺れ動いていたことは。❷**あてもなくさまよう。ふらふらと出歩く。** 万葉集 奈良―歌集 二六四六「住吉の津守網引きの浮けの緒の（＝序詞）うかれか行かむ恋ひつつあらずは」訳住吉の津の番人が網を引く浮きの緒のようにさまよい行ってしまおうか恋のために苦しむことをしないで。❸**心が落ちつかない。動揺する。** 山家集 平安―歌集 上「さらぬだにうかれてものを思ふ身の」訳それでなくてさえ動揺して物思いにふける身の。❹（気持ちなどが）**浮かれる。**（心が）**浮き立つ。**

参考 現代語の「浮かれる」は❹の意味だが、古語の「浮かる」は主に❷❸の意味を表す。

うかれ・た・つ【浮かれ立つ】 自動詞タ四{た/ち/つ/つ/て/て} **うきうきする。心も軽く、出かける。** 奥の細道 江戸―紀行 福井「路の枝折をしとうかれたつ」訳（俳人の等栽も）道案内を（しましょう）と心も軽く出かける。

うかれ・め【浮かれ女】 名詞 歌舞で人を楽しませたり、売春をしたりする女。遊女。遊び女。

うき【泥土】 名詞 **沼地。どろ沼。**

参考 和歌では「憂き」とかけて用いることが多い。

うきうき-と【浮き浮きと】 副詞 **落ち着かず。そわそわと。** 増鏡 室町―物語 むら時雨「よろづうきうきと、我も人もあきれいたくて」訳万事そわそわと、だれもかれもぼうぜんとしていて。

うき-き【浮き木】 名詞 ❶水に浮かんでいる木材・木片。❷めったにない機会のたとえ。◆「うきぎ」とも。

参考 ❷は、百年に一度だけ海面に浮かび出る盲目の亀が、浮いている木にぶつかるという仏教の説話から。

うきき-に-の・る【浮き木に乗る】 連語 **不安定な状態である。** 雨月物語 江戸―物語 浅茅が宿「いかでうききにのりつも知らぬ国に長居せん」訳どうして不安定な状態であって知らない国に長くとどまろうか。

うき-くさ【浮き草】 名詞 水面や水中に浮かび漂って

いる草。根が固定していないことから、定めないこと、頼りないことをたとえることもある。季夏。

うき-ぐも【浮き雲】名詞 ぽっかり空に浮いて漂っている雲。「うきくも」「ふうん」とも。源氏物語 平安―物語 松風「うきくもにしばしまがひし月かげの」訳浮き雲にしばらく見失なっていた月が。

参考 不安定なものや不安なことをたとえていうこともあり、「浮き」に「憂き」をかけて用いることもある。

うきぐも-の-おもひ【浮き雲の思ひ】ウキグモノオモイ 連語 **不安な気持ち。落ちつかない気持ち。**方丈記 鎌倉―随筆「ありとしある人は皆うきぐものおもひをなせり」訳(都は荒れ果て)この世のすべての人は皆不安な思いをしていた。

うき-す【浮き巣】名詞 鳰鳥(におどり)(=かいつぶり)の巣。季夏。

参考 水面上に作った巣が、水の動きによって揺れ動くことから、人生の浮き沈みにたとえて使われる。

うき-せ【憂き瀬】名詞 **つらい境遇。つらく苦しい立場。**

うき-た・つ【浮き立つ】自動詞タ四{た/ち/つ/つ/て/て} ❶**浮かび上がる。立ち昇る。**風雅 南北―歌集 雑上「秋風にうきたつ雲は」訳秋風に立ち昇る雲は。❷(気持ちが落ち着かず)**そわそわする。**源氏物語 平安―物語 真木柱「心も空にうきたちて」訳心もうわの空でそわそわして。❸**うきうきする。**徒然 鎌倉―随筆 一九「今ひときは心もうきたつものは」訳さらにいちだんと心もうきうきするものは。❹**騒がしくなる。**方丈記 鎌倉―随筆「日を経つつ世の中うきたちて」訳日がたつにつれて世の中が騒がしくなって。

うき-な【憂き名・浮き名】名詞 ❶**いやな、つらい評判。**❷**浮いたうわさ。艶聞(えんぶん)。**

参考 もとは「憂き名」だったが、恋について用いることが多かったので、❷の用法も生じた。歌では「流す」「川」「涙」などが縁語として使われる。

うき-に-たへ-ず【憂きに堪へず】ウキニタエズ 連語

なりたち 名詞「うき」+格助詞「に」+動詞「たふ」の未然形+打消の助動詞「ず」

つらさや苦しさに辛抱できない。千載 鎌倉―歌集 恋三「うきにたへぬは涙なりけり」訳⇨おもひわび…。

うき-ぬ-しづみ-ぬ【浮きぬ沈みぬ】ウキヌシズミヌ 連語

なりたち 動詞「うく」の連用形+完了の助動詞「ぬ」の終止形+動詞「しづむ」の連用形+完了の助動詞「ぬ」

浮いたり沈んだり。平家物語 鎌倉―物語 一一・那須与一「白波の上にただよひ、うきぬしづみぬ揺られければ」訳(扇は)白波の上に漂って浮いたり沈んだりしながら揺られていたので。

参考「…ぬ…ぬ」の形で動作が並行する意を表す。

*****うき-ね**【浮き寝】名詞 ❶**水鳥が水に浮いたまま寝ること。**❷(水上にとめた)**船で寝ること。**❸**流す涙に浮くほどの悲しみをいだいて寝ること。また、落ち着かず不安な思いで寝ること。**万葉集 奈良―歌集 五〇七「しきたへの(=枕詞(まくらことば))枕ゆくくる涙にそうきねをしける恋の繁(しげ)きに」訳枕からも流れる涙に浮くほどの悲しみをいだいて寝たことだ、恋心が絶えることがないので。❹(夫婦でない男女の)**一時的な共寝。転じて、仮の男女関係。**源氏物語 平安―物語 帚木「いとかう仮なるうきねの程を思ひ侍(はべ)るに」訳まったくこのようなかりそめである一時的な共寝のありさまを思いますと。

うき-はし【浮き橋】名詞 水上にいかだや船を並べて縄でつなぎ、その上に板をかけて橋としたもの。

(浮き橋)

うき-ふし【憂き節】名詞 **つらく悲しいこと。**

参考 和歌では「竹のふし」とかけて用いることが多い。

浮舟(うきふね) 人名『源氏物語』の作中人物。「宇治十帖(じゅうじょう)」に登場する。宇治八の宮の娘。常陸介(ひたちのすけ)の養女となる。薫大将(かおるだいしょう)と、匂宮(におうのみや)の両方から愛されて悩み、宇治川に投身を決意するが、僧に助けられ出家する。

うき-み【憂き身】名詞 **つらいことの多い身の上。**

うきみ-を-やつ-す【憂き身を窶す】連語 **外見につらさが表れるほど苦労を重ねる。**丹波与作 江戸―浄瑠 浄瑠・近松「うきみやつすは親のため」訳(自分が)苦労を重ねるのも、(お前の)親のためだ。

うき-め[1]【浮き海布】名詞 水面に漂う海草。

うき-め[2]【憂き目】名詞 **つらいこと。いやな目。**

参考 和歌では「憂き目」とかけて用いることが多い。

うき-もん【浮き紋・浮き文】名詞 糸を浮かせて織り出した模様。また、その模様のある衣服。対固紋(かたもん)。

う-きゃう【右京】ウキョウ 名詞 平城京・平安京で、中央の朱雀大路(しゅじゃくおおじ)を境として東西に分けた、西の地域。大内裏(だいだいり)から南を向いて右に当たる。西の京。対左京(さきょう)。参照▼資料24

うきゃう-しき【右京職】ウキョウシキ 名詞 律令制で、右京の司法・警察・行政などを担当した役所。対左京職。

うきゃう-の-だいぶ【右京の大夫】ウキョウノダイブ 名詞 律令制で「右京職(しき)」の長官。「うきゃうのかみ」とも。

うき-よ【憂き世・浮き世】名詞

❶**つらいこの世。苦しみの多いこの世。**紫式部 平安―日記 寛弘五・七・中「うきよの慰めには、かかる御前をこそたづね参るべかりけれ」訳つらいこの世の慰めには、この(彰子の)ような御方をお訪ねするのがよいのであった。

❷**無常のこの世。俗世間。**新古今 鎌倉―歌集 雑中「山里にうきよいとはむ友もがな」訳この山里に俗世間を避けて私とともに住むような友があってくれればなあ。

❸**つらい男女の仲。**源氏物語 平安―物語 若菜下「口惜しくうきよと思ひ果て給(たま)ふ」訳残念でつらい男女の仲と思い切りなさる。

❹**現世。この世。**日本永代蔵 江戸―物語 浮世・西鶴「男盛りにうきよを、何のおもしろいこともなく果てられ」訳男盛りのときにこの世を何のおもしろいこともなくて死んでしまわれ。

❺**楽しむべきこの世。享楽の世。**浮世物語 江戸―物語 仮名「水に流るる瓢箪(へうたん)のごとくなる、これをうきよと名づくるなり」訳水に流れる瓢箪(ひょうたん)のようなのを、これを楽しむべきこの世(=浮き世)と名付けるのである。

❻**遊里。遊里での遊び。好色。**

世」◆❶❷❸は多く「憂き世」と書く。❹❺❻は多く「浮き世」と書き、江戸時代の語。

語の歴史 仏教的厭世(えんせい)観を背景に現世を「憂し(=つらい)」と見る「憂き世」が本来の意。そこに漢語の「浮生(ふせい)(=定めない人生)」「浮世(ふせい)(=定めない世)」の意が加わり「浮き世」とも書かれるようになった。江戸時代になると厭世観の裏返しで享楽的に生きようとする気風が広まり❺❻の意で用いられるようになった。

浮世草子(うきよぞうし) 〔文芸〕江戸時代前期の小説の一つ。仮名草子から発展したもので、当時の現実の世相・人情・風俗を写実的に描いている。井原西鶴(いはらさいかく)の『好色一代男』(一六八二年)に始まり、元禄(げんろく)時代を全盛期として、その後の約百年間、経済的に特に繁栄を極めた上方(かみがた)(=京阪地方)で新しい世界を開拓した町人の文学である。浮世草子は、その内容から、好色物・町人物・武家物・雑話物などに分類される。西鶴や、江島基磧(えじまきせき)・八文字屋自笑(はちもんじやじしょう)が代表作家である。

浮世床(うきよどこ) 〔書名〕滑稽(こっけい)本。一・二編は式亭三馬(さんば)作で江戸時代後期(一八一三〜一八一四)刊。三編は滝亭鯉丈(りゅうていりじょう)作で文政六年(一八二三)刊。〔内容〕『浮世風呂(うきよぶろ)』に続く作品で、髪結い床(どこ)に集まる江戸町人の風俗・人情などを、会話を中心に克明に描いている。原題は『柳髪新話(りゅうはつしんわ)浮世床』。

浮世風呂(うきよぶろ) 〔書名〕滑稽(こっけい)本。式亭三馬(さんば)作。江戸時代後期(一八〇九〜一八一四)刊。九冊。〔内容〕「男湯の巻」と「女湯の巻」とに分かれ、江戸時代の町人の社交クラブであった銭湯を舞台に、そこに集まる町人の人物・風俗が、会話を中心とした軽妙洒脱(しゃだつ)な筆づかいでこまごまと活写されている。

浮世物語(うきよものがたり) 〔書名〕仮名草子。浅井了意(りょうい)作。江戸時代前期(一六六一〜)刊。五巻。〔内容〕主人公浮世坊の波乱の一生を描いて、当時の世のありさまを風刺(ふうし)している。

うきよ-ゑ【浮世絵】(ウキヨエ) 〔名詞〕江戸時代に流行した日本画の一種。役者似顔絵・美人画・風景画・かるた絵など当時の生活風俗を描き、ほとんどは多色刷り木版画で世に広まった。絵師に菱川師宣(ひしかわもろのぶ)・鈴木春信(すずきはるのぶ)・喜多川歌麿(きたがわうたまろ)・葛飾北斎(かつしかほくさい)・安藤広重(あんどうひろしげ)など。

うきわれを… 〔俳句〕「憂き我を さびしがらせよ 閑古鳥(かんこどり)」〈嵯峨日記 江戸―日記 俳文・芭蕉(ばしょう)〉〔訳〕閑古鳥よ、その寂しい鳴き声で世をつらく思う孤独な私を寂しがらせてくれ。その寂しさの中に浸りたいのだ。

〔鑑賞〕元禄(げんろく)四年(一六九一)四月二十二日、京都嵯峨(さが)の去来の別荘落柿舎(らくししゃ)での句。「閑古鳥」は「かっこう」のこと。初夏のころ山深いところで鳴く。季語は「閑古鳥」で、季は夏。

う・く【受く】[1] 〔他動詞〕カ下二 {け/け/く/くる/くれ/けよ}

❶**受け止める。受け取る。** 〔万葉集 奈良―歌集〕一九六六「風に散る花橘(はなたちばな)を袖(そで)にうけて」〔訳〕風に散る橘の花を袖に受け止めて。

❷**聞き入れる。承知する。** 〔竹取物語 平安―物語〕貴公子たちの求婚「『よきことなり』とうけつ」〔訳〕(翁(おきな)は)「それはよいことだ」と承知した。◇「承く」とも書く。

❸**こうむる。授かる。身に受ける。** 〔徒然 鎌倉―随筆〕一五五「ただし、病(やまひ)をうけ、子産み、死ぬることのみ、機嫌をはからず」〔訳〕ただし、病気にかかり、子を生み、死ぬことだけは時機に無関係である。

❹**信頼する。好意をもつ。** 〔今昔物語 平安―説話〕二五・五「身に敵(かたき)もなく、よろづの人にうけられてなむありける」〔訳〕自分を敵とする者もなく、みなの人から信頼されていたのだった。

❺**金を払って引き取る。請け出す。** 〔世間胸算用 江戸―物語〕浮世・西鶴「その後うくる事成りがたく」〔訳〕(質に入れた衣類も)その後請け出すことができなくて。◇「請く」とも書く。江戸時代の語。

う・く【浮く】[2]

一 〔自動詞〕カ四 {か/き/く/く/け/け}

❶**浮かぶ。** 〔大鏡 平安―物語〕時平「雲のうきて漂ふを御覧(ごらん)じて」〔訳〕雲が浮かんで漂うのをご覧になって。

❷**落ち着かない。** 〔源氏物語 平安―物語〕葵「御心地もうきたるやうに思(おぼ)されて」〔訳〕お気持ちも落ち着かないでいるようにお思いになられて。

❸**あてにならない。いいかげんだ。** 〔徒然 鎌倉―随筆〕七三「口にまかせて言ひ散らすは、やがてうきたることと聞こゆ」〔訳〕口からでまかせに勝手なことを言うのは、すぐにいいかげんなことだとわかる。

二 〔他動詞〕カ下二 {け/け/く/くる/くれ/けよ} **浮かべる。浮かす。** 〔源氏物語 平安―物語〕橋姫「涙をうけ給(たま)ひて」〔訳〕涙を浮かべなさって。

う・ぐ【穿ぐ】 〔自動詞〕ガ下二 {げ/げ/ぐ/ぐる/ぐれ/げよ} **穴があく。** 〔徒然 鎌倉―随筆〕五三「引きたるに、耳鼻欠けうげながら抜けにけり」〔訳〕(鼎(かなへ)を)引いたところ耳と鼻が欠けて穴があいたものの(頭から)抜けた。◆奈良時代以前は「うく」。

うぐひす【鶯】(ウグイス) 〔名詞〕小鳥の名。うぐいす。「春告げ鳥」とも。〔季〕春。

うぐひすの… 〔和歌〕「鶯の 鳴けどもいまだ 降る雪に 杉の葉白き 逢坂(あふさか)の山」〈新古今 鎌倉―歌集 春上・後鳥羽院〉〔訳〕うぐいすが鳴くけれども、まだ降っている雪のた

古典の常識 『鶯(うぐひす)と古典』

鶯は早春から美しい声でさえずるので、春を告げる鳥として、『万葉集』の時代から和歌に数多く詠まれてきた。⇩くだらの…。はるのに…。また、鶯は梅の木によく来ることから、鶯と梅の取り合わせは、万葉の時代から格好の和歌の題材となっていた。「梅が枝(え)に来居(きゐ)る鶯春かけて鳴けどもいまだ雪は降りつつ」〈古今和歌集 春上〉(⇩うぐひすの…〔鑑賞〉)『古今和歌集』仮名序で、紀貫之(きのつらゆき)が、「花(=梅)に鳴く鶯、水にすむ蛙(かはづ)の声を聞けば、生きとし生けるもの(=ありとあらゆる生きもので)、いづれか歌をよまざりける(=歌を詠まないものがあるだろうか)」と述べているように、この取り合わせは慣用表現にもなっていた。

鶯があまりにもてはやされるためか、清少納言は『枕草子(まくらのそうし)』で、宮中で鳴かないのがよくないと、文句をつけている。また芭蕉(ばしょう)には、「鶯や餅(もち)に糞(ふん)する縁の先」という、美的伝統を破った句がある。

めに杉の葉が真っ白な逢坂の山よ。**鑑賞** 春まだ浅い逢坂山の情景を、杉の緑と雪の白との対照によって詠んだもの。『古今和歌集』の「梅が枝に来居る鶯春かけて鳴けどもいまだ雪は降りつつ」〈梅の枝に来てとまっているうぐいすが、春を待ち望んで鳴いているけれども、まだ雪は降り続いている。〉を本歌とする。

うけ[1]【浮け・浮子】名詞 漁具の、うき。釣り糸に付けるものも網に付けるものもいう。

うけ[2]【受け】動詞「うく」の未然形・連用形。

うけう〔誓う・祈う〕⇩うけふ

うけ-が・ふ【肯ふ】(ウケガウ―ウケゴウ) 他動詞ハ四{は/ひ/ふ/ふ/へ/へ} **承知する。** 雨月物語 江戸―物語 浅茅が宿「いとやすくうけがひて」訳たいそう簡単に承知して。

うけ-く【憂けく】連語

なりたち 形容詞「うし」の奈良時代以前の未然形「うけ」＋接尾語「く」

つらいこと。いやなこと。 万葉集 奈良―歌集 八九七「世の中のうけくつらけく」訳世の中のいやなことつらいこととしては。

うけ-ぐつ【穿け沓】名詞 穴のあいたはきもの。

うけ-じやう【請け状】(ウケジョウ) 名詞「請け人」が書く奉公人や借家人などの身元保証書。

うけ-だ・す【請け出す】他動詞サ四{さ/し/す/す/せ/せ} ❶抱え主に前借金を払って、遊女や芸妓の職から身を引かせる。**身請けする。** 一代男 江戸―物語 浮世・西鶴「吉野をうけだし、奥さまとなること」訳遊女吉野を身請けし、正妻とすること。❷借金を支払って質ぐさを取り戻す。西鶴織留 江戸―物語 浮世・西鶴「元利揃へて毎年うけだし」訳(預けた夏羽織などを)元金と利子をそろえて、毎年取り戻し。

うけ-たまは・る【承る】(ウケタマワル)

他動詞ラ四{ら/り/る/る/れ/れ}

語義の扉

下二段動詞「うく」の連用形「うけ」に謙譲の四段動詞「たまはる」が付いた語。目上の人の言葉や命令をお受けするのがもとの意味。

❶いただく。お受けする。
❷うかがう。お聞きする。
❸ご承諾申し上げる。お引き受け申し上げる。

❶[「受く」の謙譲語]**いただく。お受けする。** 源氏物語 平安―物語 桐壺「かしこき仰せ言を、たびたびうけたまはりながら」訳(帝の)恐れ多いお言葉を、なんどもいただきながら。

❷[「聞く」の謙譲語]**うかがう。お聞きする。** 徒然 鎌倉―随筆 二三六「『ちとうけたまはらばや』と言はれければ」訳「ちょっとお聞きしたいものです」とおっしゃったところ。

❸[「承諾する」「引き受ける」の意の謙譲語]**ご承諾申し上げる。お引き受け申し上げる。** 竹取物語 平安―物語 かぐや姫の昇天「心強くうけたまはらずなりにしこと」訳(宮仕えを)強情にお引き受け申し上げなかったことを。

雨月物語(うげつものがたり) 書名 読本。上田秋成作。江戸時代中期(一七七六年)成立。五巻五冊。〔内容〕「白峰」「菊花の約」など九話から成る怪異小説集。日本・中国の説話や怪異小説に独特の脚色をほどこし、漢語を交えた気品のある文章で、不思議な世界をあらわしている。

うけ-と・る【受け取る・請け取る】他動詞ラ四{ら/り/る/る/れ/れ} ❶**受け取る。受領する。** ❷(責任をもって)**引き受ける。** 源氏物語 平安―物語 若菜上「その御後ろ見の事をばうけとりきこえむ」訳その方のお世話をすることを引き受け申し上げようか。❸**身にこうむる。** 大鏡 平安―物語 道兼「さばかり重き病をうけとり給ひければ」訳それほど重い病気を身にこうむりなさってしまったので。

うけ-にん【請け人】名詞 **保証人。**

うげ-の・く【穿げ除く】自動詞カ四{か/き/く/く/け/け} **えぐられて穴があく。穴があいたように引きちぎられる。** 平家物語 鎌倉―物語 一・願立「左の脇の下、大きなる土器の口ばかりうげのいてぞ見えたりける」訳左脇の下に、大きな土器の口ほど(肉が)えぐられて穴があいて見えていた。◇「うげのい」はイ音便。

*うけ-ば・る【受け張る】他動詞ラ四{ら/り/る/る/れ/れ} **人にはばかることなく振る舞う。我がもの顔に振る舞う。** 源氏物語 平安―物語 桐壺「人もえ貶しめ聞こえ給はねばうけばりて飽かぬことなし」訳だれも(藤壺を)悪く申し上げることがおできにならないので、我がもの顔に振る舞って何の不足もない。

うけ-はん【請け判】名詞 保証の印の判。また、その判を押すこと。

*うけ-ひ・く【承け引く・受け引く】他動詞カ四{か/き/く/く/け/け} **承知する。承認する。** 源氏物語 平安―物語 桐壺「御後ろ見すべき人もなく、また世のうけひくまじきことなれば」訳ご後見すべき人もなく、また世間が承知するはずのないことでもあるから。

*うけ・ふ【誓ふ・祈ふ】(ウケウ―ウキョウ) 自動詞ハ四{は/ひ/ふ/ふ/へ/へ} ❶**神意をうかがう。** 古事記 奈良―史書 神代「各うけひて子を生まむ」訳それぞれ神意をうかがって子を生みましょう。❷**神に祈る。** 万葉集 奈良―歌集 七六七「うけひて寝れど夢に見え来ぬ」訳神に祈って寝ても(あなたが)夢に見えてこない。❸**人の不幸を祈る。のろう。** 伊勢物語 平安―物語 三一「罪もなき人をうけへば」訳罪もない人をのろうので。

うけ-ぶみ【請け文】名詞 受け取った文書の内容について、了承した旨を記した文書。

うけら【朮】名詞 草花の名。おけら。山野に自生し、秋に白や薄紅の花をつける。根は薬用。

う-げん[1]【有験】名詞 加持や祈禱によって効果が現れること。またそのようなことができる僧。

う-げん[2]【繧繝】名詞 白地に色々な色糸で花形や菱形を織り込んだ錦の織物。「うんげん」とも。

うげん-ばし【繧繝端・繧繝縁】名詞 繧繝で作った畳のへり。また、それをつけた畳や敷物。「うんげんばし」「うげんべり」「うんげんべり」とも。

うげん-べり【繧繝縁】名詞「うげんばし」に同じ。

羽後(うご) 地名 旧国名。東山道十三か国の一つ。今の秋田県と山形県の一部。明治一年(一八六八)、出羽の国から分割された。

うごき-な-し【動き無し】形容詞ク｛く・から／く・かり／し／き・かる／けれ／かれ｝動くことがない。動揺しない。安定している。▼物にも、事や心にもいう。源氏物語 平安-物語 朝顔「さらにうごきなき御心なれば」訳まったく動揺しないお気持ちであるので。

うご-く【動く】自動詞カ四｛か／き／く／く／け／け｝❶位置を変える。動く。❷（物が）揺れ動く。万葉集 奈良-歌集 二一七六「秋田刈る盧（ほい）うごくなり」訳秋の田を刈る仮小屋（のへりが）揺れ動いている。❸動揺する。源氏物語 平安-物語 葵「所の車争ひに、人の御心のうごきにけるを」訳車争いがもとで、（御息所（みやすどころ）の）気持ちが動揺してしまったのを。

う-こん【右近】名詞「右近衛府（うこんゑふ）」の略。また、右近衛府に勤務する人。対左近。

うこん-の-うまば【右近の馬場】名詞「うこんのばば」に同じ。

うこん-の-ぞう【右近の将監】名詞「右近衛府（うこんゑふ）」の三等官。「うこんのしゃうげん」とも。

うこん-の-だいしゃう【右近の大将】ウコンノダイショウ 名詞「右近衛府（うこんゑふ）」の長官。従三位相当。多く大臣や納言が兼ねた。「うこんゑのだいしゃう」とも。

うこん-の-たちばな【右近の橘】名詞 紫宸殿（ししんでん）の南の階（はし）の西側（＝天皇の座から見て右側）に植えられた橘。◆儀式のとき、「右近衛府（うこんゑふ）」の役人がそばに並んだことから。対左近の桜。参照▶口絵

うこん-の-ちゅうじゃう【右近の中将】ウコンノチュウジョウ 名詞「右近衛府（うこんゑふ）」の次官。

うこん-の-ぢん【右近の陣】ウコンノジン 名詞「右近衛府（うこんゑふ）」の役人たちの詰め所。対左近の陣。

うこん-の-つかさ【右近の司】名詞「右近衛府（うこんゑふ）」。また、その「将曹（さくわん）」以下の武官。対左近の司。

うこん-の-ばば【右近の馬場】名詞「右近衛府（うこんゑふ）」に属する馬場。毎年五月六日に競（くら）べ馬の行事が催された。一条大宮（＝今の北野）にあった。「うこんのうまば」とも。対左近の馬場。

う-こんゑ【右近衛】ウコンエ 名詞「右近衛府（うこんゑふ）」の略。

う-こんゑ-ふ【右近衛府】ウコンエフ 名詞「六衛府（ろくゑふ）」の一つ。「左近衛府（さこんゑふ）」とともに近衛兵（このゑへい）を統率し、宮中の警備、行幸のときの警護や、儀仗兵（ぎぢゃうへい）の役割などを担当した役所。宮中の詰め所は月華門（げっくゎもん）内にあった。右の近衛府。対左近衛府。⇨近衛府（このゑふ）。参照▶資料25

う-さ【憂さ】名詞 つらさ。徒然 鎌倉-随筆 一三七「逢（あ）はで止（や）みにしうさを思ひ」訳会わないで終わってしまったつらさを思い。◆「さ」は接尾語。

うさ-の-つかひ【宇佐の使ひ】ウサノツカイ 名詞 天皇の即位や国家の大事の時に、豊前（ぶぜん）の国（＝大分県）の宇佐八幡宮（はちまんぐう）に幣帛（へいはく）を奉って神に事を告げた勅使。宇佐の勅使。

う-さん・なり【胡散なり】形容動詞ナリ｛なら／なり・に／なり／なる／なれ／なれ｝怪しい。疑わしい。一代男 江戸-物語 浮世・西鶴「なほうさんなる者なり」訳やはり怪しい者である。

うし[1]【大人】名詞❶土地や物を領有している人の尊敬語。◇奈良時代以前の語。❷学者・師匠に対する尊敬語。◇江戸時代の語。

うし[2]【丑】名詞❶「十二支（じふにし）」の第二。❷時刻の名。午前二時。また、それを中心とする二時間。❸方角の名。北北東。参照▶資料20

うし[3]【憂し】

語義の扉

思いどおりにならずつらい、憂鬱（ゆううつ）で晴れ晴れしない気持ちを表す。「う」は、「いやになる」「飽きる」の意の動詞「うむ」（倦）の「う」と同語源とされる。

- 一 形容詞
  - ❶つらい。苦しい。
  - ❷わずらわしい。嫌いだ。
  - ❸恨めしい。
- 二 補助形容詞（…するのが）つらい。（…するのが）いやだ。

一 形容詞ク｛く・から／く・かり／し／き・かる／けれ／かれ｝❶つらい。苦しい。伊勢物語 平安-物語 四「人の行き通ふべき所にもあらざりければ、なほうしと思ひつつなむありける」訳人が通っていくことのできるような所ではないので、ますますつらいと思っているのだった。

❷わずらわしい。嫌いだ。いやだ。紫式部 平安-日記 消息文「世の中ことわざしげくうきものに侍（はべ）りけり」訳世の中というものはいろいろなことをする人がいて、わずらわしいものでございました。

❸恨めしい。更級 平安-日記 大納言殿の姫君「をぎの葉の答ふるまでも吹き寄らでただに過ぎぬる笛の音（ね）ぞうき」訳荻（おぎ）の葉と呼ばれる人が答えるまで笛を吹いて寄ってこないで、さっと通り過ぎてしまった笛の音の主が恨めしい。

二 補助形容詞ク｛く・から／く・かり／し／き・かる／けれ／かれ｝（動詞の連用形に付いて）（…するのが）つらい。（…するのが）いやだ。源氏物語 平安-物語 夕顔「咲く花に移るてふ名は包めども折らで過ぎうきけさの朝顔」訳咲く花に心が移るという言葉はつつしむけれど、折らずにこのまま帰るのがつらい今朝の朝顔の花です。

関連語「うし」と「つらし」の違い

「うし」は、自分自身の、思い通りにならず晴れ晴れとしない（内にこもる）気持ちが強く、「つらし」は、自分に対する他人の仕打ちを恨む（外に向かう）気持ちが強い。

うじ【氏】⇨うぢ

うしお【潮】⇨うしほ

うし-かひ【牛飼ひ】ウシカイ 名詞❶牛を飼う人。❷「牛飼ひ童（わらは）」の略。

うしかひ-わらは【牛飼ひ童】ウシカイワラワ 名詞 牛車（ぎっしゃ）の牛を扱う人。少年に限らず、大人になってもいい、子供のような垂れ髪で、狩衣（かりぎぬ）を着ている。「うしこでい」とも。

うし-ぐるま【牛車】名詞「ぎっしゃ」に同じ。

うし-こでい【牛健

（牛飼ひ童）

児】名詞「うしかひわらは」に同じ。

うしとのみ… 和歌「**憂しとのみ　ひとへに物は　思ほえで　左右にも　濡るる袖かな**」源氏物語 平安－物語 須磨 訳ただつらいとひたすら思われもせず、恋しさとつらさの両方に濡れている私の袖であることよ。
鑑賞 都を離れ須磨に謹慎する源氏が、十五夜に都の人々をしのんで詠んだ歌。この夜、宮中では中秋の名月の宴がある。「左右」は兄帝を恋しく思うのと、須磨への退去を恨めしく思う両方の気持ちで、という意味。「ひとへ」は「単」（袖の縁語）」をかける。

うし-とら【丑寅・艮】名詞 方角の名。北東。陰陽道で、鬼が訪れる方角とされることから、鬼門といわれる。「丑」と「寅」との間の意。

うしな・ふ【失ふ】他動詞ハ四〔は/ひ/ふ/へ/へ〕❶（物などを）なくす。徒然 鎌倉－随筆 九一「得たりし物はうしなひつ、企てたりし事ならず」訳得たものはなくしてしまい、計画していたことも成功しない。❷なくなるようにする。消滅させる。源氏物語 平安－物語 御法「殊なる深き心もなき人さへ、罪をうしなひつべし」訳特に深い信心もない人でも、罪を消滅させるに違いない。❸亡くす。死別する。伊勢物語 平安－物語 一〇九「昔、男、友だちの人をうしなへるがもとにやりける」訳昔、ある男が友だちで（愛する）妻を亡くした男のもとへ（歌を）詠んでやった。❹殺す。源氏物語 平安－物語 手習「鬼も何も食ひてうしなひてよ」訳鬼でも何でもよいから（私を）食い殺してしまってくれ。❺見失う。平家物語 鎌倉－物語 七・木曾山門牒状「道をうしなふ」訳手段を見失う。

うしのつの-もじ【牛の角文字】名詞 ひらがなの「い」のこと。◆牛の角に形が似ていることから。

うしは・く【領く】他動詞カ四〔か/き/く/く/け/け〕支配する。領有する。万葉集 奈良－歌集 八九四「うしはきいますもろもろの大御神たち」訳（海を）支配しておいでになるさまざまな大御神たち。◆奈良時代以前の語。

うしほ【潮】名詞 ❶潮流。潮の干満。❷海水。

うし-みつ【丑三つ】名詞 時刻の名。丑の時を四分した第三刻。午前二時過ぎ。真夜中とされる。参考 真夜中であるとの意識から「丑満つ」と書かれることも多い。

う-じゃう【有情】名詞 仏教語。感情を持っているすべての生き物。対非情。

うしろ【後ろ】名詞
❶後方。背後。徒然 鎌倉－随筆 四一「みなうしろを見返りて」訳みんな後方を振り返って見て。
❷背中。後部。枕草子 平安－随筆 淑景舎、東宮に「廂の柱にうしろを当ててこなた向きにおはします」訳（道隆は）廂の間の柱に背中を当ててこちら向きに（座って）いらっしゃる。
❸後ろ姿。平家物語 鎌倉－物語 七・忠度都落「三位うしろをはるかに見送って立たれたれば」訳三位俊成卿が（忠度の）後ろ姿をはるかに見送って立っていらっしゃると。
❹亡きあと。去ったあと。将来。源氏物語 平安－物語 椎本「世を去りなむうしろのこと知るべきことにはあらねど」訳死んでしまう（自分の）亡きあとのことは知ることのできることではないが。
❺着物の裾。また、下襲の、後ろに垂れ引く部分。裾。源氏物語 平安－物語 紅葉賀「御衣の御うしろひきつくろひなど」訳（左大臣は源氏の）お着物のうしろの裾を整えたりなど（なさり）。

うしろ-あはせ【後ろ合はせ】名詞 ❶背中合わせ。❷逆の方向。反対。

うしろ-かげ【後ろ影】名詞 去って行く人の後ろ姿。

うしろ-がみ【後ろ髪】名詞 後頭部の髪。◆「うしろがみ引かる」で心残りがある、未練が残る、の意。

うしろ-ぐら・し【後ろ暗し】形容詞ク〔(く)・から/く・かり/し/き・かる/けれ/かれ〕心やましい。裏切る気持ちがあるのではないかと疑わしい。盛衰記 鎌倉－物語 八「君をもうしろぐらき御事に思ひ奉りて」訳（後白河）法皇のことをも裏切りの心があるようで疑わしい御事に思い申し上げて。

うしろ-ざま【後ろ様】名詞 ❶後ろの方。❷後ろ向き。◆「うしろさま」とも。

うしろ-つき【後ろ付き】名詞 後ろ姿。後ろから見たようす。世間胸算用 江戸－物語 浮世・西鶴「ほんに、うしろつきのしをらしきところがそのまま」訳ほんとうに、後ろ姿の控え目で可憐なところが（先日お亡くなりになった奥様に）そっくりだ。

うしろ-で【後ろ手】名詞 ❶後ろ姿。❷両手を背後に回すこと。◇「で」は物の位置・方向などを表す接尾語。

うしろ-み【後ろ見】名詞 陰にあって人を助け世話すること。また、その人。後見。参考 臣下が主君を補佐するような場合にも、親が子、妻が夫、守り役が幼児を助ける場合にもいう。

うしろ-・みる【後ろ見る】自動詞マ上一〔み/み/みる/みる/みれ/みよ〕世話をする。補佐する。後見する。「うしろむ」とも。枕草子 平安－随筆 にくきもの「今参りの、さし超えて、物知り顔に教へやうなる事言ひ、うしろみたる、いとにくし」訳新参者が、（先輩を）さしおいて、物知り顔で教えるような事を言い、世話をしているのは気に入らない。

うしろ・む【後ろむ】自動詞マ上二〔み/み/む/むる/むれ/みよ〕「うしろみる」に同じ。紫式部 平安－日記 寛弘六・一・三「我はなほ人を思ひうしろむべけれど」訳自分はやはり（その）人を思い、世話をするのかもしれないが。◆「うしろみる」の変化した語。

うしろめた-げ・なり【後ろめたげなり】形容動詞ナリ〔なら/なり・に/なり/なる/なれ/なれ〕気がかりだ。いかにも心配だ。源氏物語 平安－物語 若紫「うしろめたげに思へりし人もいかならむ」訳（尼上が）気がかりに思っていた人（＝若紫）もどうしているだろう。◆「げ」は接尾語。

うしろめた-さ【後ろめたさ】名詞 気がかり。不安。心配。増鏡 室町－物語 新島守「明日知らぬ世のうしろめたさに」訳明日（の命）もわからない（無常の）世の中の不安さに。◆「さ」は接尾語。

うしろ-めた・し【後ろめたし】

形容詞ク〔(く)・から/く・かり/し/き・かる/けれ/かれ〕

語義の扉

「後ろ目痛し」または「後ろ辺痛し」が変化した語

文脈の研究 **「あはれにうしろめたけれ」**

「うしろめたし❶」の例文は、よく知られた垣間見の場で孫にあたる少女の髪をかき撫でながら言う尼君のことばの一部分である。こののち、文脈は、

かばかりになれば（年齢がこれほどになれば）、いとかからぬ人もあるものを（こんなに幼くない子もいるものなのに）。

故姫君は、十二にて殿に後れ（父上に先立たれる）たまひし程、いみじう（とても）、ものは思ひ知りたまへぞかし（よく物を考えてわきまえていらっしゃった）。ただ今、おのれ見すてたてまつらば（自分が見捨ててしまったならば）、いかで世におはせむ（お暮らしになろうと）とすらむ（いうのでしょう）。

のように続いて、この少女の母（故姫君）もすでに亡くなっていること、またその母も十歳ぐらいで父に死に別れていることを叙し、しかし、その母は、この少女の幼くたわいないのに比べてとてもよく物をわきまえていたことを伝え、さとしている。「ただ今…とすらむ」という表現の内容こそ、例文の「あはれにうしろめたけれ」の思いの実質である。また、このパラグラフの直前には、

いで、あな幼や（いやもう、まあ子供っぽいことよ）。いふかひなう、ものしたまふかな（たわいなくいらっしゃることよ）。おのが、かく、今日明日におぼゆる命をば、何ともおぼしたらで、雀したひたまふほどよ（雀をほしがりなさるとは）。

「罪得ることぞ」と、常に聞こゆる（申し聞かせる）を。心憂く（情けない）。

という叙述があり、ここでは、例文の「はかなうものしたまふ」の内実が「あな幼や。…」のように示され、以下、具体的な行動の語りに及んでいる。なお、この少女が、のちの紫の上である。 参照▶ 文脈の研究 ものを。

といわれ、自分には見えない後ろの方が気がかりだ、というものがもとの意味。
❶先が気がかりだ。どうなるか不安だ。
❷やましい。気がとがめる。

❶**先が気がかりだ。どうなるか不安だ。** 源氏物語 平安一物語 若紫「いとはかなうものしたまふこそ、あはれに**うしろめたけれ**」訳とても幼なくていらっしゃるのが、どうしようもなく悲しく**先が気がかりだ**。対後ろ安し。参照▶ 文脈の研究 うしろめたし。❷**やましい。気がとがめる。うしろぐらい。** 増鏡 室町一物語 新島守「賤しけれども、義時、君の御為に**うしろめたき**心やはある」訳賤しい者ではあるが、この義時は、主君に対して**やましい**心があるか、いや、まったくない。

注意 ❶の対義語は「うしろやすし」。

関連語 **「うしろめたし」と「おぼつかなし」「こころもとなし」の違い**
三語とも不安感を表す言葉であるが、「うしろめたし」は、物事の成り行きや他人の目が気がかりだという不安を表し、「おぼつかなし」は、対象をはっきりと確認することができないための不安感を、「こころもとなし」は、ようすがはっきりしないため、気ばかりあせってじれったさを感じる気持ちを表す。

うしろめた-な・し【後ろめたなし】形容詞ク「うしろめたし」に同じ。◆「なし」は甚だしいの意の接尾語。

うしろ-や【後ろ矢】名詞 敵方と通じて味方を裏切り、味方の背後から射る矢。また、裏切りのたとえ。

うしろやす-さ【後ろ安さ】名詞 **心配のないこと。不安がないこと。安心であること。** 源氏物語 平安一物語 真木柱「世になきしれじれしさも、また、**うしろやすさ**も、この世にたぐひなきほどを」訳世にまたとない(私の)愚かさ加減も、また、(女性から見て)**安心であること**も、この世間に例のないほどであるのを。◆「さ」は接尾語。

うしろ-やす・し【後ろ安し】形容詞ク 〔(く)・から／く・かり／し／き・かる／けれ／かれ〕**気安い。先が安心だ。心配がない。** 枕草子 平安一随筆 よろづのことよりも情あるこそ「差し答へも**うしろやすく**したるは、うれしきわざなり」訳ちょっとした受け答えも**気安く**してくれたのは、うれしいものだ。対後ろめたし。

うしろ-を-み・す【後ろを見す】連語 **敵に背中を見せて逃げる。負けて逃走する。** 平家物語 鎌倉一物語 九・敦盛最期「まさなうも敵に**うしろをみせ**させ給ふものかな」訳卑怯にも敵にお**背中を見せて逃げ**なさるものだなあ。

う-しん[1]【有心】名詞 ❶思慮・分別があること。❷情趣を解する心のあること。風流心があること。枕草子 平安一随筆 小白河といふ所は「あまり**うしん**すぎて、しそこなふな」訳あまり**風流心があること**を見せすぎて、(返事を)しそこなうな。❸(卑俗を主眼とする「狂歌」「無心」というのに対して)優美を主眼とする本来の和歌。⇩有心 文芸 ❹「有心連歌」の略。⇩有心連歌 文芸

有心[2] 文芸 鎌倉・室町時代の和歌・連歌の美的理念の一つ。余情を重んじた高度の象徴美で、内容・用語・格調などが融合するところに生じる、はなやかな情趣をいう。藤原定家が唱えた理念で、父俊成の説いた「幽玄」の理念をさらに深化・発展させたものである。定家は、その歌論書『毎月抄』で、最もすぐれている歌体として有心体をあげている。対無心。

有心体【うしんてい】 文芸 藤原定家が定めた和歌十体の一つ。風雅な情趣を余情のある表現によって詠み、はなやかさを追求する歌体。定家が理想とした歌体で、『新古今和歌集』以後、特に重んじられた。

うしん・なり【有心なり】 形容動詞 ナリ〔なら/なり・に/なり/なる/なれ/なれ〕 ❶**思慮・分別のある。** 栄花物語 平安－物語 根合はせ「おとなびて、うしんにものしたまふ人にて」訳大人びて思慮分別のおありになる人で。❷**情趣を解する。風流心のある。** 栄花物語 平安－物語 紫野「うしんにめでたかりつる幸人」訳風流心のあるすばらしい幸運な人。❸**優美で深い真実味のこもっている。** 吾妻問答 室町－論「句の様も長高くうしんにして」訳句のありさまも格調高く優美で深い真実味がこもっていて。

有心連歌【うしんれんが】 文芸 和歌的な情趣を主調とする連歌。鎌倉時代には滑稽な内容を主とする無心連歌と対立して力を競っていたが、同時代末期から室町時代にかけて、二条良基や心敬らによって、有心連歌が連歌の主流となった。中でも、連歌師の飯尾宗祇は、有心連歌の完成とその普及に大きな貢献をした。対無心連歌。

う・す【失す】 自動詞 サ下二〔せ/せ/す/する/すれ/せよ〕 ❶**なくなる。消える。** 竹取物語 平安－物語 かぐや姫の昇天「翁をいとほしく、かなしと思しつることもうせぬ」訳翁を気の毒で、ふびんだとお思いになっていた気持ちも(かぐや姫の心から)消えてしまった。❷**いなくなる。亡くなる。**▼「死ぬ」の婉曲ないい方。徒然 鎌倉－随筆 三二「その人、ほどなくうせにけりと聞きはべりし」訳その(女の)人は、間もなく亡くなってしまったと聞きました。

うず[1]【髻華】 名詞 奈良時代、草木の枝葉・花などを髪や冠に挿して飾りとしたもの。挿頭。

うず[2] 助動詞 サ変型《接続》動詞の未然形に付く。〔○/○/うず・うずる/うずる・うず/うずれ/○〕 ❶〔推量〕…だろう。…う。入間川 室町－狂言 狂言「さやうにござあらうずるとは存じたれども」訳そのとおりでございましょうとは存じましたけれども。❷〔意志〕…う。…よう。宗論 室町－狂言 狂言「そなたの弟子に成らうず」訳お前の弟子になろう。❸〔適当・当然〕…するのがよい。…すべきである。天草伊曾保 安桃－物語「凡人よりも重罪に付せうずること」訳普通の人よりも重罪に付するのがよいこと。◆「んず」の変化した語。室町時代の会話文で盛んに用いられた。

うす-いろ[*]【薄色】 名詞 ❶染め色の一つ。薄紫色。また、二藍(=赤みがかった灰青色)の薄い色。対濃き色。❷織り色の一つ。縦糸が紫で、横糸が白。❸襲の色目の一つ。表が薄い縹色で、裏が薄紫または白。

うす-えふ【薄葉】 名詞 「うすやう❶」に同じ。

うす-ぎぬ 名詞 ㊀【薄衣】地の薄い着物。㊁【薄絹・薄帛】地の薄い絹織物。羅・紗など。

うす-きりふ【薄切り斑】 名詞 白地に薄い黒色のまだらのある鳥の羽。また、これを用いた矢羽。「うすぎりふ」とも。

うすくこき… 参照▶口絵 和歌「薄く濃き 野辺の緑の 若草に 跡まで見ゆる 雪のむら消え」新古今 鎌倉－歌集 春上・宮内卿 訳ある所は薄くある所は濃い野原の緑の若草によって、薄い所は遅く消え、濃い所は早く消えたという跡までもが見える、雪のむら消えであるよ。

鑑賞 野原の緑の濃淡に注目し、雪解けの情景と結び付けた、細かい観察に基づく機知に富んだ歌である。この作は非常に好評を得、彼女は「若草の宮内卿」と称された。

うずくま・る【蹲る・踞る】 自動詞 ラ四〔ら/り/る/る/れ/れ〕 しゃがむ。徒然 鎌倉－随筆 四九「常はうずくまりてのみぞありける」訳(心戒という高僧は)いつもは、しゃがんでばかりいたとかいうことだ。

参考 仮名遣いは、平安・鎌倉時代ごろまでは「うずくまる」の例しか見られず、「うづくまる」が現れるのは室町時代以後と考えられる。

うす-こうばい【薄紅梅】 名詞 ❶紅梅の花の、色の薄いもの。季春。❷❶の色に似た色。とき色。❸襲の色目の一つ。紅梅襲(=表は紅、裏は紫)の色の薄いもの。

うす・し【薄し】 形容詞 ク〔(く)・から/く・かり/し/き・かる/けれ/かれ〕 ❶**厚みがない。薄い。** 万葉集 奈良－歌集 九七九「わが背子が着る衣薄し」訳あの人が着ている着物は薄い。対厚し。❷**淡い。薄い。**▼味・匂い・色・密度・濃度などについていう。枕草子 平安－随筆 木の花は「木の花は、濃きも薄きも、紅梅」訳木に咲く花は、(色の)濃いのも薄いのも紅梅(がよい)。対濃し。❸**浅はかだ。気持ちが深くない。薄情だ。** 源氏物語 平安－物語 若菜下「たどりうすかるべき女がただにみな思ひ後れつつ」訳考えの浅はかだと思われる女たちにさえみな後れをとってしまい。❹**とぼしい。少ない。** 紫式部 平安－日記 寛弘五・九・一一「阿闍梨の験のうすきにあらず」訳阿闍梨の霊験がとぼしいからではない。

うす-ずみ【薄墨】 名詞 ❶書いた字の墨付きが薄いもの。対濃墨。❷「薄墨色」の略。墨色の薄いもの。❸「薄墨紙」の略。文字を書いた紙をすき返して作った紙。❹「薄墨衣」の略。

うすずみ-ごろも【薄墨衣】 名詞 薄い墨色に染めた衣。凶事に際して身に着けた喪服。

うす-づ・く【臼搗く・舂く】 自動詞 カ四〔か/き/く/く/け/け〕 ❶**うすに入れてつく。うすをつく。** 今昔物語 平安－説話 二・七「我うすづき炊く所に宿りす」訳私はうすをつき飯をたいたりする所で寝ている。❷**夕日が西の山に入ろうとする。日が傾く。** 父終焉日記 江戸－日記「かくて日も壁際にうすづき」訳こうして太陽も西の山に傾き。◆「うすつく」とも。

うす-で【薄手】 名詞 浅い傷。軽傷。浅手。対痛手・深手。

うす-にび【薄鈍】 名詞 ❶染め色の一つ。鈍色の薄いもの。薄いねずみ色。❷❶の色の衣服。喪服・僧服などに用いる。

うすはな-ぞめ【薄花染め】 名詞 薄い縹色(=薄い藍色)に染めること。また、染めたもの。

うす-ふたあゐ【薄二藍】 名詞 染め色の一つ。二藍(=赤みがかった灰青色)の薄いもの。

うずみび〖埋み火〗⇩うづみび

うずむ〖埋む〗⇩うづむ

うすもの【薄物】名詞 薄い絹織物。羅・紗など。また、それで作った、夏の衣服。薄絹。

うずもる〖埋もる〗⇩うづもる

＊**うすやう**【薄様】名詞 ❶薄くすいた鳥の子紙。「うすえふ」とも。対厚様。❷染色の一様式。上を濃く下をしだいに薄くぼかして染めること。

うすよう〖薄様〗⇩うすやう

うすらか・なり【薄らかなり】形容動詞ナリ {なら/なり・に/なり/なる/なれ/なれ} ❶(厚みが)薄い。うっすらとしている。枕草子 平安―随筆 雪のいと高うはあらで「うすらかに降りたるなどは」訳(雪が)うっすらと降ったのなどは。❷(色が)薄い。源氏物語 平安―物語 葵「鈍色の直衣・指貫うすらかに衣がへして」訳濃いねずみ色の直衣と指貫を(色が)薄いものに着替えて。

うすら・ぐ【薄らぐ】自動詞ガ四 {が/ぎ/ぐ/ぐ/げ/げ} ❶(密度が)少なくなる。まばらになる。源氏物語 平安―物語 賢木「所なく立ち込みたりし馬・車うすらぎて」訳すき間のないほどこみあっていた馬や車が(源氏が権勢を失った今ではすっかり)少なくなって。❷弱くなる。衰える。源氏物語 平安―物語 野分「いまも大方のおぼえのうすらぎ給ふことはなけれど」訳今でも世間一般の評判が衰えなさることはないけれども。❸(分量・濃度が)少なくなる。色が薄くなる。讃岐典侍 平安―日記 下「人たちの衣の色ども、思ひ思ひにうすらぎたり」訳人たちの衣服の色などがそれぞれの思いにしたがって薄くなった。

うすら-ひ【薄氷】名詞 薄くはった氷。うすごおり。季冬。◆奈良時代以前は「うすらび」。

うす-わた【薄綿】名詞「薄綿入れ」の略。着物に薄く綿を入れること。また、そのようにした着物。

うす-わら・ふ【薄笑ふ】自動詞ハ四 {は/ひ/ふ/ふ/へ/へ} (相手をばかにして)薄笑いをする。にやにや笑う。宇治拾遺 鎌倉―説話 一五・四「その時、門部府生うすわらひて」訳その時、門部府生は薄笑いをして。

うせ【失せ】動詞「うす」の未然形・連用形。

う-せうしゃう【右少将】名詞「右近衛府の少将」の略。「右近衛府」の次官。右中将の次位。右近の少将。対左少将。

う-せうべん【右少弁】名詞「弁」の一つ。右弁官局(=兵部・刑部・大蔵・宮内の四省を管理する役所)の三等官。右中弁の次位。対左少弁。

う・せる【失せる】自動詞サ下一 {せ/せ/せる/せる/せれ/せろ} ❶「行く」「去る」を卑しめていう語]行きやがる。心中天網島 江戸―浄瑠璃 浄瑠・近松「阿呆めが、夜々うせる所ほかには知らぬか」訳(あの)馬鹿者めが、毎晩行きやがる所を、ほかには知らないか。❷「来る」を卑しめていう語]来やがる。浮世風呂 江戸―滑稽「対手になる。うせぬか、おのれ」訳相手になってやる。来やがらないか、おまえ。❸「居る」を卑しめていう語]居やがる。四谷怪談 江戸―歌舞 歌舞「今夜向うから花嫁を連れて来る。お岩がうせては、大変大変」訳今夜向こうから花嫁を連れて来る。お岩が(この家に)居やがっては、大変だ大変だ。

語の歴史 活用動詞「うす」が、「なくなる」「消える」意の「失す」(サ行下二段活用動詞)が、平安時代の末期ごろから口語化して下一段活用となり、それとともに卑しめていう語となって、江戸時代に広く用いられた。

羽前 地名 旧国名。東山道十三か国の一つ。今の山形県の大部分。明治一年(一八六八)、出羽の国から分割された。

うそ【嘯】名詞 口をすぼめて息を吐くこと。口笛。

うそ-うそ(と) 副詞 ❶そわそわ(と)。きょろきょろ(と)。うろうろ(と)。▼落ち着かないようすを表す。菅原伝授 江戸―浄瑠 浄瑠「月影もるる木の間木の間、うそうそ窺ふ同腹中」訳月光がもれてくる木の間をきょろきょろうかがう、悪事の仲間同士。❷のそのそ(と)。▼ぼんやりしていて、はっきりしないようすやまのぬけたようす。柳多留 江戸―川柳 川柳「うそうそとまのいらひどさ」訳(使いの者が)のそのそとやって来て物申のいらひどさよ。❸空虚なようすを表す語。雑談 鎌倉―説話 四「鼻柱は倒れて、穴のみぞ二つうそうそとしてあきたる」訳鼻柱は折れて、穴だけが二つうつろに空いている。

うそ-ぶ・く【嘯く】
一 自動詞カ四 {か/き/く/く/け/け} ❶口をすぼめて息をつく。息をきらす。万葉集 奈良―歌集 一七五三「暑けくに汗かきなげ木の根取りうそぶき登り」訳暑い時に汗をかきながら木の根っこをつかんで息をきらせて登り。❷そらとぼける。更級 平安―日記 初瀬「とみに舟も寄せず、うそぶいて見まはし」訳(船頭たちは)急には舟を寄せないで、そらとぼけて辺りを見回し。❸口笛を吹く。宇津保 平安―物語 初秋「この蛍をさし寄せて、包みながらうそぶき給へば」訳この蛍を近寄せて、(袖に)包んだままで口笛をお吹きになると。
二 他動詞カ四 {か/き/く/く/け/け} (詩歌を)口ずさむ。吟ずる。徒然 鎌倉―随筆 六〇「心を澄ましてうそぶき歩き」訳心を澄ませて詩歌を口ずさんで歩き回り。

うそ-む・く【嘯く】自動詞カ四「うそぶく」に同じ。

うそ-を-ふ・く【嘯を吹く】連語「うそぶく」一❶❸、二に同じ。

うた【歌・唄】名詞 ❶歌。また、その言葉。▼声を出し、節をつけて歌うもの。❷韻文。詩歌。▼短歌・長歌などの和歌や、歌謡や漢詩など、語音の調子を整えたもの。❸和歌。▼「漢詩」に対して、「大和歌」のこと。❹短歌。▼特に、短歌形式の和歌。

歌合わせ 文芸 平安・鎌倉時代、宮廷や貴族の間で行われた、和歌の優劣を競う文学的遊戯。左右二組みに分かれた歌人が、多くはあらかじめ決められた題で歌を詠み、左右の一首ずつを組み合わせた一組み(=一番)ごとに、判者(=審判役の歌人)が歌の優劣を判定して左右の勝敗を競うもの。判者の判定は勝・負・持(=引き分け)で示され、判定の理由を述べた判詞が付けられる。

う-だいしゃう【右大将】名詞「右近衛府の大将」の略。「右近衛府」の長官。多くは大臣や納言が兼任した。対左大将。

右大将道綱母 ⇩藤原道綱母

◆学習ポイント⑩

歌合わせ

平安時代前期に始まり、八八五年ころ在原行平の家で行われた「在民部卿家歌合」が現存最古のもの。和歌の興隆や貴族社会の繁栄とともに盛んになり、宮中の晴れの行事として、九六〇年の「天徳四年内裏歌合」で形式が確立した。このとき、壬生忠見は「恋すてふ…」の名歌を詠んだが、対する平兼盛の「忍ぶれど…」の歌に敗れ(二つとも『小倉百人一首』所収)、無念のあまり悶死したという逸話まで生まれた。院政期以降、遊楽的なものから、文芸性を競うものへと発展し、藤原俊成らが判者として活躍した。

う-だいじん【右大臣】 名詞 「太政官」の官名。太政大臣・左大臣に次ぐ。職務は、左大臣と同じで、天皇を補佐して政務を統轄する。左大臣が空席または出仕不能のときには政務・儀式を総裁する。右府。「みぎのおとど」「みぎのおほいまうちぎみ」とも。対左大臣。

う-だいべん【右大弁】 名詞 「弁」の一つ。右弁官局(=兵部・刑部・大蔵・宮内の四省を管理する役所)の長官。対左大弁。

謡い物 文芸 詞章(=歌詞)に節を付けて歌う韻文。記紀歌謡・神楽歌・催馬楽・今様など。

うた-うら【歌占】 名詞 歌や謡物の言葉によって吉凶を判断する占い。また、その歌。

うたえ【訴え】 ⇨うたへ

歌垣 文芸 古代、春か秋かに特定の地に男女が集まり、歌を詠み交わしたり踊ったりした交歓の行事。若い男女の求愛・求婚の機会ともなった。もとは豊作を祈願する宗教的行事の一面もあったが、のちには、風流な遊びとして宮廷行事にも取り入れられた。「うたがき」は筑紫(=九州の古名)地方の言葉で、東国では「かがい(嬥歌)」といわれ、筑波山のものが名高い。

***うた-かた【泡沫】** 一 名詞 (水に浮かぶ)あわ。▼多く、はかないもののたとえに用いられる。「淀みに浮かぶうたかたは、かつ消えかつ結びて、久しくとどまりたる例なし」方丈記 鎌倉-随筆 訳(川の)流れの滞っている所に浮かぶ水のあわは、一方では消え、同時に一方ではできて、そのまま(川の面に)長くとどまっている例はない。
二 副詞 **少しの間。**▼あわが、はかなく消える意から。「ながめする軒のしづくに袖ぬれてうたかた人を偲ばざらめや」源氏物語 平安-物語 真木柱 訳長雨が降る軒のしずくとともに、もの思いに沈む私は袖をぬらしながら、少しの間でもあなたを思い出さずにはおられましょうか。◇「うたがた」とも。

うたかた-の【泡沫の】 枕詞 「うたかた(=水のあわ)」が水面に浮かぶところから、「浮き」及び同音の「憂き」に、また、消えやすいところから、「消ゆ」にかかる。「降りやめば跡だに見えぬうたかたの消えてはかなき世を頼むかな」後撰 平安-歌集 恋五 訳雨が降り止めば跡かたもなくなる水のあわのように、消えてはかなくなった二人の仲を頼みにしていたことだよ。

うたがた-も 副詞 ❶**きっと。必ず。真実に。**「離れ磯に立てる室の木うたがたも久しき時を過ぎにけるかも」万葉集 奈良-歌集 三六〇〇 訳陸地から離れて海上に突き出ている磯に立っているむろの木はきっと長い年月を過ごしてきたことよ。❷(打消や反語表現を下接して)**決して。少しも。よもや。**「うたがたも君が手触れず花散らめやも」万葉集 奈良-歌集 三九六八 訳決してあなたの手が触れることなしに花が散ったりなどしないであろう。◆奈良時代以前の語。

うた-がたり【歌語り】 名詞 ある和歌にまつわる話。参考 「歌語り」が発展して「歌物語」が成立した。

うたがは・し【疑はし】 形容詞シク {(しく)・しから/しく・しかり/し/しき・しかる/しけれ/しかれ} **信じられない。疑わしい。**「さらば、明日、物越しにても」といへりけるを、限りなくうれしく、またうたがはしかりければ」伊勢物語 平安-物語 九〇 訳(女が)「それでは、明日、物を隔ててでも(会いましょう)」と言ってきたのを、(男は)この上なくうれしく思い、一方では(女が約束どおりにするかどうか)疑わしくもあったので。

うた-がま・し【歌がまし】 形容詞シク {(しく)・しから/しく・しかり/し/しき・しかる/しけれ/しかれ} **うまい歌らしい。いかにもすぐれた歌のようだ。**「さすがにうたがましう、我はと思へるさまに」枕草子 平安-随筆 五月の御精進のほど 訳それでもいかにもうまい歌らしく、自分こそはと思っているようすで。◇「うたがましう」はウ音便。◆「がまし」は、「…らしい」「…のようだ」「…に似ている」の意の接尾語。

うた-がら【歌柄】 名詞 和歌の品格。一首全体の風格。参考 歌合わせなどでは、心・詞・姿とともに歌の優劣を判定する重要な要素とされた。

うた-ぐち【歌口】 名詞 ❶和歌の詠みぶり。❷笛・笙・尺八などの管楽器の、口をあてて吹く穴。笛の吹き口。

うた-くづ【歌屑】 名詞 **くだらない和歌。へたな和歌。**

うたげ【宴・讌】 名詞 **宴会。酒宴。**

***うたた【転】** 副詞 ❶(多く、「うたたある」の形で)ア **いっそう嫌で。不快に。うとましく。**「花と見て折らむとすれば女郎花うたたあるさまの名にこそありけれ」古今 平安-歌集 雑体 訳ただの花と見て折ろうとしたら、おみなえしだった。(僧である自分にとって)うとましい感じの名であったなあ。イ **ますますひどく。異常に。はなはだしく。**「いと、うたたあるまで、世を恨み侍るめれば」源氏物語 平安-物語 手習 訳実に異常なほど世を恨んでいるようですので。❷**ますます。いよいよ。いっそう。**「砌に聴けば飛泉うたた声をます」和漢朗詠集 平安-歌集 秋晩 訳みぎり石に落ちる雨水の音を聴くと、いっそう音高く聞こえる。

うたた-ね【仮寝・転寝】 名詞 うとうとと寝ること。思わずうとうとと眠ること。仮寝。「うたたねに恋しき人を見てしより」古今 平安-歌集 恋二 訳⇨うたたねに…

うたたねに… 和歌 「うたた寝に 恋しき人を 見てしより 夢てふものは 頼み初めてき」古今 平安-歌集 恋二・小野小町 訳うたたねの夢に恋しい人を見てからは、あてにならないと言われる夢というものをも、頼りにし始めてしまった。

う

る。

鑑賞 「てふ」は「といふ」の変化したもの。「見てし」「そめてき」の「て」は完了の助動詞「つ」の連用形であり、「し」「き」は過去の助動詞「き」のそれぞれ連体形・終止形である。「てし」「てき」の形で過去にすでに完了していることを表し、「見てし」「そめてき」は照応している。

うた-づかさ【雅楽寮】名詞 「うたれう」に同じ。

卯辰紀行(うたつきこう) ⇨笈(おい)の小文(こぶみ)

うたて【転】

語義の扉

「うたた」から変化した語。程度や量の変化が激しい意から、そのただならぬようすを不快に思う気持ちを表す。

一 副詞 ❶ますますはなはだしく。いっそうひどく。❷異様に。気味悪く。❸面白くなく。不快に。

二 形容詞 語幹⇨うたてし

一 副詞 ❶**ますますはなはだしく。いっそうひどく。** 万葉集 奈良—歌集 二四六四「三日月のさやにも見えず雲隠り見まくぞ欲しきうたてこのごろ」訳三日月がはっきり見えず、雲に隠れているように会えないあの人に会いたいと思うことだ。ますますはなはだしくこのごろは。

❷**異様に。気味悪く。** 枕草子 平安—随筆 木の花は「葉の広ごりたるさまぞ、うたてこちたけれど」訳(桐(きり)は)葉が広がっているのが、異様におおげさだけれど。

❸**面白くなく。不快に。いやに。** 徒然 鎌倉—随筆 三〇「人の心はなほうたておぼゆれ」訳人の心というものはやはりいやに思われる。参照▶類語と使い分け⑤

二 形容詞 語幹⇨うたてし。源氏物語 平安—物語 帚木「あなうたて、この人のたをやかならましかば」訳ああいやだ、この人が物やわらかであったならよいのに。

うたて-あ・り【転有り】連語

なりたち 副詞「うたて」+ラ変動詞「あり」

情けない。不快だ。いやだ。 竹取物語 平安—物語 竜の頸の玉「うたてある主(ぬし)のみもとに仕(つか)うまつりて、すずろなる死にをすべかめるかな」訳いやなご主人のおそばにお仕え申し上げて、思いがけない死に方をしなくてはならないようだな。参照▶類語と使い分け⑲

うたて-げ・なり 形容動詞ナリ {なら/なり・に/なり/なる/なれ/なれ} ❶**異様な感じがする。** 大鏡 平安—物語 序「うたてげなる翁(おきな)二人」訳異様な感じのする老人二人。❷**見苦しい。嫌だ。** 平家物語 鎌倉—物語 一二・六代「うたてげなる御ありさまどもを見えさせ給(たま)ひなんず」訳見苦しいごようすなどを見られておしまいになるでしょう。◆「げ」は接尾語。参照▶類語と使い分け⑱

うたて・し 形容詞ク {(く)・から/く・かり/し/き・かる/けれ/かれ} ❶**がっかりする。いやだ。情けない。気にくわない。** 宇治拾遺 鎌倉—説話 一・一三「さくりあげて、『よよ』と泣きければ、うたてしやな」訳しゃくりあげて、「おいおい」と泣いたので、がっかりするなあ。

❷**いたわしい。気の毒だ。心が痛む。** 平家物語 鎌倉—物語 四・宮御最期「討たれさせ給(たま)ひけん宮の御運のほどこそうたてけれ」訳お討たれになったとかいう宮のご不運のほどはいたわしい。

うたて-な・り【転なり】形容動詞ナリ {なら/なり・に/なり/なる/なれ/なれ} **憎むべきだ。非常にいとわしい。** 宇治拾遺 鎌倉—説話 二・七「うたてなりける心無しのしれものかな」訳憎らしい、浅はかな愚かものだなあ。

うたて-はべ・り【転侍り】連語

なりたち 副詞「うたて」+ラ変動詞「はべり」

情けのうございます。不快です。いやでございます。 ▼「うたてあり」の丁寧な言い方。源氏物語 平安—物語 若紫「ししこらかしつる時はうたてはべるを」訳(病気を)こじらせてしまうといやでございますから。

***うたて-や・な** 連語

なりたち 形容詞「うたてし」の語幹+間投助詞「や」+終助詞「な」

嘆かわしいことだなあ。情けないことだよ。 隅田川 室町—能楽 謡曲「うたてやな、隅田川の渡し守ならば『日も暮れぬ、舟に乗れ』とこそ承るべけれ」訳情けないことだよ、隅田川の渡し守であるならば、(あの『伊勢物語』の船頭のように)「日も暮れてしまう、舟に乗れ」と(私は)お聞きするはずである。

うた-ぬし【歌主】名詞 **歌の作者。**

うた-の-つかさ【雅楽寮】名詞 「うたれう」に同じ。

うたひ【謡】ウタイ 名詞 ❶「謡(うた)い物」に同じ。❷能楽の詞章・台本。謡曲。

うたひ-すま・す【歌ひ済ます】ウタイスマス 他動詞サ四 {さ/し/す/す/せ/せ} **うまく歌いおおせる。見事に歌ってのける。** 平家物語 鎌倉—物語 一・祇王「おし返しおし返し、三遍うたひすましたりければ」訳繰り返し繰り返し三回うまく歌いおおせたので。

うた-びと【歌人】名詞 ❶「雅楽寮(うたれう)」に所属して、古代の歌を伝え歌う役の人。❷歌を上手に歌う人。歌うたい。❸和歌を詠む人。歌人(かじん)。

うたひ-ののし・る【歌ひ罵る】ウタイノノシル 自動詞ラ四 {ら/り/る/る/れ/れ} **大騒ぎして歌う。大声で歌う。しきりに歌を歌う。** 堤中納言 平安—物語 虫めづる姫君「蟷螂(いぼじり)・蝸牛(かたつぶり)などを取り集めて、うたひののしらせて聞かせ給(たま)ひて」訳かまきりやかたつむりなどを採集して、(わらべに虫の歌を)大声で歌わせて(姫君がそれを)お聞きになって。

うた・ふ[1]【訴ふ】ウタウ—ウトウ 他動詞ハ下二 {へ/へ/ふ/ふる/ふれ/へよ} 「うったふ」の促音「っ」が表記されない形。**訴える。** 宇治拾遺 鎌倉—説話 五・六「修理する者うたへ申すなり」訳修理する者が訴え申したのである。

うた・ふ[2]【歌ふ・唄ふ】ウタウ—ウトウ 他動詞ハ四 {は/ひ/ふ/ふ/へ/へ} ❶**歌う。** ❷**詩歌を吟じる。朗詠する。**

うたへ【訴へ】ウタエ 名詞 「うったへ」の促音「っ」が表記されない形。(不平・不満・苦情などを)**訴えること。訴訟。** 徒然 鎌倉—随筆 二〇九「人の田を論ずる者、うたへに負けて」訳他人の田を(自分のものだと)言い争う者が、訴訟に負けて。

うた-まくら[1]【歌枕】名詞 ❶歌に詠み込む言葉や地名を集めた書物。❷歌にしばしば詠み込まれている名所。⇨歌枕 文芸

歌枕(うたまくら)[2] 文芸 古くから繰り返し和歌に詠み込まれ

て、特定のイメージ・情緒を持つようになった名所。たとえば、カラフルな紅葉をイメージさせる「竜田川」、わび住まいの哀愁を連想させる「須磨」など。固定化したイメージ・情緒を利用して、和歌に余情をもたらす修辞法として用いられた。ほとんどは平安時代から始まったが、歌人たちが各地を実際に訪れて詠むことはまれで、歌の中に描き出された情景や情緒の多くは、作者と読者が一体となって脳裏に浮かべた観念上の世界であった。参照▶資料13

うた-め【歌女】名詞 ❶「雅楽寮」に所属して、歌を歌う役の女。対歌男。❷歌・舞踊などで人を楽しませることを商売とした女。歌妓。

うた-ものがたり[1]【歌物語】名詞 ❶「うたがたり」に同じ。❷平安時代の物語のうち、和歌を中心に構成されたもの。⇩歌物語 文芸

歌物語[2] 文芸 平安時代初期の物語文学の一種。和歌が詠まれた事情や背景を、その和歌を中心にして物語化したもの。『伊勢物語』『大和物語』が有名。やがては、伝奇的な『竹取物語』の流れと合体して、『源氏物語』などの作り物語に成長してゆく。

うた-よみ【歌詠み・歌読み】名詞 ❶**歌を作ること。** ❷**歌を作る人。歌人。**

うたよみ-の-よおぼえ【歌詠みの世覚え】文脈の研究 歌詠みの世覚え 参照▶ こしきぶのないし(小式部内侍)／文脈の研究 歌詠みの世覚え

うた-れう【雅楽寮】名詞 律令制で、「治部省」に属し、音楽・舞踊のことを担当した役所。「うたづかさ」「ががくれう」とも。

うた-ろんぎ【歌論議】名詞 歌のよしあしや解釈について議論すること。

うた-ゑ【歌絵】名詞 歌の意味や内容を絵にかいたもの。

うち[1]【内】名詞

語義の扉

ある範囲の内部・内側の意。「外」に対する。

❶中。内側。内部。
❷宮中。内裏。
❸天皇。帝。主上。
❹心の中。胸の内。
❺(ある期間内の)間。うち。
❻(ある範囲内の)中。
❼(数を示す語とともに)以内。
❽家。建物。
❾夫。妻。
❿(儒教を「そと」「ほか」というのに対して)仏教。

文脈の研究　歌詠みの世覚え

小式部内侍が歌合の詠み手に選ばれたとき、藤原定頼(中納言)が小式部内侍の局の前を通りかかって、

「丹後へ遣はしける人は参りたりや。いかに心もとなく思すらむ。」

と言った。丹後(今の京都府京丹後市のあたり)は、この時、母の和泉式部が後の夫の藤原保昌が丹後守になったのに伴って下っていた地。右の、「丹後へ…」は、歌作の知恵を借りるために、母のもとへ出向かせた使いは戻ってきたのですか。どんなにか心細く思っていらっしゃることでしょう。」との意で、小式部内侍を軽く見た定頼のからかい。

これを聞いた小式部は、局の御簾からからだ半分ほど乗り出して、定頼の着ていた直衣の袖をひきとどめ、つかまえて、「大江山」の歌を定頼に詠みかける。

大江山いくのの道の遠ければ
まだふみもみず天の橋立

定頼は思ってもなかった小式部内侍の歌の出来栄えにすっかり驚き(肝をつぶして)、「これはびっくりだ。いったいどうしたことか。こんなことがあるなんて。」と言うのが精一杯で、返歌もできずに引っぱられていた直衣の袖を引き離してにげてしまったと語られる。このときから、小式部内侍には、歌人としての高い世評が生まれた、というエピソード。(『十訓抄』『古今著聞集』)

❶**中。内側。内部。屋内。** 竹取物語 平安－物語 かぐや姫の生ひ立ち「帳のうちよりも出いださず」訳(翁はかぐや姫を)垂れぎぬの中からさえも出さない。

❷**宮中。内裏。** 源氏物語 平安－物語 桐壺「今はうちにのみさぶらひ給ふ」訳(源氏は)今は宮中にばかりおいでになる。

❸**天皇。帝。主上。** 紫式部 平安－日記 消息文「うちの上の、源氏の物語、人に読ませ給ひつつ」訳天皇様が、『源氏物語』をだれかに声を出して唱えさせになられながら。

❹**心の中。胸の内。** 徒然 鎌倉－随筆 一〇八「うちに思慮なく、外に世事なくして」訳心の中に考えることがなく、外に世間の俗事がないようにして。

❺**間。うち。** ▼ある期間内。土佐日記 平安－日記 二・一六「五年六年のうちに、千年や過ぎにけむ」訳五、六年の間に、千年が過ぎてしまったのだろうか。

❻**中。** ▼ある範囲内。土佐日記 平安－日記 二・一六「思ひ恋しきがうちにも」訳恋しい思いが多くある中でも。

❼**以内。以下。** ▼数を示す語とともに用いる。方丈記 鎌倉－随筆「高さは七尺がうちなり」訳(建物の)高さは七尺以下である。

❽**家。建物。** 徒然 鎌倉－随筆 四四「山のきはに惣門のあるうちに入りぬ」訳(若い男は)山のすそに正門がある家に入った。

❾**夫。妻。** 浮世風呂 江戸－物語 滑稽「わしらがうちなんぞは出好きでの」訳私の夫は出かけるのが好きでね。

❿**仏教。** ▼儒教を「そと」「ほか」というのに対する。平家物語 鎌倉－物語 六・新院崩御「うちには十戒を保ち、外には五常を乱らず」訳仏教については十の戒めを守り、儒教については五つの徳目を乱さなく。

うち-[2]【打ち】接頭語 〔動詞に付いて、語調を整えたり下

の動詞の意味を強めて)❶ちょっと。ふと。「うち見る」「うち聞く」❷すっかり。「うち絶ゆ」「うち曇る」❸勢いよく。「うち出(い)づ」「うち入る」

語法 動詞との間に助詞「も」が入ることがある。「うちも置かず見給(たま)ふ」(『源氏物語』)〈下にも置かずにごらんになる。〉

注意「打ち殺す」「打ち鳴らす」のように、打つの意味が残っている複合語の場合は、「打ち」は接頭語ではない。打つ動作が含まれている場合は動詞、含まれていない場合は接頭語。

うぢ[1]【氏】(ジ) 名詞 ❶古代社会で、家系を同じくする血縁的同族集団。また、それぞれの集団が家系を他と区別するために用いる名。大伴(おほとも)・物部(もののべ)・中臣(なかとみ)・蘇我(そが)などが有名。❷家柄。家系。❸家の名。名字(みやうじ)。

宇治[2](うぢ)(ウジ) 地名 歌枕 今の京都府宇治市。宇治川が流れ、東には宇治山(→喜撰(きせん)山)がある。平安時代には貴族の別荘地、隠栖(いんせい)の地であり、『源氏物語』の宇治十帖(じふでふ)など、多くの文学作品の舞台となった。掛け詞(ことば)として「うぢ」の「う」を「憂し」の「う」にかけることもある。また、このことから、無常観を表す地名ともされる。

うち-あか・む【打ち赤む】

一 自動詞マ四{ま/み/む/む/め/め}(顔などが)**赤くなる。赤みを帯びる。**源氏物語 平安―物語 夕霧「にほひやかにうちあかみたまへる顔いとをかしげなり」訳(雲居雁(くもゐのかり)の)つやつやかに赤くなっていらっしゃるお顔は、とても愛らしい感じである。◆「うち」は接頭語。

二 他動詞マ下二{め/め/む/むる/むれ/めよ}(顔などを)**赤くする。赤らめる。**源氏物語 平安―物語 夕霧「御顔うちあかめて、心憂(う)く、さまで後(おく)らかしたまふべきにや」訳(紫の上は)お顔を赤らめて、情けなく、それほど長く私をあとにお残しになるおつもりか。◆「うち」は接頭語。

うち-あ・ぐ*【打ち上ぐ・打ち揚ぐ】 他動詞ガ下二{げ/げ/ぐ/ぐる/ぐれ/げよ}❶**酒宴を開いて歌い騒ぐ。**▼手を打ち鳴らすところから。竹取物語 平安―物語 かぐや姫の生ひ立ち「このほど三日うちあげ遊ぶ」訳この時(名付け祝いの前後)三日間は、酒宴を開いて歌い騒いで楽しむ。❷**勢いよく上げる。**枕草子 平安―随筆 関白殿、二月二十一日に「大納言殿・三位の中将、二所(ふたところ)して簾(すだれ)うちあげ」訳大納言と三位の中将のお二方ですだれを勢いよく上げ。❸**声を張り上げる。**紫式部 平安―日記 寛弘五・七・中旬「我も我もとうちあげたる伴僧の声々」訳我も我もと声を張り上げている導師の供の僧の声々。◆❷❸の「うち」は接頭語。

うち-あは・す【打ち合はす】(ウチアワス) 他動詞サ下二{せ/せ/す/する/すれ/せよ}(拍子や打楽器などを)**打って音を合わせる。合奏する。**源氏物語 平安―物語 若菜下「琴にうちあはせたる拍子も」訳琴に音を合わせた拍子も。

うち-あはび【打ち鮑】(ウチアワビ) 名詞 鮑(あはび)の肉を薄く長く切り、のばして干したもの。祝儀の席の酒のさかなとされた。「のしあわび」とも。

うち-あ・ふ【打ち合ふ】(ウチアウ―ウチオウ)

一 自動詞ハ四{は/ひ/ふ/ふ/へ/へ}❶**うまく釣り合う。**源氏物語 平安―物語 帚木「もとの品、時世のおぼえうちあひ」訳本来の家柄と、世間の評判とがうまく釣り合い。◇「うち」は接頭語。❷**対抗する。闘う。**鉢木 室町―能楽 謡曲「思ふ敵(かたき)と寄り合ひうちあひて」訳これはという敵に近寄り闘って。

二 他動詞ハ四{は/ひ/ふ/ふ/へ/へ}(双六(すごろく)などを)**互いに打つ。**今昔物語 平安―説話 二六・三七「同じやうなりける侍(さぶらひ)と双六(すぐろく)をうちあひけり」訳同じようであった侍と双六を互いに打った。

うち-あ・り【打ち有り】 自動詞ラ変{ら/り/り/る/れ/れ}❶**ある。何気なくある。ちょっと置いてある。**徒然 鎌倉―随筆 一〇「うちある調度も昔覚えてやすらかなるこそ、心にくしと見ゆれ」訳何気なく置いてある道具なども、古風な感じがして落ち着きがあるのは、奥ゆかしく思われる。❷**普通にある。ありふれている。どこにでもある。**宇治拾遺 鎌倉―説話 一五・四「やや、これはうちある矢にもあらざりけり」訳やや、これはどこにでもある矢ではないのだ。◆「うち」は接頭語。

うち-あん・ず【打ち案ず】 他動詞サ変{ぜ/じ/ず/ずる/ずれ/ぜよ}**思案を巡らす。考えこむ。**増鏡 室町―物語 新島守「義時(よしとき)、とばかりうちあんじて」訳義時は、しばらく思案を巡らして。◆「うち」は接頭語。

うち-いた【打ち板】 名詞 地上にすわるときに敷く厚板。陣中では敷き皮の代わりに使われた。

うち-いだ・す*【打ち出だす】 他動詞サ四{さ/し/す/す/せ/せ}❶**打ち鍛えて作り出す。**太平記 室町―物語 一三「雌雄の二剣をうちいだせり」訳雌雄二振りの剣を打ち鍛えて作り出した。❷(打つような動作で)振って物を出現させる。**打ち出す。**一寸法師 江戸―物語 御伽「まづまづ飯をうちいだし」訳まずとりあえず(打ち出の小槌(こづち)で)飯を打ち出し。❸**ちょっと出す。**特に、「出(い)だし衣(ぎぬ)」をする。栄花物語 平安―物語 若生え「衣(きぬ)のつま重なりてうちいだしたるは」訳着物の端が重なって(御簾(みす)の下から)ちょっと出してあるのは。❹(歌・ことばを)**口に出す。歌い出す。**枕草子 平安―随筆 清涼殿の丑寅のすみの「いとゆるるかにうちいだし給(たま)へる」訳(古歌を)たいそうゆっくりと歌い出しなさったの。◆❸❹の「うち」は接頭語。

うち-い・づ【打ち出づ】(イズ)

一 自動詞ダ下二{で/で/づ/づる/づれ/でよ}

❶**出る。現れる。**万葉集 奈良―歌集 三一八「田子(たご)の浦ゆうちいでて見れば真白(ましろ)にぞ富士の高嶺(たかね)に雪は降りける」訳⇩たごのうらゆ…。

❷**出陣する。出発する。**平家物語 鎌倉―物語 九・小宰相身投「明日うちいでんとての夜」訳明日出陣しようと思っていたその夜。

❸**でしゃばる。**徒然 鎌倉―随筆 五六「あまたの中にうちいでて、見ることのやうに語りなせば」訳大勢の中にでしゃばって、見ているようにこしらえて話すので。◆「うち」は接頭語。

二 他動詞ダ下二{で/で/づ/づる/づれ/でよ}

❶**打って(音を)出す。打ち鳴らす。**源氏物語 平安―物語 篝火「拍子うちいでて忍びやかに歌ふ声」訳(弁の少将が)拍子を打ってひそやかに歌う声は。

❷**ちょっと出す。**特に、「出(い)だし衣(ぎぬ)」をする。栄花物語 平安―物語 根合はせ「唐衣(からぎぬ)などうちいでたり」訳唐衣などをちょっと出していた。

❸**口に出して言う。**伊勢物語 平安―物語 四五「うちいでむことかたくやありけむ」訳(恋の思いを)口に出して言うことが難しかったのだろうか。◆❷❸の「うち」は接

頭語。

うち-いで【打ち出で】 名詞 ❶金・銀・銅などをたたいて箔に延ばすこと。❷「打ち出での衣」の略。

うちいで-の-きぬ【打ち出での衣】 連語 晴れの儀式の際、御簾や几帳の下から、また牛車の簾の下などから、女房装束の衣の裾や袖口を外にはみ出させておくこと。また、その裾や袖口。「いだしぎぬ」「うちだし」「うちで」とも。

(打ち出での衣)

うち-い・ふ【打ち言ふ】 ウチイウ 他動詞 ハ四 {は/ひ/ふ/へ/へ} **ちょっと口に出す。なにげなく言う。** 徒然 鎌倉―随筆 一「物うちいひたる、聞きにくからず」訳ものをちょっと口に出しているのも(その言いぶりも)聞き苦しくはなく。◆「うち」は接頭語。

うち-い・る【打ち入る】* 一 自動詞 ラ四 {ら/り/る/る/れ/れ} ❶(馬で川や山などに)**勢いよく駆け入る。** 今昔物語 平安―説話 二九・二九「馬を走らせて山にうちいりて見ければ」訳馬を走らせて山に勢いよく駆け入って見たところ。❷**入る。** 東関紀行 鎌倉―紀行「少しうちいりて見るに」訳(街道から)ちょっと入って見ると。❸**熱中する。** 西鶴織留 江戸―物語 浮世・西鶴「明け暮れ碁にうちいりて」訳毎日碁に熱中して。❹**攻め込む。** 平家物語 鎌倉―物語 四・信連「よろうたる者どもがうちいりて候ふを」訳よろいを着けた者たちが攻め込みましたのを。◆❶❷❸の「うち」は接頭語。❹は「討ち入る」とも書く。

二 他動詞 ラ下二 {れ/れ/る/るる/るれ/れよ} ❶**ひょいと入れる。** 竹取物語 平安―物語 かぐや姫の生ひ立ち「手にうちいれて家へ持ち来ぬ」訳(かぐや姫を)手のひらにひょいと入れて家へ持ってきた。❷(乗馬を、川・海などへ)**勢いよく乗り入れる。** 平家物語 鎌倉―物語 一一・那須与一「矢ごろ少し遠かりければ、海へ一段ばかりうちいれたれども」訳矢を射当てるのに適当な距離が少し遠かったので、海へ一段(＝約十一メートル)くらい(馬を)勢いよく乗り入れたのだが。❸(ばくちなどで)**金品をつぎ込む。入れあげる。** 徒然 鎌倉―随筆 一二六「ばくちの、負けきはまりて、残りなくうちいれんとせんに会ひては」訳ばくち打ちですっかり負けて、(残った金品を)全部つぎ込もうとする人に向かっては。◆「うち」は接頭語。

うち-うち【内内】 一 名詞 ❶**家の中。** ❷**心の中。内情。** 源氏物語 平安―物語 紅葉賀「うちうちの有様は知り給はず」訳心の中のようすは知りなさらない。❸**非公式なこと。うちわ。** 源氏物語 平安―物語 少女「これは御わたくしざまに、うちうちの事なれば」訳この催しは非公式で、うちわのことなので。

二 副詞 **ひそかに。ないないに。** 徒然 鎌倉―随筆 一五〇「うちうちよく習ひ得てさし出でたらんこそ」訳(一芸を身につけるのに)ひそかによく習得してから人前に出たようなのこそ。

うちうち-の-まま-にて-まか・り-たり-し-に【内内の随にて罷りたりしに】† 徒然 鎌倉―随筆 二二五「『夜なれば異様なりともとく』、とありしかば、萎えたる直垂、うちうちのままにてまかりたりしに」訳「夜なので、ととのった服装でなくともいいので早く」と言われたので、よれよれの直垂を家の中の姿のままで参上したところ。

品詞分解 うちうち＝名詞 の＝格助詞 まま＝名詞 にて＝格助詞 まかり＝動詞「まかる」用 たり＝完了の助動詞「たり」用 し＝過去の助動詞「き」体 に＝接続助詞

うち-お・く【打ち置く】 他動詞 カ四 {か/き/く/く/け/け} ❶**置く。** 源氏物語 平安―物語 夕顔「うちおき給ひて」訳(夕顔のまくらもとに)置きなさって。❷(そのままにして)**ほうっておく。** 源氏物語 平安―物語 帚木「上が上はうちおき侍りぬ」訳上流階級の中の上位(の方)はほうっておきました。◆「うち」は接頭語。

うち-おこた・る【打ち怠る】 自動詞 ラ四 {ら/り/る/る/れ/れ} **なおざりにする。怠ける。** 徒然 鎌倉―随筆 一八八「世をのどかに思ひてうちおこたりつつ、まづさし当たりたる目の前の事にのみ紛れて月日を送れば」訳一生をのんびりと考えてつい怠けては、まず直面している目の前のことだけに気をとられて月日を送っていると。◆「うち」は接頭語。

うち-おこな・ふ【打ち行ふ】 ウチオコナウ 自動詞 ハ四 {は/ひ/ふ/へ/へ} **仏道の修行をする。勤行をする。** 枕草子 平安―随筆 あはれなるもの「うちおこなひたる暁の額など、いみじうあはれなり」訳勤行をしている夜明け前の礼拝などは、たいそうしみじみと心打たれる。◆「うち」は接頭語。

うち-おとり【内劣り】 名詞 外見はりっぱだが、内実は劣っていること。**見掛け倒し。**

うち-おどろ・く【打ち驚く】 自動詞 カ四 {か/き/く/く/け/け} ❶**目が覚める。** 源氏物語 平安―物語 総角「うちおどろきて陀羅尼読む」訳目が覚めて陀羅尼経を読む。❷**はっとして気が付く。** 源氏物語 平安―物語 総角「『いかならむ』とうちおどろかれて」訳「(その後は)どうなるだろう」とはっとして気が付かれて。◆「うち」は接頭語。

うち-おほひ【打ち覆ひ】 ウチオイ 名詞 ちょっと上をおおうだけの簡単な屋根。仮ごしらえの屋根。

うち-おほ・ふ【打ち覆ふ】 ウチオウ 他動詞 ハ四 {は/ひ/ふ/へ/へ} **ちょっとかぶせて隠す。かぶせる。** 更級 平安―日記 野辺の笹原「児の顔に当たりたるが、いとゆゆしく覚ゆれば、袖をうちおほひて」訳(月の光がもれてきて)幼い子の寝顔にあたっているのが、とても不吉に思われるので、(その子の顔に)袖をちょっとかぶせて隠して。◆「うち」は接頭語。

うち-おぼめ・く【打ちおぼめく】 自動詞 カ四 {か/き/く/く/け/け} **そらとぼける。** 徒然 鎌倉―随筆 七三「げにげにしく所々うちおぼめき」訳まことしやかに所々をそらとぼけて。◆「うち」は接頭語。

うち-おぼ・ゆ【打ち覚ゆ】 一 自動詞 ヤ下二 {え/え/ゆ/ゆる/ゆれ/えよ} ❶**心に思い浮かぶ。心に感じられる。** 源氏物語 平安―物語 明石「来し方行く先の事うちおぼえ、とやかくやとはかばかしう悟る人もなし」訳(須磨には)過去のことも将来のことも心に思い浮かび、ああだこうだとはっきり判断のつく人もいな

う

い。❷どことなく似ている。源氏物語 平安―物語 夢浮橋「いとをかしげにて、少しうちおぼえたまへる心地もすれば」訳(小君は)とてもかわいらしいようすで、(浮舟に)少しどことなく似ていなさる気もするので。◆「うち」は接頭語。

二 他動詞 ヤ下二{え/え/ゆ/ゆる/ゆれ/えよ}思い出して言う。大鏡 平安―物語 序「時々さるべきことのさしいらへ、繁樹もうちおぼえはべらむかし」訳時々適当な事柄の受け答えは、(私)繁樹も思い出して言いましょうよ。◆「うち」は接頭語。

うち-おも・ふ【打ち思ふ】(ウチオモウ) 他動詞 ハ四{は/ひ/ふ/ふ/へ/へ}心にふと感じたり思ったりする。ちょっと考える。源氏物語 平安―物語 東屋「老いたる者は、すずろに涙もろにあるものぞと、おろそかにうちおもふなりけり」訳年老いた者は、むやみに涙もろいものだと、(侍従は)いい加減にちょっと考えるのであったよ。◆「うち」は接頭語。

うちかえし〖打ち返し〗⇩うちかへし

うちかえす〖打ち返す〗⇩うちかへす

***うち-か・く**【打ち掛く・打ち懸く】

一 他動詞 カ下二{け/け/く/くる/くれ/けよ}ひょいと掛ける。ひっかける。万葉集 奈良―歌集 八九二「わわけさがれる襤褸の肩にうちかけ」訳⇩かぜまじり…。◆「うち」は接頭語。

二 自動詞 カ下二{け/け/く/くる/くれ/けよ}(水などが)強くかかる。竹取物語 平安―物語 竜の頸の玉「波は舟にうちかけつつ巻き入れ」訳波は舟に繰り返し強くかかって巻き入れ。◆「うち」は接頭語。

うち-かけ【打ち掛け・裲襠】名詞 ❶「打ち掛け鎧」の略。朝廷の儀式のとき、武官が束帯の上に着用した服。長方形の布の中央にあいている穴に頭を入れ、胸と背にあてて着る。袖がない。舞楽の装束にも用いた。❷「打ち掛け小袖」の略。江戸時代、武家の婦人などの礼服の一つ。上着の上に、帯を付けずにはおって着用する長い小袖。参照▶口絵

うち-かしこま・る【打ち畏まる】自動詞 ラ四{ら/り/る/る/れ/れ}恐れ慎む。恐れ敬う。威儀を正す。源氏物語 平安―物語 葵「御供の人々、うちかしこまり、心ばへありつつ渡るを」訳お供の人々は、威儀を正し、心遣いをしながら通り過ぎるので。◆「うち」は接頭語。

うち-かす・む【打ち掠む】他動詞 マ下二{め/め/む/むる/むれ/めよ}ほのめかす。それとなく言う。源氏物語 平安―物語 藤袴「うちかすめつべき女親もおはせず」訳それとなく言うことのできる母親もいらっしゃらない。◆「うち」は接頭語。

うち-がたな【打ち刀】名詞 敵を打ち切るのに使う、鍔の付いた長い刀。敵を刺すのに使う刃渡りの短い腰刀に対していう。

うち-かたぶ・く【打ち傾く】

一 自動詞 カ四{か/き/く/く/け/け}❶傾く。蜻蛉 平安―日記 中「一筋二筋うちかたぶきたれば」訳(くれ竹が)一、二本傾いていたので。❷首をかしげる。不審に思う。枕草子 平安―随筆 うつくしきもの「うちかたぶきて物など見たるも」訳(幼女が)首をかしげて物などを見ているのも。◆「うち」は接頭語。

二 他動詞 カ下二{け/け/く/くる/くれ/けよ}傾ける。平治物語 鎌倉―物語 中「頼盛も甲をうちかたぶけうちかたぶけ」訳頼盛もかぶとを傾け傾け。◆「うち」は接頭語。

うち-かたら・ふ【打ち語らふ】(ウチカタラウ) 他動詞 ハ四{は/ひ/ふ/ふ/へ/へ}語り合う。徒然 鎌倉―随筆 一二「『さるから、さぞ』ともうちかたらはば」訳「そうだから、そうなのだ」とも語り合ったら。◆「うち」は接頭語。

うち-かづ・く【打ち被く】(ウチカズク)

一 他動詞 カ四{か/き/く/く/け/け}かぶる。頭の上にのせる。(たまわった衣服などを)肩にかける。枕草子 平安―随筆 にくきもの「伊予簾などかけたるに、うちかづきて」訳伊予の国(愛媛県)産の粗末な簾などが掛けてあるのを、(くぐるときにそれを)頭にかぶって。◆「うち」は接頭語。

二 他動詞 カ下二{け/け/く/くる/くれ/けよ}(褒美として衣服などを)人の肩にかけて与える。源氏物語 平安―物語 竹河「侍従は、あるじの君にうちかづけて往ぬ」訳侍従の君(=藤侍従薫)は、(着物をこの家の)主人である方(=藤侍従の肩にかけて与えて帰る。◆「うち」は接頭語。

宇治川(うぢがは)(ウジガワ) 地名 歌枕 今の京都府宇治市のあたりを流れる川。琵琶湖を水源とし、上流は瀬田川、下流は淀川となる。この川の網代(=簀を没して魚をとる仕掛け)は、古来有名であった。また、蛍の名所であり、『平家物語』の「橋合戦」や「宇治川先陣」で知られる源平の古戦場でもある。和歌では「網代」「氷魚」「霧」「川波」などが詠み込まれ、また、「うぢ」の「う」を「憂し」の「う」にかけること、さらに、川は流れ去るものであることから、無常観と結び付けられることもある。

うち-かは・す【打ち交はす】(ウチカワス) 他動詞 サ四{さ/し/す/す/せ/せ}互いに重ね合わせる。交える。古今 平安―歌集 秋上「白雲に羽うちかはし飛ぶ雁の数さへ見ゆる秋の夜の月」訳⇩しらくもに…。◆「うち」は接頭語。

うち-かぶと【内兜】名詞 かぶとの正面の内側。かぶとの「まびさし」の内側に接する、額のあたり。

***うち-かへし**【打ち返し】(ウチカエシ) 副詞 ❶前とは反対に。あべこべに。源氏物語 平安―物語 末摘花「殊になくて過ぎ行くを、またうちかへし」訳とくになくて過ぎていったが、また前とは反対に。❷繰り返し。何度も。源氏物語 平安―物語 澪標「うちかへし見給ひつつあはれとながかにひとりごち給ふを」訳(返事を)何度もご覧になっては、ああといかにも長々と独り言を言いなさるのを。

うちかへし-うちかへし【打ち返し打ち返し】(ウチカエシウチカエシ) 連語 ❶何度もひっくり返して。枕草子 平安―随筆 にくきもの「炭櫃などに、手のうらうちかへしうちかへし」訳丸火鉢などに手のひらをひっくり返しひっくり返し。❷何度も繰り返し。源氏物語 平安―物語 浮舟「うちかへしうちかへし、あやしと御覧じて」訳何度も繰り返し、何か変だと思いながら御覧になって。◆❶は動詞「うちかへす」の連用形を、❷は副詞「うちかへし」を重ね、強調したもの。

***うち-かへ・す**【打ち返す】(ウチカエス) 他動詞 サ四{さ/し/す/す/せ/せ}❶裏返す。ひっくり返す。平家物語 鎌倉―物語 五・文覚被流「大波立って、すでにこの舟をうちかへさんとす」訳大波が立って、この舟をひっくり返そうとする。❷繰り返す。蜻蛉 平安―日記 上「うちかへしてもなほぞ悲しき」訳(昔のことが)繰り返して(よみがえり)いっそう悲しい。❸耕す。掘り返す。金葉 平安―歌集 春「鴫のゐる野沢の小田をうちかへし」訳鴫の住む野の沢の田を耕し。◆「うち」は接頭語。

うち-かへ・る【打ち返る】自動詞ラ四{ら/り/る/る/れ/れ} 引っくり返る。枕草子 平安一随筆 あさましきもの「車のうちかへりたる」訳牛車が引っくり返っているの。◆「うち」は接頭語。

うぢ-がみ【氏神】名詞 ❶氏族の祖先として祭る神。また、氏族と関係の深い神。藤原氏の春日神社など。❷鎮守の神。産土神。▼鎌倉時代以後、❶と混同された。

うち-か・む【打ち擤む】他動詞マ四{ま/み/む/む/め/め} (鼻を)かむ。鼻汁を出してふき取る。源氏物語 平安一物語 葵「君も、たびたび鼻うちかみて」訳(源氏の)君も、何度も鼻をかんで。◆「うち」は接頭語。

***うち-き**【袿】名詞 ❶宮廷の女性が着用した、袖が広くて身丈の長い衣服。正装のときは、唐衣・表着・打ち衣の下に袿を数枚重ねて着用し、袖口・褄などの配色の美しさを求めた。のち、枚数は五枚に定まり、「五つ衣」といわれた。普段は表着を省略して室内着として用いる。参照▶口絵 ❷男子が狩衣・直衣の下に着用する衣服。◆「うちぎ」とも。

***うち-ぎき**【打ち聞き】名詞 ❶ちょっと聞くこと。また、その言葉や話。源氏物語 平安一物語 常夏「深き筋思ひ得ぬほどのうちぎきには」訳深い内容まではわからない程度のちょっと聞く話では。❷聞いたままのことを書き記しておくこと。また、そのもの。特に、聞いた歌を書きとめたもの。枕草子 平安一随筆 うれしきもの「人と言ひ交はしたる歌の聞こえてうちぎきなどに書き入れらるる」訳他の人とやりとりした歌が評判になって打ち聞きなどに書き入れられるの(はうれしい)。

うち-き・く【打ち聞く】他動詞カ四{か/き/く/く/け/け} ちょっと聞く。ふと耳にする。源氏物語 平安一物語 明石「うちきくより胸ふたがりておぼゆれど」訳(源氏のご赦免の話を)ちょっと聞くやいなや胸がいっぱいにつかえたように思われるけれども。◆「うち」は接頭語。

うちき-すがた【袿姿】名詞 袿だけを着たくつろいだ姿。多く女性にいう。

うち-ぎぬ【打ち衣】名詞 糊をつけ、砧で打って光沢を出した衣服。

参考 平安時代、女性は正装のときに表着の下、重ね袿の上に着用し、紅色の綾を用いるのを普通とした。男性は束帯・直衣・狩衣などを正式に着るときに衣の上に重ねて着用した。

うち-きら・す【打ち霧らす】他動詞サ四{さ/し/す/す/せ/せ} (雪・雨・霧などが)空一面を曇らせる。万葉集 奈良一歌集 一四四一「うちきらし雪は降りつつ」訳空一面を曇らせて雪は降り続いている。◆「うち」は接頭語。

うち-き・る【打ち着る】他動詞カ上一{き/き/きる/きる/きれ/きよ} (衣服などを)身にまとう。着る。かぶる。方丈記 鎌倉一随筆「笠うちき足ひきつつみよろしき姿したる者」訳笠をかぶり足を(脚絆で)くるみ、まずまずの身なりをした者。◆「うち」は接頭語。

うち-く・す【打ち屈す】自動詞サ変「うちくっす」に同じ。◆「うち」は接頭語。「くす」は「くっす」の促音「っ」が表記されない形。

うち-ぐ・す【打ち具す】一 自動詞サ変{せ/し/す/する/すれ/せよ} (条件が)備わる。そろう。源氏物語 平安一物語 桐壺「親うちぐし」訳両親がそろい。◆「うち」は接頭語。二 他動詞サ変{せ/し/す/する/すれ/せよ} ❶連れる。伴う。源氏物語 平安一物語 須磨「うちぐしてはつきなからむさまを」訳(紫の上を)伴っては似合わなかったであろうありさまを。❷携える。大鏡 平安一物語 時平「うちぐしてまかりつつ」訳携えて参りまして。◆「うち」は接頭語。

うち-くっ・す【打ち屈す】自動詞サ変{せ/し/す/する/すれ/せよ} ひどく気落ちする。ふさぎ込む。「うちくんず」「うちくす」とも。十六夜 鎌倉一日記「あながちにうちくっしたるさま、いと心苦しければ」訳度を越えてひどく気落ちしているようすが、とてもかわいそうに思われるので。◆「うち」は接頭語。

うち-く・ぶ【打ち焼ぶ】他動詞バ下二{べ/べ/ぶ/ぶる/ぶれ/べよ} 火の中に入れる。くべる。竹取物語 平安一物語 火鼠の皮衣「火の中にうちくべて焼かせたまふに」訳(皮衣を)火の中にくべて焼かせなさったところ。◆「うち」は接頭語。

うち-ぐら【内蔵・内庫】名詞 母屋続きに建てて家の中から出入りできるようにした蔵。金銀・財宝や家財などを収める。対庭蔵。

うち-くん・ず【打ち屈んず】自動詞サ変{ぜ/じ/ず/ずる/ずれ/ぜよ}「うちくっす」に同じ。枕草子 平安一随筆 能因本・職の御曹司におはします頃、西の廂にて「かかる者はうちくんじたるこそあはれなれ」訳このような者(=乞食)はふさぎ込んでいるのこそがしみじみと同情を誘うものであるのに。◆「うち」は接頭語。

うち-こし【打ち越し】名詞 連歌・俳諧の連句で、1・2・3・4…と続く句の、ある句から見て二つ前の句。4から見れば2の句。また、3の句(前句)と4の句との付け合いの趣向が、2の句と3の句との間の趣向に似ていること。付け句を付けるとき、これを嫌い、二句以上隔てなければならないとされる。

うち-こ・む【打ち込む】一 他動詞マ四{ま/み/む/む/め/め} ❶(刀などで)切り込む。切りつける。太平記 室町一物語 一四「鋒五寸ばかりぞうちこみたる」訳(太刀の)刃先五寸(=約一五センチメートル)ほど切り込んだ。❷突き入れる。たたき込む。投げ入れる。文相撲 室町一狂言 狂言「今度取ったならば、地へ三尺うちこまう」訳今度(相撲を)取ったなら、(おまえを)地面の中に三尺(=約九〇センチメートル)ほどたたき込もう。❸(金や財産などを)つぎ込む。日本永代蔵 江戸一物語 浮世・西鶴「一年に三度までの大風、年々の元手うちこみて」訳一年に三回もの大風で、長年の資金をつぎ込んで。❹熱中する。ほれ込む。二 自動詞マ四{ま/み/む/む/め/め} 大勢が入り交じる。愚管抄 鎌倉一論 六「後ろに三百余騎はうちこみてありけり」訳後ろに三百余騎が入り交じっていたのだった。

うち-ごろも【裏衣】名詞 一般の僧の着る粗末な単の僧衣。

うち-ささ・ぐ【打ち捧ぐ】他動詞ガ下二{げ/げ/ぐ/ぐる/ぐれ/げよ} 少し上に向ける。ちょっとあおむける。徒然 鎌倉一随筆 一七五「まばゆからず顔うちささげてうち笑ひ」訳恥ずかしげもなく顔をちょっとあおむけて笑い。◆「うち」は接頭語。

うち-ささめ・く【打ちささめく】自動詞カ四{か/き/く/く/け/け} ひそひそと話す。源氏物語 平安一物語 松風「うちささめきて遣はすを」訳ひそひそと話して(使いを)遣わすのを。◆「うち」は接頭語。

うち-さぶらひ【内侍】ウチサブライ 名詞 武士の屋敷にある、宿直・警護の侍たちの詰め所。

うち-しき【打ち敷き】名詞 ❶器物などの下に敷く、布製の敷物。❷寺院の高座の上や、仏壇・仏具などの下に敷く敷物。多く、死者の衣服で作って供養とした。

うち-しき・る【打ち頻る】自動詞 ラ四〔ら／り／る／る／れ／れ〕**たび重なる。** 源氏物語 平安―物語 桐壺「あまり**うちしきる**折々は」訳度をこして**たび重なる**時々には。◆「うち」は接頭語。

うち-し・く【打ち敷く】他動詞 カ四〔か／き／く／く／け／け〕(寝たり座ったりするために何かを)**敷物とする。敷く。** 奥の細道 江戸―紀行 平泉「笠**うちしき**て、時の移るまで涙を落とし侍りぬ」訳笠を**敷いて**(腰をおろし)、いつまでも(懐旧の)涙を落としました。◆「うち」は接頭語。

うち-しぐ・る【打ち時雨る】自動詞 ラ下二〔れ／れ／る／るる／るれ／れよ〕❶**時雨が降る。しぐれる。** 徒然 鎌倉―随筆 一三七「**うちしぐれ**たるむら雲隠れのほど」訳**しぐれて**いる(ときの)むら雲に隠れた(月の)ようすが。❷**涙にぬれる。涙ぐむ。** 源氏物語 平安―物語 若菜上「まみのあたり**うちしぐれ**て、ひそみ居たり」訳目もとのあたりが**涙にぬれ**て、泣き顔をしていた。◆「うち」は接頭語。

うち-しの・ぶ[1]【打ち忍ぶ】自動詞 バ上二〔び／び／ぶ／ぶる／ぶれ／びよ〕❶**人目を避ける。** 源氏物語 平安―物語 葵「ここかしこに**うちしのび**て通ひたまふ所々は」訳あちらこちらに(源氏が)**人目を避け**てお通いになられる女君たちは。❷**たえしのぶ。こらえる。我慢する。** 浜松中納言 平安―物語 二「**うちしのび**つつ、涙の落ちたまふよりほかのことなく」訳**こらえ**ながらも、涙がお落ちになるよりほかになく。◆「うち」は接頭語。

うち-しの・ぶ[2]【打ち慕ぶ・打ち偲ぶ】他動詞 バ四〔ば／び／ぶ／ぶ／べ／べ〕**過去のことや離れている人のことなどを思い慕う。思い起こす。** 源氏物語 平安―物語 柏木「かく、人にも少し**うちしのば**れぬべきほどにて」訳このように、人から少しでも**思い慕わ**れるに違いない間に(命を絶って)。◆「うち」は接頭語。奈良時代以前は「うちしのふ」と清音。

うち-しはぶ・く【打ち咳く】ウチシワブク 自動詞 カ四〔か／き／く／く／け／け〕**せきばらいをする。**(ちょっと)**せきをする。** 枕草子 平安―随筆 正月に寺にこもりたるは「二つばかりなる稚児の寝おびれて**うちしはぶき**たるも、いとうつくし」訳三歳ぐらいである幼児が寝ぼけて**ちょっとせきをし**ているのも、とてもかわいらしい。◆「うち」は接頭語。

宇治拾遺物語(うぢしふゐものがたり)ウジシュウイモノガタリ 書名 説話集。編者未詳。鎌倉時代前期(一二二〇年ころ)成立。二冊(諸本あり)。〔内容〕題名は『宇治大納言物語』(現存せず)の拾遺(＝もれたもの)という意味。全編百九十七話の半数が『今昔物語集』と同じ。仏教色の濃い説話や童話が和漢混交文で平易に書かれている。

古典の常識

『宇治拾遺物語』―文芸性の高い説話集

仏教説話や世俗説話などを語り口調の和文体で表した読み物で、『今昔物語集』に比べて物語性を強く意識している感がある。説話のほかに、『こぶとりじいさん』の話で知られる「鬼に瘤取らるる事」、『舌切りすずめ』で有名な「雀恩に報ゆる事」などの短い昔話や民話・笑話風の話も収められている。

説話の代表作として次のようなものがある。

・児のかいもちするに空寝したる事
・鼻長き僧の事
・絵仏師良秀家の焼くるを見て悦ぶ事
・猟師仏を射る事
・北面の女雑仕(雑役の女官)六の事

うちしめり… 和歌「うちしめり あやめぞかをる ほととぎす なくや五月の 雨の夕暮れ」新古今 鎌倉―歌集 夏・藤原良経 訳しっとりと湿った空気に、軒の菖蒲が香っているよ。低く垂れ込めた梅雨空にはほととぎすが鳴く雨の夕暮れよ。

鑑賞「ほととぎす鳴くや五月のあやめ草あやめも知らぬ恋もするかな」(『古今和歌集』)〈⇩ほととぎすなくやさつきの…。〉を本歌としている。あやめはサトイモ科の菖蒲のことで、花菖蒲とは異なる植物。茎や葉に芳香がある。五月の節句に、軒にさして邪気を払う風習があり、五月には欠かせない景物の一つ。梅雨どきの鬱々とした気分が、あやめの香とほととぎすの声によって感覚的に表現された一首。

うち-しめ・る【打ち湿る】自動詞 ラ四〔ら／り／る／る／れ／れ〕❶**水気を帯びてしっとりする。湿る。** 源氏物語 平安―物語 宿木「露に**うちしめり**たまへるかをり」訳(庭の草の)露に**湿り**なさった(薫の)お召し物の)薫りが。❷**物静かになる。しっとりと落ち着く。しんみりする。** 源氏物語 平安―物語 蛍「**うちしめり**たる宮の御けはひも、いと艶なり」訳(兵部卿の)宮のごようすも、まことに優美である。❸**物思いに沈む。ふさぎ込む。** 源氏物語 平安―物語 柏木「**うちしめり**、面痩せたまへらん御さまの」訳**物思いに沈み**、顔がおやせになっていらっしゃるだろうと思われるごようすが。◆「うち」は接頭語。

うち-・す【打ち為】一 自動詞 サ変〔せ／し／す／する／すれ／せよ〕**ちょっとある。**(時雨などが)**さっと降る。** 蜻蛉 平安―日記 中「風いと寒く、時雨**うちしつつ**」訳風がとても寒く、しぐれが何度も**さっと降って**。◆「うち」は接頭語。

二 他動詞 サ変〔せ／し／す／する／すれ／せよ〕**ちょっとする。行う。** 枕草子 平安―随筆 すさまじきもの「あくびおのれ**うちし**て、よりふしぬる」訳あくびを自分から**ちょっとし**て、物によりかかって横になってしまったの。◆「うち」は接頭語。

うち-す・ぐ【打ち過ぐ】自動詞 ガ上二〔ぎ／ぎ／ぐ／ぐる／ぐれ／ぎよ〕❶(ある地点を)**通過する。** 源氏物語 平安―物語 須磨「心ありて引きての綱のたゆたはば**うちすぎ**ましや須磨の浦波」訳私を思う心があって、引き手綱のようにゆれるというのならば、このまま**通過する**のでしょうか、須磨の浦を。❷(時間が)**経過する。** 平家物語 鎌倉―物語 九・小宰相身投「宵**うちすぐる**までふし給ひたりけるが」訳宵が**過ぎる**まで横になっていられたが。❸(水準を)**超える。まさる。** 源氏物語 平安―物語 朝顔「身の程にはやや**うちすぎ**」訳身分のわりにはいくらか**まさり**。◆「うち」は接頭語。

うち-ず・す【打ち誦す】他動詞 サ変〔せ／し／す／する／すれ／せよ〕「うちずんず」に同じ。源氏物語 平安―物語 若紫「『なぞ越えざらん』と、**うちずし**たまへるを」訳「どうして(逢坂の関を)越えない(=若紫に会えない)ですますだろうか」と、(源氏が)口ずさみなさったのを。◆「うち」は接頭語。

うち-すすろ・ふ【打ち啜ろふ】ウチススロウ 他動詞ハ四{は/ひ/ふ/ふ/へ/へ}**すすりながら飲む。**万葉集 奈良―歌集 八九二「糟湯酒うちすすろひて」訳⇨かぜまじり…。◆「うち」は接頭語。

*__うち-す・つ__【打ち捨つ】他動詞タ下二{て/て/つ/つる/つれ/てよ}❶(物を)**捨てる。投げ出す。**徒然 鎌倉―随筆 一八八「そのほかをばうちすてて、大事をいそぐべきなり」訳そのほかは捨てて、大切なことを急いでしなければならない。❷**置き去りにする。見捨てる。**源氏物語 平安―物語 明石「うちすてて立つも」訳(あなたを)置き去りにして立ち去るのも。❸**そのままにする。ほうっておく。**源氏物語 平安―物語 帚木「紐などもうちすてて、添い伏し給へる御灯影いとめでたく」訳(衣服の)紐などもそのままにして物に寄りかかっていらっしゃる、灯に照らされたお姿はたいそう美しく。◆「うち」は接頭語。

うち-ずみ【内裏住み】名詞(皇子・后・女官などが)**宮中に住むこと。**対里住み。

うち-ずん・ず【打ち誦んず】他動詞サ変{ぜ/じ/ず/ずる/ずれ/ぜよ}(経文などを)**口ずさむ。声を出して読む。**(漢詩や和歌などを)口ずさむ。「うちずす」とも。堤中納言 平安―物語 虫めづる姫君「『蝸牛の角の、あらそふやなぞ』と言ふことをうちずんじたまふ」訳(姫君は)「かたつむりが角を突き合わせて争っているよ、どうしたのか」という句を、口ずさんでいらっしゃる。◆「うち」は接頭語。

うち-そ【打ち麻】名詞**打って柔らかくした麻。**◆「そ」は「麻」の古名。

うち-そ・ふ【打ち添ふ】ウチソウ

一 自動詞ハ四{は/ひ/ふ/ふ/へ/へ}❶**付きまとう。加わる。**方丈記 鎌倉―随筆「あまりさへ、疫癘うちそひて」訳そればかりか、伝染病まで加わって。❷**付き添う。連れ立つ。**更級 平安―日記 夫の死「うちそひて下りしを見やりしを」訳(息子が亡夫と)連れ立って下ったのを見送ったのに。◆「うち」は接頭語。

二 他動詞ハ下二{へ/へ/ふ/ふる/ふれ/へよ}**添える。つけ加える。追加する。**源氏物語 平安―物語 桐壺「うちそ[illegible]の憎さも立ち出でて」訳つけ加えて(源氏への)以前からの憎しみもよみがえってきて。◆「うち」は接頭語。

うち-そむ・く【打ち背く】自動詞カ四{か/き/く/く/け/け}**背を向ける。離れる。**源氏物語 平安―物語 澪標「我はわれと、うちそむきながめて」訳(紫の上は)「(あなたはあなたで)私は私だ」と、(源氏に)背を向け物思いに沈んで。◆「うち」は接頭語。

うち-たえ【打ち絶え】副詞**全く。ひたすら。**更級 平安―日記 宮仕へ「物語のこともうちたえ忘られて」訳物語のことも全く忘れることができて。

うち-た・つ【打ち立つ】

一 自動詞タ四{た/ち/つ/つ/て/て}❶**打つことに夢中になる。**大鏡 平安―物語 道隆「御博奕うちたたせたまひぬれば」訳(道長公と伊周公との)お二人の博奕の双六は、打つことに夢中になりなさってしまうと。❷**出発する。**右京大夫 鎌倉―歌集「ここかしことうちたちたるさまなど」訳あちらこちらと出発しているようすなど。◇「うち」は接頭語。

二 他動詞タ下二{て/て/つ/つる/つれ/てよ}❶(勢いよく)**立てる。**平家物語 鎌倉―物語 九・樋口被討罰「赤旗多くうちたてたれば」訳赤旗を多く立てたので。◇「うち」は接頭語。❷**盛んに打つ。**出世景清 江戸―浄瑠 浄瑠・近松「嫌はず余さずうちたつる」訳遠慮なく十分に(刀で)盛んに打つ。

うち-たの・む【打ち頼む】他動詞マ四{ま/み/む/む/め/め}**頼りにする。すっかり信頼する。**源氏物語 平安―物語 帚木「ひとへにうちたのみたらむ方は、さばかりにてありぬべくなむ」訳ひたすら頼りにしているような妻(として)は、その程度(の女)できっと十分であろう。◆「うち」は接頭語。

うち-た・ゆ【打ち絶ゆ】自動詞ヤ下二{え/え/ゆ/ゆる/ゆれ/えよ}**ぷっつりと途絶える。**源氏物語 平安―物語 朝顔「よその御返りなどはうちたえで、おぼつかなかるまじきほどに聞こえたまひ」訳(恋愛とは)無関係のご返事などはぷっつりと途絶えないで、無沙汰になりそうもない程度にはお便りをさしあげなさって。◆「うち」は接頭語。

うちたれ-がみ【打ち垂れ髪】名詞**結い上げないで垂らした髪。**婦女子がする普段の髪型。

うち-ち・る【打ち散る】自動詞ラ四{ら/り/る/る/れ/れ}(花や雪などが)**散り落ちる。ふり散る。**枕草子 平安―随筆 二月つごもり頃に「風いたう吹きて空いみじう黒きに、雪少しうちちりたるほど」訳風がひどく吹いて、空がすごく暗いうえに、雪もすこしふり散っているとき。◆「うち」は接頭語。

うち-つ・ぐ【打ち継ぐ】自動詞ガ四{が/ぎ/ぐ/ぐ/げ/げ}**継ぐ。後に続く。引き続く。**源氏物語 平安―物語 若菜下「春宮も大人びさせたまひにたれば、うちつぎて」訳皇太子もご成人になっていらっしゃるので、(帝位を)引き継いで。◆「うち」は接頭語。

うち-つ-くに【内つ国】名詞❶**天皇の支配している地域。**大和の国(奈良県)。❷**都の周辺の地域。畿内。**近畿地方。▼地方に対していう語。❸**日本。国内。**▼外国に対していう語。対外つ国。◆「つ」は「の」の意の奈良時代以前の格助詞。

うちつけ-ごと[1]【打ち付け言】名詞**思い付きを無遠慮に言うこと。無遠慮な発言。**

うちつけ-ごと[2]【打ち付け事】名詞**思いがけないこと。予期しない事態。**

うち-つけ・なり

形容動詞ナリ{なら/なり・に/なり/なる/なれ/なれ}

語義の扉

下二段動詞「うちつく(打ち付く)」の連用形の転成名詞を基に生まれた語で、物を打ち付けるように突然事が起こるようすがもとの意。

❶あっという間だ。
❷軽率だ。無分別だ。
❸ぶしつけだ。露骨だ。

❶**あっという間だ。**土佐日記 平安―日記 二・五「うちつけに、海は鏡の面のごとなりぬれば」訳あっという間に、海は鏡の表面のように静かになったので。

❷**軽率だ。無分別だ。**源氏物語 平安―物語 末摘花「うち

つけにやとおぼさむと、心恥づかしくてやすらひ給ふ」訳（源氏は）軽率だとお思いになるのではと、気が引けてためらっていらっしゃる。❸ぶしつけだ。露骨だ。源氏物語 平安一物語 玉鬘「いと憎し、と覚ゆるも、うちつけなりや」訳（三条がすぐ来ないのを）とても憎らしい、と（右近が）思われるのも、ぶしつけだよ。

うち-つづ・く【打ち続く】一 自動詞カ四{か/き/く/く/け/け}切れ目なく続く。次々と続く。継続する。枕草子 平安一随筆 すさまじきもの「博士のうちつづき女子生ませたる」訳博士が（あとを継ぐ男の子ではなくて）次々と続いて女の子を生ませているの（は興ざめだ）。◆「うち」は接頭語。二 他動詞カ下二{け/け/く/くる/くれ/けよ}切れ目なく続ける。継続して行う。源氏物語 平安一物語 常夏「本末あはぬ歌、口疾くうちつづけなどしたまふ」訳上の句と下の句とがつながらない歌を、早口で続けなどなさる。◆「うち」は接頭語。

うち-つぶ・る【打ち潰る】自動詞ラ下二{れ/れ/る/るる/るれ/れよ}〔多く「胸うちつぶる」の形で〕悲しみ・期待・不安などのために胸がどきどきする。胸がつまる。蜻蛉 平安一日記 中「夜は世界の車の声に胸うちつぶれつつ」訳夜は世間の牛車の音に（今は来るかと）胸がどきどきして。◆「うち」は接頭語。

うち-つ・る【打ち連る】自動詞ラ下二{れ/れ/る/るる/るれ/れよ}連れ立つ。一緒に行く。枕草子 平安一随筆 関白殿、二月二十一日に「殿上人、四位・五位こちたくうちつれ」訳殿上人や、四位・五位（の人々）が仰々しく連れ立ち。◆「うち」は接頭語。

うち-で【打ち出】名詞「うちいで❷」に同じ。

うち-てう・ず【打ち調ず】他動詞サ変{ぜ/じ/ず/ずる/ずれ/ぜよ}打ちこらしめる。枕草子 平安一随筆 うへにさぶらふ御猫は「この翁丸うちてうじて」訳この翁丸（＝犬の名）を打ちこらしめて。

打出の浜 地名 歌枕 今の滋賀県大津市の琵琶湖岸。「うちいでのはま」とも。

うぢ-でら【氏寺】名詞 氏族が一門の先祖の冥福と現世での繁栄・幸福を祈るために建てた寺。藤原氏の興福寺、和気氏の神護寺など。

うち-と【内外】名詞❶内と外。表と裏。❷（仏教の立場から）仏教と、それ以外の教え（ふつう、儒教）。内典と外典。❸「内外の宮」の略。

うち-と・く【打ち解く】一 自動詞カ下二{け/け/く/くる/くれ/けよ}❶（氷などが）とける。平家物語 鎌倉一物語 九・宇治川先陣「谷々の氷うちとけて」訳谷々の氷がとけて。❷うちとける。なれ親しむ。伊勢物語 平安一物語 二三「はじめこそ心にくくもつくりけれ、今はうちとけて」訳はじめのうちは奥ゆかしく装っていたけれど、今はうちとけて。❸くつろぐ。のんびりする。源氏物語 平安一物語 蜻蛉「みなうちとけたれば」訳いずれもくつろいでいるので。❹油断する。気がゆるむ。枕草子 平安一随筆 うちとくまじきもの「うちとくまじきもの、えせもの」訳油断してはならないものは、身分・教養のない人。◆「うち」は接頭語。二 他動詞カ四{か/き/く/く/け/け}解く。ほどく。枕草子 平安一随筆 碁を「紐うちとき、ないがしろなる気色に」訳ひもをほどいて、無造作なようすで。◆「うち」は接頭語。

うちとけ-ごと【打ち解け言】名詞 気を許して言う話。くつろいだ話。

うちとけ-すがた【打ち解け姿】名詞 くつろいだ姿。源氏物語 平安一物語 若菜下「もの清げなるうちとけすがたに、花の雪のやうに降りかかれば」訳（夕霧の）何となく清らかな感じのくつろいだ姿に、桜の花が雪のように降りかかるので。

うちとけ-わざ【打ち解け業】名詞 気を許した振る舞い。内輪の細かな世話。源氏物語 平安一物語 末摘花「様異に、さならぬうちとけわざもし給ひけり」訳（源氏は末摘花のために）格別に、普通ではない（立ち入った）内輪の細かな世話までもなさるのだった。

うちと-の-みや【内外の宮】連語 伊勢神宮の内宮と外宮。

うち-なが・む【打ち眺む】他動詞マ下二{め/め/む/むる/むれ/めよ}物思いにふけって、ぼんやり見つめる。伊勢物語 平安一物語 二三「この女、いとよう仮粧じてうちながめて」訳この女は、たいそう念入りに化粧[illegible]けってぼんやり見つめて。◆「うち」は接頭語。

うちなき-うちなき【打ち泣き打ち泣き】連語 泣く泣く。泣きながら。源氏物語 平安一物語 明石「まねぶべくもあらぬことどもを、うちなきうちなき聞こゆ」訳ありのまま語ることはできないことの数々を、泣く泣く申し上げる。◆動詞「うちなく」の連用形を重ねて副詞的に用いたもの。

うち-な・く[1]【打ち泣く】自動詞カ四{か/き/く/く/け/け}❶声をあげて泣く。伊勢物語 平安一物語 八四「かの子、いたううちなきてよめる」訳その子は、たいそう声をあげて泣いて、（歌を）詠んだ。❷ふっと涙をこぼす。源氏物語 平安一物語 若紫「またゐたる大人、『げに』とうちなきて」訳もう一人（そこに）座っていた年配の女房が、「本当に、まあ」とふっと涙をこぼして。◆「うち」は接頭語。

うち-な・く[2]【打ち鳴く】自動詞カ四{か/き/く/く/け/け}（鳥などが）鳴く。急に鳴く。源氏物語 平安一物語 蛍「郭公など必ずうちなきけむかし」訳（五月の夜の空では）ほととぎすなどもきっと鳴いたことだろうよ。◆「うち」は接頭語。

うち-なげ・く【打ち嘆く】自動詞カ四{か/き/く/く/け/け}ふっとため息をつく。ため息まじりにつぶやく。源氏物語 平安一物語 澪標「『あはれなりし世のありさまかな』と、ひとり言のやうにうちなげきて」訳「（昔は）しみじみと心の通った仲だったのにねえ」と、（紫の上は）独りごとのようにため息まじりにつぶやいて。◆「うち」は接頭語。

うち-な・す[1]【打ち為す・打ち成す】他動詞サ四{さ/し/す/す/せ/せ}〔多く受身の形で〕戦って敵の人数をわずかにする。平家物語 鎌倉一物語 七・篠原合戦「畠山、家の子郎等残り少なにうちなされ」訳畠山は、家の子や郎等も残りわずかに戦って人数を減らされ。

うち-な・す[2]【打ち鳴す】他動詞サ四{さ/し/す/す/せ/せ}打ち鳴らす。万葉集 奈良一歌集 二六四一「時守のうちなす鼓数みみ見れば」訳時を告げる役人が打ち鳴らす鼓の音を数えてみると。

うち-なび・く[1]【打ち靡く】一 自動詞カ四{か/き/く/く/け/け}❶（草・髪などが）なびく。枕草子 平安一随筆 草の花は「朝霧にぬれてうちなびきたるは」訳朝霧にぬれてなびいているのは。❷（人が）横になる。

横たわる。[万葉集 奈良―歌集]四六「安騎(あき)の野に宿る旅人うちなびき」[訳]安騎の野に仮寝をする旅人(＝軽皇子(かるのみこ))は横になって。❸心が、ある方になびく。㋐慕う。[万葉集 奈良―歌集]三九九三「ほととぎす鳴きし響(とよ)めばうちなびく心もしのに」[訳]ほととぎすが鳴き立てているので慕う心もしおれて。㋑服従する。[源氏物語 平安―物語]椎本「人の言(こと)にうちなびき」[訳]男の言葉に服従し。◆「うち」は接頭語。
二[他動詞]カ下二{け/け/く/くる/くれ/けよ}服従させる。[太平記 室町―物語]三「国中をうちなびけ」[訳]国中を服従させ。◆「うち」は接頭語。

うち-なびく[2]【打ち靡く】[枕詞]なびくようすから、「草」「黒髪」にかかる。また、春になると草木の葉がもえ出て盛んに茂り、なびくことから、「春」にかかる。[万葉集 奈良―歌集]一八三〇「うちなびく春さり来れば篠(しの)の末(うれ)に尾羽(をは)打ち触れてうぐひす鳴くも」[訳]春が来ると篠の先に尾や翼を触れてうぐいすが鳴くよ。

うち-なや・む【打ち悩む】[自動詞]マ四{ま/み/む/む/め/め}(病気などで)苦しむ。病気になる。[源氏物語 平安―物語]若紫「源氏の君、いたううちなやみて、岩に寄りゐたまへるは」[訳]源氏の君が、ひどく病気で苦しんで、岩に寄りかかってすわっていなさるお姿は。◆「うち」は接頭語。

うち-ならし【内慣らし・内習し】[名詞]内々の練習。下げいこ。

うち-・ぬ【打ち寝】[自動詞]ナ下二{ね/ね/ぬ/ぬる/ぬれ/ねよ}寝る。[古今 平安―歌集]恋二「恋ひわびてうちぬる中に行き通ふ」[訳]恋に思い悩んで寝る(夢の)中で(あの人の所に)行き来する。◆「うち」は接頭語。

うち-ねぶ・る【打ち眠る】[自動詞]ラ四{ら/り/る/る/れ/れ}眠る。ついうとうとする。[枕草子 平安―随筆]思はむ子を「困(こう)じてうちねぶれば、『眠りをのみして』などもどかる」[訳](修験者が)疲れ切ってついうとうとすると、「眠ってばかりいて」などと非難される。◆「うち」は接頭語。

うち-の-うへ【内の上】(ウチノウエ)[名詞]天皇。

うち-の-おとど【内大臣】(ウチノオトド)[名詞]「ないだいじん」に同じ。

うち-の-おほいどの【内大殿】(ウチノオオイドノ)[名詞]「ないだいじん」に同じ。

宇治の橋姫(うぢのはしひめ)[人名]伝説上の女性。宇治の橋姫神社の女神で、巫女(みこ)・遊女・愛人という意味をもって和歌によまれたが、鎌倉時代以降、嫉妬(しっと)のため宇治川に身を投げ、鬼の姿となって京の男女に害を与えたという橋姫伝説を生んだ。[参照]▶はしひめ(橋姫)。

うち-の-ひと【内の人】[連語]亭主。主人。また、特に、妻が他人に向かって、自分の夫をいう語。

うち-の-へ【内の重】(ウチノエ)[連語](宮殿や神殿などの)幾重もある垣・仕切りのうちの、最も内側のもの。また、その内部。[対]外(と)の重(へ)。

うち-の-もの【内の者】[連語]❶その家に仕える者。奉公人。召使い。❷女房。自分の妻。

うち-は【団扇】(ウチワ)[名詞]❶あおいで風を起こしたり、かざして顔を隠したりする道具。うちわ。❷「軍配(ぐんばい)団扇」の略。武将が軍勢を指揮するのに用いた道具。❸❶を図案化した紋所の名。

うち-ばかま【打ち袴】[名詞]砧(きぬた)で打って光沢を出した絹の袴。女性の正装用の装束の一つ。

うち-はし【打ち橋】[名詞]❶板を架け渡しただけの仮の橋。❷建物と建物との間の渡り廊下の一部に、取り外しができるように架け渡した板。[参照]▶口絵

うち-はじ・む【打ち始む】[他動詞]マ下二{め/め/む/むる/むれ/めよ}始めとする。し始める。[枕草子 平安―随筆]雪のいと高うはあらで「昼ありつることどもなどうちはじめて」[訳]昼間あった出来事のあれこれなどを始めとして。◆「うち」は接頭語。

うち-はた・す【討ち果たす】一[他動詞]サ四{さ/し/す/す/せ/せ}討ち殺す。二[自動詞]サ四{さ/し/す/す/せ/せ}決闘する。果たし合いをする。[頼朝浜出 江戸―浄瑠]浄瑠・近松「尋常にうちはたせと太刀のつかに手を掛くれば」[訳]いさぎよく決闘せよと太刀のつかに手をかけると。

うち-はづ・す【打ち外す】(ウチハズス)[他動詞]サ四{さ/し/す/す/せ/せ}打ちそこなう。打ちあやまる。[枕草子 平安―随筆]きよげなる男の「賽(さい)いみじく呪(のろ)ふとも、うちはづしてむや」[訳]さいころを(よい目が出ないように)ひどく呪っても、打ちそこなうはずがあろうか。

うち-はな・す【討ち放す】[他動詞]サ四{さ/し/す/す/せ/せ}❶切り捨てる。ぶった切る。❷発射する。[国姓爺 江戸―浄瑠]浄瑠・近松「すはと言はば、うちはなさんその勢ひ」[訳]それっというときには、発射しようとするその(矢の)勢いは。

うち-はぶ・く【打ち羽振く】[自動詞]カ四{か/き/く/く/け/け}羽ばたきをする。羽ばたく。[万葉集 奈良―歌集]四二三三「うちはぶき鶏(とり)は鳴くともかくばかり降り敷く雪に君いまさめやも」[訳]羽ばたきをして鶏は鳴いて(夜明けを知らせて)はいても、これほどに降り積もった雪の中をあなたはお帰りになるのだろうか、いや、そんなはずはない。◆「うち」は接頭語。

うち-はへ*【打ち延へ】(ウチハエ)[副詞]❶ずっと長く。[枕草子 平安―随筆]雨のうちはへ降るころ「雨のうちはへ降るころ」[訳]雨が、ずっと長く降るころ。◇「うちはへて」ともいう。❷特に。[今昔物語 平安―説話]二五・五「馬の丈(たけ)七寸ばかりにて、うちはへ丈(たけ)高きが」[訳]馬の寸が四尺七寸ほどで、特に背が高いのが。

うち-はへ-て*【打ち延へて】(ウチハエテ)[副詞]❶「うちはへ❶」に同じ。❷辺り一面に。[栄花物語 平安―物語]玉の村菊「うちはへて庭おもしろき初霜に」[訳]辺り一面に初霜がおりて風情のある庭に。

うち-は・む【打ち塡む・打ち嵌む】[他動詞]マ下二{め/め/む/むる/むれ/めよ}❶投げ込む。[万葉集 奈良―歌集]三九四一「鶯(うぐひす)の鳴くくら谷にうちはめて」[訳]うぐいすが鳴く深い谷に(身を)投げ込んで。❷閉じ込める。[落窪物語 平安―物語]二「中の劣りにてうちはめられてありけるものを」[訳](姫君たちの)中で劣った者として閉じ込められていたのに。◆「うち」は接頭語。

うち-はや・す【打ち早す】[他動詞]サ四{さ/し/す/す/せ/せ}「うちはやむ」に同じ。

うち-はや・む【打ち早む】[他動詞]マ下二{め/め/む/むる/むれ/めよ}(馬などを)早く走らせる。急がせる。[枕草子 平安―随筆]八幡の行幸のかへらせ給ふに「めでたき馬をうちはやめて、急ぎまゐりて」[訳]すばらしい馬を早く走らせて、急いで参上して。◆「うち」は接頭語。

うち-はや・る【打ち逸る・打ち早る】[自動詞]ラ四{ら/り/る/る/れ/れ}気負い立つ。調子に乗る。[堤中納言 平安―物語]虫めづる姫君「うちはやりて物怖(ものお)ぢせず、愛敬(あいぎやう)

づきたるあり」訳気負い立っていてものごとに恐れを知らず、愛らしさのある人がいた。◆「うち」は接頭語。

うち-はら・ふ【打ち払ふ】ウチハラウ―ウチハロウ 他動詞ハ四〔は/ひ/ふ/ふ/へ/へ〕❶さっと払いのける。新古今 鎌倉―歌集 冬「駒とめて袖うちはらふ陰もなし佐野のわたりの雪の夕暮れ」訳⇩こまとめて…。❷除き去る。源氏物語 平安―物語 宿木「すこしうちはらはせ侍らむかし」訳(道の草も)少し除き去らせましょう。❸払い清める。清潔にする。万葉集 奈良―歌集 二六六七「真袖もち床うちはらひ君待つと」訳両袖で床を払い清めてあなたを待って。

***うちひ-さす**【打ち日さす】枕詞 日の光が輝く意から「宮」「都」にかかる。万葉集 奈良―歌集 三四五七「うちひさす宮のわが背は大和女の膝まくごとに我を忘らすな」訳宮仕えしているあなた(=夫)よ、大和女の膝を枕をするたびに私のことを思い出してください。

うち-ひそ・む【打ち顰む】自動詞マ四〔ま/み/む/む/め/め〕泣きそうな顔になる。べそをかく。源氏物語 平安―物語 薄雲「母君の見えぬを求めて、らうたげにうちひそみたまへば」訳(明石の姫君は)母君の(姿が)見えないのを捜し求めて、いかにもかわいらしくべそをかきなさるので。◆「うち」は接頭語。

うち-ふ・く[1]【打ち吹く】一 自動詞カ四〔か/き/く/く/け/け〕(風などが)吹く。源氏物語 平安―物語 夕顔「風少しうちふきたるに」訳風が少し吹いていて。◆「うち」は接頭語。二 他動詞カ四〔か/き/く/く/け/け〕(笛などを)吹き鳴らす。源氏物語 平安―物語 横笛「この笛をうちふき給ひつつ」訳この笛を吹きなさりながら。◆「うち」は接頭語。

うち-ふ・く[2]【打ち更く】自動詞カ下二〔け/け/く/くる/くれ/けよ〕夜更けになる。夜が更ける。徒然 鎌倉―随筆 一九一「うちふけて参れる人の、清げなるさましたる、いとよし」訳夜が更けて(貴人の所に)参上している人で、さっぱりときれいなようすをしているのは、まことによい。◆「うち」は接頭語。

うち-ぶしん【内普請】名詞 家屋の内部を改造すること。屋内の改装。

うち-ふ・す【打ち伏す・打ち臥す】自動詞サ四〔さ/し/す/す/せ/せ〕横になる。寝る。源氏物語 平安―物語 夕顔「ありしながらうちふしたりつるさま」訳生前そのままの姿で横になっていた(夕顔の)ようす。◆「うち」は接頭語。

うち-ふ・る【打ち降る】自動詞ラ四〔ら/り/る/る/れ/れ〕(雨や雪などが)降る。枕草子 平安―随筆 木の花は「雨うちふりたるつとめてなどは」訳雨が降った日の翌朝などは。◆「うち」は接頭語。

うち-ふるま・ふ【打ち振る舞ふ】ウチフルマウ―ウチフルモウ 自動詞ハ四〔は/ひ/ふ/ふ/へ/へ〕動作をする。行動する。源氏物語 平安―物語 賢木「うちふるまひたまへるさま、匂ひ似るものなくめでたし」訳(源氏の)動作をしていらっしゃるごようす、そのつやのある美しさは(他に)似るものがないほど立派だ。◆「うち」は接頭語。

うち-ほのめ・く【打ち仄めく】自動詞カ四〔か/き/く/く/け/け〕ほのかに見える。ちらっと顔や姿を見せる。源氏物語 平安―物語 蛍「かくおぼえなき光のうちほのめくを」訳こんな思いもかけない光がほのかに見えるのを。◆「うち」は接頭語。

うち-まか・す【打ち任す】他動詞サ下二〔せ/せ/す/する/すれ/せよ〕❶任せる。一任する。浜松中納言 平安―物語 五「よろづをただうちまかせ聞こえ給ひて」訳すべてをまったくお任せ申し上げなさって。❷ありふれる。宇治拾遺 鎌倉―説話 四・八「この病のありさま、うちまかせたる事にあらず」訳この病気のようすは、ありふれたことではない。◆「うち」は接頭語。

うちまかせ-て-は【打ち任せては】副詞 普通は。一般には。増鏡 室町―物語 さしぐし「うちまかせては、都へ御のぼりこそ、いとおもしろくも、めでたかるべきわざなれど」訳一般には、都にお上りになることは、とても趣があって、すばらしいことであるけれど。

うち-まき【打ち撒き】名詞 ❶祓いのとき、悪魔を払うために米をまき散らすこと。また、その米。❷神仏に供える精米。❸米。◇女房詞。

うち-まぎ・る【打ち紛る】自動詞ラ下二〔れ/れ/る/るる/るれ/れよ〕❶目立たなくなる。源氏物語 平安―物語 総角「なのめにうちまぎれたる程ならば」訳平凡で目立たなくなっている程度であるならば。❷気が紛れる。源氏物語 平安―物語 桐壺「ほど経ば、少しうちまぎるる[illegible]」訳 時間がたてば、少しは気が紛れることもあるだろうか。◆「うち」は接頭語。

うち-まじ・る【打ち交じる】自動詞ラ四〔ら/り/る/る/れ/れ〕❶まじり合う。入りまじる。源氏物語 平安―物語 帚木「ざるまじき御振る舞ひもうちまじりける」訳(源氏には)そうであってはならない(不都合な)お振る舞いも入りまじるのであった。❷人と交際する。仲間に入る。源氏物語 平安―物語 若菜上「とどこほりなかるべきにしうちまじれば」訳屈託のなさそうな人と交際していると。◆「うち」は接頭語。

うち-ま・ず【打ち交ず】他動詞ザ下二〔ぜ/ぜ/ず/ずる/ずれ/ぜよ〕まぜ合わせる。まぜる。源氏物語 平安―物語 初音「乱れたることども少しうちまぜつつ、祝ひ聞こえたまふ」訳(源氏は)冗談などを少しまぜながら、お祝い申し上げなさる。◆「うち」は接頭語。

うち-まも・る【打ち守る】他動詞ラ四〔ら/り/る/る/れ/れ〕じっと見つめる。見守る。源氏物語 平安―物語 若紫「幼心地にもさすがにうちまもりて」訳(若紫は)幼心ではあってもやはり(尼君を)じっと見つめて。◆「うち」は接頭語。

うち-まゐり【内参り】ウチマイリ 名詞 ❶宮中に出仕・参上すること。参内。❷女御や更衣などになった女性が宮中に入ること。入内。

うち-みじろ・く【打ち身動く】自動詞カ四〔か/き/く/く/け/け〕体を少し動かす。身動きする。源氏物語 平安―物語 若紫「ただ絵に書きたるものの姫君のやうに、しすゑられて、うちみじろきたまふこともかたく」訳(葵の上は)まるで絵に描いてある物語の姫君のように、ちゃんと座らせられて、体を少し動かしなさることもできず。◆「うち」は接頭語。

うち-みだ・る【打ち乱る】自動詞ラ下二〔れ/れ/る/るる/るれ/れよ〕(服装・態度などが)くずれる。乱れる。くつろぐ。源氏物語 平安―物語 藤袴「色めかしくうちみだれたるところなきさまながら」訳(鬚黒の大将は)好色めかしく乱れたところのない方ではあるが。◆「うち」は接頭語。

うち-みや・る【打ち見遣る】他動詞ラ四〔ら/り/る/る/れ/れ〕ちょっと目を向ける。遠くを眺める。蜻蛉 平安―日記 下「東ざまにうちみやりたれば、山霞みわたりて」訳東の方に向かって遠くを眺めていると、山々が一面に霞んでいて。◆「うち」は接頭語。

うち-み・ゆ【打ち見ゆ】自動詞ヤ下二{え/え/ゆ/ゆる/ゆれ/えよ} **ちらっと見える。**枕草子 平安―随筆 女のひとりすむ所は「ところどころすなごの中より青き草うちみえ」訳ところどころ砂の中から青い草がちらっと見え。◆「うち」は接頭語。

うち-・みる【打ち見る】他動詞マ上一{み/み/みる/みる/みれ/みよ} **ちらっと見る。**徒然 鎌倉―随筆 一〇「うちみるより思はるる」訳ちらっと見るやいなや思われることだ。◆「うち」は接頭語。

うち-む・る【打ち群る】自動詞ラ下二{れ/れ/る/るる/るれ/れよ} **群がる。集まる。**枕草子 平安―随筆 関白殿、二月二十一日に「うちむれてだにあらば」訳(せめて大勢が)群がってでもいるならば。◆「うち」は接頭語。

うち-め【打ち目】名詞 光沢を出すために砧(きぬた)で絹布を打ったときにできた模様。

うち-も-ね-な-なむ【打ちも寝ななむ】連語 なりたち 接頭語「うち」+係助詞「も」+動詞「ぬ(寝)」の連用形+完了の助動詞「ぬ」の未然形+終助詞「なむ」(ちょっとでも)**眠ってしまってほしい。**古今 平安―歌集 恋三・伊勢物語 平安―物語 五「人しれぬわが通(かよ)ひ路(ぢ)の関守はよひよひごとにうちもねななむ」訳⇨ひとしれぬ…。

うち-もの【打ち物】名詞 ❶砧(きぬた)で打って光沢を出した布。❷弦楽器や吹き鳴らす楽器に対し、打ち鳴らす楽器の総称。太鼓・鉦鼓(しょうこ)などの楽器。❸打ち鍛えた物。刀・槍(やり)など、武器となる刃物。転じて、武器一般にもいう。

うち-やす・む【打ち休む】自動詞マ四{ま/み/む/む/め/め} **休息する。寝る。**源氏物語 平安―物語 須磨「うちやすみわたれるに」訳(従者たちは)みな寝ているのに。◆「うち」は接頭語。

うち-や・る【打ち遣る】他動詞ラ四{ら/り/る/る/れ/れ} **そのままにしておく。**源氏物語 平安―物語 御法「御ぐしのただうちやられ給(たま)へるほど」訳御髪がただもうそのままにされなさっているようすが。◆「うち」は接頭語。

う-ちゅうじゃう【右中将】(ウチュウジョウ) 名詞 「右近衛(うこんゑ)の中将」の略。「右近衛府(うこんゑふ)」の次官。右近の中将。対左中将(さちゅうじゃう)。

う-ちゅうべん【右中弁】名詞 「弁」の一つ。右弁官局(=兵部(ひゃうぶ)・刑部(ぎゃうぶ)・大蔵・宮内(くない)の四省を管理する役所)の次官。対左中弁(さちゅうべん)。

うち-ゆが・む【打ち歪む】自動詞マ四{ま/み/む/む/め/め} (行為・形態などが)**正しくなくなる。ゆがむ。**(言葉が)**なまる。**徒然 鎌倉―随筆 一四一「この聖(ひじり)、声うちゆがみ、荒々しくて」訳(東国出身の)この僧は、言葉がなまり(もの言いも)粗野であって。◆「うち」は接頭語。

うち-よ・す【打ち寄す】自動詞サ下二{せ/せ/す/する/すれ/せよ} ❶(波が岸に)**寄せる。**古今 平安―歌集 秋上「うちよする波とともにや秋は立つらむ」訳岸に寄せてくる波とともに秋は立つのだろうか。❷(馬に乗って)**近寄る。**大鏡 平安―物語 道長上「入道殿は、御馬をおしかへして、帥殿(そちどの)の御うなじのもとに、いと近ううちよせさせたまひて」訳入道殿(=道長)は、御馬をひき返して、帥殿(=伊周(これちか))の御襟首(えりくび)のあたりに、たいそう近くお寄りなさって。◆「うち」は接頭語。

うち-よする【打ち寄する】枕詞 「うちよする」の「する」と同音であることから、地名「駿河(するが)」にかかる。「うちよする駿河の国」

うち-わたし【打ち渡し】副詞 ❶**総じて。おおかた。**源氏物語 平安―物語 宿木「うちわたし世に許しなき関川をみなれそめけむ名こそ惜しけれ」訳総じて世間では許されない関所の川(=一線)を越えて、その川の水にぬれるように(私があなたに)慣れ親しんだという浮き名が立つのが残念だ。❷(時間的・空間的に)**ずっと。**夜の寝覚 平安―物語 二「うちわたしひとりわびしき夜半(よは)の寝覚めを」訳ずっとひとりで過ごしていて、つらい夜中の目覚めをする私のことを。

うち-わた・す【打ち渡す】他動詞サ四{さ/し/す/す/せ/せ} ❶**打ち並べる。**万葉集 奈良―歌集 二六九九「あだびとの魚梁(やな)うちわたす瀬を速み」訳あだの里の人がやなを打ち並べる瀬が速いので。❷(鞭(むち)などで打って馬を)**渡らせる。**万葉集 奈良―歌集 七一五「清き瀬を馬うちわたし」訳澄んだ浅瀬を馬に渡らせ。❸**ずっと見渡す。**万葉集 奈良―歌集 七六〇「うちわたす竹田の原に鳴く鶴(たづ)の」訳ずっと見渡す竹田の原に鳴くつるのように。◇「うち」は接頭語。

うち-わたり【内辺り】名詞 ❶**宮中。内裏(だいり)。**❷**天皇。**

うち-わなな・く【打ち戦慄く】自動詞カ四{か/き/く/く/け/け} (体・声などが)**震える。ぶるぶる震える。**源氏物語 平安―物語 夕顔「『はかなしや』と、御手もうちわななかるるに」訳(源氏は)「(私の命は)頼りないことだよ」と、(病後でもあるので)自然にお手もぶるぶる震えるので。◆「うち」は接頭語。

うち-わ・ぶ【打ち侘ぶ】自動詞バ上二{び/び/ぶ/ぶる/ぶれ/びよ} **思い悩む。つらく思う。**古今 平安―歌集 恋一「うちわびて呼ばはむ声に山彦(やまびこ)の答へぬ山はあらじとぞ思ふ」訳(恋に)思い悩んで(あの人を)大声で呼び続ける声に山びこの反響しない山はあるまいと思う。◆「うち」は接頭語。

うち-わら・ふ【打ち笑ふ】(ウチワラウ―ウチワロウ) 自動詞ハ四{は/ひ/ふ/ふ/へ/へ} **笑い声をあげる。笑う。**源氏物語 平安―物語 夕顔「『あな若々し』と、うちわらひ給(たま)ひて、手を叩(たた)き給へば」訳「まあ、子供っぽい」と、(源氏は)笑いなさって、手をおたたきになると。◆「うち」は接頭語。

うち-わ・る【打ち割る】他動詞ラ四{ら/り/る/る/れ/れ} **たたき割る。**徒然 鎌倉―随筆 五三「息もつまりければ、うちわらんとすれど、たやすくわれず」訳息もつまっ(て苦しくなっ)たので、(鼎(かなへ)を)たたき割ろうとするけれども、容易に割れない。

うち-ゑん・ず【打ち怨ず】(ウチエンズ) 他動詞サ変{ぜ/じ/ず/ずる/ずれ/ぜよ} **恨む。恨みごとを言う。**蜻蛉 平安―日記 上「われも人も悪しう言ひなりて、うちゑんじて出づるになりぬ」訳私もあの人(=兼家)も気まずくなるようなことまで言ってしまって、(あの人が)恨みごとを言って出て行くことになってしまった。◆「うち」は接頭語。

う・つ[1]【打つ】他動詞タ四{た/ち/つ/つ/て/て} ❶**たたく。ぶつける。打ちつける。**平家物語 鎌倉―物語 一一・那須与一「磯(いそ)うつ波も高かりけり」訳磯に打ちつける波も高かった。❷(楽器や手などを)**打ち鳴らす。**今昔物語 平安―説話三一・三三「うたぬに鳴る鼓(つづみ)といふものあり」訳打ち鳴らさないのに音が鳴る鼓というものがある。

❸(額(がく)・札(ふだ)などを)打ちつける。打って掲げる。平家物語 鎌倉｜物語 一・額打論「わが寺々の額(がく)をうつことあり」訳それぞれ自分の寺の額を打ちつけることがある。

❹(つやを出すため、布を)砧(きぬた)で打つ。枕草子 平安｜随筆 うれしきもの「ものの折りに衣(きぬ)うたせにやりて」訳何かの機会に着物を砧で打たせにやって。

❺(仮設物などを)設ける。宇津保 平安｜物語 藤原の君「賀茂(かも)のほとりに桟敷(さじき)うちて」訳賀茂川のほとりに桟敷を設けて。

❻(金属を)たたいて鍛える。加工する。奥の細道 江戸｜紀行 出羽三山「潔斎(けっさい)して剣(つるぎ)をうち」訳心身を清めて刀をたたいて鍛え。

❼投げて当てる。投げつける。また、(水などを)まく。宇津保 平安｜物語 蔵開中「柑子(かうじ)を一つ投げて大将をうつ人あり」訳みかんを一つ投げて大将に当てる人がいる。

❽耕す。掘り起こす。万葉集 奈良｜歌集 二四七六「うつ田には稗(ひえ)はあまたにありといへど」訳耕す田にはひえはたくさんあるというけれども。

❾(文字に点を)つける。徒然 鎌倉｜随筆 一三五「太衝(たいしょう)の太の字、点うつ、うたずといふこと」訳太衝(＝陰陽(おんよう)道で用いる陰暦九月の別名)の太の字に、点をつける、つけないということで(議論があった)。

❿勝負事をする。徒然 鎌倉｜随筆 一一〇「勝たんとうつべからず、負けじとうつべきなり」訳(すごろくは)勝とうと(思って)うってはならない、負けまいと(思って)うつべきである。

⓫(動作・興行などを)する。行う。やる。瓜盗人 室町｜狂言 狂言「夜、瓜(うり)を取るには転びをうって取るがよい」訳夜、瓜を取るには(よく見えないから)転ぶしぐさをやって取るのがよい。

⓬攻め滅ぼす。殺す。平家物語 鎌倉｜物語 一一・能登殿最期「義盛(よしもり)が童(わらは)、主(しゅう)をうたせじと中に隔たる」訳義盛の童は、主人を殺させまいと間に立つ。◇「討つ」「撃つ」とも書く。

う・つ[2]【棄つ】他動詞 タ下二{て/て/つ/つる/つれ/てよ} 捨てる。去らせる。古事記 奈良｜史書 神代「次に、投げうつる御帯(みおび)に成りませる神」訳次に、投げ捨てる御帯からお生まれになる神。

参考「うつ」の単独用例はなく、他の動詞と複合して用いられる。「投げうつ」「脱ぎうつ」「流しうつ」など。

う*づえ【卯杖】⇨うづゑ

う-づき【卯月・四月】名詞 陰暦四月の別名。この月から夏。卯の花(＝うつぎの花)の咲く月の意。季夏。

うつく・し【愛し・美し】形容詞 シク{(しく)・しから/しく・しかり/し/しき・しかる/しけれ/しかれ}

語義の扉

奈良時代以前は、自分より弱い者、幼い者をいつくしむ肉親の情を表す。平安時代には小さいものに心を引かれるようすを客観的に表すようになり、その後、美一般を表すようになった。

❶いとしい。
❷かわいい。愛らしい。
❸美しい。きれいだ。
❹見事だ。りっぱだ。申し分ない。
❺手際よく円満に。

❶いとしい。万葉集 奈良｜歌集 八〇〇「父母(ちちはは)を見れば尊し妻子(めこ)見ればめぐしうつくし」訳父と母を見ると尊い、妻と子を見ると切ないほどかわいくいとしい。

❷かわいい。愛らしい。枕草子 平安｜随筆 うつくしきもの「うつくしきもの。瓜(うり)にかきたるちごの顔」訳かわいいもの。瓜に描いたこどもの顔。

❸美しい。きれいだ。平家物語 鎌倉｜物語 六・紅葉「はじ・かへでの色うつくしうもみぢたるを植ゑさせて」訳はじやかえでの葉の色が美しく紅葉したのを植えさせて。◇「うつくしう」はウ音便。

❹見事だ。りっぱだ。申し分ない。源氏物語 平安｜物語 少女「大学の君、その日の文うつくしう作り給(たま)ひて」訳夕霧の君はその日の試験の詩文を見事にお作りになって。◇「うつくしう」はウ音便。

類語と使い分け② 「美しい」意味を表す言葉

「美し」という言葉は、奈良時代以前では「かわいい・いとしい」という意味を表し、「美しい・きれい」という意味を表すようになったのは、平安時代後期以降と考えられる。

それまでは、「きよし」「きよらなり」「さやけし」「くはし」などの言葉が、美しさを表す言葉として用いられてきた。前三つの言葉に共通するのは、光や水が澄んでいて美しいという意味であり、「くはし」は細やかな美しさを表している。日本人の美意識の特徴を知る上で興味深い事実である。

きよし・きよらなり…けがれやくもりがなく、すっきりと澄んだ美しさを表し、月光や水の音などに使われることが多い。

さやけし…きよしと同様に月光や水の音に対して使われることも多いが、明るくてすがすがしい美しさを表すのに使う。

くはし…細やかできちんとした美しさを表し、元来は、山・湖・花などの自然物に対して用いることが多かった。

うつくし…弱い小さなものに対して持つ美的感情が原義。かわいい・いとしい・愛らしい・きれいだ。

いうなり…上品で、優雅な美しさを表す。

うるはし…きちんと整った美しさを表す。

えんなり…しっとりとした情景や風情を指していう。また、優美でしゃれた美しさについてもいう。

なまめかし…みずみずしく若々しい美しさを表す。江戸時代以後は「色っぽい」の意味。

(「いうなり」以下は平安時代以降の用法)

❺〔江戸時代以降、連用形を副詞的に用いて〕**手際よく円満に。きれいさっぱりと。** 西鶴織留 江戸－物語 浮世・西鶴「うつくしう出替はりまで使うて暇出さるるは」訳手際よく円満に交代期まで使って暇を出されるのは。◇「うつくしう」はウ音便。

うつくし-が・る【愛しがる】 他動詞ラ四〔ら/り/る/る/れ/れ〕**いとしく思う。かわいがる。** 枕草子 平安－随筆 淑景舎、東宮に「誰れも誰も、うつくしがり聞こえ給ふ」訳だれもみないとしく思い申し上げなさる。◆「がる」は接尾語。

***うつくし-げ・なり【愛しげなり】** 形容動詞ナリ〔なら/なり・に/なり/なる/なれ/なれ〕**いかにもかわいらしいようすだ。** 源氏物語 平安－物語 桐壺「いと匂ひやかに、うつくしげなる人の、いたう面痩せて」訳実につややかで、いかにもかわいらしいようすの方が、とても面やつれされて。◆「げ」は接尾語。

うつくし・ぶ【慈しぶ・愛しぶ】 他動詞バ上二〔び/び/ぶ/ぶる/ぶれ/びよ〕「うつくしむ」に同じ。◆漢文訓読系の文章で用いられる。

うつくし-み【慈しみ・愛しみ】 名詞かわいがること。慈愛。いつくしみ。

うつくし・む【慈しむ・愛しむ】 他動詞マ四〔ま/み/む/む/め/め〕**かわいがる。大切にする。愛する。** 紫式部 平安－日記 寛弘五・一〇・一〇「我が心をやりてささげうつくしみ給ふも、ことわりにめでたし」訳ご自分はいい気分になって抱き上げかわいがりなさるのも、もっともですばらしい。

うつくしや… 俳句「うつくしや 障子の穴の 天の川」七番日記 江戸－日記 俳文・一茶 訳七夕の今宵、病気で寝ている部屋の、障子の破れ穴からのぞき見る天の川の、なんと美しいことよ。

鑑賞 文化十年(一八一三)、善光寺で病気で寝ていた折の句。病気が快方に向かい始めた作者は、小さな障子穴からのぞかれる夜空の天の川の広大な景色に感動した。季語は「天の川」で、季は秋。

うづくまる… 俳句「うづくまる 薬の下の 寒さかな」枯尾花 江戸－句集 俳諧・丈草 訳師芭蕉の病状を案じながら、薬湯を煮るやかんのそばにうずくまっていると、寒さがひしひしと身にせまって来ることだ。

鑑賞「ばせう翁の病床に侍りて」と前書きがあり、芭蕉の死の数日前の作。季語は「寒さ」で、季は冬。

うつけ【空け・虚け】 名詞❶**中がからであること。空虚。** ❷**ぼんやりしていること。うっかりしていること。また、そういう人。愚か者。ばか。**

¹うつし【移し】 名詞❶草木などの花の汁を紙にすりつけて、その色を布に移し、染めること。また、その紙や染料。うつしがみ。うつしばな。❷薫き物などの香を衣服にしみこませること。また、その香り。❸「移し馬」の略。❹「移し鞍」「移しの鞍」の略。「移し馬」に置く鞍。

²うつ・し【現し・顕し】 形容詞シク〔(しく)・しから/しく・しかり/し/しき・しかる/しけれ/しかれ〕

❶**実際に存在する。事実としてある。生きている。** 万葉集 奈良－歌集 三三三二「山ながらかくもうつしく」訳山そのものとしてこのように実際に存在し。

❷**正気だ。意識が確かだ。** 万葉集 奈良－歌集 三七五二「春の日のうら悲しきに後れ居て君に恋ひつつうつしけめやも」訳春の日がもの悲しいのに、家に残っていて、あなたを恋しく思いながら正気でいられるだろうか、いや、いられない。◇「うつしけ」は奈良時代以前の未然形。

うつし-うま【移し馬】 名詞役人が公用のとき、馬寮から支給される、乗り換え用の馬。

¹うつし-ごころ【現し心】 名詞**正気。平常の理性ある心。**「うつしこころ」とも。

²うつし-ごころ【移し心】 名詞❶**変わりやすい人の気持ち。心変わり。移り気。** ❷**人にひかれ移る心。恋い慕う心。浮気心。**

うつし-ざま【現し様】 名詞❶**正気である状態。** 源氏物語 平安－物語 賢木「みな乱れてうつしざまにもあらず」訳(お心が)すっかり乱れて正気の状態でもない。❷**普通と変わらない状態。**

うつし-びと【現し人】 名詞❶〔死者に対して〕この世に生存している人。❷〔出家した人に対して〕在俗の人。◆「うつしひと」とも。

¹うつ・す【写す】 他動詞サ四〔さ/し/す/す/せ/せ〕

㊀【写す】❶**書き写す。模写する。** 徒然 鎌倉－随筆 一二〇「書どもは、この国に多く広まりぬれば、書きもうつしてん」訳書物などは、この国にも多く広まってしまったから、書いて、写すこともできよう。

❷**模倣する。まねる。** 源氏物語 平安－物語 少女「内裏の儀式をうつして」訳宮中の儀式をまねて。

❸**模造する。** 大鏡 平安－物語 道長上「天竺の祇園精舎を、唐の西明寺にうつし造り」訳インドの祇園精舎を唐の西明寺に模造して造り。

㊁【映す】(水面などに)**映す。映ずる。** 源氏物語 平安－物語 胡蝶「池の水に影をうつしたる山吹、岸よりこぼれて」訳池の水に影をうつしている山吹が岸からあふれて。

²うつ・す【移す】 他動詞サ四〔さ/し/す/す/せ/せ〕

❶(他の場所に)**動かす。移動させる。置き変える。** 源氏物語 平安－物語 桐壺「もとよりさぶらひ給ふ更衣の曹司をほかにうつさせ給ひて」訳以前からお仕えしていらっしゃった更衣の部屋を(帝は)ほかにお移しなさって。

❷**流罪にする。** 増鏡 室町－物語 新島守「院の上、都のほかにうつし奉るべし」訳後鳥羽院を都の外にお流し申し上げるべきだ。

❸(心を)**動かす。心変わりする。気をとられる。** 源氏物語 平安－物語 蛍「かかるすずろごとに心をうつし、はかられ給ひて」訳このようなとりとめのないことに気持ちを動かし、だまされなさって。

❹**しみ込ませる。** 古今 平安－歌集 春上「梅が香を袖にうつしてとどめてば」訳梅の香りを袖にしみ込ませて残しておいたならば。

❺(時を)**過ごす。経過させる。** 徒然 鎌倉－随筆 一二三「無益のことをなして時をうつすを」訳役に立たないことをして時を過ごすのを。

❻(物の怪を)**他にのりうつらせる。** 枕草子 平安－随筆 松の木立高き所の「もののけにいたう悩めば、うつすべき人とて」訳(病人が)物の怪にたいそう苦しむので、(そ

う

れを他へ)のりうつらせるのにふさわしい人として。

うつせみ 名詞
㊀【現人・現身】❶この世の人。生きている人。万葉集 奈良―歌集 二一〇「うつせみと思ひし妹が」訳この世の人と思っていた妻が。
❷この世。現世。万葉集 奈良―歌集 四二一一「血沼壮士菟原壮士のうつせみの名を争ふと」訳血沼壮士と菟原壮士がこの世での名誉を争うと言って。
㊁【空蟬】蟬のぬけ殻。また、蟬。源氏物語 平安―物語 空蟬「うつせみの身を変へてける木の下に」訳蟬のぬけ殻に姿を変えてしまった木の下で。
語の歴史「現つし臣」の変化した「うつそみ」を、『万葉集』で「空蟬」「虚蟬」などと表記したところから、平安時代以降㊁の意味が生じた。

***うつせみ-の** 枕詞 この世(の人)の意で、「世」「人」「命」「身」にかかる。万葉集 奈良―歌集 四四〇八「うつせみの世の人なればたまきはる命も知らず」訳この世の人間なので命のほども計りがたく。
参考 平安時代以降、「空蟬(=蟬のぬけ殻)」の連想から、特に、はかないこの世の意の「よ(世・代)」にかかるようになった。

うつそみ 名詞 ❶この世の人。❷この世。現世。◆「うつせみ」の古形。

うつそみの… 和歌 「うつそみの(=枕詞) 人にある我や 明日よりは 二上山を 兄弟とわが見む」万葉集 奈良―歌集 一六五・大伯皇女 訳この世に生きる人である私は、明日からは(弟を葬った)この二上山を弟と思って見ることにしようか。
鑑賞 処刑された弟の大津皇子の遺体を、墓所の二上山に移葬したときに詠んだ歌。生きてこの世に残った作者の、もの言わぬ山を弟と見るほかはない心情が悲しく歌われている。自身を「うつそみ(現身)の人」と客観的に納得して、一種のあきらめの境地にたどり着いている点が哀切である。

うづ-たか・し【堆し】形容詞ク{(く)・から/く・かり/し/き・かる/けれ/かれ}盛り上がって高い。うずたかい。徒然 鎌倉―随筆 六〇「大きなる鉢にうづたかく盛りて」訳(芋頭を)大きな鉢にうずたかく盛って。

うつ-た・つ【打っ立つ】「うちたつ」の促音便。
㊀自動詞タ四{た/ち/つ/つ/て/て}❶(勢いよく)立つ。突っ立つ。平家物語 鎌倉―物語 四・橋合戦「橋の両方のつめにうったって矢合はせす」訳(宇治の)橋の両方のたもとに突っ立って(開戦通告の)矢合わせをする。◇「うったつ」は「うったち」の促音便。❷出発する。平家物語 鎌倉―物語 五・富士川「やがて二十日東国へこそうったたれけれ」訳すぐ二十日に(惟盛・忠度の平家方の軍勢は)東国に向けて出発しなさった。
㊁他動詞タ下二{て/て/つ/つる/つれ/てよ}(勢いよく)立てる。平家物語 鎌倉―物語 七・願書「まづ白旗三十流れ先だてて、黒坂の上にぞうったてたる」訳まず白旗三十本を先に出して、黒坂の上に勢いよく立てた。

うつた・ふ【訴ふ】他動詞ハ下二{へ/へ/ふ/ふる/ふれ/へよ}❶訴訟をする。今昔物語 平安―説話 三一・一「うったへ申す事も無かりけり」訳訴訟をし申すこともなかった。❷申し出る。告げる。平家物語 鎌倉―物語 一〇・首渡「両人しきりにうったへ申す間」訳二人がしきりに告げ申し上げるので。
参考「うたふ」と、促音「っ」を表記しない例が多い。

***うつたへ-に** 副詞 (打消の語や反語表現を下接して)ことさら。まったく。万葉集 奈良―歌集 五一七「神木にも手には触るとふをうつたへに人妻といへば触れぬものかも」訳(神聖な)神木にさえも手は触れるというのにまったく人妻というと触れないものだろうか。

う-づち【卯槌】名詞 正月の最初の卯の日に、「糸所(=薬玉などを作る役所)」から内裏に奉った小さな木づち。桃の木で一寸(=約三センチ)角、長さ三寸の直方体を作って縦に穴をあけ、そこに五色の組み糸を通して垂らしたもの。邪気・悪霊を払うまじないとされた。

（卯 槌）

うつつ【現】名詞

語義の扉
夢や架空の世界に対する現実の意。形容詞「うつし」の語幹「うつ」を重ねた「うつうつ」の変化した語といわれる。
❶現実。現世。実在。
❷正気。
❸夢心地。

❶現実。現世。実在。新古今 鎌倉―歌集 羇旅・伊勢物語 平安―物語 九「駿河なる宇津の山べのうつつにも夢にも人に逢はぬなりけり」訳⇩するがなる…。
❷正気。源氏物語 平安―物語 葵「うつつにも似ず、たけく厳きひたぶる心出で来て」訳(六条の御息所には)正気とは思えない、荒々しく激しいいちずな心が出てきて。
❸夢心地。正気を失った状態。▼「夢うつつ」と続けて言うところからの誤用。太平記 室町―物語 二五「皆入興して、うつつのごとくなりにけり」訳みんな興に乗って、夢心地のようになってしまった。

うつつ-ごころ【現心】名詞 正気。気持ちがしっかりと確かな状態。

うつつ-な・し【現無し】形容詞ク{(く)・から/く・かり/し/き・かる/けれ/かれ}正気でない。徒然 鎌倉―随筆 一一二「うつつなし、情けなしとも思へ」訳正気でない、薄情者とも思うがいい。

うつつ-の-ひと【現の人】名詞 ❶この世に生きている人。❷正気の人。❸正気を失っている人。

うつ-て【討手】名詞「うちて」の促音便。敵や罪人などを討ったり、捕らえたりする人。追っ手。

うつ-な・し 形容詞ク{(く)・から/く・かり/し/き・かる/けれ/かれ}疑いない。確かだ。日本書紀 奈良―史書 皇極「我、兵を起こして入鹿を討たば、その勝たむことうつなし」訳私が、軍勢を起こして入鹿(=蘇我の入鹿)と戦ったならば、勝つことは疑いない。

うづ-な・ふ【珍なふ】他動詞ハ四{は/ひ/ふ/ふ/へ/へ}貴重なものとする。よしとする。(神が)承諾する。万葉集 奈良―歌集 四〇九四「天地の神あひうづなひ」訳天地の神々もたがいによしとし。

宇津山【うつのやま】地名 歌枕 今の静岡県静岡市と志太(しだ)郡岡部(おかべ)町との境にある山。南側に宇津谷(うつのや)峠があり、東海道中の難所として有名。「宇都山」とも書く。参考「駿河なる宇津の山べのうつつにも夢にも人に逢(あ)はぬなりけり」〈伊勢物語〉〈⇒するがなる…〉のように、「うつ」が同音であることから、「うつつ」を導き出す語としても使われる。

うつは-もの【器物】ウツワモノ 名詞 ❶容器。入れ物。❷器具。道具。❸人の器量・才能。器量・才能をもつ人物。

うつ-ばり【梁】名詞 平安時代ごろまでは「うつはり」。柱と柱の上に横たえて棟(むね)を支える材木。はり。

うつ-ぶ・く【俯く】自動詞カ四〔か/き/く/く/け/け〕うつむく。下を向く。宇治拾遺 鎌倉―説話 一一・八「ものの来(き)ければ、うつぶきて見るに、弓のかげは見えず」訳何かが襲って来たので、うつむいて見ると、弓の影は見えず。

うつ-ぶし【俯し】名詞 うつむき。うつぶせ。顔を下に向けて伏すこと。

うつぶし-ぞめ【空五倍子染め】名詞 白膠木(ぬるで)(=木の名)の枝や葉に生じる五倍子(ふし)(=虫が寄生してできたこぶ)で薄墨色に染めること。また、それで染めたもの。僧衣や喪服などに用いる。参考 和歌では「俯(うつぶ)す」とかけて用いることが多い。

うつぶし-ふ・す【俯し伏す】自動詞サ四〔さ/し/す/す/せ/せ〕顔を下に向けて横になる。うつぶせになる。源氏物語 平安―物語 夕顔「女君はさながらふして、右近はかたはらにうつぶしふしたり」訳女君(=夕顔)はもとのまま横になっていて、(侍女の)右近はそのそばにうつぶせになっている。

＊**うつ-ぶ・す**【俯す】自動詞サ四〔さ/し/す/す/せ/せ〕❶うつぶせになる。源氏物語 平安―物語 手習「うつぶして声をたつばかり泣く」訳うつぶせになって声をたてるくらいに泣く。❷うつむく。源氏物語 平安―物語 若紫「伏し目になりてうつぶしたるに」訳伏し目になってうつむいたところに。

うつほ【空・洞】オウツ―ホウツ 名詞 ❶中がからであること。からっぽ。❷岩や木などにできた空洞。ほら穴。❸(❶から転じて)下に重ねる衣服を着ず、上着だけであること。

うつ-ぼ【靫・空穂】名詞 矢を入れて背負う武具。筒形で、矢がぬれたり折れたりするのを防ぐために矢全体を納められるようになっている。竹製の「大和靫」、色漆をかけた「塗り靫」、籐(とう)で編んだ「籠(こ)靫」などがある。

（靫）

うつほ-ばしら【空柱】ウツオバシラ―ウツホバシラ 名詞 雨水を受けて地上に流す箱型の樋(とい)。特に、清涼殿の殿上の南端にあるものが有名。

宇津保物語【うつほものがたり】書名 伝奇物語。作者未詳(源順(みなもとのしたがう)説がある)。平安時代中期成立。二十巻。〔内容〕琴(きん)の名手清原仲忠(なかただ)を中心に美しい姫貴宮(あてみや)ら多くの登場人物を配した構想の複雑な長編物語で、貴族社会の生活が写実的に描かれている。『源氏物語』へ移行する過渡的な作品。「うつぼものがたり」とも。

古典の常識
『宇津保(うつほ)物語』―大長編伝奇物語

琴の音楽の賛美と求婚物語を軸として展開する。紫式部がこの作品に刺激され『源氏物語』において琴が重要な役割を果たしているほか、以後の物語に多大な影響を与えている。

主人公仲忠(なかただ)の祖父俊蔭(としかげ)は、唐土(もろこし)に向かう途中、波斯(はし)国に漂着し仙人から琴の秘曲を伝授される。祖父亡きあと、仲忠母子は山の空洞(ほら)で困窮生活を送りながら母は子に琴を教える。以後、仲忠は琴の力によって出世を重ねる。話は、仲忠に思いを寄せる美しい姫貴宮(あてみや)に対する十六人の男の求婚話や政権争いをからめて進み、仲忠の娘犬宮(いぬみや)のかなでる琴の秘曲の奇跡によって結末を迎える。

太秦【うずまさ】ウヅマサ 地名 ❶今の京都市右京区太秦。平安京を西へ少し行った所にある。秦(はた)氏が雄略天皇から「うづまさ」の姓を賜って住んだことからの地名。❷❶にある広隆(こうりゅう)寺(=太秦寺(うずまさでら))のこと。太秦氏の氏寺で、聖徳太子の命により建立。本尊の弥勒菩薩(みろくぼさつ)の美しさで知られる。◆「うつまさ」とも。

うづみ-び【埋み火】ウズミビ 名詞 灰の中にうずめた炭火。いけ火。季冬。

うづ・む【埋む】ウズム 他動詞マ四〔ま/み/む/む/め/め〕❶うずめる。かぶせて覆う。あけ烏 江戸―句集 俳諧「不二(ふじ)ひとつうづみ残して若葉かな―蕪村」訳初夏、頂に雪を残す富士山だけを残して、そのふもとのあたりはすっかり若葉がうずめ尽くしている。❷気持ちをめいらせる。壬二 鎌倉―歌集「心をうづむ夕暮れの雲」訳心をめいらせる夕暮れの雲よ。

うつ-むろ【無戸室】名詞 四面を土で塗ってふさいだ、出入り口のない室(むろ)。◇奈良時代以前、出産のときにこもったという。参考 室町時代の用法として下二段活用もある。

うづも・る【埋もる】ウズモル 自動詞ラ下二〔れ/れ/る/るる/るれ/れよ〕❶覆われて見えなくなる。うずもれる。徒然 鎌倉―随筆 一一「木(こ)の葉にうづもるる懸樋(かけひ)」訳木の葉にうずもれている懸け樋。❷人に知られないでいる。うずもれる。徒然 鎌倉―随筆 三八「うづもれぬ名を長き世に残さんこそ」訳人に知られないでいない名声を長く後の世に残すようなことが。

うづら【鶉】ウズラ 名詞 鳥の名。草原にすみ、秋の夕方、高い声で鳴く。飼育もされた。季秋。参考 和歌では、秋のものさびしい景物として詠まれる。

うつら-うつら(と) 副詞 まのあたりにはっきりと。万葉集 奈良―歌集 四四四九「うつらうつら見まくの欲しき君にあるかも」訳まのあたりはっきりとお会いしたいあなたですよ。◆「うつ」は現実の意。「ら」は接尾語。

＊**うつり**【移り】名詞 ❶移ること。場所の移動。今昔物語 平安―説話 二七・一「その後、うつりありて」訳その後、(都の)移動があって。❷蕉風(しょうふう)の俳諧(はいかい)で、連句の付け方の一つ。前句の余韻が後句にひきつがれて移っていったり、前句・後句が対照・呼応したりする付け方。

うつり‐が【移り香】名詞 他の物に移り残った香り。残り香。

[1]**うつり‐ゆ・く**【移り行く】自動詞カ四{か/き/く/く/け/け} ❶**だんだんと移動してゆく。** 蜻蛉 平安―日記 下「風吹きて、久しううつりゆくほどに」訳風が吹いて、(火事の火が)長い間にだんだんと移動してゆくうちに。❷(人の心が)**移り変わる。**(思いが)**浮かんでは消えてゆく。** 徒然 鎌倉―随筆 序「心にうつりゆくよしなしごとを、そこはかとなく書きつくれば」訳心に浮かんでは消えてゆくたわいもないことを、とりとめもなく書きつけていると。

[2]**うつりゆく…** 和歌「移りゆく 雲にあらしの 声すなり 散るか正木(まさき)の 葛城(かつらぎ)の山」新古今 鎌倉―歌集 冬・藤原雅経(ふじわらのまさつね) 訳空を移ってゆく雲の中に、あらしの風音が聞こえる。正木のかずら(＝ていかかずらの古名)が散るか、葛城(かつらぎ)の山は。
鑑賞 大空を速く移動してゆく雲にあらしの音を聞き、遠く葛城山の正木のかずらが、舞い散るようすを想像した叙景歌。葛城は大阪府と奈良県の境にある山で「かずら」をかけている。

[1]**うつ・る**【映る・写る】自動詞ラ四{ら/り/る/る/れ/れ} ❶(光や影、ものの形などが)**映る。写る。** 土佐日記 平安―日記 二・一「ある人、この柳の影の、川の底にうつれるを見て」訳ある人が、この柳の影が川の底に映っているのを見て。❷**よく似合う。ぴったりする。** 浮世床 江戸―物語 滑稽「お千代はお千代らしい年倍(ねんばい)の役者でなければうつらぬ」訳お千代はお千代にふさわしい年齢の役者でなければぴったりしない。

[2]**うつ・る**【移る】自動詞ラ四{ら/り/る/る/れ/れ} ❶**動く。移動する。転居する。** 更級 平安―日記 かどで「九月(ながつき)三日門出して、いまたちといふ所にうつる」訳九月三日に(上京に先だって)門出をして、いまたちという所へ移動する。❷(色が)**あせる。さめる。変色する。** 古今 平安―歌集 春下「花の色はうつりにけりないたづらにわが身世(よ)にふるながめせし間(ま)に」訳⇨はなのいろは…。❸**時が過ぎる。時とともに変化する。** 徒然 鎌倉―随筆 一五五「生・老・病・死のうつり来たること、またこれに過ぎたり」訳生まれること、年老いること、病むこと、死ぬことが時とともに変化し巡り来ることは、またこの自然界の変化以上に早いのである。❹**しみつく。染まる。** 枕草子 平安―随筆 宮にはじめてまゐりたるころ「裳(も)・唐衣(からぎぬ)に白いものうつりて」訳裳や唐衣におしろいがしみついて。❺**変わる。変化する。** 徒然 鎌倉―随筆 八五「この人は下愚(かぐ)の性、うつるべからず」訳この人は非常に愚かな性格で、(賢く)変わることができない。❻**転任する。異動する。** 大鏡 平安―物語 良房「貞観(ぢゃうぐわん)八年に、関白にうつり給(たま)ふ」訳(藤原良房(ふじわらのよしふさ)は)貞観八年に、関白に転任しなさる。❼(物の怪(け)が)**のりうつる。** 源氏物語 平安―物語 葵「人にさらにうつらず」訳(物の怪などが)よりまし(＝一時的に物の怪や霊をのりうつらせる子供や人形)に決してのりうつらないで。❽(葉・花などが)**散る。** 新古今 鎌倉―歌集 春下「今日だにも庭を盛りとうつる花」訳せめて今日だけでも、庭の上が花盛りであるかのように散る花よ。

うつろ【空・虚・洞】名詞 ❶**中がからなこと。中がからになった所。空洞。** ◇「うつほ」とも。❷「うつろ舟(ぶね)」の略。丸太をくりぬいて作った舟。

うつろは・す(ウツロワス)【移ろはす】他動詞サ四{さ/し/す/す/せ/せ} **移らせる。** 源氏物語 平安―物語 真木柱「心やすくうつろはしてむと思ひはべるなり」訳(玉鬘(たまかずら)を私の屋敷に)気楽に移らせてしまおうと思っているのです。

うつろひ(ウツロイ)【移ろひ】名詞 ❶**居場所を変えること。転居。** ❷(盛りを過ぎて)**衰えること。衰退。** 宇津保 平安―物語 楼上・上「これこそ、あらはなるうつろひなれ」訳これこそはっきりしている(私の)衰えである。

[1]**うつろ・ふ**(ウツロウ)【映ろふ】自動詞ハ四{は/ひ/ふ/ふ/へ/へ} (光や影などが)**映る。** 新古今 鎌倉―歌集 秋上「にほの海や月の光のうつろへば波の花にも秋は見えけり」訳⇨にほのうみや…。◆「映る」の未然形＋反復継続の助動詞「ふ」からなる「映らふ」が変化した語。

[2]**うつろ・ふ**(ウツロウ)【移ろふ】自動詞ハ四{は/ひ/ふ/ふ/へ/へ}

語義の扉
「移る」の未然形＋反復継続の助動詞「ふ」からなる「移らふ」が変化した語。

❶**移動する。移り住む。** 徒然 鎌倉―随筆 三〇「中陰のほど、山里などにうつろひて」訳人の死後四十九日の間、山里などに移り住んで。❷(色が)**あせる。さめる。なくなる。** 蜻蛉 平安―日記 上「『歎きつつひとりぬる夜のあくるまはいかにひさしきものとかはしる』と、れいよりはひきつくろひて書きて、うつろひたる菊にさしたり」訳「あなたの訪れを待ちわびて…(訳⇨なげきつつ…)」と、いつもより気を配って書いて、色あせている菊にさした。❸**色づく。紅葉する。** 古今 平安―歌集 秋下「神無月(かむなづき)時雨(しぐれ)もいまだ降らなくにかねてうつろふ神奈備(かむなび)の森」訳十月のものである時雨もまだ降らないのにその前に紅葉している神奈備の森よ。❹(葉・花などが)**散る。** 古今 平安―歌集 春下「たれこめて春のゆくへも知らぬまに待ちし桜もうつろひにけり」訳簾をおろして閉じこもって、春の移り変わりも知らないでいるうちに、待ちこがれた桜の花も(知らない間に)散ってしまったことだ。❺**心変わりする。心移りする。** 源氏物語 平安―物語 桐壺「おのづから御心(みこころ)うつろひて、こよなく思(おぼ)し慰むやうなるも」訳自然に(帝(みかど)の)お心は(藤壺(ふじつぼ)へ)移って、この上もなくお気持ちが慰められるようすであるのも。❻**顔色が変わる。青ざめる。** 源氏物語 平安―物語 賢木「御顔の色もうつろひて」訳(藤壺は)お顔の色も青ざめて。❼**変わってゆく。変わり果てる。衰える。** 万葉集 奈良―歌集 一〇四五「世間(よのなか)を常なきものと今そ知る奈良の都のうつろふ見れば」訳世の中が無常なものだと今こそ知った。奈良の都が変わり果てていくのを見ると。

関連語 うとし／うとむ／うとまし／うとうとし。

うつわもの【器物】⇩うつはもの

う-づゑ【卯杖】名詞 正月の始めの卯の日に、大舎人寮や諸衛府から天皇・皇后・東宮などへ献上した、邪鬼をはらうための杖。桃・梅などの木を五尺三寸(=約一六〇センチ)に切って一本または三本に束ね、五色の糸で巻く。

(卯 杖)

うてな【台】名詞 四方を見渡すことができるように壁を設けずに、高く作られた建物。高殿。

うとう【善知鳥】名詞 海鳥の名。北海道や東北地方の沿岸にすみ、大きさは子鴨ぐらい。子を捕らえられるときに涙を流して鳴くという。

うとうと・し【疎疎し】形容詞シク{(しく)・しから／しく・しかり／し／しき・しかる／しけれ／しかれ}❶よそよそしい。源氏物語 平安―物語 夢浮橋「かく、うとうとしきを」訳このように(浮舟が)よそよそしいのを。❷疎遠だ。交際が途絶えている。源氏物語 平安―物語 手習「年ごろはうとうとしきやうにて過ぐし給ひしを」訳数年の間は疎遠なようすで過ごしていらっしゃったが。◆形容詞「うとし」の語幹を重ねて強めた語。

うとう-やすかた【善知鳥安方】名詞 陸奥の国の外が浜(今の青森県津軽半島の東岸)にいたと伝えられる鳥。また、その鳴き声。母鳥が「うとう」と鳴くと、子鳥が「やすかた」と答えるという。

う-とく【有徳・有得】名詞 裕福。

うとく-じん【有徳人・有得人】名詞 金持ち。裕福な人。「うとくにん」とも。

う-とく・なり【有徳なり・有得なり】形容動詞ナリ{なら／なり・に／なり／なる／なれ／なれ}裕福だ。日本永代蔵 江戸―物語 浮世・西鶴「家うとくなるかたに尋ねければ」訳家が裕福なところを尋ねると。

うと・し【疎し】形容詞ク{(く)・から／く・かり／し／き・かる／けれ／かれ}

語義の扉

「うと」は、空っぽであることを表す語基「うつ」(⇩「うつほ」「うつろ」)と同源で、実質的な関わりが希薄であることを原義とし、人、ものごとに対して、親しくない、よそよそしい、よく知らないなどの意を表す。

❶疎遠だ。親しくない。関係がうすい。伊勢物語 平安―物語 四四「うとき人にしあらざりければ、家刀自さかづきささせて」訳疎遠な人でもなかったので、(その家の)主婦が杯をすすめさせて。❷よそよそしい。わずらわしい。うとましい。古今 平安―歌集 雑上「かつ見れどうとくもあるかな月影のいたらぬ里もあらじと思へば」訳月を美しいと思いながらも一方では、どこかよそよそしく感じられるよ。月が照らしていないところなどないと思うと。❸よく知らない。不案内だ。徒然 鎌倉―随筆 八〇「人ごとに、わが身にうときことをのみぞ好める」訳だれでも、自分がよく知らないことばかり好んでいる。❹無関心だ。徒然 鎌倉―随筆 四「後の世の事、心に忘れず、仏の道うとからぬ、心にくし」訳来世のことをいつも心に忘れず、仏の教えに無関心でないのが、奥ゆかしい。❺よくきかない。鈍い。落窪物語 平安―物語 二「大臣おし放ち引き寄せて見給へど、え目うとくて見給はで」訳大臣は(手紙を)離したり、近づけたりして見ていらっしゃるが、目がよくきかないのでご覧になることができなくて。

参考 現代語「うとい」は❸の意味だが、古文では❶❷の意味が多い。

う-どねり【内舎人】名詞「うちとねり」の変化した語。律令制で、「中務省」に属し、帯刀して、内裏の警護・雑役、行幸の警護にあたる職。また、その人。「うとねり」とも。

うとま・し【疎まし】形容詞シク{(しく)・しから／しく・しかり／し／しき・しかる／しけれ／しかれ}❶いやな感じだ。避けたい。枕草子 平安―随筆 虫は「人の名につきたる、いとうとまし」訳人の名前に(蝿と)ついているのは、とてもいやな感じだ。❷気味が悪い。源氏物語 平安―物語 夕顔「山彦の答ふる声いとうとまし」訳山彦が返ってくる音がとても気味が悪い。

うとまし-げ【疎ましげ】名詞 いやな感じがすること。薄気味悪いこと。気味悪さ。源氏物語 平安―物語 夕顔「いとささやかにて、うとましげもなくらうたげなり」訳(夕顔の遺体は)とても小さくて、気味悪さもなくかわいらしい。◆「げ」は接尾語。

＊うと・む【疎む】

一 他動詞マ四{ま／み／む／む／め／め}いやだと思ってそっけなくする。よそよそしくする。きらう。野ざらし 江戸―句集 俳文・芭蕉「母は汝をうとむにあらじ」訳(おまえの)母はおまえをきらうのではない。

二 他動詞マ下二{め／め／む／むる／むれ／めよ}〔多く、「聞こえうとむ」「言ひうとむ」の形で〕…していやけがさすように…する。してきらいにさせる。源氏物語 平安―物語 宿木「宮の御心ばへ思はずに浅うおはしけると思ぼしく、かつは言ひもうとめ」訳宮のお心が思いがけず浅くていらっしゃったと思われたようで、一方では悪く言ってきらうようにさせ。

うどん-げ【優曇華】名詞 木の名。インドなどに分布。仏典では三千年に一度花が咲き、そのときに仏が出現すると説かれた。非常にまれな事のたとえともする。◆「優曇」は梵語の音訳で、「めでたいことの起こる前ぶれ」「まれな事」の意。

うない【髫】⇩うなゐ

うな-さか【海境・海界】名詞 海上遠くにあるとされる海神の国と地上の人の国との境界。海の果て。

うなじ【項】名詞 首の後ろ。えりくび。◆「項後」の変化した語。

うな-つき【頸着き・項着き】名詞 子供の後ろ髪が首の後ろにつくこと。また、そのころの年齢。「くびつき」とも。

うな-はら【海原】名詞 広々とした海。広々とした湖や池。◆後世は「うなばら」。

＊うな-ゐ【髫・髫髪】名詞 ❶子供の、髪を首のあたりに垂らして切りそろえた髪型。❷❶の髪型をする年

う

ごろの、幼い子供。◆「うなゐ」はうなじの意。

うなゐ-こ【髫児・髫髪児】名詞「うなゐ❷」に同じ。

うぬ【己】代名詞「おの（己）」の変化した語。❶自称の人称代名詞。**おのれ。おれ。自分自身。**▼自分を卑しめていう語。❷対称の人称代名詞。**きさま。てめえ。おまえ。**▼相手をののしっていう語。◆「汝」とも書く。

（髫）

畝傍山 地名 歌枕 今の奈良県橿原市にある山。香具山・耳成山とともに大和三山といわれ、奈良時代以前から三山の争いの伝説がある。畝火の山。

***うね-べ**【采女】名詞「うねめ」に同じ。

うね-め【采女】名詞 古代以来、天皇のそば近く仕えて食事の世話などの雑事に携わった、後宮の女官。諸国の郡の次官以上の娘のうちから、容姿の美しい者が選ばれた。「うねべ」ともいう。

うねめの… 和歌「**采女の 袖吹きかへす 明日香風 都を遠み いたづらに吹く**」〔万葉集 奈良-歌集〕五一・志貴皇子 訳 天皇に仕える女官の采女の袖をひるがえすように吹く明日香の風は、都が遠いので、今は何のかいもなく吹くだけである。

鑑賞 明日香の宮から藤原の宮への遷都後に旧都を訪れた志貴皇子が、昔を懐かしんで詠んだもの。

う-の-はな【卯の花】名詞 ❶うつぎの花。白い花で、初夏に咲く。季夏。❷襲の色目の一つ。表は白、裏は青。陰暦四月ごろに用いた。「卯の花襲」とも。

参照▼口絵

うのはな-くたし【卯の花腐し】名詞 五月雨が降り続いて卯の花を腐らせること。転じて、五月雨。季夏。

うのはなに… 俳句「**卯の花に 兼房見ゆる 白毛かな**」〔奥の細道 江戸-紀行〕平泉・曾良 訳 真っ白に咲き乱れる卯の花を見ていると、昔、白髪を乱して奮戦し、義経の最期を見とどけた増尾十郎兼房の面影が浮かんでくる。

鑑賞 芭蕉師弟が高館に上って義経らをしのんで涙した時の句で、芭蕉の「夏草や兵どもが夢の跡」と並んで出る。兼房は義経の北の方の傅で、白髪をふり乱しての奮戦と壮絶な最期は、『義経記』の巻八に語られている。季語は「卯の花」で、季は夏。

うのはなを… 俳句「**卯の花を かざしに関の 晴れ着かな**」〔奥の細道 江戸-紀行〕白河の関・曾良 訳 この白河の関を越えるにあたり、古人は冠を正し装束を改めたというが、自分は改める衣服もないので、道に咲く卯の花を笠にさして、関を越えるための晴れ着としよう。

鑑賞 ある古人が、名歌「都をば霞とともに立ちしかど秋風ぞ吹く白河の関」（『後拾遺和歌集』）〈都を霞の立つ春に旅立ったのだが、来てみると既に秋風が吹いているよ、この白河の関には。〉を詠んだ能因法師に敬意を表し、装束を正して白河の関を越えたという故事を踏まえている。季語は「卯の花」で、季は夏。

古典の常識

『卯の花と古典』

卯の花とは、初夏のころ房状に白色の五弁の花をつけるうつぎのことである。初夏の代表的風物として、ほととぎすと取り合わせて和歌に詠まれることが多かった。また、白く咲き乱れるようすを、雪や波・月・雲・白髪などにたとえて表現したり、一字めが同音の憂しを導く言葉として用いたりした。

「ほととぎす我とはなしに卯の花の憂き世の中に鳴きわたるらむ」〔『古今和歌集』夏・凡河内躬恒〕〈ほととぎすは、（つらい、この）私と同じ身の上でもないのに、卯の花の咲いているこのつらい世の中に、（どうして）なきながら飛んでいるのだろう。〉

卯の花はまた、俳句の季語としても用いられている。⇨うのはなに…。うのはなを…。卯の花から派生してできた言葉に「卯の花腐し」がある。卯の花をくさらせるほど降り続く陰暦五月の長雨（＝梅雨）のことであるが、この言葉も和歌に詠まれ、季語にもなっている。

***うば** 名詞 ㊀【姥】**老婆。老女。** ㊁【祖母】**そぼ。** ㊂【乳母】「めのと」に同じ。

うばい【優婆夷】名詞 仏教語。在家のまま仏門に帰依して修行する女。対 優婆塞。

う-はう【右方】名詞 雅楽で、高麗や渤海から伝来した音楽の総称。また、これにならって作った音楽。右楽。対 左方。

うばう【奪う】⇨うばふ

うは-おそひ【上襲ひ】名詞 袙や袿の上に重ねて着る衣服。

うは-かぜ【上風】名詞 草木などの上を吹き渡る風。◆歌では「荻の上風」とする例が多い。対 下風。

うは-ぎ【表着・上着・表衣】名詞 ❶衣服を重ねて着るとき、いちばん上に着る衣服。❷特に、女房装束で、袿を重ねて着るとき、袿のいちばん上になるもの。この上に唐衣を着、裳を着ける。

うは-ぐ・む 自動詞マ四〔ま/み/む/む/め/め〕**上気する。のぼせる。呆然とする。あっけにとられる。**〔大鏡 平安-物語〕道隆「今の民部卿殿はうはぐみて、人々の御顔をとかく見たまひつつ」訳 現在の民部卿殿は上気して、（一座の）人々のお顔をあれこれ見なさっては。

うは-ぐも・る【上曇る】自動詞ラ四〔ら/り/る/る/れ/れ〕**表面の光沢がなくなる。**〔枕草子 平安-随筆〕野分のまたの日こそ「いと濃き衣のうはぐもりたるに」訳（紫色が）たいそう濃い衣服で表面の光沢がなくなっているのに。

うは-げ【上毛・表毛】名詞 鳥や獣などの表面の毛。

うは-ざし【上差し】名詞「上差しの矢」の略。箙や胡籙などに差した征矢（＝普通の実戦用の矢）に差し添えた、二本の鏑矢。上矢。

うは-じら・む【上白む】自動詞マ四〔ま/み/む/む/め/め〕**表面の色があせて白っぽくなる。**〔源氏物語 平安-物語〕末摘花「ゆるし色のわりなううはじらみたる一襲、なごりなう黒き袿かさねて」訳 薄紅色のひどく表面があせて白っぽくなった単衣を一枚、（その上に）もとの色がわからないほど黒い袿を重ねて着て。

***うばそく**【優婆塞】名詞 仏教語。在家のまま仏門に帰依して修行する男。対優婆夷。

***うばたま-の**【烏羽玉の】枕詞「ぬばたまの」の変化した語。うばたま(＝ぬばたま)は黒いことから、「黒」「闇」「夜」「夢」にかかる。「むばたまの」とも。古今 平安一歌集 物名「うばたまの夢に何かはなぐさまむ現にだにも飽かぬ心を」訳夢でどうしてなぐさもうか。現実の場で逢っていてさえ、まだまだ満たされない私の心じゃないか。

うは-て【上手】名詞 ❶上の方。特に、川上・風上など。平家物語 鎌倉一物語 四・橋合戦「強き馬をばうはてに立てよ」訳強い馬を川上に並べよ。❷技芸・学識などが他よりすぐれていること。また、その人。対下手。

うは-なり【後妻・次妻】名詞 あとにめとった妻。最初の妻や本妻に対して、次の妻。のちに、死別や離縁した先妻に対して、後妻をいう。対前妻。

うは-に【上荷】名詞 ❶(馬・船・車などの)上積みの荷物。❷「上荷船」の略。江戸時代の川船の一つ。本船と積み荷をおろす場所との間を往復して荷物を運ぶ、二、三十石積みの船。

うは-の-そら【上の空】名詞 空の上の方。源氏物語 平安一物語 夕顔「山の端の心も知らで行く月はうはのそらにて影や絶えなむ」訳山の端の心も知らないで渡っていく月は空の上の方で姿を消してしまうかもしれない。

うは-の-そら・なり【上の空なり】形容動詞ナリ {なら/なり・に/なり/なる/なれ/なれ} ❶落ち着きがない。源氏物語 平安一物語 薄雲「うはのそらなる心地のみしつつ」訳落ち着きがない気分だけして。❷根拠がない。あてにならない。今昔物語 平安一説話 三〇・六「うはのそらなれども彼の人に心移りはてにけり」訳あてにならないけれどあの人にすっかり心が移ってしまった。

うは-ば【上葉】名詞 草木の上の方の葉。対下葉。

うは-ばみ【蟒蛇】名詞 ❶大蛇。おろち。❷大蛇がよく物を飲み込むことから大酒飲みのたとえ。

うば・ふ【奪ふ】他動詞 八四 {は/ひ/ふ/ふ/へ/へ} ❶奪う。徒然 鎌倉一随筆 一二八「命をうばはん事、いかでかいたましからざらん」訳命を奪うことは、どうしてかわいそうでないことがあろうか。❷盗み取る。万葉集 奈良一歌集 八五〇「雪の色をうばひて咲ける梅の花」訳雪の色を盗み取って咲いている梅の花。❸(受身の助動詞を下接して)(心を)ひきつける。徒然 鎌倉一随筆 七五「心、外の塵にうばはれてまどひやすく」訳心は、外界の汚れにひきつけられて迷いやすく。

うは-むしろ【表筵・上蓆】名詞 寝所などの畳の上に敷く敷物。表は唐綾、裏は紫色の絹で、周囲に錦で縁どりがしてあった。中に綿を薄く入れたものもあった。

うは-もり【上盛り】名詞 最上のもの。第一。第一人者。

うばら【茨・荊】名詞「いばら」に同じ。

うひ-【初】接頭語 〔名詞に付いて〕初めての。初めてのことである意を表す。「うひかうぶり」「うひ学び」▼生まれ

関連語「うひ」と「はつ」の違い
「うひ」が人間に関することを言うのに対して、「はつ」は自然現象や動植物に関して、その年・季節の最初である意を表す。

***うひうひ・し**【初初し】形容詞シク {(しく)・しから/しく・しかり/し/しき・しかる/しけれ/しかれ} ❶初心だ。まだ物慣れていない。奥の細道 江戸一紀行 那須「うひうひしき旅人の、道踏みたがへん、あやしう侍れば」訳(その地に)まだ物慣れていない旅人が、道をまちがえるようなのも、不安でありますから。❷きまりが悪い。気恥ずかしい。源氏物語 平安一物語 賢木「内裏に参り給はむことは、うひうひしく所せく思しなりて」訳宮中に参内することは、気恥ずかしく窮屈にお思いになられるようになって。

***うひ-かうぶり**【初冠】名詞 元服。貴族社会の男子の成人式で、髪型を成年男子の髪型に改め、はじめて冠をかぶること。「うひかぶり」「うひかうむり」とも。伊勢物語 平安一物語 一「昔、男、うひかうぶりして、奈良の京春日の里にしるよしして狩りに往にけり」訳昔、ある男が、元服して、奈良の都の春日の里に領地を所有する縁があって、鷹狩りに出かけた。参照▶文脈の研究 春日野の若紫。

うひ-かぶり【初冠】名詞「うひかうぶり」に同じ。

うひ-ごと【初事】名詞 初めてする事柄。初めての経験。

うひ-だち【初立ち】名詞 ❶初めて旅に出ること。❷(子供や、長い間ひきこもっていた人が)久しぶりに外に出ること。(長い間床にいた病人が)初めて歩き出すこと。

うひ-まなび【初学び】名詞 初めて学問やある種の芸道などを学ぶこと。初学。

う-ひやうゑ【右兵衛】名詞「右兵衛府」の略。また、「右兵衛府」の武官。対左兵衛。

うひやうゑ-の-かみ【右兵衛の督】名詞「右兵衛府」の長官。対左兵衛の督

うひやうゑ-の-すけ【右兵衛の佐】名詞「右兵衛府」の次官。対左兵衛の佐

う-ひやうゑふ【右兵衛府】名詞「六衛府」の一つ。「左兵衛府」とともに、内裏外側の諸門の警備、行幸のときの警護、左右京内の巡検などを担当した役所。右の兵衛府。対左兵衛府。参照▶資料25

う-ふ【右府】名詞 右大臣の中国風の呼び名。対左府。

うぶ-ぎぬ【産衣】名詞 うぶぎ。生まれたばかりの赤ん坊に着せる着物。

うぶ-すな【産土】名詞 ❶出生地。❷「産土神」の略。

うぶすな-がみ【産土神】名詞 生まれた土地の守護神。鎮守の神。氏神。「うぶすな」「うぶのかみ」「うぶがみ」とも。

う-ぶね【鵜舟】名詞 鵜匠が鵜をあやつって鮎をとるのに使う舟。「うかひぶね」とも。季夏。

うぶ-や【産屋】名詞 ❶出産のために別に建てた建物。❷出産するための部屋。❸「うぶやしなひ」に同じ。

***うぶ-やしなひ**【産養ひ】名詞 出産後、三日目・五日目・七日目・九日目の夜に、親族などを招いて行

う祝宴。平安時代、貴族の家などで行われた。参考 現代にも「お七夜」としてこの風習が受けつがれている。

うへ[1]【上】エウ 名詞 ❶**表面。うわべ。おもて。**〔伊勢物語 平安―物語〕九「水のうへに遊びつつ魚を食ふ」訳（白い鳥が）水の表面で自由に泳ぎ回りながら魚を食べる。❷**上方。上部。**〔万葉集 奈良―歌集〕一一一「いにしへに恋ふる鳥かもゆづるはの御井のうへより鳴き渡りゆく」訳昔を恋うる鳥なのか。ゆずりはの生えている御井の上方を鳴いて飛んでゆく。対下。❸**付近。ほとり。**〔万葉集 奈良―歌集〕一四一八「石走る垂水のうへの早蕨の萌え出づる春になりにけるかも」訳⇩いはばしる…。❹**天皇。主上。**▼鎌倉時代以降、将軍や主君にも用いる。〔枕草子 平安―随筆〕清涼殿の丑寅のすみの「うへも聞こし召し、めでさせ給ふ」訳（一条）天皇もお聞きになり、お褒めになる。❺**奥方。奥様。**▼貴人の妻の尊敬語。〔竹取物語 平安―物語〕竜の頸の玉「離れ給ひしもとのうへは、腹を切りて笑ひ給ふ」訳お別れになったもとの奥方は、腹をよじってお笑いになる。❻**御座所。高貴な方の部屋。**〔枕草子 平安―随筆〕頭の中将の「あなうれし。下にありけるよ。うへにてたづねむとしつるを」訳ああうれしい。下局にいたのですね。（中宮の）御座所でさがそうとしていたのだが。❼**殿上の間。**清涼殿内にある殿上人の控え室。〔伊勢物語 平安―物語〕一〇一「うへにありける左中弁藤原良近といふを」訳殿上の間にいた左中弁藤原良近という人を。❽**上局。**清涼殿内の、中宮や女御の控え室。〔枕草子 平安―随筆〕かへる年の「見るべきことありて、うへになむ上り侍る」訳用事があって、上局に上がります。❾**上位。上。**▼身分・地位・程度などについていう。〔十訓抄 鎌倉―説話〕一「斉信卿上臈にて、公任卿のうへにつかれたりける」訳斉信卿は身分が高い人として、公任卿の上位におつきになった。❿**その人や物に関すること。身の上。**〔大和物語 平安―物語〕一四九「我がうへを思ふなりけりと思ふに、いとかなしうなりぬ」訳自分の身の上のことを案じているのだったと思うと、（妻が）大変いとしくなった。⓫**そのうえ。**▼あることにさらにある物ごとが加わる意。〔徒然 鎌倉―随筆〕七五「惑ひのうへに酔へり」訳迷っているそのうえに酔っている。⓬（「は」を下接して）**…である以上。…からには。**〔平家物語 鎌倉―物語〕一・殿上闇討「かへつて叡感にあづかつしうへは、あへて罪科の沙汰もなかりけり」訳かえって（上皇の）おほめをいただいた以上は、まったく処罰の命令もなかった。⓭**上。御方様。**▼貴婦人の呼び名に「の上」の形で添えて尊敬の意を表す。〔源氏物語 平安―物語〕藤袴「北の方は紫の上の御姉ぞかし」訳奥方は紫の上のお姉様であるよ。

-うへ[2]【上】エウ 接尾語 目上の人を表す語の下に付けて、尊敬の意を表す。「父上」「兄上」「尼上」 参考 ❿から⓭は、形式名詞として用いる。

うべ【宜・諾】副詞 **なるほど。もっともなことに。**▼肯定の意を表す。〔万葉集 奈良―歌集〕三一〇「東の市の植木の木垂るまで逢はず久しみうべ恋ひにけり」訳東の市に植えた木が茂って枝が垂れ下がるまで長く会わなかったので、なるほど恋しいことだ。◆平安時代以降「むべ」とも表記する。

うべうべ・し*【宜宜し】形容詞シク｛（しく）・しから／しく・しかり／し／しき・しかる／しけれ／しかれ｝**もっともらしい。しかつめらしい。しっかり格式が守られている。**〔源氏物語 平安―物語〕藤裏葉「ものまめやかにうべうべしき御物語は少しばかりにて」訳まじめでしかつめらしいお話は少しだけにして。◆「むべむべし」とも表記する。

うべ-こそ*【宜こそ】連語 なりたち 副詞「うべ」＋係助詞「こそ」 **いかにももっとも。なるほど。**〔源氏物語 平安―物語〕藤裏葉「ものなどうち言ひたるけはひなど、うべこそはと、めざましう見たまふ」訳（明石の君が）何かものを言うときの物腰など、（源氏がこの方にひかれるのも）なるほどと、（紫の上は）目がさめる思いで見ていらっしゃる。◆「むべこそ」とも表記する。「うべ」を強めた言い方。

うへ-さま[1]【上方】ウエサマ 名詞 **上の方。頭の方。**「うへざま」とも。

うへ-さま[2]【上様】ウエサマ 名詞 ❶天皇の尊敬語。❷将軍・貴人の尊敬語。

うべ-し【宜し】副詞 **いかにももっとも。なるほど。**〔万葉集 奈良―歌集〕四三六〇「ここ見ればうべし神代ゆ始めけらしも」訳（広大で豊かな）このようすを見ると、なるほど神代の時代から（この地に都を置き）始めたらしいことよ。◆「し」は強意の副助詞。

上島鬼貫（うへじまおにつら）ウエジマオニツラ 人名（一六六一～一七三八）江戸時代中期の俳人。名は宗邇。松江重頼に俳諧を学び、俳諧の根本は「まこと」にありとして新風を興し、松尾芭蕉らとも交際した。俳諧論書に『独言』がある。

上田秋成（うへだあきなり）ウエダアキナリ 人名（一七三四～一八〇九）江戸時代中期の国学者・読本作者。本名、東作。大坂堂島の紙油商上田家の養子。国学と医学に志して博覧強記、歌人・随筆家としても活躍した。読本に『雨月物語』、歌文集に『藤簍冊子』などがある。

うへ-つ-かた【上つ方】ウエツカタ 名詞 身分や官位の高い人。**貴人。**

うへ-つぼね【上局】ウエツボネ 名詞 ❶宮中で、后・女御・更衣などが、常の部屋のほかに、天皇の御座所近くに特に与えられた部屋。清涼殿には弘徽殿と藤壺の二つの上局があった。上の御局。参照▼口絵 ❷貴人の居間近くに臨時に置かれた、女房の休息用の部屋。

うべな-うべな【宜な宜な・諾な諾な】副詞 **なるほどなるほど。いかにももっともなことに。**〔万葉集 奈良―歌集〕三二九五「うべなうべな母は知らじうべなうべな父は知らじ」訳なるほどなるほど母は（息子の嫁の顔を）知るまい、なるほどなるほど（それは）父も知るまい。

うへ-な・し【上無し】ウエナシ 形容詞ク｛（く）・から／く・かり／し／き・かる／けれ／かれ｝

これ以上にまさるものはない。際限ない。新古今 鎌倉―歌集 恋二「富士の嶺の煙もなほぞ立ちのぼるうへなきものは思ひなりけり」訳富士の嶺の煙もさらに(空高く)立ちのぼるけれど、(それにもまして)際限ないものは恋の思い(という煙)であることだ。

うべ-な・ふ【諾ふ】 他動詞 八四 {は/ひ/ふ/ふ/へ/へ} ❶服従する。❷承服する。❸謝罪する。◆「なふ」は接尾語。

うへ-の-おほんぞ【上の御衣・表の御衣】 名詞「上の衣」の尊敬語。◆鎌倉時代以降は「うへのおんぞ」。

うへ-の-おまへ【上の御前】 名詞 ❶天皇に近い所。❷天皇。

*** うへ-の-きぬ【上の衣・表の衣】** 名詞「はう(袍)」に同じ。

うへ-の-ざふし【上の雑仕】 名詞 宮中で、五節のときや女御の入内のときなどに臨時に置かれる下級の女官。殿上人の世話や雑役をつとめた。

うへ-の-にょうばう【上の女房】 名詞 天皇のそば近く奉仕する女官。

うへ-の-はかま【上の袴】 名詞 ❶「束帯」のときに下の袴(=「大口」)の上に着用する、礼装用の袴。表は白、裏は紅で、三位以上は綾織り、四位以下は平絹。紋は、三位以上と以下、若年と壮年以後で異なる。参照▶口絵 ❷童女の盛装のとき、下袴の上に着用する袴。

うへ-の-みつぼね【上の御局】 名詞「上局」❶」の尊敬語。

うへ-の-をのこ【上の男】 名詞「てんじゃうびと」に同じ。

*** うへ-びと【上人】** 名詞 ❶「てんじゃうびと」に同じ。源氏物語 平安―物語 桐壺「上達部・うへびとなども、あいなく目をそばめつつ」訳上達部や殿上人なども、みな気に入らなくて目をそむけて。❷天皇付きの女房。❸「てんじゃうわらは」に同じ。

うへ-ぶし【上臥し】 名詞 宮中や院の御所に宿直すること。

うへ-みやづかへ【上宮仕へ】 名詞 天皇のそば近くで日常の用をつとめること。源氏物語 平安―物語 桐壺「母君、はじめより、おしなべてのうへみやづかへし給ふべき際にはあらざりき」訳(源氏の)母君(=桐壺更衣)は、はじめから、世間なみの天皇のそば近くで日常の用のつとめをなさることになっている(低い)身分ではなかった。

うべ-も【宜も】 連語

なりたち 副詞「うべ」+係助詞「も」

まことにもっともなことに。ほんとうに。なるほど。道理で。万葉集 奈良―歌集 八三一「春なればうべも咲きたる梅の花」訳春なのでなるほど咲いた梅の花よ。

うへ-や【上屋】 名詞 天皇の御座所に近い、女官の詰め所。

うへ-わらは【上童】 名詞 ❶「てんじゃうわらは」に同じ。❷貴族の家で、奥向きの用に仕える(女の)子供。

うへ-を-した-に-かへ・す【上を下に返す】 連語 非常に混乱して、ごった返す。保元 鎌倉―物語 中「御所中の兵ども、うへをしたにかへしてあわて騒ぐ」訳御所の中の兵士たちは、非常に混乱してごった返してあわて騒ぐ。

うま[1]【午】 名詞 ❶「十二支」の第七。❷時刻の名。正午。また、それを中心とした二時間。❸方角の名。南。

うま[2]【馬】 名詞 ❶動物の名。牛とともに古来家畜として飼育され、農耕・運搬・狩猟・合戦・競技・祭礼など多方面で使役した。❷双六の駒。❸将棋の駒の一つ。桂馬、また、成り角。

参考 奈良時代以前では「うま」だが、平安時代以降「むま」と表記したものが多くなり、後にまた「うま」となった。和歌用語としては「駒」が用いられた。

*** うま-い【熟寝】** 名詞/―す 自動詞 サ変 快く眠ること。ぐっすり眠ること。◆古くは男女の共寝について用いた。

うま-いかだ【馬筏】 名詞 騎馬で川を渡るために、数頭の馬を並べつないでいかだのようにしたもの。

うま-くら【馬鞍】 名詞 馬の背に付ける鞍。

*** うま-ご【孫】** 名詞 まご。子孫。「むまご」とも。

うま-さけ[1]【味酒・旨酒】 名詞 味のよい上等な酒。うまい酒。

うま-さけ[2]【味酒・旨酒】 枕詞 味のよい上等な酒を「神酒(=神にささげる酒)」にすることから、「神酒」と同音の地名「三輪」に、また、「三輪山」のある地名「三室」「三諸」などにかかる。「うまさけ三輪の山」◆「うまさけの」「うまさけを」の形でも用いる。

うまさけ…[3] 和歌「味酒(=枕詞) 三輪の山 あをによし(=枕詞) 奈良の山の 山の際に い隠るまで 道の隈 い積もるまでに つばらにも 見つつ行かむを しばしばも 見放けむ山を 心なく 雲の 隠さふべしや」万葉集 奈良―歌集 一七・額田王 訳三輪山が奈良の山の向こうに隠れるまで、道の曲がり角が幾重にも重なるまで、ずっと見続けながら行きたいのに、幾度も望み見たい山なのに、無情にも雲が隠してよいものか。

鑑賞 額田王が、遷都したばかりの近江の国(滋賀県)へ下ったときに詠んだ歌。

うま・し【甘し・旨し・美し】

一 形容詞 ク {(く)・から/く・かり/し/き・かる/けれ/かれ} ❶おいしい。味がよい。万葉集 奈良―歌集 三八五七「飯はめどうまくもあらず」訳ご飯を食べてもおいしくもない。❷都合がよい。ぐあいがよい。国姓爺 江戸―浄瑠 浄瑠・近松「やあうまい所へ出会うたな」訳やあ都合のよい所で出会ったな。◇「うまい」はイ音便。

二 形容詞 シク {(しく)・しから/しく・しかり/し/しき・しかる/しけれ/しかれ} すばらしい。立派だ。よい。万葉集 奈良―歌集 二「うまし国そあきづ島大和の国は」訳⇩やまとには…。

参考 平安時代以降ク活用が一般的になった。奈良時代以前には、二のシク活用は、用例のように、語幹(終止形と同形)が体言を修飾した。

うま-じもの【馬じもの】 副詞 (まるで)馬のように。万葉集 奈良―歌集 三三七六「帰りも知らずうまじもの立ちてつまづく」訳(旅に出て)帰ることもできず、(私は)まるで馬のように立ったままつまずく。◆「じもの」は「…のようなもの」の意の接尾語。

うま-ぞひ【馬副ひ・馬添ひ】 名詞 貴人の乗馬の

う

際に付き添う従者。**馬の口取り。**「むまぞひ」「うまぞへ」とも。

うま-つかさ【馬司・馬寮】 名詞 ❶「めれう(馬寮)」に同じ。❷院の庁や摂関家で、馬の飼育をつかさどった役所。廏司(うまやのつかさ)。◆「うまづかさ」とも。

うまにねて… 俳句「馬に寝て 残夢 月遠し 茶の煙」野ざらし 江戸―句集 俳文・芭蕉 訳 夜が明けきらぬうちに宿を出て、馬上でうとうとしながら夢見心地でいたら、ふと目が覚めた。気づくと、遠くの山際には月がかかり、ふもとの里には家々から茶を煮る煙が立ちのぼっていることだ。

鑑賞 歌枕として有名な「小夜の中山」(静岡県掛川市にある峠)に至った折の句。杜牧の漢詩「早行」の一節「林下残夢を帯び、葉飛んで時にたちまち驚く。…月暁にして遠山横たふ」をふまえている。季語は「月」で、季は秋。

[1]**うま-ぬすびと【馬盗人】** 名詞 **馬どろぼう。**

[1]**うま-の-かみ【右馬の頭】** 名詞「右馬寮」の長官。「みぎのうまのかみ」とも。対 左馬の頭。

[2]**うま-の-かみ【馬の頭】** 名詞「馬寮」の長官。右馬寮には右馬の頭、左馬寮には左馬の頭とそれぞれいる。

うま-の-すけ【右馬の助】 名詞「右馬寮」の次官。対 左馬の助。

うま-の-つかさ【馬の寮】 名詞「めれう」に同じ。「うまづかさ」とも。

*__うま-の-はなむけ【餞・馬の餞】__ 名詞 旅立つ人に餞別の金品を贈ったり送別の宴を行ったりすること。土佐日記 平安―日記 一二・二二「船路なれど、うまのはなむけす」訳(馬には乗らない)船旅なのだけれど、うまのはなむけをする。

参考「馬の鼻向け」の意で、古代、旅に出る人の安全を祈って、出発時にその人の乗馬の鼻を行き先の方に向けた習慣から。

うま-のり【馬乗り】 名詞 馬に乗ること。また、その人。特に、乗馬の名人。徒然 鎌倉―随筆 一八五「城陸奥守泰盛は、双なきうまのりなりけり」訳 秋田城介で陸奥守(を兼ねている)泰盛は並ぶ者のない乗馬の名人だった。

うま-ば【馬場】 名詞 乗馬の練習をするための広場。馬場。

うまば-の-おとど【馬場の殿】 名詞 競べ馬や騎射(=馬上で弓を射る行事)を見るために、馬場に面して建てた殿舎。特に宮中では武徳殿をいう。「うまばどの」とも。

うま-ひと【貴人・味人】 名詞 **高貴な人。貴人。** 身分が高く、家柄のよい人。

うま-ふ【生まふ・産まふ】 ウマ―ウモ 連語

なりたち 動詞「うむ」の未然形＋反復継続の助動詞「ふ」

つぎつぎに生む。生み続ける。 万葉集 奈良―歌集 三八四〇「其の子うまはむ」訳(夫とした)その者の子どもをつぎつぎに生み続けよう。◆奈良時代以前の語。

うま-ぶね【馬槽】 名詞 **かいばおけ。** 馬の飼料を入れる木製の容器。

うま-や 名詞

㊀【馬屋・廏・廐】**馬小屋。** 馬を飼っておく小屋。

㊁【駅・駅家】律令制で、中央政府と地方諸国の連絡のために、街道の三十里(=現在の四里)ごとに置かれ、馬・宿舎・食料などの公用に供した設備。駅長や駅子がいて管理した。鎌倉時代以降は宿・宿場として発達した。◆「むまや」とも。

うまや-ぢ【駅路】 ヤジ 名詞 宿駅が設けられている街道。

うまや-の-をさ【駅の長】 ノオサ 名詞 駅の責任者。駅で食料や人馬などを管理する長。「むまやのをさ」とも。

うまら【茨・荊】 名詞「うばら」の変化した語。「いばら」に同じ。◆奈良時代以前の東国方言。

うま・る【生まる】 自動詞 ラ下二 {れ/れ/る/るる/るれ/れよ} **出生する。生まれる。**「むまる」とも。徒然 鎌倉―随筆 一「いでや、この世にうまれては」訳 さてさて、現世に生まれたからには。

うまれ-あ・ふ【生まれ合ふ】 ウマレアウ 自動詞 ハ四 {は/ひ/ふ/ふ/へ/へ} **ちょうど同じ時に生まれる。同じ時代に生まれ合わせる。** 平家物語 鎌倉―物語 一〇・内裏女房「後の世には必ずうまれあひたてまつらん」訳 後の世ではきっと同じ時代に生まれ合わせ申そう。

[1]**う-まれう【右馬寮】** ヨウマリ 名詞 右の「馬寮」。「うめれう」「みぎのうまのつかさ」とも。対 左馬寮。

[2]**うま-れう【馬寮】** ウマリョウ 名詞「めれう」に同じ。「むまれう」とも。

うまれ-だち【生まれ立ち】 名詞 ❶**生まれて間もないころ。生まれたて。** ❷**生まれつき。天性。**

うみ【海】 名詞 ❶ひろびろと水をたたえた所。㋐海。㋑湖。大きな沼。「あふみ」とも。対 陸。❷硯の、墨汁をためる部分。

うみ-が【海処】 名詞 **海。海辺。海のほとり。** ◆「が」は所の意の接尾語。

うみくれて… 俳句「海暮れて 鴨の声 ほのかに白し」野ざらし 江戸―句集 俳文・芭蕉 訳 冬の海はもう日が暮れようとしている。どこからか聞こえてくる鴨の声がほの白く感じられる。

鑑賞 聴覚的なもの(鴨の声)を視覚的なもの(白という色)で表し、それによって冬の海の暮色を全感覚的に表している。これは、静かさを音によって表す方法(「閑かさや岩にしみ入る蟬の声」など)とともに、芭蕉が完成させた表現方法である。また、五・五・七という破調は「鴨の声」に見いだした感動を深めている。季語は「鴨」で、季は冬。

うみ-さち【海幸】 名詞 海の獲物をとる道具。また、海の獲物。対 山幸。

うみ-ぢ【海路】 ジ 名詞 **海の航路。** 海上の舟の通る道。「うみつぢ」とも。

うみ-つ-ぢ【海つ路】 ウミツジ 名詞「うみぢ」に同じ。◆「つ」は「の」の意の奈良時代以前の格助詞。

うみ-づら【海面】 名詞 ❶**海のほとり。湖のほとり。** ❷**海面。湖面。**

うみならず… 和歌「海ならず たたへる水の 底までに 清き心は 月ぞ照らさむ」新古今 鎌倉―歌集 雑下・菅原道真 訳 海どころかもっと深く水をたたえている深い底のように潔白な心は、月こそが照らして明らかにしてくれることだろう。

鑑賞 心底恥じるところのない我が身の潔白を、だれにも見せることができないと嘆いた歌。天にも恥じないという自尊心が、格調高く詠まれている。『大鏡』時平伝は、時平によって九州大宰府に流された道真が、配所で詠んだと記している。「たたへる」は動詞「たたふ」の已然形＋完了・存続の助動詞「り」の連体形。

うみ-の-こ【生みの子】 名詞 子孫。

うみ-べた【海辺】 名詞 海べ。海岸。海のほとり。「うみへた」とも。

うみ-まつ【海松】 名詞 ❶海岸に生えている松。❷「みる(海松)」に同じ。

うみ-やま【海山】 名詞 ❶海と山。海や山。❷恩恵や、慕う気持ちなどの深いことのたとえ。▼海のように深く、山のように高いということから。

うみ-わた・る【倦み渡る】 自動詞ラ四｛ら／り／る／る／れ／れ｝世の中をいやだと思って過ごす。いやだと思いながら暮らす。伊勢物語 平安—物語 六六「これやこの世をうみわたる舟」訳これがまあこの世をいやだと思って過ごす人の姿にたとえられる海を渡る船なのか。◆「海」に「倦み」にかけている。

うみ-を【績み麻】 名詞 紡いだ麻糸。麻や苧の茎を水にひたし、蒸してあら皮を取り、その細く裂いた繊維を長くより合わせて作った糸。「うみそ」とも。

うみを-なす【績み麻なす】 枕詞 績んだ(=紡いだ)麻は糸が長いことから、「長」を含む地名「長柄」「長門」などにかかる。

う・む¹【倦む】 自動詞マ四｛ま／み／む／む／め／め｝いやになる。飽きる。笈の小文 江戸—紀行 俳文・芭蕉「ある時はうみて放擲せん事を思ひ」訳ある時は(俳諧が)いやになって投げ捨ててしまおうと思い。

う・む²【績む】 他動詞マ四｛ま／み／む／む／め／め｝(麻または苧の繊維を)長くより合わせて糸にする。万葉集 奈良—歌集 三四八四「麻苧らを麻笥に多にうまずとも」訳麻の苧をおけにいっぱいに長くより合わせて糸にしなくても。

う＊め【梅】 名詞 ❶木の名。また、その花。季春。❷梅の実。❸「梅襲」の略。襲の色目の一つ。表が白、裏は蘇芳。一説に、表が濃い紅、裏は紅梅。十一月から二月ごろまで用いる。

参考 平安時代以後はふつう「むめ」と表記する。

古典の常識 『梅と古典』

梅は中国原産で、奈良時代に遣唐使船などによってもたらされたものと考えられる。舶来の珍しい花として、また、唐風趣味の貴族の好みに合って、奈良時代以前では和歌や漢詩によく詠まれた。当時は白梅だけだったようで、雪に見たてたり、春を告げるうぐいすと取り合わせて詠まれたりした。⇩わがそのに…。わぎもこが…。

平安時代には紅梅も輸入され、その色が珍重された。「木の花は濃きも薄きも紅梅」(『枕草子』木の花は)。しかし、花の主役の座は桜に譲るようになる。梅は色よりも香りが尊ばれ、またなつかしい古里の花、懐旧の情をもよおす花となっていった。

鎌倉時代になると新しく興った武士階級に愛され、梶原景時が梅花を一枝箙にさし、手柄をたてた話は『平家物語』や能などで有名である。本書にも梅を詠んだ和歌がいくつか収めてある。⇩きみならで…。はるのよの…。ゆきふれば…。おほぞらは…。こちふかば…。

うめいちりん… 俳句「梅一輪一輪ほどの暖かさ」玄峰集 江戸—句集 俳諧・嵐雪 訳寒中に梅が一輪咲いた。春が近づいてきたのだろうか。梅の花の色や香りにかすかな暖かみが感じられるようだ。

鑑賞 「寒梅」と前書きがある。一輪の梅に春の近いことを感じた句。季語は「寒梅」で、季は冬。

うめ-が-え【梅が枝】 名詞 梅の木の枝。

うめ-が-か【梅が香】 名詞 梅の花の香り。炭俵 江戸—句集 俳諧「うめがかにのっと日の出る山路かな—芭蕉」訳⇩うめがかに…。

うめがかに… 俳句「梅が香に のっと日の出る 山路かな」炭俵 江戸—句集 俳諧・芭蕉 訳早春の夜明け方、山道を歩いていると、どこからか梅の香が漂って来た。折しも、山並みの向こうから朝日がぬっと昇って来た。

鑑賞 『炭俵』の巻頭の歌仙の発句。原本では「うめ」を「むめ」と表記する。春の山路の余寒の風情を詠んだ、平明な「軽み」の句。「のっと」という語の響きが句の新しさとなっているが、去来の『旅寝論』は、「師ののっとはまことののっとにて、一句の主なり」という其角の言葉を記している。季語は「梅が香」で、季は春。

う＊-め・く【呻く】 自動詞カ四｛か／き／く／く／け／け｝❶嘆息の声をあげる。枕草子 平安—随筆 懸想人にて来たるは「『あな』と高やかにうちいひ、うめきたるも」訳「ああ」とかん高く声に出し、嘆息の声をあげたのも。❷(動物が)低くうなる。著聞集 鎌倉—説話 七〇一「牛、夜ごとに必ずうめくこと侍りけり」訳牛が、毎晩必ず低くうなることがありました。❸苦しんで詩歌を作る。苦吟する。枕草子 平安—随筆 職の御曹司におはします頃、西の廂にて「人にも語り伝へさせむと、うめき誦じつる歌も」訳人々にも語り伝えさせようと、苦吟し詠み出した歌も。

うめ-つぼ【梅壺】 名詞 平安京内裏の殿舎「凝華舎」の別名。後宮の五舎の一つで、壺(=中庭)に紅梅・白梅を植えてあるのでこの名がある。参照▶資料26

うめのはな-がひ【梅の花貝】 名詞 海産の二枚貝の一種。殻は梅の花弁に似た小さな円形で、かんざしなど貝細工に用いる。

う＊も・る【埋もる】 自動詞ラ下二｛れ／れ／る／るる／るれ／れよ｝❶うずまる。日本書紀 奈良—史書 天武「伊予の温泉、うもれて出いでず」訳伊予の温泉がうずまって出ない。❷引きこもる。引っ込みがちである。源氏物語 平安—物語 手習「もはら、かかるあだわざなどし給はず、うもれてなむ物し給ふめる」訳まったくこのような無駄なことなどもなさらず、引きこもっていらっしゃるようだ。❸奥まって、陰気である。源氏物語 平安—物語 玉鬘「少しうもれたれど」訳(部屋は)少し奥まって、陰気であったが。◆平安時代以降は多く「むもる」と表記。

うもれ-いた・し【埋もれ甚し】 形容詞ク｛(く)・から／く・かり／し／き・かる／けれ／かれ｝❶気持ちが晴れ晴れしない。うっとうしい。源氏物語 平安—物語 須磨「知らぬ国の心地して、いとうもれいたく」訳知らない国のような気持ちがして、ひどく気持ちが晴れ晴れせず。❷引っ込み思案だ。内気すぎる。源氏物語 平安—物語 蓬生「心ばへなど、はた、うもれいたきまで」訳気だてなど、これもまた、内気すぎるほど。

うもれ-ぎ【埋もれ木】[名詞] ❶木の幹が、長い間水や土の中に埋もれていて炭化したもの。細工物に用いる。❷世間から捨てられて、顧みられない身の上のたとえ。◆平安時代以降は多く「むもれぎ」と表記された。

うもれぎ-に-はな-さ・く【埋もれ木に花咲く】[連語] 世に顧みられずに埋もれていた者が、認められて出世する(というたとえ)。[平家物語 鎌倉―物語] 四・宮御最期「うもれぎのはなさく事もなかりしに」[訳]世に顧みられず埋もれていた者(自分)が認められ出世することはなかったが。

うもれぎ-の【埋もれ木の】[枕詞] 埋もれ木は水中や地中にあって外に見えないことから「下(した)」「人知れぬ」「朽(く)つ」などにかかる。[万葉集 奈良―歌集] 二七二三「あまたあらぬ名をしも惜しみうもれぎの下ゆぞ恋ふる行くへ知らずて」[訳]幾つもない名を惜しんで、埋もれ木のように心の中で恋い焦がれている。成行きも知らずに。

う-もん【有文】[名詞] ❶染織品・衣服などに文様あるいは模様が置かれていること。また、その物。❷能楽で、外面的にとらえられる技巧的な芸のあや・美しさ。❸和歌・連歌・俳諧などで、言葉の技巧や趣向のおもしろさの目立つもの。[対]❶〜❸無文。

うやうや・し【恭し】[形容詞]シク〔(しく)・しから/しく・しかり/し/しき・しかる/しけれ/しかれ〕礼儀正しい。丁重である。[徒然 鎌倉―随筆] 二三三「人を分かず、うやうやしく、言葉少なからんにはしかじ」[訳]人を区別しないで、礼儀正しく、口数の少ないようなのにはまさることはあるまい。

うら[1]【心】[名詞] 心。内心。

うら[2]【占・卜】[名詞] 占い。事の成否・吉凶を、知覚できる事象として現れた神意によって判断すること。

うら[3]【末】[名詞] 草木の枝や葉の先端。枝先。こずえ。

うら[4]【浦】[名詞] ❶入り江。海・湖・池などの湾曲して陸地に入り込んだ所。❷海辺。❶に沿った一帯の土地。[新古今 鎌倉―歌集] 秋上「見渡せば花も紅葉もなかりけりうらの苫屋の秋の夕暮れ」[訳]⇩みわたせばはなももみぢも…。

うら[5]【裏】[名詞] ❶内側。内部。[万葉集 奈良―歌集] 三七五〇「天地のそこひのうらに吾がごとく君に恋ふらむ人は実あらじ」[訳]天の果て地の底の(その)内側までに、どこにも私のようにあなたに恋するであろう人は決していないだろう。❷表に現れない内容・意味。❸裏面。裏。❹(衣服の)裏地。❺連歌・俳諧で、二つ折りの懐紙の裏面。また、そこに書かれた句。[対]❶〜❺表。

うら[6]-[接頭語]〔多く形容詞や形容詞の語幹に付けて〕心の中で。心から。何となく。「うら悲し」「うら寂し」「うら恋し」

うら-うへ*【裏表】(ウラウエ)[名詞] ❶裏と表。[枕草子 平安―随筆] 今朝はさしも「うらうへ書きみだりたるを」[訳]裏と表に書き散らしてあるのを。❷左右。前後。上下。両側。[平家物語 鎌倉―物語] 一二・六代「ふたりをうらうへに置きてこそなぐさみつるに」[訳]二人の子を両側に置いてこそ心が晴れるのであったが。❸あべこべ。反対。[栄花物語 平安―物語] 殿上の花見「祭りの日は、うらうへの色なり」[訳]祭りの日は反対の(衣服の)色である。

うら-うら* [副詞]〔「と」「に」を下接して〕のどか(に)。うららか(に)。[万葉集 奈良―歌集] 四二九二「うらうらに照れる春日に雲雀上がり心悲しも独りし思へば」[訳]⇩うらうらに…。

うらうらに… [和歌] 「うらうらに 照れる春日に 雲雀上がり 心悲しも 独りし思へば」[万葉集 奈良―歌集] 四二九二・大伴家持[訳]うららと春の日の照っている中を、ひばりが空に上がっている。このような日に一人で物思いにふけっていると、何とも悲しい思いになる。

[鑑賞] 大伴家持の叙情歌の代表作の一つ。「歌によって悲しみに閉ざされた心を払いのけようとした」と左注にあるように、春のやわらかい日ざしの中で愁いに浸る作者の気持ちが表れている。「独りし思へば」は「心悲しも」に対する倒置表現。「心悲しも」の「も」は詠嘆の意を添える終助詞、「独りし思へば」の「し」は強意の副助詞。

うら-がき【裏書き】[名詞] 記録や書画などの紙の裏面に、表記の事柄の証明や説明、また、心覚えなどのための文字を書き記すこと。また、その書いたもの。

うら-か・く【裏搔く】[自動詞]カ四〔か/き/く/く/け/け〕物の裏まで突き通る。[平家物語 鎌倉―物語] 九・木曾最期「雨の降るやうに射けれども、鎧よければうらかかず」[訳](矢を)雨の降るように射たが、鎧がよいので裏まで突き通らず。

うら-がく・る【浦隠る】[自動詞]ラ四〔ら/り/る/る/れ/れ〕入り江に隠れる。[万葉集 奈良―歌集] 九四五「風吹けば波か立たむとさもらひに都太の細江にうらがくりをり」[訳](船が風や波を避けて)風が吹くので波が立つのであろうかとようすを見るために都太の細江の入り江に隠れていることだ。

うら-かぜ【浦風】[名詞] 海辺を吹く風。浜風。

うら-かた[名詞] ㊀【占形・卜兆】亀卜の結果として、その表面に現れた亀裂のかたち。㊁【占方】占いをすること。また、その人。

うら-がな・し【うら悲し】[形容詞]シク〔(しく)・しから/しく・しかり/し/しき・しかる/しけれ/しかれ〕何とはなしに悲しい。もの悲しい。[万葉集 奈良―歌集] 四二九〇「春の野に霞たなびきうらがなしこの夕影に鶯鳴くも」[訳]⇩はるののにかすみたなびき…。◆「うら」は心の意。

うら-が・る【末枯る】[自動詞]ラ下二〔れ/れ/る/るる/るれ/れよ〕秋の末に、草木のこずえや葉末が色づいて枯れる。[太平記 室町―物語] 二「岡辺の真葛うらがれて」[訳]丘のほとりの真葛が原の葉末が枯れて。◆「うら」は「すえ」の意。

うら-がれ【末枯れ】[名詞] 秋の末に、草木の枝先や葉先が枯れること。[季]秋。

うら-ぐは・し*【うら細し・うら麗し】(ウラグワシ)[形容詞]シク〔(しく)・しから/しく・しかり/し/しき・しかる/しけれ/しかれ〕心にしみて美しい。見ていて気持ちがよい。すばらしく美しい。[万葉集 奈良―歌集] 三二三九「うらぐはし布勢の水海に海人舟にま楫かい貫き」[訳]心にしみて美しい布勢の湖で海人舟に櫓を取りつけ。◆「うら」は心の意。

うら-こひ・し【うら恋し】(ウラコイシ)[形容詞]シク〔(しく)・しから/しく・しかり/し/しき・しかる/しけれ/しかれ〕何となく恋しい。心ひかれる。慕わしい。「うらごひし」とも。[万葉集 奈良―歌集] 四〇一〇「うらこひしわが背の君はなでしこが花にもがもな」[訳]慕わしいあなたがなでしこの花であったらいいなあ。◆

「うら」は心の意。

うら-こほ・し【うら恋し】形容詞シク「うらこひし」に同じ。◆奈良時代以前の語。

***うら-さび・し**【うら寂し・うら淋し】形容詞シク 何となくさびしい。ものさびしい。古今 平安―歌集 哀傷「君まさで煙絶えにし塩竈のうらさびしくも見えわたるかな」訳あなたがお亡くなりになって塩を焼く煙がなくなった塩がまの浦はものさびしく見渡されることだ。◆「うら」は心の意で、「浦」をかけている。

うら-さ・ぶ【うら寂ぶ・うら荒ぶ】自動詞バ上二 ❶気持ちがすさむ。万葉集 奈良―歌集 三三「ささなみの国つ御神のうらさびて」訳ささなみの国の神様の気持ちがすさんで。❷楽しまず、心さびしく感じる。万葉集 奈良―歌集 四二一四「愛しきよし君はこのころうらさびて」訳いとしいあなたはこのごろ楽しまず心さびしく感じて。◆「うら」は心の意。

うら-だな【裏店】名詞 裏通りや路地奥にある家。

うら-づたひ【浦伝ひ】名詞 舟で海岸沿いに行くこと。浦から浦へと移って行くこと。

うら-て【占手】名詞 ❶「相撲の節」で、最初に取り組みをする身長四尺(＝約一・二メートル)以下の子供。❷相撲で、「最手(＝力士の最高位)」に次ぐ位の者。今の関脇に当たる。❸歌合わせで、最初の一番。❹占い。また、その結果。

うら-な・し【心無し】形容詞ク ❶うっかりしている。無心だ。安心している。源氏物語 平安―物語 若菜上「うらなくて過ぐしける世の人笑へならむ事を」訳うっかりして過ごしていたことが人々の物笑いになるかもしれないことを。❷隠し立てしない。へだてがない。徒然 鎌倉―随筆 一二「をかしき事も、世のはかなき事も、うらなく言ひ慰まんこそうれしかるべきに」訳おもしろいことでも、世間のつまらないことでも、隠し立てなく話して心が慰められたら、それこそうれしいものであるはずなのに。◆「うら」は表に出ない心の中の意。

うら-な・ふ【占ふ・卜ふ】他動詞ハ四 占って神意や吉凶を判断する。占う。「うらふ」とも。源氏物語 平安―物語 浮舟「いと恐ろしくうらなひたる物忌により」訳たいそう恐ろしいことになると(陰陽師が)占った物忌のために。

うら-なみ【浦波・浦浪】名詞 海岸に打ち寄せる波。

うら-の-とまや【浦の苫屋】連語 海辺にある、菅や茅を編んだ苫で屋根を葺いた、漁師の粗末な家。

うら-ば【末葉】名詞 草木の茎や枝の先端にある葉。「うらは」「うれは」とも。対本葉。◆「うら」は「すえ」の意。

うら-びと【浦人】名詞 海辺に住む人。特に、漁師や潮くみなど。また、都を遠く離れて、海辺でわびしく暮らす人にたとえることも多い。

うら-び・る 自動詞ラ下二「うらぶる」に同じ。古今 平安―歌集 秋上「秋萩にうらびれをればあしひきの山下とよみ鹿の鳴くらむ」訳秋の萩の花を見てわびしく思っているので、山のふもとが鳴り響くほど(激しく)鹿が鳴いているのだろう。◆連用形の例しか見られない。

うら・ふ【占ふ・卜ふ】他動詞ハ下二「うらなふ」に同じ。日本書紀 奈良―史書 神功「ここに吉日をうらへて」訳ここに吉日を占って。

うら-ぶみ【占文】名詞 占いで判断したことを記した文書。

うら-ぶ・る 自動詞ラ下二 わびしく思う。悲しみに沈む。しょんぼりする。万葉集 奈良―歌集 二一四三「君に恋ひうらぶれをれば敷しの野の秋萩しのぎさを鹿鳴くも」訳あなたに恋してしょんぼりしていると、敷の野の秋萩を踏み分けて雄鹿が鳴くことだ。◆「うら」は心の意。

うら-べ【卜部・占部】名詞 律令制で、「神祇官」に属し、占いをつかさどった職。また、その職にある者。

卜部兼好 ⇩吉田兼好

うらぼん【盂蘭盆】名詞「うらぼんゑ」に同じ。

うらぼん-ゑ【盂蘭盆会】名詞 仏教語。陰暦七月十五日を中心に行う仏事。先祖の霊を自宅に迎えて供養し、その冥福を祈る。「うらぼん」「うらんぼん」とも。季秋。参照▶口絵

うらみ[1]【恨み・怨み】名詞 ❶恨みに思うこと。不満。残念だと思う気持ち。また、それを口に出すこと。❷恨み言。古今 平安―歌集 仮名序「今は飛鳥川の瀬になるうらみもきこえず」訳今は飛鳥川の淵が瀬に変わるように、歌が衰える恨み言もいうこともなく。❸嘆き。悲しみ。奥の細道 江戸―紀行 草加「呉天に白髪のうらみ」訳呉の国にもたとえたい遠い異郷の旅の空で、苦労のために白髪となるような嘆き。❹悲しみを訴えるような虫の声。

うら-み[2]【浦廻・浦回】名詞 入り江。海岸の曲がりくねって入り組んだ所。「うらわ」とも。万葉集 奈良―歌集 一三二「石見の海角のうらみを浦なしと人こそ見らめ」訳⇩いはみのうみ…。

うらみ-か・く【恨み掛く】他動詞カ下二 恨みごとを言う。非難する。源氏物語 平安―物語 紅葉賀「女は、なほいと艶にうらみかくるを、わびしと思ひありきたまふ」訳女(＝源典侍)は相変わらずずいぶん色っぽく恨みごとを言うので、(源氏は)困ったことだと思い続けていらっしゃる。

うらみ-は・つ【恨み果つ】他動詞タ下二 徹底的に恨む。恨みとおす。古今 平安―歌集 春下「咲く花は千種ながらにあだなれど誰かは春をうらみはてたる」訳(春に)咲く花の種類は数多く、すべて散りやすくはかないけれど、(そうした花を咲かせる)春をいったいだれが恨みとおしたりしようか、いや、だれも恨みとおしたりはしない。

うらみわび… 和歌 百人一首「恨みわび ほさぬ袖だに あるものを 恋に朽ちなむ 名こそ惜しけれ」後拾遺 平安―歌集 恋四・相模 訳(あの人のつれなさを)恨み嘆いて、涙を乾かす間もない(朽ちてしまいそうな)袖さえあるのに、その上、恋の浮名が立って朽ちてしまいそうな、私の名が惜しいことですよ。

うらみ-わ・ぶ【恨み侘ぶ】他動詞バ上二 恨み悲しむ。恨み悩んで、つらい気持ちになる。後拾遺 平安―歌集 恋四「うらみわびほさぬ袖だにあるものを恋に朽ちなむ名こそ惜しけれ」訳⇩うらみわび…。

うら・む【恨む・怨む】

一 他動詞 マ上二〔み/み/む/むる/むれ/みよ〕❶**恨みに思う。憎く思う。**徒然 鎌倉―随筆 三六「久しくおとづれぬころ、いかばかりうらむらんと我が怠り思ひ知られて」訳長い間訪問しないでいたころ、(女が)どれほど私を恨みに思っているだろうかと自分の怠惰を身にしみて知らされて。❷**恨み言を言う。**古今 平安―歌集 春下「花散らす風の宿りはたれか知る我に教へよ行きてうらみむ」訳桜の花を散らす風の宿をだれか知っているだろうか。私に教えてくれ。行って恨み言を言おう。❸**恨みを晴らす。仕返しする。**徒然 鎌倉―随筆 一一五「その人に逢(あ)ひ奉りて、うらみ申さばやと思ひて」訳その人にお会いして、恨みを晴らし申し上げたいと思って。❹**悲しむ。嘆く。**後撰 平安―歌集 恋二「時過ぎにける身をぞうらむる」訳時間が過ぎてしまった(あなたから思われなくなった)わが身を嘆くことだ。❺(虫や風が)**悲しげに音をたてる。**▼自動詞的な用法。平家物語 鎌倉―物語 五・月見「虫の声々うらみつつ」訳虫の声が悲しげに鳴きたてて。

二 他動詞 マ四〔ま/み/む/む/め/め〕一に同じ。奥の細道 江戸―紀行「松島は笑ふがごとく、象潟(きさかた)はうらむがごとし」訳松島は笑っているようだし、象潟は恨んでいるようだ。◆江戸時代以降に使われる語。

うら-むらさき【うら紫】名詞 **紫。紫色。**

参考 和歌では「恨む」とかけて用いることが多い。

うらめ・し【恨めし・怨めし】形容詞シク〔(しく)・しから/しく・しかり/し/しき・しかる/しけれ/しかれ〕**残念で悲しく思われる。うらめしい。**平家物語 鎌倉―物語 七・忠度都落「子細に及ばずといひながら、うらめしかりし事どもなり」訳とやかく言える筋合いではないといいながら、残念で悲しく思われたことである。

うらめし-げ・なり【恨めしげなり・怨めしげなり】形容動詞ナリ〔なら/なり・に/なり/なる/なれ/なれ〕❶**恨めしそうだ。いかにも残念そうに見える。**源氏物語 平安―物語 須磨「女君は『いみじからむ道にも、後れきこえずだにあらば』とおもむけて、うらめしげにおぼいたり」訳女君(＝紫の上)は「どんなにつらい旅路でも、せめて後に残り申し上げないでもいることができたら」とそれとなくほのめかして、恨めしそうに思っていらっしゃる。❷**うまくいかないようすだ。不満なようすだ。**更級 平安―日記 梅の立枝「世の中うらめしげにて、外(ほか)にわたるとて」訳夫婦仲がうまくいかないようすであって、(継母(ままはは)は父と別れて)よそへ行くということで。◆「げ」は接尾語。

うら-めづら・し【うら珍し】ウラメズラシ 形容詞シク〔(しく)・しから/しく・しかり/し/しき・しかる/しけれ/しかれ〕**心の中で珍しく思う。新鮮に感じる。心ひかれる。**古今 平安―歌集 秋上「わが背子(せこ)が衣の裾(すそ)を吹き返しうらめづらしき秋の初風」訳私の夫の着物の裾が風にひるがえって(その裏が美しいように)新鮮に感じる秋の初風であることだ。◆「うら」は心の意。

うら-も-な・し【心も無し】連語

なりたち 名詞「うら」＋係助詞「も」＋形容詞「なし」

❶**何気ない。無心である。くったくがない。**万葉集 奈良―歌集 三四四三「うらもなく我が行く道に青柳(あをやぎ)の萌はりて立てればもの思(も)ひ出(で)つも」訳何気なく私が歩いて行く道に柳が青く芽吹いているので、(恋人のことを)ふと思い出したことだ。❷**隔てがない。隠し立てがない。なんの遠慮もない。**源氏物語 平安―物語 帚木「例の、うらもなきものから、いともの思ひ顔にて」訳(夕顔は)いつものように、(心に)隔てのないものの、ひどくもの思いに沈んだ顔つきで。◆「うら」は心の意。

うら-やま・し【羨まし】形容詞シク〔(しく)・しから/しく・しかり/し/しき・しかる/しけれ/しかれ〕**うらやましい。**枕草子 平安―随筆 うらやましげなるもの「良き子ども持たる人、いみじううらやまし」訳すぐれている子どもを持っている人は、たいそううらやましい。

うら-や・む【羨む】他動詞マ四〔ま/み/む/む/め/め〕❶**不満に思う。ねたむ。**日本書紀 奈良―史書 推古「うらやみ妬(たね)むこと有ることなかれ」訳不満に思ったり、ねたんだりするな。❷**そうなりたいと願う。うらやましく思う。**古今 平安―歌集 仮名序「花をめで、鳥をうらやみ」訳花を賞賛し、鳥をうらやましく思い。

うらら-か・なり【麗らかなり】形容動詞ナリ〔なら/なり・に/なり/なる/なれ/なれ〕❶(日の光が)**明るくのどかだ。**▼多く、春の日をいう。枕草子 平安―随筆 関白殿、二月二十一日に「日のうららかにさし出(い)でたるほどに起きたれば」訳日が明るくのどかにさし出したころに起きると。❷(声が)**明るくほがらかだ。**源氏物語 平安―物語 胡蝶「鶯(うぐひす)のうららかなる音(ね)に」訳うぐいすの明るくほがらかな鳴き声に。❸(心の中に)**隠すところがなく、さっぱりしている。**徒然 鎌倉―随筆 二三四「うららかに言ひ聞かせたらんは」訳隠すところなく言い聞かせたとしたら。

うらら・なり【麗らなり】形容動詞ナリ〔なら/なり・に/なり/なる/なれ/なれ〕「うららかなり」に同じ。源氏物語 平安―物語 胡蝶「春の日のうららにさして行く舟は」訳春の日の光がうららかにさしている中を棹(おさ)さして行く舟は。◆多く「うららに」の形で副詞的に用いられる。

うら-わ【浦廻・浦回】名詞「うらみ(浦廻)」に同じ。

うら-わか・し【うら若し】形容詞ク〔(く)・から/く・かり/し/き・かる/けれ/かれ〕❶**木の枝先が若くてみずみずしい。**万葉集 奈良―歌集 三五七四「うらわかみこそ」訳あまり木の枝先が若くてみずみずしいので。❷**若くて、ういういしい。**蜻蛉 平安―日記 下「見る人はなほいとうらわかくて」訳世話をしている娘はやはりたいへん若くて、ういういしくて。

参考 ❶の用例の「うら若み」は、形容詞の語幹に接尾語「み」が付いて、原因・理由を表す用法。

うり【瓜】名詞 うり類の総称。果物の一種で、漬け物の材料ともなる。古くは、特にまくわうりをいった。

うり-かけ【売り掛け】名詞 後で代金を受け取る約束で商品を売り渡すこと。また、その代金。「うりがけ」とも。

うりはめば… 和歌「**瓜食めば 子ども思ほゆ 栗(くり)食(は)めば ましてしぬはゆ いづくより 来(き)たりしものそ まなかひに もとなかかりて 安眠(やす)し寝(な)さぬ**」万葉集 奈良―歌集 八〇二・山上憶良(やまのうへのおくら) 訳瓜を食べると子どものことが思われる。栗を食べると、ますます恋しく思い出される。こんなにかわいい子どもはいったいどんな因縁で、どこからわが子として生まれて来たのだろうか。目の前にちらついて安眠をさせてくれないことだ。

鑑賞 有名な「子等を思ふ歌」の長歌。人生や人間愛を多く歌った作者が、子への愛情こそが人間の証(あかし)であることを実感を込めて歌い上げている。

う-りん【羽林】 名詞 「近衛府(このゑふ)」の中国風の呼び名。また、近衛府の役人、特に近衛の大将・中将・少将をいう。

雲林院(うりんゐん)(ウリンイン) 寺社 平安京の北郊の紫野(=今の京都市北区)にあった天台宗の寺。花の名所として知られ、また、菩提講(ぼだいこう)で有名。『古今和歌集』『源氏物語』『枕草子(まくらのそうし)』『大鏡』などの、平安時代の文学にはしばしば登場する。「うんりんゐん」とも。

うるさ・し

形容詞 ク {(く)・から/く・かり/し/き・かる/けれ/かれ}

❶**めんどうだ。わずらわしい。** 枕草子 平安―随筆 里にまかでたるに「あまり**うるさく**もあれば、このたび出でたる所をば、いづくとなべてには知らせず」訳(人の口が)あまり**わずらわしく**もあるので、今度退出した所は、どこと一般の人には知らせない。

❷**わざとらしくていやみだ。** 徒然 鎌倉―随筆 三五「見苦しとて、人に書かするは**うるさし**」訳(字が)下手だからといって、他人に書かせるのは**わざとらしくていやみだ**。

❸**立派だ。すぐれている。** 今昔物語 平安―説話 二八・四二「**うるさき**兵(つはもの)の妻(め)とこそ思ひつるに」訳**立派な**武士の妻だと思っていたのに。

❹**ゆきとどいている。気配りがされている。細心だ。** 大鏡 平安―物語 道長下「いと**うるさくて**候(さぶら)ひし宿りにまかりて」訳とても**ゆきとどいて**おりました家にうかがって。

うるし【漆】 名詞 うるしの樹脂から作った塗料。

***うるせ・し** 形容詞 ク {(く)・から/く・かり/し/き・かる/けれ/かれ} ❶**賢く、よく気がつく。** 今昔物語 平安―説話 二三・一六「然(さ)だに心得ては、**うるせき**奴(やっこ)ぞかし」訳それだけわかっているなら、**賢く、よく気がつく**やつだよ。❷**巧みだ。上手だ。** 源氏物語 平安―物語 若菜下「宮の御琴の音(ね)は、いと**うるせく**なりにけりな」訳宮のお琴の音色は、たいへん**巧みに**なったのだなあ。

うるは・し【麗し・美し・愛し】(ウルワシ)

形容詞 シク {(しく)・しから/しく・しかり/し/しき・しかる/しけれ/しかれ}

語義の扉

きちんと整った美しさを、ほめたたえる気持ちを表す。欠けたところがなく、完璧(かんぺき)なようす。やや堅苦しさを感じる美しさでもある。

❶壮大で美しい。壮麗だ。立派だ。
❷きちんとしている。整っていて美しい。
❸きまじめで礼儀正しい。堅苦しい。格式ばっている。
❹親密だ。誠実だ。
❺色鮮やかだ。
❻まちがいない。正しい。本物である。

❶**壮大で美しい。壮麗だ。立派だ。** 古事記 奈良―史書 景行「倭(やまと)は国のまほろばたたなづく青垣(あをがき)山ごもれる倭し**うるはし**」訳⇩やまとは…。

❷**きちんとしている。整っていて美しい。端正だ。** 源氏物語 平安―物語 若紫「同じ小柴(こしば)なれど、**うるはしう**しわたして」訳(ほかと)同じ小柴垣だが、**きちんと**作りめぐらして。◇「うるはしう」はウ音便。

❸**きまじめで礼儀正しい。堅苦しい。格式ばっている。** 大鏡 平安―物語 道隆「この中納言参り給(たま)へれば、**うるはしく**なりて、ゐなほりなどせられければ」訳この中納言が参上なさったので、皆が**堅苦しく**なって、いずまいを正したりなさったので。

❹**親密だ。誠実だ。しっくりしている。** 伊勢物語 平安―物語 四六「昔、男、いと**うるはしき**友ありけり」訳昔、男が、とても**親密な**友人をもっていた。

❺**色鮮やかだ。** 土佐日記 平安―日記 二・四「くさぐさの**うるはしき**貝・石など多かり」訳いろいろの**色鮮やかな**貝や石などがたくさんある。

❻**まちがいない。正しい。本物である。** 平家物語 鎌倉―物語 一二・紺搔之沙汰「故左馬頭(さまのかみ)義朝(よしとも)の**うるはしき**かうべとて」訳亡き左馬頭義朝の**まちがいない**首だといって。

参考 ⇩うつくし

うるはし-だ・つ【麗し立つ】(ウルワシダツ) 自動詞 タ四 {た/ち/つ/つ/て/て} **まじめくさったようすをする。きちんとした態度をとる。** 源氏物語 平安―物語 玉鬘「好き者どもの、いと**うるはしだち**てのみ、このわたりに見ゆるも」訳好色者どもが、とてもひどく**まじめくさったようすをし**て、このあたりに顔を見せるのも。◆「だつ」は接尾語。

うるはしみ-・す【麗しみす・愛しみす】(ウルワシミス) 他動詞 サ変 {せ/し/す/する/すれ/せよ} **親しみ愛する。仲むつまじくする。** 伊勢物語 平安―物語 二四「あづさ弓ま弓槻弓(つきゆみ)年を経てわがせしがごと**うるはしみせよ**」訳⇩あづさゆみまゆみつきゆみ…。

うるふ[1]【閏】(ウルウ) 名詞 暦と季節とのずれを調整するため月数を平年より多くすること。また、その月・年。

参考 陰暦の一年は三百五十四日であるので、実際の季節とはずれを生ずる。そのずれを調節するため同じ月を二度繰り返して一年を十三か月とする。その調節のための月を「閏月(うるふづき)」または「後(のち)の月」と呼び、閏月のある年を「閏年(うるふどし)」という。閏年は五年に二度、十九年に七度の割合で現れる。

うる・ふ[2]【潤ふ】(ウルウ) 一 自動詞 ハ四 {は/ひ/ふ/ふ/へ/へ} **うるおう。湿る。** 拾遺 平安―歌集 雑下「草の葉も**うるひ**にたりと」訳民草の葉も**うるおった**と。二 他動詞 ハ下二 {へ/へ/ふ/ふる/ふれ/へよ} **うるおす。湿らす。** 宇治拾遺 鎌倉―説話 一五・一一「喉(のど)を**うるへよ**」訳のどを**うるおせよ**。

うる・ふ[3]【憂ふ】(ウルウ) 他動詞 ハ下二 {へ/へ/ふ/ふる/ふれ/へよ} **心配する。心を痛める。** 土佐日記 平安―日記 一・七「とかく言ひ言ひて、『波の立つなること』と**うるへ**言ひて、よめる歌」訳(その人は)あれこれと言い言いして、「波が立つのが聞こえてくることだ」と**心配して**言って、詠んだ歌。

うるふ-づき【閏月】(ウルウヅキ) 名詞 陰暦で、十二か月以外に加わった月。

うるふ-どし【閏年】(ウルウドシ) 名詞 陰暦で、一年を十三か月とする年。

うるほ・す【潤す】(ウルオス) 他動詞 サ四 {さ/し/す/す/せ/せ} **水気を含**

ませる。しめらす。「平家物語 鎌倉―物語」一・禿髪「降る雨の国土をうるほすに同じ」訳降る雨が国土をしめらすのと同じ。

うるほ・ふ【潤ふ】 ウルオウ 自動詞ハ四 {は/ひ/ふ/ふ/へ/へ} ❶湿りけを帯びる。ぬれる。しめる。「新古今 鎌倉―歌集」神祇「おほみ田のうるほふばかりせきかけて」訳(賀茂神社の)田がしめるほどに堰を造り水をたたえて。❷恩恵を受ける。「保元 鎌倉―物語」上「恩光に照らされ、徳沢にうるほひて」訳お恵みを受け、豊かなご人徳の恩恵を受けて。

うるわし〔麗し・美し・愛し〕⇨うるはし

うれ[1]**【末】** 名詞 草木の枝や葉の先端。「うら」とも。

うれ[2] 代名詞 対称の人称代名詞。きさま。おまえ。▼身分の低い者に呼び掛ける語。「平家物語 鎌倉―物語」一一・能登殿最期「いざ、うれ」訳さあ、おまえ(たち)。

参考 多く感動詞「いざ」「や」などとともに用い、「いざうれ」「やうれ」の全体で一つの感動詞的な働きを示す。

うれう〔憂う・愁う〕⇨うれふ

うれ・し*【嬉し】 形容詞シク {(しく)・しから/しく・しかり/し/しき・しかる/しけれ/しかれ} ❶うれしい。楽しい。「笈の小文 江戸―紀行」俳文「鷹一つ見付けてうれし伊良湖崎―芭蕉」訳伊良湖崎にやって来て眺望を楽しんでいると、一羽の鷹が大空に舞うのを見た。ああ、あれが古歌にも詠まれた伊良湖の鷹かと、期待どおり見ることができてうれしくなる。❷ありがたい。おそれ多い。「大和物語 平安―物語」九八「院の御消息のいとうれしく侍りて」訳院のお手紙はたいそうおそれ多くございまして。

うれし・ぶ【嬉しぶ】 自動詞バ上二 {び/び/ぶ/ぶる/ぶれ/びよ} うれしく思う。「うれしむ」とも。「万葉集 奈良―歌集」四一五四「いきどほる心の内を思ひのべうれしびながら」訳ふさいだ心の中をのびのびとさせて、うれしく思いながら。

うれし・む【嬉しむ】 自動詞マ四 {ま/み/む/む/め/め} 「うれしぶ」に同じ。「雨月物語 江戸―物語」菊花の約「よろこびうれしみつつ、また日来をとどまりける」訳よろこびうれしく思いながらまた数日間(そこに)滞在した。

うれた・し* 形容詞ク {(く)・から/く・かり/し/き・かる/けれ/かれ} 「うら(心)いた(痛)し」の変化した語。❶しゃくだ。いまいましい。「万葉集 奈良―歌集」一五〇七「わが守るものをうれたきや醜ほととぎす」訳私が番をしているのにしゃくなことよ、憎いほととぎす。❷つれない。自分にはつらい。「源氏物語 平安―物語」空蟬「かのうれたき人の心を、いみじくおぼす」訳あのつれない女の心をひどいとお思いになる。

うれ・は*【末葉】 名詞「うらば」に同じ。

うれは・し【憂はし・愁はし】 ウレワシ 形容詞シク {(しく)・しから/しく・しかり/し/しき・しかる/しけれ/しかれ} 心配な状態だ。なげかわしい。「古今 平安―歌集」雑体「あしひきの(=枕詞)山田のそほづおのれさへ我をほしといふうれはしきこと」訳山田のかかしよ、おまえまでが私を(妻に)ほしいというなげかわしいことよ。

うれひ【憂ひ・愁ひ】 ウレイ 名詞「うれへ」に同じ。

参考 鎌倉時代以前には「うれへ」の形が多い。

うれひつつ… 俳句「愁ひつつ 岡にのぼれば 花いばら」「蕪村句集 江戸―句集」俳諧・蕪村 訳もの悲しい思いを抱いて丘の上に登って来ると、そこには郷愁を感じさせる野いばらが花を咲かせ、香りを漂わせている。

鑑賞 花いばらは、作者蕪村にとって望郷の思いをかき立てる花だったことが詠まれている。季語は「花いばら」で、季は夏。

うれ・ふ【憂ふ・愁ふ】 ウレウ―ウリヨウ

一 他動詞ハ下二 {へ/へ/ふ/ふる/ふれ/へよ} ❶嘆き訴える。ぐちをこぼす。「枕草子 平安―随筆」僧都の君の御乳母「からい目を見さぶらひつる。たれにかはうれへ申しさぶらはむとてなむ」訳ひどい目にあったことでございます。どなたに訴え申し上げましょうかと思います。「宇治拾遺 鎌倉―説話」六・一「地獄におちて苦を受くるに、うれへ申すことのあるによりて」訳地獄に落ちて苦しみを受けているが、嘆き訴えることがあるので。❷悲しむ。嘆く。悲しみ嘆く。「平家物語 鎌倉―物語」一・祇園精舎「天下の乱れんことを悟らずして、民間のうれふるところを知らざつしかば」訳国が混乱するであろうことを悟らないで、民衆が悲しみ嘆くことを察しなかったので。❸心配する。気づかう。「方丈記 鎌倉―随筆」「世の人安からずうれへあへる、げにことわりにも過ぎたり」訳世の中の人々が不安そうに心配し合っているのは、なるほど当然すぎることであった。❹病気になる。患う。「今昔物語 平安―説話」七・二五「この人、昔は身の病をうれへき、今は人の病を癒しぬ」訳この人は、昔は自分が病気を患ったが、今は他人の病気を治してしまう。

二 他動詞ハ上二 {ひ/ひ/ふ/ふる/ふれ/ひよ} ❶心を悩ませる。嘆き悲しむ。「蕪村句集 江戸―句集」俳諧「うれひつつ岡にのぼれば花いばら―蕪村」訳⇨うれひつつ…。❷病気になる。患う。

歴史スコープ 古く下二段活用で、上二段活用は「うれへ」が音変化して「うれひ」に転じたものか、「うれひ」という連用形のみが江戸時代以降に用いられる。この語にあたる現代語も下二段活用の一段活用化した「憂(愁)える」(下一段活用)であり、「うれひ」(憂・愁)は名詞として主に用いられ、「うれいて」と動詞に用いると古語的なニュアンスを伴う。

うれへ*【憂へ・愁へ】 ウレエ 名詞 ❶嘆き。悲しみ。つらい思い。「万葉集 奈良―歌集」一七五七「草枕(=枕詞)旅のうれへを慰さもる事もありやと」訳旅の嘆きを慰めることもあろうかと。❷嘆願。訴え。「竹取物語 平安―物語」蓬萊の玉の枝「かのうれへせし匠をば、かぐや姫呼びすゑて」訳あの訴えをした職人を、かぐや姫が呼んで座らせて。❸災い。心配事。「源氏物語 平安―物語」薄雲「かかる老い法師の身にはたとひうれへ侍りとも」訳このような老法師の身にはかりに災いがございますとしても。

うれわし〔憂わし〕⇨うれはし

う-ろ【有漏】 名詞 仏教語。煩悩のために悟れないこと。また、その人。凡夫。俗人。◆「漏」は煩悩の意。対無漏。

うろ-うろ(と) 副詞 うろうろ(と)。おろおろ(と)。▼まごついたり途方にくれるようすを表す。「冥途飛脚 江戸―浄瑠」浄瑠・近松「あっといふより納戸に入り、うろうろしても銀はなし」訳あっと言うやいなや納戸に入り、おろおろ見回しても金はない。

うろ-くづ【鱗】名詞 ❶（魚などの）うろこ。❷魚。◆古くは「いろくづ」とも。

う-ろん・なり【胡乱なり】形容動詞ナリ {なら/なり・に/なり/なる/なれ/なれ} あやしく疑わしいことだ。実がないことだ。国姓爺 江戸―浄瑠 浄瑠・近松「証拠がなくてはうろんなり」訳証拠がないのではあやしく疑わしいことだ。

うわ〖上〗⇩うは

う-ゐ【有為】名詞 仏教語。あらゆる因縁の結合によってつくられた、生滅変化する一切の現象。対無為ゐむ。

うゐ-てんぺん【有為転変】名詞 仏教語。この世のすべての現象は、種々の因縁によって生じた仮のもので、常に移り変わるものであるということ。多く、この世のはかないことをいうのに用いる。「うゐてんべん」とも。

うゐ-の-おくやま【有為の奥山】連語 この世が無常であることを、道もなく越えにくい深山にたとえた言葉。「いろは歌」の一節。

う-ゑ【飢ゑ・饑ゑ】名詞 飢え。飢餓。空腹。

う-ゑもん【右衛門】名詞「右衛門府」の略。「ゑもん」とも。対左衛門。

うゑもん-の-かみ【右衛門の督】名詞「右衛門府」の長官。

うゑもん-の-すけ【右衛門の佐】名詞「右衛門府」の次官。

うゑもん-の-たいふ【右衛門の大夫】名詞「右衛門府」の尉で五位の者。右衛門尉は通常は従六位相当。

うゑもん-の-ぢん【右衛門の陣】名詞「右衛門府」の武官の詰め所。宜秋門の傍らにあった。また、宜秋門の別名。

う-ゑもんふ【右衛門府】名詞「六衛府」の一つ。「左衛門府」とともに衛門府を構成する。対左衛門府。

うを-の-き-に-のぼ・る【魚の木に上る】連語 自分の不得意の場所に行って、手も足も出なくなった状態（のたとえ）。平家物語 鎌倉―物語 一一・鶏合壇浦合戦「坂東武者は…うをのきにのぼったるでこそ候はんずれ」訳坂東武者は…（馬上とは違う舟の戦では）魚が木に上ったような、手も足も出ない状態でございましょう。◇「のぼっ」は促音便。

うん【運】名詞 巡り合わせ。運命。運勢。

うん-か【雲霞】名詞 ❶雲と霞。❷多数の人が群れをなしているさまのたとえ。特に、多くの軍勢の集まるさまにいうことが多い。

参考 ❷は、軍記物語でよく用いられる用語。

うん-かく【雲客】名詞「てんじゃうびと」に同じ。「うんがく」とも。◆「公卿」を「月卿」というのに対する語。

うんか-の-ごと・し【雲霞の如し】連語

なりたち 名詞「うんか」＋格助詞「の」＋比況の助動詞「ごとし」

非常に多数の人が群がっている（というたとえ）。平家物語 鎌倉―物語 九・敦盛最期「御方の軍兵うんかのごとく候ふ」訳味方の武士たちが雲霞のように非常に多数群がっております。

うん-くわん【雲関】名詞 雲の中にある関所。天空の高い所。空中。大空。

うん-げん【繧繝・暈繝】名詞「うげん」に同じ。

うんげん-べり【繧繝縁】名詞「うげんばし」に同じ。

うん-しゃう【雲上】名詞 ❶雲の上。空の高い所。❷内裏。宮中。朝廷。天皇・公家など高貴な人々のいる所。◆「うんじゃう」とも。

うん-じゃう【運上】名詞 ❶鎌倉・室町時代、公の荷物を京都へ運送・上納すること。❷「運上金」の略。江戸時代、商・工および運送業者に課す税金。◆「うんしゃう」とも。

うん-しゃう・なり【雲上なり】形容動詞ナリ {なら/なり・に/なり/なる/なれ/なれ} ❶高貴だ。上品で高尚だ。❷お高くとまっている。上品ぶっている。傾城禁短気 江戸―物語 浮世「人が軽しむると心得てうんしゃうにばかり構へ」訳人から軽く見られるのではないかと気をつけてお高くとまっているくらいに振る舞い。

うん・ず【倦んず】

自動詞サ変 {ぜ/じ/ず/ずる/ずれ/ぜよ} ❶いやになる。うんざりする。大和物語 平安―物語 五九「世の中をうんじて筑紫へ下りける人」訳世の中がいやになって（九州）筑紫国に下った人。❷がっかりする。しょんぼりする。竹取物語 平安―物語 貴公子たちの求婚「うんじて皆帰りぬ」訳（貴公子たちは）がっかりして皆帰った。◆「倦みす」の撥音便。

うん-すい【雲水】名詞 ❶雲と水。❷行雲流水のように一所にとどまらず、諸所を巡り歩くこと。また、その人。特に諸国を巡って修行する僧。行脚僧。

うん-でい【雲泥】名詞 雲と泥。また、天上の雲と地上の泥のように、隔たりや違いのはなはだしいことのたとえ。

うん-ぬん【云云】名詞 これこれ。しかじか。なんとかかんとか。▼引用した言葉や文章を途中で切って後の部分を省略する場合に用いる語。

参考「うんうん」の上の「ン」がア行音「ウ」に続くため、n音が入ってナ行音「ヌ」に転じた現象（＝連声）。

うんめい-でん【温明殿】名詞 平安京内裏の殿舎の一つ。紫宸殿の東北、綾綺殿の東にあり、三種の神器の一つ、神鏡を安置する賢所がこの中にあった。常に内侍が伺候していたので、「内侍所」とも。

うん-もん【雲門】名詞 高い峰。峰の頂。◆雲の出入りする門の意から。

エ[1]〘回・会・恵・絵・衛・穢〙⇩ゑ

え[2]〘重・上・戸・方・家〙⇩へ

え[3]〘笑・餌・飢〙⇩ゑ

え[4]【江】名詞 ❶入り江。海や湖などの一部が陸地に細く入り込んだところ。❷大河。河。

え[5]【枝】名詞（草木の）えだ。

え[6]【疫】名詞 流行性の病気。**疫病**。疫病。

え[7]【縁】名詞「えん（縁）」に同じ。◆「えん」の撥音「ん」が表記されない形。

え[8] 副詞

❶（奈良時代以前に用いられ）**うまく…できる。よく…する。** 古事記 奈良―史書 景行「その荒波おのづから伏なぎて、御船え進みき」訳その荒波は自然に静まって、（倭健命の）お船は**うまく**進むことが**でき**た。

❷〔打消の語や反語表現を下接して〕**とても…できない。** 宇治拾遺 鎌倉―説話 三・一七「恐れにて候へば、え申し候はじ」訳恐れ多いことでございますので、**とても**申し上げられません。

語法 ❶は会話文中では「今宵はえなむ、など渋らせたまふを」（『枕草子』）〈今夜は**とても**（参れません）などといって躊躇なさるのを。〉のように、「え」の下の叙述の言葉が省略されることがある。

歴史スコープ 下二段動詞「得う」の連用形が副詞に転じた語で、可能の意を表す。平安時代以降は、打消や反語の表現を下接して不可能の意を表す。現代関西方言の「よう いかん」「よう かかん」の「よう」はこの「え」が転じたもの。

参照▼ えや／えやは／えもいはず／えならず。

え[9] 感動詞 **ああ。**▼感嘆・嘆息など感動を表すときに発する語。日本書紀 奈良―史書 天智「え苦しゑ」訳**ああ**苦しいよ。◆奈良時代以前の語。

え[10] 間投助詞《接続》体言に付く。

> **語義の扉**
> 東国方言のひとつで、中央語の「よ」にあたる語。相手に呼びかける意を表す。

〔奈良時代以前の語〕…**よ。** 万葉集 奈良―歌集 四三四〇「父母え斎はひて待たね筑紫なる水漬く白玉取りて来までに」訳父**よ**母**よ**、慎しみ待っていてください、わたしが筑紫の水に漬かっている白玉（真珠）を得て帰る日まで。

注意「とちはは」の「とち」は「ちち」（父）の東国方言。

え[11] 終助詞《接続》文節の切れ目、文末に付く。❶〔呼びかけ〕…**よ。** 浮世風呂 江戸―物語 滑稽「おかみさんえ、ちっとお流し申しませう」訳おかみさん**よ**、ちょっと（体を）お流し申し上げましょう。❷〔親しみをこめて相手に軽く念押し〕…**よ。**…**な。** 幼稚子 江戸―歌舞 歌舞「皆さん許さんせえ」訳皆さんお許しください**よ**。◆間投助詞とする説もある。江戸時代の語。

え[12] 受身・可能・自発の助動詞「ゆ」の未然形・連用形。

え[13]【得】動詞「う」の未然形・連用形。

え-あら-じ[*]【え在らじ・え有らじ】連語

なりたち 副詞「え」＋ラ変動詞「あり」の未然形＋打消推量の助動詞「じ」

生きていくことができないだろう。（そこに）**いることができないだろう。** 大和物語 平安―物語 一四八「なほいとかうわびしうては、えあらじ」訳やはりとてもこのように生活がつらくては、**生きていくことができないだろう。**

えい[1]〘酔い〙⇩ゑひ

えい[2]【詠】名詞 ❶詩歌を朗詠すること。特に、舞楽のとき、舞人が舞いながら詩句を朗詠すること。また、その詩句。源氏物語 平安―物語 紅葉賀「えい果てて、袖打ち直し給へるに」訳**舞いながらの朗詠**が終わり、袖をお直しになっていると。❷詩歌を作ること。また、その詩歌。今昔物語 平安―説話 三・一五「虫の音を聞きてえいを吟じ」訳虫の声を聞いて**歌**を詠み。

えい[3]【影】名詞 **画像。肖像。** 絵にかいた姿・形。

えい[4]【纓】名詞 冠の付属具の一つ。羅（＝薄絹）を張った細長いもので、巾子（＝冠の後部の高い部分）の背面に差して後ろに垂らす。燕尾。

（纓）

えい[5] 感動詞 ❶**はい。**▼呼びかけに対する返事の語。宇治拾遺 鎌倉―説話 一・一二「えいと答へたりければ」訳**はい**と答えたので。❷**えい。よいしょ。**▼力を込めるときに発する語。❸**ええい。まあ。**▼驚き・不満などの気持ちを表す語。心中天網島 江戸―浄瑠 浄瑠・近松「えい聞きともない」訳**ええい**、聞きたくもない。❹**おい。やい。**▼呼びかけたり念を押したりするときの語。

えい-えう【栄耀】名詞 **栄華。** 栄えて世に時めくこと。「ええう」とも。奥の細道 江戸―紀行 平泉「三代のえいえう、一睡の中にして」訳（奥州藤原氏）三代の**栄華**は、はかなく消え果てて。

えい-かん【叡感】名詞 天皇・上皇が感心・感動なさること。また、感心しておほめになること。◆「叡」は天皇の行為について用いる語。

郢曲 文芸 中国の春秋・戦国時代の楚の都、郢で歌われた歌曲の意で、俗曲の意を持つ。平安時代中期から鎌倉時代初期にかけて流行した「謡い物」の総称。神楽歌・催馬楽・風俗歌・朗詠・今様などをさす。

えい-ぐ【影供】名詞／―す 他動詞サ変 ❶神仏や故人などの肖像に供え物をして祭ること。❷特に、柿本人麻呂の肖像を祭って行う歌会。御口伝 鎌倉―歌集「故土御門内府亭にてえいぐありしとき」訳亡き土御門内府（＝源通親）の屋敷で**柿本人麻呂の肖像を祭って行う歌会**があったときに。

えい-ぐわ【栄華・栄花】名詞 世に時めいて栄えること。栄耀。

栄花物語 書名 歴史物語。作者未詳。正編三十巻は平安時代中期、続編十巻は平安時代後期の成立。〔内容〕仮名文の編年体で正編には御堂関白藤原道長の栄華の一生を、続編には道長の死後を、『源氏物語』の光源氏になぞらえて、物語風に描いている。

えい-ごゑ【えい声】名詞 力を入れるときの「えい」という掛け声。「えいえいごゑ」とも。

栄西 人名（一一四一～一二一五）鎌倉時代の禅僧。臨済宗の開祖。二度にわたり中国の宋に渡って臨済禅を学び、帰国後禅宗の普及に努めた。博多に聖福寺、鎌倉に寿福寺、京都に建仁寺を創建した。宋から茶を移入して喫茶の風を広めた。

えい-さう【詠草】名詞 和歌・俳諧の草稿。

叡山 地名「比叡山」の略。「えいさん」とも。

えい-しゃく【栄爵】名詞「五位」の別名。◆貴族に準ずる五位の位を初めて与えられるのを「叙爵」といって栄誉としたところから。

えい・ず【詠ず】他動詞サ変｛ぜ／じ／ず／ずる／ずれ／ぜよ｝❶（詩歌を）声に出して歌う。吟ずる。方丈記 鎌倉｜随筆「ひとり調べ、ひとりえいじて」訳ひとりで（琵琶を）弾き、ひとりで（詩を）吟じて。❷詩歌をつくる。平家物語 鎌倉｜物語 六・小督「『牡鹿鳴くこの山里』とえいじけん」訳（ある人が）「鹿が鳴いているこの山里」と歌に作ったとかいう。

えい-ぶん【叡聞】名詞 天皇・上皇がお聞きになること。天聞。◆「叡」は天皇の行為について用いる語。

えい-ゆう【英雄】名詞 ❶才知・武勇にすぐれた人。❷「英雄家」の略。「せいぐわ❷」に同じ。

えいらく-せん【永楽銭】名詞 中国の明の永楽九年（一四一一）に鋳造された銅銭。円形で正方形の穴があり、「永楽通宝」の文字が鋳出されている。日本に多量に輸入されて広く流通したが、室町時代末期からは模造もされた。永楽通宝。

えい-らん【叡覧】名詞 天皇・上皇が御覧になること。上覧。◆「叡」は天皇の行為について用いる語。

えい-りょ【叡慮】名詞 天皇・上皇のお考え・お気持ち。◆「叡」は天皇の行為について用いる語。

1 **えう**〔酔う〕⇩ゑふ

2 **えう**【要】名詞 ❶要点。かなめ。❷必要なことや物。入り用。

えう-じ【要事】名詞 重要な用件。

えう-じゅ【遥授】名詞 主として平安時代、公卿などが国司に任命されても任地に赴かないで、都にいること。部下を目代などとして派遣して実際の政務に当たらせ、自分は俸禄のみを受け取った。「遥任」。

えう・ず【要ず】他動詞サ変｛ぜ／じ／ず／ずる／ずれ／ぜよ｝必要とする。欲しがる。竹取物語 平安｜物語 蓬莱の玉の枝「かぐや姫のえうじ給ふべきなりけり」訳かぐや姫が必要としなさっているのだったよ。

えう-ぜん・たり【窅然たり】形容動詞タリ｛たら／たり・と／たり／たる／たれ／たれ｝奥深くて美しい。奥の細道 江戸｜紀行 松島「その気色えうぜんとして美人の顔を粧ふ」訳その（松島の）景色は奥深く美しくて美人が顔を化粧したようである。

えう-な・し【要無し】形容詞ク｛（く）・から／く・かり／し／き・かる／けれ／かれ｝必要がない。役に立たない。伊勢物語 平安｜物語 九「身をえうなきものに思ひなして」訳自分の身を（世間に）役に立たないものと（ことさら）思い込んで。

えう-にん【遥任】名詞「えうじゅ（遥授）」に同じ。

えう-もん【要文】名詞 仏教の教典の中の重要な文句。

えう-よ【腰輿】名詞「たごし（手輿）」に同じ。

え-えう【栄耀】名詞 ❶「えいえう」に同じ。❷ぜいたく。わがまま。

1 **えき**【奕】名詞 囲碁。

2 **えき**【益】名詞「やく（益）」に同じ。

3 **えき**【駅】名詞「うまや❷」に同じ。

益軒 ⇩貝原益軒

えき・す【役す】他動詞サ変｛せ／し／す／する／すれ／せよ｝使う。使役する。雨月物語 江戸｜物語 仏法僧「大師は神通自在に隠神をえきして道なきをひらき」訳弘法大師は霊妙な力が自在で、目に見えぬ精霊を使って道のないところに道を開き。

えきすいに… 俳句「易水に ねぶか流るる 寒さかな」蕪村句集 江戸｜句集 俳諧・蕪村 訳中国の易水という川を白いねぎが流れて行って、なんとも寒々とした景色である。そのねぎの白い色を見ていると、かつてこの易水のほとりで、白装束姿の荊軻が詩を詠んだという、『史記』の故事が思い出されて、寒さとともに寂寥感に襲われることだ。

鑑賞 荊軻は、秦の始皇帝を暗殺するため旅立つ折に、「風蕭々として易水寒く、壮士一たび去って復た還らず」と歌ったという。「ねぶか」はねぎの別名。季語は「ねぶか・寒さ」で、季は冬。

> **古典の常識**
>
> **『栄花物語』―道長の栄華を描く**
>
> 正編では、藤原道長の登場と全盛を中心に、彼の人間像を浮き彫りにする。また法成寺落成や道長の死の場面は、仏典・仏語を駆使して詳しく描写。続編は藤原頼通・師実・師通の三代記と宮廷行事、皇后などの記録中心で宮廷貴族史の観がある。

1 **えき-ちゃう**【役丁】名詞 律令制で、公用の労役に使われた成人男子。◆奈良時代以前の語。

2 **えき-ちゃう**【駅長】名詞 宿駅（宿場）の長。「うまやのをさ」とも。

えき-ば【駅馬】名詞 宿駅に備えてある馬。「はゆま」とも。

1 **えき-れい**【疫癘】名詞 疫病。流行性の病気。

2 **えき-れい**【駅鈴】名詞 公の使いが諸国へ向かうとき公用の印として支給された鈴。これにより駅馬が供給された。

（駅鈴）

えこ【依怙】名詞 ❶頼ること。また、頼りとするもの。❷一方だけ偏ってひいきすること。えこひいき。❸自分の利益。

えこう〔回向〕⇩ゑかう

え・さす【得さす】連語

なりたち 動詞「う（得）」の未然形＋使役の助動詞「さす」

与える。▼手に入れるようにさせるの意から。土佐日記 平安｜日記 二・一六「物もたえずえさせたり」訳贈り物も絶えず与えてきた。

参考 和文では、「与ふ」はふつう用いられず、「得さす」や、「取らす」「授く」などが用いられた。

え‐さら‐ず【え避らず】 連語

なりたち 副詞「え」＋動詞「さる」の未然形＋打消の助動詞「ず」

避けられない。逃げられない。やむをえない。源氏物語 平安｜物語 桐壺「えさらぬ馬道の戸を」訳 （通ることを）避けられない長廊下の（両端の）戸を。

†**え‐さ‐ら‐ぬ‐こと‐のみ‐いとど‐かさな‐り‐て【え避らぬ事のみいとど重なりて】** 徒然 鎌倉｜随筆 五九 訳 避けることのできない用事ばかりがますます重なってきて。

品詞分解 え＝副詞 さら＝動詞「さる」未 ぬ＝打消の助動詞「ず」体 こと＝名詞 のみ＝副助詞 いとど＝副詞 かさなり＝動詞「かさなる」用 て＝接続助詞

え・し【善し・良し】 形容詞ク（（く）・から／く・かり／し／き・かる／けれ／かれ）よい。日本書紀 奈良｜史書 天智「み吉野の吉野の鮎鮎こそは島傍もえき」訳 み吉野の、その吉野の川の鮎。その鮎こそ島のほとりに住むのもよいだろう。

え…じ ⇨え（副詞）

江島其磧 人名（一六六六～一七三五）江戸時代中期の浮世草子作者。京都の大仏餅屋の子。井原西鶴にあこがれ浮世草子『傾城色三味線』を京都の書店八文字屋から出版。以後、「八文字屋本」と呼ばれる遊里を舞台にした傾城物や町人物を刊行した。気質物に『世間子息気質』がある。

*** え‐しも** 副詞 （打消の語を下接して）とても（…できない）。どうしても（…できない）。伊勢物語 平安｜物語 二二「憂きながら人をばえしも忘れねばかつ恨みつつなほぞ恋しき」訳 つれないけれど、あなたをどうしても忘れられないので、恨めしく思いながらも、なお恋しく思います。

えしも‐や 連語

なりたち 副詞「えしも」＋係助詞「や」

とてもありえないのではないか。▼下に続く「あらじ」などが省略される。源氏物語 平安｜物語 須磨「かばかりの対面も又はえしもやと思ふこそ」訳 このくらいの対面でも再びはとてもありえないのではないかと思うと。

えしゃじょうり〖会者定離〗⇨ゑしゃぢゃうり

¹**えず**〖怨ず〗⇨ゑず

²**え…ず** ⇨え（副詞）

えせ‐【似非】 接頭語 ❶見せかけの。にせの。「えせ幸ひ」「えせ者」❷劣っている。ひどい。くだらない。つまらない。▼内容が伴わない意。「えせ受領」「えせ歌」◆多く名詞に付く。漢字表記「似非（似而非）」は、似て非なりの意。

えせ‐ざいはひ【似非幸ひ】 名詞 見かけだけの幸せ。

え‐せ‐ず 連語

なりたち 副詞「え」＋サ変動詞「す」の未然形＋打消の助動詞「ず」

できない。更級 平安｜日記 物語「人語らひなどもえせず」訳 人に相談することなどもできない。

えせ‐ずりやう【似非受領】 名詞 取るに足りない下級の国司。

えせ‐なり【似非なり】 形容動詞ナリ（なら／なり・に／なり／なる／なれ／なれ）劣っている。つまらない。枕草子 平安｜随筆 右衛門の尉なりける者の「えせなる男親を持たりて」訳 つまらない父親を持っていて。

*** えせ‐もの【似非者】** 名詞 ❶にせ者。❷つまらない者。くだらない者。身分の低い者。枕草子 平安｜随筆 清涼殿の丑寅のすみの「昔は、えせものなども、みなをかしうこそありけれ」訳 昔は、身分の低い者なども、みな風流であったのだねえ。◆「えせ」は接頭語。

えぞ【蝦夷】 名詞 ❶北関東・東北・北海道などに居住していた先住民。◇平安時代の中期以降の語。古くは「えみし」とも。❷北海道の古名。

¹**えだ【枝】** 名詞 ❶（草木の）枝。❷（人の）手足。（けものの）足。四肢。❸一族。子孫。大鏡 平安｜物語 道長上「北家の末、今にえだ広ごり給へり」訳 北家の子孫は、現在一族が繁栄していらっしゃる。

²**‐えだ【枝】** 接尾語 ❶…本。▼木の枝や、細長い物を数えるときいう。「長刀一えだ」❷…個。▼枝に贈り物をつけて贈ったところから、贈り物を数えるときにいう。「捧げ物ひとえだ」

えだ‐あふぎ【枝扇】 名詞 扇に見なして使う葉のついたままの枝。

えだ‐ざし【枝差し】 名詞 枝の張りぐあい。枝ぶり。

えだ‐の‐ゆき‐を‐なら‐す【枝の雪を馴らす】 連語 苦学する。学問に励む。▼雪明かりで読書したという、中国の孫康の故事によるたとえ。源氏物語 平安｜物語 少女「窓の螢を睦び、えだのゆきをならし給ふ心ざしの」訳 螢の光や雪明かりで読書した人のように、学問にお励みになるお気持ちの。

†**えだ‐も‐なさけ‐なげ‐な‐める‐はな‐を【枝も情なげなめる花を】** 源氏物語 平安｜物語 夕顔「これに置きて参らせよ。えだもなさけなげなめるはなを」訳 これ（＝扇）にのせて差し上げなさい。枝も何の風情のなさそうな花ですもの。

品詞分解 えだ＝名詞 も＝係助詞 なさけなげ＝形容動詞「なさけなげなり」体「なさけなげなる」の撥音便「なさけなげなん」の撥音「ん」が表記されない形。 める＝推定の助動詞「めり」体 はな＝名詞 を＝間投助詞

え‐たり【得たり】 感動詞

なりたち 動詞「う」の連用形に完了の助動詞「たり」の付いたかたちが一語化したもの。

うまくいった。やった。しめた。▼思いどおりにうまくいったときに発する語。平家物語 鎌倉｜物語 四・鵼「『えたり、をう』と、矢叫びをこそしたりけれ」訳 「やった！おう」と矢叫び（＝矢が命中して射手があげる歓声）をあげたのであった。

え‐たる【得たる】 連語

なりたち 動詞「う（得）」の連用形＋完了の助動詞「たり」の連体形

堂に入った。得意とする。風姿花伝 室町｜論 一「えたる風体あるべし」訳 堂に入った芸の趣があるだろう。

えだ‐を‐かは‐す【枝を交はす】 連語 「連理の枝」の意訳。男女の愛情の深いことのたとえ。

越後 ⇨越後

越前 ⇨越前

エツ〔越〕⇩ゑつ

え-つき【課役・役調】名詞 律令制で租税として朝廷が人民に出させた労働力と物品。◆奈良時代以前の語。

えっ-・す【謁す】自動詞 サ変｛せ／し／す／する／すれ／せよ｝「会ふ」の謙譲語〕**お目にかかる。** 奥の細道 江戸一紀行 出羽三山「図司左吉といふ者を尋ねて、別当代会覚阿闍梨に**えっす**」訳 図司左吉という者を訪ねて、別当代会覚阿闍梨に**お目にかかる**。

越中エッチュウ ⇩越中ゑっちゅう

*__え-て__【得手】名詞 **得意とするところ。**

え-と【干支】名詞 ❶「十干」と「十二支」とを順に組み合わせたもの。甲子から癸亥まで六十の組み合わせができ、これを年・月・日、時刻、方角などを表す名称として用いる。「かんし」とも。❷十二支。参照▶資料20

えど[1]〔穢土〕⇩ゑど

江戸[2] 地名 今の東京都区部の中央部。平安時代末期に江戸氏が館を造営、室町時代中期に太田道灌が江戸城を築城。慶長八年（一六〇三）徳川家康が幕府を開いてから政治・文化の中心地となった。五街道の起点。

江戸生艶気樺焼エドウマレウワキノカバヤキ 書名 黄表紙。山東京伝作・画。江戸時代後期（一七八五）刊。三巻。〔内容〕大金持ちの息子の艶二郎が、浮き名を立てようと愚行を重ねるが皆失敗する話。京伝の代表作で、リアルなさし絵が読者の笑いを誘った。

えど-がらう【江戸家老】エドガロウ 名詞 各藩の、江戸の藩邸に勤めた家老。対 国家老。

えど-だな【江戸店・江戸棚】名詞 上方の商人が江戸に出している支店。

えど-まへ【江戸前】エドマエ 名詞 ❶江戸のすぐ前の海（芝・品川など）。また、そこでとれる鮮度の高い魚。❷江戸風。江戸の流儀・気質。

えな【胞衣】名詞 胎児を包んでいる膜・胎盤などの総称。

え-なむ 連語

なりたち 副詞「え」＋係助詞「なむ」〔打消の語を下接して〕**容易には…でき（ない）。とても…でき（ない）。** 源氏物語 平安一物語 夕霧「あまりこよなく思しおとしたるに、**えなむ**しづめはつまじき心地しはべる」訳 あまりひどくお見下げになるので、**とてもこらえることができない**気持ちになります。

え-なら-・ず 連語

なりたち 副詞＋動詞「なる」㊍＋打消の助動詞「ず」

何とも言えないほど、すばらしい。 徒然 鎌倉一随筆 一〇「唐の、大和の、めづらしく、**えならぬ**調度ども並べ置き」訳 中国の、日本のと、見慣れない、**何とも言えないほどすばらしい**道具類を並べておいて。

*__えに__【縁】名詞 **えん。ゆかり。** 源氏物語 平安一物語 澪標「ここまでもめぐり会ひける**えに**は深しな」訳 ここに来てまでもめぐりあった（私たちの）**縁**は深いのだなあ。

参考「縁」の字音の「ン」を「に」と表記したもの。和歌では「江に」とかけて用いることが多い。

*__えに-し__【縁】名詞

なりたち 名詞「縁」に強意の副助詞の付いたかたちが一語化したもの。

えん。ゆかり。

榎本其角えのもときかく 人名（一六六一～一七〇七）江戸時代前期の俳人。医師竹下東順の子。初め母方の姓を、のちに宝井氏を名のる。松尾芭蕉の門下で、師の没後、洒落風の俳諧をすすめ「江戸座」の一派をおこした。俳諧集に『枯尾花』がある。

え-はう【吉方・兄方】エホウ 名詞「ゑはう（恵方）」に同じ。

えはう-だな【吉方棚】エホウダナ 名詞「ゑはうだな」に同じ。

えひ【裛衣】イエ 名詞「裛衣香」の略。

えひ-かう【裛衣香・衣被香】エイコウ 名詞 香の一つ。栴檀の葉や樹皮でつくったものという。

えびす[1]【夷・戎・蝦夷】名詞「えみし」の変化した語。❶「えみし」に同じ。❷未開の外国人。また、その国。❸情趣を解さない田舎者。荒々しく粗野な人。▼多く、東国の男・武士をさす。徒然 鎌倉一随筆 八〇「**えびす**は弓引く術知らず」訳 **東国の荒武者**は弓を引く方法も知らないで。

えびす[2]【夷・蛭子・恵比須】名詞 七福神の一つ。福をもたらす神とされる。福々しい笑顔で、風折り烏帽子・狩衣・指貫を着用、釣り竿を持ち鯛を抱えた姿で表す。江戸時代以降、特に商家に厚く信仰された。◆「恵比須」は江戸時代以降の当て字。

えびす-かう【夷講・恵比須講】エビスコウ 名詞 陰暦十月二十日、商家が商売繁盛を祈って恵比須神を祭り、祝宴を開く行事。季 冬。

えびす-ごころ【夷心】名詞 田舎の人の、情趣を解さない心。野蛮な荒々しい心。

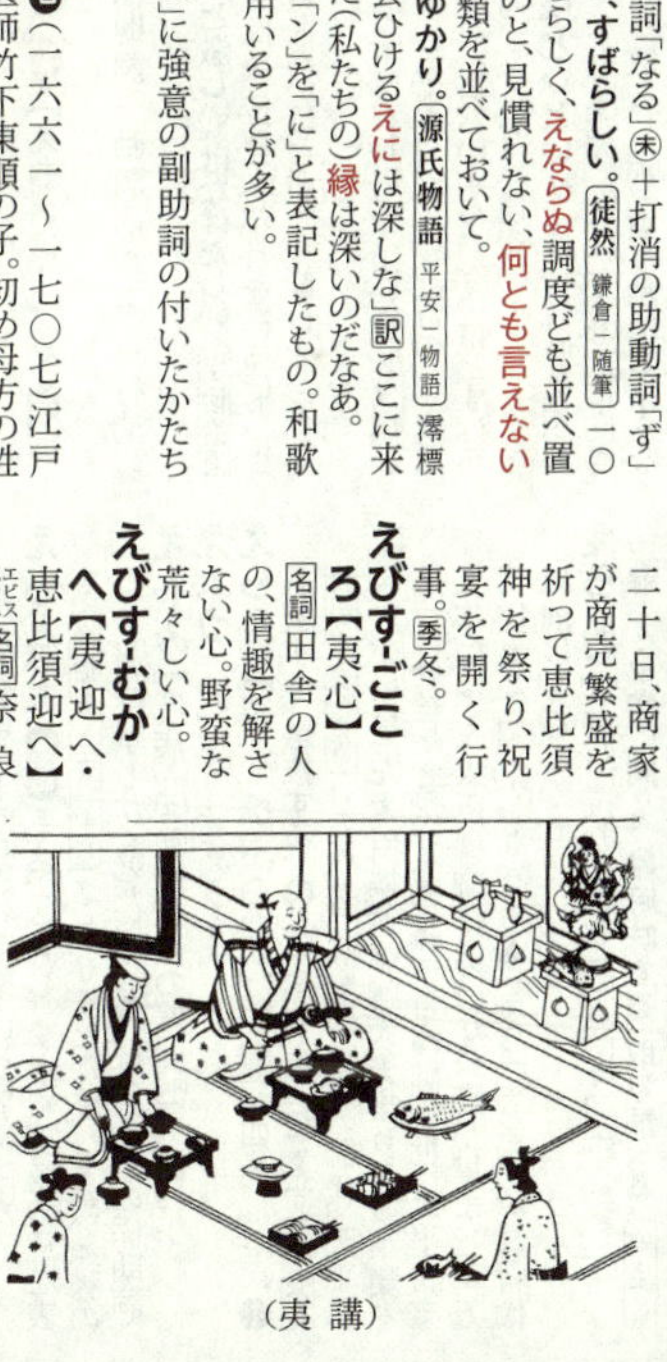

えびす-むかへ【夷迎へ・恵比須迎へ】エビスムカエ 名詞 奈良で、正月二日または三日に恵比須神の紙札を売り歩いたこと。また、その売り声。

（夷 講）

えび-ぞめ【葡萄染め】名詞 ❶染め色の一つ。ぶどうの果実の、薄い紫色。❷織り色の一つ。縦糸が赤、横糸が紫。❸襲の色目の一つ。表が蘇芳（＝紫がかった赤色）、裏が縹色（＝薄い藍色）。一説に、表が紫、裏が赤。参照▶口絵

えびら【箙】名詞 矢を差し入れて腰の所に固定して背負う武具。通常、二十四本の矢を入れる。筆・紙・硯などを入れることもあった。参照▶口絵

えびら-を-たた・く【箙を叩く】連語 **えびらをたたいて気勢をあげる。** 平家物語 鎌倉一物語 一一・那須与一「陸には、源氏**えびらをたたい**てどよめきけり」訳 陸では源氏が**えびらをたたいて気勢をあげ**て大声を上げ

て騒いでいた。

えふ[1]【葉】ヨウ 名詞 木の葉の縁のように、丸みに先のとがった切りこみ。

-えふ[2]【葉】ヨウ 接尾語 …枚。…艘。▼木の葉・紙・小舟などを数えるのに用いる。

えぶ【閻浮】 名詞「えんぶ」の撥音「ん」が表記されない形。「えんぶ」に同じ。

えぶり【杁・柄振り】 名詞 農具の一種。長い柄に横板を付けた、くわのような形をした道具。地面をならしたり、穀物を集めたりする。

え-ぼうし【烏帽子】 名詞「えぼし」に同じ。

***え-ぼし**【烏帽子】 名詞 元服した男子の用いた、黒い絹・布で袋状に柔らかく作ったかぶりもの。正服用の冠に対して、平服用として日常用いられた。平安時代末期から漆で塗り固めたものも作られた。時代・身分・用途によって、さまざまな種類がある。鎌倉時代以前は「えぼうし」と言った。参照▶口絵

参考 平安時代、成人男子は、人前で烏帽子あるいは冠をかぶらないでいることは、「もとどり放つ」といって、きわめて無作法なこととされた。無官の者や庶民も、室の内外を問わず昼夜烏帽子をかぶった。官人は内裏では冠を、家では烏帽子を着用した。

えぼし-おや【烏帽子親】 名詞 武家で男子の元服の際、仮親として烏帽子をかぶらせ烏帽子名(＝幼名に代わる名)を付ける人。対烏帽子子

えぼし-ご【烏帽子子】 名詞 元服の際、烏帽子親から烏帽子と烏帽子名(＝幼名に代わる名)を与えられる武家の男子。対烏帽子親

えぼし-な【烏帽子名】 名詞 武家の男子が元服の際、幼名を改めて烏帽子親に付けてもらう名。

えぼし-をり【烏帽子折り】エボシオリ 名詞 烏帽子を作ること。また、その職人。

えまう〖笑まう〗⇩ゑまふ

絵巻物(えまきもの) 文芸 物語の粗筋や、神社・寺院の由来、山水の景勝などを絵に描いた巻物。絵だけのものや、絵に説明の言葉(＝詞書)がついたものがある。平安時代から鎌倉時代にかけて盛んに作られた。『源氏物語絵巻』『伴大納言絵詞』『信貴山縁起絵』などが名高い。単に「絵巻」ともいい、絵は大和絵であった。

えみ〖笑み〗⇩ゑみ

えみし【蝦夷】 名詞 古代、東北地方から東部日本に居住していた先住民。えぞ。えびす。

***えむ**〖笑む〗⇩ゑむ

え-も 連語

なりたち 副詞「え」＋係助詞「も」

❶(肯定表現を下接して)よくもまあ(…できるものだ)。万葉集 奈良-歌集 四〇七八「恋ふといふはえも名付けたり」訳恋するとはよくも名づけたものだ。❷(否定表現を下接して)どうしても(…できない)。とても(…できない)。源氏物語 平安-物語 桐壺「えも乗りやらず」訳どうしても(車に)乗れないでいる。

え-も-いは-ず【えも言はず】エモイワズ 連語

なりたち 副詞＋係助詞＋動詞「いふ」㊤＋打消の助動詞「ず」

❶言うに言えないほど激しい。はなはだしい。宇治拾遺 鎌倉-説話 八・三「えもいはず行ひて、年月を経るほどに」訳(法師は)言うに言えないほど激しく修行をして、年月を過ごすうちに。

❷言いようもないほどすばらしい。▼よい意味に用いる。徒然 鎌倉-随筆 一〇五「えもいはぬ匂ひの、さと薫りたるこそ、をかしけれ」訳言いようもないほどすばらしい匂いが、さっと香ってきたのは、趣深い。

❸言いようもないほどひどい。▼悪い意味に用いる。徒然 鎌倉-随筆 一七五「築泥・門の下などに向きて、えもいはぬ事どもし散らし」訳(乗り物にも乗らない身分の者は)築地塀や門の下などに向いて、言いようもないほどひどいことをし散らして。

え-も-いひやら-・ず【えも言ひ遣らず】エモイイヤラズ 連語

なりたち 副詞「え」＋係助詞「も」＋動詞「いひやる」の未然形＋打消の助動詞「ず」

どうしてもすらすらと言えない。枕草子 平安-随筆 宮の五節いださせ給ふに「消え入りつつ、えもいひやらねば」訳恥ずかしさで心が消え入るようで、どうしてもすらすらと言えないので。

え-もの【得物】 名詞 ❶得意とする物事・技。油地獄 江戸-浄瑠 浄瑠・近松「この法印がえもの」訳この山伏の得意とすること。❷得意とする武器・道具。

えもん[1]〖衛門〗⇩ゑもん

え-もん[2]【衣文・衣紋】 名詞 ❶装束を形よく整えて着る方式。作法。徒然 鎌倉-随筆 一〇七「えもんも冠も」訳衣装を着る作法も冠のかぶり方も。❷装束を着用したときの襟元。また、折り目やひだ。

え-や 連語

なりたち 副詞「え」＋係助詞「や」

…か。どうして…か。…できようか。▼疑問・反語の意を表す。源氏物語 平安-物語 帚木「えや罷り下りあへざらむ」訳まだ下がりきれないでいるのだろうか。

え-や-は エヤワ 連語「えや」に同じ。▼多く反語の意を表す。後拾遺 平安-歌集 恋一「かくとだにえやはいぶきのさしも草」訳⇩かくとだに…。◆「は」は強めの係助詞。

え-やみ【疫病】 名詞 流行性の悪い病気。瘧(おこり)。

えよう〖栄耀〗⇩ええう

えら・ぶ【選ぶ・撰ぶ・択ぶ】 他動詞 バ四 {ば/び/ぶ/ぶ/べ/べ} ❶選択する。選抜する。❷(歌集などを)編集する。栄花物語 平安-物語 月の宴「昔、高野の女帝の御代、天平勝宝五年には、左大臣橘卿諸卿大夫集りて万葉集をえらばせ給ふ」訳昔、孝謙天皇の御治世、天平勝宝五年には、左大臣橘卿、そのほか公卿が集まって『万葉集』をご編集しなさる。◆「えらむ」とも。奈良時代以前は「えらふ」。

えら・む【選む・撰む・択む】 他動詞 マ四 {ま/み/む/む/め/め} ❶「えらぶ」に同じ。❷吟味する。取り調べる。安宅 室町-能楽 謡曲「まことに山伏をえらむか、またさやうにもなきか」訳ほんとうに山伏を取り調べるのか、またはそうでもないのか。

えり-い・づ【選り出づ】エリイズ 他動詞 ダ下二 {で/で/づ/づる/づれ/でよ} 選び出す。源氏物語 平安-物語 蓬生「古歌とても、をかしきやうにえりいで」訳古歌といっても、趣のあるように選び出し。

えり-うち【選り討ち】 名詞 強い敵を選んで討ち取る

こと。〔平家物語 鎌倉―物語〕四・競「えりうちなんどもし候ふべきに」〔訳〕強い敵を選んで討ち取ることもしようと思っておりますが。

えり-ととの・ふ【選り整ふ】〔他動詞〕ハ下二 {へ/へ/ふ/ふる/ふれ/へよ} 選びそろえる。〔大鏡 平安―物語〕師輔「滝口・侍の、御前どもにえりととのへさせたまへりし、さるべきものの子どもにて」〔訳〕滝口や侍の中で、御前駆として選びそろえなさった者は、相当な身分のご子息たちで。

1 **える【彫る】**⇩ゑる

2 **え-る【選る・撰る・択る】**〔他動詞〕ラ四 {ら/り/る/る/れ/れ} 選ぶ。〔枕草子 平安―随筆〕行幸にならぶものは「形よき限りえりて出だされて」〔訳〕容貌の美しいものばかりを選んで出されて。

え-をとこ【え男】〔名詞〕よい男。いとしい男。◆「え」はいとしいの意の接頭語。

え-をとめ【え少女】〔名詞〕美しいおとめ。いとしい少女。◆「え」は、いとしいの意の接頭語。

1 **エン**〔円・宛・垣・怨・遠・鴛〕⇩ゑん

2 **えん【宴】**〔名詞〕宴会。酒宴。うたげ。

3 **えん【縁】**〔名詞〕仏教語。❶因縁。因(=直接の原因)を助けて果(=結果)を生じさせる、間接の原因。❷手づる。縁故。〔源氏物語 平安―物語〕宿木「えんを尋ねつつ」〔訳〕手づるを求めては。❸(物ごとの)結びつき。つながり。特に、親子・夫婦・主従など、人と人との結びつき。〔平家物語 鎌倉―物語〕二・少将乞請「わが子のえんに結ぼほれざらむには、これほど心をばくだかじものを」〔訳〕わが子との結びつきに束縛されなければ、これほどまでに心を痛めなくてよかったものを。⇩え(縁)・えに・えにし

4 **えん【縁・椽】**〔名詞〕家屋の外縁の、板敷きの部分。寝殿造りでは、母屋の廂を取り囲む形で、柱の外側に付けられる。

5 **えん【艶】**〔名詞〕優美な風情。はなやかな美しさ。〔無名抄 鎌倉―論〕近代歌体事「心にも理深く、詞にもえん極まりぬれば」〔訳〕内容的にも道理が深く、表現でも優美な風情が十分となった場合には。

6 **艶** 〔文芸〕鎌倉時代の歌学の美的理念の一つ。和歌の批評用語として、古典的で深みのある優美な余情美をさす。特に藤原俊成の主張するところで、その子定家の歌論もこれを出発点としている。

えん-いん【宴飲】〔名詞〕酒宴。

えん-がく【縁覚】〔名詞〕仏教語。仏の教えによらず独力で「十二因縁」を悟った聖者。悟りの段階としては、菩薩の下、声聞の上。

えん-が・る【艶がる】〔自動詞〕ラ四 {ら/り/る/る/れ/れ} 優雅に振る舞う。風流がる。〔紫式部 平安―日記〕消息文「えんがり、よしめくかたはなし」〔訳〕風流がり、気どるような点はない。◆「がる」は接尾語。

***えん-ぎ【縁起】**〔名詞〕もとは仏教語。❶(事物の)起源・由来。❷寺社・仏像・宝物などの由来・沿革・霊験などの伝説。また、それを記した文章や絵。❸(吉凶の)前兆。きざし。〔浮世風呂 江戸―物語〕滑稽「えんぎでもねえ事」〔訳〕(よい)きざしでもないこと。

宴曲 〔文芸〕鎌倉時代中期から室町時代にかけて流行した歌謡。貴族や武士の間で流行し法会のあとの宴席では僧侶が好んで歌った。多くは七五調の歌詞が扇拍子や尺八などの伴奏で速い調子で歌われた。「早歌」ともいう。

えん-げ・なり【艶げなり】〔形容動詞〕ナリ {なら/なり・に/なり/なる/なれ/なれ} なまめかしげだ。思わせぶりだ。〔源氏物語 平安―物語〕椎本「今様の若人たちのやうに、えんげにもてなさで」〔訳〕当世の若い人たちのように、思わせぶりにもふるまうことなく。◆「げ」は接尾語。

縁語 〔文芸〕和歌の修辞法の一つ。和歌の中のある主要な語に、意味上で関連のある語を特に用いて、表現に複雑なおもしろさを添える技巧。掛け詞とともに『万葉集』にもすでに用いられているが、『古今和歌集』でいっそうの発達を遂げた。参照▶資料11

えん-だう【筵道】〔名詞〕天皇などの貴人が歩くとき、裾がよごれないように門と母屋の通路に敷く筵。

えん-だ・つ【艶だつ】〔自動詞〕タ四 {た/ち/つ/つ/て/て} 優雅に振る舞う。〔源氏物語 平安―物語〕夕顔「えんだち、気色ばまむ人は」〔訳〕優雅に振る舞い、気取るような人は。

えん・なり【艶なり】〔形容動詞〕ナリ {なら/なり・に/なり/なる/なれ/なれ}

語義の扉

漢語「艶」を元に生まれた形容動詞。

漢語の窓

漢字「艶」のなりたちは、「豊」と「色」の会意。色つやが豊かなこと、色気がいっぱいにつまっているさま、なまめかしいさま。

日本語化した「艶なり」は、人について、華やかさの中に洗練された美しさがあり、相手をひきつける魅力のあるさま(❶)をいうほか、自然についての感覚的な美しさをも表す(❷❸)。

- ❶しっとりと美しい。優美で風情がある。
- ❷しゃれている。粋だ。
- ❸人の気をそそる。なまめかしい。

❶**しっとりと美しい。優美で風情がある。**〔源氏物語 平安―物語〕野分「霧のまよひは、いとえんにぞ見えける」〔訳〕霧に紛れた姿は、実にしっとりと美しく見えるのであった。

❷**しゃれている。粋だ。**〔枕草子 平安―随筆〕三条の宮におはしますころ「青き薄様をえんなる硯の蓋に敷きて」〔訳〕青色の薄い鳥の子紙をしゃれた硯箱の蓋に敷いて。

❸**人の気をそそる。なまめかしい。**〔紫式部 平安―日記〕寛弘五・七・中「おほかたの空もえんなるにもてはやされて」〔訳〕一帯の空のようすも人の気をそそるような風情であるのに引き立てられて。

えん-にち【縁日】〔名詞〕神仏と現世に何か縁があるとされる日。その日に参詣すると、ふだんにまさる御利益があるとされ、祭礼、供養が行われる。

えんねん-の-まひ【延年の舞】〔連語〕法会の後や貴賓の参詣の折に、僧や稚児によって余興として演じられた歌舞。鎌倉・室町時代、東大寺、興福寺などで盛んに行われた。

えん-の-まつばら【宴の松原】名詞 平安京の大内裏(だいり)の中にある広場。

えん-ばい【塩梅】名詞 ❶調味料の塩と梅酢。❷(料理の)味加減。❸政務などを適切に処理すること。◆江戸時代以降「あんばい」と読むようになった。

えん-ふ【厭符】名詞 **護符**。邪気を払うお札(ふだ)。「えんぷ」とも。

えん-ぶ【閻浮】名詞「えんぶだい」に同じ。

えんぶ-だい【閻浮提】名詞 仏教語。須弥山(しゅみせん)の南方海上にあるとされる大陸。諸仏が出現して仏法を聞くことのできるのは、ここだけという。もと、インドをさしていったが、のちには人間世界・現世をさすようになった。「えぶ」「えんぶ」とも。

えん-ま【閻魔】名詞 仏教語。仏教における地獄の王。死者の魂を支配して生前の罪悪を審判し、懲罰を与えるとされる。「閻魔王」「閻魔大王」「閻羅王(えんらわう)」とも。

(閻魔)

えんま-わう【閻魔王】(エンマオウ) 名詞「えんま」に同じ。

えん-ら【閻羅】名詞「えんま」に同じ。

えん-り【厭離】名詞/―す 他動詞サ変 仏教語。汚れた現世を嫌って、捨て去ること。「おんり」とも。徒然 鎌倉-随筆 九「六塵(ろくぢん)の楽欲(げうよく)多しといへども、皆えんりしつべし」訳 六塵の楽欲(=色・声・香・味・触・法の六種の刺激による欲望)が多いといっても、(それらは)みんなきっと嫌い捨て去ることができるにちがいない。

延暦寺(えんりゃくじ) 寺社 今の滋賀県大津市にある天台宗総本山。伝教大師最澄(さいちょう)により比叡山(ひえいざん)に創建された。空也(くうや)・栄西・道元などの人材を出し、わが国の仏教の中心地として栄えた。多くの堂塔の中心は東塔の根本中堂である。三井(みい)寺を「寺門」というのに対して、「やま」「山門」、奈良の興福寺を「南都」というのに対して「北嶺(ほくれい)」ともよばれた。

えんり-ゑど【厭離穢土】(エンリエド) 名詞 仏教語。この世をけがれた国土として、嫌って離れること。「おんりゑど」とも。対 欣求浄土(ごんぐじやうど)。

えん-わう【閻王】(エンオウ) 名詞「えんま」に同じ。

えん-を-はな・る【縁を離る】連語 **世俗的な生活とのつながりを断つ。俗世の生活から離れる。** 徒然 鎌倉-随筆 七五「えんをはなれて身をしづかにし」訳 世俗的な生活とのつながりを断って身を静かな境地に置き。

えん-を-むす・ぶ【縁を結ぶ】連語 **仏道と縁を結ぶ。** 方丈記 鎌倉-随筆「首(かうべ)の見ゆるごとに額(ひたひ)に阿字(あじ)を書きて、えんをむすばしむるわざをなんせられける」訳 (死者の)頭が見えるたびに、額に「阿」の字を書いて、仏道との縁を結ばせることをなさったそうだ。◆「結縁(けちえん)」を訓読した語。

お

お[1]〘小・尾・苧・男・峰・麻・雄・緒〙⇩を

お-[2]【御】接頭語 名詞の上に付いて、尊敬の意を表す。「お前(まへ)」⇩おほん

参考 平安時代には、「お前(まへ)」「お座(まし)」「お許(もと)」「お物(もの)」などの限られた語に付いた。鎌倉時代以降は用言にも付くようになり、尊敬や丁寧の気持ちを添える。

お-あし【御足】名詞 **お金(かね)。銭(ぜに)。** ◆女房詞(にょうぼうことば)。

おい[1]〘生い・追い・笈〙⇩おひ

おい[2]【老い】名詞 年を取ること。**老年。老人。** 奥の細道 江戸-紀行 出発まで「馬の口とらへておいを迎ふる者は」訳 馬の口綱(くちづな)を引いて老年を迎える者(=馬方)は。

おい[3] 感動詞 ❶**おお。おや。** ▼ふと気づいたときに発する語。枕草子 平安-随筆 五月ばかり、月もなう「『おい、この君にこそ』といひわたるを聞きて」訳「おや、この君でしたか」と言ったのを(殿上人たちが)聞いて。❷**うん。おお。** ▼納得したり承諾したりしたときに発する語。源氏物語 平安-物語 玉鬘「『おい、さり、さり』とうなづきて」訳「おお、そうだ、そうだ」とうなずいて。❸**おい。** ▼人に呼びかけるときに発する語。◆「をい」とも表記する。

おい-おい 感動詞 ❶**はいはい。** ▼応答や承諾の意で発する語。栄花物語 平安-物語 月の宴「『おいおい、さなり』とのたまふほど」訳「はいはい、そうだ」とおっしゃるようす。❷**おおいおおい。** ▼人に呼びかけるときに発する語。今昔物語 平安-説話 一九・一四「阿弥陀仏よ、おいおい、いどこにおはします」訳 阿弥陀仏よ、おおいおおい、どこにおいでか。❸**おいおい。** ▼泣き声を表す語。落窪物語 平安-物語 二「おいおいと泣き給(たま)ふ」訳 おいおいとお泣きになる。◆「をいをい」とも表記する。

おい-かがま・る【老い屈まる】自動詞ラ四〔ら/り/る/る/れ/れ〕**年をとって腰が曲がる。** 源氏物語 平安-物語 若紫「おいかがまりて室(むろ)の外(と)にもまかでず」訳 (北山の僧は)年をとって腰が曲がって庵室(あんしつ)の外にも参りません。

おい-かけ【老い懸け・緌】名詞 武官の正装で、「巻纓」をつけた冠をかぶるとき、冠の左右、両耳のところに付ける、馬の尾の毛で扇形に作った飾り。参照▶口絵

おい-くづほ・る【老い頽る】自動詞ラ下二{れ/れ/る/るる/るれ/れよ} **老いぼれる。** 源氏物語 平安―物語 少女「おいくづほれたらむ人のやうにも」訳老いぼれてしまった人のようにも。

おい-ごゑ【老い声】名詞 **老いて生気を失った声。**

おい-さき『生い先』⇩おひさき

おい-さらぼ・ふ【老い曝ふ】自動詞ハ四{は/ひ/ふ/ふ/へ/へ} **年老いてよぼよぼになる。老いさらばえる。** 徒然 鎌倉―随筆 一五二「むく犬の、あさましくおいさらぼひて、毛はげたるを」訳むく犬で、みっともなく年老いてよぼよぼになって毛のはげているのを。

おい-しら・ふ【老い痴らふ】自動詞ハ四 **もうろくする。老いぼれる。** 源氏物語 平安―物語 賢木「おいしらへる人々」訳老いぼれた人々。

おい-し・る【老い痴る】自動詞ラ下二{れ/れ/る/るる/るれ/れよ} **年老いてぼける。老いぼれる。** 落窪物語 平安―物語 二「我はおいしれて、おぼえもなく成り行く」訳私は老いぼれて、(宮中での)信望もなくなっていく。

老蘇の森 地名 歌枕 今の滋賀県蒲生郡安土町の「奥石神社」の森。ほととぎすの名所。

おい-づ・く【老い就く】自動詞カ四{か/き/く/く/け/け} ❶**年寄る。ふけ込む。** 万葉集 奈良―歌集 四二二〇「かく恋ひばおいづくあが身けだし堪へむかも」訳このように(嫁いでいった娘を)いとしがっていたら、年寄るわが身ははたして堪えられるだろうか。❷**年寄りじみる。老成する。** 紫式部 平安―日記 消息文「心とおいつき、やつしてやみはべりしに」訳(宮木の侍従は)自分から年寄りじみて出家して亡くなってしまいました。◆「おいつく」とも。

おい-て【於いて】連語 ⇩において

おい-なみ【老い次・老い並】名詞 **老年のころ。老境。**

おいぬれば… 和歌「老いぬれば さらぬ別れの ありといへば いよいよ見まく ほしき君かな」伊勢物語 平安―物語 八四 訳年老いてしまいますと、避けることのできない死別があるといいますので、ますますあなたに逢いたいことです。

鑑賞 第二句が「避らぬ別れも」の形で『古今和歌集』にも見え、在原業平の母の、宮仕えに忙しい業平がなかなか訪れないのを年老いた身で嘆いた歌である。これに対して、業平は、「世の中にさらぬ別れのなくもがな千代もと祈る人の子のため」(『伊勢物語』)〈⇩よのなかにさらぬわかれの…。〉と返歌したが、この歌も『古今和歌集』では「祈る」が「嘆く」となっている。親子の情愛が、ひしひしと伝わる歌のやりとりである。

おい-の-かたうど【老いの方人】 連語 老人の頼りになる味方。

おい-の-つもり【老いの積もり】連語 年老いて衰えること。

おい-の-なみ【老いの波】連語 年老いること。年をとって老いが迫るのを岸に波が寄ることにたとえたもの。また、顔に寄るしわからの連想。

おい-の-ねざめ【老いの寝覚め】連語 老人が、夜半や明け方に目覚めがちなこと。

おい-ば・む【老いばむ】自動詞マ四{ま/み/む/む/め/め} **年寄りじみる。** 枕草子 平安―随筆 にくきもの「おいばみたる者こそ、火桶のはたに足をさへもたげて」訳年寄りじみた者がきまって、火鉢のふちに(手ばかりか)足まで持ちあげて。

おい-ひと【老人】名詞 **年寄り。**「おいびと」とも。

お-いへ【御家】名詞 ❶貴人の家の尊敬語。**お屋敷。** ❷(主婦のいる)**居間。座敷。** ❸(町家の)妻の尊敬語。**おかみさん。奥さん。**◆江戸時代の語。

おいへ-りう【御家流】名詞 和様書道の流派の一つ。穏和で流麗な書風が特徴。鎌倉時代、京都青蓮院の門跡尊円法親王が創始。江戸時代の公文書はこの書体に限られた。

おい-ほ・る【老い惚る】自動詞ラ下二{れ/れ/る/るる/るれ/れよ} **年老いてぼける。もうろくする。**「おいぼる」とも。紫式部 平安―日記 消息文「いたうこれよりおいほれて、はた目暗うて経よまず」訳ひどく今以上にもうろくしては、また目がかすんでお経も読まず。

おい-や 感動詞 **ああ、そうだ。おお。**「をいや」とも。源氏物語 ▼ふと思いついたとき、驚いたときなどに発する語。源氏物語 平安―物語 宿木「おいや、聞きしひとななり、と思し出でて」訳ああ、そうだ、聞いていた人であるようだ、とお思い出しになって。

おい-らか・なり 形容動詞ナリ{なら/なり・に/なり/なる/なれ/なれ}

❶**おっとりしている。穏やかだ。** 源氏物語 平安―物語 若菜上「見返り給へる面持ち・もてなしなど、おいらかにて」訳振り返りなさった表情や身のこなしなどは、おっとりしていて。

❷**気楽だ。平静だ。** 枕草子 平安―随筆 殿などのおはしまさで後「『おいらかにも』とて笑ひ給ふ」訳(経房は)「気楽な気持ちで」とお笑いになる。

❸(「おいらかに」の形で)**率直だ。あっさりと。いっそのこと。** 竹取物語 平安―物語 貴公子たちの求婚「おいらかに、『あたりよりだにな歩きそ』とやはのたまはぬ」訳率直に「付近でさえ歩き回るな」とどうしておっしゃらないのか。

おいらく【老いらく】名詞 **年老いること。老い。** 古今 平安―歌集 賀・在原業平 伊勢物語 平安―物語 九七「桜花散りかひくもれおひらくの来むといふなる道まがふがに」訳⇩さくらばな…。

オウ[1]【王・往・皇・黄・横】⇩わう

オウ[2]【奥】⇩あう

オウ[3]【押】⇩あふ

おう[4]【生う・負う・追う】⇩おふ

おう[5]【終う】⇩をふ

おう[6] 感動詞 ❶**おや。ああ。**▼驚いたり、感動したりしたときに発する語。今昔物語 平安―説話 二八・四二「頭打ち破られぬと覚えければ、いと高くはなくて『おう』と叫びて」訳頭を打ち破られてしまうと思われたので、たいして大きな声ではなくて、「ああ」と叫んで。❷**はい。**▼応答や承諾の意で発する語。源氏物語 平安―物語 夢浮橋「嬉しきにも、涙の落つるを恥づかしと思ひて、『をを』と荒らかに聞こえゐたり」訳(感動のあまり)うれしいことにつけても涙が落ちるのを恥ずかしいと思って、「はい」と荒々しく申し上げている。

お

❸おい。▼人に呼びかけるときに発する語。蜻蛉 平安一日記 中「『あふ、立ち退きて』など言ふめれば」訳「おい、(奥へ)立ち退いて(ください)」などと言っているようであるが。◆「をう」「をを」「をお」「あふ」「わう」などとも表記する。

奥羽(オウ) ⇩奥羽(あう)

おう-おう 感動詞 ❶**わあわあ。おいおい。**▼わめき騒いだり、泣き叫んだりするときに発する声。宇治拾遺 鎌倉一説話 四・六「『往生すべき相ある者の足斬(き)られては、いかでか見んや。おうおう』とをめきければ」訳「極楽往生するはずの人相を持つ者の足が斬られては、(それを)どうして見過ごせようか。わあわあ」とわめいたので。❷**はいはい。**▼応答のときに発する語。句兄弟 江戸一句集 俳諧「おうおうと言へど叩(たた)くや雪の門——去来」訳⇩おうおうと…。◆「をうをう」「おおおお」とも表記する。

おうおうと… 俳句「応々と 言へど叩(たた)くや 雪の門(かど)」句兄弟 江戸一句集 俳諧・去来(きょらい) 訳雪がしんしんと降り続く中、だれかが門をしきりにたたく音がする。それに対して、門の中からは「おう、おう」と返事して迎えに出ようとしているが、相手は待ちきれないように、さらに激しく門をたたいている。

鑑賞 門の内と外で展開する静と動を巧みにとらえた句。去来自身、「さび」のある句と自賛している。季語は「雪」で、季は冬。

おうぎ〖扇〗⇩あふぎ

おう-ご【擁護】名詞／—す 他動詞サ変 仏教語。仏・菩薩(ぼさつ)が人の祈願に応じて守り助けること。「をうご」とも。

おうさきるさ ⇩あふさきるさ

奥州(オウシュウ) ⇩奥州(あうしう)

おうじょう〖往生〗⇩わうじやう

往生要集(オウジョウヨウシュウ) ⇩往生要集(わうじやうえうしふ)

おうち〖楝・樗〗⇩あふち

1 **おうな**〖女〗⇩をうな

2 **おうな**【嫗・老女】名詞 **老女。老婆。**竹取物語 平安一物語 かぐや姫の生ひ立ち「妻(め)のおうなに預けて養はす」訳(竹取の翁(おきな)は)妻である老女に(かぐや姫を)預けて育てさせる。

おうなおうな ⇩あふなあふな

おうぼう〖王法〗⇩わうぼふ

近江(オウミ) ⇩近江(あふみ)

おうよる〖奥寄る〗⇩あうよる

おうりょうし〖押領使〗⇩あふりやうし

おお〖凡・大〗⇩おほ

おおう〖覆う・被う〗⇩おほふ

大江千里(オオエノチサト) ⇩大江千里(おほえのちさと)

大江匡房(オオエノマサフサ) ⇩大江匡房(おほえのまさふさ)

大鏡(オオカガミ) ⇩大鏡(おほかがみ)

おおかた〖大方〗⇩おほかた

大国主命(オオクニヌシノミコト) ⇩大国主命(おほくにぬしのみこと)

おおけなし ⇩おほけなし

大坂(オオサカ) ⇩大坂(おほさか)

1 **おおし**〖多し・大し〗⇩おほし

2 **おおし**〖雄雄し〗⇩ををし

おおじ〖祖父〗⇩おほぢ

凡河内躬恒(オオシコウチノミツネ) ⇩凡河内躬恒(おほしかふちのみつね)

おおす〖生おす・仰す・果す・負おす〗⇩おほす

おおせ〖仰せ〗⇩おほせ

大田南畝(オオタナンポ) ⇩大田南畝(おほたなんぽ)

大津皇子(オオツノミコ) ⇩大津皇子(おほつのみこ)

おおどかなり ⇩おほどかなり

おおとのごもる〖大殿籠る〗⇩おほとのごもる

大伴(オオトモ) ⇩大伴(おほとも)

おおとる ⇩おほとる

おおなり〖凡なり〗⇩おほなり

太安万侶(オオノヤスマロ) ⇩太安万侶(おほのやすまろ)

おおば〖祖母〗⇩おほば

おおやけ〖公〗⇩おほやけ

おおよう〖大様〗⇩おほやう

おおよそ〖大凡・凡そ〗⇩おほよそ

おおらかなり〖多らかなり〗⇩おほらかなり

おおる〖撓る〗⇩ををる

おおん〖御〗⇩おほん

おか〖丘・岡〗⇩をか

おか-さま 名詞「おかかさま」「おかたさま」の変化した語。他人の妻に対する尊敬語。**おかみさま。お内儀。**◆上方(かみがた)の江戸時代語。

おかし ⇩をかし

おかす〖犯す・侵す〗⇩をかす

お-かた【御方】名詞 ❶「人」の尊敬語。**おひと。おかた。**❷貴人の「妻」の尊敬語。**奥方。**源氏物語 平安一物語 総角「おかたは、とみにも見給(たま)はず」訳奥方は、すぐにはご覧にならない。

おがむ〖拝む〗⇩をがむ

1 **おき**【沖】名詞 ❶(海・湖・川などの)岸から遠く離れた所。**沖合い。**対辺(へ)。❷(田畑や原野の)広く開けた所。

2 **おき**【熾・燠】名詞 ❶**赤くおこった炭火。**❷**けしずみ。**薪(たきぎ)などが燃え尽きて炭火のようになったもの。

3 **隠岐**(おき) 地名 旧国名。山陰道八か国の一つ。今の島根県北東部の隠岐諸島。古くから流刑の地で、後鳥羽(ごとば)上皇、後醍醐(ごだいご)天皇などが配流された。隠州(いんしゅう)。

4 **おき**【起き】動詞「おく」の未然形・連用形。参照▼資料21

おき-あか・す【起き明かす】他動詞サ四 {さ/し/す/す/せ/せ} **起きたまま夜を明かす。**枕草子 平安一随筆 あさましきもの「かならず来(き)なむと思ふ人を、夜一夜(よひとよ)おきあかし待ちて」訳かならず来るはずと思っている人を、一晩中起きたまま夜を明かして待って。

おき-あま・る【置き余る】自動詞ラ四 {ら/り/る/る/れ/れ} (露などが)**置き所がないほどたくさんある。**徒然 鎌倉一随筆 四四「心のままに茂れる秋の野らはおきあまる露に埋もれて」訳草が茂り放題に茂っている、秋の野のような庭は、置き所がないほどたくさんある露にうずまって。

おき-い・づ【起き出づ】自動詞ダ下二 {で/で/づ/づる/づれ/でよ} **起き出る。寝ているところから出る。**枕草子 平安一随筆 御仏名のまたの日「隠れ臥(ふ)したりしもおきいでて」訳隠れて横になっていた者も起き出て。

おき-さ・く【沖放く】自動詞カ下二 {け/け/く/くる/くれ/けよ} **沖の方に遠ざかる。**万葉集 奈良一歌集 一五三「いさなとり(=枕詞(まくらことば))近江(あふみ)の海をおきさけて漕(こ)ぎ来る船」訳近江の海(＝琵琶湖)を沖の方に遠ざかって漕いでくる船。◆「さく」は離れる意。

おき-そは・る【置き添はる】自動詞ラ四{ら/り/る/る/れ/れ}(露や霜などが)さらに置き加わる。古今 平安－歌集 恋二「わが袖に秋の露さへおきそはりつつ」訳私の袖に、(涙でぬれた上に)この秋の露までもしきりに置き加わっていることよ。

おき-そ・ふ【置き添ふ】一 自動詞ハ四{は/ひ/ふ/ふ/へ/へ}(露や霜などが)さらに置き加わる。源氏物語 平安－物語 御法「いにしへの秋さへ今の心地してぬれにし袖に露ぞおきそふ」訳昔の秋までも今のことのような気がして、涙でぬれた袖に、露の置くように、悲しみの涙がさらに置き加わることだ。
二 他動詞ハ下二{へ/へ/ふ/ふる/ふれ/へよ}(露や霜などを)さらに置き加える。源氏物語 平安－物語 桐壺「露おきそふる雲の上人」訳⇩いとどしく…。

おき・つ[1]【掟つ】他動詞タ下二{て/て/つ/つる/つれ/てよ}

語義の扉

あらかじめ決めておく、という心理的なふるまいや、指図する、取り計らうの意を表す。この動詞の連用形が名詞化したものが「掟」。

❶あらかじめ決めておく。計画する。
❷指図する。命令する。
❸取り計らう。管理する。扱う。

❶あらかじめ決めておく。計画する。源氏物語 平安－物語 幻「仏などのおきて給へる身なるべし」訳仏様などがあらかじめ決めておきなさったわが身なのだろう。
❷指図する。命令する。徒然 鎌倉－随筆 一〇九「高名の木のぼりといひしをのこ、人をおきてて、高き木にのぼせて梢を切らせしに」訳有名な木登りと(世間の人が)言った男が、人を指図して、高い木に登らせて梢を切らせた折りに。参照▼文脈の研究 聖人の戒め。
❸取り計らう。管理する。扱う。今昔物語 平安－説話 二八・三五「出納・小舎人など、平張りの内にて、皆これをおきてつ」訳出納(＝文書・雑具を管理する役人)や小舎人(＝雑用をする役人)などが、幕を張って作った仮小屋の中で、すべてこれを管理した。

おき-つ[2]【沖つ】連語 沖の。沖にある。◆「つ」は「の」の意の奈良時代以前の格助詞。

おき-つ-かい【沖つ櫂】名詞 沖を漕ぐ船のかい。対辺へつ櫂。

おき-つ-かぜ[1]【沖つ風】名詞 沖を吹く風。対辺へつ風。

おきつかぜ…[2] 和歌「沖つ風 吹きにけらしな 住吉の 松のしづえを 洗ふ白波」後拾遺 平安－歌集 雑・源経信 訳沖の方では風が吹いたらしい。住吉の岸辺に生える松の下枝を、高くなって押し寄せる白波が洗っていることだ。
鑑賞 凡河内躬恒の「住江の松を秋風吹くからに声打ち添ふる沖つ白波」(『古今和歌集』)〈住江の松を秋風が吹くとともに、その松風の音に響きを添える沖の白波である。〉を念頭に置いた歌。「けらし」は過去の推定を表す助動詞。

おき-づきん【置き頭巾】名詞 布をたたんで、頭にのせるもの。江戸時代、隠居などが用いた。江戸時代末期には丸頭巾をいうこともある。

おき-つ-しま【沖つ島】名詞 沖にある島。

おき-つ-しまもり【沖つ島守】名詞 沖にある島の番人。

おき-つ-しらなみ【沖つ白波】名詞 沖に立つ白い波。古今 平安－歌集 雑下「風吹けばおきつしらなみたつた山」訳⇩かぜふけばおきつしらなみ…。

おき-つ-す【沖つ州】名詞 沖にある砂州。

おき-つ-たまも【沖つ玉藻】名詞 沖の海中に生える美しい藻。▼「玉」は美称。

おき-つ-なみ[1]【沖つ波】名詞 沖に立つ波。

おき-つ-なみ[2]【沖つ波】枕詞 沖に立つ波の状態から「頻く」「撓む」「競ふ」「高し」などにかかる。古今 平安－歌集 雑歌上「おきつなみ高師の浜の浜松の名にこそ君を待ちわたりつれ」訳沖では波が高くあがっているという高師の浜の松。その名にかけて君を待ち続けていたが会えず残念だった。

おき-つ-も【沖つ藻】名詞 海底に生えている海藻。

おきつも-の【沖つ藻の】枕詞 沖の藻の状態から「なびく」「なばる(＝隠れる)」にかかる。万葉集 奈良－歌集 二〇七「おきつものなびきし妹は」訳⇩あまとぶや…。

おきて【掟】名詞
❶意向。方針。予定。源氏物語 平安－物語 帚木「親のおきてに違へりと思ひ嘆きて」訳親の意向に背いてしまったと思い嘆き悲しんで。
❷心構え。心の持ち方。源氏物語 平安－物語 橋姫「俗ながら聖になり給ふ心のおきてやいかにと」訳俗人の姿のまま聖人の心境におなりになる(八の宮の)心構えはどうであるのかと。
❸決まり。取り決め。徒然 鎌倉－随筆 一五〇「その人、道のおきて正しく」訳その人が、専門分野の決まりを正しく(守り)。

おき-どころ【置き所・置き処】名詞 置き場所。身や心の置きどころ。

おきな【翁】名詞
❶老人。伊勢物語 平安－物語 八三「馬の頭なるおきな、つかうまつれり」訳馬の頭である老人が、(惟喬親王に)お仕え申し上げた。
❷老人を親しみ敬って呼ぶ語。ご老人。おじいさん。日本書紀 奈良－史書 安閑「大伴のおきなども、今いかに計りことをせむ」訳大伴のご老人よ、今はどのように対策を立てようか。
❸老人が自分のことを謙遜していう語。じじい。このじじ。竹取物語 平安－物語 貴公子たちの求婚「おきなの申さむことは、聞き給ひてむや」訳このじじの申し上げるようなことを、お聞きになってくれない。

おきな-さ・ぶ【翁さぶ】自動詞バ上二{び/び/ぶ/ぶる/ぶれ/びよ}老人らしく振る舞う。伊勢物語 平安－物語 一一四「おきなさび人なとがめそ」訳(私が)老人らしく振る舞っても皆さんとがめなさるな。◆「さぶ」は接尾語。

おきな・ぶ【翁ぶ】自動詞バ上二{び/び/ぶ/ぶる/ぶれ/びよ}年寄りじみる。老人らしくなる。源氏物語 平安－物語 夕顔「ただおきなびたる声に額づくぞ聞こゆる」訳じつに年寄りじみた声で(仏前に)額ずくのが聞こえる。◆「ぶ」は接尾語。

おきのり-わざ【賖り事】 名詞 代金を後払いにして物を買うこと。**掛け買い。**

おき-ふし【起き臥し】

一 名詞 起きたり寝たりすること。狭衣 平安-物語 四「おきふしにつけて」訳起きたり寝たりするにつけて。

二 副詞 **寝ても覚めても。いつも。** 源氏物語 平安-物語 椎本「おきふしうち語らひつつ」訳寝ても覚めてもくりかえし話し合って。

おき-ふ・す【起き臥す】 自動詞サ四 {さ/し/す/す/せ/せ} **起きたり寝たりする。** 古今 平安-歌集 恋二「おきふし夜は寝こそ寝られね」訳起きたり寝たりし、夜は寝られないことだ。

おき-へ【沖方・沖辺】 名詞 ❶**沖と岸辺。** 古今 平安-歌集 恋一「おきへにも寄らぬ玉藻の」訳沖にも岸辺にも寄らない藻が。❷**沖の方。沖の辺り。**

おき-まどは・す【置き惑はす】 他動詞サ四 {さ/し/す/す/せ/せ} ❶**(他と)見分けがつかないように置く。** 古今 平安-歌集 秋下「初霜のおきまどはせる白菊の花」訳⇩こころあてに…。❷**置き忘れて見失う。** 源氏物語 平安-物語 夕顔「かぎをおきまどはし侍りて」訳かぎを置き忘れまして。

おき-まよ・ふ【置き迷ふ】 自動詞ハ四 {は/ひ/ふ/ふ/へ/へ} **置いたのかと見誤られる。置き場所を迷うほど乱れて置く。** 新古今 鎌倉-歌集 秋下「霜を待つ籬の菊の宵の間におきまよふ色は山の端の月」訳霜の降りるのを待つ垣根の菊が、宵の間にもう霜が置いたのかと見誤られる(ほどに見せている)色は、(霜ではなく)山の端に出た月光であるよ。

おきもせず… 和歌「起きもせず 寝もせで夜を あかしては 春のものとて ながめくらしつ」古今 平安-歌集 恋三・在原業平・伊勢物語 平安-物語 二 訳昨夜は起きて何をするでもなく、眠るでもなく一晩を過ごし、そのまま昼間は長雨を春特有のものだと思って、一日中ぼんやりと物思いにふけったことだよ。

鑑賞 詞書に、三月一日の夜こっそり語り合った相手に、雨のそぼ降る日に贈った歌とある。上三句はその夜の出来事をぼかした表現で、共に夜を過ごしながら、思いを遂げずに帰った心残りを相手にそれとなく伝えている。もの憂い春の長雨が、思うにまかせぬ恋の気分にふさわしい一首である。「ながめ」は「長雨」と「眺め」の掛け詞で、当時の恋歌によく使用された。「つ」は作者の意思を含んだ、完了の助動詞。

お-ぎゃう【御形】 名詞 「春の七草」の一つ。「母子草」の別名。「ごぎゃう」とも。

荻生徂徠 ⇩荻生徂徠

おき-ゐる【起き居る】 自動詞ワ上一 {ゐ/ゐ/ゐる/ゐる/ゐれ/ゐよ} **起きて座っている。(寝ないで)起きている。** 源氏物語 平安-物語 若紫「乳母はうちも臥されず、ものもおぼえず、おきゐたり」訳乳母は寝ることもできず、茫然とした思いで、起きていた。

おく[1]【招く】 ⇩をぐ

おく[2]【奥】 名詞 ❶**物の内部に深く入った所。** 千載 鎌倉-歌集 雑中「世の中よ道こそなけれ思ひ入る山のおくにも鹿ぞ鳴くなる」訳⇩よのなかよ…。❷**奥の間。** 大和物語 平安-物語 一七三「やをらすべり入りて、この人をおくにも入れず」訳音もなくそっと中に入って、この人を奥の間にも入れない。❸(書物・手紙などの)最後の部分。古今 平安-歌集 哀傷「書きて送りけるおくに詠みて書けりける」訳書いて送った(手紙の)最後に詠んで書いてあった(歌)。❹「陸奥」の略。▼「道の奥」の意。奥の細道 江戸-紀行 須賀川「風流の初めやおくの田植歌―芭蕉」訳⇩ふうりうの…。❺**遠い将来。未来。行く末。** 万葉集 奈良-歌集 六五九「あらかじめ人言繁しかくしあらばしゑやわが背子おくもいかにあらめ」訳前々からうわさが立っています。こんなことだったら、ままよ、あなた、行く末はどうなるのだろう。❻**心の奥。** 源氏物語 平安-物語 紅梅「心ばへありておく推し量らるるまみ額つきなり」訳才気があって心の奥深さが推察される目元や額のようすである。

お・く[3]【起く】 自動詞カ上二 {き/き/く/くる/くれ/きよ} ❶**目覚める。寝床から出る。** 今昔物語 平安-説話 二八・四二「夫はいまだ臥したりけるに、妻おきて食物の事などせむとするに」訳夫はまだ寝ていたが、妻は目覚めて食事の準備をしようとすると。❷**起き上がる。立ち上がる。** 和泉式部 平安-日記「からうじておきて『人もなかりけり。…』とて、また寝ぬ」訳(侍女から起こされた下男は)やっと起き上がって「だれもいないことよ。…」と言って、また寝てしまった。❸**寝ないでいる。** 源氏物語 平安-物語 賢木「いで給ふまではおきたらむと」訳(中宮が)ご退出なさる時までは寝ないでいようと。

お・く[4]【置く】

一 自動詞カ四 {か/き/く/く/け/け} (霜や露が)**降りる。** 徒然 鎌倉-随筆 一九「霜いと白うおける朝」訳霜がたいそう白く降りている朝。

二 他動詞カ四 {か/き/く/く/け/け} ❶(その位置に)**置く。据える。設ける。** 枕草子 平安-随筆 清涼殿の丑寅のすみの「古今の草子を御前におかせ給ひて」訳(中宮は)『古今和歌集』の本をお手元にお置きなさって。❷**そのままにする。残しておく。** 徒然 鎌倉-随筆 二二四「少しの地をもいたづらにおかんことは、益なき事なり」訳少しの土地もむだに残しておくようなことは、無益なことである。❸**除く。さしおく。** 万葉集 奈良-歌集 八九二「あれをおきて人はあらじと誇ろへど」訳⇩かぜまじり…。❹**間隔をおく。間隔をあける。隔てる。** 万葉集 奈良-歌集 三七八五「ほととぎす間しましおけ」訳ほととぎすよ、しばらく間をおいてくれ。❺〔「心おく」の形で〕**心に隔てをおく。気兼ねする。** 徒然 鎌倉-随筆 三七「朝夕隔てなく馴れたる人の、ともある時、我に心おき」訳日常遠慮なく親しくしている人が、ちょっとした時、私に気兼ねして。

三 補助動詞カ四 {か/き/く/く/け/け} 〔動詞の連用形、または連用形に助詞「て」の接続したものに付いて〕**あらかじめ…する。…しておく。** 徒然 鎌倉-随筆 九六「見知りておくべし」訳あらかじめ見知っておくとよい。

おく-か【奥処】 名詞 ❶**奥まった所。果て。** ❷**将来。** ◆「か」は場所の意の接尾語。

おく-ざま【奥様】 名詞 **奥のほう。**

おく-じゃうるり【奥浄瑠璃】 名詞 天正・文禄・慶長(一五七三〜一六一五)のころ、東北地方で行われた古浄瑠璃の一種。「仙台浄瑠璃」「御国浄瑠璃」とも。

おく-・す【臆す】 自動詞サ変{せ/し/す/する/すれ/せよ} **気おくれする。** 大鏡 平安―物語 忠平「おくしたるさま見えじと」訳気おくれしているようすを(人に)見られまいと。

おく-つ-き【奥つ城】 名詞 ❶**墓。墓所。** ❷**神霊をまつってある所。** ◆「つ」は「の」の意の奈良時代以前の格助詞。「き」は構え作ってある所の意。

おくつゆ-の【置く露の】 枕詞 露の状態から「あだ」「たま」などにかかる。「おくつゆのあだの大野の」

参考 露の状態から、「消」「いちしろし」「たま」などの語を導く序詞を構成することがある。

おく-て【奥手・晩生】 名詞 ❶**遅咲き。**(咲くべき)時節に遅れて咲く草木。対早生。❷**遅く実る稲。晩稲。** 季秋。対早稲・中手。◆「て」は種類・性質の意の接尾語。

おく-ねん【憶念・臆念】 名詞 **執念。** 心に深く思って忘れないこと。

おく-の-て【奥の手】 連語 ❶**大切な左の手。** ◇古くは、左を尊んだので、左を奥、右を辺といったことから。❷**奥義。秘訣。**

奥の細道 書名 俳諧紀行。松尾芭蕉作。元禄十五年(一七〇二)刊。一冊。〔内容〕元禄二年(一六八九)江戸を出て、門人曾良とともに松島・平泉・象潟など奥州を旅し、北陸を経て大垣に至る約百五十日の紀行文で、円熟した俳句や文章のなかに、自然と人生のとけあった奥深い芭蕉の詩境がうかがえる。

おく-ふか・し【奥深し】 形容詞ク{(く)・から/く・かり/し/き・かる/けれ/かれ} ❶**奥まっている。奥に引っ込んでいる。** 源氏物語 平安―物語 常夏「いとおくふかくはあらで、虫の声に掻き鳴らし合はせたるほど」訳たいして奥まっていない場所で、虫の声に合わせて(和琴を)掻き鳴らしている(音)は。❷**深みがある。奥ゆかしい。** 源氏物語 平安―物語 若菜下「いとおくふかく、心恥づかしき御もてなしにて」訳とても奥ゆかしく、気後れするような御扱いで。

古典の常識
『奥の細道』―二四〇〇キロの俳諧紀行文

「月日は百代の過客にして…。」で始まる、奥州―北陸の紀行文。構成などの効果を考え、大胆な虚構もなされていることが、同行した曾良の日記からわかる。

元禄二年三月門人曾良を伴い、江戸深川を出発、千住で旅立ちの句(⇩ゆくはるや…。)を詠んだ。日光参詣ののち、那須を経て、芦野の清水の柳では西行をしのび、白河では古歌を思い出した。松島では、その美しさを「扶桑の第一の好風」と評し、旅情が高まった。平泉では、義経主従を思い(⇩なつくさや…。)、立石寺ではその閑寂に心が澄みきる思いにひたった(⇩しづかさや…。)。

象潟の印象を、愁いを帯びた美しさ(⇩きさかたや…。)とうたい、日本海沿岸を南下。佐渡を望んで名句(⇩あらうみや…。)を詠み、金沢では、弟子の早世を嘆いた(⇩つかもうごけ…。)。曾良と別れ、大垣から舟で伊勢遷宮を拝むために旅立つ際の句(⇩はまぐりの…。)で終わる。

おく-ま・る【奥まる】 自動詞ラ四{ら/り/る/る/れ/れ} ❶**奥の方に引きこもる。** 源氏物語 平安―物語 若紫「すこしおくまりたる山住みもせで」訳少し奥の方に引きこもっている山中に住むこともしないで。❷**奥ゆかしい心がある。** 源氏物語 平安―物語 花宴「心にくくおくまりたるけはひは立ち後れ」訳趣深く奥ゆかしい心をもっている風情は劣っていて。❸**内気である。引っ込み思案になる。** 源氏物語 平安―物語 澪標「わりなく物恥ぢをし給ふ、おくまりたる人ざまにて」訳むやみに恥ずかしがりなさる、引っ込み思案になっている人柄で。

おく-やま【奥山】 名詞 **人里から離れた奥深い山。深山。**

おくやまに… 和歌 百人一首「奥山に 紅葉踏み分け 鳴く鹿の 声聞く時ぞ 秋はかなしき」古今 平安―歌集 秋上・猿丸太夫 訳奥深い山に散り敷いた紅葉を踏み分けて鳴いている鹿の声を聞く時、とりわけ秋の悲しさを感じることだ。

おくやま-の【奥山の】 枕詞 奥山に生える意から「真木」「立つ木」にかかる。万葉集 奈良―歌集 二二五一九「おくやまの真木の板戸を押し開きしゑや出で来ね後は何せむ」訳真木(=檜などの立派な木)で作った板戸を押し開けて、ええい、出て来ておくれ。あとは何とでもなれ。

おく-ゆか・し【奥床し】 形容詞シク{(しく)・しから/しく・しかり/し/しき・しかる/しけれ/しかれ} ❶**もっとよく知りたい、見たい、聞きたい。** 大鏡 平安―物語 序「いつしか聞かまほしく、おくゆかしき心地するに」訳早く聞きたく、もっとよく知りたい気がするときに。❷**洗練されていて上品だ。深い心遣いが感じられて心引かれる。** 源氏物語 平安―物語 賢木「なかなかなまめかしうおくゆかしう思ひやられ給ふ」訳かえって優美で洗練されていて上品に自然と推察されなさるのである。◇「おくゆかしう」はウ音便。

参考「ゆかし」が、知りたい・見たい・聞きたいの意味を持つところから、❶の意味が導かれる。

憶良 ⇩山上憶良

おくら-か・す【後らかす】 他動詞サ四{さ/し/す/す/せ/せ} ❶**(人を)あとに残す。** 源氏物語 平安―物語 蜻蛉「今は限りの道にしも、我をおくらかし」訳この世もこれまでという死出の旅にも、私をあとに残し。❷**なおざりにする。怠る。** 源氏物語 平安―物語 匂宮「後の世の御勤めもおくらかし給はず」訳来世のための勤行も怠りなさらないで。◆「かす」は接尾語。

おくら・す【後らす】 他動詞サ四{さ/し/す/す/せ/せ} 「おくらかす❶」に同じ。源氏物語 平安―物語 若紫「生ひ立たむありかも知らぬ若草をおくらす露ぞ消えむ空なき」訳⇩おひたたむ…。

小倉山 ⇩小倉山

おくらは… 和歌「憶良らは 今はまからむ 子泣く

らむ そを負ふ母も 吾ゎを待つらむそ」〔万葉集 奈良―歌集〕三三七・山上憶良 訳私、憶良はもう退出しましょう。家では、今ごろ子供が泣いているでしょう。その子を負っている母もきっと私を待っているでしょう。

鑑賞 作者が宴会を退席するときに詠んだもの。「憶良ら」の「ら」は謙譲の意を添える接尾語。

おくり【送り】 名詞 ❶**見送り。**❷**野辺の送り。葬送。**❸**島送り。流罪。**

おくり-び【送り火】 名詞 盂蘭盆の最終日（＝陰暦の七月十五、または十六日）の夜、祖先の霊を送るために門前でたく火。季秋。対迎へ火。

1 おく・る

他動詞 ラ四 {ら/り/る/る/れ/れ}

㊀【送る】❶**送って行く。送り届ける。**〔大鏡 平安―物語〕道長上「『昭慶門まで**おくれ**』と仰せ言たべ」訳「昭慶門まで**送って行け**」とご命令ください。

❷**見送る。**〔奥の細道 江戸―紀行〕旅立「むつましき限りは、宵よりつどひて、舟に乗りて**おくる**」訳親しい人々すべては、（前）晩から集まって、（今朝は）舟に乗って**見送る**。

❸**葬送する。**〔徒然 鎌倉―随筆〕一三七「鳥辺野・舟岡、さらぬ野山にも、**おくる**数多かる日はあれど、**おくら**ぬ日はなし」訳鳥辺野や舟岡、そのほかの野山も（死者を）**葬送する**数が多い日はあるけれども、**葬送し**ない日はない。

❹**時を過ごす。暮らす。**〔徒然 鎌倉―随筆〕一八八「目の前のことにのみまぎれて月日を**おくれ**ば」訳目の前のことにだけ心を奪われて月日を**過ごす**ので。

㊁【贈る】❶**贈り物をする。**〔伊勢物語 平安―物語〕一六「夜のものまで**おくり**て」訳夜具まで**贈り物をして**。

❷功をたたえて死後に官位・称号などを授ける。**追贈する。**〔源氏物語 平安―物語〕桐壺「三位の位**おくり**給ふよし、勅使来て」訳（帝が亡き桐壺更衣に）三位の位階を**追贈し**なさることで、お言葉を伝える勅使が来て。

2 おく・る【後る・遅る】

自動詞 ラ下二 {れ/れ/る/るる/るれ/れよ}

❶**あとになる。おくれる。**〔今昔物語 平安―説話〕二五・一二「それに**おくれ**じと走らせつつ」訳それに**おくれ**まいと（馬を）走らせ走らせ。

❷**後に残る。取り残される。**〔土佐日記 平安―日記〕一・七「行く先に立つ白波の音よりも**おくれ**て泣かむ我やまさらむ」訳あなた方の帰って行く船路の先々に立つ白波の音よりも**後に残っ**て泣く私の声の方がはるかに大きいでしょう。

❸**先立たれる。生き残る。**〔源氏物語 平安―物語〕若紫「故姫君は、十ばかりにて殿に**おくれ**給ひしほど」訳亡くなった姫君は、十歳ぐらいで父君に**先立たれ**なさったとき。

❹**劣る。乏しい。**〔枕草子 平安―随筆〕木の花は「愛敬**おくれ**たる人の顔などを見ては」訳かわいらしさが**劣る**人の顔などを見ては。

おくれ【後れ・遅れ】 名詞 ❶**おくれること。**❷**敗北。失敗。**❸**気おくれ。**❹結い残されて、垂れ下がった髪。**後れ髪。後れ毛。**

おくれ-さきだ・つ【後れ先立つ】 自動詞 タ四 {た/ち/つ/つ/て/て} ❶**後になったり、先になったりする。**❷**生き残ったり、先に死んだりする。**〔源氏物語 平安―物語〕葵「**おくれさきだつ**ほどの定めなさは」訳**生き残ったり、先に死んだりする**ときの、定めのない事は。

おくれ-ばせ【遅れ馳せ】 名詞 人より遅れて駆けつけること。

おくれ-ゐる【後れ居る】（オクレイル） 自動詞 ワ上一 {ゐ/ゐ/ゐる/ゐる/ゐれ/ゐよ} **あとに残っている。取り残される。**〔万葉集 奈良―歌集〕三五六八「**おくれゐ**て恋ひば苦しも」訳**取り残され**て恋い慕ったら（さぞ）苦しいでしょうよ。

おけ〖麻笥〗⇩をけ

おこ〖痴・烏滸・尾籠〗⇩をこ

おこがまし〖痴がまし〗⇩をこがまし

1 おこ・す【起こす】

他動詞 サ四 {さ/し/す/す/せ/せ}

❶**立てる。立たせる。**〔徒然 鎌倉―随筆〕八九「『こはいかに』とて、川の中より抱き**おこし**たれば」訳「これはどうしたことだ」と言って、川の中から抱き**起こし**たところ。

❷**目を覚まさせる。**〔枕草子 平安―随筆〕にくきもの「そら寝をしたるを、わがもとにある者、**おこし**に寄り来て」訳たぬき寝入りをしているのを、自分のもとで使われている者が、**目を覚まさせ**に近寄って来て。

❸**盛んにする。奮い立たせる。**〔源氏物語 平安―物語〕夕顔「君も強ひて御心を**おこし**て、心のうちに仏を念じ給ひて」訳光源氏の君も無理にお気持ちを**奮い立たせ**て、心の中に仏を祈りなさって。

❹**生じさせる。**（騒動などを）**起こす。**〔平家物語 鎌倉―物語〕四・競「今年いかなる心にて、謀叛を**おこし**けるぞと」訳今年になってどういう気持ちで、謀叛を**起こし**たのかと。

❺（火を）**つける。おこす。**〔枕草子 平安―随筆〕春はあけぼの「いと寒きに、火など急ぎ**おこし**て」訳たいそう寒いときに、火などを急いで**おこし**て。

2 おこ・す【遣す】

㊀ 他動詞 サ下二 {せ/せ/す/する/すれ/せよ} **こちらへ送ってくる。よこす。**〔今昔物語 平安―説話〕二五・一二「**おこせ**たる者は『よき馬』とぞ言ひたる」訳**こちらへ送ってき**た者は「よい馬だ」と言っていた。

㊁ 補助動詞 サ下二 {せ/せ/す/する/すれ/せよ}〔動詞の連用形に付いて〕**こちらへ…する。こちらを…する。**〔竹取物語 平安―物語〕かぐや姫の昇天「月の出でたらむ夜は、見**おこせ**給へ」訳月の出ているような夜は、**こちらを見てください。**

関連語 対義語は「や（遣）る」。

語義の扉

向こうからこちらに送ってくるという関係を表す。鎌倉時代以降は四段活用となり、江戸時代以降は「よこす」に変わった。

㊀ 他動詞 こちらへ送ってくる。よこす。
㊁ 補助動詞 こちらへ…する。こちらを…する。

おこたり【怠り】

名詞 ❶**なまけること。すべきことをしないこと。怠慢。**〔源氏物語 平安―物語〕初音「おれおれしく、たゆき心の**おこた**

りに」訳（私は）生まれつき愚かで、気の利かない性格でなまけているので。
❷あやまち。失敗。大鏡 平安―物語 道隆「わがおこたりにて流され給ふにしもあらず」訳自分の失敗で流されなさるわけではない。
❸失敗をわびること。謝罪。堤中納言 平安―物語 はいずみ「泣く泣くおこたりを言へど、答らへをだにせで」訳泣きながら謝罪を言うけれど、返答をさえしないで。

おこたり-は・つ【怠り果つ】自動詞タ下二（て・て・つ・つる・つれ・てよ）病気がすっかり治る。源氏物語 平安―物語 葵「ただこの御心地おこたりはてたまはぬを心もとなく思ぼせど」訳ただ（葵の上の）御気分がすっかり治りなさらないのを心配にお思いになるけれど。

おこた・る【怠る】

語義の扉

動作や作業が中断する、休止する意を原義として、怠ける、休む、転じて、病気が治る、快方に向かう意を表す。

一 自動詞 ❶なまける。休む。❷（病気が）よくなる。
二 他動詞 なまける。やらない。

一 自動詞ラ四（ら・り・る・る・れ・れ）❶なまける。休む。徒然 鎌倉―随筆 一三七「しただることも少なしといふとも、おこたる間なく漏りゆかば」訳水がしたたり落ちることが少ないといっても、休む間なく漏っていけば。
❷（病気が）よくなる。快方に向かう。枕草子 平安―随筆 うれしきもの「なやみわたるがおこたりぬるもうれし」訳ずっと病み続けたのがよくなったのもうれしい。
二 他動詞ラ四（ら・り・る・る・れ・れ）なまける。やらない。徒然 鎌倉―随筆 三九「念仏の時ねぶりにおかされて行をおこたりはべること」訳念仏をしている時に眠気におそわれて修行をなまけますこと。

おこづ・く 自動詞カ四（か・き・く・く・け・け）❶調子づく。著聞集 鎌倉―説話 五七五「この敦正は鼻の大きにて赤かりけるを、おこづきてかく書きてけり」訳この敦正は鼻が大きく赤かったので、調子づいてこう書いたのだった。❷ずきずき痛む。千本桜 江戸―浄瑠 浄瑠「忌中に合戦の疵口おこづき」訳忌中に合戦で受けた傷口がずきずき痛み。

おこつる〔誘る〕⇨をこつる

お-こと【御事】代名詞 対称の人称代名詞。あなた。そなた。▼相手を尊敬、または親愛の意を表していう。隅田川 室町―能楽 謡曲「おことはいづくよりいづ方へ下る人ぞ」訳あなたはどこからどちらの方へ下っていく人ですか。

おこなひ【行ひ】名詞
❶動作。行為。振る舞い。徒然 鎌倉―随筆 一七二「情けにめで、おこなひをいさぎよくして百年の身を誤り」訳情にほだされ、行動を思いきってして長い一生をあやまり。
❷仏道の修行。お勤め。勤行。更級 平安―日記 宮仕へ「などて、多くの年月をいたづらにて臥し起きしに、おこなひをも物詣でをもせざりけむ」訳多くの年月をなすこともなく暮らしている間に、どうして仏道修行も寺参りもしなかったのだろう。

***おこなひ-あか・す**【行ひ明かす】他動詞サ四（さ・し・す・す・せ・せ）（仏前で）勤行をして夜を明かす。更級 平安―日記 春秋のさだめ「よきことならむかしと思ひて、おこなひあかす」訳（その夜見た夢が）よいことの前ぶれだろうと思って、お勤めをして夜を明かす。

おこなひ-いだ・す【行ひ出だす】他動詞サ四（さ・し・す・す・せ・せ）（霊験を）仏道修行の功徳によって出現させる。源氏物語 平安―物語 賢木「山寺には、いみじき光おこなひいだしたてまつれりと」訳山寺ではたいへんな光明（＝源氏の滞在）を仏道修行の功徳によって出現させ申したものと（喜んでいる）。

おこなひ-さ・す【行ひ止す】他動詞サ四（さ・し・す・す・せ・せ）勤行（など仏道修行）を途中でやめる。更級 平安―日記 春秋のさだめ「山風おそろしうおぼえて、おこなひさしてうちまどろみたる夢に」訳山からの風が恐ろしく感ぜられ、勤行を途中でやめてうとうととして見た夢に。

おこなひ-すま・す【行ひ澄ます】自動詞サ四（さ・し・す・す・せ・せ）仏道修行に専念する。平家物語 鎌倉―物語 五・勧進帳「山の奥におこなひすましてぞゐたりける」訳山奥で仏道修行に専念していたのだった。

おこなひ-つと・む【行ひ勤む】他動詞マ下二（め・め・む・むる・むれ・めよ）仏道修行に励む。大鏡 平安―物語 伊尹「尼にていみじうおこなひつとめておはすめり」訳尼として熱心に仏道修行に励んでいらっしゃるようだ。

おこなひ-びと【行ひ人】名詞 行者。修行僧。仏道の修行をする人。

おこなひ-ゆ・く【行ひゆく】自動詞カ四（か・き・く・く・け・け）実現してゆく。進行してゆく。徒然 鎌倉―随筆 一五五「しばしもとどこほらず、ただちにおこなひゆくものなり」訳（本当の大事は）少しの間も停滞せず、すぐに実現してゆくものである。

おこなひ-をさ・む【行ひ治む】他動詞マ下二（め・め・む・むる・むれ・めよ）うまく処理する。きりまわす。徒然 鎌倉―随筆 一九〇「家のうちをおこなひをさめたる女、いと口惜し」訳家の中をきりまわしている女性は、とてもつまらない。

おこな・ふ【行ふ】

語義の扉

定められた方式に従って、行事などをする意（二）であるが、特に自動詞として、仏道の修行をする、読経する意（一）で用いられる。

一 自動詞（仏道の）修行をする。勤行をする。
二 他動詞 ❶執り行う。実行する。❷処理する。治める。

一 自動詞ハ四（は・ひ・ふ・ふ・へ・へ）（仏道の）修行をする。勤行をする。源氏物語 平安―物語 若紫「ただこの西面にしも、持仏据ゑたてまつりて、行ふ、尼なりけり」訳

(のぞいた)この西面に、ちょうど、(のぞいたところに、よりによって)仏を置き申しあげて**おつとめをしている**尼の姿が見えたのだった。〔宇治拾遺 鎌倉―説話〕八・三「この聖のおこなふ山の中に飛び行きて」訳この聖が**仏道の修行をする**山の中に飛んで行って。

二〔他動詞〕ハ四{は/ひ/ふ/ふ/へ/へ} ❶**執り行う。実行する。**〔源氏物語 平安―物語〕明石「仁王会などおこなはるべしとなむ聞こえ侍りし」訳仁王会などが**執り行われる**であろうと耳にしておりました。

❷**処理する。治める。支配する。**〔徒然 鎌倉―随筆〕一四二「世の人の飢ゑず、寒からぬやうに、世をば**おこなは**まほしきなり」訳世の中の人が飢えることなく、寒い思いをしないように、世を**治めて**ほしいものである。

おごめ・く【蠢く】〔自動詞〕カ四{か/き/く/く/け/け} **ぴくぴくと動く。うごめく。**〔徒然 鎌倉―随筆〕七三「鼻のほど**おごめき**て言ふは」訳鼻のあたりが**ぴくぴく動い**てものを言うのは。

おこり【瘧】〔名詞〕「わらはやみ」に同じ。

おごり〔名詞〕

一【驕り】**思い上がること。**〔太平記 室町―物語〕四「ひとへに上を犯さんとせし**おごり**の末」訳ひたすらに天皇を害そうとした**思い上がり**のあげく。

二【奢り】**浪費。ぜいたく。**〔徒然 鎌倉―随筆〕一八「**おごり**を退けて、財を持たず」訳**ぜいたく**をやめて、財産を持たず。

おごり-なら・ふ【驕り馴らふ】(オゴリナラウ―オゴリナロウ)〔自動詞〕ハ四{は/ひ/ふ/ふ/へ/へ} **思い上がって振る舞う。増長する癖がつく。**〔源氏物語 平安―物語〕少女「高き家の子として、官爵心にかなひ、世の中盛りに**おごりならひ**ぬれば」訳身分の高い家の子として、官位や爵位が思いどおりになり、世に栄え**増長する癖がつい**てしまうと。

***おこ・る**【起こる】〔自動詞〕ラ四{ら/り/る/る/れ/れ} ❶**新たに生ずる。始まる。**〔古今 平安―歌集〕仮名序「素戔嗚尊よりぞ**おこり**ける」訳(大和歌は)素戔嗚尊から**始まっ**たという。❷**発病する。**〔源氏物語 平安―物語〕夕顔「このごろまた**おこり**て弱くなむなりにたる」訳近ごろまた**発病して**弱くなってしまっている。❸**多人数でくり出す。蜂起する。**〔徒然 鎌倉―随筆〕八七「里人**おこり**て出であへば」訳村人が**多人数くり出して**(その男に)立ち向かうと。

***おご・る**〔自動詞〕ラ四{ら/り/る/る/れ/れ}

一【驕る・傲る】**得意がる。思い上がる。わがままに振る舞う。**〔平家物語 鎌倉―物語〕一・祇園精舎「**おごれ**る人も久しからず」訳**思い上がりわがままに振る舞って**いる人も長くは続かず。

二【奢る】**ぜいたくをする。**〔徒然 鎌倉―随筆〕一四二「上のおごり費やす所をやめ」訳支配者が**ぜいたくをし**浪費することをやめ。

おさ〔長〕⇩をさ

おさおさ ⇩をさをさ

おさなし〔幼し〕⇩をさなし

***おさ・ふ**【押さふ・抑ふ】(オサウ―オソウ)〔他動詞〕ハ下二{へ/へ/ふ/ふる/ふれ/へよ} ❶**押さえる。押しとどめる。**〔源氏物語 平安―物語〕野分「御簾の吹き上げらるるを、人々**おさへ**て」訳御簾が吹き上げられるのを、女房たちが**押さえ**て。❷**手などを押しあてる。おさえる。**〔枕草子 平安―随筆〕一八九ばかりの人の「おもていとあかくて、**おさへ**てゐたること そをかしけれ」訳顔がとても赤くて(痛むところを)手で**おさえ**て座っているのこそ風情がある。❸**下に見る。**〔平家物語 鎌倉―物語〕四・南都牒状「当山の末寺でありながら、…**おさへ**て書く条、奇怪なり」訳(園城寺は)当寺の末寺でありながら…(当寺を)**下に見**て(手紙を)書くとはけしからぬ。❹**こらえる。我慢する。**〔源氏物語 平安―物語〕若菜下「たへがたきを**おさへ**て」訳たえがたいのを**こらえ**て。

おさへ【押さへ・抑へ】(オサエ)〔名詞〕❶敵の侵入を防ぐこと。防御。❷軍隊・行列などの一番後ろ。❸念を押すこと。

おさまる〔治まる・修まる・収まる・納まる〕⇩をさまる

[1]**おさむ**〔治む・修む・収む・納む〕⇩をさむ

[1]**おし**〔鴛鴦・惜し・愛し〕⇩をし

[2]**お-し**【御師】〔名詞〕祈禱を専門にする身分の低い神職・社僧。寺社の祈禱師。◆「お」は接頭語。

[3]**おし**〔感動詞〕天皇や貴人が通るときや、天皇のもとに膳を運ぶときなどに、人々に注意を促すために先払いの人が発する声。「警蹕」の声。また、天皇から杯を頂くときに儀礼的に発する声。〔枕草子 平安―随筆〕清涼殿の丑寅のすみの「警蹕など、『おし』と言ふ声聞こゆるも」訳先払いをする者などの「**おし**」と言う声が聞こえるのも。◆「をし」とも表記する。

[4]**おし-**【押し】〔接頭語〕(動詞に付いて)しいて…する。強く…する。「**おし**入る」「**おし**込む」

おし-あ・ぐ【押し上ぐ】〔他動詞〕ガ下二{げ/げ/ぐ/ぐる/ぐれ/げよ} **上へ押して上げる。**〔源氏物語 平安―物語〕夕顔「門は蔀のやうなる**おしあげ**たる」訳門は蔀のようなものを**上へ押し上げ**てある。

おし-あ・つ【押し当つ】〔他動詞〕タ下二{て/て/つ/つる/つれ/てよ} ❶**押し当てる。**〔平家物語 鎌倉―物語〕九・知章最期「袖を顔に**おしあて**て、さめざめと泣き給へば」訳袖を顔に**押し当て**てさめざめとお泣きになると。❷**ねらいを定める。**〔保元 鎌倉―物語〕中「伊藤六がまんなかに**おしあて**て放ちたり」訳(為朝は)伊藤六の真ん中に**ねらいを定め**て矢を放った。

おし-あて【推し当て】〔名詞〕**当て推量。**

おし-あゆ【押し鮎】〔名詞〕塩漬けにしておもしをかけた鮎。年の魚。元日の祝いなどに用いる。〔季〕春。

おしいだし-ぎぬ【押し出だし衣】〔名詞〕儀式の際など、女房の装束の袖口を御簾の下から外に出して飾りとすること。また、その衣。

おし-いだ・す【押し出だす】〔他動詞〕サ四{さ/し/す/す/せ/せ} **押し出す。**特に、「押し出だし衣」をする意でいう。「おしいづ」とも。〔枕草子 平安―随筆〕淑景舎、東宮に「衣の裾、裳などは、御簾の外にみな**おしいださ**れたれば」訳衣の裾や裳などは、御簾の外にみな**押し出され**ていたので。

おし-い・づ【押し出づ】(オシイズ)〔他動詞〕ダ下二{で/で/づ/づる/づれ/でよ}「おしいだす」に同じ。

おし-い・る【押し入る】

一〔自動詞〕ラ四{ら/り/る/る/れ/れ} **強引に入り込む。**〔源氏物語 平安―物語〕東屋「あなづりて**おしいり**給へりけるを」訳(匂宮が娘を)軽く見て**強引に入り込み**なさったのだということを。

二 他動詞 ラ下二 {れ/れ/る/るる/るれ/れよ} **むりやり入れる。押し込める。** 伊勢物語 平安―物語 六「あばらなる蔵に女をば奥におしいれて」訳 荒れ果てた蔵に女を奥に押し込めて。

おしう〘教う〙⇩をしふ

おし-うつ・る【押し移る】自動詞 ラ四 {ら/り/る/る/れ/れ} （時勢、境地などが）**移り変わる。経過する。** 三冊子 江戸―句集 俳論「四時のおしうつるごとく物あらたまる」訳 四季が移り変わるように万物は変化するものだ。◆「おし」は接頭語。

おし-おこ・す【押し起こす】他動詞 サ四 {さ/し/す/す/せ/せ} **揺り起こす。** 枕草子 平安―随筆 すさまじきもの「いとしもおぼえぬ人の、おしおこしてせめて物言ふこそ、いみじうすさまじけれ」訳 たいして思っていない人が、揺り起こして無理に話しかけるのは、とても興ざめである。

おし-おほ・ふ【押し覆ふ】他動詞 ハ四 {は/ひ/ふ/ふ/へ/へ} **おおいかぶせる。** 宇治拾遺 鎌倉―説話 三・六「家の隣より火出いできて、風おしおほひてせめければ」訳 家の隣（の家）から出火して、風が（その火を）おおいかぶせて火が差し迫ってきたので。◆「おし」は接頭語。

おし-かか・る【押し掛かる】自動詞 ラ四 {ら/り/る/る/れ/れ} **もたれかかる。** 源氏物語 平安―物語 須磨「勾欄におしかかりて」訳 欄干にもたれかかって。

おし-か・く【押し掛く】自動詞 カ下二 {け/け/く/くる/くれ/けよ} ❶**押し寄せる。襲いかかる。** 宇治拾遺 鎌倉―説話 一・一八「利仁、狐をおしかくれば」訳 利仁が狐に襲い掛かると。❷**勝手に行く。押しかける。**

おし-かく・す【押し隠す】他動詞 サ四 {さ/し/す/す/せ/せ} **ひたすら隠す。**◆「おし」は接頭語。

おし-かへし【押し返し】副詞 **逆に。対照的に。** 源氏物語 平安―物語 薄雲「おしかへし恨み給ふ」訳 逆にお恨みになる。

おし-かへ・す*【押し返す】他動詞 サ四 {さ/し/す/す/せ/せ} ❶**押し戻す。** 源氏物語 平安―物語 空蟬「わびしけれど、えはたおしかへさで」訳 困ったけれども、そうかといって、また（老女房を）押し戻すこともできないので。❷**返答する。返歌をする。** 源氏物語 平安―物語 玉鬘「これよりおしかへし給はずらむは」訳 こちらから返歌をなさらないのは。❸**反対にする。逆にする。** 落窪物語 平安―物語 三「鏡のしきをおしかへして書き給ふ」訳 鏡の敷き板を逆にしてお書きになる。❹**繰り返す。** 平家物語 鎌倉―物語 一・祇王「おしかへし三遍歌ひすましたりければ」訳 繰り返し三回うまく歌いおおせたので。

おし-から【押し柄】名詞 **押しの強い性質。**「おしがら」とも。

おしから-だ・つ【押し柄だつ】自動詞 タ四 {た/ち/つ/つ/て/て} **押しの強い性質である。**「おしがらだつ」とも。宇治拾遺 鎌倉―説話 七・三「心ばへかしこく、きも太く、おしからだちてなんおはしける」訳 気立ても賢く、度胸があり、押しの強い性質でいらっしゃった。◆「だつ」は接尾語。

おしき〘折敷〙⇩をしき

お-しきせ【御仕着せ】名詞 ❶主人が奉公人に季節に応じて衣服などを与えること。また、その衣服。❷きまりきったこと。お定まり。◆「お」は接頭語。

おし-くく・む【押し含む】他動詞 マ四 {ま/み/む/む/め/め} **包み込む。くるむ。** 源氏物語 平安―物語 夕顔「上蓆におしくくみて、惟光乗せたてまつる」訳（夕顔の遺体を）畳の上に敷く敷物に包み込んで、惟光が（車に）お乗せ申し上げる。◆「おし」は接頭語。

おし-け・つ【押し消つ】他動詞 タ四 {た/ち/つ/つ/て/て} **圧倒する。威圧する。** 源氏物語 平安―物語 朝顔「人におしけたれむ事」訳 ほかの女に圧倒されるような事は。◆「おし」は接頭語。

おし-こ・む【押し込む】一 自動詞 マ四 {ま/み/む/む/め/め} **無理に入り込む。びっしり詰まる。** 紫式部 平安―日記 寛弘五・九・一五「渡殿の戸口まで、ひまもなくおしこみてゐたれば」訳（女官たちが）渡り廊下の戸口まですきまもなくびっしり詰まって座っていたので。
二 他動詞 マ下二 {め/め/む/むる/むれ/めよ} **無理に入れる。心の中に納めて言葉に出さない。** 源氏物語 平安―物語 浮舟「おしこめてもの怨じしたる世の常の人になりてぞおはしける」訳 心の中に納めて言葉に出さないで（夫を）恨んでいる世間の普通の女性のようになっていらっしゃった。

おし-こ・る【押し凝る】自動詞 ラ四 {ら/り/る/る/れ/れ} **群がり集まる。一団となる。** 大鏡 平安―物語 道隆「府の内につかうまつる人をさへおしこりて、戦はせたまひければ」訳 大宰府にお仕えしている文官たちまでも一団となって、（刀夷国の賊と）戦わせなさったので。◆「おし」は接頭語。

おし-す・る【押し磨る・押し摩る】他動詞 ラ四 {ら/り/る/る/れ/れ} **すりあわせる。こする。** 源氏物語 平安―物語 御法「目おしすりて紛らはしたまへるさまをかしければ」訳（匂宮の）目をこすって（涙の出るのを）紛らわしなさるのがかわいらしいので。

おし-た・つ【押し立つ】一 自動詞 タ四 {た/ち/つ/つ/て/て} ❶**しっかりと立つ。立ちはだかる。** 沙石 鎌倉―説話 二「不動、火炎の前におしたち」訳 不動明王は、火炎の前に立ちはだかり。❷**強引に振る舞う。我を張る。** 源氏物語 平安―物語 桐壺「いとおしたち、かどかどしきところ物し給ふ」訳 たいそう我を張り、とげとげしいところがおありになる。
二 他動詞 タ下二 {て/て/つ/つる/つれ/てよ} ❶**しっかりと立てる。押し立てる。** ❷**しっかりと閉める。** 源氏物語 平安―物語 花宴「戸はおしたてつ」訳 戸はしっかりと閉めてしまった。❸**無理にでもさせる。** 落窪物語 平安―物語 二「さやうなる人のおしたててのたまはば」訳 そのような人が無理におっしゃるのならば。

おし-つつ・む【押し包む】他動詞 マ四 {ま/み/む/む/め/め} ❶**包みこむ。** 冥途飛脚 江戸―浄瑠 浄瑠・近松「ちり紙袖におしつつむ、涙ぞ色に出でにける」訳 ちり紙を袖に包みこんだが、涙をこらえるようすが顔に現れるのだった。❷**押し隠す。** 源氏物語 平安―物語 総角「さばかり恨みつる気色も、言少なにことそぎて、おしつつみたまへるを」訳 あれほど恨んでいたようすも、言葉少なに簡略にして、押し隠しなさっているのを。◆「おし」は接頭語。

おし-て【押して】副詞 **しいて。強引に。無理に。** 源氏物語 平安―物語 玉鬘「おしてこの国に越え来ぬ」訳 強引にこの国へとやって来た。

おし-て・る[1]【押し照る】自動詞 ラ四 {ら/り/る/る/れ/れ} **一面に照る。照りわたる。** 万葉集 奈良―歌集 二六七九「窓越しに月おしてりて」訳 月が窓越しに照りわたって。南京新唱 大正―歌集 会津八一「かすがのにおしてるつきのほがらかに」訳 春日野に照りわたる月の光は明るく。◆

「おし」は接頭語。

おし-てる[2]【押し照る】枕詞 地名「難波」にかかる。「押し照るや」とも。「おしてる難波の国に」

おしてる-や【押し照るや】枕詞 地名「難波」にかかる。「おしてるや難波の海と」

おし-と・る【押し取る】他動詞 ラ四{ら/り/る/る/れ/れ} **無理やり奪い取る。強奪する。** 徒然 鎌倉―随筆 一七五「はては許さぬ物どもおしとりて」訳しまいには取ってはならない物などを無理やり奪い取って。◆「おし」は接頭語。

おじなし ⇨をぢなし

おし-な・ぶ*
㊀【押し靡ぶ】他動詞 バ下二{べ/べ/ぶ/ぶる/ぶれ/べよ} **押しなびかせる。押しふせる。**「おしなむ」とも。万葉集 奈良―歌集 四〇一六「すすきおしなべ降る雪に」訳すすきを押しなびかせて降る雪に。
㊁【押し並ぶ】❶**すべて同じように行きわたる。** 蜻蛉 平安―日記 下「さきに焼けにし憎所、此度はおしなぶるなりけり」訳前に(一部分)焼けた憎い女の家が、今度はすべて同じようにゆきわたった(=全焼した)のであったよ。❷**並である。普通である。** 源氏物語 平安―物語 帚木「おしなべたらぬ若人どもに」訳並でない(=美しい)若い女房たちに。◆㊁の「おし」は接頭語。

おしなべ-て[1] 副詞

なりたち 動詞「おしなぶ」の連用形に接続助詞「て」の付いたかたちが一語化したもの。

❶**一様に。すべて。みな同じく。** 徒然 鎌倉―随筆 五〇「そのころ、おしなべて、二三日、人のわづらふこと侍りしをぞ」訳そのころ、一様に、人々が二三日病気にかかることがございましたのを。

❷〔多く、助詞「の」を下接して〕**普通。人並み。** 源氏物語 平安―物語 桐壺「初めよりおしなべての上宮仕へし給ふべき際にはあらざりき」訳(桐壺更衣は)初めから普通のおそば勤めをなさるような(低い)身分ではなかった。

おしなべて…[2] 和歌「おしなべて 峰もたひらに なりななむ 山の端はなくは 月も入らじを」伊勢物語 平安―物語 八二 訳すべて同じに、峰々が平らになってほしいものだ。山の稜線がなければ、月も沈まないだろうよ。

鑑賞 あるとき、狩りのあとの宴会で惟喬親王の退席を引き留めようと在原業平が詠んだ「あかなくにまだきも月のかくるるか山の端にげて入れずもあらなむ」〈⇨あかなくに…。〉に対する返歌として、紀有常が親王に代わって詠んだ歌。「ななむ」は完了の助動詞「ぬ」の未然形＋願望を表す終助詞「なむ」。「てしまってほしい」と訳す。

おし-な・む【押し靡む】自動詞 マ四{ま/み/む/む/め/め}「おしなぶ㊀」に同じ。

おし-なら・ぶ【押し並ぶ】自動詞 バ下二{べ/べ/ぶ/ぶる/ぶれ/べよ} **強引に並べる。** 平家物語 鎌倉―物語 九・敦盛最期「おしならべてむずと組んでどうど落ち」訳(自分の馬を相手の馬に)強引に並べてぐいっと組み合ってどうっと(二人いっしょに馬から)落ち。

おしね【晩稲】名詞 **おそく成熟する稲。おくて。** ◆「おし」は接頭語。

おし-のご・ふ【押し拭ふ】他動詞 ハ四{は/ひ/ふ/ふ/へ/へ} **力を込めてふく。ぬぐう。** 大鏡 平安―物語 道隆「双六の枰を召して、おしのごはせたまふに」訳双六の盤をお取り寄せになって、(盤を)力を込めておふきになられると。

おし-の・ぶ【押し延ぶ】他動詞 バ下二{べ/べ/ぶ/ぶる/ぶれ/べよ} **押してのばす。大きくのばす。** 枕草子 平安―随筆 にくきもの「火桶の火、炭櫃などに手のうらうち返しうち返し、おしのべなどして」訳丸火鉢の火、いろりなどに手のひらを裏返し裏返し、大きくのばしなどして。

おし-はかり*【推し量り】名詞 **あて推量。推測。**

おし-はか・る【推し量る】他動詞 ラ四{ら/り/る/る/れ/れ} **推量する。推測する。見当をつける。** 徒然 鎌倉―随筆 七一「名を聞くより、やがて面影はおしはからるる心地するを」訳名前を聞くやいなや、すぐに(その人の)顔つきは見当をつけられる気がするが。

おし-は・る【押し張る】他動詞 ラ四{ら/り/る/る/れ/れ} ❶**突っ張る。押しつける。** 枕草子 平安―随筆 野分のまたの日こそ「うらやましげにおしはりて、簾に添ひたる後手もをかし」訳うらやましそうにすだれを外に押しつけて、すだれに寄り添って(外をながめて)いる後ろ姿もおもしろい。❷**意地を張る。** 落窪物語 平安―物語 四「おしはりてのたまはむことを」訳意地を張っておっしゃるようなことを。

おし-ひし・ぐ【押し拉ぐ】他動詞 ガ四{が/ぎ/ぐ/ぐ/げ/げ} ❶**押しつぶす。** 源氏物語 平安―物語 行幸「かすかなる足弱き車など、輪をおしひしがれ」訳貧弱な、車輪のしっかりしていない車などは、その車輪を押しつぶされ。❷**押さえつける。押し殺す。押しやる。** 枕草子 平安―随筆 宮にはじめてまゐりたるころ「さるをりもおしひしぎつつあるものを」訳そのような(くしゃみの出そうな)ときも、そのつどくり返し押し殺しているのに。

おし-ひた・す【押し浸す】他動詞 サ四{さ/し/す/す/せ/せ} **びっしょりとぬらす。** 源氏物語 平安―物語 葵「汗におしひたして、額髪もいたうぬれたまへり」訳(女君は)汗にびっしょりとぬらして、額髪もとてもおぬれになっている。◆「おし」は接頭語。

おし-ひら・む【押し平む】他動詞 マ下二{め/め/む/むる/むれ/めよ} **押しつけて平らにする。** 徒然 鎌倉―随筆 五三「鼻をおしひらめて、顔をさし入れて」訳鼻を押しつけ平らにして、(足鼎の中に)顔をさし込んで。

おし-へ・す【押し圧す】他動詞 サ四{さ/し/す/す/せ/せ} **押しつぶす。** 枕草子 平安―随筆 すぎにしかた恋しきもの「さいでの、おしへされて草子の中などにありける」訳布切れが、押しつぶされて書物の中などに(はさんで)あったのを。

おし-ま・く【押し巻く】他動詞 カ四{か/き/く/く/け/け} **しっかりと巻く。** 蜻蛉 平安―日記 上「かたへなる硯に文をおしまきてうち入れて」訳かたわらの硯箱に手紙をしっかりと巻いて入れて。◆「おし」は接頭語。

おしま-づき【几】名詞 ❶「けふそく」に同じ。❷机。

おしむ〘惜しむ・愛しむ〙⇨をしむ

おし-や・る【押し遣る】他動詞 ラ四{ら/り/る/る/れ/れ} **押して向こうへやる。押しのける。遠ざける。** 源氏物語 平安―物語 葵「副車の奥におしやられてものも見えず」訳(御息所の車は)お供の車の後ろに押しのけられて何も見えない。

おしゃ・る【仰しゃる】㊀他動詞 ラ四{ら/り/る/る/れ/れ}「おほせある」の変化した語。〔「言ふ」の尊敬語〕**おっしゃる。** 末広がり 室町―狂言 狂言「今おしゃったは何ごとぞといふ不審でおりゃる」訳今おっしゃったことはどういうことか不審なのです。◇「おしゃっ」は促音便。
二 他動詞 ラ下二 {れ/れ/る/るる/るれ/れよ} 一に同じ。抜殻 室町―狂言 狂言「ひょんなことをおしゃれまする」訳妙なことをおっしゃいますこと。

おしゃん・す 他動詞 サ変 {せ/し/す/する/すれ/せよ} 「言ふ」の尊敬語「おしゃる」に丁寧の助動詞「ます」の付いた「おしゃります」の変化した語。**おっしゃいます。**◆江戸時代の上方語。

おし-よ・す【押し寄す】 一 自動詞 サ下二 {せ/せ/す/する/すれ/せよ} **攻め寄せる。押しかける。** 平家物語 鎌倉―物語 四・永僉議「いざや六波羅におしよせて夜打ちにせん」訳さあ、六波羅に攻め寄せて夜討ちにしよう。
二 他動詞 サ下二 {せ/せ/す/する/すれ/せよ} **押して近づける。** 源氏物語 平安―物語 椎本「高きも短きも、几帳を二間の簾におしよせて」訳高いのも短いのも、几帳を仏間のすだれに押し近づけて。

[1]おす【食す】 ⇩をす

[2]お・す【押す・圧す】 他動詞 サ四 {さ/し/す/す/せ/せ}
❶**動かす。押す。** 枕草子 平安―随筆 日のいとうららかなるに「櫓といふものおして、歌をいみじううたひたるは」訳櫓という物を押して、歌をさかんに歌っているのは。
❷**前に進める。** 源氏物語 平安―物語 玉鬘「唐泊より川尻おすほどは」訳唐泊から川尻へ舟を進める間は。
❸**押し当てる。** 源氏物語 平安―物語 常夏「みな、いと涼しき勾欄に背中おしつつ、さぶらひ給ふ」訳皆とても涼しい欄干に背中を押し当てながら控えていらっしゃる。
❹**張り付ける。印をおす。** 平家物語 鎌倉―物語 一・殿上闇討「中は木刀に銀箔をぞおしたりける」訳中身は木刀に銀箔を張り付けてあった。
❺**圧倒する。** 源氏物語 平安―物語 桐壺「右の大臣の御勢ひは、ものにもあらずおされ給へり」訳右大臣のご威勢は問題にもならず(左大臣に)圧倒されてしまわれた。
❻**すみずみまで行き渡らせる。** 万葉集 奈良―歌集 一〇七四「春日山おして照らせるこの月は」訳春日山をすみずみまで行き渡らせて照らしているこの月は。

[3]お・す【推す】 他動詞 サ四 {さ/し/す/す/せ/せ} **推量する。推測する。** 愚管抄 鎌倉―論 三「推古の御気色もや交じりたりけんとまで、道理のおさるるなり」訳推古天皇のご意向も含まれていたのだろうかと、その筋道が推測されるのである。

おず【怖ず】 ⇩おづ

おず・し【悍し】 形容詞 ク {(く)・から/く・かり/し/き・かる/けれ/かれ} 「おぞし❶」に同じ。古事記 奈良―史書 仁徳「大后のおずきに因りて」訳皇后の気性が激しいのが原因で。

おすひ【襲】 名詞 奈良時代以前の上着の一種。長い布を頭からかぶり、全身をおおうように裾まで長く垂らしたもの。主に神事の折の、女性の祭服。

おずま・し【悍まし】 形容詞 シク {(しく)・しから/しく・しかり/し/しき・しかる/しけれ/しかれ} 「おぞし❶」に同じ。源氏物語 平安―物語 東屋「かの乳母こそおずましかりけれ」訳あの乳母は気が強かったということだ。

おせ-ぐ・む 自動詞 マ四 {ま/み/む/む/め/め} **背が曲がる。猫背になる。** 宇治拾遺 鎌倉―説話 九・五「丈高くおせぐみたる者」訳背が高く猫背になっている者が。

おそ【鈍】 形容詞 語幹 ⇩おそし二。万葉集 奈良―歌集 一二六「みやびをと我は聞けるをやど貸さず我を帰せりおそのみやびを」訳風流人と私は聞いていたのに、泊めもしないで私を帰した。愚かな風流人ね。

おそう【襲う】 ⇩おそふ

おそき-ひ【遅き日】 連語 春の日。遅日。季春。◆日の暮れるのが遅いことから。

おそきひの… 俳句 「遅き日の つもりて遠き 昔かな」蕪村句集 江戸―句集 俳諧・蕪村 訳暮れるのが遅い春の日が積もり積もって私は年老いていき、若かったあのころもすっかり遠い昔のことになってしまったなあ。
鑑賞 「懐旧」という前書きがある。青春時代への懐旧の念と故人となった友人たちへの思いを込めた句。季語は「遅き日」で、季は春。

おそ・し 一【遅し】 形容詞 ク {(く)・から/く・かり/し/き・かる/けれ/かれ} ❶**ゆっくりしている。おそい。のろい。遅れている。** 枕草子 平安―随筆 二月つごもり頃に「げにおそうさへあらむは、いと取りどころなければ」訳なるほど(下手なうえに)遅くまでなったら、たいそう取りえがないので。◇「おそう」はウ音便。❷(「おそく＋動詞」の形で)**なかなか…しない。** 大鏡 平安―物語 兼家「門をおそく開けければ、たびたび御消息言ひ入れさせ給ふに」訳門をなかなか開けなかったので、何度もご来意を告げさせなさったところ。
二【鈍し】 (頭の働きが)**にぶい。愚かである。** 源氏物語 平安―物語 蓬生「さやうのことにも心おそく物し給ふ」訳そのような(趣味の)ことにも判断がにぶくていらっしゃる。対一二早し。

おぞ・し【悍し】 形容詞 ク {(く)・から/く・かり/し/き・かる/けれ/かれ} ❶**勝ち気だ。強情だ。** 源氏物語 平安―物語 東屋「はやりかにおぞき人にて」訳せっかちで強情な人で。◇「おぞまし」とも。❷**恐ろしい。こわい。** 源氏物語 平安―物語 蜻蛉「おどろおどろしく、おぞきやうなり」訳ぎょうぎょうしく、恐ろしいようすである。

おそ-なは・る【遅なはる】 自動詞 ラ四 {ら/り/る/る/れ/れ} **遅くなる。遅れる。** 栄花物語 平安―物語 疑ひ「国々の守ども、地子、官物はおそなはれども」訳諸国の国司たちは、小作の年貢や上納物(の納付)は遅くなっても。

おそは-や-も【遅早も・晩早も】 副詞 **遅い早いにかかわらず。遅くても早くても。** 万葉集 奈良―歌集 三四九三「おそはやも汝をこそ待ため」訳(あなたの来るのが)遅い早いにかかわらずあなただけを待とう。

おそは・る【魘はる・襲はる】 自動詞 ラ下二 {れ/れ/る/るる/るれ/れよ} **物の怪などに脅かされる。夢でうなされる。** 竹取物語 平安―物語 かぐや姫の昇天「物におそはるるやうにて、あひ戦はむ心もなかりけり」訳何か恐ろしいものに脅かされるような状態で、戦い合おうという気持ちもなくなったのであった。

おそひ【襲ひ】 名詞 ❶**覆い。** ❷**上着。** ❸屏風の縁の添え木。

おそ・ふ 一【圧そふ】 他動詞 ハ四 {は/ひ/ふ/ふ/へ/へ} **押さえつける。圧迫する。** 土佐日記 平安―日記 一・一七「船はおそふ海のうちの天を」訳船は押さえつける、海面に映る空を。
二【襲ふ】❶不意に攻めかかる。襲いかかる。❷(地位・家督などを)受け継ぐ。

おぞま・し【悍まし】形容詞シク{(しく)・しから/しく・しかり/し/しき・しかる/しけれ/しかれ}「おぞし❶」に同じ。源氏物語 平安―物語 帚木「かく、おぞましくは、いみじき契り深くとも、絶えてまた見じ」訳このように(女が)勝ち気で強情では、どんなに夫婦の縁が深くても、もうこれからは二度と会うまい。

おそらく-は【恐らくは】副詞❶たぶん。きっと。平家物語 鎌倉―物語 六・紅葉「おそらくは延喜(えんぎ)、天暦(てんりゃく)の御門(みかど)と申すとも、いかでか是(これ)にまさるべき」訳たぶん醍醐(だいご)帝、村上帝と申しても、どうしてこの(高倉)上皇にまさっていようか。❷はばかりながら。十訓抄 鎌倉―説話 一〇「おそらくは貞敏に授け残しの曲のはべるを授けたてまつらん」訳はばかりながら貞敏に伝授し残した曲がございますのでご伝授申し上げましょう。

***おそり**【恐り・畏り】名詞おそれ。心配。危険。

おそ・る【恐る・畏る・懼る】
一自動詞ラ下二{れ/れ/る/るる/るれ/れよ}❶恐れる。こわがる。徒然 鎌倉―随筆 九三「死をおそれざるにはあらず」訳死を恐れないのではない。❷心配する。用心する。大鏡 平安―物語 道隆「常よりも世をおそれさせ給(たま)ひて」訳ふだんよりも身辺を用心しなさって。❸おそれかしこまる。徒然 鎌倉―随筆 二一七「君のごとく神のごとくおそれ尊みて」訳主君のように神のようにおそれかしこまり尊んで。
二自動詞ラ上二{り/り/る/るる/るれ/りよ}一に同じ。宇治拾遺 鎌倉―説話 一五・一「あやまたれなんとおそりおぼして」訳殺されるだろうと恐ろしくお思いになって。

語の歴史 奈良時代以前は上二段活用。平安時代も、活用の基本は上二段活用。下二段活用が生じるのは平安時代の初期であるが、鎌倉・室町時代になるとほぼ下二段活用に統一された。四段活用と見られる例が平安時代から見えるが、昔の用法をまねた誤った使い方だったらしい。

関連語「おそる」と「おびゆ」の違い
「おそる」は、恐れを心に感じる方に重点があり、類語の「おびゆ」は、恐れる気持ちが態度に表れる方に重点がある。

おそれ【恐れ・畏れ】名詞❶恐怖。❷気づかい。心配。❸おそれ多いこと。宇治拾遺 鎌倉―説話 三・一七「おそれにて候へば」訳おそれ多いことでございますので。❹お詫(わ)び。陳謝。曾我物語 鎌倉―物語 六「後日におそれ申さん」訳後日におわびを申し上げよう。

***おそろ・し**【恐ろし】形容詞シク{(しく)・しから/しく・しかり/し/しき・しかる/しけれ/しかれ}❶恐ろしい。こわい。土佐日記 平安―日記 一・二一「海のまたおそろしければ、頭(かしら)もみな白(しら)けぬ」訳海がまた(荒れて)恐ろしいので、頭(の毛)もすっかり白くなってしまった。❷なみなみでない。驚嘆すべきだ。平家物語 鎌倉―物語 三・法印問答「法印もさるおそろしい人で、ちっとも騒がず」訳法印(=最上位の僧)もそのようななみなみでない人で、ちっとも騒がず。

***おだ・し**【穏し】形容詞シク{(しく)・しから/しく・しかり/し/しき・しかる/しけれ/しかれ}❶穏やかだ。落ち着いている。源氏物語 平安―物語 紅葉賀「おだしく、軽々しからぬ御心のほども」訳落ち着いており、軽薄でないお心のようすも。❷平穏だ。平家物語 鎌倉―物語 一一・文之沙汰「都もおだしかりければ」訳都も平穏であったので。

おだまき【苧環】⇒をだまき

おち[1]【彼方・遠】⇒をち

おち[2]【落ち】動詞「おつ」の未然形・連用形。

おち-あし【落ち足】名詞❶(戦いに敗れて)逃げて行く足取り。また、逃げて行くとき。❷川の水の減ること。平家物語 鎌倉―物語 九・宇治川先陣「水のおちあしをや待つべき」訳水が減るのを待つべきか。

***おち-あ・ふ**【落ち合ふ】オチアウ 自動詞ハ四{は/ひ/ふ/ふ/へ/へ}❶出会う。来合わせる。平家物語 鎌倉―物語 九・木曾最期「石田が郎等(らうどう)二人おちあうて」訳石田の家来二人が(木曾殿に)出会って。◇「おちあう」はウ音便。❷進んで出会って相手になる。立ち向かう。平家物語 鎌倉―物語 九・一二之懸「平家のさぶらひどもは直実(なほざね)におちあへや、おちあへ」訳平家の侍たちはこの直実に立ち向かえよ、立ち向かえ。❸意見が一致する。仲直りをする。保元 鎌倉―物語 中「兄弟の仲、不快なりける間、今こそおちあふところよと」訳兄弟の仲が悪かったので、今こそ仲直りするときだよと。

***おち-い・る**【落ち入る・陥る】自動詞ラ四{ら/り/る/る/れ/れ}❶落ち込む。はまり込む。流れ込む。源氏物語 平安―物語 浮舟「棹(さを)さしはづしておちいり侍(はべ)りにける」訳(少年が)棹をつき誤って(川に)落ち込んでしまった。❷落ちくぼむ。へこむ。源氏物語 平安―物語 紅葉賀「目皮(まは)いたく黒みおちいりて」訳まぶたがひどく黒ずみ落ちくぼんで。❸死ぬ。気絶する。平家物語 鎌倉―物語 一一・嗣信最期「手負ひのただ今おちいるに」訳負傷者がたった今死んだので。

おち-う・す【落ち失す】自動詞サ下二{せ/せ/す/する/すれ/せよ}(戦場から)逃げ去る。平家物語 鎌倉―物語 九・知章最期「その勢みなおちうせて」訳その(=平知盛(とももり)の)軍勢はみな逃げ去って。

おち-うど【落人】オチュウト 名詞「おちびと」のウ音便。「おちうど」とも。落ち武者。戦いに敗れて逃げ落ちる人。

おぢ-おそ・る【怖ぢ恐る】オジオソル
一自動詞ラ四{ら/り/る/る/れ/れ}・ラ上二{り/り/る/るる/るれ/りよ}こわがり恐れる。宇治拾遺 鎌倉―説話 一五・一〇「帝(みかど)いみじくおぢおそり給(たま)ひけりとなん」訳帝はひどくこわがり恐れなさったということだ。
二自動詞ラ下二{れ/れ/る/るる/るれ/れよ}一に同じ。宇治拾遺 鎌倉―説話 三・一四「大宮司(だいぐうじ)の威勢、国司にもまさりて、国の者どもおぢおそれたりけり」訳大宮司の威勢は国司にもまさって、土地の人々はひどく恐れていた。

おちかえる【復ち返る】⇒をちかへる

おち-かか・る【落ち掛かる】自動詞ラ四{ら/り/る/る/れ/れ}❶落ちて(物に)引っかかる。今昔物語 平安―説話 二八・三八「木の枝のしげくさしあひたる上に、不意におちかかりつれば」訳木の枝がびっしり重なった上に、思いがけず落ちて引っかかったので。❷(上から物が)落ちてくる。(上方から)襲いかかる。

おちかた[1]【彼方・遠方】⇒をちかた

おち-かた[2]【落ち方】名詞(花などの)散りどき。「おちがた」とも。

おち-くぼ【落ち窪】名詞家の中で、普通よりも一段低く床(ゆか)を作ってある部屋。

落窪物語(おちくぼものがたり)【書名】物語。作者未詳。平安時代中期成立。四巻四冊。〔内容〕継母(ままはは)による継子(ままこ)いじめの物語で、「落窪の君」とよばれていじめられた姫君が、後に蔵人(くろうど)の少将と結婚して幸福になるという筋。写実的な文章で貴族の家庭生活を描いている。

> **古典の常識**
> **『落窪(おちくぼ)物語』― いじめた継母(ままはは)への仕返し**
>
> 『住吉(すみよし)物語』とともに継子物語の先がけとなった作品である。
>
> 生母を亡くした姫は、継母によって床の落ちくぼんだ一室をあてがわれ「落窪の君」と呼ばれていた。継母のいじめに対して実父の中納言は非力であったが、忠実な侍女阿漕(あこぎ)の手引きで左近少将道頼(みちより)が姫のもとへ通い始める。これに対して継母は妨害しようとするがついに二人は結婚。その後、姫の夫となった少将は継母への仕返しをはかるが、後には中納言夫妻に孝養をつくすようになる。
>
> 中納言の死後、姫の夫の少将は太政大臣にまでのぼり二人は幸福な家庭を築いた。

おち-ぐり【落ち栗】【名詞】染め色の一つ。黒みがかった濃い紅色。

おちこち〔彼方此方・遠近〕⇩をちこち

おち-ず【落ちず】【連語】

なりたち 動詞「おつ」の未然形＋打消の助動詞「ず」の連用形

欠かさず。残らず。【万葉集 奈良―歌集】二八四二「新(あら)た夜(よ)の一夜(ひと)もおちず夢(いめ)に見えこそ」【訳】夜ごと夜ごと一晩も欠かさず、夢に現れてください。

おち-たぎ・つ【落ち滾つ】【自動詞】タ四｛た／ち／つ／つ／て／て｝ほとばしり落ちる。激しく落ちる。【万葉集 奈良―歌集】九一〇「おちたぎつ吉野の川の」【訳】ほとばしり落ちる吉野川の。

おち-つ・く【落ち着く】【自動詞】カ四｛か／き／く／く／け／け｝❶落下する。❷住居が定まる。【更級 平安―日記】鏡のかげ「西山なる所におちつきたれば」【訳】西山にある家に住居が定まったので。❸納得する。【去来抄 江戸―論】先師評「凡兆(ぼんてう)『あ』と答へて、いまだおちつかず」【訳】凡兆は「はい」と答えて、(しかし)まだ納得しない。

おち-とま・る【落ち留まる】【自動詞】ラ四｛ら／り／る／る／れ／れ｝❶落ちたまま残る。残存する。【後撰 平安―歌集】雑四「置く露の何に消えなでおちとまりけむ」【訳】置いた露がどうして消えないで落ちたまま残っていたのであろう。❷居残る。生き残る。【源氏物語 平安―物語】総角「はかばかしき後見なくておちとまる身どもの悲しきを」【訳】しっかりした後見もなくて生き残る(大君・中君の)身の上の悲しさを。

おち-の-ひと【御乳の人】【名詞】貴人の乳母(めのと)。

おぢ-はばか・る【怖ぢ憚る】オジハバカル【自動詞】ラ四｛ら／り／る／る／れ／れ｝恐れて遠慮する。【無名草子 鎌倉―論】「さばかりおぢはばかりまうでぬものを」【訳】(柏木(かしわぎ)が)あれほど恐れて遠慮し(源氏のもとに)参上しなかったのに。

おぢ-まど・ふ【怖ぢ惑ふ】オジマドウ【自動詞】ハ四｛は／ひ／ふ／ふ／へ／へ｝恐れうろたえる。ひどくおそれる。【堤中納言 平安―物語】虫めづる姫君「若き人々はおぢまどひければ」【訳】若い女房たちは恐れうろたえたので。

おぢゃ・る オジャル「おいである」の変化した語。

一【自動詞】ラ四｛ら／り／る／る／れ／れ｝❶「行く」「来(く)」の尊敬語。いらっしゃる。おいでになる。【布施無経 室町―狂言】狂言「まづこれへおぢゃれ」【訳】ともかくもこちらへいらっしゃい。❷「あり」「居(を)り」の丁寧語。ございます。あります。おります。【猿座頭 室町―狂言】狂言「なんぞ用な事がおぢゃるか」【訳】何か用事がありますか。

二【補助動詞】ラ四｛ら／り／る／る／れ／れ｝〔用言の連用形や助詞「て」「で」に付いて〕❶尊敬の意を表す。…ていらっしゃる。…でいらっしゃる。【薬水 室町―狂言】狂言「老いかがまりておぢゃるほどに」【訳】老いて腰が曲がっていらっしゃるようなので。❷丁寧の意を表す。…ております。…でございます。【薬水 室町―狂言】狂言「その水はどこに出でておぢゃるぞ」【訳】その水はどこに出てきておりますのか。

参考 鎌倉時代から用いられた日常語で、狂言・浄瑠璃(じょうるり)によく現れる。

おち-ゆ・く【落ち行く】【自動詞】カ四｛か／き／く／く／け／け｝❶逃げていく。敗走する。【平家物語 鎌倉―物語】九・木曾最期「多くの者どもおちゆき討たれける中に」【訳】多くの者たちが敗走し、戦死した中で。❷落ちぶれていく。しだいに劣っていく。【源氏物語 平安―物語】行幸「末になれば、おちゆくけぢめこそやすく侍(はべ)めれ」【訳】あとになるほど、落ちぶれていくその差がつきやすいようです。

おぢ-わ・ぶ【怖ぢ侘ぶ】オジワブ【自動詞】バ上二｛び／び／ぶ／ぶる／ぶれ／びよ｝恐れ当惑する。【堤中納言 平安―物語】虫めづる姫君「人々おぢわびて逃ぐれば」【訳】女房たちは(毛虫などを)恐れ当惑して逃げるので。

おち-ゐる【落ち居る】オチイル【自動詞】ワ上一｛ゐ／ゐ／ゐる／ゐる／ゐれ／ゐよ｝(気持ちが)落ち着く。ゆったりする。(事がらが)落着する。【源氏物語 平安―物語】桐壺「女御(にょうご)も御心おちゐたまひぬ」【訳】女御もお心が落ち着きなさった。

お・つ[1]〔復つ〕⇩をつ

お・つ[2]【落つ】【自動詞】タ上二｛ち／ち／つ／つる／つれ／ちよ｝❶落ちる。落下する。【源氏物語 平安―物語】桐壺「車よりおちぬべうまろび給(たま)へば」【訳】牛車(ぎっしゃ)から落ちてしまいそうにお倒れになるので。❷(花や葉が)散る。(雨や雪が)降る。【徒然 鎌倉―随筆】一五五「木(こ)の葉のおつるも」【訳】木の葉が散るのも。❸光がさす。照る。【新古今 鎌倉―歌集】冬「霜の上におちたる月の影の寒けさ」【訳】霜の上にさしている月の光の寒い感じよ。❹(日や月が)沈む。没する。【蕪村句集 江戸―句集】俳諧「おつる日のくくりて染むる蕎麦(そば)の茎(くき)―蕪村」【訳】沈む夕日がくくり染めで染めているのだ。あの蕎麦の茎が真っ赤なのは。❺落ちぶれる。堕落する。【源氏物語 平安―物語】蓬生「かうまでおつべき宿世(すくせ)ありければにや」【訳】こうまで落ちぶれるはずの宿命があったからだろうか。❻逃げる。逃げ落ちる。【平家物語 鎌倉―物語】四・信連「高倉を北へおちさせ給(たま)ふに」【訳】高倉通りを北へお逃げになられたが。❼治る。(つきものが)去る。【十訓抄 鎌倉―説話】一〇「おこり時過ぎておちにける」【訳】熱病が、時間が経過して治った。

❽〔多く、打消の「ず」を下接して〕欠ける。欠かす。万葉集 奈良―歌集 六「寝ぬる夜おちず家なる妹をかけて偲ひつ」訳寝る夜は欠かさず、家にいる妹を心に思い浮かべて慕ったことだ。❾白状する。今昔物語 平安―説話 二四・一四「あながちに問ひければ、つひにおちていはく」訳きつく問いただしたところ、とうとう白状して言うことには。

お*・づ【怖づ】ズ 自動詞ダ上二〔ぢ/ぢ/づ/づる/づれ/ぢよ〕恐れる。こわがる。源氏物語 平安―物語 若紫「をさなき心地にも、いといたうもおぢず」訳幼い心にも、それほどひどくもこわがらず。

おづ-おづ【怖づ怖づ】オズオズ 副詞 おそるおそる。こわごわ。蜻蛉 平安―日記 上「たしかに来とあらば、おづおづも」訳はっきりと「来い」というのであれば、おそるおそるでも(行きますよ)。

おっ-かか・る【押っ掛かる】自動詞ラ四〔ら/り/る/る/れ/れ〕「おしかかる」の促音便。今にもなろうとする。心中天網島 江戸―浄瑠 浄瑠・近松「弟とはいうもの三十におっかかり」訳弟とはいうが今にも三十歳になろうとし。

おっ-さま(に)【追っ様(に)】副詞「おひさま(に)」の促音便。後を追ってすぐ(に)。おっつけ。平家物語 鎌倉―物語 一〇・三日平氏「心すこしおとしすゑておっさまに参り候ふべし」訳心をすこし落ち着かせて、後を追ってすぐに参りましょう。

おったて-の-くゎんにん【追っ立ての官人】オッタテノカンニン 名詞 流罪人を配所(=流刑地)へ護送する役人。

おっ-つけ【追っ付け】副詞 すぐに。じきに。烏帽子折 室町―能楽 謡曲「いざおっつけ行かう」訳さあ、すぐに行こう。

おっ-て【追っ手】名詞「おひて」の促音便。罪人などを捕らえるために追いかける人。

おっと-まかせ【おっと任せ】感動詞 よしきた。▼気軽に承諾するときの返事。冥途飛脚 江戸―浄瑠 浄瑠・近松「『おっとまかせ』と、足軽く走る三里の灸よりも小判の利きぞこたへける」訳「よしきた」と軽快に走りだしたのは、三里(=膝頭の下)にすえる灸よりも(与えた)小判の威力が利いたのだ。

おっ-と・る【追っ取る】他動詞ラ四〔ら/り/る/る/れ/れ〕「おしとる」の促音便。すぐに手に取る。勢いよく取る。太平記 室町―物語 三四「その旗をおっとりて」訳(相模守は)その旗を勢いよく取って。

おてうちの… 俳句「御手討ちの 夫婦なりしを 更衣」蕪村句集 江戸―句集 俳諧・蕪村 訳武家奉公をしていた男女が不義をはたらき、お家の御法度とばかり御手討ちになるところをひそかに許され、今は夫婦となってひっそりと暮らしている。そんな夫婦が四月を迎え、人並みに衣更ができ、生きていることを感謝している。

鑑賞 小説的構想をもつ句として有名。季語は「更衣」で、季は夏。

お[1]と【弟・乙】名詞 ❶弟。妹。対兄。❷長子でない子。末子。乙子。

おと[2]【音】名詞 ❶物音。響き。古今 平安―歌集 秋上「秋来ぬと目にはさやかに見えねども風のおとにぞ驚かれぬる」訳⇩あききぬと…。❷声。鳴き声。枕草子 平安―随筆 鳥は「十年ばかりさぶらひて聞きしに、まことにさらにおとせざりき」訳十年ほど宮仕えをして聞いていたが、本当に、全然(うぐいすの)鳴き声はしなかった。❸〔多く、打消の語を下接して〕たより。音沙汰。竹取物語 平安―物語 竜の頸の玉「夜昼待ち給ふに、年越ゆるまでおともせず」訳夜も昼も待っていらっしゃるのに、年を越すまでたよりもしてこない。❹〔多く、「おとに聞く」「おとに聞こゆ」の形で〕うわさ。評判。金葉 平安―歌集 恋下「おとに聞くたかしの浜のあだ波はかけじや袖の濡れもこそすれ」訳⇩おとにきく…。

おと[3]-【弟・乙】接頭語 ❶〔人を表す語または人名に付けて〕年下の。末の。「兄宇迦斯・弟宇迦斯」。❷〔人を表す語または人名に付けて〕美しい。愛する。年若い。かわいい。「弟橘比売命」

おと-うと【弟】名詞「おとひと」のウ音便。弟。妹。▼同性の年下のきょうだい。「おとと」とも。◆男についても女についてもいう。

おとがひ【頤】オトガイ 名詞 下あご。あご。

おとがひ-お・つ【頤落つ】オトガイオツ 連語 ❶寒さに震えることのたとえ。枕草子 平安―随筆 節分違へなどして「寒きこといとわりなく、おとがひなど落ちぬべきを」訳寒いことは非常に何とも耐え難く、あごなども落ちてしまいそうなのを。❷非常に美味であることのたとえ。また、おしゃべりなことのたとえ。柿山伏 室町―狂言 狂言「さてもさてもうまい柿ぢや、…おとがひがおつるやうな」訳ほんとうにうまい柿だ、…あごが落ちるようだ。

おとがひ-を-と・く【頤を解く】オトガイヲトク 連語「おとがひをはなつ」に同じ。

おとがひ-を-はな・つ【頤を放つ】オトガイヲハナツ 連語 あごをはずすほど大きく口をあけて笑う。宇治拾遺 鎌倉―説話 一・一二「諸人おとがひをはなちてわらひたるに」訳人々が大きく口をあけて笑っていたところ。

お-とぎ【御伽】名詞 ❶貴人などの相手をして、その退屈を慰めること。また、その者。❷高貴な人に寝室で奉仕すること。また、その女性。妾。❸「御伽小姓」の略。幼い主君の遊び相手となる小姓。◆「お」は接頭語。「おんとぎ」とも。

おと-ぎき【音聞き】名詞 世間の評判。外聞。

御伽草子 おとぎぞうし 文芸 室町時代に流行した、通俗的な短編物語。庶民を読者とし、単純な内容で、平易な表現をとり、絵も挿入されている。のちの、江戸時代の「仮名草子」に連なる。『鉢かづき』『ものくさ太郎』『一寸法師』などが代表作。

伽婢子 おとぎぼうこ オトギボウコ 書名 仮名草子。浅井了意作。江戸時代前期(一六六六)刊。十三巻。〔内容〕中国の小説『剪灯新話』『剪灯余話』などの翻案に、わが国の類似話を加えた六十八話から成る怪異小説集で、江戸怪異小説のさきがけとなった。巻三の「牡丹灯籠」が有名。

おとこ【男】⇩をとこ

おと-ご【乙子・弟子】名詞 末っ子。末子。◆男女のどちらにも使う。

おどし【縅・威】⇩をどし

おとし-い・る【落とし入る・陥る】他動詞ラ下二

〔る/るる/れ/れよ〕**ほうり込む。** 枕草子 平安―随筆 右衛門の尉なりける者の「伊予の国よりのぼるとて、波におとしいれけるを」訳伊予の国(愛媛県)から上京するというので、海の波間に(親を)ほうり込んだのを。

おとし-ご【落とし子】 名詞 貴人が正妻以外の女性に生ませた子。落胤。

おとし-だね【落とし種】 名詞 ❶「おとしご」に同じ。❷鳥などがくわえてきて落とした植物の種。

***おとし-む【貶む】** 他動詞マ下二〔め/め/む/むる/むれ/めよ〕**見くだす。さげすむ。** 源氏物語 平安―物語 桐壺「めざましきものにおとしめ、そねみ給ふ」訳(桐壺更衣を、ほかの女御・更衣たちは)気にくわない者としてさげすみ、ねたみなさる。

おと・す【落とす】 他動詞サ四〔さ/し/す/す/せ/せ〕

❶**落とす。落下させる。(涙を)こぼす。** 伊勢物語 平安―物語 九「乾飯の上に涙おとしてほとびにけり」訳乾し飯の上に涙をこぼして(乾し飯が)ふやけてしまった。

❷**なくす。紛失する。** 源氏物語 平安―物語 若菜下「昨夜のかはほりをおとして」訳昨夜のかわほり扇(=紙を片側だけ張った扇)をなくして。

❸**漏らす。抜かす。** 枕草子 平安―随筆 中納言まゐり給ひて「一つなおとしそ」訳一つも(書き)漏らすな。

❹**逃げのびさせる。逃がす。** 太平記 室町―物語 二「これは謀叛の輩をおとさじがための謀なり」訳これは謀叛の人々を逃がすまいとするための策略だ。

❺**攻め取る。陥落させる。** 太平記 室町―物語 七「人のみ討たれておとすことありがたし」訳人ばかり討たれて攻め取ることはむずかしい。

❻**病気を治す。つきものを取り除く。** 十訓抄 鎌倉―説話 一〇「さるべき験者どもも、おとしかねたりけるに」訳しかるべき修験者たちが、つきものを取り除きかねていたところ。

❼**劣った扱いをする。劣らせる。** 源氏物語 平安―物語 少女「いまひと方の御けしきをさをさおとし給はで」訳もうお一方のごようすもすこしも劣った扱いをしなさらないで。

❽**見下げる。軽蔑する。** 源氏物語 平安―物語 若菜下「人におとされ給へる御ありさまとて」訳他の人から軽蔑されなさっている(女三の宮の)ごようすだからといって。◇「貶す」とも書く。

おど・す【威す・嚇す】 他動詞サ四〔さ/し/す/す/せ/せ〕**こわがらせる。脅かす。** 源氏物語 平安―物語 夕顔「さやうのものにはおどされじ」訳そんな物には脅かされないぞ。

***おと-づ・る【訪る】** オトズル 自動詞ラ下二〔れ/れ/る/るる/るれ/れよ〕❶**音や声がする。音や声を立てる。** 金葉 平安―歌集 秋「夕されば門田の稲葉おとづれて」訳⇨ゆふさればかどたのいなば…。❷**訪問する。訪れる。** 伊勢物語 平安―物語 一七「年ごろおとづれざりける人の」訳数年来訪れなかった人が。❸**たよりをする。安否をたずねる。** 平家物語 鎌倉―物語 一〇・三日平氏「月に一度なんどは必ずおとづるるものをと」訳月に一度ぐらいは必ずたよりをするものだがと。

おと-と【弟・妹】 名詞「おとうと」に同じ。

おとど【大殿・大臣】 名詞

❶**御殿。** ▼身分の高い人を敬って、そのすまい、またはその中の部屋をいう尊敬語。源氏物語 平安―物語 若紫「おとどの造りざま、しつらひざま、更にもいはず」訳御殿の造り具合や、飾り付けのようすなどは言うまでもなく(すばらしく)。

❷大臣・公卿の尊敬語。大鏡 平安―物語 時平「このおとど、子どもあまたおはせしに」訳この大臣(=菅原道真)には、子供がたくさんいらっしゃったが。

❸女主人の尊敬語。源氏物語 平安―物語 野分「北のおとどのおぼえを思ふに」訳北の御殿の御方の評判を思うと。

❹女房・乳母などの尊敬語。源氏物語 平安―物語 玉鬘「おとど、おびえて色もなくなりぬ」訳乳母殿は、おびえて顔色もなくなった。

おとと-い【弟兄】 名詞 **兄弟。姉妹。**

おとな【大人】 名詞

❶**成人した人。一人前の大人。** ▼男子の場合は元服、女子の場合は裳着をすませたのちをいう。伊勢物語 平安―物語 二三「おとなになりにければ、男も女も恥ぢかはしてありけれど」訳一人前の大人になってしまったので、男も女も互いに恥ずかしがっていたけれども。

❷**年輩の女性。女主人。** 源氏物語 平安―物語 若紫「清げなるおとな二人ばかり、さては童べぞ出で入り遊ぶ」訳さっぱりした感じの年輩の女房が二人ほど、そしてそのほかには子供が出入りして遊んでいる。

❸**老臣。長老。** 平家物語 鎌倉―物語 一一・弓流「おとなども爪はじきをして」訳(義経が海に流した弓に未練をみせたので)老臣たちは非難をして。

***おとなう**〔音なう・訪う〕⇨おとなふ

おとなおとな・し【大人大人し】 形容詞シク〔(しく)/しから/しく/しかり/し/しき/しかる/しけれ/しかれ〕**いかにも大人びている。思慮分別がありそうだ。** 源氏物語 平安―物語 薄雲「御年よりはこよなうおとなおとなしうねびさせ給ひて」訳実際のお年に比べたいへん大人びてご成人なさったので。◇「おとなおとなしう」はウ音便。対子子し。

おとな・し【大人し】 形容詞シク

〔(しく)/しから/しく/しかり/し/しき/しかる/しけれ/しかれ〕

語義の扉

名詞「おとな(大人)」を形容詞化した語で、大人としての風貌、要素をもっているようすを原義として、思慮深い、分別がある、落ち着いているなどの意を表す。現代語の「おとなしい」は❹から変化したもので、江戸時代ごろからの用法。

- ❶大人っぽい。大人だ。ませている。
- ❷思慮深い。分別がある。
- ❸年配だ。主だっている。
- ❹穏やかだ。静かだ。

❶**大人っぽい。大人だ。ませている。** 紫式部 平安―日記 寛弘五・七・中「年のほどよりはいとおとなしく」訳お年のわりにはずっと大人っぽくて。

❷**思慮深い。分別がある。** 源氏物語 平安―物語 夕霧「い

とおとなしうよろづを思ひしづめ」訳とても思慮深く何事も落ち着いていて。◇「おとなしう」はウ音便。❸**年配だ。主だっている。**徒然 鎌倉―随筆 二三六「おとなしく物知りぬべき顔したる神官を呼びて」訳年配で何でもよく知っていそうな顔をしている神官を呼んで。❹**穏やかだ。静かだ。**徒然 鎌倉―随筆 二三四「うららかに言ひ聞かせたらんはおとなしく聞こえなまし」訳隠すところなく言い聞かせたとしたら、穏やかにきっと聞こえるだろうに。

関連語 ⇩大人／大人大人し／大人しやかなり／大人たつ。

おとなしく-な・る【大人しく成る】連語 大人っぽくなる。大人らしくなる。一人前になる。源氏物語 平安―物語 紅葉賀「けふよりは、おとなしくなり給へりや」訳（一つ年を加え）今日からは、大人らしくなられましたか。

おとなし-やか・なり【大人しやかなり】形容動詞 ナリ〔なら／なり・に／なり／なる／なれ／なれ〕大人びている。年長者らしくしっかりしている。思慮分別がある。平家物語 鎌倉―物語 一二・六代「あはれおとなしやかならん者の、聖の行きあはん所まで六代を具せよといへかし」訳ああ年長者のしっかりしているような者が、聖（＝文覚）と出会う所まで六代を連れて行けと言ってくれ。

おとな-だ・つ【大人立つ】自動詞 タ四〔た／ち／つ／つ／て／て〕大人らしい感じになる。年配で、分別がありそうに見える。枕草子 平安―随筆 若き人、ちごどもなどは「受領など、おとなだちぬるも、ふくらかなるぞよき」訳受領（＝国守）などのような、大人らしい感じになった人も、ふとっているのがよい。

おと-なひ【音なひ・訪ひ】名詞

❶**音。物音。響き。**枕草子 平安―随筆 心にくきもの「うちそよめく衣のおとなひなつかしう」訳さやさやと鳴る衣ずれの音が魅力的で。❷（音によってわかる）**ようす。気配。**更級 平安―日記 宮仕へ「梅壺の女御ののぼらせ給ふなるおとなひ、いみじく心にくく優なるにも」訳梅壺の女御が（清涼殿に）お上りになられるような気配が、とても奥ゆかしく優雅であるにつけても。❸**騒ぎ。評判。**増鏡 室町―物語 春の別れ「世のおとなひ聞こしめす入道の宮・女院などの御心のうち今さらにいとかなし」訳世間の騒ぎをお聞きになる入道の宮（＝禖子内親王）や女院（＝永嘉門院）などのご心中は、今あらたにまことに悲しく感じる。❹**訪れ。訪問。**蜻蛉 平安―日記 下「例ならぬほととぎすのおとなひにも、やすき空なく思ふべかめれ」訳例年にないほととぎすの訪れにも、心の休まるひまなく、物思いをするにちがいないようだ。

おと-な・ふ【音なふ・訪ふ】

自動詞 ハ四〔は／ひ／ふ／ふ／へ／へ〕❶**音がする。音をたてる。**徒然 鎌倉―随筆 一一「木の葉にうづもるる懸樋の雫ならでは、つゆおとなふものなし」訳木の葉にうずもれている、懸け樋の雫以外には、まったく音をたてるものはない。（この例は、❷の意味も掛けている。）❷**訪問する。訪れる。訪ねる。**源氏物語 平安―物語 末摘花「古りにたるあたりとておとなひ聞こゆる人もなかりけるを」訳時代に取り残された所だというので、お訪ね申し上げる人もなかったので。

おとな-・ぶ【大人ぶ】自動詞 バ上二〔び／び／ぶ／ぶる／ぶれ／びよ〕❶**大人になる。一人前になる。**更級 平安―日記 夫の死「今はこの若き人々おとなびさせむと」訳今はこの若い人たちを一人前にならせようと。❷**大人らしくなる。大人びる。**源氏物語 平安―物語 葵「久しかりつるほどに、いとこよなうこそおとなび給ひにけれ」訳久しくごぶさたした間に、たいそうこの上なく大人らしくなりなさったものだ。

おと-に-き・く【音に聞く】連語 ❶**うわさに聞く。**竹取物語 平安―物語 貴公子たちの求婚「おとにききめでて惑ふ」訳（かぐや姫のことを）うわさに聞き思い慕って思い乱れる。徒然 鎌倉―随筆 八九「小川のはたにて、おとにききし猫また、あやまたず足もとへふと寄り来て」訳小川のふちで、うわさに聞いた猫またが、案の定足もとへすばやく寄って来て。❷**有名だ。評判が高い。**金葉 平安―歌集 恋下「おとにきくたかしの浜のあだ波は」訳⇩おとにきく…。

おとにきく… 和歌 百人一首「音に聞く たかしの浜の あだ波は かけじや袖の 濡れもこそすれ」金葉 平安―歌集 恋下・祐子内親王家紀伊 訳評判の高い高師の浜の、むやみに立ち騒ぐ波（のようなあなたのこと）は、（袖に）かけますまいよ。（浮気者と評判の高いあなたの気まぐれの波がかかって、涙で）袖が濡れたら困りますから。

鑑賞「たかし」に地名の「高師」と「高し」とをかけ、「かけじや」には、波をかける意と思いをかける意をかけている。

おと-に-きこ・ゆ【音に聞こゆ】連語 **たよりがある。うわさになる。有名だ。**源氏物語 平安―物語 常夏「年ごろおとにもきこえぬ山がつの子」訳長年、うわさにもならなかった素性の卑しい山里に住む者の子。◆「聞こゆ」は下二段の自動詞。

音羽の滝 地名 今の京都市東山区清水寺の境内、奥の院の下方にある滝。音羽川の流れを引く。霊験のある滝として知られる。

音羽山 地名 ❶ 歌枕 今の京都市郊外の山科と滋賀県の大津との間にある山。北は「逢坂山」に続く。歌では、「ほととぎす」が詠まれることが多い。❷今の京都市の東方に連なる東山三十六峰の一つ。山腹に清水寺があり、奥の院近くに音羽の滝がある。古来、桜・紅葉の名所。

おと-みや【弟宮・妹宮】名詞 **弟の皇子。妹の皇女。**

おとめ〔少女・乙女〕⇩をとめ

おと-も-せ-・ず【音もせず】連語

なりたち 名詞「おと」＋係助詞「も」＋サ変動詞「す」の未然形＋打消の助動詞「ず」

音沙汰がない。うわさにも聞かない。源氏物語 平安―物語 蜻蛉「おともせざりつる人のはてを、かくあつかはせたまふ、誰ならむ」訳うわさにも聞かなかった人の果て（の法要）を、こんなに丁重になさるのは、どんな方なのだろう。

おと-や【乙矢】名詞 一手（＝二本一組）の的矢を射るときの二番目に射る矢。対甲矢。

おとり‐ざま・なり【劣り様なり】形容動詞ナリ｛なら／なり・に／なり／なる／なれ／なれ｝**劣ったようすだ。劣っていく傾向にある。** 源氏物語 平安｜物語 梅枝「よろづの事、昔にはおとりざまに、浅くなり行く世の末なれど」訳万事、昔に比べて劣ったようすで、浅薄になって行く末世であるけれど。

おとり‐ばら【劣り腹】名詞 他より身分の低い妻。また、その妻から生まれた子。

おとり‐まさり【劣り勝り・劣り優り】名詞 **優劣。** 品位の上下。

おとり‐まさ・る【劣り勝る】自動詞ラ四｛ら／り／る／る／れ／れ｝❶**優劣がある。** 紫式部 平安｜日記 消息文「人はみなとりどりにて、こよなうおとりまさることもはべらず」訳人は皆各人さまざまで、格別に優劣があることもございません。❷**劣りがちである。** 源氏物語 平安｜物語 藤裏葉「あてにめでたけはひや、思ひなしにおとりまさらむ」訳（夕霧の）気品高くりっぱな感じは、気のせいで（冷泉帝よりも）劣りがちであろう。

***おと・る**【劣る】自動詞ラ四｛ら／り／る／る／れ／れ｝❶（身分・地位などが）**他に及ばない。他より低い。** 枕草子 平安｜随筆 暮を「おとりたる人の、居ずまひもかしこまりたる気色にて」訳身分が劣っている人が、座った姿勢もかしこまったようすで。対勝る。❷（財産・利益などが）**減る。損をする。**

おどる【踊る・躍る】⇨をどる

おどろ【棘・荊棘】名詞 ❶乱れ茂っていること。乱れ茂っている所。やぶ。❷**髪などの乱れているようす。**

おどろおどろ・し

形容詞シク｛しく・しから／しく・しかり／し／しき・しかる／しけれ／しかれ｝

語義の扉

動詞「おどろく」の語幹「おどろ」を重ねて形容詞化した語で、はっとして目を見張る、おおげさだ、気味が悪い、また、びっくりするほど騒がしいようすを強調。

❶おおげさだ。仰々しい。いかめしい。ものすごい。

❷気味が悪い。恐ろしい。けたたましく騒がしい。

❶**おおげさだ。仰々しい。いかめしい。ものすごい。** 枕草子 平安｜随筆 頭の中将の「『ここに草の庵やある』とおどろおどろしく言へば」訳「ここに草の庵さんはいるか」とおおげさに言うので。

❷**気味が悪い。恐ろしい。けたたましく騒がしい。** 大鏡 平安｜物語 道長上「いとおどろおどろしくかきたれ雨の降る夜」訳とても気味悪く激しく雨の降る夜。参照▶類語と使い分け⑤

おどろか・し【驚かし】形容詞シク｛しく・しから／しく・しかり／し／しき・しかる／しけれ／しかれ｝**驚くべきようすだ。仰々しい。** 愚管抄 鎌倉｜論 六「物見知れらん人のためにはおどろかしきほどの事なりけれ」訳物事をみてよく理解できるような人にとっては（武士の振る舞いが）仰々しいばかりのありさまであった。

おどろか・す

【驚かす】他動詞サ四｛さ／し／す／す／せ／せ｝

❶**はっと気づかせる。注意を促す。** 源氏物語 平安｜物語 浮舟「『明け果てぬ先に』と、人々、しはぶきおどろかし聞こゆ」訳「夜が明けきってしまわないうちに」と、供の者たちが咳ばらいをしてうながし申し上げる。

❷**驚かせる。びっくりさせる。** 源氏物語 平安｜物語 若紫「これ、ただ御手一つあそばして、山の鳥もおどろかし侍らむ」訳これ(=琴)を、ほんの一曲だけお弾きなさいまして、山の鳥もびっくりさせてやりましょう。

❸**目をさまさせる。起こす。** 宇治拾遺 鎌倉｜説話 一・一二「この児、さだめておどろかさんずらんと、待ち居たるに」訳この稚児は、きっと（だれかが自分を）起こそうとするだろうと、待っていたところ。

おどろ・く

【驚く】自動詞カ四｛か／き／く／く／け／け｝

語義の扉

聴覚、また、視覚の生理的な反応として、はっとするのが原義で、「はっと気がつく」「びっくりする」「目がさめる」の意を表す。

❶はっと気がつく

❷驚く。びっくりする。

❸目をさます。目がさめる。

❶**はっと気がつく。** 古今 平安｜歌集 秋上「秋来ぬと目にはさやかに見えねども風の音にぞおどろかれぬる」訳⇨あききぬと…。

❷**驚く。びっくりする。** 源氏物語 平安｜物語 若紫「聖『…いかで、かうおはしましつらむ』とおどろき騒ぎ、うち笑みつつ見奉る」訳聖は「…どうしてこのようにおいでになったのでしょうか」と驚きあわて、ほほえみながら（源氏を）見申し上げる。

❸**目をさます。目がさめる。** 更級 平安｜日記 大納言殿の姫君「なほさるにてこそはと思ひてあるに、わづらふ姉おどろきて」訳やはり、主人のそばをはなれれば、猫が鳴くのはあたりまえのことであろうと思っていると、病気の姉がはっと目をさまして。

おとろ・ふ【衰ふ】自動詞ハ下二｛へ／へ／ふ／ふる／ふれ／へよ｝❶**勢いが弱くなる。おちぶれる。** 伊勢物語 平安｜物語 八〇「おとろへたる家に」訳おちぶれた家に。❷（体力・容色などが）**衰える。** 源氏物語 平安｜物語 蓬生「かたちなどおとろへにけり」訳容貌などが衰えてしまったことだ。

***おな・じ**【同じ】形容詞シク｛じく・じから／じく・じかり／じ／じき・じかる／じけれ／じかれ｝**同じだ。一致している。差がない。等しい。** 土佐日記 平安｜日記 一・二四「昨日のおなじ所なり」訳昨日と同じ所である。

参考 体言を修飾するとき、奈良時代以前には「おなじき」「おなじ」の両形が用いられ、平安時代には、漢文訓読系の文には「おなじき」が、和文には「おなじ」が多く用いられた。

おなじき【同じき】連体詞 **同じ。同上の。その。** 大鏡 平安｜物語 陽成「おなじき十一年二月一日己丑、御年二にて東宮にたたせたまひて」訳同じ(貞観)十一年二月一日己丑に、御年二歳で皇太子にお立ちになって。

おなじく【同じく】 接続詞 **ならびに。及び。** 猿蓑 江戸―句集 俳諧「実盛が菊から草のかぶと、おなじく錦のきれ」訳実盛の菊唐草の兜と、ならびに錦の布。

おなじく-は【同じくは】 副詞 **同じことならば。いっそのこと。**「おなじうは」とも。枕草子 平安―随筆 職の御曹司におはします頃、西の廂にて「おなじくは、庭にまことの山を作らせ侍らむ」訳いっそのこと、庭にほんとうの(雪の)山を作らせましょう。

おなじ-まくら-に-ふししづ-む【同じ枕に伏し沈む】 連語 **いっしょに泣き伏し、嘆きに沈む。** 平家物語 鎌倉―物語 九・小宰相身投「乳母の女房もおなじまくらにふししづみにけり」訳乳母の女房も(北の方と)いっしょに泣き伏し、嘆きに沈んだのだった。◆「ふししづむ」は四段の自動詞。

おに[1]【鬼】 名詞 恐ろしい姿をして人に害を与えるという想像上の怪物。伊勢物語 平安―物語 六「はや夜もあけなむと思ひつつゐたるに、おにはや一口に食ひてけり」訳早く夜が明けてほしいと思いながらすわっていた間に、鬼は(女を)すでに一口に食ってしまっていた。
参考「鬼」は「隠」の字音「おん」の変化したものといわれる。「隠」は、姿が見えないの意。

おに-[2]【鬼】 接頭語 名詞の上に付けて、荒々しい、勇猛な、恐ろしいなどのようすを表す。「おに葦毛」「おに武者」「おに子」

おに-がみ【鬼神】 名詞 **荒々しく恐ろしい神。** 古今 平安―歌集 仮名序「目に見えぬおにがみをも、あはれと思はせ」訳(和歌は)目に見えない荒々しく恐ろしい神をも、しみじみと感動させ。◆「鬼神」を訓読した語。

鬼貫 ⇩上島鬼貫

おに-の-ま【鬼の間】 名詞 清涼殿の西廂にある部屋。◆室内の壁に、インド波羅奈国の白沢王が鬼をきる絵があったところから。参照▼口絵

おに-ひとくち【鬼一口】 名詞 ❶鬼が人を一口に食うこと。❷鬼に一口で食われるような危険なこと。❸鬼が人を一口に食うように容易なこと。
参考『伊勢物語』第六段で、女が鬼に一口で食われてしまったという話から。

古典の常識『鬼と民俗』

鬼の字は中国では死人の魂を描いた字とされているが、日本でも古代には、目に見えない精霊のようなものと考えられていたらしい。奈良時代以前からは、得体の知れない超人的なものと考えられるようになる。現在見るような、人の姿に似て、角を生やし、裸で腰にとらの皮を巻き、口が大きくさけた恐ろしい姿とされたのは平安時代以降で、仏教の夜叉・羅刹などの鬼神の影響であるという。

鬼はまた陰陽道で疫病神とされたことから、宮中では悪鬼を追い払う儺(=鬼遣らい)の儀式が行われ、これが民間にも広まって節分の行事になった。子供の遊びの「鬼ごっこ」もこれに由来している。

異形の者、超人的な現象などを鬼に結びつけるところから、たたりを防ぐ種々の民俗信仰が起こったが、羅生門の鬼退治など悪鬼退治の話も生まれた。民話の「桃太郎」「一寸法師」「こぶ取りじいさん」なども、この流れにある。

おに-もぢ【鬼綟・鬼縑】 名詞 太い麻糸で織った、目の粗い布。夏の肩衣などに用いる。◆「鬼」は強くて丈夫である意。

おに-やらひ【鬼遣らひ・鬼儺】 名詞 ❶「ついな」に同じ。❷**鬼打ち。豆まき。** 室町時代以後、民間で、節分の夜に炒った豆をまいて疫鬼を追い払う行事。

お-ぬし【御主】 代名詞 対称の人称代名詞。**そなた。おまえ。** ▼対等以下の者に対していう。◆室町時代以後の語。

おの【己】 代名詞 自称の人称代名詞。**自分自身。その物自身。われ。私。**
参考ふつう助詞「が」を伴った「おのが」の形で用いられる。

おの-おの【各・己己】 一 代名詞 対称の人称代名詞。**みなさん。あなたがた。** ▼多人数に呼びかける語。平家物語 鎌倉―物語 二・烽火之沙汰「これをおのおの聞き給へ」訳これをみなさんお聞きなさい。
二 副詞 **それぞれ。めいめい。** 徒然 鎌倉―随筆 四一「車の前に雑人立ち隔てて見えざりしかば、おのおの下りて」訳牛車の前に身分の低い者たちが立ちさえぎってしまい(くらべ馬が)見えなかったので、それぞれ(牛車から)下りて。

おの-が*【己が】 連語
なりたち 代名詞「おの」＋格助詞「が」
❶**自分が。** 竹取物語 平安―物語 竜の頸の玉「おのが行かまほしき所へ往ぬ」訳(それぞれ)自分が行きたい所へいってしまう。❷**自分の。** 徒然 鎌倉―随筆 一三一「おのが分を知りて」訳自分の身分のほどを知って。❸**私が。** 源氏物語 平安―物語 真木柱「おのがあらむ世の限りは」訳私が生きている限りは。❹**私の。** 源氏物語 平安―物語 葵「おのが顔のならむさまをば知らで」訳私の顔がどんなふうになるかを知らないで。

おの-が-きぬぎぬ【己が衣衣】 連語
なりたち 代名詞「おの」＋格助詞「が」＋名詞「きぬぎぬ」
共寝をした男女の朝の別れ。後朝。 古今 平安―歌集 恋三「おのがきぬぎぬなるぞ悲しき」訳朝それぞれ自分の衣を着る別れとなるのが悲しいことよ。◆共寝した男女が、一つに重ねて掛けていた衣をそれぞれ引き離して着ることからいう。

おの-が-さまざま【己が様様】 連語
なりたち 代名詞「おの」＋格助詞「が」＋形容動詞「さまざまなり」の語幹
それぞれ異なったようすに。めいめい思い思いに。 伊勢物語 平安―物語 八六「おのがさまざま年の経ぬれば」訳それぞれ異なったようすに年月を過ごしたので。

おの-が-じし*【己がじし】 副詞 **各自それぞれ。思い思いに。** 源氏物語 平安―物語 夕顔「おのがじしの営みに」訳各自それぞれの仕事のために。

おの‐が‐ちりぢり【己が散り散り】 連語

なりたち 代名詞「おの」＋格助詞「が」＋形容動詞「ちりぢりなり」の語幹

てんでんばらばらに。 増鏡 室町‐物語 新島守「花の都をさへ立ちわかれ、おのがちりぢりにさすらへ」訳美しい都からも離れて、（一族は）てんでんばらばらにさまよい。

おの‐が‐どち【己がどち】 名詞 副詞 **自分たち同士。** 源氏物語 平安‐物語 夕霧「睦(むつ)ましうさぶらふ限りはおのがどち、思ひ乱る」訳親しくお仕えするものは皆、自分たち同士、あれこれ気をもんでいる。

おの‐が‐まま【己が儘】 連語

なりたち 代名詞「おの」＋格助詞「が」＋名詞「まま」

❶**生まれつき。** 雨月物語 江戸‐物語 吉備津の釜「おのがままのたはけたる性(さが)はいかにせん」訳生まれつきのふざけている本性はどうにもならないものだ。❷**自分の思うまま。自分勝手。** 三冊子 江戸‐句集 俳論「この習へといふところを、おのがままにとりて」訳この（師の言葉の）習えということを、自分勝手に解釈し。

おの‐が‐よよ【己が世世】 連語

なりたち 代名詞「おの」＋格助詞「が」＋名詞「よよ」

男女が別れて別々の暮らしをすること。伊勢物語 平安‐物語 二一「おのがよよになりければ、疎くなりにけり」訳それぞれが別れて別々の生活をすることになったので、疎遠になってしまった。◆「世」は男女の仲のこと。

おの‐づ‐から【自ら】オノズカラ 副詞

おのこ〔男子・男〕⇩をのこ

語義の扉

「おの」は「己」で、「自分自身から」の意。意図的でないありかた、自然のなりゆきであるようすから、自然に、ひとりでに、また、偶然に、などの意を表す。類語「みづから」が、自分の力や意志でものごとを行うようすを表すのと対比的。

❶**自然に。いつのまにか。**
❷**偶然に。たまたま。まれに。**
❸〔仮定表現を下接して〕**もしも。万一。ひょっとして。**

❶**自然に。いつのまにか。** 徒然 鎌倉‐随筆 五六「一人に向きて言ふを、おのづから人も聞くにこそあれ」訳一人に向かって言うのを、自然にほかの人も聞くのである。

❷**偶然に。たまたま。まれに。** 枕草子 平安‐随筆 はしたなきもの「おのづから人の上などうち言ひそしりたるに」訳たまたま他人の話などをして、けなしていたのを。

❸〔仮定表現を下接して〕**もしも。万一。ひょっとして。** 平家物語 鎌倉‐物語 一・祇王「おのづから後まで忘れぬ御事ならば」訳もしも（この私を）後々まで忘れないお考えならば。

おの‐づま【己夫・己妻】 名詞 **自分の夫。自分の妻。**

小野小町 オノノコマチ ⇩小野小町(をののこまち)

おの‐れ【己】

一 代名詞 ❶反照代名詞。**本人。自分自身。** 徒然 鎌倉‐随筆 一〇九「枝危ふきほどは、おのれが恐れはべれば申さず」訳枝が折れそうで危ない間は、本人がこわがっているから何も申しません。

❷自称の人称代名詞。**私。**▼多く、謙譲の気持ちを含む。源氏物語 平安‐物語 若紫「ただ今、おのれ見捨て奉らば、いかで世におはせむとすらむ」訳たった今、私が（あなたを）あとにお残し申して死んでしまったら、どのようにしてこの世を生きていこうとなさるのだろうか。

❸対称の人称代名詞。**おまえ。**▼相手を見下した気持ちのときに用いる。宇治拾遺 鎌倉‐説話 三・一七「これは、おのれはなちては、たれか書かん」訳これは、おまえを除いては、だれが書くだろうか。いや、おまえしかいない。

二 副詞 **おのずから。ひとりでに。** 源氏物語 平安‐物語 末摘花「松の木のおのれ起き返りてさとこぼるる雪も」訳（雪のためにたわんだ）松の木がひとりでに起き返ってさっと落下して散る雪も。

三 感動詞 **やい。こらっ。**▼相手をののしったり、強く呼びかけるときに発する語。末広がり 室町‐狂言 狂言「おのれ、にくいやつの」訳やい、憎いやつだのう。

＊おのれ‐と【己と】 副詞 ❶**自分から。みずから。** ❷**自然に。おのずから。** 徒然 鎌倉‐随筆 一三八「おのれと枯るるだにこそあるを」訳自然に枯れるのでさえも（心残りが）あるのに。

おのれ‐ら【己等】 代名詞 卑下の自称の人称代名詞。**私ども。われわれ。**▼単数にも複数にも用いる。◆「ら」は接尾語。

お‐ば【祖母】 名詞 ❶**祖母(そぼ)。** ❷**年寄りの女性。老婆。ばば。** 源氏物語 平安‐物語 朝顔「『おばおとど』と笑はせ給(また)ひし」訳「おばば殿」とお笑いあそばした。◇「おほば（祖母）」の変化した語。◆「姥」とも書く。対おぢ。

お‐はぐろ【御歯黒】 名詞 歯を黒く染めること。▼「歯黒め」の女房詞(にょうぼうことば)。

参考 歯を黒く染める風習は奈良時代以前からのものであるが、平安時代には公家(くげ)の男女、武家の男子、庶民の女子のものとなり、江戸時代になると、女子、特に既婚女性のしるしとなった。

＊おはさう・ず【御座さうず】 オワソウズ

一 自動詞 サ変〔ぜ/じ/ず/ずる/ずれ/ぜよ〕❶〔「あり」の尊敬語〕**いらっしゃる。おいでになる。** 源氏物語 平安‐物語 竹河「恥ぢらひておはさうずる、いとをかしげなり」訳恥ずかしそうにしていらっしゃるのは、たいそうかわいらしいご様子である。❷〔「行く」「来(く)」の尊敬語〕**お出かけになる。おいでになる。** 大鏡 平安‐物語 道長上「にがむにがむおのおのおはさうじぬ」訳苦い顔をしながらそれぞれお出かけになった。

二 補助動詞 サ変〔ぜ/じ/ず/ずる/ずれ/ぜよ〕〔尊敬の意を表す〕〔活用語の連用形に付いて〕**…ていらっしゃる。…でおいでになる。** 源氏物語 平安‐物語 真木柱「うちひそみて泣きおはさうず」訳顔をしかめて泣いていらっしゃる。

参考 多く、主語は複数。

おはさ・ふ【御座さふ】 オワサウ―オワソウ

一 自動詞 ハ四〔は/ひ/ふ/ふ/へ/へ〕〔「あり」「行く」「来(く)」の尊敬語〕**いらっしゃる。おいでになる。** 大鏡 平安‐物語 序「このおはさふ人々に」訳ここにおいでになる人々に。

二 補助動詞 ハ四〔は/ひ/ふ/ふ/へ/へ〕〔尊敬の意を表す〕〔活用語の連用形に付いて〕**…ていらっしゃる。…ておいでになる。** 宇津保 平安‐物語 国譲中「生(む)まれ給(また)へる御子(みこ)をうつくしみおはさふ」訳お生まれになった御子をかわいがっていらっしゃる。

参考 多く、主語は複数となる。

おはし-あ・ふ【御座し合ふ】オワシアウ―オワシオウ 自動詞ハ四 {ふ/ひ/へ/へ}「ゐ合ふ」「来合ふ」の尊敬語 **居合わせていらっしゃる。** 源氏物語 平安―物語 竹河「所々も歩かで、おはしあひたり」訳あちらこちらに出歩かないで、そこに居合わせていらっしゃった。

おはし-つ・く【御座し着く】オワシツク 自動詞カ四 {か/き/く/く/け/け}「行き着く」の尊敬語 **ご到着になる。お着きになる。** 源氏物語 平安―物語 手習「中将は山におはしつきて、僧都もめづらしがりて」訳中将は比叡山にご到着になって、僧都も久しぶりだと思って。

おはしまさ-す【御座しまさす】オワシマサス 連語

なりたち 動詞「おはします」の未然形＋使役の助動詞「す」

おいでになるようにさせる。いらっしゃるようにさせる。 源氏物語 平安―物語 夕顔「惟光、添ひ助けて、おはしまさするに」訳惟光がおそばで手助けをして(ご自邸まで)いらっしゃるようにさせるうちに。

***おはし-まさ・ふ【御座しまさふ】**オワシマサウ―オワシマソウ「おはしましあふ」の変化した語。

一 自動詞ハ四 {は/ひ/ふ/ふ/へ/へ} ❶「あり」の尊敬語 **いらっしゃる。おいでになる。** 大鏡 平安―物語 師輔「皆かくおはしまさふ」訳皆このようにしていらっしゃる。❷「行く」「来く」の尊敬語 **いらっしゃる。お出かけになる。おいでになる。** 宇津保 平安―物語 蔵開上「御方々におはしまさふ」訳それぞれのお部屋においでになる。

二 補助動詞ハ四 {は/ひ/ふ/ふ/へ/へ}［尊敬の意を表す］(活用語の連用形などに付いて)**…て(で)いらっしゃる。…て(で)おられる。** 枕草子 平安―随筆 関白殿、二月二十一日に「その御おとと三所、たち並みおはしまさふ」訳その(＝道隆の北の方の)お妹さん三人が、立ち並んでいらっしゃる。

参考 主語が複数の場合に用い、「おはさふ」よりも敬意が高い。

おはしまし-あ・ふ【御座しまし合ふ】オワシマシアウ―オワシマシオウ 自動詞ハ四 {は/ひ/ふ/ふ/へ/へ}「あり」「行く」「来く」の尊敬語 **いらっしゃる。おいでになる。** 大鏡 平安―物語 道長上「しかおはしましあへるに」訳(三人は)そのとおり(＝花山天皇の命令どおり)においでになったが。

参考 主語が複数の場合に用いる。

おはしまし-つ・く【御座しまし着く】オワシマシツク 自動詞カ四 {か/き/く/く/け/け} ❶「行き着く」の尊敬語 **ご到着になる。** 蜻蛉 平安―日記 上「宇治の院におはしましつきて」訳宇治の院にご到着になって。❷「ゐつく」の尊敬語 **居着きなさる。ご滞在になる。** 源氏物語 平安―物語 早蕨「ここがちにおはしましつきて、いとよう住み慣れ給ひにたれば」訳ここ(＝二条院)に多くご滞在になって、たいそう仲良く暮らしていらっしゃるので。

おはし-ま・す【御座します】オワシマス

語義の扉

尊敬の動詞「おはす」に補助動詞「ます」が付いたものと見られていたが、現在は「おほまします」の変化した語と見るのが有力である。平安時代から用いられ、「おはす」より高い敬意を表す。

一 自動詞
❶「あり」の尊敬語 いらっしゃる。おられる。
❷「行く」「来く」の尊敬語 いらっしゃる。おいでになる。

二 補助動詞
❶［尊敬の意を表す］…て(で)いらっしゃる。…て(で)おいでになる。
❷［高い尊敬の意を表す］…ていらっしゃる。…てあらせられる。

一 自動詞サ四 {さ/し/す/す/せ/せ} ❶「あり」の尊敬語 **いらっしゃる。おられる。おありになる。** 伊勢物語 平安―物語 八二「昔、惟喬親王と申す親王おはしましけり」訳昔、惟喬親王と申し上げる親王がいらっしゃったそうだ。

❷「行く」「来く」の尊敬語 **いらっしゃる。おいでになる。お出かけになる。お越しになる。** 伊勢物語 平安―物語 八三「昔、水無瀬に通ひ給ひし惟喬親王、例の狩しにおはします供に」訳昔、水無瀬に通いなさった惟喬親王が、いつものように鷹狩りをしにおいでになるお供として。

二 補助動詞サ四 {さ/し/す/す/せ/せ} ❶［尊敬の意を表す］(用言の連用形、断定の助動詞「なり」の連用形「に」、またそれらに助詞「て」が付いた形に付いて)**…て(で)いらっしゃる。…て(で)おいでになる。** 竹取物語 平安―物語 かぐや姫の昇天「ここにおはするかぐや姫は、重き病をし給へば、え出でおはしますまじ」訳ここにいらっしゃるかぐや姫は、重い病気にかかっていらっしゃるので、出ていらっしゃることはできないでしょう。

❷［高い尊敬の意を表す］(尊敬の助動詞「す」「さす」の下に付いて)**…ていらっしゃる。…てあらせられる。** 枕草子 平安―随筆 五月ばかり、月もなう「上も聞こしめして、興ぜさせおはしましつ」訳帝もお聞きあそばされて、お楽しみなさっていらっしゃった。

おは・す【御座す】オワス

語義の扉

存在、または「行く」「来く」の意味の尊敬語として用いられる動詞で、平安時代に発生、「おはします」とともに大いに用いられた。「おはします」よりは敬意が低いが、同じく、いらっしゃる意を表す「ものし給ふ(サ変補助動詞「ものす」＋補助動詞「たまふ」)」よりは少し高い敬意を表した。

一 自動詞
❶「あり」の尊敬語 いらっしゃる。おいでになる。
❷「行く」「来く」の尊敬語 いらっしゃる。お越しになる。

二 補助動詞 …ておいでになる。…ていらっしゃる。

一 自動詞サ変 {せ/し/す/する/すれ/せよ} ❶「あり」の尊敬語 **いらっしゃる。おいでになる。おありになる。** 竹取物語 平安―物語 かぐや姫の生ひ立ち「竹の中におはするにて知りぬ」訳竹の中にいらっしゃることでわかった。❷〔「行く」「来く」の尊敬語〕いらっしゃる。おいでになる。お越しになる。源氏物語 平安－物語 若紫「御供にむつましき四五人ばかりして、まだ暁におはす」訳お供に親しい者四、五人ほどを連れて、まだ夜が明けないうちにお出かけになる。

二 補助動詞 サ変 {せ/し/す/する/すれ/せよ}〔尊敬の意を表す〕〔用言の連用形、断定の助動詞「なり」の連用形「に」、またそれらに助詞「て」が付いた形に付いて〕…て(で)おいでになる。…て(で)いらっしゃる。源氏物語 平安－物語 桐壺「世に知らず、聡うかしこくおはすれば」訳(源氏は)世間に比類がないほど、聡明で賢くいらっしゃるので。

おば-す【帯ばす】連語

なりたち 動詞「おぶ」の未然形＋奈良時代以前の尊敬の助動詞「す」

身にお着けになる。お帯びになる。日本書紀 奈良－史書 継体「わが大君のおばせる細紋のみ帯の」訳わが大君が身にお着けになっている、細かい紋様のある帯の。◆奈良時代以前の語。

姨捨山 ⇩姨捨山

お-はもじ【御は文字】名詞 恥ずかしさ。恥ずかしいこと。◆「は文字」は「恥づかし」の頭文字に「文字」を付けた女房詞。

おひ【笈】名詞 修験者や行脚僧などが、仏具・衣服・書籍・食器などを入れて背負って歩く道具。箱形で脚が四本付いており、開閉する戸がある。

（笈）

おび【帯】名詞 ❶着物を着るとき、腰に巻いて結ぶもの。❷物忌みのしるしに肩などに掛けるひも。掛け帯。❸束帯姿で、「袍」につける皮ひも。石帯。❹妊婦が五か月目に腹に巻く布。岩田帯。❺腰に付ける刀。佩刀。

***おひ-い・づ**【生ひ出づ】自動詞 ダ下二 {で/で/づ/づる/づれ/でよ} ❶生え出る。生まれ出る。源氏物語 平安－物語 澪標「いとあまた次々におひいでつつ」訳たいそうたくさん次々に生まれ出て。❷成長する。成人する。更級 平安－日記 かどで「あづまぢの道の果てよりも、なほ奥つ方におひいでたる人」訳東国へ行く道筋の最果て(＝常陸の国)よりも、さらに奥まった所(＝上総の国)で成長した人(である私)。

おひいで-・く【生ひ出で来】自動詞 カ変 {こ/き/く/くる/くれ/こ(こよ)} (植物が)生え出してくる。古今 平安－歌集 恋一「春日野の雪間を分けておひいでくる草の」訳⇩かすがののゆきまをわけて…。

おひ-う・つ【追ひ棄つ】他動詞 タ下二 {て/て/つ/つる/つれ/てよ} 追い出す。伊勢物語 平安－物語 四〇「にはかに親、この女をおひうつ」訳突然親が、この女を追い出す。

おびえ-まど・ふ【怯え惑ふ】自動詞 ハ四 {は/ひ/ふ/ふ/へ/へ} こわがってうろたえる。びくびくして混乱する。枕草子 平安－随筆 うへにさぶらふ御猫は「おびえまどひて御簾の内に入りぬ」訳(猫は)こわがってうろたえて御簾の中に入った。

おひ-おと・す【追ひ落とす】他動詞 サ四 {さ/し/す/す/せ/せ} ❶高いところから追って落とす。平家物語 鎌倉－物語 七・願書「倶利伽羅が谷へおひおとさうど思ふなり」訳(敵を)倶利伽羅谷へ追って落とそうと思うのである。❷追い払う。攻め落とす。平家物語 鎌倉－物語 二・教訓状「入道身を捨てて凶徒をおひおとし」訳入道は命もかえりみずに悪人どもを追い払い。

おひ-かぜ【追ひ風】名詞 ❶背後から吹き抜ける風。特に、舟の進む方向へ吹き抜ける風。順風。対向かひ風。❷衣服にたきしめた香のかおりをただよわせる風。源氏物語 平安－物語 若紫「君の御おひかぜ、いと殊なれば」訳(源氏の)君の、お召し物の香りが、格別にすばらしいので。

おひかぜ-ようい【追ひ風用意】名詞 通り過ぎた後よい香りが漂うように着物に香をたきしめておくこと。

おひ-・く【追ひ来】自動詞 カ変 {こ/き/く/くる/くれ/こ(こよ)} 追いかけて来る。土佐日記 平安－日記 一・二五「海賊おひくといふこと、たえず聞こゆ」訳海賊が追いかけて来るということが、たえず耳に入る。

おひ-こ・る【生ひ凝る】自動詞 ラ四 {ら/り/る/る/れ/れ} 生い茂る。密生する。宇津保 平安－物語 俊蔭「蓬・葎さへおひこりて」訳蓬やつる草までも生い茂って。

おひ-さき【生ひ先】名詞 成長していく先。将来。源氏物語 平安－物語 若紫「いみじくおひさき見えて、うつくしげなるかたちなり」訳たいそう成長後(の美しさ)が思われて、かわいらしい顔だちである。

おひさき-こも・る【生ひ先籠る】連語 若く、有望な将来を持つ。源氏物語 平安－物語 帚木「おひさきこもれる窓のうちなるほどは」訳若く有望な将来を持っている深窓にいるうちは。

おひさき-み・ゆ【生ひ先見ゆ】連語 将来が期待される。今後の成長が予想される。源氏物語 平安－物語 若紫「いと若けれどおひさきみえてふくよかに書い給へり」訳たいそう未熟ではあるが今後の成長が予想されてふっくらとお書きになっていた。◆「みゆ」は下二段の自動詞。

おひ-し・く【生ひ及く】自動詞 カ四 {か/き/く/く/け/け} (植物が)次々に生え茂る。万葉集 奈良－歌集 一九八四「夏草の刈りはらへどもおひしくごとし」訳夏の草をいくら刈り払っても次々に生え茂るように。

***おびた・し**【夥し】形容詞 シク {(しく)・しから/しく・しかり/し/しき・しかる/しけれ/しかれ} ❶(程度が)甚だしい。ひどい。激しい。平家物語 鎌倉－物語 九・宇治川先陣「白波おびたたしうみなぎり落ち」訳白波が激しくみなぎり流れ落ち。◇「おびたたしう」はウ音便。❷騒がしい。大鏡 平安－物語 道隆「はと一度に笑ひたりし声こそいとおびたたしかりしか」訳はっはっと一度に笑った声は、たいそう騒がしかった。❸(規模が)非常に大きい。平家物語 鎌倉－物語 五・咸陽宮「あまりに内裏のおびたたしきを見て」訳あまりに内裏が大きいのを見て。❹(数量が)非常に多い。平家物語 鎌倉－物語 二・大納言流罪「山門の大衆おびたたしう蜂起して」訳比叡山延暦寺の僧たちが非常に多くいっせいに行動を起こして。

おひたたむ… 和歌「生ひたたむ ありかも知らぬ 若

草をおくらす露ぞ消えむ空なき」源氏物語 平安—物語 若紫 訳成長してどんな所で暮らしていくのかもわからないこの若草(のような幼い子)を後に残して、露(のような命の私)は消えていく空がありません(＝死んでも死にきれません)。

鑑賞 いつまでも幼く子供っぽい孫娘の髪をなでながら、その行く末を案じて祖母の尼君が詠んだ歌。「若草」は後年、源氏の理想的な伴侶となる紫の上のこと。はかなく消えてゆく自分を「露」にたとえている。「生ひたたむ」「消えむ」の「む」はともに婉曲の助動詞。

おひ-た・つ【生ひ立つ】自動詞タ四 {た/ち/つ/つ/て/て} (草木が)生えて育つ。(子供が)育つ。成長してゆく。源氏物語 平安—物語 夕顔「かの撫子のおひたつありさま」訳あの愛児が成長してゆくようすを。

おひ-つ・ぐ【追ひ継ぐ】自動詞ガ四 {が/ぎ/ぐ/ぐ/げ/げ} ❶先に行くもののすぐ後を追って続く。❷時間を置かないで、続けて物事をする。伊勢物語 平安—物語 初冠「男の着たりける狩衣の裾を切りて、歌を書きてやる。…春日野の若紫のすり衣しのぶのみだれ限り知られず、となむおひつぎていひやりける。」訳男は(ふと思いついて)着ていた狩衣の裾を切って、歌を書いて贈った。…春日野の若紫の根ですった狩衣の、忍草の模様がこのように乱れているけれど、あなたを見て、私の気持ちは、やはり限りなく乱れています、と、さっそく詠み贈ったのであった。」◆この例の「おひつぐ」は、「おいづく(老ひ付く)」とする説も。参照▶かすがのの…／文脈の研究 春日野の若紫。❸字を一字ずつ離さずに続け書きにする。源氏物語 平安—物語 総角「みちのくに紙に、おひつぎ書きたまひて」訳みちのくに紙(陸奥国産の和紙)に、字を一字ずつ続け書きにお書きになって。

おびと【首】名詞「大人」の変化した語。❶首長。部族の統括者。❷おびと。古代の「姓」の一つ。下級の姓で、県主・稲置や部族の統率者に与えられた。

おひ-なほり【生ひ直り】名詞 成長し、心や体が以前よりも良くなること。

おひ-な・る【生ひ成る】自動詞ラ四 {ら/り/る/る/れ/れ} 成長する。更級 平安—日記 物語「いとうつくしう、おひなりにけり」訳たいそうかわいらしく成長したことだねえ。

笈の小文 書名 俳諧紀行。松尾芭蕉作。江戸時代前期(一六九〇〜一六九一)の成立。宝永六年(一七〇九)刊。内容 貞享四年(一六八七)江戸を出発して、伊賀・吉野・和歌の浦を経て、須磨・明石に遊ぶまでの、俳句を交えた紀行文で、冒頭に人生観・俳諧観を述べている。別名『卯辰紀行』。

***おひ-まさ・る**【生ひ優る】自動詞ラ四 {ら/り/る/る/れ/れ} 成長するにつれて立派になる。立派に成長してゆく。源氏物語 平安—物語 横笛「うつくしう、ゆゆしきまでおひまさり給ふに」訳かわいらしく、恐ろしいまでに立派に成長してゆきなさるので。

おひ-まどは・す【追ひ惑はす】他動詞サ四 {さ/し/す/す/せ/せ} ❶後を追ううちに見失う。取り逃がす。源氏物語 平安—物語 夕顔「おひまどはして、なのめに思ひなしつべくは」訳後を追って見失って、そのまいい加減にあきらめることができるなら。❷追い散らして途方に暮れさせる。源氏物語 平安—物語 玉鬘「おひまどはして、いかがしなすらむ」訳(相手は自分の妻子を)追い散らし途方に暮れさせて、どうするのだろう。

おびやか・す【脅かす】他動詞サ四 {さ/し/す/す/せ/せ} おどしてこわがらせる。源氏物語 平安—物語 夕顔「なにがしの大臣をおびやかしける例を」訳(鬼が)某大臣をおどしてこわがらせたという例を。

おび・ゆ【怯ゆ】自動詞ヤ下二 {え/え/ゆ/ゆる/ゆれ/えよ} こわがって、びくびくする。おびえる。源氏物語 平安—物語 帚木「物におそはるる心地して、『や』と、おびゆれど」訳何かに襲われるような気がして、「あれっ」と(叫び)、おびえたが。

おひ-ゆ・く【生ひ行く】自動詞カ四 {か/き/く/く/け/け} 成長してゆく。源氏物語 平安—物語 葵「はかりなき千尋の底の海松房のおひゆく末は我のみぞ見む」訳はかり知り得ない深い底の海松のように房々として成長してゆく(あなたの)将来は、私だけが見よう。

おび・る【惚る】自動詞ラ下二 {れ/れ/る/るる/るれ/れよ} ❶内気でおっとりしている。源氏物語 平安—物語 若菜下「女御のあまりやはらかにおびれ給へるこそ、かやうに心かけきこえむ人には、まして心乱れなむかし」訳(明石)女御のあまりにも柔和で内気でおっとりしていなさるのは、このように思いを寄せ申し上げる人には、なおさら心が乱れるであろう。❷(多く、「寝おびる」の形で)ぼける。ぼんやりする。源氏物語 平安—物語 横笛「若君の、寝おびれて、泣き給ふ御声に」訳若君が寝ぼけてお泣きになるお声に。

おひ-わけ【追ひ分け】名詞 街道が二つに分かれるところ。◆多く、地名に用いられる。

お・ふ[1]【生ふ】自動詞ハ上二 {ひ/ひ/ふ/ふる/ふれ/ひよ} 生える。伸び育つ。生長する。万葉集 奈良—歌集 九二五「ぬばたまの夜の更け行けば久木おふる清き川原に千鳥しば鳴く」訳⇨ぬばたまの…。

お・ふ[2]【負ふ】

一 自動詞ハ四 {は/ひ/ふ/ふ/へ/へ} 似合う。ぴったり合う。ふさわしい。古今 平安—歌集 仮名序「文屋康秀は、詞はたくみにて、そのさま身におはず」訳文屋康秀は、言葉の使い方は上手だが、その歌の姿は内容とぴったり合わない。

二 他動詞ハ四 {は/ひ/ふ/ふ/へ/へ} ❶背負う。伊勢物語 平安—物語 六「男、弓・胡籙をおひて戸口にをり」訳男は、弓(を持ち)やなぐいを背負って戸口に(立って女を守って)いる。

❷こうむる。身に受ける。源氏物語 平安—物語 桐壺「朝夕の宮仕へにつけても、人の心をのみ動かし、恨みをおふ積もりにやありけむ」訳朝晩のお勤めにつけても、他の女御や更衣たちの心をひどく動揺させ、その恨みを身に受けることが積み重なった結果であったのだろうか。

❸借金をする。借りる。宇治拾遺 鎌倉—説話 一・八「その人は、わが金を千両おひたる人なり」訳その人は、私の金を千両借りている人である。

❹(「名に負ふ」の形で)(名として)持っている。古今 平安—歌集 羇旅・伊勢物語 平安—物語 九「名にしおはばいざ言問はむ都鳥わが思ふ人はありやなしやと」訳⇨なにしおはばいざこととはむ…。

[3]お・ふ【追ふ】 他動詞 ハ四 {は/ひ/ふ/ふ/へ/へ} ❶**追いかける。後を追う。** 今昔物語 平安―説話 二五・一二「親は、我が子必ずおひて来らむと思ひけり」訳親は、我が子が必ず(馬盗人を)追いかけて来ているだろうと思った。❷**追いつく。** 源氏物語 平安―物語 若菜上「御車におひて奉れ給ふ」訳お車に追いついて(手本などを)差し上げなさる。❸〔「…(地名)を追ふ」の形で〕**めざして進む。** 土佐日記 平安―日記 一・一二「暁に舟をいだして、室津をおふ」訳夜明け前に舟を出して室津をめざして進む。❹**追いやる。追い払う。** 万葉集 奈良―歌集 一五〇七「醜ほととぎす暁のうら悲しきにおへどおへどなほし来鳴きて」訳憎いほととぎすが夜明け前のもの悲しいときに追い払っても追い払ってもなおもやって来て鳴いて。❺**せきたてて進ませる。追い立てる。** 徒然 鎌倉―随筆 一一四「賽王丸御牛をおひたりければ」訳(牛飼いの)賽王丸がお牛を追い立てていたところ。❻〔多く、「先(を)追ふ」の形で〕**先払いをする。** 更級 平安―日記 大納言殿の姫君「さきおふ車止まりて、『をぎの葉、をぎの葉』と呼ばすれど」訳先払いをする車が止まって「荻の葉(=女性の名)、荻の葉」と供の者に呼ばせたが。❼**踏襲する。受けつぎ従ってゆく。** 平家物語 鎌倉―物語 一七・平家山門連署「あるいは累代勲功の跡をおひ」訳一つには代々の勲功の例を踏襲し。

[4]お・ふ【覆ふ】 他動詞 ハ四 {は/ひ/ふ/ふ/へ/へ} **おおう。** 全体を包んで上からかぶさる。古事記 奈良―史書 雄略「上枝は天をおへり」訳上のほうの枝は天をおおっている。◆奈良時代以前の語。

お・ぶ【帯ぶ】 他動詞 バ四 {ば/び/ぶ/ぶ/べ/べ}・バ上二 {び/び/ぶ/ぶる/ぶれ/びよ} ❶**身につける。帯びる。** 万葉集 奈良―歌集 四一三〇「針袋おび続けながら」訳(あなたからもらった)針袋を身につけ続けたまま。❷**含みもつ。** 枕草子 平安―随筆 木の花は「梨花一枝、春、雨をおびたり」訳梨の花の一枝が、春、雨を含みもっている。◆奈良時代以前には四段活用。

[1]おふ・す【生ふす】 他動詞 サ四 {さ/し/す/す/せ/せ} **生やす。伸ばす。** 徒然 鎌倉―随筆 一二三「爪をおふしたり」訳爪を伸ばしている。

[2]おふ・す【仰す】 他動詞 サ下二 {せ/せ/す/する/すれ/せよ} **命じる。言いつける。** 万葉集 奈良―歌集 四三八九「にはしくもおふせたまほか」訳急に命じなさることだ。◆奈良時代以前の東国方言。

お-ぶつみやう【御仏名】 名詞 宮中の清涼殿で、陰暦十二月十九日から三日間行われた行事。高僧に『仏名経』(=諸仏の名をたたえた経典)をよませ、罪の消滅を祈った。季冬。参照▶口絵

おふな-おふな 副詞 **精いっぱい。できるだけ。** 紫式部 平安―日記 寛弘六・某月・一一「大蔵卿のおふなおふなまじりて」訳大蔵卿が精いっぱい(若君たちの)仲間入りをして。

おほ-【大】 接頭語 〔多く名詞に付けて〕❶大きい、広大な、の意を表す。「おほ海」。❷量が多い、また、程度が甚だしいことを表す。「おほ雨」「おほぬす人」。❸偉大なもの、貴ぶべきものを表す。「おほ内」「おほ君」。❹年長である、順序が上位であることを表す。「おほ后」「おほ娘」

大海人皇子 ⇨天武天皇

おほい-【大】 接頭語 ❶人物を表す名詞に付けて年長であることを表す。「おほい君」「おほい御」。❷「おほき」に同じ。「おほい納言」

おほい-ぎみ【大君】 名詞 貴人の長女の尊敬語。第一の姫君。「大子」とも。◆「中の君」「三の君」「四の君」などに対していう。

[1]おほい-ご【大子】 名詞 「おほいぎみ」に同じ。

[2]おほい-ご【大御】 名詞 年長の女性の尊敬語。ご婦人。おばさま。

[*]おほい-どの【大殿】 名詞 ❶「大臣の邸宅」の尊敬語。大臣家。源氏物語 平安―物語 桐壺「おほいどのに二、三日など、絶え絶えにまかで給へど」訳(左)大臣家に二、三日など、とぎれとぎれに下がっていらっしゃるが。❷「大臣」の尊敬語。大臣殿。

おほい-まうちぎみ【大臣】 名詞 「だいじん(大臣)」に同じ。

おほ-いらつめ【大郎女・大嬢・大娘】 名詞 ご長女様。▼貴人の長女を親しんで呼ぶ語。◆奈良時代以前の語。

おほ-うち【大内】 名詞 **皇居。内裏。** ◆「おほ」は接頭語。

おほ-うちき【大袿】 名詞 平安時代、禄・被けとして人に与えるために、特に裄・丈を大きく仕立てた袿。受けた者は身に合わせて仕立て直した。

[1]おほうち-やま【大内山】 名詞 **皇居。宮中。**

[2]大内山 地名 今の京都市西郊の御室にある山。この山の南に、宇多天皇の離宮(=後の仁和寺)が置かれたことによる名という。御室山。

おほ-うへ【大上】 名詞 貴人の母の尊敬語。**お母上様。ご母堂。**

おほ-うみ【大海】 名詞 ❶**大きな海。** ❷波、洲浜、貝、海藻などの模様。◇織物や蒔絵などの模様の一つ。

おほうみの… 和歌「大海の　磯もとどろに　寄する波　われて砕けて　さけて散るかも」金塊 鎌倉―歌集 雑・源実朝 訳大海原から磯へと音をとどろかせて鳴り響くばかりに寄せてくる波が、割れて、こなごなに砕けて、裂けて散ることだ。

鑑賞 詞書に「あら磯に波のよるを見てよめる」とある。波が押し寄せて砕け散るようすを、連続する音の表現で写実的にとらえた歌。

おぼえ【覚え】 名詞

❶**評判。世評。**▼世間からの思われ方。枕草子 平安―随筆 鳥は「人をも、人げなう、世のおぼえあなづらはしうなりそめにたるを」訳人間でも、人並みでなく、世間の評判が軽く扱ってもかまわないように(悪く)なり始めた人のことを。参照▶世覚え。❷〔多く「御覚え」の形で〕**寵愛。** 目上の人からよく思われること。かわいがられること。源氏物語 平安―物語 桐壺「いとまばゆき、人の御おぼえなり」訳とても見てい

られないほどの（天皇の桐壺更衣に対する）ご寵愛である。

❸感じ。感覚。［枕草子 平安―随筆］宮にはじめてまゐりたるころ「振りかくべき髪のおぼえさへあやしからむと思ふに」［訳］振りかけて隠すべき額髪の感じまでも見苦しいだろうと思うと。

❹記憶。心あたり。思い当たること。［源氏物語 平安―物語］若紫「扇を鳴らし給へば、おぼえなきここちすべかめれど」［訳］（人を呼ぶのに）扇をお鳴らしになると、心あたりがない感じがしているに違いないようだが。

❺（腕前などの）自信。［宇治拾遺 鎌倉―説話］二・一三「おぼえある力、異人よりはすぐれ」［訳］自信のある力は、他人よりはまさっていて。

おぼえ-うか・ぶ【覚え浮かぶ】［自動詞］バ四｛ば／び／ぶ／ぶ／べ／べ｝思い出される。［更級 平安―日記］物語「空におぼえうかぶを」［訳］（『源氏物語』の文章が）そらんじて思い出されるのを。

おぼえ-かた・る【覚え語る】［他動詞］ラ四｛ら／り／る／る／れ／れ｝思い出して話す。［更級 平安―日記］かどで「そらにいかでかおぼえかたらむ」［訳］（物語を）そらんじていてどうして思い出して話せようか、いや、話せない。

おぼえ-ず【覚えず】［副詞］思いがけず。思いもよらず。［新古今 鎌倉―歌集］秋上「おぼえずたまる袖の露かな」［訳］思いがけずたまる袖の上の涙の露であることよ。

おぼえ-な・し【覚え無し】［形容詞］ク｛く・から／く・かり／し／き・かる／けれ／かれ｝思いがけない。思いもよらない。［枕草子 平安―随筆］雪のいと高うはあらで「おぼえなく見ゆる人なりけり」［訳］思いがけなく現れる人であった。

おぼえ-な・る【覚え成る】［自動詞］ラ四｛ら／り／る／る／れ／れ｝思われるようになる。感じられるようになる。［更級 平安―日記］夫の死「つきなうおぼえならるるうちに」［訳］不似合いだとしぜんに感じられるようになっているうちに。

大江千里（おおえのちさと）［人名］生没年未詳。平安時代前期の歌人。『寛平御時后宮歌合』に出席、また宇多天皇の勅命で『白氏文集』などの漢詩を和歌に翻案した家集『句題和歌』を撰進した。

大江匡房（おおえのまさふさ）［人名］（一〇四一～一一一一）平安時代後期の漢詩人・歌人。博学で、有職故実に明るく、従二位権中納言に昇進した。漢文・漢詩・和歌にすぐれ、芸能書『傀儡子記』、説話書『江談抄』なども残した。

おほえやま…[1]【和歌】［百人一首］「大江山 いく野の道の 遠ければ まだふみもみず 天の橋立」［金葉 平安―歌集］雑上・小式部内侍［訳］大江山を越えて生野を通って行く道のりが遠いので、まだ、その先の天の橋立の地を踏んでいませんし、母からの文も見ていません。

［鑑賞］作者・小式部内侍は和泉式部の娘。和泉式部が夫に従って丹後の国に下っていたとき、京の歌合わせの歌人に選ばれた作者が、歌は母親の代作かとからかわれて即興で詠んだ歌という。「生野」と「行く野」、「踏みもみず」と「文も見ず」は掛詞。

［参照］▶文脈の研究 歌詠みの世覚え。

大江山[2]（おほえやま）［地名］［歌枕］❶今の京都市西京区と亀岡市との境にある山。山城（＝今の京都府南部）と丹波（＝今の京都府中部と兵庫県北東部）を結ぶ交通の要地。「大枝山」とも書く。「おほえのやま」とも。❷今の京都府加佐郡と同与謝郡との境にある山。源頼光の酒呑童子退治の伝説で有名。また、小式部内侍の「大江山いく野の道の遠ければまだふみもみず天の橋立」（『金葉和歌集』）〈⇨おほえやま…〉の歌でも有名。

＊おぼおす【思おす】⇨おぼほす

おぼ-おぼ・し［形容詞］シク｛しく・しから／しく・しかり／し／しき・しかる／しけれ／しかれ｝❶はっきりしない。ぼうっとしている。［源氏物語 平安―物語］常夏「たそかれ時のおぼおぼしきに」［訳］夕暮れ方の（ものの形が）ぼうっとしているときに。❷よそよそしい。［源氏物語 平安―物語］夢浮橋「おぼし隔てて、おぼおぼしくもてなさせ給ふには」［訳］心の中で分けへだてなさって、よそよそしく応対なさるのでは。❸たよりない。おぼつかない。たどたどしい。［増鏡 室町―物語］月草の花「弓ひく道もおぼおぼしき若侍」［訳］弓術もたよりない若侍。

おぼおる【溺おる・惚おる】⇨おぼほる

大鏡（おおかがみ）［書名］歴史物語。作者未詳。平安時代後期成立。『世継物語』ともいう。八巻（諸本あり）。

［内容］文徳天皇の嘉祥三年（八五〇）から後一条天皇の万寿二年（一〇二五）に至るまでの帝紀と、藤原冬嗣から道長に至るまでの摂関大臣の列伝を、大宅世次（世継）と夏山重木（繁樹）の二老人が語る体裁で筆を進め、道長の栄華や社会の裏面を、多彩な文章できびきびと描いている。

古典の常識

『大鏡』—藤原氏の世の歴史を活写

歴史を物語る大宅世次（世継）が百九十歳、夏山重木（繁樹）が百八十歳という設定である。この二老人が京都紫野の雲林院の菩提講で会い、説法の始まる前のひととき重木の老妻、同座した若侍などを相手に問答形式で語るという体裁になっている。

まず文徳天皇の立太子の話から後一条天皇まで十四代の帝紀が語られ、次に藤原氏の摂関大臣二十人の列伝が躍動的に描写され、藤原氏物語、昔物語と進んでいく。二老人の話に脇役である若侍が時おり反論するなど展開の工夫がみごとであり、挿入される説話によって人物の姿が鮮明に浮かび上がってくる。

おほ-がき【大垣】［名詞］一番外側の垣。総囲い。

おほ-かた【大方】

［一］［名詞］❶全体。大体。あたり一帯。［土佐日記 平安―日記］二・一六「おほかたのみな荒れにたれば、『あはれ』とぞ人々言ふ」［訳］（あたり）全体がすっかり荒れてしまっているので、「ああ（ひどい）」と人々は言う。

❷普通。世間一般。［源氏物語 平安―物語］桐壺「おほかたのやむごとなき御思ひにて」［訳］（一の御子は皇太子としての）普通の大切になさるという程度のご寵愛で。

［二］［副詞］❶大体。大ざっぱに言って。［徒然 鎌倉―随筆］二三二「おほかた、振る舞ひて興あるよりも、興無くて安らかなるが、まさりたることなり」［訳］大体、わざとらしく趣向をこらして面白いことよりも、面白くないが穏やかなほうが、すぐれているのだ。

❷〔打消の語を下接して〕まったく。一向に。［徒然 鎌倉―随筆］五一「おほかた回らざりければ、とかく直しけれども」［訳］（水車は）まったく回らなかったので、いろいろと直したが。

三［接続詞］そもそも。総じて。▼話題を改めたりするときに用いる。［方丈記 鎌倉―随筆］「おほかた、この所に住み始めし時は」［訳］そもそも、この場所に住み始めたときは。

おほかた-なら-ず【大方ならず】［連語］

なりたち 形容動詞「おほかたなり」の未然形＋打消の助動詞「ず」

一通りではない。［西鶴置土産 江戸―物語］浮世・西鶴「汝を慕ふこと、おほかたならず」［訳］おまえを慕うことは、一通りでない。

おほ-かた・なり【大方なり】

［形容動詞］ナリ〔なら／なり・に／なり／なる／なれ／なれ〕通り一遍だ。世間並みだ。［源氏物語 平安―物語］末摘花「世にある人の有り様を、おほかたなるやうにて、聞き集め耳とどめ給ふ」［訳］（源氏は）世間にいる女性たちのようすを、通り一遍な（＝特別関心を示さない）ふうをして（人から）聞き集めて耳に留めなさる。

1 **おほかた-は**【大方は】［副詞］❶ひととおりのことなら。普通のことなら。たいていは。［万葉集 奈良―歌集］二九一八「おほかたは何かも恋ひむ」［訳］ひととおりのことならなんで恋しく思うであろう。❷そもそも。概して。［古今 平安―歌集］哀傷「おほかたはうつせみの世ぞ夢にはありける」［訳］そもそもこの世は夢であったのだ。

2 **おほかたは…** ［和歌］「おほかたは　月をもめでじ　これぞこの　積もれば人の　老いとなるもの」［古今 平安―歌集］雑上・在原業平・［伊勢物語 平安―物語］八八［訳］通り一ぺんに月を愛でるようなことはしないでおこう。これがまあ、積もり積もれば人の老いとなっていくものだから。

［鑑賞］天体の「月」に歳月の「月」を掛けて、「一般的には月を讃えるものだが、月（時間）が積もり積もると人は年老いていくので、深い考えもなしに月を賞賛することはできない」と諧謔的に表現した歌。『伊勢物語』では、非常に若いとは言えない者たちが集まって、月を見ていた中の一人が詠んだという説明がある。やがて来る老いを月に見るという発想が、一同の者たちを感心させたのであろう。

おほ-かみ【大神】［名詞］「神」の尊敬語。大御神。神様。◆「おほ」は接頭語。

＊**おほ・かり**【多かり】形容詞「多し」の補助活用の連用形・終止形。［源氏物語 平安―物語］桐壺「憎み給ふ人々おほかり」［訳］（桐壺更衣を）お憎みになる人々が多い。

［参考］形容詞の補助活用のうち、「多し」に限って他の形容詞にはない終止形と已然形（多かれ）も存在した。特に、平安時代の和文系の文章では、終止形には「多かり」のみが用いられ、「多し」は見られない。

おほき-【大き】［接頭語］名詞に付けて同じ官職のうち、上位であることを表す。大・中・小の区別があるときは「大」をいう。「おほき大臣（＝太政大臣）」

おほき-おとど【太政大臣】［名詞］「太政大臣」に同じ。

おほき-おほいどの【太政大臣】［名詞］「太政大臣」に同じ。

おほき-おほいまうちぎみ【太政大臣】［名詞］「太政大臣」に同じ。

おほき-さいのみや【大后の宮・皇太后宮】［名詞］「おほきさき❷」に同じ。

おほ-きさき【大后・太后】［名詞］❶天皇の正妻。皇后。❷先帝の皇后。皇太后。◇「おほきさいのみや」とも。

おほ-きたのかた【大北の方】［名詞］貴人の母、または貴人の妻の母の尊敬語。大奥様。先代の北の方様。

＊**おほき・なり**【大きなり】［形容動詞］ナリ〔なら／なり・に／なり／なる／なれ／なれ〕❶大きい。広大である。［枕草子 平安―随筆］木の花は「桜は、花びらおほきに、葉の色濃きが」［訳］桜は、花びらが大きく、葉の色の濃いのが。❷程度が甚だしい。ひどい。［大鏡 平安―物語］師輔「いとどおほきに腹立たせ給ひて」［訳］たいそう甚だしくお腹立ちになって。

［語の歴史］形容詞「おほし」は、奈良時代には数量が多い意と、面積・容積が大きい意を表したが（後者は連体形「おほき」のみ）、平安時代に入ると、数量が多い意だけとなり、大きいの意は、「おほき」を語幹として生じた形容動詞「大きなり」が表すようになった。これはふつう連用形「大きに」、連体形「大きなる」が用いられる。やがて、室町時代末ごろには、「大きなり」に代わって形容詞「大きい」が成立し、連用形「大きに」は副詞として（さらに「大いに」に転ずる）、連体形「大きなる」は、「大きな」「大いなる」に転じて連体詞として用いられるようになる。

おほ-きみ【大君】［名詞］❶天皇の尊敬語。❷親王・内親王・王・王女の尊敬語。のちに「親王」に対して、諸王をいう。◆「おほぎみ」とも。

おほきみ-すがた【大君姿】［名詞］皇族・諸王の直衣を着てくつろいだ姿。

［参考］公式の場でも束帯用の袍を着ず、私的な平常服である直衣を着たくつろいだ姿は、しゃれた美しさがあるとされ、いかにも大君の服装にふさわしいものであった。

おほきみ-の【大君の】［枕詞］大君の「御笠」の意から、地名の「三笠」にかかる。「おほきみの三笠の山の」

＊**おほき-やか・なり**【大きやかなり】［形容動詞］ナリ〔なら／なり・に／なり／なる／なれ／なれ〕いかにも大きい。大ぶりだ。大柄だ。［枕草子 平安―随筆］人の家につきづきしきもの「おほきやかなる童女」［訳］大柄な女の子。◆「やか」は接尾語。

おほき-らか・なり【大きらかなり】［形容動詞］ナリ〔なら／なり・に／なり／なる／なれ／なれ〕「おほきやかなり」に同じ。◆「らか」は接尾語。

おほ-くち【大口】［名詞］「大口の袴」または「大口袴」の略。男子が正装の束帯のとき、表の袴の下にはく裾口の広く大きい袴。紅の生絹・平絹などで仕立てるが、老人は白を用いる。武家でも、白の精好などで仕立てて、直垂や指貫の袴の下にはく。「おほぐち」とも。［参照］▼口絵

おほくち-の【大口の】［枕詞］「真神」と呼ばれた狼が大きな口であるところから、地名「真神の原」

にかかる。「おほくちの真神の原に」

大国主命 人名 記紀神話の神で、出雲国の主神。出雲大社の祭神。「大穴牟遅神」など多くの別名をもつ。兄弟神の迫害を逃れて根の国(=死者の国)に行き、須勢理毘売命を妻とする。少彦名神と協力して国造りをするが、高天原の命に従い瓊瓊杵尊に国譲りをする。「因幡の白うさぎ」の話でも知られる。

おほく-は【多くは】 連語

なりたち 形容詞「おほし」の連用形＋係助詞「は」

大部分は。 源氏物語 平安一物語 柏木「陰陽師なども、おほくは、女の霊とのみ占ひ申しければ」訳陰陽師なども、大部分は、女の霊(が病因)であるとばかりお占いして。

おほ-くび【大領・衽】 名詞 袍・狩衣・直衣などの前襟。

参考 「おほくび」→「おくび」→「おくみ(衽)」と変化し、現代語として残っている。

おほ-くら【大蔵】 名詞 ❶古代、諸国からの貢ぎ物を納めた蔵。斎蔵・内蔵とともに三蔵の一つ。律令制では大蔵省となった。❷大きな倉。

おほくら-きゃう【大蔵卿】 名詞 律令制で、「大蔵省」の長官。

おほくら-しゃう【大蔵省】 名詞 律令制で、八省の一つ。銭貨・度量衡・物価の公定や、貢ぎ物の保管・出納などをつかさどる役所。「大蔵省」とも。

おほくら-の-つかさ【大蔵省】 名詞 「おほくらしゃう」に同じ。

おほけなく… 和歌 百人一首 「おほけなく 憂き世の民に おほふかな わが立つ杣に すみぞめの袖」千載 鎌倉一歌集 雑中・慈円 訳身の程知らずであるが、つらいことの多いこの世の人々に(仏のご加護があるようにと)覆いをかけることであるよ。「わが立つ杣に」と伝教大師(=最澄)が詠まれた、この比叡山に住み始めて着ている私の墨染めの法衣の袖を。

鑑賞 「すみぞめ」に「墨染め」と「住み初め」とをかけている。「墨染めの衣で覆う」とは、人民の加護を仏に祈ること。

おほけ-な・し 形容詞ク {(く)・から/く・かり/し/き・かる/けれ/かれ}

❶**身のほど知らずだ。身分不相応だ。** 沙石 鎌倉一説話 「おほけなく思ひ企てて」訳「天下に比べるもののない立派な婿をもらおう」と身のほど知らずに考えて。拾遺「『天下に並びなき婿をとらん』と、

❷**おそれ多い。** 弓張月 江戸一物語 読本「おほけなくも琉球国の世子と仰がれ」訳おそれ多くも琉球国の王位を継ぐ王子として尊敬されて。

おほ-ざう・なり 形容動詞ナリ 「おほぞうなり」に同じ。

大坂 地名 今の大阪市。古くは「難波」といい、早くから水運の要地として栄え、江戸時代には天下の台所と呼ばれる繁栄をみせた。同時に、町人による新興の文化と独自の気風が形成された。「大阪」とも書くが、江戸時代にはほぼ「大坂」と表記し、多く「おほざか」と発音した。

おほ-さき【大前駆】 名詞 貴人が外出のとき先払いの者が、通行人などを追い払う声を長く引くこと。また、その声。特に、「上達部」の外出の場合にそうしたという。対小前駆。

おぼさ-る【思さる】 連語

なりたち 四段動詞「おぼす」の未然形＋自発・可能・尊敬の助動詞「る」

❶〔「る」が自発の意の場合〕**自然お思いにならずにはいられない。** 源氏物語 平安一物語 桐壺「せむかたなく悲しうおぼさるるに」訳(帝は)どうしようもなく悲しくお思いにならずにはいられないので。

❷〔「る」が可能の意の場合〕**お思いになることができる。** 源氏物語 平安一物語 夕顔「かばかりのすさびにても過ぎぬべきことを、さらにて過ぐしてむとおぼされず」訳(夕顔とのことは)それだけの気まぐれとしても終えてしまえることを、とてもそのままですませてしまおうと(源氏は)お思いになることができない。

❸〔「る」が尊敬の意の場合〕**お思いになる。思っていらっしゃる。** 更級 平安一日記 竹芝寺「いみじうゆかしくおぼされければ」訳(帝の姫君は)たいそう知りたくお思いになったので。

参考 平安時代では大半が❶の用法。❷は、下に打消の表現がくる。❸は平安時代の末期からの用法で、敬意が薄れてふつうの敬語表現として、鎌倉時代以降に多く用いられた。

おほ・し*

㊀【多し】**多い。** 形容詞ク {(く)・から/く・かり/し/き・かる/けれ/かれ} 源氏物語 平安一物語 玉鬘「田舎人おほく詣でたりけり」訳田舎の人が多く参詣していた。源氏物語 平安一物語 桐壺「憎み給ふ人々おほかり」訳お憎みになる人々が多い。

㊁【大し】**大きい。広大である。** 万葉集 奈良一歌集 四四九一「おほき海の水底深く思ひつつ」訳大きい海の水の底のように深く心に思いながら。

語の歴史 (1)奈良時代以前は㊀㊁の意味とも用いられたが、平安時代以降は㊀のみが用いられ、㊁の意味には形容動詞「おほきなり」が用いられるようになった。

(2)㊀は、平安時代の和文では、「おほく」のほかは、第二例のように、補助活用の諸活用形を用いた。しかし、鎌倉・室町時代になると、「おほし(終止形)」の形も一般化するようになった。

おぼ・し*【覚し・思し】 形容詞シク {(しく)・しから/しく・しかり/し/しき・しかる/しけれ/しかれ}「おもほし」の変化した語。❶(そのように)**思われる。** 竹取物語 平安一物語 かぐや姫の昇天「その中に王とおぼしき人」訳その中で王と思われる人。❷(したいと)**思っている。** 大鏡 平安一物語 序「おぼしきこと言はぬは」訳(言いたいと)思っていることを言わないのは。

おぼし-あつか・ふ【思し扱ふ】 他動詞ハ四 {は/ひ/ふ/ふ/へ/へ} ❶「思ひ扱ふ❶」の尊敬語」**よく気をつけてお世話なさる。** 源氏物語 平安一物語 葵「とやかくやとおぼしあつかひ聞こえさせ給へるさま」訳あれやこれやと気をつけてお世話し申し上げなさるようすは。❷「思ひ扱ふ❷」の尊敬語」**あれこれ考えて苦しまれる。** 源氏物語 平安一物語 竹河「いかに思ひ給ふらむとおぼしあつかふ」訳どのように思っていらっしゃるかとあれこれ考えて苦しまれる。

おぼし-あは・す【思し合はす】 他動詞サ下二 {せ/せ/す/する/すれ/せよ} ❶「思ひ合はす❶」の尊敬語」**お考え合わ**

せになる。源氏物語 平安－物語 明石「さとしのやうなることどもを、来し方行く末**おぼしあはせて**」訳（源氏は）神の啓示のようなことを、過去未来にわたって**お考え合わせになり**。❷［「思ひ合はす❷」の尊敬語］（あれこれ考えて）、**思い当たりなさる。** 今鏡 平安－物語 村上 源氏「やんごとなき水ぐきの跡も、今や**おぼしあはすら**む」訳ご立派な筆跡も、今は**思い当たりなさっ**ているだろう。

おぼし-い・づ【思し出づ】（オボシイヅ）他動詞ダ下二｛で/で/づ/づる/づれ/でよ｝［「思ひ出づ」の尊敬語］**思い出しなさる。** 源氏物語 平安－物語 須磨「今宵は十五夜なりと**おぼしいでて**」訳（源氏は）今夜は八月十五夜であったと**思い出しなさって**。

おぼし-い・る【思し入る】
一 自動詞ラ四｛ら/り/る/る/れ/れ｝［「思ひ入る」の尊敬語］**深く心に思い込みなさる。** 源氏物語 平安－物語 朝顔「おとどはあながちに**おぼしいら**るるにしもあらねど」訳（源氏の）大臣は無理に**深く心に思い込みなさ**るわけではないけれど。
二 他動詞ラ下二｛れ/れ/る/るる/るれ/れよ｝［「思ひ入る」の尊敬語］**深くお考えになる。** 源氏物語 平安－物語 少女「人やいかが思はむとも、深く**おぼしいれ**ず」訳（雲居雁は）他人がどのように思おうとも、深く**お考えになら**ないで。

おぼし-うたが・ふ【思し疑ふ】（オボシウタガウ）他動詞ハ四｛は/ひ/ふ/ふ/へ/へ｝［「思ひ疑ふ」の尊敬語］**疑わしくお思いになる。** 源氏物語 平安－物語 桐壺「一の御子の女御は**おぼしうたがへり**」訳第一皇子の（母の）女御は**疑わしくお思いになっ**ている。

おぼし-おき・つ【思し掟つ】他動詞タ下二｛て/て/つ/つる/つれ/てよ｝［「思ひ掟つ」の尊敬語］**心にお決めになる。計画なさる。** 栄花物語 平安－物語 本の雫「この後の御事どもに、ことさらに**おぼしおきて**けり」訳この後の法事などに、特別に（財産を使おうと）**心にお決めになっ**た。

おぼし-お・く【思し置く】他動詞カ四｛か/き/く/く/け/け｝❶［「思ひ置く❶」の尊敬語］**心に決めておかれる。** 落窪物語 平安－物語 三「なほびんなきものに**おぼしおき**たるなめりかし」訳やはりけしからぬものと**心に決めておかれ**るようだよ。❷［「思ひ置く❷」の尊敬語］**あとに心を残される。覚えておかれる。** 枕草子 平安－随筆 御前にて人々とも「思ひ忘れたりつることを**おぼしおか**せ給へりけるは」訳（他人が）忘れてしまったようなことを、（中宮が）**覚えておかれ**なさったのは。

おぼし-おと・す【思し貶す】他動詞サ四｛さ/し/す/す/せ/せ｝［「思ひ貶す」の尊敬語］**劣ったものとお思いになる。軽蔑なさる。** 源氏物語 平安－物語 夕霧「過ぎにしかたに**おぼしおとす**をば、恨めしげに」訳亡くなった方に比べ（自分を落葉宮が）**劣ったものとお思いになる**のを、（夕霧は）恨めしそうに。

おぼし-おどろ・く【思し驚く】自動詞カ四｛か/き/く/く/け/け｝［「思ひ驚く」の尊敬語］**びっくりなさる。お驚きになる。** 大鏡 平安－物語 道長上「思ひがけずあやしと、中関白殿**おぼしおどろきて**」訳突然なので不思議だと、中関白殿は**びっくりなさって**。

おぼし-か・く【思し掛く】他動詞カ下二｛け/け/く/くる/くれ/けよ｝［「思ひ掛く」の尊敬語］**気におかけになる。思いおよばれる。予想される。** 源氏物語 平安－物語 葵「御心地さへ悩ましければ、**おぼしかけ**ざりけるを」訳（葵の上は）ご気分まで悪いので、（外出は）**思いおよばれ**なかったのを。

おぼし-かしづ・く【思し傅く】（オボシカシズク）他動詞カ四｛か/き/く/く/け/け｝［「思ひ傅く」の尊敬語］**大切に思ってお育てになる。** 落窪物語 平安－物語 二「かくたぐひなく**おぼしかしづく**こそあやしけれ」訳こんなに比べようもないほど**大切に思ってお育てになるの**が不思議だ。

おぼし-かずま・ふ【思し数まふ】（オボシカズマウ）他動詞ハ下二｛へ/へ/ふ/ふる/ふれ/へよ｝［「思ひ数まふ」の尊敬語］**人並みの中に数え入れてお扱いになる。** 源氏物語 平安－物語 明石「**おぼしかずまへ**ざらむとき、いかなる嘆きをかせむ」訳（源氏が娘を）**人並みの中に数え入れてお扱いになら**なかったときは、どんなにか嘆くことであろう。

凡河内躬恒（おほしかふちのみつね／オオシコウチノミツネ）人名 生没年未詳。平安時代前期の歌人。三十六歌仙の一人。宇多法皇・醍醐天皇に仕え、紀貫之らと『古今和歌集』の撰者となり、また宮廷歌人として活躍した。家集に『躬恒集』がある。

おぼし-かま・ふ【思し構ふ】（オボシカマウ）他動詞ハ下二｛へ/へ/ふ/ふる/ふれ/へよ｝［「思ひ構ふ」の尊敬語］**心の中で計画なさる。ひそかにおたくらみになる。** 増鏡 室町－物語 新島守「院の**おぼしかまふる**こと、忍ぶとすれど」訳（後鳥羽）院が**密かに計画なさる**ことは、隠そうとしても。

おぼし-くづほ・る【思し頽る】（オボシクズオル）自動詞ラ下二｛れ/れ/る/るる/るれ/れよ｝［「思ひ頽る」の尊敬語］**がっかりなさる。悲観なさる。気が弱くなられる。** 大鏡 平安－物語 道隆「世を**おぼしくづほれ**て、月ごろ御病もつかせ給ひて」訳身の上を**悲観なさって**、幾月か病気にもおなりになって。

おぼし-け・つ【思し消つ】他動詞タ四｛た/ち/つ/つ/て/て｝［「思ひ消つ」の尊敬語］**無理にお忘れになる。無視なさる。** 源氏物語 平安－物語 桐壺「事にもあらず**おぼしけち**て、もてなし給ふなるべし」訳（弘徽殿女御は）物の数でもないように**無視なさって**、行動なさるに違いない。

おぼし-さだ・む【思し定む】他動詞マ下二｛め/め/む/むる/むれ/めよ｝［「思ひ定む」の尊敬語］**考えてお決めになる。** 大鏡 平安－物語 師尹「これも同じことなりと、**おぼしさだめて**」訳（大宮は）これも同じことだと**考えてお決めになって**。

おぼし-さわ・ぐ【思し騒ぐ】自動詞ガ四｛が/ぎ/ぐ/ぐ/げ/げ｝［「思ひ騒ぐ」の尊敬語］**思い乱れて落ち着かなくおなりになる。** 枕草子 平安－随筆 清涼殿の丑寅のすみの「いみじう**おぼしさわぎ**て、御誦経などあまたせさせ給ひて」訳たいそう**心配して落ち着かなくおなりになっ**て、お読経をあちこちの寺でおさせになり。

おぼし-しづ・む[1]**【思し沈む】**（オボシシズム）自動詞マ四｛ま/み/む/む/め/め｝［「思ひ沈む」の尊敬語］**気がふさいでいらっしゃる。** 源氏物語 平安－物語 桐壺「かの御祖母北の方、慰むかたなく**おぼししづみて**」訳あの（源氏の）祖母である（按察大納言の）奥方は、慰めようもなく**気がふさいでいらっしゃって**。

おぼし-しづ・む[2]**【思し鎮む】**（オボシシズム）他動詞マ下二｛め/め/む/むる/むれ/めよ｝［「思ひ鎮む」の尊敬語］**気を落ち着けていらっしゃる。乱れた心を落ち着かせなさる。** 源氏物語 平安－物語 桐壺「いとかうしも見えじと**おぼししづむれ**

ど」訳（帝は）こうまで（悲しみにうちひしがれた自分の姿を）見せまいと心を落ち着かせなさるけれども。

おぼし-し・む【思し染む】 一 自動詞 マ四｛ま/み/む/む/め/め｝「思ひ染む」の尊敬語」心にしみてお思いになる。源氏物語 平安-物語 葵「世の中をいとうきものにおぼししみぬれば」訳（源氏は）世の中をたいそう辛いものだと心にしみてお思いになったので。二 他動詞 マ下二｛め/め/む/むる/むれ/めよ｝「思ひ染む」の尊敬語」深く思い込みなさる。源氏物語 平安-物語 夕顔「女はいと物をあまりなるまでおぼししめたる御心ざまにて」訳（六条御息所という）女はひどく度はずれて物を深く思い込みなさるご性格なので。

おぼし-し・る【思し知る】 他動詞 ラ四｛ら/り/る/る/れ/れ｝「思ひ知る」の尊敬語」理解なさる。なるほどとお思いになる。源氏物語 平安-物語 桐壺「このたびはおぼししりて、恋ひ泣き給ふ」訳今度は（祖母死去という事態を）ご理解なさって、恋しがってお泣きになる。

おぼし-す・つ【思し捨つ】 他動詞 タ下二｛て/て/つ/つる/つれ/てよ｝「思ひ捨つ」の尊敬語」心にかけるのをおやめになる。お見捨てになる。源氏物語 平安-物語 少女「うるはしき儀式なれど、童のをかしきをなむ、おぼしすてざりける」訳正式な儀式であるけれど、（中宮は）女の童のかわいらしいのをお見捨てにならないのであった。

おほし-た・つ【生ほし立つ】（オオシタツ） 他動詞 タ下二｛て/て/つ/つる/つれ/てよ｝育てる。養育する。徒然 鎌倉-随筆 一〇七「すべてをのこをば、女に笑はれぬやうにおほしたつべしとぞ」訳だいたい男の子は、女から笑われないように育てなければならないという。

***おぼし-た・つ【思し立つ】** 他動詞 タ四｛た/ち/つ/つ/て/て｝「思ひ立つ」の尊敬語」考えを起こされる。決心なさる。源氏物語 平安-物語 桐壺「すがすがしうもおぼしたたざりけるほどに」訳（母后は娘の入内を）思いきりよくご決心なさらないうちに。

おぼし-つつ・む【思し包む】 他動詞 マ四｛ま/み/む/む/め/め｝「思ひ包む」の尊敬語」ご遠慮なさる。人に知られないようになさる。源氏物語 平安-物語 桐壺「はかなくもてなされにし例もゆゆしうとおぼしつつみて」訳（母后は）いい加減に扱われた前例も不吉だと（入内を）ご遠慮なさって。

おぼし-とが・む【思し咎む】 他動詞 マ下二｛め/め/む/むる/むれ/めよ｝「思ひ咎む」の尊敬語」不審にお思いになる。変だとお気づきになる。閑居友 鎌倉-説話「心もそらに覚えて、かくおぼしとがむるまでなりにけるにこそあなれ」訳心も上の空のように思われて、このように（あなたが）不審にお思いになるほどになってしまったのであろう。

おぼし-とど・む【思し止む】 他動詞 マ下二｛め/め/む/むる/むれ/めよ｝❶「思ひ止む」の尊敬語」断念なさる。源氏物語 平安-物語 少女「なかなか目慣れたることなりとおぼしとどめつ」訳（源氏は）かえってありふれたことだと（夕霧の昇進を）断念なさった。❷「思ひ止む」の尊敬語」心におとどめになる。記憶なさる。源氏物語 平安-物語 帚木「心づくしなることを御心におぼしとどむるくせなむあやにくにて」訳（源氏には）いろいろ気をもむようなことを御心におとどめになる性格があいにくとあって。

おぼし-と・る【思し取る】 他動詞 ラ四｛ら/り/る/る/れ/れ｝❶「思ひ取る❶」の尊敬語」心にお悟りになる。堤中納言 平安-物語 虫めづる姫君「おぼしとりたることぞあらむや」訳（姫君は）心にお悟りになっていることがあるのだろうか。❷「思ひ取る❷」の尊敬語」決心なさる。心に思い定める。宇津保 平安-物語 俊蔭「いたづらになさぬにおぼしとりて」訳無駄にならないように決心なさって。

おぼし-なげ・く【思し嘆く】 自動詞 カ四｛か/き/く/く/け/け｝「思ひ嘆く」の尊敬語」悲しくお思いになる。嘆き悲しまれる。竹取物語 平安-物語 かぐや姫の昇天「さらずまかりぬべければ、おぼしなげかむが悲しきことを、この春より、思ひ嘆きはべるなり」訳しかたなく、（月へ）帰ってしまわなければならないので、（あなた方が）お嘆きになるのが悲しいことで、この春以来、思い嘆いていたのでございます。

おぼし-な・す【思し為す】 他動詞 サ四｛さ/し/す/す/せ/せ｝「思ひ為す」の尊敬語」思い込みなさる。勝手に解釈なさる。大鏡 平安-物語 師尹「よきかたざまにおぼしなしけむ、不覚のことなりや」訳（東宮がご自分に）都合のよいように思い込みなさったのであろうことは、思慮の浅いことであったよ。

おぼし-なほ・る【思し直る】（オボシナオル） 自動詞 ラ四｛ら/り/る/る/れ/れ｝「思ひ直る」の尊敬語」考えがお変わりになる。源氏物語 平安-物語 若紫「世とともにはしたなき御もてなしを、もしおぼしなほる折もやと」訳（葵の上が）いつもそっけないお扱いなのを、もしや考えがお変わりになるときもあろうかと。

おぼし-なや・む【思し悩む】 自動詞 マ四｛ま/み/む/む/め/め｝「思ひ悩む」の尊敬語」気にかけてお悩みになる。源氏物語 平安-物語 明石「あなづらはしきにや、とねたう様々におぼしなやめり」訳侮っているのだろうかと、悔しくもありいろいろと気にかけてお悩みになっている。

おぼし-な・る【思し成る】 自動詞 ラ四｛ら/り/る/る/れ/れ｝「思ひ成る」の尊敬語」だんだん思うようにおなりになる。大鏡 平安-物語 道長上「延べさせ給ひけるを、やすからずおぼしなりて」訳延長なさったのを、（道長は）面白くなくだんだん思うようにおなりになって。

おぼし-のたま・ふ【思し宣ふ】（オボシノタモウ） 他動詞 ハ四｛は/ひ/ふ/ふ/へ/へ｝「思ひ言ふ」の尊敬語」お思いになりおっしゃる。お考えをお述べになる。枕草子 平安-随筆 うれしきもの「やむごとなき人などの、くちをしからぬ者におぼしのたまふ」訳高貴な方などが（自分の恋人を）申し分のない者だとお思いになりおっしゃる。

おぼし-はな・つ【思し放つ】 他動詞 タ四｛た/ち/つ/つ/て/て｝「思ひ放つ」の尊敬語」思いをお捨てになる。思い切ってしまわれる。源氏物語 平安-物語 葵「さすがに、ことのほかには、おぼしはなたず」訳（懲りてはいるが）そうはいっても、特別に、（源氏は御息所に対する）思いをお捨てにはならない。

おぼし-はな・る【思し離る】 自動詞 ラ下二｛れ/れ/る/るる/るれ/れよ｝「思ひ離る」の尊敬語」お心がお離れになる。お考えにならなくなる。源氏物語 平安-物語 蓬生「なほざりに通ひ給ひける所々、みなおぼしはなれにたなり」訳（源氏が）いい加減な気持ちで通っていらっしゃった方々の所は、みなお心がお離れになってしまったそうだ。

おぼし-はばか・る【思し憚る】 他動詞 ラ四｛ら/り/る/る/れ/れ｝「思ひ憚る」の尊敬語」気兼ねなさる。ご遠慮なさる。栄花物語 平安一物語 花山たづぬる中納言「堀河殿(ほりかは)の御心をおぼしはばかるほどに」訳（藤原頼忠(ふぢはらのよりただ)は）堀河殿（＝兼通）のお気持ちを考えてご遠慮なさるうちに。

おぼし-へだ・つ【思し隔つ】他動詞タ下二 {て/て/つ/つる/つれ/てよ}［「思ひ隔つ」の尊敬語］**心に隔てをお置きなさる。よそよそしくなさる。** 源氏物語 平安一物語 総角「うとうとしくおぼしへだつな」訳他人行儀に心に隔てをお置きなさるな。

おぼし-まう・く【思し設く】(オボシモウク) 他動詞カ下二 {け/け/く/くる/くれ/けよ}［「思ひ設く」の尊敬語］**前々から考えておおきになる。予期なさる。** 源氏物語 平安一物語 少女「御賀のこと、対(たい)の上おぼしまうくるに」訳（父宮の五十歳の）お祝いのことを、対の上（＝紫の上）は前々から考えておおきになるので。

おぼし-まど・ふ【思し惑ふ】(オボシマドウ) 自動詞ハ四 {は/ひ/ふ/ふ/へ/へ}［「思ひ惑ふ」の尊敬語］**どうしてよいかわからなくおなりになる。途方に暮れなさる。** 更級 平安一日記 竹芝寺「帝(みかど)、后(きさき)、皇女(みこ)失(う)せ給(たま)ひぬとおぼしまどひ」訳帝と后は、皇女がいらっしゃらなくなったというので途方に暮れなさり。

おぼし-みだ・る【思し乱る】自動詞ラ下二 {れ/れ/る/るる/るれ/れよ}［「思ひ乱る」の尊敬語］**あれこれと悩みなさる。** 源氏物語 平安一物語 葵「斎宮(さいぐう)の御母御息所(みやすどころ)、ものおぼしみだるる慰めにもやと」訳斎宮の母の御息所は、あれこれと悩みなさることの気晴らしにもなろうかと。

おぼし-めぐら・す【思し廻らす】他動詞サ四 {さ/し/す/す/せ/せ}［「思ひ廻らす」の尊敬語］**あれこれとお考えになる。** 源氏物語 平安一物語 浮舟「宇治(うぢ)へ忍びておはしまさんことをのみおぼしめぐらす」訳（匂宮(にほうのみや)は）宇治にひそかにおいでになることばかりをあれこれとお考えになる。

おぼしめさ-る【思し召さる】連語

なりたち 動詞「おぼしめす」の未然形＋自発・可能・尊敬の助動詞「る」

❶［「る」が自発の意の場合］**自然に…お思いになる。** 源氏物語 平安一物語 桐壺「かくても月日は経(へ)にけりと、あさましうおぼしめさる」訳（帝(みかど)は）こうしてでも月日はたつものだと自然に驚きあきれてお思いになる。

❷［「る」が可能の意の場合］**お思いになることができる。** 源氏物語 平安一物語 桐壺「来(き)し方行く末おぼしめされず」訳今までのこともこの先のこともお考えになることはできず。

❸［「る」が尊敬の意の場合］**お思いになられる。** 平家物語 鎌倉一物語 六・紅葉「君のさしも執(しふ)しおぼしめされつる紅葉を」訳帝(みかど)があれほど熱心にお思いになられた紅葉を。

おぼしめし-よ・る【思し召し寄る】自動詞ラ四 {ら/り/る/る/れ/れ}［「思ひ寄る」の尊敬語］**考えるようになられる。気持ちを抱くようになられる。** 源氏物語 平安一物語 薄雲「位をゆづらせ給(たま)はむことをおぼしめしよらずなりにけり」訳（桐壺(きりつぼ)院は私＝源氏に）皇位をお譲りになることをお考えになるようになられなかったのであった。

おぼし-め・す【思し召す】他動詞サ四 {さ/し/す/す/せ/せ}

語義の扉

尊敬の動詞「思(おぼ)す」の連用形に尊敬の補助動詞「めす」が付いて一語化したもので、「思(おぼ)す」よりも敬意が高い。平安時代の和文の地の文では、帝(みかど)・中宮・皇后・皇子などの行為にほぼ限って用いられる。

［「思ふ」の尊敬語］**お思いになる。お思いあそばす。** 枕草子 平安一随筆 清涼殿の丑寅(うしとら)のすみの「少しひがこと見つけてをやまむ、とねたきまでにおぼしめしけるに」訳少し（でも）間違いを見つけて終わりにしようと、（帝(みかど)は）いまいましいまでにお思いになったが。

おぼし-やすら・ふ【思し休らふ】(オボシヤスラウ—オボシヤスロウ) 自動詞ハ四 {は/ひ/ふ/ふ/へ/へ}［「思ひ休らふ」の尊敬語］**決心がつきかねていらっしゃる。** 源氏物語 平安一物語 賢木「御心おかれておぼしやすらふほどに」訳（大后は）気兼ねをして（お見舞いの）決心がつきかねていらっしゃるうちに。

おぼし-や・る【思し遣る】他動詞ラ四 {ら/り/る/る/れ/れ}［「思ひ遣る」の尊敬語］**想像なさる。遠くのことをお思いになる。** 源氏物語 平安一物語 須磨「海山の有り様をはるかにおぼしやりしを」訳海や山のようすをはるかに想像なさったのを。

おぼし-ゆる・す【思し許す】他動詞サ四 {さ/し/す/す/せ/せ}［「思ひ許す」の尊敬語］**お許しになる。** 源氏物語 平安一物語 明石「人ざまのあくまで思ひあがりたるさまのあてなるに、おぼしゆるして見たまふ」訳（明石の入道の）人柄のあくまで誇り高いようすが上品なので、お許しになってご覧になる。

おぼし-よ・る【思し寄る】自動詞ラ四 {ら/り/る/る/れ/れ} ❶［「思ひ寄る❸」の尊敬語］**思いつきなさる。思い至られる。** 大鏡 平安一物語 師尹「さらにさらにおぼしよるまじきことなり」訳まったく思いつきなさるはずのないことである。❷［「思ひ寄る❷」の尊敬語］**思いをお寄せになる。引きつけられなさる。** 源氏物語 平安一物語 末摘花「さてもやとおぼしよるばかりのけはひ」訳もしやと思いをお寄せになるほどの気配。

おぼし-よわ・る【思し弱る】自動詞ラ四 {ら/り/る/る/れ/れ}［「思ひ弱る」の尊敬語］**お心が弱りなさる。気持ちがくじけなさる。** 源氏物語 平安一物語 明石「忍びてや迎へたてまつりてましと、おぼしよわる折々あれど」訳（紫の上を）こっそりとお迎えしてしまおうかと、お心が弱りなさるときがあるが。

おぼし-わ・く【思し分く】一 他動詞カ四 {か/き/く/く/け/け}［「思ひ分く」の尊敬語］**判断なさる。理解なさる。** 源氏物語 平安一物語 柏木「宮はさしもおぼしわかず」訳（女三の）宮はそれほどには（似ていると）判断なさらず。

二 他動詞カ下二 {け/け/く/くる/くれ/けよ} 一に同じ。源氏物語 平安一物語 蜻蛉「六条院の御ため、紫の上などみなおぼしわけつつ、御経仏など供養せさせ給(たま)ひて」訳六条院の御ため、紫の上（のため）など、あれこれ判断なさりながら、御経や仏など供養をなさって。

おぼし-わす・る【思し忘る】他動詞ラ下二

{れ/れ/る/るる/るれ/れよ}〔「思ひ忘る」の尊敬語〕お忘れになる。源氏物語 平安―物語 御法「中宮なども、おぼしわするるときの間なく、恋ひ聞こえ給ふ」訳中宮なども、お忘れになることなく、お慕い申し上げなさる。

おぼし-わた・る【思し渡る】 他動詞ラ四 {ら/り/る/る/れ/れ}〔「思ひ渡る」の尊敬語〕思い続けていらっしゃる。絶えずお思いになる。源氏物語 平安―物語 末摘花「懲りずにおぼしわたれば」訳こりずに思い続けていらっしゃるので。

おぼし-わづら・ふ【思し煩ふ】 オボシワズラウ―オボシワズロウ 自動詞ハ四 {は/ひ/ふ/ふ/へ/へ}〔「思ひ煩ふ」の尊敬語〕あれこれお悩みになる。思案にくれなさる。枕草子 平安―随筆 蟻通の明神「帝おぼしわずらひたるに」訳帝が思案にくれなさっていると。

おぼし-わ・ぶ【思し侘ぶ】 自動詞バ上二 {び/び/ぶ/ぶる/ぶれ/びよ}〔「思ひ侘ぶ」の尊敬語〕がっくりなさる。気落ちなさる。源氏物語 平安―物語 真木柱「いみじうおぼしわぶれど絶えておとづれず」訳(宮は)ひどくがっくりなさるが(髭黒は)はまったく訪れない。

おほ・す[1]【生ほす】 オオス 他動詞サ四 {さ/し/す/す/せ/せ} ❶生育させる。伸ばす。生やす。源氏物語 平安―物語 薄雲「この春よりおほす御髪」訳この春から伸ばしているお髪は。❷養育する。讃岐典侍 平安―日記 上「あやしのきぬの中よりおほし参らせて」訳産着のうちから養育し申し上げて。

おほ・す[2]【仰す】

オオス 他動詞サ下二 {せ/せ/す/する/すれ/せよ}

❶言いつける。命じる。枕草子 平安―随筆 神のいたう鳴るをりに「大将おほせて、『おり』とのたまふ」訳大将が命じて「下りよ」とおっしゃる。

❷〔「言ふ」の尊敬語〕〔「おほせらる」「おほせたまふ」の形全体で〕おっしゃる。大鏡 平安―物語 道長下「よの人いかがたへんとおほせられけれ」訳世間の人はどうしてたえられるだろうかと(村上天皇は)おっしゃった。

❸〔「言ふ」の尊敬語〕〔単独で用いられて〕おっしゃる。平家物語 鎌倉―物語 一・鹿谷「法皇『あれはいかに』とおほせければ」訳法皇が「いったいどうしたことか」とおっしゃったところ。◇鎌倉時代以降の用法。

おほ・す[3]【果す】 オオス 補助動詞サ下二 {せ/せ/す/する/すれ/せよ}〔動詞の連用形に付いて〕…遂げる。…果たす。…終える。平家物語 鎌倉―物語 一・俊寛沙汰鵜川軍「この事しおほせつるものならば」訳この事をなし遂げたならば。

おほ・す[4]【負ほす・課す】 オオス 他動詞サ下二 {せ/せ/す/する/すれ/せよ}「お(負)はす」の変化した語。❶背負わせる。古事記 奈良―史書 神代「大穴牟遅神に袋をおほせ」訳大国主命に袋を背負わせ。❷(責めを)負わせる。(罪を)かぶせる。源氏物語 平安―物語 少女「罪をおほせ給ふは」訳罪をかぶせなさるのは。❸名づける。命名する。万葉集 奈良―歌集 三三九「酒の名を聖とおほせし」訳酒の名を聖と名づけた。❹(傷・害を)負わせる。徒然 鎌倉―随筆 八七「あまたして手おほせ」訳大勢で(男に)傷を負わせ。❺(労役・債務・租税などを)課する。負担させる。

おぼ・す【思す】

他動詞サ四 {さ/し/す/す/せ/せ}〔「思ふ」の尊敬語〕お思いになる。十訓抄 鎌倉―説話 七「いかにこころもとなくおぼすらん」訳(小式部の内侍は、母君からの便りを)どんなにか待ち遠しくお思いになっているだろう。

> **語義の扉**
> 動詞「思ふ」の未然形「思は」に、奈良時代以前の尊敬の助動詞「す」が付いた「思はす」が、「思ほす」となって一語化し、さらに「おぼす」に変化したものである。「思ひ給ふ」より敬意が高い。

大隅 おおすみ オオスミ 地名 旧国名。西海道十二か国の一つ。今の鹿児島県の大隅半島と大隅諸島とからなる。隅州。参照▶資料21

おほせ【仰せ】 オオセ 名詞 ご命令。お言いつけ。

おほせ-いだ・す【仰せ出だす】 オオセイダス 他動詞サ四 {さ/し/す/す/せ/せ}〔「言ひ出だす」の尊敬語〕ご命令になる。お言いつけになる。太平記 室町―物語 二「『早く供奉の輩にふれ仰すべし』とおほせいだされければ」訳「早く供の者たちに知らせ申し付けよ」とご命令になられたので。

おほせ-がき【仰せ書き】 オオセガキ 名詞 貴人のお言葉・ご命令を書き記すこと。また、その文書。

おほせ-くだ・す【仰せ下す】 オオセクダス 他動詞サ四 {さ/し/す/す/せ/せ}〔「言ひ下す」の尊敬語〕お言いつけになる。命令をお下しになる。平家物語 鎌倉―物語 一・殿上闇討「勧賞には闕国を給ふべき由おほせくだされける」訳褒美には、領主が欠員の国をくださるだろうということをお言いつけになられた。

おほせ-ごと[*]【仰せ言】 オオセゴト 名詞 お言葉。ご命令。お言いつけ。源氏物語 平安―物語 桐壺「かくかしこきおほせごとを光にてなむ」訳このようにおそれ多いお言葉を光として(拝見致しましょう)。◆「仰せられた言葉」の意。

おほせ-つ・く[*]【仰せ付く】 オオセツク 他動詞カ下二 {け/け/く/くる/くれ/けよ}〔「言ひ付く」の尊敬語〕お言いつけになる。ご命令なさる。平家物語 鎌倉―物語 一二・六代「他人におほせつけられ候へ」訳他の者にお言いつけになられませ。

おほせ-らる【仰せらる】 オオセラル 連語

なりたち 動詞「おほ(仰)す」の未然形＋尊敬の助動詞「らる」

❶ご命令になる。お命じになる。枕草子 平安―随筆 うへにさぶらふ御猫は「『この翁丸打ちてうじて、犬島へつかはせ。ただ今』とおほせらるれば」訳「この翁丸(＝犬の名)を打ちこらしめて、犬島へ追放せよ。すぐさま」と(帝が)お命じになるので。❷おっしゃる。平家物語 鎌倉―物語 一・願立「『朝夕宮仕ひ申さん』とおほせらるるこそ」訳「朝夕(山王の神に)ご奉仕いたそう」と(大殿の奥方が)おっしゃるのは。

おほ-ぞう・なり オオゾウナリ 形容動詞ナリ {なら/なり・に/なり/なる/なれ/なれ} ありふれている。通りいっぺんだ。大ざっぱだ。「おほざうなり」とも。源氏物語 平安―物語 帚木「かやうにおほぞうなる御厨子などに打ち置き散らし給ふべくもあらず」訳このようなありふれた御厨子などにほうり込んでおかれるはずもなく。◆「おほぞうなり」「おほざうなり」「おほざふなり」とも書く。

おほ-そで【大袖】 名詞 礼服の上着。即位などの重要な儀式に用いた。そで口が広く、たもとが長い。

おほ-ぞら【大空】 名詞 広々とした空。天空。

おほ-ぞら・なり【大空なり】 形容動詞ナリ {なら/なり・に/なり/なる/なれ/なれ} ❶**いいかげんだ。おろそかだ。** 雨月物語 江戸−物語 吉備津の釜「或いは徒なる心をうらみかこてども、おほぞらにのみ聞きなして」訳あるいはまた(夫の)浮気心をうらみ嘆いても、(夫は)いいかげんに聞き流すばかりで。❷**ぼんやりしている。** 物くさ太郎 江戸−物語 御伽「おほぞらなるけしきにておはするが」訳ぼんやりしているようすでいらっしゃるが。

おほぞらの… 和歌 **「大空の 月の光し 清ければ かげ見し水ぞ まづこほりける」** 古今 平安−歌集 冬・よみ人知らず 訳昨夜は大空の月の光が本当に澄んでいて美しかったから、その月の映っていた庭の水が真っ先に凍ったことだよ。

鑑賞「水」は庭の池や遣り水を指す。その水が夜のうちに凍ったのは、冷たく澄んだ月を映していたからだろうと想像した歌。冬の夜のさえかえる月の美しさが実感として味わえる。「月の光し」の「し」は上に付いた語を強める副助詞であり、「かげ見し」の「し」は直接経験した過去を表す助動詞「き」の連体形。係助詞の「ぞ」の結びは「ける」で、あることに気づいたことを詠嘆する助動詞「けり」の連体形。

おほぞらは… 和歌 **「大空は 梅のにほひに かすみつつ 曇りも果てぬ 春の夜の月」** 新古今 鎌倉−歌集 春上・藤原定家 訳大空は梅の香にかすみながら、すっかり曇りきることもない春の夜の月よ。

鑑賞 二句三句の「梅のにほひにかすみつつ」は、嗅覚を視覚に結びつけた印象的な表現。実際は春の夜のかすみでかすんでいるのだが、濃厚に漂う梅の香がたちこめて、いかにもその香でかすむように感じられたのである。平安時代前期の歌人、「大江千里」の「照りもせず曇りも果てぬ春の夜の朧月夜にしくものぞなき」(『新古今和歌集』)〈⇨てりもせず…〉を本歌としている。また、この本歌は『源氏物語』の「花宴」の巻にも引用されている。

おほ-たか【大鷹】 名詞 ❶**雌の鷹。** 雄よりも体が大きく、「大鷹狩り」に用いる。❷「大鷹狩り」の略。雌の鷹を使って冬に行う狩り。

大田南畝 人名 (一七四九〜一八二三)江戸時代後期の狂歌師。洒落本・黄表紙作者。別号、四方赤良・蜀山人。和漢の古典・通俗文学に精通、機智縦横、狂歌に健筆をふるい、また黄表紙や随筆の著作も多い。徳川家の幕臣としても活躍した。編著『万載狂歌集』など。

***おほ-ち【大路】** 名詞 **大通り。** 都の主要道路、すなわち、平城京・平安京で南北に通じるものをさす場合が多い。◆「ち」は道の意。江戸時代ごろから「おほぢ」という。対小路。

***おほ-ぢ【祖父】** 名詞 ❶「おほちち(大父)」の変化した語。**祖父。** 対祖母。❷**老いた男。老翁。**

大津 地名 今の滋賀県大津市。琵琶湖南岸の地。六六七年に天智天皇により大津の宮が置かれた。平安時代から三井寺の門前町として栄え、古くから交通の要地であり、宿場町、港町として発展した。

おぼつかな-が・る 他動詞ラ四 {ら/り/る/る/れ/れ} **気がかりに思う。待ち遠しく思う。** 源氏物語 平安−物語 若紫「内裏よりおぼつかながらせ給ふも畏かしければなむ」訳帝が(私のことを)待ち遠しく思いあそばしていることもおそれおおいので。◆「がる」は接尾語。

おぼつか-な・し

形容詞ク {(く)・から/く・かり/し/き・かる/けれ/かれ}

語義の扉

ぼんやりとしてとらえどころのないさまを表すのを原義とし、はっきりしないので、不安になったり、疑わしくなったりする気持ちをいう。

❶ぼんやりしている。ようすがはっきりしない。ほのかだ。
❷気がかりだ。不安だ。
❸不審だ。疑わしい。
❹会いたく思っている。待ち遠しい。

❶**ぼんやりしている。ようすがはっきりしない。ほのかだ。** 徒然 鎌倉−随筆 一九「山吹の清げに、藤のおぼつかなきさましたる」訳山吹の花がさっぱりとしてきれいに(咲き)、藤の花のぼんやりとはっきりしないようすをしているのとが。

❷**気がかりだ。不安だ。** 枕草子 平安−随筆 おぼつかなきもの「十二年の山籠もりの女親」訳気がかりなもの。十二年の比叡山籠りをしている(法師の)母親。

❸**不審だ。疑わしい。** 徒然 鎌倉−随筆 八八「道風書かんこと、時代やたがひ侍らん。おぼつかなくこそ」訳小野道風が書いたというのは、時代が違っているのではないでしょうか。不審に(思います)。

❹**会いたく思っている。待ち遠しい。** 源氏物語 平安−物語 明石「年ごろ夢の中にも見たてまつらで、恋しうおぼつかなき御さまを」訳長年、夢の中でさえお目にかからず、恋しく会いたく思っているお姿を。

おほ-つごもり【大晦日】 名詞 **一年の最終の日。** おおみそか。季冬。

おほ-つち【大地・大土】 名詞 広大な土地。大地。

おほ-づつ【大筒】 名詞 ❶酒を入れる大きな竹筒。❷大砲。❸大ぼら吹き。◇うそつきを鉄砲ということから。

おほ-つづみ【大鼓】 名詞 ❶**大型の鼓。** 雅楽などで楽器として用いるほかに、戦場で士気を高めたり、命令を伝えたりするのに打ち鳴らす。❷能楽やその他の邦楽で用いる、左のひざにのせて打つ手打ち鼓。

(大　鼓❷)

大津皇子 人名 (六六三〜六八六)大和時代の歌人。天武天皇の皇子。文武にすぐれ、『懐風藻』に漢詩四首、『万葉集』に短歌四首がある。天武天皇の死後、謀反の罪で大和の国で自殺させられた。

◆学習ポイント⑪

悲運の皇子たち

大和朝廷が政権を確立し、大化改新を経て律令国家体制を整えていく過程で、政争の犠牲になった皇子たちが何人もいた。

有馬皇子は孝徳天皇の皇子だったが、蘇我赤兄の計略により、謀反の罪で紀伊の国で殺された(十九歳)。『万葉集』にその護送途次の歌が二首収められている(⇩いはしろの…。いへにあれば…。)。

大津皇子は天武天皇の皇子で、有力な天皇候補だったが、やはり謀反の罪で自殺させられた(二十四歳)。辞世の歌が『万葉集』にある(⇩ももづたふ…。)。姉の大伯皇女の弟を思う歌(⇩わがせこを…。)も名高い。

おほつ-の-みや【大津の宮】 オオツノミヤ 名詞 六六七年に天智天皇によって、琵琶湖の南岸の地に置かれた宮。

おほ-て【大手】 オオテ 名詞 ❶敵の前面を攻撃する軍勢。平家物語 鎌倉－物語 四・橋合戦「おほては長井のわたり、搦め手は故我杉のわたり」訳前面攻撃の軍勢は長井の渡し、背面攻撃の軍は故我杉の渡し(から)。対搦め手。❷城の正面。表門。

おほ-と【大門】 オオト 名詞 大きな海峡。◆「門」は狭い通過点の意。

***おほ-どか-なり** オオドカナリ 形容動詞ナリ〔なら／なり・に／なり／なる／なれ／なれ〕 おおらかだ。おっとりしている。源氏物語 平安－物語 浮舟「らうたげにおほどかなりとは見えながら」訳(浮舟は)かわいらしくおっとりしているとは見えるものの。

おほ-ど・く オオドク 一 自動詞カ四〔か／き／く／く／け／け〕 おおらかさをそなえる。おっとりしている。源氏物語 平安－物語 夕顔「人のけはひ、いとあさましくやはらかに、おほどきて」訳その女の人のようすは、たいそうあきれるほど柔和で、おっとりしていて。

二 自動詞カ下二〔け／け／く／くる／くれ／けよ〕 一に同じ。源氏物語 平安－物語 花宴「おほどけたる声に言ひなして」訳おっとりした声にわざとつくろって。

おほ-どし【大年・大歳】 オオドシ 名詞「おほつごもり」に同じ。「おほとし」とも。季冬。

***おほとなぶら【大殿油】** オオトナブラ 名詞「おほとのあぶら」の変化した語。

おほとなぶら-まゐら-す【大殿油参らす】 オオトナブラマイラス 連語

なりたち 名詞「おほとなぶら」＋動詞「まゐる」の未然形＋使役の助動詞「す」

御殿の灯火をつけさせる。源氏物語 平安－物語 総角「外にもおほとなぶらまゐらすれど」訳外(廂)にも灯火をつけさせるが。

おほとなぶら-まゐ・る【大殿油参る】 オオトナブラマイル 連語 御殿の灯火をおつけになる。▼「まゐる」はこの場合、尊敬語。枕草子 平安－随筆 清涼殿の丑寅のすみの「おほとなぶらまゐりて、夜ふくるまで読ませ給ひける」訳御殿の灯火をおつけになって、夜のふけるまでお読みになったということだ。

***おほ-との【大殿】** オオトノ 名詞 ❶[天皇や貴人を尊敬して宮殿や邸宅を言う語]立派な御殿。お屋敷。万葉集 奈良－歌集 二九「大宮はここと聞けどもおほとのはここと言へども」訳(天智天皇の)皇居はここと聞くけれども、御殿はここだと言うけれども。❷[「大臣」の尊敬語]大臣殿。枕草子 平安－随筆 大蔵卿ばかり「おほとのの新中将宿直にて」訳大臣殿(＝左大臣道長)の(お子の)新中将が宿直で。❸[貴人である当主の父をいう尊敬語。また、若殿に対して貴人である当主をいう尊敬語]太平記 室町－物語 一〇「おほとのばかりこそいまだ葛西の谷に御座候へ」訳大殿だけはまだ葛西の谷にいらっしゃいます。◆「おほ」は接頭語。

おほとの-あぶら【大殿油】 オオトノアブラ 名詞 宮中や貴族の御殿の「灯台」にともす、油を用いた灯火。「おほとなぶら」とも。

おほとの-ごも・る【大殿籠る】 オオトノゴモル 自動詞ラ四〔ら／り／る／る／れ／れ〕[「寝」・「寝ぬ」の尊敬語]おやすみになる。伊勢物語 平安－物語 八三「親王、おほとのごもらで明かし給うてけり」訳親王はおやすみにならないで夜を明かしなさってしまった。◆「大殿」に「こもる」がもとの意味。

おほとも-の【大伴の】 オオトモノ 枕詞「大伴の御津(＝難波津)」の地名から、同音の「見つ」にかかる。万葉集 奈良－歌集 五六五「おほともの見つとは言はじあかねさし照れる月夜に直に逢へりとも」訳会ったとは言うまい。あかあかと照る月夜にじかに逢っていても。

大伴黒主 オオトモノクロヌシ 人名 生没年未詳。平安時代前期の歌人。六歌仙の一人。醍醐天皇の大嘗会の近江の国の風俗歌などで知られ、『古今和歌集』の序文にも黒主の名が出ている。『古今和歌集』以下の勅撰集に八首入集。また謡曲や歌舞伎などにもしばしば登場する。

大伴坂上郎女 オオトモノサカノウエノイラツメ 人名 生没年未詳。奈良時代の女流歌人。大伴旅人の異母妹で、家持の叔母。旅人の死後は大伴家をとりしきった。若いときから恋愛の経験が多く、『万葉集』には、長歌・短歌・旋頭歌など八十四首もの和歌が収められている。

大伴旅人 オオトモノタビト 人名(六六五～七三一)奈良時代の歌人。九州の大宰帥を経て、大納言。家持の父。『万葉集』に七十余首の歌を残し、「酒を讃むる歌」十三首が有名で、純粋な感情を歌いあげた叙情歌にも秀作が多い。部下に歌人の山上憶良がいた。

大伴家持 オオトモノヤカモチ 人名(七一八?～七八五)奈良時代の歌人。大伴旅人の子。越中守・因幡守のち、中納言・持節征東将軍というように、地方・中央を往復し、政治事件に連座することも重なり波乱の人生であった。『万葉集』の編者ともいわれ、最多数の四百七十九首の和歌が収められている。

おほと・る オオトル 一 自動詞ラ四〔ら／り／る／る／れ／れ〕 乱れ広がる。万葉集 奈良－歌集 三八五五「莢に延ひおほとれる屎葛」訳さいかち(＝植物の名)にまといついて乱れ広がっているくそかずら(＝植物の名)のように。

二 自動詞ラ下二〔れ／れ／る／るる／るれ／れよ〕 ❶一に同じ。枕草子 平安－随筆 草の花は「冬の末まで、かしらのいと白く、おほとれたる」訳（すすきは）冬の末まで、穂がたいそう白く、乱れ広がっている。❷締まりがなくなる。だらける。だらしなくふるまう。源氏物語 平安―物語 東屋「大路近き所に、おほとれたる声して」訳大通りに近い所で、だらけた声を出して。◆「おほどる」「おぼとる」とも。

古典の常識

『『万葉集』を集大成した歌人』―大伴家持

少年時代、大宰帥となった父旅人とともに筑紫に下り、山上憶良らの筑紫歌壇の盛況を目のあたりにした。帰京後本格的な作歌活動を始め、十六歳で後の才をうかがわせる歌（⇩ふりさけて…。）を詠んでいる。青年時代には妻となった従妹の坂上大嬢（坂上郎女の娘）をはじめ多くの女性と相聞歌を贈答した。三十歳で越中守となって赴任。この五年間が歌人として最も充実した時期で名歌が量産された。（⇩はるのその…。⇩わがそのの…。⇩もののふの…。）以後政争のただ中にあり因幡守在任時の新年賀宴の歌（⇩あらたしき…。）が最後の作となった。

おほな-おほな 副詞 心を込めて。ひたすらに。源氏物語 平安―物語 紅葉賀「おほなおほなかくものしたる心を、さばかりのこと、たどらぬほどにはあらじを」訳心を込めてこのように世話をした気持ちを、それくらいのことを、わからない年齢でもないだろうに。

おほ-なかぐろ【大中黒】 名詞 ❶矢羽の一種。鷲の羽で上下が白く、中に幅の広い黒い斑のあるもの。❷紋所の一つ。輪の中に横に黒く太い線を一本引いたもの。

（大中黒❷）

大中臣能宣 人名（九二一～九九一）平安時代中期の歌人。三十六歌仙の一人。梨壺の五人の一人で、清原元輔らと『後撰和歌集』を撰進した。歌風は保守的だが、格調が高い。家集に『能宣集』がある。

おほなめ-まつり【大嘗祭】 名詞「だいじやうさい」に同じ。

おほ・なり【凡なり】 形容動詞ナリ{なら/なり・に/なり/なる/なれ/なれ}❶いい加減だ。おろそかだ。万葉集 奈良―歌集 二一九「逢ひし日におほに見しかば今ぞ悔しき」訳会った日にいい加減に見たので、今、後悔される。❷ひととおりだ。平凡だ。万葉集 奈良―歌集 一二五二「人こそはおほにも言はめ」訳人は平凡な（景色だ）と言うかもしれないが。◆「おぼなり」とも。奈良時代以前の語。

おほ-には【大庭】 名詞 ❶紫宸殿の前庭。❷一般に広い中庭。

おほ-ぬさ【大幣】 名詞 ❶大串に付けた「幣」。「祓へ」に用い、終了後、人々がこれを引き寄せて体をなで、罪やけがれを移して川や海に流した。古今 平安―歌集 恋四「おほぬさの引く手あまたになりぬれば思へどえこそ頼まざりけれ」訳（あなたは）大幣のように（女たちから）引っ張りだこになっているから（私が）恋しく思ったところで頼りにできないことだなあ。❷引く手あまた。引っ張りだこ。多情。移り気。▼❶の用例の和歌から生じた比喩。大和物語 平安―物語 一六〇「おほぬさになりぬるひとのかなしきは」訳引っ張りだこになったあなたが気の毒なのは。◆❶の用例の和歌は『伊勢物語』四十七段にも見える。⇩ぬさ

おほ-ぬのこ【大布子】 名詞 大きく仕立てた木綿の綿の入った着物。

おほ-ね【大根】 名詞 だいこんの古名。季冬。

参考「だいこん」は、この語の漢字表記の音読から生じた語。

おほ-のか・なり 形容動詞ナリ{なら/なり・に/なり/なる/なれ/なれ}「おほどかなり」の変化した語。❶（とても）大きい。枕草子 平安―随筆 あさましきもの「車のうち返りたる。さるおほのかなるものは、所狭くやあらむと思ひしに」訳牛車がひっくり返っているの（にはあきれた）。そうした大きいものはどっしりしているかと思ったのに。❷大げさだ。宇治拾遺 鎌倉―説話 一・一八「あさましうおほのかにも言ふものかな」訳あきれるほど大げさにも言うものだなあ。❸ゆったりしている。

太安万侶 人名（?～七二三）奈良時代の文人。安麻呂とも。元明天皇の勅により、稗田阿礼が暗唱していた勅語や神話・伝説を、和銅五年（七一二）『古事記』（三巻）にまとめて献上した。また、舎人親王らと『日本書紀』の編集にも参加した。

おほ-ば【祖母】 名詞 ❶「おほはは（大母）」の変化した語。祖母。対祖父。❷老いた女性。

大原 地名 ❶歌枕 今の奈良県高市郡明日香村の地。❷歌枕 今の京都市左京区大原の地。建礼門院が住んだ寂光院や三千院がある。

大原野 地名 今の京都市西京区大原野町。平安遷都後、藤原氏が奈良の春日大社を小塩山のふもとに勧請して氏神とした大原野神社がある。「小塩山」は歌枕。

おほ-はらへ【大祓へ】 名詞 宮中行事の一つ。陰暦六月と十二月の晦日に行われ、親王以下百官が朱雀門の前に参集し、中臣氏が大祓えの祝詞を奏上し、百官・万民の罪・けがれを払い清める神事。「おほばらへ」「おほはらひ」とも。参照▼口絵

参考 六月のものを「六月祓へ」「夏越しの祓へ」という。

おほはらや… 俳句「大原や 蝶の出て舞ふ 朧月」北の山 江戸―俳諧 俳諧・丈草 訳朧月の出ている夜、大原の里をどこへ行くともなく歩いていると、どこからか白いちょうが飛んできて、ひらひらと舞っている。

鑑賞 うすぼんやりとした朧月の光を浴びて、闇に白く浮き出したちょうの舞うようすは、幻想的な印象を与える。「大原」の地名から、源平の争乱、建礼門院の悲しい生涯も連想される。季語は「蝶・朧月」で、季は春。

おほ-ばん[1]【大判】 名詞 戦国時代から江戸時代の末まで用いられた大形で長円形の貨幣。大判金と大判銀がある。普通は大判金をいう。対小判。

おほ-ばん[2]【大番】 名詞 ❶「大番役」の略。平安時代末期から鎌倉時代にかけて、諸国から交替で京都に出て、皇居や市中警備にあたった武士。❷「大番組」の略。江戸幕府の職名の一つ。旗本が十二組に分かれ、交替で江戸城・大坂城・京都の二条城の警備にあたったもの。

おほ-ひ[1]【大炊】 名詞「大飯」の変化した語。天皇

が召し上がる食物を料理すること。また、その食物。

おほひ[2]【庇ひ・覆ひ】オオイ 名詞 ❶上からかぶせるもの。❷屋根。❸かばい守ってくれる人。

おほひ-づかさ【大炊寮】オオイヅカサ 名詞 「おほひれう」に同じ。

おほひ-どの【大炊殿】オオイドノ 名詞 貴族の屋敷で食物を調理する建物。

おほ-ひめぎみ【大姫君】オオヒメギミ 名詞 貴人の長女の尊敬語。姉姫君。「大君(おほいぎみ)」とも。

おほひ-れう【大炊寮】オオイリョウ 名詞 律令制で、宮内省に属し、諸国から奉る米穀を収納し、それを各官庁に分配する事務を担当する役所。「おほひづかさ」とも。

*__おほ・ふ__【覆ふ・被ふ】オオウ 他動詞 ハ四〔は/ひ/ふ/ふ/へ/へ〕❶覆いかぶせる。覆う。万葉集 奈良一歌集 三九二三「天(あめ)の下すでにおほひて降る雪の」訳地上をすっかり覆って降る雪の。❷包み隠す。平家物語 鎌倉一物語 一〇・請文「小瑕(せうか)をもって、その功をおほふことなかれ」訳わずかな欠点によって、その功績を包み隠してはならない。❸(徳・威勢・名声などを)広く行きわたらせる。太平記 室町一物語 二一「威を遍(あまね)く海内(かいだい)におほひしかども」訳権勢を国内のすべてに広く行きわたらせたけれども。

参照▶資料25

おほぶね-の【大船の】オオブネノ 枕詞 ❶大船が海上で揺れるようすから「たゆたふ」「ゆくらゆくら」「たゆ」にかかる。万葉集 奈良一歌集 一九六「おほぶねのたゆたふ見れば慰もる心もあらず」訳(心が)揺れ動くのを見ると晴れ晴れする気持ちとてないし。❷大船を頼りにするところから「たのむ」「思ひたのむ」にかかる。万葉集 奈良一歌集 二〇七「おほぶねの思ひたのみて」訳⇩あまとぶや…。❸大船がとまるところから「津」「渡り」に、また、船の「かぢとり」に音が似るところから地名「香取(かとり)」にかかる。「おほぶねの渡(わたり)の山」

*__おほほ・し__ オオオシ 形容詞 シク〔(しく)・しから/しく・しかり/し/しき・しかる/しけれ/しかれ〕❶ぼんやりしている。おぼろげだ。万葉集 奈良一歌集 二四四九「香具山(かぐやま)に雲居たなびきおほほしく」訳香具山に雲がたなびき、ぼんやりしていて。❷心が晴れない。うっとうしい。万葉集 奈良一歌集 二二一〇「おほほしく待ちか恋ふらむ」訳心が晴れなくて待ちこがれているだろう。❸聡明(そうめい)でない。愚かである。万葉集 奈良一歌集 三七九四「はしきやし翁(おきな)の歌におほほしき九(ここの)の児らやかまけて居らん」訳ああ、なつかしい。おじいさんの歌におろかな九人の児たちも感心していることです。◆「おぼほし」「おぼぼし」とも。奈良時代以前の語。

おぼほ・す【思ほす】オボス 他動詞 サ四〔さ/し/す/す/せ/せ〕「思ふ」の尊敬語。お思いになる。源氏物語 平安一物語 桐壺「いよいよ飽かずあはれなるものにおぼほして」訳いっそうたまらなくいとしいものにお思いになって。◆「おもほす」の変化した語。

おぼほ・ゆ【思ほゆ】オボユ 自動詞 ヤ下二〔え/え/ゆ/ゆる/ゆれ/えよ〕感じられる。自然に思われる。風雅 南北一歌集 恋四「そことない恨みぞ常におぼほゆるいかにぞ人のあらずなること」訳とりとめのない恨みが常に感じられる。どうして人は生きながらえないのかということに。◆「おもほゆ」の変化した語。

*__おぼほ・る__ オボル 自動詞 ラ下二〔れ/れ/る/るる/るれ/れよ〕
㊀【溺ほる】❶おぼれる。源氏物語 平安一物語 明石「何の報いにか、ここら横さまなる波風にはおぼほれ給(たま)ふ」訳何の報いで、たいそう邪悪な波風におぼれなさるのか。❷涙にむせぶ。涙にくれる。源氏物語 平安一物語 早蕨「心をさめむ方なくおぼほれゐたり」訳気持ちを落ち着かせる方法もなく涙にくれ座っている。
㊁【惚ほる】❶ぼんやりする。正気(しやうき)を失う。蜻蛉 平安一日記 下「例のつきせぬ事におぼほれてぞ果てにける」訳いつものつきることのないもの思いにぼんやりして(今年も)終わってしまった。❷知らないふりをする。とぼける。源氏物語 平安一物語 帚木「むげに世を思ひ知らぬやうおぼほれ給(たま)ふなむ」訳まるで男女の仲など理解できないかのようにとぼけなさるのが。

おほ-まします【大座します】オオマシマス 自動詞 サ四〔さ/し/す/す/せ/せ〕「「あり」の尊敬語」おいでになられる。おありになられる。延喜式 平安一格式 久度・古関「万世(よろづよ)におほましまさしめたまへと」訳万世にわたっておいでになられるようにさせてくださいと。◆「あり」の尊敬語「ます」に「おほ」がついた、最高敬語。

おほ-まへつきみ【大臣】オオマエツキミ 名詞 大臣(だいじん)。太政大臣(だいじやうだいじん)・左・右・内の各大臣。

おほ-み-【大御】オオミ 接頭語 「主として神・天皇に関する語に付いて、最大級の尊敬を表す」「おほみ祖(おや)」「おほみ門(かど)」「おほみ神(かみ)」

参考 尊敬の意を表す「おほ」と「み」を重ねた語。のちに「おほみ」→「おほん」→「おん」→「お」と変化した。

おほみ-あへ【大御饗】オオミアエ 名詞 天皇のお食事。◆「おほみ」は接頭語。

おほみ-うた【大御歌】オオミウタ 名詞 天皇がお詠みになった歌。◆「おほみ」は接頭語。

おほみ-おや【大御祖】オオミオヤ 名詞 天皇のご祖先。皇祖。◆「おほみ」は接頭語。

おほみ-かど【大御門】オオミカド 名詞 ❶皇居の御門。◇のち貴族や武士の邸宅の門にもいう。❷皇居。宮殿。◆「おほみ」は接頭語。

おほみ-き【大御酒】オオミキ 名詞 神・天皇が飲む酒の尊敬語。◆「おほみ」は接頭語。

おほみ-ぎり【大砌】オオミギリ 名詞 雨垂れを受ける軒下の敷石。

おほみ-け【大御食】オオミケ 名詞 神・天皇が食べる食べ物の尊敬語。召し上がり物。◆「おほみ」は接頭語。

おほみ-こと【大御言・大命】オオミコト 名詞 天皇の御命令。◆「おほみ」は接頭語。

おほみ-たから【大御宝】オオミタカラ 名詞 天皇がお治めになる民。◆「おほみ」は接頭語。

おほみ-はふり【大御葬】オオミハフリ 名詞 天皇の御葬儀。大葬。◆「おほみ」は接頭語。

おほみ-み【大御身】オオミミ 名詞 天皇のおからだ。◆「おほみ」は接頭語。

*__おほ-みや__【大宮】オオミヤ 名詞 ❶神・天皇を尊敬して神宮・皇居を言う語。❷皇太后・太皇太后の尊敬語。❸母である宮。◆「おほ」は接頭語。

おほ-みやすんどころ【大御息所】オオミヤスンドコロ 名詞 天皇の母君。◆「おほ」は接頭語。

おほみや-づかへ【大宮仕へ】オオミヤヅカエ 名詞 宮廷に仕えること。

おほみや-どころ【大宮処・大宮所】オオミヤドコロ 名詞 皇居のある地。皇居。◆「おほみや」は天皇を尊敬して皇居を言う語。

おほみや-ひと【大宮人】（オオミヤヒト）名詞 宮中に仕える官人。宮廷人。「おほみやびと」とも。万葉集 奈良―歌集 三〇「ささなみの志賀(しが)の辛崎(からさき)幸(さき)くあれどおほみやひとの船待ちかねつ」訳⇩ささなみのしがのからさき…。

おほ-む-【御・大御】（オオン）接頭語 「おほん(接頭語)」に同じ。

◆「おほみや」は天皇を尊敬して皇居を言う語。

おぼ-めか・し 形容詞 シク〔(しく)・しから／しく・しかり／し／しき・しかる／しけれ／しかれ〕 ❶はっきりしない。よくわからない。枕草子 平安―随筆 いみじう暑きころ「夕涼みといふほど、物のさまなどもおぼめかしきに」訳夕涼みをするというころ、(あたりの)物のようすなどもはっきりしない時分に。❷不安だ。気がかりだ。源氏物語 平安―物語 夕顔「おぼめかしながら、頼みかけ聞こえたり」訳不安であるけれども、(その人を)お頼り申し上げている。❸とぼけている。源氏物語 平安―物語 横笛「思ひ出(い)でたるやうに、おぼめかしうもてなして」訳(今話のついでに)思い出したように、とぼけて振る舞って。◇「おぼめかしう」はウ音便。

おぼ-め・く 自動詞 カ四〔か／き／く／く／け／け〕 ❶(はっきり判断できず)まごつく。よくわからなくなる。枕草子 平安―随筆 故殿の御服のころ「つゆおぼめかで答(いら)へ給(たま)へりしは」訳少しもまごつかずにお答えなさったのは。❷不審に思う。いぶかしがる。源氏物語 平安―物語 若紫「げに『うちつけなり』とおぼめき給(たま)はむも理(ことわり)なれど」訳なるほど「出し抜けだ」と不審に思いなさるのも道理であるけれど。❸そらとぼける。よくわからないふりをする。源氏物語 平安―物語 橋姫「一(ひと)ところしも、あまりおぼめかせ給(たま)ふらむこそ」訳あなたまでもが、あまりにそらとぼけなさるのは。◆「めく」は接尾語。

おほ-やう【大様】（オオヨウ）副詞 おおよそ。だいたい。徒然 鎌倉―随筆 五九「おほやう、人を見るに、少し心ある際(きは)は」訳だいたい、世間の人を見ると、少々ものの道理をわきまえている程度の(人)は。

おほ-やう・なり【大様なり】（オオヨウナリ）形容動詞 ナリ〔なら／なり・に／なり／なる／なれ／なれ〕 ❶ゆったりと落ち着いている。堂々と構えている。平家物語 鎌倉―物語 一・清水寺炎上「重盛卿(しげもりのきやう)は、ゆゆしくおほやうなるものかな」訳重盛卿は、ひととおりでなく落ち着いているものだなあ。❷けちけちせず、おおらかだ。おおざっぱだ。日本永代蔵 江戸―物語 浮世・西鶴「これらまでおほやうなる事、天下の御城下なればこそ」訳こういう者までけちけちしないでおおらかなことは、将軍家のお膝下(ひざもと)であるからこそだ。

おほ-やかず【大矢数】（オオヤカズ）名詞 ❶江戸時代、四、五月に京都と江戸深川の三十三間堂で行われた通し矢の競技。日暮れから翌日の日暮れまで一昼夜射続けて、矢数と通し矢の数を競う。❷「矢数俳諧(はいかい)」に同じ。

おほ-やけ【公】（オオヤケ）名詞

語義の扉

もとは「大宅(おほやけ)」と書き、「大きな家」の意であった。そこから「皇居」の意が発生し、さらには皇居の主人である「天皇」、皇居内にある「朝廷」までもさすようになる。やがて、表だった公共の意味ともなり、「わたくし」と対立するようになる。

❶朝廷。政府。
❷天皇。
❸公的なこと。社会的なこと。表向き。

❶朝廷。政府。更級 平安―日記 竹芝寺「ろんなくもとの国にこそ行くらめと、おほやけより使ひ下りて追ふに」訳もちろん故郷の国に行っているのだろうと、朝廷から使いが下り(この男を)追いかけるけれども。

❷天皇。▼皇后や中宮を含むときもある。竹取物語 平安―物語 かぐや姫の昇天「いみじく静かに、おほやけに御文(おほんふみ)奉り給(たま)ふ」訳(かぐや姫は)たいそう静かに、天皇にお手紙を差し上げなさる。

❸公的なこと。社会的なこと。表向き。徒然 鎌倉―随筆 一七五「おほやけ・私(わたくし)の大事を欠きて、煩(わづら)ひとなる」訳公・私ともに大切な事をおろそかにして、面倒なことになる。対私(わたくし)。

おほやけおほやけ・し【公公し】（オオヤケオオヤケシ）形容詞 シク〔(しく)・しから／しく・しかり／し／しき・しかる／しけれ／しかれ〕 ❶いかにも格式ばっている。紫式部 平安―日記 寛弘五・九・一五「おほやけおほやけしきさまして、寝殿の東(ひんがし)の渡殿(わたどの)の戸口まで、ひまもなくおしこみてゐたれば」訳(女官たちが)いかにも格式ばったようすをして、寝殿の東の渡り廊下の戸口まで、すきまもなくびっしり詰まって座っていたので。❷表立っている。公的だ。政治向きだ。源氏物語 平安―物語 浮舟「才(ざえ)なども、おほやけおほやけしき方も、おくれずぞおはすべき」訳漢学の才なども、政治向きの方面も人に劣らないでいらっしゃるだろう。

おほやけ-ごと【公事】（オオヤケゴト）名詞 ❶朝廷の儀式・行事。政務。公務。「おほやけわざ」とも。伊勢物語 平安―物語 八三「さても侍(さぶら)ひてしがなと思へど、おほやけごとどもありければ」訳そのまま(おそばに)お仕えしていたいと思ったけれど、朝廷の行事などもあったので。対私事(わたくしごと)。❷国家から課せられた義務的な奉仕。租税・賦役(ぶやく)など。更級 平安―日記 竹芝寺「武蔵(むさし)の国を預けとらせて、おほやけごともなさせじ」訳武蔵の国を預け与えて、租税や賦役も負担させまい。❸型どおりの作法・やり方。源氏物語 平安―物語 宿木「御盃ささげて、『をし』とのたまへる声づかひもてなしさへ、例のおほやけごとなれど、人に似ず見ゆるも」訳お盃をささげて「をし」とおっしゃる声・態度までも、いつもの型どおりの作法ではあるが、他の人とちがって見えるのも。❹とおりいっぺんの役目。源氏物語 平安―物語 桐壺「おほやけごとに仕うまつれる、おろそかなる事もぞ」訳とおりいっぺんのお役目として奉仕したのでは、疎略になりかねない。

おほやけ-ざま【公様・公方】（オオヤケザマ）名詞 ❶天皇・朝廷・国家など公的な物事に関する方面。❷表向きのこと。❸型通りの公式なこと。

おほやけ・し【公し】（オオヤケシ）形容詞 シク〔(しく)・しから／しく・しかり／し／しき・しかる／しけれ／しかれ〕 折り目正しい。格式ばっている。枕草子 平安―随筆 淑景舎、東宮に「これはたおほやけしう、唐めきてをかし」訳これはまた折り目正しく、中国風で趣がある。◇「おほやけしう」はウ音便。

おほやけ-づかひ【公使ひ】（オオヤケヅカイ）名詞 朝廷からの使者。勅使。

おほやけ-どころ【公所】（オオヤケドコロ）名詞 ❶朝廷。官庁。

宮中。❷朝廷・国家などの所有地。

おほやけ-の-わたくし【公の私】(オオヤケノワタクシ) 連語 ❶公私いずれにも。❷公的なことにも、多少は私情をまじえた寛大な処置があってもよいということ。盛久 室町一能楽 謡曲「おほやけのわたくしとかや申すことの候ふ」訳公的なことにも多少は私情をまじえた寛大な処置があってもよいとか申すことでございます。

おほやけ-ばら【公腹】(オオヤケバラ) 名詞 公憤。人ごとながら、非道な行為を見聞きして腹が立つこと。正義の憤り。

おほやけばら-だた・し【公腹立たし】(オオヤケバラダタシ) 形容詞シク {(しく)・しから/しく・しかり/し/しき・しかる/しけれ/しかれ} 人ごとながら腹が立つ思いだ。公憤を感じる。「おほやけはらだたし」とも。源氏物語 平安一物語 帚木「おほやけばらだたしく、心一つに、思ひあまることなど多かるを」訳人ごとながら腹の立つ思いで、自分の心一つでは、考えに余ることなどが多いのを。

おほやけばら-た・つ【公腹立つ】(オオヤケバラタツ) 自動詞タ四 {た/ち/つ/つ/て/て} 人ごとながら腹が立つ。「おほやけはらたつ」とも。枕草子 平安一随筆 男こそ、なほいとありがたく「見捨てて行きなどするは、あさましう、おほやけばらだちて」訳(嘆いている女を)見捨てて行ったりなどするのは、あきれて、人ごとながら腹が立って。

***おほやけ-びと**【公人】(オオヤケビト) 名詞 朝廷に仕える人。宮仕えの人。官吏。

おほやけ-わたくし【公私】(オオヤケワタクシ) 名詞 ❶国家と民間。社会的な面と個人的な面。❷表向きとうちわ。

おほ-やしま【大八州・大八洲】(オオヤシマ) 名詞 日本の古名。日本。

参考 「おほ」は美称の接頭語。「八州」は本州・四国・九州・淡路・壱岐・対馬・隠岐・佐渡の八島をさすという。

おほ-やしろ【大社】(オオヤシロ) 名詞 「出雲大社(いづものおほやしろ)」の略。出雲大社。大国主命(おおくにぬしのみこと)を祭る。

おぼ・ゆ【覚ゆ】

語義の扉

動詞「思ふ」の未然形に奈良時代以前の受身・自発・可能の助動詞「ゆ」が付いた「おもはゆ」が「おもほゆ」となって一語化し、平安時代に至って変化したもの。

- 一 自動詞
  - ❶思われる。感じられる
  - ❷思い出される。
  - ❸似る。似ている。
- 二 他動詞
  - ❶思い出す。
  - ❷思い出して語る。

一 自動詞ヤ下二 {え/え/ゆ/ゆる/ゆれ/えよ}

❶思われる。感じられる。徒然 鎌倉一随筆 一三七「心あらん友もがなと、都恋しうおぼゆれ」訳情趣を解するような友がいたらなあと、(そういう友のいる)都が恋しく思われる。

❷思い出される。思い起こされる。源氏物語 平安一物語 少女「昔おぼゆる花橘(はなたちばな)、撫子(なでしこ)、薔薇(さうび)、くたになどやうの花くさぐさを植ゑて」訳昔のことが思い起こされるたちばなの花、なでしこ、そうび、くたになどといった花をいろいろ植えて。

❸似る。似ている。源氏物語 平安一物語 若紫「少しおぼえたるところあれば、子なめりと見給(たま)ふ」訳少し似ているところがあるので、(尼君の)子であろうと(源氏は)ご覧になる。

二 他動詞ヤ下二 {え/え/ゆ/ゆる/ゆれ/えよ}

❶思い出す。更級 平安一日記 かどで「わが思ふままに、そらにいかでかおぼえ語らむ」訳自分の思うとおりに、(姉たちは物語を)そらんじていてどうして思い出して話せようか、いや、話せない。

❷思い出して語る。大鏡 平安一物語 序「いと興あることなり。いでおぼえたまへ」訳(昔物語は)とてもおもしろいことだ。さあ、思い出して語ってください。

おほ-ゆか【大床】(オオユカ) 名詞 ❶神社の階段の上にある床。❷寝殿造りで母屋(もや)の外側、簀子(すのこ)の内側にある細長い部屋。廂(ひさし)の間。

***おほ-よそ**【大凡・凡そ】(オオヨソ)

一 名詞 普通。ひととおり。一般的であること。源氏物語 平安一物語 御法「さしもあるまじきおほよそ の人さへ」訳それほど縁もあるはずがない一般の人まで。

二 副詞 ❶だいたい。およそ。あらまし。大鏡 平安一物語 道長上「おほよそかの寺より始まりて、年に二三度、会(ゑ)を行はる」訳だいたいあの寺から始まって、年に二、三度は法会が行われる。❷まったく。▼強調の語として用いる。今昔物語 平安一説話 三・一「おほよそこの功徳はかりなし」訳まったくこのご利益(りやく)ははかり知れない。

おほよそ-びと【大凡人】(オオヨソビト) 名詞 世間一般の人。

おほ-よろひ【大鎧】(オオヨロイ) 名詞 ❶普通のものより大型の鎧。❷平安時代中期から鎌倉時代にかけて、武将が着用した正式の鎧。騎射戦用で、源平合戦のころ多く用いられた。参照▼口絵

***おほ-らか・なり**【多らかなり】(オオラカナリ) 形容動詞ナリ {なら/なり・に/なり/なる/なれ/なれ} 多量だ。多い。たくさんある。今昔物語 平安一説話 二七・三〇「米(よね)をおほらかにかきつかみて」訳米を多量にひっつかんで。

おぼ・る【溺る】 自動詞ラ下二 {れ/れ/る/るる/るれ/れよ} 「おぼほる」の変化した語。❶(水に)おぼれる。おぼれ死ぬ。❷(「涙におぼる」の形で)目の中が涙でいっぱいになる。涙をたくさん流す。平家物語 鎌倉一物語 一一・先帝身投「御涙におぼれ、小さく美しき御手を合はせ」訳お涙をたくさん流し、小さく美しいお手を合わせ。❸心を奪われる。徒然 鎌倉一随筆 七四「名利(みやうり)におぼれて」訳名誉や利益(を得ること)に心を奪われて。

おほ-ろか・なり【凡ろかなり】(オオロカナリ) 形容動詞ナリ {なら/なり・に/なり/なる/なれ/なれ} いいかげんだ。なおざりだ。「おぼろかなり」とも。万葉集 奈良一歌集 九七四「大夫(ますらを)の行くとふ道そおほろかに思ひて行くな大夫の伴(とも)」訳りっぱな武人が進んで行くという道だ。いいかげんに思ってついていくな。武人の供人(ともびと)たちよ。◆奈良時代以前の語。

おぼろけなら-・ず 連語

なりたち 形容動詞「おぼろけなり」の未然形＋打消の助動詞「ず」

並ひととおりでない。格別だ。源氏物語 平安一物語 花宴

「おぼろけならぬ契りとぞ思ふ」訳ひととおりでない(あなたと私との)縁と思う。

おぼろけ・なり 形容動詞ナリ {なら/なり・に/なり/なる/なれ/なれ}

語義の扉

打消の語(打消の助動詞「ず」など)や反語表現を下接して、「普通だ、並ひととおりだ」の意味を示す。また、打消の語を伴わない場合は「おぼろけならず」と同意となり、打消の意味がすでにこめられていると判断する。

❶普通だ。並ひととおりだ。
❷並ひととおりではない。格別だ。

❶〔多く、打消の語や反語表現を下接して〕**普通だ。並ひととおりだ。ありきたりだ。**枕草子 平安—随筆 「木の花は『梨花一枝、春、雨を帯びたり』など言ひたるは おぼろけならじと思ふに」訳(楊貴妃の泣き顔を)「一枝の梨の花が、春、雨を含みもっている」などと詩にうたうのは、並ひととおり(の美しさ)ではないだろうと思うと。

❷**並ひととおりではない。格別だ。**源氏物語 平安—物語 薄雲「おぼろけに思ひ忍びたる御後見とは思し知らせ給ふらむや」訳並ひととおりでなく我慢をしてのお世話であるとは十分にご理解なさっていらっしゃるでしょうか。

歴史スコープ 語形 室町時代の末期までは「おぼろけなり」と「け」は清音であったが、江戸時代以降、「おぼろげなり」と濁るようになった。

†おぼろけ-の-ぐゎん-に-よ-り-て-に-や-あ-ら-む【おぼろけの願によりてにやあらむ】土佐日記 平安—日記 一・二一「おぼろけのぐゎんによりてにやあらむ。風も吹かず、よき日出で来て、漕ぎゆく」訳並ひととおりではない祈願によってであろうか。風も吹かず、すばらしい太陽が出てきて、(船を)漕いで行く。

品詞分解 おぼろけ＝形容動詞「おぼろけなり」語幹 の＝格助詞 ぐゎん＝名詞 に＝格助詞 より＝動詞「よる」用 て＝接続助詞 に＝断定の助動詞「なり」用 や＝係助詞 あら＝補助動詞「あり」未 む＝推量の助動詞「む」体

おぼろ-づき【朧月】名詞 **春の夜のかすんだ月。**季 春。

おぼろ-づきよ【朧月夜】名詞 ❶**春の夜のかすんだ月。おぼろづき。**❷**春のかすんだ月(＝朧月)の出ている夜。**◆「おぼろづくよ」とも。❶の「よ(夜)」は音調の上から添えたもので意味はない。

***おぼろ・なり**【朧なり】形容動詞ナリ {なら/なり・に/なり/なる/なれ/なれ} ❶**ぼんやりとかすんでいる。おぼろげだ。**伊勢物語 平安—物語 六九「月のおぼろなるに」訳月がおぼろげな中に。❷**ぼんやりとして、はっきりしない。**増鏡 室町—物語 序「目も耳もおぼろになりて侍れば」訳目も耳もはっきりしなくなっておりますので。

参考 視覚的にも聴覚的にも使う。

おほ-わだ【大曲】名詞 川・湖などが陸地に大きく入り込んだ所。◆奈良時代以前の語。

***おほ-わらは**【大童】名詞 髪の結びが解けて、童の髪型のように乱れ垂れること。また、その髪。ざんばら髪。

参考 多く、戦場で兜を取って乱れ髪で奮戦することにいう。そこからのちに、夢中になって事をする姿の意となった。

¹大井川 地名 今の静岡県中央部を流れて駿河湾に注ぐ大河。江戸時代、幕府の政策で橋を架けることが許されず、旅人は人足の背や輦台にのってわたったが、大水でしばしば川止めになった。「越すに越されぬ」とうたわれ、東海道一の難所であった。

²大堰川 地名 歌枕 今の京都市右京区嵯峨嵐山の付近を流れる川で、丹波山地を源として淀川に合流する。上流を保津川、桂橋までを大堰川、その下流を桂川という。平安時代の貴族に愛された桜・紅葉の名所。

¹おほん【御・大御】名詞 接頭語「おほん」の下の名詞を省略した言い方。省略された語によって意味が変わる。源氏物語 平安—物語 梅枝「対の上のおほんは、三種ある中に」訳対の上の(合わせられた)お(香)は、三種類ある中に。◆「おほむ」とも。

²おほん-【御・大御】接頭語

〔尊敬の意を表す〕〔神仏・天皇をはじめ、敬意を表そうとする人物に関する事物に付けて〕**お。お。**「おほん時」「おほん目」「おほん供」

参考 「御」は、平安時代では「おほん」と読むのが一般的で、「お」「み」「ご」「ぎょ」は特定の語に付く。「おほん」から変化した「おん」は、平安時代の末期ごろから使われたと考えられる。「おほむ」とも表記する。

歴史スコープ 語形 平安時代の女流仮名文学作品では、名詞につく尊敬の接頭語は「御」と表記されることが多く、この「御」が、「おほん」「おん」「お」「み」「ご」「ぎょ」のいずれであるのかはっきりしないことがある。これらのうち、「おほん」「おん(「おほん」の転)」「お(「おん」の転)」については、同時代の他の仮名書きの資料で、「御」に当たる所は「おほん」「おほむ」と書かれ、「おん」は現れないところから、『源氏物語』『枕草子』などでは「おん」よりも「おほん」の形の方が一般的であったと言えよう。「おん」は平安時代末期ごろから現れ、「お」はその後に生じたと考えられる。また、「み」「ご」「ぎょ」については、「み」は伝統的な語に多く使われ、「ご」「ぎょ」は漢語に使われるというように、使われる語の範囲が比較的限られている。しかし、依然として、「おほん」であるのか、「み」「ご」などであるのか、決めがたい場合もある。⇨学習ポイント31

おほん-ぞ【御衣】名詞 〔天皇・貴人を尊敬して衣服を言う語〕**お召し物。**◆「おほん」は接頭語。「おほむぞ」とも表記する。「おほんそ」「おんぞ」とも。

***おほん-とき**【御時】名詞 〔天皇を尊敬して治世を言う語〕**御代。御治世。**源氏物語 平安—物語 桐壺「いづれのおほんときにか」訳どの帝の御代であったろうか。◆「おほん」は接頭語。「おほむとき」とも。

***お-まし**【御座】名詞 ❶〔天皇や貴人を尊敬している場所を言う語〕**御座所。**天皇の場合、「昼の御座(＝昼間の居間)」と「夜の御座(＝寝所)」とがある。❷〔貴人を尊敬して用いる敷物・ふとんなどを言う語〕**御**

敷物。▼❶に用いられる物の意から。◆「お」は接頭語。

おまし-どころ【御座所】 名詞「おまし❶」に同じ。

おまし-ま・す【御座します】

一 自動詞 サ四{さ/し/す/す/せ/せ}「あり」「行く」「来く」の尊敬語〕いらっしゃる。続後撰 鎌倉―歌集 賀・詞書「鳥羽院位におましましける時」訳鳥羽院が(天皇の)位にいらっしゃったとき。

二 補助動詞 サ四{さ/し/す/す/せ/せ}〔尊敬の意を表す〕〔動詞型・形容詞型・形容動詞型の活用語の連用形に付いて〕…ていらっしゃる。千載 鎌倉―歌集 雑中「いとかしこくあはれがらせおましまして」訳(帝は)たいそう恐れ多くも同情されていらっしゃって。

おま・す 一 他動詞 サ下二{せ/せ/す/する/すれ/せよ}・サ四{さ/し/す/す/せ/せ}〔「与ふ」「やる」の謙譲語〕さしあげる。あげる。入間川 室町―狂言 狂言「何ぞおませたいものぢやが」訳何かさしあげたいものだが。

二 補助動詞 サ下二{せ/せ/す/する/すれ/せよ}・サ四{さ/し/す/す/せ/せ}〔謙譲の意を表す〕〔動詞の連用形あるいは接続助詞「て」に付いて〕…(し)てさしあげる。末広がり 室町―狂言 狂言「囃子物を教へておまさうかといふ事ぢや」訳囃子物(=はやしことばの入ったうた)を教えてさしあげようかということだ。

参考「おらす」→「おまっす」→「おます」と変化した語。下二段活用がもとの形で、やがて四段活用も成立し、同時に用いられている。

お-まへ【御前】

語義の扉

もともと、「前」「傍ら」という場所を、高貴な人の場合についていう敬語表現で、「おそば」「おん前」の意を原義とし、高貴な人を直接に指示しないで婉曲にいう配慮から「…様」「…(の)方」の意の尊称となり、さらに、「あなたさま」という二人称の代名詞に転じた語。

一 名詞 ❶御前。おそば。❷お方。ご主君。

二 代名詞 ❶あの方。❷あなた。あなたさま。

一 名詞 ❶〔神仏・天皇・貴人を尊敬している所の前を言う語〕御前。おそば。枕草子 平安―随筆 清涼殿の丑寅のすみの「古今の草子をおまへに置かせたまひて」訳(中宮は)『古今和歌集』の本をおん前にお置きなさって。

❷お方。ご主君。▼貴人を直接ささないように言う形。単独でも用いるが、多くは「…のおまへ」という形で用いる。枕草子 平安―随筆 関白殿、二月二十一日に「宮のおまへのうち笑ませ給へる、いとをかし」訳中宮様がほほえんでいらっしゃるようすは、とても美しい。

二 代名詞〔尊敬の意を表す〕あなた。あなたさま。▼対称の人称代名詞。紫式部 平安―日記 消息文「おまへは、かくおはすれば御幸ひは少なきなり」訳あなたは、こんなふうでいらっしゃるから、幸せが少ないのである。

歴史スコープ 敬意の低減 なお現代語二人称代名詞の「おまえ」は「おまへ」に込められていた右のような敬意が甚だしく低減し、自分と対等、もしくは下位の者に対してぞんざいに、また親しみを込めて用いられている。こうした用法の発生は江戸時代以降。

おみ【臣】 名詞 ❶臣下。家来。❷姓の一つ。「連」と並んで、律令制以前の大和朝廷の最有力の貴族の姓。

参考 ❷の「臣」の中のさらに有力な者が「大臣」となって国政に参与した。のち、天武十三年(六八四)の八色の姓の制定では、「臣」は第六位の姓となったが、大和時代の「臣」の有力者には、第二位の「朝臣」の姓を与えられた。

おみごろも【小忌衣】⇩をみごろも

おみづ-とり【御水取り】 名詞「みづとり」に同じ。◆「お」は接頭語。

1 **おみな**【女】⇩をみな

2 **おみな【嫗】** 名詞 老女。「おむな」「おうな」「おんな」とも。対翁。

注意 現代の発音では区別できないが、「をみな」は若い女性の意である。

おみなえし【女郎花】⇩をみなへし

お・む【怖む】 自動詞 マ下二{め/め/む/むる/むれ/めよ}気おくれする。おじける。弁内侍 鎌倉―日記「おめたる鬼」とて人々笑はせ給ふ」訳気おくれしている鬼だなあと人々はお笑いになる。

おむな【嫗】 名詞「おみな」に同じ。

お-むろ【御室】 名詞 ❶仁和寺の別名。徒然 鎌倉―随筆 五四「おむろにいみじき児のありけるを」訳仁和寺にとてもかわいらしい稚児がいたので。◇宇多天皇が、退位後に仁和寺に入寺し、その居室が「御室」と呼ばれたことから。❷仁和寺の住職。▼代々、法親王が継承した。

おめ-おめ(と)【怖め怖め(と)】 副詞 ❶いくじなくも。びくびくと。保元 鎌倉―物語 中「景能おめおめとなりて…怠状をしければ」訳景能はいくじなくなって…わびをしたので。❷恥知らずにも。平家物語 鎌倉―物語 一一・志度合戦「わづか十六騎に具せられて、おめおめと降人にこそ参りけれ」訳わずか十六騎に連れられて恥知らずにも降参した人になって参上した。

おめく【喚く】⇩をめく

おめほ-ど【思ほど】 連語 思うけれども。万葉集 奈良―歌集 四三四三「吾ろ旅は旅とおめほど」訳私の旅はつらくてもこれが旅なんだと思うけれど、◆「思へど」の意の奈良時代以前の東国方言。

お-めみえ【御目見得】 名詞 ❶お目通り。目上の人に面会すること。❷江戸時代、将軍に謁見すること。また、その資格。❸役者がある劇場に初めて、または久しぶりに出演すること。

1 **おも【母】** 名詞 ❶母。万葉集 奈良―歌集 四四〇一「韓衣裾に取りつき泣く子らを置きてそ来ぬやおもなしにして」訳⇩からころむ…。❷乳母。万葉集 奈良―歌集 二九二五「みどり子のためこそおもは求むと言へ」訳乳のみ子のためには乳母を求めるのだと言うが。◆奈良時代以前の語。

2 **おも【面】** 名詞 ❶顔。顔つき。❷表面。❸面影。万葉集 奈良―歌集 三四七三「児ろがおもに見えつる」訳あの子の姿が面影に見えたことよ。

おもい【思い】⇩おもひ

おもいやる【思い遣る】⇨おもひやる

おもう【思う】⇨おもふ

おもおしめす【思おし召す】⇨おもほしめす

おもおす【思おす】⇨おもほす

おも-おも・し【重重し】形容詞シク（しく・しから／しく・しかり／し／しき・しかる／しけれ／しかれ）❶**いかにも地位・身分が高い。** 源氏物語 平安｜物語 蜻蛉「おもおもしうて、常にしも参り給はず」訳いかにも身分が高くて、つねには参上なさらず。◇「おもおもしう」はウ音便。❷**威厳がある。いかめしい。** 枕草子 平安｜随筆 位こそ猶めでたき物はあれ「内侍のすけ、三位などになりぬればおもおもしけれど」訳典侍や三位などになってしまうと威厳があるけれど。対軽軽し。

おもおゆ【思おゆ】⇨おもほゆ

おも-がい【面繋】名詞 馬具の一つ。馬の頭の上の方から口に向けてかけ、轡を固定するためのひも。◆「おもがき」のイ音便。参照▶口絵

おも-がくし【面隠し】名詞 ❶（恥ずかしさのために）顔を隠すこと。源氏物語 平安｜物語 帚木「御文をおもがくしにひろげたり」訳お手紙を顔を隠すようにひろげた。❷恥ずかしさを隠すこと。**照れ隠し。** 源氏物語 平安｜物語 宿木「なまはしたなきに、…え言ひ出で給はぬおもがくしにや」訳きまりが悪いので、…言い出しなさることができない照れ隠しであろうか。❸表面を覆って隠すこと。枕草子 平安｜随筆 十二月二十四日「あやしき賤の屋も雪にみなおもがくしして」訳みすぼらしい身分の卑しい者の住む家も雪ですっかり表面を覆い隠すことをして。◆「おもかくし」とも。

おも-がく・す【面隠す】自動詞サ四（さ／し／す／す／せ／せ）（恥ずかしくて）**顔を隠す。**「おもかくす」とも。源氏物語 平安｜物語 初音「臨時客のことに紛らはしてぞおもがくし給ふ」訳臨時客の（もてなしの）ことに紛らわして（源氏は）顔を隠しなさる。

おも-かげ【面影・俤】名詞

❶**顔つき。おもざし。** 徒然 鎌倉｜随筆 七一「名を聞くより、やがておもかげは推し量らるる心地するを」訳名前を聞くやいなや、すぐに（その人の）顔つきは見当をつけられる気がするが。

❷**まぼろし。幻影。** 源氏物語 平安｜物語 夕顔「夢に見えつるかたちしたる女、おもかげに見えて、ふと消え失せぬ」訳夢に現れた顔立ちをした女が、まぼろしとして現れて、ふっと消えていなくなった。

❸歌論や連歌論の用語。作品の余情として浮かんでくる情景や情趣。無名抄 鎌倉｜論 俊恵歌体定事「この歌ばかりおもかげあるたぐひはなし」訳この歌ほど、情景や情趣が浮かんでくる例はない。

❹歌論や連歌論の用語。「面影付け」の略で、連句の付け方の一つ。故事・古歌などから連想して句を付ける場合、直接は出さずに、それとなくわかるような表現で付けること。

おもかげに… 和歌「**面影に 花の姿を さき立てて 幾重越え来ぬ 峰の白雲**」新勅撰 鎌倉｜歌集 春上・藤原俊成 訳美しく咲く花の姿を思い描き、その面影を先に行かせながらいくつ越えてきてしまったことだろう、峰にかかる白雲を。

鑑賞「遠く山の花を尋ぬ」という題で詠まれた歌。鴨長明の『無名抄』に、俊恵が、世間ではこの歌を俊成の自賛歌としていると語りかけたところ、俊成は「夕されば野辺の秋風身にしみて鶉鳴くなり深草の里」（『千載和歌集』）〈⇨ゆふされば野辺のあきかぜ…〉を自賛歌と考えていると発言した記事がある。

おもかげ-に-・す【面影にす】連語 **思い浮かべる。** 奥の細道 江戸｜紀行 白河の関「秋風を耳に残し、紅葉をおもかげにして、青葉の梢なほあはれなり」訳秋風を耳によみがえらせ、紅葉を思い浮かべて（見る）青葉の梢はいっそう趣が深い。

おもかげの… 和歌「**おもかげの かすめる月ぞ やどりける 春や昔の 袖の涙に**」新古今 鎌倉｜歌集 恋二・藤原俊成女 訳あの人の面影がかすんで見える朧にかすむ月が宿ったことだ。春は昔のままの春ではないのか、昔のままの春なのにと、泣いて濡れている袖の涙の上に。

鑑賞「月やあらぬ春や昔の春ならぬわが身ひとつはもとの身にして」（『古今集』・恋五・在原業平、『伊勢物語』四段）の本歌取り。「かすめる」は、「おもかげ」と「月」の両方にかかる。春の朧月夜に過ぎ去った恋を嘆く本歌の世界を背景にして、恋しい人を思い出して流した袖の涙に、その面影のかすんで見える朧月が映えるさまを詠んだもの。

おも-かぢ【面舵】名詞 ❶船の舳先を右へむけること。❷右舷。対取り舵。

おも-がはり【面変はり】名詞 ❶顔付きが変わること。❷物のようすが変わること。

おもく-・す【重くす】他動詞サ変（せ／し／す／する／すれ／せよ）**重んずる。** 源氏物語 平安｜物語 絵合「才学といふもの、世にいとおもくするものなればにやあらむ」訳学識というものは、世の中でとても重んずるものだからであろうか。

おも-し[1]【重し・重石】名詞 ❶（「世のおもし」の形で）**柱石。重鎮。**人々を抑えしずめる威力。源氏物語 平安｜物語 賢木「世のおもしと、ものし給へる大臣の」訳天下の重鎮となっていらっしゃる大臣殿の。❷物を押さえつけるために上に置くもの。

おも・し[2]【重し】形容詞ク（く・から／く・かり／し／き・かる／けれ／かれ）

❶**重い。目方が多い。** 平家物語 鎌倉｜物語 九・木曾最期「日ごろは何ともおぼえぬ鎧が、今日はおもうなったるぞや」訳いつもはなんとも思われない鎧が、今日は重くなった（と思われる）ことだよ。◇「おもう」はウ音便。

❷**落ち着いている。重々しい。** 源氏物語 平安｜物語 夕顔「おほどきてもの深くおもき方はおくれて」訳おっとりしていて、思慮深く重々しいという面は劣っていて。

❸（病気・罪などが）**重い。甚だしい。ひどい。** 竹取物語 平安｜物語 かぐや姫の昇天「おもき病をし給へば、え出でおはしますまじ」訳重い病気にかかっていらっしゃるので、出ておいでになれないだろう。

❹（身分・価値などが）**高い。貴重だ。重要だ。** 方丈記 鎌倉｜随筆「たまたま換ふる者は、金を軽くし、粟をおもくす」訳時たま交換する者は、金の価値を低くし、粟（＝穀物）の価値を高くする。

❺**しっかりしている。** 源氏物語 平安｜物語 桐壺「一の御子は、右大臣の女御の御腹にて、よせおもく、疑ひなきまうけの君と」訳第一皇子は、右大臣の娘である

お

女御がお生みになった方で、後見がしっかりしていて、まちがいない皇位継承者であると。

おもしろうて…鵜舟かな 〔曠野 江戸―句集〕 俳句「おもしろうて やがてかなしき 鵜舟かな」〈俳諧・芭蕉〉 訳かがり火を焚いてにぎやかに行われる鵜飼いはまことに趣深い。だが鵜飼いが終わり、かがり火が消えて鵜舟が去ってしまうと、たまらなく悲しい気分になってくる。

鑑賞 華やかさが消えた後の、何とも言いようのない寂しさを表現した句。「歓楽極まりて哀情多し」（漢武帝「秋風辞」）という詩句もあるように、こうした感慨はだれもが抱くことができるものである。季語は「鵜舟」で、季は夏。

おも-しろ・し【面白し】

形容詞ク｛(く)・から／く・かり／し／き・かる／けれ／かれ｝

語義の扉

目の前(＝面)がぱっと明るく(＝白く)なるようにはっきりと目立つようす。目に見えるものについていう。現代語の「おもしろい」のこっけいだという意味は、江戸時代以降のもの。

❶趣がある。風流だ。すばらしい。
❷楽しい。興味深い。
❸珍しい。風変わりだ。

❶**趣がある。風流だ。すばらしい。** 〔大和物語 平安―物語〕一四九「月のいといみじうおもしろきに」訳月がたいそう趣があるときに。

❷**楽しい。興味深い。** 〔源氏物語 平安―物語〕絵合「年の内の節会どものおもしろく興あるを」訳一年のうちの数々の節会の楽しく興味のあるようすを。

❸**珍しい。風変わりだ。** 〔著聞集 鎌倉―説話〕一六「この島の僧たちは水練を業としておもしろきことにてはべるなる」訳この島の僧たちは水泳の技術をもっており、珍しいことであるようです。

◆学習ポイント⑫

関連語 「おもしろし」と「をかし」

「おもしろし」も「をかし」も、ともに対象に心が引かれて興味を覚える、という点で共通するが、「おもしろし」が景色や音楽などに接したときに、晴れ晴れとした気分や満足感、楽しさなどを感じるのに対して、「をかし」は、普通の状態と異なっているものに接したときに、知的な興味を持つ意味を表す。また、普通と異なっているものを奇異に感じる場合は、変だ、妙だの意味になることがある。

なお、「をかし」は平安時代末期以後、こっけいである、変だの意味で用いられることが多くなったが、「おもしろし」にはその意味はなく、「をかし」と比べて意味が狭い。

おも-だか【沢瀉】 名詞 ❶水草の名。くわいに似る。葉は鏃形で柄が長く、夏、三弁の純白の花が咲く。❷模様の一種。❶の葉を図案化したもの。

おもだか-をどし【沢瀉縅】 オモダカオドシ 名詞 鎧の縅の一つ。いろいろな色の糸で山形におもだかの葉をかたどってつづり合わせたもの。

***おも-だた・し【面立たし】** 形容詞シク｛(しく)・しから／しく・しかり／し／しき・しかる／しけれ／しかれ｝**光栄だ。晴れがましい。** 〔源氏物語 平安―物語〕桐壺「うれしくおもだたしきついでにて」訳うれしく光栄な折であって。

おも-ちち【母父】 名詞 **母と父。両親。**

[1]**おも-て【表】** 名詞

❶**表面。外面。** 〔土佐日記 平安―日記〕二・五「うちつけに、海は鏡のおもてのごとなりぬれば」訳あっという間に、海は鏡の表面のように(静かに)なったので。

❷**前面。正面。** 〔平家物語 鎌倉―物語〕七・倶梨迦羅落「両方百騎づつ、陣のおもてに進んだり」訳両方の百騎ずつが、陣営の前面に進んだ。

❸連歌・俳諧で、連句を書き付ける懐紙の、二つに折った表側の面。多くの場合は一枚目の紙の表、またはそこに記載する句をいう。対❶〜❸裏。

[2]**おも-て【面】** 名詞

❶**顔面。顔。** 〔枕草子 平安―随筆〕清涼殿の丑寅のすみの「おもてさへ赤みてぞ、思ひ乱るるや」訳顔まで赤くなって、途方にくれることだ。

❷**体面。面目。** 〔源氏物語 平安―物語〕賢木「いづこをおもてにてかは、またも見え奉らむ」訳何の面目あって、再び(藤壺に)お目にかかれようか、いや、かかれない。

[3]**-おも-て【表】** 接尾語 ❶**…向き。**ある面に面している方。「北おもて」「南おもて」。❷**…の方。その方面。**「江戸おもて」「国おもて」

おもて-うた【面歌】 名詞 **代表的な秀歌。**

おもて-おか-む-かた-な・し【面置かむ方無し】 オモテオカムカタナシ 連語

なりたち 名詞「おもて」＋動詞「おく」の未然形＋推量(適当)の助動詞「む」＋名詞「かた」＋形容詞「なし」

恥ずかしくてどうにも顔向けができない。 〔源氏物語 平安―物語〕真木柱「おもておかんかたなくぞおぼえ給ふや。顔をもて隠して」訳恥ずかしくて顔向けができないとお思いになるのか。顔を隠して。

おもて-おこし【面起こし】 名詞 **面目をほどこすこと。名誉回復。** 〔源氏物語 平安―物語〕賢木「何事にも、はかばかしからぬみづからのおもておこしに」訳何事にも、立派でない自分の名誉回復として。対面伏せ。

表八句 文芸 連歌・俳諧の連歌で、百韻の場合、句を記す懐紙の、第一枚目の表側に記す八句(すなわち冒頭の八句)のこと。

***おもて-ぶせ【面伏せ】** 名詞 **面目を失うこと。不名誉。** 面よごし。〔枕草子 平安―随筆〕右衛門の尉なりける者の「人の見るにおもてぶせなりと苦しう思ひけるが」訳人の手前不名誉だと心苦しく思っていたのが。対面起こし。

おもて-も-ふら-ず【面も振らず】 連語

なりたち 名詞「おもて」＋係助詞「も」＋動詞「ふる」の未然形＋打消の助動詞「ず」

わきめもふらず。 〔平家物語 鎌倉―物語〕八・室山「おもてもふらず、命もをしまず、ここを最後と攻めたたかふ」訳わきめもふらず、命も惜しまず、ここを最後と攻め戦う。

おもて-を-あは・す【面を合はす】(オモテヲアワス) 連語 ❶顔を見合わせる。安宅 室町―能楽 謡曲「互ひにおもてをあはせつつ、泣くばかりなる有り様かな」訳互いに顔を見合わせながら、ただ泣くだけというありさまであるよ。❷(戦闘などで)正面から立ち向かう。平家物語 鎌倉―物語 九・木曾最期「おもてをあはすものぞなき」訳正面から立ち向かう者はいない。

おもて-を-おこ・す【面を起こす】連語 面目をほどこす。増鏡 室町―物語 おどろの下「かまへてまろがおもてをおこすばかり、よき歌つかうまつれよ」訳必ず私の面目をほどこすほど、よい歌をおよみ申し上げよ。

おもて-を-ふ・す【面を伏す】連語 面目をつぶす。宇津保 平安―物語 蔵開下「『帝后の御おもてをふする事』とのたまふなれば」訳「帝や后の御面目をつぶすこと」とおっしゃるので。

おもて-を-むか・ふ【面を向かふ】(オモテヲムカウ) 連語 ❶顔を合わせる。平家物語 鎌倉―物語 一一・那須与一「これを射そんずるものならば、…人に二たびおもてをむかふべからず」訳これ(=扇の的)を射そこなうものならば、…人に二度と顔を合わせることができない。◇体面を保つことにいう。❷立ち向かう。正面から敵対する。平家物語 鎌倉―物語 七・実盛「なにおもてをむかふべしとも見えざりしに」訳だれも立ち向かうことができるとも見えなかったが。

おもて-を-む・く【面を向く】連語 面と向かう。平家物語 鎌倉―物語 八・瀬尾最期「矢前をそろへてさしつめひきつめさんざんにゐる。おもてをむくべき様もなし」訳大勢が矢の先端をそろえて間断無く激しく射る。(受ける側は)面と向かうことのできる状態ではない。◆「むく」はこの場合、下二段の他動詞。

***お-もと**【御許】 一 名詞 ❶[貴人を尊敬して、その居る場所をいう語]御座所。❷ご婦人。お方。▼女房、または身近な女性を親しみ敬っていう語。枕草子 平安―随筆 関白殿、黒戸より「あないみじのおもとたちや」訳ああすばらしいご婦人がたよ。❸…さま。…の君。▼多く、女房の名前や職名に「の」を付けた形の下に用いて、その女房を敬っていう語。枕草子 平安―随筆 職の御曹司の西面の「式部のおもとと小廂に寝たるに」訳式部さまと小さな廂の間で寝ていたときに。 二 代名詞 対称の人称代名詞。あなた。▼多く女性に対して敬愛の意をこめて用いる。源氏物語 平安―物語 空蟬「おもとは今宵は上にやさぶらひ給ひつる」訳あなたは今夜はご主人様のおそばにお仕えしていらっしゃったか。◆「お」は接頭語。

おもと-びと【御許人】名詞 貴人のそばに仕える者。▼もとは男女ともいたが、後に侍女だけになった。◆「おもと 一❶」に仕える者の意味。

おも-な・し【面無し】形容詞ク {(く)・から/く・かり/し/き・かる/けれ/かれ} ❶面目ない。恥ずかしい。源氏物語 平安―物語 朝顔「齢の積もりにはおもなくこそなるわざなりけり」訳年をとると(みすぼらしくなって)面目なくなるものなのですね。参照▶類語と使い分け⑯ ❷厚かましい。ずうずうしい。紫式部 平安―日記 寛弘五・一一・一「我をいかにおもなく心浅きものと思ひおとすらむと、おしはかるに」訳私を、どんなに厚かましく浅はかな者と軽蔑しているだろうと、推測すると。

おも-な・る【面馴る】自動詞ラ下二 {れ/れ/る/るる/るれ/れよ} ❶見慣れる。蜻蛉 平安―日記 中「綱ひく駒もおもなれにけり」訳綱びきする牧場の荒馬も見慣れてしまったことだなあ。❷慣れて平気になる。なれなれしくなる。枕草子 平安―随筆 宮にはじめてまゐりたるころ「観じもてゆくに、おのづからおもなれぬべし」訳観察していくうちに、自然に慣れて平気になるだろう。

おも-にく・し【面憎し】形容詞ク {(く)・から/く・かり/し/き・かる/けれ/かれ} 顔を見るだけで憎らしく感じられる。つらにくい。枕草子 平安―随筆 内裏は、五節の頃こそ「『すべて入るまじ』と戸をおさへて、おもにくきまでいへば」訳「だれも入ってはいけない」と戸をおさえて、つらにくいまでに言うので。

おもね・る【阿る】自動詞ラ四 {ら/り/る/る/れ/れ} へつらう。日本書紀 奈良―史書 神代下「しかれどもこの神、大己貴神におもねり媚びて」訳そうではあるがこの神は、大己貴神にへつらい媚びて。

お-もの【御物・御膳】名詞 ❶[天皇や貴人を尊敬して、その食事をいう語]お食事。枕草子 平安―随筆 清涼殿の丑寅のすみの「昼の御座の方には、おものまゐる足音高し」訳天皇の昼間の御座所では、お食事をお運び申し上げる足音が高い。❷ごはん。▼特に副食に対していう。宇津保 平安―物語 藤原の君「精米に麦のおもの混ぜたり」訳白米に麦のごはんを混ぜてある。

おもの-やどり【御物宿り】名詞 宮中で、儀式・宴会用の食膳を納めておくところ。紫宸殿の西廂にあった。

おもは-く【思はく】(オモワク) なりたち 動詞「おもふ」の未然形＋接尾語「く」 ❶思うこと。考え。予想。万葉集 奈良―歌集 三一八九「君をおもはく止む時もなし」訳あなたを思うことがやむ時はない。❷思うことには。万葉集 奈良―歌集 一七四〇「そこにおもはく家ゆ出でて三年の間に垣もなく家失せめやと」訳そこで思うことには、家を出て三年の間に垣根も家もなくなることがあろうかと。

おもは-ざる-ほか【思はざる外】(オモワザルホカ) 連語 なりたち 動詞「おもふ」の未然形＋打消の助動詞「ず」の連体形＋名詞「ほか」 思いもよらないこと。思いの外。大鏡 平安―物語 道長上「おもはざるほかのことによりて、帥にならせ給ひて」訳思いもよらないことによって、大宰の権帥になられて。◆多く漢文訓読系の文で用い、和文では一般的に「思いの外」を用いる。「ざる」＋「体言」は、漢文訓読系の語法。

おもは・し【思はし】(オモワシ) 形容詞シク {(しく)・しから/しく・しかり/し/しき・しかる/しけれ/しかれ} 好ましい。望ましい。枕草子 平安―随筆 職の御曹司の西面の「声にくからざらむ人のみなむおもはしかるべき」訳声の感じが悪くない人だけが好ましいものだ。

おもはず-げ・なり【思はず気なり】(オモワズゲナリ) 形容動詞ナリ {なら/なり・に/なり/なる/なれ/なれ} 意外そうだ。意外なようすだ。平家物語 鎌倉―物語 二・小教訓「人々皆おもはずげにぞ見給ひける」訳(入道をはじめ)人々皆意外そうにご覧になる。

おもは-ず-なり*【思はずなり】(オモワズナリ) 形容動詞ナリ {なら/なり・に/なり/なる/なれ/なれ} ❶**思いがけない。意外だ。** 源氏物語 平安―物語 若菜上「おもはずなる世なりや」訳思いがけない男女の仲であるなあ。❷**心外だ。おもしろくない。** 枕草子 平安―随筆 野分のまたの日こそ「横ろばひ伏せる、いとおもはずなり」訳(折れた枝が花の上に)横たわり伏しているのは、実に心外だ。

おもは-ず-は【思はずは】(オモワズハ) 連語 なりたち 動詞「おもふ」の未然形＋打消の助動詞「ず」の連用形＋係助詞「は」
思わないならば。思ったりしないで。 新古今 鎌倉―歌集 釈教「憂きもなほ昔のゆゑとおもはずは」訳(この世の)つらさも前世のむくいと思わないならば。

おもは-ゆ【思はゆ】(オモワユ) 連語 なりたち 動詞「おもふ」の未然形＋自発の助動詞「ゆ」
(自然と)思われる。 万葉集 奈良―歌集 三七九一「誰(た)が子ぞとやおもはえてある」訳だれの子かということが(自然と)思われている。

おも-はゆ・し【面映ゆし】形容詞ク {(く)・から/く・かり/し/き・かる/けれ/かれ} **きまりが悪い。** 平家物語 鎌倉―物語 二・教訓状「腹巻きを着て向かはん事、おもはゆう恥づかしうや思はれけん」訳腹巻き(＝よろいの一種)を着て対面することが、きまり悪く恥ずかしく思われたのであろうか。◇「おもはゆう」はウ音便。

おもひ【思ひ】(オモイ) 名詞
❶**考え。思慮。** 竹取物語 平安―物語 貴公子たちの求婚「おもひのごとくものたまふものかな」訳(私の)考えのとおりにおっしゃることだな。
❷**念願。意向。** 奥の細道 江戸―紀行 旅立「片雲(へんうん)の風に誘はれて漂泊のおもひやまず」訳ちぎれ雲が風に吹かれて浮かぶように、風に誘われ、さすらいの旅に出たいという願いが止まらないで。
❸**心配。憂い。** 源氏物語 平安―物語 若菜上「よろづのことなのめに目やすくなれば、いとなむおもひなくうれしき」訳すべてのことがいい加減でなく感じよくいくので、本当に心配がなくてうれしい。
❹**恋しい思い。愛情。** 後拾遺 平安―歌集 恋一「かくとだにえやはいぶきのさしも草(ぐさ)さしも知らじな燃ゆるおもひを」訳⇨かくとだに…。
❺**喪に服すること。喪中。** 古今 平安―歌集 哀傷・詞書「女(め)の親のおもひにて山寺に侍(はべ)りけるを」訳妻の親の喪で山寺にこもっておりましたところ。

おもひ-あか・す【思ひ明かす】(オモイアカス) 他動詞サ四 {さ/し/す/す/せ/せ} **物思いをしながら夜を明かす。** 枕草子 平安―随筆 頭の中将の「心もとなくおもひあかしてなむ」訳待ち遠しく物思いをしながら夜を明かしました。

おもひ-あが・る【思ひ上がる】(オモイアガル) 自動詞ラ四 {ら/り/る/る/れ/れ} **誇りを持つ。自負する。**「おもひのぼる(思ひ上る)」とも。源氏物語 平安―物語 桐壺「われはとおもひあがり給(たま)へる御方々」訳我こそはと自負していらっしゃったお方たち。
参考 現代語では、いい気になってつけあがるの意で、非難する気持ちを含むが、平安時代には、志を高く持って高貴であろうとする意。

おもひ-あ・ぐ【思ひ上ぐ】(オモイアグ) 他動詞ガ下二 {げ/げ/ぐ/ぐる/ぐれ/げよ} **実際より高く評価する。** 風姿花伝 室町―論 一「立ち合い勝負にもいつたん勝つときは、人もおもひあげ、主(ぬし)も上手と思ひしむるなり」訳(能役者の)立ち合い勝負にも一度勝つときは、他人も実際より高く評価し、本人も(自分は)上手だと思い込んでしまうのだ。

おもひ-あ・つ【思ひ当つ】(オモイアツ) 他動詞タ下二 {て/て/つ/つる/つれ/てよ} ❶**見当をつける。推測する。** 源氏物語 平安―物語 夕顔「いと著(しる)く、おもひあてられ給(たま)へる御側目(そばめ)を見すぐさず」訳とてもはっきりと推測されなさる(源氏の)御横顔を見すごさず。❷**考えて割り当てる。** 源氏物語 平安―物語 柏木「しなじなにおもひあてたるきはぎは」訳身分の相違に応じて考えて割り当てた階級ごと(の贈り物)。

おもひ-あつか・ふ【思ひ扱ふ】(オモイアツカウ―オモイアツコウ) 他動詞ハ四 {は/ひ/ふ/ふ/へ/へ} ❶**親身に世話をする。** 源氏物語 平安―物語 蓬生「おもひあつかふ人もなき御身にて」訳親身に世話をする人もないお身の上で。❷**思い悩む。** 源氏物語 平安―物語 総角「『いかで、人々(ひとびと)しくも見なし奉らむ』と、おもひあつかふをこそ」訳「なんとか、ひとかどの人間らしくお世話申し上げよう」と思い悩むのを。

おもひ-あつ・む【思ひ集む】(オモイアツム) 他動詞マ下二 {め/め/む/むる/むれ/めよ} **さまざまなことを思う。** 蜻蛉 平安―日記 中「つくづくと臥(ふ)して、おもひあつむることぞ、あいなきまで多かるを」訳じっと横になって、さまざまなことを思うことが、わけもなく多いのを。

おもひ-あなづ・る【思ひ侮る】(オモイアナヅル) 他動詞ラ四 {ら/り/る/る/れ/れ} **軽く考える。軽んじる。軽蔑する。** 枕草子 平安―随筆 大進生昌が家に「寄せて降(お)るべきものとおもひあなづりたるに」訳(車を建物に)寄せて降りることができるものと軽く考えていたところ。

おもひ-あは・す【思ひ合はす】(オモイアワス) 他動詞サ下二 {せ/せ/す/する/すれ/せよ} ❶**考え合わせる。** 枕草子 平安―随筆 行幸にならぶものは「昔語りに人のいふを聞き、おもひあはするに」訳昔ばなしとして人がいうのを聞き、考え合わせるけれども。❷**思い当たる。合点がゆく。** 大和物語 平安―物語 一四八「顔も声もそれなりけりと思ふに、おもひあはせて」訳顔も声もそれ(＝昔の妻)であったと思うと、思い当たって。

おもひ-あ・ふ[1]【思ひ合ふ】(オモイアウ―オモイオウ)
一 他動詞ハ四 {は/ひ/ふ/ふ/へ/へ} **一様に思う。** 源氏物語 平安―物語 須磨「さぶらふ人々も…心ぼそくおもひあへり」訳侍女たちも…心細いと一様に思っていた。
二 自動詞ハ四 {は/ひ/ふ/ふ/へ/へ} ❶**恋い慕い合う。** 右京大夫 鎌倉―歌集「かたみにおもひあはぬにしもあらじと見えしかど」訳互いに恋い慕い合っていないのでもあるまいと見えたが。❷**考えが一致する。**

おもひ-あ・ふ[2]【思ひ敢ふ】(オモイアウ―オモイオウ) 他動詞ハ下二 {へ/へ/ふ/ふる/ふれ/へよ} 〔打消の語を下接して〕❶**思い切る。** 詞花 平安―歌集 恋下「忘らるる身はことわりと知りながらおもひあへぬは涙なりけり」訳忘れられるわが身はもっともだと知りながらも、思い切らないのは涙である(＝涙はとまらない)ことよ。❷**考え及ぶ。思いつく。** 源氏物語 平安―物語 東屋「まだおもひあへぬほどなれば、心騒ぎて」訳まだ(訪問されるとは)考え及ばないときなので、あわてて。

おもひあまり… 和歌 「思ひあまり そなたの空を ながむれば 霞を分けて 春雨ぞ降る」新古今 鎌倉―歌集 恋二・藤原俊成 訳恋しさに堪えかねて、あなたがいる方角を眺めて物思いにふけっていると、一面のかすみを分けて春雨が降ることだ。

おもひ-あま・る【思ひ余る】自動詞ラ四 {ら/り/る/る/れ/れ} **思案に余る。恋しさに堪え切れなくなる。** 新古今 鎌倉―歌集 恋二「おもひあまりそなたの空をながむれば」訳⇩おもひあまり…。

おもひ-あり・く【思ひ歩く】自動詞カ四 {か/き/く/く/け/け} **思い続けて月日を送る。** 大和物語 平安―物語 一三「かぎりなくかなしとのみおもひありくほどに」訳この上なくいとおしいと特に思い続けて月日を送るところに。

おもひ-い・づ*【思ひ出づ】他動詞ダ下二 {で/で/づ/づる/づれ/でよ} **思い出す。思い起こす。** 古今 平安―歌集 恋四「おもひいでて恋しきときは」訳(あなたを)思い出して恋しいときは。

おもひ-い・ふ【思ひ言ふ】他動詞ハ四 {は/ひ/ふ/ふ/へ/へ} **思いを口に出す。思ったことを言う。** 源氏物語 平安―物語 藤裏葉「北の方、さぶらふ人びとなどは、心よからずおもひいふもあれど」訳北の方やお仕えしている人びとなどは、おもしろくなく(その)思いを口に出す人もあるが。

おもひ-い・る*【思ひ入る】 一 自動詞ラ四 {ら/り/る/る/れ/れ} **深く思い込む。思いつめる。** 源氏物語 平安―物語 浮舟「心憂き宿世かな、とおもひいりて」訳つらい宿命だなあ、と思いつめて。 二 他動詞ラ下二 {れ/れ/る/るる/るれ/れよ} **深く心にとどめる。** 平家物語 鎌倉―物語 一・祇園精舎「諫めをもおもひいれず」訳(人の)忠告をも深く心にとどめないで。

おもひ-う【思ひ得】他動詞ア下二 {え/え/う/うる/うれ/えよ} **考えつく。会得する。** 徒然 鎌倉―随筆 一八八「その益まさるべき事をおもひえたらば」訳その利益が多いだろうことを会得したならば。

関連語 ア行に活用する単独語は「得う」一語だけであり、その主な複合語に、この「思ひ得」のほかに「心得」がある。

おもひ-う・ず【思ひ倦ず】他動詞サ変「おもひうんず」に同じ。

おもひ-うたが・ふ【思ひ疑ふ】他動詞ハ四 {は/ひ/ふ/ふ/へ/へ} **心の中でひそかに疑う。** 伊勢物語 平安―物語 二三「男、異心ありてかかるにやあらむとおもひうたがひて」訳男は、(女に)他の男への気持ちがあって、こうなのであろうかと心の中でひそかに疑って。

おもひ-うつろ・ふ【思ひ移ろふ】自動詞ハ四 {は/ひ/ふ/ふ/へ/へ} **心変わりしていく。心がほかへ移っていく。気が変わる。** 源氏物語 平安―物語 若菜上「ほかざまにおもひうつろふべくも侍らざりけるに」訳ほかの人に心変わりするはずもございませんでしたから。

おもひ-うと・む【思ひ疎む】他動詞マ四 {ま/み/む/む/め/め} **うとましく思う。嫌だと思う。** 宇津保 平安―物語 藤原の君「いま左大将の家に行きてわが住めらむに妻めすゑたらば、おもひうとみなむ」訳いま左大将の家に行って私が住むというのに妻を住まわせたら、うとましく思うだろう。

おもひ-うん・ず【思ひ倦んず】他動詞サ変 {ぜ/じ/ず/ずる/ずれ/ぜよ} **つらく思う。不快に思う。**「おもひうず」とも。伊勢物語 平安―物語 一〇二「世の中をおもひうんじて」訳男女の仲をつらく思って。

おもひ-おき・つ*【思ひ掟つ】他動詞タ下二 {て/て/つ/つる/つれ/てよ} **前もって心に決める。** 徒然 鎌倉―随筆 二五「万に見ざらん世までおもひおきてんこそ、はかなかるべけれ」訳万事について、自分の死後の世までも、前もって心に決めるなどは、むなしいことであろう。

おもひ-お・く*【思ひ置く】他動詞カ四 {か/き/く/く/け/け} ❶**前もって心に決めておく。** 蜻蛉 平安―日記 中「出でむとおもひおきしかど」訳(寺を)出ようと前もって心に決めておいたけれど。❷**思い残す。** 平家物語 鎌倉―物語 七・忠度都落「浮き世におもひおくこと候はず」訳はかないこの世に思い残すことはございません。

おもひ-おこ・す[1]【思ひ起こす】他動詞サ四 {さ/し/す/す/せ/せ} **気力を奮い起こす。** 竹取物語 平安―物語 かぐや姫の昇天「からうじておもひおこして弓矢を取り立てむとすれども」訳やっとのことで気力を奮い起こして弓矢を取り構えようとするけれども。

おもひ-おこ・す[2]【思ひ遣す】他動詞サ下二 {せ/せ/す/する/すれ/せよ} **思いをこちらによこす。** 更級 平安―日記 東山なる所「かくてながむらむとおもひおこする人あらむや」訳このように(私たちが)ながめているだろうと思いをこちらによこす人がいるだろうか。

おもひ-おと・す【思ひ貶す・思ひ落とす】他動詞サ四 {さ/し/す/す/せ/せ} **見くだす。見さげる。** 宇治拾遺 鎌倉―説話 二・八「今ひとりをば、ことのほかにおもひおとしたりければ」訳もう一人を、ことのほかに見くだしていたので。

おもひ-およ・ぶ【思ひ及ぶ】自動詞バ四 {ば/び/ぶ/ぶ/べ/べ} **気づく。思いつく。** 源氏物語 平安―物語 若菜下「致仕の大臣おもひおよび申されしを」訳致仕の大臣が気づき申し上げなさったのを。

おもひ-かか・る【思ひ懸かる】自動詞ラ四 {ら/り/る/る/れ/れ} **心の中で思いを寄せる。** 枕草子 平安―随筆 男こそ、なほいとありがたく「めでたしと思はんを、死ぬばかりもおもひかかれかし」訳すばらしいと思うような(女に、男は)死ぬほどに思いを寄せなさいよ。

おもひ-か・く*【思ひ懸く】他動詞カ下二 {け/け/く/くる/くれ/けよ} ❶**心にとめる。気にかける。** 枕草子 平安―随筆 六位の蔵人などは「六位の蔵人などはおもひかくべきことにもあらず」訳六位の蔵人などは心にとめるべきものでもない。❷**予想する。予測する。** 徒然 鎌倉―随筆 一三七「おもひかけぬは死期なり」訳予想しないものは死の時期である。❸**恋い慕う。** 伊勢物語 平安―物語 五五「昔、男、おもひかけたる女のえ得うまじうなりての世に」訳昔、ある男が、恋い慕っていた女が手に入れられなくなってしまったときに。

おもひ-かしづ・く【思ひ傅く】他動詞カ四 {か/き/く/く/け/け} **心をこめて世話をする。** 更級 平安―日記 大納言殿の姫君「この猫を北面にもいださず、おもひかしづく」訳この猫を北向きの部屋にもいれず、心をこめて世話をする。

おもひ-か・ぬ【思ひ兼ぬ】他動詞ナ下二 {ね/ね/ぬ/ぬる/ぬれ/ねよ} ❶**(恋しい)思いに堪えきれない。** 万葉集 奈良―歌集 三六七八「さ男鹿鳴きつ妻おもひかねて」訳男鹿が鳴いた。妻を恋う思いに堪えきれなくて。❷

判断がつかない。万葉集 奈良―歌集 三六九六「壱岐の島(=枕詞)行かむたどきもおもひかねつも」訳行く方法についても判断がつかないことよ。

おもひ-かは・す【思ひ交はす】(オモイカワス) 自動詞 サ四 {さ/し/す/す/せ/せ} 互いに心を通わせる。慕い合う。伊勢物語 平安―物語 二一「昔、男女、いとかしこくおもひかはして」訳昔、男と女がたいそう深く慕い合って。

おもひ-かへ・す【思ひ返す】(オモイカエス) 他動詞 サ四 {さ/し/す/す/せ/せ} 考え直す。宇治拾遺 鎌倉―説話 一・三「一度はおもひかへしつ」訳一度は考え直した。

おもひ-かへ・る【思ひ返る】(オモイカエル) 自動詞 ラ四 {ら/り/る/る/れ/れ} 考えが元にもどる。蜻蛉 平安―日記 下「かく言ひ契りつればおもひかへるべきにもあらず」訳このように言葉で互いに約束してしまったので考えが元にもどるはずもない。

おもひ-がほ・なり【思ひ顔なり】(オモイガオナリ) 形容動詞 ナリ {なら/なり・に/なり/なる/なれ/なれ} (…と)思っている顔つきだ。枕草子 平安―随筆 にくきもの「いぎたなしとおもひがほにひきゆるがしたる」訳寝坊だと思っている顔つきで引いてゆり動かすのは。

おもひ-かま・ふ【思ひ構ふ】(オモイカマウ) ― (オモイカモウ) 他動詞 ハ下二 {へ/へ/ふ/ふる/ふれ/へよ} 心の中で企てる。ひそかに心を配る。源氏物語 平安―物語 玉鬘「いみじきことをおもひかまへて出で立つ」訳大変なことをひそかに企てて(都へと)出かける。

おもひ-き-や【思ひきや】(オモイキヤ) 連語

なりたち 動詞「おもふ」の連用形＋過去の助動詞「き」の終止形＋係助詞「や」

想像したろうか、いや、しなかった。思ったろうか、いや、思わなかった。伊勢物語 平安―物語 八三「忘れては夢かとぞ思ふおもひきや」訳(つらい現実を)忘れて、これを夢かと思う。(こんなことを)想像したろうか。いや、想像もしなかった。

おもひ-き・ゆ【思ひ消ゆ】(オモイキユ) 自動詞 ヤ下二 {え/え/ゆ/ゆる/ゆれ/えよ} 深く思い沈む。古今 平安―歌集 冬「白雪の降りてつもれる山里は住む人さへやおもひきゆらむ」訳白雪が降りつもる山里は住む人まで深く思い沈んでいるだろうか。

おもひ-き・る【思ひ切る】(オモイキル) 他動詞 ラ四 {ら/り/る/る/れ/れ} ❶決心する。覚悟する。平家物語 鎌倉―物語 八・室山「おもひきって雲霞のごとくなる敵のなかをわって通る」訳覚悟して非常にたくさんいる(=大軍の)敵の中を割って通る。❷断念する。あきらめる。平家物語 鎌倉―物語 二・教訓状「入道、院がたの奉公おもひきったり」訳入道(=平清盛)は、法皇への奉公を断念した。◇「おもひきっ」は促音便。

おもひ-く・す【思ひ屈す】(オモイクス) 自動詞 サ変 「おもひくっす」に同じ。◆「おもひくっす」の促音「っ」が表記されない形。

おもひ-くだ・く【思ひ砕く】(オモイクダク)

━ 自動詞 カ下二 {け/け/く/くる/くれ/けよ} あれこれと思い悩む。思い乱れる。宇津保 平安―物語 俊蔭「ただこの人のみおもほし給へば、ちぢにおもひくだくれど」訳ひたすらこの人ばかりをお思いになると、さまざまに思い乱れるが。

━ 他動詞 カ四 {か/き/く/く/け/け} さまざまに思案する。心を乱す。源氏物語 平安―物語 須磨「したには、おもひくだくべかめれど」訳内心では、さまざまに思案するに違いないようだが。

おもひ-くた・す【思ひ腐す】(オモイクタス) 他動詞 サ四 {さ/し/す/す/せ/せ} 心の中でけなす。軽蔑する。徒然 鎌倉―随筆 一四二「望みふかきを見て、無下におもひくたすは僻事なり」訳欲が深いのを見て、(その人を)むやみに軽蔑するのは間違いである。

***おもひ-くっ・す【思ひ屈す】**(オモイクッス) 自動詞 サ変 {せ/し/す/する/すれ/せよ} ふさぎ込む。気がめいる。「おもひくす」「おもひくんず」とも。枕草子 平安―随筆 御かたがた、君たち「むげにおもひくっしにけり」訳ひどくふさぎ込んでしまいましたね。

おもひ-くづほ・る【思ひ頽ほる】(オモイクズオル) 自動詞 ラ下二 {れ/れ/る/るる/るれ/れよ} 気がくじける。源氏物語 平安―物語 桐壺「我亡くなりぬとて、口惜しうおもひくづほるな」訳私が亡くなったとしても、がっかりして気がくじけてはならない。

おもひ-ぐま【思ひ隈】(オモイグマ) 名詞 思いやり。深い考え。

おもひ-ぐまな・し【思ひ隈なし】(オモイグマナシ) 形容詞 ク {(く)・から/く・かり/し/き・かる/けれ/かれ} あさはかだ。思慮が足りない。思いやりがない。枕草子 平安―随筆 頭の弁の、職にまゐり給ひて「おもひぐまなく、あしうしたり」訳思いやりがなく、してはいけないことをした。

おもひ-くら・す【思ひ暮らす】(オモイクラス) 他動詞 サ四 {さ/し/す/す/せ/せ} 恋しく思って暮らす。もの思いをしてすごす。万葉集 奈良―歌集 一九三四「相思はぬ妹をやもとな菅の根の(=枕詞)永き春日をおもひくらさむ」訳思ってくれないあの娘なのに、それをしきりに、永い春の一日、恋しく思って暮らすことか。

おもひ-くら・ぶ【思ひ比ぶ】(オモイクラブ) 他動詞 バ下二 {べ/べ/ぶ/ぶる/ぶれ/べよ} 心の中で比べる。源氏物語 平安―物語 藤裏葉「女御の御ありさまに異ならぬを、おもひくらぶるに」訳女御の境遇と変わらないのを、心の中で比べると。

***おもひ-くん・ず【思ひ屈ず】**(オモイクンズ) 自動詞 サ変 {ぜ/じ/ず/ずる/ずれ/ぜよ} ふさぎ込む。気がめいる。「思ひくっす」に同じ。更級 平安―日記 物語「かくのみおもひくんじたるを、心も慰めむと」訳このようにふさぎ込んでばかりいるので、気持ちを紛らせてやろうと。

おもひ-け・つ【思ひ消つ】(オモイケツ) 他動詞 タ四 {た/ち/つ/つ/て/て} ❶気にかけないようにする。無理に忘れる。源氏物語 平安―物語 賢木「この御事をおもひけちて、あはれなる雪の雫に濡れ濡れ行ひ給ふ」訳この御こと(=恋い慕う藤壺のこと)を無理に忘れて、(源氏は)しみじみとした趣のある雪の雫にぬれながら勤行をなさる。❷無視する。源氏物語 平安―物語 葵「人の、おもひけち、なき物にもてなすさま」訳あの人(=葵の上)が、(私を)無視して、ないもののように扱うようす。

おもひ-ご【思ひ子】(オモイゴ) 名詞 かわいく思う子。愛児。

おもひ-さだ・む【思ひ定む】(オモイサダム) 他動詞 マ下二 {め/め/む/むる/むれ/めよ} よく考えて決める。竹取物語 平安―物語 貴公子たちの求婚「かうのみいましつつのたまふことを、おもひさだめて」訳ひたすらこのようにおいでになってはおっしゃる(求婚の)ことを、よく考えて決めて。

おもひ-さま・す【思ひ醒ます】(オモイサマス) 他動詞 サ四 {さ/し/す/す/せ/せ} 冷静にする。心をしずめる。源氏物語 平安―物語 椎本「おもひさまさむかたなき夢に」訳冷静にしようとする方法のない夢に。

おもひ-さわ・ぐ【思ひ騒ぐ】オモイサワグ 自動詞ガ四 {が/ぎ/ぐ/ぐ/げ/げ} **思い乱れて落ち着かない。心配でそわそわする。** 蜻蛉 平安－日記 中「『こたみはよにしぶらすべくも物せじ』と**おもひさわぐ**ほどに」訳「今度は決してしぶるようなことはするまい」と**思い乱れて落ち着かない**うちに。

おもひ-しづま・る【思ひ鎮まる】オモイシズマル 自動詞ラ四 {ら/り/る/る/れ/れ} **気持ちが落ち着く。冷静になる。** 源氏物語 平安－物語 桐壺「しばしは夢かとのみたどられしを、やうやう**おもひしづまる**にしも」訳しばらくの間はこれは夢ではないかとばかり途方に暮れなさったが、次第に**気持ちが落ち着く**につけても。

おもひ-しづ・む[1]【思ひ沈む】オモイシズム 自動詞マ四 {ま/み/む/む/め/め} **物思いに沈む。** 源氏物語 平安－物語 玉鬘「生きたらじと**おもひしづみ**給(たま)へるが」訳生きていまいと**物思いに沈み**なさっているが。

おもひ-しづ・む[2]【思ひ鎮む】オモイシズム 他動詞マ下二 {め/め/む/むる/むれ/めよ} **心を落ち着かせる。自制する。** 源氏物語 平安－物語 葵「せめて**おもひしづめ**て、のたまふ気色(けしき)、いとわりなし」訳無理にも**心を落ち着かせ**て、おっしゃるようすが、たいそう耐えがたい。

おもひ-しな・ゆ【思ひ萎ゆ】オモイシナユ 自動詞ヤ下二 {え/え/ゆ/ゆる/ゆれ/えよ} 「おもひしをる」に同じ。

おもひ-し・ぬ【思ひ死ぬ】オモイシヌ 自動詞ナ変 {な/に/ぬ/ぬる/ぬれ/ね} **思い焦がれて死ぬ。** 万葉集 奈良－歌集 六八三「紅(くれなゐ)の(＝枕詞(まくらことば))色にな出(い)でそ**おもひしぬ**とも」訳顔色に出さないでください。たとえ**思い焦がれて死ぬ**としても。

＊**おもひ-し・む【思ひ染む】**オモイシム 一 自動詞マ四 {ま/み/む/む/め/め} **心にしみて深く思う。しみじみ思う。強く思う。**「おもひそむ」とも。源氏物語 平安－物語 桐壺「**おもひしみ**ながら言(こと)に出(い)でても聞こえやらず」訳**しみじみ(悲しいと)思い**ながら言葉に出して申し上げることもできず。
二 他動詞マ下二 {め/め/む/むる/むれ/めよ} **心に深くしみ込ませる。思いつめる。**「おもひそむ」とも。枕草子 平安－随筆 四月、祭の頃「蔵人(くらうど)**おもひしめ**たる人の」訳蔵人になりたいと**思いつめ**ている人で。

＊**おもひ-し・る【思ひ知る】**オモイシル 他動詞ラ四 {ら/り/る/る/れ/れ} **十分理解する。身にしみて知る。** 源氏物語 平安－物語 若紫「いみじう、ものは、**おもひしり**給(たま)へりしぞかし」訳非常に、ものの道理は**十分理解し**ていらっしゃったよ。

おもひ-しを・る【思ひ萎る】オモイシオル 自動詞ラ下二 {れ/れ/る/るる/るれ/れよ} **しょんぼりする。気力がなくなる。**「おもひしなゆ」とも。源氏物語 平安－物語 帚木「消息(せうそこ)なども出さずに、久しく侍(はべ)りしに、むげに**おもひしをれ**て」訳手紙なども出さずに、長くおりましたので、ひどく**しょんぼりし**て。

おもひ-すぐ・す【思ひ過ぐす】オモイスグス 他動詞サ四 {さ/し/す/す/せ/せ} **心にとどめずに過ごす。**「おもひすごす」とも。源氏物語 平安－物語 夢浮橋「かばかり聞きて、なのめに**おもひすぐす**べくは」訳こうまで事情を聞いて、いい加減に**心にとどめず過ごすこと**ができようとは。

おもひ-すご・す【思ひ過ごす】オモイスゴス 他動詞サ四 {さ/し/す/す/せ/せ} ❶「おもひすぐす」に同じ。万葉集 奈良－歌集 三五六四「あどすすか愛(かな)しけ児(こ)ろを**おもひすごさむ**」訳どうしたら恋しい子を**心にとどめず過ごすこと**ができようか。❷**余計なことまで考える。** 冥途飛脚 江戸－浄瑠 浄瑠・近松「今から**おもひすごさ**れて、一日も先に往生させて下されと拝み願ふは」訳今から**余計なことまで考え**られて(＝先が案じられて)、一日でも早く往生させてくださいと拝み願うのは。

＊**おもひ-す・つ【思ひ捨つ】**オモイスツ 他動詞タ下二 {て/て/つ/つる/つれ/てよ} **思い切る。見捨てる。** 徒然 鎌倉－随筆 一八八「第一の事を案じ定めて、その外(ほか)は**おもひすて**て、一事をはげむべし」訳一番大切なことをよく考えて決めて、そのほかのことは**見捨て**て、一つのことだけに努力すべきだ。

＊**おもひ-すま・す【思ひ澄ます】**オモイスマス 他動詞サ四 {さ/し/す/す/せ/せ} ❶**冷静に考える。思いをこらす。** 源氏物語 平安－物語 絵合「心のかぎり**おもひすまし**て、しづかに書き給(たま)へるは」訳心ゆくまで**思いをこらし**て、静かにおかきになった絵は。❷**仏道に専念する。** 源氏物語 平安－物語 賢木「世を**おもひすまし**たる尼君たちの」訳俗世を離れて**仏道に専念し**ている尼様たちが。

おもひ-せ・く【思ひ塞く】オモイセク 他動詞カ四 {か/き/く/く/け/け} **思いを抑える。** 蜻蛉 平安－日記 中「**おもひせく**胸のほむらはつれなくて」訳**思いを抑える**胸の中の炎は思うにまかせず。

おもひ-そ・む[1]【思ひ初む】オモイソム 他動詞マ下二 {め/め/む/むる/むれ/めよ} **思い始める。恋し始める。** 拾遺 平安－歌集 恋一「人知れずこそ**おもひそめ**しか」訳⇩こひすてふ…。

おもひ-そ・む[2]【思ひ染む】オモイソム 一 自動詞マ四 {ま/み/む/む/め/め} 「おもひしむ 一」に同じ。幻住庵記 江戸－俳文 俳文・芭蕉「いとかりそめに入りにし山の、やがて出(い)でじとさへ**おもひそみ**ぬ」訳ほんのちょっとの間と入った山で、すぐに出まいとまで**強く思っ**た。
二 他動詞マ下二 {め/め/む/むる/むれ/めよ} 「おもひしむ 二」に同じ。増鏡 室町－物語 藤衣「なぞもかく**おもひそめ**けむ桜花山とし高く成りはつるまで」訳なぜこのように**思いつめ**たのだろうか桜花よ。思いが積もって山がすっかり高くなってしまうまで。

おもひだすとは… 歌謡「思ひ出すとは 忘るるか 思ひ出さずや 忘れねば」閑吟集 室町－歌謡 訳思い出すというのは、忘れているからこそ思い出すということになるのではないか。思い出すということはない、忘れていないのだから。
鑑賞「思い出す」ということについて、理屈っぽく恋人に言い返した歌。上の句と下の句が対応している。

おもひ-た・つ【思ひ立つ】オモイタツ 他動詞タ四 {た/ち/つ/つ/て/て} ❶**決心する。思い立つ。** 平家物語 鎌倉－物語 二・教訓状「人の運命の傾(かたぶ)かんとては、必ず悪事を**おもひたち**候ふなり」訳人の運命が傾こうとするときには、必ず悪い事を**思い立つ**のでございます。❷**意気込む。自負する。** 狭衣 平安－物語 三「『我は』と**おもひたち**」訳「我こそは」と**意気込み**。

おもひ-たの・む【思ひ頼む】オモイタノム 他動詞マ四 {ま/み/む/む/め/め} **頼りに思う。** 万葉集 奈良－歌集 一六七「天の下四方(よも)の人の大船の(＝枕詞(まくらことば))**おもひたのみ**て」訳天下のすべての人々が**頼りに思っ**て。

おもひ-たは・る【思ひ戯る】オモイタワル 自動詞ラ下二 {れ/れ/る/るる/るれ/れよ} **心を許して戯れる。** 古今 平安－歌集 秋上「秋の野に**おもひたはれ**む人なとがめそ」訳秋の野に心を許して戯れよう。人よとがめてくれるな。

おもひ-た-ゆ【思ひ絶ゆ】(オモイタユ) 他動詞 ヤ下二 {え/え/ゆ/ゆる/ゆれ/えよ} あきらめる。断念する。万葉集 奈良一歌集 三六八六「旅なればおもひたえてもありつれど」訳 旅だからあきらめてもいたけれど。

おもひ-たゆ-む【思ひ弛む】(オモイタユム) 自動詞 マ四 {ま/み/む/む/め/め} 気がゆるむ。ほっとする。源氏物語 平安一物語 葵「今は、さりとも」と、おもひたゆみたりつるに」訳「(出産後の)今はもう、いくら何でも(安心だ)」と気がゆるんでいたときに。

おもひ-たわ-む【思ひ撓む】(オモイタワム) 自動詞 マ四 {ま/み/む/む/め/め} 気持ちがくじける。万葉集 奈良一歌集 九三五「ますらをの情はなしに手弱女のおもひたわみて」訳 強い男のような心はなく、か弱い女のように気持ちがくじけて。

おもひ-づ【思ひ出】(オモイズ) 他動詞 ダ下二「おもひいづ」に同じ。

おもひ-つ-く【思ひ付く】(オモイツク) 他動詞 カ四 {か/き/く/く/け/け} 好ましく思う。好きになる。源氏物語 平安一物語 夕霧「故衛門の督をば、とりわきておもひつきにしぞかし」訳 なき衛門の督を、特別に好ましく思ってしまったのであったよ。

おもひつつ… 和歌「思ひつつ 寝ればや人の 見えつらむ 夢と知りせば 覚めざらましを」古今 平安一歌集 恋二・小野小町 訳 心のうちに思いながら寝たので、あの人が夢に現れたのだろうか。夢だと知っていたならば、目を覚まさなかっただろうに。

鑑賞 夢の中の甘美な陶酔と目覚めたのちの苦い悔恨とを、繊細に詠んでいる。

*__おもひ-つづ-く__【思ひ続く】(オモイツヅク) 他動詞 カ下二 {け/け/く/くる/くれ/けよ} ❶思い続ける。源氏物語 平安一物語 帚木「人ひとりの御有り様を心のうちにおもひつづけ給ふ」訳 一人の方のごようすを心の中で思い続けなさる。❷述懐する。思いを歌に詠む。平家物語 鎌倉一物語 一〇・海道下「おつる涙をおさへて、かうぞおもひつづけ給ふ」訳 落ちる涙をおさえて、このように、思いを歌に詠みなさる。

参考 ❷で、用例にも見える「…、かうぞ思ひ続け給ふ」のような文章があると、ふつう、次に歌が入る。『平家物語』などで、しばしば用いられる表現方法である。

おもひ-つつ-む【思ひ包む】(オモイツツム) 他動詞 マ四 {ま/み/む/む/め/め} 人に知られないようにする。内に包み隠す。源氏物語 平安一物語 玉鬘「ひとへに物をおもひつつみ」訳 ひたすらそのこと(＝夕顔の死)を内に包み隠し。

おもひ-づま【思ひ妻・思ひ夫】(オモイヅマ) 名詞 愛する妻。愛する夫。

1 **おもひ-つ-む**【思ひ詰む】(オモイツム) 他動詞 マ下二 {め/め/む/むる/むれ/めよ} 思い詰める。深く悩む。伊勢物語 平安一物語 九五「対面して、おぼつかなくおもひつめたることすこしはるかさむ」訳 (御簾ごしにでも)会って、もどかしく思い詰めた気持ちを少し晴らそう。

2 **おもひ-つ-む**【思ひ積む】(オモイツム) 自動詞 マ四 {ま/み/む/む/め/め} 思いが重なる。思いが積もる。万葉集 奈良一歌集 一七五七「長き日におもひつみ来し憂ひはやみぬ」訳 長い間思いが積もって来たつらさがなくなった。

おもひ-つら-ぬ【思ひ連ぬ】(オモイツラヌ) 他動詞 ナ下二 {ね/ね/ぬ/ぬる/ぬれ/ねよ} (いろいろのことを)次々に考える。古今 平安一歌集 秋上「憂きことをおもひつらねて」訳 つらいことを次々に考えて。

おもひ-と-く【思ひ解く】(オモイトク) 他動詞 カ四 {か/き/く/く/け/け} 理解する。悟る。堤中納言 平安一物語 虫めづる姫君「おもひとけば、ものなむ恥づかしからぬ」訳 (事情を)理解すると、何事も恥ずかしいものはない。

おもひ-どち【思ひどち】(ドチ) 名詞「おもふどち」に同じ。

おもひ-とぢ-む【思ひ閉ぢむ】(オモイトジム) 他動詞 マ下二 {め/め/む/むる/むれ/めよ} 思い切る。断念する。右京大夫 鎌倉一歌集「おもひとぢめ思ひきりてもたちかへりさすがに思ふ事ぞおほかる」訳 断念し思い切っても元に戻りやはりもの思うことは多いことだ。

おもひ-とどこほ-る【思ひ滞る】(オモイトドコオル) 自動詞 ラ四 {ら/り/る/る/れ/れ} 決心がにぶる。源氏物語 平安一物語 橋姫「はかなき事におもひとどこほり」訳 ささいな事に決心がにぶり。

おもひ-とど-む【思ひ止む】(オモイトドム) 他動詞 マ下二 {め/め/む/むる/むれ/めよ} ❶断念する。思いとどまる。雨月物語 江戸一物語 浅茅が宿「海にや沈みたまひけんとひたすらにおもひとどめて」訳 海に沈んでしまわれただろうかとすっかり(故郷へ帰るのを)断念して。❷心にとめる。気にとめる。更級 平安一日記 鏡のかげ「心にもおもひとどめでまかでぬ」訳 心にもとめないで(お寺から)退出した。

*__おもひ-と-る__【思ひ取る】(オモイトル) 他動詞 ラ四 {ら/り/る/る/れ/れ} ❶悟る。理解する。今昔物語 平安一説話 四・三五「よろづの事なきものぞとおもひとりて侍れば」訳 すべてのことはないものと悟っておりますので。❷決心する。思い定める。徒然 鎌倉一随筆 五「頭おろしなど、ふつつかにおもひとりたるにはあらで」訳 髪をそって出家するといったふうに、(一時の興奮などで)軽率に決心したのではなくて。

おもひ-なが-す【思ひ流す】(オモイナガス) 他動詞 サ四 {さ/し/す/す/せ/せ} ❶次々に思う。源氏物語 平安一物語 鈴虫「なほ、わが世のほかまでこそ、よろづおもひながされ」訳 さらに、この世のほか(の世のこと)まで、あれこれと次々に思われるものだ。❷あきらめる。大磯虎 江戸一浄瑠璃・近松「父母の御ためとおもひながせば悔やみはなし」訳 父母のためとあきらめれば悔いはない。

*__おもひ-なぐさ-む__【思ひ慰む】(オモイナグサム) 一 自動詞 マ四 {ま/み/む/む/め/め} 心が慰められる。気が晴れる。源氏物語 平安一物語 椎本「おもひなぐさむかたありてこそ、悲しさをも、さますものなめれ」訳 (逝く人は)心が慰められるような片方(＝配偶者)が残っていてこそ、悲しさをも、やわらげるもののようだ。二 他動詞 マ下二 {め/め/む/むる/むれ/めよ} 心を慰める。気を晴らす。源氏物語 平安一物語 夕顔「おもひなぐさめて、我を頼め」訳 気を晴らして、(これからは)私を頼れ。

おもひ-なげ-く【思ひ嘆く】(オモイナゲク) 他動詞 カ四 {か/き/く/く/け/け} 悲しく思う。更級 平安一日記 物語「いとくちをしく、おもひなげかるるに」訳 とても残念で、悲しく思われるときに。

おもひ-なし【思ひ為し・思ひ做し】(オモイナシ) 名詞 ❶(本人の)心構え。気のせい。源氏物語 平安一物語 賢木「変はらねど、おもひなしにあはれにて」訳 (儀式は従来と)変わりないが、気のせいでしみじみと趣深くて。❷(他人の)思い込み。評判。源氏物語 平安一物語 桐壺「これは、人の際(はき)まさりて、おもひなしめでたく」訳この人(＝藤壺(ふじつぼ))は、身分が高くて、(人々の)評判がすばらしく。

＊おもひ-な・す【思ひ為す・思ひ做す】 オモイナス 他動詞 サ四 {さ/し/す/す/せ/せ} ❶**思い込む。** 伊勢物語 平安－物語 九「その男、身をえうなきものにおもひなして」訳その男は、自分の身を(世間に)役に立たないものと(ことさら)思い込んで。❷**推測する。…だろうと思う。** 源氏物語 平安－物語 帚木「さらに浅くはあらじとおもひなし給へ」訳まったく浅くはないのだろうとお思いください。

おもひ-なずら・ふ【思ひ準ふ】 オモイナズラウ ―オモイナズロウ 他動詞 ハ下二 {へ/へ/ふ/ふる/ふれ/へよ} ❶**心の中で比べる。** 源氏物語 平安－物語 若菜下「人柄も、なべての人におもひなずらふれば」訳人柄も、普通の人と心の中で比べると。❷**…と同類であると内心思う。心の中で…とみなす。** 源氏物語 平安－物語 初音「世の憂き目見えぬ山路におもひなずらへて」訳この世のつらさのない山路と同類であると内心思って。

おもひ-なだら・む【思ひ宥らむ】 オモイナダラム 他動詞 マ下二 {め/め/む/むる/むれ/めよ} **気持ちを静めて考える。** 源氏物語 平安－物語 若菜上「今は世の中を、みなさまざまにおもひなだらめて」訳今では世の中(の女性)を、みなそれぞれであると気持ちを静めて考えて。

おもひ-なほ・る【思ひ直る】 オモイナオル 自動詞 ラ四 {ら/り/る/る/れ/れ} **考えが変わる。機嫌が直る。** 源氏物語 平安－物語 帚木「つらき心を忍びて、おもひなほらむ折を見つけむ」訳(あなたの)冷淡な心を耐え忍び、(そのうち)考えが変わるだろう折を見つけようと。

おもひ-なら・ふ【思ひ習ふ】 オモイナラウ ―オモイナロウ 他動詞 ハ四 {は/ひ/ふ/ふ/へ/へ} ❶**習い覚える。** 伊勢物語 平安－物語 三八「君によりおもひならひぬ世の中の人はこれをや恋といふらむ」訳あなたによって習い覚えた。世の中の人はこれを恋と言うのだろうか。❷**そう思うのが習慣となる。いつも心にかける。** 源氏物語 平安－物語 若菜下「人より先なりけるけぢめにや、とりわきておもひならひたるを」訳他の兄弟より先に生まれた違いからか、(親は私を)特別にいつも心にかけていたので。

＊おもひ-な・る【思ひ成る】 オモイナル 自動詞 ラ四 {ら/り/る/る/れ/れ} (自然と)**そう思うようになる。** 源氏物語 平安－物語 桐壺「灰になり給(また)はむを見奉りて、『今は亡き人』と、ひたぶるにおもひなりなむ」訳(火葬されて)灰におなりになるのを見申し上げて、「今は亡い人」と、すっかり思うようになりましょう。

おもひ-ね【思ひ寝】 イオモネ 名詞 **思い続けながら寝ること。** 後撰 平安－歌集 恋三「おもひねの夜な夜な夢に逢(あ)ふ事を」訳(あなたを)思い続けながら寝る夜ごとに夢で(あなたに)会うことを。

おもひ-ねん・ず【思ひ念ず】 オモイネンズ 自動詞 サ変 {ぜ/じ/ず/ずる/ずれ/ぜよ} ❶**一心に祈る。** 源氏物語 平安－物語 桐壺「命ながくとこそおもひねんぜめ」訳長生きするようにと一心に祈るがよい。❷**心に堪え忍ぶ。こらえる。** 浜松中納言 平安－物語 一「ただしばしおもひねんじて、皇子(みこ)の御世を待ち給(また)へ」訳ただしばらくの間堪え忍んで、皇子の御世が来るのをお待ちなさい。

おもひ-のど・む【思ひ和む】 オモイノドム 他動詞 マ下二 {め/め/む/むる/むれ/めよ} **心を落ち着かせる。のんびりと考える。** 源氏物語 平安－物語 澪標「今しばし、世の中をおもひのどむるほどは」訳もうしばらくの間、寿命をのんびりと考えているうちは。

おもひ-の-ほか・なり【思ひの外なり】 オモイノホカナリ 形容動詞 ナリ {なら/なり・に/なり/なる/なれ/なれ} **思いがけない。意外だ。** 伊勢物語 平安－物語 八三「おもひのほかに御髪(みぐし)おろし給(また)うてけり」訳思いがけなく出家なさってしまった。

おもひ-のぼ・る【思ひ上る】 オモイノボル 自動詞 ラ四 {ら/り/る/る/れ/れ} 「おもひあがる」に同じ。源氏物語 平安－物語 柏木「なのめならずおもひのぼりしかど」訳なみなみならず誇りを持ったが。

おもひ-はか・る【思ひ量る・思ひ計る】 オモイハカル 他動詞 ラ四 {ら/り/る/る/れ/れ} **思いめぐらす。** 竹取物語 平安－物語 火鼠の皮衣「よき人にあはせむとおもひはかれど」訳(かぐや姫を)りっぱな人と結婚させようと思いめぐらすけれども。

参考 「おもんばかる」「おもんぱかる」は、この語の撥(はつ)音便形。

おもひ-はげ・む【思ひ励む】 オモイハゲム 自動詞 マ四 {ま/み/む/む/め/め} **心を励まして努力する。** 源氏物語 平安－物語 帚木「なほ、口惜しくは見えじと、おもひはげみつつ」訳やはりつまらないとは見えないようにと心を励まし努力し続けて。

＊おもひ-は・つ【思ひ果つ】 オモイハツ 他動詞 タ下二 {て/て/つ/つる/つれ/てよ} ❶**思い込む。思いつめる。** 蜻蛉 平安－日記 中「恐ろしき物におもひはてにためれば」訳(私を)恐ろしいものと思い込んでしまっているようだから。❷**思い切る。あきらめる。** 蜻蛉 平安－日記 下「今は限りにおもひはてにたる身をば」訳今はもうこれまでと思い切ってしまったわが身を。❸**愛し通す。最後まで面倒を見る。** 源氏物語 平安－物語 空蟬「吾子(あこ)は、らうたけれど、つらきゆかりにこそ、えおもひはつまじけれ」訳おまえはかわいいが、つれない(空蟬(うつせみ)の)縁者だから、愛し通すことはできまい。

おもひ-はな・つ【思ひ放つ】 オモイハナツ 他動詞 タ四 {た/ち/つ/つ/て/て} **きっぱりと思い切る。** 源氏物語 平安－物語 真木柱「おもひはなたず、恨みごとはし給(また)ふ」訳きっぱりと思い切らず、恨みごとをおっしゃる。

おもひ-はな・る【思ひ離る】 オモイハナル 自動詞 ラ下二 {れ/れ/る/るる/るれ/れよ} **心が離れる。あきらめる。** 源氏物語 平安－物語 明石「世をおもひはなるる心のみまさり侍(はべ)れど」訳現世を離れる(＝出家する)心ばかりがましますけれど。

おもひ-はばか・る【思ひ憚る】 オモイハバカル 自動詞 ラ四 {ら/り/る/る/れ/れ} **考えて遠慮する。心ひそかに気兼ねをする。** 源氏物語 平安－物語 若紫「忍びたる御ありきに、いかがとおもひはばかりてなむ」訳お忍びのお出かけなので、どうかと考えて遠慮して(おりました)。

おもひ-びと【思ひ人】 オモイビト 名詞 **恋人。愛する人。**

おもひ-ふ・す【思ひ臥す】 オモイフス 自動詞 サ四 {さ/し/す/す/せ/せ} **もの思いに沈んで床につく。考えごとをしながら寝る。** 蜻蛉 平安－日記 中「返り事には、ただ『生きて生けらぬ』と聞こえよといはせて、おもひふしたれば」訳返事には、ただ「生きてはいるが死んだも同じです」と申し上げよと言わせて、もの思いに沈んで床についたので。

おもひ-へだ・つ【思ひ隔つ】 オモイヘダツ 他動詞 タ下二 {て/て/つ/つる/つれ/てよ} **心に隔てを置く。うとんじる。** 平家物語 鎌倉－物語 一〇・高野巻「『この人は…ふた心あり』なんどとておもひへだて給ひしかば」訳「この人は…裏切りの心がある」などと言ってうとんじなさったので。

おもひ-ほ・る【思ひ惚る】オモイホル 自動詞 ラ下二 {れ/れ/る/るる/るれ/れよ} 心を奪われて放心する。気が抜ける。宇津保 平安 物語 藤原の君「おもひほれてゐ給へり」訳心を奪われ放心しておいでになる。

***おもひ-まう・く**【思ひ設く】オモイモウク 他動詞 カ下二 {け/け/く/くる/くれ/けよ} あらかじめ考えておく。心構えをする。予期する。枕草子 平安 随筆 故殿の御服のころ「いかで、さおもひまうけたるやうにのたまひけむ」訳何で、そんなに予期していたようにおっしゃったのだろう。

おもひ-まが・ふ【思ひ紛ふ】オモイマガウ — オモイマゴウ 他動詞 ハ下二 {へ/へ/ふ/ふる/ふれ/へよ} 思い違いをする。源氏物語 平安 物語 胡蝶「あやしう、ただそれかとおもひまがへらるる折々こそあれ」訳不思議にも、まるであの人(=夕顔)かと思わず思い違えられる時々がある。

おもひ-ま・す[1]【思ひ増す】オモイマス 自動詞 サ四 {さ/し/す/す/せ/せ} 思いがつのる。万葉集 奈良 歌集 五九五「いや日に異けにはおもひますとも」訳いよいよ日ましに思いがつのるとしても。

おもひ-ま・す[2]【思ひ優す】オモイマス 他動詞 サ四 {さ/し/す/す/せ/せ} (他のものより)すぐれていると思う。古今 平安 歌集 春上「待てといふに散らでしとまるものならばなにを桜におもひまさまし」訳待てというと(桜の花が)散らずに枝にとどまるとしたら、何を桜よりすぐれていると思うだろうか(そういうものは何もない)。

おもひ-ま・す[3]【思ひ座す】オモイマス 連語 お思いになる。万葉集 奈良 歌集 四四三「いかさまにおもひませか」訳どのようにお思いになってか。◆奈良時代以前の語。「ます」はこの場合、尊敬の補助動詞。

おもひ-まど・ふ【思ひ惑ふ】オモイマドウ 自動詞 ハ四 {は/ひ/ふ/ふ/へ/へ} どうしたらよいか迷う。万葉集 奈良 歌集 三四四四「朝霧の(=枕詞)おもひまどひて」訳朝霧の中にいるようにどうしたらよいか迷って。◆古くは「おもひまとふ」。

おもひ-まは・す【思ひ回す】オモイマワス 他動詞 サ四 {さ/し/す/す/せ/せ} あれこれと思案する。枕草子 平安 随筆 故殿の御服のころ「いささかおもひまはし滞りもなく」訳すこしも、あれこれ思案しつかえることがなく。

おもひまはせばをぐるまの… 歌謡「思ひまはせば小車の　思ひまはせば小車の　僅かなりけるうき世かな」閑吟集 室町 歌謡 訳思いをめぐらせてみると、回せる小さな車ではないけれど、思いをめぐらせてみると、回らせる小さな車の輪ではないけれど、わずかな間のこのはかない世であったことだ。

鑑賞 世の無常を縁語や掛け詞の技巧を用いて軽妙に歌った歌。「思ひまはせば」に「小車」を「まはす」、「僅か」の「わ」に小車の「輪」をかける。また、「小車」の「小」に「僅か」を関連させる。

おもひ-みだ・る【思ひ乱る】オモイミダル 自動詞 ラ下二 {れ/れ/る/るる/るれ/れよ} あれこれと思い悩む。枕草子 平安 随筆 清涼殿の丑寅のすみの「面さへ赤みてぞおもひみだるるや」訳顔まで赤くしてあれこれと思い悩んだことだ。

おもひ-・みる【思ひ見る・惟る】オモイミル 他動詞 マ上一 {み/み/みる/みる/みれ/みよ} よく考える。あれこれと思いめぐらす。万葉集 奈良 歌集 二九八六「梓弓引きみゆるへみおもひみて」訳梓弓を引いたりゆるめたりするようにあれこれと思いめぐらして。

おもひ-むすぼ・る【思ひ結ぼる】オモイムスボル 自動詞 ラ下二 {れ/れ/る/るる/るれ/れよ} 気がめいる。ふさぎ込む。「おもひむすぼる」とも。万葉集 奈良 歌集 四一一六「ねもころにおもひむすぼれ嘆きつつ」訳いちずに(心を痛めて)ふさぎ込んで嘆きながら。

おもひ-むすぼほ・る【思ひ結ぼほる】オモイムスボオル 自動詞 ラ下二 {れ/れ/る/るる/るれ/れよ}「おもひむすぼる」に同じ。源氏物語 平安 物語 真木柱「にぎははしくもてなし給ふ本性も、もて隠して、いといたうおもひむすぼほれ」訳にぎやかに振る舞われる本来の性格も隠して、たいそうひどくふさぎ込み。

おもひ-むつ・ぶ【思ひ睦ぶ】オモイムツブ 自動詞 バ上二 {び/び/ぶ/ぶる/ぶれ/びよ} むつまじく思う。親しむ。源氏物語 平安 物語 末摘花「見そめたる人には、うとからずおもひむつびこそ」訳会い始めた相手には、よそよそしくなく親しみくださることは。

おもひ-めぐら・す【思ひ廻らす】オモイメグラス 他動詞 サ四 {さ/し/す/す/せ/せ} あれこれ思案する。竹取物語 平安 物語 仏の御石の鉢「『天竺に在る物も持て来ぬものかは』とおもひめぐらして」訳「天竺に在る物でも持って来られないことがあろうか」とあれこれ思案して。

***おもひ-も-いれ-ず**【思ひも入れず】オモイモイレズ 連語

なりたち 名詞「おもひ」＋係助詞「も」＋下二段動詞「いる」の未然形＋打消の助動詞「ず」

深く心にもとどめない。執着するのでもない。新古今 鎌倉 歌集 雑上「色香をばおもひもいれず」訳(梅の花の)色香に執着するのでもない。

おもひ-やすら・ふ【思ひ休らふ】オモイヤスラウ — オモイヤスロウ 自動詞 ハ四 {は/ひ/ふ/ふ/へ/へ} 決心がつきかねる。ためらう。源氏物語 平安 物語 夕顔「ゆくりなくあくがれむことを、女はおもひやすらひ」訳不意に(この家を)さまよい出るようなことを、女はためらい。

おもひ-や・む[1]【思ひ止む】オモイヤム 他動詞 マ四 {ま/み/む/む/め/め} あきらめる。思いとどまる。万葉集 奈良 歌集 一四九「人はよしおもひやむとも玉鬘(=枕詞)影に見えつつ忘らえぬかも」訳人はたとえあきらめるとしても(私は)面影に見えて忘れられないことだ。

おもひ-や・む[2]【思ひ病む】オモイヤム 自動詞 マ四 {ま/み/む/む/め/め} 恋しくて病気になる。病気になるほど悩む。万葉集 奈良 歌集 三八一一「玉づさの(=枕詞)使ひもこねばおもひやむわが身ひとりそ」訳(あなたからの)使いも来ないので恋しくて病気になるのは私一人です。

***おもひ-やり**【思ひ遣り】オモイヤリ 名詞 ❶先の見通し。洞察。推察。枕草子 平安 随筆 職の御曹司におはします頃、西の廂にて「いとおもひやり深くあらがひたる」訳たいそう推察を深くして争ったものだな。❷思慮。分別。源氏物語 平安 物語 若紫「いとおもひやりなきほど」訳(まだ)たいそう分別のないころ。❸思いやり。同情。源氏物語 平安 物語 末摘花「おもひやり少なう、御心のままならむも」訳思いやりが少なく、お心のまま(=わがまま)であるのも。

おもひ-や・る【思ひ遣る】オモイヤル 他動詞 ラ四 {ら/り/る/る/れ/れ} ❶気を晴らす。心を慰める。万葉集 奈良 歌集 四〇〇八「わが背子を見つつしをればおもひやることもありしを」訳あなたにお会いしているので気を晴らすこともあったが。❷**はるかに思う。**〔伊勢物語 平安―物語〕九「その河のほとりに群れゐて**おもひやれば**」訳その川のほとりに群がり集まってすわって都のことをはるかに思うと。❸**想像する。推察する。**〔枕草子 平安―随筆〕雪のいと高うはあらで「今日の雪をいかにと**おもひやり**聞こえながら」訳今日の雪を(あなたは)どうご覧になっているかと推察申し上げながら。❹**気にかける。気を配る。**〔源氏物語 平安―物語〕桐壺「いはけなき人もいかにと**おもひやり**つつ」訳幼い宮もどうなさっているかといつも気にかけて。

おもひ-ゆづ・る【思ひ譲る】オモイユズル 他動詞ラ四 {ら/り/る/る/れ/れ} **頼み任せる。**〔浜松中納言 平安―物語〕四「『身のかはりに仏まぶり給ふらむ』と、**おもひゆづり**聞こえて」訳「自分のかわりに仏が大切に守ってくださっているだろう」と、頼み任せ申し上げて。

おもひ-ゆる・す【思ひ許す】オモイユルス 他動詞サ四 {さ/し/す/す/せ/せ} ❶**心の中で許す。認める。**〔源氏物語 平安―物語〕総角「これもさるべきにこそは、と**おもひゆるして**」訳これもそうなるのが当然である、と心の中で許して。❷**免じて許す。**〔平家物語 鎌倉―物語〕一〇・請文「ただ、我に**おもひゆるして**、内侍所を都へ返し入れ奉れ」訳ただ、私に免じて許して、内侍所を都へお返し申し上げてくれ。

おもひ-よ・す【思ひ寄す】オモイヨス 他動詞サ下二 {せ/せ/す/する/すれ/せよ} (他のものに)**思い合わせる。思い比べる。**〔徒然 鎌倉―随筆〕一三七「それか、かれかなど**おもひよすれば**」訳(だれの車か知りたくて)その人か、あの人かなどと思い合わせていると。

おもひ-よそ・ふ【思ひ寄そふ・思ひ準ふ】オモイヨソウ 他動詞ハ下二 {へ/へ/ふ/ふる/ふれ/へよ} (他のものに)**重ね合わせて考える。なぞらえる。連想する。**〔源氏物語 平安―物語〕蜻蛉「この君ばかりや、恋しき人に**おもひよそへ**つべきさましたらむ」訳この方だけは、恋しい人に確かになぞらえられる姿をしているだろうか。

***おもひ-よ・る【思ひ寄る】**オモイヨル 自動詞ラ四 {ら/り/る/る/れ/れ} ❶**言い寄る。求愛する。**〔源氏物語 平安―物語〕椎本「まごころに後見聞こえむなど**おもひより**聞こゆるあらば」訳誠意をもってお世話申し上げようなどと言い寄り申し上げる男がいるならば。❷**心がひかれる。**〔源氏物語 平安―物語〕匂宮「**おもひよる**人は、誘はれつつ」訳(その人柄に)心がひかれる人は、誘われながら(集まる)。❸**思い当たる。考えつく。**〔徒然 鎌倉―随筆〕一八九「頼みたる方の事は違ひて、**おもひよら**ぬ道ばかりはかなひぬ」訳期待していた方のことは期待に違い、思い当たらない(=期待していない)方面だけはうまくいってしまう。

おもひ-よわ・る【思ひ弱る】オモイヨワル 自動詞ラ四 {ら/り/る/る/れ/れ} **気弱になる。**〔落窪物語 平安―物語〕三「**おもひよわる**事ありて、やうやう文通はして」訳気弱になることがあって、しだいに手紙をやりとりして。

***おもひ-わ・く【思ひ分く】**オモイワク ■一 他動詞カ四 {か/き/く/く/け/け} **判断する。識別する。区別する。**〔源氏物語 平安―物語〕手習「ともかくも**おもひわかれ**ず」訳どうにもこうにも判断することができず。■二 他動詞カ下二 {け/け/く/くる/くれ/けよ} ■一に同じ。〔源氏物語 平安―物語〕東屋「これを他人と**おもひわけ**たることと」訳これ(=浮舟)を他人として(実の娘と)区別していることよと。

おもひ-わた・る【思ひ渡る】オモイワタル 他動詞ラ四 {ら/り/る/る/れ/れ} **ずっと思い続ける。**〔源氏物語 平安―物語〕桐壺「宮仕への本意、深く物したりしよろこびは、かひあるさまにとこそ**おもひわたり**つれ」訳(桐壺更衣の)宮仕えをさせるという本来の志を深く守りとおしてくれたお礼には、それだけの価値があるように(してあげたい)とずっと思い続けてきた。

おもひ-わづら・ふ【思ひ煩ふ】オモイワズラウ―オモイワズロウ 自動詞ハ四 {は/ひ/ふ/ふ/へ/へ} **思い悩む。**〔源氏物語 平安―物語〕帚木「幼き者などもありしに、**おもひわづらひて**」訳(女は)幼い子どももいたので、思い悩んで。

おもひわび… 和歌 百人一首「思ひわび さても命は あるものを 憂きに堪へぬは 涙なりけり」〔千載 鎌倉―歌集〕恋三・道因 訳(つれない人に対して、深く)思い嘆きながらも、死なないで命はあるものなのに、つらさにこらえきれないのは、(流れ落ちる)涙であるなあ。

***おもひ-わ・ぶ【思ひ侘ぶ】**オモイワブ 自動詞バ上二 {び/び/ぶ/ぶる/ぶれ/びよ} **思い嘆く。**〔千載 鎌倉―歌集〕恋三「**おもひわび**さても命はあるものを」訳⇨おもひわび…。

おもひ-を-か・く【思ひを懸く】オモイヲカク 連語 **執着する。望みをかける。**〔方丈記 鎌倉―随筆〕「つかさくらゐに**おもひをかけ**」訳官職や位階に望みをかけ。

おも・ふ【思ふ】オモウ 他動詞ハ四 {は/ひ/ふ/ふ/へ/へ} ❶**感じる。考える。**〔伊勢物語 平安―物語〕九「すずろなる目をみることと**おもふ**に」訳思いがけない(ひどい)目にあうことだと感じていると。❷**心配する。悩む。**〔土佐日記 平安―日記〕一・二一「海賊報いせむといふなる事を**おもふ**うへに」訳海賊が報復をするだろうと言っているとかいうことを心配するうえに。❸**回想する。懐かしむ。**〔新古今 鎌倉―歌集〕夏「昔**おもふ**草の庵の夜の雨に涙な添へそ山ほととぎす」訳⇨むかしおもふ…。❹**愛する。恋しく思う。**〔古今 平安―歌集〕羇旅・〔伊勢物語 平安―物語〕九「名にし負はばいざ言問はむ都鳥わが**おもふ**人はありやなしやと」訳⇨なにしおはばいざこととはむ…。❺**願う。望む。**〔竹取物語 平安―物語〕蓬莱の玉の枝「**おもふ**ことならでは世の中に生きて何かせむ」訳(自分の)願うことが成就しなくては、この世の中に生きていったい何になろうか(いや、何にもならない)。❻**予想する。想像する。**〔古今 平安―歌集〕雑下・〔伊勢物語 平安―物語〕八三「忘れては夢かとぞ思ふ**おもひ**きや雪踏み分けて君を見むとは」訳⇨わすれては…。

おもふ-おもふ【思ふ思ふ】オモウオモウ 副詞 **思いつつ。思いながら。**〔宇治拾遺 鎌倉―説話〕一四・六「いかなることにかあらんと、**おもふおもふ**入りたりければ」訳どうしたことであろうかと、思いながら(家に)入っていったところ。

おもふこと… 和歌「思ふこと など問ふ人の なかるらむ 仰げば空に 月ぞさやけき」〔新古今 鎌倉―歌集〕雑下・慈円 訳私が思い悩んでいることを、どうして尋ね慰めてくれる人がいないのだろう。ふと空を仰ぐと、そこには月がこうこうと明るく澄んでいることだ。

鑑賞 自分の悩みをだれも分かってくれないと、孤独感に落ち込んだとき、はるか天空に月がすがすがしく照っていた。その明るさが悩み迷う心に、救いを与えたのである。月は仏教的な悟りの境地を示す象徴として詠まれており、そうした月を「真如(しんにょ)の月」という。

おもふ-さま【思ふ様】(オモウサマ) 一名詞 **思うところ。考え。意図。**「おもふやう」とも。二副詞 **思う存分。思いのまま。**「これを大事と**おもふさま**息づみて」〔著聞集 鎌倉-説話 一六〕訳 これを大事と思って、**思う存分**いきんで。

おもふ-さま-なり【思ふ様なり】(オモウサマナリ) 形容動詞ナリ {なら/なり・に/なり/なる/なれ/なれ} **思いどおりだ。気ままだ。**「おもふやうなり」とも。〔枕草子 平安-随筆〕あぢきなきもの「しひて婿(むこ)取りて、**思ふさまなら**ずとなげく」訳 無理に婿に迎えて、**思いどおりで**ないとなげくのは。

*__おもふ-どち【思ふどち】__(オモウドチ) 名詞 **気の合う者同士。仲間。**「おもひどち」とも。

おもふ-に-かな・ふ【思ふに叶ふ】(オモウニカナウ) 連語 **希望にぴったりと合う。思いどおりになる。**〔源氏物語 平安-物語〕帚木「かならずしもわが**おもふにかなは**ねど」訳 必ずしも自分の**希望にはぴったりと合わ**ないけれど。

おもふ-に-したが・ふ【思ふに従ふ】(オモウニシタガウ) 連語 **思うままにする。**〔源氏物語 平安-物語〕若菜上「**おもふにしたがひ**て対面なきもいとくちをしくなん」訳 **思うままに**対面できないのもたいへん残念で。

おもふ-に-たが・ふ【思ふに違ふ】(オモウニタガウ) 連語 **思い(予想・願い・期待・望みなど)と違う。**〔源氏物語 平安-物語〕椎本「かうこそはあらまほしけれと、**おもふにたがは**ぬ心地し給(たま)ふ」訳 このようにこそあってほしいのだと、**望みにたがわ**ない気持ちにおなりになる。

おもふ-ひと【思ふ人】(オモウヒト) 連語 ❶**恋人。**❷**自分をかわいがってくれる人。**

おもふ-やう【思ふ様】(オモウヨウ) 名詞「おもふさま 一」に同じ。

おもふ-やう-なり【思ふ様なり】(オモウヨウナリ) 形容動詞ナリ {なら/なり・に/なり/なる/なれ/なれ}「おもふさまなり」に同じ。〔源氏物語 平安-物語〕桐壺「かかる所に、**おもふやうなら**む人をすゑて住まばや」訳 こういう所に**望んだとおりの**ような人をとどめて住みたいものだ。

おもへ-らく【思へらく】(オモエラク) 連語 なりたち 動詞「おもふ」の已然形＋完了の助動詞「り」の未然形＋接尾語「く」

思っていることには。

*__おもほえ-ず【思ほえず】__(オモオエズ) 連語 なりたち 動詞「おもほゆ」の未然形＋打消の助動詞「ず」の連用形

思いがけなく。〔伊勢物語 平安-物語〕一「**おもほえず**、ふる里にいとはしたなくてありければ」訳 **思いがけなく**、(さびれた)旧都にたいそう不似合いに(美しい姉妹が)住んでいたので。

おもほ・し【思ほし】(オモオシ) 形容詞シク {(しく)・しから/しく・しかり/し/しき・しかる/しけれ/しかれ} **願わしい。望ましい。**心に思っているさま。〔万葉集 奈良-歌集〕三三三六「**おもほしき**言(こと)伝ててむやと」訳 **願わしい**言葉を(あったら)伝えてやろうかと。

おもほし-い・づ【思ほし出づ】(オモオシイズ) 他動詞ダ下二 {で/で/づ/づる/づれ/でよ}〔「思ひ出づ」の尊敬語〕**お思い出しになる。**〔源氏物語 平安-物語〕桐壺「わか宮の御恋しさのみ**おもほしいでつつ**」訳 若宮の恋しさばかりを何度も**お思い出しになって**は。

*__おもほし-め・す【思ほし召す】__(オモオシメス) 他動詞サ四 {さ/し/す/す/せ/せ}〔「思ふ」の尊敬語〕**お思いあそばす。**〔万葉集 奈良-歌集〕二九「いかさまに**おもほしめせ**か」訳 どのように**お思いあそばし**たからか。

参考「思ほす」より敬意が高く、最高敬語となる。主に奈良時代以前に用いられた。平安時代以降は、これの変化した「おぼしめす」が用いられる。

おもほ・す【思ほす】(オモオス) 他動詞サ四 {さ/し/す/す/せ/せ}〔「思ふ」の尊敬語〕**お思いになる。**〔源氏物語 平安-物語〕桐壺「この君をば、わたくしものに**おもほし**かしづき給(たま)ふこと限りなし」訳 (帝(みかど)は)この若君(=源氏)を、自分の大事なものと**お思いになり**大切にお育てなさることの上もない。◆動詞「思ふ」の未然形＋奈良時代以前の尊敬の助動詞「す」からなる「思はす」が変化した語。「おぼす」の前身。

おもほ・ゆ【思ほゆ】(オモオユ) 自動詞ヤ下二 {え/え/ゆ/ゆる/ゆれ/えよ} **(自然に)思われる。**〔万葉集 奈良-歌集〕二六六「淡海(あふみ)の海夕波千鳥汝(な)が鳴けば心もしのに古(いにしへ)**おもほゆ**」訳 ⇩あふみのうみ…。◆動詞「思ふ」の未然形＋奈良時代以前の自発の助動詞「ゆ」からなる「思はゆ」が変化した語。「おぼゆ」の前身。

おも-むき【趣】 名詞 ❶**趣意。意向。心の動き。**〔源氏物語 平安-物語〕若菜上「人のこころの、とあるさま、かかる**おもむき**を見るに」訳 人の心の、ああいうようすや、こういう**心の動き**とかを見ると。❷**ようす。内容。**〔大鏡 平安-物語〕道長上「言ひ出(い)でたまふことの**おもむき**より、かたへは臆せられたまふなめり」訳 おっしゃることの**ようす**によって、(伊周(これちか)は)い

古典の常識 『平安貴族の生活❶』―恋愛と結婚

平安貴族の結婚形態は、古代の母系家族制の名残をとどめ、男性が女性の家へ通っていく妻問い婚であった。男性貴族は女性とのつき合いが始まると、夜になってから通った。一夜を共に過ごした男は、朝まだ明るくなる前に帰った。他人に通う姿を見せないことが、女性に対する礼儀であった。ただし、当時は一夫多妻がふつうであったから、夫の訪れがないと女性はしっとにいらだち捨てられることにおののいていた。当時は婚姻届などの法的な手続きもないので、男が通ってこなくなると関係が解消ということになった。

女性は深窓に育てられ、成人してからも外部の男性の目をさけて過ごした。そのためつき合いを始めるには恋歌を記した懸想文(けさうぶみ)(=ラブレター)を何度も贈り、女性の気を引くことに努めた。娘は親や乳母に相談しながら返歌をし、両者の交渉が深まっていった。結婚しても、普通妻は里(=実家)にとどまった。

くらかは気後れなさったようだ。❸**風情。情趣。** 源氏物語 平安-物語 少女「水のおもむき、山のおきてをあらためて」訳水の風情や山のたたずまいを新しくして。

おも-む・く【赴く・趣く】

一 自動詞 カ四 {か/き/く/く/け/け} ❶（その方に）**向かう。向かって行く。** 竹取物語 平安-物語「よき方におもむきて吹くなり」訳（風が）よい方向に向かって吹くようだ。❷**その方に心が向かう。志す。** 徒然 鎌倉-随筆 五八「むさぼることを努めて、菩提におもむかざらんは」訳（世間の名利を）欲しがることに努力して、悟りの道に心が向かわないとしたら。

二 他動詞 カ下二 {け/け/く/くる/くれ/けよ} ❶**向かわせる。** 今昔物語 平安-説話 二五・九「ただ舟を下様におもむけよ」訳ただ舟を下流に向かわせよ。❷**心を向かわせる。同意させる。従わせる。** 源氏物語 平安-物語 少女「恥づかしげなる御気色なれば、強ひても、え聞こえおもむけ給はず」訳こちらが恥ずかしくなるほど立派なごようすなので、むりに（考えを）申し上げて従わせることもおできにならない。❸**感じさせる。意向を示す。ほのめかす。** 源氏物語 平安-物語 葵「事のついでにはさやうにおもむけ奏させ給へ」訳何かのついでには、そのようにほのめかしご奏上なさってください。

おも-むけ【趣け・赴け】 名詞 **しむけ。意向。**

おも-もち【面持ち】 名詞 **顔つき。表情。**

***おも-や【母屋・主屋】** 名詞 ❶（隠居所などの付属の建物に対して）主人とその家族が住む、中心となる建物。❷（分家・支店に対して）**本家。本店。** ◆江戸時代の語。

おも-やう【面様】 名詞 **顔だち。**

おも-や・す【面痩す】 自動詞 サ下二 {せ/せ/す/する/すれ/せよ} **顔がやつれる。やせて顔つきが変わる。** 源氏物語 平安-物語 若菜下「このいたくおもやせたまへるつくろひたまへ」訳このひどく顔がやつれなさっているのを整えなされ。

おもり-か・なり【重りかなり】 形容動詞 ナリ {なら/なり・に/なり/なる/なれ/なれ} ❶**いかにも重そうだ。** 源氏物語 平安-物語 末摘花「衣箱のおもりかに古体なる」訳衣装箱のいかにも重そうで古めかしいのを。❷（態度などが）**重々しい。重厚だ。** 源氏物語 平安-物語 末摘花「若びたる声の、殊におもりかならぬを」訳若やいだ声で、格別重々しくないのを。◆「か」は接尾語。

***おも・る【重る】** 自動詞 ラ四 {ら/り/る/る/れ/れ} ❶（重量が）**重くなる。** 今昔物語 平安-説話 一九・四二「人多く居て屋おもりにければ」訳人が大勢すわっていて建物が重くなってしまったので。❷（病気・悩みなどが）**重くなる。** 源氏物語 平安-物語 桐壺「日々におもり給ひて」訳（病気が）日に日に重くなりなさって。

おも-わ【面輪】 名詞 **顔。顔面。** 万葉集 奈良-歌集 一八〇七「望月の満てるおもわに」訳満月のように満ち満ちている顔で。

おもん-ばかり【慮り】 名詞 「おもひはかり」の撥音便。**思慮。**「おもんぱかり」とも。宇治拾遺 鎌倉-説話 八・六「猟師なれども、おもんばかりありければ」訳猟師ながら、思慮があったので。

おや【親・祖】 名詞

❶**父母。** ▼古くは、特に母をさすことが多い。伊勢物語 平安-物語 二三「おやのあはすれども、聞かでなむありける」訳（女の）親が、（他の男と）結婚させようとするけれども、（女は）承知しないでいたのだった。❷**祖先。先祖。** 万葉集 奈良-歌集 四四六五「いや遠長くおやの名も継ぎゆくものと」訳ますます末長く祖先の名を継いでゆくものと。❸**物のはじめ。元祖。** 源氏物語 平安-物語 絵合「物語の出で来始めのおやなる竹取の翁」訳物語のでき始めの元祖である『竹取の翁の物語』。❹**長。第一人者。** 源氏物語 平安-物語 桐壺「国のおやとなりて」訳この国の長（＝天皇）となって。

参考 古代、母親を指して言うことが多かったのは、子の養育に母親が大きな役割を果たしていたからと考えられる。平安時代以降、父親を指すことが多くなった。

おや-が・る【親がる】 自動詞 ラ四 {ら/り/る/る/れ/れ} **親らしく振る舞う。親ぶる。** 源氏物語 平安-物語 胡蝶「『をさなくこそ、ものし給ひけれ』と、さすがに、おやがりたる御言葉も」訳「子供っぽくていらっしゃることよ」と、なんといってもやはり親ぶっているお言葉も。◆「がる」は接尾語。

おや-げ【親気】 名詞 親らしい態度や気持ち。◆「げ」は接尾語。

おや-ざと【親里】 名詞 **実家。** 嫁・婿養子・奉公人などの親の家。

おや-ざま【親様】 名詞 **親代わり。** 親同様に頼りにする人。

おや・じ【同じ】 形容詞 シク {（じく）・じから/じく・じかり/じ/じき・じかる/じけれ/じかれ} **同じ。** 万葉集 奈良-歌集 三九七八「妹もわれも心はおやじ」訳妻も私も心は同じ。◆「同じ」の古形。奈良時代以前には「おなじ」と並んで両方用いられた。体言を修飾するときも終止形と同じ形の「おやじ」が用いられる。

親知らず子知らず 地名 今の新潟県の青海町の外波から市振にかけての海岸。波の荒い険しい難所で、そこを通るときは親は子を子は親をかえりみる余裕もないことから命名された。

おやぢゃ-ひと【親ぢゃ人】 名詞 **親。** ◆「親である人」の意味。

おや-はらから【親同胞】 名詞 **親兄弟。**

お-やま【お山】 名詞 ❶（上方で）**下級の遊女。** ❷**女。美女。** ❸歌舞伎で女役をする男優。女形。「女形」「女方」とも書く。

おや-め・く【親めく】 自動詞 カ四 {か/き/く/く/け/け} **親らしく振る舞う。親らしい態度である。** 源氏物語 平安-物語 若菜上「人のおやめきて若宮をつと抱きゐたまへるさま」訳紫の上が親らしい態度で若宮をしっかりとお抱きになって座っていらっしゃるようす。◆「めく」は接尾語。

***お・ゆ【老ゆ】** 自動詞 ヤ上二 {い/い/ゆ/ゆる/ゆれ/いよ} ❶**年をとる。老いる。** 古今 平安-歌集 春上「年経れば齢はおいぬしかはあれど花をし見れば物思ひもなし」訳⇨としふれば…。❷**盛りを過ぎる。衰える。** 古今 平安-歌集 雑上「大荒木の森の下草おいぬれば」訳大荒木の森の

下草は、盛りを過ぎたので。

お-ゆどの【御湯殿】 名詞 ❶宮中や貴人の殿舎に設けられた浴室。一説に、湯を沸かしたり、食膳を整えたりする所ともいう。宮中では、清涼殿の西廂の北端の一室。参照▶口絵 ❷「御湯殿の儀式」の略。❸湯殿、また、湯浴みすることの尊敬語。❹鎌倉時代以降、大名などの茶の湯を沸かす部屋に奉仕する女性、また、浴室に奉仕する女性。◆平安時代は「おほんゆどの」。

おゆどの-の-ぎしき【御湯殿の儀式】 名詞 皇子誕生にあたって湯殿で産湯をつかわせる儀式。儀式には女房が白装束で奉仕し、外では弓の弦を鳴らして邪気払いをした。「おゆどの」とも。

およす・く 自動詞カ下二{け/け/く/くる/くれ/けよ}

❶成長する。大人になる。源氏物語 平安一物語 桐壺「清らにおよすけ給へれば」訳(若宮は)美しく成長していらっしゃるので。

❷大人びる。ませる。源氏物語 平安一物語 少女「いとおよすけても、恨み侍るなりな」訳たいそうおとなびても、恨みごとを言うようですね。

❸老成する。源氏物語 平安一物語 藤裏葉「およすけたるかたは、父おとどにも、まさりざまにこそあめれ」訳(夕霧が)老成しているところは、父大臣にも、まさっている感じであるようだよ。

❹地味である。地味にする。徒然 鎌倉一随筆 一九一「昼はことそぎ、およすけたる姿にてもありなん」訳昼は簡略にして、地味にしている姿でいてもよいだろう。◆「およずく」「およすぐ」とも。

***およそ【凡そ】** 副詞「おほよそ」の変化した語。**概して。総じて。だいたい。いったい。** 平家物語 鎌倉一物語 三・法印問答「およそ、老いて子を失ふは枯れ木の枝なきに異ならず」訳だいたい、年とって子を失うのは、枯れ木で枝がないのと同じだ。

***およそ・なり【凡そなり】** 形容動詞ナリ{なら/なり・に/なり/なる/なれ/なれ} **いいかげんだ。粗略だ。** 二千石 室町一狂言「かやうの大事の謡をおよそにしてはかなはじ」訳このような重要な謡をいいかげんにしては不都合であろう。

およづれ【妖・逆言】 名詞「妖言」の略。人をまどわすことば。

***およば-・ず【及ばず】** 連語

なりたち 動詞「およぶ」の未然形＋打消の助動詞「ず」

❶届かない。至らない。源氏物語 平安一物語 絵合「雲井は、げに、およばぬことなれば」訳天上界は、まことに、(下界人の想像の)届かないことだから。❷〔「…にもおよばず」の形で〕㋐…(する)ことができない。…(する)ことが不可能である。平家物語 鎌倉一物語 一一・逆櫓「大浪に舟どもさんざんに打ち損ぜられて、出だすにおよばず」訳大波で舟がさんざんに打ち壊されて、出すことができない。㋑…(する)必要がない。…(する)までもない。平家物語 鎌倉一物語 一一・副将被斬「鎌倉まで具したてまつるにおよばず」訳鎌倉までお連れ申し上げるまでもない。

およ1び【指】 名詞 指。「おゆび」とも。

およ2び【及び】 接続詞 また。ならびに。今昔物語 平安一説話 三・二六「大王、后の教へに随ひて始めて仏法を信ず。およびも国内の人民、皆仏法に随ひぬ」訳大王は后の教えにしたがって初めて仏法を信じた。また、国内の人民も、皆仏法にしたがった。

およびかか・る【及び掛かる】 自動詞ラ四{ら/り/る/る/れ/れ} 前の方へのしかかる。徒然 鎌倉一随筆 一三七「人の後ろにさぶらふは、様あしくもおよびかからず」訳人の後ろに控えている者は、見苦しく前の方へのしかかりもせず。

およびがほ・なり【及び顔なり】 形容動詞ナリ{なら/なり・に/なり/なる/なれ/なれ} 願いがかなって得意気な顔だ。紫式部 平安一日記 寛弘五・九・一五「かげにいつしかと思ひしも、およびがほにこそ」訳(皇子誕生を)かげで早くと思っていたのが、願いがかなって得意気な顔で。

およびな・し【及び無し】 形容詞ク{(く)・から/く・かり/し/き・かる/けれ/かれ} (力や考えが)及ばない。隔たっている。源氏物語 平安一物語 若紫「合はするもの召して、問はせ給へば、およびなう、思しもかけぬすぢの事を、合はせけり」訳夢判断をする人をお呼びになって、おたずねになると、考えも及ばなくご予想もつかない方面の事柄を判断したのであった。◇「およびなう」はウ音便。

およ・ぶ【及ぶ】 自動詞バ四{ば/び/ぶ/ぶ/べ/べ}

❶届く。達する。平家物語 鎌倉一物語 四・橋合戦「馬の足のおよばうほどは手綱をくれてあゆませよ」訳馬の足が川底に届くようなうちは手綱をゆるめて(馬を)歩かせよ。

❷なる。至る。徒然 鎌倉一随筆 一一五「こころよく数献におよびて興に入られはべりき」訳気持ちよく何杯か杯を重ねるに至って、いいご機嫌になられました。

❸〔多く、打消の語を下接して〕同じ程度になる。匹敵する。かなう。平家物語 鎌倉一物語 一・祇園精舎「伝へ承るこそ、心もことばもおよばれね」訳(清盛公のおごりのありさまは)伝え聞き申し上げると想像する心も、言い表す言葉もかなうことができない(＝想像を絶する)。

❹(目標に届くように)手足をのばす。腰を半分かがめる。枕草子 平安一随筆 七月ばかりいみじうあつければ「枕上なる扇、わが持たるしておよびてかき寄するが」訳(男が)枕元にある扇を自分が持っている扇で腰を半分かがめて引き寄せるが。

お-よ・る【御寝る】 自動詞ラ四{ら/り/る/る/れ/れ}「寝ぬ」の尊敬語」おやすみになる。著聞集 鎌倉一説話 五「月をも御らんぜで、およるなれば」訳月もごらんにならないでおやすみになるようなので。

おらが春 書名 俳文・俳諧集。小林一茶作。江戸時代後期(一八五二)成立。一冊。〔内容〕文政二年(一八一九)一茶五十七歳のときに書いた俳句を交えた随筆で、身辺雑事の感想が日記体でしるしてあり、娘の「さと」を思う気持ちが読者の心をうつ。一茶自筆の挿絵もある。

お1り 〖折り・居り〗⇩をり

お2り【降り・下り】 動詞「おる」の未然形・連用形。

折り句 文芸 和歌・俳句で、五音または七音の各句の最初に物の名前や地名などの一字ずつを詠み込んだもの。たとえば、水辺の草花の「かきつばた」を詠み込んだ「から衣きつつなれにしつましあればはるばるきぬるたびをしぞ思ふ」(『伊勢物語』)〈⇩からころも…。〉

など。言語遊戯としての要素が強い。

折りたく柴の記（オリタクシバノキ）⇩折たく柴の記

おり-た・つ【下り立つ・降り立つ】 自動詞 タ四 {た/ち/つ/つ/て/て} ❶下りて（低い所に）立つ。徒然 鎌倉－随筆 一三七「雪にはおりたちて跡つけなど」訳雪の上には下りて立って足跡をつけるなど。❷身を入れる。懸命になる。源氏物語 平安－物語 行幸「おりたち聞こえ給へど」訳懸命になって申し上げなさったが。

おり-な・い 連語「「ない」の丁寧語」ありません。ございません。鑓権三 江戸－浄瑠 浄瑠・近松「お歴々にも負けることは、おりないさ」訳皆さんにも負けることはありませんさ。◆「お入りない」の変化した語。主に室町時代に用いられた。

おり-のぼ・る【下り上る】 自動詞 ラ四 {ら/り/る/る/れ/れ} ❶おりたりのぼったりする。竹取物語 平安－物語 竜の頸の玉「この国の海山より、竜はおりのぼるものなり」訳この国の海や山から、竜はおりたりのぼったりするものである。❷参上したり退出したりする。紫式部 平安－日記 寛弘七・一・二「おりのぼらせ給ふ儀式」訳参上したり退出したりなさる儀式。❸（都と地方の間を）往復する。平家物語 鎌倉－物語 七・玄昉「広嗣は肥前の松浦より都へ一日におりのぼる馬を持ちたりけり」訳広嗣は肥前の国の松浦から都へ一日で往復する馬を持っていた。

おりふし〖折節〗⇩をりふし

おり-みだ・る【織り乱る】 他動詞 ラ四 {ら/り/る/る/れ/れ} 模様を散らすように織る。枕草子 平安－随筆 かへる年の「藤の折り枝おどろおどろしくおりみだりて」訳藤の折り枝の模様を仰々しく散らすように織って。

おり-もの【織物】 名詞 絹・麻・綿などの糸で織った布。特に、色糸で、模様を織りだした絹の布。またそれで仕立てた衣服。

おりや・る*

一 自動詞 ラ四 {ら/り/る/る/れ/れ} ❶「「行く」「来く」の尊敬語」いらっしゃる。おいでになる。烏帽子折 室町－能楽 謡曲「早うおりやれ」訳早くいらっしゃい。❷「「在あり」「居をり」の尊敬・丁寧語」いらっしゃる。ございます。宗論 室町－狂言 狂言「異見をしたいことがおりやる」訳意見をしたいことがございます。

二 補助動詞 ラ四 {ら/り/る/る/れ/れ}「「あり」の尊敬・丁寧語」「「て」「で」や形容詞・形容動詞の連用形に付いて」（…で）いらっしゃる。（…で）ございます。末広がり 室町－狂言 狂言「いかやうなお好みでおりやる」訳どのような趣味でいらっしゃるか。

参考 「お入りある」の変化した語。室町時代中期ごろから使われた語で、少し遅れて「おぢやる」が現れた。この二語は、「ござある」「ござる」よりは敬意の程度が低い。

おりゐ-の-みかど【下り居の帝】（オリイノミカド） 名詞 退位した天皇。太上天皇。

おり-・ゐる【下り居る】（オリイル） 自動詞 ワ上一 {ゐ/ゐ/ゐる/ゐる/ゐれ/ゐよ} ❶降りて座る。伊勢物語 平安－物語 九「その沢のほとりの木のかげにおりゐて」訳その沢のほとりの木のかげに（馬から）降りて座って。❷（地位を）退く。退位する。大和物語 平安－物語 二「亭子の帝今はおりゐ給ひなむとするころ」訳宇多天皇が、もはや退位しなさろうとするころ。

おる[1]〖折る〗⇩をる

お・る[2]【降る・下る】 自動詞 ラ上二 {り/り/る/るる/るれ/りよ} ❶（高い所から）おりる。徒然 鎌倉－随筆 一〇九「かばかりになりては、飛び降るるともおりなん」訳これくらい（の高さ）になったからには、飛びおりてもおりることができるだろう。❷（馬・車などから）下りる。更級 平安－日記 子忍びの森「馬よりおりて、そこにふた時なむながめられし」訳馬から下りて、そこで四時間ほど（＝かなり長い間）物思いに沈まないではいられなかった。❸（上位の者の前から）退出する。下がる。伊勢物語 平安－物語 六五「曹司におり給へれば」訳（女が）自分の部屋に下がりなさっていると。❹退位する。大鏡 平安－物語 序「おのれは水尾の帝のおりおはします年の、正月の望の日に生まれて侍れば」訳私は水尾の帝（＝清和天皇）がご退位あそばす年（＝貞観十八年）の、正月十五日に生まれておりますので。❺（神霊が）乗り移る。平家物語 鎌倉－物語 一・願立「山王おりさせ給ひて、やうやうの御託宣こそ恐ろしけれ」訳山王が（巫女に）お乗り移りになられて、お告げがあったのは恐ろしいことである。

お・る[3]【愚る・痴る】 自動詞 ラ下二 {れ/れ/る/るる/るれ/れよ} 愚かしくなる。放心状態になる。源氏物語 平安－物語 少女「おのづから、おれたる事こそ出いで来くべかめれ」訳（子供のことでは）自然に愚かしくなっていることが出て来るはずのようだ。

お・る[4]【織る】 他動詞 ラ四 {ら/り/る/る/れ/れ} 糸で布を作る。万葉集 奈良－歌集 一二八二「君がため手力疲れおりたる衣ぞ」訳⇩きみがためたぢからつかれ…。

おれ*【己】 代名詞 ❶対称の人称代名詞。おまえ。きさま。▼下位の者に対して、または、相手を卑しめて言う。枕草子 平安－随筆 賀茂へまゐる道に「おれ鳴きてこそ我は田植うれ」訳（ほととぎすよ）おまえが鳴くので、おれは田植えをするのだ。❷自称の人称代名詞。わたし。▼相手が同等、または目下のときに言うことが多い。男女の区別なく用いた。一代男 江戸－物語 浮世・西鶴「おれは胡桃和への餅を飽くほど」訳わたしはくるみ和えの餅を腹いっぱい（食べたい）。

語の歴史 対称の「おれ」は、記紀から例が見えるが、平安時代には『枕草子』に一例ある程度で、貴族社会、特に女子の間では下品な語として嫌われていたらしい。鎌倉時代には、下層貴族・武士・庶民などが主人公として登場する説話文学に例が目立つが、室町時代になって自称の「おれ」の用法が広まるとともに消えて行く。自称の「おれ」は、鎌倉時代にも散見するが、室町時代から盛んに使われ出した。はじめ、男女の別なく用いられたが、江戸時代後期ごろから、女性の使用は絶えた。

おれ-おれ・し【愚れ愚れし・痴れ痴れし】 形容詞 シク {(しく)・しから/しく・しかり/し/しき・しかる/しけれ/しかれ} 愚かだ。ぼんやりしている。源氏物語 平安－物語 初音「もとより、おれおれしく、たゆき心のおこたりに」訳（私は）生まれつき、ぼんやりして、ぐずな性質のせいでの怠慢で。

おれ-もの【愚れ者】 名詞 愚か者。まぬけ。

おれ-ら【己等】 代名詞 ❶対称の人称代名詞。おまえたち。宇治拾遺 鎌倉－説話 五・三「やうれ、おれらよ召されて参るぞ」訳おいこら、おまえたちよ、呼ばれて参上するのだぞ。❷自称の人称代名詞。われら。わたしたち。わたし。▼複数だが単数でも用いる。讃岐典侍 平安－日記 下「黒戸の道を、おれら知らぬに、教へよ」訳黒戸の道を、われらは知らないので、教えよ。◆「ら」は接尾語。

おろ-おろ* 副詞 ❶**大ざっぱに。ざっと。**増鏡 室町－物語 序「ただおろおろ見及びし物どもは」訳ただざっと見ることができたものは。❷**ところどころ。まばらに。**宇治拾遺 鎌倉－説話 一一・一二「髪もはげて、白きとてもおろおろある頭に」訳髪もはげて、白髪もところどころある頭に。❸**ぽつりぽつり。少しずつ。**雨月物語 江戸－物語 菊花の約「諸子百家のことおろおろ語り出(い)で」訳諸子百家のことをぽつりぽつり話し出して。◆「おろおろと」の形でも使う。

おろかなら-ず【疎かならず・愚かならず】連語

なりたち 形容動詞「おろかなり」の未然形＋打消の助動詞「ず」

ひと通りでない。源氏物語 平安－物語 葵「いづ方につけてもおろかならざらむこそよからめ」訳どちらの気持ちについて思っていても、(御息所(みやすどころ)の扱いは)ひと通りでないほうがよかろう。

おろ-か・なり【疎かなり・愚かなり】

形容動詞 ナリ〔なら／なり・に／なり／なる／なれ／なれ〕

語義の扉

すきまが多く、大ざっぱなさまをいう「疎かなり」の意を原義とし(❶❷)、いい加減で劣っているという「愚かなり」の意に転じた語。

- ❶粗略だ。いい加減だ。
- ❷劣っている。下手だ。
- ❸熱意がない。
- ❹まだ言い足りない。言い尽くせない。
- ❺愚かだ。賢くない。

鎌倉時代ごろ以降、この❸❹の、特に❸の意味に転じ、特化されて用いられたため、本来の❶❷、特に❶の意味は「おろそかなり」に引き継がれた。

❶**粗略だ。いい加減だ。**徒然 鎌倉－随筆 九二「わづかに二つの矢、師の前にて一つをおろかにせんと思はんや」訳たった二本の矢で、師匠の前でそのうちの一本を粗略にしようと思うだろうか、いや、思わない。

❷**劣っている。下手だ。**徒然 鎌倉－随筆 一九三「賢き人の、この芸におろかなるを見て」訳賢い人で、この芸(＝碁を打つこと)には下手であるのを見て。

❸**熱意がない。**竹取物語 平安－物語 貴公子たちの求婚「あたりを離れぬ君達、夜をあかし日をくらす、多かり。おろかなる人は、ようなきありきは、よしなかりけり、とて、来ず成りにけり」訳(かぐや姫の家の)周辺を離れない方がたは、夜をあかすまでいて、日中も日暮れまでそこで過ごす者が多かった。熱意がない人は、用がない出歩きは無意味だとして、来なくなってしまった。

❹(「言ふもおろかなり」「言へばおろかなり」「…とはおろかなり」などの形で)**まだ言い足りない。言い尽くせない。**枕草子 平安－随筆 すさまじきもの「返す返すもすさまじと言ふはおろかなり」訳どう考えても、おもしろくないという言葉では言い足りない。参照▼さらなり(言ふもさらなり・言へばさらなり)

❺**愚かだ。賢くない。**徒然 鎌倉－随筆 四一「おろかなることは、なほまさりたるものを」訳愚かであることでは、やはり(あの男より)甚だしいものであるのに。

おろがむ* 〘拝む〙⇩をろがむ

おろし【下ろし】名詞 ❶**お下がり。**▼神仏の供え物や、貴人の飲食物・衣服を下位の者に与えるもの。❷山上などの高い所から吹き下ろす風。◇「颪」とも書く。

おろし-こ・む【下ろし籠む】他動詞 マ下二〔め／め／む／むる／むれ／めよ〕(格子・御簾(みす)・蔀(しとみ)などを)**すっかりおろして、締める。とじこめる。**古今 平安－歌集 春下・詞書「風にあたらじとて、おろしこめてのみ侍(はべ)りける間に」訳風にあたるまいと、ただ(御簾などを)すっかりおろして、身をとじこめている間に。

おろし-た・つ【下ろし立つ】他動詞 タ下二〔て／て／つ／つる／つれ／てよ〕❶**降ろして立たせる。**❷**身分・地位の低い者の間に交わらせる。**源氏物語 平安－物語 帚木「つきづきしく、今めきたらむにおろしたてむやは」訳(伊予(いよ)の介が空蝉(うつせみ)を、彼女に)ふさわしく、当世風な若者の間に交わらせるだろうか、いやそんなことはない。

おろ・す【下ろす】

他動詞 サ四〔さ／し／す／す／せ／せ〕

❶**低い位置に移す。おろす。**源氏物語 平安－物語 朝顔「童(わらは)べおろして雪まろばしせさせ給(たま)ふ」訳(源氏は)女童を庭におろして雪ころがしをおさせになる。

❷**引き下げる。垂らす。**源氏物語 平安－物語 若紫「『あないみじや。いとあやしきさまを人や見つらむ』とて簾(すだれ)おろしつ」訳(尼君は)「まあ大変だこと。ひどく見苦しいさまを人が見てしまっているだろうか」といって、すだれを引き下げた。

❸**退出させる。**源氏物語 平安－物語 帚木「皆、下屋(しもや)におろし侍(はべ)りぬるを」訳皆、母屋のうしろの建物に退出させてしまいましたが。

❹(供え物や貴人の物などを)**下げわたす。おさがりをいただく。**更級 平安－日記 梅の立枝「御前(おまへ)のをおろしたるとて」訳宮さまの(お持ちのもの)をいただいたのでと言って。

❺**退位させる。**大鏡 平安－物語 師尹「おしておろし奉らむこと、憚(はばか)り思(おぼ)し召しつるに」訳(皇太子を)無理やりご退位させ申し上げるようなことを、(道長公は)ためらっておられたのに。

❻**悪くいう。けなす。非難する。**源氏物語 平安－物語 少女「あさましく咎(とが)め出(い)でつつおろす」訳あきれるほど責めては非難する。

❼(仏門にはいるため髪を)**剃(そ)り落とす。おろす。**伊勢物語 平安－物語 八三「思ひのほかに、御髪(みぐし)おろし給(たま)うてけり」訳(親王は)思いがけなく髪を剃り落としなさって(＝出家されて)しまった。

おろ-そか・なり【疎かなり】

形容動詞 ナリ〔なら／なり・に／なり／なる／なれ／なれ〕

❶**粗略だ。いい加減だ。おろそかだ。**源氏物語 平安－物語 桐壺「公事(おほやけごと)に仕うまつれる、おろそかなることも

ぞ」訳お役目として奉仕申し上げるのは、粗略なことがあるといけない。

❷粗末だ。簡素だ。徒然 鎌倉－随筆 二「おほやけの奉り物は、おろそかなるをもてよしとす」訳天皇のお召しになる物は、簡素なのをもってよいこととする。

❸よくない。劣っている。つたない。宇治拾遺 鎌倉－説話 四・一二「前生の運おろそかにして、身に過ぎたる利生にあづからず」訳前世の巡り合わせがよくなくて、身に過ぎたご利益を受けることもない。

おろち【大蛇】⇩をろち

おわします【御座します】⇩おはします

おわす【御座す】⇩おはす

おわそうず【御座そうず】⇩おはさうず

尾張 ⇩尾張

[1]**おわる**【終わる】⇩をはる

[2]**オン**【怨・遠】⇩をん

おん-【御】接頭語「おほん」の変化したもの。名詞に付いて尊敬の意を表す。「おん衣」「おん身」。⇩おほん(御)

***おん-あい**【恩愛】名詞 親子・夫婦・兄弟などの間の情愛。いつくしみ。情け。「おんない」とも。

おんいり-さうら・ふ【御入り候ふ】連語「あり」「来」「行く」「入る」の尊敬語。おいでになります。いらっしゃいます。おはいりになります。松風 室町－能楽 謡曲「旅人のおんいりさうらふが一夜の宿と仰せ候ふ」訳旅人でいらっしゃいます方が一夜の宿をとおっしゃいます。◆謡曲によく使われ、その場合、連声(＝二語がつながったときの音変化)で「おんにりさうらふ」となる。

おん-ぎょく【音曲】名詞❶音楽。❷能楽の音楽的な要素。舞・所作に対していう。

***おん-こと**【御事】

一 名詞❶貴人を尊敬して、関する事柄を言う語。❷〔貴人を尊敬して、死去を言う語〕ご逝去。平家物語 鎌倉－物語 六・入道死去「一天の君万乗の主の、いかなるおんことましますとも」訳一天万乗の君の天皇が、どんな御事(＝ご逝去のようなこと)がおありになっても。❸人の尊敬語。お方。お人。

二 代名詞 対称の人称代名詞。あなた様。▼相手を敬っていう語。江口 室町－能楽 謡曲「まことに尊ときおんことで渡り候はば」訳ほんとうに尊いあなた様でいらっしゃいますならば。

***おん-ざうし**【御曹司・御曹子】名詞❶貴族や上流武家の、部屋住みの(＝独立しない)男子の尊敬語。若様。❷源氏嫡流の部屋住みの男子の尊敬語。▼平家の「公達」に対していう。❸特に、源義経に対する尊敬語。義経記 室町－物語 四「おんざうしを大将軍にて上せ給ひけり」訳御曹司(＝義経)を総司令官として京に上らせなさった。

参考「曹司」は、宮中に設けられた、役人や女房のための部屋(＝局)のことで、『枕草子』では「みざうし」と言いならわして、この部屋のことをさしている。

おん-し【恩賜】名詞 天皇・主君から物をいただくこと。また、その物。

おん-じき【飲食】名詞 飲み物と食べ物。飲食。

おん-しゃう【恩賞】名詞❶褒美として、官位・領地・品物などを賜ること。また、その物。❷恩返し。

おん-じゃう【音声】名詞❶(人の)声。❷節をつけてうたう声。❸楽器の音。

おん-ぞ【御衣】名詞「おほんぞ」の変化した語。

おんぞうし【御曹司・御曹子】⇩おんざうし

おんぞ-がち・なり【御衣がちなり】形容動詞ナリ(なら／なり・に／なり／なる／なれ／なれ)衣装ばかりめだつ状態だ。讃岐典侍 平安－日記 下「いといはけなげに、おんぞがちにて臥させ給へる」訳とても子供っぽいようすで、衣装ばかりめだつようすでもって横になっていらっしゃる。

おん-たらし【御執らし・御弓】名詞 貴人・大将などの弓の尊敬語。お弓。「おんだらし」「みたらし」「みとらし」とも。

おん-で-も-な・い【恩でも無い】連語 当然だ。言うまでもない。忠臣蔵 江戸－浄瑠璃 浄瑠璃「おんでもない事」訳言うまでもないことだ。◆恩に着るまでもないの意から。

おんとの-ごも・る【御殿籠る】自動詞ラ四「おほとのごもる」に同じ。

[1]**おんな**【女】⇩をんな

[2]**おんな**【嫗】名詞「おみな」の変化した語。老女。老婆。「おうな」「おむな」とも。対翁

女殺油地獄 ⇩女殺油地獄

おん-み【御身】

一 名詞「身」の尊敬語。おからだ。

二 代名詞 対称の人称代名詞。あなたさま。▼相手を敬っていう語。敦盛 室町－能楽 謡曲「おんみ一人留まり給ふこと」訳あなたさま一人がお残りになることは。◆「おん」は接頭語。

おん-みゃう【陰陽】名詞「いんやう」に同じ。

おん-やう【陰陽】名詞❶「いんやう」に同じ。❷「陰陽師」の略。❸「陰陽道」の略。◆「おんみやう」とも。

***おんやう-じ**【陰陽師】名詞❶「陰陽寮」に所属して、陰陽道の術を担当する職員。天文・暦数を算定し、吉凶を占い、地相のよしあしを見、また、禊ぎ・祓えなどを行う役。❷(民間の)占い師。◆「おんみやうじ」とも。

***おんやう-だう**【陰陽道】名詞 古代中国に起こった陰陽五行説に基づいて、天文・暦数・卜筮・地相の判断などを行う学問。吉を招き禍いをしりぞけることを目的として、さまざまな占いや呪術を行った。わが国では大宝律令以来、朝廷に「陰陽寮」が設けられ、安倍・賀茂両家の世襲により呪術化・神秘化していき、国家の方策から天皇・貴族などの生活にまで深くかかわった。鎌倉時代以降は民間の呪術にも影響し、相性・星回りなど、これに由来する多くの迷信を生じた。「おんみやうだう」とも。

おんやう-の-かみ【陰陽の頭】名詞「陰陽寮」の長官。うらのかみ。

おんやう-れう【陰陽寮】名詞 律令制で、中務省に属し、「陰陽道」のことを担当する役所。「おんやうのつかさ」とも。

おん-り【厭離】名詞／—す 他動詞サ変「えんり」に同じ。

カ[1]【火・花・果・華・菓・靴・過】⇩くわ

か[2]【可】名詞 よいこと。よいと認めること。

か[3]【香】名詞 ❶**香り**。秋しぐれ 江戸―句集 俳諧「斧(をの)入れてかに驚くや冬木立―蕪村」訳⇩をのいれて…。❷(悪い)**におい**。枕草子 平安―随筆 七月ばかりに「汗のかを少しかかへたる綿衣(わたぎぬ)」訳汗のにおいを少し含んでいる綿入れの着物。

か[4]【鹿】名詞「鹿(しか)」の古名。

か[5]【彼】

一 代名詞(「かの」などの形で)**あれ。あちら**。▼遠称の指示代名詞。徒然 鎌倉―随筆 一〇「かのためし思ひでられ侍(はべ)りしに」訳あの例が自然と思い出されましたところ。

二 副詞(多く「か…かく…」の形で)**ああ。あのように**。万葉集 奈良―歌集 一三一「波のむたか寄りかく寄る玉藻なす寄り寝し妹(いも)を」訳⇩いはみのうみ…。

か[6]

語義の扉

一 係助詞 文末を活用語の連体形で結ぶ。(「係り結び」)
- ❶[文中]
  - ㋐[疑問]…か。…だろうか。
  - ㋑[反語]…か、いや…ない。
- ❷[文末]
  - ㋐[疑問]…か。…だろうか。
  - ㋑[反語]…か、いや…ない。

二 終助詞 文末に用いられて、
- ❶[詠嘆。感動]…だなあ。…ことよ。
- ❷[願望](「…ぬか」の形で)…であったらいいなあ。…てほしいものだ。

三 副助詞
- ❶[不定](「…とか」の形で、あるいは疑問語を伴う形で)…か。
- ❷[並列。選択]…か、それとも…か。

一 係助詞《接続》種々の語に付く。「か」が文末に用いられる場合、活用語には連体形(奈良時代以前には已然形にも)に付く。

❶(文中に用いられて)㋐疑問の意を表す。**…か。…だろうか**。徒然 鎌倉―随筆 二四三「その教へ始め候ひける第一の仏は、いかなる仏にか候ひける」訳その最初に教えはじめましたいちばんはじめの仏は、いったいどんな仏であったのでしょうか。㋑反語の意味を表す。**…(だろう)か、いや…ない**。古今 平安―歌集 仮名序「生きとし生けるもの、いづれか歌をよまざりける」訳この世に生きているすべてのもので、どれが歌を詠まないと言えようか。

❷(文末に用いられ、活用語の連体形、また体言に付いて)㋐疑問の意を表す。**…か。…だろうか**。源氏物語 平安―物語 若紫「何ごとぞや、童(わらは)べと腹立ちたまへるか」訳どうしたのですか、子供たちとけんかをなさったのですか。㋑反語の意味を表す。**…(だろう)か、いや…ない**。源氏物語 平安―物語 柏木「かしは木に葉守の神はまさずとも人ならすべき宿の木ずゑか」訳(夫は亡くなって)柏木に葉守の神がいらっしゃらなくなったとしても、あなたをこの宿にお近づけするようなことができましょうか。とてもそんなふうにはいかないことです。

二 終助詞《接続》体言および活用形の連体形に付く。❶詠嘆・感動の意を表す。**…だなあ。…ことよ**。

文脈の研究 か一

❶の文中用法は、多くの場合、「いかなる」「いづれ」などといった疑問語とともに用いられる。また、この文中用法では、「ありけむ」「あらむ」などといった結びがしばしば省略されて連用修飾句の末に位置していることがある。形式上、❷の文末用法のように一見されるので、文脈のうえから識別を試みて、読みとりに生かしたい。『源氏物語』「桐壺」の、

いづれの御時にか、女御(にょうご)更衣(かうい)あまたさぶらひたまひける中に

訳どの帝(みかど)の御代のことであったか、女御、更衣といった方々がたくさんお仕えしておられた中に。

また、『更級日記』「かどで」の、

いかに思ひはじめることにか、世の中に物語というもののあんなるを、「いかで見ばや」と思ひつつ

訳どうしてそんなふうに思いはじめたのであろうか、世の中に物語というものがあると聞いていたのを、「なんとかして見たいものだ」と思いつづけて。

❷の文末用法㋑の場合には「…ものか」の形になるものが目だち、さらに係助詞「は」を伴って「かは」の形をとったもの(⇩「かは」係助詞)が多く認められ単独で用いられものは比較的まれである。『蜻蛉日記』「中」の、

「服(ぶく)になりぬるを、これら、とくして」とはあるものか

訳(長いこと訪れもしないでいて、突然)「喪中になってしまったので、これらの仕立て物をいそいでほしい」などと言ってこられるものだろうか、いや言ってこられるはずもないことだ(=あきれてしまうことだ)。

文脈の研究

か二

❶も❷も、ともに「…も…か」「…も…ぬか」のように助詞「も」を伴った文脈の中で用いられることが多い。❶の場合、平安時代以降は単独での用例はまれになる。『古今集』「恋二」の、

風吹けば峰に別るる白雲の絶えてつれなき君が心か

訳風が吹いてくると峰でふたつに分けられる白雲のように、じつに薄情なあなたの心であることよ。

なお、❷の形と同じ「…ぬか」は平安時代以降にも使われるが、その場合の「か」は疑問の用法で、…ないのだろうかの意である。

古今 平安―歌集 春上「浅緑糸よりかけて白露を玉にもぬける春の柳か」訳まるで糸をより合わせるようにうす緑色の葉が枝に巻きついて、そこにおいた白露を珠のように貫きとめている春の柳であることよ。

参考 この歌の詞書には「西大寺のほとりの柳をよめる」と記されている。白露を、ちょうど数珠のように貫いているこの柳のありさまを、さすがに寺院のほとりに植えられた柳にふさわしいものとして眺めていることが知られる。六歌仙の一人、僧正遍昭の歌。

❷上代語。〔打消の助動詞「ず」の連体形に付いて「…ぬか」の形で〕他に対する願望の意を表す。**…であったらいいなあ。…てほしいものだ。** 参照▶「かも」。万葉集 奈良―歌集 四〇六七「二上の山に隠れるほととぎす今も鳴かぬか君に聞かせむ」訳二上山にこもり隠れているほととぎすよ、今すぐに鳴いてほしいものだ。あの方にぜひ聞かせたいと思うから。

三 副助詞《持続》体言や活用語の連体形に付く。〔疑問を表す係助詞から転じた語〕

❶〔「…とか」、また疑問語を伴う形で〕不確かであることを表す。**…か。…とか。** 源氏物語 平安―物語 手習「そのころ、横川になにがし僧都とかいひて、いと尊き人住みけり」訳そのころ、横川になんとか僧都とかいって、たいそう尊いお方が住んでいた。

❷〔「…か、…か」の形で〕並列して、どちらか判然しないことを示す。また、そのうちからの選択を示す。**……か、それとも…か。** 大鏡 平安―物語 醍醐天皇「この御門癸ぞかし、村上か朱雀院かの生まれはおはしましたる御五十日の餅、殿上に出いださせたまへるに」訳この御代のことです。村上親王か、それとも朱雀天皇かはっきりとわかりませんが、どちらかのお生まれになった五十日めの祝いの餅を殿上の間にお出しになったところ。

か-[7] 接頭語 主として形容詞に付いて、語調を整え、語勢を強める。「か青し」「か易し」「か黒し」

-か[8] 接尾語 物の性質・状態を表す語などに付いて、形容動詞の語幹を作る。「しづか」「さやか」

-か[9]【日】接尾語 日数を表す。「十か」「百か」

-か[10]【処】接尾語 場所の意を表す。「住みか」

-か[11]【荷】接尾語 天びん棒などで肩にになう荷物を数える語。「破子(=弁当箱)五十か」

-か[12]【箇・個】接尾語 漢語の数詞に付いて、ものを数える語。「三か月」「五か条」◆下に語が付かないときは「こ」となる。「三こ」

が[1]【賀】名詞 ❶祝い。祝賀。❷長寿の祝い。賀の祝い。

参考 ❷は、四十歳から十年ごとに「四十の賀」「五十の賀」などと祝った習慣で、平安貴族の間で盛んに行われた。室町時代以後は、「還暦」「古稀」「喜寿」「米寿」「白寿」などを祝った。

が[2]

語義の扉

体言、活用語の連体形に接続して、連体格、主格、同格、準体格、対象格ほかを示す格助詞として(一)、平安時代末ごろに、活用語の連体形について主格を表示する格助詞から転じて、単純接続、逆接確定条件、のち逆接仮定条件を示す働きを持つようになった接続助詞として(二)、室町時代末ごろ、この逆接確定条件表示の用法から派生して、軽い感動の気持ち、罵りなどを表す終助詞として(三)の三つの場合がある。

一 格助詞
- ❶(連体格用法)所有、所属などの関係を表す。**…の。**
- ❷(主格用法)主語であることを明示する。**…の。…が。**
- ❸(同格用法)同格を示す。**…であって。**
- ❹(準体格用法)省略された体言(被修飾語)の代用をする。**…のもの。**
- ❺(対象格、連用格)希望の気持ち、好悪、疑問の念などの対象を示す。**…を。**
- ❻類似、比喩を表す。**…のような。**

二 接続助詞
- ❶(単純接続)前後の文脈のつながりに特別の原因と結果の関係の認められない場合。**…(した)ところ。…か。**
- ❷逆接の確定条件。**…のに。…けれども。**
- ❸(江戸時代)逆接の仮定条件。**…でも。…たって。**

三 終助詞
- ❶念押し、軽い感動、また懸念の気持ちを表す。**…であったらなあ。…だがなあ。…だぞ。**
- ❷(名詞に接続したり、また接尾語「め」に付いて「…めが」の形で)罵りの気持を強める。**…か。…め。…やつめ。**

一 格助詞《接続》体言および活用語の連体形に付く。

❶上接の語とともに連体修飾語をつくり、所属や所有などの関係を表す。**…の。** 万葉集 奈良―歌集 八二四

「梅の花散らまく惜しみわが園の和我曽乃竹の林に鶯鳴くも」訳梅の花の散るのを惜しがって(いるように)このわれらの園の竹の林で鶯が鳴き続けていることだ。土佐日記 平安｜日記 一・九「見送りに来る人、数多(あまた)が中に、藤原のときざね、橘のすゑひら、長谷部のゆきまさらなむ……ここかしこに追い来る」訳見送りに来る人がたくさんある中で、藤原のときざね、橘のすえひら、長谷部のゆきまさたちは……あちこちへ追いかけて来て、惜別の情を示している。

❷主語を明示する。…か。…は。…の。古事記 奈良｜史書 歌謡「葦原のしけしき小屋に菅畳(すがたたみ)いやさや敷きてわが二人寝し和賀布多理泥斯」訳葦の原の中のきたない小さな家に菅(すげ)で編んだ畳をたいそう清らかに敷いて(わたしは)妻と共寝したことだよ。竹取物語 平安｜物語 竜の頸の玉「かぐや姫てふ大盗人(おほぬすびと)のやつが、人を殺さむとするなりけり」訳かぐや姫という大どろぼうの奴めが、人を殺そうとしていたのだ。枕草子 平安｜随筆 春はあけぼの「まいて、雁などの連ねたるが、いと小さく見ゆるはいとをかし」訳まして、雁などが列をつくって飛んでいるのがとても小さく見えるのは、たいへんおもしろい。

❸(「体言＋が＋活用語の連体形」の形で)同格を表す。…で。…あって。源氏物語 平安｜物語 桐壺「いづれの御時にか、女御(にょうご)更衣(かうい)あまたさぶらひたまひける中に、いとやむごとなき際(きは)にはあらぬがすぐれて時めき給ふありけり」訳どの帝の御世のことでありましたか、女御や更衣がたくさんお仕えしておられた中に、それほど重い家柄ではない方で、特別いちじるしい帝のご愛情を一身に集めておられた方があった。

❹省略された体言(被修飾語)の代用をして、上接の語句を受ける。…のもの。古今 平安｜歌集 恋三「この歌は、ある人の言はく、柿本人麻呂(かきのもとのひとまろ)がなり」訳この歌は、ある人の説によると、柿本人麻呂のもの(＝人麻呂の作った歌)である(ということだ)。宇治拾遺 鎌倉｜説話 一・一「いかなれば、四条大納言のはめでたく、兼久がはわろかるべきぞ」訳いったい、どうして、四条大納言(藤原公任(きんとう))の歌は立派な出来で、この私、兼久の歌はよくないということになるのだろうか。

❺希望、好悪、また疑問などの気持ちの対象を表す。…を。著聞集 鎌倉｜説話 六・管弦楽歌舞「琵琶には、手と申して、めでたき事の候ふぞかし。それが承りたく候ひてと言ふ」訳琵琶には、「手を引く」とか言ってすばらしい奏法がありますようですね。それをお聞きしたいのです。

❻類似、比喩を表す。…のような。奥の細道 江戸｜紀行「象潟(きさかた)や雨に西施(せいし)がねぶの花」訳(寂しさに悲しみを加えたごとき地勢の)ここ象潟に来て雨に煙る風情をながめていると、雨にぬれた合歓(ねむ)の花の哀れげなやさしさは、ちょうどあの中国周代越の美女西施(せいし)が憂いに沈んで目を閉じているかのようである。

歴史スコープ 用法

格助詞「の」と同様、「が」も体言について連体修飾語をつくる用法(❶の連体格用法)がおおもとのもので、他はこの用法から発展して生じたもの。

なお、たがいによく似た用法を持つ「が」と「の」であるが、主格用法や連体格用法などにおいて、「の」が普通名詞、活用語の語幹などに付くのに対して「が」は固有名詞や代名詞、また活用語の連体形に付くという相違が原則的に認められる(「梅が枝」「雁が音(かりがね)」などは例外)。

また、人物を表す語に付く場合、「が」を用いると軽蔑する気持ちが表され、いっぽうの「の」にはある敬意の気持ちが含まれ、かりに少くとも軽蔑的な意を含むことはないとされる。

二 接続助詞《接続》活用語の連体形に付く。

平安時代の末ごろ、格助詞「が」の主格用法から派生して生まれた助詞。

❶前後のつながりに、特別の因果関係の認められない、単純を接続を表す。…したところ。…が。…て。そして。平家物語 鎌倉｜物語 七・清水冠者「木曽は、依田城(よだのじゃう)にありけるが、これを聞いて、依田城をいでて、信濃と越後の境、熊坂山に陣をとる」訳木曽義仲(よしなか)は依田の城にいたところ、この情報をきいて、この城を出て信濃と越後の境の熊坂山に陣を張った。

❷逆接の確定条件を表す。…が。…のに。…けれども。平家物語 鎌倉｜物語 九・小宰相身投「このほどは三位(さんみ)が討たれぬと聞きつれども、まことも思はでありつるぞとよ」訳ちかごろ三位(通盛)が討たれたと聞いたけれども、ほんとうだとも思わないでいたが、この夕方ごろからは、いかにもそうであろうと考えを定めているのだよ。

❸(江戸時代、助動詞「う」「よう」「まい」について)逆接の仮定条件を表す。…でも。…だって。浮世風呂 江戸｜物語「上(うへ)つ方(がた)の御奉公する女中衆を見さっしゃい。羽二重(はぶたへ)だらうが絹だらうが、皆短くあそばすね」訳身分の高い方のところに御奉公している女中衆をごらんなさい、(女のゆもじ＝腰巻)というものは)羽二重でも絹でも、みな短くしているのです(長ゆもじなどというのは無いことですよ)。

三 終助詞《接続》文末に付く。

❶念押し、軽い感動、懸念などの気持ちを表す。…だぞ。…だなあ。…だがなあ。阿波鳴渡 江戸｜浄瑠璃「おのれ、帰ると命を取るか」訳「やいっ、帰ると命を取るぞ」

❷名詞に接続して、罵る気持を表す。また接尾語「め」について「…めが」の形で、罵りの気持ちを強める。浮世風呂 江戸｜物語「『何だこいつが』と湯をすくってかける。」訳「何だ、こいつめ」と湯をすくって、相手にかける。

◆室町時代末ごろ以降の語。

[1]**カイ**【回・灰・会・廻・槐・懐】⇨くゎい

[2]**かい**【交い・貝・効・甲斐・峡・匙】⇨かひ

[3]**かい**【戒】名詞 仏教語。仏教の信者が守るべき、日常の生活規範。僧俗の別などで、戒の区別がある。

[4]**かい-**【掻い】接頭語「かき」のイ音便。動詞に付いて、語調を整えたり、語意を強めたりする。「かい消つ」「かいつくろふ」「かいやる」。

ガイ【外】⇨ぐゎい

かいあわせ【貝合わせ】⇨かひあはせ

かい-えき【改易】名詞／―す 他動詞サ変 ❶解任。官職を解き、他の人にさし替えること。❷江戸時代の武士に対する刑罰の一つ。家禄(かろく)・屋敷・領地を没収し、武士の身分を剥奪(はくだつ)する重刑。

かいおおい【貝覆い】⇨かひおほひ

かい-き【開基】名詞 ❶創始。創設。❷宗派または寺院を創立すること。また、その人。

がい-き【咳気】名詞 咳の出る病気。風邪など。

かい-ぎゃう【戒行】名詞 仏教語。仏教の戒律を守って修行すること。

かい-く・る【掻い繰る】他動詞 ラ四 {ら/り/る/る/れ/れ}「かきくる」のイ音便。**手元にたぐり寄せる。**平家物語 鎌倉-物語 一一・那須与一「手綱かいくり」訳手綱を手元にたぐり寄せ。◆「かい」は接頭語。

かい-け・つ【掻い消つ】他動詞 タ四 {た/ち/つ/つ/て/て}「かきけつ」のイ音便。**かき消す。**枕草子 平安-随筆 小白河といふ所は「かいけつやうに失せにけり」訳かき消すようになくなってしまった。

かい-げん【開眼】名詞 ❶仏教語。新たに造った仏像・仏画に魂を入れる儀式。開眼供養。❷転じて真理・道理を悟ること。

かい-こづ・む 自動詞 マ四 {ま/み/む/む/め/め}「かきこづむ」のイ音便。**つまずいてよろめく。たおれかかる。**著聞集 鎌倉-説話 三八一「馬かいこづみて」訳(引き綱を踏まれ)馬はつまずきよろめいて。◆「かい」は接頭語。

かい-さぐ・る【掻い探る】他動詞 ラ四 {ら/り/る/る/れ/れ}「かきさぐる」のイ音便。**手探りする。**落窪物語 平安-物語 二「胸かいさぐりて手触るれば」訳胸を手探りして手が触れたので。

かい-さん【開山】名詞 ❶初めて寺院を建てること。また、その人。❷**創始者。**

かい-しゃく【介錯】名詞/―す 自動詞 サ変 ❶身の回りの世話をしたり、介抱したりすること。また、その人。❷切腹する人に付き添って、その人の首を切り落とすこと。また、その役の人。

かい-しら・ぶ【掻い調ぶ】他動詞 バ下二 {べ/べ/ぶ/ぶる/ぶれ/べよ}「かきしらぶ」のイ音便。(弦楽器の)**調子を整える。ひき鳴らす。**枕草子 平安-随筆 いみじう暑きころ「琵琶かいしらべ」訳琵琶をひき鳴らし。

かい-しろ【垣代】名詞「かきしろ」のイ音便。❶**帳・幕。**❷舞楽、特に「青海波」の舞のとき、舞台の南側に円陣を作り、笛を吹いたり、拍子をとったりする人たち。近衛府の官人や院の北面の武士などが用いられた。

がい・す【害す】他動詞 サ変 {せ/し/す/する/すれ/せよ}**殺す。傷つける。**竹取物語 平安-物語 竜の頸の玉「玉を取らむとて、そこらの人々のがいせられなむとしけり」訳玉を取ろうとして、多くの人々が殺されそうになった。

かい-そ・ふ【掻い添ふ】「かきそふ」のイ音便。

一 自動詞 ハ四 {は/ひ/ふ/ふ/へ/へ}**寄り添う。**源氏物語 平安-物語 空蟬「渡殿の口にかいそひて」訳渡り廊下の戸口に寄り添って。

二 他動詞 ハ下二 {へ/へ/ふ/ふる/ふれ/へよ}**寄り添わせる。**栄花物語 平安-物語 花山たづぬる中納言「御髪長くうつくしうてかいそへて臥させ給へり」訳御髪が長く美しくてその髪を(体に)寄り添わせて寝かせなさった。

かい-ぞへ【介添へ】名詞 ❶付き添って世話をすること。また、その人。❷嫁入りのとき、花嫁に付き添ってゆく女性。

かい-だう【海道】名詞 ❶海沿いの地域を結ぶ道。また、その道に沿った地域。❷「東海道」の略。❸諸国の主要地を結ぶ道路。◇多く「街道」と書く。

海道記 書名 紀行。作者未詳(源光行説がある)。鎌倉時代前期の成立か。一巻。〔内容〕貞応二年(一二二三)京都をたち、東海道を下って鎌倉に至り、また帰京するまでの紀行文。流麗な和漢混交文で、仏教思想が濃厚。

かい-だて【垣楯】名詞「かきだて」のイ音便。敵の矢などを防ぐために、楯を垣根のように並べたもの。

(垣 楯)

かい-だん【戒壇】名詞 仏教語。僧に対して出家の戒を授ける儀式の場に設ける石または土で築いた壇。日本の戒壇の最初は、天平勝宝六年(七五四)に鑑真が奈良の東大寺大仏殿の前に築いたもの。

かい-ちゃう【開帳】名詞/―す 他動詞 サ変 (寺院で)厨子の扉を開き、ふだんは公開しない秘仏などを一般の人々に拝ませること。季春。

かい-つ・く【掻い付く】「かきつく」のイ音便。

一 自動詞 カ四 {か/き/く/く/け/け}**とりつく。しがみつく。**枕草子 平安-随筆 うつくしきもの「かいつきて寝たる」訳(幼児が)しがみついて寝てしまったのは。

二 他動詞 カ下二 {け/け/く/くる/くれ/けよ}**つける。**源氏物語 平安-物語 常夏「紅といふもの、いと赤らかにかいつけて」訳紅というものを、たいそう赤々とつけて。

かい-つくろひ【掻い繕ひ】名詞 衣服・髪を整えるなどの世話をする人。特に、五節の舞姫のような童女の世話をする女房。

かい-つくろ・ふ【掻い繕ふ】他動詞 ハ四 {は/ひ/ふ/ふ/へ/へ}「かきつくろふ」のイ音便。**きちんと直す。髪や衣服の乱れを整える。**宇津保 平安-物語 蔵開中「頭かいつくろひ、装束せさせて遣りつ」訳髪の乱れを整え、身支度をさせて遣わした。

かい-づめ【掻い詰め】名詞 物と物のすきまを広げるために詰め込むこと。また、詰め込む物。

かい-つら・ぬ【掻い列ぬ・掻い連ぬ】他動詞 ナ下二 {ね/ね/ぬ/ぬる/ぬれ/ねよ}「かきつらぬ」のイ音便。**誘い合わせて出かける。連れ立つ。**伊勢物語 平安-物語 六七「昔、男、逍遥しに、思ふどちかいつらねて」訳昔、男が、行楽をしに、気の合う者同士連れ立って。◆「かい」は接頭語。

かい-ともし【掻い灯】名詞「かきともし」のイ音便。清涼殿の夜の御殿にともす灯火。

かいどり-すがた【掻い取り姿】名詞 褄(=着物のえり先から下のへり)を持って、裾を引き上げた姿。

かい-ど・る【掻い取る】他動詞 ラ四 {ら/り/る/る/れ/れ}「かきとる」のイ音便。**着物の裾などを手でつまんで持ち上げる。手でからげる。**太平記 室町-物語 二一「小袖の、しほしほとあるをかいどって」訳小袖の、しっとりとぬれている裾を手でつまんで持ち上げて。◇「かいどっ」は促音便。◆「かい」は接頭語。

かいな〘肱・腕〙⇩かひな

かいなし〘甲斐なし〙⇩かひなし

かい-な・づ【掻い撫づ】他動詞 ダ下二 {で/で/づ/づる/づれ/でよ}「かきなづ」のイ音便。**手やくしなどでなでる。**源氏物語

平安|物語 若紫「かいなでつつ、かへりみがちに出で給ひぬ」訳（若紫の髪を）なでては、振り返り振り返りお出になった。

かい-なで【掻い撫で】 名詞「かきなで」のイ音便。**ありきたりのもの。とおり一遍なこと。**

***かい-なで-なり【掻い撫でなり】** 形容動詞ナリ {なら/なり・に/なり/なる/なれ/なれ}「かきなでなり」のイ音便。**とおり一遍だ。ありきたりだ。平凡だ。** 源氏物語 平安|物語 末摘花「かうやうのかいなでにだにあらましかばと」訳（詠む歌が）せめてこの程度の平凡なものでもあったならと。

かい-ねり【掻い練り】 名詞「かきねり」のイ音便。❶**練り絹。** 砧で打ったり、灰汁で煮たりして、糊を落として柔らかくした絹布。▼紅か濃い紫色のものをさすことが多い。❷「掻い練り襲」の略。

かいねり-がさね【掻い練り襲】 名詞 襲の色目の一つ。表裏ともつやのある紅。冬から春に用いた。

かい-のご-ふ【掻い拭ふ】 他動詞ハ四 {は/ひ/ふ/ふ/へ/へ}「かきのごふ」のイ音便。**きれいにふき取る。ぬぐい去る。** 枕草子 平安|随筆 さかしきもの「なにの宮、その殿の若君、いみじうおはせしを、かいのごひたるやうに、やめ奉りたりしかば」訳なにの宮や、その殿の若君が、ひどくお患いでしたのを、きれいにふき取ったように、お治し申し上げたので。◆「かい」は接頭語。

かい-はう【介抱】 名詞／—す 他動詞サ変 ❶**助け抱くこと。** 看病すること。平家女護島 江戸|浄瑠 浄瑠・近松「女房たち二位殿をかいはうし」訳女房たちは二位殿を助け抱き。❷援助し、保護すること。**後見。** 冥途飛脚 江戸|浄瑠 浄瑠・近松「後家妙閑のかいはうゆゑ」訳未亡人の妙閑が後見だから。

かい-はさ-む【掻い挟む】 他動詞マ四 {ま/み/む/む/め/め}「かきはさむ」のイ音便。**はさむ。かかえるようにはさむ。**「かいばさむ」とも。平家物語 鎌倉|物語 一一・能登殿最期「長刀わきにかいはさみ」訳長刀をわきにはさみ。◆「かい」は接頭語。

かいば-み【垣間見】 名詞「かいまみ」の変化した語。「かいまみ」に同じ。

かいば-む【垣間む】 他動詞マ四 {ま/み/む/む/め/め}「かいまむ」の変化した語。「かいまむ」に同じ。栄花物語 平安|物語 浅緑「物のはざまよりかいばませ奉らばや」訳物のすきまからのぞき見させ申し上げたい。

貝原益軒 カイバラエキケン ⇨貝原益軒

かい-ひ-く【掻い弾く】 他動詞カ四 {か/き/く/く/け/け}「かきひく」のイ音便。（琴などを）**爪ではじいて弾く。かき鳴らす。** 源氏物語 平安|物語 帚木「かいひく爪音」訳（琴を）かき鳴らす音。

かい-ひざ【掻い膝】 名詞 片膝を立てて、それを手で抱くようにして座ること。

かい-ひそ-む【掻い潜む】 一 自動詞マ四 {ま/み/む/む/め/め}「かきひそむ」のイ音便。**ひっそり静かにしている。目立たないように隠れている。** 増鏡 室町|物語 三神山「かいひそみて群がり居つつ」訳ひっそり静かにして群がって座りながら。◆「かい」は接頭語。
二 他動詞マ下二 {め/め/む/むる/むれ/めよ} **目立たないようにする。** 源氏物語 平安|物語 玉鬘「いたく、かいひそめて、かたみに、心づかひしたり」訳たいそう、目立たないようにして、互いに、気づかいをしていた。◆「かい」は接頭語。

かい-びゃく[1]【開白】 名詞 仏教語。法会の初めに、本尊の前で、その仏事の趣旨を申し述べること。表白。

かい-びゃく[2]【開闢】 名詞 ❶天地の開けた最初。❷信仰の地として山を開くこと。またその人。**開祖。** ◆「かいひやく」とも。

かい-ぶ【海浦・海賦】 名詞 織物・蒔絵などの模様の一つ。大波・海藻・貝・磯馴松・州浜など、海辺の景色を描いたもの。

（海　浦）

懐風藻 カイフウソウ ⇨懐風藻

かい-ふ-す【掻い伏す】 自動詞サ四 {さ/し/す/す/せ/せ}「かきふす」のイ音便。**体を伏せる。体をかがめる。** 平家物語 鎌倉|物語 一二・泊瀬六代「物の具したる法師のうち入るをみて、かいふいて逃げければ」訳鎧を着た法師が入りこむのを見て、体をかがめて逃げたので。◇「かいふい」はイ音便。◆「かい」は接頭語。

かい-まく-る【掻い捲る】 他動詞ラ四 {ら/り/る/る/れ/れ}「かきまくる」のイ音便。**まくり上げる。** 枕草子 平安|随筆 あかつきに帰らむ人は「袖かいまくりて」訳袖をまくり上げて。◆「かい」は接頭語。

かい-まさぐ-る【掻い弄る】 他動詞ラ四 {ら/り/る/る/れ/れ}「かきまさぐる」のイ音便。**手でもてあそぶ。手先でいじくる。** 枕草子 平安|随筆 説経の講師は「さうぞくしたる数珠かいまさぐり」訳飾り立てた数珠を手でもてあそび。◆「かい」は接頭語。

かいま-み【垣間見】 名詞「かきまみ」のイ音便。**物の透き間からこっそり見ること。のぞき見。**「かいばみ」とも。源氏物語 平安|物語 夕顔「時どき中垣のかいまみし侍るに、げに若き女どもの透き影見え侍り」訳時々、隣家との間の垣根からのぞき見をいたしますと、なるほど、若い女たちのすだれ越しの姿が見えます。

◆学習ポイント⑬

垣間見

平安時代の貴族社会では、女性は夫以外の男性には姿や顔を見せないのが習慣で、男性はこうした姿を隠している女性の姿を何とか見ようと機会をうかがい、あるときは偶然に風に吹き上げられた御簾の間から「かいまみ」をし、またあるときは、物陰から目ざす女性の「かいまみ」をした。

『源氏物語』で、光源氏が、にげたすずめの子を追って出てきた美少女（後の紫の上）を、夕やみにまぎれて見たのも「かいまみ」であった。「かいまみ」は、平安時代の物語では、男性が女性の容姿を知る絶好の機会として、しばしば描かれている。

かいま-・みる【垣間見る】 他動詞マ上一 {み/み/みる/みる/みれ/みよ}「かきまみる」のイ音便。**物の透き間からこっそりと見る。のぞき見する。** 伊勢物語 平安|物語 一「その里に、いとなまめいたる女はらか

ら住みけり。この男**かいまみ**てけり」訳その里に、とてもみずみずしくて美しい姉妹が住んでいた。この男は(二人の姿を)**物の透き間からのぞき見**てしまった。

(垣間見る)

かいま・む【垣間む】他動詞マ四{ま/み/む/む/め/め}**のぞき見する**。「かいばむ」とも。更級 平安―日記 宮仕へ「立ち聞き、**かいまむ**人のけはいして、いといみじくものつつまし」訳立ち聞きし、**のぞき見る**人のようすがあって、本当にとても気がひける。◆「かいまみる」が四段活用に変化した語。

かい-もちひ【掻い餅】カイモチイ 名詞「かきもちひ」のイ音便。ぼたもちの類。一説に、そばがき。「かいもち」とも。徒然 鎌倉―随筆 二三六「いざたまへ。出雲拝みに。**かいもちゐ**召させん」訳さあ、いらっしゃい。出雲を拝みに。**ぼたもち**をごちそうしましょう。

かいもと-あるじ【垣下饗】名詞「かきもとあるじ」のイ音便。饗宴で、正客でなく相伴の座でもてなしを受けること。「かいもとのあるじ」とも。

かい-やりす・つ【掻い破り棄つ】他動詞タ下二{て/て/つ/つる/つれ/てよ}「かきやりすつ」のイ音便。**破って捨てる**。一代男 江戸―物語 浮世・西鶴「**かいやりすて**られし中に、転合書きのあるを」訳**破って捨て**られた中に、いたずら書きがあるのを。◆「かい」は接頭語。

***かい-や・る**【掻い遣る】他動詞ラ四{ら/り/る/る/れ/れ}「かきやる」のイ音便。**押しやる。払いのける。** 源氏物語 平安―物語 若紫「いはけなく**かいやり**たる額つき」訳あどけなく(髪を)**払いのけ**た額のようす。

かいらう-どうけつ【偕老同穴】カイロウドウケツ 名詞 夫婦が死ぬまで仲良く連れ添うこと。◆偕に老い、死んだら同じ穴に葬られる意から。

かいろく ⇩かひろく

かい-りき【戒力】名詞 仏教語。仏教の戒律を守ったことによって得た力。

かい-りつ【戒律】名詞 仏教語。仏教徒が守らなければならない規律。◆「戒」は自発的な、「律」は他律的ないましめ。

かい-わぐ・む【掻い綰む】他動詞マ四{ま/み/む/む/め/め}「かきわぐむ」のイ音便。**たぐりよせてまるめる。たわめ曲げる。** 宇治拾遺 鎌倉―説話 一二・一二「二つながらとりて、**かいわぐみ**て、脇にはさみて立ち去りぬ」訳(衣を)二つとも取って、**たぐりよせてまるめ**て、脇にはさんで立ち去った。◆「かい」は接頭語。

1 **かう**【交う・買う・替う・換う・代う・飼う】⇩かふ

2 **かう**【更】ウコ 名詞 日没から日の出までを五等分した時間の単位。順に初更・二更・三更・四更・五更と分けるが、季節により日没・日の出の時刻が異なるので、時間は春夏は短く、秋冬は長い。

3 **かう**【長官】ウコ 名詞「かみ(長官)」のウ音便。**官庁の長官**。「かん」とも。

4 **かう**【香】ウコ 名詞 ❶**香料**。白檀・伽羅・沈香など天然の香木や、麝香・竜涎など動物性のものがあり、それら各種を練り合わせて好みの香を作る合わせ香も行われる。⇩薫き物。❷「香色」の略。**赤みを帯びた黄色**。❸織り色の名。縦糸は香色、横糸は白色。

5 **かう**【講】ウコ 名詞 ❶仏典の内容について講義する集会。また、信者が集まって行う法会。❷参詣や寄進などを目的とする信者団体。「伊勢**かう**」。❸金銭を貯蓄し、融通し合うための組合。

6 **かう**【斯う】ウコ 副詞「かく」のウ音便。❶**このように**。枕草子 平安―随筆 清涼殿の丑寅のすみの「など**かう**つたなうはあるぞ」訳なぜ**このように**できが悪いのか。❷〔「かうなり」の形で〕**そうそう。そのとおり。** 大鏡 平安―物語 道長下「**かう**なり、**かう**なり。さらむ折は必ず告げ給ふべきなり」訳**そのとおり**だ、**そのとおり**だ。そういう時には必ずお知らせなさるべきです。❸**これこれ。しかじか。** 平家物語 鎌倉―物語 二・烽火之沙汰「入道に、**かう**とも申し入れず」訳入道(=平清盛)に、**これこれ**とも申し上げもしないで。❹**もうこれまで。** ⇩いまはかう。平家物語 鎌倉―物語 一・祇王「祇王すでに、今は**かう**とて出でけるが」訳祇王はもはや、今となっては**もうこれまで**と思って外へ出たが。

古典の常識

『香』

香はインドでは古く、空気を清め、気持ちを静め、心身を清浄にするものとして広く使用されていた。

日本には仏教とともに伝わり、最初は寺院で使われていた。平安時代、貴族の間では、現在のような風呂がないこともあって、香りが大切な要素となり、実用的に使われた。種々の香料を合わせて好みの香を作る「合わせ香」が行われ、衣服にたきしめたり、部屋の中にくゆらせたりした。

また、人々が集まって左右に分かれ、それぞれがたいた香の名を当て合って遊ぶ「香合わせ」も行われた。香をかぐことを「香りを聞く」といい、香をかぎわけることを「聞香(もんこう・ぶんこう)」という。

***かう-い**【更衣】イコウ 名詞 後宮で、天皇の寝所に仕える女官の一つ。「女御」の下に位し、ふつう五位、まれに四位。納言以下の家柄の女子から選ばれる。源氏物語 平安―物語 桐壺「女御・**かうい**あまたさぶらひ給ひける中に」訳女御や**更衣**がたくさんお仕えしておられたそのなかに。

参考「更衣」の原義は衣替えで、もとは、天皇が衣服を着替えるときに仕える女官であった。

かうい-ばら【更衣腹】コウイバラ 名詞「更衣」から生まれる

こと。またその皇子・皇女。

かう-うん【高運】 名詞 **すばらしい運。幸運。**

かう-がい【笄】 名詞「かみか(髪掻)き」の変化した語。❶髪をかき上げるのに使う道具の一つ。簪に似た細長い棒状のもの。髪掻き。❷江戸時代の女性用の髪飾り。金・銀・べっこうなどで作った。❸刀の鞘につけてあるへら状のもの。男子が髪をかき上げるのに用いた。

かうがい-わげ【笄髷】 名詞 江戸時代の女性の髪形の一つ。笄のまわりに髪をまきつけたもの。「かうがいまげ」とも。

かう-かう【斯う斯う】 副詞「かくかく」のウ音便。**これこれしかじか。** 源氏物語 平安－物語 東屋「北の方に、かうかうと言へば」訳奥方に、これこれしかじかと言うと。

かう-かう・たり【皓皓たり・皎皎たり】 形容動詞 タリ｛たら／たり・と／たり／たる／たれ／たれ｝**白く美しい。白く光り輝いている。** 万葉集 奈良－歌集 三六六八・詞書「夜の月の光、かうかうとして流照す」訳夜の月の光が、白く光り輝いて流れるように照らす。

かう*が・ふ【勘ふ・考ふ】 他動詞 ハ下二｛へ／へ／ふ／ふる／ふれ／へよ｝「かむがふ」の変化した語。❶習慣や暦・先例などに照らして事を定める。**判断する。** 源氏物語 平安－物語 行幸「『近うまたよき日なし』と、かうがへ申しけるうちに」訳(陰陽師が)「その日の近くにほかによい日はない」と、判断し申し上げたそのうえに。◇多く「考ふ」と書く。❷**罪を責める。とがめる。** 源氏物語 平安－物語 浮舟「かうがへ給ふことどもの恐ろしければ」訳おとがめになることが恐ろしかったので。◇多く「勘ふ」と書く。

がう-き【拷器】 名詞 拷問に用いる道具。

がう-ぎ【嗷議】 名詞 ❶多勢をよいことに無理を主張すること。❷**暴力。乱暴。**

がう-きゅう【強弓】 名詞「つよゆみ」に同じ。

かう-け【高家・豪家】 名詞 ❶**格式の高い家。名門。権勢のある家。** 平安・鎌倉時代には摂関家や武家の名門にいい、江戸時代には公家をさすこともある。❷**頼みとするところ。よりどころ。** 源氏物語 平安－物語 葵「大将殿をぞかうけには思ひ聞こゆらむ」訳大将殿をよりどころとして思い申し上げているのだろう。❸江戸幕府で、老中の下に属して、幕府の儀式・典礼などをつかさどる職。室町時代以来の名家が世襲。◇「高家」と書く。

かう-げ[1]【香華・香花】 名詞 仏前に供える香と花。「かうけ」とも。

かう-げ[2]【高下】 名詞 ❶**身分の上下。** ❷**優劣。** ❸**値段の上がり下がり。**

かう-けち【纐纈】 名詞 絞り染めの一種。同じ模様を彫った二枚の板の間に絹布を折り重ねて固く挟んでしみ染めとしたもの。「かうけつ」とも。

かう-ざ【高座】 名詞 寺などで、経典の講義をしたり、仏法を説く人が座る、一段高く設けた座席。また、そこで経典の講義や説法をすること。

かう-ざく・なり【警策なり】 形容動詞 ナリ「きゃうざくなり」に同じ。

かう-さつ【高札】 名詞 広く人々に告知したい事柄を記して高く掲げる立て札。「たかふだ」とも。

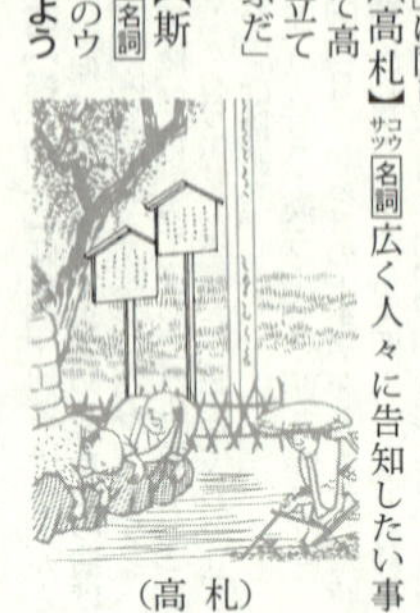

(高札)

かう-ざま【斯う様】 名詞「かくさま」のウ音便。**このような内容。**

かう*ざま・なり【斯う様なり】 形容動詞 ナリ｛なら／なり・に／なり／なる／なれ／なれ｝「かくさまなり」のウ音便。**このようだ。** 源氏物語 平安－物語 紅梅「かうざまに好ましうは焚きにほはさで」訳このように風流がましくは(香を)たきにおわせないで。

がう-ざんぜ【降三世】 名詞 仏教語。「降三世明王」の略。五大明王の一つ。炎を背に怒りの相で立つ。東方を守護し、「貪瞋痴」の三毒の迷いをおさえしずめる。

かう-し【格子】 名詞 寝殿造りの建具の一つ。細い角材を一定の間隔で縦横に組み合わせた黒塗りの戸。建物の柱と柱の間にはめる。上下二枚に分かれ、上だけを外側につり上げて開き、下は固定してある。開放するときは上下とも取りはずすこともある。枕草子 平安－随筆 雪のいと高う降りたるを「雪のいと高う降りたるを、例ならず御かうしまゐりて」訳雪がずいぶん高く降り積もっているのに、いつになく格子をお下ろし申して。

参考 (1)格子の上の方を上げて開くことを「格子上ぐ」といい、下げて閉じることを「格子下ろす」という。「御格子参る」は、格子をお上げするの意味にも、格子をお下ろしするの意味にもなる。(2)「格子」というと、「蔀」をさすことも多い。

かう-じ[1]【好事】 名詞 **よいこと。よい行い。**

かう-じ[2]【柑子】 名詞「かんじ」のウ音便。❶植物の名。**こうじみかん。**▼みかんに比べ、実が小さく酸味が強い。季秋。❷襲の色目の一つ。表裏ともに濃い朽葉色(＝赤みを帯びた黄色)。

かう-じ[3]【勘事】 名詞／―す 他動詞 サ変「かんじ」のウ音便。❶「かんだう」に同じ。落窪物語 平安－物語 二「この度のかうじゆるさせ給へ」訳今回のおとがめはお許しください。❷**拷問。**

かう-じ[4]【講師】 名詞 ❶仏教語。奈良・平安時代のころ、諸国の国分寺に置かれた、上座の僧官。僧尼の監督をつかさどり、仏教を講説した。◇古くは「国師」といっていた。❷詩の会や歌合わせなどの席で、詩歌をよみ、披露する人。❸仏教語。法会で、仏典などを講説する高僧。

かうし-づくり【格子造り】 名詞 表に格子を設けた家構え。また、その家。

かうし-の-つぼ【格子の坪・格子の壺】 連語 **格子の一こま。格子の目。** 枕草子 平安－随筆 野分のまたの日こそ「かうしのつぼなどに、木の葉を…吹き入れたるこそ」訳格子の一こまごとに、木の葉を…吹き入れてあるのは。

かう-しゃう[1]【江上】 名詞 **河川や入り江などのほとり。**「かうじゃう」とも。奥の細道 江戸－紀行 出発まで「かうしゃうの破屋に蜘の古巣をはらひて」訳川(＝隅田川)のほとりのあばら屋でくもの古巣をはらって。◆「上」は「ほとり」の意。「江上の破屋」は、隅田川のほとりにある芭蕉庵のこと。

かうしゃう[2]【高声】コウシヨウ 名詞 **高い声。大声。**「かうじゃう」とも。

かうしょく【好色】コウショク 名詞 ❶**美人。美しい顔だち。**❷**女を好むこと。色好み。**❸**遊女。**◆江戸時代の語。

好色一代男（かうしょくいちだいをとこ）コウショクイチダイオトコ 書名 浮世草子。井原西鶴作。江戸時代前期(一六八二)刊行。浮世草子の最初の作品。八巻。〔内容〕世之介を主人公に、その七歳から六十歳までの好色生活を、『源氏物語』にならって五十四章に分けてつづったもので、当時の大坂・京都・江戸などの享楽的風俗が活写されている。

好色一代女（かうしょくいちだいをんな）コウショクイチダイオンナ 書名 浮世草子。井原西鶴作。江戸時代前期(一六八六)刊。六巻。〔内容〕京都の嵯峨野に住む老女の六十五年の生涯を作者が聞き書きした形式をとり、女性の全盛期と転落の果てを、遊里などを舞台に描いている。

好色五人女（かうしょくごにんをんな）コウショクゴニンオンナ 書名 浮世草子。井原西鶴作。江戸時代前期(一六八六)刊行。五巻。〔内容〕当時実際にあった、お夏・清十郎(姫路)、八百屋お七(江戸)などの恋愛事件に取材した五話からなる好色物で、愛のために死んだ五組の男女の悲劇的な運命が描かれている。

かうしん【庚申】コウシン 名詞 ❶「干支」の一つ。かのえさる。❷「庚申待ち」の略。枕草子 平安-随筆 五月の御精進のほど「かうしんせさせ給ふとて」訳庚申待ちをなさろうとして。

かうじん【行人】コウジン 名詞 ❶**通行人。**❷**旅人。**

かうしん-まち【庚申待ち】コウシンマチ 名詞 庚申の日の夜、眠らず夜を明かし、祭り事や催し事などを行うこと。また、その習俗。この夜、眠ると、腹中にいる三尸虫が天にのぼり、その人の罪を天帝に告げるという道教の信仰による。庚申。「かうじんまち」とも。

かう-す【号す】コウス 他動詞 サ変 {せ/し/す/する/すれ/せよ} ❶**名づける。称する。呼ぶ。**徒然 鎌倉-随筆 四六「強盗法印とかうする僧ありけり」訳強盗の法印と称する僧がいた。❷**言いふらす。ことさら称する。**平家物語 鎌倉-物語 一・殿上闇討「相伝の郎従とかうして、布衣の者を殿上の小庭に召しおき」訳代々相伝えての家来と言いふらして、布衣の(身分の低い)兵を殿上の間の小庭に呼び置いて。◆後に「がうす」とも。

古典の常識 『庚申待ち』

十干十二支で六十一日ごとにめぐってくる庚申の日に、宮中や貴族の家では、徹夜で物語をし、詩歌を詠み、管弦の遊びを行った。中国の道教の教えで、この夜に人が寝ている間に、体内にいる三尸虫(常に人の行動を監視しているという三びきの虫)がひそかに天に上り、その人の悪事を天の神に告げるので、命が奪われるという。そこで人々は、一晩じゅう寝ないで番をしたのである。

室町時代になると民間にもその風習が広まり、神道では猿田彦(＝古い神の一人)、仏教では青面金剛(＝不思議な病を起こすとされる神)を祭るようになった。

江戸時代には庚申信仰は地域の講組織として、村の寄り合い的性格を強めていった。供養のための庚申塚・庚申塔・庚申堂などが作られ、庚申講の日には、当番の家に集まって、庚申像の掛け軸をかけて念仏を唱え、飲食をしながら談笑しあった。

かうず[1]【好事】コウズ 名詞 変わった物事を好むこと。**物好き。**

かう-ず[2]【勘ず・拷ず】コウズ 他動詞 サ変 {ぜ/じ/ず/ずる/ずれ/ぜよ} **打って責める。こらしめる。**宇治拾遺 鎌倉-説話 一二・九「これたてこめてかうぜん」訳これ(＝男)を閉じ込めてこらしめよう。

かう-ず[3]【講ず】コウズ 他動詞 サ変 {ぜ/じ/ず/ずる/ずれ/ぜよ} ❶**講義する。**仏典・漢籍などの意味を説く。今昔物語 平安-説話 二〇・三三「法華経をかうずる所あり」訳法華経を講義する所がある。❷(詩や歌の会で、詩歌を)**読み上げる。披講する。**源氏物語 平安-物語 花宴「文などかうずるにも」訳漢詩などを読み上げるときにも。

かう-ずい【香水】コウズイ 名詞 仏教語。仏に供える香をまぜた水。

かう-せき【行跡】コウセキ 名詞 **その人の行ってきた事柄。行状。**「ぎゃうせき」とも。

かう-ぞめ【香染め】コウゾメ 名詞 丁子(＝木の名)を濃く煮出した汁で染めること。また、そのもの。黄味を帯びた淡紅色。丁子染め。香。

がう-だう【強盗】ゴウドウ 名詞 /―す 自動詞 サ変 **強盗。**

かう-ぢゃう【定考】コウジョウ 名詞 平安時代に行われた官吏昇任の儀式。毎年陰暦八月十一日、六位以下の官吏について、才能・勤務成績などを考慮しながら官職を授ける。◆「定考」と書いて文字の逆に読むのは、「上皇」との同音を避けるためともいわれる。

上野（かうづけ）コウズケ 地名 旧国名。東山道十三か国の一つ。今の群馬県。古くは「下野」と共に毛野の国に属していたが、大化改新のとき分かれて「上毛野」となった。上州。◆「かみつけの(上毛野)」→「かみつけ」→「かうづけ」と変化した語。参照▼資料21

かう-て【斯うて】コウテ 副詞 「かくて」のウ音便。**こうして。**更級 平安-日記 鏡のかげ「かうて、つれづれとながむるに」訳こうして、することもなく物思いにふける間に。

かうて-さぶらふ【斯うて候ふ】コウテサブロウ/コウテソウロウ 連語 **ごめんください。**▼挨拶の言葉。枕草子 平安-随筆 二月つごもり頃に「主殿司来て『かうてさぶらふ』と言へば」訳主殿司が来て「ごめんください」と言うので。

がうな【寄居虫】ゴウナ 名詞 「かむな」に同じ。

かう-なぎ【巫】コウナギ 名詞 「かむなぎ」に同じ。

かう-なり【剛なり】コウナリ 形容動詞 ナリ {なら/なり・に/なり/なる/なれ/なれ} **強い。武勇に秀でている。**平家物語 鎌倉-物語 九・越中前司最期「力は劣ったれども、心はかうなりければ」訳力は劣っていたけれども、心は強かったので。◆江戸時代の初期から「がうなり」とも。

かう-にん【降人】コウニン 名詞 **降参した人。**

かう-の-きみ【長官の君】コウノキミ 名詞 「長官」の尊敬語。「かんのきみ」とも。

かう-の-との【長官の殿】コウノトノ 名詞 「かうのきみ」に同じ。「かんのとの」とも。◆「守殿」「頭殿」「督殿」とも書く。

かう-の-もの【剛の者】コウノモノ 名詞 **強くて勇敢な者。**◆後に「がうのもの」とも。

かうば・し【香ばし・芳し】コウバシ 形容詞 シク {(しく)・しから/しく・しかり/し/しき・しかる/しけれ/しかれ} 「かぐはし」の変化した語。❶**香りが高い。よいにおいがする。** 枕草子 平安―随筆 こころときめきするもの「かうばしうしみたる衣など」訳香り高く(香の)しみこんだ着物など。❷**誉れが高い。評判がよい。**◇「かうばしう」はウ音便。保元 鎌倉―物語 中「この官は、先祖多田満仲法師、初めてなりたりしかば、そのあとかうばしくは存じ候へども、もとは左馬助なり」訳この官職は、先祖・多田満仲法師が最初についたので、その跡をつぐのは誉れが高いことでございますが、もとは左馬助であります。

かう-ばり【かう張り】コウバリ 名詞 人をかばうこと。庇護。◆つっかい棒の意。

かう-ふう【好風】コウフウ 名詞 **よい景色。名勝。** 奥の細道 江戸―紀行 松島「松島は扶桑第一の好風にして」訳松島は日本第一のよい景色であって。

がう-ぶく【降伏】ゴウブク 名詞 /―す 他動詞 サ変 仏教語。**調伏。**神仏の力で悪魔や敵を押さえて従わせること。今昔物語 平安―説話 二〇・七「この鬼をがうぶくせむ事を」訳この鬼を調伏することを。

かうぶり【冠】コウブリ 名詞 「かがふり」の変化した語。❶**かんむり。** 源氏物語 平安―物語 紅葉賀「しどけなき姿にて、かうぶりなどうちゆがめて走らむ後ろ手」訳だらしのない格好で、冠なども曲がったようすで走るような後ろ姿。❷**元服。加冠。**元服して初めて冠をかぶること。また、その儀式。初冠(うひかうぶり)。宇津保 平安―物語 俊蔭「十六といふ年二月に、かうぶりせさせ給ひて、名をば仲忠といふ」訳十六歳の二月に、元服をなさって、名を仲忠という。❸**位階。**▼位に相当する朝服(=朝廷に出仕するときに着る服)と同じ色の冠を賜ることから。枕草子 平安―随筆 蟻通の明神「さらに官もかうぶりも賜らじ」訳官職も位階もまったくいただくつもりはない。❹**五位に叙せられること。叙爵。**▼五位になると初めて冠をかぶることを許されることから。源氏物語 平安―物語 少女「秋の司召しに、かうぶり得て侍従になり給ひぬ」訳秋の任命式に、五位の位を得て、侍従におなりになった。

巾子 上緒 額 簪 磯 纓

(冠❶)

かうぶり-を-か・く【冠を掛く】コウブリヲカク 連語 **官職を辞する。** 源氏物語 平安―物語 若菜下「かうぶりをかけ、車をしまず捨ててし身にて」訳官職を辞し、官人として使った車を惜しまず捨てた身で。◆漢語「掛冠」を訓読した慣用句。

***かうぶ・る**【被る・蒙る】コウブル 他動詞 ラ四 {ら/り/る/る/れ/れ} 「かがふる」の変化した語。❶「受く」の謙譲語。**お受けする。いただく。** 土佐日記 平安―日記 一・三〇「神仏の恵みかうぶれるに似たり」訳神仏の恩恵をいただいているようである。❷**身に受ける。負う。こうむる。** 平家物語 鎌倉―物語 一一・一門大路渡「疵をかうぶったりしかば」訳傷を負ってしまったので。◆室町時代の後期以降は「かうむる」。

かう-べ【首・頭】コウベ 名詞 「かみべ」のウ音便。**かしら。あたま。**

がう-ま【降魔】ゴウマ 名詞 仏教語。仏道修行を妨げるものを神仏の力で抑えること。「がま」とも。

がうま-の-さう【降魔の相】ゴウマノソウ 連語 (不動明王などが悪魔を取り押さえるときのような)恐ろしい怒りの顔付き。「がまのさう」とも。今昔物語 平安―説話 五・二二「仙人、たちまちにがうまのさうになりて」訳仙人は、たちまち恐ろしい顔付きになって。

***かう-みやう**【高名】コウミョウ 一 名詞 形容動詞 ナリ {なら/なり・に/なり/なる/なれ/なれ} **有名。評判が高いこと。** 徒然 鎌倉―随筆 一〇九「かうみやうの木のぼりといひしをのこ」訳有名な木登りと(世間の人が)言った男。参照▶文脈の研究 聖人の戒め。 二 名詞 /―す 自動詞 サ変 **名を上げる。**手柄を立て、面目をほどこすこと。(特に、戦いで)功名を立てること。平家物語 鎌倉―物語 九・二之懸「二ケ度の合戦にかうみやうしたり」訳二度の合戦で名を上げた。

かうむ・る【被る・蒙る】コウムル 他動詞 ラ四 {ら/り/る/る/れ/れ} 「かうぶる」に同じ。◆「かうぶる」の変化した語。保元 鎌倉―物語 上「讒言をかうむりて」訳うそのつげ口(の被害)を受けて。

かう-や[1]【紙屋】コウヤ 名詞 「かんや❶」に同じ。

高野[2] かうや コウヤ 地名 「高野山(かうやさん)」の略。

かう-やう【孝養】コウヨウ 名詞 /―す 他動詞 サ変 「けうやう」に同じ。

かう-やう・なり【斯う様なり】コウヨウナリ 形容動詞 ナリ {なら/なり・に/なり/なる/なれ/なれ} 「かくやうなり」のウ音便。**このようだ。** 土佐日記 平安―日記 一・四「かうやうにものもて来る人に」訳このように贈り物を持って来る人に。

かうや-がみ【紙屋紙】コウヤガミ 名詞 「かんやがみ」に同じ。◆「かうや」は「かみや」のウ音便。

高野山 かうやさん コウヤサン 地名 今の和歌山県伊都郡高野町にある山。弘仁七年(八一六)、弘法大師(=空海)が真言密教の大道場として金剛峰寺を創建、以来真言宗の霊場となる。また、金剛峰寺の通称。高野(かうや)。

かうらい【高麗】コウライ 名詞 ❶朝鮮半島にあった国の名。九一八年から一三九二年まで、わが国の平安時代中期から南北朝時代にかけて朝鮮半島を統一支配した。また、朝鮮半島の別名。「こま」とも。❷「高麗縁(かうらいべり)」の略。❸朝鮮で、高麗時代末期から李朝にかけて焼かれた陶磁器。茶の湯の道具として盛んに輸入された。

かうらい-はし【高麗端】コウライハシ 名詞 「かうらいべり」に同じ。「かうらいばし」とも。

かうらい-べり【高麗縁】コウライベリ 名詞 畳の縁(へり)の一つ。白地の綾(あや)に雲や花の模様を黒く織り出したもの。貴族の邸宅や寺社などで用いた。

かう-らん【高欄】コウラン 名詞 ❶殿舎のまわりや、廊・橋な

(高麗縁)

どの両側に設けた欄干（らんかん）。参照▶口絵 ❷「倚子（いし）」のひじかけ。

がう-りき【強力・剛力】（ゴウリキ）名詞 ❶力が強いこと。また、その人。❷山伏や修験者（しゅげんじゃ）の従者で重い荷物を背負って従う人。❸登山の案内をして、荷物をはこんだりする男。

かう-りょう【亢竜】（コウリョウ）名詞 天高く昇りつめた竜。

かうりょう-の-くい【亢竜の悔い】（コウリョウノクイ）連語 物事は頂点に達すれば、必ず衰えるものだというたとえ。太平記 室町―物語 四「今君武臣のために囚（とら）はれてかうりょうのくいに合はせ給（たま）ひけれども」訳今あなたさまは武臣のために捕らえられて物事は頂点に達すれば、必ず衰えるものだという目にお遭いになっていらっしゃいますが。

参考 天高く昇りつめた竜は、降りるしかないという『易経』の語による。

かうりょう-の-くい-あ・り【亢竜の悔い有り】（コウリョウノクイアリ）連語 栄達を極めた者は、あとは落ちるしかないことから、必ず悔いがある（ということのたとえ）。徒然 鎌倉―随筆 八三「『かうりょうのくいあり』とかやいふこと侍るなり」訳「亢竜の悔い有り」とかいうたとえがございます。◆中国の『易経』の中の「亢龍（竜）有レ悔＝亢竜悔いあり」による。

かう-ろ【香炉】（コウロ）名詞 香をたくのに用いる道具。陶磁器・金属器・漆器などのものがあり、形も、据（す）え香炉・釣り香炉・擎（とり）香炉などがある。

（香 炉）

かうろ-ほう【香炉峰】（コウロホウ）名詞 中国、江西省の名山廬山（ろざん）の一峰。参照▶口絵

参考 「香炉峰の雪は簾（すだれ）を撥（かか）げて看（み）る」は白居易（はくきょい）の詩の一節。『枕草子』で、雪の朝、中宮定子の問いかけに、清少納言が黙って簾を巻き上げた話は有名である。

かうわか-まひ【幸若舞】（コウワカマイ）名詞 室町時代に流行した舞の一つ。桃井直詮（もものいなおあきら）（幼名、幸若丸）が「声明（しょうみょう）」「平曲」などの曲節をとりいれて作ったものという。鼓の伴奏で謡い、烏帽子（えぼし）・素襖（すおう）姿で舞う。武将物語などが多く、戦国武将に愛好された。

かえし【返し】⇨かへし

かえす【返す】⇨かへす

かえすがえす【返す返す】⇨かへすがへす

かえで【楓】⇨かへで

かえり【返り】⇨かへり

かえりこと【返り事・返り言】⇨かへりこと

かえりみ【顧み】⇨かへりみ

かえりみる【帰り見る・還り見る・顧みる】⇨かへりみる

かえる[1]【返る・帰る】⇨かへる

かえる[2]【蛙】⇨かへる

かおる【薫る】⇨かをる

かか[1] 名詞 ㊀【母】子が母（はは）を呼ぶ語。対とと（父）。㊁【嚊・嬶】庶民階級で、自分の妻をいう語。転じて、他人の妻をもいう。「かかあ」とも。

かか[2] 感動詞 かあかあ。があがあ。▼烏（からす）・わしなどの鳴き声を表す語。枕草子 平安―随筆 あさましきもの「烏のいと近くかかと鳴くに」訳烏がたいそう近くでかあかあと鳴くので。

加賀（かが） 地名 旧国名。北陸道（ほくろくどう）七か国の一つ。今の石川県の南半部。加州。賀州。

か-かい【加階】 名詞／―す 自動詞サ変 位階が加わること。位が昇進すること。

かがい【嬥歌】⇨かがひ

かか・ぐ【掲ぐ】 他動詞ガ下二 {げ／げ／ぐ／ぐる／ぐれ／げよ}

❶高く上げる。持ち上げる。引き上げる。徒然 鎌倉―随筆 一七五「紐（ひも）はづし、脛（はぎ）高くかかげて、用意なき気色（けしき）、日来（ひごろ）の人とも覚えず」訳（酔って束帯（そくたい）の）紐をはずし、（裾（すそ）を）すね高くまで持ち上げて、不用意なようすは、いつもの人とも思えない。

❷（灯心を）かき立てる。枕草子 平安―随筆 きよげなる男の「短き灯台に火をともして、いと明かうかかげて」訳（男が）背の低い灯台に火をともしてたいそう明るく灯心をかき立てて。

歌学（かがく） 文芸 古典の和歌に関する学問。和歌の本質・様式・作法・文法・歴史、古歌の注釈、歌書の校訂、また歌合わせ・歌会の故事・作法など、広い範囲を含む。和歌の本質に基づく歌学は、『古今和歌集』の「仮名序」に始まる。平安時代末期から鎌倉・室町時代にかけて盛んに行われた。

雅楽（ががく） 文芸 宮中や上流貴族社会で行われた音楽の総称。器楽曲と、舞を伴う舞楽とがある。内容的には、わが国古来の神楽（かぐら）・東遊（あずまあそび）・五節（ごせち）の舞などの音楽、外来の唐楽・高麗（こま）楽、また、催馬楽（さいばら）・朗詠などの謡（うた）い物などを含む。

かかぐ・る 自動詞ラ四 {ら／り／る／る／れ／れ}〔多く、動詞を下接して〕たどる。すがる。手探りする。宇治拾遺 鎌倉―説話 一一・一「隠れ立ちて見れば、柱よりかかぐり下るる者あり」訳隠れて立って見ていると、柱からすがり下りる者がいる。

かがし[1]【案山子】 名詞 かかし。田畑の作物を鳥獣の害から守るために立てる人形。そほづ。季秋。

参考 鳥獣の嫌う悪臭を発するものを立てた「鹿驚（かがし）」が人形にかわったもので、本来は田の神をかたどったもの。

か-がし[2]【彼がし】 代名詞 だれそれ。▼不定称の人称代名詞。名を知らない人をさして、多く「なにがし」と対（つい）で用いる。大鏡 平安―物語 伊尹「一番にはなにがし、二番にはかがしなどいひしかど」訳一番にはだれそれ、二番にはだれそれなどといったが。◆「がし」は接尾語。

かかづら・ふ（カカズラウ／カカズロウ） 自動詞ハ四 {は／ひ／ふ／ふ／へ／へ}

❶からまる。まといつく。源氏物語 平安―物語 賢木「やをら御帳（みちゃう）の内にかかづらひ入りて」訳源氏はそっと御帳の内にからまるように入って。

❷関係する。かかわる。従事する。源氏物語 平安―物語 帚木「受領（ずりょう）といひて、人の国の事にかかづらひ営みて」訳地方の長官といって、地方の国の政治にかかわりたずさわって。

❸生き長らえる。出家せずにいる。源氏物語 平安―物語 幻「命といふもの、今しばしかかづらふべくとも」訳命というものは、もうしばらく生き長らえることができたと

しても。❹こだわる。とらわれる。源氏物語 平安 物語 浮舟「かうかかづらひ思ほさで、さるべきさまに聞こえさせ給ひてよ」訳このようにこだわってお考えにならずに、それなりにご返事申し上げてしまいなさい。

かが-なべ-て【日日並べて】連語 日数を重ねて。古事記 奈良 史書 景行「かがなべて夜には九夜、日には十日を」訳日数を重ねて夜では九夜、昼では十日になりますなあ。◆「て」は接続助詞。

香川景樹 人名（一七六八～一八四三）江戸時代後期の歌人。号は桂園。小沢蘆庵の流れをくみ、『古今和歌集』を重んじた。新たに一派をたてて「桂園派」と称し、歌壇の中心勢力となった。家集に『桂園一枝』、歌論書に『新学異見』『古今和歌集正義』がある。

かかは・る【係はる・関はる】自動詞ラ四〔ら/り/る/る/れ/れ〕かかわりあいになる。関係をもつ。蜻蛉 平安 日記 上「かかる所も、とりつくろひかかはる人もなければ」訳このような所も、手入れをしかかわりあいになる人もないので。

かがひ【嬥歌】名詞「歌垣」の東国での呼び名。

1 **かかふ**【襤褸】名詞 ぼろ布。

2 **かか・ふ**【抱ふ】他動詞ハ下二〔へ/へ/ふ/ふる/ふれ/へよ〕❶抱きかかえる。❷自分に課せられたものとして持つ。かかえる。平家物語 鎌倉 物語 一一・鶏合壇浦合戦「これ程の大事を前にかかへながら」訳これ程の大事をこのさきに抱えているのに。❸召しかかえる。雇い入れる。

3 **かか・ふ**【香かふ】自動詞ハ下二〔へ/へ/ふ/ふる/ふれ/へよ〕香りが漂う。におう。枕草子 平安 随筆 いみじう暑きころ「松の煙の香の、車のうちにかかへたるも」訳松明の煙の香りが、車の中に漂っているのも。◆「かがふ」とも。

かが・ふ【嬥歌ふ】自動詞ハ四〔は/ひ/ふ/ふ/へ/へ〕男女が集まって飲食し、踊り歌う。万葉集 奈良 歌集 一七五九「未通女壮士の行き集ひかがふ嬥歌に」訳乙女や若者が行き集まり踊り歌う交歓の会で。

かがふり【冠】名詞「かうぶり」に同じ。◆奈良時代以前の語。

かがふ・る【冠る・被る】他動詞ラ四〔ら/り/る/る/れ/れ〕「かうぶる」「かうむる」の古形。❶かぶる。万葉集 奈良 歌集 八九二「麻衾引きかがふり」訳⇩かぜまじり…。❷（恩恵や命令などを）受ける。いただく。万葉集 奈良 歌集 四三二一「畏きや命かがふり」訳畏れ多い天皇のご命令を受け。◆奈良時代以前の語。

かがま・る【屈まる】自動詞ラ四〔ら/り/る/る/れ/れ〕腰などが曲がる。かがむ。竹取物語 平安 物語 かぐや姫の昇天「ひげも白く、腰もかがまり」訳（翁は）ひげも白くなり、腰も曲がり。

かがみ【鏡】名詞❶鏡。▼古くは、青銅・白銅・鉄などで作り、裏に絵模様を浮き出させた。神聖で貴重なものとして、祭具に用いたが、しだいに化粧道具となった。❷反省の材料。手本。万葉集 奈良 歌集 四四六五「聞く人のかがみにせむを」訳聞く人が手本とするだろうに。◇「鑑」とも書く。

（鏡❶）

各務支考 人名（一六六五～一七三一）江戸時代中期の俳人。蕉門十哲の一人。別号は東華坊・西華坊。松尾芭蕉を師と仰いだが、芭蕉没後は平俗な「美濃の風」という一派を開いた。編著に俳諧選集『笈日記』がある。

かがみ-なす【鏡なす】枕詞❶貴重な鏡のように大切に思うことから、「思ふ妻」にかかる。古事記 奈良 史書 允恭「かがみなすあが思ふ妻」訳私が大切に思う妻。❷鏡は見るものであることから、「見る」および、同音の「み」にかかる。万葉集 奈良 歌集 一九六「かがみなす見れども飽かぬ」訳見ていても飽きない。

かがみ-びらき【鏡開き】名詞 江戸時代、武家社会を中心に行われた正月の行事。正月十一日（古くは二十日）、男子は武具、女子は鏡台に供えた鏡餅を下げ、細かく割って雑煮などにして祝う。のち民間にも伝わった。◆「開き」は「割り」の忌み言葉。

かがみ-もち【鏡餅】名詞 丸く、平たく作った餅。大小二つ重ねて、正月に神仏に供えたり、祝い事に用いたりする。「かがみもちひ」とも。

鏡物 文芸 書名に「鏡」の文字が付いた歴史物語の総称。ふつう、『大鏡』『今鏡』『水鏡』『増鏡』をさし、「四鏡」と総称する。

◆学習ポイント⑭

鏡物と四鏡

歴史書は、「社会をうつし、みずからを照らす(=反省する)ための鏡のようなものである」という考え方から、歴史物語の題名に「…鏡」とつけることが行われた。そこで平安時代後期の『大鏡』以降の歴史物語の一群を「鏡物」と呼び、その中でも代表的な次の四書を、「四鏡」と呼ぶ。

『大鏡』……平安時代後期成立。作者未詳。
『今鏡』……平安時代後期成立。藤原為経作説が有力。
『水鏡』……平安時代後期成立。中山忠親作といわれる。
『増鏡』……南北朝時代成立。二条良基か。

鏡山 地名 歌枕 今の滋賀県野洲町と竜王町との境にある山。和歌では「鏡」とかけて用いることが多い。鏡の山。

かが・みる【鑑みる】他動詞マ上一〔み/み/みる/みる/みれ/みよ〕手本・先例などに照らし合わせる。照らし合わせて考える。平家物語 鎌倉 物語 三・医師問答「たとひ四部の書をかがみて、百療に長ずといふとも」訳たとえ中国の四医書を照らし合わせて、数多くの治療にすぐれているといっても。

かがみ-を-か・く【鏡を掛く】連語 鏡に映して見るように、はっきり知っている。大鏡 平安 物語 後一条「こころのすべらぎの御ありさまをだにかがみをかけたまへるに」訳数多くの天皇のごようすまで鏡に映して見るように、はっきりご存じであったので。

かが・む【屈む】

一 他動詞 マ下二 {め/め/む/むる/むれ/めよ} (体の一部を)折り曲げる。源氏物語 平安―物語 空蟬「指(およ)をかがめて」訳 指を折り曲げて。

二 自動詞 マ四 {ま/み/む/む/め/め} ❶(体の一部が)折れ曲がる。しゃがむ。腰折 室町―狂言 狂言「殊の外御腰がかがませられた」訳 ことのほかお腰が折れ曲がられた。❷身をひそめる。忍び隠れる。心中天網島 江戸―浄瑠 浄瑠・近松「どこにかがんでこの苦をかける」訳 どこに身をひそめてこの苦労をかける。◇「かがん」は撥(はつ)音便。

かかやか・し【輝かし・耀かし】 形容詞 シク {(しく)・しから/しく・しかり/し/しき・しかる/しけれ/しかれ} 恥ずかしい。おもはゆい。源氏物語 平安―物語 帚木「かかやかしからず答(いら)へつつ」訳 (私＝左馬の頭に)恥ずかしい思いをさせないように(女は)いつも返事をして。◆江戸時代の中期から「かがやかし」とも。

かかやか・す【輝かす・耀かす】 他動詞 サ四 {さ/し/す/す/せ/せ} まぶしいほど美しくする。かがやかせる。蜻蛉 平安―日記 中「めでたくつくりかかやかしつるところに」訳 すばらしく造りまぶしいほど美しくした所に。◆江戸時代の中期以降は「かがやかす」とも。

***かかや・く【輝く】**

一 自動詞 カ四 {か/き/く/く/け/け} ❶まぶしいほど光る。光るように、目立って美しく見える。枕草子 平安―随筆 関白殿、二月二十一日に「水葱(なぎ)の花いときはやかにかかやきて」訳 水葱の花(の形の輿(こし)の飾り)がたいそうきわだってまぶしいほど光って。❷(恥ずかしくて)顔がほてる。恥ずかしがる。源氏物語 平安―物語 竹河「蔵人(くらうど)の少将の、月の光にかかやきたりし気色(けしき)も」訳 蔵人の少将が、月光の下で恥ずかしそうにしていたようすも。

二 他動詞 カ四 {か/き/く/く/け/け} 恥ずかしい思いをさせる。枕草子 平安―随筆 里にまかでたるに「昼も夜も来る人を、なにしにかは、『なし』ともかかやき帰さむ」訳 昼も夜も来る人を、何の必要があって「不在だ」などと言って恥ずかしい思いをさせて帰せようか(いや帰せない)。

参考 江戸時代の中期以降は「かがやく」とも。

***かがよ・ふ【耀ふ】** (カガヨウ) 自動詞 ハ四 {は/ひ/ふ/ふ/へ/へ} きらきら光って揺れる。きらめく。万葉集 奈良―歌集 九五一「石(いそ)隠(がく)りかがよふ玉を取らずは止(や)まじ」訳 石に隠れてきらめく玉を手に入れずにはおくまい。

かからは・し【懸からはし】 (カカラワシ) 形容詞 シク {(しく)・しから/しく・しかり/し/しき・しかる/しけれ/しかれ} ひっかかって離れにくい。とらわれがちだ。万葉集 奈良―歌集 八〇〇「もち鳥のかからはしもよ行方知らねば」訳 鳥もちに引っかかった鳥のように(肉親は互いに)離れにくいのだ。行く末もわからないのだから。

かから・む【斯からむ】 連語

なりたち ラ変動詞「かかり」の未然形＋推量の助動詞「む」

こうなるだろう。万葉集 奈良―歌集 三九五九「かからむとかねて知りせば」訳 こうなるだろうと前から知っていたら。

かかり[1]【懸かり・掛かり】 名詞 ❶(物が上から)おおいかぶさること。また、そのようす。源氏物語 平安―物語 初音「白きに、けざやかなる髪のかかりの」訳 衣服の白いのに、くっきりと黒い髪のおおいかぶさるようすが。❷蹴鞠(けまり)をする場所の四方に植えてある木。また、蹴鞠の場所。▼北東に桜、南東に柳、南西に楓、北西に松を配する。❸頼ること。頼りとするもの。十訓抄 鎌倉―説話 二「城もなし、かかりもなし」訳 城もない、頼るものもない。❹関係。関係のある人。❺(建物の)構え。❻風情。趣。▼歌論・能楽論などで使う。❼入費。出費。❽手がかり。きっかけ。

かか・り[2]【斯かり】 自動詞 ラ変 {ら/り/り/る/れ/れ}

❶こんなだ。こうだ。▼前に述べた内容を指示する。更級 平安―日記 夫の死「出(い)でしままに稲荷(いなり)にまうでたらましかば、かからずやあらまし」訳 退出したその足で(伏見の)稲荷に参詣(けい)していたならば、こんなではなかっただろうのに。

❷こんなだ。こうだ。▼漠然と言外の内容を指示する。竹取物語 平安―物語 御門の求婚「天下のことは、とありともかかりとも、御命(みいのち)の危(あや)ふさこそ大きなる障(さは)りなれば」訳 世間のことは、ああであっても、こうであっても、(かぐや姫の)お命の危(あや)ういということが大きな支障であるので。◆副詞「かく」＋ラ変動詞「あり」からなる「かくあり」の変化した語。

かがり【篝】 名詞 ❶かがり火をたくための鉄製のかご。❷「かがりび」に同じ。

(篝❶)

かかり‐しか‐ども【斯かりしかども】 連語

なりたち ラ変動詞「かかり」の連用形＋過去の助動詞「き」の已然形＋接続助詞「ども」

このようであったが。こうだったが。平家物語 鎌倉―物語 九・木曽最期「かかりしかども、今井が行方(ゆくへ)を聞かばやとて、勢田(せた)のかたへ落ち行くほどに」訳 このようであったが、今井の行方を聞きたいと、勢田の方へ逃げていくうちに。

かかり‐し‐ほど‐に【斯かりし程に】 連語

なりたち ラ変動詞「かかり」の連用形＋過去の助動詞「き」の連体形＋名詞「ほど」＋格助詞「に」

こうしていたうちに。平家物語 鎌倉―物語 灌頂・大原御幸「かかりしほどに、文治二年の春の比(ころ)、法皇」訳 こうしていたうちに、文治二年の春のころ、法皇は。

かかり‐どころ【掛かり所・懸かり所】 名詞 頼りにできる所。頼みとするもの。

かかり‐ば【掛かり端・懸かり端】 名詞 髪が額から頰の両側に垂れ下がっているようす。

かがり‐び【篝火】 名詞 夜間の戸外の照明のために、鉄のかごの中にたく火。▼漁労・警固などのために用いる。

かか・る[1]【皹る・皸る】 自動詞 ラ四 {ら/り/る/る/れ/れ} あかぎれになる。ひびがきれる。万葉集 奈良―歌集 三四五九「稲つけばかかる吾(あ)が手を」訳 ⇩いねつけば…。

かか・る[2]【懸かる・掛かる】

一 自動詞 ラ四 {ら/り/る/る/れ/れ} ❶寄りかかる。もたれかかる。源氏物語 平安―物語 行幸「御脇息(けふそく)にかかりて、弱げなれど」訳 (大宮は)脇息に寄りかかりながら、弱々しそうであるが。

❷頼る。世話になる。よる。源氏物語 平安―物語 明石

「海にます神の助けにかからずは」訳海においでになる神の助けによらないなら。❸(目や心に)とどまる。かかる。［奥の細道 江戸－紀行］旅立「松島の月まづ心にかかりて」訳松島の月がまず気にかかって。❹覆いかぶさる。かかる。［古今 平安－歌集］春上「春立てば花とや見らむ白雪のかかれる枝に鶯の鳴く」訳立春がきて春になったので、白雪を花と見ているのだろうか。その白雪の覆いかぶさっている枝でうぐいすが鳴いていることよ。❺ひっかかる。［平家物語 鎌倉－物語］九・宇治川先陣「佐々木、太刀を抜き、馬の足にかかりける大綱どもをば、ふつふつと打ち切り打ち切り」訳佐々木は太刀を抜いて、馬の足にひっかかった何本もの大綱をぶつりぶつりと打ち切り打ち切りして。❻水などがかかる。降りかかる。［枕草子 平安－随筆］九月ばかり、夜一夜「かいたる蜘蛛の巣のこぼれ残りたるに雨のかかりたるが」訳架けてある蜘蛛の巣のこぼれ残りたるに残っているところに雨が降りかかったのが。❼(災難に)出遭う。［源氏物語 平安－物語］夕顔「いかなる行き触れにかからせ給ふぞや」訳(出かけて)どんなけがれに出遭いなさったのか。❽(「手にかかる」の形で)殺される。［平家物語 鎌倉－物語］九・木曾最期「もし人手にかからば自害をせんずれば」訳もし(敵に)殺されそうになるならば自害をするつもりなので。❾関係する。とりかかる。熱中する。［伊勢物語 平安－物語］八二「狩りはねんごろにもせで、酒をのみ飲みつつ、やまと歌にかかれりけり」訳(親王は)鷹狩りは熱心にもしないで、酒ばかり飲んでは和歌を詠むのに熱中していた。❿攻め寄せる。襲う。［平家物語 鎌倉－物語］一一・能登殿最期「判官の舟に乗りあたって、あはやと目をかけて飛んでかかるに」訳(能登殿は)判官(＝源義経)の舟にうまく乗り移って、ああ、と判官を目がけて飛んで襲いかかると。⓫さしかかる。通りかかる。少し入る。［更級 平安－日記］富士川「遠江にかかる」訳遠江の国(静岡県西部)にさしかかる。

━二━［補助動詞］ラ四{ら/り/る/る/れ/れ}(他の動詞の連用形に付いて)途中まで…する。…しそうになる。…かかる。［新古今 鎌倉－歌集］秋上「暮れかかるむなしき空の秋を見て」訳暮れかかる虚空の秋の色に見入っていると。

かかる[3]【斯かる】ラ変動詞「かかり(斯かり)」の連体形。このような。こんな。こういう。［源氏物語 平安－物語］若紫「この世にののしり給ふ光源氏、かかるついでに見奉り給はむや」訳世間で評判になっていらっしゃる光源氏を、このような機会に拝見なさってはいかがだろうか。

かかる-に【斯かるに】［連語］
なりたち ラ変動詞「かかり」の連体形＋格助詞「に」
こうしているうちに。こうしているころに。［蜻蛉 平安－日記］中「かかるに、夜やうやうなかばばかりになりぬるに」訳こうしているうちに、夜がだんだん中ごろぐらいになったころに。

かかる-ほど-に【斯かる程に】［連語］
なりたち ラ変動詞「かかり」の連体形＋名詞「ほど」＋格助詞「に」
こうしているうちに。［徒然 鎌倉－随筆］五三「かかるほどに、ある者のいふやう」訳こうしているうちに、ある者がいうには。

かかる-まま-に【斯かる儘に】［連語］
なりたち ラ変動詞「かかり」の連体形＋名詞「まま」＋格助詞「に」
このようなままで。［源氏物語 平安－物語］蓬生「かかるままに浅茅は、庭の面も見えず」訳このようなままで浅茅は、庭の地面も見えない(ほどにのびて)。

かかれ-ど【斯かれど】［接続詞］こうではあるが。［土佐日記 平安－日記］一・九「船にも思ふことあれど、かひなし。かかれど、この歌をひとりごとにしてやみぬ」訳船(の人)にも思うことがあるが、どうしようもない。こうではあるが、この(次の)歌を独り言として詠んでそれきりになった。

かかれ-ども【斯かれども】［接続詞］「かかれど」に同じ。［土佐日記 平安－日記］一・一八「かかれども、苦しければ、なにごとも思ほえず」訳こうではあるが(＝趣のある港だが)、苦しいので、何も感じられない。

かかれ-ば【斯かれば】［接続詞］こういうわけで。こういうことだから。［竹取物語 平安－物語］貴公子たちの求婚「かかればこの人々家に帰りて」訳こういうわけでこの人々は家に帰って。

かき[1]【垣・墻】［名詞］❶垣根。参照▼口絵 ❷室内に置く仕切りや、建物の間にめぐらす廊下など、垣根に似たもの。

かき[2]【柿】［名詞］❶果物の名。かき。❷柿渋で染めた赤茶色。

かき-[3]【掻き】［接頭語］動詞に付いて、語調を整え、また、語意を強める。「かき曇る」「かき暗る」「かき連ぬ」◆音便で「かい」「かっ」とも。

がき【餓鬼】［名詞］❶仏教語。生きている時の悪業の報いとして、餓鬼道に落ち、飢えや渇きに苦しむ亡者。❷「餓鬼道」の略。❸人を卑しめていう語。子供をさす場合が多い。

***かき-あ・ぐ**【掻き上ぐ】［他動詞］ガ下二{げ/げ/ぐ/ぐる/ぐれ/げよ}❶引っぱり上げる。［今昔物語 平安－説話］一一・二四「股脛まで衣をかきあげたるに」訳もも・すねのあたりまで衣を引っぱり上げたところ。❷灯心をかき立てて明るくする。［徒然 鎌倉－随筆］二二「いにしへは…『火かかげよ』とこそ言ひしを、今様の人は…、『かきあげよ』と言ふ」訳昔は…「火かかげよ」と言ったのを、今ごろの人は…「かきあげよ(＝灯心をかき立てよ)」と言う。

かき-あつ・む【書き集む】［他動詞］マ下二{め/め/む/むる/むれ/めよ}たくさん書き取る。書き集める。［源氏物語 平安－物語］須磨「及ばぬ磯のたたずまひ、二なくかきあつめ給へり」訳思いも及ばなかった海辺の風景、それをこの上なく上手にたくさん書き取っておられる。

***かき-あは・す**【掻き合はす】［他動詞］サ下二{せ/せ/す/する/すれ/せよ}❶手で寄せ合わせる。［平家物語 鎌倉－物語］三・少将都帰「少将袖でかきあはせ」訳少将はそでを寄せ合わせて。❷(琴・琵琶などを)合奏する。［源氏物語 平安－物語］明石「琴は、また、かきあはするまでの形見に」訳七弦琴は、また合奏するときまでの思いでの種に(残しておこう)。❸(琴・琵琶などの)弦の調子を合わせ整える。［源氏物語 平安－物語］澪標「箏の御琴引き寄

か

せて、かきあはせすさび給ひて」訳(源氏は)箏のお琴を引き寄せて、調子を整え、気の向くままに弾きなさって。

かぎ-あは・す【嗅ぎ合はす】他動詞サ下二〔せ/せ/す/する/すれ/せよ〕**香をかいで、その優劣を比べる。**源氏物語 平安―物語 梅枝「すぐれたらむどもを、かぎあはせて入れむ」訳すぐれている(香の品々)を、かいで比べたうえで選び入れよう。

かき-あはせ【搔き合はせ】名詞 弦楽器の音の調子をみるために、ためしに曲を弾いてみること。試し弾き。

かき-いた【かき板】名詞 語義未詳。裁縫に使う、物を裁ち切るときの板とする説、文字を消して何回も使える塗り板とする説などがある。

かき-いだ・く【搔き抱く】他動詞カ四〔か/き/く/く/け/け〕**抱きあげる。抱きかかえる。**源氏物語 平安―物語 若紫「若君をば、いと軽らかにかきいだきて下ろしたまふ」訳若君(＝紫の上)を(源氏は)じつに軽々と抱きあげて(牛車から)お降ろしになる。◆「かき」は接頭語。

かき-いだ・す【書き出だす】他動詞サ四〔さ/し/す/す/せ/せ〕**書き表す。**源氏物語 平安―物語 行幸「中文を取りつくりて、美々しうかきいだされよ」訳文書をきちんと作って、立派に書き表しなさい。

かき-い・づ[1]【書き出づ】他動詞ダ下二〔で/で/づ/づる/づれ/でよ〕**書き表す。**源氏物語 平安―物語 梅枝「外よりてこそかきいづる人々ありけれど」訳(みごとで立派な筆跡は)近年になって書き表す人々がいるけれども。

かき-い・づ[2]【搔き出づ】他動詞ダ下二〔で/で/づ/づる/づれ/でよ〕**引っぱり出す。まくり出す。**竹取物語 平安―物語 かぐや姫の昇天「さが尻をかきいでて、ここらの朝廷人に見せて、恥を見せむ」訳そいつの尻をまくり出して、たくさんの役人に見せて恥をかかせよう。

かき-お・く【書き置く】他動詞カ四〔か/き/く/く/け/け〕**書き残す。書き置きする。**竹取物語 平安―物語 かぐや姫の昇天「空よりも落ちぬべき心地すると、かきおく」訳空から落ちてしまいそうな気がすると、書き置きする。

かき-おこ・す【搔き起こす】他動詞サ四〔さ/し/す/す/せ/せ〕**引き起こす。**源氏物語 平安―物語 夕顔「この御かたはらの人をかきおこさむとす」訳(源氏の)おそばの人(＝夕顔)を(女の物の怪が)引き起こそうとする。

かき-お・ふ【搔き負ふ】他動詞ハ四〔は/ひ/ふ/ふ/へ/へ〕**背負う。**更級 平安―日記 竹芝寺「この宮をかきおひたてまつりて」訳この姫宮を(男は)背負い申し上げて。◆「かき」は接頭語。

かき-おろ・す【搔き下ろす】他動詞サ四〔さ/し/す/す/せ/せ〕牛車から牛をはずして車の轅をおろす。源氏物語 平安―物語 関屋「ここかしこの杉の下に車どもかきおろし」訳あちらこちらの杉の木の下に数々の車の轅をおろし。

かき-かぞ・ふ[1]【搔き数ふ】他動詞ハ下二〔へ/へ/ふ/ふる/ふれ/へよ〕**数える。**万葉集 奈良―歌集 一五三七「指折りかきかぞふれば」訳指を折って数えると。◆「かき」は接頭語。

かき-かぞふ[2]【搔き数ふ】枕詞「ひとつ、ふたつ」と数えるところから、「二」と同音を含む地名「二上山」にかかる。「かきかぞふ二上山」

かき-かは・す【書き交はす】他動詞サ四〔さ/し/す/す/せ/せ〕(手紙などを)**互いに書く。書いて出し合う。**紫式部 平安―日記 消息文「人のもとにかきかはしたる文を、みそかに人のとりて」訳ほかの人のところに書いて出し合った手紙を、こっそりとある人が取り出して。

かき-き・る【搔き切る】他動詞ラ四〔ら/り/る/る/れ/れ〕(刀などで)**切り裂く。**世間胸算用 江戸―物語 浮世・西鶴「偽りなしに腹かききって身代はりに立つ」訳うそいつわりなく腹を切り裂いて身代わりに立つ。◇「かききっ」は促音便。

かき-くづ・す【搔き崩す】他動詞サ四〔さ/し/す/す/せ/せ〕**片はしから少しずつ崩してゆく。少しずつ話したり打ち明けたりする。**源氏物語 平安―物語 明石「後の世を勤むるさまかきくづし聞こえて」訳来世のために修行する次第を少しずつはじからお話し申し上げて。◆「かき」は接頭語。

かき-くど・く【搔き口説く】自動詞カ四〔か/き/く/く/け/け〕**くどくどと言う。**平家物語 鎌倉―物語 二・烽火之沙汰「涙を流しかきくどかれければ」訳涙を流してくどくどと言われるので。◆「かき」は接頭語。

かき-くも・る【搔き曇る】自動詞ラ四〔ら/り/る/る/れ/れ〕❶(雲や霧などにおおわれて)**空が一面に暗くなる。**古今 平安―歌集 恋五「かきくもり雨も降らなむ」訳空が一面に暗くなり、雨でも降ってほしい。❷(涙で)**目の前がぼんやりとなる。**源氏物語 平安―物語 椎本「かきくもり、もの見えぬ心地し給へば」訳涙で目の前がぼんやりとなり、ものが見えない気持ちになられるので。◆「かき」は接頭語。

かき-くら・す【搔き暗す】他動詞サ四〔さ/し/す/す/せ/せ〕❶**あたり一面を暗くする。**枕草子 平安―随筆 五月の御精進のほど「かきくらし雨降りて」訳あたり一面を暗くして雨が降って。❷**心を暗くする。悲しみにくれる。**古今 平安―歌集 恋三「かきくらす心の闇にまどひにき」訳悲しみにくれる心の迷いに途方にくれてしまった。◆「かき」は接頭語。

かき-く・る【搔き暗る】自動詞ラ下二〔れ/れ/る/るる/るれ/れよ〕**あたり一面がすっかり暗くなる。**(悲しみで)**心が暗くなる。**(涙で)**かすむ。**十六夜 鎌倉―日記「ながむる空もかきくれて」訳(こうして)眺めている空もすっかり暗くなって。◆「かき」は接頭語。

かき-け・つ【搔き消つ】他動詞タ四〔た/ち/つ/つ/て/て〕**かき消す。**源氏物語 平安―物語 帚木「跡もなくこそ、かきけちて失せにしか」訳跡かたもなく(姿を)かき消していなくなってしまった。◆「かき」は接頭語。

かき-こ・す【搔き越す】他動詞サ四〔さ/し/す/す/せ/せ〕**垂れている髪の毛を前の方へ回す。**枕草子 平安―随筆 十月十よ日の月の「頸よりかみをかきこし給へりしが」訳(中納言の君は)首から髪を前に回しなさったが。

かき-こも・る【搔き籠る】自動詞ラ四〔ら/り/る/る/れ/れ〕**引きこもる。閉じこもる。**徒然 鎌倉―随筆 一七「山寺にかきこもりて」訳山中の寺に閉じこもって。◆「かき」は接頭語。

かき-さ・す【書きさす】他動詞サ四〔さ/し/す/す/せ/せ〕**途中で書くのをやめる。**源氏物語 平安―物語 紅葉賀「ほのかにかきさしたるやうなるを、喜びながら奉れる」訳かすかに途中で書くのをやめたような返事(＝歌)を、(命婦は君に)喜びながらさし上げた。◆「さす」は接尾語。

かき-ざま【書き様】名詞 書きよう。書きぶり。源氏物語 平安―物語 帚木「目もおよばぬ御かきざまも、目もきりて」訳目も追いつかぬほどの御書きぶりも、目も涙でかすんで。

かき-しら・ぶ【掻き調ぶ】他動詞バ下二{べ/べ/ぶ/ぶる/ぶれ/べよ}「かいしらぶ」に同じ。

かき-す・う【舁き据う】他動詞ワ下二{ゑ/ゑ/う/うる/うれ/ゑよ}(輿や駕籠などを)かついで来て、しっかりと置く。枕草子 平安―随筆 卯月のつごもりがたに「舟に車をかきすゑて」訳舟に、牛車をかついで来て(乗せ)しっかりと置いて。

かき-すさ・ぶ【書き遊ぶ】他動詞バ四{ば/び/ぶ/ぶ/べ/べ}慰み半分に書く。気分にまかせて書く。「かきすさむ」とも。源氏物語 平安―物語 浮舟「かきすさび給へる物の、硯の下にありけるを」訳慰み半分にお書きなさったものが、すずりの下にあったのを。

かき-すさ・む【書き遊む】他動詞マ四{ま/み/む/む/め/め}「かきすさぶ」に同じ。

かき-す・つ【書き捨つ】他動詞タ下二{て/て/つ/つる/つれ/てよ}走り書きする。書いてそのままにしておく。奥の細道 江戸―紀行 全昌寺「とりあへぬさまして、草鞋ながらかきすつ」訳取り急いだ状態で、草鞋をはいたままで(即吟の句を)走り書きする。

かき-そ・ふ【書き添ふ】他動詞ハ下二{へ/へ/ふ/ふる/ふれ/へよ}書き添える。源氏物語 平安―物語 浮舟「文などかきそへて持て来たり」訳手紙などを書き添えて持って来た。

がき-だう【餓鬼道】名詞 仏教語。「六道」の一つ。生前の罪悪によってここに落ちた亡者は飢えや渇きに苦しめられる。「餓鬼」とも。

かき-た・つ【掻き立つ】他動詞タ下二{て/て/つ/つる/つれ/てよ}弦楽器をかき鳴らす。弾く。源氏物語 平安―物語 橋姫「心とけてもかきたてたまはず」訳気を許しても(琴を)お弾きにはならない。

かき-たて【書き立て】名詞 箇条書きの書き付け。序列などを書いた書き付け。

かき-た・ゆ【掻き絶ゆ】自動詞ヤ下二{え/え/ゆ/ゆる/ゆれ/えよ}(音信や訪問が)途切れる。消息が絶える。更級 平安―日記 初瀬「越前の守の嫁にて下りしが、かきたえ音もせぬに」訳越前の守の妻として任国へ下った人が、消息が絶え何の便りもないので。◆「かき」は接頭語。

かき-た・る【掻き垂る】一 他動詞ラ四{ら/り/る/る/れ/れ}櫛ですいて髪を垂らす。万葉集 奈良―歌集 三七九二「か黒し髪をま櫛もちここにかきたり」訳まっ黒な髪を櫛でもってここにすいて垂らし。二 自動詞ラ下二{れ/れ/る/るる/るれ/れよ}(雨や雪などが)激しく降る。源氏物語 平安―物語 末摘花「いとど憂ふなりつる雪、かきたれ」訳ひどく心配していた雪が、激しく降り。◆「かき」は接頭語。

かき-つ・く[1]【掻き付く】一 自動詞カ四{か/き/く/く/け/け}❶とりつく。しがみつく。徒然 鎌倉―随筆 八九「やがてかきつくままに、頸のほどを食はんとす」訳(猫またという怪獣が)いきなりしがみつくとすぐに、首のあたりを食おうとする。❷頼りにする。源氏物語 平安―物語 蓬生「冬になり行くままに、いとどかきつかむ方なく」訳冬になってゆくにつれて、ますます頼りにするところもなく。◆「かき」は接頭語。二 他動詞カ下二{け/け/く/くる/くれ/けよ}取り付ける。身につける。著聞集 鎌倉―説話 四四一「弓矢かきつけて」訳弓矢を身につけて。◆「かき」は接頭語。

かき-つ・く[2]【書き付く】他動詞カ下二{け/け/く/くる/くれ/けよ}書きつける。ちょっと書いておく。徒然 鎌倉―随筆 序「心にうつりゆくよしなしごとを、そこはかとなくかきつくれば」訳心に浮かんでは消えてゆくたわいもないことを、とりとめもなく書きつけていると。

かきつばた*【燕子花・杜若】名詞 ❶草花の名。水辺に自生し、初夏、紫または白の花が咲く。古代、花の汁を染料に用いた。季夏。❷襲の色目の一つ。表は二藍、裏は萌黄。◆古くは「かきつはた」。❸枕詞「かきつばた」の花が美しいことから「にほふ」「丹につらふ」にかかる。また、花の咲くところから「さき」にかかる。◆古くは「かきつはた」。

かき-つ・む【掻き集む】他動詞マ下二{め/め/む/むる/むれ/めよ}「かきあつむ」の変化した語。かき集める。源氏物語 平安―物語 明石「かきつめて海人のたく藻の思ひにも」訳かき集めて海人が焼く藻塩火のようにいろいろな思いで(胸はいっぱいですが)。

かき-つら・ぬ【掻き列ぬ・掻き連ぬ】他動詞ナ下二{ね/ね/ぬ/ぬる/ぬれ/ねよ}次々に並べる。源氏物語 平安―物語 須磨「かきつらね昔のことぞ思ほゆる」訳⇩かきつらね…。◆「かき」は接頭語。歌では多く「雁」の縁語となる。

かきつらね… 和歌「かきつらね 昔のことぞ 思ほゆる 雁はその世の 友ならねども」源氏物語 平安―物語 須磨

訳連なって空を飛ぶかりの声を聞くと、次々と昔のことが思い出されます。かりがあのころの友だ、というわけでもないのに。

鑑賞 須磨に退去した源氏に付き添う、供の者の歌。都を春に退去した源氏は須磨で秋を迎え、その年最初の雁の鳴き声を聞き、都に残してきた人々をしのんで歌を詠んだ。その場にいた一同もそれぞれに詠んで、憂愁を慰め合った。

かき-な・す[1]【書き成す・書き為す】他動詞サ四{さ/し/す/す/せ/せ}ことさら…のように書く。枕草子 平安―随筆 ふと心おとりとかするものは「あしうかきなしつれば」訳ことさら悪く(=まちがった言葉で)書いてしまうと。

かき-な・す[2]【掻き鳴す】他動詞サ四{さ/し/す/す/せ/せ}(弦楽器を)弾き鳴らす。弾奏する。古今 平安―歌集 恋二「秋風にかきなす琴の声にさへ」訳秋風の吹くときに弾き鳴らす琴の音に対してまで。

かき-な・づ【掻き撫づ】他動詞ダ下二{で/で/づ/づる/づれ/でよ}(頭を)なでる。万葉集 奈良―歌集 四三四六「父母が頭かきなで」訳父母が(私の)頭をなで。

かき-なで・なり【掻き撫でなり】形容動詞ナリ「かいなでなり」に同じ。

かき-なら・す【掻き鳴らす】他動詞サ四{さ/し/す/す/せ/せ}弦楽器をかき鳴らす。弾き鳴らす。源氏物語 平安―物語 須磨「琴を少しかきならし給へるが、我ながらいとすごう聞こゆれば」訳琴を少し弾き鳴らしていらっしゃったのが、我ながらたいそうものさびしく聞こえるので。

かき-の・く【掻き退く】他動詞カ下二{け/け/く/くる/くれ/けよ}手で払いのける。徒然 鎌倉―随筆 五四「木の葉をかきのけたれど、つややかも物も見えず」訳木の葉を手で払いのけたけれど、(探していたものは)全然何も見えない。

かき-の-ころも【柿の衣】名詞 山伏などが着る柿渋で染めた衣服。

かき-の-もと【柿の本】名詞 鎌倉時代、伝統的な和歌や連歌を呼んだ語。また、そうした和歌や連歌を詠んだ一派。◆奈良時代以前の歌人「柿本人麻呂」の名にちなんで付けられた語。対栗の本。

柿本人麻呂（かきのもとのひとまろ） 人名 生没年未詳。飛鳥時代の歌人。持統・文武両帝に仕え、石見の国(=島根県)の地方官となり、同地で死去した。『万葉集』第一の歌人で、雄大荘重な歌風でとくに長歌にすぐれ、後世「歌聖」と仰がれている。島根県益田市に柿本神社がある。

古典の常識
『代表的な宮廷歌人』—柿本人麻呂

人麻呂は大和の国の人だったらしいが、生没年・経歴は不明である。おおよそのところ、大化の改新後に生まれ、多感な青少年期を古代政治の動乱期(大化の改新から天智天皇の即位、壬申の乱、天武天皇による律令制の樹立)に送ったと推定される。

人麻呂は持統・文武両朝に仕え、天皇賛歌や皇子・皇女の挽歌・儀礼の歌などを作り、宮廷歌人として活躍した。その作品は、鋭い感性に基づき、序詞・枕詞・対句などを駆使した、雄大で力強いもので、『万葉集』第二期の代表的歌人として、長歌十八首、短歌六十三首が収められている。

かき-はら・ふ【掻き払ふ】カキハラウ—カキハロウ 他動詞ハ四 {は/ひ/ふ/ふ/へ/へ} ❶残らず取り除く。払いのける。源氏物語 平安—物語 須磨「涙のこぼるるをかきはらひ給へる御手つき」訳涙がこぼれるのを払いのけなさっている御手つき。❷〔自動詞的に用いて〕すっかりなくなる。人が一度に死ぬ。蜻蛉 平安—日記 中「西の宮は流されたまひて三日といふにかきはらひ焼けにしかば」訳西の宮(=源高明邸)は流されなさって三日ですっかりなくなり焼けてしまったので。◆「かき」は接頭語。

かき-ふ・す【掻き伏す・掻き臥す】他動詞サ下二 {せ/せ/す/する/すれ/せよ} 抱きかかえて寝かせる。源氏物語 平安—物語 澪標「人にかきふせられたまふ」訳人に抱きかかえて寝かせられなさる。

かき-ほ【垣穂】名詞 垣。垣根。

かき-まぎ・る【掻き紛る】自動詞ラ下二 {れ/れ/る/るる/るれ/れよ} まぎれて目立たなくなる。区別がつかなくなる。平凡である。源氏物語 平安—物語 若菜上「ともかくもかきまぎれたるきはの人こそ」訳どうあろうとまぎれて目立たないでいる身分の人は。◆「かき」接頭語。

かき-まぜ【掻き混ぜ】名詞 とおり一遍。ありきたり。普通。

*__かきま・みる__【垣間見る】他動詞マ上一 「かいまみる」に同じ。

かき-みだ・る[1]【書き乱る】他動詞ラ四 {ら/り/る/る/れ/れ} 乱雑に書く。源氏物語 平安—物語 明石「そこはかとなくかきみだりたまへるしもぞ」訳とりとめもなく乱雑にお書きになられるものでさえも。

かき-みだ・る[2]【掻き乱る】一 自動詞ラ四 {ら/り/る/る/れ/れ} (気持ちが)混乱する。とり乱す。源氏物語 平安—物語 若菜下「心地かきみだりて堪へがたければ」訳気持ちが混乱して堪えがたかったので。◆「かき」は接頭語。
二 自動詞ラ下二 {れ/れ/る/るる/るれ/れよ} 乱れる。源氏物語 平安—物語 澪標「雪・霙かきみだれ荒るる日」訳雪やみぞれが乱れ(降り)荒れている日。◆「かき」は接頭語。

かき-もち【欠き餅】名詞 ❶正月の鏡餅を手や槌で欠き割ったもの。❷のし餅などを薄く切って干したもの。おかき。❸餅を薄く切り、寒気にさらして凍らせたもの。

かき-や・る[1]【書き遣る】他動詞ラ四 {ら/り/る/る/れ/れ} ❶手紙などを書いて送る。源氏物語 平安—物語 浮舟「いかではるばるとかきやりたまふらむ」訳どうやってはるばる遠いところに手紙を書いて送りなさるのだろう。❷すらすらと書き進める。源氏物語 平安—物語 御法「袖のいとまなく、えかきやりたまはず」訳(涙をぬぐう)袖が休む暇もなく、(返事も)すらすらと書き進めることはおできにならない。

かき-や・る[2]【掻き遣る】他動詞ラ四 {ら/り/る/る/れ/れ} 手で払いのける。源氏物語 平安—物語 蓬生「帷子を少しかきやり給へれば」訳几帳の絹の垂れ布を少し手で払いのけなさったところ。

かぎり【限り】名詞

❶限界。限度。源氏物語 平安—物語 絵合「筆のゆくかぎりありて、心よりはことゆかずなむ思ふたまへられしを」訳⇩ことゆく。

❷極限。最大限。古今 平安—歌集 恋二「わが恋は行方も知らず果てもなし逢ふをかぎりと思ふばかりぞ」訳私の恋は、行方もわからないし、終わりもない。だから会っている今を極みと思うだけなのだよ。

❸定めごと。おきて。きまり。源氏物語 平安—物語 桐壺「かぎりあれば、さのみもえとどめさせ給はず、御覧じだに送らぬおぼつかなさを言ふ方なく思ほさる。」訳⇩だに／参照▶文脈の研究 天皇の苦悩。

❹あいだ。うち。更級 平安—日記 物語「夜は目のさめたるかぎり、火を近くともして」訳夜は目がさめているあいだ、灯火を近くにともして。

❺全部。すべて。奥の細道 江戸—紀行 旅立「むつましきかぎりは、宵よりつどひて」訳親しい人々はすべては、(前の)晩から集まって。

❻最後。果て。臨終。大鏡 平安—物語 兼通「今はかぎりにておはしましほどに」訳今にも死にそうでいらっしゃったときに。

❼時期。機会。新古今 鎌倉—歌集 恋四「めぐり逢はむかぎりはいつと知らねども」訳今度めぐり会うであろう機会はいつと知らないが。

❽それだけ。そればかり。枕草子 平安—随筆 猫は「猫は、上のかぎり黒くて、腹いと白き」訳猫は、上だけが黒くて、腹の方はたいへん白い(のがいい)。

かぎり-あ・り【限りあり】連語 限界・限度がある。限りがある。源氏物語 平安—物語 桐壺「いみじき絵師といへども、筆かぎりありければ」訳すぐれた絵かきとはいっても、筆力に限りがあったので。

かぎり-ある-くらゐ【限り有る位】(カギリアルクライ) 連語 (その身分で許される)**最高の位。**

かぎり-ある-みち【限り有る道】 連語 **死出の旅路。死。**「かぎりのみち」とも。源氏物語 平安一物語 椎本「泣き沈みたまへど、かぎりあるみちなりければ」訳泣き沈んでおられるが、(これが)死出の旅路というものなので。◆寿命に限りがあるために行かなくてはならない道の意から。

かぎり-ある-よ【限り有る世】 連語 (寿命に限りのある)**この世。現世。**

かぎり-ある-わかれ【限り有る別れ】 連語 (寿命に限りがあるために必ずおとずれる)**この世の別れ。死別。**源氏物語 平安一物語 御法「かぎりあるわかれぞいとくちをしきわざなりける」訳この世の別れ(があることは)本当に残念なことであった。

かぎりとて… 和歌 「限りとて 別るる道の 悲しきに いかまほしきは 命なりけり」源氏物語 平安一物語 桐壺 訳今を限りにお別れする悲しさにつけても、私が行きたいのは死出の旅路ではなく、生き長らえていたいのです。

鑑賞 源氏三歳の夏、母・桐壺更衣は病気にかかる。重態の更衣が里に退出するとき、涙ながらに見送る帝に対して詠んだ別れの歌。衰弱しきった更衣は最後の力を振り絞って、帝に別れを告げたのであった。「いかまほしき」は「行きたい」と「生きたい」をかけている。「けり」は詠嘆の助動詞。

かぎり-な・し【限り無し】 形容詞ク {(く)・から/く・かり/し/き・かる/けれ/かれ}

❶**限りがない。際限がない。果てしない。**万葉集 奈良一歌集 四四九四「青馬を今日見る人はかぎりなしといふ」訳青馬を今日見る人は寿命に限りがないという。

❷**ひととおりでない。はなはだしい。**堤中納言 平安一物語 虫めづる姫君「心にくくなべてならぬさまに、親たちかしづきたまふことかぎりなし」訳奥ゆかしく並ひととおりでないようすに、親たちが大事に育てなさることは、ひととおりではない。

❸**この上ない。最高だ。**枕草子 平安一随筆 木の花は「唐土にはかぎりなきものにて、文にも作る」訳(梨の花は)中国ではこの上なくすばらしいものとして漢詩にも作る。

かぎり-の-たび【限りの旅】 連語 **死出の旅路。**源氏物語 平安一物語 椎本「はかなき御悩みと見ゆれど、かぎりのたびにもおはしますらむ」訳たいしたことのない御病気のように見えますが、死出の旅路になられるかもしれません。

かぎり-の-みち【限りの道】 連語 「かぎりあるみち」に同じ。

***かぎり-も-しら-ぬ**【限りも知らぬ】 連語

なりたち 名詞「かぎり」＋係助詞「も」＋動詞「しる」の未然形＋打消の助動詞「ず」の連体形。

❶**命の限りもわからない。**源氏物語 平安一物語 松風「いきてまたあひ見むことをいつとてかかぎりもしらぬ世をばたのまむ」訳(都へ)行き、生きて再び(父上に)会えるのを、いつと思いながら、命の限りもわからないこの世を頼りにしたらよいのだろうか。❷**限りない。どこまでも続く。**新古今 鎌倉一歌集 賀「かぎりもしらぬ御代のすゑずゑ」訳(栄華が)限りなく続くわが君の御治世の将来であるよ。

かぎ・る【限る】

一 他動詞ラ四 {ら/り/る/る/れ/れ} **日限を切る。**(範囲を)**区切る。打ち切りにする。**大和物語 平安一物語 一三一「鶯のかぎれるごとも鳴かぬ今日かな」訳うぐいすが(鳴くのは春の間だけと)区切っているかのように鳴かない今日だよ。

二 自動詞ラ四 {ら/り/る/る/れ/れ} **限定される。定まる。それだけにきまっている。**平家物語 鎌倉一物語 一・御輿振「武芸にもかぎらず、歌道にもすぐれたり」訳武芸に限定されず、歌道にもすぐれていた。

***かぎろひ**【陽炎】(カギロイ) 名詞 ❶**東の空に見える明け方の光。曙光。**万葉集 奈良一歌集 四八「東の野にかぎろひの立つ見えて」訳⇩ひむがしの…。❷「かげろふ(陽炎)」に同じ。季春。◆奈良時代以前の語。

かぎろひ-の【陽炎の】(カギロイノ) 枕詞 ❶「陽炎❷」は春によく見られるところから「春」にかかる。万葉集 奈良一歌集 一〇四七「かぎろひの春にしなれば」訳春になると。❷「陽炎❷」が燃えるように心が燃えるの意で、「心燃ゆ」にかかる。万葉集 奈良一歌集 一八〇四「かぎろひの心燃えつつ嘆き別れぬ」訳心は燃えつづけ嘆き別れたことだ。

か-きん【瑕瑾】 名詞 **欠点。きず。**徒然 鎌倉一随筆 一五〇「天下の物の上手といへども、初めは不堪の聞えもあり、無下のかきんもありき」訳世の中に比べるものがない達人とはいっても、初めは未熟であるという評判もあり、ひどい欠点もあった。◆「瑕」は玉のきず、「瑾」は美しい玉の意。

かく[1]【格】 名詞 ❶**法則。法式。きまり。規則。**三冊子 江戸一句集 俳論「四文字四文字に書く、大かたのかくなり」訳四文字四文字で書くのが、だいたいのきまりである。❷**品格。風格。**❸**地位。身分。**❹**流儀。やり方。**

か・く[2]【欠く・闕く】

一 他動詞カ四 {か/き/く/く/け/け} **一部分を損じる。必要なことを抜かす。おろそかにする。欠く。**徒然 鎌倉一随筆 一七五「公・私の大事をかきて」訳公私ともに大切なことをおろそかにして。

二 自動詞カ下二 {け/け/く/くる/くれ/けよ} **一部分がなくなる。不足する。欠ける。**平家物語 鎌倉一物語 四・山門牒状「一方かけんにおいては」訳(延暦寺と園城寺の)一方が欠けるような場合においては。

か・く[3]【舁く】 他動詞カ四 {か/き/く/く/け/け} (乗り物などを)**肩に載せて運ぶ。かつぐ。**平家物語 鎌倉一物語 一・御輿振「この神輿かき返し奉れや」訳このおみこしをかついでお返し申し上げろよ。

か・く[4]【搔く】 他動詞カ四 {か/き/く/く/け/け} ❶**ひっかく。**(刀で)**かき切る。**万葉集 奈良一歌集 二四〇八「眉根かき鼻ひ」訳まゆをひっかきくしゃみをし。❷(弦楽器を)**弾く。**宇津保 平安一物語 俊蔭「少しかき出でたるに」訳少し(琴を)弾き出したところ。❸(髪を)**すく。くしけずる。**源氏物語 平安一物語 須磨「御鬢かき給ふとて」訳御びん(の乱れ)をおすきになろうとして。❹**払いのける。**枕草子 平安一随筆 うつくしきもの「目に髪のおほへるを、かきはやらで」訳目に髪がかぶさっているのを、払いのけはしないで。❺(食べ物を口に)**かき込む。勢いよく食べる。**盛衰記 鎌倉一物語 三三「猫殿、ただかき給へ」訳猫殿(＝猫間中納言殿)、(飯を)ひたすらかき込みなさい。

か・く[5]【駆く・駈く】〔自動詞〕カ下二{け/け/く/くる/くれ/けよ} ❶**馬に乗って疾走する。速く走る。**〔平家物語 鎌倉―物語〕九・木曾最期「粟津(あはづ)の松原へぞかけ給(たま)ふ」〔訳〕粟津の松原へ馬に乗って疾走なさる。❷**敵中に攻め入る。敵に向かって攻め進む。**〔平治物語 鎌倉―物語〕中「源氏、馬の気(いき)をつがせてかくれば」〔訳〕源氏の軍勢が、馬の息を整えさせて敵中に攻め入ると。

か・く[6]【懸く・掛く】

一 〔他動詞〕カ四{か/き/く/く/け/け} **垂れ下げる。かける。**〔万葉集 奈良―歌集〕八九二「甑(こしき)にはくもの巣かきて」〔訳〕⇩かぜまじり…。

二 〔他動詞〕カ下二{け/け/く/くる/くれ/けよ} ❶**垂れ下げる。かける。もたれさせる。**〔古事記 奈良―史書〕允恭「斎杙(いくひ)には鏡をかけ」〔訳〕神聖なくいには鏡をかけ。❷**かけ渡す。**〔古今 平安―歌集〕秋下「山川に風のかけたるしがらみは流れもあへぬ紅葉(もみぢ)なりけり」〔訳〕⇩やまがはに…。❸(扉に)**錠をおろす。掛け金をかける。**〔狭衣 平安―物語〕二「妻戸荒らかにかけつる音すれば」〔訳〕両開きの板戸に荒々しく錠をおろしてしまう音がするので。❹**合わせる。兼任する。兼ねる。**〔伊勢物語 平安―物語〕六九「国の守(かみ)、斎宮(いつき)の宮の守かけたる」〔訳〕伊勢の国の長官で斎宮寮の長官を兼ねている人が。❺**かぶせる。かける。**〔平家物語 鎌倉―物語〕四・鵼「御衣(ぎょい)を肩にかけて退出す」〔訳〕(源頼政は二条天皇から賜った)御衣を肩にかけて退出した。❻**降りかける。あびせかける。**〔金葉 平安―歌集〕恋下「音に聞くたかしの浜のあだ波はかけじや袖(そで)の濡(ぬ)れもこそすれ」〔訳〕⇩おとにきく…。❼**はかり比べる。対比する。**〔伊勢物語 平安―物語〕二三「筒井つの井筒にかけしまろが丈(たけ)過ぎにけらしな妹(いも)見ざる間に」〔訳〕⇩つつゐつの…。❽**待ち望む。**〔古今 平安―歌集〕春上「梅が枝(え)に来(き)ゐる鶯(うぐひす)春かけて鳴けどもいまだ雪は降りつつ」〔訳〕梅の枝に来てとまっているうぐいすが、春を待ち望んで鳴いているけれども、まだ雪は降り続いている。❾(心や目に)**かける。**〔徒然 鎌倉―随筆〕一八八「行く末久しくあらますことども心にはかけながら」〔訳〕遠い将来まで予期している事柄を心にはかけながら。❿**話しかける。口にする。**〔徒然 鎌倉―随筆〕一〇九「『過ちすな。心して下りよ』と言葉をかけはべりしを」〔訳〕「失敗するな。用心して(木から)降りろ」と(名人が)言葉をかけましたので。⓫**託する。預ける。かける。**〔平家物語 鎌倉―物語〕三・御産「官加階に望みをかけ」〔訳〕官位の昇進に希望を託し。⓬**だます。**〔古今六帖 平安―歌集〕五「今来(こ)むといひしばかりにかけられて」〔訳〕すぐに来ようといったばかりにだまされて。⓭**目標にする。目ざす。**〔古今 平安―歌集〕羇旅「わたの原八十島(やそしま)かけて漕(こ)ぎ出(い)でぬと人には告げよ海人(あま)の釣(つ)り舟」〔訳〕⇩わたのはらやそしまかけて…。⓮**関係づける。加える。**〔丹波与作 江戸―浄瑠〕浄瑠・近松「お供かけて三人ぢや」〔訳〕お供を加えて三人だ。

三 〔補助動詞〕カ下二{け/け/く/くる/くれ/けよ} 〔動詞の連用形に付いて〕❶**しかける。仕向ける。…かける。**〔更級 平安―日記〕大納言殿の姫君「『…』と言ひかくれば、顔をうちまもりつつ、なごうなくも」〔訳〕「…」と話しかけると、(猫は)私の顔をじっと見つめながら穏やかに鳴くのも。❷**途中まで…する。…しそうになる。…かける。**〔源氏物語 平安―物語〕若菜下「琵琶(びは)はうち置きて、ただけしきばかり弾きかけて」〔訳〕琵琶をそっと置いて、ほんのちょっと弾きかけて。

かく[7]【斯く】〔副詞〕

このように。こう。〔徒然 鎌倉―随筆〕四一「かく危(あや)ふき枝の上にて、安き心ありてねぶるらんよ」〔訳〕このように危ない枝の上で、よくも安心して眠っていられるものだな。

か-ぐ[1]【下愚】〔名詞〕きわめて愚かなこと。

か-ぐ[2]【加供】〔名詞〕／―す〔自動詞〕サ変 仏に供え物などをして供養に加わること。〔大鏡 平安―物語〕道長上「藤氏(しとう)の殿ばら、皆かぐしたまふ」〔訳〕藤原(ふぢわら)氏の殿方は皆、供養に加わりなさる。

がく【楽】〔名詞〕❶**音楽。曲。**〔平家物語 鎌倉―物語〕六・小督「がくは何ぞと聞きければ」〔訳〕曲は何だろうと耳をすましたところ。❷**雅楽。**⇩雅楽(ががく) 文芸

がく-うち【額打ち】〔名詞〕寺の門などに額を打ちつけてかかげること。

かく-かく【斯く斯く】〔副詞〕**こうこう。あれこれ。しかじか。**〔蜻蛉 平安―日記〕中「いともどかしう見ゆることなれば、かくかく思ふ」〔訳〕ひどく歯がゆく思われることなので、あれこれ思うのだ。◆副詞「かく」を重ねた語。

かく-ご[1]【恪勤】〔名詞〕「かくごん❷」に同じ。

かく-ご[2]【覚悟】〔名詞〕／―す〔他動詞〕サ変

語義の扉

漢語「覚悟」を元に生まれたサ変動詞。

漢語の窓

漢語「覚」は、はっと気がついて理解する意。「悟」は、思い当たる、ああそうかと理解する意。「覚悟」は、物事の道理をはっと知る、過去のあやまちなどの意味を深く理解し極める意。仏教語として、心理を会得し、悟ることの意。

日本語化した「覚悟す」は、漢語の仏教語、心理を会得し、悟ることの意(❶)を受け継ぎ、さらに、知覚、記憶の意(❷)、認定、承知の意(❸)、先見、準備の意(❸)、諦念、観念の意(❹)をも表す。

❶真理を会得し、悟ること。
❷(特に、本歌を)知ること。覚えていること。
❸認め知ること。承知すること。
❹あらかじめ心構えすること。心づもり。
❺あきらめること。観念すること。

❶**真理を会得し、悟ること。**❷(特に、本歌を)**知ること。覚えていること。**〔徒然 鎌倉―随筆〕二三八「時にあたりて本歌をかくごす。道の冥加(みやうが)なり、高運なり」〔訳〕ちょうどその肝心なときにあたって本拠となる歌を記憶していてそらんじている。これは歌の道の神仏の加護である。よい巡り合わせである。❸**認め知ること。承**

知すること。[平家物語 鎌倉―物語] 一・殿上闇討「全くかくごつかまつらず」訳全く承知いたしておりません。❹あらかじめ心構えすること。心づもり。❺あきらめること。観念すること。

かくご-しゃ【恪勤者】 名詞「かくごん❷」に同じ。

かく-ごん【恪勤】 名詞 ❶怠けず勤め励むこと。❷平安時代、宮中や親王・大臣家に仕える侍。恪勤者。「かくご」とも。

かくさ-ふ【隠さふ】(カクサウ―カクソウ) なりたち サ行四段活用動詞「かくす」の未然形＋反復継続の助動詞「ふ」 繰り返し隠す。[万葉集 奈良―歌集] 一八「雲だにも心あらなもかくさふべしや」訳⇨みわやまを…。◆奈良時代以前の表現。

がく-し【学士】 名詞 律令制で、皇太子に儒学を講義する役の学者。東宮学士。学者の家から才知や徳望のある者が選ばれた。

かく-しき【格式】 名詞「きゃくしき」に同じ。

かくし-す・う【隠し据う】 他動詞ワ下二{ゑ/ゑ/う/うる/うれ/ゑよ} 人に気づかれないようにして隠しおく。ひそかに住まわせる。[更級 平安―日記] 子忍びの森「浮舟の女君のやうに、山里にかくしすゑられて」訳(『源氏物語』の)浮舟の女君のように、山里に隠しおかれて。

かくし-だい【隠し題】 名詞 和歌で、題として出した事物の名を、それとわからないように隠れた形で詠み込むこと。

参考「あしひきの(＝枕詞)山たちはなれ行く雲の宿りさだめぬ世にこそ有りけれ」(『古今和歌集』)〈今までかかっていた山を離れてただよって行く雲のように定まることのない世の中であったことだなあ。〉には「橘」が隠されている。⇨物の名 文芸

かく-しも【斯くしも】 連語 なりたち 副詞「かく」＋副助詞「しも」 こんなにも。こんなでも。[伊勢物語 平安―物語] 四〇「いとかくしもあらじと思ふに」訳本当にこんなでも(息絶えるほどでも)あるまいと思うのに。

かく-し-もがも【斯くしもがも】 連語 なりたち 副詞「かく」＋副助詞「し」＋終助詞「もが」＋「も」 こういうふうであってほしい。こうでありたい。[日本書紀 奈良―史書] 推古「万代にかくしもがも」訳永久にこういうふうで(＝立派なありさまで)あってほしい。

がく-しゃう[1]【学生】(ガクシャウ―ガクショウ) 名詞 ❶大学寮や国学(＝国ごとにある地方官吏養成のための学校)で学ぶ者。❷学僧。「がくりょ」とも。◇南都(奈良)や比叡山などの諸大寺で、学問修行を専門にしている僧。❸仏道を修めて、師匠の資格をもつ者。学匠。❹学識。学問。[今昔物語 平安―説話] 二〇・三五「がくしゃうも人に勝れ、説教も上手なり」訳学識も人よりすぐれ、仏の教えを説くのもたくみであった。

がく-しゃう[2]【学匠】(ガクシャウ―ガクショウ) 名詞「がくしゃう(学生)❸」に同じ。

がく-しょ【楽所】 名詞「がくそ」に同じ。

がく-・す【学す】 他動詞サ変{せ/し/す/する/すれ/せよ} 学問をする。修行する。[徒然 鎌倉―随筆] 九二「道をがくする人」訳(なんらかの)道を修行する人。

がく-そ【楽所】 名詞 ❶宮中の桂芳坊にあり、音楽を担当する役所。天暦二年(九四八)に雅楽寮に代わって設けられた。❷音楽を演奏する場所。◆「がくしょ」とも。

かくそう【隠そう】 ⇨かくさふ

かく-て【斯くて】

一 副詞 このようにして。[徒然 鎌倉―随筆] 一九「かくて明けゆく空の気色、昨日に変はりたりとは見えねど、ひきかへめづらしき心地ぞする」訳このようにして明けてゆく空のようすは、昨日と変わったとは見えないが、うってかわって清新な心地がするものだ。

二 接続詞 こうして。さて。[竹取物語 平安―物語] かぐや姫の生ひ立ち「この子を見つけて後に竹取るに、節をへだてて、黄金ある竹を見つくることかさなりぬ。かくて翁やうやう豊かになりゆく」訳この子を見つけてから後に竹を取ると、節の両側の間ごとに、黄金の入った竹を見つけることが重なった。こうして翁はだんだんと富裕になってゆく。

かくて-は【斯くては】 連語 なりたち 副詞「かくて」＋係助詞「は」 このままでは。[源氏物語 平安―物語] 空蟬「かくてはえやむまじう御心にかかり」訳(源氏は空蟬への恋が)このままではとてもやめることができそうになくて(空蟬のことが)御心にかかって。

かくて-も【斯くても】 連語 このようにしても。こうしたままでも。[源氏物語 平安―物語] 桐壺「皇子は、かくてもいと御覧ぜまほしけれど」訳若宮は、こうしたままでも(＝このまま宮中にとどめた状態でも)ご覧になっていたいと(帝は)強くお望みになられるが。

かくて-も-あ・ら-れ-ける-よ【かくてもあられけるよ】 [徒然 鎌倉―随筆] 一一「かくてもあられけるよとあはれに見るほどに」訳こんなふうにしてでも住むことができるのだなあと、しみじみと見ていると。

品詞分解 かくて＝副詞 も＝係助詞 あら＝動詞「あり」未 れ＝可能の助動詞「る」用 ける＝過去の助動詞「けり」体 よ＝終助詞

がく-とう【学頭】 名詞 ❶勧学院(＝諸大寺で設けた僧侶の教育機関)の職名。学生の筆頭として学務に当たる。❷寺院や神社において、その学事をつかさどる者。

かくとだに… 和歌 百人一首「かくとだに えやはいぶきの さしも草 さしも知らじな 燃ゆる思ひを」[後拾遺 平安―歌集] 恋一・藤原実方 訳こんなにあなたに恋していることだけでも言えましょうか。(いや、とても言えません。)だから、伊吹山のさしも草のように燃えている私の思いがそれほどとは、あなたはおわかりにはならないでしょうね。

鑑賞「さしも草」は蓬の異称。葉を干して、もぐさにする。伊吹・伊吹山はその名産地で、「いぶきのさしも草」は同音の「然しも」を導く序詞。「いぶき」には「言ふ」と「伊吹」とをかけている。また、「思ひ」の「ひ」には「火」をかけている。

かく-ながら【斯くながら】 連語 なりたち 副詞「かく」＋接続助詞「ながら」 このままの状態で。このままで。[源氏物語 平安―物語] 桐壺「かくながら、ともかくもならむを御覧じ果てむと」訳このままで、(桐壺更衣が)どのようにかなるだろ

う(＝生きるか死ぬか)なりゆきを最後までお見届けになろうと。

かく-なわ【結果】 名詞 ❶曲がりくねって交差したひも物の形の、油で揚げた菓子の名。❷菓子の「かくなわ」の形のように心があれこれと思い乱れること。古今 平安―歌集 雑体「かくなわに思ひ乱れて」訳かくなわのように思い乱れて。❸太刀などを、菓子の「かくなわ」の形のように縦横に振り回して使うこと。平家物語 鎌倉―物語 四・橋合戦「蜘蛛手(くもで)、かくなわ、十文字、…八方すかさず斬ったりけり」訳くもの手、かくなわ、十文字、…八方すきまなく斬りまくったのだった。◇軍記物語などの乱戦の場の特徴的な表現の一つ。

参考「かくのあわ」の変化した語。

がく-にん【楽人】 名詞 音楽を奏する人。特に、雅楽を奏する人。

かく-の-ごと【斯くの如】 連語 なりたち 副詞「かく」＋格助詞「の」＋比況の助動詞「ごとし」の語幹 **このように。こんなふうに。** 源氏物語 平安―物語 手習「かくのごと、人住まで年経(へ)ぬるおほきなる所は」訳このように、人が住まずに何年もたった大きな所(＝屋敷)は。

かく-の-ごとく【斯くの如く】 連語 なりたち 副詞「かく」＋格助詞「の」＋比況の助動詞「ごとし」の連用形 **このように。こんなふうに。** 古今 平安―歌集 仮名序「この歌もかくのごとくなるべし」訳この歌もこのようになった(＝発展した)のにちがいない。

かく-の-ごとし【斯くの如し】 連語 なりたち 副詞「かく」＋格助詞「の」＋比況の助動詞「ごとし」 **このようである。このとおりである。** 方丈記 鎌倉―随筆「世の中にある人と栖(すみか)と、またかくのごとし」訳世の中にいる人間と住居と(が無常なこと)は、またこのとおりである。

かく-の-このみ【香の木の実】 名詞 **たちばなの実。** 「かくのみ」とも。◆香りのよい果実の意。不老不死の食べ物として、奈良時代以前、珍重された。

かく-の-み【香の実】 名詞「かくのこのみ」に同じ。

かく-ばかり【斯くばかり】 連語 なりたち 副詞「かく」＋副助詞「ばかり」 **これほどに。こんなに。** 万葉集 奈良―歌集 八九二「かくばかりすべなきものか世間(よのなか)の道」訳⇩かぜまじり…。

***か-ぐは・し【香ぐはし・馨し】** 形容詞シク {(しく)・しから/しく・しかり/し/しき・しかる/しけれ/しかれ} ❶**香り高い。かんばしい。** 万葉集 奈良―歌集 一九六七「かぐはしき花橘(はなたちばな)を玉に貫(ぬ)き」訳香り高い橘の花を玉として糸で貫いて。❷**美しい。心がひかれる。** 万葉集 奈良―歌集 四一二〇「かぐはし君を相見つるかも」訳美しいあなたに会ったことだなあ。

かく-びゃう【脚病】(カクビヤウ) 名詞「みだりかくびゃう」に同じ。

かく-べつ【各別・格別】 ❶名詞/―す 自動詞サ変 (それぞれ)全く異なっていること。別々に行うこと。❷副詞 **特別に。とりわけ。** 「かくべち」とも。鑓権三 江戸―浄瑠 浄瑠・近松「それの、かくべつよい子になりやった」訳それごらん。特別よい子になった。

かく-べつ・なり【各別なり・格別なり】 形容動詞ナリ {なら/なり・に/なり/なる/なれ/なれ} ❶**全く異なっている。** ❷**特に優れている。** 平家女護島 江戸―浄瑠 浄瑠・近松「顔も姿もかくべつに」訳顔も姿も特に優れていて。◆「かくべちなり」とも。

かく・む【囲む】 他動詞マ四 {ま/み/む/む/め/め} **かこむ。とりかこむ。** 万葉集 奈良―歌集 四四〇八「若草の(＝枕詞(まくらことば))妻も子供もをちこちに多(さは)にかくみ居(ゐ)」訳妻も子供もあちらこちらに大勢で(私を)かこんでいて。◆奈良時代以前の語。

がく-もん【学問】 名詞 **学び習うこと。** 主に、漢詩文・仏典・和歌などを学び習うことにいう。また、それによって習得した学芸・知識。

かく-や【斯くや】 連語 **こんなだろうか。** 源氏物語 平安―物語 紅葉賀「昔の人も、かくやをかしかりけむ」訳昔の女も、こんなに美しい(声)であったろうか。

がく-や【楽屋】 名詞 ❶楽人が舞楽を奏する場所。❷能楽や芝居などの舞台のわきにある控えの部屋。役者が支度や休息をする。

古典の常識 『平安貴族の生活❷』―学問と出世

男性貴族にとって官吏として暮らしていくための必須(ひっす)科目は、漢文であった。役所の公用文がすべて漢文であったからである。中央の官吏養成機関として「大学寮」があった。明経(みょうぎょう)(＝儒教の経典の教授)を中心に、算道(＝数学)・書道の課程があり、のちに明法(みょうぼう)道(＝法律学)・紀伝道(＝歴史・漢文学)が加わった。学生は五位以上の貴族の子弟で、定員は四百人ぐらい、在学年限は九年。修業後国家試験を受け官吏に任用された。

藤原(ふじわら)氏など有力貴族は、大学寮で学ぶ子弟のための私的な学問所を設けていたが、平安時代末期に門閥が固定すると、学問所や教師の家塾に教育の中心が移り、大学寮は衰えた。また地方には、郡司の子弟の教育機関の「国学」があった。

官吏の任免は、春と秋の二回の除目(じもく)で行われた。春は県召(あがためし)で地方官、秋は司召(つかさめし)で中央官となっていたが、除目にまつわる悲喜こもごもの話や、猟官運動の話が多く残っている。

かく-やう・なり【斯く様なり】(カクヨウナリ) 形容動詞ナリ {なら/なり・に/なり/なる/なれ/なれ} **このようだ。** 今昔物語 平安―説話 一・九「かくやうにして終(つひ)に」訳このようにしてついに。

かぐや-姫(ひめ) 人名『竹取物語』の作中人物。光り輝く姫の意味。竹取の翁(おきな)が竹の中から見つけた少女は美しい姫になる。五人の貴公子から求婚されるが難題を出してしりぞけ、帝(みかど)のお召しにも応じないで、八月十五夜に月の都に帰る。

香具山(かぐやま) 地名 歌枕「天(あま)の香久山(かぐやま)」に同じ。

かく-よく【鶴翼】 名詞 陣形の一つ。つるが左右の翼を広げたような形に兵を配置すること。対魚鱗(ぎょりん)。

神楽(かぐら) 文芸 神社・宮中で、神事のときに神前または神楽殿(かぐらでん)で奏される歌舞。和琴(わごん)・笛などの演奏に合わせて「神楽歌(かぐらうた)」を歌い、また舞を舞う。民間で行うものを「里神楽」という。

神楽歌(かぐらうた) 文芸 宮中や大きな神社で、祭儀のときに

か

神前で歌われる歌謡。平安時代に大成されたもので、四十曲ほどが伝わる。

かくら-く【隠らく】

なりたち 動詞「かくる」の未然形＋接尾語「く」

隠れること。万葉集 奈良―歌集 一六九「夜渡る月のかくらく惜しも」訳夜中に渡って行く月が隠れることが残念だなあ。

かくら・ふ【隠らふ】

なりたち 動詞「かくる」の未然形＋反復継続の助動詞「ふ」

繰り返し隠れる。万葉集 奈良―歌集 三一七「渡る日の影もかくらひ」訳⇨あめつちの…。◆奈良時代以前の表現。

がく-りょ【学侶】名詞「がくしゃう（学生）❷」に同じ。

かく・る【隠る】

一 自動詞ラ四｛ら／り／る／る／れ／れ｝

❶隠れる。古事記 奈良―史書 神代「青山に日がかくらば」訳青々と草木の茂った山に日が隠れたら。

❷亡くなる。▼「死ぬ」の婉曲ない方。万葉集 奈良―歌集 二一〇「入り日なす（＝枕詞）かくりにしかば」訳（妻は）死んでしまったので。◆奈良時代以前の語。

二 自動詞ラ下二｛れ／れ／る／るる／るれ／れよ｝

❶隠れる。伊勢物語 平安―物語 二三「思ひ疑ひて、前栽の中にかくれゐて」訳（男は妻のことを）心の中でひそかに疑って、庭の植え込みの中に隠れて座って。

❷亡くなる。▼「死ぬ」の婉曲ない方。大和物語 平安―物語 九八「左の大臣の御母の菅原の君かくれ給ひけるときに」訳左大臣の御母の菅原の君がお亡くなりになったときに。

かくれ【隠れ】名詞 ❶人目につきにくいこと。人に知られないこと。落窪物語 平安―物語 二「つひにかくれあるべき事かは」訳結局人に知られないでいられようか、いや知られる。❷人目につきにくい所。物陰。徒然 鎌倉―随筆 三二「物のかくれよりしばし見ゐたるに」訳物の陰からしばらく見続けていると。❸（「御かくれ」の形で）お亡くなりになること。▼高貴な人の死をいう言葉。平家物語 鎌倉―物語 六・小督「遂におんかくれありけるときこえし」訳ついにお亡くなりになったという話だった。

かくれ-が【隠れ処・隠れ家】名詞 ❶人目を避けて隠れ住む家。❷人の目に触れない所・方面。◆「が」は所の意。

かくれ-な・し【隠れ無し】形容詞ク｛（く）・から／く・かり／し／き・かる／けれ／かれ｝❶あらわだ。はっきりそれとわかる。枕草子 平安―随筆 八月ばかりに、白き単「経聞きなどするもかくれなきに」訳（見舞客が）経を聞きなどするのも（僧の目に）はっきりそれとわかるので。❷広く知られている。有名だ。平家物語 鎌倉―物語 四・橋合戦「三井寺にはそのかくれなし」訳三井寺ではその名は有名である。

かくれ-ぬ【隠れ沼】名詞 草などに隠れて見えにくい沼。

かくれぬ-の【隠れ沼の】枕詞「隠れ沼」の状態から「底」「下」にかかる。古今 平安―歌集 恋三「紅の色にはいでじかくれぬのしたにかよひて恋ひは死ぬとも」訳私の胸の思いを顔色に出すまいよ。沼の下に水は流れているように心に秘めた思いで、たとえ恋い死ぬとしても。

かくれ-みの【隠れ蓑】名詞 着ると姿が見えなくなるという蓑。

かくれ-ゐ・る【隠れ居る】自動詞ワ上一｛ゐ／ゐ／ゐる／ゐる／ゐれ／ゐよ｝隠れて座る。隠れて過ごす。源氏物語 平安―物語 玉鬘「もの倦じしてはかなき山里にかくれゐにけるを」訳いや気がさして、ちょっとした山里に隠れて過ごしていたが。

か-ぐろ・し【か黒し】形容詞ク｛（く）・から／く・かり／し／き・かる／けれ／かれ｝黒い。黒々としている。万葉集 奈良―歌集 八〇四「かぐろき髪にいつの間か霜の降りけむ」訳黒い髪にいつの間に霜が降ったのであろうか（＝白髪になったのであろうか）。◆「か」は接頭語。

かくろ・ふ＊【隠ろふ】自動詞八四｛は／ひ／ふ／ふ／へ／へ｝・八下二｛へ／へ／ふ／ふる／ふれ／へよ｝「かくらふ」の変化した語。隠れている。物陰にひそむ。人目を避ける。伊勢物語 平安―物語 六七「雲の立ち舞ひかくろふは」訳雲が立ち漂って（生駒山が）隠れているのは。平安時代には主に下二段活用。

かくろへ【隠ろへ】名詞 ❶隠しごと。秘密。❷人目や風をさえぎる物。物かげ。

かくろへ-ごと【隠ろへ事】名詞 隠し事。秘め事。秘密。

かくろへ-ば・む【隠ろへばむ】自動詞マ四｛ま／み／む／む／め／め｝隠れているようにする。増鏡 室町―物語 久米のさら山「ここかしこにかくろへばみてをる限りは、集まりつどひけり」訳あちらこちらに隠れているようにしている者はすべて、集まり寄り合った。◆「ばむ」は接尾語。

かぐわし〔香ぐわし・馨し〕⇨かぐはし

か-くゎん【加冠】

一 名詞／―す 自動詞サ変 男子が元服して、初めて冠をつけること。

二 名詞 加冠の儀式のさいに冠をかぶらせる役。

かけ[1]【掛け・懸け】名詞 ❶心や口の端にかけること。口に出して言うこと。また、そのことば。万葉集 奈良―歌集 一八一八「子らが名にかけのよろしき」訳愛するあの子の名として口に出して言うのにふさわしい。❷「うちかけ❷」の略。❸「掛け売り」または「掛け買ひ」の略。代金後払いで品物を売ること。または、買うこと。❹「売り掛け金」の略。後払いの約束で売った品物の代金。

かけ[2]【駆け・懸け】名詞 騎馬で敵陣に駆け入ること。

かけ[3]【鶏】名詞 にわとり。◆奈良時代以前の語。鳴き声から生じた語という。

かげ[1]【陰・蔭】名詞

❶物陰。陰。伊勢物語 平安―物語 九「その沢のほとりの木のかげに下りゐて、乾飯食ひけり」訳その沢のほとりの木のかげに、馬から降りて座って、干し飯を食べた。

❷かばってくれるもの。よりどころ。更級 平安―日記 宮仕へ「我を子とも頼もしからむかげのやうに、思ひ頼み」訳私を子供として頼りになりそうなよりどころのように思いたのみ。

❸かばってくれる人。おかげ。恩恵。更級 平安―日記 夫の死「帝きさきの御かげに隠るべきさまをのみ」訳帝

や后のご恩をこうむるような身となるのだとばかり。

か-げ[2]【鹿毛】名詞 馬の毛色の一つ。体全体は赤茶色で、たてがみ、尾、ひざ以下の黒いもの。

かげ[3]【影・景】名詞

語義の扉

「光」「光るもの」の意が原義で、さらに、広く、目に映る姿や形、心の中に思い浮かべる姿や形の意味にも用いるなど、像として結ばれるものすべてをさして用いられる。

❶(日・月・灯火などの)**光**。
❷(人や物の)**姿・形**。
❸(心に思い浮かべる)**顔・姿。面影**。
❹(人や物の)**影**。
❺(実体のない)**影。幻影**。

❶(日・月・灯火などの)**光**。万葉集 奈良―歌集 四四六九「渡る日のかげに競(きほ)ひて尋ねてな清きその道またもあはむため」訳(東から西へ大空を)渡る日の光と競い合うように求めて行こう。清いその仏の道を、来世でもまた巡り合うために。

❷(人や物の)**姿・形**。今昔物語 平安―説話 二八・二一「我がふるひけるかげのうつりたるを見て言ふなるべし」訳自分のふるえている姿が映ったのを見て言っているにちがいない。

❸(心に思い浮かべる)**顔・姿。面影**。源氏物語 平安―物語 桐壺「母御息所(みやすんどころ)は、かげだに覚え給(たま)はぬを」訳母である御息所のことは、面影さえおぼえていらっしゃらないが。

❹(人や物の)**影**。大鏡 平安―物語 道長上「わが子どもの、かげだに踏むべくもあらぬこそ口惜しけれ」訳私(=兼家)の子息たちが、(四条大納言の)影さえ踏むこともできそうにないのは残念なことだ。

❺(実体のない)**影**。竹取物語 平安―物語 御門の求婚「このかぐや姫、きとかげになりぬ」訳このかぐや姫は、さっと(実体のない)影になってしまった。

-がけ 接尾語 ❶〔動詞の連用形に付いて〕…**しているついで**。「往(い)にがけ」「上(のぼ)りがけ」❷〔名詞に付いて〕…**を身に着けたまま**。「袈裟(けさ)がけ」「わらぢがけ」

かけ-あひ【駆け合ひ・懸け合ひ】(カケアイ) 名詞 合戦で、両軍の兵が正面からぶつかり合う戦い。

かけ-あ・ふ【駆け合ふ・懸け合ふ】(カケアウ) 自動詞ハ四〔は/ひ/ふ/ふ/へ/へ〕❶**馬に乗って敵に攻めかかる**。平家物語 鎌倉―物語 九・木曾最期「同じう死なば、よからう敵にかけあうて」訳同じ死ぬなら、これぞという敵に攻めかかって。◇「かけあう」はウ音便。❷**駆けつける。走り寄る**。

かけい[1]【懸け樋・筧】⇨かけひ

か-けい[2]【佳景】名詞 **よい景色**。

かけ-う・ぐ【欠け穿ぐ】自動詞ガ下二〔げ/げ/ぐ/ぐる/ぐれ/げよ〕**欠けて穴があく**。徒然 鎌倉―随筆 五三「引きたるに、耳鼻かけうげながら抜けにけり」訳(鼎(かなえ)を)引いたところ、耳と鼻が欠けて穴があいたまま(頭から)抜けてしまった。

かけかけ・し【懸け懸けし】形容詞シク〔(しく)・しから/しく・しかり/し/しき・しかる/しけれ/しかれ〕(多く男女のことに関して)**いつも心に掛けている。気がある。好色めいている**。源氏物語 平安―物語 藤袴「見苦しうかけかけしきありさまにて心を悩まし」訳みっともなく好色めいている境遇で心を悩ませ。

かけ-がね【掛け金・繫け金】名詞 戸締まりするときに、戸や障子にかける金具。「かきがね」とも。また、単に「かね」とも。

景樹(かげき) ⇨香川景樹(かがはかげき)

かけ-ご【掛け子・掛け籠】名詞 二重にするため、外の箱の縁にかけて、中にはめ込むように作った箱。

掛詞(かけことば) 文芸 主に和歌に用いられる修辞法の一つ。発音が同じ(または類似)で意味の異なる語を用いて、一語に二つの意味を込めるもの。同音(同訓)異義語の多い日本語の特性を生かした修辞法である。謡曲などでも用いられている。「懸け詞」とも書く。参照▶資料11

かけ-ごひ【掛け乞ひ・掛け請ひ】(カケゴイ) 名詞 掛け売りした代金を集めること。また、その集金人。掛け取り。「かけこひ」とも。

かけ-こも・る【掛け籠る】自動詞ラ四〔ら/り/る/る/れ/れ〕**戸などに掛け金やかぎをかけて閉じこもる**。徒然 鎌倉―随筆 三二「やがてかけこもらましかば、口惜しからまし」訳すぐに(戸を閉めて)掛け金をかけて閉じこもったならば、残念なことだったろうに。

***かけ-ず** 副詞 **わけもなく。簡単に**。徒然 鎌倉―随筆 一二「かけずけおさるるこそ、本意(ほい)なきわざなれ」訳(学識がないということになってしまうと)わけもなく圧倒されるのは、残念なことである。

かけ-すずり【掛け硯・懸け硯】名詞「掛(か)け子(ご)」の付いた硯(すずり)箱。「掛け子」に硯・墨・水入れなどを入れ、下の引出し式の箱に、小銭・書き付け・小物などを入れた。

かけ-だひ【掛け鯛・懸け鯛】(カケダイ) 名詞 正月の飾り物。二匹の干した塩小鯛(しおこだい)をわら縄で結び合わせ、かまどの上や門松にかけるもの。陰暦六月一日に下ろして食べると邪気を払うとされる。掛け小鯛。

かけ-ぢ【懸け路・懸け道】(カケジ) 名詞 **険しい山道**。また、険しい山道に、板などを棚のように組んで設けた道。桟道(さんどう)。

***かけ-て** 副詞
なりたち 動詞「か(懸)く」の連用形「かけ」に接続助詞「て」のついたかたちが一語化したもの。
❶**心にかけて**。万葉集 奈良―歌集 三三二四「玉だすき(=枕詞(まくらことば))かけて偲(しの)はな畏(かしこ)くあれども」訳心にかけてお慕いしよう、恐れ多くても。❷〔打消の語を下接して〕**少しも。全く。夢にも**。源氏物語 平安―物語 夕顔「かけて思ひ寄らぬさまに」訳少しも心当たりがないようすで。

***かけ-て-も** 副詞 ❶**少しでも。ちょっとでも**。源氏物語 平安―物語 宿木「あるまじき心のかけても侍(はべ)らばこそ」訳あってはならない心が少しでもございますならば。❷〔打消の語を下接して〕**決して。少しも**。源氏物語 平安―物語 蛍「かけても人の思ひ寄り聞こゆべき事ならねば」訳決して人が考えついて申し上げるようなことでないので。

花月草紙(カゲツソウシ) ⇨花月草紙(くわげつさうし)

かけ‐とど‐む【掛け留む】[他動詞]マ下二{め/め/む/むる/むれ/めよ}（何かをするのを）**やめるように引きとどめる。この世に命を引きとどめる。**[源氏物語 平安―物語] 橋姫「あはれなる人の御ありさま心ざまにかけとどめらるる絆(ほだし)にて」[訳]いとしい人のご容姿や人柄に（出家を）引きとどめられる、それが絆(きずな)となって。

かげ‐とも【影面】[名詞]**日の当たる方。南側。**[万葉集 奈良―歌集] 五二「名ぐはし吉野の山はかげともの大御門(おほみかど)ゆ雲居(くもゐ)にそ遠くありける」[訳]名のうるわしい吉野の山は南側の御門からはるか空遠くにあることだ。◆「かげつおも（面）」の変化した語。「かげ」は光の意。[対]背面(そとも)。

かけ‐とり[1]【掛け取り】[名詞]「かけごひ」に同じ。

かけ‐とり[2]【翔け鳥・掛け鳥】[名詞]❶**空を飛ぶ鳥。**❷**飛ぶ鳥を弓で射ること。**[対]伏せ鳥。

かけ‐はし【懸け橋・梯・桟】[名詞]❶**桟道(さんどう)。**険しい崖(がけ)などを通行するために、板などをかけ渡して作った道。❷**はしご。**

かけ‐はな‐る【掛け離る】[自動詞]ラ下二{れ/れ/る/るる/るれ/れよ}❶**遠く離れる。遠ざかる。**[源氏物語 平安―物語] 末摘花「絶えて見たてまつらぬ所にかけはなれなむも、さすがに心細く」[訳]（中務(なかつかさ)の君は源氏に）もうお目にかかることのない所に遠ざかってしまおうというのも、やはり心細く。❷**疎遠になる。**[源氏物語 平安―物語] 賢木「今はとかけはなれ給ひなむも口惜しうおぼされて」[訳]今はこれまでと、疎遠になってしまわれるのも残念だとお思いになって。❸**大きく隔たる。**[源氏物語 平安―物語] 夕顔「惟光をかこちけれど、いとかけはなれ、気色なく言ひなして」[訳]惟光に恨み言を言うけれど、（期待とは）大きく隔って何も知らないようすでとりつくろって。

かけ‐ばん【懸け盤】[名詞]晴れの儀式などに用いる膳(ぜん)の一つ。食器をのせる台で、四脚の台の上に方形の盤（＝盆）をのせて作りつけにしたもの。古くは台と盤とが離れていた。

（懸け盤）

かけ‐ひ【懸け樋・筧】(カケイ)[名詞]竹などを用い、庭などへ水を引くためにかけ渡した樋(とい)。

（懸け樋）

かげ‐ふむ‐ばかり【影踏むばかり】[連語]**影を踏みそうなほど。**▼近いことのたとえ。[後撰 平安―歌集] 恋二「立ち寄らばかげふむばかり近けれど」[訳]立って寄ると、影を踏みそうなほど近くにいるのに。◆「ばかり」は副助詞。

かけ‐ま‐く [なりたち]動詞「か（懸）く」の未然形＋推量の助動詞「む」の古い未然形「ま」＋接尾語「く」心にかけて思うこと。言葉に出して言うこと。[万葉集 奈良―歌集] 八一三「かけまくはあやに畏(かしこ)し」[訳]言葉に出して言うのは言い表しようがなく恐れ多い。◆さらに係助詞「も」を下接し、副詞的に用いられることが多い。

かけ‐ま‐く‐も[連語] [なりたち]動詞「か（懸）く」の未然形＋推量の助動詞「む」の古い未然形「ま」＋接尾語「く」＋係助詞「も」**心にかけて思うことも。言葉に出して言うことも。**[万葉集 奈良―歌集] 九四八「かけまくもあやにかしこく」[訳]心にかけて思うことも言い表しようがなく恐れ多く。

かけ‐みち【懸け路・懸け道】[名詞]「かけぢ」に同じ。

かけ‐もの【懸け物・賭け物】[名詞]勝負事や遊戯で、勝者に与えられる金品。

かけ‐や【掛け屋・懸け屋】[名詞]江戸時代、諸藩の蔵屋敷に出入りし、収蔵の米や物産を販売した代金を収納し預かった、京・大坂の御用商人。その藩の金融機関をも兼ね、江戸・国元で必要な費用を仕送りしたり、融資したりした。

かけ‐や‐る【掛け破る】[他動詞]ラ四{ら/り/る/る/れ/れ}（衣服などを物に）**引っかけて破る。**[枕草子 平安―随筆] 正月十よ日のほど「狩衣(かりぎぬ)はかけやりなどして」[訳]狩衣は引っかけて破るなどして。

かげゆ‐し【勘解由使】[名詞]平安時代の「令外(りやうげ)の官(くわん)」の一つ。国司が交替する際、新任者が前任者の事務引き継ぎに欠陥のないことを認める書類（解由状）の審査（勘）をつかさどる。◆略して「かげゆ」とも。[参照]▼資料27

かげゆし‐ちゃう【勘解由使庁】(カゲユシチョウ)[名詞]「勘解由使(かげゆし)」が仕事をする役所。

かけり【翔り・駆けり】[名詞]❶**空中を飛び回ること。速く走ること。**❷能楽で、合戦や狂乱などの表現として用いる囃子(はやし)。また、その囃子による所作。❸連歌(れんが)・俳諧(はいかい)で、句の発想や表現に鋭い働きがあること。

かけ‐る*【翔る・駆ける】[自動詞]ラ四{ら/り/る/る/れ/れ}❶**空高く飛ぶ。**[竹取物語 平安―物語] かぐや姫の昇天「つゆも、物空にかけらば」[訳]少しでも物が空に高く飛ぶならば。❷**飛ぶように速く走る。**

かげろふ[1]【陽炎】(カゲロウ)[名詞]「かぎろひ」の変化した語。春の晴れて直射日光の強い日などに、地面からゆらめいてのぼる気。あるかないかわからないもの、はかなく消えやすいもののたとえに用いられることが多い。[季]春。

かげろふ[2]【蜻蛉・蜉蝣】(カゲロウ)[名詞]❶虫の名。**とんぼ。**❷虫の名。とんぼに似た、小さく弱々しい昆虫。成虫は寿命が非常に短く、はかないもののたとえに用いられる。

かげろ‐ふ[3]【影ろふ】(カゲロウ)[自動詞]ハ四{は/ひ/ふ/ふ/へ/へ}❶**光がほのめく。光がちらちらする。**[山家集 平安―歌集] 下「松の絶え間よりわづかに月のかげろひて」[訳]松の枝の間からわずかに月の光がちらちらして。❷**日がかげる。陰になる。**[新古今 鎌倉―歌集] 夏「よられつる野もせの草のかげろひて」[訳]（暑さで）しおれていた野一面の草が（雲が出て）陰になって。

蜻蛉日記(かげろふにっき)(カゲロウニッキ)[書名]日記。藤原道綱母(ふじわらのみちつなのはは)作。平安時代中期（九七四以後）成立。三巻。[内容]悩みの多い家庭生活の告白的記録で、夫婦の愛情のもつれが、深い心理描写で語られている。作者が四十歳のころ完成した。

かげろふ‐の【陽炎の】(カゲロウノ)[枕詞]陽炎がほのかにゆらめくようすから「ほのかに」「ほのめく」「あるかなきか」な

古典の常識

『蜻蛉日記』—一夫多妻制の妻の苦悩

藤原兼家との結婚生活を中心に二十一年間にわたる身辺の出来事をつづる。当時の一夫多妻制に反発し、他の女のもとに通う夫に苦悩する姿、その悩みを乗り越えて母親として落ち着きを見せるさまなどが描かれ、その後の日記文学に強い影響を与えている。

どにかかる。〔拾遺 平安―歌集〕恋二「夢よりもはかなきものはかげろふのほのかに見てし影にぞありける」〔訳〕夢よりもはかないものは、かすかに見えたあの人の姿だったなあ。

かげろふや… 〔俳句〕「陽炎や 名も知らぬ虫の 白き飛ぶ」〔蕪村句集 江戸―句集〕俳諧・蕪村〔訳〕野辺に燃え立つかげろうのきらきらと輝き揺らぐようすを見ていると、そこに名も知らぬ白い虫が飛び交っているように見えることだ。

〔鑑賞〕白い虫は実在するのではなく、かげろうの輝きをたとえたもの。季語は「陽炎」で、季は春。

かけ-わた・す【掛け渡す】〔他動詞〕サ四{さ/し/す/す/せ/せ}❶**一面にかける。かけつらねる。**〔徒然 鎌倉―随筆〕一三七「何となく葵かけわたして」〔訳〕なんということもなくあおいを一面に掛けて。❷**こちら側からあちら側へ渡し掛ける。架設する。**

か-げん【下弦】〔名詞〕満月から欠けていった、半月の状態で、月の上部は球形、下部は弓でいう弦の形に見えるもの。月の出は夜中になる。陰暦二十二、三日ごろの月。〔対〕上弦。

か-こ【水手・水夫】〔名詞〕**船乗り。水夫。**◆「か」は「かぢ（楫）」の古形、「こ」は人の意。

か-ご[1]【加護】〔名詞〕神仏が力を加えて人を助け守ること。

かご[2]【影】〔名詞〕「かげ（影）」に同じ。〔万葉集 奈良―歌集〕四三二二「わが妻はいたく恋ひらし飲む水にかごさへ見えて」〔訳〕⇩わがつまは…。◆奈良時代以前の東国方言。

か-ご[3]【駕籠】〔名詞〕竹や木で作り、人を乗せ、上に長柄を渡して人が肩にかついで運ぶ乗り物。

＊**かご-か・なり** 〔形容動詞〕ナリ{なら/なり・に/なり/なる/なれ/なれ}**ひっそりとしている。閑静だ。**〔源氏物語 平安―物語〕夕顔「人繁きやうに侍れど、いとかごかに侍り」〔訳〕人が多いようでございますが、たいそう閑静でございます。

かこち-がほ【託ち顔】〔名詞〕**うらめしそうな顔。不満そうな顔。**

かこち-がほ・なり【託ち顔なり】〔形容動詞〕ナリ{なら/なり・に/なり/なる/なれ/なれ}**うらめしそうな顔だ。不満そうな顔をしている。…のせいだという顔をしている。**〔千載 鎌倉―歌集〕恋五「嘆けとて月やは物を思はするかこちがほなるわが涙かな」〔訳〕⇩なげけとて…。

かこち-よ・す【託ち寄す】〔他動詞〕サ下二{せ/せ/す/する/すれ/せよ}**こじつけて言う。かこつける。**〔源氏物語 平安―物語〕帚木「菊の露をかこちよせなどやうの」〔訳〕菊の露を（涙に）こじつけて言うなどのような。

かこち-よ・る【託ち寄る】〔自動詞〕ラ四{ら/り/る/る/れ/れ}**かこつけて近寄る。関係をつけて言い寄る。**〔源氏物語 平安―物語〕蛍「この君をぞかこちよりけれど」〔訳〕この君（＝夕霧）に関係をつけて言い寄ったが。

かこ・つ【託つ】〔他動詞〕タ四{た/ち/つ/つ/て/て}❶**かこつける。**〔源氏物語 平安―物語〕藤裏葉「酔ひにかこちて、苦しげにもてなして」〔訳〕（夕霧は）酒の酔いにかこつけて、苦しそうなふりをして。❷**恨みごとを言う。嘆く。**〔徒然 鎌倉―随筆〕一三七「逢はで止みにし憂さを思ひ、あだなる契りをかこち」〔訳〕恋人と会わないで終わってしまったつらさを思い、実現しなかった恋人との約束を嘆き。❸**頼る。**〔源氏物語 平安―物語〕花宴「よからぬ人こそ、やむごとなきゆかりは、かこち侍るなれ」〔訳〕身分の低い者は、高貴な縁者を頼るものです。

かこつべき… 〔和歌〕「かこつべき ゆゑを知らねば おぼつかな いかなる草の ゆかりなるらむ」〔源氏物語 平安―物語〕若紫〔訳〕あなたが恨みごとをおっしゃる理由を知らないので、気がかりです。私は、どんな草のゆかりなのでしょう。

〔鑑賞〕源氏が若紫の書道の手本に書いて与えた歌をふまえている。その歌は、あなたは自分がひそかに慕う紫（＝藤壺、源氏の義母）のゆかり（＝姪）であり、そのために心もひかれ、また恨みごとも出るという内容で、何も事情を知らない若紫が「自分はどういう草のゆかりなのか」と素直に尋ねている。「おぼつかな」は形容詞「おぼつかなし」の語幹。

か-ごと【託言】〔名詞〕❶**言い訳。口実。**〔源氏物語 平安―物語〕夕顔「御返し、口疾ときばかりをかごとにて取らす」〔訳〕御返歌は、早いことだけを言い訳にして与える。❷**不平。ぐち。恨みごと。**〔源氏物語 平安―物語〕桐壺「かごとも、聞こえつべくなむ」〔訳〕恨みごとも申し上げてしまいそうです。◆「かこと」とも。

＊**かごと-がま・し**【託言がまし】〔形容詞〕シク{（しく）/しから/しく・しかり/し/しき・しかる/しけれ/しかれ}**いかにも恨みがましい。**「かことがまし」とも。〔徒然 鎌倉―随筆〕四四「虫の音かごとがましく」〔訳〕虫の鳴き声がいかにも恨みがましく（聞こえ）。◆「がまし」は接尾語。

＊**かごと-ばかり**【託言ばかり】〔連語〕**ほんの申し訳程度。**〔後撰 平安―歌集〕恋六「富士の嶺もかごとばかりの煙なるらん」〔訳〕（あなたがお気持ちをたとえる）富士の嶺もほんの申し訳程度の煙なのでしょう。◆「ばかり」は副助詞。

かご-やか・なり 〔形容動詞〕ナリ{なら/なり・に/なり/なる/なれ/なれ}**ひっそりとしている。閑静でものさびしい。**〔源氏物語 平安―物語〕初音「うけばりたるさまにはあらず、かごやかに局住みにしなして」〔訳〕えらそうなようすではなく、ひっそりとし小部屋住まいにしていて。◆「やか」は接尾語。

かさ[1]〔名詞〕㊀【笠】雨・雪や日光を防いだり、頭部を保護したりするために、頭にかぶるもの。かぶりがさ。㊁【傘】柄のついたかさ。さしがさ。

か-さ[2]【枷鎖】〔名詞〕首枷とくさり。刑具。

かさ[3]【嵩】〔名詞〕❶重なった物の高さ、また、大きさ。❷**高い所。**〔太平記 室町―物語〕一五「かさより落とし懸けて」〔訳〕高い所からかけ下り攻めかかって。❸**威厳。貫**

禄(ろくかん)。沙石 鎌倉 一 説話 四「心のかさもなく」訳心の威厳もなく。

[4]**かさ【瘡】** 名詞 できもの。はれもの。

かざ-がくれ【風隠れ】 名詞 風をよける所。風よけのために作った物陰。

かさ-がけ【笠懸け】 名詞 鎌倉時代、武家の行った騎射の一つ。馬に乗って遠距離の的を射る競技。もとは笠を懸け的とした。のちには板に牛皮を張り、中に綿などを入れた。

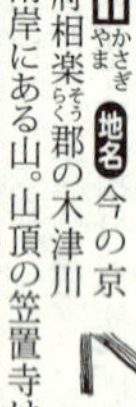
(笠懸け)

笠置(かさぎ) 地名 ❶今の京都府相楽(そうらく)郡笠置町の木津川上流の峡谷部一帯。❷「笠置山(かさぎやま)」の略。

笠置山(かさぎやま) 地名 今の京都府相楽(そうらく)郡の木津川の南岸にある山。山頂の笠置寺は真言宗の寺で天武天皇創建。また元弘(げんこう)の変で後醍醐(ごだい)天皇が挙兵したときの行宮(あんぐう)の跡がある。

かささぎ【鵲】 名詞 鳥の名。かちがらす。からすより小さく、尾が長い。七夕(たなばた)伝説で有名。

かささぎの… 和歌 百人一首「鵲(かささぎ)の 渡せる橋に 置く霜(しも)の 白きを見れば 夜ぞ更(ふ)けにける」新古今 鎌倉 一 歌集 冬・大伴家持(おほとものやかもち) 訳鵲が天の川に架けた橋を思わせる宮中の御階(みはし)におりている霜の真っ白いのを見ると、もう夜も更けてしまったのだなあ。

鑑賞「鵲の橋」の解釈には、宮中を天上になぞらえていう「(宮中の)殿舎の階段、御階」のほかに、「陰暦七月七日の七夕の夜に牽牛(けんぎゅう)・織女(しょくじょ)の二星が会うとき、鵲が翼を並べて天の川にかけ渡すという伝説の橋」から、「男女の契(ちぎ)りの橋渡しのたとえ」とする説もある。

かささぎ-の-はし【鵲の橋】 名詞 ❶陰暦七月七日の七夕の夜、牽牛(けんぎゅう)・織女(しょくじょ)の二星が会うとき、かささぎが翼を並べて天の川にかけ渡すという伝説上の橋。男女の契りの橋渡しのたとえともする。❷宮中の殿舎の階段。御階(みはし)。宮中を天上になぞらえていう。

[*]**かざし【挿頭】** 名詞 花やその枝、のちには造花を、頭髪や冠などに挿すこと。また、その挿したもの。髪飾り。

古典の常識 『挿頭(かざし)』

奈良時代以前に、植物の生命力をその枝や花から得ようとして、折り取った草木の枝や花を髪に挿す風習が、男女ともに行われていた。

この風習と、中国から伝来した冠に飾りを挿す制度とが混合して、大嘗会(だいじょうえ)・祭り・相撲(すまい)の節などの儀式や行事のときに、儀礼の一つとして冠に花を挿すようになった。挿す花や挿し方は、儀式や挿す人の官位によって異なっていたが、藤(ふじ)・桜・山吹・菊・りんどうなどの花が用いられ、たとえば大嘗会では天皇と祭りの使いが藤の花を挿した。花は後には全く装飾的意味しかもたなくなり、金属製の造花なども使われるようになった。

[*]**かざ・す【挿頭す】** 他動詞サ四{さ/し/す/す/せ/せ} ❶草木や花、枝葉などを飾りとして髪や冠にさす。▼後世は造花も用いる。万葉集 奈良 一 歌集 三九六九「思ふどち手折(たを)りかざさず」訳仲のよい友だちと花を折って髪にささないで。❷物の上に飾りつける。堤中納言 平安 一 物語 ほどほどの懸想「あやしき小家の半蔀(はじとみ)も、葵(あふひ)などかざして」訳みすぼらしい小さな家の半蔀(=戸の一種)にもあおいなどを飾りつけて。

笠取山(かさとりやま) 地名 今の京都府宇治市の東部にある山。紅葉の名所で歌に多く詠まれている。

かさな・る【重なる】 自動詞ラ四{ら/り/る/る/れ/れ} ❶重なる。❷たび重なる。❸月日や年齢などの数が積もる。❹人や物事が増える。

かさ・ぬ【重ぬ】 他動詞ナ下二{ね/ね/ぬ/ぬる/ぬれ/ねよ} 積み加える。重ねる。繰り返す。源氏物語 平安 一 物語 葵「おぼつかなさの嘆きをかさね給(たま)ふ報いにや」訳心もとない思いをさせられる嘆きを重ねなさった報いでか。

[1]**かさね【重ね・襲】** 名詞 ❶物を重ねること。また、重ねたもの。❷衣服を重ねて着ること。また、その衣服。❸重ねて着る衣と衣との配色。また、衣の表と裏との配色。⇒かさねのいろめ。❹「下襲(したがさね)」の略。

[2]**-かさね【重ね】** 接尾語 重なっているものを数える。「大袿(おほうちき)十かさね」

かさね-て【重ねて】 副詞 もう一度。再び。徒然 鎌倉 一 随筆 九二「かさねてねんごろに修(しゅ)せんことを期(ご)す」訳もう一度入念に身につけることの心積もりをする。

かさねとは… 俳句「かさねとは 八重撫子(やへなでしこ)の 名なるべし」奥の細道 江戸 一 紀行 那須・曾良(そら) 訳この子の名が「かさね」とは優雅な名だ。子供をよく撫子にたとえるが、名を「かさね」というからには、撫子は撫子でも八重の撫子であろう。

鑑賞 芭蕉(ばしょう)が借りて乗った馬について来た少女の名の、聞きなれない優雅さに感じて句にしたもの。季語は「撫子」で季は夏。

かさね-の-いろめ【襲の色目】 連語 衣服を重ねて着るときの、表裏または上下の色の配合。色の取り合わせによって「紅梅襲(こうばいがさね)」「山吹襲(やまぶきがさね)」などのように呼び、一般に季節によって使用する色目の決まりがあった。平安時代から行われる。参照▼口絵

かざ-はな【風花】 名詞 初冬のころ、風の吹き始めに、小雨や小雪がちらつくこと。「かざばな」とも。

かざ-ま【風間】 名詞 ❶風の絶え間。土佐日記 平安 一 日記 二・五「祈り来るかざまと思(も)ふを」訳祈り続けてきた(かいがあっての)風の絶え間と思うのに。❷風の吹いているとき。

かざ-まつり【風祭り】 名詞 二百十日のころ、風神を祭って、風を鎮め、豊作を祈願する祭り。

かざみ【汗衫】 名詞 ❶汗取りの下着。▼男女ともに用いる。❷平安時代中期以後、後宮(こうきゅう)に仕える童女の正装用の衣服。「表着(うはぎ)」または「袙(あこめ)」の上に着用する、裾(すそ)の長い単(ひとえ)のもの。参照▼口絵

かさ-やどり【笠宿り】 名詞 軒下や木陰などで雨宿りすること。転じて、ちょっと立ち寄ること。

かざら-ふ【飾らふ】 カザラウ 一 カザロウ

なりたち 動詞「かざる」の未然形＋反復継続の助動詞「ふ」

あれこれと飾る。万葉集 奈良 一 歌集 三七九一「すがるの

ごとき腰細に取りかざらひ」訳すがる（＝蜂の一種）のような細い腰に装い飾り。◆奈良時代以前の表現。

かざり【飾り】 名詞 ❶**飾ること。装飾。装い。** ❷**見かけ。虚飾。** ❸**頭髪。** ▼出家剃髪する場合に用いる。平家物語 鎌倉―物語 八・名虎「御かざりを下ろさせ給ひ」訳御髪をお剃りあそばし御出家なさり。❹**松飾り。しめ飾り。**

かざり-たち【飾り太刀】 名詞 金銀・蒔絵などで装飾した太刀。平安時代、節会や御禊など大切な儀式の際に束帯に着用した。参照▶口絵

かざり-を-おろ・す【飾りを下ろす】 連語 **髪をそり（または、切り）出家する。** 平家物語 鎌倉―物語 八・名虎「大菩提心を起こし、御かざりをおろさせ給ひ」訳仏道に帰依する心を発し、御髪をお剃りあそばしご出家なさり。

*かざ・る【飾る】 他動詞ラ四｛ら／り／る／る／れ／れ｝ ❶**美しく装う。装飾する。** ❷**うわべをとりつくろう。ごまかす。** 源氏物語 平安―物語 行幸「心知らぬ人目をかざりて」訳事情を知らない人の目をごまかして。❸**整える。設ける。** 平家物語 鎌倉―物語 四・還御「上皇、御舟かざって還御なる」訳上皇は御舟を整えてお帰りになる。

かざをり-えぼし【風折り烏帽子】 名詞 烏帽子の一つ。立て烏帽子の先を、左、または右に斜めに折れたような形に作ったもの。

かし

語義の扉

終助詞「か」に副助詞「し」の付いた形が一語化し、平安時代以降に用いられた語。和歌表現に用いられることが少なく、また当時の漢文訓読にも例がみえないため、日常口語的な性格の強い語であったとみられる。「さぞかし」などは、二の用法がそのまま一語化し、全体で一つの副詞となって現代語に受け継がれたものである。

一 終助詞
- ❶…ね。…よ。…だよ。
- ❷…よ。のだ。
- ❸副詞「さ」、感動詞「いざ」などに付いて言い切りとなり、それぞれ、肯定（「さ」）、誘いかけ（「いざ」）の気持ちを強める。

二 副助詞 強意。

一 終助詞《接続》文の言い切りの形に付く。

❶多く会話文、まれに和歌表現に用いられて、自己の判断を相手に強く示す気持ちを表す。**…ね。…よ。…だよ。** 土佐日記 平安―日記 一・七「いとをかしきことかな。よみてむやは。よみつべく、早言へかし」訳それはおもしろいことだ。うまく詠めるのだろうか。ほんとうに（和歌が）詠めるのなら、早く詠んでみなさいよ。成尋阿闍梨母集 平安―歌集「もろともに尋ね見よかし入れおきし仏の道は変はらじものを」訳「仁和寺の律師も石蔵大雲寺にいた成尋阿闍梨も）いっしょに極楽の蓮の上をたずねて見てもらいたいね。わたしがふたりの息子を入れておいた仏の道の真実は（かたいっぽうが真言で、もういっぽうが天台だとはいっても）決して変わるはずもないものなのだから。

❷心中思惟文の言い切りに付いて用いられ、みずから強く確認する気持ちを表す。**…よ。…のだ。** 更級 平安―日記 物語「われは、このごろ悪きぞかし。盛りならば、形も限りなくよく、髪をいみじく長くなりなむ」訳わたしは、今はまだ幼いから器量もよくないのだ。年ごろになったら、きっと顔かたちもとても美しくなり、髪だってずいぶん長くなるにちがいない。

❸副詞「さ」、感動「いざ」などに付いて言い切りとなり、それぞれ、肯定（「さ」）、誘いかけ（「いざ」）の気持を強める。源氏物語 平安―物語 夕顔「さかし、さみな思ひなせど、浮かびたる心のすさびに」訳そう、そのとおりなのだ、そう思うようにはしているけれど、私の浮気心の行きすぎのために。源氏物語 平安―物語 若紫「『いざかし、ねぶたきに』とのたまへば」訳「さあ、さあ寝よう、眠いから」とおっしゃると。

二 副詞《接続》文中で、特定の副詞に付く。〔近世の文法〕文中で、「さぞ」「よも」「なほ」などの副詞に付いて用いられ、意味を強める。今宮心中 江戸―浄瑠 近松「思うたこととは違へば違う現世さへ。未来は、なほかし覚束なや」訳思ったことも、言ったことも、決してそのとおりにはいかぬのが現世であることだ。ましてや、末世のことは頼みにできないことだ。

かじ【楫・梶・加持・鍛冶】 ⇩かぢ

かしかま・し【囂し】

形容詞シク｛（しく）・しから／しく・しかり／し／しき・しかる／しけれ／しかれ｝**やかましい。うるさい。** 枕草子 平安―随筆 鳥は「あやしき家の見どころもなき梅の木などには、かしかましきまでぞ鳴く」訳みすぼらしい家の枝ぶりも悪い梅の木などには、やかましいくらい鳴いている。◆江戸時代には「かしがまし」となった。参照▶類語と使い分け⑳

かじき【橇】 名詞「かんじき」に同じ。

かし・く[1]【炊く】 他動詞カ四｛か／き／く／く／け／け｝**飯をたく。米・麦などを煮たり蒸したりして飯をつくる。** 万葉集 奈良―歌集 八九二「飯かしくことも忘れて」訳⇩かぜまじり…。◆江戸時代以後「かしぐ」。

かし・く[2]【悴く】 自動詞カ下二｛け／け／く／くる／くれ／けよ｝**やせ衰える。みすぼらしくなる。やつれる。**（草木や花が）**しおれる。** 枕草子 平安―随筆 見ぐるしきもの「ひげがちに、かしけやせやせなる男と」訳ひげが多く、やつれてひどくやせている男と。◆後に「かじく」とも。

かし-こ[1]【彼処】 代名詞 **あそこ。かのところ。** ▼遠称の指示代名詞。伊勢物語 平安―物語 九六「かしこより人おこせば、これをやれ」訳あそこから使いをよこしたら、これをやれ。

かしこ[2]【畏・恐】 形容詞語幹 ⇩かしこし。❶「あなかしこ」に同じ。❷**りっぱなこと。** 源氏物語 平安―物語 葵「『かしこの御手や』と」訳「りっぱなご筆跡だなあ」と（言って）。❸手紙の末尾に用いて、相手に敬意を表す語。もっぱら女性が用いる。「かしく」とも。

かしこ・し

形容詞ク｛（く）・から／く・かり／し／き・かる／けれ／かれ｝

語義の扉

神や帝また、自然など、一般の人の力が及ばない霊力や権威に対して敬い、恐れ慎む気持ちを表

す。

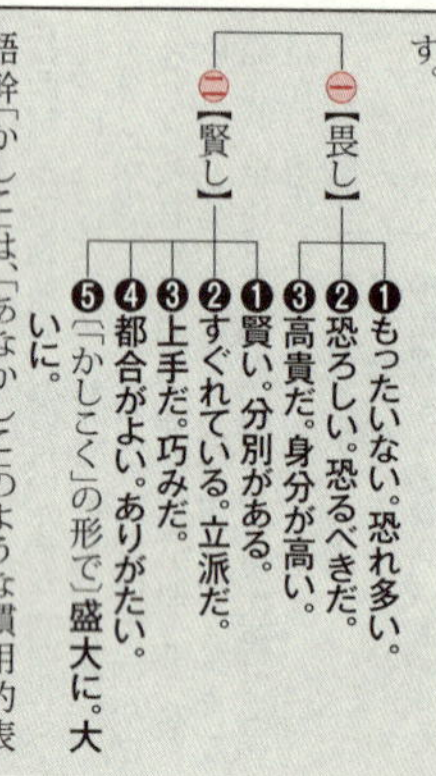

語幹「かしこ」は、「あなかしこ」のような慣用的表現、また、格助詞「の」を伴って用いられるほか、消息文(＝手紙文)の末尾に記して、「恐縮なことです」「恐れ多くもったいない」気持ちを表出する一般的用法があり、これが現代の格式を重んじる女性の手紙文として受け継がれた。

関連語⇨かしこむ／かしこまる／あなかしこ。

㊀【畏し】❶もったいない。恐れ多い。更級 平安―日記 竹芝寺「かしこくおそろしと思ひけれど、さるべきにやありけむ」訳もったいなく恐ろしいと思ったけれど、そうなる運命だったのだろうか。

❷恐ろしい。恐るべきだ。万葉集 奈良―歌集 一二三二「大海の波はかしこしかれども神を斎(はい)ひて舟出せばいかに」訳大海の波は恐ろしい。そうではあるが、神を祭って船出をしてはどうだろうか。

❸高貴だ。身分が高い。貴い。源氏物語 平安―物語 薄雲「かしこき御身のほどと聞こゆる中にも」訳高貴なご身分と申し上げる中でも。

㊁【賢し】❶賢い。賢明だ。分別がある。源氏物語 平安―物語 桐壺「世に知らず、聡(さと)うかしこくおはすれば」訳(源氏は)世間に比類がないほど、聡明(そうめい)で賢くいらっしゃるので。

❷すぐれている。立派だ。源氏物語 平安―物語 若紫「北山になむ、なにがし寺といふ所にかしこき行ひ人侍(はべ)る」訳北山の、何とか寺という所に、すぐれた行者がおります。

❸上手だ。大変よい。巧みだ。枕草子 平安―随筆 ねたきもの「とみの物縫ふに、かしこう縫ひつと思ふに」訳急ぎの仕立て物を縫うときに、上手に縫ったと思ったのに。◇「かしこう」はウ音便。

❹都合がよい。ありがたい。源氏物語 平安―物語 若菜上「風吹かず、かしこき日なり」訳風も吹かず、(蹴鞠(けまり)には)都合がよい日だ。

❺〔「かしこく」の形で〕盛大に。大いに。非常に。竹取物語 平安―物語 かぐや姫の生ひ立ち「男はうけきらはず呼び集(つど)へて、いとかしこく遊ぶ」訳男はだれかれの区別なく呼び集めて、たいそう盛大に管弦の遊びをする。

関連語「かしこし」と「ゆゆし」の違い
「かしこし」が畏敬(いけい)という気持ちを表し、類義語の「ゆゆし」は、清浄・神聖で恐れ慎しむべきだという気持ちと、不吉であるという気持ちの両様を持っている。

かしこ-どころ【賢所】名詞 ❶宮中で、天照大神(あまてらすおおみかみ)の御霊代(みたましろ)である神鏡を祭る所。「内侍所(ないしどころ)」とも。◇おそれ多く畏(かしこ)み奉る所の意から。❷神鏡。八咫(やた)の鏡。

***かしこまり**【畏まり】名詞 ❶恐れ入ること。恐縮。慎み。竹取物語 平安―物語 貴公子たちの求婚「きたなげなる所に、年月を経(へ)て物し給(たま)ふこと、極まりたるかしこまり」訳(こんな)見苦しい所に、長い間お通いくださいますことは、この上なく恐れ入ること(でございます)。❷お礼。感謝のことば。源氏物語 平安―物語 若紫「いと、むつかしげに侍(はべ)れど、かしこまりをだに」訳たいそう、むさくるしうございますが、せめてお礼だけでも(申したい)。❸謝罪。おわび。源氏物語 平安―物語 椎本「え参らぬ由(よし)のかしこまり申し給(たま)へり」訳参上できない事情についてのおわびを申し上げなさった。❹(朝廷からの)おとがめ。勅勘(ちょっかん)。枕草子 平安―随筆 うへにさぶらふ御猫は「かしこまり許されて、もとのやうになりにき」訳おとがめを許されて、もとのようになった。

かしこま・る【畏まる】自動詞ラ四〔ら／り／る／る／れ／れ〕❶恐れ慎む。恐れ敬う。恐縮する。枕草子 平安―随筆 うらやましげなるもの「やむごとなき人の、よろづの人にかしこまられかしづかれ給(たま)ふ」訳高貴な人が、大勢の人から恐れ敬われ、大切にされていらっしゃるのは(うらやましい)。❷わびる。謝罪する。源氏物語 平安―物語 初音「心惑はし給(たま)ひし世の報いなどを、仏にかしこまり聞こゆるこそ苦しけれ」訳心をお惑わしになったときの罪の報いなどを、仏に謝罪し申し上げるのはつらいことだ。❸慎んで正座する。宇津保 平安―物語 忠こそ「忠君(ただきみ)のおり給(たま)ふ所に、五位六位ひざまづきかしこまる」訳忠君のおりになる所に、五位・六位の人々が、ひざまずき慎んで正座する。❹慎んで命令を受ける。大鏡 平安―物語 実頼「夢のうちにもいみじうかしこまり申すと思(おぼ)すに」訳夢の中ながらも、ひどく恐れ慎んで受け申し上げると(佐理(すけまさ)の大弐(だいに)は)お思いになると。

歴史スコープ 慣用表現 ❹の用法からの「慎んで承諾する」意が室町時代ごろ、能の詞章の「畏って候」、また狂言の「畏ってござる」となり、江戸時代の咄本や滑稽本などの「かしこまりました」に引き継がれ、さらに現代語のていねいな挨拶表現「かしこまりました」につながってきている。

***かしこ・む**【畏む】自動詞マ四〔ま／み／む／む／め／め〕恐れ慎む。日本書紀 奈良―史書 推古「かしこみて仕へ奉(まつ)らむ」訳慎んで(天皇に)お仕え申し上げよう。

かしずく【傅く】⇨かしづく

か-じち【家質】名詞 江戸時代、町方で家屋敷を抵当にして行われる金融。また、その家屋敷。

かしづき【傅き】(カシズキ)名詞 ❶大切に世話をすること。手厚い保護を加えること。源氏物語 平安―物語 桐壺「人ひとりの御かしづきに、とかくつくろひ立てて」訳娘一人のお世話のために、何かと(邸内)を手入れして。❷世話をする人。介添え人。かしづきびと。枕草子 平安―随筆 宮の五節いださせ給ふに「かしづき十二人」訳中宮が五節の舞姫をお出しになるのに、介添人を十二人(用意するのに)。

かしづき-す・う【傅き据う】(カシズキスウ)他動詞ワ下二〔ゑ／ゑ／う／うる／うれ／ゑよ〕大事に取り扱って置いておく。大切に世話して住まわせる。源氏物語 平安―物語 宿木「かばかり物々しくかしづきすゑ給ひて」訳これほどまで重々しく大切に世話し住まわせなさって。

かしづき-た・つ【傅き立つ】カシヅキタツ 他動詞タ下二{て/て/つ/つる/つれ/てよ} **大切に養い育てる。心をこめてお世話する。**源氏物語 平安一物語 宿木「さま殊にかしづきたてられて、かたはなるまで心おごりもし」訳格別に大切に養い育てられて、見苦しいほど慢心もし。

かしづ・く【傅く】

カシヅク 他動詞カ四{か/き/く/く/け/け}

語義の扉

現代語「かしずく」は目上の人に仕える意味だが、古語では反対に、目上の人が目下の人を大事にする意味となる。

❶大事に育てる。
❷大事に面倒を見る。後見する。

❶**大事に育てる。**堤中納言 平安一物語 虫めづる姫君「親たちかしづきたまふことかぎりなし」訳親たちが大事に育てなさることは、ひととおりではない。参照▶類語と使い分け⑩

❷**大事に面倒を見る。後見する。大切に扱う。**源氏物語 平安一物語 東屋「我は命を譲りてかしづきて」訳自分は命を捨てるつもりで大切に扱って。

かしのみ-の【樫の実の】枕詞 樫の実は一つずつなることから「ひとり」「ひとつ」にかかる。万葉集 奈良一歌集 一七四二「かしのみのひとりか寝ぬらむ」訳ひとりで寝るのだろうか。

かしは【柏・槲】カシワ 名詞 ❶木の名。「柏木(かしはぎ)」とも。葉が大きく、食物を包むのに用いた。❷奈良時代以前、食物を盛るのに用いる葉の総称。また、食器の総称。

かしは-ぎ[1]【柏木】カシワギ 名詞 ❶「かしは❶」に同じ。❷皇居を守る「兵衛(ひやうゑ)」「衛門(ゑもん)」の別名。◇かしわの木に葉守の神が宿るという伝説から。

柏木[2](かしはぎ)カシワギ 人名『源氏物語』の作中人物。頭中将(とうのちゅうじょう)の長男。光源氏(ひかるげんじ)の妻の女三の宮との密通が光源氏に知られて悩み、病気になる。女三の宮は柏木の子の薫(かおる)を生んで出家し、柏木は光源氏の長男の夕霧に後を頼んで死ぬ。

かしは-で【膳・膳夫】カシワデ 名詞 ❶**宮中で、食事をつかさどる人。**❷**食膳(しょくぜん)。ごちそう。**◆「かしは」は食器であるかしわの葉、「で」は食器あるいは人の意。「かしはて」とも。

かしは-びと【膳人】カシワビト 名詞 **料理人。**

橿原(かしはら) 地名 今の奈良県橿原市の中心地区あたり。神武天皇が即位した橿原宮が建設された所といい、古代文化の中心地の一つであった。

か-しふ【家集】カシュウ 名詞「いへのしふ」に同じ。

が-しふ【我執】ガシュウ 名詞 仏教語。自分に執着すること。自己の意見に執着すること。

鹿島(かしま) ❶地名 今の茨城県鹿嶋(かしま)市。鹿島灘(なだ)にのぞむ地。鹿島宮(かしまのみや)(=鹿島神宮)の門前町として知られる。❷寺社「鹿島宮」の略。❶にある神社。主祭神は武甕槌命(たけみかづちのみこと)。古来、武人の信仰があつい。

かしま・し【囂し】形容詞シク{(しく)/しから/しく/しかり/し/しき/しかる/しけれ/しかれ}「かしかまし」に同じ。落窪物語 平安一物語 三「あなかしまし。今は取り返すべき事にもあらず」訳ああ、うるさい。今はもう取り返せることでもない。

かしま-だち【鹿島立ち】名詞 **旅立ち。出立。**◆防人(さきもり)や武人が鹿島宮に旅の安全を祈って旅立ったことから。

かしま・む【囂む・喧む】自動詞マ四{ま/み/む/む/め/め} 語義未詳。やかましく思う意とみられる。

かじや〔冠者〕⇨くわじゃ

か-しゃく【呵責】名詞/—す 他動詞サ変 きびしくしかり責めること。責めさいなむこと。今昔物語 平安一説話 一三・六「弟子童子をかしゃくし罵詈(めり)す」訳弟子の少年をきびしくしかり責めどなりつける。

か-しょく【家職】名詞 **家の仕事。家業。**

かしら[1]【頭】名詞 ❶**あたま。**❷**頭髪。**❸能楽で用いる、毛の長くたれたかぶり物。怨霊(おんりょう)などに用いる。❹**物の最上部。先端の部分。**枕草子 平安一随筆 草の花は「冬の末まで、かしらのいと白く」訳(すすきは)冬の末まで先端の部分(=穂)がたいそう白く。❺**首領。頭領。親方。**

-かしら[2]【頭】接尾語 人・動物・仏像など、頭のあるものを数える。「(仏像)いくかしら」「しかの一かしら」

かしら-おろ・す【頭下ろす】連語 **頭髪をそったり切ったりして、僧・尼になる。出家する。**古今 平安一歌集 哀傷「比叡(ひえ)の山にのぼりて、かしらおろしてけり」訳比叡山(ひえいざん)に登って出家した。

かしら-だか【頭高】名詞 箙(えびら)に差してある矢筈(やはず)(=矢の末端の弓を掛ける部分)が、肩越しに高く見えるようにした、しゃれた背負い方。

かしら-だか・なり【頭高なり】形容動詞ナリ{なら/なり・に/なり/なる/なれ/なれ} 箙(えびら)に差した矢の矢筈(やはず)が肩越しに高く見えるような、しゃれた背負い方だ。

かしら-つき【頭付き】名詞 **頭のようす。髪の形。**蜻蛉 平安一日記 下「いとらうたげにて、かしらつきをかしげにて、様体(やうだい)いとあてはかなり」訳たいそうかわいらしくて、頭のようすも美しく、姿かっこうがとても上品だ。

かしわで〔膳・膳夫〕⇨かしはで

かす-[1]【糟】接頭語〔人を表す語に付いて〕**下品な。取るに足らない。**「かす侍」「かす山伏(やまぶし)」

-か・す[2] 接尾語サ四 動詞の未然形に付いて、動作を加える意味や使役の意味を強める。「怒(いか)らかす」「走らかす」

かず*【数】名詞 ❶**数。数量。度数。**❷**多数。**山家集 平安一歌集 下「かずかくる波に」訳多数打ちかける波に。❸**数え上げる価値のあるもの。物の数。**万葉集 奈良一歌集 三七二七「かずにもあらぬわれゆゑに」訳物の数ではない私ゆえに。❹**定数。定員。**源氏物語 平安一物語 明石「かずよりほかの権大納言(ごんだいなごん)に」訳定員外の権大納言に。❺その集団に属する者。その仲間。新古今 鎌倉一歌集 雑下「同じかずにや我もならむ」訳同じ仲間に私もなるのだろうか。

かず-お・く【数置く】連語 **物を置いて数をかぞえる。**枕草子 平安一随筆 清涼殿の丑寅のすみの「碁石してかずおかせ給ふとて」訳碁石を使って数をかぞえさせなさるというので。

春日(かすが) ❶地名 今の奈良市の中心地区に当たる、平城京の東方一帯の地域。春日山・春日野は平城京の官人の野遊びの地であった。❷寺社 春日神社(=今の春日大社)あるいは春日大明神(＝春日大社の祭神)のこと。春日神社は藤原氏の氏神で、祭神は常陸の国(茨城県)の鹿島宮の祭神を迎えた。

かず-かず【数数】 名詞 種類や数の多いこと。

かず-かず・なり【数数なり】 形容動詞ナリ {なら/なり・に/なり/なる/なれ/なれ} **種類や数が多い。さまざまだ。いろいろだ。** 古今 平安―歌集 恋四・伊勢物語 平安―物語 一〇七「かずかずに思ひ思はず問ひがたみ」訳いろいろと私のことを思ってくださるのか、思ってくださらないのか、尋ねにくいので。

***かす・か・なり【幽かなり・微かなり】** 形容動詞ナリ {なら/なり・に/なり/なる/なれ/なれ} ❶**かすかだ。微妙だ。** 源氏物語 平安―物語 明石「塩焼く煙かすかにたなびきて」訳塩を焼く煙がかすかにたなびいて。❷**ひっそりしている。物さびしい。人目につかない。** 源氏物語 平安―物語 須磨「いとかすかに出で立ち給ふ」訳たいそうひっそりとしてご出発になる。❸**貧弱だ。みすぼらしい。** 源氏物語 平安―物語 行幸「かすかなる足弱き車など」訳貧弱な、車輪のしっかりしていない車などは。❹**幽遠だ。**▼奥深く暗示的であるようす。去来抄 江戸―論 先師評「格高く趣かすかにして」訳品格も高く、風情も幽遠であって。

春日野【かすがの】 地名 歌枕 「春日❶」にある春日山の西側の裾野一帯の原野。「飛火野」とも。古くは「武蔵野」とも。平城京の時代には都人の野遊びの地であり、春の若菜摘みがよく歌に詠まれている。

かすがの… [1] 和歌「春日野の 雪間を分けて 生ひ出でくる 草のはつかに 見えし君はも」古今 平安―歌集 恋一・壬生忠岑 訳春日野のまだ消え残る雪の間を分けて萌え出てくる若草が、わずかに見えるように、ほんのわずかに見えた、あなたは、ああ。

鑑賞「春日野の……生ひ出でくる草の」までが「はつかに見えし」の序詞。この序詞によって清らかで初々しい若い女性の姿が浮かび上がってくる。雪間から顔をのぞかせたばかりの若草の持つイメージが、垣間見た女性の姿に重なるという序になっている。

かすがの… [2] 和歌「春日野の 若紫の 摺り衣 しのぶの乱れ 限り知られず」新古今 鎌倉―歌集 恋一・在原業平・伊勢物語 平安―物語 一 訳奈良の春日野の若い紫草で摺って染めた、しのぶ摺りの衣の模様が乱れているように、あなたへの思いで私の心の乱れはどこまで続くのか限りが知れません。参照▶文脈の研究 春日野の若紫。

かすがのは… 和歌「春日野は 今日はな焼きそ 若草の(＝枕詞) つまもこもれり 我もこもれり」古今 平安―歌集 春上・よみ人知らず 訳春日野は、今日だけは焼かないでくれ。この野には私の美しい妻も隠れているし、私も隠れているのだから。

鑑賞 早春の野焼きの行事を背景にしている。「つま」は男でも女でも配偶者をいうが、この場合は妻の意で、男性の作とされる。『伊勢物語』十二段に初句が「武蔵野は」として載っていて、女性が詠んだ歌となっている。この場合は、「つま」は夫をさす。

かすがひ【鎹】 名詞 ❶戸締りに用いる金具。かけがね。❷木材の合わせ目をつなぎとめるために打ち込む、両端が直角に曲がった大きなくぎ。

かすが-まうで【春日詣で】 名詞 奈良の春日神社(＝今の春日大社)に参詣すること。特に春日神社を氏神としている藤原氏の摂政・関白が参詣すること。

かすが-まつり【春日祭り】 名詞 奈良の春日神社(＝今の春日大社)の祭礼。陰暦二月と十一月の初めの申の日に行われた。春日の祭り。

春日山【かすがやま】 地名 歌枕 今の奈良市東部、春日大社の背後にある山。

かずく【被く・潜く】 ⇩かづく

かずけもの【被け物】 ⇩かづけもの

かずさ【上総】 ⇩かづさ

かず-しら-・ず【数知らず】 連語

なりたち 名詞「かず」＋動詞「しる」の未然形＋打消の助動詞「ず」

数えきれないほどたくさん。限りもなく多い。「数を知らず」とも。源氏物語 平安―物語 桐壺「かずしらず苦しきことのみまされば」訳限りもなく多く苦しいことばかりがふえるので。

かず-そ・ふ【数添ふ】

一 自動詞ハ四 {は/ひ/ふ/ふ/へ/へ} **数が増す。数が多くなる。** 源氏物語 平安―物語 紅葉賀「御年のかずそふしるしなめりかし」訳ご年齢が一つ多くなる証拠なのでしょう。

二 他動詞ハ下二 {へ/へ/ふ/ふる/ふれ/へよ} **数を増やす。数を多くする。**

かず-な・し【数無し】 形容詞ク {(く)・から/く・かり/し/き・かる/けれ/かれ} ❶**物の数にも入らない。はかない。** 万葉集 奈良―歌集 三九六

文脈の研究 春日野の若紫

この歌は『伊勢物語』の「初冠」の段で、次のような文脈を伴い、元服直後の男が鷹狩に出かけた春日の里で、ういういしく美しい若い姉妹の姿をかいま見て、着ていたしのぶ摺りの狩衣の裾を切って書きつけて女に贈ったと語られている。

昔、男、初冠(元服)して、平城の京、春日の里にしる(領地が)よしして(ある縁で)、狩(鷹狩り)にいにけり。その里にいとなまめい(ういういしく)たる女はらから(美しい姉妹)棲みけり。この男かいまみて(物陰からちらっと見かけてし)けり。おもほえず(まった 思ってもみなかったことに)、古里にいとはしたなくてあ(寂しく荒れ果てた古都に不似)りければ(合いなようすでいたので)、心地まどひにけり(すっかり心が思い乱れてしまった)。男の、着たりける狩衣の裾を切りて、歌を書きて、やる。その男、忍摺りの狩衣をなむ着たりける(着ていたのだった)。

『新古今和歌集』には在原業平の作として載っており、「女に遣はしける」と詞書がある。「春日野の……摺り衣」は「しのぶの乱れ」を導く序詞。「しのぶの乱れ」には、「しのぶ摺りの(模様の)乱れ」と「忍ぶ心の乱れ」とを掛ける。参照▶おひつぐ。

三」世の中はかずなきものか」訳この世ははかないものよ。❷数えきれないほど多い。無数である。後撰 平安―歌集 恋二「うらむることぞかずなかりける」訳恨みに思うことは数えきれないほど多かったなあ。

***かず-なら-ず**【数ならず】連語 なりたち 名詞「かず」＋断定の助動詞「なり」の未然形＋打消の助動詞「ず」 **物の数ではない。取るに足りない。** 古今 平安―歌集 恋五「かずならぬ身は」訳取るにたりない私は。

かず-に-と-る【数に取る】連語 **数をかぞえるときの記憶のため、ある物をしるしとする。** 大鏡 平安―物語 道長下「冬の御扇をかずにとりて、一百遍づつぞ念じ申させ給ひぬ」訳檜扇の骨を、数をかぞえるしるしとして、百遍づつお唱え申しなさった。⇩かずおく

かずへ-の-つかさ【主計寮】名詞「かずへれう」に同じ。

かずへ-れう【主計寮】名詞 律令制で、民部省に属し、国の税収・支出などの会計を担当する役所。「かずへのつかさ」「しゅけいれう」とも。

***かず-ま・ふ**【数まふ】他動詞ハ下二{へ/へ/ふ/ふる/ふれ/へよ} **数の中に入れる。仲間に加える。人並みに扱う。** 源氏物語 平安―物語 橋姫「世にかずまへられ給はぬ古宮」訳世間から(宮として)数の中に入れられなされない老齢の宮。

かすみ【霞】名詞 朝夕、空中に微細な水滴が漂い、空や遠景がぼんやりとする現象。万葉集 奈良―歌集 一八四二「春の野にかすみたなびき」訳⇩はるののにかすみたなびき…。

◆学習ポイント⑮
霞と霧
霞も霧も細かい水滴やほこりのために、空や周りの景色がぼんやり見える自然現象で、古くは季節に関係なく用いられた。しかし、平安時代の『古今和歌集』以後は、「霞」は春、「霧」は秋を表すものと、はっきり区別するようになった。『古今和歌集』に収められた伊勢の「春霞立つを見捨てて行く雁は花なき里に住みやならへる」〈⇩はるがすみ…〉と、『新古今和歌集』の寂蓮の「村雨の露もまだ干ぬ槙の葉に霧立ちのぼる秋の夕暮れ」〈⇩むらさめの…〉がよい例である。
また、遠くにたなびくものが霞、地面にたちこめるものが霧という区別もある。

かすみ-こ・む【霞み籠む】自動詞マ下二{め/め/む/むる/むれ/めよ} **霞が一面にたちこめる。** 枕草子 平安―随筆 正月一日は「空のけしきもうらうらと、めづらしうかすみこめたるに」訳空のようすもうららかで、新鮮なようすに霞が一面にたちこめているときに。

かすみ-たつ【霞立つ】枕詞「かす」という同音の繰り返しから、地名の「春日」にかかる。「かすみたつ春日の里」

かすみ-の-ころも【霞の衣】連語 ❶霞がかかるようすを衣服に見立てていう語。古今 平安―歌集 春上「春のきるかすみのころも緯をうすみ」訳春が着ている霞で作った衣は横糸が薄いので。❷**喪服。** ▼「墨の衣」にかけている。

かすみ-の-ほら【霞の洞】連語 **上皇の御所。仙洞御所。**

かすみ-わた・る【霞み渡る】自動詞ラ四{ら/り/る/る/れ/れ} **一面に霞がかかる。** 平家物語 鎌倉―物語 一〇・海道下「遠山の花は残んの雪かと見えて、浦々島々かすみわたり」訳遠くの山の桜の花は残っている雪かと見えて、浦々や島々は一面に霞がかかり。

かす・む[1]【掠む】
一 他動詞マ四{ま/み/む/む/め/め} **かすめ奪う。盗む。** 日本書紀 奈良―史書 継体「持てる物をかすみ奪ひて」訳持っている物を盗み奪って。
二 他動詞マ下二{め/め/む/むる/むれ/めよ} ❶一に同じ。日本書紀 奈良―史書 天智「唐人、その南の界をかすむること得ず」訳唐の軍勢は、その南の境をかすめ奪うことができない。❷**軽く事に触れて言う。それとなくほのめかす。** 枕草子 平安―随筆 七月ばかりいみじうあつければ「『うとくおぼいたる事』などうちかすめ」訳『よそよそしく思っておられることだ』などとそれとなくほのめかし。

かす・む[2]【霞む】
一 自動詞マ四{ま/み/む/む/め/め} ❶**霞がかかる。霞のためにぼうっと見える。** 新古今 鎌倉―歌集 春上「見渡せば山もとかすむ…」訳⇩みわたせばやまもとかすむ…。❷**はっきり見えなくなる。** 万葉集 奈良―歌集 四四八九「今夜の月夜かすみたるらむ」訳(春が近いので)今夜の月ははっきり見えないでいるのだろうか。
二 他動詞マ下二{め/め/む/むる/むれ/めよ} **はっきり見えなくする。** 太平記 室町―物語 一〇「黒煙天をかすめたり」訳黒煙が天をはっきり見えなくした。

かすゆ-ざけ【糟湯酒】名詞 酒かすを湯にとかした飲み物。酒の代用とした。

かず-より-ほか【数より外】連語 **定員のほか。定員外。** 源氏物語 平安―物語 明石「もとの御位あらたまりて、かずよりほかの権大納言になりたまふ」訳(源氏は)以前の官位が改まって、定員外の権大納言におなりになる。

かずら〖葛・蔓・鬘〗⇩かづら

かず-を-つく・す【数を尽くす】連語 ❶**ありったけをそろえる。** 栄花物語 平安―物語 鳥辺野「山の紅葉かずをつくし」訳山の紅葉がありったけをそろえ。❷〔「かずをつくして」の形で〕**残らずすべて。ある限り。** 蜻蛉 平安―日記 中「殿上人かずをつくして集まりて」訳殿上人が、残らずすべて集まって。

かせ[1]【桛】名詞 つむいだ糸をかけて巻き取る道具。また、巻いてある糸。

（桛）

かせ[2]【枷】名詞 ❶刑具の一つ。鉄や木で作り、罪人の手・足・首などにはめ、自由を拘束するもの。❷行動を拘束し、妨げとなるもの。

***かぜ**【風】名詞 ❶**風。** ❷**しきたり。風習。** 新勅撰 鎌倉―歌集 雑五「敷島や(＝枕詞)大和島根のかぜとして」訳日本の国のしきたりとして。❸病気の名。㋐風邪・腹痛をはじめ、頭痛・神経痛・中風などの神経系疾患までを広くさしていう語。「風病」とも。㋑**風邪。**

かぜかよふ… 和歌「風通ふ 寝覚めの袖の 花の香に

に薫る枕の春の夜の夢」〔新古今 鎌倉｜歌集 春下・藤原俊成女〕訳桜の花を吹き散らしてきた風が吹き通って目覚めた私の袖は、花の香に薫り、枕のあたりにも同じ香りが漂っている。その枕で見ていた、余韻の消えない春の夜の夢よ。

鑑賞 かぐわしい桜の香りに満ちた春の夜の情趣を、艶麗に表現したもの。この「花」は『新古今和歌集』では桜として扱われているが、原作では梅であった。

かせぎ【鹿】 名詞 鹿の別名。

かぜそよぐ… 和歌 百人一首「風そよぐ ならの小川の 夕暮れは みそぎぞ夏の しるしなりける」〔新勅撰 鎌倉｜歌集 夏・藤原家隆〕訳風が楢の葉にそよぐ、ならの小川の夕暮れは、(秋の訪れを思わせるが、この小川のほとりで行われる)禊の行事が、まだ夏であることの証拠であったよ。

鑑賞「ならの小川」は京都の上賀茂神社の境内を流れる御手洗川で、歌枕。「なら」には木立の「楢」をかけている。「みそぎ」は、六月晦日の「夏越しの祓へ」のこと。陰暦では七月からは秋である。

かせ-づゑ【鹿杖・鹿背杖】 カセヅエ 名詞 地につく部分が二またになっている杖。

かぜ-の-たより【風の便り】 連語 ❶風という使者。古今 平安｜歌集 春上「花の香をかぜのたよりにたぐへてぞ鶯さそふしるべにはやる」訳(梅の)花の香りを風という使者に添わせて、うぐいすを誘う道案内として送ろう。❷ちょっとしたついで。ふとした機会。源氏物語 平安｜物語 末摘花「荻の葉も、さりぬべきかぜのたよりある時は、おどろかし給ふをりもあるべし」訳軒端の荻にも、しかるべきちょっとしたついでには、気を引いて(ご覧になる)という機会もあるにちがいない。❸どこからともなく伝わってくるうわさ。竹斎 江戸｜物語 仮名「かぜのたよりに聞くよりも、よもや誠と思はねども」訳うわさに(亡くなったことを)聞くやいなや、まさか(そのことが)本当だとは思わないけれども。

かぜふけば…[1] 和歌「風吹けば 沖つ白波 たつた山 夜半にや君が ひとり越ゆらむ」〔古今 平安｜歌集 雑下・よみ人知らず・伊勢物語 平安｜物語 二三・大和物語 平安｜物語 一四九〕訳風が吹くと沖の白波が立つ、その「たつ」ではないが、竜田山を夜中にあなたは一人で越えているのだろうか。

鑑賞「沖つ白波」は歌では、白波が立つというところから、「竜田山(＝立田山)」の序詞となることが多い。竜田山は大和の国(奈良県)の歌枕。この歌では「沖つ白波」までが序詞で、「たつた山」の「たつ」に「立つ」と「竜」とを掛ける。

かぜふけば…[2] 和歌「風吹けば 落つるもみぢ葉 水清み 散らぬ影さへ 底に見えつつ」〔古今 平安｜歌集 秋下・凡河内躬恒〕訳風が吹くと水面に落ちる紅葉、それに加え水が清いので、散らずにいる枝の紅葉の姿までが池の底に映って見える。

鑑賞 水面に映るものの影への関心は『古今和歌集』に特有のものである。

かぜまじり… 和歌「風交じり 雨降る夜の 雨交じり 雪降る夜は すべもなく 寒くしあれば 堅塩を 取りつづしろひ 糟湯酒 うちすすろひて しはぶかひ 鼻びしびしに しかとあらぬ ひげかきなでて あれをおきて 人はあらじと 誇ろへど 寒くしあれば 麻衾 引きかがふり 布肩衣 ありのことごと 着襲へども 寒き夜すらを われよりも 貧しき人の 父母は 飢ゑ寒ゆらむ 妻子どもは 乞ひて泣くらむ この時は いかにしつつか 汝が世はわたる 天地は 広しといへど あがためは 狭くやなりぬる 日月は 明しといへど あがためは 照りやたまはぬ 人皆か あれのみや然る わくらばに 人とはあるを 人なみに あれも作るを 綿もなき 布肩衣の 海松のごと わわけさがれる 襤褸のみ 肩にうち懸け 伏廬の 曲廬のうちに 直土に 藁解き敷きて 父母は 枕のかたに 妻子どもは 足のかたに 囲みゐて 憂へ吟ひ かまどには 火気吹き立てず 甑には くもの巣かきて 飯炊く ことも忘れて ぬえ鳥の のどよひをるに いとのきて 短き物を 端切ると 言へるがごとく 楚取る 里長が声は 寝屋戸まで 来立ち呼ばひぬ かくばかり すべなきものか 世間の道」〔万葉集 奈良｜歌集 八九二・山上憶良〕訳風がまじって雨が降る夜、雨がまじって雪の降る夜は、どうしようもなく寒いので、(固まりになっている)堅塩を少しずつかじりながら、糟湯酒をすすりすすりして、咳をし、鼻をぐずぐずと鳴らし、あるというほどでもない髭をかきなでて、自分をさしおいて立派な人物はいまいといばってみてもやはり寒いので、麻の夜具を引きかぶり、袖なしの布肩衣のありったけを着重ねても、それでも寒い夜なのに、私より貧しい人の親は、腹をすかして寒いことだろう。妻や子どもたちは着物や食物をせがんで泣いていることであろう。こういう時はどのようにしてお前は世を暮らしているのか。

この天地は広大だというのに、私にとっては狭くなってしまったのか。太陽や月は明るいといっても、私のためにはお照りにならぬのか。人は皆そうなのか。それとも私だけがそうなのか。たまたま人として生まれてきたが、人並みに生まれてはきたが、綿も入っていない布肩衣で、(海藻の)海松のようにずたずたに垂れ下がっているぼろだけを肩にかけ、屋根の低い家で、ゆがんで倒れかかった家の内に、地べたに藁をばらばらに敷いて、父母は頭の方に、妻子は足の方で、自分をとり囲んで座って、悲しみうめいており、かまどには煙もふき立てず、(飯を蒸す)こしきにはくもの巣がはって、飯をたくことも忘れて、ぬえ鳥のように力のない声を出していると、「よりによって短い物をさらに短くする」のたとえのように、鞭を持った村長の声が、寝屋の戸口まで来ては叫んでいる。これほどまでどうしようもないものであろうか、世の中の道、人生というものは。

鑑賞「貧窮問答歌」と題された長歌。「風交じり…汝が世はわたる」の部分と、「天地は…」以下の部分に二分される。「貧者」の問いに「窮者」が答えるという形式で、極貧の生活を描く。憶良自身を戯画化したようにも見える下級農民の生活をとおして、世の不条理、非情さ、生きる苦しさを歌っている。「短き物を端切る」とは、当時のことわざで、短いものをさらに短くする、つらいことの上に、さらにつらいことを重ねるという意味。「里長が声」は、村長が税金の取り立てに来た声。

かぜわたる… 和歌「風わたる 浅茅が末の 露にだに 宿りもはてぬ よひの稲妻」〔新古今 鎌倉｜歌集 秋上・藤原有家〕訳風が吹きわたる浅茅の葉先の露の、こぼれるほんのわずかの間でさえ、とどまってはいない、宵の稲妻よ。

鑑賞「宿り」「宵」「稲妻」は縁語。「露」は風にこぼれやすく、はかないもののたとえとして用いられる。この歌では、はかないもののたとえである露を引き合いに出して、それよりはかない稲妻を詠む。「宿りもはてぬ」というのは、風に吹かれて露がこぼれるほんのわずかの間でさえ、露に映ってはいないで消えてしまう稲妻の光をいう。

かぜをいたみ… 和歌 百人一首「風をいたみ 岩うつ波の おのれのみ 砕けて物を 思ふころかな」詞花 平安一歌集 恋上・源重之 訳風が激しいので、岩に打ち寄せる波が自分だけ砕け散ってしまうように、(あなたのつれなさに)私独り、心砕けて、物思いをするこのごろだなあ。

1**か-せん【歌仙】** 名詞 ❶すぐれた歌人。六歌仙・三十六歌仙などが有名。中国の「詩仙」にならって生まれた語。❷⇨歌仙 文芸

2**歌仙** 文芸 連歌・連句の形式の一つ。和歌の三十六歌仙にちなんで、発句から挙句まで三十六句を連ねて一巻としたもの。蕉風俳諧以後は、連句の主流となった。

かぞ【父】 名詞 父。◆奈良時代以前は「かそ」。

かぞ-いろ【父母】 名詞「かぞいろは」に同じ。◆奈良時代以前は「かそいろ」。

かぞ-いろは【父母】 名詞 父と母。「かぞいろ」とも。◆奈良時代以前は「かそいろは」。「かぞ」は父(実父)、「いろは」は母(生母)をさす。

***かそけ・し【幽けし】** 形容詞ク {(く)・から/く・かり/し/き・かる/けれ/かれ} かすかだ。ほのかだ。▼程度・状況を表す語であるが、美的なものについて用いる。万葉集 奈良一歌集 四二九一「わが宿のいささ群竹吹く風の音のかそけきこの夕べかも」訳⇨わがやどの…。

***かぞ・ふ【数ふ】** カゾウ 他動詞ハ下二 {へ/へ/ふ/ふる/ふれ/へよ} ❶数える。❷数に入れる。源氏物語 平安一物語 関屋「親しき家人のうちにはかぞへ給ひけり」訳親しい家来の中には数に入れなさった。❸列挙する。源氏物語 平安一物語 夕顔「『なにがし、くれがし』とかぞへしは」訳「だれそれ、かれそれ」と列挙したのは。❹拍子をとって歌う。平家物語 鎌倉一物語 一〇・千手前「かぞへすましたりければ」訳気持ちを集中して拍子をとって歌ったので。

かぞへ-うた【数へ歌】 カゾエウタ 名詞 ❶『古今和歌集』の仮名序にいう、和歌の「六義」の一つで、感じたことを他のものになぞらえず、そのままに詠む歌。❷一つ、二つと数え立ててうたっていく歌。

1**かた【方】** 名詞

❶方。方向。方角。方位。伊勢物語 平安一物語 九「あづまのかたに住むべき国求めにとて行きけり」訳東国の方に住むにふさわしい国を探し求めるためにと思って出かけていった。

❷所。場所。地点。土佐日記 平安一日記 一・二六「霜だにも置かぬかたぞと言ふなれど」訳霜さえも降りない場所だと言うようだけれど。

❸方面。それに関する点。源氏物語 平安一物語 桐壺「天の下助くるかたにて見れば」訳天下の政治を助けるという面として見ると。

❹人。方。▼多く貴人を尊敬してさすときに用いる。源氏物語 平安一物語 桐壺「おのづから、軽きかたにも見えしを」訳(更衣は)自然と軽い身分の人に見えたのだが。

❺方法。手段。宇治拾遺 鎌倉一説話 一・三「恐ろしさ、すべきかたなし」訳恐ろしさは、どうしてよいか方法がない。

❻時。ころ。源氏物語 平安一物語 葵「御文ばかりぞ、暮れつかたある」訳お手紙ばかりが、日が暮れるころに届く。

❼組。仲間。源氏物語 平安一物語 絵合「左・右と、かた分かたせ給ふ」訳左と右とに組をお分けになる。

2**かた【形・型・象】** 名詞

❶(物の)姿。形。万葉集 奈良一歌集 三八二〇「夕づく日さすや川辺に作る屋のかたをよろしみ」訳夕日がさしている川辺に建てている家の形がよいので。

❷絵。枕草子 平安一随筆 清涼殿の丑寅のすみの「北の隔てなる御障子は、荒海のかた」訳北の仕切りであるついたて障子には、荒海の絵。

❸跡。跡形。更級 平安一日記 富士川「八橋は名のみして、橋のかたもなくて」訳八橋は名前だけが残っていて、橋の跡形もなくて。

❹形式。慣例。源氏物語 平安一物語 末摘花「えかたのやうにもつづけ給はねば」訳形式どおりにも(文章を)お続けになることもできないので。

❺占いの結果。万葉集 奈良一歌集 三四八八「真柴にも告らぬ妹が名かたに出でむかも」訳めったに口に出さない妻の名が占いの結果に出てしまうのかなあ。

3**かた【肩】** 名詞 ❶肩。鳥の翼の付け根の部分や、獣や虫の前脚の付け根のあたりにもいう。❷衣服の肩の部分。

4**かた【潟】** 名詞 ❶干潟。遠浅の海岸で、潮の干満で現れたり隠れたりする所。❷浦。入り江。

5**かた-【片】** 接頭語 ㊀[名詞に付いて用いられる] ❶片一方の。「かた恋」。対真。❷不完全な。整っていない。少しの。「かた生ひ」。対真。❸一方に片寄っている。「かた田舎」。㊁[多く動詞に付いて用いられる]ひたすら。「かた待つ」

***-がた【方】** 接尾語 ❶…ごろ。▼だいたいの時期・時分を表す。「つごもりがた」「暮れがた」。❷一方の側、また、その方角、仲間などを表す。「女がた」。❸人を表す語に付いて、敬意をこめて、複数であることを表す。「おまへさんがた」

かた-あ・く【方明く】 連語「方塞がり」が解ける。源氏物語 平安一物語 手習「かたもあきぬれば、…、とて帰る」訳方塞がりも解けたので、…といって帰る。◆「あく」は四段の助動詞。⇨かたふたがり

かた-あ・し【方悪し】 連語 方角が悪い。▼その方角が「方塞がり」であるときに言う。蜻蛉 平安一日記 中「さて、れいのところにはかたあしとて、とどまりぬ」訳そうして、例の所へ行くには方角が悪いとのことで、(その場に)宿泊した。

かたい【乞丐・乞児】 ⇨かたゐ

かた-いと【片糸】 名詞 より合わせていない糸。◆縫い合わせる糸は、より合わせた糸を使う。

かたいと-の【片糸の】 枕詞 かた糸はより合わせて

か

使うことから「よる」「あふ」「くる」などにかかる。古今 平安―歌集 仮名序「かたいとのよりよりにたえずぞありける」訳折々に絶えないのであった。

片歌(かたうた) 文芸 奈良時代以前の歌謡の形式の一つ。五・七・七音の三句からなるもの。「愛(は)しけやし吾家(わぎへ)の方(かた)よ雲居(くもゐ)立ち来(く)も」(『古事記』)〈ああ、なつかしい。わが家の方から雲がわきあがってくるよ。〉はその例。片歌の形式が二つ合わさったものが旋頭歌(せどうか)である。

[*]かた-うど【方人】(カタウド) ―(カトウド)「かたひと」のウ音便。
一 名詞 **左右に分かれてする競技で、一方の組に属する人。**歌合わせでは、初め一方の組の応援者をさしたが、のちにはそれぞれの組の歌人をさすようになった。
二 名詞／―す 自動詞 サ変 **ひいきすること。味方をすること。また、その人。味方。**平家物語 鎌倉―物語 六・嗄声「平家のかたうどする者」訳平家の味方をする者。

[1]かたえ〔片方〕⇩かたへ

[2]かた-え【片枝】 名詞 **片方の枝。**

かた-おひ【片生ひ】(カタオイ) 名詞 まだ十分に成長していないこと。また、その年ごろ。◆「かた」は接頭語。

かた-おひ・なり【片生ひなり】(カタオイナリ) 形容動詞 ナリ {なら／なり・に／なり／なる／なれ／なれ} **未完成だ。未熟だ。まだ完全ではない。**源氏物語 平安―物語 少女「まだかたおひなる手の」訳まだ未熟な筆跡で。◆「かた」は接頭語。

かた-おもひ【片思ひ】(カタオモイ) 名詞「かたもひ」に同じ。

かた-おもむき・なり【片趣なり】 形容動詞 ナリ {なら／なり・に／なり／なる／なれ／なれ} **片方にばかり心を寄せて、他方を顧みない。**平家物語 鎌倉―物語 一一・逆櫓「かたおもむきなるをば、猪(しし)武者とて、よきにはせず」訳片方にばかり心を寄せ、他方を顧みないのを猪武者といって、よいこととはしない。

かた-か・く【片掛く】 他動詞 カ下二 {け／け／く／くる／くれ／けよ} ❶**片方をかける。寄せかける。**源氏物語 平安―物語 手習「山にかたかけたる家なれば」訳山に寄せかけた家であるので。❷**頼みにする。あてにする。**源氏物語 平安―物語 松風「かの殿の御かげに、かたかけてと思ふことありて」訳あの殿(＝源氏)のお恵みを頼みにしてと思うことがあって。

かた-かご【堅香子】 名詞 植物の名。かたくりの古名。

かた-かた【片方】 名詞 ❶**片一方。片ほう。**❷**片すみ。**宇治拾遺 鎌倉―説話 五・九「かたかたへ行きて、さうぞきて」訳片すみに行って、装束を着て。

かた-がた【方方】
一 名詞 ❶**方々(ほうぼう)。あちらこちら。**更級 平安―日記「いみじうをかしければ、朝寝(あさい)などもせず、かたがた見つつ」訳たいへん趣深いので、朝寝などもしないで、あちらこちらを眺めながら。❷(「人々」の尊敬語)**方々(かたがた)。**源氏物語 平安―物語 桐壺「はじめより、我はと思ひ上がり給(たま)へる御かたがた」訳宮仕えの最初から、私こそは(帝(みかど)の寵愛(ちょうあい)をうける)と自負していらっしゃった御方々は。❸**あれこれ。いろいろ。**源氏物語 平安―物語 早蕨「とかくやとかたがたに安からず聞こえなし給(たま)へば」訳何やかやといろいろに心中おだやかでなく申し上げなさるので。
二 代名詞 **あなた方。おのおの方。**▼対称の人称代名詞。敬意をこめていう。太平記 室町―物語 二二「それがしが鎧(よろひ)にはかたがたのへろへろ矢はよも立たじ」訳私の鎧にはあなた方のへなへなの矢はまさか突き立たないであろう。
三 副詞 ❶**別々に。方々(ほうぼう)に。**古今 平安―歌集 離別「下の帯の道はかたがたわかるとも行きめぐりても逢(あ)はむとぞ思ふ」訳下着の帯が身に回されてもまた会うように、あなたと道が別々に別れるとしてもいつかまた行きめぐって出会いたいと思う。❷**あれこれと。様々に。**源氏物語 平安―物語 紅葉賀「恐ろしうも、かたじけなくも、うれしくも、あはれにも、かたがた移ろふ心地して」訳恐ろしくも、おそれ多くも、うれしくも、いとしくも、あれこれと心が移り変わる気持ちがして。❸**いずれにしても。どの点から見ても。**平家物語 鎌倉―物語 二・小教訓「かたがたおそれあるべし」訳いずれにしても(乱暴なことをするのは)(あとで)心配が起こるでしょう。

かた-かど【片才】 名詞 **わずかな才芸。一つのとりえ。**

[*]かたき【敵】 名詞 ❶(遊びや勝負事などの)**相手。**❷**敵(てき)。**▼戦争の相手。❸**かたき。あだ。**▼恨みのある相手。

[1]かた-ぎ【気質・形気・容気】 名詞 ❶**習慣。生活態度。性質。**❷身分・職業・年齢・地域的風習・生活習慣などによって類型化した独特の気風、気質(きしつ)。◇「職人かたぎ」「女房かたぎ」など、身分・職業などを表す名詞に付いて接尾語的に用いることが多い。

[2]かたぎ【模・型木】 名詞 模様や文字を彫りつけた板。布や紙をあてて、模様などを染めつけるのに用いる。

かた-きし【片岸・片崖】 名詞 ❶**一方が、がけになっている所。**蜻蛉 平安―日記 中「かたきしに木ども生ひこりて」訳一方ががけになっている所に木々が生い茂って。❷**隣り合わせの場所。隣。**蜻蛉 平安―日記 上「我は左近の馬場(むまば)をかたきしにしたれば」訳私は(家が)左近の馬場を隣り合わせにしているので。◆「かたぎし」とも。

[*]かた-ぎぬ【肩衣】 名詞 ❶奈良時代以前の庶民の衣服。丈の短い袖(そで)なしの上着。❷室町時代、武士が袴(はかま)とともに着用した、肩から背を覆う袖なしの上衣。江戸時代には、袴と合わせて着用し、「上下(かみしも)」といって武家の礼服となる。町家でも、年賀回り、婚礼・葬礼などのときに用いる。参照▼口絵

気質物(かたぎもの) 文芸 江戸時代の浮世草子(うきよぞうし)の一種。人間を身分や職業・年齢などによって分け、その性格などを類型化して滑稽(こっけい)に描いたもの。書名に「かたぎ」が付く。江島其磧(きせき)の『世間子息(むすこ)気質』『浮世親仁(おやじ)形気(かたぎ)』や、上田秋成の『世間妾(てかけ)形気』などが主な作品。

かた・ぐ【担ぐ】 他動詞 ガ下二 {げ／げ／ぐ／ぐる／ぐれ／げよ} ❶**肩にのせる。かつぐ。**❷**負ける。まいる。**二枚絵 江戸―浄瑠 近松「一本かたげ、恥かこより」訳一本負け(＝とられ)恥をかくより。

[*]かたくな・し【頑し】 形容詞 シク {(しく)・しから／しく・しかり／し／しき・しかる／しけれ／しかれ} ❶**かたくなだ。頑固だ。**源氏物語 平安―物語 明石「いとどをこにかたくなしき入道の心ばへも」訳ますます愚かしくて頑固な入道の心情も。❷**体裁が悪い。見苦しい。**枕草子 平安―随筆 あかつきに帰

らむ人は「いみじくしどけなく、**かたくなしく**、直衣・狩衣などゆがめたりとも」訳とてもだらしなく、直衣や狩衣などをゆがめて(着て)いても。◆**体裁悪く**、「かたくなはし」とも。参照▶類語と使い分け⑱

かた-く-な・なり【頑なり】

形容動詞 ナリ〔なら／なり・に／なり／なる／なれ／なれ〕

語義の扉

ひとりよがりで凝り固まっている、考えが片よって偏屈だの意。品格や教養などの不完全さについていう。

❶偏屈だ。頑固だ。
❷無教養だ。愚かだ。
❸粗野だ。見苦しい。

❶**偏屈だ。頑固だ。** 源氏物語 平安―物語 桐壺「いとど人わろう、**かたくなに**なり果つるも、前の世ゆかしうなむ」訳いっそう人聞きも悪く、**偏屈に**なってしまうにつけても、前世の因縁が知りたくて。

❷**無教養だ。愚かだ。** 徒然 鎌倉―随筆 一三七「ことに**かたくななる**人ぞ『この枝かの枝散りにけり。今は見どころなし』などは言ふめる」訳とくに**無教養な**人が、「この枝も、あの枝も(花は)散ってしまった。今はもう見る価値がない」などと言うようだ。

❸**粗野だ。見苦しい。** 徒然 鎌倉―随筆 二二〇「何事も辺土はいやしく、**かたくななれ**ども、天王寺の舞楽のみ都に恥ぢず」訳何事につけても片いなかは粗末で、**粗野である**けれども、天王寺の舞楽だけは都に劣らない。

かたくな-は・し【頑はし】 形容詞 シク「かたくなし」に同じ。

かた-げ・なり【難げなり】 形容動詞 ナリ〔なら／なり・に／なり／なる／なれ／なれ〕**むずかしそうだ。めったになさそうだ。** 源氏物語 平安―物語 帚木「上の品と思ふにだに**かたげなる**世を」訳上流階級だと思われる女性でさえ(すばらしい人は)**めったになさそうな**世の中なのに。

かた-ごころ【片心】 名詞 少し心が動くこと。ちょっと関心をもつこと。

かた-こひ【片恋】 名詞 **片思い。**

かた-さま【方様】 代名詞 **あなたさま。** ▼対称の人称代名詞。女性が男性を敬愛して呼ぶ語。一代男 江戸―物語 浮世・西鶴「**かたさま**は覚えてか」訳**あなたさま**は覚えていらっしゃいますか。

かた-ざま【方様】 名詞 ❶**方向。方角。** ❷**その向き。その筋。方面。** 源氏物語 平安―物語 賢木「かかる**かたざま**の御調度どもを」訳このような**方面**のお道具のたぐいを。❸**その人の側。身内。味方。** 平家物語 鎌倉―物語 二・大納言流罪「もしこのへんにわが**かたざま**のものやある」訳ひょっとしてこのへんに私の**味方**の者がいるのではないか。◆「かたさま」とも。

かた-さ・る【片去る】 自動詞 ラ四〔ら／り／る／る／れ／れ〕❶**片側に寄る。片方に避ける。** 万葉集 奈良―歌集 四一〇二「ぬばたまの(=枕詞)夜床**かたさり**」訳夜の床も**片側に寄り**。❷**遠慮する。** 源氏物語 平安―物語 若菜上「こなたの御けはひには、**かたさり**憚るさまにて」訳この方(=紫の上)のごようすには、**遠慮し**気がねするようすで。

かたし[1]【片し】 名詞 対になっているものの片方。

かた・し[2]【固し・堅し】

形容詞 ク〔(く)・から／く・かり／し／き・かる／けれ／かれ〕

❶**かたい。** ▼力を加えても形が変わらないようす。源氏物語 平安―物語 行幸「**かたき**巌も、沫雪になし給うつべき御気色なれば」訳**かたい**岩も、あわ雪のようにしてしまいなさるにちがいないごようすなので。

❷**かたい。** ▼物が動かないようす。落窪物語 平安―物語 一「中隔ての障子をあけ給ふに、**かたけれ**ば」訳中仕切りの障子をお開けになると、**かたい**ので。

❸**堅固だ。厳重だ。** 今昔物語 平安―説話 一一・一二「城**かたく**築き込めて」訳城を**堅固に**築いて。

❹**厳しい。しっかりしている。強い。** 源氏物語 平安―物語 明石「后の**かたく**諫め給ふに」訳お后が**厳しく**お諫めになるが。

❺**堅苦しい。ぎこちない。** 源氏物語 平安―物語 行幸「いとわりなうしじかみ、ゑり深う、強う、**かたう**書き給へり」訳とてもひどくちぢこまって、彫り込んだように深く強く、**堅苦しく**お書きになっている。◇「かたう」はウ音便。

かた・し[3]【難し】

形容詞 ク〔(く)・から／く・かり／し／き・かる／けれ／かれ〕

❶**難しい。困難だ。** 徒然 鎌倉―随筆 一〇九「鞠も**かたき**ところを蹴いだしてのち」訳蹴鞠でも**難しい**ところをうまくけりだしたあと。

❷**めったにない。** 源氏物語 平安―物語 桐壺「なずらひに思さるるだに、いと**かたき**世かな」訳(更衣に)匹敵する人と(帝が)自然にお思いなさる人さえ、まず**めったにない**この世であるよ。

***-がた・し【難し】** 接尾語 ク〔動詞の連用形に付いて〕…**しがたい。…するのがむずかしい。**「有り**がたし**」「言ひ**がたし**」「忍び**がたし**」。◆形容詞「かた(難)し」から。

かた-しき【片敷き】 名詞 独り寝をすること。自分の衣の袖の片方だけを敷いて一人で寝ること。

***かた-し・く【片敷く】** 自動詞 カ四〔か／き／く／く／け／け〕自分の衣の袖(の片方)を敷いて、一人で寝る。**独り寝をする。** ▼古く、男女が共寝をするときは、互いの衣の袖を敷き交わして寝たところから。新古今 鎌倉―歌集 秋下「きりぎりす鳴くや霜夜のさむしろに衣**かたしき**ひとりかも寝む」訳⇩きりぎりす…。

◆学習ポイント⑯

片敷く

通い婚では、男女がたまにしか会えないことがある。そして、相手に会えないときに寂しく独り寝をすることを「片敷く」と言う。片敷くは、相手に会えない満たされない恋心や、寂しさ・わびしさを表す言葉として、平安時代中期以降、和歌に多く詠まれた。

かたじけ-な・し【忝し・辱し】

形容詞 ク〔(く)・から／く・かり／し／き・かる／けれ／かれ〕

❶**恐れ多い。もったいない。** 竹取物語 平安―物語 貴公子

たちの求婚「かたじけなく、きたなげなる所に、年月をへて物し給ふこと」訳恐れ多くも、(こんな)見苦しい所に、長い間お通いくださいますことは。❷面目ない。恥ずかしい。源氏物語 平安—物語 明石「かたじけなく屈しにける心の程思ひ知らる」訳面目なくくじけてしまった心のありさまを思い知らされる。❸ありがたい。もったいない。▼身に余る恩恵を受けて感謝するようす。源氏物語 平安—物語 桐壺「かたじけなき御心ばへのたぐひなきをたのみにて交じらひ給ふ」訳もったいない(桐壺帝の)ご愛情が比べるものがないほど強いのを頼りにして、(更衣は)宮仕えをしなさる。

かた-しほ【堅塩】(カタシオ) 名詞 未精製の固まっている塩。「きたし」とも。対泡塩。

***かた-しろ【形代】** 名詞 ❶祭りのとき、神体の代わりとして据える人や人形。❷祓えや祈禱などのときに用いる人の形をしたもの。紙やわらで作り、これで体をなでて、身の罪・けがれ・災いを移して、身代わりに川に流す。季夏。❸身代わり。本物の代わりになるもの。また、本物にまねて作ったもの。

かた-そば【片傍・片側】 名詞 ❶(物の)一端。片端。源氏物語 平安—物語 明石「よしある岩のかたそばに」訳風情のある岩の片端に。❷(物事の)一部分。一面。源氏物語 平安—物語 蛍「日本紀などは、ただかたそばぞかし」訳『日本書紀』以下の正史など(に書かれていること)は(世の中のことの)ほんの一面なのだよ。参考 ❷の用例は、作者紫式部が、源氏の口を借りて試みた物語論(文学論)の一節。正史としての歴史書は一面の事実を描いているに過ぎず、「人生の真実は虚構の物語の中にこそ見られる」というのが大意。

かた-そ・ふ【片添ふ】(カタソウ) 他動詞 ハ下二{へ/へ/ふ/ふる/ふれ/へよ} 片方に寄せる。一方に添える。増鏡 室町—物語 新島守「海づらよりは少しひき入りて、山陰にかたそへて」訳海辺よりは少しひきこんで、山陰に片寄せて。

堅田(かたた) 地名 今の滋賀県大津市堅田で、琵琶湖西南岸の湖上交通の要地。近江八景の一つ「堅田の落雁」でも有名。「かただ」とも。

かた-たがひ【方違ひ】(カタタガイ) 名詞「かたたがへ」に同じ。

かた-たが・ふ【方違ふ】(カタタガウ)—(カタタゴウ) 連語「方違へ」をする。源氏物語 平安—物語 夕霧「大殿へかたたがへむとて渡り給ひにけるを」訳父の大殿の邸へ、方違えをしようといって行ってしまわれたのを。◆「たがふ」は他動詞。

***かた-たがへ【方違へ】**(カタタガエ) 名詞 自分の行こうとする所が陰陽道での避けるべき方角に当たるとき、いったん別の方向の(知人・縁者などの)家へ行って泊まり、翌日、そこから目的地に向かうというように、災いを受ける方向へは行かないようにすること。「かたたがひ」「いみたがへ」とも。参考「方違へ」の客を迎えた家では、ごちそうをしてもてなすのが通例だった。

かたたがへ-どころ【方違へ所】(カタタガエドコロ) 名詞「方違へ」のために、ひとまず行って泊まる家。

かたち【形・容・貌】 名詞

語義の扉

現代語では、一般に物の形をさすが、古語では、人間の形、特に顔立ち・容姿をさすことが多い。

❶[物の形]外形。形態。
❷[人の形]容貌。顔立ち。
❸美しい容姿。美人。
❹姿。ようす。

❶(物の)形。外形。形態。枕草子 平安—随筆 草の花は「夕顔は花のかたちも朝顔に似て」訳夕顔は、花の形も朝顔に似ていて。

❷容貌。顔立ち。顔つき。竹取物語 平安—物語 かぐや姫の生ひ立ち「この児のかたちけうらなること世になく」訳この子(=かぐや姫)の容貌の清らかで美しいことといったら世にまたとなく。

❸美しい容姿(の人)。美人。栄花物語 平安—物語 殿上の花見「かたちを好ませ給ひて、今もよき若き人ども参り集まりて」訳(女院は)美人をお好みになって、今も美しい若い人たちが(御殿に)参上し集まって。

❹(人の)姿。ようす。源氏物語 平安—物語 手習「まことの人のかたちなり」訳(この女は魔物ではなく)正真正銘の人間の姿である。

***かたち-あ・り【形有り・容有り】** 連語 容貌がすぐれている。源氏物語 平安—物語 玉鬘「かたちある女をいかで集めて見む」訳容貌がすぐれている女性を何とかして集めて、世話をしたい。

かたち-ありさま【容有り様】 名詞 顔と姿。容姿。徒然 鎌倉—随筆 一「人は、かたちありさまのすぐれたらんこそ、あらまほしかるべけれ」訳人間は容姿がすぐれていることこそ、望ましいだろう。

かたち-かは・る【形変はる】(カタチカワル) 連語 出家して、僧尼の姿になる。剃髪する。

かたち-びと【形人・容人】 名詞 容貌の美しい人。源氏物語 平安—物語 桐壺「ありがたき御かたちびとになむ」訳めったにない美しいお方でございます。◆男女ともにいう。

かたち-を-か・ふ【形を変ふ】(カタチヲカウ)—(カタチヲコウ) 連語 剃髪する。出家する。源氏物語 平安—物語 竹河「かたちをかへてむと思ほしたつを」訳出家して尼になってしまおうと思い立ちなさるのを。

かた-つ-かた【片つ方】 名詞 ❶二つあるものの一方。片一方。枕草子 平安—随筆 十二月二十四日「指貫(=袴の一種)の(裾の)片一方は。❷片端。片隅。源氏物語 平安—物語 空蟬「この御たたう紙のかたつかたに」訳このお懐紙の片端に。❸他方。◆「つ」は「の」の意の奈良時代以前の格助詞。

かた-つ・く【片付く】 自動詞 カ四{か/き/く/く/け/け} 一方に片寄って付く。一方に接する。万葉集 奈良—歌集 四二〇七「谷かたつきて家居せる君が」訳谷に接して住んでいるあなたが。

かた-つぶり【蝸牛】 名詞 かたつむり。季夏。

かた-て【片手】 名詞 ❶片方の手。一方の手。❷対となるものの一方。片方。相手。

かたて-や【片手矢】 名詞 一本の矢。◆矢は二本一対で一手という。

***かた-とき【片時】** 名詞 わずかな間。しばし。ほんのしばらくの間。竹取物語 平安—物語 かぐや姫の昇天「かた

ときの間とて、かの国よりまうで来こしかども」訳ほんのしばらくの間と思って、あの（月の）国からやって参ったけれども。

かたとき-さら-ず【片時去らず】連語
なりたち 名詞「かたとき」＋動詞「さる」の未然形＋打消の助動詞「ず」
少しの間も離れず。いつも。 伊勢物語 平安一物語 四六「かたときさらずあひ思ひけるを」訳少しの間も離れず互いに思い合っていたが。

かた-な【刀】名詞 ❶**片刃の武器。** 特に、太刀たちの短いもの。**小刀しょうとう。** 腰につるす太刀に対して、腰に差して用いる。❷**小さな刃物。小刀こがたな。** 徒然 鎌倉一随筆 二二九「よき細工は、少しにぶきかたなを使ふといふ」訳りっぱな細工師は、少し切れ味のにぶい小刀を使うという。❸江戸時代、脇差わきざしを添えて腰に差す大刀だいとう。脇差し（＝小刀）と合わせて「大小」という。◆「な」は刃の意。

かた-なり【片生り】名詞 ❶肉体的、精神的に十分に大人らしくなっていないこと。❷技能などが未熟であること。◆「かた」は接頭語。

かた-なり・なり【片生りなり】形容動詞ナリ {なら/なり・に/なり/なる/なれ/なれ} ❶**発育が不十分だ。幼稚だ。** 源氏物語 平安一物語 少女「かたなりに見えたまへど、いと児こめかしう」訳発育が不十分に（＝一人前の女らしさがなく）お見えになるが、まことにおっとりとして。❷（技能などが）**未熟だ。** 源氏物語 平安一物語 竹河「御息所みやすどころの御琴の音、まだかたなりなるところありしを」訳御息所のお琴の音は、まだ未熟なところがあったが。◆「かた」は接頭語。

かた-ぬ・ぐ【肩脱ぐ】自動詞ガ四 {が/ぎ/ぐ/ぐ/げ/げ} ❶上着を半ば脱いで、下着の肩を出す。源氏物語 平安一物語 若菜下「若やかなる上達部かんだちめは、かたぬぎており給ふ」訳若々しい上達部は、下着の肩を出して（庭に）下りなさる。❷上半身の衣服を脱いで肌を出す。著聞集 鎌倉一説話 三九八「男のかたぬぎて、たつぎ振りかたげて」訳男が上半身の衣服を脱いでて、おのを振りあげて。

交野かたの 地名 歌枕 今の大阪府枚方ひらかた市・交野市。生駒いこま山地に連なる台地一帯。平安時代以後、皇室の狩猟地で、桜の名所として知られる。

荷田春満かだのあずままろ 人名（一六六九～一七三六）江戸時代中期の国学者。京都伏見稲荷ふしみいなりの神官の家に生まれた。江戸で国学の実証的研究に従事し、国学の基礎を築いた。研究書に『万葉集僻案抄へきあんしょう』、和歌論に『国歌八論』など。

かた-の-ごとく【形の如く】連語
なりたち 名詞「かた」＋格助詞「の」＋比況の助動詞「ごとし」の連用形
形式どおりに。慣例に従って。 源氏物語 平安一物語 若菜下「かたのごとくなむ斎ひいの御鉢はちまゐるべきを」訳慣例に従って精進料理のお食事を差し上げるつもりですが。

＊かた-は【片端】カタワ 一 名詞 ❶**不完全なこと。欠点。** 源氏物語 平安一物語 藤袴「三つ四つがこのかみは、殊ことなるかたはにもあらぬを」訳三歳か四歳の年長は格別の欠点でもないのに。❷身体に障害のあること。❸不都合なこと。不体裁であること。
二 形容動詞 語幹 ⇩かたはなり。源氏物語 平安一物語 末摘花「あなかたはと見ゆるものは」訳ああ不体裁だなあと見られるものは。

かた-はし【片端】名詞 ❶（ものの）**一方の端。片端。** ❷（物事の）**一部分。一端。** 源氏物語 平安一物語 横笛「かたはしをかき鳴らして」訳（曲の）一部分を弾き鳴らして。

かたはし-より【片端より】連語 **片っぱしから。** 方丈記 鎌倉一随筆「さまざまの財物たから、かたはしより捨つるがごとくすれども」訳いろいろな財産を、片っぱしから捨てるように（安く売ろうと）するけれども。◆「より」は格助詞。

かたは-づ・く【片端付く】カタワヅク 自動詞カ四 {か/き/く/く/け/け} **体が不自由になる。** 方丈記 鎌倉一随筆「身を損なひ、かたはづける人、数も知らず」訳身を傷つけ、体が不自由になった人は、数もわからない。

かた-は・なり【片端なり】カタワナリ 形容動詞ナリ {なら/なり・に/なり/なる/なれ/なれ} ❶**欠点がある。不完全だ。** 今昔物語 平安一説話 二二・八「色めき給またへるなむ少しかたはに見え給ひける」訳好色でいらっしゃったのが少し不完全にお見えになった。❷**身体に障害がある。** ❸**不都合だ。みっともない。** 伊勢物語 平安一物語 六五「いとかたはなり。身も滅びなむ」訳たいそう不都合だ。身もきっと滅びよう。

かたばみ【酸漿草・酢漿草】名詞 ❶草の名。黄色の小花が咲き実ははじけ飛ぶ。❷紋所の一つ。❶の葉を図案化したもの。

かたは-ら【傍ら・側】カタワラ 名詞 ❶（ある物・場所の）**そば。わき。** 徒然 鎌倉一随筆 四五「坊のかたはらに、大きなる榎えの木のありければ」訳僧坊のそばに、大きな榎の木があったので。❷**そばにいる人。周囲の人。** 紫式部 平安一日記 消息文「かたはらのため見えにくきさませずだになりぬれば、憎うは侍はべるまじ」訳周囲の人にとって付き合いにくいようすをしないようにさえなってしまうと、憎くはないでしょう。

かたはら-いた・し【傍ら痛し】カタワライタシ 形容詞ク {(く)・から/く・かり/し/き・かる/けれ/かれ}

語義の扉

「かたはら」が「そば」の意味で、そばにいる人が見ていてつらく感じるようすを表す。
❶きまりが悪い。気恥ずかしい。
❷腹立たしい。苦々しい。みっともない。
❸気の毒である。心苦しい。

❶**きまりが悪い。気恥ずかしい。** ▼自分の言動を、そばにいる人がどう思うかと強く意識される気持ち。枕草子 平安一随筆 かたはらいたきもの「…客人まらうどなどにあひてものいふに、奥の方かたにうちとけごとなどいふを、えは制せで聞く心地」訳きまりが悪いもの。…お客などに会って話をしているときに、奥の方でくつろいだ話をしているのを止められずに聞いている

気持ち。参照▶類語と使い分け⑯

❷腹立たしい。苦々しい。みっともない。▼他人の言動を、自分がそばで見聞きして気に入らないと思っているときの気持ち。枕草子 平安―随筆 文ことばなめき人こそ「おほかたさし向かひても、なめきは、などかく言ふらむとかたはらいたし」訳大体、向かい合って話す場合でも、言葉が無礼なのは、なぜこのようにしゃべるのかと、腹立たしい。

❸気の毒である。心苦しい。▼そばにいる人のことを思いやる気持ち。源氏物語 平安―物語 桐壺「このごろの御気色を見奉る上人・女房などは、かたはらいたしと聞きけり」訳このごろの帝のごようすを拝見している殿上人・女房などは、(弘徽殿の女御のなさる音楽を、帝にとって)気の毒だと聞いていた。参照▶類語と使い分け④

かたはら-ざま【傍ら様】 カタワラザマ 名詞 わきの方。かたわら。宇治拾遺 鎌倉―説話 二・八「にはかに、かたはらざまにふと寄りたれば」訳急にわきの方にさっと寄ったところ。

かたはら-な・し【傍ら無し】 カタワラナシ 形容詞ク {(く)・から/く・かり/し/き・かる/けれ/かれ} 並ぶものがない。源氏物語 平安―物語 若菜上「人柄もかたはらなきやうにものしたまふにも」訳人柄も並ぶものがないありさまでいらっしゃるにつけても。

かたはら-ふ・す【傍ら臥す】 カタワラフス 自動詞サ四 {さ/し/す/す/せ/せ} 横になる。横向きに寝る。蜻蛉 平安―日記 下「やをらかたはらふしてきけば、蟬のこゑいとしげうなりにたるを」訳そっと横になって聞くと、蟬の声がたいそうにぎやかになったのに。

かたはら-め【傍ら目】 カタワラメ 名詞 わきから見たところ。横顔。源氏物語 平安―物語 少女「恥ぢらひて少しそばみ給へるかたはらめ、つらつき美しげにて」訳恥ずかしがって、少し横をお向きになった横顔の、そのようすがかわいらしくて。

かた-ひ・く【片引く・方引く】 他動詞カ四 {か/き/く/く/け/け} 片方だけをひいきにする。えこひいきをする。枕草子 平安―随筆 故殿の御ために「男も女も、け近き人思ひかたひき、ほめ」訳男でも女でも、身近な人を思いえこひいきをし、ほめ。

かた-びら【帷・帷子】 名詞 ❶几帳・帳などに用いる垂れ布。夏は生絹、冬は練り絹を用いる。源氏物語 平安―物語 若紫「御几帳のかたびら引きおろし」訳御几帳の垂れ布を引きおろし。❷裏を付けない衣服。❸夏に着る、麻・木綿などで作った単衣。❹「経帷子」の略。仏葬で、死者に着せる白い麻の着物。◆裏のない一枚だけの布である「片枚」の意。

かたぶ・く【傾く】

一 自動詞カ四 {か/き/く/く/け/け} ❶かたむく。枕草子 平安―随筆 草は「唐葵、日の影にしたがひてかたぶくこそ」訳からあおいは、太陽の光の移動に従って傾くというのが。

❷(太陽や月が)沈みかける。伊勢物語 平安―物語 四「あばらなる板敷きに月のかたぶくまで伏せりて」訳(戸障子もなく)すき間の多い板張りの部屋に、月が沈みかけるまで伏せって。

❸衰える。滅びる。大鏡 平安―物語 後一条「臣下のあまたしてかたぶけ奉る時はかたぶき給ふものなり」訳臣下が大勢で衰えさせ申し上げるときは、滅びなさるものである。

❹首をかしげる。不審に思う。源氏物語 平安―物語 桐壺「相人驚きて、あまたたびかたぶきあやしぶ」訳人相見は驚いて、何度も首をかしげ不思議がる。

二 他動詞カ下二 {け/け/く/くる/くれ/けよ} ❶かたむける。平家物語 鎌倉―物語 一一・能登殿最期「甲の錏をかたぶけ、太刀を抜いて、一面にうってかかる」訳甲の錏をかたむけ、太刀を抜いて一斉に討ってかかる。

❷滅ぼす。くつがえす。栄花物語 平安―物語 月の宴「帝をかたぶけ奉らんと構ふる罪によりて」訳帝を滅ぼし申し上げようと計画した罪によって。

❸非難する。源氏物語 平安―物語 少女「あまり引きたがへたる御事なりと、かたぶけ侍るめるを」訳(右大将も)あまりにも一般の慣習と違った(源氏の)なされ方であると非難しているようですから。

かた-ふたがり【方塞がり】 名詞 陰陽道で、行こうとする方角に天一神が巡行していて、行くことができないこと。また、その時。行くと災難に遭うとされ、その方角に行くときは、「方違へ」をした。「かたふさがり」とも。

かた-ふたが・る【方塞がる】 自動詞ラ四 {ら/り/る/る/れ/れ} 陰陽道で、行こうとする方位が塞がりとなって行けなくなる。

かた-ふた・ぐ【方塞ぐ】 連語「方塞がり」になるようにする。▼わざと、方塞がりの日に出かけてそれに抵触するようにする、という複雑で特殊な意味。源氏物語 平安―物語 帚木「かたふたげて、ひき違へほかざまへと」訳(わざと方塞がりの日にこちらに来て、こちらが)方塞がりとなるようにして、(それを理由に)行く先を変更し、ほかの(女の)所へいくのだ、と。

かた-へ【片方】 カタエ 名詞 ❶片方。片側。古今 平安―歌集 夏「夏と秋と行きかふ空の通ひ路はかたへ涼しき風や吹くらむ」訳⇨なつとあきと…。

❷一部分。土佐日記 平安―日記 二・一六「五年六年のうちに、千年や過ぎにけむ、かたへはなくなりにけり」訳五、六年の間に、千年が過ぎてしまったのだろうか、(池のほとりの松の)一部分はなくなってしまっていた。

❸かたわら。そば。徒然 鎌倉―随筆 九三「これを聞きて、かたへなる者のいはく」訳これを聞いて、そばにいる人が言うことには。

❹仲間。同輩。そばにいる人。徒然 鎌倉―随筆 一四二「ある荒夷の恐ろしげなるが、かたへにあひて」訳ある荒々しい東国武士で恐ろしそうな男が、そばの人に向かって。

かたへ-は【片方は】 カタエハ 連語 [多く、推量の表現を下接して]半面では。一方では。ひとつには。大鏡 平安―物語 道長上「人の御さまの、言ひ出でたまふことのおもむきより、かたへは臆せられたまふなめり」訳入道殿(=道長)の御態度やおっしゃることの趣旨によって、ひとつには気後れなさったのだろうと見える。

かた-ほとり【片辺り・偏辺り】 名詞 ❶町外れ。片田舎。〔徒然 鎌倉―随筆〕七七「かたほとりなるひじり法師などぞ、世の人の上は我ことと尋ね聞き」訳片田舎の修行僧などが、世の中の人の身の上のことは自分のことのように聞き調べ。❷片隅。〔平家物語 鎌倉―物語〕八・山門御幸「西山、東山のかたほとりについて逃げかくれさせ給へり」訳西山・東山の片隅に身を寄せて、身をおかくしになった。

かた-ほ・なり【片秀なり・偏なり】〔形容動詞〕ナリ{なら/なり・に/なり/なる/なれ/なれ}未熟だ。不十分だ。〔徒然 鎌倉―随筆〕一五〇「いまだ堅固かたほなるより、上手の中に交じりて」訳まだまったく未熟なころから、上手な人の中にまじって。対真秀なり。

***かた-ま・く**【片設く】〔自動詞〕カ下二{け/け/く/くる/くれ/けよ}(その時節を)待ち受ける。(その時節に)なる。▼時を表す語とともに用いる。〔万葉集 奈良―歌集〕一八五四「桜の花の時かたまけぬ」訳桜の花の時節になった。◆奈良時代以前の語。

かだま・し【奸し・姦し】〔形容詞〕シク{(しく)・しから/しく・しかり/し/しき・しかる/しけれ/しかれ}心がねじ曲がっている。ひねくれている。〔平家物語 鎌倉―物語〕六・紅葉「かだましき者、朝庭にあって罪を犯す」訳心のねじ曲がっている者が、この市中にいて罪を犯す。

かた-ま・つ【片待つ】〔他動詞〕タ四{た/ち/つ/つ/て/て}ひたすら待つ。〔万葉集 奈良―歌集〕一七〇三「秋山の黄葉かたまつ時は過ぐれど」訳秋の山の紅葉をひたすら待つ時期はもう過ぎたのだが。

かた-み[1]【形見】〔名詞〕

❶遺品。形見の品。遺児。故人や遠く別れた人の残した思い出となるもの。〔竹取物語 平安―物語〕かぐや姫の昇天「すこしかたみとて、脱ぎおく衣につつまむとすれば、ある天人つつませず」訳少し(の薬)を形見の品として、脱いで置いていく着物に包もうとすると、そばにいる天人が(これを)包ませない。❷記念(物)。思い出の種。昔を思い出す手がかりとなるもの。〔奥の細道 江戸―紀行〕平泉「しばらく千歳のかたみとはなれり」訳(光堂は)しばらくの間は千年の(昔を思い出す)記念物となっている。

かたみ[2]【筐】〔名詞〕竹で編んだ目の細かいかご。

かたみ-に【互に】〔副詞〕

語義の扉

同一の行動や心情を交互に、あるいは同時に相手に対してとる状態。和文脈や和歌に用いられる。

互いに。かわるがわる。〔枕草子 平安―随筆〕鳥は「かたみにゐかはりて、羽の上の霜払ふらむほどなど」訳(おしどりは、雌雄)互いに位置をかわって、(相手の)羽の上の霜を払ってやるというのなどが(情趣深い)。

歴史スコープ 平安時代には、和文脈に用いられ、漢文訓読系の文脈では「たがひに」が用いられていた。鎌倉時代以後、「かたみに思ひ合ふこと、限りなし」(『宇治拾遺』六・九)のような使用例がみられるものの、『平家物語』『徒然草』では、「たがひに」が専用されており、この語が現代語にも引き継がれた。

かたみ-の-くも【形見の雲】〔連語〕火葬の煙。

かた・む【固む・堅む】〔他動詞〕マ下二{め/め/む/むる/むれ/めよ}❶固くしっかりしたものにする。固める。❷しっかり締める。身にしっかりと着ける。〔枕草子 平安―随筆〕あかつきに帰らむ人は「烏帽子の緒、元結ひ、かためずともありなむ」訳烏帽子のひもや、もとどりを結う糸をしっかり締めなくてもよかろう。❸しっかり守る。厳重に警備する。〔枕草子 平安―随筆〕女のひとりすむ所は「門いたくかため」訳門をひどく厳重に警備し。❹かたく約束する。厳しくいましめる。〔万葉集 奈良―歌集〕一七四〇「この篋開くなゆめとそこらくにかためしことを」訳この櫛箱を決して開けてはいけないとあれほど厳しくいましめたことなのに。❺弓を引きしぼってねらいを定める。〔保元 鎌倉―物語〕中「しばしかためてひゃうど射る」訳少しの間弓を引きしぼってねらいを定めてひゅっと射る。

かため【固め】〔名詞〕❶守り固めること。また、そのもの。守護。支え。〔源氏物語 平安―物語〕桐壺「朝廷のかためとなりて」訳朝廷の支えとなって。❷かたい約束。多く、夫婦・主従などの約束にいう。

かた-もじ【片文字】〔名詞〕文字や名前やその発音の一部。

かた-もひ【片思ひ】〔名詞〕「かたおもひ」の変化した語。男女の一方だけが相手を慕うこと。

かた-もん【固紋・固文】〔名詞〕綾織物の模様を、横糸に縦糸をからめ、横糸が浮かないようにかたくしめて織り出したもの。

かた-ゆふぐれ【片夕暮れ】〔名詞〕そろそろ夕方になろうとするころ。

かた-より【片縒り】〔名詞〕片方の糸にだけよりをかけること。

かたら-く【語らく】

なりたち 動詞「かたる」の未然形＋接尾語「く」

語ることには。〔万葉集 奈良―歌集〕八五二「梅の花夢に語らく」訳梅の花が夢で語ることには。

***かたらひ**【語らひ】〔名詞〕❶親しく語り合うこと。また、話し合うこと。〔古事記伝 江戸―論〕「初めの意は…夫婦の間のかたらひを言ひて」訳初めのほうの解釈では…夫婦間の(愛の)語らいを言うのであって。❷夫婦の契りを結ぶこと。男女の仲。〔源氏物語 平安―物語〕松風「ただ、あだに打ち見る人の、浅はかなるかたらひにだに」訳単に浮気心で会う男女の、浅薄な男女の仲でさえ。❸勧誘。説得して仲間に引き入れること。

かたらひ-つ・く【語らひ付く】
■一〔自動詞〕カ四{か/き/く/く/け/け}❶話しかけて親しくなる。言い寄る。〔源氏物語 平安―物語〕若菜上「その折より、かたらひつきにける女房のたよりに」訳そのときから、話しかけて親しくなった女房のつてで。❷親しくなって(男が女の所へ)通っていく。夫婦になる。〔源氏物語 平安―物語〕蓬生「かの大弐の甥だつ人かたらひつきて」訳あの大弐の甥らしい人が親しくなって通っていって。
■二〔他動詞〕カ下二{け/け/く/くる/くれ/けよ}❶話しかけて(自分に)親しませる。手なずける。〔枕草子 平安―随筆〕職の御曹司におはします頃、西の廂にて「かかる者をなむかたらひつけておきためる」訳こういう者を手なずけておいているようだ。❷親しく話して、依頼する。〔源氏物語 平安―物語〕

夕霧「かたらひつけ給まへる心たがへじと」訳親しく依頼しなさった心に背くまいと。

かたらひ-と・る【語らひ取る】カタライトル 他動詞ラ四〔ら／り／る／る／れ／れ〕うまく話を持ちかけて、味方にする。手なずける。うまく抱き込む。枕草子 平安｜随筆 職の御曹司におはします頃、西の廂にて「御得意なり。さらに、よもかたらひとらじ」訳ごひいきのようだ。いまさら、(私が)まさかうまく抱き込んだりは決してしない。

かたらひ-びと【語らひ人】カタライビト 名詞 語り合う相手。相談相手。源氏物語 平安｜物語 若菜・下「小侍従といふかたらひびとは、宮の御侍従の乳母(めのと)の女(むすめ)なりけり」訳小侍従という相談相手は、宮の御侍従の乳母の娘であった。

かたら・ふ【語らふ】カタラウ｜カタロウ 他動詞ハ四〔は／ひ／ふ／ふ／へ／へ〕

❶親しく話し合う。じっくりと話す。伊勢物語 平安｜物語 六九「子(ね)一つより丑(うし)三つまであるに、まだ何ごともかたらはぬにかへりけり」訳(女は男のところに)子の一刻から丑の三刻までいっしょにいたが、まだ何も親しく話し合わないうちに(女は)帰ってしまった。

❷相談する。更級 平安｜日記 初瀬「そこは内にこそあらむとすれ。博士の命婦(みやうぶ)をこそよくかたらはめ」訳あなたは宮中にお仕えしようと思っている。博士の命婦によく相談するのがよかろう。

❸親しく交際する。懇意にする。枕草子 平安｜随筆 ありがたきもの「女どちも、契りふかくてかたらふ人の、末までなかよき人かたし」訳女同士でも、固い約束をして親しく交際している人で、最後まで仲のよい人は、めったにいない。

❹(男女が)契る。宇治拾遺 鎌倉｜説話 二・一一「さるべき所に宮仕へける女房(にょうばう)をかたらひて」訳しかるべき高貴なところに宮仕えをしていた女房と契り合って。

❺説得する。仲間に引き入れる。徒然 鎌倉｜随筆 五四「能ある遊び法師どもなどかたらひて」訳芸能の出来る遊芸の僧たちなどを仲間に引き入れて。

かたり【語り】名詞 ❶語ること。話題。語り草。万葉集 奈良｜歌集 一八〇一「永き世のかたりにしつつ」訳後々の世までの語り草にして。❷能楽で、出来事や由緒などを節(ふし)のない、抑揚の少ない詞(ことば)で物語ること。また、その部分。❸狂言で、間(あい)に事の由来などを物語ること。

かたり-あは・す【語り合はす】カタリアワス 他動詞サ下二〔せ／せ／す／する／すれ／せよ〕互いに話し合う。親しく語り合う。枕草子 平安｜随筆 宮仕へする人々の出で集まりて「宮のうち、殿ばらのことども、かたみにかたりあはせたるを」訳御殿内のこと、貴公子方のことなどを、お互いに話し合っているのを。

かたり-い・づ【語り出づ】カタリイズ 他動詞ダ下二〔で／で／づ／づる／づれ／でよ〕話し始める。言葉に出す。枕草子 平安｜随筆 説経の講師は「をかしきことなどかたりいでて」訳興味深いことなどを話し始めて。

かたり-きょう・ず【語り興ず】自動詞サ変〔ぜ／じ／ず／ずる／ずれ／ぜよ〕話をしておもしろがる。徒然 鎌倉｜随筆 五六「息もつぎあへずかたりきょうずるぞかし」訳息をつぐひまもなく話をしておもしろがることであるよ。

かたり-ぐさ【語り種】名詞 話のたね。人々がもっぱら話題にする出来事。

かたり-しら・ぶ【語り調ぶ】他動詞バ下二〔べ／べ／ぶ／ぶる／ぶれ／べよ〕調子に乗って話す。図に乗って話す。枕草子 平安｜随筆 にくきもの「我もとより知りたることのやうに、こと人にもかたりしらぶるもいとにくし」訳自分が以前から知っていたことのように、他人にも調子に乗って話すのもたいそう不快だ。

かたり-つ・く【語り付く】他動詞カ下二〔け／け／く／くる／くれ／けよ〕付け加えて話す。徒然 鎌倉｜随筆 一四三「愚かなる人は、あやしく異なる相をかたりつけ」訳愚かな人は、不思議な、常と異なる様相を付け加えて話し。

かたり-な・す【語り成す】他動詞サ四〔さ／し／す／す／せ／せ〕❶ことさら…のように話す。源氏物語 平安｜物語 明石「かたくなしうかたりなせど」訳ことさらぎこちないように話すけれども。❷とりつくろって巧みに語る。徒然 鎌倉｜随筆 七三「言ひたきままにかたりなして」訳言いたい放題にとりつくろって巧みに語って。◆「なす」は意識的にそうする意。

語り部(かたりべ) 文芸 文字がなかった古代、それぞれの氏族・共同体の伝承を語り伝えることを職業としていた者。

語り物(かたりもの) 文芸 物語に、内容にふさわしい節(ふし)を付けて語るもの。韻文的な「謡(うた)い物(もの)」に対するもので、多くはそれを職業とする人によって語られる。平曲(へいきょく)・幸若(こうわか)・説経節・浄瑠璃(じょうるり)などをはじめ、講談浪曲も語り物に含む。

***かた・る【語る】**他動詞ラ四〔ら／り／る／る／れ／れ〕❶話す。語る。❷節(ふし)をつけて語る。音楽の伴奏つきで、抑揚をつけて筋のある話をする。徒然 鎌倉｜随筆 二二六「平家の物語を作りて、生仏(しょうぶつ)といひける盲目に教へてかたらせけり」訳(行長が)『平家物語』を作って、生仏(しょうぶつ)とよばれた盲人に教えて節をつけて語らせた。❸親しく交わる。懇意にする。曾根崎心中 江戸｜浄瑠 浄瑠・近松「われと数年(すねん)かたれども」訳お前と数年間親しく交わったけれども。

かたわら【傍ら・側】⇨かたはら

かたわらいたし【傍ら痛し】⇨かたはらいたし

かたわれ-づき【片割れ月】名詞 半分欠けて見える月。半月。

かた-ゐ【乞丐・乞児】カタイ 名詞 ❶こじき。❷愚か者。▼人をののしっていう語。土佐日記 平安｜日記 二・四「このかぢとりは、日もえはからぬかたゐなりけり」訳この船頭は、天候を予測することもできない愚か者であったよ。◆「かったゐ」とも。

かた-ゐざり【片躄】カタイザリ 名詞 片ひざをついたままで進むこと。

かた-ゑ・む【片笑む】カタエム 自動詞マ四〔ま／み／む／む／め／め〕ちょっと笑う。ほほえむ。源氏物語 平安｜物語 帚木「君すこしかたゑみて」訳源氏の君は少しほほえんで。

¹かた-をか【片丘・片岡】カタオカ 名詞 片方が低くなっている丘。また、丘の片側。一説に、孤立した丘。

²片岡(かたをか) カタオカ 地名 歌枕 今の奈良県北葛城(かつらぎ)郡王寺町付近の丘陵地帯。

かた-をりど【片折り戸】カタオリド 名詞 片側にだけ開く、一枚づくりの戸。対 諸(もろ)折り戸。

¹かち【徒・徒歩】名詞

❶徒歩。徒然 鎌倉｜随筆 五二「ただ一人、かちより詣(まう)でけり」訳ただ一人、徒歩で(石清水八幡宮(いわしみずはちまんぐう)

に)参詣(さんけい)した。❷「徒侍(かちざむらひ)」の略。徒歩で主人の供をしたり行列の先導をつとめたりする、下級の武士。◇「徒士」とも書く。

かち[2]**【褐】** 名詞 **濃い紺色。**黒に近い濃い藍(あい)色。褐(かち)。「かちん」とも。◆「かち」が「勝ち」に通じることから、武具の色に多く用いられた。

か-ぢ[1]**【加持】**(ジカ) 名詞 ／―す 自動詞 サ変 仏教語。❶真言密教で行う呪法(じゅほう)。手で印(いん)を結び、口に真言をとなえ、心に仏・菩薩(ぼさつ)を思い浮かべて、仏・菩薩と一体になること。❷転じて、願い事の成就や病気平癒など、現世利益(げんぜりやく)のために、❶の作法によって仏の法力による加護を祈ること。

かぢ[2]**【楫・梶】**(ジカ) 名詞 櫓(ろ)や櫂(かい)。船をこぐ道具。

かぢ[3]**【鍛冶】**(ジカ) 名詞 金属を打ち鍛えて、種々の道具をつくること。また、それを職とする人。◆「かなうち(金打)」から「かぬち」、さらに「かぢ」と変化したもの。「鍛冶」は当て字。

-がち*【勝ち】 接尾語 ナリ 〔名詞、動詞の連用形に付いて〕**とかく…(すること)が多い。とかく…(する傾向)が目立つ。**「涙がち(なり)」「顧みがち(なり)」

かち-いろ【褐色】 名詞 「かち」に同じ。「かちんいろ」とも。

かぢ-かうずい【加持香水】(カジコウズイ) 名詞 仏教語。真言密教で、仏前に供える香水(=諸種の香を混ぜた水)を加持によって浄化し、神聖にする儀式。また、その香水。

かち-ぐり【搗ち栗・勝ち栗】 名詞 干したくりの実を臼(うす)でついて皮を取ったもの。◆「かち」が「勝ち」に通じることから祝儀に用いられた。

かちじ『徒路・歩路』⇩かちぢ

かぢ-たくみ【鍛冶匠】(カジタクミ) 名詞 金属を鍛え、加工して種々の器具を作る人。

かち-だち*【徒立ち・歩立ち】 名詞 (騎馬ではなく)**徒歩であること。特に、徒歩での戦い。** 平家物語 鎌倉一物語 七・篠原合戦「矢だね皆射つくして馬をも射させ、かちだちになり」訳手持ちの矢はすべて射つくして馬をも射られ、徒歩での戦いになり。

かち-ぢ【徒路・歩路】(カチジ) 名詞 **徒歩の旅。**徒歩で行くこと。また、その道。

かぢ-とり【楫取り】(カジトリ) 名詞 船の楫を操って、船を一定の方向に進めること。また、その進める人。**船頭。**

かち-びと【徒人・歩人】 名詞 **徒歩で行く人。**

かぢ-ま【楫間】(カジマ) 名詞 櫓(ろ)や櫂(かい)をこいで、次の一かきをするまでのほんの少しの間。

かち-ゆみ【徒弓・歩射】 名詞 馬に乗らず、徒歩で弓を射ること。「ぶしゃ」とも。

かち-より*【徒より・徒歩より】 連語 **徒歩で。歩いて。** 徒然 鎌倉一随筆 五二「ただ一人、かちより詣(まう)でけり」訳ただ一人、徒歩で(石清水八幡宮(いわしみずはちまんぐう)に)参詣(さんけい)した。◆「より」は方法・手段を表す格助詞。

かぢ-を【楫緒】(カジオ) 名詞 楫(かじ)を船に取り付けるための綱。

かちん[1]**【褐】** 名詞 「かちいろ」に同じ。◆「かち(褐)」の変化した語。

かちん[2]**【餅】** 名詞 餅(もち)。◆「搗(か)ち飯(いひ)」の変化した語。女房詞(にょうぼうことば)。

か-つ[1] 補助動詞 タ下二 〔て／て／つ／つる／つれ／てよ〕〔動詞の連用形に付いて〕**…に耐える。…することができる。…られる。** 万葉集 奈良一歌集 九四「さ寝ずはつひにありかつましじ」訳(あなたと)共寝しないでは(私は)とうてい生きてはいられないだろう。◆奈良時代以前の語。

語法 未然形「かて」に打消の助動詞「ず」の奈良時代以前の連用形「に」や連体形「ぬ」を伴う「かてに(がてに)」や「かてぬ」、あるいは終止形「かつ」に打消推量の助動詞「まじ」の古い形「ましじ」を伴う「かつましじ」の形で使われることが多い。⇩がてに

か-つ[2]**【勝つ・克つ】** 自動詞 タ四 〔た／ち／つ／つ／て／て〕❶(勝負などに)**勝つ。** 徒然 鎌倉一随筆 一三〇「勝負を好む人は、かちて興あらんためなり」訳勝負ごとを好む人は、勝っておもしろがろうというためである。❷**相手よりすぐれている。**❸(欲望などを)**抑える。**

かつ[3]**【且つ】**

一 副詞 ❶**一方では。同時に一方で。**▼二つの事柄が並行して行われていることを表す。「かつ…かつ…」の形、また、単独でも用いられる。方丈記 鎌倉一随筆「よどみに浮かぶうたかたは、かつ消えかつ結びて、久しくとどまりたる例(ためし)なし」訳(川の)流れが滞っている所に浮かんでいる水の泡は、一方では消え、同時に一方ではできて、そのまま(川の面に)長くとどまっている例はない。

❷**すぐに。次から次へと。** 徒然 鎌倉一随筆 七三「かつあらはるるをもかへりみず、口にまかせて言ひ散らすは」訳(話しているはしからうそが)すぐにばれるのも気にかけないで、口からでまかせに勝手なことを言うのは。

❸**ちょっと。ほんの少し。わずかに。やっと。** 伊勢物語 平安一物語 一二八「心をぞわりなきものと思ひぬるかつ見る人や恋しかるらむ」訳心というものを、わけのわからないものと思ったよ。ちょっと会った人がどうしてこんなに恋しいのだろうか。

二 接続詞 **その上。ほかに。また。** 奥の細道 江戸一紀行 松島「袋を解きてこよひの友とす。かつ杉風(さんぷう)・濁子(だくし)が発句(ほっく)あり」訳ずた袋(の口)を解いて(松島の漢詩・和歌を取り出して)今夜の友とする。その上(袋の中には)杉風や濁子の作った発句もある。

ガツ【月】 ⇩ぐゎつ

かつう-は【且つうは】 副詞 「かつは」の変化した語。**一つには。一方では。** 平家物語 鎌倉一物語 灌頂・女院出家「かつうはかの御菩提(ぼだい)のためと」訳一つにはあの御方(先帝)の後世の安楽のためにと。

かっ-かう【恰好】(カッコウ) 名詞 ❶ちょうど手ごろであること。❷見た目の姿、形。

かつ-がつ【且つ且つ】 副詞 ❶**ともかく。何はともあれ。不満足ながら。** 源氏物語 平安一物語 明石「思ふことかつがつかなひぬる心地して、涼しう思ひゐたるに」訳(明石入道(あかしのにゅうどう)は)念願がともかくかなった気持ちになって、すがすがしい思いでいたところ。

❷**とりあえず。さしあたって。** 大鏡 平安一物語 花山「かつがつ式神(しきがみ)一人、内裏(だいり)へ参れ」訳とりあえず式神一人、宮中へ参内せよ。

❸早くも。真っ先に。平家物語 鎌倉―物語 七・返牒「わが山の衆徒、かつがつ以て承悦す」訳（源氏が優勢なので）わが（比叡）山の僧侶たちは、早くも喜んでいる。

かづき[1]【被き・被衣】 カズキ 名詞 身分ある女性などが外出の際に、顔を隠すために頭からかぶった衣服。◆後に「かつぎ」とも。

かづき[2]【潜き】 カズキ 名詞 ❶水中にもぐること。❷水中にもぐって魚・貝・海藻などをとること。また、その人。

かづき-すがた【被衣姿】 カズキスガタ 名詞「被衣」をかぶった女性の外出姿。「かつぎすがた」とも。

かづ・く[1]【被く】 カズク

一 他動詞 カ四 {か/き/く/く/け/け}

❶かぶる。徒然 鎌倉―随筆 五三「傍らなる足鼎を取りて、頭にかづきたれば」訳そばにある足のついた鼎を取って頭にかぶったところ。

❷いただいた衣服を左肩にかける。（褒美などを）いただく。大和物語 平安―物語 一二五「大将も物かづき忠岑も禄賜りなどしけり」訳大将も引き出物をいただき、忠岑もご褒美をいただいたりなどした。

（被く 一❷）

❸負担する。身に引き受ける。心中万年草 江戸―浄瑠璃 浄瑠・近松「男のある娘をかづかせて、去らせて構はぬ工面ぢやな」訳男のいる娘を背負い込ませて、離縁させて知らんぷりするつもりだな。

二 他動詞 カ下二 {け/け/く/くる/くれ/けよ} ❶頭からかぶせる。伊勢集 平安―歌集「まとゐする身に散りかかる紅葉は風のかづくる錦なりけり」訳皆で丸くなって座っている身に散りかかる紅葉の葉は、風がかぶせる錦の織物であったことよ。

❷（褒美・引き出物として衣服を）左肩にかけてやる。与える。竹取物語 平安―物語 燕の子安貝「『願ひを叶ふることのうれしさ』とのたまひて、御衣脱ぎてかづけ給ひつ」訳「願いをかなえてくれることのうれしさよ」とおっしゃって、お召し物を脱いで褒美としてお与えなさった。

❸押しつける。負わせる。日本永代蔵 江戸―物語 浮世・西鶴「自分商ひを仕掛け、利徳はだまりて、損は親方にかづけ」訳自分で取引を始め、利益はだまって（自分のものにし）、損失は主人に押しつけ。

かづ・く[2]【潜く】 カズク

一 自動詞 カ四 {か/き/く/く/け/け} ❶水中にもぐる。万葉集 奈良―歌集 七二五「にほ鳥のかづく池水」訳かいつぶりがもぐる池の水よ。

❷（水中にもぐって魚や貝などを）とる。万葉集 奈良―歌集 二七九八「伊勢の海人の朝な夕なにかづくとふ鰒の貝の片思ひにして」訳（私の恋は）伊勢の漁師が朝夕に水中にもぐってとるというあわびの貝が一枚であるように片思いであって。

二 他動詞 カ下二 {け/け/く/くる/くれ/けよ} （水中に）もぐらせる。万葉集 奈良―歌集 三三三〇「隠り口の（＝枕詞）泊瀬の川の上つ瀬に鵜を八頭かづけ」訳泊瀬の川の上流で鵜をたくさんもぐらせ。

かづけ-もの*【被け物】 カズケモノ 名詞 褒美として与える物。ねぎらいの品。多くは質のよい衣類。▼衣類を相手の左肩にかけて与えたことから。

かっ-こ【羯鼓】 名詞 雅楽に用いる鼓の一種。木製の筒の両端に皮を張ったもので、台の上に置いて二本のばちで打つ。

（羯　鼓）

上総 かずさ カズサ 地名 旧国名。東海道十五か国の一つ。「総の国」が上・下に分けられたものの一つ。今の千葉県中部。総州。◆「かみ（上）つふさ（総）」の変化した語。参照▼資料21

かっ-し【甲子】 名詞「きのえね❶」に同じ。

葛飾 かつしか 地名 今の千葉・埼玉県と東京都にまたがる江戸川（＝昔の利根川）の下流域。古くは「かづしか」とも。「真間の手古奈」の伝説で有名であり、『万葉集』にもそれを詠んだ歌が見える。

かつしかの… 和歌「勝鹿の 真間の井を見れば 立ち平し 水汲ましけむ 手児名し思ほゆ」万葉集 奈良―歌集 一八〇八・高橋虫麻呂 訳葛飾の真間の井の清水（わき水）を見ると、昔、この辺を踏みしめながら行き来し、水を汲んだであろう、手児名のことが思われることだ。

鑑賞「真間の手児名」は、奈良時代以前、下総の国葛飾郡真間（今の千葉県市川市真間町）に住んだという伝説上の娘。「手児名」は少女をあらわす奈良時代以前の東国方言。その美しさに魅せられた多くの男性からの求婚を受け、苦悩のあげくに、入水して自ら命を断ったとされる。この作は、その手児名を歌った長歌に対する反歌。作者・高橋虫麻呂は伝説歌人として名高く、伝承された美しい娘にまつわる悲劇を追想し、情感豊かに歌い上げている。

甲子吟行 かっしぎんこう ⇨野ざらし紀行

かっ-せん【合戦】 名詞 戦うこと。戦い。

かっ-ちう【甲冑】 カッチュウ 名詞 鎧と兜。

かつ-て*【曾て・嘗て】 副詞 ［打消の語を下接して］❶今まで一度も。ついぞ。万葉集 奈良―歌集 六七五「かつても知らぬ恋もするかも」訳今まで一度も知らない恋もすることだなあ。❷決して。まったく。万葉集 奈良―歌集 一九四六「木高くはかつて木植ゑじ」訳木立が高くは決して木を植えまい。

参考 平安時代には漢文訓読系の文章にのみ用いられた。「かって」と促音にも発音されるようになったのは江戸時代以降。

かっ-て【勝手】 名詞 ❶ようす。事情。都合。❷台所。お勝手。❸暮らし向き。生計。◆弓を引くのに好都合な右手の意の「勝つ手」の変化した語。

かって-づく【勝手尽く】 カッテヅク 名詞 自分に都合がよいようにすること。

かって-づく・なり【勝手尽くなり】 カッテヅクナリ 形容動詞 ナリ {なら/なり・に/なり/なる/なれ/なれ} 自分にとって好都合だ。自分勝手だ。一代女 江戸—物語 浮世・西鶴「近年はかってづくにて中女を置けば」訳近ごろでは自分にとって好都合であるので年格好の中ぐらいの女を置くので。

かって・なり【勝手なり】 形容動詞ナリ（なら／なり・に／なり／なる／なれ／なれ）わがままだ。手前勝手だ。意のままだ。大経師 江戸—浄瑠 浄瑠・近松「括（くく）りなりと殺しなりとかってにしや」訳しばるなり、殺すなり、意のままにしろ。

がっ-てん【合点】 名詞／―す 自動詞サ変 ❶文書・回状などに、それを承知した印として自分の名の肩に点やかぎ印を付けること。また、和歌・連歌（れんが）・俳諧（はいかい）などを批評するときに、よしとするものに点やかぎ印を付けること。著聞集 鎌倉—説話 二一七「がってんして、褒美の詞（ことば）など書き付け侍（はべ）りとて」訳よしの印をつけて、称賛のことばなどを書きつけますといって。❷納得・承知すること。「がてん」とも。

かつ-に-の・る【勝つに乗る】 連語 なりたち 動詞「かつ」の連体形＋格助詞「に」＋動詞「のる」

勝った勢いに乗る。調子に乗る。 平家物語 鎌倉—物語 一一・弓流「源氏のつはものどもかつにのって」訳源氏の兵たちは勝った勢いに乗って。◇「かつにのっ」は促音便。

かつ-は【且つは】 副詞〔多く「かつは…かつは…」の形で〕**一方では。一つには。** 古今 平安—歌集 仮名序「かつは人の耳に恐り、かつは歌の心に恥ぢ思へど」訳一方では人聞きをはばかり、一方では歌の精神に対して恥ずかしく思うが。◆長音化して「かつうは」とも。

かっぱ【河童】 名詞 想像上の動物の名。背には甲羅を負い、頭上には皿があるという。

かっぱ-と 副詞 **がばと。どうと。** ▼急に伏したり、起きたりするようすを表す語。平家物語 鎌倉—物語 五・文覚被流「かっぱと起き船の舳へに立って」訳がばと起きて舟の舳先に立って。

かつ-ま【勝間】 名詞 目の細かい竹かご。

かつ-ましじ 連語 なりたち 可能の補助動詞「かつ」の終止形＋打消推量の助動詞「ましじ」

…えないだろう。…できそうにない。 万葉集 奈良—歌集 三三五三「行きかつましじ眠（い）ぬ先立たね」訳（今夜は）行くことができそうにない。先に寝ておくれ。◆奈良時代以前の語。

かつ-み 名詞 草の名。「まこも」、また「はなしょうぶ」のことなどといわれるが、未詳。参考 和歌では「且（か）つ見」とかけて用いられることが多い。

かつ-めい【渇命】 名詞 飢えや渇きのために命が危なくなること。「かつみやう」とも。

かつら[1]**【桂】** 名詞 ❶木の名。❷中国の伝説で、月の世界にあるという木。

桂（かつら）[2] 地名 今の京都市右京区桂。桂川の西岸。平安貴族の山荘の地。江戸時代には桂離宮が建てられた。

かづら[1]**【葛・蔓】**（カズラ） 名詞 つる草の総称。

かづら[2]**【鬘】**（カズラ） 名詞 ❶**髪飾り。** つる草や、やなぎ・ゆり・稲穂などを髪に巻きつけて飾りとしたもの。元来は植物の生命力を我が身に移そうとするまじないで行われた。❷**添え髪。かもじ。** 自分の薄い髪、短い髪を補うために、添え加える髪。❸扮装（ふんそう）用として頭にかぶる、種々の形につくった髷（まげ）。元来は演劇用として発達した。「かつら」とも。

桂川（かつらがわ）（カツラガワ） 地名 歌枕 今の京都府西部の山中に発して京都の西側を流れる川。上流を保津（ほづ）川、中流の嵐山（あらしやま）付近を大堰（おおい）川と呼び、桂の渡し辺りから下流を桂川と呼んで、やがて淀（よど）川に合流する。

葛城（かづらき）（カズラキ） 地名 ❶今の奈良県北葛城郡。葛城山の東側一帯の地。❷「葛城山（かづらやま）」の略。

かづらき-の-かみ【葛城の神】（カズラキノカミ） 名詞 大和の国（奈良県）葛城山に住むという一言主神（ひとことぬしのかみ）の別名。役（えん）の行者から、葛城山と吉野の金峰山（きんぷせん）との間に岩橋を架けよと命じられたが、醜い容貌（ようぼう）を恥じて夜の間しか働かなかったので、ついに橋は完成しなかったという。この伝説から、恋や物事が成就しないことや、醜い容貌を恥じることなどのたとえとして、物語や歌にこの神の名が引かれる。

葛城山（かづらきやま）（カズラキヤマ） 地名 歌枕 今の奈良県と大阪府東部との境にある山。「かづらきのやま」とも。一言主神（ひとことぬしのかみ）と役（えん）の行者との伝説の地。また、役の行者以来、修験道（しゅげんどう）の霊場として知られる。

かづら・く【蘰く】（カズラク） 他動詞カ四（か／き／く／く／け／け）**草や花や木の枝を髪飾りにする。** 万葉集 奈良—歌集 四一七五「あやめぐさかづらくまでに」訳あやめぐさを髪飾りにする（五月五日の節句）までに。

かつら-の-かげ【桂の影】 連語 **月の光。月光。** ◆月に桂の木が生えているという中国の伝説から。

かつら-の-まゆずみ【桂の黛】 連語 三日月のように細く美しく引いたまゆ墨。美しい女性のまゆ墨のたとえ。

かつら-をとこ【桂男】（カツラオトコ） 名詞 月の世界に住むという男。美男子。転じて、月の別名。

かつら-を-を・る【桂を折る】（カツラヲオル） 連語 **官吏の登用試験に合格する。** 源氏物語 平安—物語 藤裏葉「かざしてもかつたどらるる草の名はかつらをりし人や知るらむ」訳頭にさしていても、一方では自然と判断に迷う草の名は、進士の試験に合格した人は知っているだろうか。

かつを【鰹・堅魚】（カツオ） 名詞 魚の名。かつお。季夏。◆江戸時代の江戸では五月初旬の初鰹がとくに賞味された。

かつを-ぎ【鰹木】（カツオギ） 名詞 宮殿や神殿の屋根の最も高い棟木（むなぎ）の上に並べる、中ぶくれの円筒形の飾りの横木。◆鰹節（かつおぶし）に似ていることから。

かて【糧・粮】 名詞 ❶**旅行用の携帯食。** 糒（ほしい）の類。❷**食物。**

かて-に 連語 なりたち 可能等の意の補助動詞「かつ」の未然形＋打消の助動詞「ず」の奈良時代以前の連用形

…できなくて。…しかねて。 万葉集 奈良—歌集 二五三「稲日野（いなびの）も行き過ぎかてに思へれば」訳稲日野も（なつかしくて）行き過ぎかねて思っていると。

がて-に* 連語 ❶**…できないで。…られないで。** 古今 平安—歌集 恋二「寝（い）ねがてにする」訳寝られないでいる。❷**…しにくく。** 源氏物語 平安—物語 夕顔「過ぎがてにやすらひ給（たま）へるさま」訳通り過ぎにくく、ためらいなさるようす。

参考 補助動詞「かつ」の未然形「かて」に打消の助動詞「ず」の奈良時代以前の連用形「に」がついた「かてに」が濁音化したもの。濁音化するとともに、「難(がて)に」の意と混同されるようになって、❷の意味が生じた。

がてに・す 連語

なりたち 補助動詞「かつ」の未然形＋打消の助動詞「ず」の奈良時代以前の連用形「に」からなる「かてに」が濁音化した「がてに」＋サ変動詞「す」

…できないでいる。…しかねる。 古今 平安―歌集 離別・詞書「送りに人々まかりて、帰りがてにして別れ惜しみけるによめる」訳人々が(山崎から)送りにきて、帰りかねて別れを惜しんだので詠んだ(歌)。

かて-ぬ 連語

なりたち 補助動詞「かつ」の未然形＋打消の助動詞「ず」の連体形

…できない。…しにくい。 万葉集 奈良―歌集 六〇七「君をし思へば寝ねかてぬかも」訳あなたのことを思うととても寝つくことはできないことよ。

1がてら(に) 接続助詞

《接続》動詞型活用語の連用形・動詞の連用形から転成した名詞に付く。

語義の扉
動詞・助動詞の連用形、また動詞の連用形から転成した名詞に接続する。主たる動作のついでに、他の動作を兼ね行う意を表す。

…(し)ながら。…かたがた。…のついでに。 古今 平安―歌集 春上「わが宿の花見がてらに来る人は散りなむのちぞ恋しかるべき」訳わたくしの家の桜の花を見るついでにわたくしを訪ねておいでになる方のことを(花を愛し、散るのを惜しむやさしい御心ゆえに、わたしは)花を散ってしまった後でも、きっと慕わしく思い起こすことでしょう。源氏物語 平安―物語 賢木「秋の野も見る給ひがてら、雲林院に詣で給へり」訳秋の野もご覧になりながら、雲林院にもうでなさっている。

2がてら(に) 副助詞 《接続》動作的な意味を持つ体言に付く。**…を兼ねて。…のついでに。…ながら。** 源氏物語 平安―物語 行幸「三条の宮に、御とぶらひがてら渡り給ふ」訳(源氏は大宮のいる)三条の宮に、ご機嫌うかがいを兼ねて(大宮の孫の玉鬘の存在を知らせに)いらっしゃる。

***がてり** 接続助詞

〔奈良時代以前の語。接続助詞「がてら」の古形。動詞の連用形に接続して〕**…(し)ながら。…のついでに。…かたがた。…(し)つつ。** 万葉集 奈良―歌集 三七〇「雨降らずとの曇る夜のぬるぬると恋ひつつ居りき君待ちがてり君待香光」訳雨が降ってくるのでもなく、ただ空一面に曇り続けている夜のように、いつまでもずるずると(きれいにさっぱりと思いあきらめることができないで)あなたを恋しく思って居りました。あなたがひょっとしたらおいでになることがあろうかと思って待ちながら。

注意 第三句の原文は「潤湿跡」とあり、右の「ぬるぬると」ほかに「ぬれひてど」といった読みかたもなされている。

が-てん【合点】 名詞／―す 自動詞サ変「がってん❷」に同じ。

花伝書 ⇩風姿花伝

1かど【才】 名詞 **❶才能。才気。❷見る価値のあるところ。見所。趣。** 栄花物語 平安―物語 駒競べの行幸「かどある巌石を立てならべて」訳趣のある岩石を立てならべて。

2かど【角】 名詞 **❶角。❷**(刀剣の)鎬(=刃と峰との間)。または、切っ先。**❸曲がり角。**

3かど【門】 名詞 **❶門。門前。** 土佐日記 平安―日記 二・一六「家に至りて、かどに入るに、月明かければ、いとよくありさま見ゆ」訳家に到着して、門を入ると、月が明るいので、たいそうよく(庭の)ようすが見える。**❷一族。一門。門流。** 紫式部 平安―日記 寛弘五・一〇・一六「藤原ながら、かど分かれたるは、列にも立ち給はざりけり」訳(同じ)藤原氏のままで、門流の分かれた人々は、(拝礼の)列にもお立ちにならなかった。

注意 和文脈では「門」は一般的に「かど」と読む。

かど-あんどん【門行灯】 名詞 家名・屋号などを書いて門口に掛け、目印とした行灯。「かどあんどう」とも。

かど-いで【門出で】 名詞「かどで」に同じ。

かどかど-し 形容詞シク〔(しく)・しから／しく・しかり／し／しき・しかる／しけれ／しかれ〕

㊀【角角し】**とげとげしい。険がある。角立っている。** 源氏物語 平安―物語 桐壺「いと押し立ち、かどかどしきところ物し給ふ御方にて」訳たいそう我を張り、とげとげしいところがおありになるお方で。

㊁【才才し】**才気がある。賢い。利発だ。** 源氏物語 平安―物語 賢木「心ばへもかどかどしう、形もをかしくて」訳気性も才気があり、顔かたちもかわいらしくて。◇「かどかどしう」はウ音便。

かど-た【門田】 名詞 **門前の田。家近くにある田。** 金葉 平安―歌集 秋「夕されば門田の稲葉おとづれて」訳⇩ゆふさればかどたのいなば…。

かど-たがへ【門違へ】 名詞 まちがえて他の家を訪れること。門違い。「かどたがひ」とも。

かど-ちか・なり【門近なり】 形容動詞ナリ〔なら／なり・に／なり／なる／なれ／なれ〕**門に近い。** 枕草子 平安―随筆 ものへ行く路に「かどちかなる所の前わたりを呼び入るるに」訳門に近い所の前を通る者を呼び入れたところ。

***かど-で【門出】** 名詞／―す 自動詞サ変 **❶出発すること。出立。** 源氏物語 平安―物語 須磨「やがて別るべきかどでにもやと」訳そのまま永遠の別れになるはずの出立なのでもあろうかと。**❷仮の門出。** 実際の旅立ちに先立ち、吉日に吉の方角に一時移ること。◆「かどいで」「かなとで」とも。

参考 平安時代には、陰陽道の影響により、実際の旅立ち前に❷のように一時的に別の所に移り、そこから改めて出発することが多かった。

かど-の-をさ【看督長】 名詞 検非違使の下級の役人。牢獄の管理や犯人の逮捕にあたった。

かどは-か・す【誘拐かす・勾引かす】カドワカス 他動詞 サ四{さ/し/す/す/せ/せ}「かどはす」に同じ。義経記 室町―物語 一「かどはかし参らせ、御供して」訳(牛若を)だましてお連れ申し上げ、御供して。

かど-ばしら【門柱】名詞 **門の柱。店がまえ。**

かどは-・す【誘拐す・勾引す】カドワス 他動詞 サ四{さ/し/す/す/せ/せ} **誘拐(ゆうかい)する。**「かどはかす」とも。今昔物語 平安―説話 二四・五六「京より浮かれたる女の、人にかどはされて来たりけるを」訳京からさまよっている女が、人に誘拐されて来ていたのを。

かど-び【門火】名詞 婚礼で花嫁の輿(こし)を送るとき、また、葬儀で死者を送り出すとき、門口でたく火。

かど-ひろ-・し【門広し】連語 **一族や一門が繁栄している。**竹取物語 平安―物語 貴公子たちの求婚「男は女にあふことをす。女は男にあふことをす。その後なむかどひろくもなり侍(はべ)る」訳男は女と結婚する。女は男と結婚する。その後は一族、一門が繁栄したりもするのです。

かど-め・く【才めく】自動詞 カ四{か/き/く/く/け/け} **才気走る。才気があるように見える。**源氏物語 平安―物語 胡蝶「これはかどめいたるところぞ添ひたる」訳この人(=玉鬘(たまかずら))は才気走ったところが付け加わっている。◇「かどめい」はイ音便。◆「めく」は接尾語。

か-と-よ 連語

なりたち 疑問の係助詞「か」＋格助詞「と」＋詠嘆の間投助詞「よ」

…(であった)**かと思うよ。**…(であった)**かなあ。**方丈記 鎌倉―随筆「去(い)んし安元三年四月廿八日(にじふはちにち)かとよ」訳去る安元三年の四月二十八日であったかなあ。

1 **か-な**【仮名・仮字】名詞 平仮名・片仮名・万葉仮名・草(さう)仮名などの総称。特に平仮名をさすことが多い。公的な字とされた漢字を「真名(まな)」というのに対して、私的な仮(かり)の字の意。

◆学習ポイント⑰ **仮名(かな)の成り立ち**

仮名は「かりな」の変化した「かんな」の撥音(はつおん)「ん」が表記されない形。日本で漢字をもとにしてつくった表音文字をいう。

はじめ、漢字の音訓をそのまま用いて大和言葉の音を写した(『例』山↓也麻)。これが万葉仮名で「真仮名(まがな)」とも呼ぶ。やがて、万葉仮名の漢字を草書体のようにくずした草(そう)仮名が現れ、それがさらに簡略化されて平仮名ができた。平仮名は主に女性に用いられ、「女手(をんなで)」などと呼ばれた。一方、片仮名は経文や漢文の訓読の送り仮名から生じた。書き込みの便のため、多くは漢字の部分をとってつくられ、主に男性が用いた。

2 **かな**【鉋】名詞 木工具の一つ。かんな。

3 **か-な** 終助詞《接続》体言や活用語の連体形に付く。

〔詠嘆〕…**だなあ。**伊勢物語 平安―物語 九「限りなく遠くも来にけるかな」訳この上もなく遠くまでもまあ来てしまったものだなあ。

参考 終助詞「か」に終助詞「な」が付いて一語化したもの。平安時代以降、奈良時代以前の「かも」に代わって、和歌・俳句や会話文に多く用いられた。

が-な

一 副助詞《接続》❶体言またはそれに「で」が付いたものに付く。❷疑問語またはそれに格助詞が付いたものに付く。

❶〔例示〕…**でも。**…**かなにか。**心中重井筒 江戸―浄瑠 近松「私寝言がな申したか」訳私が寝言でも申しましたのか。

❷〔不定の意〕…**か。**宇治拾遺 鎌倉―説話 九・三「何がな取らせんと思へども」訳何か与えようと思うけれども。

二 終助詞《接続》❶体言や格助詞「を」に付く。❷命令形に付く。

❶〔願望〕…**がある**(いる)**といいなあ。**…**がほしいな。**平家物語 鎌倉―物語 九・木曾最期「あっぱれ、よからう敵(かたき)がな」訳ああ、よさそうな敵がいるといいなあ。源氏物語 平安―物語 橋姫「かの君達(きんだち)をがな」訳あの姫たちがいるといいなあ。⇩てしが・てしがな・にしが・にしがな

❷〔強調・確認・願望〕…**くれればなあ。**閑吟集 室町―歌謡「湊(みなと)の川の潮が引けがな」訳河口の潮が引いてくれればなあ。◇室町時代以降の用法。

語の歴史 (1)奈良時代以前の終助詞「もが」に終助詞「も」が付いた「もがも」が、平安時代に「もがな」となり、「も＋がな」と意識されるようになって誕生。(2)『源氏物語』以降、「体言＋を＋がな」・「体言＋がな」の形が多く現れる。

かなう【適う・叶う】⇩かなふ

かなえ【鼎】⇩かなへ

かなぐ・る 他動詞 ラ四{ら/り/る/る/れ/れ} **荒々しく引きのける。荒々しく引きはがす。**竹取物語 平安―物語 かぐや姫の昇天「さが髪を取りて、かなぐり落とさむ」訳そいつの髪をつかんで荒々しく引きのけ落とそう。

かな-ごよみ【仮名暦】名詞 〔漢字で書かれた暦に対して〕女性用にかなで書かれた暦。

かな・し 形容詞 シク{(しく)・しから/しく・しかり/し/しき・しかる/しけれ/しかれ}

語義の扉

抑えきれない、痛切な気分、胸が痛んで泣きたくなるような思いを表す。しみじみとかわいい、いとしい、すばらしいなどの意で「愛し」とあてる系統と、切なく悲しい、かわいそうだ、くやしい、残念だ、貧しいなどの意で「悲し・哀し」とあてる系統がある。

一【愛し】❶しみじみとかわいい。いとしい。❷身にしみておもしろい。すばらしい。

二【悲し・哀し】❶切なく悲しい。❷ふびんだ。かわいそうだ。❸くやしい。残念だ。❹貧しい。

一【愛し】❶**しみじみとかわいい。いとしい。**伊勢物語 平安―物語 二三「限りなくかなしと思ひて、河内(かふち)へも

か

行かずなりにけり」訳この上なくいとしいとおもって、河内へも行かなくなった。❷身にしみておもしろい。すばらしい。心が引かれる。新勅撰 鎌倉―歌集 羇旅「世の中は常にもがもな渚漕ぐ海人の小舟の綱手かなしも」訳⇩よのなかはつねにもがもな…。

㊁【悲し・哀し】❶切なく悲しい。伊勢物語 平安―物語 二四「女、いとかなしくて、しりに立ちて追ひゆけど、え追ひつかで、清水のあるところに伏しにけり」訳女はとても切なく悲しくて、(男の)後ろについて追って行くが、追いつくことができないで、清水のあるところに倒れてしまった。

❷ふびんだ。かわいそうだ。竹取物語 平安―物語 かぐや姫の昇天「翁を、いとほし、かなしと思しつることも失せぬ」訳翁を気の毒で、ふびんだとお思いになっていた気持ちも(かぐや姫の心から)消えてしまった。

❸くやしい。残念だ。しゃくだ。宇治拾遺 鎌倉―説話 七・二「物もおぼえぬ腐り女にかなしう言はれたる」訳何の教養もないつまらない女にくやしくもいわれたことよ。

◇「かなしう」はウ音便。

❹貧しい。生活が苦しい。諸国ばなし 江戸―物語 浮世・西鶴「これはかなしき年の暮れに、女房の兄、半井清庵と申して」訳これは貧しい年の暮れに、妻の兄で半井清庵といいまして。

かなしう・す【愛しうす】 他動詞サ変{せ/し/す/する/すれ/せよ}

なりたち 形容詞「かなし」の連用形にサ変動詞「す」の付いたかたちが一語化した「かなしうす」のウ音便。

いとしく思う。かわいがる。伊勢物語 平安―物語 八四「ひとつ子にさへありければ、いとかなしうし給ひけり」訳ひとりっ子でもあったので、(母は)たいそういとしく思いなさった。

かなし-が・る 自動詞ラ四{ら/り/る/る/れ/れ}

㊀【愛しがる】かわいいと思う。かわいがる。枕草子 平安―随筆 かたはらいたきもの「憎げなる稚児を…うつくしみ、かなしがり」訳にくらしげな幼児を…いつくしみ、かわいがり。

㊁【悲しがる】悲しがる。土佐日記 平安―日記 一・一一「母のかなしがらるることは、下りし時の人の数足らねば」訳(死んだ子の)母が悲しがられることは(甚だしく)、京から下ったときの人数が(死んだ子の分)足りないので。◆「がる」は接尾語。

かなしく・す【愛しくす】 他動詞サ変「かなしうす」に同じ。

かなしけ【愛しけ】 形容詞「かなし」の連体形の変化した形。万葉集 奈良―歌集 三四一二「かなしけ児ろにいや離りくも」訳かわいいあの娘にいよいよ遠ざかって来てしまったことよ。◆奈良時代以前の東国方言。

かなし-さ 名詞

㊀【愛しさ】かわいさ。かわいいこと。

㊁【悲しさ・哀しさ】悲しさ。悲しいこと。

かなしび【悲しび・哀しび】 名詞 悲しむこと。悲しみ。古今 平安―歌集 仮名序「楽しびかなしび行きかふとも」訳楽しみや悲しみがかわるがわるやってきても。

かなし・ぶ

㊀ 他動詞バ四{ば/び/ぶ/ぶ/べ/べ}

㊀【愛しぶ】❶かわいいと思う。いとしく思う。今昔物語 平安―説話 三一・三三「翁・嫗、いよいよこれをかなしび愛してかしづきける間に」訳翁・嫗がますますこの児をいとしく思い、かわいがり大切に育てるうちに。

❷すばらしいと思う。古今 平安―歌集 仮名序「花をめで、鳥をうらやみ、霞をあはれび、露をかなしぶ心ことば多く」訳花を賞賛し、鳥をうらやましく思い、霞を趣深く感じ、露をすばらしいと思う心や言葉は多く。

㊁【悲しぶ・哀しぶ】悲しく思う。悲しむ。土佐日記 平安―日記 一二・二七「女子のなきのみぞかなしび恋ふる」訳(この土佐で死んだ)娘がここにいないのだけが悲しく恋しく思われる。

㊁【悲しぶ・哀しぶ】他動詞バ上二{び/び/ぶ/ぶる/ぶれ/びよ}悲しく思う。悲しむ。万葉集 奈良―歌集 四四〇八「今日だにも言問ひせむと惜しみつつかなしびませば」訳せめて今日一日だけでも言葉を交わそうと、別れを惜しみつつ悲しんでいらっしゃると。◆奈良時代以前の語。

かなし・む 他動詞マ四{ま/み/む/む/め/め}

㊀【愛しむ】❶かわいいと思う。いとしく思う。今昔物語 平安―説話 二六・五「端正美麗なる男子を産めば、父母、これをかなしみ愛して」訳端正で美しい男の子を産んだので、父母はこの子をかわいいと思い愛して。

❷すばらしいと思う。今昔物語 平安―説話 九・一二「『わが孝養の心の深きをもって天の賜へるなり』と喜びかなしんで」訳「私の孝心が深いので天がくださったのだ」と喜び、すばらしく思って。◇「かなしん」は撥音便。

㊁【悲しむ・哀しむ】悲しく思う。悲しむ。徒然 鎌倉―随筆 一〇「からすの群れゐて池の蛙をとりければ、御覧じかなしませ給ひてなん」訳からすが集まって(屋根に)とまって池の蛙をとったので、ご覧になって悲しく思いなさって。

仮名草子 文芸 江戸時代の初期、庶民の啓蒙・教訓を目的として、主として京都で刊行された読み物。前代の「御伽草子」の後を受け、「浮世草子」が現れるまで行われた。平易な仮名文で書かれ、啓蒙的・娯楽的なものや、実用的な名所記・評判記など、さまざまなものがある。主な作品に、如儡子の『可笑記』、鈴木正三の『二人比丘尼』、浅井了意の『東海道名所記』、安楽庵策伝の『醒睡笑』などがある。

か-な-た【彼方】 代名詞 あちら。▼遠称の指示代名詞。徒然 鎌倉―随筆 一一「かなたの庭に」訳あちらの庭に。

かな・づ【奏づ】 他動詞ダ下二{で/で/づ/づる/づれ/でよ} ❶舞を舞う。徒然 鎌倉―随筆 五三「しばしかなでて後、抜かんとするに、大方抜かれず」訳しばらく舞を舞った後、(頭にかぶった足鼎を)抜こうとするが、まったく抜けない。❷音楽を奏する。奏でる。

かなで【奏で】 名詞 舞。

仮名手本忠臣蔵 書名 時代物浄瑠璃。二世竹田出雲・三好松洛・並木千柳の合作。江戸時代中期(一七四八)初演。〔内容〕赤穂義士の仇討ちを徳川幕府への遠慮から室町時代に置きかえ、高師直を、塩谷判官の家臣大星由良之助が討つ話。のちに歌舞伎で大好評を博した。

かな-と【金門】 名詞 門。一説に金具をつけた門。

かなと-で【金門出】 名詞 「かどで」に同じ。

かなは-ず【叶はず】カナワズ 連語

なりたち 動詞「かなふ」の未然形＋打消の助動詞「ず」

❶**許されない。できない。** 平家物語 鎌倉―物語 三・足摺「都までこそかなはずとも」訳都までは(行くことが)できなくても。

❷**思いどおりにならない。思うに任せない。** 徒然 鎌倉―随筆 一四二「乏しくかなはぬ人のみあれば」訳貧乏で思うに任せない人ばかりいるので。

❸**ありえない。そういうはずがない。** 徒然 鎌倉―随筆 一四〇「朝夕なくてかなはざらん物こそあらめ」訳朝晩なくてはならないような物だけはあってもよかろうが。

❹**避けられない。やむをえない。** 節分 室町―狂言 狂言「かなはぬ用の事があって参りました」訳やむをえない用事があってお訪ねしました。

かな・ふ【適ふ・叶ふ】カナ―ウ カノ

一 自動詞 ハ四 (は/ひ/ふ/ふ/へ/へ) ❶**適合する。ぴったり合う。** 万葉集 奈良―歌集 八「熟田津に船乗りせむと月待てば潮もかなひぬ今は漕ぎ出でな」訳⇨にきたつに…。徒然 鎌倉―随筆 一〇九「あやしき下臈なれども、聖人の戒めにかなへり」訳卑しい身分の低い者であるが、(言うことは)聖人の教えに合っている。参照▶ 文脈の研究 聖人の戒め。

❷**思いどおりになる。成就する。** 更級 平安―日記 子忍びの森「思ふこと心にかなふ身なりせば秋の別れを深く知らまし」訳思うことが何事も心の思いどおりになる身であったならば、秋の人の別れを強く感じることができるだろうに。

❸〔多く、打消の語を下接して〕**いられる。すまされる。思うようになる。** 徒然 鎌倉―随筆 一二二「なくてかなはぬものなれば」訳人間の生活になくてはすまされないものなので。

❹〔多く、打消の語を下接して〕**対抗できる。かなう。** 平家物語 鎌倉―物語 一一・能登殿最期「あはやと目をかけて飛んでかかるに、判官かなはじとや思はれけん」訳(能登の殿は)ああ、と判官(＝源義経)目がけて飛んで襲いかかると、判官はかなわないとお思いになったのだろうか。

❺〔多く、打消や反語などの表現を下接して〕**できる。可能である。** 古今正義 江戸―論「これら深く積もるに見てかなはんや」訳これらの様子は、深くつもった(雪の)状況を見て(想像)できようか、いやできないだろう。

二 他動詞 ハ下二 (へ/へ/ふ/ふる/ふれ/へよ) **実現させる。かなえる。** 竹取物語 平安―物語 燕の子安貝「ここに使はるる人にもなきに、願ひをかなふることのうれしさ」訳わが家に使われている人でもないのに、願いをかなえてくれることのうれしさよ。

かな-へ【鼎・釜】エカナ 名詞 食物を煮たり湯を沸かしたりするのに用いる青銅製の器。足が三本あるのがふつうで、これを足鼎といい、ほかに平鼎・円鼎がある。

(鼎)

かな-まり【金椀・鋺】 名詞 **金属製のわん。**

かな-や 連語

なりたち 詠嘆の終助詞「かな」＋詠嘆の間投助詞「や」

…ことよ。…ことだなあ。▼感動・詠嘆を表す。著聞集 鎌倉―説話 三五「よろこばしきかなや」訳よろこばしいことだなあ。

かな-やき【金焼き】 名詞 人や、馬などの体や物の表面に熱した鉄で焼き印をすること。

かな-やま【金山】 名詞 **鉱山。鉱山の事業。**

***かならず【必ず】** 副詞 ❶**きっと。確かに。きまって。** 竹取物語 平安―物語 火鼠の皮衣「この度はかならずあはむと」訳今度はきっと結婚するだろうと。❷〔打消・反語の表現を下接して〕**必ずしも。** 新古今 鎌倉―歌集 秋下「かならず人を待つとなけれど」訳⇨きりのはも…。

かならず-しも【必ずしも】 連語

なりたち 副詞「かならず」＋副助詞「しも」

❶「かならず❶」に同じ。源氏物語 平安―物語 夕霧「後の、かならずしも対面のはべるべき」訳来世、きっとお目にかかることができる。❷「かならず❷」に同じ。土佐日記 平安―日記 一二・二三「この人、国にかならずしも言ひ使ふ者にもあらざなり」訳この人は、国府で必ずしも召し使う者でもないようだ。

†**かならず-しも-あ・る-まじき-わざ-なり【必ずしもあるまじきわざなり】** 土佐日記 平安―日記 一二・一六「かくて京へいくに、島坂にて、人饗応したり。かならずしもあるまじきわざなり」訳こうして京へ向かうと、島坂で、ある人が席を設けてもてなしてくれた。必ずしもしてくれるには及ばないことである。

品詞分解 かならず＝副詞 しも＝副助詞 ある＝動詞「あり」体 まじき＝打消推量の助動詞「まじ」体 わざ＝名詞 なり＝断定の助動詞「なり」終

かなる-ま-しづみカナルマシズミ 連語 **騒がしい間を静かにこっそりと。** 万葉集 奈良―歌集 四四三〇「荒らし男のいふ小箭を手挟み向ひ立ちかなるましづみ出でてと吾が来る」訳荒々しい男が矢を手に挟んで向い立っている騒がしい間を静かにこっそりと出て(私はここに)やって来た。◆奈良時代以前の東国方言か。成り立ち不詳。

がに

語義の扉

一 接続助詞 状態や程度の意を表す連用修飾語を構成する。**…するばかりに。…(してしまう)ほどに。…(し)そうに。**

二 終助詞 願望や命令、禁止などの表現を受けて、その理由や目的を表す。**…するように。…するために。…であるから。**

一 接続助詞《接続》動詞、また完了の助動詞「り」の終止形に付く。〔奈良時代以前の語〕状態や程度の意を表す連用修飾語を構成する。**…するばかりに。…(してしまう)ほどに。…(し)そうに。** 万葉集 奈良―歌集 六二四「道に逢ひて笑ますがからに降る雪の消なば消ぬがに消者消香

か

二恋ふといふ吾妹」訳「道でお逢いした折にあなたがほほえんでいらっしゃっただけなのに降る雪がたちまち消えて行くように今にも消え入ってしまうばかりにあなたを恋しく思っていることです」と言ってくれるそなたよ。

二 終助詞《接続》動詞の連用形に接続する。〔奈良時代以前の東国方言。中央語では「がね」が用いられる〕願望や命令、禁止などの表現を受けて、その理由や目的を表す。**…するように。…するために。…であろうから。** 万葉集 奈良―歌集 三四五二「おもしろき野をばな焼きそ古草に新草まじり生ひは生ふるがに」訳この美しい野をどうか焼かないでもらいたい。古い草に新しい草が入り混じって生えるだけ生えるように。

かに-かくに* 副詞 **あれこれと。何かにつけて。** 万葉集 奈良―歌集 八九七「かにかくに思ひわづらひ」訳あれこれと思い悩み。酒ほがひ 明治―歌集 吉井勇「かにかくに祇園はこひし」訳何かにつけて祇園が恋しい。

かにも-かくにも 副詞 **とにもかくにも。どうであれ。** 万葉集 奈良―歌集 四一二「頂にきすめる玉は二つなしかにもかくにも君がまにまに」訳頭上に秘蔵している玉は二つとない宝玉です。とにもかくにもあなたのお好きなように。

か・ぬ[1]【兼ぬ】他動詞 ナ下二 {ね/ね/ぬ/ぬる/ぬれ/ねよ} ❶**兼ねる。あわせ持つ。** 平治物語 鎌倉―物語 上「信頼は…大臣の大将をかねたりき」訳信頼は…大臣で近衛の大将を兼任していた。❷**予期する。予測する。前もって心配する。** 万葉集 奈良―歌集 三四一〇「ねもころに将来をなかねそ現在しよかば」訳いちずに将来を心配するな、現在さえよかったら。◇「予ぬ」とも書く。❸(一定の区域に)**わたる。あわせる。** 大鏡 平安―物語 師輔「一町かねて、あたりに人もかけらず」訳一町全体にわたって、そのあたりには人も駆け歩かない。

-か・ぬ[2] 接尾語 ナ下二〔動詞の連用形に付いて〕❶(…することが)**できない。** 万葉集 奈良―歌集 八九三「飛び立ちかねつ鳥にしあらねば」訳⇩よのなかを…。❷(…することに)**耐えられない。** 拾遺 平安―歌集 冬「思いかね妹がり行けば」訳恋しい思いに耐えられないでいとしい女のもとへ行くと。

かね[1]【金】名詞 ❶**金属の総称。** ❷**貨幣。金銭。資本。** ◇「銀」とも書く。江戸時代、経済の中心だった上方で銀貨が主要通貨であったところから。

かね[2]【矩】名詞 ❶(大工が使う)**曲尺。** ❷**直角。** 平家物語 鎌倉―物語 四・橋合戦「かねに渡いて押し落とさるな」訳(流れに)直角に渡って水中に押し落とされるな。

かね[3]【鉦】名詞 仏具の一つ。円形の金属製で、法事・念仏などのとき、架にかけたり伏せたりして、撞木で鳴らすもの。たたきがね。

かね[4]【鉄漿】名詞 歯を黒く染めるのに用いる、鉄を酸化させた液。⇩おはぐろ

かね[5]【鐘】名詞 ❶**つりがね。梵鐘。** ❷**鐘の音。**

かね[6]【兼ね】動詞「かぬ」の未然形・連用形。

がね[1] 接続助詞《接続》動詞の連体形に付く。❶(理由)**…であるから。…だろうから。** 万葉集 奈良―歌集 一九〇六「梅の花我は散らさじあをによし(=枕詞)奈良なる人も来つつ見るがね」訳梅の花を私は散らすまい。奈良にいる人も来ては見るだろうから。❷(目的)**…ために。…ように。** 万葉集 奈良―歌集 五二九「佐保河の岸のつかさの柴な刈りそね在りつつも春し来たらば立ち隠るがね」訳佐保川の岸の高みの柴は刈らないでおくれ。このままにしておいて春が来たら(あの人と会うときに)隠れるために。

参考「がね」は文末に置かれるので、「終助詞」という説もあるが、倒置と考えられるので、接続助詞とする説に従う。奈良時代以前の語。

-がね[2] 接尾語〔名詞に付いて〕**…のためのもの。…の候補者。** 「后がね」「婿がね」

かね-う・つ【鉦打つ】自動詞 タ四 {た/ち/つ/つ/て/て} 神仏の前で鉦や鰐口を打ち鳴らして誓いを立てる。宇治拾遺 鎌倉―説話 一二・八「大仏の御前にてかねうちて」訳大仏の御前で鉦を打ち鳴らして誓いを立てて。

かね-ぐろ【鉄漿黒】名詞 歯を黒くそめていること。また、その歯。⇩おはぐろ

かね-ごと【予言】名詞 **前もって言っておく言葉。約束の言葉。** 「かねこと」とも。

かね-たたき【鉦叩き】名詞 鉦をたたき、念仏を唱え、説経や浄瑠璃などを語ってものをこう人。

かね-て【予ねて】

なりたち 動詞「かぬ」の連用形＋接続助詞「て」

一 副詞 **前もって。あらかじめ。** 徒然 鎌倉―随筆 一五五「死は前よりしも来たらず、かねて後ろに迫れり」訳死は前からばかりやって来ないで、あらかじめ(すでに)背後に迫っている。

二 連語〔多く日数を表す語に付いて〕**…前に。今まで…にわたって。** 大鏡 平安―物語 道長上「試楽といふこと、三日かねてせしめ給ひしになむ、まゐりて侍りし」訳舞の予行ということを、(法会の)三日前になさったさいに参詣いたしました。

か-の*【彼の】連語

なりたち 代名詞「か」＋格助詞「の」

❶**あの。** ▼話し手から離れた位置のものであることを示す。徒然 鎌倉―随筆 一三七「この枝、かの枝散りにけり」訳この枝も、あの枝も(花は)散ってしまった。❷**その。あの。** ▼前に話題となったものであることを示す。竹取物語 平安―物語 貴公子たちの求婚「かの家に行きてたたずみ歩きけれど」訳あの(かぐや姫の)家に行って、うろうろ歩いたが。

か-の-え【庚】名詞「十干」の第七。参照▼資料20

かのえ-さる【庚申】名詞「かうしん❶」に同じ。

か-の-こ【鹿の子】名詞 ❶鹿の子。鹿。❷「鹿の子斑」の略。❸「鹿の子絞り」の略。絞り染めの一つ。布を糸でくくって、鹿のような白い斑点の模様を染め出したもの。

かのこ-まだら【鹿の子斑】名詞 鹿の体のように茶色の地に白い

(鹿の子斑)

斑点(はんてん)のあること。

か-の-と【辛】名詞「十干(じっかん)」の第八。参照▶資料20

か-の-も【彼の面】名詞 **あちら側。かなた。**◆多く「このもかのも」の形で使われる。対 此(こ)の面(も)。

かは

係助詞 《接続》体言、副詞、および活用語の連体形などに付く。

語義の扉

ふたつの係助詞「か」と「は」が複合して一語化した語で、文中にも文末にも用いられる。文末用法を認めない立場からは、これを終助詞とする。

❶〔文中〕文末を活用語の連体形で結ぶ。(⇒係結び)
　㋐反語。…か、いや…ない
　㋑疑問。…か。…だろうか。
❷〔文末〕反語。…か、いや…ない。

❶〔文中に用いられて〕㋐反語の意を表す。…(だろう)**か、いや…ない。** 更級 平安―日記「またまたも見まほしきに、ありもつかぬ都のほとりに、誰(たれ)**かは**物語もとめ見する人のあらむ」訳 つぎつぎに(別の物語を)読みたいのだけれども、まだ住み慣れてもいない都のあたりに、いったい誰が(私の求めに応じて)物語を手に入れて見せてくれる人があろう**か**、あろうはず**もない**。

㋑疑問の意を表す。…(だろう)**か。どうして…か。** 古今 平安―歌集 夏「蓮葉(はちすば)の濁りに染(し)まぬ心もて何**かは**露を珠とあざむく」訳 蓮は、(泥水のなかに育ち)濁り水にも染まることのないきれいな花を咲かせる心を持っているというのに、**どうして**、その葉の上においた白露を珠のように見せて人をだますの**か**。 源氏物語 平安―物語 夕顔「いかなる契りに**かは**ありけむ」訳 因縁であったのでしょう**か**。◇❶の文中での用法も、反語の意を表す場合が圧倒的に多い。疑問の意を表す場合はことに強い疑念を表明するのがふつう。また、文中の用法では、反語、疑問とも、例中の「誰」「何」のような疑問語とともに用いられる。

❷〔文末に用いられて〕反語の意を表す。…(だろう)**か。いや…ない。** 徒然 鎌倉―随筆 一三七「花はさかりに、月はくまなきをのみ見るもの**かは**」訳 (春の)桜は満開のだけを、(秋の)月は曇りなく照りわたっているのだけを見るもの**だろうか。いや、そうではない。** 徒然 鎌倉―随筆 五六「隔てなく馴れぬる人も、ほど経て見るは恥づかしからぬ**かは**」訳 心の隔てなく馴れ親しんだ人でも、時が経って会うのは気恥かしくないことがあろう**か**。(いや気恥かしいものだ)。

関連語 同じ成り立ちの係助詞でほぼ同一の意味用法を持つ「やは」は奈良時代以前にもその使用例があるのに対し、「かは」は平安時代から用いられる。

かは-うす【皮薄】(カワウス) 形容動詞ナリ **肌のきめが細かい。** 五人女 江戸―物語 西鶴「手足の指ゆたやかに、**かはうす**に色白く」訳 (女は)手足の指もふっくらとして、**肌のきめが細かく**色は白く。

かは-がり【川狩り】(カワガリ) 名詞 川で魚を捕ること。季 夏。

か-ばかり* 副詞 ❶**これほど。このくらい。** 竹取物語 平安―物語 かぐや姫の昇天「**かばかり**守る所に、天の人にも負けむや」訳 **これほど**(厳重に)守る所では、天人にも負けるだろうか、いや、負けはしない。❷**これだけ。** 徒然 鎌倉―随筆 五二「極楽寺・高良(かうら)などを拝みて、**かばかり**と心得て」訳 (末寺や末社の)極楽寺や高良神社などを拝んで、(石清水八幡宮(いわしみずはちまんぐう)は)**これだけ**と思いこんで。

かは-ぎぬ【皮衣・裘】(カワギヌ) 名詞「かはごろも」に同じ。

かは-くぢら【皮鯨】(カワクジラ) 名詞 鯨の皮下脂肪の部分。

かは-くま【川隈】(カワクマ) 名詞 川の流れが折れ曲っている所。「かはぐま」とも。

かは-ご【皮籠・革籠】(カワゴ) 名詞 まわりを獣の皮革で張り包んだ籠(かご)。のちには、紙張りのものや竹で編んだものもいう。

(皮籠)

かは-ごろも【皮衣・裘】(カワゴロモ) 名詞 獣の皮で作った衣服。主に冬の防寒用とする。「かはぎぬ」とも。

かば-ざくら【樺桜】名詞 ❶植物の名。山桜の一種。❷襲(かさね)の色目の一つ。表は蘇芳(すおう)(＝紫がかった赤色)、裏は赤花(あかばな)(＝赤色)。一説に表は薄色、裏は濃い二藍(ふたあい)(＝赤みがかった青色)。

-がは・し(ガワシ) 接尾語 シク(体言・動詞連用形などに付いて)**…のようである。…の風である。**▶シク活用の形容詞をつくる。「乱り**がはし**」「らう**がはし**」

かは・す*【交はす】(カワス) 一 他動詞 サ四 {さ/し/す/す/せ/せ} ❶**互いに通わせる。やりとりする。** 源氏物語 平安―物語 帚木「さる心を**かはせ**るにやありけむ」訳 そのような気持ちを**互いに通わせ**ていたのであったのだろうか。❷**交差させる。交える。** 源氏物語 平安―物語 桐壺「羽を並べ枝を**かはさむ**」訳 翼を並べ(て飛び)枝を**交え**よう(＝一心同体となって深く愛し合おう)。❸**移す。ずらす。** 枕草子 平安―随筆 ねたきもの「時**かはさ**ず、あまたして縫ひて参らせよ」訳 時を**移さ**ず、大勢で(手分けして)縫ってさし上げなさい。

二 補助動詞 サ四 {さ/し/す/す/せ/せ}〔動詞の連用形に付いて〕**互いに…し合う。** 伊勢物語 平安―物語 二三「恥ぢ**かはし**てありけれど」訳 **互いに**恥ずかしがり**合って**いたが。

かは-せ【川瀬】(カワセ) 名詞 川の中の浅瀬。川の流れが速く浅くなっている所。

かは-せうえう【川逍遥】(カワショウヨウ) 名詞 ❶川辺を散歩すること。川辺で遊ぶこと。❷川舟に乗って遊ぶこと。

かは-たけ【川竹・河竹】(カワタケ) 名詞 ❶川のほとりに生えている竹。❷まだけ、またはめだけの古名。❸❷の、清涼殿の東側の庭の御溝水(みかわみず)のそばに植えてあるもの。◇「河竹」と書く。

河竹黙阿弥(かはたけもくあみ)(カワタケモクアミ) 人名 (一八一六～一八九三)江戸時代末期・明治時代の歌舞伎(かぶき)狂言作者。本名、吉村新七。五世鶴屋南北(つるやなんぼく)に師事、河竹新七を襲名した。盗賊をあつかった白浪物(しらなみもの)の「三人吉三廓初買(さんにんきちざくるわのはつかい)」「青砥稿花紅彩画(あおとぞうしはなのにしきえ)」などを書いて人気を博し、歌舞伎界に活躍した。のち引退して黙阿弥を名乗った。

かは-たび【革足袋】(カワタビ) 名詞 鹿(しか)などのなめし皮で作ったたび。参照▶口絵

かはたれ-どき【彼は誰時】カワタレドキ 名詞 (明け方、または夕方の)**薄暗い時分。**対誰(た)そ彼時(かれどき)。

参考「あれはだれ」と見分けられない時分の意。多く、明け方について用いる。夕方に「たそかれどき」が定着すると、「かはたれどき」はもっぱら明け方について用いるのが通例となった。

河内(かはち)カワチ 地名 旧国名。畿内(きない)五か国の一つ。今の大阪府東部。河州(かしゅう)。古くは「かふち」であったらしい。

かは-づ[1]**【川津・河津】**カワヅ 名詞 **川の渡し場。舟着き場。** 参照▼資料21

かはづ[2]**【蛙】**カワズ 名詞 ❶**かじかがえる。かじか。**山間の清流にすみ、澄んだ涼しい声で鳴く。◇「河蝦」とも書く。❷**かえる。**季春。

かは-づか【革柄・皮柄】カワヅカ 名詞 刀の柄(つか)の部分を革で巻いたもの。

かは-つら【川面】カワツラ 名詞 ❶**川のほとり。かわべ。**源氏物語 平安—物語 薄雲「かはつらの住まひ」。❷**川の表面。かわも。**◆「かはづら」とも。

かは-と[1]**【川門】**カワト 名詞 両岸が迫って川幅が狭くなっている所。川の渡り場。

かは-と[2]**【川音】**カワト 名詞「かはおと」の変化した語。川の水の流れる音。

がは-と 副詞 **ばっと。がばっと。**「がばと」とも。▼突然に激しく動くようすを表す語。平家物語 鎌倉—物語 九・落足「馬より舟へがはと飛び乗らうに」訳馬から舟へばっと飛び乗ろうとするのに。

かは-なみ[1]**【川並み・川次】**カワナミ 名詞 川の流れのようす。川筋。

かばね[1]**【姓】** 名詞 奈良時代以前、氏族がその氏(うじ)の名に付けて家柄を示した世襲的称号。元来は、単に尊称あるいは職能を表すものであったが、やがて、社会的・政治的な地位の上下を表すようになった。古くから「臣(おみ)」「連(むらじ)」「君(きみ)」「造(みやつこ)」「直(あたひ)」「首(おびと)」「史(ふひと)」「村主(すぐり)」「県主(あがたぬし)」など数十種があるが、天武天皇十三年(六八四)には「八色(やくさ)(=八種)の姓(かばね)」に統制された。

かばね[2]**【屍】** 名詞 ❶**死体。なきがら。**❷**遺骨。**源氏物語 平安—物語 宿木「別れを悲しみてかばねを包みて」訳(永遠の)別れを悲しんで、(わが子の)遺骨を包んで。

かはのぼり-ぢ【川上り路】カワノボリジ 名詞 川をさかのぼって行く水路。

かは-ばおり【革羽織・皮羽織】カワバオリ 名詞 なめし革で作った、防寒、防火用の羽織。

かは-ばしら【川柱】カワバシラ 名詞 川の中に残って立っている、(橋などの)柱。

河合曾良(かはひそら)カワイソラ 人名 (一六四九〜一七一〇)江戸時代前期の俳人。信濃(しなの)(長野県)の人。江戸に出て、松尾芭蕉(ばしょう)に俳諧(はいかい)を学び、日常の雑用を果たして師を助け、『鹿島(かしま)紀行』『奥の細道』の旅に同行した。記録に『奥の細道随行日記』がある。

かは-ぶえ【皮笛】カワブエ 名詞 **口笛。**◆唇の皮で吹くことから。

かは-ほり【蝙蝠】カワホリ 名詞 ❶動物の名。**こうもり。**季夏。❷「蝙蝠扇(かはほりあふぎ)」の略。**せんす。**源氏物語 平安—物語 紅葉賀「かはほりの、えならず絵かきたるを」訳せんすの、非常に美しく絵をかいてあるのを。◆「かはぼり」とも。

かは-むし【皮虫・烏毛虫】カワムシ 名詞 **毛虫。**

かは-や【厠】カワヤ 名詞 **便所。**◆川の上につき出して作った「川屋」の意とも、母屋のそばに建てた「側屋(かはや)」の意ともいう。

かは-ゆか【川床】カワユカ 名詞 納涼のために料理屋などの川に面した座敷から、川面へ突き出して設けた桟敷。

***かはゆ・し** カワユシ 形容詞ク {(く)・から/く・かり/し/き・かる/けれ/かれ} 「かほ(顔)は(映)ゆし」の変化した語。❶**恥ずかしい。気まり悪い。**右京大夫 鎌倉—歌集「いたく思ふままのことかはゆくおぼえて」訳あまりに自分の思っているままのことでは恥ずかしく思われて。参照▼類語と使い分け⑯ ❷**見るにしのびない。かわいそうで見ていられない。**徒然 鎌倉—随筆 一七五「年老い袈裟(けさ)掛けたる法師の、…よろめきたる、いとかはゆし」訳年をとり、袈裟を掛けた法師が、…よろめいているのは、たいそう見るにしのびない。❸**かわいらしい。愛らしい。いとしい。**

語の歴史 室町時代から❸の意味でも用いられるようになり、形は「かはいい」に変わり、現代語「かわいい」

類語と使い分け③ 「かわいい」意味を表す言葉

現代語の「かわいい」の元になった「かはゆし」が、「かわいい」の意味で使われるようになったのは、室町時代の終わりごろである。それ以前、この言葉の意味は「恥ずかしい」「かわいそうだ」であり、「かわいい」の意味を担ってきたのは、「うつくし」「かなし」「らうたし」などである。また奈良時代に使われた言葉に「めでたし」がある。

うつくし…『枕草子(まくらのそうし)』うつくしきものの段に、「うつくしきもの。瓜(うり)にかきたる乳児(ちご)の顔」「なにもなにも小さきものはみなうつくし」とあるように、ちいさなもの、あるいは幼い者に対して、「愛らしい」とながめる意味合いがある。

らうたし…これも『枕草子』うつくしきものの段に、「をかしげなる(=愛らしい)稚児(ちご)(=赤ん坊)の、あからさまに(=ちょっと)抱(いだ)きて遊ばしうつくしむ(=かわいがる)ほどに、かい付きて(=しがみついて)寝たる、いとらうたし」とあり、幼い子に対して使っているが、「うつくし」とは異なり、幼い者、弱い者に対して手を差しのべ、いたわってやりたいという気持ちで使われることが多い。

かなし…同じく「かわいい」でも、「(妻のことを)限りなくかなしと思ひて」(『伊勢物語』二三)や、「わがかなしと思ふ娘を」(『源氏物語』夕顔)のように、妻や娘といった身辺で親密な関係にある人物に対して用いられることが多く、身にしみて切なく、いとおしいという気持ちが込められる。「かわいくてたまらない」という意味になる。

につながる。

かは-よど【川淀】 カワヨド 名詞 川の水のよどんでいる所。よどみ。

かはら【川原・河原】 カワラ 名詞 ❶**川原。** 川辺の水の流れていないところ。❷賀茂川の川原。平安京の東端に当たり、平安時代には「祓へ」などが行われた。枕草子 平安―随筆 こころゆくもの「かはらに出でて、呪詛の祓へしたる」訳 賀茂の川原に出かけて、人から呪われた際の祓えをしたとき。❸賀茂川の四条河原。江戸時代、芝居小屋や水茶屋などが多くて繁盛し、夏の夕涼みの場所としても有名。

＊かは-らか・なり カワラカナリ 形容動詞 ナリ ⇨かわらかなり

かはら-け【土器】 カワラケ 名詞 ❶**素焼きの陶器。** ❷**素焼きの杯。** ❸**酒杯のやりとり。酒宴。** 源氏物語 平安―物語 匂宮「御かはらけなど始まりて」訳 御酒杯のやりとりなどが始まって。

かはら-ばん【瓦版】 カワラバン 名詞 江戸時代、社会的な事件などを速報するため市中を売り歩いた、多くは木版一枚刷りの出版物。

かはら-・ふ【変はらふ】 カワラウ 連語

なりたち 動詞「かはる」の未然形＋反復継続の助動詞「ふ」

変わっていく。 万葉集 奈良―歌集 四一六六「鳴く鳥の声もかはらふ」訳 鳴く鳥の声も変わっていく。◆奈良時代以前の語。

＊かはり【代はり・替はり】 カワリ 名詞 ❶**入れかわり。交替。後任。** 源氏物語 平安―物語 賢木「斎院は御服にており居給ひにしかば、朝顔の姫君はかはりに居給ひにき」訳 斎院は御服喪のため、退任なさったので、朝顔の姫君はその後任におなりになった。❷**身代わり。代理。名代。** ❸**代償。つぐない。** 宇治拾遺 鎌倉―説話 四・五「かく宿させ給へるかはりに、麻やある、績みて奉らむ」訳 このように宿泊させてくださった代償に、麻はありますか、(あればそれを)糸によってさし上げましょう。❹**代金。報酬。**

かはり-がはり(に)【代はり代はり(に)】 カワリガワリ(ニ) 副詞 **交互に。かわるがわる(に)。** 枕草子 平安―随筆 なほめでたきこと「公卿・殿上人、かはりがはり盃とりて」訳 公卿や殿上人などがかわるがわる杯をとって。

かはり-ぎぬ【代はり絹】 カワリギヌ 名詞 ものを買うとき、金銭のかわりに支払う絹。

かは・る カワル 自動詞 ラ四 {ら/り/る/る/れ/れ}
㊀【代はる・替はる】❶**交替する。** 源氏物語 平安―物語 澪標「かの斎宮もかはりたまひにしかば」訳 あの斎宮もお替わりになったので。❷**代理となる。**
㊁【変はる】❶**変化する。** 万葉集 奈良―歌集 四四四二「雨は降れども色もかはらず」訳 雨は降るけれども色は変わらないことだ。❷**改まる。** 万葉集 奈良―歌集 三三二九「あらたまの(=枕詞)月のかはれば」訳 この月が改まると。

1 **かひ【貝】** カイ 名詞 ❶**貝。貝殻。** ❷**ほら貝。** 合図などに用いる。枕草子 平安―随筆 正月に寺にこもりたるは「かたはらにかひをにはかに吹き出でたるこそ」訳 そばでほら貝を突然吹き出したのには。

2 **かひ【卵】** カイ 名詞 (鳥の)**たまご。**「かひご」とも。

3 **かひ【効・甲斐】** カイ 名詞 ❶**効果。ききめ。** 竹取物語 平安―物語 貴公子たちの求婚「かの家に行きてたたずみ歩きけれど、かひあるべくもあらず」訳 あの(かぐや姫の)家に行って、うろつき歩いたが、効果があるはずもない。❷(するだけの)**価値。値うち。** 源氏物語 平安―物語 桐壺「宮仕への本意、深く物したりしよろこびは、かひあるさまにとこそ思ひわたりつれ」訳 (桐壺更衣に)宮仕えをさせるという本来の志を深く守りとおしていたお礼には、それだけの価値があるように(してあげたい)とずっと思い続けてきた。

4 **かひ【峡】** カイ 名詞 山と山との間。

5 **かひ【匙】** カイ 名詞 **さじ。しゃくし。** ◆古く貝殻を用いたことから。

6 **-かひ【交】** カイ 接尾語 物と物との重なり合うところ、物と物の間の意味を表す。「眼かひ」「羽かひ」

7 **甲斐** カイ 地名 旧国名。東海道十五か国の一つ。今の山梨県。甲州。参照▼資料21

かひ-あはせ【貝合はせ】 カイアワセ 名詞 ❶平安時代の遊戯の一つ。左右の二組に分かれ、双方から珍しい貝を出し合って、その優劣を競う。❷遊戯の一つ。三百六十個のはまぐりの貝殻を二分し、片方を地貝として並べ、もう一方を出し貝として一個ずつ出して地貝と合わせ、合った数の多い者を勝ちとする。平安時代末期から江戸時代にかけて、女性の間で盛んに行われた。「貝覆ひ」とも。

(貝合はせ❷)

かひ-うた【甲斐歌】 カイウタ 名詞 東歌の一つ。甲斐(山梨県)の民謡。

かひ-おほひ【貝覆ひ】 カイオオイ 名詞「かひあはせ❷」に同じ。

かひ-がかり【買ひ掛かり】 カイガカリ 名詞 現金でなく、掛けで品物を買うこと。掛け買い。また、その代金。

かひがひ・し【甲斐甲斐し】 カイガイシ 形容詞 シク {(しく)・しから/しく・しかり/し/しき・しかる/しけれ/しかれ} ❶**いかにも効果がある。張り合いがある。** 源氏物語 平安―物語 早蕨「かひがひしくぞあひしらひ聞こえ給ふめる」訳 (話し手が)張り合いがあるように座をとり持って応対し申し上げなさるようだ。❷**働きぶりがしっかりしていて、頼みがいがある。心丈夫だ。** 平家物語 鎌倉―物語 二・蘇武「かひがひしくもたのむの雁」訳 心丈夫にも頼りにされる田の表面にいる雁。❸**力強く勇ましい。勢いが盛んだ。** 著聞集 鎌倉―説話 五一九「かひがひしくみな食ひてけり」訳 盛んな勢いでみな食べてしまった。◆「かひ(効)」を重ねて形容詞化した語。「甲斐甲斐」は当て字。

かひ-ご【卵子】 カイゴ 名詞「かひ(卵)」に同じ。

かひ-つ・く【飼ひ付く】 カイツク 他動詞 カ下二 {け/け/く/くる/くれ/けよ} **飼い慣らす。** 今昔物語 平安―説話 二六・七「年頃かひつけたりける犬山の犬を」訳 長年飼い慣らしていた、犬山(=犬を使う猟)の犬を。

か

か

かひ-つ-もの【貝つ物】カイツモノ 名詞 **貝類。**◆「つ」は「の」の意の奈良時代以前の格助詞。

かひな【肱・腕】カイナ 名詞 肩からひじまでの間。二の腕。また、肩から手首までの間。腕。

かひなく-な・る【甲斐無くなる】カイナクナル 連語 **どうにもならなくなる。**▼「死ぬ」を婉曲に言う言葉。源氏物語 平安｜物語 手習「かひなくなりたまはば、なかなかなることをや思はん」訳(あなたが)どうにもならなくなって(=亡くなって)しまわれたら、(私は)かえって悲しい思いをするでしょう。

かひ-な・し【甲斐無し】カイナシ 形容詞ク {(く)・から／く・かり／し／き・かる／けれ／かれ}
❶**どうにもならない。ききめがない。むだである。**伊勢物語 平安｜物語 六「足ずりをして泣けども、かひなし」訳じだんだを踏んで泣いたが、どうにもならない。
❷**取るに足りない。値打ちがない。**平家物語 鎌倉｜物語 九・小宰相身投「かひなき命生きて、つれなうこそ、これまで逃れまゐって候へ」訳取るに足りない命をながらえて、悲しみをこらえて、これまで逃げてまいりました。

貝原益軒かいばらえきけん カイバラエキケン 人名 (一六三〇～一七一四)江戸時代前期の漢学者。筑前(福岡県)の人。名は篤信。京都に遊学して、山崎闇斎・木下順庵に朱子学を学び、のち各地を旅し、博物学を研究した。著書『益軒十訓(養生訓)』『慎思録』など。

かひろ・く カイロク 自動詞 カ四 {か／き／く／く／け／け} **ゆらゆら揺れ動く。**「かひろぐ」とも。枕草子 平安｜随筆 草の花は「風になびきてかひろき立てる」訳風になびいてゆらゆら揺れ動き立っているのは。

かひ-をけ【貝桶】カイオケ 名詞 貝合わせの貝を入れる容器。二個で一対。江戸時代、上流社会で嫁入り道具の一つとされた。

かひ-を-つく・る【貝を作る】カイヲツクル 連語 **泣き顔になって口をへの字に曲げる。**源氏物語 平安｜物語 明石「『御送りに仕うまつらぬこと』など申して、かひをつくるも」訳「お見送りにお仕えできないことが(残念です)」などと申し上げて、泣き顔になって口をへの字に曲げるのも。

[1]かふ【甲】コウ 名詞 ❶十干の一番目。きのえ。❷(❶から転じて)最もすぐれているもの。**第一位。**❸かめ・かになどの固い殻。**甲羅。**❹よろい。かぶと。❺手足の表面の部分。❻琵琶・琴などの胴の部分。

[2]か・ふ【交ふ】カウ
一 他動詞 ハ下二 {へ／へ／ふ／ふる／ふれ／へよ} (互いに)**さし交わす。入れ違わせる。**万葉集 奈良｜歌集 一九五「しきたへの(=枕詞)袖かへし君」訳(かつて)袖をさし交わした君。
二 補助動詞 ハ四 {は／ひ／ふ／ふ／へ／へ} (動詞の連用形に付いて)**互い違いに…する。交差して…する。**「行きかふ」「吹きかふ」「散りかふ」「飛びかふ」

[3]か・ふ【買ふ】カウ 他動詞 ハ四 {は／ひ／ふ／ふ／へ／へ} ❶**買う。**❷(好ましくない結果を)**受ける。**徒然 鎌倉｜随筆 三八「害をかひ、累を招く」訳(財産が多いと)害を受け、面倒をひきおこす。

[4]か・ふ【替ふ・換ふ・代ふ】カウ 他動詞 ハ下二 {へ／へ／ふ／ふる／ふれ／へよ} **とりかえる。引き換えにする。**徒然 鎌倉｜随筆 一八八「万事にかへずしては、一の大事成るべからず」訳(他の)すべての事と引き換えにしなくては、(目的の)一つの大事が成就するはずがない。

[5]か・ふ【飼ふ】カウ 他動詞 ハ四 {は／ひ／ふ／ふ／へ／へ} ❶(動物に食物や水を)**与える。**徒然 鎌倉｜随筆 一二八「鷹にかはんとて」訳たかにえさを与えようとして。❷**飼育する。**

[1]が-ふ【楽府】ガフ 名詞 漢詩の形式の一つ。もと、前漢の武帝の時代に設けられた楽府(=音楽の役所の名)で採用された歌曲。唐以後、それにならって作った詩。特に、『白氏文集』に収められた白居易の詩「新楽府」をさすことが多い。

[2]-がふ【合】ゴウ 接尾語 長持・箱など、ふたのある容器を数える。「折り櫃一がふ」

かふ-か【閣下】コウカ
一 名詞「貴人に対する尊敬語」**閣下。**
二 代名詞 **あなた。**▼対称の人称代名詞。相手を敬って呼びかける語。大鏡 平安｜物語 序「さて、かふかはいかが」訳それで、あなた(の方)はどうですか。

[1]かぶき 名詞
一【傾き】異様で派手な身なり振る舞いをすること。
二【歌舞伎・歌舞妓】❶「歌舞伎踊り」の略。江戸

類語と使い分け④

「かわいそう」の意味を表す言葉

現代語の「かわいそう」の意味を持ち、語形も近い古語に「かはゆし」があるが、この語が使われたのは平安時代後期以降であり、同時に「気の毒だ」「見るに忍びない」の意味を表す「いたはし」「いたまし」「いとし」「びんなし」「ふびんなり」などの言葉も、使われだしたのは鎌倉・室町時代になってからと考えられる。鎌倉時代以前にこうした意味を担っていたのは、「いとほし」「かたはらいたし」「こころぐるし」といった言葉である。また、「あはれ」は意味の広い言葉であるが、文脈によっては「かわいそう」の意味を表すこともある。

いとほし…相手のみじめなようすを見て、目をそむけたくなる気持ちが基本にあり、自分がそのような状態になったら困る、いやだという気持ちが裏にある。

こころぐるし…「いとほし」とは反対に相手に同情する気持ちを表し、苦しくなるくらい心を痛めるという意味が込められている。「いといたうやせ青みて(=はなはだしくやせ青ざめて)、ほれぼれしきまで(=腑抜けのようにぼんやりして)物を思ひたれば、こころぐるしと見給ひて、まめやかにとぶらひ給ふ」(『源氏物語』総角)では、大君の死後、傷心の薫を見舞う匂宮が、薫のことを気の毒に思う箇所に使われている。

かたはらいたし…そばで見聞きしていて、黙ってはいられない、つらくて見てはいられないという気持ちで相手を気の毒に思う様子を表す。「いたたまれない」の意味に近い。

時代初期に出雲(島根県東部)の女芸人阿国が始めたもの。女性が男装をした異様な身なりで演じた踊りで、芝居の歌舞伎の源流となった。❷⇩歌舞伎

歌舞伎² 文芸 文芸 江戸時代に成立した、せりふ・音楽・舞踊を巧みに総合した民衆演劇。江戸時代初期に出雲の女芸人阿国が始めた歌舞伎踊りが源流とされる。その後、単純な歌舞劇から脱皮し、元禄期(一六八八～一七〇四)に今日の形態がほぼ確立された。その後も発展を重ね、人形浄瑠璃とともに民衆に愛好され、伝統演劇として、完成した。◆江戸時代には多く「歌舞妓」と書いた。

歌舞伎十八番 文芸 歌舞伎の市川家が家の芸とする十八種の演目。七代目の市川団十郎が整理・指定した。ほとんどが荒事である。『不破』『鳴神』『暫』『不動』『嫐』『象引』『勧進帳』『助六』『押戻』『外郎売』『矢の根』『関羽』『景清』『七つ面』『毛抜』『解脱』『蛇柳』『鎌髭』の十八種をいう。

かぶき-もの【歌舞伎者】名詞 ❶派手で異様な風体・言動を好む者。また、派手好きな好色者。❷歌舞を演ずる者。

かぶき-もん【冠木門】名詞 両脇の柱の上に「冠木(=横木)」を一本渡しただけの屋根のない門。

(冠木門)

かぶ・く【傾く】自動詞 カ四〔か/き/く/く/け/け〕❶かたむく。行宗卿集 平安－歌集「雨降れば門田の稲ぞしどろなる心のままにかぶき渡りて」訳雨が降ったので門前の田の稲が乱れている。思い思いに一面にかたむいて。❷異様で派手な身なりや振る舞いをする。猫の草子 江戸－物語 御伽「かぶきたる形ばかりを好み」訳異様で派手なふうにした身なりばかりを好み。

かぶし 名詞 頭の形。頭つき。

がふ-し【合子】名詞 蓋付きの椀。御器。◆蓋と身とが合う物の意。

かふしう-かいだう【甲州街道】名詞 江戸時代の五街道の一つ。江戸日本橋から甲府に至り、さらに下諏訪に達して中山道と合流する街道。四十四の宿駅をもつ。

かふ-ち【河内】名詞 川の曲がって流れている所。また、川を中心にした一帯。◆「かはうち」の変化した語。

かぶと【兜・甲・冑】名詞 ❶武具の一つ。頭部を防御するための鉄製のかぶり物。頭頂部を覆う「鉢」、その下に垂れて首を覆う「錏」を主要の部分とする。参照▶口絵 ❷舞楽の楽人や舞人がかぶる、鳳凰の頭にかたどった冠。とりかぶと。❸端午の節句に飾る飾り物の一つ。

かぶと-の-てさき【兜の手先】連語 兜の「吹き返し(=左右の側面で耳のようにそり返っている部分)」の両端の上部。

かぶと-の-はち【兜の鉢】連語 兜の頭部をおおう鉢状の部分。参照▶口絵

かぶら【鏑】名詞 ❶鏃の付け根に付ける作り物。木・角などで内部を空洞に作り、数個の穴を開けて、矢が飛ぶときに風を切って音を発するようにしたもの。❷「鏑矢」の略。◆形が「かぶら(蕪)」に似ているところから。

(鏑)

かぶら-や【鏑矢】名詞 矢の一種。矢の先の鏃の付け根に「鏑❶」を付けたもの。飛ぶときに音を発する。合戦の際の矢合わせや神前で射るときに用いる儀礼的なもの。後に、鏑の先にさらに雁股を付けた。

かぶり【冠】名詞 「かうぶり」の変化した語。❶「かうぶり❶」に同じ。❷「かうぶり❷」に同じ。栄花物語 平安－物語 月の宴「男君だちのかぶりなどし給へるも」訳ご子息たちの、元服などなさった方も。

かぶり-かぶり【頭頭】名詞 幼児などが頭を左右に振っていやいやをすること。

かふ-りょく【合力】名詞／―す 他動詞 サ変 ❶力添えして助けること。加勢。平家物語 鎌倉－物語 四・山門牒状「殊にかふりょくをいたして、当寺の破滅を助けられん」訳特別に加勢をして、この寺の破滅をお助けください。❷金品を施し与えること。

かぶり-をけ【冠桶】名詞 冠を入れておく容器。かぶりばこ。

かぶ・る【被る・冠る】「かうぶる」の変化した語。
一 他動詞 ラ四〔ら/り/る/る/れ/れ〕❶上からものの表面を覆う。かぶる。心中天網島 江戸－浄瑠 浄瑠・近松「火燵に治兵衛、またころり、かぶる蒲団の格子縞」訳こたつに治兵衛はまたころりと寝転がり格子縞のふとんをかぶる。❷頭から浴びる。七偏人 江戸－物語 滑稽「丼鉢を倒してかぶりし小麦の粉に」訳丼鉢を倒して頭から浴びたうどんの粉で。❸(恩恵や賞罰を)受ける。宇津保 平安－物語 祭の使「望みあるもののせいとくをかぶらんとて」訳願いのある者が権力の恩恵を受けようとして。
二 自動詞 ラ四〔ら/り/る/る/れ/れ〕だまされる。世間胸算用 江戸－物語 浮世・西鶴「どこの牛の骨やらしらいで人のかぶる衣装つき」訳どこの馬の骨かわからないで人がだまされる着物姿。

かぶろ*【禿】名詞 ❶頭に毛のないこと。坊主頭。❷子供の髪型の一つ。髪の末を切りそろえ、結ばずに垂らした、今のおかっぱに似たもの。また、その髪型の子供。平家物語 鎌倉－物語 一・禿髪「髪をかぶろに切りまはし」訳髪をおかっぱに切りそろえ。❸江戸時代の遊里で、太夫などの上級遊女に仕える見習いの少女。七、八歳から十二、四歳ぐらいまでで、その後は遊女になる。◇のちには「かむろ」とも。

(禿❷)

かべ【壁】名詞 ❶壁。草・板・土などで作る。❷夢。◇「(壁を)塗る」と「寝ぬる」を掛けていう。主に和歌で用いられる。❸豆腐。◇女房詞。

がへ

語義の扉

終助詞《接続》活用語の連体形に付く。

〔奈良時代以前の東国方言。その意味、用法から中央語の係助詞「かは」から転じた語とされる〕用言の連体形に付いて、反語の意を表す。…だろうか、いや…ない。どうして…するものか。

活用語の連体形に付いて、反語の意を表す。…だろうか、いや〜ない。どうして…するものか。万葉集 奈良―歌集 三四二〇「上毛野佐野の舟橋取り放し親は離くれど吾は離るがへ」私波佐可流賀倍 訳上野の佐野の舟橋の綱をほどき放つように親はわたしたちの仲を裂いてしまおうとするが、どうしてわたしたち二人が離れようものか。

注意「舟橋」は、つなぎ並べた船の上に板を渡し敷いて橋としたもので、綱は解くことで簡単に離れるため、仲を裂くことの比喩として用いたもの。佐野の舟橋は、群馬県高崎市上佐野の烏川にあった。

か-べい 連語 なりたち 形容詞または形容詞型活用助動詞の連体形語尾「かる」＋推量の助動詞「べし」の連体形からなる「かるべき」の撥音便「かんべい」の撥音「ん」が表記されない形。
きっと…だろう。…に違いない。 蜻蛉 平安―日記 上「影も見えがたかべいことなど、まめやかに悲しうなりて」訳(姉の)姿も見られなくなるに違いないことだなどと、心から悲しくなって。

かへ-おとり【替へ劣り】カエオトリ 名詞 取り替えた結果、前より悪くなること。対替へ優り。

＊**かへ-さ【帰さ】**カエサ 名詞「かへるさ」の変化した語。**帰りがけ。帰り道。帰り。** 枕草子 平安―随筆 鳥は「祭りのかへさ見るとて」訳祭りの帰り(の斎王の行列)を見るということで。◆「さ」は時を表す接尾語。

かへさひ-まう・す【返さひ申す】カエサイモウス 他動詞サ四〔さ/し/す/す/せ/せ〕**お断りする。ご辞退申し上げる。** 源氏物語 平安―物語 梅枝「人々難き事に思ぼして、かへさひまうしたまふもあれば」訳人々は難しいことだとお思いになって、ご辞退申し上げられる方もいるので。

かへさ・ふ【返さふ】カエサウ/カエソウ 他動詞ハ四〔は/ひ/ふ/ふ/へ/へ〕 なりたち 動詞「かへす」の未然形に反復継続の助動詞「ふ」の付いた形が一語化したもの。
❶**繰り返す。** 源氏物語 平安―物語 常夏「ねんごろに口入れかへさひ給はむにこそは」訳熱心に口添えを繰り返しなさるような場合には。❷**幾度も思い返す。反省する。** 源氏物語 平安―物語 手習「かくだに思はじなど、心一つをかへさふ」訳このようにだけは思うまいなどと、自分の心一つを(おさめかねて)幾度も思い返す。❸**幾度も問い返す。反問する。** 源氏物語 平安―物語 少女「博士のかへさふべき節々を引き出でて」訳(試験官の)博士の問い返しそうないろいろな点を引き出して。❹(「かへさひ奏す」「かへさひ申す」などの形で)**辞退する。** 源氏物語 平安―物語 行幸「内裏より御気色あること、かへさひ奏し」訳宮中よりご内意のあることを、ご辞退申し上げ。

かへ-さま・なり【返様なり・反様なり】カエサマナリ 形容動詞ナリ〔なら/なり・に/なり/なる/なれ/なれ〕**裏がえしだ。さかさまだ。** 枕草子 平安―随筆 ねたきもの「とみの物縫ふに、…かへさまに縫ひたるもねたし」訳急ぎの仕立て物を縫うときに、…裏返しに縫ったのもしゃくにさわる。

かへし【返し】カエシ 名詞 ❶**返事。返答。** 枕草子 平安―随筆 すさまじきもの「『こよひはえ参るまじ』とてかへしおこせたるは」訳「今晩は参上できないだろう」といって返事を寄こしたのは。❷**返歌。**▼歌による返事。竹取物語 平安―物語 火鼠の皮衣「かの詠み給ひける歌のかへし、箱に入れてかへす」訳あの(あべの右大臣が)お詠みになった歌の返歌を、箱に入れて返す。❸**返礼。お返し。仕返し。報復。** 棒縛 室町―狂言 狂言「それなら、今のかへしに舞はうか」訳それなら、今の(舞への)返礼に(私も)舞おうか。❹**吹き返し。揺れ戻し。**▼風・波・地震などが、一度やんだ後、再び起こること。蜻蛉 平安―日記 下「昼つかた、かへしうち吹きて、はるる顔の空はしたれど」訳昼ごろ、吹き返し(の風)が吹いて、(雨雲を払い)晴れ模様の空が見えたけれども。

◆学習ポイント⑱

和歌の作法
小式部内侍(和泉式部の娘)の歌に関する有名な話がある。中納言藤原定頼が、歌合わせの歌人に選ばれた彼女をからかって、代作を頼んだ丹後(京都府北部)のお母さんへの使いは帰りましたかと言うと、「大江山いくのの道の…」(⇨おほえやま…)の歌を即座に詠んで返答したので、定頼は返す言葉もなかった。すばやい応答が和歌の重要な作法であった。また「引き歌」といって、名歌を会話・手紙・歌などに引用する心得も大切であった。『枕草子』に、清少納言が他人の名歌の結句をその場にふさわしい句に詠み変えて、主人の定子に当意即妙の才をほめられた話がある。

かへし-あは・す【返し合はす】カエシアワス 自動詞サ下二〔せ/せ/す/する/すれ/せよ〕**引き返して敵に向かう。** 平家物語 鎌倉―物語 七・実盛「味方はみな落ちゆけども、ただ一騎かへしあはせかへしあはせ防ぎ戦ふ」訳味方は皆敗走したが、ただ一騎、再三引き返して敵に向かい防戦する。

かへし-うた【返し歌】カエシウタ 名詞 ❶(贈られた歌に対する)**返事の歌。返歌。** ❷「はんか(反歌)」に同じ。

かへし-がたな【返し刀】カエシガタナ 名詞 木や竹の端を斜めに切り、その先端を反対側から少し切り取ること。

かべ-しろ【壁代】 名詞 宮殿などで、母屋と廂の間との間仕切りに用いる帳。綾・絹などで作り、上の長押から下の長押まで、御簾の内側にかけ垂らす。◆壁の代わりに用いる物の意。

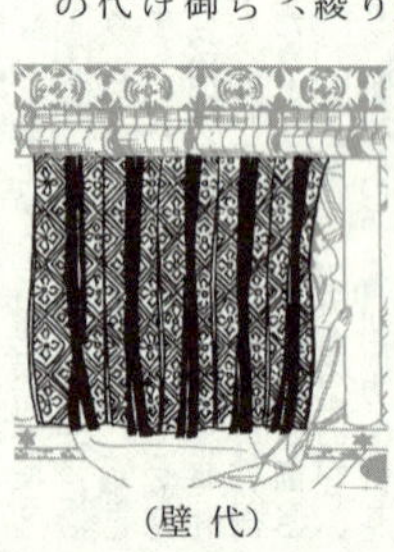
(壁代)

かへ・す【返す】カエス 他動詞サ四〔さ/し/す/す/せ/せ〕❶**帰らせる。戻らせる。** 万葉集 奈良―歌集 一〇二二「つつみ無く病あらせず急けくかへし給はね本の国辺に」訳無事に病気にもならず、すぐに帰らせてください、元の大和の国に。◇「帰す」とも書く。❷戻す。返却する。返上する。〔沙石 鎌倉―説話〕九「主を尋ねて、かへし給へ」〔訳〕持ち主を捜して、返却しなさい。❸返歌をする。返事をする。〔竹取物語 平安―物語〕火鼠の皮衣「かの詠み給ひける歌の返し、箱に入れてかへす」〔訳〕あの（あべの右大臣が）お詠みになった歌の返歌を、箱に入れて返す。❹吐き戻す。〔栄花物語 平安―物語〕楚王の夢「御湯参らせ給へば、かへして聞こし召さず」〔訳〕お湯をお飲ませなさったところ、吐き戻してお飲みになれない。❺染め返す。〔平家物語 鎌倉―物語〕九・一二之懸「小桜を黄にかへいたる鎧着て」〔訳〕小桜（の花を染めた革）を黄色に染め返した鎧を着て。◇「かへい」はイ音便。❻繰り返す。もう一度…する。〔蜻蛉 平安―日記〕中「『散るか、かつは時』といふことを、かへしおぼえつつ、いと悲し」〔訳〕「花も散るか、思えばその時節よ」という言葉を繰り返し思い出しては、たいそう悲しい。❼裏返す。ひっくり返す。〔古今 平安―歌集〕恋二「いとせめて恋しきときはむばたまの（＝枕詞）夜の衣をかへしてぞ着る」〔訳〕とても切実に恋しいときは（夢であの人に会えるように）寝巻きを裏返して着（て寝）ることだ。◇「反す」とも書く。❽すき返す。耕す。〔平家物語 鎌倉―物語〕二・大納言死去「しづが山田をかへさねば、米穀の類もなく」〔訳〕いやしい農夫が山の田を耕さないので、米穀の類もなく。

かへす-がへす【返す返す】〔副詞〕❶繰り返し繰り返し。何度も。〔枕草子 平安―随筆〕うらやましげなるもの「経など習ふとて、いみじうたどたどしく忘れがちにかへすがへす同じ所を読むに」〔訳〕経などを習おうとして、たいそうたどたどしく忘れっぽくて、繰り返し繰り返し同じところを読むのに。❷重ね重ね。どう考えても。よくよく。〔徒然 鎌倉―随筆〕三一「かへすがへす口惜しき御心なり」〔訳〕（雪のことを書かないのは）重ね重ね、情けないお心です。

かへっ-て【却って】〔副詞〕「かへりて」の撥音便。反対に。〔平家物語 鎌倉―物語〕七・平家山門連署「其の身の咎を悔いず、かへって朝憲を嘲る」〔訳〕自分の罪を悔いず、反対に朝廷の定めた法を軽んじている。

かへで【楓】〔名詞〕「かへるで」の変化した語。❶木の名。紅葉が美しく、一般に、「もみぢ」といえばかえでのそれをさす。〔季〕秋。❷葉がかえるの手に似ることから、小児や女子などの小さくかわいい手のたとえ。

かへ-まさり【替へ優り】〔名詞〕取り替えた結果、前よりよくなること。〔対〕替へ劣り。

かへら-か・す〔他動詞〕サ四〔さ／し／す／す／せ／せ〕煮えたぎらせる。〔宇治拾遺 鎌倉―説話〕一・一八「さらさらとかへらかして、『芋粥出でまうで来にたり』といふ」〔訳〕さらりと煮えたぎらせて、「芋粥ができあがりました」と言う。◆「かす」は接尾語。

かへら-ぬ-たび【帰らぬ旅】〔連語〕二度と帰らない死出の旅。「かへらぬみち」とも。〔千載 鎌倉―歌集〕哀傷「つねに見し君がみゆきをけふ問へばかへらぬたびと聞くぞ悲しき」〔訳〕いつも見たあなた様の行幸を、今日（行き先を）尋ねると、二度と帰らない死出の旅だと聞くのが悲しいことよ。

***かへら-ぬ-ひと**【帰らぬ人】〔連語〕死んでしまって帰らない人。〔土佐日記 平安―日記〕一二・二七「都へと思ふをものの悲しきはかへらぬひとのあればなりけり」〔訳〕都へ（帰るのだ）と思うにつけて何かしら悲しいのは、死んでしまって帰らない人（＝自分の子）がいるのだからであった。

かへら-ぬ-みち【帰らぬ道】〔連語〕「かへらぬたび」に同じ。

かへら-・ふ【帰らふ・還らふ・反らふ】〔連語〕

なりたち 動詞「かへる」の未然形＋反復継続の助動詞「ふ」

❶次々と（度々）かえる。〔万葉集 奈良―歌集〕一一七七「い往きかへらひ見れど飽かぬかも」〔訳〕度々往っては還って見るけれど飽きないなあ。❷繰り返す。〔万葉集 奈良―歌集〕三七九一「己が顔かへらひ見つつ」〔訳〕自分の顔を繰り返し何度も見て。❸〔動詞に下接して〕しきりに…する。〔万葉集 奈良―歌集〕二〇九二「秋風の吹きかへらへば」〔訳〕秋風がしきりに吹くので。

かへり[1]【返り】〔名詞〕❶帰ること。（行って）すぐもどること。〔大和物語 平安―物語〕五四「しをりしてゆく旅なれどかりそめの命知らねばかへりしもせじ」〔訳〕枝を折って（帰りの）目印にしてゆく旅だが、はかない命で先のことはわからないから、（無事に）帰ることはあるまい。◇「帰り」とも書く。❷返事。返歌。〔源氏物語 平安―物語〕若紫「はかなき一くだりの御かへりのたまさかなりしも」〔訳〕ほんの一行ほどのお返事がたまにはあったのが。

-かへり[2]【返り】〔接尾語〕〔数を表す語に付いて〕…回。…度。▼回数を表す。〔更級 平安―日記〕竹芝寺「いま一かへり我に言ひて」〔訳〕もう一回私に言って。

かへり-あそび【還り遊び】〔名詞〕「かへりだち❶」に同じ。

かへり-あるじ【還り饗】〔名詞〕❶正月の「賭弓」や七月の「相撲の節」の終わった後、勝った側の近衛の大将が自邸で自分側の人々をもてなすこと。かへりだち。❷賀茂・石清水などの祭礼が終わった後、祭礼に奉仕した勅使・舞人が宮中に帰り、天皇から賜る宴。

かへり-い・づ【帰り出づ】〔自動詞〕ダ下二〔で／で／づ／づる／づれ／でよ〕❶帰って人前に姿をあらわす。〔竹取物語 平安―物語〕御門の求婚「嫗、内侍のもとにかへりいでて」〔訳〕老女は内侍のもとに帰って姿をあらわして。❷帰るために出発する。帰るために外に出る。〔源氏物語 平安―物語〕須磨「かへりいでん方もなき心地して」〔訳〕（森の木立が深く）帰るために外に出ようとしても方法もない心地がして。

かへり-い・る【帰り入る】〔自動詞〕ラ四〔ら／り／る／る／れ／れ〕帰って中に入る。〔源氏物語 平安―物語〕手習「行くべき方もまどはれて、かへりいらむも中空にて」〔訳〕進むべき方向も自然と見失われて、帰って（部屋の）中に入ろうとするのもうわの空で。

かへり-ご・つ【返り言つ】〔他動詞〕タ四〔た／ち／つ／つ／て／て〕返事をする。〔源氏物語 平安―物語〕賢木「情けなからずうちかへりごちたまひて」〔訳〕つれなくはなくちょっと返事をしなさって。

か

かへり-こと【返り事・返り言】カエリコト 名詞 ❶**返事。返歌。** 伊勢物語 平安—物語 二〇「かへりことは京に来着きてなむ持てきたりける」訳（男の歌に対する女の）返歌は（男が）京に到着してから持ってきたのだった。
❷**返礼。** 土佐日記 平安—日記 二・八「ある人あざらかなる物持て来たり。米してかへりことす」訳ある人が新鮮な物（＝鮮魚）を持ってきた。米で返礼をする。◆江戸時代以降「かへりごと」。

かへり-ごゑ【返り声】カエリゴエ 名詞 雅楽で、呂から律へ、または律から呂へ調子が変わること。

かへり-ざま【帰り様】カエリザマ 名詞 **帰りがけ。帰り際。**「かへりさま」とも。

かへり-だち【還り立ち】カエリダチ 名詞 ❶賀茂・石清水などの祭礼が終わった後、勅使や舞人の一行が宮中に参上し、天皇の前で神楽を奏すること。かへりあそび。❷「かへりあるじ❶」に同じ。

かへり-ちゅう【返り忠】カエリチュウ 名詞 主君に背くこと。また、味方に背き、敵方につくこと。寝返り。

かへり-て【却りて】カエリテ 副詞 **逆に。あべこべに。かえって。** 源氏物語 平安—物語 桐壺「対面したるよろこび、かへりては悲しかるべき心ばへを」訳（去ろうとするときなので）対面した喜びが、かえって悲しくなるはずの気持ちを。

かへり-まうし【返り申し】カエリモウシ 名詞 ❶使者が帰って返事を奏上すること。❷神仏へのお礼参り。

かへり-まうで-く【帰り詣で来】カエリモウデク 自動詞 カ変 {こ/き/く/くる/くれ/こ(こよ)}（都や貴人の所に）**帰って来る。** 竹取物語 平安—物語 燕の子安貝「麻柱をこほち、人みなかへりまうできぬ」訳高い足場を壊し、人々は皆（中納言邸に）帰って来た。

かへり-まゐ・る【帰り参る】カエリマイル 自動詞 ラ四 {ら/り/る/る/れ/れ}（宮中や貴人の所に）**帰る。帰って参上する。** 竹取物語 平安—物語 御門の求婚「見奉らでは、いかでかかへりまゐらむ」訳（かぐや姫を）見申し上げないでは、どうして（天皇のもとに）帰って参上しましょうか、どうにも参上できない。

***かへり-み**【顧み】カエリミ 名詞 ❶**ふりかえって見ること。** 万葉集 奈良—歌集 四八「東の野にかぎろひの立つ見えてかへりみすれば月傾きぬ」訳⇩ひむがしの…。❷**過去を、回想すること。思いやること。** 源氏物語 平安—物語 帚木「世にかへりみすべくも思へらず」訳俗世を思いやることをしようとは思っていない。❸**心にかけること。わが身を心配すること。** 万葉集 奈良—歌集 四〇九四「大君の辺にこそ死なめかへりみはせじ」訳（私は）天皇のお側でこそ死のう。わが身を心配することはすまい。❹**世話をすること。** 竹取物語 平安—物語 かぐや姫の昇天「親たちのかへりみをいささかだに仕うまつらで」訳両親の世話を少しもいたしませんで。

かへり-・みる[1]【帰り見る・還り見る】カエリミル 他動詞 マ上一 {み/み/みる/みる/みれ/みよ} **帰って見る。もどって来て見る。** 万葉集 奈良—歌集 三一四〇「楽浪の志賀の唐崎幸くあらばまたかへりみむ」訳志賀の唐崎を無事であるならばまたもどって来て見よう。

かへり-・みる[2]【顧みる】カエリミル 他動詞 マ上一 {み/み/みる/みる/みれ/みよ} ❶**ふりかえって見る。** 平家物語 鎌倉—物語 七・倶梨迦羅落「平家、後ろをかへりみければ、白旗雲のごとく差し上げたり」訳平家の者どもが後ろをふりかえって見たところ、源氏は白旗を雲のように差し上げている。
❷**心にかける。気にかける。懸念する。反省する。** 徒然 鎌倉—随筆 七三「かつあらはるるをもかへりみず」訳（話しているはしからうそが）すぐにばれるのも気にかけないで。
❸**目をかける。世話をする。** 枕草子 平安—随筆 関白殿、二月二十一日に「これみな家々の娘どもぞかし。あはれなり、ようかへりみてこそさぶらはせ給はめ」訳これはみな立派な家々の令嬢たちですよ。たいしたものだ、よく目をかけて、仕えなさるのがよい。参照▶類語と使い分け⑩

かへり-わた・る【帰り渡る】カエリワタル 自動詞 ラ四 {ら/り/る/る/れ/れ} **帰って来る。帰って行く。** 源氏物語 平安—物語 橋姫「かへりわたらせたまはむほどに、必ず参るべし」訳帰って来られるだろう、そのころに、必ずおうかがいしよう。

かへる[1]【蛙】カエル 名詞 動物の名。かえる。季春。◆和歌では「かはづ」を用いる。

かへ・る[2]【返る】カエル
一 自動詞 ラ四 {ら/り/る/る/れ/れ}
❶（もとのところに）**戻る。帰る。** 古今 平安—歌集 離別「立ち別れいなばの山の峰に生ふるまつとし聞かば今かへり来む」訳⇩たちわかれ…。◇「帰る」とも書く。
❷（もとの状態に）**戻る。** 源氏物語 平安—物語 若菜上「若々しく、古にかへりて、語らひ給ふ」訳若々しく、昔に戻って語り合いなさる。
❸（年が）**改まる。新しい年になる。** 源氏物語 平安—物語 若菜上「年もかへりぬ」訳年も改まった。
❹**裏返しになる。ひっくり返る。** 万葉集 奈良—歌集 五五七「大船を漕ぎの進みに岩に触れかへらばかへれ」訳大船をいっせいに漕ぎ進め、岩に触れてひっくり返るならひっくり返れ（あなたのためなら）。◇「反る」とも書く。
❺（波が）**返る。戻って行く。** 伊勢物語 平安—物語 七「いとどしく過ぎゆく方の恋しきにうらやましくもかへる波かな」訳ただでさえ過ぎ去っていく方角が恋しいのに、うらやましくも寄せては返る波だなあ。
❻（色が）**あせる。**（美しさが）**衰える。** 枕草子 平安—随筆 野分のまたの日こそ「生絹の単のいみじうほころびたえ、花もかへり濡れなどしたる」訳生絹の単衣のたいそう着くずれて、薄い藍色があせてぬれたりなどしている。
二 補助動詞 ラ四 {ら/り/る/る/れ/れ}（動詞の連用形に付いて）**ほとんど…するほどになる。ひどく…する。**▼程度がはなはだしいことを表す。源氏物語 平安—物語 夕顔「死にかへり思ふ心は、知り給へりや」訳ほとんど死にそうなほどあなたを思う私の心は、知っていらっしゃるか。

かへる-がへる【返る返る】カエルガエル 副詞 ❶**何度も何度も。繰り返し。** 今昔物語 平安—説話 二八・四二「同じ人これを踏みて、かへるがへる倒れける」訳同じ人がこれ（＝ガマ）を踏んで、何度も何度も倒れた。❷**ほんとにまあ。まったく。** 古今 平安—歌集 雑上「白雪の八重ふりしけるかへる山かへるがへるも老いにけるかな」訳白い雪が幾重にも降り積っている「かえる山」の「かえる」ではないが、ほんとうにまあ年をとってしまったことだなあ。

***かへる-さ**【帰るさ】(カエルサ) 名詞 「かへさ」に同じ。

***かへる-とし**【返る年】(カエルトシ) 連語 あくる年。次の年。更級 平安一日記 初瀬「そのかへるとしの十月(かみなづき)二十五日」訳そのあくる年の十月二十五日。◆暦がもとに戻る意から。

がへん・ず【肯んず】(ガエンズ) 他動詞 サ変 {ぜ/じ/ず/ずる/ずれ/ぜよ} 承諾する。同意する。

参考「がへにす」(奈良時代以前は「かへにす」)の変化した語。本来、「承諾しない」の意であったが、その否定の意味が失われたため、打消の助動詞「ず」を伴った「がへんぜず」の形で、「承諾しない」「同意しない」の意で多く用いられるようになった。

***かほ**【顔】(カオ) 名詞 ❶顔面。顔。❷顔つき。表情。❸顔立ち。容貌(ようぼう)。容姿。❹物の表面。❺面目。

-がほ【顔】(ガオ) 接尾語 〔動詞の連用形、形容詞の終止形や語幹などに付いて〕いかにも…のような表情・態度・ようす。「かこちがほ」◆「かほ」の濁音化。

かほ-かたち【顔形・容貌】(カオカタチ) 名詞 顔だち。顔つき。容姿。

が-ほし 助動詞 シク型《接続》動詞の連用形に付く。{がほしから/がほしく/がほし/がほし/○/○}

なりたち 格助詞「が」に形容詞「ほし(欲し)」が付いた形が一語化したもの。

〔希望〕…したい。万葉集 奈良一歌集 四一一二「橘(たちばな)は花にも実にも見つれどもいや時じくになほし見がほし」訳橘は花でも実でも見たけれども、ますますいつでもやはり見たい。◆「見がほし」「有りがほし」の形で用いられる。奈良時代以前の語。

かほ-づくり【顔作り】(カオヅクリ) 名詞 顔の化粧。

か-ほど【斯程】副詞 これぐらい。この程度。徒然 鎌倉一随筆 四二「かほどの理(ことわり)誰(たれ)かは思ひよらざらんなれども」訳(無常という)この程度の道理は、だれでも思いつかないはずはないのだが。

かほ-とり【貌鳥・容鳥】(カオトリ) 名詞 鳥の名。顔の美しい鳥とも、「かっこう」とも諸説ある。「かほどり」とも。

かほ-の-きぬ【顔の衣】(カオノキヌ) 連語 顔の地肌。◆顔に塗ったおしろいとする説もある。

かほ-ばせ【顔ばせ】(カオバセ) 名詞 顔だち。顔つき。◆「かんばせ」とも。古くは「かほはせ」。

かほ-みせ【顔見世】(カオミセ) 名詞 ❶初めて大勢の人に顔を見せること。特に、初めて勤めに出る遊女などが、客や揚げ屋などに挨拶して回ること。❷歌舞伎(かぶき)の年中行事の一つ。江戸時代、陰暦十月に各座で役者の入れ替えがあり、その新しい顔ぶれを見せる十一月からの興行。

かま【竈】名詞「かまど」に同じ。

がま【降魔】名詞「がうま」に同じ。

かまう〖構う〗⇩かまふ

かまえて〖構えて〗⇩かまへて

かま-ぎ【竈木・薪】名詞 たきぎ。

鎌倉(かまくら) 地名 今の神奈川県鎌倉市。建久三年(一一九二)に頼朝(よりとも)が幕府を開いてから北条氏が滅びるまで、一世紀半にわたって政治の中心地となった。鶴岡八幡宮(つるがおかはちまんぐう)や鎌倉五山などの社寺が造られた。

***かま・し**【囂し】形容詞 シク {(しく)・しから/しく・しかり/し/しき・しかる/しけれ/しかれ} やかましい。栄花物語 平安一物語 月の宴「耳かましきまでの御祈りども」訳耳にやかましいほどのお祈りの声々。

参照▶類語と使い分け⑳

***-がま・し** 接尾語 シク〔名詞、副詞、動詞の連用形などに付いて〕…らしい。…めいている。…の傾向がある。▼それと似たようすであるの意を表す、シク活用の形容詞をつくる。「歌詠みがまし」「恥ぢがまし」「わざとがまし」「をこがまし」

かま-ど【竈】名詞 ❶土や石で築き、鍋(なべ)・釜(かま)などをかけて物を煮炊きする設備。くど。へっつい。❷家財。◇竈を家と並んで生活のよりどころとするところから。

がま-の-さう【降魔の相】(ガマノソウ) 連語「がうまのさう」に同じ。

かま-びす・し【囂し・喧し】

一 形容詞 ク {(く)・から/く・かり/し/き・かる/けれ/かれ} うるさい。やかましい。騒がしい。曾丹集 平安一歌集「かまびすくすだきし虫も」訳やかましく鳴いた虫も。

二 形容詞 シク {(しく)・しから/しく・しかり/し/しき・しかる/しけれ/しかれ} 一に同じ。方丈記 鎌倉一随筆「波の音、常にかまびすしく」訳波の音は、常にやかましく。◆鎌倉時代以降に用いられる。参照▶類語と使い分け⑳

かまひ-て【構ひて】(カマイテ) 副詞「かまへて」に同じ。隅田川 室町一能楽 謡曲「かまひて静かに召され候へ」訳(危険なので)必ず静かに(舟に)お乗りなさいませ。◆「かまへて」の変化した語。

かま・ふ【構ふ】(カマウ—カモウ)

一 他動詞 ハ下二 {へ/へ/ふ/ふる/ふれ/へよ} ❶組み立てる。構築する。つくる。方丈記 鎌倉一随筆「居屋(ゐや)ばかりをかまへて、はかばかしく屋を作るに及ばず」訳自分の住む家だけを造って、しっかりと建物を造るまではいかない。❷準備する。用意する。あらかじめ備える。竹取物語 平安一物語 燕の子安貝「綱をかまへて、鳥の、子産まむ間に、綱をつり上げさせて」訳綱を用意して、鳥が卵を産もうとする間に、綱をつり上げさせて。❸計画を練る。源氏物語 平安一物語 若紫「いかにかまへて、ただ心やすく迎へ取りて、明け暮れの慰めに見む」訳どう計画をめぐらして、(若紫を)ただすんなりと迎え入れて、朝夕の慰めとして見よう。❹身構える。振る舞う。源氏物語 平安一物語 玉鬘「主とおぼしき人は、いとゆかしけれど、見ゆべきもかまへず。」訳主人と思われる人は、大そう見たいけれども、とても見えるようには振る舞わない。

二 自動詞 ハ四 {は/ひ/ふ/ふ/へ/へ} かかわる。関係する。雁盗人 室町一狂言 狂言「いやこなたのかまはせられた事ではござらぬ」訳いやこちらさんの関係されることではございません。

三 他動詞 ハ四 {は/ひ/ふ/ふ/へ/へ} 追放する。風来六部集 江戸一物語「すでに市川の苗字(みょうじ)を削られ、芝居もかまはるべき程の事なり」訳すんでのところで(団十郎は)市川の苗字を取り上げられて、芝居仲間から追放されそうな事態である。

かまへ-いだ・す【構へ出だす】(カマエイダス) 他動詞 サ四 {さ/し/す/す/せ/せ} 工夫して考え出す。徒然 鎌倉一随筆 一九四「世に虚言(そらごと)をかまへいだして」訳世間に(向かって)う

か

そを工夫し考え出して。

かまへ-て【構へて】 カマエテ 副詞
❶**慎重に。気をつけて。** 平家物語 鎌倉‐物語 二・大納言流罪「かまへてよくよく宮仕へ、御心に違ふな」訳気をつけて念を入れて宮仕えし、(成親卿の)お心に背くな。
❷(禁止表現を伴って)**決して。** 宇治拾遺 鎌倉‐説話 三・二〇「かやうのものをば、かまへて調ずまじきものなり」訳このようなもの(=きつね)を、決してこらしめてはいけないのである。
❸(意志・命令の表現を伴って)**きっと。必ず。なんとかして。** 今昔物語 平安‐説話 二五・一二「この馬を見て、極めて欲しく思ひければ、『かまへて盗まむ』と思ひて」訳この馬を見てたいへん欲しく思ったので「なんとかして盗もう」と思って。

かまめ【鷗】 名詞 水鳥の名。**かもめ。** 一説に鴨か。◆奈良時代以前の語。

が-まん【我慢】 一 名詞 ❶仏教語。七慢の一つ。**高慢であること。うぬぼれ。** ❷**我意を張ること。強情。** 伊曾保 安桃‐物語 仮名「小さき猪、がまんおこして」訳小さないのししは、強情を張って。 二 名詞／―す 自動詞 サ変 **耐え忍ぶこと。**

かみ[1]【上】 名詞
❶**上。上方。** 伊勢物語 平安‐物語 八七「この山のかみにありといふ布引の滝見にのぼらむ」訳この山の上にあるという布引の滝を見に登ろう。
❷**川上。上流。** 伊勢物語 平安‐物語 八七「さる滝のかみに」訳そんな滝の上流に。
❸**上の位。上位。** 伊勢物語 平安‐物語 八二「かみ中下みな歌よみけり」訳身分の上位中位下位の者もみな歌を詠んだ。
❹**為政者。お上。** 徒然 鎌倉‐随筆 一四二「かみのおごり、費やすところをやめ」訳為政者がぜいたくや、浪費をすることをやめ。
❺**年長者。年上。** 源氏物語 平安‐物語 若菜下「七つよりかみのは、みな殿上せさせ給ふ」訳七歳から年上の者は、みな昇殿をおさせになる。
❻**おかみ。** ▼他人の妻の敬称。女腹切 江戸‐浄瑠 浄瑠・近松「下の町の酒屋のかみ」訳下手にある町の酒屋のおかみ。◇江戸時代の語。
❼**優位。上位。** 古今 平安‐歌集 仮名序「人麻呂は赤人がかみに立たむ事かたく」訳(柿本)人麻呂は(山部)赤人の上位に立つようなことはむずかしく。
❽**上席。上座。** 大鏡 平安‐物語 道隆「この入道殿のかみにさぶらはれしは」訳(高階成忠が)今の入道殿(=道長)の上座にお着き申し上げなさったのは。
❾**京都。京阪地方。** 一代男 江戸‐物語 浮世・西鶴「なんとそのちはかみへも上らぬか」訳なんとまあ、その後は京都へも行かないのか。
❿(京都で、内裏に近い)**北の方。** 大鏡 平安‐物語 道長下「焼亡かと思ひて、かみを見あぐれば」訳火事かと思って、北の方を見上げたところ。
⓫**はじめ。** (和歌の)**上の句。** 伊勢物語 平安‐物語 九「かきつばたといふ五文字を句のかみに据ゑて」訳かきつばたという五文字を句のはじめに置いて。
⓬**月の前半。上旬。** 今昔物語 平安‐説話 一五・五一「月のかみの十五日には」訳月の前半の十五日間は。
⓭**古い時代。昔。** 千載 鎌倉‐歌集 序「かみ正暦のころほひより、しも文治の今に至るまで」訳古くは正暦のころから、のちは文治の今に至るまで。
対❶〜⓭下。

関連語「かみ」と「うへ」の違い
「うへ」は「した」と隔たりをもって対立し、物の表面や空間的な高所を示す。「かみ」は「なか」「しも」と一続きのものの中で、時間的にも空間的にも、初めの方、さかのぼった方、また人間関係においての上位を示す。

かみ[2]【長官】 名詞 律令制で、「四等官」の首位。その役所の仕事を統率する**長官。**
参考 役所によって異なる字を当てる。神祇官では「伯」、太政官では「大臣」、省では「卿」、国司では「守」など。

かみ[3]【神】 名詞
❶**神。** ▼人の目には見えないが、超自然的能力をもつ存在。今昔物語 平安‐説話 二一・三三「なんぢ、されば、何者ぞ。鬼かかみか」訳ではお前は何者か。鬼か、それとも神か。
❷**神。** ▼神話で、人格化され、国土を創造し支配したとされる存在。古事記 奈良‐史書 神代「次に成りませるかみの名は、国之常立のかみ」訳次にお生まれになった神の名は、国の常立の神。
❸**天皇。** ▼最高の支配者である天皇を神格化していう語。万葉集 奈良‐歌集 一・二九「橿原のひじりの御代ゆ生れましし かみのことごと」訳橿原の天皇(=神武天皇)の御代以来お生まれになった天皇のすべてが。
❹**雷。** 伊勢物語 平安‐物語 六「かみさへいといみじう鳴り、雨もいたう降りければ」訳(夜も更けたうえに)雷までとてもひどく鳴り、雨もひどく降ったので。
❺(神社の)**祭神。** 徒然 鎌倉‐随筆 五二「かみへ参るこそ本意なれと思ひ、山までは見ず」訳(岩清水八幡宮の)祭神へお参りすることこそ本来の目的であると思って、山までは(行って)見ない。

かみ[4]【髪】 名詞 **髪の毛。頭髪。** 枕草子 平安‐随筆 うらやましげなるもの「かみいと長くうるはしく、下がり端などめでたき人」訳髪が非常に長く美しく、垂れた髪の先などが見事である人(もうらやましい)。
参考 平安時代の貴族社会の女性は、つややかで長い黒髪を理想とし、そのような髪をもつことが美人としての最大の条件であった。物語作品には、女性をほめる表現として、髪が丈に余るほど長いことを描写している場面がよく見られる。

かみ-あが・る【神上がる】 自動詞 ラ四 「かむあがる」に同じ。

かみ-あ・ぐ【髪上ぐ】 連語 ❶**成人の儀式の髪上げをする。** 万葉集 奈良‐歌集 三八二二「童女放髪はかみあげつらむか」訳垂し髪の少女は髪上げをしただろうか。❷(ある仕事のために)**髪を上げる。** 紫式部 平安‐日記 寛弘五・九・一五「御膳まゐるとてかみあぐることをするを」訳お食事を差し上げるのに髪を上げることを

か

とをするのだが。

かみ‐あげ【髪上げ】名詞❶女子の成人の儀式で、それまで垂らしていた髪を頭頂に結い上げて、後ろに垂らすこと。平安時代の貴族社会では、結婚前の十二歳から十五歳ぐらいの間に、「裳着(もぎ)」とともに行った。❷「女房(にょうばう)」「女官(にょくわん)」が、儀式参列や給仕の際にした、髪が食べ物につかないようにする髪型。頭頂に小さな髷(まげ)を結い、釵子(さいし)をさす。

(髪上げ❷)

かみ‐いだ・す【噛み出だす】他動詞サ四{さ/し/す/す/せ/せ}(獣が歯やきばを)**むき出す。**徒然 鎌倉‐随筆 一六七「きばあるものの、きばをかみいだすたぐひなり」訳きばのある動物がきばをむき出す(=敵対する)のと同様である。

かみ‐いちじん【上一人】名詞**天皇。**「かみいちにん」とも。

かみ‐いちにん【上一人】名詞「かみいちじん」に同じ。

かみ‐おき【髪置き】名詞幼児が、それまで剃(そ)っていた髪を、伸ばし始める、祝いの儀式。季冬。

かみ‐が‐かみ【上が上】名詞**最上級。上のそのまた上。**源氏物語 平安‐物語 帚木「なにがしが及ぶべきほどならねばかみがかみはうちおき侍(はべ)りぬ」訳私ごときが手の届きうる範囲のこと(身分)ではないので、最上級(=皇女たち)には言及しません。

かみ‐かき【髪搔き】名詞「かうがい❶」に同じ。

かみ‐がき【神垣】名詞❶**神社の垣。**神域を他と区別するための垣。❷**神域。神社。**

かみがき‐の【神垣の】枕詞神が鎮座する場所という意味から「みむろ」や地名「みむろの山」にかかる。

かみ‐かけ‐て【神掛けて】連語
なりたち 名詞「かみ」＋動詞「かく」の連用形＋接続助詞「て」
決して。絶対に。▼副詞的に用いる。船弁慶 室町‐能楽 謡曲「かみかけて変はらじと」訳決して変わるまいと(約束した)。◆神に誓いをかけての意。

かみ‐かぜ【神風】名詞「かむかぜ」に同じ。

かみかぜ‐の【神風の】枕詞「かむかぜの」に同じ。

かみかぜ‐や【神風や】枕詞「伊勢(いせ)」「五十鈴(いすず)川」「御裳濯(みもすそ)川」「玉串(たまぐし)」など、伊勢神宮や神に関連する語にかかる。

＊**かみ‐がた【上方】**名詞**京都。**また、京都を中心とする地方。◆「かみ」は皇居のある所の意。

かみ‐がら【守柄】名詞**国司の長官の人柄。**「かみから」とも。

かみ‐きこ・む【髪着込む】連語**女性が、後ろに垂らした髪を重ね着の衣の間に入れる。**源氏物語 平安‐物語 葵「口うちすげみて、かみきこめたるあやしの者ども」訳(歯が抜けて)口がすぼんで、髪を衣の間に入れているいやしい身分の者たち。

＊**かみ‐ぎぬ【紙衣】**名詞「かみこ」に同じ。

＊**かみ‐こ【紙子】**名詞**紙で作った衣服。**厚くて丈夫な和紙に柿渋(かきしぶ)を塗った渋紙を、日光でかわかし、もみやわらげて仕立てる。軽くて、保温や防水に役立つ。もと僧が用いたが、一般人も使うようになった。安価であった。「かみぎぬ」とも。季冬。

かみ‐さ・ぶ【神さぶ】
自動詞バ上二{び/び/ぶ/ぶる/ぶれ/びよ}

❶**神々(かうがう)しい。荘厳に見える。**万葉集 奈良‐歌集 四三八〇「かみさぶる生駒高嶺(たかね)に雲ぞたなびく」訳神々しい生駒の高い峰に雲がたなびいている。

❷**古めかしくなる。古びる。**古今 平安‐歌集 雑体「石(いそ)のかみ(=枕詞(まくらことば))古(ふ)りにし恋のかみさびてたたるに我は寝(い)ぞ寝(ね)かねつる」訳昔の恋が古びて祟(たた)りをするので、わたしは寝ることもできない。

❸**年を取る。**源氏物語 平安‐物語 少女「をとめごもかみさびぬらむ」訳少女であったお前も年を取ってしまっているであろう。◆「さぶ」は接尾語。古くは「かむさぶ」。

かみ‐さま【上様】名詞❶**貴人の妻の尊敬語。奥方。**❷**他人の妻の尊敬語。おかみさん。**◇江戸時代の語。❸上方で、良家の未亡人・老母の尊敬語。後室(こうしつ)様。◇江戸時代の語。

＊**かみ‐ざま【上様・上方】**名詞❶**上の方。**「うへさま」「うへざま」とも。対下様(しもざま)。❷**上流階級。**また、その人々。徒然 鎌倉‐随筆 八〇「上達部(かんだちめ)・殿上人(てんじゃうびと)、かみざままでもおしなべて」訳上達部や殿上人など、上流階級の人々までもみな同じように。❸**北の方。**▼京都で、皇居のある北を「上(かみ)」というところから。対下様(しもざま)。◆「ざま」は接尾語。

上島鬼貫(かみじまおにつら) ⇨上島鬼貫(うへじまおにつら)

かみ‐しも【上下】名詞❶**上と下。**❷川筋や地域の、上手(かみて)と下手(しもて)。❸上位の者と下位の者。❹**いろいろな事。諸事。**源氏物語 平安‐物語 須磨「取り行ふべきかみしも」訳取り行う必要のあるいろいろな事。❺衣服の上と下。㋐衣と裳(も)。◇奈良時代以前の用法。㋑上着と袴(はかま)の地質・色合い・文様などが同じ水干(すいかん)・直垂(ひたたれ)の類。❻武士の式服。同じ地質・色合い・文様の揃(そろ)いの肩衣(かたぎぬ)と袴とからなり、紋服・小袖(こそで)の上に着る。◇「裃」とも書く。◆「上下(じゃうげ)」とも。

参照▼口絵

かみ‐しゃうじ【紙障子】カミショウジ 名詞**紙を張った障子。**明かり障子。「かみさうじ」とも。

かみ‐そぎ【髪削ぎ】名詞「髪置(かみお)き」を終えた幼児の伸びた髪を、肩のあたりで切りそろえ、成長を祝う儀式。

上毛野(かみつけの) 地名「上野(かうづけ)」の古名。今の群馬県。

かみ‐つ‐よ【上つ世・上つ代】名詞**奈良時代以前。大昔。**◆「つ」は「の」の意の奈良時代以前の格助詞。

かみ‐なか‐しも【上中下】連語**身分の高い人、中の人、低い人。**土佐日記 平安‐日記 一二・二二「かみなかしも、酔(ゑ)ひ飽きて」訳身分の高い人も中くらいの人も低い人も、(みんな)ひどく酔っぱらって。

かみ‐なぎ【巫】名詞「かむなぎ」に同じ。

かみ‐な・し【上無し】形容詞ク{(く)・から/く・かり/し/き・かる/けれ/かれ}**それより上がない。最上である。**源氏物語 平安‐物語 桐壺「帝王のかみなき位に」訳帝(みかど)という、それより上のない位に。

かみな‐づき【神無月】名詞陰暦十月の別名。冬の初めの月に当たる。「かむなづき」「かんなづき」とも。季冬。
参考「な」は、もと連体格を示す格助詞で、「神の月」

と見るべきであろう。「神無月」の字を当てたため、後世、「この「な」を形容詞「無し」の語幹とみて、諸国の神々がみな出雲(いずも)に集まって諸国に神が不在となる月の意とする俗説を生じた。出雲地方では十月を「神あり月」と呼ぶ。

かみなり‐の‐ぢん【雷鳴りの陣】(カミナリノジン) 名詞 平安時代、雷鳴の激しいときに清涼殿(せいりょうでん)や紫宸殿(ししんでん)の前に臨時に設けられる警固(けいご)の陣。「鳴弦(めいげん)」をして天皇を守る。「かんなりのぢん」とも。

かみ‐の‐かかり【髪のかかり】連語 女性の、髪が肩や背に垂れ下がっているようす。

かみ‐の‐ふすま【紙の衾】連語 「かみぶすま」に同じ。

かみ‐の‐まち【上の町】名詞 ❶**第一級。一流。** 源氏物語 平安—物語 宿木「かみのまちも、上臈(じょうらふ)とて、御口つきどもは、殊(こと)なることも見えざめれども」訳 一流の方々も、位が高いからといって、歌のお詠みぶりなどは、格別なこともないようであるが。❷市街の、上手(かみて)の方にある町。◆「まち」は区分の意。

かみ‐の‐まつ【神の松】連語 正月に神棚(かみだな)などに供える松。

かみ‐の‐みかど【神の御門】連語 ❶**神殿。** 神がいらっしゃる所。❷**皇居。朝廷。**

かみ‐の‐みこと【神の命】名詞 ❶神の尊敬語。**神様。** ❷天皇を神として敬っていう語。**天皇様。**

かみ‐ぶすま【紙衾】名詞 紙で作った夜具。季冬。

かみ‐へ【上辺】(カミエ) 名詞 **川の上流のあたり。**「かみべ」とも。対下辺(しもへ)。

かみ‐む【上無】名詞 雅楽の音階である「十二律(じふにりつ)」の一番高い音。

かみや‐がみ【紙屋紙】名詞 「かんやがみ」に同じ。

かみ‐よ【神代・神世】名詞 もっぱら神々が活動していた時代。多く、神武天皇以前の時代をさす。神代(じんだい)。

かみ‐わざ【神業・神事】名詞 ❶**神を祭る行事。神事。祭礼。**「かむわざ」「かんわざ」とも。❷**神のしわざ。**

かみ‐を‐おろ・す【髪を下ろす】連語 髪をそり落として、僧、または尼になる。**出家する。**

かみ‐を‐はや・す【髪を生やす】連語 少年の長い髪を切って元服する。元服曾我 室町—能楽 謡曲「ここにてかみをはやして給(た)はり候(さうら)へ」訳 ここで髪を切って元服してくださいませ。◆「生やす」は「切る」の忌み詞(ことば)。

か・む【醸む】他動詞マ四〔ま/み/む/む/め/め〕**酒を造る。醸造する。かもす。** 古事記 奈良—史書 応神「大御酒(おほみき)をかみて」訳 お酒を醸造して。◆「噛(か)む」の意から。酒を造るのに、古くは蒸した米を噛んで吐き出し、唾液(だえき)とまぜて発酵させたことによる。奈良時代以前の語。

かむ‐あが・る【神上がる】自動詞ラ四〔ら/り/る/る/れ/れ〕(天皇や貴人が)**亡くなられる。崩御(ほうぎょ)する。**「かみあがる」とも。▼神として地上から天上にあがる意から。万葉集 奈良—歌集 一六七「高照らす(=枕詞(まくらことば))日の皇子(みこ)は…かむあがりあがりいましぬ」訳 日の皇子(=日並皇子(ひなみしのみこ))は…崩御し天に昇っていらっしゃいました。対 天降(あも)る。

かむ‐かぜ【神風】名詞 神の威力によって起こるという激しい風。「かみかぜ」とも。

かむかぜ‐の【神風の】枕詞 地名「伊勢」にかかる。「かみかぜの」とも。◆平安時代後期以降は「かみかぜや」が一般的。

かむ‐から【神柄】名詞 **神の性格。神の本性。**「かみから」とも。◆多く副詞的に用いられて「神の性格がすぐれているために」の意。

かむ‐さび【神さび】名詞 **神らしい振る舞い。** 神々(かうがう)しく振る舞うこと。

かむ‐さ・ぶ【神さぶ】自動詞バ上二 「かみさぶ」に同じ。

かむ‐だち【神館】名詞 神社で、本社の近くに設け、神事や潔斎(けっさい)のときに神官たちがこもる建物。忌み館(いみだち)。「かんだち」とも。

かむ‐づま・る【神づまる】自動詞ラ四〔ら/り/る/る/れ/れ〕**神としてとどまる。鎮座する。** 万葉集 奈良—歌集 八九四「海原(うなはら)の辺(へ)にも奥(おき)にもかむづまり」訳 海原の岸にも沖にも鎮座し。

かむ‐な【寄居虫・寄居子】名詞 貝の名。やどかりの古名。「かうな」「がうな」とも。

***かむ‐ながら**【神ながら・随神・惟神】副詞 ❶**神そのものとして。** 万葉集 奈良—歌集 三八「やすみしし(=枕詞(まくらことば))わご大君かむながら神(かむ)さびせすと」訳 わが天皇が、神そのものとして、神として行動なさるといって。❷**神のお心のままに。** 万葉集 奈良—歌集 三二五三「葦原(あしはら)の瑞穂(みづほ)の国はかむながら言挙(ことあ)げせぬ国」訳 葦原にある瑞穂の国(=日本)は、神のお心のままに、(人は自分の考えを)言葉に出して言い立てない国。◆「かんながら」とも。

かむ‐なぎ【巫・覡】名詞 神に仕えて、神楽(かぐら)を奏したり神託を伝えたりして、神と人とのなかだちをする者。「かうなぎ」「かみなぎ」「かんなぎ」とも。◆女性が多い。神の心を和ませる人の意の「かむ(神)なぎ(和)」から。

かむな‐づき【神無月】名詞 「かみなづき」に同じ。

かむ‐なび【神奈備】名詞 神が天から降りて来てよりつく場所。山や森など。「かみなび」「かんなび」とも。

かむなび‐やま【神奈備山】名詞 神の鎮座する山。「かみなびやま」「かんなびやま」とも。参考 三諸(みもろ)山(今の奈良県高市郡明日香(あすか)村)と三室(みむろ)山(今の奈良県生駒(いこま)郡斑鳩(いかるが)町)が有名で、その別名として多く用いられた。

かむ‐はぶ・る【神葬る】他動詞ラ四〔ら/り/る/る/れ/れ〕**神として葬る。** 万葉集 奈良—歌集 一九九「百済(くだら)の原ゆかむはぶり」訳 百済の原を通って神として葬り。

かむり【冠】名詞 ❶**かんむり。** ❷(和歌・俳諧(はいかい)などの)初めの五文字。◆「かんむり」の変化した語。

冠付け(かむりづけ) 文芸 「雑俳(ざっぱい)」の一つ。出題された上(かみ)五文字の題に対して、中七文字・下五文字を付けて一句にまとめるもの。「どこもかも」の題に「虫だらけなり野辺(のべ)の秋」と付けるなど。「笠(かさ)付け」「烏帽子(えぼし)付け」ともいう。「沓(くつ)付け」に対する。

かむろ【禿】名詞 「かぶろ❸」に同じ。

かむ‐わざ【神業・神事】名詞 「かみわざ」に同じ。

[1]**かめ**【瓶・甕】名詞 ❶陶磁あるいは金属製の、酒・水などを入れておく器。「瓶子(へいじ)」とも。❷**とっくり。** 酒を入れて杯につぐ器。❸**花をいける器。花がめ。花瓶(かびん)。**

[2]**かめ**【亀】名詞 ❶動物の名。万年の寿命を持つとされ、鶴(つる)とともにめでたい動物として貴ばれる。❷占いに

用いる亀の甲羅。甲羅を焼いて、その折に生じたひび割れによって吉凶を占う。

か-めい【佳名・佳命】 名詞 よい評判。名声。

かめ-の-かがみ【亀の鑑】 連語 手本。規範。◆「亀鑑（きかん）」を訓読した語。

亀山（かめやま） 地名 今の京都市右京区嵯峨（さが）の、小倉（おぐら）山の南東に連なる山。亀の尾山ともいう。大堰（おおい）川に臨み、川を挟んで嵐山（あらしやま）に対する景勝地。

1 **かも【鴨】** 名詞 水鳥の名。秋から冬にかけて北方から渡来し、春に北方へ帰るものが多い。季冬。

2 **か-も** 係助詞《接続》体言や活用語の連体形などに付く。

なりたち 係助詞「か」に係助詞「も」の付いたかたちが一語化したもの。

〔疑問〕…か(なあ)。…なのか。万葉集 奈良―歌集 八四四「妹（いも）が家（へ）に雪かも降ると」訳妻の家に雪が降るのかなあと。

語法 「かも」を受ける文末の活用語は連体形になる。

参考 活用語の已然形に付く場合もある。(例)「妹（いも）も我も一つなれかも」(『万葉集』)〈彼女も私も一体であるからか。〉「…から」と訳すのは、奈良時代以前は「已然形」だけで、「已然形＋ば」と同じ確定条件を表すことができたからである。

3 **か-も** 終助詞《接続》体言や活用語の連体形などに付く。

❶〔感動・詠嘆〕…ことよ。…だなあ。万葉集 奈良―歌集 九二四「木末（こぬれ）には幾許（ここだ）も騒く鳥の声かも」訳⇩みよしのきさやまのま…。

❷〔詠嘆を含んだ疑問〕…かなあ。万葉集 奈良―歌集 三六四一「浦廻（うらみ）より楫（かぢ）の音するは海人娘子（あまをとめ）かも」訳入り江に沿って楫の音がするのは漁師の娘なのだろうかなあ。

❸〔詠嘆を含んだ反語〕(形式名詞「もの」に付いた「ものかも」、助動詞「む」の已然形「め」に付いた「めかも」の形で)…だろうか、いや…ではない。古今 平安―歌集 仮名序「古（いに）へを仰ぎて、今を恋ひざらめかも」訳(この歌集が後世に長く伝わったら、歌の初めて隆盛した)昔のことを尊敬して、(この)今の時代をあこがれないだろうか、いや、あこがれないはずはない。

❹〔願望〕(助動詞「ず」の連体形「ぬ」に付いた「ぬかも」の形で)…てほしいなあ。…ないかなあ。万葉集 奈良―歌集 三六五一「夜渡る月は早も出（い）でぬかも」訳夜空を渡る月が早く出てほしいなあ。

参考 奈良時代以前に用いられ、平安時代以降は「かな」。

4 **賀茂（かも）** 寺社 京都の賀茂別雷（かもわけいかづち）神社(上賀茂（かみがも）社)と賀茂御祖（かもみおや）神社(下鴨（しもがも）社)の総称。

＊**が-も** 終助詞《接続》係助詞「も」に付く。(「もがも」の形で願望〕…であったらいいなあ。万葉集 奈良―歌集 五三四「み空ゆく雲にもがも」訳空を行く雲であったらいいなあ。

参考 「もがも」から変化した語。「もがも」が係助詞「も」＋「がも」と意識されるようになって生まれたもの。平安時代以降「がな」が一般的となり、「がも」は擬古的な表現の語になった。

が-もう【鵝毛】 名詞 がちょうの羽毛。多く、白いもの、また、きわめて軽いもののたとえとする。徒然 鎌倉―随筆 九三「牛の値（あたひ）、鵝毛よりも軽し」訳牛の値打ちは、がちょうの羽毛よりも軽い。

かも-かくも 副詞 ああもこうも。どのようにも。ともかくにも。万葉集 奈良―歌集 三九九「梅の花実（み）にし成りなばかもかくもせむ」訳梅の花が実になったら、どのようにもしよう。

賀茂川（かもがは）（カモガワ） 地名 歌枕 京都の市街地の東部を北から南に流れ、下鳥羽（しもとば）付近で桂（かつら）川に注ぐ川。賀茂御祖（かもみおや）神社(下鴨（しもがも）社)の南の糺（ただす）の河原で高野川と合流し、それより上流を賀茂川、下流を鴨川と書き分ける。神事には、この川で禊（みそぎ）や祓（はら）えが行われた。

1 **か-もじ【か文字】** 名詞 母、また、妻。◆「かか(母)」「かみさま(上様)」の「か」に「文字」を添えた語。女房詞（にょうぼうことば）。

2 **か-もじ【髪文字・髢】** 名詞 ❶髪。❷女性の添え髪。入れ髪。◆「かみ(髪)」「かづら(髢)」の「か」に「文字」を添えた語。女房詞（にょうぼうことば）。

かも-じもの【鴨じもの】 副詞 鴨のように。万葉集 奈良―歌集 五〇「かもじもの水に浮き居て」訳鴨のように水に浮かんでいて。◆多く「浮く」「浮き寝」などの語を修飾。「じもの」は「であるかのように」の意を表す接尾語。

が-も-な ⇩もがもな

が-もの【が物】 連語

なりたち 格助詞「が」＋名詞「もの」

…の値打ちの物。▼おもに数詞の下に付く。世間胸算用 江戸―物語 浮世・西鶴「弐匁八分（にもんめはちふん）がもの申し請けて」訳(銀)二匁八分の値打ちの物を頂いて。◆江戸時代の語。

かも-の-うきね【鴨の浮き寝】 連語 鴨が水に浮きながら寝ること。物事の不安なことのたとえ。万葉集 奈良―歌集 二八〇六「沖に住むかものうきねの安けくもなき」訳沖に住む鴨の浮き寝のように心が安らかではない。◆「憂（う）き寝」とかけて用いることが多い。

かも-の-くらべうま【賀茂の競べ馬】 名詞 陰暦五月五日、賀茂別雷（かもわけいかづち）神社で行われる馬術競技。季夏。

鴨長明（かものちやうめい）（カモノチョウメイ） 人名（一一五五～一二一六）鎌倉時代前期の歌人・随筆家。本名、長明（ながあきら）。琵琶（びわ）と和歌にすぐれ、後鳥羽上皇に認められて和歌所（わかどころ）の寄人（よりうど）となった。のち出家して京都の日野山に一丈四方の庵（いおり）を結び、歌論書『無名抄（むみょうしょう）』や随筆『方丈記（ほうじょうき）』、説話集『発心集（ほっしんしゅう）』などを書いた。鎌倉・室町時代の隠者文学の先駆者とされる。

かも-の-まつり【賀茂の祭り】 名詞 賀茂別雷（かもわけいかづち）・賀茂御祖（かもみおや）両社の例祭。陰暦四月の中の酉（とり）の日に行われ、平安時代には特に盛大になって、単に「まつり」といえばこの祭りを意味した。葵（あおい）の葉で牛車（ぎっしゃ）や社殿、祭人の冠を飾るので、「葵（あふひ）祭り」ともいう。また、石清水八幡宮（いわしみずはちまんぐう）の祭りを「南祭り」というのに対し、「北祭り」ともいう。参照▼口絵

賀茂真淵（かものまぶち） 人名（一六九七～一七六九）江戸時代中期の国学者・歌人。本姓は岡部、号は県居（あがたい）。荷

古典の常識

『和歌と琵琶の名手』―鴨長明

京都の賀茂御祖神社（下鴨神社）の禰宜（＝神官）鴨長継の次男に生まれた。父方の祖母に養われ、和歌を俊恵に、管弦（特に琵琶）を中原有安に学んだ。十九歳のころ父と死別し神官への道が断たれ、その後、祖母の家を出た。

和歌の道に励み、『千載和歌集』『新古今和歌集』などに入集。後鳥羽院の和歌所の寄人になった。院は長明を下賀茂河合社の禰宜につかせようとしたが実現しなかった。五十歳で出家し京都大原に住んだ後、日野に移り方丈の庵を結ぶ。建暦一年、鎌倉で将軍源実朝に面会。日野の庵で『方丈記』『発心集』などを著した。

田春満に師事して国学を学び、のちに江戸へ出て、田安宗武に仕えた。古典の研究に努め、門下から本居宣長が出た。著書に『冠辞考』『祝詞考』『万葉考』などの研究書がある。

かも-の-りんじのまつり【賀茂の臨時の祭り】 連語 陰暦十一月下旬の酉の日に行う賀茂別雷・賀茂御祖両社の祭礼。四月の「賀茂の祭り」と区別していう。季冬。

かも-まうで【賀茂詣で】 名詞 「賀茂の祭り」の前日に摂政・関白が賀茂社に参拝する行事。

がも-や ⇩もがもや

がも-よ ⇩もがもよ

かもり-づかさ【掃部寮】 名詞 「かもんれう」に同じ。

か-もん【勘文】 名詞 陰陽道など諸道の博士や神祇官などが、朝廷や幕府の諮問に応じて、先例・吉凶などを調べ、意見を書き添えて上申した文書。「かんもん」「かんがへぶみ」とも。

かもん-づかさ【掃部寮】 名詞 「かもんれう」に同じ。

かもん-れう【掃部寮】 名詞 律令制で、宮内省に属し、宮中の施設の管理・清掃などを担当した役所。「かもんづかさ」「かもりづかさ」とも。

1**かや【萱・茅】** 名詞 すすき・すげ・ちがやなど、屋根をふく丈の高い草の総称。▼奈良時代以前の東国方言では「かえ」とも。

2**か-や** 終助詞 《接続》体言および活用語の連体形に付く。
❶〔感動・詠嘆〕…ことだなあ。日本書紀 奈良―史書 神武「うれたきかや」訳嘆かわしいことだなあ。
❷〔詠嘆を含んだ疑問〕…かなあ。羽衣 室町―能楽 謡曲「さては天人にてましますかや」訳それでは（あなたは）天人でいらっしゃるかなあ。
❸〔反語〕…か、いや…ではない。太平記 室町―物語 一二「時の間もながらふべき我が身かや」訳（夫・子供の亡き後）ほんのしばらくの間も生きながらえられる我が身であろうか、いやそうではない。

なりたち ❶は詠嘆の終助詞「か」に詠嘆の間投助詞「や」が、❷❸は疑問・反語の係助詞「か」に詠嘆の間投助詞「や」の付いたかたちが一語化したもの。

か-やう【斯様】 形容動詞語幹 ⇩かやうなり。方丈記 鎌倉―随筆「かやうの楽しみ」訳このような楽しみ。

か-やう・なり【斯様なり】 形容動詞ナリ {なら／なり・に／なり／なる／なれ／なれ} 「かうやうなり」の変化した語。このようだ。竹取物語 平安―物語 かぐや姫の昇天「かやうに、御心を互ひに慰め給ふほどに」訳このように、お心をお互いにお慰めするうちに。

か-やす・し【か易し】 形容詞ク {(く)・から／く・かり／し／き・かる／けれ／かれ} ❶たやすい。容易だ。万葉集 奈良―歌集 四〇一一「手放れも還来もかやすき」訳手から飛び立つのも戻ってくるのも容易な。❷軽々しい。気軽だ。源氏物語 平安―物語 若菜上「かやすき身ならば、忍びていと逢はまほしくこそ」訳気軽な身分ならば、こっそりと本当に会いたいものだ。◆「か」は接頭語。

か-やつ【彼奴】 代名詞 あいつ。▼他称の人称代名詞。その場にいない者をののしっていう俗語。枕草子 平安―随筆 賀茂へまゐる道に「ほととぎす、おれ、かやつよ」訳ほととぎすよ、貴様、あいつめ。

語の歴史 「かやつ」は俗語として平安時代まで用いられたが、鎌倉時代以降は、音転して「きゃつ」となって現在に至る。⇩きゃつ

かや-ぶき【萱葺き・茅葺き】 名詞 かやで屋根をふくこと。また、その屋根。

かや-や【萱屋・茅屋】 名詞 かやでふいた屋根。また、その家。

かやり-び【蚊遣り火】 名詞 夏、蚊を追い払うためにいぶす火。また、その煙。季夏。

かゆ【粥】 名詞 米・あわなどを水で煮たもの。水分の少ない堅粥（＝現在の飯に当たる）と水分の多い汁粥（＝現在の粥に当たる）とがある。

かゆ-づゑ【粥杖】 名詞 陰暦正月十五日に「望粥」をたいた木の燃え残りを削って作った杖。この杖で子どものいない女性の腰を打つと、男子を産むという俗信があった。粥の木。

かゆ-の-き【粥の木】 名詞 「かゆづゑ」に同じ。

1**かよう【通う】** ⇩かよふ

2**歌謡** 文芸 よむ和歌に対して、節を付けて歌われる韻文。奈良時代以前の記紀歌謡、平安時代の神楽歌・催馬楽・朗詠、鎌倉・室町時代の今様・宴曲（＝早歌）、江戸時代の長唄・端唄など。

かよ-ちゃう【駕輿丁】 名詞 貴人の輿をかつぐ召使いの男。こしかき。

*****かよは・す【通はす】** 他動詞サ四 {さ／し／す／す／せ／せ} ❶通わせる。行き来させる。また、（女が）夫や恋人として男を出入りさせる。源氏物語 平安―物語 夕顔「蔵人の少将をなむかよはす」訳蔵人の少将を夫として通わせる。❷（手紙を）送り届ける。竹取物語 平安―物語 御門の求婚「御文を書きてかよはさせ給ふ」訳お手紙を書いて送り届けあそばす。❸行き渡らせる。広く通用させる。源氏物語 平安―物語 常夏「よろづの事にかよはし、なだらめて」訳あらゆることに行き渡らせ、むらがないようにして。

かよひ【通ひ】 名詞 ❶行ったり来たりすること。往来。源氏物語 平安―物語 夕顔「田舎のかよひも、思ひかけねば」訳田舎への（行商の）行き来も、期待できないから。❷行ったり来たりする道。通路。❸（手紙・言葉などの）やりとり。❹飲食物を給仕すること。また、その人。宇治拾遺 鎌倉―説話 九・一「ありつる宿にかよひしつる郎等なり」訳さっきの宿で食事の給仕をしていた家来である。❺掛け買いの代金を月末などにまとめ

て支払う方法。また、通い帳。

かよひ‐す・む【通ひ住む】カヨイスム 自動詞マ四{ま／み／む／む／め／め}

❶**そこに行って住む。住みつく。**源氏物語 平安一物語 若菜上「下の心は、みなあらぬ世にかよひすみにたるとこそ見えしか」訳本心は、すっかり別の世に住みついていたと見えた。❷**男が女のもとに通って行き泊まる。**源氏物語 平安一物語 匂宮「夜ごとに十五日づつ、うるはしうかよひすみ給ひける」訳（あちらとこちら）一夜おきに十五日ずつ、几帳面に通って行き泊まりなさった。

かよひ‐ぢ【通ひ路】カヨイジ 名詞 **行き来する道。通路。**古今 平安一歌集 雑上「天つ風雲のかよひぢ吹き閉ぢよ」訳⇨あまつかぜ…。

かよ・ふ【通ふ】カヨウ 自動詞ハ四{は／ひ／ふ／ふ／へ／へ}

❶**通う。**伊勢物語 平安一物語 八三「昔、水無瀬にかよひ給ひし惟喬の親王、例の狩りしにおはします供に」訳昔、水無瀬に通いなさった惟喬親王が、いつものように鷹狩りをしにおいでになるお供として。

❷**通る。行き来する。**新古今 鎌倉一歌集 春下「風かよふ寝覚めの袖の花の香に薫る枕の春の夜の夢」訳⇨かぜかよふ…。

❸（男が女の家へ）**通う。結婚する。結婚して行き通う。**伊勢物語 平安一物語 一一〇「むかし、男、みそかにかよふ女ありけり」訳昔、男がこっそり通う女がいたということだ。

❹（手紙、また心の思いが）**通じる。**万葉集 奈良一歌集 三九六九「思ほしき言もかよはず」訳思っている言葉も通じない。

❺**よく知っている。通じている。**源氏物語 平安一物語 御法「仏の道にさへかよひ給ひける御心の程などを」訳仏道にまで通じておられるお心のほどなどを。

❻**似通う。通じる。**奥の細道 江戸一紀行 象潟「江の縦横一里ばかり、おもかげ松島にかよひてまた異なり」訳入り江の東西と南北はそれぞれ一里(=約四キロメートル)ほどで、ようすは松島に似通っているが、また違っている。

❼**交差する。入り交じる。**拾遺 平安一歌集 雑賀「松が枝のかよへる枝をとぐらにて」訳松の枝で交差している枝を鳥のねぐらとして。

❽**つながっている。通じる。**奥の細道 江戸一紀行 象潟「東に堤を築きて秋田にかよふ道はるかに」訳東には堤を築いて、秋田に通じる道が遠く続いており。

歴史スコープ **王朝貴族の結婚形態** ❸は王朝時代の貴族の結婚形態を反映している。女性の家に男性が通うという様式、妻問い婚であった。参照▼古典の常識19／ところあらはし。

から¹【柄・故】名詞 **ゆえ。ため。**▼原因・理由を表す。万葉集 奈良一歌集 三七九九「己が身のから人の子の言も尽くさじ」訳自身のために、人なみにあれこれ言いはしますまい。◆奈良時代以前の語。

から²【殻・骸】名詞 ❶**なきがら。**▼魂の抜け去った後に残る肉体。源氏物語 平安一物語 夕顔「ただ今のからを見では」訳現在のなきがらを見ないでは。❷（虫などの）**ぬけがら。**❸**殻。外皮。**

から³【韓・唐】名詞

朝鮮。中国。外国。徒然 鎌倉一随筆 一二〇「からの、大和の、めづらしく、えならぬ調度ども並べ置き」訳中国のや、わが国の、珍しくてなんとも言えず立派な道具類を並べ置いて。

参考 ⑴古代朝鮮半島の西南端にあった「伽羅」国を朝鮮の総称として用いたことに始まる。奈良時代には朝鮮を表したが、平安時代以降は、主に中国を表すようになった。⑵接頭語的に名詞に付き、外国から渡来したとか、外国風のという意味で用い、高級で貴重なものという語感を伴って使われた。

から⁴

一 格助詞《接続》体言および活用語の連体形に付く。

❶（動作・作用の起点）**…から。**古今 平安一歌集 物名「浪の花沖から咲きて散り来めり」訳波の花が沖の方から咲いて（岸の方に）散って来るようだ。

❷（動作・作用の経由点）**…を通って。…に沿って。**万葉集 奈良一歌集 二六一八「月夜良み妹に逢はむと直道から我は来つれど夜ぞ更けにける」訳月がすばらしいので、あなたに会おうと、近道を通って私は来たけれど、夜が更けてしまった。

❸（原因・理由）**…によって。…のために。**古今 平安一歌集 恋三「長しとも思ひぞはてぬ昔よりあふ人からの秋の夜なれば」訳（秋の夜が）一概に長いとも思いきれない。昔から会う人によって短くも長くもなる秋の夜だから。

❹（手段・方法）**…で。**落窪物語 平安一物語 二「徒歩からまかりて」訳徒歩で参りまして。

❺（引き続き、すぐ次の事態が起こることを表す）**…とすぐに。…そばから。**古今 平安一歌集 離別「惜しむから恋しきものを」訳（別れを）惜しむそばから恋しいのに。

参考 平安時代には「より」が、室町時代の後期以降は「から」が多用された。

二 接続助詞《接続》❶❷活用語の連体形に付く。❸接続助詞「て」に付く。

❶（原因・理由）**…のために。…ので。**浮世風呂 江戸一物語 滑稽「鶴は利口者だから泣きませぬ」訳鶴は賢い者なので泣きません。

❷（判断の根拠を強調）**…からには。…以上は。**▼「からは」の形で。阿弥陀が池 江戸一歌舞 浄瑠・近松「見付けられたからは、ありやうに言はう」訳見つけられたからには、ありのままに言おう。

❸（逆接の仮定条件）**…ても。…たところで。**▼「てから」「てからが」の形で。心中重井筒 江戸一浄瑠 浄瑠・近松「来てから今夜は出されませぬ」訳来たところで、今夜は出すことはできません。

参考 助詞「から」に接続助詞の用法が生まれたのは、室町時代の末期以降である。

‐から⁵【柄】接尾語 名詞に付いて、そのものの本来持っている性質の意を表す。「国から」「山から」

参考 後に「がら」とも。現在でも「家柄」「続柄」「身柄」「時節柄」「場所柄」などと用いる。

から‐あふひ【唐葵・蜀葵】カラアオイ 名詞 植物の名。たちあおいの古名。

から‐あや【唐綾】名詞 中国渡来の綾(=模様を織り出した絹織物)。わが国で模倣して織ったものにもいう。「からのあや」とも。

からあや-をどし【唐綾縅】名詞 鎧の縅の一つ。「唐綾」を細く裁ち、重ね合わせてつづったもの。

柄井川柳 ⇩柄井川柳

か-らう【家老】名詞 大名・小名の家臣のうちの最も重要な職で、家政を総括する役職。また、その役職にある人。

*__からう-して__【辛うして】副詞 やっとのことで。ようやく。竹取物語 平安-物語 竜の頸の玉「からうして起き上がり給へるを見れば」訳ようやく起き上がりなさったのを見ると。伊勢物語 平安-物語 六「女のえ得まじかりけるを、年を経てよばひわたりけるを、からうじて盗み出でて、いと暗きに来けり」訳自分のものにできそうになかった女に、何年も求婚しつづけていたのだが、やっとのことで盗み出してたいそう暗い夜に逃げて来た。◆「からくして」のウ音便形。後に「からうじて」とも。

から-うす【唐臼・碓】名詞 臼を地面に埋め、杵を付けた長い柄の一端を足で踏んで、杵を上下させてつく仕掛けのもの。「かるうす」とも。

*__から-うた__【唐歌】名詞 漢詩。対大和歌。

から-おり【唐織り】名詞 中国渡来の織物。金襴・緞子・繻子・綾・錦などの類。また、それを模倣してわが国で織った織物。

から-かがみ【唐鏡】名詞 中国から渡来した上等な鏡。舶来の鏡。からのかがみ。

から-かさ【傘・唐傘】名詞 細く割った竹の骨に油紙を張った、長い柄のあるかさ。さしがさ。

参考「唐風の傘」の意。頭に直接かぶる「笠」に対していう。

から-かは【唐革・唐皮】名詞 ❶虎の毛皮。また、外国から渡来した毛皮。❷虎の毛皮で縅した、平家に代々伝えられた鎧の名。

からか・ふ 一 自動詞ハ四〔は/ひ/ふ/ふ/へ/へ〕負けまいと張り合う。争う。言い争う。平家物語 鎌倉-物語 一〇・横笛「心に心をからかひて、高野の御山に参られけり」訳（都に行きたいという）心と（そうしてはならないという）心が争って、高野のお山に参られた。

二 他動詞ハ四〔は/ひ/ふ/ふ/へ/へ〕なぶりものにする。もてあそぶ。

から-かみ【唐紙】名詞 ❶中国製の紙。また、それを模倣して、美しい色模様を刷り出した紙。❷「唐紙障子」の略。❶を張った襖障子。ふすま。

から-から(と) 副詞 ❶堅い物や乾いた物が触れ合ったり、転がったりして鳴る音を表す語。❷大声で高らかに笑う声を表す語。平家物語 鎌倉-物語 一一・先帝身投「からからと笑ひ給へば」訳からからと大声でお笑いになったところ。

から-が・る【辛がる】自動詞ラ四〔ら/り/る/る/れ/れ〕つらいと思う。困ったようすをする。源氏物語 平安-物語 松風「いたうからがりたまふ」訳（源氏は）ひどく困ったようすをしなさる。◆「がる」は接尾語。

*__から-ぎぬ__【唐衣】名詞 平安時代、女官たちが正装に用いた衣服の一つ。装束のいちばん上に着用する上半身だけの短衣で、下半身に着ける「裳」と対にして用いる。◆奈良時代に用いられた唐風の「背子」の和様化したもの。「背子」は『和名類聚抄』衣服類に「背子賀良岐沼（からきぬ）」と記されている。参照▶口絵

からき-め【辛き目】連語

なりたち 形容詞「からし」の連体形＋名詞「め」

ひどいめ。徒然 鎌倉-随筆 一七五「かくからきめにあひたらん人」訳このようにひどいめにあっているような人。

からき-め-を-み・す【辛き目を見す】連語 ひどい目に合わせる。徒然 鎌倉-随筆 六九「恨めしく我をば煮て、からきめをみするものかな」訳恨めしくも私を煮て、ひどい目に合わせることだなあ。◆「みす」は、下二段の他動詞。

*__からく__【辛く】副詞 ❶非常な努力をして。懸命に。必死に。土佐日記 平安-日記 一・三〇「からく急ぎて、和泉の灘といふ所に至りぬ」訳懸命に急いで、和泉の国の灘という所に到着した。❷やっとのことで。ようよう。土佐日記 平安-日記 二・一「船君の、からくひねりいだして」訳この船の一行の主人がやっとのことで（歌を）作りあげて。

から・ぐ【絡ぐ】他動詞ガ下二〔げ/げ/ぐ/ぐる/ぐれ/げよ〕❶縛りくくる。ぐるぐる巻きつける。平家物語 鎌倉-物語 四・橋合戦「頭からげ、浄衣着て」訳頭を布で縛りくくり、白い僧服を着て。❷まくり上げる。奥の細道 江戸-紀行 福井「裾をかしうからげて」訳裾を形よくまくり上げて。

からく-して【辛くして】副詞 やっとのことで。ようやく。かろうじて。土佐日記 平安-日記 二・七「からくして、異しき歌ひねり出だせり」訳やっとのことで、変な歌を作りあげた。◆形容詞「からし」の連用形「からく」に接続助詞「して」が付いた形。

から-くに【韓国・唐国】名詞「から（韓・唐）」に同じ。

から-くら【唐鞍】名詞 儀式用の飾り鞍の一つ。大嘗会の御禊に供奉する公卿や、賀茂・春日の祭りの勅使などの乗馬に用いた華麗なもの。「からぐら」とも。

から-くり【絡繰り・機関】名詞 ❶人形などを糸やぜんまい、歯車・てこなどの仕掛けによって動かすこと。また、その仕掛け。❷仕組み。構造。❸計略。たくらみ。❹「絡繰り人形」の略。❶の仕掛けで動くように作った人形。

から-ぐるま【唐車】名詞 牛車の一つ。檳榔の葉でふいた「唐破風（＝八の字形のゆるやかな曲線の破風）」造りの屋根で、庇などもその葉をふさにして垂らした、華麗で大型の車。皇族・摂政・関白などが晴れのときに用いた。からびさしのくるま。参照▶口絵

から-くれなゐ【韓紅・唐紅】名詞 染め色の一つ。濃い紅色。深紅色。古今 平安-歌集 秋下「ちはやぶる神代も聞かず竜田川からくれなゐに水くくるとは」訳⇩ちはやぶる…。◆「韓」から渡来した紅色であったことから。

*__から-ごころ__【漢心・漢意】名詞 中国の文化・文物に感化され、何事もその基準で判断する精神。江戸時代の国学者が儒学者の精神を批判して言った語。対大和心。

から-ごと【唐琴】名詞 中国から伝来した琴・箏などの弦楽器。対大和琴。

からころむ… 和歌「韓衣（＝枕詞） 裾に取りつき 泣く子らを 置きてそ来ぬや 母なしにして」万葉集

奈良一歌集 四四〇一・防人歌 訳着物の裾にすがりついて泣く子供たちを置いて来てしまったのだなあ。その子供たちの母親もいない状態で。

鑑賞 信濃の国(長野県)の防人の歌。母のいない子供を残して任地へやってきた防人が、その悲痛な心情を詠んだもの。「からころむ」は「からころも」の東国方言。

からころも[1]【唐衣・韓衣】名詞 ❶**中国風の衣服。**広袖で裾が長く、上前と下前を深く合わせて着る。❷**美しい衣服。**

からころも[2]【唐衣・韓衣】枕詞 「着る」「裁つ」「裾」「袖」「紐」など、衣服に関する語や、それらと同音をもつ語にかかる。万葉集 奈良一歌集 二一九四「雁がねの来なきしなへにからころも竜田の山はもみちそめたり」訳雁がねが来鳴くと共に竜田の山は紅葉しはじめたことだ。

からころも…[3] 和歌 「唐衣(=枕詞) きつつなれにし つましあれば はるばるきぬる たびをしぞ思ふ」古今 平安一歌集 羇旅・在原業平・伊勢物語 平安一物語 九 訳唐衣を着なれるように、なれ親しんだ妻が都にいるので、はるかここまでやって来た旅のつらさを身にしみて感じることだ。

鑑賞 東国への旅の途中、三河の国八橋(今の愛知県知立市八橋)で、かきつばたが美しく咲くのを見て、その花の名の五文字を各句の上に置き旅の心を詠むよう求められて詠んだとする『伊勢物語』の話は、『古今集』の詞書でも同様である。いわゆる「折り句」である。さらに、「唐衣きつつ」は「なれ」を導く序詞、「なれ」は衣服がよれよれになる意となれ親しむ意の「馴れ」の、「つま」は着物の「褄」と「妻」の、「はるばる」は「遥々」と「張る張る」の、「き」は「来」と「着」の掛け詞、「なれ」「つま(褄)」「はる(張る)」「き(着)」は衣の縁語になっている。種々の技巧を駆使しつつ、妻への愛情と旅の心をすべて巧みに詠み込んでいる。

から-ごゑ【枯ら声・嗄ら声】名詞 **しわがれ声。**

唐崎 地名 歌枕 今の滋賀県大津市北部の、琵琶湖西南岸の景勝地。近江八景の一つ「唐崎の夜雨」で知られ、「唐崎の一つ松」でも有名。また、天智天皇の大津の宮もこの近くであった。「辛崎」とも書く。

から-ざけ【乾鮭・干鮭】名詞 **さけの干物。**北国の名産。季冬。

から・し【辛し】形容詞ク {(く)・から/く・かり/し/き・かる/けれ/かれ}

語義の扉

「塩辛い」という味覚をはじめとして、ひろく身と心に強くあるいは鋭い刺激を感じる意。「つらい」「危い」「ひどく甚しい」など。

連用形用法の「からくして」が古く「からうして」とウ音便化して副詞としての用法を得、さらに「かろうじて」に転じて現代語に受け継がれているほか、「評価のからい教授」とか「からい点をいただいた」などに❶以外の語義の残存がたしかめられる。

❶**塩辛い。**万葉集 奈良一歌集 三八八六「難波の小江の初垂をからく垂り来て」訳難波の小江でできた最初の塩汁を塩辛くしたたらせて。

❷**つらい。切ない。苦しい。**大鏡 平安一物語 道長下「衣被けられたりしも、からくなりにき」訳衣を褒美に与えられたのも、かえってつらくなった。参照▼類語と使い分け⑪

❸**むごい。残酷だ。ひどい。**徒然 鎌倉一随筆 六九「恨めしく我をば煮て、からき目を見するものかな」訳恨めしくも私を煮て、ひどい目にあわせることだなあ。

❹**いやだ。気にそまない。**堤中納言 平安一物語 虫めづる姫君「からしや。眉はしも、かはむしだちためり」訳いやだなあ。眉は毛虫みたいに見える。

❺**あやうい。あぶない。**▼「からき命」の形で、命拾いしたときに用いる。徒然 鎌倉一随筆 五三「からき命まうけて、久しく病みゐたりけり」訳あやうい命を助かって、長い間病気で苦しんでいた。

❻**はなはだしい。ひどい。**大鏡 平安一物語 道長下「けしうはあらぬ歌詠みなれど、からう劣りにしことぞかし」訳そう悪くもない歌人だが、ひどく見劣りがしたものだ。

◇「からう」はウ音便。

から-しほ【鹹塩・辛塩】名詞 **海水。塩水。辛い塩。**

からす【烏】名詞 鳥の名。東日記 江戸一句集 俳諧「枯れ枝にからすのとまりたるや秋の暮れ— 芭蕉」訳⇩かれえだに…。

から-たち【枳殻・枳】名詞 植物の名。みかん科の落葉低木。

から-と【唐櫃】名詞 「からひつ(唐櫃)」に同じ。

から-なでしこ【唐撫子】名詞 ❶草花の名。石竹の別名。季夏。❷襲の色目の一つ。表裏ともに紅色。一説に、表は紫、裏は紅とも。夏に着用。

から-に 接続助詞《接続》活用語の連体形に付く。

なりたち 格助詞「から」に格助詞「に」の付いたかたちが一語化したもの。

❶〔原因・理由〕**…ために。ばかりに。**万葉集 奈良一歌集 二四一一「白妙の袖をはつはつ見しからにかかる恋をも我はするかも」訳白い袖をわずかに見たばかりに、こんな(つらい)恋を私はするのかなあ。

❷〔即時〕**…と同時に。…とすぐに。**古今 平安一歌集 秋下「吹くからに秋の草木のしをるればむべ山風を嵐といふらむ」訳⇩ふくからに…。

❸〔逆接の仮定条件〕**…だからといって。たとえ…だとしても。…たところで。**▼多く「…むからに」の形で。源氏物語 平安一物語 夕顔「などか、帝の御子ならむからに、見む人さへかたほならず物ほめがちなる」訳どうして(源氏が)帝のお子だからといって、見知っているような人までが短所がないとしきりにほめるか。

参考 奈良時代以前には「のからに」「がからに」の形が見られるが、これらは名詞「故」＋格助詞「に」と考える。

から-にしき【唐錦】名詞 ❶**唐織りの錦。中国から渡来した錦。**その紅色のまじる美しさから、多く紅葉などにたとえられる。対大和錦。❷枕詞 「裁つ」「織る」「縫ふ」など、布に縁のある語や、それらと同音の語にかかる。古今 平安一歌集 雑体「からにしきたつたの山のもみぢ葉を」訳たつたの山のもみじの葉を。

から-ねこ【唐猫】名詞 中国渡来の猫。

から-の-あや【唐の綾】連語 「からあや」に同じ。

[1]から-は 連語
なりたち 格助詞「から」＋係助詞「は」
〔体言に付いて〕…である以上は。…であるので。源氏物語 平安―物語 澪標「うき身からは同じ嘆かしさにこそ」訳つらいわが身であるので、(帰京された今でも)同じ嘆かわしさであるのに。

[2]から-は 連語
なりたち 接続助詞「から」＋係助詞「は」
〔活用語の連体形に付いて〕…(する)以上は。宗論 室町―狂言 狂言「こう参るからは、たがいに虫腹がかぶろうとも」訳このように参ります以上は、お互いに腹痛が起ころうとも。

から-はし【唐橋】 名詞 中国風の、欄干のついた橋。

から-びさし【唐庇】 名詞 唐破風(＝八の字形のゆるやかな曲線の破風)造りの庇。また、その庇の下の部屋。◆中国風の庇の意。

[1]から-ひつ【屍櫃】 名詞 死体を入れるひつ。ひつぎ。棺おけ。◆「から」は「なきがら」の意。

[2]から-ひつ【唐櫃】 名詞 中国風の脚のついた櫃。ふたが付き、前後に一本、または二本ずつ、左右に一本ずつの外方に反った脚がある。衣料・調度品などを入れ、また、運送用にも用いた。「からびつ」とも。

(唐　櫃)

から-ひと【韓人・唐人】 名詞 朝鮮半島や中国の人。「からびと」とも。

から・ぶ【乾ぶ】 自動詞 バ上二〔び/び/ぶ/ぶる/ぶれ/びよ〕❶乾く。ひからびる。❷(声が)かすれる。しわがれ声を出す。今昔物語 平安―説話 二七・三四「林の中にからびたる声の」訳林の中にかすれた声の。❸枯れて物さびる。枯淡の趣に見える。無名抄 鎌倉―論 会歌姿分事「秋・冬は細くからび」訳秋・冬は細く枯淡の趣に見え。

から-ふね【唐船】 名詞 中国の船。また、それにならって造った船。もろこしぶね。

から-ぶみ【漢文】 名詞 中国の書物。漢籍。

から-へいじ【唐瓶子】 名詞 中国風のとっくり。もとは金属製。黒い漆を塗った木製のものもある。

からまき-ぞめ【絡巻き染め・唐巻き染め】 名詞 染め方の一種。糸をからめ巻いて染めた絞り染め。また、中国風の美しい絞り染めの意ともいう。

[1]から・む【絡む】
一 自動詞 マ四〔ま/み/む/む/め/め〕❶巻きつく。まといつく。太平記 室町―物語 二六「内甲にからみたる鬢の髪を払いのけて」訳額のあたりにまといついている鬢の髪を払いのけて。❷言いがかりをつける。傾城買 江戸―物語 洒落「あぢにからんで」訳変に言いがかりをつけて。◇「からん」は撥音便。
二 他動詞 マ四〔ま/み/む/む/め/め〕巻きつける。更科紀行 江戸―紀行 俳文・芭蕉「かの僧のおひねものとひとつにからみて馬に付けて」訳その僧の背負った荷物と一つに巻きつけて馬につけて。

[2]から・む【搦む】 他動詞 マ下二〔め/め/む/むる/むれ/めよ〕捕縛する。からめとる。伊勢物語 平安―物語 一二「ぬす人なりければ、国の守にからめられにけり」訳どろぼうだったので、国守に捕縛されてしまった。

[1]から-め・く 自動詞 カ四〔か/き/く/く/け/け〕からからと音を立てる。「がらめく」とも。平家物語 鎌倉―物語 五・物怪之沙汰「おびたたしうからめきあひければ」訳(しゃれこうべが)たくさんでからからと音を立て合っていたので。◆「から」は擬声語、「めく」は接尾語。

[2]から-め・く【唐めく】 自動詞 カ四〔か/き/く/く/け/け〕❶中国風に見える。枕草子 平安―随筆 故殿の御服のころ「からめき、さま異なり」訳中国風に見え、風変わりである。❷普通とは違って魅力的である。紫式部 平安―日記 寛弘六・一・一「しざまもいとからめいたり」訳仕立て方もたいそう普通と違って魅力的であった。◇「からめい」はイ音便。◆「めく」は接尾語。

からめ-て【搦め手】 名詞 ❶からめ捕る人。捕り手。❷敵の背後。城・砦の裏門。また、それを攻める軍勢。平家物語 鎌倉―物語 四・永僉議「老僧どもは如意が峰よりからめてに向かふべし」訳老僧たちは如意が峰から(六波羅の)背後に攻め向かうがよい。◆「からめで」とも。

[1]から-もの【唐物】 名詞 舶来品。中国、または、その他の外国から渡来した品物の総称。「たうぶつ」とも。

[2]から-もの【乾物・干物】 名詞 ひもの。魚肉などを干したもの。

からもの-の-つかひ【唐物の使ひ】 名詞 平安時代、中国や渤海などからの外国商船が筑紫(福岡県)に来たとき、その荷物を検査するために朝廷から派遣された使者。

から-もん【唐門】 名詞 屋根を唐破風(＝八の字形のゆるやかな曲線の破風)造りにした門。中国風の門。

から-やう【唐様】 名詞 ❶中国風。唐風。❷中国風の漢字の書体。特に、江戸時代中期に文人・儒者の間などに流行した、明・清風の書体をいう。❸中国風の建築様式。鎌倉時代に伝えられた禅宗寺院の建築様式をいう。対❷❸和様。

がらり 副詞 ❶そっくり。残らず。女腹切 江戸―浄瑠 浄瑠・近松「がらり二十両、まし一年切り増し」訳そっくり二十両、もう一年(雇用の期限を)区切って延ばし。❷即座に。新版歌祭文 江戸―浄瑠 浄瑠「今がらりに渡さふ程に」訳今即座に(全額を)渡すので。◆下に「に」を伴う場合がある。

からり-と 副詞 ❶からん。▼堅い物が触れ合ったり、転がったりして出る音を表す語。❷すっかり。❸すっきり。▼晴れわたるようす。

柄井川柳 人名 (一七一八〜一七九〇)江戸時代中期の前句付け点者。通称、八右衛門。滑稽・風刺を内容とする前句付け(五・七・五)の選評をして名声を得、彼の選んだ句は川柳点とよばれて流行した。その川柳集に『誹風柳多留』がある。

から-ゑ【唐絵】 名詞 中国風の絵。中国の様式・題材によって描いた絵。

がらん【伽藍】 名詞 寺院。寺院の建物。

[1]かり【仮】 名詞 一時的のものであること。間に合わせ。かりそめ。方丈記 鎌倉―随筆「かりのいほりのありやう、かくのごとし」訳かりそめの粗末な小さな住まいのありさまは、このようである。

[2]かり【狩り】 名詞 ❶狩猟。多く「鷹狩り」をいう。伊勢物語 平安―物語 一「昔、男、初冠して、奈良の京

春日の里にしるよしして、狩りに往にけり」訳⇨うひかうぶり。参照▼文脈の研究 春日野の若紫。◇「猟り」とも書く。❷花・木・草・蛍などを求めてとったり、観賞したりすること。▼桜・紅葉・蛍などの語の下に濁音化して接尾語的に用いる。「桜がり」

かり[3]【雁・鴈】名詞 鳥の名。**がん**。秋に渡来し、春に北へ帰る。季 秋。◆室町時代ごろからは字音の「がん」が日常語となった。

かり[4] 助動詞 ラ変型《接続》活用語の連用形に付く。{○○/○○/かり/○}〔回想・詠嘆〕…**たなあ**。万葉集 奈良一歌集 四三八八「家の妹(も)が着せし衣に垢(かあ)付きにかり」訳(長旅で)家の妻が着せてくれた衣に垢がついてしまったなあ。◆奈良時代以前の東国方言。「けり」に相当する。

がり[1]【許】名詞 …**のもと(へ)**。…**の所(へ)**。▼多くは人を表す名詞・代名詞に格助詞「の」が付いた形に続く。徒然 鎌倉一随筆 五三「京なる医師(くすし)のがり率(ゐ)て行きける道すがら」訳京都にいる医師のもとへ連れて行ったその道々。

参考 奈良時代以前では「がり」は接尾語の用法のみであったが、平安時代になると接尾語から変化した名詞の用法が生じた。これをも接尾語とみる説もあるが、格助詞「の」を伴った連体修飾語によって修飾されているところから名詞ととらえる方が自然であろう。

-がり[2]【許】接尾語

語義の扉

居所を示すとともに、その居所が移動する先の場所であることを示す。下に「来(く)」「行く」「通ふ」「遣(や)る」「率(ゐ)る」などの移動を表す動詞のほか「言ふ」なども続く。

〔人を表す名詞・代名詞に直接に、また、格助詞「の」をはさんで下接して〕…**のもとに**。…**の所へ**。万葉集 奈良一歌集 二二〇一「妹がりと馬に鞍置きて生駒山うち越え来れば黄葉(もみち)散りつつ」訳あなたのもとへと、馬に鞍を置いて、生駒山を越えて来ると、もみじがしきりに散っていることだよ。伊勢物語 平安一物語 三八「むかし、紀の有常(ありつね)がり行きたるに」訳昔、紀の有常の所へ(男が)行ったところ。徒然 鎌倉一随筆 五三「京なる医師(くすし)のがり率(ゐ)て行きにけり」訳都にいる医師の所へ連れて行った。

かり-いほ【仮庵・仮廬】(カリイオ) 名詞 **仮設の粗末な小屋**。

かり-うつ・す【駆り移す】他動詞 サ四 {さ/し/す/す/せ/せ} 祈禱(きとう)によって、**物の怪(け)などを「よりまし」に乗り移す**。源氏物語 平安一物語 葵「人にかりうつしたまへる御物の怪ども」訳よりましに乗り移しなさった御物の怪どもが。

かり-が-ね*
一【雁が音】連語 **雁の鳴き声**。季 秋。万葉集 奈良一歌集 一五一三「今朝の朝明(あさけ)かりがね聞きつ」訳今朝の夜明け、雁の鳴き声を聞いた。
二【雁・雁金】名詞「かり(雁)」に同じ。季 秋。

かり-かり 副詞 **かりかり**。▼雁(かりがね)の鳴き声を表す擬声語。後撰 平安一歌集 秋下「ひたすらにわが思はなくに己(おの)れさへかりかりとのみ鳴き渡るらむ」訳ひたすらに思っているわけではないのに、(私だけでなく)雁、おまえまでもが「かりかり」(仮りだ、仮りだ)とばかりいって鳴きつづけているようだ。

参考 和歌では「仮(かり)」の意をかけて使うことが多い。

かり-ぎぬ*【狩衣】名詞 公家(くげ)・武家が広く用いた表着(うはぎ)の一種。丸えりで、袖(そで)を後ろ身頃(みごろ)にわずかに縫い付けて動きやすいようにし、袖口にはくくり紐(ひも)をつけて絞れるようにしてあるもの。下には「指貫(さしぬき)」をはく。もと鷹(たか)狩りなどに用いる狩猟用の服であったが、平安時代には貴族の普段着・外出着として用いられ、以後、公家の平服となった。鎌倉・室町時代以後は武家の礼服としても用いられた。「かりごろも」とも。参照▼口絵

入れ紐　頸上　袖括り　鰭袖　露　登　〈前面〉

(狩 衣)

かりぎぬ-ばかま【狩衣袴】名詞 狩衣とその下に着用する袴。

かり-くひ【刈り杙・刈り株】(カリクイ) 名詞 **切り株**。

かり-くら【狩倉・狩座】名詞 ❶狩りをする場所。かりば。❷狩猟。また、狩猟の競争。

かりくらし… 和歌「狩り暮らし たなばたつめに 宿からむ 天(あま)の河原に 我は来にけり」古今 平安一歌集 羇旅・在原業平(ありはらのなりひら)・伊勢物語 平安一物語 八二 訳一日じゅう狩りをして日暮れになったので、たなばた姫に今夜の宿を借りよう。いつのまにか、天の川のほとりに私は来ていたよ。

鑑賞 あるとき、業平らは惟喬親王(これたかしんのう)のお供で終日狩りをし、日暮れて天の川という名の河辺で酒宴となった。そのとき、親王が「狩りをして天の川原に着いたという内容の歌を詠んで、杯を回せ」と求められたのに応じた。「天の川」という実際の地名に七夕(たなばた)を連想し、一日中狩りを楽しんだしめくくりとして、たなばた姫に宿を借りようという思いつきを詠んだ歌。そうした即興性が、その場の雰囲気をいっそう盛り上げ、人々の期待に応えたことであろう。

かり-くら・す*【狩り暮らす】他動詞 サ四 {さ/し/す/す/せ/せ} **一日じゅう狩りをする**。古今 平安一歌集 羇旅・伊勢物語 平安一物語 八二「かりくらしたなばたつめに宿からむ」訳⇨かりくらし…。

かり-こも【刈り菰・刈り薦】名詞 刈り取ったまこも。また、それを編んで作ったむしろ。「かりごも」とも。

かりこも-の【刈り菰の・刈り薦の】枕詞 刈り取った真菰(まこも)が乱れやすいことから「乱る」にかかる。万葉集 奈良一歌集 二五六「飼飯(けひ)の海の庭良くあらしかりこも乱れて出(い)づ見ゆ海人の釣舟」訳飼飯の海の漁場がよいらしい。乱れて漕ぎ出ていくのが見える。海人の釣舟が。

かり-ごろも【狩衣】名詞 ❶「かりぎぬ」に同じ。「かり

ころも」とも。◇多く歌語として用いる。❷枕詞「狩衣」の縁語である「紐」「裾」「裁つ」「乱る」などにかかる。

かり-さうぞく【狩装束】名詞 狩りや野外の遊びなどに出かけるときの服装。「狩衣」に、「指貫」または「狩袴」を着けた姿。のち、武士の、狩猟・旅行着として、「狩衣」「水干」などに「行縢」を着け、「綾藺笠」をかぶり、弓矢を持った姿。「かりしゃうぞく」とも。参照▼口絵

かり-そ・く【刈り除く】他動詞カ下二〔け／け／く／くる／くれ／けよ〕刈り取る。万葉集 奈良―歌集 二七六九「夏草のかりそくれども」訳夏草が、刈り取っても。

かり-そめ【仮初】名詞 ❶一時的なこと。間に合わせ。❷軽々しいこと。

かり-そめ・なり【仮初なり】

形容動詞ナリ〔なら／なり・に／なり／なる／なれ／なれ〕

語義の扉

ほんのいっときのこと、一時しのぎで本格的ではないようすを表す。

❶仮づくりだ。一時的だ。
❷はかない。
❸ふいだ。偶然だ。
❹いいかげんだ。軽はずみだ。

❶**仮づくりだ。一時的だ。**更級 平安―日記 富士川「山づらにかりそめなる切り掛けといふ物したる上より」訳山側に仮づくりの切り掛けという板垣で囲ってある上から(仏像が見える)。

❷**はかない。**源氏物語 平安―物語 橋姫「この世の、かりそめにあぢきなきことを、申し知らすれば」訳この世の中が、はかなく無常であることを、わかるようにお話しすると。

❸**ふとしたことだ。ふいだ。偶然だ。ちょっとしたことだ。**奥の細道 江戸―紀行 草加「奥羽長途の行脚、ただかりそめに思ひ立ちて」訳奥羽地方への長旅を、ただふいに思い立って。

❹**いいかげんだ。おろそかだ。軽はずみだ。**瓜盗人 室町―狂言 狂言「ああ、かりそめな事をいたさう事ではござらぬ」訳ああ、いいかげんなことをいたすものではありません。

かり-に-も【仮にも】副詞 かりそめにも。ちょっとでも。ちょっとしたすきにも。伊勢物語 平安―物語 五八「かりにも鬼のすだくなりけり」訳ちょっとしたすきにも鬼が群れ集まるのであるよ。

***かり-ね**【仮寝】名詞 ❶ほんのちょっと寝ること。うたた寝。❷旅先で宿泊すること。旅寝。野宿。

かり-の-こ【雁の子・鴈の子】名詞 ❶雁のひな。雁・鴨などの水鳥。❷雁の卵。水鳥の卵。枕草子 平安―随筆 あてなるもの「あてなるもの。…かりのこ」訳上品なもの。…水鳥の卵。

かり-の-たより【雁の便り】連語「かりのつかひ(雁の使ひ)」に同じ。

1**かり-の-つかひ**【狩りの使ひ】名詞 平安時代初期、朝廷の用にあてる鳥獣を得るために、諸国に派遣されて狩りをした勅使。

2**かり-の-つかひ**【雁の使ひ】連語 手紙。便り。「雁の玉章」「雁の便り」とも。季秋。

参考 中国で、前漢の蘇武が匈奴に捕らえられたとき、雁の足に手紙をつけて都に送ったという故事による。

かり-の-やどり【仮の宿り】名詞 ❶一時的な住まい。旅先での宿り。徒然 鎌倉―随筆 一〇「家居のつきづきしくあらまほしきこそ、かりのやどりとは思へど、興あるものなれ」訳住居が、(住む人に)似つかわしく理想的なのは、一時的な(現世の)住まいとは思うけれど、趣のあるものである。❷はかない現世。

かり-ばか【刈りばか】名詞 稲・草などを刈り取る分担区域。また、刈り取る分担量。◆「ばか」は量の意。

かり-ばね【刈り株】名詞 草木や竹などを刈ったあとの株。切り株。万葉集 奈良―歌集 三三九九「かりばねに足踏ましなむ沓はけわが背」訳⇩しなのぢは…。

1**かり-ほ**【刈り穂】名詞 刈り取った稲の穂。

2**かり-ほ**【仮庵・仮廬】名詞「かりいほ」に同じ。

かり-まくら【仮枕】名詞「かりね」に同じ。

かり-また【雁股】名詞 鏃の一種。先を二股にして、内側に刃をつけたもの。また、それをとりつけた矢。鳥・獣などを射るのに用いる。参照▼口絵

かり-や【仮屋】名詞 仮に造った家。仮小屋。

かりょうびんが【迦陵頻伽】名詞 仏典に見える想像上の鳥。美女の顔をもち、非常に声が美しいという。極楽浄土にすむともされる。多く、仏の声にたとえられる。

1**か・る** 自動詞ラ下二〔れ／れ／る／るる／るれ／れよ〕

㊀【涸る・乾る】(水が)干上がる。万葉集 奈良―歌集 三七八八「水はかれなむ」訳水は干上がってほしい。

㊁【枯る】❶(植物が)枯れる。枕草子 平安―随筆 すぎにしかた恋しきもの「すぎにしかた恋しきもの、かれたる葵」訳過ぎ去ったころが恋しいもの、枯れたあおい(＝賀茂の祭りで飾ったあおい)。❷(動物が死んで)ひからびる。枕草子 平安―随筆 花の木ならぬは「虫などのかれたるに似て」訳虫などが(死んで)ひからびたのに似て。

㊂【嗄る】(声が)かすれる。源氏物語 平安―物語 帚木「かれたる声のをかしきにて言へば」訳かわいいかすれている声で言うと。

2**か・る**【刈る】他動詞ラ四〔ら／り／る／る／れ／れ〕草などを切り取る。

3**か・る**【狩る・猟る】他動詞ラ四〔ら／り／る／る／れ／れ〕❶狩りをする。伊勢物語 平安―物語 八二「交野をかりて」訳交野で狩りをして。❷(花や草木を)たずね求めて観賞する。方丈記 鎌倉―随筆「桜をかり、紅葉を求め」訳桜をたずね求めて観賞し、紅葉を求め。

4**か・る**【借る】他動詞ラ四〔ら／り／る／る／れ／れ〕借りる。借用する。方丈記 鎌倉―随筆「いかが他の力をかるべき」訳なんで他人の力を借りてよいであろうか、よくはない。

5**か・る**【駆る・駈る】他動詞ラ四〔ら／り／る／る／れ／れ〕❶追い立てる。枕草子 平安―随筆 うへにさぶらふ御猫は「集まり、かりさわぐ」訳(男たちが)集まって、(犬の翁丸を)追い立てわいわい騒ぐ。❷(馬や車を)駆けさせる。走らせる。❸無理にさせる。せきたてる。平家物語 鎌倉―物語 四・源氏揃「公事・雑事にかりたてられて」訳労役や雑務にせきたてられて。

か・る[6]【離る】自動詞ラ下二{れ/れ/る/るる/るれ/れよ}

語義の扉

空間的、時間的、心理的に「近かったものごとが遠くなる」という意味。はなれる。しばしば、男女の間が疎遠になる、絶えるの意に用いられ、また、和歌では「枯る(かる)」と掛け詞になることが多い(❷の例)。

❶(空間的に)**遠ざかる。離れ去る。**
❷(時間的に)**間があく。途絶える。**
❸(心理的に)**疎遠になる。よそよそしくなる。**

❶(空間的に)**遠ざかる。離れ去る。**源氏物語 平安—物語 若紫「年ごろの蓬生をかれなむも」訳長年住み慣れたこの荒れた屋敷を離れてしまうのも。❷(時間的に)**間があく。途絶える。**古今 平安—歌集 冬「山里は冬ぞさびしさまさりける人めも草もかれぬと思へば」訳⇩やまざとは…。❸(心理的に)**疎遠になる。よそよそしくなる。**伊勢物語 平安—物語 二四「相思はでかれぬる人をとどめかねわが身は今ぞ消え果てぬめる」訳⇩あひおもはで…。

軽[7] 地名 今の奈良県橿原市大軽町一帯の地。奈良時代以前、市が立って栄えた。

***-が・る** 接尾語ラ四〔名詞や形容詞・形容動詞の語幹に付いて動詞をつくる〕❶…のように思う。「あやしがる」。❷…のように振る舞う。「さかしがる」

かる-うす【唐臼・碓】名詞「からうす」に同じ。

かる-かや【刈萱】名詞❶草の名。主にめがるかやをさす。季秋。❷**刈り取ったかや。**屋根をふく材料とする。◇「刈茅」とも書く。

かるかや-の【刈萱の】枕詞 刈り取った萱は束ねることから「束」に、乱れやすいことから「乱る」に、また、「穂」にかかる。古今 平安—歌集 雑体「まめなれど何ぞはよけくかるかやの乱れてあれどあしけくもなし」訳私はまじめだが、どこにいいところがあっただろうか。刈萱のように乱れる状態であるけれども悪いことはないよ。

かるが-ゆゑに【かるが故に】接続詞 **こういうわけで。それゆえ。だから。**◆「か(斯)あるがゆゑ(故)に」の変化した語。

かるがる・し【軽軽し】形容詞シク「かろがろし」に同じ。

かる-くち【軽口】名詞 即興的なしゃれ。軽妙なおしゃべり。また、出まかせ。

かる-くち・なり【軽口なり】形容動詞ナリ{なら/なり・に/なり/なる/なれ/なれ}**軽妙でしゃれている。**諸国ばなし 江戸—物語 浮世・西鶴「さてもかるくちなる御事」訳それにしても軽妙でしゃれている御事。

かる・し【軽し】形容詞ク{(く)・から/く・かり/し/き・かる/けれ/かれ}❶「かろし❶」に同じ。世間胸算用 江戸—物語 浮世・西鶴「かるきをとれば」訳(量目の)軽い(小判)を受け取れば。❷「かろし❷」に同じ。源氏物語 平安—物語 若菜下「姫君の御おぼえ、などてはかるくはあらむ」訳姫君のご評判は、どうして重々しくないことがあろうか。

軽み 文芸 蕉風俳諧の美的理念の一つ。日常の身近な題材によって物事の本質に深く迫りながら、表現上はさらりとしてこだわるところのない詩境をいう。芭蕉が晩年になって到達した、悟りに似た境地で、「俳諧七部集」の『炭俵』はこの句風の代表的撰集。「秋深き隣は何をする人ぞ—芭蕉」(『笈日記』)〈⇩あきふかき…。〉は軽みを表した代表句。

かる・む【軽む】━自動詞マ四{ま/み/む/む/め/め}**軽くなる。**「かろむ」とも。源氏物語 平安—物語 玉鬘「罪かるませたまはめ」訳罪が軽くなりなさるでしょう。━他動詞マ下二{め/め/む/むる/むれ/めよ}**軽視する。**「かろむ」とも。源氏物語 平安—物語 少女「人にかるめ侮らるるに」訳世間から軽視されればかにされても。

かる-も【刈る藻】名詞 **刈り取った海藻。**

かる-らか・なり【軽らかなり】形容動詞ナリ「かろらかなり」に同じ。◆「らか」は接尾語。

かれ[1]【彼】代名詞❶**あれ。あのもの。**▼遠称の指示代名詞。伊勢物語 平安—物語 六「『かれは何ぞ』となむ男に問ひける」訳「あれはなに」と男にたずねた。❷**あの人。その者。**▼他称の人称代名詞。源氏物語 平安—物語 桐壺「かれは…御志あやにくなりしぞかし」訳あの人(=桐壺更衣)は…(帝の)ご愛情が大変深かったのであったよ。

かれ[2]【故】接続詞❶**それゆえ。それで。**古事記 奈良—史書 神武「その御手の血を洗ひ給ひき。かれ、血沼の海といふ」訳そのお手の血をお洗いになった。それで、(そこを)血沼の海という。❷**そして。それから。さて。**古事記 奈良—史書 神武「かれ、その国より上りいでまし時に」訳そして、その国からのぼっておいでになったときに。◆副詞「か」と動詞「あり」の已然形からなる「かあれ」の変化した語。

かれ[3]【離れ】動詞「かる」の未然形・連用形。

かれ-いひ【乾飯】名詞 **乾し飯。**飯を乾燥させてつくった携帯用の食料。湯や水でもどして食べる。「かれひ」とも。

かれえだに… 俳句「枯れ枝に 烏のとまりたるや 秋の暮れ」東日記 江戸—句集 俳諧・芭蕉 訳葉の落ち尽くした枯れ枝にからすがとまっている。いかにも寂しい秋の暮れの風景だ。

鑑賞 閑寂枯淡の情趣を表した、蕉風初期の作品。「秋の暮れ」は、秋の夕暮れとも、晩秋とも解釈できる。のちの『曠野』には「とまりけり」と改められて載った。季語は「秋の暮れ」で、季は秋。

かれ-がた【離れ方】名詞 **疎遠になるころ。途絶えがちになるころ。**▼主に、男女の仲についていう。

かれ-がれ・なり[1]【枯れ枯れなり】形容動詞ナリ{なら/なり・に/なり/なる/なれ/なれ}❶(草木などが)**衰え枯れそうだ。**枕草子 平安—随筆 木の花は「かれがれに様ことに咲きて」訳枯れそうに風変わりに咲いて。❷**ひからびている。**(声が)**しわがれている。**❸(声が)**かすれて、絶え絶えだ。**源氏物語 平安—物語 賢木「浅茅が原もかれがれなる虫の音に」訳浅茅が原も(枯れそうで)かすれて絶え絶えな虫の声に。◇「嗄れ嗄れなり」とも。

参考 ❸の源氏物語 平安—物語 用例では、❶の意味と掛けて用いられている。

かれ-がれ・なり[2]【離れ離れなり】形容動詞ナリ{なら/なり・に/なり/なる/なれ/なれ}(人の行き来や歌・手紙のやりとりが)(男女の間柄が)**疎遠になっている。途絶えがちだ。**源

氏物語 平安―物語 帚木「かれがれにのみ見せ侍るほどに」訳ただもう途絶えがちに(姿を)見せておりますうちに。参考 和歌では「枯れ枯れなり」とかけて用いることが多い。

***かれ-これ**【彼此】 一 代名詞 ❶**あれとこれと。あれやこれや。**▼他称の指示代名詞。古今 平安―歌集 仮名序「かれこれを通はし、よく知らず」訳あれやこれや(歌を)比較対照しても、よく分からない。❷**あの人とこの人と。だれやかれや。**▼他称の人称代名詞。土佐日記 平安―日記 一二・二一「かれこれ知る知らぬ送りす」訳だれやかれや、親しくしている人も親しくしていない人も見送りをする。 二 副詞 ❶**なんのかのと。**平家物語 鎌倉―物語 一〇・戒文「かれこれ恥をさらし候ふも」訳なんのかのと恥をさらしましたのも。❷**およそ。だいたい。**

かれ-・す【枯れす】 自動詞 サ変{せ/し/す/する/すれ/せよ} **枯れる。**後撰 平安―歌集 恋二「かれせぬ物はなでしこの花」訳枯れないものは、なでしこの花であるよ。

かれ-な-で【離れなで】 連語 なりたち 動詞「かる」の連用形＋完了の助動詞「ぬ」の未然形＋接続助詞「で」 **途絶えることなく。離れずに。**古今 平安―歌集 恋三「みるめなきわが身をうらと知らねばやかれなで海人の足たゆく来る」訳会うという気持ちのない私をつれない人だと知らないからだろうか、海松布のない浦だと知らないから途絶えることなく漁夫が足がだるくなるまでやってくるようにあなたは足がだるくなるまでやってくる。

かれ-の【枯れ野】 名詞 ❶**草木の枯れ果てた野。冬枯れの野。**季冬。笈日記 江戸―論 俳諧「旅に病んで夢はかれのをかけ廻る― 芭蕉」訳⇩たびにやんで…。❷襲の色目の一つ。表は黄、裏は薄青。冬に着用。「からの」とも。参照▶口絵

かれ-は・つ[1]【枯れ果つ】 自動詞 タ下二{て/て/つ/つる/つれ/てよ} **すっかり枯れてしまう。**源氏物語 平安―物語 御法「かれはつる野辺を」訳すっかり枯れてしまう野原(の風情)を。参考 和歌では、「離れ果つ」とかけて用いることが多い。

かれ-は・つ[2]【離れ果つ】 自動詞 タ下二{て/て/つ/つる/つれ/てよ} **全く離れてしまう。(人の訪れが)途絶える。**源氏物語 平安―物語 澪標「花散里をかれはて給ひぬるこそ、いとほしけれ」訳花散里から全く離れておしまいになったのは、気の毒なことだ。参考 和歌では、「枯れ果つ」とかけて用いることが多い。

かれ-ば・む【嗄ればむ】 自動詞 マ四{ま/み/む/む/め/め} (声が)**しわがれる。**枕草子 平安―随筆 大進生昌が家に「あやしくかればみさわぎたる声にて」訳変にしわがれうわずった声で。◆「ばむ」は接尾語。

かれ-ひ【乾飯・餉】 名詞「かれいひ」に同じ。

かれ-まさ・る【離れ増さる】 自動詞 ラ四{ら/り/る/る/れ/れ} **ますます遠ざかる。ますます疎遠になる。**源氏物語 平安―物語 朝顔「まことにかれまさりたまはば」訳本当にますます疎遠になりなさったら。参考 和歌では「枯れ増さる(=ますます枯れてゆく)」とかけて用いることが多い。

かれ-やう・なり【離れ様なり】 形容動詞 ナリ{なら/なり・に/なり/なる/なれ/なれ} **途絶えがちである。疎遠である。**古今 平安―歌集 雑下・左注「かれやうにのみなりゆきけり」訳(前の女とは)疎遠になってゆくばかりであった。

かれ-ゆ・く[1]【枯れ行く】 自動詞 カ四{か/き/く/く/け/け} **しだいに枯れてゆく。**万葉集 奈良―歌集 四一二二「朝ごとに凋みかれゆく」訳(田も畑も)朝ごとにしなびてしだいに枯れてゆく。参考 和歌では「離れ行く」とかけて用いることが多い。

かれ-ゆ・く[2]【離れ行く】 自動詞 カ四{か/き/く/く/け/け} **疎遠になってゆく。遠のいてゆく。**源氏物語 平安―物語 賢木「院のうち、やうやう人目かれゆきて」訳院の中は、しだいに人影が遠のいていって。参考 和歌では「枯れ行く」とかけて用いることが多い。

かれ-をばな【枯れ尾花】 名詞 **冬枯れのすすき。**季冬。

かろがろ-・し【軽軽し】 形容詞 シク{(しく)・しから/しく・しかり/し/しき・しかる/しけれ/しかれ} ❶**軽薄だ。軽率だ。軽はずみだ。**源氏物語 平安―物語 梅枝「かろがろしき誹りをや負はむ」訳軽率だという非難を受けはしないだろうか。❷**手軽だ。気軽だ。**源氏物語 平安―物語 若菜上「かろがろしく、などかく、渡したてまつり給ふ」訳手軽に、どうしてこのように、お渡し申し上げなさるのか。❸**低い。軽い。**▼身分・家柄・価値などについて。源氏物語 平安―物語 若菜上「中納言などは年若くかろがろしきやうなれど」訳中納言(=夕霧)などは年も若く身分も低いようだが。◆「かるがるし」とも。対重々し。

かろ・し【軽し】 形容詞 ク{(く)・から/く・かり/し/き・かる/けれ/かれ} ❶**軽い。目方が少ない。**源氏物語 平安―物語 少女「風に散る紅葉はかろし」訳風に散る紅葉は軽い。❷**重々しくない。重大でない。**宇治拾遺 鎌倉―説話 九・六「罪にまかせて重くかろく戒むることありければ」訳罪に応じて、重く、または重々しくなく戒めることがあったので。❸**あっさりしている。淡白だ。**三冊子 江戸―句集 俳論「先師は懐紙の発句はかろきを好まれしなり」訳先師(=芭蕉)は懐紙の発句はあっさりしているものを好まれた。❹**軽薄だ。軽率だ。**源氏物語 平安―物語 真木柱「名残なう移ろふ心の、いとかろきぞや」訳心残りなく移っていく心の、なんと軽薄なことよ。❺**価値が低い。身分が低い。軽んずべきである。**方丈記 鎌倉―随筆「たまたま換ふる者は、金をかろくし、粟を重くす」訳時たま交換する者は、金の価値を低くし、粟(=穀物)の価値を高くする。対❶～❺重し。

かろし・む【軽しむ】 他動詞 マ下二{め/め/む/むる/むれ/めよ} **軽視する。軽蔑する。あなどる。**今昔物語 平安―説話 一・二「この太子は人にすぐれたまへり。ゆめゆめかろしめ奉ることなかれ」訳この太子は人よりすぐれていらっしゃる。絶対にあなどり申し上げてはならない。

かろ-とうせん【夏炉冬扇】 名詞 **夏のいろりと冬の**

扇。▼無用な物のたとえ。許六離別詞 江戸―俳文 俳文・芭蕉「予が風雅はかろとうせんのごとし。衆にさかひて用ゐる所なし」訳私の俳諧は夏のいろりや冬の扇のようだ。世の人々(の求め)にさからって、役に立つところがない。

かろび【軽び】 名詞 身軽なこと。

かろび‐やか・なり【軽びやかなり】 形容動詞ナリ {なら/なり・に/なり/なる/なれ/なれ} 軽快である。身軽である。今昔物語 平安―説話 二七・一三「装束かろびやかにして、馬に乗りて行くに」訳衣服を身軽にして、馬に乗って行くが。◆「やか」は接尾語。

***かろ・ぶ【軽ぶ】** 自動詞バ上二 {び/び/ぶ/ぶる/ぶれ/びよ} ❶身軽なようすである。軽装をしている。枕草子 平安―随筆 小白河といふ所は「さばかりかろび涼しげなる」訳あれほど軽装をしていて涼しそうな(方々の)。❷軽々しく見える。軽薄である。源氏物語 平安―物語 若菜上「すこしかろびたるおぼえや、進みにたらむ」訳少々軽々しく見えている感じが、勝っているであろうか。❸低い身分である。軽輩である。源氏物語 平安―物語 若菜上「むげにかろびたるほどなり」訳甚だ低い身分であるようすである。

***かろ・む【軽む】**
一 自動詞マ四 {ま/み/む/む/め/め} (罪や病気が)軽くなる。「かるむ」とも。源氏物語 平安―物語 柏木「後の世の罪は少しかろむらむや」訳来世での(私の)罪は、少しは軽くなっているのだろうか。
二 他動詞マ四 {ま/み/む/む/め/め} 軽く見る。ばかにする。源氏物語 平安―物語 常夏「殿の人も、ゆるさずかろみいひ」訳(内大臣)のお屋敷の人も、(この屋敷の人として)承認せず、軽く見て言い。
三 他動詞マ下二 {め/め/む/むる/むれ/めよ} ❶軽くする。源氏物語 平安―物語 夢浮橋「罪かろめてものすなれば」訳罪を軽くして(尼の身になって)おられるのなら。❷軽く見る。軽んずる。「かるむ」とも。源氏物語 平安―物語 葵「あないとほしや。祖母殿の上ないたうかろめ給ひそ」訳ああ気の毒なことだ。おばあさまをそれほどに軽んじなさるな。

***かろ‐らか・なり【軽らかなり】** 形容動詞ナリ {なら/なり・に/なり/なる/なれ/なれ} ❶軽やかだ。源氏物語 平安―物語 夕顔「かろらかにうち乗せ給へれば」訳(車に)軽やかにお乗せになると。❷気軽だ。無造作だ。源氏物語 平安―物語 松風「道のほどもかろらかにしなしたり」訳道中も(装いを)無造作にしていた。❸軽率だ。源氏物語 平安―物語 明石「さやうにかろらかに語らふわざをもすなれ」訳そのように軽率に契りを結ぶことをもするようだが。❹身分が軽い。右京大夫 鎌倉―歌集「昔かろらかなる上人などにて見し人々」訳昔、身分の軽い殿上人として見ていた人々。◆「かるらかなり」とも。「らか」は接尾語。

歌論(かろん) 文芸「歌学」のうち、和歌の本質・作法・表現などについての理論・評論のこと。まとまった歌論としては『古今和歌集』の「仮名序」が最初のもの。主な歌論書には、藤原公任の『新撰髄脳』、藤原俊成の『古来風体抄』、藤原定家の『近代秀歌』『毎月抄』、後鳥羽院の『後鳥羽院御口伝』などがある。

***かろん・ず【軽んず】** 他動詞サ変 {ぜ/じ/ず/ずる/ずれ/ぜよ} ❶軽くする。平家物語 鎌倉―物語 二・小教訓「刑の疑はしきをばかろんぜよ」訳罪の疑わしいものは、(刑を)軽くせよ。❷軽視する。粗略に扱う。平家物語 鎌倉―物語 一・二代后「朝権をかろんずる者には」訳朝廷の権威を軽視する者には。❸惜しくないと思う。大切なものでないと思う。平家物語 鎌倉―物語 七・木曾山門牒状「命をかろんじ、義を重んじて」訳命を惜しくないと思い、義を重んじて。
参考 形容詞「かろし」の語幹に接尾語「み」とサ変動詞「す」が付いた「かろみす」の変化した語。

かわ【川・河・皮・革】 ⇨かは

かわき‐すなご【乾き砂子】 名詞 乾いた砂。朝廷の儀式や蹴鞠などのとき、雨後のぬかるみを直すために庭にまかれる。

かわ・く 自動詞カ四 {か/き/く/く/け/け}
一【乾く】乾燥する。乾く。万葉集 奈良―歌集 一一四五「濡れにし袖は干せどかわかず」訳ぬれてしまった衣の袖は干しても乾かない。
二【渇く】(のどが)かわく。今昔物語 平安―説話 二六・二八「御喉かわかせ給ひたれば」訳おのどがかわきなさったので。

かわす【交わす】 ⇨かはす

かわず【蛙】 ⇨かはづ

河竹黙阿弥(カワタケモクアミ) ⇨河竹黙阿弥(かはたけもくあみ)

かわたれどき【彼わ誰時】 ⇨かはたれどき

かわほり【蝙蝠】 ⇨かはほり

河内(カワチ) ⇨河内(かはち)

かわや【厠】 ⇨かはや

かわゆし ⇨かはゆし

かわら【川原・河原】 ⇨かはら

かわ‐らか・なり 形容動詞ナリ {なら/なり・に/なり/なる/なれ/なれ} さっぱりとしている。こざっぱりとして、きれいだ。源氏物語 平安―物語 帚木「安らかに身をもてなし、ふるまひたる、いとかわらかなりや」訳安楽に身を処し、振る舞っている者は、たいそうさっぱりとしているなあ。
参考「らか」は接尾語。「かはらかなり」と表記される例も多いが、「かわ(乾)く」と語源的に同じとみて「かわらかなり」とした。

かわらけ【土器】 ⇨かはらけ

かわらばん【瓦版】 ⇨かはらばん

かわる【代わる・替わる・変わる】 ⇨かはる

かをり【香り・薫り】(カオリ) 名詞 ❶よいにおい。❷(顔などの)つややかな美しさ。

***か‐を・る【薫る】(カオル)** 自動詞ラ四 {ら/り/る/る/れ/れ} ❶(煙や霧などが)ほのかに立ちのぼる。万葉集 奈良―歌集 一六二「潮気のみかをれる国に」訳潮の香だけがほのかに立ちのぼっている国に。❷よい香りがする。源氏物語 平安―物語 蜻蛉「橘のかをるあたりは」訳たちばなのよい香りがするあたりは。❸つややかに美しく見える。源氏物語 平安―物語 柏木「まみのかをりて、笑がちなるなどを」訳目もとがつややかに美しく見えて、笑みをたやさないことなどを。

薫の君(カオルノキミ) 人名『源氏物語』の作中人物。「宇治十帖」の主人公。薫大将。かぐわしい体臭で薫と呼ばれた。光源氏の子。実は源氏の妻の女三の宮と柏木との子。宇治八の宮の娘の大君に恋するが死なれ、その異母妹の浮舟を匂宮と争ったが、悲恋に終わる。

がを・を・る【我を折る】ガヲオル 連語 **閉口する。あきれる。感心する。** 日本永代蔵 江戸―物語 浮世・西鶴「手代ががををって、食ひもせぬ餅もちに口をあきける」訳手代は閉口して、食いもしない餅に口をあけた。◇「がををつ」は促音便。

カン[1]**【官・冠・巻・貫・萱・款・寛・勧・関・管・還・観・灌】**⇨くゎん

かん[2]**【干】** 名詞 横笛の指穴の名の一つ。七つある指穴の一番下の穴。

かん[3]**【欠・減】** 名詞 数量・目方などが、前に量ったときより減っていること。目減り。

かん[4]**【長官】** 名詞「かみ（長官）」の撥はつ音便。「かう」とも。

かん[5]**【寒】** 名詞 冬、立春までの約三十日間。一年中で最も寒い時期とされる。季冬。

かん[6]**【感】** 名詞 **感じ。感動。感慨。**

ガン【元・願】⇨ぐわん

観阿弥カンアミ ⇨観阿弥くゎんあみ

かん-おう【感応】カンノウ 名詞／―す 自動詞サ変 ❶**心が（物事にふれて）感じこたえること。心が深く動かされること。** 奥の細道 江戸―紀行 黒羽「かんおう殊にしきりに覚えらる」訳（この神社のありがたさに）心が深く動かされることが、格別強く感じられる。❷**（神仏の）ご加護。** 信心が神仏に通じて、その加護があること。今昔物語 平安―説話 九・四六「天神のかんおうを垂れて」訳天の神がご加護を現し示して。

かんが・ふ[*]**【考ふ・勘ふ】**カンガウ 他動詞ハ下二〔へ／へ／ふ／ふる／ふれ／へよ〕「かむがふ」の変化した語。❶**調べて判断を下す。占って判断する。** 源氏物語 平安―物語 桐壺「宿曜すくえうのかしこき道の人にかんがへさせ給たまふにも」訳占星術のすぐれたその道の人に占って判断させなさるのにも。❷**調べて罰を与える。責める。** 宇治拾遺 鎌倉―説話 八・四「かんがへられつる事ども」訳（地獄で）責め問われた事など。

かんがへ-ぶみ【勘へ文】カンガエブミ 名詞「かもん」に同じ。

かんが・みる【鑑みる】 他動詞マ上一〔み／み／みる／みる／みれ／みよ〕「かがみる」の変化した語。**照らし合わせて考える。** 太平記 室町―物語 一〇「臣が忠義をかんがみて」訳私の（今までの）忠義を照らし合わせて考えて。

かん-き【勘気】 名詞（主人・親など、目上の人から受ける）**とがめ。おしかり。**

かん-きょ【閑居】 名詞／―す 自動詞サ変 **世事にかかわらず静かな所に一人で暮らすこと。** また、その住まい。

かん-きん【看経】 名詞／―す 自動詞サ変 ❶経文きゃうもんを黙読すること。❷声を出して経を読むこと。読経どきゃう。

閑吟集かんぎんしふ カンギンシュウ 書名 歌謡集。編者未詳。室町時代後期（一五一八）成立。一巻。〔内容〕室町時代の民衆に親しまれて流行した、小歌こうたや早歌さうかなど約三百十一首の歌謡を集めたもので、江戸時代の歌謡にも大きな影響を及ぼした。

かんこ-どり【閑古鳥】 名詞 ❶鳥の名。かっこう。季夏。❷ものさびしいさまのたとえ。

かん-ざう【甘草】ソウ 名詞 草の名。根は赤褐色で甘味があり、薬用・甘味用とする。

かん-ざし[1]**【髪状・髪差し】** 名詞「かみさし」の変化した語。（女性の額の上のあたりの）**髪の生えぐあい。** また、頭髪のようす。

かん-ざし[2]**【簪・髪挿し】** 名詞 ❶冠の付属品の一種。巾子こじに入れた髻もとどりを横にさし貫いて、冠が落ちないようにとめる細長い金具。❷**髪飾り。女性の頭髪にさす装飾品。** ❸**挿し櫛くし。女性が髪飾りとする櫛。** ◆「かみさし」の変化した語。古くは「かむざし」と表記。

かん-さ・ぶ[*]**【神さぶ】** 自動詞バ上二「かみさぶ」に同じ。◆古くは「かむさぶ」と表記。

かん-じ【柑子】 名詞「かうじ（柑子）」に同じ。

かん-じき【橇・樏】 名詞 雪国で、深い雪への踏み込みを防ぐための、履き物の下につける道具。「かじき」とも。季冬。

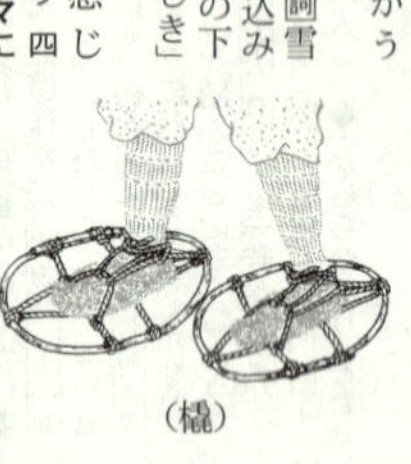
（橇）

かんじ-ののし・る【感じ罵る】 自動詞ラ四〔ら／り／る／る／れ／れ〕**感心して口々にほめそやす。** 大鏡 平安―物語 道長上「帝みかどよりはじめかんじののしられたまへど」訳天皇をはじめとして（人々が）感心して口々にほめそやしなさるが。

かん-じゃう【勘状】カンジョウ 名詞 先例や故実の調査、吉凶の占いなどによった判断・意見を記した文書。

かん-じゃく【閑寂】 名詞 静かで、ものさびしいこと。俗世間から離れ、心が乱されない境地。「かんせき」とも。

かん-じゃく・なり【閑寂なり】 形容動詞ナリ〔なら／なり・に／なり／なる／なれ／なれ〕**ひっそりともの静かである。静かで寂しい。**「かんせきなり」とも。去来抄 江戸―論 修行「かんじゃくなる句をいふにあらず」訳ひっそりともの静かな句をいうのではない。

かん-じん[1]**【甘心】** 名詞／―す 他動詞サ変 ❶**快く思うこと。感服すること。** 平家物語 鎌倉―物語 三・医師問答「先言せんげん耳にあり、いまもってかんじんす」訳古人の言葉が（私の）耳にあり、いまもって感服している。いまでも感服している。❷**納得すること。得心すること。** 太平記 室町―物語 二四「この儀尤もっともとかんじんせられける」訳このことはもっともだと納得された。◆「かんしん」とも。

かん-じん[2]**【肝心・肝腎】** 名詞 極めて大切なこと。極めて大切なところ。

かん・ず[*]**【感ず】** 一 自動詞サ変〔ぜ／じ／ず／ずる／ずれ／ぜよ〕❶**強く心が動かされる。感動する。感心する。** 徒然 鎌倉―随筆 四一「物にかんずる事なきにあらず」訳何かに感動することがないわけではない。❷**前世の行為の報いを受ける。報いが現れる。** 平家物語 鎌倉―物語 三・有王「今生こんじやうにかんぜられけり」訳この世で（はやくも）報いをお受けになった。二 他動詞サ変〔ぜ／じ／ず／ずる／ずれ／ぜよ〕**感心してほめる。** 今昔物語 平安―説話 二一・九「手を打ちてこれをかんず」訳手を打ってこれを感心してほめる。

かん-せい【感情】 名詞 **しみじみとした感動。しみじみと感じて起こる心のはたらき。** 著聞集 鎌倉―説話 二四四「宮、かんせいにたへず」訳宮は、しみじみとした深い感動にこらえきれず。

かん-せき【閑寂】 名詞「かんじゃく」に同じ。

勧善懲悪くゎんぜんちょうあく カンゼンチョウアク 文芸 江戸時代後期の文学理念の

一つ。文学の目的・価値は、善を勧め、悪を懲らしめるところにあるとする考え方。儒教思想に基づく考え方で、この傾向を持つ代表作には、滝沢馬琴の『南総里見八犬伝』がある。読本・合巻・歌舞伎脚本などにも、この傾向が見られる。略して「勧懲」ともいう。

かん-だう【勘当】 名詞／―す 他動詞サ変 ❶とがめ。勘気。おしかりを受けること。竹取物語 平安―物語 竜の頸の玉「玉の取りがたかりし事を知り給へればなむかんだうあらじ」訳玉の取りにくかったことをお知りになっているのだから、とがめはあるまい。❷過失・非行などにより、親・主君・師が、子・従者・弟子との縁を絶つこと。また、縁を絶たれること。江戸時代には、親子の関係にいうことが多い。法的措置をとるものと、とらないものとがある。

かん-だち【神館】 名詞「かむだち」に同じ。

かんだち-べ【上達部】 名詞「かんだちめ」に同じ。

かんだち-め【上達部】 名詞

公卿。大臣・大納言・中納言・参議、及び三位以上の者。上級の役人。「かんだちべ」とも。今昔物語 平安―説話 三一・三三「しかる間、その時のもろもろのかんだちめ・殿上人、消息をやりてけさうしけるに」訳そのうち、その当時の多くの上達部、殿上人たちが手紙を送って求婚したが。

かん-たん【肝胆】 名詞 心の中。心の底。▼肝臓と胆囊の意から。

かんたん-を-くだ・く【肝胆を砕く】 連語 精根を尽くす。真心を込める。平家物語 鎌倉―物語 三・頼豪「百日かんたんをくだいて祈り申しければ」訳百日間精根を尽くしてお祈り申し上げたところ。◇「かんたんをくだい」はイ音便。

がん-とう【岩頭】 名詞 岩の突端。岩のほとり。

かん-どり【楫取り】 名詞 船頭。◆「かぢとり」の変化した語。

かん-な【仮名】 名詞「かりな」の撥音便。「かな(仮名)」に同じ。対真名。

かん-ながら【神ながら・随神】 副詞「かむながら」に同じ。

かん-なぎ【巫・覡】 名詞「かむなぎ」に同じ。

かんな-づき【神無月・十月】 名詞「かみなづき」に同じ。季冬。

かん-なべ【燗鍋・間鍋】 名詞 酒の燗をするための鍋。多くは銅製で、つると注ぎ口がある。

かんなり-の-ぢん【雷鳴の陣】 名詞「かみなりのぢん」に同じ。

かんなり-の-つぼ【雷鳴の壺】 名詞「しふはうしゃ」に同じ。

かん-にち【坎日】 名詞 陰陽道で、万事に凶であるとして、外出その他を見合わせる日。

かん-にん【堪忍】 名詞／―す 自動詞サ変 ❶堪え忍ぶこと。もちこたえること。がまんすること。太平記 室町―物語 一九「一日もかんにんし給はじと覚えしを」訳一日ももちこたえなさるまいと、自然に思われたが。❷(他人のあやまちを)許すこと。勘弁。

かん-のう【堪能】 名詞 達者。達人。才能にすぐれ、その道に深く通じていること。また、その人。

かん-のう・なり【堪能なり】 形容動詞ナリ {なら／なり・に／なり／なる／なれ／なれ} ❶しんぼう強く努力している。連理秘抄 南北―論「ただかんのうに練習して座功を積むより外の稽古はあるべからず」訳ただしんぼう強く努力して練習して、連歌の座の練習を積んでいく以外の稽古はあるはずがない。❷才能にすぐれている。その道に通じている。

参考 多く、学問や技芸などに関して用いられる。

かん-の-きみ【長官の君】 名詞「かうのきみ」に同じ。

かん-ばし【羹箸】 名詞 正月の雑煮を祝うときに用いる柳の白木の太い箸。祝い箸。

かん-ばせ【顔・容】 名詞「かほばせ」の撥音便。顔つき。容貌。顔。奥の細道 江戸―紀行 松島「その気色窅然として美人のかんばせを粧ふ」訳その(松島の)景色は奥深く美しくて、美人が顔を化粧したようである。

かんぶつ【灌仏】 ⇩くわんぶつ

かん-ぼく【翰墨】 名詞 詩文・書画・学問などの方面。また、それらにたずさわること。

かんむり【冠】 名詞「かうぶり」の変化した語。❶頭にかぶるものの総称。❷正装のときに頭にかぶるもの。位階や時代によりいろいろな形がある。参照▼口絵 ❸俳句の最初の五文字。

かんもり-の-つかさ【掃部寮・掃部司】 名詞「かもんれう」に同じ。

かん-もん[1]【勘文】 名詞「かもん」に同じ。

かん-もん[2]【勘問】 名詞／―す 他動詞サ変 取り調べること。尋問。今昔物語 平安―説話 二九・一四「これをかんもんするに、しばしは承伏せざりけれども」訳この女を取り調べると、しばらくは白状しなかったが。

かん-や【紙屋】 名詞「かみや」の撥音便。❶「紙屋院」の略。平安時代、京都の紙屋川のほとりにあった、官庁の紙を作る所。「かうや」とも。❷「紙屋紙」の略。

かんや-がみ【紙屋紙】 名詞「かみやがみ」の撥音便。平安時代、京都の「紙屋院」で作った紙。紙屋。「かうやがみ」とも。

参考 紙屋院で作られる紙は、上質紙であったが、平安時代後期になる、宮中の「反故紙」をすき返すことが主となり、薄墨色の紙の意ともなった。

かん-ろ【甘露】 名詞 ❶甘いつゆ。帝王が仁政を行うと、それに感応して天が降らせるという。❷仏教語。「忉利天」にある甘い霊液。飲むと苦悩がなくなり、不老不死になるとされた。また、仏の教えや悟りなどのたとえ。❸おいしいことのたとえ。

き[1]【木・樹】名詞 ❶**樹木**。❷**材木**。❸芝居で使う拍子木。幕の開閉や楽屋への合図などに打つ。◇「柝」とも書く。歌舞伎用語。

き[2]【気】名詞 ❶(万物を生育させるという)**精気**。❷**空気**。**大気**。また、季節・風雨・寒暑などの気配や、雲・霧など。徒然 鎌倉—随筆 一五五「春はやがて夏のきをもよほし」訳(春が終わって夏が来るのではなく)春はそのまま夏の気配を誘い出し。❸**活力**。**生気**。**気力**。**気勢**。平家物語 鎌倉—物語 三・大臣流罪「花、芬馥のきを含み」訳花は芳香の生気をただよわせ。❹**気持ち**。**気分**。笈の小文 江戸—紀行 俳文・芭蕉「時々きを転じ、日々に情を改む」訳その時その時に応じて気分を変え、その日その日に応じて心持ちを新たにする。❺**心の働き**。**意識**。

き[3]【忌】名詞 ❶**忌中**。**いみ**。喪に服して身を慎む一定の期間。❷(死者の)**命日**。**忌日**。

き[4]【季】名詞 ❶**季節**。❷**年季**。▼江戸時代、奉公の期間を表す単位としての一年を「一季」とし、半年を「半季」とする。❸(連歌・俳諧で、句の分類概念としての四季それぞれの)季節。(句に詠み込む)四季の景物。⇩季語 文芸

き[5]【奇】名詞 珍しいこと。普通ではないこと。

き[6]【城・柵】名詞 **防塞**。**とりで**。敵を防ぐために、周囲に柵・堀などをめぐらした所。

き[7]【紀】名詞 ❶『日本書紀』の略。❷紀伊の国。今の和歌山県の大部分と三重県の一部。

き[8]【酒】名詞 **酒**。◆奈良時代以前の語。

き[9]【記】名詞 ❶**文書**。❷『古事記』の略。

き[10]【綺】名詞 織物の一つ。金糸や色糸などをまぜて、模様を浮かせ織りにした薄い絹織物。

き[11]【驥】名詞 一日に千里を走るという名馬。**駿馬**。徒然 鎌倉—随筆 八五「きを学ぶはきの類ひなり」訳一日に千里を行く名馬のまねをする馬は、一日に千里を行く名馬と同類である。

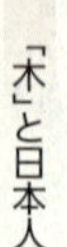

日本語のこころ　「木」と日本人

日本の山が緑なのは、日本の自然が特別で、植物ごとに木が多いということの表れです。その結果、日本での木の役割はたいへん大きなものとなっています。家屋も多くは木造で、家具も木製が多い。食事の時の箸やお椀といったものまで木製が多い。これだけ日本人にとって木は親しみやすいものです。

そのため、木に関するたくさんの言葉が生まれました。「木だち」「木かげ」「並木」「木の下闇」「木の間隠れ」「木漏れ日」いずれもみなきれいな言葉ですね。この言葉に当たるものが英語にあるかと考えますと、たとえば「木漏れ日」などは和英辞典では、sunbeams shining through tree branchesというたいへん長い訳になっています。

また、大きな木には神が宿っているように見たり、浄瑠璃の『三十三間堂棟の由来』では、人間が神の木の精と結婚をします。民話には人間がくすのきやひのきと結婚する話もあります。

き[12] 助動詞 特殊型

《接続》活用語の連用形に付くが、カ変・サ変動詞には特殊な付き方をする。⇩語法(3)

未然形	連用形	終止形	連体形	已然形	命令形
(せ)	○	き	し	しか	○

〔過去〕(以前に)…た。更級 平安—日記 竹芝寺「この男の家ゆかしくて、率て行けと言ひしかば、率て来たり」訳(私は)この男の家が見たくて、(この男に)連れて行けと言ったので、(男は私を)連れて来たのです。

語法 (1)**未然形の「せ」**(反実の仮定条件)

接続助詞

…せば、←　…まし　→　=　…だったとしたら、…だっただろうに。

反実仮想の助動詞

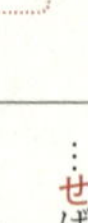

未然形の「せ」は、接続助詞「ば」を伴って反実仮想の表現に限って用いられる。その「せば」は、「まし」の前提条件となっており、サ変動詞「す」の未然形とする説もある。⇩せば

(2)**文末連体形の「し」**(鎌倉時代以降の用法)
鎌倉時代以降、係助詞「ぞ」などがなくても、連体形「し」で文を終止するものが見られる。(例)「『その人、ほどなく失せにき』と聞き侍りし」(『徒然草』)〈「その人は間もなく亡くなってしまった」と聞きました。〉

(3)**カ変・サ変動詞への接続**

	未然形＋「き」	連用形＋「き」
来(カ変)	こ（し・しか）	き（し・しか）
す(サ変)	せ（し・しか）	し（き）

カ変に付く場合　連体形「し」と已然形「しか」がカ変の未然形「こ」・連用形「き」に付く。終止形「き」はカ変には付かない。
サ変に付く場合　連体形「し」と已然形「しか」がサ変の未然形「せ」に、終止形「き」がサ変の連用形「し」に付く。

(4)**過去の助動詞「けり」との違い**

き	自分が直接体験した過去を表す。
けり	他人から伝え聞いた過去を表す。

き-[13]【貴】接頭語〔主に漢語名詞に付いて〕**身分が高い**。**尊い**。▼尊敬の意を添える。「き公」「き殿」「き命」

-き[14]【寸】接尾語 ❶奈良時代以前の長さの単位。尺貫法の「寸(=約三センチ)」とほぼ同じ長さ。❷馬の

背丈を測る単位。肩から足もとまでが四尺(=約一二〇センチ)の馬を標準とし、それより一寸高いものを「一寸」のようにいう。

き[15]【来】動詞「来く」の連用形。

ぎ[1]【義】名詞 ❶**人として守るべき正しい道。道義。**儒教の徳目の一つ。五常(=仁・義・礼・智・信)の一つ。❷**理由ある事柄。道理。** 徒然 鎌倉―随筆 二一七「このぎを守りて利を求むる人は富の来たること、火の乾けるに付き、水の下れるに従ふがごとくなるべし」訳このような道理を守って、利益を手に入れたいと願うような人には、富が集まってくることは、火が乾いたものに燃えつき、水が低いところに流れてゆくような(当然の)ことだ。❸**意義。意味。教説。** 源氏物語 平安―物語 橋姫「阿闍梨も請じおろして、ぎなど言はせ給ふ」訳阿闍梨も比叡山から招き下ろして、経文の意味などを言わせなさる。

ぎ[2]【儀】名詞 ❶**儀式。礼式。作法。** ❷**物事のなりゆき。こと。** 平家物語 鎌倉―物語 一・祇王「そのぎならば祇王をこそ出ださめ」訳そういうなりゆきならば祇王こそ追い出そう。

-ぎ[3]【儀】接尾語〔自分、または自分の側を示す名詞に付いて〕…**こと。** 文反故 江戸―物語 浮世・西鶴「私ぎ、若気にて、京都の住まひ望み」訳私こと若気から京都に住むことを希望し。

き-あつかひ【気扱ひ】キアツカイ 名詞 気苦労。心配。

き-あ・ふ【来合ふ・来会ふ】キアウ 自動詞ハ四〔は/ひ/ふ/ふ/へ/へ〕**来合わせる。** 源氏物語 平安―物語 浮舟「雨降りし日、きあひたりし御使ひどもぞ」訳あの雨が降った日、来合わせていたお使いたちこそ。

紀伊 きい 地名 旧国名。南海道六か国の一つ。今の和歌山県の大部分と三重県の一部。紀州。紀。

き-い・なり【奇異なり】形容動詞ナリ〔なら/なり・に/なり/なる/なれ/なれ〕**普通でなく変わっている。奇妙だ。** 今昔物語 平安―説話 一六・一七「いときいなる態かな」訳本当に奇妙なことだなあ。

きう【灸】キュウ 名詞 東洋医学の治療法の一つ。**きゅう。やいと。**

きう-か【九夏】キュウカ 名詞 夏の九十日の間。九暑。

きう-けい【九卿】キュウケイ 名詞「公卿」の別名。◆古代中国で、国政に参与した九人の高官を総称したことから。

きう-けう【九竅】キュウキョウ 名詞 人体にある九つの穴。両眼・両耳・両鼻孔・口・両便孔。

きう-こく【九国】キュウコク 名詞 西海道の九か国。九州。「くこく」とも。

きう-しゅ【旧主】キュウシュ 名詞 ❶**昔の君主。** 平家物語 鎌倉―物語 一・祇園精舎「これらは皆きうしゅ・先皇の政にもしたがはず」訳これらの者はみな、もとの君主や前の皇帝の統治にも従わず。❷**もとの主人。** 平家物語 鎌倉―物語 八・妹尾最期「いま一度きうしゅを見たて奉らん」訳もう一度もとの主君を盛り立ててさしあげよう。

きう-じん【九仞】キュウジン 名詞 非常に高いこと。

参考「仞」は中国の周時代の長さの単位。一仞は八尺(=約二・四メートル)。

きう-せい【九星】キュウセイ 名詞 陰陽道で運勢判断に用いる九つの星。一白・二黒・三碧・四緑・五黄・六白・七赤・八白・九紫の九星。これを五行・方位・干支などに配して吉凶や運勢を判断する。

きう-せん【九泉】キュウセン 名詞 あの世。冥土。黄泉。◆深い九重の地の底の意。

きう-ぞく【九族】キュウゾク 名詞 **一門。一家。**高祖父母・曾祖父母・祖父母・父母・自分・子・孫・曾孫・玄孫の九代の親族。平家物語 鎌倉―物語 一一・先帝身投「いにしへは槐門棘路のあひだにきうぞくをなびかし」訳以前は大臣と公卿の間に一家一門をなびき従え。

参考 父方の四親族、母方の三親族、妻方の二親族という説もある。

きう-たい【裘代・裘帯】キュウタイ 名詞 僧服の一種。法皇や門跡、参議以上で出家した人が、参内など晴れのときに着用するもの。普通の人の「直衣」に当たる。

(裘代)

きう-ぢ【灸治】キュウジ 名詞／—す 自動詞サ変 灸をすえて病や傷を治療すること。**やいと。** 徒然 鎌倉―随筆 一四七「きうぢあまた所になりぬれば、神事にけがれあり」訳灸をすえたところがたくさんになってしまうと、神事のさいにけがれとなる。

きう-と【旧都】キュウト 名詞 **もとの都。古都。** 平家物語 鎌倉―物語 五・都遷「きうとをばすでにうかれぬ」訳もとの都(=京都)をすでにあてもなく出てしまった。

きうび-の-いた【鳩尾の板】キュウビノイタ 連語 大鎧の付属具の一つ。左の肩から胸にかけてつける、縦長の鉄板。参照▶口絵

きう-もん【糺問・糾問】キュウモン 名詞／—す 自動詞サ変 **罪状をきびしく問いただすこと。** 平家物語 鎌倉―物語 四・信連「きうもんして、よくよく事の子細をたづね問ひ」訳罪状をきびしく問いただして、十分に事件の詳細を尋問し。

きう-り【久離・旧離】キュウリ 名詞 江戸時代の戸籍上の手続きの一つ。目上の親族が、失踪した目下の親族に対して、奉行所に届け出ることにより、その親族関係を断つこと。この手続きをすると、連帯責任を免れることができた。

参考 勘当は在宅者、久離は家出人に対する絶縁で、勘当は人別帳への再登録ができるが、久離は永久の絶縁となる。

きうり-を-き・る【久離を切る・旧離を切る】キュウリヲキル 連語 **親族関係を断つ。親子の縁を切る。**「久離切る」とも。日本永代蔵 江戸―物語 浮世・西鶴「きうりをきって子をひとり捨てける」訳親子の縁を切って子をひとり捨てた。

き-え[1]【帰依】名詞／—す 自動詞サ変 仏教語。神仏・高僧などを深く信じ、その教えに従うこと。今昔物語 平安―説話 一七・二二「三宝にきえして、忽緒を致すことなかれ」訳仏・法・僧の三宝を深く信じ、その教えに従って、なおざりにするようなことがあってはならない。

きえ[2]【消え】動詞「きゆ」の未然形・連用形。

きえ-あへ-・ず【消え敢へず】(キエアエズ) 連語

なりたち 動詞「きゆ」の連用形＋補助動詞「あ(敢)ふ」の未然形＋打消の助動詞「ず」

すっかりは消えきらない。古今 平安―歌集 春上「きえあへぬ雪の花と見ゆらむ」訳すっかりは消えきらない雪が花の咲いているように見えるのであろう。

きえ-い・る【消え入る】自動詞ラ四{ら/り/る/る/れ/れ}

❶**消えてなくなる。**源氏物語 平安―物語 薄雲「ともし火などのきえいるやうにて果て給ひぬれば」訳灯火などが消えてなくなるように息をお引き取りになったので。❷**気を失う。放心状態になる。**源氏物語 平安―物語 桐壺「あるかなきかにきえいりつつ物し給ふを」訳生きているのかいないのかわからないほどに気を失いかけていらっしゃるのを。❸**恥ずかしさに身の置き所がない。**枕草子 平安―随筆 宮の五節いださせ給ふに「弁のおもとといふに伝へさすれば、きえいりつつ、えも言ひやらねば」訳弁のおもとという女房に取り次がせると、恥ずかしくて身の置き所がなく何も言えないので。❹**息が絶える。死ぬ。**落窪物語 平安―物語 四「遂に七日きえいり給ひぬ」訳とうとう七日目にお亡くなりになった。

きえ-う・す【消え失す】自動詞サ下二{せ/せ/す/する/すれ/せよ}

❶**消えてなくなる。姿を消して見えなくなる。**源氏物語 平安―物語 夕顔「面影に見えてふときえうせぬ」訳幻となって見えてふっと消えてなくなった。❷**命が絶える。死ぬ。**源氏物語 平安―物語 夕霧「きえうせ給ひにし事を思し出づるに」訳お亡くなりになってしまったことをお思い出しになると。

きえ-がた【消え方】名詞 消えようとしていること。消えかけるころ。

きえ-がた・なり【消え方なり】形容動詞ナリ{なら/なり・に/なり/なる/なれ/なれ} **消えてなくなりそうなぐあいだ。**源氏物語 平安―物語 篝火「御前のかがり火の少しきえがたなるを」訳御前のかがり火が少し消えてなくなりそうなようすなのを。

きえ-がて・なり【消えがてなり】形容動詞ナリ{なら/なり・に/なり/なる/なれ/なれ} **消えにくいようすだ。容易に消えない。**古今 平安―歌集 春下「雪ぞ降りつつきえがてにする」訳雪が降りしきって消えそうにもないことよ。

参考 「消えがて」は、動詞「消ゆ」の連用形に、「できる・たえる」意味の動詞「かつ」の未然形「かて」が付いた「消えかて」が濁音化したもの。

きえ-かへ・る【消え返る】(キエカエル) 自動詞ラ四{ら/り/る/る/れ/れ}

❶**すっかり消える。**蜻蛉 平安―日記 上「定めなくきえかへりつる露よりも」訳はかなくすっかり消えてしまった露よりも。❷**死ぬほど強く思いつめる。**古今 平安―歌集 恋二「わが宿の菊の垣根に置く霜の(＝序詞)きえかへりてぞ恋しかりける」訳わが家の菊の垣根におく霜が、日に当たるとすぐに消えてしまうように、あなたのことを死ぬほど強く恋しく思いつめていることだ。

きえ-のこ・る【消え残る】自動詞ラ四{ら/り/る/る/れ/れ}

❶**消えないで、わずかに残る。**伊勢物語 平安―物語 五〇「朝露はきえのこりてもありぬべし」訳朝露でさえ消え残っているものもきっとありましょう。❷**生き残る。**源氏物語 平安―物語 橋姫「何とてわが身きえのこりける」訳どうして自分だけが生き残ったのだろう。

きえ-は・つ【消え果つ】自動詞タ下二{て/て/つ/つる/つれ/てよ}

❶**すっかり消えてしまう。**古今 平安―歌集 羇旅「きえはつる時しなければ」訳雪がすっかり消えてしまうときがないから。❷**息が絶えてしまう。死んでしまう。**源氏物語 平安―物語 御法「明け果つるほどにきえはて給ひぬ」訳夜がすっかり明けるころにお亡くなりになった。

きえ-まど・ふ【消え惑ふ】(キエマドウ) 自動詞ハ四{は/ひ/ふ/ふ/へ/へ}

思い迷う。源氏物語 平安―物語 帚木「きえまどへる気色、いと心苦しくらうたげなれば」訳思い迷っているようすがいかにもいたいたしく、かわいらしいので。

きえ-やら-・ず【消え遣らず】連語

なりたち 動詞「きゆ」の連用形＋補助動詞「やる」の未然形＋打消の助動詞「ず」

すっかり消えてしまわない。新古今 鎌倉―歌集 雑下「をざさ原風まつ露のきえやらで」訳小笹原の風をまって消える運命の露が、すっかり消えてしまわないで。

きえ-わ・ぶ【消え侘ぶ】自動詞バ上二{び/び/ぶ/ぶる/ぶれ/びよ}

❶**消えてほしいと思い嘆く。**新拾遺 南北―歌集 恋一「きえわぶる霜の衣をかへしても」訳消えてほしいと思い嘆く涙の霜の着衣を裏返しても。❷**死ぬほど心細く思う。**新古今 鎌倉―歌集 恋四「きえわびぬ移ろふ人の秋の色に」訳死ぬほどに心細く思った。自分に飽きて心変わりのしてしまった人のように。

きおう〖競う〗⇨きほふ

鬼界が島(きかいがしま) 地名 今の鹿児島県鹿児島郡三島村に属する硫黄島。俊寛僧都が流された島として有名。

きかう-でん【乞巧奠】(キコウデン) 名詞 陰暦七月七日の夜に牽牛・織女の二星を祭る行事。奈良時代に中国から伝わり、初めは宮中を中心に行われた。宮中では清涼殿の東庭に机を置いて供え物をし、詩歌の宴も行った。のち、民間にも普及して「七夕」の行事となった。◆「きっかうでん」の促音「っ」が表記されない形。参照▶口絵

其角(きかく) ⇨榎本其角

ぎ-がく【伎楽】名詞 ❶古代インド・チベットで発生し、中国の呉をへて六一二年に日本に伝わった仮面舞楽。百済の味摩之が伝えた。伎楽面といい、後頭部までおおう奇怪な面をつけ、笛・三鼓などの楽の音にあわせて舞う。仏寺の供養や朝廷の宴席で行われた。「呉楽」とも。❷音楽。

きか-・す【聞かす】連語 **お聞きになる。**古事記 奈良―史書 神代「賢し女ありときかして」訳賢い女がいるとお聞きになって。◆「す」は古い尊敬の助動詞。奈良時代以前の語。

き-かつ【飢渇】名詞／―す自動詞サ変「けかつ」に同じ。

きかぬ-がほ・なり【聞かぬ顔なり】(キカヌガオナリ) 形容動詞ナリ{なら/なり・に/なり/なる/なれ/なれ} **聞かないような顔つきだ。聞かないようなようすだ。**源氏物語 平安―物語 若菜下「松の下紅葉など、音にのみ秋をきかぬがほなり」訳松の下葉の紅葉など(もあり)、風の音だけに秋を聞いているのではないようすだ。

きか-・まほし【聞かまほし】連語

なりたち 動詞「きく」の未然形＋願望の助動詞「まほし」

聞きたい。聞いてみたい。拾遺 平安－歌集 雑春「春は惜し郭公(ほととぎす)はたきかまほし」訳春が過ぎ去るのは惜しい。また一方で、初夏のほととぎすの声も聞きたい。

きき【聞き・聴き】 名詞 ❶**聞くこと。** 万葉集 奈良－歌集 六九七「わがききにかけてな言ひそ」訳私の耳に聞こえるように決して言ってくれるな。❷**評判。世のうわさ。** 徒然 鎌倉－随筆 三八「誉れを愛するは、人のききをよろこぶなり」訳名誉を愛するということは、他人のする評判を喜ぶということだ。

きき-あきら・む【聞き明らむ】 他動詞 マ下二 {め/め/む/むる/むれ/めよ} **聞いて明らかに知る。** 源氏物語 平安－物語 宿木「くはしうききあきらめ給(たま)ひて」訳詳しくお聞きになりはっきりとお知りなさって。

きき-あつ・む【聞き集む】 他動詞 マ下二 {め/め/む/むる/むれ/めよ} **聞いて心にとめる。** 枕草子 平安－随筆 はづかしきもの「つくづくとききあつむらむ心のうちはづかし」訳しみじみと聞いて心にとめるだろう心の内は、気恥ずかしい。

きき-あは・す【聞き合はす】 キキアワス 他動詞 サ下二 {せ/せ/す/する/すれ/せよ} ❶**あれこれ問い合わせる。はっきりさせる。** 源氏物語 平安－物語 浮舟「離れぬ御仲なれば、つひにききあはせたまはむこといとうかるべし」訳親しい御間柄であるので、しまいにあれこれ問い合わせなさるようなことは本当につらいだろう。❷**あれこれ聞いて考え合わせる。聞いて比べる。** 宇津保 平安－物語 楼上・下「犬宮の習ひ果てて給(たま)へらむぞ、いとききあはせまほしき」訳犬宮がすっかり習ってしまわれたときに、本当にあれこれ聞いて考え合わせたい。

きき-あ・ふ【聞き敢ふ】 キキアウ 他動詞 ハ下二 {へ/へ/ふ/ふる/ふれ/へよ} **聞きつける。よく聞き取る。** 蜻蛉 平安－日記 中「いかでききあへつらむ、追ひてものしたる人もあり」訳どうして聞きつけたのであろうか、追ってやって来た人もいる。

きき-あらは・す【聞き顕す】 キキアラワス 他動詞 サ四 {さ/し/す/す/せ/せ} **聞いて、はっきりとさせる。** 源氏物語 平安－物語 手習「なほかく忍ぶる筋をききあらはしけり」訳やはりこのように隠している筋合いのことを(人から)聞いてはっきりさせた。

きき-い・づ【聞き出づ】 キキイズ 他動詞 ダ下二 {で/で/づ/づる/づれ/でよ} **聞き出す。聞いて、はじめて知る。** 枕草子 平安－随筆 うれしきもの「古き言(こと)の知らぬを、ききいでたるもうれし」訳古い詩歌のことばで、知らないのをはじめて知ったときもうれしい。

***きき-い・る【聞き入る】**
一 自動詞 ラ四 {ら/り/る/る/れ/れ} **じっと聞く。** 枕草子 平安－随筆 ふと心おとりとかするものは「若き人はいみじうかたはらいたきことにききいりたるこそ」訳若い人はひどくきまり悪いことに思って聞き入っているのは。
二 他動詞 ラ下二 {れ/れ/る/るる/るれ/れよ} ❶**聞いて心に深くとめる。** 竹取物語 平安－物語 仏の御石の鉢「耳にもききいれざりければ」訳耳にも聞いて心にとめなかったので。❷**聞いて承知する。聞き入れる。** 竹取物語 平安－物語 竜の頸の玉「大納言はこれをききいれ給(たま)はず」訳大納言は船頭の忠告をお聞き入れなさらない。❸**聞いてそれとわかる。聞き分ける。** 源氏物語 平安－物語 夕顔「何の響きともききいれ給はず」訳何の音ともお聞き分けなさらない。

きき-う【聞き得】 他動詞 ア下二 {え/え/う/うる/うれ/えよ} ❶**聞いて理解する。** 土佐日記 平安－日記 一・二〇「ここの言葉伝へたる人に、いひ知らせければ、心をやききえたりけむ」訳ここ(＝日本)の言葉を習い伝えている人に(歌の内容を)話して聞かせたところ、意味を聞いて理解したのであろうか。❷**聞くことができる。** 枕草子 平安－随筆 笛は「笙(しやう)の笛は月のあかきに、車などにてききえたる」訳笙の笛は月が明るい夜に、牛車(ぎつしや)などの中で、聞くことができたのが。

きき-お・く【聞き置く】 他動詞 カ四 {か/き/く/く/け/け} **聞いて心にとどめる。聞いて覚えておく。** 枕草子 平安－随筆 宮にはじめてまゐりたるころ「まだまゐらざりしよりききおき給(たま)ひけることなど」訳(私が)まだ参内しなかったころから、(大納言が)聞いて心にとどめなさったことなど。

きき-おと・す【聞き落とす】 他動詞 サ四 {さ/し/す/す/せ/せ} **聞いて、軽蔑する。** 源氏物語 平安－物語 若菜下「あはつけきやうにや、ききおとし給(たま)ひけむ」訳軽々しい女のように軽蔑しなさったのではないだろうか。
注意「おとす」は、下げる、軽蔑する意。

きき-お・ふ【聞き負ふ】 キキオウ 他動詞 ハ四 {は/ひ/ふ/ふ/へ/へ} **聞いて自分のことと思う。自分のことと思って聞く。** 伊勢物語 平安－物語 一一四「若からぬ人はききおひけりとや」訳若くない人は自分のことと思って聞いたとかいうことである。

きき-おぼ・ゆ【聞き覚ゆ】 他動詞 ヤ下二 {え/え/ゆ/ゆる/ゆれ/えよ} **聞いて覚える。聞いて知識を得る。** 茫々頭 室町－狂言「私も少しはききおぼえております」訳私も少しは聞いて覚えております。

きき-おも・ふ【聞き思ふ】 キキオモウ 他動詞 ハ四 {は/ひ/ふ/ふ/へ/へ} **聞いて思う。** 源氏物語 平安－物語 宿木「人の上にても、あやしくききおもひしは」訳人の身の上でも、不思議に聞いて思ったのは。

きき-およ・ぶ【聞き及ぶ】 他動詞 バ四 {ば/び/ぶ/ぶ/べ/べ} **聞いて知る。うわさで聞く。伝え聞く。** 徒然 鎌倉－随筆 二三四「人はいまだききおよばぬ事を、わが知りたるままに」訳相手の人はまだ聞き知っていないことを、自分が知っているのにまかせて。

きき-がき【聞き書き】 名詞 ❶**人から聞いた事柄を書き記すこと。また、そのようにして書き記したもの。** ❷**「除目(ぢもく)」での任官の叙位などについて記録した文書。**

きき-かは・す【聞き交はす】 キキカワス 他動詞 サ四 {さ/し/す/す/せ/せ} **互いに聞き合う。互いに便りを交わす。** 源氏物語 平安－物語 早蕨「御ありさまは絶えずききかはしたまひけり」訳ごようすは絶えず互いに聞き合いなさっていた。

きき-がほ【聞き顔】 キキガオ 名詞「ききしりがほ」に同じ。

きき-がほ・なり【聞き顔なり】 キキガオナリ 形容動詞 ナリ {なら/なり・に/なり/なる/なれ/なれ} 「ききしりがほなり」に同じ。源氏物語 平安－物語 絵合「大臣(おとど)も、かかる御気色(けしき)ききがほにはあらで」訳源氏もまた、こんなごようすを聞いて知っているような顔ではなくて。

記紀歌謡(ききかよう) 文芸『古事記』と『日本書紀』とに収められている歌謡。重複するものを除くと、約百九十首がある。奈良時代以前の人々の日常に根ざした素朴な感情が、明るく率直に歌われている。歌体が定まっていないのは、和歌の発生以前の姿をとどめているもので、総じて民謡風のものである。

きき-かよ・ふ【聞き通ふ】(キキカヨウ) [自動詞] ハ四 {は/ひ/ふ/ふ/へ/へ} ❶伝わり聞こえる。自然と耳に入る。[源氏物語 平安—物語] 浮舟「おのづからききかよひて、隠れなきこともこそあれ」[訳]自然と耳に入って、だれもが知っていることになりかねない。❷聞いて互いに心が通う。[源氏物語 平安—物語] 桐壺「御遊びの折々、琴・笛の音(ね)にききかよひ」[訳]管弦の催しがある折は、いつも琴と笛を合奏して互いに聞いて心が通い。

きき-こ・す【聞きこす】[連語] なりたち 動詞「きく」の連用形＋(主に奈良時代以前に使われた)希望の助動詞「こす」 聞いてほしい。聞いてくれ。[万葉集 奈良—歌集] 六六〇「いで吾が君人の中言ききこすなゆめ」[訳]どうぞ、私の(愛する)君よ、他人の中傷は決して聞いてくれるな。

きき-ごと【聞き事】[名詞] 聞くだけの価値のある事柄。聞きもの。

きき-こ・ふ【聞き恋ふ】(キキコウ) [他動詞] ハ上二 {ひ/ひ/ふ/ふる/ふれ/ひよ} 聞いて恋しく思う。[万葉集 奈良—歌集] 一九三七「里人のききこふるまで」[訳]里人が聞いて恋しく思うまで。

きき-さ・す【聞きさす】[他動詞] サ四 {さ/し/す/す/せ/せ} 聞くのを途中でやめる。[源氏物語 平安—物語] 若菜下「はかなげにのたまふ声の、若くをかしげなるを、ききさすやうにて出(い)でぬる」[訳]弱々しそうにおっしゃる声が、若々しくいかにも美しい感じであるのを、(衛門督(えもんのかみ)は)聞くのを途中でやめるようにして出てしまった。◆「さす」は接尾語。

きぎし【雉子】[名詞] きじの古名。「きぎす」とも。

きき-しの・ぶ【聞き忍ぶ】[他動詞] バ四 {ば/び/ぶ/ぶ/べ/べ} 聞いても聞こえないふりをする。[源氏物語 平安—物語] 横笛「心やましううち思ひて、ききしのびたまふ」[訳]不愉快に思って、聞いても聞こえないふりをしなさる。

ききしり-がほ【聞き知り顔】(キキシリガオ) [名詞] 聞いてわかっているような顔つき。「ききがほ」とも。

ききしり-がほ・なり【聞き知り顔なり】(キキシリガオナリ) [形容動詞] ナリ {なら/なり・に/なり/なる/なれ/なれ} すでに聞いて、それがわかっているような顔つきだ。「ききがほなり」とも。[更級 平安—日記] 大納言殿の姫君「『大納言殿の姫君』と呼びしかば、ききしりがほに鳴きて」[訳](飼い猫を)「大納言殿の姫君」と呼ぶといつも、それがわかっているような顔つきで鳴いて。

きき-し・る【聞き知る】[他動詞] ラ四 {ら/り/る/る/れ/れ} 聞いてそれだとわかる。聞いてよく理解する。[徒然 鎌倉—随筆] 四四「あはれとききしるべき人もあらじ」[訳]それをああおもしろいなあと聞いてわかりそうな人もあるまい。

きぎす【雉子】[名詞]「きぎし」に同じ。

きき-すぐ・す【聞き過ぐす】[他動詞] サ四 {さ/し/す/す/せ/せ} 聞いても心にとめない。聞き流す。[源氏物語 平安—物語] 東屋「いとねむごろにほのめかしたまひけれどききすぐして」[訳]たいそう熱心に(縁談のことを)におわせなさったが、聞き流して。

きき-そ・ふ【聞き添ふ】(キキソウ) [他動詞] ハ下二 {へ/へ/ふ/ふる/ふれ/へよ} さらに聞く。聞き加える。[源氏物語 平安—物語] 関屋「かく生きとまりて、はてはてはめづらしきことどもをききそふるかな」[訳]このように生き延びて、そのあげく珍しいことなどをさらに聞くことだなあ。

きき-た・つ【聞き立つ】[他動詞] タ下二 {て/て/つ/つる/つれ/てよ} 熱心に聞く。[古今六帖 平安—歌集] 五「人のなかごとききたつなゆめ」[訳]人の中傷を決して熱心に聞くな。

きき-つ・く【聞き付く】[一] [自動詞] カ四 {か/き/く/く/け/け} 耳を澄まして聞く。聞き入る。[源氏物語 平安—物語] 末摘花「物の音(ね)にききついて立てるに」[訳]琴の音に聞き入って立っていると。[二] [他動詞] カ下二 {け/け/く/くる/くれ/けよ} 耳にして気づく。聞きつける。[源氏物語 平安—物語] 若紫「門(かど)打ちたたかせ給(たま)へど、ききつくる人なし」[訳]門をたたかせなさるけれど、聞きつける人もいない。

きき-つ・ぐ【聞き継ぐ】[他動詞] ガ四 {が/ぎ/ぐ/ぐ/げ/げ} ❶引き続いて聞く。[万葉集 奈良—歌集] 四一九四「ほととぎす鳴き渡りぬと告ぐれども我ききつがず花は過ぎつつ」[訳]ほととぎすが鳴いて渡ったと人は私に言うけれども、私はずっと聞いていない。(藤(ふぢ)の)花は盛りを過ぎているのに。❷人から人へと伝え聞く。[源氏物語 平安—物語] 総角「かくこもり居給(たま)へば、ききつぎつつ」[訳](薫が)このように山里にこもっていらっしゃるので、人から人へと伝え聞いて。

きき-つた・ふ【聞き伝ふ】(キキツタウ—キキツトウ) [他動詞] ハ下二 {へ/へ/ふ/ふる/ふれ/へよ} 人づてに聞く。[源氏物語 平安—物語] 鈴虫「この院に人々参りたまふとききつたへて」[訳]この院(=六条院)に人々が参上していらっしゃると人づてに聞いて。

きき-とが・む【聞き咎む】[他動詞] マ下二 {め/め/む/むる/むれ/めよ} ❶聞いて非難する。聞きとがめる。❷聞いて心にとめる。[後撰 平安—歌集] 雑二「鳴く鳥の音(ね)をききとがめずぞ行き過ぎにける」[訳]鳴く鳥の声を(あなたは)聞いて心にとめることなく行き過ぎてしまったよ。

きき-どころ【聞き所】[名詞] 聞くべき価値のあるところ。「ききどこ」とも。

きき-とど・く【聞き届く】[他動詞] カ下二 {け/け/く/くる/くれ/けよ} ❶事情を注意して聞く。聞いて確かめる。[文反故 江戸—物語] 浮世・西鶴「この首尾段々ききとどけ」[訳]この事のなりゆきを、一つ一つ聞いて確かめ。❷(申し出などを)聞き入れる。

きき-とど・む【聞き留む】[他動詞] マ下二 {め/め/む/むる/むれ/めよ} 聞いて心にとめる。注意して聞く。[紫式部 平安—日記] 消息文「ほかの人は目も見しらじ、ものをもききとどめじ」[訳]他の人は見てもわからないであろう、ものを聞いても心にとめないであろう。

きき-と・る【聞き取る】[他動詞] ラ四 {ら/り/る/る/れ/れ} ❶聞いて心にとめる。聞き知る。[枕草子 平安—随筆] はしたなきもの「幼き子どものききとりて、その人のあるに言ひ出(い)でたる」[訳](人の悪口を)幼い子供が聞いて心にとめて、その人がちょうどそこにいる前で言い出したの(は、きまりが悪い)。❷聞いて理解する。[源氏物語 平安—物語] 常夏「しばしも弾きたまはなむ。ききとる事もや」[訳]少しの間でも(和琴(わごん)を)弾きなさったらなあ。聞いて理解することもできるのに。

きき-な・す【聞き做す】[他動詞] サ四 {さ/し/す/す/せ/せ} 聞いてそれと思う。聞いて思い込む。[源氏物語 平安—物語] 須磨「めづらしくききなされ」[訳]新鮮な感じに聞きとられて。

きき-なほ・す【聞き直す】(キキナオス) [他動詞] サ四 {さ/し/す/す/せ/せ} 聞いてあやまちを改める。聞いて誤解を解く。[枕草子 平安—随筆] 頭の中将の「おのづからききなほし給(たま)ひてむとわらひてあるに」[訳]自然に(あれこれ)聞いて誤解を解きなさるにちがいないと笑っていると。

きき-なら・す【聞き慣らす】 他動詞サ四{さ/し/す/す/せ/せ} **聞いて慣れる。いつも聞いている。** 源氏物語 平安―物語 明石「など強ひてもききならさざりつらむ、と悔しう思ぼさる」訳どうして無理にでも(姫の琴を)いつも聞いていなかったのだろう、と残念にお思いになる。

きき-なら・ふ【聞きならふ】 キキナラウ―キキナロウ 他動詞ハ四{は/ひ/ふ/ふ/へ/へ} **いつも聞いて、なじんでいる。聞きなれている。** 源氏物語 平安―物語 夕顔「壁の中の蟋蟀だに間遠にききならひ給へる御耳に」訳壁の中で鳴くこおろぎでさえ遠く離れて聞くことになれなさっているお耳に。

きき-にく・し【聞き悪し】 形容詞ク{く・から/く・かり/し/き・かる/けれ/かれ} **聞いていて不愉快だ。聞き苦しい。** 枕草子 平安―随筆 正月に寺にこもりたるは「鼻などを、けざやかにききにくくはあらで、忍びやかにかみたるは」訳鼻などを際立って聞き苦しくはなくて、ひっそりとかんだのは。

きき-にげ【聞き逃げ】 名詞 ／―す 自動詞サ変 (人のうわさや音などを)**聞いただけで、恐れて逃げること。** 平家物語 鎌倉―物語 五・五節之沙汰「これはききにげし給ひたり」訳これ(=平家の軍勢)は、(物音を)聞いただけで恐れて逃げなさった。

きき-はさ・む【聞き挟む】 他動詞マ下二{め/め/む/むる/むれ/めよ} **小耳にはさむ。耳にとめる。** 蜻蛉 平安―日記 上「『見むと思はば』とあるをききはさめて」訳「見ようと思うならば」と言った言葉を小耳にはさんで。

きき-は・つ【聞き果つ】 他動詞タ下二{て/て/つ/つる/つれ/てよ} **終わりまで全部聞く。** 右京大夫 鎌倉―歌集「まことにこの世のほかにききはてにし」訳(資盛が)本当にこの世の外の(身になったと、そのいきさつを)終わりまで全部聞いてしまった。

きき-はな・つ【聞き放つ】 他動詞タ四{た/ち/つ/つ/て/て} **聞き捨てにする。聞き流す。** 源氏物語 平安―物語 若菜上「よそにききはなちたてまつるべきにもあらねど」訳他人事のように聞き捨て申し上げるべきでもないが。

きき-はや・す【聞きはやす】 他動詞サ四{さ/し/す/す/せ/せ} **聞いてほめそやす。** 源氏物語 平安―物語 帚木「いま一声。ききはやすべき人のある時」訳もう一声。聞いてほめそやすことのできる人がいるときに。

きき-ひら・く【聞き開く】 他動詞カ四{か/き/く/く/け/け} **聞いて納得する。** 曾我物語 鎌倉―物語 一〇「なんぢが申す所一々にききひらきぬ」訳おまえが申すところは、どれもこれも聞いて納得した。

きき-ふけ・る【聞き耽る】 他動詞ラ四{ら/り/る/る/れ/れ} **一心に聞く。** 土佐日記 平安―日記 一・一八「この歌どもを、人の何かといふを、或る人ききふけりてよめり」訳これらの歌を、人々が何やかやと言うのを、ある人が一心に聞いて(自分も歌を)詠んだ。

きき-ふる・す【聞き古す】 他動詞サ四{さ/し/す/す/せ/せ} **珍しくなくなるほど何度も聞いている。聞き慣れる。** 蜻蛉 平安―日記 上「いたらぬところなしとききふるしたる手も」訳非のうちどころがない(ほどみごとに書くものだ)と聞き慣れていた筆跡も。

きき-まがは・す【聞き紛はす】 キキマガワス 他動詞サ四{さ/し/す/す/せ/せ} **他の音と入り交じって、区別がつかないように聞こえる。** 紫式部 平安―日記 寛弘五・七・中旬「例の絶えせぬ水のおとなひ、夜もすがらききまがはさる」訳いつものように中途で切れない遣り水の音が、一晩中(読経の声と)入り交じって、区別がつかないように聞こえてくる。

きき-みみ【聞き耳】 名詞 ❶**耳に聞いた感じ。** 枕草子 平安―随筆 おなじことなれども「おなじことなれども、ききみみ異なるもの」訳おなじ言葉であるけれども、耳に聞いた感じが違うもの。❷**人聞き。外聞。** 源氏物語 平安―物語 若菜上「かく世のききみみもなのめならぬ事の出で来ぬるに」訳このように世間への外聞も一とおりでないことが起きてしまったので。❸(「―(を)立つ」の形で)注意を集中して聞こうとすること。また、そうした耳。

きき-め・づ【聞き愛づ】 キキメズ 他動詞ダ下二{で/で/づ/づる/づれ/でよ} (うわさや評判を)**聞いて思い慕う。** 竹取物語 平安―物語 貴公子たちの求婚「いかでこのかぐや姫を得てしがな、見てしがなと、音にききめでて惑ふ」訳なんとかしてこのかぐや姫を手に入れたいものだなあ、結婚したいものだなあと、うわさに聞いて思い慕って思い乱れる。

きき-も-あへ・ず【聞きも敢へず】 キキモアエズ 連語
なりたち 動詞「きく」の連用形＋係助詞「も」＋補助動詞「あ(敢)ふ」の未然形＋打消の助動詞「ず」
聞き終わらない。十分に聞きもしない。 平家物語 鎌倉―物語 四・鼬之沙汰「ききもあへず、やがて都へはせのぼり」訳(平清盛は)十分に聞きもせず、ただちに都にはせ上り。

きき-もた・り【聞き持たり】 他動詞ラ変{ら/り/り/る/れ/れ} **聞いて覚えている。** 蜻蛉 平安―日記 上「かならず『いま来むよ』といふも、ききもたりて」訳必ず「近いうちに来るよ」と言うのも、聞いて覚えていて。◆「ききもちあり」の変化した語。

きき-もら・す【聞き漏らす】 他動詞サ四{さ/し/す/す/せ/せ} ❶**聞いたことを他人に漏らす。** 源氏物語 平安―物語 夕霧「人のききもらさむも、ことわり」訳人が聞いて他人に漏らすようなことも、もっともなことである。❷**聞き落とす。** 徒然 鎌倉―随筆 二三四「世に古りぬる事をも、おのづからききもらすあたりもあれば」訳世間では言いふるされたことを、たまたま聞き落とす人もあるから。

き-きやう【桔梗】 キキョウ 名詞 ❶「秋の七草」の一つ。秋に、紫や白の釣鐘形の花をつける。「きちかう」とも。季秋。❷襲の色目の一つ。表は二藍(=青みを帯びた紫)、裏は青。❸織り色の一つ。縦糸・横糸ともに縹色(=薄い藍色)。

参考 『万葉集』に詠まれた「秋の七草」のうち、「あさがほ」はききょうであるという。

きき-よ・し【聞き良し】 形容詞ク{く・から/く・かり/し/き・かる/けれ/かれ} **聞いていて快い。人聞きがよい。** 万葉集 奈良―歌集 一七五五「橘の花を居散らしひねもすに鳴けどききよし」訳(ほととぎすが)橘の花を枝にとまって散らし、一日中鳴いても聞いていて快い。

***きき-わ・く【聞き分く】**
一 他動詞カ四{か/き/く/く/け/け} ❶(音を)**聞き分ける。** 源氏物語 平安―物語 賢木「そのこととも、ききわかれぬほどに」訳何の曲とも聞き分けられないほどに。❷**聞いて判断する。聞いて理解する。** 古今 平安―歌集 春上「春や疾き花や遅きとききわかむ鶯だにも鳴かずもあるかな」訳春が来るのが早いのか、花の咲くのが遅いのかと声

き

を聞いて判断しようと思うそのうぐいすさえも鳴かないでいることよ。

二 他動詞 カ下二{け/け/く/くる/くれ/けよ} ❶ 一❶に同じ。❷ 一❷に同じ。❸聞いて納得する。承知する。法妙童子 江戸一物語 御伽「童子(どうじ)ききわけて、『さもあらば、ともかくも母の仰せに従ふべし』とて」訳 童子は納得して、「そういうことなら、とにかく母上のおっしゃることに従いましょう」と言って。

参考 平安時代までは四段活用、鎌倉時代以降下二段活用がふえる。

きき-わた・す【聞き渡す】 他動詞 サ四{さ/し/す/す/せ/せ} ❶辺り一帯の音を耳にする。源氏物語 平安一物語 胡蝶「鳥の楽はなやかにききわたされて」訳 鳥の鳴き声がにぎやかに辺り一帯にひびき聞かれて。❷たえず聞く。聞き続ける。源氏物語 平安一物語 宿木「かの近き寺の鐘の声もききわたさまほしくおぼえ侍(はべ)るを」訳 あの近い寺の鐘の音もたえず聞きたいと思われますが。

きき-わた・る【聞き渡る】 他動詞 ラ四{ら/り/る/る/れ/れ} 長い間聞き続ける。いつも聞く。万葉集 奈良一歌集 二六五八「鳴る神の(=枕詞(まくらことば))音のみにやもききわたりなむ」訳 鳴る雷のように音(=うわさ)ばかりを長い間聞き続けるだろうか。

きき-わづら・ふ【聞き煩ふ】 キキワズラウ―キキワズロウ 他動詞 ハ四{は/ひ/ふ/ふ/へ/へ} 聞いてつらく思う。源氏物語 平安一物語 竹河「母北の方を責め奉れば、ききわづらひ給(たま)ひて」訳 母の北の方をお責め申し上げるので、聞いていてつらくお思いなさって。

きき-ゐる【聞き居る】 キキイル 自動詞 ワ上一{ゐ/ゐ/ゐる/ゐる/ゐれ/ゐよ} じっと聞いている。じっと聞き入る。源氏物語 平安一物語 若菜下「明石の君は、いと面(おも)だたしく、涙ぐみてききゐたまへり」訳 明石の君は、まことに面目が立つことであると、涙ぐんでじっと聞き入っていらっしゃった。

1 **きく【菊】** 名詞 ❶植物の名。また、その花。季 秋。笈日記 江戸一論 俳諧「きくの香や奈良には古き仏たち―芭蕉」訳 ⇨きくのかや…。❷襲(かさね)の色目の一つ。表は白、裏は蘇芳(すおう)。一説に、裏は青または紫。陰暦九月に着用。菊襲。❸模様の一つ。菊の花・葉などの形を表したもの。

参考 ❶は中国原産で、長寿の花としても伝わったらしく、「重陽(ちょうよう)」の節句の日には、宮廷で「菊の宴」が行われ、「菊の酒」「菊の綿」などを用いて長寿を願い祝った。

2 **き・く【利く】** 自動詞 カ四{か/き/く/く/け/け} ❶役に立つ。枕草子 平安一随筆 能因本・うらやましきもの「双六(すぐろく)打つに、敵(かたき)の賽(さい)ききたる」訳 双六(すごろく)を打っていて、相手のさいの目がうまく役に立つとき。❷上手である。巧みである。諸国ばなし 江戸一物語 浮世・西鶴「亀井(かめゐ)は、何をさしても小刀細工がきいた」訳 亀井は何をさせても、小刀細工が巧みであった。

3 **き・く【聞く】** 他動詞 カ四{か/き/く/く/け/け} ❶聞く。耳にする。徒然 鎌倉一随筆 一九一「もの言ひたる声も、暗くてききたる、用意ある、心にくし」訳 何かものを言っている声も、暗い中で聞いたのが、気くばりがあるのは、奥ゆかしい。❷聞いて知る。伝え聞く。徒然 鎌倉一随筆 五二「ききしにも過ぎて、尊くこそおはしけれ」訳(石清水八幡宮(いわしみずはちまんぐう)は)伝え聞いたのよりもまさって、尊くていらっしゃった。❸従う。承知する。伊勢物語 平安一物語 二三「親のあはすれども、きかでなむありける」訳 親が結婚させようとするけれども、承知しないでいたのだった。❹尋ねる。一代女 江戸一物語 浮世・西鶴「『何をかあそばして、かく年月か』ときけば」訳「どんなことをなさって今まで過ごして来られたか」と尋ねると。❺味わいを試す。吟味する。伯母が酒 室町一狂言 狂言「良い酒か悪(あ)しい酒か、私の一つきいてみずはなりますまい」訳 良い酒か、まずい酒か、私がちょっと味わいを試してみなければならないでしょう。◆「きい」はイ音便。❻(香を)かぐ。一代女 江戸一物語 浮世・西鶴「手前に香炉の回る時、しめやかにききとめ」訳 自分の前に香炉がまわってきたとき、しとやかに香をかぎわけて。

きく-あはせ【菊合はせ】 キクアワセ 名詞「物合はせ」の一つ。人々を左右に分け、両方から菊の花を出し、和歌などを添えて優劣を競う遊び。季 秋。

きく-からくさ【菊唐草】 名詞 模様の一つ。菊の花を唐草模様にあしらったもの。

きく-きく【聞く聞く】 連語 聞きながら。聞き聞き。源氏物語 平安一物語 横笛「入り給(たま)ふをもきくきく寝たるやうにて」訳(夫が部屋に)お入りになる音をも聞きながら、(妻は)寝た振りをして。◆動詞の終止形を重ねたもの。接続助詞がついたのと同じように下に接続していく。

き-ぐすり【生薬】 名詞 漢方で、まだ調剤していない薬剤・薬種。

き-くちば【黄朽ち葉】 名詞 ❶染め色の一つ。くちなしの実で染めた赤みがかった黄色。❷織り色の一つ。縦糸を紅、横糸を黄で織ったもので、秋に用いる。

きく-とぢ【菊綴ぢ】 キクトジ 名詞 直垂(ひたたれ)・水干(すいかん)・素襖(すおう)などで、ほころびを防ぐために縫い目にとじつける、紐(ひも)の先端をほどいて菊の花形にした飾り。参照▼口絵

きく-の-えん【菊の宴】 名詞 宮中の年中行事の一つ。観菊の宴。陰暦九月九日の「重陽(ちょうよう)」の節句に催され、酒杯に菊の花を浮かべて飲む。「きくのえに」とも。季 秋。

きくのかや… 俳句「菊の香や 奈良には 古き仏たち」笈日記 江戸一論 俳諧・芭蕉(ばしょう) 訳 折しも九月九日の重陽(ちょうよう)の節句で、飾られた菊の香りがあたりに満ちている。この古都奈良では、寺々の古いみ仏たちが菊の香りに包まれていらっしゃる。

鑑賞 菊の香り、古都奈良、古仏の取り合わせによって、清らかで格調の高い雰囲気をかもし出している。季語は「菊」で、季は秋。

きく-の-さけ【菊の酒】 連語 菊の花を浸した酒。陰暦九月九日の「重陽(ちょうよう)」の節句に、長寿を祈って飲んだ。「きくざけ」とも。

きく-の-つゆ【菊の露】 名詞 菊の花の上に置いた露。これを飲むと長寿を保つことができ、綿に含ませて体をぬぐうと若返るとされた。

きく-の-わた【菊の綿】 名詞 陰暦九月八日の夜に、菊の花にかぶせて、菊の露・香りをしみ込ませた綿。翌九月九日の「重陽(ちょうよう)」の節句に、この綿で体をぬぐうと、老衰をふせぐと信じられた。季 秋。

きくやいかに… 和歌「聞くやいかに うはの空なる風だにも 松に音するならひありとは」〈新古今 鎌倉―歌集 恋三・宮内卿〉訳 聞いていますかあなた、どうですか。上空を落ち着かないようすで吹き渡る風さえも、「待つ」という名の松の木には、訪れて音をたてる習わしがあるとは、私も今気がつきました。

鑑賞「風に寄する恋」という題で詠まれた歌。初句切れの強さが、恋の悲嘆を詠んだ内容にふさわしい響きを与えている。「うはの空」には「上空」と、何かに気をとられてそわそわしている意味の「うわの空」とがかけられている。「だにも」は軽い事柄を挙げて、それ以上のものを想像させる、副助詞「だに」＋係助詞「も」からなる連語。「さえも」と訳す。心のない風でさえも待つ相手を訪れるというのに、肝心のあなたは来てはくれないのですね、という気持ち。松風に聞き入りながら、不実な恋人を思うひたむきさが表されている。

き-くわい・なり【奇怪なり】形容動詞ナリ {なら／なり・に／なり／なる／なれ／なれ} ❶**怪しく、不思議だ。** 今昔物語 平安―説話 二七・一六「ここにはいかなる人の入りおはしたるぞ。いときくわいなることなり」訳ここ(のお堂)には、どのような人が入っていらっしゃったのか。なんとも不思議だ。今鏡 平安―物語 藤波下「まことにきくわいなり」訳まったく不思議である。❷**けしからぬことだ。ふとどきだ。** 徒然 鎌倉―随筆 二三六「さがなきわらはべどもの仕まつりける、きくわいに候ふことなり」訳性悪な子供たちがいたしましたことで、けしからんことでございます。◆「きっくわいなり」とも。

義経記 書名 軍記物語。作者未詳。室町時代前期成立。八巻。〔内容〕源義経の数奇をきわめた悲劇的生涯に力点をおいて描いたもの。後世の文学に影響を与え、のちの「判官物」のもととなった。『判官物語』『義経物語』などともいう。

き-げつ【忌月】名詞「きづき」に同じ。

***き-げん**【機嫌・譏嫌】名詞 ❶仏教語。**そしりを受けること。** ❷(物事をする上の)**時機。しおどき。** 徒然 鎌倉―随筆 一五五「世に従はん人はまづきげんを知るべし」訳世間に順応しようとする人は、まず物事のしおどきを知らなければならない。❸**事情。ようす。** 義経記 室町―物語 二「知る人ありける所にわたらせ給ひて、京のきげんをぞうかがひける」訳知りあいがいる所にお渡りになって、京のようすをうかがった。❹**気分。気持ち。**

きげん-を-はから-・ず【機嫌を測らず】連語 なりたち 名詞「きげん」＋格助詞「を」＋動詞「はかる」の未然形＋打消の助動詞「ず」 **時機を考慮しない。時機を見はからわない。** 徒然 鎌倉―随筆 一五五「病をうけ、子うみ、死ぬる事のみ、きげんをはからず」訳病気になり、子を産み、死ぬことだけは、時機を考慮しない。

季語 文芸 連歌・俳諧で、句の季節を表すために詠み込む語句。季題。発句には必ず詠み込む。「季語」という用語は明治時代になって使われ始めたもので、古くは「季の詞」「四季の詞」「季言葉」といった。⇩歳時記 文芸

紀行 文芸 旅の生活のようすや見聞を、日時を追って記述した旅行記。平安時代初期の紀貫之の『土佐日記』が紀行文としての性格もあって最初のものとされ、以後の紀行では、平安時代の『更級日記』、鎌倉時代の『海道記』『十六夜日記』、江戸時代の『奥の細道』などが特に名高い。日時を追うところに、日記文学と深くかかわりを持つことになる。

きこうでん【乞巧奠】⇩きかうでん

きこえ【聞こえ】名詞 **うわさ。評判。** 今昔物語 平安―説話 三一・三三「このこと、世にきこえ高くなりてけり」訳このこと(＝この女の子の美しさ)が世間の評判になってしまった。

きこえ-あは・す【聞こえ合はす】他動詞サ下二 {せ／せ／す／する／すれ／せよ} (「言ひ合はす」の謙譲語)**互いに心の隔てなくお話し申し上げる。ご相談申し上げる。** 大鏡 平安―物語 序「昔の人に対面して、いかで世の中の見聞くことをもきこえあはせむ」訳昔の知り合いに会って、何とかして世間で見たり聞いたりしたことをも互いに心の隔てなくお話し申し上げたい。

きこえ-あ・ふ【聞こえ合ふ】他動詞ハ四 {は／ひ／ふ／ふ／へ／へ} ❶(「言ひ合ふ」の謙譲語)**口々に申し上げる。** 源氏物語 平安―物語 胡蝶「花におれつつきこえあへり」訳花にすっかり気をとられて、(中宮に)口々に申し上げている。❷(「言ひ合ふ」の謙譲語)**うわさ申し上げる。** 源氏物語 平安―物語 早蕨「『いかに恋しくおぼえさせたまはむ』ときこえあへり」訳「どんなにか恋しくお思いなさるだろう」と、うわさ申し上げている。

きこえ-いだ・す【聞こえ出だす】他動詞サ四 {さ／し／す／す／せ／せ} (「言ひ出だす」の謙譲語)(部屋や御簾の)**内から、外にいる人に申し上げる。** 源氏物語 平安―物語 藤袴「いとまめだちてきこえいだしたまへり」訳たいそうまじめに(玉鬘が御簾の外にいる柏木に)申し上げなさった。

きこえ-い・づ【聞こえ出づ】 一 自動詞ダ下二 {で／で／づ／づる／づれ／でよ} **評判が立つ。世間のうわさになる。** 落窪物語 平安―物語 一「おほかたきこえいでば、いかに北の方のたまはむ」訳だいたい、もし評判が立ったならば、どんなふうに北の方はおっしゃるだろう。二 他動詞ダ下二 {で／で／づ／づる／づれ／でよ} (「言ひ出づ」の謙譲語)**口に出して申し上げる。** 源氏物語 平安―物語 桐壺「はかなくきこえいづる言の葉も人よりは殊なりし」訳ちょっと口に出して申し上げる歌でも、ほかの人より格別であった。

きこえ-いな・ぶ【聞こえ否ぶ】他動詞バ上二 {び／び／ぶ／ぶる／ぶれ／びよ} (「言ひ否ぶ」の謙譲語)**ことわりを申し上げる。ご辞退申し上げる。** 源氏物語 平安―物語 若菜上「心苦しくて、えきこえいなびずなりにしを」訳いたわしくて、ご辞退申し上げられなくなってしまったのを。

きこえ-お・く【聞こえ置く】他動詞カ四 {か／き／く／く／け／け} (「言ひ置く」の謙譲語)**前もって申し上げておく。申し残しておく。** 源氏物語 平安―物語 若紫「まめやかなる御とぶらひをきこえおきたまひて帰りたまひぬ」訳心のこもったお見舞いの言葉を申し残しおきなさってお帰りになった。

きこえ-かか・る【聞こえ掛かる】自動詞ラ四 {ら／り／る／る／れ／れ} ❶(「言ひ掛かる」の謙譲語)**言い寄り申し上げる。くどき申し上げる。** 源氏物語 平安―物語 藤袴「たはやすく軽らかにうち出でてはきこえかかりたまはず」訳思慮なく軽率に(意中を)口に出しては言い寄り申し上げなさらず。❷(「言ひ掛かる」の謙譲語)

話しかけ申し上げる。増鏡 室町－物語 おりゐる雲「つつましげならず**きこえかかり**たまふを」訳恥ずかしそうなようすもなく**話しかけ申し上げ**なさるのを。

きこえ-か・く【聞こえ掛く】他動詞カ下二〔け／け／く／くる／くれ／けよ〕［「言ひ掛く」の謙譲語］**言葉をかけ申し上げる。**枕草子 平安－随筆 小白河といふ所は「人して、『五千人のうちには入らせ給はぬやうあらじ』と**きこえかけ**て帰りにき」訳人を使って、「(あなた様も釈迦が嫌った)五千人の中にはお入りにならないことはないでしょう」と**言葉をかけ申し上げ**て帰ってしまった。

きこえ-かは・す【聞こえ交はす】キコエカワス 他動詞サ四〔さ／し／す／す／せ／せ〕［「言ひ交はす」の謙譲語］**互いに言葉を交わし申し上げる。互いに手紙を差し上げ合う。**竹取物語 平安－物語 御門の求婚「御返り、さすがに憎からず**きこえかはし**給ひて」訳ご返事は、そうはいっても情愛細やかに**やりとり申し上げ**なさって。

きこえ-かへ・す【聞こえ返す】キコエカエス 他動詞サ四〔さ／し／す／す／せ／せ〕❶［「言ひ返す」の謙譲語］**ご返答申し上げる。**枕草子 平安－随筆 宮にはじめてまゐりたるころ「御いらへを、いささかはづかしとも思ひたらず**きこえかへし**」訳お返事を、少しも恥ずかしいと思わずに**ご返答申し上げ**。❷［「言ひ返す」の謙譲語］**お断り申し上げる。**源氏物語 平安－物語 関屋「すさびごとぞ用なきことと思へど、えこそすくよかに**きこえかへさ**ね」訳なぐさみごとは無用なことと思いますが、きっぱりと**お断り申し上げ**られません。❸［「言ひ返す」の謙譲語］**反対し申し上げる。**源氏物語 平安－物語 手習「法師にて**きこえかへす**べきことならず」訳僧として(出家の望みは)**反対し申し上げる**べきことではない。

きこえ-かよ・ふ【聞こえ通ふ】キコエカヨウ 自動詞ハ四〔は／ひ／ふ／ふ／へ／へ〕❶［「言ひ通ふ」の謙譲語］**互いにお手紙を差し上げる。**源氏物語 平安－物語 総角「御消息のみ**きこえかよひ**て」訳お手紙だけ**互いにやりとりなさっ**て。❷［「言ひ通ふ」の謙譲語］(親しく)**言葉を交わし申し上げる。**源氏物語 平安－物語 澪標「近隣りの御心よせに、何事も**きこえかよひ**て」訳お隣り同士のよしみから、どんなことでも**言葉を交わし申し上げ**て。

きこえ-ご・つ【聞こえごつ】他動詞タ四〔た／ち／つ／つ／て／て〕**申し上げる。わざと聞こえるように申し上げる。**枕草子 平安－随筆 淑景舎、東宮に「『うしろめたきわざかな』と**きこえごつ**人々もをかし」訳「気がとがめることだ」と**わざと聞こえるように申し上げる**人々もおもしろい。◆「きこゆ」は「言ふ」の謙譲語。「ごつ」は「ごと(言)」を活用させたもの。

きこえ-さ・す[1]【聞こえさす】他動詞サ四〔さ／し／す／す／せ／せ〕［「言ひさす」の謙譲語］**申し上げるのを途中でやめる。**源氏物語 平安－物語 玉鬘「人々参れば、**きこえさし**つ」訳人々が参上して来たので、**申し上げるのを途中でやめ**た。◆「さす」は接尾語。

きこえ-さ・す[2]【聞こえさす】

一 他動詞サ下二〔せ／せ／す／する／すれ／せよ〕❶［「言ふ」の謙譲語］**申し上げる。**紫式部 平安－日記 寛弘五・一一・一五「戯れにても、さ**きこえさせ**、たまはせしことなれば」訳(その言葉が)冗談でも、そう(＝早く帰参すると)**申し上げ**、(こうしてお手紙を)くださったことなので。❷**手紙を差し上げる。**源氏物語 平安－物語 空蟬「人の思ひ侍らむことの恥ずかしきになむ、え**きこえさす**まじき」訳人が思うでしょうことが恥ずかしくて、**お手紙を差し上げる**ことはできそうもない。

二 補助動詞サ下二〔せ／せ／す／する／すれ／せよ〕［謙譲の意を表す］(動詞の連用形に付いて)**お…し申し上げる。お…いたす。**紫式部 平安－日記 消息文「しどけなくから教へたて**きこえさせ**て侍る」訳(中宮様に)整理もしないままこのように**お教え申し上げ**ております。

きこえ-・さす[3]【聞こえさす】連語

なりたち 動詞「きこゆ」の未然形＋使役の助動詞「さす」

(人を介して)**申し上げさせる。**▼「さす」は使役の意味。源氏物語 平安－物語 若紫「かの祖母に語らひ侍りて、**きこえさせ**む」訳あの祖母に相談しまして、(祖母から)**申し上げさせ**ましょう。

注意 動詞「きこゆ」の未然形＋尊敬の助動詞「さす」は尊敬の補助動詞「給ふ」が付いている場合に限られる。

きこえ-させ-たま・ふ【聞こえさせ給ふ】キコエサセタマウ 一 キコエサセタモウ 連語

なりたち 謙譲の動詞、または補助動詞「きこゆ」の未然形＋使役、または尊敬の助動詞「さす」の連用形＋尊敬の補助動詞「たまふ」

一 (「聞こゆ」が動詞の場合)❶(「さす」が使役の意の場合)**申し上げさせなさる。**源氏物語 平安－物語 若菜下「桐壺の御方より伝へて**きこえさせたまひ**ければ、参らせ給へり」訳桐壺の御方を通して(女三の宮の猫をほしいと)**申し上げさせなさっ**たので、差し上げられた。❷(「さす」が尊敬の意の場合)**申し上げなさる。申し上げあそばす。**枕草子 平安－随筆 関白殿、二月二十一日に「御前にゐさせ給ひて、ものなど**きこえさせたまふ**」訳関白様は、中宮様のおそばにお座りになって、お話を**申し上げなさる。**

二 (「聞こゆ」が補助動詞の場合)❶(「さす」が使役の意の場合)**お…申し上げさせなさる。**源氏物語 平安－物語 若菜上「まづ、かの弁してぞ、かつがつ案内伝へ**きこえさせたまひ**ける」訳まず、あの左中弁を使いとして、とりあえずご意向を(源氏に)**お伝え申し上げさせなさっ**た。❷(「さす」が尊敬の意の場合)**お…申し上げなさる。…申し上げあそばす。**源氏物語 平安－物語 桐壺「この御方の御いさめをのみぞ、なほわづらはしく心苦しう思ひ**きこえさせたまひ**ける」訳(帝は)この方(＝弘徽殿女御)のご意見だけは、やはり気遣いされつらく**お思い申し上げなさる**のであった。

参考 (1)一❷は語り手・書き手の立場から、「聞こゆ」で話を聞く人への敬意(謙譲)を表し、「させ給ふ」で話す動作の主への最高の敬語(尊敬)を表す。この尊敬の対象は、多く帝・皇后・中宮や関白などである。(2)ほかに「聞こえさせ＋給ふ」を立てる説がある。「聞こえさせ」は謙譲語(あるいは、謙譲の補助動詞)「聞こえさす」の連用形であり、「給ふ」は尊敬の補助動詞である。たとえば「春宮は、かかる御悩みにそへて、世を背かせ給ふべき御心づかひになむ、と聞かせたまひて渡らせたまへり。母女御も添ひ**きこえさせたまひて**参りたまへり。」〈『源氏物語』〉（朱雀院の第一皇子である）東宮は、このような父院のご病気に加えて、さらにご出家のお心づもりでいらっしゃるとお聞きになられて、（朱雀院の御所に）お越しになられる。（東宮の）母君の女御も（東宮に）お付き添い申しあげられて参上なさった。〉のような例が挙げられる。補助動詞「給ふ」は主語の母女御に対する尊敬語であり、補助動詞「聞こえさす」は東宮に対する最高敬語であるとみるのである。

きこえ-しら・す*【聞こえ知らす】他動詞 サ下二 {せ/せ/す/する/すれ/せよ}［「言ひ知らす」の謙譲語］**お話ししてお聞かせ申し上げる。説明し申し上げる。** 源氏物語 平安―物語 末摘花「みづからことわりも**きこえしらせ**む」訳自分から（姫君に）物事の道理も**お話ししてお聞かせ申し上げ**よう。

きこえ-つ・く【聞こえ付く】
一 自動詞 カ四 {か/き/く/く/け/け}［「言ひ付く」の謙譲語］（心の中の思いを）**申し上げて近づく。** 宇津保 平安―物語 嵯峨院「仲忠、あて宮に、いかで**きこえつか**むと思ふ心有りて」訳仲忠は、あて宮に、何とかして（自分の心の中の思いを）**申し上げて近づこ**うと思う気持ちがあって。
二 他動詞 カ下二 {け/け/く/くる/くれ/けよ}［「言ひ付く」の謙譲語］**お頼み申し上げる。** 源氏物語 平安―物語 葵「大将の君によろづ**きこえつけ**たまふも」訳大将の君（＝源氏）に、万事**お頼み申し上げ**なさるにつけても。

きこえ-つ・ぐ【聞こえ継ぐ】他動詞 ガ四 {が/ぎ/ぐ/ぐ/げ/げ}［「言ひ継ぐ」の謙譲語］**お伝え申し上げる。取り次ぎ申し上げる。** 源氏物語 平安―物語 竹河「**きこえつぐ**人をも、『あなかしこ。過ち引き出づな』などのたまふに」訳**取り次ぎ申し上げる**女房に対しても「決してまちがいをしでかさないで」などとおっしゃるので。

きこえ-つた・ふ【聞こえ伝ふ】キコエツタウ―キコエツトウ 他動詞 ハ下二 {へ/へ/ふ/ふる/ふれ/へよ}［「言ひ伝ふ」の謙譲語］**語り伝え申し上げる。取り次ぎ申し上げる。おうわさし申し上げる。** 源氏物語 平安―物語 総角「弁参りて、御消息ども**きこえつたへ**て」訳弁が（姫君のおそばに）参上して、（中納言の）お言葉を**取り次ぎ申し上げ**て。

きこえ-な・す【聞こえ做す】他動詞 サ四 {さ/し/す/す/せ/せ}［「言ひ做す」の謙譲語］**取りつくろって申し上げる。** 源氏物語 平安―物語 御法「ゆゆしげになどは**きこえなし**たまはず」訳不吉に聞こえるようなことなどは**取りつくろって申し上げ**なさらず。

きこえ-ぬ【聞こえぬ】連語
なりたち 動詞「きこゆ」の未然形＋打消の助動詞「ず」の連体形
理解できない。わけがわからない。あんまりだ。 曾根崎心中 江戸―浄瑠 浄瑠・近松「やあら**きこえぬ**旦那殿」訳ああら、**あんまりな**旦那さま。

きこえ-や・る【聞こえ遣る】他動詞 ラ四 {ら/り/る/る/れ/れ}
❶［「言ひ遣る」の謙譲語］（手紙や使者によって）**お伝え申し上げる。** 源氏物語 平安―物語 夕霧「絶えぬ御とぶらひも、**きこえやるべき**」訳絶えずいただくお見舞いに、（お礼を）**お伝え申し上げること**でしょう。❷［「言ひ遣る」の謙譲語］（多く、打消の語を下接して）**すらすら申し上げる。すっかり申し上げる。** 源氏物語 平安―物語 蓬生「この人ももの**きこえやらず**」訳この人も（涙で）ものも**すらすら申し上げ**られない。

き-こく【枳殻】名詞「からたち」の別名。実は漢方薬に用いられる。

き-ごころ【着心】名詞 着ごこち。

きこしめし-あは・す【聞こし召し合はす】キコシメシアワス 他動詞 サ下二 {せ/せ/す/する/すれ/せよ}［「聞き合はす」の尊敬語］**お聞き合わせなさる。聞いて考え合わせなさる。** 源氏物語 平安―物語 蜻蛉「後にも**きこしめしあはする**ことのはべらんに」訳あとになって**お聞き合わせなさる**ことがございました場合に。

きこしめし-い・る【聞こし召し入る】他動詞 ラ下二 {れ/れ/る/るる/るれ/れよ}［「聞き入る」の尊敬語］**お聞き届けなさる。承諾なさる。** 源氏物語 平安―物語 橋姫「聞こえごつことも類にふれて多かれど、**きこしめしいれ**ざりけり」訳（縁談を）申し上げることも縁故を通じて多いが、（宮は）**ご承諾なさら**なかった。

きこしめし-つ・く*【聞こし召し付く】他動詞 カ下二 {け/け/く/くる/くれ/けよ}［「聞き付く」の尊敬語］**お聞き及びになる。** 伊勢物語 平安―物語 六五「かかるほどに、帝**きこしめしつけ**て」訳そうこうしているうちに、帝が（このことを）**お聞き及びになっ**て。

きこし-め・す【聞こし召す】

他動詞 サ四 {さ/し/す/す/せ/せ}

語義の扉

尊敬語。最高敬語で、天皇・中宮などに用いる。「お聞きになる」のほかに「お治めになる」「召し上がる」などの意味がある。

❶［「聞く」の尊敬語］**お聞きになる。**
❷［「聞き入る」の尊敬語］**お聞き入れなさる。承知なさる。**
❸［気にかけることをいう尊敬語］**気にかけなさる。**
❹［「治む」「行う」の尊敬語］（政治・儀式などを）**なさる。お治めになる。**
❺［「食ふ」「飲む」の尊敬語］**召し上がる。**

❶［「聞く」の尊敬語］**お聞きになる。** 枕草子 平安―随筆 清涼殿の丑寅のすみの「『…』など語りいでさせ給ふを、上も**きこしめし**、めでさせ給ふ」訳「…」などと（定子中宮様が）お話しになるのを（一条）天皇も**お聞きになり**、お褒めになる。
❷［「聞き入る」の尊敬語］**お聞き入れなさる。承知なさる。** 源氏物語 平安―物語 行幸「ここにせちに申さむことは、**きこしめさ**ぬやうあらざらまし」訳こちらが強いてお願い申すようなことは、帝が**お聞き入れなさら**ないということはないであろうに。
❸**関心をお持ちになる。気にかけなさる。** 更級 平安―日記 宮仕へ「**きこしめす**ゆかりある所に、何となくつれづれに心細くてあらむよりはと召すを」訳**気にかけてくださる**ご縁のある所から、何もすることがなく手持ちぶさたで心細く暮らしているよりはと、お呼びくださるのを。
❹［「治む」「行ふ」などの尊敬語］（政治・儀式などを）**なさる。お治めになる。** 万葉集 奈良―歌集 三六「やすみ

しし(=枕詞)わご大君の**きこしめす**天の下に」訳わが天皇が**お治めになる**日本の全国土に。

❺「食ふ」「飲む」の尊敬語」**召し上がる。** 竹取物語 平安 物語 ふじの山「いとあはれがらせ給ひて、物も**きこしめさ**ず」訳(帝は)たいそうお悲しみになられて、何も**召し上がら**ない。

きこし-を・す【聞こし食す】 キコシオス 他動詞 サ四 {さ/し/す/す/せ/せ}

なりたち 「聞く」の尊敬語「きこす」の連用形に尊敬の動詞「をす」の付いたもの。

お治めあそばす。 万葉集 奈良 歌集 四〇八九「天皇の神の命の**きこしをす**国のまほらに」訳天皇であり神であられるお方の**お治めあそばす**国のすぐれたところに。⇩食をす。◆奈良時代以前の語。

***きこ・す【聞こす】**

一 他動詞 サ四 {さ/し/す/す/せ/せ}「「聞く」の尊敬語」**お聞きになる。** 古事記 奈良 史書 神代「麗し女をありと**きこし**て」訳美しい女性がいると**お聞きになって**。◆動詞「聞く」の未然形に奈良時代以前の尊敬の助動詞「す」の付いた「きかす」の変化した語。奈良時代以前の語。

二 自動詞 サ四 {さ/し/す/す/せ/せ}「「言ふ」の尊敬語」**おっしゃる。** 万葉集 奈良 歌集 三三一八「早くあらば今二日ばかりあらむとそ君は**きこし**な恋ひそ吾妹」訳早ければもう二日ばかりそこにいるだろうと、あなたは**おっしゃっ**た。恋しく思うなよ、お前。◆奈良時代以前の語。

ぎこつ-な・し 形容詞 ク {(く)・から/く・かり/し/き・かる/けれ/かれ}「ぎごつなし」とも。**無愛想で荒々しい。ぎごちない。無骨だ。** 義経記 室町 物語 六「**ぎこつなき**さまの風情にて」訳(いなかの男で)**無愛想で荒々しい**ようすのおもむきで。

き-ことば【季言葉】 名詞 **季語。季題。**

擬古文 文芸 江戸時代に国学者などが、平安時代の和歌・仮名文を模範として雅文体で書いた文章。賀茂真淵・本居宣長などが作者として有名。

き-こ・む【着込む・着籠む】 他動詞 マ下二 {め/め/む/むる/むれ/めよ} **間に入れて着る。特に、髪を衣服の内側に入れて着る。** 源氏物語 平安 物語 玉鬘「卯月ののし単衣めく物、**きこめ**給へる髪の透き影」訳陰暦四月に着る火のしをかけた単衣のようなものを**着て、その上着の内側に入れ**なさっている髪の透けて見える姿が。

参考 身分の低い者の着方とされていた。

擬古物語 文芸 鎌倉時代に、『源氏物語』『狭衣物語』など、作り物語の最盛期であった平安時代中期の物語を模倣して作られた物語。内容は新味に乏しく、仏教思想による厭世的気分が強い。『住吉物語』『松浦宮物語』『石清水物語』などがある。のちの「御伽草子」に引き継がれていく。

きこ・ゆ【聞こゆ】

語義の扉

動詞「聞く」の未然形に奈良時代以前の受身・可能・自発の助動詞「ゆ」の付いた「聞かゆ」の変化した語。一のように敬意を含まない場合と、二三のように謙譲語になる場合とがある。一は「聞こえる(自然に耳に入る)」の意味。二三は「申し上げる」の意味。

- 一 自動詞 (敬意を含まない)
  - ❶**聞こえる。**
  - ❷**うわさされる。評判になる。**
  - ❸**理解できる。わけがわかる。**
  - ❹**受け取られる。思われる。**
- 二 他動詞 (謙譲語)
  - ❶「「言ふ」の謙譲語」**申し上げる。**
  - ❷「「言ふ」「呼ぶ」などの謙譲語」**(…と)お呼びする。(…と)申し上げる。**
  - ❸「手紙などを送ることをいう謙譲語」**差し上げる。**
- 三 補助動詞 (謙譲の意を表す)**お…する。…申し上げる。**

一 自動詞 ヤ下二 {え/え/ゆ/ゆる/ゆれ/えよ}

❶**聞こえる。** 更級 平安 日記 大納言殿の姫君「笛の音のただ秋風と**きこゆる**になどをぎの葉のそよと答へぬ」訳笛の音がまるで秋風のように**聞こえる**というのに、なぜ(風になびく)おぎの葉が「そよ」とも返事をしないのか。

❷**うわさされる。評判になる。世間に聞こえる。** 平家物語 鎌倉 物語 九・木曾最期「滋籐の弓持って、**きこゆる**木曾の鬼葦毛といふ馬の、きはめて太うたくましいに」訳(義仲は)滋籐の弓を持って、**評判の高い**木曾の鬼葦毛という名馬で、とても太くてたくましい馬に。

❸**理解できる。わけがわかる。** 徒然 鎌倉 随筆 一七五「**きこえ**ぬことども言ひつつよろめきたる」訳(酒に酔って)、**わけのわから**ないことの数々を何度も言ってよろめいているのは。

❹**受け取られる。思われる。** 源氏物語 平安 物語 花宴「いと若うをかしげなる声の、なべての人とは**きこえ**ぬ」訳たいそう若々しく趣のある声で、普通の女房とは**思われ**ない(声が)。

二 他動詞 ヤ下二 {え/え/ゆ/ゆる/ゆれ/えよ}

❶「「言ふ」の謙譲語」**申し上げる。** 源氏物語 平安 物語 桐壺「よろづの事を泣く泣く契りのたまはすれど、御いらへも**きこえ**給はず」訳(帝が)すべてのことを泣く泣くお約束なさるけれど、(桐壺更衣は)ご返事も**申し上げる**ことがおできになれない。

❷「「言ふ」「呼ぶ」などの謙譲語」(…と)**お呼びする。(…と)申し上げる。** 徒然 鎌倉 随筆 四五「公世の二位のせうとに、良覚僧正と**きこえ**しは」訳(藤原)公世という二位の人の兄で、良覚僧正と**申し上げ**た方は。

❸「手紙などを送ることをいう謙譲語」**差し上げる。** 源氏物語 平安 物語 末摘花「御消息や**きこえ**つらむ、例の、いと忍びておはしたり」訳お手紙を**差し上げ**たのだろうか、いつものように、源氏はたいそう目立たないようにおいでになった。

三 補助動詞 ヤ下二 {え/え/ゆ/ゆる/ゆれ/えよ}「動詞の連用形に付いて、謙譲の意を表す」**お…する。…申し上げる。** 竹取物語 平安 物語 かぐや姫の昇天「竹の中より見つけ**きこえ**

たりしかど」訳竹の中から見つけ申し上げたけれども。

語法 二他動詞は、他の動詞の上に付いて、「聞こえ…」の形で複合動詞をつくることも多い。これは「言ひ…」という複合動詞の謙譲語である。「聞こえかへす」〈お答え申し上げる。〉「聞こえわづらふ」〈申し上げにくがる。〉

きこゆる【聞こゆる】 連体詞 （世に）**評判の。名高い。有名な。** 平家物語 鎌倉―物語 四・宮御最期「うち甲（かぶと）も痛手なれども、きこゆる大力（だいぢから）なりければ」訳うちかぶとを射られたのも重傷ではあるけれども、名高い大力であるので。

き-こん【機根・気根】 名詞 ❶仏教語。人間の心の中にあって、仏の教えにより発動する能力・資質。❷**根気。精力。**

*__きさい【后】__ 名詞「きさき」のイ音便。「きさき(后)」に同じ。

きさい-の-みや【后の宮】 名詞「きさきのみや」のイ音便。皇后、または中宮の尊敬語。

きさい-ばら【后腹】 名詞「きさきばら」のイ音便。后（きさき）の腹から生まれること。また、その皇子・皇女。

ぎ-さう【擬生】 名詞「擬文章生（ぎもんじやう）」の略。平安時代、「大学寮（だいがくれう）」で歴史や漢詩文を学び、寮の試験に及第した者。「文章生」に次ぐ職。

象潟（きさかた） 地名 歌枕 今の秋田県由利郡象潟町の日本海に面してあった潟湖。能因法師の幽居の跡といい、西行（さいぎやう）や芭蕉（ばせう）が訪れて、その風光をめでている。象潟は文化元年（一八〇四）の地震による隆起で失われ、今は小丘の多い陸地となっている。歌では「海女（あま）の苫屋（とまや）」が詠み込まれることが多い。「きさがた」とも。

きさかたや… 俳句 「**象潟や雨に西施（せいし）がねぶの花**」 奥の細道 江戸―紀行 象潟・芭蕉（ばせう）訳象潟が雨に煙っている。それは雨にぬれるねむの花のような沈んだ哀感があり、ちょうどかの美女・西施が憂いに眼（まなこ）を閉じているような風情であるよ。

鑑賞 ねむの葉が夜や雨のときに閉じるところから、「ねぶの花」に「ねぶる(眠る)」をかけている。「西施」は、中国の春秋時代、越王勾践（こうせん）が呉王夫差（ふさ）に献じた美女で、胸を病み、苦しげに眉（まゆ）をひそめる姿の美しさで有名。前の文に「松島は笑ふがごとく、象潟はうらむがごとし」とあるが、雨中のねむの花に西施のイメージを重ね、それがさらに雨に煙る象潟の風景全体の象徴になっている。季語は「ねぶの花」で、季は夏。

¹**きさき【后】** 名詞 天皇の正妻。**皇后。中宮。** また、太皇太后・皇太后をもいい、女御（にょうご）・更衣（かうい）などをさす場合もある。「きさい」とも。

◆**学習ポイント⑲**
天皇の后（きさき）たち
大宝（たいほう）律令下では、皇后（正妻）・妃（皇族）・夫人（三位以上）・嬪（ひん）（五位以上）が天皇の后と定められていた。それが平安期、特に一条天皇以降には、中宮が皇后と同格となり、その下に女御（にょうご）（大臣家以上の娘）・更衣が置かれた。複数の皇后が並立した場合には、先に立った方を皇后、後の方を中宮と称することが多かった。また、中宮になる場合には女御を経て昇るという慣例がしだいに固まった。
更衣は、もともとは天皇の着替所で衣服の世話をする女官だったが、『源氏物語』の桐壺更衣（きりつぼのこうい）のように天皇の寵愛（ちょうあい）を受ける機会も多く、出身もしだいに名家の娘が増えていった。

²**き-さき【気先】** 名詞 **気構え。意気込み。** 去来抄 江戸―論 修行「今の俳諧（はいかい）は、…席に望んできさきをもって吐くべし」訳今の俳諧は、…句会の席に出たとき意気込みのままに句を詠み出すようにせよ。

きさき-がね【后がね】 名詞 **后の候補者。**「きさいがね」とも。大鏡 平安―物語 道隆「女君（をんなぎみ）たちは后がねとかしづき奉り給ひしほどに」訳姫君たちはお后候補としてたいせつにお育て申しあげている間に。◆「がね」は候補の意の接尾語。

きさき-ことば【后詞・后言葉】 名詞 后にふさわしい、品格のある言葉。また、その言葉遣い。

きさき-ばら【后腹】 名詞「きさいばら」に同じ。

きざし【萌し・兆し】 名詞 ❶**芽ばえ。** ❷物事が起ころうとするしるし。**前兆。兆候。**

*__きざ-す【萌す・兆す】__ 自動詞 サ四 {さ/し/す/す/せ/せ} ❶（草木が）**芽を出す。芽ぐむ。** 徒然 鎌倉―随筆 一五五「下よりきざしつはるに堪へずして落つるなり」訳木の葉は下から芽ぐみふくらむのにこらえきれずに落ちるのである。❷（思いや考えが）**生ずる。** 徒然 鎌倉―随筆 二一七「所願（しよぐわん）心にきざす事あらば」訳欲望が心に生ずることがあったら。

きざ-はし【階】 名詞 **階段。**

き-さま【貴様】 代名詞 ❶**あなた。おまえさま。** ▼対称の人称代名詞。軽い敬意を含んで目上の人に使う。❷**おまえ。** ▼対称の人称代名詞。同等か目下の者に使う。

参考 江戸時代前期まではもっぱら❶、現代語に通じる❷の用法は江戸時代後期に現れた。

きざみ【刻み】 名詞 ❶**階級。階層。身分。** 源氏物語 平安―物語 帚木「下（しも）のきざみといふ際（きは）になれば」訳（女も）下層階級という身分になると。❷**折。とき。場合。** 源氏物語 平安―物語 夕顔「今はのきざみに、つらしとや思はむ」訳臨終のときに、薄情だと思うことだろう。

きざ-む【刻む】 他動詞 マ四 {ま/み/む/む/め/め} ❶**細かく切る。けずる。** 伊勢物語 平安―物語 七八「青き苔（こけ）をきざみて」訳青い苔を細かく切って。❷**彫刻する。** 今昔物語 平安―説話 一二・二四「やうやく仏の形にきざみ奉る間に」訳しだいに仏の姿に彫刻し申し上げる間に。❸**入れ墨をする。** 日本書紀 奈良―史書 雄略「面（おも）をきざみて鳥養部（とりかひべ）としたまふ」訳（天皇は怒って）その人の顔に入れ墨をして鳥をとって献上する部民にされた。❹**責め苦しめる。**

象山（きさやま） 地名 歌枕 今の奈良県吉野郡吉野町にある山。吉野離宮があった宮滝の対岸にそびえる。

*__き-さらぎ【如月・二月】__ 名詞 陰暦二月の別名。季 春。

き-さんじ【気散じ】 名詞 ふさいだ気分を紛らすこと。**気晴らし。**

きし【岸】 名詞 ❶（川・湖・海などの）**岸。** ❷**岩や石の切り立った所。がけ。** 奥の細道 江戸―紀行 立石寺「岸をめぐり岩を這（は）ひて仏閣を拝し」訳がけのふちを回り、岩の上をはうようにして（ようやく）仏堂を拝み。

きじ【雉・雉子】 名詞 鳥の名。「きぎし」「きぎす」とも。

き

***き-し-かた【来し方】** 連語

なりたち カ変動詞「く(来)」の連用形＋過去の助動詞「き」の連体形＋名詞「かた」

❶**過ぎ去った時。過去。** 源氏物語 平安—物語 夕顔「きしかたの事なども人知れず思ひ出でけり」訳過去のことなどをそっと思い出した。❷**通り過ぎて来た場所・方角。** 蜻蛉 平安—日記 中「きしかたを見やれば、…船どもを岸に並べ寄せつつあるぞ」訳通り過ぎて来た方を眺めやると、…多くの船をずらっと岸に寄せて並べてあるのは。対行ゆく末すゑ。⇨こしかた 参考

きしかた-ゆくさき【来し方行く先】 連語 **過去と将来。**「きしかたゆくすゑ」とも。源氏物語 平安—物語 明石「きしかたゆくさき悲しき御有様に、心強うもえ思ぼしなさず」訳過去も将来も悲しいことばかりのごようすで、気丈に思いこみなさることができず。◆「ゆくさき」は名詞。

きしかた-ゆくすゑ【来し方行く末】 キシカタユクスエ 連語 ❶「きしかたゆくさき」に同じ。源氏物語 平安—物語 須磨「万よろづのこと、きしかたゆくすゑ思ひ続け給たまふに、悲しきこと、いとさまざまなり」訳いろいろのこと、これまでのことやこれからのことを思い続けなさると、悲しいことが、たいそうさまざまである。❷**通り過ぎて来た場所・方角と、これから行く場所・方角。** 竹取物語 平安—物語 蓬萊の玉の枝「きしかたゆくすゑも知らず、海に紛れむとしき」訳来た方角も行く先もわからず、海にまぎれこみそうになった。◆「ゆくすゑ」は名詞。

ぎ-しき【儀式】 名詞 ❶公的な行事・神事・仏事など。また、その作法。❷法則。きまり。

きし-きし 副詞 **きしきし。**▼硬いものがこすれあう音。きしんで鳴る音。枕草子 平安—随筆 にくきもの「墨の中に、石のきしきしときしみ鳴りたる」訳墨の中に、石が(混じっていて)きしきしとこすれて音をたてて鳴っている。

きし-ね【岸根】 名詞 岸の、水面に接する部分。**水際。岸。**

きし-の-ひたひ【岸の額】 キシノヒタイ 連語 **岸の突き出た所。**◆人の額にたとえた言葉。

きし-む【軋む】 自動詞マ四{ま/み/む/む/め/め} **物がすれ合って、きしきしと音をたてる。** 枕草子 平安—随筆 にくきもの「墨の中に、石のきしきしときしみ鳴りたる」訳墨の中に、石が(混じっていて)きしきしとこすれて音をたてて鳴っている。

きし-め-く【軋めく】 自動詞カ四{か/き/く/く/け/け} **きしきしと音をたてる。** 枕草子 平安—随筆 にくきもの「きしめく車に乗りてありく者」訳きしきしと音をたてる牛車ぎっしゃに乗って歩きまわる者。◆「めく」は接尾語。

き-しゃう【起請】 キショウ 名詞/—す 他動詞サ変 ❶ある物事を発議し、それが実行されるように政府や主君に請い願うこと。また、その文書。❷神仏の名を文章の中に掲げ、その神仏にかけて誓いに偽りのないことを示すこと。また、その文書。起請文。

きしゃう-もん【起請文】 キショウモン 名詞「起請❷」を記した文書。

きしゅん-らく【喜春楽】 名詞 雅楽の曲名の一つ。舞楽左方さほうに属する黄鐘調おうしきちょうの曲で、四人で舞う。

き-しょく【気色】

一 名詞 ❶**顔色。表情。機嫌。** 平家物語 鎌倉—物語 三・足摺「入道相国しゃうこくのきしょくをもうかがうて、迎へに人を奉らん」訳入道相国(=平清盛)の機嫌をうかがって、迎えに人を差し上げよう。❷**気分。病状。** 武悪 室町—狂言 狂言「きしょくも段々快うござるによって」訳気分もしだいによくなっていますので。◆「きそく」とも。❸(「御気色」の形で)**ご意向。ご意図。おぼしめし。ご寵愛ちょうあい。** 平家物語 鎌倉—物語 二・少将乞請「『さるにてもこれへ』と、御きしょくありければ」訳「それにしてもここへ(呼べ)」と、ご意向を示されたので。

二 —す 自動詞サ変 **改まった態度をする。** 宇治拾遺 鎌倉—説話 一五・三「武正たけまさことにきしょくして渡る」訳(関白殿下がご覧になっているから)武正は特に改まった態度をして通る。

参考「気色」の漢音読み。呉音読みは「けしき」。「けしき」が平安時代の仮名文に多く使われたのに対し、「きしょく」は平安時代の末期からおもに和漢混交文に使われた。

きし-る【軋る・轢る】 他動詞ラ四{ら/り/る/る/れ/れ} ❶**きしませる。** 平家物語 鎌倉—物語 三・城南之離宮「氷をきしる車のあと」訳氷をきしませる車輪の跡。❷(物と物とを)**すれ合うようにする。** 太平記 室町—物語 一六「舷ふなばたをきしり、艫舳へともを並べたれば」訳船べりをすり合わせ、船尾を並べたので。❸**かじる。** きのふは 江戸—物語 咄本「夜ごとに鼠ねずみがきしりけるが」訳毎夜ねずみがかじっていたが。

きしろ-ふ【軋ろふ・競ろふ】 キシロウ 自動詞ハ四{は/ひ/ふ/ふ/へ/へ} **争う。はげしく競争する。** 源氏物語 平安—物語 紅梅「並ぶ人なげにてさぶらひ給たまへば、きしろひにくけれど」訳ほかに競争する相手もいないようすでお仕えしていらっしゃるので、争いにくいけれど。

き-しん[1]【鬼神】 名詞 **天地万物の霊魂。** 古今 平安—歌集 真名序「天地を動かし、きしんを感ぜしめ」訳天地を動かし、天地万物の霊魂を感激させ。◆「鬼」は死者の霊魂、「神」は神霊の意。

き-しん[2]【寄進】 名詞/—す 他動詞サ変 寺社に金品を差し上げること。**奉納。**

き-じん【鬼神】 名詞 ❶仏教語。超人間的な威力・能力をもつ目に見えないもの。**おにがみ。** 平家物語 鎌倉—物語 九・坂落「ただきじんの所為しょとぞ見えたりける」訳ただ超人的な力をもつなにものかの仕業と思われた。❷**鬼おに。** 想像上のおそろしい怪物。

き-す[1]【帰す】 自動詞サ変{せ/し/す/する/すれ/せよ} ❶**最後に一つのところに落ち着く。帰着する。** 平家物語 鎌倉—物語 一〇・戒文「責め一人いちにんにきすとかや申し候ふなれば」訳責任は結局一人に帰着するとか申しますので。❷**従う。帰服する。** 平治物語 鎌倉—物語 上「人に志をあらはせば、必ずきす」訳人に誠意を見せれば、必ず(人は)従う。❸**帰依する。** 平家物語 鎌倉—物語 七・平家山門連署「久しく法相大乗ほっさうだいじょうの宗しゅうをきす」訳長く法相宗の広大な教えに帰依する。

き-す[2]【期す】 他動詞サ変{せ/し/す/する/すれ/せよ}

語義の扉

漢語「期」(呉音はゴ、漢音はキ)を元に生まれたサ

変動詞。

漢語の窓 漢字「期」のなりたちは、「其」と「月」の会意兼形声。必ずそうなると目当てをつける、まつ、予定する、また、期日を決めて約束して会う意。日本語化した「期す」は、漢語の、時日を定める意(❶)、約束する意(❷)を受け継ぐ。参照▶ ごす(期す)。
❶時日を定める。
❷約束する。

❶**時日を定める。** 枕草子 平安―随筆 故殿の御ために「月、秋ときして」訳月は、秋と時日を定めて(美しく輝き)。❷**約束する。** 枕草子 平安―随筆 五月ばかり、月もなう「殿上にていひきしつる本意もなくては」訳殿上の間で話し合って約束した目的も遂げずに。

き・す[3]【着す】他動詞サ下二{せ/せ/す/する/すれ/せよ}❶**身に着けさせる。着せる。置く。** 古事記 奈良―史書 景行「太刀佩けましを衣きせましを」訳(一本松が人なら)太刀を腰におびさせるだろうに、着物を身に着けさせるだろうに。❷(恩・恨みなどを)**こうむらせる。受けさせる。** 猿源氏 室町―物語 御伽「果てなば、長き怨みをきすべし」訳死んでしまうと、長い恨みを受けさせるであろう。

きず*【疵・瑕・傷】名詞❶**体や物が損傷したところ。傷。** ❷**欠点。短所。** 枕草子 平安―随筆 ありがたきもの「かたち・心・ありさますぐれ、世に経るほど、いささかのきずなき」訳容姿・性質・態度いずれも立派で、世を渡る間に、少しの欠点もない人。❸**不行跡。不名誉。恥。** 平家物語 鎌倉―物語 一一・那須与一「射損じ候ひなば、永きみかたの御きずにて候ふべし」訳(扇の的を)射そこないましたなら、将来まで味方の御不名誉でございましょう。

ぎ・す【擬す】他動詞サ変{せ/し/す/する/すれ/せよ}❶**なぞらえる。** 著聞集 鎌倉―説話 六九〇「錦の地鋪を庭上に敷きて、舞台にぎす」訳錦のござを庭に敷いて、舞台になぞらえる。❷**あらかじめ定める。** 平家物語 鎌倉―物語 二・教訓状「内々は鎮西のかたへながし参らせうどぎせられ候ふ」訳内心は(法皇を)九州の方にお流し申し上げようとあらかじめ定めておられます。

き-すぐ-なり【生直なり】形容動詞ナリ{なら/なり・に/なり/なる/なれ/なれ}**かたくるしい。きまじめだ。**「きすくなり」とも。源氏物語 平安―物語 総角「いときすぐにもてなし給へり」訳たいそうきまじめに身を振る舞いなさった。

きずな【絆】⇩きづな

きす・む【蔵む】他動詞マ四{ま/み/む/む/め/め}**大切に納める。秘蔵する。隠す。** 万葉集 奈良―歌集 四一二「いなだきにきすめる玉は二つなし」訳頭上に秘蔵している玉はこの世に二つとない宝玉です。

きず-を-もと・む【疵を求む】連語 **人の欠点や過失を無理に探す。あらさがしをする。** 源氏物語 平安―物語 桐壺「おとしめきずをもとめたまふ人は多く」訳さげすみあらさがしをしなさる方は多く。

き-せい[1]【祈誓】名詞/―す自動詞サ変 神仏に誓いを立て、加護を祈ること。**請願。願立て。**

き-せい[2]【祈請】名詞/―す自動詞サ変 願いがかなうように神仏に祈ること。**祈願。** 宇治拾遺 鎌倉―説話 二・二「涙を流し、黒煙を立ててきせいし給ひければ」訳涙を流して、黒煙を立ち上げて祈願しなさったので。

ぎ-せい【義勢・擬勢】名詞❶**見せかけだけの元気。虚勢。** ❷**意気ごみ。けんまく。**

きせ-なが【着背長・着せ長】名詞 大将などの着る「大鎧」の別名。

きせ-わた【着せ綿・被せ綿】名詞「きくのわた」に同じ。

き-せん[1]【貴賤】名詞 身分の高い者と低い者。

喜撰[2] 人名 生没年未詳。平安時代前期の歌人。六歌仙の一人。山城宇治山の僧。歌学書『喜撰式』の撰者といわれ、『古今和歌集』の「わが庵は都の辰巳しかぞ住む世をうぢ山と人はいふなり」〈⇩わがいほは…〉の和歌で知られている。

き-ぞ*【昨・昨夜】名詞 **昨日。昨夜。** 万葉集 奈良―歌集 七八一「ぬばたまの(=枕詞)きぞは帰しつ今夜さへわれを帰すな」訳昨夜は(あなたは私を)帰してしまった。今夜までも私を帰すな。◆東国方言では「きそ」とも。奈良時代以前の語。

きそう*【着襲う】⇩きそふ

き-そく【気色】名詞❶「きしょく一❶」に同じ。徒然 鎌倉―随筆 一五二「『あな尊の気色や』とて、信仰のきそくありければ」訳「なんと尊いようすよ」と言って、信頼し、尊敬する表情があったので。❷「きしょく一❸」に同じ。大鏡 平安―物語 道隆「御前に参り給ひて、御きそくたまはり給ひければ」訳天皇の御前に参上なさって、ご意向をおうかがいなさったところ。

き-そ・ふ【着襲ふ】他動詞ハ四{は/ひ/ふ/ふ/へ/へ}**衣服を重ねて着る。** 万葉集 奈良―歌集 八九二「布肩衣ありのことごときそへども」訳⇩かぜまじり…。

木曾義仲 人名(一一五四〜一一八四)平安時代後期の武将。源義仲の通称。木曾で育ったのでいう。後白河天皇の皇子以仁王の令旨により挙兵、平家を撃破して征夷大将軍となったが、源範頼・義経に敗れ、近江粟津で戦死した。

きた*【北】名詞❶方角の一つ。**北。** ❷**北風。** 季冬。

-きだ【段・常】接尾語❶切りわけた断片を数える語。日本書紀 奈良―史書 神代上「軻遇突智を斬りて三きだに為す」訳(火の神)軻遇突智を切り分けて三つに分断した。❷「たん❶❸」に同じ。◆奈良時代以前の語。

き-たい【希代・稀代】名詞 **世にもまれなこと。奇異であること。**

き-たい-なり【希代なり・稀代なり】形容動詞ナリ{なら/なり・に/なり/なる/なれ/なれ}**世にもまれだ。奇異だ。** 橋弁慶 室町―能楽 謡曲「きたいなる少人かな」訳世にもまれな少年だよ。

義太夫節 文芸 浄瑠璃の一流派。大坂の竹本義太夫が江戸時代前期の貞享一年(一六八四)大坂道頓堀で竹本座を開場し、平曲や古浄瑠璃の長所に工夫を加えて語ったのが始まりで、人形芝居に合わせて演じられて、大盛況を呈した。

き-たう*【祈禱】名詞/―す自動詞サ変 神仏に祈って幸福・利益を願うこと。また、その儀式。

きた-おもて【北面】名詞❶北に向いていること。**北向き。** ❷**北向きの部屋。** 寝殿造りの奥の間に当たり、家人や女房が住む。❸**北面。北面の武士。** 院の御所の北面にあって、御所を警護する武士の詰め所。また、そこに詰める武士。

きたし【堅塩】 名詞「かたしほ」に同じ。

き-た・つ【来立つ】 自動詞タ四{た/ち/つ/つ/て/て}やって来てその場所に立つ。万葉集 奈良—歌集 八九二「楚取る里長が声は寝屋戸まできたち呼ばひぬ」訳⇩かぜまじり…。

きた-どの【北殿】 名詞 ❶北にある御殿。❷北隣りに住む人をいう尊敬語。

きたな-げ-な・し【汚げ無し】 形容詞ク{(く)・から/く・かり/し/き・かる/けれ/かれ}見苦しくない。こぎれいだ。源氏物語 平安—物語 帚木「かたちきたなげなく若やかなるほどの」訳容姿がこぎれいで若々しい年ごろの(女で)。

きたな-げ・なり【汚げなり】 形容動詞ナリ{なら/なり・に/なり/なる/なれ/なれ}(見るからに)汚い。見苦しい。竹取物語 平安—物語 貴公子たちの求婚「きたなげなる所に年月を経てものし給ふ事」訳見苦しい所に、長い間お通いくださいますことは。◆「げ」は接尾語。

きたな・し【汚し】 形容詞ク{(く)・から/く・かり/し/き・かる/けれ/かれ}❶よごれている。けがれている。竹取物語 平安—物語 かぐや姫の昇天「いざ、かぐや姫。きたなき所に、いかでか久しくおはせむ」訳さあ、かぐや姫よ。(このような)けがれたところ(=この世)に、どうして長い間いらっしゃることがあろうか、いや、ない。❷見苦しい。堤中納言 平安—物語 虫めづる姫君「歯黒め、『さらにうるさし、きたなし』とて、つけ給はず」訳お歯黒は、「いっそうわずらわしい、見苦しい」と言って、おつけにならない。❸腹黒い。正しくない。後撰 平安—歌集 恋五「人はかる心の隈はきたなくて」訳人をだます心の奥は腹黒くて。❹卑劣だ。ひきょうだ。平家物語 鎌倉—物語 九・二之懸「きたない殿ばらの振る舞ひやうかな」訳ひきょうな殿方のやり方だなあ。◇「きたない」はイ音便。

北野 地名 ❶今の京都市上京区の北野天満宮付近の一画。❷ 寺社 北野天満宮のこと。菅原道真を祭る。

きた-の-かた【北の方】 名詞 ❶北の方向・方角。北方。古事記 奈良—史書 神武「御陵は畝傍山のきたのかたの白檮の尾の上にあり」訳(神武帝の)御陵は畝傍山の北方の白檮の尾根の上にある。❷[貴族階級の人の妻を尊敬していう語]夫人。奥方。▼寝殿造りで、北の対の屋に住んだことから。源氏物語 平安—物語 桐壺「父の大納言は亡くなりて、母きたのかたなむ」訳(桐壺更衣の)父の大納言は亡くなって、母である(大納言の)夫人は。

きた-の-たい【北の対】 名詞 寝殿造りで、正殿(=表座敷としての建物)の北にある対の屋。家族、特に正妻が住んだ。参照▶口絵

きた-の-ぢん【北の陣】 名詞 内裏の北門である朔平門の別名。兵衛府の陣(=詰め所)があった。

きた-の-まんどころ【北の政所】 名詞[摂政・関白の正妻を尊敬していう語]のちには大納言・中納言の正妻に対しても用いられた。◆略して、単に「まんどころ」とも。

北畠親房 人名(一二九三〜一三五四)鎌倉時代末期から南北朝時代の武将・学者。後醍醐天皇の信任を得て大納言となった。足利尊氏の軍と戦い、後醍醐天皇を吉野に迎えて南朝を開いた。著書に、歴史書『神皇正統記』がある。

きた-まくら【北枕】 名詞 頭を北にして寝ること。◆仏教では死者を北枕にして寝かせるため、普段は忌みきらう。

きた-まつり【北祭り】 名詞 京都の賀茂神社の祭りの異名。陰暦四月の中の酉の日に行われる例祭で、葵祭りともいうが、十一月の臨時祭をも含めていう。季夏。⇩あふひまつり

参考 京都の南方に鎮座する石清水八幡宮の祭りを「南祭り」と呼ぶのに対していう。

北村季吟 人名(一六二四〜一七〇五)江戸時代前期の国学者・歌人・俳人。号は、拾穂軒、湖月亭。近江(滋賀県)の人。松永貞徳に俳諧を、飛鳥井雅章に歌学を学んだ。俳諧宗匠として立ち、門下から松尾芭蕉が出た。幕府の歌学方(=歌学を取り扱う役職)となり、古典注釈書『源氏物語湖月抄』『枕草子春曙抄』などを著した。

北山 地名 京都の市街の北方に連なる山々の総称。船岡・衣笠・岩倉などの山々があり、その一帯の地域の名でもある。鞍馬寺などの諸寺がある。

ぎだ-りん【祇陀林】 名詞 インドの舎衛国の祇陀太子が所有していた林。後にこの地に祇園精舎が建てられた。

き・た・る[1]【来たる】 自動詞ラ四{ら/り/る/る/れ/れ}やって来る。方丈記 鎌倉—随筆「生まれ死ぬる人、いづかたよりきたりて、いづかたへか去る」訳この世に生まれ、(そして)死んでいく人は、どこからやって来て、どこへ去っていくのだろうか。

き-た・る[2]【着垂る】 他動詞ラ下二{れ/れ/る/るる/るれ/れよ}衣服を長く引きずって着る。枕草子 平安—随筆 能因本・宮にはじめてまゐりたるころ「唐衣きたれたるほど慣れ安らかなるを見るも、うらやましく」訳唐衣を長く引きずって着ているようすがうちとけて気楽そうなのを見るのもうらやましく。

きち【吉】 名詞 めでたいこと。縁起がよいこと。「きつ」とも。対凶。

き-ぢ【紀路】 名詞 紀伊の国(和歌山県)へ行く道。

きち-かう【桔梗】 名詞「ききやう」に同じ。

きち-ざう【吉蔵】 名詞 江戸時代、雑用をした男の通称。

きち-じつ【吉日】 名詞「きちにち」に同じ。

きち-じやう【吉上】 名詞 宮城内の諸門の警備に当たる役人。「六衛府」の下級役人。「きつじやう」とも。

きちじやう-てんによ【吉祥天女】 名詞 仏教語。インド神話の女神で、仏教に入って天女となる。鬼子母神の娘で、毘沙門天の妻(一説に妹)といい、人々に福徳を与える美しい女神として信仰される。吉祥天。「きっしゃうて

(吉祥天女)

んにょ」とも。

きち-にち【吉日】 名詞 (物事を行うのに)**縁起のよい日**。「きちじつ」とも。

き-ちゃう【几帳】 名詞 寝殿造りの建物で、室内の仕切りとして立てた、移動式の布製のついたて。小さな台(=土居)に、二本の細い柱(=足)を立て、その上に横木(=手)を渡して布(=帷子)を垂らしたもの。夏は生絹・綾織に花鳥、冬は練り絹に朽ち木を描いたものを用いることが多かった。ふつう、高さは三尺(=約九一センチ)、幅六尺(=約一八二センチ)である。更級 平安一日記 物語「きちゃうのうちにうち臥して、引きいでつつ見る心地、后の位も何かはせむ」訳 几帳の中に身を横たえ、(櫃から『源氏物語』を)取り出しては読んでゆく気持ちは后の位もなんになろうか、いやなんにもならない。参照▼口絵

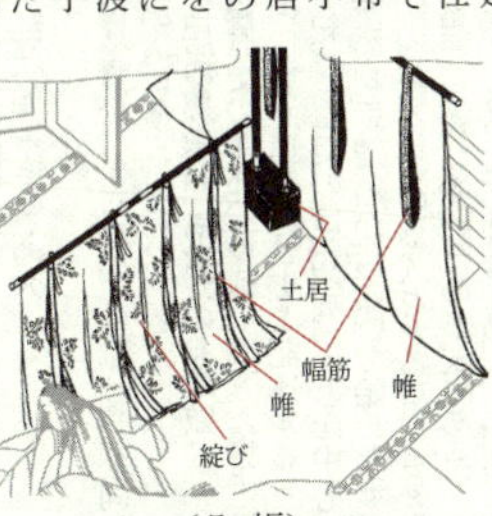

(几　帳)

ぎ-ちゃう【毬杖・毬打】 名詞「ぎっちゃう」に同じ。季春。

ぎ-ぢゃう【議定】 名詞／—す 自動詞サ変 評議して事を決定すること。また、その決議。

きちょう〖几帳〗⇩きちゃう

きつ 名詞 **水を入れる桶**。◆東国方言。

きっかう-でん【乞巧奠】 名詞「きかうでん」に同じ。

き-づき【忌月】 名詞 死者の命日のある月。**祥月**。「きげつ」とも。

◆**学習ポイント㉚**

几帳の生活上の意義

几帳は、単に部屋を仕切るだけでなく、種々の色彩・絵柄によって室内を優雅に見せる装飾も兼ねた。几帳にかける布の模様は、秋・冬は朽ち木型、春・夏は花鳥であるが、それにこだわらない場合もあった。

貴族の女性は、男性に顔を見られるのを恥じたため、几帳を身近に置いて人目を避け、また、衣服の裾だけが見えるように几帳から出して、自分の姿を優雅に見せる手段とした。そして、男性と話をするときには、これを隔てて行った。

また、帷子の中ほどの縫い合わせてない部分を「綻び」といって、通風の便をはかるとともに、のぞき見や物の出し入れに利用したらしい。

きっ-きょう【吉凶】 名詞 **よいことと、悪いこと。めでたいことと、不吉なこと。** 徒然 鎌倉一随筆 九一「きっきょうは人によりて日によらず」訳 吉凶は人に基づいて(決まることで)、日の(よしあし)に基づかない。

き-つ・く【来着く】 自動詞カ四〔か／き／く／く／け／け〕**到着する。着く。** 伊勢物語 平安一物語 二〇「返り事は京にきつきてなむ持てきたりける」訳 返歌は都に到着してから持って来た。

きっ-くわい・なり【奇怪なり】 形容動詞ナリ〔なら／なり・に／なり／なる／なれ／なれ〕「きくわいなり」を促音便にして強調した語。❶「きくわいなり❶」に同じ。❷「きくわいなり❷」に同じ。平家物語 鎌倉一物語 四・信連「馬に乗りながら門のうちへ参るだにもきっくわいなるに」訳 馬に乗ったままで門の内に参上するのさえけしからぬことであるのに。

きっ-さう【吉左右】 名詞 ❶**よい知らせ。吉報。** 冥途飛脚 江戸一浄瑠 浄瑠・近松「どうぞ無事なきっさうを」訳 どうぞ無事であるという吉報を。❷**縁起がよいこと。吉事。** 堀川波鼓 江戸一歌集 浄瑠・近松「今からでも鼓を打てとはきっさうよしと」訳 今からでも鼓を打てというのは、縁起がよいと。◆「左右」は状況の意。江戸時代の語。

きっ-さき【切っ先・鋒】 名詞「きりさき」の促音便。太刀などの先端部分。**刀先**。

***ぎっ-しゃ【牛車】** 名詞 牛にひかせる乗用の車。乗る人の身分の高下や男女の別などによって構造が異なる。平安時代に特に貴族に盛んに用いられた。単に「くるま」といえば牛車をさす。「うしぐるま」とも。参照▼口絵

◆**学習ポイント㉑**

牛車あれこれ

牛車に乗る際は、榻を置き後方から乗り、降りる際は、牛を轅から外し簾を上げて前方から降りる。通常四人乗りで、二人ずつ並んで向かい合い、側面を背にして座るが、前の右↓前の左↓後の左↓後の右と、席の序列が定まっている。男女が乗り合わせる際は男が右側に入り向かい合う。

牛車に乗った女性が簾の下などから衣の褄や袖口をのぞかせる風習が「出だし衣」で、その車が「出だし車」。女性専用の車(「女車」)はやや小ぶりにつくられていた。上位の身分の人は自家用牛車を用いたが、その他の人のためレンタルの牛車があった。

きつ-じゃう【吉上】 名詞「きちじゃう」に同じ。

きっしゃう-てんにょ【吉祥天女】 名詞「きちじゃうてんにょ」に同じ。

ぎっしゃ-の-せんじ【牛車の宣旨】 連語 (親王・摂政・関白など)身分の高い人が牛車に乗ったまま建礼門までの出入りを許された宣旨。

きっそう〖吉左右〗⇩きっさう

ぎっ-ちゃう【毬杖・毬打】 名詞 槌の形をした杖に、色糸を巻きつけて飾った遊び道具。特に、正月の遊び。玉打ち。「ぎちゃう」とも。季春。

きっ-と【屹度・急度】 副詞「きと」の促音便。❶**すばやく。さっと。** 平家物語 鎌倉一物語 七・経正都落「かかる怨劇の中にも、その御名残きっと思ひ出でて」訳 このような慌ただしいさ中にも、お別れを申そうとさっと思い出して。❷**厳しく。きりっと。** 平家物語 鎌倉一物語 七・願書「木曾は羽丹生に陣取って、四方をきっと

き

見回せば」訳木曾義仲は羽丹生に陣取って、四方をきりっと見回すと。❸必ず。間違いなく。平家物語 鎌倉－物語 二・西光被斬「きっと立ち寄り給へ」訳必ず立ち寄りください。◆鎌倉時代以後の語。

き-づな【絆・紲】キズナ 名詞 ❶動物をつなぎとめる綱。梁塵秘抄 平安－歌集 四句神歌「飼ひ猿は、きづな離れて、さぞ遊ぶ」訳飼い猿は、綱を離れて、あのように遊ぶよ。❷断ちがたい情愛のつながり。

きつね【狐】名詞 動物の名。稲荷明神の使いとされ、人を化かしたり、人にとりついたりするといわれる。◆古くは「きつ」とも。季冬。

きつね-つき【狐憑き】名詞 きつねの霊がとりついたとされる精神の錯乱状態。また、その人。

き-でん【貴殿】一 代名詞 あなた様。貴公。▼対称の人称代名詞。同等またはそれ以上の人に使う。二 名詞 他人の住居の尊敬語。あなたのお屋敷。

紀伝体（きでんたい） 文芸 歴史の記述の形式の一つ。「編年体」に対して、個人の伝記を連ねて歴史を記述するもの。帝王の伝記(本紀)と重臣の伝記(列伝)とを中心とする。中国の前漢の司馬遷が『史記』で始めた形式で、その後の中国の正史はこの形式をとることとなる。わが国では、『大鏡』『今鏡』などがこの形式である。

き-と* 副詞 ❶すばやく。さっと。竹取物語 平安－物語 御門の求婚「このかぐや姫、きと影になりぬ」訳このかぐや姫は、さっと(実体のない)影になってしまった。❷しっかりと。確かに。枕草子 平安－随筆 あかつきに帰らむ人は「烏帽子の緒をきと強げに結ひ入れて」訳烏帽子のひもをしっかりときつめに結び終えて。❸ちょっと。ちらっと。今昔物語 平安－説話 二九・九「法師の着たる衣の袖口きと見ゆ」訳法師が着ている衣の袖口がちらっと見えた。⇨きっと(屹度)

（毬杖）

き-ど【木戸・城戸】名詞 ❶城や、防備のための柵に設けた出入り口の戸。城門。❷江戸時代、江戸市中の治安維持のため、町々の境に設けた門。❸芝居・相撲などの興行場に設けた、客の出入り口。

ぎどう-さんし【儀同三司】名詞 准大臣の別名。◆儀礼の格式が三司(＝太政大臣・左大臣・右大臣)と同格であるという意。藤原伊周が准大臣に任じられ、これを自称したことから。伊周にいうことが多い。

き-と-きと 副詞 ❶急に。すばやく。さっと。❷確かに。必ず。◆「きと」を重ねて強調した語。

き-と-く【来と来】連語 ❶遠くからはるばるやって来る。土佐日記 平安－日記 二・七「きときては川上り路の水を浅み」訳ここまではるばるやって来たものの川を上っていく水路の水が浅いので。❷次々と来る。和泉式部集 平安－歌集「春ごとの花の盛りはわが宿にきとくる人の長居せぬなし」訳春ごとに来る花の盛りのときには、わが家に次々と来る人で長居をしない人はいない。

参考 カ変動詞「く(来)」を格助詞「と」を中心に重ねて強調した用法。

き-どく【奇特】名詞 (神仏の)不思議なしるし。霊験。徒然 鎌倉－随筆 七三「仏神のきどく、権者の伝記、さのみ信ぜざるべきにもあらず」訳仏や神の霊験、仏の化身(といわれる高僧)の伝記は、一概に全く信じないというものでもない。

き-どく-なり*【奇特なり】形容動詞ナリ {なら/なり・に/なり/なる/なれ/なれ} ❶非常に珍しい。不思議だ。今昔物語 平安－説話 六・六「この香のきどくなるを」訳このにおいが非常に珍しいのを。❷感心だ。殊勝だ。箕被 室町－狂言 狂言「きどくにようご帰宅なされてござるの」訳感心によくご帰宅なさいましたね。

き-ない【畿内】名詞 京都周辺の五か国。山城(京都府南部)、大和(奈良県)、河内(大阪府東部)、和泉(大阪府南部)、摂津(大阪府北部・兵庫県東部)をいう。◆「畿」は、古代中国では都から五百里(周代の一里は約四〇五メートル)四方の天子の直轄地をさす。参照▼資料21

きなき-とよ-む【来鳴き響む】他動詞マ下二 {め/め/む/むる/むれ/めよ} やって来て鳴き声をひびかせる。「きなきとよもす」とも。万葉集 奈良－歌集 一四九三「我がやどの花橘をほととぎすきなきとよめて本に散らしつ」訳私の家の庭の花橘を、ほととぎすがやって来て鳴き声をひびかせて花びらを根元に散らしてしまったよ。

きなき-とよ-も-す【来鳴き響もす】他動詞サ四 {さ/し/す/す/せ/せ} 「きなきとよむ」に同じ。万葉集 奈良－歌集 三七八二「雨隠り物思ふ時にほととぎす我が住む里にきなきとよもす」訳長雨のために家に閉じこもり物思いをしているときに、ほととぎすが私の住む里にやって来て鳴き声をひびかせる。

き-な-く*【来鳴く】自動詞カ四 {か/き/く/く/け/け} (鳥などが)飛んで来て鳴く。古今 平安－歌集 夏「わが屋戸の池の藤波咲きにけり山ほととぎすいつかきなかむ」訳わが家の庭先の池のほとりの藤の花が咲いたことよ。山のほととぎすはいつになったら飛んで来て鳴くだろうか(待ち遠しいことだ)。

き-な-す【着為す】他動詞サ四 {さ/し/す/す/せ/せ} …となるように着る。源氏物語 平安－物語 浮舟「をかしうきなしたり」訳趣深いように着ている。

き-にち【忌日】名詞 その人の亡くなったのと同じ日。命日。

きぬ[1]**【衣】**名詞 衣服。着物。枕草子 平安－随筆 にくきもの「きぬの下にをどりありきてもたぐるやうにする」訳(蚤が)着物の下で飛び跳ねまわって、(着物を)持ち上げるようにする(のはにくらしい)。

関連語 古く、奈良時代以前から、「ころも」の語もあわせ用いられたが、「きぬ」は、特に上半身にまとうものが主であった。平安時代以降は「きぬ」が一般的になり、「ころも」は僧衣の意味に限られ、また、衣服の意味で歌語として用いられた。参照▼ころも

きぬ[2]【絹】名詞 絹織物。「綾(あや)」に対して「平絹(ひらぎぬ)」をいうことが多い。

きぬ-がさ【衣笠・蓋】名詞 ❶絹で張った長い柄(え)の傘。貴人が外出の際、従者が背後からさしかざした。❷仏像などの頭上につるす絹張りの傘。天蓋(てんがい)。

(衣笠❶)

きぬ-がち・なり【衣勝ちなり】形容動詞ナリ｛なら／なり・に／なり／なる／なれ／なれ｝**着物を幾重も重ね着しているようすだ。**紫式部 平安―日記 寛弘五・一一・二〇「きぬがちに身じろぎもたをやかならずぞ見ゆる」訳(舞姫の介添えの女房は)着物を重ね着しているようすで身動きもぎこちなく見える。

きぬ-かづき【衣被き】(キヌカズキ) 名詞 ❶顔を隠すために、衣服を頭の上からかぶること。また、その衣服。「かづき」とも。❷❶の姿をした女性。徒然 鎌倉―随筆 七〇「物見けるきぬかづきの、寄りて放ちて」訳見物していたきぬかづき姿の女性が、近寄って(琵琶(びわ)の柱(じゅ)を)取りはずして。

参考「衣被き」は平安時代以後の、貴婦人の外出姿で、単衣(ひとえ)の小袖(こそで)を用いた。

きぬ-ぎぬ*【衣衣・後朝】名詞 ❶二人の衣服を重ね掛けて共寝をした男女が、翌朝各々の衣服を着て別れること。また、その別れる朝。❷**男女が別れること。**

◆学習ポイント㉒

衣衣(後朝(きぬぎぬ))
王朝時代の貴族の結婚形態、すなわち男が女の家に通う「通い婚」から生まれた言葉。互いの着物を重ねて共寝した男女は、翌朝各自の着物(=衣衣)を着て別れる。「後朝」も共寝の翌朝の意から男女の別れの意になった。衣衣と次の逢瀬(おうせ)を待つつらさを詠んだ歌が多い。

きぬた*【砧・碪】名詞 木槌(きづち)で布を打って布地をやわらげ光沢を出すのに用いる、板や石の台。また、それで布を打つこと。また、その音。季秋。

きぬたうちて… 俳句「砧打ちて 我にきかせよや 坊(ばう)が妻」〈野ざらし 江戸―句集 俳文・芭蕉(ばせう)〉訳吉野の山寺の宿坊に泊めてもらったが、秋の夜更けは殊に旅の寂しさが募る。吉野の秋の風物詩として有名な砧を打つ音を聞かせておくれ、この宿坊の妻よ。

(砧)

鑑賞『新古今和歌集』の「み吉野の山の秋風小夜(さよ)更(ふ)けてふるさと寒く衣打つなり」〈⇩みよしののやまのあきかぜ…〉を念頭に置いた句。「砧」は、布を柔らかくしたり、つやを出したりするために打つ木槌(きづち)と台。秋の夜長、冬着の準備として砧で布を打った。季語は「砧」で、季は秋。

◆学習ポイント㉓

砧(きぬた)
砧で布を打つことは、冬支度のため多く秋に行われ、秋の夜寒(よさむ)に響く哀愁を帯びたその音は、古くから和歌や俳句の題材とされてきた。「衣(ぬき)打つ」「砧打つ」「小夜(さよ)砧」なども秋の歌語・季語。

きぬ-たたみ【絹畳・絁畳】名詞 **絹糸で織った敷物。**

きぬ-なが・なり【衣長なり】形容動詞ナリ｛なら／なり・に／なり／なる／なれ／なれ｝**着ている衣服の丈が長い。**対衣短なり。枕草子 平安―随筆 うつくしきもの「二藍(ふたあゐ)のうすものなど、きぬながにて」訳(二歳くらいの子が)赤味がかった青色の薄い着物などを、丈を長く着て。

きぬ-びつ【衣櫃】名詞 衣服を収納する蓋(ふた)つきの大型の木箱。

きぬ-みじか・なり【衣短なり】形容動詞ナリ｛なら／なり・に／なり／なる／なれ／なれ｝**着ている衣服の丈が短い。**対衣長なり。枕草子 平安―随筆 うつくしきもの「足高に、しろうをかしげに、きぬみじかなるさまして」訳(鶏のひなが)足長く、白く愛らしく、丈の短い着物を着たようなかっこうで。

き-ねん【祈念】名詞／―す 他動詞サ変 神仏に祈ること。祈願。平家物語 鎌倉―物語 四・鵼「心のうちにきねんして、よっぴいてひゃうど射る」訳心の中で神仏に祈願して弓を十分に引き絞ってひょうと射た。

きのう【昨日】⇩きのふ

き-の-え【甲】名詞「十干(じっかん)」の第一。甲(こう)。◆木の兄(え)の意。参照▼資料20

きのえ-ね【甲子】名詞 ❶「干支(えと)」の第一。また、それに当たる年・月・日。かっし。❷「甲子待ち」の略。甲子の日、深夜の子(ね)の刻まで起きていて大黒天を祭り、商売繁盛などを願う行事。主に商家で行う。

紀の川(きのかは)(キノカワ) 地名 今の和歌山県北部を西流して和歌山市の北西で紀伊水道に注ぐ川。吉野川の下流で、吉野との水運に利用された。

紀貫之(きのつらゆき) 人名 (八七二ころ～九四五)平安時代前期の歌人。三十六歌仙の一人。延喜(えんぎ)五年(九〇五)に『古今和歌集』を撰進し、その仮名序を執筆した。また、仮名書きの日記文『土佐日記』を書いた。和歌は学者らしく、おだやかで理知的な作風が特色で、私撰(しせん)集に『新撰和歌集』、家集に『貫之集』がある。

き-の-と【乙】名詞「十干(じっかん)」の第二。乙(おつ)。◆木の弟(と)の意。参照▼資料20

き-の-どく【気の毒】名詞 ❶(自分にとって)困ってしまうこと。**迷惑。**❷(他人の苦労や苦痛などに対して)同情すること。**気の毒。**

き-の-どく・なり【気の毒なり】形容動詞ナリ｛なら／なり・に／なり／なる／なれ／なれ｝❶**迷惑だ。**萩大名 室町―狂言 狂言「さてさてきのどくな事でござる」訳なんとまあ迷惑なことでございます。❷**気の毒だ。**止動方角 室町―狂言 狂言「それはきのどくな事でござる」訳それは気の毒なことでございます。

き

古典の常識 『平安時代前期の文化に貢献』―紀貫之

紀望行の子に生まれ、二十歳過ぎころから『寛平御時后宮歌合』などの重要な歌合わせで頭角を現し、また、天皇家や皇族のために多くの屏風歌（屏風に描かれた大和絵に添える歌）を作った。三十代半ばの若さで我が国初の勅撰和歌集『古今和歌集』の撰者の中心的役割を担い、最初の和文文学論といわれる「仮名序」を書いた。「やまと歌は人の心を種としてよろづの言の葉とぞなれりける」の書き出しで、和歌は自分の心が言葉として外に表れたものだと論じている。

漢詩文にも優れており、権力者藤原氏の信任も得て、大内記・右京亮などを歴任、六十歳ころ土佐守となった。その帰任時の旅をもとに仮名文の日記文学の先駆となった『土佐日記』を書いた。帰京後一時失職していたが、のち、藤原摂関家に重んじられたらしい。『古今和歌集』や、『後撰和歌集』『拾遺和歌集』にも最多数の歌が入集している。

紀友則【きのとものり】人名 生没年未詳。平安時代前期の歌人。三十六歌仙の一人。紀貫之とはいとこになる。『古今和歌集』の撰者の一人。みやびやかで感情のこもった作風の和歌で知られている。家集に『友則集』がある。

き-の-はし【木の端】連語 木の切り端。取るに足らないつまらないものをたとえていう。「人にはきのはしのやうに思はるるよ」〔徒然 鎌倉―随筆 一〕訳人には木の切り端（つまらないもの）のように思われることよ。

***きのふ**【昨日】キノウ 名詞 ❶**きのう**。❷**ごく近い過去**。〔古今 平安―歌集 秋上〕「きのふこそ早苗取りしか」訳ついこの間早苗を取って苗の植え付けをしたのに。

きのふ-けふ【昨日今日】キノウキョウ 名詞 ❶**このごろ。近ごろ**。❷事態が切迫して猶予がないこと。〔古今 平安―歌集 哀傷〕「きのふけふとは思はざりしを」訳⇩つひにゆく…。

きのふ-の-よ【昨日の夜】キノウノヨ 連語 ❶**昨夜**。❷**一昨夜**。〔枕草子 平安―随筆〕成信の中将は「昨夜も、きのふのよも、そがあなたの夜も」訳昨夜も、一昨夜も、またその以前の夜も。

き-のぼり【木登り】名詞 ❶樹木によじのぼること。木登りのじょうずな人。❷獄門にさらし首にされること。

きのまる-どの【木の丸殿】名詞「きのまろどの」に同じ。

きのまろ-どの【木の丸殿】名詞 切り出したままで加工していない丸木で造った、粗末な宮殿。「きのまるどの」とも。

参考 斉明天皇が百済支援の出兵に際して、筑紫の朝倉（今の福岡県朝倉郡朝倉町）に造った行宮をいうことが多い。

き-の-みどきゃう【季の御読経】キノミドキョウ 連語 陰暦二月と八月の春秋二季に吉日を選び、四日間にわたって、宮中で多くの僧に大般若経を読ませた儀式。

きは【際】キワ 名詞

❶（物の）**端。へり**。〔源氏物語 平安―物語 夕顔〕「母屋のきはに立てたる屏風」訳母屋の部屋の端に立ててある屏風。

❷（物と物との）**境目。仕切り**。〔源氏物語 平安―物語 末摘花〕「二間のきはなる障子」訳二間の部屋の境目にある障子。

❸**わき。そば**。〔徒然 鎌倉―随筆 四一〕「おのおの下りて、埒のきはに寄りたれど」訳（賀茂の競べ馬を見ようと）それぞれ（車から）降りて、馬場の柵のそばに寄ったけれども。

❹**分**。▼ある限られた範囲のもの。〔枕草子 平安―随筆〕職の御曹司におはします頃、西の廂にて「はじめのきはをおきて、今のはかき捨てよ」訳（雪の）初めに降った分だけ残して、今（新しく降った）のは払い捨てなさい。

❺**身分。家柄。身の程。分際**。〔源氏物語 平安―物語 桐壺〕「いとやむごとなききはにはあらぬが、すぐれて時めき給ふありけり」訳それほど高貴な身分ではない方で、際だって帝のご寵愛を受けて栄えていらっしゃる方があった。

❻（物事の）**限り。限界**。〔枕草子 平安―随筆〕位こそ猶めでたき物はあれ「受領の北の方にて国へ下るをこそは、よろしき人の幸ひのきはと思ひて、めでうらやむめれ」訳国司の奥方となって任国に下るのを、これこそ普通の女の幸福の限りと思って、すばらしく思いうらやむようだ。

❼**程度**。〔徒然 鎌倉―随筆 五九〕「人を見るに、少し心あるきはは、皆このあらましにてぞ一期は過ぐめる」訳（世間の）人を見ると、少々分別がある程度（の人）は、皆この（出家の）計画をするだけで、一生は過ぎてしまうようだ。

❽**時。場合。折。当座**。〔徒然 鎌倉―随筆 三〇〕「そのきはばかりは覚えぬにや、よしなし事言ひてうちも笑ひぬ」訳（人が死んでも、死んだ）その当座ほどは感じないのだろうか、つまらないことを言ってつい笑ってしまったりする。

❾**決算期。支払い日**。▼江戸時代、年末・盆など節季の前。〔油地獄 江戸―浄瑠 浄瑠・近松〕「互ひに忙しいきはの夜さ、ここへはなんの用がある」訳お互いに忙しい（節季の前の）支払い日の夜に、ここにはなんの用がある。◇江戸時代の語。

きは-ぎは【際際】キワギワ 名詞 ❶**身分や階級の相違。分際**。〔源氏物語 平安―物語 葵〕「大殿は、人々にきはぎはを置きつつ」訳大殿は、女房たちに身分の違いに応じて。❷**節季。節季ごとの決算時**。

きはぎは・し【際際し】キワギワシ 形容詞シク｛（しく）・しから／しく・しかり／し／しき・しかる／しけれ／しかれ｝（他のものとのけじめが）**特に目立っている。特にはっきりしている**。〔枕草子 平安―随筆〕つねに文おこする人の「さてもきはぎはしかりける心かな」訳それにしても特にはっきりした性格なことよ。

きは-こと・なり【際殊なり】キワコトナリ 形容動詞ナリ｛なら／なり・に／なり／なる／なれ／なれ｝**格別である。際立っている**。〔源氏物語 平安―物語 手習〕「きはことなる様ぞし給へる」訳際立っているようすをなさっている。

き-はだ【黄蘗】名詞 ❶木の名。黄色い樹皮は染料、実は健胃剤となる。❷染め色の一つ。やや薄い黄色。

きは-だか【際高】キワダカ 名詞 年末になって物価が値上がりすること。

*__きは-だか・し__【際高し】キワダカシ 形容詞 ク {(く)・から/く・かり/し/き・かる/けれ/かれ} 特に際立っている。きっぱりしている。枕草子 平安―物語 よしなしごと「『世の憂き時のかくれがに』と**きはだかく**思ひ立ちて侍るを」訳「生きるのがつらい時のかくれ場所にしたい」と**きっぱりと**思い立っていますが。

きは-だか・なり【際高なり】キワダカナリ 形容動詞 ナリ {なら/なり・に/なり/なる/なれ/なれ} ❶他と比べてはっきりしている。❷格別にいかめしい。気位が高い。夜の寝覚 平安―物語 五「あまり人にくく、**きはだかなる**御もてなしなりや」訳あまり愛想もなく、**気位の高い**ふるまわれようではないか。

きは-だけ・し【際猛し】キワダケシ 形容詞 ク {(く)・から/く・かり/し/き・かる/けれ/かれ} 気が強い。厳格だ。源氏物語 平安―物語 少女「よからぬ世の人の言につきて**きはだけく**思しのたまふもあぢきなく」訳つまらない世間の人のうわさを信用して(そのまま)**厳格に**お思いになって(不平を)おっしゃるのもむなしく。

きは-な・し【際無し】キワナシ 形容詞 ク {(く)・から/く・かり/し/き・かる/けれ/かれ} ❶限りがない。果てしがない。源氏物語 平安―物語 若菜下「なほ、心の底見えず、**きはなく**深き所ある人」訳(明石の上は)やはり、心の底が見えず、**限りがなく**奥深い所がある人。❷この上なくすぐれている。源氏物語 平安―物語 梅枝「仮名のみなむ、今の世はいと**きはなく**かしこくなりにたる」訳仮名だけは、今の世はほんとうに**この上なくみごとに**たいそうな発達をとげた。

き-はな・る【来離る】自動詞 ラ下二 {れ/れ/る/るる/るれ/れよ} もと住んでいた所を離れる。後にする。万葉集 奈良―歌集 四〇〇八「あをによし(＝枕詞)奈良を**きはなれ**」訳奈良を**後にして**。

きは-はな・る【際離る】キワハナル 自動詞 ラ下二 {れ/れ/る/るる/るれ/れよ} ひときわ目立つ。抜きん出る。源氏物語 平安―物語 横笛「かれはいとかやうに**きははなれ**たる清らはなかりしものを」訳あの人は本当にこれほどにも**ひときわ目立っ**た気品のよさはなかったものを。

きはまり【極まり】キワマリ 名詞 (ものごとが)極限に達すること。きわみ。

きはまり-て【極まりて】キワマリテ 副詞 この上なく。極めて。万葉集 奈良―歌集 三四二二「**きはまりて**貴きものは酒にしあるらし」訳**この上なく**価値が高いものは酒であるらしい。

参考 平安時代には「極めて」が使われるようになり、「きはまりて」は主に漢文訓読系の文などに用いるようになる。

きはまり-な・し【極まり無し】キワマリナシ 形容詞 ク {(く)・から/く・かり/し/き・かる/けれ/かれ} この上もない。限りがない。徒然 鎌倉―随筆 一〇二「**きはまりなき**失礼なれども」訳**この上もない**失態だが。

*__きはま・る__【極まる・窮まる】キワマル 自動詞 ラ四 {ら/り/る/る/れ/れ} ❶極限に達する。きわまる。平家物語 鎌倉―物語 五・都遷「およそ平家の悪行においては**きはまり**ぬ」訳だいたい平家の悪行については**極限に達し**た。❷ゆきづまって窮する。きわまる。方丈記 鎌倉―随筆「日をへつつ**きはまり**ゆくさま、少水の魚のたとへにかなへり」訳一日一日と**ゆきづまって窮し**ていくさまは、少水の魚(＝少しの水の中の魚)のたとえのとおりだった。❸終わりとなる。尽きる。きわまる。平家物語 鎌倉―物語 一一・剣「帝運の**きはまる**程の御事はあらじかし」訳帝のご運が**尽きる**ほどのことはないでしょうよ。❹決まる。決定する。猿座頭 室町―狂言 狂言「身共が平家は、語る座敷が**きはまって**」訳私が語る『平家物語』は、語る席が**決まって**。

きはみ【極み】キワミ 名詞 (時間や空間の)極まるところ。極限。果て。

きは・む【極む・窮む】キワム

一 他動詞 マ下二 {め/め/む/むる/むれ/めよ} ❶極限に到達させる。きわめる。平家物語 鎌倉―物語 一・祇園精舎「楽しみを**きはめ**、いさめをも思ひ入れず」訳楽しみを**きわめ**、(人の)忠告をも深く心にとどめないで。❷終わらせる。源氏物語 平安―物語 明石「何ばかりのあやまちにてか、この渚に命を**きはめ**む」訳どれ程の罪で、この海のほとりで命を**終わらせる**のであろうか。❸尽くす。太平記 室町―物語 二〇「誠を尽くし理を**きはめ**て仰せられければ」訳誠意を尽くし、あらゆる道理を**尽くし**ておっしゃったので。❹決める。決定する。去来抄 江戸―論 先師評「先師をはじめいろいろと置き侍りて、この冠に**きはめ**給ふ」訳先師(＝芭蕉)をはじめ(皆も)いろいろと置いてみまして、この冠(＝俳句の最初の五文字)にお**決め**になる。

二 自動詞 マ下二 {め/め/む/むる/むれ/めよ} 極限に達する。きわまる。徒然 鎌倉―随筆 六四「程につけて**きはむる**官・位に至りぬれば」訳家柄に応じて**到達できる**最高の官位に達してしまうと。

きはめ[1]【極め】キワメ 名詞 ❶極限。果て。❷決定。契約。❸(書画骨董などの)鑑定。目きき。

き-は-め[2]【際目】キワメ 名詞 分かれめ。境界。間際。源氏物語 平安―物語 手習「やうやう身の憂さをも慰めつべき**きはめ**に」訳しだいにこの身のつらさも慰められようかという**間際**に。

きはめ-たる【極めたる】キワメタル 連体詞 (善悪ともに)この上もない。甚だしい。宇治拾遺 鎌倉―説話 一・四「郡司**きはめたる**相人なりけるが」訳郡司は、**この上もない**(すぐれた)人相見であったが。

*__きはめ-て__【極めて】キワメテ 副詞 この上なく。非常に。大鏡 平安―物語 時平「帝の御おきて、**きはめて**あやにくにおはしませば」訳帝のご処置は、**この上なく**厳しくていらっしゃるので。⇩きはまりて 参考

*__きは-やか・なり__【際やかなり】キワヤカナリ 形容動詞 ナリ {なら/なり・に/なり/なる/なれ/なれ} ❶特に目立っている。際立っている。枕草子 平安―随筆 五月ばかり、月もなう「こは誰そ、いとおどろおどろしう**きはやかなる**は」訳これはどなたか、たいそうおおげさに**特に目立っているの**は。❷思い切りがよい。てきぱきとしている。枕草子 平安―随筆 あかつきに帰らむ人は「いと**きはやかに**起きて、ひろめき立ちて」訳たいそう**思い切りがよく**起きて、ばたばたと騒いで。◆「やか」は接尾語。

き-び[1]【気味】名詞 「きみ(気味)」に同じ。

吉備[2]（きび） 地名 旧国名。奈良時代以前、山陽道にあった国。今の岡山県と広島県東部。天武・持統天皇のころに備前・備中・備後の三か国に分かれ、

後に備前から美作が分かれて四か国になった。

きび・し【厳し】形容詞シク〔(しく)・しから／しく・しかり／し／しき・しかる／しけれ／しかれ〕❶**厳重だ。つけいるすきがない。**徒然 鎌倉―随筆 一一「周りをきびしく囲ひたりしこそ、少しことさめて」訳周囲を厳重に囲ってあったことは、少し興がさめて。❷**いかめしい。厳かだ。**枕草子 平安―随筆 内裏は、五節の頃こそ「帳台の夜、行事の蔵人のいときびしうもてなして」訳帳台の試みの夜、行事の蔵人がたいそういかめしくかまえて。◇「きびしう」はウ音便。❸**険しい。**梁塵秘抄 平安―歌集 四句神歌「すぐれて山きびし」訳格別に山が険しい。❹**すきまがない。密だ。**東関紀行 鎌倉―紀行「松きびしく生ひつづき」訳松がすきまなく生え連なって。

きびす【踵】名詞 かかと。「くびす」とも。

きびは・なり 形容動詞ナリ〔なら／なり・に／なり／なる／なれ／なれ〕**幼い。幼くて、かよわい。**源氏物語 平安―物語 少女「姫君の御さまの、いときびはにうつくしうて」訳姫君のごようすがたいそう幼くてかわいらしく。

黄表紙 文芸 江戸時代中期の短編の草双紙。表紙の色が黄色または萌黄色であるところからいう。従来の「黒本」「青本」を脱し、風俗・世相を取り上げて滑稽・洒落・風刺を交え大人向けにした読み物。恋川春町の『金々先生栄華夢』に始まり、山東京伝の『江戸生艶気樺焼』が名高い。のち、その政治的風刺が幕府のとがめを受けるようになり、「合巻」へと移っていった。

きふ[1]【急】名詞 ❶**切迫した事態。**❷舞楽・能楽で、「序・破・急」の三部構成の最終部。拍子は、細かく速い。

き・ふ[2]【来経】自動詞ハ下二〔へ／へ／ふ／ふる／ふれ／へよ〕**年月がやって来ては去って行く。時が経過する。**万葉集 奈良―歌集 三〇七四「はねず色の(=枕詞)うつろひ易き心あればを年をぞきふる」訳変わりやすい心が(あの人に)あるので(便りだけをして)年を過ごしている。

き-ぶくりん【黄覆輪】名詞「きんぶくりん」に同じ。

きふ-じ【給仕】名詞／―す 自動詞サ変 ❶貴人のそばに仕えて身の回りの世話をすること。また、その人。❷食事の席で飲食の世話をすること。また、その人。

きふ・なり【急なり】形容動詞ナリ〔なら／なり・に／なり／なる／なれ／なれ〕❶**さし迫った状態だ。突然だ。**徒然 鎌倉―随筆 二四一「死期すでに近し。されども、いまだ病きふならず」訳死期がもはや近い。しかし、まだ病気が差し迫った状態ではなく。❷**気短だ。せっかちだ。**源氏物語 平安―物語 賢木「祖父大臣、いときふに、さがなくおはして」訳祖父大臣は、たいそう気短で、思いやりがなくていらっしゃって。

貴船 地名 歌枕 今の京都市左京区鞍馬の地名。貴船山には、水をつかさどる神を祭った貴船神社がある。

き-へな・る【来隔る】自動詞ラ四〔ら／り／る／る／れ／れ〕**来て遠く隔たる。**万葉集 奈良―歌集 六七〇「月読の光に来ませあしひきの(=枕詞)山きへなりて遠からなくに」訳この月の光でこちらにおいでください。山が隔たって遠いというわけでもないのですから。

き-ぼ【規模】名詞 ❶**仕組み。構成。**❷**規範。模範。手本。**徒然 鎌倉―随筆 九九「古弊をもちてきぼとす」訳古くていたんでいることをもって模範とする。

きほひ【競ひ】名詞 ❶**激しい勢い。**源氏物語 平安―物語 橋姫「いと荒ましき風のきほひに、ほろほろと落ち乱るる木の葉の露の散りかかるも、いと冷やかに」訳たいそう激しい風の勢いに、ほろほろと乱れ落ちる木の葉の露がふりかかるのもとても冷たく。❷**張り合うこと。競争。張り合う勢い。はずみ。**源氏物語 平安―物語 若菜上「かかるきほひには、慕ふやうに心あわたたし」訳(私に続いて出家する)このような勢いであっては、慕って追って来るようで気ぜわしい。

きほ・ふ【競ふ】自動詞ハ四〔は／ひ／ふ／ふ／へ／へ〕❶**争う。張り合う。**万葉集 奈良―歌集 一六四九「今日降りし雪にきほひてわが宿の冬木の梅は花咲きにけり」訳今日降った雪に張り合ってわたしの屋敷の冬枯れの梅は花が咲いたことよ。❷**先を争って散る。散り乱れる。**源氏物語 平安―物語 帚木「風にきほへる紅葉の乱れなど」訳風に先を争って散っている紅葉の散り乱れるようすなど。

き-ま・す【来座す】連語 **来なさる。おいでになる。**拾遺 平安―歌集 恋三「我が背子がきまさぬ宵の秋風は」訳私の夫がおいでにならない夜の秋風は。◆「ます」は、主に奈良時代以前に使われた尊敬の意の補助動詞(丁寧語ではない)。

き-まぶり【木守り】名詞 ❶翌年の豊作を願い、木に一つ二つ実を残すこと。また、その果実。❷山林などの樹木の番人。◆「きまもり」とも。

き-まもり[1]【木守り】名詞「きまぶり」に同じ。

き-み【気味】名詞 ❶**においと味。風味。**❷**趣。味わい。**徒然 鎌倉―随筆 一七四「道を楽しぶよりきみ深きはなし」訳(仏の)道を楽しむ以上に味わいの深いものはない。❸**心地。気分。**◆❷❸は「きび」とも。

きみ[2]【君・公】

一 名詞 ❶**天皇。帝。**万葉集 奈良―歌集 四四六五「天の日嗣と継ぎて来るきみの御代御代」訳皇祖以来のみ位として継承してきた天皇の御代御代に。❷**主君。主人。**徒然 鎌倉―随筆 五九「きみの恩、人の情け、捨てがたしとて捨てざらんや」訳主君の恩、人の情愛を、捨てかねるからといって、捨てないでいられようか、いや、捨てないではいられない。❸**お方。**▼貴人を敬っていう語。源氏物語 平安―物語 桐壺「このきみをば、私物に思ほしかしづき給ふこと限りなし」訳このお方(=光源氏)を、(帝は)自分のたいせつな子としてお心にかけて大切にご養育なさることこの上もない。❹〔人名・官名などに下接して、「…の君」の形で〕**君。**▼敬意を表す。枕草子 平安―随筆 清涼殿の丑寅のすみの「宰相のきみぞ十ばかり、それもおぼゆるかは」訳宰相の君が(『古今和歌集』の歌の下の句を)十首ほど(申し上げるが、それぐらいでは)、それも思い浮かぶなどと言えるであろうか、いや、言えない。❺**遊女。**一代男 江戸―物語 浮世・西鶴「腰に付けたるはした銭を投ぐれば、きみたち声をあげて」訳腰に付けていたはした金を投げると、遊女たちは声をあげて。

二 代名詞 **あなた。**▼対称の人称代名詞。親愛の意を表す。伊勢物語 平安―物語 二三「比べ来し振り分け髪も肩過ぎぬきみならずして誰か上ぐべき」訳⇩くらべこし…。

きみがあたり… 和歌「君があたり 見つつも居らむ 生駒山 雲なたなびき 雨は降るとも」〔万葉集 奈良―歌集〕三〇三二・よみ人知らず 訳君の家のあたりを見続けていよう。生駒山に、雲よ、たなびかないでくれ。たとえ雨は降っても。

参考 この和歌は、類歌が『伊勢物語』二十三段や『新古今和歌集』に載っている。

きみ-が-きる【君が着る】 枕詞 君が着る「御笠」の意から、同音の地名「三笠」にかかる。〔万葉集 奈良―歌集〕二六七五「きみがきる三笠の山に居る雲の立てば継がるる恋もするかも」訳三笠の山にかかっている雲がわいてはまた起こるように絶え間ない恋をすることよ。

きみ-が-さす【君が差す】 枕詞 君にさしかける「御笠」の意から、同音の地名「三笠」にかかる。〔古今 平安―歌集〕雑体「きみがさす三笠の山のもみぢ葉の色神無月時雨の雨の染めるなりけり」訳三笠山の美しい紅葉。十月の時雨の雨で染まった紅葉。

きみがすむ… 和歌「君が住む 宿の梢を ゆくゆくと 隠るるまでも かへり見しはや」〔大鏡 平安―物語〕時平・菅原道真 訳あなたが住んでいる家の木々の梢を、都を離れ西へ向かって遠ざかって行きながら、隠れて見えなくなるまで振り返って見たことだ。

鑑賞 右大臣であった菅原道真が、「大宰権帥」として筑紫(福岡県)へ左遷される折、都に残してきた妻を思いやって詠んだ歌。「はや」の「は」は係助詞、「や」は間投助詞で、強い詠嘆を表す。

[1]**きみがため…** 和歌「君がため 手力疲れ 織りたる衣ぞ 春さらば いかなる色に 摺りてば好けむ」〔万葉集 奈良―歌集〕一二八一・よみ人知らず 訳あなたのために手も疲れるほど力を尽くして織った着物です。春になったならば、どんな色に摺って染めたらよいでしょうか。

鑑賞 『柿本人麻呂歌集』に載る旋頭歌で、本来の形式の問答体をとっており、庶民階級の女性の作と思われる。

[2]**きみがため…** 和歌 百人一首「君がため 春の野に出でて 若菜摘む わが衣手に 雪は降りつつ」〔古今 平安―歌集〕春上・光孝天皇 訳あなたのために春の野に出て若菜を摘む私の袖に、雪がしきりに降りかかることだ。

[3]**きみがため…** 和歌 百人一首「君がため 惜しからざりし 命さへ 長くもがなと 思ひけるかな」〔後拾遺 平安―歌集〕恋二・藤原義孝 訳あなたに逢うためには惜しくなかった命でさえも、(逢うことができた今では)長くあってほしいと思うようになったよ。

きみがゆく… 和歌「君が行く 道の長手を 繰り畳ね 焼き滅ぼさむ 天の火もがも」〔万葉集 奈良―歌集〕三七二四・狭野弟上娘子 訳あなたが流されて行く長い道のりを手繰り寄せてたたんでしまい、それを焼き滅ぼしてしまえるような天の火があるといいのになあ。

鑑賞 狭野弟上娘子と、中臣宅守との贈答歌の中の一首。恋人である宅守が罪を得て越前の国へ配流されるときに、別れを惜しんで詠んだ歌。「もがも」は、終助詞の「もが」と「も」が一つに合わさったもので、願望の意を表す奈良時代以前の語。「…あればいいなあ」「…といいなあ」などと訳す。

きみ-が-よ【君が代・君が世】 名詞 ❶天皇の御治世。我が君の代。❷あなたの寿命。

きみ-きみ【君君】 名詞 主君たち。この君、かの君。

きみこむと… 和歌「君来むと 言ひし夜ごとに 過ぎぬれば 頼まぬものの 恋ひつつぞふる」〔新古今 鎌倉―歌集〕恋三・よみ人知らず 訳あなたが来ようと言ったそのどの夜もどの夜も来ることなく過ぎてしまったので、もう当てにはしていないけれども、それでも恋しく思いながら日を送っている。

鑑賞 『伊勢物語』二十三段によると、ある男が、河内の国に新たに通う女ができたが、妻の真情にうたれて通わなくなった。女は男の訪れを待つが、そのうちようやく「来よう」と言って寄こした。喜んで待っていたがその都度寄らずに通り過ぎてしまった。そこで詠んだ歌という。

きみ-ざね【君実】 名詞 本妻。正妻。◆「ざね」は接尾語。

きみ-たち【公達・君達】 名詞 「きんだち」に同じ。

き-みづ【黄水】 名詞 「わうずい」に同じ。

きみならで… 和歌「君ならで 誰にか見せむ 梅の花 色をも香をも 知る人ぞ知る」〔古今 平安―歌集〕春上・紀友則 訳あなたでなくていったいだれに見せようか、この梅の花を。色といい、香りといい、あなただけが理解してくれるのだ。

鑑賞 梅の花は花の色合いだけでなく、香りも賞美の対象とされた。この歌では、賞美の対象は梅の花そのものではなく、梅の花を贈った相手となる。相手の趣味の高さ、深さを褒めている歌である。

きみまつと… 和歌「君待つと わが恋ひをれば わがやどの 簾動かし 秋の風吹く」〔万葉集 奈良―歌集〕四八八・額田王 訳あなたのおいでを待って私が恋しく思っていると、私の家のすだれを動かして秋の風が吹くことよ。

鑑賞 すだれの動く音にも、あの人ではないかとときめく心を、女性らしい感覚で詠んでいる。また、すだれを動かす風をあの人が来る予兆(=前知らせ)と受け取っているとも考えられる。

きみやう-ちやうらい【帰命頂礼】 名詞 仏教語。身命をささげて仏に帰依すること。

参考 仏を拝むときに唱える文句で、「南無帰命頂礼」と唱えることも多い。「帰命」は梵語の「なむ(=「南無」はその音訳)」の漢語訳で、仏の教えに一身をささげて従う意、「頂礼」は、頭を仏の足にすりつけて礼拝する意である。

きみをおきて… 和歌「君をおきて あだし心を わが持たば 末の松山 波も越えなむ」〔古今 平安―歌集〕東歌・よみ人知らず 訳君を忘れて浮気心を私が持ったとしたら、あの波の越えるはずのない「末の松山」を、波もきっと越えてしまうだろう。(そんなことはあり得ない。)

鑑賞 「末の松山」は陸奥の国、今の宮城県多賀城市付近にあったという山のことで、歌枕の一つ。これを波が越えるというのは、あり得ないことが起こる比喩、または、心変わりを表す。恋人に対して、変わらぬ誠実を誓った民謡調の歌である。「持たば」は「持つ」の未然形に接続助詞の「ば」が付いたもの、「もし、持っていたら」と訳す。「越えなむ」は「越ゆ」の連用形に、確述(強意)の助動詞「ぬ」の未然形と推量の助動詞「む」

が付いたもの。「きっと…だろう」と訳す。

き-むか・ふ【来向かふ】キムカウ 一 キムコウ 自動詞 ハ四（は/ひ/ふ/ふ/へ/へ）**近づいて来る。** 万葉集 奈良一歌集 四一八〇「春過ぎて夏**きむかへ**ば」訳春が過ぎて夏が**近づいて来る**と。

参考 こちらを主とした場合は「迎ふ」であるが、「来向かふ」は向かって来るものを主にして、その近づくのを期待する気持ちがある。

き-むぢ ジム 代名詞 **おまえ。きみ。** ▼対称の人称代名詞。「きむち」「きんぢ」とも。

参考 「きみむち（君貴）」の変化した語で、本来は敬意を含んでいたが、後には対等・目下の者に対して、やや親しみをこめて用いるようになった。

きも【肝・胆】名詞 ❶（広く）**内臓。肝臓。はらわた。** ❷**心。気力。胆力。思慮。** ▼肝は心の存在する所であるとすることから。宇治拾遺 鎌倉一説話 八・四「見るに、**きもまどひ**、倒れ伏しぬべき心地すれども」訳見ると、**心乱れ**、倒れ伏してしまいそうな気持ちがするけれども。

きも-いり【肝煎り・肝入り】名詞 ❶あれこれと心をつかって他人の世話をすること。商工業の組合では世話人をいう。❷「名主（なぬし）」・「庄屋（しやうや）」の別名。◆江戸時代の語。

きも-い・る【肝煎る】他動詞 ラ四（ら/り/る/る/れ/れ）**世話をする。仲をとりもつ。** 西鶴織留 江戸一物語 浮世・西鶴「旅宿の亭主に頼まれ、在所へ養子を**きもいり**て」訳旅宿の亭主に依頼されて、田舎へ養子の**世話をして**。

***きも-き・ゆ**【肝消ゆ】連語 **非常に驚く。びっくりして正気を失う。** 竹取物語 平安一物語 蓬萊の玉の枝「御子（みこ）は、我にもあらぬ気色（けしき）にて、**きもきえ**居給（ゐたま）へり」訳（くらもちの）皇子（みこ）は、茫然自失のようすで、**非常に驚き**お座りになっている。

参考 多く、意外な事に直面して不安や恐怖を感じたときに用いる。「肝潰（つぶ）る」も同様の表現。

きも-くだ・く【肝砕く】連語 **非常に心が痛む。** 今昔物語 平安一説話 一九・一「**きもくだけ**心（むね）迷（まど）ひて嘆き悲しむ」訳**非常に心が痛み**思い迷って嘆き悲しむ。◆「くだく」はこの場合下二段の他動詞。

きも-ごころ【肝心】名詞 **心。正気（しやうき）。精神。** 「きもこころ」とも。徒然 鎌倉一随筆 八九「**きもごころ**も失（う）せて、防がんとするに力もなく」訳（猫またに襲われて）**正気**も失って、防ごうとするのに力も出ず。

きも-だましひ【肝魂】キモダマシイ 名詞 ❶**心。精神。** 「きもたましひ」とも。平家物語 鎌倉一物語 九・小宰相身投「見る人聞く者**きもだましひ**を痛ましめずといふ事なし」訳見る人も聞く人も皆が**心**を痛ませないということがない。❷**胆力。気力。きもったま。**

きも-つぶ・る【肝潰る】連語 **非常に驚く。びっくりして正気を失う。** 徒然 鎌倉一随筆 一三七「各（おのおの）**きもつぶるる**やうに争ひ走りのぼりて」訳それぞれが**正気を失う**かのように争って（桟敷（さじき）に）走り上って。⇨きもきゆ 参考

きも-に-めい・ず【肝に銘ず】連語 **強く深く心に刻みつける。しっかり記憶する。** ⇨めいず

きも-ふと・し【肝太し】連語 **太っ腹で度胸がある。勇気がある。** 宇治拾遺 鎌倉一説話 七・三「心ばへかしこく**きもふとく**、おしからだちてなんおはしける」訳気立ても賢く**度胸があり**、押しの強い性質でいらっしゃった。

きも-むかふ【肝向かふ】キモムカウ 一 キモムコウ 枕詞 肝臓は心臓と向き合っていると考えられたことから「心」にかかる。万葉集 奈良一歌集 一三五「**きもむかふ**心を痛み思ひつつかへりみすれど」訳心が痛んで別れた人を思いつつふり返るけれども。

きも-を-け・す【肝を消す】連語 **非常な驚きに襲われる。肝をつぶす。** 平家物語 鎌倉一物語 一〇・首渡「風の吹く日は今日もや舟に乗り給（たま）ふらんと**きもをけし**」訳風の吹く日は、今日も船に乗っていらっしゃるだろうかと**驚きに襲われ**。

きも-を-つぶ・す【肝を潰す】連語 **非常に驚く。** 今 昔物語 平安一説話 二八・三二「妻子（めこ）此（これ）を見て、**きもをつぶし**て、『あさまし』と思ふ程に」訳妻がこれを見て**非常に驚いて**、「なんということだ」と思ううちに。

き-もん【鬼門】名詞 陰陽道（おんやうどう）で、たたりをする鬼が出入りするとして忌む、艮（うしとら）（＝北東）の方角。また、その角（かど）。

参考 鬼門を避ける方法、または、それを鎮圧する手段を講ずるのがならわしで、延暦寺（えんりやくじ）が王城鎮護の意味をもつのも、平安京の東北に位置することによる。

[1]**きゃう**【京】キョウ 名詞 ❶**皇居のある土地。帝都。みやこ。** ❷（平安遷都以後は）**平安京。京都。**

[2]**きゃう**【経】キョウ 名詞 釈迦（しやか）の教えや言行を記した書物。**経文。仏典。**

[3]**きゃう**【卿】キョウ 名詞 ❶律令制の「八省（はつしやう）」の長官。❷大中納言・参議または三位以上の貴族。公卿（くぎやう）。また、それらの人の名に付ける敬称。

[4]**きゃう**【境】キョウ 名詞 ❶**心境。境地。** ❷**さかい。境界。**

[5]**きゃう**【饗】キョウ 名詞 酒や食べ物で人をもてなすこと。**ごちそう。**

***ぎゃう**【行】ギョウ 名詞 ❶仏教語。悟りに到達するための修行。浄土教では、称名（しやうみやう）念仏をいう。❷律令制で、位階と官職を並記するとき、位階が官職よりも高い場合に、位階と官職との間に置く語。大鏡 平安一物語 道長上「従（じゆ）四位上**行**摂津守（せつつのかみ）右京大夫（うきやうのだいぶ）」。対守（しゆ）。❸漢字の書体の一つ。**行書（ぎやうしよ）。**

きゃう-えん【竟宴】キョウエン 名詞 行事が終わった後に催される祝宴。宮中で、講書が終わったときや、また勅撰（ちよくせん）和歌集が完成したときなどに催される。◆「竟」は終わるの意。

きゃう-おう【響応・饗応】キョウオウ 一 名詞/―す 自動詞 サ変 **機嫌をとること。とり入ること。** 「きゃうよう」とも。大鏡 平安一物語 道長上「いみじう**きゃうおうし**申させ給（たま）ひて」訳（道隆（みちたか）は）たいそう（道長の）**機嫌をとり**申し上げなさり。

二 名詞/―す 他動詞 サ変 **酒食を設けて、人をもてなすこと。ちそう。** 「きゃうよう」とも。徒然 鎌倉一随筆 二三一「客人（まれびと）の**きゃうおう**なども」訳客への**もてなし**など も。

きゃう-がい【境界】キョウガイ 名詞 ❶**自分の認識の及ぶ対象・範囲。** ❷（因果応報の理によって定められた）**境遇。** おらが春 江戸一句集 俳文「俗塵（ぞくぢん）に埋もれて世渡る**きゃうがい**ながら」訳俗世間にうもれて生活している**境遇**であるが。❸**自分の能力の及ぶ範囲。** 徒然 鎌倉一随筆 一九三「おのれが**きゃうがい**にあらざる物をば、争ふべからず」訳自分の**能力の及ぶ範囲**でないこ

とで争ってはならない。◆❶❷は仏教語。

ぎやう-がう[1]【行幸】名詞／—す 自動詞 サ変 **天皇のお出まし。みゆき。**「ぎやうかう」とも。対 還幸。▼天皇の外出を敬っていう語。

参考 三后（太皇太后・皇太后・皇后）および皇太子・皇太子妃などの外出は「行啓」、また、上皇・法皇・女院の外出は「御幸」という。

ぎやう-がう[2]【行香】名詞／—す 自動詞 サ変 法会のとき、香や香炉を持って参会の僧たちに配って回ること。また、その役人。

ぎやう-ぎ【行儀】名詞 ❶なすべきこと。手本とすべき規範。❷立ち居振る舞い。また、その作法。

きやう-ぎやう・なり【軽軽なり】形容動詞 ナリ〔なら／なり・に／なり／なる／なれ／なれ〕（行動が）**軽率だ。かるがるしい。**源氏物語 平安｜物語 横笛「いかでか、御簾の前をば渡り侍らむ。いときやうぎやうならむ」訳 どうして御簾の前を通れましょうか。たいそうかるがるしいことだろう。

きやう-くやう【経供養】名詞／—す 自動詞 サ変 書写した経文を仏前に供えて法会を催し、功徳をつむこと。枕草子 平安｜随筆 説経の講師は「その人のせし八講、きやうくやうせしこと」訳 だれそれが催した法華八講や、書写した経文を供えたこと。

ぎやう-けい【行啓】名詞／—す 自動詞 サ変 〔太皇太后・皇太后・皇后および皇太子・皇太子妃の外出を敬っていう語〕お出まし。「ぎやうげい」とも。⇩行幸

きやう-げう【経教】名詞 仏教語。経文。また、経文に説き示されてある教え。

きやう-げん【狂言】名詞 ❶道理に合わない非常識な言葉。❷ふざけた言葉。冗談。❸演劇の一つ。滑稽を中心とする。⇩狂言 文芸。❹芝居。歌舞伎狂言。

きやうげん-かた【狂言方】名詞 歌舞伎の脚本作者。

きやうげん-きぎよ【狂言綺語】名詞 道理に合わない言葉と、巧みに飾った言葉。

参考「狂言綺語」は、鎌倉時代において、仏教・儒教の立場から詩歌・小説・物語や、さらに歌舞・音楽などを、批判的にいう語。

きやう-ご【向後・嚮後】名詞 副詞「きやうこう」に同じ。

きやう-こう【向後・嚮後】名詞 副詞 **今からのち。以後。今後。**「きやうご」とも。平家物語 鎌倉｜物語 八・太宰府落「きやうこう、傍輩のため奇怪に候ふ」訳 今後仲間のためにはけしからんことです。

きやう-ごく【京極】名詞 平安京の東西両端をそれぞれ南北に通る大路。

京極為兼 人名（一二五四〜一三三二）鎌倉時代の歌人。藤原定家の曾孫。京極為教の子。伏見天皇の信任をうけ、『玉葉和歌集』を撰進。自由清新で革新的な京極派歌人として活躍し、保守的な二条派と対立した。歌論書に『為兼卿和歌抄』がある。

京極為教 人名（一二二七〜一二七九）鎌倉時代の歌人。藤原定家の子、為家の二男で、為兼の父。兄の為氏（二条家）、弟の為相（冷泉家）と並んで、京極家をおこした。率直な歌風に京極派の芽生えがある。

ぎやう-ごふ【行業】名詞 仏教語。**仏道の修行。**

***きやう-ざく・なり**【警策なり】形容動詞 ナリ〔なら／なり・に／なり／なる／なれ／なれ〕（詩文や人柄・容姿などが）**際立ってりっぱだ。特別にすぐれている。**「かうざくなり」とも。源氏物語 平安｜物語 花宴「文どもきやうざくに、舞、楽、物の音ども調ほりて」訳 詩文なども特別にすぐれていて、舞、音楽、楽器の音もよく調っていて。

きやう-ざま【京様・京方】名詞 **みやこの方角。**京都の方。

きやう-じ【経師】名詞 ❶経文を書写し、また折り本などに仕上げる職人。❷**表具師。**

ぎやう-じ【行事】名詞 ❶**催し事。年中行事。**朝廷での行事は「公事」という。❷ある物事を主に担当すること。また、その人。**責任者。**枕草子 平安｜随筆 関白殿、二月二十一日に「ぎやうじする者のいと悪しきなり」訳（車に乗る順が乱れたのは）責任者のひどい不手際だ。❸朝廷の諸儀式をつかさどる役。また、その人。**行事官。**❹江戸時代、町内または商人の組合の責任者。

きやう-しき【京職】名詞 律令制の役所の一つ。左右に分かれ、それぞれ左京・右京の行政・司法・警察をつかさどる。

きやう-しや【狂者】名詞 ❶**風雅に徹した人。風狂の人。**❷**ふざけたことを言う人。狂言師。**

ぎやう-じや【行者】名詞 ❶**仏道の修行者。行人。**❷**修験道の行者。修験者。**

ぎやう-・ず【行ず】他動詞 サ変〔ぜ／じ／ず／ずる／ずれ／ぜよ〕**行う。仏道の修行をする。**徒然 鎌倉｜随筆 五八「静かならでは道はぎやうじ難し」訳（心が）平静でなくては仏道は修行しにくい。

ぎやう-ずい【行水】名詞 ❶潔斎のために水・湯で体を洗い清めること。❷（特に夏季に）水や湯を浴びて汗を流すこと。また、その水。季 夏。鬼貫 江戸｜句集 俳諧「ぎやうずいの捨てどころなき虫の声—鬼貫」訳 ⇩ぎやうずいの…。

ぎやうずいの… 俳句「行水の 捨てどころなき 虫の声」鬼貫 江戸｜句集 俳諧・鬼貫 訳 行水で使った水を捨てたいけれど、庭一面に秋の虫の声がして、うっかり捨てると虫が鳴きやんでしまうかもしれないので、捨て場所に困ってしまうよ。

鑑賞 日常生活の何気ない一場面に、風流な心を発揮した句。季語は「虫の声」で、季は秋。

ぎやう-せき【行跡】名詞「かうせき」に同じ。

きやう-ぜん【饗膳】名詞 客をもてなすための、酒食を用意しての膳。また、その酒やさかな。徒然 鎌倉｜随筆 六〇「出仕してきやうぜんなどにつく時も」訳（法要の）席に出て酒食を用意しての膳などにつくときも。

きやう-だう【経堂】名詞 寺で経典を納めておくお堂。経蔵。

ぎやう-だう【行道】名詞／—す 自動詞 サ変 仏教語。❶**仏道を修行すること。**❷**経を唱えながら一定の地を往来すること。**座禅の際のねむけを防ぐために行う。経行。❸仏を供養するために、僧尼が列を作り、経を唱えながら仏像や仏堂の周囲を右回りに回ること。また、その儀式。

ぎやう-でん【宜陽殿】名詞 内裏の殿舎の一つ。歴代の楽器・書籍などの御物を収納する。参照▼資料26

京都 地名 都市の名。今の京都市。「平安京」をもとに発達し、長く首都であった。都。京。
参考 本来は「天子の壮大な都」を意味する普通名詞。

ぎやう・なり【仰なり】{なら／なり・に／なり／なる／なれ／なれ} 形容動詞ナリ **おおげさだ。(程度が)はなはだしい。**

ぎやう-にん【行人】名詞 ❶仏道修行者。行者。❷比叡山で雑役に従事する僧。堂衆。❸高野山で修験道の修行をする僧。

きやう-のぼり【京上り】名詞／—す 自動詞サ変 地方から京都へ行くこと。上洛。対京下り。

きやう-ひと【京人】名詞 **都の人。**「きやうびと」とも。

ぎやう-ぶ【行歩】名詞 **歩くこと。歩行。** 徒然 鎌倉—随筆 一〇八「飲食・便利・睡眠・言語・ぎやうぶ、止む事を得ずして」訳 食事や便通・睡眠・談話・歩行など、やむを得ないことで。

ぎやうぶ-きやう【刑部卿】名詞 「刑部省」の長官。

きやう-ぶく【軽服】名詞 遠い親類のために服する軽い喪。

ぎやうぶ-しゃう【刑部省】名詞 律令制で、「八省」の一つ。「太政官」に属し、訴訟の裁判や罪人の処罰などをつかさどる役所。長官は卿。「検非違使」が設置されて以後、その機能のほとんどを失った。

ぎやう-ぼふ【行法】名詞 仏教語。仏道を修行すること。また、その方法。

きやう-まん【軽慢】名詞／—す 他動詞サ変 おごりたかぶって人を軽蔑すること。

きやう-もん【経文】名詞 **経典の文章。経典。**

きやう-よう【響応・饗応】名詞／—す 自動詞サ変／他動詞サ変 「きやうおう」に同じ。

ぎやう-りき【行力】名詞 仏教語。仏道の修行によって得られる力。

きやう-わく【狂惑】名詞 心が狂いまどうこと。狂乱。

きやう-わらはべ【京童部】名詞 **京都の若者ら。**「きやうわらは」「きやうわらべ」「きやうわらんべ」とも。
参考 口やかましくうわさ好きなならず者、ごろつき、といった感じで用いられた語。

きやう-わらべ【京童】名詞 「きやうわらはべ」に同じ。

きやう-わらんべ【京童部】名詞 「きやうわらはべ」に同じ。

きやう-をんな【京女】名詞 **京都の女性。**しとやかで優美とされる。

ぎやく-えん【逆縁】名詞 ❶仏教語。仏法に背く悪事によってかえって生じる、仏道に入る因縁。❷年長者が年少者の法事・供養を行う、順当でない縁。特に、親子の間でのことにいう。❸死者とは何の縁もない者が、偶然そこに居合わせたりして死者の供養をする、かりそめの縁。◆因果の理に反している縁の意。

きやく-しき【格式】名詞 ❶「格」と「式」。律・令の補助法令。❷(身分・家柄・儀式などに関する)**規定。しきたり。** 平家物語 鎌倉—物語 一・殿上闇討「みなこれきやくしきの礼を守る」訳 すべてこれしきたりの作法を守る。◆「かくしき」とも。

きやく-そう【客僧】名詞 **諸国行脚の旅の僧。**「かくそう」とも。

きや-しや【花車・華奢】名詞 ❶**上品で優雅なこと。優美・風流なこと。** ❷**体つきがほっそりとして上品なこと。**

きや-しや・なり【花車なり・華奢なり】{なら／なり・に／なり／なる／なれ／なれ} 形容動詞ナリ **優雅だ。優美だ。風流だ。** 世間胸算用 江戸—物語 浮世・西鶴「よろづをきやしやにて暮らせし身なれども」訳 万事風流に暮らした身だが。

きやつ【彼奴】代名詞 **あいつ。**▼他称の人称代名詞。第三者をののしっていう俗語。◆「かやつ(彼奴)」の変化した語。鎌倉・室町時代の語。

き・ゆ【消ゆ】自動詞ヤ下二{え／え／ゆ／ゆる／ゆれ／えよ}
❶**消える。なくなる。** 徒然 鎌倉—随筆 七「あだし野の露きゆる時なく」訳 あだし野の露が消えるときがなく。❷**正気を失う。意識がなくなる。** 源氏物語 平安—物語 手習「いと弱げに、きえもてゆくやうなれば」訳 ひどく弱々しそうで、だんだん意識がなくなってゆくようなので。❸**亡くなる。**▼「死ぬ」の婉曲な言い方。源氏物語 平安—物語 若菜上「やがてきえ給ひなば、かひなくなむ」訳 そのまま亡くなられたならば、何のかいもないことです。

[1]**キュウ**【九・久・旧・灸・糾・裘・鳩】⇩きう

[2]**キュウ**【急・給】⇩きふ

きゅう-せん【弓箭】名詞 ❶**弓と矢。**(弓矢を取る身である)**武士。** ❷**弓矢による戦い。いくさ。**

きゅう-ば【弓馬】名詞 ❶**弓と馬。** ❷**弓術と馬術。**戦いのために武士が身につけるべき武芸とされ、武芸全般をもいう。

[1]**きょ**【挙】名詞／—す 他動詞サ変 **推薦すること。推挙。** 大鏡 平安—物語 伊尹「昔は、前の頭のきょによりて」訳 昔は、前の蔵人の頭の推挙によって。

[2]**きょ**【虚】名詞 ❶**空虚。うつろ。から。** ❷**備えがないこと。油断。** ❸**うそ。** ❹**虚構。フィクション。** 対実。

[3]**きょ**【裾】名詞 束帯のときに着用する下襲の、後ろに長く引いた裾の部分。地紋や長さは官位や季節によって異なる。参照▼口絵

[1]**ぎょ-**【御】接頭語 ❶尊敬の意を表す。「ぎょ意」「ぎょ慶」。❷特に、天皇・上皇などに関する事物を表す語に付いて、敬意を表す。「ぎょ製」

[2]**-ぎょ**【御】接尾語 動作を表す漢語に付いて、その動作の主体が、天皇またはそれに準ずる人であることを表す。「還ぎょ」「渡ぎょ」「崩ぎょ」

[1]**ぎょ-い**【御衣】名詞 **天皇のご衣服。お召し物。**

[2]**ぎょ-い**【御意】名詞 ❶**お考え。おぼしめし。** 保元 鎌倉—物語 中「『…ただぎょいにこそ』と申しければ」訳「…ただおぼしめしのままに」と申し上げると。❷**お指図。ご命令。**
参考 相手の考えなどに対する尊敬語で、❶が本来の意味。それが対話の形で言葉で示されると❷の意味に

なることもあり、現実には❶❷の意味は見分けにくいことが多い。時代劇の台詞でよく耳にする「御意」は、「…のとおりにございます」などの続くべき言葉が略された形。

ぎょ-いう【御遊】 名詞 天皇や貴人などが催されるお遊び。特に、管弦の遊び。

き-よう【器用】 名詞 役に立つ才能があること。また、その人。◆役に立つ器の意。

1 **キョウ**〖向・狂・京・卿・経・竟・軽・境・警・響・饗〗⇩きやう

2 **キョウ**〖叫・孝・校・教・憍・驕〗⇩けう

3 **キョウ**〖夾・脇〗⇩けふ

4 **きょう【凶】** 名詞 **不吉なこと。縁起がよくないこと。** 対 吉。

5 **きょう【興】** 名詞 ❶**おもしろみ。興趣。興味。** 竹取物語 平安一物語 燕の子安貝「をかしき事にもあるかな。…きょうあること申したり」訳 おもしろいことだなあ。…興味あることを言ってくれた。❷**その場の戯れ。座興。** 徒然 鎌倉一随筆 一七五「酒を勧めて、強ひ飲ませたるをきょうとする事」訳 酒を勧めて、無理に飲ませているのをその場の戯れとすることは。❸漢詩の「六義」の一つ。事物に感じて感興を述べるもの。六義を和歌に応用して、和歌の六義の一つともし、『古今和歌集』の仮名序では「たとへうた」を当てている。

1 **ギョウ**〖行・刑〗⇩ぎやう

2 **ギョウ**〖業〗⇩げふ

3 **ギョウ**〖澆・楽〗⇩げう

4 **ぎょ-う【御宇】** 名詞 その天皇が天下をお治めになった期間。**御代。ご治世。** ◆「宇」は世界の意。

きょう-あ・り【興有り】 連語 **おもしろい。趣が深い。** 源氏物語 平安一物語 桐壺「言ひかはしたることどもなむ、いときょうありける」訳 話し合った内容は、とても趣が深かった。

狂歌 文芸 滑稽・風刺・洒落を含んで笑いを目的とする、短歌形式の歌。江戸時代中期ごろから特に盛んに行われた。代表的作者に、唐衣橘州・四方赤良(太田蜀山人)。朱楽菅江・宿屋飯盛らがいる。

きょう-がい【凶害】 名詞 人を憎んだり、だましたり、殺傷したりする行い。また、凶悪な計画。

きょう-が・る【興がる】 自動詞ラ四〔ら/り/る/る/れ/れ〕**おもしろいと思う。珍しく思う。** 梁塵秘抄 平安一歌集 四句神歌「この滝は様がる滝のきょうがる滝の水」訳 この滝は風変わりな滝でおもしろい滝の水である。◆「がる」は接尾語。

狂句 文芸 ❶連歌で、有心の句(=和歌的な句)に対して、無心の句(=滑稽な句)のこと。❷蕉風俳諧で、「風狂の句」の意で、風雅に徹した通俗・洒脱な句のこと。❸川柳。

きょう-ぐ【供具】 名詞「くぐ」に同じ。

ぎょうくゎ-しゃ【凝華舎】 名詞 平安京内裏の後宮五舎の一つ。女官の居所で、前庭に紅梅や白梅が植えてあるところから、「梅壺」ともいう。

狂言 参照▶資料26 文芸 室町時代に成立した庶民的な喜劇。滑稽・卑俗で風刺性が強い。能の幕間に当時の口語で演じられた。「間狂言」「能狂言」とも。

きょう-さ・む【興醒む】 連語 **興味を失う。興がさめる。** 平家物語 鎌倉一物語 八・猫間「中納言かやうの事にきょうさめて」訳 中納言はこのようなことに興がさめて。

きょう-じ【凶事】 名詞 **縁起の悪い出来事。不吉な出来事。**

***きょう-・ず【興ず】** 自動詞サ変〔ぜ/じ/ず/ずる/ずれ/ぜよ〕**興に入る。おもしろがる。** 徒然 鎌倉一随筆 一三七「よき人は、ひとへに好けるさまにも見えず、きょうずるさまもなほざりなり」訳 教養のある人は、いちずに情趣を好むようにも見えないし、おもしろがるさまもあっさりしている。

ぎょう-だう【凝当・凝濁】 名詞 杯の底に残った酒。また、杯を他の人にすすめるとき、口を当てた部分を飲み残した酒ですすぎ流すこと。「魚道」とも。

きょう-と【凶徒】 名詞 **凶悪なことをする者。悪者。**

きょう-な・し【興無し】 形容詞ク〔(く)・から/く・かり/し/き・かる/けれ/かれ〕**おもしろみがない。つまらない。** 徒然 鎌倉一随筆 五六「をかしきことを言ひてもいたく興ぜぬと、きょうなきことを言ひてもよく笑ふにぞ、品のほど計られぬべき」訳 おもしろいことを言ってもたいしておもしろがらないことと、おもしろみがないことを言ってもよく笑うことで、品格の程度はおしはかることができるであろう。

き-よう・なり【器用なり】 形容動詞ナリ〔なら/なり・に/なり/なる/なれ/なれ〕❶**賢い。利口だ。** 鑓権三 江戸一浄瑠 浄瑠・近松「きように生まれついたよな」訳 利口に生まれたものよ。❷**わざに巧みだ。細かい仕事が上手だ。**

きょう-に-い・る【興に入る】 連語 なりたち 名詞「きょう」＋格助詞「に」＋動詞「いる」 **深くおもしろさをおぼえる。おもしろがる。** 徒然 鎌倉一随筆 五三「満座きょうにいること限りなし」訳 一座をあげて深くおもしろさをおぼえることはこの上ない。

きょうら-なり【清らなり】 ⇩けうらなり

きょう-を-さか・す【興をさかす】 連語 **興趣をわかせる。興をかきたてる。** 源氏物語 平安一物語 明石「時々につけて、きょうをさかすべき渚の苫屋」訳 四季折々につけて、興趣をわかせるような波打ちぎわの粗末な家。

ぎょ-かん【御感】 名詞 貴人(多くは天皇)が感心なさること。**おほめ。**

1 **ぎょ-き【御忌】** 名詞 ❶天皇や貴人、また仏教各宗派の開祖などの忌日に行われる法会。❷浄土宗の開祖、法然上人の忌日の法会。陰暦正月十八日夜から二十五日まで行われる。京都の知恩院のものが有名。法然忌。季 春。

2 **ぎょ-き【御記】** 名詞 **天皇や貴人が記した日記・記録。**

きよ-きよ 副詞 **ぎょ。ぎょぎょ。** ▼驚いてぎょっとするさま。大鏡 平安一物語 道長上「入道殿に世のうつりしほどは、さも胸つぶれて、きよきよと覚えはべりしわざかな」訳 入道殿(=道長)に天下の実権が移った時は、まったく胸がつぶれるようで、ぎょっと驚いたことでしたよ。

きょく【曲】 名詞 ❶(道理の上で)**曲がっていること。正しくないこと。** ❷**おもしろみ。興味。** ❸(音楽・歌謡の)**節。調子。** ❹音楽などの一段。また、その作品。

玉葉和歌集 書名 十四番目の勅撰集。京極為兼撰。鎌倉時代(一三一二)成立。

二十巻。〔内容〕勅撰和歌集中最大のもので歌数二千八百首を収めている。京極派の清新で自由な格調の秀歌が多く、鎌倉時代の歌壇に異彩を放った。

きょく-すい【曲水】 名詞 ❶曲がりくねって流れる川。❷「曲水の宴」の略。◇「ごくすい」とも。

きょくすい-の-えん【曲水の宴】 名詞 陰暦三月三日の上巳の日に、宮中や公卿の邸宅で行われる遊宴。参会者は庭内に設けられた小さな流れに沿って各自座を占め、上流から流されて来る杯が自分の前を通りすぎないうちに、あらかじめ決められた題によって詩歌を作って杯を取り上げて酒を飲み、また、次へと杯を流す。後で別堂に宴を設け、各人の作を披講する。奈良時代に中国から伝わり、平安時代に朝廷や貴族の間で流行した。「ごくすいのえん」とも。参照▶口絵

ぎょく-たい【玉体】 名詞 天皇や上皇の身体の尊敬語。おからだ。

曲亭馬琴 ⇩滝沢馬琴

きょく-ほ【極浦】 名詞 非常に遠く離れた地の海岸。また、遠い水際。**水平線のかなた。**

きょく-も-な・い【曲も無い】 連語 **おもしろみがない。そっけない。情けない。** お茶の水 室町―狂言「何しに来たとは、きょくもない」訳何をしに来たとは、そっけない。

きょく-ろ【棘路】 名詞 公卿の別名。◆昔、中国で大臣の座席の左右に九株の棘を植えて公卿の座のしるしにしたことから。

きよ-げ・なり【清げなり】

形容動詞ナリ〔なら/なり・に/なり/なる/なれ/なれ〕

❶**すっきりとして美しい。** 更級 平安―日記 物語「夢に、いときよげなる僧の黄なる地の袈裟着たるが来て」訳夢に、たいそうすっきりとして美しい僧で、黄色い地の袈裟を着たのが出てきて。

❷**さっぱりとしてきれいだ。こぎれいだ。** 徒然 鎌倉―随筆 一九「山吹のきよげに、藤のおぼつかなきさましたる」訳山吹の花がさっぱりとしてきれいに(咲き)、藤の花がぼんやりとはっきりしないようすをしているのとが。

❸**きちんとしている。** 源氏物語 平安―物語 帚木「いときよげに消息文にも仮名といふものを書きまぜず」訳たいそうきちんとしていて、手紙にも仮名というものを交えずに書いて。

❹**りっぱだ。みごとだ。** 今昔物語 平安―説話 三一・一四「ほどなく、いときよげなる食物を持て来たりたり」訳まもなくたいそうみごとな食べ物を運んで来たのだった。

◆「げ」は接尾語。

関連語 「きよげなり」と「きよらなり」との違い

平安時代には、「きよらなり」は華美・華麗など感嘆するほどの第一級の美を表し、「きよげなり」は清潔な感じのすっきりとした美しさを表し、「きよらなり」に次ぐ美を表した。鎌倉時代以降、「きよげなり」は広く美一般を表し、用法が拡大した。

きよ・し【清し】

形容詞ク〔(く)・から/く・かり/し/き・かる/けれ/かれ〕

❶**澄んで美しい。** 万葉集 奈良―歌集 六七一「月読の光はきよく照らせれど」訳月の光は澄んで美しく輝いているが。

❷(景色が)**美しく、すがすがしい。清らかだ。** 万葉集 奈良―歌集 九二五「ぬばたまの(=枕詞)夜の更け行けば久木生ふるきよき川原に千鳥屢鳴く」訳⇩ぬばたまの…。

❸**神聖だ。清浄だ。** 万葉集 奈良―歌集 三二二三「神名火のきよき御田屋の」訳神名火山のふもとの神聖な神の田を守る小屋の。

❹(心に)**けがれがない。潔白だ。** 沙石 鎌倉―説話 九「心は、きよく素直なるべきものなり」訳心は、けがれなく素直でなければならないものである。

❺〔連用形を副詞的に用いて〕**きれいさっぱりだ。** 枕草子 平安―随筆 うれしきもの「常におぼえたることも、また、人の問ふに、きよう忘れてやみぬる折ぞ多かる」訳いつもは覚えていることも、改めて、人が尋ねたとき、きれいさっぱり忘れてそのままになってしまうことが多い。◇「きよう」はウ音便。

きょ-じつ【虚実】 名詞 ❶**ないこととあること。** ❷**うそとまこと。**

虚実皮膜論 文芸 近松門左衛門の演劇論。芸の真実は、芸術的虚構(=フィクション)と事実との間の微妙なところにあり、写実だけではなく、虚構があることによって芸の真実みが増すというもの。近松の友人の穂積以貫の『難波土産』の中に、近松の言葉として紹介されている。原文では「皮膜」に「ひにく」と読みが付けられており、「きょじつひにくろん」ともいう。

ぎょし-な・る【御寝なる】 自動詞ラ四 「ぎょしんなる」に同じ。

ぎょ-しゅつ【御出】 名詞 **貴人の外出。おでまし。おでかけ。** 平家物語 鎌倉―物語 七・主上都落「摂政殿も、行幸に供奉してぎょしゅつなりけるが」訳摂政殿も、帝のお出かけにお供しておでましになるが。

ぎょ-しん【御寝】 名詞 貴人の寝ることの尊敬語。**おやすみ。**

ぎょしん-な・る【御寝成る】 自動詞ラ四〔ら/り/る/る/れ/れ〕 貴人の寝る意の尊敬語。**おやすみになる。**「ぎょしなる」とも。徒然 鎌倉―随筆 一三三「白河院は、北首にぎょしんなりけり」訳白河上皇は、北を枕にすることにしておやすみになった。

ぎょ-せい【御製】 名詞 **天皇や皇族が作った詩文や和歌。** 平家物語 鎌倉―物語 灌頂・大原御幸「女院のぎょせいとおぼしくて」訳女院のおつくりになられた歌とお思いになられて。

ぎょ-たい【魚袋】 名詞 公家の男性が、特に節会・大嘗会などの儀式のときに束帯姿の右腰につける、地位を表示するための装身具。木片に鮫の皮を張り、金または銀の魚形の金具を付けたもの。紐で石帯から下げる。

ぎょ-だう【魚道】 名詞 「ぎょうだう」に同じ。

清滝川 地名 歌枕 今の京都市右京区の愛宕山のふもとを流れて、保津川に注ぐ川。流れに沿って栂尾の高山寺や高雄の神護寺があり、桜・紅葉、それに清流を通す渓谷美によって、京の人々に親しまれた。

清原深養父【きよはらのふかやぶ】人名 生没年未詳。平安時代中期の歌人。元輔の父とも祖父ともいう。晩年に至るまで官位が低く、京都の北山の寺に住んだ。琴の名手。紀貫之、藤原兼輔らと親交があった。和歌は『古今和歌集』などの勅撰集にのり、家集に『深養父集』がある。

清原元輔【きよはらのもとすけ】人名 (九〇八〜九九〇)平安時代中期の歌人。三十六歌仙の一人。梨壺の五人の一人で『後撰和歌集』の撰者。清少納言の父。和歌は『拾遺和歌集』などの勅撰集にのり、家集に『元輔集』がある。

きよ-まはり【清まはり】キヨマワリ 名詞 神事の儀式などのとき、心身のけがれを清めること。潔斎。

きよ-まは・る【清まはる】キヨマワル 自動詞ラ四｛ら/り/る/る/れ/れ｝❶(潔斎して)心身が清浄になる。源氏物語 平安―物語 浮舟「この人々もみな精進し、きよまはりてあるに」訳この女房たちもみな精進して心身が清浄になっていたのに。❷清らかになる。潔白になる。浜松中納言 平安―物語 二「言ふかひなき御名の、たちまちにきよまはらせ給ふべきにもあらず」訳どうしようもないご評判が、すぐに潔白になられるはずもない。

きよ-ま・る【清まる】自動詞ラ四｛ら/り/る/る/れ/れ｝❶「きよまはる❶」に同じ。❷「きよまはる❷」に同じ。徒然 鎌倉―随筆 一七「心の濁りもきよまる心地すれ」訳心の煩悩も清らかになる気持ちがする。◆「きよまはる」の変化した語。

きよ-み【清み】なりたち 形容詞「きよし」の語幹＋接尾語「み」清く澄んでいるので。古今 平安―歌集 秋下「風吹けば落つるもみぢ葉水きよみ散らぬ影さへ底に見えつつ」訳⇨かぜふけばおつるもみぢば…。

清見潟【きよみがた】地名 歌枕 今の静岡県静岡市清水興津の海岸。前方に入り海を隔てて三保の松原をのぞみ、『万葉集』のころから景勝の地として名高かった。平安時代には「清見が関」という関所があった。

清水【きよみづ】キヨミズ ❶地名 京都の東山、清水寺のある五条坂の付近の地名。❷寺社「清水寺」のこと。

清水寺【きよみづでら】キヨミズデラ 寺社 京都の東山にある、真言宗(今は法相宗)の寺。山号は音羽山。本尊は十一面千手観音。古くから観音の霊場であり、「清水の舞台」と呼ばれる懸崖造りの本堂が有名。桜・紅葉の名所でもある。きよみず。「せいすいじ」とも。

ぎょ-ゆう【御遊】名詞⇨ぎょいう

きよ-ら【清ら】名詞 ぜいたく。最高の美しさ。限りを尽くした美しさ。源氏物語 平安―物語 賢木「さらぬ事のきよらだに、世の常ならずおはしませば、ましてことわりなり」訳なんでもない時の美しさでさえ普通でなくなさるので、このような時はなおさら道理である。徒然 鎌倉―随筆 二「万にきよらを尽くしていみじと思ひ」訳すべてにぜいたくの限りを尽くして立派だと思い。

去来【きょらい】⇨向井去来

去来抄【きょらいしょう】キョライショウ 書名 俳論書。向井去来作。四冊。江戸時代中期成立。安永四年(一七七五)刊。内容「先師評」「同門評」「故実」「修行」の四部から成り、「不易流行」などの松尾芭蕉の俳諧の本質が述べられている。

きよら・なり【清らなり】形容動詞ナリ｛なら/なり・に/なり/なる/なれ/なれ｝❶気品があって美しい。輝くように美しい。源氏物語 平安―物語 桐壺「世になくきよらなる玉の男御子さへ生まれ給ひぬ」訳世にまたとなく気品があって美しい玉のような男の御子までもお生まれになった。❷はなやかで美しい。華美だ。竹取物語 平安―物語 かぐや姫の昇天「立てる人どもは、装束のきよらなること、物にも似ず」訳立っている(天)人たちは、装束がはなやかで美しいことがたとえようもない。参考「きよらなり」は「きよげなり」よりも上の、第一級の美しさをいう。⇨きよげなり 参考

きよら-を-つく・す【清らを尽くす】連語 美しさの限りを尽くす。贅沢をきわめる。源氏物語 平安―物語 桐壺「とりわき仰せ言ありて、きよらをつくしてつかうまつれり」訳格別にご命令があって、美しさの限りを尽くしてお仕え申し上げた。

許六【きょりく】⇨森川許六

ぎょ-りん【魚鱗】名詞 ❶魚のうろこ。また、魚。❷陣形の一つ。敵に向かって山形に突出させる陣形。対鶴翼。
(魚鱗❷)

き-よ・る【来寄る】自動詞ラ四｛ら/り/る/る/れ/れ｝寄せて来る。寄って来る。土佐日記 平安―日記 一・二九「年ごろを住みし所の名にしおへばきよる波をもあはれとぞ見る」訳何年かを過ごした土地の名前を持っているので、寄せて来る波までをもなつかしいと思って見ることだ。

*__き-ら__【綺羅】名詞 ❶美しい衣服。❷はなやかな美しさ。徒然 鎌倉―随筆 一九「万のもののきら・飾り・色ふしも」訳すべてのもののはなやかな美しさ・装飾・色調も。❸盛んな威光。権勢。平家物語 鎌倉―物語 一・東宮立「世の覚え、時のきらめでたかりき」訳世間の評判、その時の権勢は、見事なことだった。◆「綺」は綾絹、「羅」は薄絹の意。

きらきら-・し 形容詞シク｛しく・しから/しく・しかり/し/しき・しかる/しけれ/しかれ｝❶光り輝いている。きらきらしている。枕草子 平安―随筆 花の木ならぬは「茎はいと赤くきらきらしく見えたるこそ」訳茎はとても赤く光り輝いて見えているのは。❷美しく整っている。端正だ。万葉集 奈良―歌集 一七三八「腰細のすがる娘子のその姿のきらきらしきに」訳腰の細いじがばちのような少女のその容姿が美しく整っているうえに。❸堂々としている。威厳がある。今昔物語 平安―説話 二八・二「皆、見目もきらきらしく、手利き、魂太く、思量ありて、おろかなることなかりけり」訳皆、見かけも堂々として、腕が立ち、肝っ玉が太く、考え深く、いいかげんな点がなかった。❹際立っている。目立っている。発心 鎌倉―説話 七「きらきらしき罪をもえ作らず」訳際立った罪を犯すこともできないで。◆「きらぎらし」とも。

きら-きら(と) 副詞 ❶きらきら(と)。▼光り輝くようす。源氏物語 平安―物語 野分「庭の露、きらきらとして」訳庭の露がきらきらと輝いて。❷きらびやかに。❸けらけら(と)。▼笑い声を表す語。狭衣 平安―物語 二「衣

の裾を引き留むるに、倒れぬる音するに、きらきらと殊更び笑ひ入りつつ」訳衣服の裾を引き止めると、倒れた音がして、けらけらとわざとらしく笑いながら」

きらく【帰洛】 名詞／―す 自動詞サ変 京都に帰ること。帰京。⇩しゃうらく(上洛)

きら・す【霧らす】 他動詞サ四{さ／し／す／す／せ／せ}(辺り一面を)霧や雪などが曇らせる。源氏物語 平安―物語 行幸「あかねさす(=枕詞)光は空に曇らぬをなどてみ雪に目をきらしけむ」訳日の光は曇っていないのにどうして(あなたは)行幸の日、雪に目を曇らせたのだろう。

きらは・し【嫌はし】 形容詞シク{(しく)・しから／しく・しかり／し／しき・しかる／しけれ／しかれ} 好ましくない。いとわしい。太平記 室町―物語 三五「浄飯王心にはきらはしく思し召しながら辞するに詞や無かりけん」訳浄飯王はお心ではいとわしくお思いになりながら、断るために言葉が出てこなかったのだろうか。

きらび・やか・なり 形容動詞ナリ{なら／なり・に／なり／なる／なれ／なれ} ❶輝かしくて美しい。はなやかだ。奥の細道 江戸―紀行 塩釜明神「宮柱太くして、彩椽きらびやかに」訳社殿の柱が太くて、彩色した垂木も輝かしくて美しく。❷きっぱりとしている。著聞集 鎌倉―説話 二六五「それにかなはずは、速やかに流罪に行はれ候へかし」と、きらびやかに申してけり」訳「それができなかったら、すぐに流罪にしてください」と、きっぱりと申し上げた。◆「やか」は接尾語。

きら・ふ[1]【嫌ふ】 キラウ―キロウ 他動詞ハ四{は／ひ／ふ／ふ／へ／へ} ❶いやがる。いやがって退ける。いやがって遠ざける。❷(選び)区別する。分け隔てする。平家物語 鎌倉―物語 五・奈良炎上「大衆も老少きらはず、七千余人、甲の緒をしめ」訳衆僧も老人も若いのも区別しないで、七千人余りがかぶとをかぶり。

きら・ふ[2]【霧らふ】 キラウ―キロウ

なりたち 四段活用動詞「きる」の未然形＋反復継続の助動詞「ふ」。

(霧・霞などが)辺り一面に立ちこめる。万葉集 奈良―歌集 八八「秋の田の穂の上にきらふ朝霞」訳⇩あきのたのほのへにきらふ…。◆奈良時代以前の表現。

きら・め・く【煌めく】 自動詞カ四{か／き／く／く／け／け} ❶きらきらと光り輝く。美しく光り輝く。徒然 鎌倉―随筆 一三七「ぬれたるやうなる葉の上にきらめきたるこそ」訳ぬれているような葉の上に(月の光が映り)きらきらと光り輝いているのは。❷はなばなしく栄える。時めく。派手に飾りたてる。今昔物語 平安―説話 二六・一四「道のほど、供の者多く仕はれて、きらめくも理なり」訳道中多くの家来を使い、時めいているのも当然だ。❸盛んにもてなす。大いに歓待する。徒然 鎌倉―随筆 一一三「まづしき所に、酒宴このみ、客人に饗応せんときらめきたる」訳貧しい家なのに酒宴を好んで、客人にごちそうしようと盛んにもてなしているの。◆「めく」は接尾語。

***きら・らか・なり【煌らかなり】** 形容動詞ナリ{なら／なり・に／なり／なる／なれ／なれ} 輝くように美しい。きらびやかだ。徒然 鎌倉―随筆 一〇「よき人の、のどやかに住みなしたる所は、…今めかしくきららかならねど」訳身分も高く、教養もある人が、ゆったりと住んでいる所は、…当世風でもなくきらびやかでもないが。◆「らか」は接尾語。

きり[1]【切り】 名詞 ❶区切り。期限。❷能楽用語。一曲の終末場面。キリ。❸歌舞伎・浄瑠璃で、その作品の最後の幕・段・場。また、その日最後の狂言。

きり[2]【桐】 名詞 ❶木の名。夏に濃紫色の花が咲く。琴や家具などの材料となる。❷琴の別名。▼桐を材料にすることから。❸紋どころの一つ。桐の葉と花を図案化したもの。

きり[3]【霧】 名詞 (地表近くに立ちこめて煙のように見える)霧・霞。霧。主に、秋に見られるものにいう。季秋。⇩霞

参考 奈良時代以前には季節に関係なく用いたが、平安時代以降は、春に見られるものを「霞」、秋に見られるものを「霧」というようになった。一般に、かすみはたなびく、きりはたつという。

-きり[4]【切り】 接尾語 ❶…切れ。「きれ」とも。▼切ったものを数える。❷…だけ。…限り。「ぎり」とも。▼物事の限度や終わりを表す。「これきり」

***ぎ-り【義理】** 名詞 ❶(文章や言葉の)意味。わけ。❷(物事の)筋道。道理。◆江戸時代の語。❸世間づきあいで果たすべき務め。責任。義務。◆江戸時代の語。冥途飛脚 江戸―浄瑠璃「ああ、大坂のぎりは欠かれまい」訳ああ、大坂の(養母への)義理は欠くわけにはいかない。

きり-おほね【切り大根】 キリオオネ 名詞 大根を刻んで干したもの。

きり-かけ【切り掛け】 名詞 目隠しのための板塀の一種。柱に横板をよろい戸のように打ちつけて張ったもの。庭先や入り口などに立てておくが、移動のできるものもあった。

(切り掛け)

きり-かみ【切り髪】 名詞 ❶切り取った髪の毛。❷肩の辺りで切りそろえた少女の髪型。振り分け髪。❸江戸時代の女性の髪型の一つ。髷を結わずに髪を束ねて後ろに下げ、先端を切りそろえたもの。武家の未亡人の髪型。切り下げ髪。◆「きりがみ」とも。

(切り髪❸)

きり-ぎりす[1]【蟋蟀】 名詞 虫の名。今のこおろぎ。

注意 現在のきりぎりすとは別のものを指す。現在のきりぎりすは、平安時代には、その鳴き声が機織りの音に似ているところから、「機織り」「機織り女」といった。こおろぎは、秋鳴く虫の総称であったとされる。

きりぎりす…[2] 和歌 百人一首「きりぎりす 鳴くや霜夜の さむしろに 衣片敷き ひとりかも寝む」新古今 鎌倉―歌集 秋下・藤原良経 訳こおろぎが鳴く、この霜の降りる夜の寒さのなか、小さな筵の上に衣の片袖を敷いて、(私は)独りでわびしく寝るのだろうかなあ。

鑑賞「さむしろ」は「狭筵」と「寒し」とをかけている。「衣片敷き」はわびしい独り寝をいう。恋人との共寝な

ら、互いの袖を重ねて敷く。

きり-きり(と) 副詞 ❶きしきし(と)。▼物がきしる音を表す語。❷くるくる(と)。ぎゅっと。▼強く巻いたり、引き絞ったりするようす。宇治拾遺 鎌倉―説話 四・五「踏み返されたる橋の下に、斑なる蛇のきりきりとして居たれば」訳その踏み返された橋の下に、まだらの蛇がくるくるとどぐろを巻いていたので。❸てきぱき(と)。さっさと。冥途飛脚 江戸―浄瑠 浄瑠・近松「なう忠兵衛、きりきり渡しやと、せりたてられ」訳なあ忠兵衛、さっさと渡しなさいと、せきたてられ。

きり-くひ【切り杙・切り杭】 名詞 (木の)切り株。

きりしぐれ… 俳句「霧しぐれ 富士を見ぬ日ぞ 面白き」野ざらし 江戸―句集 俳文・芭蕉 訳箱根の関を越える日、霧雨が降り、遠くの景色も深い霧に包まれて、富士山も隠れているが、たとえ富士が見えなくても、心にその姿を思い描きながら旅をしていると、これもまた富士の眺望を楽しむ一つの方法だと思われて、面白いことだ。

鑑賞 見えないものを想像するところに面白みを感じた句。季語は「霧」で、季は秋。

きりしたん【吉利支丹・切支丹】 名詞 天文十八年(一五四九)、イエズス会士フランシスコ・ザビエルらによって日本に伝えられたカトリック系のキリスト教。天主教。また、その信徒。

参考 ポルトガル語から。はじめは「吉利支丹」の字を当てたが、徳川五代将軍綱吉のときから「吉」の字をはばかって、「切支丹」となった。

吉利支丹文学 文芸 室町時代末期から江戸時代初期にかけて、キリスト教宣教師(吉利支丹の人々)が著述したり翻訳したりした読み物。宗教書『どちりなきりしたん』や、口語体の読み物『平家物語』『伊曾保物語』などがあり、当時の日本語の口語や語法・発音を知る貴重な資料である。

きり-そん・ず【切り損ず】 他動詞サ変 {ぜ/じ/ず/ずる/ずれ/ぜよ} 切って傷つける。徒然 鎌倉―随筆 八七「からき命生きたれど、腰きりそんぜられて」訳危うい命は取りとめたが、腰を切って傷つけられて。

きり-つぼ【桐壺】 名詞「しげいさ」に同じ。◆中庭に桐の木を植えてあるところから。参照▼資料26

桐壺更衣 人名『源氏物語』の作中人物。桐壺帝に愛されて光源氏を生むが、病弱なうえ、まわりの女御や更衣たちのいじめにあって病気が重くなり、実家に帰って死ぬ。

桐壺帝 人名『源氏物語』の作中人物。朱雀院・光源氏・宇治の八の宮の父。光源氏の母桐壺更衣を愛し、その死後は藤壺の女御を迎え入れる。賢木の巻で崩御。

きり-づま【切り妻】 名詞 ❶寝殿造りで、中廊下から寝殿に出入りする戸。切妻戸。❷「切り妻屋根」の略。棟から左右に山形にふきおろした屋根。

きり-ど【切り戸】 名詞 門の脇に設けたり、塀や扉の一部を切り開けたりしてつけた、くぐり戸。

きり-とほ・す【切り通す】 他動詞サ四 {さ/し/す/す/せ/せ} 山や岩などを切り開いて、通路を作る。古今 平安―歌集 恋一「吉野川岩きりとほし行く水の音には立てじ恋ひは死ぬとも」訳吉野川の岩を切り開き流れる水の音のように、声に出して告げはしまい。たとえ恋のせつなさで死ぬことがあろうとも。

きりのはも… 和歌「桐の葉も 踏み分け難く なりにけり 必ず人を 待つとなけれど」新古今 鎌倉―歌集 秋下・式子内親王 訳桐の落ち葉も、踏み分けにくいほど庭に積もってしまった。といって、必ずしも人の訪れを待っているわけではないのだけれど。

きり-の-まよひ【霧の迷ひ】 連語 ❶霧が立ちこめて、物がはっきりと見えないこと。源氏物語 平安―物語 野分「きりのまよひは、いと艶にぞ見えける」訳霧が立ちこめる中の情景は、たいそう優美に見えた。❷心の迷いや憂いのたとえ。源氏物語 平安―物語 橋姫「いぶせかりしきりのまよひもはるけはべらむ」訳うっとうしかった憂いも晴らすことにいたしましょう。

きり-ふ【切り斑】 名詞 白と黒との色が交互にはっきりとまだらになっている、鷹の尾羽。また、これを用いた矢の羽。◆「ふ」は「まだら」の意。参照▼口絵

きり-ふくろ-に-たまら-・ず【錐嚢にたまらず】 連語 ❶優れた者は凡俗の中にあっても、必ず世に現れる(というたとえ)。▼錐は袋に入れても必ず先が突き出ることから。「たまらず」は、とどまっていない意。無名抄 鎌倉―論 不可立歌仙教訓事「その道に優れぬれば、きり、ふくろにたまらずとて、その聞こえありて」訳その道に優れていると、「錐袋にたまらず」といって、凡俗の中にいても必ず世に現れるもので、その評判があって。❷隠しごとは現れやすい(というたとえ)。平家物語 鎌倉―物語 一二・六代被斬「されども、きりふくろにたまらぬ風情にて」訳けれども、錐は袋にとどまっていないというように隠しごとは現れやすいもので。

きり-ふくろ-を-とほ・す【錐嚢を通す】 連語「きりふくろにたまらず」に同じ。平家物語 鎌倉―

日本語のこころ きりぎりす

「百人一首」の中にこんな歌があります。

きりぎりす　鳴くや霜夜の　さむしろに
衣片敷き　ひとりかも寝む
(藤原義経)

これは「きりぎりす」と始まりますから、つい秋の初めの歌かと思ってしまいます。しかし次に「霜夜のさむしろ」と続きますから、白く霜の降りた晩秋の夜を詠んだ歌ということになります。

それでは「きりぎりす」は、ちょっと似つかわしくないように思いますが、ではいったいどうして「きりぎりす」なのでしょうか。これは「きりぎりす」というのは、今の「こおろぎ」のことを指しているのです。つまり昔と今とでは呼び名が入れ替わってしまったのです。このような例はほかにもあります。

「まつむし」「すずむし」がそうです。「すずむし」のことを、昔は「まつむし」といっていたのです。反対に、「まつむし」が当時は「すずむし」と呼ばれていたのです。いったいなぜ、このようになってしまったのでしょうか。

これは三代将軍足利義満が、うっかり間違えて言ってしまったことが広まってしまったのだといわれていますが、さてどうなのでしょうか。

物語 一二一・吉田大納言の沙汰「人の善悪は**きりふくろを**とほすとかくれなし」訳人の善悪は、**錐ふくろを通すといって現れやすく**、隠れていることがない。

きり-ふたが・る【霧り塞がる】自動詞ラ四〔ら/り/る/る/れ/れ〕❶**霧が立ちこめて辺りをさえぎる。**源氏物語 平安 – 物語 夕霧「山の陰、いかに**きりふたがり**ぬらむ」訳山陰の住まいは、どんなに**霧が立ちこめて辺りをさえぎって**いるだろうか。❷**涙で物がはっきり見えなくなる。**源氏物語 平安 – 物語 葵「月ごろは、いとど涙に**きりふたがりて**」訳この数か月は、なおいっそう涙で**物がはっきり見えなくなって**。

きり-まは・す【切り回す】他動詞サ四〔さ/し/す/す/せ/せ〕❶**物の周りに沿って切る。切りそろえる。**平家物語 鎌倉 – 物語 一・禿髪「髪を禿にきりまはし」訳髪をおかっぱに**切りそろえ**。❷**あちこちを切る。**徒然 鎌倉 – 随筆 一八四「禅尼手づから、小刀して**きりまはし**つつ張られければ」訳(紙障子の破れを、)禅尼が自分の手で、小刀で**あちこち切って**はお張りになったので。

きり-め【切り目】名詞❶**切り口。切ったところ。**❷**物事の区切り。**

***き-りやう【器量】**名詞❶**才能。力量。また、才能・力量を持っている人。**平家物語 鎌倉 – 物語 九・敦盛最期「敦盛**きりやう**たるによって持たれたりけるとかや」訳平敦盛が**才能を持っている人**であることによって、(笛を)お持ちになっていたとかいう。❷**容姿。容色。**

[1]き-りょ【羇旅・羈旅】名詞❶**旅。旅行。**❷⇩羇旅

[2]羇旅 文芸 歌集の部立ての一つ。旅情を詠んだものを集めたもの。最初の勅撰和歌集『古今和歌集』に設けられ、以後、各勅撰和歌集の部立てとなった。連歌集・句集などもこれを踏襲している。

きり-わた・る【霧り渡る】自動詞ラ四〔ら/り/る/る/れ/れ〕**一面に霧が立ちこめる。**源氏物語 平安 – 物語 若紫「いみじう**きりわたれ**る空も、ただならぬに」訳たいそう**一面に霧が立ちこめ**た空も(風情は)常ではないのに。

き-りん【麒麟・騏驎】名詞❶古代中国の想像上の獣。聖人が出現する前兆としてこの世に現れると伝える。雄を「麒」、雌を「麟」という。❷一日に千里を走るという名馬。❸きわめて傑出した人物のたとえ。◆❶は多く「麒麟」と書き、❷はふつう「騏驎」と書く。

きりん-も-おい-て-は-どば-に-おと・る【麒麟も老いては駑馬に劣る】連語 すぐれた人も年をとると凡人に劣るというたとえ。風姿花伝 室町 – 論 一「大かた、せぬならでは手立てあるまじ。『**きりんもおいてはどばにおとる**』と申す事あり」訳(五十を過ぎると)一般的には、演じないということ以外には手段はないだろう。「**駿馬も年老いては荷馬車をひく馬にも劣る**」と言うとおりだ。◆『戦国策』の「麒麟の衰ふるや、駑馬(=足のおそい馬)これに先つ」による。

(麒 麟❶)

[1]き・る【切る】

一 他動詞ラ四〔ら/り/る/る/れ/れ〕❶**切る。分断する。**徒然 鎌倉 – 随筆 二三一「このほど百日の鯉を**きり**侍るを、今日欠き侍るべきにあらず」訳このところ百日の(間)鯉を**切って**おりますので、今日切らないでおくわけにはいきません。❷**定める。決着をつける。**今昔物語 平安 – 説話 二八・三一「今日その沙汰**きり**てむと思ふなり」訳今日その処置を**決めて**しまおうと思うのだ。❸(期限を)**区切る。限る。**日本永代蔵 江戸 – 物語 浮世・西鶴「十年**きって**抱へたる十四になる小者」訳年季奉公を十年と**限って**雇った十四になる丁稚。◇「きっ」は促音便。

二 自動詞ラ下二〔れ/れ/る/るる/るれ/れよ〕❶**切れる。分断される。**大和物語 平安 – 物語 一〇三「いとかうばしき紙に、**きれ**たる髪を少しかいわがねて包みたり」訳とても香りのよい紙に、**切れ**た髪を少し輪のように丸めて包んであった。❷**定まる。決着がつく。**愚管抄 鎌倉 – 論 五「よき事も悪ろき事もそのとき、事は**きるる**なり」訳よいことも悪いこともそのときに物事は**決着がつく**のである。❸**尽きる。なくなる。**淀鯉 江戸 – 浄瑠 浄瑠・近松「さすがの廓も駕籠**きれて**」訳さすがの廓にも駕籠が**尽きてなくなって**。❹**それる。**奥の細道 江戸 – 紀行 あさか山「二本松より右に**きれて**」訳二本松のところから右へ**それて**。

三 補助動詞ラ四〔ら/り/る/る/れ/れ〕〔動詞の連用形に付いて〕…**し終える。完全に…する。**枕草子 平安 – 随筆 頭の中将の「今宵あしともよしとも定め**きり**てやみなむかし」訳今夜こそ(あの女と交際するのが)悪いともよいとも決め**終え**てしまおうよ。

[2]きる【着る】他動詞カ上一〔き/き/きる/きる/きれ/きよ〕❶(衣服を)**着る。**❷(袴・裳などを)**はく。**落窪物語 平安 – 物語 一「袴一**きて**」訳はかま一つを**はいて**。❸(笠やふとんなどを)**かぶる。**万葉集 奈良 – 歌集 三一二一「笠も**きず**出でつつぞ見し」訳笠も**かぶら**ずに外に出て見ていた。❹(罪や恩を)**受ける。こうむる。**

[3]き・る【霧る】自動詞ラ四〔ら/り/る/る/れ/れ〕❶**霧や霞が立ちこめる。かすむ。**万葉集 奈良 – 歌集 一二九「霞立ち春日の**きれる**」訳霞が立って春の日が**かすん**でいる。❷**目が涙でかすんでよく見えない。**源氏物語 平安 – 物語 夕霧「目も**きり**ていみじ」訳目も**涙でかすん**で(悲しさは)ひとしおだ。

[4]き・る【鑽る】他動詞ラ四〔ら/り/る/る/れ/れ〕**火をおこす。**今昔物語 平安 – 説話 七・四三「火を**きり**て燃もして」訳火を**おこ**してともして。

[1]きれ【切れ】名詞❶(布・紙・木などの)切れ端。❷書画などの古人の筆跡の断片。❸はしくれ。

[2]-きれ【切れ】接尾語❶**切れ。**「きり」とも。▼切ったものを数える語。「二**きれ**」。❷江戸時代に小判・一分金を数える語。

き-れい-なり【綺麗なり・奇麗なり】形容動詞ナリ〔なら/なり・に/なり/なる/なれ/なれ〕❶**美しく華やかである。**太平記 室町 – 物語 一〇「今朝までは、**きれいなる**大廈高墻の構へ、たちまちに灰燼となって」訳今朝まで、**美しく華**

やかな大きな建物と高い垣をめぐらした壮大な構えが、またたく間に燃えかすとなって。❷**姿や顔が美しい。**❸**清らかである。**〔夷毘沙門 室町―狂言〕狂言「いかにもきれいなる森林には住みもせで」訳決して清らかな森林の中には住まないで。❹**残りなく行われる。**〔一代男 江戸―物語〕浮世・西鶴「きれいにほどなくもとの木男となりぬ」訳すっかりすぐに本来の無骨な男になった。❺**潔い。**〔助六 江戸―歌舞〕歌舞「なぜ物をきれいに言はんせぬぞへ」訳なぜ言うべきことを潔く言ってくれないのですか。

日本語のこころ 「きれい」の二つの意味

『徒然草』の第十九段、四季の移り変わりを鑑賞した段の中で山吹と藤の花をほめて、「山吹の清げに、藤のおぼつかなきさましたる」とあります。

この「清げ」という言葉は、ふつう「清らか」という意味に解釈されていますが、これはちょっと変だと思いませんか?

「藤のおぼつかなき」というのが、「たよりなげで美しい」というのは分かりますが、「山吹の清げ」というのは、いかがでしょうか。

清い感じの花と言ったら、白梅や白百合がむしろふさわしい感じで、山吹は黄色で清らかというよりは華やかな色の花だと思います。ところが沖縄の言葉で、「花がきれい」という場合に、チュラサンと言いますが、これは「清らさある」から変わったと言われ、沖縄では、清潔と美麗とを同じ言葉で言っているんです。考えてみれば我々日本人は今でもそういうくせがありますね。恐らく、昔もそうだったのではないでしょうか。

たとえば『源氏物語』で光源氏が生まれた時に、「世になく清らなる玉の男御子さへ生まれ給ひぬ」とあります。これも「この世にまたとない御清潔な御子さままでもお生まれになった」という意味ではなく、「この世にまたとない美しい玉のような男の御子さままでもお生まれになった」という意味だと思います。また、美人のことを「きれい」と言いますし、そうじをして部屋が「きれい」になったというふうにもいいます。このように「きれい」とは、美麗と清潔の両方の意味に使っているのです。

きれ-う・す【切れ失す】〔自動詞〕サ下二｛せ/せ/す/する/すれ/せよ｝**切れてなくなる。**〔徒然 鎌倉―随筆〕五三「たとひ耳鼻こそきれうすとも、命ばかりはなどか生きざらん」訳たとえ耳や鼻が切れてなくなるとしても、命だけはどうして助からないことがあろうか、いや、助かるだろう。

切れ字 文芸 連歌・俳諧の発句で、一句のうちで意味の上で切れるところに用いられて、意味の上の完結や強調・余韻などを表す語。「や」「かな」「けり」などの助詞・助動詞が主に用いられる。「荒海や佐渡に横たふ天の河」(『奥の細道』)〈⇩あらうみや…。〉の「や」など。

き・れる【切れる】〔自動詞〕ラ下一｛れ/れ/れる/れる/れれ/れよ｝❶**物事が終わる。**〔助六 江戸―歌舞〕歌舞「段切れにて、浄瑠璃きれる」訳段切れで、浄瑠璃が終わる。❷**金銭を惜しまずに使う。**〔浮世床 江戸―物語〕滑稽「随分きれて見せるよ」訳精一杯金を惜しまずに使って見せるよ。❸**勢力がある。幅がきく。**〔膝栗毛 江戸―物語〕滑稽「わしゃ、あこではえらうきれるがな」訳おれはあそこではかなり幅がきくのだよ。◆下二段動詞「きる」を下一段化した語。

きろ-きろ(と)〔副詞〕きょろきょろ(と)。▼目が動き回るようす。〔堤中納言 平安―物語〕はいずみ「まだらに指形つけて、目のきろきろとして、またたき居たり」訳顔にはまだらに指の形の跡をつけて、目はきょろきょろして、まばたきして座っていた。

きわ〔際〕⇩きは

きわまる〔極まる・窮まる〕⇩きはまる

きわむ〔極む・窮む〕⇩きはむ

き-・ゐる【来居る】〔自動詞〕ワ上一｛ゐ/ゐ/ゐる/ゐる/ゐれ/ゐよ｝**来て、そこにいる。来て、座っている。来て、とまっている。**〔古今 平安―歌集〕春上「梅が枝にきゐる鶯春かけて鳴けどもいまだ雪は降りつつ」訳梅の枝に来てとまっているうぐいすが、春を待ち望んで鳴いているけれども、まだ雪は降り続いている。

き-を-あ・ぐ【気を上ぐ】〔連語〕❶**のぼせる。上気して顔がほてる。**〔宇治拾遺 鎌倉―説話〕一・一八「このとのゐ物ひき着ては臥したる心、いまだならはぬにきもあげつべし」訳この(厚い)夜着を引きかぶって横になった気持ちは、まだ経験していないので、きっとのぼせてしまうだろう。❷**気勢をあげる。**〔太平記 室町―物語〕八「兵は皆きをあげたる上」訳兵たちは皆、気勢をあげていたうえ。

ぎ-をん[1]【祇園】〔名詞〕仏教語。❶「祇樹給孤独園」の略。古代、中インドの舎衛国にあった、祇陀太子の庭園の祇陀林を、須達長者(給孤独長者ともいう)が買って、寺院(=祇園精舎)を建てて釈迦に寄進したもの。❷「祇園精舎」の略。

祇園[2] 地名 京都の東山八坂の祇園社。今の八坂神社。牛頭天皇を祭神とし、「祇園会」で知られる。また、その付近一帯の地名。江戸中期以降、花街として知られた。

ぎをん-しゃうじゃ【祇園精舎】〔名詞〕仏教語。古代、中インドの舎衛国にあった寺の名。ここで、釈迦が多くの説法を行った。祇陀林寺。祇園。〔平家物語 鎌倉―物語〕一・祇園精舎「ぎをんしゃうじゃの鐘の声、諸行無常の響きあり」訳祇園寺の鐘の音色は、この世のすべてのものは常に変化・生滅すると告げているような響きがある。◆「精舎」は修行に精進する者のいる建物、すなわち寺の意。参照▼口絵

◆学習ポイント 24

祇園精舎

「祇園精舎の鐘の声、諸行無常の響きあり」は『平家物語』の冒頭の句で、このあと「沙羅双樹の花の色、盛者必衰の理をあらはす」という対句に続いていく。

祇園精舎の無常堂の四隅にあった鐘が、収容されている病僧の命が終わろうとするときに鳴り出して、「諸行無常、是生滅法、生滅滅已、寂滅為楽(=万物は常に移り変わり生滅して一時もとどまることがない。それを知り、悟りの境地に至れば、真の安楽を得ることができる)」と説き、それを聞いた僧を

極楽浄土に生まれ変わらせたと伝えられていることから。

ぎをん-ゑ【祇園会】(ギオンエ) 名詞 陰暦六月七日から七日間行われる、京都祇園社(=今の八坂神社)の祭礼。祇園祭り。季 夏。

きん[1]【金】名詞 ❶(金属の)金。黄金。❷**大判・小判・一分金などの金貨。金銭。かね。**❸「五行」の第四。時節では秋、方位では西とする。

きん[2]【琴】名詞 琴の一種。ふつう七本の弦を張り、柱がない。弦を左手で押さえて右手で弾く。奈良時代に中国から渡来した。琴の琴。参照▶口絵

ぎん[1]【吟】名詞 ❶詩歌を声に出してうたったり、作ったりすること。吟詠。また、その作品。❷**音楽の調べ。**

ぎん[2]【銀】名詞 ❶(金属の)銀。**しろがね。**❷**丁銀・豆板銀などの銀貨。**特に、「丁銀」。❸(上方で)**貨幣。かね。**

参考 江戸時代の貨幣制度で、江戸は金本位制、上方は銀本位制であった。そのため、西鶴の作品などでは、「銀」を「かね」と読ませる例が多い。

金葉和歌集(キンヨウワカシュウ) 書名 五番目の勅撰集。源俊頼撰。平安時代後期(一一二七)成立。十巻。〔内容〕八代集の一つ。「金」は美称、「葉」は歌のこと。叙情性豊かな写生的な歌が多い。「雑下」の連歌を独立させたのが特色。

きん-かい【禁戒・禁誡】名詞 仏教語。(仏徒として)禁じ戒めること。また、守るべきおきて。

金々先生栄花夢(キンキンセンセイエイガノユメ) 書名 黄表紙。恋川春町作・画。江戸時代後期(一七七五)刊。二巻。〔内容〕「邯鄲の夢」の翻案で、田舎者の金村屋金兵衛が目黒の粟餅屋で、栄華豪遊ののち追放される夢を見るという話。黄表紙の祖といわれる作品。

金槐和歌集(キンカイワカシュウ) 書名 源実朝の私家集。鎌倉時代前期(一二一三ころ)成立。一巻。〔内容〕「金」は鎌の偏へ、「槐」は槐門(=大臣)の略。鎌倉幕府三代将軍実朝の二十二歳の時までの歌集。万葉調の力強い歌風を特色とする。

きんごく【禁獄】名詞／―す 他動詞サ変 **牢獄に入れること。**平家物語 鎌倉―物語 五・文覚被流「きんごくせられて、あまつさへ伊豆の国へ流罪せられ候へ」訳 **牢獄に入れ**られて、そればかりか伊豆の国へ流されることになりました。

きん-ざ【金座】名詞 江戸幕府直轄の、大判以外の金貨鋳造所。勘定奉行が支配し、半官半民の形式をとり、後藤家が代々の頭役を世襲した。江戸が中心で、京都・駿府(=今の静岡市)・佐渡にも置かれたが、後に主に江戸で鋳造されるようになった。江戸の金座は今の中央区日本橋の日本銀行の所にあった。

ぎん-ざ【銀座】名詞 江戸幕府直轄の銀貨鋳造所。勘定奉行が支配し、半官半民の形式をとり、大黒常是家が代々の頭役を世襲した。初め、伏見(=今の京都市伏見区)に置かれて京都に移り、のち江戸・大坂・長崎にも置かれ、やがて江戸銀座に統一された。江戸の銀座は、今の東京都中央区銀座二丁目辺りにあった。

きん-しう【錦繡】(キンシュウ) 名詞 美しい錦と、刺繡を施した美しい織物。また、美しい衣服。

参考 (1)「綾羅錦繡」の形で用いることが多い。(2)紅葉の美しさ、また、美しい詩文の形容に用いることも多い。

きん-じう【禽獣】(キンジュウ) 名詞 **鳥とけもの。鳥獣。**

きん-じき【禁色】名詞 天皇の許可なしでは着用が禁じられていた衣服の色。律令制では、位階に応じて規定されている色以外の色。下位者が上位者用の色を用いることは禁じられていた。特に、天皇・皇族のものとされて、臣下には禁じられていた青・赤・黄丹・梔子・深紫・深緋・深蘇芳の七色をさす場合もある。対 許し色。

きんし-ぎょくえふ【金枝玉葉】(キンシギョクヨウ) 名詞 **天皇の一族。皇族。**◆金玉の枝葉(=子孫)の意。

きん-じふ[1]【近習】名詞「きんじゅ」に同じ。

きん-じゃう[1]【今上】(キンジョウ) 名詞 **今の天皇。今上天皇。**◆「上」は天子の意。古くは「きんしゃう」「こんしゃう」とも。

きん-じゃう[2]【謹上】(キンジョウ) 名詞 手紙のあて名の上に添える語。◆謹んで奉るの意。

きん-じゅ【近習】名詞 主君のそば近くに仕えること。また、その役の者。「きんじふ」とも。◆「きんしふ」の変化した語。

きん-す【金子】名詞 (小判などの)**金貨。**(広く)**金銭。**おかね。

ぎん-す【銀子】名詞 ❶**銀貨。**特に、「丁銀」。❷**金銭。おかね。**◇主に銀本位制の上方での用法。

ぎん-ず【吟ず】他動詞サ変〔ぜ／じ／ず／ずる／ずれ／ぜよ〕**詩歌を口ずさむ。吟詠する。詩歌などを作る。**去来抄 江戸―論 先師評「先師しばらくぎんじて、とかくのたまはず」訳 先師(=芭蕉)はしばらくこの句を**口ずさん**で、なんともおっしゃらない。

きん-だい【近代】名詞 **近ごろ。最近。**

近代秀歌(キンダイシュウカ) 書名 歌論書。藤原定家著。鎌倉時代(一二〇九)成立。一巻。〔内容〕源実朝にあてた書簡体(=手紙文形式)の歌論書で、詞は古きを慕い、心は新しきを求めるべきことを述べ、源経信ら当代歌人の秀歌をあげている。

きん-だち【公達・君達】名詞

❶**貴公子(たち)。ご子息(がた)。姫君(がた)。**今昔物語 平安―説話 二八・一六「きんだち寄り来たりて、己が装束をば皆召しつ」訳 (あなた方のような)**貴公子たち**が寄ってきて、私の衣服を全部取り上げなさった。堤中納言 平安―物語 このついで「あるきんだちに、忍びて通ふ人やありけむ」訳 ある**姫君**に、ひそかに通う男がいたのだろうか。

❷**あなた。あなたがた。**▼代名詞的に用いて、高貴な家柄の青年にいう。源氏物語 平安―物語 藤袴「きんだちこそ、めざましくもおぼし召さめ」訳 **あなた**(=宰相の君)こそ、(私=柏木を)失礼な者ともお思いなさるだろうが。

参考 「きみたち」の撥音便。高貴な家柄の子どもの意味。男女いずれにも用いる。単数・複数いずれにも用いる。

◆学習ポイント㉕

貴族の家族たち

平安時代の貴族は家族単位で寝殿造りの邸宅で暮らした。一家の主人は、主・殿で、子どもたちからは役職をつけて父大臣・父大納言などと呼ばれていた。正妻は寝殿の北の対にいて、北の方と呼ばれ(同居していなくても正妻は「北の方」)、摂政・関白の正妻は北の政所と呼ばれた。鎌倉時代以降は、将軍家や大臣・大将の正妻は御台盤所・御台所、略して御台などとも呼ばれた。

貴族の息子や娘たちは「きんだち(君達・公達)」とか、若君・姫君(姫御前)、成人して男君・女君と呼ばれた。特に姉妹は順に大君・中の君・三の君とも呼ばれた。

きんだちに… 【俳句】「公達に狐化けたり宵の春」〔蕪村句集 江戸─句集 俳諧・蕪村〕訳きつねが化けたあでやかな貴公子が闇の中に立ち現れた。あたりは、おぼろ夜の春の宵である。鑑賞 蕪村好みの王朝趣味にあふれた幻想的な句である。季語は「宵の春(=春の宵)」で、季は春。

きん-ぢ 代名詞「きむぢ」に同じ。

きん-ちゃう【錦帳】 名詞 錦で作った垂れぎぬ。広い部屋の間仕切りの幕とする。にしきのとばり。

きん-ちゃく【巾着】 名詞 布や革を素材とし、口をひもでくくるようにした袋。金銭やその他小物を入れて身につけた。財布。▼常に人に付き従って離れない人をあざけってたとえることもある。

(巾　着)

きん-ちゅう【禁中】 名詞 **宮中。皇居。**禁裏。

きん-てい【禁廷・禁庭】 名詞 **皇居。宮中。**

きん-の-こと【琴の琴】 名詞「きん(琴)」に同じ。参考「こと(琴)」は弦楽器の総称。「琴の琴」は、「箏の琴」と区別しての名称。

きん-ぷくりん【金覆輪】 名詞 鞍や刀剣の鞘などの縁を金または金色の金属を用いて、おおい飾ったもの。黄覆輪。「きんぷくりん」とも。

ぎん-ぽ【吟歩】 名詞／─す 自動詞サ変 詩歌を作って口ずさみながら歩いたり、案じながら歩くこと。〔去来抄 江戸─論 先師評〕「明月に乗じ山野ぎんぽし侍るに」訳明月の美しさにまかせて山野を句を案じながら歩いておりますと。

ぎん-み【吟味】 名詞／─す 他動詞サ変 ❶詩歌などの趣を味わうこと。❷念入りに調べること。〔世間胸算用 江戸─物語 浮世・西鶴〕「借り手をぎんみして」訳借り手を念入りに調べて。❸取り締まること。

きん-もん【禁門】 名詞 **皇居の門。**転じて、皇居。

きん-や【禁野】 名詞 天皇の狩り場として、一般人の狩りを禁止した場所。

金葉和歌集 キンヨウワカシュウ ⇨金葉和歌集

きん-り【禁裏・禁裡】 名詞「きんちゅう」に同じ。

く[1]【句】 名詞 ❶漢詩の、四字、五字または七字などからなる一区切り。❷和歌で、韻律上の、五音あるいは七音からなる一区切り。〔伊勢物語 平安─物語 九〕「かきつばたといふ五文字を句の上に据ゑて、旅の心を詠め」訳かきつばたという五文字を句のはじめに置いて旅における感慨を和歌に作れ。❸短歌・連歌・連句などで、五・七・五、または七・七の音節の組み合わせからなる一まとまり。❹連句における発句。また、俳句。

く[2]【来】

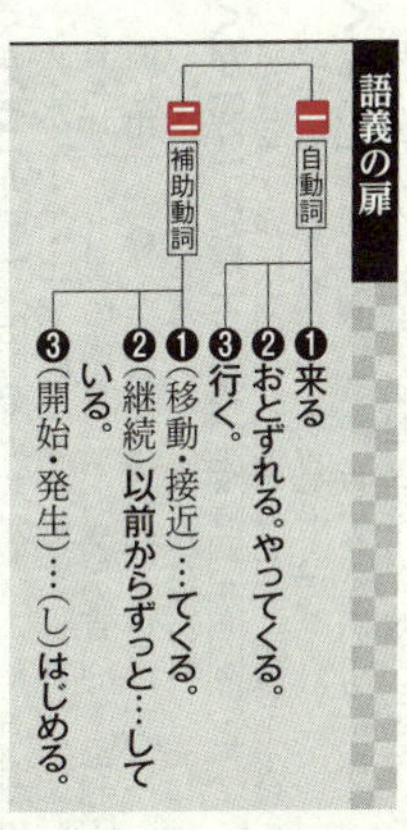
語義の扉
一 自動詞
❶来る
❷おとずれる。やってくる。
❸行く。
二 補助動詞
❶(移動・接近)…てくる。
❷(継続)以前からずっと…している。
❸(開始・発生)…(し)はじめる。

一 自動詞 カ変 {こ／き／く／くる／くれ／こ}

❶**来る。**〔万葉集 奈良─歌集 四二四三〕「住吉に斎く祝が神言と行くとも来とも船は早けむ」訳住吉の社で神を祭る神官が、お告げであるという。行くとしても来るとしても船は速いことだろう。

❷**おとずれる。やってくる。**〔古今 平安─歌集 秋上〕「秋来ぬと目にはさやかに見えねども風の音にぞ驚かれぬる」訳⇨あききぬと…。

❸**行く。**〔伊勢物語 平安─物語 二三〕「からうじて、大和人、『来む』と言へり」訳やっとのことで、大和の男が「(そちらへ)行こう」と言ってきた。

二 補助動詞 カ変 {こ／き／く／くる／くれ／こ(こよ)}〔動詞の連用形に付い

て」❶（移動・接近）…てくる。❷（継続）以前からずっと…している。万葉集 奈良－歌集 三六三七「草枕旅行く人を伊波比島幾代経るまで斎ひきにけむ」訳旅行く人を、伊波比島は、長い年月を経た今までずっと大切に守ってきたのだろう。❸（開始・発生）…（し）はじめる。

参考 命令形は、平安時代までは「こ」が普通。院政期ごろから「こよ」が多くなる。

く[3]【消】自動詞カ下二｛け／け／く／くる／くれ／けよ｝消える。なくなる。万葉集 奈良－歌集 四〇〇四「立山に降り置ける雪の常夏にけずて渡るは神ながらとぞ」訳立山に降り積もった雪が夏の間中消えずにあるのは（立山の）神のみ心のままだということだ。

-く[4] 接尾語 〔四段・ラ変動詞の未然形、形容詞の古い未然形「け」「しけ」、助動詞「けり」「り」「む」「ず」「なり」の未然形「けら」「ら」「ま」「な」「なら」、「き」の連体形「し」に付いて〕❶…こと。…すること。▼上に接する活用語を名詞化する。万葉集 奈良－歌集 四〇〇八「思ふそら安くあらねば嘆かくを留めもかねて見渡せば」訳（旅立つと）思う心が不安なので、（私は）嘆くことを抑えることができなくて（景色を）見渡すと。❷…ことに。…ことには。▼「思ふ」「言ふ」「語る」などの語に付いて、その後に引用文があることを示す。徒然 鎌倉－随筆 二四三「父が言はく」訳父が言うことには。❸…ことよ。…ことだなあ。▼文末に用い、体言止めと同じように詠嘆の意を表す。万葉集 奈良－歌集 三八九二「磯ごとに海人の釣り舟泊てにけりわが舟泊てむ磯の知らなく」訳あちこちの磯に漁師の釣り舟が停泊している。（だが、）私の舟が停泊するのによい磯はどこか知らないことだなあ。

参考 ⑴一説に、接尾語「らく」とともに、「こと」の意の名詞「あく」が活用語の連体形に付いて変化したものの語尾という。⑵多く奈良時代以前に用いられ、平安時代では「いはく」「思はく」など特定の語に残存するようになる。⑶この「く」を準体助詞とする説もある。

ぐ[1]【具】名詞 ❶道具。調度。家具。源氏物語 平安－物語 須磨「御すみかのぐは」訳おすまいの家具は。❷連れ添う者。供の者。配偶者。源氏物語 平安－物語 浮舟「この宮の御ぐにては、いとよきあはひなり」訳この宮のおつれあいとしては、（浮舟は）たいそう似合いの間柄である。❸（食物に）添える物。枕草子 平安－随筆 花の木ならぬは「齢をのぶる歯固めのぐにも、もて使ひためるは」訳（ゆずり葉は）寿命を延ばす歯固めの（食べ物の）添え物としても使っているようだなあ。

-ぐ[2]【具】接尾語 …そろい。▼衣類や道具などを数える。「装束四ぐ」「御ごき（＝食器）一ぐ」

くい【悔い】名詞 後悔。悔やむこと。

くいぜ『株・杭』⇨くひぜ

くう[1]『食う』⇨くふ

くう[2]【功】名詞 手柄。功績。

くう[3]【空】名詞 仏教語。天地間の一切のものは、因縁によって生じる仮のものであってそれ自体には絶対的な実体がないということ。▼大乗仏教の根本思想とされる。

く・う[4]【蹴う】他動詞ワ下二｛ゑ／ゑ／う／うる／うれ／ゑよ｝足でける。梁塵秘抄 平安－歌集 四句神歌「舞へ舞へ蝸牛舞はぬものならば馬の子や牛の子にくゑさせてむ」訳⇨まへまへかたつぶり…。

参考 「け（蹴）る」の古形でワ行下二段活用とみるが、奈良時代以前の用例にも連用形しか見当たらない。

空海 くうかい 人名（七七四〜八三五）平安時代前期の僧。真言宗の開祖。諡は弘法大師。讃岐の人。八〇四年唐に渡り、長安の青竜寺で恵果から密教の秘法を授けられた。高野山に金剛峰寺を創建、京都に庶民の教育機関の綜芸種智院を設立した。漢詩文にすぐれ『性霊集』、同評論『文鏡秘府論』がある。書も名人で三筆の一人。

ぐう-じ【宮司】名詞 ❶神職の一つ。神社の造営や収税などをつかさどった者。後にはひろく祭祀や祈禱に従事する者をいう。❷伊勢神宮では、祭主に次ぐ大宮司、小宮司をいう。❸東宮職、中宮職、皇太后宮職などの職員。

ぐう-づ・く*【功付く】自動詞カ四｛か／き／く／く／け／け｝年功が積もる。熟達する。「ぐうつく」「ぐうづく」とも。源氏物語 平安－物語 総角「老い枯れにたれど、いとぐうづきて、頼もしう聞こゆ」訳（声は）年とってかすれているが、たいそう年功が積もって、頼もしく聞こえる。

くう-でん【宮殿】名詞（天皇などが住む）御殿。宮殿。

くう・なり【空なり】形容動詞ナリ｛なら／なり・に／なり／なる／なれ／なれ｝仏教語。それ自体には絶対的な実体がない。平家物語 鎌倉－物語 一・大臣殿被斬「善も悪もくうなりと観ずるが」訳善も悪も、実体がないと真理を悟ることが。

く-えう【九曜】名詞 ❶「九曜星」の略。日・月・火・水・木・金・土の七曜星に「羅睺」と「計都」の二星を加えた九星。陰陽道で、運命の吉凶などの判断に用いる。❷「九曜紋」の略。紋どころの一つ。一つの大円の回りを八つの小円で囲んだ形の紋。

くが【陸】名詞 陸上。陸地。平家物語 鎌倉－物語 一一・那須与一「くがには源氏くつばみを並べて」訳陸上では源氏（の騎馬武者たち）が馬首を並べて。

く-かい【苦海】名詞 仏教語。苦しみが海のように深く果てしない人間社会。この世。苦界。「くがい」とも。

く-がい[1]【公界】名詞 ❶公の場。晴れの場。公の物事。太平記 室町－物語 一九「弓矢の道はくがいの儀」訳武術は（武士にとって）公のこと。❷世間。人なか。冥途飛脚 江戸－浄瑠 浄瑠・近松「三人寄ればくがい」訳三人集まれば世間だ。

く-がい[2]【苦界】名詞 ❶仏教語。苦しみの多いこの世。苦海。❷遊女のつらい境遇。（つらい）遊女の勤め。

くが-ざま【陸様・陸方】名詞 陸の方。

くが-ぢ【陸路】名詞 陸上の道。陸路。対海路・船路。

く-がね【黄金】名詞 金。おうごん。こがね。万葉集 奈良－歌集 八〇三「銀も金も玉も何せむに」訳⇨しろかねも…。◆「こがね」の奈良時代以前の語。

愚管抄 グカンショウ ⇨愚管抄

くぎ-かくし【釘隠し】名詞 長押などに打ち付けた釘の頭を隠すための装飾金具。

くぎ‐ぬき【釘貫き】 名詞 ❶柱や杭に細長い横木を通しただけの簡単な柵。❷門の一種。町の入り口などに関として立てた二本の柱の上に横木を通した簡単な門。釘貫きの門。

くき‐みじか・なり【茎短なり】 形容動詞ナリ {なら/なり・に/なり/なる/なれ/なれ}（槍・長刀などの）**柄を短めに持っている。** 平家物語 鎌倉―物語 一一・能登殿最期「打ち物くきみじかに取って」訳刀を、柄を短めに持って。対茎長なり。

く‐きゃう【究竟】（クキョウ）一 名詞／―す 自動詞サ変 **物事が究極に達すること。終極。** 二 名詞 仏教語。「究竟即」の略。天台宗でいう六即（＝究極の悟りに至る六段階）の最高位。三 形容動詞語幹 ⇩くきゃうなり。太平記 室町―物語 六「くきゃうの射手ども」訳非常にすぐれた（弓の）射手たち。

く‐ぎゃう【公卿】（クギョウ） 名詞 ❶国政を審議する太政官の最上層の役人。公（＝摂政・関白・大臣）と卿（＝大納言・中納言・三位以上及び参議の四位）。方丈記 鎌倉―随筆「そのたび、くぎゃうの家十六焼けたり」訳その（安元の大火の）とき、公卿の家が十六軒燃えた。❷「大臣公卿の形で」❶の卿の意。宇津保 平安―物語 祭の使「大臣くぎゃうより始め奉りて」訳大臣や公卿を始め申し上げて。

くぎゃう‐せんぎ【公卿僉議】（クギョウセンギ） 名詞 **公卿の会議。**

く‐きゃう・なり【究竟なり】（クキョウナリ） 形容動詞ナリ {なら/なり・に/なり/なる/なれ/なれ}（武芸などが）**非常にすぐれている。**「くっきゃうなり」とも。

くぎょう【公卿】 ⇩くぎゃう

句切れ 文芸 短歌で、結句（末句）以外の句の終わりに、意味や音調の上の切れ目があって、そこで一首が区切れること。初句切れ・二句切れ・三句切れ・四句切れがある。三句切れの歌は七五調となり、『古今和歌集』『新古今和歌集』に多い。二句切れや四句切れの歌は五七調となり、『万葉集』に多い。参照▶資料11

く・く【漏く・潜く】 自動詞カ四 {か/き/く/く/け/け} **もれる。間をくぐり抜ける。** 古事記 奈良―史書 神代「子の中に我が手俣よりくきし子なり」訳（たくさんの）子供の中で私の手指の間からもれた子ですよ。

く‐ぐ【供具】 名詞 **神仏への供え物。供え物をのせる道具。**「きょうぐ」とも。

くぐつ【傀儡】[1] 名詞 ❶**操り人形。**❷「傀儡回し」の略。

くぐつ【裹】[2] 名詞 ❶海辺に生える植物「莎草」を編んで作った手提げ袋。❷わらや糸などで網のように編んだ手提げ袋。

くぐつ‐まはし【傀儡回し】（クグツマワシ） 名詞 操り人形を歌に合わせて操り、曲芸や奇術なども演じて、各地を巡り歩いた芸人。傀儡師。傀儡。

（傀儡回し）

くく・む【銜む・含む】* 一 他動詞マ四 {ま/み/む/む/め/め} ❶**口の中に含む。** 蜻蛉 平安―日記 下「氷をくくみたる声にて」訳氷を口の中に含んだ声で。❷（物の中に）**包む。くるむ。** 狭衣 平安―物語 四「むつきにくくまれ給へる、女帝にゆづり置き」訳産着にくるまれていらっしゃる方に、女帝として（位を）譲り残し。

二 他動詞マ下二 {め/め/む/むる/むれ/めよ} ❶**口の中に含ませる。** 源氏物語 平安―物語 薄雲「うつくしげなる御乳をくくめ給ひつつ」訳（紫上は）かわいらしげなお乳を（養女の姫君の）口の中に含ませなさりながら。❷**納得させる。言い聞かせる。** 枕草子 平安―随筆 能因本・職の御曹司におはします頃、西の廂にて「言ひくくめてやりたれば」訳よく言って納得させてやったところ。

くぐ・む【屈む】 一 自動詞マ四 {ま/み/む/む/め/め} **かがむ。** 義経記 室町―物語 三「さしくぐみて見れば」訳かがんで（笛の音のするほうを）見ると。

二 他動詞マ下二 {め/め/む/むる/むれ/めよ}（体を）**かがめる。** 夫木抄 鎌倉―歌集 雑一「背をくぐめて」訳背中をかがめて。

くくもり‐ごゑ【くくもり声】（ククモリゴエ） 名詞 **内にこもってはっきりしない声。含み声。**「くぐもりごゑ」とも。徒然 鎌倉―随筆 五三「くくもりごゑに響きて聞こえず」訳内にこもってはっきりしない声で響いて聞きとれない。

くくり【括り】 名詞 ❶袋の口、あるいは狩衣の袖口や指貫の裾などを締めるために付けてある紐。❷鳥や獣を捕らえるための、縄などで作ったわな。

くくり‐ぞめ【括り染め】 名詞 染色法の一つ。布の所々を糸でくくり、そこを白く染め残して模様を出す染め方。また、その模様。絞り染め。

くくり‐もの【括り物】 名詞 「括り染め」にしたもの。

くく・る【括る】[1] 他動詞ラ四 {ら/り/る/る/れ/れ} ❶**結んで一つにする。たばねる。** 万葉集 奈良―歌集 三三三〇「玉こそば緒の絶えぬればくくりつつ」訳玉こそは、（通す）紐が切れたなら結んで一つにしておくと。❷**縛る。** 今昔物語 平安―説話 一六・二八「虻、腰をくくられて飛びまどふ」訳あぶは、腰を縛られてうろたえ飛びまわる。❸**括り染めにする。** 古今 平安―歌集 秋下「ちはやぶる神代も聞かず竜田川韓紅に水くくるとは」訳⇩ちはやぶる…。

くぐ・る【潜る】[2] 自動詞ラ四 {ら/り/る/る/れ/れ} ❶**物の間のすきまを通り抜ける。水が漏れ流れる。** 万葉集 奈良―歌集 五〇七「しきたへの（＝枕詞）枕ゆくくるなみだにぞ」訳枕からもれ流れる涙に。❷（水中に）潜る。万葉集 奈良―歌集 二七九六「水くくる玉にまじれる磯貝の」訳水に潜る玉にまじっている磯の一枚貝のように。◆後に「くぐる」。

愚管抄（ぐかんせう・グカンショウ） 書名 慈円作の歴史書。鎌倉時代前期（一二二〇）成立。七巻。内容 神武天皇から順徳天皇までの歴史を、天台座主慈円の独特な考えを織り込み、編年体でまとめたもので、後世の歴史思想に大きな影響を与えた。

く‐げ【公家】 名詞 ❶**天皇。朝廷。**❷（武家時代に）**朝廷に仕える貴族。** 堂上家。公家衆。対武家。

く

く-げん【苦患】名詞 仏教語。死後、地獄道に落ちて受ける苦しみ。また、広い意味での苦しみ・悩み。

く-ご【箜篌】名詞 弦楽器の一つ。インドから中国・朝鮮を経て渡来した竪琴(たてごと)の一種。今のハープに似ている。百済琴(くだらごと)。「くうこう」「くうこ」「くうご」とも。

(箜篌)

*ぐ-ご【供御】名詞 ❶(主に天皇の)お召し上がり物。お食事。▼ときには上皇などにも、また、武家時代には将軍にも用いた。❷ごはん。◇女房詞(にょうぼうことば)。◆「くご」とも。

く-ごふ【口業】クゴウ 名詞 仏教語。三業(さんごう)の一つ。善悪の報いの原因となる行為のうち、口(言葉)によるもの。

1 く-さ【来さ】名詞 来る時。◆「さ」は時の意を表す接尾語。対 往(ゆ)くさ。

2 くさ【草】名詞 ❶くさ。❷屋根を葺(ふ)いたり、壁の材料とするかや・わらの類。

3 くさ【種】名詞 ❶物事を生ずるもと。原因。たね。❷種類。品(しな)。

4 -くさ【種】接尾語 ❶動詞の連用形に付いて動作の素材や対象を表す。「語らひくさ」「かしづきくさ」。❷物の種類を数える語。源氏物語 平安―物語 梅枝「二くさづつ、合はせさせ給(たま)へ」訳 二種類ずつ、(香を)調合なさってください。

くさ-あはせ【草合はせ】クサアワセ 名詞「物合はせ」の一つ。陰暦五月五日の節句などに、いろいろな草を持ち寄りその優劣を競った遊戯。草尽くし。

くさ-がくれ【草隠れ】名詞 ❶草の中に隠れること。また、その所。❷草深い田舎の隠れ家。源氏物語 平安―物語 蓬生「かかるくさがくれに過ぐし給(たま)ひける年月の」訳 このような草深い田舎の隠れ家にお過ごしになった年月の。

くさ-かひ【草飼ひ】クサカイ 名詞 馬などに草を与えること。「くさがひ」とも。

くさき-も-なび-く【草木も靡く】連語 人はもちろん、草木さえもなびく。威風・威勢が盛んで、すべてのものがなびき従うことをたとえていう。平治物語 鎌倉―物語 上「信西が権勢いよいよ重くして、飛ぶ鳥も落ち、くさきもなびく程なり」訳 信西の権力と威勢はますます強くなって、飛ぶ鳥も落ち、草木さえもなびくほどである。

*くさ-ぐさ【種種】名詞 いろいろ。さまざま。▼物の品数・種類が多いこと。土佐日記 平安―日記 二・四「くさぐさのうるはしき貝・石など」訳 いろいろの色鮮やかな貝や石など。

1 くさ・し【臭し】形容詞ク {(く)・から／く・かり／し／き・かる／けれ／かれ} ❶くさい。落窪物語 平安―物語 二「屎(くそ)つきにたり。いとくさくて行きたらば、なかなかうとまれなむ」訳 (体に)糞(くそ)がついてしまった。たいそうくさいまま行ったならば、かえって(姫君に)嫌がられてしまうだろう。❷あやしい。うさんくさい。ふたつ腹帯 江戸―浄瑠 浄瑠「ははあ大かた是(これ)くさい物」訳 ははあたぶんこれはあやしいものだ。

2 -くさ・し【臭し】接尾語ク ❶似ている。感じがする。…ぶっている。一代男 江戸―物語 浮世・西鶴「鴨(かも)の長明が孔子(こうし)くさき身のとり置きも」訳 鴨長明の孔子ぶっている身の持ち方も。❷…のにおいがする。…くさい。源氏物語 平安―物語 橋姫「ささやかにおし巻き合はせたる反故(ほご)どもの、黴(かび)くさきを」訳 小さく巻きあわせた数々の不要になった紙で、かびくさいのを。

くさ-ずり【草摺り】名詞 鎧(よろい)の胴の下に垂れ下がった部分。太ももを覆って保護する。一の板・二の板・三の板・四の板・菱(ひし)縫いの板の、五枚がつづり合わせてある。参照▼口絵

くさずり-なが・なり【草摺り長なり】形容動詞ナリ {なら／なり・に／なり／なる／なれ／なれ} 鎧(よろい)の「草摺り」を長く垂らして着る。義経記 室町―物語 六「取り下ろしてくさずりながに着下(くだ)し、矢掻(か)き負ひ」訳 (鎧を)取り下ろして草摺りを長く垂らして着て、矢を背負い。

草双紙(くさぞうし) 文芸 江戸時代中期から後期にかけて流行した、挿し絵入りの通俗的な読み物の総称。広い意味では赤本・黒本・青本・黄表紙(きびょうし)・合巻(ごうかん)をいうが、狭義には合巻だけをさす。

くさなぎ-の-つるぎ【草薙の剣】名詞 三種の神器の一つ。須佐之男命(すさのおのみこと)が、八岐大蛇(やまたのおろち)を切ったときに、その尾から出たと伝えられる剣。日本武尊(やまとたけるのみこと)が東征の際、この剣で草を薙(な)ぎ払ったところからこの名がついたといわれる。天叢雲剣(あめのむらくものつるぎ)。

くさ-の-いほ【草の庵】クサノイオ 連語「くさのいほり」に同じ。

くさ-の-いほり【草の庵】クサノイオリ 連語 草ぶきの粗末な住まい。俗世を避けて住む人の住まい。「くさのいほ」とも。新古今 鎌倉―歌集 夏「昔思ふくさのいほりの夜の雨に」訳 ⇩むかしおもふ…。◆「草庵(そうあん)」を訓読した語。

くさ-の-かげ【草の陰】連語「くさばのかげ」に同じ。

くさ-の-たもと【草の袂】連語 草を衣のたもとに見立てた語。古今 平安―歌集 秋上「秋の野のくさのたもとか花すすき」訳 秋の野の草のたもとなのだろうか、花すすきは。

くさ-の-と【草の戸】連語 草庵(そうあん)の戸。草庵。「くさのとざし」とも。奥の細道 江戸―紀行 出発まで「くさのとも住み替はる代(よ)ぞ雛(ひな)の家―芭蕉」訳 ⇩くさのとも…。

くさ-の-とざし【草の戸ざし】連語「くさのと」に同じ。

くさのとも…俳句「草の戸も 住み替はる代(よ)ぞ 雛(ひな)の家」奥の細道 江戸―紀行 出発まで・芭蕉(ばしょう) 訳 世捨て人のような私が住んでいたわびしい草庵(そうあん)も、主(ぬし)の替わる時が来た。折しも雛祭りで、娘を持つ新しい主人を迎えて華やぐ旧居をあとに、はるかな旅に立つことである。

鑑賞 旅立ちに際して、江戸深川の芭蕉庵(ばしょうあん)を人に譲り、門人の杉風(さんぷう)の別宅に移った折の句である。初案は中七が「住み替はる代や」であったが、「ぞ」と変えたことで、旅立ちの決意のほどが明確になった。季語は「雛」で、季は春。

くさ-の-はら【草の原】連語 ❶草の茂っている野原。❷草に深くおおわれている墓所。

くさ-の-まくら【草の枕】連語「くさまくら」に同じ。

くさ-の-むしろ【草の筵】連語 **粗末な敷物。草を敷物とした寝床。旅先での粗末な寝床。**「くさむしろ」とも。源氏物語 平安-物語 若紫「くさの御むしろも、この坊にこそまうけはべるべけれ」訳旅先での御寝床も、この僧坊にご用意申し上げるべきでございましょう。

くさ-の-やどり【草の宿り】連語❶**草を床として宿にすること。野宿すること。**後撰 平安-歌集 秋上「きりぎりすくさのやどりに声絶えず鳴く」訳こおろぎは草を宿として声を絶やすことなく鳴いているよ。❷**粗末な住居。**草の庵(いお)。

くさ-の-ゆかり【草の縁】連語 ある一つの因縁によって、それにつながる別のものにも情愛を感じること。何らかの縁でつながるもの。紫の縁(ゆか)り。蜻蛉 平安-日記 下「霜枯れのくさのゆかりぞあはれなる」訳霜枯れ草のように老いぼれた私の身、その縁でいろいろいわれたあなたをお気の毒に思います。

参考「紫のひともとゆゑに武蔵野の草はみながらあはれとぞ見る」(『古今和歌集』)〈⇩むらさきのひともとゆゑに…〉による語。

くさ-ば【草葉】名詞❶**草の葉。**❷**墓。**

くさば-の-かげ【草葉の陰】連語❶**草の葉陰。**くさかげ。❷**墓の下。あの世。**草の陰。

くさ-はひ【種】(クサワイ)名詞❶(その物事が生じる)**原因。材料。たね。**源氏物語 平安-物語 帚木「難ずべきくさはひまぜぬ人は」訳非難すべき材料(=欠点)をまぜない人は。❷**種類。品々。**源氏物語 平安-物語 常夏「さやうならむもののくさはひ、見出でまほしけれど」訳そのようなものの品々を、見つけ出したいけれども。

くさ-びら【草片】名詞❶**野菜。**❷**きのこ類。**

1 **くさ-まくら**【草枕】名詞 **旅の枕(まくら)。仮寝の床。旅寝。旅。**「草の枕」とも。▼旅での野宿で、草を結んで作った枕。転じて、旅寝そのものや旅をもいう。大和物語 平安-物語 一四〇「くさまくらちりはらひにはからころもたもとゆたかに裁(た)つを待てかし」訳仮寝の床のちりを払うためには、唐衣(からころも)をたもとゆたかに裁って縫うまで待ってくださいね。

2 **くさ-まくら**【草枕】枕詞 旅にあっては草を結んで枕とし、夜露にぬれて仮寝をしたことから「旅」「旅寝」や同音の「度(たび)」、地名の「多湖(たご)」、草の枕を「結(ゆ)ふ」から「夕(ゆふ)」、夜露にぬれるから「露」、仮寝から「かりそめ」などにかかる。万葉集 奈良-歌集 一四二「くさまくら旅にしあれば」訳⇩いへにあれば…。

くさ-むす-ぶ【草結ぶ】連語 **草を結び合わせる。**万葉集 奈良-歌集 三〇五六「妹(いも)が門(かど)行き過ぎかねてくさむすぶ風吹き解くなまたかへり見む」訳愛する彼女の家の門の前を通り過ぎることができないで、(二人の結びつきを願って)草を結ぶ。風よこれを吹き解くな、またかえってきて見るつもりだ。

参考 奈良時代以前、旅の安全や男女の結びつきを願ったり、吉凶を占ったり、道しるべとしたり、旅寝の枕にしたりするために結んだ。旅寝する意もあるとする説もある。

くさめ【嚔】名詞 くしゃみをしたときに、早死にしないように唱える呪文(じゅもん)の語。▼ふつう感動詞的に用いる。徒然 鎌倉-随筆 四七「道すがら、『くさめ、くさめ』と言ひもて行きければ」訳道中、「くさめ、くさめ」と言いながら行ったので。

くさ-わけ【草分け】名詞❶はじめてその土地を開拓すること。❷事をはじめて起こすこと。また、その人。❸(馬や鹿(しし)などの)獣類の胸先。「くさわき」とも。◇草を押し分けて野を駆けることから。

1 **くし** 名詞❶【髪】髪の毛。❷【首・頭】くび。あたま。⇩みぐし

2 **くし**【串】名詞❶先をとがらせた細い棒。❷先に物をはさんでつき立てる棒や枝。杭(くい)。

3 **くし**【櫛】名詞 髪をとかしたり、髪飾りにしたりする道具。

4 **く・し**【奇し】形容詞シク〔(しく)・しから/しく・しかり/し/しき・しかる/しけれ/しかれ〕❶「くすし」❶に同じ。続日本紀 平安-史書 天平神護一「天地(あめつち)の明らけきくしき徴(しるし)」訳天地のけがれのない神秘的なきざし。

1 **く-じ**【孔子】名詞 古代中国の聖人孔子(こうし)のこと。◆「くじ」は呉音読み、「こうし」は漢音読み。

2 **く-じ**【公事】名詞❶**朝廷における政務や儀式。**❷**年貢(ねんぐ)のほかに領主におさめる夫役(ぶやく)(=労役)。**平家物語 鎌倉-物語 四・源氏揃「くじ・雑事(ざふじ)にかり立てられて、安い思ひも候はず」訳労役や雑務にせきたてられて、平穏な気持ちもございません。❸**訴訟。裁判。**甲陽軍鑑 江戸-論 五「田地のくじを仕(つか)まつり」訳田地をめぐる訴訟をいたしまして。

くし-いた・し【屈し甚し】形容詞ク〔(く)・から/く・かり/し/き・かる/けれ/かれ〕**ひどくふさぎこんでいる。**「くんじいたし」「くっしいたし」とも。源氏物語 平安-物語 若菜上「この夕べより、くしいたく物思はしくて」訳この(蹴鞠(けまり)のあった)夕方から、ひどくふさぎこんで物思いにふける状態で。

く-しき【九識】名詞 仏教語。人間に備わる九つの精神の働き。これにより一切の物事を識別するとされる。

くし-げ【櫛笥】名詞 **櫛箱。**櫛などの化粧用具や髪飾りなどを入れておく箱。

くじ-の-たふれ【孔子の倒れ】(クジノタオレ)連語 孔子(こうし)のような聖人君子でも、ときには失敗もするということ。

くし-みたま【奇御魂】名詞 **神秘的な力をもつ神霊。**

く-じゃう【公請】(クジョウ)名詞 僧が、朝廷から法会(ほうえ)や講義に召されること。また、その僧。

くじゃく-みゃうわう【孔雀明王】(クジャクミョウオウ)名詞 仏教語。四本の腕を持ち、金色の孔雀の背に乗り、慈悲の相貌(そうぼう)をした明王。密教で尊崇。

くじ・る【抉る】他動詞ラ四〔ら/り/る/る/れ/れ〕❶(穴を)**あける。えぐる。**竹取物語 平安-物語 貴公子たちの求婚「穴をくじり、かいばみ」訳穴をあけ、のぞき見して。❷**えぐって中から物を取り出す。えぐり取る。**著聞集 鎌倉-説話 六九七「目をくじらんとしけるとき」訳目をえぐり取ろうとしたとき。

くしろ【釧】名詞 **古代の腕輪。**石・玉・貝・金属などで作り、腕や手首につけて飾りとした。

(釧)

* **く・す**【屈す】自動詞サ変〔せ/し/す/する/すれ/せよ〕**気がめいる。気がふさぐ。**源氏物語 平安-物語 少女「いとつれづれに思ひてくし侍(はべ)れば」訳たいそう

ものさびしく思ってめいっておりましたので。◆「くっす」の促音「っ」が表記されない形。

くず【葛】名詞「秋の七草」の一つ。つる草で、葉裏が白く、花は紅紫色。根から葛粉をとり、つるで器具を編み、茎の繊維で葛布を織る。季秋。

参考『万葉集』ではつるが地を這うようすが多く詠まれる。『古今和歌集』以後は、葛が風にひるがえって白い葉裏を見せる「裏見」を「恨み」に掛けることが多い。

ぐ-・す【具す】

語義の扉

漢語「具」を元に生まれたサ変動詞。

漢語の窓
漢字「具」のなりたちは、「鼎」(三本足の土器)」と「廾(両手)」の会意。食物を鼎にそろえてさしだすさまから、必要なものをそろえる、数や形をそれらしく用意するの意。

日本語化した「具す」は、漢語の、備わる、備えるの意(一❶、二❶)を受け継ぐほか、平安時代の後期から「いっしょに行く」「連れ立つ」意が多くなった(一❷)。さらに「連れ添う」「縁づく」の意(一❸)になり、他動詞として「連れて行く」の意が生まれた(二❷)。

一 自動詞 ❶備わる。そろう。❷いっしょに行く。連れ立つ。❸連れ添う。縁づく。
二 他動詞 ❶備える。そろえる。❷連れて行く。伴う。

一 自動詞サ変{せ/し/す/する/すれ/せよ}

❶**備わる。そろう。** 源氏物語 平安―物語 蛍「人ざま容貌など、いとかくしもぐしたらむとは」訳人柄や顔かたちなど、たいそうこれほどにも備わっていようとは。

❷**いっしょに行く。連れ立つ。従う。** 大和物語 平安―物語 一四四「この在次君の、ひと所にぐして知りたりける人、三河の国よりのぼるとて、この駅どもに宿りて、この歌どもを見て、手は見知りたりければ見つけて、いとあはれと思ひけり。」訳この在次君が、同じ場所に連れ立っていたので知っていた人が、三河の国から都へ上るというので、これらの駅に宿って、これらの歌を見て、在次君の筆跡は見知っていたので、見つけてたいそうしみじみとなつかしく悲しく思った。

❸**連れ添う。縁づく。** 大鏡 平安―物語 師輔「かの大臣にぐし給ひにければ」訳(その女御は、)あの大臣に縁づきなさったので。

二 他動詞サ変{せ/し/す/する/すれ/せよ}

❶**備える。そろえる。添える。** 竹取物語 平安―物語 ふじの山「かの奉る不死の薬に、また、壺ぐして」訳あの(かぐや姫から帝に)差し上げた不死の薬に、また壺を添えて。

❷**連れて行く。引き連れる。伴う。** 平家物語 鎌倉―物語 九・木曾最期「木曾殿の最後のいくさに、女をぐせられたりけりなんど言はれんことも、しかるべからず」訳木曾(義仲)殿が最後の合戦にまで、女をお連れになっていたなどと言われるのは、残念である。

くずおる【頽る】⇨くづほる

くす-し[1]【薬師・医師】名詞医者。徒然 鎌倉―随筆 一一七「よき友三つあり。一つには、物くるる友。二つにはくすし。三つには、智恵ある友」訳よい友に三種類ある。その一つは、物をくれる友。二つには、医者。三つには、知性のある友。◆「くすりし」の変化した語。

くす・し[2]【奇し】形容詞シク{(しく)・しから/しく・しかり/し/しき・しかる/しけれ/しかれ}❶**神秘的だ。不思議だ。霊妙な力がある。** 万葉集 奈良―歌集 三八八「わたつみはくすしきものか」訳海の神は霊妙な力があるものだなあ。❷**固苦しい。窮屈だ。不自然でそぐわない感じだ。** 枕草子 平安―随筆 鳥は「口惜しくくすしき心地する」訳残念で、そぐわない感じがする。

関連語「くすし」と「あやし」「けし」の違い
類義語「あやし」はふつうと違って理解しがたいもの、「けし」はいつもと違って好ましくないものにいうことが多いのに対して、「くすし」は神秘的なものにいう。

くすし-が・る【奇しがる】自動詞ラ四{ら/り/る/る/れ/れ}**神妙にしている。まじめな顔つきをする。** 枕草子 平安―随筆 関白殿、黒戸より「忌日とてくすしがり行ひ給ひしを」訳命日だといって神妙にし勤行しなさったのを。◆「がる」は接尾語。

くす-だま【薬玉】名詞種々の香料を錦の袋に入れて、菖蒲・蓬の造花で飾って五色の糸を長く垂らしたもの。邪気をよけ、不浄を避けるものとして、五月五日の端午の節句に、柱・簾などに掛けたり身に着けたりした。

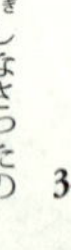

(薬玉)

くず-の-うらかぜ【葛の裏風】連語葛の葉を裏返して吹く秋風。新古今 鎌倉―歌集 秋下「独り寝やいとど寂しきさを鹿の朝ふす小野のくずのうらかぜ」訳独り寝はいよいよ寂しいであろうか。牡鹿が朝横になっている野に葛の葉を裏返して吹く秋風よ。◆葉裏の白さが秋を感じさせることから。

くず-の-うらは【葛の裏葉】連語秋風でひるがえる葛の白い葉裏。雨月物語 江戸―物語 浅茅が宿「くずのうらはのかへるはこの秋なるべし」訳秋風でひるがえる葛の白い葉裏がかえる(というが、私が帰る)のはこの秋であろう。

くずのはの【葛の葉の】枕詞葛の葉が風にひるがえって裏を見せることから「心」にかかる。拾遺 平安―歌集 冬「くずのはのうら焦がる音に鹿も鳴くなり」訳心に深く恋い慕う声で鹿も鳴いているようだ。

くず-ばな【葛花】名詞葛の花。季秋。

くす・む 自動詞マ四{ま/み/む/む/め/め}❶**きまじめな態度をとる。重々しく構える。** 閑吟集 室町―歌謡「何せうぞくすんで一期は夢よただ狂へ」訳⇨なにせうぞ…。◇「くすん」は撥音便。❷**地味である。暗くて陰気である。** 鑓権三 江戸―浄瑠 浄瑠・近松「くすみきりたる松の下陰」訳すっかり暗く陰気になっている松の下の陰。

くすり-がり【薬狩り】名詞陰暦四、五月ごろ、特に五月五日に、山野で、薬になる鹿の若角や薬草を採取した行事。季夏。

くすり-こ【薬子】 名詞 元日に天皇に奉る屠蘇の毒味をする少女。

くすり-の-こと【薬の事】 連語 病気。◆薬を用いる事柄の意から。

くすり-の-にょうくゎん【薬の女官】 連語 平安時代、元日から三日までの間、天皇に屠蘇などを奉る役をした女官。

くせ【癖】 名詞 ❶癖。習癖。❷非難すべき点。欠点。枕草子 平安―随筆 ありがたきもの「つゆのくせなき」訳(めったにないものは)少しの欠点もない人。❸習慣。ならわし。源氏物語 平安―物語 真木柱「むつかしき世のくせなりけり」訳わずらわしい世の中のならわしであったのだなあ。

くせぐせ-・し【癖癖し】 形容詞 シク {(しく)・しから/しく・しかり/し/しき・しかる/しけれ/しかれ} ひねくれている。一癖ある。蜻蛉 平安―日記 中「人のけしきばみ、くせぐせしきをなむ、あやしと思ふ」訳あなたがいきりたち、ひねくれているのを、不思議に思う。

くせ-ごと【曲事】 名詞 ❶正しくないこと。好ましくないこと。けしからぬこと。❷(普通には)あり得ないこと。珍しいこと。❸処罰。

く-ぜち【口舌・口説】 名詞 文句。口げんか。悪口。「くぜつ」とも。

く-ぜつ【口舌・口説】 名詞「くぜち」に同じ。江戸時代には、男女間の痴話げんかにいうことが多い。

くせ-づ・く【癖付く】 自動詞 カ四 {か/き/く/く/け/け} 癖がある。いっぷう変わっている。枕草子 平安―随筆 歌は「今様歌は、長うてくせづいたり」訳現代風の歌謡は(節まわしが)長くていっぷう変わっている。◇「くせづい」はイ音便。

くせ-もの【曲者・癖者】 名詞 ❶変わり者。変人。徒然 鎌倉―随筆 六〇「この僧都、…世を軽く思ひたるくせものにて」訳この僧都は、…世間をなんとも思わない変人で。❷並々ならぬ者。したたか者。❸化け者。怪物。❹怪しげな者。

ぐ-そう[1]【供僧】 名詞 仏教語。❶寺院で本尊に奉仕する僧。供奉僧。❷神社で仏事に奉仕する僧。

ぐ-そう[2]【愚僧】 代名詞 拙僧。▼自称の人称代名詞。僧が自分のことをへりくだっていう語。

＊**ぐ-そく【具足】** 一 名詞/―す 自動詞 サ変 十分に備わっていること。枕草子 平安―随筆 関白殿、二月二十一日に「威儀ぐそくしてもおはしまさで」訳立ち居ふるまいの作法が十分に備わっていらっしゃらずに。二 名詞/―す 他動詞 サ変 ❶持つこと。備えること。今昔物語 平安―説話 一・一「千の子をぐそくせむとす」訳千人の子を持つようになろう。❷伴うこと。引き連れること。平家物語 鎌倉―物語 七・維盛都落「ぐそくし奉り、行方も知らぬ旅の空にて憂き目を見せ奉らんも」訳(あなたを)お連れ申し上げ、行く先もわからない旅先でつらい目をお見せ申し上げるのも。三 名詞 ❶道具。調度。所持品。宇治拾遺 鎌倉―説話 二・一二「子孫どもに家のぐそくども負ほせ持たせて」訳子や孫たちに家の道具・調度類を背負わせ持たせて。❷武具。甲冑。❸従者。今昔物語 平安―説話 五・二〇「会ふ狐どもを皆ぐそくになして」訳(途中で)会うきつねたちを皆従者にして。

くだ【管】 名詞 ❶細長い円筒形で、中が空洞のもの。❷「管の笛」の略。管形の笛。古代、戦場で用いた。❸機の部品で、横糸を巻くもの。

く-たい【裙帯】 名詞 女性の正装で、裳の左右にたらした幅広の帯状の布。◆「くんたい」の撥音「ん」が表記されない形。

くた-かけ【腐鶏】 名詞 ❶ばか鶏め。▼鶏をののしっていう語。❷鶏。◆「くだかけ」とも。

＊**くだ・く【砕く】** 一 他動詞 カ四 {か/き/く/く/け/け} ❶(物を)砕く。徒然 鎌倉―随筆 三〇「嵐にむせびし松も千年を待たで、薪にくだかれ」訳嵐にむせび泣くように鳴った松も、千年とたたないうちに薪として砕かれ。❷(敵を)打ち破る。勢力を弱める。徒然 鎌倉―随筆 八〇「運に乗じて敵をくだく時」訳好運によって敵を打ち破るとき。❸〔多く「心をくだく」の形で〕思い悩む。心を痛める。源氏物語 平安―物語 須磨「人知れぬ心をくだき給ふ人」訳ひそかに心を痛めなさる人。参照▼類語と使い分け⑭ ❹〔多く「身をくだく」の形で〕ある限りの力を尽くす。源氏物語 平安―物語 若菜下「身をくだきて思し惑ふを」訳ある限りの力を尽くして心配なさり途方にくれなさるのを。二 自動詞 カ下二 {け/け/く/くる/くれ/けよ} ❶(物が)砕ける。徒然 鎌倉―随筆 二一「岩にくだけて清く流るる水の気色こそ」訳岩に(ぶつかって)砕けて清く流れる水のようすは。❷思い乱れる。詞花 平安―歌集 恋上「風をいたみ岩うつ波のおのれのみくだけて物を思ふころかな」訳⇩かぜをいたみ…。❸整わなくなる。散漫になる。徒然 鎌倉―随筆 一四「少しくだけたる姿にもや見ゆらん」訳少し調べが整わなくなった歌体とも見えていようか。

＊**くだくだ-・し** 形容詞 シク {(しく)・しから/しく・しかり/し/しき・しかる/しけれ/しかれ} 煩わしい。くどい。源氏物語 平安―物語 玉鬘「さやうの人は、くだくだしう詳しくわきまへければ」訳そのような人は、煩わしいほど詳しく了解しているのだったから。◇「くだくだしう」はウ音便。

くた-くた(と) 副詞 ぐったり(と)。▼疲れ弱って力が抜けたようす。「くだくだ(と)」とも。著聞集 鎌倉―説話 三八一「法師はくたくたと絶え入りて」訳法師はぐったりと気を失って。

くだ-くだ(に) 副詞 ずたずた(に)。▼細かくばらばらになるようす。平家物語 鎌倉―物語 一一・剣「大蛇をくだくだに切り給ふ」訳大蛇をずたずたに切りきざみなさる。

＊**くださ・る【下さる】** なりたち 動詞「くだす」の未然形＋受身・尊敬の助動詞「る」
一 他動詞 ラ下二 {れ/れ/る/るる/るれ/れよ} ❶〔「与ふ」の尊敬語〕〔「る」が尊敬の意を表す場合〕お与えになる。平家物語 鎌倉―物語 四・鵼「主上、…師子王といふ御剣をくだされけり」訳主上(=天皇)は、…師子王という剣をお与えになった。❷〔「もらふ」の謙譲語〕〔「る」が受身の意を表す場合〕いただく。平家物語 鎌倉―物語 七・経正都落「経正、御硯くだされて」訳経正は、お硯をいただいて。二 補助動詞 ラ下二 {れ/れ/る/るる/るれ/れよ}〔動詞の連用形、またはそれに接続助詞「て」の付いた形に下接して〕くださる。▼その動作が目上の人からの恩恵によってなされる意を表す。止動方角 室町―狂言 狂言

「この太郎冠者をも取り立ててくださるるでござらう」訳この太郎冠者をも引き立ててくださるでございましょう。

参考 平安時代末期に現れた表現。室町時代以降は一語の四段動詞にもなる。

くだし-ぶみ【下し文】 名詞 平安時代末期から室町時代にかけて、院庁・寺社・幕府などから、その支配下にある役所・人民に下した命令の公文書。

くた・す【腐す】 他動詞サ四｛さ/し/す/す/せ/せ｝

❶**腐らせる。朽ちさせる。** 万葉集 奈良―歌集 四二一七「卯の花をくたす長雨の」訳卯の花を腐らせる長雨で。

❷**無にする。やる気をなくさせる。気勢をそぐ。** 源氏物語 平安―物語 竹河「『あなかしこ。過ち引き出づな』などのたまふに、くたされてなむ煩はしがりける」訳「決してまちがいをしでかさないで」などとおっしゃるので、女房たちは気勢をそがれて煩わしく思う。

❸**非難する。けなす。けがす。** 源氏物語 平安―物語 絵合「業平が名をやくたすべき」訳業平の名をけがすことができようか、いや、できまい。

くだ・す【下す・降す】 他動詞サ四｛さ/し/す/す/せ/せ｝

❶**おろす。**（川の上流から下流に）**流す。** 竹取物語 平安―物語 かぐや姫の昇天「かた時のほどとてくだしを」訳ほんのちょっとの間ということで、かぐや姫を天からおろしたのだが。

❷（雨などを）**降らせる。** 拾遺 平安―歌集 雑秋「時雨れをくだす雲となりけれ」訳時雨を降らす雲となるのであったなあ。

❸（地方に）**行かせる。下向させる。** 平家物語 鎌倉―物語 三・御産「宰相、京より人をくだして」訳宰相は、都から人を下向させて。

❹**下賜する。与える。**（命令などを）**申し渡す。** ▼上位の者から下位の者へ物や命令を与える。落窪物語 平安―物語 四「中納言、大納言に成り給ふ宣旨くだし給ひつ」訳中納言が大納言に昇進なさる宣旨をお申し渡しなさった。

❺（筆を紙の上に）**おろす。** 源氏物語 平安―物語 梅枝「おもなくくだす筆の程」訳平然として筆をおろす、その筆跡の程度は。

❻（程度・価値・調子を）**低める。さげる。** 源氏物語 平安―物語 若菜上「琴の緒もいとゆるに張りて、いたうくだして調べ」訳琴の糸もとてもゆるやかに張って、ずっと低い音にして演奏し。

くだ-たま【管玉】 名詞 細長い管状に加工した美しい石。ひもを通して首飾りにした。

くた・つ【降つ】 自動詞タ四｛た/ち/つ/つ/て/て｝❶（時とともに）**衰えてゆく。傾く。** 万葉集 奈良―歌集 八四七「わが盛りいたくくたちぬ」訳私の盛りはすっかり衰えてしまった。❷**夕方に近づく。夜がふける。** 万葉集 奈良―歌集 一〇七一「夜そくたちける」訳夜がふけた。◆「くだつ」とも。奈良時代以前の語。

くたに【苦胆・苦丹】 名詞 草の名。りんどう、あるいは、ぼたんのことかといわれるが、未詳。

くたびれて… 俳句「草臥れて 宿借るころや 藤の花」笈の小文 江戸―紀行 俳文・芭蕉 訳旅の途中、永い春の一日を歩きつかれ、一夜の宿をとるころ、ふと見ると夕暮れの光の中に、薄紫の藤の花がぼんやりと咲いている。

鑑賞 旅人の疲れた気分と、夕闇に咲く藤の花の感じとがよく調和している句である。季語は「藤の花」で、季は春。

***くだ-もの【果物・菓物】** 名詞 ❶**食用の果実。** ❷（間食にする）**軽い食べもの。酒のさかな。**

くだら【百済】 名詞 古代朝鮮の国名。四世紀中ごろから六六〇年まで、朝鮮半島の南西部にあった。

参考 新羅・高句麗・百済の三国を三韓という。わが国に仏教をはじめ各種の文化をもたらし、大きな影響を与えた。

くだらのの… 和歌「百済野の 萩の古枝に 春待つと をりしうぐひす 鳴きにけむかも」万葉集 奈良―歌集 一四三一・山部赤人 訳百済野の萩の枯れ枝に、春の訪れを待つといって止まっていたうぐいすは、もう鳴いたであろうか。

鑑賞 百済野は奈良県北葛城郡広陵町百済あたりの野とも、藤原宮址付近ともいわれる。「をりし」の「し」は過去で、作者が冬に訪れたときのことをいい、「鳴きにけむ」の「にけむ」は完了＋過去推量で、現在春を迎えてからの想像を示している。

1**くだり【下り】** 名詞 ❶（高い所から）**下ること。** また、流れの上から下へ行くこと。❷**ある時刻**（時間帯）**の終わりごろ。** 宇治拾遺 鎌倉―説話 一一・九「申のくだりになり候ひたり」訳申の刻の終わりごろになってしまいました。❸**都から地方に行くこと。下向。** 源氏物語 平安―物語 賢木「斎宮の御くだり近うなりゆくままに」訳斎宮の（伊勢への）ご下向が近づいてくるにつれて。❹（京都で）**北から南へ行くこと。** ▼内裏が北にあることからいう。義経記 室町―物語 三「堀河をくだりに行きければ」訳堀河から南に行くと。

2**くだり【行】** 名詞 文章の行。また、文章の内容。源氏物語 平安―物語 常夏「くだりの程、端ざまに筋かひて、倒れぬべく見ゆるを」訳行の具合は、端の方に斜めになって、倒れてしまいそうに見えるのを。

3**くだり【件】** 名詞 ❶**文章の記述の一部分。** ❷（前に述べた）**事項。**（前述の）**事項。** 大和物語 平安―物語 一六八「上のくだり、啓せさせけり」訳前述の事項を（后の宮に）申し上げた。

4**-くだり【行】** 接尾語 …行。▼文章の行を数える。「三くだり」

5**-くだり【領・襲】** 接尾語 …そろい。▼装束などのそろっている物を数える。「装束一くだり」

くだり-せば・なり【行狭なり】 形容動詞ナリ｛なら/なり・に/なり/なる/なれ/なれ｝（文章の）**行間が狭い。** 枕草子 平安―随筆 今朝はさしも「くだりせばに、裏表書きみだりたるを」訳行間も狭く、裏と表に書き散らしてあるのを。

くだ・る【下る・降る】 自動詞ラ四｛ら/り/る/る/れ/れ｝

❶（低い所・下の方に）**おりる。くだる。** 枕草子 平安―随筆 うらやましげなるもの「『…』と道に会ひたる人にうち言ひてくだり行きしこそ」訳「…」と道で出会った人に言って山をおりていったのは。

❷**川の下流に移る。くだる。** 万葉集 奈良―歌集 四三六

○「朝凪に楫引き上り夕潮に棹をさし下り」〔訳〕朝の波が静かなときには櫂をこいで川を上り、夕の満ち潮には棹をさして川を上る。

❸（雨や雪が）**降る。**〔蜻蛉 平安―日記〕下「雨、昨日のゆふべよりくだり」〔訳〕雨がきのうの夕方から降り。

❹（都から）**地方に行く。下向する。**〔更級 平安―日記〕「子忍びの森「まづ胸あくばかりかしづきたてて、ゐてくだりて」〔訳〕まず気持ちが晴れるほどあなたをことさら大切に育てあげて、伴って任地に下向して。

❺（京の町で）**南へ行く。**▼内裏が北にあることから。〔大鏡 平安―物語〕道長下「西の大宮よりくだらせ給ひて」〔訳〕西の大宮大路を南に行っていらっしゃって。

❻**下賜される。与えられる。**▼上位の者から下位の者へ物が与えられる。〔源氏物語 平安―物語〕若菜上「御かはらけくだり、若菜の御羹まゐる」〔訳〕（源氏から）お杯が下賜され、若菜のお吸い物を召し上がる。

❼**言い渡される。**▼上位の者から下位の者へ伝えられる。〔更級 平安―日記〕竹芝寺「『…』よしの宣旨くだりければ」〔訳〕「…」という旨の宣旨が言い渡されたので。

❽**時が移る。**（ある時刻を）**過ぎる。**〔源氏物語 平安―物語〕藤裏葉「未くだる程に」〔訳〕午後二時を過ぎるころに。

❾（身分・品性・才能が）**低くなる。劣る。落ちぶれる。**〔枕草子 平安―随筆〕懸想人にて来たるは「それよりくだれる際は、皆さやうにぞある」〔訳〕それよりも身分が低くなっている人々（の供人）は、みなこんな具合だ。

❿**降伏する。**〔平家物語 鎌倉―物語〕七・木曾山門牒状「攻むれば、必ずくだる」〔訳〕攻めると、必ず降伏する。

⓫**へりくだる。謙遜する。**〔雨月物語 江戸―物語〕吉備津の釜「大人のくだり給ふこと、甚だし」〔訳〕あなたが謙遜しなさることは、普通以上だ。

くだん-の【件の】〔連体詞〕❶**前述の。上述の。**〔平家物語 鎌倉―物語〕九・敦盛最期「くだんの笛は祖父忠盛笛の上手にて、鳥羽院より給はられたりけるとぞ聞こえし」〔訳〕前述の笛は、祖父の忠盛が笛の名人だったので、鳥羽上皇からいただきなさっていたものとうわさされていた。❷**例の。いつもの。**〔保元 鎌倉―物語〕中「くだんの大矢を打ちくはせ」〔訳〕例の大きな矢をひょいとつがえ。◆「くだん」は「くだり」の撥音便。

くだん-の-ごとし【件の如し】〔連語〕**前述のとおりである。右のとおりである。**◆文書・書状などの末尾に記す慣用句。多く「よって…くだんのごとし」の形で用い、「如件」と書くのがふつう。

くち【口】〔名詞〕

❶**口。**▼身体の部分。〔枕草子 平安―随筆〕にくきもの「また、酒飲みてあめき、くちをさぐり」〔訳〕また、酒を飲んでわめき、口（の中）をさぐり。

❷**物言い。ことば。うわさ。評判。**〔源氏物語 平安―物語〕若菜上「すべて、世の人のくちといふ物なむ、誰が言ひ出づることともなく」〔訳〕だいたい、世間の人のうわさという物は、だれが言い始めたことでもなく。

❸**口縄。手綱。**〔奥の細道 江戸―紀行〕旅立「馬のくちとらへて老いを迎ふる者は」〔訳〕馬の口縄を取って年をとっていく者（＝馬子）は。

❹**出入り口。出し入れ口。**〔奥の細道 江戸―紀行〕平泉「南部くちをさし固め、夷を防ぐと見えたり」〔訳〕南部領への出入り口を厳重に警戒し、蝦夷の侵入を防ぐためのように見える。

❺**切り口。直径。**〔平家物語 鎌倉―物語〕五・咸陽宮「くち六尺の銅の柱」〔訳〕直径六尺（＝約一八〇センチ）の銅の柱。

❻**就職先。嫁入り先。**〔世間胸算用 江戸―物語〕浮世・西鶴「奉公のくちあるこそ幸ひなれ」〔訳〕奉公できる就職先があるだけでも幸せだ。

ぐ-ち【愚痴・愚癡】〔名詞〕❶仏教語。愚かで物の道理がわからないこと。❷言ってもしかたがないことを、くどくどと言って嘆くこと。

くち-あ・く【口開く】〔自動詞〕カ四｛か／き／く／く／け／け｝**口をきく。発言する。**〔源氏物語 平安―物語〕帚木「才のきは、なまなまの博士恥づかしく、すべてくちあかすべくなむ侍らざりし」〔訳〕（その女の）学識の程度は、なまはんかの学者が恥ずかしく感じるほどで、何事につけても（私に）口をきかせるようではございませんでした。

くち-あけ【口開け・口明け】〔名詞〕❶**最初。口切り。し始め。かわきり。**❷能で、最初に狂言方が出ていう言葉。また、その役者。❸歌舞伎の通し狂言の序幕。

くち-あそび【口遊び】〔名詞〕❶意識せず何となく言うつぶやき。❷冗談。むだ口。ざれ言。

くち-あひ【口合ひ】〔名詞〕❶仲介。仲介者。身元保証人。❷地口。語呂合わせのしゃれ。

くち-い・る【口入る】〔自動詞〕ラ下二｛れ／れ／る／るる／るれ／れよ｝❶**口をさしはさむ。**〔源氏物語 平安―物語〕東屋「『くちいれじ』と言ひてしかば、ただに見聞く」〔訳〕「口をさしはさむまい」と言ってしまったので、何も言わずに見聞きする。❷**仲だちをする。話をとりもつ。**〔源氏物語 平安―物語〕梅枝「大臣のくちいれ給ひしに」〔訳〕（源氏の）大臣が話をとりもってくださった際に。

くち-いれ【口入れ】〔名詞〕❶**口出し。干渉。**❷**仲介。斡旋。周旋。**また、それらをする人。

くちおし『口惜し』⇨くちをし

くち-おそ・し【口遅し】〔形容詞〕ク｛（く）・から／く・かり／し／き・かる／けれ／かれ｝**口が重い。**（口が重くて）**応答が遅い。**〔源氏物語 平安―物語〕蓬生「故ある御消息もいと聞こえまほしけれど、見給ひしほどのくちおそさも、また変はらずば」〔訳〕風情のあるお手紙などでも大層申し上げたいけれども、かつてお会いになった頃の口の重さもまた変わらぬままなので。〔対〕口早し❶。

くち-おほひ【口覆ひ】〔名詞〕（袖・扇などで）口を覆い隠すこと。また、そのもの。〔源氏物語 平安―物語〕紅葉賀「口ずさびて、くちおほひし給へるさま」〔訳〕（歌を）口ずさんで、（袖で）口の覆い隠しをしなさった（紫の上の）ようすは。

くち-おも・し【口重し】〔形容詞〕ク｛（く）・から／く・かり／し／き・かる／けれ／かれ｝❶**物言いが慎重だ。軽率にしゃべらない。**〔徒然 鎌倉―随筆〕七九「くちおもく、問はぬ限りは言はぬこそいみじけれ」〔訳〕物言いが慎重で、（相手が）聞かない限りは言わないのがりっぱである。〔対〕口軽し。❷**言いにくい。**〔源氏物語 平安―物語〕手習「さなむありしなど明かし給はむ事は、なほくちおもき心地して」〔訳〕そうであったなどと明かしなさるようなことは、やはり言いにくい気がして。

くち-がた・む【口固む】〔自動詞〕マ下二｛め／め／む／むる／むれ／めよ｝口

止めする。「くちかたむ」とも。源氏物語 平安―物語 手習「『あなかま、人に聞かすな…』など、くちがためつつ」訳「ああうるさい、人に聞かせるな…」などと、口止めしながら。

くち-かる・し【口軽し】 形容詞ク {(く)・から/く・かり/し/き・かる/けれ/かれ} 軽率なものの言い方だ。「くちがるし」「くちかろし」とも。源氏物語 平安―物語 宿木「かうまでも漏らし聞こゆるも、かつはいとくちかるけれど」訳ここまで漏らし申し上げるのも、一方ではたいそう軽率なものの言い方であるけれども。対口重し❶。

くち-かろ・し【口軽し】 形容詞ク「くちかるし」に同じ。

くち-き【朽ち木】 名詞 朽ちた木。世に知られない不遇な境遇や、見るかげもない人のたとえに用いられることが多い。古今 平安―歌集 雑上「形こそ深山(みやま)隠れのくちきなれ」訳(私は)姿かたちこそは山奥に身を隠している朽ちた木のような見るかげもないものだけれど。

くちき-がた【朽ち木形】 名詞 朽ち木の表皮のようすを図案化した模様。几帳(きちやう)の帷(かたびら)や壁代(かべしろ)などに用いる。

(朽ち木形)

くち-きき【口利き】 名詞 ❶弁舌が達者なこと。また、その人。口上手。❷威勢があって、談判・相談などに慣れた人。顔役。

くち-きよ・し【口清し】 形容詞ク {(く)・から/く・かり/し/き・かる/けれ/かれ} 物言いがりっぱだ。「くちぎよし」とも。源氏物語 平安―物語 夕霧「心の問はむにだに、くちきよう答へむ」訳せめて自分の良心の問いに対してだけは、りっぱな物言いで答えよう。◇「くちきよう」はウ音便。

くち-ぐち【口口】 副詞 大勢の人が同じことをそれぞれに。くちぐちに。大鏡 平安―物語 師尹「くちぐちほめきこえしこそ、なかなかにおぼえはべりしか」訳大勢の人がそれぞれにおほめ申し上げたのは、かえってどうかと思われました。

くち-ごは・し【口強し】(クチゴワシ) 形容詞ク {(く)・から/く・かり/し/き・かる/けれ/かれ} ❶強く言い張って引き下がらない。源氏物語 平安―物語 葵「くちごはくて、手触れさせず」訳強く言い張って、手を触れさせない。❷荒馬なので手綱を自由に扱えない。平家物語 鎌倉―物語 八・法住寺合戦「白葦毛(しらあしげ)なる馬の、きはめてくちごはきにぞ乗ったりける」訳白葦毛の馬で、非常に荒々しく手綱を自由に扱えないのに乗っていた。◆「くちこはし」とも。

***くち-さがな・し【口さがなし】** 形容詞ク {(く)・から/く・かり/し/き・かる/けれ/かれ} 悪口やうわさを言って、慎みがない。口さがない。源氏物語 平安―物語 鈴虫「人のくちさがなくて」訳世間の人が口さがないので。

くち-すぎ【口過ぎ】 名詞 (日々の)暮らしを立てること。生活のための仕事。なりわい。仁勢 江戸―物語 仮名「いかでくちすぎあらん所へ行きてしよな」訳なんとかして生活するための仕事のある所へ行ってみたいものだなあ。

くち-ずさび【口遊び】 名詞「くちずさみ」に同じ。「くちすさび」とも。源氏物語 平安―物語 夕顔「よからぬ童(わらは)べのくちずさびになるべきなめり」訳よくない若い連中の話の種になってしまうだろう。

くち-ずさ・ぶ【口遊ぶ】 他動詞バ四 {ば/び/ぶ/ぶ/べ/べ}・バ上二 {び/び/ぶ/ぶる/ぶれ/びよ}「くちずさむ」に同じ。「くちすさぶ」とも。源氏物語 平安―物語 東屋「『佐野のわたりに家もあらなくに』などくちずさびて」訳「佐野のわたりに家もあらなくに」などと(歌を)心に浮かぶまま口にして。

くち-ずさみ【口遊み】 名詞 ❶(詩歌などを)心に浮かぶままに口にすること。❷多くの人の口にのぼること。また、その話の種。うわさ。太平記 室町―物語 七「諸人(しよにん)のくちずさみはなほやまず」訳人々のうわさは依然としてやまない。◆「くちずさび」「くちすさみ」とも。

くち-ずさ・む【口遊む】 他動詞マ四 {ま/み/む/む/め/め} (詩歌などを)心に浮かぶままに口にする。「くちずさぶ」「くちすさむ」とも。平家物語 鎌倉―物語 七・忠度都落「『…思ひを雁山(がんざん)の夕べの雲に馳(は)す』と、高らかにくちずさみ給(たま)へば」訳「…思いを雁山の夕べの雲に馳す」と(詩の一節を)声高く心に浮かぶまま口にしなさったので。

くち-すす・ぐ【嗽ぐ・漱ぐ】 自動詞ガ四 {が/ぎ/ぐ/ぐ/げ/げ} ❶口をゆすぐ。うがいをする。「くちそそぐ」とも。❷(名文を)味わい読む。太平記 室町―物語 一二「文は漢魏(かんぎ)の芳潤(はうじゆん)にくちすすいで」訳文はといえば、漢や魏の時代の美しく豊かな文章を味わい読んで。◇「くちすすい」はイ音便。

***くち-づから【口づから】**(クチズカラ) 副詞 自分の口から。自身の言葉で。源氏物語 平安―物語 東屋「帝(みかど)の、御くちづからごて給(たま)へるなり」訳帝が、ご自分の口から仰せられたことである。◆「づから」は接尾語。

***くち-つき【口付き】** 名詞 ❶口のかっこう。口もとのようす。枕草子 平安―随筆 職の御曹司の西面の「ただくちつき愛敬(あいぎやう)づき」訳ただ口もとのようすは愛らしく。❷ものの言い方。歌の詠みぶり。源氏物語 平安―物語 常夏「をかしの御くちつきや。『待つ』とのたまへるを」訳趣のある歌のお詠みぶりだなあ。(巧みに)「待つ」と仰せになったことよ。❸「くちとり」に同じ。徒然 鎌倉―随筆 八七「くちつきの男(をのこ)に、まづ一度せさせよ」訳馬の口取りの男に、とりあえず(酒を)一杯飲ませよ。

くち-と・し【口疾し】 形容詞ク {(く)・から/く・かり/し/き・かる/けれ/かれ} ❶返事・返歌の受け答えがすばやい。源氏物語 平安―物語 手習「殊なる事なき答(いら)へを、くちとく言ふ」訳格別のこともない返事をすばやく言う。❷(ものを言うさまが)軽率だ。十訓抄 鎌倉―説話 四「言ふまじき事をくちとく言ひ出(い)だし」訳言ってはならない事を軽率に言いだし。

くち-とり【口取り】 名詞 牛馬のくつわや手綱(たづな)を取って引くこと。また、その人。口付き。口引き。

くち-なし【梔子・巵子】 名詞 ❶木の名。夏、白い花が咲き、芳香を放つ常緑低木。実を黄色の染料とし、また、食品の色付けにする。和歌では、同音の「口無し」にかけることが多い。季夏。❷染め色の一つ。❶の実で染めた、赤みを帯びた濃い黄色。くちなし色。参照▶口絵 ❸襲(かさね)の色目の一つ。表裏ともに黄色。

***くち-なは【蛇】**(クチナワ) 名詞 蛇(へび)。▼ヘビの別名。形が朽ちた縄(なわ)に似ていることから。

くちなは-いちご【蛇苺】(クチナワイチゴ) 名詞 へびいちご。

ぐ-ち・なり【愚痴なり・愚癡なり】 形容動詞ナリ {なら/なり・に/なり/なる/なれ/なれ} 愚かで物の道理がわからない。愚かだ。今昔物語 平安―説話 一五・二八「ぐちにして悟るところなし」訳愚かであって悟ることがない。

くち-な・る【口慣る・口馴る】 自動詞ラ下二 {れ/れ/る/るる/るれ/れよ} 言い慣れる。口癖になる。源氏物語 平安―

物語 総角「いかでかくくちなれ給ひけむ」訳どうしてこのように言い慣れなさったのだろう。

くち-に-の・る【口に乗る】 連語 **評判になる。** 俊頼髄脳 平安一論「ともによき歌どもにて、人のくちにのれり」訳共によい歌であって、人々の評判になった。

くち-に-まか・す【口にまかす】 連語 **口からでまかせを言う。** 徒然 鎌倉一随筆 七三「くちにまかせて言ひ散らすは」訳口からでまかせに勝手なことを言うのは。

*__くち-の-は【口の端】__ 連語 **言葉のはしばし。**

くちのは-に-か・く【口の端に掛く】 連語 **口に出していう。噂をする。評判にする。** 狭衣 平安一物語 四「このごろ、童べのくちのはにかけたるあやしの今様歌どもを」訳最近、子供たちがよく口にしている聞き苦しいはやり歌を。

くち-ば【朽ち葉】 名詞 ❶**朽ちた落ち葉。** ❷「朽ち葉色」の略。朽ちた葉のような、赤みがかった黄色。❸襲の色目の一つ。表は赤みがかった黄色、裏は黄色。秋に用いる。参照▶口絵

くち-は・つ【朽ち果つ】 自動詞 タ下二〔て/て/つ/つる/つれ/てよ〕❶**朽ち果てる。すっかり朽ちてしまう。** ❷**むなしく死ぬ。** 新古今 鎌倉一歌集 恋一「難波人いかなるえにかくちはてむ」訳難波人(=私)はどんな入り江や縁(=前世の因縁)で、むなしく死ぬのだろうか。

くち-ばみ【蝮】 名詞 **まむし。**「くちはみ」とも。

くち-はや・し【口早し】 形容詞 ク〔(く)・から/く・かり/し/き・かる/けれ/かれ〕❶(言葉や歌の)**受け答えがすばやい。** 源氏物語 平安一物語 竹河「『くちはやし』と、聞きて」訳(その歌を)「受け答えがすばやい」と思いながら聞いて。対口遅し。❷**言い方が早い。早口である。** 今昔物語 平安一説話 一七・四一「極めてくちはやくして、人の一巻を誦する程に、二、三部をぞ誦しける」訳非常に早口であって、人が(経)一巻を唱える間に、(一部が八巻のもの)二、三部を唱えた。

くち-ひき【口引き】 名詞「くちとり」に同じ。

くち-ひ・く【口引く】 自動詞 カ四〔か/き/く/く/け/け〕**牛馬のくつわや手綱を引く。**「くちをとる」とも。徒然 鎌倉一随筆 一〇六「くちひきける男、あしくひきて」訳馬の手綱を引いていた男が、下手に引いて。

くち-ふたが・る【口塞がる】 自動詞 ラ四〔ら/り/る/る/れ/れ〕**言葉が出なくなる。物が言えなくなる。** 源氏物語 平安一物語 末摘花「珍しきが、なかなかくちふたがるわざかな」訳珍しい(お返事)が、かえって物が言えなくなる次第ですよ。

ぐちゅう-れき【具注暦】 名詞 日ごとの吉凶・禁忌・干支・月齢などを漢文で注記した暦。奈良時代に始まり、平安時代に盛んに用いられた。

くち-よせ【口寄せ】 名詞 ❶陰陽師などが、物の怪や霊を、寄りまし(=霊が宿りつく者)に乗り移らせ、語らせること。❷巫女が霊を自分自身に乗り移らせて、その霊の言葉を語ること。

くち-わき【口脇】 名詞 **口の両わき。口の端。**

くちわき-を-さ・ぐ【口脇を下ぐ】 連語 **口の両脇をぎゅっと下げる。口を「へ」の字にする。**「口脇を引き垂る」とも。今昔物語 平安一説話 二八・三〇「したり顔にのけ張りて、くちわきをさげ」訳得意顔でふんぞり返って、口を「へ」の字にし。

くちわき-を-ひきた・る【口脇を引き垂る】 連語「くちわきをさぐ」に同じ。枕草子 平安一随筆 にくきもの「かしらふり、くちわきをさへひきたれて」訳(酒を勧めて)頭を振り、口まで「へ」の字にして。

くち-を-かた・む【口を固む】 連語 ⇩くちがたむ。

くち-を-き・く【口を利く】 連語 ❶**ものを言う。** 栄花物語 平安一物語 鳥辺野「すべてくちもきかねば、え書きも続けず」訳まったくものも言わず、書き続けることもできず。❷**達者にしゃべる。えらそうなことを言う。** 平家物語 鎌倉一物語 一一・鶏合「坂東武者は馬の上でこそくちはきき候ふとも、船いくさにはいつ調練し候ふべき」訳坂東武者は馬の上ではえらそうなことを言うが、船での戦いはいつ訓練するのか。❸**はぶりがよい。幅を利かせている。**

くち-を・し【口惜し】 形容詞 シク〔(しく)・しから/しく・しかり/し/しき・しかる/しけれ/しかれ〕

語義の扉

期待が満たされないで「残念だ」、不満が残って「不本意だ」となり、さらに「情けない」の意となる。

❶残念だ。がっかりだ。心残りだ。情けない。
❷不本意だ。はがゆい。不満だ。惜しい。
❸感心しない。

❶**残念だ。がっかりだ。心残りだ。情けない。** 土佐日記 平安一日記 二・一六「忘れ難く、くちをしきこと多かれど、え尽くさず」訳忘れられない、残念なことがたくさんあるけれど、とても書き切れない。紫式部 平安一日記 消息文「くちをしう、男子にて持たらぬこそ幸ひなかりけれ」訳残念なことに、(この娘が)男子でないのが、幸運でなかったのだ。◇「くちをしう」はウ音便。

❷**不本意だ。はがゆい。不満だ。惜しい。** 源氏物語 平安一物語 若紫「『雀の子を犬君が逃しつる。伏籠のうちに籠めたりつるものを』とて、いとくちをしと思へり」訳「すずめの子を犬君(=童女の名)が逃がしてしまったの。伏籠の中にとじこめていたのになあ」と、ひどく惜しいと思っている。

❸**つまらない。感心しない。** 参照▶文脈の研究 ものを。

†**くちを・しから-ぬ-もの-に-おぼ・し-のたま・ふ【口をしからぬ者におぼしのたまふ】** 枕草子 平安一随筆 うれしきもの「やむごとなき人などの、くちをしからぬものにおぼしのたまふ」訳高貴なお方などが、くちをしからぬものにおぼしのたまふ(=りっぱな人物だとお思いになり、そうおっしゃるの(もうれしい))。

品詞分解 くちをしから=形容詞「くちをし」㊄ ぬ=打消の助動詞「ず」㊍ もの=名詞 に=格助詞 おぼし=動詞「おぼす」㊊ のたまふ=動詞「のたまふ」㊍

くちをし-が・る【口惜しがる】 他動詞 ラ四〔ら/り/る/る/れ/れ〕**残念がる。くやしがる。** 枕草子 平安一随筆 清涼殿の丑寅のすみの「わびくちをしがるもをかし」訳(女房たちが)弱りきって残念がるのもおもしろい。◆「がる」は接尾語。

くち-を-す・ぐ【口を過ぐ】 連語 **なんとか生計を立てる。** 日本永代蔵 江戸一物語 浮世・西鶴「これまでのくちをすぎ」訳これまでなんとか生計を立て。

◆学習ポイント㉖

関連語「くちをし」と「くやし」

どちらも「残念だ」の意味を持つが、「くちをし」は、夢や期待がかなえられなくてがっかりした気持ちを表したり、他人の行為や出来事に対して不満の意を表したりする語である。それに対し「くやし」は、自分のした行為に対して、しなければよかったと悔やむ気持ちを表す。

「くやし」は古代から現代まで同じ意味で使われている（現代では「くやしい」の形）が、「くちをし」は鎌倉時代になると、自分の行為に対しても使われるようになり、「くやし」の意味と重なっていったが、自分の力ではどうしようもないことに使われるのが一般的だった。なお「あたらし（惜し）」は、すぐれたものを失って残念だの意。

くち-を-と・る[*]【口を取る】連語（馬などの）手綱を取って引いて歩かせたり止めたりする。伊勢物語 平安－物語 六三「道にてうまのくちをとりて」訳途中で（在五中将の乗った）馬の手綱を引いて。

くち-を-ひきた・る【口を引き垂る】連語「口脇を下ぐ」に同じ。枕草子 平安－随筆 殿などのおはしまさで後「『やや、さらにえ知らず』とて、くちをひきたれて」訳「おやまあ、一向に分からない」と言って、口を「へ」の字にして。

くつ[1]【沓・靴・履】名詞 履き物の一種。皮革・布・木・藁などで作った、足先をすっぽりと覆うもの。浅沓・深沓・靴沓・半靴など。

く・つ[2]【朽つ】自動詞 タ上二｛ち／ち／つ／つる／つれ／ちよ｝❶腐る。朽ちる。こわれる。❷すたれる。衰える。源氏物語 平安－物語 葵「人の御名のくちぬべき事を思し乱る」訳あの方のご名声がきっとすたれてしまうことを思いお悩みになる。❸（生を）むなしく終える。死ぬ。源氏物語 平安－物語 明石「かかる海士の中にくちぬる身に」訳このような漁師の中で一生を終えてしまうわが身には。

くつ-がへ・す【覆す】他動詞 サ四｛さ／し／す／す／せ／せ｝❶ひっくり返す。平家物語 鎌倉－物語 三・城南之離宮「水また舟をくつがへす」訳水は他方、舟をひっくり返す（こともある）。❷滅ぼす。平家物語 鎌倉－物語 三・城南之離宮「臣また君をくつがへす」訳臣下は他方、主君を滅ぼす（こともある）。

くつ-がへ・る【覆る】一 自動詞 ラ四｛ら／り／る／る／れ／れ｝ひっくりかえる。倒れる。二 補助動詞 ラ四｛ら／り／る／る／れ／れ｝〔動詞の連用形に付いて〕ひっくりかえるほど…する。ひどく…する。大和物語 平安－物語 一二二「監の命婦、めでくつがへりて」訳監の命婦（という女房）は、ひっくりかえるほど感心して。

沓冠（くつかぶり）文芸 ❶和歌用語。折り句の一種。十文字の語句を各句の初め（冠）と終わり（沓）に一字ずつ詠みこむ技法。例えば「米たまへ、銭もほし」を詠みこんだ、兼好法師の「よも涼し ねざめのかりほ たまくらも ま袖も秋に へだてなきかぜ」など。❷俳諧用語。江戸時代の「雑俳」で、五七五の中七字を題に、上下の五字ずつをつけさせて完成句にするもの。「くつかうぶり」「くつかむり」とも。

くっ-きゃう【究竟】形容動詞 語幹 ⇩くっきゃうなり。平家物語 鎌倉－物語 四・橋合戦「くっきゃうの弓の上手どもが」訳非常にすぐれた弓の名人たちが。

くっ-きゃう・なり[*]【究竟なり】形容動詞 ナリ｛なら／なり・に／なり／なる／なれ／なれ｝「くきやうなり」の促音化。❶（武芸などが）非常にすぐれている。❷非常に好都合だ。

くつ-くつ 副詞 ❶おさえきれずに声を立てずに笑うさま。また、その笑い声を表す語。一代女 江戸－物語 浮世・西鶴「われながらくつくつ笑ひだして」訳自分ながらくつくつ笑い出して。❷のどを鳴らした際の音を表す語。宇治拾遺 鎌倉－説話 一〇・八「のどをくつくつと、くつめくやうにならせば」訳のどをくつくつと鳴るように鳴らすと。

くつくつ-ぼふし 名詞 蟬の一種。つくつくぼうし。

くっし-いた・し【屈し甚し】形容詞 ク「くしいたし」に同じ。

くづし-い・づ【崩し出づ】他動詞 ダ下二｛で／で／づ／づる／づれ／でよ｝少しずつ話し出す。ぽつりぽつり話し出す。源氏物語 平安－物語 蓬生「ややくづしいでつつ、問はず語りもしつべきが」訳しだいに少しずつ話し出しながら、（そのうち）きかれないこともきっと語るにちがいないことが。

くっ-しゃう【屈請】名詞／―す 他動詞 サ変 ❶神仏が姿を現すよう祈願すること。❷（僧などを）招請すること。平家物語 鎌倉－物語 六・慈心房「持経者を多くくっしゃうじて」訳常に経を読み唱えている者を多数招請して。

くっ・す[*]【屈す】

語義の扉

漢語「屈」を元に生まれたサ変動詞。

漢語の窓

漢字「屈」のなりたちは、「尸」と「出」の会意。（物理的に）曲がってくぼむ、（精神的に）押さえつけてまげる、主義・主張を無理におさえる、やりこめる意。

日本語化した「屈す」は、心理的に気がめいる、心がふさぐの意（一❶）から、さらに、精神的に服従して敬う意（一❷）となる。また、物理的に折り曲げる意（二）を表す。参照▶くんず（屈ず）。

一 自動詞
❶（心理的に）気がめいる。心がふさぐ。
❷（精神的に）服従して敬う。

二 他動詞
（物理的に）折り曲げる。

一 自動詞 サ変｛せ／し／す／する／すれ／せよ｝❶気がめいる。心がふさぐ。枕草子 平安－随筆 五月の御精進のほど「なほこの事に宿世なき日なめりと、くっして」訳やはりこの事（歌）に縁のない日であるようだと、気がめいって。❷服従して敬う。今昔物語 平安－説話 九・三〇「君が才学を聞きて、くっしてこの官に備へむとて」訳あなたの学才あることを聞いて、服従し敬ってこの官職につけようとして。◆「くす」「くんず」とも。

二 他動詞 サ変｛せ／し／す／する／すれ／せよ｝折り曲げる。太平記 室町－物語 二〇「膝をくっし」訳膝を折り曲げて。

くづ・す【崩す】他動詞 サ四｛さ／し／す／す／せ／せ｝❶くずす。壊す。乱す。［源氏物語 平安一物語］藤裏葉「中の廊の壁をくづし」［訳］仕切の廊下の壁を壊し。❷少しずつ話す。［蜻蛉 平安一日記］上「日ごろありつるやう、くづし語らひて」［訳］この数日あったようすを、少しずつ話し語り合って。

沓付け［文芸］「雑俳」の一つ。出題された下五文字の題に対して、上五文字・中七文字を付けて一句にまとめたもの。「古畳」の題に「なんぼにも手毬はづまぬ」と付けるなど。「冠付け」に対していう。

くっ-と［副詞］ぱっと。すぽっと。▼勢いよくすばやいようすを表す。［平家物語 鎌倉一物語］四・橋合戦「目貫のもとよりちゃうど折れ、くっと抜けて、河へざぶと入りけり」［訳］(太刀が)目貫のもとからぼきっと折れ、すぽっと(柄から)抜けて、川へざぶんと入ってしまった。

ぐっ-と［副詞］❶ぐいっと。一息に。▼力を入れ一気に物事を行うようすを表す。［用明天皇 江戸一歌舞］浄瑠・近松「障子越し、ぐっと通してひとゑぐり」［訳］(長刀を)障子越しに、ぐいっと突き通してひとえぐり。❷たっぷり。十分に。すっかり。［丹波与作 江戸一浄瑠］浄瑠・近松「眠たうて、ここでぐっとやったもの」［訳］眠たくて、ここでたっぷり眠ってやったものだ。❸ちっと。▼音がわずかであるようすを表す。［千本桜 江戸一浄瑠］浄瑠「呼べどぐっともいらへなし」［訳］呼んだがちっとも返答がない。

くつ-ばみ【轡・銜・鑣】［名詞］「くつわ❶」に同じ。

くつばみ-を-なら・ぶ【轡を並ぶ】［連語］(乗った馬の)馬首を並べる。［平家物語 鎌倉一物語］一一・那須与一「陸には源氏、くつばみをならべてこれを見る」［訳］陸上では源氏(の騎馬武者たち)が、馬首を並べてこれを見る。◆「ならぶ」はバ行下二段活用の動詞。

***くづ-ほ・る**【頽る】［自動詞］ラ下二{れ/れ/る/るる/るれ/れよ}❶(肉体的に)衰える。［源氏物語 平安一物語］少女「老いねど、くづほれたる心地ぞするや」［訳］年をとったのではないが、体の衰えた気持ちがするなあ。❷気がくじける。気落ちする。［源氏物語 平安一物語］桐壺「我亡くなりぬとて、口惜しう思ひくづほるな」［訳］私が亡くなったとしても、がっかりして気がくじけてはならない。

くつ-まき【沓巻・口巻】［名詞］矢で、鏃を差し込んだ口もとを糸で堅く巻き締めてある部分。

くづ・る【崩る・頽る】［自動詞］ラ下二{れ/れ/る/るる/るれ/れよ}❶砕けて壊れる。整ったものが乱れる。崩れる。❷(集まっていた人々が)一度に散る。［大鏡 平安一物語］道長下「居籠めたりつる人も皆くづれ出づるほどにまぎれて」［訳］ぎっしり詰まって座っていた人たちも皆一度に散って出てくるのにまぎれて。

くづれ-い・づ【崩れ出づ】［自動詞］ダ下二{で/で/づ/づる/づれ/でよ}(大勢が)崩れるようにどやどやと出る。［枕草子 平安一随筆］殿上の名対面こそ「足音どもしてくづれいづるを」［訳］たくさんの足音がして(人々が)どやどやと出るのを。

くつろ-か・なり【寛かなり】［形容動詞］ナリ{なら/なり・に/なり/なる/なれ/なれ}(心持ちが)ゆったりしていて余裕がある。くつろいだようすだ。気楽だ。［枕草子 平安一随筆］清涼殿の丑寅のすみの「桜の唐衣どもくつろかに脱ぎ垂れて」［訳］(女房たちが)桜襲の唐衣などをくつろいだようすで脱ぎかけ垂れるように着て。◆「か」は接尾語。

くつろぎ-がま・し【寛ぎがまし】［形容詞］シク{(しく)・しから/しく・しかり/し/しき・しかる/しけれ/しかれ}くつろいだようすだ。のんびりしている。［源氏物語 平安一物語］帚木「くつろいだようすで、くつろぎがましく、歌誦じがちにもあるかな」［訳］くつろいだようすで、歌などを口ずさみそうなふうだなあ。◆「がまし」は接尾語。

***くつろ・ぐ**【寛ぐ】一［自動詞］ガ四{が/ぎ/ぐ/ぐ/げ/げ}❶すきまができる。ゆるくなる。ゆるむ。［源氏物語 平安一物語］若菜上「かうぶりの額、少しくつろぎたり」［訳］冠の額のあたりが少しゆるんでいる。❷余裕・余地がある。［源氏物語 平安一物語］澪標「数定まりてくつろぐ所もなかりければ」［訳］(大臣の)数が決まっていて、(入る)余裕がある所もなかったので。❸(気分が)ゆったりする。のびのびする。休息する。［著聞集 鎌倉一説話］四四一「心うちくつろぐことなし」［訳］心のゆったりすることがない。

二［他動詞］ガ四{が/ぎ/ぐ/ぐ/げ/げ}余地を作る。［枕草子 平安一随筆］説経の講師は「少しうち身じろぎくつろい、高座のもと近き柱もとに据ゑつれば」［訳］少し体を動かし、(入る)余地を作り、講師の席の近くの柱の下に座らせると。◇「くつろい」はイ音便。

三［他動詞］ガ下二{げ/げ/ぐ/ぐる/ぐれ/げよ}広める。ゆるめる。［平家物語 鎌倉一物語］一一・一門大路渡「装束もくつろげ給はず」［訳］着物もおゆるめにならず。

くつ-わ【轡】［名詞］❶馬の口につけ、手綱を取り付ける金具。くつばみ。▼口の輪の意から。［参照▼口絵］❷遊女屋。また、そこの主人。◇江戸時代の語。

くつ-を-いだ・く【沓を抱く】［連語］(舅などが、婿の)沓を抱いて寝る。▼通い婚の時代の風習で、通ってきた婿がとどまるのを願うことから始まった。［栄花物語 平安一物語］暮まつほし「殿おはしまいて、夜は御くつをいだき」［訳］(新婦の親代わりの)殿がいらっしゃって、夜には(新郎の)御沓を抱いて寝て。

く-でん【口伝】［名詞］(学問・芸能などの奥義を)口伝えに伝授すること、および、その内容。口授。口訣。また、その奥義を記した秘伝の書。

くど【竈突・竈】［名詞］❶(かまどの後ろの)煙出しの穴。❷かまど。

くどき【口説き】［名詞］❶思いを訴えること。また、その言葉。❷浄瑠璃・歌舞伎音楽などの、悲嘆・恨み・ざんげなどを叙情的にしっとりと表現する部分。また、そのしぐさ。重要な聞かせどころ・見せ場である。

く-どく[1]【功徳】［名詞］仏教語。❶(現在または未来に神仏のよい報いを受けられる)善行。❷善行のもたらすよい結果。

くど・く[2]【口説く】［自動詞］カ四{か/き/く/く/け/け}❶繰り返して言う。くどくどと言う。恨みがましく言う。［平家物語 鎌倉一物語］三・足摺「『…せめては九国の地まで』とくどかれけれども」［訳］(俊寛は)「…せめて九州まで(連れていってくれ)」と繰り返しくどくどと言いなさったけれども。❷(神仏に)繰り返して祈願する。［讃岐典侍 平安一日記］上「仏を恨みくどき申さるるありさま」［訳］仏を恨みつつ祈願し申し上げなさるようす。❸(異性を自分の意に従わせようとして)しつこく言い寄る。◇江戸時代以降の用法。

くない-きゃう【宮内卿】［名詞］宮内省の長官。

くない-しゃう【宮内省】［名詞］律令制における「八省」の一つ。宮中や皇室の庶務・調度・貢ぎ物および土木などをつかさどる役所。大膳職と木工・大炊・主殿・典薬寮の一職四寮と、十三の司とを管轄する。「みやのうちのつかさ」とも。

くに【国】 名詞
❶**地上。大地。**▼天に対していう。延喜式 平安 格式 祈年祭「天の壁立つ極み、くにの退き立つ限り」訳天が地と接する所、大地が退く果て。
❷**区域。世界。国。** 竹取物語 平安 物語 かぐや姫の昇天「このくにに生まれぬるとならば」訳この(人間の)世界に生まれたということであれば。
❸**国家。国土。国。** 竹取物語 平安 物語 蓬萊の玉の枝「このくにに見えぬ玉の枝なり」訳この国(日本)では見ることのできない玉の枝です。
❹**国。地方。**▼地方行政組織として分割統治された一地域。土佐日記 平安 日記 一二・二七「京にて生まれたりし女児、くににてにはかに失せにしかば」訳京都で生まれて(連れてきて)いた女の子が、(任地の土佐の)国で急に亡くなってしまったので。
❺**国府。**▼地方の行政府。土佐日記 平安 日記 一二・二三「この人、くにに必ずしもいひつかふ者にもあらざなり」訳この人は、国府で必ずしも召し使う者でもないようだ。
❻**生国。故郷。国。** 土佐日記 平安 日記 一・一一「なほこそくにの方は見やらるれ」訳それでもやはり故郷の方に自然と目がいってしまうことだなあ。
❼**国政。天皇の政務。帝位。** 徒然 鎌倉 随筆 一一〇「身を治め、くにを保たん道も」訳わが身を正しくし、国政を持ちこたえるような道も。

くに-がら【国柄】 名詞 国が本来備えている性格・性質。また、国の品格。⇨から(柄)。

くに-つ【国つ】 連体詞 **国の。国にある。地上の。**◆「つ」は「の」の意の奈良時代以前の格助詞。「国津」とも書く。対天つ。

くに-つ-かみ【国つ神】 名詞 ❶**国土を守護する神。** ❷天孫降臨以前からこの国土に土着して、その国土を守護する神。地方の豪族を神格化したもの。◆「つ」は「の」の意の奈良時代以前の格助詞。「地祇」とも書く。

くに-の-おや【国の親】 名詞 ❶**天皇。** 源氏物語 平安 物語 桐壺「くにのおやとなりて、帝王の、上なき位にのぼるべき相」訳天皇となって、帝王という、この上ない位にのぼるはずの人相。❷**皇后。天皇の生母。**

くに-の-かみ【国の守】 名詞「国司」の長官。「国守」とも。

くに-の-つかさ【国の司】 名詞「こくし」に同じ。

くに-の-みやつこ【国の造・国造】 名詞 奈良時代以前の官名の一つ。大化改新以前、地方の国を統治した地方官。多く、その地方の豪族が大和朝廷から任命された。

くに-はら【国原】 名詞 **国の、広々とした平野。**

くに-びと【国人】 名詞 ❶**その土地に住む人。土着の人。** ❷**国民。** くにたみ。◆「くにひと」とも。

くに-へ【国辺】 名詞 **国の辺り。故郷の辺り。**

くに-み【国見】 名詞 天皇が、高い所に登って国民の生活状態や国情などを見わたすこと。

くに-ゆづり【国譲り】 名詞 国の統治権を譲ること。また、天皇が皇位を譲ること。**譲位。**

く-にん【公人】 名詞 ❶平安時代、宮中で雑事に従う地下の役人。❷鎌倉・室町幕府で、政所・侍所・問注所などに属する、「寄人」以下の職員。

くぬえ-かう【薫衣香】 名詞「くのえかう」に同じ。

くぬ-ち【国内】 名詞 **国じゅう。** 国の中。◆「くにうち」の変化した語。

くね【杭根】 名詞 **境の垣根。垣根。**

くねくね・し 形容詞シク **ひねくれている。素直でない。** 源氏物語 平安 物語 紅葉賀「くねくねしく恨むる人の」訳ひねくれて(私を)恨んでいる女性の。

くね・る
一 自動詞ラ四 **すねる。ひがむ。** 蜻蛉 平安 日記 中「『なほ、年の初めに、腹立ちな初めそ』など言へば、少しはくねりて書きつ」訳「やはり、年の初めに、腹を立て始めるな」などと(侍女が)言うので、少しはすねて(返事を)書いた。
二 他動詞ラ四 **恨んで愚痴をこぼす。** 古今 平安 歌集 仮名序「女郎花の一時をくねるにも、歌を言ひてぞ慰めける」訳女郎花の盛りが短いのを恨み愚痴をこぼすのにも、歌を詠んで気を晴らしたのだった。

く-のう【功能】 名詞 **ききめ。効能。効果。**

くのえ-かう【薫衣香】 名詞 衣服にたきしめる薫き物の一種。沈香・丁字香・麝香などを練り合わせたもの。「くぬえかう」「くんえかう」とも。

くは[1]【桑】 名詞 木の名。くわ。葉を蚕の飼料とする。

くは[2] 感動詞 **さあ。ほら。**▼相手の注意を促すときに発する語。平家物語 鎌倉 物語 九・坂落「くは落とせ」訳さあ、(馬を)駆け下りさせろ。◆「こ(此)は」の変化した語。

く-ばう【公方】 名詞 ❶**公。公務。公事。** ❷**朝廷。天皇。** ❸**幕府。**▼幕府を敬っていう。◇鎌倉時代以降の用法。❹**征夷大将軍の尊敬語。将軍様。**◇室町時代以降の用法。

くは-がた【鍬形】 名詞 兜の目庇の上に立てる、二本の角のような形の飾り物。金属や練り革で作る。参照▼口絵

くは-こ【桑子】 名詞 蚕の別名。季春。

くは・し[1]【細し・美し】 形容詞シク **細やかで美しい。** 万葉集 奈良 歌集 三三三一「走り出のよろしき山の、出で立ちのくはしき山ぞ」訳山並みの伸びる形がよい山で、そびえている姿がうるわしい山よ。◆奈良時代以前の語。参照▼類語と使い分け②
参考「かぐはし」「まぐはし」「くはし女」など複合語で用いられることが多い。

くは・し[2]【詳し・精し】 形容詞シク **詳しい。詳細だ。つぶさである。** 源氏物語 平安 物語 桐壺「くはしく、御ありさまも奏し侍らまほしきを」訳詳しく、ごようすも申し上げたく存じますが。

くは・す*【食はす】 他動詞サ下二 ❶**食べさせる。** 源氏物語 平安 物語 手習「水飯などやうのも

のくはせ」訳水に浸した飯などのようなものを食べさせ。❷くわえさせる。拾遺 平安 歌集 雑賀・詞書「御巻数鶴にくはせて」訳ご巻数(=読んだ経文の巻数などを記した文書)を鶴にくわえさせて。❸(弓に矢を)つがえる。平家物語 鎌倉 物語 一一・遠矢「十五束ありけるをうちくはせ」訳(矢の長さが)十五束あったのを(弓に)つがえ。❹(「目(を)くはす」の形で)目くばせをする。源氏物語 平安 物語 若菜上「目くはすれど、聞きも入れず」訳目くばせしたけれども、聞き入れもしないで。❺(言葉や動作を)受けさせる。くらわせる。馬口労 室町 狂言 狂言「腰なる鞭を抜いて、したたかにくはする」訳腰のむちを抜いて、力いっぱいくらわせる。❻だます。あざむく。今参 室町 狂言 狂言「南無三宝。くはせおった」訳しまった。だましおった。

*くはた・つ【企つ】他動詞タ下二{て/て/つ/つる/つれ/てよ}❶思い立つ。計画する。徒然 鎌倉 随筆 九一「くはたてたりしことならずといふ」訳計画していたことも成功しないという。❷実行する。著聞集 鎌倉 説話 三八一「例のやうにかの事くはたてんとて」訳いつものようにあの事を実行しようとして。◆江戸時代の後期から「くはだつ」。

くはは・る【加はる】自動詞ラ四{ら/り/る/る/れ/れ}❶(一員として)加わる。仲間入りする。平家物語 鎌倉 物語 三・行隆之沙汰「弁官にくははってゆゆしかりしかども」訳弁官に仲間入りして羽振りがよかったが。◇「くははっ」は促音便。❷増す。重なる。添う。古今 平安 歌集 雑下「嘆きくははる琴の音ぞする」訳(聞くと)ため息の増す琴の音がすることよ。

[1]くは・ふ【加ふ】他動詞ハ下二{へ/へ/ふ/ふる/ふれ/へよ}❶付け加える。増し加える。源氏物語 平安 物語 若菜上「いとどくはふる心ざしの程を」訳より一層増し加える愛情の大きさを。❷(一員として)加える。仲間に入れる。源氏物語 平安 物語 松風「いまくはへたる家司」(=家政を行う職員)などに」訳最近(員数に)加えた家司などに。❸与える。施す。徒然 鎌倉 随筆 一四八「身に灸をくはへて三里を焼かざれば」訳体に灸を施して三里(=膝のそばのつぼ)を焼かないと。

[2]くは・ふ【銜ふ】他動詞ハ下二{へ/へ/ふ/ふる/ふれ/へよ}軽くかんで口で持つ。くわえる。宇治拾遺 鎌倉 説話 三・二〇「火をくはへて走るは、いかなることぞ」訳(きつねが)火をくわえて走るとは、どうしたことだ。

くはや 感動詞 ❶おや。まあ。あっ。▼驚いたときに発する語。神楽歌 平安 神楽 明星「明星は、くはや、ここなりや」訳明星は、おや、ここに出ているよ。❷さあ。ほら。これこれ。▼相手への呼びかけ・注意・指示のときに発する語。源氏物語 平安 物語 末摘花「くはや、昨日の返り事。あやしく心ばみ過ぐさるる」訳ほら、昨日の返事。妙にずっと気になっていたのだ。

*くば・る【配る】他動詞ラ四{ら/り/る/る/れ/れ}❶配分する。配る。源氏物語 平安 物語 須磨「品々くばらせたまふ」訳いくつかの物を配分しなされる。❷(目・心などを)広く行き渡らせる。徒然 鎌倉 随筆 一七一「人の袖の陰、膝の下まで目をくばる間に」訳(貝覆いの遊びで)人の袖の陰や膝の下まで目を行き渡らせている間に。❸結婚させる。嫁がせる。源氏物語 平安 物語 東屋「初めの腹の二、三人は、皆さまざまにくばりて」訳先妻腹の二、三人(の娘)は、皆それぞれ結婚させて。

くひ-あは・す【食ひ合はす】他動詞サ下二{せ/せ/す/する/すれ/せよ}❶(歯を)くいしばる。宇治拾遺 鎌倉 説話 三・四「歯をくひあはせて、数珠を盛んに力を入れてもむ。❷同時に食べると害になる物を同時に食べる。

くひ-いだ・す【食ひ出だす】他動詞サ四{さ/し/す/す/せ/せ}(歯を)かみ合わせてむき出す。かみ出す。今昔物語 平安 説話 二〇・七「上下に牙をくひいだしたり」訳(口を広く開いて)上下に牙をかみ合わせてむき出していた。

くひ-かなぐ・る【食ひかなぐる】他動詞ラ四{ら/り/る/る/れ/れ}食い荒す。食べ散らかす。源氏物語 平安 物語 横笛「取り散らして、くひかなぐりなどし給へば」訳(たけのこを)取り散らかし、食べ散らかしなどなさるので。

くび-かみ【頸上】名詞 袍・狩衣・水干などの、首を囲むように丸く作った襟。

くび-き【頸木・軛】名詞 車の轅の先端に渡して、牛馬の後ろくびにかける横木。参照▼口絵

くびす【踵・跟】名詞 かかと。きびす。◆奈良時代以前には「くひす」。

くひ-ぜ【株・杭】名詞 切り株。くひ。「くひせ」とも。

くび-づな【頸綱】名詞 犬・猫、または罪人の首につける綱。「くびなは」とも。

くひな【水鶏】名詞 水辺にすむ鳥の名。くいな。季夏。

参考 鳴き声が戸をたたく音に似ているので、くいなが鳴くことを「たたく」という。

くび-なは【頸縄】名詞「くびづな」に同じ。

くひ-の・く【食ひ退く】自動詞カ四{か/き/く/く/け/け}食べることをやめる。食べるのを避ける。十訓抄 鎌倉 説話 七「五穀のたぐひくひのきて」訳穀物の類を食べるのをやめて。

くび-ひき【頸引き・首引き】名詞 輪にした一本の紐を二人の首にかけて、互いに引き合って勝負する遊び。「くびびき」とも。

くひ-も・つ【食ひ持つ】他動詞タ四{た/ち/つ/つ/て/て}口にくわえる。万葉集 奈良 歌集 一八二一「青柳の枝くひもちて鶯鳴くも」訳青柳の枝を口にくわえてうぐいすが鳴いているのだなあ。

くび・る【縊る】

一 他動詞ラ四{ら/り/る/る/れ/れ}首を絞める。絞め殺す。大鏡 平安 物語 時平「『いはゆる宮毘羅大将』とうち上げたるを、『我をくびると読むなりけり』と思しけり」訳(僧が)「いわゆる宮毘羅大将」と一段と声をはり上げたのを、「私を絞め殺すと読むのだなあ」とお思いになった。

二 自動詞ラ下二{れ/れ/る/るる/るれ/れよ}首をくくって死ぬ。日本書紀 奈良 史書 天武「自らくびれぬ」訳(大友皇子は)自分で首をくくって死んだ。

くび-を-か・く【首を掻く】連語 首をかき斬る。平家物語 鎌倉 物語 九・坂落「とって押さへてくびをかくもあり」訳取り押さえて首をかき斬る者もいる。

くび-を-つ・ぐ【首を継ぐ】連語 首をつなぐ。(首を切るはずの)命を助ける。平家物語 鎌倉 物語 一・鹿谷「小松殿やうやうに申して、くびをつぎ給へり」訳小松殿があれこれと申し上げて、(成親卿は)首をつなぎなさった。

くびを-の-ぶ【頸を延ぶ・首を延ぶ】連語 **首を(敵の前に)さしのべる。敵に自分の命を任せる**(というたとえ)。保元 鎌倉―物語 中「をめをめとくびをのべて、降人にいづるにも及ばず」訳おめおめと首をさしのべて、投降者になって敵の前に出ることもない。◆「のぶ」は下二段他動詞。

く・ふ[1]【食ふ】ウク 他動詞 ハ四 {は/ひ/ふ/ふ/へ/へ} ❶**くわえる。かみつく。**源氏物語 平安―物語 胡蝶「水鳥どもの、つがひを離れず遊びつつ、細き枝どもをくひて飛びちがふ」訳水鳥たちが、一対ずつが離れずに遊びながら、細い枝々をくわえて飛びかう。❷**食べる。食う。**❸(薬を)**飲む。**竹取物語 平安―物語 ふじの山「薬もくはず、やがて起きも上がらで」訳薬も飲まず、そのまま起き上がりもせずに。❹(好ましくないものを)**受ける。食らう。**一代男 江戸―物語 浮世・西鶴「この手だて一度づつはくふことなり」訳この(だましの)やり方を(だれでも)一度は食らうものだ。

◆学習ポイント㉗ 関連語「くふ」と「はむ」と「くらふ」

いずれの語も、ものを食べるという点では共通しているが、微妙な点で意味や用法に違いがある。「くふ」は、ものに歯を立てる、口にくわえる意から飲食する意味となった。「はむ」は、歯でしっかりくわえる意から、かみくだいて飲み込む意味となった。

平安時代以後「くふ」が一般的に使われ、「はむ」は、主に動物がものを食べることに使われた。「くらふ」は、同じ食べるにしても、乱暴でいやしい食べ方を表す言葉である。

なお、「食べる」という語は「賜ぶ」から転じた語で、江戸時代以後用いられて一般化し、「くふ」はややぞんざいな言い方となった。

く・ふ[2]【構ふ】ウク 他動詞 ハ四 {は/ひ/ふ/ふ/へ/へ} (鳥などが巣を)**作る。**竹取物語 平安―物語 燕の子安貝「燕の、巣くひたらば告げよ」訳燕が、巣を作ったならば知らせよ。

く・ぶ【焼ぶ】他動詞 バ下二 {べ/べ/ぶ/ぶる/ぶれ/べよ} **火の中に入れる。くべる。**竹取物語 平安―物語 火鼠の皮衣「皮は火にくべて焼きたりしかば」訳皮は火の中に入れて焼いたところ。

ぐ・ぶ*【供奉】 一 名詞/―す 自動詞 サ変 お供として行列に加わること。また、お供の人々。平家物語 鎌倉―物語 三・法皇被流「公卿・殿上人、一人もぐぶせられず」訳公卿や殿上人は、一人も(法皇に)お供に加わりなさらず。
二 名詞「内供奉」の略。宮中の内道場(=宮中の仏道修行の道場)に奉仕する僧。御斎会の読師などを勤めるなどした。高徳の僧十人を選んで任じたことから、高徳の僧をいうこともある。

くぶつち-の-たち【頭椎の太刀】連語 奈良時代以前の刀剣の一種。柄の頭がこぶのように丸い形をしたもの。

(頭椎の太刀)

くへ【柵】エク 名詞 **木の柵。**

くぼ・し【凹し・窪し】形容詞ク {(く)・から/く・かり/し/き・かる/けれ/かれ} **くぼんでいる。へこんでいる。中央が深い。**平家物語 鎌倉―物語 一一・弓流「伊勢三郎はくぼきところにかくれゐて」訳伊勢三郎はくぼんでいる所に隠れていて。

くぼ-た【下田・凹田・窪田】名詞 **低地の田。**対上げ田。

くぼま・る【凹まる・窪まる】自動詞 ラ四 {ら/り/る/る/れ/れ} **くぼむ。へこむ。**土佐日記 平安―日記 二・一六「池めいてくぼまり、水つけるところあり」訳池のようにくぼみ、水につかっている所がある。

く-ほん【九品】名詞 仏教語。❶浄土教で、極楽浄土に往生する者が生前の罪業・修行の程度の差によって受ける、九等の階位。上品・中品・下品に三分され、さらに、それぞれが上生・中生・下生に分けられ、上品上生・中品中生・下品下生などと呼ぶ。❷「九品浄土」の略。❸「九品往生」の略。◆「品」は等級・階級の意。

くほん-じゃうど【九品浄土】クホンジョウド 名詞 仏教語。**極楽浄土。**「九品」「九品の浄刹」とも。

くほん-の-うてな【九品の台】連語 仏教語。「くほんれんだい」に同じ。

くほん-の-ねんぶつ【九品の念仏】連語 仏教語。極楽浄土に生まれることを願って唱える念仏。

くほん-れんだい【九品蓮台】名詞 仏教語。極楽浄土にある、蓮の台。「九品」の階位によって九種の別がある。「九品の台」とも。

くほん-わうじゃう【九品往生】クホンオウジョウ 名詞 仏教語。極楽浄土に往生すること。**極楽往生。**「九品」とも。

くま【隈】名詞

語義の扉

原義の「(川や道などの)折れ曲がってひっこんでいる所」から、目につきにくい場所や光の当たらない場所をさすようになった。人の心の中をいうのに転じて、隠し事や欠点の意味にも用いる。

❶曲がり角。曲がり目。
❷(ひっこんで)目立たない所。物陰。
❸辺地。片田舎。
❹くもり。かげり。
❺欠点。短所。
❻隠しだて。秘密。
❼くまどり。

❶**曲がり角。曲がり目。**万葉集 奈良―歌集 一七「道のくまい積もるまでにつばらにも見つつ行かむを」訳⇩うまさけ…。
❷(ひっこんで)**目立たない所。物陰。**源氏物語 平安―物語 橋姫「しばし少したち隠れて聞くべき物のくまありや」訳しばらくちょっと隠れて聞くことができる物の陰はあるか。
❸**辺地。片田舎。**源氏物語 平安―物語 橋姫「打ち忍びたるすみかも、山里めいたるくまなどに」訳人目を避けた住居も、山里めいている片田舎などに。
❹**くもり。かげり。**源氏物語 平安―物語 賢木「月のすこしくまある立て蔀のもとに」訳月の光が少しかげり

になっている立て蔀のそばに。❺欠点。短所。[源氏物語 平安｜物語] 浮舟「見れども見飽かず、そのことぞと覚ゆるくまなく」訳(浮舟の容姿は)いくら見ても飽きることがなく、特にこれと思われる欠点がなく。❻隠しだて。秘密。[後撰 平安｜歌集] 秋中「人の心のくまは照らさず」訳人の心の中の秘密までは照らし出さない。❼くまどり。歌舞伎で、荒事を演じる役者が顔に施す、いろいろな彩色の線や模様。

(隈 ❼)

くま-かし【熊樫・熊橿】名詞 **大きな樫の木。**

くま-ぐま【隈隈】名詞 **あちこちのすみ。すみずみ。**[徒然 鎌倉｜随筆] 二一五「紙燭さしてくまぐまを求めし程に」訳紙燭をともしてすみずみまで捜していたところ。

くまぐま・し【隈隈し】形容詞シク {(しく)・しから／しく・しかり／し／しき・しかる／しけれ／しかれ} ❶**隠れてよく見えない。暗くてよく見えない。**[源氏物語 平安｜物語] 夕顔「ここかしこのくまぐましく覚え給ふに」訳あちこちが暗くてよく見えなく感じなさるときに。❷**隠しだてをしているようだ。**[源氏物語 平安｜物語] 梅枝「くまぐましく思しなすこそ苦しけれ」訳(私が)隠しだてをしているように(あなたが)お思いになるのはつらい。

くまそ【熊襲】名詞 奈良時代以前、今の南九州一帯に住んでいたという種族。また、その地方の名。◆『古事記』などに、大和政権への反抗をくり返したと伝えられる。

くま-で【熊手】名詞 ❶長い柄の先に鋭い鉄の爪を取り付けた、熊の手のような形の武具。敵を引っかけるのに用いた。参照▶口絵 ❷❶のような形をした、穀物などをかき集める農具。❸欲深い人。❹酉の市で売られた、❷の形をした縁起物の飾り。

くま-と【隈所・隈処】名詞 **物陰。隠れた所。**

くま-な・し【隈無し】形容詞ク {(く)・から／く・かり／し／き・かる／けれ／かれ}

語義の扉

「くま(隈)」は陰のこと。隠れた部分がない、というのがもとの意味。

❶かげりがない。(満月のようす)
❷陰になるところがない。
❸抜け目ない。ゆきとどいている。
❹あけひろげだ。

❶**かげりがない。**▼満月のようす。[徒然 鎌倉｜随筆] 一三七「花は盛りに、月はくまなきをのみ見るものかは」訳桜の花は満開のときに、月はかげりがない満月のときにだけ見るものであろうか、いや、そうではない。

❷**陰になるところがない。**▼光がすみずみまで照らしているようす。[源氏物語 平安｜物語] 薄雲「くまなき夕日にいとどしく清らに見え給ふを」訳陰になるところのない夕日に(照らされ)一段と美しくお見えなさるのを。

❸**抜け目ない。精通している。ゆきとどいている。**[源氏物語 平安｜物語] 夕顔「おのれもくまなき好き心にて」訳自分も抜け目のない色好みの心で。

❹**あけひろげだ。**[源氏物語 平安｜物語] 夢浮橋「僧都の御心は、聖といふ中にも、あまりくまなく物し給へば」訳僧都のご気性は、同じ聖の中でも、あまりあけひろげでいらっしゃるので。

熊野(くまの) ❶地名 今の和歌山県・三重県にまたがる熊野川流域一帯の地。熊野三社があり、修験道の霊地であった。❷寺社「熊野三社」の略。

熊野三社(くまのさんしゃ) 寺社 今の和歌山県熊野にある三神社。熊野本宮大社、熊野速玉大社、熊野那智大社。平安時代、特に院政期から、盛んに参詣されるようになった。「熊野三山」「三所権現」とも。

くまの-まうで【熊野詣で】クマノモウデ 名詞 熊野三社に参詣すること。また、その人。

くみ【組み】名詞 ❶**組み糸。組み紐。**▼糸や紐をより合わせたもの。❷「組み歌」の略。同じ趣向の歌を組み合わせて一曲にしたもの。

くみ-いれ【組み入れ】名詞 木を細かい格子の形に組んで、その上に板を張った天井。格天井。「くみれ」とも。

くみ・す【与す・組す】自動詞サ変 {せ／し／す／する／すれ／せよ} **仲間になる。味方する。**[平家物語 鎌倉｜物語] 七・平家山門連署「奸謀にくみして同心いたす源氏ら」訳(頼朝の)悪だくみに味方して心を合わせ事に当たる源氏の者ども。

くみ-まが・ふ【汲み紛ふ】クミマガウ 自動詞ハ四 {は／ひ／ふ／ふ／へ／へ} 多くの人が入り乱れて水をくみ合う。[万葉集 奈良｜歌集] 四一四三「もののふの八十少女らがくみまがふ寺井の上の堅香子の花」訳⇩もののふのやそをとめらが…。

く・む[1]【汲む・酌む】他動詞マ四 {ま／み／む／む／め／め} ❶**(器に)すくい取る。**[竹取物語 平安｜物語] 蓬莱の玉の枝「銀のかなまりを持ちて、水をくみ歩く」訳銀のおわんを持って水をくんでまわる。❷**(器に)注ぎいれる。**(注いだ酒などを)**飲む。**❸**人の心中を思いやる。あれこれ推察する。**[源氏物語 平安｜物語] 蛍「げに、いつはり馴れたる人や、さまざまにさもくみ侍らむ」訳いかにも、作り言ばかりする人が、さまざまにそのように(物語を)推察するのでしょうか。

く・む[2]【組む】一 自動詞マ四 {ま／み／む／む／め／め} **組み合う。組み討ちする。**[平家物語 鎌倉｜物語] 九・知章最期「むずとくんでどうど落ち」訳ぐいっと組み合ってどうっと(二人いっしょに馬から)落ち。二 他動詞マ四 {ま／み／む／む／め／め} ❶**織る。編む。**[宇津保 平安｜物語] 俊蔭「青葛を大きなる籠にくみて」訳青葛のつるを大きなかごに編んで。❷**組み合わせて作る。作り構える。**[方丈記 鎌倉｜随筆]「土居をくみ」訳土台を組んで作り。

-ぐ・む*【接尾語】四 〔名詞に付いて〕その兆しが現れ出す、その状態になり始める意の四段動詞を作る。「角ぐむ」「涙ぐむ」「芽ぐむ」

くめ-の-いはばし【久米の石橋】連語 昔、役の行者が、大和の葛城山の山神に命じて、吉野の金峰山へと架け渡そうとして果たせなかった、伝説上の石橋。久米路の橋。▼和歌などで、成就しない男女の契りをたとえていう。千載 鎌倉―歌集 雑上「葛城や渡しも果てぬものゆえにくめのいはばし苔生ひにけり」訳ここは葛城山。渡しきらなかったので、久米の石橋は人も渡らずに苔が生えていることだ。

久米の佐良山 地名 歌枕 今の岡山県津山市にある山。「久米の皿山」とも書く。

くも[1]【雲】名詞 ❶雲。晴れない心や、心の憂いをたとえることも多い。❷雲のように見えるもの。遠くにあるたくさんの桜の花などにいう。続虚栗 江戸―句集 俳諧「花のくも鐘は上野か浅草か―芭蕉」訳⇩はなのくも…。❸(雲に見立てて)火葬の煙。新古今 鎌倉―歌集 哀傷「なき人の形見のくもやしをるらむ」訳亡くなった人の形見となる火葬の煙が雨を降らすのであろうか。

くも[2]【蜘蛛】名詞 虫の名。「ささがに」とも。

くもい【雲居・雲井】⇩くもゐ

＊くも‐がく・る【雲隠る】

一 自動詞 ラ四 {ら/り/る/る/れ/れ} ❶雲に隠れる。万葉集 奈良―歌集 二〇七「照る月のくもがくるごと」訳⇩あまとぶや…。❷亡くなる。死去する。▼「死ぬ」の婉曲的な表現。多く、貴人の死にいう。万葉集 奈良―歌集 四一六「ももづたふ磐余の池に鳴く鴨を今日のみ見てやくもがくりなむ」訳⇩ももづたふ…。◆奈良時代以前の語。

二 自動詞 ラ下二 {れ/れ/る/るる/るれ/れよ} ❶一❶に同じ。源氏物語 平安―物語 夕顔「にはかにくもがくれて」訳(月が)急に雲に隠れて。❷一❷に同じ。栄花物語 平安―物語 玉の飾り「などて君くもがくれけむ」訳なぜ我が君はお亡くなりになったのだろう。

くも‐がくれ【雲隠れ】名詞 ❶雲に隠れること。❷人がいなくなること。❸(貴人の)死去。ご逝去。▼「死」の婉曲的な表現。

くも‐かすみ【雲霞】名詞 ❶雲と霞。❷素早く逃げて姿をくらますこと。

くも‐かへる‐かぜ【雲返る風】連語 雲を吹き払う風。「雲返す風」とも。

くもけぶり‐に‐な・す【雲煙になす】連語 (死者を)火葬する。「雲煙となす」とも。更級 平安―日記 夫の死「はかなくくもけぶりになす夜」訳(夫を)むなしく火葬する夜。

くも‐ぢ【雲路】名詞 雲の中の道。◆月・鳥などが通るとされる。

く‐もつ【公物】名詞 公の所有物。朝廷の調度・器物など。

くも‐で【蜘蛛手】名詞 ❶(川の流れや道などが)幾筋にも分かれていること。伊勢物語 平安―物語 九「水ゆく河のくもでなれば」訳水の流れる河が幾筋にも分かれているので。❷(木材を)四方八方に打ちつけたり、縄で結わえつけたりすること。❸(戦場で)四方八方に駆けめぐること。また、縦横無尽に刀などを振り回すこと。平家物語 鎌倉―物語 九・二度之懸「縦さま・横さま、くもで・十文字に駆け割り駆け回り」訳縦方向・横方向、四方八方に駆けまた十の字(を書くよう)に馬を走らせ敵を破り回り。❹あれこれと思いめぐらすこと。▼「くもでに」の形で副詞的に用いる。大和物語 平安―物語 付載説話「くもでに思ひ乱るるほどに」訳あれこれと思いめぐらして心が乱れるうちに。◆くもが足を広げた形から。

くも‐の‐あなた【雲の彼方】連語 雲のむこう。雲で隔てられた遠い土地。

くも‐の‐い【蜘蛛の網】連語 くもの巣。

＊くも‐の‐うへ【雲の上】連語 ❶(高くて遠い)空。❷宮中。禁中。枕草子 平安―随筆 三月ばかり「くものうへも暮らしかねける春の日を」訳宮中でも暮らしかねた(=所在ない)春の日なのに。

＊くものうへ‐びと【雲の上人】連語 宮中に仕える貴人。大宮人。狭義には、清涼殿の殿上の間への出入りを許されている人。殿上人。源氏物語 平安―物語 四「いとどしく虫の音しげき浅茅生に露おきそふるくものうへびと」訳⇩いとどしく…。

くものうへも… 和歌「雲の上も 涙にくるる 秋の月 いかですむらむ 浅茅生の宿」源氏物語 平安―物語 桐壺 訳雲の上(=宮中)でも、悲しみの涙に曇ってよく見えない秋の月は、どうして澄んで見えることがあろうか、草深い更衣の実家では(残された人達は悲しみにうちひしがれ、どのように暮らしているだろうか)。

鑑賞 桐壺の更衣亡き後、幼い源氏は更衣の実家で祖母と暮らしている。帝が更衣の実家を思いやって詠んだ歌。「すむらむ」には「澄む」と「住む」がかけられている。「浅茅生の宿」は「草深い住まい」のこと。

くも‐の‐かけはし【雲の梯】連語 ❶たなびく雲をはしごにたとえた語。❷絶壁など高い所に架けた橋。❸宮中の階段。宮中を雲の上にたとえていう語。

くも‐の‐かよひぢ【雲の通ひ路】連語 空にある、雲の行き交う道。また、雲の中を通って地上へ達する道。古今 平安―歌集 雑上「天つ風くものかよひぢ吹き閉ぢよ乙女の姿しばしとどめむ」訳⇩あまつかぜ…。

くも‐の‐なみ【雲の波】連語 ❶波のような雲。雲を重なり立つ波に見立てていう語。万葉集 奈良―歌集 一〇六八「天の海にくものなみ立ち」訳⇩あめのうみに…。❷雲のような波。波を重なり合う雲に見立てていう語。平家物語 鎌倉―物語 二・康頼祝言「海漫々として、くものなみ煙の波ふかく」訳海は広々と果てしなく、雲のような波や煙のような波が遠くまで重なり合い。

くも‐の‐ふるまひ【蜘蛛の振る舞ひ】連語 くもが糸を張り、巣を作る動作。「蜘蛛の行ひ」とも。◆恋人や親しい人が来る前兆と考えられた。

くも‐の‐みね【雲の峰】連語 山の峰のように高くそびえ立つ雲。多く、入道雲にいう。季夏。奥の細道 江戸―紀行 出羽三山「くものみね幾つ崩れて月の山―芭蕉」訳昼間、峰のように高くそびえ立つ入道雲が、いったい幾つ湧き立っては消えていっただろう。今、空には月がかかり、月山だけが神々しい姿を見せている。

くも‐の‐みを【雲の澪】連語 雲の流れ。雲の流れ行くさまを川の流れにたとえていう語。

くも‐ま【雲間】名詞 ❶雲の絶え間。❷晴れ間。

くもら‐は・し【曇らはし】形容詞 シク {(しく)・しから/しく・しかり/し/しき・しかる/しけれ/しかれ} ❶曇っているようだ。曇りがちだ。源氏物語 平安―物語 蛍「おぼつかなき空の気色のくもらはしきに」訳はっきりしない空のようすが曇りがちなときに。❷くすんでいる。源氏物語 平安―物語 澪標

「空色の紙のくもらはしきに書い給へり」訳空色の紙の(薄墨をかけて)くすんでいるのにお書きになっていた。

くもら-ふ【曇らふ】クモラウ―クモロウ 連語

なりたち 動詞「くもる」の未然形＋反復継続の助動詞「ふ」

一面に曇る。 万葉集 奈良―歌集 二三二二「天つみ空はくもらひにつつ」訳大空は一面に曇っていることだ。◆奈良時代以前の語。

くもり-な・し【曇り無し】 形容詞ク {(く)・から/く・かり/し/き・かる/けれ/かれ}

❶**曇りがない。明るい。はっきりとしている。** 源氏物語 平安―物語 葵「ころもがへの御しつらひ、くもりなくあざやかに見えて」訳ころもがえした(お部屋の)御装飾が、明るく鮮やかに見えて。❷**後ろ暗くない。やましくない。不正がない。** 源氏物語 平安―物語 須磨「われは春日のくもりなき身ぞ」訳私は、春の日のようにくもりがない、やましくない身です(ので、いつまでもこんなめにあうはずはありません)。

くも・る【曇る】 自動詞ラ四 {ら/り/る/る/れ/れ}

❶**(空が)曇る。** 源氏物語 平安―物語 少女「空のけしきもいたうくもりて、まだ暗かりけり」訳空のようすもひどく曇って、まだ暗かった。❷**(光や色つやが)暗くなる。くすむ。** 源氏物語 平安―物語 初音「御容貌など、いと華やかに、ここぞくもれると見ゆるところなく」訳お顔立ちなどは、たいそう華やかで、ここがくすんでいると見えるところもなく。❸**(心が)暗くなる。心がふさぐ。** 更級 平安―日記 後の頼み「ひまもなき涙にくもる心にもあかしと見ゆる月の影かな」訳途切れる間もない涙で暗くなる心にも明るいと見える月の光だなあ。

くも-ゐ【雲居・雲井】クモイ 名詞

語義の扉

「居ゐ」は動詞「ゐる(＝座る)」の連用形の名詞化で、座っている所の意。雲のある所の空をさす。それが、雲そのもの、さらに、はるか遠くのものをさすようになった。

❶大空。天上。
❷雲。
❸はるかに離れた所。
❹宮中。皇居。

❶**大空。天上。** ▼雲のある所。枕草子 平安―随筆 鳥は「鳴く声くもゐまで聞こゆる、いとめでたし」訳(鶴の)鳴く声が天上まで聞こえる(という)のは、まことにけっこうだ。❷**雲。** 詞花 平安―歌集 雑下「わたの原漕ぎ出でてみればひさかたのくもゐにまがふ沖つ白波」訳⇩わたのはらこぎいでてみれば…。❸**はるかに離れた所。** 徒然 鎌倉―随筆 一三七「遠きくもゐを思ひやり、浅茅が宿に昔をしのぶこそ」訳遠いはるか離れた所(にいる恋人)に思いをはせ、ちがやの茂っている荒れた家で昔(の恋)を追想するのは。❹**宮中。皇居。** 大和物語 平安―物語 一〇六「くもゐにてよをふるころはさみだれのあめの下にぞ生けるかひなき」訳(あなたから遠く離れた)宮中で夜を過ごしているころは五月雨ではないが心がみだれ、この世に生きているかいがないように思われることだ。

くもゐ-の-そら【雲居の空】クモイノソラ 連語 ❶**雲の浮かんでいる空。** ❷**宮中。**

＊**くもゐ-の-よそ【雲居の余所】**クモイノヨソイ 連語 **はるか遠く離れた所。** 古今 平安―歌集 離別「限りなきくもゐのよそに別るとも人の心におくらさむやは」訳はてしなくはるか遠く離れた所に別れるとしても、あなたを私の心から取り残して行くことがあるだろうか。

く-もん【公文】 名詞 ❶律令制下の公文書。❷社寺・公家などから領地や荘園に出す文書。

くもん-じょ【公文所】 名詞 ❶平安時代、諸国で公文書を取り扱った役所。❷鎌倉時代、政務を処理した機関。◇後に、「政所」と改称された。

＊**く-やう【供養】**クヨウ 一 名詞／―す 他動詞サ変 ❶「三宝」に対して施しを行うこと。物を供えること、堂塔を建立すること、読経をすることなど。❷(死者の霊のために)法会を営むこと。枕草子 平安―随筆 故殿の御ために「故殿の御ために、月ごとの十日、経・仏などくやうぜさせ給ひしを」訳なき殿(＝関白道隆)の御ために、毎月十日、写経をし仏像仏画を作らせるなどして(中宮は)法会を営みあそばされたが。

二 名詞 僧が布施を受けた飲食物。

くやう-ぼふ【供養法】クヨウボウ 名詞 仏教語。仏などを供養するための行法。

＊**くや・し【悔し】** 形容詞シク {(しく)・しから/しく・しかり/し/しき・しかる/しけれ/しかれ} **悔しい。後悔される。残念だ。** 万葉集 奈良―歌集 一九六九「わが宿の花橘は散りにけりくやしき時に逢へる君かも」訳わが家のたちばなの花は散ってしまった。こんな残念なときにあなたに会ったものだなあ。⇩くちをし

く-やつ【此奴】 代名詞 **こいつ。あいつ。** ▼他称の人称代名詞。人を卑しめて呼ぶ語。落窪物語 平安―物語 三「この年ごろ、いみじき恥をのみ見せつるは、くやつのするなりけり」訳この数年来、ひどい恥をばかり見せたのは、あいつのすることだったのだ。

く・ゆ[1]**【悔ゆ】** 自動詞ヤ上二 {い/い/ゆ/ゆる/ゆれ/いよ} **後悔する。悔やむ。** 徒然 鎌倉―随筆 一八八「くゆれども取り返さるる齢ならねば」訳後悔しても取り返せる年齢ではないから。

参考 ヤ行上二段動詞は「悔ゆ」「老ゆ」「報ゆ」の三語だけ。

く・ゆ[2]**【崩ゆ】** 自動詞ヤ下二 {え/え/ゆ/ゆる/ゆれ/えよ} **崩れる。朽ちる。** 万葉集 奈良―歌集 六八七「早川の塞きに塞くともなほやくえなむ」訳(あなたにひかれる私の心は)流れの速い川のように、いくらせきとめようとしてもやはり(とめられず)崩れてしまうのだろうか。

く・ゆ[3]**【蹴ゆ】** 他動詞ヤ下二 {え/え/ゆ/ゆる/ゆれ/えよ} **蹴る。** ◆「ける」の古い形。

くゆら-か・す【燻らかす・薫らかす】 他動詞サ四 {さ/し/す/す/せ/せ} **(煙や香りを)立ちのぼらせる。くすぶらせる。** 「くゆらす」とも。源氏物語 平安―物語 初音「侍従をくゆらかして物ごとにしめたるに」訳侍従香(＝薫物の名)をくすぶらせて、一つ一つの物にたきしめてある中に。◆「かす」は接尾語。

くゆり-み・つ【燻り満つ・薫り満つ】 自動詞タ四 {た/ち/つ/つ/て/て} **(煙や香りが)立ちのぼって、あたりに満ち**

る。源氏物語 平安｜物語 鈴虫「富士の嶺よりもけにくゆりみちいでたるは、本意なきわざなり」訳(香の煙が)富士の峰(の煙)よりもいっそう立ちのぼってあたりに満ち出ているのは、不本意なことです。

***くゆ・る【燻る・薫る】** 自動詞ラ四{ら/り/る/る/れ/れ} ❶**くすぶる。煙や匂いが立ちのぼる。** 源氏物語 平安｜物語 花宴「いとけぶたうくゆりて」訳(香が)たいそうけむたいほどくすぶって。❷**思いこがれる。**▼比喩的に用いる。蜻蛉 平安｜日記 上「燻べやしつるくゆる思ひに」訳くすぶっているのだろうか、思いこがれる思いのために。

くよう【供養】⇨くやう

1くら【座】 名詞 ❶**座る所。**❷**物を置く所。**物を載せる台。

2くら【鞍】 名詞 人を乗せるために馬や牛の背に置く道具。

くらい【位】⇨くらゐ

くら-うど【蔵人】 クロウド 名詞 ❶**蔵人所の役人。**天皇のそばに仕える「令外の官」の一つ。はじめ、皇室の文書や道具を納める蔵を管理し、訴訟なども扱ったが、のちに天皇の衣服・食事などの日常生活に奉仕し、伝奏・除目・節会の儀式など宮中の諸事をつかさどった。❷「女蔵人」の略。宮中で配膳・掃除・裁縫などの雑役に従事した下級の女官。

◆**学習ポイント㉘**

蔵人

蔵人は、天皇の側近として日常生活に奉仕するほか、詔勅や儀式の事務も行う蔵人所の役人。構成は、別当一名、頭二名、五位の蔵人三名、六位の蔵人四名など。たいへん名誉ある重要な職務なので、六位でも昇殿が許され、幹部には名門の才人が選ばれた。『枕草子』にも、「六位の蔵人。いみじき君達なれど、えしも着たまはぬ綾織物を心にまかせて着たる、青色姿などめでたきなり」(六位の蔵人は、りっぱな家の貴公子でもなかなか、お召しになれない綾織物を自由に着ている。天皇に許された、臣下禁止の青色服の姿などは、いかにもりっぱだ。」(めでたきもの)とある。

くらうど-どころ【蔵人所】 クロウドドコロ 名詞 **蔵人が執務した役所。**平安時代初期の永仁元年(八一〇)に設置された「令外の官」で、大内裏の校書殿の西廂にあった。参照▼口絵

くらうど-の-ごゐ【蔵人の五位】 クロウドノゴイ 名詞 六位の蔵人の任期が満ちて五位に叙せられても、五位の蔵人に欠員がないために蔵人を辞して「地下」になった者。

くらうど-の-せうしゃう【蔵人の少将】 クロウドノショウショウ 名詞 蔵人を兼任する近衛の少将。

くらうど-の-とう【蔵人の頭】 クロウドノトウ 名詞 「蔵人所」の長官。「別当」の下位で、蔵人所の事務を指揮した要職。定員は二名で、四位の殿上人から選任された。一人は弁官、一人は近衛府の中将・少将から選ばれ、それぞれ「頭の弁」「頭の中将」「頭の少将」という。

くら-かさ【鞍笠】 名詞 「くらつぼ」に同じ。

くら-が・る【暗がる】 自動詞ラ四{ら/り/る/る/れ/れ} **暗くなる。曇る。** 竹取物語 平安｜物語 竜の頸の玉「速き風吹きて、世界くらがりて」訳激しい風が吹いて、あたり一帯が暗くなって。

くら-ぐら【暗暗】 一 名詞 (明け方や夕方の)**薄暗いころ。** 二 副詞 **薄暗くはっきりしないで。ぼんやり。** 海道記 鎌倉｜紀行「池田を立ちて、くらぐら行けば」訳池田を出発して、薄暗くはっきりしない(まま)行くと。

くら・し【暗し】 形容詞ク{(く)・から/く・かり/し/き・かる/けれ/かれ} ❶**暗い。** 徒然 鎌倉｜随筆 八九「飼ひける犬の、くらけれど主を知りて、飛びつきたりけるとぞ」訳飼っていた犬が、暗いけれど飼い主とわかって飛びついたのだったということだ。❷**わからない。はっきりしない。** 今昔物語 平安｜説話 一九・九「この男は跡をくらくして失せにけり」訳この男は行方をわからなくして消えていった。❸**愚かだ。暗愚だ。** 徒然 鎌倉｜随筆 一九三「くらき人の、人を測りて、その智を知れりと思はん、さらにあたるべからず」訳愚かな人が他人(の能力)を推測して、その人の知恵(の程度)をわかったと思うようなことは、少しもあたるはずのないことである。❹**不足している。欠けている。** 国姓爺 江戸｜浄瑠璃 浄瑠璃・近松「七珍万宝くらからずと申せども」訳あらゆる種類の宝が不足してはいないといっても。

くらし-か・ぬ【暮らしかぬ】 他動詞ナ下二{ね/ね/ぬ/ぬる/ぬれ/ねよ} **日を過ごすのに困る。** 平家物語 鎌倉｜物語 九・生ずきの沙汰「永日をくらしかね給ふぞあはれなる」訳長い一日を過ごすのに困りなさるのが気の毒である。

1くら・す【暗す】 他動詞サ四{さ/し/す/す/せ/せ} ❶(悲しみなどで心を)**暗くする。**(心を)**悲しみに沈ませる。** 源氏物語 平安｜物語 総角「かき曇り日影も見えぬ奥山に心をくらすころにもあるかな」訳あたり一面曇って日の光も見えない山奥にこもって、悲しみのために心を暗くしているこのごろであるなあ。❷(涙で目を)**曇らせる。** 蜻蛉 平安｜日記 上「『この御袈裟』など書きはじむるより、涙にくらされて」訳「この御袈裟」などと(手紙を)書き始めるとすぐに、涙で目を曇らされて。

2くら・す【暮らす】 一 他動詞サ四{さ/し/す/す/せ/せ} ❶**日が暮れるまで時を過ごす。昼間を過ごす。** 万葉集 奈良｜歌集 八一八「春さればまづ咲く宿の梅の花独り見つつや春日くらさむ」訳春になると最初に咲くわが家の梅の花を、ひとりで見ながら長い春の日を暮れるまで過ごすのであろうか。対明かす。❷(年月・季節などを)**過ごす。月日をおくる。生活する。** 源氏物語 平安｜物語 竹河「花を見て春はくらしつ」訳桜の花を見て春は過ごした。 二 補助動詞サ四{さ/し/す/す/せ/せ} 〔動詞の連用形に付いて〕**一日じゅう…する。…して一日を過ごす。** 枕草子 平安｜随筆 清涼殿の丑寅のすみの「そなたに向きてなむ、念じくらし給ひける」訳そちら(=内裏の方)を向いて、心の中で祈って一日を過ごしなさった。

くら-づかさ【内蔵寮】 名詞 「中務省」に属し、天皇の宝物や日常の物品の調達・保管や、儀式の準備などを担当した役所。「くらのつかさ」「くられう」と

も。

くら-つぼ【鞍壺】名詞 鞍の前輪と後輪との間の、人がまたがって乗る部分。鞍笠。

くら-の-かみ【内蔵頭】名詞「内蔵寮」の長官。

¹くら-の-つかさ【内蔵寮】名詞「くらづかさ」に同じ。

²くら-の-つかさ【蔵の司】名詞 律令制で後宮十二司の一つ。神璽(＝天皇の印)・関契(＝公用の関所通行証)や天皇・皇后の衣装などを管理する機関。

くら-びらき【蔵開き】名詞 年初の吉日に、商家がその年初めて蔵を開いて祝う行事。

くら・ふ【食らふ】他動詞ハ四〔は/ひ/ふ/ふ/へ/へ〕❶食う。飲む。徒然 鎌倉―随筆 八九「奥山に、猫またといふもののありて、人をくらふなる」訳奥山に猫またという怪獣がいて、人を食うそうだ。❷生計を立てる。禰宜山伏 室町―狂言「茶屋をしてくらふ奴が」訳茶屋をして生計を立てているやつが。❸(好ましくないものを)受ける。こうむる。丹波与作 江戸―浄瑠 近松「竹の鞭をくらふなよ」訳竹のむち打ちを受けるなよ。
参考 同義語の「食ふ」に比べて、「食らふ」は俗語的に使われる。なお、漢文訓読系の文には「食らふ」が一般に用いられる。

***くら・ぶ**【比ぶ・較ぶ・競ぶ】他動詞バ下二〔べ/べ/ぶ/ぶる/ぶれ/べよ〕❶比べる。比較する。拾遺 平安―歌集 恋二「逢ひ見ての後の心にくらぶれば」訳⇩あひみての…。❷(勝ち負け・優劣を)競う。争う。宇津保 平安―物語 祭の使「一番に式部卿の宮、右の大臣とくらべ給ひ、大臣勝ち給ふ」訳最初に式部卿の宮と右大臣とが競いなさり、右大臣がお勝ちになる。❸(互いに)心を通わせ合う。つき合って親しくする。土佐日記 平安―日記 一二・二一「年ごろ、よくくらべつる人々なむ別れがたく思ひて」訳長年の間、よくつき合って親しくしていた人々は別れにくいことだと思って。

暗部山 地名 今の京都市にある鞍馬山の古名という。

くらべ-うま【競べ馬】名詞 競馬。馬場で馬を走らせて勝敗を争う競技。多く、二頭の馬を直線で走らせるもので、初めは朝廷で五月五日の節会に行われた。有名なのは、五月五日、六日に催された「賀茂の競べ馬」である。

くらべ-ぐる・し【比べ苦し】形容詞シク〔(しく)・しから/しく・しかり/し/しき・しかる/しけれ/しかれ〕❶比較しにくい。比べにくい。源氏物語 平安―物語 帚木「世の中や、ただかくこそとりどりに、くらべぐるしかるべき」訳男女の仲は、全くこのようにそれぞれで、比較しにくいにちがいないでしょう。❷調子を合わせづらい。つきあいづらい。対処しづらい。源氏物語 平安―物語 松風「例のくらべぐるしき御心」訳いつものようにつきあいづらいお心であるよ。

くらべこし… 和歌「比べ来し 振り分け髪も 肩過ぎぬ 君ならずして 誰か上ぐべき」伊勢物語 平安―物語 二三 訳お互いに長さを比べ合ってきた私の振り分け髪も、肩を過ぎるほどに伸びてしまいました。夫と思い定めたあなた以外のだれのために髪上げをしましょうか。
鑑賞「上ぐべき」の「上ぐ」は、女子の成人式である髪上げのこと。幼馴染みの男女が大人になったとき、男の「筒井つの井筒にかけしまろが丈過ぎにけらしな妹見ざるまに」〈⇩つつゐつの…。〉という求愛の歌に、女が応じて詠んだ歌。なお、下の句を「あなたでなくてほかのだれがこの私の髪を結い上げてくれるでしょうか」と解する説もある。

鞍馬 地名 今の京都市左京区にある鞍馬山付近。

くら-まぎれ【暗紛れ】名詞 ❶暗闇に紛れること。❷暗闇の時分。

くらま・す【暗ます】他動詞サ四〔さ/し/す/す/せ/せ〕❶(暗くして)見えなくする。わからなくする。保元 鎌倉―物語 中「人馬走り騒ぐ音、軍兵のあわて迷う声、天をくらまして地を動かすがごとくなり」訳人や馬の走り、騒ぐ音や、兵士があわてふためく声は、暗くなってあたりが見えなくなり、地がゆれるようであった。❷だます。ごまかす。今昔物語 平安―説話 二八・四〇「翁の籠の瓜を取り出だしけるを、我らが目をくらまして、見せざりけるなりけり」訳老人が籠の瓜を取り出したのだが、我々の目をごまかして、見せなかったのだった。

鞍馬山 地名 京都の北郊にある山。深山幽谷の趣があり、桜・楓の名所。中腹に平安京の北方鎮護の寺である鞍馬寺がある。

くら・む【暗む】一 自動詞マ四〔ま/み/む/む/め/め〕❶暗くなる。❷(目が)見えなくなる。保元 鎌倉―物語 中「まことに御目のくらませ給ひけるにこそと」訳本当にお目が見えなくおなりあそばしたのであろうと。◇「眩む」とも書く。❸分別がなくなる。理性を失う。寿の門松 江戸―浄瑠 浄瑠・近松「涙隔てて引き立つる明かり障子の明かりにもくらむ心ぞ哀れなる」訳涙に隔てて立てた障子の明かりにも分別がなくなる心はふびんである。
二 他動詞マ四〔ま/み/む/む/め/め〕わからなくする。くらます。著聞集 鎌倉―説話 五七五「その郎等を召すに、跡をくらみて失せぬ」訳その家来をお呼び出しになると、行方をくらましていなくなってしまった。

くら-やど【蔵宿】名詞「ふださし」に同じ。

くら-れう【内蔵寮】名詞「くらづかさ」に同じ。

くら-ゐ【位】名詞
❶天皇の位。皇位。帝位。源氏物語 平安―物語 薄雲「さらに親王にもなり、くらゐにも即き給へるも」訳(一世の源氏が)新たに親王にもなり、天皇の位にもおつきになったことも。
❷(官職などの)地位。身分。源氏物語 平安―物語 東屋「大臣のくらゐを求めむと思し願ひて」訳大臣の地位を得ようとお望みになって。
❸宮中での序列。位階。源氏物語 平安―物語 桐壺「三位のくらゐ贈り給ふよし、勅使来て、」訳(帝が亡き桐壺更衣に)三位の位階を追贈しなさることで、お言葉を伝える勅使が来て、。
❹(学問・芸能などの能力の)段階。程度。等級。徒然 鎌倉―随筆 一五〇「道になづまず、みだりにせずして年を送れば、堪能の嗜まざるよりは、終に上手のくらゐにいたり」訳(才能のない人でも)けいこの道に停滞せず、自分勝手にしないで年月をおくれば、才能があっても熱心にやらない人よりは、ついには名人の段階に達して。
❺品位。品格。一代女 江戸―物語 浮世・西鶴「姿にくらゐそなはり、心立ておとなしく」訳容姿に品位が備わって、気立てはおとなしく。

❻(俳諧で)**句の品位**。前句の素材や着想と釣り合うように、付け句を作ることをいう。[去来抄 江戸―論]修行「好句ありとても、くらゐ応ぜざればのらず」[訳]よい句であっても、(前の)句の品位と釣り合わないと調和しない。

[参考]「位」の❸は、臣下では、一位から初位(八位の下)までの九等級で、さらにそれが細分されて三十段階あった。

くらゐ-に-つ・く【位に即く】[連語]**即位する。天皇の位につく。**[源氏物語 平安―物語]薄雲「さらに親王にもなり、くらゐにもつき給ひつるも」[訳](一世の源氏が)再び親王にもなり、天皇の位にもおつきになったことも。

くらゐ-やま【位山】[名詞]❶**皇位という山**。皇位を山にたとえていう。❷**位という山**。昇進すべき位を山にたとえていう。◆「くらゐのやま」とも。

くら-んど【蔵人】[名詞]「くらうど」の撥音便。

く-り【庫裏・庫裡】[名詞]❶仏教語。寺院の台所にあたる建物。❷寺院で、住職やその家族が住む建物。

くり-かた【刳り形】[名詞]**えぐり開けた穴**。緒を通すために開けたもの。

くり-かへ・す【繰り返す】[他動詞]サ四{さ/し/す/す/せ/せ}**何度も糸をたぐる。何度も同じことをする。**[万葉集 奈良―歌集]一三一六「手染めの糸をくりかへし」[訳]自分で染めた糸を何度もたぐり。

くり-げ【栗毛】[名詞]馬の毛色の一種。たてがみ・尾・体などが、くりの実のような赤茶色のもの。濃淡により、黒栗毛・白栗毛・橡栗毛などとする。

くり-ごと【繰り言】[名詞]❶同じことを繰り返し言うこと。❷愚痴。

くり-たた・ぬ【繰り畳ぬ】[他動詞]ナ下二{ね/ね/ぬ/ぬる/ぬれ/ねよ}**たぐり寄せて折り畳む。**[万葉集 奈良―歌集]三七二四「君が行く道の長手をくりたたね」[訳]⇩きみがゆく…。

くり-の-もと【栗の本】[名詞]❶ユーモアや滑稽を詠むねとする狂歌・連歌。❷❶のような狂歌・連歌を詠む一派。[対]柿の本。

くり-ひろ・ぐ【繰り広ぐ】[他動詞]ガ下二{げ/げ/ぐ/ぐる/ぐれ/げよ}(巻き物・書物などを)**順に開く。順に広げる。**[徒然 鎌倉―随筆]四三「机のうへに文をくりひろげて見ゐたり」[訳]机の上に書物を順に開いて座って見ている。

くり-や【厨】[名詞]**飲食物を調理する所。台所。**厨房。また、そこで働く調理人。

くり-わた【繰り綿】[名詞]**精製していない綿。**綿の実を綿繰り車にかけて種を取り除いただけのもの。

[1]**く-りん**【九輪】[名詞]仏教語。仏塔の頂上の柱にある九つの輪。「空輪」とも。

[2]**く-りん**【苦輪】[名詞]仏教語。輪廻によって永遠に続く、生死の苦しみ。

[1]**く・る**【呉る】

□一[他動詞]ラ下二{れ/れ/る/るる/るれ/れよ}❶(相手が自分に物を)**くれる。**[徒然 鎌倉―随筆]一一七「良き友三つあり。一つには物くるる友」[訳]よい友には三種類ある。その一つは物をくれる友。❷(自分が相手に物を)**与える。やる。**[土佐日記 平安―日記]一・七「この長櫃の物は、みな人、童までにくれたれば」[訳]この長櫃の中の物は、(船中の)全員、子供にまで与えたので。

□二[補助動詞]ラ下二{れ/れ/る/るる/るれ/れよ}〔動詞の連用形に助詞「て」が付いたものに付いて〕❶…(て)**くださる。**[太平記 室町―物語]一八「いかにもして杣山の城に入れ参らせてくれよ」[訳]どうにかして杣山の城にお入れ申し上げてください。❷…(て)**やる。**[太平記 室町―物語]八「射てくれ候はん」[訳]射てやりましょう。

[2]**く・る**【暗る・眩る】[自動詞]ラ下二{れ/れ/る/るる/るれ/れよ}❶**心が暗く沈む。**[源氏物語 平安―物語]桐壺「闇にくれて臥し給へる程に」[訳](嘆きの)やみの中に心が暗く沈んで悲しみにくれなさっているうちに。❷(悲しみなどにうちひしがれて)**目がくらむ。目の前が真っ暗になる。**[平家物語 鎌倉―物語]九・敦盛最期「目もくれ、心も消え果てて」[訳]目もくらみ、気も遠くなってしまって。❸(涙で)**目が曇る。目がかすむ。**[源氏物語 平安―物語]桐壺「涙にくるる秋の月」[訳]⇩くものうへも…。❹(悲しみや欲望のために動転して)**思いまどう。思慮を失う。**[源氏物語 平安―物語]若菜下「御心もくれてわたり給ふ」[訳]お心も思いまどっていらっしゃる。

[3]**く・る**【暮る】[自動詞]ラ下二{れ/れ/る/るる/るれ/れよ}❶(日が)**暮れる。**[伊勢物語 平安―物語]九「はや舟に乗れ、日もくれぬ」[訳]早く舟に乗れ、日が暮れてしまう。❷(季節や年月が)**終わりになる。**[奥の細道 江戸―紀行]出発まで「やや年もくれ」[訳]やがてその年も終わり。

[4]**く・る**【繰る・絡る】[他動詞]ラ四{ら/り/る/る/れ/れ}❶(糸など細長い物を)**たぐり寄せる。**また、そうして物に巻き取る。[万葉集 奈良―歌集]一三四六「女郎花生ふる沢辺の真葛原いつかもくりてわが衣に着む」[訳]おみなえしが生えている沢のほとりのくずの原のくずを、いつ(糸にして)たぐり寄せ(織って)自分の着物にして着るのだろうか。❷**順々に引き出す。順々に送り出す。**[大鏡 平安―物語]時平「物をくり出だすやうに言ひ続くるほどぞ」[訳]糸か何かを順々に引き出すように(次から次へと)話し続けるようすは。

[5]**くる**【来る】動詞「来く」の連体形。[徒然 鎌倉―随筆]一九「やうやう夜寒になるほど、雁鳴きてくるころ」[訳]しだいに夜気が寒くなる時分、雁が鳴いて来るころ。

くる-くる(と)[副詞]❶**くるくる(と)。ぐるぐる(と)。**▼物が回転するようす。また、巻きつくようす。[今昔物語 平安―説話]一九・二「にはかにこまつぶりのごとくくるくるとくるべきて」[訳](鉢が)急にこまのようにくるくると回転して。❷**すらすら(と)。**▼物事がなめらかに進むようす。[枕草子 平安―随筆]うらやましげなるもの「くるくるとやすらかに読みたるこそ」[訳](経を)すらすらと気楽そうに読んでいるのは。

くる・し【苦し】[形容詞]シク{(しく)・しから/しく・しかり/し/しき・しかる/しけれ/しかれ}

❶**苦しい。つらい。**[枕草子 平安―随筆]うらやましげなるもの「稲荷に思ひおこしてまうでたるに、中の御社のほどのわりなうくるしきを、念じのぼるに」[訳]稲荷に思いたって参拝したときに、中のお社のあたりで、むやみに苦しいのを、我慢してのぼっていくと。❷**心配だ。気がかりだ。**[源氏物語 平安―物語]紅葉賀「何くれと宣ふも似げなく、人や見つけむとくるしきを」[訳]あれこれとおっしゃるのも不似合いで、だれかが見つけるのではないかと心配だが。❸〔打消の語・反語を下接して〕**不都合だ。差しさわりがある。**[徒然 鎌倉―随筆]一〇「鳶のゐたらんは、何かは

くるしかるべき。この殿の御心、さばかりにこそ」訳とびがいるのが、何で不都合なのだろうか。そんなことはない。この殿のお心はそんな程度のものだったのだ。❹〔助詞「の」「も」を上接して〕困難である。落窪物語 平安—物語 三「脚の気起こりて、装束することのくるしければ」訳脚気が起こって、装束を着けることが困難なので。

❺不快だ。見苦しい。聞き苦しい。徒然 鎌倉—随筆 一〇「前栽の草木まで心のままならず作りなせるは、見る目もくるしく、いとわびし」訳庭の植え込みの草木まで自然のままでなくそれらしく作り上げてあるのは、見た目も不快で、とても興ざめだ。

-ぐる・し* 接尾語 シク〔動詞の連用形に付いて〕…**するのが苦痛である。…するのが嫌である。…するのが困難である。…しにくい。**「聞きぐるし」「見ぐるし」「くらべぐるし」

◆学習ポイント㉙

関連語 「ぐるし」と「がたし」と「にくし」

いずれも動詞の連用形に付いて、そうするのが困難だの意味を表すが、「ぐるし」は、つらい、嫌だという思いを伴い、「がたし」は、そうしたいがなかなかそうできないの意味を、「にくし」は、支障があっていやだという思いを伴いながら困難だの意味を表す。

くるし-げ・なり【苦しげなり】形容動詞 ナリ〔なら／なり・に／なり／なる／なれ／なれ〕❶**苦しそうだ。つらそうだ。**枕草子 平安—随筆 淑景舎、東宮に「頸くるしげに持ちて立ちぬ」訳くびのところが苦しそうで(受け物を手に)持って席を立った。❷**困っているようすだ。困ったふうだ。**源氏物語 平安—物語 総角「うとき人の御けはひの近きも、中の宮のくるしげに思したれば」訳他人(=中納言)の御気配が近いのも、中の宮が困ったふうにお思いになっているので。◆「げ」は接尾語。

くるし・ぶ【苦しぶ】自動詞 バ四〔ば／び／ぶ／ぶ／べ／べ〕**苦しむ。**今昔物語 平安—説話 一七・一〇「三途にくるしぶ者をとぶらはむ」訳三悪道で苦しむ者を慰めるであろう。

くる・ふ*【狂ふ】自動詞 ハ四〔は／ひ／ふ／ふ／へ／へ〕❶(神や物の怪などがのりうつって心が)**正常ではなくなる。**奥の細道 江戸—紀行 出発まで「そぞろ神の物につきて心をくるはせ」訳人の心を浮き立たせる神が(私に)取り付いて心を正常でなくならせ。❷**心が乱れる。気が狂う。**万葉集 奈良—歌集 七五一「くるひにくるひ思ほゆるかも」訳心が乱れに乱れて(あなたのことが)思われることだなあ。❸(気が狂ったように)**激しくあばれ回る。**平家物語 鎌倉—物語 四・橋合戦「ひとへに死なんとぞくるひける」訳ただもう死のうとばかりに狂ったように激しくあばれ回った。

くる-べか・す【転べかす】他動詞 サ四〔さ／し／す／す／せ／せ〕〔多く「みくるべかす」の形で〕(目玉を)**くるくる回す。ぎょろつかせる。**「くるめかす」とも。宇津保 平安—物語 俊蔭「眼を車の輪のごとく見くるべかして」訳目を車輪のようにぎょろつかせて。

くる-べ・く【転べく】自動詞 カ四〔か／き／く／く／け／け〕**くるくる回る。**枕草子 平安—随筆 五月の御精進のほど「見も知らぬくるべく物二人してひかせて」訳見たこともないくるくる回る物を二人で引かせて。

くるほ・し【狂ほし】形容詞 シク「ものぐるほし」に同じ。

くるま*【車】**車輪のある乗り物。車。**平安時代ではふつう、「牛車」をいう。

くるま-あらそひ【車争ひ】名詞 祭り見物などのとき、牛車をとめる場所をめぐって、双方の従者が起こす争い。

参考 『源氏物語』葵の巻の、光源氏の正妻葵の上と、愛人の六条の御息所の双方の従者の間で起こった車争いが名高い。

くるま-うし【車牛】名詞 **牛車を引く牛。**

くるま-ぞひ【車添ひ・車副ひ】名詞 牛車の左右に従って供をする従者。「くるまぞへ」とも。

くるま-の-しり【車の尻】連語 **牛車の後部座席。**

くるま-の-やかた【車の屋形】連語 **牛車の、屋根を付けた部分。**その中に人が乗る。

くるま-やどり【車宿り】名詞 ❶牛を外した牛車を入れて置く車庫。寝殿造りの邸宅で、中門の外に設けられる。参照▶口絵 ❷外出のとき、牛馬を一時休ませるために立ち寄る家。

くるま-よせ【車寄せ】名詞 貴人の邸宅で、牛車を寄せて乗り降りする所。

くる-め・く【転めく・眩く】自動詞 カ四〔か／き／く／く／け／け〕❶**くるくると回る。**宇治拾遺 鎌倉—説話 一三・一二「こまつぶりのやうにくるめきて」訳こまのようにくるくると回って。❷〔多く「目くるめく」の形で〕**目まいがする。**徒然 鎌倉—随筆 一〇九「目くるめき、枝危ふきほどは、おのれが恐れ侍れば、申さず」訳(高い木に登り)目まいがし、枝が(折れそうで)危ない間は、自分が恐いと思っておりますから、注意いたしません。❸**あわてて騒ぎまどう。騒がしく立ち回る。**宇治拾遺 鎌倉—説話 三・二「『あな、あさまし』と言ひてくるめきける程に」訳「まあ、あきれたことだ」と言って、あわてて騒ぎまどっていた間に。

くるる【枢】名詞 ❶戸の上端と下端にある突起(=とまら)を穴(=とぼそ)に差し込んで回転軸を作り、開き戸が開閉するようにする装置。「くる」とも。❷戸の桟から敷居の穴に差し込んで戸が開かないようにする木片。❸「枢戸」の略。◆「くろろ」とも。

くるる-ど【枢戸】名詞 「くるる❶」によって開閉する開き戸。

くる-わ【曲輪・廓・郭】名詞 ❶城や砦などの周囲に設けた、石や土の囲い。また、それに囲まれた所。❷遊郭。**遊里。**❸俳諧で、特定の範囲。

くれ[1]【呉】名詞 ❶**呉の国。**中国の春秋時代、長江の南にあった。❷**中国。**

くれ[2]【榑】名詞 ❶皮が付いたままの、加工していない木材。❷**薄板。**屋根を葺くためなどに用いる。

くれ[3] 代名詞 **だれだれ。なになに。なにがし。**▼「何」と並べ用いて、不明・不定の人や事物をさす。源氏物語 平安—物語 少女「何の親王、くれの源氏」訳(琵琶の名手は)何とかの親王、なになにの源氏。

くれ-[4]【呉】接頭語〔名詞の前に付いて〕呉の国、または、中国から渡来したという意を添える。「くれ竹」「くれ織」

くれ[5]【来れ】動詞「来」の已然形。古今 平安—歌集 春上

「春くれはかりかへるなり」訳春が来ると雁は(北へ)帰るのだ。

く-れう【供料】名詞 **供養料。仏の供養のため僧に与える金品など。**「ぐれう」とも。

くれ-がし【某】代名詞 **だれだれ。かれそれ。**▼「なにがし」と並べて用いる。源氏物語 平安一物語 夕顔「『なにがし、くれがし』と数へしは」訳「だれそれ、かれそれ」と列挙したのは。◆「がし」は接尾語。

くれ-がた【暮れ方】名詞 ❶**日暮れのころ。**対明け方。❷(季節・年などの)**終わりごろ。**◆「くれつかた」とも。

くれがたき… 和歌「暮れがたき 夏の日ぐらし ながむれば そのこととなく ものぞ悲しき」伊勢物語 平安一物語 四五 訳なかなか暮れない夏の暑く長い日を、一日中もの思いにふけってぼんやりしていると、何ということもなくすべてがもの悲しく感じられるよ。

鑑賞 ある家の娘が、男に恋をしたが打ち明けることもできず、こがれ死んでしまった。それを伝え聞いた男が急いで娘の家を訪れ、喪に服して詠んだ歌。晩夏の季節感と憂愁とが表現されている。係助詞「ぞ」の結びは「悲しき」で強調表現。

くれ-くれ【暮れ暮れ】名詞 **夕暮れ。日暮れ方。**◆後には「くれぐれ」。

くれ-くれ(と)【暗れ暗れ(と)】副詞 ❶**悲しみに沈んで。心がめいって。**万葉集 奈良一歌集 三二三七「くれくれと独りそわが来る妹が目を欲り」訳悲しみに沈んで(浜辺を)ただひとりで私は来るのだ、恋人に会いたくて。❷(道中)**苦労しながら。はるばる。**栄花物語 平安一物語 浦々の別れ「かの山近にては下りさせ給ひて、くれくれと分け入らせ給ふに」訳その山の近くでは(車を)お下りになられて、苦労しながら(山道を)分け入りなさったが。◆後には「くれぐれ(と)」。

くれ-ぐれ(と)【呉呉(と)】副詞 **繰り返し。かえすがえす。念入りに。**毎月抄 鎌倉一論「先哲のくれぐれ書きおきける物にも」訳昔の賢人が念入りに書きおいている書にも。

くれ-たけ【呉竹】名詞 竹の一種。淡竹。葉が細かくて、節が多い。庭などに植える。清涼殿の前庭にも植えてあった。◆「呉」は中国伝来の意。

くれたけ-の【呉竹の】枕詞 竹の節と同音を含むことから「伏し」や「伏見」に、竹の節(=節と節の間)から同音の「代」「夜」「世」などにかかる。「くれたけの世々の」「くれたけの伏し沈み」

***くれ-つ-かた**【暮れつ方】名詞 ❶**日の暮れるころ。**❷**年・季節などの終わろうとするころ。**◆「つ」は「の」の意の古い格助詞。

くれてゆく… 和歌「暮れてゆく 春のみなとは 知らねども 霞に落つる 宇治の柴舟」新古今 鎌倉一歌集 春下・寂蓮 訳終わろうとする春の行き着く先は知らないけれど、かすみの中を下ってゆく宇治川の柴舟とともに、春も去ってゆく感じがする。

鑑賞 季節感の推移を、空間的な移動に見立てたところが印象的な一首。暮春の雰囲気と、かすみの中の宇治川を下る柴舟の景色が呼応して、一幅の絵を見るような趣がある。「柴」は垣根や薪にする木の枝のこと。「柴舟」はそれを積んだ舟。

くれ-なゐ【紅】名詞 ❶**紅花の別名。**花の汁から赤色の染料を作る。末摘花。❷**染め色の一つ。**❶の汁で染め出した鮮明な赤色。**紅色。**

くれなゐ-の【紅の】枕詞 紅色が鮮やかなことから「いろ」に、紅色が浅い(=薄い)ことから「あさ」に、紅色は花の汁を移し染めたり、振り出して染めることから「うつし」「ふりいづ」などにかかる。万葉集 奈良一歌集 六八三「言ふことの恐き国そくれなゐの色にな出でそ思ひ死ぬとも」訳物を言うのが恐い国です。顔色に出さないでください。たとえ恋死はしても。

くれなゐ-の-うすやう【紅の薄様】連語 ❶**紅色の薄紙。**❷襲の色目の一つ。上から下へと少しずつ薄く紅色をぼかしたもの。

くれなゐ-の-なみだ【紅の涙】連語 **悲しみのあまりに流す涙。血の涙。**源氏物語 平安一物語 少女「くれなゐのなみだに深き袖の色を」訳悲しみのあまりに流す涙でくれないに深くそまった私の袖の色を。◆「紅涙」を訓読した語。

くれ-はし【呉階】名詞 **階段付きの長い廊下。**

くれ-は・つ【暮れ果つ】自動詞 タ下二 {て/て/つ/つる/つれ/てよ} ❶**すっかり日が暮れる。**源氏物語 平安一物語 総角「光もなくてくれはてぬ」訳光もなくて、すっかり日が暮れてしまった。❷(季節・年などが)**すっかり終わりになる。押しつまる。**徒然 鎌倉一随筆 一九「年のくれはてて、人ごとに急ぎあへるころぞ、またなくあはれなる」訳年が押しつまって、人それぞれいそがしそうにしあっているころは、またとなく感慨深い。

くれ-はとり[1]【呉織・呉服】名詞 ❶**呉の国から渡来した、織物の技術者。**❷**呉の国の織り方で織られた織物。**◆「くれはたおり」の変化した語。

くれ-はとり[2]【呉織・呉服】枕詞「くれはとり❷」に綾があることから「あや」にかかる。後撰 平安一歌集 恋三・詞書「くれはとりあやに恋しくありしかば」訳むやみにあなたが恋しくありましたので。

くれ-ふたが・る【暗れ塞がる】自動詞 ラ四 {ら/り/る/る/れ/れ} ❶**辺り一面が真っ暗になる。**今昔物語 平安一説話 二四・一「四方にくれふたがりて、物も覚えず侍りしを」訳四方八方辺り一面が真っ暗になって、物も何も見えなくなりましたが。❷**暗い気分に閉ざされる。悲しみにくれる。**大鏡 平安一物語 道長下「世はくれふたがりたる心地せしものかな」訳世の中は暗い気分に閉ざされた気持ちがしたものだったなあ。

くれ-まど・ふ【暗れ惑ふ】自動詞 ハ四 {は/ひ/ふ/ふ/へ/へ} (悲しみのために)**途方に暮れる。**(涙で)**目の前が暗くなる。**源氏物語 平安一物語 桐壺「くれまどふ心の闇も」訳(亡き娘を思って)途方に暮れる(親の)心の乱れも。

くれ-むつ【暮れ六つ】名詞 暮れの六つ時。今の午後六時ごろ。酉の刻。対明け六つ。

くろ【畔・畦】名詞 **あぜ。**土を盛り上げて作った、田と田のしきり。

くろいと-をどし【黒糸縅】名詞 鎧の「縅」の一つで、黒糸で綴られたもの。「くろいと」とも。

くろうど〖蔵人〗⇩くらうど

くろ-がい【黒柿】名詞「くろがき」のイ音便。柿の木の一種。材の芯の部分が黒みを帯びている。床柱や工芸品に用いられる。

くろ-がね【鉄・黒金】名詞 **鉄。**非常に堅固なものをたとえていうこともある。

くろかは-をどし【黒革縅】 名詞 鎧の「縅」の一つで、深い藍色の革で綴られたもの。
参照▶口絵

くろ-かみ【黒髪】 名詞 黒くつややかな髪。

くろかみ-の【黒髪の】 枕詞 髪の持っている性質から「みだれ」「なが」などにかかる。「くろかみの乱れて今朝は」訳⇨ながからむ…。千載 鎌倉―歌集 恋三

黒髪山 地名 ❶今の奈良県にある山。❷今の栃木県の日光にある男体山の別名。古くから修験道の山として知られている。

1**くろ-き【黒木】** 名詞 ❶**皮付きの丸太。** 対赤木。❷一尺(＝約三〇センチ)ほどにそろえた生木をかまどで蒸し焼きにして黒くしたもの。薪とする。京都北郊の八瀬・大原付近で作られ、大原女が頭に載せて京都市中へ売りに来る。大原木。❸黒檀の別名。黒くてきめが細かい木。高級器具・調度品などに用いる。◆「くろぎ」とも。

2**くろ-き【黒酒】** 名詞 **黒い酒。** 新嘗祭や大嘗祭で供えられる。◆「き」は、酒の意。対白酒。

***くろき-きぬ【黒き衣】** 連語 **黒い衣服。喪服。鈍色の尼衣** 源氏物語 平安―物語 賢木「くろききぬなどを着て、夜居の僧のやうに」訳鈍色(灰色)の尼衣を着て、夜居の僧のように。

くろ-くりげ【黒栗毛】 名詞 馬の毛色の一つで、黒みがかった栗色に、たてがみと尾だけ暗赤色がまじったもの。

くろ・し【黒し】 形容詞ク{(く)・から/く・かり/し/き・かる/けれ/かれ} ❶**黒い。** 源氏物語 平安―物語 夕顔「服いとくろくして」訳喪服を大層黒くして。❷**悪い。正しくない。** 宇津保 平安―物語 祭の使「昨日今日入学して、くろしあかしの悟りなきが」訳ごく最近入学して、悪いよいの分別のない者が。

くろ-ど【黒戸】 名詞 宮中の清涼殿の北側、滝口の西の北廊にある細長い部屋。仏間に用いられた。また、その部屋の戸。黒戸の御所。◆板戸が薪のすすで黒くなっていたことからいう。

くろど-の-ごしょ【黒戸の御所】 名詞「くろど」に同じ。「くろどごしょ」とも。

くろ-とり【黒鳥】 名詞 ❶羽の色が黒い鳥。❷水鳥の名。黒鴨の古名という。

くろ-ばう【黒方】 名詞 薫き物の一種で、沈香・丁字香・甲香・白檀香・麝香などを練り合わせて作ったもの。「くろはう」とも。

くろ-ば・む【黒ばむ】 自動詞マ四{ま/み/む/む/め/め} **黒くなる。黒ずむ。** 宇治拾遺 鎌倉―説話 一三・一〇「食ひ物の中に、胡麻のやうにてくろばみたる物あり」訳食べ物の中に、ごまのようで黒ずんでいる物がある。◆「ばむ」は接尾語。

くろ-ぼろ【黒母衣】 名詞 鷲や鷹の両翼の下にある黒い羽で作られた矢の羽。「くろほろ」とも。

黒本 文芸 江戸時代の草双紙の一種。延享(一七四四～四八)から安永(一七七二～八一)ごろに刊行された、挿し絵入りの通俗的な読み物。表紙が黒いところからいう。「赤本」に次いで現れ、「青本」とともに江戸で流行した。浄瑠璃・歌舞伎の粗筋を主な題材とするが、「赤本」よりは大人向きの内容となっている。

くろ-みだな【黒御棚】 名詞「黒棚」の丁寧語。黒漆を塗った棚。◆「み」は接頭語。

くろ・む【黒む】
一 自動詞マ四{ま/み/む/む/め/め} ❶**黒くなる。黒ずむ。** 源氏物語 平安―物語 薄雲「殿上人など、なべて一つ色にくろみわたりて」訳殿上人などが、すべて一色に黒くなって(＝喪服を着て)いて。❷**なんとか暮らしが立つ。なんとか暮らせるようになる。** 西鶴織留 江戸―物語 浮世・西鶴「互ひに身のくろみて後、また一つの寄り合ひ成ること」訳互いに自分がなんとか暮らせるようになってから、また一緒に暮らせるようになること。
二 他動詞マ下二{め/め/む/むる/むれ/めよ} ❶**黒くする。黒く染める。** 落窪物語 平安―物語 三「蘇芳を割りて少し色くろめて」訳すおうの木を割って少し色を黒くして。❷**取り繕う。ごまかす。** 世間胸算用 江戸―物語 浮世・西鶴「穴をくろめし古綿」訳(ねずみが巣の)穴をごまかした古綿。

くろ-むぎ【黒麦】 名詞 蕎麦の別名。

くろろ【枢】 名詞「くるる」に同じ。

くわ【桑】 ⇨くは

1**くわ【火】** 名詞 ❶「四大(＝地・水・火・風)」の一つ。◇仏教語。❷「五行(＝木・火・土・金・水)」の一つ。方角では南、季節では夏、色では赤に当たる。

2**くわ【果】** 名詞 ❶**結果。報い。** 対因。❷仏教語。「仏果」の略。

くわ-あふ【花押】 名詞 文書の署名の下に添えて書く、印判代わりのしるし。「書き判」とも。

くわい-き【回忌】 名詞 仏教語。人の死後、毎年やってくる命日。「年忌」「周忌」とも。

足利尊氏　徳川家康
(花押)

くわいけい-の-はぢ【会稽の恥】 連語 **敗戦の恥。以前に受けた恥。**
参考 中国の春秋時代、会稽山で越の王勾践が呉の王夫差と戦って敗れ、屈辱的な講和を結んだ故事による。

くわい-し【懐紙】 名詞 たたんで懐中に携帯し、種々の用にあてる紙。とくに、和歌・連歌・俳諧を正式に詠進・記録する紙。懐紙。畳紙。

くわい-じん【灰燼】 名詞 **灰と燃えかす。** 焼けて跡形もなくなることにいう。「くわいしん」とも。

ぐわい-じん【外人】 名詞 ❶**疎遠な人。** ❷**身内でない人。仲間でない人。**

くわい-せん【回船・廻船】 名詞 江戸時代、海上輸送に用いた大型船。

ぐわい-と【外土】 名詞 **都から遠く離れた地。**

くわい-はう【懐抱】
一 名詞／―す 他動詞サ変 (異性をふところに)抱くこと。**抱擁。** 今昔物語 平安―説話 四・四「太子に取りかかりて、たちまちにくわいはうせむとす」訳太子にすがりついて、いきなり抱擁しようとする。
二 名詞 ❶**胸中の思い。** ❷**ふところ。**

懐風藻 書名 わが国最古の漢詩集。撰者未詳。奈良時代(七五一)成立。一巻。[内容]近江朝から奈良期までの漢詩人六十四人の作品百二十首を収める。中国の六朝時代の古詩の模倣が多く、作品から貴族の社交に漢詩がもてはやされたことがわかる。

くわい-ぶん【回文・廻文】(カイブン) 名詞 ❶多くの人に知らせるために、あて名を連名にし、順番にまわし読みする書状。「回状(くわいじやう)」「廻(めぐ)らし文(ぶみ)」とも。❷「回文歌(くわいぶんうた)」の略。上から読んでも下から読んでも同じ和歌。

ぐわい-ぶん【外聞・外分】(ガイブン) 名詞 ❶世間への聞こえ。世間体(せけんてい)。❷名誉。面目。世間胸算用 江戸―物語 浮世・西鶴「一門の広きほどぐわいぶんに見えける」訳一族が多いほど、名誉に見えるのだった。

くわい-もん【槐門】(カイモン) 名詞 大臣の別名。参考 中国の周代、朝廷の前庭に三本の槐(えんじゅ)の木を植え、三公(=太政大臣・左大臣・右大臣)がこれに面して座ったことから。

くわい-ろく【回禄】(カイロク) 名詞／―す 自動詞サ変 火災にあうこと。炎上。火事。太平記 室町―物語 二四「寺院ことごとく兵火のためにくわいろくせしめをはんぬ」訳寺院はことごとく戦火のために炎上させてしまった。◆中国の火の神の名。

くわう〖加う・銜ふ〗⇨くはふ

くわう-いん【光陰】(コウイン) 名詞 月日。年月。歳月。とき。◆「光」は太陽、「陰」は月の意。

くわう-ごう【皇后】(コウゴウ) 名詞 天皇の第一夫人。后(きさき)。「くわうこう」とも。

参考 律令制では、内親王が立つことを原則としたが、光明(こうみょう)皇后以後は、ほとんどの皇后が臣下(すべて藤原(ふじわら)氏)から立つこととなった。平安時代に入り、一条天皇の代には、皇后・中宮(ちゅうぐう)の二人の后が存在するようになり、先に立った后を皇后と呼ぶようになった。

くわうごう-ぐう【皇后宮】(コウゴウグウ) 名詞 ❶皇后の住む宮殿。❷皇后の尊敬語。

くわう-ごふ【曠劫】(コウゴウ) 名詞 仏教語。非常に長い年月。永劫(えいごう)。

くわう-じん【荒神】(コウジン) 名詞 ❶荒々しい神。鬼神。❷「三宝荒神(さんぼうこうじん)」の略。修験道(しゅげんどう)などで、「さんぼう❶」を守護する荒々しい神。不浄を嫌い、不浄を払う火を好むということから、かまどの神ともされる。

くわう-せん【黄泉】(コウセン) 名詞 地下にあって、死者が行くとされる所。あの世。よみ。

くわう-たいこう【皇太后】(コウタイコウ) 名詞 先帝の皇后で、当代の天皇の生母である人。「大后(おほきさき)」「大宮(おほみや)」とも。

くわうたいこう-ぐう【皇太后宮】(コウタイコウグウ) 名詞 ❶「くわうたいこう」に同じ。❷皇太后の住む宮殿。

くわう-みやう【光明】(コウミョウ) 名詞 ❶明るい光。❷仏教語。仏・菩薩(ぼさつ)から放たれる、知恵の象徴である光。

くわうみやう-へんぜう【光明遍照】(コウミョウヘンジョウ) 名詞 仏教語。阿弥陀仏(あみだぶつ)の光明が広くあらゆる世界を照らし、念仏するすべての人々を救うこと。阿弥陀仏の広大無辺の慈悲を表す。

くわうもく-てん【広目天】(コウモクテン) 名詞 仏教語。仏教の守護神、四天王の一つで、須弥山(しゅみせん)の西方を守護するという神。広目天王。「くわうもく」とも。

(広目天)

くわう-もん【黄門】(コウモン) 名詞 「中納言(ちゅうなごん)」の中国風の呼び名。

***くわう-りやう【荒涼】**(コウリョウ) 一 名詞／―す 自動詞サ変 ❶(景色などが)荒れ果ててもの寂しいこと。❷うっかりすること。軽率であること。大鏡 平安―物語 師輔「くわうりやうして、心知らざらむ人の前にて夢語りな…しおはしまされそ」訳うっかりして、道理のわからない人の前で夢の話を…なさいますな。◇「広量」とも書く。

二 形容動詞語幹 ⇨くわうりやうなり。平家物語 鎌倉―物語 九・生ずきの沙汰「くわうりやうの申しやうかな」訳大口をたたく言い方だなあ。◇「広量」とも書く。

くわうりやう・なり【荒涼なり・広量なり】(コウリョウ) 形容動詞ナリ {なら／なり・に／なり／なる／なれ／なれ} ❶要領を得ない。つかみどころがない。天徳歌合 平安―歌集 判詞「すこぶるくわうりやうなり」訳(右の歌は)まことに要領を得ない。❷ものの言い方が尊大だ。ぶしつけだ。

くわ-かく【過客】(カカク) 名詞 旅人。奥の細道 江戸―紀行 出発まで「月日は百代(はくたい)のくわかくにして」訳年月は永遠に旅を続ける旅人(のようなもの)であって。

くわ-きふ【火急】(カキュウ) 名詞 急ぎ。緊急。

花鏡(くわきやう)(カキョウ) 書名 能楽書。世阿弥(ぜあみ)著。室町時代(一四二四)成立。一巻。(内容)世阿弥の能芸論の集約で、初心(しょしん)忘るべからず生涯を稽古(けいこ)で貫けと、具体的な演技論や多くの課題を論じている。

くわ-げつ【花月】(カゲツ) 名詞 ❶花と月。❷美しい自然の風物。花鳥風月(かちょうふうげつ)。

花月草紙(くわげつさうし)(カゲツソウシ) 書名 随筆。松平定信(さだのぶ)作。江戸時代後期(一八一八)成立。六巻。(内容)自然や人生・社会に対する感想が、簡潔な雅文体で書かれている。江戸擬古文(ぎこぶん)の代表作。

くわこ-ちやう【過去帳】(カコチョウ) 名詞 仏教語。寺で、檀家(だんか)の死者の戒名(かいみょう)・俗名(ぞくみょう)・死去した年月日・享年(きょうねん)(=死去時の年齢)などを記録する帳簿。

くわ-さ【過差】(カサ) 名詞 身分不相応なぜいたく。(伊尹(これただ)は)身分不相応なぜいたくを特にお好みになって。

くわ-ざ【冠者】(カザ) 名詞 「くわんじや❶」に同じ。◆「くわんざ(冠者)」の撥音(はつおん)「ん」が表記されない形。

くわ-ざう【萱草】(カゾウ) 名詞 「くわんざう」に同じ。

花山院(くわざんゐん)(カザンイン) 人名 (九六八～一〇〇八)平安時代中期の歌人。花山天皇の別称。退位して京都の東山の花山寺で出家した。新奇を好み、芸術に才能を発揮、歌合わせもたびたび主催した。勅撰(ちょくせん)集『拾遺(しゅうい)和歌集』の撰者とみられている。

くわし〖細し・美し・詳し・精し〗⇨くはし

くわ-し【菓子】(カシ) 名詞 食事以外に食べる食べ物。古くは果物に、のちには今の菓子にいう。

くわ-じつ【花実】(カジツ) 名詞 ❶花と実。❷形式と内容。ことばと心。▼歌論・俳論などでいう。無名抄 鎌倉―論 近代歌体事「古今(こきん)の時、くわじつともに備はりて」訳『古今和歌集』の時代に、形式と内容が両方備わって。

くわじ-ばおり【火事羽織】(カジバオリ) 名詞 江戸時代、火事現場での消火作業などのために着た羽織。

くわ-しや【花車】(カシャ) 名詞 (遊女屋・茶屋などの)女主人。女将(おかみ)。

***くわ-じや【冠者】**(カジャ) 名詞 ❶(元服を済ませた)若者。保元 鎌倉―物語 中「そのくわじや、今年は十七か八

になるとこそ覚ゆれ」訳その若者は、今年は十七、八歳になると思われる。❷召使いの若者。今参 室町 狂言 狂言「太郎くわじゃを呼び出いだいて」訳太郎冠者を呼び出して。◆「くわんじゃ」の撥音「ん」が表記されない形。

くわ-しゃう【和尚】 名詞 仏教語。天台宗・華厳宗などで、受戒の人の師となる僧。また、のち、高僧の尊敬語。

参考「くわ」は「和」の漢音。華厳宗を除く南都諸宗では呉音「わ」を用いて「わじゃう」といい、律宗と真言宗は「わじゃう」を「和上」とも書く。また、浄土宗・禅宗では唐音「を」を用いて「をしゃう」という。

くわ-じゃう【款状】 名詞「くわんじゃう」に同じ。◆「くわんじゃう」の撥音「ん」が表記されない形。

くわ-しょ【過所・過書】 名詞 朝廷・幕府などが発行した関所の通行許可証。「くわそ」とも。

くわ-そ【過所・過書】 名詞「くわしょ」に同じ。

くわ-ぞく【華族・花族】 名詞「せいぐわ❷」に同じ。「くわしょく」「くわぞく」とも。

くわ-たい【過怠】 名詞 ❶あやまち。過失。怠慢。平家物語 鎌倉 物語 三・法印問答「やがて召され候ふ事は、何のくわたいにて候ふやらむ」訳(領国を)すぐにお取り上げになったのは、何のあやまちがあったのでしょうか。❷鎌倉時代以後の、過失に対する刑罰の一つ。武家では、罰金または物品・労役などが科せられた。

くわ-たく【火宅】 名詞 仏教語。煩悩と苦しみに満ち、安住できない現世を、火のついた家にたとえていう語。迷いの多いこの世。◆『法華経』譬喩品の「三界は安きこと無く、なほ火宅の如し」による。

月山（ぐわっさん） 地名 今の山形県にある山で、湯殿山・羽黒山と並ぶ出羽三山の一つ。古くから、修験道の道場として知られている。

くわ-てう【花鳥】 名詞 ❶花と鳥。❷自然を愛する風流。

くわてう-の-つかひ【花鳥の使ひ】 連語 恋の仲立ち。

参考 中国の唐の時代、玄宗皇帝が美人を集めるために遣わした使者を「花鳥使」と言った故事による。

くわてう-ふうげつ【花鳥風月】 名詞 美しい自然の風物。風流。

花伝書（くわでんしょ） ⇨風姿花伝

くわ-の-くつ【靴の沓】 名詞 束帯を着るときに履く牛革製の黒い靴。

くわ-ぶん【過分】 名詞 身分不相応。身に余ること。

くわ-ぶん・なり【過分なり】 形容動詞ナリ {なら/なり・に/なり/なる/なれ/なれ} ❶身分不相応だ。平家物語 鎌倉 物語 一・清水寺炎上「平家もってのほかにくわぶんに候ふあひだ」訳平家がとんでもなく身分不相応に出過ぎますので。❷(物の量が)余分だ。十分過ぎるほどだ。麻生 室町 狂言 狂言「新地をくわぶんに拝領いたし」訳新しい領地を十分過ぎるほどにいただき。❸身に余って、ありがたい。▼感謝の意を表す語。萩大名 室町 狂言 狂言「見せておくりやってくわぶんに存ずる」訳見せてくださって、身に余りありがたく存じます。

***くわ-ほう【果報】** 名詞 ❶仏教語。前世での行いが原因となって現世で受ける報い。◇善悪いずれにも用いられる。❷幸運。幸せ。平家物語 鎌倉 物語 灌頂・六道之沙汰「天上のくわほうもこれには過ぎじ」訳天上の世界の幸せもこれ以上ではあるまい。

ぐわらり(と) 副詞 ❶がらがら。がらり。▼物音を表す。❷がらり(と)。がらっと。▼物事がすっかり変わるようすを表す。曾根崎心中 江戸 浄瑠 近松「そのうち四方八方の首尾はぐわらりと違うてくる」訳そのうち四方八方の事情はがらっと変わってくる。

くわ-ろ【火炉】 名詞 火をその中に入れて暖を取るもの。火鉢・こたつ・いろりなど。

[1]くわん【官】 名詞 ❶国家。朝廷。政府。❷官庁。役所。特に、「太政官」。枕草子 平安 随筆 故殿の御服のころ「くわんの司の朝所に渡らせ給へり」訳太政官の庁舎の朝所(=参議以上の人が食事をする所)に(中宮が)行啓なさった。❸官職。官位。平家物語 鎌倉 物語 二・教訓状「太政大臣のくわんに至る人」訳太政大臣の官職についている人。

[2]-くわん【貫】 接尾語 ❶銭の単位。一貫は、古くは千文、江戸時代には九百六十文。❷鎌倉時代以後、武家の知行高の換算に用いた単位。一貫は、およそ十石。❸尺貫法の目方の単位。一貫は千匁(=三・七五キログラム)。秤量貨幣としての銀貨の単位ともする。

参考 銭千枚(=千文)を緡(=細い縄)で貫いてひとまとめにしたところから起こった語。

古典の常識

『官位について』

七〇一年の大宝律令で、八省(中務・式部・治部・民部・兵部・刑部・大蔵・宮内)・四等官(長官・次官・判官・主典)などの官職制度が成立した。そして、身分を表す位階に官職を対応させる「官位相当制」を採用し、官人を統制した。(⇨資料17)

その後、令に規定がない令下の官(行政の必要に応じて設けられたので、権威のあるものが多かった)が新設された。これには、官位相当がはっきりしていて除目の儀で補任される内大臣・勘解由使などと、官位相当がなく、他の官職の者が宣旨で兼務を命じられる蔵人・検非違使・摂政・関白などの二種類があった。『徒然草』に「ほどにつけてきはむる官・位に至りぬれば(家柄に応じた極官・極位に到達すると)」とあるように、平安期以降は、それぞれの家の出身者がどんな官職を歴任してどんな位階にまで昇進できるかが、慣例として定まり、世襲化の傾向が強まった。

ぐわん【願】 名詞 神仏に祈り願うこと。また、その願い。

観阿弥（くわんあみ） 人名 (一三三三～一三八四)南北朝時代の能役者・謡曲作者。観世流の創始者。本名、結崎清次。将軍足利義満の特別の保護を受け、能の大成に努め、これを子の世阿弥に伝えた。作品に「卒都婆小町」「松風」などがある。

くわん-おん【観音】 名詞 仏教語。「観世音」の略。

くわん-かう【還幸】 名詞 天皇が出先から帰るこ

との尊敬語。対行幸(ぎやうかう)。

*くわん-ぎょ【還御】カンギョ 名詞 天皇・上皇や三后(さんこう)(＝太皇太后・皇太后・皇后)、または将軍・公卿(くぎょう)が外出先から帰ることの尊敬語。

参考「還御」は天皇以外にも用いられるが、「還幸」は天皇に対してのみ用いる。

くわん-くわつ【寛闊】カンカツ 名詞 ❶(性格が)おおらかであること。❷派手であること。伊達(だて)。

くわん-くわつ・なり【寛闊なり】カンカツナリ 形容動詞ナリ (なら/なり・に/なり/なる/なれ/なれ) ❶派手だ。一代男 江戸―物語 浮世・西鶴「奢(おご)り第一の世之介(よのすけ)が肝煎(きもい)る程に、よろづくわんくわつに申し付けて」訳贅沢(ぜいたく)では第一の世之介が世話するだけに、万事派手に申し付けて。❷おおらかだ。男色大鑑 江戸―物語 浮世・西鶴「この少人(せうじん)、気分はくわんくわつにぞ生まれ付きて」訳この若衆(じゅ)、性格はおおらかに生まれついて。

菅家文草(かんけぶんさう) カンケブンソウ 書名 漢詩文集。菅原道真(すがわらのみちざね)の作。平安時代前期(九〇〇)成立。十二巻。(内容)侍宴(じえん)・贈答・即興などの漢詩や漢文の秀作を収めてあり、後世の文学に大きな影響を与えた。

*くわん-げん【管絃・管弦】カンゲン 一名詞 管楽器と弦楽器。楽器。二名詞/―す 自動詞サ変 音楽を奏すること。また、詩文・和歌などに対して、音楽。徒然 鎌倉―随筆 一「ありたき事は、まことしき文(ふみ)の道、作文(さくもん)・和歌・くわんげんの道」訳身につけたいことは、正式な学問の道、漢詩文を作ることや和歌や音楽の道だ。◆「くわげん」とも。

参考『徒然草(つれづれぐさ)』の例でもわかるように、音楽は、貴族にとって必須(ひっす)の教養の一つであった。

くわん-ざ【冠者】カンザ 名詞「くわんじゃ❶」に同じ。

くわん-ざう【萱草】カンゾウ 名詞 ❶草の名。忘れ草。夏、花を咲かせる。❷「萱草色(くわんざういろ)」の略。染め色の一つで、赤黄色。◆「くわざう」とも。

くわん-さく【官爵】カンサク 名詞「くわんしゃく」に同じ。

くわん-ざし【貫緡・貫差し】カンザシ 名詞 銭(ぜに)一貫文(＝千文)をさし通してまとめておく緡(さし)(＝銭の穴にさし通して束ねまとめるための細い縄)。また、それにさしまとめた一貫文の銭。江戸時代には、九百六十文をさして一貫文として通用させた。

古典の常識 『平安貴族の生活❸』―教養と音楽

男性貴族の教養としては漢詩文が第一であるが、中国語であるから、初めは学問の意識が強かったと思われる。しかし平安時代になると『凌雲集(りょううんしゅう)』以下三冊の勅撰(ちょくせん)漢詩文集も編まれ、文学としての価値も高まった。

和歌は男女を問わず平安貴族の必須(ひっす)の教養で、恋を語るのも和歌であり、宮中から個人宅まで歌合わせが盛んに行われた。名歌の一部を会話や手紙に引用する「引き歌」も教養として大切で、古今の名歌に精通していなければならなかった。

女性にとっては書道も重要で、字が上手になるための手習いは欠かせないものだった。楽器の技量も重視され、女性に好まれたのは琴で、琴(きん)・箏(そう)・和琴(わごん)・琵琶(びわ)などが奏された。男性も笙(しょう)・横笛・篳篥(ひちりき)などの笛や琵琶を演奏した。当代一流の貴公子光源氏は、舞や琴の名手として描かれている。

ぐわん-さん【元三】ガンサン 名詞 ❶正月一日。▼年・月・日の三つの元(はじめ)であることから。❷正月一日からの三日間。三が日。◆「ぐわんざん」とも。

ぐわんじつ-の-せちゑ【元日の節会】ガンジツノセチエ 連語 元日に天皇が臣下のために紫宸殿(ししんでん)で開いた儀式。

*くわん-じゃ【冠者】カンジャ 名詞 ❶(元服(げんぷく)して冠をつけ)一人前になった若者。「くわんざ」「くわざ」とも。❷六位で、無官の人。❸召使いの若者。「くわじゃ」とも。

¹くわん-じゃう【款状】カンジョウ 名詞 官位・恩賞を望んだり、訴訟するときなどに差し出す嘆願書。「くわじゃう」とも。

²くわん-じゃう【勧請】カンジョウ 名詞/―す 他動詞サ変 ❶神仏のおいでを願うこと。❷神仏の霊を他の所へ移し迎えてまつること。◆「くわじゃう」とも。

ぐわん-じゃう【願状】ガンジョウ 名詞 神仏への願いを記した文書。願書。

くわん-しゃく【官爵】カンシャク 名詞 官職と位階。官位。「くわんさく」「くわんざく」とも。◆「爵」は位の意。

くわん-じゅ【貫首・貫主】カンジュ 名詞 ❶「蔵人(くろうど)の頭(とう)」の別名。❷天台座主(ざす)の別名。◆「くわんしゅ」とも。

ぐわん-じょ【願書】ガンジョ 名詞「ぐわんじゃう」に同じ。

くわん-じん【勧進】カンジン 名詞/―す 自動詞サ変 仏教語。❶寺の堂塔・仏像などの建立・修復のための金品の寄付を募ること。また、その人。神社についてもいう。❷出家姿で物を乞(こ)い歩くこと。また、その人や受け取る物。

くわんじん-ちゃう【勧進帳】カンジンチョウ 名詞 仏教語。寺や仏像の建立・修復のため、寄付が集まるよう寺の由来などを書いた巻物。人々に読み聞かせて寄付を請う。

くわん-・ず【観ず】カンズ 他動詞サ変 (ぜ/じ/ず/ずる/ずれ/ぜよ) ❶仏教語。(心静かに)深く観察して真理を悟る。平家物語 鎌倉―物語 一一・大臣殿被斬「善も悪も空(くう)なりとくわんずるが」訳善も悪も、それ自体には絶対的な実体がないと真理を悟るのが。❷深く考える。静かに思い巡らす。徒然 鎌倉―随筆 一〇八「心、常に風雲の思ひをくわんぜしかば」訳心のうちに、常に、機会を得て功名を立てようとする望みを静かに思い巡らせていたので。

くわん-ぜおん【観世音】カンゼオン 名詞 仏教語。菩薩(ぼさつ)の一つ。救いを求めるものの姿に応じて千変万化の相に化身し、慈悲を施すという。勢至(せい)菩薩と共に阿弥陀如来(あみだにょらい)の脇侍(きょうじ)。観自在(菩薩)。観音(かんのん)。

参考 観世音を信仰することにより救われ、また現世利益を得ようとする観音信仰は、聖徳(しょう)太子以後広く行われるようになり、平安時代には長谷(はせ)寺・清水(きよみず)寺などが創建されて信仰を集め、また西国(さいこく)三十三所の札所巡りがさかんになった。

くわんぜん-ちょうあく【勧善懲悪】カンゼンチョウアク 名詞 善をすすめ、悪をこらしめること。

くわん-だう【貫道】カンドウ 名詞/―す 他動詞サ変 芸道などの根本精神を貫くこと。

ぐわん-た・つ【願立つ】ガンタツ 連語 神仏に願い祈る。

願をかける。［土佐日記 平安｜日記］一二・二二「二十二日に和泉の国までと、平らかにぐわんたつ」訳二十二日に和泉の国(大阪府南部)までは、無事に(到着できるように)神仏に祈る。

くわん-ぢゃう【灌頂】 カンジョウ 名詞 仏教語。密教で、頭上から香水(=仏にそなえる水)を注ぎかけ、一定の資格を得たことを証する儀式。

くわん-ど【官途】 カンド 名詞 役人としての職務または地位。「くゎんと」とも。

くわん-とう【関東】 カントウ 名詞 ❶関所以東の諸国。㋐平安時代、逢坂の関以東の諸国。㋑鎌倉時代ごろ以後、箱根の関以東の八か国(今の関東地方)。坂東。関八州。❷鎌倉時代には鎌倉幕府または、将軍、室町時代には関東管領、江戸時代には江戸幕府または将軍にいう。

くわんとう-くわんれい【関東管領】 カントウカンレイ 名詞 室町幕府が関東統治のために鎌倉に置いた職。管領。

ぐわん-にち【元日】 ガンニチ 名詞 **正月一日。元日。**

くわん-にん【官人】 カンニン 名詞 ❶**役人。官吏。**❷六位以下の役人。［枕草子 平安｜随筆］職の御曹司におはします頃、西の廂にて「主殿寮のくわんにん、御きよめにまゐりたるなども」訳主殿寮の役人で、お庭の清掃に参上した者なども。❸検非違使庁の役人。［平家物語 鎌倉｜物語］三・僧都死去「追捕のくわんにんまゐって」訳逮捕するための検非違使庁の役人が来まして。

くわん-ねん【観念】 カンネン ［一］名詞／―す 自動詞 サ変／他動詞 サ変 仏教語。真理を悟るために、仏・菩薩の姿を心の中に描いて念ずること。［方丈記 鎌倉｜随筆］「くわんねんのたより」訳(西方浄土の)仏を心の中に描いて念ずる便宜。［二］名詞／―す 自動詞 サ変 **覚悟すること。あきらめること。**

くわん-の-き【貫の木・関の木・閂】 カンノキ 名詞 扉が外から開けられないよう左右の扉に横向きに差し通す木。かんぬき。

くわん-の-つかさ【官の司】 カンノツカサ 名詞 太政官。また、太政官庁。

***くわん-ぱく【関白】** カンパク 名詞 平安時代に設置された「令外の官」の一つ。天皇を補佐して国政を行う、太政大臣の上に位する役職。天皇が幼少のときに摂政の職にあった者が、天皇の成人後は関白になる慣例があった。◆「関」はあずかる、「白」は申す意。江戸時代には「くゎんぱく」とも。

ぐわん-はた・す【願果たす】 ガンハタス 連語 神仏に立てた祈願がかなってお礼参りをする。

¹くわん-ぷ【官府】 カンプ 名詞 **朝廷。政府。**太政官庁。

²くわん-ぷ【官符】 カンプ 名詞 「太政官符」の略。太政官から下される公文書。

¹くわん-ぶつ【官物】 カンブツ 名詞 「くわんもつ」に同じ。

²くわん-ぶつ【灌仏】 カンブツ 名詞 仏教語。❶(供養のために)仏像に香水(=仏にそなえる水)を注ぎかけること。また、その仏像。❷「灌仏会」の略。季夏。

くわんぶつ-ゑ【灌仏会】 カンブツエ 名詞 仏教語。陰暦四月八日の釈迦の誕生日に、誕生仏を安置して甘茶を注ぎかけて供養する法会。季夏。参照▶口絵

参考 釈迦が生まれたとき、竜が天から降りて来て香湯を注いだという説に基づく法会。誕生仏とは、釈迦が生まれて「天上天下唯我独尊」と宣言したときの姿を表した釈迦の立像で、右手で天を、左手で地をさしている。今日、灌仏会は「花祭り」ともいい、種々の花で飾った花御堂に誕生仏を安置して、それに甘茶を注ぎかけて祝う。

くわん-ぺい【官幣】 カンペイ 名詞 祈年の祭り・月次の祭り・新嘗の祭りなどに際し、神祇官から格式の高い神社にささげる幣帛。

くわん-もつ【官物】 カンモツ 名詞 ❶**政府の所有物。公の物。**❷諸国から貢ぎ物として行政に納入される物。◆「くわんぶつ」とも。

ぐわん-もん【願文】 ガンモン 名詞 神仏に願を立てるときや仏事のときに、その趣旨を書いて神仏に奏する文書。願状。

ぐわん-りき【願力】 ガンリキ 名詞 神仏に願をかけ、その願いごとを貫こうとする意気ごみ。

くわん-りやう【管領】 カンリョウ 名詞／―す 他動詞 サ変 ❶管理・支配すること。また、その人。「くゎんれい」とも。［平家物語 鎌倉｜物語］七・願書「四海をくわんりやうして」訳天下を支配して。❷奪って自分のものにすること。横領。［太平記 室町｜物語］八「財宝をもくわんりやうせんと」訳財宝をも横領しようと。

くわん-れい【管領】 カンレイ ［一］名詞／―す 他動詞 サ変 「くわんりやう❶」に同じ。［二］名詞 ❶「関東管領」の略。❷室町幕府の職名。将軍を補佐し、政務を行う重要な職。

くわん-ゐ【官位】 カンイ 名詞 **官職と位階。**

くゑ-にち【凶会日】 クエニチ 名詞 陰陽道で、万事に凶であるとする日。

くゑ-はららか・す【蹴ゑ散かす】 クエハララカス 他動詞 サ四（さ/し/す/す/せ/せ）けちらす。［日本書紀 奈良｜史書］神代上「沫雪のごとくにくゑはららかし」訳淡雪のようにけちらし。◆奈良時代以前の語。

く-を-つ・く【句を付く】 連語 **前句に対して付け句を詠み加える。**▼連歌・俳諧で、五七五または七七の前句に七七または五七五の句を付ける。［去来抄 江戸｜論］先師評「やがて此のくをつく」訳(前句についての先師の言を聞き)すぐにこの付け句を詠み加える。

ぐん【郡】 名詞 「こほり」に同じ。

軍記物語 ぐんきものがたり 文芸 鎌倉・室町時代、戦乱や合戦を中心に時代の推移を叙事的に描いた物語。力強い和漢混交文で書かれている。源流は平安時代の『将門記』『陸奥話記』などであるが、これらは漢文体で描写も粗く、文学的な価値は低い。源平の合戦を経て鎌倉時代に入ると、『保元物語』『平治物語』など本格的な軍記物語が現れ、『平家物語』によって完成された。ほかに『源平盛衰記』『太平記』などがある。また、英雄的な人物を主人公とした『義経記』『曾我物語』などもある。「戦記物語」とも。

くん-し【君子】 名詞 知徳を備えた、品格のりっぱな人。また、高い地位の人。［徒然 鎌倉｜随筆］九七「くんしに仁義あり、僧に法あり」訳(その人をそこなうものとして)品格のりっぱな人には仁義があり、僧には仏法がある。

ぐん-じ【郡司】 名詞 律令制で、「国司」のもとで郡の行政を行った役人。地方豪族から選ばれて世襲し

た。特に、その長官の「大領（だいりゃう）」にいうこともある。

くんじ-いた・し【屈じ甚し】形容詞ク {く・から／く・かり／し／き・かる／けれ／かれ}「くしいたし」に同じ。源氏物語 平安―物語 須磨「『行きかかりて空しう帰らむ後ろ手もをこなるべし』と、くんじいたうて行かず」訳「先方へ出かけて行って（うまくいかずに）むなしく帰る後ろ姿もものの笑いになるだろう」と、気が滅入って出かけない。◇「くんじいたう」はウ音便。

くん-じゅ[1]【群集・群衆】名詞／―す 自動詞サ変 大勢の人が群がり集まること。また、群がり集まった人々。「ぐんじゅ」とも。平家物語 鎌倉―物語 一・吾身栄花「軒騎（けんき）群集して」訳車に乗った人と、馬に乗った人が群がり集まって。

くん-じゅ[2]【薫修】名詞 仏教語。香りが衣服にしみこんで香るように他から感化を受けて修行の功徳を積むこと。

くん・ず[1]【屈ず】自動詞サ変 {ぜ／じ／ず／ずる／ずれ／ぜよ}

語義の扉

漢語「屈」を元に生まれたサ変動詞。

漢語の窓 漢字「屈」のなりたちは、「尸」と「出」の会意。（物理的に）曲がってくぼむ、（精神的に）押さえつけてまげる、主義・主張を無理におさえる、やりこめるの意。

日本語化した「屈ず」は、心理的に気がめいる、心がふさぐ、ふさぎ込むの意を表す。

「くっす（屈す）」の促音「つ」の表記が固定していなかった時期、「くんす」と表記した。それを文字通りに読み、さらに「ん」の影響でサ変動詞の語尾「す」が濁音化した。参照▶くっす（屈す）。

気がめいる。心がふさぐ。ふさぎ込む。 更級 平安―日記 太井川「面影に覚えて悲しければ、月の興も覚えず、くんじ臥（ふ）しぬ」訳（別れてきた乳母の）面影が思い浮かんで悲しいので、月の興趣も感じられなくて、ふさぎ込んで横になった。

くん・ず[2]【薫ず】一 自動詞サ変 {ぜ／じ／ず／ずる／ずれ／ぜよ} **かおる。におう。** 平家物語 鎌倉―物語 三・大塔建立「異香（いきゃう）すなはちくんじたり」訳珍しい香りがたちまちにおった。
二 他動詞サ変 {ぜ／じ／ず／ずる／ずれ／ぜよ} **かおらせる。におわせる。** 栄花物語 平安―物語 鳥の舞「さまざまの香をたきてくんじ合はせたるほど」訳いろいろな香をたいてかおらせ合わせているうち。

ぐん-せん【軍扇】名詞 武士が陣中で軍を指揮するのに使う扇。

くん-たい【裙帯】名詞「くたい」に同じ。

ぐんだり-やしゃ【軍荼利夜叉】名詞「軍荼利夜叉明王（みゃうわう）」の略。五大尊明王の一つ。多くは、八本の腕を持ち、憤怒（ふんぬ）の相をしている。南方を守護し、種々の障害をとりのぞくという。

ぐん-だん【軍団】名詞 律令制で、諸国に配した兵団。

くん-でう-ず【組んでうず】（クンジョウズ）連語 **組もうとする。組み討ちしようとする。** 平家物語 鎌倉―物語 七・実盛「あっぱれ、おのれは日本一の剛（かう）の者にくんでうずな」訳ああ、お前は日本一の勇士と組み討ちしようとするのだな。◆「くみてんとす」から「くみてんず」を経て変化した語。

ぐん-ない【郡内】名詞 甲斐（かひ）の国（山梨県）の郡内地方産の縞（しま）の絹織物。高級とされ、夜具地や羽織の裏地に用いる。郡内縞（じま）。

ぐん-びゃう【軍兵】（グンピョウ）名詞 **軍勢。兵士。**

ぐん-りょ【軍旅】名詞 ❶**軍勢。軍隊。** ❷**戦争。いくさ。** ◆中国の周代の制で、「軍」は兵一万二千五百人の、「旅」は兵五百人の隊の意。

け

け[1]【日】名詞 **日々（ひび）。** ▼「日（ひ）」の複数形。万葉集 奈良―歌集 三三四七「草枕（くさまくら）（＝枕詞（まくらことば））この旅のけに」訳この旅の日々に。◆奈良時代以前の語。

け[2]【毛】名詞 ❶**動植物の毛。** ❷**細い糸状のもの。** ❸**鎧（よろい）の縅（おどし）の糸。縅毛（おどしげ）。**

け[3]【気】名詞 ❶**気分。心地。** 源氏物語 平安―物語 夕顔「恐ろしきけもおぼえず」訳（夕顔の死体を見ても源氏には）恐ろしい心地も感じられず。❷**ようす。気配。** 源氏物語 平安―物語 空蟬「なほ静かなるけを添へばや」訳もう少し静かなようすを添えたい。

け[4]【怪】名詞 **怪しく不思議な事柄。怪異。** 大鏡 平安―物語 道長・下「けと人の申すことどもの、させることなくて止みにしは」訳怪しく不思議だと人々が申したことで、特にこれといった程のことはなくて終わったことは。

け[5]【卦】名詞 易（えき）の算木（さんぎ）に現れる象（かたち）。「八卦（はっけ）」と、その組み合わせによる六十四卦で、天地間の一切の変化をよみとり、吉凶を判断する。

け[6]【故】名詞 **ため。せい。** ▼理由を表す語。大鏡 平安―物語 道長上「御手もわななくけにや、的のあたりだに近く寄らず」訳お手もふるえるせいだろうか。（矢は）的の付近にさえ近づかない。

け[7]【食】名詞 **食事。飲食物。**

け[8]【笥】名詞 **容器。入れ物。** 特に、食器。万葉集 奈良―歌集 一四二「家にあればけに盛る飯（いひ）を」訳⇩いへにあれば…。

け[9]【褻】名詞 **日常。ふだん。** 徒然 鎌倉―随筆 一九一「け晴れなく、ひきつくろはまほしき」訳ふだんも正式の場合も区別なく、（身なりを）きちんと整えていたいものだ。対晴れ。

け-[10]【気】接頭語（動詞・形容詞に付いて）**…ように感じられる。何となく…だ。**「けおさる」「けおそろし」

け[11] ❶奈良時代以前のク活用形容詞の未然形活用語

尾。万葉集 奈良―歌集 三七四三「恋ひつつすべなけなくに」訳恋い焦がれてどうしようもないことよ。❷奈良時代以前のク活用形容詞の已然形活用語尾。万葉集 奈良―歌集 三七二八「大路は行きよけど」訳都大路は歩きやすいけれど。

け[12]【消】動詞「く(消)」の未然形・連用形。万葉集 奈良―歌集 八四九「早くな散りそ雪はけぬとも」訳早く散らないでおくれ、たとえ雪が消えてしまおうとも。

げ[1]【夏】名詞 仏教語。❶陰暦四月十六日からの九十日間。❷「げあんご」に同じ。奥の細道 江戸―紀行 日光「しばらくは滝に籠るやげの初め―芭蕉」訳⇩しばらくは…。

げ[2]【偈】名詞 仏教語。詩句の形式をとって、仏の徳をたたえたり仏の教えを述べたりしたもの。四句からなるものが多い。

-げ[3] 接尾語 ❶〔動詞および一部の助動詞の連用形、形容詞および形容動詞の語幹に付いて〕…のようすだ。…らしく見える。▼形容動詞の語幹をつくる。枕草子 平安―随筆 すさまじきもの「人のもとに、わざと清げに書きてやりつる文の返り事」訳ある人のところに、特別に美しいようすに書いてやった手紙の返事。❷〔名詞、動詞の連用形、形容詞の語幹に付いて〕…のけはい。…のもよう。▼名詞をつくる。源氏物語 平安―物語 澪標「下つ方の京極わたりなれば、人げ遠く」訳下京の京極あたりなので、人のけはいも少なく。

け-あが・る【気上がる】連語 のぼせる。上気する。紫式部 平安―日記 寛弘五・九・一〇「けあがりてものぞおぼえぬや」訳のぼせて何が何だかわからないほどだったでしょうか。

け-あ・し【気悪し】形容詞 シク〔(しく)・しから／しく・しかり／し／しき・しかる／しけれ／しかれ〕機嫌が悪い。穏やかでない。すさまじい。今昔物語 平安―説話 九・三二「吏けあしくして、智感(=人名)を逼む」訳郡の役人は機嫌を悪くして智感(=人名)を追いつめる。

げ-あんご【夏安居】名詞 仏教語。陰暦四月十六日から三か月、僧が外出せずこもって修行すること。夏げ。夏籠り。

け-い[1]【怪異】名詞 怪しいこと。不思議なこと。

けい[2]【卿】名詞「きやう(卿)」に同じ。

けい[3]【磬・罄】名詞 中国伝来の打楽器の一つ。石や銅の板をへの字形にし、つり下げて打ち鳴らすもの。仏具として勤行に用いる。

げい【芸】名詞 修練によって身につけたわざ・能力。学芸・武芸・技芸・芸能・遊芸などについていう。

けい-えい【経営】名詞／―す 他動詞 サ変 ❶建物を建てること。建築。構築。平家物語 鎌倉―物語 七・聖主臨幸「多日のけいえいをむなしうして」訳多くの日数をかけての建築をむだに失わせて。❷物事を行うこと。❸「けいめい」に同じ。

けい-き*【景気】名詞 ❶ありさま。ようす。平家物語 鎌倉―物語 二・西光被斬「悪びれたるけいきもなし」訳悪びれたようすもない。❷景色。景観。方丈記 鎌倉―随筆「山中のけいき、折につけて尽くる事なし」訳山中の(趣ある)景色は、季節に応じてつきることがない。❸(和歌・連歌・俳諧で)歌に眼前の風景を詠むこと。

けい-こ*【稽古】名詞／―す 他動詞 サ変 ❶学問を学ぶこと。また、学んで身につけた学問。徒然 鎌倉―随筆 二二六「信濃前司行長、けいこの誉れありけるが」訳信濃国の前の国守行長は、学問が深いとの名声が高かったが。❷武術・芸能などを学び習うこと。修業。練習。

けい-こく【傾国】名詞 ❶美女。美人。❷遊女。❸遊里。遊郭。◆鎌倉・室町時代の語。

参考 ❶は、「傾城」とともに、『漢書』の外戚伝の「北方に佳人(=美人)有り、絶世にして独り立つ。一たび顧みれば人の城を傾け、再び顧みれば人の国を傾く」による。

経国集 書名 勅撰漢詩文集。良岑安世ら撰。平安時代前期(八二七)成立。二十巻。〔内容〕わが国最初の漢詩文の合集で『文選』の体裁にならっている。嵯峨天皇・淡海三船・空海ら百七十八人の作品を集録してある。

けい-し[1]【京師】名詞 みやこ。

けい-し[2]【屐子】名詞「けきし」のイ音便。履き物の一種。現在の下駄・足駄の類。

けい-し[3]【家司】名詞 ❶親王家・内親王家・摂関家および三位以上の公卿の家の事務をつかさどる職員。四位・五位の者がなる。「いへづかさ」とも。❷鎌倉・室町幕府で、政所・問注所などの寄人(=職員)の総称。◆「けし(家司)」の変化した語。

(屐 子)

げい-しゃ【芸者】名詞 ❶一芸に秀でた人。芸達者。❷芸能を職業とする人。芸人。❸遊里などで歌舞や会話で酒席に興を添える男性。幇間。太鼓持ち。❹酒席で舞踊や音曲などで興を添える女性。芸妓。芸子。

けい-しゃう【卿相】名詞「くぎやう」に同じ。

げいしゃう-うい【霓裳羽衣】名詞 ❶虹のように美しい裳裾と羽衣。天人・仙女などの衣装とされる。美しい衣装のたとえにも。❷唐の玄宗皇帝が、夢で見た天人の舞と音楽をもとに作ったという舞曲。

けい・す【啓す】他動詞 サ変〔せ／し／す／する／すれ／せよ〕

語義の扉

「『言ふ』の謙譲語」漢語「啓」を元に生まれたサ変動詞。

漢語の窓

漢字「啓」のなりたちは、「戸」と「又」と「口」の会意。閉じた口をひらいて述べる意。特に、唐代では皇帝など目上の人に上書・進言する意。

日本語化した「啓す」は、皇后や、皇太后、太皇太后、皇太子などに申し上げる意。天皇や上皇、法皇に申し上げるのは「奏す」。参照▼ そうす(奏す)。

［「言ふ」の謙譲語］**申し上げる。** 枕草子 平安―随筆 清涼殿の丑寅のすみの「まいて、五つ六つなどは、ただおぼえぬよしをぞけいすべけれど」訳まして、五首六首などというのは、ただ覚えていない旨を(中宮様に)申し上げるほうがよいのだけれど。源氏物語 平安―物語 須磨「『御返りいかがものしはべらむ』とけいすれば、『しばし見ぬだに恋しきものを、遠くはましていかに、と言へかし』とのたまはす」訳「お返事はどのようにいたしましょうか」と申し上げると、「少しの間会わないのさえ恋しいのに、遠ざかったらどんなにか恋しいだろう、と言っておくれ」とおっしゃる。

けい-せい【傾城】 名詞 ❶「けいこく❶」に同じ。平家物語 鎌倉―物語 一一・那須与一「大将軍、矢面に進んでけいせいを御覧ぜば」訳大将軍(=義経公)が、矢の飛んでくる正面に進んで(平家方の)美人をご覧になったならば。❷「けいこく❷」に同じ。「けいせん」とも。冥途飛脚 江戸―浄瑠 浄瑠・近松「かうかうしたけいせいにかうした訳の金がいると」訳これこれの遊女に、こういう事情の金がいると。

けい-せつ【蛍雪】 名詞 苦心して勉学すること。参考 貧しい二人の若者、晋の車胤は集めた蛍の光で、孫康は雪の明かりで書物を読み、勉学に励んだという『晋書』の車胤伝に見える故事から。

けいせつ-の-こう【蛍雪の功】 連語 苦心して学問に励んだ成果。

けい-せん【傾城】 名詞「けいせい」の変化した語。「けいせい❷」に同じ。

契沖(けいちゅう) 人名 (一六四〇～一七〇一)江戸時代前期の国学者。摂津(兵庫県)の人。仏典・漢籍のほか国学に造詣がきわめて深く、下河辺長流の遺志をついで注釈書『万葉代匠記』を著した。語学書『和字正濫抄』など多くの研究書のほか、歌集・随筆などもある。

けい-てん【経典】 名詞 古代中国の聖人や賢人の教えを説いた書物。四書・五経などの類。

げい-のう【芸能】 名詞 ❶学問・芸術などの、身につけたわざ・能力。芸に長じた才能。❷生け花・歌舞音曲などの芸事。遊芸。

けい-はく【軽薄】 名詞 ❶軽く薄いこと。❷態度が軽々しく、誠意がないこと。また、その人。❸お愛想。お世辞。

けい-はく・なり【軽薄なり】 形容動詞ナリ {なら／なり・に／なり／なる／なれ／なれ} 態度が軽々しい。誠意がない。一代女 江戸―物語 浮世・西鶴「けいはくなる言葉付きして、…と勧め給へば」訳誠意のない言葉で…とおすすめなさるので。

けい-ひち【警蹕】 名詞 天皇の出入りや食事のとき、または貴人の通行、あるいは神事のときなどに、「おお」「しし」「おし」「おしおし」などと声を出して注意し、人々を追い払うこと。また、その声。「けいひつ」とも。

けい-ひつ【警蹕】 名詞「けいひち」に同じ。

けい-ぶつ【景物】 名詞 ❶四季折々の、趣ある自然の風物。鶉衣 江戸―句集 俳文「けいぶつの最上なるべし」訳(蛍は)趣ある自然の風物の中で最上であろう。❷四季折々の、趣ある衣装・飲食物など。

けい-めい【経営】 名詞／―す 他動詞サ変 世話・接待をしたり準備をしたりして、忙しく立ち働くこと。奔走。源氏物語 平安―物語 夕顔「大殿も、けいめいし給ひて、日々に渡り給ひつつ」訳(左大臣の)大殿も、(源氏の)世話に忙しく立ち働きなさって、毎日、(二条院に)おこしになっては。

けう[1]【孝】 名詞 ❶孝行。孝。❷親の喪に服すること。親や近しい者の死後の供養をすること。宇津保 平安―物語 俊蔭「嘆き思へども、甲斐もなくて、三年のけうを送る」訳嘆き悲しんだが、効果もなくて、三年間の服喪を過ごす。

け-う[2]【希有・稀有】 形容動詞語幹 ⇩けうなり。❶源氏物語 平安―物語 手習「いとあやしう、希有のことをなん見たまへし」訳まことに合点のいかぬ、世にも珍しい出来事に出会いましてございます。◇男性語。❷今昔物語 平安―説話 一一・二七「金堂と二の塔とに鳩の員知らず多く集まりて飛び廻りつ、火気を寄らしめずして、金堂講堂を焼けぬなりけり。此れ希有の事の中の希有の事なり」訳金堂と二つの塔とに無数の鳩が集まって、飛び回りながら、それが火気を近づけないようにしたために、金堂・講堂が焼けなかったのだ。これは不思議中の不思議なことである。❸徒然 鎌倉―随筆 一〇六「こはけうの狼藉かな」訳これはとんでもない乱暴だな。

けう-が・る【希有がる・稀有がる】 自動詞ラ四 {ら／り／る／る／れ／れ} ❶珍しいことだと思う。不思議に思う。古本説話集 平安―説話 四七「そこより水湧き出づ。けうがりて、方二、三尺深さ一尺余ばかり掘りたれば」訳そこから水が湧き出した。珍しいことと思って、二、三尺四方、深さ一尺ほど掘ったところ。❷風変わりで興味深く感じる。興がる。義経記 室町―物語 六「けうがる風情にて通らんとする者あり」訳風変わりで興味深く感じるようすで通ろうとする者がいた。◆「がる」は接尾語。参考 室町時代、「きょうがる」と発音され、「興がる」と混同して用いられるようになった。

げう-き【澆季】 名詞 ❶道義が薄れて、人情が軽薄になった末の世。末世。平家物語 鎌倉―物語 一・二代后「世げうきに及んで」訳世の中が末世になって。❷のちの世。後世。◆「澆」は軽薄、「季」は末の世の意。

教行信証(けうぎやうしんしよう) 書名 仏教書。親鸞著。平安時代前期(一二四七ころ)成立。六巻。〔内容〕浄土真宗の教義の根本を、親鸞が体験に基づいて述べたもの。正しくは『顕浄土真実教行証文類』。

けう-くわん【叫喚】 一 名詞／―す 自動詞サ変 大声でさけんだり、わめいたりすること。二 名詞「叫喚地獄」の略。

けうくわん-ぢごく【叫喚地獄】 名詞 仏教語。「八大地獄」の第四。殺生・偸盗(=盗み)・邪淫(=みだらなこと)・飲酒の罪を犯した者が落ちる地獄。罪人は熱湯の大釜や猛火の鉄室に入れられ、苦しみのあまり、泣き叫ぶという。

けう-くん【教訓】 名詞／―す 他動詞サ変 教えさとすこと。いさめること。また、その言葉。平家物語 鎌倉―物語 一・祇王「なほ御返事をも申さざりけるを、母とぢ重ねてけうくんしけるは」訳そのまま御返事も差し上げなかったので、母のとぢ(=母の名)がもう一度教えさとしたのは。

けう-げ【教化】 名詞／―す 他動詞サ変 仏教語。人々を教え導き、よい方向にむかわせること。「けうけ」とも。

けう-さう【教相】（キョウソウ） 名詞 仏教語。仏教の各宗派において教義の研究をすること。

けう-しゅ【教主】（キョウシュ） 名詞 **宗教の開祖。**特に、釈迦（しゃか）・阿弥陀（あみだ）にいう。

けうしょ-でん【校書殿】（キョウショデン） 名詞 内裏（だいり）の殿舎の一つ。宮中の歴代の書物を整理・保管する所。「文殿（ふどの・ふみどの）」「納殿（をさめどの）」とも。参照▼資料26

け-う・す【消失す】 自動詞 サ下二{せ／せ／す／する／すれ／せよ}「きえうす」の変化した語。**消えうせる。消えてなくなる。** 万葉集 奈良―歌集 一七四〇「たちまちに心けうせぬ」訳すぐに気をうしなってしまった。

けう-・ず【孝ず】（キョウズ） 自動詞 サ変{ぜ／じ／ず／ずる／ずれ／ぜよ} ❶**親孝行する。親によく従う。** 源氏物語 平安―物語 常夏「かくたまさかに逢（あ）へる親のけうぜむ心あらば」訳こうしてたまに会えた親に孝行しようという気持ちがあるのならば。❷**死んだ親の供養をする。** 源氏物語 平安―物語 夕霧「おほやけおほやけしき作法ばかりの事をけうじたまひしに」訳形式的な（葬送の）儀式のことばかりを供養しなさったので。

けうとげ-なり【気疎げなり】 形容動詞 ナリ{なら／なり・に／なり／なる／なれ／なれ} ❶**気味が悪いようすだ。もの恐ろしい。** 源氏物語 平安―物語 夕顔「池も水草（みくさ）に埋（うづ）もれたれば、いとけうとげになりける所かな」訳池も水草でおおわれているので、たいそう気味悪いようすになってしまった所であるよ。❷**気にいらない。興ざめだ。** 源氏物語 平安―物語 椎本「これよりも、いとけうとげにはあらず」訳こちらからも、それほど興ざめなようすではなく。◆「げ」は接尾語。

け-うと・し【気疎し】 形容詞 ク{（く）・から／く・かり／し／き・かる／けれ／かれ} ❶**うとましい。なじめない。** 蜻蛉 平安―日記 中「このさるまじき御仲の違（たが）ひにたれば、ここをもけうとく思（おぼ）すにやあらむ」訳このそんなことはないはずの（ご兄弟の）御仲が悪くなってしまったので、こちらのことまでもうとましくお思いになるのだろうか。❷**人気（ひとけ）がなくて寂しい。気味が悪い。** 源氏物語 平安―物語 夕顔「けうとくもなりにける所かな。さりとも、鬼なども、我をば見許してむ」訳気味が悪くなってしまった所だなあ。それにしても、鬼などもきっと私のことは見逃してくれるだろう。◆「け」は接頭語。江戸時代以降「きょうとい」と発音。

け-う・なり【希有なり・稀有なり】 形容動詞 ナリ{なら／なり・に／なり／なる／なれ／なれ}

語義の扉

漢語「希有」「稀有」を元に生まれた形容動詞。

漢語の窓　漢語「希」も「稀」も「めったにない」の意。「希有」「稀有」は、きわめてまれである、きわめて珍しい意。

日本語化した「希有なり」は、漢語の不思議だ、めったにない意（❶）を受け継ぎ、さらに、驚嘆の意（❷）、とんでもない、思いがけない意（❸）をも表す。

❶不思議だ。
❷すごいことだ。驚くべきだ。
❸とんでもないことだ。思いもかけない。

❶**不思議だ。** 大鏡 平安―物語 時平「いよいよはえて物を繰り出だすやうに言ひ続くる程ぞ、まことにけうなるや」訳（大宅世次（おおやけのよつぎ）が）調子づいて、糸か何かを順々に引き出すように次から次へと話し続けるようすは、本当に不思議なことであるよ。

❷**すごいことだ。驚くべきだ。** 今昔物語 平安―説話 二一・二七「金堂と二の塔とに鳩の員知らず多く集まりて飛び廻りつ、火気を寄らしめずして、金堂講堂を焼かぬなりけり。此れ希有の事の中の希有の事なり」訳金堂と二つの塔とに無数の鳩が集まって、飛び回りながら、それが火気を近づけないようにしたために、金堂講堂が焼けなかったのだ。これは不思議中の不思議なことである。

❸**とんでもないことだ。思いもかけない。** 大鏡 平安―物語 道長上「かく大臣・公卿（くぎやう）七、八人、二、三月のうち

類語と使い分け⑤ 「気味が悪い」意味を表す言葉

「気味が悪い」という感情の根底には、「不快だ」「いやだ」という気持ちがあり、その気持ちを表す言葉は多いので、「気味が悪い」「不気味だ」の意味を表す言葉も多い。「うたて」「うとまし」「おどろおどろし」「けうとし」「けうとげなり」「すごし」「すごげなり」「むくむくし」「むくつけし」「むつかし」「けむつかし」などの言葉が、それに該当する。

うたて…不快でいとわしい気持ちを表す言葉なので、そのような気持ちを起こす異様なものに出会ったときなどに使われる。「ものに襲はる心地して、驚き給（たま）へれば、灯（ひ）も消えにけり。うたて思（おぼ）さるれば」（『源氏物語』夕顔）では、光源氏が魔性のものに襲われたと感じて、ぞっとしたところに使われている。

「うとまし」「けうとし」「すごし」「すごげなり」「むつかし」も、「うたて」とほぼ同様の意味と考えられる。

おどろおどろし…大げさでさわがしいものなどに対して、それを不気味に感じる場合が多く、「雨俄（にはか）におどろおどろしう降りて」（『源氏物語』賢木）では、雨がはげしく降るようすに対して使っている。

むくつけし…相手の正体や本心がわからなくて気味が悪いときに使うことが多い。「物の怪（け）のさまと見えたり。あさましくむくつけし」（『源氏物語』若菜下）とあるのも、六条御息所（ろくじょうのみやすどころ）の死霊が出現した際に使われている。「ぞっとするほど気味が悪い」の意味である。

にかきはらひ給ふこと、けうなりし業なり」訳このように大臣や公卿が七、八人、二、三か月の間にみなお亡くなりになることは、とんでもないことである。

***けうに-して**【希有にして・稀有にして】連語

なりたち 形容動詞「けうなり」の連用形＋接続助詞「して」

やっとのことで。かろうじて。徒然 鎌倉―随筆 八九「けうにして助かりたるさまにて、はふはふ家に入りにけり」訳やっとのことで助かったようすで、はうようにして家に入ってしまった。

けう-ぼふ【教法】キョウボウ 名詞 仏教語。仏の教え。特に釈迦の説いた教え。「けうほふ」とも。

けう-まん【驕慢・憍慢】キョウマン

一 名詞 うぬぼれて人を見くだすこと。おごりたかぶること。今昔物語 平安―説話 二〇・三九「わが身賢しと思ひて、けうまんをなすべからず」訳自分を賢いと思って、おごりたかぶってはならない。

二 形容動詞 語幹⇩けうまんなり。宇治拾遺 鎌倉―説話 一三・一三「我ばかり貴き者はあらじと、けうまんの心ありければ」訳自分ほど尊い者はあるまいと、おごりたかぶる心があったので。

けうまん-なり【驕慢なり・憍慢なり】キョウマンナリ 形容動詞ナリ｛なら/なり・に/なり/なる/なれ/なれ｝おごりたかぶる。

けう-やう【孝養】キョウヨウ 名詞／―す 他動詞サ変 ❶親に孝行すること。孝養。❷死んだ親を供養すること。また、広く、死者を供養すること。追善。平家物語 鎌倉―物語 九・敦盛最期「同じくは直実が手にかけまゐらせて、後の御けうやうをこそ仕り候はめ」訳同じことならば直実の(＝私の)手で命をお断ち申し上げて、後世のご供養を(私が)してさし上げましょう。

げう-よく【楽欲】ギョウヨク 名詞 仏教語。願い欲すること。欲望。

***けうら-なり** キョウラナリ 形容動詞ナリ｛なら/なり・に/なり/なる/なれ/なれ｝光り輝くように美しい。清らかで美しい。竹取物語 平安―物語 かぐや姫の生ひ立ち「この児のかたちのけうらなること世になく」訳この子(＝かぐや姫)の容貌の清らかで美しいことといったら世にまたとなく。

け-おさ・る【気圧さる】自動詞ラ下二｛れ/れ/る/るる/るれ/れよ｝圧倒される。徒然 鎌倉―随筆 一「かけずけおさるるこそ、本意なきわざなれ」訳(学識がないということになってしまうと)わけもなく圧倒されるのは、残念なことである。◆「け」は接頭語。

け-おそろ・し【気恐ろし】形容詞シク｛(しく)・しから/しく・しかり/し/しき・しかる/しけれ/しかれ｝そら恐ろしい。源氏物語 平安―物語 夕顔「狐などやうのものの、人おびやかさむとて、けおそろしう思はするならむ」訳きつねなどのようなものが、人をおどかそうとして、そら恐ろしく思わせるのだろう。◇「けおそろしう」はウ音便。◆「け」は接頭語。

け-おと・る【気劣る】自動詞ラ四｛ら/り/る/る/れ/れ｝なんとなく劣る。源氏物語 平安―物語 宿木「何くれに思ひくらぶれど、けおとりてもおぼえず」訳何やかや比べてみるが、なんとなく劣っているとも思われず。◆「け」は接頭語。

げ-かう【下向・還向】ゲコウ 名詞／―す 自動詞サ変 ❶都から地方へ下ること。平家物語 鎌倉―物語 五・富士川「将門追討のために東国へげかうせしことを」訳将門の追討のために東国へ下ったことを。❷社寺に参詣して帰ること。下山。枕草子 平安―随筆 うらやましげなるもの「まだ未にげかうしぬべし」訳まだ午後二時ごろには、下山するだろう。

げ-かうし【下格子】ゲコウシ 名詞 格子を下ろすこと。大鏡 平安―物語 兼家「月の明かき夜は、げかうしもせでながめさせ給ひけるに」訳月の明るい夜は、格子を下ろすこともしないで(月を)お眺めになられていたが。

けが・す【汚す・穢す】他動詞サ四｛さ/し/す/す/せ/せ｝❶きたなくする。よごす。醜くする。❷(名誉・名声などに)傷をつける。源氏物語 平安―物語 椎本「竜田の川の濁る名をもけがし」訳竜田川が濁るように名をも傷つけ。❸分不相応な地位につく。その地位をはずかしめる。▼多く謙遜していう。平家物語 鎌倉―物語 一・鱸「その人ならではけがすべき官ならねども」訳その資格のある人でなければ、分不相応にその地位についてよい官職ではないけれども。

け-かつ【飢渇】名詞／―す 自動詞サ変 腹がへり、のどが渇くこと。食糧が欠乏すること。「けかち」「きかつ」とも。方丈記 鎌倉―随筆「二年が間、世の中けかつして」訳二年の間、世の中は食糧が欠乏して。

けがらひ【汚らひ・穢らひ】ケガライ 名詞 ❶人の死や出産にともなうけがれ。❷服喪。物忌み。

けがら・ふ【汚らふ・穢らふ】ケガラウ 自動詞ハ四｛は/ひ/ふ/ふ/へ/へ｝❶(死・出産・月経などの)不浄に触れる。けがれる。源氏物語 平安―物語 手習「けがらひたる人とて、立ちながら追ひ返しつ」訳けがれた人だというので、(その人を)立ったまま(中に入れないで)追い返した。❷喪に服する。栄花物語 平安―物語 峰の月「さるべき殿ばらけがらひ給へり」訳しかるべき(関係のある)殿方は喪に服していらっしゃった。◆動詞「けがる」に接尾語「ふ」が付いた語。

けが・る【汚る・穢る】自動詞ラ下二｛れ/れ/る/るる/るれ/れよ｝❶きたなくなる。よごれる。❷(死・出産・月経などにかかわって)不浄の身となる。源氏物語 平安―物語 浮舟「昨夜よりけがれさせ給ひて」訳昨夜から不浄の身とおなりになって。

けがれ【汚れ・穢れ】名詞 不浄。

参考 特に、死と血との汚れが忌まれ、これに関係した者は服喪や物忌みをしなければならず、一定の日数を家にこもって身を慎んだ。

げ-き【外記】名詞 ❶律令制の官職の一つ。「太政官」の少納言の下にあって、詔勅の草案の訂正や、奏文の作成、儀式の執行などをつかさどる。大外記・少外記がある。⇩内記。❷「外記の庁」の略。❶が勤務する役所。

げ-ぎやう【顕形・現形】ゲギョウ 名詞／―す 自動詞サ変 神仏などが姿を現すこと。伊勢物語 平安―物語 一一七「おほん神、げぎやうしたまひて」訳(住吉の)大神が、姿を現しなさって。◆「げんぎやう」の撥音「ん」が表記されない形。

げ-ぎょ【懸魚】名詞 切り妻屋根の破風につける、棟木の端を隠す、魚の尾の形の飾り板。◆「げんぎょ」の撥音「ん」が表記されない形。

け-ぎよ・し【気清し】形容詞ク｛(く)・から/く・かり/し/き・かる/けれ/かれ｝清らかだ。さっぱりしている。枕草子 平安―随筆 五月の御精進のほど「『今宵は詠め』など責め給へど、けぎよう聞き入れでさぶらふに」訳「今宵は歌を詠め」などと(大臣が)強いなさるけれど、きれいさっぱり聞き入れないでおりますうちに。◇「けぎよう」はウ音便。◆「け」は接頭語。

げき-らう【逆浪】名詞 ❶逆巻く波。激しい荒波。❷世の中の乱れ。

げき-りょ【逆旅】名詞 ❶宿屋。旅館。日本永代蔵 江戸―物語 浮世・西鶴「天地は万物のげきりょ」訳天地は万物を泊める宿屋（のようなもの）で。❷旅行。旅。

げき-りん【逆鱗】名詞 帝王の怒り。平家物語 鎌倉―物語 二・座主流「法皇、大きにげきりんありけり」訳法皇は、非常にお怒りになった。

参考 竜のあごの下に逆さに生えた鱗に人が触れると、怒りを受けて殺されるという、『韓非子』の故事による。竜は天子のたとえ。

け-く【結句】副詞「けっく」二❷に同じ。雨月物語 江戸―物語 菊花の約「若き男はけく物おびえして」訳若い男はかえって物おじして。◆「けっく」の変化した語。

け-くわ【悔過】名詞 ❶三宝（＝仏・法・僧）に自分のおかした罪を懺悔すること。また、その儀式。◇仏教語。❷罪を悔いること。謝罪。

げ-くわん【下官】一 名詞 下級の官職。下級の役人。二 代名詞「役人が自分をさしていう謙譲語」わたくし。▼自称の人称代名詞。

けけ-し 形容詞シク｛(しく)・しから／しく・しかり／し／しき・しかる／しけれ／しかれ｝とりすましていてよそよそしい。そっけない。和泉式部 平安―日記「その宮は、いとあてにけけしうおはしますなるは」訳その宮さまは、とても上品でとりすましていてよそよそしくいらっしゃるというのは。◇「けけしう」はウ音便。

けけれ【心】名詞 こころ。古今 平安―歌集 東歌「甲斐が嶺をさやにも見しがけけれなく横ほり臥せる小夜の中山」訳甲斐の国の山々をはっきりと見たいなあ。心ないことに、それをさえぎるように横たわって臥せている小夜の中山よ。◆奈良時代以前の東国方言。

け-げん【化現】名詞／―す 自動詞サ変 神仏などが姿を変えてこの世に現れること。今昔物語 平安―説話 一七・八「世に、この沙弥を地蔵菩薩の大悲のけげんなりとぞいひける」訳世間では、この僧を地蔵菩薩が大慈悲心の姿を変えてこの世に現れたものだといった。

＊け-こ【笥籠・笥子】名詞 飯を盛る器。「けご」とも。伊勢物語 平安―物語 二三「けこの器物に盛りけるを見て」訳飯を盛る器に（飯を）盛ったのを見て。

け-ご【家子】名詞 家の者。妻子・召使いなど。「けこ」とも。

げ-こ【下戸】名詞 ❶律令制で、家族の少ない世帯。壮丁（＝壮年の男子）が三人以下の家。「しもつへ」とも。❷酒が飲めない人。対❷上戸。

げこう【下向・還向】⇨げかう

げ-こく【下国】一 名詞 律令制で、面積や人口等により定められた、大・上・中・下の四つの国の階級の最下級のもの。和泉・伊賀・志摩・伊豆・飛騨・隠岐・淡路・壱岐・対馬の九国。二 名詞／―す 自動詞サ変 都から地方へ行くこと。国司が都から任国へ行くこと。

げ-こもり【夏籠り】名詞「げあんご」に同じ。

け-ころも【毛衣】名詞（鳥の）羽毛。「けごろも」とも。

け-さ【袈裟】名詞 仏教語。僧が出家者のしるしとして衣の上に左肩から右のわき下に斜めに懸けて着用する法衣。縫い合わせる布の数で五条・七条・九条の別があり、また、宗派により、位によって種々の色の袈裟がある。参照▼口絵

（袈裟）

げ-ざ【下座】名詞 ❶身分の高い人への敬礼で座を下りて平伏すること。❷下手の座席。しもざ。末席。❸歌舞伎の劇場で、音楽を演奏する囃子方のいる所。またはその演奏する音楽、効果音。

け-さい【潔斎】名詞「けっさい」に同じ。

け-さう[1]【化粧・仮粧】名詞／―ず 自動詞サ変 ❶化粧すること。源氏物語 平安―物語 少女「けさうじ給へる御顔の色」訳化粧しておられるお顔の色。❷（よい服装をして）身づくろいをすること。竹取物語 平安―物語 火鼠の皮衣「御身のけさう、いといたくして」訳ご自身の身づくろいをたいそう念入りにして。

参考 サ変動詞の場合は、「けさうず」と語尾が濁音化する。

け-さう[2]【懸想】名詞／―ず 他動詞サ変（異性に）思いを懸けること。恋い慕うこと。求婚すること。伊勢物語 平安―物語 三「男ありけり。けさうじける女のもとに」訳ある男がいた。（その男が）思いを懸けていた女のもとに。◆「けんさう」の撥音「ん」を表記しない形。

げ-さう【外相】名詞 仏教語。外見上の姿。外形。また、言語・動作など、外面に現れたもの。

けさう-ず[1]【化粧ず】自動詞サ変｛ぜ／じ／ず／ずる／ずれ／ぜよ｝⇨けさう（化粧）

けさう-ず[2]【懸想ず】他動詞サ変｛ぜ／じ／ず／ずる／ずれ／ぜよ｝⇨けさう（懸想）

けさう-だ-つ【懸想だつ】自動詞タ四｛た／ち／つ／つ／て／て｝恋心がはっきりと現れる。色恋めく。源氏物語 平安―物語 椎本「わざとけさうだちても、もてなさじ」訳ことさらに色恋めいているようにも、扱わないでおこう。◆「だつ」は接尾語。

けさう-びと【懸想人】名詞 ある人に恋している人。

けさう-ぶ【懸想ぶ】自動詞バ上二｛び／び／ぶ／ぶる／ぶれ／びよ｝恋心を抱く。色好みらしく振る舞う。源氏物語 平安―物語 夕霧「はじめよりけさうびても聞こえ給はざりしに」訳最初から恋心を抱いているようにも申し上げなさらなかったから。◆「ぶ」は接尾語。

けさう-ぶみ【懸想文】名詞 恋文。ラブレター。

けさ-がけ【袈裟懸け】名詞 ❶袈裟を着用すること。また、一定の年齢に達した稚児が、一人前の僧として袈裟を着ること。❷袈裟をかけるときのように、一方の肩から反対側のわきの方へ斜めに物をかけること。❸刀で一方の肩から反対側のわきの方へ斜めに切り下ろすこと。「けさぎり」とも。

けさ-ぎり【袈裟斬り・袈裟切り】名詞「けさがけ❸」に同じ。

げ-さく【外戚】名詞「げしゃく」に同じ。

戯作文学 文芸 江戸時代中・後期の洒落本・

滑稽本・黄表紙・合巻・読本・人情本などの称。山東京伝・滝沢馬琴・十返舎一九・式亭三馬・為永春水らが有名。初めは「けさく」と読み、遊戯文学の意味であったが、次第に大衆文学化していった。

けざ-けざ(と) 副詞 **きわだってはっきり(と)。くっきり。あざやかに。**「けさけさ」とも。源氏物語 平安-物語 野分「けざけざと物清げなるさましてゐ給へり」訳きわだってはっきりと美しいようすで座っていらっしゃる。

けざやか-なり* 形容動詞 ナリ｛なら/なり・に/なり/なる/なれ/なれ｝（他との対照が）**はっきりしている。きわだっている。** 枕草子 平安-随筆 九月ばかり、夜一夜「朝日いとけざやかにさし出でたるに」訳朝日がたいそうはっきりと輝き出したときに。◆「け」は接頭語。

け-ざや-ぐ 自動詞 ガ四｛が/ぎ/ぐ/ぐ/げ/げ｝**きっぱりとした態度を取る。際立つ。** 源氏物語 平安-物語 藤袴「けざやぎたまふべき事にもあらねば」訳きっぱりとした態度を取りなさるようなこともないので。◆「け」は接頭語。

げ-ざん【見参】 名詞 /―す 自動詞 サ変「げんざん」の撥音「ん」を表記しない形。「げんざん」に同じ。

け-し[1]**【芥子】** 名詞 ❶からしなの種子。護摩をたくときに加え用いる。❷草の名。けし科の二年草。薬用・観賞用。季夏。❸非常に小さいもののたとえ。◆❷❸は「罌粟」とも書く。

け-し[2]**【家司】** 名詞「けいし」に同じ。

け・し[3]【異し・怪し】

形容詞 シク｛(しく)・しから/しく・しかり/し/しき・しかる/しけれ/しかれ｝

❶**あってはならない。異様だ。好ましくない。** 万葉集 奈良-歌集 三五八八「はろはろに思ほゆるかもしかれどもけしき心を我が思はなくに」訳はるか遠くに思えることだ。それでも恋人に対してあってはならない心を私はもったりしない。

❷**不審だ。変だ。** 伊勢物語 平安-物語 二一「この女かく書きおきたるを、けしう」訳この妻がこう(歌を)書き残して(出て)行ったのを(男は)不審に思って。◇「けしう」はウ音便。

参考 悪い方に際立っているようすを表す。平安時代以降は「けしからず」「けしうはあらず」の形で、「まあまあだ」「わるくはない」の意味に用いられることがほとんどである。

げ-し【下司】 名詞 ❶**身分の低い役人。** ❷平安時代末期から鎌倉時代にかけて、荘園管理の現地での実務をつかさどった、下級の役人。

げじ【下知】 ⇨げぢ

けしう【異しう・怪しう】(ケシュウ) 副詞 ❶**非常に。とても。** 蜻蛉 平安-日記 下「けしうつつましきことなれど」訳非常に気が引けることではあるが。❷〔打消・反語の表現を下接して〕**たいして。さして。** 宇津保 平安-物語 嵯峨院「けしう物し給はずば、いかにうれしからん」訳たいしてお悪くないのでしたら、どんなにうれしいことでございましょう。

けしう-は-あら-ず*【異しうはあらず・怪しうはあらず】(ケシュウハアラズ) 連語

なりたち 形容詞「けし」の連用形「けしく」のウ音便「けしう」＋係助詞「は」＋ラ変動詞「あり」の未然形＋打消の助動詞「ず」

❶**そう悪くはない。まあまあだ。** 伊勢物語 平安-物語 四〇「若き男、けしうはあらぬ女を思ひけり」訳ある若い男が、容姿のそう悪くない女を恋していた。❷**さほど不自然ではない。** 宇治拾遺 鎌倉-説話 七・三「さばかり大きにおはする殿の御手に、大きなる金椀かなと見ゆるは、けしうはあらぬほどなるべし」訳それほどに大きくていらっしゃる殿のお手に、大きな金椀だなあと見えるのは、さほど不自然ではないくらいの大きさであるのだろう。

けしから-ず【異しからず・怪しからず】

語義の扉

形容詞「けし」の未然形と打消の助動詞「ず」が一語化したもの。

❶㊀怪しい。異様だ。
❷㊀よくない。不都合だ。
❸㊀ひどい。甚だしい。
❹㊉すばらしい。相当なものだ。

❶**怪しい。異様だ。** 源氏物語 平安-物語 手習「これは人なり。さらに非常のけしからぬ物にあらず」訳これは人間だ。決して得体の知れない怪しい物ではない。

❷**よくない。不都合だ。** 枕草子 平安-随筆 宮仕へする人々の出で集まりて「よき人のおはします有様などのいとゆかしきこそ、けしからぬ心にや」訳高貴なお方の日ごろのようすなどがとても知りたくてたまらないのは、よくない心なのだろうか。

❸**ひどい。甚だしい。** 隅田川 室町-能楽 謡曲「けしからず物騒に候ふは、何事にて候ふぞ」訳ひどくもの騒がしゅうございますのは、何事でございますか。

❹**すばらしい。相当なものだ。** 伊賀越 江戸-浄瑠 浄瑠「さりとては政右衛門殿、けしからぬ御首尾、おめでたい」訳さてさて政右衛門様、すばらしいご成功、おめでたい。

注意「けし」の打消の形ではあるが、打消の意味ではなく、「変である」ことを強調している。「けし」の打消の形は「けしうはあらず」。

けしかる*【怪しかる】 形容詞「けし」の連体形。増鏡 室町-物語 むら時雨「けしかる物など住みつきて」訳異様な物(=妖怪)などが住みついて。◆鎌倉時代以降の語。

け-しき【気色】 名詞

語義の扉

表面にほのかに現れて、視覚でとらえられる自然や人間のようすをいう。現代語では、自然の風景の意だが、古語では人のようす・表情についても使う。

❶㊀(自然の)ようす。模様。
❷㊀(人の)ようす。そぶり。表情。
❸きざし。兆候。
❹機嫌。心の動き。
❺意向。心に抱いている考え。
❻特別な事情。わけ。

❶(自然の)ようす。模様。［枕草子 平安―随筆］正月一日は「正月一日は、まいて空のけしきもうらうらと」［訳］正月一日は、一段と空のようすもうららかで。❷(人の)ようす。そぶり。表情。態度。［竹取物語 平安―物語］かぐや姫の昇天「切に物思へるけしきなり」［訳］しきりに物思いにふけっているようすである。❸きざし。兆候。［枕草子 平安―随筆］心もとなきもの「子産むべき人の、そのほど過ぐるまでさるけしきもなき」［訳］子を産む予定の人が、その時期を過ぎても産まれるきざしがないの(は、不安である)。❹機嫌。心の動き。［土佐日記 平安―日記］一二・四「かぢとり、けしき悪しからず」［訳］船頭は、機嫌が悪くない。❺意向。心に抱いている考え。［源氏物語 平安―物語］桐壺「春宮よりも御けしきあるを」［訳］皇太子からも、(妻にしたいとの)ご意向があるのを。❻特別な事情。わけ。［源氏物語 平安―物語］葵「若き人にて、けしきも深く思ひ寄らねば」［訳］若い女房で、特別な事情も深くは察することができないので。

関連語 「けしき」と「けはひ」の違い
「けしき」が視覚でとらえた自然・人などのようすを表すのに対して、類義語の「けはひ」は、視覚によってはとらえられない、あたりにただよう雰囲気を表す。

けしき-あ・し【気色悪し】［連語］機嫌が悪い。［土佐日記 平安―日記］一・一八「歌主、いとけしきあしくて、ゑず」［訳］歌の作者は、ひどく機嫌が悪くて恨み言をいう。

けしき-あ・り*【気色有り】［連語］
［なりたち］名詞「けしき」＋ラ変動詞「あり」
❶趣がある。興趣がある。［源氏物語 平安―物語］胡蝶「けしきある贈り物どもせさせ給うけり」［訳］趣のある数々の贈り物をお贈りあそばした。❷不気味だ。怪しい。［源氏物語 平安―物語］夕顔「けしきある鳥の空声に鳴きたるも」［訳］怪しい鳥がしゃがれ声で鳴いているのも。

けしき-おぼ・ゆ*【気色覚ゆ】［連語］
［なりたち］名詞「けしき」＋動詞「おぼゆ」
❶興趣深く感じられる。おもしろいと思う。［徒然 鎌倉―随筆］一四「言葉の外に、あはれにけしきおぼゆるはなし」［訳］(このごろの歌は)言外に、しみじみと深く興趣の感じられるものはない。❷不気味さを感じる。奇妙だと思う。［大鏡 平安―物語］道長上「かく人がちなるにだにけしきおぼゆ」［訳］このように人が数多くいる所でさえも(今夜は)不気味さを感じる。

けしき-だ・つ*【気色立つ】［自動詞］タ四｛た／ち／つ／つ／て／て｝❶きざす。(その季節)らしくなる。［徒然 鎌倉―随筆］一九「花もやうやうけしきだつほどこそあれ」［訳］桜の花も次第にその季節らしく(咲きそうに)なるころであるが。❷(思いを)ほのめかす。［源氏物語 平安―物語］明石「心恥づかしう思さるれば、けしきだち給ふこともなし」［訳］(謹慎中の浮気を)気はずかしくお思いになるので、(明石の娘への)思いをほのめかしなさることがない。❸気取る。［大鏡 平安―物語］序「扇をさし隠してけしきだち笑ふほども」［訳］扇をかざし(顔を)隠して気取って笑うようすも。◆「だつ」は接尾語。

けしき-たまは・る【気色賜る】(ケシキタマワル)［連語］お考えを伺う。意向をうけたまわる。［源氏物語 平安―物語］橋姫「まづ内々にもけしきたまはりたまへ」［訳］とりあえず内々にでもお考えをお伺いください。

けしき-づ・く【気色付く】［自動詞］カ四｛か／き／く／く／け／け｝❶きざしが現れる。［源氏物語 平安―物語］須磨「風などは吹けど、けしきづきてこそあれ」［訳］風などはよく吹くけれど、(前に)きざしが現れて吹くものだ。❷どことなく変わっていて、しっかりしている。［源氏物語 平安―物語］野分「いとおほどかに女しきものから、けしきづきてぞおはするや」［訳］たいそうおっとりして、女らしいものの、どことなく変わっていてしっかりしていらっしゃるよ。

けしき-と・る*【気色取る】［自動詞］ラ四｛ら／り／る／る／れ／れ｝❶ようすを見て取る。意向を探る。［源氏物語 平安―物語］紅梅「『さも思ひ立ちて、のたまふことあらば』とけしきとり」［訳］「そのように思い立って、おっしゃることがあるならば」と(相手の)意向を探って。❷機嫌を取る。［源氏物語 平安―物語］少女「追従し、けしきとりつつ従ふほどは」［訳］こびへつらい、機嫌を取りながら従ううちは。◆「けしきどる」とも。

けしき-ばかり【気色ばかり】［連語］
［なりたち］名詞「けしき」＋副助詞「ばかり」
形だけ。ほんのわずか。▼副詞的に用いる。［源氏物語 平安―物語］桐壺「朝餉の、けしきばかり触れさせ給ひて」［訳］朝がれいには、形だけ箸をおつけになられて。

けしき-ば・む【気色ばむ】［自動詞］マ四｛ま／み／む／む／め／め｝
◆「ばむ」は接尾語。
❶(気配が)外に現れる。きざす。［源氏物語 平安―物語］末摘花「梅はけしきばみほほ笑みわたれる、とりわきて見ゆ」［訳］梅は(開花の)きざしが見えて一面に咲きかかっているのが、特に目につく。❷(思いが)外に現れる。ほのめかす。［源氏物語 平安―物語］桐壺「大臣、けしきばみ聞こえ給ふことあれど」［訳］大臣は、(姫君のことを、それとなく)ほのめかし申し上げなさることがあるけれども。❸気取る。［枕草子 平安―随筆］細殿に人あまたゐて「けしきばみ、やさしがりて、『知らず』とも言ひ」［訳］気取り、きまり悪がって、「知らない」とも言って。

けしき-を-と・る【気色を取る】［連語］⇨けしきとる

けしく-は-あら-ず【異しくはあらず・怪しくはあらず】［連語］⇨けしうはあらず

けじめ ⇨けぢめ

け-しゃう[1]【化生】(ケショウ)［名詞］／―す［自動詞］サ変 ❶仏教語。「四生」の一つ。母胎や卵から生まれるのではなく、何もない所からこつ然と生まれ出ること。仏・菩薩の生まれ方とされる。❷仏教語。神仏が姿を変えてこの世に現れること。化身。［著聞集 鎌倉―説話］一「三界にけしゃうして、方便をめぐらして衆生を導く」［訳］現世に姿を変えて現れて、さまざまな方法をつくして人々を教え導く。❸化けること。化け物。［今鏡 平安―物語］すべらぎ「鬼はけしゃうの物なれば」［訳］鬼は化け物なので。

け-しゃう[2]【化粧・仮粧】(ケショウ)［名詞］／―ず［自動詞］サ変「けさう(化粧)」に同じ。

け-しゃう[3]【懸想】(ケショウ)［名詞］／―ず［他動詞］サ変「けさう(懸想)」に同じ。

げ-しゃう【下生】(ゲショウ) 一［名詞］仏教語。極楽浄土を等級わけした上品・

中品・下品の三つを、更に三分したそれぞれの最下位。

二 名詞 ／―す 自動詞 サ変 **神仏が人々を救うためこの世に現れること。** 今昔物語 平安｜説話 一・一「閻浮提にげしゃうしなむと思しけるときに」訳閻浮提に姿を現そうとお思いになったときに。

けし-やき【芥子焼き】名詞 密教で加持祈禱の護摩をたくときに、芥子の実を炉中に投じて焼くこと。

げ-しゃく【外戚】名詞 **母親方の親戚。**「げさく」「ぐゎいせき」とも。

げ-じゅつ【外術・下術】名詞 仏教から見て邪教とされる、仏教以外の宗教の術。**外道の術。**

げ-じょう【下乗】名詞 乗り物から降りること。多く、神社の境内など、清浄な場所に馬車に乗ったまま入ることを禁じる立て札などに用いられる。下馬。

け-しょう・なり[*]【顕証なり】形容動詞 ナリ {なら／なり・に／なり／なる／なれ／なれ}

> **語義の扉**
> 漢語「顕証」を元に生まれた形容動詞。「けんしょう」の撥音「ん」を略したもの。
> **漢語の窓** 漢語では、明確なしるし、証拠の意。
> 日本語化した「顕証なり」は、明確なしるしから、目立っている、際立っている意を表す。

きわだっている。目立っている。「けせうなり」「けそうなり」とも。源氏物語 平安｜物語 玉鬘「けしょうに、人しげくもあるべし」訳きわだって、人目が多いようです。◆「けんしょうなり」の撥音「ん」を表記しない形。

け-しん【化身】名詞 ／―す 自動詞 サ変 ❶仏教語。**神仏が人々を救うために姿を変えてこの世に現れること。**また、その姿。❷**獣や鬼、妖怪などが人間の姿に化けて世に現れること。**また、その姿。

け-す[1]【化す】自動詞 サ変 {せ／し／す／する／すれ／せよ} **変化する。** 雨月物語 江戸｜物語 夢応の鯉魚「一つの鯉魚とけしぬ」訳一匹の鯉に変化した。

け・す[2]【消す】他動詞 サ四 {さ／し／す／す／せ／せ} ❶**見えなくする。消す。** 奥の細道 江戸｜紀行 山中「今日よりや書き付けけさん笠の露―芭蕉」訳今日からは笠に書いた「同行二人」という書き付けを消そう、笠に置いた露で。❷**取り消す。撤回する。否定する。** ❸**けなす。くさす。** 一代男 江戸｜物語 浮世・西鶴「京に来てよい事見た目で、大方の事はとけされて」訳京に来てすばらしい物を見てしまった目では、たいていのことはとけなされて。❹（「肝」「心」などを受けて）**心の平静を失う。びっくりする。** 平家物語 鎌倉｜物語 一一・逆櫓「ただ耳を驚かし、きも魂をけすより外の事ぞなき」訳ただ聞いて驚き、心の平静を失うよりほかのことがない。

け・す[3]【着す・著す】他動詞 サ四 {さ／し／す／す／せ／せ}
なりたち 上一段動詞「着る」の未然形に、尊敬の四段型助動詞「す」の付いたかたちが一語化し、変化したもの。

「着る」の尊敬語。**お召しになる。** 古事記 奈良｜史書 景行「汝がけせる襲の裾に」訳あなたがお召しになっている上着の裾に。◆奈良時代以前の語。

げ-す【下種・下衆】名詞

❶**身分の低い者。卑しい者。** 更級 平安｜日記 初瀬「いとあやしげなるげすの小家なむある」訳たいそうみすぼらしい身分の低い者の小屋がある。対上衆。❷**使用人。下僕。** 更級 平安｜日記 大納言殿の姫君「これを隠して飼ふに、すべてげすのあたりにも寄らず」訳これ（＝猫）を隠して飼っていると、まったく使用人のそばにも近寄らない。

げすげす・し【下種下種し・下衆下衆し】形容詞 シク {（しく）・しから／しく・しかり／し／しき・しかる／しけれ／しかれ} **いかにも卑しい。下品である。** 源氏物語 平安｜物語 手習「げすげすしき法師ばらなどあまた来て」訳下品な法師どもなどがたくさん来て。

け-すさま・じ【気凄まじ】形容詞 シク {（じく）・じから／じく・じかり／じ／じき・じかる／じけれ／じかれ} **興ざめだ。おもしろくない。** 枕草子 平安｜随筆 職の御曹司の西面の「異人のやうに、歌うたひ興じなどもせず、けすさまじ」訳ほかの人のように、歌をうたい楽しんだりもせず、おもしろくない。◆「け」は接頭語。

げす-とくにん【下種徳人】名詞 身分はいやしいが金持ちである人。

けずる【削る・梳る】⇨けづる

げす-をとこ【下種男】名詞 **身分の低い男。下働きの男。**

げす-をんな【下種女】名詞 **身分の低い女。下女。**

け-せう・なり【顕証なり】形容動詞 ナリ「けしょうなり」に同じ。

けそう【化粧・仮粧・懸想】⇨けさう

げそう【外相】⇨げさう

け-そう・なり【顕証なり】形容動詞 ナリ「けしょうなり」に同じ。

け-そん【家損】名詞 **家の恥。家名のけがれ。**

けた【桁】名詞 家や橋などで、上に置く材を支えるために、柱などの上に渡す横木。

け-だい[*]【懈怠】名詞 ／―す 自動詞 サ変 **なまけること。** 怠惰。怠慢。「けたい」とも。徒然 鎌倉｜随筆 九二「けだいの心、みづから知らずといへども、師これを知る」訳怠慢の心（があること）は、自分では知らないといっても、師はこれを見抜く。

げ-だい【外題】名詞 ❶書物や経の表紙に記された書名。または、その表紙にはられた題名の書いてある紙。題簽。❷浄瑠璃・歌舞伎などの題名。名題。

げ-だう【外道】名詞 仏教語。仏教徒からみて、仏教（＝内道）以外の教え。また、それを信奉する者。**異端。異教徒。**

け-たか・し【気高し】形容詞 ク {（く）・から／く・かり／し／き・かる／けれ／かれ} ❶**身分が高い。高貴だ。** 枕草子 平安｜随筆 したり顔なるもの「したり顔にけたかう、いみじうは思ひためれ」訳（国司から参議に出世した人は）得意顔で、身分高く大したものだと思っているようだ。◇「けたかう」はウ音便。❷**気品がある。上品だ。** 源氏物語 平安｜物語 藤裏葉「いとけたかう盛りなる御気色を」訳たいそう気品があり盛りであるごようすを。◇「けたかう」はウ音便。◆江戸時代以降は「けだかし」とも。

け-だし[*]【蓋し】副詞 ❶（疑問の語を下接して）ひょっと

すると。あるいは。 万葉集 奈良―歌集 一一二「古へに恋ふらむ鳥は霍公鳥けだしや鳴きしわが念へるごと」訳昔を恋い慕っている鳥はほととぎすで、ひょっとすると鳴いているのかもしれない、私が(昔のあの人を)思っているように。❷〔仮定の表現を下接して〕も**し。万一。** 万葉集 奈良―歌集 四〇二「山守はけだしありとも」訳山の番人は万一いるとしても。❸**おおかた。多分。大体。**▼強調を示す。源氏物語 平安―物語 少女「風の力けだし少なし」訳風の力は多分少ない。

けだし-く(も)【蓋しく(も)】副詞 ❶「けだ(蓋)し❶」に同じ。万葉集 奈良―歌集 四〇一一「けだしくも逢ふことありやと」訳あるいは、会うこともあるかと。❷「けだ(蓋)し❷」に同じ。万葉集 奈良―歌集 二九二九「けだしくも君来まさずは苦しかるべし」訳もしかしてあなたがお見えにならなかったら、苦しいだろうね。❸「けだ(蓋)し❸」に同じ。炭俵 江戸―句集 俳諧「けだしくも題号をかく付け侍る事は」訳おおかた題目をこのように付けますことは。

げ-だつ【解脱】名詞／―す 自動詞サ変 仏教語。あらゆる煩悩・束縛をたちきり、悟りの境地にはいること。

けち[1]【結】名詞 ❶「賭弓」で勝負を決めること。また、その勝負。❷囲碁の終局で、どちらのものとも定まらない目。駄目。◇「闕」とも書く。

けち[2]【闕】名詞 ❶「けっくわん」□一に同じ。❷「けち(結)❷」に同じ。

げ-ぢ*【下知】名詞／―す 自動詞サ変 ❶**指図すること。命令。** 平家物語 鎌倉―物語 一一・逆櫓「『射殺せ』とげぢせらる」訳「射殺せ」と命令しなさる。❷「下知状」の略。鎌倉・室町時代、将軍の命令を奉じて家臣が出した文書。判決などに用いた。◆「げち」とも。

けち-えん[1]【血縁】名詞 血のつながりのあること。また、その人。血筋の者。「けつえん」とも。

けち-えん[2]【結縁】名詞／―す 自動詞サ変 仏教語。**仏道に入る縁を結ぶこと。**

けちえん-ぎやう【結縁経】名詞 仏教語。仏道と縁を結ぶために、経文(主に『法華経』)を書写して供養すること。

けちえん-なり【掲焉なり】形容動詞ナリ {なら／なり・に／なり／なる／なれ／なれ} **はっきりきわだっている。目立っている。** 紫式部 平安―日記 寛弘五・九・一一「人の様体・色あひなどさへ、けちえんにあらはれたるを」訳女房の容姿や肌の色あいまでもはっきりきわだってあらわれているのを。

けちえん-の-はっかう【結縁の八講】連語 仏教語。仏道と縁を結ぶために、僧を招いて法華経八巻を講ずる、仏道を説くための会合。

け-ぢか・し*【気近し】形容詞ク {(く)・から／く・かり／し／き・かる／けれ／かれ} ❶**近い。** 源氏物語 平安―物語 胡蝶「少しけぢかく、御簾のもとなどにも寄りて」訳少し近く、みすのあたりなどに寄って。❷**親しみやすい。うち解けている。** 大和物語 平安―物語 八九「同じ女にけぢかく物など言ひて」訳同じ女とうち解けて契りをかわし。◆「け」は接頭語。対気遠し。

けち-ぐわん【結願】名詞／―す 自動詞サ変 仏教語。日数を定めて行う修法・法会などが終わること。また、その最後の日、または、その日に行う儀式。

けち-みゃく【血脈】名詞 仏教語。❶仏教の教理や戒律を師から弟子へと、代々伝えていくこと。法脈。❷在家の結縁者(=仏門に入った人)に与える、仏法を受け継いできた系譜を記した系図。これを受けると出家と同じ功徳があるとされ、常に身につけ、死後は棺に納められる。◆「けつみゃく」とも。

けぢめ*【名詞】 ❶**相違。区別。** 枕草子 平安―随筆 四月、祭の頃「上の衣の濃き薄きばかりのけぢめにて」訳東帯の袍の色の濃い薄いの区別だけで。❷**変化の境目。変化。** 源氏物語 平安―物語 藤裏葉「かくおとなび給ふけぢめになむ」訳このように大人らしくおなりになった変化によっても。❸**仕切り。隔て。** 源氏物語 平安―物語 若菜下「御几帳ばかりをけぢめにて」訳御几帳だけを仕切りとして。

け-ちゃく【家嫡】名詞 **本家の跡継ぎ。嫡子。**

げ-ちゃく【下着・下著】名詞／―す 自動詞サ変 都から地方へ下り、その目的地に到着すること。

げ-ぢょ【下女】名詞 ❶**身分の低い女。** ❷雑用に使われる女。下働きの女中。

け・つ【消つ】他動詞タ四 {た／ち／つ／つ／て／て} ❶**消す。** 万葉集 奈良―歌集 三一九「燃ゆる火を雪もちけち降る雪を火もちけちつつ」訳(富士山は)燃える火を雪で消し、降る雪を火で消しながら。❷**取り除く。隠す。** 源氏物語 平安―物語 若菜上「心苦しき御気色の、下にはおのづから漏りつつ見ゆるを、事なくけち給へるも」訳お気の毒なごようすが、隠しても自然に漏れ出て見えるのを、心配事がないように隠していらっしゃるのにつけても。❸**けなす。ないがしろにする。** 源氏物語 平安―物語 若菜上「さすがに心うつくしう、人をもけたず」訳(紫の上は)やはり心が立派で、他人をないがしろにしない。❹**圧倒する。抑えつける。** 源氏物語 平安―物語 東屋「いかばかりならむ人か宮をばけち奉らむ」訳一体どれほどの人が宮を圧倒し申し上げることができるだろうか、いや、そんなことはできないだろう。

けつ-えき【闕腋】名詞「けってき」に同じ。

けつ-かい【結界】名詞 仏教語。仏道修行の妨げとなるものを避けるために、僧を一定の区域に集めて出入りを制限すること。また、その区域。

けっ-き【血気】名詞 ❶**生き生きとした気力。活力。** 徒然 鎌倉―随筆 一七二「若き時は、けっき内に余り」訳若い時には、活力が体内にありあまり。❷**向こう見ずの意気。**

けっ-く【結句】
□一 名詞 漢詩文で、起・承・転・結の最後の句。また、和歌の結びの句。
□二 副詞 ❶**結局。ついには。** 太平記 室町―物語 九「けっく、名越殿討たれ給ひぬ」訳結局、名越殿は討たれてしまった。❷**かえって。むしろ。**「けく」とも。文山立 室町―狂言 狂言「人の物をばえ取らずして、けっく友どし口論し」訳(二人で山賊をしながら)人の物を取ることはできずに、かえって仲間同士けんかをし。

げっくわ-もん【月華門】名詞 平安京の内裏の内郭門の一つ。紫宸殿前の大庭の西側の門。東側の日華門に対する。

けっ-くわん【闕官・欠官】

■一［名詞］その官に任ずべき人が欠員となっていること。闕。
■二［名詞］／―す［他動詞］サ変官職を取り上げること。免官。解官。［平家物語 鎌倉―物語］一・内裏炎上「つひにけっくわんせられて」［訳］（加賀の守は）とうとう免官されて（流された）。

げっ-けい【月卿】［名詞］「公卿」の中国風の呼び名。［平家物語 鎌倉―物語］一〇・八島院宣「一門のげっけい・雲客寄り合ひ給ひて」［訳］（平家）一門の公卿・殿上人が寄り合いなさって。
［参考］公卿を月になぞらえていう。用例のように、多く「月卿・雲客（＝殿上人のたとえ）」と対に並ぶ形で現れる。

***けっ-こう【結構】**［名詞］／―す［他動詞］サ変❶立派に作り出すこと。また、そのでき上がった物や構造・デザイン。❷計画すること。計画。準備。［太平記 室町―物語］三七「遠侍の酒・肴、以前のよりもけっこうし」［訳］武士の詰め所の酒・肴を、以前よりもよく準備し。

けっこう-しゃ【結構者】［名詞］「けっこうじん」に同じ。

けっこう-じん【結構人】［名詞］温厚な性格の人。好人物。お人好し。結構者。

***けっ-こう・なり【結構なり】**［形容動詞］ナリ〔なら／なり・に／なり／なる／なれ／なれ〕❶すぐれている。立派だ。［夷大黒 室町―狂言］狂言「けっこうなる出で立ちにて」［訳］立派な身なりで。❷丁重だ。ねんごろだ。［西鶴置土産 江戸―物語］浮世・西鶴「亭主けっこうなる一言に」［訳］亭主の丁重な一言で。❸（人柄が）温厚だ。気だてがよい。人がよい。

けっ-こく【闕国】［名詞］国守や領主が欠けたままになっている国。

けっ-さい【潔斎】［名詞］／―す［自動詞］サ変神事・法会などの前に、一定期間、飲食を慎み、沐浴をして、心身を清めること。「けさい」とも。

けっ-・す【決す】
■一［自動詞］サ変〔せ／し／す／する／すれ／せよ〕決まる。決心する。［徒然 鎌倉―随筆］二三八「佐理・行成のあひだ疑ひありて、いまだけっせず」［訳］（三蹟の二人である）佐理・行成のうち疑問があって、（額の筆者は）まだ決まらない。
■二［他動詞］サ変〔せ／し／す／する／すれ／せよ〕決める。決着をつける。［保元 鎌倉―物語］上「勝負をけっすべく候ふ」［訳］勝負を決めようと存じます。

けつ-ぢゃう【決定】
■一［名詞］／―す［自動詞］サ変決まること。疑いないこと。
■二［副詞］きっと。かならず。［太平記 室町―物語］一六「御方けつぢゃううち負け候ひぬ」［訳］味方はきっと負けてしまいました。

けっ-てき【闕腋】［名詞］❶衣服の両脇の下の部分を縫いつけずに開けておくこと。❷「闕腋の袍」の略。◆「けつえき」の変化した語。

けってき-の-はう【闕腋の袍】［連語］武官や年少の貴人が束帯の上に着用した、脇のあけてある上着。闕腋。［参照］▶口絵

けづり-ぐし【梳り櫛】［名詞］髪を櫛でとかすこと。また、その櫛。

けづり-ひ【削り氷】［名詞］氷を削ったもの。かきごおり。［枕草子 平安―随筆］あてなるもの「けづりひにあまづら入れて、あたらしき金椀に入れたる」［訳］氷を削ったのにあまづらをかけて、新しい金椀に入れたもの。

けづ・る[1]【削る】［他動詞］ラ四〔ら／り／る／る／れ／れ〕❶削る。［枕草子 平安―随筆］蟻通の明神「まろにうつくしげにけづりたる木の」［訳］丸くきれいに削った木で。❷取り除く。［源氏物語 平安―物語］須磨「御簡けづられ、官も取られて」［訳］御簡（＝殿上人としての籍）を取り除かれ、官職も取り上げられて。

けづ・る[2]【梳る】［他動詞］ラ四〔ら／り／る／る／れ／れ〕櫛で髪をとかす。くしけずる。［源氏物語 平安―物語］若紫「けづることをうるさがり給へど」［訳］髪をとかすことをめんどうがりなさるけれど。

け-てう【怪鳥・化鳥】［名詞］不気味なかっこうをした鳥。鳥の形のばけもの。

け-でん【怪顛・化転】［名詞］／―す［自動詞］サ変驚くこと。びっくりすること。［きのふは 江戸―物語］咄本「この男、けでんして逃げんとするを」［訳］この男、驚いて逃げようとするのを。

げ-でん【外典】［名詞］仏教語。仏教からみて、仏教経典以外の典籍。主に儒教の書物にいう。「げてん」とも。

けと-ば【言葉】［名詞］ことば。［万葉集 奈良―歌集］四三四六「父母が頭かき撫で幸くあれて言ひしけとばぜ忘れかねつる」［訳］⇩ちちははが…。◆奈良時代以前の東国方言。

***け-どほ・し【気遠し】**［形容詞］ク〔（く）・から／く・かり／し／き・かる／けれ／かれ〕❶人けがなくてものさびしい。［源氏物語 平安―物語］夕顔「こなたかなたけどほくうとましきに」［訳］あちらもこちらも人けがなくてものさびしく気味が悪いうえに。❷遠く離れた感じだ。［源氏物語 平安―物語］玉鬘「いとけどほく隔てつる屏風だつもの」［訳］たいそう遠く離れた感じに隔てている屏風のようなもの。❸疎遠だ。［源氏物語 平安―物語］若菜下「この御方をば…、けどほくて年ごろ過ぎぬれば」［訳］このお方に対して…、疎遠に長年過ごしていたので。◆「け」は接頭語。［対］❷❸気近し。

け-ど・る【気取る】［他動詞］ラ四〔ら／り／る／る／れ／れ〕正気・魂を奪う。［源氏物語 平安―物語］夕顔「物にけどられぬるなめり」［訳］物の怪に正気を奪われてしまったようだ。
［参照］▶類語と使い分け⑧

***げ-な**［助動詞］特殊型〔○／げに／げな／げな／げなれ／○〕
［なりたち］体言化する接尾語「げ」に断定の助動詞「なり」の付いた「げなり」が変化して一語化したもの。
《接続》活用語の終止形に付く。ただし、ラ変型などの活用語の連体形に付く例も見え、形容詞では語幹に付いた例もある。❶〔推量〕…であるようだ。…であるらしい。［隅田川 室町―能楽］謡曲「これはははや隅田川の渡りにてありげに候ふ」［訳］ここは早くも隅田川の渡しであるらしゅうございます。❷〔伝聞〕…そうだ。…ということだ。［丹波与作 江戸―浄瑠］浄瑠・近松「聞けば、踊りが上手ぢゃげな」［訳］聞くと、（与作は）踊りが上手だそうだ。

け-ない【家内】［名詞］家の内。家族。一族。
［参考］鎌倉時代以後に用いられた。

け-なが・し【日長し】［形容詞］ク〔（く）・から／く・かり／し／き・かる／けれ／かれ〕日数が長くたっている。［万葉集 奈良―歌集］八五「君が行きけながくなりぬ」［訳］天皇の行幸は日数が長くたってしまった。

けな-げ・なり【健気なり】［形容動詞］ナリ

〔なら／なり・に／なり／なる／なれ／なれ〕❶勇ましい。たのもしい。勇壮だ。著聞集 鎌倉｜説話 五〇四「ゆゆしく力つよくけなげなる男ありけり」訳立派で力が強く勇ましい男がいた。❷殊勝である。しっかりとしている。曾我物語 鎌倉｜物語 三「ことのほかけなげに候ふ間」訳かくべつ殊勝でございますので。

け-なつか・し【気懐かし】 形容詞 シク〔しく・しから／しく・しかり／し／しき・しかる／しけれ／しかれ〕親しみが感じられる。なんとなく懐かしい。源氏物語 平安｜物語 柏木「もてなしかしづき聞こえて、けなつかしう」訳大切にお世話申し上げて、親しみも感じられ。◇「けなつかしう」はウ音便。◆「け」は接頭語。

け*-なり【異なり】 形容動詞 ナリ〔なら／なり・に／なり／なる／なれ／なれ〕❶(普通とは)違っている。変わっている。万葉集 奈良｜歌集 二一六六「鳥が音(ね)けに鳴く」訳鳥の声がいつもと違って鳴く。❷一段とまさっている。特にすぐれている。源氏物語 平安｜物語 葵「行ひ慣れたる法師よりはけなり」訳(経を読む源氏のごようすは)読み慣れた法師よりも一段とまさっている。

け*-に【異に】 形容動詞「け(異)なり」の連用形。副詞的に用いる。
語法 連用形「けに」の形で使われることが多い。

げ-に【実に】 副詞

語義の扉

漢語「現(ゲン)」を元に生まれた副詞。

漢語の窓
漢字「現」のなりたちは、「見(ケン)」と「玉」の会意兼形声。大事なものや本質が見える、うかがえること、またそれくらい明らかである意から、「実際に」「目に見えて」「今の」「現在の」の意。

日本語化した「現(げん)に」は、現代語の「げんに(現に)」の用法、意味にも関わる語。ことがらを本当と認識して「実際に」「本当に」❶、前から話題の内容や他人の言葉などに納得して「その通りだ」❷、また、感動の気持ちで同調して「まったく本当に」「まことに、まあ」❸などの意を表す。

❶(確認・気づき)実際に。本当に。
❷(納得)なるほど。いかにも。その通り(だ)。
❸(感動)本当に、まあ。まことに、まあ。

❶(確認・気づき)実際に。現に。本当に。更級 平安｜日記 一「三河と尾張となるしかすがのわたり、げに思ひわづらひぬべくをかし」訳三河の国と尾張の国との境にある「しかすが(志賀須賀／然かすが)」の渡し場は、本当にその名の通り、渡ろうか渡るまいかと、さすがに思案もされそうでおもしろい。❷(納得)なるほど。いかにも。▼同調する意を表す。土佐日記 平安｜日記 一・一一「いかでとく京へもがなと思ふ心あれば、この歌よしとにはあらねど、げにと思ひて人々忘れず」訳なんとかして早く京に帰りたいと思う心があるので、この歌は上手だというのではないが、(歌の心情を)なるほどと思って人々は忘れない。❸(感動)本当に、まあ。まことに、まあ。▼感動の意を表す。源氏物語 平安｜物語 若紫「またゐたる大人、『げに』とうち泣きて」訳もう一人(そこに)座っていた年配の女房が、「本当に、まあ」とふっと涙をこぼして。

け*-にく・し【気憎し】 形容詞 ク〔(く)・から／く・かり／し／き・かる／けれ／かれ〕❶小憎らしい。憎々しい。枕草子 平安｜随筆 いみじう心づきなきもの「いかばかり心せばく、けにくきならむとぞおぼゆる」訳どんなにか思慮が浅く、憎々しい人なのかと思われる。参照▼類語と使い分け⑮ ❷そっけない。愛想がない。枕草子 平安｜随筆 清涼殿の丑寅のすみの「さやはけにくく、仰せ言を映えなうもてなすべき」訳(どうしてそのようにそっけなく、(中宮様の)お言葉を見ばえが悪いもののように取り扱って、いいものだろうか。❸気づまりだ。けむたい。枕草子 平安｜随筆 宮仕へ人の里なども「せうとの家なども、けにくきはさぞあらむ」訳兄の家などでも、気づまりな間柄ではそのよう(＝気がねする)であろう。◆「け」は接頭語。

げに-げに【実に実に】 副詞 なるほどなるほど。本当に本当に。栄花物語 平安｜物語 初花「えもいはず思(おぼ)したるもげにげにと見え給(たま)ふ」訳たいそう(若宮を)お思いになるのもなるほどなるほどと思われなさる。◆副詞「げに」を重ねて強調した語。

げ*にげに・し【実に実にし】 形容詞 シク〔しく・しから／しく・しかり／し／しき・しかる／しけれ／しかれ〕❶納得がゆく。もっともだ。宇治拾遺 鎌倉｜説話 一四・七「いとげにげにしくも覚えずして」訳それほど納得がゆくとも感じられないで。❷まことしやかだ。もっともらしい。徒然 鎌倉｜随筆 七三「げにげにしく所々うちおぼめき」訳まことしやかに所々をそらとぼけて。❸実直だ。まじめだ。徒然 鎌倉｜随筆 三七「なほげにげにしく、よき人かなとぞ覚ゆる」訳やはり実直で、立派な人であるなあと思われる。

けにごし【牽牛子】 名詞 朝顔の別名。▼「牽(けん)」の撥音(はつおん)「ん」を「に」と表記したもの。

げに-は【実には】 連語 本当のところは。実際は。徒然 鎌倉｜随筆 一四一「東人(あづまうど)はわが方(かた)なれど、げには心の色なく」訳東国の人は自分の仲間であるけれど、実際は心のやさしさがなく。◆「は」は係助詞。

げに-も【実にも】 副詞 ❶まちがいなく。本当に。たしかに。平家物語 鎌倉｜物語 一一・勝浦付大坂越「げにも女房のふみとおぼしくて」訳まちがいなく女房の手紙のように思われて。❷もっともだ。その通りだ。なるほど。平家物語 鎌倉｜物語 二・小教訓「入道相国(＝平清盛)げにもとやおもはれけん」訳入道相国(しょうこく)はもっともだと思われたのであろう。◆「げに」を強めた言い方。

け-に-や【故にや】 連語
なりたち 名詞「け」＋断定の助動詞「なり」の連用形＋疑問の係助詞「や」
…ためで(あろう)か。竹取物語 平安｜物語 竜の頸の玉「千度(ちたび)ばかり申し給(たま)ふけにやあらむ」訳千度ほども申し上げなさったためであろうか。◆「けにや」の下の「あらむ」などが省略されることもある。

げにやげに… 和歌「げにやげに 冬の夜ならぬ 槙(まき)の戸も 遅くあくるは わびしかりけり」蜻蛉 平安｜日記 藤原兼家(ふぢはらのかねいへ)訳なるほど本当に、冬の長い夜が明けるのを待つのはつらいものだが、冬の夜でもない槙の板戸がなかなか開かないのもつらいものだよ。

鑑賞 夫の兼家が「町の小路の女」のもとに通いだしたのを怒って、右大将道綱母(うだいしょうみちつなのはは)は、ある晩訪ねてきた兼家を門の中に入れなかった。そして朝、「嘆きつつ独り寝ぬる夜の明くる間はいかに久しきものとかは知る」〈⇒なげきつつ…〉と詠んだのに対して、兼家が応えた歌。「げにやげに」と相手の言い分に同意し、「あなたのつらさがよくわかった」と、理解を見せてはいるが、冗談めかした余裕たっぷりの態度である。「あくる」は「夜が明ける」と「戸が開く」をかけている。『大鏡』兼家伝にも載せられているが、第五句が「苦しかりけり」となっている。

げ-にん[1]【化人】名詞 仏教語。仏・菩薩が、衆生を救うために仮に人の姿となってこの世に現れたもの。

げ-にん[2]【家人】名詞 貴族や武士の家に代々仕える家臣。家来。

げ-にん【下人】名詞 主家に仕えて軍事・家事・農業などの雑役に従った者。

け-ぬ【消ぬ】連語

なりたち 動詞「く(消)」の連用形＋完了の助動詞「ぬ」

消えてしまう。古今 平安―歌集 秋上「はぎのつゆ珠にぬかむと取ればけぬよし見む人は枝ながらみよ」訳萩の葉についている露は、珠のように糸に通そうとして手に取ると消えてしまう。しかたがない、見ようとする人は露が枝についているままで見なさい。

け-ぬき【毛抜き】名詞 ひげや眉毛などをはさんで抜きとる道具。多くは金属製。

け-のこり【消残り】名詞 消え残り。万葉集 奈良―歌集 四四七「けのこりの雪に」訳消え残りの雪に。

け-のこ・る【消残る】自動詞ラ四〈ら/り/る/る/れ/れ〉 消えずに残る。万葉集 奈良―歌集 四二二六「この雪のけのこる時にいざ行かな」訳この雪が消えずに残っているうちに、さあ行こう。

け-のぼ・る【気上る】連語 のぼせる。上気する。「けあがる」とも。雨月物語 江戸―物語 蛇性の婬「必ずけのぼりて苦しき病あれば」訳(長く歩くと)必ずのぼせて苦しむ持病があるので。

げ-ば【下馬】名詞／―す 自動詞サ変 馬からおりること。特に、貴人の家や社寺の門前を通り過ぎるとき、道で貴人に出会ったとき、社寺の境内に入るときなどに、敬意を表するために行う。

けは・し*【険し】形容詞シク〈(しく)・しから/しく・しかり/し/しき・しかる/しけれ/しかれ〉 ❶(山・坂などが)険しい。険阻である。❷(風・波などが)激しい。荒々しい。厳しい。源氏物語 平安―物語 総角「夜の、気色いとどけはしき風の音に」訳夜になって、あたりのようすはよりいっそう激しい風の音がする中で。❸あわただしい。せわしい。世間胸算用 江戸―物語「女けはしく走り来て」訳女があわただしく走って来て。

け-はひ【気配／化粧・仮粧】名詞

語義の扉

あたりにそれとなく漂っている感じ、雰囲気を表す。視覚でとらえられるようすは「けしき」を使う。

㊀【気配】❶ようす。雰囲気。❷ものごし。態度。品位。❸香り。匂い。❹話し声。物音。❺面影。名残り。❻血縁。ゆかり。

㊁【化粧・仮粧】化粧。

㊀【気配】❶ようす。雰囲気。紫式部 平安―日記 寛弘五・七・中「秋のけはひ入り立つままに、土御門殿のありさま、言はむ方なくをかし」訳秋の雰囲気が深まるにつれ、(藤原道長の)土御門邸のようすは言いようもなく趣がある。

❷ものごし。態度。品位。源氏物語 平安―物語 帚木「大方のけしき、人のけはひも、けざやかに気高く」訳邸内一帯のようすも、姫君のものごしも、すっきりとしていて上品で。

❸香り。匂い。源氏物語 平安―物語 柏木「御座のあたり、物清げに、けはひ香ばしう」訳お床のあたりは、さっぱりとしていて、香りがかぐわしく漂い。

❹話し声。物音。徒然 鎌倉―随筆 九「人のほど、心ばへなどは、もの言ひたるけはひにこそ物越しにも知らるれ」訳その人柄や気立てなどは、ものを言っている話し声によって、物を隔てて聞いていてもわかるものである。

❺面影。名残り。源氏物語 平安―物語 宿木「あやしきまで、昔の人の御けはひに、通ひたりしかば」訳不思議なくらい、亡くなった人の御面影に、似通っていたので。

❻血縁。ゆかり。源氏物語 平安―物語 竹河「六条院の御けはひ近うと思ひなすが、心ことなるにやあらむ」訳(薫は)六条院(＝源氏)のご血縁に近いとして思うのが、格別に見えるのであろうか。

㊁【化粧・仮粧】化粧。義経記 室町―物語 七「児を具したる旅なれば、けはひの具足を持つまじきいはれがあらばこそ」訳児を連れた旅なので、化粧の道具を持ってはならない理由があるのか。◇室町時代以降の用法。

け-はれ【褻晴れ】名詞 公私。平常のときと儀式ばったとき。▼「褻」のときと「晴れ」のときの意。

けびゐ-し*【検非違使】名詞 平安時代初期に設置された「令外の官」の一つ。はじめ、京都の治安維持や風俗の粛正などに当たり、やがて訴訟・裁判を扱うようになった官職。職員は「衛門府」の役人が兼任した。長官を「別当」という。◆「けんびゐし」の撥音「ん」を表記しない形。

けびゐし-ちゃう【検非違使庁】名詞 京中に置かれた「検非違使」の役所。

けびゐし-の-べったう【検非違使の別当】名詞「検非違使」の長官。非違の別当。別当。

けふ*【今日】名詞 本日。きょう。

げふ【業】名詞 ❶いつも行う事柄。常の事。❷職業。仕事。❸わざ。技術。

けふ-あす【今日明日】連語 今日と明日。今日か明日のうち。

けふ-か-あす-か【今日か明日か】連語 今日のことか明日のことか。▼近いうちおこることを、待ち望むときにも、望まないときにも使う。万葉集 奈良―歌集 三五八七「君が目をけふかあすかと斎ひて待たむ」訳あなたにお目にかかるのを今日のことか明日のことかと潔斎して待とう。源氏物語 平安―物語 柏木「我も、けふかあすかの心地してもの心ぼそければ」訳私も(死が）今日のことか明日のことかという気持ちがしてなんとなく心細いので。

けふ-けふ-と[1]【今日今日と】 **連語** **今日こそはと。今日か今日かと。** 〔万葉集 奈良－歌集〕二二四「けふけふとわが待つ君は」〔訳〕今日こそはと思って、私が待ちわびているあなたは。◆何かを待ち望む場合にいう。

けふけふ-と[2]【今日今日と】 **枕詞** 「今日」に対する「明日」と同じ音を含む地名の「飛鳥」にかかる。「けふけふと飛鳥」

けふ-さん【夾算・夾竿】〔名詞〕読みかけの書物などに挟んで目印とする、今のしおりに当たる道具。竹を薄く削って作る。

（夾 算）

けふ-じ【夾侍・脇士】〔名詞〕仏教語。本尊の左右に位置する二体の仏像。脇侍。

参考 釈迦如来には文殊と普賢、阿弥陀如来には観音・勢至、薬師如来には日光・月光の両菩薩など。

けふ-そく【脇息】〔名詞〕座ったそばに置き、ひじを掛けて休息するための道具。**ひじかけ。** **参照**▶口絵

けぶた・し【煙たし】〔形容詞〕ク｛（く）・から／く・かり／し／き・かる／けれ／かれ｝❶**けむい。けむたい。** 〔源氏物語 平安－物語〕花宴「そらだき物、いとけぶたうくゆりて」〔訳〕どこからかにおってくるようにたいた香が、たいそうけむたくくすぶって。◇「けぶたう」はウ音便。❷**気づまりだ。窮屈だ。** 〔源氏物語 平安－物語〕梅枝「いと苦しき判者にも当たりて侍るかな。いとけぶたしや」〔訳〕たいそうつらい役目の判者に当たっておりますなあ。まことに気づまりなことよ。

けふ-の-あした【今日の朝】 **連語** **けさ。今朝。**

けふ-の-つき【今日の月】 **連語** **今宵の月。** とくに、「中秋（＝陰暦八月十五日）」の夜の満月。名月。

けぶり【煙・烟】〔名詞〕❶**けむり。** 〔方丈記 鎌倉－随筆〕「あるいはけぶりにむせびて倒れ伏し、あるいは焰にまぐれてたちまちに死ぬ」〔訳〕ある者はけむりにむせて倒れ伏し、ある者は炎に目がくらんですぐに死んでしまう。❷**水蒸気。霞。霧。もや。塵。** ▼けむりのようにたなびいたり、かすんだり、立ちのぼったりするもの。〔徒然 鎌倉－随筆〕一九「霜いと白う置ける朝、遣り水よりけぶりの立つこそをかしけれ」〔訳〕霜がたいそう白く降りている朝、庭の小さな流れから水蒸気が立ちのぼるのは趣がある。❸**火葬のけむり。** ▼火葬・死ぬことを意味する。〔源氏物語 平安－物語〕桐壺「母北の方、『同じけぶりにも上りなむ』と泣きこがれ給ひて」〔訳〕母北の方は、「娘と同じ火葬のけむりとなって空へのぼってしまいたい」と泣き慕いなさって。❹**炊事のけむり。** ▼暮らし・生活を意味する。〔源氏物語 平安－物語〕蓬生「けぶり絶えて、あはれにいみじきこと多かり」〔訳〕（末摘花の家は朝夕の）炊事のけむりもとだえて、かわいそうでひどいことが多い。◆「けむり」の古い形。

けぶり-あ・ふ【煙り合う】〔自動詞〕ハ四｛は／ひ／ふ／ふ／へ／へ｝**煙が立ちのぼりあう。煙が一面に立ち込める。** 〔更級 平安－日記〕足柄山「けぶりあふにやあらむ」〔訳〕（潮煙と富士の煙が）立ちのぼりあっているのだろう。

けぶり-くらべ【煙比べ】〔名詞〕恋心の強さを比べ合うこと。▼恋の炎からたつ煙を比べる意。

けぶり-に-な・す＊【煙になす】 **連語** **火葬にする。** 〔源氏物語 平安－物語〕総角「ひたふるにけぶりにだになしはててむと思ほして」〔訳〕（今は）ただもう火葬にでもしてしまおうとお思いになって。

けぶり-の-なみ【煙の波】 **連語** 遠くかすんで、煙のように見える波。また、幾重にも重なって、波のようにみえる煙。

けぶ・る＊【煙る】〔自動詞〕ラ四｛ら／り／る／る／れ／れ｝❶**煙が立ちのぼる。** ❷**煙などでかすんで見える。** 〔源氏物語 平安－物語〕若紫「四方の木末、そこはかとなうけぶりわたれるほど」〔訳〕まわりの木々の梢が、（新しい芽で）どことなく一面にかすんで見えているようすは。❸**ほんのりと美しく見える。** 〔源氏物語 平安－物語〕若紫「眉のわたりうちけぶり」〔訳〕眉のあたりがほんのりと美しく見え。❹

（火葬にされて）煙となる。〔夫木抄 鎌倉－歌集〕雑一八「けぶりにし人を」〔訳〕火葬で煙となってしまった人を。

けふ-を-はれ-と【今日を晴れと】 **連語** **今日こそ晴れがましい日だとして。** 〔平家物語 鎌倉－物語〕一・殿下乗合「前駆御随身どもがけふをはれと装束いたるを」〔訳〕馬に乗って先導する者や警備のお供の者たちが今日こそ晴れがましい日だとして着飾っているのを。

げ-べん【外弁】〔名詞〕朝廷で、即位や節会などの公事が催されるとき、承明門の外で諸事をとり行う役。多く第一位の大臣が内弁を務め、第二位の大臣が外弁を務める。

げ-ほくめん【下北面】〔名詞〕御所を警護する北面の武士のうちで、六位の武官。

げ-ぼん【下品】〔名詞〕仏教語。⇩九品。〔対〕上品・中品。

けま-く

なりたち 過去推量の助動詞「けむ」の古い未然形「けま」＋接尾語「く」

…したであろうこと。〔万葉集 奈良－歌集〕四二二三「朝さらず行きけむ人の思ひつつ通ひけまくは」〔訳〕朝ごとに歩いていった君がものを思いながら通ったであろうことは。

け-まと・ふ【蹴纏ふ】〔自動詞〕ハ四｛は／ひ／ふ／ふ／へ／へ｝**衣服の裾などが、足にからまりつく。** 〔平家物語 鎌倉－物語〕一一・能登殿最期「袴のすそをふなばたに射つけられ、けまとひて倒れ給ひたりけるを」〔訳〕袴の裾をふなべりに突きさされて、衣の裾が足にからまりついてお倒れになったのを。

け-まり【蹴鞠】〔名詞〕鹿の革製の鞠を足の甲でけり上げ、それを落とさないように、受け渡しする遊戯。古くから貴族を中心に行われ、室町時代には歌道と共に風雅の道とされた。「しうきく」とも。

け-まん【華鬘】〔名詞〕❶生花の首飾りや髪かざり。❷仏堂内の欄間などの装飾具。皮

（華 鬘❷）

革製や金銅(こんどう)の平たいうちわ状のものに、天女や花鳥などの装飾を透かし彫りにしたもの。

け-み[1]【毛見・検見】[名詞]室町時代以後、その年の年貢の石高を定めるために、稲の刈り入れ前に役人が出向いて作柄を検分すること。▼稲の毛を見るの意。

け-み[2]【検見】[名詞]よく見て調べること。検分すること。◆「けんみ」の撥音(はつおん)「ん」を表記しない形。

けみ-・す*【閲す】[他動詞]サ変{せ/し/す/する/すれ/せよ}**見る。調べる。調べて読む。**[奥の細道]江戸一紀行 壺の碑「疑ひなき千歳(せんざい)の記念(かたみ)、今眼前に古人の心を**けみす**」[訳]まちがいなく千年も経(へ)た記念碑であって、いま目の前に古人の心を**見る**(思いだ)。

け-みゃう【仮名】ケミョウ[名詞]**通称。俗称。**[対]実名(じつみやう)。

げ-みゃうぶ【外命婦】ゲミョウブ[名詞]律令制で、五位以上の役人の妻。

けむ[1] 助動詞 四型

《接続》活用語の連用形に付く。

未然形	連用形	終止形	連体形	已然形	命令形
(けま)	○	けむ	けむ	けめ	○

❶〔過去の推量〕**…ただろう。…だっただろう。**[更級]平安一日記 かどで「なほ奥つ方に生(お)ひ出(い)でたる人、いかばかりかはあやしかり**けむ**を」[訳]さらに奥まった所(=上総(かずさ)の国)で成長した人(である私)は、どんなにか田舎じみていた**だろう**のに。

❷〔過去の原因の推量〕**…たというわけなのだろう。**(…というので)**…たのだろう。**▼上に疑問を表す語を伴う。[源氏物語]平安一物語 桐壺「前(さき)の世にも御契りや深かり**けむ**、世になく清らなる玉の男御子(をのこみこ)さへ生まれ給(たま)ひぬ」[訳]前の世においてもご宿縁が深かった**のだろう**か、この世にまたとなく気品があって美しい玉のような男の御子までもお生まれになった。

❸〔過去の伝聞〕**…たとかいう。…たそうだ。**[更級]平安一日記 足柄山「昔、こはたと言ひ**けむ**が孫といふ」[訳]昔、こはたと言っ**たとかいう**(人)の孫という。

語法 (1)**名詞の上は過去の伝聞** ❸の過去の伝聞の用法は、名詞の上にあることが多い。

…けむ＋名詞＝……たとかいう＋名詞

例『関吹き越ゆる』と言ひ**けむ**浦波」(『源氏物語』)〈関吹き越ゆる」と歌に詠ん**だとかいう**浦波が。〉

(2)**未然形の「けま」**(奈良時代以前の用法)

……けまく → ＝……たであろうこと
接尾語

参考 鎌倉時代以降の散文では「けん」と表記する。

けむ[2] 過去推量の助動詞「けむ」の連体形。[万葉集]奈良一歌集 一〇八「吾(あ)を待つと君が濡(ぬ)れ**けむ**」[訳]私を待ってあなたがぬれ**たという**。

け-むつか・し【気難し】[形容詞]シク{(しく)・しから/しく・しかり/し/しき・しかる/しけれ/しかれ}**気味悪い。そら恐ろしい。**[十訓抄]鎌倉一説話 一「いくらともなく入り集まるさま、いと**けむつかしく**見えけり」[訳](大きな蜂が)数限りなく集まってくるようすは、たいへん**気味悪く**見えた。◆「け」は接頭語。

けめ 過去推量の助動詞「けむ」の已然形。[大鏡]平安一物語 良房「また世の人もことのほかに申し**けめ**ども」[訳]また世間の人も格別に(気の毒だと)申し上げ**ただろう**が。

け-も-な・し【気も無し】[連語]❶**少しもそうしたようすがない。**❷**見るかげもない。みすぼらしい。**[宇津保]平安一物語 祭の使「尻切(しりき)れの尻の破(や)れたるをはきて、**けもなく**青み痩(や)せて」[訳]尻切れ(=粗末な草履(ぞうり))のうしろのやぶれたのをはいて、**見るかげもなく**青くやせて。

げ-もん【解文】[名詞]❶律令制で、下級の諸官庁から上級の官庁に提出する公文書。解(げ)。❷推薦状。◆「げぶみ」とも。

けもん-りょう【花文綾】[名詞]花模様を織り出した綾(あや)。

けやけ・し [形容詞]ク{(く)・から/く・かり/し/き・かる/けれ/かれ}

❶**風変わりだ。異様だ。変わっている。**[源氏物語]平安一物語 胡蝶「めざましかるべき際(きは)は、**けやけう**なども覚えけれ」[訳]意外につまらない身分の者は**風変わりだ**などとも思われた。◇「けやけう」はウ音便。

❷**きわだって目立っている。特別だ。**[大鏡]平安一物語 道長下「**けやけき**寿(いのち)持ちて侍(はべ)る翁(おきな)なりかし」[訳]**きわだって**(長い)寿命を保っております老人であることよ。

❸**きっぱりしている。はっきりしている。**[徒然]鎌倉一随筆 一四一「人の言ふほどのこと、**けやけく**いなびがたくて」[訳]人が言ったことに、**きっぱりと**いやだと言えなくて。

❹**きわだってすぐれている。すばらしい。**[大鏡]平安一物語 道長下「それをだに**けやけき**ことに思ひ給(たま)へしに」[訳]それ(=紀貫之(きのつらゆき)の歌)だけでさえ**すばらしい**ことに思っておりましたが。

け-やす・し【消易し】[形容詞]ク{(く)・から/く・かり/し/き・かる/けれ/かれ}**消えやすい。**[万葉集]奈良一歌集 一三七五「朝霜の(=枕詞(まくらことば))**けやすき**命」[訳]**消えやすい**命。

げ-ゆ【解由】[名詞]「解由状(げゆじやう)」の略。

げゆ-じゃう【解由状】ゲユジョウ[名詞]国司などの交替のとき、事務を引き継いだ新任者が、前任者の事務に過失がなかったことを記して前任者に渡す文書。前任者はこれを持って帰京し、太政官(だいじやうかん)に提出し、「勘解由使(かげゆし)」の審査を受ける。

けら 過去の助動詞「けり」の奈良時代以前の未然形。

け-らい【家礼】[名詞]❶親や身分の高い人に敬意を表すこと。❷公家・武家の家臣。◇「家来」とも書く。

げ-らう【下郎】ゲロウ[名詞]**人に使われる身分の低い者。しもべ。召使い。**◆「げらふ(下臈)」の変化した語。

けら-く なりたち 過去の助動詞「けり」の未然形＋接尾語「く」

…したこと。…したことには。[万葉集]奈良一歌集 四一〇六「神代(かみよ)より言ひ継ぎ**けらく**」[訳]神代から語り伝え**てきたことには**。

げ-らく【下洛】[名詞]/―す[自動詞]サ変 (比叡山(ひえいざん)などから)**都へ下りてくること。**[平家物語]鎌倉一物語 一・

願立「奏聞のために、げらくすときこえしかば」訳奏上するために、(比叡山から)都へ下りてくると申し上げたので。

け-らし 助動詞 特殊型

《接続》活用語の連用形に付く。

未然形	連用形	終止形	連体形	已然形	命令形
○	○	けらし	けらし(けらしき)	けらし	○

❶〔過去の事柄の根拠に基づく推定〕**…たらしい。…たようだ。** 新古今 鎌倉一歌集 春上「ほのぼのと春こそ空に来にけらし天の香具山霞たなびく」訳ほのぼのと春が空にやって来たらしい。天の香具山には霞がたなびいている。

❷〔過去の詠嘆〕**…たのだなあ。…たなあ。** 鹿島紀行 江戸一紀行 俳文・芭蕉「まことに愛すべき山の姿なりけらし」訳(筑波山は)本当に愛すべき山の姿であったなあ。

参考 (1)過去の助動詞「けり」の連体形「ける」に推定の助動詞「らし」の付いた「けるらし」の変化した語。(2)❷は江戸時代の擬古文に見られる。

けら-ず-や 連語

なりたち 過去の助動詞「けり」の未然形＋打消の助動詞「ず」の終止形＋係助詞「や」

…たではないか。 万葉集 奈良一歌集 八一七「青柳は髪にすべくなりにけらずや」訳青く芽吹いた柳は、髪飾りにすることができそうになったではないか。

参考 完了の助動詞「ぬ」の連用形「に」について、過ぎ去ったことを反語「や」で強めながら回想する奈良時代以前特有の語法。

げ-らふ【下臈】 名詞 ❶修行年数の少ない、地位の低い僧。転じて、地位の低い人。源氏物語 平安一物語 桐壺「それよりげらふの更衣たちは」訳それより地位の低い更衣たちは。対上臈。❷**下賤の者。身分の低い者。** 徒然 鎌倉一随筆 一〇九「あやしきげらふなれども、聖人の戒めにかなへり」訳卑しい身分の低い者であるが、(言うことは)聖人の教えに合っている。参照▶文脈の研究 聖人の戒め。

参考 「臈」は、僧が修行をつんだ年数を表す語。その数で身分の上下がきまった。

け-り¹【来り】 自動詞ラ変 {ら/り/り/る/れ/れ} **来ている。やって来た。** 万葉集 奈良一歌集 三九五七「玉梓の(＝枕詞)使ひのければ嬉しみと」訳(都から)使者がやって来たので、うれしくて。◆カ変動詞「く(来)」の連用形＋ラ変動詞「あり」からなる「きあり」の変化した語。

け-り²【着り・著り】 自動詞ラ変 {ら/り/り/る/れ/れ} **着ている。** 万葉集 奈良一歌集 九七九「わが背子がける衣薄し」訳あの人が着ている着物は薄い。◆動詞「き(着)る」の連用形＋ラ変動詞「あり」からなる「きあり」の変化した語。

けり³ 助動詞ラ変型

《接続》活用語の連用形に付く。

未然形	連用形	終止形	連体形	已然形	命令形
(けら)	○	けり	ける	けれ	○

❶〔過去〕**…た。…たそうだ。…たということだ。** ▼過去の事柄を他から伝え聞いたこととして述べる。竹取物語 平安一物語 かぐや姫の生ひ立ち「今は昔、竹取の翁といふ者ありけり」訳今となってはもう昔のことだが、竹取の翁という人がいたということだ。

❷〔詠嘆〕**…だった。…だったのだなあ。…ことよ。** 古今 平安一歌集 春上「年の内に春は来にけりひととせを去年とやいはむ今年とやいはむ」訳⇩としのうちに…。

語法 (1)**詠嘆の「けり」**

(和歌) 断定の助動詞 ← …なりけり → 過去の助動詞

それまで気付かずにいたことに初めて気付いた気持ちを表す用法。その驚きが強いとき、詠嘆の意が生ずる。断定の助動詞「なり」と重ねて、和歌に好んで用いられた。

(2)**未然形の「けら」**(奈良時代以前＝『万葉集』の用法)

未然形「けら」は、右以外、用いられない。

けら＋{ず ← 打消の助動詞 ／ や → 係助詞 ＝…たではないか}
けら＋{く → 接尾語 ＝…たことには}

(3)「き」との違い⇩き

参考 (1)❶は、物語などの地の文に、❷は、和歌や会話文に多い。(2)「けり」が和歌や俳句の末尾にくることが多かったため、「けりがつく」のように、「物事の終わり」「決着」の意味も表すようになった。

け-りやう【仮令】 副詞 ❶**一体に。たいがい。およそ。** 吾妻鏡 鎌倉一史書「けりやう五万騎に及ぶべし」訳およそ五万騎に及ぶであろう。❷**たとえば。** 風姿花伝 室町一論 二「けりやう、木樵・草刈り・炭焼き・汐汲みなどの風情にもなるべき態をば」訳たとえば、木樵・草刈り・炭焼き・汐汲みなどといった趣のあるしぐさにもなり得るような姿態は。❸〔多く、「…ばこそ」を下接して〕**たまたま。さいわいに。** 薩摩歌 江戸一浄瑠・近松「けりやう道を守ればこそ、もし気がそれていたづらしたら」訳たまたま(女の)道を守っていればこそ(よかったようなものの)、もし心が離れて、不義をしたら。

け-る¹【蹴る】 他動詞カ下一 {け/け/ける/ける/けれ/けよ} (足で)**蹴る。** 落窪物語 平安一物語 四「かの典薬の助は蹴られたりしを病にて死にけり」訳あの典薬の助は、(以前家来たちに)蹴られたのが原因で、病気となって死んでしまった。

注意 「蹴る」は現代語では五段活用だが、古語では下一段に活用し、下一段活用の語はこの「蹴る」一語だけ。下一段活用は語幹と語尾の区別がない。

ける[2] 過去の助動詞「けり」の連体形。徒然 鎌倉｜随筆 一〇「縄をはられたり**ける**を」訳縄をお張りになってい**た**のを。

ける・なり 連語 なりたち 伝聞的過去の助動詞「けり」の連体形＋断定の助動詞「なり」
…たということである。…だそうである。平家物語 鎌倉｜物語 一・鱸「周の武王の船にこそ白魚は躍り入りたり**けるなれ**」訳周の武王の船に、白魚が躍り入っ**たということである**。

ける・なり・けり 連語 なりたち 過去の助動詞「けり」の連体形＋断定の助動詞「なり」の連用形＋詠嘆の助動詞「けり」
…だったのだよ。竹取物語 平安｜物語 蓬莱の玉の枝「御子の御供にかくし給はむとて年頃見え給はざり**けるなりけり**」訳皇子がご家来から(自分の姿を)隠そうとなさって、何年もの間(姿を)お見せにならな**かったのだよ**。

けれ 過去の助動詞「けり」の已然形。参照▼資料3

げろう【下臈】⇨げらふ

けわい【気配・化粧・仮粧】⇨けはひ

けわし【険し】⇨けはし

け-をさめ【褻納め】ケオサメ 名詞 ふだん用いる着物と晴れ着。

けん[1]【券】名詞 田地・邸宅・荘園などの所有権を証明する文書。

けん[2]【剣】名詞 **両刃の太刀。つるぎ。**

けん[3]【権】名詞 **権力。権勢。権威。**

けん[4]【賢】名詞 **賢いこと。賢い人。**

けん[5] 助動詞四型〈○/○/けん/けん/けめ/○〉⇨けむ。◆助動詞「けむ」を、鎌倉時代以降「けん」と表記するようになったもの。

-けん[6]【間】接尾語 ❶建物の柱と柱との間を数える語。源氏物語 平安｜物語 夕霧「半部四、五**けん**ばかり上げ渡して」訳半蔀を四、五**間**ばかりずっと上げて。❷長さの単位。ふつう、一間は六尺(＝約一・八メートル)。◆「間」の音読みから。

げん[1]【監】名詞「大宰府」の三等官。大監・少監がある。

げん[2]【験】名詞 ❶(仏道の修行を積んだしるしとしての)効験。また、(加持・祈禱や祈願などの)効き目。**霊験。**❷**効果。効き目。**

けん-えい【巻纓】名詞 冠の纓の先端を内側に巻き、黒塗りの夾木ではさんでおくこと。また、その纓。武官が用いた。「まきえい」とも。参照▼口絵

兼好 けんかう ケンコウ ⇨吉田兼好

げん-かう【験効】ゲンコウ 名詞 **御利益。効験。**

けん-がく【兼学】名詞／―す 他動詞サ変 二つ以上の学問・宗義などを兼ね修めること。今昔物語 平安｜説話 一一・二五「法相・三論、二宗を**けんがくして**」訳法相宗と三論宗の二宗を**兼ね修めて**。

げん-がた【験方】名詞 加持や祈禱の効験に関する方面。源氏物語 平安｜物語 若紫「今はこの世のことを思ひ給へねば、**げんがた**のおこなひも捨て忘れて侍るを」訳今は現世のことは無関心でございますので、**加持・祈禱**の修行も捨て忘れておりますのに。

げん-かん【阮咸】名詞 弦楽器の一つ。円形、八角形などの胴に長い竿を付け、四本または五本の弦を張り、竿から胴にかけて十数個の柱(＝弦を支えているもの)を立てた。中国の竹林の七賢の一人、阮咸が愛用したところから、この名が生じたとされる。

けん-ぎ【嫌疑】名詞 **疑わしいこと。疑い。疑惑。**源氏物語 平安｜物語 夕霧「さやうに**けんぎ**離れても、またかの遺言は違へじと」訳そのような**疑惑**がなくなっても、それでもまたあの遺言にはそむくまいと。

げん-き【減気・験気】名詞 ❶**病勢が衰えること。**❷**治療の効果が現れ始めること。**

げんき-もん【玄輝門・玄暉門】名詞 平安京の内裏の内郭にある門の一つ。北面中央にあり、外郭門の朔平門に対する。

げん-くらべ【験競べ】名詞 僧や修験者が互いに法力を出し合い、身につけた修行の程度を比べ合うこと。

けん-くわ【喧嘩・諠譁】ケンカ 一 名詞 **騒がしいこと。やかましいこと。**二 名詞／―す 自動詞サ変 **いさかいをすること。けんかをすること。**正法眼蔵 鎌倉｜論 六「終ひに、互ひに悪口を言ふに及ぶ。よって**けんくわす**」訳しまいには、互いに悪口を言うようになった。それで**口げんかとなる**。

げん-げ【幻化】名詞 **幻。**実体がなくてすぐ変化してしまうとされる。

けん-げう[1]【検校・撿校】ケンギョウ 名詞 ❶物事を点検し、誤りを正すこと。また、その職。❷寺社の事務の監督や、僧尼の監督などをする職。❸「座頭」の最高位。

けん-げう[2]【顕教】ケンギョウ 名詞 仏教語。密教に対して、言語によってわかりやすく示された仏教の教え。密教以外の宗派をいう。

けん-けん(と) 副詞 **つんけん(と)。つっけんどん(に)。**▼そっけなく対応するようすを表す。近松 油地獄 江戸｜浄瑠「言葉では**けんけんと**慳貪に言うたれど」訳言葉では**つんけんと**無愛想に言ったけれど。

けん-ご【堅固】一 副詞 **まったく。まるで。一向に。**徒然 鎌倉｜随筆 一五〇「いまだ**けんご**かたほなるより、上手の中にまじりて」訳まだ**まったく**未熟なころから、上手な人の中にまじって。
二 形容動詞 語幹 ⇨けんごなり。宇治拾遺 鎌倉｜説話 一二・四「道心**けんご**の人」訳仏道に帰依する心の**しっかりとして堅い**人。

けん-ご-なり【堅固なり】形容動詞ナリ〈なら/なり・に/なり/なる/なれ/なれ〉❶**(意志などが)しっかりしていて堅い。**❷**健康だ。丈夫だ。達者だ。**日本永代蔵 江戸｜物語 浮世・西鶴「第一、人間**けんごなる**が、身を過ぐる元なり」訳第一に、人間は**健康なの**が、世を渡る基本である。

けん-こん【乾坤】名詞 ❶**天と地。陽と陰。**❷**天地の間。**人の住む所。❸**戌亥と未申。北西と南西。**

げん-ざ【験者】名詞「げんじゃ」の変化した語。

げん-ざい【現在】名詞 ❶**この世。現世。**◇仏教語。❷**本当。実。**▼血縁などの関係がまぎれもないこと。平治物語 鎌倉｜物語 下「相伝の主と**げんざい**の婿を討ち」訳代々仕えた主君と**実**の婿を討ち。

げん-ざん【見参】

一 名詞 節会や宴会に出席して名簿に記帳すること。また、その名簿。

二 名詞／―す 自動詞 サ変 **❶お目にかかること。お目どおり。**▼高貴な人に会うときに使う。大鏡 平安―物語 師尹「出でさせ給はむに、げんざんせむと多く集まりて」訳（道長が）お出掛けになるときに、お目にかかろうと多くの人が集まって。

❷会ってやること。引見。▼目下の者に会うときに使う。平家物語 鎌倉―物語 一・祇王「入道、『いでいで、わごぜがあまりに言ふことなれば、げんざんして帰さん』とて」訳入道清盛は、「どれどれ、おまえがそれほどまで言うことだから、（仏御前に）会ってやってから帰そう」と言って。

❸相手になること。勝負をすること。▼合戦などの場合に使う。平家物語 鎌倉―物語 四・橋合戦「われと思はん人々は寄りあへや。げんざんせん」訳自分こそはと思う人々は寄って来いよ。相手をしよう。

日本語のこころ　「見参」とは

「見参」という言葉があります。この「見参」とは、目上の人が目下の人に面会することでしょうか、それとも目下の人が目上の人に面会することでしょうか。

『平家物語』で見ますと、平清盛のような権威者が、白拍子の祇王や仏御前に会う場面で「見参」という言葉を使っています。「祇王があまりに申し勧むる故、かやうに見参しつ」と言っています。つまり「見参」とは、目上の人が目下の人に会ってやるという意味です。ではその反対に、祇王や仏御前が清盛に会うことは何と言っているかといいますと、「見参に入る」と言っています。私が感心しているのは、木曾義仲の最期のところで、義仲の乳母子（＝乳兄弟）の今井兼平が敵の軍勢に向かって言っているところです。「この兼平を討って、鎌倉殿の見参に入れよ」と言っています。敵に向かって敬語を使っているとはりっぱですね。

げんざん-に-い・る【見参に入る】 連語 **一**（「入る」が自動詞四段活用の場合）（貴人に）**お目どおりする。お目にかかる。**平家物語 鎌倉―物語 四・厳島御幸「法皇のげんざんにいらばやと思し召すはいかに」訳（後白河）法皇にお目にかかりたいとお思いになるがどうだろうか。◇「思し召す」は自敬表現。

二（「入る」が他動詞下二段活用の場合）（貴人に）**お目にかける。ご覧に入れる。**平家物語 鎌倉―物語 九・敦盛最期「九郎御曹司のげんざんにいれたりければ」訳九郎御曹司義経にお目にかけたところ。

けん-じ【剣璽】 名詞（三種の神器のうちの）草薙の剣（＝剣）と、八坂瓊の曲玉（＝璽）。

げん-じ【源氏】 名詞 ❶平安時代、臣籍に降下する皇族に賜った姓氏の一つ。また、その源の姓をもつ氏族。嵯峨源氏・清和源氏・村上源氏・花山源氏などがある。❷『源氏物語』の略。

古典の常識　『源氏物語』―華麗な王朝人間絵巻

ある帝と身分の低い桐壺更衣との間に生まれた光源氏は、十二歳で年上の葵の上と結婚したが、父帝に入内した亡母に生き写しの藤壺女御を恋い慕う。十六歳のとき藤壺の姪の美少女（紫の上）を見つけ、自分の邸に引き取る。その後葵の上は長男夕霧を残して死去。源氏は紫の上と結婚した。父帝の死後、反対勢力に失脚させられそうになり、須磨・明石にわび住まいし、明石の上と契る。

朱雀帝の召還で光源氏は京に戻る。冷泉帝が即位すると、内大臣、太政大臣と昇進し、六条院に夕顔の娘の玉鬘を引き取る。いとこの頭中将の娘と夕霧が結婚、源氏は准太上天皇となり、栄華を極める。その後頭中将の長男柏木は光源氏の妻三の宮と密通し薫が生まれる。源氏は紫の上の死後出家し、死去する。

「宇治十帖」を含む後半の十三帖は、薫大将と匂宮の恋愛模様をえがいている。

源氏物語 書名 平安時代中期成立の物語。紫式部作。五十四帖。〔内容〕前半の四十一帖は光源氏の華やかな生涯における多くの女性との恋愛談、後半の十三帖はその子薫大将の実らぬ恋の失意の半生を描いている。多数の人物を配し、当時の宮廷貴族の生活を背景に、社会・風俗・人情・恋愛・情趣・自然美を、「もののあはれ」を基調とした写実精神で貫いた、王朝文学の最高峰であり、世界文学の不朽の名作である。参照▶口絵

源氏物語玉の小櫛（ゲンジモノガタリタマノオグシ） 書名『源氏物語』の注釈書。本居宣長著。江戸時代後期（一七九六）成立。九巻。〔内容〕『源氏物語』の研究書で、深い人間感動としての「もののあはれ」論を中心に、古い解釈の誤りを指摘し、正しい読み取り方を説いている。

◆学習ポイント㉚　『源氏物語』五十四帖の巻名

〈光源氏の生涯〉
❶桐壺 ❷帚木 ❸空蟬 ❹夕顔 ❺若紫 ❻末摘花 ❼紅葉賀 ❽花宴 ❾葵 ❿賢木 ⓫花散里 ⓬須磨 ⓭明石 ⓮澪標 ⓯蓬生 ⓰関屋 ⓱絵合 ⓲松風 ⓳薄雲 ⓴朝顔 ㉑少女 ㉒玉鬘 ㉓初音 ㉔胡蝶 ㉕蛍 ㉖常夏 ㉗篝火 ㉘野分 ㉙行幸 ㉚藤袴 ㉛真木柱 ㉜梅枝 ㉝藤裏葉 ㉞若菜・上 ㉟若菜・下 ㊱柏木 ㊲横笛 ㊳鈴虫 ㊴夕霧 ㊵御法 ㊶幻

〈薫・匂宮の生い立ちや他の人の消息〉
㊷匂宮 ㊸紅梅 ㊹竹河

〈宇治十帖―薫と匂宮の恋のいきさつ〉
㊺橋姫 ㊻椎本 ㊼総角 ㊽早蕨 ㊾宿木 ㊿東屋 51浮舟 52蜻蛉 53手習 54夢浮橋

（㊶と㊷のあいだに、巻名だけの「雲隠」がある。）

げん-じゃ【験者】 名詞 加持や祈禱をして、憑き

物をおとしたり病気を治したりなどの効験をあらわす、密教の僧。修験道の行者。修験者。「げんざ」とも。

けん-じゃう【勧賞】 名詞 **褒賞。恩賞。論功行賞。** 功労を賞して官位や土地などを授与すること。「けじゃう」「くわんじゃう」とも。平家物語 鎌倉—物語 三・無文「度々の朝敵を平らげて、けんじゃう身に余り」訳たびたび朝敵を平定して、褒賞は身に余るほどで。

けん-じゃう【賢聖】 名詞 仏教語。真理を悟った者と、真理を悟ってはいないが、悪からはすでに離れた者。◆「げんじゃう」とも。

けんじゃうのさうじ【賢聖の障子】 名詞 紫宸殿の、母家と北廂との間にある襖障子。中国の三代から漢・唐の名臣三十二人の像が描いてある。▼「けんじゃう」は、賢人と聖人の意。

げん-じゃう【玄上・玄象】 名詞 琵琶の名器の一つ。平安時代に唐から伝わって歴代天皇の御物であった。さまざまな伝説を持つが、鎌倉時代に紛失して今には伝わらない。「げんしゃう」「けんじゃう」とも。

げんじゃう-らく【還城楽】 名詞 舞楽の曲名。赤い顔の面をつけた舞人が蛇を見つけて、その蛇のまわりを舞う。西域の人が蛇を食うようすを写したとされる。

(還城楽)

けんしゅん-もん【建春門】 名詞 平安京の内裏の外郭にある門の一つ。東側の中央にあり、内郭門の宣陽門に対する。参照▼資料26

けん-じょ[1]【見所】 名詞 ❶**見物席。観客席。** ❷**見物人。観客。** ❸能楽用語。(芸の)**見どころ。** 花鏡 室町—論 妙所之事「目利きの見出だすけんじょにあるべし」訳目の利いた観客が見抜く見どころにあるであろう。

けん-じょ[2]【見証】 名詞/—す 自動詞 サ変 (碁・双六・蹴鞠などの勝負を)判定すること。**審判。** 「けんじょう」「けんぞ」とも。著聞集 鎌倉—説話 五五九「僧きたりて、けんじょすとて」訳僧がやってきて、(双六の)判定をするということで。◆「けんしょ」とも。

けん-じょう【見証】 名詞/—す 自動詞 サ変「けんじょ(見証)」に同じ。

けん-しょう・なり【顕証なり】 形容動詞 ナリ「けしょうなり」に同じ。

げんじ-ゑ【源氏絵】 名詞『源氏物語』を題材にした絵画。

源信 人名 (九四二〜一〇一七)平安時代中期の天台宗の僧。比叡山の横川の恵心院に住んだので、横川僧都・恵心僧都とも呼ばれた。極楽往生の手引き書『往生要集』を著して、浄土教成立の基礎を築き、文学や芸術にも影響を与えた。

けん・ず【献ず】 他動詞 サ変 {ぜ/じ/ず/ずる/ずれ/ぜよ}「与ふ」の謙譲語。**差し上げる。献上する。** 奥の細道 江戸—紀行 壺の碑「今も年々、十符の菅菰を調へて国守にけんずといへり」訳今でも毎年、十の編み目があるすげ製の敷物を準備して国守に献上するということだ。

げん・ず【現ず】
一 自動詞 サ変 {ぜ/じ/ず/ずる/ずれ/ぜよ} **現れる。** 平家物語 鎌倉—物語 六・慈心房「多聞・持国、二人の童子にげんじ」訳多聞天・持国天が二人の童子となって現れ。
二 他動詞 サ変 {ぜ/じ/ず/ずる/ずれ/ぜよ} **出現させる。しでかす。** 保元 鎌倉—物語 上「種々の神変をげんじて」訳いろいろな不思議な変化を出現させて。

げん-ぜ【現世】 名詞 仏教語。「三世」の一つ。**現在の世。この世。** 「げんせ」とも。対前世・来世。

げん-ぜん【現前】 名詞 目の前にあること。まざまざと現れること。

げん-ぜん・たり【現前たり】 形容動詞 タリ {たら/たり・と/たり/たる/たれ/たれ} **目の前にまざまざと現れる。ありありと見える。** 笈の小文 江戸—紀行 俳文・芭蕉「御みぐしのみげんぜんとおがまれさせ給ふに」訳(大仏の)御首だけが目の前にありありと拝み申すことができるが。

けん-ぞ【見証】 名詞/—す 自動詞 サ変「けんじょ(見証)」に同じ。

けん-そう・なり【顕証なり】 形容動詞 ナリ「けしょうなり」に同じ。

けん-ぞく【眷属】 名詞 ❶**身内の者。一族。** 方丈記 鎌倉—随筆「あるいは妻子・けんぞくのために作り」訳(住まいを作る動機は)、ある場合には妻子や一族のために作り。❷**家来。配下の者。従者。** 今昔物語 平安—説話 一〇・三「項羽に随ひてけんぞくとしてあり」訳項羽にしたがって家来になっていた。

げん-ぞく【還俗】 名詞/—す 自動詞 サ変 僧・尼になった者が、手続きをふんで俗人に戻ること。

幻住庵記 書名 俳文。松尾芭蕉作。江戸時代前期(一六九〇)成立。一編。〔内容〕元禄三年(一六九〇)に石山(滋賀県)の奥の幻住庵に住んだときの俳文で、周囲の風景や簡素な生活の描写とともに、芭蕉の人生観・芸術観が述べられている。

げん-とく【験得・験徳】 名詞 加持や祈禱によって霊験を得ること。また、その霊験。

けん-どん【慳貪】 名詞 ❶仏教語。**欲が深いこと。強欲。けち。** ❷**無愛想。** ❸うどん・そば・酒・飯などを売る場合の、一杯盛り切りのもの。◆❷❸は江戸時代の語。

けん-どん・なり【慳貪なり】 形容動詞 ナリ {なら/なり・に/なり/なる/なれ/なれ} ❶仏教語。**物惜しみして欲が深い。けちだ。** 沙石 鎌倉—説話 八「ある山寺の坊主、けんどんなりけるが、飴を治してただ一人食ひけり」訳ある山寺の住職でけちであったのがあめを作って自分一人だけ食べていた。❷**無愛想だ。邪険だ。つっけんどんだ。** 油地獄 江戸—浄瑠 近松「言葉ではけんけんとけんどんに言うたれど」訳言葉ではつんけんと無愛想に言ったけれど。◇江戸時代の語。

げん-な・し【験無し】 連語
なりたち 名詞「げん」＋形容詞「なし」
(加持・祈禱などの)**効き目がない。** 枕草子 平安—随筆 すさまじきもの「あな、いとげんなしや」訳ああ、全然効き目がないなあ。

けん・なり¹【権なり】形容動詞ナリ｛なら／なり・に／なり／なる／なれ／なれ｝高慢だ。柳多留 江戸一川柳 川柳「たださへもけんな娘に金をつけ」訳ただでさえ高慢な娘に持参金をつけて(嫁に出し)。

けん・なり²【賢なり】形容動詞ナリ｛なら／なり・に／なり／なる／なれ／なれ｝(学識があって)賢い。徒然 鎌倉一随筆 八五「至りて愚かなる人は、たまたまけんなる人を見て、是を憎む」訳非常に愚かな人は、まれに賢い人に会うと、その人を憎む。

けんにんじ-がき【建仁寺垣】名詞 四つ割りした竹を縦に皮を外側にして並べ、横に割り竹を押し当て、縄で結んだ垣。◆京都の建仁寺で初めて用いたところから。

げん-ば【玄蕃】名詞 ❶「玄蕃寮」の略。❷「玄蕃寮」の役人。

げんば-れう【玄蕃寮】名詞 律令制で、「治部省」に属する役所で、僧尼の登録、外国人使節の送迎や接待などを取り扱った。「げんばのつかさ」「げんばんのつかさ」「ほふしまらひとのつかさ」とも。

けん-ぴ【犬皮】名詞 なめした犬の皮。安三味線の胴に張るのに用いた。

けん-びし【剣菱】名詞 ❶紋所の一つ。菱形の四隅を剣の先のようにとがらせたもの。❷江戸時代、徳川将軍家の御膳酒となり、江戸で、ことに武家の間で最も賞味された。摂津国(今の兵庫県)伊丹産の銘酒。

けんび-しょ【検非所】名詞 中央にならって国や神社に置かれた治安・警察機関。検非違使所。

けんびゐ-し【検非違使】名詞「けびゐし」に同じ。

げん-ぶ【玄武】名詞「げんむ」に同じ。

げん-ぷく*【元服】名詞／—す自動詞サ変 男子が成人になったのを祝う儀式。また、その儀式を行って成人になること。「元」は冠をかぶること。「服」は成人の服を着ること。成人したしるしに、髪を大人ふうに結い、冠をかぶり、成人の服に改めた。武家時代には、冠の代わりに烏帽子をつけ、室町時代中期以後は、貴人以外は、前髪・月代をそり落とした。十二歳から十六歳ぐらいまでに行うことが多い。のちに「げんぷく」とも。◆女子の成人を祝う儀式は「髪上げ」「裳着」という。⇨うひかうぶり・はつもとゆひ

けん-ぶつ【見物】一名詞／—す他動詞サ変 見物すること。平家物語 鎌倉一物語 一一・那須与一「あの扇のまんなか射て、平家にけんぶつせさせよかし」訳あの扇のまん中を(弓で)射て、平家に見物させてやれよ。二名詞 ❶見物をする人。見物人。❷見る価値のあるもの。みもの。

けん-ぶん【見分】一名詞 見かけ。外見。見てくれ。二名詞／—す他動詞サ変 (役人などが)立ち合って調べること。「検分」とも書く。平家女護島 江戸一浄瑠 浄瑠・近松「脇より少しもかまふなと眼もふらずけんぶんす」訳横から少しもじゃまをするなと脇目もふらずに調べる。

古典の常識

『元服』—成人を祝う儀式

『源氏物語』の主人公光源氏は、十二歳で盛大な元服の式をあげた。平安時代の貴族社会ではこのように、男子は十二～十六歳ころまでに子供の角髪の髪型をやめ、成年男子の髪型にし、冠をかぶり大人の服を着る、元服(＝成人を祝う儀式)を行った。元服して一人前になった若者を冠者といい、冠をかぶらせる役は身分のある貴人がつとめた。初めて冠をかぶることを、「初冠」ともいう。武家では冠の代わりに烏帽子をかぶる、烏帽子始めの成人式を行った。

女子の成人式には、結婚前の十二、三～十五歳ころに行う、髪上げの式と裳着の式があった。髪上げは、子供の髪型である振り分け髪を結い上げて後ろに垂らす儀式、裳着は、長者やそれ相当の人が腰結の役となって、裳の腰紐を結ぶ儀式である。江戸時代には、服装の変化もあり、振袖を普通の袖丈に縮める袖留の式などに変わった。

源平盛衰記 書名 軍記物語。作者未詳。鎌倉時代末期の成立か。四十八巻。〔内容〕源氏平家の盛衰の事跡を詳述してある。『平家物語』を増補した一種の異本であるが、読み物的要素が強い。統一性は低く、『平家物語』にくらべ文学的価値も劣る。「げんぺいせいすいき」とも。

けん-みつ【顕密】名詞 仏教語。「顕教」と「密教」。

けん-みゃく【見脈】名詞 漢方で熱をみること。

げん-む【玄武】名詞 四神の一つ。北方の守護神。亀と蛇を一つにした形をしている。「げんぶ」とも。参照▶口絵

けん-めい【懸命】名詞「一所懸命」の略。

けんめい-の-ち【懸命の地】連語 主君から与えられた、一家の生計の頼みとなる大切な領地。幻住庵記 江戸一俳文 俳文・芭蕉「ある時は仕官けんめいのちをうらやみ」訳ある時は主君に仕えて、領地をもらえることをうらやましく思い。◆多く「一所懸命の地」の形で用いる。

けん-もつ【監物】名詞「中務省」に属し、宮中の役所の鍵の受け渡しや、倉庫の物品の出納の監察に当たる職。

けん-もん¹【見聞】名詞 見たり聞いたりすること。みきき。

けん-もん²【権門】名詞 官位が高くて権勢の盛んな家柄。また、その家。

けんらう-ぢじん【堅牢地神】名詞 仏教語。大地を下から支えている神。

けんれい-もん【建礼門】名詞 平安京の内裏の外郭にある門の一つ。南面の中央にあり、内郭門の承明門に対する。門前で白馬節会、射礼などが

（玄　武）

行われた。参照▶資料26

建礼門院（けんれいもんゐん／ケンレイモンイン） 人名 （一一五五～一二一三）平安時代後期の高倉天皇の中宮で安徳天皇の母。平清盛の次女で、名は徳子。壇ノ浦で安徳天皇と入水したが源氏に救われ、剃髪して京都大原の寂光院で仏道に専念した。『平家物語』の「灌頂の巻」や謡曲「大原御幸」に登場する。

建礼門院右京大夫（けんれいもんゐんうきやうのだいぶ／ケンレイモンインウキョウノダイブ） 人名 （一一五七ごろ～？）平安時代末期・鎌倉時代前期の歌人。書家の藤原伊行の娘で、建礼門院に仕えた。右京大夫は官職名。長文の詞書（＝和歌の前書き）のある家集『建礼門院右京大夫集』には、平家の公達との交際のことや一門の都落ちのことなどが書かれている。

建礼門院右京大夫集（けんれいもんゐんうきやうのだいぶしふ／ケンレイモンインウキョウノダイブシュウ） 書名 私家集。建礼門院右京大夫（＝藤原伊行女）作。鎌倉時代（一二三二ころ）成立。一巻。〔内容〕平資盛との恋の歌中心。長文の詞書をもつ歌がほぼ年代順に収められ、和歌で叙述した平家哀史の観がある。

1 **こ**【子・児】 名詞 ❶（幼い）子。子供。 対 親。❷人を親しんでいう語。男にも女にもいうが、男が愛する女性に対して用いる場合が多い。 万葉集 奈良―歌集 一「この丘に菜摘ますこ」 訳 ⇩こもよ…。❸（鳥などの）卵。「鳥のこ」

2 **こ**【蚕】 名詞 かいこ。

3 **こ**【籠】 名詞 ❶かご。❷「ふせご」に同じ。

4 **こ**【此】 代名詞 これ。ここ。▼近称の指示代名詞。話し手に近い事物・場所をさす。 万葉集 奈良―歌集 一九五九「霍公鳥春日を指してこゆ鳴き渡る」 訳 ほととぎすが、春日をさしてここを鳴いて行く。

5 **こ-**【小】 接頭語 ❶（姿や形などが）小さい、細かいの意を表す。「こ鈴」「こ萩」❷（量・程度が）わずかであるの意を表す。「こ雨」❸人や生き物を表す名詞に付いて、若い、幼いの意を表す。「こ童」❹数量を表す名詞に付いて、おおよその数量に近い意を表す。「こ一里」「こ半時」❺体の部分を表す名詞に付いて、それに関連した、ちょっとした動作の意を添える。「こ手をかざす」「こ首をかしぐ」❻用言や副詞に付いて、動作・状態が、ちょっとしたことであるの意を表す。「こぎれい」❼名詞や用言に付いて、軽んずる気持ちを添える。「こせがれ」「こ憎らし」

6 **こ-**【故】 接頭語 〔官職名や姓名などに付いて〕（今は）亡き。▼その人がすでに亡くなっていることを表す。「こ殿」「こ大納言」

7 **こ-**【濃】 接頭語 名詞に付いて、色や密度が濃いことを表す。「こ紫」「こ酒」「こ染め」

8 **-こ**【子・児】 接尾語 ❶その仕事をする人の意を表す。「舟こ」。❷人に対して親しみをこめて呼ぶときに用いる。「背こ」「吾妹こ」。❸親しみの気持ちをこめて、人の名に付ける。

参考 ❸は、平安時代以降、女性の名の下に付けて「（女御）多賀幾子」のように用いるが、正しく「こ」と呼んでいたかどうかは未詳で、「中宮定子」のように音読するのが普通である。また、古くは、「小野妹子」「蘇我馬子」などのように男性にも用いた。

9 **-こ**【処】 接尾語 場所の意を表す。「ここ」「そこ」「かしこ」

10 **こ**【来】 動詞「来く」の未然形。「こば」「こむ」のように連なる。 古今 平安―歌集 恋四「今こむと言ひしばかりに」 訳 ⇩いまこむと…。

11 **こ**【来】 動詞「来く」の命令形。 更級 平安―日記 大納言殿の姫君「いづら、猫は。こちゐてこ」 訳 どうしたの、猫は。こちらへ連れておいで。

注意 「来く」の命令形は、古くは「こ」。平安時代の末期ごろからは呼び掛けの間投助詞の付いたかたちが一語化した「こよ」が多く用いられた。

1 **ご**【御】 名詞 呼び名の下に「…のご」の形で付いて、婦人の尊敬語。「御前」の略。 土佐日記 平安―日記 二・七「淡路のご」 訳 淡路のご婦人。

2 **ご**【期】 名詞 ❶時。時期。 徒然 鎌倉―随筆 二一七「財は尽くるごあり」 訳 財産は尽きる時がある。❷限度。 宇津保 平安―物語 嵯峨院「ごもなく食べ酔ひにける」 訳 限度もなく飲んで酔ってしまった。❸死ぬ時。最期。

3 **ご-**【御】 接頭語 主として漢語に付いて、尊敬の意を表す。「ご殿」「ご座」。⇩おほん

4 **-ご**【御】 接尾語 「御前」の略。親しい者を表す名詞に付いて、軽い尊敬の意を表す。「父ご」「母ご」

◆学習ポイント㉛

御の読み方

接頭語の「御」には「おほん（おほむ）」「おん」「お」「み」（以上訓読み）、「ぎょ」「ご」（以上音読み）がある。このうち、下にくる語が和語系の場合、普通訓読みとなり、下にくる語が漢語系の場合、普通音読みとなる。

「おほん（おほむ）」は、神仏・天皇などにかかわる語に使われ、最高の敬意を表す（「御代・御時」）。平安期の作品の一般的な読み。

「おん」は「おほん」が縮まったもので、平安時代末ごろから使われたらしい（「御身・御命」）。

「お」は平安期には「御許」など限られた語に付いたが、鎌倉時代以降、広範囲に使われた。「み」は奈良時代以前、神や天皇に関する語に使われることが多く（「御子〈皇子〉・御門」）、平安時代には「御簾」などの語に固定してきた。「ぎょ」は最高の敬意を表し、「御意・御製」など、天皇に関する事物を表す語に使われ、「ご」はそれ以外の「御願・御前」などに用いた。

ご-あく【五悪】 名詞 仏教語。**仏教で禁止している五つの悪事。**殺生・偸盗（＝盗み）・邪淫（＝妻または夫でない人と関係を結ぶこと）・妄語（＝うそをつくこと）・飲酒をいう。

こい【恋】 ⇨こひ

こ-いたじき【小板敷き】 名詞 清涼殿の殿上の間の南側にある板敷き。「小庭」に面していて、蔵人・職事などが参殿して控える場所。

こい-ふ・す【臥い伏す】 自動詞サ四〔さ/し/す/す/せ/せ〕**ころがり寝る。倒れふす。** 万葉集 奈良－歌集 三九六二「世の人なればうち靡き床にこいふし」訳（私は）この世の人間なので、横になって（病の）床に倒れふし。

こ-いへ【小家】 名詞 **小さな家。粗末な家。**

こいへ-がち【小家がち】 名詞 小さい家が建て込んでいること。◆「がち」は接尾語。

こいへ-がち・なり【小家がちなり】 形容動詞ナリ〔なら/なり・に/なり/なる/なれ/なれ〕（あたり一帯）**小さな家ばかりだ。** 源氏物語 平安－物語 夕顔「いとこいへがちに、むつかしげなるわたりの」訳たいそう小さな家ばかりで、むさくるしいあたりの。

こい-まろ・ぶ【臥い転ぶ】 自動詞バ四〔ば/び/ぶ/ぶ/べ/べ〕**ころげ回る。身もだえてころがる。** 万葉集 奈良－歌集 二二七四「こいまろび恋ひは死ぬとも」訳身もだえてころがり恋いこがれてたとえ死のうとも。

1 **コウ【亢・好・行・考・更・幸・庚・香・剛・高・講・江・降】** ⇨かう

2 **コウ【甲・合】** ⇨かふ

3 **コウ【広・光・皇・荒・黄・曠】** ⇨くわう

4 **コウ【劫】** ⇨こふ

5 **こう【乞う・請う・恋う】** ⇨こふ

6 **こう【斯う・長官】** ⇨かう

7 **こう【公】**
一 名詞 ❶**朝廷。おおやけ。** ❷**大臣。**
二 代名詞 **きみ。** ▼対称の人称代名詞。敬意を含んで、同等の人をさす。

8 **こう【功】** 名詞 ❶**働き。手柄。功績。** 徒然 鎌倉－随筆 三八「まことの人は、智もなく、徳もなく、こうもなく、名もなし」訳悟りの境地に達したまことの人は、智恵もなく、徳もなく、功績もなく、名声もない。❷（長い年月をかけての）**修行・経験。年功。** ❸**成果。効果。効きめ。利益。** 源氏物語 平安－物語 末摘花「重きこうに御心のうちに、おぼしき出づ」訳大きな成果とお心の中で、お思い出しになる。

9 **-こう【公】** 接尾語 ❶大臣など貴人の姓名に付けて、尊敬の意を表す。「清盛公」「道長公」。❷（時に応じて）同輩や目下の者の名などに付けて、親しみや、軽い軽蔑の意を表す。

1 **ゴウ【合】** ⇨がふ

2 **ゴウ【業】** ⇨ごふ

3 **ゴウ【拷・強】** ⇨がう

こう-あ・り【功あり】 連語 **効果がある。成功する。** 徒然 鎌倉－随筆 一八八「敏きときは則ちこうあり」訳（行動が）機敏なときは、必ず効果がある。

こう-あん【公案】
一 名詞 仏教語。禅宗で、師僧が、弟子や修行者に対して、悟りに導くために出す課題。多く古来の高僧の語録のうちから選ばれるが、難問が多いとされている。
二 名詞／―す 自動詞サ変 十分に考えを巡らして、工夫すること。また、その工夫。風姿花伝 室町－論 一「こうあんして思ふべし」訳よくよく考えを巡らし工夫しなければならない。

こうい【更衣】 ⇨かうい

こう-いん【後胤】 名詞 **子孫。後裔。遠孫。** 平家物語 鎌倉－物語 八・法住寺合戦「敦実の親王より九代のこういん」訳敦実親王から九代目の子孫。

こうがい【笄】 ⇨かうがい

こうがう【勘う・考う】 ⇨かうがふ

合巻（ごうかん） 文芸 江戸時代後期の草双紙の一つ。歌舞伎・浄瑠璃の粗筋や、歴史・実録などを題材とした、絵入りの庶民的な娯楽読み物。草双紙の中では最も小説的である。代表作には、柳亭種彦の『偐紫田舎源氏』、山東京伝の『敵討双蝶々』などがある。「合巻」の名称は、黄表紙が、内容が複雑になって長編化したため、それまでの数冊を一巻にまとめたところからでている。

1 **こう-ぎ【公儀】** 名詞 ❶**公の事柄。表向き。** ❷**朝廷。政府。役所。** ❸**幕府。将軍家。**

2 **こう-ぎ【公議】** 名詞 ❶朝廷での評議。❷公平な議論。

こうき-でん【弘徽殿】 名詞「こきでん」に同じ。

こう-ぎやう【興行】 名詞／―す 他動詞サ変 ❶**儀式や行事などを催すこと。** 平家物語 鎌倉－物語 三・大塔建立「灌頂こうぎやうせらるべき由仰せ下さる」訳灌頂の儀式を催されるつもりである旨を仰せ下される。❷特に、和歌・連歌・俳諧・芸能などの会を催すこと。❸（寺院などを）初めて建てること。**創建。** 道成寺 室町－能楽 謡曲「橘の道成こうぎやうの寺なればとて」訳橘の道成の創建の寺だからということで。

こう-きゅう【後宮】 名詞 ❶宮中で、皇后・中宮などの天皇の夫人が住み、女官が仕える殿舎。❷転じて、皇后・中宮・女御など、天皇の夫人の総称。

参考 天皇の住む殿舎の後方にある宮殿の意。平安京の内裏では、天皇の住む「仁寿殿」の後方にあった、「承香殿」「常寧殿」「貞観殿」「麗景殿」「宣耀殿」「弘徽殿」「登花殿」の七殿と、「昭陽舎」「淑景舎」「飛香舎」「凝華舎」「襲芳舎」の五舎のことで、合わせて後宮十二舎という。参照▼資料26

◆**学習ポイント㉜**

後宮文化

平安時代の藤原氏一族は、その娘たちが代々の天皇の愛を受け、次の天皇となる男子を生むことにより、摂政・関白・太政大臣という最高権力を手にしてきた。そのため、娘たちには財産を惜しみなく使い、衣装・調度類はもちろんのこと、多くの優れた才能のある女性たちをそばにかしずかせて、知性や教養をみがかせた。

これらの特別に選ばれた女性たちは、経済的にも文化的にも恵まれた後宮に、文学・芸能の美しい花を咲かせていった。中でも、藤原道隆の娘中宮定子に仕えた清少納言、藤原道長の娘の中宮彰子(出家後は上東門院)に仕えた、紫式部・和泉式部・伊勢大輔・赤染衛門らはよく知られている。

彼女たちの残した和歌や物語・日記・随筆には、「をかし」「あはれ」といったみがきぬかれた優美で感覚的な後宮文化の華やかなありさまが描かれている。

こう-けん【後見】 名詞/―す 他動詞 サ変 ❶年少者の後ろだてとなって補佐すること。また、その人。❷政務の補佐役。天皇を補佐する「摂政」「関白」、将軍を補佐する鎌倉幕府の「執権」や室町幕府の「管領」など。❸能楽・歌舞伎などで、舞台に出て演技者の後ろに控えていて、時に応じて演技者の手助けをする人。◆「後ろ見」を漢語風に表現した語。

こうざま〖斯う様〗⇩かうざま

こうし〖格子〗⇩かうし

こうじ〖好事・柑子・勘事・講師〗⇩かうじ

こう-しゃ【功者】 名詞 物事に熟練していて巧みなこと。また、その人。三冊子 江戸―句集 俳論「こうしゃに病あり」訳 熟練した者には病弊がある。

こう-じゃう【口上】 名詞 ❶言葉で用向きを述べること。また、その言葉。❷芝居などで、役者や主催者が観客に向かって述べるあいさつ。また、そのあいさつを述べる人。

こう-しゃ・なり【巧者なり】 形容動詞 ナリ {なら/なり・に/なり/なる/なれ/なれ} 技能が巧みだ。経験が豊富だ。浮世風呂 江戸―物語 滑稽「こうしゃな口をおきぎだ」訳 巧みな話をなさることだ。

こう-じゅ【口入】 名詞/―す 他動詞 サ変 ❶口出しすること。平家物語 鎌倉―物語 三・法皇被流「主上しさせ渡らせ給へば、政務にこうじゅする計りなり」訳 天皇がああしていらっしゃるので、(法皇の私が)政務に口出しするだけである。❷世話をすること。平家物語 鎌倉―物語 三・赦文「俊寛は随分入道がこうじゅをもって、人となったる者ぞかし」訳 俊寛は、たいそう入道が世話をしたので、一人前になった者なのだ。

口承文学 文芸 文字によらないで、口伝えで語り継がれた文学。文学以前の文芸と見るべきもので、神話・伝説・民話などをさす。記載文学が生まれたのちも、民間の文学として生き続けた。「口誦文学」「伝承文学」「口碑」とも。

好色物 文芸 江戸時代中期の「浮世草子」の一種。町人の享楽生活・愛欲生活を題材とするものをいう。井原西鶴の『好色一代男』『好色一代女』『好色五人女』などに始まり、元禄期(一六八八～一七〇四)に盛んに行われた。西鶴のほかには、西沢一風・江島其磧などがいる。

こう-しん【後心】 名詞 (仏道や芸道において)経験を積んだあとの境地。経験を積み重ねた芸。また、その人。「ごしん」とも。

こうず[1]〖勘ず・拷ず・講ず〗⇩かうず

こう-・ず[2]【極ず・困ず】 自動詞 サ変 {ぜ/じ/ず/ずる/ずれ/ぜよ}

語義の扉

漢語「極」あるいは「困」を元に生まれたサ変動詞。「極す」(呉音はゴク、漢音はキョク)あるいは「困す」の転。

漢語の窓

漢字「極」のなりたちは、「亟」と「木」の会意兼形声。「亟」は、天井から床の間に屈曲した体がつかえているさま。窮屈で疲れる意。また、漢字「困」のなりたちは、「口」と「木」の会意。木をぐるぐる巻きにしてしばるさまから、かんじがらめでどうにもならない意。

日本語化した「極ず」あるいは「困ず」は、身体的に疲れる意(❶)、精神的に困る意(❷)を表す。

漢字表記については、「極」の呉音ゴクがサ変動詞化して「極ず」となったとする説が有力である。

❶(身体的に)疲れる。辛いありさまである。
❷(精神的に)困る。苦しいありさまである。

❶(身体的に)疲れる。辛いありさまである。枕草子 平安―随筆 にくきもの「このごろ物の怪にあづかりてこうじにけるにや、ゐるままにすなはちねぶり声なる、いとにくし」訳 (この修験者は)近ごろ物の怪(の調伏)にかかわって非常に疲れていたからであろうか、座るとすぐに眠り声になるのは、まことににくらしい。❷(精神的に)困る。苦しいありさまである。源氏物語 平安―物語 若菜下「いかにいかにと日々に責められ、こうじてさるべきをりうかがひつけて、消息しおこせたり」訳 どうなのかどうなったのかと毎日責め立てられて、困りはてて、適切な折に、お手紙をよこした。

こう-・ず[3]【薨ず】 自動詞 サ変 {ぜ/じ/ず/ずる/ずれ/ぜよ} 「死ぬ」の尊敬語。お亡くなりになる。▼皇太子・親王・女御・大臣や、三位以上の人に用いる。

こう-せい【後生】 名詞 あとから生まれた者。後輩。後進。徒然 鎌倉―随筆 二一九「先達こうせいを畏るといふこと」訳 先輩が後輩を畏敬するということは。

こ-うた 名詞 ㊀【小歌】❶平安時代、民間で歌われた通俗的な歌謡。今様など。それらの集大成が後白河法皇の撰になる『梁塵秘抄』である。❷室町時代、民間で流行した短い形式の歌謡。それらを最も多く収録するのが『閑吟集』である。㊁【小唄】江戸時代に流行した、三味線に合わせて歌う俗謡。隆達節・加賀節など。また、江戸時代末期に流行した端唄。

こう-たう【勾当】 名詞 ❶摂関家や、真言宗・天台宗などの寺院で、「別当」の下にあって庶務をつかさどる人。❷盲人の官名の一つ。「検校」「別当」の次位、「座頭」の上位。❸「勾当の内侍」の略。四人の「掌侍」のうちの首席の者。奏上や勅旨の伝達をつかさどる。長橋の局。長橋殿。

こう-ぢ【小路】 名詞 幅の狭い道。小道。◆「こみち」

の変化した語。対大路(おほぢ)。

***こ-うちき**【小袿】名詞 宮廷貴婦人の略式の礼服。唐衣(からぎぬ)・裳(も)を着用しないときに用い、重ね着した袿の上に着る最上衣。下に着る袿より裄(ゆき)・丈(たけ)を少し短く仕立て、袖(そで)は広袖。表は浮き織物、裏は平絹。色目・文様などは種々ある。参照▼口絵

こう-ばい【紅梅】名詞 ❶梅の一種。紅(くれない)色の花が咲く。季春。❷染め色の一つ。濃い桃色。のちには、紫がかった赤色。参照▼口絵 ❸襲(かさね)の色目の一つ。表は紅、裏は紫または蘇芳(すおう)色。春に用いる。紅梅襲(がさね)。参照▼口絵 ❹織り色の一つ。縦糸を紫、横糸を紅で織ったもの。若い人が用いる。

こうばい-がさね【紅梅襲】名詞「こうばい❸」に同じ。

こうばし【香ばし】⇩かうばし

こう-ふく【口腹】名詞 **飲み食い。飲食。**

ごうぶく【降伏】⇩がうぶく

興福寺(こうふくじ) 寺社 奈良にある、法相(ほっそう)宗の大本山。南都七大寺の一つ。天智(てんじ)八年(六六九)に藤原鎌足(かまたり)の夫人鏡女王(かがみのおおきみ)が山城の国(京都府南部)山科(やましな)に創建した山科寺に始まり、平城京遷都の際、藤原不比等(ふひと)が現在地に移したという。藤原氏の氏寺(うじでら)として栄え、春日(かすが)大社をも管理した。平安時代、「南都北嶺(ほくれい)」の南都は興福寺をさし、その衆徒(しゅと)は奈良法師と呼ばれ、一大勢力を誇った。古くは「こうぶくじ」。

こうぶり【冠】⇩かうぶり

こうぶる【被る・蒙る】⇩かうぶる

こう-ふん【紅粉】名詞 **紅(べに)と白粉(おしろい)。**脂粉(しふん)。

こうべ【首・頭】⇩かうべ

***ごうま**【降魔】⇩がうま

こう-みゃう【功名】コウミョウ 名詞 てがらを立てて有名になること。

こう-むらご【紺村濃】名詞「こむらご」に同じ。

こうむる【被る・蒙る】⇩かうむる

こうようなり【斯う様なり】⇩かうやうなり

こうらう-でん【後涼殿】コウロウデン 名詞 内裏(だいり)の殿舎の一つ。清涼殿の西側にあり、女御(にょうご)などの局(つぼね)とされた。「こうりゃうでん」とも。参照▼資料26

こう-らん【勾欄】名詞「かうらん(高欄)」に同じ。参考 平安時代ごろまでは「高欄(らん)」と書くのが普通であった。

こうりゃう-でん【後涼殿】コウリョウデン 名詞「こうらうでん」に同じ。

こうろ-くゎん【鴻臚館】コウロカン 名詞 奈良・平安時代、外国からの使節などを接待するための客舎。京都や、難波(なにわ)(大阪)・大宰府(だざいふ)に設けられた。参考「鴻臚」は外国からの賓客の接待をつかさどった、中国漢代の官名。

幸若舞(こうわかまい) 文芸 室町時代中期から江戸時代初期にかけて流行した、音曲を伴った舞。軍記物語などに取材したものが多く、散文的・叙事的な素朴な芸能である。詞章を「舞の本」という。「幸若舞」の名称は、創始者桃井直詮(なおあき)の幼名幸若丸による。

こえ【声】⇩こゑ

こえ-く【越え来】自動詞 カ変{こ/き/く/くる/くれ/こ(こよ)} **山や川などを越えて来る。**万葉集 奈良一歌集 一七〇八「昨山(くやま)ゆこえくなる雁(かり)の使ひは」訳昨山を越えて来るという雁の使いは。

ご-えふ【五葉】ゴヨウ 名詞「五葉松(まつ)」の略。松の一種。一つのがくから針状の葉を五本出す。

ご-えん【後宴】名詞 大きな宴会のあとで行われる小宴会。

こおし【恋おし】⇩こほし

こおり【氷・郡】⇩こほり

こおろぎ【蟋蟀】⇩こほろぎ

ご-かい【五戒】名詞 仏教語。出家していない信者が常に守るべき五つの戒め。殺生(せっしょう)・偸盗(ちゅうとう)・邪淫(じゃいん)・妄語(もうご)・飲酒(おんじゅ)の五悪を禁止する。

ご-かいだう【五街道】ゴカイドウ 名詞 江戸時代、江戸の日本橋を起点とする五つの主要な街道。東海道・中山道(なかせんどう)・甲州街道・日光街道・奥州街道。

小督(こごう) 人名(一一五七～?)平安時代後期の女房。中納言藤原成範(しげのり)の娘。四条隆房(たかふさ)と熱愛するが、建礼門院の命で入内(じゅだい)。高倉天皇の寵愛(ちょうあい)をうけたために平清盛に憎まれ嵯峨野(さがの)に隠れ、のちに再び宮中に迎えられて天皇の子、坊門院範子(はんし)を生んだ。二十三歳で清盛によって出家させられる話が『平家物語』に登場する。

ご-かう[1]【五更】ゴコウ 名詞 ❶時刻区分として一夜を五つに分けたもの。初更(一更)・二更・三更・四更(しこう)・五更の総称。一更は約二時間。五夜。更(こう)。❷❶の第五番め。今のおよそ午前四時。また、それを中心とする二時間。戊夜(ぼや)。参照▼資料20

ご-かう[2]【御幸】ゴコウ 名詞 平安時代以降、上皇・法皇・女院(にょいん)の外出。みゆき。参考 天皇の外出は「行幸(ぎょうこう)」、皇后・皇太子などは「行啓(ぎょうけい)」という。和語としては行幸・御幸ともに「みゆき」。

こ-がく・る【木隠る】自動詞 ラ下二{れ/れ/る/るる/るれ/れよ} **木の陰に隠れる。**歌などで、人目に立たないでいるの意をこめて用いることも多い。古今 平安一歌集 恋一「あしひきの(=枕詞(まくらことば))山下水(やましたみづ)のこがくれてたぎつ心をせきぞかねつる」訳山かげの水が木の陰に隠れてわき立っているように、私の(人知れず)激しく思っていた心を抑えられなかったよ。

こが・す【焦がす】他動詞 サ四{さ/し/す/す/せ/せ} ❶(火や日で焼いて)**焦がす。**❷**香(こう)をたきしめる。**源氏物語 平安一物語 夕顔「白き扇のいたうこがしたるを」訳白い扇でたいそう(深く)香をたきしめたのを。❸(恋などで)**心を苦しめ悩ます。心を焦がす。**参照▼類語と使い分け⑭

こ-かた【子方】名詞 ❶**子分。手下。**対親方。❷能・歌舞伎(かぶき)などの、子供役。また、それを演ずる役者。

こ-がたな【小刀】名詞 ❶(日常に用いる)小さい刀。切り出し。❷脇差(わきざし)の鞘(さや)にさし添える小さな刀。小柄(こづか)のこと。

こ-がね【黄金・金】名詞 ❶**金(きん)。黄金(おうごん)。金色(きんいろ・こんじき)。**❷**金貨。**参考「きがね(=金色の金属)」→「くがね」→「こがね」と変化した語。奈良時代以前は「くがね」。

こがね-づくり【黄金作り】名詞 黄金、またはそのようにめっきをした金具で装飾すること。また、そのようにして装飾したもの。

こ-かはらけ【小土器】コカワラケ 名詞 小さい素焼きの土

器。

こ-がひ【子養ひ・子飼ひ】（コガイ）名詞 ❶（動物などを）子のときから飼い育てること。枕草子 平安―随筆 こころときめきするもの「心ときめきするもの、雀のこがひ」訳胸がどきどきするもの、雀の子を飼育すること。❷（商家や職人の家などで）奉公人を子供のときからあずかって養い育てること。また、そのようにして育てられた奉公人。

こ-がらし【木枯らし・凩】 名詞 秋の末から冬にかけて吹く強い風。季冬。新撰都曲 江戸―句集 俳諧「こがらしの果てはありけり海の音―言水」訳⇩こがらしの…。◆「凩」は国字。

こがらしの… 俳句「凩の 果てはありけり 海の音」新撰都曲 江戸―句集 俳諧・言水 訳冬になって野山の木々の葉を吹き散らすこがらしは、どこまでも絶え間なく吹き続けているようだが、やがて冬の荒れた海に出ると、激しい波の音の中に消えていく。これこそがこがらしの行き着く果てだったのだ。

鑑賞 冬の荒々しい自然を、こがらしと海の音の照応でとらえた句。この句が有名になり、「こがらしの言水」と呼ばれた。季語は「凩」で、季は冬。

***こが・る【焦がる】** 自動詞ラ下二{れ/れ/る/るる/るれ/れよ} ❶焦げる。❷（日に焼けて）変色する。❸香がたきしめられている。太平記 室町―物語 二二「取る手もくゆるばかりにこがれたるに」訳持つ手も香りがするほどに香がたきしめられたものに。❹しきりに恋い慕う。恋い焦がれる。源氏物語 平安―物語 蜻蛉「こがるる胸もすこしさむる心地し給ひける」訳恋い焦がれる胸も、少し薄れる気持ちがなさるのであった。

こ-き【国忌】 名詞 皇祖や先帝・母后などのご命日。当日は政務を休み、音楽などを慎み、諸寺では仏事を行った。◆「こくき」の変化した語。

ご-き【御器】 名詞（食物を盛る）蓋つきの器。椀。

***こぎ-あり・く【漕ぎ歩く】** 自動詞カ四{か/き/く/く/け/け} 舟で漕ぎまわる。枕草子 平安―随筆 日のいとうららかなるに「はし舟とつけて、いみじう小さきに乗りてこぎありく」訳はし舟と名づけて、たいそう小さいその舟に乗って漕ぎまわる。

こぎ-い・づ【漕ぎ出づ】（コギイズ）自動詞ダ下二{で/で/づ/づる/づれ/でよ} 舟を漕いで、（沖の方へ）出る。「こぎづ」とも。万葉集 奈良―歌集 八「熟田津に船乗りせむと月待てば潮もかなひぬ今はこぎいでな」訳⇩にきたつに…。

こき-い・る【扱き入る】 他動詞ラ下二{れ/れ/る/るる/るれ/れよ} しごいて取る。古今 平安―歌集 秋下「もみぢ葉は袖にこきいれて持ていでなむ」訳もみじの葉は袖に（枝から）しごいて取って持って出よう。

こき-いろ【濃き色】 名詞 染め色の一つ。濃い紫色。また、濃い紅色。対薄色。

こぎ-かく・る【漕ぎ隠る】 自動詞ラ四{ら/り/る/る/れ/れ} 漕いで行った舟が物陰に隠れる。万葉集 奈良―歌集 四〇一七「奈呉の海人の釣りする小舟こぎかくる見ゆ」訳奈呉の（入江の）漁夫が釣りをする小さな舟が（風の来ない方に）漕いで行って隠れるのが見える。

こぎ-く【漕ぎ来】 自動詞カ変{こ/き/く/くる/くれ/こ(こよ)} 漕いで来る。万葉集 奈良―歌集 四〇二九「朝びらきしてこぎくれば」訳朝船出して漕いで来ると。

ごき-しちだう【五畿七道】（ゴキシチドウ）名詞 都と都周辺の五つの国である山城・大和・河内・和泉・摂津（＝五畿）と、それ以外の七つの地域である東海道・東山道・北陸道・山陰道・山陽道・南海道・西海道（＝七道）をいった、日本全国を区分した名称。日本全国の意味でも使う。

こぎ-そ・く【漕ぎ退く】 他動詞カ下二{け/け/く/くる/くれ/けよ} 漕いで押しのける。土佐日記 平安―日記 二・六「難波潟葦こぎそけて御船来にけり」訳難波潟に葦を漕いで押しのけて御船はやって来たことよ。

こぎたみ-ゆ・く【漕ぎ回み行く・漕ぎ廻み行く】 自動詞カ四{か/き/く/く/け/け} 漕ぎめぐって行く。万葉集 奈良―歌集 五八「安礼の崎こぎたみゆきし棚なし小舟」訳⇩いづくにか…。

***こぎ-た・む【漕ぎ回む・漕ぎ廻む】** 自動詞マ上二{み/み/む/むる/むれ/みよ}（舟で）漕ぎめぐる。▼奈良時代以前の語。万葉集 奈良―歌集 九四二「こぎたむる浦のことごと」訳舟で漕ぎめぐる入り江ごとに（家のことを思う）。

こき-た・る【扱き垂る】 自動詞ラ下二{れ/れ/る/るる/るれ/れよ} ❶垂れ下がる。枕草子 平安―随筆 宮にはじめてまゐりたるころ「唐衣こきたれたるほどなど馴れやすらかなるを見るも、いとうらやまし」訳唐衣を垂れ下がるように着ているようすがなれてくつろいでいるのを見るのも、たいそううらやましい。❷しきりにこぼれ落ちる。古今 平安―歌集 恋三「こきたれて雨も涙も降りそぼちつつ」訳しきりにこぼれ落ちて雨も私の涙も降りそそいでいるよ。◆「こき」は接頭語。

こき-ちら・す【扱き散らす】 他動詞サ四{さ/し/す/す/せ/せ} しごき落として散らす。源氏物語 平安―物語 澪標「花・紅葉をこきちらしたると見ゆる上の衣の」訳花や紅葉をしごき落として散らしてあるように見える袍（＝上着）の。

こぎ・づ【漕ぎづ】（コギズ）自動詞ダ下二{で/で/づ/づる/づれ/でよ}「こぎいづ」に同じ。万葉集 奈良―歌集 九三〇「海少女棚無し小舟こぎづらし」訳海女の少女が棚無し小舟を漕いで沖へ出るようだ。◆「こぎいづ」の変化した語。

こき-でん【弘徽殿】 名詞 平安京内裏の後宮七殿の一つ。清涼殿の北、登花殿の南にあり、東の麗景殿と向き合う。皇后・中宮・女御などの居所であった。「こうきでん」とも。参照▼資料26

弘徽殿の女御 人名『源氏物語』の作中人物。桐壺帝の女御で第一皇子朱雀帝の母。右大臣の娘で、朧月夜内侍の姉。帝の寵愛をうける桐壺更衣をねたみ、その子の光源氏をも憎む。

こぎ-は・つ【漕ぎ泊つ】 自動詞タ下二{て/て/つ/つる/つれ/てよ}（港などに）漕ぎ着いて停泊する。万葉集 奈良―歌集 二七四「わが舟は比良の湊にこぎはてむ」訳⇩わがふねは…。

***こき-ま・ず【扱き混ず】** 他動詞ザ下二{ぜ/ぜ/ず/ずる/ずれ/ぜよ} かきまぜる。まぜ合わせる。古今 平安―歌集 春上「見渡せば柳桜をこきまぜて都ぞ春の錦なりける」訳⇩みわたせばやなぎさくらを…。

こ-きみ[1]【小気味】 名詞（ある物事から受ける）感じや気持ち。◆「こ」は接頭語。多く「こきみが良い」「こきみが悪い」の形で用いられる。

こ-きみ[2]【故君】 名詞 亡くなった貴人をいう尊敬語。

「こぎみ」とも。

こ-ぎみ【小君】 名詞 平安時代、貴族の年少の子弟に用いた愛称。

こ-きやう【故郷】 名詞 ふるさと。生まれ育った土地。

ご-きやう【五経】 名詞 儒教で、「四書」と共に尊重する『詩経』『書経』『易経』『春秋』『礼記』の五つの経典。四書と共に「四書五経」と総称するが、四書より上位とされる。

1**ご-ぎやう【五行】** 名詞 ❶古代中国の哲学的学説で、天地の間を流転して万物を構成すると考えられている、木・火・土・金・水の五つの元素。❷仏教語。菩薩が行う五つの修行。経典によって異なるが、『大乗起信論』では布施・持戒・忍辱・精進・止観。

参考 ❶では、木から火が、火から土が、土から金が、金から水が、水から木が生じるという考えを相生といい、木は土に、土は水に、水は火に、火は金に、金は木に剋つという考えを相剋という。天と地の五行は、互いに密接な脈絡を保ち、天の現象は地の現象に影響を与える。この考え方を五行説といい、季節・方角・色彩・音・十干などにあてはめて、世界観や占いの根本とする。参照▶資料20

2**ご-ぎやう【御形】** 名詞 「春の七草」の一つ。ははこぐさの別名。「おぎやう」とも。季春。

ご-ぎやく【五逆】 名詞 仏教語。「五逆罪」の略。天の道に背く、五つの重い罪悪。父を殺す、母を殺す、阿羅漢(=最高位の仏教修行者)を殺す、仏身を傷つけて血を出す、僧の和合を破る(=教団を分裂させる)の五つで、これを犯せば無間地獄に落ちるとされる。

ごぎやく-ざい【五逆罪】 名詞 「ごぎやく」に同じ。

ごぎょう〔五行〕⇨ごぎやう

こき-る【扱きる】 他動詞ラ下二{れ/れ/る/るる/るれ/れよ} しごいて入れる。万葉集 奈良-歌集 四一九二「藤波の花なつかしみ引き攀ぢて袖にこきれつ」訳藤の花をなつかしんで引きつかんで袖にしごいて入れた。◆「こきいる」の変化した語。

こぎ-わた・る【漕ぎ渡る】 自動詞ラ四{ら/り/る/る/れ/れ} 漕いで(対岸へ)渡る。土佐日記 平安-日記 一・一七「かげ見れば波の底なるひさかたの(=枕詞)空こぎわたるわれぞわびしき」訳水に映る影を見ると波の底に空があるが、その空を漕いで渡る自分が心細いことだ。

こ-きん【古今】 名詞 『古今和歌集』の略。

古今調 文芸 『古今和歌集』の歌の、表現上の特徴的な傾向のこと。「万葉調」「新古今調」と並ぶ、和歌の表現の特徴の三大傾向の一つ。繊細優美で、理知的・観念的な傾向が強い。三句切れが多いので、七五調が主調となる。また、掛け詞・縁語・比喩・見立て・倒置法・反語などの技巧が目立つ。女性的で理知的な歌風であるところから、「たをやめぶり」といわれる。

古今伝授 文芸 室町時代、『古今和歌集』の中の難解な語句の解釈や古注などを秘伝として伝授したこと。和歌の家における歌道の権威づけのために行われた。東常縁が飯尾宗祇に、「三木三鳥」について別紙に記して伝授した「切り紙伝授」が最初。

古今和歌集 書名 最初の勅撰集。紀友則・紀貫之・凡河内躬恒・壬生忠岑撰。平安時代中期(九〇五)成立。二十巻。〔内容〕構成は、春(上下)・夏・秋・冬・賀・離別・羇旅・物名・恋(一～五)・哀傷・雑(上下)・雑体・大歌所御歌の十三部で、約千百首の和歌を収めている。優美で繊細な感情、流麗な格調、理知的な作風が特色で、一般に「古今調」と呼ばれている。参照▶口絵

1**こく【刻・剋】** 名詞 一昼夜の二十四時間を十二等分し、これを十二支に配して表すもの。午前零時を「子の刻」とし、一刻は今の二時間に当たる。江戸時代には、一刻をさらに三等分して、それぞれ上刻・中刻・下刻といった。参照▶資料20

2**こ・く【扱く】** 他動詞カ四{か/き/く/く/け/け} しごき落とす。むしり取る。枕草子 平安-随筆 五月の御精進のほど「稲といふものを取り出でて、…五、六人してこかせ」訳稲というものを取り出して、…五、六人してしごき落とさせ。

3**-こく【石・斛】** 接尾語 ❶容積の単位を表す。一石は一升の百倍で、約一八〇リットル。❷和船の積載量や、材木の容積の単位を表す。一石は十立方尺で、約〇・二七八立方メートル。❸大名・武士の知行高の単位を表す。

こ・ぐ【漕ぐ】 他動詞ガ四{が/ぎ/ぐ/ぐ/げ/げ} ❶こぐ。櫓や櫂で舟を進める。万葉集 奈良-歌集 一二二八「風早の三穂の浦廻をこぐ舟の」訳風の速い三穂の浦を漕ぐ舟の。❷(深い雪やぬかるみを)かきわけて進む。義経記 室町-物語 五「雪をば深くこぎたり」訳雪を深くかきわけて進んだ。

こ-くう【虚空】 名詞 ❶大空。空間。今昔物語 平安-説話 二九・三六「こくうに赤き雲二丈ばかりにて」訳大空に赤い雲が二丈(=約六メートル)ほどの幅で。❷仏教語。実体がないこと。空。

こ-くう・なり【虚空なり】 形容動詞ナリ{なら/なり・に/なり/なる/なれ/なれ} 心がむなしい。心がうつろだ。とりとめがない。むてっぽうだ。夜討曾我 室町-能楽 謡曲「気も魂も失せ果てて、…こくうに逃げたが」訳完全に気を失って、…心もうつろに逃げたが。

国学 文芸 江戸時代中期に盛んになった、古典研究の学問。『古事記』『日本書紀』『万葉集』などの古典を研究して、仏教・儒教などの外来思想に影響される以前の、日本固有の思想・精神を明らかにすることを目ざした。契沖に始まり、「国学の四大人」といわれる荷田春満・賀茂真淵・本居宣長・平田篤胤らが発展させた。

こく-き【国忌】 名詞 「こき」に同じ。

ごく-げつ【極月】 名詞 陰暦十二月の別名。「ごくづき」とも。季冬。

こくさう-ゐん【穀倉院】 名詞 平安時代、畿内の諸国から「調」として徴収した銭や、諸国の所有者のない土地などからとれた穀物を保管・貯蔵した、朝廷の倉庫。

こく-し【国司】 名詞 ❶律令制の地方官。郡司の上にあって、その国の政務をつかさどった。中央から派遣され、守・介・掾・目の四等官と、その下の史生などの職があった。「くにのつかさ」とも。❷❶の長官。国の守。国守。

参考 ❶は、中央の「県召しの除目」で任命されて赴任した(これを「受領」という)。任期はふつう四年。律令制が崩れるに従い、任地に赴任しない「守」が多くなり、「遥任」の慣例が始まった。親王任国(＝親王が長官となる国で、上総・常陸・上野の三国)の守は「太守」というが、親王は赴任することはなく、それらの国では「介」が最高の役職であり、実質上の守であった。

こく-しゅ【国守】名詞 ❶「こくし❷」に同じ。「くにのかみ」とも。❷江戸時代に、一か国以上を領有していた大名。国主大名。◇「国主」とも書く。

ごく-すい【曲水】名詞「曲水の宴」の略。「こくすい」とも。

ごく-すい-の-えん【曲水の宴】名詞「きょくすいのえん」に同じ。

国性爺合戦（こくせんやかっせん）書名 時代物浄瑠璃。近松門左衛門作。江戸時代前期(一七一五)初演。〔内容〕明国の遺臣鄭芝竜を父、日本人を母とする和藤内(のちに国性爺)が明国の再興をはかるという物語。大坂の竹本座で上演され大当たりをとった。

ごく-そつ【獄卒】名詞 仏教語。**地獄の鬼**。地獄にいて、「亡者」を責め苦しめる鬼。

こ-ぐち【小口】名詞 ❶「小口袴」の略。裾にくくりのある袴。❷小さい口。口。◇「こ」は接頭語。❸切り口。横断面。❹物事の始まり。端緒。❺書物で、背の部分以外の三方。

ごく-ねち【極熱】名詞 **酷暑。高熱**。きわめてあついこと。

こく-ばく【幾許】副詞 **はなはだしく。たいそう。こんなに**。宇津保 平安―物語 祭の使「こくばく斎はれ給ふ師」訳たいそうあがめられていらっしゃる先師よ。

こく-ふ【国府】名詞 律令制で、各国に置かれた政庁。国衙。また、その所在地。府中。「こくぶ」「こふ」とも。

こくぶん-じ【国分寺】名詞 天平一三年(七四一)に聖武天皇が国家の平安を祈願するために国ごとに建てさせた僧寺・尼寺。各寺は諸国の国府の近くにあった。僧寺は大和の東大寺を総国分寺とし、尼寺は法華寺を総国分尼寺とした。

こく-も【国母】名詞 ❶**天皇の母。皇太后**。▼国王の母の意から。❷**皇后**。▼国民の母の意から。◆「こくぼ」「くにのはは」とも。

参考 ❷は、誤った用法が定着したもの。

ごく-らく【極楽】名詞 ❶「極楽浄土」の略。対地獄。❷「極楽往生」の略。死んで極楽浄土に生まれかわること。源氏物語 平安―物語 明石「入道もごくらくの願ひをば忘れて」訳(明石の)入道も極楽往生の願いを忘れて。❸非常に安楽な境遇のたとえ。◆❶❷は仏教語。❸は江戸時代の語。

ごくらく-じゃうど【極楽浄土】名詞 仏教語。阿弥陀如来のいる世界。現世の世界(＝「穢土」)から西方に十万億土離れたかなたにあるという。楽しみのみがあって苦悩がなく、清らかで平和な理想の世界とされる。死後、阿弥陀如来に救われた人がここに往生するとされる。西方浄土。極楽。対地獄。

こ-ぐら・し[1]【小暗し】形容詞ク〈(く)・から／く・かり／し／き・かる／けれ／かれ〉**薄暗い**。更級 平安―日記 東山なる所「二十余日の暁がたの月、いみじくあはれに、山の方はこぐらく」訳二十日過ぎの夜明け方の月がたいそう趣深く、山の方は薄暗く。◆「こ」は接頭語。

こ-ぐら・し[2]【木暗し】形容詞ク〈(く)・から／く・かり／し／き・かる／けれ／かれ〉**木が茂っていて、あたりが暗い**。源氏物語 平安―物語 若紫「荒れたる家の、木立いとものふりてこぐらう見えたるあり」訳荒れている家で、庭の木立がどことなくたいそう年数を経て、木の茂みで暗く見えている所がある。◇「こぐらう」はウ音便。

こ-くわじゃ【小冠者】名詞 **若者**。元服を済ませたばかりの少年。「こくわんじゃ」とも。◆「こ」は接頭語。

こ-くわんじゃ【小冠者】名詞「こくわじゃ」に同じ。

こけ[1]【苔】名詞 ❶湿地や岩・木などにへばりついて生える植物の総称。❷苔の一種、さるおがせ。

こ-け[2]【虚仮】名詞 ❶仏教語。**偽り**。外面と内心とに相違があること。❷**浅薄**。うわべだけで、考えが浅いこと。無名抄 鎌倉―論 静縁こけ歌事「『泣かれぬる』といふ詞こそ、あまりこけ過ぎて」訳「泣かれぬる(＝自然と泣けてしまう)」という言葉は、あまりに浅薄がすぎて。

❸愚かなこと。また、そのような人。

ご-け【後家】名詞 ❶**未亡人。寡婦**。❷対で使うもので片方が欠け、残った側のこと。片割れ。◇多くは名詞の上につき、熟語として使う。「ごけざや(鞘)」など。

ご-けい[1]【五刑】名詞 罪人に対する五種の刑罰。日本では律令制で「笞(＝むち打ち)」「杖(＝杖で打つ)」「徒(＝懲役)」「流(＝流刑)」「死(＝死刑)」の五種類とし、江戸時代まで続いた。◆もとは古代中国に始まる五つの刑罰。

ご-けい[2]【御禊】名詞 天皇が即位後、十一月の大嘗会に先立ち十月下旬に行われる賀茂川での「禊」の儀式。また、伊勢の斎宮、賀茂の斎院が神事の前に賀茂川で行う禊の儀式。▼天皇のものは大規模であった。

こ-け・なり【虚仮なり】形容動詞ナリ〈なら／なり・に／なり／なる／なれ／なれ〉**愚かだ。あさはかだ。意味の浅い**。

ご-けにん【御家人】名詞 ❶鎌倉時代の、将軍直属の家臣。▼直属の家臣が、将軍を尊敬するために自称として用いたもの。❷江戸時代の、将軍家の直参(＝直属の家臣)のうち、将軍に謁見する資格を持たない(これを「御目見得以下」という)下級の家臣。

こけ-の-ころも【苔の衣】連語 ❶表面を覆っているこけ。衣に見立てていう。❷こけで作ったような粗末な衣服。俗世を捨てている僧・隠者などの衣服。宇津保 平安―物語 吹上・下「木の皮、こけのころもを着て」訳木の皮や、こけで作ったような粗末な衣服を着て。

こけ-の-した【苔の下】連語 苔むした地の下。墓の下。草葉の陰。新古今 鎌倉―歌集 雑下「こけのしたにいつしか朽ちむ名こそ惜しけれ」訳(この古寺の)墓の下にいつか(埋もれるわが身だが)朽ちていくだろうわが名も惜しまれる。

こけ-の-したみづ【苔の下水】連語 苔の下を流れる水。新古今 鎌倉―歌集 春上「こけのしたみづ道求むらむ」訳(氷がとけて)苔の下を流れる水となって(流れ出るべき)道を求めていることだろう。

こけ-の-たもと【苔の袂】連語 俗世を捨てている僧・隠者などの衣服。古今 平安―歌集 哀傷「皆人は花の衣になりぬなりこけのたもとよ乾きだにせよ」訳⇩

みなひとは…。

こけ-の-むしろ【苔の筵】 連語 敷物のように苔むした地。また、旅人や隠者などが使う粗末な敷物。徒然 鎌倉―随筆 五四「ありつるこけのむしろに並なみゐて」訳先程の(破子わりごを隠しておいた)敷物のように苔むしたところに並びすわって。

こけ-む-す【苔生す・苔産す】 自動詞サ四{さ/し/す/す/せ/せ} こけが生える。▼長い年月を経るなどの意を暗に示すことも多い。万葉集 奈良―歌集 三二二八「思ひ過ぎめやこけむすまでに」訳思わなくなることがあろうか、苔が生えるまでも長く。

こけ-ら【杮】 名詞 ❶木材の削りくず。こっぱ。❷檜ひの・杉などを薄く削った板。そぎ板。◇屋根を葺ふくのに使う。

こ-こ【此処】 代名詞 ❶**この場所。ここ。**▼近称の指示代名詞。徒然 鎌倉―随筆 四一「『ここへ入らせ給たまへ』とて、所を去りて呼び入れ侍はべりにき」訳「この場所にお入りください」と言って、そこを立ち去って(私を)呼び入れました。❷**この国。日本。**▼近称の指示代名詞。土佐日記 平安―日記 二・九「唐土もろこしもここも、思ふことに耐へぬときのわざとか」訳(うたは)唐の国でもこの国でも、思うことに堪えられないときの(気持ちを表す)技芸とか。❸**この世。現世。**▼近称の指示代名詞。源氏物語 平安―物語 御法「ここながら勤め給たまはむほどは」訳この世にいながら仏道修行をなさる間は。❹**このこと。この点。**▼近称の指示代名詞。万葉集 奈良―歌集 一六二九「なにすとか一日一夜ひとひひとよも離さかりゐて嘆き恋ふらむここ思へば胸こそ痛き」訳どうして一日一晩でも離れていて、嘆き恋しく思っているのだろうか。このことを思うと胸が痛いよ。❺**自分。私。**▼自称の人称代名詞。「…に」の形で使われることが多い。竹取物語 平安―物語 かぐや姫の昇天「ここにも心にもあらでかくまかるに、昇らむをだに見送り給たまへ」訳自分も不本意ながらこうして(月の世界に)おいとまするのだから、せめて天に昇るのだけでもお見送りください。❻**あなた。**▼対称の人称代名詞。「…に」の形で使われることが多い。源氏物語 平安―物語 紅梅「ここに、御消息せうそこやありし」訳あなたからお手紙をお上げなされたのですか。参照▼文脈の研究 ここ。❼**この方。こちらの方。**▼他称の人称代名詞。落窪物語 平安―物語 二「ここに胸病み給たまふめり。物の積みかと、かいさぐり薬なども参らせ給へ」訳この方が胸を病んでおいでのようだ。胸のもたれかと、診察して薬など差し上げてください。

ご-ご【御後】 名詞「後ろ」の尊敬語。天皇や神がいらっしゃる宮殿や神社の後ろ。特に、紫宸殿ししんでんの賢聖障子けんじょうじの北側の広廂ひろびさしをいう。

***ごこう【五更・御幸】** ⇨ごかう

ここ-かしこ【此処彼処】 代名詞 **あちらこちら。**徒然 鎌倉―随筆 五四「うれしと思ひて、ここかしこ遊びめぐりて」訳うれしく思って、あちらこちら遊び回って。

こ-こく【胡国】 名詞 古代中国の北方にあった異民族の国。

ご-こく【五穀】 名詞 ❶五種類の主要穀物。米・麦・黍きび(または稗ひえ)・粟あわ・豆。▼一説に、米・麻・粟・麦・豆とも。「いつくさのたなつもの」とも。❷穀物の総称。竹取物語 平安―物語 蓬萊の玉の枝「ごこく断ちて」訳食べ物をやめて。

ここ・し【子子し】 形容詞シク{(しく)・しかり/し/しき・しかる/しけれ/しかれ} ❶**子供っぽい。あどけない。**堤中納言 平安―物語 はいずみ「貴あてにここしき人」訳上品で、小柄な、あどけない人。対大人大人おとなおとなし。❷**おおらかだ。おっとりしている。**源氏物語 平安―物語 少女「ここしう美しげなることは」訳おっとりしていてかわいらしいことは。◇「ここしう」はウ音便。

こご・し 形容詞シク{(しく)・しかり/し/しき・しかる/しけれ/しかれ} **ごつごつしている。(岩が)ごつごつと重なって険しい。**万葉集 奈良―歌集 三〇一「岩が根のこごしき山を越えかねて」訳岩石の険しい山を越えられなくて。◆奈良時代以前の語。

ここ-だ【幾許】 副詞 ❶**こんなにもたくさん。こうも甚だしく。**▼数・量の多いようすを表す。万葉集 奈良―歌集 九二四「み吉野の象山きさやまの際まの木末こぬれにはここだも騒く鳥の声かも」訳

文脈の研究 ここ

『竹取物語』「かぐや姫の昇天」に、次のような条がある。

かぐや姫のいはく、
「月の都の人にて父母あり、かた時の間とて(わずかな間といって)、かの国よりまうで来しかども(月の国からやって参りましたが)、かくこの国には(このようにこの国で)あまたの年を経ぬるになむありける。かの国の父母のこともおぼえず。ここには、かく久しき遊びきこえて、慣らひ奉れり(お親しみ申し上げました)。いみじからむ心地もせず((故郷)へ還るといっても嬉しい気持ちもいたしません)。悲しくのみある。されど、おのが心ならず(私の心ではどうにもならず)まかりなむとする。」
といひて、もろともにいみじう泣く。

月の都にほんとうの父母があるのに、思い出さないし、月の都に還る時が近いのに、うれしく思わない、お別れが悲しいばかりなのです……と語って、翁とともに泣きじゃくるかぐや姫。この文脈中に見える「ここには、かく久しく遊びきこえて、慣らひ奉れり」の「ここ」は、場所(＝この国)ではなく、月の都の実父母への思いとの対比から、「あなた」「あなたがた」の意の二人称代名詞と解析できる。参照▼文脈の研究 なでふことのたまふぞ(前文)。

⇩みよしののきさやまのま…。❷こんなにも。たいへんに。たいそう。▼程度の甚だしいようすを表す。[万葉集 奈良―歌集] 三三七三「多摩川に晒す手作りさらさらに何そこの児のここだ愛しき」[訳]⇩たまがはに…。◆奈良時代以前の語。

ここだ-く【幾許】[副詞]「ここだ」に同じ。[万葉集 奈良―歌集] 四〇一九「ここだくも繁き恋かも」[訳]こんなにもつのる恋であることか。◆奈良時代以前の語。

ここ-ち【心地】[名詞]
❶**気持ち。気分。**[竹取物語 平安―物語] かぐや姫の昇天「荒れも戦はで、ここちただ痴れに痴れてまもりあへり」[訳](武士たちは)荒々しく戦うこともしないで、気持ちがただもうぼんやりとなって(お互いに)見つめあっていた。
❷**心。心構え。考え。**[枕草子 平安―随筆] 虫は「さるここちに道心おこして、つき歩くらむよ」[訳]そんな(米つき虫の)心にも仏道を求める心を起こして、頭を下げて歩き回っているのだろうよ。
❸**感じ。ようす。気配。**[源氏物語 平安―物語] 帚木「なよ竹のここちして、さすがに折るべくもあらず」[訳]しなやかな竹のような感じがして、いくらなんでも折ることができそうもない。
❹**病気。**気分が悪いこと。[落窪物語 平安―物語] 三「中納言忽ちに御ここちも止みてめでたし」[訳]中納言はたちまちご病気も治り、喜ばしいことだ。

ここち-あし-み-・す【心地悪しみす】[連語]
[なりたち] 名詞「ここち」＋形容詞「あ(悪)し」の語幹＋接尾語「み」＋サ変動詞「す」
気分がすぐれないと訴える。[土佐日記 平安―日記] 一・九「翁人一人、専女一人、あるが中にここちあしみして」[訳]老翁一人、老女一人が、一行の中で気分が悪いと訴えて。

ここち-たが・ふ【心地違ふ】[連語] **気分が悪くなる。気持ちが乱れる。**気分がいつもと違う。[源氏物語 平安―物語] 総角「ここちたがひて、いと悩ましうおぼえ給ふ」[訳]気分が悪くなって、ひどく苦痛にお感じになる。◆「たがふ」はハ行四段活用の動詞。

ここち-つ・く【心地付く】[連語]
❶**物心がつく。**[蜻蛉 平安―日記] 下「大きなりや、ここちつきにたりや」[訳](そこにいる子は)大きくなったか、物心はついたか。
❷**意識が戻る。**[義経記 室町―物語] 七「北の方御ここちつきて」[訳](死んでしまったと思われた)北の方は御意識が戻って。

ここち-な・し【心地無し】[形容詞]ク
思慮が浅い。分別がない。不注意である。[源氏物語 平安―物語] 椎本「ここちなからぬものに宮も思して」[訳]思慮が浅くはない者と宮(＝八の宮)もお思いになって。

ここち-まど・ふ【心地惑ふ】[連語] **心が乱れる。心が迷う。すっかり落ち着きがなくなる。**[伊勢物語 平安―物語] 一「思ほへずふる里にいとはしたなくてありければ、ここちまどひにけり」[訳]思ってもみなかったことに(さびれた)旧都にたいそう不似合いなようすで(美しい姉妹が)いたので、(男は)心が乱れてしまった。

ここち-ゆ・く【心地行く】[連語] **気持ちが晴れ晴れする。**[紫式部 平安―日記] 寛弘五・一〇・一六「遣り水、ここちゆきたるけしきして」[訳]庭に引き入れた小川が、(見ると)気持ちの晴れ晴れとしているようすで。

ここちよ-がほ【心地良顔】[名詞] **気持ちよさそうな表情。満足そうなようす。**

ここちよ-げ・なり【心地良げなり】[形容動詞]ナリ **気分がよさそうだ。満足なようすだ。**[源氏物語 平安―物語] 明石「京よりも御迎へに人々参り、ここちよげなるを」[訳]都からも(源氏を)お迎えに人々が参上して、(皆)満足そうなようすだが。◆「げ」は接尾語。

ここ-な【此処な】
[一][連体詞] ❶**ここにある。ここにいる。**[萩大名 室町―狂言]「ここな人は身共をおなぶりやるか」[訳]ここにいる人は私をおいじめになるか。❷**この。**▼人をののしってさす語。[武悪 室町―狂言] 狂言「やい、ここなうろたへ者」[訳]やい、このあわて者め。
[二][感動詞] **これはこれは。**▼意外な事にであい、驚いて発する語。[千切木 室町―狂言] 狂言「ここな、びっくりとしたが」[訳]これはこれは、びっくりしたが。

ここ-ながら【此処ながら】[連語]
[なりたち] 代名詞「ここ」＋接続助詞「ながら」
ここにいる状態のままで。ここにいながら。[大和物語 平安―物語] 一四七「あるはここながら、そのいたつきかぎりなし」[訳]お一人はこの土地にいながら、その苦労はひととおりでない。

ここ-なる【此処なる】[連語]
[なりたち] 代名詞「ここ」＋断定(存在)の助動詞「なり」の連体形
ここにある。ここにいる。[枕草子 平安―随筆] 正月一日は「ここなる物取りはべらむ」[訳]ここにあるものを取りましょう。
[参考]「ここなる」の変化した語。江戸時代の語。

*ここ-に【此に・茲に】
[一][副詞] **このときに。この場合に。目の前に。**[徒然 鎌倉―随筆] 一三四「命を終ふる大事、今ここに来たれりと」[訳]命の終わるという大事が、いま目の前に来ているということを。
[二][接続詞] **さて、そこで。**▼前の話を受けて、次の話を言い起こす語。[土佐日記 平安―日記] 二・九「ここに人々のいはく、『これ、昔名高く聞こえたるところなり』」[訳]そこで、人々がいうのは、「これは昔有名であった所である」。

ここぬ-か【九日】[名詞] ❶**月の第九日目。**特に、陰暦九月九日の「重陽の節句」のこと。❷**九日間。**❸生後九日目。◇夜、「産養ひ」をする。◆「ここのか」とも。

ここぬか-の-えん【九日の宴】[連語] 陰暦九月九日に催される観菊の宴。「重陽の宴」とも。

ここの-かさね【九重】[名詞]「ここのへ」に同じ。◆漢語「九重」を訓読した語。

ここの-しな【九品】[名詞] 仏教語。「くほん」に同じ。「九品」を訓読した語。

ここのそ-ぢ【九十】[名詞] **九十。九十歳。**◆「そ」は「十」の意。「ぢ」は接尾語。

ここの-つ【九つ】[名詞] ❶**数の名。九。**❷**九歳。**❸時刻の一つ。午前または午後十二時ごろ。九つ時。

*ここの-へ【九重】[名詞] ❶(ものが)九つ重なってい

ること。また、幾重にも重なっていること。❷宮中。皇居。内裏(だいり)。〔詞花 平安-歌集〕春「いにしへの奈良(なら)の都の八重桜(やへざくら)けふここのへににほひぬるかな」〔訳〕⇩いにしへの…。❸(皇居のある)都。帝都。

ここ-ば【幾許】〔副詞〕**甚だしく。たいそう。こんなにも。**〔万葉集 奈良-歌集〕三五一七「心に乗りてここばかなしけ」〔訳〕心にのりうつってこんなにも悲しいのか。◆奈良時代以前の語。

ここば-く【幾許】〔副詞〕「ここば」に同じ。〔万葉集 奈良-歌集〕三九九一「ここばくも見(み)の清(さや)けきか」〔訳〕こんなにも景色がすがすがしいことか。◆「く」は副詞を作る接尾語。奈良時代以前の語。

ここ-もと【此処許】〔代名詞〕

❶**この近く。この辺り。**▼近称の指示代名詞。〔源氏物語 平安-物語〕須磨「枕(まくら)をそばだてて四方(よも)の嵐(あらし)を聞き給(たま)ふに、波ただここもとに立ちくる心地して」〔訳〕(源氏は)枕から頭を上げて耳を澄ましてあたりを激しく吹く風をお聞きになると、波がすぐこの近くに寄せてくるような気がして。

❷**自分の方。私のところ。**▼自称の人称代名詞。〔源氏物語 平安-物語〕総角「ここもとに、ただ一言聞こえさすべきことなむ侍(はべ)るを」〔訳〕自分の方には、ただ一言申し上げなければならないことがございますが。

ここ-ら【幾許】〔副詞〕

語義の扉

奈良時代以前の「ここだ」に代わって平安時代以降に用いられた語で、用言を修飾するほか、格助詞「の」を伴って連体修飾語となり、程度・数量などのはなはだしいさまを表す語。⇩そこら

❶(数量)たくさん。数多く。
❷(程度)こんなにひどく。たいそう。はなはだしく。こんなに。

❶(数量)**たくさん。数多く。**〔徒然 鎌倉-随筆〕一三七「かの桟敷(さじき)の前をここら行き交ふ人」〔訳〕あの桟敷の前をたくさん行ったり来たりする人。

❷(程度)**こんなにひどく。たいそう。はなはだしく。こんなに。**〔古今 平安-歌集〕秋上「もみぢ葉の散りてつもれるわが宿に誰(たれ)をまつ虫ここら鳴くらむ」〔訳〕紅葉した葉が散り積もっている私の家に、だれを待つといって、松虫がこんなにしきりに鳴いているのだろうか。〔竹取物語 平安-物語〕貴公子たちの求婚「我が子の仏、変化の人と申しながら、ここら大きさまで養ひたてまつる心ざしおろかならず」〔訳〕私大切な人よ、あなたは変化の人と申しますけれども、こんな大きさになるまで養い申し上げている私の気持ちは一通りではありません。

こころ【心・情】〔名詞〕

❶**精神。心。気立て。**〔伊勢物語 平安-物語〕二「その人、かたちよりはこころなむまさりたりける」〔訳〕その女は、容貌(ようぼう)よりは気立てがすぐれていた。

❷**意識。感情。気分。精神状態。**〔古今 平安-歌集〕春上・〔伊勢物語 平安-物語〕八二「世の中にたえて桜のなかりせば春のこころはのどけからまし」〔訳〕⇩よのなかにたえてさくらの…。

❸**情け。思いやり。情愛。**〔万葉集 奈良-歌集〕四四八二「堀江越え遠き里まで送り来(け)る君がこころは忘らゆましじ」〔訳〕堀江を越えて、遠い里まで見送りに来てくれたあなたの思いやりは忘れられないだろう。

❹**意志。意向。望み。**〔竹取物語 平安-物語〕貴公子たちの求婚「おのがなさぬ子なれば、こころにも従はずなむある」〔訳〕私が生んだのではない子なので、(かぐや姫は私の)意向にも従わないでいる。

❺**判断。思慮。考え。**〔土佐日記 平安-日記〕一・九「夜更けて、西東も見えずして、天気(てけ)のこと、楫取(かぢとり)のこころに任せつ」〔訳〕夜が更けて、西も東もわからなくて、天候のことは船頭の判断にゆだねてしまった。

❻**真の意味。本質。道理。**〔古今 平安-歌集〕仮名序「この歌、いかにいへるにかあらむ、そのこころ得がたし」〔訳〕この歌は、どのようなことを詠んでいるのだろうか、その真の意味がつかみにくい。

❼**趣向。趣。**〔源氏物語 平安-物語〕帚木「九日の宴(えん)に、まづ難き詩のこころを思ひめぐらし」〔訳〕九月九日の重陽(ちょうよう)の宴に、まずむずかしい漢詩の趣向を思いめぐらして。

❽**中心。最も深い部分。**〔源氏物語 平安-物語〕桐壺「池のこころ広くしなして、めでたく造りののしる」〔訳〕池の中心を広く作り上げて、見事なまでに大騒ぎして造りあげる。

こころ-あがり【心上がり】〔名詞〕**思い上がり。高慢になること。**〔枕草子 平安-随筆〕草は「おもだかは、名のをかしきなり。こころあがりしたらむと思ふに」〔訳〕おもだかは、名前がおもしろい。思い上がりをしているであろうと思うと。

こころ-あくが・る【心憧る】〔連語〕❶**心がひかれ落ち着かなくなる。**〔枕草子 平安-随筆〕鳥は「いみじうこころあくがれ、せむかたなし」〔訳〕とても心がひかれて落ち着かなくなり、どうしようもない。❷**放心状態になる。ぼんやりする。**〔蜻蛉 平安-日記〕上「ただなりしをりはさしもあらざりしを、かくこころあくがれて」〔訳〕ふだんはそうでもなかったが、このように放心状態になって。

*__こころ-あさ・し__【心浅し】〔形容詞〕ク{(く)・から/く・かり/し/き・かる/けれ/かれ}❶**思慮が浅い。あさはかだ。**〔源氏物語 平安-物語〕総角「年ごろ、あなづり聞こえけるこころあさき人々」〔訳〕長年の間、(姫たちを)あなどり申し上げてきたあさはかな人々。❷**情が薄い。薄情だ。**〔源氏物語 平安-物語〕葵「いとこころあさくもとりなし給(たま)ふかな」〔訳〕たいそう薄情にお扱いになることだなあ。〔対〕❶❷心深し。

こころ-あ・し【心悪し】〔形容詞〕シク{(しく)・しから/しく・しかり/し/しき・しかる/しけれ/しかれ}**心根がよくない。性格が悪い。**〔枕草子 平安-随筆〕とり所なきもの「かたちにくさげに、こころあしき人」〔訳〕(とりえのないものは)容貌(ようぼう)も醜く、性格も悪い人。

*__こころ-あて__【心当て】〔名詞〕**当て推量。あてずっぽう。**〔古今 平安-歌集〕秋下「こころあてに折らばや折らむ初霜の置きまどはせる白菊の花」〔訳〕⇩こころあてに…。

こころあてに…〔和歌〕〔百人一首〕「心あてに 折らばや

折らむ　初霜の　置きまどはせる　白菊の花」古今 平安一歌集 秋下・凡河内躬恒(おほしかふちのみつね) 訳もし折るのなら、当て推量で折ろうか。初霜がおりて、その白さのせいで、(白菊なのか霜なのか)見分けがつかないように人目をまどわせる白菊の花よ。

こころ-あやまり【心誤り】 名詞 ❶心得違い。思い違い。伊勢物語 平安一物語 一〇三「こころあやまりやしたりけむ。親王(みこ)たちのつかひ給(たま)ひける人をあひいへりけり」訳心得違いをしたのだろうか。親王方がお召しになっている人と、恋を語り合ってしまった。❷気分がすぐれないこと。源氏物語 平安一物語 総角「『こころあやまりして煩はしく覚ゆれば』と、」訳「気分がすぐれない状態でめんどうくさく感じられるので」と、(対面なさらない)。❸心が正常でなくなること。乱心。源氏物語 平安一物語 真木柱「いと静かに心よく、子めき給(たま)へる人の、時々こころあやまりして」訳たいそう静かで気立てがよく、子供みたいにおっとりとなされた人なのに、時々心が正常でなくなることがあって。

こころ-あ・り【心有り】 連語

❶情けがある。思いやりがある。万葉集 奈良一歌集 一八「三輪山(みわやま)をしかも隠すか雲だにもこころあらなも隠さふべしや」訳⇨みわやまを…。

❷情趣を解する。風流心がある。後拾遺 平安一歌集 春上「こころあらむ人に見せばや津の国の難波(なには)わたりの春のけしきを」訳情趣を解するような人がいたら、その人にぜひみせたい。この摂津(せっつ)の国の難波周辺の春の景色を。

❸分別がある。道理をわきまえている。徒然 鎌倉一随筆 五九「少しこころある際(きは)は、皆このあらましにてぞ一期(ご)は過ぐめる」訳少々分別がある程度(の人)は、皆この(出家の)計画をするだけで、一生は過ぎてしまうようだ。

❹裏切る心がある。下心がある。古今 平安一歌集 恋四「絶えず行く飛鳥(あすか)の川の淀(よど)みなばこころあるとや人の思はむ」訳絶えず流れて行く飛鳥川の水がよどむならば(=私の通うことがとどこおったら)、裏切る心があるとあなたは思うだろうか。

***こころ-ある-もの【心有る者】** 連語 物の道理をわきまえた人。思いやりのある人。土佐日記 平安一日記 一二・二三「こころあるものは恥ぢずになむ来ける」訳物の道理をわきまえた人は(世間体など)気にせずに(送別に)やってきたのである。

こころ-あわたた・し【心慌たたし】 形容詞シク {(しく)・しから/しく・しかり/し/しき・しかる/しけれ/しかれ} 気ぜわしい。落ち着かない。「こころあわただし」とも。徒然 鎌倉一随筆 三〇「狭(せば)き所にあまたあひ居て、後のわざども営みあへる、こころあわたたし」訳狭い所に大勢一緒にいて、死後の仏事を行うのは、落ち着かない。

こころ-いき【心意気】 名詞 ❶心持ち。❷気立て。性格。❸意地。気持ちの張り。❹気どり。つもり。❺歌舞伎(かぶき)で、俳優が無言のまま身振りなどで心ばえを見せること。◆江戸時代の語。

こころ-いきほひ【心勢ひ】(ココロイキオイ) 名詞 気力。気迫。伊勢物語 平安一物語 四〇「人の子なれば、まだこころいきほひなかりければ、とどむるいきほひなし」訳親がかりの身なので、まだ(さからう)気力がなかったので、(女を)止める力がなかった。

こころ-いられ【心苛られ・心焦られ】 名詞 心がいらいらすること。焦燥。枕草子 平安一随筆 くるしげなるもの「こころいられしたる人。」訳心がいらいらしている人。

こころ-い・る【心入る】 連語 ❶〔「入る」が自動詞四段活用の場合〕心が深くひきつけられる。熱中する。源氏物語 平安一物語 末摘花「かの紫のゆかり尋ね取り給(たま)ひては、そのうつくしみにこころいり給ひて」訳あの藤壺(ふぢつぼ)の縁をひく人(=紫の上)を捜し出して引き取りなさってからは、その方をかわいがることに熱中なさって。❷〔「入る」が他動詞下二段活用の場合〕心を尽くす。紫式部 平安一日記 消息文「書(ふみ)にこころいれたる親は」訳学問に気を入れていた(父)親は。

こころ-いれ【心入れ】 名詞 ❶心がけ。心遣い。好意。❷熱中。心を打ちこむこと。

こころ-・う【心得】 自動詞ア下二 {え/え/う/うる/うれ/えよ}

❶理解する。事情を知る。さとる。竹取物語 平安一物語 かぐや姫の昇天「宮仕へ仕(つか)うまつらずなりぬるも、かく煩はしき身にて侍(はべ)れば、こころえず思(おぼ)し召されつらめども」訳帝(みかど)にお仕え申し上げないままになってしまったのも、このように面倒な身の上でございますので、納得いかないことと(きっと)お思いあそばされたことでしょうけれど。

❷精通する。心得がある。徒然 鎌倉一随筆 七九「よろづの道にこころえたるよしのさしいらへはすれ」訳どんなことにも心得があるといった受け応えはするものだ。

❸引き受ける。承知する。末広がり 室町一狂言 狂言「『まづそれにお待ちやれ』『こころえました』」訳まあそこでお待ちください」「承知しました」。

こころう-が・る【心憂がる】 自動詞ラ四 {ら/り/る/る/れ/れ} 情けなく思う。うんざりする。嫌悪感を覚える。宇治拾遺 鎌倉一説話 一三・八「『何しに殺し給(たま)へるぞ』とこころうがれど」訳「どうして殺しなさったのか」と(妻は)嫌悪感を覚えたけれど。

こころ-うご・く【心動く】 連語 心が引きつけられる。感動する。動揺する。源氏物語 平安一物語 蛍「はかなしごとと知りながら、いたづらにこころうごき」訳つまらない事と知りながらも、わけもなく感動し。

こころ-う・し【心憂し】 形容詞ク {(く)・から/く・かり/し/き・かる/けれ/かれ}

❶情けない。つらい。心苦しい。源氏物語 平安一物語 若紫「罪得(う)ることぞと常に聞こゆるを、こころうく」訳(すずめを捕らえることは)仏罪になることですよ、といつも申し上げているのに、(お聞き入れにならないで)情けなく。

❷不快だ。あってほしくない。大和物語 平安一物語 一四九「かぎりなく妬(ねた)くこころうしと思ふを、忍ぶるになむありける」訳この上なくいまいましく不快だと思っているのを、じっと我慢しているのであった。参照▶類語と使い分け⑲

こころ-う・す【心失す】 連語 気が動転する。失神する。気を失う。宇治拾遺 鎌倉一説話 二・一〇「こころもうせて、われにもあらでつい居(ゐ)られぬ」訳気も動転して、うわの空で思わずひざまずいてしまった。

***こころ-うつく・し**【心愛し】形容詞シク｛(しく)・しから／しく・しかり／し／しき・しかる／しけれ／しかれ｝**素直だ。性格が良い。**源氏物語 平安ー物語 末摘花「『こころうつくしきこそ』など教へ聞こゆれば」訳「(女は)素直なのが(なによりでございます)」などと教え申し上げるので。

こころ-うつ・る【心移る】連語 **心変わりする。**(他のものに)**心がひかれる。**源氏物語 平安ー物語 横笛「人のこころうつるばかりの故由(ゆゑよし)をも」訳男が心をひかれるほどの情趣あるようすをも。

こころ-え【心得】名詞 ❶何か事にあたるときに、知っているべきこと。**理解。たしなみ。** ❷**取り計らい。心配り。**

こころえ-がほ【心得顔】ココロエガオ 名詞 わかっているような表情やようす。

こころえ-がほ・なり【心得顔なり】ココロエガオナリ 形容動詞ナリ｛なら／なり・に／なり／なる／なれ／なれ｝**理解しているようすだ。心得ている表情だ。**源氏物語 平安ー物語 浮舟「御返り事をこころえがほに聞こえむもいと慎(つつ)まし」訳(いただいた歌の内容を)理解しているようにご返事を申し上げるのもたいそう気がひける。

こころえ-・ず【心得ず】連語 なりたち 動詞「こころう」の未然形＋打消の助動詞「ず」

納得できない。理解できない。徒然 鎌倉ー随筆 一七五「世にはこころえぬ事のおほきなり」訳世の中には理解できないことが多いものだ。

こころえ-そ・ふ【心得添ふ】ココロエソウ 連語 **新たに解釈を付け加える。**徒然 鎌倉ー随筆 一九四「なほわづらはしく虚言(そらごと)をこころえそふる人あり」訳その上うるさいほどうそを付け加える人がいる。

***こころ-おきて**【心掟】名詞 ❶**心構え。気配り。**大鏡 平安ー物語 時平「御こころおきても、ことの外に賢くおはします」訳(道真(みちざね)公は)お心構えも、格別にすぐれていらっしゃる。❷**心に思い決めたこと。意向。**源氏物語 平安ー物語 蓬生「親のもてかしづき給(たま)ひし御こころおきてのままに」訳親が大切にお育てになったご意向のとおりに。

***こころ-お・く**【心置く】自動詞カ四｛か／き／く／く／け／け｝❶**心を残す。気にかける。**源氏物語 平安ー物語 澪標「故御息所(みやすんどころ)のいとうしろめたげにこころおき給(たま)ひしを」訳亡き(六条)御息所が、ひどく不安そうに、気にかけなさったことを。❷**気を遣う。気兼ねする。**徒然 鎌倉ー随筆 三七「ともある時、我にこころおき」訳ちょっとした時、私に気兼ねをし。❸**気をつける。用心する。**源氏物語 平安ー物語 若菜下「さぶらふ人にこころおき給(たま)ふ事もなくて」訳(高貴な人は、自分に)仕える人に気をつけなさることもなくて。

こころ-おく・る【心後る】自動詞ラ下二｛れ／れ／る／るる／るれ／れよ｝❶**気がきかない。頭の働きが劣る。**源氏物語 平安ー物語 帚木「推(お)しはからず詠み出(い)でたる、なかなかこころおくれて見ゆ」訳(事情を)察することもしないで、(歌を)詠み出したのは、どうも気がきかないように見える。❷**気おくれする。気が弱る。**源氏物語 平安ー物語 梅枝「あやしうこころおくれても進み出(い)でつる涙かな」訳妙に気が弱って、ひとりでに流れでてしまう涙よ。参考 ❶は、多く「て」「たり」を伴って状態の継続する意を表す。

こころ-おくれ【心後れ】名詞 ❶**心の働きが劣っていること。愚かなこと。**徒然 鎌倉ー随筆 一三四「貌(かたち)見にくく、こころおくれにして出(い)で仕へ」訳顔かたちが醜く、思慮のたりない身で出仕して。❷**心がひるむこと。気おくれ。**

***こころ-おごり**【心驕り】名詞／ーす自動詞サ変 **得意になること。思い上がること。**大鏡 平安ー物語 頼忠「我ながらこころおごりせられしとのたまふなる」訳我ながら自然と得意になった、と仰せになったそうだ。

こころ-おそ・し【心鈍し】形容詞ク｛(く)・から／く・かり／し／き・かる／けれ／かれ｝**気がきかない。**源氏物語 平安ー物語 蓬生「さやうのことにもこころおそくて物し給(たま)ふ」訳そのような(趣味の)ことにも気がきかなくていらっしゃる。対心疾(と)し。

***こころ-おとり**【心劣り】名詞／ーす自動詞サ変 **思っていたよりも劣っていると感じられること。幻滅。**徒然 鎌倉ー随筆 一「めでたしと見る人の、こころおとりせらるる本性(ほんじやう)見えんこそ、口惜しかるべけれ」訳すばらしいと思う人が、思っていたよりも見劣りされる生まれつきの性格を見せたとしたら、それは残念なことに違いない。対心勝(まさ)り。

こころ-おも・し【心重し】形容詞ク｛(く)・から／く・かり／し／き・かる／けれ／かれ｝**思慮深い。**紫式部 平安ー日記 消息文「すぐれてをかしうこころおもく」訳すばらしく情趣があって、思慮深く。対心軽し。

こころ-およ・ぶ【心及ぶ】連語 **思い及ぶ。気が付く。心が行き届く。**宇治拾遺 鎌倉ー説話 八・四「さらに我もこころもおよばず」訳全然、私も思いも及ばない。源氏物語 平安ー物語 藤裏葉「こころおよばぬこと、はたをさをさなき人の」訳心の行き届かないことは、まあほとんどない人の。

こころ-か・く【心掛く・心懸く】他動詞カ下二｛け／け／く／くる／くれ／けよ｝**気にかける。いつも思う。思いをかける。**源氏物語 平安ー物語 空蟬「『母屋(もや)の中柱(なかばしら)にそばめる人や、わがこころかくる』と、まづ目とどめ給(たま)へば」訳「母屋の中柱の所で横を向いている人が、自分の気にかけている(人か)」と、まっさきに注意してご覧になると。

こころ-かしこ・し【心賢し】形容詞ク｛(く)・から／く・かり／し／き・かる／けれ／かれ｝**賢明だ。利発だ。気がきく。**今昔物語 平安ー説話 二八・三八「もとより御こころかしこくおはします人は、かかる死ぬべききはみにも御心を騒がさずして」訳もともとご賢明でいらっしゃる人は、このような死に直面した場合でもお気を動転させることなく。

こころ-がはり【心変はり】ココロガワリ 名詞 ❶**変心。**気持ちが他に移ること。❷**発狂。**気が狂うこと。

こころ-がまへ【心構へ】ココロガマエ 名詞 **心の準備。覚悟。あらかじめ持っている考え。心づもり。**源氏物語 平安ー物語 若紫「残りの齢(よはひ)ゆたかに経(ふ)べきこころがまへも」訳余生を豊かに過ごせるはずの心づもりも。

1**こころ-から**【心から】連語 **自分の心から起こって。**枕草子 平安ー随筆 御前にて人々とも「こころから思ひ乱るる事ありて」訳自分の心から起こって煩悶(はんもん)することがあって。◆「から」は格助詞。

2**こころから…** 和歌「心から 常世(とこよ)を捨てて 鳴く雁(かり)を 雲のよそにも 思ひけるかな」源氏物語 平安ー物語

須磨 訳 自分から故郷の常世（仙郷＝仙人の住む所）を捨てて旅の空に鳴く雁を、今までは他人事だと思っていたことでした（都を後にした今の私には、ひどく感慨深く聞こえます）。

鑑賞 須磨に退去し秋を迎えた源氏が、初雁の音を聞いて望郷の念を歌に詠んだのに対して、付き添ってきた、民部大輔惟光が詠んだ歌。自分を雁に重ね合わせている。渡り鳥の「雁」は、この世ならぬ常世から、飛来すると思われていた。

こころから…[3] 俳句「心から 信濃の雪に 降られけり」文化句帖 江戸一論 俳諧・一茶 訳 はるばるやって来た故郷だが、人々に冷たくされ、今去ろうとしている。折からの雪に降られて、心の底まで冷え切ってしまったことだ。

鑑賞 遺産相続の相談で帰郷した折のもの。相談は成功しなかった。季語は「雪」で、季は冬。

こころ-がら【心柄】 名詞 ❶性格。気質。❷心掛けのせい。自業自得。

こころ-かる・し【心軽し】 形容詞ク {(く)・から/く・かり/し/き・かる/けれ/かれ} 軽率だ。思慮が浅い。「こころかろし」とも。伊勢物語 平安一物語 二一「出でていなばこころかるしといひやせむ」訳 もし（私が）出ていってしまったら、軽率だと（人々は）言うだろうか。対 心重し。

こころ-きたな・し【心汚し】 形容詞ク {(く)・から/く・かり/し/き・かる/けれ/かれ} 心が卑しい。純粋でない。通俗的だ。「こころぎたなし」とも。玉勝間 江戸一論 二「おのれ一人見て誇らんとするは、いといとこころぎたなく」訳（世に広めてほしいことなのに）自分だけ見て自慢しようとするのは、非常に心が卑しく。対 心清し。

こころ-ぎは【心際】ココロギワ 名詞 心持ち。心のようす。

こころ-ぎも【心肝】 名詞 ❶心。魂。胸のうち。源氏物語 平安一物語 桐壺「参りては、いとど心苦しう、こころぎもも尽くるやうになん」訳（今は亡き桐壺更衣の里へ）お伺いしてみますと、いよいよ（桐壺更衣の母が）お気の毒で、魂も消え失せるようで。❷考え。思慮。大鏡 平安一物語 道長下「こころぎもなく申すかな」訳 思慮もなく申すものだなあ。◆ほぼ同義の「心」と「肝」を重ねて「こころ」の意を強めた語。

***こころぎも-を-まどは・す【心肝を惑はす】**ココロギモヲマドワス 連語 うろたえ、あわてる。大和物語 平安一物語 一五二「こころぎもをまどはしてもとむるに」訳（大切な鷹に逃げられ）うろたえあわてて探しもとめたが。

***こころ-きよ・し【心清し】** 形容詞ク {(く)・から/く・かり/し/き・かる/けれ/かれ} 心が清らかだ。私欲がない。俗念がない。「こころぎよし」とも。源氏物語 平安一物語 夕顔「今なむ阿弥陀仏の御光も、こころぎよく待たれはべるべき」訳 今こそ阿弥陀仏のお迎えも、心清らかに待つことができましょう。対 心汚し。

こころ-ぐ・し【心ぐし】 形容詞ク {(く)・から/く・かり/し/き・かる/けれ/かれ} 心が晴れない。せつなく苦しい。万葉集 奈良一歌集 一四五〇「こころぐきものにぞありける」訳 せつなく苦しいものであったことだ。

こころ-ぐせ【心癖】 名詞 生まれついての癖。性癖。大鏡 平安一物語 師輔「いと色なる御こころぐせにて」訳 たいそう色好みのご性癖で。

こころ-ぐる・し【心苦し】

形容詞シク {(しく)・しから/しく・しかり/し/しき・しかる/しけれ/しかれ}

❶かわいそうだ。気の毒だ。痛々しい。枕草子 平安一随筆 鳥は「山鳥、友を恋ひて、鏡を見すれば慰むらむ、心若う、いとあはれなり。谷隔てたるほどなど、こころぐるし」訳 山鳥は、仲間を恋しがって、鏡を見せると安心するのだろう、純粋でとてもかわいい。谷を隔てているときなどは、かわいそうだ。⇒類語と使い分け④

❷やりきれない。心に苦しく思われる。徒然 鎌倉一随筆 一八九「易かるべきことはいとこころぐるし」訳 簡単だと思われることは非常に心に苦しく思われる。

こころぐるしが・る【心苦しがる】 他動詞ラ四 {ら/り/る/る/れ/れ} 気の毒に思う。気づかう。更級 平安一日記 物語「かくのみ思ひくんじたるを、心も慰めむとこころぐるしがりて」訳 このようにふさぎ込んでばかりいるので、気持ちを紛らせてやろうと気づかって。◆「がる」は接尾語。

こころぐるしげ・なり【心苦しげなり】 形容動詞ナリ {なら/なり・に/なり/なる/なれ/なれ} 気の毒そうだ。痛々しい。源氏物語 平安一物語 若紫「『御衣はいと萎えて』とこころぐるしげにおぼいたり」訳「御着物がほんとうによれよれになって」と気の毒そうにお思いになる。◆「げ」は接尾語。

こころ-げさう【心化粧・心懸想】ココロゲソウ 名詞 ―す 自動詞サ変（人によく思われようと）言動に気を配ること。心配り。源氏物語 平安一物語 末摘花「正身は何のこころげさうもなくておはす」訳 本人は、何の心配りもなくていらっしゃる。

こころ-ごころ・なり【心心なり】 形容動詞ナリ {なら/なり・に/なり/なる/なれ/なれ} 思い思いだ。源氏物語 平安一物語 総角「こころごころなる世の中なりければ」訳（人々が）それぞれ思い思いな世の中であるから。

こころ-こと・なり【心異なり・心殊なり】 形容動詞ナリ {なら/なり・に/なり/なる/なれ/なれ} ❶格別だ。並々でない。源氏物語 平安一物語 桐壺「この皇子生まれ給ひてのちは、いとこころことに思ほしおきてたれば」訳 この皇子がお生まれになった後は、（帝は桐壺更衣を）たいそう格別にお思い定めになったので。❷（他の人と）心が異なっているようすだ。竹取物語 平安一物語 かぐや姫の昇天「衣着せつる人は、こころことになるなりといふ」訳 衣（＝天の羽衣）を着せた人は、心が常の人間のそれと変わってしまうということです。

こころ-ごは・し【心強し】ココロゴワシ 形容詞ク {(く)・から/く・かり/し/き・かる/けれ/かれ} 強情だ。気が強い。源氏物語 平安一物語 少女「故宮にも、しかこころごはき者に思はれ奉りて」訳 亡くなった父にも、（私は）そのように強情な者に思われ申して。

こころ-さか・し【心賢し】 形容詞シク {(しく)・しから/しく・しかり/し/しき・しかる/しけれ/しかれ} 気持ちがしっかりしている。心強い。竹取物語 平安一物語 かぐや姫の昇天「中にこころさかしき者、念じて射むとすれども」訳（気後れしている護衛の者の）中で気持ちがしっかりしている者が、無理して（天からの使者を）射ようとするけれども。

こころ-ざし【志】

名詞

❶かねてからの考え。意向。伊勢物語 平安一物語 八六

「女のもとに、なほこころざし果たさむとや思ひけむ、男、歌詠みてやれりけり」訳女のところへやはりかねてからの考えを果たそうと思ったのだろうか、男は、歌を詠んでおくった。❷愛情。好意。誠意。徒然 鎌倉―随筆 一四二「孝養の心なき者も、子持ちてこそ、親のこころざしは思ひ知るなれ」訳親孝行の気持ちのない者も、子供を持ってはじめて、親の愛情は身にしみて知るのである。❸お礼の贈り物。謝礼。土佐日記 平安―日記 二・一六「いとはつらく見ゆれど、こころざしはせむとす」訳（相手の態度は）とても薄情にみえるけれど、お礼の贈り物はしようと思う。❹追善供養。蜻蛉 平安―日記 上「わがこころざしをば、仏をぞかかせたる」訳私の追善供養として、仏の絵を描かせたよ。

こころ-ざ・す【志す】他動詞サ四〔さ／し／す／す／せ／せ〕❶目ざす。思い立つ。こころざす。徒然 鎌倉―随筆 一七四「一度道を聞きて、これにこころざさん人」訳一度仏の教えを聞いて、その仏道精進を思い立つような人。❷物を贈る。宇治拾遺 鎌倉―説話 一四・六「故宇治殿に参らせ、また、わたくしの知りたる人々にこころざさんとて」訳故宇治殿に差し上げ、また、私的なことで知っている人々に物を贈ろうと思って。❸追善供養をする。定家卿百首 鎌倉―歌集 謡曲「今日はこころざす日に当たりて候ふほどに」訳今日は追善供養をする日にあたっておりますので。

*__こころ-ざま__【心様】名詞心の持ちざま。気だて。性質。徒然 鎌倉―随筆 一「貌こころざまよき人も」訳顔かたちや気だてのすぐれた人でも。

こころ-さわぎ【心騒ぎ】名詞／―す自動詞サ変動揺すること。心が乱れること。源氏物語 平安―物語 夕霧「さもあらぬなめりと思ほすも、こころさわぎして」訳それ（＝夕霧の来訪）はないようだとお思いになるにも、心が乱れて。

*__こころ-しらひ__【心しらひ】名詞心配り。心づかい。配慮。源氏物語 平安―物語 若菜・下「いとどくはしきこころしらひ添ふも、げにこの道はいと深き人にぞものしたまふめる」訳ますます細やかなお心配りが加わるのも、なるほど、この道にはたいそう知識の深い人でいらっしゃるようだ。

こころ-しら・ふ【心しらふ】自動詞ハ四〔は／ひ／ふ／ふ／へ／へ〕注意する。気配りする。配慮する。栄花物語 平安―物語 月の宴「よろづにこころしらひ聞こえさせ給ふも」訳すべてに心を配り申し上げなさるにつけても。

こころ-しり【心知り】名詞気心や事情を知っていること。また、そういう人。

こころ-しり・なり【心知りなり】形容動詞ナリ〔なら／なり・に／なり／なる／なれ／なれ〕気心や事情をよく心得ている。源氏物語 平安―物語 若菜上「大将はこころしりに、怪しかりつる御簾の透影思ひ出づることやあらむと思ひ給ふ」訳大将は、（柏木の）気心をよく心得ていて、異様であった御簾越しの（女三の宮の）姿を思い出すことがあるのだろうとお察しになる。

こころ-し・る【心知る】連語事情を知る。物事を理解する。源氏物語 平安―物語 末摘花「こころしらぬ人々は、『なぞ、御独り笑みは』と咎めあへり」訳事情を知らない人々（＝女房たち）は、「（源氏は）なぜ、お独り笑いを」と非難し合っている。

*__こころ-・す__【心す】自動詞サ変〔せ／し／す／する／すれ／せよ〕気を配る。注意する。用心する。徒然 鎌倉―随筆 一〇九「軒長ばかりになりて、誤ちすな、こころして下りよと言葉をかけ侍りしを」訳軒の高さほどになって「失敗するな。用心して下りよ」と言葉をかけましたのを。

こころ-すご・し【心凄し】形容詞ク〔（く）・から／く・かり／し／き・かる／けれ／かれ〕とても寂しい。非常に心細い。石山寺縁起 鎌倉―絵「荒ましき風の音もこころすごくおぼえて」訳荒々しい風の音もとても寂しく思われて。

こころ-せば・し【心狭し】形容詞ク〔（く）・から／く・かり／し／き・かる／けれ／かれ〕度量が狭い。他を受け入れられない。玉勝間 江戸―論 四「他説をば、わろしと咎むるをばこころせばく良からぬこととし」訳他の人の考えを、悪いと批判することは度量が狭くよくないことと し。

こころ-そら・なり【心空なり】形容動詞ナリ〔なら／なり・に／なり／なる／なれ／なれ〕うわの空である。他の事に気をとられている。白河紀行 室町―紀行「しるべの者教へはべるに、こころそらにて、駒の足をはやめ急ぐに」訳案内の者が教えておりますのに、うわの空であって、馬の足を早めて急ぐので。

こころ-だか・し【心高し】形容詞ク〔（く）・から／く・かり／し／き・かる／けれ／かれ〕❶気位が高い。思い上がっている。源氏物語 平安―物語 須磨「世に知らず、こころだかくおもへるに」訳（入道は）世の中に例を見ないほど、気位高く思っているので。❷理想や志が高い。源氏物語 平安―物語 行幸「上も下も思ひ及び、いでたつこそこころだかきことなれ」訳身分の高い人も低い人も（寵愛されることに）考えを及ばせて、（宮仕えに）出ようとするのは志が高いことである。◆「こころたかし」とも。

こころ-たしか・なり【心確かなり】形容動詞ナリ〔なら／なり・に／なり／なる／なれ／なれ〕しっかりしている。心強い。竹取物語 平安―物語 火鼠の皮衣「仕うまつる人の中に、こころたしかなるを選びて」訳お仕え申し上げる人の中で、しっかりしているのを選んで。

こころ-たばかり【心謀り】名詞策略。

こころ-だましひ【心魂】名詞❶心。魂。精神。気力。源氏物語 平安―物語 夕霧「こころだましひもあくがれ果てて」訳魂もすっかり抜けてしまって。❷思慮。才覚。蜻蛉 平安―日記 上「貌とても人に似ず、こころだましひもあるにもあらで」訳容貌といっても人並みでもなく、思慮分別もあるわけでなし。◆「こころたましひ」とも。

こころ-づかひ【心遣ひ】一名詞／―す自動詞サ変気配りすること。枕草子 平安―随筆 正月一日は「打たれじと用意して、常に後ろをこころづかひしたるけしきもいとをかしきに」訳打たれまいと注意して、いつも後ろを気配りしているようすもたいそうおもしろいが。二名詞心構え。決心。源氏物語 平安―物語 真木柱「ただあるべきやう、御こころづかひを教へ聞こえ給ふ」訳ただ注意や御心構えをお教え申し上げなさる。

こころ-づから【心づから】副詞自分の心から。自発的に。源氏物語 平安―物語 明石「なぞや、こころづから、…すずろなる事にて身を放(はふ)らかすらむ」訳どうして、自分の心から、…あてもないこと(＝恋)で身を捨てているのだろうか。

こころづき-な・し【心付き無し】形容詞ク{(く)・から/く・かり/し/き・かる/けれ/かれ}

語義の扉
名詞「心付き」に形容詞「無し」が付いて一語化した語。自分の心にぴったりして気に入ることがないということから、相手の言動が、自分の好みに合わないという意味になる。

気にくわない。好きになれない。心が引かれない。 枕草子 平安―随筆 にくきもの「それはしも、まことによき人のし給(たま)ひしを見しかば、こころづきなしと思ふなり」訳それはなんと、本当に高貴な方が(品のないことを)なさったのを見たので、気にくわないと思うのだ。

こころ-つ・く【心尽く】連語 **気がもめる。さまざまに思い悩む。** 源氏物語 平安―物語 葵「かやうに待ちきこえつつあらむもこころのみつきぬべき事」訳このように(源氏を)お待ち申しあげ続けているのも気ばかりもめてしまうにちがいないことで。◆「つく」は上二段の自動詞。

***こころ-づ・く**【心付く】一 自動詞カ四{か/き/く/く/け/け} ❶**気がつく。** 堤中納言 平安―物語 虫めづる姫君「ある人々はこころづきたるもあるべし」訳その場にいる人々は気がついている人もいるだろう。❷**分別がつく。わかる。** 風姿花伝 室町―論 一「やうやう、声も調子にかかり、能もこころづくころなれば」訳しだいに歌う声も音階に合うようになり、能もわかってくるころだから。二 他動詞カ下二{け/け/く/くる/くれ/けよ} ❶**思いをかける。心を寄せる。** 源氏物語 平安―物語 明石「年ごろこころづけてあらむを」訳数年来思いをかけていた女を。❷**気づかせる。注意させる。** 徒然 鎌倉―随筆 一八四「若き人に見習はせてこころづけんためなり」訳若い人に見て覚えさせて気づかせようというためなのだ。

***こころ-づくし**【心尽くし】名詞 **あれこれと深く悩むこと。** 古今 平安―歌集 秋上「木(こ)の間(ま)より漏(も)りくる月の影見ればこころづくしの秋は来にけり」訳⇨このまより…。

こころ-つく・す【心尽くす】連語 **精根を使い果たす。心配する。** 万葉集 奈良―歌集 一六三三「見れども飽かずこころつくさむ」訳(植えた萩(はぎ)の花だけに)いくら見ても満足せず、(私は)精根を使い果たすことであろう。

[1]**こころ-づけ**【心付け】名詞 ❶⇨心付け 文芸。❷**心配り。配慮。** ❸**祝儀(しゅうぎ)。** (下位の者に)心にかけて金品を与えること。◇江戸時代の語。

[2]**心(こころ)付(づ)け** 文芸 連歌(れんが)・連句の句の付け方の一つ。前句に詠み込まれた物や言葉によらず、前句全体が表す意味・心情を踏まえて、その展開として句を付けること。談林俳諧(はいかい)で用いられたが、蕉風(しょうふう)俳諧では前句の余情に響き合う気分・情緒を重んじて付けた。⇨匂(にお)い付け

こころ-づよ・し【心強し】形容詞ク{(く)・から/く・かり/し/き・かる/けれ/かれ} ❶**意志が強い。気丈だ。** 源氏物語 平安―物語 桐壺「堪(た)へがたきをこころづよく念じ返させ給(たま)ふ」訳堪えがたい気持ちになるのを、気丈にこらえていらっしゃる。❷**情がなくて気が強い。つれない。** 竹取物語 平安―物語 かぐや姫の昇天「こころづよく承らずなりにし事」訳強情に(帝(みかど)のご命令を)お受けしなかったこと。◆「こころつよし」とも。対心弱し。

こころ-と【心と】連語 **心から。自分の考えで。** 新古今 鎌倉―歌集 雑下「つくづくと思へば安き世の中をこころと嘆くわが身なりけり」訳つくづくと考えてみれば、安らかなこの世であるのに、自分の考えでわざと嘆いている身であった。

こころ-ど【心ど】名詞 しっかりした気持ち。**精神。心の張り。** ◆「こころどもなし」のように、多く打消に使われる。

***こころ-ときめき**【心ときめき】名詞/―す 自動詞サ変 (期待・不安などで)**胸がどきどきすること。わくわくすること。** 枕草子 平安―随筆 すさまじきもの「これは必ずさるべき使ひと思ひ、こころときめきして行きたるは」訳これは必ずご祝儀をいただけるはずの使いだと思い、胸をどきどきさせて行ったのは。

こころ-と・く【心解く】自動詞カ下二{け/け/く/くる/くれ/けよ} **気を許す。安心する。うちとける。** 源氏物語 平安―物語 夕顔「人離(ばな)れたる所に、こころとけて寝(い)ぬるものか」訳人気(ひとけ)のない所で、安心して寝込んでしまっていいものか。

こころ-と・し【心疾し】形容詞ク{(く)・から/く・かり/し/き・かる/けれ/かれ} ❶**気ぜわしい。気が早い。** 徒然 鎌倉―随筆 一三九「一重(ひとへ)なるが、まづ咲きて散りたるは、こころとくをかし」訳一重の梅が最初に咲いて散ってしまうのは、気が早くておもしろい。❷**よく気がつく。察しがよい。** 俊頼髄脳 平安―論「こころとく詠めるもめでたし」訳察しよく歌を詠んだというのもすばらしい。対心鈍(おそ)し。

こころ-とど・む【心留む】他動詞マ下二{め/め/む/むる/むれ/めよ} ❶**気をつける。関心を抱く。** 源氏物語 平安―物語 夕顔「いとものぐるほしく、さまでこころとどむべき事のさまにもあらず」訳とてもばかげており、それほど関心を抱くべきことでもない。❷**気持ちを込める。思い入れをする。** 源氏物語 平安―物語 須磨「こころとどめて、あはれなる手など弾き給(たま)へるに」訳気持ちを込めて、趣のある曲などを(琴で)弾きなさると。◆「こころとむ」とも。

こころ-とま・る【心留まる】自動詞ラ四{ら/り/る/る/れ/れ} **心がひかれる。気になる。** 源氏物語 平安―物語 若紫「山水にこころとまりはべりぬれど」訳山や川の景色に心がひかれましたが。

こころ-と・む【心留む】他動詞マ下二「こころとどむ」に同じ。

こころ-なが・し【心長し】形容詞ク{(く)・から/く・かり/し/き・かる/けれ/かれ} **気が長い。いつまでも心が変わらない。** 源氏物語 平安―物語 末摘花「われ、さりとも、こころながう見果ててむ」訳私は、そう(＝末摘花に手を出したことが失敗)であっても、いつまでも変わらず彼女を最後まで面倒みよう。◇「こころながう」はウ音便。対心短し。

こころ-ながら【心ながら】連語 なりたち 名詞「こころ」＋接続助詞「ながら」

❶われながら。勝手な考えながら。〔源氏物語 平安―物語〕夕顔「こころながらも、少し移ろふことあらむこそ、あはれなるべけれ」訳勝手な考えながらも、少し気持ちが(他の女性へ)移る事のあるほうが(夕顔に)心ひかれるにちがいない。❷その心のままで。変わらない性格のままで。〔伊勢物語 平安―物語〕一六「なほ昔よかりし時のこころながら」訳依然として昔栄えていたときの心のままで。

こころなき… 和歌「心なき 身にもあはれは 知られけり 鴫立つ沢の 秋の夕暮れ」〔新古今 鎌倉―歌集〕秋上・西行 訳情趣を解さない、出家のわたしの身にも、この情景のしみじみとした趣は自然に感じられたよ。しぎが飛び立つ沢の秋の夕暮れ時よ。

鑑賞「三夕の歌」の一つ。秋の夕暮れの身にしみるような寂寥感を詠んだもの。

こころ-なぐさ・む【心慰む】 連語 安らぎを与える。楽しませる。〔源氏物語 平安―物語〕澪標「いささかなる消息をだにして、こころなぐさめばや」訳ちょっとした手紙だけでも出して、やすらぎを与えたい。

***こころなさけ-あ・り【心情けあり】** 連語 情愛が深い。思いやりが深い。〔伊勢物語 平安―物語〕六三「いかでこころなさけあらむ男に会ひ得てしがなと思へど」訳なんとかして、思いやりが深そうな男にめぐり会えたらなあと思うが。

こころ-なし¹【心無し】 名詞 分別のない者。不注意者。〔源氏物語 平安―物語〕若紫「例の、こころなしの、かかるわざをして、さいなまるるこそ、いと心づきなけれ」訳いつもの不注意者が、このようなしわざをして、責められるとは、なんと気にくわないことよ。

こころ-な・し²【心無し】

形容詞ク {(く)・から/く・かり/し/き・かる/けれ/かれ}

語義の扉

「心」は人として当然もっていなければならない、感受性・思考力などのこと。それが「無い」ので人間らしい心の働きがないことを表す。

❶無情だ。思いやりがない。
❷情趣がわからない。風流心がない。
❸物の道理がわからない。無分別だ。

❶無情だ。思いやりがない。〔万葉集 奈良―歌集〕一七「しばしばも見放けむ山をこころなく雲の隠さふべしや」訳⇩うまさけ…。❷情趣がわからない。風流心がない。〔新古今 鎌倉―歌集〕秋「こころなき身にもあはれは知られけり鴫立つ沢の秋の夕暮れ」訳⇩こころなき…。❸物の道理がわからない。無分別だ。〔徒然 鎌倉―随筆〕一四二「こころなしと見ゆる者も、よき一言、言ふものなり」訳物の道理がわからないと見える者でも、(ときには)よい一言を言うものだ。

こころ-なら-・ず【心ならず】 連語

なりたち 名詞「こころ」＋断定の助動詞「なり」の未然形＋打消の助動詞「ず」

❶本心ではない。不本意である。〔源氏物語 平安―物語〕鈴虫「こころならぬ人、少しもまじりぬれば」訳(出家することに)本心でない人が、少人数でもまじってしまうと。❷無意識に。うっかり。〔沙石 鎌倉―説話〕二「しつけたる事にて、こころならず、『南無阿弥陀仏』と申しけるを」訳習慣になっていることなので、無意識に、「南無阿弥陀仏」と申し上げたところ。

こころ-ならひ【心習ひ】(ココロナライ) 名詞 心の習慣。性癖。〔源氏物語 平安―物語〕早蕨「わりなき御こころならひなめるかし」訳困った御性癖であるように思うよ。

こころ-・なり【心なり】 連語 ❶心である。〔古今 平安―歌集〕雑下「思ふより外なる物はこころなりけり」訳思うにまかせないのは、(私の)心であったのだなあ。❷心しだいだ。思いのままだ。〔源氏物語 平安―物語〕宿木「ただ御こころなれば、うれへきこゆべきにもあらず」訳ただもう(あなたの)お心しだいだから、(私が)ぐちを申しあげられることでもない。◆「なり」は断定の助動詞。

こころ-に-あま・る【心に余る】 連語 思いあまる。〔源氏物語 平安―物語〕早蕨「こころにあまることをも、またたれにかは語らはむと」訳思いあまることをも、やはりだれに相談しようかと。

***こころ-に-い・る【心に入る】** 連語 ❶〔「入る」が自動詞四段活用の場合〕深く心に印象づけられる。満足がゆく。気に入る。〔源氏物語 平安―物語〕椎本「わざとなき御遊びのこころにいりて」訳特に用意もしない音楽のご演奏が気に入って。❷〔「入る」が他動詞下二段活用の場合〕深く心にとめる。強い関心をもつ。熱中する。心を込める。〔伊勢物語 平安―物語〕六五「仏の御名を御こころにいれて、御声はいと尊くて申し給ふを」訳仏の御名をお心深くこめて、お声はたいそうりっぱで(唱え)申しなさるのを。

こころ-に-かか・る【心に懸かる】 連語 気になる。心に引っかかる。〔奥の細道 江戸―紀行〕出発まで「松島の月まづこころにかかりて」訳松島で見られると思う月のことが何よりも気になって。

こころ-に-か・く【心に懸く】 連語 気にかける。心配する。〔源氏物語 平安―物語〕玉鬘「年ごろ御ゆくへを知らで、こころにかけぬ折なくなげきつるを」訳この数年間、(あなたの)御行方がわからず、心配しないときはなく、嘆いておりましたので。

こころ-に-かな・ふ【心に適ふ】(ココロニカナウ／ココロニカノウ) 連語 ❶思いどおりになる。〔源氏物語 平安―物語〕少女「高き家の子として、官爵こころにかなひ」訳身分の高い家の子として、官位や爵位が思いどおりになり。❷満足する。気に入る。〔方丈記 鎌倉―随筆〕「もしこころにかなはぬことあらば、やすく他へ移さむがためなり」訳もしも満足しないことがあったら、簡単に他の場所へ(住居を)移そうと思うためである。

こころ-にく・し【心憎し】

形容詞ク {(く)・から/く・かり/し/き・かる/けれ/かれ}

語義の扉

対象がはっきりしなくて、強く関心をそそられるようす。「憎し」は悪意ではなく、「にくらしくなるくらい、すばらしい」という、底知れない魅力をほめたたえる気持ちを表す平安時代の用法から、のち、鎌倉時代以降❸の意味が、また江戸時代には❹の意味が加わった。

❶㊉興味が引かれる。よく知りたい。よく見たい、聞きたい。
❷㊉奥ゆかしい。心が引かれる。
❸㊀恐ろしい。気がかりだ。
❹㊀怪しい。いぶかしい。

❶興味が引かれる。よく知りたい。よく見たい、聞きたい。枕草子 平安―随筆 心にくきもの「心にくきもの。物へだてに聞くに、女房とはおぼえぬ手の、しのびやかに聞こえたるに、こたへわかやかにして、うちそよめきてまゐるけはひ」訳興味がひかれるもの。物を隔てて聞くのに、女房とは思われない人の、人を呼ぶ手の音が、ひっそりと聞こえたところが、答えを若々しい声でして、衣ずれの音がさわさわとして参上する気配。(それは、興味がひかれる。)
❷奥ゆかしい。心が引かれる。上品で美しい。源氏物語 平安―物語 桐壺「こころにくき限りの女房四五人さぶらはせ給ひて」訳(帝は)奥ゆかしい女房だけを四、五人そばにお仕えさせになり。
❸(鎌倉時代以降)恐ろしい。気がかりだ。平家物語 鎌倉―物語 六・飛脚到来「その者、こころにくからず」訳その者は恐ろしくはない。
❹(江戸時代以降)怪しい。いぶかしい。世間胸算用 江戸―物語 浮世・西鶴「こころにくし。重き物を軽う見せたるは隠し銀に極まるところ」訳怪しい。重い物を軽く見せているのは、隠し金があるにきまっている。

こころ-に-こ・む【心に籠む】連語 心に秘めておく。源氏物語 平安―物語 橋姫「何かは、知りにけりとも知られたてまつらむ、などこころにこめて」訳どうして、(自分が秘密を)知ってしまったとは(母に)お気づかせ申そうか(それはできない)、などと考え心に秘めておいて。◆「こむ」は下二段の他動詞。

こころ-に-したが・ふ【心に従ふ】連語 ❶自分の思いどおりにする。思うがままにする。宇津保 平安―物語 俊蔭「俊蔭、こころにしたがひて答ふるに、えせぬことなし」訳俊蔭は、(試験で)思うがままに答えるが、答えられないことがない。❷服従する。(他の人の)意向どおりになる。源氏物語 平安―物語 夕顔「見ん人のこころにはしたがはんなむあはれにて」訳(女は)結婚する人の意向どおりになるようなのがしみじみといとしくて。

こころ-に-し・む【心に染む】連語 ❶(「染む」が自動詞四段活用の場合)心にしみ込む。深く心にとめる。万葉集 奈良―歌集 五六九「こころにしみて思ほゆるかな」訳心にしみついて(君が懐かしく)思われることですよ。❷(「染む」が他動詞下二段活用の場合)心に深く思い込む。更級 平安―日記 物語「物語のことをのみこころにしめて」訳物語のことばかりを思いつめて。

こころ-に-そ・む【心に染む】連語 ❶(「染む」が自動詞四段活用の場合)気に入る。好みにあう。一代男 江戸―物語 浮世・西鶴「さて、こころにそまぬ人にあふ夜は」訳さて、好みにあわない人に会う夜は。❷(「染む」が他動詞下二段活用の場合)心に深く留める。心に深く刻む。千載 鎌倉―歌集 春上「みな人のこころにそむる桜花」訳だれもがみな、心に深く刻む桜の花。

こころ-に-つ・く【心に付く】連語 ❶(「付く」が自動詞四段活用の場合)心にかなう。気に入る。今昔物語 平安―説話 二五・一二「こころにつかば速やかに取れ」訳(その馬が)気に入るならば、さっさと取れ。❷(「付く」が他動詞下二段活用の場合)心を寄せる。関心をもつ。源氏物語 平安―物語 匂宮「わざと御こころにつけて思す方は」訳特にお心を寄せて(妻にと)お思いになる方は。

こころ-に-まか・す【心に任す】連語 自由にする。思うがままにする。枕草子 平安―随筆 五月の御精進のほど「さらば、ただこころにまかせよ。我はよめともいはじ」訳それでは、ただもう自由にせよ。私はもう詠めともいうまい。

こころにも… 和歌 百人一首「心にも あらで憂き世に ながらへば 恋しかるべき 夜半の月かな」後拾遺 平

文脈の研究 こころにくし

「こころにくし❸」の用例「その者、こころにくからず」は、『平家物語』「飛脚到来」の条に語られた、

木曾といふ所は、信濃にとッても南のはし(信濃の中で南の端)、美濃ざかひなりければ(美濃との国境だったから)、都も無下にほどちかし(都も非常に距離が近い)。平家の人々もれきいて(この事(義仲の反乱を)を漏れ聞いて)、「東国のそむくだにあるに(東国が背くのさえ大変だと思うのに)、北国さへ、こはいかに(北国までも背くとはこれはどうしたらよかろう)」とぞ さわがれける(騒いでおられた)。

という状況のなか、次のような文脈の、平清盛(＝入道相国)のことばのなかに用いられている。

入道相国仰せられけるは(言われるには)、「其者こころにくからず(その義仲という者はそんなに気にするほどのことはない)。思へば(考えてみると) 信濃一国の兵共(信濃国中の武士どもがそいつに従い味方になるといっても)こそしたがひつくといふとも、越後国には(越後国には)余五将軍の末葉(余五将軍の子孫)、城太郎助長、同四郎助茂、これらは兄弟共に多勢の者共なり(大勢の兵をもつ者どもだ)。仰せくだしたらば(命令を下したなら)、やすう討ッて参らせてんず(楽々と討ってくれることだろう)」と宣ひければ(仰せられたので)、いかがあらんずらむと内々はささやく者もおほかりけり。

なお、「いかがあらんずらむと内々はささやく者もおほかりけり。」は、この清盛(＝入道相国)のことばに対して、「さあどうであろうか」とうちわでは懐疑的に噂する者たちも多かったのだった、の意。

安―歌集 雑一・三条院(さんでうゐん) 訳 自分の本心に反して、つらいことの多いこの世に生き長らえているならば、(そのときは)きっと恋しく思い出されるにちがいない、(宮中で眺(なが)める)この美しい夜中の月であることよ。

鑑賞 眼病に悩み、時の権力者である藤原道長(ふじわらのみちなが)から退位を迫られ、在位五年で退位された三条天皇の悲劇を思い浮かべて詠(よ)まれた歌。

＊**こころ-に-も-あら-・ず**【心にもあらず】 連語

なりたち 名詞＋断定の助動詞「なり」用＋係助詞＋補助動詞「あり」未＋打消の助動詞「ず」

❶**思わず知らず。無意識に。** 源氏物語 平安―物語 東屋「こころにもあらず、ひとりごち給(たま)ふを」訳 思わず知らず、ひとり言をおっしゃるのを。❷**本意ではない。気が進まない。** 源氏物語 平安―物語 宿木「こころにもあらぬまじらひ」訳 気が進まない交際。❸**思いもかけない。意外だ。** 宇津保 平安―物語 梅の花笠「世の中はこころにもあらぬものなり」訳 男女の仲は意外なものだ。

＊**こころ-ね**【心根】 名詞 **心の奥底。本当の気持ち。** 心底(しんてい)。和泉式部集 平安―歌集「こころねの程を見するぞあやめ草」訳 心の奥底がどれほどかを見せるぞ、あやめ草よ。

こころ-の-あき【心の秋】 連語 飽(あ)きて心変わりすること。古今 平安―歌集 恋五「言の葉のこころのあきにあふぞわびしき」訳 (約束した)言葉に飽きがきて心が変わってしまう目にあうのが悲しい。◆「秋」に「飽き」をかけた語。

こころ-の-いとま【心の暇】 連語 **物思いすることがないとき。心がのどかなとき。** 徒然 鎌倉―随筆 三「親のいさめ、世のそしりをつつむにこころのいとまなく」訳 親の忠告や、世間の非難をはばかるのに、心のやすまるときもなく。「こころのひま」とも。

こころ-の-いろ【心の色】 連語 ❶**思いの表れ。**❷**心のやさしさ。** 徒然 鎌倉―随筆 一四一「げにはこころのいろなく、情けおくれ」訳 (東国の人は)本当のところは心のやさしさがなく、情味に乏しく。

こころ-の-うら【心の占】 連語 **心の中でたてた占い。予想。** 源氏物語 平安―物語 薄雲「さかしき人のこころのうらどもにも、物問はせなどするにも」訳 賢い人の予想などでも、(陰陽師(おんようじ)に)ものを問わせなどするにも。

こころ-の-おきて【心の掟】 連語 **心構え。心の持ちよう。**「こころおきて」とも。

こころ-の-おこたり【心の怠り】 連語 **気のゆるみ。不注意・不誠実・怠慢からの過失。** 源氏物語 平安―物語 真木柱「のどかに思ひ侍りけるこころのおこたりを、かへすがへす聞こえてもやる方(かた)なし」訳 安心しておりました(私の)気のゆるみを、いくら申し上げても仕方がない。

こころ-の-おに【心の鬼】 連語 ❶**よこしまな気持ち。邪推。** 浜松中納言 平安―物語 五「われはかく思ふともさすがなるこころのおにそひ」訳 私はそう(＝移り気ではないと)思っても、そうはいってもやはり邪推をして。❷**良心の呵責(かしゃく)。心の責め。** 源氏物語 平安―物語 明石「あいなき、御こころのおになりや」訳 (明石の君に出した手紙が都に知れないかと思うのは)つまらないお心の責めであることよ。

こころ-の-かぎり【心の限り】 連語 **精いっぱい。一生懸命。** 源氏物語 平安―物語 葵「こころのかぎりつくしたる車どもに乗り」訳 (国司の娘たちまで)精いっぱい飾りたてた車に乗って。

こころ-の-くま【心の隈】 連語 **心の底。心の奥深いすみずみ。**

こころ-の-すさび【心のすさび】 連語 **気まぐれ。思いつき。** 源氏物語 平安―物語 夕顔「浮かびたるこころのすさびに、人をいたづらになしつる託言(かごと)」訳 うわついた気まぐれで、人を死なせてしまった恨み言。

こころ-の-そら【心の空】 連語 ❶**心の中。** 心を空にたとえていう語。山家集 平安―歌集 中「闇(やみ)はれてこころのそらに澄(す)む月は西の山べや近くなるらん」訳 煩悩の闇が晴れて、心の中が澄みわたると、月が西の山へ動くように、西方浄土が近くなるのだろうか。❷**気持ちの余裕。心のゆとり。** 源氏物語 平安―物語 行幸「中将の君も夜昼、三条に添ひさぶらひ給ひて、こころのそらなくものし給うて」訳 中将の君も夜も昼も、三条宮邸にお仕えなさっていて、気持ちの余裕なくお過しになられて。

こころ-の-とも【心の友】 連語 ❶**心が通じ合っている友。**❷**友のように心慰めてくれるもの。**

こころ-の-なし【心の做し】 連語 **気のせい。** 源氏物語 平安―物語 宿木「こころのなしにやあらむ、…と見ゆ」訳 気のせいであろうか、…と見える。

こころ-の-はな【心の花】 連語 ❶(花のように)**移りやすい心。** 古今 平安―歌集 恋五「色見えでうつろふものは世の中の人のこころのはなにぞありける」訳 ⇩いろみえで…。❷(花のように)**美しい心。優しい気持ち。**

こころ-の-ひま【心の暇】 連語「こころのいとま」に同じ。

こころ-の-ほか【心の外】 連語 ❶**思いどおりにならないこと。ままならないこと。** 源氏物語 平安―物語 須磨「世を御こころのほかに、まつりごちなし給ふ人々のあるに」訳 世のまつりごとを(帝の)思いどおりでなく行う人々がいるので。❷**思いがけないこと。意外なこと。** 源氏物語 平安―物語 総角「げに長らへば、こころのほかに、かくあるまじき事も見るべきわざにこそは」訳 なるほど生き長らえていると、思いがけないことに、このようなあるまじき事も見なければならないことだよ。❸**気にかけないこと。無関心なこと。** 新古今 鎌倉―歌集 恋四「今はただこころのほかに聞くものを」訳 今はひたすら心にとめないで聞いているのに。

こころ-の-まま【心のまま】 連語 **思うとおり。思いのまま。** 竹取物語 平安―物語 御門の求婚「おろそかなるやうにいひければ、こころのままにもえ責めず」訳 そっけないようすで言ったので、(自分の)思うとおりにもとても強要できない。

こころ-の-やみ【心の闇】 連語 **分別を失った心。迷いの心。** 特に、わが子を思うあまりに、分別を失って思い迷う親の心にいう。源氏物語 平安―物語 桐壺「これも、わりなきこころのやみに」訳 これも筋の通らない、分別を失ってしまって迷う親の心で(ございます)。

こころ-ば【心葉】 名詞 ❶贈り物や香壺(こうぼ)などを覆う絹布の四隅や中央に飾りつける、金銀などの糸や箔(はく)で作った梅や松など。❷饗膳(きょうぜん)の箱や折敷(おしき)などに添える造花。❸大嘗会(だいじょうえ)の際、官人の冠に飾りとして使う造花。

こ

こころ-ばせ【心ばせ】名詞

❶**気配り。心遣い。** 宇治拾遺 鎌倉－説話 一三・二「こころばせある人だにも、物につまづき倒るることは、常のことなり」訳気配りのある人でも、物につまずいて倒れることは、常のことである。

❷**気立て。性質。** 源氏物語 平安－物語 桐壺「こころばせのなだらかに目やすく、憎みがたかりしことなど、今ぞおぼし出づる」訳気立てが温和で感じがよく、憎みきれなかったことなどを、今になって思い出しなさる。

参考 人の性質について、多くはほめ言葉として使われる。

こころばせ-びと【心ばせ人】名詞 優しい親切な人。気立てのよい人。

*__こころ-はづか・し__【心恥づかし】ココロハズカシ 形容詞シク {(しく)・しから／しく・しかり／し／しき・しかる／しけれ／しかれ} ❶（相手が立派で、自分が）**気おくれする。気恥ずかしい。** 源氏物語 平安－物語 蛍「こころはづかしければ、いといたくも乱れ給はず」訳（相手が立派で自分が）気恥ずかしく思うので、あまりひどくお取り乱しにならない。❷（気おくれするほど、相手が）**立派である。すぐれている。** 源氏物語 平安－物語 若紫「こころはづかしき人住むなる所にこそあなれ」訳（こちらが気おくれするほど）立派な人が住んでいる所であるようだ。

こころ-ばへ【心ばへ】ココロバエ 名詞

語義の扉

人の気持ち、ものごとの本質が外に現れ出たすがたをいう語。

❶気立て。性質。
❷心遣い。配慮。気配り。
❸風情。趣。

関連語「こころばせ」が人の心根の美点について用いられるのに対して、この語は、人以外の事物、自然についても用いられる。

❶**気立て。性質。** 源氏物語 平安－物語 桐壺「この御子のおよすけもておはする御かたち、こころばへありがたく珍しきまで見え給ふを」訳このお子のだんだん成長しなさっていくご容貌、気立てがめったになく珍しいほどにお見えになるのを。

❷**心遣い。配慮。気配り。** 源氏物語 平安－物語 葵「御供の人々、うちかしこまり、こころばへありつつ渡るを」訳お供の人々は、威儀を正し、心遣いをしながら通り過ぎるので。

❸**風情。趣。** 源氏物語 平安－物語 明石「岩に生ひたる松の根ざしも、こころばへあるさまなり」訳岩に生えている松の根の張りぐあいも、風情のあるようすである。

こころ-ば・む【心ばむ】自動詞マ四 {ま／み／む／む／め／め} ❶**気取る。気を張る。** 源氏物語 平安－物語 夕顔「こころばみたる方を少し添へたらば」訳気取ったところも少し（夕顔に）添えてみたら。❷**気になる。案じる。** 源氏物語 平安－物語 末摘花「『あやしくこころばみ過ぐさるる』とて投げ給へり」訳「妙に気になり過ぎる（返事だ）」と言って（返事の手紙を）投げなさる。

こころふか-さ【心深さ】名詞 **深い情愛。深い思慮。** ◆「さ」は接尾語。

*__こころ-ふか・し__【心深し】形容詞ク {(く)・から／く・かり／し／き・かる／けれ／かれ} ❶**思慮が深い。思いやりが深い。** 蜻蛉 平安－日記 中「こころふかくもの思ひ知る人にもあれば」訳思いやり深く、わけもわかった人だから。❷**思いやりがある。情愛が深い。** 源氏物語 平安－物語 賢木「命婦の君、御供になりにければ、それもこころふかうとぶらひ給ふ」訳命婦の君はお供として（尼に）なったので、それも情愛深くお世話なさる。◇「こころふかう」はウ音便。対❶❷心浅し。**風情がある。趣が深い。** 徒然 鎌倉－随筆 一三七「暁近くなりて待ち出でたるが、いとこころふかう、青みたるやうにて」訳明け方近くなって待ちに待ってやっと出て来た月が、たいそう趣深く青みをおびているようで。◇「こころふかう」はウ音便。

こころ-ぼそ・し【心細し】形容詞ク {(く)・から／く・かり／し／き・かる／けれ／かれ} ❶**頼りない。心細い。** 徒然 鎌倉－随筆 一一「はるかなる苔の細道を踏み分けてこころぼそく住みなしたる庵

類語と使い分け⑥
「心細い」意味を表す言葉

現代語の「心細い」の元になった古語の「心細し」は、平安時代の『竹取物語』や『源氏物語』に用例があるが、この時代、頼りなく不安な気持ちを表す言葉には、ほかに「たよりなし」「はかなし」「わびし」などがある。また「さびし」も、場合によっては「心細い」の意味を表すこともある。

心細し…さびしい、しんみりとした情趣があるという気持ちがあって、心に頼りなく不安に感じられる思いである。「木の葉さそふ(＝さらっていく)風、あわたたしう(＝気ぜわしく)吹きはらひたるに、御前にさぶらふ人々(＝女房たち)、ものいと心細くて」(『源氏物語』葵)の例では、葵の上の死後、光源氏が左大臣邸を去るにあたって、左大臣邸の女房たちが、なんとなく心細く感じているのである。

たよりなし…頼りにしているものがなくなって（なくて）、心細く不安であるという意味である。

はかなし…努力しても結果がどうなるか不安である、当てにならなくてむなしいという気持ちからくる心細さを表す。

わびし…もともと意味の広い言葉であるが、意味の根底に、失望感・失意感があるので、そこから生まれる心細さや頼りなさを表す。「春の日の光に当たる我なれど頭の雪となるぞわびしき」(『古今和歌集』春上)の「わびし」も、年老いて毛髪が白くなってしまったことに対して、もの悲しく心細いと言っているのである。

あり」訳長い苔の細道を踏み分けて、頼りないようすで住んでいる庵がある。❷**もの寂しい。** 徒然 鎌倉―随筆 一九「水鶏のたたくなどこころぼそからぬかは」訳くいなが戸をたたくように鳴くのなどは、もの寂しくないだろうか、いや、本当にもの寂しい。

こころ-まうけ【心設け】名詞 前もって心の準備をすること。**心がまえ。心づもり。** 源氏物語 平安―物語 須磨「御供に参るべきこころまうけして」訳お供をしてまいるつもりの心がまえをして。

***こころ-まさり**【心勝り】━名詞／━す 自動詞 サ変 思っていたよりもすぐれていると感じること。著聞集 鎌倉―説話 三三二「いよいよこころまさりしてめでおぼしめしけり」訳いっそう(その女を)思っていたよりもすぐれていると感じていとしくお思いになった。━名詞 心がしっかりしていること。対心劣り。

***こころ-まどひ**【心惑ひ】名詞 心が動揺し、とり乱すこと。途方にくれること。竹取物語 平安―物語 かぐや姫の昇天「必ずこころまどひし給はむものぞと思ひて、今まで過ごし侍りつるなり」訳(本当のことを申し上げたら)きっと取り乱しなさるにちがいないと思って、今までは(黙って)過ごしていたのでございます。

こころ-まど・ふ【心惑ふ】連語 **取り乱す。うろたえる。** 竹取物語 平安―物語 かぐや姫の昇天「竹取、こころまどひて泣き伏せる所に寄りて」訳竹取の翁が、取り乱して泣き伏しているところに(かぐや姫は)近寄って。

こころ-み【試み】名詞 ❶試しに行うこと。❷試しに楽器を奏でること。❸試食。試飲。またその食べ物。料理。

こころ-みえ【心見え】名詞 心が見え透いていること。また、心の中をわざと見せること。

こころ-みえ・なり【心見えなり】形容動詞ナリ {なら/なり・に/なり/なる/なれ/なれ} **心の中を他人に見透かされる。心が見え透いている。** 枕草子 平安―随筆 この草子「思ふほどよりは悪ろし。こころみえなりと、そしられめ」訳思っていたのよりはよくない。心が見え透いているとけなされるであろう。

こころ-みじか・し【心短し】形容詞ク {(く)・から/く・かり/し/き・かる/けれ/かれ} ❶**気短だ。気が早い。せっかちだ。** 源氏物語 平安―物語 藤裏葉「こころみじかくうち捨てて散りぬるが」訳(花は)気短に(花を惜しむ人を)見捨てて散ってしまうのが。❷**移り気だ。飽きっぽい。** 枕草子 平安―随筆 たのもしげなきもの「こころみじかく、人忘れがちなる婿の」訳飽きっぽく、妻のことを忘れやすい婿が。対心長し。

こころ-・みる【試みる】他動詞マ上一 {み/み/みる/みる/みれ/みよ} **試してようすを見る。試してみる。試す。**「こころむ」とも。竹取物語 平安―物語 火鼠の皮衣「なほ、これ焼きてこころみむ」訳やはり、これを焼いて試してみよう。

こころ-・む【試む】他動詞マ上二 {み/み/む/むる/むれ/みよ} 「こころみる」に同じ。平治物語 鎌倉―物語 上「当家の浮沈をもこころむべし」訳当家の浮沈をも試してみなければならない。◆上一段活用動詞「こころみる」を上二段活用化した語。

こころ-むき【心向き】名詞 **性格。気性。** 平家物語 鎌倉―物語 四・競「乗り走りこころむき、またあるべしとも覚えず」訳(その馬の)乗り心地、走りぶり、性格(のすぐれているようす)は、他にあるだろうとも思われない。

こころ-むけ【心向け】名詞 **心が向く方面。意向。心遣い。** 源氏物語 平安―物語 胡蝶「ひとへにうちとけ、頼み聞こえ給ふこころむけなど」訳すっかり気を許し、ご信頼申し上げていらっしゃる心遣いなど。

こころ-も-え-・ず【心も得ず】連語 なりたち 名詞「こころ」＋係助詞「も」＋動詞「う」の未然形＋打消の助動詞「ず」 **理解できない。よくわからない。** 源氏物語 平安―物語 末摘花「かう異方に入り給ひぬれば、こころもえず思ひけるほどに」訳このように意外なところにお入りになったので、理解できなく思っているうちに。

こころ-も-ことば-も-およば-れ-・ず【心も言葉も及ばれず】連語 **想像することも言葉に表すこともできない。** 平家物語 鎌倉―物語 七・竹生島詣「此の嶋の景気を見給ふに、こころもことばもおよばれず」訳この島の景色をご覧になるが、(あまりに見事で、見る前に)想像することも、(見て)言葉に表すこともできない(ほどだ)。◆「およばれず」は、動詞「およぶ」の未然形＋可能の助動詞「る」の未然形＋打消の助動詞「ず」

こころ-も-しのに【心もしのに】連語 **心もうちひしがれて。心もしおれるように。** 万葉集 奈良―歌集 二六六「こころもしのに古へ思ほゆ」訳⇨あふみのうみ…。

こころ-も-そらに【心も空に】連語 なりたち 名詞「こころ」＋係助詞「も」＋形容動詞「そらなり」の連用形。 **心もうつろで。ぼんやりと。うわのそらで。** 新古今 鎌倉―歌集 恋五「思ひやるこころもそらに」訳(あなたのことを)思いやって心もうつろで(あるが)。

こころ-もちゐ【心用ゐ】名詞 **心構え。心遣い。** 源氏物語 平安―物語 少女「こころもちゐなども賢くものし給ふ」訳心遣いなども賢明でいらっしゃる。

こころ-もて【心もて】連語 **自ら進んで。自発的に。** 源氏物語 平安―物語 行幸「こころもて宮仕へ思ひたたむこそ、さしすぎたる心ならめ」訳自ら進んで、宮仕えを思い立つようなことは、(女としては)さし出た心であろう。

こころもとな-が・る【心許ながる】自動詞ラ四 {ら/り/る/る/れ/れ} なりたち 形容詞「こころもとなし」の語幹「こころもとな」に動詞を作る接尾語「がる」が付いた語。 **待ち遠しく思う。じれったく思う。不安に思う。** 竹取物語 平安―物語 かぐや姫の昇天「天人、遅しとこころもとながり給ふ」訳天人は(かぐや姫が手紙を書き終えるのが)遅いとじれったく思いなさり。

こころ-もとな・し【心許なし】

形容詞ク {(く)・から/く・かり/し/き・かる/けれ/かれ}

語義の扉

「もとな」は「むやみに…」「わけもなくしきりに…」の意で奈良時代以前に用いられた副詞。それが形容詞化したものが、「心」に付いて一語となったもの。

心がむやみに動いて、落ち着かないようすを表す。
❶じれったい。待ち遠しい。もどかしい。
❷不安で落ち着かない。気がかりだ。
❸ほのかだ。ぼんやりしている。

❶**じれったい。待ち遠しい。もどかしい。**［更級 平安－日記］物語「いみじくこころもとなく、ゆかしく覚ゆるままに、この源氏の物語、一の巻よりして、みな見せ給へと心のうちに祈る」［訳］とてももどかしくて、早く見たく思われて「この光源氏の物語を、最初の巻からすべて見せてください」と心の中で祈った。

❷**不安で落ち着かない。気がかりだ。**［枕草子 平安－随筆］心もとなきもの「また、心ちあしく、物おそろしきほど、夜の明くる待つこそ、いみじう心もとなけれ」［訳］また、気分が悪く、何やら恐ろしい感じがする時、夜が明けるのを待つのこそ、ひどく不安で落ち着かないものだ。［奥の細道 江戸－紀行］白河の関「こころもとなき日数重なるままに、白河の関にかかりて、旅心定まりぬ」［訳］不安で落ち着かない日々が重なるうちに、白河の関にさしかかって、ようやく旅の覚悟が定まった。

❸**ほのかだ。ぼんやりしている。かすかだ。**［枕草子 平安－随筆］木の花は「花びらの端に、をかしきにほひこそ、こころもとなうつきためれ」［訳］花びらの端に、美しい色つやが、ほのかについているように見える。◇「こころもとなう」はウ音便。

こころ-も-な・し【心も無し】［連語］**深く考えない。あさはかである。**［一代男 江戸－物語］浮世・西鶴「これをこころもなく着る事、いかに遊女なればとてもったいなし」［訳］（狩野雪信が描いた）この着物を深く考えずに着ることは、いかに遊女だからといってももったいない。

こころ-やす・し【心安し】［形容詞］ク｛（く）・から／く・かり／し／○／き・かる／けれ／かれ｝❶**安心だ。心配がない。**［大鏡 平安－物語］序「今ぞこころやすく黄泉（よみぢ）もまかるべき」［訳］今こそ安心してあの世へも行くことができる。

❷**気安い。親しい。気がおけない。**［源氏物語 平安－物語］帚木「人よりはこころやすくなれなれしく振る舞ひたり」［訳］人よりは気安くなれなれしく振る舞っている。

❸**容易だ。たやすい。やさしい。**［平家物語 鎌倉－物語］七・維盛都落「道にも敵（かたき）待つなれば、こころやすう通らんことも有りがたし」［訳］途中にも敵が待っているとかいうので、容易に通るようなこともむずかしい。◇「こころやすう」はウ音便。

*こころ-やま・し【心疾し】［形容詞］シク｛（しく）・しから／しく・しかり／し／○／しき・しかる／しけれ／しかれ｝
［なりたち］名詞「心」＋「やまし（＝「病む」の形容詞化）」
満足できず、不愉快な感じである。気にくわない。おもしろくない。ものたりない。［蜻蛉 平安－日記］中「こころやましきさまにて、絶えてことづてもなし」［訳］気にくわないようすで伝言の一つとしてないことだ。［対］快（こころよ）し。

［参考］現代語の「やましい」は、後ろ暗い、後ろめたいの意であるが、「やまし」のその意味は江戸時代に生じた。

こころ-や・む【心病む】［自動詞］マ四｛ま／み／む／む／め／め｝**心を痛める。悩む。つらく思う。**［伊勢物語 平安－物語］五「いといたうこころやみけり」［訳］（男のよこした和歌に女は）たいそうひどく心を痛めた。

こころ-やり【心遣り】［名詞］**気晴らし。うさ晴らし。**［土佐日記 平安－日記］一・一八「月日ごろの苦しきこころやりに詠める」［訳］先月来のつらい気持ちの気晴らしに詠んだのは。

こころ-や・る【心遣る】［他動詞］ラ四｛ら／り／る／る／れ／れ｝「こころをやる」に同じ。

こころゆき-は・つ【心行き果つ】［自動詞］タ下二｛て／て／つ／つる／つれ／てよ｝**すっかり気が晴れる。**［竹取物語 平安－物語］蓬萊の玉の枝「かぐや姫のこころゆきはてて」［訳］かぐや姫はすっきりと気が晴れて。

*こころ-ゆ・く【心行く】［自動詞］カ四｛か／き／く／く／け／け｝**満足する。気持ちがよい。気が晴れる。心がせいせいする。**［枕草子 平安－随筆］こころゆくもの「こころゆくもの、よく書いたる女絵の、ことばをかしう付けて多かる」［訳］気持ちのよいもの、上手に描いてある女絵で、詞書（ことばがき）をおもしろくつけて分量の多いもの。

こころ-ゆるび【心弛び】［名詞］**気持ちがゆるむこと。心がくつろぐこと。油断。**［蜻蛉 平安－日記］上「世にこころゆるびなきなむ、わびしかりける」［訳］すこしも心のくつろぐことのないのがやりきれなかった。

*こころ-よ・し 〓【快し】［形容詞］ク｛（く）・から／く・かり／し／○／き・かる／けれ／かれ｝❶**気持ちがよい。楽しい。快い。**［徒然 鎌倉－随筆］一七五「こころよく数献（すこん）に及びて、興に入られ侍（はべ）りき」［訳］気持ちよく何杯か杯を重ねるに至って、いご機嫌になられました。［対］心疾（こころやま）し。❷（病気が治って）**気分がよい。**

〓【心良し】**気立てがよい。**［大和物語 平安－物語］一四一「本（もと）の妻（め）いとこころよき人なれば」［訳］本妻はたいそう気立てのよい人だったので。［対］心悪（あ）し。

こころ-よ・す【心寄す】［連語］**特に思いをかける。ひいきする。**［源氏物語 平安－物語］野分「昔より秋にこころよする人は数まさりけるを」［訳］昔から秋のほうに特に思いをかける人が多かったが。

こころ-よせ【心寄せ】［名詞］**関心や好意をもつこと。期待すること。**［宇治拾遺 鎌倉－説話］一・一二「『いざ、かいもちひせん』と言ひけるを、この児（ちご）、こころよせに聞きけり」［訳］（僧たちが）「さあ、ぼたもちを作ろう」と言ったのを、この少年は、期待して聞いた。

こころ-より-ほか【心より外】［連語］❶**思いもよらない。意外。**［源氏物語 平安－物語］総角「こころよりほかのことありぬべき世なめり」［訳］思いもよらないことが起きるに違いない世の中であるようだ。❷**本意ではなく。心ならず。**［源氏物語 平安－物語］蓬生「とどむべくもあらざりければ、こころよりほかにいで立ちて」［訳］（都に侍従を）とどめることができなかったので、本意ではなく（筑紫（つくし）へ）出発して。

こころ-よわ・し【心弱し】［形容詞］ク｛（く）・から／く・かり／し／○／き・かる／けれ／かれ｝（情にもろく）**気が弱い。意志が弱い。**［古今 平安－歌集］恋五「つれなきを今は恋ひじと思へどもこころよわくも落つる涙か」［訳］つれない人をもう恋しがるまいと思うけれど、気が弱くもまあ涙が落ちることよ。［対］心強（こころづよ）し。

*こころ-わか・し【心若し】［形容詞］ク｛（く）・から／く・かり／し／○／き・かる／けれ／かれ｝**純粋だ。気持ちが若々しい。幼稚だ。**［枕草子 平安－随筆］鳥は「山鳥、友を恋ひて、鏡を見すれば慰むらむ、こころわかう、いとあはれなり」［訳］山鳥は、仲間を恋しがって、鏡を見せると安心するのだろ

う、純粋でとてもかわいい。◇「こころわかう」はウ音便。

* **こころ-を-いた・す【心を致す】** 連語 **心を尽くす。誠意を込める。** 源氏物語 平安―物語 夕霧「などてか、かく某がこころをいたして仕うまつる御修法に、しるしなきやうはあらむ」訳どうして、このように私が誠意を込めてお仕えしている御修法に、効果がないわけがあろうか、いや、効果のないわけはない。

こころ-を-うごか・す【心を動かす】 連語 ❶**感動する。** 古今 平安―歌集 仮名序「絵に描ける女を見て、徒らにこころをうごかすがごとし」訳絵に描いてある女を見て、むだに感動するようなものだ。❷**心を動揺させる。心を乱す。** 源氏物語 平安―物語 桐壺「人のこころをのみうごかし、うらみを負ふ積もりにやありけむ」訳他の女御や更衣たちの心をひどく動揺させ、その恨みを身に受けることが積み重なった結果であったのだろうか。❸**心をときめかす。** 源氏物語 平安―物語 帚木「ただかたかどを聞き伝へてこころをうごかすこともあり」訳単に(女性の)ちょっとした長所を伝え聞いて(男が)心をときめかすこともある。

こころ-を-おこ・す【心を起こす】 連語 ❶**気持ちを奮い起こす。決心をする。** 源氏物語 平安―物語 夕顔「君も強ひて御こころをおこして、心のうちに仏を念じ給ひて」訳光源氏の君も無理にお気持ちを奮い起こして、心の中に仏を祈りなさって。❷**仏道に入る心を起こす。発心する。** 源氏物語 平安―物語 蜻蛉「人のこころをおこさせむとて」訳人の仏道に入る心を起こさせようとして。

こころ-を-か・く【心を懸く】 連語 ❶**気をつける。心がける。** 源氏物語 平安―物語 宿木「常にこころをかけて…さりげなくて見給へど」訳いつも気をつけて(恋文などないかと)さりげなくご覧になるけれど。❷**思いをかける。思慕する。** 源氏物語 平安―物語 若菜上「年ごろもかのわたりにこころをかけて、ほかざまに思ひ移ろふべくもはべらざりけるに」訳数年来、あの方(＝雲井雁)に思いをかけて、ほかの女性に心変わりするはずもありませんでしたから。

こころ-を-か・し【心をかし】 〔(しく)・しから／しく・しかり／し／しき・しかる／しけれ／しかれ〕 形容詞シク **性格がかわいらしい。** 源氏物語 平安―物語 若菜下「こころをかしく、人馴れたるは、あやしう懐かしき物になむはべる」訳(猫の)性格がかわいらしく、人に馴れているのは、不思議と心ひかれるものでございます。

こころ-を-くだ・く【心を砕く】 連語 **心を痛める。心配する。** 平家物語 鎌倉―物語 九・落足「かたしく袖もしをれつつ、朧にかすむ春の月、こころをくだかぬ人ぞなき」訳独り寝の袖も(涙で)ぐっしょりぬれ、春の朧月を見て、心を痛めない人はいない。

こころ-を-さな・し【心幼し】 〔(く)・から／く・かり／し／き・かる／けれ／かれ〕 形容詞ク **幼稚だ。子供っぽい。思慮が浅い。** 竹取物語 平安―物語 竜の頸の玉「こころをさなく、竜を殺さむと思ひけり」訳思慮が浅く、竜を殺そうと思った。

こころ-を-し・む【心を染む】 連語 **深く心を留める。執心する。** 源氏物語 平安―物語 総角「世の中にこころをしむる方なかりつるを」訳この世に執心することもなかったのですが。◆「しむ」は下二段の他動詞。

こころ-を-た・つ【心を立つ】 連語 ❶**決意する。志を立てる。** 源氏物語 平安―物語 若菜下「一人いで離れて、こころをたてて唐土・高麗と、この世に惑ひ歩き」訳一人で(この国から)離れて、志を立てて中国や朝鮮と国ぐにを迷い歩き。❷**意志を通す。意地を張る。** 源氏物語 平安―物語 夕霧「おのれ一人しもこころをたてても いかがはと」訳私一人だけが意地を張ってもどうかと。

こころ-を-つ・く【心を付く】 連語 ❶**思いを寄せる。大切に思う。** 源氏物語 平安―物語 胡蝶「こころをつくるよすがの、まだなきを」訳(紫の上に)思いを寄せる縁者(＝子ども)が、まだできないことを。❷**物思いの心を起こさせる。** 新古今 鎌倉―歌集 秋上「おしなべて物を思はぬ人にさへこころをつくる秋の初風」訳すべて同じように物思いをしない人にまで、物思いの心を起こさせる秋の初風よ。❸**気にする。心に留める。** 一代男 江戸―物語 浮世・西鶴「少しのこころをつけず口惜しきことなり」訳少しも気にせずにいるのは悔しいことだ。

* **こころ-を-つく・す【心を尽くす】** 連語 ❶**心のすべてを込める。精魂を傾ける。** 徒然 鎌倉―随筆 一〇「おほくの工のこころをつくしてみがきたて」訳多くの工人が心を込めて磨きたて。❷**あれこれと気をもむ。やきもきする。** 源氏物語 平安―物語 桐壺「隙なき御前わたりに、人の御こころをつくし給ふも」訳(帝が)ひっきりなしに(局の)前をお通り過ぎになることに、他の(女性の)方々がお気をもみなさるのも。

こころ-を-と・む【心を留む】 連語 **気にする。心にかける。** 蜻蛉 平安―日記 上「ことわりにもや思ひけむ、すこしこころをとめたるやうにて」訳(私の返歌を)理にかなうと思ったのだろうか、少し気にしているようすで。

こころ-を-と・る【心を取る】 連語 **機嫌をとる。** 雨月物語 江戸―物語 蛇性の婬「金忠夫婦がこころをとりて、ひたすら嘆き頼みける」訳金忠夫婦の機嫌をとって、一生懸命に頼んだ。

こころ-を-まどは・す【心を惑はす】 連語 **心を乱す。非常に心配する。途方に暮れる。** 紫式部 平安―日記 寛弘五・九・一一「いと年経たる人々のかぎりにて、こころをまどはしたるけしきどものいとことわりなるに」訳ずいぶん長年お仕えした人々ばかりで、非常に心配している様子はまことにもっともであるので。

こころ-を-やしな・ふ【心を養ふ】 連語 **気を晴らす。心を慰める。** 方丈記 鎌倉―随筆「独り調べ、独り詠じて、自らこころをやしなふばかりなり」訳独りで琴を弾き、独りで和歌を詠んで、自分で自分の心を慰めるだけだ。

こころ-を-やぶ・る【心を破る】 連語 **機嫌をそこねる。怒らせる。** 源氏物語 平安―物語 玉鬘「こころをやぶらじとて祖母おとど出であふ」訳(大夫監の)機嫌をそこねまいと(祖母殿と呼ばれた)乳母が出てきて、(大夫監に)会う。

* **こころ-を-や・る【心を遣る】** 連語 ❶**気晴らしをする。心を慰める。** 万葉集 奈良―歌集 三四六「夜光る玉といふとも酒飲みてこころをやるにあにしかめやも」訳夜光る玉であろうと、酒を飲んで心を慰めるのにどうしてまさろうか、いや、まさりはしない。❷**得意がる。自慢する。満足するまで思いのままに振る舞う。** 源氏物語 平安―物語 帚木「わが心得たる事ばかりを、おのがじしこころをやりて」訳自分の得意なことだけを、各自が自慢して。❸**思いをはせる。**◆「心遣る」とも。

ここ-を-もって【此処を以て・是を以て】 連語 こういうわけで。そこで。平家物語 鎌倉－物語 二・教訓状「相共に賢愚なり。環のごとくして端なし。ここをもって設ひ人怒ると言ふとも」訳お互いに賢くもあり愚かでもある。環のようになっていて、端はない。こういうわけで、たとえ人が怒っても。◆「ここをもちて」の変化した形。漢文訓読から生じた。

古今著聞集（ここんちょもんじゅう）ココンチョモンジュウ 書名 説話集。橘成季編。鎌倉時代中期（一二五四）成立。二十巻。〔内容〕古今の説話約七百を集め、これを神祇・釈教・政道忠臣・公事・文学・管絃歌舞・孝行恩愛・武勇・変化など三十編に整然と分類し、各編の説話はほぼ年代順に並べてある。

古典の常識 **『古今著聞集』—豊富な説話を分類**

平安時代中期から鎌倉時代中期の日本の説話を集める。政治・文学・和歌・管弦や能書・蹴鞠など貴族の生活を中心に、武勇・弓・馬芸・相撲・博奕（＝ばくち）・草木・魚虫・禽獣（＝鳥とけもの）まで、貴族から武士・庶民に至る幅広い範囲の説話を採録している。

ご-ざ【御座】 名詞 ❶「座」の尊敬語。**貴人の席。お席。**「おまし」とも。源氏物語 平安－物語 藤裏葉「ござ二つよそひて」訳お席を二つ用意して。❷貴人の席に敷く、縁のついた上等の畳。「上げ畳」とも。

ござ-あ-り【御座有り】

一 自動詞ラ変〔ら／り／り／る／れ／れ〕❶〔「有り」「居をり」の尊敬語〕**いらっしゃる。おすわりになる。**平家物語 鎌倉－物語 三・御産「法皇は…錦帳近くござあって」訳法皇は…錦の帳近くおすわりになって。◇「ござあっ」は促音便。❷〔「行く」「来く」の尊敬語〕**出掛けなさる。おいでになる。いらっしゃる。**太平記 室町－物語 二七「御身はいづくへござある人ぞ」訳あなた様はどちらにいらっしゃる方ですか。

二 補助動詞ラ変〔ら／り／り／る／れ／れ〕〔補助動詞「有り」「居をり」の尊敬語〕**…(て・で)いらっしゃる。**太平記 室町－物語 一九「春宮は、…一処に押し籠められてござありける所へ」訳皇太子は、…（先帝の親王と）同じ所に閉じ込められていらっしゃったところへ。

語の歴史 動詞「おはします」に当てた漢字「御座」を音読みし、ラ変動詞「あり」を付けた語。鎌倉時代から使われるようになり、室町時代ごろからは終止形が「ござある」となって四段活用化し、次に「ござる」とつまった。現代語の「ございます」の「ござい」に残る。

ござ-あ-る【御座有る】 自動詞ラ四〔ら／り／る／る／れ／れ〕「ござあり」に同じ。◆「ござあり」が四段活用化したもの。⇨ござあり。鎌倉・室町時代の語。

ご-さい-ゑ【御斎会】 ゴサイエ 名詞 宮中で陰暦一月八日から七日間催される法会。大極殿（後に清涼殿）で、仏・菩薩を供養し、金光明最勝王経を講じ、国家安泰などを祈願した。参照▼口絵

ご-ざう【五臓】 ゴゾウ 名詞 ❶漢方医学の用語で、五つの内臓。心臓・肝臓・肺臓・脾臓・腎臓の総称。❷（人間の）**体。全身。**◆多く「五臓六腑」の形で用いられる。

こ-ざか-し【小賢し】 形容詞シク〔しく・しから／しく・しかり／し／しき・しかる／しけれ／しかれ〕**りこうぶっている。小生意気だ。**十訓抄 鎌倉－説話 七「従者のこざかしく差し過ぎたるは」訳従者で小生意気に出過ぎているのは。◆「こ」は接頭語。

こ-さき【小前駆】 名詞 貴人の外出時に先払いのためかける声を、短く引いたもの。◆三位以上の人のときは「大前駆」といって、長く引く。

ござ-さうら-ふ【御座候ふ】 ゴザソウロウ

一 自動詞ハ四〔は／ひ／ふ／ふ／へ／へ〕〔「有り」「居をり」の丁寧語〕**いらっしゃいます。ございます。**芭蕉書簡 江戸－書簡 俳文「心懸けもござさうらへども」訳心がけもございますけれども。

二 補助動詞ハ四〔は／ひ／ふ／ふ／へ／へ〕〔補助動詞「有り」の丁寧語〕**…(で)いらっしゃいます。…(で)ございます。**葵上 室町－能楽 謡曲「葵の上のおん物の怪、もっての外にござさうらふほどに」訳葵の上についた物の怪が、とんでもないものでございますので。

参考 尊敬語「御座有り」の「有り」を「候ふ」に替えて丁寧語化した語。後世では、主として候文と呼ばれる書簡文に用いられた。

ござ-な-し【御座無し】

一 形容詞ク〔く・から／く・かり／し／き・かる／けれ／かれ〕❶〔「無し」の尊敬語〕**いらっしゃらない。**太平記 室町－物語 二「主上はござなくて」訳天皇はいらっしゃらなくて。❷〔「無し」の丁寧語〕**ありません。ございません。**安宅 室町－能楽 謡曲「定めて勧進帳のござなきことは候ふまじ」訳絶対に勧進帳がございませんはずはありますまい。

二 補助形容詞ク〔く・から／く・かり／し／き・かる／けれ／かれ〕❶〔補助形容詞「無し」の尊敬語〕**…(で)いらっしゃらない。**摂待 室町－能楽 謡曲「もし判官殿にてはござなく候ふか」訳もしや判官殿ではいらっしゃいませんか。❷〔補助形容詞「無し」の丁寧語〕**…(で)ありません。**船弁慶 室町－能楽 謡曲「別にお気づかひなさるるほどの事にてはござない」訳格別お気遣いくださるほどのことではありません。◇「ござない」は口語。

参考「御座有り」の否定形で、鎌倉時代以後の語。

ござ-なれ 連語「ごさんなれ」に同じ。◆「ごさんなれ」の撥音「ん」が表記されない形。

ござ-ぶね【御座船】 名詞 ❶**貴人が乗る船。**❷**川遊び用の屋形船。**◆「ござぶね」とも。

ござ-めれ 連語「ごさんめれ」に同じ。◆「ごさんめれ」の撥音「ん」が表記されない形。

＊ござ-る【御座る】

一 自動詞ラ四〔ら／り／る／る／れ／れ〕❶〔「居ゐる」「行く」「来く」の尊敬語〕**いらっしゃる。**末広がり 室町－狂言 狂言「上座にござる御宿老」訳上座にいらっしゃるご長老。❷〔「有り」の丁寧語〕**あります。ございます。**末広がり 室町－狂言 狂言「ちと好みがござる」訳ちょっと希望がございます。

二 補助動詞ラ四〔ら／り／る／る／れ／れ〕〔補助動詞「有り」「居をり」の丁寧語〕**…(て・で)あります。…(て・で)ございます。**腹立てず 室町－狂言 狂言「御宿に御座ればようござるが」訳お宿にいらっしゃればようございますが。

参考 動詞「ござある」の変化した語。室町時代中期以降の語。

ご-さん【五山】 名詞 禅宗の五大寺の総称。京都では

天竜寺・相国寺・建仁寺・東福寺・万寿寺を、鎌倉では建長寺・円覚寺・寿福寺・浄智寺・浄妙寺をさす。「ござん」とも。

ごさん-なれ 連語 なりたち 断定の助動詞「なり」の連用形「に」＋係助詞「こそ」＋補助動詞「あり」の連体形＋推定伝聞の助動詞「なり」の已然形からなる「にこそあるなれ」の変化した形。
…であるようだな。…ようだな。「ごさなれ」とも。平家物語 鎌倉―物語 八・妹尾最期「神妙のこと申すごさんなれ」訳感心なことを申すようだな。

五山文学 文芸 鎌倉・室町時代に禅宗の僧侶によって作られた漢詩文。「五山」の名称は、京都と鎌倉の五山（＝五つの大きな寺院）が禅宗を代表する寺院であったところから。

ごさん-めれ 連語 なりたち 断定の助動詞「なり」の連用形「に」＋係助詞「こそ」＋補助動詞「あり」の連体形＋推定の助動詞「めり」の已然形からなる「にこそあるめれ」の変化した語。
…であるようだ。…であろう。「ごさめれ」とも。平家物語 鎌倉―物語 七・実盛「あっぱれ、これは斎藤別当であるごさんめれ」訳ああ、これは斎藤別当（の首）であるようだ。

こし[1]【腰】名詞 ❶（体の）腰。❷衣服、特に袴・裳などの腰に当たる部分。また、その辺りに結ぶ紐。❸山裾。平家物語 鎌倉―物語 五・富士川「富士のこしより搦手にや回り候ふらん」訳富士の山裾から背面にまわっているでしょうか。❹和歌の第三句の五文字。腰の句。◇五七五七七の短歌を人体に見立てて、その中央部に当たるところから。第一句を頭、第二句を胸、第四・五句を尾という。

こし[2]【輿】名詞 乗り物の一種。二本の轅の上に屋形を置き、その内部に人を乗せて運ぶもの。肩に担いで運ぶ肩輿と、手で腰の辺りに持ち上げて運ぶ手輿とがある。乗る人の身分によって鳳輦・葱花輦・網代輿・板輿・四方輿など種々の形式がある。

こ・し[3]【濃し】形容詞ク〔(く)・から／く・かり／し／き・かる／けれ／かれ〕
❶色が濃い。枕草子 平安―随筆 木の花は「木の花は、こきも薄きも紅梅」訳木に咲く花は、（色の）濃いのも薄いのも紅梅（がよい）。
❷紫色または紅色が濃い。大和物語 平安―物語 一七三「薄色の衣、こき衣上に着て、丈だちいとよきほどなる人の」訳薄い紅色の衣に濃い紅色の衣を上に着て、背丈もちょうどよいくらいの人が。
❸濃厚だ。濃い。宇治拾遺 鎌倉―説話 三・一八「沈・丁子をこく煎じて入れたり」訳沈香や丁子の実を濃く煮出して入れてある。

-こし[4]【腰】接尾語 刀・太刀など腰に帯びるものを数える。また、矢を盛った箙や袴などを数える。

越[5] 地名 北陸道（若狭・佐渡を除く）の古名。今の福井県・石川県・富山県・新潟県。大化改新の後、越前・越中・越後に分かれ、さらにその後に能登・加賀に分かれた。越の国。越の道。越路。

こ-じ[1]【巾子】名詞 冠の頂上後部に突き出ている部分。中に髻を入れ、かんざしで根元を止める。

こ-じ[2]【居士】名詞 仏教語。❶出家せずに仏門に入った男子。❷僧以外の一般信者の男子の法名の下に付ける称号。
参考 ❷に対する女子の法名の下に付ける称号は「大姉」。

こ-し-かた【来し方】連語 なりたち カ変動詞「来く」の未然形＋過去の助動詞「き」の連体形＋名詞「かた」
❶通り過ぎて来た方向。通って来た場所。源氏物語 平安―物語 須磨「うちかへり見給へるに、こしかたの山はかすみ、はるかにて」訳（源氏が）振り返ってご覧になっていると、通り過ぎて来た方角の山はかすんで、はるか遠くで。
❷過ぎ去った時。過去。新古今 鎌倉―歌集 雑下「こしかたをさながら夢になしつればさむる現のなきぞかなしき」訳過ぎ去った時をそのまま夢にしてしまったので、夢から覚める現実がないことが悲しいことだ。
参考 過去の助動詞「き」の連体形「し」が、カ変動詞に付くときは、未然形「こ」、または、連用形「き」に付く。従って、「きしかた」の例もある。「こしかた」「きしかた」の関係では、平安時代、「きしかた」の方が優勢で、特に❷の過去の意を表すのに多く用いた。平安時代の末期以降になると、逆に「こしかた」の方が圧倒的に多くなり、「きしかた」は衰えた。

こし-がたな【腰刀】名詞 腰に差す、つばのない短い刀。鞘巻や脇差しなど。「腰差し」とも。参照▶口絵

こしかた-ゆくさき【来し方行く先】連語 「こしかたゆくすゑ」に同じ。

こしかた-ゆくすゑ【来し方行く末】コシカタユクスエ 連語 なりたち カ変動詞「来く」の未然形＋過去の助動詞「き」の連体形＋名詞「かた」＋名詞「ゆくすゑ」
❶過ぎて来た方向とこれから向かう方向。❷過去と未来。平家物語 鎌倉―物語 一〇・海道下「こしかたゆくすゑの事ども思ひ続け給ふに」訳（月日が流れ）過去と未来のことなどを考え続けられるにつけて。◆「こしかたゆくさき」とも。

こしき[1]【甑】名詞 米などを蒸す器具。鉢形で、底に湯気を通す小穴があり、湯釜に載せて用いる。古くは素焼きの土器であったが、平安時代以後は木製のものも使われた。今の蒸籠や蒸し器に当たる。

（甑）

こしき[2]【轂】名詞 牛車の車輪の中央にある円木。「筒」とも。参照▶口絵

古事記 書名 歴史書。太安万侶編。奈良時代（七一二）成立。三巻。〔内容〕上巻は神話を記した神代の巻、中巻は神武天皇から応神天皇まで、下巻は仁徳天皇から推古天皇までの歴史や伝説を記してある。当時は仮名文字がなかったので、漢字の音訓を用い

て、文学性豊かな文章でつづってある。

ごし-き【五色】 名詞 ❶青・黄・赤・白・黒の五種の色。五彩。❷五種の色。五種類。❸いろいろな種類。各種。多種多様。

参考 ❶は中国古代の五行説によるものであるが、仏教でも極楽浄土を飾る色などとされる。

古事記伝 書名 注釈書。本居宣長著。江戸時代後期(一七九八)成立。四十四巻。〔内容〕『古事記』の注釈と古代精神の探究に、三十二年間を費やして実証的に書きあげた大部の研究書で、国学の最高峰に位する。

小式部内侍 人名 (九九八?～一〇二五)平安時代中期の女流歌人。橘道貞が父で、和泉式部が母。一条天皇の中宮彰子(上東門院)に仕えたのち藤原公成と結婚、出産後没した。「大江山いく野の道の遠ければまだふみもみず天の橋立」(『金葉和歌集』)〈⇩おほえやま…〉の和歌で、その歌才がよく知られている。参照▶ 文脈の研究 歌詠みの世覚え。

こし-ぐるま【腰車】 名詞 ❶「てぐるま」に同じ。❷腰に相手の体を乗せて、投げとばすこと。

ごじ-けう【五時教】 ゴジキョウ 名詞 仏教語。釈迦一代の五十年間にわたる教えを五つの時期に分けたもの。華厳(二十一日)・阿含(十二年)・方等(八年)・般若(二十二年)・法華涅槃(八年と一日一夜)。

こし-ざし【腰差し】 名詞 ❶賜り物としていただく丸く巻いた絹。◇腰に差して退出することから。❷「こしがたな」に同じ。

こし-だか【腰高】 名詞 ❶人の腰の位置が高いこと。❷足の高い器物。高杯など。❸腰板の部分が高い障子。

こし-だか・なり【腰高なり】 形容動詞ナリ {(なら)/なり・に/なり/なる/なれ/なれ} 腰の部分が高めだ。新可笑記 江戸｜物語 浮世・西鶴「緋の袴をこしだかに(はいて)」訳鮮やかな赤色の袴を腰の部分を高めに(はいて)。

こし-ぢ【越路】 コシジ 名詞 ❶北陸地方へ向かう道。❷「こし(越)」に同じ。

文脈の研究 歌詠みの世覚え

小式部内侍が歌合の詠み手に選ばれたとき、藤原定頼(中納言)が内侍の局の前を通りかかって、

「丹後へ遣はしける人は参りたりや。いかに心もとなく思すらむ。」

と言った。丹後(今の京都府の北部。⇩丹後)は、この時、母の和泉式部が後の夫である藤原保昌が丹後守になったのに伴って下っていた地。右の、「丹後へ…」は、「歌作の知恵を借りるために、母のもとへ出向かせた使いは戻ってきたのですか。どんなにか心細く思っていらっしゃることでしょう。」との意で、小式部を軽く見た定頼のからかい。これを聞いた小式部は、局の御簾からからだ半分ほど乗り出して、この定頼の着ていた直衣の袖をひきとどめて、「大江山」の歌を定頼に読みかける。

大江山　いくのの道の　遠ければ
まだふみもみず　天の橋立

訳大江山を越えて生野を通って行く道のりが遠いので、まだ、その先の天の橋立の地を踏んでいませんし、母からの文も見ていません

こののち定頼の反応は、

思はずに、あさましくて、「こはいかに。かかるやうやはある。」とばかり言ひて、返歌にも及ばず、袖を引き放ちて逃げられけり。

と語られている。

定頼は思ってもなかった小式部の歌の出来栄えにすっかり驚き(肝をつぶして)、「これはびっくりだ。いったいどうしたことか。こんなことがあるなんて。」と言うのが精一杯で、返歌もできずに引っぱられていた直衣の袖を引き離してにげてしまったというのである。このときから、小式部には、歌人としての高い世評が生まれた、という逸話。(『十訓抄』より。『古今著聞集』に類話。) 参照▶ こしきぶのないし(小式部内侍)。

五七調 文芸 詩歌の韻律の一つ。上が五音節の句で、下が七音節の句から成り、これが繰り返される韻律。「七五調」に比較して素朴で雄健・重厚な調べである。長歌は五七調であり、短歌では二句切れ・四句切れの歌がこれに当たる。『万葉集』に多い。

ごしち-にち[1]【五七日】 名詞 死後、七日ごとに行われる第五回目(三十五日目)の法事。

ご-しちにち[2]【後七日】 名詞 仏教語。陰暦の正月八日から十四日までの七日間。宮中で修法(「後七日の御修法」)を行う。宮中での神事が行われる正月一日から七日間の「前七日」に対していう。

ごしちにち-の-あざり【後七日の阿闍梨】 連語 宮中で正月八日から行う仏事「後七日の御修法」の導師をつとめる僧。

ごしちにち-の-みしほ【後七日の御修法】 連語 「ごしちにちのみずほふ」に同じ。

ごしちにち-の-みずほふ【後七日の御修法】 ゴシチニチノミズホウ 連語 毎年、正月八日から七日間、天皇の健康、国家の繁栄、五穀の豊作などを祈るため、宮中の真言院で行われた加持・祈禱。後七日の法。「ごしちにちのみしほ」とも。

こ-じつ【故実】 名詞 模範とすべき、昔の儀式・法令・作法などの事例。また、それに関する知識。◆古くは「こしつ」とも。⇩有職

参考 「有職故実」と並べて用いることが多いが、その場合、「有職」は公家の、「故実」は武家の先例をさ

すのが普通。

こ-じとみ【小蔀】名詞 ❶「蔀」のある小窓。明かり取りなどのために設ける。❷特に、清涼殿の「昼の御座」と「殿上の間」との間の壁にある❶。これを通して、天皇が殿上人の詰める殿上の間を見られる。

こし-なづ・む【腰泥む】コシナズム 連語 腰にまつわりついて、行き悩む。難渋する。古事記 奈良―史書 景行「海処行けばこしなづむ」訳海を行くと(海水が)腰にまつわりついて難渋する。

こし-の-く【腰の句】連語 和歌の第三句。⇩腰❹

こし-の-ぶ【腰伸ぶ】連語 曲がった腰を伸ばす。家に閉じこもっている人が自由に外出する。源氏物語 平安―物語 須磨「わたくしざまにはこしのべてなむと」訳私事では自由に外出していると。

こし-ば【小柴】名詞 ❶小さい柴。細い雑木の枝。❷「小柴垣」の略。源氏物語 平安―物語 若紫「同じこしばなれど、うるはしうわたして」訳(ほかと)同じ小柴垣だが、きちんと作りめぐらして。

こしば-がき【小柴垣】名詞「小柴」で造った、丈の低い垣根。「小柴」とも。参照▶口絵

ごじふさん-つぎ【五十三次】ゴジュウサンツギ 名詞 江戸時代、東海道の江戸日本橋から京都三条大橋までの間にあった、品川宿から大津宿までの五十三の宿場。

こし-ふり【輿振り】名詞 朝廷などに強訴するために、神輿を担いで暴れること。

後拾遺和歌集ごしゅういわかしゅう 書名 四番目の勅撰和歌集。藤原通俊の撰。平安時代後期(一〇八六)成立。二十巻。[内容]八代集の一つ。三百余人の和歌約千二百二十首を収める。和泉式部・相模・赤染衛門ら女流歌人の歌が多く、『古今和歌集』以来の伝統に新風を入れた和歌を特色とする。

こし-まき【腰巻】名詞 ❶女性の衣服の一つ。鎌倉時代以降、宮中の下級女官が、夏小袖の上から腰に巻き付けたもの。武家では、身分の高い女性の夏の礼装とされた。参照▶口絵 ❷女性の肌着。❸土蔵の外回りの下部の、土を特に厚くした部分。

こし-もと【腰元】名詞 ❶腰の辺り。❷身の回り。❸侍女。小間使い。貴人のそば近くに仕えて雑用をする女性。

ご-しゃ【五舎】名詞 平安京内裏の後宮の五つの殿舎。昭陽舎(梨壺)・淑景舎(桐壺)・飛香舎(藤壺)・凝華舎(梅壺)・襲芳舎(雷鳴壺)をいい、いずれも女御や更衣などが住んだ。参照▶資料26

こ-しゃう【小姓・小性】コショウ 名詞 ❶少年。子供。❷武家で、貴人のそば近く仕えて雑用をする少年。また、寺で、住職のそば近く仕える少年。

ご-しゃう[1]【五障】ゴショウ 名詞 仏教語。❶女性が生まれつき持っている五つの障害。梵天王・帝釈天・魔王・転輪聖王・仏の五つになれないというもの。❷仏道修行の妨げとなる五つの障害。煩悩・業・生・法・所知をさす。

ご-しゃう[2]【後生】ゴショウ 名詞 ❶死後に生まれ変わること。また、その世。来世。▼輪廻の考え方に基づく語。対前生・今生。❷死後の世界での安楽。極楽に往生すること。❸お願い。▼相手に無理に頼むときにいう。後生の安楽を願う意から。◆❶❷は仏教語。❸は江戸時代の語。

ご-じゃう【五常】ゴジョウ 名詞 儒教で、人が常に守るべき五つの道徳。仁・義・礼・智・信。

ごしゃう-ねがひ【後生願ひ】ゴショウネガイ 名詞 信心して来世の安楽、極楽往生を願うこと。また、その人。

ごしゃう-ぼだい【後生菩提】ゴショウボダイ 名詞 仏教語。死後に、来世で幸福を得ること。極楽往生すること。

ご-しょ[1]【御所】名詞 ❶天皇が住んでいる所。御座所。また、天皇を尊敬していう語。❷上皇や皇族の住まい。また、上皇や皇族を尊敬していう語。❸大臣以上の貴族や将軍などの住まい。また、大臣以上の貴族や将軍などを尊敬していう語。

◆学習ポイント㉝

宮中で使う言葉

宮中は特別な世界で、宮中だけで使われる特有の言葉がある。その例をいくつか挙げる。

言葉	意味
行幸・御幸	天皇・院・女院のお出かけ。
行啓	皇后・皇太子のお出かけ。
還幸	天皇の出先からのお帰り。
還御	天皇・上皇・三后の出先からのお帰り。
勅	天皇のご命令。⇩勅書・勅宣
おほやけ	朝廷・政府・天皇。
入内	天皇(皇太子)と結婚すること。
出仕	宮仕えすること。
宿直	宮中(や貴族の邸)に泊まりがけの夜勤をすること。天皇・貴人の寝所に仕え、お相手すること。
参内	宮中へ行くこと。
奏す	天皇・院に申し上げる。
啓す	皇后・皇太子に申し上げる。
時めく	寵愛を受けて栄える。

ご-しょ[2]【御書】名詞 貴人の手紙を尊敬していう語。お手紙。御書状。

こ-しょう【扈従】名詞 ／―す 自動詞 サ変 貴人に供として付き従うこと。また、その供の人。増鏡 室町―物語 新島守「都の人々もこしょうしたりけり」訳都の人たちも付き従ったのであった。

ごしょう【五障・後生】⇩ごしゃう

ごじょう【御諚・御定】⇩ごぢゃう

ごしょ-どころ【御書所】名詞 平安時代、宮中の書物を保管・管理した役所。

後白河天皇ごしらかわてんのう 人名 (一一二七～一一九二)平安時代後期の天皇。保元の乱(一一五六)の後に、在位三年で退位し、以後三十年以上も院政を行った。音楽・芸能を好み、当時の歌謡を集めて、『梁塵秘抄』二十巻を編集した。

こしら・ふ【誘ふ・慰ふ】コシラウ・コシロウ 他動詞 ハ下二 {へ/へ/ふ/ふる/ふれ/へよ}

㊀ ❶なだめる。とりなす。慰める。蜻蛉 平安―日記 上「人の聞かむも、うたてもの狂ほしければ、問ひさして、とかうこしらへてあるに」訳人が聞くようなのも、いやでとんでもないことなので、問うのを途中でやめて、あれこれとなだめていると。

❷言葉たくみに誘う。とりつくろう。[今昔物語 平安｜説話]二一・六「速やかにかの墓に行きて、こしらへをこつるべきなり」[訳]早くあの墓に行って、とりつくろいだまして従わせるべきだ。

□二【拵ふ】❶作り上げる。造り構える。[徒然 鎌倉｜随筆]五一「こしらへさせられければ、やすらかに結ひて参らせたりけるが」[訳](水車を)造らせなさったところ、たやすく組み立てて差し上げたのだったが。

❷用意する。整える。[宇治拾遺 鎌倉｜説話]九・三「馬の草まで、こしらへ持ちて来たり」[訳]馬のえさの草まで、用意して持ってきた。

こじり-が-つま・る【鐺が詰まる】[連語]❶(借金などのため)動きが取れなくなる。首が回らなくなる。[冥途飛脚 江戸｜浄瑠 浄瑠・近松]「いかうこじりがつまってきた」[訳]ひどく首が回らなくなってきた。◇「つまっ」は促音便。◆鐺(=刀の鞘の末端)が詰まると、刀身が鞘から抜けなくなることから。

こし-ゐる【腰居る】[連語]腰が立たなくなる。腰が抜ける。[著聞集 鎌倉｜説話]一二「或は目しひたるもあり、或はこしゐたるもあり」[訳](集まった人々の中に)あるいは目の見えなくなった者もおり、あるいは腰の立たなくなった者もいる。◆「ゐる」は上一段の自動詞。

こし-を・る【腰折る】[連語](歌が)「腰折れ」になる。下手だ。[紫式部 平安｜日記]寛弘五・一〇・一〇余「こしをれたることやかきまぜたりけむ」[訳]腰折れになった下手な歌を(返事に)、書きまぜていたからだったろうか。◆「をる」はこの場合、下二段の自動詞。四段の他動詞では別の意味。

こし-をれ【腰折れ】[名詞]❶老年になって腰が曲がること。また、その老人。❷「腰折れ歌」の略。❸「腰折れ文」の略。

こしをれ-うた【腰折れ歌】[名詞]第三句(腰の句)と第四句とがうまく続かない和歌。転じて、下手な歌。また、自作の歌の謙譲語。「腰折れ」とも。

こしをれ-ぶみ【腰折れ文】[名詞]筋道のよく通らない、下手な文章。また、自作の文章の謙譲語。「腰折れ」とも。

[1]**こ-じん**【古人】[名詞]❶昔の人。[奥の細道 江戸｜紀行]出発まで「こじんも多く旅に死せるあり」[訳](私の敬慕する)昔の人もその多くは旅の途中で亡くなっている。◇用例文中の古人は、芭蕉が敬慕した能因・西行や李白・杜甫などをさす。❷老人。

[2]**こ-じん**【故人】[名詞]❶昔なじみの友人。旧友。旧知。[方丈記 鎌倉｜随筆]「窓の月にこじんをしのび」[訳]庵の窓に月を仰いで旧知のことを思い出し。❷死んだ人。亡き人。物故者。

ご-しん【護身】[名詞]❶身を守ること。❷仏教語。「護身法」の略。密教で、一切の障害を取り除き、行者の心身を守るために行う法。

[1]**こ・す**【越す】[自動詞]サ四{さ/し/す/す/せ/せ}❶越える。[万葉集 奈良｜歌集]一三九七「荒磯こす波はかしこし」[訳]波の荒い磯を越える波は恐ろしい。❷行く。来る。[唐糸さうし 江戸｜物語]御伽「御身たちは鎌倉へこすべきなり」[訳]あなた方は鎌倉へ行くのがよいのだ。❸追い越す。[宇津保 平安｜物語]忠こそ「多くのついでをこしてこそ、大臣の位にはなしつれ」[訳]多くの順序を追い越して、大臣の位につけたのだ。❹(基準を)超過する。上回る。[平家物語 鎌倉｜物語]一〇・藤戸「鞍壺こす所もあり」[訳](海水の深さが)馬にのった人の腰の下あたりを上回る所もある。

[2]**こす**[助動詞]下二型《接続》動詞の連用形に付く。{こせ/○/こす/○/○/こせ・こそ}〔希望〕…してほしい。…してくれ。[後撰 平安｜歌集]秋上「ゆく蛍雲の上まで往ぬべくは秋風吹くと雁に告げこせ」[訳]⇨ゆくほたる…。

[語法]未然形の「こせ」と終止形の「こす」は次の形で用いられる。

未然形	「こせぬかも」〈…てくれないかなあ〉 *「ぬ」は打消の助動詞の連体形で、未然形に付く。 「こせね」〈…てくれ〉
終止形	「こすなゆめ」〈てくれるな、決して〉 *「な」は禁止の終助詞で、終止形に付く。

[参考](1)主に奈良時代以前に用いられ、時に平安時代の和歌に見られる。(2)相手に望む願望の終助詞「こそ」を、この「こす」の命令形とする説がある。⇨こせぬかも

ご・す【期す】[他動詞]サ変{せ/し/す/する/すれ/せよ}

語義の扉

漢語「期」(呉音はゴ、漢音はキ)を元に生まれたサ変動詞。

漢語の窓
漢字「期」のなりたちは、「其」と「月」の会意兼形声。必ずそうなると目当てをつける、まつ、予定する、また、期日を決めて約束して会う意。

日本語化した「期す」は、漢語の、予期する、期待する意(❶)、心積もりをする、予定する意(❷)を受け継ぎ、さらに、覚悟して心に決める意(❸)をも表す。[参照]▶きす(期す)。

❶予期する。期待する。
❷心積もりをする。予定する。
❸覚悟する。心に決める。

❶予期する。期待する。[徒然 鎌倉｜随筆]七四「ごするところ、ただ老いと死とにあり」[訳]予期するものは、ただ老いと死だけである。

❷心積もりをする。予定する。[徒然 鎌倉｜随筆]九二「重ねてねんごろに修せんことをごす」[訳]もう一度入念に身につけることを、心積もりする。

❸覚悟する。心に決める。[平家物語 鎌倉｜物語]一一・嗣信最期「敵の矢にあたって死なん事、もとよりごするところで候ふなり」[訳]敵の矢に当たって死ぬようなことは、もともと覚悟することなのでございます。

こ-すあを【小素襖】[名詞]武士の衣服の一つ。袖の小さい素襖。下には足首までの短い袴をつける。

ご-すい【五衰】[名詞]仏教語。天人が死ぬときにその体に現れるという、五種の衰えの相。頭の華鬘がしぼむこと、わきの下から汗が出ること、目がしょぼしょぼすること、天衣に垢がつくこと、自由に飛行ができなくなることの五種をいう。天人の五衰。

こ-ずゑ【梢】 名詞 木の幹や枝の先。こずえ。

こせ 助動詞「こす」の未然形・命令形。

ご-せ【後世】 名詞 仏教語。❶（輪廻の考え方による）「三世」の一つ。**あの世**。人が死後に生まれ変わる世。来世。対 前世・現世。❷**来世の安楽**。極楽に往生すること。平家物語 鎌倉-物語 二・大納言死去「父のごせをとぶらひ給ふぞ哀れなる」訳 父の来世の安楽のため供養しておられるのはまことに感慨深いことである。

ご-ぜ【御前】 一 名詞 貴人の目の前。また、貴人。二 代名詞 **あなた**。▼対称の人称代名詞。女性に対していう。義経記 室町-物語 七「大津次郎、『や、ごぜ、ごぜ』と言ひけれども」訳 大津次郎が「やあ、あなた、あなた」と声をかけたけれども。

ご-ぜ【瞽女】 名詞「盲御前」の略。鼓や三味線を伴奏として、歌などを歌って物を請う、盲目の女性。

（瞽　女）

-ごぜ【御前】 接尾語 女性を表す言葉に付いて、尊敬・親愛の気持ちを表す。まれに男性にも用いることもある。「尼ごぜ」

こせ-ぢ【巨勢路・巨勢道】 名詞 巨勢地方（今の奈良県御所市の南西部）を通る道。

ご-せち【五節】 名詞 ❶朝廷で、「大嘗祭」「新嘗祭」のとき、四人（大嘗祭では五人）の舞姫による舞を中心にして行われた行事。陰暦十一月の二度目の丑・寅・卯・辰の四日間にわたって行われた。❷「五節の舞」の略。❸「五節の舞姫」の略。◆「ごせつ」とも。

ごせち-どころ【五節所】 名詞「五節の舞姫」の控え室。内裏の中の常寧殿の四隅に設けられる。「五節の局」とも。

ごせち-の-つぼね【五節の局】 連語「ごせちどころ」に同じ。

ごせち-の-まひ【五節の舞】 名詞「五節」の最終日に催される「豊明かりの節会」で演じられる、少女の舞。「五節」とも。

ごせち-の-まひひめ【五節の舞姫】 連語「五節の舞」を演じる少女。「新嘗祭」には、公卿から二人、殿上人・受領から二人、「大嘗祭」には、公卿から二人、殿上人・受領から三人を出す。「五節」とも。

ご-せつ【五節】 名詞 ❶「ごせち」に同じ。❷「五節句」の略。

ご-せっく【五節句・五節供】 名詞 年間に行われる五つの節句。「人日（＝陰暦正月七日）」「上巳（＝三月三日）」「端午（＝五月五日）」「七夕（＝七月七日）」「重陽（＝九月九日）」。「ごせつ」とも。⇩節句

ご-せっけ【五摂家】 名詞 鎌倉時代以降、摂政・関白となる資格のあった、藤原氏の五家。近衛・九条・二条・一条・鷹司の各家をさす。

こせ-ぬ-か-も 連語 なりたち 助動詞「こす」の未然形＋打消の助動詞「ず」の連体形＋疑問の係助詞「か」＋詠嘆の終助詞「も」

…してくれないかなあ。 万葉集 奈良-歌集 一〇二五「我が背子は千年五百年ありこせぬかも」訳 私のいとしい人は五百年も千年も生きていてくれないかなあ。◆動詞の連用形に付いて、詠嘆的にあつらえ望む意を表す。

ご-ぜん【御前】 一 名詞 ❶**高貴な人の前。おんまえ。**「おまへ」とも。源氏物語 平安-物語 末摘花「夜に入りてごぜんよりまかで給ふに」訳 夜になって（天皇の）おんまえからご退出なさるが。❷「高貴な人を尊敬していう語」枕草子 平安-随筆 頭の中将の「いかにかはすべからむ、ごぜんおはしまさば、御覧ぜさすべきを」訳 どうしたらよかろうか、中宮様がいらっしゃったら、お目にかけたいのだが。❸**奥方**。▼江戸時代に大名・武家などの妻を尊敬していう語。一代女 江戸-物語 浮世・西鶴「ある大名のごぜん死去の後、家中は若殿のなきことを悲しみ」訳 ある大名の奥方が亡くなってから、家中の者は（世継ぎの）若君がいないことを嘆いて。❹「御前駆」の略。貴人が外出するとき、馬に乗って先導する人。**お先払い**。源氏物語 平安-物語 賢木「むつましきごぜん、十余人ばかり、御随身ことごとしき姿ならで」訳（源氏は）親しいお先払いの者を、十人あまりと、御随身も大げさな装いでなくて。

二 代名詞 **あなた**。▼女性に対していう対称の人称代名詞。宇治拾遺 鎌倉-説話 一四・一一「ごぜんたち、さは、いたく笑ひ給ひて、わび給ふなよ」訳 あなた方、それでは、ひどくお笑いになって、お苦しみになるなよ。

-ごぜん【御前】 接尾語 **…どの。…様。**▼固有名詞や人を表す語に付いて、敬意を表す。「姫ごぜん」「父ごぜん」「兄ごぜん」

後撰和歌集 書名 平安時代中期成立の、二番目の勅撰集。大中臣能宣・清原元輔・源順・紀時文・坂上望城（梨壺の五人）の撰。二十巻。〔内容〕三代集の一つ。歌数約千四百二十余首。撰者の歌は一首もなく、貴族生活を反映した、豊かな明るい歌が多い。

こそ

語義の扉

なりたち 代名詞「此」に係助詞「ぞ」の古形「そ」のついたもの、また「此其」を語源とするとされる。いろいろの語に接続してその語をとりたててさし示し、文意を強調する係助詞として(一)、また、奈良時代以前、動詞の連用形に接続して他に対する願望の意を表す終助詞として(二)の、ふたつの場合がある。

❶係り結びをつくり、文末の活用語を已然形で終止させる。

❷結びとなるべき文節で意味上の終止がなされず、逆説の意で後に

一 係助詞

❸結びとなるべき文節が終止せず、接続助詞を伴って後に続く。

❹（係助詞「も」を伴って「もこそ」の形で）よくないことがらの起こることを予測して、それへの懸念、心配の気持ち、またよいことがらの起こることを予測して、それへの期待の気持ちを表す。

㋐…したら、困る。ひょっとして…すると、大変だ。

㋑ひょっとしたら…するかも知れない。

❺結びとなるべき語を省略して、文末に位置する。

❻結びとなるべき語を省略して、とくに「…ばこそ」（「ば」は接続助詞）の形で、慣用表現となり、反語の意を表す。

二 終助詞

奈良時代以前、動詞の連用形に接続して、文末に用いられ、他への願望を表す。

…してほしい。…してもらいたい。…てくれよ。

一 係助詞 とりたて、強調の度合いは、同じ係助詞の「ぞ」「なむ」よりも強い。もともと、古い時期には、活用語の已然形はそこで言い切りとなることなく後に続いて行くいきおいを有する形であり、「〜こそ…已然形」という表現形式（係り結び。「〜こそ…である」）の固定はやや後のできごとであったと言われる。したがって、奈良時代以前には、むしろ 一 ❶の場合は少なく、そのいっぽうに、

万葉集 奈良｜歌集 二六〇一「難波人葦火焚く屋の煤してあれどおのが妻こそ常めづらしき常目頰次吉」訳難波の人が葦火をたく家のようにすすけて古びていこそいるけれど、なんともわが妻はいつもかわいく思われることだ。

のように形容詞の連体形が結ぶものや、同じく 万葉集 奈良｜歌集 十三「…古昔もしかにあれこそ現世も妻を争ふらしき相格良思吉」訳古代から（神代から）そうであったからこそ、今の世の人たちも妻を取り合って争いごとをするらしいのだ。

のように助動詞（形容詞型活用）の連体形で結ぶもの、また、

万葉集 奈良｜歌集 一〇五一「三香の原布当の野辺を清みこそ清見社大宮ところ定めけらしも定異等霜」訳この三香の原の布当の野辺が清らかである故にこそ大宮所をこの地にお定めになったにちがいないことだ。

のように助動詞の終止形＋助詞「も」の形で結んだものもある。

また、いっぽう、「〜こそ…已然形」という係り結び形式の固定ののち、この形式を破るものが平安時代末、院政期ごろから助動詞「けり」「なり」（伝聞、推定）の結びなどについて目立ちはじめ、室町時代以降になるとひろく動詞、形容詞などの結びにも及び、擬古的な文章を例外としてこの形の係り結びは自然に崩壊に向かい、「こそ」は副助詞としてのはたらきを見せるようになる。口語訳にあたっては、その強調、指示、とりたてのありように応じて、文脈にあわせたくふうが必要である。

❶係り結びをつくり、文末の活用語を已然形で終止させる場合。蜻蛉 平安｜日記 下「ある人起きはじめて、妻戸押しあけて『雪こそ降りなりけれ』と言ふほどに」訳傍にいた侍女が起きはじめて、妻戸を押しあけて『あら、雪が降ったんだわ』と言っていると。

❷係り結びが一応成り立った形であるが、なお、結びとなるべき文節で意味上の終止がなされず、逆説の意で後に続く場合。**…けれども。** 土佐日記 平安｜日記 二・十六「中垣こそあれ、ひとつ家のやうなれば望みてあづかれるなり」訳隔ての垣根こそあるけれども、ひと続きの屋敷みたいなものだから、隣の人が自分から望んであずかったのであった。徒然 鎌倉｜随筆 一「品、形こそ生まれつきたらめ、心はなどか賢きより賢きにも移さば移らざらむ」訳家柄や姿形というものは生まれついたものでどうにもならないのだろうけれども、心については、どうして優れたうえにさらに優れた方へ、移そうと思えば移らないことがあろうか。

❸結びとなるべき文節が終止せず、「ど」「ども」「とも」「ば」「に」などの接続助詞を伴って後に続く場合。伊勢物語 平安｜物語 九四「後に男ありけれど、子ある仲なりければ、こまかにこそあらねど、時々ものいひおこせけり」訳後に（この女には）通って来る男ができたのだが、（前の男とは）子どものある仲であったので、愛情深いというのではないけれど、女に折につけ何か言って寄こしたということだ。枕草子 平安｜随筆 中納言殿まゐり給ひて「かやうのことこそかたはらいたきもののうちに入れつべけれど、『ひとことな落としそ』と侍れば、いかがはせむ」訳こういった逸話こそは「かたはらいたきもの」（＝聞いていていたたまれないもの）のなかに入れるのがふさわしいのであろうけれども、「ひとつでも書き落とさないで欲しい。」ということでございますから、ここに書きつけておくことです。

❹係助詞「も」を伴って「〜もこそ…」の形で、よくないことがらの起こることを予測して、それへの懸念、心配の気持ちを、またよいことがらの起こることを予測して、それへの期待の気持ちを表す。

㋐**…したら、困る。ひょっとして…すると大変だ。** 源氏物語 平安｜物語 若紫「『心はづかしき人住むなる所にこそあなれ。あやしうも、あまりやつしけるかな。聞きもこそすれ』など宣ふ。」訳（源氏は）「気のひける方の住んでいる所であるようだ。あんまりみすぼらし過ぎる姿でやって来てしまったものだ。わたしのことを聞きつけでもしたら、大変だ」などとおっしゃる。

㋑**ひょっとして…するかも知れない。** 平家物語 鎌倉｜物語 六・祇園女御「夜泣きすとただ守り立てよ末の世に清くさかふることもこそあれ」訳たとえその児（＝後の平清盛）が夜泣きをするとしても、ただ一生懸命大切にして育てなさい。将来は清くさかんになるようなあることがあるかも知れない。

❺結びとなるべき語を省略して、文末に位置する場合。万葉集 奈良｜歌集 二三五九「息の緒にわれは思へど人目多みこそ人目多社吹く風にあらばしばしば逢ふ

べきものを」訳死ぬほどあの人のことを私は思っているけれど、なんとも他人の目が多いので（逢えないことです）。もし私が吹く風ででもあったらいくらでも逢えようものを。源氏物語 平安―物語 帚木「親もなく、いと心細げにて、さらばこの人こそはと、ことにふれて思へるさまも、らうたげなりき」訳（この女には）親などもなくて、たいそう心細い様子で、それならばこの人をこそ夫として頼みにしようと、何かにつけて思っているようであるのもかわいらしく感じられました。

❻結びとなるべき語を省略して、とくに「活用語の未然形＋ばこそ」の形で、慣用表現となり、反語の意となる場合。強い打ち消しの気持ちを表す。安宅 室町―能楽「もとより勧進帳のあらばこそ」訳もともと勧進帳のあるはずもないのである。

歴史スコープ 語法・文法

❹の場合、㋐の心配、懸念を表す用法のほうが多い。また、「〜もこそ…」の形となっていれば、すべて❹の意味で用いられたものと速断することは早計である。たとえば、

蜻蛉 平安―日記 下「千年ふる松もこそあれほどもなく越えてはかへるほどや遠かる」

などは、この作品終結部における右馬助道綱と八橋の女との和歌のやりとりの文脈からして、懸念、心配、期待であるよりむしろ明白な強調であることがあきらかであり、

訳千年を経る松もあるのですよ。一年を越すぐらい何ということはないはずです。あなたの待つつらさもそれに比べれば何ということはないと思われることです。

などと解するのが妥当である。

❻は、やや後の時期に生じた用法であるが、古くは「活用語の未然形＋ばこそ……已然形。」の形でその仮定条件を強調し、反語の意を打ち出す表現形式があった。

万葉集 奈良―歌集 三七四〇「天地（あめつち）の神なきものにあらばこそ我（あ）が思（も）ふ妹に死に逢はず死にせめ」訳天に神様、地に神様がおられないというなら私の恋しい女（ひと）に逢わずに死ぬこともできようがなあ。とうてい逢わずに死ぬことなどできないことだ。

古今 平安―歌集 恋四「相坂（あふさか）のゆふつけ鳥にあらばこそ君が往き来を泣く泣くも見め」訳わたしが相坂のゆうつけ鳥ででもあったなら、あなたの往き来するお姿を泣きながらでも見るであろうが、それさえできないわが身がつらくてならないことだ。

㊁終助詞〔奈良時代以前の語〕動詞の連用形について文末に用いられ、他に対する願望を表す。…てほしい。…てもらいたい。…てくれよ。万葉集 奈良―歌集 八四五「鶯の待ちかてにせし梅が花散らずありこそ思ふ子がため」訳鶯がずうっと待ちかねてやっと咲いた梅の花よ、どうか散らずにいてほしいことだ。知良須阿利許曽思ふ子がため」訳鶯がずうっと待ちかねてやっと咲いた梅の花よ、どうか散らずにいてほしいことだ。鶯のために。

-こそ[2] 接尾語 …よ。…さん。▼人を表す語に付いて、呼びかける相手を指示する。源氏物語 平安―物語 夕顔「北殿（きたどの）こそ、聞き給（たま）ふや」訳北のお隣さん、お聞きになっていますか。

こぞ* 名詞 ㊀【去年】昨年。去年（きょねん）。古今 平安―歌集 春上「年の内に春は来にけりひととせをこぞとやいはむ今年とやいはむ」訳⇩としのうちに…。㊁【昨夜】昨夜（さくや）。「きぞ」とも。

参考 ㊁は、今夜の意味とする説もある。

こそ-あら-め 連語

なりたち 係助詞「こそ」＋ラ変動詞「あり」の未然形＋推量の助動詞「む」の已然形

…（は）よいだろうけれど。…（は）構わないが。平家物語 鎌倉―物語 九・三草勢揃「わが身こそあらめ、人のためいたはしくて」訳自分自身はこうしていてもいいけれども、妻のためにかわいそうで。

こそ-あれ 連語

なりたち 係助詞「こそ」＋ラ変動詞「あり」の已然形

…こそ…ではあるけれど。…であるが。古今 平安―歌集 雑上「今こそあれ我も昔は男山（＝枕詞（まくらことば））栄行（さかゆ）くときもありこしものを」訳今でこそこんなに衰えているのではあるけれども、私も昔は（体力気力ともに）盛んであった時もあったものなのに。

こそ-こそ 副詞〔多く、「と」を下接して〕❶静かに音のするさま。宇治拾遺 鎌倉―説話 六・五「谷より岸のうへざまにこそこそと登りぬ」訳（ヘビは）谷底から崖の上の方に、こそこそと（音をさせて）登っていった。❷こっそりと何かを行うさま。そっと。宇治拾遺 鎌倉―説話 一〇・一〇「主人、手をこそこそとすりて」訳主人は、両手をそっとすり合わせて。

こ-そで【小袖】名詞 ❶袖口の狭い衣服。平安時代末期から肌着として男女ともに着用したが、後には普段着としても用いられた。参照▶口絵 ❷桃山時代以後流行した絹地の綿入れ。晴れ着として用いた。

こそ-なから-め 連語

なりたち 係助詞「こそ」＋形容詞「なし」の未然形＋推量の助動詞「む」の已然形

…ないのは仕方がないが。平家物語 鎌倉―物語 一二・泊瀬六代「観賞（けんじやう）蒙（かうぶ）らむとこそ思ひつるに、さこそなからめ、剰（あまつさ）へ流罪（るざい）に処せらるる条」訳ほうびを頂けるとばかり思っていたのが、そうでないのは仕方がないが、その上流罪に処せられることは。

こぞみてし… 和歌「去年（こぞ）見てし 秋の月夜（つくよ） 照らせども あひ見し妹は いや年さかる」万葉集 奈良―歌集 二・柿本人麻呂（かきのもとのひとまろ）訳去年見た秋の月は、今年も照っているけれど、ともに見た妻は、ますます年月が遠ざかっていくことだ。

鑑賞 去年の秋、妻とともに見た月は今年も変わらず照っているが、妻は亡くなってしまった。変わらない月と対比された妻の死という大きな変化。そこに深い喪失感と時間的隔たりの広がりが、よりいっそう鮮やかに表現されている。妻を亡くした際に詠んだ長歌に付された反歌。「月夜」は、月そのものをいう。

こぞり-て【挙りて】連語

なりたち 動詞「こぞる」の連用形＋接続助詞「て」

一人残らず。すべて。伊勢物語 平安―物語 九「舟こぞりて泣きにけり」訳舟の中の人は一人残らず泣いてしまった。

こぞ・る【挙る】自動詞ラ四〔ら／り／る／る／れ／れ〕❶残らずにそろう。傾城禁短気 江戸―物語 浮世「あくびしたる人々、一所（ひとところ）へこぞり寄りて」訳あくびをしていた人たちは、一つ所に残らずそろい集まって。❷みんな集まる。集合する。保元 鎌倉―物語 上「音に聞こゆる為朝（ためとも）見ん

とて、こぞり給ふ」訳有名な源為朝を見ようとしてみんな集まりなさる。

こ-たい【古体】名詞 古い形式。古風。旧式。源氏物語 平安―物語 末摘花「こたいの、ゆゑづきたる御装束なれど」訳旧式の、由緒ありそうな衣裳であるけれど。

***こ-だい**【古代】名詞 昔。源氏物語 平安―物語 若菜上「こだいの僻事どもや侍りつらむ」訳古い昔の根も葉もない話などがございましたのでしょう。

ご-たい【五体】名詞 頭・両手・両足また、頭・首・胸・手・足。転じて、全身。

ごだい-そん【五大尊】名詞 仏教語。❶「五大尊明王」の略。❷「五大尊の御修法」の略。

ごだいそん-の-みずほふ【五大尊の御修法】連語 仏教語。「ごだんのみずほふ」に同じ。

ごだいそん-みゃうわう【五大尊明王】名詞 仏教語。密教で尊ぶ五明王。不動明王・降三世明王・軍荼利夜叉明王・大威徳明王・金剛夜叉明王の総称。「五大尊」「五大明王」とも。

こ-たい・なり【古体なり】形容動詞ナリ {なら/なり・に/なり/なる/なれ/なれ} 古風だ。古めかしい。源氏物語 平安―物語 末摘花「つつみに、衣箱の重りかにこたいなる、うち置きて」訳包み布の上に、衣装箱のいかにも重そうで古めかしいのを、ちょっと置いて。

こ-だい・なり【古代なり】形容動詞ナリ {なら/なり・に/なり/なる/なれ/なれ} 古風だ。昔風だ。蜻蛉 平安―日記 上「こだいなる人ありて」訳昔風の人である母がいて。参考 平安時代の仮名文では、「こだい(古代)なり」か「こたい(古体)なり」か、はっきりしない場合がある。

こたう〘答う・応う〙⇩こたふ

こ-たか【小鷹】名詞 ❶はやぶさ・はいたかなど小形の鷹。鷹狩りに使われる。❷「小鷹狩り」の略。秋に行う小形の鷹を使った鷹狩り。対大鷹。

こ-だか・し【木高し】形容詞ク {(く)・から/く・かり/し/き・かる/けれ/かれ} 梢が高い。木立が高い。万葉集 奈良―歌集 四五二「わが山斎はこだかく繁くなりにけるかも」訳⇩いもとして…。

ご-たち【御達】名詞 ご婦人がた。ご婦人。▼年功を積んだ上級の女房や、貴族の家に仕える身分のある女房に対する敬称。枕草子 平安―随筆 正月一日は「家のごたち・女房などのうかがふを」訳家の年功を積んだ女房や若い女房などが(腰を打つ機会を)ねらうのを。参考 元来「たち」は複数を示す接尾語であるが、「ごたちなりける人をあひ知りたりける」(『伊勢物語』)〈身分のある女官と恋仲になっていた。〉のように、単数を表すこともあり、そのときは強意を示す。「友達」も同様。

こ-たつ【火燵・炬燵】名詞 暖房器具の一つ。木で組んだ櫓の下に炭火を置き、上から布団で覆って暖を取る。ふつうは床に炉を切る「掘り火燵」をさす。

こたび【此度】名詞 今回。このたび。「こたみ」とも。

こた・ふ【答ふ・応ふ】自動詞ハ下二 {へ/へ/ふ/ふる/ふれ/へよ} ❶返答する。うけこたえする。更級 平安―日記 大納言殿の姫君「笛の音のただ秋風と聞こゆるになどをぎの葉のそよとこたへぬ」訳笛の音がまるで秋風のように聞こえるというのに、風になびくはずの荻の葉はなぜ「そよ」とも返答しないのでしょう。❷反響する。こだまする。古今 平安―歌集 恋二「山びこのこたへぬ山はあらじとぞ思ふ」訳山びこの反響しない山はあるまいと思う。❸応える。感応する。信心に神仏などが反応を示す。後拾遺 平安―歌集 雑六「わが祈ぎ事を神もこたへよ」訳私の願い事に神も応じてください。

関連語「こたふ」と「いらふ」の違い
「こたふ」は、問いかけに対してまともに応答することを意味するが、「いらふ」は、人に対して適当にあしらって応ずる意味を含む。

こ-たま【木魂・木霊】名詞 ❶樹木に宿る霊魂。木の精霊。❷こだま。やまびこ。▼❶が返答する声と考えたことによる。◆江戸時代以降は「こだま」。

こ-たみ[1]【此度】名詞「こたび」に同じ。

こ-だ・る【木垂る】自動詞ラ四 {ら/り/る/る/れ/れ} 木が茂って枝が垂れ下がる。万葉集 奈良―歌集 三一〇「東の市の植木のこだるまで」訳東の市に植えた木が茂って枝が垂れ下がるまで。参考 一説に、「木足る」で、枝葉が十分に茂る意とする。

こだ・る[2]【傾る】自動詞ラ下二 {れ/れ/る/るる/るれ/れよ} ❶姿勢が崩れる。しなだれる。宇治拾遺 鎌倉―説話 一・三「笑みこだれたるさま、ただこの世の人のごとし」訳(鬼が)笑い崩れているようすは、まるでこの世の人間のようである。❷勢いがゆるむ。ひるむ。信田 室町―幸若 幸若「何とて、子どもが軍は、こだれて今まで遅いぞ」訳どうしたわけで、子供の軍勢は、ひるんで今になるまで遅いのだ。

ご-だん【五壇】名詞 仏教語。❶御修法のとき、「五大尊明王」を安置する五つの壇。❷「五壇の御修法」の略。

ごだん-の-みずほふ【五壇の御修法】連語 仏教語。真言密教で、五壇(=五大尊を安置する五つの壇)に祭った五大尊(=不動・降三世・軍荼利夜叉・大威徳・金剛夜叉の五明王)を本尊として行う加持・祈禱。天皇や国家の重大事のときに、息災・調伏などを目的に行う。「五壇」「五壇の法」「五大尊の御修法」とも。

こち[1]【東風】名詞 東から吹く風。ふつう、春風をいう。こちかぜ。季春。拾遺 平安―歌集 雑春「こち吹かば匂ひおこせよ梅の花」訳⇩こちふかば…。

こ-ち[2]【此方】代名詞 ❶こちら。こっち。▼近称の指示代名詞。枕草子 平安―随筆 うれしきもの「とく御覧じつけて『こち』と仰せらるれば」訳さっそくお見つけになられて「こっち」と仰せになられるので。❷私。自分。▼自称の人称代名詞。末広がり 室町―狂言 狂言「こちの事で御座るか。何事で御座るぞ」訳私のことでございますか。何事でございましょう。

語法 現代語では「ここに」「こちらへ」のように、移動方向・場所を示す格助詞を付けるのが常であるが、平安時代の例では、「こち」が助詞を伴わず動詞を直接に修飾する用法を持っている。副詞に近い働きをしていることになるが、時を表す語の場合は、名詞が副詞に近い機能を果たすので、それに準じて考えることができる。

こち-かぜ【東風】名詞「こち(東風)」に同じ。

こち-ごち【此方此方】代名詞 あちこち。そここそ。万

葉集 奈良―歌集 三一九「こちごちの国のみ中ゆ出で立てる不尽の高嶺は」訳あちらこちらの国の真ん中からそびえ立っている富士の山は。◆奈良時代以前の語。

***こちごち・し**【骨骨し】形容詞シク{(しく)・しから／しく・しかり／し／しき・しかる／しけれ／しかれ}(見た目に)ごつごつしてぎこちない。無骨だ。無風流だ。土佐日記 平安―日記 二・七「かかる間に、船君の病者もとよりこちごちしき人にて」訳そんな時に船の御主人である病人(=紀貫之)は、元来無風流な人で。

ごぢ-そう【護持僧・御持僧】名詞 清涼殿の二間(=天皇の寝室の東隣りの部屋)に奉仕して、天皇の御身の安隠のための加持・祈禱を行う僧。主に、東寺・延暦寺・園城寺の僧が選任された。護持の僧。

こちた・し【言痛し・事痛し】形容詞ク{(く)・から／く・かり／し／き・かる／けれ／かれ}

語義の扉

「言(事)・いたし(=甚し)」から変化した語で、「言」が「甚だしい」から「うわさや評判がうるさい」、「事」が「甚だしい」から「度を越している」「仰々しい」の意味で用いられる。

- ❶煩わしい。うるさい。
- ❷甚だしい。度を越している。
- ❸仰々しい。おおげさだ。

❶**煩わしい。うるさい。**万葉集 奈良―歌集 二八八六「人言はまことこちたくなりぬともそこに障らむ我にあらなくに」訳他人のうわさが本当にうるさくなってもそれに邪魔されるような私ではないのに。❷**甚だしい。度を越している。ひどくたくさんだ。**枕草子 平安―随筆 宮にはじめてまゐりたるころ「御前近くは、例の炭櫃に火こちたくおこして」訳御前近くには、いつものように火鉢に火をたくさんおこして。❸**仰々しい。おおげさだ。**枕草子 平安―随筆 鳥は「鶴は、いとこちたきさまなれど、鳴く声雲居まで聞こゆる、いとめでたし」訳鶴はとても仰々しい姿だが、鳴く声が天の上まで聞こえる(という)のは、まことにけっこうだ。

こち-な・し【骨なし】形容詞ク{(く)・から／く・かり／し／き・かる／けれ／かれ}❶**無作法だ。ぶしつけだ。**源氏物語 平安―物語 手習「しひて言ふもいとこちなし」訳(食事をするようにと)無理に言うのも、とても無作法だ。❷**無骨だ。風流心がない。**大鏡 平安―物語 実頼「日高く待たれ奉りまゐり給ひければ、少しこちなく思し召さるれど」訳日が高くなるまでお待たせ申して参上なさったので、少し無風流にお思いになったが。◆「こつなし」とも。

こち-の-ひと【此方の人】代名詞 ❶**わたしの夫。うちの人。**▼他人に対して、妻が夫をさしていう語。❷**あなた。**▼妻が夫を親しんで呼びかける語。世間胸算用 江戸―物語 浮世・西鶴「『こちのひと、こちのひと』と呼び起こしければ」訳「あなた、あなた」と呼び起こしたところ。

こちふかば… 和歌「東風吹かば 匂ひおこせよ 梅の花 主なしとて 春を忘るな」拾遺 平安―歌集 雑春・菅原道真 訳春になって東風が吹いたなら、その風に託して配所の大宰府へ香りを送ってくれ、梅の花よ。主人のこの私がいないからといって、咲く春を忘れるな。

鑑賞 詞書に「流され侍りける時、家の梅の花を見侍りて」とあるように、大宰府に左遷されるとき、日ごろ愛していた梅の木に別れを告げた歌である。その後、この梅は大宰府の道真のもとへ飛んで行ったという、これが「飛び梅」の伝説である。この歌は、道真失脚の事情とともに『大鏡』時平伝にも見える。第五句が「春な忘れそ」となっているが、この場合には願望の意が加わるので、「春を忘れてくれるなよ」と訳す。

こち-や【此方や】連語

なりたち 代名詞「こち」＋間投助詞「や」

こちらへ来なさい。源氏物語 平安―物語 若紫「『こちや』と言へば、つい居たり」訳「こちらへ来なさい」と言うと、(若紫は)かしこまって座った。

ご-ぢゃう【御諚・御定】名詞 **貴人や主君のご命令。仰せごと。**平家物語 鎌倉―物語 九・木曾最期「ごぢゃうまことにかたじけなう候ふ」訳おことばはまことにありがたく存じます。◆「ご」は接頭語。

ご-ぢょく【五濁】名詞 仏教語。末法の世に現れて人の心身を損なう、五つの汚れ。劫濁(=天災・流行病が起こること)・命濁(=人間が短命になること)・見濁(=人間が悪い見解を起こすこと)・煩悩濁(=煩悩が盛んになること)・衆生濁(=人間の資質が低下し悪事に走ること)。「いつつのにごり」とも。

ごぢょく-あくせ【五濁悪世】名詞 仏教語。「五濁」が現れた、悪い世の中。末法の世。

こち-より-て【此方寄りて】連語

なりたち 代名詞「こち」＋動詞「よる」の連用形＋接続助詞「て」

最近になって。大鏡 平安―物語 師尹「こちよりては、大納言のむすめの、后にたつれいなかりければ」訳最近になってからは、大納言の娘の、皇后になる例がなかったので。

ご-ぢん【後陣】名詞 (合戦のとき)先行する本隊の後方に配置される部隊。「こうぢん」「後軍」とも。対先陣。

こつ【骨】名詞 ❶**火葬にした死者のほね。おこつ。**❷**礼儀作法の心得。**平家物語 鎌倉―物語 五・勧進帳「御前のこつない様をば知らず」訳院の御前での礼儀作法の心得のないことも知らず。❸「骨法❸」の略。徒然 鎌倉―随筆 一五〇「天性そのこつなけれども、道になづまず」訳生まれつきのその道の奥義を習得する勘がなくても、その道に停滞せず。

-ごつ 接尾語 四 〔名詞・動詞の連用形に付いて〕❶その事をする意を表す。「ごと(事)」を活用させたもの。「まつりごつ」。❷ものを言う意を表す。「ごと(言)」を活用させたもの。「独りごつ」

こ-づか【小柄】名詞 脇差しの鞘の鯉口(=鞘の口)に差しておく小刀。

こつ-がい【乞丐】名詞 人に物をねだること。また、その人。乞食。

こつがい-にん【乞丐人】名詞 物もらい。乞食。

滑稽本 文芸 江戸時代の通俗小説。江戸庶民の日常生活を、写実的ながら滑稽に描いたもの。文章は会話本位で、俗語や掛け詞・駄洒落などを用いている。『洒落本』を受け継いだもの。代表作品には、十返舎一九の『東海道中膝栗毛』、式亭三馬の『浮世床』『浮世風呂』などがある。

こつ-じき【乞食】名詞／—す 自動詞サ変 ❶仏教語。修行のために、僧が経文を唱えながら家々を回り、食物や金銭を施してもらうこと。**托鉢。また、その僧。** 奥の細道 江戸｜紀行 仏五左衛門「かかる桑門のこつじき巡礼ごとき人を助け給ふにや」訳こんな僧体の托鉢巡礼のような身のものを救済なさるのだろうか。❷（生活のために）人に物をもらい歩くこと。また、その人。こじき。

こつ-ぜん(と)【忽然(と)】副詞 **にわかに。突然。** 宇治拾遺 鎌倉｜説話 一二・二「一人は居りと見るに、こつぜんとして失せぬ」訳一人は座っていると見るうちに、突然いなくなった。

こ-づた・ふ【木伝ふ】(コヅタウ) 自動詞ハ四〔は／ひ／ふ／ふ／へ／へ〕（枝を伝わって）**木から木へと移り渡る。** 更級 平安｜日記 鏡のかげ「鶯こづたひ鳴きたる」訳うぐいすが木から木へと移り渡り鳴いている。

こっ-ちゃう【骨張・骨頂】(コッチョウ) 一 名詞 ❶**中心人物。** 有能で、集団の中心となる人。❷程度の甚だしいこと。**第一。最上。** 二 名詞／—す 自動詞サ変 強く言い張ること。吾妻鏡 鎌倉｜史書「出だし与ふべからざる由こっちゃうす」訳（矢を）取り出し与えるべきではない理由を強く言い張る。

こ-つづみ【小鼓】名詞 鼓の一種。小型で、右肩に乗せ、左手で調べの緒を持って音の高低を調節しながら、右手で打つ。能楽・長唄などに用いる。対大鼓。

（小 鼓）

こつ-なし【骨無し】形容詞ク「こちなし」に同じ。

こつ-にく【骨肉】名詞 **肉親。** 親子・兄弟など、血族関係にある者。

こっ-ぱふ【骨法】(コッポウ) 名詞 ❶**人体の骨組み。骨格。** ❷**礼儀や故実などの要領。作法。** 平家物語 鎌倉｜物語 一・殿下乗合「礼儀こっぱふわきまへたる者一人もなし」訳礼儀作法をわきまえた者は一人もいない。❸**学問・芸道などの奥義。根本。神髄。また、それを習得する勘。** 骨。

こ-つぶ【小粒】名詞 ❶「小粒金」の略。江戸で、一分金のこと。❷上方で、豆板銀のこと。

こ-つぶ・なり【小粒なり】形容動詞ナリ〔なら／なり・に／なり／なる／なれ／なれ〕❶**粒が小さい。** ❷**体や形が小さい。小がらだ。** 雪女 江戸｜浄瑠 浄瑠・近松「こつぶな男も陽気をうけて」訳小がらな男も（春の）陽気を受けて。

こ-つみ【木積み・木屑】名詞 **木のくず。** ◆奈良時代以前の語。

こ-て 名詞 一【小手】肘から手首までの部分。対高手。二【籠手・小手】❶弓を射るとき、左の手から肩にかけて覆う、皮製の筒状のもの。弓籠手。参照▶口絵 ❷鎧を着用したときに着ける装具（小具足）の一つ。筒形の布（籠手の袋）に鉄の板や鎖を取り付けたもので、腕全体を防護する。参照▶口絵

ご-て【碁手】名詞 囲碁で、勝負にかける金品。

こ-でい【健児】名詞 **下僕。使用人。** 役所で使われる下働きの者。◆「こんでい」の変化した語。

ご-てい【御亭】名詞 一家の主人の尊敬語。「御亭主」の略。**ご主人。**「ごて」とも。

五条(ゴジョウ) 地名 今の京都市のほぼ中央を東西に走る通り。また、その通りに面した一帯。一番北にある一条大路から数えて、五番めの大路。

こ-でうはい【小朝拝】(コジョウハイ) 名詞「朝拝」を簡略化した儀式。親王や大臣以下の昇殿を許された者が清涼殿の東庭で天皇に拝賀する。「こてうはい」とも。

1**こ-てふ**【胡蝶】(コチョウ) 名詞 ❶（昆虫の）**ちょう。** 季春。❷「胡蝶楽」の略。

2**こ-てふ**【来てふ】(コチョウ) 連語 なりたち カ変動詞「く(来)」の命令形「こ」＋助詞「と」＋動詞「い(言)ふ」からなる「こといふ」の変化した語。**来いと言う。** 古今 平安｜歌集 恋四「月夜よし夜よしと人に告げやらばこてふに似たり待たずしもあらず」訳今夜は月も美しく穏やかな夜ですよとあの人に言ってやるならば来いと言うのと同様である。私だって待っていないというのでもないのだ。

こてふ-の-ゆめ【胡蝶の夢】(コチョウノユメ) 連語 夢か現実かの判断がつかない境地のこと。また、はかない人生のたとえ。参考 中国の荘子が夢で蝶になったが、目が覚めたのち、自分が蝶になったのか、蝶が自分になったのかわからなくなったという故事による。

こてふ-らく【胡蝶楽】(コチョウラク) 名詞 舞楽の曲名。四人の子供が、背中に蝶の羽の形をした衣装をつけて、冠に山吹の花をさし、手にも山吹の枝を持って舞う。「胡蝶」とも。

（胡蝶楽）

ご-てん【呉天】名詞（遠く隔たった）**異境の空。旅の空。** 奥の細道 江戸｜紀行 草加「ごてんに白髪の恨みを重ぬといへども」訳異境の空で白髪になるような嘆きを、たとえ重ねても。◆「呉」は、中国の南部にあった古代の国名。

1**こと**【言】名詞 ❶**ことば。言語。** 土佐日記 平安｜日記 一・二〇「唐土とこの国とはこと異なるものなれど」訳中国と日本とでは言語が違うのであるが。❷**うわさ。評判。** 万葉集 奈良｜歌集 六二六「君によりことの繁きを故郷の明日香の川にみそぎしに行

こ

く」訳あなたのことでうわさがしきりなので、旧都である明日香の川にみそぎをしに行く。❸和歌。枕草子 平安—随筆 清涼殿の丑寅のすみの「これに、ただいまおぼえむふるきことを一つづつ書け」訳この色紙に、いますぐ思い出されるような古い和歌を一首ずつ書け。

こと[2]【事】 名詞
❶**出来事。** 徒然 鎌倉—随筆 一三七「万(よろづ)のことも、始め終はりこそをかしけれ」訳すべての出来事も、始めと終わりがおもしろい。❷**事件。一大事。重大な出来事。** 源氏物語 平安—物語 桐壺「はかばかしき後ろ見しなければ、ことある時は、なほ拠(よ)りどころなく心細げなり」訳しっかりした後ろだてがないので、一大事が起こったときは、やはり頼りとする所がなく心細いようすである。❸**行い。事柄。** 万葉集 奈良—歌集 四〇九四「わご大君の諸人(もろひと)をいざなひ給(たま)ひ善きことを始め給ひて」訳わが天皇はいろいろな人をお誘いになり、(大仏建立という)善い行いをお始めになって。❹**宴。儀式。行事。** 源氏物語 平安—物語 花宴「夜いたう更けてなむ、こと果てける」訳夜がたいそう更けて、宴が終わった。❺〔活用語の連体形に付いて〕…**すること。**▼動作・作用・存在・状態などを表す名詞句を作る。万葉集 奈良—歌集 三六「この川の絶ゆることなく」訳(吉野離宮は)この川のように絶えることがなく。❻〔文末に用いて〕…**ことだなあ。**▼感動の意を表す。伊勢物語 平安—物語 四六「あさましく対面(たいめ)せで、月日の経(へ)にけること」訳あきれるほどお目にかからないで、歳月がたってしまったことだなあ。

こと[3]【琴】 名詞 ❶「琴(きん)」「箏(さう)」「琵琶(びは)」など、内部が空洞になった胴の上に弦を張ってある弦楽器の総称。また、それらを弾くこと、および、その奏法。❷**箏(さう)の琴。** 十三本の弦を張った琴。

こと[4]【如】 副詞 〔仮定の表現を下接して〕**同じく**(…するならば)。**どうせ**(…するならば)。万葉集 奈良—歌集 二三一七「こと降らば袖(そで)さへぬれて通るべく」訳どうせ降るならば袖までもぬれて通るほどに。

こと-[5]【異】 接頭語 〔名詞に付いて〕**他の。別の。**「こと人」「ことざま」「こと国」

-ごと[1]【毎】 接尾語 〔名詞や動詞の連体形などに付いて〕…**それぞれ。…するたび。**「人ごと」「見るごとに」

ごと[2]【如】 助動詞「ごとし」の語幹。❶…**のように。…のよう。**▼連用形「ごとく」と同じ用法。伊勢物語 平安—物語 八五「雪、こぼすがごと降りて」訳雪が(器から水を)あふれさせるように盛んに降って。❷…**のようだ。**▼終止形「ごとし」と同じ用法。万葉集 奈良—歌集 三三五八「恋ふらくは富士の高嶺(たかね)の鳴沢(なるさは)のごと」訳恋いこがれていることは、富士の山の鳴沢の(岩の音の)ようだ。

参考 (1)活用語の連体形や、助詞「の」「が」に付く。(2)奈良時代以前から平安時代の末期ごろまで和文系の文章に用いられた。⇩ごとし

こと-あげ【言挙げ】 名詞／—す 他動詞 サ変 言葉に出して特に言い立てること。万葉集 奈良—歌集 三二五三「葦原(あしはら)の瑞穂(みづほ)の国は神(かむ)ながらことあげせぬ国」訳葦原にある瑞穂の国(=日本)は、神のお心のままに、(人は自分の考えを)言葉に出して言い立てない国。

◆奈良時代以前の語。

参考 奈良時代以前、不必要な「言挙げ」は不吉なものとしてタブーとされ、あえてそのタブーを犯すのは重大な時に限られた。用例の歌は、そのあたりの事情を詠んでいる。

こと-あたら・し【事新し】 形容詞 シク {(しく)・しから／しく・しかり／し／しき・しかる／しけれ／しかれ} ❶**今さらめいている。わざとらしい。** 山家集 平安—歌集 下「なぞもかくことあたらしく人の問ふ」訳なぜこんなふうに今さらめいて人は尋ねるのだろうか。❷**ようすが改まって新しい。** 一代男 江戸—物語 浮世・西鶴「ことあたらしくして焼き塩にて飲み出し」訳改め新しくして焼き塩をさかなにして飲み始めて。

こと-あ・ふ【事合ふ】 (コトアウ—コトオウ) 自動詞 ハ四 {は／ひ／ふ／ふ／へ／へ} **思いどおりに事が運ぶ。うまいぐあいにいく。** 源氏物語 平安—物語 葵「ことあひたる心地して、大臣(おとど)もうれしう思ひきこえたまへるに」訳思いどおりに事が運んだ気がして、左大臣もうれしく、すばらしいとお思い申し上げなさったが。

こと-あやまり 名詞 ㊀【言誤り】**言いまちがい。** ㊁【事誤り】**あやまち。過失。**

ことあり-がほ・なり【事有り顔なり】 (コトアリガオナリ) 形容動詞 ナリ {なら／なり・に／なり／なる／なれ／なれ} **いかにも何かあったような顔つきだ。わけありげなようすだ。** 源氏物語 平安—物語 総角「ことありがほに朝露もえ分けはべるまじ」訳いかにも何かあったような顔つきで、とても朝露にぬれた草をかき分けて帰ることはできないでしょう。

ことある-とき【事ある時】 連語 **大事が起こったとき。何か特別なことがあったとき。** 源氏物語 平安—物語 桐壺「ことあるときは、なほ拠(よ)りどころなく心細げなり」訳何か特別なことがあったときには、やはり頼りとする所がなく心細いようすである。

こと-い・づ【言出づ】 (コトイズ) 自動詞 ダ下二 {で／で／づ／づる／づれ／でよ} **口に出して言う。言い出す。** 源氏物語 平安—物語 夕霧「我さかしにことといでむもあいなし」訳利口ぶって言い出してもつまらない。

こと-いみ 名詞／—す 自動詞 サ変 ㊀【言忌み】不吉な言葉を忌み慎むこと。紫式部 平安—日記 寛弘六・一・一「裸姿は忘られず、…こといみもしあへず」訳あの裸姿は忘れられず、…(元日なので言忌みをすべきなのに)言忌みしようとしてもできない。㊁【事忌み】不吉な行動・行為を忌み慎むこと。源氏物語 平安—物語 紅葉賀「今日はこといみしてな泣い給(たま)ひそ」訳今日は不吉な事は慎んで泣きなさるな。

こと-うけ【言承け】 名詞 (本心ではなくて)**口先だけでの承諾。** 徒然 鎌倉—随筆 一四一「都の人はことうけのみよくて、実(まこと)なし」訳都の人は口先の返事だけは感じがよくても、誠実味がない。

***こと-うるは・し【事美はし】** (コトウルワシ) 形容詞 シク {(しく)・しから／しく・しかり／し／しき・しかる／しけれ／しかれ} **きちんとしていて礼儀正しい。作法どおりに整っている。** 宇治拾遺 鎌倉—説話 五・八「召し出(い)だされてことうるはしく、扇を笏(しゃく)に取りてうづくまりゐたり」訳お呼び出しに応じてきちんとして

礼儀正しく、扇を笏の代わりに構えてうずくまって座っていた。

ことうるはし-げ・なり【事美はしげなり】(コトウルワシゲナリ) 形容動詞 ナリ〔なら／なり・に／なり／なる／なれ／なれ〕**礼儀正しいようすだ。端正だ。** 源氏物語 平安―物語 宿木「いとことうるはしげなるあたりに取りこめられて」訳(婿として)たいそう礼儀正しいようすの屋敷に閉じこめられて。

こと-えり【言選り】名詞 (適切な)**言葉・用語を選ぶこと。** 源氏物語 平安―物語 帚木「文を書けど、おほどかにことえりをし」訳手紙を書くのにも、おっとりと言葉を選ぶことをして。

こと-か・く【事欠く】

一 自動詞 カ下二〔け／け／く／くる／くれ／けよ〕**必要なものが不足する。不自由する。** 徒然 鎌倉―随筆 九八「遁世者は、なきにことかけぬやうを計らひて過ぐる」訳世をのがれ仏門に入った者は、何がなくても不自由しないやり方を見はからって(毎日を)過ごす。

二 自動詞 カ四〔か／き／く／く／け／け〕一に同じ。宇治拾遺 鎌倉―説話 一・二「平茸は、食はざらんにことかくまじきものとぞ」訳平茸は食べなくても別に不自由することはないだろうものと。

こと-かた【異方】名詞 **別の方面。別のところ。**

こと-かな・ふ【事適ふ】(コトカナウ)―(コトカノウ) 連語 **生活が十分成り立つ。不自由なく暮らせる。** 堤中納言 平安―物語 はいずみ「品賤しからぬ人の、こともかなはぬ人をにくからず思ひて」訳身分の低くない男が生活も十分成り立たない女を好ましく思って。

こと-がま・し 形容詞 シク〔(しく)・しから／しく・しかり／し／しき・しかる／しけれ／しかれ〕

一【言がまし】**口やかましい。** 大和物語 平安―物語 付載説話「女の親、…いとことがましき者なりければ」訳女の親は、…とても口やかましい者であったので。

二【事がまし】**おおげさである。物々しい。** 曾我物語 鎌倉―物語 九「ことにその体ことがましく出で立ちたり」訳特にその姿は物々しく装って出てきた。◆「がまし」は接尾語。「ことかまし」とも。

こと-がら 名詞

一【言柄】**言葉の趣。言葉の品位。言葉つき。** 徒然 鎌倉―随筆 一四「今の世の人の詠みぬべきことがらとは見えず」訳当世の歌人のうたいこなせる言葉の趣とは思えない。

二【事柄】❶**物事のようす・ありさま。また、その内容。** ❷**体格。人品。** 平家物語 鎌倉―物語 一二・六代「髪のかかり、姿、ことがら、誠にあてに美しく」訳髪のたれかかり具合、容姿、人品、実に気品があって端麗で。

こと-き【異木】名詞 **ほかの種類の木。別の木。** 枕草子 平安―随筆 木の花は「ことどもと、ひとしう言ふべきにもあらず」訳ほかの木などと同列に論じてよいものではない。

ごとき 助動詞「ごとし」の連体形。

こと-き・る【事切る】自動詞 ラ下二〔れ／れ／る／るる／るれ／れよ〕❶**物事が終わる。決着する。** 十訓抄 鎌倉―説話 九「今までこときれねば」訳今まで決着しないので。❷**命が終わる。死ぬ。事切れる。**

ごとく 助動詞「ごとし」の連用形。

***こと-ぐさ**【言種・言草】名詞 ❶**いつも話す事柄。いつもの決まり文句。口癖。** 伊勢物語 平安―物語 一〇八「常のことぐさに言ひけるを」訳ふだん口癖のように言っているのを。❷**話の種。話題として好んで使われる事柄。** 源氏物語 平安―物語 常夏「若き人々のことぐさには、な笑はせ給ひそ」訳若い女房たちの話の種にして笑い者にさせなさいますな。❸**言い回し。言葉。** 徒然 鎌倉―随筆 一四「ただいかに言ひすてたることぐさも、みないみじく聞こゆるにや」訳どんなに無造作に言った言葉でも、すべてりっぱに聞こえるのであろうか。

ごとく-なり【如くなり】助動詞 ナリ型

なりたち 比況の助動詞「ごとし」の連用形「ごとく」に断定の助動詞「なり」の付いたかたちが一語化したもの。

《接続》活用語の連体形や助詞「の」「が」に付く。

未然形	連用形	終止形	連体形	已然形	命令形
ごとくなら	ごとくなり ごとくに	ごとくなり	ごとくなる	ごとくなれ	ごとくなれ

〔比況〕…(の)**ようだ。** 徒然 鎌倉―随筆 七四「蟻のごとくに集まりて、東西に急ぎ、南北に走る」訳蟻のように集まって、東に西に(と)急ぎ、南に北に(と)走る。

参考 平安時代以降に用いられるようになった。「ごとく＋なり」で連語とする説もある。

こと-くに【異国】名詞 ❶(日本の中での)**他国。** 宇治拾遺 鎌倉―説話 四・四「おのが国にはあらで、ことくにに田を作りけるが」訳自分の里である国ではなくて他国に田を作っていたが。❷**外国。** 源氏物語 平安―物語 常夏「広く、ことくにの事を知らぬ女のため」訳広く、外国のことを知らない女性のために。

ごとくに【如くに】比況の助動詞「ごとくなり」の連用形。土佐日記 平安―日記 二・一「松の色は青く、磯の波は雪のごとくに」訳松の色は青く、磯の波は雪のように(白くて)。

こと-くは・ふ【言加ふ】(コトクワウ)―(コトクオウ) 自動詞 ハ下二〔へ／へ／ふ／ふる／ふれ／へよ〕❶**口出しをする。助言や批評をする。** 枕草子 平安―随筆 清涼殿の丑寅のすみの「男はことくはへさぶらふべきにもあらず」訳男子は口出し申し上げるべき場合ではありません。❷**唱和する。歌声を添える。** 源氏物語 平安―物語 胡蝶「あるじのおとどもことくはへ給ふ」訳主人役の大臣も歌声をお添えになられる。

こと-ごころ【異心】名詞 ❶**ほかのことを思う心。よけいな考え。余念。他念。** 宇津保 平安―物語 吹上・上「ことごころなくて、夜を昼になしてなむ急ぎまうで来し」訳よけいな考えはうちおいて、夜も昼もなく歩き通して急いで参上しました。❷**他の異性を思う心。浮気心。** 伊勢物語 平安―物語 二一「昔、男女、いとかしこく思ひ交はして、ことごころなかりけり」訳昔、男と女が、たいそう深く慕い合って、(どちらも)浮気心がなかった。

こと-こそ-あれ【事こそあれ】連語

なりたち 名詞「こと」＋係助詞「こそ」＋ラ変動詞「あり」の已然形

よりによって。こともあろうに。源氏物語 平安―物語 東屋「ことこそあれあやしくも言ひつるかな」訳こともあろうに(不都合な句を)変にも吟じたものだなあ。

[1]**こと-ごと**【事事】名詞 **一つ一つのこと。諸事。** 徒然 鎌倉―随筆 一八八「ことごとなす事なくして、身は老いぬ」訳諸事完成することがなくて、我が身は年をとってし

まった。

ことごと[2]【異事】名詞 **別のこと。ほかのこと。** 更級 平安ー日記 大納言殿の姫君「ことごとに言ひなして笑いなどして聞けば」訳(姉は)ほかのことに言いまぎらわして笑ったりして聞くと。

ことごと[3]【尽・悉】副詞

❶**すべて。全部。残らず。** 万葉集 奈良ー歌集 七九七「悔しかもかく知らませばあをによし(=枕詞(まくらことば))国内(くぬち)ことごと見せましものを」訳残念なことだ。こう(=妻が)こんなにも早く死ぬ)と知っていたなら、この国をすべて見せてやったのになあ。

❷**まったく。完全に。** 栄花物語 平安ー物語 根合はせ「二葉(ふたば)よりことごと疑ひなく后(きさき)がねとかしづき聞こえ給(たま)へるに」訳幼少のころからまったく疑いもなく皇后の候補者として大切にご養育申し上げなさっていたのに。

ことごと[4]【異異】副詞 **別々に。それぞれに。** 古今 平安ー歌集 冬「たれかことごと分きて折らまし」訳だれが花と雪とをそれぞれに区別して手折ることができようか。

ことごと-く【尽く・悉く】副詞 **すべて。残らず。** 方丈記 鎌倉ー随筆「五穀ことごとくならず」訳農作物がすべて実らない。◆漢文訓読体の文章に多く見られる。

ことごと-し【事事し】形容詞シク {(しく)・しから/しく・しかり/し/しき・しかる/しけれ/しかれ} **仰々しい。いかにも大げさだ。** 徒然 鎌倉ー随筆 八一「古めかしきやうにて、いたくことごとしからず、費(つひ)えもなくて、物柄のよきがよきなり」訳(道具というものは)古風であって、あまり仰々しくなく、出費が少なくて、物の品質のよいものがよい。

ことごと-な・し【異事無し】連語 **ほかのことは何もない。余計なことがない。** 更級 平安ー日記 物語「親の太秦(うづまさ)にこもりたまへるにも、ことごとなくこのことを申して」訳親が太秦(の広隆寺)に参籠しなさったときにも(お供をして)、ほかのことは何もなくこのことばかりをお願いして。

ことごと・なり【異異なり】形容動詞ナリ {なら/なり・に/なり/なる/なれ/なれ} **別々だ。まちまちだ。** 紫式部 平安ー日記 消息文「よろづのこと、人によりてことごとなり」訳何事も人によってまちまちだ。

こと-ごのみ【事好み】名詞 **物好き。** 風流がること。

こと-この・む【事好む】自動詞マ四 {ま/み/む/む/め/め} **風流を好む。物好きである。** 源氏物語 平安ー物語 夕顔「女なむ、若くことこのみて」訳妻は若くて風流を好んで。

こと-こ・む【言籠む】自動詞マ下二 {め/め/む/むる/むれ/めよ} **口ごもる。言いにくそうにする。** 源氏物語 平安ー物語 末摘花「『これはいと聞こえさせにくくなむ』と、いたうことこめたれば」訳「このことは、とても申し上げにくいことですので」と、ひどく口ごもっているので。

こと-さへく【言さへく】(コトサエク) 枕詞 外国人の言葉が通じにくく、ただやかましいだけであることから、「韓(から)」「百済(くだら)」にかかる。「ことさへく韓の」◆「さへく」は騒がしくしゃべる意。

こと-ざま[1]【事様】名詞 ❶**物事のようす・ありさま。** 徒然 鎌倉ー随筆 三二「なほことざまの優におぼえて」訳(自分は)それでもやはり、(この家に住む)人のようすが優雅に感じられて。❷**心のようす。人柄。** 徒然 鎌倉ー随筆 一〇「大方は、家居にこそ、ことざまはおしはからるれ」訳だいたいのところ、家のたたずまいによって、(その家に住む人の)人柄は自然に推測される。

こと-ざま[2]【異様】名詞 ❶**普通とは異なるようす。** 源氏物語 平安ー物語 宿木「寝殿を失ひてことざまにも造りかへむの心にて」訳寝殿をとりはらって違った趣に改築しようというつもりで。❷**別の方面。別の人。** 源氏物語 平安ー物語 総角「軽々しくことざまになびき給(たま)ふこと、はた、世にあらじ」訳軽率に別の人になびきなさるようなことは、まさかありはしないだろう。

こと-ざまし†【事醒まし】名詞 興ざめなこと。

ことざま-は-おしはか・ら-るれ【事様はおしはからるれ】徒然 鎌倉ー随筆 一〇「大方、家居にこそ、ことざまはおしはからるれ」訳大体、住居によって、(家の主人の)人柄はしぜんと推測される。

品詞分解 ことざま＝名詞 は＝係助詞 おしはから＝動詞「おしはかる」㊍ るれ＝自発の助動詞「る」㊁

こと-さ・む【事醒む】自動詞マ下二 {め/め/む/むる/むれ/めよ} **興がさめる。しらける。** 徒然 鎌倉ー随筆 五三「酒宴ことさめて」訳酒宴も興ざめになって。

こと-さら*【殊更】副詞 ❶**わざと。故意に。** 源氏物語 平安ー物語 若紫「ことさら幼く書きなし給(たま)へるも」訳わざと子供っぽくお書きになるのも。❷**格別に。とりわけ。** 源氏物語 平安ー物語 手習「ことさら事そぎていかめしうも侍(はべ)らざりし」訳とりわけ(葬儀は)簡素にして、盛大でもございませんでした。

こと-さら・なり*【殊更なり】形容動詞ナリ {なら/なり・に/なり/なる/なれ/なれ} ❶**意図的だ。わざとするようす。** 枕草子 平安ー随筆 野分のまたの日こそ「木の葉を、ことさらにしたらむやうに細々(こまごま)と吹き入れたるこそ」訳木の葉を意図的にやったように細かに吹き入れてあるのは。❷**格別だ。** 源氏物語 平安ー物語 夕霧「ことさらに心憂き御心がまへなり」訳格別に情けないあなたのお心のありかたです。

こと-さら・ぶ【殊更ぶ】自動詞バ上二 {び/び/ぶ/ぶる/ぶれ/びよ} **わざとらしいように見える。** 源氏物語 平安ー物語 帚木「いと軽々しく、ことさらびたる事なり」訳まったく軽薄で、わざとらしいように見えたことだ。◆「ぶ」は接尾語。

ことさら-め・く【殊更めく】自動詞カ四 {か/き/く/く/け/け} **わざとらしくする。** 源氏物語 平安ー物語 夕顔「いとことさらめきて、御装束(さうぞく)をもやつれたる狩りの御衣(おんぞ)を奉り」訳(源氏は)たいそうわざとらしくして、ご装束も、質素な狩衣をお召しになられて。◆「めく」は接尾語。

こと-さ・る【事去る】連語 **物事が過ぎ去る。過去のこととなる。** 古今 平安ー歌集 仮名序「たとひ時移りことさり」訳たとえ世が移り変わり、過去のこととなり。

ことじ【琴柱】⇩ことぢ

ごとし【如し】助動詞ク型

《接続》活用語の連体形や、助詞「の」「が」、体言などに付く。

未然形	連用形	終止形	連体形	已然形	命令形
〈ごとく〉	ごとく	ごとし	ごとき	○	○

❶〔同等〕…と同じである。…のとおりだ。伊勢物語 平安―物語 二三「つひに本意のごとく逢ひにけり」訳とうとう、かねての望みのとおりに結婚したのだった。
❷〔比況〕(まるで)…のようだ。…みたいだ。…に似ている。方丈記 鎌倉―随筆「世の中にある人とすみかと、またかくのごとし」訳世の中にいる人間と住居と(が無常なこと)は、また、これと似ている。
❸〔例示〕たとえば…のようだ。たとえば…などだ。▼連体形に限って見られる。方丈記 鎌倉―随筆「和歌・管弦・往生要集ごときの抄物を入れたり」訳和歌・管弦の本や『往生要集』のような抜き書きを入れてある。

語法 (1)奈良時代以前・平安時代の「ごと」だけの用法 奈良時代以前・平安時代には、「ごと」だけで、「ごとく(連用形)」「ごとし(終止形)」のはたらきをした。⇩ごと

(2)未然形の「ごとく」 「ごとく＋は」については、次の二とおりの説がある。

(ア)	ごとく＋は(連用形・係助詞)	=…のようであるなら
(イ)	ごとく＋は(未然形・接続助詞)	

(イ)の立場に立った場合にだけ、未然形が存在することになる。

参考 「ごとし」は漢文訓読系の文章で用いられ、和文系の文章では、同じ意味を「やうなり」で表した。

こと-しげ・し 形容詞ク{(く)・から/く・かり/し/き・かる/けれ/かれ}
㊀【言繁し】人のうわさがうるさい。万葉集 奈良―歌集 一五一五「ことしげき里に住まずは」訳口うるさい人里に住まないで。
㊁【事繁し】(する事が多くて)忙しい。多忙である。徒然 鎌倉―随筆 二七「今の世のことしげきに紛れて、院に参る人もなきぞさびしげなる」訳新帝の御代の公務が多くて忙しいのに取りまぎれて、上皇の御所に参上する人もないのは寂しいようすである。

こと-しも【事しも】 副詞 ちょうど。まるで。蜻蛉 平安―日記 中「ことしも三夜ばかりに来ずなりぬるやうにぞ見えたる」訳ちょうど(通い始めた男が)三晩ほどすぎた(=結婚が成立した)とたんに訪れなくなったような騒ぎに見えた。

こと-しも-あれ【事しも有れ】 連語
なりたち 名詞「こと」＋副助詞「しも」＋ラ変動詞「あり」の已然形
事もあろうに。よりによって。源氏物語 平安―物語 紅葉賀「『森の下草老いぬれば』など書きすさびたるを、ことしもあれ、うたての心ばへや、と」訳「森の下草が老いたので」などと遊び半分に書いたのを、よりによっていやらしい趣向よ、と。

こと-しも-こそ-あれ【事しもこそ有れ】 連語
なりたち 名詞「こと」＋副助詞「しも」＋係助詞「こそ」＋ラ変動詞「あり」の已然形
まったくまあ、事もあろうに。▼「ことしもあれ」を強調した言い方。源氏物語 平安―物語 総角「ことしもこそあれ、うたてあやしとおぼせば」訳まったくまあ、事もあろうに、いとわしくけしからんとお思いになるので。

こと-ずくな・なり【言少なり】 形容動詞ナリ{なら/なり・に/なり/なる/なれ/なれ}口数が少ない。無口だ。源氏物語 平安―物語 宿木「児めかしくことずくななるものからをかしかりける人の御心ばへかな」訳おっとりしていて口数が少ないけれども、風情のあるお人柄であるなあ。

こと-そ・ぐ 自動詞ガ四{が/ぎ/ぐ/ぐ/げ/げ}
㊀【言削ぐ】言葉を簡略にする。源氏物語 平安―物語 総角「言少なにことそぎて」訳言葉少なく筆を抑えて簡略にして。
㊁【事削ぐ】物事を簡略にする。簡素にする。

こと-ぞ-と-も【事ぞとも】 連語
なりたち 名詞「こと」＋係助詞「ぞ」＋格助詞「と」＋係助詞「も」
〔打消の語を下接して〕特に何事とも(…ない)。拾遺 平安―歌集 物名「ことぞとも聞きだにわかず」訳特に何事とも(事情も)聞き分けもしないで。

こと-ぞ-と-も-な・し【事ぞとも無し】 連語
なりたち 名詞「こと」＋係助詞「ぞ」＋格助詞「と」＋係助詞「も」＋形容詞「なし」
特にこれだということもない。あっけない。古今 平安―歌集 恋三「逢ふといへばことぞともなく明けぬるものを」訳あなたと会っていると、あっけなく夜が明けてしまったのだから。

こと-だ・つ[1]【言立つ】 自動詞タ下二{て/て/つ/つる/つれ/てよ}取り立てて言う。言明する。万葉集 奈良―歌集 四〇九四「大君の辺にこそ死なめ顧みはせじとことだて」訳(私は)天皇のお側でこそ死のう、わが身を心配することはすまいと言明して。

こと-だ・つ[2]【事立つ】 自動詞タ四{た/ち/つ/つ/て/て}(いつもと違った)特別のことをする。「ことたつ」とも。伊勢物語 平安―物語 八五「正月なればことだつとて、大御酒賜ひけり」訳正月なので特別なことをするといって御酒をくださった。

こと-だて【言立て】 名詞 他に対して、はっきりと口に出して言うこと。言明。

こと-だま*【言霊】 名詞 言葉の霊力。言葉が持っている不思議な力。万葉集 奈良―歌集 三二五四「しきしまの(=枕詞)大和の国はことだまの助くる国ぞ」訳大和の国は言葉の霊力が(人を)助ける国です。

参考 古代社会では、言葉と現実との区別が薄く、「言」は「事」であり、言葉はそのまま事実と信じられていた。たとえば、人の名はその人自身のことであり、女性が男性に自分の名を教えることは、相手に我が身をゆだねることを意味した。また、名を汚されると、その人自身が傷つくとも考えられた。このような考え方から、呪詛(=他人に災いが起こるように神に祈ること)・祝詞などの、言葉による呪術(=まじない)が成立した。

ことだま-の-さきは-ふ-くに【言霊の幸ふ国】 コトダマノサキワウクニ―コトダマノサキオウクニ 連語 「言霊」の霊力が幸福を招く国。

こと-た・ゆ【言絶ゆ】 自動詞ヤ下二{え/え/ゆ/ゆる/ゆれ/えよ}音信がとだえる。たよりがとだえる。蜻蛉 平安―日記 岩木のごとく「いとにくくて、言ひ返しなどして、ことたえて、二

十日余になりぬ。」訳とてもにくらしくて、ことわりかえしなどして、そのまま消息もなくなって、二十日あまりになってしまった。参照▶たゆ❶。

こと-た・る【事足る】自動詞ラ四{ら/り/る/る/れ/れ}**十分である。事欠かない。**徒然 鎌倉―随筆 二一五「『ことたりなん』とて、こころよく数献に及びて」訳「それで十分であろう」とおっしゃって、気持ちよく何杯か杯を重ねるに至って。

こと-ぢ【琴柱】名詞 琴の胴の上に立てて、弦を支え、移動させることで音の高低を調節する器具。◆「箏の琴」についていう。「琴の琴」には琴柱はない。

ことぢ-に-にかは-さ・す【琴柱に膠さす】連語 琴の音の高低を変えることができないように、膠をさして琴柱を胴に固定する。かたくなで、融通のきかないことをたとえる。琴柱に膠す。紫式部 平安―日記 消息「昔はよき若人、今はことぢににかはさすやうにてこそ里居して侍るなれ」訳昔は美しい若女房でしたが、今ではまるで琴柱を膠でつけたように、かたくなに実家に引っこんでいるそうです。

こと・づ【言出】自動詞ダ下二{で/で/づ/づる/づれ/でよ}**言葉に出して言う。**万葉集 奈良―歌集 七七六「ことでしは誰が言なるか」訳言葉に出して言ったのはだれの言葉であるか。◆「こといづ」の変化した語。

こと-づ・く【言付く・託く】
一 自動詞カ下二{け/け/く/くる/くれ/けよ}**口実にする。かこつける。**「ことつく」とも。源氏物語 平安―物語 帚木「その夜のことにことづけてこそまかり絶えにしか」訳その夜のことにかこつけて行くのをやめてしまいました。
二 他動詞カ下二{け/け/く/くる/くれ/けよ}**人に託して伝える。伝言する。**「ことつく」とも。平家物語 鎌倉―物語 一〇・内裏女房「人々のもとへも詞にてことづけ給ふ」訳平氏の人々の所へも言葉で伝言なさる。

こと-づけ【言付け・託け】名詞 ❶(言い訳にする)**口実。**徒然 鎌倉―随筆 一三一「勝負の負けわざにことづけなどしたる、むつかし」訳勝負事に負けたときの口実にしているのは、いやなものだ。❷**伝言。ことづけ。**◆「ことつけ」とも。

こと-づ・つ【言伝つ】他動詞タ下二{て/て/つ/つる/つれ/てよ}**伝言する。ことづける。**「ことづつ」とも。古今 平安―歌集 夏「やよや待て山ほととぎすことづてむ我世の中にすみわびぬとよ」訳これこれ待ちなさい。山ほととぎすよ。(山にこもっている私の友人に)伝言してほしい。この私も俗世間で暮らすことがつらくなってしまったと。
参考 多く未然・連用・命令形で用いられる。

こと-づて【言伝て】名詞「ことづけ❷」に同じ。「ことつて」とも。

こと-と【事と・殊と】副詞 ❶(普通と違って)**とりわけ。特に。**蜻蛉 平安―日記 上「このごろはことと久しう見えず」訳このごろはとりわけ長い間顔を見せない。❷**ひたすら。どんどん。みるみる。**源氏物語 平安―物語 帚木「ことと明かくなれば、障子口まで送り給ふ」訳どんどんあたりが明るくなるので、女を障子口までお送りになる。

こと-と-いへ・ば【事と言へば】連語
なりたち 名詞「こと」+格助詞「と」+動詞「いふ」の已然形+接続助詞「ば」
❶**取り立てて(問題と)言えば。**源氏物語 平安―物語 夕霧「ことといへば、直面なべければ」訳取り立てて問題と言えば、(明るい中で)直接顔を見られてしまうことだから。❷**何かというと。とかく。**源氏物語 平安―物語 椎本「ことといへば、限りなき御心の深さになむ」訳(あなたのお言葉は)とかく、この上なく遠慮深いことですね。

こと-とがめ【言咎め】名詞 **詰問。**

こと-とき【異時】名詞 **ほかの時。別の時。**枕草子 平安―随筆 五月の御精進のほど「よし、こととき は知らず、今宵は詠め」訳よろしい、ほかの時は知らないが、今夜は歌を詠め。

こと-どころ【異所・異処】名詞 ❶**ほかの場所。よそ。**竹取物語 平安―物語 かぐや姫の昇天「またことどころに、かぐや姫と申す人ぞおはすらむ」訳またほかの場所にかぐや姫と申し上げる人がいらっしゃるのでしょうよ。❷**外国。**枕草子 平安―随筆 鳥は「ことどころのものなれど、鸚鵡、いとあはれなり」訳外国のものではあるが、おうむはたいそう心をひかれるものである。

こと-と・す【事とす】連語
なりたち 名詞「こと」+格助詞「と」+サ変動詞「す」
主にそれを仕事にする。専念する。十訓抄 鎌倉―説話 五「在世のとき、殺生をこととするによりて」訳生きていたとき、生き物を殺すことを主に仕事としていたので。

こと-とひ【言問ひ・事問ひ】名詞 **質問。**

こと-どひ【言問ひ】名詞 言葉を言い交わすこと。語り合うこと。

こと-と・ふ【言問ふ】自動詞ハ四{は/ひ/ふ/ふ/へ/へ}
❶**ものを言う。言葉を交わす。**万葉集 奈良―歌集 一〇〇七「こととはぬ木すら妹と兄ありとふを」訳ものを言わない木でさえも妹と兄があるというのに。❷**尋ねる。質問する。**古今 平安―歌集 羇旅・伊勢物語 平安―物語 九「名にし負はばいざこととはむ都鳥わが思ふ人はありやなしやと」訳⇩なにしおはばいざこととはむ…。❸**訪れる。訪問する。**平家物語 鎌倉―物語 灌頂・大原御幸「わづかにこととふ者とては、峰に木づたふ猿の声」訳わずかに訪れるものとしては、峰の木から木へと伝わる猿の声。

***こと-と-も-おぼさ・ず**【事とも思さず】連語
なりたち 名詞「こと」+格助詞「と」+係助詞「も」+動詞「おぼす」の未然形+打消の助動詞「ず」
とりたてて心をおとめにならない。大和物語 平安―物語 一五〇「帝はめししかど、こととも おぼさず」訳天皇は(その采女を)お召しになったが、とりたてて心をおとめにはならない。

こと-と-も-せ・ず【事ともせず】連語
なりたち 名詞「こと」+格助詞「と」+係助詞「も」+サ変動詞「す」の未然形+打消の助動詞「ず」
問題にしない。何とも思わない。竹取物語 平安―物語 貴公子たちの求婚「家の人どもに物をだにいはむとて、いひかくれども、こととも せず」訳(かぐや姫の)家に仕える人々に何かことづけるだけでもと思って、言葉をかけてみるが、(相手は)問題にしない。

こと-どもり【言吃り】名詞 言葉がなめらかに出てこないこと。どもること。

こと-な・し【事無し】 形容詞 ク{(く)・から／く・かり／し／き・かる／けれ／かれ} ❶**平穏無事である。何事もない。** 万葉集 奈良一歌集 四二五四「手拱きてことなき御代と」訳手をこまねくままで平和な御代だと。❷**心配なことがない。** 源氏物語 平安一物語 若菜上「心苦しき御気色の、下にはおのづから漏りつつ見ゆるを、ことなく消ち給へるも」訳お気の毒なごようすが、隠しても自然に漏れ出て見えるのを、心配事がないように隠していらっしゃるのにつけても。❸**取り立ててすることがない。たいした用事もない。** 源氏物語 平安一物語 若菜上「おほやけ・わたくしにことなしや」訳朝廷にも個人としても何も用事はないよ。❹**たやすい。容易だ。** 徒然 鎌倉一随筆 一八九「煩はしかりつる事はことなくて」訳面倒に思っていたことはたやすくて。❺**非難すべき点がない。欠点がない。** 万葉集 奈良一歌集 二七五七「ありつつ見れどことなき吾妹」訳ずっと見ていても(何一つ)欠点のない妻よ。

***ことなし-がほ・なり【事成し顔なり】** 形容動詞 ナリ{なら／なり・に／なり／なる／なれ／なれ} **事をやりとげそうな顔つきだ。** 枕草子 平安一随筆 たのもしげなきもの「そらごとする人の、さすがに人のことなしがほにて大事請けたる」訳うそをつく人が、それでもやはり人の、やりとげそうな顔つきで重要な仕事を引き受けたの。

こと-なしび【事無しび】 名詞 **何気ないふり。何事もないようす。** ▼多く「ことなしびに」の形で副詞的に使う。枕草子 平安一随筆 二月つごもり頃に「御答へを、いかでかことなしびに言ひ出でむ」訳ご返事を、どうして何気ないふりで言い出せようか。

ことなし-・ぶ【事無しぶ】 自動詞 バ上二{び／び／ぶ／ぶる／ぶれ／びよ} **何気ないふりをする。そ知らぬ顔をする。** 古今 平安一歌集 恋三「群鳥の(=枕詞)立ちにしわが名いまさらにことなしぶともしるしあらめや」訳うわさは羽ばたく鳥のようにぱっと立った私の名だが、今となって何もないような顔をしても効果があるだろうか。◆「ぶ」は接尾語。

こと-な・す【言成す】 他動詞 サ四{さ／し／す／す／せ／せ} **言葉に出す。あれこれ取りざたする。** 万葉集 奈良一歌集 三四五六「うつせみの八十言のへは繁くとも争ひかねて吾をことなすな」訳世間の、さまざまなうわさがどんなにひどくても、それに堪えられなくなっても私のことを口に出すな。

こと-な-たえ-そね【言な絶えそね】 ⇩ことたゆ。

こと-なほ・る【事直る】 自動詞 ラ四{ら／り／る／る／れ／れ} ❶**事態が元に戻る。回復する。** 源氏物語 平安一物語 若菜上「ことなほりてめやすくなむありける」訳(悪いうわさばかりたったのも)元に戻って(二人の仲は)人目にも好ましく見えたのであった。❷**任期が終わる。** 千載 鎌倉一歌集 雑中・詞書「ことなほりて京にのぼりて後」訳任期が終わって京にのぼって後。

こと-なら-ば【如ならば】 連語

なりたち 副詞「こと」＋断定の助動詞「なり」の未然形＋接続助詞「ば」

同じことならば。それならいっそ。 ▼仮定の条件を表す。古今 平安一歌集 春下「ことならば咲かずやはあらぬ桜花見る我さへに静心なし」訳同じことならばいっそ咲かないでいてくれたらいいのになあ、桜の花よ、見ている私までもが心が落ち着かないことだ。◆後には「ごとならば」とも。

こと・なり【異なり・殊なり】

形容動詞 ナリ{なら／なり・に／なり／なる／なれ／なれ}

❶**違っている。変わっている。別だ。** 竹取物語 平安一物語 かぐや姫の昇天「衣着せつる人は、心ことになるなりといふ」訳(天人が)天の羽衣を着せた人は、心が常の人間のそれと変わってしまうのだという。

❷**特にすぐれている。特別だ。格別だ。** 源氏物語 平安一物語 夕顔「かくことなることなき人を率ておはして、時めかし給ふこそ」訳このように特にすぐれていることもない人を連れておいでになって、ちやほやなさるのは。

こと-な・る【事成る】 自動詞 ラ四{ら／り／る／る／れ／れ} ❶**物事が成し遂げられる。成就・成立する。** 源氏物語 平安一物語 葵「平らかにことなり果てぬれば」訳無事に(お産が)済んでしまったので。対事破る。❷(準備ができて)**物事が始まる。** 枕草子 平安一随筆 祭のかへさ「『いかにぞ。ことなりぬや』といへば」訳「(行列は)始まったか」と言えば。

こと-に【異に・殊に】 副詞 ❶**とりわけ。特に。** 伊勢物語 平安一物語 八二「いま狩する交野の渚の家、その院の桜ことにおもしろし」訳いま鷹狩りをする交野の渚の家、そのお屋敷の桜が格別に美しい。❷**その上。なお。** 去来抄 江戸一論 先師評「春を惜しむに便りあるべし。ことに今日の上に侍る」訳いかにもゆく春を惜しむ心をのべるにふさわしい。その上これは今日実際にそうした景色に臨んで作られたものなのだ。

こと-に-あづか・る【事に与る】 連語 **俗事にかかわる。** 徒然 鎌倉一随筆 七五「ことにあづからずして、心を安くせんこそ」訳俗事にかかわらないで、心を安らかにするようなのこそ。

こと-に-い・づ【言に出づ】 連語 **口に出して言う。** 源氏物語 平安一物語 桐壺「いとあはれとものを思ひしみながら、ことにいでても聞こえやらず」訳(桐壺更衣は)まことにしみじみと世の悲しみを感じていながらも、それを口に出してすべて申し上げることもせず。

こと-にが・し【事苦し】 形容詞 ク{(く)・から／く・かり／し／き・かる／けれ／かれ} **不愉快な状況だ。気まずい。** 大鏡 平安一物語 道長上「もてはやし聞こえさせ給ひつる興もさめて、ことにがうなりぬ」訳丁重にもてなし申し上げなさった楽しさもさめて、気まずくなってしまった。◇「ことにがう」はウ音便。

こと-にて-こそ-あれ【事にてこそあれ】 連語

なりたち 名詞「こと」＋格助詞「にて」＋係助詞「こそ」＋ラ変動詞「あり」の已然形

…ことであるのに。…ことだけれど。 ▼逆接で下に続く。大鏡 平安一物語「わがすることを人間にほめあがむるだに興あることにてこそあれ、まして」訳自分のすることを世間でほめうやまうのさえ愉快なことであるのに、いわんや。

***こと-に-・す【事にす】** 連語

なりたち 名詞「こと」＋格助詞「に」＋サ変動詞「す」

よいこととする。それに満足する。 宇治拾遺 鎌倉一説話 三・六「ただ逃げ出でたるをことにして、向かひのつらに立てり」訳ただ、自分だけ逃げ出したのをよいこととして、道の向こう側に立っている。

こと-に-つ-く【事に付く】連語（何かの）**事にちなむ。その事に関係させる。**古今 平安—歌集 仮名序「ことにつけつつ、歌を奉らしめ給ふ」訳（さまざまの事があるごとに）その事に関係させては、歌を詠んで（天皇に）差し上げさせなさった。◆「つく」は下二段の他動詞。

こと-に-ふれ-て【事に触れて】連語**何かにつけて。**源氏物語 平安—物語 桐壺「ことにふれて数知らず苦しきことのみまされば」訳何かにつけて数えきれないほど多くつらいことばかりが増えるので。

***こと-に-も-あら-ず**【事にもあらず】連語
なりたち 名詞＋断定の助動詞「なり」用＋係助詞＋補助動詞「あり」未＋打消の助動詞「ず」
たいしたことではない。心配するほどのことではない。源氏物語 平安—物語 空蟬「わがためにはことにもあらねど」訳自分にとってはたいしたことではないが。

こ-どねり【小舎人】名詞❶「蔵人所」の下役。殿上の雑用をする。❷「こどねりわらは」に同じ。◆「こ」は接頭語。「ことねり」とも。

こどねり-わらは【小舎人童】（コドネリワラワ）名詞 近衛の中将や少将が召し使った少年。転じて、広く、貴人が雑用に召し使った少年。「ことねりわらは」とも。

こ-との【故殿】名詞 亡くなった貴人の男性。亡き主君。

こと-の-かたりごと-も-こ-を-ば【事の語り言も是（此）をば】連語**これを、事を伝え語る言葉に**（しましょう）。古事記 奈良—史書 雄略「高光る日の宮人、ことのかたりごともこをば」訳かがやく宮仕えの人々よ、これを、事を伝え語る言葉にしましょう。◆奈良時代以前の語。歌謡の末尾に用いられた言葉。「こをば」は、代名詞「こ」＋格助詞「を」＋係助詞「ば（＝は）」

こと-の-こころ【事の心】連語❶**物事の意味。趣旨。**古今 平安—歌集 仮名序「歌のさまを知り、ことのこころを得たらむ人は」訳歌のあり方を理解し、物事の意味をとらえたような人は。❷**実情。内情。**源氏物語 平安—物語 胡蝶「ことのこころ知る人は少なうて」訳（源氏の好色という）内情を知る人は少なくて。

こと-の-さま【事の様】連語**物事のようす。状況。実情。**枕草子 平安—随筆 清涼殿の丑寅のすみの「年若からむ人、はたさもえ書くまじきことのさまにや、などぞおぼゆる」訳若くもない者は、やはり本当に書くべきでない状況であったなどと思われる。

こと-の-たより【事の便り】連語❶**物事の便宜。**栄花物語 平安—物語 疑ひ「ことのたよりを賜せてはぐくみ顧みさせ給ふ程に」訳物事の便宜をお与えになり、お世話し目をおかけになるうちに。❷**何かの機会。**方丈記 鎌倉—随筆「その時、おのづからことのたよりありて、津の国の今の京に至れり」訳そんな時分に、何かの機会があって、摂津の国の新しい都に行ってみた。

こと-の-ついで【事の序】連語「ことのたより❷」に同じ。

こと-の-は【言の葉】名詞

❶**ことば。**源氏物語 平安—物語 賢木「同じう言ふことのはも、いみじう尊し」訳声をそろえて言うことばも、たいへん尊い。

❷**和歌。歌。**古今 平安—歌集 仮名序「やまと歌は、人の心を種として、よろづのことのはとぞなれりける」訳和歌は、人の心をもととして、たくさんの言葉（＝歌）となったものである。

こと-の-へ【言の葉】名詞 ことば。◆「ことのは❶」の奈良時代以前の東国方言。

こと-の-ほか・なり【事の外なり・殊の外なり】形容動詞ナリ｛なら／なり・に／なり／なる／なれ／なれ｝❶**予想外だ。意外だ。**▼源氏物語 平安—物語 夕霧「ことのほかなる御もてなしなりけるに、しひてえ詣で訪ひ給はずなりにけり」訳思いのほかのお扱いであったので、無理には参上なさらなくなってしまった。❷**格別だ。特別だ。**徒然 鎌倉—随筆 一九「鳥の声などもことのほかに春めきて」訳鳥の鳴き声なども格段と春らしくなって。

こと-は【如は】副詞「ことならば」に同じ。「ごとは」とも。古今 平安—歌集 離別「かきくらしことは降らなむ春雨にぬれぎぬ着せて君をとどめむ」訳同じことなら空を真っ暗にするまで降って欲しい。春雨に無実の罪をきせて私の好きな人を引き止めたい。

***こと-ば**【言葉・詞・辞】名詞❶言ったり書いたりして表現したもの。**言語。**❷（ことばによって表現された）和歌・文章・手紙など。徒然 鎌倉—随筆 一三「白氏の文集、老子のことば」訳白居易の詩文集や、老子の文章など。❸和歌や絵につけた散文で表現された部分。詞書など。枕草子 平安—随筆 こころゆくもの「よくかいたる女絵の、ことばをかしうつけて、多かる」訳上手に描いてある女絵に、詞書をおもしろくつけて分量の多いもの。❹語り物や謡曲などで、音楽的な節を持たずに、語る部分。❺物語などの文章で、地の文に対する対話の部分。

語の歴史「こと」が事のみを意味するようになり、ことばを意味する「こと」がしだいに使われなくなるにつれて一般化した語。平安時代には、「ことのは」が上品で好ましいことばを意味するのに対して、「ことば」は単に口頭語を意味した。また、「ことのは」は和歌の中で使われたが、「ことば」は和歌には使われなかった。

ことば-がき[1]【詞書き】名詞❶⇩詞書 文芸。❷絵巻物などで、絵に対する説明の文章。絵詞。

詞書[2] 文芸 和歌の前に書いて、その和歌が詠まれた時・場所・事情などを説明したり、和歌の題を示したりする文章。「題詞」とも。物語的に発展して、『伊勢物語』のような歌物語になる場合もある。俳諧では同様のものを「前書」という。⇩左注 文芸

こと-はかり【事計り】名詞**取り計らい。手だて。**

ことば-じち【言葉質】名詞 後で証拠となる、他人の言葉。**言質。**

こと-はじめ【事始め】名詞❶**新しく物事を始めること。**❷江戸時代、上方で、陰暦十二月十三日に正月を迎える準備を始めること。**お事始め。**

ことば-だたかひ【言葉戦ひ】（コトバダタカイ）名詞❶戦いを始める前に、お互いに相手の悪口などを言い合い、敵の戦意を弱らせようとすること。❷言い争うこと。口げんか。

こと-は-た・ゆ【言は絶ゆ】⇩ことたゆ。

後鳥羽天皇（ごとばてんのう）人名（一一八〇〜一二三九）鎌倉時代の天皇・歌人。高倉天皇の第四皇子。和

歌所を再興し、水無瀬殿を造営、『新古今和歌集』を撰した。承久の乱で隠岐に配流、同島で死去。和歌集のほか歌論書『後鳥羽院御口伝』がある。

ことば-な・し【言葉無し】〔連語〕**言うべき言葉がない。**▼弁解できないときに言う。〔徒然 鎌倉－随筆〕三六「我が怠り思ひ知られて、**ことばなき**心地するに」〔訳〕自分の怠惰を身にしみて知らされて、(弁解に)**言うべき言葉のない**気持ちがするときに。

ことば-に-か・く【言葉に掛く】〔連語〕**言葉に出して言う。話題にする。**〔方丈記 鎌倉－随筆〕「月日かさなり、年経にし後は、**ことばにかけ**て言ひ出づる人だになし」〔訳〕月日がたち、年数がたった後は、**話題にし**て言い出す人さえもいない。

ことば-の-はな【言葉の花】〔連語〕❶**巧みな言葉。華やかな言葉。**〔風雅 南北－歌集〕雑歌上「なほざりの**ことばのはな**のあらましを待つとせし間に春も暮れぬる」〔訳〕いいかげんな**巧みな言葉**が(本当のことで)あってほしいと思って、(あなたの訪れを)待っていた間に春も暮れてしまった。❷「和歌」を上品にいう言葉。

こと-はら【異腹】〔名詞〕父が同じで、母が異なること。**腹違い。**〔蜻蛉 平安－日記〕下「**ことはら**の兄人も京にて法師にてありけり」〔訳〕**腹違い**の兄も京で法師になっていた。

こと-ひと【異人】〔名詞〕**別の人。ほかの人。**〔伊勢物語 平安－物語〕一〇「父は**ことひと**にあはせむと言ひけるを」〔訳〕父は(娘を)**別の人**に添わせようと言ったが。

こと-ぶき【寿】〔名詞〕❶**言葉で祝うこと。祝いの言葉。祝辞。**〔源氏物語 平安－物語〕初音「『われ**ことぶきせむ**』と、うち笑ひ給へる御有り様を」〔訳〕「わたしが**祝いの言葉**を送りましょう」と、ちょっと笑っていらっしゃるお姿を。❷**長命。長寿。**❸**祝い事。**特に、婚礼。◆「ことほき」の変化した語。

こと-ぶ・く【寿く】〔他動詞〕カ四(か／き／く／く／け／け)「ことほく」に同じ。〔烏帽子折 室町－能楽〕浄瑠・近松「千代万年と**ことぶき**て」〔訳〕千年万年続くようにと**言葉で祝って**。

こと-ふ・る【事旧る・言旧る】〔自動詞〕ラ上二(り／り／る／るる／るれ／りよ)**事柄がふるくさくなる。言いふるされる。**〔徒然 鎌倉－随筆〕一九「言ひつづくれば、みな源氏物語・枕草子などに**ことふり**にたれど」〔訳〕このように言い続けると、みな『源氏物語』や『枕草子』などに**言いふるされ**てしまっているが。

こと-ふれ【事触れ】〔名詞〕❶(世間に)言い触らすこと。また、それをする人。❷「鹿島の事触れ」の略。物ごいの一種。はじめ、鹿島明神(＝鹿島宮の神)の神託を告げに諸国を回った神官であったが、のちに、その風をまねて、銅拍子を鳴らしたりしながら、その年の吉凶を触れ歩き、その災難を払う神札を配って、米や銭をもらった。◆「ことぶれ」とも。

こと-ほぎ【言祝ぎ・寿】〔名詞〕言葉で祝うこと。また、その言葉。祝賀。◆奈良時代以前は「ことほき」。

こと-ほ・く【言祝く・寿く】〔他動詞〕カ四(か／き／く／く／け／け)**言葉で祝福する。祝う。**〔古事記 奈良－史書〕仲哀「ここに**ことほき**て白しく」〔訳〕ここに(神を)**祝福し**て申し上げたことには。◆「ほく」は祝う意。後世は「ことほぐ」。

こと-む・く【言向く】〔他動詞〕カ下二(け／け／く／くる／くれ／けよ)**説得して服従させる。平定する。**〔古事記 奈良－史書〕景行「荒ぶる蝦夷どもを**ことむけ**」〔訳〕暴れすさぶ蝦夷どもを**服従させ**。

こ-ども【子供・子等】〔名詞〕❶(幼い)**子供たち。**▼自分の子にも、他人の子にもいう。❷(自分より)若い人たちや、目下の者たちに、親しみをこめて呼びかける語。〔万葉集 奈良－歌集〕六三「いざ**こども**早く日本へ」〔訳〕⇩いざこども…。

参考 「ども」は複数を表す接尾語。現代語の「子供」は単数を表すが、鎌倉時代以前に単数を表す例はほとんど見られない。

***こと-も-おろか・なり**〔連語〕

㊀【言も愚かなり】言うまでもない。〔宇治拾遺 鎌倉－説話〕一四・六「…といふに、『**こともおろかなり**。いづくぞ、その玉もちたりつらん者は』と」〔訳〕…と言うと、「**言うまでもない**。どこだ、その玉を持っていた者は」と。

㊁【事も疎かなり】**おろそかだ。いいかげんだ。なおざりだ。**〔千載 鎌倉－歌集〕秋下「**こともおろかに**思ひけるかな」〔訳〕**おろそかに**思っていたのだったなあ。◆「おろかなり」は形容動詞。

こと-も-な・し【事も無し】〔連語〕❶**何事もない。平穏無事だ。**〔万葉集 奈良－歌集〕五五九「**こともなく**生き来しものを」〔訳〕**何事もなく**生きてきたのに。❷**難点がない。ちょっと好ましい。**〔伊勢物語 平安－物語〕五八「となりなりける宮ばらに**こともなき**女どもの」〔訳〕隣に住んでいる宮様がたに、**難点のない**女たちが(いたが)。❸(事をするのに)**たやすい。**〔竹取物語 平安－物語〕竜の頸の玉「まして竜を捕らへたらましかば、また**こともなく**我は害せられなまし」〔訳〕ましてもし竜を捕らえていたなら、また**たやすく**私はきっと殺されてしまっただろう。◆「事無し」の強調表現。

こと-もの【異物】〔名詞〕**別の物。ほかの物。**〔竹取物語 平安－物語〕「さればこそ、**こともの**の皮なり」〔訳〕思ったとおり、**別の物**の皮であったよ。

こと-やう【異様】〔名詞〕**ようすが普通とは違っていること。風変わり。**〔源氏物語 平安－物語〕総角「**ことやう**なる女車のさまして」〔訳〕**風変わりな**女車のようすで。

***こと-やう・なり**【異様なり】〔形容動詞〕ナリ(なら／なり・に／なり／なる／なれ／なれ)**ようすが普通とは違っている。風変わりだ。**〔徒然 鎌倉－随筆〕二一五「夜なれば**ことやうなり**とも疾く」〔訳〕夜であるから**風変わりな**(格好)でもよいから急いで(参れ)。

こと-ゆ・く【事行く】〔自動詞〕カ四(か／き／く／く／け／け)(多く、打消の語を下接して)**物事がうまく運ぶ。納得がゆく。**〔竹取物語 平安－物語〕竜の頸の玉「**ことゆか**ぬ物ゆゑ、大納言をそしり合ひたり」〔訳〕(大納言の命令は)**納得がゆか**ないことなので、大納言を非難しあっている。〔源氏物語 平安－物語〕絵合「筆のゆくかぎりありて、心よりは**ことゆか**ずなむ思ふたまへられしを」〔訳〕絵の筆力には限度があって、思うようには**うまくゆか**ないと存じられますし。

こと-ゆゑ【事故】〔名詞〕**さしさわり。事故。**〔徒然 鎌倉－随筆〕二一八「法師は、あまた所食はれながら、**ことゆゑ**なかりけり」〔訳〕法師は多くの箇所を(きつねに)かみつかれながら、(命に)**さしさわり**はなかった。◆漢語「事故」を訓読した語。多く、「ことゆゑなし」の形で用いられる。

こと-よう【異用】〔名詞〕**ほかの用事。別の用件。**

こと-よさ・す【言寄さす・事寄さす】〔連語〕

なりたち 名詞「こと」＋奈良時代以前の四段動詞「よす」の未然形＋奈良時代以前の尊敬の助動詞「す」

お命じになる。ご委任なさる。古事記 奈良ー史書 神代「『汝命は、高天の原を知らせ』とことよさして賜ひき」訳「あなたは、高天の原を治めなさい」とご委任なさって（高天の原を）お与えになった。◆奈良時代以前の語。

ことよ・す【言寄す・事寄す】 自動詞サ下二 {せ/せ/す/する/すれ/せよ} ❶**言葉や行為によって働きかける。言葉を添えて助力する。** 万葉集 奈良ー歌集 四一〇六「天地の神ことよせて春花の盛りもあらむと」訳天地の神が加護して春の花の盛りもあろうと。❷**あるものに託す。かこつける。** 平家物語 鎌倉ー物語 一・殿上闇討「その国の器物にことよせて、伊勢平氏とぞ申しける」訳その（伊勢の国の）器物にかこつけて、伊勢平氏と申したのである。❸**うわさをたてる。** 万葉集 奈良ー歌集 一一〇九「檜の隈川の瀬を早み君が手取らばことよせむかも」訳檜隈川の瀬の流れが急なのであなたの手を取ったなら人がうわさをたてるだろうか。

ことよ・る【事寄る】 自動詞ラ四 {ら/り/る/る/れ/れ} **物事が一方にかたよる。** 源氏物語 平安ー物語 若菜上「やむごとなく思したるは、限りありて一方なめれば、それにことよりて」訳（源氏が）大切だとお思いになる方は、限りがあって、お一方（＝紫の上）のようだから、その方に（威勢が）かたよって。

ことよろ・し【事よろし】 連語 ❶**たいしたことではない。さしつかえない。** 更級 平安ー日記 子忍びの森「ことよろしき時こそ腰折れかかりたることも思ひつづけけれ」訳（悲しみが）たいしたことではないときは、調子のくずれた下手な歌を詠みもしたものだが。❷**かなりよい。比較的よい。** 十訓抄 鎌倉ー説話 七「ある時、この殿の亭の前を、ことよろしき女の通りけるを」訳ある時、この殿の屋敷の前を、かなりよい女が通ったのを。

[1]**こと-わざ** 名詞 ㊀【事業】（人間の）**行為。しわざ。仕事。** 古今 平安ー歌集 仮名序「世の中にある人、ことわざしげきものなれば」訳この世の中に存在する人間は（かかわる）行為がたくさんあるものなので。
㊁【諺】**ことわざ。**

[2]**こと-わざ【異業】** 名詞 **ほかの事柄。別の行い。** 源氏物語 平安ー物語 少女「時々は、ことわざし給へ。笛の音にも古事は伝わるものなり」訳たまには別の事もなさいませ。笛の音にも古人の教えは伝わるものですよ。

こと-わり【理】 名詞

語義の扉
「事割り」でことの是非・優劣などの分析の意がもとの意味。現代語の拒絶などの意は、鎌倉時代以降の用法である。
❶道理。筋道。
❷理屈。説明。理由。
❸辞退。言い訳。

❶**道理。筋道。** 徒然 鎌倉ー随筆 四一「かほどのことわり、たれかは思ひよらざらんなれども」訳（無常という）この程度の道理は、だれでも思いつかないはずはないのだが。
❷**理屈。説明。理由。** 源氏物語 平安ー物語 帚木「中将は、このことわりを聞き果てむと」訳頭の中将はこの（女性に関する）説明を最後まで聞こうと。
❸**辞退。言い訳。** 猿座頭 室町ー狂言 狂言「面白うもござらぬによって、ことわりを申して参りぬ」訳面白くもございませんので、辞退を申し上げて参りました。◇「断り」とも書く。

***ことわり-す・ぐ【理過ぐ】** 連語 **極端になる。普通の程度を越える。** 新葉集 南北ー歌集 雑上「神無月ことわりすぎてふるしぐれかな」訳十月は、程度を越えて時雨が降ることだなあ。

こと-わり・なり【理なり】 形容動詞ナリ {なら/なり・に/なり/なる/なれ/なれ} **もっともだ。道理だ。当然だ。** 枕草子 平安ー随筆 生ひさきなく、まめやかに「うへなどいひて、かしづきすゑたるに、心にくからずおぼえむ、ことわりなれど、内侍のすけなどといひて、をりをり内へまゐり祭の使などに出でたるも、面立たしからずやはある」訳（宮仕えをしたことのある人を）「奥方」などといって、たいせつに世話している場合、奥ゆかしい感じがとぼしく思われるのは、道理であるけれど、内侍のすけなどといって、時々参内し、賀茂祭の使いなどに出ているのも、名誉でないことがあろうか。

ことわり-に-も-す・ぐ【理にも過ぐ】 連語
なりたち 名詞「ことわり」＋格助詞「に」＋係助詞「も」＋上二段動詞「すぐ」
あまりに当然だ。当然すぎる。 方丈記 鎌倉ー随筆「世の人安からず憂へあへる、げにことわりにもすぎたり」訳世の中の人々が不安そうに心配し合っているのは、なるほど当然すぎることであった。

こと-わ・る【理る】 他動詞ラ四 {ら/り/る/る/れ/れ}
❶**判断する。判定する。批評する。** 紫式部 平安ー日記 寛弘六・一・一～三「それだに、人の詠みたらむ歌、難じことわりゐたらむは、いでやさまで心は得じ」訳それほどの歌人でさえ、人の詠んだ歌を非難したり批評したりしているようなのは、さあどうだろうか、それほどまでには歌の心得はないだろう。
❷**説明する。説き明かす。** 徒然 鎌倉ー随筆 一四一「『にぎはひ豊かなれば、人には頼まるるぞかし』とことわられ侍りしこそ」訳「（東国の人は）富み栄えて裕福なので、人に信頼されるのだ」と説き明かされましたことこそ。
❸**前もって了解を得る。ことわる。** 歌念仏 江戸ー浄瑠 浄瑠・近松「銀渡したら御損であらう。ことわって置いたぞ」訳金を渡したらご損であろう。（それについては）了解を得ておいたぞ。◇「断る」とも書く。「ことわっ」は促音便。
参考「事割る」で、ことの是非・優劣などを筋道だてて判断する意。

こと-を-か・く【事を欠く】 連語 **不足する。必要な物がなくて不自由する。** 諸国ばなし 江戸ー物語 浮世・西鶴「ある年、東大寺より太鼓をかざしてことをかきける」訳ある年、東大寺より太鼓を貸さないというので不自由した。

こと-をは・る【事終はる】コトオワル 連語 ❶仕事が終わる。決着がつく。万葉集 奈良―歌集 八九四「天翔(あまがけ)り見渡したまひことをはり帰らむ日には」訳大空を飛び走り見渡しなさり、仕事が終わり帰られる日には。❷息をひきとる。死ぬ。隅田川 室町―能楽 謡曲「念仏四、五遍唱へつひにことをはってさうらふ」訳念仏を四、五回唱えて、ついに息をひきとってしまいました。◇「ことをはっ」は促音便。

こと-をり【異折】コトオリ 名詞 ほかの時。別の機会。枕草子 平安―随筆 節は「いつかは、ことをりにさはしたりし」訳いったいいつ、ほかの時にそのようなことをしたりするでしょうか。

こ-な【子な】名詞 子供たち。妻・恋人などを親しんでも呼ぶ。◆「こら」の奈良時代以前の東国方言。「な」は接尾語。

ご-なう【御悩】ゴノウ 名詞 貴人の病気の尊敬語。ご病気。おんなやみ。

こ-なぎ【小水葱】名詞「水葱(なぎ)」の別名。水生の食用植物の一つ。今のみずあおい。

こな-さま【此方様】代名詞 あなたさま。お前さま。「こなさん」とも。◆「こなたさま」の変化した語。江戸時代の女性語。

こなた【此方】代名詞

❶こちら。ここ。▼話し手に近い方角・場所をさす近称の指示代名詞。源氏物語 平安―物語 若紫「こなたはあらはにや侍(はべ)らむ」訳こちら(の部屋)は外からまる見えではありませんか。

❷以後。あれから。源氏物語 平安―物語 柏木「身を思ひ落としてしこなた、なべて世の中すさまじう思ひなりて」訳自分を見下げてしまって以後、万事世の中を面白くなく思うようになって。

❸それより前。以前。源氏物語 平安―物語 若菜上「何事をも、御心と思(おぼ)し数まへざらむこなた、ともかくも、はかなくなり侍(はべ)りなば」訳何事でもご自身のお心でご判断なさることがおできにならないそれより前に、とにかく、(私が)死んでしまいましたならば。

❹この人。▼話題の中心人物をさす他称の人称代名詞。源氏物語 平安―物語 若菜上「いづかたも皆、こなたの御けはひには、かたさり憚(はばか)るさまにて」訳どなたも皆、この人(=紫の上)のごようすには、遠慮し気がねするようすで。

❺あなた。▼対称の人称代名詞。話し相手を敬って言う。餅酒 室町―狂言 狂言「その儀ならば、まづこなたからござれ」訳そのことならば、まずあなたからどうぞ。

❻わたし。われ。▼自称の人称代名詞。隅田川 室町―能楽 謡曲「こなたの念仏をば留(とど)め候ふべし」訳わたしの念仏をやめましょう。

こなた-かなた【此方彼方】代名詞 ❶こちらとあちら。源氏物語 平安―物語 桐壺「こなたかなた心を合はせて、はしたなめ」訳こちらとあちらで心を一つに合わせて、(桐壺更衣(きりつぼのこうい)を)きまりの悪い目にあわせ。❷あちこち。方々。源氏物語 平安―物語 夕顔「白栲(しろたへ)の衣うつ砧(きぬた)の音も、かすかに、こなたかなた聞きわたされ」訳白い布を打つ砧の音も、かすかに、あちこちから絶えず聞こえ。

こなた-ざま【此方様】代名詞 こちらのほう。こちら側。堤中納言 平安―物語 虫めづる姫君「こなたさまに来るなりけり」訳こっちへ来るのだった。

こなみ【前妻・嫡妻】名詞 一夫多妻制で、前にめとった妻。本妻。◆奈良時代以前の語。対後妻(うはなり)

こ-には【小庭】コニワ 名詞 ❶寝殿造りの屋敷内で、建物と建物との間にある小さな庭。壺庭(つぼにわ)。壺。❷清涼殿の「殿上(てんじやう)の間(ま)」の南にある、小さな庭。▼紫宸殿(ししいでん)の南庭を「大庭(おほには)」というのに対していう。❸能楽で、小規模の舞台。

こぬひとを… 和歌 百人一首「来ぬ人を まつほの浦の 夕なぎに 焼くや藻塩(もしほ)の 身もこがれつつ」新勅撰 鎌倉―歌集 恋三・藤原定家(ふぢはらのさだいへ) 訳いくら待っても来ない(約束の)人を心待ちにして私は、あの松帆(まつほ)の浦の夕なぎのころに焼く藻塩が焦げるように、恋しさに身も焦がれ続けているよ。

鑑賞『百人一首』の撰者(せんじや)である藤原定家の自撰歌。「まつほの浦の」から「焼くや藻塩の」までは「こがれつつ」を導く序詞(じよことば)。「まつほの浦」の「まつ」に「待つ」と「松」とをかけ、「こがれつつ」は、藻塩が焼き焦げる意と、思い焦がれる意とをかけている。「松帆の浦」は淡路島(あはぢしま)の北端の海浜で、歌枕(うたまくら)。

こ-ぬれ【木末】名詞 木の枝の先端。こずえ。万葉集 奈良―歌集 九二四「み吉野の象山(きさやま)の際(ま)のこぬれには」訳⇨みよしののきさやまの…。◆「こ(木)のうれ(末)」の変化した語。奈良時代以前の語。

こ-の【此の】連語

なりたち 代名詞「こ」＋格助詞「の」

❶この。▼話し手に近い事物や人をさす。更級 平安―日記 大納言殿の姫君「その後は、この猫を北面(きたおもて)にも出(い)ださず、思ひかしづく」訳その後からは、この猫を北向きの部屋にもいれず、心をこめて世話する。

❷その。この。▼話題となっている事物や人をさす。徒然 鎌倉―随筆 四六「強盗法印(がうだうのほふいん)と号する僧ありけり。たびたび強盗にあひたるゆゑに、この名をつけにけるとぞ」訳強盗の法印と称する僧がいた。何度も強盗にあったために、その名をつけたとかいうことだ。

❸それ以来の。最近の。源氏物語 平安―物語 若紫「失せて、この十余年にやなり侍(はべ)りぬらむ」訳(娘が)死んで、それ以来の十余年になってしまっているでしょうか。

参考 現代語では「この」の形で連体詞。古語で「こ」と「の」の二語に分けるのは、現代語とちがって代名詞「こ」の下に他の助詞も付くからである。

このあきは… 俳句「この秋は 何(なん)で年寄る 雲に鳥」笈日記 江戸―論 俳文・芭蕉(ばせう) 訳今年の秋は、なぜこんなに老いの寂しさが身にしみるのか。はるかな雲の中に消えて行く鳥が見えるが、まるで漂泊の生涯を送ってきたわが身のように感じられる。

鑑賞 作者が病没する半月ほど前の作で、深い寂しさがにじみ出ている。季語は「秋」で、季は秋。

この-あひだ【此の間】コノアイダ 名詞 ❶近ごろ。このごろ。末広がり 室町―狂言 狂言「このあひだのあなたこなたの御参会」訳近ごろの、あちらこちらのご会合。❷先ごろ。先日。このあいだ。❸近いうち。近日中。◆鎌倉時代以降の語。

このえ【近衛】⇩こんゑ

こ-の-かた【此の方】名詞 それよりのち。以来。

こ-の-かみ【兄】名詞

❶**兄。姉。**兄弟姉妹の中で年長の者。宇津保 平安―物語 俊蔭「御このかみの右のおとど」訳御兄の右大臣。

❷**年長者。年上の人。**源氏物語 平安―物語 柏木「かの君は、五、六年のほどのこのかみなりしかど」訳あの方(=柏木)は、(夕霧より)五つ六つほどの年長者であったが。

❸**すぐれている者。首長。上に立つ者。**源氏物語 平安―物語 若菜下「その、このかみと思へる上手ども」訳その道の、すぐれている者と思っている名人たち。◆「子の上」の意から。

このかみ-ごころ【兄心】名詞 兄や姉らしい、思いやりのある心づかい。

このきどや… 俳句「この木戸や 鎖のさされて 冬の月」猿蓑 江戸―句集 俳諧・其角 訳冬の夜更け、錠がぴったりと閉ざされた城門の上に、寒々とした月がさえかえっている。

鑑賞『去来抄』によると「この木戸」と「柴の戸」、「冬の月」と「霜の月」についての優劣論が交わされた。隠者の風情を表す「柴の戸」より、城門の大きな景を表す「この木戸」のほうが、門を前に夜の空をふり仰ぐ厳しい感じがよく出るし、「冬の月」は「霜の月」よりも荒涼をより感じさせるこの場にふさわしい、と。季語は「冬の月」で、季は冬。

こ-の-きみ【此の君】名詞 竹の別名。此君。◆中国の晋の王子猷が竹を愛して「此の君」と呼んだという『晋書』の故事から。

こ-の-くれ【木の暗れ・木の暮れ】名詞 木が茂って、その下が暗いこと。また、その暗い所。「木の暮れ茂」「木の暮れ闇」とも。

このくれ-の【木の暗れの】枕詞 ❶木が茂っていることから「繁し」にかかる。万葉集 奈良―歌集 四一八七「このくれの繁き思ひを」訳深いもの思いを。❷四月ごろになると木が茂り「木の暗れ」になることから「四月」にかかる。万葉集 奈良―歌集 四一六六「このくれの四月したてば」訳四月になると。

こ-の-ごろ【此の頃】名詞 ❶**近ごろ。**徒然 鎌倉―随筆 一九「亡き人の来る夜とて魂祭るわざは、このごろ都にはなきを」訳亡くなった人がよみがえってくる夜だというので、その魂を祭る行事は近ごろ都ではしないが。❷**今。しばらく。**万葉集 奈良―歌集 二七七八「よしこのごろはかくて通はむ」訳ままよ、しばらくこうして通おう。❸**近いうち。近日中。**源氏物語 平安―物語 野分「今、このごろのほどに参らせむ」訳もうすぐ、近いうちに参上させよう。❹**今ごろ。今時分。**源氏物語 平安―物語 御法「昔、大将の御母上亡せ給へりしも、このごろの事ぞかし」訳昔、大将の母君が亡くなられたのも、今時分のことであった。◆奈良時代以前には「このころ」。

このごろ-やう【此の頃様】名詞 **現代風。当世風。**

このした-つゆ【木の下露】名詞 木の下にこぼれ落ちて来る露。季秋。

このした-やみ【木の下闇】名詞 (木の下の)生い茂った葉による暗がり。また、その場所。「木下闇」とも。季夏。

こ-の-たび【此の度】名詞 **今度。今回。**◆和歌では「この旅」とかけて用いることがある。

このたびは… 和歌 百人一首「このたびは 幣も取りあへず 手向山 紅葉の錦 神のまにまに」古今 平安―歌集 羇旅・菅原道真 訳今度の旅はあわただしくて、道の神にささげる幣の用意もできなかった。せめて、この手向山の錦のように美しい紅葉を、神の御心のままに幣としてお受け取りください。

鑑賞「このたび」に「この度」と「この旅」をかけ、「たむけやま」に「(幣を)手向ける」意をかけている。

このて-かしは【側柏・児の手柏】名詞 木の名。葉は表裏の区別がなく、小枝は手のひらを広げたような形状をしている。「このてがしは」とも。

こ-の-ほど【此の程】名詞 ❶**近ごろ。このごろ。**源氏物語 平安―物語 帚木「このほどは、大殿にのみおはします」訳近ごろはもっぱら左大臣邸にばかりいらっしゃいます。❷**この時。今回。**竹取物語 平安―物語 かぐや姫の生ひ立ち「このほど三日うちあげ遊ぶ」訳この時(名付け祝いの前後)三日間は、酒宴を開いて歌い騒いで楽しむ。◆「このほど」よりやや少し以前が「さき(先)つごろ」。

こ-の-ま【木の間】名詞 **木と木の間。**万葉集 奈良―歌集 一三二「石見のや高角山の木の間より我が振る袖を妹見つらむか」訳⇩いはみのや…。

このま・し【好まし】形容詞シク(しく・しから/しく・しかり/し/しき・しかる/しけれ/しかれ) ❶**心がひかれる。好きだ。**源氏物語 平安―物語 桐壺「内裏住みのみこのましうおぼえ給ふ」訳宮中暮らしばかりを好きだとお思いになる。◇「このましう」はウ音便。❷**感じがよい。風流だ。**枕草子 平安―随筆 はづかしきもの「まして、情けあり、このましう、人に知られなどしたる人」訳まして人情がわかり、感じがよいと人に知られたりしている男性。◇「このましう」はウ音便。❸**好色じみている。浮気だ。**堤中納言 平安―物語 ほどほどの懸想「君の御方に若くて候ふ男、このましきにやあらむ」訳君(=頭の中将)のお屋敷に年若くてお仕えする男、浮気っぽいたちなのだろうか。◆「このもし」とも。

このまより… 和歌「木の間より 漏りくる月の 影見れば 心づくしの 秋は来にけり」古今 平安―歌集 秋上・よみ人知らず 訳枝の間から漏れてくる月の光を見ると、物思いに心を痛める秋が来たのだなあ。

鑑賞 初秋の季節感を詠んだ歌。月を見て何となく悲しみを感じるのは、当時の人々の一般的な感性であった。木の間を漏れてくる月の光に、しみじみとも悲しい秋の到来を感じ取り、深まる秋の情緒にまさるとも劣らない悲哀感を見いだしている。「影」は光のこと。「心づくしの秋」という句は、後代広く人々に好まれた表現である。

この-み【好み】名詞 ❶**好み。趣味。**❷(好みに合った)**望み。注文。**

このみ-ごころ【好み心】名詞 **好色な心。好き心。**

このみちや… 俳句「この道や 行く人なしに 秋の暮れ」笈日記 江戸―論 俳文・芭蕉 訳秋の夕暮れどき、一筋のこの道を行く人は絶え、あたりには夕闇が漂って寂しく静まり返っている。

鑑賞 この句には、俳諧に開眼した作者芭蕉の、俳諧の道は結局は孤独であるという心境が託されている。季語は「秋の暮れ」で、季は秋。

このみ-な・す【好みなす】 他動詞サ四〔さ/し/す/す/せ/せ〕特に趣向をこらす。徒然 鎌倉ー随筆 八一「用なきことども し添へ、煩はしくこのみなせるを」訳必要のないことなどもつけ加え、うるさく趣向をこらしているのを。

＊この・む【好む】 他動詞マ四〔ま/み/む/む/め/め〕❶好く。愛する。好む。徒然 鎌倉ー随筆 一三七「浅茅が宿に昔をしのぶこそ色このむとは言はめ」訳茅が茂っている荒れた家に、(恋人と語らった)昔を思い出すことこそ恋の情趣を好むものといえよう。❷気に入るように、あれこれと注文をつける。源氏物語 平安ー物語 葵「常よりもこのみ調へたる車ども」訳普段よりあれこれと注文をつけ準備した数々の牛車。

このめ-は・る【木の芽張る】 連語 木の芽が萌え出る。▼和歌では「張る」に「春」を掛けることが多い。古今 平安ー歌集 春上「霞たちこのめもはるの雪降れば」訳霞が空にかかり木の芽も萌え出る(張る)今日、春の雪が降るので。

この-も【此の面】 名詞 こちら側。対彼の面。

このも-かのも【此の面彼の面】 連語 ❶こちら側とあちら側。古今 平安ー歌集 東歌「筑波嶺のこのもかのもに蔭はあれど君がみかげにますかげはなし」訳筑波山のこちら側とあちら側に木陰はあるが、あなたのおかげ(＝ご庇護)にまさるものはない。❷あちらこちら。そこここ。源氏物語 平安ー物語 夕顔「むつかしげなるわたりの、このもかのもあやしくうちよろぼひて」訳むさくるしいこのあたりの、あちらこちら粗末で倒れそうで。

このも・し【好もし】 形容詞シク〔(しく)/しく・しから/し/しき・しかる/しけれ/しかれ〕「このまし」に同じ。今昔物語 平安ー説話 一三・二「仙人の言を聞きて敬ひて、これをこのもしと思ふといへども」訳仙人の言葉を聞いて尊敬して、これを心がひかれると思ったけれども。

このもし-が・る【好もしがる】 他動詞ラ四〔ら/り/る/る/れ/れ〕心ひかれてほしがる。竹取物語 平安ー物語 火鼠の皮衣「うべ、かぐや姫このもしがりたまふにこそありけれ」訳なるほど、かぐや姫が心ひかれてほしがりなさるほどの物であるよ。◆「がる」は接尾語。

こ-の-もと【木の下】 名詞 木の下。転じて、頼りになる人・所。

＊この-よ【此の世】 名詞 ❶人の生きている世。現世。徒然 鎌倉ー随筆 一「いでや、このよに生まれては、願はしかるべき事こそ多かめれ」訳さてさて、現世に生まれたからには、そうあってほしいと望むはずのことが多いようである。対彼の世。❷今の世。当代。現代。古今 平安ー歌集 仮名序「貫之らがこのよに同じく生まれて」訳貫之ら一同当代に生まれ合わせて。❸世間。世の中。枕草子 平安ー随筆 花の木ならぬは「あすはひのき、このよに近くも見え聞こえず」訳あすなろの木は世間に身近には見もせず、(あるとも)聞かない。

このよ-なら-・ず【此の世ならず】 連語

なりたち 名詞「このよ」＋断定・存在の助動詞「なり」の未然形＋打消の助動詞「ず」

❶現世でない。拾遺 平安ー歌集 恋五「逢ふべきことのこのよならねば」訳恋のかなうのは現世ではないので。❷とてもひどく。死ぬほどにひどく。▼この世にいない意から。著聞集 鎌倉ー説話 五「小式部の内侍このよならずわづらひけり」訳小式部の内侍が死ぬほどにひどく病に苦しんだ。

このよにし… 和歌「この世にし 楽しくあらば 来む世には 虫に鳥にも 我はなりなむ」万葉集 奈良ー歌集 三四八・大伴旅人 訳何と言ってもこの世で楽しくあるならば、来世では虫にでも、鳥にでも、わたしはなってしまおう。

鑑賞 旅人の「讃酒歌」十三首の中の一首。「楽しく」とは飲酒の快楽をいう。飲酒は仏教の五戒の一つで、これを犯せば悪道におちるといわれる。それでも構わないとするところに旅人の享楽思想がうかがえる。「なむ」の「な」は、完了の助動詞「ぬ」の未然形で確述を表す。

＊このよ-の-ほか【此の世の外】 連語 ❶あの世。来世。後拾遺 平安ー歌集 恋三「あらざらむこのよのほかの思ひ出に今ひとたびの逢ふこともがな」訳⇨あらざらむ…。❷俗世間とは異なる世界。源氏物語 平安ー物語 御法「尼になり、このよのほかの山住みなどに思ひ立つもありけり」訳尼になり、俗世間とは別世界の山住まい(＝出家遁世して山寺などに住むこと)などを決意する者もいた。

この-ゑ【近衛】 コノエ 名詞「近衛府」の略。また、近衛府の職員。◆「こんゑ」の変化した語。

このゑ-づかさ【近衛司・近衛府】 コノエヅカサ 名詞 ❶「このゑふ」に同じ。❷「近衛府」の職員。

このゑ-ふ【近衛府】 コノエフ 名詞「令外の官」の一つ。内裏の警備や、行幸の供奉・警備を担当した役所。「左近衛府」「右近衛府」に分かれ、大将・中将・少将・将監・将曹・府生・番長などの職員がいた。近衛司。「こんゑふ」とも。

[1]こは-【強】 ワコ 接頭語〔名詞・動詞などに付いて〕固い。こわい。きびしい。「こは飯」「こは言」「こは者」「こは張る」

[2]こ-は【此は】 連語

なりたち 代名詞「こ」＋係助詞「は」

これは(まあ)。なんと(まあ)。▼感動表現に用いる。竹取物語 平安ー物語 かぐや姫の昇天「こは、なでふ事のたまふぞ」訳これはまあ、何ということをおっしゃるのか。

＊こ-は-いかに【此は如何に】 連語

なりたち 代名詞「こ」＋係助詞「は」＋副詞「いかに」

これはまあ、どうしたことか。源氏物語 平安ー物語 若紫「かきいだきて出で給へば、大輔・少納言などは、『こはいかに』と聞こゆ」訳(若紫を)抱いてお出になるので、惟光や少納言などは、「これはまあ、どうしたことですか」と申し上げる。宇治拾遺 鎌倉ー説話 三・六「こはいかに、かくてはたち給へるぞ。あさましきことかな。物のつき給へるか」訳これはまあ、どうしたことか。このように立っていらっしゃるとは。あきれはてたことだなあ。あやしげなものがとりついて気でもおかしくおなりになったか。徒然 鎌倉ー随筆 八九「家いへより松明ども出だして、走り寄りて見れば、このわたりに見知れる僧なり。『こはいかに』とて、河の中より抱きおこしたれば、賭物取りて、扇、小箱など懐に持ちたりけるも、水に入りぬ。」訳家いえから松明を出して、走り寄って見てみると、この付近で見知っている僧であった。「これはまあ、どうしたことか」と抱きおこしてみれば、連歌の賞品として取っていたもの、扇、小箱など懐に持っていたけれども、水につかまってしまった。

こは-いひ【強飯】 コワイイ 名詞 「甑(こしき)」で米を蒸してつくった飯(めし)。**こわめし。**

参考 現在の強飯(こわめし)(=おこわ)は糯米(もちごめ)を用いるが、「こはいひ」はうるち(=普通に食べる米)だけを蒸して作ったので、固くて粘りけがなかった。今日食べているような、水を加えて釜(かま)で炊いたものは、「姫飯(ひめいひ)」または「固粥(かたかゆ)」といった。

ご-ばう【御坊・御房】 ゴボウ 名詞 ❶僧が住む建物や部屋の尊敬語。❷僧の尊敬語。**お坊さま。**

こ-はぎ[1]【小脛】 名詞 まくり上げた袴(はかま)の裾(すそ)から少し見えているすね。

こ-はぎ[2]【小萩】 名詞 **小さな萩。**また、萩の美称。古今 平安-歌集 恋四「宮城野(みやぎの)のもとあらのこはぎ露を重み」訳宮城野に茂る下葉のまばらな萩は露が重いので。

こ-はぎ・なり【小脛なり】 形容動詞ナリ {なら/なり・に/なり/なる/なれ/なれ} 袴(はかま)の裾(すそ)を少しまくり上げてすねを出している。枕草子 平安-随筆 正月十よ日のほど「また、こはぎにて半靴(はうくわ)はきたるなど」訳また、袴の裾を少しまくり上げてすねを出して浅いくつをはいている(男の子)などが。

こ-ばこ【籠箱】 名詞 底が板で、ほかの面には紗(しや)や絽(ろ)を張った箱。虫かごなどに用いる。

こはごは・し【強強し・剛剛し】 コワゴワシ 形容詞シク {(しく)・しから/しく・しかり/し/しき・しかる/しけれ/しかれ} ❶**堅くてこわばっている。ごわごわしている。**源氏物語 平安-物語 手習「こはごはしういららぎたる物ども着給(きたま)へる」訳ごわごわして突っぱっているものなどを着ていらっしゃる。◇「こはごはしう」はウ音便。❷**滑らかでない。ぎこちない。無骨だ。**源氏物語 平安-物語 帚木「おのづから、こはごはしき声に読みなされなどしつつ」訳自然とごつごつした調子の声に読み上げられなどして。❸**無愛想で堅苦しい。きつい。**源氏物語 平安-物語 橋姫「こはごはしう気遠(けどほ)げなる」訳無愛想で堅苦しく近寄り難い。◇「こはごはしう」はウ音便。

こは・し*【強し】 コワシ 形容詞ク {(く)・から/く・かり/し/き・かる/けれ/かれ} ❶**しっかりしている。強い。**大鏡 平安-物語 道長上「さるべき人は、…御守りもこはきなめり」訳そうなる(=偉くなる)はずの人は、…神仏のご加護も強いものらしい。❷**強情だ。がんこだ。手ごわい。**枕草子 平安-随筆 くるしげなるもの「こはき物の怪(け)にあづかりたる験者(げんざ)」訳がんこな物の怪の調伏(てうぶく)を受け持った修験者(しゆげんじや)。❸**堅い。ごわごわしている。**枕草子 平安-随筆 きよげなる男の「こはからぬ烏帽子(えぼし)振りやりつつ」訳堅くないえぼしの先を後ろに振りのけながら。❹(道などが)**険しい。**大鏡 平安-物語 道長下「坂のこはきをのぼり侍(はべ)りしかば」訳坂の険しいところを登りましたので。❺**恐ろしい。こわい。**花子 室町-狂言 狂言「山の神はこはし、身どもがこはうないな」訳山の神様は恐ろしい、おれは恐ろしくないな。◇「こはう」はウ音便。

語の歴史 現代語の「こわい」は、一般に恐ろしいの意を表すが、これは❺のように、室町時代後期ごろから現れた意味と思われる。

こ-はじ【木端】 名詞 簾(すだれ)を巻き上げるときに、芯(しん)にする、細長い薄板。「こはし」とも。

こ-はじとみ【小半蔀】 名詞 小形の「半蔀(はじとみ)」。清涼殿の北廊に付けられている。

木幡(こはた) 地名 今の京都府宇治市北部。奈良・京都間を結ぶ街道の道筋にあたり、藤原(ふぢはら)氏出身の歴代皇后の宇治の陵があるほか、平安時代には貴族の山荘が多くおかれた。

こはちえふ-の-くるま【小八葉の車】 コハチヨウノクルマ 名詞 網代車(あじろぐるま)の一種。車に、花弁が八つある八葉蓮華(れんげ)の小型の紋を付けたもの。四位・五位の者が乗ったが、のちには広く使われた。

こ-は-な-ぞ【此は何ぞ】 連語

なりたち 代名詞「こ」＋係助詞「は」＋代名詞「なに」＋係助詞「ぞ」からなる「こはなにぞ」の変化した形。

これはなんだ。これはどうしたことか。源氏物語 平安-物語 夕顔「こはなぞ、あなものぐるほしのものおぢや」訳これはどうしたことか、まあ気が変になりそうなほどのおびえようだなあ。

小林一茶(こばやしいっさ) 人名 (一七六三〜一八二七)江戸時代後期の俳人。信濃(しなの)(長野県)の人。名は弥太郎(やたろう)。江戸に出て二六庵竹阿(にろくあんちくあ)に俳諧(はいかい)を学んだ。晩年は郷里に帰ったが、不幸の日が多かった。その句は自由に俗語を用いて、温かい人間味を盛ったものが多い。句文集『おらが春』がある。

古典の常識

『人間味あふれた俳人』—小林一茶(こばやしいっさ)

信濃(しなの)の国柏原(かしはばら)の農家に生まれ、三歳で母と死別。八歳のとき継母が来たが、弟が生まれると冷たくされ、十五歳で江戸に奉公に出た。二十五歳ごろ葛飾(かつしか)派の竹阿(ちくあ)に入門し、俳諧(はいかい)を学んだあと、各地を放浪した。

三十九歳のとき、帰省中に父が死去。その後、継母・義弟との長い財産争いの末、和解し、五十一歳で郷里に定住した。翌年結婚したが子を次々になくし、妻とも死別。再婚に失敗し三度目の妻を迎えたが、大火で家が焼失。残った土蔵で持病の中風(ちゆうぶ)により死去した。

生涯に多くの作品を残しており、その人間味あふれる俳句は今なお人々に愛されている。

こはらか・なり【強らかなり】 コワラカナリ 形容動詞ナリ {なら/なり・に/なり/なる/なれ/なれ} ❶(堅くて)**ごわごわしている。**今昔物語 平安-説話 二二・七「練り色の衣(きぬ)のこはらかなるを着て」訳薄黄色の着物でごわごわしているのを着て。❷**荒々しくて無骨だ。**平家物語 鎌倉-物語 一・殿下乗合「片田舎の侍(さぶらひ)どもの、こはらかにて」訳片田舎の侍たちで、荒々しく無骨であって。◆「らか」は接尾語。

こ-はる【小春】 名詞 陰暦十月ごろの、春を思わせるような暖かい気候。小春日和(びより)。また、陰暦十月の別名。季冬。◆漢語「小春(せうしゆん)」を訓読した語。

こ-ばん【小判】 名詞 天正(一五七三〜九二)のころから江戸時代に用いられた金貨。楕円(だえん)形で、一枚が一両に当たる。対大判(おほばん)。

参考 鋳造所・流通した時代などにより、慶長小判・元禄(げんろく)小判など数種がある。大判が主に儀礼的な贈答用に使われたため、実質的に流通した金貨としては小判が最も高額のものである。

こひ[1]【恋】名詞 ❶**慕う気持ち。** 万葉集 奈良一歌集 二一四五「秋萩のこひも尽きねば」訳秋萩を慕う気持ちもやまないので。❷(異性に対する)**愛情。恋。恋愛。** 万葉集 奈良一歌集 一四一九「呼ぶ子鳥いたくな鳴きそわがこひまさる」訳呼子鳥よ、ひどくは鳴いてくれるな。私の恋しさが増すから。

参考 対象が離れているため、なかなか思いがかなえられず、逢いたい、見たいなどと切実に心が引かれる気持ちを表し、悩み・苦しみ・悲しみなどの感情を伴うことが多い。

こひ[2]【尰】名詞 足がむくむ病気。脚気の類。

恋川春町(コイカワハルマチ) 人名 (一七四四〜一七八九) 江戸時代中期の黄表紙作者。江戸の小石川春日町に住み、恋(し)川春(日)町と号した。狂歌・洒落本・浮世絵にも活躍し、さし絵も自作の黄表紙『金々先生栄華夢』を書いた。狂歌師の名は酒上不埒。

こひ-こ・ふ【恋ひ恋ふ】自動詞 ハ上二 {ひ/ひ/ふ/ふる/ふれ/ひよ} **絶えず恋い慕う。恋し続ける。** 万葉集 奈良一歌集 六六一「こひこひて逢へる時だに」訳恋し続けてやっと会ったときだけでも。

こひ-ごろも【恋衣】名詞 ❶いつも心から離れない恋心。◇衣は身について離れないところから、たとえたもの。❷恋する人が着ている衣服。◆「こひころも」とも。

こ-びさし【小廂・小庇】名詞 ❶小さいひさし。❷小さい「廂の間」。

こひ・し【恋し】形容詞 シク {(しく)・しから/しく・しかり/し/しき・しかる/しけれ/しかれ} **慕わしい。なつかしい。恋しい。**「こふし」とも。伊勢物語 平安一物語 七「いとどしく過ぎゆくかたこひしきに」訳ただでさえ過ぎ去っていく(都の)方角が恋しいのに。

注意「こひし」と思う対象は人だけでなく、物や場所にも及ぶ。

こひ-し・ぬ【恋ひ死ぬ】自動詞 ナ変 {な/に/ぬ/ぬる/ぬれ/ね} **恋い焦がれて死ぬ。** 万葉集 奈良一歌集 三七四七「吾待たむはや帰りませこひしなぬとに」訳私は待つことにしよう。早く帰って来てください。恋い焦がれて死なないうちに。

こひすてふ… 和歌 百人一首「恋すてふ わが名はまだき 立ちにけり 人知れずこそ 思ひそめしか」拾遺 平安一歌集 恋一・壬生忠見 訳恋をしているという私のうわさは、早くも立ってしまったなあ。人に知られないように、ひそかに思い始めたのに。

鑑賞『天徳四年内裏歌合』で、平兼盛の歌「忍ぶれど色に出でにけりわが恋は物や思ふと人の問ふまで」〈⇩しのぶれど…。〉と合わせられて、惜しくも負けた歌。

こ-ひぢ[1]【小泥・泥】名詞 **泥。** ◆「こ」は接頭語。⇩ひぢ(泥)

参考 和歌では、「恋路」にかけることが多い。

こひ-ぢ[2]【恋路】名詞 **恋の道。恋。** 源氏物語 平安一物語 葵「袖ぬるるこひぢとかつは知りながら降り立つ田子のみづからぞ憂き」訳(涙で)袖がぬれる恋の道と一方では知りながら、泥の中に踏みこむ農夫のように恋の道に踏みこんでしまう私は、わが身ながらつらい。

参考 和歌では、用例のように「小泥」にかけることが多い。なお、用例の「みづから」には「水」をかけている。

こひ-な・く【恋ひ泣く】自動詞 カ四 {か/き/く/く/け/け} **恋い慕って泣く。** 源氏物語 平安一物語 玉鬘「まいて遥かなるほどを思ひやりてこひなきて」訳まして(都からの)遠い隔たりを思って、恋い慕って泣いて。

こひねがはく-は【乞ひ願はくは・冀はくは・希はくは・庶幾はくは】連語

なりたち 動詞「こひねがふ」の未然形＋接尾語「く」＋係助詞「は」

お願いですから。なにとぞ。 今昔物語 平安一説話 一一・九「こひねがはくは、三世十方の仏、我がために不二法門を示し給へ」訳お願いですから、三世十方の仏たちよ、私のために二つとない教法をお示しください。◆多く漢文訓読体に用いられる。

こひ-ねが・ふ【乞ひ願ふ・冀ふ・希ふ・庶幾ふ】他動詞 ハ四 {は/ひ/ふ/ふ/へ/へ} **強く願い望む。切望する。** 源氏物語 平安一物語 幻「行く末長きことをこひねが

類語と使い分け⑦

「恋しい」「恋」の意味を表す言葉

現代語の「恋しい」に相当する言葉は「恋し」であるが、心が引かれ慕わしい気持ちを表す言葉にはほかに、「しのばし」「ともし」「なつかし」がある。これらの言葉のうち、「恋し」「なつかし」「ともし」は奈良時代から用例があるが、「しのばし」は平安時代後期以降に使用された。逆に「ともし」は平安時代になると恋しい意味では使われなくなった。

名詞の「恋」は奈良時代以前から使われているが、平安時代に入ると、「けさう(懸想)」という語も使われるようになった。

恋し…慕わしい、恋しく思うという意味を表す。ただし対象は人間に限らず、物や場所についてもいう。

なつかし…意味は「恋し」と同様である。なお、現代語の「なつかしい」の「昔のことが思い出されて慕わしい」の意味での使用は、鎌倉時代以降である。

ともし…「羨し」と書く。「求めたい」が原義で、心が引かれる、慕わしいの意味を表した。

しのばし…慕わしい、恋しいの意味で、「昔思ひ出でけるに(＝昔を思い出したところ)、しのばしき事多く覚えければ」(『今鏡』すべらき)のように使う。

名詞の「恋」は、異性に対する愛情だけでなく、土地など、離れている物を恋い慕う気持ちも表すが、「けさう」は、もっぱら男女の愛情について用いられる。

なお、恋人としての相手を表す語は、男は「背」または「男」、女は「妹」または「女」である。

つまでもご長命をと祈願するのも。

こひ-の・む【乞ひ祈む・請ひ祈む】コイノム 他動詞 マ四 {ま/み/む/む/め/め} **神に強く願い祈る。** 万葉集 奈良―歌集 四四九九「天地の神をこひのみ長くとぞ思ふ」訳天地の神に祈って長生きしようと思う。◆奈良時代以前の語。

こひ-の-やっこ【恋の奴】コイノヤッコ 連語 **恋のとりこ。恋に分別を失った人。** また、恋そのものをののしって、恋というやつ。恋重荷 室町―能楽 謡曲「この身は軽しいたづらに、こひのやっこになり果てて」訳この卑しい身はむなしく、恋のとりことなってしまって。

こ-ひめ【小姫】名詞 **少女。** ▼小さい娘を親しんでいう語。奥の細道 江戸―紀行 那須「一人はこひめにて、名を『かさね』といふ」訳一人は少女で、名を「かさね」という。

こ-ひゃう【小兵】コヒョウ 名詞 ❶(兵士・男として)**小柄な人。** 対大兵。❷**弓を引く力が弱い人。** 対精兵。

ごひゃく-しゃう【五百生】ゴヒャクショウ 名詞 仏教語。六道の迷界に五百回も生まれ変わること。

こひ-や・む【恋ひ止む】コイヤム 自動詞 マ四 {ま/み/む/む/め/め} **恋の苦しみが消える。恋がさめる。** 万葉集 奈良―歌集 三三〇六「いかにしてこひやむものぞ」訳どうしたら恋の苦しみが消えるだろうか。

こひ-らし【恋ひらし】コイラシ 連語 **恋い慕っているらしい。** 万葉集 奈良―歌集 四三二二「わが妻はいたくこひらし」訳⇨わがつまは…。◆「こふらし」の奈良時代以前の東国方言。

こひわすれ-がひ【恋忘れ貝】コイワスレガイ 名詞 恋の苦しさを忘れるという貝。二枚貝の一片にいう。

こひわすれ-ぐさ【恋忘れ草】コイワスレグサ 名詞 恋の苦しさを忘れさせる力があるという草。古今 平安―歌集 墨滅歌「道知らば摘みにも行かむ住吉の岸に生ふてふこひわすれぐさ」訳道がわかりさえすれば、摘みにだって行こう。住吉の岸に生えているという恋を忘れさせる草を。⇨わすれぐさ

参考 和歌で、「忘れ草」の「忘れ」を、恋の苦しみを忘れる意にかけて用いる語。なお、野草の萱草の雅名という。

こひ-わた・る【恋ひ渡る】コイワタル 自動詞 ラ四 {ら/り/る/る/れ/れ} (ずっと長い間にわたって)**恋い慕い続ける。** 伊勢物語 平安―物語 七四「逢はぬ日多くこひわたるかな」訳あなたに会わない日が多く私はずっと恋い続けているのです。

こひわびて… 和歌「恋ひわびて 泣く音にまがふ 浦波は 思ふかたより 風や吹くらむ」源氏物語 平安―物語 須磨 訳恋しさに悲しみ嘆いて泣く声にも似る海辺の波音は、私が恋しく思う方角から風が吹くためにそう聞こえるのだろうか。

鑑賞 都から退去して須磨に謹慎する源氏が秋の夜半、眠れぬままに詠んだ歌。初めて耳にする波音や風の激しさに、ひとしおわが身の心細さを感じたのだった。「泣く」の主語は、源氏、または彼を慕う都の人々とする両説があり、「思ふかた(=都)」より風が吹いてくるから私が泣くと、都で泣く人々の声を風が運んでくるとの二通りに解釈できる。「らむ」は原因の推量を表す。

こひ-わ・ぶ【恋ひ侘ぶ】コイワブ 自動詞 バ上二 {び/び/ぶ/ぶる/ぶれ/びよ} **恋に思い悩む。恋い煩う。** 万葉集 奈良―歌集 二六三四「里遠みこひわびにけり」訳里が遠いので、私は恋い煩ってしまったことよ。

1 **こふ**【劫】コウ 名詞 ❶仏教語。**極めて長い時間。** 「ごふ」とも。対刹那。❷囲碁で、一目を双方で交互に取り合う形。このままではいつまでも決着がつかないので、別の所に一手を打ってからその一目を取る規則になっている。

2 **こ-ふ**【国府】コウ 名詞 「こくふ」に同じ。

3 **こ・ふ**【乞ふ・請ふ】コウ 他動詞 ハ四 {は/ひ/ふ/ふ/へ/へ} ❶**頼み求める。望み求める。** 万葉集 奈良―歌集 一一九六「苞もがとこはば取らすと」訳おみやげをとせがんだらやろうと。❷(神仏に)**祈り願う。祈り求める。** 万葉集 奈良―歌集 二六八二「天地の神をこひつつ吾待たむ」訳天地の神に祈願しながら私は待とう。◇「祈ふ」とも書く。

4 **こ・ふ**【恋ふ】コウ 他動詞 ハ上二 {ひ/ひ/ふ/ふる/ふれ/ひよ} **心が引かれる。慕い思う。なつかしく思う。** (異性を)**恋い慕う。恋する。** 古今 平安―歌集 仮名序「古へを仰ぎて今をこひざらめかも」訳昔のことを尊敬して(この)今の時代を必ずあこがれるだろう。

注意「恋ふ」対象は人だけでなく、物や場所・時の場合もある。

* **こ・ぶ**【媚ぶ】自動詞 バ上二 {び/び/ぶ/ぶる/ぶれ/びよ} ❶(男に対して、女が)**なまめかしい態度をとる。こびる。** 霊異記 平安―説話 上「その女、男にこび」訳その女は、男になまめかしい態度をとり。❷(多く、上位の)**相手に気に入られるように振る舞う。へつらう。** 徒然 鎌倉―随筆 一三四「人に恐れ、人にこぶるは、人の与ふる恥にあらず」訳人を恐れ、人にへつらうのは他人が与える恥ではない。

* **ごふ**【業】ゴウ 名詞 仏教語。❶人が、身・口・意(=心)によって起こす善悪のいっさいの行為。この行為が、未来に善悪の果(=報い)を招く因(=原因)となる。業因。❷前世の行為によってこの世で受ける報い。源氏物語 平安―物語 手習「それにとまらずは、ごふ尽きにけりと思はむ」訳祈禱によっても命が助からなかったら、応報として(の寿命が)尽きたのだと思おう。

ごふ-いん【業因】ゴウイン 名詞 仏教語。未来に苦楽の結果(=報い)を受ける原因となる、善悪いっさいの人間の行い。業。

こ-ぶか・し【木深し】形容詞 ク {(く)・から/く・かり/し/き・かる/けれ/かれ} **木が茂っていて奥深い。** 源氏物語 平安―物語 須磨「森の木立ちこぶかく、心すごし」訳森の木々が茂っていて奥深く、ぞっとするほどもの寂しい。

ごふ-く【業苦】ゴウク 名詞 仏教語。前世で犯した罪の報いによって、この世で受ける苦しみ。

1 **ごふ-くわ**【業火】ゴウカ 名詞 ❶仏教語。悪業の報いとして、地獄に落ちた罪人を焼き苦しめる猛火。悪業の報いとしての火災のたとえにもいう。❷ほかの人を害する悪業のたとえ。平家女護島 江戸―浄瑠 浄瑠・近松「死したる千鳥がむくろより現れ出づる瞋恚の、ごふくわ」訳死んだ千鳥(という女)の体から現れ出た怒りと恨みの悪業。

2 **ごふ-くわ**【業果】ゴウカ 名詞 仏教語。現世に報いとして現れる、前世の行為の結果。

こふ・し【恋し】コウシ 形容詞 シク {(しく)・しから/しく・しかり/し/しき・しかる/しけれ/しかれ} 「こひし」に同じ。◆奈良時代以前の東国方言。

ごふ-しゃう【業障】 名詞 仏教語。五悪、十悪など人の犯した悪い行いによって生じた、正しい仏道に進むことを妨げる障害。◆古くは「ごっしゃう」とも。

ごふ-びゃう【業病】 名詞 仏教語。前世の悪業の報いとして受ける病気。平家物語 鎌倉―物語 三・医師問答「あに先世のごふびゃうを治せんや」訳どうして前世の悪い行いの報いによる病気を治せようか。

ごふ-ふう【業風】 名詞 仏教語。地獄で吹きまくるという暴風。業の風。

こぶら【腓】 名詞「こむら」に同じ。

こふ-らく【恋ふらく】 なりたち 動詞「こふ」＋接尾語「らく」
恋しく思うこと。恋い慕うこと。万葉集 奈良―歌集 三二六〇「吾妹子に吾がこふらくは止む時もなし」訳いとしいあの娘を私が恋い慕うことはやむ時もない。

ご-ふん【胡粉】 名詞 貝類を焼いて作った白い粉末。白色絵の具にする。

こ-へい【古弊】 名詞 古くていたんでいること。また、その物。徒然 鎌倉―随筆 九九「累代の公物、こへいをもちて規模とす」訳代々の朝廷の御器物は、古くていたんでいることをもって模範とする。

ご-へい【御幣】 名詞 幣束の尊敬語。神道の祭具の一つ。裂いた麻や、たたんで細長く切り離した紙を、木の棒に挟んだもの。神前に供えたり、祓えの時の祓う祭具にしたりする。みてぐら。

ごべうとしへて… 俳句「御廟年経て 忍ぶは何をしのぶ草」野ざらし 江戸―句集 俳文・芭蕉 訳後醍醐天皇の御廟は、長い歳月を経て荒れ果て、庇にはしのぶ草が生えている。このしのぶ草は、長い時の流れの中でいったい何を思いしのんでいるのであろうか。
鑑賞「御廟」とは後醍醐天皇陵のことで、吉野山如意輪寺裏にある。「しのぶ草」は古い軒端に生えるしだの一種で、昔をしのぶ意をかける。季語は「しのぶ草」で、季は秋。

ご-へん【御辺】 代名詞 あなた。貴君。▼対称の人称代名詞。平家物語 鎌倉―物語 八・妹尾最期「ごへん申して給はらせ候へ」訳あなたは(殿に)願って(備中の妹尾の地を)拝領なさいませ。

こ-ほう【戸部】 名詞「民部省」の中国風の呼び名。◆「戸部」を漢音読みした語。

ごぼう【御坊・御房】 ⇨ごばう

ごほ-ごほ(と) 副詞 ごろごろ(と)。ごとごと(と)。▼鳴り響く音を表す語。源氏物語 平安―物語 夕顔「ごほごほと鳴る神よりも」訳ごろごろと鳴る雷よりも。
参考 清濁については未詳で、「ごほごほ」のほかに「こほこほ」「こぼこぼ」「ごぼごぼ」であるとも考えられる。

***こほ-し【恋ほし】** 形容詞シク {しく・しから／しく・しかり／し／しき・しかる／しけれ／しかれ} 慕わしい。恋しい。懐かしい。万葉集 奈良―歌集 八三四「百鳥の声のこほしき春来たるらし」訳いろいろな鳥の声が恋しい春が来たらしい。◆「こひ(恋)し」の古い形。奈良時代以前の語。

こほ・す【毀す】 他動詞サ四 {さ／し／す／す／せ／せ}「こほつ」に同じ。竹取物語 平安―物語 燕の子安貝「あななひをこほし」訳足場をこわし。

こぼ・す【零す・溢す】 他動詞サ四 {さ／し／す／す／せ／せ} ❶あふれさせる。こぼす。伊勢物語 平安―物語 八五「雪、こぼすがごと降りて」訳雪が(器から水を)あふれさせるように盛んに降って。❷(衣服の裾などを、物のすきまから)はみ出させる。枕草子 平安―随筆 内裏の局「いろいろの衣どもこぼし出でたる人の」訳さまざまな色の着物の裾をはみ出させ(出だし衣にして)上着の下から出している人が。❸とりこぼす。取り逃がす。

こほち-ちら・す【毀ち散らす】 他動詞サ四 {さ／し／す／す／せ／せ} やたらに壊してばらばらにする。壊してちらかす。更級 平安―日記 かどで「年ごろ遊び馴れつるところを、あらはにこほちちらして」訳長年遊び慣れたところをまる見えになるほどやたらに壊して散らかして。

こほ・つ【毀つ】 他動詞タ四 {た／ち／つ／つ／て／て} 壊す。打ち崩す。「こほす」とも。源氏物語 平安―物語 紅葉賀「犬君がこれをこほちはべりにければ」訳犬君(＝童女の名)がこれ(＝人形遊びの御殿)を壊してしまいましたので。◆後に「こぼつ」。

ご-ほふ【護法】 名詞 仏教語。❶「護法神」「護法善神」の略。仏法の守護神。帝釈天・四天王・十二神将など。❷❶の使者となる、童子の姿をした鬼神。法力のあるひと(＝験者など)に使われ、人にのり移って物の怪や病気を追い払う。護法童子。◆仏法を守護する意。

こ-ほふし【小法師】 名詞 年少の僧。身分の低い僧。「こぼふし」とも。

ごほ-め・く 自動詞カ四 {か／き／く／く／け／け} ごろごろと音がする。枕草子 平安―随筆 時奏する「ごほごほとごほめき、沓すり来て」訳ごとごとと音がし、くつを引きずって来て。

1 **こほり【氷】** 名詞 ❶氷。凍ること。❷「氷襲」の略。

2 **こほり【郡】** 名詞 律令制で、国の下に属する地方行政区画。その下に郷・里などがある。今日の郡に当たる。また、「県」とも同義に用いた。

こほり-がさね【氷襲】 名詞 襲の色目の一つ。表はつやのある白、裏は白。冬に着用。

***こほ・る【毀る】** 自動詞ラ下二 {れ／れ／る／るる／るれ／れよ} 破れ崩れる。壊れる。破れる。万葉集 奈良―歌集 二六四四「小墾田の板田の橋のこほれなば」訳小墾田(＝大和の地名)の板田の橋が壊れたら。◆後に「こぼる」。

こぼ・る【零る・溢る】 自動詞ラ下二 {れ／れ／る／るる／るれ／れよ} ❶(水などが)あふれ出る。こぼれる。伊勢物語 平安―物語 六二「涙のこぼるるに」訳涙があふれ出て。❷散り落ちる。後撰 平安―歌集 春上「梅の花折ればこぼれぬ」訳梅の花は枝を折ると花びらが散り落ちてしまう。❸(衣服の裾などが)余ってはみ出る。枕草子 平安―随筆 こころゆくもの「乗りこぼれて」訳(車から)衣服がはみ出して。❹(表情などが)表面にあらわれ出る。源氏物語 平安―物語 紅葉賀「愛敬こぼるるやうにて」訳魅力があらわれ出るようなようすで。

こぼれ-い・づ【零れ出づ】 自動詞ダ下二 {で／で／づ／づる／づれ／でよ} ❶(水などが)あふれ出る。源氏物語 平安―物語 幻「例の涙のもろさは、ふとこぼれいでぬるもいと苦し」訳例によって涙もろさは、さっと涙があふれ出してしまうのも(源氏は)たいそう苦しい気がする。❷はみ出す。更級 平安―日記 鏡のかげ「御簾ども青やかに、几張押し出でたる下より、いろいろの衣こぼれいで」訳御簾が青々とかかり、几帳を(縁先に)押し出した下から、色とりどりの着物の裾がはみ出し。

こぼれ-かか・る【零れ懸かる・零れ掛かる】自動詞 ラ四{ら/り/る/る/れ/れ} ❶(水などが)こぼれ落ちてものに降りかかる。太平記 室町-物語 一二「御顔にはらはらとこぼれかかりける御涙を押し拭のはせ給ひて」訳(菅原道真は)お顔にぽろぽろとこぼれて降りかかった涙を押しぬぐいなさって。❷(髪が)垂れ下がって、顔や物にかかる。源氏物語 平安-物語 若紫「こぼれかかりたる髪、つやつやとめでたう見ゆ」訳垂れ下がって顔にかかった(若紫の)髪は、光沢があって美しく見える。

こほろぎ【蟋蟀】名詞 虫の名。こおろぎ。奈良時代以前には、秋の夜に鳴く虫の総称として用いられたともいう。◆奈良時代以前と江戸時代以降の語で、平安時代から鎌倉時代にかけては、「きりぎりす」と呼ばれた。

古本説話集 書名 説話集。編者未詳。平安時代末期か鎌倉初期の成立。一巻。〔内容〕前半には和歌にまつわる説話が四十六話、後半には仏教の霊験談が二十四話収められている。

こ-ま[1]【木間・樹間】名詞 木と木との間。木の間。万葉集 奈良-歌集 四四九五「鶯は植木のこまを鳴き渡らなむ」訳うぐいすよ植木の木の間を鳴き渡ってくれ。

こま[2]【高麗】名詞 ❶古代、朝鮮半島の北部にあった国。高句麗。❷「かうらい(高麗)❶」に同じ。

こ-ま[3]【駒】名詞 ❶小馬。❷馬。❸双六・将棋などの駒。❹三味線などの弦楽器で、胴と弦との間に挟んで弦を支えるもの。

参考 「こうま」の変化した語。「うま」の意を表す「こま」は、平安時代以降、多く歌語として用いられた。

こま-[4]【高麗】接頭語 名詞の上に付いて、それが「高麗」から伝来したことを表す。「こま楽」「こま剣」「こま錦」

ごま【護摩】名詞 仏教語。真言密教の修法の一つ。ぬるでの木(=護摩木)などを燃やし(これを「護摩を焚く」という)、その火によって、一切の煩悩を焼き滅ぼし、息災・増益・降伏などを祈願するもの。不動明王などを本尊とし、その前に炉を据えた壇(=護摩壇)を設けて行う。

こま-いぬ【狛犬】名詞 獅子に似た獣を木や石などで刻んだ像。玉座の御帳台の前や神社の社殿の前に、一方が口を開いた阿の形、他方が口を閉じた吽の形の二像を向かい合わせに置き、魔よけと威儀を整える装飾品とした。阿の形の像は、獅子ともいう。◆「こま(高麗)❶」から伝来した犬の意。

(狛 犬)

こ-まう【虚妄】名詞 仏教語。うそ。そらごと。

こま-うど【高麗人】名詞 高麗の国の人。また、高麗の国からの渡来人。◆「こまびと」の変化した語。

こま-か・なり【細かなり】形容動詞 ナリ{なら/なり・に/なり/なる/なれ/なれ} ❶極めて小さい。こまごましている。源氏物語 平安-物語 真木柱「こまかなる灰の目鼻にも入りて」訳(香炉の)極めて小さい灰が目や鼻にも入って。❷詳しい。綿密だ。源氏物語 平安-物語 須磨「道のほどもあやふければ、こまかには聞こえ給はず」訳道のようすも不確実であるので、詳しくは申し上げなさらない。❸きめが細かい。細部まで整っていて美しい。精妙だ。紫式部 平安-日記 寛弘五・八・二六「少し起き上がり給へる顔の、うち赤み給へるなど、こまかにをかしうこそ侍りしか」訳少し起き上がりなさった顔の、少し赤みがさしていらっしゃるところなど、きめが細かく美しゅうございました。❹親密だ。親切だ。伊勢物語 平安-物語 九四「子ある仲なりければ、こまかにこそあらねど、時々物言ひおこせけり」訳子供がいる間柄であったので、親密にというのではないが、ときどき便りをしてきた。

こま-がね【細金・細銀】名詞 江戸時代に使われた小粒の銀貨の上方での呼び方。豆板銀。小粒。◆細かい貨幣の意。

こま-がへ・る【こま返る】自動詞 ラ四{ら/り/る/る/れ/れ} 若返る。蜻蛉 平安-日記 下「こまがへりてもなつけてしがな」訳私が若返ってでもなれ親しませたいものだ。

こまけ【細け】名詞 細かいもの。細かく分けたもの。また、細かく分けること。区分。

こま-ごま(と・に)【細細(と・に)】副詞 ❶細かく。細かに。枕草子 平安-随筆 野分のまたの日こそ「格子の壺などに、木の葉をことさらにしたらむやうに、こまごまと吹き入れたるこそ」訳格子のます目ごとに、木の葉をわざわざそうしたように、細かく吹き入れてあるのは。❷詳しく。事こまやかに。竹取物語 平安-物語 ふじの山「え戦ひとめずなりぬること、こまごまと奏す」訳(かぐや姫を)戦ってとどめることができなかった事情を、詳しく帝に申し上げる。❸行き届いて。繊細に。源氏物語 平安-物語 東屋「髪の裾のをかしげさなどは、こまごまと貴なり」訳(浮舟の)髪の裾先の魅力的な風情などは、繊細で上品だ。

こま・す

一 他動詞 サ四{さ/し/す/す/せ/せ} 〔「与ふ」「やる」を卑しめていう語〕くれてやる。太平記忠臣 江戸-浄瑠 浄瑠「百両の目腐り金、ほしかこまそ」訳百両のはした金、欲しければくれてやろう。◆江戸時代の上方語。

二 補助動詞 サ四{さ/し/す/す/せ/せ} 〔多く動詞の連用形+助詞「て」の形の下に付いて〕…してやる。▼自分の意志を表す。膝栗毛 江戸-物語 滑稽「つゝみに別条ないさかい、ゆるしてこます」訳包みに異状はないので、許してやる。◆江戸時代の上方語。

小町 ⇨小野小町

こ-まつ【小松】名詞 ❶松。万葉集 奈良-歌集 五九三「平山のこまつが下に立ち嘆くかも」訳平山の松の木の下に立って悲しむことだよ。◇「こ」は接頭語。❷若い、小さな松。

参考 平安時代、「小松引き」または「子の日の遊び」といって、正月初めの子の日に、野山に行って小松を引き抜き、長寿を祝う風習があった。

こ

こま-つぶり【独楽】 名詞 おもちゃの「こま」の古名。

こま-つるぎ【高麗剣】 枕詞 高麗伝来の剣は、柄頭に輪があるところから、輪と同音の「わ」にかかる。万葉集 奈良―歌集 一九九「こまつるぎ和蹔が原の行宮に」訳和蹔が原の仮御所に。

こまとめて… 和歌「駒とめて 袖うちはらふ 陰もなし 佐野のわたりの 雪の夕暮れ」新古今 鎌倉―歌集 冬・藤原定家 訳馬をとめて袖の雪を払う物陰もない。この佐野の渡し場の雪降る夕暮れ時よ。

鑑賞「苦しくも降り来る雨か三輪が崎狭野の渡りに家もあらなくに」(『万葉集』)〈困ったことに降ってきたにわか雨だなあ。ここ三輪の崎の狭野の渡し場には雨宿りする家もないのになあ。〉を本歌とする。本歌の「雨」を「雪」に変え、「家もあらなくに」を「袖うちはらふ陰もなし」に変えて、白一色の雪の夕暮れの優美な世界を絵画的に描いている。

こま-どり【小間取り・駒取り】 名詞 勝負事などで一座から互い違いに取り出して人数を分ける方法。奇数と偶数などによって二組に分ける。

こま-にしき[1]【高麗錦】 名詞 高麗から伝わった錦。紐や剣を入れる袋などに用いた。

こま-にしき[2]【高麗錦】 枕詞 高麗錦で紐を作ったところから「紐」にかかる。万葉集 奈良―歌集 二〇九〇「こまにしき紐解き交はし天人の妻問ふ夕ぞ我も偲はむ」訳高麗錦の紐を互いに解き合って天の彦星が妻問いをする夜だ。私も偲ぼう。

こま-ぶえ【高麗笛・狛笛】 名詞 横笛の一つ。歌口のほか指穴が六つあり、高い音調を出す。雅楽の高麗楽に用いられ、後に東遊びにも用いられた。細笛。

六中夕上五干 吹き口

(高麗笛)

ごまめ【鱓】 名詞 小さなかたくちいわしの干したもの。「まめ(=達者)」に通じることから正月や祝儀用の料理に用いる。「たづくり」とも。

【細やかなり・濃やかなり】形容動詞ナリ {なら／なり・に／なり／なる／なれ／なれ}

❶**繊細で美しい。きめこまやかだ。こまごましている。** 枕草子 平安―随筆 御前にて人々とも「高麗縁の席、青うこまやかに厚きが」訳高麗端の、むしろが青くて編み目がきめこまやかで厚いのが。

❷**心がこもっている。懇切丁寧だ。** 源氏物語 平安―物語 桐壺「今はなほ、昔のかたみになずらへてものし給へなど、こまやかに書かせ給へり」訳今はやはり、(若宮を桐壺更衣の)形見と思って参内なさいなどと、懇切丁寧にお書きになっている。

❸**精細だ。綿密だ。** 徒然 鎌倉―随筆 一四一「聖教のこまやかなる理」訳仏典の精細な道理。

❹**色が濃い。染色がきめこまかく、深みがある。** 源氏物語 平安―物語 若紫「鈍色のこまやかなるが、うちなえたるどもを着て」訳ねずみ色の色が濃いので、着なれてなよなよとなったものを着て。

関連語「こまやかなり」と「こまかなり」の違い
「こまやかなり」は人間関係の親密さや色の濃さを表すときに用い、「こまかなり」は見た目の繊細さを表すときに用いられる。

こ-みかど【小御門】 名詞「小門(=正門である大門以外の門)」の尊敬語。小さなご門。

こ-みや【故宮】 名詞 亡くなった宮様。

こ・む【込む・籠む】

一 自動詞マ四 {ま／み／む／む／め／め} ❶**ぎっしり詰まる。混雑する。** 紫式部 平安―日記 寛弘五・九・一一「人げ多くこみては、いとど御心地も苦しうおはしますらむとて」訳人の気配が多く混雑しては、(中宮様も)ますますご気分が悪くていらっしゃるだろうというので。

❷**複雑に入り組む。精巧に作られる。手間がかかる。** 子盗人 室町―狂言 狂言「隅から隅までも手のこうだ能い普請ぢゃ」訳隅から隅まで手がかかったよい家の造りだ。◇「こう」はウ音便。

二 他動詞マ四 {ま／み／む／む／め／め} **詰め込む。押し込む。** 平家物語 鎌倉―物語 三・公卿揃「あまりに人参り集ひて、たかんなをこみ、稲麻竹葦のごとし」訳あまりに人が参上し集まって、まるで竹の子を詰め込み、稲・麻・竹・葦が密生しているようだ。

三 自動詞マ下二 {め／め／む／むる／むれ／めよ} 「たちこむ」二に同じ。源氏物語 平安―物語 若菜・上「故ある庭の木立の、いたく霞こめたるに」訳趣のある庭の木立に深く霞が立ちこめているあたりに。

四 他動詞マ下二 {め／め／む／むる／むれ／めよ} ❶**中に入れる。とじこめる。** 源氏物語 平安―物語 若紫「雀の子を犬君が逃がしつる。伏籠のうちにこめたりつるものを」訳すずめの子を犬君(=童女の名)が逃がしてしまったの。伏籠の中にとじこめていたのになあ。

❷**包み隠す。秘密にする。** 源氏物語 平安―物語 蛍「心にこめ難くて、言ひおき始めたるなり」訳心に包み隠しておくのが難しくて、書きとめ始めたのである。

こむといふも… 和歌「来むと言ふも 来ぬ時あるを 来じと言ふを 来むとは待たじ 来じと言ふものを」万葉集 奈良―歌集 五二七・大伴坂上郎女 訳「来よう」と言っても、来ない時があるのに、「来ないつもりだ」と言うのを、来るだろうとは待つまい、来ないつもりだと言うのに。

鑑賞 大伴坂上郎女が藤原麻呂の歌に答えた歌。「来む」「来じ」はいずれも麻呂のことばで、それをそのまま歌に取り込み、さらに、各句の冒頭に「来」を置いて、頭韻としている。技巧的で、戯れの要素の強い歌となっている。

こ-む-よ【来む世】 連語

なりたち カ変動詞「く(来)」の未然形＋推量の助動詞「む」の連体形＋名詞「よ」

来世。 万葉集 奈良―歌集 三四八「こむよには虫に鳥にも我はなりなむ」訳⇩このよにし…。◆これからやって来るであろう世の意。仏教語の「来世」を訓読した語。対この世。

こ-むら[1]【木叢・木群】 名詞(自然に)樹木が群がり生えている所。森や林をいう。更級 平安―日記 子忍びの森「水をかしく流れたる野の、はるばるとあるに、こむらのある」訳川が趣深く流れている野原が、遠く続くところに、森がある。

こ-むら[2]【腓】 名詞 **ふくらはぎ。**「こぶら」とも。

こ-むらご【紺村濃】 名詞 染め色の一つ。薄い紺色の地に、ところどころ濃い紺色をあしらったもの。「こんむらご」「こうむらご」とも。

-ごめ【籠め・込め】 接尾語 〔名詞に付いて〕…**もろとも。…ごとそっくり。…ぐるみ。** 枕草子 平安一随筆 方弘は、いみじう人に「むくろ**ごめ**に寄り給へ」訳身体**ぐるみ**にお寄りなさい。

こ-めか・し【子めかし】 形容詞 シク〔(しく)・しから/しく・しかり/し/しき・しかる/しけれ/しかれ〕❶**子供っぽい。あどけない。** 枕草子 平安一随筆 心にくきもの「ものなどほのかに仰せられ、**こめかしう**つつましげに、声のありさま、聞ゆべうだにあらぬほどにいと静かなり」訳何かほんの少しおっしゃられ、**あどけなく**遠慮がちにお答えする声のようすが聞こえそうもないくらいに大そう静かである」◇「こめかしう」はウ音便。❷**無邪気でおっとりしている。** 源氏物語 平安一物語 夕顔「わがもてなし有様は、いとあてはかに**こめかしくて**」訳当人の振る舞いやようすは、大変上品で**おっとりしていて**。

こ-め・く【子めく】 自動詞カ四〔か/き/く/く/け/け〕❶**子供っぽく見える。** 宇津保 平安一物語 蔵開・下「年四十に一つ二つ足らねど、いとあてはかに**こめき**てらうたげなる顔して」訳(中君は)年は四十より一つ二つ若いが、たいそう上品に**子供っぽく見え**て、いかにもかわいらしい顔だちで。❷**無邪気でおっとりしている。** 源氏物語 平安一物語 真木柱「本性は、いと静かに心よく、**こめき**給へる人の、時々心あやまりして」訳本来の性質は、たいそう静かで気立てがよく、**おっとりとして**いらっしゃる方が、ときおり心が正常でなくなって。◆「めく」は接尾語。

こめ-さし【米刺し・米差し】 名詞 米の品質を検査するために、米俵に刺し込んで中の米を少量抜き取る竹筒。先が斜めにそいである。

こめ-す・う【籠め据う】 他動詞ワ下二〔ゑ/ゑ/う/うる/うれ/ゑよ〕**家に閉じ込めておく。かくまって住まわせる。** 更級 平安一日記 宮仕へ「親たちも、いと心得ず、ほどもなく**こめすゑ**つ」訳親たちも、とても合点がいかないが、まもなく(私を宮仕えをやめさせ)**家に閉じ込めておい**た。

こも【菰・薦】 名詞 ❶水辺に生える植物の名。まこも。❷❶を粗く編んで作ったむしろ。

こ-もの[1]【小者】 名詞 ❶**年の若い者。年少者。** ❷武家で、雑役・使い走りなどをする召使い。❸江戸時代、町家の身分の低い奉公人。小僧など。

こ-もの[2]【籠物】 名詞 籠に果物などを入れたもの。木の枝などに付け、献上品や儀式用とする。

こも-まくら[1]【薦枕・菰枕】 名詞 まこもを束ねて作った枕。旅寝の仮の枕などにした。

こも-まくら[2]【薦枕・菰枕】 枕詞 薦枕が普通の枕よりも高いところから「たか」に、薦を刈るところから「かり」にかかる。日本書紀 奈良一史書 武烈「**こもまくら**高橋過ぎ」訳高橋をすぎて。

こもよ… 和歌「籠もよ　み籠持ち　掘串もよ　み掘串持ち　この丘に　菜摘ます児　家聞かな　告らさね　そらみつ(=枕詞) 大和の国は　おしなべて　我こそ居れ　しきなべて　我こそませ　我にこそは　告らめ　家をも名をも」万葉集 奈良一歌集 一・雄略天皇 訳籠よ、美しい籠を持ち、掘串(=へら)よ、よい掘串を手に持って、この丘で菜をお摘みの娘さんよ。あなたの家を聞きたいものです。名前をおっしゃってください。この大和の国はすべて私が従えている、あまねく私が支配しているのです。この通り私は名のろう、自分の家をも、また私の名をも。

鑑賞 万葉集の巻頭歌。天皇が、野で若菜を摘む女性に親しく呼びかけるという、奈良時代以前ならではの大らかで牧歌的な詠みぶりである。古くは、女性が男性に名を告げることは心を許すことを意味した。「籠もよ」の「も」「よ」はともに感動の助詞。「掘串」は若菜などを掘る竹製のへら。「菜摘ます児」の「す」は、尊敬の助動詞。ここでは親愛の気持ちをあらわす。「家聞かな」の「な」は願望の助詞。「告らさね」の「ね」は他に対する願望の助詞。

こ-もり[1]【木守】 名詞 庭木の手入れをしたり番をしたりすること。また、その人。枕草子 平安一随筆 職の御曹司におはします頃、西の廂にて「**こもり**、いとかしこう守りて」訳**番人**は、よくしっかり番をして。

こもり[2]【籠り・隠り】 名詞 ❶**閉じこもって隠れること。** ❷(ある一定期間を)寺社に泊まりこんで祈願すること。**参籠。おこもり。** 平家物語 鎌倉一物語 一二・泊瀬六代「長谷寺に御**こもり**と聞こえ候ひしが」訳長谷寺にご**参籠**と聞きましたが。

参考 平安時代、外出の機会の少なかった貴族の女性は、娯楽を兼ねて、大和の初瀬(長谷寺)や、京都では太秦(広隆寺)・鞍馬(鞍馬寺)などへの参籠を盛んに行った。

こもり-え【隠り江】 名詞 島や岬などの陰になっていたり、あしなどの水草に覆われていたりして、隠れて見えない入り江。伊勢物語 平安一物語 三三「**こもりえ**に思ふ心を」訳**隠れてみえない入り江**のようにひそかにお慕いしている心の中を。

こもりく-の【隠り口の】 枕詞 大和の国の初瀬の地は、四方から山が迫っていて隠れているように見える場所であることから、地名の「初(=泊)瀬」にかかる。「**こもりくの**泊瀬」

こもり-づま【隠り妻】 名詞 人の目をはばかって家にこもっている妻。人目につくと困る関係にある妻や恋人。

こもり-ど【隠り処】 名詞 物の陰になって人目に付きにくい場所。

こもり-ぬ【隠り沼】 名詞 茂った草などに覆われて隠れて、よく見えない沼。うっとうしいものとしていうこともある。

こもりぬ-の【隠り沼の】 枕詞「隠り沼」は茂った草の下にあって見えないことから、「下」にかかる。万葉集 奈良一歌集 三〇二一「**こもりぬの**下ゆは恋ひむいちしろく人の知るべく嘆きせめやも」訳人知れずひそかに恋い慕おう。はっきりと人が知るほどに嘆いたりしようか。

こもり-・ゐる【籠り居る】 自動詞ワ上一〔ゐ/ゐ/ゐる/ゐる/ゐれ/ゐよ〕❶(家や自室に)**閉じこもっている。** 竹取物語 平安一物語 竜の頸の玉「あるいはおのが家に**こもりゐ**」訳ある者は自分の家に**閉じこもり**。❷**寺社などに**(祈願のため)**こもる。** 源氏物語 平安一物語 絵合「しづかに**こもりゐ**て後の世のことをつとめ」訳静かに**こもって**来世のためのお勤めをし。

こも・る【籠る・隠る】自動詞ラ四{ら/り/る/る/れ/れ} ❶**囲まれている。包まれている。** 古事記 奈良―史書 景行「たたなづく青垣(あをがき)山ごもれる倭(やまと)しうるはし」訳⇩やまとは…。❷**閉じこもる。引きこもる。** 伊勢物語 平安―物語 四五「死にければ、つれづれとこもり居(を)りけり」訳(女が)死んだので、(男は)しみじみとものさびしく引きこもっていた。❸**隠れる。ひそむ。** 古今 平安―歌集 春上「春日野(かすがの)は今日(けふ)はな焼きそ若草のつまもこもれり我もこもれり」訳⇩かすがのは…。❹**寺社に泊りこむ。参籠(さんろう)する。** 更級 平安―日記 物語「親の太秦(うづまさ)にこもりたまへるにも、異事(ことごと)なくこのことを申して」訳親が太秦(の広隆寺)に参籠しなさったときにも(お供をして)、ほかの事は何もなくこのことばかりをお願いして。

こ-もん【小紋】名詞 染め模様の一つ。布一面に散らした小さな模様。

こ-や【此や】連語
なりたち 代名詞「こ」＋詠嘆の間投助詞「や」
これはまあ。これこそ。 ▼感動表現に用いる。源氏物語 平安―物語 帚木「こや君が手を別るべきをり」訳これこそ、あなたとお別れしなければならないときなのでしょう。

ご-や[1]【五夜】名詞 ❶日没から日の出まで(夕方の七時から朝の五時まで)を五等分した夜の時間の区分。甲夜(こうや)(初更(しょこう))・乙夜(いつや)(二更(にこう))・丙夜(三更)・丁夜(四更)・戊夜(ぼや)(五更)。「五更(ごこう)」とも。❷特に、❶の戊夜のこと。

ご-や[2]【後夜】名詞 ❶「六時(ろくじ)」の一つ。一夜を初夜・中夜・後夜に区分した最後のもの。夜半から早朝までをいい、およそ午前三時から五時までに当たる。❷仏教語。❶に行う勤行(ごんぎやう)。後夜の行い。

ごや-おき【後夜起き】名詞「後夜」の勤行(ごんぎやう)のために夜明け前に起きること。

こ-やく【巨益】名詞 **大きな利益。** 徒然 鎌倉―随筆 一二二「まさしく称名(しようみやう)を追福に修(しゆ)してこやくあるべし」訳たしかに念仏を追善供養のためにとなえて大きな御利益(ごりやく)があるはずだ。

こや・す[1]【肥やす】他動詞サ四{さ/し/す/す/せ/せ} ❶**肥えさせる。太らせる。** ❷(目、耳などを)**楽しませる。喜ばせる。** 更級 平安―日記 初瀬「一時(ひととき)が目をこやして何にかはせむ」訳ちょっとの時間目を楽しませてそれが何になろうか、いや、何にもならない。

こや・す[2]【臥やす】自動詞サ四{さ/し/す/す/せ/せ}「臥(こ)ゆ」の尊敬語。**横におなりになる。** ▼多く、死者が横たわっていることについて、婉曲(えんきよく)にいったもの。万葉集 奈良―歌集 一八〇七「湊(みなと)の奥つ城(き)に妹(いも)がこやせる」訳湊の墓所にあの娘は横たわっておられるのか。◆奈良時代以前の語。

こやす-がひ【子安貝】(コヤスガイ) 名詞 貝の名。たからがいの一種。妊婦が安産のお守りとする。「こやすのかひ」とも。

こ-やつ【此奴】代名詞 **こいつ。** ▼他称の人称代名詞。人を卑しめて言う語。

こや・る【臥やる】自動詞ラ四{ら/り/る/る/れ/れ} **横になる。伏す。** 古事記 奈良―史書 允恭「槻弓(つくゆみ)の(=枕詞(まくらことば))こやるこやりも梓弓(あづさゆみ)(=枕詞)起(た)てり起てりも」訳横になって伏しても立っても。◆奈良時代以前の語。

こ・ゆ[1]【肥ゆ】自動詞ヤ下二{え/え/ゆ/ゆる/ゆれ/えよ} ❶**太る。肥える。** 枕草子 平安―随筆 うつくしきもの「いみじう白くこえたる児(ちご)の二つばかりなるが」訳とても色白く肥えた幼児で二歳ぐらいなのが。❷**土地が肥える。**

こ・ゆ[2]【臥ゆ】自動詞ヤ上二{い/い/ゆ/ゆる/ゆれ/いよ} **寝ころぶ。横になる。** 万葉集 奈良―歌集 四二一四「玉藻なす靡(なび)きこい伏し」訳玉藻のように(病気で)横になり伏して。
参考「こい伏す」「こいまろぶ」など、連用形で複合動詞を作った形で用いられ、単独では用いられない。奈良時代以前の語。

こ・ゆ[3]【越ゆ・超ゆ】自動詞ヤ下二{え/え/ゆ/ゆる/ゆれ/えよ} ❶**越える。通り過ぎる。** 古今 平安―歌集 雑下「風吹けば沖つ白波たつた山夜半(よは)にや君がひとりこゆらむ」訳⇩かぜふけば…。❷(次の年に)**移る。** 竹取物語 平安―物語 竜の頸の玉「遣はしし人は、夜昼待ち給(たま)ふに、年こゆるまで音もせず」訳(玉を取るのに)派遣した家来は、(大納言が)夜も昼も待っておられるのに、年が移るまで連絡もしてこない。❸(ほかの人を)**追い越して地位が上になる。** 大鏡 平安―物語 道長上「大臣こえられたることだに」訳大臣の地位を(道長が伊周(これちか)に)追い越されたことだけでも。❹(程度が、ほかより)**まさる。** 源氏物語 平安―物語 柏木「いみじき事を思ひ給へ嘆く心は、さるべき人々にもこえて侍(はべ)れど」訳なみなみでないこと(=柏木(かしわぎ)の逝去)を悲しみ嘆きます心は、嘆いて当然の人々にもまさっておりますが。

こ-ゆき【粉雪】名詞 **こなゆき。** 積もりにくく、消えやすいものとされる。季冬。

こ-ゆみ【小弓】名詞 遊戯用の、小さい弓。また、それを使った的当ての遊び。左膝(ひだりひざ)を立てた姿勢をとり、その膝の上に左肘(ひぢ)を支えて引く。平安時代から、多く、春に行われた。

小余綾(こゆるぎ) 地名 歌枕 今の神奈川県の国府津(こふづ)から大磯(おほいそ)にかけての海岸。「こよろぎ」とも。

こゆるぎ-の【小余綾の】枕詞「小余綾海岸の磯(いそ)」と続くことから「いそ」の音を持つ「急ぎ」「五十(いそ)」にかかる。拾遺 平安―歌集 恋四「こゆるぎの急ぎ出(い)でても」訳急いで退出しても。

ご-よう【御用】名詞 ❶用事・入用の尊敬語。❷朝廷・幕府・奉行所・諸藩などの用事・入用の尊敬語。❸犯罪人を捕らえるときにかけることば。▼感動詞的に用いる。❹(商家で)注文を聞き、品物を届ける仕事をする丁稚(でっち)・小僧。◆❸❹は江戸時代の語。

こよ-な・し 形容詞ク{(く)・から/く・かり/し/き・かる/けれ/かれ}

語義の扉
他と比べて違いが甚だしいの意を表す語。優劣、いずれの場合にも用いる。
❶かけはなれている。この上ない。
❷㊉格段にすぐれている。
❸㊀格別に劣っている。

❶**他に比べて、かけはなれている。この上ない。** 徒然 鎌

倉‐随筆 七「つくづくと一年(ひとせ)を暮らすほどだにも、こよなうのどけしや」訳しみじみと一年を暮らす間だけでも、この上なくゆったりとしている(ものである)よ。◇「こよなう」はウ音便。参照▶文脈の研究 命あるものを。

❷格段にすぐれている。源氏物語 平安‐物語 帚木「人にもてかしづかれて、隠るること多く、自然(じねん)にそのけはひこよなかるべし」訳(高貴な姫君は)人に大事に育てられて、(欠点が)隠れることが多く、しぜんにそのようすも格別にすぐれている(ように見える)だろう。❸格別に劣っている。宇津保 平安‐物語 嵯峨院「限りなくめでたく見えし君達(きんだち)この今見ゆるにあはすれば、こよなく見ゆ」訳最高にすばらしく見えた姫君たちも、この今目の前にしている姫君に比べると、格別に劣って見える。

＊こ-よひ【今宵】コヨイ 名詞 ❶今晩。今夜。❷昨晩。昨夜。

文脈の研究　命あるものを

「こよなし❶」の『徒然草』「第七段」の用例の直前に、兼好は、次のように記して、人ほど長寿の生き物がないことを述べている。

命あるものを見るに、人ばかり久しきはなし。かげろふの夕べを待ち、夏の蟬の春秋を知らぬもあるぞかし。

訳命あるものを見ると、人間ほど長生きをするものはない。かげろうが夕方を待って死に、夏の蟬が、春や秋を知らないというようなものも、いるではないか。

このようにかげろうや蟬の生命を引き合いに出していることから、これら短命な生き物のあり方との明確な比較の上で、「こよなし」を用いていることが分かる。

▼夜が明けてから、前日の夜をさしていう語。源氏物語 平安‐物語 浮舟「こよひ夢見さわがしく見えさせ給(たま)へれば」訳昨晩夢見が穏やかでないのを御覧になられましたので。

こ-よみ【暦】 名詞 一年間の月日、干支(えと)、日の出入り、月の満ち欠け、日の吉凶などが記載されたもの。

こよみ-の-はかせ【暦の博士】 名詞 律令制で、「陰陽寮(おんやうれう)」の職員。暦を作り、暦法を教授した学者。暦博士(れきはかせ)。

こ-ら【子等・児等】 名詞 ❶子供たち。◇「ら」は複数を表す接尾語。❷あなた。娘さん。◇人、特に若い女性を親しんで呼ぶ語。「ら」は親愛の気持ちを表す接尾語。

古来風体抄(こらいふうていせう) コライフウテイショウ 書名 歌論書。藤原俊成(ふじわらのとしなり)著。鎌倉時代(一一九七)成立。二巻。〔内容〕序のあとの和歌史に続いて、『万葉集』から『千載和歌集』までの秀歌の論評が書かれ、和歌の道が仏道になぞらえて説かれている。

こら・す【凝らす】 他動詞サ四 {さ/し/す/す/せ/せ} ❶凝り固まらせる。❷(心を)一つに集中させる。三冊子 江戸‐句集 俳論「責めず心をこらさざる者」訳(誠を)求めず、心を集中させない者は。

ごらんじ-あは・す【御覧じ合はす】 ゴランジアワス 他動詞サ下二 {せ/せ/す/する/すれ/せよ} 「見合はす」の尊敬語。目をお向けになる。目をお合わせになる。ご覧になる。枕草子 平安‐随筆 うれしきもの「我にごらんじあはせてのたまはせたる、いとうれし」訳(貴人が)私のほうに目をお向けになって(何か)おっしゃるのは、たいそううれしい。

ごらんじ-い・る【御覧じ入る】 他動詞ラ下二 {れ/れ/る/るる/るれ/れよ} ❶「見入る」の尊敬語。注意してご覧になる。源氏物語 平安‐物語 若紫「御文(ふみ)なども、例のごらんじいれぬよしのみあれば」訳お手紙なども、いつものようにご覧にならないむねの伝言だけがあるので。❷「見入る」の尊敬語。心にとめてお世話なさる。指図なさる。源氏物語 平安‐物語 若菜下「こなたかなたの御営みに、おのづからごらんじいるることどもあれば」訳あれこれのご準備などで、(紫の上は)自然と指図なさることなどがあるので。❸〔尊敬語〕召し上がる。口にされる。平家物語 鎌倉‐物語 九・小宰相身投「湯水をだにはかばかしうごらんじいれ給(たま)はぬ人の」訳湯水さえろくに召し上がりなさらない人が。

古典の常識　『太陰暦と太陽暦』

月の満ち欠けの一周期を基準とする暦を「太陰暦」、太陽の運行による季節の変化で定めた暦を「太陽暦」という。日本では奈良時代の初めから明治時代の初めまで太陰暦が用いられていた。「太陰」とは月のことで、月齢(新月から次の新月までの間、約二十九・五日)を一か月とする。ただし端数があるので、二十九日と三十日の月を半々にする。しかしこれでは一年が三百五十四日になってしまうので、何年かに一回一月よけいに加える(閏月(うるうづき)という)。

古典の世界はこの太陰暦を用いているので、現在の季節感とは一か月ぐらいのずれが生じている。

ごらんじ-し・る【御覧じ知る】 他動詞ラ四 {ら/り/る/る/れ/れ} 「見知る」の尊敬語。ご覧になっておわかりになる。見てご理解なさる。源氏物語 平安‐物語 若紫「おしなべたらぬ心ざしのほどをごらんじしらばいかにうれしう」訳通り一遍でない(私の紫の上への)愛情のほどをおわかりになるならばどれほどうれしいことか。

ごらんじ-つ・く【御覧じ付く】 一 自動詞カ四 {か/き/く/く/け/け} 「見付く」の尊敬語。見慣れていらっしゃる。源氏物語 平安‐物語 絵合「弘徽殿(こきでん)にはごらんじつきたれば」訳(冷泉(れいぜい)帝は)弘徽殿の女御(にょうご)には見慣れていらっしゃった(=なじんでいらっしゃった)ので。二 他動詞カ下二 {け/け/く/くる/くれ/けよ} 「見付く」の尊敬語。お見つけになる。目におとめになる。和泉式部 平安‐日記「この童(わらは)かくれの方にけしきばみたるけはひをごらんじつけて」訳(帥(そち)の宮は)この子供が、物陰でいかにも何かありそうなようすなのをお見つけになって。

ごらんじ-とが・む【御覧じ咎む】 他動詞マ下二 {め/め/む/むる/むれ/めよ} 「見咎む」の尊敬語。見てお気づきになる。見とがめなさる。[徒然 鎌倉―随筆] 二三六「殊勝のことはごらんじとがめずや」[訳]（こんな）すばらしいことを見てお気づきにならないのか。⇨みとがむ。

ごらんじ-は・つ【御覧じ果つ】 [他動] タ下二〔て/て/つ/つる/つれ/てよ〕〔「見果つ」の尊敬語〕最後までお見届けになる。残らずご覧になる。[源氏物語 平安―物語] 桐壺「ともかくもならむをごらんじはてむ、と思しめすに」[訳]（桐壺帝は更衣の病気が）どのようにかなるだろう（＝生きるか死ぬか）なりゆきを最後までお見届けになろう、とお考えになるが。

ごらんじ-ゆる・す【御覧じ許す】 [他動] サ四〔さ/し/す/す/せ/せ〕〔「見許す」の尊敬語〕大目に見なさる。お見逃しになる。[源氏物語 平安―物語] 桐壺「乱りがはしきを、心をさめざりけるほどと、ごらんじゆるすべし」[訳]（手紙が）乱雑なのを、（母君が）心が落ち着いていなかったときだからと、（桐壺帝は）大目に見なさるに違いない。

***ごらん-・ず【御覧ず】** [他動] サ変〔ぜ/じ/ず/ずる/ずれ/ぜよ〕〔「見る」の尊敬語〕ご覧になる。[竹取物語 平安―物語] 御門の求婚「これを、帝ごらんじて」[訳]これを帝がご覧になって。

[語法] (1)平安時代から用いられた語で、「見給ふ」より敬意が高い。古くは天皇・皇后などに用いた。
(2)複合動詞「見知る」「見付く」などの尊敬語として「御覧じ知る」「御覧じ付く」などのように使われることも多い。

ごらんぜ-・さす【御覧ぜさす】 [連語]
[なりたち] サ変動詞「ごらんず」の未然形＋使役の助動詞「さす」
ご覧に入れる。お目にかける。[源氏物語 平安―物語] 桐壺「かの贈り物ごらんぜさす」[訳]あの贈り物を（桐壺帝に）ご覧に入れる。

ごらんぜ-・らる【御覧ぜらる】 [連語]
[なりたち] サ変動詞「ごらんず」の未然形＋受身・尊敬の助動詞「らる」
[一]（「らる」が受身の意の場合）❶ご覧になっていただく。[枕草子 平安―随筆] 細殿にびんなき人なむ「恥づかしく心づきなきことは、いかでかごらんぜられじと思ふに」[訳]きまりが悪くいやなことは、なんとか（中宮に）ご覧になっていただくまいと思うのに。❷お世話していただく。[源氏物語 平安―物語] 行幸「かうまでごらんぜられ、ありがたき御はぐくみに」[訳]こんなにまでお世話していただき、めったにないほどのご養育に。
[二]（「らる」が尊敬の意の場合）ご覧になる。ご覧あそばす。[平家物語 鎌倉―物語] 四・還御「池の中納言頼盛卿の山荘、あら田までごらんぜらる」[訳]（上皇は）池の中納言頼盛卿の山荘や新田までご覧あそばす。
◇鎌倉時代以降の用法。
[参考] [一]は目上の人が「御覧」になることを、目下の人が「される」意。

こ-り【垢離】 [名詞] 神仏に祈願するとき、冷水や海水を浴びて汚れを除き心身を清める行。

こり-あつま・る【凝り集まる】 [自動詞] ラ四〔ら/り/る/る/れ/れ〕寄り集まってひとかたまりになる。[徒然 鎌倉―随筆] 二〇七「大きなる蛇、数も知らずこりあつまりたる塚ありけり」[訳]大きな蛇が数えきれないほど寄り集まってかたまっている塚があった。

***こりずま-に【懲りずまに】** [副詞] 前の失敗に懲りもしないで、何度も。しょうこりもなく。[古今 平安―歌集] 恋三「こりずまにまたもなき名は立ちぬべし」[訳]しょうこりもなく、またも浮き名が立ってしまうにちがいない。
◆「ま」は、状態を表す接尾語とも、「こりずまま」の転とも。

こり-つ・む【樵り積む】 [他動詞] マ四〔ま/み/む/む/め/め〕❶木を切って積み上げる。[新古今 鎌倉―歌集] 羇旅「つま木こりつむ舟急ぐなり」[訳]薪を切って積んだ舟が急いで漕いでゆくことだ。❷思いが募る。嘆きを積み重ねる。[蜻蛉 平安―日記] 中「君もなげきをこりつみて」[訳]あなたも嘆く思いを積み重ねて。

こり-に-か・く【垢離に掻く】 [連語]「垢離」の行をする。[平家物語 鎌倉―物語] 二・康頼祝言「沢辺の水をこりにかいては」[訳]沢の辺の水を浴びて心身を清める行をしては。◇「こりにかい」はイ音便。

ごりやう-ゑ【御霊会】 ゴリョウエ [名詞] たたりをする死者の霊や疫病の神を鎮める祭り。陰暦六月十四日に行われる、京都東山の祇園社（＝八坂神社）のものが名高い。

[1]こ・る【伐る・樵る】 [他動詞] ラ四〔ら/り/る/る/れ/れ〕立ち木を切り倒す。伐採する。[万葉集 奈良―歌集] 三二三二「丹生の檜山の木こり来て筏に作り」[訳]丹生の檜山の木を切って来ていかだに作り。

[2]こ・る【凝る】 [自動詞] ラ四〔ら/り/る/る/れ/れ〕❶寄り集まって固まる。密集する。[日本書紀 奈良―史書] 神代上「その矛の鋒よりしただる潮、こりて一つの島になれり」[訳]その矛のさきからしたたる潮が固まって一つの島になった。[長塚節歌集 昭和―歌集] 長塚節「芋の葉にこぼる玉のこぼれこぼれ子芋は白くこりつつあらむ」[訳]大きな里芋の葉の上に、白銀の玉のようにころころところがっていた朝露が黒土の上にこぼれ落ちている。土の中では白く固まって子芋ができつつあるだろう。❷凍る。[万葉集 奈良―歌集] 七九「磐床と川の水こり」[訳]平らな岩のように厚く川の水が凍って。

[3]こ・る【懲る】 [自動詞] ラ上二〔り/り/る/るる/るれ/りよ〕懲りる。こりごりする。[万葉集 奈良―歌集] 三八四〇「こりずてまたも蒔かむとそ思ふ」[訳]懲りないで再度種をまこうと思う。

これ【此・是・之】
[一] [代名詞] ❶これ。このこと。▼近称の指示代名詞。事物をさす。[枕草子 平安―随筆] 中納言まゐり給ひて「『さては、扇のにはあらで、海月のななり』と聞こゆれば、『これは隆家が言にしてむ』とて、笑ひ給ふ」[訳]「それでは、扇の（骨）ではなくて、くらげの（骨）であるようだ」と申し上げると、「これは隆家の言ったことにしてしまおう」と言って、お笑いになる。
❷ここ。この場所。▼近称の指示代名詞。場所をさす。[諸国ばなし 江戸―物語] 浮世・西鶴「今までは崩れ次第の柴の戸をあけて、『さあ、これへ』と言ふ」[訳]今までは崩れ放題の柴の戸を開けて、「さあ、ここへ」と言う。
❸今。この時。▼近称の指示代名詞。近い時をさす。[古今 平安―歌集] 仮名序「これより先の歌を集めてなむ、万葉集と名づけられたりける」[訳]この時より以前の歌を編集したものが万葉集と名付けられている歌集なのである。
❹自分。私。▼自称の人称代名詞。[平家物語 鎌倉―物

語］三・大塔建立「これは大明神の御使ひなり」訳自分は大明神のお使いである。❺おまえ。あなた。▼対称の人称代名詞。［今昔物語 平安－説話］二五・七「『これはいかなる者ぞ』と問ふに」訳「おまえは何者か」と聞くと。❻この人。▼他称の人称代名詞。［大鏡 平安－物語］序「それははやう失せ侍りにしかば、これは、その後のあひ添ひて侍る童なり」訳それ（＝先妻）はすでに亡くなりましたので、この人は、その後に後妻としております者です。❼これはすなわち。▼語調を強めたり、整えたりする語。漢文訓読系の文章に多い。［大鏡 平安－物語］三条「次の帝三条院と申す。これ、冷泉院第二皇子なり」訳次の帝は三条院と申します。これはすなわち、冷泉院の第二皇子です。

［二］感動詞 もしもし。おい。これこれ。▼呼びかけて注意を促すときなどに用いる。［末広がり 室町－狂言］「いや、これ、これ、それに末広がりはござらぬか」訳やあ、もしもし、もしもし、そこに末広がりはございませんか。

ご-れう[1]【御料】（ゴリヨウ）名詞 ❶［貴人の使う衣服・調度・飲食物などを尊敬していう語］ご所有物。お使い品。❷［貴人を尊敬して、関する事柄などをいう語］御こと。御ため。▼特に、故人のご供養をいうことが多い。［源氏物語 平安－物語］蓬生「故院の御料の御八講」訳故院の御ための法華八講。

ご-れう[2]【御寮・御料】（ゴリヨウ）名詞 貴人やその子供などの尊敬語。お方様。◆名前や身分を表す語のあとに付けて接尾語的にも用いる。

これがまあ… 俳句「是がまあ 終の住み処か 雪五尺」［七番日記 江戸－日記］俳文・一茶 訳帰り住むことを決心して、漂泊の旅から戻った故郷。目の前には五尺にもなる深い雪、この雪の中の地が自分の最後のすみかとなるのかと思うと、深いため息がわいてくる。

鑑賞 五十歳の一茶がようやく定住する決意をかためて、故郷の信濃の国柏原村（＝今の長野県上水内郡信濃町柏原）へ帰郷した折の作。父の遺産をめぐる継母・異母弟との争いが決着しておらず、「是がまあ」という嘆声には、そうしたことも含めた複雑な感慨がこもっており、句は一見滑稽みもうかがえるが、一茶にとっては悲惨さが先である。季語は「雪」で、季は冬。

これ-かれ【此彼】［一］代名詞 このもの、あのもの。この人、あの人。あれやこれや。▼複数のものを、まとめてさす。［土佐日記 平安－日記］一・二七「これかれ、かしこく嘆く」訳あの人やこの人も、大変に嘆く。

［二］副詞 あれやこれやと。あれこれと。［宇津保 平安－物語］菊の宴「これかれ御物語のついでに」訳あれこれと御物語の折に。

これ-これ【此此・是是】 連語 これこれ。しかじか。▼既知の多くの事柄をまとめてさす。［徒然 鎌倉－随筆］二三八「局のうちより『これこれにや』と言ひ出だしければ」訳部屋の中から「しかじか（のこと）でしょうか」と言い出したので。

これ-ぞ-この【此ぞ此の・是ぞ此の】 連語 これこそあの例の。これがあの。［古今 平安－歌集］雑上・［伊勢物語 平安－物語］八八「おほかたは月をもめでじこれぞこの積もれば人の老いとなるもの」訳⇩おほかたは…。◆「ぞ」は係助詞。

これ-てい【此体・是体】 名詞 ❶このようす。この状態。❷これぐらいの者。この程度のこと。▼見下して言う語。

惟光（これみつ） 人名『源氏物語』の作中人物。光源氏がいちばん大切に思う乳母の大弐乳母の子で、光源氏の従者としていつもそばにいて使い走りや手引きをしたり、横笛を吹いたりして主人の機嫌をとる。このことから後世、幇間・太鼓持ちの異称にもなった。

これ-や-この[1]【此や此の・是や此の】 連語 これこそあの例の。これがあの。［後撰 平安－歌集］雑一「これやこの行くも帰るも別れつつ知るも知らぬも逢坂の関」訳⇩これやこの…。◆「や」は係助詞。用例の歌は「小倉百人一首」では、第三句が「別れては」となる。

これやこの…[2] 和歌 百人一首「これやこの 行くも帰るも 別れては 知るも知らぬも 逢坂の関」［後撰 平安－歌集］雑一・蟬丸 訳これがまあ、都から東国へ行く者も、都へ帰る者も、（また、）互いに知っている者も、知らない者も、ここで別れてここで出会うという、逢坂（逢う坂）の関であるなあ。

鑑賞「逢坂の関」は、歌枕。近江の国と山城の国の境にある逢坂山のふもとに置かれた関所で、京都から東国への出口にあたる、古くからの交通の要所。

これ-ら【此等】 代名詞 ❶この幾つもの物。この人たち。▼「これ」の複数。［大鏡 平安－物語］序「これらうち笑ひ、見交はしていふやう」訳この人たちがちょっと笑い、互いに顔を見合わせて言うことには。❷この辺り。［徒然 鎌倉－随筆］八九「これらにも、猫の経上がりて、猫またになりて」訳この辺りでも猫が年を経て化けて、猫またという怪物になって。

こ-ろ[1]【子ろ・児ろ】 名詞 女性や子供を親しんで呼ぶ語。［万葉集 奈良－歌集］三三五一「筑波嶺に雪かも降らる否をかも愛しき子ろが布干さるかも」訳⇩つくはねに…。◆「ろ」は接尾語。「子ら」の奈良時代以前の東国方言。

ころ[2]【頃・比】 名詞 ❶時分。ころ。おおよその時をいう語。［徒然 鎌倉－随筆］一一「神無月のころ」訳陰暦十月の時分。❷季節。時節。折。ころ。［枕草子 平安－随筆］頃は「ころは、正月、三月…」訳時節は正月、三月…（が趣深い）。

ころおい【頃おい・比おい】⇩ころほひ

ころ-しも【頃しも・比しも】 連語

なりたち 名詞「ころ」＋副助詞「しも」

ちょうどそのころ。［徒然 鎌倉－随筆］八九「ひとり歩かん身は心すべき事にこそと思ひけるころしも」訳一人で出歩くような人は注意しなければならないことだと思っていたちょうどそのころ。参照▼しも。

ころ・ふ【嘖ふ】（コロウ）他動詞 八四｛は／ひ／ふ／ふ／へ／へ｝（大声で）しかる。［万葉集 奈良－歌集］三五二九「をさをさも寝なへ児ゆゑに母にころはえ」訳少しも寝もしない子のために母にしかられて。◆奈良時代以前の語。

ころ-ほひ*【頃ほひ・比ほひ】（コロオイ）名詞 ❶（ちょうどその）時分。ころ。時節。［伊勢物語 平安－物語］四五「いと暑きころほひに、宵は遊びをりて」訳ひどく暑いころに、宵のうちは音楽を演奏していて。❷今の時節。当節。現代。[源氏物語 平安―物語] 花宴「道々の物の上手ども多かるころほひ、詳しう、しろしめし」[訳]諸道それぞれに専門の名人たちが多い時代で、(あなた様がそれらに)詳しく通じておいでになって。

***ころも【衣】** [名詞] ❶衣服。[万葉集 奈良―歌集] 二八「春過ぎて夏来たるらし白栲の衣干したり天の香具山」[訳]⇨はるすぎてなつきたるらし…。❷僧の着る衣服。僧衣。

[参考] 平安時代以後、❶は歌語としてだけ用いられ、衣服一般には「きぬ(衣)」、その尊敬語には「おんぞ(御衣)」を使った。物語の地の文などで「ころも」と読むのは、もっぱら❷の意味である。

ころも-う・つ【衣打つ】 [連語] (つやを出したり、柔らかくするために)衣服を砧で打つ。[新古今 鎌倉―歌集] 秋下「ふるさと寒くころもうつなり」[訳]⇨みよしののやまのあきかぜ…。

ころも-かたし・く【衣片敷く】 [連語] 着物の片袖だけを敷いて、ひとり寝をする。丸寝する。[新古今 鎌倉―歌集] 秋下「ころもかたしきひとりかも寝む」[訳]⇨きりぎりす…。

[参考] ⇨かたしく

衣川 ころもがは [地名][歌枕] 今の岩手県胆沢郡の南部を流れ、平泉で北上川に合流する川。付近に「衣の関」や、源義経が襲われて自害した「衣川の館」がある。

ころも-がへ【衣更へ・更衣】 [名詞] ❶衣服を着替えること。❷季節によって、衣服をその季節にふさわしいものに取り替えること。特に陰暦四月一日と十月一日のものをいう。平安時代には、几帳・畳などの調度も取り替えた。[参照]▶口絵 ❸江戸時代以降、特に、四月一日に綿入れを袷に取り替えること。[季]夏。

ころも-で【衣手】 [名詞] ❶袖。[古今 平安―歌集] 春上「君がため春の野に出でて若菜摘むわがころもでに雪は降りつつ」[訳]⇨きみがためはるののにいでて…。❷[枕詞] 袖を水に浸すことから、「ひたす」と同じ音を含む地名「常陸」にかかる。「ころもで常陸の国」

ころもで-の【衣手の】 [枕詞] ❶袂を分かって別れることから「別く」「別る」にかかる。[万葉集 奈良―歌集] 五〇八「ころもでの別く今夜より妹も我もいたく恋ひむな逢ふよしをなみ」[訳]別れてしまう今夜からはあなたも私もひどく恋しくなるだろうな。逢うすべもないので。❷袖が風にひるがえることから「返る」と同音の「帰る」にかかる。[万葉集 奈良―歌集] 三二七六「ころもでの帰りも知らず」[訳](旅に出て)帰ることもできず。❸袖の縁で導いた「手」と同音を含む地名「田上山」にかかる。

ころもで-を【衣手を】 [枕詞] 衣を砧で打つ意から地名「打廻」にかかる。[万葉集 奈良―歌集] 五八九「ころもでを打廻の里にある我を知らにそ人は待てど来ずける」[訳]打廻の里にいる私を忘れたのであなたは待っても来ないのですね。

ころも-を-かへ・す【衣を返す】 [連語] 衣服を裏返しに着て寝る。[古今 平安―歌集] 恋二「いとせめて恋しきときはむばたまの(=枕詞)夜のころもをかへしてぞ着る」[訳]とても切実に恋しいときは(夢であの人に会えるように)夜の衣服を裏返して着(て寝)ることだ。◆衣服を裏返しに着て寝ると、恋しい人を夢に見るといわれた。

こわ【強】 ⇨こは

こわごわし【強強し・剛剛し】 ⇨こはごはし

こわ-ざま【声様】 [名詞] 声のようす。話しぶり。

こわし【強し】 ⇨こはし

こわ-だか【声高】 [名詞] 大きな声。高い声。

こわ-だか・なり【声高なり】 [形容動詞] ナリ〔なら/なり・に/なり/なる/なれ/なれ〕声が高く大きい。[竹取物語 平安―物語] かぐや姫の昇天「こわだかになのたまひそ」[訳]大きな声でおっしゃいますな。

こわ-づかひ【声遣ひ】 [名詞] 声の出し方。話しぶり。口調。[源氏物語 平安―物語] 少女「かたちいと清げなる人の、こわづかひ」[訳]容貌が大変美しい感じの人の、話しぶり(が)。

***こわ-づく・る【声作る】** [自動詞] ラ四〔ら/り/る/る/れ/れ〕❶改まった声を出す。作り声をする。[源氏物語 平安―物語] 花散里「さざきも聞きし声なれば、こわづくり気色取りて」[訳]前々にも聞いた声なので、改まった声を出しようすをみて。❷(相手の注意を促すために)声や咳で合図をする。[源氏物語 平安―物語] 浮舟「こわづくり給へば、貴なる咳と聞き知りて」[訳](匂宮が)せきばらいしなさると、(右近は)上品なせきばらいだと聞きわけて。❸(警戒や魔よけなどのために)声をあげる。ことさらに声をたてる。[源氏物語 平安―物語] 夕顔「随身も、弦打ちして絶えずこわづくれ」[訳]供の者も弓の弦を鳴らして、絶えず(警戒の)声をあげよ。

こ-わらは【小童】 [名詞] 幼い子供。小童。[大鏡 平安―物語] 序「みづからがこわらはにてありしとき」[訳]私が幼い子供であったとき。

ご-ゐ【五位】 [名詞] 宮中の位階で、第五番目の位。また、その位にある人。正五位上・下、従五位上・下に分かれる。五位以上の位は勅令によって授けられ、下位者に比べて優遇された。「六位の蔵人」を除いては、殿上人のうち最も位が低いが、六位以下の地下人との格式・待遇での差は大きい。袍の色は浅緋(=薄い赤色)。また、五位に叙せられることを「叙爵」といい、五位の者を「大夫」という。

ごゐ-の-くらうど【五位の蔵人】 [名詞] 蔵人所の次官。定員は三名で、五位の殿上人の中から、名門出身で能力のある者が選ばれた。

こ-ゐん【故院】 [名詞] 亡くなった上皇・法皇。

ご-ゐん【後院】 [名詞] (天皇の在位中に)退位後の御所として定められた離宮。

***こゑ【声】** [名詞] ❶(人の)声。(動物の)鳴き声。❷響き。[新古今 鎌倉―歌集] 冬「移りゆく雲にあらしのこゑすなり散るか正木の葛城の山」[訳]⇨うつりゆく…。❸楽器などの音色。[平家物語 鎌倉―物語] 一・祇園精舎「祇園精舎の鐘のこゑ」[訳]祇園寺の鐘の音色。❹発音。アクセント。[徒然 鎌倉―随筆] 一四一「この聖のこゑうちゆがみ」[訳](東国出身の)この僧は発音がなまって。❺漢字の音。字音。[宇津保 平安―物語] 蔵開中「一度は訓、一度はこゑに読ませ給ひて」[訳]一度は訓読で、一度は字音で読ませなさって。

こゑ-あ・り【声あり】 [連語] よい声をしている。[源氏物語 平安―物語] 若紫「御供にこゑある人して歌はせ給ふ」[訳]お供でよい声をしている人を使ってお歌わせになる。

こゑ-くは・ふ【声加ふ】（コエクワウ—コエクオウ）連語 **声を合わせる。唱和する。** 源氏物語 平安―物語 匂宮「右の中将もこゑくはへ給へや」訳右近衛の中将も声をお合わせなさいよ(と、右大臣はおっしゃる)。◆「くはふ」は下二段の他動詞。

こゑ-た・つ【声立つ】（コエタツ）連語 **声を出す。声を張り上げる。** 源氏物語 平安―物語 若紫「さすがにこゑたてても、え泣き給はず」訳(若紫は)そうはいっても声を上げては、とてもお泣きにはなれない。

こゑ-を-の・む【声を飲む】（コエヲノム）連語 **おし黙る。**(驚きや緊張で)**ものが言えなくなる。** 十訓抄 鎌倉―説話 四・一〇「博士どもこゑをのみて」訳博士たちは、おし黙って。

こん【魂】[1] 名詞 **たましい。霊魂。** 参考 肉体をつかさどる陰のたましいの「魄」に対し、精神をつかさどる陽のたましいをいう。

-こん【献】[2] 接尾語 ❶客にもてなす酒・肴の膳部の一そろいを出す回数を数える語。一献ごとに酒・肴を改めて、二献、三献と順に勧める。徒然 鎌倉―随筆 二一六「一こんに打ち鮑、二こんに海老、三こんにかいもちひにてやみぬ」訳一献のお膳に打ち鮑、二献のお膳に海老、三献のお膳にぼたもちでおわった。❷酒杯を飲み干す回数を数える語。

ごん【権】 名詞 ❶**副…。準…。**▼「権…」「権の…」の形で、官名の上に置いて正官のほかに臨時に任ぜられた、定員外の官であることを表す。「ごん大納言」「大宰のごんの帥」。❷**準…。第二の…。**▼「権の…」の形で、地位などを表す語の上に置いて最上位のものの次の地位であることを表す。「ごんの北の方」。◆「実」に対して「仮の」の意で、ふつう接頭語的に用いる。

こん-がう【金剛】（コンゴウ）名詞 ❶金剛石(=ダイヤモンド)のこと。堅固で破れない事物のたとえに用いる。❷「金剛杵」「金剛力士」などの略。

こんがう-かい【金剛界】（コンゴウカイ）名詞 仏教語。密教の世界観の一つ。すべての煩悩を打ち破る大日如来の知徳を表し示した世界。対胎蔵界。

こんがう-しょ【金剛杵】（コンゴウショ）名詞 仏教語。密教の法具の一つ。古代インドの武器の一つであるが、密教で、煩悩を打ち砕き、また、悪魔を降伏させる象徴として法具に取り入れた。金属製で、両端の枝の数により、独鈷・三鈷・五鈷などという。金剛の杵。

(金剛杵)

こんがう-どうじ【金剛童子】（コンゴウドウジ）名詞 仏教語。密教で、仏教守護神の一つ。悪魔を降伏するという。童子の形で、怒りの表情をし、手に金剛杵を持つ。熊野三山の護法神とされる。

こんがう-りきし【金剛力士】（コンゴウリキシ）名詞 仏教語。仏法守護神の一つ。金剛杵を手に持ち、筋骨たくましくて、怒りの表情をしている。像を寺門の左右に置き、左を密迹金剛、右を那羅延金剛という。仁王。金剛神。

こん-かき【紺掻き】 名詞 藍による布染め。また、その職人。「こうかき」とも。

こんがら【矜羯羅・金伽羅】 名詞 不動明王に従う八大童子の一つ。知徳の神とされ、童子姿で制多迦とともに不動明王の脇侍として、左側に立つ。

ごん-ぎゃう【勤行】（ゴンギョウ）名詞／―す 他動詞サ変 仏教語。❶**仏道修行をすること。**❷決まった時刻に仏前で読経・焼香などをすること。**お勤め。**

ごん-ぐ【欣求】 名詞 **喜んで願い求めること。心から求めること。**◆仏教語。

ごんぐ-じゃうど【欣求浄土】（ゴングジョウド）名詞 仏教語。死後に極楽浄土に往生することを心から願い求めること。平家物語 鎌倉―物語 三・少将都帰「さすがごんぐじゃうどの望みもおはしけり」訳やはり極楽浄土を求めるお気持ちをお持ちだったよ。

こんくわうみゃうさいしょうわう-ぎゃう【金光明最勝王経】（コンコウミョウサイショウオウギョウ）名詞 四天王が国家を守護することを説く仏教の経典。国家鎮護の経典として尊ばれ、仁王経・法華経とともに護国三経とされる。

ごん-くゎん【権官】（ゴンカン）名詞 **定員外の官職。** 権守・権大納言など。

ごん-げ【権化】 名詞 仏教語。仏・菩薩が人々を救い導くために、仮に神や人の姿をとってこの世に現れること。また、その化身。◆「権」は仮の意。⇩ごんげん・ごんじゃ

こん-げん【根元・根源】 名詞 ❶**おおもと。根本。**❷(物事の)**始まり。起こり。**

ごん-げん【権現】 名詞 ❶仏教語。仏・菩薩が、人々を救い導くために、仮に神の姿をとってこの世に現れること。また、その現れた神。⇩ごんげ・ごんじゃ。❷神の尊号(神号)の一つ。▼日本の神は仏・菩薩が化身して現れたものであるとする、本地垂迹の考えから。「山王ごんげん」「地主ごんげん」◆「権」は仮の意。

ごん-ご【言語】 名詞 **言葉。言語。話すこと。**「げんぎょ」とも。

ごんご-だうだん【言語道断】（ゴンゴドウダン）連語 ❶(奥深く、またすぐれていて)言葉では言い表せないこと。平家物語 鎌倉―物語 一・願立「時々剋々の法施・祈念、ごんごだうだんの事どもなり」訳時を追っての読経や願立ては言葉では言えないほどの(すばらしい)ことである。❷(あまりにひどくて)言い表しようがないこと。もってのほかのこと。隅田川 室町―能楽 謡曲「ごんごだうだんのことにて候ふものかな」訳(あなたが死んだ子の親とは)言い表しようがないほどのことでございます。

ごん-ざ【権者】 名詞 仏教語。「ごんじゃ」に同じ。

こん-じき【金色】 名詞 **金色。こがね色。** 恋衣 明治―歌集 与謝野晶子「こんじきのちひさき鳥のかたちしていてふちるなり夕日のをかに」訳こがね色に色づいた、ちょうど金色の小鳥そっくりのかたちをしたいちょうの葉が、夕日をあびて散っています。夕日がいっぱいに照っている丘の上で。

ごん-じゃ【権者】 名詞 仏教語。仏・菩薩が、人々を救い導くため、仮に人の姿になってこの世に現れたもの。「ごんざ」とも。徒然 鎌倉―随筆 七三「仏神の奇特

、ごんじゃの伝記、さのみ信ぜざるべきにもあらず」訳仏や神の霊験、仏の化身（といわれる高僧）の伝記は、一概に信じないというものでもない。◆「権」は仮の意。⇩ごんげ・ごんげん

[1]**こん-じゃう【今生】** 名詞 仏教語。**生きている、この世。現世。** 対前生・後生。

[2]**こん-じゃう【紺青】** 名詞 濃い鮮やかな藍色の顔料。また、その色。今のコバルトブルー。

ごん-じゃう【言上】 名詞／—す 自動詞 サ変「言ふ」の謙譲語。（目上の人に）**申し上げること。**

今昔物語集 書名 平安時代後期成立の説話集。作者未詳。三十一巻。〔内容〕巻一から巻五までが天竺（＝インド）部、巻十までが震旦（＝中国）部、以下が本朝部で、仏教説話を中心に世俗説話も多く収めてあり、当時の新興武士や庶民の生活が描かれていて興味深い。

古典の常識

『今昔物語集』—あらゆる階層の人間を活写

興味深い内外の仏教説話や世俗説話を、俗語を交えた和漢混交文で簡潔に描いた説話集。各説話はすべて「今は昔」で始まり、「かく語り伝えたるとや」で終わっている。

国司になれなかった藤原為時が上奏文に詩をつけて奉ったところ、関白の目にとまり、感心した関白が国司に任命した話、源頼信・頼義父子が馬盗人を追って射殺し、名馬を取り返した話、羅城門に登った盗人が死人の髪を抜く老婆を見た話などが有名。

芥川竜之介の『羅生門』『鼻』『芋粥』のように、本書の説話に取材した近代文学の傑作がいくつかある。

ごん-じゅ【勤修】 名詞／—す 他動詞 サ変 仏教語。仏道を修行すること。「ごんしゅ」とも。著聞集 鎌倉—説話 三六「孔雀明王法をごんじゅの時」訳（役行者が）孔雀明王法の修行のとき。

こん-じん【金神】 名詞「陰陽道」の神の一つ。方位の神で、この神の宿る方角に向かって工事・外出・移転・嫁取りなどをすることを嫌った。その方角は年によって異なる。

ごん・す

一 自動詞 サ変〔せ／し／す／する／すれ／せよ〕❶〔「来く」の敬意の低い尊敬語〕**いらっしゃる。来られる。** 女腹切 江戸—浄瑠 浄瑠・近松「やあ、父さんか、夜更けに何しにごんした」訳ああ、父さんか、夜更けに何をしにいらっしゃったのか。

❷〔「あり」の敬意の低い尊敬語〕**ございます。** 寿の門松 江戸—浄瑠 浄瑠・近松「変はった話がごんする」訳変わった話がございます。

二 補助動詞 サ変〔せ／し／す／する／すれ／せよ〕〔「あり」の丁寧語〕…(で)**あります。…(で)ございます。** 大経師 江戸—浄瑠 浄瑠・近松「全盛するほど世間が張ってつらいものでごんす」訳（廓づとめの身は）繁盛するほど交際に費用がかかってつらいものでございます。

参考 江戸時代前期、主として上方の遊里で男女ともに使い、中期以降、侠客、力士、職人なども使った。

ごん-だいなごん【権大納言】 名詞 正官の大納言のほかに臨時に任ぜられた大納言。◆「権」は仮の意。

こんたい-りゃうぶ【金胎両部】 名詞 仏教語。大日如来の、知徳を表す金剛界と理徳を表す胎蔵界。

*__ごん-だう【金堂】__ 名詞 仏教語。寺で、本尊を安置しておく堂。内部を金箔で飾ってあるところからの名称で、南都六宗・天台宗寺門派（＝三井寺系）・真言宗でいい、他の宗派では本堂と呼ぶ。

こん-ぢ【紺地】 名詞 織り物の地色が紺色であること。**紺色の織り地。**

[1]**こん-でい【金泥】** 名詞 金粉を膠の液に溶かしたもの。仏像に塗ったり、書画をかくときに用いる。「きんでい」とも。

[2]**こん-でい【健児】** 名詞 ❶奈良時代、諸国の軍団から特に選抜されて、衛士などの任に当たった三百人の兵士。❷平安時代初期の兵制で、律令制の軍団の廃止のあとをうけて、諸国に配置されて、その国の国府・兵器庫などを警備した兵士。郡司の子弟や農民などから選ばれた。❸「健児童」の略。◆「こでい」とも。

こんでい-わらは【健児童】 名詞 **武家の下級の使用人。** 中間・足軽など。

こんどう【金堂】 ⇩こんだう

こんにった【今日た】 連語 **きょうは。** 抜殻 室町—狂言 狂言「こんにった太郎冠者を使いに遣はさうと存ずる」訳今日は太郎冠者を使いにやろうと思う。

参考 能・狂言に多く現れる会話語で、室町時代の口語。「こんにちは」の連声（＝二語がつながったときの音変化）。「こんにった」の「た」は、係助詞の「は」がすぐ上の入声音（＝仮名の「ち」「つ」で表記される音）と合わさって発音されたものである。「こんにった」の実際の表記は「今日は」で、それを能・狂言では現在でも「こんにった」のように発音する。

ごん-の-かみ 名詞

一【権守】国守が在京のままで任地に不在の場合などに、それに代わって任務をとるために臨時に任ぜられた国守。正官の国守の次位で、その補佐に当たる。

二【権頭】定員外に仮に任ぜられた諸寮の長官。正官の「頭」の次位。◆「権」は仮の意。

ごん-の-そち【権帥】 名詞「だざいのごんのそち」に同じ。「ごんのそつ」とも。◆「権」は仮の意。

金春禅竹 人名（一四〇五～一四六八？）室町時代中期の能役者・謡曲作者。名は氏信。妻は世阿弥の娘。金春流の大夫で、世阿弥の教えをうけて、大和を中心に演能した。能楽論書に『六輪一露之記』、曲に「芭蕉」「定家」ほかがある。一休宗純・一条兼良とも親交があった。

こん-みゃう【今明】 名詞 きょうあす。

こん-むらご【紺村濃】 名詞「こむらご」に同じ。

こんめいち-の-さうじ【昆明池の障子】 名詞 清涼殿の孫廂の北寄りに置かれていた衝立の障子。表に昆明池、裏に嵯峨野の小鷹狩りの図が描いてある。「さうじ」は「しゃうじ」とも。参照▼口絵

参考「昆明池」は、漢の武帝が、水戦の訓練用に都の長安の西南に造った広大な池。

こん-や【紺屋】名詞 染物屋。「こうや」とも。

こんや-の-あさって【紺屋の明後日】連語 期限が当てにならない約束のたとえ。「こうやのあさって」とも。▼紺屋の仕事は天気次第であるため、「あさってに染め上がる」といって、出来上がりの期日をいつも先に延ばすことから。浮世風呂 江戸―物語 滑稽「たびたびせたぐれど、こんやのあさって」訳何度も催促するけれど、当てにはならない。

こんや-の-しろばかま【紺屋の白袴】連語 他人のことで忙しくて、自分のことをする暇がないことのたとえ。また、他人のことばかりして、自分のことに一向に気がつかないことのたとえ。▼紺屋なのに、自分の袴を染める暇がないことから。

こんや-ぞめ【紺屋染め】名詞 紺屋に頼んで布などを染めること。またその染めたもの。

こん-りふ【建立】(コンリュウ) 名詞／―す 他動詞サ変 堂・塔などを建てること。

こんりん-ざい【金輪際】一 名詞 ❶仏教語。**大地の底**。大地の下を支えている三輪の一つ。金輪の下で水輪と接する所。❷(物事の)**極限**。二 副詞 **底の底まで。とことんまで**。膝栗毛 江戸―物語 滑稽「こんりんざい聞いてしまはねば気がすまぬ」訳(聞きかけたことは)とことんまで聞いてしまわないと気がすまない。

こん-るり【紺瑠璃】名詞 **紺色の瑠璃。紺瑠璃色。**

さ[1] 代名詞〔多く、格助詞「が」を伴って〕**そいつ**。▼他称の人称代名詞。竹取物語 平安―物語 かぐや姫の昇天「さが髪をとりて、かなぐり落とさむ」訳そいつの髪をつかんで、荒々しく引きのけ落とそう。

さ[2]【然】副詞

語義の扉
前に述べられたことをさしていう語。平安時代以降に多く用いられた。奈良時代以前には「しか」が使われた。

そう。そのように。 徒然 鎌倉―随筆 四一「まことにさにこそ候ひけれ」訳本当にそうでございました。

さ-[3] 接頭語 名詞・動詞・形容詞に付いて、語調を整え、また、語意を強める。「さ夜(よ)」「さ乱る」「さ遠し」

-さ[4] 接尾語 ❶形容詞・形容動詞の語幹に付いて、程度・状態を表す名詞を作る。「恋しさ」「静かさ」。❷〔多く歌の末句の形容詞の語幹に付き、上の「…の(が)」と呼応して〕**…ことよ**。▼全体を体言化し、感動の意を表す。万葉集 奈良―歌集 一一〇二「細谷川の音のさやけさ」訳細い谷川の音のすがすがしいことよ。❸動詞の終止形に付いて、その動作の行われつつある時・場合の意を表す名詞を作る。「行くさ」「来(く)さ」。❹名詞、または動詞の連体形に付いて、方向を表す名詞を作る。「縦(たた)さ」「入(い)るさ」

ざ*【座】名詞 ❶板敷きの部屋で、座る場所に敷く畳などの敷物。また、それを敷いて座る席。源氏物語 平安―物語 宿木「南の庭の藤(ふぢ)の花のもとに殿上人(てんじゃうびと)のざはしたり」訳南の庭の藤の花の下に殿上人たちの席をしつらえた。❷仏像などを据えて置く台座。❸**集まりの席**。集会。また、特に、仏教の説法などをする集会。徒然 鎌倉―随筆 六〇「談義のざにても」訳(仏典の)講義の集会でも。❹鎌倉・室町時代、朝廷・貴族・寺社などの保護のもとに特定の商品の生産や販売の独占的権利を認められた、同業者の組合。❺寺社の保護を受けて、田楽(でんがく)・猿楽(さるがく)などの芸能を演ずる人々の団体。また、それを演ずる場所。❻江戸時代、幕府が貨幣その他の特許品を作らせた場所。「金座」「銀座」「秤(はかり)座」など。❼歌舞伎(かぶき)・浄瑠璃(じょうるり)などの興行組織。また、その劇場。

さ-あら-ぬ【然あらぬ】連語 なりたち 副詞「さ」＋ラ変動詞「あり」の未然形＋打消の助動詞「ず」の連体形

❶**そうならない**。大鏡 平安―物語 師尹「さあらぬさきに東宮に立て奉らばや」訳そうならない前に東宮にお立て申し上げたい。❷**そしらぬ**。出世景清 江戸―浄瑠璃・近松「さあらぬ体にて普門品(ふもんぼん)読誦(どくじゅ)の声は」訳そしらぬようすで普門品を唱える声は。◆連体詞のように用いる。

さ-あら-ば【然あらば】連語 なりたち 副詞「さ」＋ラ変動詞「あり」の未然形＋接続助詞「ば」

それなら。それでは。 吉野静 室町―能楽 謡曲「さあらば当山の衆徒(しゅと)、ことごとく参洛(さんらく)し」訳それなら当山の下級の僧はみんな都へ参り。

さ-あ-り【然有り】連語 なりたち 副詞「さ」＋ラ変動詞「あり」

そうである。その通りだ。 源氏物語 平安―物語 帚木「さあるにより、難き世とは定めかねたるぞや」訳そうであるから、むずかしい世の中であると、(妻を)決めかねているのだよ。

さい[1]【采】名詞 ❶**さいころ**。◇古くは「さえ」とも。「賽」とも書く。❷「采配(さいはい)」の略。戦場で大将が兵士を指揮するために振る道具。木や竹の柄に房をつけたもの。◇後に「ざい」とも。

さい[2]【斎】名詞 仏教語。❶心身の不浄をつつしむこと。潔斎(けっさい)。❷仏家で、正午以降、食事をしないこと。❸仏事の後、僧にふるまう食事。また、寺で信徒にふるまう食事。

さいいん【斎院】⇩さいゐん

さい-えい【細纓】名詞「纓(えい)」の一種。六位以下の武官および六位の蔵人(くろうど)が「束帯(そくたい)」のときに冠に付ける。古くは幅の狭い織物を用いたが、のちには鯨のひげで細く作り、輪にして挟むようになった。「ほそえい」とも。参照▶口絵

さい-かい【西海】名詞❶西国の海。特に、瀬戸内海。❷「西海道(さいかいだう)」の略。

さいかい-だう【西海道】サイカイドウ 名詞「五畿七道(ごきしちだう)」の一つ。今の九州地方。筑前(ちくぜん)・筑後(福岡県)、豊前(ぶぜん)(福岡県・大分県)、豊後(ぶんご)(大分県)、肥前(佐賀県・長崎県)、肥後(熊本県)、日向(ひゅうが)(宮崎県)、壱岐(いき)・対馬(つしま)(長崎県)、薩摩(さつま)・大隅(おおすみ)(鹿児島県)、琉球(りゅうきゅう)(沖縄県)の十二か国。西道。西州。西海。

ざい-がう【在郷】ザイゴウ 名詞 都会から離れた田舎の地方。在所(ざいしょ)。参照▶資料21

[1]**西鶴**(さいかく)⇩井原西鶴(いはらさいかく)

[2]**さい-かく**【才学】名詞 学識。学才。「さいがく」とも。

[3]**さい-かく**【才覚】一 名詞❶学識。学才。❷工夫。機知。徒然 鎌倉―随筆 一〇二「又五郎男(をのこ)を師とするより外のさいかくは候はじ」訳又五郎を師とする以外の工夫はありません。二 名詞/―す 他動詞サ変 工面すること。算段すること。世間胸算用 江戸―物語 浮世・西鶴「何とかさいかくいたしける」訳どのように工面したのか。

西鶴大矢数(さいかくおおやかず)サイカクオオヤカズ 書名 俳諧(はいかい)集。井原西鶴(さいかく)作。江戸時代前期(一六八一)刊。内容 京都三十三間堂の通し矢にならって、西鶴が大坂の生玉社(いくたましゃ)で、一日に四千句の俳諧を詠んで翌年刊行した書。

西鶴織留(さいかくおりどめ) 書名 浮世草子。井原西鶴(さいかく)作。江戸時代前期(一六九四)刊。六巻。内容 未完成の『本朝町人鑑(かがみ)』と『世の人心』を、門人の北条団水(だんすい)がまとめて、『西鶴置土産(おきみやげ)』に続く第二遺稿集として刊行したもの。町人の盛衰の姿を描いている。

西鶴諸国ばなし(さいかくしょこく) 書名 浮世草子。井原西鶴(さいかく)作。江戸時代前期(一六八五)刊。五巻。内容 地方色豊かな、諸国の怪異奇談三十五編を収録してあり、文学的興趣が深い。中国や日本の伝説も散見できる。

さいかく-なり【才覚なり】形容動詞ナリ {なら/なり・に/なり/なる/なれ/なれ} 機転がきく。やりくりが上手だ。日本永代蔵 江戸―物語 浮世・西鶴「親の譲りを受けず、その身さいかくにかせぎ出し」訳親の遺産をもらわず、自分の機転をきかせてかせぎ出して。

さいかく-らし【才覚らし】形容詞シク {(しく)・しから/しく・しかり/し/しき・しかる/しけれ/しかれ} 気がきいていそうだ。日本永代蔵 江戸―物語 浮世・西鶴「さいかくらしき若い者、杠斤(ちぎ)の目りんと請け取って帰しぬ」訳気がきいていそうな若い者が、さお秤(ばかり)の目盛りきっちり(計って)受け取って帰した。◆「らし」は接尾語。

西行(さいぎやう)サイギョウ 人名(一一一八〜一一九〇)平安時代後期・鎌倉時代前期の歌人。本名、佐藤義清(さとうのりきよ)。鳥羽(とば)上皇に仕えていたが、二十三歳で出家。諸国を行脚しながら歌を詠んだ。平淡な歌風で、自然と人生を叙情的に歌った。家集に『山家集(さんかしゅう)』がある。

古典の常識

『漂泊の歌人』―西行(さいぎょう)

武門の家に生まれ、鳥羽(とば)上皇の北面(ほくめん)の武士として出仕していたが、二十三歳で突然出家した。三十歳ごろ、能因(のういん)法師をしのび奥州旅行に出た。その後も高野山(こうやさん)で真言僧(しんごんそう)の修行をしながら各地への旅を続けた。五十歳ごろの四国旅行や六十九歳のときの二度目の奥州旅行を含む大小の旅から、各地に西行に関する伝説が生まれた。

藤原俊成(ふじわらのとしなり)や寂蓮(じゃくれん)、慈円(じえん)などと交際し、最晩年に編んだ『御裳濯川歌合(みもすそがわうたあわせ)』『宮川歌合(みやがわうたあわせ)』の自歌合(じかあわせ)では、俊成・定家(ていか)に判(批評)を頼んでいる。『新古今和歌集』に多数入集し、第一の歌人とされた。

さい-く【細工】名詞❶手の込んだ器具を作ること。また、その製品。❷手の込んだ器具を作る職人。細工師。徒然 鎌倉―随筆 二二九「よきさいくは、少し鈍き刀を使ふといふ」訳りっぱな細工師は、少し切れ味のにぶい小刀を使うという。❸細かい工夫。策略。今昔物語 平安―説話 二八・五「極めたるさいくの風流(ふりう)ある者の」訳人の意表をつく策略を好んでする者で。

***さい-ぐう**【斎宮】名詞❶伊勢(いせ)神宮に天皇の名代(みょうだい)として奉仕した、未婚の内親王または女王。天皇の即位ごとに選ばれた。斎王。斎(いつき)の皇女(ひめみこ)。❷斎宮の御所。伊勢の国多気(たけ)郡にあった。◆「いつきのみや」「さいくう」とも。

ざい-くゎ【罪科】ザイカ 名詞 つみ。とが。また、それに対する処罰。

ざい-け【在家】名詞❶仏教語。在俗のままで仏教に帰依すること。また、その人や家。対出家(しゅっけ)。❷民家。平家物語 鎌倉―物語 維盛都落「京白河に四五万間のざいけ、一度に火をかけて皆焼き払ふ」訳京・白河で四、五万軒の民家に一度に火をつけてすべて焼き払った。

さい-げい【才芸】名詞 才能と技芸。

さい-ご 名詞 一【最後】最終。平家物語 鎌倉―物語 九・木曾最期「木曾殿のさいごのいくさに」訳木曾(義仲(よしなか))殿が最終の合戦に。二【最期】死にぎわ。臨終。平家物語 鎌倉―物語 九・木曾最期「さいごの時不覚しつれば長き疵(きず)にて候ふなり」訳死にぎわのときに失態をすると長く不名誉でございます。

在五が物語(ざいごがものがたり)⇩伊勢物語(いせものがたり)

さい-こく【西国】名詞❶(畿内(きない)から)西の国。対東国(とうごく)。❷特に、九州地方。❸「西国三十三所(さんじょ)」または「西国巡礼(じゅんれい)」の略。◆「さいごく」とも。

さいこく-さんじふさんしょ【西国三十三所】サイコクサンジュウサンショ 名詞 近畿を中心に散在する三十三か所の観音(かんのん)巡礼の霊場。三十三番札所。三十三所。

さいこく-じゅんれい【西国巡礼】名詞 西国三十三所の観音(かんのん)霊場を巡礼すること。また、その人。

在五中将(ざいごちゅうじゃう)ザイゴチュウジョウ⇩在原業平(ありはらのなりひら)

在五中将の日記(ざいごちゅうじゃうのにっき)ザイゴチュウジョウノニッキ⇩伊勢物語(いせものがたり)

ざい-ごふ【罪業】 〔名詞〕仏教語。**罪のもととなる悪い行い。**

ざいざい-しょしょ【在在所所・在在処処】 〔名詞〕**あちらこちら。いたる所。**〔方丈記 鎌倉—随筆〕「都のほとりには、ざいざいしょしょ、堂舎・塔廟、一つとして全からず」〔訳〕都の周辺では、あちらこちら社寺の建物も塔も、(被害を受けて)一つとして無事なのはない。

さい-し[1]**【妻子】** 〔名詞〕❶**妻と子。**❷**妻。妻女。**

さい-し[2]**【釵子】** 〔名詞〕平安時代、礼装のとき宮廷の女官が、髪を上げて留めるために用いた飾りのかんざし。金属製で二脚の形をしている。

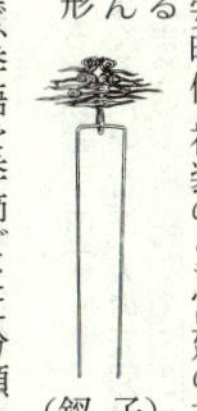

(釵 子)

歳時記 〔文芸〕俳諧で、季語を季節ごとに分類して整理し、解説を加えて例句を示した書物。作句の手引として考えられたもの。なお、似たものに「季寄せ」があるが、これは歳時記を簡略にしたもの。

さい-しゃう【宰相】 〔名詞〕❶古代中国で、天子を助けて政治をとり行った官職の名。❷「参議」の中国風の呼び方。

＊**ざい-しゃう【罪障】** 〔名詞〕仏教語。往生・成仏の妨げとなる悪い行為。

＊**ざい-しょ【在所】** 〔名詞〕❶**住んでいる所。居所。**〔今昔物語 平安—説話〕一三・一「ざいしょを定めずして所々に修行しき」〔訳〕居所を定めないままあちらこちらと修行して歩いた。❷**あり場所。所在。**〔阿古屋松 室町—能楽〕謡曲「都にて聞き及びし、阿古屋の松のざいしょはいづくぞ教へ候へ」〔訳〕都でうわさに聞いた阿古屋の松の所在はどこか教えてください。❸**田舎。地方。**〔粟田口 室町—狂言〕狂言「都の東に粟田口といふざいしょがある」〔訳〕都の東に粟田口という地方がある。❹**国もと。郷里。**〔冥途飛脚 江戸—浄瑠〕浄瑠・近松「道場参りうち連れしは、あれ皆ざいしょの知った衆」〔訳〕寺参りに連れだっていく人たちは、あれは皆郷里の知っている人たち。

さいしょう-かう【最勝講】 〔名詞〕毎年、陰暦五月、吉日を選んで五日間、清涼殿で「金光明最勝王経」を朝夕二回一巻ずつ僧に講説させて、天下泰平・国家安穏を祈った法会。

さいしょうわう-ぎゃう【最勝王経】 〔名詞〕仏教語。「金光明最勝王経」の略。

さいしょう-ゑ【最勝会】 〔名詞〕仏教語。奈良の薬師寺で、毎年陰暦三月七日から七日間、京都の円宗寺で、毎年陰暦二月初旬に五日間、「金光明最勝王経」を読み上げ、天下泰平・国家安穏を祈った法会。

さい-じん【才人】 〔名詞〕❶**漢詩文に優れた人。**〔源氏物語 平安—物語〕少女「殿にも文作りしげく博士・さいじんども所得たり」〔訳〕御殿でも漢詩文を作ることがしきりにあり、文章博士や漢詩文に優れた人たちはよい地位を得て得意になっていた。❷**才知のある人。**〔平家物語 鎌倉—物語〕五・都遷「大臣公卿、諸道のさいじんらに仰せあはせ」〔訳〕大臣や公卿、さまざまな分野の才知ある人におたずねになり。

ざい-せ【存世】 〔名詞〕**生きている間。神仏がこの世にいた間。**

さい-ぜん【最前】 〔名詞〕❶**一番前。**❷**さきほど。**

さい-そ【最初】 〔名詞〕**一番はじめ。**「さいしょ」とも。

ざい-ぞく【在俗】 〔名詞〕出家しないで、俗人の姿でいること。また、その人。

さい-たん[1]**【再誕】** 〔名詞〕/—す〔自動詞〕サ変 姿を変えて再びこの世に生まれること。また、その人。

さい-たん[2]**【歳旦】** 〔名詞〕❶**元旦。**❷歳旦開き(=正月の吉日に催す新年を祝う句会)に披露する、歳旦を祝う句。歳旦句。

ざい-ちゃう【在庁】 〔名詞〕「在庁官人」の略。国司の不在時に、国の庁で代わりに行政の事務を執った下級の役人。

最澄 〔人名〕(七六七〜八二二)平安時代前期の僧。日本の天台宗の開祖。諡は伝教大師。近江(滋賀県)の人。八〇四年唐に渡って天台山で学び、翌年帰国して比叡山延暦寺によって天台宗を広めた。比叡山に密教・禅・律も含めた大乗戒壇を建立しようとして南都諸寺と対立した。著書に『山家学生式』『顕戒論』など。

＊**さい-つ-ころ【先つ頃】** 〔名詞〕「さきつころ」のイ音便。さきごろ。「さいつごろ」とも。〔枕草子 平安—随筆〕八月つごもり「まことにさいつころ賀茂へ詣づとて見しが」〔訳〕ほんとうにさきごろ賀茂神社へ参詣しようとして(田植えを)見たのが。

さい-で【裂帛】 〔名詞〕**布の裁ちはし。**◆「さ(裂)きいで」の変化した語か。

さい-てん【彩椽】 〔名詞〕彩色した垂木。

さい-ど【済度】 〔名詞〕/—す〔他動詞〕サ変 仏教語。仏・菩薩が、迷いの世界で苦しんでいる人々を教え導いて、悟りの境地(=彼岸)にいたらせること。◆「済」は救う、「度」は渡すの意。

さい-とう【柴灯・斎灯】 〔名詞〕神仏の前でたいて、灯明とするかがり火。

＊**さいな・む【苛む・嘖む】** 〔他動詞〕マ四{ま/み/む/む/め/め}「さきなむ」のイ音便。❶**責め立てる。しかる。**〔枕草子 平安—随筆〕うへにさぶらふ御猫は「馬の命婦をもさいなみて、『…』と仰せらるれば」〔訳〕馬の命婦をも責め立てて、「…」とおっしゃるので。❷**つらく当たって苦しめる。いじめる。**〔落窪物語 平安—物語〕四「かの落窪と言ひ立てられてさいなまれ給ひし夜こそ」〔訳〕あの落窪と言い立てられていじめられなさった夜こそ。

さい-の-かみ【塞の神・道祖神】 〔名詞〕「さへのかみ」に同じ。

さい-はう【西方】 〔名詞〕❶**西の方。**特に、極楽浄土のある西の方。❷「西方浄土」の略。

＊**さいはう-じゃうど【西方浄土】** 〔名詞〕仏教語。西方十万億土のかなたにあるという阿弥陀如来のいる浄土。極楽浄土。

さい-はち【最果ち】 〔名詞〕「さいはて」に同じ。

さい-はて【最果て】 〔名詞〕**最後。最終。**「さいはち」とも。

さい-はひ【幸ひ】 〔一〕〔名詞〕**幸福。幸運。**〔伊勢物語 平安—物語〕一〇七「身さいはひあらば、この雨は降らじ」〔訳〕わが身に幸福あれば、この雨は降るまい。〔二〕〔副詞〕**運よく。折よく。ちょうど。**〔武悪 室町—狂言〕狂言「さいはひ所は鳥辺野なり」〔訳〕ちょうど場所は鳥辺野(=火葬場のあった所)だ。

さ

さい-はひ-なり【幸ひなり】(サイワイナリ) 形容動詞 ナリ {なら/なり・に/なり/なる/なれ/なれ}「さきはひなり」のイ音便。**幸福だ。幸運だ。** 竹取物語 平安―物語 竜の頸の玉「さいはひに神の助けあらば、南海に吹かれおはしぬべし」訳 幸運に神の助けがあれば、南の海に(風に)吹かれていらっしゃる(=漂着なさる)にちがいない。

さいはひ-びと【幸ひ人】(サイワイビト) 名詞 **幸せな人。幸運な人。** 落窪物語 平安―物語 三「いかで、かく時の人を婿にて持たりけむ。さいはひびとにこそありけれ」訳 どのようにして、このような時めいているお方を婿君にしたのか。幸せな人であることよ。

催馬楽(さいばら) 文芸 古代歌謡の一つ。奈良時代の畿内(きない)の民謡が、平安時代になって雅楽(ががく)の中に採り入れられ、宮廷歌謡となったもの。和琴(わごん)・笛や笏拍子(しゃくびょうし)などの伴奏で、宮廷や貴族の宴席で歌われた。音数・句数ともに自由で、民衆の素朴な生活感情を歌う。平安時代中期が全盛期。

さ-いへ-ど【然言へど】(サイエド) 連語
なりたち 副詞「さ」＋動詞「いふ」の已然形＋接続助詞「ど」
そうは言うけれど。そうは言っても。 源氏物語 平安―物語 夕顔「さいへど、年うちねび、世の中のとあることとしほじみぬる人こそ、もののをりふしは頼もしかりけれ」訳 そうは言っても、年をとって、世の中のちょっとしたことに経験をつんだ人は、何かあったときに頼みになったものだ。

***さい-まく-る【先まくる】** 自動詞 ラ四 {ら/り/る/る/れ/れ}・ラ下二 {れ/れ/る/るる/るれ/れよ}「さきまくる」のイ音便。**人の先回りをする。でしゃばる。**「さいまぐる」とも。枕草子 平安―随筆 にくきもの「物語するに、差し出(い)でして我一人さいまくる者」訳 話をするときに、出しゃばって自分ひとり人の先回りをする者(は憎らしい)。

さい-もん【祭文】 名詞 ❶祭りのとき、神仏に告げる祭詞。枕草子 平安―随筆 ことばなめげなるもの「宮のべのさいもん読む人」訳 宮のべ(=陰暦正月・十二月の初午(はつうま)の日に行われる祭り)の祭文を読む人。❷俗曲の一種。山伏が、錫杖(しゃくじょう)や法螺貝(ほらがい)を伴奏に神仏の霊験などを語ったもの。これは、やがて門付(かどづ)け芸となって説経祭文(せっきょうざいもん)と呼ばれるようになり、江戸時代に入ると三味線の伴奏で歌う歌祭文(うたざいもん)となり、心中・駆(か)け落ちなどの市井の事件を語って聞かせた。

さい-ら-く【才らく】 自動詞 カ四 {か/き/く/く/け/け} **学識ありげに振る舞う。** 紫式部 平安―日記 寛弘七・一・二「文屋(ふんや)の博士、さかしだちさいらきゐたり」訳 文屋の博士は、りこうぶって学識ありげに振る舞っていた。

さい-りやう【宰領】(サイリョウ) 名詞 ❶荷物を運搬する人馬を指揮・監督・警備すること。また、その人。❷団体で行く外出や旅でその世話などをすること。また、その人。

***さい-ゐん【斎院】**(サイイン) 名詞 ❶平安時代、京都の賀茂(かも)神社に奉仕した、未婚の内親王または女王。天皇の即位ごとに選ばれた。斎王。❷斎院の御所。京都の紫野にあった。◆「いつきのゐん」とも。

さ-う[1]【左右】(ソウ) 名詞 ❶**左と右。左右(さゆう)。** 源氏物語 平安―物語 若菜上「舞台のさうに、楽人(がくにん)の平張(ひらば)りうちて」訳 舞台の左右に、楽人のための天幕を張って。❷**あれこれ言うこと。とやかく言うこと。** 平家物語 鎌倉―物語 四・還御「九条殿の御(おん)ぱからひのうへは、さうに及ばず」訳 九条殿のお取り計らいである以上、あれこれ言うことはできない。❸**指示。指図。** 平家物語 鎌倉―物語 一・殿上闇討「刀の実否(じっぷ)について咎(とが)のさうあるべきか」訳 刀が本物かどうかによって、罪(にするかしないか)の指示があるべきではないか。❹**知らせ。** 太平記 室町―物語 八「そのさうを今や今やと待ちけるところに」訳 その知らせを今か今かと待っていたところに。❺**状況。ようす。** 平治物語 鎌倉―物語 中「軍(いくさ)のさうを待つと見るは、ひがことか」訳 (あなたが)戦いの状況を待っていると見るのは、まちがいか。

さう[2]【姓】(ソウ) 名詞 **姓(せい)。**「しゃう」とも。更級 平安―日記 竹芝寺「やがて武蔵(むさし)といふさうを得てなむありける」訳 そのまま武蔵という姓を得て住んでいた。

さう[3]【相】(ソウ) 名詞 ❶**様相。外見。ありさま。** ▼外面に現れた姿・形。徒然 鎌倉―随筆 一四三「愚かなる人はあやしく異なるさうを語りつけ」訳 愚かな人は、不思議な、常と異なる様相を付け加えて話し。❷外面に現れて、ものの吉凶を示すもの。人相・家相・地相など。源氏物語 平安―物語 桐壺「帝王の上(かみ)なき位にのぼるべきさうおはします人の」訳 帝(みかど)というそれより上のない位に進むはずの人相がおありになる人で。

さう[4]【草】(ソウ) 名詞 ❶書体の草書。❷「草仮名(さうがな)」の略。❸**下書き。** 徒然 鎌倉―随筆 二三八「常在光院のつき鐘の銘は、在兼(ありかね)の卿(きゃう)のさうなり」訳 常在光院のつり鐘の銘文は、在兼卿の下書きである。

さう[5]【荘・庄】(ソウ) 名詞「しゃう(荘)」に同じ。

さう[6]【笙】(ソウ) 名詞「しゃう(笙)」に同じ。

さう[7]【箏】(ソウ) 名詞「さう(箏)のこと(琴)」に同じ。「しゃう」とも。

さう[8]【候】(ソウ) 補助動詞 特殊型 {さう/さう/さう/さう/さうへ/さうへ}(動詞の連用形、またはそれに助詞「て」「で」などが付いた形に付いて)**…ます。…です。…であります。** ▼丁寧の意を表す。平家物語 鎌倉―物語 九・宇治川先陣「腹帯(はるび)の伸びて見えさうぞ。締め給(たま)へ」訳 (馬の)腹帯がゆるんで見えますよ。締めなさい。◆「さうらふ」の変化した語。

さう-あん【草庵】(ソウアン) 名詞 **草ぶきの粗末な庵(いお)。草の庵。** 方丈記 鎌倉―随筆「今、さうあんを愛するも、咎(とが)とす」訳 今、(自分の住む)草ぶきの粗末な庵を気にかけて執着するのも、(仏道では)罪となることである。
参考 鎌倉時代、俗世を捨てて、京都周辺に草庵を営み、仏道に励んだ人たち(=隠者)の中から、特色ある随筆や和歌文学が生み出された。

さう-か[1]【早歌】(ソウカ) 名詞 宴曲(えんきょく)の別名。やや速いテンポで歌われることからいう。「さうが」「はやうた」とも。

草加[2](そうか) 地名 今の埼玉県草加市。奥州街道の宿場町として栄えた。

さう-が【唱歌】(ソウガ) 名詞 ／―す 自動詞 サ変「しゃうが」に同じ。

さう-かう【糟糠】(ソウコウ) 名詞 ❶**かすとぬか。** 粗末な食事や貧乏な暮らしのたとえ。❷(❶から転じて)値打ちのないもの。取るに足りないもの。平家物語 鎌倉―物語 四・南都牒状「清盛(きよもり)入道は、平氏のさうかう、武家の塵芥なり」訳清盛入道は、平氏のかすやぬかのようなもの（であり）、武家のごみのようなもので、値打ちのないものである。

さう-かく【騒客】ソウカク 名詞 詩人・文人など風雅を愛する人。**風流人**。去来抄 江戸―論 先師評「岩頭また一人のさうかくを見付けたる」訳岩の上にもう一人の風流人を見つけた。参考 中国の楚の屈原が「離騒」という詩を作ったことによる。

さう-がち【草勝ち】ソウガチ 名詞 平仮名の中に「草仮名」が多く書かれていること。

さう-がち・なり【草勝ちなり】ソウガチナリ 形容動詞 ナリ {なら／なり・に／なり／なる／なれ／なれ} 平仮名の中に「草仮名」が多く書かれている。

さう-がな【草仮名】ソウガナ 名詞 万葉仮名を草書のように崩した仮名字体。さらに崩すと平仮名になる。

ざう-くゎ【造化】ゾウカ 名詞 ❶天地・万物を創造し、それを育てること。また、それを行う者。**造物主**。奥の細道 江戸―紀行 松島「ざうくゎの天工、いづれの人か筆をふるひ詞を尽くさん」訳（松島は）造物主のわざ、だれが筆で書き表し言葉で表現しつくせようか。❷造物主が造った天地。**自然**。

さう-くゎん【主典】ソウカン 名詞 「さくわん」に同じ。

さうざう・し
ソウゾウシ 形容詞 シク {（しく）・しから／しく・しかり／し／しき・しかる／しけれ／しかれ}

語義の扉

当然あるはずのものがないときの、物足りない、手持ちぶさたなようすを表す。漢語「寂々」「索々」を形容詞化した語「さくさくし」の変化したものとされる。参照▶さくさくたり。

物足りない。心寂しい。張り合いがない。 徒然 鎌倉―随筆 二一五「この酒をひとりたうべんがさうざうしければ」訳この酒を一人でいただくのが物足りないので。◇「たうべ」は、「たうぶ（食うぶ）」の未然形。現代語「食べる」の語源であるが、「飲む」「食う」の謙譲語また丁寧語として用いられた。ここは丁寧語。参照▶たぶ／たうぶ／類語と使い分け⑧

ざう-さく【造作】ゾウサク 名詞／―す 他動詞 サ変 家を建てること。**建築**。徒然 鎌倉―随筆 五五「ざうさくは、用なき所を造りたる」訳建築は、必要のない所を造っておくのが。

さう-し【草子・冊子・草紙・双紙】ソウシ 名詞

❶**とじ本。帳面**。▼紙をとじて作った本の総称。枕草子 平安―随筆 御前にて人々とも「この紙をさうしに作りなどもて騒ぐに」訳この紙をとじ本に作ったりして騒いでいるうちに。

❷**書物。本**。▼物語・日記・和歌の書物など、仮名書きの書物の総称。枕草子 平安―随筆 清涼殿の丑寅のすみの「古今のさうしを御前に置かせ給ひて」訳（中宮は）『古今和歌集』の書物をお手元にお置きなさって。

❸**絵草紙。草双紙**。▼室町時代以降の絵入りの通俗的な読み物の略称。丹波与作 江戸―浄瑠 浄瑠・近松「さうしにある絵で見たよりはよい女房」訳絵草紙にのっている絵で見たよりはよい女。

参考 「さくし（冊子）」のウ音便という。

さう-じ[1]【障子】ソウジ 名詞 「しゃうじ（障子）」に同じ。

さう-じ[2]【精進】ソウジ 名詞／―す 自動詞 サ変 「しゃうじん（精進）」に同じ。◆「さうじん（精進）」の撥音「ん」が表記されない形。

ざう-し【曹司】ゾウシ 名詞

❶**部屋**。▼宮中や役所の中に設けられた役人や女官などの部屋。源氏物語 平安―物語 桐壺「後涼殿に、もとよりさぶらひ給ふ更衣のざうしを、ほかに移させ給ひて」訳後涼殿で、以前からお仕えなさっている更衣の部屋を、よそにお移しになられて。

❷**居室**。▼貴族や上流武家の邸内に設ける子弟や従者の部屋。源氏物語 平安―物語 少女「この院の内に御ざうし作りて」訳この院（＝源氏の邸宅である二条院）の内に（夕霧のための）御居室を作って。

❸まだ独立しないで部屋住みしている貴族の子弟。

❹平安時代の大学寮の教室。

さうじ-ぐち【障子口】ソウジグチ 名詞 障子が立ててある出入り口。

ざうし-ずみ【曹司住み】ゾウシズミ 名詞 ❶宮中や貴族の邸内に部屋をもらって住んでいること。また、その人。❷貴族の子弟がまだ独立しないで、親の屋敷で暮らしていること。また、その人。

さう-じみ*【正身】ソウジミ 名詞 **当人。本人**。源氏物語 平安―物語 末摘花「さうじみは何の心げさうもなくておはす」訳（末摘花）本人は、何の心づくろいもなくていらっしゃる。◆「しゃうじん（正身）」の変化した語。

さうじ-もの【精進物】ソウジモノ 名詞 魚・肉を用いず、野菜・海草などを材料にした食べ物。「しゃうじんもの」とも。

さう-じゃ【相者】ソウジャ 名詞 「さうにん」に同じ。

さう-じょう【相承】ソウジョウ 名詞 次々に受け継ぐこと。「さうしょう」とも。

さう-じん【精進】ソウジン 名詞 「しゃうじん（精進）」に同じ。

ざう-しん【造進】ゾウシン 名詞／―す 他動詞 サ変 造って進上すること。平家物語 鎌倉―物語 一・殿上闇討「鳥羽院の御願、得長寿院をざうしんして」訳鳥羽院の御願寺である得長寿院を造って進上して。

さう・す[1] サウス／ソウス 他動詞 サ変 {せ／し／す／する／すれ／せよ} **あれこれと手配する**。竹取物語 平安―物語 かぐや姫の生ひ立ち「よき程なる人になりぬれば、髪上げなどさうして」訳（かぐや姫が）一人前の大人になったので、髪上げの祝いなどをあれこれと手配して。

さう・す[2]【相す】ソウス 他動詞 サ変 {せ／し／す／する／すれ／せよ} 人相・家相・手相などを見て吉凶を判断する。**占う**。今昔物語 平安―説話 六・二「行く前に有るべき身の上の善悪をさうし」訳将来起こるはずの身の上の善悪を占い。

さう・ず[1]【請ず】ソウズ 他動詞 サ変 {ぜ／じ／ず／ずる／ずれ／ぜよ} 「しゃうず」に同じ。源氏物語 平安―物語 竹河「さうじ奉り給ひけれどおはしまさず」訳お招き申し上げなさったが、おいでにならない。

さう・ず[2]【候ず】ソウズ 連語

なりたち ❶は動詞「さうらふ」の未然形＋打消の助動詞「ず」からなる「さうらはず」の変化した語。❷は動詞「さうらふ」の未然形＋推量の助動詞「むず」からなる「さうらはむず」の変化した語。❶**…ません。…(で)ありません。**【平家物語 鎌倉―物語】二・烽火之沙汰「これまでは思ひもよりさうず」訳これまでは思いもよりません。❷**…(で)ありましょう。**【義経記 室町―物語】七「それはさもさうず」訳それはそうでありましょう。

ざう-す【蔵主】 名詞 仏教語。**出家した者。**◆もとは経蔵を管理する僧の意味。

ざうず-め・く【上衆めく】 自動詞カ四 {か/き/く/く/け/け} 「じやうずめく」に同じ。【紫式部 平安―日記】消息文「上臈・中臈の程ぞ、余り引き入りざうずめきてのみ侍べるめる」訳上級・中級の女房の身分(の人々)は、あまりに引きこもって上品ぶってばかりいるようでございます。◆「めく」は接尾語。

さう-ぜん【生前】 名詞 今の生の前。**前世。**一説に、存命中の意とも。「しやうぜん」とも。

さうぞき-た・つ【装束き立つ】 一 自動詞タ四 {た/ち/つ/つ/て/て} **着飾る。**【枕草子 平安―随筆】関白殿、二月二十一日に「まことに寅の時かとさうぞきたちてあるに」訳ほんとうに寅の刻(＝午前四時ごろ)かと思い着飾っているのに。◆「たつ」は接尾語。二 他動詞タ下二 {て/て/つ/つる/つれ/てよ} **着飾らせる。**【枕草子 平安―随筆】うつくしきもの「大きにはあらぬ殿上童のさうぞきたてられて歩くも、うつくし」訳あまり大きくない殿上童が着飾らせられて歩くのもかわいらしい。◆「たつ」は接尾語。

さうぞき-わ・く【装束き分く】 他動詞カ下二 {け/け/く/くる/くれ/けよ} **それぞれ別々の装束を身につける。**【源氏物語 平安―物語】胡蝶「鳥・蝶にさうぞきわけたるわらはべ八人」訳鳥と蝶とそれぞれ別々の装束を身につけた童女が八人。

さう-ぞく【装束】[1] 名詞／―す 自動詞サ変 ❶**衣服。服装。**また、衣服を身につけること。【徒然 鎌倉―随筆】一九一「夜は、きららかに、はなやかなるさうぞく、いとよし」訳夜は、きらびやかで華麗な衣服が、たいそうよい。参照▼口絵

❷**支度。用意。**また、支度をすること。【大鏡 平安―物語】花山「参りて奏せむ。車にさうぞくせよ」訳宮中に参上して帝に申し上げよう。車に外出の用意をせよ。❸**飾り。**また、飾ること。【源氏物語 平安―物語】若紫「金剛子の数珠の、玉のさうぞくしたる」訳金剛樹の木の実の数珠で、玉が飾りつけてあるもの。◆「しやうぞく」とも。

さう-ぞ・く【装束く】[2] 自動詞カ四 {か/き/く/く/け/け} ❶**身に着ける。装う。着飾る。**【枕草子 平安―随筆】正月に寺にこもりたるは「裳・唐衣など、ことごとしくさうぞきたるもあり」訳裳や唐衣などをおおげさに着飾っている女房もいる。❷**支度する。装備する。整える。**【源氏物語 平安―物語】胡蝶「唐めいたる舟、作らせ給ひける、急ぎさうぞかせ給ひて」訳唐風の船をお作らせなさったのを、急いで整えさせなさって。

参考 名詞「装束」の語末を活用させて動詞化した語。

さうそつ・なり【早卒なり・倉卒なり】 形容動詞ナリ {なら/なり・に/なり/なる/なれ/なれ} **あわただしい。落ち着かない。**【奥の細道 江戸―紀行】全昌寺「けふは越前の国へと、心さうそつにして」訳今日は越前の国(福井県)へ(行こう)と、心もあわただしくて。

さう-でう【双調】 名詞 ❶雅楽の音階である「十二律」の第六音。❷雅楽の「六調子」の一つ。❶を主音とする調子。

さう-でん【相伝】 名詞／―す 自動詞サ変 代々受け継ぐこと。受け伝えること。【平家物語 鎌倉―物語】九・敦盛最期「経盛さうでんせられたりしを」訳(笛を)経盛が受け伝えていらっしゃったのを。

さうとう-しゅう【曹洞宗】 名詞 仏教語。禅宗の一派。鎌倉時代、道元禅師が宋から伝えた。越前(福井県)の永平寺を中心に教えを確立し、地方武士や農民の間に広まった。

さうど・く【騒動く】 自動詞カ四 {か/き/く/く/け/け} **はしゃぐ。騒ぎ立てる。**【源氏物語 平安―物語】胡蝶「藤の花をかざしてなよびさうどき給へる御さまいとをかし」訳藤の花を髪にさしてなよなよとはしゃぎなさるごようすは、とても風情がある。

さうな* 助動詞 特殊型《接続》❶は動詞の連用形や、形容詞・形容動詞の語幹などに付く。❷は体言や、活用語の連体形または終止形に付く。{○/さうに/さうな/さうな/さうなれ/○} ❶〔様態〕**…そうだ。…に見える。**【七番日記 江戸―日記】俳文「むまさうな雪がふうはりふはりかな―一茶」訳⇨むまさうな…。❷〔推定〕**…らしい。**【世間胸算用 江戸―物語】浮世・西鶴「当流が合点まゐらぬさうな」訳現代風のやり方が納得いかないらしい。◆室町時代末期以降の語。体言「さう」に、断定の助動詞「なり」が変化した「な」が付いてできた語。

さう-なう*【左右無う】 形容詞「さうなし」の連用形のウ音便。**むやみに。ためらわずに。たやすく。**【平家物語 鎌倉―物語】二・西光被斬「しやつが頸さうなうきるな」訳そいつの首をたやすくきるな。

さう-な・し【双無し】[1] 形容詞ク {(く)・から/く・かり/し/き・かる/けれ/かれ} **比べるものがない。比類ない。すばらしい。**【徒然 鎌倉―随筆】二三一「園の別当入道はさうなき庖丁者なり」訳園の別当入道はすばらしい料理人である。

さう-な・し【左右無し】[2] 形容詞ク {(く)・から/く・かり/し/き・かる/けれ/かれ} ❶**決着がつかない。どちらとも決められない。**【枕草子 平安―随筆】能因本・清涼殿の丑寅のすみの「なほ、この事さうなくてやまむ、いと悪かるべし」訳やはり、このことが決着がつかなくて終わりになるのは、とてもまずいにちがいない。❷**無造作だ。あれこれ考えるまでもない。簡単だ。**【平家物語 鎌倉―物語】一・殿下乗合「幼き者にさうなく恥辱を与へられけるこそ」訳幼い者に無造作に恥ずかしい思いをさせなさったのは。◆「左右」は「あれこれ」の意。

さう-に-およば-ず【左右に及ばず】 連語

なりたち 名詞「さう」＋格助詞「に」＋動詞「およぶ」の未然形＋打消の助動詞「ず」

あれこれ言うまでもない。議論の余地がない。【平家物語 鎌倉―物語】四・還御「九条殿の御ぱからひのうへは、さうにおよばず」訳九条殿のお取り計らいである以上、あれこれ言うまでもない。

さう-にん【相人】 ソウニン 名詞 **人相を見て占う人。**「相者（さうじゃ）」とも。

さう-の-こと【箏の琴】 ソウノコト 名詞 弦楽器の一つ。中空の胴の上に十三本の弦を張った琴。柱（じ）で調音し、右手の指にはめた爪（つめ）で弾奏する。雅楽に用いられたが、江戸時代以降は民間に広まった。今日「こと」と言えばこれをさす。箏（さう・しょう）。「しゃうのこと」とも。参照▶口絵

さう-の-ふえ【笙の笛】 ソウノフエ 名詞 「しゃうのふえ」に同じ。

さう-はく【糟粕】 ソウハク 名詞 ❶酒かす。❷先人の残した残りもの。また、よいところを取り去った残りかす。◇酒をしぼったあとに残るものの意から。

さう-び【薔薇】 ソウビ 名詞 ❶植物の名。**ばら。** 季夏。❷襲（かさね）の色目の一つ。表は紅、裏は紫。夏に用いる。◆「しゃうび」とも。

さう-ぶ【菖蒲】 ソウブ 名詞 ❶植物の名。**しょうぶ。** ❷襲（かさね）の色目の一つ。表は青、裏は紅梅。夏に用いる。◆「しゃうぶ」とも。

さうぶ-の-かづら【菖蒲の鬘】 ソウブノカズラ 連語 陰暦五月五日の端午の節句のとき、邪気を払うために男は冠に女は髪に挿した菖蒲（しょうぶ）で作った飾り物。

さうぶ-の-こし【菖蒲の輿】 ソウブノコシ 連語 平安時代、陰暦の五月五日の端午の節句に用いる菖蒲（しょうぶ）を宮中に運んだ輿。あやめの輿。

さうぶ-の-さしぐし【菖蒲の挿し櫛】 ソウブノサシグシ 連語 陰暦の五月五日の端午の節句のとき、邪気を払うために菖蒲（しょうぶ）を挿し櫛のようにして頭に挿したもの。

さうぶ-れん【相府蓮・想夫恋】 ソウフレン 名詞 雅楽の曲名。平調（ひょうじょう）の唐楽（＝中国伝来の曲）で、舞を伴わない。「さうふれん」とも。

参考 中国の晋（しん）の大臣王倹が、相府（＝宰相の役所・邸宅）に蓮（はす）を植えて楽しんだ折の曲であるといわれるが、日本では「夫を想（おも）う恋の曲」と解されて有名になった。

さう-まき【鞘巻・左右巻】 ソウマキ 名詞 「さやまき」に同じ。

ざう-め【象馬】 ゾウメ 名詞 **象と馬。** 仏典では貴重な財産とされる。

さう-もん【桑門】 ソウモン 名詞 仏教語。**僧。** 方丈記 鎌倉―随筆「さうもんの蓮胤（れんいん）、外山（とやま）の庵（いほり）にして、これを記す」訳僧の蓮胤（＝鴨長明（かものちょうめい）の法名）が、外山の草庵で、これ（＝方丈記）を書き表す。

さうらはんず-らん【候はんずらん】 ソウラワンズラン 連語

なりたち 動詞・補助動詞「さうらふ」の未然形＋推量の助動詞「んず」の終止形＋推量の助動詞「らん」

❶「さうらふ」が動詞「あり」の丁寧語の場合」**ございましょう。ありましょう。** 平家物語 鎌倉―物語 七・忠度都落「世しづまり候ひなば、勅撰（ちょくせん）の御沙汰（さた）さうらはんずらん」訳世の中が治まりましたら、勅撰集を選ぶご命令がありましょう。❷「さうらふ」が補助動詞の場合」**…ましょう。…でしょう。** 平家物語 鎌倉―物語 一〇・維盛出家「いかにおのおの頼りなうおぼしめされさうらはんずらん」訳どんなにあなた方が頼りなく思っておられるでしょう。

さうら・ふ【候ふ】ソウロウ―ソウロウ

語義の扉

自動詞の場合、謙譲語または丁寧語として使われる。補助動詞の場合は丁寧語として使われる。

一 自動詞 ❶「あり」「仕ふ」の謙譲語 **お仕えする。伺候する。おそばにいる。** ❷「あり」の丁寧語 **あります。ございます。**

二 補助動詞 **…ます。…ございます。**

鎌倉時代以降「さぶらふ」から変化した語。『平家物語』では男性は「さうらふ」、女性は「さぶらふ」を使用している。

一 自動詞 ハ四 {は／ひ／ふ／ふ／へ／へ}

❶「あり」「仕ふ」の謙譲語 **お仕えする。伺候する。おそばにいる。** 平家物語 鎌倉―物語 九・木曾最期「兼平（かねひら）一人（いちにん）さうらふとも、余の武者千騎とおぼしめせ」訳この兼平一人だけがおそばにお仕えしても、他の千騎の武者にも劣らないとお考えくださいませ。

❷「あり」の丁寧語 **あります。ございます。** 平家物語 鎌倉―物語 七・実盛「事のたとへさうらふぞかし」訳事のたとえがございますよ。

二 補助動詞 ハ四 {は／ひ／ふ／ふ／へ／へ} 〔活用語の連用形、または接続助詞「て」の下に付いて、丁寧の意を表す〕**…ます。…ございます。** 徒然 鎌倉―随筆 二一五「これぞ求め得てさうらふ」訳これを見つけることができました。

ざうら・ふ【候ふ】 ゾウロウ―ゾウロウ 補助動詞 ハ四 {は／ひ／ふ／ふ／へ／へ}

なりたち 断定の助動詞「なり」の連用形＋補助動詞「さうらふ」からなる「にさうらふ」の変化した語。

…です。…であります。…でございます。 平家物語 鎌倉―物語 九・生ずきの沙汰「佐々木殿の御馬ざうらふ」訳佐々木殿の御馬でございます。

さうらふ-やらん【候ふやらん】 ソウロウヤラン 連語

なりたち 補助動詞「さうらふ」の連体形＋連語「にやあらむ」の変化した「やらん」⇩やらん

…でしょうか。 徒然 鎌倉―随筆 二四三「人は何として仏にはなりさうらふやらん」訳人はどうやって仏にはなるのでしょうか。

ざう-り【草履】 ゾウリ 名詞 （履物の）ぞうり。「じゃうり」とも。

さう-ゑん【荘園・庄園】 ソウエン 名詞 「しゃうゑん」に同じ。

さえ[1] ⇩さへ

さえ[2]**【賽・采】** 名詞 「さい」に同じ。

ざえ【才】名詞

語義の扉

漢語の窓 「才」（呉音はザイ、漢音はサイ）は、川をせき止める堰（せき）を表した象形文字で、切って止める意。「材」の原字で、材料・素材の意、さらに人の生まれ持った素質や才能の意。

平安時代の男性貴族には、漢学が必須であったこ

とから、漢学を中心とした学問や学識、また、音楽、書、歌などの芸術的な才能をいうこともある。
❶漢学や仏典の学識。教養。
❷書・和歌・芸能などの技能。能力。
❸「才の男」の略。

❶**漢学や仏典の学識。教養。**［源氏物語 平安 物語］少女「ざえ深き師に預け聞こえ給ひてぞ、学問せさせたてまつり給ひける」［訳］学識の深い師に（夕霧を）預け申し上げなさって、学問をおさせ申し上げなさった。❷**書・和歌・芸能などの技能。能力。**［源氏物語 平安 物語］絵合「琴弾かせ給ふことなむ、一のざえにて、つぎには横笛、琵琶、箏の琴をなむ、つぎつぎに習ひ給へる」［訳］琴をお弾きになるのが第一の技能であって、次には横笛、琵琶、箏の琴を次々にお習いなさった。❸「才の男」の略。

さえ-かへ・る【冴え返る】［自動詞］ラ四 ❶**澄みきる。**［八島 室町 能楽］謡曲「月も今宵にさえかへり」［訳］月も今宵のように澄みきり。❷**寒さがぶり返す。**［季］春。［竹生島 室町 能楽］謡曲「なほさえかへる春の日に」［訳］いっそう寒さがぶり返す春の日に。

***ざえ-が・る【才がる】**［自動詞］ラ四 **学識をひけらかす。学者ぶる。**［紫式部 平安 日記］消息文「男だに、ざえがりぬる人は」［訳］男でさえ学識をひけらかすような人は。◆「がる」は接尾語。

さえ-こほ・る【冴え凍る】［自動詞］ラ四 **冷え冷えとして凍りつく感じである。**［枕草子 平安 随筆］なほめでたきこと「寒くさえこほりて、うちたる衣も冷たう」［訳］寒く凍りつく感じであって、打衣も肌に冷たく。

ざえ-ざえ・し【才才し】［形容詞］シク **いかにも学識がありそうだ。**［源氏物語 平安 物語］若菜下「ただ走り書きたる趣の、ざえざえしく、はかばかしく」［訳］ほんの走り書きをした趣旨（の願文）が、いかにも学識がありそうで、しっかりしていて。

さえずる【囀る】⇩さへづる

さ-えだ【小枝】［名詞］**木の枝。小枝。**◆「さ」は接頭語。

ざえ-の-をのこ【才の男】［名詞］内侍所の神楽などで歌を歌ったり、余興の滑稽な芸を演じたりする人。「ざえのを」とも。

さえ-まさ・る【冴え勝る】［自動詞］ラ四 ❶**寒さがいっそう厳しくなる。**［古今 平安 歌集］恋二「わが衣手ぞさえまさりける」［訳］私の袖では（涙で凍って）寒さがいっそう厳しくなることだ。❷**いっそう澄みわたる。**［千載 鎌倉 歌集］秋上「月の光のさえまさるかな」［訳］月の光がいっそう澄みわたることよ。

さえもんふ【左衛門府】⇩さゑもんふ

さえ-わた・る【冴え渡る】［自動詞］ラ四 ❶**一面に冷え込む。**［万葉集 奈良 歌集］三二八一「わが衣手に置く霜も氷にさえわたり」［訳］私の袖においている霜も氷のように、一面に冷え込み。❷**一面に澄みきる。**［更級 平安 日記］宮仕へ「空さすがに限りなくさえわたりたる夜のかぎり」［訳］空はそうはいっても、やはり残る所なく一面に澄みきっている夜の間中。

さお【棹・竿】⇩さを

さおしか【小牡鹿】⇩さをしか

さおとめ【早乙女・早少女】⇩さをとめ

釈迦[1] ⇩釈迦

さ-か[2]**【然か】**［連語］
なりたち 副詞「さ」＋係助詞「か」
そうか。▼前の語や文を受けていう。［更級 平安 日記］春秋のさだめ「横笛の吹きすまされたるは、なぞの春とおぼゆかし。また、さかと思へば」［訳］（秋の月夜に）横笛が澄んだ音で吹かれているのは、なぜ春（がよいのか）と思われることだ。また、そうかと思うと。

さが[1]**【性・相】**［名詞］❶**性格。生まれつきの性質。**［源氏物語 平安 物語］椎本「いと限りなき御心のさがにて、おしはかり給ふにや侍らむ」［訳］（匂宮は）たいそう抜け目のないお心の性格から、推量なさるのでございましょうか。❷**運命。宿命。**［伊勢物語 平安 物語］三一「よしや草葉よ、ならむさが見む」［訳］ままよ、草の葉よ、（草の葉がこれから）なるだろう運命を見よう。❸**ならわし。慣習。**［源氏物語 平安 物語］花散里「とかくに変はるも、ことわりなる世のさがと思ひなし給ふ」［訳］何やかやと心変わりしていくのも、無理もない世の中のならわしとおあきらめになる。

さが[2]**【祥】**［名詞］**きざし。前兆。**

さ-が[3] ［連語］
なりたち 代名詞「さ」＋格助詞「が」
そいつの。［竹取物語 平安 物語］かぐや姫の昇天「さが髪をとりて」［訳］そいつの髪をつかんで。

嵯峨[4] ［地名］今の京都市右京区嵯峨。大堰川を隔てて嵐山と対する一帯。

さかい【境・界】⇩さかひ

さかえ【栄え】［名詞］**繁栄。栄華。**

さかえ-をとめ【栄え少女】［名詞］**美しい盛りの少女。**

さかき【榊・賢木】［名詞］❶神域にある、また、神事に用いる常緑樹の総称。❷特に、ツバキ科の常緑樹の一つの、さかき。神事に用いる。［季］夏。◆「栄木」または「境木」からか。「榊」は国字。

さか-ことば【逆言葉】［名詞］言いたいことをわざと反対の意味の言葉で表現すること。また、その言葉。逆さ言葉。

さか-さま【逆様】［名詞］❶（方向・位置・順序などが）さかさまなこと。❷（道理や事実に）反すること。❸子や孫が、親や祖父母より先に死ぬこと。

さか-さま・なり【逆様なり】［形容動詞］ナリ ❶（方向・位置・順序などが）**さかさまだ。**［今昔物語 平安 説話］二八・三八「守さかさまに馬に乗りながら落ち入りぬ」［訳］国守はさかさまに馬に乗ったまま落ちてしまった。❷**道理に反している。**

さか・し[1]**【賢し】**［形容詞］シク

語義の扉
感情に流されない、理性的な判断力、知恵をもっているようす（❶❷❸）。その度が過ぎて、他人に不快を感じさせて、ほぼ現代語の「こざかしい」に相当する意が❹。
❶㊉賢明だ。賢い。
❷㊉しっかりしている。判断力がある。
❸㊉気が利いている。巧みだ。
❹㊀利口ぶっている。生意気だ。

❶賢明だ。賢い。沙石 鎌倉―説話 九「国の守、眼さかしくして、この主は不実の者、この男は正直の者と見ながら、なほ不審なりければ」訳国守はものの見方が賢明であって、この主人は不実の者、この男は正直者と判断したが、まだ不審なので。

❷しっかりしている。判断力がある。気丈である。源氏物語 平安―物語 明石「落ちかかりぬとおぼゆるに、あるかぎりさかしき人なし」訳(雷が頭上に)落ちかかったと思われるので、(そばに)いる者はだれもしっかりしている人はいない。

❸気が利いている。巧みだ。土佐日記 平安―日記 一二・二六「こと人々のもありけれど、さかしきもなかるべし」訳ほかの人々の(和歌)もあったけれど、気が利いているものはないようである。

❹利口ぶっている。生意気だ。こざかしい。枕草子 平安―随筆 清涼殿の丑寅のすみの「せめて申させ給ひければ、さかしう、やがて末まではあらねどもすべて、つゆたがふことなかりけり。」訳(帝が)むりに答えさせなさると、(女御は)利口ぶって、ずっと歌の最後の句まではないのだが、全部すこしも間違えることがなかった。◇「さかしう」はウ音便。

さ-かし[2]【然かし】 連語 なりたち 副詞「さ」＋終助詞「かし」 そうだね。なるほどそうだ。源氏物語 平安―物語 空蟬「『さかし、されども』と、をかしく思せど」訳「そうだね、そうだけれど」と、(源氏は)おかしくお思いになるが。

さが-し【険し・嶮し】 形容詞シク {(しく)・しから/しく・しかり/し/しき・しかる/しけれ/しかれ} ❶(山などが)険しい。宇津保 平安―物語 俊蔭「いただき天につきてさがしき山はるかに見ゆ」訳頂上は天につくほどで険しい山がはるかに見える。❷危ない。危険である。源氏物語 平安―物語 夕顔「この葛城の神こそ、さがしうしおきたれ」訳この葛城の神が(打ち橋を)危なくこしらえておいたものだ。◇「さがしう」はウ音便。

さかし-が・る【賢しがる】 自動詞ラ四{ら/り/る/る/れ/れ} こざかしく振る舞う。りこうぶる。枕草子 平安―随筆 いみじう心づきなきもの「おしはかりごとうちし、すずろなる物恨みし、我さかしがる」訳当て推量をしたり、なんとなく嫉妬して恨んだりして、自分はとりこうぶるの(も気にくわない)。◆「がる」は接尾語。

さかし-だ・つ【賢しだつ】 自動詞タ四{た/ち/つ/つ/て/て} 賢そうに振る舞う。りこうぶる。紫式部 平安―日記 消息文「さばかりさかしだち、真名書き散らして侍るほども」訳あれほど賢そうに振る舞い、漢字を書き散らしております程度も。◆「だつ」は接尾語。

さかし-びと【賢し人】 名詞 賢い人。しっかりもの。源氏物語 平安―物語 帚木「このさかしびと、はた軽々しき物怨じすべきにもあらず」訳この賢い人は、軽率な嫉妬はするはずもなく。

さか-しま【逆しま・倒しま】 名詞 ❶「さかさま❶」に同じ。❷「さかさま❷」に同じ。

さか-しま・なり【逆しまなり・倒しまなり】 形容動詞ナリ{なら/なり・に/なり/なる/なれ/なれ} ❶「さかさまなり❶」に同じ。日本書紀 奈良―史書 神代下「十握の剣を抜きて、さかしまに地に植てて」訳刀身の長さが十握りある長い剣を抜いてさかさまに地面に突き立てて。❷「さかさまなり❷」に同じ。日本書紀 奈良―史書 安康「暴くさかしまなるわざして」訳乱暴で道理に外れるやり方をして。

さかし-ら*【賢しら】 名詞 ❶りこうぶること。こざかしいこと。万葉集 奈良―歌集 三四四「あなみにくさかしらをすと酒飲まぬ人をよく見れば猿にかも似る」訳⇩あなみにく…。❷おせっかい。差し出がましいこと。伊勢物語 平安―物語 四〇「さかしらする親ありて」訳差し出がましいことをする親があって。❸(人を陥れるための)告げ口。密告。雨月物語 江戸―物語 吉備津の釜「人のさかしらにあひて、領る所をも失ひ」訳他人の密告にあって、所領をも失い。◆「ら」は接尾語。

さかしら-が・る【賢しらがる】 自動詞ラ四{ら/り/る/る/れ/れ} りこうぶる。でしゃばる。おせっかいをする。蜻蛉 平安―日記 下「『かくてや』などとさかしらがる人のありて」訳「このまま(独身)では」などとおせっかいをする人があって。◆「がる」は接尾語。

さかしら-ごころ【賢しら心】 名詞 りこうぶる心。でしゃばった考え。源氏物語 平安―物語 若紫「人の程もあてにをかしう、なかなかのさかしらごころなく」訳人柄も上品でかわいらしく、なまじのりこうぶる心はなく。

さかしら・なり【賢しらなり】 形容動詞ナリ{なら/なり・に/なり/なる/なれ/なれ} ❶りこうぶる。こざかしい。枕草子 平安―随筆 男こそ、なほいとありがたく「返りごとはさかしらにうちするものから」訳返事はこざかしく少しするけれども。❷差し出がましい。おせっかいだ。枕草子 平安―随筆 三月ばかり「さかしらに柳の眉のひろごりて」訳おせっかいに眉のような柳の葉が広がって。◆「ら」は接尾語。

さかしら-びと【賢しら人】 名詞 りこうぶる人。おせっかいな人。源氏物語 平安―物語 総角「さかしらびとの添ひ給へるぞ、恥づかしくもありぬべく、なま煩はしく思へど」訳りこうぶった人が付き添っていらっしゃるのが気恥ずかしくもあっただろうし、なんとなくやっかいだと思うけれど。

さか・す【栄す・盛す】 他動詞サ四{さ/し/す/す/せ/せ} ❶(興味を)盛んに起こさせる。枕草子 平安―随筆 宮にはじめてまゐりたるころ「さかすにこそはあらめ」訳(女房も)興味を盛んに起こさせるようにしたのに違いない。❷ひけらかす。もてはやす。紫式部 平安―日記 消息文「さる所にて才さかし出で侍らむよ」訳そのような所(＝宮中)で(どうして)学識をひけらかしたりしましょうか。

さか-づき【杯・盃】 名詞 ❶酒杯。❷「杯事」の略。酒宴。◆「さか(酒)つき(杯)」の意。

さか-て[1]【逆手】 名詞 ❶普通とは逆のやりかたで打つ拍手。❷刀の柄を普通とは逆に持つこと。

さか-て[2]【酒手】 名詞 ❶酒代。❷(馬方・駕籠かきなどに与える)心付け。

さか-どの【酒殿】 名詞 酒を醸造する建物。

さかどり-の【坂鳥の】 枕詞 朝早く、山坂を飛び越える鳥のようにということから「朝越ゆ」にかかる。万葉集 奈良―歌集 四五「さかどりの朝越えまして」訳朝早く

さ

山を越えなさって。

さか-な[*]【肴】名詞 ❶（酒を飲むときの）副食物の総称。❷酒席での余興。❸（食用の）魚。◆「さか」は酒、「な（菜）」は副食物の意。❸はふつう「魚」と書く。

さが-な・し【性無し】形容詞ク｛（く）・から／く・かり／し／き・かる／けれ／かれ｝

語義の扉

性質の意の「さが」（性）に「無し」がついて一語化した形容詞で、上品さや配慮に欠け、人を不快にさせるようすをいう。

❶意地悪だ。性格が悪い。
❷口うるさい。口が悪い。
❸いたずら好きだ。やんちゃだ。

関連語「さがな口」「さがな目」「さがな者」などの「さがな」は、この語の語幹。また、語を名詞化する接尾語「さ」を伴った「さがなさ」も同じ。

❶**意地悪だ。性格が悪い。**源氏物語 平安―物語 桐壺「春宮の女御のいとさがなくて、桐壺更衣のあらはにはかなくもてなされにし例もゆゆしう」訳皇太子の母の女御が、たいそう意地悪であって、桐壺更衣が露骨にものの数でもなくあしらわれた例も忌わしいことで。

❷**口うるさい。口が悪い。**源氏物語 平安―物語 末摘花「着給へる物どもをさへ言ひ立つるも、物言ひさがなきやうなれど」訳お召しになっているもののことまであれこれ言うのも、言い方が口うるさいようだが。

❸**いたずら好きだ。やんちゃだ。**徒然 鎌倉―随筆 二三六「そのことに候ふ。さがなき童どものつかまつりける、奇怪に候ふことなり」訳そのことなのでございます。いたずら好きな子供たちがいたしましたことで、けしからんことでございます。参照▶文脈の研究 聖海上人の感涙。

さがな-め【さがな目】名詞 意地悪な目。大鏡 平安―物語 道長上「翁らがさがなめにも、ただ人とは見えさせ給はざめり」訳（我ら）老人たちの意地悪な目にも、（道長は）凡人には見えなさらないようだ。◆「さがな」は形容詞「さがなし」の語幹。

文脈の研究　聖海上人の感涙

「さがなし❸」の用例の「そのこと」とは神殿の前の獅子と狛犬が互いに背を向けて立っていたことをさしている。そして、この直後の文脈は、

（「奇怪に候ふことなり」）とて、さし寄りて（近寄って）、据ゑ直してければ（置き直してしまったので）、上人の感涙いたづらになりにけり。

と記されている。

丹波の出雲神社の獅子と狛犬の珍しい立ちかたに涙ぐんで、聖海上人が

おとなしく物知りぬべき（年配でいかにも何でも知っていそうな）神官を呼びて

「この御社の獅子の立てられやう、さだめてならひあることにはべらん（きっと由緒のあることでございましょう）。ちと承らば」

とまで問うた聖海上人の感動がもののみごとに裏切られてしまったという逸話。（『徒然草』第二三六段「丹波に出雲といふ所あり」より）

さがな-もの【さがな者】名詞 手に負えない者。口やかましい人。源氏物語 平安―物語 若菜下「大北の方といふさがなものぞ」訳大北の方という口やかましい人は。◆「さがな」は形容詞「さがなし」の語幹。

嵯峨日記 書名 日記。松尾芭蕉作。江戸時代前期（一六九一）成立。一巻。［内容］元禄四年（一六九一）四月十八日から五月四日まで、京都嵯峨の向井去来の別荘「落柿舎」に滞在したときの日記。門人の動静や芭蕉の心境がうかがえる。

嵯峨野 枕詞 今の京都市右京区の嵯峨一帯の称。平安時代には皇族や貴族の遊猟の地であり、嵯峨天皇の離宮が営まれてからは、貴族の別荘地ともなった。大覚寺・清涼寺など寺院も多く、また、古くから花・紅葉・秋草・虫などの名所として知られる。

坂上郎女 サカノウエノイラツメ ⇨大伴坂上郎女

坂上是則 サカノウエノコレノリ 人名 生没年未詳。平安時代前期の歌人。三十六歌仙の一人。坂上望城の父。「亭子院歌合」などの歌合わせで紀貫之らと活躍し、蹴鞠の名人でもあった。家集に『坂上是則集』がある。

さかひ[1]【境】サカイ 名詞

❶**境界。**更級 平安―日記 かどで「さかひを出でて、下野の国のいかたといふ所に泊まりぬ」訳境界を出て、下野の国（栃木県）のいかたという所に泊まった。

❷**場所。土地。**徒然 鎌倉―随筆 七三「まして年月過ぎ、さかひも隔たりぬれば、言ひたきままに語りなして」訳まして年月がたって、場所も隔たってくると、言いたいように作り話をして。

❸**境遇。境地。**徒然 鎌倉―随筆 三八「もとより賢愚得失のさかひにをらざればなり」訳（真の人は）もともと賢愚とか、損得とかの境地にいないからである。

❹（「…に入る」の形で）**熟達の境地。上手の域。**徒然 鎌倉―随筆 一八八「二つのわざ、やうやうさかひに入りければ、いよいよよくしたく覚えて」訳（乗馬と早歌の）二つの技能が次第に熟達の境地に入ったので、ますます立派にやりたいと感じて。

さかひ[2] サカイ 接続助詞《接続》活用語の連体形に付く。〔原因・理由〕**…から。…ので。**新版歌祭文 江戸―浄瑠璃「勘六正直者ぢやさかひ、えらう腹立て召さる」訳勘六は正直者だから、たいそう腹を立てなさる。◆江戸時代の上方語。

堺[3] さかひ サカイ 地名 今の大阪府堺市。特に室町時代、明や南蛮との貿易による富を背景に発展し、商人による

自由都市を作り、独自の社会形態と文化を築いた。

さか-びん【逆鬢】[名詞]手入れをしないため、油気がなくなって鬢の毛並みが前方にそそけている髪。

1**さか・ふ**【逆ふ】ウサカ―ウサコ [一][自動詞]ハ四{は/ひ/ふ/ふ/へ/へ}**背く。逆らう。**[徒然][鎌倉―随筆]一五五「ついで悪しき事は人の耳にもさかひ、心にも違ひて、その事成らず」[訳]折の悪い事柄は、他人の耳にも逆らい、心にも背いて、その事柄が成就しない。[二][自動詞]ハ下二{へ/へ/ふ/ふる/ふれ/へよ}[一]に同じ。[平家物語][鎌倉―物語]三・法印問答「下として上にさかふる事」[訳]臣下として主君に逆らうことは。

2**さか・ふ**【境ふ】ウサカ―ウサコ [他動詞]ハ四{は/ひ/ふ/ふ/へ/へ}**境界線をつける。区切る。**[万葉集][奈良―歌集]九五〇「大君のさかひ賜ふと山守すゑ守るとふ山に」[訳]天皇が境界線をつけなさるために山の番人を置いて見張るという山に。

さか-ぶね【酒槽】[名詞]酒を入れておく、大きな木の容器。◆古くは「さかふね」。

さか-ま・く【逆巻く】[自動詞]カ四{か/き/く/く/け/け}**流れに逆らって波が立つ。**[平家物語][鎌倉―物語]九・宇治川先陣「さかまく水も速かりけり」[訳]流れに逆らって波立つ水の流れも速かった。

1**相模** さがみ [人名]生没年未詳。平安時代中期の女流歌人。相模守大江公資の妻で、相模といったが、のち離別した。脩子内親王に仕え、歌合わせにも数多く参加。恋愛をよんだ、緻密な構成の歌が多い。家集『相模集』がある。

2**相模** さがみ [地名]旧国名。東海道十五か国の一つ。今の神奈川県の東側の一部を除く大部分に当たる。鎌倉時代、源頼朝が鎌倉に幕府を開いた。相州。◆古くは「さがむ」とも。

さか-みづ・く【酒水漬く】サカミズク [自動詞]カ四{か/き/く/く/け/け}**酒にひたる。酒宴をする。**[万葉集][奈良―歌集]四〇五九「橘の下照る庭に殿建ててさかみづきいますわが大君かも」[訳]たちばなが下に照り映える庭に御殿を建てて酒宴をしていらっしゃるわが天皇だなあ。

さか-むかへ【坂迎へ・境迎へ・酒迎へ】サカムカエ [名詞]❶平安時代、新任の国司が任国へ入るとき、国府の役人が国境まで出迎えて酒宴を催すこと。❷旅から郷里に帰ってくる人を、国境・村境まで出迎えて酒宴を催すこと。特に、京の人が旅から帰ったとき、逢坂の関で迎えること。「さかむかひ」とも。

さか-もぎ【逆茂木】[名詞]外敵の侵入を防ぐため、とげのある木の枝を外の方に向けて立て並べて、結い合わせた柵。

(逆茂木)

さか-や【酒屋】[名詞]❶酒を造る建物。❷酒を造る、または販売する仕事をしている家。酒店。

さか-やき【月代・月額】[名詞]❶古く、男子が冠・烏帽子をかぶるために前額の髪を半月形に剃り落とした部分。❷江戸時代の成人男子の、額から頭上にかけて髪を剃った部分。

(月代❷)

さか・ゆ【栄ゆ】[自動詞]ヤ下二{え/え/ゆ/ゆる/ゆれ/えよ}❶**繁栄する。栄える。**[万葉集][奈良―歌集]九九六「天地のさかゆる時に」[訳]天も地も繁栄しているこの時代に。❷**繁茂する。咲き乱れる。**[万葉集][奈良―歌集]四二四一「梅の花さかえてあり待て帰り来るまで」[訳]梅の花よ、このまま咲き乱れて待っていよ。(私が)帰って来るまで。

さか-ゆ・く【栄行く】[自動詞]カ四{か/き/く/く/け/け}**ますます栄えてゆく。**[徒然][鎌倉―随筆]七「夕べの陽に子孫を愛して、さかゆく末を見んまでの命をあらまし」[訳]夕日が傾いて沈んでいくような(余命少ない)老年になっても、子や孫をかわいがり、(その彼らが)ますます栄えてゆく将来を見届けるまでの命を望み。

さかり【盛り】[名詞]❶**勢いが盛んであること。まっ盛り。最盛期。**[源氏物語][平安―物語]若紫「三月のつごもりなれば、京の花、さかりはみな過ぎにけり」[訳]三月の月末なので、都の桜の花は、最盛期がみな過ぎてしまったことだ。❷**元気盛んな年ごろ。青壮年期。**[古今][平安―歌集]雑上「いやしきもよきもさかりはありしものなり」[訳]身分の低いものも高いものも元気盛んな年ごろはあったのである。

さがり【下がり】[名詞]❶**下がること。低くなること。**[徒然][鎌倉―随筆]二二〇「寒暑に随ひて上がり・さがりあるべき故に」[訳]寒さや暑さによって(鐘の音が)高くなることや低くなることがあるはずだから。❷時刻がその時を過ぎること。[十訓抄][鎌倉―説話]七「午の時のさがり」[訳]午時(=正午ごろ)を過ぎたころ。❸神仏の前から下げた供え物。また、転じて、主人など目上の人からのお下がり。

さかり・なり【盛りなり】[形容動詞]ナリ{なら/なり・に/なり/なる/なれ/なれ}❶**勢いが盛んである。最盛期だ。**[万葉集][奈良―歌集]八二〇「梅の花今さかりなり思ふどちかざしに挿してな今さかりなり」[訳]梅の花は今が最盛期だ。気の合った者同士でその花をかざしにしよう。梅の花は今が最盛期だ。❷**盛んな年ごろだ。力がみなぎっている。**[源氏物語][平安―物語]浮舟「御かたち、このごろ、いみじくさかりに清げなり」[訳](匂宮の)ご容姿は、このごろは一段と盛んな年ごろで美しいようすである。

さがり-ば【下がり端】[名詞]**髪の垂れ下がった端。**女性の垂れ髪を肩の辺りで切り下げたものにいうことが多い。

***さか・る**【離る】[自動詞]ラ四{ら/り/る/る/れ/れ}**遠ざかる。隔たる。**[万葉集][奈良―歌集]二七四「わが舟は比良の湊に漕ぎ泊てむ沖辺なさかりさ夜更けにけり」[訳]⇨わがふねは…。

***さが・る**【下がる】[自動詞]ラ四{ら/り/る/る/れ/れ}❶**垂れる。ぶら下がる。**[万葉集][奈良―歌集]八九二「海松のごとわわけさがれる襤褸のみ肩にうち懸け」[訳]⇨かぜまじり…。❷**下がる。低くなる。**[枕草子][平安―随筆]ある所になにの君とかや「五寸ばかりさがりて、火をさしともしたるやうなりけるに」[訳](額髪が)五寸ほど下がって、ともし火を近くにつきつけたようであったが。❸後

さ

になる。**遅れる。**〔平家物語 鎌倉―物語〕四・橋合戦「さがらう者をば弓の筈に取りつかせよ」〔訳〕（流れに流されて、列から）遅れるような者は弓のはずにつかまらせよ。❹**退く。**〔平家物語 鎌倉―物語〕一・祇王「はるかにさがりたる所に、座敷しつらうておかれたり」〔訳〕はるかに退いた所に、座敷をこしらえて控えさせられていた。❺**時がある刻限を過ぎる。**〔宇治拾遺 鎌倉―説話〕一一・五「さがるといふ定、午未の時には渡らんずらんものをと思ひて」〔訳〕刻限を過ぎるということだったが、午（＝正午ごろ）から未（＝午後二時ごろ）には（行列が）やってくるはずなのにと思って。❻（勢い・技能などが）**衰える。**〔風姿花伝 室町―論〕一「上がるは三十四、五までの比、さがるは四十以来なり」〔訳〕（能の技能が）上がるのは三十四、五歳ぐらいまで、衰えるのは四十歳以降だ。〔対〕❶～❻上がる。

さか-ろ【逆櫓】〔名詞〕舳に設けて船をそのままの向きで後進させるための櫓。

さかん〖主典〗⇩さくゎん

さき[1]【先・前】〔名詞〕

❶**先端。はし。**〔源氏物語 平安―物語〕末摘花「さきの方すこし垂りて色づきたること」〔訳〕（鼻は）先端のほうが少し垂れ下がって、赤みを帯びていること。

❷**先頭。前。**〔万葉集 奈良―歌集〕四四六五「大久米のますら健男をさきに立て」〔訳〕久米部の勇ましくてりっぱな男を先頭に立て。

❸「先追ひ」「先払ひ」の略。**先払い。**貴人が往来を通るときに、前方の通行人などを追い払い、警護すること。また、その人。〔源氏物語 平安―物語〕総角「遠うなるまで聞こゆるさきの声々」〔訳〕遠くなるまで聞こえる先払いの声々。

❹**以前。前。過去。**〔源氏物語 平安―物語〕桐壺「さきの世にも御契りや深かりけむ、世になく清らなる玉の男御子さへ生まれ給ひぬ」〔訳〕前の世においてもご宿縁が深かったのであろうか、この世にまたとなく気品があって美しい玉のような男の御子までもお生まれになった。

❺**将来。**〔徒然 鎌倉―随筆〕八三「万の事、さきのつまりたるは、破れに近き道なり」〔訳〕何事であれ、将来が行き詰まっているのは、破綻が近い道理である。

さき[2]【幸】〔名詞〕**幸福。さいわい。**

さき[3]【崎・埼・岬】〔名詞〕**みさき。**

さき-うち【先打ち】〔名詞〕一団の先頭に立って馬を進めること。また、その人。

＊**さき-お・ふ**【先追ふ・前追ふ】〔自動詞〕八四（は／ひ／ふ／ふ／へ／へ）（貴人が通るとき）**行列の先頭で邪魔なものを追い払う。先払いをする。**「さきをおふ」とも。〔大鏡 平安―物語〕兼通「東の方に、さきおふ音のすれば」〔訳〕東の方に、先払いをする声がするので。

さき-がけ【先駆け・魁】〔名詞〕❶戦場で先頭に立って敵中に攻め入ること。また、その人。❷他に先んじること。また、その人や物。

＊**さき-く**【幸く】〔副詞〕**幸いに。無事に。変わりなく。**〔万葉集 奈良―歌集〕三〇「ささなみの志賀の辛崎さきくあれど大宮人の船待ちかねつ」〔訳〕⇩ささなみのしがのからさき…。◆「く」は副詞を作る接尾語。

さき-くさ【三枝】〔名詞〕植物の名。枝・茎などが三つに分かれているというが、未詳。

さきくさ-の【三枝の】〔枕詞〕「三枝」は枝などが三つに分かれるところから「三つ」、また「中」にかかる。「さきくさの三つ葉」

さき-ごし【先輿】〔名詞〕輿の前の方を担ぐこと。また、その人。

さき-ざき【先先】〔名詞〕❶**以前。まえまえ。**〔竹取物語 平安―物語〕かぐや姫の昇天「さきざきも申さむと思ひしかども」〔訳〕以前にもお話し申し上げようと思っていたが。❷**将来。あとあと。**

さき-すさ・ぶ【咲きすさぶ】〔自動詞〕バ上二（び／び／ぶ／ぶる／ぶれ／びよ）（花が）**咲き乱れる。盛んに咲く。**〔万葉集 奈良―歌集〕二二八一「朝露にさきすさびたるつき草の」〔訳〕朝露に盛んに咲いている露草が。◆「すさぶ」はその傾向が強まるようすを表す。

さき-そ・ふ【咲き添ふ】〔自動詞〕八四（は／ひ／ふ／ふ／へ／へ）（花が）**咲き並ぶ。咲き加わる。**〔奥の細道 江戸―紀行〕白河の関「卯の花の白妙に、茨の花のさきそひて」〔訳〕卯の花の真っ白に、白い茨の花が咲き加わって。

＊**さき-だ・つ**【先立つ】

□一〔自動詞〕タ四（た／ち／つ／つ／て／て）❶**先に立つ。先に進む。**〔蜻蛉 平安―日記〕中「さきだちたりし人、舟に菰屋形ひきてまうけたり」〔訳〕先に立った人が船に菰で仮の屋形をつけて用意していた。❷**真っ先に起こる。先に生じる。**〔万葉集 奈良―歌集〕一一二九「琴取れば嘆きさきだつ」〔訳〕琴を手に取るとまず嘆きが真っ先に起こる。❸**先に行う。先んずる。**〔伊勢物語 平安―物語〕一六「姉のさきだちてなりたる所へ行くを」〔訳〕姉が先んじて（尼に）なっている所へ行くのを。❹**先に死ぬ。**〔源氏物語 平安―物語〕桐壺「おくれさきだたじと契らせ給ひけるを」〔訳〕死に遅れたり先に死ぬまいとお約束なされたのに。

□二〔他動詞〕タ下二（て／て／つ／つる／つれ／てよ）**先に行かせる。**〔源氏物語 平安―物語〕浮舟「さきだてて遣はしたりけるに」〔訳〕先に行かせて（準備に）遣わしておいたが。

さ-ぎちゃう【三毬杖・左義長】〔名詞〕陰暦正月に行う火祭りの行事。「毬杖」を三本立てたことによるという。宮中では、正月十五日および十八日に清涼殿の南庭に青竹を三本束ね立て、天皇の書き初めや短冊・扇子などを結びつけ、陰陽師などに歌いはやさせて焼いた。民間では、多くは十五日に長い竹を数本立てて、門松・しめ縄・書き初めなどを持ち寄って焼く。その火にあぶった餅を食べると病気にかからないという。どんど。「さぎっちゃう」とも。〔季〕春。

（三毬杖）

さき-・づ【咲き出】〔自動詞〕ダ下二（で／で／づ／づる／づれ／でよ）**咲き始める。**〔万葉集 奈良―歌集〕二二七六「雁がねの初声聞きてさきでたる屋前の秋萩見に来わが背子」訳雁の初声を聞いて咲き始めたわが家のはぎの花を見にいらっしゃい。私のあの人よ。◆「さきいづ」の変化した語。

さき-つ-とし【先つ年】名詞 **前の年。過ぎ去った年。**◆「つ」は「の」の意の奈良時代以前の格助詞。

さき-にほ・ふ【咲き匂ふ】自動詞ハ四〔は／ひ／ふ／ふ／へ／へ〕**(花が)輝くばかりに咲く。美しく咲く。**万葉集 奈良―歌集 四三六〇「うちなびく(=枕詞)春の初めは八千種に花さきにほひ」訳春の初めはとりどりに花が美しく咲き。◆「にほふ」は美しく映えるの意。

さき-の-たび【先の度】連語 **前のとき。さきごろ。**源氏物語 平安―物語 橋姫「さきのたび、霧にまどはされ侍りし曙に」訳前のとき、霧にまどわされました夜明けに。

さき-の-よ【前の世・先の世】連語「ぜんぜ」に同じ。源氏物語 平安―物語 桐壺「さきのよにも御契りや深かりけむ」訳前世においても(桐壺帝と更衣の)ご宿縁が深かったのであろうか。

さき-の-よ-の-ちぎり【前の世の契り・先の世の契り】連語 前世からの宿縁。

さき-ばしり【先走り】名詞 ❶従者が先に走って、主人の到着を触れ知らせること。また、その従者。❷ひとりよがりの判断や言動をすること。

さき-はひ【幸ひ】名詞 **幸福。幸運。**

***さき-は・ふ**【幸ふ】一 自動詞ハ四〔は／ひ／ふ／ふ／へ／へ〕**幸福になる。栄える。**万葉集 奈良―歌集 八九四「そらみつ(=枕詞)倭の国は…言霊のさきはふ国と」訳このやまとの国は…ことだまが栄える国と。
二 他動詞ハ下二〔へ／へ／ふ／ふる／ふれ／へよ〕**幸福を与える。栄えさせる。**延喜式 平安―格式 平野祭「茂し御世にさきはへまつるが故に」訳盛んな御世に栄えさせ申し上げているために。

さき-むり【防人】名詞「さきもり」に同じ。◆「さきもり」の奈良時代以前の東国方言。

さき-もり【防人】名詞 辺境の防備についた兵士。奈良時代以前から平安時代初期にかけて、壱岐・対馬・筑紫など九州北部に配置された兵士で、主に東国地方の農民が三年交代で徴発された。万葉集 奈良―歌集 四四二五「さきもりに行くは誰が背と問ふ人を見るがともしさ物思ひもせず」訳⇩さきもりに…。◆「崎守(=辺境を守る人)」の意。

防人歌 文芸 奈良時代以前、東国出身の防人やその家族が詠んだ歌。父母・妻子・恋人との別離の悲しみや望郷・旅情などが素朴に歌われていて、読む人の心を打つ歌が多い。『万葉集』巻十四・巻二十に、短歌が九十七首、長歌が一首収められている。奈良時代以前の東国方言が使われていて、国語の資料としても貴重である。「さきもりのうた」とも。

さきもりに… 和歌「防人に 行くは誰が背と 問ふ人を 見るがともしさ 物思ひもせず」万葉集 奈良―歌集 四四二五・防人歌 訳「防人に行くのはだれの夫」と尋ねている人を見るのはうらやましい。その人は、なんの物思い(=心配)もしないで。
鑑賞 防人の妻の歌。夫を防人に送り出す妻の、傍観する女性に対する羨望と反発の入りまじった痛切な心境を詠んでいる。

さ-きやう【左京】名詞 平城京・平安京で、中央の朱雀大路を境として東西に分けた、東の地域。大内裏から南を向いて左に当たる。東の京。対右京。

さきやう-しき【左京職】名詞 律令制で、左京の司法・警察・行政などのことを担当した役所。長官は大夫。対右京職。

さきやう-の-だいぶ【左京の大夫】名詞「左京職」の長官。「さきやうのかみ」とも。

さき-ら【先ら】名詞 (弁舌・筆力・知恵など)才気が外に現れたもの。◆「ら」は接尾語。

さきはう〘幸う〙⇩さきはふ

さき-わた・る【咲き渡る】自動詞ラ四〔ら／り／る／る／れ／れ〕長い時間、または広い範囲にわたって咲く。**一面に咲きそろう。**源氏物語 平安―物語 若菜下「蓮の花さきわたれるに」訳はすの花が一面に咲きそろっていて。

***さき-を-お・ふ**【先を追ふ・前を追ふ】連語「さきおふ」に同じ。源氏物語 平安―物語 夕顔「御車もいたくやつし給へり。さきをおはせ給はず」訳お車もひどく質素なものになさった。先払いもおさせにならず。

さき-を-か・く【先を駆く】連語 (戦場で)**先駆けをする。先頭に立って敵中に攻め込む。**平家物語 鎌倉―物語 九・二度之懸「景高、余りにさきをかけんとすみければ」訳(梶原)景高が、余りにも(強く)先駆けをしようと思い(速く)進んだので。◆「かく」は下二段の自動詞。

さき-を・る【咲き撓る】自動詞ラ四〔ら／り／る／る／れ／れ〕(枝がたわむほど花が)**たくさん咲く。咲きこぼれる。**万葉集 奈良―歌集 一〇五〇「岡辺もしじに巌には花さきををり」訳丘のほとりにもいっぱい岩には花が枝もたわむほどたくさん咲きこぼれ。

さく[1]【笏】名詞「しゃく(笏)」に同じ。

さ・く[2]【放く・離く】
一 他動詞カ下二〔け／け／く／くる／くれ／けよ〕❶**遠ざける。離す。**万葉集 奈良―歌集 一五三「鯨魚取り(=枕詞)淡海の海を沖さけて漕ぎ来る船」訳淡海の湖を沖に遠ざけて(=沖の遠くを)漕いでくる船よ。❷(動詞の連用形に付いて)㋐(「語る」「問ふ」などに付いて)**気がすむまで…する。…して思いを晴らす。**万葉集 奈良―歌集 四一五四「語りさけ見さくる人目乏しみと」訳語り合って思いを晴らし、会って思いを晴らす人が少ないからと。㋑(「見さく」の形で)**遠く眺める。はるかに見やる。**万葉集 奈良―歌集 一七「しばしばも見さけむ山を」訳⇩うまさけ…。
二 他動詞カ四〔か／き／く／く／け／け〕一❷㋑に同じ。万葉集 奈良―歌集 四五〇「往くさには二人わが見しこの崎をひとり過ぐれば見もさかず来ぬ」訳行くときには妻と二人で見たこの崎を帰りにはひとりで通るので、はるかに見やりもしないで来たことだ。

さ・く[3]【割く・裂く】
一 他動詞カ四〔か／き／く／く／け／け〕❶**裂く。**❷**一部を切り離す。**日本書紀 奈良―史書 応神「吉備の国をさきて、その子等に封さす」訳吉備の国(岡山県と広島県東部）の一部を切り離して、その子たちに委任なさる。二自動詞カ下二｛け/け/く/くる/くれ/けよ｝裂ける。切れて分かれる。万葉集 奈良―歌集 一九九五「六月（みなづき）の地（つち）さへさけて照る日にも」訳六月の大地まで裂けるほどに照る太陽にも。

さく[4]【幸く】副詞「さきく」に同じ。万葉集 奈良―歌集 四三四六「父母が頭（かし）かき撫（な）でさくあれて言ひし言葉（けとば）ぜ忘れかねつる」訳⇩ちちはは…。◆奈良時代以前の東国方言。

さ・ぐ*【下ぐ】他動詞ガ下二｛げ/げ/ぐ/ぐる/ぐれ/げよ｝❶垂らす。つり下げる。平家物語 鎌倉―物語 二・大納言死去「男は烏帽子（えぼし）もせず、女は髪もさげざりけり」訳男は烏帽子もかぶらず、女は髪を垂らしていなかった。❷低い所へ下ろす。高さを下げる。竹取物語 平安―物語 燕の子安貝「鼎（かなへ）の上より、手取り足取りしてさげ下ろし奉る」訳かなえの上から、手を持ったり足を持ったりして（主人を）下げ下ろし申し上げる。❸地位・格式や価値などを下げる。見下げる。平家物語 鎌倉―物語 一・祇王「座敷をさへさげらるる事の心憂さよ」訳座席までも下げられることのつらいことよ。❹目上の人などの前から退かせる。源氏物語 平安―物語 帚木「心地（ここち）悩ましければ、人々さげず」訳気分が悪いので女房たちを部屋に退かせないで。

さく-い【作意】名詞❶詩歌や文章の創作上の意図や趣向。❷妙案。工夫。

さぐく・む 他動詞マ四｛ま/み/む/む/め/め｝間をぬって進む。万葉集 奈良―歌集 一五〇九「波の上へをい行きさぐくみ岩の間（ま）をい行き廻（もとほ）り」訳波の上を間をぬって進み行き、岩の間をめぐって進み。

さく-さく・たり【索索たり】形容動詞タリ｛たら/たり・と/たり/たる/たれ/たれ｝音がもの寂しく響いている。▼梢（こずゑ）を渡る風や琴の音などにいう。平家物語 鎌倉―物語 一〇・海道下「松吹く風さくさくたり」訳松の木を吹く風はもの寂しく響いている。参照▼さうざうし。

さくじ・る 自動詞ラ四｛ら/り/る/る/れ/れ｝こざかしく振る舞う。差し出たことをする。源氏物語 平安―物語 少女「いとさくじりおよずけたる人、立ちまじりて」訳たいそうこざかしく振る舞うおとなびた人（＝夕霧）が、出入りして。

さくたん-とうじ【朔旦冬至】名詞陰暦十一月一日が冬至に当たること。二十年ごとに巡ってくることから、平安時代以来、めでたいしるしとされていた。

さく-ぢゃう【錫杖】（サクジヤウ）名詞「しゃくぢゃう」に同じ。

さく-と 副詞さっと。宇治拾遺 鎌倉―説話 三・五「湯ぶねにさくとのけざまにふすことをぞし給（たま）ひける」訳浴槽にさっとあおむけに寝る入り方をなさっていた。

さく-びゃう【作病】（サクビヨウ）名詞／―す他動詞サ変病気だと偽ること。仮病。

さく-べい【索餅】名詞小麦粉と米の粉を練って、縄のようにねじり、油で揚げた菓子。陰暦七月七日の節句に熱病よけのまじないとして内膳司（ないぜんし）から宮中に奉った。麦索（むぎなは）。

さく・む 他動詞マ四｛ま/み/む/む/め/め｝踏みさいて砕く。万葉集 奈良―歌集 四四六五「山川（やまかは）を磐根（いはね）さくみて踏み通り」訳山や川の大岩を踏みさき砕いて踏み通り。

さく-もん*【作文】名詞❶漢詩を作ること。漢詩。大鏡 平安―物語 頼忠「さくもんの舟、管弦の舟、和歌の舟と分かたせ給（たま）ひて」訳漢詩（を作る人）の舟、音楽を（奏する人）の舟、和歌（を詠む人）の舟とお分けになって。❷文章を作ること。◇江戸時代以降の語。

参考 平安時代の男性貴族にとって、漢詩文を作ることは最も必要な教養とされていた。「さくぶん」と読むのは、室町時代から。

さくら【桜】名詞❶木の名。また、その花。古代の桜は自生種の山桜。季春。❷「桜襲（さくらがさね）」の略。

さくら-がさね【桜襲】名詞襲（かさね）の色目の一つ。表は白、裏は赤または葡萄（えび）染め。裏については、濃紫（こむらさき）・二藍（ふたあい）などの諸説がある。陰暦十一月から三月まで用いる。参照▼口絵

さくら-がり【桜狩り】名詞桜の花を尋ねて山野を歩き回ること。季春。新古今 鎌倉―歌集 春下「またや見む交野（かたの）のみ野のさくらがり花の雪散る春のあけぼの」訳⇩またやみむ…。

さくらだへ… 和歌「桜田（さくらだ）へ 鶴（たづ）鳴き渡る 年魚市潟（あゆちがた） 潮（しほ）干（ひ）にけらし 鶴鳴き渡る」万葉集 奈良―歌集 二七一・高市黒人（たけちのくろひと）訳桜田へ向かって鶴が鳴き声を立てて渡って行く。年魚市潟は潮が引いてしまっているらしい。鶴が鳴き声を立てて渡って行く。

鑑賞「鶴鳴き渡る」を繰り返して、素朴だが、力強さを出している。「けらし」は「けるらし」の変化したもの。これまでの事柄についてある根拠によって推定する意を表す。

[1]さくらばな… 和歌「桜花 散りかひくもれ 老いらくの 来むといふなる 道まがふがに」古今 平安―歌集 賀・在原業平（ありはらのなりひら）・伊勢物語 平安―物語 九七 訳桜の花よ、舞い散って辺りを花びらで曇らせてしまえ。老いがやってくるという道が、花吹雪でわからなくなるように。

鑑賞 藤原基経（ふじわらのもとつね）の四十歳の賀を祝った歌。老いそのものを擬人化して、それがどこかの道を通って来るという見方が当時あったのだろう。「なる」は助動詞「なり」の連体形で、ここでは伝聞の意である。いつまでも若々しくあれと願う気持ちが、折からの桜吹雪に託されて華やかに表現されている。

古典の常識『桜と古典』

桜は古代より、日本を代表する花として、また日本文化の象徴の一つとして親しまれてきた。奈良時代・平安時代の桜は、現在普通に見る「そめいよしの」のような園芸種ではなく、山桜だった。『日本書紀』には、允恭（いんぎよう）天皇が后（きさき）の衣通郎姫（そとおしのいらつめ）の美しさをたとえて、「はなぐはし桜の愛（め）で（＝花の細やかで美しい桜の見事さ）」と歌っている。ただし『万葉集』では花の首座は萩（はぎ）や梅であり、花といえば桜をさすほど桜が日本の花の主役になるのは平安時代である。

桜は美の象徴としてだけではなく、開花期間の短さからはかないものの象徴とされたり、いっぺんに散る散り方から、後にはいさぎよいものの象徴とされたりした。「世の中にたえて桜のなかりせば春の心はのどけからまし」（『古今和歌集』春上・在原業平）〈⇩よのなかにたえてさくらの…〉「花の色は移りにけりないたづらにわが身世にふるながめせし間に」（『古今和歌集』春下・小野小町）〈⇩はなのいろは…〉

さくらばな… 和歌「桜花　ちりぬる風の　なごりには　水なきそらに　波ぞ立ちける」〈古今 平安―歌集〉春下・紀貫之 訳 桜の花が風に散った、その風のなごりとして、水がないはずの空に花びらが漂い、まるで波が立っているように見えることだ。

鑑賞 風に吹き散らされた桜の花びらが、空に舞い漂っているようすを詠んだ歌。空を水面に、花びらを波に見立てるという、「見立て」の技法を駆使した、いかにも『古今和歌集』的な歌となっている。散りゆく花に対する愛惜の念を、直接そうとは言わずに表現した。

さくら-もえぎ【桜萌葱・桜萌黄】 名詞 襲の色目の一つ。表は萌葱、裏は二藍または赤花、あるいは縹。春に着用する。

さくり【噦り・吃逆】 名詞 しゃっくり。

さくり-あ・ぐ【噦り上ぐ】 自動詞ガ下二〔げ/げ/ぐ/ぐる/ぐれ/げよ〕しゃくり上げる。〈宇治拾遺 鎌倉―説話〉一・一三「さくりあげて、よよと泣きければ」訳 (子供が)しゃくりあげて、「おいおい」と泣いたので。

さぐり-あし【探り足】 名詞 足で探りながら歩くこと。

さくり-も-よよと【噦りもよよと】 連語

なりたち 名詞「さくり」＋係助詞「も」＋副詞「よよと」

しゃくりあげておいおいと。〈蜻蛉 平安―日記〉中「いみじうさくりもよよと泣きて」訳 ひどくしゃくりあげておいおいと泣いて。

***さぐ・る【探る・捜る】** 他動詞ラ四〔ら/り/る/る/れ/れ〕❶(手や足で)触って確かめる。〈万葉集 奈良―歌集〉二九一四「愛しと思ふ我妹を夢に見て起きてさぐるに無きがさぶしさ」訳 かわいいと思うあなたを夢に見て起きて手で触って確かめてもだれもいないことの寂しさよ。❷尋ね求める。〈著聞集 鎌倉―説話〉六三「諸宗の奥旨、さぐり極めずといふ事なし」訳 諸宗派の奥深い教義を、尋ね求めつくしていないということはない。

さ-くわん【主典】 名詞 律令制で、「四等官」の第四。最下位の官で、公文書の草案を作ることや文章の管理などをつかさどる。役所によって当てる文字を異にする。「さうくゎん」とも。

さけ【酒】 名詞 酒。

参考 複合語では、多く「さか」となる。奈良時代は濁り酒(＝どぶろく)が主で、室町時代になって清酒が作られるようになった。

ざ-け【邪気】 名詞「じゃき❷」に同じ。

さげ-ざや【提げ鞘】 名詞 僧や茶人などが守り刀としてたずさえる小刀。柄も鞘も木で作る。腰に下げる。

***さ-こそ【然こそ】** 連語

なりたち 副詞「さ」＋係助詞「こそ」

❶そのように。そんなにまで。〈枕草子 平安―随筆〉すさまじきもの「人の国よりおこせたる文の物なき。京のをもさこそ思ふらめ」訳 地方からよこした手紙で品物が添えてないもの(は興ざめだ)。京からの手紙をもそのように(＝品物がないのは興ざめに)思うだろう。❷(推量の表現を下接して)さぞかし。さだめて。〈枕草子 平安―随筆〉うらやましげなるもの「またさこそは、まだしき程はこれがやうにいつしかと覚ゆらめ」訳 また、さぞかしまだ未熟なうちはこのように上手に早くなりたいと思うだろう。❸(逆接条件の表現を伴って)いくら(…といっても)。〈平家物語 鎌倉―物語〉灌頂・大原御幸「さこそ世を捨つる御身といひながら」訳 いくら世を捨てたお身の上とはいっても。

さ-こそ-いへ【然こそ言へ】 連語

なりたち 副詞「さ」＋係助詞「こそ」＋動詞「いふ」の已然形

そうは言っても。〈伊勢物語 平安―物語〉四〇「この女をほかへ追ひやらむとす。さこそいへ、まだ追ひやらず」訳 この女をよそへ追い払おうとする。そうは言っても、まだ追い払わない。

さ-ごろも【狭衣】 名詞 ころも。◆「さ」は接頭語。

さごろも-の【狭衣の】 枕詞 衣には緒(＝紐)をつけることから「緒」と同音の「小」を含む地名「小筑波」にかかる。〈万葉集 奈良―歌集〉三三九四「さごろもの小筑波嶺ろの山のさき忘ら来ばこそ汝をかけなはめ」訳 あの小筑波山の山のさきを忘れでもしたらおまえのことを思わないだろうか。

狭衣物語 書名 物語。六条斎院宣旨(＝源頼国女)作。平安時代後期(一〇八一ころか)成

古典の常識
『狭衣物語』―『源氏物語』に似た悲恋物語

才色に秀でた狭衣大将が、いとこの源氏宮への実らぬ恋に悩みながら、女性遍歴を重ね、最後は帝位につく物語。『源氏物語』の宇治十帖の影響を強く受け、また仏教的色彩が濃い。屈折した心理や情熱の描写・緻密な構成で、室町・江戸時代を通じ高く評価された。

日本語のこころ　桜

桜を日本人はなぜサクラというのか。ちょっと考えると桜は花が美しい。だから「咲く」という動詞と関係があるだろうと思いたくなると思いますが、民俗学の学説では、稲の神様が宿る木という意味だろうと言われています。

春、稲の苗木を植える女性をサオトメと言いますが、大阪の住吉神社などでは、お宮に仕えている特殊な女性がその日だけ選ばれて、稲の苗を植える。これが古い形で、サオトメのサは稲の神様の意味、それに仕えるオトメというのがもとの意味だろうといいます。

日本全域にわたって見られる行事に、サオリやサナブリというものがあって、サオリは田植えを始める日、サナブリはサノボリとも言って田植えを終えた日にするお祭りです。サオリは稲の神様が天上から降りていらっしゃる日、サノボリは稲の神様が天上に戻っていかれる日という意味にちがいありません。そうすると、サクラというのは、サは稲の神様、クラというのは「大御座(高御座)」のクラ、これは天皇が即位される時にお座りになるお席です。それから「寝るところ」という意味でネグラという言葉もある。あのクラだと解釈する。桜は稲の神様が人間界に来られた時に、お宿りになる木という意味と解釈されます。

立。四巻。〔内容〕いとこの源氏宮に思いをよせて苦悩する、貴公子狭衣大将を主人公とする恋愛物語。『源氏物語』の影響を受けているが、官能描写や退廃的気分があり、時代相を反映している。

さ-こん【左近】名詞「左近衛府」の略。対右近。

さこん-の-さくら【左近の桜】連語 紫宸殿の階下の左（＝東側）に植えてある桜。南殿の桜。◆儀式のとき、左近衛府の役人がそばに並ぶことから。対右近の橘。参照▼口絵

さこん-の-ちゅうじゃう【左近の中将】名詞「さちゅうじゃう」に同じ。

さこん-の-ぢん【左近の陣】名詞 紫宸殿での儀式のとき、「左近衛府」の武官の警備のための詰め所。紫宸殿東側の日華門の内にある。対右近の陣。

さこん-の-つかさ【左近の司】連語「さこんゑふ」に同じ。対右近の司。

さこん-の-ばば【左近の馬場】名詞「左近衛府」にある馬の練習場。対右近の馬場。

さこんゑ-ふ【左近衛府】名詞「六衛府」の一つ。「右近衛府」とともに宮中の警備や行幸の際の警護に当たる役所。庁舎は上東門と陽明門との間にあり、日華門の内に詰め所があった。長官は大将。対右近衛府。

ささ[1]【酒】名詞 酒。◆もと女房詞。参照▼資料25

ささ[2]【笹・篠】名詞 竹類のうち、小形で茎の細いもの。

さ-さ[3]【然然】副詞 これこれ。しかじか。▼詳しく述べるべきことを省略して述べるときに用いる。蜻蛉 平安一日記 下「ささの所に月ごろはものせらるる」訳これこれの所に数か月来移り住んでおられます。◆副詞「さ」を重ねたもの。

ささ-[4]【細・小】接頭語〔主に名詞に付いて〕小さい。細かい。わずかな。「ささ波」。◆後には「さざ」とも。

ささ-がに【細蟹・細小蟹】名詞 歌語。蜘蛛の別名。待ち人が訪れ来る前兆を人に示すといわれた。また、蜘蛛の糸。古今 平安一歌集 恋五「今しはとわびにしものをささがにの衣にかかり我を頼むる」訳今はもう来ないだろうとがっかりしてしまったのに、くもが衣にかかり私を期待させることよ。◆形が小さい蟹に似ていることからの語。

ささがに-の【細蟹の・細小蟹の】枕詞 蜘蛛・蜘蛛の糸・蜘蛛の網の意から「くも」「いと」「いのち」などにかかる。「ささがにの蜘蛛の」

さざき【鷦鷯】名詞 鳥の名。みそさざい。「さざき」とも。

ささ・ぐ【捧ぐ】他動詞ガ下二｛げ/げ/ぐ/ぐる/ぐれ/げよ｝❶高く上げる。枕草子 平安一随筆 むとくなるもの「根をささげ横たはれ臥せる」訳根を高く上げ横だおれになったもの。❷両手で高く差し上げる。万葉集 奈良一歌集 四二〇四「わが背子がささげて持てる厚朴」訳あなたが高く差し上げて持っているほほがしわ（＝木の名）は。❸献上する。奉る。源氏物語 平安一物語 桐壺「いみじき贈り物どもをささげ奉る」訳たいそうすばらしい贈り物の数々を献上し申し上げる。

ささげ-もの【捧げ物】名詞 神仏への供え物。身分の高い人に奉る物。古くは、木の枝や、造花の枝に結び付けて奉った。大切に扱うべきものを見立てていう場合もある。

ささご-て【捧ごて】連語 ささげ持って。万葉集 奈良一歌集 四三二五「父母も花にもがもや草枕旅は行くともささごて行かむ」訳⇩ちちははも…。◆奈良時代以前の東国方言。

さ-さ-し-て【然然して】連語

なりたち 副詞「ささ」＋サ変動詞「す」の連用形＋接続助詞「て」

これこれの事情で。蜻蛉 平安一日記 中「ささしてまゐり給ふことあなり」訳これこれの事情で（殿が）いらっしゃることがあるそうだ。

ささ（と）副詞 擬声語。❶ざざっ（と）。▼水が勢いよく流れたり注ぎかかったりするようすを表す。徒然 鎌倉一随筆 一一四「あがきの水、前板までささとかかりけるを」訳（牛の）足で蹴け立てた水が、（車の）前板までざざっとかかったので。❷さわさわ（と）。どっ（と）。▼多数の人が口々に言ったり、一度に笑い出したりするようすを表す。大鏡 平安一物語 道長下「聴聞衆どもささと笑って」訳説法を聞いている人たちはどっと笑って。❸さっ（と）。▼動作がすばやいようすを表す。大鏡 平安一物語 道長下「西ざまに人々のささと走れば」訳西の方角に人々がさっと走るので。◆「さざ（と）」とも。

ささ-なみ【細波・小波】名詞 さざなみ。小さい波。◆後に「さざなみ」とも。

ささなみ-の[1]【細波の・楽浪の】枕詞 ❶琵琶湖南西沿岸一帯を楽浪といったことから、地名「大津」「志賀」「長等」「比良」などにかかる。「ささなみの長等」。❷波は寄るところから「寄る」や同音の「夜」にかかる。「ささなみの寄り来る」

参考『万葉集』には、❶と同様の「ささなみの大津」「ささなみの志賀」「ささなみの比良」などの形が見えるが、これらは地名の限定に用いたものであって、枕詞にはまだ固定していなかったともいわれる。「さざなみの」とも。

ささなみの…[2] 和歌「ささなみの 志賀の大わだ 淀むとも 昔の人に またも逢はめやも」万葉集 奈良一歌集 三一・柿本人麻呂 訳琵琶湖付近の志賀の大きな入り江が（以前と少しも変わらず）淀んでいても、昔の大宮人に再び会うことがあるであろうか、いやありはしないことだ。

鑑賞 荒廃した近江朝跡に立った人麻呂が、往時をしのんで歌った長歌に対する反歌。壬申の乱で朝廷が滅亡してわずか数十年がたったに過ぎないが、すっかり変貌して廃墟と化した古都のたたずまいを眺めて、人の世の営みのはかなさをつくづくと嘆いた歌。「大わだ」は大きく湾曲した入り江。

ささなみの…[3] 和歌「ささなみの 志賀の辛崎 幸くあれど 大宮人の 船待ちかねつ」万葉集 奈良一歌集 三〇・柿本人麻呂 訳ささなみの志賀の辛崎は昔と変わらずにあるのに、昔ここに都があったときにたくさん集まった大宮人の船は待ちきれなくなってしまった（＝いつまで待ってもやって来ない）よ。

鑑賞 柿本人麻呂が、近江の荒れた旧都に立って往時をしのんだ一首。天智天皇によって遷都された大津宮は、壬申の乱後は荒廃した。辛崎は旧都の東北方に当たる。「ささなみの」は枕詞ではなく、地名の限定に用いた語という。「かねつ」は、困難・不可能の意を表す補助動詞「かぬ」の連用形に完了の助動

詞「つ」が付いたものであるが、ここの「つ」は確述の用法である。

ささなみ-や【細波や・楽浪や】[枕詞]「ささなみの」に同じ。◆「さざなみや」とも。

さざなみや…[和歌]「さざなみや(=枕詞) 志賀(しが)の都は あれにしを 昔ながらの 山桜かな」[千載 鎌倉－歌集]春上・よみ人知らず・[平家物語 鎌倉－物語]七・忠度都落・平忠度(たいらのただのり)[訳]志賀の古い都(=大津の宮)はすっかり荒れ果ててしまったが、昔ながらに美しく咲いている長等山(ながらやま)の山桜よ。

[鑑賞]『平家物語』によると、この歌は都落ちする平忠度が、和歌の師である藤原俊成(ふじわらのとしなり)に託した歌の中の一首で、後に俊成が朝敵の平家一門であることをはばかって、「よみ人知らず」として『千載和歌集』に入れたとされる。「昔ながら」に、志賀の都の西方にある「長等山」をかける。

ささ-にごり【小濁り・細濁り】[名詞](水が)わずかに濁ること。◆「ささ」は接頭語。

ささのはは…[和歌]「笹(ささ)の葉は み山もさやに 乱るとも 我は妹(いも)思ふ 別れ来(き)ぬれば」[万葉集 奈良－歌集]一三三・柿本人麻呂(かきのもとのひとまろ)[訳]笹の葉は山全体をざわざわさせて風に乱れているけれども、私はひたすら妻のことを思っている。別れて来てしまったので。

[鑑賞]長歌に添えた反歌の一つ。妻を残して上京する旅の途中、いちずに妻を思う気持ちを詠んだもの。「乱るとも」を「さやげども(=さやさやと音を立てているけれども)」と読む説もある。

ささ-はら【笹原】[名詞]笹(ささ)が生えている野原。

ささ・ふ ササウ—サソウ [他動詞]ハ下二{へ/へ/ふ/ふる/ふれ/へよ}

❶【支ふ】支える。もちこたえる。[徒然 鎌倉－随筆]三八「身の後(のち)には、金(こがね)をして北斗をささふとも」[訳]自分の死後には、黄金でもって北斗星を支えるほどであっても(=それほど財産を残しても)。

❷【障ふ】妨げる。さえぎる。[万葉集 奈良－歌集]三三三八「風吹けば波のささふる海道(うみぢ)は行かじ」[訳]風が吹くと波がさえぎる海の道は行くまい。◇「支ふ」と書かれる場合もある。

ささめき-あ・ふ【ささめき合ふ】ササメキアウ—ササメキオウ [自動詞]ハ四{は/ひ/ふ/ふ/へ/へ}ひそひそ話し合う。ささやき合う。[源氏物語 平安－物語]総角「『誰(た)が御ためにもいとほしく』とささめきあへり」[訳]「どなたの御ためにも気の毒だ」と(女房たちは)ひそひそと話し合った。

ささめき-ごと【私語】[名詞]内緒話。ひそひそばなし。

ささ-め・く*[自動詞]カ四{か/き/く/く/け/け}ひそひそと話す。ささやく。[枕草子 平安－随筆]大蔵卿ばかり「『この中将に扇の絵のこと言へ』とささめけば」[訳]「この中将に扇の絵のことを言え」とささやくと。◆「ささ」は擬声語、「めく」は接尾語。

ざざ-め・く*[自動詞]カ四{か/き/く/く/け/け}騒がしい音を立てる。がやがやする。ざわざわする。[源氏物語 平安－物語]真木柱「めでてざざめき騒ぐ声、いとしるし」[訳](近江(おうみ)の君の)ほめてがやがやして騒ぐ声がはっきり聞こえる。◆江戸時代以降は「さざめく」とも。

ささめ-ごと[1]【私語】[名詞]「ささめきごと」に同じ。「さざめごと」とも。

ささめごと[2][書名]連歌論書。心敬(しんけい)作。室町時代中期(一四六四ころ)成立。二巻。(内容)上巻に和歌と連歌の同一論、下巻には仏教と連歌の道を説いており、室町時代の連歌論を代表する著作。

ささ-やか・なり【細やかなり】[形容動詞]ナリ{なら/なり・に/なり/なる/なれ/なれ}❶こぢんまりしている。[源氏物語 平安－物語]花散里「ささやかなる家の」[訳]こぢんまりした家の。❷小柄だ。[紫式部 平安－日記]寛弘六・一・一〜三「いとささやかに、小さしといふべきかたなる人の」[訳]たいそう小柄で、むしろ小さいといってもよいほうの人で。◆「やか」は接尾語。後には「さざやかなり」とも。

ささやけ-びと【細やけ人】[名詞]小柄な人。[紫式部 平安－日記]寛文六年正月「宣旨の君は、ささやけびとの、いと細やかにそびえて」[訳]宣旨の君は、小柄な人で、とてもほっそりとして背高くすらりとして。

ささら[1]【簓・編竹・編木】[名詞]❶民俗芸能の楽器の一つ。竹を細かく割って束ねた、長さ三〇センチほどのもの。それを持ち、簓子(ささらご)(=のこぎりの歯のような刻み目を付けた、細い棒。「ささらのこ」とも)にすり合わせて音を出す。古くは田楽(でんがく)に用い、のち、歌祭文(うたざいもん)・説経節(せっきょうぶし)などの拍子取りに用いられた。摺(す)り簓(ざさら)。

❷「編木子(びんざさら)」の略。民俗芸能の楽器の一つ。短冊形の小板を重ね並べて、その一端に紐(ひも)をかけてとじ連ねたもの。左右両端を持ち、小板同士を打ち合わせて音を出す。田楽などに用いる。びんざさら。

ささら-[2]【細ら】[接頭語][名詞に付いて]細かい。小さい。「さざら」とも。「ささら形(がた)」「ささら波」

ささら・ぐ[自動詞]ガ四{が/ぎ/ぐ/ぐ/げ/げ}さらさらと音を立てて水が流れる。[更級 平安－日記]東山なる所「心地よげにさ

日本語のこころ　ささ濁り

蕪村(ぶそん)の俳句に、「二人してむすべば濁る清水哉(かな)」というのがあります。若い男女二人の夏の山旅でしょうか。のどが乾いてきて、ふとした岩陰に湧(わ)き出している泉を見つけた。駆けるようにしてその前へ行き、二人同時に泉に手をさしのべて水を飲んだ。と、澄んだ泉の底にたまっていた砂つぶが水面に浮かんできた。二人はそれをよけて水をすくって飲んだという句で、二人のうれしそうな顔が見えるような名句です。

「ささ濁り」とは、小濁り、細濁り、薄濁りとも書きますが、つまり水がほんの少し濁ることなのです。それも一瞬濁ってもこの句のようにまた瞬時にしてきれいな水に戻るという状態を表した言葉です。

外国人がこの句を解釈して、こんなふうに訳しておりました。最初の男女二人の山旅のあたりはそのままでしたが、水のところの解釈が全然違っていました。水をすくったところ、その水が濁って飲めなくなったというのです。これは興味深いですね。「濁る」という語句を和英辞典で引くと、

become muddy clouded

となるんです。濁ったイコール汚れるとなるんでしょうか。「ささ濁り」などという意味の言葉は日本語にしかないのでしょうか。自然に湧き出る清水が自由に飲める日本ならではの美しい情景です。

さらぎ流れし水も」訳気持ちよさそうにさらさらと音を立てて流れていた水も。

ささら-なみ【細ら波】 名詞 さざなみ。◆後に「さざらなみ」とも。

さざれ-【細れ】 接頭語「ささ(細)ら」に同じ。「さざれ石」「さざれ波」

さざれ-いし【細れ石】 名詞 小石。「さざれし」とも。古今 平安一歌集 賀「わが君は千代に八千代にさざれいしの巌となりて苔のむすまで」訳わが君は千年も八千年も長生きてください。小石が大きな岩となって苔が生えるまでも。

参考 石灰石が長い年月をかけて雨水に溶かされ、そのときに生じた乳状液の粘着力によって小石を固めた巨石を「さざれいし」といい、「石灰質角礫岩」という。一説に、用例の石は伊吹山にあるとも。

[1]さざれ-し【細れ石】 名詞「さざれいし」に同じ。

[1]さざれ-なみ【細れ波】 名詞 さざ波。万葉集 奈良一歌集 三一二六「さざれなみ浮きて流るる泊瀬川寄るべき磯のなきがさぶしさ」訳さざ波が浮かんで流れていく泊瀬川は、舟を漕ぎ寄せられそうな磯のないのがさびしいことよ。

参考 さざ波がしきりに立つことから「間無くも」「しきて」「止む時もなし」などを導く序詞を構成することもある。

[2]さざれ-なみ【細れ波】 枕詞 さざ波が立つことから「立つ」にかかる。「さざれなみ立ちても」

[1]さ・し【狭し】 形容詞ク {(く)・から/く・かり/し/き・かる/けれ/かれ} 狭い。万葉集 奈良一歌集 八九二「あがためはさくやなりぬる」訳⇩かぜまじり…。

[2]さし-【差し】 接頭語 動詞に付いて、意味を強めたり語調を整えたりする。「さし仰ぐ」「さし曇る」

-ざし【差し】 接尾語 名詞に付いて、その物の姿・状態などを表す。「面ざし」「目ざし」

さし-あが・る【差し上がる】 自動詞ラ四 {ら/り/る/る/れ/れ}(日や月が)昇る。枕草子 平安一随筆 関白殿、二月二十一日に「朝日のはなばなとさしあがるほどに」訳朝日がはなやかに昇るころに。◆「さし」は接頭語。

さし-あ・ぐ【差し上ぐ】 他動詞ガ下二 {げ/げ/ぐ/ぐる/ぐれ/げよ} ❶高く持ち上げる。蜻蛉 平安一日記 上「蔀をさしあげたる所に」訳蔀を高く持ち上げてある所に。❷「贈る」の謙譲語。献上する。奉る。平家物語 鎌倉一物語 四・還御「文持ったる便女が参って、『五条の大納言殿へ』とてさしあげたり」訳手紙を持った召使いの女が参上して、『五条大納言殿へ』といって献上した。❸高い声を出す。宇治拾遺 鎌倉一説話 九・七「細くらうたげなる声をさしあげて」訳細くかわいらしい声をはりあげて。◆「さし」は接頭語。

さしあたり-て【差し当たりて】 副詞 目下。現に。源氏物語 平安一物語 桐壺「さしあたりて世のおぼえはなやかなる御方々にも劣らず」訳目下世間の評判がきわだって盛んな御方々にも見劣りすることなく。

さし-あた・る【差し当たる】 自動詞ラ四 {ら/り/る/る/れ/れ} ❶(光などが)直接当たる。枕草子 平安一随筆 能因本・うへにさぶらふ御猫は「日のさしあたりたるに、うち眠りて居たるを」訳日が直接当たっているところに、(猫が)よく眠っているのを。❷直面する。当面する。徒然 鎌倉一随筆 一八八「まづさしあたりたる目の前の事にのみ」訳まず直面している目の前の事にだけ。◇「さし」は接頭語。

さし-あ・つ【差し当つ】 他動詞タ下二 {て/て/つ/つる/つれ/てよ} ❶直接に当てる。源氏物語 平安一物語 夕顔「御耳に、さしあてたるやうに鳴き乱るるを」訳(虫の声が源氏の)お耳に、直接に当てたように鳴き乱れるのを。❷指名して事に当たらせる。源氏物語 平安一物語 浮舟「宿直にさしあてなどしつつ」訳宿直に当たらせたりしては。◆「さし」は接頭語。

さし-あは・す【差し合はす】(サシアワス)

一 他動詞サ下二 {せ/せ/す/する/すれ/せよ} ❶(心や調子などを)同じにする。重ね合わせる。源氏物語 平安一物語 行幸「御心をさしあはせてのたまはむことと、思ひ寄り給ふに」訳(大宮と源氏が)お心を同じにしておっしゃろうとするのだと、(内大臣は)考えつきなさると。❷一緒におこなう。源氏物語 平安一物語 竹河「さしあはせてはうたてしたり顔ならむ」訳(姉妹の結婚を)一緒におこなっては、いやに得意顔(に見えてしまう)だろう。◆「さし」は接頭語。

二 自動詞サ下二 {せ/せ/す/する/すれ/せよ}(物事が)かち合う。大鏡 平安一物語 師尹「おほやけ事さしあはせたる日なれば、急ぎ出いで給ふに」訳朝廷の行事がかち合っている日なので、(人々が)急いでお出なさると。◆「さし」は接頭語。

さし-あひ【差し合ひ・指し合ひ】(サシアイ) 名詞 ❶差し支え。差し障り。不都合。❷他人の前で遠慮すべき言動。当たり障り。❸連歌や連句で、同種・類似の言葉や物が規定以上に近づいて用いられること。また、それを禁じるきまり。

[1]さし-あ・ふ【指し合ふ】(サシアウ) 他動詞ハ四 {は/ひ/ふ/ふ/へ/へ}(互いに欠点などを)指摘しあう。非難しあう。太平記 室町一物語 二七「喩へば、山賊と海賊と寄り合ひて、互ひに犯科の得失をさしあふがごとし」訳たとえば、山賊と海賊とが集まって、お互いに犯した罪のよしあしを非難しあうようなものだ。

[2]さし-あ・ふ【差し合ふ】(サシアウ) 自動詞ハ四 {は/ひ/ふ/ふ/へ/へ} ❶行き会う。出会う。源氏物語 平安一物語 東屋「さしあひて、おしとどめて立てたれば」訳出会って、(車を)ひきとめて、(榻を)立てていたところ。❷向かい合う。向き合う。宇治拾遺 鎌倉一説話 一五・一二「日本の東の奥の地とは、さしあひてぞあんなる」訳日本の東の奥の地方とは、向かい合っているそうである。❸重なり合う。かち合う。新古今 鎌倉一歌集 雑上・詞書「さしあふ事ありて、とどまりて」訳かち合うことがあって、自分は残って。◆「さし」は接頭語。

さし-あふ・ぐ【差し仰ぐ】(サシアオグ) 自動詞ガ四 {が/ぎ/ぐ/ぐ/げ/げ} 仰ぎ見る。見上げる。竹取物語 平安一物語 かぐや姫の昇天「ただ、さしあふぎて泣きをり」訳ただ(姫を)仰ぎ見て泣いている。◆「さし」は接頭語。

さし-あぶら【差し油】 名詞 油皿に灯火用の油を差しつぐこと。また、その油。

さし-あゆ・む【差し歩む】 自動詞マ四 {ま/み/む/む/め/め} 歩く。蜻蛉 平安一日記 中「こたみはつつむことなくさしあゆみて」訳今度は、はばかることなく歩いて。◆「さし」は接頭語。

さし-い・づ【差し出づ】(サシイズ)

━ 自動詞 ダ下二{で/で/づ/づる/づれ/でよ} ❶(光が)差し始める。輝き出す。枕草子 平安ー随筆 九月ばかり、夜一夜「朝日いとけざやかにさしいでたるに」訳朝日がたいそうはっきりと輝き出したときに。◇「射し出づ」とも書く。❷外に出る。人前に出る。出仕する。徒然 鎌倉ー随筆 一五〇「うちうちよく習ひ得てさしいでたらんこそ、いと心憎からめ」訳(一芸を身につけるのに)ひそかによく習得してから人前に出たようなのこそ、たいそう奥ゆかしいであろう。◇「さし」は接頭語。❸でしゃばる。源氏物語 平安ー物語 早蕨「ふとさしいで聞こえむことの、なほつつましきを」訳不意にでしゃばり申し上げるようなことが、やはり気が引けるので。◇「さし」は接頭語。

二 他動詞 ダ下二{で/で/づ/づる/づれ/でよ} 差し出す。枕草子 平安ー随筆 この草子「端の方なりし畳をさしいでしものは、この草子載りて出でにけり」訳端の方に置いてあった畳を差し出したところ、この草子が畳に載って出てしまった。

さし-いで【差し出で】 名詞 出しゃばり。

さし-いらへ【差し答へ】（サシイラエ） 名詞 ❶受け答え。返事。枕草子 平安ー随筆 よろづのことよりも情あるこそ「さもあるまじき人の、さしいらへをもうしろやすくしたるは」訳それほど親密でもない人が、返事を気安くしたのは。❷演奏などの相手をすること。合奏。合唱。源氏物語 平安ー物語 若菜下「今日の御遊びのさしいらへに交じらふばかりの手づかひ」訳今日の管弦のご演奏の相手に仲間入りするほどの技量。

さし-い・る【差し入る】 一 自動詞 ラ四{ら/り/る/る/れ/れ} ❶(光が)差し込む。徒然 鎌倉ー随筆 一〇「さしいりたる月の色も、一きはしみじみと見ゆるぞかし」訳差し込んでいる月の光も、いちだんとしみじみと見えるものだ。◇「射し入る」とも書く。❷入る。入り込む。枕草子 平安ー随筆 五月ばかりなどに「ものの枝などの、車の屋形などにさしいるを」訳何かの木の枝などが車の屋形などに入り込むのを。◇「さし」は接頭語。

二 他動詞 ラ下二{れ/れ/る/るる/るれ/れよ} 入れる。竹取物語 平安ー物語 燕の子安貝「燕の巣に手をさしいれさせてさぐるに」訳燕の巣に手を入れさせて探るが。◆「さし」は接頭語。

さし-う・く【差し受く】 他動詞 カ下二{け/け/く/くる/くれ/けよ} 受ける。特に、杯を受けることにいう。徒然 鎌倉ー随筆 八七「さしうけ、さしうけ、よよと飲みぬ」訳(酒を杯に)受けては受けては、ぐいぐいと飲んだ。◆「さし」は接頭語。

さし-お・く【差し置く・差し措く】 他動詞 カ四{か/き/く/く/け/け} ❶置く。源氏物語 平安ー物語 葵「濃き青鈍の紙なる文つけて、さしおきて往にけり」訳濃い青鈍の紙に書いた手紙をつけたものを置いていった。❷そのままにする。後回しにする。徒然 鎌倉ー随筆 二一七「人はよろづをさしおきて」訳人はいっさいのことをそのままにして。◆「さし」は接頭語。

さし-かく・す【差し隠す】 他動詞 サ四{さ/し/す/す/せ/せ} 顔を隠す。蜻蛉 平安ー日記 下「この車を見つけて、ふと扇をさしかくして渡りぬ」訳このわたしの車を見つけて、さっと扇で顔を隠して通り過ぎていった。◆「さし」は接頭語。

さし-かた・む【差し固む】 他動詞 マ下二{め/め/む/むる/むれ/めよ} ❶門や戸などを固く閉じる。源氏物語 平安ー物語 横笛「などかくさしかためたる」訳どうしてこのように(格子を)固く閉じているのだ。◇「鎖し固む」とも書く。❷厳重に警戒する。固く守る。奥の細道 江戸ー紀行 平泉「泰衡らが旧跡は、衣が関を隔てて南部口をさしかため、夷を防ぐと見えたり」訳泰衡たち(藤原一族)の旧跡は、衣が関を隔てて南部領への出入り口を厳重に警戒し、蝦夷の侵入を防ぐためのものと見える。◇「さし」は接頭語。

さし-か・ふ【差し交ふ】（サシコウ―サシカウ） 他動詞 ハ下二{へ/へ/ふ/ふる/ふれ/へよ} (互いに差し伸べて)交差させる。万葉集 奈良ー歌集 四八一「白栲の(=枕詞)袖さしかへて靡き寝るわが黒髪の」訳(あなたと)袖を交差させて寄り添って寝たわたしの黒髪が。

さし-かへ・る【差し返る】（サシカエル） 自動詞 ラ四{ら/り/る/る/れ/れ} (岸に着いた船が)すぐ引き返す。源氏物語 平安ー物語 橋姫「さしかへる宇治の川長」訳岸に着いてすぐ引き返す宇治川の渡し守。

さ-じき【桟敷】 名詞 ❶見物や物見の席として、地面より一段高く構えた観覧席。徒然 鎌倉ー随筆 一三七「見事いと遅し。そのほどはさじき不用なり」訳葵祭の行列はたいそう遅い。その間は桟敷にいても仕方ない。❷劇場・相撲小屋などで、一段高く作られた観客席。

ざ-しき【座敷】 名詞 ❶座るべき場所。座席。❷客間。応接間。❸宴席。また、その席での客扱い。

参考 古くは、部屋の床はすべて板張りになっていて、そこに茵・円座・上畳などの敷物を敷いて座った。客間を座敷というのも、客を迎えるときに敷物を設けたことからいったもの。

さじき-や【桟敷屋】 名詞「桟敷❶」を構えた家。桟敷殿。

さし-ぐし【挿し櫛】 名詞 飾りとして女性が髪に挿す櫛。▼くしけずるための櫛に対していう。

さしくみ-に 副詞 さっそく。いきなり。「さしぐみに」とも。源氏物語 平安ー物語 若紫「さしくみに袖ぬらしける山水に」訳いきなり涙で袖をおぬらしになった山の水音にも。

さし-く・む【差し汲む】 他動詞 マ四{ま/み/む/む/め/め} (水などを手で)すくい取る。蜻蛉 平安ー日記 中「さしくむばかり見ゆる月影」訳すくい取れるほどに(はっきり)見える月よ。

さし-ぐ・む【差し含む】 自動詞 マ四{ま/み/む/む/め/め} (涙が)わいてくる。「さしくむ」とも。源氏物語 平安ー物語 帚木「うちも笑まれ、涙もさしぐみ」訳自然に(よい事に)ほほえみ、(悪い事に)涙もわいてきて。

参考 和歌では「差し汲む(=水などをすくい取る)」とかけて用いることが多い。

さし-くも・る【差し曇る】 自動詞 ラ四{ら/り/る/る/れ/れ} (空が)曇る。万葉集 奈良ー歌集 二五一三「雷神の少し動みてさしくもり」訳雷が少し鳴って空が曇り。◆「さし」は接頭語。

さし-こみ【差し込み】 名詞 ❶入れ知恵。❷髪飾り。かんざしの一種で模様の部分が本体からはずれるようになっていて、好みに応じて取り替えられるようになったもの。

さし-こ・む[1]【差し込む】 一 自動詞 マ四 {ま/み/む/む/め/め} ❶込み合う。 源氏物語 平安一物語 横笛「女房もさしこみて臥したる、人気にぎはしきに」 訳 女房も込み合って横になっているのは、人の気配が(多く)にぎやかで。◇「さし」は接頭語。❷(日・月などの光や水などが)さし入る。入り込んでくる。 平家物語 鎌倉一物語 七・火打合戦「東西の山の根に水さしこうで」 訳 東西の山のふもとに水が入り込んできて。◇「さしこう」はウ音便。「射し込む」とも書く。❸(胸や腹が)激しく痛む。
二 他動詞 マ四 {ま/み/む/む/め/め} ❶(狭い場所に)押し込む。押し入れる。 一代男 江戸一物語 浮世・西鶴「名書きもなき文一つ、懐にさしこみ」 訳 署名もない手紙一通、懐に押し込み。❷入れ知恵する。わきから口出しをする。

さし-こ・む[2]【鎖し籠む】 他動詞 マ下二 {め/め/む/むる/むれ/めよ} 中に閉じ込める。 竹取物語 平安一物語 かぐや姫の昇天「かくさしこめてありとも」 訳 たとえこのように(私を)中に閉じ込めていても。

さし-こも・る【鎖し籠る】 自動詞 ラ四 {ら/り/る/る/れ/れ} (門や戸をしめて)中に閉じこもる。引きこもる。 古事記 奈良一史書 神代「天の岩屋戸を開きて、さしこもりましき」 訳 天の岩屋戸を開いて、中に閉じこもりなさった。

さし-しぞ・く【差し退く】 自動詞 カ四 {か/き/く/く/け/け} しりぞく。 源氏物語 平安一物語 総角「さししぞきつつ、みな寄り臥して」 訳 しりぞいては、みなものに寄りかかって横になって。◆「さし」は接頭語。

さし-す・ぐ【差し過ぐ】 自動詞 ガ上二 {ぎ/ぎ/ぐ/ぐる/ぐれ/ぎよ} ❶出過ぎる。度を越す。「差し過ぐす」とも。 源氏物語 平安一物語 帚木「またさしすぎたる事なく物し給ひけるかな」 訳 また出過ぎた事もなくていらっしゃるよ。❷通り過ぎる。 平家物語 鎌倉一物語 一〇・熊野参詣「佐野の松原さしすぎて」 訳 佐野の松原を通り過ぎて。◆「さし」は接頭語。

さし-すぐ・す【差し過ぐす】 自動詞 サ四 {さ/し/す/す/せ/せ} 「さしすぐ❶」に同じ。 源氏物語 平安一物語 常夏「さしすぐしたることもあらむかし」 訳 (近江の君の)出過ぎた振る舞いもあろうよ。◆「さし」は接頭語。

さ-したる[*] 連体詞 なりたち 副詞「さ」に動詞「す」の連用形と完了の助動詞「たり」の連体形の付いたかたちが一語化したもの。
❶(打消の語を伴って)さほどの。たいした。 徒然 鎌倉一随筆 一七〇「さしたる事なくて、人のがり行くは」 訳 たいした用件がないのに、他人の家に行くのは。❷特に思い定めた。格別の。 宇治拾遺 鎌倉一説話 一四・六「さしたることなん言はんと思ふ」 訳 特に思い定めたことを言おうと思う。

さし-だる【差し樽・指し樽】 名詞 酒樽の一種。板で組んだ箱型の樽。黒塗りで、上の端に注ぎ口をつける。

（差し樽）

さし-ちが・ふ[1]【刺し違ふ】 自動詞 ハ下二 {へ/へ/ふ/ふる/ふれ/へよ} 刀で刺し合う。刺し違える。 平家物語 鎌倉一物語 八・水島合戦「引っ組んで海に入るもあり、さしちがへて死ぬるもあり」 訳 取っ組み合って海に落ちる者もいるし、刺し違えて死ぬ者もいる。

さし-ちが・ふ[2]【差し違ふ】 他動詞 ハ下二 {へ/へ/ふ/ふる/ふれ/へよ} 互い違いにする。 枕草子 平安一随筆 関白殿、二月二十一日に「三尺の御几帳一具をさしちがへて」 訳 三尺の御几帳ひと組みを互い違いにして。◆「さし」は接頭語。

さし-づ【指図・差図】 名詞 ❶図面。設計図・見取り図・地図。❷指示。命令。❸見積もり。

さし-つかは・す【差し遣はす】 他動詞 サ四 {さ/し/す/す/せ/せ} 差し向ける。 平家物語 鎌倉一物語 六・飛脚到来「入道相国、やがて打手をさしつかはす」 訳 清盛はすぐに討手を差し向ける。◆「さし」は接頭語。

さし-つぎ【差し次ぎ】 名詞 すぐ次。次の位置。 源氏物語 平安一物語 末摘花「大弐のさしつぎにおぼいたるが娘」 訳 (源氏が)大弐の乳母のすぐ次に(大切にお思いになっている人の娘。

さし-つ・く[1]【差し付く】 他動詞 カ下二 {け/け/く/くる/くれ/けよ} 押し当てる。突きつける。 枕草子 平安一随筆 方弘は、いみじう人に「紙燭さしつけ焼き」 訳 紙燭(=室内用の照明具の一つ)を押し当て焼き。◆「さし」は接頭語。

さし-つ・く[2]【差し着く】 一 自動詞 カ四 {か/き/く/く/け/け} (船が岸に)着く。 源氏物語 平安一物語 浮舟「かの岸にさしつきており給ふに」 訳 対岸に(船が)着いてお下りなさるときに。
二 他動詞 カ下二 {け/け/く/くる/くれ/けよ} (船を岸に)着ける。 源氏物語 平安一物語 澪標「岸にさしつくる程見れば」 訳 岸に(船を)着けるときに見ると。

さし-つ・ぐ【差し次ぐ】 自動詞 ガ四 {が/ぎ/ぐ/ぐ/げ/げ} 次ぐ。すぐ後に続く。 源氏物語 平安一物語 若菜下「この院、大殿にさしつぎ奉りては、人も参り仕うまつり」 訳 この院(=源氏)、大殿(=太政大臣)の後に続き申し上げ(るお方とし)ては、人も参上しお仕え申し上げ。◆「さし」は接頭語。

さし-つど・ふ【差し集ふ】 自動詞 ハ四 {は/ひ/ふ/ふ/へ/へ} 寄り集まる。 枕草子 平安一随筆 宮にはじめてまゐりたるころ「奥よりて三、四人さしつどひて」 訳 奥の方へ寄って三、四人が寄り集まって。◆「さし」は接頭語。

さし-つ・む【差し詰む】 一 自動詞 マ下二 {め/め/む/むる/むれ/めよ} ❶思い詰める。❷(弓に矢を)次々つがえる。 平家物語 鎌倉一物語 九・木曾最期「射残したる八筋の矢を、さしつめ引きつめ、さんざんに射る」 訳 (今井四郎は)射残してあった八本の矢を、次々つがえては引いて、容赦なく激しく射る。◆「さし」は接頭語。
二 他動詞 マ下二 {め/め/む/むる/むれ/めよ} 追い詰める。◆「さし」は接頭語。

さしつめ-ひきつめ【差し詰め引き詰め】 連語 なりたち 動詞「さしつむ」の連用形＋動詞「ひきつむ」の連用形
つがえては引き、つがえては引き。▼矢を次々につがえて、続けて射るさま。 平家物語 鎌倉一物語 四・橋合戦「矢先をそろえて、さしつめひきつめさんざんに射る」 訳 矢先をそろえて、つがえては引き、つがえては引き激しく射る。
参考 軍記物語に特徴的な、具体的な描写に近い表現の一つ。

さ-して 副詞〔打消の語を下接して〕これといって。さほど。「さいて」とも。源氏物語 平安-物語 若菜下「さして重き罪には当たるべきならねど」訳さほど重い罪には当たるはずもないのだけれども。

さし-で【差し出】 名詞 でしゃばること。差し出口。

さし-とら・す【差し取らす】 他動詞サ下二〔せ/せ/す/する/すれ/せよ〕受け取らせる。手渡す。源氏物語 平安-物語 浮舟「わたくしの人にや、艶なる文は、さしとらする」訳私的な人(=恋人)に、風情のある文を、(自分で)手渡すか。◆「さし」は接頭語。

さ-し-ながら【然しながら】 副詞 ❶全部。すっかり。蜻蛉 平安-日記 中「宿見れば蓬のかどもさしながら荒るべきものと思ひけむやぞ」訳お屋敷を見ると、よもぎが茂った門も閉ざしたままで、すっかり荒れてしまうとはどうして思ったであろうか、いや、決して思いもよらなかった。❷あたかも。さながら。拾遺 平安-歌集 賀「大空に群れたる鶴のさしながら思ふ心のありげなるかな」訳大空に群がっている無心の鶴もあたかもあなたの長寿を祝う心があるように見えることよ。

さし-なは【差し縄】 名詞 馬のくつわにかけて、引いたりつないだりする縄。麻縄や組み緒を用いる。

さし-なべ【差し鍋】 名詞 弦のついた、注ぎ口のある鍋。
参照▶口絵

さし-なほ・す【差し直す】 他動詞サ四〔さ/し/す/す/せ/せ〕❶改めてきちんと差す。源氏物語 平安-物語 葵「しどけなくうち乱れ給へるさまながら、紐ばかりをさしなほし給ふ」訳(源氏は)くつろいで衣服を着崩された姿のままで、紐だけを改めてきちんと差しなさる。❷改める。直す。源氏物語 平安-物語 帚木「見過ぐさば、さしなほしてもなどか見ざらむ」訳(相手のいたらなさをそのまま)見過ごしたならば、(夫が妻の心を)改めてでもどうして夫婦でいられないことがあろうか。◇「さし」は接頭語。

さし-なら・ぶ【差し並ぶ】
一 自動詞バ四〔ば/び/ぶ/ぶ/べ/べ〕隣り合って並ぶ。並ぶ。万葉集 奈良-歌集 一〇二〇「さしならぶ国に出でますはしきやしわが背の君を」訳隣り合って並ぶ国におでかけになるいとしいわが夫の君を。◆「さし」は接頭語。
二 他動詞バ下二〔べ/べ/ぶ/ぶる/ぶれ/べよ〕並べる。源氏物語 平安-物語 竹河「この殿の姫君の御かたはらには、これをこそさしならべて見め」訳この殿の姫君の御かたはらの隣(=御婿君)には、この方をこそ並べて見たい。◆「さし」は接頭語。

***さし-ぬき【指貫】** 名詞 袴の一つ。裾の回りに紐が通してあり、はいてから、その紐を絞って足首でくくる。本来は狩猟用のもので狩衣といっしょに着用したが、平安時代には貴族の平常服また宮中での略式礼装となり、衣冠・直衣などでも指貫を用いるようになった。指貫の袴。参照▶口絵

さしぬきを… 俳句「指貫を 足でぬぐ夜や 朧月」蕪村句集 江戸-句集 俳諧・蕪村 訳春の夜を思いのままに遊んで帰って来た貴公子が、物憂げに、指貫を足で脱いでいる。空には月がかすんでかかり、艶やかな雰囲気である。
鑑賞 蕪村の得意とした王朝趣味の句。指貫を「足でぬぐ」ことといい、朧月といい、春の夜のなまめかしいけだるさをよく表現している。季語は「朧月」で、季は春。

さし-の・く【差し退く】
一 自動詞カ四〔か/き/く/く/け/け〕❶引き下がる。離れる。退く。❷縁が遠くなる。疎遠になる。栄花物語 平安-物語 峰の月「さしのきたる人々の心地こそだに、いといみじうあはれに悲しきに」訳縁が遠くなった人々の気持ちでさえ、たいそう気の毒で悲しいのに。◆「さし」は接頭語。
二 他動詞カ下二〔け/け/く/くる/くれ/けよ〕立ち退かせる。離れさせる。源氏物語 平安-物語 葵「みな、さしのけさする中に」訳(あたりの牛車を)みな立ち退かせさせる中に。◆「さし」は接頭語。

さし-のぞ・く【差し覗く】
一 他動詞カ四〔か/き/く/く/け/け〕のぞく。徒然 鎌倉-随筆 二三〇「狐、人のやうについ居て、さしのぞきたるを」訳狐が、人間のようにひざまずいて、のぞいているのを。◆「さし」は接頭語。
二 自動詞カ四〔か/き/く/く/け/け〕立ち寄る。訪れる。蜻蛉 平安-日記 中「七日ばかりの昼、さしのぞきたり」訳七日ごろの昼、立ち寄った。

さし-のぼ・る【差し登る・差し昇る】 自動詞ラ四〔ら/り/る/る/れ/れ〕❶(上の方へ)のぼる。❷(川を)さかのぼる。土佐日記 平安-日記 二・一一「かくてさしのぼるに、東の方に山の横ほれるを見て」訳こうして川をさかのぼると、東の方に山が横たわっているのを見て。

さし-は【翳・刺し羽】 名詞 貴人の外出のときに従者が後ろからさしかける、柄の長いうちわのようなもの。鳥の羽や薄絹などで作る。

(翳)

さし-はさ・む【差し挿む・差し挟む】 他動詞マ四〔ま/み/む/む/め/め〕❶(物の)間に入れる。古事記 奈良-史書 神代「その生める子をば、木の俣にさしはさみて返りき」訳その生んだ子を、木のまたの間に入れて帰った。❷心に持つ。平家物語 鎌倉-物語 五・朝敵揃「野心をさしはさんで、朝威を滅ぼさんとする輩」訳野心を心に持って、朝廷の威信を滅ぼそうとする連中。◇「さしはさん」は撥音便。「さし」は接頭語。

さし-はな・つ【差し放つ】 他動詞タ四〔た/ち/つ/つ/て/て〕遠ざける。疎んじる。源氏物語 平安-物語 桐壺「うち笑まれぬべきさまのし給へれば、えさしはなち給はず」訳ほほえまずにいられないようなごようすをなさっているので、とても遠ざけることをなされない。◆「さし」は接頭語。

さし-はな・る【差し離る】 自動詞ラ下二〔れ/れ/る/るる/るれ/れよ〕(距離、または血縁関係が)離れる。隔たる。源氏物語 平安-物語 夕霧「さしはなれたる仲らひにてだにあらで」訳(夕霧と致仕の大臣は)血縁関係の離れた間柄でさえなくて。◆「さし」は接頭語。

さし-は・ふ【指し延ふ】 サシハウ—サシホウ 自動詞ハ下二〔へ/へ/ふ/ふる/ふれ/へよ〕わざわざする。特にそれと目指す。源氏物語 平安-物語 空蝉「さしはへたる御文にはあらで、畳紙に手習ひのやうに書きすさび給ふ」訳わざわざ書いたお手紙ではなくて、懐紙にいたずら書きのように慰み半分にお書きになる。

[1]さしま・す 他動詞 サ四 {さ/し/す/す/せ/せ}［「為す」の尊敬語］なさる。比丘貞 室町―狂言 狂言「いりやらしまして、朝祝いをさしませ」訳いらっしゃいまして、朝祝いをなさい。◆「させます」の変化した語。

[2]さします 助動詞 四型《接続》上一・上二・下一・下二段活用の動詞の未然形に付く。{さしませ/さしまし・さしまっ/さします/さします/○/さしませ・さしませい}〔尊敬〕…なさる。花子 室町―狂言 狂言「なうなう、これのは内に居さしますか」訳もしもし、おまえさんは中にいなさるか。◆「させます」の変化した語。

さし-むか・ふ【差し向かふ】 サシムカウ―サシムコウ 自動詞 ハ四 {は/ひ/ふ/ふ/へ/へ} 向かい合う。対座する。枕草子 平安―随筆 よろづのことよりも情あるこそ「伝へて聞きたるは、さしむかひて言ふよりもうれし」訳（思いやりのある言葉を、人から）口伝えに聞いたのは、向かい合って言われたのよりもうれしい。◆「さし」は接頭語。

さし-む・く【差し向く】 一 自動詞 カ四 {か/き/く/く/け/け} 向き合う。その方を向く。◆「さし」は接頭語。二 他動詞 カ下二 {け/け/く/くる/くれ/けよ}（その方へ）向ける。派遣する。平家物語 鎌倉―物語 七・清水冠者「既に討手をさしむけらるる由聞こえしかば」訳今まさに討手を派遣されるということがうわさされたので。◆「さし」は接頭語。

さしめ 尊敬の助動詞「さしむ」の命令形。

[1]さ-しも 副詞

なりたち 副詞「さ」に、副助詞「しも」の付いたかたちが一語化したもの。

❶あんなにも。そんなにも。それほど。方丈記 鎌倉―随筆「人の営み、みな愚かなる中に、さしも危ふき京中の家を造るとて、宝を費やし、心を悩ますことは」訳人間のやることがすべてばかげている中で、あんなにも危険な都の中の家を建てるといって、財産を浪費し、神経をすりへらすことは。

❷〔打消・反語の表現を下接して〕それほどには。そのようには。そうとばかり。たいして。源氏物語 平安―物語 玉鬘「筑紫人は三日籠らむと心ざし給へり。右近はさしも思はざりけれど」訳筑紫の人は（寺に）三日籠ろうとお決めになっていた。（侍女の）右近はそれほどには思わなかったけれど。

[2]さしも 助動詞 特殊型《接続》四段・ナ変以外の動詞の未然形に付く。{さしも/さしも/さしも/さしも/さしめ/さしめ}〔尊敬〕…なさる。史記抄 室町―論「景帝は孝景の七年に生じさしもたぞ」訳景帝は孝景の七年に生まれなさったのだ。◆鎌倉・室町時代の語。

参考 助動詞「さす」の連用形「させ」に「たまふ」の付いた「させたまふ」が「さしまふ」を経てできた語。狂言では特に命令形の例が多い。

さしも-あら-ず 連語

なりたち 副詞「さしも」＋ラ変動詞「あり」の未然形＋打消の助動詞「ず」

❶そうでもない。そんなことでもない。蜻蛉 平安―日記 上「ただなりしをりはさしもあらざりしを」訳ふだんはそうでもなかったが。❷たいしたことでもない。源氏物語 平安―物語 浮舟「例は、さしもあらぬことのついでにだに」訳いつもは、たいしたことでもない話のついでにさえも。

さし-もぐさ【さしも草】 名詞 蓬の別名。葉を干して、もぐさにする。させもぐさ。後拾遺 平安―歌集 恋一「かくとだにえやはいぶきのさしもぐささしも知らじな燃ゆる思ひを」訳⇩かくとだに…。参照▶口絵

参考 和歌では、この用例のように、もぐさの名産地の伊吹・伊吹の山に続けて用い、同音の「さしも（＝それほどにも）」を導くことが多い（序詞）。

さしも-な・し【然しも無し】 連語

なりたち 副詞「さしも」＋形容詞「なし」

そうでもない。たいしたこともない。枕草子 平安―随筆 鳥は「夜鳴くもの、なにもなにもめでたし。ちごどものみぞさしもなき」訳夜鳴くものはなんでもなんでもすばらしい。赤ん坊だけはそうでもない。

[1]さし-もの【指し物・差し物】 名詞 ❶戦国時代から江戸時代、戦場で武将が自分や自分の隊の標識とした旗や作り物。❷木を組み合わせて作る家具や器具。

[2]さし-もの【挿し物】 名詞 髪にさす飾り物。かんざし・くし・こうがいの類。

さしも-やは【然しもやは】 連語

なりたち 副詞「さしも」＋係助詞「やは」

そんなことがあろうか、いや、そうではない。▼反語の意を表す。源氏物語 平安―物語 椎本「『これや限りの』などのたまひしを、などか、さしもやはとうち頼みて」訳「これが最後ですね」などとおっしゃったのを、どうして、そんなことがあろうか、いや、そうではないと（薫は）信じて。

さし-や【差し矢】 名詞 近距離の敵に対しての矢の射方。矢つぎ早に矢を射ること。またその矢。

さし-や・る【差し遣る】 他動詞 ラ四 {ら/り/る/る/れ/れ} ❶押しやる。（手を）差し伸ばす。蜻蛉 平安―日記 上「硯引き寄せて、手習ひに『…』とてさしやりたれば」訳硯を引き寄せて書き流しに『…』と（書いて）押しやったので。◇「さし」は接頭語。❷（棹を差して）船を進ませる。源氏物語 平安―物語 椎本「君たち誘ひて、さしやり給ふ程」訳貴公子たちを誘って、船を進ませなさる間。

さしゃる 助動詞 特殊型《接続》四段・ナ変・サ変以外の動詞型活用の語の未然形に付く。{さしゃら・さしゃろ/さしゃり・さしゃっ・さしゃれ/さしゃる/さしゃる/さしゃれ/さしゃれ・さしゃい}〔尊敬〕…なさる。油地獄 江戸―浄瑠 浄瑠・近松「これ見さしゃれ。何もない」訳これをご覧なさい。何もない。◆江戸時代の語。

参考 助動詞「さす」の未然形に助動詞「らる」のついた「させらる」の変化した語。

[1]さしゃん・す 他動詞 サ特殊型 {せ/し/す/す/(すれ)/せ}［「為す」の尊敬・丁寧語］なさいます。油地獄 江戸―浄瑠 浄瑠・近松「ああ、怪我さしゃんすな」訳ああ、怪我をなさいますな。◆江戸時代の語。

参考 サ変動詞「す」の未然形＋助動詞「さしゃんす」からなる「せさしゃんす」の変化した語。ただし、実際には「せさしゃんす」の例は見られない。

（指し物❶）

さしゃんす[2] 助動詞 特殊型《接続》四段・ナ変・サ変以外の動詞型活用の語の未然形に付く。{さしゃんせ/さしゃんし/さしゃんす/さしゃんす/さしゃんすれ/さしゃんせ}〔丁寧の意を添えた尊敬〕…なさいます。心中天網島 江戸―浄瑠 浄瑠・近松「なう旦那殿起きさしゃんせ」訳もし旦那さまお起きなさいませ。◆江戸時代の語。
参考 尊敬の助動詞「さしゃる」の連用形＋丁寧の助動詞「ます」からなる「さしゃります」の変化した語。一説に助動詞「さしゃる」の連用形に丁寧の助動詞「んす」の付いた語。

さし-よ・す【差し寄す】 他動詞 サ下二{せ/せ/す/する/すれ/せよ}**寄せる。近付ける。** 土佐日記 平安―日記 二・五「住の江にさしよせよ」訳住吉の岸に(舟を)近付けよ。◆「さし」は接頭語。

さし-よ・る【差し寄る】 自動詞 ラ四{ら/り/る/る/れ/れ}**近寄る。近づく。** 徒然 鎌倉―随筆 二三六「さしよりて、据ゑなほして往にければ」訳(神官は)近寄って、(背中を向け合っている獅子と狛犬をもとのように)置き直して行ってしまったので。◆「さし」は接頭語。

さし-わ・く【差し分く】 一 他動詞 カ四{か/き/く/く/け/け}**他と区別して特別に扱う。ことさらにする。** 源氏物語 平安―物語 若菜下「人をしも、さしわきて」訳柏木をことさらに(名指し)して。◆「さし」は接頭語。
二 他動詞 カ下二{け/け/く/くる/くれ/けよ}❶一に同じ。源氏物語 平安―物語 幻「杯など、常の作法よりもさしわけ給ひて」訳杯事をふだんのしきたりより区別して特別に扱いなさって。❷**分ける。分割する。** 太平記 室町―物語 七「その勢三千余騎をさしわけて」訳その軍勢三千騎余りを分割して。◆「さし」は接頭語。

さし-わた・す【差し渡す】 一 他動詞 サ四{さ/し/す/す/せ/せ}❶**棹をさして、船を対岸へ渡す。** 蜻蛉 平安―日記 上「車かき据ゑて、ののしりてさしわたす」訳車を(舟に)固定して、大騒ぎして渡す。❷**かけ渡す。** 更級 平安―日記 竹芝寺「酒壺に、さしわたしたる直柄の瓢の」訳酒壺にかけ渡してあるひたえのひしゃく(=ひょうたんから作ったひしゃく)が。
二 自動詞 サ四{さ/し/す/す/せ/せ}❶**直接向かい合う。面と向かう。** ❷**自分で直接に行う。** ◆「さし」は接頭語。江戸時代の語。

さし-わた・る【差し渡る】 自動詞 ラ四{ら/り/る/る/れ/れ}**棹をさして水面を渡る。** 源氏物語 平安―物語 浮舟「小さな舟に乗り給ひて、さしわたり給ふ程に」訳小さい舟にお乗りになって、水面を渡りなさる間に。

さ・す[1]

一【差す】自動詞 サ四{さ/し/す/す/せ/せ}❶**(光が)当たる。** 万葉集 奈良―歌集 一五「わたつみの豊旗雲に入り日さし今夜の月夜さやに照りこそ」訳⇨わたつみの…。◇「射す」とも書く。
❷**芽が出る。枝が伸びる。** 万葉集 奈良―歌集 九〇七「瑞枝さし繁に生ひたる栂の木の」訳みずみずしい枝が伸びて、すき間なく繁っている栂の木のように。
❸**(雲が)わく。わき出る。** 万葉集 奈良―歌集 四三〇「八雲さす」訳たくさんの雲がわき出る。
❹**(潮が)満ちる。** 増鏡 室町―物語 新島守「高潮などのさしくるやうにて」訳高潮などが満ちてくるようで。

二【刺す・挿す】他動詞 サ四{さ/し/す/す/せ/せ}❶**突き刺す。刺す。** 万葉集 奈良―歌集 四三五〇「庭中の阿須波の神に小柴さし吾は斎はむ帰り来までに」訳庭の屋敷の神に対し小柴を地に刺して(いのり)、私は清めごとをしよう。帰って来る日まで。
❷**食いつく。かむ。** 徒然 鎌倉―随筆 九六「くちばみにさされたる人」訳まむしにかまれた人。
❸**間に差し挟む。** 枕草子 平安―随筆 清涼殿の丑寅のすみの「御草子に夾算さして、大殿ごもりぬるも」訳ご本にしおりを挟んでおやすみになられたのも。
❹**突き立てる。さす。** 土佐日記 平安―日記 一・二・一七「棹させど底ひも知らぬわたつみの」訳棹を突き立てても果てもわからない大海のように。
❺**縫う。縫いつける。** 古今 平安―歌集 雑体「秋風にほころびぬらしふぢばかまつづりさせてふきりぎりす鳴く」訳秋風が吹いたので、袴がほころびたらしい。つづって縫えというこおろぎが鳴く。

三【注す・点す】❶**ともす。** 徒然 鎌倉―随筆 二一五「紙燭さして、くまぐまを求めしほどに」訳紙燭をともして、すみずみまで捜していたところ。
❷**(酒を)つぐ。** 伊勢物語 平安―物語 八二「歌詠みて杯はさせ」訳歌を詠んでから、杯はさしなさい。

四【指す・差す】❶**目指す。向かって進む。** 徒然 鎌倉―随筆 五〇「四条よりかみさまの人、みな北をさして走る」訳四条から上の方に住んでいる人は、みんな北に向かって走っていく。
❷**指名する。** 宇津保 平安―物語 菊の宴「宇佐の使ひにさされて下るに」訳宇佐神社への使いに指名されて下向するときに。
❸**指定する。** 徒然 鎌倉―随筆 一八八「日をささぬ事なれば」訳日を決めていないことだから。
❹**掲げ持つ。かざす。差し掛ける。** 枕草子 平安―随筆 五月の御精進のほど「一条殿より傘持て来たるをささせて」訳一条殿から傘を持って来たのを(侍に)差し掛けさせて。

さ・す[2]【鎖す】他動詞 サ四{さ/し/す/す/せ/せ}**かぎなどをかける。門や戸を閉ざす。** 源氏物語 平安―物語 夕顔「御車入るべき門はさしたりければ」訳お車が引き入れられるはずの門はかぎなどをかけてあったので。

さす[3] 助動詞 下二型
《接続》四段・ナ変・ラ変以外の動詞の未然形に付く。

未然形	連用形	終止形	連体形	已然形	命令形
させ	させ	さす	さする	さすれ	させよ

❶〔使役〕**…せる。…させる。** 枕草子 平安―随筆 雪のいと高う降りたるを「御格子上げさせて」訳(女房に)御格子を上げさせて。
❷〔尊敬〕**お…になられる。…なさる。…あそばす。** ▼尊敬の意を表す語とともに用いて、より高い尊敬の意を表す。源氏物語 平安―物語 夕顔「ものおぢをなむわりなくせさせ給ふ御本性にて」訳(夕顔は)怖がること

さ

をむやみにしなさるご性格で。❸〔受身〕…られる。平家物語 鎌倉―物語 九・宇治川先陣「畠山、馬の額を篦深に射させて」訳畠山は、（乗っていた）馬の額を深々と射られて。

語法 (1)尊敬の「さす」（主として平安・鎌倉・室町時代）

……させ給ふ
……させおはします ｝（地の文）最高敬語
……させらる（「らる」も尊敬の助動詞）

❷の意味は、他の尊敬語が併せ用いられた場合に限られる。そのうち、「させ給ふ」「させおはします」が地の文に用いられたとき、これは最高敬語といわれ、天皇・皇后や、それに準ずる人の動作をいうのに用いられる。⇩最高敬語

(2)受身の「さす」 ❸は「軍記物語」の合戦の場面に見られる特殊な用法で、武士が「…される」という受身の表現を嫌うあまり、「…させてやる」という態度を示したもので、「武者言葉」ともいう。

注意 (1)単独で用いられる「さす」は使役である。(2)「させ給ふ」には二とおりあり、「…に」に当たる受身の対象の人物が文脈上存在する場合は使役、そうでない場合は最高敬語（二重敬語）と見てよい。⇩させたまふ

参考 「さす」と同じ意味・用法の助動詞「す」は四段・ナ変・ラ変動詞の未然形に付く。

-さ・す[4] 接尾語サ四型 ❶〔他動詞の連用形に付いて〕…しかける。…し残す。▼その動作や状態を中断する意を表す。伊勢物語 平安―物語 一〇四「見さして帰り給ひにけり」訳（祭り）見物しかけてお帰りになったということだ。❷〔自動詞の連用形に付いて〕…しかかる。▼その動作や状態が中途である意を表す。源氏物語 平安―物語 幻「花はほのかに開けさしつつ」訳（紅梅の）花はわずかに開きかけて。

参考 ❶は、「言ひ止す」などのように、「止す」と当てることもある。

ざ-す[1]【座主】名詞 一山の寺務を総括する首席の僧職。延暦寺・醍醐寺などの大寺に置かれたが、中でも延暦寺のそれは天台座主として有名。

ざ-す[2]【座す・坐す】自動詞サ変〔せ/し/す/する/すれ/せよ〕座る。奥の細道 江戸―紀行 象潟「この寺の方丈に座して簾を捲けば、風景一眼のうちに尽きて」訳この寺の住職の居室に座って簾を巻き上げ（て外を眺め）ると、風景が一望のうちに見渡され。

さすが[1]【刺鉄】名詞 馬具の鐙を下げて止める金具。

さすが[2]【流石】副詞 ❶そうはいうものの。そうかといって、やはり。▼前のことと裏腹になるさま。源氏物語 平安―物語 宿木「いみじくそしりつぶやき申し給ひけれど、さすがゆかしかりければ参りて」訳（大納言は）ひどく非難し不平を漏らしておいでだったが、そうはいうものの（藤の宴が）見たかったので参上して。❷いかにも。なんといってもやはり。▼当然であるさま。平家物語 鎌倉―物語 五・都帰「福原は山隔たり江重なって、程もさすが遠ければ」訳福原は（旧都との間に）山もあり川もいくつもあって、道のりもいかにも遠いので。

さすが・なり【流石なり】形容動詞ナリ〔なら/なり・に/なり/なる/なれ/なれ〕

語義の扉

副詞「さ」＋サ変動詞「す」＋助詞「がに」の「さすがに」の語尾を活用させ形容動詞化した語。予想していたことと相反することを表し、それを評価する姿勢で用いる。

❶そうはいっても、やはり…だ。やはり、そうでもない。
❷やはり、それだけのことはある。なんといっても、相当なものだ。

❶そうはいっても、やはり…だ。やはり、そうでもない。やはり、そうはいかない。徒然 鎌倉―随筆 一一「閼伽棚に菊・紅葉など折り散らしたる、さすがに住む人のあればなるべし」訳閼伽棚に菊や紅葉が折り散らしておいてあるのは、そうはいっても、やはり住む人がいるからなのであろう。❷やはり、それだけのことはある。なんといっても、相当なものだ。▼多く「さすがに」の形で副詞的に用いる。枕草子 平安―随筆 鳥は「木高き木どもの中に、もろ声に鳴きたるこそ、さすがにをかしけれ」訳高い木々の中で、（ほととぎすとうぐいすが）声を合わせて鳴いているのは、やはりそれだけのことはあって面白い。

参考 「流石」は、中国の故事にもとづいたあて字といわれる。

さすがに【流石に】形容動詞「さすがなり」の連用形。

さすたけ-の【刺す竹の】枕詞 「君」「大宮人」「皇子」「舎人男」など宮廷関係の語にかかる。「さすだけの」とも。竹の旺盛な生命力にかけて繁栄を祝ったものか。「さすたけの大宮人」

さす-の-みこ【指すの神子】名詞 よく言い当てる、陰陽師や占い師。◆言うことが手のひらにあるものを指すように明白な人のこと。

さす-また【刺す股】名詞 江戸時代、犯罪者を捕らえるのに用いた道具の一つ。二股の金具に長い木の柄を付けたもの。相手ののど首を押さえつけるのに用いる。

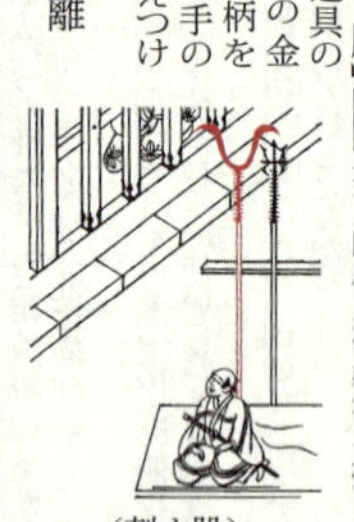
（刺す股）

さすら・ふ【流離ふ】サスラウ―サスロウ 一 自動詞ハ四〔は/ひ/ふ/ふ/へ/へ〕放浪する。さまよう。落ちぶれる。源氏物語 平安―物語 総角「心の外に、あるまじきさまにさすらふ類だにこそ多く侍るめれ」訳思いどおりにならず、とんでもない状態で放浪する人も多いようです。

二 自動詞ハ下二〔へ/へ/ふ/ふる/ふれ/へよ〕一に同じ。奥の細道 江戸―紀行 出発まで「漂泊の思ひやまず、海浜にさすらへ」訳居所を定めずにさまよいたいという気持ちが抑えら

れず、海辺をさまよい歩き。

さする 使役・尊敬の助動詞「さす」の連体形。

さすれ 使役・尊敬の助動詞「さす」の已然形。

させ 使役・尊敬の助動詞「さす」の未然形・連用形。

さ-せうしゃう【左少将】サショウショウ 名詞「左近衛の少将(さこんゑのせうしやう)」の略。「左近衛府(さこんゑふ)」の次官。中将の次位で正五位下相当。四位で少将になったものを「四位の少将」という。左近衛府の少将。対右少将(うせうしやう)。

さ-せうべん【左少弁】サショウベン 名詞「弁」の一つ。太政官(だいじやうかん)の庶務を扱う左弁官局の三等官。左中弁の次位。対右少弁(うせうべん)。

させ-おはしま・す サセオワシマス 連語

なりたち 尊敬の助動詞「さす」の連用形＋尊敬の意の補助動詞「おはします」

お…になられる。お…なさる。▼非常に高い尊敬の意を表す。枕草子 平安―随筆 五月ばかり、月もなう「上(うへ)も聞こしめして、興ぜさせおはしましつ」訳帝(みかど)もお聞きあそばされて、お楽しみなさっていらっしゃった。

語法 「させおはします」は最高敬語といわれるもので、その動作の主は、天皇をはじめ極めて身分の高い人に限られる。

参考 四段・ナ変・ラ変の動詞には「せおはします」が付くのに対して、それ以外の動詞に付く。

させ-たま・ふ【させ給ふ】サセタマウ―サセタモウ 連語

なりたち 使役・尊敬の助動詞「さす」の連用形＋尊敬の補助動詞「たまふ」

❶(「さす」が尊敬の意の場合)**お…になられる。お…なさる。お…あそばす。**▼非常に高い尊敬の意を表す。枕草子 平安―随筆 うへにさぶらふ御猫は「猫を御ふところに入れさせたまひて、男(をのこ)ども召せば」訳(帝(みかど)は)猫をご自分のふところにお入れになられて、殿上人たちをお呼び寄せになると。

❷(「さす」が使役の意の場合)**…をおさせになる。…させなさる。**▼身分の高い人がだれかに行わせる意を表す。使役する人に対しては下の「たまふ」が尊敬の意を表す。源氏物語 平安―物語 夕顔「蔵人(くらうど)の弁を召し寄せて、まめやかに、かかる由(よし)を奏せさせたまふ」訳(源氏の君は)蔵人の弁をお呼び出しになって、まじめなようすで、このような事情を(帝(みかど)に)奏上させなさる。

参考 (1)❶❷の区別は文中の前後関係から行う。「さす」の上の動詞の主体が「させたまふ」の主体と同じときは❶、別のときは❷である。(2)❶の「させたまふ」は「せたまふ」とともに、二重敬語と呼ばれ、「る」「らる」「たまふ」よりも一段と高い敬意を表す。地の文では主として天皇・皇族・摂関家など、特に高い敬意を示すべき人の動作に用いられ、その場合は最高敬語と呼ばれる。ただし、会話文や手紙文では比較的自由に用いられる。(3)四段・ナ変・ラ変の動詞には「せたまふ」が付くのに対して、それ以外の動詞に付く。

させ-たまへ【させ給へ】サセタマエ 連語

なりたち 尊敬の助動詞「さす」の連用形＋尊敬の補助動詞「たまふ」の命令形

〔多く「いざさせたまへ」の形で〕**…なさいませ。おでかけなさいませ。おいでなさいませ。**▼尊敬の意をもって、相手を誘い、行動を促す意を表す。太平記 室町―物語 八「いざさせたまへ、打ち連れ申さん」訳さあ、おいでなさいませ、お供いたしましょう。

させ-まします【させ坐します】 連語

なりたち 尊敬の助動詞「さす」の連用形＋尊敬の補助動詞「まします」

お(ご)…なさっていらっしゃる。▼強い尊敬の意を表す。平家物語 鎌倉―物語 四・厳島御幸「法皇もおそれさせましましければ」訳法皇もご遠慮なさっていらっしゃったので。

させ-もぐさ【させも草】 名詞「さしもぐさ」に同じ。

させよ 使役・尊敬の助動詞「さす」の命令形。

させ-らる 連語

なりたち 使役・尊敬の助動詞「さす」の未然形＋尊敬の助動詞「らる」

❶**…させなさる。**▼「させ」が使役の場合。相手に……させる意の尊敬表現。徒然 鎌倉―随筆 五一「宇治(うぢ)の里人(さとびと)を召して、こしらへさせられければ」訳宇治の土地の住民をお呼びになって、(水車を)造らせなさったところ。❷**お…なさる。**▼「させ」が尊敬の意を高める場合。

さ-せる 連体詞 〔打消の語を下接して〕**これといった。たいした。**宇治拾遺 鎌倉―説話 三・六「わたうたちこそ、させる能もおはせねば」訳お前たちこそ、たいした才能もおありでないので。

さ-せん【左遷】 名詞／―す 他動詞サ変 官位を下げること。官位を下げて僻地(へきち)へ流すこと。弓張月 江戸―物語 読本「罪なくて大宰権帥(だざいのごんのそつ)にさせんせられ給(たま)ひしことあり」訳罪がないのに大宰府の次官に官位を下げられなさったことがあった。

さ-ぜん【作善】 名詞 仏教語。人がこの世にあって善根(ぜんこん)を積むこと。仏像・堂塔の建立、仏事の供養をすることなどにいう。

ざ-ぜん【座禅・坐禅】 名詞 仏教語。両足を組んで静かに座り、精神を統一して無我の境地に入り、悟りの道を求めること。多く禅宗で行う。

さ-ぞ[1] 副詞 〔推量の表現を下接して〕**さぞかし。きっと。**平家物語 鎌倉―物語 一一・逆櫓「沖は、さぞ吹いて候ふらん」訳沖は、さぞかし(風が)吹いておりますでしょう。

注意 「さぞ」の「ぞ」から係り結びを生じて、結びが連体形となることがある。

さ-ぞ[2]**【然ぞ】** 連語

なりたち 副詞「さ」＋係助詞「ぞ」

❶**そうなのだ。**▼文末にあるときは上のものを強く肯定する意を表す。徒然 鎌倉―随筆 一二「『我はさやは思ふ』など争い憎み、『さるからさぞ』ともうち語らはば」訳「私はそのように思うか、いや思わない」などと言い争って非難し、「そうだからそうなのだ」と話を進めたら。❷**そのように。**源氏物語 平安―物語 須磨「げにさぞ思(おぼ)さるらむと」訳なるほど(紫の上は)そのようにお思いになられているであろうと。

さ-ぞ-な 連語

なりたち 副詞「な」＋係助詞「ぞ」＋終助詞「な」

❶**本当に。いかにも。**平家物語 鎌倉―物語 六・小督「さぞな昔の名残もさすがゆかしくて」訳本当に昔の琴を弾いた思い出もやはり懐かしくて。❷**さだめし。さぞかし。きっと。**新古今 鎌倉―歌集 羇旅「さぞな旅寝の夢も見じ」訳きっと旅寝の夢も見ないだろう。

さ

さそ・ふ【誘ふ】ウソ 他動詞 ハ四 {は/ひ/ふ/ふ/へ/へ} **❶誘う。いざなう。** 古今 平安—歌集 春上「鶯(うぐひす)さそふしるべにはやる」訳うぐいすを誘う道案内として送ろう。**❷持ち去る。さらって行く。** 隅田川 室町—能楽 謡曲「一人子を人商人(ひとあきびと)にさそはれて」訳ひとりっこを人買いにさらって行かれて。

さ-た【沙汰】 名詞／—す 他動詞 サ変

語義の扉

漢語「沙汰」を元に生まれたサ変動詞。

漢語の窓 漢語「沙」は、細かいものを水に入れて洗い、不要なものを捨て、必要なものを選び出す意。「汰」は、強い勢いで水を流す意。「沙汰」は、米を水ですすいで砂をとることから、転じて、善と悪とをえりわけることの意。

日本語化した「沙汰す」は、漢語の、ことがらの理非・曲直を議論・協議し、判定する意から、評議・訴訟・裁判による裁定(❶)、また、それに伴う処置、命令、指図(❷❸)や、その準備、手配(❹)の意のほか、音信、報告の意(❺)、さらに、評判の意(❻)をも表す。

- ❶協議。評議。訴訟。裁定。さばき。
- ❷処置。始末。
- ❸命令。指図。仰せ。
- ❹準備。支度。手配。
- ❺知らせ。音信。報告。
- ❻うわさ。評判。

❶協議。評議。訴訟。裁定。さばき。 徒然 鎌倉—随筆 一七七「雨降りてのち、いまだ庭の乾かざりければ、いかがせんとさたありけるに」訳雨が降ってその後、まだ庭が乾かなかったので、(蹴鞠(けまり)を)どうしようかと評議があったときに。**❷処置。始末。** 徒然 鎌倉—随筆 五九「同じくは、かのことさたしおきて」訳どうせ同じことなら、あのことを処置しておいて(から出家しよう)。**❸命令。指図。仰せ。** 平家物語 鎌倉—物語 一・殿上闇討「かへって叡感(えいかん)にあづかっしうへは、あへて罪科(ざいくわ)のさたもなかりけり」訳かえって(上皇の)おほめをいただいた以上は、まったく処罰の命令もなかった。**❹準備。支度。手配。** 平家物語 鎌倉—物語 六・小督「これまた綸言(りんげん)なれば、雑色(ざふしき)・牛・車きよげにさたして」訳これもまた天皇のおことばなので、下働きの従者や牛や車を立派に支度して。**❺知らせ。音信。報告。** 平家物語 鎌倉—物語 四・競「『さらんには力なし』とて、その後(のち)さたもなかりしを」訳「そういうことならやむを得ない」と言って、その後音信もなかったのだが。**❻うわさ。評判。** 日本永代蔵 江戸—物語 浮世・西鶴「二間口(にけんぐち)の棚借りにて千貫目持ち、都のさたになりしに」訳(男は)二間間口(にけんまぐち)の店を借りる身で千貫目持ち(の長者)ということで、都の評判になっていたが。

さだ【時】 名詞 (多く「さだ過ぐ」の形で)**時期。機会。盛りの年齢。** 更級 平安—日記 夫の死「年はややさだ過ぎゆくに」訳年はしだいに盛りの年齢を過ぎてゆくのに。

さ-だいしゃう【左大将】サダイショウ 名詞「左近衛(さこんゑ)大将」の略。「左近衛府(ふ)」の長官。左近の大将。対右大将(うだいしやう)。

さ-だいじん【左大臣】 名詞 律令制で、「太政官(だいじやうくわん)」の官名。制度上では「太政大臣」に次ぎ、「右大臣(うだいじん)」の上席の官であるが、太政大臣は名誉職で常置ではないため、左大臣が実質的な長官として政務を総轄する。左相国(さしやうこく)。左府。「ひだりのおとど」「ひだりのおほいまうちぎみ」とも。対右大臣。

定家(さだいへ)サダイエ ⇨藤原定家(ふぢはらのさだいへ)

さ-だいべん【左大弁】 名詞「弁」の一つ。左弁官局(=中務(なかつかさ)・式部・治部・民部の四省を管理する役所)の長官。下に左中弁・左少弁が補佐する。「ひだりのおほいおほともひ」とも。対右大弁(うだいべん)。

***さだ-か-なり【定かなり】** 形容動詞 ナリ {なら/なり・に/なり/なる/なれ/なれ} **確かだ。はっきりしている。** 古今 平安—歌集 恋三「むばたまの(=枕詞(まくらことば))闇(やみ)のうつつはさだかなる夢にいくらもまさらざりけり」訳暗闇の中での現実の逢瀬(おうせ)は、はっきりとした夢の中の逢瀬に、どれほどもまさってはいなかったよ。

さださだ-と【定定と】 副詞 **はっきりと。** 源氏物語 平安—物語 葵「何にさることをさださだとけざやかに見聞きけむ」訳何でそんなこと(=六条御息所(みやすどころ)の生き霊の出現)を、(私は)はっきりと鮮明に見聞きしたのだろう。

さだ-す・ぐ【さだ過ぐ】 自動詞 ガ上二 {ぎ/ぎ/ぐ/ぐる/ぐれ/ぎよ} **時期が過ぎる。機会が去る。盛りの年ごろを過ぎる。** 万葉集 奈良—歌集 二七三二「このさだすぎて後恋ひむかも」訳この機会が去って後で恋しく思うのだろうかなあ。

さ-だ・たり【蹉跎たり】 形容動詞 タリ {たら/たり・と/たり/たる/たれ/たれ} **つまずく。思うようにいかない。時期を逸する。**「さたたり」とも。徒然 鎌倉—随筆 一一二「吾(わ)が生(しやう)既にさだたり」訳自分の一生はもう思うようにいかない。

さた-なし【沙汰無し】 名詞 **❶内緒。内密。❷取りやめ。中止。**

さ-だに 連語

なりたち 副詞「さ」＋副助詞「だに」

❶(希望の表現を下接して)**せめてそのようにだけでも。** 堤中納言 平安—物語 はいずみ「親、『さだにあらせ給(たま)へ』と」訳親は「せめてそのようにだけでも(=男の家に娘を連れていくだけでも)させてください」と。❷(仮定の表現を下接して)**万一そのようにでも。** 大鏡 平安—物語 師尹「いとよかるべき事なれど、さだにあらば、いとどわが思ふことえせじ」訳(結婚は)とてもよいにちがいないことだが、万一そのようにでもなれば、ますますわたしが思うことは、できないだろう。

さた-の-かぎり【沙汰の限り】 連語 **もってのほか。言語道断。** 醒睡笑 江戸—物語 咄本「さたのかぎり、すりの類(たぐひ)とおぼゆるなり」訳もってのほか、すりのたぐいと思われるのである。◆理に合うか否か判定すべき範囲の意味。

***さだま・る【定まる】** 自動詞 ラ四 {ら/り/る/る/れ/れ} **❶決まる。決定する。** 徒然 鎌倉—随筆 一五五「四季にはなほさだまれる序(つい)であり」訳四季にはやはり決まった順序がある。**❷安定する。落ち着く。静かになる。** 伊勢物語 平安

一物語 二「この京は人の家まださだまらざりける時に」訳この京は人家がまだ安定しなかったときに。❸慣例となる。定着する。源氏物語 平安一物語 御法「さだまりたる念仏をばさるものにて、法華経など誦せさせ給ふ」訳慣例となっている念仏は当然のこととして、法華経などを読経おさせになる。

さだ・む【定む】 他動詞 マ下二 {め/め/む/むる/むれ/めよ}

❶**決める。決定する。** 徒然 鎌倉一随筆 九二「この一矢にさだむべしと思へ」訳この一本の矢で決めようと思え。

❷**意見を出し合う。議論する。** 土佐日記 平安一日記 二・一一「しばし船をとどめて、とかくさだむることあり」訳しばらく船を止めて、あれやこれやと議論することがある。

❸**治める。安定させる。落ち着かせる。** 古今 平安一歌集 雑下「風の上にありかさだめぬ塵の身は」訳風の前では身のあり所を落ち着かせ(ることができ)ない塵のようなはかないこの私は。

***さだめ**【定め】 名詞 ❶**決定。決心。** 大鏡 平安一物語 基経「この大臣のさだめによりて」訳この大臣の決定によって。❷**議論。評議。判定。裁定。** 更級 平安一日記 春秋のさだめ「唐土などにも、昔より春秋のさだめは、え し侍らざなるを」訳唐土などでも昔から春と秋の(優劣の)判定は、できなかったということですのに。❸**規則。おきて。きまり。** 源氏物語 平安一物語 葵「秋の司召しあるべきさだめにて」訳秋の官吏任官の儀式があるはずのきまりであって。

さだめ-あ・ふ【定め合ふ】 サダメアウ—サダメオウ 他動詞 八四 {は/ひ/ふ/ふ/へ/へ} **議論し合う。批評し合う。** 徒然 鎌倉一随筆 五六「人のみざまのよしあし、才ある人はそのことなどさだめあへるに」訳人の外見の良い悪いや、才能のある人(の場合)はそのこと(学問の有無)などを批評し合っているときに。

さだめ-か・ぬ【定め兼ぬ】 他動詞 ナ下二 {ね/ね/ぬ/ぬる/ぬれ/ねよ} **決めることができない。決めかねる。** 古今 平安一歌集 恋一「伊勢の海に釣りする海人の泛子なれや心ひとつをさだめかねつる」訳(私は)伊勢の海で釣りをする漁師のうきだろうか。心ひとつを決めることができなかったことよ。

***さだめ-て**【定めて】 副詞 なりたち 動詞「さだむ」の連用形に接続助詞「て」の付いたかたちが一語化したもの。

必ず。きっと。まちがいなく。 宇治拾遺 鎌倉一説話 一・一二「この児、さだめておどろかさんずらんと、待ち居たるに」訳この稚児は、「きっと(だれかが自分を)起こそうとするだろう」と待っていたところ。

さだめ-な・し【定め無し】 形容詞 ク {(く)・から/く・かり/し/き・かる/けれ/かれ} **移り変わりやすい。一定しない。無常である。** 徒然 鎌倉一随筆 七「世はさだめなきこそいみじけれ」訳この世は無常であるからこそすばらしいのだ。

***さち**【幸】 名詞 ❶(山海の)獲物をとるための道具。弓矢・釣り針の類にいう。古事記 奈良一史書 神代「各さちを相易へて用ゐむ」訳お互いに獲物をとるための道具を取りかえて使ってみよう。❷漁や狩りで獲物があること。また、その獲物。❸**幸福。しあわせ。**

左注 文芸 本文や和歌の後ろ(=左)に付ける注記。和歌では、「詞書」に対するもので、詞書や内容についての、異説や補足の説明などを記すこともある。「左註」とも書く。

さ-ちゅうじゃう【左中将】 サチュウジョウ 名詞「左近衛中将」の略。「左近衛府」の次官で、少将の上位。従四位下相当であるが、三位で中将になった者を「三位の中将」、参議で中将の兼任者を「宰相の中将」という。左近の中将。

さ-ちゅうべん【左中弁】 名詞「弁」の一つ。左弁官局(=中務・式部・治部・民部の四省を管理する役所)の次官。左大弁の次位。対右中弁。

***さ-つき**【五月・皐月】 名詞 陰暦五月の別名。季夏。

参考 奈良時代から平安時代にかけて、五月の季節を感じさせる動植物としては、花橘や、ほととぎすがあり、歌によく詠まれている。五月は、梅雨という長雨の時期であり、五月闇の気味の悪い夜が続く時でもあった。

さつき-あめ【五月雨】 名詞 さみだれ。梅雨。季夏。

さつき-の-せち【五月の節】 連語 **端午の節句。** 季夏。

さつき-の-みさうじ【五月の御精進】 サツキノミソウジ 連語 陰暦五月に行う精進潔斎。

さつきまつ… 和歌「五月待つ 花橘の 香をかげば 昔の人の 袖の香ぞする」古今 平安一歌集 夏・よみ人知らず 訳五月を待って咲く橘の花の香をかぐと、昔親しくしていた人の袖の香りがするよ。

鑑賞「袖の香」は、当時貴族たちがおのおの衣服にたきこめた香のことで、そのにおいが、特定の人と結びついて考えられた。橘は「こうじみかん」のことで、この歌以後、橘の花の香りは昔をしのばせるものとされた。『伊勢物語』六十段にもこの歌が見える。

さつき-やみ[1]【五月闇】 名詞 五月雨が降るころの夜の暗さ。また、その暗闇。季夏。新古今 鎌倉一歌集 夏「さつきやみ短き夜半のうたた寝に花橘の袖に涼しき」訳五月闇の短い夜にうたた寝をしていると、袖に橘の花の香りが風に運ばれて涼しく通って来る。

さつき-やみ[2]【五月闇】 枕詞 暗いところから、同音の「くら」を含む語にかかる。「さつきやみくらはし山」

さづ・く【授く】 サズク 他動詞 カ下二 {け/け/く/くる/くれ/けよ} ❶下位の者に、物を与える。**授ける。** 万葉集 奈良一歌集 四四六五「祖の官と言立ててさづけ給へる子孫のいや継ぎ継ぎに」訳先祖代々の職として言葉に挙げて、(天皇が)お授けなさった子孫がいよいよつぎつぎに。❷**師が弟子に伝授する。** 源氏物語 平安一物語 手習「御忌む事は、いとやすくさづけ奉るべきを」訳ご受戒の事は、たいそうたやすく伝授し申し上げられましょうが。

さつ-さつ・たり【颯颯たり】 形容動詞 タリ {たら/たり・と/たり/たる/たれ/たれ} 風がさわやかに吹く音を表す語。松風にいうことが多い。平家物語 鎌倉一物語 七・青山之沙汰「涼風さつさつたりし夜半に」訳涼しい風がさっと吹いた夜半に。

ざっ-しき【雑色】 名詞「ざふしき」に同じ。

ざっ-しゃう【雑掌】 ザッショウ 名詞 奈良時代以前から鎌倉・室町時代にかけて、官庁や寺社・貴族の荘園などで、種々の雑務を扱った者。

さっしゃ・る[1] 他動詞 特殊型 {ら・れ・ろ/り・つ・れ・い/る/る/れ・るれ/れ・れい}

なりたち サ変動詞「す」の未然形に尊敬の助動詞「さす」と「らる」の付いた「せさせらる」が変化した語。「為す」の尊敬語。なさる。〔内沙汰 室町―狂言〕狂言「これや何とさっしゃれたぞいの」〔訳〕これは何となさったことだろうね。◆江戸時代の語。

²さっしゃる 〔助動詞〕特殊型《接続》四段・ナ変以外の動詞型活用の語の未然形に付く。{さっしゃら・さっしゃれ／さっしゃり・さっしゃっ・さっしゃれ／さっしゃる／さっしゃる／さっしゃれ／さっしゃれ・さっしゃい}〔尊敬〕…なさる。〔油地獄 江戸―浄瑠〕浄瑠・近松「分別も何もいらぬ。ぼい出してのけさっしゃれ」〔訳〕考えることも何もいりません。追い出してしまいなさい。◆助動詞「さしゃる」の変化した語。江戸時代の語。

さった【薩埵】 〔名詞〕仏教語。❶一般の人々。衆生しゅじょう。❷「菩提薩埵ぼだいさった」の略。「ぼさつ」に同じ。

雑体ざってい 〔文芸〕『古今和歌集』巻十九に見える部立ぶだての一つ。正統な短歌以外の和歌を収める部分で、長歌ちょうか・旋頭歌せどうか・俳諧歌はいかいかなどが載っている。「ざったい」とも。

ざっ-と 〔副詞〕❶さっと。どっと。▼勢いよく、すばやく行うさま。〔平家物語 鎌倉―物語〕九・木曾最期「深田ありとも知らずして、馬をざっとうち入れたれば」〔訳〕（木曾義仲きそよしなかは）深い泥田があるともしらないで、馬をさっと乗り入れたので。❷あっさりと。大まかに。〔末広がり 室町―狂言〕狂言「戯ざれ絵ざっとしたを求めて来い」〔訳〕たわむれ書きの絵をあっさりと描いたのを買ってこい。

雑俳ざっぱい 〔文芸〕「雑体の俳諧はいかい」の意。江戸時代中期ごろから流行した遊戯化した俳諧。通俗的・庶民的なもので、前句付け・冠かむり付け・沓くつ付け・沓冠くつかむり・折り句など。前句付けから発展した川柳せんりゅうも雑俳の一種。

ざっ-ぱう【雑袍】ザッポウ 〔名詞〕「直衣なほし」の別名。

さつひと-の【猟人の】 〔枕詞〕猟師が弓を持つことから「弓」の同音を含む地名「ゆつき」にかかる。「さつひとの弓月ゆつきが嶽だけ」◆「さつひと」は猟師の意。

薩摩さつま 〔地名〕旧国名。西海道十二か国の一つ。今の薩摩半島を中心とする鹿児島県西部に当たる。薩州さっしゅう。参照▼資料21

さつ-や【猟矢】 〔名詞〕獲物を得るための矢。

さつ-ゆみ【猟弓】 〔名詞〕獲物をとるための弓。

さつ-を【猟夫】サツオ 〔名詞〕猟師りょうし。

さ-て【然て】

なりたち 副詞「さ」に接続助詞「て」の付いた形が一語化したもの。

一 〔副詞〕**そのままで。そういう状態で。**〔徒然 鎌倉―随筆〕八二「し残したるを、さてうち置きたるは、おもしろく、生き延ぶるわざなり」〔訳〕やり残してあることを、そのままでおいておくのは、趣があって、寿命が延びていくやり方である。

二 〔接続詞〕❶**そうして。それで。そこで。**▼前の内容を受けて、さらに次の話題に話を展開させる。〔徒然 鎌倉―随筆〕五二「極楽寺・高良かうらなどを拝みて、かばかりと心得て帰りにけり。さて、かたへの人に会ひて」〔訳〕（末寺や末社の）極楽寺や高良神社などを拝んで、（石清水八幡宮いわしみずはちまんぐうは）これだけと思いこんで帰ってしまった。そうして、仲間の僧に会って。

❷**ところで。さて。**▼それまでの話とはかかわりのない別の話を新たに言い起こす。〔土佐日記 平安―日記〕二・六「さて、池めいてくぼまり、水漬つけける所あり」〔訳〕ところで、（この家の庭には）池のようにくぼみ、水につかっている所がある。

❸**そうはいうものの。ところが。**▼前の内容から逆接的に言いはじめる。〔枕草子 平安―随筆〕うれしきもの「うれしきもの。まだ見ぬ物語の一を見て、いみじうゆかしとのみ思ふが、残り見出いでたる。さて、心劣りするやうもありかし」〔訳〕うれしいもの。まだ読んだことのない物語の第一巻を読んで、（その続きを）とても読みたいとばかり思っている、その残り（の巻）を見つけ出したとき。そうはいうものの、がっかりするようなこともあるよ。

さ-で【叉手・小網】 〔名詞〕**魚をすくい取る網。**さであみ。

さて-あり-ぬ-べし【然て有りぬべし】 〔連語〕

なりたち 副詞「さて」＋ラ変動詞「あり」の連用形＋完了の助動詞「ぬ」の終止形＋推量の助動詞「べし」

それはそれでよいだろう。「さてもありぬべし」とも。〔源氏物語 平安―物語〕帚木「実じちには似ざらめどさてありぬべし」〔訳〕実際には似ていないでしょうが、それはそれでよいだろう。

日本語のこころ　五月闇さつきやみ

曾我そが兄弟（「曾我兄弟―数のかぞえ方」五九九ページ参照）は、一一九三年（建久四）五月二十八日に父の敵かたきを討ちました。夜討ちとして有名な人には、もう一人、一五八二年（天正十）、主君織田信長を京都の本能寺に襲撃した明智光秀がいます。六月二日に本能寺を衝いています。両方ともほとんど同じ季節の時に襲撃している。これは偶然ではありません。五月といっても実は旧暦の五月ですが、その夜は「五月闇」といって、一年で一番暗い夜として有名でした。

ではなぜ旧暦の五月の夜は暗いのでしょう。第一に梅雨の季節で、雨が降っていることが多い。雨は降らないまでも曇っていることが多い。昔は月は、夜道を歩く人にとって何物にも替えがたい照明具でした。それが出ていないのでは、旧暦五月の夜は鼻をつままれてもわからない闇の世界でした。

しかも注意してください。曾我兄弟も明智光秀も、旧暦五月であればいつでもいいと思って出掛けたのではありません。五月二十八日に目的地に着くように計画しています。旧暦では月の三十日はみそかと言って、月が全然出ない夜です。二十八日や二十九日も一か月のうちで一番出るのがおそい夜なのです。また出てもごく細い糸のような月です。それが全然出ない夜となれば真の「五月闇」です。

曾我兄弟も明智光秀もそういう日を選んだもので、今の人が夜、外へ出掛けるのに月などというものを問題にしないのとは全然ちがいます。

さて-おき-て【然て置きて】 〔連語〕

なりたち 副詞「さて」＋動詞「おく」の連用形＋接続

助詞「て」

それはそれとして。それはともかく。 新古今 鎌倉-歌集 恋五「思ひわび見し面影はさておきて恋せざりけんをりぞ恋しき」訳恋に思い悩む今は、あの夜逢(あ)った恋人の面影の懐かしさはそれはそれとして、まだ恋を知らなかったころが恋しくてならない。

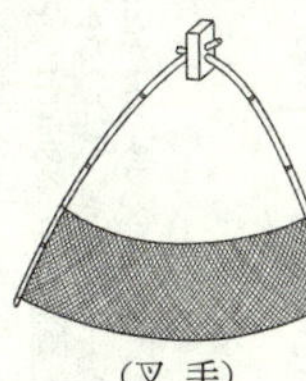
(叉手)

***さて-こそ【然てこそ】** 連語 ❶**そうしてこそ。それではじめて。** 竹取物語 平安-物語 燕の子安貝「そこらの燕(つばくらめ)、子産まざらむやは。さてこそ取らしめ給(たま)はめ」訳たくさんのつばめが子を産まないことがあるだろうか、そんなことはない。それではじめて(子安貝を)お取らせになるのがよろしい。❷**そういうわけで。** 平家物語 鎌倉-物語 九・木曾最期「さてこそ粟津(あはづ)のいくさはなかりけれ」訳そういうわけで粟津(あわづ)の戦いはなかった。◆「さて」を強めた語。「こそ」は係助詞。

さて-さて【然て然て】 一 感動詞 **いやまったく。なんとまあ。** ▼驚きあきれたときの語。源氏物語 平安-物語 帚木「さてさてをかしかりける女かな」訳いやまったくおもしろい女だな。
二 副詞 **そうしてそれから。** 平家物語 鎌倉-物語 三・赦文「さてさて俊寛と康頼法師(やすよりほふし)がことはいかに」訳そうしてそれから俊寛と康頼法師のことはどのようか。

さて-しも【然てしも】 連語 なりたち 副詞「さて」＋副助詞「しも」
❶**そのままで。** 平家物語 鎌倉-物語 九・敦盛最期「さてしもあるべきことならねば、泣く泣く頸(くび)をぞかいてんげり」訳そのままでいられないので、泣く泣く首を切ってしまったのだった。❷**それにしても。** 雨月物語 江戸-物語 浅茅が宿「さてしも臥(ふ)したる妻は、いづち行きけん、見えず」訳それにしても(共に)寝た妻は、どこへ行ったのか、姿が見えない。

さて-しも-あら-ず【然てしも有らず】 連語 なりたち 副詞「さて」＋副助詞「しも」＋ラ変動詞「あり」の未然形＋打消の助動詞「ず」
そのままにしておくわけにもいかない。そうしてばかりもいられない。 増鏡 室町-物語 さしぐし「さてしもあらぬならひなれば」訳そのままにしておくわけにもいかない決まりなので。

†さて-しも-あ・る-べき-こと-なら-ね-ば【さてしもあるべきことならねば】 平家物語 鎌倉-物語 九・敦盛最期「前後不覚におぼえけれども、さてしもあるべきことならねば、泣く泣く首をぞ掻いてんげる」訳正気がなくなったように思えるが、そうした状態でいられることでないので、泣きながら首をかき切った。
品詞分解 さて＝副詞 しも＝副助詞 ある＝動詞「あり」(体) べき＝可能の助動詞「べし」(体) こと＝名詞 なら＝断定の助動詞「なり」(未) ね＝打消の助動詞「ず」(已) ば＝接続助詞

さて-だに【然てだに】 連語 なりたち 副詞「さて」＋副助詞「だに」
せめてそれだけで。せめてその状態で。 源氏物語 平安-物語 若紫「さてだにやみなむと深うおぼしたるに」訳せめてそれだけで終わりにしようと深く決心されていたのだが。

さて-の【然ての】 連語 なりたち 副詞「さて」＋格助詞「の」
それ以外の。 源氏物語 平安-物語 花宴「さての人々は、皆臆(おく)しがちに鼻白める多かり」訳それ以外の人々は、皆おじけがちでとまどっている者が多い。

さて-のみ【然てのみ】 連語 なりたち 副詞「さて」＋副助詞「のみ」
そうしてだけ。それっきり。 源氏物語 平安-物語 手習「尼になしたまひてよ。さてのみなむ生くやうもあるべき」訳(私を)尼にしてください。そうしてだけ生きていく手段もありそうです。

***さて-は【然ては】** なりたち 副詞「さて」に係助詞「は」の付いたかたちが一語化したもの。
一 副詞 **その状態のままでは。それでは。** 竹取物語 平安-物語 燕の子安貝「悪(あ)しくたばかりて取らせ給(たま)ふなり。さてはえ取らせ給はじ」訳まずくくふうして取らせていらっしゃる。その状態のままでは取らせることはおできになるまい。
二 接続詞 ❶**そしてそのほかには。そしてまた。さらには。** 源氏物語 平安-物語 若紫「清げなる大人二人ばかり、さては童(わらは)べぞ出(い)で入(い)り遊ぶ」訳さっぱりした感じの年輩の女房が二人ほど、そしてそのほかには子供たちが出入りして遊んでいる。❷**それでは。それならば。** 徒然 鎌倉-随筆 一四二「さては、もののあはれは知り給はじ」訳それでは、しみじみとした人情味はおわかりにならないだろう。

さて-また【然てまた】 接続詞 **そしてまた。それからまた。** 法師が母 室町-狂言 狂言「まづ春はわらび折る。さてまた夏は田を植ゑ」訳まず春はわらびを採る。そしてまた夏には田植えをし。

さて-も【然ても】 なりたち 副詞「さて」に係助詞「も」の付いたかたちが一語化したもの。
一 副詞 ❶**そうであっても。そういう状態でも。** 千載 鎌倉-歌集 恋三「思ひわびさても命はあるものを憂(う)きに堪(た)へぬは涙なりけり」訳⇨おもひわび…。❷**そのまま。そうして。** 伊勢物語 平安-物語 八三「さてもさぶらひてしがなと思へど、公事(おほやけごと)どもありければ」訳そのまま(おそばに)お仕え申し上げていたいと思うけれど、朝廷の行事などもあったので。
二 接続詞 **ところで。それはそうと。それにしても。** 大鏡 平安-物語 序「かへすがへすうれしく対面(たいめ)したるかな。さても、いくつにかなりたまひぬる」訳ほんとうにうれしくお会いしたことだなあ。ところで、(あなたは)いくつにおなりになったか。
三 感動詞 **なんとまあ。それにしてもまあ。** 源氏物語 平安-物語 若紫「さても、いとうつくしかりつる児(ちご)かな」訳それにしてもまあたいへんかわいい子供だったことか。

***さて-も-あり-ぬ-べし【然ても有りぬべし】** 連語 なりたち 副詞＋動詞「あり」(用)＋完了の助動詞「ぬ」(終)＋推量の助動詞「べし」
それはそれでよいだろう。「さてありぬべし」とも。源氏物語 平安-物語 松風「まだ、細かなるにはあらねど、住みつかばさてもありぬべし」訳まだ(部屋の手入れまで

は)こまごまと行き届いてはいないが、住みなれればそれはそれでよいだろう。

さて-も-ありはて-・ず【然ても有り果てず】連語 なりたち 副詞「さて」＋係助詞「も」＋動詞「ありはつ」の未然形＋打消の助動詞「ず」

そういうふうにもなりきらない。 更級 平安―日記 宮仕へ「まめまめしく過ぐすとならば、さてもありはてず」訳地道に暮らすというのなら(けっこうなのだが)、そういうふうにもなりきらない。

さて-も-ある-べき-なら-・ず【然ても有るべきならず】連語 なりたち 副詞「さて」＋係助詞「も」＋ラ変動詞「あり」の連体形＋推量の助動詞「べし」の連体形＋断定の助動詞「なり」の未然形＋打消の助動詞「ず」

ずっとそのままではいられない。 平家物語 鎌倉―物語 三・少将都帰「さてもあるべきならねば、むかへに乗物どもつかはして」訳ずっとそのままではいられないので、迎えに乗物などを遣わして。

さても-さても【然ても然ても】感動詞 **なんとまあ。** ▼「さても」を強めた言い方。宇治拾遺 鎌倉―説話 三・一六「さてもさても、こはいかなりし事ぞ」訳なんとまあ、これはどうしたことなのですか。

さて-も-や【然てもや】連語 なりたち 副詞「さて」＋係助詞「も」＋係助詞「や」

それでも…か。 古今 平安―歌集 恋五「わがごとく我を思はむ人もがもさてもや憂きと世をこころみむ」訳私が相手を思うように、私を思う人がいてくれたらなあ。それでもつらいものだろうかと男女の仲を試してみよう。

***さても-やは**【然てもやは】連語 なりたち 副詞「さても」＋係助詞「やは」

そのようにしても…か(そんなことはあるまい)。 徒然 鎌倉―随筆 一〇「さてもやは、永らへ住むべき」訳そのようにしても長生きして住むことができようか。

さと[1]【里】名詞

❶**人里。里。集落。** ▼生活の場として人家が集まっている所。万葉集 奈良―歌集 一三一「この道の八十隈ごとに万たびかへりみすれどいや遠にさとは離りぬ」訳⇩いはみのうみ…。

❷奈良時代以前の地方行政区画の一つ。人家五十戸を一つの「里」として、「郡」の下に置かれた。のち「郷」と書いた。

❸**自分の住んでいる所。住んだことのある土地。郷里。ふるさと。** 更級 平安―日記 鏡のかげ「知りたりし人、さと遠くなりて音もせず」訳知り合いだった人も、私の住む所が遠く離れたので訪れもしない。

❹**実家。宮仕えの者の自宅。** ▼「内裏」に対して、宮仕えの者が自分の実家をさしていう。源氏物語 平安―物語 若紫「内裏にてもさとにても、昼はつくづくとながめ暮らして」訳宮中でも自宅でも、昼はしみじみともの思いにふけって過ごして。

❺**実家。** 嫁・養子・奉公人などの実家、生家。

❻(都や都会に対しての)**いなか。地方。在所。** 古今 平安―歌集 雑下・詞書「深草のさとに住み侍りて、京へまうで来とて」訳深草の里(＝いなか)に住んでおりまして、京まで参りますといって。

❼(寺に対して)**俗世間。**

❽**子供を預けて養ってもらう家。**

❾(江戸時代に用いられて)**遊里。色里。**

ざ-と[2]【颯と】副詞 ❶**さっと。ぱっと。** ▼その動作・状態が瞬時に行われるさま。源氏物語 平安―物語 早蕨「風のさと吹き入るるに」訳風がさっと吹き入ると。❷**どっと。わっと。** ▼多人数が一度に声を出すさま。枕草子 平安―随筆 小白河といふ所は「みな何となくさと笑ふ声」訳みな何となくどっと笑う声。

参考 鎌倉時代以降は、「さっと」の形が普通になる。

佐渡 地名 旧国名。北陸道七か国の一つ。今の新潟県佐渡が島。古くは配流の地とされた。江戸時代には金の産出国として有名になった。佐州。参照▼資料21

ざ-とう【座頭】名詞 ❶盲人の琵琶法師の官名の一つ。盲人の座である当道座の四官(＝検校・別当・勾当・座頭)の最下位。❷僧の姿をした盲人。琵琶・筑紫琴・三味線などをひいて語り物・歌などを演じ、また、あんま・はりなどをも職業とした。

佐藤義清 ⇩西行

さとおさ〖里長〗⇩さとをさ

さと-がち・なり【里がちなり】形容動詞ナリ {なら／なり・に／なり／なる／なれ／なれ} (宮仕えの女性などが)実家に帰っていることが多い。源氏物語 平安―物語 桐壺「もの心細げにさとがちなるを」訳なんとなく心細いようすで、実家に帰っていることが多いのを。◆「がち」は接尾語。

さと-ことば【里言葉】名詞 遊里で主に遊女が用いる特殊な言葉遣い。郭言葉。

さとし[1]【諭し】名詞 **神仏などのお告げ。啓示。前兆。**

さと・し[2]【聡し】形容詞ク {(く)・から／く・かり／し／き・かる／けれ／かれ} **明敏である。理解が早い。賢い。** 源氏物語 平安―物語 桐壺「七つになり給へば書始めなどせさせ給ひて、世に知らずさとうかしこくおはすれば」訳(源氏が)七歳におなりになるので学問始めの儀式などあそばされるが、世に二人とないほど、理解が早く賢くいらっしゃるので。◇「さとう」はウ音便。

さと・す【諭す】他動詞サ四 {さ／し／す／す／せ／せ} **神仏がお告げをもって知らせる。** 源氏物語 平安―物語 薄雲「天変しきりにさとし、世の中静かならぬは、このけなり」訳天空に起こる異変が繰り返し(起こって)お告げをもって知らせ、世の中が落ち着かないのは、このためである。

さと-ずみ【里住み】名詞 ❶内裏から退出して自宅に住むこと。源氏物語 平安―物語 桐壺「心安くさとずみもえし給はず」訳気楽に自宅に住むこともおできにならない。対内裏住み。❷宮仕えなどをしないで、家庭で暮らすこと。更級 平安―日記 宮仕へ「定まりたらむさとずみよりは、をかしき時をも見聞きて」訳型にはまったような家庭で暮らすことよりは、(宮仕えの方が)趣の深いことをも見聞きして。❸(出家または寺ごもりの意思を果たせず)人里に住むこと。俗世間に住むこと。蜻蛉 平安―日記 中「人に言ひ妨げられて、今までかかるさとずみをして」訳人に言われ(出家を)さまたげられて、今までこのような俗世間の暮らしをして。対山住み。

さと-だいり【里内裏】名詞 大内裏の外に仮に設けられた皇居。皇居が火災にあったときや、方違えなどの際に臨時に設けられるもので、多く、皇后の実家などの外戚の邸宅を当てた。「今内裏」とも。

古典の常識

『里内裏』

里内裏が初めて設けられたのは、貞元一年（九七六）に、内裏焼失によって円融天皇が太政大臣藤原兼道の堀河邸を一年間皇居としたときである。本来は臨時の皇居であったが、平安時代末期からは逆に里内裏が常住の皇居となり、行事のときだけ内裏を使った。安貞一年（一二二七）の内裏焼失後は再建されず、室町時代の後小松天皇より明治維新までの約五百年間は、東洞院土御門殿の里内裏が、正式の皇居とされた。

現在の京都御所はその後身で、寛政二年（一七九〇）に松平定信が造営し、焼失後、安政二年（一八五五）に再建されたものである。

さと-どなり【里隣】名詞 **隣近所。**

さと-な・る【里馴る】自動詞ラ下二{れ/れ/る/るる/るれ/れよ} ❶（鳥などが）**人里になれる。** 拾遺 平安―歌集 雑春「あしびきの（＝枕詞）山ほととぎすが人里になれて。❷**遊里の生活になじむ。** 忠臣蔵 江戸―浄瑠 浄瑠「はやさとなれて」訳（おかるは）もう遊里の生活になじんで。◇江戸時代の語。

さと-ばな・る【里離る】自動詞ラ下二{れ/れ/る/るる/るれ/れよ} **人里から離れる。辺鄙である。** 源氏物語 平安―物語 須磨「今はいとさとばなれ、心すごくて」訳今はたいそう人里から離れ、ものさびしくて。

***さと-びと**【里人】名詞 ❶**その土地の住民。** 徒然 鎌倉―随筆 五一「宇治のさとびとを召して、こしらへさせられければ」訳宇治の土地の住民をお呼びになって、（水車を）造らせなさったところ。❷**宮仕えをしていない人。民間人。** 古事記 奈良―史書 允恭「宮人の脚結の小鈴落ちにきと宮人とよむさとびともゆめ」訳宮人の袴をくくり上げておくひもについている小鈴が落ちてしまったと宮人が騒いでいるが、宮仕えをしていない人も、決して騒ぐな。対宮人。❸宮仕えしているが、一時実家に帰っている人。枕草子 平安―随筆 正月一日は「白馬見にとて、さとびとは車清げに仕立てて見に行く」訳白馬の節会を見に行くといって、一時実家に帰っている人は牛車を美しく飾りたてて（宮中へ）見物に行く。❹宮仕えしている人の里方の人。源氏物語 平安―物語 花宴「御方々のさとびと侍る中に」訳女御や更衣の方々の里方の人がおります中に。

さとびと-ごこち【里人心地】名詞 **田舎者の気持ち。**

さと-・ぶ【里ぶ・俚ぶ】自動詞バ上二{び/び/ぶ/ぶる/ぶれ/びよ} ❶**田舎じみる。** 源氏物語 平安―物語 玉鬘「皆見し人はさとびたるに」訳かつて見知った人はみな田舎じみていたので。◇宮廷風の生活になじみが薄く、洗練さを欠く意。対雅ぶ。❷**所帯じみる。世慣れずにいる。** 更級 平安―日記 宮仕へ「さとびたる心地には」訳所帯じみた（私の）心では。◆「ぶ」は接尾語。

さ-どほ・し【さ遠し】形容詞ク{(く)・から/く・かり/し/き・かる/けれ/かれ} **遠い。**◆「さ」は接頭語。

さと-み【里廻】名詞 **人里のあたり。**

さとり【悟り・覚り】名詞 ❶物事の道理をわきまえ知ること。知恵。❷仏教語。迷いを去って真理を知る境地に入ること。また、そうして得た真理。**真実の知恵。**

さとり-を-ひら・く【悟りを開く】連語 迷いを脱して、仏の道の真理を会得する。平家物語 鎌倉―物語 一〇・惟盛入水「成仏得脱してさとりをひらき給ひなば」訳成仏して煩悩を脱して、真理を会得しなさったならば。

***さと・る**【悟る・覚る】他動詞ラ四{ら/り/る/る/れ/れ} ❶**物事の道理をわきまえ知る。理解する。** 方丈記 鎌倉―随筆「住まずして誰かさとらん」訳住まないでだれが（そのよさを）理解するだろうか。❷仏教語。迷いを離れて仏道の真理を知る。平家物語 鎌倉―物語 灌頂・大原御幸「過去・未来の因果をさとらせ給ひなば」訳過去のことが未来の結果を引き起こす因果関係をお悟りなられるならば。

さと-ゐ【里居】名詞 宮仕えの人が、宮中を退いて自分の家に帰っていること。**里さがり。** 枕草子 平安―随筆 この草子「つれづれなるさとゐのほどに書き集めたるを」訳退屈な里さがりの間に書き集めたのを。◆奈良時代以前の語。

さと-をさ【里長】名詞「里②」の長。

さな-かづら[1]【真葛】名詞「さねかづら」に同じ。

さな-かづら[2]【真葛】枕詞 ❶つるが長くのびることから「遠長し」にかかる。万葉集 奈良―歌集 三二八八「さなかづらいや遠長く我が思へる君によりては」訳いよいよ末長くあってほしいと私が思っているあなたのためなら。❷つるが長くのびて末でからみ合うところから「後も逢ふ」にかかる。万葉集 奈良―歌集 三二八〇「さなかづら後も逢はむと」訳後でも会おうと。

さ-ながら【然ながら】副詞

なりたち 副詞「さ」に接続助詞「ながら」の付いた形が一語化したもの。

❶**そのまま。そのままの状態で。もとのまま。** 源氏物語 平安―物語 夕顔「帰り入りて探りたまへば、女君はさながら臥して、右近は、かたはらにうつ伏し臥したり。」訳（源氏が部屋に）もどって手さぐりなさると、女君（＝夕顔）はもとのまま横たわっていて、右近はそばにうつぶせになっていた。

❷**残らず全部。そっくりそのまま。すっかり。ことごとく。** 方丈記 鎌倉―随筆「七珍万宝さながら灰燼となりにき」訳あらゆるすばらしい宝物が残らず全部（焼けて）灰になってしまった。

❸（打消の語を下接して）**まったく。少しも。** 徒然 鎌倉―随筆 七五「人に交はれば、言葉よその聞きに従ひて、さながら心にあらず」訳人と交際すると、（自分の）言葉が他人の思惑に左右されて、まったく（自分の）心（からのもの）でなくなる。

❹（「ごとし」「やうなり」など比況の表現を下接して）**まるで。ちょうど。** 羽衣 室町―能楽 謡曲「今や、さながら天人も羽なき鳥のごとくにて」訳（羽衣をとられて）今は、まるで天人も羽のない鳥のようで。◇鎌倉時代以降の用法。

さ-なき-だに【然なきだに】連語

なりたち 副詞「さ」＋形容詞「なし」の連体形＋副助

詞「だに」
そうでなくてさえ。 平治物語 鎌倉―物語 中「さなきだに冬は定めなき世の」訳そうでなくてさえ、冬は晴雨の定まらない時節の。

***さ-な-なり【然ななり】** 連語
なりたち 副詞「さ」＋断定の助動詞「なり」の連体形＋推定・伝聞の助動詞「なり」からなる「さななるなり」の撥音便「さなんなり」の撥音「ん」が表記されない形。
そのようだ。そうらしい。 源氏物語 平安―物語 総角「うちたたきたまふさま、さななり、と聞きたまひて」訳（妻戸を）おたたきになる様子が、そのようだ（＝兵部卿の宮のようだ）と（薫は）お感じとりになり。

***さ-なへ【早苗】**（サナエ） 名詞 苗代から本田に移し植えるころの、稲の苗。古今 平安―歌集 秋上「昨日こそさなへ取りしかいつの間に稲葉そよぎて秋風の吹く」訳つい昨日、苗代の早苗を取って田植えをしたばかりだと思っていたのに、いつの間にか稲葉がそよいで、秋風が吹くことよ。◆「さ」は接頭語。

さ-な-めり【然なめり】 連語
なりたち 副詞「さ」＋断定の助動詞「なり」の連体形「なる」の撥音便「なん」の「ん」が表記されない形＋推量の助動詞「めり」
そうであろう。 蜻蛉 平安―日記 中「さなめりと思ふに、こころまどひたちぬ」訳そうであろうと思うと気持ちが乱れはじめた。

***さ-なら-ぬ【然ならぬ】** 連語
なりたち 副詞「さ」＋断定の助動詞「なり」の未然形＋打消の助動詞「ず」の連体形
❶**それほどでもない。** 源氏物語 平安―物語 葵「さならぬことだに、人の御ためには」訳それほどでもないことでさえ、他人の御ことに関しては（よいうわさを立てない）。❷**普通ではない。そうあるべきではない。** 源氏物語 平安―物語 末摘花「様異に、さならぬうちとけわざもし給ひけり」訳格別に、普通ではない（立ち入った）内輪の細かな世話までもなさるのだった。

さ-なり【然なり】 連語
なりたち 副詞「さ」＋断定の助動詞「なり」
そうだ。そのとおりだ。 枕草子 平安―随筆 蟻通の明神「まことにさなりけり」訳ほんとうにそのとおりだった。

ざ-なり 連語
なりたち 打消の助動詞「ず」の連体形「ざる」＋推定・伝聞の助動詞「なり」からなる「ざるなり」の撥音便「ざんなり」の撥音「ん」が表記されない形。
❶（「なり」が推定の意の場合）**…ないようだ。…ないらしい。** 土佐日記 平安―日記 一二・二三「この人、国に必ずしも言ひ使ふ者にもあらざなり」訳この人は、国府で必ずしも召し使う者でもないようだ。
❷（「なり」が伝聞の意の場合）**…ないそうだ。…ないということだ。…ないと聞いている。** 土佐日記 平安―日記 一・二〇「海賊は夜歩きせざなり」訳海賊は夜の行動はしないそうだ。
参考 読むときは、「ざんなり」と「ん」を補って読む。

さに-つら-ふ【さ丹頰ふ】（サニツラウ―サニツロウ） 枕詞 （赤みを帯びて）**美しく映えている。ほの赤い。** 万葉集 奈良―歌集 二五二三「さにつらふ色には出でず」訳ほの赤いような顔色には出しませんが。
参考 赤い頰をしているの意で、「色」「君」「妹」「紐」「もみぢ」などにかかる。

さ-にぬり【さ丹塗り】 名詞 赤色に塗ること。また、赤く塗ったもの。◆「さ」は接頭語。

さ-ぬ【さ寝】 自動詞ナ下二（ね／ね／ぬ／ぬる／ぬれ／ねよ） ❶**寝る。** 万葉集 奈良―歌集 六三六「枕を離けず巻きてさねませ」訳まくらから離さずに身につけて寝てください。❷**男女が共寝をする。** 万葉集 奈良―歌集 三八七四「身の若かへにさねし児らはも」訳若い時に共寝をしたあの子はなあ。◆「さ」は接頭語。

讃岐（さぬき） 地名 旧国名。南海道六か国の一つ。今の香川県。讃州。参照▼資料21

讃岐典侍（さぬきのすけ） 人名 （一〇七九?～?）平安時代後期の女流日記作者。讃岐前司藤原顕綱の娘で名は長子。堀河天皇に仕え典侍となり愛されたが、天皇の病死により退く。再び鳥羽天皇に仕えたが、病にかかり兄に預けられた。『讃岐典侍日記』がある。

讃岐典侍日記（さぬきのすけにっき） 書名 日記。讃岐典侍作。平安時代後期（一一〇九ころ）成立。一巻。〔内容〕嘉承二年（一一〇七）堀河天皇の発病から崩御、翌年鳥羽天皇の即位から大嘗会前後二か年間の加持祈禱、公事、節会などのありさまを書いた日記。

さ-ぬ-らく【さ寝らく】 連語
なりたち 接頭語「さ」＋動詞「ぬ」の終止形＋接尾語「らく」
寝ること。男女が共寝をすること。 万葉集 奈良―歌集 三三五八「さぬらくは玉の緒ばかり恋ふらくは富士の高嶺の鳴沢のごと」訳一緒に寝たのは短いあいだだったのに、恋しい気持ちは富士山の鳴沢の（落石の）よう（に激しいもの）だ。

さね[1]【札】 名詞 鉄または牛の撓め革（＝たたき固めた革）で作った、長方形の小板。幾枚もうろこ状に重ね、革や紐でつづって甲冑を作る。参照▼口絵

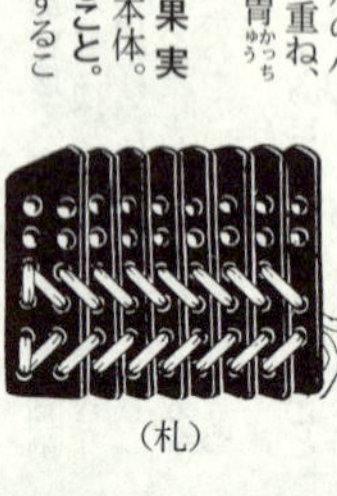
（札）

さね[2]【核・実】 名詞 ❶**果実の種。** ❷**根本のもの。本体。**

さ-ね[3]【さ寝】 名詞 **寝ること。** 特に、男女が共寝をすること。◆「さ」は接頭語。

さね[4] 副詞 ❶（打消の語を下接して）**決して。** 万葉集 奈良―歌集 三七五〇「吾がごとく君に恋ふらむ人はさねあらじ」訳私のように、あなたに恋するであろう人は決していないだろう。❷**間違いなく。必ず。** 源氏物語 平安―物語 薄雲「行きて見て明日もさね来む」訳（あちらへ）行って会って、明日には間違いなく帰って来よう。

さ-ね[5] 連語
なりたち 尊敬の助動詞「す」の未然形＋終助詞「ね」
…なさってほしい。 万葉集 奈良―歌集 一「この丘に菜摘ます児家聞かな告らさね」訳⇒こもよ…。◆奈良時代以前の語。

-ざね 接尾語 〔名詞に付いて〕❶根本となるものの意を表す。「神ざね（＝神の実体）」。❷その中で中心となるものの意を表す。「客人ざね（＝主賓）」「使ひざね（＝正使）」

さね‐かづら【真葛】（サネカズラ） 名詞 ❶つる性の木の名。びなんかずら。◆古くは「さなかづら」とも。❷ 枕詞 さねかずらはつるが分かれてはい回り、末にはまた会うということから、「後も逢ふ」にかかる。「万葉集 奈良‐歌集 二〇七「さねかづら後も逢はむと大船の思ひたのみて」訳⇩あまとぶや…。

さ‐ねかや【さ根萱】 名詞 根の付いたままのかや。◆「さ」は接頭語。

[1]さねさし 枕詞 国名「相模」にかかる。語義・かかる理由未詳。「さねさし相模」

[2]さねさし… 和歌 「さねさし(=枕詞) 相模の小野に 燃ゆる火の 火中に立ちて 問ひし君はも」古事記 奈良‐史書 弟橘比売命 訳 相模(神奈川県)の野で燃え盛る炎の中に立ち、私の安否を気遣い呼びかけてくださったあなたよ。

鑑賞 倭建命が東征の途中、走水の海(=浦賀水道)で后の弟橘比売命が海神の怒りを鎮めるために自ら進んで入水した。そのときに后が詠んだ別れの歌。国造にはかられて火攻めにあった折に、燃える火の中で倭建命が自分を気遣ってくれたことを、深い愛情とともに思い出している。ただし、物語から独立した一首と読めば、「春の野焼きの火の中で私に言い寄ったあなたよ」の意で、古代の農村女性の恋の歌ということになる。「はも」は詠嘆の意を表す連語。

実朝 ⇩源実朝

佐野 地名 歌枕 ❶今の和歌山県新宮市の南端の地域。海岸に沿っている。「佐野の渡り」は、ここを流れる木の川の渡しをいう。❷今の群馬県高崎市の一部。烏川に沿っている。「佐野の舟橋」は、ここに架けられていたという。

佐野の渡り 地名 歌枕 今の和歌山県新宮市南端の地域の海岸沿いにある木の川の渡し。歌では、多く「雨」「雪」が詠み込まれる。

さ‐のみ【然のみ】 連語

なりたち 副詞「さ」＋副助詞「のみ」

❶そのようにばかり。そのようにだけ。そうむやみに。徒然 鎌倉‐随筆 一三七「すべて、月花をば、さのみ目にて見るものかは」訳 総じて、月や花をそのように目でばかり見るものであろうか。

❷(打消の語を下接して)それほど。そんなにも。たいして。源氏物語 平安‐物語 桐壺「限りあれば、さのみもえとどめさせ給はず」訳 (宮中にとどめるにも)限度があるので、(桐壺帝は更衣の退出を)それほどお引きとめなさることはおできになれなくて。

さ‐のみ‐やは【然のみやは】 連語

なりたち 副詞「さ」＋副助詞「のみ」＋係助詞「やは」

そうばかりも…していられようか、いや、いられない。▼反語を表す。竹取物語 平安‐物語 かぐや姫の昇天「さのみやはとて、うち出で侍りぬるぞ」訳 そんなに心の中に秘してばかりいるわけにはいかないと思って、(今そのわけを)打ちあけてしまうのです。◆「さのみやはあらん」の省略形。参照▼ 文脈の研究 さのみやは。

[1]さは【沢】（サワ） 名詞 ❶(草の生い茂った)湿地。❷谷川。

[2]さ‐は【然は】

なりたち 副詞「さ」に係助詞「は」の付いたかたちが一語化したもの。

一 副詞 **そうは。そのようには。** 源氏物語 平安‐物語 夕顔「例のうるさき御心とは思へど、さは申さで」訳 いつものようにやっかいなお心とは思うけれど、そうは申し上げないで。

二 接続詞 **それでは。それならば。** 更級 平安‐日記 後の頼み「さは、このたびは帰りて、後に迎へに来む」訳 それでは、今回は(このまま)帰って、将来(再び)迎えに来よう。

[1]さ‐ば【生飯・散飯】 名詞 仏教語。食事の際、飯の上部を少量取り分けて、鬼神に供え、鳥獣に施すもの。◆「さんぱん」の変化した語。

[2]さ‐ば【然ば】 接続詞 **それでは。** 平中物語 平安‐物語 二五「『さば、もろともに…』とて行きける」訳 「それでは、一緒に…」といって行った。◆「さは」の変化した語。一説に「さあらば」の略とも。

さはいへど【然は言へど】（サハイエド） 連語 **そうは言うものの。やはり。** 徒然 鎌倉‐随筆 三〇「年月経ても、つゆ忘るるにはあらねど、去る者は日々に疎しと言へることなれば、さはいへど、その際ばかりは覚えぬにや」訳 たとえ長い年月が経過しても、(亡くなった人のことを)少しも忘れるわけではないが、「離れ去る者は日々にうとくなる」ということだから、やはりその当座ほどには感じないのだろうか。

文脈の研究 さのみやは

『竹取物語』「かぐや姫の昇天」の、かぐや姫が月に帰る条に、「さのみやはとてうち出ではべりぬるぞ。」のことば(会話文)がある。

この用例は、八月十五夜に近いころの月の光の下で泣きじゃくるかぐや姫にそのわけを問い騒ぐ翁と嫗に答える、かぐや姫のことばの中のもので、この直前に、

先々も申さむと思ひしかども、必ず心惑はしたまはむものぞと思ひて、今まで過ごしはべりつるなり。

(これまでも度々／きっとお気持ちを／とり乱しなさるにちがいない／今まで黙って)

という一文を伴っている。この物語の山場へ向けて、いよいよかぐや姫の謎が明かされていくくだりである。参照▼ 文脈の研究 それを(後文)。

さ‐はう【左方】（サホウ） 名詞 雅楽で、唐楽・天竺楽のこと。左楽。対 右方。

さ‐ばかり【然ばかり】 副詞

なりたち 副詞「さ」に副助詞「ばかり」の付いたかたちが一語化したもの。

❶**その程度。そのくらい。そんなにまで。それほど。** 徒然 鎌倉‐随筆 一〇「この殿の御心さばかりにこそ」訳 この殿(=後徳大寺の左大臣)のお心はその程度であったのだ

ろう。❷非常に。とても。たいそう。[徒然 鎌倉―随筆]二三「さばかり寒き夜もすがら、ここかしこに眠り居たるこそをかしけれ」[訳]非常に寒い夜一晩中、(宮中の)あちこちに(下役人たちが)居眠りをしているのは興味深いことだ。

さばかり‐の【然ばかりの】 [連語]
[なりたち] 副詞「さばかり」＋格助詞「の」
その程度の。それほどの。[徒然 鎌倉―随筆]八四「さばかりの人の、無下にこそ心弱きけしきを人の国にて見え給ひけれ」[訳]それほどの人なのに、ひどく気の弱いようすを外国でお見せになったものだ。

さば・く【捌く】
[一][他動詞]カ四{か/き/く/く/け/け}❶(乱れもつれる物を)解きほぐす。❷使いこなす。❸うまく始末する。
[二][自動詞]カ下二{け/け/く/くる/くれ/けよ}❶筋道が通っている。[井筒業平 江戸―浄瑠]近松「弁舌さばけし長口上」[訳]言い方が筋道が通っていた長いおしゃべり。❷ばらばらになる。割れる。❸気が利いている。[一代女 江戸―物語]浮世・西鶴「さばけぬ人の長座敷、あくびも思はず出で」[訳]気が利いていない客の長座敷には、あくびも思わず出て。

さは‐さは(と)【爽爽(と)】サワサワ(ト) [副詞]さっぱり(と)。[徒然 鎌倉―随筆]一八四「尼も後はさはさはと張り替へんと思へども」[訳]尼(＝私)も、後ではさっぱりと(障子を)張りかえようと思っているけれど。

さ‐ばし・る【さ走る】 [自動詞]ラ四{ら/り/る/る/れ/れ}走る。早く動く。[万葉集 奈良―歌集]四七五「川瀬には年魚子さばしり」[訳]川の瀬では子どものあゆが勢いよく泳ぎ。◆「さ」は接頭語。

さは‐だ【多だ】サワダ [副詞]たくさん。多く。[万葉集 奈良―歌集]三三五四「斑衾に綿さはだ」[訳]まだら模様のふとんに綿がたくさん(入るように)。◆「だ」は程度を表す接尾語。

さは‐だ・つ【爽だつ】サワダツ [自動詞]タ四{た/ち/つ/つ/て/て}さわやかになる。爽快になる。[宇津保 平安―物語]国譲中「御心地も今はさはだち給ひにたれど」[訳]ご気分も今はさわやかになりなさったけれども。

さは‐に*【多に】サワニ [副詞]たくさん。[万葉集 奈良―歌集]二七三「近江の海八十の湊に鶴さはに鳴く」[訳]琵琶湖のあちこちの港に鶴がたくさん鳴いているよ。◆奈良時代以前の語。

さ‐はふ*【作法】サホウ [名詞]❶物事のやり方。仕方。[源氏物語 平安―物語]桐壺「さはふ世にめづらしきまで」[訳](ご婚礼の)仕方は世に類がないほどりっぱに。❷しきたり。慣例。[徒然 鎌倉―随筆]二〇三「勅勘の所に靫かくるさはふ」[訳]天皇のおとがめのあった家に矢を入れて背負う道具を掛けるしきたりは。❸立ち居ふるまい。[大鏡 平安―物語]時平「家内にも大臣のさはふを振る舞ひ給はず」[訳]家の中でも大臣らしい立ち居ふるまいをなさらない。

さばへ‐なす【五月蠅なす】サバエナス [枕詞]夏の初めに群がり騒ぐはえのようにの意から「騒ぐ」「荒ぶ」などにかかる。[万葉集 奈良―歌集]八九七「さばへなす騒く子どもを」[訳]うるさく騒ぐ子供を。

さは‐やか・なり【爽やかなり】サワヤカナリ [形容動詞]ナリ{なら/なり・に/なり/なる/なれ/なれ}❶すがすがしい。さっぱりしている。[蜻蛉 平安―日記]中「わが心地のさはやかにもならねば」[訳]自分の気分がさっぱりしないせいもあって。❷はっきりしている。明白だ。[源氏物語 平安―物語]真木柱「人々いと苦しと思ふに、声いとさはやかにて」[訳]女房たちがたいそう困ったものだと思っているのに、声はまことにはっきりと。❸美しく鮮やかだ。[太平記 室町―物語]一四「馬・物の具、まことにさはやかに勢ひあって」[訳]馬や武器を、本当に鮮やかで迫力あるようすに。◆「やか」は接尾語。

さは‐や・ぐ【爽やぐ】サワヤグ [自動詞]ガ四{が/ぎ/ぐ/ぐ/げ/げ}気分がさわやかになる。多く、病気が回復することにいう。[源氏物語 平安―物語]夕霧「さはやぎ給ふひまありてなむ」[訳](病が重く思われるが)気分がさわやかになりなさる間もあって。◆「やぐ」は接尾語。

さは‐らか・なり【爽らかなり】サワラカナリ [形容動詞]ナリ{なら/なり・に/なり/なる/なれ/なれ}さっぱりしている。[源氏物語 平安―物語]初音「髪の裾少し細りて、さはらかにかかれるしも」[訳](苦労のせいで玉鬘の)髪の毛先が少し細くなって、さっぱりと(衣装に)かかっているのが。◆「らか」は接尾語。

さはり*【障り】サワリ [名詞]❶邪魔。差し支え。❷月経。月のさわり。

さはり‐どころ【障り所】サワリドコロ [名詞]障害。邪魔物。

さは・る【障る】サワル [自動詞]ラ四{ら/り/る/る/れ/れ}❶妨げられる。邪魔される。[今昔物語 平安―説話]二五・一二「雨にもさはらず、夕方行きたりけるに」[訳]雨にも妨げられず、夕方出かけていったところ。❷都合が悪くなる。用事ができる。[土佐日記 平安―日記]一・八「さはることありて、なほ同じところなり」[訳]都合が悪くなることがあって、やはり同じ所である(にいる)。

さはれサワレ
[一][感動詞]どうとでもなれ。ままよ。[枕草子 平安―随筆]二月つごもり頃に「げに遅うさへあらむは、いと取りどころなければ、さはれとて」[訳]なるほど(返歌がまずい上に)遅くまでなってはまことにとりえがないので、えい、ままよと思って。
[二][接続詞]それはそうだが。しかし。[源氏物語 平安―物語]東屋「かくは思ひ放ち給はじとこそ思ひつれ。さはれ、世に母なき子はなくやはある」[訳](同じ自分の娘なのだから)このように(薄情に)ほうってお置きなさるまいと思っていた。それはそうだが、世間に母のない子がないことがあろうか(いや、いくらでもあるのだ)。
[参考] 副詞「さ」＋係助詞「は」＋ラ変動詞「あり」の命令形「あれ」からなる「さはあれ」の変化した語。「さばれ」とも。

寂[1]さび [文芸]蕉風俳諧の基本理念の一つ。作者のもの静かで洗練された内面が、句の情趣美として自然に表れ出た、閑寂・枯淡の境地。「わび」「しをり」「細み」などの美を統一・超越した理念で、蕉風俳諧では最も重要な理念である。

さび[2]【荒び・寂び】動詞「さぶ」の未然形・連用形。

さび‐あゆ【錆鮎】 [名詞]秋の産卵期に背や腹に鉄さびのような色が現れた鮎。落ち鮎。下り鮎。[季]秋。

さび・し【寂し・淋し】 形容詞 シク {(しく)・しから／しく・しかり／し／しき・しかる／しけれ／しかれ}

❶(あるべきものがないので)**物足りない。活気がない。寂しい。** 源氏物語 平安 物語 須磨「所狭く集ひし馬・車の、かたもなくさびしきに」訳場所いっぱいに集まった馬・車が、(今は)跡かたもなくて寂しいところに。

❷**もの悲しい。ひっそり静かである。** 更級 平安 日記 子忍びの森「いとど人目も見えず、さびしく心細くうちながめつつ」訳ますます人の出入りもなくて、もの悲しく心細くもの思いにふけり外を眺めては。

参考 奈良時代以前の「さぶし」が平安時代に「さびし」となる。「さみし」は、「さびし」がさらに変化した語。

さびしさに…[1] 和歌「**寂しさに 堪へたる人の またもあれな 庵並べむ 冬の山里**」新古今 鎌倉 歌集 冬・西行 訳私のように草庵生活の寂しさに堪えている人がほかにもいるといいなあ。そうすればその人と庵を並べて住もう、この冬の山里に。

鑑賞 世捨て人として冬の山里の寂しい生活に堪えることを決心しながら、一方で人恋しくなる気持ちを素直に詠んでいる。

さびしさに…[2] 和歌 百人一首「**寂しさに 宿を立ち出でて 眺むれば いづくも同じ 秋の夕暮れ**」後拾遺 平安 歌集 秋上・良暹法師 訳あまりの寂しさに、庵を出て(あたりを)眺めると、どこもかしこも同じ(ように寂しい)この秋の夕暮れであるよ。

さびしさは… 和歌「**寂しさは その色としも なかりけり まき立つ山の 秋の夕暮れ**」新古今 鎌倉 歌集 秋上・寂蓮 訳寂しさを感じるのは、取り立ててどの色がそうだということもないのだったなあ。そこはかとなく寂しさが漂うよ、真木の群生する山の秋の夕暮れ時は。

鑑賞「三夕の歌」の一つ。木々の紅葉など、はっきりそれと見てとれる「色」を超えたところに、秋の寂しさを感じとった歌。また、この歌は下に打消を伴った「しも」の用法の代表例で、「としもなかりけり」は「ということもないのだったなあ」と訳す。

さび-つきげ【宿月毛】 名詞 馬の毛色の一つ。赤茶色を帯びた「月毛」。

さひづら-ふ【囀らふ】 サイズラウ―サイズロウ 枕詞 外国人の言葉が鳥のさえずる声に似て聞こえるところから「漢(=日本に渡来した漢民族)」にかかる。万葉集 奈良 歌集 一二七三「住吉の波豆麻の君が馬乗衣 さひづらふ漢女をすゑて縫へる衣ぞ」訳住吉の波豆麻の君の乗馬服。あやの女性をやとって縫った服だよ。

さ-ひやうゑ【左兵衛】 サヒョウエ 名詞「左兵衛府」の略。対 右兵衛。

さひやうゑ-の-かみ【左兵衛の督】 サヒョウエノカミ 名詞「左兵衛府」の長官。従五位上相当。

さひやうゑ-の-じょう【左兵衛の尉】 サヒョウエノジョウ 名詞「左兵衛府」の三等官。

さひやうゑ-の-すけ【左兵衛の佐】 サヒョウエノスケ 名詞「左兵衛府」の次官。

さ-ひやうゑふ【左兵衛府】 サヒョウエフ 名詞「六衛府」の一つ。「右兵衛府」とともに「兵衛府」を構成する役所。建春門内に詰め所をもつ。「左兵衛」とも。対 右兵衛府。

さ-ふ[1]**【左府】** 名詞「左大臣」の中国風の呼び名。対 右府。

さ・ふ[2]**【障ふ】** サウ―ソウ

一 自動詞 ハ下二 {へ／へ／ふ／ふる／ふれ／へよ} **つかえる。ひっかかる。** 枕草子 平安 随筆 あさましきもの「挿し櫛すりて磨く程に、物に突きさへて折りたる心地」訳挿し櫛をこすって磨いているうちに、何かにぶつかってつかえて折ってしまった気持ち。

二 他動詞 ハ下二 {へ／へ／ふ／ふる／ふれ／へよ} **妨げる。** 徒然 鎌倉 随筆 一一二「一生は雑事の小節にさへられて、空しく暮れなん」訳(人の)一生は雑多なつまらない義理に妨げられて、むだに終わってしまうだろう。

さ・ぶ[1]**【荒ぶ・寂ぶ】** 自動詞 バ上二 {び／び／ぶ／ぶる／ぶれ／びよ}

❶**寂しく思う。気持ちが荒れてすさぶ。** 万葉集 奈良 歌集 五七二「朝夕にさびつつ居らむ」訳朝夕寂しく思って過ごすのだろうか。

❷(光や色が)**弱くなる。あせる。** 新古今 鎌倉 歌集 秋下「浅茅生の月のいとどさびゆく」訳浅茅に照る月の光もいよいよ弱まっていく。

❸(古びて)**趣が出る。** 平家物語 鎌倉 物語 灌頂・大原入

類語と使い分け⑧

「さびしい」意味を表す言葉

現代語の「さびしい」に直結する古語は「さびし」であるが、奈良時代には「さぶし」と言った。また、「さびし」に意味の近い語に「わびし」がある。そのほかの類義語として、「けどほし」「さうざうし」「うらさびし」「すごし」「つれづれなり」などの言葉がある。また、「心細し」という言葉も、「心細い」という意味にとどまらず、場合によっては、「さびしい」という意味を表すこともある。

さびし…もともとあった生気や活気が失われ、荒れ果ててすさんだ感じが根底にあって、物足りない、心が楽しくない、ひっそりとしてさびしい、ものがなしいといった意味を表す。

わびし…思いどおりにならない失望感が根底にあって、やりきれない、つまらない、あじけないといった意味を表す。

けどほし…「気遠し」であり、人の気配がなくてものさびしい、疎遠でよそよそしいなどの意味を表す。

さうざうし…当然あるべき大切な人やあるべきことがなくて、物足りない、満ち足りない、はりあいがなくてさびしいという意味を表す。「独り住み(=独り住まい)は、ことに変はることなけれど(=別に以前と変わったことはないが)、あやしうさうざうしくこそありけれ」(『源氏物語』幻)の「さうざうし」も、長年連れ添ってきた紫の上がなくなって、それを物足りなくさびしいと思う光源氏の心中を表している。現代語の「そうぞうしい」とは別語。

「岩に苔むして[さび]たる所なりければ」訳岩にこけがむして**趣が出**ている所であったので。

❹さびる。源氏物語 平安―物語 朝顔「錠のいとたく[さび]にければ」訳錠がたいへんひどく[さび]ていたので。◇「錆ぶ」とも書く。

-さ・ぶ[2] 接尾語 バ上二〔名詞に付いて〕…**のようだ**。…**のようになる**。▼上二段動詞をつくり、そのものらしく振る舞う、そのものらしいようすであるの意を表す。「神[さぶ]」「翁[さぶ]」

ざふ【雑】 名詞 和歌・俳諧の分類の一つ。歌集では四季・恋などの部立てに入らない歌。連歌・俳諧では無季の句。

ざふ-か【雑歌】 名詞 和歌集の部立ての一つ。⇩雑歌 文芸

ざふ-こう【雑口】 名詞「ざふごん」に同じ。

ざふ-ごん【雑言】 名詞 **悪口**。あくたい。「ざふげん」「雑口」とも。

ざふ-さ【雑作】 名詞 **手間。手数。面倒。**

ざふざふ-の-ひと【雑雑の人】 連語 身分の低い者。

さぶ・し【寂し・淋し】 形容詞 シク〔(しく)・しから／しく・しかり／し／しき・しかる／しけれ／しかれ〕**心が楽しまない。物足りない。** 万葉集 奈良―歌集 四三四「見れども[さぶし]亡き人思へば」訳いくら見ても[心が楽しまない]ことだ。死んだ人のことを思うと。◆平安時代以後は「さびし」。奈良時代以前の語。

ざふ-し【雑仕】 名詞 平安時代以後、宮中や上流貴族の家で雑用に召し使われた、下級の女官。

ざふ-じ【雑事】 名詞 ❶**雑多な用事。雑事**。❷**小遣い銭**。❸**旅行の際の食糧や食事**。

***ざふ-しき【雑色】** 名詞 ❶「蔵人所」で雑役に従事した、無位の役人。❷院・東宮の御所や摂関家などの貴族の家、または武家・寺院などで走り使いなどの雑役に従事した下男。◆「ざっしき」とも。

参考 ❶は、蔵人に転ずることもまれにはできたが、『枕草子』(身をかへて、天人などは)に「ざふしきの蔵人になりたる、めでたし」〈雑色が蔵人になったのもすばらしい。〉とあるように、飛躍的な昇進であった。

ざふ-にん【雑人】 名詞 **身分の低い者**。召使いや、一般の庶民にいう。

ざふ-ひやう【雑兵】 名詞 **身分の低い兵士**。歩卒。

ざふ-やく【雑役】 名詞 ❶**種々の雑用。雑用に使われる者**。❷「雑役馬」の略。雑役に使うめすの馬。駄馬。

ざふやく-ぐるま【雑役車】 名詞 **雑用に使う車**。雑車。

さぶらい〖侍〗⇩さぶらひ

さぶらう〖侍う・候う〗⇩さぶらふ

さぶらは・す【候はす・侍はす】 連語 ❶(貴人の近くに)**仕えさせる**。枕草子 平安―随筆 関白殿、二月二十一日に「よう顧りみてこそ、[さぶらはせ]給はめ」訳よく目をかけて、[仕えさせ]なさるのがよい。❷(貴人のそばに)**物を置かせる。物をさし上げる**。源氏物語 平安―物語 絵合「かの浦々の巻は、中宮に[さぶらはせ]給へ」訳あの(須磨明石の)浦々の巻(=光源氏の絵日記)は中宮様に[さし上げ]なさって下さい。

さぶらひ【侍】 名詞

❶**お付きの者。従者**。▼身分の高い人のそばに仕えて雑用をする者。源氏物語 平安―物語 葵「[さぶらひ]の人々も、かしこにて待ち聞こえむとなるべし」訳[お付き]の人々も、あちらでお待ち申し上げようというのであろう。

❷(皇族・貴族に仕える)**警護の武士**。滝口(=宮中警護)・北面(=上皇の御所警護)・帯刀(=東宮御所警護)。また、親王・摂関・大臣家の家司・家人にもいう。

❸(武家に仕える)**武士**。平家物語 鎌倉―物語 一一・内侍所都入「[さぶらひ]ども二十余人おくれたてまつらじと」訳(家来の)[武士]ども二十人余りが主君に(死に)遅れ申し上げるまいと。

さぶらひ-だいしやう【侍大将】 名詞 総指揮官である大将軍の下にあって、一軍を率いる武将。「さむらひだいしやう」とも。

さぶらひ-どころ【侍所】 名詞 ❶平安時代、院・親王家・摂関家などの「侍❷」の詰め所。その家の事務をつかさどった。参照▼口絵 ❷鎌倉・室町幕府の政治機関の一つ。鎌倉幕府では、御家人の統率や検察・処罰などを主任務とし、室町幕府では、公武の警護や京都市内の警察・裁判をもつかさどった。◆「さむらひどころ」とも。

さぶらひ-わらは【侍童】 名詞 貴人のそば近くに仕える少年。

さぶら・ふ【侍ふ・候ふ】

語義の扉

奈良時代以前の語「さもらふ」から変化した語。初め謙譲語として用いられ、のち平安時代の末期ごろから、丁寧語の用法が現れ、それまで用いられてきた「侍り」にとって代わり、鎌倉時代にかけて盛んに使用された。

一 自動詞
- ❶〔謙譲語〕お仕え申し上げる。
- ❷〔「行く」「来く」の謙譲語〕参る。うかがう。
- ❸〔「あり」の謙譲語〕(貴人のそばに)あります。ございます。
- ❹〔「あり」の丁寧語〕あります。ございます。

二 補助動詞 (丁寧の意)…ます。…(で)あります。

一 自動詞 ハ四〔は／ひ／ふ／ふ／へ／へ〕

❶〔貴人のそばに仕える意の謙譲語〕**お仕え申し上げる。おそばにお控え申し上げる**。枕草子 平安―随筆 雪のいと高う降りたるを「物語などして集まり[さぶらふ]に」訳(わたしたち女房が)話などをしながら集まって(中宮のおそばに)[お控え申し上げている]ときに。

❷〔「行く」「来く」の謙譲語〕**参る。参上する。うかがう**。枕草子 平安―随筆 大進生昌が家に「[さぶらは]むはいかに、いかに」訳(おそばに)[うかがっ]たとしたら、どうか。どうか。

❸〔「あり」の謙譲語〕(貴人のそばに)**あります。ござい**

ます。[枕草子 平安ー随筆]無名といふ琵琶の御琴を「御前にさぶらふ物は、御琴も御笛もみなめづらしき名つきてぞある」[訳]天皇のお手元にございます物は、お琴もお笛もみなすばらしい名前が付いている。

❹「「あり」の丁寧語」**あります。ございます。**[更級 平安ー日記]かどで「物語の多くさぶらふなる、あるかぎり見せ給へ」[訳]物語がたくさんございますそうですが、(それを)残らず全部お見せください。

二[補助動詞]八四{は/ひ/ふ/ふ/へ/へ}〔活用語の連用形、および接続助詞「て」に付いて、丁寧の意を表す〕…**ます。**…(て・で)**あります。**…(て・で)**ございます。**[宇治拾遺 鎌倉ー説話]九・三「けふしも、かしこく参りさぶらひにけり」[訳]今日という今日に、ちょうど都合よく参りました。

[参考]「さぶらふ」は後「さむらふ」「さうらふ」と語形が変化するが、『平家物語』では女性は「さぶらふ」、男性は「さうらふ」を用いるという使い分けがあった。

さへ

[副助詞]《接続》体言、活用語の連体形、助詞などに付く。

語義の扉

「添へ」から転じて、助詞としての働きをもつようになった語で、主語や連用修飾語について、既に存在しているうえにさらに他のものを添加する意を表すのが原義。

中世の中ごろ以降、副助詞「だに」の使用が減少したのに従って、その意義領域をも含み込んで、類推・仮定の意も表した。

❶既に存在しているうえにさらに他のものを添加する。**そのうえ。…までも。しかも…。**

❷極端なものとしての例をあげて、他の場合をなおさらのこととして類推させる。**…でさえ。…でさえも。**

❸仮定のことがらについて、期待の最小限、最低限度を表す。**せめて…なりと。**

❶(添加)もともと存在しているもののうえにさらに他のものを付け加える意を表す。**そのうえ…までも。しかも…。**[伊勢物語 平安ー物語]八四「ひとつごにさへありければ、いとかなしうし給ひけり」[訳]**そのうえ**一人っ子でもあったので、たいそう深い愛情を暮らせていた。[参照]▶[文脈の研究]さへ。[源氏物語 平安ー物語]桐壺「前の世にも御契りや深かりけん、世になくきよらなる玉の男皇子さへ生まれたまひぬ。」[訳]桐壺帝とこの更衣とは、前世でもさだめしご縁がふかかったのであろうか、(帝の愛情は大変なもので)またとないほど清らかで、玉のような皇子**までが**お生まれになった。[徒然 鎌倉ー随筆]七三「みな人の興ずるそらごとは、ひとり『さもなかりしものを』といはむもせんなくて、聞きゐたるほどに、証人にさへなされて、いとど定まりぬべし」[訳]その場にいる人たちが皆面白がっている嘘には、自分ひとりだけ「そうではなかったのに」などと言うのも仕方がないから黙って聞いていると、(ついには)その話が嘘でないことの証人に**までも**されて、その話がほんとうのこととして定まってしまうものであろう。

❷極端なものとして例をあげ、他の場合をなおさらのこととして類推させる。**…でさえ。…でさえも。**[雨月物語 江戸ー物語]浅茅が宿「丈夫さへ許さざる関の鎖を、いかで女の越ゆべき道もあらじと」[訳]立派な男**でさえも**通ることを許さぬ関の締まりを、どうして女が越えることのできる道があろうかと」

❸仮定のことがらについて、期待の最小限度、最低限度を表す。**せめて…なりと。せめて…だけでも。**[二十不孝 江戸ー物語]浮世・西鶴「頭(かしら)丸めしとて、金さへあれば、色里の太夫もそれにはかまはず自由になる」[訳]頭髪を落とし僧形になったとしても、**せめて**金**だけでも**あれば、遊里の太夫だってそんなことにかまわず自由にできる。

[参考]「さへ」の本質を示す❶の添加の意の用法の場合、添加される以前に示されているものが何であるかを念頭においた読解、解釈が必要である。❶に引用した例の場合、『源氏物語』の例では「玉の男皇子」の誕

文脈の研究 さへ

『伊勢物語』「第八四段」の、

ひとつごにさへありければ、いとかなしうし給へり(たいそう深い愛情を暮らせていらっしゃった)。

の用例は、母宮とその子息を

その母長岡といふ所に住み給ひけり。子は京に宮仕へしければ、まうづとしけれどしばしば(度々は参上することができない)えまうでず。

と叙した直後に位置する一文。接続詞が用いられていないので、

子は京に宮仕へしければ、まうづとしけれどしばしばえまうでず

と

ひとつごにさへありければ、いとかなしうし給へり

との文脈の関係は一見不明瞭である。しかし、副助詞「さへ」が用いられていることによって、「しかも(そのうえに)一人っ子であったので」という添加内容的な前文との文脈関係が生まれている。

このように副助詞「さへ」は

ひとつごにさへありければ……

という位置にあっても、直前の語とだけ直接の関係をもっているのではなく、文脈全体と関わっており、文脈のうえに接続詞のような機能をもってはたらいていることに留意したい。[参照]▶[文脈の研究]さる

生、「証人に」されることといった一歩進んだ事態以前のところに、それぞれ、桐壺帝の更衣への寵愛の深さ、『徒然草』の例では嘘の話を聞かされながら心の中では「さもなかりしものを」と思っている事実のあることをおさえた文脈の把握が大切である。

***さへ-き【禁樹】** 〔名詞〕通行の妨げになる木。

***さ-べき【然べき】** 〔連語〕**しかるべき。それ相応な。ぴったりな。**「さべい」とも。〔枕草子 平安｜随筆〕宮仕へする人々の出で集まりて「さべき折は一所に集まり居て物語し」〔訳〕しかるべき折には一か所に集まって話をして。
◆「さるべき」の撥音便「さんべき」の撥音「ん」の表記されない形。

***さへづ・る【囀る】** 〔自動詞〕ラ四〔ら／り／る／る／れ／れ〕❶さえずる。❷（方言などで）わけのわからないことをしゃべる。（早口で）ぺらぺらしゃべる。〔源氏物語 平安｜物語〕浮舟「品々しからぬ気配に、さへづりつつ入り来たれば」〔訳〕品のよくない感じで、（東国なまりで）ぺらぺらしゃべりながら入って来たので。

さへ-な・ふ【障へなふ】 〔他動詞〕ハ下二〔へ／へ／ふ／ふる／ふれ／へよ〕こばむ。断る。〔万葉集 奈良｜歌集〕四四三二「さへなへぬ命にあれば」〔訳〕断れない天皇のご命令であるので。

さへに 〔副助詞〕《接続》主語、連用修飾語などに付く。

語義の扉
副助詞「さへ」が間投助詞あるいは接尾語の「に」を伴って一語化したもの。主語や連用修飾語に付いて、添加の意を表す。…までも。

主語や連用修飾語に付いて添加の意を表す…**までも。**〔古今 平安｜歌集〕恋五「今はとて我が身時雨にふりぬれば言の葉さへにうつろひにけり」〔訳〕今はもう既にわたしもあなたにとっては古びた存在になってしまって、時雨にあった木の葉みたいにあなたの昔のやさしい言葉も色変わりしてしまったことですね。

さへ-の-かみ【塞の神】 〔名詞〕峠・村境などの境界にまつられて、悪霊や疫病などの侵入をさえぎったり、道路の悪魔を防いで通行人の安全をつかさどったりする神。道祖神。「さいのかみ」とも。

（塞の神）

佐保 〔地名〕今の奈良市北郊の佐保川北岸の一帯。奈良時代には貴族の邸宅が多かった。

さほ-かぜ【佐保風】 〔名詞〕佐保のあたりを吹く風。

佐保川 〔地名〕〔歌枕〕今の奈良市の春日山に源を発し、佐保の南側を流れ、初瀬川と合流して大和川に注ぐ川。和歌では「千鳥」「川霧」が詠み込まれる。

さほ-ひめ【佐保姫】 〔名詞〕**春を支配する女神。**佐保山を神格化したもの。佐保山は平城京の東方にあり、東は五行思想で春に当たるところから。春の霞は佐保姫が織りなすものとされる。〔季〕春。〔対〕竜田姫。

さ-ほふ【作法】 〔名詞〕仏教語。葬礼・法会・授戒などの、仏事のやり方。〔源氏物語 平安｜物語〕桐壺「例のさほふにをさめ奉るを」〔訳〕（火葬という）いつもの仏事のやり方で（桐壺更衣の遺体を）葬り申し上げるのだが。

佐保山 〔地名〕〔歌枕〕今の奈良市の北西部にある山。ふもとを佐保川が流れる。紅葉の名所として有名。春の女神である佐保姫は、この山を神格化したもの。和歌では「紅葉」「霞」が詠み込まれる。

さ-ま[1]【狭間】 〔名詞〕❶すきま。❷城壁・櫓などに設けて、外のようすを見たり、矢・弾丸などを打ち放ったりするための小窓。

さま[2]【様】 〔名詞〕❶**ようす。ありさま。状態。**〔源氏物語 平安｜物語〕若紫「寺のさまもいとあはれなり」〔訳〕寺のありさまもたいそう尊く、ありがたい。❷**容姿。身なり。品格。態度。**〔源氏物語 平安｜物語〕賢木「いとうつくしうおはするさまを」〔訳〕（斎宮は生まれつき）たいそうかわいらしくていらっしゃる容姿なので。❸**趣。趣向。**〔土佐日記 平安｜日記〕一・二〇「言の心を、男文字に、さまを書き出だして」〔訳〕歌の意味を、漢字で、大体の趣を書き出して。❹**形式。**〔古今 平安｜歌集〕仮名序「そもそも歌のさまむつなり」〔訳〕そもそも歌の形式は六つある。❺**やり方。方法。手だて。**〔源氏物語 平安｜物語〕常夏「ものの言ふさまも知らず」〔訳〕ものを言う方法も知らない。

-さま[3]【様】 〔接尾語〕❶〔動詞の連用形に付いて〕…**のとき。…するとすぐに。**「ざま」とも。「帰りさま」「出でざま」。❷〔名詞・代名詞に付いて〕…**の方。…の方面。**「ざま」とも。「横ざま」「御所ざま」。❸…**さま。**▼室町時代以降の用法で、人名・官職名や身分の名などに付いて、敬意を表す。「若君さま」

ざま[1]【様・態】 〔名詞〕ようす・ありさまなどをののしっていう語。

-ざま[2]【様】 〔接尾語〕「-さま」に同じ。

さま-あ・し【様悪し】 〔形容詞〕シク〔しく・しから／しく・しかり／し／しき・しかる／しけれ／しかれ〕**見苦しい。みっともない。**〔枕草子 平安｜随筆〕あそびわざは「さまあしけれど、鞠もをかし」〔訳〕みっともないものだが、蹴鞠もおもしろい。〔対〕様好し。

さま-かたち【様形・様貌】 〔名詞〕**姿と顔かたち。容姿。**〔源氏物語 平安｜物語〕葵「目もあやなる御さまかたちの」〔訳〕まぶしいほどの（源氏の）お姿やお顔かたちの。

さま-かは・る【様変はる】 〔自動詞〕ラ四〔ら／り／る／る／れ／れ〕❶（ようすが）**普通と異なる。風変わりである。**〔源氏物語 平安｜物語〕少女「五節にことつけて、直衣などさまかはれる色許されて参りたまふ」〔訳〕五節にこと寄せて、直衣など、普段とは異なった色を許されて（宮中に）参上なさる。❷（出家して）**姿が変わる。**〔源氏物語 平安｜物語〕若菜上「今はとてさまかはるは悲しげなるわざなれば」〔訳〕もうこれまでと言って出家して姿が変わるのは悲しいことなので。

さま-か・ふ【様変ふ】 〔他動詞〕ハ下二〔へ／へ／ふ／ふる／ふれ／へよ〕❶**ようすを普通と違える。風変わりになる。**〔源氏物語 平安｜物語〕夕顔「なかなかさまかへて思さるるも」〔訳〕かえって風変わりで(おもしろいと)お思いになるのも。❷姿を変える。源氏物語 平安—物語 桐壺「顔のにほひ、さまかへ給ふむこと惜しげなり」訳顔の美しさは、(元服して)姿を変えなさることが惜しいようすだ。

さま-こと・なり【様異なり】 形容動詞ナリ {なら/なり・に/なり/なる/なれ/なれ} ❶**ようすが普通と違っている。格別だ。** ❷**風変わりだ。異様だ。** 源氏物語 平安—物語 明石「さまことなるものの告げ知らすること侍りしかば」訳異様な者が(私に)知らせてくれたことがございましたので。❸**出家の姿である。** 源氏物語 平安—物語 蜻蛉「さまことに心ざしたりし身の」訳出家の姿であることをこころざしたこの身が。

さま-ざま・なり【様様なり】 形容動詞ナリ {なら/なり・に/なり/なる/なれ/なれ} **いろいろである。** 古今 平安—歌集 仮名序「露をかなしぶ心ことば多く、さまざまになりにける」訳露をいとしく思う心や言葉が多く、いろいろになったのだった。

1 **さま・す【冷ます】** 他動詞サ四 {さ/し/す/す/せ/せ} ❶(熱いものを)**冷やす。** 源氏物語 平安—物語 鈴虫「かの炎をもさましはべりにしがな」訳あの地獄の業火の炎をも冷やしてしまいたいものですなあ。❷(高まった気持ち・興味などを)**しずめる。** 源氏物語 平安—物語 椎本「思ひ慰まむ方ありてこそ、悲しさをもさますものなめれ」訳心が慰められるようなことがあってこそ、悲しさをもしずめるものであるようだ。

2 **さま・す【覚ます・醒ます】** 他動詞サ四 {さ/し/す/す/せ/せ} ❶**目覚めさせる。** 古今 平安—歌集 秋上「山里は秋こそことにわびしけれ鹿の鳴く音に目をさましつつ」訳⇩やまざとは…。❷**迷いや物思いから覚めるようにする。悲しみを薄れさせる。** 源氏物語 平安—物語 椎本「悲しさをもさますものなめれ」訳(死別の)悲しさを薄れさせるもののようだ。

さまた・ぐ【妨ぐ】 他動詞ガ下二 {げ/げ/ぐ/ぐる/ぐれ/げよ} **妨害する。邪魔する。** 大和物語 平安—物語 一四七「『こと国の人の、いかでかこの国の土をばをかすべき』と言ひてさまたぐる時に」訳「他国の人が、どうしてこの国の土を不当に奪ってよいだろうか、いや、よくない」と言って妨害するときに。

さま-た・る【様垂る】 自動詞ラ下二 {れ/れ/る/るる/るれ/れよ} **だらしなくなる。取り乱す。** 今昔物語 平安—説話 二八・四「一人として人直しき者もなく、酔ひさまたれて」訳一人としてきちんとした者もなく、酔ってだらしなくなって。

* **さ-まで【然まで】** 副詞 **そうまで。それほどまで。** 枕草子 平安—随筆 職の御曹司におはします頃、西の廂にて「さはれ、さまでなくとも、言ひそめてむ事は」訳ままよ、そうまではなくても、言ってしまった事なのだから。

さ-まね・し 形容詞ク {(く)・から/く・かり/し/き・かる/けれ/かれ} **数が多い。たび重なる。** 万葉集 奈良—歌集 六五三「たまさかに見ぬ日さまねく月そ経にける」訳偶然にも会わない日の数が多く一月たってしまった。◆「さ」は接頭語。

さま-の-かみ【左馬の頭】 名詞「左馬寮」の長官。「ひだりのうまのかみ」とも。対右馬の頭。

さま-よ・し【様好し】 形容詞ク {(く)・から/く・かり/し/き・かる/けれ/かれ} **ようすがよい。体裁がよい。** 源氏物語 平安—物語 玉鬘「たて好める事設けてしみぬるは、さまよからぬ事なり」訳(女性は)一つだけ好きなことを設けてひたってしまうのは、体裁のよくないことだ。対様悪し。

1 **さまよ・ふ【吟ふ・呻ふ】**(サマヨウ) 自動詞ハ四 {は/ひ/ふ/ふ/へ/へ} **力のない声でうめく。ため息をつく。** 万葉集 奈良—歌集 八九二「妻子どもは足の方に囲みゐて憂へさまよひ」訳⇩かぜまじり…。◆奈良時代以前の語。

2 **さまよ・ふ【彷徨ふ】**(サマヨウ) 自動詞ハ四 {は/ひ/ふ/ふ/へ/へ} ❶**うろうろする。漂い歩く。** 源氏物語 平安—物語 若菜上「えならぬ花の蔭にさまよひ給ふ夕ばへ」訳なんともいえない美しい桜の花の下を漂い歩いていらっしゃる夕明かりの中のお姿は。❷**心が落ち着かない。迷う。** 源氏物語 平安—物語 真木柱「色めかしう、さまよふ心さへ添ひて」訳好色めいた、迷う気持ちまでも加わって。

さ-まれう【左馬寮】(サマリョウ) 名詞 律令制で、「馬寮」の一つ。「右馬寮」とともに、官馬の調教や、馬具の管理などをつかさどった役所。長官は頭。「ひだりのうまのつかさ」とも。対右馬寮。

さ-み【沙弥】 名詞「しゃみ」に同じ。

1 **さみだ・る【五月雨る】** 自動詞ラ下二 {れ/れ/る/るる/るれ/れよ} **五月雨が降る。** 和泉式部 平安—日記「おほかたにさみだるるとや思ふらむ」訳あなたはただ何となく五月雨が降ると思っているのだろうか。◆和歌では、多く「さ乱る」にかけて用いる。

2 **さ-みだ・る【さ乱る】** 自動詞ラ下二 {れ/れ/る/るる/るれ/れよ} **乱れる。** 山家集 平安—歌集 上「水底に敷かれにけりなさみだれて御津の真菰を刈りに来たれば」訳五月雨に乱れて水底に敷いたようになってしまっているなあ、御津の真菰を刈りに来てみると。参考「さ」は接頭語。和歌では「五月雨る」とかけて用いることが多い。

さみだれ【五月雨】 名詞 **陰暦五月ごろの長雨。**また、その時期。**梅雨。つゆ。** 季夏。

さみだれ-がみ【さ乱れ髪】 名詞 **乱れ髪。**◆「さ」は接頭語。

さみだれの… 俳句「**五月雨の 降り残してや 光堂**」奥の細道 江戸—紀行 平泉・芭蕉 訳年々降り続いて、すべての物を朽ちさせてきた五月雨も、この光堂だけは降り残したのだろうか。その名のように、数百年を経た今も光り輝いているよ。鑑賞「光堂」は平泉中尊寺の金色堂のこと。初案は「五月雨や年々降りて五百たび」で、芭蕉の脳裏には実景と五百年という歴史への感慨が二重映しになっているのであり、さらに、時間の浸食に耐える光堂のまばゆい姿は、直前に描かれた高館の廃墟のさまと、対照的である。季語は「五月雨」で、季は夏。

さみだれや… 俳句「**五月雨や 大河を前に 家二軒**」蕪村句集 江戸—句集 俳諧・蕪村 訳五月雨が幾日も幾日も降り続く。水かさを増し激しく流れる大河の濁流の前に、二軒の家が、頼りなげに寄り添うように立っている。鑑賞 一見絵画的な構図の句ではあるが、「大河を前に」の表現によって、悲劇すら予想させる緊迫感を感じさせる。季語は「五月雨」で、季は夏。

さみだれを… 俳句「**五月雨を 集めて早し 最上川**」奥の細道 江戸—紀行 最上川・芭蕉 訳最上川は、このところ降り続いた五月雨の水を集めて満々とみなぎり、すさまじい速さで流れ下っているよ。鑑賞 全体に力動感があって、川舟で下った最上川の奔流の感じがよく表されている。季語は「五月雨」で、季は夏。

さ・む[1]【冷む】自動詞マ下二{め/め/む/むる/むれ/めよ} ❶**熱が去る。熱がひく。さめる。** 源氏物語 平安―物語 手習「ぬるみなどし給ひつる事はさめ給ひて」訳発熱なさっていたのも、熱がひきなさって。❷**関心が薄れる。興ざめする。** 源氏物語 平安―物語 夕顔「むつかりて、ものぞきの心もさめぬめり」訳文句を言って、のぞき見も興ざめしてしまったようだ。

さ・む[2]【覚む・醒む】自動詞マ下二{め/め/む/むる/むれ/めよ} ❶**眠りや夢・酔いなどからさめる。** 伊勢物語 平安―物語 六九「夢か現か寝てかさめてか」訳あれは夢か実際にあったことか、寝ていたときのことか、さめていたときのことか。❷**迷いや物思いからさめる。平静になる。** 源氏物語 平安―物語 朝顔「うき世の嘆きみなさめぬる心地なむ」訳つらいこの世の悲しみもみなさめてしまったような気持ちがする。

さむけ・し*【寒けし】形容詞ク{(く)・から/く・かり/し/き・かる/けれ/かれ} **寒そうである。寒々としている。** 徒然 鎌倉―随筆 一九「すさまじきものにして見る人もなき月の、さむけく澄める二十日あまりの空こそ」訳殺風景なものとして見る人もない(冬の)月が、寒そうに澄んでいる(陰暦十二月の)二十日過ぎの空は。

さむ・し*【寒し】形容詞ク{(く)・から/く・かり/し/き・かる/けれ/かれ} ❶**寒い。** 芭蕉庵再興 江戸―句集 俳諧「物言へば唇さむし秋の風―芭蕉」訳物を言うために唇を開くと、秋風がその唇にしみて冷気を感ずる。❷**貧しい。貧弱である。** 世間胸算用 江戸―物語 浮世・西鶴「酒は飲みたし、身はさむし」訳酒は飲みたいが、我が身は貧しい。

さ-むしろ【狭筵】名詞 **むしろ。** 新古今 鎌倉―歌集 秋下「きりぎりす鳴くや霜夜のさむしろに衣片敷きひとりかも寝む」訳⇨きりぎりす…。◆「さ」は接頭語。

さむ-み【寒み】なりたち 形容詞「さむし」の語幹＋接尾語「み」 **寒いので。** 古今 平安―歌集 秋上「夜をさむみ衣かりがねなくなべに萩の下葉もうつろひにけり」訳夜が寒いので、衣を借りたいのだが借りられずにいる。雁が鳴きわたるとともに萩の下葉も美しい色がさめはじめたことよ。

さ

さむらひ*【侍】名詞「さぶらひ❸」に同じ。◆「さぶらひ」の変化した語。

さむらひ-えぼし【侍烏帽子】名詞 武士が素襖を着用するときのかぶり物。厚紙で平たく作って黒漆を塗り、正面の頂部に「招き」という三角状のものを立てる。

さむらひ-どころ【侍所】名詞「さぶらひどころ」に同じ。

さむら・ふ【候ふ・侍ふ】一 自動詞ハ四{は/ひ/ふ/ふ/へ/へ}「さうらふ一」に同じ。鳥追舟 室町―能楽 謡曲「めのとの科もさむらはず」訳後見の人の過失もございません。二 補助動詞ハ四{は/ひ/ふ/ふ/へ/へ}「さうらふ二」に同じ。松風 室町―能楽 謡曲「あまりに懐かしうさむらひて」訳あまりに懐かしゅうございまして。参考「さぶらふ」の変化した語。謡曲で女性の言葉として用いられる。

さ-め【白眼】名詞 牛馬などの目の縁が白いこと。また、その牛馬。

さ-め・く*自動詞カ四{か/き/く/く/け/け} **にぎやかに騒ぐ。ざわめく。** 枕草子 平安―随筆 内裏は、五節の頃こそ「戸を押し開けてさめき入りぬれば」訳戸を押しあけてざわめきながら入ったので。◆「さ」は擬声語、「めく」は接尾語。

さめ-ざめ 副詞 しきりに涙を流して泣き続けるさま。宇治拾遺 鎌倉―説話 一・一三「この児さめざめと泣きけるを見て」訳この子供がしきりに涙を流して泣いたのを見て。

ざ-めり* 連語 なりたち 打消の助動詞「ず」の連体形「ざる」＋推定の助動詞「めり」からなる「ざるめり」の撥音便「ざんめり」の撥音「ん」の表記されない形。**…ないように見える。…ないようだ。** 竹取物語 平安―物語 かぐや姫の昇天「この頃となりては、ただごとにも侍らざめり」訳近ごろになっては、ただごとでもないようでございます。

さ-も【然も】
一 連語 なりたち 副詞「さ」＋係助詞「も」 **そのようにも。そうも。** 枕草子 平安―随筆 鳥は「ただ雀などのやうに常にある鳥ならば、さもおぼゆまじ」訳(私は)ただすずめなどのように(一年中)いつもいる鳥ならば、そうも(=残念にも)感じないだろう。
二 副詞 なりたち 副詞「さ」に係助詞「も」の付いたかたちが一語化したもの。
❶**いかにも。まったく。ほんとうに。** 源氏物語 平安―物語

日本語のこころ　「梅雨」と「五月雨」

「梅雨」という言葉と「五月雨」という言葉は同じ雨をさします。なぜこの雨に関しては二つも名前が付いているのでしょうか。

それは見方が違うからです。五月雨とは「五月雨が降って来た」とか「五月雨が降りやまない」というように雨そのものを指し、梅雨は「梅雨に入った」とか「梅雨が明けた」とかいうように、主に雨が降る時季をいいます。一つの時季の雨に二つも名前が付いているのは贅沢なことですが、これは、田植えという日本民族にとっては非常に重要な時期に降ってくれる雨ということから、特別扱いしているのかもしれません。

しかもこの雨は当てている漢字が難しいですね。「梅雨」という字は知らなければツユとは読めないし、五月雨もゴガツアメと読んでしまいそうです。どうしてこのようなことになったかといいますと、これは昔、日本人が和語を何でも漢字で書こうとしたために起こったことです。「雨」は中国でも降りますし、「梅」は中国にもありますから、「雨」「梅」という漢字はあるわけです。しかし「つゆ」や「さみだれ」は中国語にはなく、適当な漢字もありません。そこで日本人はその意味を考えて、梅の実が熟する頃に降る雨だからというわけで「梅雨」と書いてツユと読み、旧暦の五月に降る雨だから「五月雨」と書いて、サミダレと読むようになったということです。

宿木「さも清らにおはしける大臣かな」訳（夕霧の君は）いかにも美しくていらっしゃる大臣だなあ。❷〔打消の語を下接して〕それほど。たいして。源氏物語 平安―物語 蓬生「ただこちたき御ものづつみなれば、さもむつび給はぬを」訳（末摘花は）ただ大変な引っこみ思案でいらっしゃるので、（叔母と）それほど親しくなさらないのを。

さも-あら-ず【然も有らず】 連語
なりたち 副詞「さも」＋ラ変動詞「あり」の未然形＋打消の助動詞「ず」
そうではない。大まちがいだ。 ▼強い打消を表す。竹取物語 平安―物語 竜の頸の玉「『大伴の大納言は竜の頸の玉や取りておはしたる』『いな、さもあらず』」訳「大伴の大納言は竜の首の玉を取っていらっしゃったのか」「いや、そうではない」。

さも-あら-ば【然も有らば】 連語
なりたち 副詞「さも」＋ラ変動詞「あり」の未然形＋接続助詞「ば」
そうであるなら。 羽衣 室町―能楽 謡曲「さては天人にてましますかや。さもあらば末世の奇特に留め置き」訳それでは（あなたは）天人でいらっしゃるかなあ。そうであるなら末世の珍しい奇跡として（衣を地上に）留め置いて。

さも-あら-ば-あれ【然も有らば有れ】 連語
なりたち 副詞「さも」＋ラ変動詞「あり」の未然形＋接続助詞「ば」＋ラ変動詞「あり」の命令形
どうなろうともかまわない。どうとでもなれ。 伊勢物語 平安―物語 六五「思ふには忍ぶることぞ負けにける逢ふにしかへばさもあらばあれ」訳あなたを恋しいと思う気持ちには人目を忍ぶという心も負けてしまった。あなたとお会いすることと引き換えにできるならどうなろうともかまわない。

さも-あ・り【然も有り】 連語
なりたち 副詞「さも」＋ラ変動詞「あり」
いかにももっともだ。 徒然 鎌倉―随筆 三六「『さる心ざましたる人ぞよき』と人の申し侍りしに、さもあるべき事なり」訳「そうした気立てを持っている女性が好ましい」とある人が申しておられましたが、いかにももっともなことだ。

さも-あり-ぬ-べし【然も有りぬべし】 連語
なりたち 副詞「さも」＋ラ変動詞「あり」の連用形＋完了（確述）の助動詞「ぬ」の終止形＋推量の助動詞「べし」
きっとそうであるだろう。きっとそうであるに違いない。 徒然 鎌倉―随筆 一四二「『子故にこそ、万のあはれは思ひ知らるれ』と言ひたりし、さもありぬべきことなり」訳「子を持ってこそ、すべての情愛は思い知られるのである」と言っていたのは、きっとそうであるに違いないことである。

***さも-あれ【然も有れ】** 連語
なりたち 副詞「さも」＋ラ変動詞「あり」の命令形
もうどうでもよい。ままよ。 ▼結果はどうなろうと一つやってみよう、と決心したときに発する語。宇治拾遺 鎌倉―説話 一・三「さもあれ、ただ走り出でて舞ひてん」訳ままよ、ただ走り出てきっと舞ってやろう。

さも-いは-れ-・たり【然も言はれたり】（サモイワレタリ） 連語
なりたち 副詞＋動詞「いふ」(未)＋尊敬の助動詞「る」(用)＋完了の助動詞「たり」
もっともなことだ。 竹取物語 平安―物語 火鼠の皮衣「『なほこれを焼きて試みむ』と言ふ。翁、『それ、さもいはれたり』と言ひて」訳（かぐや姫は）「やはりこの火鼠の皮衣を、焼いて試してみましょう」と言う。翁は「それは、もっともなことだ」と言って。

†さ-も-え-ゐあか-さ-ざら-まし-を【さもえゐ明かさざらましを】 枕草子 平安―随筆 雪のいと高うはあらで「女の限りしては、さもえゐあかさざらましを、ただなるよりはをかしう、すきたるありさまなどいひあはせたり」訳女だけではそのようにすわったまま夜を明かせないであろうのに、普通よりはおもしろく、風流なようすなどを話しあった。
品詞分解 さも＝副詞　え＝副詞　ゐあかさ＝動詞「ゐあかす」(未)　ざら＝打消の助動詞「ず」(未)　まし＝推量の助動詞「まし」(体)　を＝接続助詞

***さ-も-こそ【然もこそ】** 連語
なりたち 副詞「さも」＋係助詞「こそ」
❶〔「こそ」の結びで文の意味が終わる場合〕**いかにもそうで（ある）。さすがにそうで（あろう）。** 源氏物語 平安―物語 蜻蛉「女は、さもこそ負けたてまつらめ」訳女はさすがに負け申し上げるのであろう。❷〔「こそ」の結びで文の意味が終わらず、逆接的に後文に続く場合〕**いかにもそうで（あるけれど）。さぞかしそうで（あろうが）。** 古今 平安―歌集 恋三「うつつにはさもこそあらめ夢にさへ人目をもると見るがわびしさ」訳現実にはさぞかしそうで（＝人目が気になって会えないで）あろうが、夢の中でまで人目をはばかっていると見るのがつらいことだ。

さも-さうず【然も候ず】（サモソウズ） 連語
なりたち ❶は副詞「さも」＋動詞「さうらふ」の未然形＋打消の助動詞「ず」からなる「さもさうらはず」の変化した形。❷は副詞「さも」＋動詞「さうらふ」の未然形＋推量の助動詞「んず」からなる「さもさうらはんず」の変化した形。
❶**そうではありません。とんでもないことです。** 平家物語 鎌倉―物語 二・西光被斬「ゐなほりあざわらって申しけるは、『さもさうず。入道殿こそ過分の事をば宣へ』」訳居直って大笑いして申すには、「とんでもないことです。入道殿（＝平清盛）こそ過分なことをおっしゃる」。❷**それもそうでしょう。** 義経記 室町―物語 七「『喜ばせんがためにてさうらふぞ』と言ひければ、『それはさもさうず』と申す」訳「喜ばせようとしたためでございます」と（弁慶が）言うと、「それはそうでしょう」と（権守が）申します。

さも・し 形容詞 シク〔（しく）・しから／しく・しかり／し／しき・しかる／しけれ／しかれ〕❶**見すぼらしい。見苦しい。けちくさい。** 一代女 江戸―物語 浮世・西鶴「首尾調ひけるを、さもしくおもひしが」訳（地味に）婚儀をすまされたのを、けちくさいと思ったが。❷**（心が）卑しい。さもしい。** 世間胸算用 江戸―物語 浮世・西鶴「銀拾ふ夢はさもしきところあり」訳金を拾う夢には卑しいところがある。

さも-な・し【然も無し】 連語
なりたち 副詞「さも」＋形容詞「なし」
そうではない。それほどでもない。 枕草子 平安―随筆 懸想人にて来たるは「いとよき人の御供人などは、さもなし」訳たいそう高貴な方のお供の人などは、それほどでもない。

＊さ-も-や【然もや】 連語

なりたち 副詞「さも」＋係助詞「や」

そのようにも…か。 蜻蛉 平安｜日記 上「今来むと言ひし言の葉をさもやとまつの緑児の」訳そのうちに来ようと言った言葉を(本当に)そのように来るかと待っている幼児が。

さ-もら・ふ【候ふ・侍ふ】 サモラウ 自動詞ハ四 {は/ひ/ふ/ふ/へ/へ} ❶**ようすを見ながら機会をうかがう。見守る。** 万葉集 奈良｜歌集 二〇九二「あらたまの(＝枕詞)月を重ねて妹に逢ふ時さもらふと立ち待つに」訳月を重ねて、妻に会う機会をうかがって、立って待っていると。❷**貴人のそばに仕える。伺候する。** 万葉集 奈良｜歌集 一八四「東の滝の御門にさもらへど」訳東の水の激しく流れるところにある御門に伺候しているが。◆「さ」は接頭語。

さや¹【鞘】 名詞 刀身や、槍の穂先などを納めておく筒状のもの。本心を隠した心のたとえにもいう。

さや²【清・明】 副詞 **さわやかに。清らかに。** ▼視覚的・聴覚的に清らかですがすがしいようすを表す。古事記 奈良｜史書 神武「菅畳いやさや敷きて我が二人寝し」訳菅で編んだ畳をいっそう清らかに敷いて私はあなたと寝たことだ。

さ-や³【然や】 連語 **そのように…か。** ▼疑問を表す。更級 平安｜日記 梅の立枝「来むとありしを、さやあると」訳(継母が)来ようと言っていたが、そのように来るかと。◆「や」は係助詞。

さ-やう・なり【然様なり・左様なり】 サヨウナリ 形容動詞ナリ {なら/なり・に/なり/なる/なれ/なれ} **そのようだ。そのとおりだ。** 源氏物語 平安｜物語 桐壺「さやうならむ人をこそ見め」訳そのような人をこそ妻としたいものだ。

さやか・なり【清かなり・明かなり】 形容動詞ナリ {なら/なり・に/なり/なる/なれ/なれ} ❶**はっきりしている。明瞭だ。** ▼視覚的にその姿がはっきりとしているようすを表す。古今 平安｜歌集 秋上「秋来ぬと目にはさやかに見えねども風の音にぞ驚かれぬる」訳⇨あききぬと…。❷**高く澄んでいる。さえてよく聞こえる。** ▼聴覚的にくっきりと澄んでいるようすを表す。狭衣 平安｜物語 四「細谷川の音さやかに流れて」訳細い谷川の音が高く澄んで流れて。❸**大変に明るい。** 源氏物語 平安｜物語 若菜上「月・日の光さやかにさし出でて世を照らす」訳月と太陽の光が大変明るくさし出て世の中を照らす。

＊さや・ぐ 自動詞ガ四 {が/ぎ/ぐ/ぐ/げ/げ} (草木の葉などが)**さやさやと音を立てる。** 万葉集 奈良｜歌集 二一三四「葦辺なる荻の葉さやぎ」訳葦辺に生えている荻の葉がさやさやと音を立て。

さやけ・さ【清明さ】 名詞 清く澄んでいること。明るくはっきりしていること。すがすがしいこと。新古今 鎌倉｜歌集 秋上「秋風にたなびく雲の絶え間より漏れ出づる月の影のさやけさ」訳⇨あきかぜに…。◆「さ」は接尾語。

＊さやけ・し【清けし・明けし】 形容詞ク {(く)・から/く・かり/し/き・かる/けれ/かれ} ❶**明るい。明るくてすがすがしい。** 大鏡 平安｜物語 花山「さやけき影をまばゆく思し召しつるほどに」訳明るくてすがすがしい月の光をまぶしくお思いになっていたときに。❷**すがすがしい。きよく澄んでいる。清い。** 万葉集 奈良｜歌集 四〇〇三「行く水の音もさやけく」訳その流れる水のように音もすがすがしく。

関連語 **「さやけし」と「きよし」の違い**

「さやけし」は、「光・音などが澄んでいて、また明るくて、すがすがしいようす」を表し、「きよし」も同様の意味を表すが、「さやけし」は対象から受ける感じ、「きよし」は対象そのもののようすをいうことが多い。

さやけ・み【清けみ】

なりたち 形容詞「さやけし」の語幹＋接尾語「み」

明るくはっきりしているので。 後撰 平安｜歌集 秋下「秋の月光さやけみもみぢ葉の落つる影さへ見えわたるかな」訳秋の月の光が明るくはっきりしているので、紅葉した葉の落ちる影までもずっと見えることよ。

さや-さや 副詞 物が触れ合って音が出るさま。また、その音。雨月物語 江戸｜物語 浅茅が宿「何者にやさやさやと音するに目さめぬ」訳いったい何者であろうか、さやさやと音がするので目がさめた。

さやに¹ 副詞 **さやさやと。さらさらと。** 万葉集 奈良｜歌集 一三三「笹の葉はみ山もさやに乱るとも我は妹思ふ別れ来ぬれば」訳⇨ささのはは…。

さや-に²【清に・明に】 副詞 **はっきりと。あきらかに。** 古今 平安｜歌集 東歌「甲斐が嶺をさやにも見しがけれなく横ほり臥せる小夜の中山」訳甲斐の国の山々をはっきりと見たいなあ。心ないことに、それをさえぎるように横たわって臥せている小夜の中山よ。

小夜の中山 地名 歌枕 今の静岡県掛川市から榛原郡金谷町へと抜ける途中にある東海道の難所といわれた山坂。月の名所として知られる。歌では、峠を越える旅人の心が詠まれることが多い。「さよのなかやま」とも。

さ-やは【然やは】 連語

なりたち 副詞「さ」＋係助詞「やは」

そのように…か、…ではない。 ▼反語を表す。徒然 鎌倉｜随筆 一二「我はさやは思ふ」訳自分はそのように思うか、いや、思わない。

さや-まき【鞘巻】 名詞 **鍔のない短刀。** 古くは鞘に蔓などを巻き付けた。鞘に刻み目があり、長い下げ緒で腰に結び付ける。

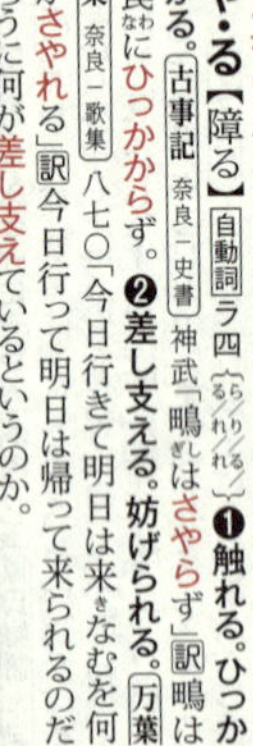

(鞘 巻)

ざや-め・く 自動詞カ四 {か/き/く/く/け/け} (衣服などが)**さわざわと音を立てる。** 「さやめく」とも。平家物語 鎌倉｜物語 二・教訓状「大文の指貫のそばとって、ざやめき入り給へば」訳(平重盛は)大きな模様のついた袴のももだちをつまみ上げて、ざわざわと衣ずれの音を立てて入りなさるので。◆「めく」は接尾語。

さや・る【障る】 自動詞ラ四 {ら/り/る/る/れ/れ} ❶**触れる。ひっかかる。** 古事記 奈良｜史書 神武「鴫はさやらず」訳鴫は罠にひっかからず。❷**差し支える。妨げられる。** 万葉集 奈良｜歌集 八七〇「今日行きて明日は来なむを何かさやれる」訳今日行って明日は帰って来られるのだろうに何が差し支えているというのか。

さ・ゆ*【冴ゆ】自動詞ヤ下二{え/え/ゆ/ゆる/ゆれ/えよ}❶冷え込む。冷たく凍る。季冬。源氏物語 平安―物語 総角「霜さゆる汀の千鳥うちわびて」訳霜が冷たく凍る水ぎわで千鳥がひどくつらがって。❷光・音・色などが澄みわたる。さえる。新古今 鎌倉―歌集 秋下「大江山かたぶく月の影さえて」訳大江山に沈もうとする月の光が澄みわたって。

さ・ゆり【小百合】名詞 植物の名。ゆり。◆「さ」は接頭語。

さゆり-ばな【小百合花】枕詞 ゆりの花の意で、同音の「後」にかかる。万葉集 奈良―歌集 四〇八八「さゆりばなゆりも逢はむと思へこそ今のまさかも愛しみすれ」訳今後も会おうと思うからこそ、今この時も親しくするのです。

さ・ゆる【小百合】名詞「さゆり」に同じ。◆奈良時代以前の東国方言。

さ・よ*【小夜】名詞 夜。万葉集 奈良―歌集 二四三「さよ更けて堀江漕ぐなる松浦船」訳夜が更けて堀江を漕いでいる松浦舟の。◆主に和歌に用いられ、「さよ更けて」の形で詠まれることが多い。「さ」は接頭語。

さようなり〘然様なり・左様なり〙⇩さやうなり

さよ-がらす【小夜烏】名詞 夜鳴くからす。

さよ-ごろも【小夜衣】名詞 夜着。

さ-よなか【小夜中】名詞 夜中。真夜中。◆「さ」は接頭語。

小夜の中山 地名「小夜の中山」に同じ。

ざら 打消の助動詞「ず」の未然形。古今 平安―歌集 恋二「思ひつつ寝ればや人の見えつらむ夢と知りせば覚めざらましを」訳⇩おもひつつ…。

さら-さうじゅ【娑羅双樹】名詞「しゃらさうじゅ」に同じ。

さら-さら【更更】副詞❶ますます。改めて。万葉集 奈良―歌集 三三七三「多摩川に晒す手作りさらさらに何そこの児のここだ愛しき」訳⇩たまがはに…。❷〔打消や禁止の語を伴って〕決して。古今 平安―歌集 神遊びの歌「さらさらにわが名は立てじ万世までに」訳決してわたしのうわさ(＝浮き名)は立てないでおこう、いつまでも。

さら-さら(と) 副詞❶さらさら(と)。▼物が軽く触れ合って立てる音、また、浅い水の流れ、さざ波の音などを表す。源氏物語 平安―物語 浮舟「伊予簾はさらさらと鳴るもつつまし」訳伊予簾はさらさらと音をたてて鳴るのも気がひける。❷すらすら(と)。▼物事がよどみなく進むようすを表す。平家物語 鎌倉―物語 四・橋合戦「橋のゆきげたをさらさらと走り渡る」訳橋のゆきげたをすらすらと走り渡る。

さらし【晒し・曝し】名詞❶さらして白くすること。また、その麻布・木綿。❷江戸時代の刑罰の一つ。罪状を記した立て札とともに罪人を人々の目にさらしたもの。

更科 地名 今の長野県の更級郡上山田町から更埴市付近。月の名所として、歌に詠まれた。棚田の一枚ごとに月が映る「田毎の月」、棄老伝説の「姨捨山」などでも有名。「更級」とも書く。

更科紀行 書名 俳諧紀行。松尾芭蕉作。江戸時代前期(一六八八)成立。一冊。〔内容〕芭蕉が門人の越智越人と尾張(名古屋)から木曾路を通って、更科(長野県)姨捨山の明月を眺め、善光寺などを旅したときの紀行文。

更級日記 書名 菅原孝標女の日記。平安時代中期(一〇六〇ころ)成立。一巻。〔内容〕少女時代から、夫の橘俊通に死別して信仰生活にはいるまでの一生の回想記で、夢とあこがれが次つぎと破れていく悲しみがつづられている。

さら・す*【晒す・曝す】他動詞サ四{さ/し/す/す/せ/せ}❶外気・風雨・日光の当たるにまかせる。平家物語 鎌倉―物語 七・忠度都落「山野にかばねをさらさばさらせ」訳山野に死骸をさらすのならばさらしなさい。❷布を白くするために、何度も水で洗ったり日に干したりする。万葉集 奈良―歌集 三三七三「多摩川にさらす手作りさらさらに」訳⇩たまがはに…。❸人目にさらす。竹取物語 平安―物語 かぐや姫の昇天「まづ射殺して、外にさらさむと思ひ侍る」訳まっさきに射殺して外で人目にさらそうと思っています。

さら-ず[1]【去らず】連語 なりたち 動詞「さ(去)る」の未然形＋打消の助動詞「ず」の連用形

離れないで。放さないで。源氏物語 平安―物語 桐壺「あながちに、御前さらずもてなさせ給ひしほどに」訳(帝が)〔桐壺更衣を〕無理やりおそばから放さないでお扱いになっていらっしゃるうちに。

さら-ず[2]【然らず】連語 なりたち ラ変動詞「さり」の未然形＋打消の助動詞「ず」

そうではない。新古今 鎌倉―歌集 釈教「さらずとていくよもあらじいざやさは法にかへつる命と思はむ」訳そうではないといって幾世も生きてはいないだろう。さあ、それならば仏法と引きかえにした命と思うことにしよう。

さら-ず[3]【避らず】連語 なりたち 動詞「さ(避)る」の未然形＋打消の助動詞「ず」の連用形

避けることができないで。やむを得ず。竹取物語 平安―物語 かぐや姫の昇天「さらずまかりぬべければ」訳やむを得ず(月の世界へ)行ってしまわなければならないので。

さら-ず-とも【然らずとも】連語

古典の常識『更級日記』―夢に生きる女性の回想記

父の任地上総の国から十三歳の秋に帰京するまでの旅日記に始まり、夫と死別後の五十二、三歳までを回想してつづった日記。

『源氏物語』に熱中し、物語の世界を夢みる文学少女が、身近な人の死や宮仕え、結婚などを通じて人生の厳しさに直面し、夢ははかなく破れていく。夫の死によって孤独と悲嘆にくれる日々を送る作者は、不幸な身の上を信仰が足りなかったせいだと考え、以前夢に現れた阿弥陀如来を心頼みに、極楽往生を期待する。四十年にわたる心象風景を、時の流れを大きな軸にして描いた記録文学として知られる。

なりたち ラ変動詞「さり」の未然形＋打消の助動詞「ず」の連用形＋接続助詞「とも」

そんなことがなくても。源氏物語 平安一物語 浮舟「勘へたまふことどもの恐ろしければ、さらずとも逃げてまかでぬべし」訳おとがめをお受けするのも恐ろしいので、そんなこと(＝宮のお言いつけ)がなくてもきっと逃げて帰りたくなりましょう。

*さら-ず-は【然らずは】 連語

なりたち ラ変動詞「さり」の未然形＋打消の助動詞「ず」の連用形＋係助詞「は」

そうでなければ。そうしなければ。源氏物語 平安一物語 明石「このごろの波の音に、かの物の音を聞かばや。さらずはかひなくこそ」訳今時分の波の音に合わせてあの琴の音色を聞きたい。そうでなければ(せっかくのよい季節の)値打ちがない。

さら-で【然らで】 連語

なりたち ラ変動詞「さり」の未然形＋接続助詞「で」

そうではなくて。それ以外で。源氏物語 平安一物語 若菜上「さらで、よろしかるべき人、誰ればかりかはあらむ」訳それ以外で、相当の人として、だれほどの人がいようか。

*さら-で-だに【然らでだに】 連語

なりたち ラ変動詞「さり」の未然形＋接続助詞「で」＋副助詞「だに」

そうでなくてさえ。後拾遺 平安一歌集 秋上「さらでだにあやしきほどの夕暮れに荻吹く風の音ぞ聞こゆる」訳そうでなくてさえ不思議なくらい人恋しいこの夕暮どきに荻を吹くさびしい風の音がしているよ。

さら-で-は【然らでは】 連語

なりたち ラ変動詞「さり」の未然形＋接続助詞「で」＋係助詞「は」

そうでなくては。そうでなかったら。それ以外には。新古今 鎌倉一歌集 雑上「山陰やさらでは庭に跡もなし」訳山陰の私の宿の庭にはそれ以外には(＝春がやってきた跡以外には)たずねて来た人の足跡もない。

さら-で-も【然らでも】 連語

なりたち ラ変動詞「さり」の未然形＋接続助詞「で」＋係助詞「も」

そうでなくても。枕草子 平安一随筆 春はあけぼの「霜のいと白きも、またさらでもいと寒きに、火など急ぎおこして」訳霜がたいそう白い朝でも、またそうでなくてもたいそう寒い朝に、火などを急いでおこして。

さら・なり【更なり】 形容動詞ナリ {なら／なり・に／なり／なる／なれ／なれ}

語義の扉

「さら」(更)はすでに成ったことをふたたび繰り返すこと、あらためてすることの意。そこから、「更なり」はわかりきっているから、今さら口に出したらおかしい、言うまでもないの意に用いられる。

❶今さら言うまでもないことだ。今さら口にするとかえっておかしい。
❷言うまでもない。もちろんだ。

❶(「言ふもさらなり」「言へばさらなり」の形で)今さら言うまでもないことだ。今さら口にするとかえっておかしい。源氏物語 平安一物語 薄雲「面つき・まみの薫れるほどなど、言へばさらなり」訳(明石の姫君の)ほおのあたりのようすや目もとのつややかで美しいようすなどは、言うのも今さらという感じがするほどだ。参照▶おろかなり(言へばおろかなり・言ふもおろかなり)。

❷(「言へば」「言ふも」を伴わずに用いられて)言うまでもない。もちろんだ。枕草子 平安一随筆 春はあけぼの「夏は夜。月のころはさらなり」訳夏は夜(がいい)。月の眺めのよいころは言うまでもない。

関連語 ⇩言ふもさらなり・言ふもおろかなり・言へばさらなり・言へばおろかなり。

さら-に【更に】 副詞

語義の扉

「あらためて」「その上」「いよいよ」「ますます」などの意で、累加、程度の増進などを表し、現代語の「さらに」の場合と同じように用いられるほか、古語特有の用法として、打消の表現を伴って、「まったく…ない」「少しも…ない」などの強い打消の意を表す。

❶あらためて。新たに。事新しく。
❷その上。重ねて。いっそう。
❸まったく…(ない)。決して…(ない)。少しも…(ない)

❶あらためて。新たに。事新しく。今さら。方丈記 鎌倉一随筆「ここに六十の露消えがたに及びて、さらに末葉の宿りを結べることあり」訳さて六十歳という露(のようにはかない命)の消えようとするときになって、あらためて残りの命を過ごす住居を造ったことである。

❷その上。重ねて。いっそう。ますます。枕草子 平安一随筆 すさまじきもの「人々出でて見るに、車宿りにさらに引き入れて」訳人々が(迎えに)出てみると、(牛車を邸内の車寄せに止めないでその上)車庫にいっそう引き入れて。

❸(打消の語を下接して)まったく…(ない)。決して…(ない)。少しも…(ない)。いっこうに…(ない)。枕草子 平安一随筆 中納言まゐり給ひて「さらにまだ見ぬ骨のさまなり」訳全然見たこともない(すばらしい扇の)骨のようすである。

*さらに-かひな・し【更に甲斐無し】 連語

なりたち 副詞「さらに」＋形容詞「かひなし」

まったくどうしようもない。まったくききめがない。今昔物語 平安一説話 二八・三八「さらにかひなし。おるべき所のあらばこそおりて守の御ありさまをも見奉らめ」訳まったくどうしようもない。下りられる所がもしあるならば(そこから)下りて国守の御ようすを見申し上げよう。

†さらに-とほ・り-う-べ・う-も-あ・ら-ず-たち-こ・み-たり【更に通りうべうもあらず立ちこみたり】

徒然 鎌倉一随筆 五〇「今出河辺より見やれば、院の御桟敷のあたり、さらにとほりうべくもあらずたちこみたり」訳今出河のあたりからながめると、院の(おいでになる)お桟敷のあたりはまったく通れそうになく混雑している。

品詞分解 さらに＝副詞　とほり＝動詞「とほる」㊊用（ウ音便）　も＝係助詞　あら＝動詞「あり」㊊未　ず＝打消の助動詞「ず」㊊用　たちこみ＝動詞「たちこむ」㊊用　たり＝完了の助動詞「たり」㊊終

さらに-も-あら-・ず【更にも有らず】**連語**

なりたち 副詞＋係助詞＋動詞「あり」㊊未＋打消の助動詞「ず」

言うまでもない。 大鏡 平安―物語 序「問へば、『さらにもあらず一百九十歳にぞ今年はなり侍(はべ)りぬる』」訳（年齢を覚えているかと）問うと、「言うまでもない。（この私は）百九十歳に今年なりました」。

さらに-も-いは-・ず【更にも言はず】（サラニモイワズ）**連語**

なりたち 副詞＋係助詞＋動詞「いふ」㊊未＋打消の助動詞「ず」

改めて言うまでもない。もちろんである。 源氏物語 平安―物語 桐壺「若き人々、悲しきことはさらにもいはず」訳年若い女房たちが悲しく思うことは言うまでもない。

さら-ぬ[1]【然らぬ】**連語**

なりたち ラ変動詞「さり」の未然形＋打消の助動詞「ず」の連体形

❶**そうでない。それ以外の。そのほかの。** 徒然 鎌倉―随筆 一三七「鳥部野(とりべの)・舟岡(ふなをか)、さらぬ野山にも、送る数多かる日はあれど、送らぬ日はなし」訳（有名な火葬場の）鳥部野や舟岡、そのほかの野山にも、（死者を）葬る数の多い日はあるけれど、葬送しない日はない。

❷**たいしたことではない。なんでもない。** 平家物語 鎌倉―物語 一〇・維盛入水「涙おしのごい、さらぬ体(てい)にもてないて申しけるは」訳涙をぬぐい、なんでもないようすに振る舞って申したことには。

参考 体言を修飾して連体詞のように用いられる。

さら-ぬ[2]【避らぬ】**連語**

なりたち 動詞「さる」の未然形＋打消の助動詞「ず」の連体形

避けられない。 源氏物語 平安―物語 桐壺「またある時は、えさらぬ馬道(めだう)の戸をさしこめ」訳またある時は、（通ることを）避けられない長廊下の（両端の）戸を閉めて閉じ込め。

さら-ぬ-がほ【然らぬ顔】（サラヌガオ）**名詞** **何事もないような顔つき。**

***さら-ぬ-がほ・なり**【然らぬ顔なり】（サラヌガオナリ）**形容動詞** ナリ〔なら／なり・に／なり／なる／なれ／なれ〕**何事もないような顔つきだ。さりげない表情だ。** 源氏物語 平安―物語 葵「さらぬがほなれど、ほほ笑みつつ後目(しりめ)にとどめ給(たま)ふもあり」訳何事もないような顔つきであるが、微笑しながら流し目を送られることもある。

さら-ぬ-だに【然らぬだに】**連語**

なりたち ラ変動詞「さり」の未然形＋打消の助動詞「ず」の連体形＋副助詞「だに」

そうでなくてさえ。ただでさえ。 千載 鎌倉―歌集 秋下「さらぬだに心細きを」訳そうでなくてさえ心細いのに。

さら-ぬ-わかれ【避らぬ別れ】**連語** **避けることのできない別れ。死別。** 伊勢物語 平安―物語 八四「老いぬればさらぬわかれのありといへばいよいよ見まくほしき君かな」訳⇩おいぬれば…。

さら-ば【然らば】

語義の扉

ラ変動詞「さり」の未然形に接続助詞の「ば」が付いて一語化し、接続詞として、順接の仮定条件、また逆接の確定条件を表す（一）。感動詞として、別れの場の挨拶の語として用いられる（二）。

一 接続詞
- ❶それならば。そうしたら。
- ❷〔打消の語を下接して〕それなら…すべきなのに。それなのに。

二 感動詞 それでは。では。さようなら。

一 **接続詞**

❶**それならば。そうしたら。** ▼順接の仮定条件を表す。紫式部 平安―日記 寛弘五・一一・一「和歌一つづつ仕(つか)うまつれ。さらば許さむ」訳（お祝いの）和歌を一首ずつお詠み申せ。そうしたら許そう。

❷〔打消の語を下接して〕**それなら…すべきなのに（そうせずに）。それなのに。しかるに。** ▼逆接の確定条件を表す。平家物語 鎌倉―物語 八・鼓判官「『急ぎ追討せさせ給(たま)へ』と申しければ、法皇、さらばしかるべき武士には仰せで、山の座主(ざす)・寺の長吏(ちやうり)に仰(おほ)せられて」訳「急いで追討させなさいませ」と申し上げたところ、法皇は、それならふさわしい武士に仰せをすべきなのに武士にはお言い付けなさらずに、比叡山の座主・園城寺(をんじやう)の長吏にお言い付けて。

二 **感動詞** **それでは。では。さようなら。** ▼別れの挨拶の語。源氏物語 平安―物語 夢浮橋「『さらば』とて帰り給(たま)ふ」訳「それでは」とお帰りになる。

さらぼ・ふ（サラボウ）**自動詞** 八四〔は／ひ／ふ／ふ／へ／へ〕**やせ衰える。** 源氏物語 平安―物語 明石「行ひさらぼひて」訳仏道修行のためやせ衰えて。◆江戸時代以後は「さらばふ」。

ざら-・まし **連語**

なりたち 打消の助動詞「ず」の未然形「ざら」＋反実仮想の助動詞「まし」

（もし…ならば）**…なかっただろうに。** 古今 平安―歌集 恋二「思ひつつ寝(ぬ)ればや人の見えつらむ夢と知りせば覚めざらましを」訳⇩おもひつつ…。

語法 仮定条件句（用例では「夢と知りせば」）の結びに用いられる。反実仮想の表現の一つで、活用語の未然形（ここでは「せ」）＋接続助詞「ば」＋…「まし」が基本の表現形式である。

さら-・む【然らむ】**連語**

なりたち ラ変動詞「さり」の未然形＋推量の助動詞「む」の連体形

そのような。このような。 枕草子 平安―随筆 陰陽師のもとなる「さらむ者がな。使はむ」訳そのような（仕事のできる）者がいたらなあ。召し使おう。

ざら-・む **連語**

なりたち 打消の助動詞「ず」の未然形「ざら」＋推量・意志の助動詞「む」

❶〔「む」が意志の場合〕**…まい。** 徒然 鎌倉―随筆 一二「つゆたがはざらんと向かひゐたらんは」訳少しも（相手の気持ちに）違うまいとして向かいあって座っていたら。❷〔「む」が推量の場合〕**……ないだろう。** 竹取物語

平安一物語 御門の求婚「などか宮仕へをし給はざらむ」訳どうして(あなた=かぐや姫は)宮仕えをなさらないのだろうか。

さら-めか・す 他動詞 サ四 {さ/し/す/す/せ/せ} さらさらと音をたてる。音をたてるようにする。宇治拾遺 鎌倉一説話 二・七「それを、また同じ湯に入れて、さらめかし沸かすに」訳それを、また同じ湯に入れて、さらさらと音をたてて沸かすと。◆「めかす」は接尾語。

さら-め・く 自動詞 カ四 {か/き/く/く/け/け} 音がする。ざわめく。今昔物語 平安一説話 一〇・三六「その事となく、世界さらめきののしり合ひたり」訳なんということもなく、世界辺り一面がざわめいて大声で騒ぎ合っている。◆「めく」は接尾語。

さら-ん-に-は【然らんには】 連語

なりたち ラ変動詞「さり」の未然形＋推量の助動詞「ん(む)」の連体形＋格助詞「に」＋係助詞「は」

そういうことなら。それなら。平家物語 鎌倉一物語 四・競「『田舎へ遣はして候ふ』『さらんには力なし』とて」訳「田舎へ行かせてあります」「そういうことならやむを得ない」と言って。

さり[1]【舎利】 名詞 「しゃり」に同じ。

さ・り[2]【然り】 自動詞 ラ変 {ら/り/り/る/れ/れ}

なりたち 副詞「さ」にラ変動詞「あり」の付いた「さあり」の変化した語。

❶そうだ。そうである。そのようである。更級 平安一日記 大納言殿の姫君「かしがましく鳴きののしれども、なほさるにてこそはと思ひてあるに」訳うるさく鳴き騒ぐけれども、やはり(猫は)そうであるのであろう(=飼い主がそばにいないと鳴くものなのだろう)と思っていると。❷そうだ。そのとおりだ。▼問いかけに対して肯定する。源氏物語 平安一物語 玉鬘「『おお、さり、さり』とうなづきて」訳「おお、そうだ、そうだ」とうなずいて。

さ・り[3] 連語

なりたち 副助詞「し」＋動詞「あり」からなる「しあり」が変化した形。

まさに…である。万葉集 奈良一歌集 四三九三「大君の命にされば父母を斎瓮と置きて参ゐて来にしを」訳まさに大君の仰せであるので、父母を神聖な瓶といっしょに置いて来たけれども。

ざり[1] 連語

なりたち 係助詞「ぞ」＋ラ変動詞「あり」の連用形からなる「ぞあり」の変化した語。

…である。▼多く「にざりける」の形で。⇩ざりける

ざり[2] 打消の助動詞「ず」の連用形。古今 平安一歌集 哀傷「つひに行く道とはかねて聞きしかど昨日今日とは思はざりしを」訳⇩つひにゆく…。

さり-あへ・ず【避り敢へず】 連語

なりたち 動詞「さ(避)る」の連用形＋動詞「あ(敢)ふ」の未然形＋打消の助動詞「ず」

避けることができない。避けきれない。古今 平安一歌集 春下「梓弓(=枕詞)春の山辺を越え来れば道もさりあへず花ぞ散りける」訳春の山路を越えてくると道も避けきれないほどの桜の花が散っていることよ。

さり-がた・し 形容詞 ク {(く)・から/く・かり/し/き・かる/けれ/かれ}

㊀【去り難し】別れがたい。捨てさりにくい。源氏物語 平安一物語 夕顔「背きぬる世のさりがたきやうに」訳そむき捨てたこの世が捨てさりにくいように。

㊁【避り難し】❶避けにくい。逃れがたい。源氏物語 平安一物語 夢浮橋「頼もしげなき身一つをよすがに思したるが、さりがたき絆に覚え侍りて」訳頼りがいもない(この私の)身ひとつを頼りどころにお思いになっているのが、世を逃れがたい絆に思われまして。❷辞退しにくい。断りにくい。奥の細道 江戸一紀行 草加「あるはさりがたき餞などしたるは」訳あるいは辞退しにくい餞別などをくれたのは。

ざり・き 連語

なりたち 打消の助動詞「ず」の連用形「ざり」＋過去の助動詞「き」

…なかった。源氏物語 平安一物語 桐壺「はじめよりおしなべての上宮仕へし給ふべき際にはあらざりき」訳(桐壺更衣は)初めから普通の上宮仕え(=帝のおそば勤め)をなさるような(低い)身分ではなかった。

さりげ-な・し【然りげ無し】 形容詞 ク {(く)・から/く・かり/し/き・かる/けれ/かれ} そのようなようすが見えない。何気ない風である。さりげない。新古今 鎌倉一歌集 夏「庭の面はまだ乾かぬに夕立の空さりげなく澄める月かな」訳庭の表面は、まだ乾かないのに、夕立を降らせていた空は、そのようなようすは少しも見えずに澄み、また澄んだ月が照っていることよ。◆「さりげ」は「然あり気」の変化した語。

さりげ・なり【然りげなり】 形容動詞 ナリ {なら/なり・に/なり/なる/なれ/なれ} そんなようすである。そんな気配である。落窪物語 平安一物語 二「思すこともある。御けしきにこそさりげなれ」訳心配事でもあるのですか。あなたの御ようすはそんな気配である。

ざり・けむ 連語

なりたち 打消の助動詞「ず」の連用形「ざり」＋過去推量の助動詞「けむ」

…なかっただろう。…なかったのだろう。徒然 鎌倉一随筆 九〇「などか、頭ばかりの見えざりけん」訳どうして、(その人の)頭だけが見えなかったのだろうか。◆鎌倉時代以降は「ざりけん」。

ざり・けり 連語

なりたち 打消の助動詞「ず」の連用形「ざり」＋過去・詠嘆の助動詞「けり」

❶〔「けり」が過去の意を表す場合〕…なかった。伊勢物語 平安一物語 六「『あなや』と言ひけれど、神鳴る騒ぎに、え聞かざりけり」訳(女は鬼に食われて)「ああっ」と言ったが、雷の鳴るやかましさに、(男はその声を)聞くことができなかった。❷〔「けり」が詠嘆の意を表す場合〕…なかったのだなあ。竹取物語 平安一物語 御門の求婚「げに、ただ人にはあらざりけり」訳(かぐや姫の言うとおり)なるほど普通の人間ではなかったのだなあ。

ざり・ける[1] 連語

なりたち 打消の助動詞「ず」の連用形「ざり」＋過去の助動詞「けり」の連体形

…しなかった。古今 平安一歌集 仮名序「生きとし生けるもの、いづれか歌を詠まざりける」訳この世に生を受けているものすべて、どれが歌を詠まなかったか、いや詠まないものはなかった。

ざり・ける[2] 連語

なりたち 係助詞「ぞ」＋ラ変動詞「あり」の連用形か

らなる「ぞあり」が変化した「ざり」＋過去の助動詞「けり」の連体形

…であるのだなあ。…であったのだなあ。宇津保 平安―物語 嵯峨院「秋萩の下葉に宿る白露も色には出づるものにざりける」訳秋萩の下葉についている白露でさえも、(時には思いが)外に表れるものであったのだなあ。

語法 断定の助動詞「なり」の連用形「に」に付く。

参考 「ざり」に係助詞「ぞ」が含まれているので、係り結びの法則によって「ける」と連体形になる。

さり-けれ-ど＊【然りけれど】接続詞 **そうであったけれども。しかしながら。** 伊勢物語 平安―物語 二三「高安の郡に、いき通ふ所いできにけり。さりけれど、このもとの女、悪しと思へるけしきもなくて」訳高安の郡に通っていく所(＝新しい女)ができてしまった。しかしながら、このもとからの妻は、(男を)憎いと思っているようすもなくて。

さり-けれ-ば＊【然りければ】接続詞 **そうであったから。そういうわけで。それで。** 伊勢物語 平安―物語 九六「さりければ、女の兄人、にはかに迎へに来たり」訳(もめごとが起こってしまい)それで、女の兄弟が急に(女を)迎えに来た。

さり-じゃう【去り状】名詞 **離縁状。**

参考 夫から妻に渡すもの。これがないと女性は再婚できなかった。

ざり-つ 連語

なりたち 打消の助動詞「ず」の連用形「ざり」＋完了の助動詞「つ」

…なかった。 枕草子 平安―随筆 中納言まゐり給ひて「まことにかばかりのは、見えざりつ」訳本当にこれほどのもの(＝見事な扇の骨)は、目にし(たことが)なかった。

さりどころ-な・し【避り所無し】形容詞ク {(く)・から/く・かり/し/き・かる/けれ/かれ}〔多く「罪さりどころなし」の形で〕**言い逃れる余地がない。まぬがれるすべがない。** 源氏物語 平安―物語 夕顔「あまりもの言ひさがなき罪、さりどころなく」訳あまりに言い方が口うるさい欠点は、言い逃れる余地がなく。

さり-とて＊【然りとて】接続詞 **そうであるからといって。** 宇治拾遺 鎌倉―説話 一・一二「さりとて、し出ださんを待ちて寝ざらんもわろかりなんと思ひて」訳そうであるからといって、(ぼたもちを)作り上げるのを待って寝ないようなのもよくはないだろうと思って。

さり-とて-は【然りとては】連語

なりたち ラ変動詞「さり」の終止形＋格助詞「とて」＋係助詞「は」

❶**そうかといって。それにしても。** 源氏物語 平安―物語 蜻蛉「さりとては、いとおぼつかなくてやはあらむ」訳そうかといって、たいそう不安なままでいられようか、いや、いられない。❷**なにとぞ。どうか。** 羽衣 室町―能楽 謡曲「天上に帰らん事もかなふまじ。さりとては返したび給へ」訳天上へ帰ることもできなくなるでしょう。どうかお返しください。❸**なんとまあ。さてさて。** ▼感動詞的に用いる。世間胸算用 江戸―物語 浮世・西鶴「さりとては気のつかぬ者どもよ」訳さてさて気がつかない者たちよ。

さり-とて-も【然りとても】連語

なりたち ラ変動詞「さり」の終止形＋格助詞「とて」＋係助詞「も」

そうはいっても。そうであっても。 源氏物語 平安―物語 早蕨「いみじく心細ければ、嘆かれたまふこと尽きせぬを、さりとてもまた、せめて心ごはく絶えこもりても」訳たいそう心細いので、ため息をおつきになることはつきないが、そうはいってもまた、しいて強情をはって閉じこもってみても。

さり-と-は【然りとは】接続詞 ❶**そうだとは。** 心中天網島 江戸―浄瑠 浄瑠・近松「さりとは愚痴の至り」訳そうだとは無分別の極まるところ。❷**本当に。まあ。** 世間胸算用 江戸―物語 浮世・西鶴「さりとは恐ろしの人心ぞかし」訳本当に恐ろしいのは人間の心である。

さり-とも＊【然りとも】一 接続詞 **そうであっても。それはそれとしても。** 竹取物語 平安―物語 貴公子たちの求婚「さりともつひに男あはせざらむやはと思ひて」訳それはそれとしても最後まで男と結婚させないだろうか。いや、そんなことはないと思って。

二 副詞 **いくらなんでも。それにしても。** 源氏物語 平安―物語 桐壺「限りあらむ道にもおくれ先立たじと契らせ給ひけるを、さりとも、うち捨ててはえ行きやらじ」訳いつか来る死出の道においても死に後れたり先に死ぬまいとお約束なされたのに、いくらなんでも、置きざりにして行ってしまうことはできまい。

さり-ながら＊【然りながら】接続詞 **しかしながら。** 風姿花伝 室町―論 一「さりながら、この花は、まことの花にあらず。ただ時分の花なり」訳しかしながら、この美しさは、ほんとうの美ではない。ただ年齢の若さからくる一時的な芸の美しさである。

さり-ぬ・べし＊【然りぬべし】連語

なりたち ラ変動詞「さり」の連用形＋完了の助動詞「ぬ」の終止形＋推量の助動詞「べし」

❶**そうあるのが適当である。そうあってよい。適している。** 平家物語 鎌倉―物語 七・忠度都落「これに候ふ巻物のうちに、さりぬべきもの候はば」訳ここにあります巻物の中に、(勅撰集に入れる歌として)適しているものがありましたら。❷**なかなかのものだ。立派だ。相当な身分である。** 枕草子 平安―随筆 おひさきなく「なほ、さりぬべからむ人の娘などは、さしまじらはせ」訳やはり相当な身分であるような人の娘などは、宮仕えをさせ。

注意 「さりぬべき」の形で連体修飾語となることも多い。

さり-や【然りや】連語

なりたち ラ変動詞「さり」の終止形＋間投助詞「や」

本当にそうだ。 源氏物語 平安―物語 薄雲「いみじう泣けば、さりや、あな苦しと思して」訳(明石の上が)ひどく泣くので、(源氏も)本当にそうだ、ああつらいことよとお思いになって。

さる[1]【申】名詞 ❶「十二支」の第九。❷方角の名。西南西。❸時刻の名。午後四時。また、それを中心とした二時間。参照▼資料20

さる[2]【猿】名詞 ❶動物の名。❷こざかしい者や猿に似た顔つきの者をののしっていう語。

さ

[3]さ・る【去る】

一 自動詞 ラ四{ら/り/る/る/れ/れ}
❶(季節や時刻を表す語に付いて)**来る。なる。** 金葉 平安―歌集 秋「夕されば門田(かど)の稲葉おとづれて」訳⇨ゆふさればかどたのいなば…。
❷**離れる。立ち去る。** 徒然 鎌倉―随筆 四一「『ここへ入らせ給(たま)へ』とて、所をさりて呼び入れ侍(はべ)りにき」訳「この場所にお入りください」と言って、そこを立ち去って(私を)呼び入れました。
❸(地位などから)**退く。おりる。** 源氏物語 平安―物語 若菜上「御位をさらせ給(たま)へれど」訳(朱雀(すざく)院は)み位を退いていらっしゃるが。
❹**過ぎ去る。** 平家物語 鎌倉―物語 三・城南之離宮「時さり年来たって」訳時は過ぎ年は来て。
❺(「世をさる」の形で)**死ぬ。出家する。** 源氏物語 平安―物語 若菜上「うちつづき世をさらむきざみ、心ぐるしく」訳(朱雀院に)引き続いて私(源氏)が死ぬようなときには、(女三宮に)気の毒で。
❻**変化する。あせる。** 貫之集 平安―歌集 五「雨降れば色さりやすき花ざくら薄き心を我が思はなくに」訳雨が降ると色の変わりやすい花ざくらよ(そのようなあなたの)薄情な心を私は(いやだと)思わないのだからなあ。
❼**隔たる。** 今昔物語 平安―説話 三一・二四「宮の北に二里をさりて方丈の室を造りて」訳宮殿の北方二里隔たった所に一丈四方(=約九平方メートル)の家を造って。

二 他動詞 ラ四{ら/り/る/る/れ/れ}
❶**遠ざける。離す。** 源氏物語 平安―物語 桐壺「あながちに御前(おまへ)さらずもてなさせ給(たま)ひしほどに」訳(桐壺更衣(きりつぼのこうい)を)無理やりおそばから離さないで(帝(みかど)が)お扱いになっていらっしゃるうちに。
❷**離縁する。離別する。** 今昔物語 平安―説話 二七・二四「男、…この妻(め)をさりて」訳男は、…この妻を離縁して。

[4]さ・る【晒る・曝る】

一 自動詞 ラ四{ら/り/る/る/れ/れ} **日や風雨にさらされて、色や形が変わる。**「しゃる」とも。霊異記 平安―説話 下「久しきを歴(へ)て日にさりたるも」訳久しい年月がたち日にさらされて、色や形が変わっていたにもかかわらず。
二 他動詞 ラ四{ら/り/る/る/れ/れ} **日や風雨が当たるままにする。さらす。** 霊異記 平安―説話 下「身を投げ骨をさりて」訳(川)に身を投げ骨をさらして。
三 自動詞 ラ下二{れ/れ/る/るる/るれ/れよ} 一に同じ。散木 平安―歌集「陸奥(みちのく)の蓼生(たでふ)に骨のされむとすらむ」訳奥州の蓼生の野に(人)骨がさらされようとするのだろう。

[5]さ・る【戯る】 自動詞 ラ下二{れ/れ/る/るる/るれ/れよ}
❶**たわむれる。はしゃぐ。** 枕草子 平安―随筆 かたはらいたきもの「旅だちたるところにて、下衆(げす)どもされゐたる」訳よそに泊まった先で、(お供の)下男たちがはしゃいでいるの。
❷**才気がある。気が利く。** 源氏物語 平安―物語 紅葉賀「『入りぬる磯(いそ)の』と口ずさみて、口おほひ給(たま)へるさま、いみじうされて、うつくし」訳「入りぬる磯の」と口ずさんで、(袖(そで)で)口もとをお隠しになられた(紫の上の)ようすは、たいへん気が利いて、かわいらしい。
❸**色気がある。** 源氏物語 平安―物語 少女「年の程よりはされてやありけむ」訳(惟光(これみつ)の娘は)年齢の割には色気があったのだろうか。
❹**しゃれている。風情がある。趣がある。** 源氏物語 平安―物語 浮舟「されたる常磐木(ときはぎ)の影茂れり」訳風情がある常磐木の姿は枝葉が茂っている。◆後に「ざる」とも。

[6]さ・る【避る】 他動詞 ラ四{ら/り/る/る/れ/れ}
❶**よける。避ける。** 徒然 鎌倉―随筆 五九「えさらぬ事のみいとどかさなりて」訳避けられない用事ばかりがいっそう重なって。
❷**断る。辞退する。** 更級 平安―日記 宮仕へ「『若い人まゐらせよ』と仰せらるれば、えさらず出(い)だし立つるに」訳「若い人を出仕させなさい」とおっしゃるので、どうしても断ることができなくて出仕させるのだが。

[7]さる【然る】 連体詞
❶**そのような。そういう。そんな。** 伊勢物語 平安―物語 九「みな人ものわびしくて、京に思ふ人なきにしもあらず。さる折しも」訳そこにいる人は皆、なんとなくせつなくて、都に愛する人が必ずしもいないわけではない。(それを思い出す)そのような折に。
❷**しかるべき。相当な。立派な。** 徒然 鎌倉―随筆 二三一「別当(べったう)入道、さる人にて」訳別当入道は、相当な(気の利く)人物であって。
❸**ある。某。しかじかの。** ▼対象を漠然と示す。隅田川 室町―能楽 謡曲「この在所にさる子細(しさい)候ひて」訳この土地にある事情がございまして。◆ラ変動詞「さり」の連体形から変化した語。

ざる 打消の助動詞「ず」の連体形。伊勢物語 平安―物語 二三「筒井(つつ)つの井筒にかけしまろが丈(たけ)過ぎにけらしな妹(いも)見ざるまに」訳⇨つつゐつの…。

さる-あひだ【然る間】(サルアイダ)
一 連語 なりたち 連体詞「さる」+名詞「あひだ」
そうしているうち。 伊勢物語 平安―物語 四〇「さるあひだに、思ひはいやまさりにまさる」訳そうしているうちに、(男の)思いはいよいよつのっていく。
二 接続詞 **そこで。さて。** 隅田川 室町―能楽 謡曲「さるあひだこの辺の人々、この人の姿を見候ふに」訳さてこのあたりの人々がこの(幼い)子の姿を見ますと。

さる-がう【散楽・猿楽】(サルゴウ) 名詞 ❶「さるがく❶」に同じ。❷おどけたしぐさ。

さるがう-ごと【散楽言】(サルゴウゴト) 名詞 滑稽(こっけい)なことを言ってふざけること。また、その冗談。

[1]さる-がく【散楽・猿楽・申楽】 名詞 ❶即席の戯れに演じた滑稽(こっけい)なしぐさ。また、それをする人。余興の芸としても行われた。「さるがう」とも。❷芸能の一つ。⇨猿楽 文芸。❸能楽(のうがく)のこと。猿楽の能。風姿花伝 室町―論 序「それ、さるがく・延年(えんねん)の事態(ことわざ)、その源を尋ぬるに」訳そもそも、猿楽・延年(の舞)の芸能は、その起源をたずねてみれば。

(散楽❸)

猿楽 文芸 奈良時代末期から鎌倉・室町時代にかけて行われた芸能の一つ。滑稽な物真似・掛け合いなどを主とする庶民的なもので、宮廷の宴席や神社の祭りなどで余興として演じられた。のち、しだいに演劇的となって、「能」「狂言」の母体となった。わが国古来の滑稽芸が、中国から伝来した「散楽(=曲芸・奇術・物真似などを含む民間芸能)」に加わって成立したといわれる。「申楽」「散楽」とも書く。

申楽談儀 書名 能楽書。観世元能編。室町時代中期(一四三〇)成立。一巻。〔内容〕世阿弥の能の作り方や心得、能役者の芸風などを、次男の元能が聞き書きしてまとめたもの。

さる-かた【然る方】 連語
なりたち 連体詞「さる」＋名詞「かた」
そういう方面。そういう向き。 源氏物語 平安―物語 橋姫「同じき山里といへど、さるかたにて心とまりぬべくのどやかなるもあるを」訳同じ山里といっても、そういう方面に心がひきつけられるに違いなくのどかな所もあるのだが。

さる-かた-に【然る方に】 連語
なりたち 連体詞「さる」＋名詞「かた」＋格助詞「に」
それ相応に。それはまたそれで。 源氏物語 平安―物語 常夏「け近く、愛嬌づきて、うちそぼれたるは、さるかたにをかしく罪ゆるされたり」訳親しみやすく、魅力があって、羽目をはずしたところは、それはまたそれでおもしろくて罪がない。

さる-が・ふ【散楽ふ・猿楽ふ】 〔は／ひ／ふ／ふ／へ／へ〕 自動詞ハ四 **おどける。冗談を言う。** 枕草子 平安―随筆 つれづれなぐさむもの「男などの、うちさるがひ、物よく言ふが来たるを」訳男などで、冗談を言い、よく話す人が来たのを。

さる-から【然るから】 接続詞
なりたち ラ変動詞「さり」の連体形に接続助詞「から」の付いたかたちが一語化したもの。
そうだから。 徒然 鎌倉―随筆 一二「『さるから、さぞ』とも うち語らはば、つれづれ慰まめと思へど」訳「そうだから、そうなのだ」とも語り合ったら、わびしさも慰められるだろうと思うが。

さる-こと【然る事】 連語
なりたち 連体詞「さる」＋名詞「こと」
❶**そのようなこと。そういうこと。もっともなこと。** 竹取物語 平安―物語 貴公子たちの求婚「いかでかさることなくてはおはせむ」訳どうしてそのようなこと(=結婚)をせずにいらっしゃってよいでしょうか。徒然 鎌倉―随筆 一三七「花の散り、月の傾くを慕ふ習ひはさることなれど」訳花の散ること、月の西に傾くことを愛惜する習わしはもっともなことだけれども。❷**その通りのこと。もっともなこと。** 徒然 鎌倉―随筆 一「げにさることぞかし」訳なるほどもっともなことだ。❸**言うまでもないこと。もちろんのこと。** 平家物語 鎌倉―物語 三・足摺「我等が召しかへさるるうれしさは、さることなれども」訳我々が呼び戻されるうれしさは、もちろんのことであるが。❹**たいしたこと。** 宇治拾遺 鎌倉―説話 九・五「さることはなけれど、高く大きに盛りたる物ども持て来つつ据ゆめり」訳(田舎であるから)たいしたことはないが、高く大きく盛った品々を持って来ては据えてゆくようである。

さる-こと-あり【然る事有り】 連語
なりたち ラ変動詞「さり」の連体形＋名詞「こと」＋ラ変動詞「あり」
(ほんとうに)**そのとおりだ。全くそうだ。** 平家物語 鎌倉―物語 七・竹生島詣「げにさることあり。いざや参らん」訳なるほどそのとおりだ。さあ行こうではないか。

猿沢の池 地名 今の奈良市にある興福寺の南にある池。平城天皇に仕えていた采女が寵愛の衰えたのを悲しんで身を投げたという。

さる-に【然るに】 接続詞
なりたち ラ変動詞「さり」の連体形に接続助詞「に」の付いたかたちが一語化したもの。
すると。そうこうしているうちに。 伊勢物語 平安―物語 八四「ひとつ子にさへありければ、いとかなしうし給へり。さるに、十二月ばかりに、とみの事とて御文あり」訳そのうえ一人っ子でもあったので、たいそう深い愛情を募らせていらしゃった。そうこうしているうちに、陰暦十二月のころに、急ぎのことといって(母宮から)お手紙が届いた。参照▶文脈の研究 さるに。

さる-に-て-こそ-は【然るにてこそは】 連語
なりたち 動詞「さり」体＋断定の助動詞「なり」用＋接続助詞＋係助詞＋係助詞
そうであるのでそうなのであろう。 更級 平安―日記 大納言殿の姫君「かしがましく鳴きののしれども、なほさるにてこそはと思ひてあるに」訳(猫が)うるさく鳴き騒ぐけれども、やはりわけがあるので、鳴くのであろう(=飼

文脈の研究 さるに

『伊勢物語』「第八四段」の、

さるに、十二月ばかりに(十二月のころに)、とみのことと(急ぎのことといって)て御文あり。

この文の直前には、

その母長岡といふ所に住み給ひけり。子は京に宮仕へしければ、まうづとしけれどしばしばえまうでず(たびたびは参上することができない)。ひとつご(ひとりっ子)にさへありければ、いとかなしうし(深い愛情を募らせて)給へり。

とあり、この母宮と宮仕えの子息が京のまちなかと長岡とに離れ住んでいたこと(現在、その間の距離を計測すると、およそ一五キロメートル)、そのうえにひとりっ子でもあったことから、真率な愛情を募らせていたことが語られている。

したがって、「さるに」は、「そのような状況であるところに」「そんななか」「そうしたところへ」といった文脈が確かめられる。参照▶文脈の研究 さへ。

い主がそばにいないと鳴くものなのだろう)と思っていると。◆「さるにてこそはあらめ」の略。

さるにては【然るにては】連語 〔接続詞的に用いて〕それにしては。それにつけても。源氏物語 平安―物語 若紫「**さるにては**、かの若草を、いかで聞き給(たま)へることぞ」訳**それにしては**、あの若草(の歌)を、どうしてお聞きなったのだろうか。

さる-に-て-も【然るにても】接続詞

なりたち ラ変動詞「さり」の連体形＋断定の助動詞「なり」の連用形「に」＋接続助詞「て」＋係助詞「も」

それにしても。源氏物語 平安―物語 少女「**さるにても**、かかる事なむ知らせ給(たま)ひて」訳**それにしても**、このような事をお知らせなさって。

さる-は【然るは】接続詞

語義の扉

ラ変動詞「さり(然り)」の連体形に係助詞の「は」が付いた形が一語化して接続詞として用いられ、前に述べた事柄を受けてその理由やいきさつについて「そうであるのは」「それというのも」「そのうえ」の意味で順接的に、また前述の内容についての判断のありようを、「そうではあるが」「それでも」の意味で逆接的に説明を加える語。

❶そうであるのは。それというのも、実は。
❷そのうえ。
❸そうではあるが。そうはいうものの。

❶**そうであるのは。それというのも、実は。**▼順接を表す。源氏物語 平安―物語 若紫「ねびゆかむさまゆかしき人かなと目とまり給(たま)ふ。**さるは**、限りなう心を尽くし聞こゆる人に、いとよう似奉れるが、まもらるるなりけり、と思ふにも涙ぞ落つる。」訳成長してゆくようすをぜひ見てみたい人だなあと、(源氏は、若紫に)目がおとまりになる。**それというのも実は**、(源氏が)この上もなく心からお慕い申し上げている方(＝藤壺(ふじつぼ))に、実によく似申し上げているので、自然と見つめないではいられないのだ、と思うにつけても涙がこぼれてくる。

❷**そのうえ。**▼順接を表す。徒然 鎌倉―随筆 三〇「聞き伝ふるばかりの末々は、あはれとやは思ふ。**さるは**、跡とふわざも絶えぬればいづれの人と名をだに知らず。」訳(故人のことを)聞き伝えているだけの子孫は、(その故人のことを)しみじみと思うだろうか、いや思いはしない。**そのうえ**、死後を弔うことも絶えてしまうと、どこの人かと名前さえもわからなくなる。

❸**そうではあるが。そうはいうものの。それでも。**▼逆接を表す。土佐日記 平安―日記 二・一六「望みて預かれるなり。**さるは**、たよりごとに物も絶えず得させたり」訳(隣の家の人は、自分から)望んで(留守の間、私の家の管理を)ひきうけていたのである。**それでも**、(預けた私の方から)機会のあるたびに、贈り物も絶えず与えてきた。

さる-ひと【然る人】連語

なりたち 連体詞「さる」＋名詞「ひと」

❶**そのような人。そういった人。**徒然 鎌倉―随筆 一二「**さるひと**あるまじければ」訳**そのような人**はあるまいから。❷**しかるべき人。相当な人物。**徒然 鎌倉―随筆 二三一「別当(べったう)入道、**さるひと**にて」訳別当入道は、**相当な人物**であって。

さる-べき【然るべき】連語

なりたち ラ変動詞「さり」の連体形＋推量(当然)の助動詞「べし」の連体形

❶**そうなるはずの。そうなるのが当然な。そうなる運命の。**源氏物語 平安―物語 桐壺「**さるべき**契りこそはおはしましけめ」訳(桐壺(きりつぼ)帝には桐壺の更衣との間に、早く死別するという)**そうなるはずの**前世からの約束がおありになったのだろう。

❷**しかるべき。適当な。それにふさわしい。相応な。**源氏物語 平安―物語 夕顔「娘をば、**さるべき**人に預けて」訳娘を**しかるべき**人に預けて(＝ふさわしい男と結婚させて)。

❸**相当な。立派な。優れた。れっきとした。**枕草子 平安―随筆 すさまじきもの「**さるべき**人の宮仕へするがりやりて、恥づかしと思ひゐたるも、いとあいなし」訳(身分も**相当な**女で、宮仕えをしている人のところに(自分の婿を)取られて、気恥ずかしく思っているのも、まことにおもしろくない。

さる-べき-に-や-あり-けむ【然るべきにやありけむ】連語

なりたち 動詞「さり」(体)＋当然義務予定の助動詞「べし」(体)＋断定の助動詞「なり」(用)＋係助詞＋動詞「あり」(用)＋推量の助動詞「けむ」(体)

そうなる運命であったのであろうか。更級 平安―日記 竹芝寺「我、**さるべきにやありけむ**、この男(をのこ)の家ゆかしくて、『率(ゐ)て行け』と言ひしかば」訳私は、**そうなる運命であったのであろうか**、この男の家が見たくて、「連れていけ」と言ったので。

さる-べ-く-て【然るべくて】連語

なりたち ラ変動詞「さり」の連体形＋推量(当然)の助動詞「べし」の連用形＋接続助詞「て」

そうなるのが当然の運命で。当然そのようになるはずで。増鏡 室町―物語 新島守「**さるべくて**身の失(う)すべき時にこそあんなれ」訳**そうなるのが**(前世からの因縁(いんねん)で)**当然の運命で**、(いよいよ)この身の滅びるときであるようだ。

さる-・べし【然るべし】連語

なりたち ラ変動詞「さり」の連体形＋推量(当然)の助動詞「べし」

そうなる(する)のが当然だ。そのとおりだ。平家物語 鎌倉―物語 四・競「もっとも**さるべし**」訳いかにも**そうするのが当然だ**。

ざる-・べし 連語

なりたち 打消の助動詞「ず」の連体形「ざる」＋推量(当然)の助動詞「べし」

…ないにちがいない。…ないだろう。徒然 鎌倉―随筆 一七〇「『いましばし、けふは心閑(のど)かに』など言はんは、この限りにはあら**ざるべし**」訳「もうしばらく(いてください)、今日はゆっくり落ちついて(話をしよう)」などと言ったとしたら、それはこの限りでは**ないだろう**。

さるほど-に【然る程に】接続詞

[なりたち] ラ変動詞「さり」の連体形「さる」に、名詞「ほど」、格助詞「に」の付いたかたちが一語化したもの。

❶**そうしているうちに。そうする間に。**［平家物語 鎌倉―物語］三・足摺「さるほどに、少将や判官入道も出で来たり」［訳］そうしているうちに、少将や判官入道も出て来た。

❷**さて。ところで。**▼話題を転ずるとき、または新しい話を切り出すときに、冒頭におく語。［平家物語 鎌倉―物語］一・殿下乗合「さるほどに、嘉応元年七月十六日、一院御出家あり」［訳］さて、嘉応元年七月十六日に、一院（＝法皇・上皇が二名以上いるときの上位の者）がご出家なさる。

❸**それにつけても。なんとまあ。それはそれは。**▼軽い感動を表し、副詞的に用いる。［世間胸算用 江戸―物語］浮世・西鶴「さるほどに、憎い鼠め」［訳］なんとまあ、憎らしいねずみめ。

［参考］❶が本来の用法で、「さて」「かくて」などに対して、やや固い表現として和漢混交文で用いられ、軍記物語や御伽草子で多用された。❷は鎌倉時代以後の用法。

さる-ぼほ【猿頰】［名詞］❶猿のほおの内側にあって、食物を蓄える袋。❷武具の一つ。鉄面の一種で、頰やあごを保護するもの。❸貝の一種。❹片手おけ。

さる-・まじ【然るまじ】［連語］

［なりたち］ラ変動詞「さり」の連体形＋打消推量の助動詞「まじ」

❶**そうあるべきでない。そうあるはずがない。**［源氏物語 平安―物語］桐壺「あまたさるまじき人の恨みを負ひし果て果ては」［訳］いろいろとそうあるべきでない人の恨みを受けたあげくの果ては。❷**それほど重んずる必要のない。**［枕草子 平安―随筆］文ことばなめき人こそ「文ことばなめき人こそいとにくけれ、…さるまじき人のもとに、あまりかしこまりたるも、げに悪ろきことなり」［訳］手紙の文句で、それほど重んずる必要のない人のところに、あまり丁寧なのも、いかにもよくないことである。

猿丸大夫［人名］生没年未詳。平安時代前期の伝説的歌人。三十六歌仙の一人。『古今和歌集』の真名序に名前があるが、『猿丸大夫集』は読み人知らずの歌ばかり集めたもので、その作と言えるものはない。各地に猿丸大夫伝説が存在している。

さる-まろ【猿丸】［名詞］猿を人めかしていう語。

猿蓑［書名］俳諧集。向井去来・野沢凡兆撰。江戸時代前期（一六九一）刊。六巻二冊。〔内容〕題名は松尾芭蕉の句「初時雨猿も小蓑をほしげなり」〈⇨はつしぐれ…。〉による。蕉風の円熟期の、芭蕉とその門人の発句・連句を載せ、巻六には「幻住庵記」を収めている。

さる-もの[1]【然る物】［連語］

［なりたち］連体詞「さる」＋名詞「もの」

❶**そのような物。**❷**もっともなこと。**［徒然 鎌倉―随筆］一九「『灌仏のころ、祭のころ、若葉の梢涼しげに茂りゆく程こそ、世のあはれも人の恋しさもまされ』と人の仰せられしこそ、げにさるものなれ」［訳］「灌仏会や賀茂祭のころの、若葉が梢に涼しそうに茂っていく時分が、世の中のしみじみとした趣がまさるものだ」とある人がおっしゃったのは、まことにもっともなことだ。

さる-もの[2]【然る者】［連語］

［なりたち］連体詞「さる」＋名詞「もの」

❶**そのような人。**［枕草子 平安―随筆］かへる年の「むげにこそ思ひうんじにしか。などさるものをば置きたる」［訳］全くいやになってしまったなあ。なぜそのような人を使っているのか。❷**それ相当の人。しかるべき人。**［源氏物語 平安―物語］帚木「さるものにしなして、長く見るやうも侍りなまし」［訳］（その女を）相当の人にしておいて、長く世話する方法もありましただろうに。

さる-もの-に-て*【然るものにて】［連語］

［なりたち］連体詞「さる」＋名詞「もの」＋断定の助動詞「なり」の連用形「に」＋接続助詞「て」

❶**それはもっともなこととして。それはそれとして。**［徒然 鎌倉―随筆］一九「『もののあはれは秋こそまされ』と、人ごとに言ふめれど、それもさるものにて、今一きは心も浮き立つものは、春の気色にこそあめれ」［訳］「しみじみとした趣は秋がすぐれている」と、だれもが言うようだけれど、それももっともなこととして、さらにいちだんと心がうきうきするものは、春の景色であるようだ。❷**言うまでもなく。**［源氏物語 平安―物語］桐壺「わざとの御学問はさるものにて、琴・笛の音にも雲井を響かし」［訳］本格的なご学問は言うまでもなく、琴・笛の音にも宮中を驚かし。

ざる-・らし［連語］

［なりたち］打消の助動詞「ず」の連体形＋推量の助動詞「らし」

…**ないであろう。**［玉葉 鎌倉―歌集］雑「けさ見ればあまの小舟もかよふなりしほ満つ浦はこほらざるらし」［訳］今朝、（沖の方も）見ると、海人の小舟も行き来しているようだ。潮が満ちた海は凍らないのであろう。

ざる-・らむ［連語］

［なりたち］打消の助動詞「ず」の連体形＋推量の助動詞「らむ」

…**ないだろう。**［詞花 平安―歌集］雑上「深くしもたのまざるらむ君ゆゑに雪踏み分けて夜な夜なぞゆく」［訳］そんなにも深くは（私のことを）頼りにしてはいないだろうが、そのあなたのために雪を足で分けながら毎晩毎晩行くことよ。

さる-やう【然る様】［連語］

［なりたち］連体詞「さる」＋名詞「やう」

そうなる事情。［落窪物語 平安―物語］三「さるやうこそあらめと、思ひ病み給ひねかし」［訳］そうなる事情があるのだろうと、思い悩まれなさるな（おあきらめなさいませよ）。

さる-を*【然るを】［接続詞］

［なりたち］ラ変動詞「さり」の連体形に接続助詞「を」の付いたかたちが一語化したもの。

❶**そうであるのに。それなのに。**［伊勢物語 平安―物語］二一「男女、いとかしこく思ひ交はして、異心なかりけり。さるを、…世の中を憂しと思ひて」［訳］男と女がたいそう深く慕い合って、（どちらも）浮気心がなかった。そうであるのに、…（女は）男との仲をいやに思って。❷**さて。ところで。**［幻住庵記 江戸―俳文］俳文・芭蕉「さるを、筑紫高良山の僧正は」［訳］ところで、筑紫の高良山の僧正は。

さるをきくひと…［俳句］「猿を聞く人 捨て子に秋の風いかに」［野ざらし 江戸―句集］俳文・芭蕉［訳］捨て子が

悲しげな声で泣いている。古来、猿の鳴き声を聞いて親子の情愛を感じ、断腸の思いにかられた中国の詩人たちよ、この捨て子に吹く秋の風をどう受けとめたらよいのだろうか。

鑑賞 富士川のほとりで、三歳くらいの捨て子が泣いているようすを見ての句。中国の詩人たちは、猿の鳴き声を聞いて涙する詩を多く作った。中国の故事には、捕らえられた子猿を追いかけた母猿が、悲しみのあまり腸を断って死んだ話もある。季語は「秋の風」で、季は秋。

ざれ[1] 打消の助動詞「ず」の已然形。源氏物語 平安―物語 蜻蛉「人木石にあらざれば、みな情あり」訳人は木や石のような非情のものでないから、皆人情がある。

ざれ[2] 打消の助動詞「ず」の命令形。今昔物語 平安―説話 二一・一三「我を打たしめざれ」訳私を打たせないようにしてくれ。

ざれ-ごと[1]【戯れ言】名詞 **ふざけて言う言葉。冗談。**「ざれごと」とも。

ざれ-ごと[2]【戯れ事】名詞 **ふざけたこと。冗談ごと。**「ざれこと」とも。

され-ど【然れど】接続詞

なりたち ラ変動詞「さり」の已然形に逆接の接続助詞「ど」の付いたかたちが一語化したもの。

そうではあるが。けれども。だが。しかし。枕草子 平安―随筆 ふと心おとりとかするものは「いづれをよしあしと知るにかは。されど、人をば知らじ、ただ心地にさおぼゆるなり」訳(何を基準にして言葉遣いが)どれがよい、どれが悪いと判断するのであろうか、いや、わかりはしない。けれども、他人のことはどうか知らないが、ただ(自分の)気持ち一つでそう思われるのである。

参考 同義語に「されども」がある。「されど」は和文で愛用されているのに対して、「されども」は漢文訓読調の濃い文中に用いられることが多い。

され-ども【然れども】接続詞

なりたち ラ変動詞「さり」の已然形に接続助詞「ども」の付いたかたちが一語化したもの。

「されど」に同じ。徒然 鎌倉―随筆 八五「人の心すなほならねば、偽りなきにしもあらず。されどもおのづから正直の人などかなからん」訳人間の心は正直でないので、必ずしも偽りがないわけではない。しかしまれに正直な人がどうしていないはずがあろうか。

され-ば【然れば】

語義の扉

ラ変動詞「さり」の已然形「され」に、接続助詞「ば」の付いた形が一語化して確定条件を表す接続詞として、「そうであるから」「それゆえに」を原義的な用法とし、話題の転換や予想外の驚きの表出の文脈に用いられ、また、応答にかかわる感動詞としても用いられた。「しかれば」と同様、「そうだから」の意で順接の確定条件を表すのが基本。「それならば」「そうすれば」の意で仮定条件を表すときは、「さらば」「しからば」が用いられた。

一 接続詞
❶そうであるから。そうだから。それゆえに。
❷そもそも。いったい(ぜんたい)。
❸さて。ところで。

二 感動詞 だからさ。そう。さよう。

一 接続詞 ❶**そうであるから。そうだから。それゆえに。だから。**徒然 鎌倉―随筆 一四二「妻子のためには、恥をも忘れ、盗みもしつべきことなり。されば、盗人をいましめ、ひがことをのみ罪せんよりは」訳妻子のためには、恥をも忘れ、盗みをもしてしまうにちがいないことである。だから、盗人を(捕らえて)縛り、悪事だけを処罰するようなのよりは。

❷**そもそも。いったい(ぜんたい)。**平家物語 鎌倉―物語 一・祇王「こは、されば、何事さぶらふぞや」訳これは、いったいぜんたい、何事でございますか。

❸**さて。ところで。**世間胸算用 江戸―物語 浮世・西鶴「されば、世の中に借銭乞ひに出会ふほど恐ろしきものはまたもなきに」訳さて、世の中で借金取りに出会うほど恐ろしいものはほかにないのだが。

二 感動詞 **だからさ。そう。さよう。まったく。**▼相手の質問に応じる語。鑓権三 江戸―浄瑠 浄瑠・近松「『権三殿は御存じないか』『されば、存じたとも申されず、存ぜぬとも申されぬ』」訳「権三殿はご存じないのか」「さよう、知っておりますとも申し上げられず、(また)知りませんとも申し上げられない」

されば-こそ*【然ればこそ】連語 ❶**思ったとおり。やっぱり。案の定。**竹取物語 平安―物語 火鼠の皮衣「さればこそ、異物の皮なりけり」訳思ったとおり、別の物の皮だったよ。❷**それだから。だからこそ。**▼相手の言葉に応答していう。平家物語 鎌倉―物語 五・月見「さればこそ、汝をば遣はしつれ」訳それだから、おまえをつかわしたのだ。◆「こそ」は係助詞。

ざれ-ば・む*【戯ればむ】自動詞マ四{ま/み/む/む/め/め} **あか抜けした風である。風流めく。しゃれている。**「さればむ」とも。源氏物語 平安―物語 東屋「三条わたりに、ざればみたるが、まだ造りさしたる所なれば」訳三条あたりで、風流めいている家の、まだ造りかけたままの所なので。◆「ばむ」は接尾語。

されば-よ【然ればよ】連語 **やっぱり。はたして。**源氏物語 平安―物語 帚木「『さればよ』と、心おごりするに、正身はなし」訳「やっぱり」と、いい気になったのですが、本人はいません。◆「よ」は間投助詞。

さわが・し*【騒がし】形容詞シク {(しく)・しから/しく・しかり/し/しき・しかる/しけれ/しかれ} ❶**騒がしい。騒々しい。**枕草子 平安―随筆 九月つごもり、十月のころ「空うち曇りて、風のいとさわがしく吹きて」訳空が曇ってきて、風がたいそう騒々しく吹いて。❷**忙しい。あわただしい。落ち着かない。**大和物語 平安―物語 一三六「日ごろさわがしくてなむ、え参らぬ」訳数日来忙しくて、うかがうことができません。❸**世の中が穏やかでない。騒然としている。**枕草子 平安―随筆 殿などのおはしまさで後「世の中に事出で来、さわがしうなりて」訳世間に事件が起こり、穏やかでなくなって。◇「さわがしう」はウ音便。

参照▶ よのなかさわがし。

さわぎ*【騒ぎ】名詞 ❶**騒がしいこと。騒々しいこと。**伊勢物語 平安―物語 六「神鳴るさわぎに、え聞かざりけり」

訳雷が鳴る**騒々しさ**に、(男は)聞くことができなかった。❷**取り込み。混雑。**万葉集 奈良一歌集 四三六四「防人に発たむ**さわぎ**に」訳防人に出立しようとする**取り込み**で。❸**戦乱。騒乱。**大和物語 平安一物語 四「純友が**さわぎ**の時、討手の使ひに指されて」訳純友の**戦乱**のとき、追討使に指名されて。❹酒席などでの遊興。◆奈良時代以前は「さわき」。

さわ・ぐ【騒ぐ】 自動詞ガ四 {が／ぎ／ぐ／ぐ／げ／げ}
❶**騒々しくする。騒ぐ。**枕草子 平安一随筆 七日の日の若菜を「七日の日の若菜を、六日、人の持て来、**さわぎ**取り散らしなどするに」訳一月七日の日に食べるならわしの若菜を、六日に人が持って来て、**騒ぎ**取り散らかしなどしているときに。
❷**忙しく動く。忙しく働く。**今昔物語 平安一説話 二八・二「事果てて車ども懸け、**さわぐ**ときになむ、目さめて驚きたりける」訳事が終わってあちこちで車に牛を付けなどし、**忙しく働いている**ときに、目がさめて驚いた。
❸**心が落ち着かない。動揺する。**宇治拾遺 鎌倉一説話 三・六「『あさましき事』とて、人ども来とぶらひけれど、**さわがず**」訳「これはたいへんなことだ」と、人々が見舞いに訪れたが、**動揺し**ない。
❹**乱が起きる。騒動が起こる。**平家物語 鎌倉一物語 二・烽火之沙汰「小松殿に**さわぐ**ことありと聞こえしかば」訳小松の御殿で**騒動が起こる**ことがあるとうわさが立ったので。◆奈良時代以前は「さわく」。

さわさわ(と)〘爽爽(と)〙⇩さはさは(と)

さわに〘多に〙⇩さはに

さわやかなり〘爽やかなり〙⇩さはやかなり

さわやぐ〘爽やぐ〙⇩さはやぐ

さ-わらび【早蕨】 名詞 ❶植物の名。**わらび。**「早蕨」の字を当てるようになってから、芽が出たばかりのわらびとも解された。季春。万葉集 奈良一歌集 一四一八「石走る垂水の上の**さわらび**の萌え出づる春になりにけるかも」訳⇩いはばしる…。❷襲の色目の一つ。表は紫、裏は青。春に用いる。◆「さ」は接頭語。

さわる〘障る〙⇩さはる

さわれ ⇩さはれ

さゐさゐ・し【騒騒し】 形容詞シク {(しく)・しから／しく・しかり／し／しき・しかる／しけれ／しかれ}
さわさわと音がする。源氏物語 平安一物語 初音「光もなく黒き掻い練りの、**さゐさゐしく**張りたる一襲」訳艶もなく黒い練り絹の**さわさわと音がするほど**糊をきかせたひとそろいに。◆「さゐさゐ」は擬音語。

さ-ゑもん【左衛門】 名詞「左衛門府」の略。対右衛門。

さゑもん-の-かみ【左衛門の督】 名詞「左衛門府」の長官。

さゑもん-の-すけ【左衛門の佐】 名詞「左衛門府」の次官。

さゑもん-の-たいふ【左衛門の大夫】 名詞「左衛門の尉」(=従六位下相当)で五位である者。◆「大夫」は「五位」の通称。

さゑもん-の-ぢん【左衛門の陣】 名詞 内裏の建春門にある、左衛門府の役人の詰め所。また、建春門の別名。

さ-ゑもんふ【左衛門府】 名詞「六衛府」の一つ。「右衛門府」とともに、宮中の警護、行幸の供奉などに当たった役所。建春門の内に詰め所があった。「左衛門」とも。対右衛門府。

さ-を[1]【真麻】 名詞 麻。◆「さ」は接頭語。

さを[2]【棹・竿】 名詞 ❶(船を進める)さお。水棹。❷衣類をかける木または竹の棒。衣紋掛け。

-さを[3]【棹・竿】 接尾語 ❶矛や旗を数える語。❷箪笥や長持などを数える語。▼運ぶときに竿を通して担ぐことから。

さを-さ・す【棹さす】 連語 棹を水底に突き刺して舟を進める。奥の細道 江戸一紀行 汐越の松「越前の境、吉崎の入り江を舟に**さをさして**、汐越の松を尋ぬ」訳(加賀と)越前との国境(にある)、吉崎の入り江を舟に乗って**棹を水底に突き刺して進めて**、汐越の松を訪ねた。

さ-をしか【小牡鹿】 名詞 **雄の鹿。**◆「さ」は接頭語。

さをしか-の【小牡鹿の】 枕詞 雄鹿が分け入る野の意から地名「入野」にかかる。万葉集 奈良一歌集 二二七七「**さをしかの**入野のすすき初尾花いつしか妹が手を枕かむ」訳入野のすすきの穂が出たばかりの尾花のように、いつになったらあの若い娘の手を枕することだろう。

さ-をととし【一昨昨年】 名詞 さきおととし。

さ-をとめ【早乙女・早少女】 名詞 ❶田植えをする少女。季夏。栄花物語 平安一物語 根合はせ「**さをとめ**の山田の代におり立ちて」訳**早乙女**が山田の苗代に下り立っているが。❷**おとめ。少女。**山家集 平安一歌集 下「磯菜摘む海士の**さをとめ**心せよ」訳磯菜を摘んでいる漁師の**少女**よ、気をつけなさい。◆「さ」は接頭語。

さん[1]【産】 名詞 ❶**出産。**❷**その土地の生まれ。出生地。**❸**産物。**❹**資産。財産。**徒然 鎌倉一随筆 一四二「人、恒の**さん**なき時は、恒の心なし」訳人は、一定の**財産**がないときは、落ち着いた心がないものである。

さん[2]【算・筭】 名詞 ❶計算に用いる算木(=細い角柱の棒)。また、それを用いて行う計算。❷占いに用いる算木。また、それを用いて行う占い。

さん[3]【賛・讃】 名詞 ❶漢文の文体の一つ。人物や事物をほめたたえる文章。❷仏の徳をほめたたえる韻文。梵讃・漢讃・和讃があり、いずれも歌唱される。❸絵画に書き添える、それにふさわしい詩歌・文章。画讃。

さん-あく【三悪】 名詞「三悪道」の略。「さんまく」「さんなく」とも。

さん-あくだう【三悪道】 名詞 仏教語。衆生が生前に犯した悪業によって落ちる、三つの苦の世界。地獄道・餓鬼道・畜生道。「さんまくだう」「さんなくだう」とも。

さんいん-だう【山陰道】 名詞「五畿七道」の一つ。京都以西の、日本海に沿った八か国。丹波(京都府・兵庫県)、丹後(京都府)、但馬(兵庫県)、因幡・伯耆(鳥取県)、出雲・石見・隠岐(島根県)。また、それらの国を貫く街道。「せんいんだう」「せんおんだう」とも。参照▼資料21

さん-がい[1]【三界】 名詞 ❶仏教語。いっさいの衆生が、生まれ変わり死に変わって流転する、三つの迷いの世界。欲界・色界・無色界。❷**全世界。現**

世。〔平家物語 鎌倉一物語〕三・大臣流罪「さんがい広しといへども、五尺の身おき所なし」〔訳〕全世界は広いといっても、五尺の(自分の)身の置きどころはない。❸過去・現在・未来の三世の総称。

[2]**-さんがい【三界】**〔接尾語〕〔多く地名に付いて〕くんだり。遠く離れた場所である意を表す。「江戸さんがい」「奥州さんがい」

さんがい-まつ【三蓋松・三階松】〔名詞〕枝が三層に重なっている松。

さん-かう【三更】〔名詞〕時刻の名。「五更」の第三。午後十二時。また、それを中心とする二時間。「丙夜」とも。〔参照〕▶資料20

山家集 〔書名〕西行の私家集。平安時代後期成立。三巻(諸本あり)。〔内容〕放浪行脚の旅を続けた自然詩人西行法師の和歌約千五百首を収める。自然や心情を詠んだ平明な歌が多く、仏教的な悟りの心がうかがえる。

さん-き【三帰】〔名詞〕仏教語。「三宝(=仏・法・僧)」に帰依すること。また、帰依することを唱える経文。

さん-ぎ【参議】〔名詞〕「太政官」に置かれた「令外の官」の一つ。大臣・大納言・中納言とともに朝議に参与する重職。四位以上の中から有能な者が任命された。平安時代初期に定員八人と定まった。八座。宰相。

ざん-ぎ【慙愧・慚愧】〔名詞〕／―す〔自動詞〕サ変 仏教語。深く恥じ入ること。〔霊異記 平安一説話〕上「さんぎする者は、たちまちに悸きいたみ」〔訳〕深く恥じ入る者は、またたく間に胸がどきどきいたみ。◆後に「ざんき」とも。

さん-きゃう【三卿】〔名詞〕徳川将軍家の親族である、田安・一橋・清水の三つの家。「三家」に次ぐ家格として八代将軍吉宗のときに設けられ、将軍家に嗣子がないときには、養嗣子となる資格をもった。

さん-きょく【三曲】〔名詞〕❶琵琶の三つの秘曲。流泉・啄木・楊真操。❷三種類の楽器による合奏。箏・三味線・胡弓の合奏をいう。胡弓は、のちに一節切(=竹の一節で作った尺八の一種)にかわった。

ざん-ぎり【散切り】〔名詞〕江戸時代の男性の髪型の一つ。まげを作らず、髪を後ろへなでて、先を切りそろえたもの。なでつけ。

さんきん-かうたい【参勤交代・参覲交代】〔名詞〕江戸幕府が、諸大名を一定期間江戸に居住させた制度。中央集権を目的とし、三代将軍家光の時(一六三五年)制度確立。原則として、関東の大名は在府・在国は半年ずつ、他の大名は一年ずつとされた。

[1]**さん-ぐう【三宮】**〔名詞〕太皇太后・皇太后・皇后の総称。

[2]**さん-ぐう【参宮】**〔名詞〕神社に参拝すること。特に伊勢神宮に参拝すること。

さん-くづし【算崩し】〔名詞〕算木(=占いに使う細い角棒)を崩したように、縦横に三筋ずつ組み合わせた縞模様。算木崩し。

さん-くゎん【三関】〔名詞〕❶奈良時代以前、都の防備のために設けた三つの関所。平安時代以前は、伊勢(三重県)の鈴鹿の関、美濃(岐阜県)の不破の関、越前(福井県)の愛発の関。平安遷都以後は、愛発の関を廃して、近江(滋賀県)の逢坂の関を加えた。❷奈良時代以前、蝦夷を防ぐために奥羽に設けた三つの関所。磐城(福島県)の勿来の関と白河の関、出羽(山形県)の念珠が関。

さん-け【三家】〔名詞〕江戸時代、徳川家康の子を祖とする、尾張・紀伊・水戸の三家。大名の最高位にあって水戸家は代々副将軍に立ち、将軍家に嗣子のない場合には、三卿とともに尾張家・紀伊家から継嗣を選んだ。御三家。

[1]**さん-げ【散華・散花】**〔名詞〕／―す〔自動詞〕サ変 仏教語。法事のときなどに、清めのために、読経しながら樒の葉や紙製の蓮の花びらなどをまき散らすこと。

[2]**さん-げ【懺悔】**〔名詞〕／―す〔自動詞〕サ変❶仏教語。過去の罪悪を悔いて、仏の前などで告白し、その許しをこうこと。❷転じて、包み隠さずに心の中を打ち明けること。◇江戸時代の中期以後「ざんげ」。

ざん-げん【讒言】〔名詞〕／―す〔他動詞〕サ変 事実を曲げて、人の悪口を言うこと。告げ口。「ざうげん」とも。

さん-こ【三鈷】〔名詞〕金剛杵の一つ。両端が三つまたになって、とがった爪のあるもの。密教の修法に用いる。「さんご」とも。

[1]**さん-こう【三公】**〔名詞〕太政大臣・左大臣・右大臣のこと。のちには、左大臣・右大臣・内大臣のこと。

[2]**さん-こう【三后】**〔名詞〕「さんぐう(三宮)」に同じ。

[3]**さん-こう【参候】**〔名詞〕／―す〔自動詞〕サ変 身分の高い人のもとに参上して、御用をうかがうこと。〔平家物語 鎌倉一物語〕七・木曾山門牒状「近境の源氏なほさんこうせず」〔訳〕近くの源氏はそれでもやはり参上して御用をうかがうことをしない。

さん-ごく【三国】〔名詞〕日本・震旦(=中国)・天竺(=インド)の三か国。〔参考〕昔の人は、この三国をもって「全世界」と考えた。「三国一(=世界一)」という語は、この考えから出ている。

さんごく-いち【三国一】〔名詞〕❶日本・中国・インドの三国を通じて第一であること。世界一。❷江戸時代初期に流行した、祝言の小唄。

さん-ごふ【三業】〔名詞〕仏教語。身業・口業・意業の総称。報いのもととなる、体・口・心によって行われるすべての行為。

さんご-や【三五夜】〔名詞〕陰暦十五日の夜。十五夜。特に、八月十五日の仲秋の名月の夜。〔季〕秋。〔参考〕『平家物語』「三五夜の中の新月白くさえ」〈十五夜の夜中にのぼり始めた月は白くさえて〉のように、中国の唐の詩人白居易の「三五夜中の新月の色、二千里の外の故人の心」の詩句を踏まえた表現が多い。

さん-ざ【参座】〔名詞〕／―す〔自動詞〕サ変 会合に参列すること。参会。

[1]**さん-ざう【山荘・山庄】**〔名詞〕山の中に構えた別荘。

[2]**さん-ざう【三蔵】**〔名詞〕仏教語。❶経蔵(=仏の説いた教えを集めたもの)・律蔵(=教団の生活規則を集めたもの)・論蔵(=仏の教えを体系だてて論議解釈し

さ

たものを集めたもの)をさす。仏教教典の総称。❷❶に通じた高僧の敬称。[徒然 鎌倉一随筆]八四「法顕さんざうの、天竺に渡りて」[訳]法顕三蔵が、インドに渡って。

三冊子 [書名]俳論書。服部土芳作。江戸時代前期(一七〇二)成立。三冊。(内容)『白冊子』『赤冊子』『黒冊子(正しくは『忘水』)』の三部からなる。松尾芭蕉の教えを集めてあり、『去来抄』とともに重要な俳論書である。

さん-ざうら-ふ[*]【さん候ふ】[連語] [なりたち] 副詞「さ」+断定の助動詞「なり」の連用形「に」+補助動詞「さうらふ」からなる「さにさうらふ」の変化した語。

さようでございます。▼目上の人に答えるときに用いる。「さにあり」「さなり」の丁寧表現。[平家物語 鎌倉一物語]九・宇治川先陣「『いかに大串か』『さんざうらふ』」[訳]「どうした大串か」「さようでございます」。

さん-ざん【三山】[名詞]❶大和(奈良県)の三つの山。畝傍山・香具山・耳成山。大和三山。❷熊野の三つの神社。熊野本宮・熊野新宮(=速玉大社)・熊野那智大社。熊野三山。❸出羽(山形県)の三つの山。羽黒山・月山・湯殿山。出羽三山。

さん-ざん・なり【散散なり】[形容動詞]ナリ{なら/なり・に/なり/なる/なれ/なれ}❶**ちりぢりだ。ばらばらだ。**[著聞集 鎌倉一説話]五一五「頭をさんざんにつき割りにけり」[訳]頭をばらばらにつき割ってしまった。❷(動作・行動が)**容赦なく激しい。**[平家物語 鎌倉一物語]九・木曾最期「射残したる八筋の矢をさしつめひきつめ、さんざんに射る」[訳](今井四郎は)射残してあった八本の矢を次々つがえては引いて、つがえては引いて容赦なく激しく射る。❸**ひどく見苦しい。**[著聞集 鎌倉一説話]五二四「美しき装束さんざんになりにけり」[訳]美しい衣装がひどく見苦しくなってしまった。

さん-し【三史】[名詞]中国古代の代表的な三つの史書。一般には『史記』『漢書』『後漢書』。

さん-した【三下】[名詞]ばくち打ちの中で最も下位の者。また、転じて、つまらない者。

さんじっ-かう【三十講】[名詞]仏教語。三十回に分けて経論を講ずること。『法華経』二十八品に、『無量義経』と『観普賢経』の二巻を加えて三十巻とし、一日一巻ずつ三十日間講ずる。朝夕一巻ずつ十五日間で講ずることもある。

さんじふさん-しょ【三十三所】[名詞]観世音菩薩を安置した、三十三の巡礼霊場。巡拝すると功徳が得られるという。西国・坂東など諸国にあるが西国三十三所が最も有名。「さんじふさんじょ」とも。

さんじふに-さう【三十二相】[名詞]仏教語。仏が身に備えているという、三十二のすぐれた外見的な特徴。頭頂の「肉髻」や、眉間の「白毫」など。また、女性の容姿の理想的な美をたとえていうこともある。

さん-じゃ【三社】[名詞]伊勢神宮・石清水八幡宮・春日大社の称。または、伊勢神宮・石清水八幡宮・賀茂神社。「さんしゃ」とも。

さん-しゃう[1]【三生】[名詞]「さんぜ」に同じ。

さん-しゃう[2]【三障】[名詞]仏教語。悟りや善根を生み出す根本を妨げる三つの障害。煩悩障・業障・報障の総称。また、皮煩悩障・肉煩悩障・心煩悩障の総称。

三十六歌仙 [文芸]平安時代中期に学者・歌人の藤原公任が選んだと伝えられる、三十六人のすぐれた歌人。柿本人麻呂・紀貫之・凡河内躬恒・伊勢・大伴家持・山部赤人・在原業平・僧正遍昭・素性法師・紀友則・猿丸大夫・小野小町・藤原兼輔・藤原朝忠・藤原敦忠・藤原高光・源公忠・壬生忠岑・斎宮女御・大中臣頼基・藤原敏行・源重之・源宗于・源信明・藤原清正・源順・藤原興風・清原元輔・坂上是則・藤原元真・小大君・藤原仲文・大中臣能宣・壬生忠見・平兼盛・中務の三十六人。この三十六歌人の家集を集めた『三十六人集』がある。

さんしゅ-の-じんぎ【三種の神器】[名詞]皇位のしるしとして代々の天皇が継承する三つの宝物。八咫の鏡・八尺瓊の曲玉・草薙の剣(天の叢雲の剣)。三種の神宝。「さんしゅのしんぎ」とも。

さんじょ-ごんげん【三所権現】[名詞]今の和歌山県熊野にある、本宮・新宮・那智の三権現。「さんしょごんげん」とも。

さん-じん【三神】[名詞]❶日本神話で、三柱の造化の神。高天原に初めて現れた、天之御中主神・高御産巣日神・神産巣日神。造化の三神。❷歌人が和歌の守護神とする、住吉明神・玉津島明神・柿本人麻呂の三柱の神。または、柿本人麻呂・山部赤人・衣通姫。和歌の三神。

さん・す[1] [他動詞]サ特殊型{せ/し/す/(すれ)/せ}「為す」の尊敬・丁寧語。**なさいます。**[女腹切 江戸一浄瑠]浄瑠・近松「せんかたなさに怖いことなどさんせぬか」[訳]しかたなしに怖いことなどなさいませんか。◆「さしゃんす」の変化した語。

さんす[2] [助動詞]特殊型《接続》四段・ナ変・サ変以外の動詞型活用の語の未然形に、カ変には連用形に付く。{さんせ/さんし/さんす/さんす/さんすれ/さんせ}〔尊敬〕…**なさいます。…られます。**[一代女 江戸一物語]浮世・西鶴「皆寝さんせぬか」[訳]皆さんおやすみなさいませんか。◆「さしゃんす」の変化した語。江戸時代の語。

さん・ず[1]【参ず】[自動詞]サ変{ぜ/じ/ず/ずる/ずれ/ぜよ}「行く」の謙譲語。**参上する。参る。**[枕草子 平安一随筆]故殿の御服のころ「さんぜむとするを、今日明日の御物忌みにてなむ」[訳]参上しようと思うが、今日明日は(帝の)物忌みで(参上できない)。

さん・ず[2]【散ず】一[自動詞]サ変{ぜ/じ/ず/ずる/ずれ/ぜよ}❶**散る。散ってなくなる。**[平家物語 鎌倉一物語]五・富士川「祈禱を求むといへども、もやもやした病苦は散ってなくなりにくい。❷**逃げ失せる。退散する。**[今昔物語 平安一説話]二四・六「逃げて車に乗りてさんじて」[訳]逃げるように車に乗って退散して。二[他動詞]サ変{ぜ/じ/ず/ずる/ずれ/ぜよ}❶**散らす。ばらまく。**❷**恨み・憤り・不安・不審などを晴らす。**[今昔物語 平安一説話]一一・三二「心の疑ふ所をさんず」[訳]不審に思うところを晴らす。

さん-ずん【三寸】名詞❶一寸の三倍。約九センチ。❷わずかな長さ・厚さなどを比喩的にいう語。

***ざん-ぜ**【三世】名詞仏教語。過去・現在・未来。また、前世・現世・来世の三つの世。「三生」とも。

さん-せき【三蹟・三跡】名詞平安時代、和風の書を完成させた三人の能書家。小野道風・藤原佐理・藤原行成。

三夕の歌 文芸『新古今和歌集』巻四に並ぶ、「秋の夕暮れ」を詠んだ三首の名歌。寂蓮の「寂しさはその色としもなかりけりまき立つ山の秋の夕暮れ」〈⇩さびしさは…。〉、西行の「心なき身にもあはれは知られけり鴫立つ沢の秋の夕暮れ」〈⇩こころなき…。〉、藤原定家の「見渡せば花も紅葉もなかりけり浦の苫屋の秋の夕暮れ」〈⇩みわたせばはなももみぢも…。〉の三首。『新古今和歌集』の代表的な名歌で、いずれも新古今調の特色をなす三句切れ・体言止めである。「三夕の和歌」とも。

さん-ぞう【山僧】名詞山寺の僧。特に、比叡山延暦寺の僧兵。「さんそう」とも。

ざん-そう【讒奏】名詞／―す他動詞サ変天子に他人の悪口を奏上すること。転じて、告げ口。中傷。

三冊子 ⇩三冊子

さん-ぞく【三族】名詞三種の親族。父・子・孫、または父母・兄弟・妻子、または父方・母方・妻方の一族など。

さん-ぞん【三尊】名詞仏教語。中央の本尊と、左右にひかえる脇侍の総称。阿弥陀如来と観音・勢至の二菩薩とからなる阿弥陀三尊、薬師如来と日光・月光の二菩薩とからなる薬師三尊、釈迦如来と文殊・普賢の二菩薩とからなる釈迦三尊など。三尊仏。

さんぞん-らいかう【三尊来迎】名詞仏教語。念仏行者の臨終のとき、阿弥陀三尊が極楽浄土に迎えるために現れること。「さんぞんらいがう」とも。

さん-たい【三体】名詞❶書道で真・行・草の総称。❷歌学で、和歌の美の三様式。❸能楽で、物まねの基礎となる三つの風体。老体・女体・軍体。

[1]**さん-だい**【三代】名詞❶天子・君主・家長など、ある地位の連続した三代。❷親・子・孫と続く三世代。

[2]**さん-だい**【参内】名詞／―す自動詞サ変内裏に参上すること。

三代集 文芸勅撰和歌集の初めである、『古今和歌集』『後撰和歌集』『拾遺和歌集』の三歌集。いずれも平安時代前期に成立。「八代集」の第一から第三までの歌集に当たる。「三代」とは醍醐・村上・花山の三天皇をさす。

[1]**さん-だん**【賛嘆・讃歎】一名詞／―す自動詞サ変仏の徳を称賛すること。三宝絵詞 平安 説話 下「名を唱へ供養し、さんだんすべし」訳名を唱えて供養し、仏の徳を称賛せよ。二名詞仏教賛歌の一つ。短歌形式で、末句を繰り返して五七五七七七の形でうたう。

[2]**さん-だん**【賛談・讃談】名詞／―す自動詞サ変❶仏の徳などを称賛して語ること。❷批評すること。❸取りざたすること。

さん-ぢゃう【散杖】名詞仏教語。仏具の一つ。真言宗で、加持のときに香水（＝仏前に供える水）を壇や供物などに注ぐためのつえ状のもの。

さん-ぢゅう【三重】名詞❶「声明」で最も高い音域。❷「平曲」で、最も高い音域の声でゆっくりとしたテンポでの語り。❸三味線の旋律型の一つ。浄瑠璃や長唄などで、段や場面の変わり目などに奏する。

[1]**さん-づ**【三途】名詞仏教語。❶この世の悪業の報いとして死後に落ちて行く、三つの世界。猛火に焼かれる「火途」（＝地獄道）、刀剣・杖などでおびやかされる「刀途」（＝餓鬼道）、互いに食い合う「血途」（＝畜生道）」。三悪道。❷「三途の川」の略。◆「途」は道の意。

[2]**さん-づ**【三頭・三途・三図】名詞馬の尻の方の、背骨の盛り上がって高くなっている部分。

さんづ-の-かは【三途の川】名詞冥土に行く途中にあるという川。亡者が死後七日目に渡るという。緩急三つの瀬があり、生前の業によって三途（＝三とおり）の渡り方がある。三瀬川。

さんづ-の-やみ【三途の闇】名詞亡者が行く、暗い世界。冥土。方丈記 鎌倉 随筆「たちまちにさんづのやみに向かはんとす」訳まもなく（私は）冥土に向かおうとしている。

さん-てう【三鳥】名詞「古今伝授」の中の三種の鳥。ふつう、「よぶこどり」「いなおほせどり」「ももちどり」をいう。

三条 地名平安京の大路の一つ。今の京都市のほぼ中央近くを東西に通る道。また、その付近の地。三条大橋は東海道五十三次の終点。

山東京伝 人名（一七六一～一八一六）江戸時代後期の黄表紙・洒落本・読本作者。本名岩瀬醒。江戸町人の通と粋の気分を描き歓迎されたが、幕府の取り締まりで手鎖五十日の刑に処せられた。代表作は黄表紙『江戸生艶気樺焼』、洒落本『通言総籬』、読本『桜姫全伝曙草紙』。弟子に滝沢馬琴がいた。

さんど-がさ【三度笠】名詞顔を覆うように深く作った菅笠。旅人が用いた。◆もと、三度飛脚がかぶったことから。

（三度笠）

さん-どく【三毒】名詞仏教語。人間の善心を害する三つのもの。「貪欲（＝むさぼること）」「瞋恚（＝いかりうらむこと）」「愚痴（＝真理が理解できないこと）」の総称。

さんど-びきゃく【三度飛脚】名詞江戸時代、江戸と大坂との間を、毎月三度、日数八日間で往復した定期の飛脚。

ざん-なり 連語「ざるなり」の撥音便。…ないそうだ。…ないようだ。⇩ざなり

三人吉三廓初買 書名歌舞伎脚本。河竹黙阿弥作。江戸時代後期（一八六〇）初演。〔内容〕和尚吉三・お嬢吉三・お坊吉三を主人公に、百両の金と庚申丸の短刀をめぐるドラマが展開する白浪物（＝盗賊が主人公）の傑作。

さん-ぬる【去んぬる】連体詞「さりぬる」の撥音便。過ぎ去った。去る。平家物語 鎌倉 物語 五・富士川「さん

ぬる三月にも御幸ありき」訳去る三月にも（上皇の）御幸があった。

三馬 ⇨式亭三馬

さん-ばう【三方】 名詞 ❶三つの方向。❷檜の白木で作った折敷に、前と左右の三方に穴のある台を付けたもの。古くは食事の台に用いたが、のちには、神仏への供え物を載せたり、儀式のときに物を載せたりした。

さん-はかせ【算博士】 名詞「大学寮」で算術を教授する役。定員二名。

さんば-そう【三番叟】 名詞 ❶能楽の祝言曲「式三番」で、千歳・翁に次いで三番目に舞う舞。老人の面を付けて舞う。❷浄瑠璃や歌舞伎で、序幕の前に祝儀として舞う舞。

さん-ぴつ【三筆】 名詞 平安時代初期に唐風の書を大成した三人の能書家。空海・嵯峨天皇・橘逸勢。

さん-ぷく【三伏】 名詞 陰陽道で、夏の極暑の期間に当たる、夏至の後の第三の庚の日の初伏、第四の庚の日の中伏、立秋の後の第一の庚の日の末伏。

さん-ぶつじょう【賛仏乗・讃仏乗】 名詞 仏教語。仏法をほめたたえること。◆「仏乗」とは、仏の教えを、衆生を悟りの世界へ導く乗り物にたとえた語。

さん-べき 連語 しかるべき。適当な。更級 平安一日記 宮仕へ「さんべき折節参りて、さんべき人と物語りなどして」訳しかるべき折々おうかがいして、しかるべき人とお話などして。◆「然るべき」の変化した語。「さべき」と撥音無表記の形が多い。

さん-ぼう【三宝】 名詞 ❶仏教語。尊ぶべき三つの宝。真理の体得者である「仏」、仏の教えの内容である「法」、その教えの実践者である「僧」。三つの宝。❷仏の別名。

***さんまい【三昧】** 名詞 ❶仏教語。心を一つの対象に集中して、乱さないこと。心が静かに統一されて他念がないこと。また、その境地。❷「三昧場」の略。死者を火葬したり埋葬したりする所。火葬場。墓地。❸好き勝手にすること。したいままにすること。油地獄 江戸一浄瑠 浄瑠・近松「紙子着て川へはまらうが、油塗って火にくばらうが、うぬがさんまい」訳紙の着物を着て川へ落ちようが、油を塗って火の中へ入ろうが、お前の好き勝手。

-ざんまい【三昧】 接尾語 その事に専念・熱中するの意を表す。「念仏ざんまい」。◆「さんまい（三昧）」の変化した語。

さんまい-そう【三昧僧】 名詞 仏教語。「三昧堂」に常住して、法華三昧や念仏三昧を修める僧。◆

さんまい-だう【三昧堂】 名詞 仏教語。僧がこもって法華三昧や念仏三昧を修行する堂。

さん-み【三位】 名詞「さんゐ（三位）」の変化した語。位階の第三。正三位と従三位とがある。また、その位の人。

さん-みつ【三密】 名詞 仏教語。真言密教で、手に印を結ぶ身密、真言を誤りなく唱える口密、心に本尊を思い浮かべる意密の総称。

さんみ-の-ちゅうじゃう【三位の中将】 名詞 近衛の中将で特に三位を授けられた人。大臣の子や孫に限られた特別待遇で、本来、中将は四位に相当する。

さんみゃく-さんぼだい【三藐三菩提】 名詞 仏教語。仏がすべての真理を正しく悟ること。仏の悟り。

ざん-めり 連語「ざるめり」の撥音便。…ないように見える。…ないようだ。⇨ざめり

***さん-もん【山門】** 名詞 ❶仏教語。寺院の門。特に、その正門。❷比叡山延暦寺のこと。◇同じ天台宗で別派をなす長等山園城寺（＝三井寺）を「寺門」というのに対する語。

参考 寺院は悟りを得るための場所であり、本来は、清浄を貴んで山に造られたことから、その門を「山門」と呼ぶ。寺院の「山号」も同様の理由による。のちに、寺院が平地や市街地に造られるようになってからも、山門の語も山号も残った。禅宗の寺院では「三門」というが、これは、悟りの境地に至るために通り抜けねばならない、三つの門戸（＝空・無相・無願の三解脱門）を象徴することによる。

さんやう-だう【山陽道】 名詞「五畿七道」の一つ。今の中国地方瀬戸内側の八か国。播磨（兵庫県）、美作・備前・備中（岡山県）、備後・安芸（広島県）、周防・長門（山口県）。また、それらの国を海岸沿いに貫く街道。「せんやうだう」とも。

参照▶資料21

さん-よう【算用・筭用】 名詞／─す 他動詞サ変 ❶計算すること。勘定。収支の決算をすること。世間胸算用 江戸一物語 浮世・西鶴「未来にて、きっとさんようし給ふなれば」訳あの世で、きっと勘定の決算をしてくださいますから。❷金銭の貸借関係のかたをつけること。清算すること。❸見積りを立てること。見積り。目算。◆「さんにょう」とも。

さんよう-なし【算用無し】 名詞 収支の決算をしないこと。損得を考えずに、金を使ってしまうこと。また、そういう人。

さん-り【三里】 名詞 灸のつぼの一つ。ひざがしらの下の外側の少しくぼんだ所。万病に効くという。奥の細道 江戸一紀行 出発まで「三里に灸すゆるより、松島の月まづ心にかかりて」訳三里に灸をすえるとすぐに、松島の月がまず気にかかって。

さん-ろう【参籠】 名詞／─す 自動詞サ変 一定の期間を、寺社にこもって祈願すること。おこもりをすること。おこもり。

さん-わう【山王】 名詞「山王権現」の略。

さんわう-ごんげん【山王権現】 名詞「日吉山王権現」の略。比叡山のふもとにある日吉神社に祭られている、比叡山の守護神。また、その日吉神社。

さん-ゐ【三位】 名詞「さんみ」に同じ。

さ

し1【士】名詞 ❶男子。枕草子 平安―随筆 職の御曹司の西面の「しは己を知る者のために死ぬ」訳男子は自分をよく理解してくれる人のために死ぬ。❷学徳の備わったりっぱな人。徒然 鎌倉―随筆 一四三「博学のしもはかるべからず」訳学徳の備わったりっぱな人も(臨終について)推測することはできそうにない。❸武士。

し2【司】名詞 律令制で、「省」に属し、「寮」に次ぐ役所。「主水司」「主膳司」など。

し3【史】名詞 ❶神祇官の「主典」。大史・小史各一人。文書をつかさどる。❷太政官の「主典」。左右に大史・小史各二人。計八人なので「八史」ともいう。文書をつかさどり、諸司・諸国の庶務をとりあつかう。

し4【師】名詞 先生。師匠。指導者。

し5【詩】名詞 漢詩。⇩詩 文芸

し6【子】代名詞 あなた。きみ。▼対称の人称代名詞。◆漢文訓読系の文で用いる。

し7【其】代名詞 〔常に格助詞「が」を下接して「しが」の形で用いて〕❶それ。▼中称の指示代名詞。万葉集 奈良―歌集 四二五四「秋の花しが色々に見したまひ」訳秋の花、それを色さまざまにご覧になり。❷おまえ。なんじ。▼対称の人称代名詞。万葉集 奈良―歌集 九〇四「愛しくしが語らへば」訳かわいらしくおまえが語るので。❸おのれ。自分。▼反照代名詞(=実体そのものをさす代名詞)。万葉集 奈良―歌集 四〇九四「老人も女童もしが願ふ心足らひに」訳老人も女の子も自分が願う心が満足するように。

し8 副助詞 《接続》体言、活用語の連用形・連体形、副詞、助詞などに付く。

語義の扉

奈良時代には単独でいろいろな語について自由に用いられ、平安時代以降は、多くの場合、他の助詞と複合、また連繋して用いられた。上接の語、ことがらを強示し、強調する。

〔主語、連用修飾語に付いて用いられ〕とり立てて、強調する。意味を強める。▼この語にあたる現代語はないので、読解、解釈にあたっては、以下のいくつかの例のように、それぞれの文脈に合わせた工夫が必要である。

万葉集 奈良―歌集 六四「葦辺行く鴨の羽交に霜降りて寒き夕へは大和し思ほゆ〈倭之断念〉」訳葦の生えた水面を行く鴨の翼に霜がおりて寒さのつのるこの夕方には、ことさらにふるさと大和が恋しく思われてならないことだ。

古今 平安―歌集 羈旅・伊勢物語 平安―物語 九「唐衣きつゝなれにし妻しあればはるばるきぬる旅をしぞ思ふ」訳よく着なれた唐衣のように馴れ親しんだ妻を都に残してきているので、なんとまあ都から遠くへだたってきてしまった旅かとわびしさがしみじみと思われてならないことだ。◇「昔男」(在原業平)が東国への旅の途次、三河の八橋というところでかきつばたの花の咲くさまに感じて詠んだ歌で、それぞれの句頭に、か、き、つ、は、たの五文字を配した技法(折り句)が用いられている。

徒然 鎌倉―随筆 二五「飛鳥川の淵瀬、常ならぬ世にしあれば、時移り事去り、楽しび悲しび行きかひて……」訳飛鳥川の淵と瀬とが変わりやすいのとおなじように、何ごとにつけても変わらずにいるもののないこの世の中であるから、時代も世の中の事々もどんどん移り行き、楽しみも悲しみもつぎつぎと入れかわり立ちかわりやって来て…。

歴史スコープ 奈良時代には単独でいろいろな文脈の中に自由に用いられた助詞であるが、平安時代以降は、二例め「唐衣」の例の下句の「旅をしぞ思ふ」のように「ぞ」、また、他のいくつかの係助詞を下接して「しも」「しか」「しこそ」などといった形に複合して用いられることが多くなり、単独での場合も、同じ例の上句、またみっつめ「飛鳥川」の例のように、接続助詞「ば」によってくくられる条件句(確定、仮定)の中で「～し…ば」という類型的な表現として用いられるようになった。参照▼しも/しか/しこそ。

し9【子】接尾語 ❶姓の下に付けて、尊敬の意を表す。「孔子」「孟子」。❷男性の名の下に付けて、親愛、または軽い尊敬を表す。「檉木堂主人荷兮子」。❸手紙などで自分の名の下に付けて、謙譲の意を表す。「以上芭蕉子」

し10【師】接尾語 ある技術の専門家である意を表す。「薬師」「絵師」

詩11 文芸 漢詩のこと。一句はふつう五字または七字から成り(「五言」「七言」という)、一定の平仄(=声調の配列規定)があり、定まった句末には同じ韻の字を用いる規則がある。古詩・律詩・絶句などの種類がある。日本では、奈良時代後期から平安時代にわたって、宮廷貴族によって盛んに作られた。古くは奈良時代に漢詩集『懐風藻』があり、平安時代になると、勅撰の漢詩文集も作られて、空海や菅原道真などのすぐれた作者も現れた。「唐歌」ともいう。

し12 サ変動詞「す」の連用形。

し13 四段活用型の尊敬の助動詞「す」の連用形。

し14 過去の助動詞「き」の連体形。

ジ1〘地・治・持〙⇩ぢ

じ2〘路・柱〙⇩ぢ

じ3【時】名詞 ❶仏教語。一日を「六時」に分けて行う「勤行」の時刻。また、その「勤行」。❷とき。時刻。

じ4【璽】名詞 三種の神器の一つ。八尺瓊曲玉。神璽。

じ5 助動詞 特殊型

《接続》動詞型活用語の未然形に付く。

未然形	連用形	終止形	連体形	已然形	命令形
○	○	じ	じ	じ	○

❶〔打消の推量〕…ないだろう。…まい。源氏物語 平安―物語 若紫「僧都は、よもさやうには据ゑ給はじを」訳僧都は、まさかそのようには(女性を)住まわせなさらないだろうに。

❷〔打消の意志〕…するつもりはない。…ないようにし

よう。…まい。伊勢物語 平安―物語 九「身をえうなきものに思ひなして、京にはあらじ、あづまの方に住むべき国求めにとて」訳自分の身を(世間に)役に立たないものと(ことさら)思って、京には住むつもりはない、東国の方に住むのにふさわしい国を探し求めるためにと思って。

語法 (1)已然形の「じ」 終止形・連体形・已然形とも「じ」であるが、已然形は、係助詞「こそ」の結びに限られ、用例もまれである。

(2)呼応の用法

よも……じ＝まさか……ないだろう
え……じ＝とても……できないだろう
さらに……じ＝まったく……ないだろう

(3)「まじ」との違い

じ	推量の助動詞「む」の打消
まじ	推量の助動詞「べし」の打消

注意 主語が一人称の場合は❶の意味に、二人称・三人称の場合は❷の意味になることが多い。

じ[6] 打消推量の助動詞「じ」の連体形。万葉集 奈良―歌集 一八〇七「いくばくも生けらじものを」訳いくらも生きられないだろうものを。

じ[7] 打消推量の助動詞「じ」の已然形。新続古今 室町―歌集 春下「人はなど訪とはで過ぐらむ風にこそ知られじと思ふ宿の桜を」訳人はどうして訪ねないで通り過ぎるのだろう。風には知られないようにしようと思う(が、人には知られたい)わが家の桜を。

し-あくしゅ【四悪趣】 名詞 仏教語。悪事を犯した者が死後に行くという「六道」のうちの、「地獄」「餓鬼」「畜生」「修羅」の四つの苦悩の世界。四悪道。四趣。

し-あつか・ふ【為扱ふ】 他動詞 八四 {は/ひ/ふ/ふ/へ/へ} **処置に困る。もてあます。** 宇治拾遺 鎌倉―説話 四・六「をめきければ、斬らんとする者どもしあつかひて」訳わめいたので、切ろうとする者たちはもてあまして。

し-あはせ【仕合はせ】 一名詞 **めぐり合わせ。運。事のなりゆき。** 二名詞／―す 自動詞 サ変 **幸運。** また、物事が具合よく運ぶこと。運が向くこと。奥の細道 江戸―紀行 尿前の関「恙なう送り参らせてしあはせしたり」訳無事にお送り申し上げて幸運だった。

注意 運のよい場合にも悪い場合にも用い、「しあはせよし」とか、「しあはせ悪し」のように言い表した。

し-あ・ふ【為敢ふ】 他動詞 八下二 {へ/へ/ふ/ふる/ふれ/へよ} **なしとげる。やり尽くす。** 枕草子 平安―随筆 ねたきもの「とぢめもしあへず」訳糸の縫い留めもやり尽くさず。

字余り 文芸 和歌・俳句で、一句の音数が定められた五音・七音より多いこと。たとえば、「君がため春の野に出でて(八音)若菜摘むわが衣手に雪は降りつつ」(『古今和歌集』)〈⇩きみがためはるののにいでて…。〉「枯れ枝に鳥のとまりたるや(十音)秋の暮れ」―芭蕉」(『東日記』)〈⇩かれえだに…。〉など。

し-あり・く【為歩く】 自動詞 カ四 {か/き/く/く/け/け} ❶(何かしながら)**歩き回る。** 宇治拾遺 鎌倉―説話 三・一六「庭に雀のしありきけるを」訳庭にすずめがえさを食べながら歩き回っていたのを。❷**あれこれとして回る。動き回る。** 源氏物語 平安―物語 須磨「つれなき様にしありく」訳平気なようすで動き回る。

し-あん【思案】 名詞／―す 自動詞 サ変 思いめぐらすこと。いろいろと考えること。分別。

し-い【私意】 名詞 **個人的な意見。身勝手な考え。**

しい-か【詩歌】 名詞 **漢詩と和歌。** ◆「しか」の変化した語。

しいか-あはせ【詩歌合はせ】 名詞 歌合わせの展開の一つ。左右の二組に分かれて、同じ題で漢詩と和歌を作り合ってその優劣を判定する文学的遊戯。

しい-じ【四時】 名詞 **春夏秋冬。四季。** ◆「しじ」の変化した語。

しい-しゅ【旨趣】 名詞「ししゅ」に同じ。

しいず【為出ず】 ⇩しいづ

し-いだ・す【為出だす】 他動詞 サ四 {さ/し/す/す/せ/せ} ❶**作り出す。作り上げる。** 宇治拾遺 鎌倉―説話 一・一二「しいださんを待ちて寝ざらんもわろかりなん」訳作り上げるのを待って寝ないようなのもよくないだろう。❷**なしとげる。やってのける。** 平家物語 鎌倉―物語 五・五節之沙汰「させるしいだしたる事もおはせず」訳それほどなしとげたこともおありにならない。

***し-い・づ【為出づ】** 他動詞 ダ下二 {で/で/づ/づる/づれ/でよ} ❶**作り出す。作り上げる。** 源氏物語 平安―物語 末摘花「おぼろけならでしいでたまひつるわざなれば」訳並ひととおりでなく(苦心をして)お作り上げになったもの(＝歌)なので。❷**ととのえる。調達する。** 源氏物語 平安―物語 明石「衣更がへの御装束、御帳の帷子など、よしあるさまに、しいづ」訳衣更えの御装束や御帳の帷子など、風情のあるようすにととのえる。❸**事を行う。しでかす。** 落窪物語 平安―物語 二「かかるあやまちしいでて」訳このようなあやまちをしでかして。

しいて【強いて】 ⇩しひて

しう[1]【強う・誣う・癈う】 ⇩しふ

しう[2]【主】 名詞「しゅう(主)」に同じ。

し-う[3]【為得】 他動詞 ア下二 {え/え/う/うる/うれ/えよ} **することができる。なしとげる。** 竹取物語 平安―物語 燕の子安貝「今はおろしてよ。翁、しえたり」訳今すぐおろしてくれ。おじいさん、なしとげたのだよ。

しう-いつ【秀逸】 名詞 他と比べていちだんとすぐれていること。また、そのもの・人。詩歌・俳諧・音楽などの評価にいうことが多い。

しう-か【秀歌】 名詞 **すぐれた和歌。**

しう-きく【蹴鞠】 名詞「けまり」に同じ。

しう-く【秀句】 名詞 ❶**すぐれた詩歌。すぐれた語句。** ❷(和歌などで)掛け詞や縁語などを用いた巧みな言いかけ。❸洒落・地口・軽口など気のきいた言い回し。徒然 鎌倉―随筆 八六「『…』と言はれけり。いみじきしうくなり」訳「…」とおっしゃった。とても気のきいた言い回しである。◆「すく」とも。

しう-げん【祝言】 名詞 ❶**祝いの言葉。祝詞。** 賀詞。❷**祝い。祝儀。** ❸**婚礼。**

しう-そ【愁訴】 名詞／―す 自動詞 サ変 悩みや苦し

みを訴えること。訴えて同情を求めること。平家物語 鎌倉一物語 一一・腰越「仏神の御助けにあらずよりほかは、いかでかしうそを達せん」訳仏や神のお助けでなくてそれ以外では、どうして苦しい訴えを届けることができようか、いや、できない。

しうと【舅】ｼｭｳﾄ 名詞 ㊀【舅】夫または妻の父。㊁【姑】しゅうとめ。夫または妻の母。

しう-とく【宿徳】ｼｭｳﾄｸ 名詞 ❶修行を積んで高い徳を身につけること。また、その人。源氏物語 平安一物語 橋姫「気遠げなるしうとくの僧都、僧正のきはは、世にいとまなく」訳よそよそしい、徳の高い僧都や僧正の身分は、大そういそがしく。❷落ち着いて威厳のあること。また、その人。

しう-とく・なり【宿徳なり】ｼｭｳﾄｸﾅﾘ 形容動詞ナリ {なら/なり・に/なり/なる/なれ/なれ} ❶**修行を積んで高い徳を身につけている。**❷**落ち着いて威厳がある。**源氏物語 平安一物語 行幸「いとしうとくに、面(おも)持ち、歩(あゆ)まひ、大臣と言はむに足らひ給(たま)へり」訳たいそう落ち着いて威厳があり、顔つきや歩き方は、大臣と呼ぶのに十分資格が備わっていらっしゃる。

しうと-め【姑】ｼｭｳﾄﾒ 名詞「しうと㊁」に同じ。

しうふう-らく【秋風楽】ｼｭｳﾌｳﾗｸ 名詞 雅楽の曲名の一つ。四人で舞う舞楽曲。

し-うん【紫雲】名詞 **紫色の雲。**めでたいことのしるしの雲とされる。また、臨終の念仏行者を極楽浄土へ迎えるために、阿弥陀仏(あみだぶつ)が二十五菩薩(ぼさつ)と共に乗って現れるのも紫雲である。

しえ・たり【為得たり】連語 なりたち 動詞「しう」の連用形＋完了の助動詞「たり」 **なしとげた。しおおせた。**⇩しう(為得)

慈円 ｼﾞｴﾝ ⇩慈円(じゑん)

しお〖塩・潮・汐・入〗⇩しほ

し-お・く【為置く・仕置く】他動詞カ四 {か/き/く/く/け/け} **処置しておく。すでにしておく。**源氏物語 平安一物語 若紫「常に遺言しおきてはべるなる」訳常に遺言をしておいてございますそうです。

し-おほ・す【為果す】ｼｵｵｽ 他動詞サ下二 {せ/せ/す/する/すれ/せよ} **なしとげる。**著聞集 鎌倉一説話 四三三「しおほせんこと難く覚えければ」訳なしとげようとすることが難しいと思ったので。

しおり〖枝折り・栞〗⇩しをり

しおる〖枝折る・栞る・責る・萎る〗⇩しをる

しおん〖紫苑〗⇩しをん

しか[1]【鹿】名詞 動物の名。季秋。参考「雌を「めか」というのに対して、雄をさす場合が多い。

しか[2]【然】副詞

語義の扉

すでに述べた事柄を、「そう、そのとおり」「そのように」と指示する副詞で、奈良時代以前に主として用いられた語。平安時代以降は主に漢文訓読系統の文脈に、また、堅い調子の男性語として用いられ、仮名文では一般に「さ(然)」が用いられた。

❶そう。そのとおり。そのように。
❷(応答の相づちの語として)そのとおり。そう。

❶**そう。そのとおり。そのように。**▼先に述べた事柄をさす。大鏡 平安一物語 道長上「それをさへ分かたせ給(たま)へば、しかおはしましあへるに」訳それ(＝出て行く道)までも別々にしなさるので、そのように(＝花山天皇のご命令のとおり)どなたも一緒にお出かけになったが。

❷**そのとおり。そう。**▼相手の言うことを肯定して相づちを打つ意を表し、感動詞的に用いる。源氏物語 平安一物語 末摘花「『内裏(うち)よりか』とのたまへば、『しか。まかで侍(はべ)るままなり』」訳「宮中からか」とおっしゃると、「そのとおり。(宮中を)退出しましてそのまま(こちらへ参上したの)です」。

しか[3] 終助詞《接続》動詞の連用形、完了の助動詞「つ」の連用形「て」に付く。

語義の扉

〔奈良時代以前の語。平安時代以降は「しが」と濁音化した形と推測される〕
動詞の連用形、また完了の助動詞「つ」の連用形「て」に接続して、実現不可能、また実現のはなはだ難しいことがらについての願望を表す。…したいことだ。…したらいいなあ。…できたらいいのに。

実現不可能、また実現のはなはだ難しいことがらについての願望を表す。**…したいことだ。…したらいいなあ。…できたらいいのに。**万葉集 奈良一歌集 二三六六「まそ鏡見しかと思ふ見之賀登念妹も逢はぬかも玉の緒の絶えたる恋の繁きこのころ」訳どうにかして逢えたらいいなあと思うあの娘は逢ってくれないものか。一度は絶えた恋心がこのごろしきりに募ってならないことだ。万葉集 奈良一歌集 三六七六「天(あま)飛ぶや雁を使ひに得てしかも衣弖之可母奈良の

古典の常識『鹿(しか)と古典』

「鹿」という言葉は、古くは牡鹿(おじか)をさしていた。昔から狩猟の対象とされ、また神聖なものとされて、神話には神が鹿の姿で現れる話が多い。現在でも奈良市の春日神社などでは神の使いとして飼われている。

鹿は秋の代表的な景物として、萩(はぎ)や紅葉とともに歌に詠まれた。また夕暮れから夜に鳴くものとされ、『万葉集』に「夕されば小倉(をぐら)の山に鳴く鹿は今夜(こよひ)は鳴かず寝(い)ねにけらしも」(⇩ゆふされば をぐらのやまに…)の歌がある。

鹿が鳴くのは、秋の交尾期に雌を求めてであるが、その高音の鳴き声がわびしさをそそり、秋の哀感を表すものとして歌に詠まれた。「奥山に紅葉踏み分け鳴く鹿の声聞く時ぞ秋はかなしき」『古今和歌集』(⇩おくやまに…)、「世の中よ道こそなけれ思ひ入る山の奥にも鹿ぞ鳴くなる」『千載和歌集』(⇩よのなかよ…)またその鳴き声に、自らの実らぬ恋を象徴させることもあった。

都に言告げやらむ」訳空を飛ぶ雁をわたしの使者にできたらいいなあ。遠く遠く隔ったふるさとの奈良にわたしのこの思いを便りにして届けたいから。

[4]し-か 連語
なりたち 副助詞「し」＋係助詞「か」
…か。…か、いや…でない。 ▼疑問・反語の意を強める。古今 平安一歌集 恋二「なかなかに何**しか**人を思ひそめけむ」訳なまじっかどうしてあの人を思いはじめたのであろう**か**。参照▶資料3

[5]しか 過去の助動詞「き」の已然形。参照▶資料3

[1]しが 終助詞
《接続》動詞の連用形、完了の助動詞「つ」「ぬ」の連用形「て」「に」に付く。

> **語義の扉**
> 〔奈良時代以前の終助詞「しか」が濁音化して、平安時代以降に用いられた語〕
> 文末で、動詞の連用形、また完了の助動詞「つ」「ぬ」の連用形「て」「に」に付いて用いられ、多く、実現不可能、また実現のははなはだ難しいことがらについての願望を表す。**…したいものだ。…できたらいいなあ。…したいなあ。**

…したいものだ。…できたらいいなあ。…たいなあ。古今 平安一歌集 東歌「甲斐が嶺をさやにも見**しが**けけれなく横ほり臥せる小夜の中山」訳甲斐の山々をぜひともはっきりと見**たいものだなあ**。それなのに、人の気も知らないで横たわり臥して邪魔している小夜の中山であることだ。
注意「甲斐が嶺」は山梨県の山々、「小夜の中山」は静岡県にある。「けけれなく」は「こころなく」(心無く)の東国方言。

[2]し-が【其が】連語「し(其)」に同じ。◆「が」は格助詞。

[3]志賀 地名 歌枕 今の滋賀県の滋賀郡および大津市北部の、琵琶湖南西岸の一帯。楽浪の志賀とも呼ばれ、天智天皇の近江大津の宮があった。和歌では、古都への懐旧の情が詠まれ、また、『古今和歌集』以後は、志賀寺(＝今はない崇福寺の別名)へ行く途中の「志賀の山越え」が桜の名所として詠まれた。

しか-あら-じ【然あらじ】連語
なりたち 副詞「しか」＋ラ変補助動詞「あり」の未然形＋打消推量の助動詞「じ」
そうではあるまい。源氏物語 平安一物語 帚木「『それ、**しかあらじ**』と、そらに、いかがは推し量り思ひくたさむ」訳「『それは、**そうではあるまい**』と、いい加減に、どうして当て推量で軽蔑するのであろうか。

しか-あれ-ど【然あれど】連語
なりたち 副詞「しか」＋ラ変補助動詞「あり」の已然形＋接続助詞「ど」
そうであるが。そうだけれども。古今 平安一歌集 仮名序「**しかあれど**、これかれ得たるところ、得ぬところ、互ひになむある」訳**そうであるが**、それぞれ得意としている点、得意としない点がお互いにある。

しか-あれ-ば【然あれば】連語
なりたち 副詞「しか」＋ラ変補助動詞「あり」の已然形＋接続助詞「ば」
そうであるから。そうだから。宇治拾遺 鎌倉一説話 一五・一二「顔回といふ者ありき。かしこく教え給ひしかども、不幸にして命短し。(略)**しかあれば**、かしこき輩はつひにかしこき事もなし」訳顔回という者がいた。りっぱに教えていらっしゃったが、不幸にして短命だった。(略)**そうであるから**賢い仲間が結局大変よいということではない。

し-かい【四海】名詞 ❶**四方の海。** ❷**天下。世の中。**平家物語 鎌倉一物語 五・咸陽宮「秦皇**しかい**に宣旨を下いて」訳秦の皇帝は**天下**に命令を下して。

じ-がい【自害】名詞／—す 自動詞 サ変 自殺すること。霊異記 平安一説話 中「親王、薬を服して**じがいす**」訳親王は薬を飲んで**自殺する**。

し-かう【四更】名詞 時刻の名。一夜を五つに分けた五更のうちの第四。丑の刻にあたり、午前二時前後の二時間。⇩更

しかう-して【而して・然して】接続詞「しかくして」のウ音便。**そうして。それから。**「しかして」とも。著聞集 鎌倉一説話 一〇七「百済の国より博士経典をあひ具して来たる。**しかうして**後、経史わが国に学び伝へたり」訳百済の国から博士が経典(＝『論語』ほか)を運んで来た。**それから**後、経書と歴史書をわが国に学び伝えた。◆漢文訓読系の語。

し-か-く【仕掛く・仕懸く】他動詞 カ下二 {け/け/く/くる/くれ/けよ} ❶(行為を、他に)**及ぼす。仕掛ける。**枕草子 平安一随筆 殿などのおはしまさで後「さるがう**しかくる**に」訳おどけたしぐさを**仕掛けると**。❷(水などを)**掛ける。ひっかける。**宇津保 平安一物語 蔵開上「父君に尿多に**しかけつ**」訳父君に尿をたくさん**ひっかけ**た。❸(装置・工夫などを)**細工する。仕掛ける。**日本永代蔵 江戸一物語 浮世・西鶴「中に火鉢を**しかけ**」訳中に火鉢を**仕掛け**。❹**操作する。ごまかす。**▼「しかけ❺」の行為をする。日本永代蔵 江戸一物語 浮世・西鶴「油も、壱升弐匁の折から、弐匁三分に**しかけ**られ」訳油の値も一升二匁のときなのに二匁三分に**ごまかさ**れ。

し-がく【試楽】名詞 公式の行事として行われる舞楽の予行演習。ふつう、賀茂・石清水の臨時の祭りの二、三日前に、清涼殿の東庭で天皇の臨席のもとに行われるものをさす。

し-かけ【仕掛け・仕懸け】名詞 ❶**働きかけること。**❷**作り方。やり方。**日本永代蔵 江戸一物語 浮世・西鶴「金餅糖の**しかけ**」訳金餅糖の**作り方**。❸(工夫した)**装置。構造。からくり。**❹(家屋などの)**作りぐあい。構え。**❺(売買で利益を得るための)**操作。ごまかし。**

しかけ-やまぶし【仕掛け山伏】名詞 **人をだます山伏。にせ山伏。**

しか-じ【如かじ・及かじ・若かじ】連語
なりたち 動詞「し(如)く」の未然形＋打消推量の助動詞「じ」
(…に)及ぶまい。(…に)まさるものはあるまい。平家物語 鎌倉一物語 三・行隆之沙汰「腹かき切りて死なんには**しかじ**」訳腹をかき切って死ぬことに**まさるものはあるまい**。⇩如く
参考『平家物語』「**しかじ**、憂き世をいとひ、まことの

道に入りなん」〈これにまさるものはあるまい、無常の世を避けて、真の(＝仏の)道に入ってしまおう。〉のように、「しかじ」が文頭にあるのは、「憂き世をいとひ、まことの道に入りなん(には)しかじ」を倒置した形。

＊**しか-しか【然然】**
一 副詞 **これこれ。こうこう。**「しかじか」とも。▼具体的な内容を省略するときに用いる語。源氏物語 平安―物語 若紫「『しかしかなむ』と聞こゆれば」訳「これこれで」と申し上げると。
二 感動詞 **そのとおり。いかにも。そうそう。**▼あいづちを打つときに用いる語。大鏡 平安―物語 序「しかしか、いと興あることなり」訳いかにも、たいそうおもしろ味のあることだ。

しか-して【而して・然して】 接続詞「しかうして」に同じ。

＊**しかし-ながら【然しながら】**
一 副詞 ❶**そのままそっくり。ことごとく。**平家物語 鎌倉―物語 七・忠度都落「京都の騒ぎ、国々の乱れ しかしながら当家の身の上のことに候ふあひだ」訳京都の騒ぎ、国々の乱れはことごとく当家(＝平家)の境遇のことでありますので。❷**要するに。つまり。結局。**宇治拾遺 鎌倉―説話 一二・一〇「人のために恨みを残すは、しかしながら、わが身のためにてこそありけれ」訳人のために恨みを残すのは、結局自分自身のため(＝自分自身に返ってくるもの)であった。
二 接続詞 **そうではあるが。しかし。**◆室町時代の末期以降の用法。

私家集 文芸 個人の歌を集めた和歌集。歌人自身の自撰とは限らない。有名なものには、『万葉集』に掲げられている『柿本人麻呂歌集』や、平安時代初期の紀貫之の『貫之集』、平安時代末期の西行の『山家集』、源実朝の『金槐和歌集』などがある。「家集」「家の集」ともいう。

しか-ず【如かず・及かず・若かず】 連語
なりたち 動詞「し(如)く」の未然形＋打消の助動詞「ず」
(「…にしかず」「…にはしかず」の形で)**(…に)及ばない。(…に)越したことはない。**徒然 鎌倉―随筆 一五四「ただすなほに珍しからぬものにはしかずと思ひて」訳ただ普通で珍奇でないものに及ばないと思って。

＊**しか-す-がに【然すがに】** 副詞
なりたち 副詞「しか」、動詞「す」の終止形、接続助詞「がに」が連なって一語化したもの。
そうはいうものの。そうではあるが。しかしながら。万葉集 奈良―歌集 一四四一「うち霧らし雪は降りつつしかすがに吾家の園に鶯鳴くも」訳空一面を曇らせて雪は降り続いている。しかしながら、わが家の庭にはうぐいすが鳴くよ。◆奈良時代以前の語。
参考 平安時代以降はもっぱら歌語となり、三河の国(愛知県東部)の歌枕「志賀須賀の渡り」と掛けて用いることも多い。一般には「しか」が「さ」に代わった「さすがに」が多く用いられるようになる。

し-かた【仕方】 名詞 ❶**やり方。しうち。**❷**身ぶり。手まね。**去来抄 江戸―論 修行「左の手にて太刀にそりかけ直すしかたして」訳左の手で太刀にそりをかけ直す手まねをして。

＊**しか-と【確と】** 副詞 ❶**はっきりと。**弓張月 江戸―物語 読本「しかと見えわかずといへども」訳(旗の紋は)はっきりと見分けがつかないとはいうものの。❷**確かに。まちがいなく。**烏帽子折 室町―能楽 謡曲「この御腰のものをしかと見知り申されて候ふか」訳この御腰の太刀を確かに見知っておいでですか。❸**すきまもなく。びっしりと。**太平記 室町―物語 三「廻廊にしかと並み居たり」訳回廊にすきまもなく、びっしりと並んですわっていた。

しかと-あら-ず【確とあらず】 連語
なりたち 副詞「しかと」＋ラ変補助動詞「あり」の未然形＋打消の助動詞「ず」
はっきりとしていない。きちんとしていない。万葉集 奈良―歌集 八九二「しかとあらぬひげかきなでて」訳⇩かぜまじり…。

＊**しが-な** 終助詞
《接続》動詞の連用形、完了の助動詞「つ」「ぬ」の連用形「て」「に」に付く。
なりたち 終助詞「しが」に終助詞「な」の付いたかたちが一語化したもの。
〔自己の願望〕**…たいものだ。…たいなあ。**金葉 平安―歌集 秋「秋ならで妻呼ぶ鹿を聞きしがな」訳(鹿は秋鳴くものだが)秋ではないときに、妻を呼ぶ鹿(の声を)聞きたいものだ。
参考 「てしがな」「にしがな」の形で使われることが多い。

しか-ながら【然ながら】 連語
なりたち 副詞「しか」＋接続助詞「ながら」
そっくりそのまま。大和物語 平安―物語 一五七「物かきふるひ去にし男なむ、しかながら運びかへして」訳(家にある)物をすっかり(他の家に)運び出して去っていった男は、そっくりそのまま(それらの物を)運び戻して。

しか-なり【然なり】 連語
なりたち 副詞「しか」＋断定の助動詞「なり」
そうである。その通りである。徒然 鎌倉―随筆 一八九「一生の間もまたしかなり」訳一生の間もまたその通り(＝予想とは異なる)である。

しがのうらや… 和歌「志賀の浦や 遠ざかりゆく 波間より 凍りて出づる 有り明けの月」新古今 鎌倉―歌集 冬・藤原家隆 訳琵琶湖の西岸、志賀の浦は、汀から沖へ湖面が凍ってゆく。それにつれて遠ざかってゆく波の間から、あたかも凍っているかのように寒々と光りながら出てくる有り明けの月よ。
鑑賞 『後拾遺和歌集』の「小夜ふくるままに汀や凍るらむ遠ざかりゆく志賀の浦波」〈夜がふけていくにつれて波打ち際は凍っていくのだろうか。だんだんと遠ざかっていく志賀の浦波の音であることよ。〉を本歌とする。

＊**しか-は-あれ-ど【然はあれど】** 連語
なりたち 副詞「しか」＋係助詞「は」＋ラ変補助動詞「あり」の已然形＋接続助詞「ど」
そうではあるが。古今 平安―歌集 春上「年経れば齢は老いぬしかはあれど花をし見れば物思ひもなし」訳⇩としふれば…。

しか-ばかり【然ばかり】 副詞
なりたち 副詞「しか」＋副助詞「ばかり」
それほどまでに。これほど。万葉集 奈良―歌集 六三一「うはへなきものかも人はしかばかり遠き家路を還さく思もへば」訳愛想のないものだなあ、あなたは。これほど遠い家路を追い帰すことを思うと。

しーかばね【屍】名詞 **死体。なきがら。**かばね。

しかーめーやーも【如かめやも】連語

なりたち 動詞「しく」の未然形＋推量の助動詞「む」の已然形＋係助詞「や」＋終助詞「も」

及ぼうか、いや、及びはしない。万葉集 奈良一歌集 八〇三「銀も金も玉も何せむに勝れる宝子にしかめやも」訳⇩しろかねも…。

しかーも*【然も】

一 連語 ❶**そのようにも。**徒然 鎌倉一随筆 一五五「待つこと、しかも急ならざるに、覚えずして来る」訳（死を）待つことは、そのようにも急でないのに、思いがけずやってくる。❷〔「…か」を下接して〕**そんなにも**（…かなあ）。万葉集 奈良一歌集 一八「三輪山をしかも隠すか雲だにも心あらなも隠さふべしや」訳⇩みわやまを…。

◆「も」は係助詞。

二 接続詞 **なおその上に。**方丈記 鎌倉一随筆「行く河の流れは絶えずして、しかももとの水にあらず」訳流れていく河の流れは絶えることがなくて、なおその上に以前からあった水ではない。

信楽 地名 今の滋賀県甲賀郡信楽町。聖武天皇の造営した紫香楽宮の跡がある。信楽焼の産地として有名。

しからーずーは【然らずは】連語

なりたち ラ変動詞「しかり」の未然形＋打消の助動詞「ず」の連用形＋係助詞「は」

そうでなければ。そうでないと。「しからずんば」とも。平家物語 鎌倉一物語 二・教訓状「法皇を鳥羽の北殿へ移し奉るか、しからずはこれへまれ御幸をなし参らせん」訳法皇を鳥羽の北殿へお移し申し上げるか、そうでなければ、ここへなり御外出をおさせ申し上げよう。

しからーば【然らば】接続詞

なりたち ラ変動詞「しかり」の未然形に接続助詞「ば」の付いたかたちが一語化したもの。

そうであるならば。それならば。平家物語 鎌倉一物語 一一・内裏女房「三種の神器を都へ返し入れ奉れ。しからば八島へ返さるべし」訳三種の神器を都へお返し申し上げよ。それならば八島へかえしてやろう。

参考 漢文訓読系統の語であるため、平安時代の女流仮名文学には現れず、代わりに「さらば」が用いられた。

しがらみ【柵】名詞 川の流れをせきとめるため、杭を打ち渡し、竹・柴などを横にからませたもの。ひゆ的に、物をせきとめるもの、物事をひきとめるものをいうことも多い。古今 平安一歌集 秋下「山川に風のかけたるしがらみは」訳⇩やまがはに…。

しがら・む【柵む】

一 他動詞マ四〔ま／み／む／む／め／め〕❶**からみつける。からめる。**万葉集 奈良一歌集 一〇四七「萩の枝をしがらみ散らし」訳萩の枝をからみつけ花を散らし。❷**「しがらみ」を作りつける。**狭衣 平安一物語 二「涙川流るる跡はそれながらしがらみとむる面影ぞなき」訳涙が流れる跡ははっきりしていながら、しがらみを作ってせきとめておきたい面影は見ることができない。

二 自動詞マ四〔ま／み／む／む／め／め〕**からみつく。妨げになる。**源氏十二段 江戸一歌舞 浄瑠・近松「さすが人目のしがらみて、あはれはかなき世の中や」訳そうはいっても他人の目が妨げになって、ああなんとはかない世の中だことよ。

しか・り*【然り】自動詞ラ変〔ら／り／り／る／れ／れ〕**そうである。**万葉集 奈良一歌集 八九二「人皆かあれのみやしかる」訳⇩かぜまじり…。◆副詞「しか」にラ変動詞「あり」が付いた「しかあり」の変化した語。

しかるーあひだ*【然る間】接続詞

なりたち ラ変動詞「しかり」の連体形に名詞「あひだ」の付いたかたちが一語化したもの。

❶**そうしているうちに。そのうちに。**今昔物語 平安一説話 二六・一七「しかるあひだ、向かひなる屋の軒に、狐さし臨きて居たるを、利仁見付けて」訳そのうちに、向かいの家の軒に、きつねがのぞいてすわっているのを、利仁が見つけて。❷**それだから。それゆえ。**平家物語 鎌倉一物語 三・足摺「中宮御産の御祈りによって、非常の赦行はる。しかるあひだ、鬼界の島の流人、少将成経、康頼法師、赦免」訳中宮の御出産の御祈りのために、特別の恩赦が行われる。それゆえ、鬼界が島の流人少将成経、康頼法師は赦免。

しかるーに*【然るに】接続詞

なりたち ラ変動詞「しかり」の連体形に接続助詞「に」の付いたかたちが一語化したもの。

❶**そうであるのに。ところが。**竹取物語 平安一物語 蓬莱の玉の枝「力を尽くしたること少なからず。しかるに禄いまだ賜らず」訳力を尽くしたことは少しではない。ところがほうびはまだいただいていない。❷**さて。ところで。**生田敦盛 室町一能楽 謡曲「しかるに、平家の栄華を極めしその初め」訳さて、平家が栄華を極めたそのはじめのころ。

しかる・べし*【然るべし】連語

なりたち ラ変動詞「しかり」の連体形＋推量の助動詞「べし」

❶**適当である。ふさわしい。**徒然 鎌倉一随筆 四五「人、『榎の木の僧正』とぞ言ひける。この名しかるべからずとて」訳人々は、「榎の木の僧正」と言った。この名はふさわしくないと言って。❷**当然そうなるはずである。そうなる運命だ。**保元 鎌倉一物語 中「関白殿しかるべき家嫡と生まれて」訳関白殿は当然そうなるはずの家の跡継ぎに生まれて。❸**立派である。相当である。**今昔物語 平安一説話 四・二五「菩薩、しかるべき御弟子を以て問はしめ給ひて」訳菩薩は、立派な御弟子を使って問わせなさって。

しかるーを*【然るを】接続詞

なりたち ラ変動詞「しかり」の連体形に接続助詞「を」の付いたかたちが一語化したもの。

❶**そうであるのに。ところが。**方丈記 鎌倉一随筆「心を修めて道を行はんとなり。しかるを、汝、姿は聖人にて、心は濁りに染めり」訳心を正しくして仏の道を行おうとするためである。ところが、あなたは、姿は聖人だが心は濁りに染まっている。❷**そのように。そういう状態で。**平家物語 鎌倉一物語 七・木曾山門牒状「勝つ事を咫尺のもとに得たり。しかるをうてば必ず伏し、せむれば必ずくだる」訳勝利をすぐ眼の前で即座に得た。そういう状態で（敵は）討てば必ず服従し、攻めれば必ず降参する。

し

*しかれ‐ども【然れども】接続詞
なりたち ラ変動詞「しかり」の已然形に接続助詞「ども」の付いたかたちが一語化したもの。
そうではあるが。しかしながら。土佐日記 平安｜日記 二・四「『風雲(かぜくも)の気色(けしき)はなはだ悪(あ)し』と言ひて、船出(い)ださずなりぬ。しかれども、ひねもすに波風立たず」訳「風や雲のようすが悪い」と言って、船を出さなくなってしまった。しかしながら、一日じゅう波風は立たない。

しかれ‐ば【然れば】接続詞
なりたち ラ変動詞「しかり」の已然形に接続助詞「ば」の付いたかたちが一語化したもの。
❶そうであるから。だから。宇治拾遺 鎌倉｜説話 一五・一二「長くほめられ、長くそしられず。しかれば、わが好みに従ひ振る舞ふべきなり」訳長い間ほめられ、長い間けなされない。だから、自分の好きなように振る舞えるのだ。❷さて。ところで。

[1]しき【式】名詞 ❶一定のやり方。とりきめ。作法。千載 鎌倉｜歌集 序「やまとうたのしきを作れりける」訳和歌の作法を作ってしまった。❷律令および格(きゃく)の施行細則。❸事情。次第。増鏡 室町｜物語 北野の雪「そのほどのしき、言はずともおしはかるべし」訳そのときの事情は、言わなくても推察できる。❹「式神(しきがみ)」の略。

[2]しき【敷き】名詞 物や箱の底に敷く物。ござなど、屋外で用いる物にもいう。

[3]しき【職】名詞 ❶役所の名称の一つ。「省」に属し、「中宮職」「春宮(とうぐう)職」「大膳(だいぜん)職」「左京職」「右京職」「修理(しゅり)職」などがある。❷特に、「中宮職」のこと。

[4]しき‐【頻】接頭語 ［名詞・動詞などに付いて］繰り返し。しきりに。重ねて。「しき鳴く」「しき波」「しき降る」

[1]しぎ【仕儀】名詞 事の次第。なりゆき。ありさま。

[2]しぎ【鴫・鷸】名詞 しぎ科の水鳥の総称。渡り鳥で、くちばし・足が長い。季秋。

[1]ジキ【直】⇨ぢき

[2]じき【食】名詞 食べ物。徒然 鎌倉｜随筆 八四「病に臥(ふ)しては漢のじきを願ひ給(たま)ひける事を聞きて」訳病気で床については(故郷の)中国の食べ物をお望みになったことを聞いて。

しき‐がは【敷き皮】シキガワ 名詞 毛皮製の敷き物。

し

しき‐がはら【敷き瓦】シキガワラ 名詞 ❶地面に敷き並べる平たい瓦。❷❶のような模様。

しき‐がみ【式神・識神】名詞「陰陽師(おんやうじ)」の命令に従って不思議なわざを行うという鬼神で、多くは童形。変幻自在で効果的な呪力(じゅりょく)を持つ。式神(しきじん)。式の神。式。

しき‐し【色紙】名詞 ❶いろいろの色の料紙。白色も含む。和歌を記したり、屏風(びゃうぶ)の張り紙に用いたりする。❷和歌などを書き記す四角い厚紙。多くは五色の模様や金銀の箔(はく)などを施してある。

しき‐じ【職事】名詞 ❶位階を持ち、何らかの官職に付いている者。❷「蔵人の頭(くらうどのとう)」、また、五位・六位の「蔵人」の別名。

式子内親王(しきしないしんのう) シキシナイシンノウ 人名 (一一五二ころ～一二〇一)「しょくしないしんのう」とも。平安時代末・鎌倉時代前期の女流歌人。後白河天皇の第三皇女。のち出家した。藤原俊成(ふぢはらのとしなり)に和歌を学び、自然を深く静かにながめた、新古今調の歌を詠んだ。家集に『式子内親王集』がある。

しき‐しま【磯城島・敷島】名詞 ❶大和の国磯城(しき)郡の地。今の奈良県桜井市、三輪山南麓付近といわれる。崇神(すじん)・欽明(きんめい)両天皇の都が置かれた。❷大和の国(奈良県)の別名。❸日本国の別名。❹「敷島の道」の略。

しきしま‐の【磯城島の・敷島の】枕詞「磯城島」の宮がある国の意で国名「大和」に、また、転じて、日本国を表す「やまと」にかかる。「しきしまの大和」

しきしま‐の‐みち【敷島の道】名詞 和歌の道。歌道。

しき‐じん【式神・識神】名詞「しきがみ」に同じ。

しき‐せ【仕着せ】名詞 ［多く「おしきせ」の形で］❶主人が奉公人に、また、客が遊女に、季節に応じて衣服を与えること。また、その衣服。❷決まりきった事柄・やり方。お定まり。一代女 江戸｜物語 浮世・西鶴「『是非さはります』とおしきせの通り」訳「ぜひお注(つ)ぎします」とお定まりのとおり。

[1]しき‐だい【色代】名詞／―す 自動詞サ変 ❶あいさつすること。会釈すること。保元 鎌倉｜物語 上「判官(はうぐわん)出(い)で向かってしきだいして申しけるは」訳判官が出向いてあいさつして申し上げたことは。❷おせじを言うこと。平家物語 鎌倉｜物語 六・入道死去「諸卿(しょきゃう)しきだいして」訳諸々の公卿たちがおせじを言って。◆「しきたい」とも。

[2]しき‐だい【式台・敷き台】名詞 玄関先の板敷き。客に対して送迎のあいさつをする所。

じき‐だう【食堂】ジキドウ 名詞 寺院で僧たちが食事をする建物。

しき‐た・つ【敷き立つ】他動詞タ下二 {て/て/つ/つる/つれ/てよ} しっかりと建てる。新古今 鎌倉｜歌集 神祇「宮柱下つ岩根にしきたてて」訳宮柱を地下の岩にしっかりと建てて。

鴫立沢(しぎたつさわ) シギタツサワ 地名 歌枕 今の神奈川県中郡大磯(おおいそ)町にある地。

しき‐たへ【敷き妙・敷き栲】シキタエ 名詞 寝所に敷いて寝る布。一説に、織り目の細かい布とも。

*しきたへ‐の【敷き妙の・敷き栲の】シキタエノ 枕詞「しきたへ」が寝具であることから「床(とこ)」「枕(まくら)」「手枕(たまくら)」に、また、「衣(ころも)」「袖(そで)」「袂(たもと)」「黒髪」などにかかる。

式亭三馬(しきていさんば) 人名 (一七七六～一八二二)江戸時代後期の草双紙(くさぞうし)・滑稽(こっけい)本作者。本名、菊地泰輔(たいすけ)。江戸浅草の版木師の子に生まれ、書店で働くなどして、薬・化粧品店を開いた。合巻(ごうかん)『雷太郎強悪(いかずちたろうごうあく)物語』で文名を高め、滑稽本に転じて『浮世風呂(うきよぶろ)』『浮世床(うきよどこ)』を書き、十返舎一九(じっぺんしゃいっく)と並び称された。

しき‐でん【職田】名詞 律令制で、大臣や大・中納言、国司や郡司などの官職にある者に支給された田地。位に応じて広さが定められた。職分田(しきぶんでん)。

しき‐な・ぶ【敷き並ぶ】自動詞バ下二 {べ/べ/ぶ/ぶる/ぶれ/べよ} すべてにわたって治める。一帯を統治する。万葉集 奈良｜歌集 一「おしなべて我こそ居(を)れしきなべて我こそませ」訳⇨こもよ…。

しき‐なみ【頻波・重波】名詞 次から次へと、しきりに寄せて来る波。

しき‐なみ・なり【頻並みなり】形容動詞ナリ {なら/なり・に/なり/なる/なれ/なれ} あとからあとから続いている。枕草子

平安一随筆 小白河といふ所は「しきなみに集ひたる車なれば」訳あとからあとから続いて集まってきた車なので。

しき-の-かみ【式の神】名詞「しきがみ」に同じ。

志貴皇子(しきのみこ) 人名 (?～七一五?)大和・奈良時代の歌人。天智(てんじ)天皇の皇子。光仁(こうにん)天皇の父。歌はおおらかで明るい歌風である。『万葉集』に短歌六首が載っている。

しき-の-みざうし【職の御曹司】(シキノミゾウシ) 名詞 中宮職の建物・部屋。中宮の仮住まいにあてられることが多い。

しき-ふ【職封】名詞 律令制で、大納言以上の官位に応じて支給された「封戸(ふこ)」。のちに中納言・参議にも与えられるようになる。

しき-ぶ【式部】名詞「式部省(しきぶしやう)」の略。また、その役人。

しきぶ-きやう【式部卿】(シキブキョウ) 名詞「式部省(しきぶしやう)」の長官。平安時代初期以来、四品(しほん)の親王が任じられ、名誉職となった。

しきぶ-しやう【式部省】(シキブショウ) 名詞 律令制で「八省(はっしやう)」の一つ。朝廷の礼式および文官の人事・論功・行賞などをつかさどる。管下に「大学寮(だいがくれう)」がある。「のりのつかさ」とも。

しきぶ-の-たいふ【式部の大夫】名詞「式部の丞(じよう)」で、五位になった者。本来は六位相当なので特にこう呼ぶ。◆「大夫」は五位の通称。

しきぶん-でん【職分田】名詞「しきでん」に同じ。

しき-ま・す【敷きます】連語 なりたち 動詞「しく」の連用形＋尊敬の補助動詞「ます」

お治めになる。統治なさる。 万葉集 奈良一歌集 四一二二「天皇(すめろき)のしきます国の天(あめ)の下四方(よも)の道には」訳天皇のお治めになる国の天下の四方の道では。

しきみ[1]【樒】名詞 木の名。全体に香気があり、葉のついた枝を仏前に供える。また、葉や樹皮から抹香(まっこう)を作る。

しきみ[2]【閾】名詞 門の内外を区切るために下に敷いた横木。また、戸・障子の敷居。

しき-もく[1]【式目】名詞 ❶武家時代における法規。通例は箇条書きにされる。「貞永(じょうえい)式目」や「建武(けんむ)式目」などの類。❷連歌(れんが)または俳諧(はいかい)の作法(さほう)上の規則など。⇩式目 文芸 ◆「式」は法式、「目」は条目の意。

式目(しきもく)[2] 文芸 連歌(れんが)・俳諧(はいかい)で、作法(さほう)の上の規則・故実などを箇条書きにしたもの。連歌では平安時代末期ごろから現れ始め、室町時代になって二条良基(よしもと)の『応安新式』によって一応の完備したものが示された。俳諧では、貞門(ていもん)の俳諧で重んじられたが、談林俳諧を過ぎると、その繁雑さのためにしだいに衰退した。

し-ぎやう【執行】(シギョウ) 名詞「しゅぎやう」に同じ。

四鏡(しきょう) 文芸「歴史物語」のうち、書名に「鏡」の字が付く、『大鏡』『今鏡』『水鏡』『増鏡』の四作品のこと。

しき-よく【色欲】名詞 仏教語。五欲の一つ。男女間の欲情。色情。

しきり-がね【仕切り金・仕切り銀】名詞 取り引きの決算のときに支払われる金。「しきりぎん」とも。

しきり-に*【頻りに】副詞 ❶**繰り返し。たびたび。** 源氏物語 平安一物語 薄雲「天変しきりにさとし、世の中静かならぬは」訳天空に起こる異変が繰り返し(起こって)お告げをもって知らせ、世の中が落ち着かないのは。❷**たいそう。むやみに。** 平家物語 鎌倉一物語 二・大納言死去「身にはしきりに毛おひつつ」訳(鬼界が島の住人は)身体にはむやみに毛が生えていて。

しき・る*【頻る】自動詞ラ四{ら/り/る/る/れ/れ} **何度も繰り返す。あとからあとから続く。** 源氏物語 平安一物語 少女「しきりて参り給ふ時は、大宮も、いと御心ゆき」訳何度も繰り返して参上なさるときは、大宮もたいそう満足なさり

し-く[1]【四苦】名詞 仏教語。人生での四つの大きな苦しみ。生苦・老苦・病苦・死苦。

し・く[2]【如く・及く・若く】自動詞カ四{か/き/く/く/け/け} ❶**追いつく。** 万葉集 奈良一歌集 一一五「後れ居て恋ひつつあらずは追ひしかむ」訳後に残って恋い慕うのではなく追いつこう。❷**匹敵する。及ぶ。** 新古今 鎌倉一歌集 春上「春の夜の朧月夜(おぼろづくよ)にしくものぞなき」訳⇩てりもせず…。

し・く[3]【敷く・領く】一 自動詞カ四{か/き/く/く/け/け} **一面に広がる。広くゆきわたる。** 千載 鎌倉一歌集 春上「霞(かすみ)しく春の潮路(しほぢ)を見渡せば」訳霞が一面に広がる春の海路を見渡すと。二 他動詞カ四{か/き/く/く/け/け} ❶**平らに広げる。一面に並べる。** 万葉集 奈良一歌集 一〇一三「門(かど)に屋戸(やど)にも珠(たま)しかましを」訳門にも戸口にも珠を一面に敷いたでしょうに。❷(あまねく)**治める。** 万葉集 奈良一歌集 一六七「天皇(すめろき)のしきます国と」訳天皇がお治めになる国として。❸**広く行きわたらせる。** 徒然 鎌倉一随筆 一七一「師(いくさ)を班(かへ)して、徳をしくには及(し)かざりき」訳軍隊を引き返して、徳を広く行きわたらせることには及ばなかった。

し・く[4]【頻く】一 自動詞カ四{か/き/く/く/け/け} **次から次へと続いて起こる。たび重なる。** 万葉集 奈良一歌集 四五一六「新(あら)たしき年の始めの初春の今日降る雪のいやしけ吉事(よごと)」訳⇩あらたしき…。二 補助動詞カ四{か/き/く/く/け/け}(動詞の連用形に付いて)**しきりに…する。** 万葉集 奈良一歌集 二四五六「ぬばたまの(=枕詞(まくらことば))黒髪山の山草に小雨降りしき」訳黒髪山の山の草にしきりに小雨が降る。

し-く[5] なりたち 過去の助動詞「き」の連体形＋接尾語「く」

…たこと。 万葉集 奈良一歌集 一五七七「秋の野の尾花が末(うれ)をおしなべて来(こ)しくもしるく逢(あ)へる君かも」訳秋の野のすすきの穂先を押し倒して来たことのしるしが著しくて(=かいがあって)会うことのできたあなたですね。

ジク【軸】⇩ぢく

しく-しく(と・に)【頻く頻く(と・に)】副詞 **うち続いて。しきりに。** 万葉集 奈良一歌集 三九七四「うるはしと吾(あ)が思(も)ふ君はしくしく思ほゆ」訳すばらしいと私が思うあなたのことがしきりに思われる。

しく-は-なし【及くはなし】連語 なりたち 動詞「しく」の終止形＋係助詞「は」＋形容詞「なし」

及ぶものはない。匹敵するものはない。 太平記 室町一物語

語三〇「小勢を以って大敵に闘ふことは、鳥雲の陣にしくはなし」訳少人数で大軍の敵と戦う際は、鳥雲の陣形に及ぶものはない。

し‐くは・ふ【為加ふ】 他動詞ハ下二〔へ／へ／ふ／ふる／ふれ／へよ〕つけ加える。源氏物語〈平安―物語〉玉鬘「大灯明のことなど、ここにてしくはへなどするほどに日暮れぬ」訳仏前への御灯明のことなどを、ここでつけ加えたりするうちに日が暮れた。

しぐら・ふ 自動詞ハ四〔は／ひ／ふ／ふ／へ／へ〕❶密集する。平家物語〈鎌倉―物語〉九・木曾最期「ここにしぐらうて見ゆるはたが手やらん」訳ここに密集して見えるのは、だれの軍勢だろうか。◇「しぐらう」はウ音便。❷たちこめる。平家物語〈鎌倉―物語〉一一・勝浦付大坂越「蹴け上ぐる潮の霞とともにしぐらうだる中より」訳馬がけり上げる海水が霞とともにたちこめる中から。

***しぐ・る【時雨る】** 自動詞ラ下二〔れ／れ／る／るる／るれ／れよ〕❶時雨が降る。しぐれる。季冬。古今〈平安―歌集〉恋五「しぐれつつもみづるよりも言の葉の心の秋にあふぞわびしき」訳時雨が降る中で紅葉していくのもわびしいが、それよりも、約束した言葉の心が飽きたのを見るほうがつらい。❷涙がこぼれる。涙にぬれる。新古今〈鎌倉―歌集〉冬「しぐれつつ袖もほしあへず」訳涙がこぼれ続けて袖を干すこともできない。

***しぐれ【時雨】** 名詞晩秋から初冬にかけて降ったりやんだりする、冷たい雨。季冬。猿蓑〈江戸―句集〉俳諧「幾人かしぐれかけぬく勢田の橋―丈草」訳（旅人が）何人か時雨の中をかけぬけていく。長い勢田の唐橋を。

参考 時雨は、「神無月（＝十月）」の訪れを告げる代表的景物である。降ったりやんだりしながら紅葉を色濃く染めていくので、秋の山の風情を添えるものとして歌に詠まれることが多い。また、袖をぬらして乾く間のない涙にたとえられる。

詞花和歌集 書名 六番目の勅撰集。藤原顕輔撰。平安時代後期（一一五一）成立か。十巻。〔内容〕曾禰好忠をはじめ和泉式部・大江匡房・源俊頼ら多くの歌人の和歌を収め、『金葉和歌集』の清新な歌風をうけついでいる。

し‐くわん[1]【止観】 名詞仏教語。❶雑念や妄念を払い、平静な心で対象を見極めること。天台宗の根本教義。❷「摩訶止観」の略。天台宗の『法華経』の三大注釈書の一つ。❸天台宗の別名。

し‐くわん[2]【仕官】 名詞／―す 自動詞サ変 官職につくこと。役人になること。

しけ ❶奈良時代以前のシク活用形容詞の未然形活用語尾。万葉集〈奈良―歌集〉一六四六「消なば惜しけむ」訳消えたならば惜しいであろう。❷奈良時代以前のシク活用形容詞の已然形活用語尾。万葉集〈奈良―歌集〉三九六九「たまきはる（＝枕詞）命惜しけど」訳命が惜しいけれど。

しげ【繁】 名詞しげみ。木の生い茂った場所。

しげい‐さ【淑景舎】 名詞平安京内裏の後宮五舎の一つ。内裏の東北隅にあり、女御・更衣などが住んだ。桐壺。「しげいしゃ」とも。

しげい‐しゃ【淑景舎】 名詞「しげいさ」に同じ。

しげ・し【繁し】 形容詞ク〔（く）・から／く・かり／し／き・かる／けれ／かれ〕❶（草木が）茂っている。万葉集〈奈良―歌集〉二九「春草のしげく生ひたる」訳春の草が茂り生えている。❷多い。たくさんある。今昔物語〈平安―説話〉二九・一八「人しげくありきければ、人の静まるまでと思ひて」訳人が多く行き来していたので、人がいなくなるまでと思って。❸絶え間がない。しきりである。徒然〈鎌倉―随筆〉一九「公事どもしげく、春の急ぎにとり重ねて催し行はるるさまぞ、いみじきや」訳宮中の行事も絶え間なく、新年を迎える支度に加えて開催し行われるようすは、実にすばらしいことだなあ。❹多くてうるさい。多くてわずらわしい。伊勢物語〈平安―物語〉六九「されど、人目しげければ、え逢はず」訳しかし、人目が多くてわずらわしいので、どうしても会うことができない。

しげ‐どう【重籐・滋籐】 名詞黒漆塗りの弓の幹を籐でぎっしりと巻いたもの。大将などが用いた。籐の巻き方により、本重籐・末重籐・鏑重籐などの種類がある。参照▼口絵

しげ‐み【繁み】 なりたち 形容詞「しげし」の語幹＋接尾語「み」たくさんあるので。新古今〈鎌倉―歌集〉秋下「露しげみ野べを分けつつ唐衣濡れてぞ帰る花の雫に」訳露が一面に降りているので、野を分けながら歩いて衣はすっかりぬれて帰るよ。美しい花の雫でぬれた気持ちで。

しげり‐あ・ふ【茂り合ふ】 自動詞ハ四〔は／ひ／ふ／ふ／へ／へ〕（草木が）一面に生い茂る。源氏物語〈平安―物語〉柏木「前栽に心入れてつくろひ給ひしも、心にまかせてしげりあひ」訳庭の植え込みは（柏木が）心をこめてお世話なさったものも、好き放題に一面に生い茂り。

しげ・る【繁る・茂る】 自動詞ラ四〔ら／り／る／る／れ／れ〕場所いっぱいに生え広がる。繁茂する。後拾遺〈平安―歌集〉秋「八重葎しげれる宿のさびしきに人こそ見えね秋は来にけり」訳⇩やへむぐら…。

じ‐げん【示現】 名詞／―す 自動詞サ変 ❶神仏が、その不思議な力を示し現すこと。平治物語〈鎌倉―物語〉上「天のじげんをかうぶりてこれまでわたれり」訳神仏の不思議な力をいただいてここまでやってきた。❷仏教語。仏・菩薩が人々を救うために、さまざまに身を変えて、この世に現れること。奥の細道〈江戸―紀行〉仏五左衛門「いかなる仏の濁世塵土にじげんして」訳どのような仏が、濁って汚れたこの世に現れて。

しこ【醜】 名詞頑強なもの。醜悪なもの。▼多く、憎みののしっていう。

参考 「しこ女」「しこ男」「しこほととぎす」などのように直接体言に付いたり、「しこつ翁」「しこの御楯」などのように格助詞「つ」「の」を添えた形で体言を修飾するだけなので、接頭語にきわめて近い。

し‐ご【死期】 名詞死ぬ時期。死ぬべき時。臨終。

し‐こう【伺候・祗候】 名詞／―す 自動詞サ変 ❶貴人のそば近くに仕えること。曾我物語〈鎌倉―物語〉二「昼夜、君の御側さらでしこうす」訳昼夜、主君のおそばを離れないで仕える。❷貴人のご機嫌伺いに参上すること。反魂香〈江戸―浄瑠〉浄瑠・近松「かくとは知らず四

郎二郎、桜の間にしこうし」訳そんなこととは知らず四郎二郎は、桜の間に参上し。

しこうして【而して・然して】⇨しかうして

し-ごく【至極】

一名詞／―す自動詞サ変きわまること。行きつくところ。平家物語 鎌倉―物語 一〇・戒文「浄土宗のしごくおのおの略を存じて」訳浄土宗の行きつくところは、それぞれ簡略を旨として。

二副詞**この上なく。きわめて。完全に。**沙石 鎌倉―説話 三「食後の菓子まで、しごくせめ食ひて」訳食後の菓子まで、完全に食べ尽くして。

し-ごく・なり【至極なり】形容動詞ナリ｛なら／なり・に／なり／なる／なれ／なれ｝❶**この上ない。最上だ。**❷**きわめてもっともだ。**去来抄 江戸―論 故実「この論しごくなり」訳この理論はきわめてもっともである。

しこた・む 他動詞マ下二｛め／め／む／むる／むれ／めよ｝**しっかりとたくわえる。ためこむ。**日本永代蔵 江戸―物語 浮世・西鶴「その身一代に二千貫目しこためて」訳その身一代で二千貫目もためこんで。

しこ-な【醜名】名詞❶**つまらない名。**▼自分の名をへりくだっていう語。❷**あだな。異名。**

し-こなし 名詞❶**振る舞い。身のこなし。**❷**うまく処置すること。やりくり。きりもり。**

し-こ・む【仕込む】

一他動詞マ四｛ま／み／む／む／め／め｝❶**教え込む。しつける。**神霊矢口渡 江戸―浄瑠 浄瑠「この年までしこんだ根性」訳この年齢まで教え込んだ根性。◇「しこん」は撥音便。❷**準備を整える。**❸（刀身・銃弾を）**中に装置する。**出世景清 江戸―浄瑠 浄瑠・近松「担ひ棒にしこみたる件のあざ丸するりと抜いて」訳荷担ぎ用の棒の中に装置している例のあざ丸（＝刀の名前）をするりと抜いて。❹（商品・材料を）**仕入れて商売の準備をする。**文反故 江戸―物語 浮世・西鶴「染木綿をしこみて、奥筋へくだり申候が」訳染木綿を仕入れて、奥州へ（商売に）下りましたが。

二他動詞マ下二｛め／め／む／むる／むれ／めよ｝**取り囲んで構え作る。**竹取物語 平安―物語 蓬萊の玉の枝「かまどを三重にしこめて」訳かまどを三重に取り囲んで構え作って。◆「為籠む」とも書く。

しころ【錏・錣】名詞兜の鉢から左右や後方に垂れて首を覆うもの。革や鉄板を糸でつづり合わせて作ったものが多く、その板の数により三枚兜・五枚兜などと呼ばれる。参照▼口絵

じ-こん【自今】名詞副詞**今から。以後。**平家物語 鎌倉―物語 一・殿下乗合「じこん以後も、汝らよくよく心得べし」訳今から後も、おまえたちはよくよく心得るがよい。◆「自」は「…より」「…から」の意。

***し-さい**【子細・仔細】名詞❶（事の）**いわれ。わけ。**平家物語 鎌倉―物語 七・忠度都落「別のしさい候はず」訳特別のわけはありません。❷**都合の悪いこと。差し支え。異議。**平家物語 鎌倉―物語 一一・逆櫓「何条しさいを申すぞ。御定であるに」訳どうして異議を申すのだ。ご命令であるのに。

し-ざい1【死罪】名詞死刑に相当する罪。律に定められた五種の刑罰のうちで最も重い罪で、斬（＝打ち首）と絞（＝縛り首）の二種があった。鎌倉時代以後は主に斬罪をいう。

し-ざい2【資財】名詞**資産。財産。**

じ-ざい【自在】名詞「自在鉤」の略。天井から炉などの上につるし、鍋・釜などを自由に上下させる仕掛けのついているかぎ。

しさい-な・し【子細無し・仔細無し】形容詞ク｛（く）・から／く・かり／し／き・かる／けれ／かれ｝❶**特に問題はない。**平家物語 鎌倉―物語 二・一行阿闍梨之沙汰「誠に別のしさいなく取り得奉るべくは」訳ほんとうに特別の問題はなく必ず取り返し申し上げたいので。❷**変わった事情がない。**平家物語 鎌倉―物語 一二・土佐房被斬「当時まで都に別のしさいなく候ふ事」訳その後、今まで都に特別の変わった事情がありませんことは。❸**面倒がない。わけもない。**源氏物語 平安―物語 帚木「男しもなむ、しさいなき者は侍るめる」訳男というものはほんとうにわけもない者であるようです。

じ-ざい・なり【自在なり】形容動詞ナリ｛なら／なり・に／なり／なる／なれ／なれ｝**思いのままだ。自由自在だ。**今昔物語 平安―説話 六・四四「虚空に飛び昇ること、じざいなり」訳空に飛びあがることが、思いのままである。

***しさい-に-およば・ず**【子細に及ばず・仔細に及ばず】連語

なりたち 名詞＋格助詞＋動詞「およぶ」㊄＋打消の助動詞「ず」

とやかく言えるものではない。平家物語 鎌倉―物語 七・忠度都落「その身、朝敵となりにし上は、しさいにおよばずといひながら」訳その身が朝敵となった上は、とやかく言えるものではないとはいっても。

しさい-らし【子細らし】形容詞シク｛（しく）・しから／しく・しかり／し／しき・しかる／しけれ／しかれ｝**事情ありげだ。もったいぶったようすだ。**世間胸算用 江戸―物語 浮世・西鶴「ものをしさいらしく、人のすることを芝居とは」訳ものごとを事情ありげに、人のすることを芝居とは（何ごとだ）。

し-さ・す【為止す】他動詞サ四｛さ／し／す／す／せ／せ｝**やりかけて途中でやめる。**源氏物語 平安―物語 浮舟「しさしたる物どもとり具して」訳やりかけて途中でやめてある縫い物などをとり集めて。

し-ざま【為様】名詞❶**物事のやり方。振る舞い方。**❷（衣装・調度の）**しつらえ方。**

し-さ・る【退る】自動詞ラ四｛ら／り／る／る／れ／れ｝**後ずさりする。**「しざる」とも。平家物語 鎌倉―物語 一二・泊瀬六代「蔵人どうしろなる塗籠の内へ、しざりいらんとしたまへば」訳蔵人が後ろにある塗籠（＝周囲を壁で塗りこめた部屋）の中へ、後ずさりして入ろうとなさるので。

じ-さん【自賛・自讃】名詞／―す自動詞サ変自分で自分のことをほめること。徒然 鎌倉―随筆 二三八「御随身近友がじさんとて、七箇条書きとどめたる事あり」訳御随身の近友の自賛といって、七箇条書きとめてあることがある。

参考 鎌倉時代以後、自作の和歌の中で特にすぐれていると作者自身が認めたものを「自讃歌」と呼んだ。

しし1【肉・宍】名詞**にく。**

しし2【獅子】名詞❶**ライオン。**▼中国や日本には生息しない。❷神社の社殿の前などに、「狛犬」と一対にして並べて置く像。もとは帳台・几帳のとばりが揺れるのを防ぐ鎮子（＝重し）の役をした。❸「獅子舞」の略。獅子頭をかぶって行う舞。唐から伝わり、舞楽として行われたが、後に、太神楽などで、悪魔

払いなどとして行われた。[枕草子 平安―随筆] 行幸にならぶものは「かへらせ給ふ御輿のさきに、しし・狛犬など舞ひ」[訳](天皇が)お帰りになられる御輿の前に、獅子舞・狛犬舞などを舞い。

3 **しし【獣・鹿・猪】** [名詞] けだもの。特に、その肉を食用とする獣をいい、鹿・猪をさすことが多い。▼両者を区別するときは、それぞれ「かのしし」「ゐのしし」という。

1 **しじ**〘榻〙⇩しぢ

2 **し-じ【四時】** [名詞]「しいじ」に同じ。

しい-でん【紫宸殿】 [名詞]「ししんでん」に同じ。

鹿ケ谷（ししがたに） [地名] 今の京都市左京区、大文字山の西のふもとの地名。

しじか・む【蹙かむ】 [自動詞]マ四{ま/み/む/む/め/め} 縮こまる。[源氏物語 平安―物語] 行幸「御手は、昔だにありしを、いとわりなうしじかみ」[訳]御筆跡は、昔でさえそうであったのに、たいそうどうしようもなく縮こまり。

し-しき【四職】 [名詞]「ししょく❶」に同じ。

し-しこらか・す [他動詞]サ四{さ/し/す/す/せ/せ} (病気を)こじらせる。[源氏物語 平安―物語] 若紫「ししこらかしつる時は、うたて侍るを」[訳](病気を)こじらせてしまうと、いやでございますから。

しし-じもの【鹿じもの・猪じもの】 [枕詞] 鹿や猪のようにの意から「い這ふ」「膝折り伏す」などにかかる。[万葉集 奈良―歌集] 一九九「ししじものい這ひ伏しつつ」[訳]はいつくばり続けて。

しし-と [副詞] しくしくと。▼泣き声を表す。[蜻蛉 平安―日記] 中「なでふ御すまひなりとてししと泣く」[訳]いったいいかなる住まいなのだ、と(言って)しくしくと泣く。

しじ-に【繁に】 [副詞] 数多く。ぎっしりと。びっしりと。[万葉集 奈良―歌集] 三二一四「五百枝さししじに生ひたる栂の木の」[訳]多くの枝を出しびっしりと生えた栂の木の。

しじ-ぬ・く【繁貫く】 [他動詞]カ四{か/き/く/く/け/け}(船のかいなどを)たくさん取り付ける。[万葉集 奈良―歌集] 三六一一「大船にま梶しじぬき」[訳]大船に櫓をたくさん取り付け。

しし-びしほ【肉醬・醢】（シシビシオ） [名詞] ❶魚や鳥の肉を塩漬けにしたもの。❷古代中国の人体を塩漬けにする刑。

しじふく-にち【四十九日】（シジュウクニチ） [名詞] 仏教語。❶人の死後四十九日間。「今生」の死から「後生」に生を受けるまでの中間の時期で、この間霊魂は行き所がないといわれる。中陰。❷人の死後四十九日目。「中陰」の満ちる日。また、その日に行う仏事。七七日。なななぬか。

しじふ-の-が【四十の賀】（シジュウノガ） [名詞] 四十歳になったことを初老として、長寿を祈る賀の祝い。

しじま【無言・黙】 [名詞] 黙っていること。無言。

しじま・る【蹙まる・縮まる】 [自動詞]ラ四{ら/り/る/る/れ/れ} ちぢまる。[今昔物語 平安―説話] 二八・二〇「鼻いと小さく萎みしじまりて」[訳]鼻がたいそう小さくしぼみ、ちぢまって。

* **しし-むら【肉叢】** [名詞] 肉のかたまり。肉塊。[今昔物語 平安―説話] 二〇・一七「みづからのししむらを裂きて、他に施して命を救ふ」[訳]自分の肉のかたまりを裂いて、ほかの人に与えて命を救う。

じ-しゃ【侍者】 [名詞] ❶貴人のそばに仕え、雑用をつとめる人。❷仏教語。寺院で僧や長老のそばに仕え、雑用をつとめる人。

し-しゃう【四生】（シショウ） [名詞] 仏教語。生物をその出生の形態によって四種に分類したもの。胎生(人類・獣類)、卵生(鳥類)、湿生(魚類・両生類)、化生(天人や地獄の鬼など)の総称。

し-じゃう【史生】（シジョウ） [名詞] 律令制で太政官・八省などに置かれ、文書の書写・補修などを役目とした下級官吏。「ししゃう」とも。

じ-しゃう【時正】（ジショウ） [名詞] 昼と夜の長さが等しくなる日。陰暦二月の春分と八月の秋分。

1 **し-しゅ【旨趣】** [名詞] ❶心中に思うこと。所存。❷事の内容。趣旨。◆「しいしゅ」とも。

2 **し-しゅ【四衆】** [名詞]「しぶのでし」に同じ。

し-じゅう【始終】
一 [名詞] ❶物事の始めと終わり。❷物事の終わり。結末。結果。
二 [副詞] ❶ずっと。絶えず。[平家物語 鎌倉―物語] 二・少将乞請「しじゅうよかるべしとも覚えず」[訳]ずっとうまくいくだろうとも思われない。❷ついには。結局。[太平記 室町―物語] 二九「しじゅういかがあるべからんと…安き心もなかりけるところに」[訳]ついにはどうなるのだろうと…穏やかな心地もなかったところに。

じ-しゅう【時宗】 [名詞] 浄土宗の一派。鎌倉時代、一遍上人によって開かれた。本山は神奈川県藤沢市の清浄光寺(遊行寺)。時々刻々、その瞬間を臨終の時と心得て念仏することを宗旨とする。

じ-じゅう【侍従】 [名詞] ❶天皇に近侍し、補佐および雑務に奉仕する官。「中務省」に所属し、定員八名。そのうち三名は少納言の兼任。のちには数が増える。中国風に「拾遺」ともいう。❷香の名。種々の香を練り合わせて作る。

じじゅう-でん【仁寿殿】 [名詞] 平安京内裏の殿舎の一つ。内裏の中央に位置した建物。初めは天皇の常の御座所であったが、後に清涼殿が御座所と定められてからは、内宴・相撲などを行う所となった。「じんじゅでん」とも。

じ-しょう【自称】 [名詞]/―す [自動詞]サ変 ❶自分をほめること。自賛。❷自分から名乗ること。

1 **じじょう**〘治定〙⇩ぢぢゃう

し-しょく【四職】 [名詞] ❶律令制で、左京職・右京職・大膳職・修理職の総称。「ししき」とも。❷室町幕府の侍所の所司に任命された山名・一色・京極・赤松の四氏の総称。

2 **し-しょく【紙燭・脂燭】** [名詞]「しそく」に同じ。

しじら-ふぢ【しじら藤】（シジラフジ） [名詞] つる性植物のつづらふじの別名。

し-じん【四神】 [名詞] 四方の方角をつかさどる神。東の青竜、西の白虎、南の朱雀、北の玄武の総称。[参照▼口絵]

* **ししん-でん【紫宸殿】** [名詞] 平安京内裏の殿舎の一つ。内裏の正殿。もと天皇が政務をとる所であったが、大極殿焼失後は即位・節会などの重要な

儀式も行われるようになった。南を正面として建てられ、前庭（南庭）前方の左右に、左近の桜、右近の橘(たちばな)が植えられている。母屋(もや)の中央に御帳台、その後方に賢聖(けんじょう)の障子がある。南殿(なでん)。「ししいでん」とも。
参照▼口絵

し・す【死す】 自動詞サ変〔せ/し/す/する/すれ/せよ〕**死ぬ。** 平家物語 鎌倉―物語 一二・六代被斬「宮中に飢ゑて**しする**女多かりき」訳宮中で飢えて**死ぬ**女が多かった。

しず【倭文・賤・垂ず】 ⇩しづ

1 **じす【治す】** ⇩ぢす

2 **じ・す【辞す】**
一 自動詞サ変〔せ/し/す/する/すれ/せよ〕（挨拶をして）**引き下がる。辞去する。** 枕草子 平安―随筆 大進生昌が家に「**じして**往いぬれば」訳**引き下がって**去ってしまうと。
二 他動詞サ変〔せ/し/す/する/すれ/せよ〕**辞退する。辞任する。** 大鏡 平安―物語 兼通「御病も重くて、大将も**じし**給(たま)ひてこそ」訳御病気も重くて、大将も**辞任なさって**。

し・す・う【為据う】 他動詞ワ下二〔ゑ/ゑ/う/うる/うれ/ゑよ〕（位置・立場などを決めて）**そこに居させる。きちんと据える。** 源氏物語 平安―物語 東屋「尼になして、深き山にや、**しすゑて**」訳尼にして、深い山に**居させて**。

しずえ【下枝】 ⇩しづえ

しずかなり【静かなり・閑かなり】 ⇩しづかなり

しずむ【沈む・鎮む】 ⇩しづむ

じ・せい【辞世】 名詞 ❶死ぬこと。❷死に際に作る詩歌。

し・せき【咫尺】
一 名詞 **近い距離。近い場所。**
二 名詞／―す 自動詞サ変 貴人などに近づくこと。平家物語 鎌倉―物語 六・葵前「竜顔(りょうがん)に**しせきする**ことありけり」訳天皇に**近づく**ことがあった。
参考「咫」は中国の周尺で八寸（＝約一八センチ）、「尺」は十寸（＝二二・五センチ）。

じ・せつ【時節】 名詞 ❶**時候。季節。** ❷**時機。好機。** ❸**時代。時世。**

し・ぜん【自然】 名詞 ❶人為によらず存在する事象。❷本来の性質。本性。

私撰集(しせんしゅう) 文芸 天皇・上皇などの命令による「勅撰和歌集」に対して、撰者が個人的に複数の人の歌を選んで編集した歌集。『新撰万葉集』『古今和歌六帖(こきんわかろくじょう)』『夫木(ふぼく)和歌抄』など。正しくは「私撰和歌集」。

***しぜん・なり【自然なり】** 形容動詞ナリ〔なら/なり・に/なり/なる/なれ/なれ〕**本来の性質だ。** 太平記 室町―物語 二「物の相感ずる事、皆**しぜんなれ**ば」訳物事が互いに感応し合うことは、すべて**本来の性質である**から。

***しぜん(に)【自然(に)】** 副詞 ❶**ひとりでに。おのずから。**「じねんに」とも。枕草子 平安―随筆 世の中になほいと心憂きものは「**しぜんに**、宮仕へ所にも親・はらからの中にても、思はるる・思はれぬがあるぞ、いとわびしきや」訳**おのずから**、宮仕えする所でも、親・兄弟姉妹の中でも、愛される・愛されないがあるのは、とてもつらいことよ。❷**もしも。万一。** 平家物語 鎌倉―物語 四・競「**しぜん**のこと候はば、真っ先駆けて命を奉らん」訳**万一**のことがございましたら、真っ先に駆けつけて命を差し上げよう。
注意 鎌倉・室町時代では「しぜん」は❷の意味に用いられることが多い。

し・ぞう【祗承】 名詞 地方にあって、下向してきた勅使を接待する役。

し・そく【紙燭・脂燭】 名詞 室内用の照明具の一種。松の木を長さ五〇センチ、直径一センチほどの棒に削り、先端をこがしてそこに油を塗り、火をともす。手に持って用い、持つ部分には紙を巻く。紙燭に火をともすことを「さす」という。「ししょく」とも。

（紙燭）

1 **し・ぞく【親族・親属】** 名詞 **親類。身寄り。** ◆「しんぞく」の撥音(はつおん)「ん」が表記されない形。

2 **し・ぞ・く【退く】** 自動詞カ四〔か/き/く/く/け/け〕**後退する。しりぞく。** 土佐日記 平安―日記 二・五「ゆくりなく風吹きて、漕げども漕げども、しりへ**しぞき**に**しぞきて**」訳思いがけず風が吹いて、漕いでも漕いでも後ろへ**どんどん後退して**。

し・そ・す【為そす】 他動詞サ四〔さ/し/す/す/せ/せ〕**うまくやる。十分過ぎるほどする。** 源氏物語 平安―物語 総角「老人(おいびと)どもは、**しそし**つと思ひて」訳老いた人たちは、**うまくやった**と思って。◆「そす」は接尾語。

し・そ・ふ【為添ふ】ウ 他動詞ハ下二〔へ/へ/ふ/ふる/ふれ/へよ〕**つけ加える。加えてする。** 徒然 鎌倉―随筆 八二「用なきことども**しそへ**」訳必要のないことなども**つけ加え**。

し・そ・む【為初む】 他動詞マ下二〔め/め/む/むる/むれ/めよ〕**し始める。** 源氏物語 平安―物語 手習「むつかしきことも**しそめ**てけるかな」訳面倒なことを**し始め**てしまったことだなあ。

した【下】 名詞
❶**下。下方。** 今昔物語 平安―説話 二九・一八「羅城門(らしょうもん)の**した**に立ち隠れて立てりけるに」訳羅城門の**下**に隠れて立っていたところ。対上(うへ)。
❷**下。下位。** ▼位・身分などが低いこと。また、年が若いこと。
❸**内側。内部。** 徒然 鎌倉―随筆 一五五「**した**より萌(きざ)しつはるに堪へずして落つるなり」訳（木の葉は）**内側**から芽ぐんで熟する勢いに堪えられないで落葉するのである。
❹**内心。** 源氏物語 平安―物語 須磨「惜しみ聞こえ、**した**には、朝廷(おほやけ)をそしり恨み奉れど」訳（世の人は源氏の退京を）惜しみ申し上げ、**内心**では、朝廷を恨んで非難申し上げるけれど。
❺**おかげ。もと。** ▼上位のものの恩顧を受ける立場。源氏物語 平安―物語 須磨「ありがたき御顧みの**した**なりつるを」訳めったに例を見ないほどの（源氏の）ご庇護(ひご)の**おかげ**であったのに。
❻**劣勢。年若。力不足。低級。** ▼ものごとの程度が劣ること。義経記 室町―物語 三「さてははや我は**した**になるごさんなれ」訳それではもう私は**劣勢**になったようである。

しだ【時】 名詞 **とき。ころ。**
参考 奈良時代以前の東国方言。現代でも用いる

し

「寝しな」などの「しな」の古形という。

したい【四諦】名詞 仏教語。迷いと悟りの因果を明らかにした四つの真理。苦諦(=前世の因縁によりこの世のすべては苦であること)・集諦(=過去の煩悩により現実の苦が招かれること)・滅諦(=煩悩を滅して苦から解脱し涅槃の境地にいたること)・道諦(=正しい仏道修行を行い滅諦の境地に至ること)の総称。

1 **し-だい**【四大】名詞 仏教語。❶あらゆる物体を構成する四つの元素。地・水・火・風をいう。四大種。❷**人間の身体。肉体。**人体は❶の四元素から成ると考えられた。❸「四大天王」の略。「してんわう」に同じ。

2 **し-だい**【次第】名詞 ❶**順序。順。**源氏物語 平安―物語 鈴虫「人々の御車、しだいのままに引きなほし」訳人々の御車を(身分の)順のとおりに並べなおし。❷**なりゆき。経過。いきさつ。事情。**宇治拾遺 鎌倉―説話 一・三「事のしだいをこまかに問ひければ、教へつ」訳事のなりゆきを細かく尋ねるので、教えた。❸能楽で、七五調三句より成る、謡曲の構成要素の一つ。シテ・ワキ・ツレの登場第一声として謡う短い詞章。概要や自分の境遇などを述べる。

3 **し-だい**【進退】名詞 思いのままにすること。◆「しんだい」の撥音「ん」が表記されない形。

4 **-しだい**【次第】接尾語 ❶〔名詞や動詞の連用形に付いて〕…しだい。…まま。▼そのなりゆきに任せる意を表す。「崩れしだい」。❷〔動詞の連用形に付いて〕…するとすぐに。…しだい。▼その物事が終わるやいなやの意を表す。「見付けしだい」

じ-だい【時代】名詞 ❶**年代。時代。**❷「時代物」の略。**古いもの。年代もの。**

しだい-しゅ【四大種】名詞「しだい(四大)❶」に同じ。

したう【慕う】⇨したふ

し-だう【四道】名詞 仏教語。❶煩悩を断ち悟りにいたる過程の四つの道。加行道・無間道・解脱道・勝進道の総称。❷大学寮に置かれた四つの学科。紀伝道・明経道・明法道・算道の総称。❸連歌・俳諧の付け合いの四つの方法。「添ふ(=前句に添えて付ける)」「放つ(=前句から離れるように付ける)」「随ふ(=前句に補足して付ける)」「逆ふ(=前句に対立して付ける)」の総称。❹東海道・北陸道・西海道・丹波道の四つの道の総称。

した-うづ【下沓・襪】名詞「したぐつ」のウ音便。沓を履くときに用いる靴下の類。礼服には錦、束帯には白平絹を用いる。足袋に似ているが底布・指の分かれはなく、足首につけた紐で結ぶ。「したぐつ」とも。

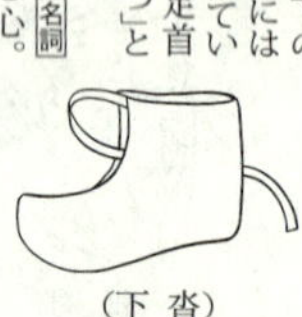
(下 沓)

した-おもひ【下思ひ】名詞 心中に秘めた思い。秘めた恋心。「したもひ」とも。

した-がさね【下襲】名詞「束帯」のとき、「半臂」の下に着用する衣服。後ろに「裾」または「尻」と呼ばれる長い裾をひきずって歩く。

した-かぜ【下風】名詞(草木の)**下を吹き通る風。**拾遺 平安―歌集 春「桜散る木のしたかぜは寒からで空に知られぬ雪ぞ降りける」訳桜が散る木の下を吹き通る風は寒くはなくて、空に知られない雪が降っている。対上風

した-かた【下形】名詞 ❶**ひな型。模型。**❷**用意。心得。**❸**素養。**また、素養のある人。

した-がひ【下交ひ】名詞 着物の前を合わせるとき、下になる方。下前。「したがへ」とも。

したがひ-お・づ【従ひ怖づ】自動詞 ダ上二{ぢ/ぢ/づ/づる/づれ/ぢよ}**おどおどしながら付き従う。**源氏物語 平安―物語 帚木「かうあながちにしたがひおぢたる人なめり」訳このようにむやみにおどおどしながら付き従っている人であるようだ。

したが・ふ【従ふ・随ふ】

一 自動詞 ハ四{は/ひ/ふ/ふ/へ/へ}❶**従う。言うことをきく。服従する。**著聞集 鎌倉―説話 三四七「汝がほしく思はむものを所望にしたがひて与ふべし」訳お前がほしいと思うものを望みに従って与えよう。❷**ついてゆく。供をする。**源氏物語 平安―物語 玉鬘「したがひたりし者どもも、類にふれて逃げ去り」訳供をしてきていた者たちも、知り合いを頼って逃げてしまい。❸**順応する。応じる。**徒然 鎌倉―随筆 一五五「世にしたがはん人は、まづ機嫌を知るべし」訳世間に順応しようとする人は、まず物事のしおどきを知らなければならない。❹**身につく。所有する。**徒然 鎌倉―随筆 一八「さらに身にしたがへる貯へもなくて」訳全く自分の所有している財産もなくて。

二 他動詞 ハ下二{へ/へ/ふ/ふる/ふれ/へよ}❶**服従させる。従わせる。**落窪物語 平安―物語 四「我こそ人をばしたがへしか」訳私は人を服従させていたのに。❷**引き連れる。後について来させる。**源氏物語 平安―物語 玉鬘「人をしたがへ、事執り行ふ身となれるは」訳人を引き連れ、物事を取りしきる身になったのは。

した-がへ【下交へ】名詞「したがひ」に同じ。

したがへ-もち・ゐる【従へ用ゐる】他動詞 ワ上一{ゐ/ゐ/ゐる/ゐる/ゐれ/ゐよ}**従わせ使う。意のままに使う。**徒然 鎌倉―随筆 二一七「君のごとく神のごとく畏れ尊みて、したがへもちゐることなかれ」訳(金は)主君のように神のようにおそれかしこまり尊んで、意のままに使うことがあってはならない。

した-ぎえ【下消え】名詞 積もった雪の下の方がとけて消えること。

1 **し-たく**【支度・仕度】名詞／―す 他動詞 サ変 ❶**心積もり。用意。準備。**❷**食事。腹ごしらえ。**

2 **した・く**

一 自動詞 カ四{か/き/く/く/け/け}**乱れる。荒れる。**「しだく」とも。夫木抄 鎌倉―歌集 秋二「野風にしたく刈萱の」訳野に吹く風に乱れる刈萱(=草の名)が。

二 他動詞 カ四{か/き/く/く/け/け}〔多く「踏む」「嚙む」などに付いて〕**乱す。荒らす。**「しだく」とも。枕草子 平安―随筆 大納言殿まゐり給ひて「指貫を長う踏みしきて」訳指貫を長く(引きずって)踏み乱して。

した-くさ【下草】名詞 木の下に生えている草。木陰に生えている草。

した-ぐつ【下沓・襪】名詞「したうづ」に同じ。

した-ぐみ【下組み】名詞 **用意。準備。計画。** 竹取物語 平安―物語 かぐや姫の昇天「さし籠(こ)めて守り戦ふべきしたぐみをしたりとも」訳閉じこめて守って戦おうという準備をしたとしても。

した-こがれ【下焦がれ】名詞 心の中でひそかに恋い焦がれること。

した-ごこち【下心地】名詞 心の中。内心。

した-ごころ【下心】名詞 ❶**内心。本心。** 万葉集 奈良―歌集 一三〇四「隠(こも)りたるわがしたごころ木(こ)の葉知るらむ」訳かくれている私の本心を木の葉(=恋人)は知っているだろう。❷**前からのたくらみ。** 六地蔵 室町―狂言 狂言「したごころがあって申したことでござる」訳前からのたくらみがあって申したことでございます。

した-ごひ【下恋ひ】(シタゴイ) 名詞 心の中でひそかに恋い慕うこと。

した-ごろも【下衣】名詞 下に着る衣。下着。

***した・し**【親し】形容詞シク {(しく)・しから/しく・しかり/し/しき・しかる/しけれ/しかれ} ❶**関係が近い。近い間柄にある。** 古今 平安―歌集 仮名序「世にわび、したしかりしも、うとくなり」訳世間で落ちぶれて、近い間柄にあった者も疎遠になり。❷**仲がよい。むつまじい。親しい。** 平家物語 鎌倉―物語 二・少将乞請「疎(うと)うもあれ、したしうもあれ、えこそ申し宥(なだ)むまじけれ」訳仲が疎遠であれ、親しくあれ、説得申し上げることはできないだろう。◇「したしう」はウ音便。

し-だし【仕出し】名詞 ❶**新趣向。新案。** 新たに工夫して作り出すこと。❷**おしゃれ。** 工夫をこらした装い。❸料理などを注文に応じて調理して配達すること。また、その料理。◆江戸時代の語。

した-じた【下下】名詞 ❶**身分の低い人々。一般庶民。** ❷**部下の人々。召使い。**

し-だ・す【仕出す】他動詞サ四 {さ/し/す/す/せ/せ} ❶**新たに作り出す。新たに考案する。** 西鶴織留 江戸―物語 浮世・西鶴「初めて懐炉といふ物をしだし」訳初めて懐炉という物を考案し。❷**準備してととのえる。** 平家物語 鎌倉―物語 三・法皇被流「御湯しだいて参らせたり」訳御湯を準備してととのえてさしあげた。◇「しだい」はイ音便。❸**身代を大きくする。かせぎだす。** 世間胸算用 江戸―物語 浮世・西鶴「弟は次第にしだし」訳弟は次第に身代を大きくし。

した-すだれ【下簾】名詞 牛車(ぎっしゃ)の前後の簾の内側にかけて垂らす二筋の長い布。多くは生絹(すずし)を用い、端が前後の簾の下から車外に出るように垂らし、女性や貴人が乗る場合に、内部が見えないように用いたもの。

した-ぞめ【下染め】名詞 本染めをする前に、その準備としてあらかじめ染めること。

したたか 副詞 ❶**たくさん。** 七番日記 江戸―日記 俳文「口とりなき馬のしたたか稲を負うて」訳口をとる人のいない馬がたくさん稲を背負って。❷**ひどく。**

***したたか・なり** 形容動詞ナリ {なら/なり・に/なり/なる/なれ/なれ} ❶**手堅い。確かだ。しっかりしている。** 源氏物語 平安―物語 宿木「女方も、いとしたたかなるわたりにて」訳女君の里方も、たいそうしっかりしているところで。❷**頑丈で手強(てごわ)い。がっしりして強い。** 平家物語 鎌倉―物語 五・富士川「したたかなる者五、六人して張り候ふ」訳がっしりして強い者五、六人で(弦を)張りました。❸**大げさだ。甚だしい。** 源氏物語 平安―物語 初音「いとしたたかなる自らの祝ひ事どもかな」訳たいそう大げさな自分の祝い事であるよ。

したたか-もの【したたか者】名詞 **気丈な者。**

したたま・る【認まる】自動詞ラ四 {ら/り/る/る/れ/れ} **整う。治まる。** 大鏡 平安―物語 道隆「この殿、御後見(うしろみ)もしたまはば、天下の政(まつりごと)はしたたまりなむ」訳この殿(=隆家(たかいえ))が御後見でもなさるならば、天下の政治は治まるだろう。

したた・む【認む】他動詞マ下二 {め/め/む/むる/むれ/めよ} ❶**処理する。整理する。** 源氏物語 平安―物語 須磨「よろづの事ども、したためさせ給(たま)ふ」訳万事を処理なさる。❷**準備を整える。仕掛ける。** 平家物語 鎌倉―物語 五・咸陽宮「河なかの橋を踏まば落つるやうにしたためて」訳河の橋を踏んだら、橋が落ちるように仕掛けて。❸**飲み食いする。** 義経記 室町―物語 五「忠信(ただのぶ)は酒も飯(いひ)もしたためずして」訳忠信は酒も飯も飲食しないで。❹**書き記す。したためる。** 奥の細道 江戸―紀行 市振「あすは故郷(ふるさと)に返す文(ふみ)したためて」訳明日には故郷に送る手紙を書き記して。

した-だ・む【舌訛む】自動詞マ四 {ま/み/む/む/め/め} (言葉が)**なまる。** 拾遺 平安―歌集 物名「あづまにて養はれたる人の子はしただみてこそ物は言ひけれ」訳東国で養育されている子どもはなまって物を言ったことだ。

したため【認め】名詞 ❶**整えること。整理。処理。** ❷**用意すること。準備。** ❸**食事すること。食事。**

したため-まう・く【認め設く】(シタタメモウク) 他動詞カ下二 {け/け/く/くる/くれ/けよ} **整え準備する。** 徒然 鎌倉―随筆 五九「行く末難なくしたためまうけて」訳将来、(人に)非難される点がない(ように)整え準備して。

した-たる・し【舌たるし】形容詞ク {(く)・から/く・かり/し/き・かる/けれ/かれ} ❶**言い方が甘ったれている。べたべた甘ったるい。** 五人女 江戸―物語 浮世・西鶴「したたるき独り言いふこそをかしけれ」訳べたべた甘ったるい独り言を言うのがこっけいだった。❷**じめじめ汚れている。汚れてくたくたになっている。** 猿蓑 江戸―句集 俳諧「ほつれたる去年(こぞ)のねござのしたたるく―凡兆」訳ほつれてしまった去年の寝ござが汚れてくたくたになっている。

した-ぢ[1]【下地】(シタジ) 名詞 ❶**下ごしらえ。下準備。素地。** 悪太郎 室町―狂言 狂言「したぢもあり、もはや過ぎようぞや」訳下ごしらえもあり、もはや飲み過ぎではないか。❷**本来の性質。素質。** 沙石 鎌倉―説話 三「賢きしたぢなくして、俄(にはか)に菩薩(ぼさつ)になりがたかるべし」訳賢い素質がなくては、急に菩薩になるのはむずかしいにちがいない。❸**本心。心底。** 膝栗毛 江戸―物語 滑稽「したぢよりなじみたる男に添はせよ」訳心底からなじんでいる男に連れ添わせよ。❹**しょうゆ。** ▼吸い物を作る下地になることから。

***した-ぢ**[2]【下道・下路】(シタジ) 名詞 木の下の道。物陰の道。

し-た・つ【仕立つ】一 他動詞タ四 {た/ち/つ/つ/て/て} **すっかり…し終わる。** 枕草子 平安―随筆 宮の五節いださせ給ふに「みな装束(さうぞく)したち

し

て」訳みな装束をすっかり着け終わって。二他動詞タ下二{て/て/つ/つる/つれ/てよ}❶(きちんと)作り上げる。(衣服を)仕立てる。源氏物語 平安｜物語 少女「睦月の御装束など、…いと清らにしたて給へるを」訳正月の御装束など、…とても美しく仕立てなさったのを。❷(きちんと)支度する。飾りたてる。枕草子 平安｜随筆 正月一日は「車清げにしたてて」訳牛車を美しく飾りたてて。❸教え込む。(教え込んで)一人前にする。源氏物語 平安｜物語 少女「舞習はしなどは、里にていとようしたてて」訳舞の練習などは、実家でとてもよく教え込んで。

した-つき【舌つき】名詞 言葉がはっきりしないこと。舌足らず。

した-つき・なり【舌つきなり】形容動詞ナリ{なら/なり・に/なり/なる/なれ/なれ}言葉がはっきりしない。舌足らずだ。源氏物語 平安｜物語 朝顔「いたうすげみにたる口つき思ひやらるる声づかひの、さすがに、したつきにて」訳ひどくすぼんでしわの寄ってしまっている口もとが想像される声のようすの、そうはいってもやはり、舌足らずであって。

した-づくえ【下机】名詞 机の下にさらに据えておく机。箱などを載せる台にする。

した-つゆ【下露】名詞 草木の下葉に置く露。また、草木からしたたり落ちる露。季秋。

した-て【下手】名詞❶下の方。特に、川下・風下。平家物語 鎌倉｜物語 四・橋合戦「強き馬をば上手に立てよ、弱き馬をばしたてになせ」訳強い馬を川上に立てよ。弱い馬は川下にしろ。❷他に比べて劣ること。◆「しだて」とも。対上手。

***した-で・る**【下照る】自動詞ラ四{ら/り/る/る/れ/れ}花の色などで、その木の下が美しく照り映える。「したてる」とも。万葉集 奈良｜歌集 四一三九「春の苑紅にほふ桃の花したでる道に出で立つ乙女」訳⇩はるのその…。

した-ど・し【舌疾し】形容詞ク{く・から/く・かり/し/き・かる/けれ/かれ}早口だ。源氏物語 平安｜物語 常夏「『小賽、小賽』と祈ふ声ぞ、いとしたどきや」訳「小賽(＝さいころの小さい目)、小賽」と祈る声が、とても早口であるよ。

した-ど・なり【舌疾なり】形容動詞ナリ{なら/なり・に/なり/なる/なれ/なれ}早口だ。源氏物語 平安｜物語 賢木「のたまふけはひのしたどにあはつけきを」訳おっしゃるようすが早口で軽率なのを。

した-なが・なり【舌長なり】形容動詞ナリ{なら/なり・に/なり/なる/なれ/なれ}言葉が過ぎるようすだ。言い過ぎだ。西鶴織留 江戸｜物語 浮世・西鶴「お口が広いといふもしたながな事」訳お口が大きいというのも言葉が過ぎること。◇「したながな」は口語。

した-ば【下葉】名詞 草木の下の方にある葉。

した-ば・ふ【下延ふ】(シタバウ—シタボウ)自動詞ハ下二{へ/へ/ふ/ふる/ふれ/へよ}ひそかに恋い慕う。「したはふ」とも。万葉集 奈良｜歌集 四四五七「住吉の浜松が根のしたばへて我が見る小野の草な刈りそね」訳住吉の浜の松の根が地下にのびているようにひそかに恋い慕って私が見る小野の草を刈らないでほしい。

した-び【下樋】名詞❶水を通すために地中に設置した樋。❷琴の胴の空洞の部分。

した-ひも【下紐】名詞 腰から下に着用する裳や袴などの紐。万葉集 奈良｜歌集 三一四五「旅の丸寝にしたびも解けぬ」訳旅で衣服を着たまま寝たのに袴の紐がほどけてしまった。

参考『万葉集』では「したびも」。奈良時代以前には、下紐が自然に解けるのは、相手から思われているか、恋人に会える前兆とする俗信があった。用例の歌はそれを詠んでいる。また、男女が共寝した後、互いに相手の下紐を結び合って、再び会うまで解かない約束をする習慣があった。

¹**した-ふ**(シタウ—シトウ)自動詞ハ四{は/ひ/ふ/ふ/へ/へ}木の葉が赤く色づく。紅葉する。万葉集 奈良｜歌集 二一七「秋山の(＝枕詞)したへる妹」訳赤く色づいた(ように美しい)あの娘。

²**した-ふ**【慕ふ】(シタウ—シトウ)他動詞ハ四{は/ひ/ふ/ふ/へ/へ}❶(心引かれて)あとを追う。ついて行く。万葉集 奈良｜歌集 四六〇「泣く児なすしたひ来まして」訳泣く子どものようにあとを追っていらっしゃって。❷恋しく思う。愛惜する。慕う。徒然 鎌倉｜随筆 一三七「花の散り、月の傾くをしたふ習ひはさることなれど」訳(桜の)花が散り、月が傾くのを愛惜する習慣はもっともなことだが。

した-ぶり【舌振り】名詞❶ものの言い方。話し方。❷恐怖で舌をふるわせること。

***した-へ**【下方】名詞 死後に行く世界。あの世。黄泉の国。万葉集 奈良｜歌集 九〇五「若ければ道行き知らじ幣はせむしたへの使ひ負ひて通らせ」訳(死んだ子は)まだ幼いので(あの世へ)行く道も知らないだろう。だから礼物は贈ろう、黄泉の国の使いよ、(わが子を)背負って行っておくれ。◆死後の世界は地下にあるという考えから。

した-ま・つ【下待つ】他動詞タ四{た/ち/つ/つ/て/て}心待ちにする。心ひそかに待つ。大和物語 平安｜物語 一二四「おはしましやすると、したまち給ひけるに」訳おいでになるだろうかと、心待ちにしなさったが。

したみ 名詞

一【籭】底が四角で上が円形のざる。汁や酒をこすのに用いる。

二【湑み】「湑み酒」の略。ますなどからこぼれて下にたまった酒。

した-みづ【下水】(シタミズ)名詞 物の下を流れる水。「苔のしたみづ」「雪のしたみづ」

¹**した-もえ**【下萌え】名詞 早春、雪や土の下から、草の芽が人目につかず生え出ること。また、その芽。季春。

²**した-もえ**【下燃え】名詞 燃えあがらず、下でくすぶること。歌などでは、心の中で人知れず思いこがれることにたとえる。古今 平安｜歌集 恋一「いつまでわが身したもえをせむ」訳いつまで私の身は人知れずあなたに思いこがれることをするのだろう。

した-もひ【下思ひ】(シタモイ)名詞「したおもひ」に同じ。

した-もみぢ【下紅葉】(シタモミジ)名詞 下葉が紅葉すること。また、その葉。季秋。新古今 鎌倉｜歌集 秋下「したもみぢかつ散る山の」訳下葉が紅葉する一方で散っていく山の。

¹**した-も・ゆ**【下萌ゆ】自動詞ヤ下二{え/え/ゆ/ゆる/ゆれ/えよ}雪や土の下から、草の芽が生え出る。新古今 鎌倉｜歌集 春上「春日野のしたもえ渡る草の上に」訳春日野の一面に土の下から芽が生え出た草の上に。

²**した-も・ゆ**【下燃ゆ】自動詞ヤ下二{え/え/ゆ/ゆる/ゆれ/えよ}❶下

でくすぶる。風雅 南北一歌集 冬「小野山は焼く炭がまのしたもえて」訳小野山で焼く炭のかまのように下でくすぶって。❷心の中で人知れず思いこがれる。栄花物語 平安一物語 根合はせ「したもゆる嘆きをだにも知らせばや」訳せめて、心の中で人知れず思いこがれる嘆きだけでも知らせたい。

した-やすから-・ず【下安からず】 連語 **心穏やかでない。不安だ。** 拾遺 平安一歌集 冬「水鳥のしたやすからぬ思ひにはあたりの水もこほらざりけり」訳水鳥が心穏やかでないもの思いをして、足を絶え間なく動かすので、そのあたりの水も凍ることがない。

志田野坡（しだやば） 人名（一六六二～一七四〇）江戸時代中期の俳人。蕉門十哲の一人。福井から江戸に出て越後屋両替店に勤めた。芭蕉に俳諧を学び、『炭俵』の編集を手がけた。大坂に移住、西国を旅して門人も増えたが、平俗な句が多い。

じ-だらく・なり【自堕落なり】 形容動詞ナリ {なら/なり・に/なり/なる/なれ/なれ} **だらしない。**「しだらくなり」とも。一代男 江戸一物語 浮世・西鶴「着る物もじだらくに帯ゆるく」訳着る物もだらしなく帯がゆるく。

し-たり 感動詞 なりたち 動詞「す」の連用形に完了の助動詞「たり」の付いたかたちが一語化したもの。❶**うまくやった。でかした。やった。** 一代女 江戸一物語 浮世・西鶴「したり、したり、寛闊者め」訳やった、やった、ぜいたく者の伊達女め。❷**しまった。まずい。** 伊賀越 江戸一浄瑠 浄瑠「これはしたり、大事の用をとんと忘れた」訳これはまずい、大事な用をすっかり忘れた。

したり-がほ【したり顔】 名詞 **得意そうな顔。得意顔。**

*__したり-がほ・なり【したり顔なり】__ 形容動詞ナリ {なら/なり・に/なり/なる/なれ/なれ} **得意顔をしている。** 紫式部 平安一日記 消息文「清少納言こそ、したりがほにいみじう侍りける人」訳清少納言こそ、得意顔をして偉そうにしていた人です。

*__しだり-を【し垂り尾・垂り尾】__ 名詞 **長く垂れ下がっている尾。** 拾遺 平安一歌集 恋三「あしひきの山鳥の尾のしだりをの長々し夜をひとりかも寝む」訳⇨あしひきのやまどりのをの…。

し-だ・る【し垂る・垂る】 一 自動詞ラ四 {ら/り/る/る/れ/れ} **垂れる。垂れ下がる。** 源氏物語 平安一物語 若菜下「青柳の、わづかにしだり始めたらむ心地して」訳柳の緑がわずかに垂れ下がり始めているような気がして。二 自動詞ラ下二 {れ/れ/る/るる/るれ/れよ} 一に同じ。山家集 平安一歌集 下「山深み岩にしだるる水溜めん」訳山が深いので岩に垂れる水をためるのであろう。◆二は鎌倉時代以降の用法。

した-わらび【下蕨】 名詞 春に、草の下に生え出したわらび。

した-ゑ【下絵】 名詞 前もって紙・絹などに描かれた絵。その上に漢詩や和歌などを書く。

した-ゑま・し【下笑まし】 形容詞シク {しく・しから/しく・しかり/し/しき・しかる/しけれ/しかれ} **心の中でうれしく思う。** 万葉集 奈良一歌集 九四一「明石潟潮干の道を明日よりはしたゑましけむ家近づけば」訳明石潟の潮の引いた道を明日からは心の中でうれしく思うだろう。我が家が近くなるので。◇「したゑましけ」は奈良時代以前の未然形。

した-をぎ【下荻】 名詞 他の草の下に生えている荻。または荻の下葉のことともいう。参考 和歌では「下に招く（＝心の中で人を待つ）」とかけて用いることが多い。

した-をれ【下折れ】 名詞 草木の枝・茎が折れて垂れ下がること。またその枝・茎。

し-たん【紫檀】 名詞 インド原産の木の名。材は暗赤色で堅い。器具調度類に用いられ、高価な舶来品として珍重された。

し-だん【師檀】 名詞 師僧と檀那。また、その関係。

しち【質】 名詞 ❶約束を実行する保証。また、借金の担保として、相手に預けておくもの。❷**人質**。

しぢ【榻】 名詞 牛車の道具の一種。牛車を牛から外したとき、「轅」の「軛」を載せる台。また、乗り降りの踏み台としても用いた。

じち【実】 名詞 ❶実際の物事。真実。本当。本物。❷誠実。実直。◆「じつ」とも。

し-ちく【糸竹】 名詞「いとたけ」に同じ。

七五調（しちごちょう） 文芸 詩歌の韻律の一つ。上が七音節の句で、下が五音節の句から成り、それが繰り返される韻律。「五七調」に比較して、優美で流麗な調べとなる。短歌では、第二句と第三句とが緊密に続くため、初句切れ、三句切れになりやすい。『古今和歌集』から『新古今和歌集』にかけて盛んに用いられた。和歌以外では「今様」、江戸時代の歌謡や文語調の近代詩などにも用いられている。

しち-しゃ【七社】 名詞「山王七社」の略。山王権現の二十一社を上・中・下それぞれ七社ずつに分けたときの、それぞれの七社。また、特に、上七社。

しち-そう【七僧】 名詞 仏教語。平安時代の、法会のときの七人の役僧。講師・読師・呪願師・三礼師・唄師・散華師・堂達の総称。

しち-だいじ【七大寺】 名詞 奈良にある七つの大きな寺。東大寺・興福寺・西大寺・元興寺・大安寺・薬師寺・法隆寺の総称。南都七大寺。

しち-だう【七道】 名詞 昔の地方区分で、畿内を除く東海道・東山道・北陸道・山陰道・山陽道・南海道・西海道の総称。

しちだう-がらん【七堂伽藍】 名詞 仏教語。寺院の主要な七つの建物。ふつう、金堂・講堂・塔・鐘楼・経蔵・僧坊・食堂をいうが、時代・宗派によって違いがある。

しち-とく【七徳】 名詞 ❶武の持つ七つの徳。一に暴を禁じ、二に兵を戢め、三に大を保ち、四に功を定め、五に民を安んじ、六に衆を和し、七に財を豊かにすること。「しっとく」とも。◇『春秋左氏伝』の一節から。❷「七徳の舞」の略。

しちとく-の-まひ【七徳の舞】 連語 舞楽の曲名。唐の太宗が『春秋左氏伝』の「七徳」によって作った「秦王破陣楽」の別名。「七徳」とも。

しち-ふくじん【七福神】 名詞 福徳の神として信仰される七柱の神。恵比寿・大黒天・毘沙門天・弁財天・福禄寿・寿老人・布袋和尚の総称。

しち-ほう【七宝】 名詞 仏教語。**七種の宝物**。経典によって多少異なる。『無量寿経』では、金・銀・瑠璃・玻璃・硨磲・珊瑚・瑪瑙を、『法華経』では、金・銀・瑠璃・硨磲・瑪瑙・真珠・玫瑰をいう。「しっぽう」「七珍」とも。

しち-や【七夜】 名詞 子供が生まれて七日目の夜。またその祝い。お七夜。「ななよ」とも。

し-ちゃう【使庁】 名詞「検非違使庁」の略。

じ-ちゃう【仕丁】 名詞 ❶諸国から徴集されて、諸官庁の労役・雑務に従事する役。また、その者。❷下人。宮中・貴族の家・寺社・幕府などで、掃除などの雑役に使われた者。

し-ぢゅう【四重】 名詞 仏教語。「四重罪」「四重禁戒」の略。邪淫・偸盗・殺生・妄語の四つの戒めを犯す大罪。

じち-よう【実用】 名詞 実直。まじめ。

じちよう-なり【実用なり】 形容動詞ナリ 実直だ。まじめだ。伊勢物語 平安-物語 一〇三「いとまめにじちようにて、あだなる心なかりけり」訳 たいそう誠実で実直であって、浮気な心がなかった。

しち-らい【失礼】 名詞 失態。失敗。

しつ[1]【失】 名詞 ❶損失。徒然 鎌倉-随筆 一六四「世間の浮説、人の是非、自他のためにしつ多く」訳 世間のうわさ、他人の批判は、お互いのために損失が多く。❷あやまち。失敗。徒然 鎌倉-随筆 一八七「巧みにしてほしきままなるは、しつの本なり」訳 器用でも勝手気ままなのは、失敗のもとである。❸欠点。きず。徒然 鎌倉-随筆 一六七「他に勝ることのあるは、大きなるしつなり」訳 他人よりすぐれた点があるのは、大きな欠点だ。❹弊害。徒然 鎌倉-随筆 一三〇「これみな、争ひを好むしつなり」訳 これはみな、勝負ごとを好む弊害だ。

しつ[2]【瑟】 名詞 中国古代の弦楽器。「琴」との合奏に用い、形は「箏」に似てそれより大きい。弦の数は一定しない。日本には奈良時代に伝来した。

しづ[1]【倭文】 名詞 日本固有の織物の一種。梶や麻などから作った横糸を青・赤などに染めて、乱れ模様に織ったもの。倭文織。◆唐から伝来した綾に対して、日本(=倭)固有の織物の意。奈良時代以前は「しつ」。

しづ[2]【賤】 名詞 卑しいこと。卑しい者。徒然 鎌倉-随筆 一四「あやしのしづ・山がつのしわざも」訳 身分の低い、卑しい者や木こりのすることも。

し-づ[3]【垂づ】 他動詞ダ下二 垂らす。垂れ下げる。常陸風土記 奈良-史書「安是の小松に木綿しでて」訳 安是(=地名)の小松に木綿(=こうぞの繊維を糸状にしたもの)を垂らして。

じつ【実】 名詞 ❶事実。真実。「じち」とも。難波土産 江戸-論「芸といふものはじつと虚との皮膜の間にあるものなり」訳 芸というものは事実とうそとの間の紙一重の間にあるものだ。❷実質。本性。海道記 鎌倉-紀行「本尊のじつをたづぬれば観世音と申す」訳 本尊の本性を尋ねると、観世音であるという。❸まごころ。誠意。

じつ-う【実有】 名詞 仏教語。この世の一切の存在は仮のもので、みな空であるのに、凡人の迷いからこれを実在のものと錯覚していること。

しづ-え【下枝】 名詞 下の方の枝。したえだ。対 上枝。

しづ-おり【倭文織】 名詞「しづ(倭文)」に同じ。

じっ-かい[1]【十戒】 名詞 仏教語。仏教で説く十種の戒律。沙弥(=若い僧)の十戒や世俗人のための十戒など各種の十戒があるが、ふつう、沙弥が修行上守るべき十戒をいう。してはならないこととして殺生・偸盗・邪淫、口にしてはならないこととして妄語・綺語・悪口・両舌、心の中で思ってはならないこととして貪欲・瞋恚・邪見をいう。十善戒。

じっ-かい[2]【十界】 名詞 仏教語。迷いと悟りの世界を十種に分けたもの。迷界の天上界・人間界・修羅界・畜生界・餓鬼界・地獄界、悟界の仏界・菩薩界・縁覚界・声聞界の総称。

しっ-かう[1]【執行】 名詞「しゅぎゃう❶」に同じ。

しっ-かう[2]【膝行】 名詞/―す 自動詞サ変 座礼の一つ。ひざまずいたまま、膝で進み礼をして、膝で退くこと。

しづかさや… 俳句「閑かさや 岩にしみ入る 蟬の声」奥の細道 江戸-紀行 立石寺・芭蕉 訳 あたりは静寂そのものである。この静寂の中で、ただ蟬の鳴き声だけが、苔むした岩の中へしみ通って行くように聞こえる。さながら私も静寂の中へ溶け込んでいく心持ちである。

鑑賞 初案の「山寺や石にしみつく蟬の声」から「さびしさの岩にしみ込む蟬の声」を経て、この形に定まったという。音(蟬の声)によって無音(閑かさ)を表す手法であるが、推敲の過程をみると、次第に静寂と蟬の声と作者の感性とが渾然一体となってゆき、他に類をみない深まりが与えられたことがわかる。季語は「蟬」で、季は夏。

しっか-と【確と】 副詞 しっかりと。烏帽子折 室町-能楽 浄瑠・近松「飛びかかってしっかと捕れば」訳 飛びかかってしっかりと捕らえると。◆「しかと」を強めた語。

しづか-なり【静かなり・閑かなり】 形容動詞ナリ ❶静かだ。▼物音のしないようす。徒然 鎌倉-随筆 一三七「しづかなる山の奥、無常の敵、競ひ来たらざらんや」訳 静かな山の奥に、死という敵は、先を争ってやって来ないのだろうか、いや、やって来るのだ。❷落ち着いたようすだ。穏やかだ。源氏物語 平安-物語 紅葉賀「いとしづかに、もの遠きさましておはするに」訳 たいそう落ち着いたようすで、よそよそしいようすでいらっしゃるので。

じっ-かん*【十干】 名詞 ものの順位などを示す甲・乙・丙・丁・戊・己・庚・辛・壬・癸のこと。陰陽道では、木・火・土・金・水の「五行」に兄(=陽)・弟(=陰)を割り当て、十干に配し、甲(=木の兄)・乙(=木の弟)などとする。ふつう、「十二支」と組み合わせて「干支」と称し、年・月・日の順序を表すのに用いる。参照▼ 資料20

十訓抄 書名 説話集。六波羅二﨟左衛門入道編。鎌倉時代中期(一二五二)成立。三巻。〔内容〕和漢古今の約二百八十の説話を集め、これを十項目の徳目に分類し、子供向きの教訓書としている。

し-つ-く【為付く・仕付く】 一 他動詞カ四 し慣れる。やりつける。枕草子

古典の常識

『十訓抄』—少年のための教訓・啓蒙の書

少年に武士の世に生きるための教訓を与えることを目的とした書物。「心操・振舞を定むべき事」「憍慢を離るべき事」「人倫を侮るべからざる事」など十項目に分類し、各項目に事例として和漢の書から引用した説話を配列する構成になっている。

平安―随筆 正月に寺にこもりたるは「犬防ぎに簾さらさらとうちかくる、いみじうしつきたり」訳丈の低い格子のついたてに簾をさらさらとかけていくようすは、実に仕慣れている。

二 他動詞 カ下二{け／け／く／くる／くれ／けよ} ❶**仕掛ける。作り設ける。** 堤中納言 平安―物語 虫めづる姫君「くちなはの形をいみじく似せて、動くべきさまなどしつけて」訳蛇の形をよく似せて、動きそうなようすなどを仕掛けて。❷一に同じ。❸**婿入り、または嫁入りさせる。縁づける。奉公させる。独立させる。** 西鶴織留 江戸―物語 浮世・西鶴「婿は願ひのままの所へしつけられしに」訳婿は、願いのとおりの所へ独立させられたが。❹**やっつける。** 冥途飛脚 江戸―浄瑠 浄瑠・近松「宵から千代歳様にしつけられて」訳宵から千代歳様にやっつけられて。

1**しづく【雫】** 名詞 **水滴。** したたった涙のつぶをいうこともある。

2**しづ・く【沈く】** 自動詞 カ四{か／き／く／く／け／け} ❶**(水底に)沈んでいる。** 万葉集 奈良―歌集 四一九九「藤波の影なす海の底清みしづく石をも珠とそわが見る」訳藤の花が影を映す湖の底が清いので沈んでいる石をも真珠かと私は見ることだ。❷**(水面に)映っている。** 古今 平安―歌集 哀傷「水の面にしづく花の色さやかにも君がみ影のおもほゆるかな」訳水面に映っている花の色のようにはっきりとあなたの御面影が自然に思われることだなあ。

しづ-くら【倭文鞍】 名詞 「倭文」で飾った鞍。◆奈良時代以前は「しつくら」。

しづ-け・し【静けし】 形容詞ク{(く)・から／く・かり／し／き・かる／けれ／かれ} **静かだ。落ち着いている。** 万葉集 奈良―歌集 三八八「いざ子どもあへて漕ぎでむにはもしづけし」訳さあ、みんな。思いきって漕ぎ出そう。海面も静かだ。◆「けし」は接尾語。

じつ-げつ【日月】 名詞 ❶**太陽と月。** 奥の細道 江戸―紀行 出羽三山「じつげつ行道の雲関」訳太陽と月が運行する道にある雲の関所。❷**月日。歳月。**

しっ-けん【執権】 名詞 ❶権力を握ること。また、その人。平家物語 鎌倉―物語 二・小教訓「故少納言の入道信西がしっけんの時にあひ当たって」訳亡き少納言の入道信西が権力を握っていたときにあたって。❷「院の庁」の長官である別当のこと。❸鎌倉幕府の職名。初めは政所の長官をさしたが、北条時政が就任以来、将軍を補佐し、幕府を統轄する、実質上の最高権力者をさすようになった。❹室町幕府の「管領」の別名。のちには、関東管領や諸大名の重臣が自らを執権と称した。

じっ-けん【実検】 名詞／―す 他動詞 サ変 物事の実否を確認すること。真実であるかどうかを確認すること。平家物語 鎌倉―物語 一一・志度合戦「判官志度の浦におりゐて頸どもじっけんしておはしけるが」訳判官(＝義経)は志度の浦に降りて座っていくつもの首が本物であるか確認していらっしゃったが。

しづ-ごころ【静心】 名詞 **静かな心。落ち着いた気持ち。** 古今 平安―歌集 春下「ひさかたの光のどけき春の日にしづごころなく花の散るらむ」訳⇩ひさかたのひかりのどけき…。

じつ-ごと【実事】 名詞 ❶歌舞伎で、写実的な表現をする演技。常識をわきまえた人物が理詰めでまじめに事を処理する演技。また、その役柄。❷まじめなこと。真剣なこと。

しづ-しづ-と【静静と】 副詞 **静かに。落ち着いたさまで。** 源氏物語 平安―物語 宿木「かつは言ひもうとめ、またなぐさめも、かたがたにしづしづと聞こえ給ひつつおはす」訳一方では(匂宮を)批判もし、また(中君を)慰めたりし、双方にわたって(薫は)落ち着いて(お考えを)お話し申していらっしゃる。

しっ・す【執す】 他動詞 サ変{せ／し／す／する／すれ／せよ} **深く心にかける。執着する。** 「しふす」とも。平家物語 鎌倉―物語 五・都遷「『かくのごとくの勝地はなし』とて、桓武天皇ことにしっし思し召し」訳「このようにすぐれた土地はない」と桓武天皇が特に深く心にかけてお思いになり。

しづ-たまき【倭文手纏】 枕詞 「倭文」で作った腕輪の意味で、粗末なものとされたところから「数にもあらぬ」「賤しき」にかかる。万葉集 奈良―歌集 九〇三「しづたまき数にもあらぬ身にはあれど千年にもがと思ほゆるかも」訳ものの数でもない我が身ではあるが、千年も生きたいと思われることだ。◆奈良時代以前は「しつたまき」。

しっ-ちん【七珍】 名詞 仏教語。「しちほう」に同じ。

しっちん-まんぼう【七珍万宝】 名詞 **あらゆる種類の宝物。** 「しっちんまんぽう」とも。

じっ-てい【十体】 名詞 ❶歌論で、和歌の十種類の基本的な表現様式。壬生忠岑の「忠岑十体」、藤原定家の「定家十体」などがある。❷能楽論で、いろいろな種類の役柄。◆「じったい」とも。

じってい・なり【実体なり】 形容動詞 ナリ{なら／なり・に／なり／なる／なれ／なれ} **実直だ。まじめだ。** 日本永代蔵 江戸―物語 浮世・西鶴「それをじっていなる所帯になせば、かならず衰微して家久しからず」訳それ(＝本来は金のかかる問屋商売)を実直な経営にすれば、必ず衰えて家は長く続かない。

じっ-てつ【十哲】 名詞 ❶孔子門下の十人の高弟。孔門の十哲。❷芭蕉門下の十人の高弟。⇩蕉門十哲

じっ-とく【十徳】 名詞 衣服の名。「素襖」に似て、脇を縫いつけたもの。室町時代には平服・旅行着として武士や中間・小者が下に袴を着けて着用した。江戸時代には、腰から下にひだをつけ袴を略し、外出着として主に儒者・医師・絵師などが着用した。

(十 徳)

しづ-ぬさ【倭文幣】名詞「倭文」で作った「幣」。◆奈良時代以前は「しつぬさ」。

しづ-の-め【賤の女】名詞 **身分の卑しい女。** 対 賤の男。

しづ-の-や【賤の家】名詞 **身分の卑しい者の住む家。** 枕草子 平安—随筆 十二月二十四日、宮の御仏名の「あやしきしづのやも」訳 みすぼらしい身分の卑しい者の住む家も。

しづ-の-を【賤の男】名詞 **身分の卑しい男。** 対 賤の女。

しづ-の-をだまき【倭文の苧環】連語「倭文」（＝日本固有の織物の一種）を織るのに用いる「苧環」（＝紡いだ麻糸を、中がうつろになるように球状に巻いたもの）。伊勢物語 平安—物語 三二「いにしへのしづのをだまき繰り返し昔を今になすよしもがな」訳 古代の倭文の苧環のように、もう一度たぐり寄せて（仲むつまじかった）昔を今に戻す方法があったらなあ。

参考 和歌で、糸を繰り出す意から「繰る」の序詞を、また、「しづ」を「賤」の意にかけて「いやし」の序詞を構成する。

じっ-ぱう【十方】名詞 東・西・南・北の四方に、艮（＝北東）・巽（＝東南）・坤（＝南西）・乾（＝西北）の四隅を加え、さらに上・下を加えた十の方向。あらゆる所。

しづ-はた【倭文機】名詞「倭文」を織る織機。またそれで織った「倭文」。◆奈良時代以前は「しつはた」。

じっ-ぷ【実否】名詞 **真偽。実否。** 真実か、否かということ。

十返舎一九 人名（一七六五～一八三一）江戸時代後期の草双紙・滑稽本作者。本名、重田貞一。駿河（静岡県）の人。大坂で近松余七の名で浄瑠璃作者となり、江戸に出て黄表紙『心学時計草』などを書いた。滑稽本『東海道中膝栗毛』で一躍文名を高め、読者の好みを察知した多くの作品を書いた。式亭三馬と並ぶ滑稽本作者。

しっ-ぽう【七宝】名詞「しちほう」に同じ。

じっ-ぽふ・なり【実法なり】形容動詞 ナリ「じほふなり」に同じ。

***しづま・る**【鎮まる・静まる】自動詞 ラ四 {ら/り/る/る/れ/れ}
❶（神が）**鎮座する。** 万葉集 奈良—歌集 一九九「神ながらしづまりましぬ」訳 神として鎮座なさった。❷（騒ぎや戦乱などが）**おさまる。穏やかになる。** 平家物語 鎌倉—物語 七・還亡「兵革しづまらば」訳 もし戦乱がおさまったら。❸（声・音が）**やむ。静かになる。** 源氏物語 平安—物語 葵「少し御声もしづまり給へれば」訳 少しお声も静かになられたので。❹**眠りにつく。寝静まる。** 徒然 鎌倉—随筆 二九「人しづまりて後、長き夜のすさびに」訳 人が寝静まってから後、長い夜の慰みごとに。❺（性格・態度などが）**落ち着く。物静かになる。** 源氏物語 平安—物語 帚木「恥づかしげにしづまりたれば、うち出でにくし」訳 はずかしそうに、物静かになっているので、言い出しにくい。❻（勢いが）**衰える。** 源氏物語 平安—物語 野分「御いきほひの、しづまりて」訳 勢いが衰えて。

じつ-みゃう【実名】名詞 **ほんとうの名。本名。**「じちみゃう」とも。対 仮名。

参考 たとえば「源九郎義経」の場合、「義経」が実名で、「九郎」が仮名である。

しづ・む[1]【沈む】
一 自動詞 マ四 {ま/み/む/む/め/め}
❶（水中に）**没する。沈む。** 平家物語 鎌倉—物語 一一・内侍所都入「侍どもに十余人おくれ奉らじと、手に手を取り組んで一所にしづみけり」訳（家来の）武士ども二十人余りが主君に（死に）遅れ申し上げまいと、手に手を組んで同じ所（の海）に沈んだ。
❷**落ちぶれる。** 源氏物語 平安—物語 澪標「御子どもなどしづむやうにものし給へるを、みな浮かび給ふ」訳 お子様方なども落ちぶれているようでいらっしゃったが、みな出世しなさる。
❸**落ち込む。沈み込む。** 源氏物語 平安—物語 明石「いみじき憂へにしづむを見るに」訳（あなたが）大変な悲しみに沈み込むのを見ると。
❹（「病にしづむ」の形で）**重い病気にかかる。わずらう。** 源氏物語 平安—物語 澪標「病にしづみて返し申し給ひける位を」訳 重い病気にかかってお返し申し上げなさった位を。
❺（「涙にしづむ」の形で）**泣き続ける。泣き暮らす。** 源氏物語 平安—物語 賢木「中宮は涙にしづみ給へるを見たてまつらせたまふも」訳（院は）中宮が泣き暮らしておられるのを見申し上げなさるにつけても。
二 他動詞 マ下二 {め/め/む/むる/むれ/めよ}
❶**水中に沈める。** 平家物語 鎌倉—物語 四・宮御最期「宇治川の深きところにしづめてんげり」訳（三位入道の首を）宇治川の深いところ（＝水底）に沈めてしまった。
❷**落ちぶれさせる。** 源氏物語 平安—物語 玉鬘「ほとほと、あやしき世界にしづめ奉りつべかりしに」訳 すんでのところで、（姫君を）片田舎で落ちぶれさせ申してしまうところであったが。
❸（評判を）**落とす。** 源氏物語 平安—物語 絵合「年経にし伊勢をの海士の名をやしづめむ」訳 年月を経て有名な伊勢の海士（＝在原業平）の名を落としめてよいものだろうか。

しづ・む[2]【鎮む】他動詞 マ下二 {め/め/む/むる/むれ/めよ} ❶（騒動・戦乱を）**おさめる。しずめる。** 源氏物語 平安—物語 明石「住吉の神、近き境をしづめ守り給へ」訳 住吉の神よ、近辺をおさめ、守ってくださいませ。❷（声・音を）**小さくする。** 源氏物語 平安—物語 葵「声しづめて法華経を読みたる」訳 声を小さくして法華経を読んでいる。❸（「人をしづむ」の形で）**寝静まるのを待つ。** 伊勢物語 平安—物語 六九「女、人をしづめて、子一つばかりに、男のもとに来たりけり」訳 女は、人が寝静まるのを待って、子一つ（＝午前零時）ごろになって男のところへ来たのだった。❹（気持ちを）**落ち着かせる。平静にさせる。** 源氏物語 平安—物語 若菜上「弁の君もえしづめず、立ちまじれば」訳 弁の君も平静でいられず、仲間に入ったので。

しづめ【鎮め】名詞 しずめること。しずめるもの。おさえ。

しづ-やか・なり【静やかなり】形容動詞 ナリ {なら/なり・に/なり/なる/なれ/なれ} ❶**静かな感じだ。** 宇津保 平安—物語 楼上下「しづやかに降りくらす日」訳（雨が）静かな感じで一日中降り続く日。❷落ち着いた感じだ。源氏物語 平安—物語 若菜下「しづやかに心にくきけはひ見えたまはぬわたりぞや」訳落ち着いた感じで奥ゆかしいようすがお見えにならない方だったよ。◆「やか」は接尾語。

しづ-やまがつ【賤山賤】(シヅヤマガツ) 名詞 身分の低い者。山里に住む者。

しつらひ(シツライ) 名詞 設備。装飾。調度類を整え、室内を飾ること。

参考 平安時代、「しつらひ」は服飾などとともに、女性の容姿を引き立たせる重要な役目を果たしていた。『紫式部日記』には、女房の服飾描写が詳しいが、それとともに「しつらひ」の描写も細かく語られている。平安貴族の生活を知る上で欠かせないのが、この「しつらひ」である。

しつら・ふ(シツラウ)—(シツロウ) 他動詞 ハ四 {は/ひ/ふ/ふ/へ/へ}

飾り付ける。備えつける。枕草子 平安—随筆 五月の御精進のほど「塗籠(ぬりごめ)の前の二間(ふたま)なる所をことにしつらひたれば」訳塗籠の前の二間の所を特別に飾り付けたので。

し-つる 連語

なりたち サ変動詞「す」の連用形＋完了の助動詞「つ」の連体形

うまくやった。でかした。宇治拾遺 鎌倉—説話 三・六「あはれ、しつるせうとくかな」訳ああ、うまくやったもうけものだなあ。

しづ-わ【後輪】(シヅワ) 名詞 鞍(くら)の後ろの高くなっている部分。「しりつわ」とも。対前輪(まへわ)。

しづ-を【賤男】(シヅオ) 名詞 身分の低い男。「しづのを」とも。

し-て[1]【仕手・為手】名詞 ❶能楽・狂言の、主人公役。また、その役者。シテ。前後二場に分かれる曲では、前場(=中入り前)のシテを前ジテ、後場(=中入り後)のシテを後(のち)ジテという。❷する人。行う人。やりて。

参考 能楽・狂言では、もとは役者をすべて「する人」の意味で「して」と呼んだが、のちに役柄の分業が固定化するようになると、主役だけをさすようになった。多く、「シテ」と片仮名で書く。

して[2] 接続詞

なりたち サ変動詞「す」の連用形に接続助詞「て」の付いたかたちが一語化したもの。

そうして。それで。▼相手の話に対して、さらに説明を求めるときに発する語。多く、下に問いかけを伴う。夜討曾我 室町—能楽 謡曲「して、まず何としたぞ」訳それで、まずどうしたのだ。

して[3]

なりたち サ変動詞「す」の連用形に接続助詞「て」が付いて一語化したもの。

一 格助詞《接続》体言や活用語の連体形などに付く。

❶〔共に動作を行う人数・範囲〕…で。…と(ともに)。伊勢物語 平安—物語 九「もとより友とする人、一人二人して行きけり」訳以前から友人としている人、一人二人とともに(東国へ)行った。

❷〔手段・道具・材料〕…で。…でもって。伊勢物語 平安—物語 二四「そこなりける岩に、指(および)の血して書きつける」訳そこにあった岩に、指の血で(歌を)書き付けた。

❸〔使役の対象〕…に。…を使って。…に命じて。源氏物語 平安—物語 夕顔「人して、惟光(これみつ)召させて」訳(源氏は)人に命じて惟光をお呼ばせになって。

二 接続助詞《接続》形容詞型・形容動詞型活用の語の連用形、打消の助動詞「ず」の連用形に付く。

❶〔対等・並列〕…て。方丈記 鎌倉—随筆「ゆく川の流れはたえずして、しかも、もとに水にあらず」訳流れていく川の流れは絶えることがなくて、なおその上に、以前からあった水ではない。

❷〔状態〕〔連用修飾語に付いて〕…の状態で。…で。大和物語 平安—物語 一六五「中将、病いと重くしてわづらひける」訳中将は病気がたいそう重い状態で、苦しんでいた。

❸〔原因・理由〕…ために。…だから。土佐日記 平安—日記 二・七「都近くなりぬるよろこびにたへずして、いへるなるべし」訳都が近くなった喜びにこらえきれないために、歌を詠んだのであろう。

❹〔逆接〕…が。…のに。竹取物語 平安—物語 かぐや姫の昇天「格子どもも、人はなくして開きぬ」訳格子なども、人はいないのに開いてしまった。

して[4] 副助詞《接続》体言や一部の副詞に付く。〔上の語を強める〕更級 平安—日記 物語「この源氏の物語、一の巻よりしてみな見せたまへ」訳この源氏の物語を一の巻から全部お見せください。

し-て[5] 連語

なりたち サ変動詞「す」の連用形＋接続助詞「て」

(ある動作を)して。伊勢物語 平安—物語 一「昔、男、初冠(うひかうぶり)して」訳昔、ある男が元服して。

し-で[1]【死出】名詞 死んで冥土(めいど)へ行くこと。

し-で[2]【垂・四手】名詞 玉串(たまぐし)や注連縄(しめなは)につけて垂らすもの。古くは「木綿(ゆふ)」を用い、後に紙となった。

（垂）

してう-の-わかれ【四鳥の別れ】(シチョウノワカレ) 連語

(悲しい)親子の別れ。▼中国の桓山(かんざん)で四羽の子を産んだ母鳥が、子が巣立つときに鳴き悲しんで見送ったという『孔子家語(けご)』の故事から。

し-で-の-たをさ【死出の田長】(シデノタオサ) 名詞 ほととぎすの別名。季夏。

参考 「賤(しづ)の田長」の変化したもので、田植えの時期を知らせる鳥の意であったが、音が変化して「しで」となったので「死出」と当てられ、死出の山を越えて来る鳥の意となった。

し-で-の-やま【死出の山】名詞 死者が越えて行くという、冥土(めいど)(=死後の世界)にある険しい山。

し-で-の-やまぢ【死出の山路】(シデノヤマジ) 名詞「死出の山」の山道。方丈記 鎌倉—随筆「語らふごとに、死出の山路を契る」訳(ほととぎすと)語り合うたびに、死出の山道の道案内をしてくれと約束する。

して-ばしら【仕手柱】名詞 能舞台の四隅の柱の内、橋掛かりと舞台が接する所にある柱。シテの所作の起点・終点となる場所。

してん-わう【四天王】(シテンノウ) 名詞 ❶仏教語。帝釈天(たいしゃくてん)の家来で、須弥山(しゅみせん)の中腹に住み、仏法を守護し、四つの方角を守るという四人の神。東方の持国天王、南方の増長天王、西方の広目天王、北方の多聞天王。「四大天王」「四大」とも。❷ある部門、または臣下・弟子のうち、最もすぐれた四人をいう語。

参考 ❷の四天王では、御伽草子の『酒呑童子』でも大活躍の、渡辺綱・坂田公時・碓井定光・卜部季武の頼光の四天王が有名。頼光は源頼光。

しと【尿】 名詞 小便。「しし」とも。奥の細道 江戸―紀行 尿前の関「蚤虱馬のしとする枕もと―芭蕉」訳 ⇨のみしらみ…。

じとう【地頭】 ⇨ぢとう

しとう-くわん【四等官】 シトウカン 名詞 律令制で、各役所の役人の等級を四つに分けた称。「長官」「次官」「判官」「主典」をいう。各役所はこの四つの等級の職員で構成されるのが原則であって、役所によって四等官のそれぞれの相当する位階が定められており、当てられる字も異なり名称も異なることがある。

持統天皇 ジトウテンノウ ⇨持統天皇

しとぎ【粢】 名詞 神前に供える餅。水でこねた米の粉を長円形に固めたもの、または蒸してついたもち米を長い卵形に作ったもの。「しとき」とも。

しどけ-な・し 形容詞ク {(く)・から/く・かり/し/き・かる/けれ/かれ} ❶くつろいでいる。気楽だ。源氏物語 平安―物語 葵「しどけなくうち乱れ給へるさまながら」訳(源氏は)くつろいで衣服を着崩された姿のままで。❷だらしない。しまりがない。枕草子 平安―随筆 あかつきに帰らむ人は「いみじくしどけなく、かたくなしく、直衣・狩衣などゆがめたりとも」訳とてもだらしなく、体裁悪く直衣や狩衣などをゆがめて(着て)いても。

しと-しと 副詞 しとやかに。▼もの静かなさま。栄花物語 平安―物語 ゆふしで「一品宮『例よりも動かぬ馬悲し』とて、扇ぎしてしとしとと打ち奉らせ給ふを」訳一の宮は「いつもよりよく動かないこの馬はおもしろくない」と(言って)扇で(大臣を)静かにお打ち申し上げなさるのを。

しとど 副詞 びっしょり。ぐっしょり。源氏物語 平安―物語 夕顔「汗もしとどになりて、我かの気色なり」訳汗びっしょりになって、正気を失っているようすである。

しとね【茵・褥】 名詞 座るときや寝るときに、畳やむしろの上に敷く四角い敷物。参照▼口絵

（茵）

＊**しとみ【蔀】** 名詞 主に寝殿造りで用いられる、日光を遮り、雨風をよけるために、格子の裏側に板を張った戸。ふつう、上下二枚に分かれ、下一枚は固定させ、上一枚をつり上げる「半蔀」をさす。蜻蛉 平安―日記 上「明かうなれば、をのこども呼びて、しとみ上げさせて見つ」訳明るくなったので、召使いの男たちを呼んで、蔀を上げさせ外を眺めた。参照▼口絵・蔀戸

しと・む 自動詞マ四 {ま/み/む/む/め/め} 浸る。平家物語 鎌倉―物語 四・橋合戦「水しとまば三頭の上に乗りかかれ」訳水に浸ったら馬の尻の上に乗りかかれ。

しどろ・なり 形容動詞ナリ {なら/なり・に/なり/なる/なれ/なれ} 取りとめがない。乱雑だ。整わない。後拾遺 平安―歌集 恋一「朝寝髪乱れて恋ぞしどろなる」訳朝方寝ているとき髪が乱れて、恋も取りとめがなくなる。

しな【品】 名詞

❶階段。段。源氏物語 平安―物語 若菜上「御階の中のしなのほどに居給ひぬ」訳(夕霧は寝殿の)階段の中の段のあたりにお座りになった。

❷階級。身分。家柄。源氏物語 平安―物語 帚木「中のしなのけしうはあらぬ、選り出でつべきころほひなり」訳中流の階級の悪くはない女性を、選び出すことができる時勢である。

❸品格。人柄。徒然 鎌倉―随筆 五六「興なきことを言ひてもよく笑ふにぞ、しなのほど計られぬべき」訳おもしろみがないことを言ってもよく笑うことで、品格の程度はおしはかることができるであろう。

❹事の成りゆき。事情。曾根崎心中 江戸―浄瑠 浄瑠・近松「この上は徳様も死なねばならぬしなるが」訳こうなっては徳様も死なければならない事の成りゆきだが。

しな-かたち【品形・品貌】 名詞 家柄と容貌。品位と容貌。徒然 鎌倉―随筆 一「しなかたちこそ生まれつきたらめ」訳家柄と容貌は生まれつきのものだろうが。

しなが-とり【息長鳥】 枕詞 ❶鳥が「ゐならぶ」ことから地名「猪那」にかかる。万葉集 奈良―歌集 一一八九「大き海にあらしな吹きそしながとり猪那の湊に舟泊つるまで」訳大海にあらしよ吹くな。猪那の港に舟が泊まるまで。❷地名「安房」にかかる。かかる理由未詳。万葉集 奈良―歌集 一七三八「しながとり安房に継ぎたる」訳安房に続いている。◆息の長い鳥の意で、具体的な鳥名には諸説ある。

しなざかる 枕詞 地名「越」(＝北陸地方)にかかる。語義・かかる理由未詳。万葉集 奈良―歌集 三九六九「しなざかる越を治めに」訳越の国を治めに。

しな-さだめ【品定め】 名詞 品評。批評。品位・優劣を評価しさだめること。源氏物語 平安―物語 夕顔「ありし雨夜のしなさだめののち」訳いつかの雨の夜の(男四人による、女性についての)批評以来。

＊**しな-じな【品品】** 名詞 ❶さまざまな階級。源氏物語 平安―物語 帚木「そのしなじなやいかに。いづれを三つの品に置きてか分くべき」訳そのさまざまな階級はどうだろうか。どれを上・中・下三つの階級に置いて区別したらよいか。❷さまざまな種類。さまざまな品。品々。平家物語 鎌倉―物語 四・厳島御幸「つたはれる御物どもしなじなつかさづかさうけとって」訳(皇室に)伝わっている御物の品々を役人たちが受け取って。

しなじな・し【品品し】 形容詞シク {(しく)・しから/しく・しかり/し/しき・しかる/しけれ/しかれ} 品格がすぐれている。上品だ。源氏物語 平安―物語 浮舟「男ども多く、しなじなしからぬけはひ」訳男たちが多く、上品でないようす。

し-な・す【為成す・為做す】 他動詞サ四 {さ/し/す/す/せ/せ} (わざと)そのような状態にする。(そのように)作り上げる。源氏物語 平安―物語 桐壺「池の心広くしなして」訳池の中心を広く作り上げて。

しな-たか・し【品高し】 形容詞ク {(く)・から/く・かり/し/き・かる/けれ/かれ}

❶身分が高い。[源氏物語 平安｜物語] 絵合「しなたかく生まれ、さらでも人に劣るまじきほどにて」[訳]身分が高く生まれ、うでなく（＝学問に打ちこまなく）ても他の人に劣るはずもないので。❷品格が高い。上品だ。[源氏物語 平安｜物語] 玉鬘「父大臣の筋さへ加はればにや、しなたかくうつくしげなり」[訳]父の大臣の血筋までも加わるからであろうか、上品でかわいらしいようすである。

しなてる-や【級照るや】[枕詞]「片」「鳰の湖（＝琵琶湖）」にかかる。語義・かかる理由未詳。[源氏物語 平安｜物語] 早蕨「しなてるや鳰の湖に漕ぐ舟のまほならねどもあひ見しものを」[訳]琵琶湖を漕ぐ舟のように、まともではないけれど、会ったこともあったのに。

しな-な・し【品無し】[形容詞]ク｛(く)・から／く・かり／し／き・かる／けれ／かれ｝下品だ。[源氏物語 平安｜物語] 常夏「心やすくうち捨てざまにもてなしたる、しななきことなり」[訳]気安く投げやりなように振る舞っているのは下品なことだ。

信濃（しなの）[地名] 旧国名。東山道八か国の一つ。今の長野県。信州。

しなのぢは… [和歌]「信濃路は 今の墾道 刈り株に 足踏ましなむ 沓はけわが背」[万葉集 奈良｜歌集] 三三九九・よみ人知らず[訳]信濃路は新しい、開かれたばかりの道です。切り株の上をお踏みになるでしょう。沓を履きなさいよ、あなた。

[鑑賞] 東歌の一つで、女性らしい思いやりが感じられる。

しなのなる… [和歌]「信濃なる 千曲の川の 小石も 君し踏みてば 玉と拾はむ」[万葉集 奈良｜歌集] 三四〇〇・東歌[訳]信濃にある千曲川の小石でも、あなたが踏んだならば、玉として拾おう。

[鑑賞] 恋人の触れたものなら、たとえ小石であろうと、自分にとっては宝物、と思うのは、恋する男女に共通の心情である。この歌の背景には、人の触れたものには、その人の魂が宿るという当時の考え方があるといわれる。

信濃前司行長（しなののぜんじゆきなが）[人名] 生没年未詳。鎌倉時代の軍記物語作者か。中山行隆の子。『徒然草』によると、後鳥羽天皇の時代に才学のほまれが高かったが、出家して『平家物語』を作り、生仏という盲目の琵琶法師に語らせたという。

しなひ【撓ひ】（シナイ）[名詞]しなやかに曲がっていること。ふじの花・はぎの枝、柳の枝などにいうことが多い。[伊勢物語 平安｜物語] 一〇一「花の、しなひ三尺六寸ばかりなむありける」[訳]（ふじの）花が、しなやかに曲がっているのが三尺六寸ぐらいあった。

しな・ふ【撓ふ】（シナウ—シノウ）[自動詞]ハ四｛は／ひ／ふ／ふ／へ／へ｝❶しなやかにたわむ。美しい曲線を描く。[万葉集 奈良｜歌集] 二九二「真木の葉のしなふ勢の山」[訳]真木の葉が美しい曲線を描く勢の山。❷逆らわずに従う。[平家物語 鎌倉｜物語] 四・橋合戦「水にしなうて渡せや渡せ」[訳]水に逆らわず従って渡れよ渡れ。◇「しなう」はウ音便。

しな-やか・なり [形容動詞]ナリ｛なら／なり・に／なり／なる／なれ／なれ｝なよやかで上品だ。[源氏物語 平安｜物語] 夢浮橋「いときよげにしなやかなる童の、えならず装束きたるぞ歩み来たる」[訳]たいそうすっきりとしてなよやかで上品な召使いの少年で、何とも言えないほどすばらしい装束を着たのが歩み寄って来た。◆「やか」は接尾語。

しな・ゆ【萎ゆ】[自動詞]ヤ下二｛え／え／ゆ／ゆる／ゆれ／えよ｝しおれる。元気を失う。[万葉集 奈良｜歌集] 一三一「夏草の思ひしなえて偲ふらむ」[訳]⇨いはみのうみ…。

しなら・ふ【為習ふ】（シナラウ—シナロウ）[他動詞]ハ四｛は／ひ／ふ／ふ／へ／へ｝いつもしている。するのが慣れてうまくなる。[源氏物語 平安｜物語] 浮舟「よろづ右近ぞ、そらごとをしならひける」[訳]すべて、右近は嘘をいつもついていたのだったよ。

し-なん【指南】
[一][名詞]／―す[他動詞]サ変 教え導くこと。指導。教示。また、その人や物。師範。[日本永代蔵 江戸｜物語] 浮世・西鶴「諷・鼓のしなんして、やうやう身一つ暮らし」[訳]謡・鼓の師範をして、やっと自分一人を養って暮らし。
[二][名詞]基準。標準。[徒然 鎌倉｜随筆] 二二〇「寒暑に随ひて上がり下がりあるべき故に、二月涅槃会より聖霊会までの中間をしなんとす」[訳]（楽の鐘の音は）寒さや暑さによって、高くなることや低くなることがあるはずだから、二月の涅槃会から聖霊会までの間の音を基準とする。

しに[1]【死に】[名詞]死ぬこと。[対]生き。

しに-[2]【死に】[接頭語]❶役に立たない。「しに金」「しに銭」。❷下の語をののしる意を表す。「しにたはけ」

しに-い・る【死に入る】[自動詞]ラ四｛ら／り／る／る／れ／れ｝❶気絶する。気を失って死んだようになる。[今昔物語 平安｜説話] 二・三二「しにいりて、またよみがへりぬ」[訳]気絶して、また意識がもどった。❷死んでしまう。絶え入る。[対]❶❷生き出づ。

しに-かばね【屍・屍骸】[名詞]「しかばね」に同じ。

しに-かへ・る【死に返る】（シニカエル）[自動詞]ラ四｛ら／り／る／る／れ／れ｝❶死ぬことを繰り返す。何度も死ぬ。[万葉集 奈良｜歌集] 六〇三「千たびぞ我はしにかへらまし」[訳]千回でも私は、死ぬことを繰り返しただろうに。❷今にも死にそうになる。[蜻蛉 平安｜日記] 中「打出の浜に、しにかへりて至りたれば」[訳]打出の浜に、今にも死にそうになって、着いたので。❸〔連用形を副詞的に用いて〕死にそうなくらい苦しく。死ぬほど強く。[源氏物語 平安｜物語] 絵合「しにかへりゆかしがれど」[訳]死ぬほど強く知りたがったが。

しに-しだい【死に次第】[名詞]死ぬのに任せること。見殺しにすること。

しに-・す【死にす】[自動詞]サ変｛せ／し／す／する／すれ／せよ｝死ぬ。[万葉集 奈良｜歌集] 三七四〇「天地の神なきものにあらばこそ我が思ふ妹に逢はずしにせめ」[訳]天地の神がいないものであるならば私が思うあの人に会わずに死にもしようが。

しにせ【老舗・仕似せ】[名詞]❶先祖代々の家業を守り、続けること。また、その家業。❷長年の商売で信用を得ること。また、その信用。❸長い間守り続けている主義や信条。

しに-てんがう【死にてんがう】（シニテンゴウ）[名詞]ふざけて死ぬまねをすること。狂言自殺。

しに-びかり【死に光り】[名詞]死に際のりっぱなこと。また、死後に残る栄光。また、りっぱな葬式。◆江戸時代の語。

しにもせぬ… [俳句]「死にもせぬ 旅寝の果てよ 秋の暮れ」[野ざらし 江戸｜句集] 俳文・芭蕉[訳]骨を野にさらしてもかまわないという覚悟で初秋に江戸を旅立った

が、どうやら死ぬこともなく旅寝を重ね、ここまでたどりついてみると、もはや秋も終わろうとしていることだ。〔鑑賞〕貞享一年(一六八四)九月下旬、今の岐阜県大垣市に宿泊した折の句。同年八月に江戸を旅立った折の句「野ざらしを心に風のしむ身かな」(『野ざらし紀行』)〈⇩のざらしを…。〉を念頭に置いたもの。季語は「秋の暮れ」で、季は秋。

＊し・ぬ【死ぬ】〔自動詞〕ナ変〔な／に／ぬ／ぬる／ぬれ／ね〕**死ぬ。**生命が絶える。〔伊勢物語 平安―物語〕四五「物病みになりて**しぬ**べき時に」〔訳〕病気になって**死に**そうなときに。

〔注意〕(1)ナ変動詞は「死ぬ」「往ぬ」の二語だけ。(2)「死す」はサ変動詞。

しぬ-ばかり【死ぬばかり】〔連語〕**死ぬほど。たえられないほど。**〔蜻蛉 平安―日記〕下「あやしの袖口もみな見つらむと思ふに、**しぬばかり**いとほし」〔訳〕見苦しい袖口もすべて見てしまったのだろうと思うと、**死ぬほど**つらい。

しぬは-ゆ【偲はゆ】〔連語〕

〔なりたち〕動詞「しぬふ」の未然形＋自発の助動詞「ゆ」

「しのはゆ」に同じ。〔万葉集 奈良―歌集〕八〇二「瓜食めば子ども思ほゆ栗食めばまして**しぬはゆ**」〔訳〕⇩うりはめば…。◆奈良時代以前の語。

しぬ-べく【死ぬべく】〔連語〕

〔なりたち〕動詞「しぬ」の終止形＋推量の助動詞「べし」の連用形

死にそうになるほどに。死ぬばかりに。▼副詞的に用いる。〔万葉集 奈良―歌集〕四〇八〇「我は**しぬべく**なりにたらずや」〔訳〕私は**死ぬばかりに**なってしまっていないのだろうか、いや、死ぬばかりになってしまっているのだ。

＊じ-ねん【自然】〔名詞〕本来そうであること。ひとりでにそうなること。〔三冊子 江戸―句集〕俳論「千変万化する物は**じねん**の理なり」〔訳〕種々さまざまに変化する物は、**本来そうなるべき道理**である。

〔参考〕⇩しぜん(に)。

じねん-に【自然に】〔副詞〕**しぜんに。おのずから。ひとりでに。**〔源氏物語 平安―物語〕帚木「人の品高く生まれぬれば、…**じねんに**そのけはひこよなかるべし」〔訳〕人が高貴な身分に生まれると、…**しぜんに**そのようすも格別にすぐれている(ように見える)だろう。

＊しの【篠】〔名詞〕**篠竹。**群らがって生える細い竹。

＊しの・ぐ【凌ぐ】〔他動詞〕ガ四〔が／ぎ／ぐ／ぐ／げ／げ〕❶**押さえつける。押しふせる。**〔万葉集 奈良―歌集〕二九九「奥山の菅の葉**しのぎ**降る雪の」〔訳〕山奥の菅の葉を**押さえつけて**降る雪が。❷**押し分けて進む。のりこえて進む。**〔平家物語 鎌倉―物語〕三・赦文「波風を**しのい**で行く程に」〔訳〕波風を**押し分けて進ん**でいく途中に。◇「しのい」はイ音便。❸(堪え忍んで)**努力する。**〔毎月抄 鎌倉―論〕「それを詠まん詠まんと**しのぎ**侍れば」〔訳〕それを詠もう詠もうと**努力し**ましたので。

＊しの-に〔副詞〕❶(草木)**がしおれなびいて。しんなりと。**〔万葉集 奈良―歌集〕二二五六「秋の穂を**しのに**押しなべ置く露の」〔訳〕秋の稲穂を**しおれなびくように**一面に置く露の。❷**しんみりと。しみじみと。**〔万葉集 奈良―歌集〕二六六「淡海の海夕波千鳥汝が鳴けば心も**しのに**古へ思ほゆ」〔訳〕⇩あふみのうみ…。❸**しげく。しきりに。**〔新古今 鎌倉―歌集〕恋二「あふことはかたのの里のささの庵**しのに**露散る夜半の床かな」〔訳〕会うことが難しいので交野の里の笹の庵の篠竹に置く露のように、私の夜の床は**しきりに**涙の露にぬれていることだ。

しのの-に〔副詞〕**しっとりと。ぐっしょりと。**〔万葉集 奈良―歌集〕一八三一「朝霧に**しののに**濡れて呼子鳥」〔訳〕朝霧に**ぐっしょりと**ぬれて呼子鳥が。

＊しののめ【東雲】〔名詞〕**明け方。あけぼの。**夜明けのほのかに明るくなるころ。〔古今 平安―歌集〕恋三「**しののめ**の別れを惜しみ我ぞまづ鳥よりさきになきはじめつる」〔訳〕**明け方**の後朝の別れが惜しいので、私のほうが先に鶏よりも前に泣きはじめたことであるよ。

〔参考〕「しののめ」は「篠の目」で、住居の明かり取りに用いられた篠竹の編み物の編み目をさし、そこから「夜明けの薄明かり」の意を生じ、さらに夜明け方の意に変化したという。

しのは・ゆ【偲はゆ】〔連語〕

〔なりたち〕動詞「しのふ」の未然形＋自発の助動詞「ゆ」

〔類語と使い分け⑨〕「死ぬ」意味を表す言葉

「死ぬ」という言葉は古代から使用されていたが、「死」は最大の「穢れ」とされていたので、「死ぬ」という言葉を直接言うことを避けて、遠回しに言う言葉がたくさんある。

失す…平安時代の諸作品の中では「死ぬ」に次いで多用された。また、初期の歌物語(『伊勢物語』『大和物語』など)や説話集(『今昔物語集』『打聞集』など)に多く使用される。

往生す…本来は、死んでから極楽浄土に生まれ変わることを意味したが、やがてそうした仏教語としての意味合いは薄れ、単に「死ぬ」ことを表すようになった。

いたづらになる…本来は、むだになる、だめになる、の意を表すが、そこから「死ぬ」意味も表すようになった。

みまかる…この世からあの世へ退く、の意味から、「死去する」ことを表す。奈良時代からその用例がある。

亡ず…ほろびる、滅亡する、の意から、「死ぬ」をも表すようになった。漢文訓読調の文章(＝和漢混交文、『平家物語』など)に多く見られる。

これらのほかにも、「いふかひなくなる」「かひなくなる」「隠る」「消ゆ」「消え入る」「消え失す」「消え果つ」「去る」「絶ゆ」「絶え入る」「絶え果つ」「亡くなる」「入滅する(釈迦の死について言ったのが転じて貴人・高僧の死についても言うようになった)」「果つ」「はかなくなる」「むなしくなる」「終はる」などの言葉が使われた。

しのばれる。自然に思い出される。「しぬはゆ」とも。万葉集 奈良―歌集 九四〇「浅茅(あさぢ)おしなべさ寝(ぬ)る夜の日(け)長くあれば家しのはゆ」訳ちがやを一面に敷いて寝る夜(=旅寝の夜)が長くなったので家のことがしのばれる。◆奈良時代以前の語。

しの-はら【篠原】 名詞 篠竹の茂った原。

しのび【忍び】 名詞 ❶人目を避けること。内密。秘密。古今 平安―歌集 恋三・詞書「しのびなる所なりければ、門(かど)よりしもえ入(い)らで」訳内密の所だったので、門からは入ることができなくて。❷「しのびありき」に同じ。❸「忍びの術(=忍術)」また「忍びの者(=忍者)」のこと。

しのび-あへ-ず【忍び敢へず】(シノビアエズ) 連語
なりたち 動詞「しのぶ」の連用形＋動詞「あふ」の未然形＋打消の助動詞「ず」
こらえきれない。平家物語 鎌倉―物語 灌頂・大原御幸「袖(そで)を顔に押し当てて、しのびあへぬさま」訳袖を顔に押し当てて、こらえきれないようす。

しのび-ありき【忍び歩き】 名詞／―す 自動詞サ変 人目を避けて外出すること。お忍び。伊勢物語 平安―物語 五〇「男女(をとこをんな)の、しのびありきしけることなるべし」訳男女が、人目を避けて外出したことなのだろう。

しのび-がへし【忍び返し】(シノビガエシ) 名詞 外部から人が侵入するのを防ぐための、先のとがった木・竹・鉄などを門や塀の上に並べ取り付けた仕掛け。矢切(やぎ)り。

（忍び返し）

しのび-ごと 名詞
一【忍び言】内緒話。ひそひそ話。蜻蛉 平安―日記 下「よしよし、これはしのびごと」訳まあまあ、これは内緒話です。
二【忍び事】内緒事。秘事。源氏物語 平安―物語 総角「かかる御しのびごとにより、山里の御ありきもゆくりかにおぼし立つなりけり」訳このような内緒事(=愛人がいること)があることによって、山里のご訪問も不意に思い立ちなさるのであった。

しのび-こ・む【忍び籠む】 他動詞マ下二{め/め/む/むる/むれ/めよ} 知られないように包み隠す。黙って隠す。源氏物語 平安―物語 行幸「今までかくしのびこめさせたまひける恨みも、いかが添へはべらざらむ」訳今までこのように黙ってお隠しなさったお恨みも、どうしてつけ加えないでおられましょうか。

しのび-しのび(に)【忍び忍び(に)】 副詞 人目を避けて。こっそり(と)。源氏物語 平安―物語 帚木「しのびしのびの御方違(かたたが)へ所は、あまたありぬべけれど」訳人目を避けて訪ねる御方違え所(=女性の家)はきっとたくさんあるに違いないが。

しのび-すぐ・す【忍び過ぐす】 他動詞サ四{さ/し/す/す/せ/せ} ❶人に知られないように過ごす。源氏物語 平安―物語 夕顔「みづからしのびすぐしたまひしことを」訳ご自身が人に知られないように過ごしなさったことを。❷耐えて過ごす。源氏物語 平安―物語 若菜下「世の中さびしく、思はずなる事ありとも、しのびすぐしたまへ」訳夫婦仲がさびしく思いがけないことがあっても、耐えてお過ごしなさい。

しのび-どころ【忍び所】 名詞 ひそかに通う所。

しのび-に【忍びに】 副詞 ひそかに。こっそりと。古今 平安―歌集 恋二「いつはりの涙なりせば唐衣(からころも)(=枕詞(まくらことば))しのびに袖(そで)はしぼらざらまし」訳もしこれが嘘(うそ)の涙だったならばひそかに袖はしぼらないだろう。

しのび-ね【忍び音】 名詞 ❶人知れず声をひそめて泣くこと。また、その声。更級 平安―日記 梅の立枝「しのびねをのみ泣きて」訳人知れず声をひそめて泣いてばかりいて。❷(ほととぎすの)初音(はつね)。和泉式部 平安―日記「ほととぎす世に隠れたるしのびねをいつかは聞かむ」訳ほととぎすの世間に知られていない初音をいつ聞くのだろうか。

しのび-やか・なり【忍びやかなり】 形容動詞ナリ{なら/なり・に/なり/なる/なれ/なれ} ひそやかだ。こっそりと。枕草子 平安―随筆 すさまじきもの「待つ人ある所に、夜少し更けて、しのびやかに門(かど)たたけば」訳待つ人がいるときに、夜が少し更けてこっそりと門をたたくので。◆「やか」は接尾語。

しのび-やつ・す【忍び窶す】 他動詞サ四{さ/し/す/す/せ/せ} 目立たないように、地味な身なりをする。源氏物語 平安―物語 玉鬘「いみじうしのびやつしたれど、清げなる男どもなどあり」訳たいそう地味な身なりをしているが、きれいな姿の男たちなどがいる。

しのぶ[1]**【忍】** 名詞 ❶「忍草(しのぶぐさ)❶」の略。❷「忍草(しのぶぐさ)❷」の略。❸「忍摺(しのぶずり)」の略。新古今 鎌倉―歌集 恋一・伊勢物語 平安―物語 一「春日野の若紫の摺(す)り衣しのぶの乱れ限り知られず」訳⇨かすがののわかむらさきの…。

しの・ぶ[2]【忍ぶ】

語義の扉

奈良時代以前は上二段活用であったが、「偲(しの)ぶ」との混同から二の四段活用が生じ、鎌倉時代以降はもっぱら四段活用に限られる。「忍び事」「忍び音」「忍びやかなり」などは、ここから派生したものである。

一 他動詞 ❶こらえる。我慢する。❷つつみかくす。秘密にする。
二 自動詞 ❶こらえる。我慢する。❷人目を避ける。隠れ忍ぶ。

一 他動詞 バ上二{び/び/ぶ/ぶる/ぶれ/びよ}
❶こらえる。我慢する。大和物語 平安―物語 一四九「心地には、かぎりなく嫉(ねた)く心憂(こころう)しと思ふを、しのぶるになむありける」訳女は心の中ではこの上なくくやしくつらいと思っているのを、我慢しているのであった。
❷つつみかくす。秘密にする。源氏物語 平安―物語 夕顔「しのぶるやうこそはと、あながちにも問ひ出(い)で給(たま)はず」訳(夕顔が素性をかくすのは)秘密にするわけが(あるのだろう)と、(源氏は)無理に聞き出そうとはなさらない。

二 自動詞 バ四{ば/び/ぶ/ぶ/べ/べ}
❶こらえる。我慢する。源氏物語 平安―物語 須磨「めで

し

たう覚ゆるに、しのばれで」訳人々がすばらしいと感嘆するにつけても、(お供の人々は)悲しい思いをこらえられなくて。

❷人目を避ける。隠れ忍ぶ。徒然 鎌倉―随筆 三二「わざとならぬ匂(にほ)ひ、しめやかにうちかをりて、しのびたるけはひ、いとものあはれなり」訳わざわざ焚(た)いたとも思われない(香の)かおりが、もの静かに薫って、世間を避けて住んでいるようすがとても趣深い。

関連語 忍び事/忍び音/忍びやかなり。

3 **しの・ぶ【偲ぶ】**

語義の扉

奈良時代以前は「しのふ」と清音で四段活用であったが、「忍ぶ」との混同から二の上二段活用が出てきた。恋しく懐かしく思う意味である。

一 他動詞 ― ❶めでる。賞美する。❷思い出す。思い慕う。
二 他動詞 ― 思い起こす。思い慕う。

一 他動詞 バ四 {ば/び/ぶ/ぶ/べ/べ} ❶**めでる。賞美する。** 万葉集 奈良―歌集 一六「黄葉(もみ)をば取りてそしのふ」訳黄色く色づいた葉を手に取って賞美する。
❷**思い出す。思い起こす。思い慕う。** 徒然 鎌倉―随筆 一三七「浅茅(あさぢ)が宿に昔をしのぶこそ」訳茅(ちや)が茂っている荒れた家に、(恋人と語らった)昔を思い出すことこそ。
二 他動詞 バ上二 {び/び/ぶ/ぶる/ぶれ/びよ} **思い起こす。思い慕う。** 源氏物語 平安―物語 幻「亡き人をしのぶる宵の村雨に」訳故人を思い起こす夜のにわか雨に。

4 **信夫(しのぶ)** 地名 今の福島県北部をさした旧郡名。和歌では「忍ぶ」とかけて用いることが多い。

しのぶ-ぐさ【忍草】 名詞 ❶しだ類の一種。古い木の幹や岩石の表面、古い家の軒端などに生える。のきしのぶ。季秋。❷「忘れ草」の別名。❸**思い出のよすが。** ▼「偲(しの)ぶ種(さぐ)」の意をかけていう。源氏物語 平安―物語 宿木「しのぶぐさ摘みおきたりけるなるべし」訳思い出のよすがとして摘んでおいた(=産んでおいた)のであったのだろう。

しのぶ-ずり【忍摺り・信夫摺り】 名詞 摺(す)り衣(ごろも)の一種。石の上に布を置き、「忍草(しのぶぐさ)」の葉・茎を摺(す)りつけて乱れた模様を出したものという。一説に、陸奥(むつ)の国の信夫(しのぶ)郡(=今の福島市一帯)に産する織物の模様ともいう。「忍(しの)ぶ」「忍綟摺(しのぶもぢずり)」とも。

しのぶ-の-みだれ【忍の乱れ】 連語 ひそかに人を恋しく思う心の乱れ。源氏物語 平安―物語 帚木「しのぶのみだれやと疑ひ聞こゆることもありしかど」訳ひそかに人を恋しく思う心の乱れかと疑い申し上げることもあったが。

しのぶ-もぢずり【忍綟摺り・信夫綟摺り】(シノブモジズリ) 名詞「しのぶずり」に同じ。「もぢずり」は乱れ模様に摺ったものをさすともいう。伊勢物語 平安―物語 一「陸奥(みちのく)のしのぶもぢずり誰(たれ)ゆゑに乱れそめにし我ならなくに」訳⇨みちのくの…。

しのぶれど… 和歌 百人一首「忍ぶれど 色に出(い)でにけり わが恋は 物や思ふと 人の問ふまで」拾遺 平安―歌集 恋一・平兼盛(たひらのかねもり) 訳じっとこらえていたけれど、とうとう顔色に出てしまったよ、私の恋心は。何を物思いしているのかと人が聞くほどに。

鑑賞『天徳四年内裏歌合』で、壬生忠見(みぶのただみ)の歌「恋すてふわが名はまだき立ちにけり人知れずこそ思ひそめしか」〈⇨こひすてふ…。〉と合わせられて、勝ちを得た歌。

1 **しば【柴】** 名詞 山野に生える丈の低い雑木。また、その、薪(まき)にしたり垣に編んだりする枝。柴木(しばき)。

2 **しば【萊】** 名詞 野原や道端などに生える雑草。萊草(しばくさ)。

3 **しば【屢】** 副詞 **しばしば。しきりに。** 参考 主に「しば立つ」「しば鳴く」「しば見る」のように、動詞のすぐ上に付いてその動詞を修飾するので、形の上では接頭語に近い。

し-はう【四方】(シホウ) 名詞 ❶東西南北の総称。また、四方。周囲。❷諸国。天下。❸四角。

しはう-しゃ【襲芳舎】(シホウシャ) 名詞「しふはうしゃ」に同じ。

しはう-はい【四方拝】(シホウハイ) 名詞 一月一日の早朝(=元旦(がんたん))に宮中で行われる儀式。夜明け前に天皇が束帯姿で清涼殿の東庭に出御(しゅつぎょ)し、天地の神や、祖先の陵墓を拝み、その年の豊作と国家の平和を祈る。季春。参照▼口絵

しはうより… 俳句「四方(しはう)より 花吹き入れて 鳰(にほ)の波」白馬 江戸―句集 俳文・芭蕉(ばせう) 訳春たけなわの琵琶(びわ)湖の桜は満開で、折から風が花びらを四方から波の上に吹き入れている。

参考「鳰の波」を「鳰の海」とする本もある。季語は「花」で、季は春。

しば-がき【柴垣】 名詞 柴を編んで作った垣根。◆奈良時代以前は「しばかき」。

しば-き【柴木】 名詞「しば(柴)」に同じ。

しは・し【吝し】(シワシ) 形容詞ク ⇨しわし

* **しばし【暫し】** 副詞 **しばらく。少しの間。** 土佐日記 平安―日記 一・一三「いささかに雨降る。しばしありてやみぬ」訳ほんの少し雨が降る。しばらくしてやんでしまった。◆「しまし」の変化した語。

しば-しば【屢屢】 副詞 **たびたび。何度も。** 万葉集 奈良―歌集 一七「しばしばも見放(みさ)けむ山を心なく雲の隠さふべしや」訳⇨うまさけ…。

* **しはす【師走】**(シワス) 名詞 陰暦十二月の別名。一年の終わりの月。季冬。

しば-た・つ【屢立つ】 自動詞 タ四 {た/ち/つ/つ/て/て} (音・波などが)**しきりに立つ。**(音が)**しきりにする。** 万葉集 奈良―歌集 四四六〇「音しばたちぬ水脈(みを)速みかも」訳(櫓(ろ)の)音がしきりにした。水脈の流れが速いからかなあ。

し-は・つ【為果つ】 一 他動詞 タ下二 {て/て/つ/つる/つれ/てよ} **し終える。やり遂げる。** 源氏物語 平安―物語 須磨「御祓(はらへ)もしはてず立ち騒ぎたり」訳お祓いもし終えないで騒いでいる。
二 自動詞 タ下二 {て/て/つ/つる/つれ/てよ} **し終わる。** 蜻蛉 平安―日記 中「鐘の声どもしはつる程にぞ帰る」訳鐘の音などが終わるころに帰る。

しばつみ-ぶね【柴積み舟】 名詞「しばぶね」に同じ。

しば-な・く【屢鳴く】 自動詞 カ四 {か/き/く/く/け/け} **しきりに**

鳴く。さかんに鳴く。万葉集 奈良―歌集 九二五「ぬばたまの夜の更け行けば久木生ふる清き川原に千鳥しばなく」訳⇩ぬばたまの…。

しば-の-あみど【柴の編み戸】 連語「しばのと」に同じ。

しば-の-いほり【柴の庵】 連語 柴で屋根をふいた粗末な小屋。「しばのいほ」とも。

しば-の-と【柴の戸】 連語 柴を編んで作った粗末な戸。転じて、粗末なすみか。「柴の編み戸」「柴の枢」とも。

しば-の-とぼそ【柴の枢】 連語「しばのと」に同じ。

しば-びと【柴人】 名詞 柴を刈る人。

しはぶか-・ふ【咳かふ】 連語 せきをし続ける。万葉集 奈良―歌集 八九二「糟湯酒うちすすろひてしはぶかひ」訳⇩かぜまじり…。◆「ふ」は奈良時代以前の反復継続の助動詞。

しは-ぶき【咳き】 名詞 ❶せき。季冬。蜻蛉 平安―日記 上「日ごろ、悩ましうて、しはぶきなど、いたうせらるるを」訳日ごろ、病気で苦しんで、せきなど、ひどくなさるのを。❷せきばらい。▼訪問の合図などに行う。源氏物語 平安―物語 浮舟「声づくり給へば、貴なるしはぶきと聞き知りて」訳(匂宮が)せきばらいしなさると、(右近は)上品なせきばらいと聞きわけて。

しはぶき-やみ【咳き病み】 名詞 (風邪など)せきの出る病気。季冬。

しは-ぶ・く[*]【咳く】 自動詞カ四{か/き/く/く/け/け} ❶せきをする。源氏物語 平安―物語 手習「しはぶきおぼほれて起きにたり」訳せきをしてむせんで起きてしまった。❷(訪問などの合図に)せきばらいをする。源氏物語 平安―物語 若紫「大夫、妻戸を鳴らして、しはぶけば」訳大夫が戸をたたいてせきばらいをすると。

しば-ぶね【柴舟】 名詞 柴を積んで運ぶ船。柴積み舟。新古今 鎌倉―歌集 春下「暮れてゆく春のみなとは知らねども霞に落つる宇治のしばぶね」訳⇩くれてゆく…。

しは-ぶ・る[1] 他動詞ラ四{ら/り/る/る/れ/れ}しゃぶる。猿蓑 江戸―句集 俳諧「魚の骨しはぶるまでの老いを見て―芭蕉」訳魚の骨をしゃぶるほどまでの老いを見て。

しは-ぶ・る[2]【咳る】 自動詞ラ下二{れ/れ/る/るる/るれ/れよ}せきをする。万葉集 奈良―歌集 四〇一一「雲隠り翔り去にきと帰り来てしはぶれ告ぐれ」訳(鷹が)雲に隠れ飛んで行ってしまったと、帰って来て、せきをして告げるが。

しば-・みる【屢見る】 他動詞マ上一{み/み/みる/みる/みれ/みよ}たびたび見る。何度も見る。万葉集 奈良―歌集 一九九九「あからひく(=枕詞)色ぐはし子をしばみれば人妻故にわれ恋ひぬべし」訳ほほのほんのり赤くて美しい女性をたびたび見ていると、人妻なのに私は恋をしそうである。

しばらく【暫く】 副詞 ❶少しの間。一時。今昔物語 平安―説話 一六・四「しばらくこそ念じてもゐたれ」訳少しの間はがまんしてもいたが。❷かりそめに。一時的に。徒然 鎌倉―随筆 七五「縁を離れて身を閑かにし、事にあづからずして心を安くせんこそ、しばらく楽しぶとも言ひつれ」訳世俗的な生活とのつながりを断って身を静かな境地におき、俗事にかかわらないで、心を安らかにすることこそ、一時的にでも楽しむと言うのだ。

参考 古くは「しまらく」。平安時代には主に漢文訓読系の文章に用いられ、和文には「しばし」を用いた。

しばらくは… 俳句「しばらくは 滝に籠るや 夏の初め」奥の細道 江戸―紀行 日光・芭蕉 訳しばらくの間滝の裏側にある岩屋に入った。折から僧の夏ごもりの始まる時期でもあり、しばらくは精進の気持ちで滝ごもりをしているように思われる。

鑑賞 日光の裏見の滝を訪れた折の句。「夏の初め」とは、僧が一か所にこもって勤行する夏ごもりの初めの意。季語は「夏の初め」で、季は夏。

しば-ゐ【芝居】 名詞 ❶野外で行う猿楽などの芸能で、舞台と桟敷との間の芝生に設けた、庶民の見物席。❷劇場。❸演劇。歌舞伎。

しひ【椎】 名詞 木の名。初夏に香りの高い小花をつける。実は食用。

し-び[1]【鴟尾】 名詞 宮殿や仏殿などの棟の両端に取り付けられた、魚の尾の形の飾り。鵄の尾。

しび[2]【鮪】 名詞 魚の名。まぐろの大きなもの。

じ-ひ【慈悲】 名詞 ❶仏教語。仏・菩薩が人々に楽しみを与え(=慈)、その苦しみを除く(=悲)こと。仏・菩薩の、人々をいつくしみあわれむ心。❷思いやり。情け。いつくしみあわれむこと。徒然 鎌倉―随筆 一二八「一切の有情を見て、じひの心なからんは、人倫にあらず」訳すべての生き物を見て情けの心がわかないようなら、人間ではない。

(鴟尾)

しひ-がたり【強ひ語り】 名詞 (聞きたくない人に)無理に話をして聞かせること。また、その話。

しひ-ごと【誣ひ言】 名詞 事実を曲げて言うこと。作りごと。

しひ-しば【椎柴】 名詞 ❶椎の木。また、椎の小枝。❷喪服の色。喪服。▼椎の樹皮が喪服の染料になるところから。新千載 南北―歌集 哀傷「しひしばにかへぬを嘆く涙もて深くぞ袖の色を染めつる」訳喪服にかえてしまうのを嘆く涙で濃く衣の色を染めてしまったのだ。

しひ-て[*]【強ひて】 副詞

なりたち 動詞「し(強)ふ」の連用形に接続助詞「て」の付いたかたちが一語化したもの。

❶無理に。無理をおして。伊勢物語 平安―物語 八三「しひて御室にまうでてをがみ奉るに」訳無理に(出家した親王の)御庵室に参上して拝顔申し上げると。❷むやみに。むしょうに。後撰 平安―歌集 春下「散りぬる花のしひて恋しき」訳散ってしまった花がむやみに恋しい。

しびら【褶】 名詞 平安時代の女性の衣装の一種。「裳」の簡略なもので、衣の上から腰に着用した。地位の低い女房が用いた。

しふ[1]【執】 名詞 執着心。執念。源氏物語 平安―物語 幻「この世にしふとまるべき事なく」訳この世に執着心がとどまるようなことがなく。

しふ[2]【集】 名詞 漢詩・和歌・文章などを集めた書物。枕草子 平安―随筆 ありがたきもの「物語・しふなど書き写すに、本に墨つけぬ」訳物語や歌集などを書き写すときに原本に墨をつけないこと。

し・ふ[3]【強ふ】 他動詞 八上二{ひ/ひ/ふ/ふる/ふれ/ひよ} **無理に押しつける。しいる。** 万葉集 奈良―歌集 二三六「不聴と言へどしふる志斐のが強ひ語り」訳いやだと言うのにしいる志斐ばあさんの押しつけ話を。

し・ふ[4]【誣ふ】 他動詞 八上二{ひ/ひ/ふ/ふる/ふれ/ひよ} **作りごとを言う。こじつける。** 日本書紀 奈良―史書 欽明「しひ欺ける網穽に陥ち罹りて」訳作りごとを言いだましているわなに落ち引っかかって。

し・ふ[5]【癈ふ】 一 自動詞 八四{は/ひ/ふ/ふ/へ/へ} **目や耳などの感覚がまひする。身体の器官がだめになる。老いぼれる。** 万葉集 奈良―歌集 一七八三「松反り(=枕詞)しひてあれやは三栗の(=枕詞)中上り来ぬ麻呂といふ奴」訳老いぼれてしまったのか。中上り(=国司の、在任中の上京)もして来ない。麻呂というやつは。二 自動詞 八上二{ひ/ひ/ふ/ふる/ふれ/ひよ} 一に同じ。今昔物語 平安―説話 一四・三六「身に重き病を受けて、たちまちに二つの耳しひぬ」訳身に重病をおって、あっという間に両耳がだめになって(=聞こえなくなって)しまった。

し-ぶ【四部】 名詞 仏教語。「しぶのでし」に同じ。

じふ-あく【十悪】 名詞 ❶奈良時代以前の、十種の重い罪悪。謀反・謀大逆・謀叛・悪逆・不道・大不敬・不孝・不睦・不義・内乱。❷仏教語。身・口・意の「三業」から生ずる十種の罪悪。殺生・偸盗・邪淫・妄語・綺語・悪口・両舌・貪欲・瞋恚・邪見。

しぶき【戟】 名詞 草の名。ぎしぎし。一説にどくだみのこととも。

しぶ・く【渋く】 自動詞 カ四{か/き/く/く/け/け} **滞る。なかなか進まない。** 新古今 鎌倉―歌集 冬「高瀬舟しぶくばかりにもみぢ葉の流れてくだる大堰川かな」訳高瀬舟がなかなか進まないほどに、紅葉の葉が流れてくだる大堰川だなあ。

しぶ-げ・なり【渋げなり】 形容動詞 ナリ{なら/なり・に/なり/なる/なれ/なれ} ❶**気乗りしない感じだ。** 源氏物語 平安―物語 藤袴「この宮仕へをしぶげにこそ思ひたまへれ」訳この宮仕えを気乗りしない感じにお思いになっている。❷**なめらかでない。色つやがない。** 堤中納言 平安―物語 虫めづる姫君「髪もさがりば清げにはあれど、けづりつくろはねばにや、しぶげに見ゆるを」訳髪も、額髪の先端などきれいではあるが、櫛でとかして整えないからであろうか、色つやがなくばさばさに見えるが。◆「げ」は接尾語。

***じふご-や【十五夜】** 名詞 ❶陰暦で、毎月の十五日の夜。❷陰暦八月十五日の夜。この夜は、昔から特に月見によいとされ、その月を「中秋の名月」という。平安時代、宮中や貴族社会では観月の宴を催して、詩歌を作り、管弦を楽しんだ。また民間では「芋名月」と呼び、芋・なすなどを供えて月を祭った。季秋。参照▶口絵

じふさんぞく-みつぶせ【十三束三伏せ】 名詞 (普通の矢の長さは十二束であるのに対して)長い矢。参考 一束は親指以外の四本の指をそろえた幅で、十三束はその十三倍、一伏せは指一本の幅で、三伏せはその三倍の意。

十三代集 文芸 八代集に続く鎌倉時代から室町時代中期までの十三の勅撰和歌集。新勅撰和歌集・続後撰和歌集・続古今和歌集・続拾遺和歌集・新後撰和歌集・玉葉和歌集・続千載和歌集・続後拾遺和歌集・風雅和歌集・新千載和歌集・新拾遺和歌集・新後拾遺和歌集・新続古今和歌集。八代集と合わせて二十一代集という。

***じふさん-や【十三夜】** 名詞 ❶陰暦で、毎月の十三日の夜。❷陰暦九月十三日の夜。八月十五日の夜に次いで月の美しい夜とされ、やはり月見の宴が催された。この夜の月は、「後の月」「豆名月」「栗名月」などと呼ばれる。季秋。

しぶ-しぶ・なり【渋渋なり】 形容動詞 ナリ{なら/なり・に/なり/なる/なれ/なれ} **渋々だ。気の進まないようすだ。いやいやだ。** 源氏物語 平安―物語 若紫「女君、例のしぶしぶに、心もとけずものしたまふ」訳女君は、いつものように気の進まないようすで、気を許しもせずおいでになる。

しふ-しん【執心】 名詞 仏教語。**物事に執着する心。物事に深くとらわれる心。** 方丈記 鎌倉―随筆「仏の教へ給ふ趣は、事に触れてしふしんなかれとなり」訳仏が教えさとしなさる趣意は、何事にも物事に執着する心がないようにということだ。

***しふ・す【執す】** 他動詞 サ変 「しっす」に同じ。

じふ-ぜん【十善】 名詞 ❶仏教語。「十戒」を守って「十悪」を犯さないこと。❷**天子の位。天子。天皇。**▼仏教の説で、前世で「十善」を行った果報によって、この世で天子の位を授かるということから。

じふ-ぢ【十地】 名詞 仏教語。菩薩の修行を五十二段階に分けた中で、四十一位から五十位までの十段階。

じぶつ【持仏】 ⇩ぢぶつ

じふに-いんえん【十二因縁】 名詞 仏教語。前世・現世・来世と続く人生において見られる十二の因果関係。無明・行・識・名色・六処・触・受・愛・取・有・生・老死。「じふにいんねん」とも。

***じふに-し【十二支】** 名詞 陰陽道で、十二か月を表す子・丑・寅・卯・辰・巳・午・未・申・酉・戌・亥の称。のち、これに十二の動物を配して、子(=ねずみ)・丑(=牛)・寅(=とら)・卯(=うさぎ)・辰(=竜)・巳(=蛇)・午(=馬)・未(=羊)・申(=猿)・酉(=鶏)・戌(=犬)・亥(=いのしし)と読ませた。時刻や方位を表すのに用い、また、「十干」と組み合わせて「えと」と称し、年・日を表すのに用いる。

じふに-じんしゃう【十二神将】 名詞 仏教語。薬師如来のもとで仏法を守る十二の神。「じふにじんじゃう」とも。参照▶資料20

じふにそく-みつぶせ【十二束三伏せ】 名詞 (普通の矢の長さは十二束であるのに対して)やや長い矢。◆十二束は親指以外の四本の指をそろえた幅の十二倍、三伏せは指一本の幅の三倍の意。

じふに-ひとへ【十二単】 名詞 女官・女房の正装の、鎌倉時代以降の俗称。単の上に十二枚の袿を重ね着すること。のちには、白小袖に紅の袴を着け、その上に単・五衣(=袿)・打ち衣・表着と重ねて、打ち掛けを着、さらに唐衣を着て、

腰に裳を着ける。

じふに-りつ【十二律】 ジュウニリツ 名詞 中国および日本の音楽で用いる十二段階の音。十二音により、八度音(=一オクターブ)にわたる音律を形成する。日本では、低い方から壱越・断金・平調・勝絶・下無・双調・鳧鐘・黄鐘・鸞鏡・盤渉・神仙・上無と称する。雅楽・舞楽に用いる。「じふじりつ」とも。

しふね・し【執念し】 シュウネシ 形容詞ク{(く)・から/く・かり/し/き・かる/けれ/かれ} ❶**執念深い。しつこい。執着心が強い。** 源氏物語 平安－物語 葵「例のしふねき御物の怪一つ」訳いつものしつこい物の怪が一つ。❷**頑固である。強情である。** 源氏物語 平安－物語 空蟬「かく、しふねき人は、ありがたきものを」訳このように頑固な人はめったにないことなのに。

じふ-ねん【十念】 ジュウネン 名詞 仏教語。❶仏縁を結ぶため、「南無阿弥陀仏」の名号を十回唱えること。十念称名。平家物語 鎌倉－物語 九・忠度最期「『しばし退け、十念唱へん』とて」訳「しばらくむこうへ行け、南無阿弥陀仏の名号を十回唱えよう」といって。❷浄土宗で、僧が信者に対し❶を行い、仏縁を結ばせること。

しぶ-の-でし【四部の弟子】 連語 仏教語。仏の四種の弟子。比丘(=僧)・比丘尼(=尼僧)・優婆塞(=在俗の男性信者)・優婆夷(=在俗の女性信者)。「四部」「四衆」とも。

しふはう-しゃ【襲芳舎】 シュウホウシャ 名詞 平安京内裏の後宮五舎の一つ。内裏の北西隅にあり、主に後宮の局に用いられた。「雷鳴の壺」「しはうしゃ」とも。

じふ-めん【渋面・十面】 ジュウメン 名詞 **にがにがしい顔。不機嫌そうな顔。しかめっ面。**

じふ-もつ【什物】 ジュウモツ 名詞 ❶日常用いる器物や道具。❷(秘蔵されて代々に伝わる)宝物。

じふ-もんじ【十文字】 ジュウモンジ 名詞 ❶「十」の字の形。❷前後・左右に「十」の字のように、すばやく動き回ること。また、太刀・長刀などを「十」の字の形に自在に振るうこと。平家物語 鎌倉－物語 四・橋合戦「蜘蛛手・かく縄・じふもんじ・とんばう返り・水車、八方すかさず斬ったりけり」訳(太刀を)蜘蛛手・かく縄・十文字・とんぼ返り・水車などの刀さばきで、八方すき間なく斬りまくったのだった。❸「十文字槍」の略。穂先の部分に左右に突き出た枝があり、「十」の字の形をした槍。

じふもんじ-に-ふ-む【十文字に踏む】 ジュウモンジニフム 連語 足を前後左右に「十」の字の形のように踏む。酔ってよろめきながら歩く。「ともじにふむ」とも。土佐日記 平安－日記 一二・二二「一文字をだに知らぬ者、しが足はじふもんじにふみてぞ遊ぶ」訳一という文字すら知らない者が、(酔っぱらい、千鳥足になって)その足を十の字の形のように踏んで遊ぶ。

じふ-や【十夜】 ジュウヤ 名詞 浄土宗の寺で、陰暦の十月六日から十五日までの十日間、経を読み、念仏を唱える法要。お十夜。十夜念仏。十夜法要。季冬。

しぶ・る【渋る】 自動詞ラ四{ら/り/る/る/れ/れ} ❶**気が進まず、ぐずぐずする。ためらう。** 枕草子 平安－随筆 淑景舎、東宮に「『今宵はえなむ』などしぶらせ給ふに」訳「今夜はとても参れません」などためらいなさると。❷**難渋する。** 去来抄 江戸－論 修行「なほ好句あらんとすれば、かへつて句しぶり」訳もっと良い句を作ろうとすると、かえって句(を作るの)が難渋する。

拾遺和歌集 しふゐわかしふ シュウイワカシュウ 書名 三番目の勅撰集。花山院撰か。平安時代中期(九九六ころ)成立。二十巻。〔内容〕三代集の一つ。柿本人麻呂・紀貫之・藤原公任らの、洗練された余情あふれる歌を、約千三百五十首収めている。

じ-ぶん【時分】 名詞 ❶**時期。時節。** ❷**ちょうどよい時期。ころあい。** ❸**食事どき。**

じぶん-がら【時分柄】 副詞 その時節にふさわしいようす。**時節がら。**

***じぶん-の-はな【時分の花】** 連語 能楽で、役者の年齢の若さによって生まれる一時的な芸の美しさ・魅力。風姿花伝 室町－論 一「この花は、まことの花にはあらず。ただじぶんのはななり」訳この美しさは、ほんとうの美ではない。ただ年齢の若さからくる一時的な芸の美しさである。対誠の花。

しへた・ぐ【虐ぐ・冤ぐ】 シイタグ 他動詞ガ下二{げ/げ/ぐ/ぐる/ぐれ/げよ} ❶**むごい扱いをする。痛めつける。** 保元 鎌倉－物語 下「人民をしへたぐる由を訴へ申しければ」訳人民を痛めつけるということを訴え申し上げると。❷**打ち負かす。屈服させる。** 平家物語 鎌倉－物語 一一・六代被斬「毎度に御方追ひ落とされて、敵をしへたぐるに及ばず」訳いつも味方が追い払われて、敵を打ち負かすことができない。◆「しへだく」とも。

しほ¹【塩】 シオ 名詞 **食塩。塩加減。** 参考 古代の塩作りは、海水をそのまま煮詰めたり、海藻に海水を注ぎかけて乾かし、それを焼いて水に溶かしたものを煮詰めたりする方法が用いられ、その光景を「塩焼く」「藻塩焼く」と表現した。⇨藻塩

しほ²【潮・汐】 シオ 名詞 ❶**満ち干する海水。海水。潮流。** ❷**よい機会。潮時。** 心中宵庚申 江戸－浄瑠璃 浄瑠璃・近松「『御免、御免』と言ふをしほ、三人ぐづぐづ起き上がり」訳「ごめん、ごめん」と言うのを潮時に、三人がぐずぐずと起き上がり。❸**あいきょう。愛らしさ。** 丹波与作 江戸－浄瑠璃 浄瑠璃・近松「目元にしほがこぼれる」訳目元にあいきょうがあふれる。

-しほ³【入】 シオ 接尾語 染色するとき、布を染料に浸す回数を数える。また、酒を何度も醸造を重ねて芳醇にする、その回数を数える。「紅の八しほの色」「八しほ折りの酒」

しぼ【皺】 名詞 紙・革・織物・烏帽子などにつける皺。

しほ-あひ【潮合ひ】 シオアイ 名詞 ❶潮流が流れて出あう所。❷**しおどき。** 潮が満ちたり引いたりするころあい。

しほう【四方】 ⇨しはう

しほうはい【四方拝】 ⇨しはうはい

しほ-うみ【潮海・塩海】 シオウミ 名詞 **海。** ▼「湖」「淡海」に対していう。

しほ-がひ【潮貝】 シオガイ 名詞 海にすむ貝。

塩釜 しほがま シオガマ 地名 歌枕 今の宮城県塩釜市。松島湾に臨む。「塩竈」とも書く。

塩釜の浦 しほがまのうら シオガマノウラ 地名 歌枕 今の宮城県塩釜市松島湾内にある塩釜湾。

しほ-ぎ【塩木】 シオギ 名詞 海水を煮て塩を作るとき、燃料にする木。「しほき」とも。

し

しほ-くみ【潮汲み】(シオクミ) 名詞 (塩を作るため)海水を汲(く)むこと。また、その人。

しほ-け【潮気】(シオケ) 名詞 潮風の湿り気や香り。

しほごしや… 俳句「汐越(しほごし)や 鶴(つる)脛(はぎ)ぬれて 海涼し」〔奥の細道 江戸―紀行〕象潟・芭蕉(ばせう) 訳 汐越の浅瀬に鶴が下り立って餌(えさ)をあさっている。その鶴の長い足が波にぬれて、いかにも涼しげな海の景色である。

鑑賞 「汐越」は名勝「象潟(きさかた)」の海側の、潟と海とがつながる所にあった港町(＝今の秋田県由利郡象潟町)で、また、象潟そのものをさす名でもあった。季語は「涼し」で、季は夏。

しほ-さゐ【潮騒】(シオサイ) 名詞 潮がさしてくるとき、波が騒がしく音を立てること。

しほしほ-と(シオシオト) 副詞 ❶**さめざめと。しとしとと。**▼涙を流したり、雨が降ったりするようすを表す。〔源氏物語 平安―物語〕行幸「飽かず悲しくてとどめ難く、しほしほと泣き給(たま)ふ」訳 いつまでも悲しくて(涙を)とどめることができず、さめざめとお泣きなさる。❷**しょんぼりと。**〔増鏡 室町―物語〕内野の雪「女にておはしまさましかば、いかにしほしほと口惜しからまし」訳 もし女でおいであそばしたなら、どんなにしょんぼりとして残念だっただろうに。

しほ-じ・む【潮染む】(シオジム) 自動詞マ四{ま/み/む/む/め/め} ❶**潮水や潮気にしみ染まる。**▼海辺の生活が長く、それになれる意を含む。〔源氏物語 平安―物語〕明石「世をうみにここらしほじむ身となりてなほこの岸をえこそ離れね」訳 世の中がいやになって、長年海辺の生活になれた身になっても、やはりこの世への執着は捨て切ることができない。❷**物事に経験を積む。世なれる。**〔源氏物語 平安―物語〕須磨「ものを、とかく思ひめぐらし、世にしほじみぬる齢(よはひ)の人だにあり」訳 ものを、あれこれ思いめぐらし、世間の物事に経験を積んだ年齢の人さえいる。

しほ-じり【塩尻】(シオジリ) 名詞 塩田で塩を取るために、砂を摺(す)り鉢を伏せたような形に積み上げたもの。これに海水をかけて塩分を固着させる。〔伊勢物語 平安―物語〕九「なりはしほじりのやうになむありける」訳 (富士山の)形は塩尻のようであった。

しほだひの… 俳句「塩鯛(しほだひ)の 歯ぐきも寒し 魚(うを)の店(たな)」〔薦獅子 江戸―句集〕俳諧・芭蕉(ばせう) 訳 魚屋の店先に並べられた塩鯛の、むき出しになった歯ぐきがいかにもすさまじく、あたりの寒そうな景色の中でいっそう寒々と感じられる。

鑑賞 ありふれた日常性の中に、厳冬の寒さを表現した句。芭蕉晩年の軽みへの志向が平淡な表現によくあらわれている。季語は「寒し」で、季は冬。

しほ-た・る【潮垂る】(シオタル) 自動詞ラ下二{れ/れ/る/るる/るれ/れよ} ❶**しずくが垂れる。**〔源氏物語 平安―物語〕早蕨「しほたるる海人(あま)の衣に異なれや浮きたる波にぬるるわが袖(そで)」訳 潮水のしずくが垂れている海人の衣服と違っているだろうか、波に漂う不安な身の上に泣き悲しむ涙でぬれた私の袖は。❷**ぐっしょりぬれる。**〔徒然 鎌倉―随筆〕三「露・霜にしほたれて、所定めず惑ひ歩(あり)き」訳 露と霜でぐっしょりぬれて、あてどなくさまよい歩き。❸**涙で袖(そで)がぬれる。**〔源氏物語 平安―物語〕澪標「いと悲しうて、人知れずしほたれけり」訳 たまらなく悲しくて、人知れず涙で袖がぬれたのであった。

しほたれ-がち・なり【潮垂れがちなり】(シオタレガチナリ) 形容動詞ナリ{なら/なり・に/なり/なる/なれ/なれ} **涙を流すことが多い。**〔源氏物語 平安―物語〕桐壺「御しほたれがちにのみおはします」訳 御涙を流してばかりいらっしゃいます。◆「がち」は接尾語。

しほ-ぢ【潮路】(シオジ) 名詞 ❶**潮流。**潮の流れる道筋。❷**海路。航路。船路(ふなぢ)。海上。**船の通る道筋。〔千載 鎌倉―歌集〕雑上「難波潟(なにはがた)しほぢはるかに見渡せば」訳 難波の浜で船路をずっとむこうまで見渡すと。

し-ぼち【新発意】 名詞 仏教語。「しんぼち」に同じ。◆「しんぼち」の撥音(はつおん)「ん」が表記されない形。

しほ-ど・く【潮どく】(シオドク) 自動詞カ下二{け/け/く/くる/くれ/けよ} ❶(雨や涙などに)**ぐっしょりぬれる。**〔栄花物語 平安―物語〕御裳着「雨少しうち降りて、田子(たご)の袂(たもと)もしほどけたり」訳 雨が少し降って、農夫の袂もぐっしょりとぬれた。❷**涙を流す。嘆き悲しむ。**〔栄花物語 平安―物語〕月の宴「五月の五月雨(さみだれ)にもあはれにてしほどけ暮らし」訳 五月の五月雨に比べても物悲しくて嘆き悲しんで暮らし。

しほ-どけ・し【潮どけし】(シオドケシ) 形容詞ク{く・から/く・かり/し/き・かる/けれ/かれ} (雨・水・涙などで)**びっしょりぬれている。**〔源氏物語 平安―物語〕明石「寄る波にたちかさねたる旅ごろもしほどけしとや人のいとはむ」訳 寄せる波が幾重にも重なっているように裁ち重ねて縫ってある旅衣が、涙でびっしょりぬれているとあなたは嫌うでしょうか。

しほ-なら-ぬ-うみ【塩ならぬ海】(シオナラヌウミ) 連語 **湖。**特に、琵琶(びわ)湖をいう。

しほ-な・る【潮馴る】(シオナル) 自動詞ラ下二{れ/れ/る/るる/るれ/れよ} (衣服が)海水や潮気でよれよれになる。垢(あか)じみて、よれよれになる。〔源氏物語 平安―物語〕蓬生「形見(かたみ)に添へたまふべき身馴(な)れ衣も、しほなれたれば」訳 姿をしのぶよすがとしてお持たせになるはずの着なれた着物も、よれよれになっているので。

しほのみつ… 和歌「潮の満つ いつもの浦の いつもいつも 君をば深く 思ふはやわが」〔枕草子 平安―随筆〕清涼殿の丑寅のすみの 訳 潮が満ちる「いつもの浦」ではないけれど、いつもいつもあなたのことを深く思うのですよ、私は。

鑑賞 作者・出典ともに不明の古歌。「潮の満ついつもの浦の」は「いつも」を導く序詞(じょことば)だが、「いつもの浦」がどこを指すのかも不明である。中宮定子(ていし)の父である関白藤原道隆(ふじわらのみちたか)が若き日に、結句を「頼むはやわが」と変えて帝(みかど)に対する絶大の信頼を表明した歌とされる。

しほ-ひ【潮干】(シオヒ) 名詞 **潮が引くこと。引き潮。**また、潮の引いた海岸。

しほひ-がた【潮干潟】(シオヒガタ) 名詞 潮が引いた後に現れる砂浜。

しほひる-たま【潮干る珠】(シオヒルタマ) 名詞 「しほふるたま」に同じ。対 潮満(しほみつ)珠。

じ-ほふ・なり【実法なり】(ジホウナリ) 形容動詞ナリ{なら/なり・に/なり/なる/なれ/なれ} **きまじめだ。誠実だ。**〔源氏物語 平安―物語〕蛍「まろがやうにじほふなる痴者(しれもの)の物語はありや」訳 私のようにきまじめな愚か者の話はありますか、いや、ないだろう。◆「じっぽふなり」の促音「っ」が表記されない形。

しほ‐ぶね【潮舟・潮船】シホブネ 名詞 海を漕(こ)ぎ進むふね。

しほぶね‐の【潮舟の】シホブネノ 枕詞 浮かぶ舟のようすから「並ぶ」「置く」にかかる。万葉集 奈良―歌集 三五五六「しほぶねの置かればかなし寝(ね)つれば人言(ひとごと)繁し汝をどかもしむ」訳放っておくといとおしい。共に寝ると人の噂がひどい。おまえをどうすればよいか。

しほふる‐たま【潮干る珠】シホフルタマ 名詞 潮を引かせる霊力があるという玉。◆のちに「しほひるたま」とも。対

しほほ‐にシホホニ 副詞 **びっしょりと。ぐっしょりと。**▼涙などにぬれるようすを表す。万葉集 奈良―歌集 四三五七「葦垣(あしかき)の隈処(くまと)に立ちて我妹子(わぎもこ)が袖(そで)もしほほに泣きしぞ思(も)はゆ」訳葦で作った垣根のすみに立って、いとしい妻が袖も(涙で)びっしょりと(ぬれて)泣いたのが思われる。

しほ‐まち【潮待ち】シホマチ 名詞/―す 自動詞サ変 潮がさしてくるのを待つこと。船の航行に適する満潮時を待つこと。

しほみつ‐たま【潮満つ珠】シホミツタマ 名詞 潮を満ちさせる霊力があるという玉。対潮干(しほ)ふ・ひる珠。

参考『古事記』『日本書紀』の神話によると、「潮満つ珠」「潮干る珠」の二珠は、山幸彦(やまさちびこ)が、兄海幸彦(うみさちびこ)から借りてなくした釣り針を求めて海神の宮殿へ行き、海神から贈られたものであるという。山幸彦は、この二珠の霊力をもって、自分を責める兄をこらしめ、屈服させた。

しぼ・む【萎む・凋む】自動詞マ四{ま/み/む/む/め/め} ❶(草花などが)**しおれる。**井筒 室町―能楽 謡曲「亡婦魄霊(ばうふはくれい)の姿は、しぼめる花の、色無うて」訳亡き女の幽霊の姿は、しおれている花のように、色がなくて。❷**おとろえ縮む。勢いがなくなり弱る。**更科紀行 江戸―紀行 俳文・芭蕉「歩行(かち)より行くものさへ、眼くるめきたましひしぼみて」訳徒歩で行く者でさえ、目がまわり心がおとろえ縮んで。

しほ‐や【塩屋】シホヤ 名詞 **塩焼き小屋。**塩焼(しほや)きを行うための小屋。

しほ‐やき【塩焼き】シホヤキ 名詞 海水を煮詰めて塩を作ること。また、その人。

しほやき‐ぎぬ【塩焼き衣】シホヤキギヌ 名詞 海水を煮て塩を作る人が着る粗末な衣。「しほやきごろも」とも。

しほやき‐ごろも【塩焼き衣】シホヤキゴロモ 名詞「しほやきぎぬ」に同じ。

しほら・しシホラシ 形容詞シク⇩しをらし

しほらしき… 俳句「しほらしき 名や小松吹く 萩(はぎ)すすき」奥の細道 江戸―紀行 太田神社・芭蕉(ばせう) 訳小松とはなんと可憐(かれん)な地名であることよ。その名の通り、この辺りの野には、かわいらしい小松が生えていて、その小松の上に吹き渡る風が萩やすすきをなびかせて、旅愁を感じさせる秋の景色である。

鑑賞 加賀の国(石川県)小松に至ったとき、その地名に興趣を覚えての句。地名の「小松」に「小さな松」の意をかける。季語は「萩・すすき」で、季は秋。「しほらしき」は正しくは「しをらしき」。

しぼ・る【絞る・搾る】他動詞ラ四{ら/り/る/る/れ/れ} ❶(ぬれた布などを)ねじったりして水分を出す。❷**声を無理に出す。**枕草子 平安―随筆 すさまじきもの「蟬(せみ)の声しぼり出(い)だして誦(よ)みゐたれど」訳蟬の鳴くような声を無理に出して経を読んでいたが。❸**弓の弦(つる)を強く引く。引きしぼる。**曾我物語 鎌倉―物語 一「この矢をつがひ、しぼり返して」訳この矢をつがえ、ぐっと引きしぼって。

し‐ほん【四品】名詞 ❶親王の位階の第四位で、まず最初に叙せられるもの。❷臣下の位階の「四位(しゐ)」の別名。平家物語 鎌倉―物語 二・西光被斬「しほんして、四位の兵衛(ひやうゑ)の佐(すけ)と申ししをだに」訳四位(に叙せられたので、四位の兵衛の佐と申し上げたことだけでも。

[1]**しま【島】**名詞 ❶周りを水で囲まれた陸地。❷(水上において眺めた)**水辺の土地。**万葉集 奈良―歌集 三二三二「しま伝ひ見れども飽かず吉野の滝もとどろに落つる白波」訳水辺の土地を伝い見ても見飽きない吉野の滝が音をたてて落ちる白いしぶきよ。❸庭の泉水の中にある築山(つきやま)。また、泉水・築山のある庭園。◇「山斎」とも書く。❹**遊廓。色町。**▼周囲から隔てられた特定の地域の意から。◇江戸時代の語。

[2]**志摩**しま 地名 旧国名。東海道十五か国の一つ。今の三重県の志摩半島の部分。志州(ししう)。参照▶資料21

***しま‐がく・る【島隠る】**自動詞ラ四{ら/り/る/る/れ/れ}/ラ下二{れ/れ/る/るる/るれ/れよ} **島にさえぎられて見えなくなる。島陰に隠れる。**古今 平安―歌集 羇旅「ほのぼのと明石(あかし)の浦の朝霧にしまがくれゆく舟をしぞ思ふ」訳⇩ほのぼのと…。

参考 意味・用法は同じで四段と下二段の二種の活用がある。奈良時代以前には四段活用が多いが、平安時代には下二段活用のみとなる。

しまし【暫し】副詞「しばし」に同じ。万葉集 奈良―歌集 三七八五「ほととぎす間(あひだ)しまし置け汝(な)が鳴けば」訳ほととぎすよ、しばらく間をおいて(鳴いて)くれ、おまえが鳴くと。◆奈良時代以前の語。

しまし‐く【暫しく】副詞 **少しの間。**万葉集 奈良―歌集 四二七九「能登川(のとがは)の(=枕詞(まくらことば))後(のち)には逢(あ)はむしましくも別るといへば悲しくもあるか」訳後では会うでしょう。少しの間でも別れるというと、何とも悲しいことであるよ。◆奈良時代以前の語。

し‐ます助動詞四型《接続》四段・ナ変動詞の未然形に付く。{しまさ/しまし・しまし/します/します/しませ/しませ}〔尊敬〕**お…になる。…なさる。**閑吟集 室町―歌謡「色が黒くは遣(や)らしませ」訳色が黒いなら、行かせなさい。◆尊敬の助動詞「す」の連用形＋丁寧の助動詞「ます」からなる「せます」の変化した語。鎌倉・室町時代の語。

し‐まつ【始末】名詞 ❶**事情。**一部始終の成り行き。❷**節約。倹約。**❸**しめくくり。処理。**

しまづた・ふ【島伝ふ】シマヅタフ 自動詞ハ四{は/ひ/ふ/ふ/へ/へ} **島から島へと舟で移動する。**万葉集 奈良―歌集 三八九「しまづたひ敏馬(みぬめ)の崎を漕(こ)ぎ廻(み)れば大和恋(こほ)しく鶴(たづ)さはに鳴く」訳島から島へと舟で移動し、敏馬の岬を漕いで回ると、大和を恋しく思わせるように鶴(つる)がたくさん鳴いている。

しまつ‐とり【島つ鳥】枕詞 島にいる鳥の意から「鵜(う)」にかかる。万葉集 奈良―歌集 四〇一一「しまつとり鵜養(うかひ)が伴(とも)は」訳鵜(う)飼いの連れは。◆「つ」は「の」の意の奈良時代以前の格助詞。

しま‐と【島門】名詞 島と島との間や島と陸地との間の狭い海峡。

しま‐ね【島根】 名詞 島。島国。万葉集 奈良—歌集 三六八八「石が根の荒きしまねに宿りする君」訳岩石の荒々しい島に住んでいるあなた。◆「ね」はどっしりと動かないものの意の接尾語。

島原 地名 今の京都市下京区にあった、江戸時代の遊郭。

し‐まひ【仕舞ひ】 名詞 一【仕舞ひ】❶し終えること。終わり。最後。❷しめくくり。特に、商家での年末の総決算。世間胸算用 江戸—物語 浮世・西鶴「毎年のしまひには少しづつ足らず」訳毎年の年末の総決算には少しずつ足りず。❸化粧・結髪などの身づくろい。

二【仕舞】❶能楽で、舞・所作などの演技をすること。❷能楽で、紋服・袴姿などで、地謡だけによって舞う舞。

しまひ‐がね【仕舞ひ金】 名詞 支払いの金。清算する金。◆江戸時代の語。

し‐ま・ふ【仕舞ふ】 他動詞ハ四 {は/ひ/ふ/ふ/へ/へ} ❶し終える。なし遂げる。禰宜山伏 室町—狂言 狂言「この度大峰・葛城をしまひ」訳このたびの大峰山・葛城山での難行をなし遂げ。❷し終えて片づける。しまう。❸収支の決算をする。特に、年末にその年の総決算をする。米市 室町—狂言 狂言「何と致いてやら当年もまたしまひかねて」訳何としたことやら今年もまた年末の総決算をすることができずに。❹殺して片をつける。やっつける。忠臣蔵 江戸—浄瑠 浄瑠「これへ呼び出せ、しまうてくれん」訳これへ呼び出せ、殺して片をつけてくれよう。◇「しまう」はウ音便。

***しま‐へ【島辺】** 名詞 島のあたり。島のまわり。

しま‐み【島廻・島曲】 一 名詞 島のまわり。万葉集 奈良—歌集 一三九九「ももづたふ(=枕詞)八十のしまみを漕ぐ船に」訳多くの島のまわりを漕ぐ船に。

二 名詞／—す 自動詞サ変 島巡り。島のまわりを巡ること。万葉集 奈良—歌集 一一一七「しまみすと磯に見し花風吹きて波は寄すとも取らずは止まじ」訳島巡りをしようとして磯で見た花(=女性)は、風が吹いてたとえ波が寄せても手に入れないではおかない。

しま‐もり【島守】 名詞 島の番人。平家物語 鎌倉—物語 三・有王「俊寛僧都一人、憂かりし島のしまもりになりにけるこそうたてけれ」訳俊寛僧都一人が、つらい思いをした島の番人になってしまったのは、ほんとうに気の毒なことだった。

しま‐やま【島山】 名詞 ❶島の中の山。また、川・湖・海などに臨む地の島のように見える山。❷庭の池の中に作った山。築山。

しまら‐く【暫らく】 副詞「しばらく❶」に同じ。万葉集 奈良—歌集 三四七一「しまらくは寝つつもあらむを」訳少しの間は寝続けていたいのに。柿蔭 大正—歌集 島木赤彦「信濃路はいつ春にならん夕づく日入りてしまらく黄なる空のいろ」訳信濃路はいつ春になるのであろうか。夕方になって日は沈んだが、少しの間黄色に染まっている空であるよ。◆「しばらく」の古い形。奈良時代以前の語。

しみ【紙魚・衣魚】 名詞 虫の名。和紙や衣類を食う小さな虫。季夏。

しみ‐かへ・る【染み返る】 自動詞ラ四 {ら/り/る/る/れ/れ} ❶(色・香りなどが)深く染み込む。源氏物語 平安—物語 若紫「かの御移り香の、いみじう艶にしみかへりたまへれば」訳あの方の御移り香が、たいそうなまめかしく深く染み込んでおいでになるので。❷深く感動する。狭衣 平安—物語 一「『あな、めでた』と、若き人々はしみかへりて」訳「ああ、すばらしい」と、若い女房たちは深く感動して。

しみ‐こほ・る【凍み凍る】 自動詞ラ四 {ら/り/る/る/れ/れ} ❶凍りつく。宇治拾遺 鎌倉—説話 二・一二「雨降り、雪降り、風吹き、いかづち鳴り、しみこほりたるにも」訳雨が降り、雪が降り、風が吹き、かみなりが鳴り、凍りついているのにも。❷その事に深く引き込まれる。

しみ‐さ・ぶ【茂みさぶ・繁みさぶ】 自動詞バ上二 {び/び/ぶ/ぶる/ぶれ/びよ} (草木などが)こんもり茂る。万葉集 奈良—歌集 五二「大和の青香具山は日の経の大き御門に春山としみさび立てり」訳大和の国の青々とした香具山は東の大御門の方に春山としてこんもり茂って立っている。◆「さぶ」は接尾語。

しみ‐つ・く【染み着く】 自動詞カ四 {か/き/く/く/け/け} ❶(色・香り・音などが)染み込む。染まりつく。源氏物語 平安—物語 末摘花「さもやしみつかむと、あやふく思ひたまへり」訳そのまま染み込むだろうかと、気掛かりにお思いになっている。❷心に深くとまる。深い関係になる。源氏物語 平安—物語 東屋「若き御どち、もの聞こえたまはむは、ふとしもしみつくべくもあらぬを」訳お若い方同士で、お話を申し上げなさるとしても、急には深い関係になるはずもないのに。

しみ‐に【茂みに・繁みに】 副詞「しみみに」に同じ。万葉集 奈良—歌集 三九〇二「梅の花み山としみにありともや」訳梅の花よ。山のようにすきまなくびっしりと咲いているとしても。

しみみ‐に【繁みみに・茂みみに】 副詞 すきまなくびっしりと。「しみに」とも。万葉集 奈良—歌集 二一二四「秋萩は枝もしみみに花咲きにけり」訳秋萩は枝にすきまなくびっしりと花が咲いているなあ。◆「しみしみに」の変化した語。

し‐みゃく【死脈】 名詞 死期が近づいたときの弱い脈拍。

しみら‐に【繁みらに】 副詞 ひまなく連続して。一日中。「しめらに」とも。万葉集 奈良—歌集 三二七〇「あかねさす(=枕詞)昼はしみらにぬばたまの(=枕詞)夜はすがらに」訳昼はひまなく一日中夜は一晩中。

参考「夜はすがらに」に対して、常に「昼はしみらに」の形で使う。

し‐みん【四民】 名詞 ❶一般民衆。万民。❷江戸時代の、士・農・工・商の四つの階級。

し・む【占む・標む】 他動詞マ下二 {め/め/む/むる/むれ/めよ} ❶自分の所有であることを示す目印をする。万葉集 奈良—歌集 一四二七「明日よりは春菜摘まむとしめし野に昨日も今日も雪は降りつつ」訳明日からは春の若菜を摘もうと所有の目印を付けた野に、昨日も今日も雪は降り続いていることよ。❷占有する。敷地とする。源氏物語 平安—物語 絵合「山里ののどかなるをしめて、御堂造らせ給ひ」訳源氏は山里の静かな所を敷地として、お堂をお建てになり。❸身に備える。源氏物語 平安—物語 浮舟「いとあはれと

人の思ひぬべきさまをしめ給へる人柄なり」訳とてもしみじみと心を打つと人が思うにちがいない姿を備えていらっしゃるお人柄である。

2 **し・む**【染む・浸む】

一 自動詞 マ四 {ま/み/む/む/め/め} ❶**しみ込む。ひたる。** 万葉集 奈良―歌集 三四三「なかなかに人とあらずは酒壺に成りにてしかも酒にしみなむ」訳なまじ人間でいないで、酒壺になってしまいたいなあ。(そうしたら)酒にひたっていられるであろう。❷**しみつく。染まる。** 古今 平安―歌集 夏「蓮葉の濁りにしまぬ心もてなにかは露を玉と欺く」訳⇨はちすばの…。❸**深く感じる。心にしみる。関心を寄せる。** 徒然 鎌倉―随筆 一三七「椎柴・白樫などのぬれたるやうなる葉の上にきらめきたるこそ、身にしみて」訳椎や白樫の木などのぬれているような葉の上に月の光がきらきらと光っているのは心にしみて。

二 他動詞 マ下二 {め/め/む/むる/むれ/めよ} ❶**しみ込ませる。しみ通らせる。** 枕草子 平安―随筆 七月ばかりいみじうあつければ「香の紙のいみじうしめたる、匂ひいとをかし」訳香色(=赤味を帯びた黄色)の薄様の紙で、香をたいそうしみ込ませたものは、香りがとても風情がある。❷**深く感じさせる。深く心が引かれる。** 源氏物語 平安―物語 薄雲「君の春の曙に心しめ給へるもことわりにこそあれ」訳あなた(紫の上)が春の明け方に深く心が引かれるのももっともなことです。❸**執着する。熱中する。** 更級 平安―日記 夫の死「よしなき物語・歌のことをのみ心にしめで、夜昼思ひて、行ひをせましかば」訳つまらない物語や歌のことばかりに執着しないで、夜昼一心にお勤めをしていたならば。

3 **し・む**【凍む】 自動詞 マ上二 {み/み/む/むる/むれ/みよ} **凍りつく。恐怖などでぞっとする。** 源氏物語 平安―物語 若菜下「朝夕涼みもなきころなれど身もしむる心地して、言はむ方なく覚ゆ」訳朝夕の涼しさもない(=暑い)ころであるが、身も凍りつく気がして、言いようもなく思われる。

参考「こほる」が表面的であるのに対して、「しむ」は奥まで深くこおってゆく語感をもつ。

4 **し・む**【締む】 他動詞 マ下二 {め/め/む/むる/むれ/めよ} ❶(紐・帯などを)**かたく結ぶ。締める。** ❷**締めつける。** 平家物語 鎌倉―物語 五・文覚被流「突かれながらしめたりけり」訳(刀で腕を)突かれながら(相手を)締めつけていた。❸**懲らしめる。** 浮世風呂 江戸―物語 滑稽「今度おめえが江戸詞を笑ったら、一番しめてやらうと」訳今度おまえが江戸ことばを笑ったら、ひとつ懲らしめてやろうと。❹**話をまとめる。取り決める。** 忠臣蔵 江戸―浄瑠璃 浄瑠 六「評議をしめんといふ間もあらせず」訳評議を取り決めようという間も作らず。❺**勘定する。合計する。** 助六 江戸―歌舞伎 歌舞伎「いかさましめて三百ぐらゐ」訳なるほど、勘定して三百文ぐらい。❻(取引・交渉・工事などの完了を祝って)**手打ちの式をする。** 暫 江戸―歌舞伎 歌舞伎「めでたく一つ、しめべいか」訳めでたく一つ、手打ちの式をしようか。

5 **しむ** 助動詞 下二型

《接続》活用語の未然形に付く。

未然形	連用形	終止形	連体形	已然形	命令形
しめ	しめ	しむ	しむる	しむれ	しめよ

❶〔使役〕**…せる。…させる。** 徒然 鎌倉―随筆 三八「愚かなる人の目をよろこばしむる楽しみ、またあぢきなし」訳愚かな人の目を楽しませる快楽(というの)も、同様につまらないものだ。❷〔尊敬〕**お…になる。…なさる。…あそばす。** ▼尊敬を表す語とともに用いて、より高い尊敬の意を表す。多く「しめ給ふ」の形で用いる。大鏡 平安―物語 時平「明石の駅といふ所に御宿りせしめ給ひて…つくらしめ給ふ詩、いとかなし」訳明石の駅という所にお泊まりになられて…おつくりになられる漢詩は、とても悲しい。❸〔謙譲〕**…申し上げる。…させていただく。** ▼謙譲語「奉る」「啓す」などの下に付いて謙譲の意を強める。大鏡 平安―物語 道長上「御寺に申し文を奉らしめむ」訳お寺に願いを書いた文章をさし上げさせていただこう。

語法 **使役の「しむ」** 尊敬語・謙譲語を伴わないで単独で用いられる「しむ」は、❶の使役の意味で、奈良時代以前にはほとんどこの意味で用いられた。

注意「しめ給ふ」には二通りあり、「…に」に当たる使役の対象の人物が文脈上存在する場合は使役、そうでない場合は最高敬語(二重敬語)と見てよい。

語の歴史 平安時代の使役表現では、和文体で「す」「さす」が用いられ、漢文訓読系の文章では「しむ」が用いられた。使役の「しむ」は鎌倉時代以降は和漢混交文に用いられている。❸は、平安時代の末期以後、主として男性の会話文で用いられた。

しむる 使役・尊敬の助動詞「しむ」の連体形。

しむれ 使役・尊敬の助動詞「しむ」の已然形。

1 **しめ**【標・注連】 名詞 ❶神や人の領有区域であることを示して、立ち入りを禁ずる標識。また、道しるべの標識。縄を張ったり、木を立てたり、草を結んだりする。❷「標縄」の略。

2 **しめ**【占め・標め】 動詞「しむ」の未然形・連用形。

3 **しめ** 使役・尊敬の助動詞「しむ」の未然形・連用形。

4 **しめ** 尊敬の助動詞「しも」の命令形。

しめ-じめ(と) 副詞 ❶**しとしと(と)。しっとり(と)。** 愚管抄 鎌倉―論 六「夜に入りて、雨しめじめとめでたく降りて」訳夜に入って雨がしとしとと、好ましく降って。❷**しんみり(と)。** 源氏物語 平安―物語 総角「この御前は、人げ遠くもてなして、しめじめと、物語聞こえ給ふ」訳このかたは、人を近づけないように扱って、しんみりと、物語を申し上げなさる。

* **しめ・す**【示す】 他動詞 サ四 {さ/し/す/す/せ/せ} ❶**表して見せる。さし示す。示す。** 徒然 鎌倉―随筆 五〇「かの鬼の虚言は、このしるしをしめすなりけり」訳あの鬼についてのうその話は、この前兆を示すものだったのだ。❷**教え示す。告げ知らせる。** 源氏物語 平安―物語 明石「『…この浦に寄せよ』と、重ねてしめす事の侍りしかば」訳「…この浜辺に(船を)寄せよ」と何度も告げ知らせることがございましたので。

しめ-たま・ふ【しめ給ふ】シメタマウ―シメタモウ 連語

なりたち 使役・尊敬の助動詞「しむ」の連用形＋尊敬の補助動詞「たまふ」

❶〔「しむ」が使役の意の場合〕お…させになる。土佐日記 平安—日記 一・二六「この幣の散る方に、御船すみやかに漕がしめたまへ」訳（神よ、）この幣の散る方角に、お船を速くお漕がせください。

❷〔「しむ」が尊敬の意の場合〕…あそばす。お…なさる。▼「給ふ」よりも高い尊敬を表す。大鏡 平安—物語 時平「おほやけも行幸せしめたまふ」訳 天皇もお出ましあそばす。⇨せたまふ・させたまふ

しめ-なは【標縄・注連縄】 名詞 占有や立ち入り禁止のしるしとして張り渡す縄。特に、神を迎えるためや、神の占有地であることを示すために、神前や神事の場に張って不浄のものが入らないようにしたものをいう。標(しめ)。季春。

（標縄）

＊**しめ-の【標野】** 名詞 奈良時代以前、皇室・貴人が領有し、一般の立ち入りを禁止した野。狩り場などに用いた。「禁野(きんや)」とも。万葉集 奈良—歌集 二〇「あかねさす紫野行きしめの行き野守は見ずや君が袖振る」訳⇨あかねさす…。

しめ-の-うち【標の内】 連語 ❶神や天皇の領有地で立ち入り禁止区域。転じて、神社の境内や宮中。対標の外。❷正月の門松やしめ縄を付けておく期間。上方で一月十五日まで。松の内。

しめ-の-ほか【標の外】 連語 神社の境内や宮中の外。対標の内❶。

＊**しめ-やか・なり** 形容動詞ナリ〔なら／なり・に／なり／なる／なれ／なれ〕❶（ようすが）ひっそりと静かだ。源氏物語 平安—物語 竹河「殿の内もしめやかになり行く」訳 邸内もひっそりと静かになっていく。❷（容姿・態度が）しとやかだ。もの静かだ。源氏物語 平安—物語 少女「いと子めかしう、しめやかにうつくしきさましたまへり」訳 とてもおっとりとして、しとやかで、かわいいようすでいらっしゃる。❸しみじみと感ずる。しんみりとする。徒然 鎌倉—随筆 一二「同じ心ならん人と、しめやかに物語りして」訳 気の合った人と、しんみりと話をして。◆「やか」は接尾語。

しめよ 使役・尊敬の助動詞「しむ」の命令形。

しめら-に 副詞「しみらに」に同じ。

しめ・る【湿る】 自動詞ラ四〔ら／り／る／る／れ／れ〕❶湿気を含む。湿る。枕草子 平安—随筆 七月ばかりいみじうあつければ「霧にいたうしめりたるを脱ぎ」訳 霧にひどく湿っている（衣を）脱ぎ。❷（火や灯火が）消える。雨・風・火の勢いが弱まる。衰える。源氏物語 平安—物語 明石「やうやう風なほり、雨の脚しめり」訳 だんだん（暴）風も静まり、雨脚が弱まり。❸（物思いに）沈む。しんみりする。源氏物語 平安—物語 宿木「常よりも、しめり給へる気色の」訳 いつもよりも沈みなさっているようすの。❹落ち着いている。もの静かである。源氏物語 平安—物語 絵合「これは、人ざまもいたうしめり、恥づかしげに」訳 この方は、人柄もたいそう落ち着いて、立派なようすで。

し-めん【四面】 名詞 ❶四方の面。❷四方。周囲。

1**しも【下】** 名詞

❶下の方。下方。源氏物語 平安—物語 若紫「ただこのつづら折りのしもに」訳 ちょうどこの曲がりくねった坂道の下の方に。

❷川下。下流。万葉集 奈良—歌集 三八「しもつ瀬に小網さし渡す」訳 下流の浅瀬に小網を一面にしかける。

❸身分の低い者。下位。下層の者。伊勢物語 平安—物語 八二「枝を折りてかざしに挿して、かみなかしもみな歌詠みけり」訳（桜の）枝を折ってかんざしに挿して、身分の高い者も中ごろの者も低い者も皆歌を詠んだ。

❹下位。劣っていること。▼技術などにいう。古今 平安—歌集 仮名序「人麻呂は赤人が上に立たむ事かたく、赤人は人麻呂がしもに立たむことかたくなむありける」訳（柿本）人麻呂は（山部）赤人の上位に立つようなことはむずかしく、赤人は人麻呂の下位に立つことはむずかしかった。

❺下座。枕草子 平安—随筆 めでたきもの「殿ばらの侍に、四位五位の司あるがしもにうちゐて」訳 貴人たちの侍として、四位五位で官職を持っている人が下座に座っていて。

❻控室。部屋。▼女房や召使いの居場所。枕草子 平安—随筆 五月ばかり、月もなう「しもなるを召して」訳（中宮は清少納言が）局にいるのをお呼びになって。

❼下の句。▼和歌の下の七七の部分。天徳歌合 平安—歌集 十八判詞「歌の上・しもの句の上に同じ文字ぞあめる」訳 和歌の上の句・下の句のそれぞれの句の上に、同じ文字があるようだ。

❽終わり。末尾。枕草子 平安—随筆 清涼殿の丑寅のすみの「しもの十巻を、明日にならば、異をぞ見給ひ合はするとて」訳（『古今和歌集』の）終わりの十巻を、明日になったら別のをご覧になって照合なさるかもしれないと考えられて。

❾のち。後世。千載 鎌倉—歌集 序「上正暦のころほひより、しも文治の今に至るまで」訳 古くは正暦のころから、のちは文治の今に至るまで。

❿南の方。下京。▼京都で、内裏から離れた方。宇治拾遺 鎌倉—説話 二・五「しもわたりなる家に、ありきもせず籠もり居たりけり」訳（左京の大夫は）下京辺りの家に、出歩きもしないで籠っていた。

対❶〜❹、❻〜❿上(かみ)。

2**しも【霜】** 名詞 霜。白髪にたとえていうこともある。季冬。万葉集 奈良—歌集 八〇四「か黒き髪にいつの間かしもの降りけむ」訳 黒い髪にいつの間に霜が降ったのであろうか（＝白髪になったのであろうか）。

3**しも** 副助詞 《接続》体言、活用語の連用形・連体形、副詞、助詞などに付く。

語義の扉

副助詞「し」と係助詞「も」が一語化したもので、「し」よりも強意・強調の度合いが強いとみなされる。

❶平叙文の中で、強意、とり立て、強調を表す。…に限って。よりによって。こともあろうに。

❷打ち消しの表現を伴って、
㋐強い打ち消しを表す。決して…ない。
㋑部分否定を表す。必ずしも…ない。

❸活用語の連体形、さらに格助詞「に」のついた形に接続して文脈に逆接的な語感を添える。〜

にもかかわらず。かえって。

❶〔主語、連用修飾語について用いられ〕意味を強める。また、とり立てて、強調する。▼厳密には、これに相当する現代語がないので、読解、解釈にあたって、「まさに」「〜に限って」「よりによって」「こともあろうに」といった語感を添えるとよい。万葉集 奈良一歌集 三六「天の下に国はしも國者思毛さはにあれども…」訳この天の下に国はまさにたくさんあるのだけれども。古今 平安一歌集 春上「青柳の糸よりかくる春しもぞ乱れて花のほころびにける」訳柳の青青とした葉が伸びて枝々に糸を縒ってかけているように見えるこの春に、よりによって（いっぽうでは）花のつぼみが乱れて咲きほころんでいることだなあ。◇『古今和歌集』の用例は、柳が青々と枝葉を成長させているさまと花のつぼみがひらきほころぶさまとを、「よりかく」と「みだる」、「ほころぶ」とを「糸」の縁語としながら対比的に表現し、それをこの春という季節に同時進行しているできごとであるのだという論理的なおもしろみとして、第三句に用いられた「しも」がとり立て、強調する役割を担っている。

❷〔打ち消しの表現を下接して〕㋐強く否定する気持ちを表す。けっして…ない。すこしも…ない。源氏物語 平安一物語 桐壺「いとかうしも見えじとおぼししずむれど、さらにえ忍びあへさせたまはず」訳（帝は）こんなにとり乱したありさまはけっして周囲に見せまいとお気持ちを静めなさろうとするけれども、とてもこらえ続けることがおできにならない。

㋑部分否定する気持を表す。必ずしも…ない。あえて…ない。土佐日記 平安一日記 二月十六日「夜になして京に入らむと思へば、急ぎしもせぬほどに、月出でぬ」訳（旅のやつれを見せぬため）夜になってから京に入ろうと思うので、別に急ごうともしないうちに、月が出た。

❸〔動詞、助動詞の連体形、またさらに格助詞「に」のついた形に接続して〕文脈に逆接的なニュアンスを添える。…にもかかわらず。かえって。源氏物語 平安一物語 柏木「ことさらに田舎びもてなしたまへるしも、いみじう、見るに笑まれて清らなり」訳（源氏が）わざと田舎人ふうにふるまっておいでなのも、むしろかえってとてもすばらしく、見ていて自然にほほえまれてしまうくらい美しい。

参考 「時しもあれ」「折しもあれ」の形で慣用表現となり、「ちょうどその時」「折りも折り」「時もあろうに」の意を表す場合がある。古今 平安一歌集 哀傷「時しもあれ秋やは人の別るべき存るを見るだに恋しきものを」訳ほかに時もあろうに、この秋に人と死に別れなどしてよいものだろうか。秋という季節は生きている人を見るのでさえ恋しいのに、死んで行かれてはなおさらどうにもたまらなくつらいことだ。

しも[4] 助動詞 特殊型《接続》四段・ナ変動詞の未然形に付く。〔しも／しも／しも／しも／しめ／しめ〕〔軽い尊敬〕…なさる。蚊相撲 室町一狂言 狂言「いま少しじゃ、急がしめ」訳もう少しだ。急ぎなさい。◆漢文の注釈書や謡曲・狂言に多く用いられた。謡曲・狂言では命令形が多い。鎌倉・室町時代の語。

しも-あら-ず 連語 なりたち 副助詞「しも」＋ラ変動詞「あり」の未然形＋打消の助動詞「ず」

必ずしも…ではない。徒然 鎌倉一随筆 八五「人の心すなほならねば、偽りなきにしもあらず」訳人の心は正直ではないので、必ずしも偽りがないわけではない。

しも-あれ 連語 なりたち 副助詞「しも」＋ラ変動詞「あり」の已然形

全く…もあるというのに。古今 平安一歌集 哀傷「時しもあれ秋やは人の別るべきあるを見るだに恋しきものを」訳全く（他に）時もあるというのに秋に人に死に別れてよいものだろうか。秋という季節は生きている人を見るのさえ恋しいのに。

しも-うど【下人】 名詞「しもびと」のウ音便。❶身分や位の低い人。❷召使い。

下河辺長流（しもかうべちゃうりう／シモコウベチョウリュウ） 人名（一六二四〜一六八六）江戸時代前期の国学者。大和（奈良県）の人。名は共平。歌学に精通し、『万葉集』の注釈に従事して『万葉集管見』を書き、国学の興隆に尽くした。病気のため親交のあった契沖がそのあとを継いだ。

しも-が-しも【下が下】 連語 最も低い身分の者。対上が上。

しも-がち・なり【下勝ちなり】 形容動詞ナリ〔なら／なり・に／なり／なる／なれ／なれ〕（顔の）下の方が長く大きい。下ぶくれだ。源氏物語 平安一物語 末摘花「額つきこよなうはれたるに、なほしもがちなる面やうは、」訳額のようすはこの上もなく広々としている上に、さらに下の方が長く大きい顔立ちは。

しも-が・る【霜枯る】 自動詞ラ下二〔れ／れ／る／るる／るれ／れよ〕草木が霜にあって枯れる。季冬。枕草子 平安一随筆 草の花は「異花どものみなしもがれたるに」訳ほかの花々はみな霜にあって枯れてしまったのに。

しも-がれ【霜枯れ】 名詞 ❶草木が霜によって枯れること。❷冬に入って、商売が不景気になること。

しも-ぎゃう【下京】（シモギョウ） 名詞 今の京都市の二条通り以南の地域。商人や職人などの住む庶民的な商業地であった。

しもぎゃうや… 俳句「下京や 雪つむ上の 夜の雨」猿蓑 江戸一句集 俳諧・凡兆 訳小家の多い下京の街に雪が積もっている。夜になると、雪に代わってその上に雨が音もなく降る。静かな夜の街である。

鑑賞『去来抄』によれば、上五が決まらなかったのを、芭蕉が「下京や」と置いて決定した句である。凡兆はやや不満そうだったが、芭蕉は、これにまさる上五があったら自分は再び俳諧を口にしない、と言ったという。「下京や」によって、中七以下の情景に庶民生活のぬくもりが加わった。「下京」は今の京都の二条通り以南の地で、中下流の商人や職人が住む商工業地であった。季語は「雪」で、季は冬。

じもく〖除目〗⇩ぢもく

しも-くち【霜朽ち】 名詞 あかぎれ、しもやけ、ひびの類。

しも-ぐち【下口】 名詞 裏口。

しも-げいし【下家司】 名詞 六位以下の下級の「家司」。四位・五位の「家司」に対していう。

しも-さぶらひ【下侍】（シモサブライ） 名詞 清涼殿の殿上の間の南にあり、天皇のお付きの人々が詰める所。

しも-ざま【下様】 名詞 ❶下の方。「しださま」とも。❷身分の低い階層。徒然 鎌倉一随筆 七三「しもざまの人の物語は、耳驚く事のみあり」訳身分の低い階層の人の話は聞いて驚くことばかりだ。❸**後世**。[愚管抄 鎌倉―論]「この例はしもざままでも多かり」[訳]このような例は後世までも多い。[対]❶〜❸上様。

しも-つ-かた【下つ方】[名詞]❶**下の方。下半分**。[源氏物語 平安―物語]夕顔「立ちさまよふらむしもつかた、思ひやるに」[訳]立って動き回っているらしい下半身を、推し量ると。❷**身分の低い者**。[徒然 鎌倉―随筆]「それよりしもつかたは、ほどにつけつつ時にあひ」[訳]それより身分の低い者は身分に応じて時節を得て栄え。❸**京都の、内裏から遠い南の方。下京**。[源氏物語 平安―物語]澪標「しもつかたの京極わたりなれば」[訳]下京の京極あたりなので。◆「つ」は「の」の意の奈良時代以前の格助詞。[対]❶〜❸上つ方。

しも-づかへ【下仕へ】[名詞]院の御所・親王家・摂関家などで、雑用に従事する女。

*[1]**しも-つき【霜月】**[名詞]陰暦十一月の別名。[季]冬。

しもつけ【繡線菊】[名詞]植物の名。落葉低木。夏の初め、淡紅色の小さな花が茎の先に群がり咲く。[季]夏。

[2]**下野** 地名 旧国名。東山道十三か国の一つ。「しも(下)つ(の)け(毛)の(毛野)」の略。古くは「毛野国」の一部で、これを「かみ」「しも」に分けたもの。今の栃木県。野州。[参照]▶資料21

しも-つ-やみ【下つ闇】[名詞]陰暦の、月の下旬の闇夜。[大鏡 平安―物語]道長上「五月しもつやみに、五月雨も過ぎて、いとおどろおどろしくかき垂れ雨の降る夜」[訳]五月下旬の闇夜に、五月雨のころも過ぎて、とても気味悪く激しく雨が降る夜。◆「つ」は「の」の意の奈良時代以前の格助詞。

しもと[名詞]

㊀【楉・細枝】細長く伸びた若い木の枝。

㊁【笞・楚】(木の細い枝などで作った)刑罰に用いる、むち。また、杖。

しもと-がち・なり【楉がちなり・細枝がちなり】[形容動詞]ナリ〔なら／なり・に／なり／なる／なれ／なれ〕**細長い若枝が多く伸びている**。[枕草子 平安―随筆]正月十よ日のほど「桃の木のわかだちて、いとしもとがちにさし出でたる」[訳]桃の木が若々しくて、非常に細長い若枝が多く伸びてさし出している。◆「がち」は接尾語。

しもとゆふ【楉結ふ】[枕詞]刈り取った細長い若枝をかずらで束ねるところから「葛城山」にかかる。「しもとゆふ葛城山に」

*-**じもの**[接尾語]名詞に付いて、「…のようなもの」「…のように」の意を表す。「犬じもの」「鳥じもの」「鴨じもの」。◆奈良時代以前の語。

しも-の-く【下の句】[名詞]短歌で、後半の七・七の二句。また、連歌俳諧で、七・七の短句。[対]上の句。

しも-の-や【下の屋】[名詞]寝殿造りで、主な建物の後ろにあり、召使いや身分の低い人が住んだ建物。しもや。

しも-びと【下人】[名詞]❶**身分の低い人。下層の人**。[源氏物語 平安―物語]常夏「いと鄙び、あやしきしもびとの中に生ひ出で給へれば」[訳]たいそう田舎じみて、いやしい下層の人の中に生まれ育ちなさったので。❷**召使い**。「げにん」とも。◆「しもうど」とも。

下総 地名 旧国名。東海道十五か国の一つ。古くは「総の国」の一部で、これを「かみ」「しも」に分けたもの。ほぼ今の千葉県北部と茨城県南西部を占める。総州。古くは「しもつふさ」「しもつさ」とも。

しも-へ【下辺】[名詞]**下流のあたり**。「しもべ」とも。[対]上辺。

しも-べ【下部】[名詞]❶雑事に召し使われる者。**召使い**。❷**身分の卑しい者**。

しも-ぼふし【下法師】[名詞]雑役などに使われる身分の低い僧。

しも-や【下屋】[名詞]「しものや」に同じ。

しも-よ【霜夜】[名詞]霜の降りる寒い夜。

しも-をんな【下女】[名詞]❶身分の低い女官。❷下女。

しや-[接頭語]身体の部分や持ち物を表す名詞などに付いて、卑しめ、ののしる意を表す。「しや頭」「しや冠」

じや-いん【邪淫・邪婬】[名詞]仏教語。五悪または十悪の一つ。配偶者でない異性と性的関係を結ぶこと。

[1]**しやう【正】**[名詞]❶諸司(主水司・采女司など)の長官。「かみ」とも。❷**本当の事。真実**。

[2]**しやう【生】**[名詞]❶生きていること。命のあること。また、生きている間。**一生**。[徒然 鎌倉―随筆]七四「しやうをむさぼり、利を求めて止む時なし」[訳]命あることに執着し、利益を求めてとどまることがない。❷**生命**。[徒然 鎌倉―随筆]九三「しやうある者、死の近き事を知らざる事、牛既に然なり。人、また同じ」[訳]命のあるもので、死の近いのを知らないのは、この牛のとおりだ。人間もまた同じだ。❸**生き物**。生類。[徒然 鎌倉―随筆]一二一「しやうを苦しめて目を喜ばしむるは、桀・紂が心なり」[訳]生き物を苦しめて喜ぶのは(中国の古代の)桀王や紂王の心と同じである。

[3]**しやう【性】**[名詞]❶生まれながらの性質。**生まれつき。本性**。[徒然 鎌倉―随筆]一〇七「女のしやうは皆ひがめり」[訳]女の本性はみなねじけている。❷**精神。魂。性根。心**。[毎月抄 鎌倉―論]「間断なく案じ候へば、しやうもほれ」[訳]たえまなくお考えになっていますと、心もぼんやりして。

[4]**しやう【姓】**[名詞]「せい(姓)」に同じ。「さう」とも。

[5]**しやう【省】**[名詞]「はっしゃう(八省)」に同じ。

[6]**しやう【荘・庄】**[名詞]❶「しゃうゑん」に同じ。「さう」とも。❷荘園廃止後も「しやう」を地名として残している土地。[奥の細道 江戸―紀行]須賀川「岩城・相馬・三春のしやう」[訳]岩城・相馬・三春の荘。

[7]**しやう【笙】**[名詞]「しやうのふえ」に同じ。「さう」とも。

[8]**しやう【箏】**[名詞]「さうのこと」に同じ。

[9]**しやう-【正】**[接頭語]❶同一の位階を上下二つに区分して、その上位を表す。「じやう」とも。[対]従。❷数の上に付けて、ちょうど・きっちりの意を表す。

[参考] 位階の「正」は、江戸時代までは「じやう」と濁るのが普通で、「正一位稲荷大明神」などのように神位を表すときだけ「しやう」と清音を用いた。

[1]**じやう【状】**[名詞]**手紙。書状**。

[2]**じやう【城】**[名詞]**城。とりで**。

[3]**じやう【情】**[名詞]❶物に感動する心の働き。**感情**。[去来抄 江戸―論]先師評「行く春丹波に居まさば、本よりこのじやう浮かぶまじ」[訳]晩春に丹波にいらっしゃったならば、もちろんこの感情は浮かばないだ

ろう。❷意味。去来抄 江戸―論 修行「蕉門の付け句は前句の意味を引き継ぐのを嫌ふ」訳蕉門の付け句は前句の意味を引き継ぐのを嫌う。❸情け。情愛。

[4]じやう【鎖】 名詞 物が開かないようにするための金具。錠。

じやう‐あひ【情合ひ】 名詞 人情のありよう。

じやう‐い【上意】 名詞 主君や将軍の考えや命令。

じやう‐え【浄衣】 名詞 ❶白い布や絹で仕立てた「狩衣」。潔斎の装束で、神事または葬祭のときに着用した。❷僧侶が着る白い衣服。

しやう‐が【唱歌】 名詞/―す 自動詞 サ変 ❶笛・琴・琵琶などの旋律を、譜によって口で歌うこと。❷楽に合わせて歌を歌うこと。源氏物語 平安―物語 若菜上「拍子取りてしやうがし給ふ」訳拍子を取って楽に合わせて歌をお歌いなさる。◆「さうが」とも。

しやう‐がい【生害】
一 名詞/―す 自動詞 サ変 自殺すること。自害すること。曾我物語 鎌倉―物語 一二「ここは五郎殿の御しやうがいの所」訳ここは五郎殿の御自害の所。
二 名詞/―す 他動詞 サ変 殺すこと。天草伊曾保 安桃―物語 イソポが生涯の物語略「まづ犬どもをしやうがいして」訳まず犬どもを殺して。

[1]じやう‐かう【上綱】 名詞 身分の高い僧官。「じやうがう」とも。

[2]じやう‐かう【常香】 名詞 仏前にいつもたやさずたいておく香。不断香。

しやう‐がく【正覚】 名詞 仏教語。邪念の全くない、正しい悟り。仏の悟り。

しやう‐ぎ【床机・床几・将机】 名詞 陣中や狩り場などで使う、一人用の折り畳み式の腰掛け。尻の当たる部分に布や皮を張り、脚を打ち違えに組んである。

（床 机）

じやうぎやう‐ざんまい【常行三昧】 名詞 仏教語。天台宗で、七日または九十日を一期として堂にこもり、阿弥陀仏のまわりを歩きながら、その名を唱え、ひたすら仏を念じる修行。

じやうぎやう‐だう【常行堂】 名詞 「常行三昧」を行う堂。常行三昧堂。阿弥陀堂。

じやう‐きやく【上客】 名詞 上座につかせるべき客。

じやう‐ぐわい【城外】
一 名詞 ❶城の外。都の外。対城内。❷城下町の外れ。郊外。
二 名詞/―す 自動詞 サ変 都の外へ出て行くこと。

しやう‐くわう【上皇】 名詞 譲位後の天皇の尊敬語。下り居の帝。太上天皇。◆後に「じやうくわう」とも。

参考 二人以上になった場合、「本院（一の院）」「中院」「新院」と呼び分ける。また、出家した上皇を「法皇」という。

じやう‐くわく【城郭・城墎】 名詞 ❶（城などの）外回りの囲い。外囲い。❷城。とりで。

しやう‐ぐわち【正月】 名詞 「しやうぐわつ❶」に同じ。

しやう‐くわつ【生活】 名詞 仏教語。生計。せいかつ。徒然 鎌倉―随筆 七五「しやうくわつ・人事・伎能・学問等の諸縁を止めよ」訳生計をたてること・人との交わり・技芸・学問などのいろいろな関係を絶て。

しやう‐ぐわつ【正月】 名詞 ❶正月。一月。「しやうぐわち」「睦月」とも。❷喜ばしい時。おらが春 江戸―句集 俳文「そのうちばかり母はしやうぐわつと思ひ」訳その間だけ母は喜ばしい時と思い。

しやう‐くわん【賞翫】 名詞/―す 他動詞 サ変 ❶めでてはやすこと。愛好、珍重すること。風姿花伝 室町―論 七「夏草の花をしやうくわんせんずる時分に」訳夏草の花を珍重しようとするときに。❷重んずること。尊重すること。盛衰記 鎌倉―物語 四一「関東にてしやうくわんせられ給ひける事、心も詞も及びがたし」訳関東で尊重されなさったことは、想像もことばも及ばないほどだった。❸味わい楽しむこと。賞味すること。きのふは 江戸―物語 咄本「やがてとって帰り、しやうくわんした」訳そのうちひき返し、賞味した。◆後に「しやうぐわん」とも。

じやう‐ぐわん【政官】 名詞 太政官の役人。特に、弁・少納言・外記・史生などをいう。「じやうくわん」とも。

しやう‐ぐん【将軍】 名詞 ❶一軍を統率・指揮する武将の職。また、その人。平家物語 鎌倉―物語 五・福原院宣「わどの程しやうぐんの相もったる人はなし」訳あなたほど将軍にふさわしい人相をもった人はいない。❷勅命を受けて一軍を統率・指揮して出征する臨時の職。征夷将軍・鎮東将軍・鎮西将軍など。❸「征夷大将軍」の略。

参考 ❸は源頼朝が「征夷大将軍」となり、征夷大将軍が武家政権（鎌倉・室町・江戸幕府）の首長であることが常識となってからの用法。

しやう‐げ【障礙・障碍】 名詞/―す 他動詞 サ変 仏教語。魔物などが妨げること。邪魔。

じやう‐げ【上下】 名詞 ❶（ものの位置などの）上と下。かみと、しも。❷（身分の）上下。身分の高い者と低い者。平家物語 鎌倉―物語 一・祇王「京中のじやうげ、もてなす事なのめならず」訳京中のすべての身分の人々がもてはやすことは、ひととおりではない。❸街道の上り下り。往復。往来。❹裃。

しやう‐けい【上卿】 名詞 朝廷の「公事」の際に、臨時に執行の責任者として指名された公卿。また、その日の議事を進める長となる人。

しやう‐げう【聖教】 名詞 釈迦の教え。また、仏典。経文。徒然 鎌倉―随筆 一四一「しやうげうの細やかなる理、いとわきまへずもや」訳仏典の細かな教理など、あまりわかっていないのではないか。

しやう‐げん【将監】 名詞 「近衛府」の「判官（＝第三等官）」。

[1]じやう‐げん【上元】 名詞 節日の一つ。陰暦の一月十五日。この日に小豆粥を食べると邪気をさけられるとされた。

[2]じやう‐げん【上弦】 名詞 陰暦で七、八日ごろの月。新月から満月の間に出る右半円状の月。対下弦。

しやう‐こ【上古】 名詞 はるか昔。大昔。◆後に

「じゃうこ」とも。

しゃう-ご【鉦鼓】ショウゴ 名詞 雅楽や念仏に使う打楽器の一つ。青銅製で皿形。台座などにつるして撞木(しゅもく)でたたく。「しゃうこ」とも。

（鉦 鼓）

じゃう-ご【上戸】ジョウゴ 名詞 酒好きで、酒をたくさん飲む人。酒飲み。対下戸(げこ)。

参考 「上戸」「下戸(=酒が飲めない人)」は、もと戸(こ)(=民家)の階級の上下をいった語で、婚礼の時、上戸は酒をたくさんふるまったところから酒飲みの意となった。

しゃう-こく【相国】ショウコク 名詞 太政大臣(だじょうだいじん)・左大臣・右大臣の中国風の呼び名。国政を相(たす)ける人の意。

じゃう-こく【上国】ジョウコク 名詞 ❶律令制で、諸国を四段階(=大国(たいこく)・上国・中国(ちゅうごく)・下国(げこく))に分けた二番目の国。山城(京都府)・摂津(せっつ)(大阪府・兵庫県)など三十五か国。❷江戸時代の、石高(こくだか)の多い藩。

しゃう-こつ【性骨】ショウコツ 名詞 天性の才能。生まれつき身につけている技芸などの素質。「せいこつ」とも。徒然 鎌倉―随筆 二一九「穴ごとに、口伝(くでん)の上にしゃうこつを加へて」訳どの(笛の)穴にも、口伝えの教えがある上に天性の才能を加えて。

しゃう-ごん【荘厳】ショウゴン 名詞/―す 他動詞サ変 ❶仏教語。仏土・仏身・仏堂・仏具などを、美しく厳かに飾ること。また、その飾り。奥の細道 江戸―紀行 瑞巌寺「七堂甍(いらか)改まりて、金壁(こんぺき)しゃうごん光を輝かし」訳七つの堂が改築されて、金の壁や仏具の飾りは光を輝かせ。❷重々しく威厳があってりっぱなこと。◆「さうごん」とも。

じゃう-ざ【上座・上坐】ジョウザ 一 名詞/―す 自動詞サ変 上席。かみざ。また、その席に着くこと。平家物語 鎌倉―物語 八・征夷将軍院宣「内侍(うちさぶらひ)には、一門の源氏じゃうざして、末座(ばつざ)に大名(だいみゃう)小名(せうみゃう)なみゐたり」訳内侍には、一門の源氏がかみざに着いて、下座に大名・小名が並んで座っている。

二 名詞 仏教語。❶教団の長老。指導的立場の僧。❷法事などの事務を処理し、僧を監督する、年長で身分の高い僧。

1 **しゃう-じ【生死】**ショウジ 名詞 ❶生き死に。徒然 鎌倉―随筆 九三「しゃうじの相(さう)にあづからずといはば、実(まこと)の理(ことわり)を得たりといふべし」訳生き死にの境地を超越しているというならば、真の仏法の理を得た人といってよい。❷死。死期。▼「死」に重きをおいていう語。徒然 鎌倉―随筆 四一「我らがしゃうじの到来、ただ今にもやあらん」訳私たちの死期が来るのは、たった今かもしれない。❸仏教語。生・老・病・死の四苦(しく)の始めと終わり。人々の苦と迷いの世界。徒然 鎌倉―随筆 五八「げにはこの世をはかなみ、必ずしゃうじを出(い)でんと思はんに」訳本当にこの世をむなしく感じて、きっと人々の苦と迷いの世界から抜け出そうと思うのに。

2 **しゃう-じ【床子】**ショウジ 名詞 机に似た長方形の腰掛け。宮中などで、敷物を敷いて使用された。

（床 子）

3 **しゃう-じ【尚侍】**ショウジ 名詞 「ないしのかみ」に同じ。「しゃうし」とも。

4 **しゃう-じ【荘司・庄司】**ショウジ 名詞 荘園の所有者に任命されて、荘園の管理を行う人。「荘官(しゃうぐわん)」とも。

5 **しゃう-じ【掌侍】**ショウジ 名詞 「ないしのじょう」に同じ。

6 **しゃう-じ【障子】**ショウジ 名詞 室内を仕切ったり、部屋と部屋とを隔てたりするための建具。「明かり障子」「衝立(ついたて)障子」「襖(ふすま)障子」などがある。参照▼口絵

参考 現代では、格子の骨組に白紙を張った「明かり障子」のことを「障子」というが、古くは、単に「障子」といえば、多く「衝立障子」や「襖障子」をさす。

7 **しゃう-じ【精進】**ショウジ 名詞 「しゃうじん(精進)」に同じ。◆「しゃうじん」の撥音(はつおん)「ん」が表記されない形。

* **じゃう-し【上巳】**ジョウシ 名詞 「五節句」の一つ。陰暦三月始めの巳(み)の日。のち、陰暦三月三日。この日、朝廷や貴族の間では、水辺での禊(みそ)ぎ祓(はら)え(=「上巳(じゃうし)の祓へ」)や「曲水(きょくすい)の宴」が行われた。また、後世、女子の祝いとして、雛(ひな)人形を飾る「雛祭り」を行うようになる。桃の節句。雛の節句。季春。

しゃうじ-い・る【請じ入る】ショウジイル 他動詞ラ下二 {れ/れ/る/るる/るれ/れよ} 招き入れる。竹取物語 平安―物語 御門の求婚「竹取の家にかしこまりてしゃうじいれて、あへり」訳竹取の翁(おきな)の家では恐れつつしんで(帝(みかど)の使いを)招き入れて、会った。

じゃう-しき【情識】ジョウシキ 名詞 強情で頑固なこと。わがまま。

しゃうじ-ぢゃうや【生死長夜】ショウジジョウヤ 名詞 仏教語。人々が生死の苦しみに迷って悟れずにいることを、長い闇夜(やみよ)にたとえた語。「生死の長夜」とも。

じゃうし-の-はらへ【上巳の祓へ】ジョウシノハラエ 連語 上巳の日(=陰暦で三月最初の巳(み)の日)に川辺で行った清めの儀式。

しゃう-じゃ【精舎】ショウジャ 名詞 仏教語。寺院。寺。仏教を修行する者の住まい。

しゃう-じゃう【清浄】ショウジョウ 名詞 ❶清らかなこと。けがれがないこと。今昔物語 平安―説話 一・二「しゃうじゃうの水を吐きて太子の御身に浴(あむ)し奉る」訳(竜王は)清らかな水を吐いて、太子のお体に浴びせ奉る。❷仏教語。煩悩(ぼんなう)や悪行がなくて清らかなこと。

じゃう-しゃう【上生】ジョウショウ 名詞 仏教語。極楽往生の階級の一つ。「上品(じゃうぼん)」「中品(ちゅうぼん)」「下品(げぼん)」の三階級のそれぞれをさらに三段階(=「上生」「中生(ちゅうしゃう)」「下生(げしゃう)」)に分けた、それぞれの最上位。

しゃうじゃう-せせ【生生世世】ショウジョウゼゼ 名詞 仏教語。輪廻(りんね)によっていつまでも続く世。永久。未来永劫(ごう)。「しゃうじゃうぜぜ」とも。

しゃう-じゃう・なり【清浄なり】ショウジョウナリ 形容動詞ナリ {なら/なり・に/なり/なる/なれ/なれ} ❶清らかだ。けがれがない。❷仏教語。悪行や煩悩がなく、心が清らかだ。今昔物語 平安―説話 一・六「菩薩(ぼさつ)はしゃうじゃうにしてならぶ者なし」訳菩薩は煩悩がなく心が清らかであって、ほかに匹敵する者がいない。

じゃうしゃ-ひっすい【盛者必衰】ジョウシャヒッスイ 名詞 仏

教語。この世は無常であるから、勢いの盛んな者も必ず衰えるということ。「じゃうしゃ」は「しゃうじゃ」「しゃうしゃ」とも。平家物語 鎌倉－物語 一・祇園精舎「沙羅双樹の花の色、**じゃうしゃひっすい**の理をあらはす」訳沙羅双樹の花の色が一瞬のうちに変わったことは、**勢いの盛んな者も必ず衰える**という道理をあらわす。

しやうじゃ-ひつめつ【生者必滅】 名詞 仏教語。この世は無常であるから、生ある者は必ず死ぬということ。平家物語 鎌倉－物語 一〇・維盛入水「**しゃうじゃひつめつ**・会者定離は憂き世の習ひにて候ふなり」訳**生ある者は必ず死ぬということ**、出会う者は必ず別れる運命にあることは、つらいこの世のきまりでございます。

しやう-じゅ【聖衆】 名詞 仏教語。極楽浄土にいる菩薩たち。極楽浄土に往生することを深く信じて念仏する人の臨終には、阿弥陀如来に従って迎えに来ると信じられている。平家物語 鎌倉－物語 灌頂・大原御幸「笙歌遥かに聞こゆ孤雲の上、**しゃうじゅ**来迎す落日の前」訳楽の音や声が、遥かかなたひとつの雲の上に聞こえる。落日の前に**極楽浄土の菩薩たち**が迎えに来る。

じやう-じゅ【成就】 名詞／—す 自動詞 サ変 すっかり成しとげられること。完成。大鏡 平安－物語 花山「わが出家は**じゃうじゅする**なりけり」訳私の出家は**成しとげられるの**であったよ。

しやう-じょ【生所】 名詞 ❶出生地。❷仏教語。来世で生まれ変わる所。

[1]**しやう-じん【生身・正身】** 名詞 仏教語。❶**生まれながらの体。生きている身。生身**。❷仏・菩薩が人々を救うため、仮に姿を変えてこの世に現す肉身。

[2]**しやう-じん【正真】** 名詞 **本当。真実**。◆後に「しゃうしん」とも。

[3]**しやう-じん【精進】** 名詞／—す 自動詞 サ変 仏教語。❶一心に仏道修行に励むこと。徒然 鎌倉－随筆 八六「一生**しゃうじん**にて、読経うちして」訳一生、**仏道修行に励んで**、経を読んで。❷身を清め、不浄を避けること。平家物語 鎌倉－物語 二・徳大寺之沙汰「にはかに**しゃうじん**始めつつ、厳島へぞ参られける」訳急いで**身を清め不浄を避けること**を始めて、厳島へ参詣なさった。❸魚や肉類を食べないで菜食すること。◆「しゃうじ」「さうじん」「さうじ」とも。

しやうじん-がふし【精進合子】 名詞 仏事の際に用いられる、ふた付きの椀。

しやうじん-けっさい【精進潔斎】 名詞／—す 自動詞 サ変 (神事や仏事を行うために)身を清めて行いを慎むこと。

しやうじん-ばら【精進腹】 名詞 菜食ばかりで力のない腹。

しやう-・す【賞す】 他動詞 サ変 {せ/し/す/する/すれ/せよ} ❶**ほめる。ほめたたえる**。奥の細道 江戸－紀行 出羽三山「月山と銘を切って世に**しゃうせらる**」訳月山と銘を刻んで世に**ほめたたえ**られる。❷**ほめて褒美を与える**。

*__しやう-・ず【請ず】__ 他動詞 サ変 {ぜ/じ/ず/ずる/ずれ/ぜよ}

語義の扉

漢語「請」を元に生まれたサ変動詞。

漢語の窓

漢字「請」のなりたちは、「青」と「言」の会意兼形声。相手にお願いする、目上の人にお願いする、心をこめて接待する意。

日本語化した「請ず」は、心をこめて接待するために、招く、招待する意を表す。

招く。招待する。「さうず」とも。徒然 鎌倉－随筆 一二五「四十九日の仏事に、ある聖を**しゃうじ**侍りしに」訳四十九日の法事に、ある高徳の僧を**招き**ましたときに。

[1]**じやう-ず【上手】** 名詞 ❶物事に巧みなこと。また、その人。**名人**。徒然 鎌倉－随筆 一五〇「**じゃうず**の中にまじりて、そしり笑はるるにも恥ぢず」訳**名人**の中にまじって、けなされ笑われることも恥ずかしく思わないで。❷口先の巧みなこと。また、その言葉。**おせじ。お愛想**。

[2]**じやう-ず【上衆・上種】** 名詞 **身分の高い人。貴人**。上臈。対下衆。

[3]**じやう-・ず【成ず】** 他動詞 サ変 {ぜ/じ/ず/ずる/ずれ/ぜよ} **なし遂げる。達成する**。徒然 鎌倉－随筆 一八八「身を立て、大きなる道をも**じゃうじ**、能をもつき」訳出世をし、立派な業績を**なし遂げ**、技能をも身につけ。

じやうず-なり【上手なり】 形容動詞 ナリ {なら/なり・に/なり/なる/なれ/なれ} **物事に巧みだ**。大和物語 平安－物語 一三五「**じゃうずなれ**ばよかりけめど」訳(中納言は歌が)**巧みなの**でよかったのだろうが。

*__じやうず-めか・し【上衆めかし】__ 形容詞 シク {(しく)・しから/しく・しかり/し/しき・しかる/しけれ/しかれ} **上流の人らしく見える。貴人らしく見える**。源氏物語 平安－物語 桐壺「覚えいとやむごとなく、**じゃうずめかし**けれど」訳評判もたいそうよく、**上流の人らしく見える**が。

[1]**じやうず-め・く【上手めく】** 自動詞 カ四 {か/き/く/く/け/け} **名人のように見える。名人らしく振る舞う**。源氏物語 平安－物語 紅葉賀「かき合はせ、まだ若けれど、拍子たがはず、**じゃうずめき**たり」訳(箏の琴を、笛に)合わせて弾き、まだ未熟だが、拍子を間違えず、**名人のように見え**た。◆「めく」は接尾語。

[2]**じやうず-め・く【上衆めく】** 自動詞 カ四 {か/き/く/く/け/け} **いかにも貴人らしく見える。貴人らしく振る舞う**。源氏物語 平安－物語 明石「やんごとなき人に、いたう劣るまじう**じゃうずめき**たり」訳高貴な人に、それほど見劣りしないように、**貴人らしく振る舞っ**ている。◆「めく」は接尾語。

しやう-ぜい【正税】 名詞 律令制で、田祖として徴収される稲。

しやう-ぜん【生前】 名詞 **生きている間。存命中**。

しやう-そう【請僧】 名詞 法会などに僧を招くこと。また、その僧。

[1]**しやう-ぞく【装束】** 名詞／—す 自動詞 サ変 ❶「さうぞく❶」に同じ。❷「さうぞく❸」に同じ。

[2]**しやう-ぞ・く【装束く】** 自動詞 カ四 {か/き/く/く/け/け} 「さうぞ(装束)く❶」に同じ。平家物語 鎌倉－物語 一・殿下乗合「前駆・御随身どもが今日を晴れと**しゃうぞい**たるを」訳馬に乗って先導する者や警備のお供の者たちが今日こそ晴れがましい日だとして**着飾って**いるのを。◇「しゃうぞい」はイ音便。

しやう-たい【正体】 名詞 ❶本来の姿。❷元の姿。❸正気。❹〔多く「御しやうたい」の形で〕神体。◆「しやうだい」とも。

じやう-ぢゆう【常住】
一 名詞 仏教語。生滅変化しないで、常に存在すること。永久不変であること。また、そのさま。対 無常。
二 名詞／―す 自動詞 サ変 常に(そこに)住むこと。また、常に(そこに)あること。いつもあること。
三 副詞 いつも。始終。ふだん。日本永代蔵 江戸―物語 浮世・西鶴「じやうぢゆう、香の物・菜」訳 いつも、香の物・おかず。

しやう-ぢゆう-い-めつ【生住異滅】 連語 物が生じ(=生)、とどまり(=住)、変化し(=異)、滅びる(=滅)という、万物に共通する四つの現象。徒然 鎌倉―随筆 一五五「しやうぢゆういめつの移り変はる実の大事は」訳 物が生じ、とどまり、変化し、滅びるという万物の現象の移り変わりのほんとうの大切なことは。

じやうぢゆう-・なり【常住なり】 形容動詞 ナリ〔なら／なり・に／なり／なる／なれ／なれ〕仏教語。生滅変化しないで、常に存在する。永久不変だ。徒然 鎌倉―随筆 七四「じやうぢゆうならんことを思ひて、変化の理を知らねばなり」訳 永久不変であろうことを願って、一切のものは絶えず変化するものだという道理を知らないからである。

正徹 人名 (一三八一～一四五九)室町時代中期の歌人。字は清巌。京都東福寺の僧。藤原定家に私淑して、夢幻的で妖艶な新古今調の和歌を多作し、連歌作者の宗砌・心敬らに影響を与えた。歌論書『正徹物語』がある。

*__じやう-ど【浄土】__ 名詞 仏教語。❶仏や菩薩の住む、煩悩のけがれのない清浄な国土。数多くの浄土があるが、ふつう、西方にある阿弥陀仏の浄土である「極楽浄土」をさす。対 穢土。❷「浄土宗」の略。鎌倉時代、法然が起こした仏教の一派。ひたすら阿弥陀仏の救いを信じ、一心に念仏を唱えて極楽浄土へ往生することを願う。

じやう-とう【常灯】 名詞 ❶神仏の前に、昼夜をとわず常にともしておく灯火。常夜灯。❷銀千貫目以上の資産家が、金蔵に常にともしておく灯火。

じやう-とうしやうがく【成等正覚】 連語 仏教語。悟りを得て仏になること。成仏。平家物語 鎌倉―物語 灌頂・大原御幸「難行苦行の功によって、遂ひにじやうとうしやうがくし給ひき」訳 (釈迦は)苦痛に耐えてする修行の功徳によって、遂に成仏なさった。◆「等正覚(=一切の法を悟り知ること)」を成就することの意。

しやう-とく【生得】 名詞 生まれつき。天性。御口伝 鎌倉―歌集「西行は…しやうとくの歌人と覚ゆ」訳 西行は、…天性の歌人と考えられる。

上東門院 ⇩藤原彰子

聖徳太子 人名 (五七四～六二二)大和時代の皇族・政治家。用明天皇の皇子。名は厩戸豊聡耳皇子。推古天皇の摂政。冠位十二階・十七条憲法を制定。小野妹子を派遣して隋と国交を開き、仏教を興隆して法隆寺・四天王寺を建立。仏典の注釈書『三経義疏』を著した。

しやう-にち【正日】 名詞 ❶人が死んでから四十九日目の日。四十九日。❷一周忌の当日。

じやうにち-の-もの【上日の者】 連語 一定の日に宮中や院に出仕する身分の低い役人。

*__しやう-にん【聖人・上人】__ 名詞 仏教語。❶知徳を兼ね備え、修行を積んだ、すぐれた僧。高僧。今昔物語 平安―説話 六・三「南天竺に達磨和尚といふしやうにんましましけり」訳 南インドに達磨和尚という高僧がいらっしゃった。❷「僧」の尊敬語。徒然 鎌倉―随筆 一七九「入宋の沙門、道眼しやうにん、一切経を持来して」訳 宋に渡った僧の道眼上人は、一切経を持って来て。

しやう-ね【性根】 名詞 ❶心構え。根性。魂。❷根底。基本。

じやうねい-でん【常寧殿】 名詞 平安京内裏の後宮七殿の一つ。承香殿の北にあり、皇后・女御が住んだ。また、「帳台の試み」が行われた。

1 **しやう-ねん【生年】** 名詞 年齢。とし。

2 **しやう-ねん【正念】** 名詞 ❶仏教語。邪念を捨て、一心に仏法を念じること。❷乱れることのない心。平常心。

しやう-の-こと【箏の琴】 名詞「さうのこと」に同じ。

しやう-の-ふえ【笙の笛】 名詞 雅楽の管楽器の一つ。奈良時代に中国から伝えられた。壺状の匏の上に長短十七本の竹管を環状に立て並べたもので、管ごとに簧があり、吹き口から吹いたり吸ったりして鳴らす。「さうのふえ」とも。

(笙の笛)

しやう-はちまんぐう【正八幡宮】 名詞 正真の八幡宮。▼八幡宮を敬っていう語。

じやう-び【状日】 名詞 定飛脚(=定期的に二地間を往復する飛脚)が手紙を持って来る日。書状の着く決まった日。

しやう-ぶ【菖蒲】 名詞 水辺に群生する草の名。あやめ草。「さうぶ」「あやめ」とも。季 夏。
参考 別名は「あやめ」であるが、この「菖蒲」は今のはしょうぶやあやめ(=はなあやめ)とは別種。江戸時代、「尚武」に音が通うところから、端午の節句の男児の祝い物とされた。

しやう-ふう【正風】 名詞 ❶和歌・連歌・俳諧において、伝統的で正統な表現様式。❷俳諧で、松尾芭蕉の系統の俳風。「蕉風」とも書く。

じやう-ふきやう【常不軽】 名詞 仏教語。❶法華経の常不軽菩薩品に出てくる菩薩の名。常不軽菩薩。❷常不軽菩薩品の二十四字の偈(=仏の徳をたたえた詩句の形式をとった経文)を唱えながら巡礼すること。また、それをする人。◆「ざうふきやう」とも。

じやう-ぶつ【成仏】 名詞／―す 自動詞 サ変 仏教語。❶煩悩を脱して悟りを開き、仏になること。平家物語 鎌倉―物語 一〇・維盛入水「じやうぶつ得脱して悟りをひらきたまひなば」訳 仏になり煩悩や生死の苦しみから解放されて悟りをひらきなされたならば。❷死ぬこと。

じやう-ほくめん【上北面】 名詞「北面の武

士」で、院の昇殿を許された四位・五位の者。「しゃうほくめん」とも。対下北面。

しゃう-ぼふ【正法】 名詞 仏教語。❶**仏の教え。仏法。** 栄花物語 平安一物語 疑ひ「しゃうぼふをもて国を治め」訳仏の教えによって国を治め。❷「三時」の一つ。仏の教えが保たれ、正しい教法が行われている時期。釈迦入滅後、最初の五百年あるいは千年の間。正法時。対像法・末法。

正法眼蔵 書名 法語。道元著。鎌倉時代(一二五三)成立。九五巻。〔内容〕仏教を説き明かしたもので曹洞宗の経典。中国宋代の『正法眼蔵』と区別して、『永平正法眼蔵』ともいう。

じゃう-ぼん【上品】 名詞 ❶仏教語。「九品」のうちの上品上生・上品中生・上品下生の総称。極楽浄土の最上級。対中品・下品。❷**上等。最上級。** 対下品。

じゃうぼん-じゃうしゃう【上品上生】 名詞 仏教語。極楽往生の九つの階級(=「九品」)における最上位。

じゃうぼん-れんだい【上品蓮台】 名詞 仏教語。極楽浄土での最上級の蓮の台座。

しゃう-みゃう【声明】 名詞 仏教語。仏教音楽の一つ。仏教の儀式や法会で歌う仏の徳をたたえる声楽。梵唄ともいい、梵語(=サンスクリット)の詞による梵讃、漢文の詞による漢讃、和文の詞による和讃がある。

じゃう-め【上馬】 名詞 **すぐれた馬。名馬。**

しゃうめつ-めつい【生滅滅已】 連語 仏教語。生と滅(=死)の関係がすべて滅び已むこと。涅槃経の雪山偈の第三句で、生死の世界から超脱した悟りの境地をいう。

将門記 書名 軍記物語。作者未詳。平安時代中期(九四〇以後)成立。一巻。〔内容〕軍記物語の最初の作品で、平将門の天慶の乱の事件のいきさつを、和文調の漢文体で実録風に書いているが、巻末には死後の将門の霊験談が加えられている。「まさかどき」とも。

しゃう-や【庄屋・荘屋】 名詞 江戸時代、領主の命を受けて、村民の有力者の中から選ばれ、代官・郡代の下で徴税・治安・土木工事などの監督・指導に当たった者。

参考 主に関西地方でいい、関東では「名主」、そのほかでは「肝煎り」といった。

しゃうやう-じん【上陽人】 名詞 唐の玄宗皇帝の時代、揚貴妃が皇帝の寵愛を独占したため、上陽宮で不幸な一生を過ごしたという宮廷の女性たち。

しゃう-らう-びゃう-し【生老病死】 連語 仏教語。生まれること、老いること、病むこと、死ぬこと。人間として避けることのできない四つの苦しみ。徒然 鎌倉一随筆 一五五「しゃうらうびゃうしの移り来たる事、またこれに過ぎたり」訳生まれること、老いること、病むこと、死ぬことが次々とやってくるのは、またこれよりまさっている。

しゃう-らく【上洛】 名詞/—す 自動詞サ変 地方から都へ上ること。**京へ上ること。上京。** ◆後世は「じゃうらく」。対下向。

参考 「洛」は中国の古都「洛陽」のことで、転じて、京(=都。特に、平安京)をさす。都へ入ることを入洛、都へ帰ることを帰洛、都へ参ることを参洛などというのは、みな同様の表現である。

じゃう-らく【常楽】 名詞 仏教語。涅槃の四つの徳の中で「常(=不変であること)」と「楽(=苦しみがないこと)」。**永遠の安楽。**

じゃう-らふ【上臈】* 名詞 ❶仏教語。年功を積んだ高僧。今昔物語 平安一説話 一・二七「じゃうらふ、皆、汝が出家を許さず」訳年功を積んだ高僧がみんな、おまえの出家を許さない。❷上流階級の人。身分・地位の高い人。源氏物語 平安一物語 蜻蛉「今はなかなかのじゃうらふになりにて侍り」訳今は、(私も)なまじ官位が高くなりましたし。❸身分の高い女性。源氏物語 平安一物語 帚木「じゃうらふの中にも多かることぞかし」訳身分の高い女性の中にもよくあることなのです。❹「上臈女房」の略。❺遊女。班女 室町一能楽 謡曲「われあまたじゃうらふを持ちて候ふ中に花子と申し候ふ人は」訳私が大勢の遊女を雇っております中に、花子と申します者は。◆「臈」は僧が受戒してから一定期間一か所にこもって修行すること。対❶❷下臈。

じゃうらふ-にょうばう【上臈女房】 名詞 **身分の高い女房。** 尚侍、二位・三位の典侍など。対下臈女房。

しゃう-りゃう【精霊・聖霊】 名詞 仏教語。❶仏や菩薩の霊魂。❷死者の霊魂。

しゃうりゃう-ゑ 名詞 ㊀【聖霊会】陰暦二月二十二日の聖徳太子の命日に法隆寺や四天王寺などで行われる法会。季春。㊁【精霊会】「うらぼんゑ」に同じ。

しゃう-るい【生類】 名詞 **生き物。**

しゃう-ゑん【荘園・庄園】 名詞 奈良時代から室町時代にかけて、貴族・権勢家・社寺などが私有した土地。「さうゑん」「さう」とも。

参考 奈良時代、貴族・社寺の開墾による私有地(=墾田)として発生し、平安時代に入り、次第に課税免除や検田使不介入の権利を得るようになった。平安時代中期以後、地方豪族が所領を中央の権勢家に名義上寄進して、その保護を受けて直接経営を行い、領主は本所・領家となって一定の年貢を受ける形の荘園が生まれた。

しゃう-を-か・ふ【生を変ふ】 連語 **死んで生まれ変わる。** 今昔物語 平安一説話 一四・八「我が母いかなる所にしゃうをかへたりとも」訳私の母がどんなところに死後生まれ変わったとしても。

しゃう-を-へだ・つ【生を隔つ】 連語 **死んでこの世と別れる。死んで生まれ変わる。** 徒然 鎌倉一随筆 一七五「明くる日まで頭いたく、物食はず、によひ臥し、しゃうをへだてたるやうにして、昨日の事覚えず」訳翌日まで頭が痛く、物も食べず、うめきながら寝て、死んで生まれ変わったかのようで、昨日の事も思い浮かばない。

釈迦 ⇩釈迦牟尼

じゃ-かう【麝香】 名詞 香料の一つ。雄の麝香鹿の分泌器官(=麝香腺)を乾燥させて作る。

しゃ-かしら【しゃ頭】 名詞 頭を卑しめ、ののしって言う語。◆「じゃ」は接頭語。

しゃかつら-りゅうわう【沙羯羅竜王・娑竭羅竜王】 名詞 仏教語。八大竜王の一つ。海に住んで水をつかさどるとされる。海竜王。沙迦羅。

しゃか-にょらい【釈迦如来】 名詞 仏としての「釈迦牟尼」の尊敬語。

釈迦牟尼 人名（前五六五？～前四八五？）仏教の開祖。今のネパールに位置するカピラ城の浄飯王と、その妃摩耶夫人の子として生まれ、誕生の際に七歩歩いて「天上天下唯我独尊」と唱えたという。姓は喬答摩、名は悉達多。二十九歳のときに生死解脱の法を求めて出家し、三十五歳で悟りを得て仏となる。その後四十五年間インド各地で布教を行い、八十歳のとき中インドのクシナ城の近くの沙羅双樹の下で入滅（＝死去）した。略して「釈迦」、また、「釈尊」とも称される。

しゃかむに-ぶつ【釈迦牟尼仏】 名詞「しゃかにょらい」に同じ。

じゃ-き【邪気】 名詞 ❶病気などを引き起こす悪い気。また、それによる病気。悪気。❷**物の怪**。◇「ざけ」「じゃけ」とも。

1 **しゃく【笏】** 名詞 礼服または朝服を着用するとき、右手に持つ細長い板。元来は、儀式の次第のメモなどを書き付ける備忘用の板であったが、後に威儀を整えるためのものとなった。象牙または木で作られる。「さく」とも。参照▼口絵

参考「笏」の本来の字音「こつ」が「骨」に通じるのを嫌い、長さが一尺（＝約三〇センチ）ほどであることから「尺」の字音「しゃく」を借りた。

2 **-しゃく【勺・夕】** 接尾語 ❶容積の単位。「升」の百分の一、「合」の十分の一で、一勺は約〇・〇一八リットル。❷土地の面積の単位。「坪」の百分の一で、一勺は約〇・〇三三平方メートル。◆「せき」とも。

3 **-しゃく【尺】** 接尾語 長さの単位。「寸」の十倍、「丈」の十分の一。高麗尺・鯨尺・曲尺など各種の尺があり、曲尺の一尺は約三〇・三センチ、鯨尺の一尺は曲尺の一尺二寸五分に当たる。「さか」「さく」とも。

じゃく-くわう【寂光】 名詞 仏教語。❶仏の真理である寂静（＝悟り）と知恵の光。または、寂静のはたらきを光にたとえたもの。❷「寂光浄土」の略。天台宗で説かれる、仏のいる世界。

寂光院 寺社 今の京都市左京区大原にある天台宗の尼寺。聖徳太子によって建てられたといわれる。安徳天皇の生母建礼門院が住んだことで有名。

1 **しゃく-し【釈子】** 名詞 仏教語。**釈迦の弟子**。仏弟子。僧侶。

2 **しゃく-し【釈氏】** 名詞 仏教語。❶**釈迦**。❷**僧侶**。▼出家すると俗姓がなくなり、「釈」を姓とすることから。

しゃくぜつ-にち【赤舌日】 名詞 平安時代中期以後の陰陽道で、万事に凶であるとする日。赤舌神が配下の六鬼神に毎日輪番で太歳の西門を守護させるうちの、羅刹の当番に当たる日。この鬼は極悪で、人々を悩ますので、この日は万事に凶であるとして忌み嫌う。赤口。

しゃく-せん【借銭】 名詞 ❶**借金。借財**。❷「借銭乞ひ」の略。

しゃくせん-こひ【借銭乞ひ】 名詞 **借金取り**。「しゃくせん」とも。

しゃくぜん-の-いへ-に-よけい-あり【積善の家に余慶有り】 連語 善い行いを積み重ねた家には、子孫にまで幸福が続く。▼中国の『易経』にある言葉。

しゃく-そん【釈尊】 名詞 釈迦の尊敬語。**お釈迦さま**。

しゃく-ぢゃう【錫杖】 名詞 僧侶や修験者の持つ鐶のついた杖。塔婆をかたどった金属製の頭部には数個の鐶がついており、振ったり、地を突いたりすると音を発する。下部は木製。遊行や乞食の際に用いるが、読経などの際に短い錫杖を用いて調子をとることもある。「さくぢゃう」とも。

（錫　杖）

しゃ-くび【しゃ首・しゃ頸】 名詞 首を卑しめ、ののしって言う語。◆「しゃ」は接頭語。

じゃく-まく【寂寞】 名詞 仏教語。もの寂しくひっそりとしていること。**静寂**。「せきばく」とも。梁塵秘抄 平安 一歌集 法文歌「じゃくまく音せぬ山寺に、法華経誦して僧居たり」訳 静寂で音のしない山寺で、法華経を唱えて僧が座っていた。

じゃく-まく・たり【寂寞たり】 形容動詞タリ（たら／たり・と／たり／たる／たれ／たれ）仏教語。**もの寂しくひっそりとしている。静寂だ**。「せきばくたり」とも。奥の細道 江戸 一紀行 立石寺「佳景じゃくまくとして心澄み行くのみ覚ゆ」訳 美しい風景がもの寂しくひっそりとして心が澄んでいくのだけが感じられる。

じゃく-めつ【寂滅】 名詞 ❶仏教語。煩悩の境地を離れて、悟りの境地に至ること。**悟りの境地**。涅槃。❷**消えうせること。死ぬこと**。太平記 室町 一物語 八・一「時に灰燼となって、…忽ちにじゃくめつの煙と立ち上る」訳 一瞬のうちに灰になって、…たちまち消えうせることとなり煙になって空に上っていく。

じゃくめつ-ゐらく【寂滅為楽】 連語 悟りの境地に至って初めて、真の安楽を得ることができるということ。栄花物語 平安 一物語 音楽「祇園精舎の鐘の音、諸行無常、是生滅法、生滅滅已、じゃくめつゐらくと聞こゆれば」訳 祇園精舎の鐘の音は、諸行無常、是生滅法、生滅滅已、寂滅為楽と（響くと）聞こえるとのことなので。

寂蓮 人名（？～一二〇二）平安時代末期・鎌倉時代前期の歌人。本名、藤原定長。俊成の養子となったが、三十歳ごろ出家。『新古今和歌集』の撰者の一人で、その和歌は繊細で技巧にすぐれている。私家集に『寂蓮法師集』がある。

しゃ-け【社家】 名詞 **神官。神主**。代々、神職をする家がら。

じゃ-け【邪気】 名詞「じゃき❷」に同じ。

じゃ-けん【邪見】 名詞 仏教語。因果の道理を無視する誤った考え。今昔物語 平安 一説話 一・三四「貪欲・じゃけんにして、あへて人に物を施すに心なし」訳 欲が深く、因果の道理を無視する誤った考えで、まったく

人に物を施す気持ちがない。

じゃけん・なり【邪見なり】 形容動詞ナリ {なら／なり・に／なり／なる／なれ／なれ} ❶**よこしまだ。不正だ。** 霊異記 平安一説話 上「天年(ひととなり)じゃけんにして三宝を信(う)けず」訳人柄はよこしまであって、仏を信じない。❷**思いやりがなく、無慈悲だ。残酷だ。** 太平記 室町一物語 一八「申すも余りにじゃけんに情けなく候へども」訳言うのも余りに思いやりがなく、無慈悲で情けがないことですが。◆江戸時代以後は「邪慳なり」「邪険なり」とも書く。

しゃ-さん【社参】 名詞 神社に参拝すること。宮参り。

しゃ-しょく【社稷】 名詞 **国家。朝廷。**

しゃ-しん【捨身】 名詞 仏教語。❶世俗の生活を捨てて仏門に入ること。**出家。** 奥の細道 江戸一紀行 飯坂「しゃしん無常の観念、道路に死なん、これ天の命(めい)なり」訳出家をし、人生のはかなさを覚悟しているので、旅の途中で死ぬであろうことも天の意志である。❷自分で自分の生命を絶つこと。死ぬこと。

参考「捨身」とは、他の生き物を救うため、または仏に供養するために、自分の身を投げ出して布施(ふせ)することで、最上の布施とされる。

しゃしん-の-ぎゃう【捨身の行】(シャシンノギョウ) 連語 仏教語。身命をなげうって仏道を求める修行(しゅぎょう)。

しゃ・す【謝す】

一 自動詞 サ変 {せ／し／す／する／すれ／せよ} **去る。** 海道記 鎌倉一紀行「期(ご)来(きた)りて、生(しゃう)をしゃせば」訳死ぬ時が来て、世を去れば。

二 他動詞 サ変 {せ／し／す／する／すれ／せよ} ❶**わびる。謝罪する。** 平家物語 鎌倉一物語 一一・剣「霊剣のたたりなりとして、罪をしゃして」訳霊剣のたたりであるとして、罪をわびて。❷**感謝する。** 今昔物語 平安一説話 九・三六「景、深く喜びしゃしていはく」訳景(＝鬼の名)が、深く喜び感謝して言うことには。❸(恨みなどを)**晴らす。たち切る。** 保元 鎌倉一物語 上「遺恨のいたり、しゃするところをしらず」訳無念の極み、恨みをたち切ることができない。

沙石集(しゃせきしふ)(シャセキシュウ) 書名 説話集。無住(むじゅう)作。鎌倉時代後期(一二八三)成立。十巻。〔内容〕庶民にわかりやすく仏教の理法を説くために、興味深い百二十五の実話・霊験談、滑稽(こっけい)な笑話などを集めたもので、通俗的な文章で書いてある。

古典の常識

『沙石集』—親しみやすい仏教入門書

庶民に仏教への帰依を勧めるため、仏教の教義を易しく説いた啓蒙(けいもう)的な説話集。和歌説話・笑話・動物説話などもあり、多彩な内容で、あきさせない工夫をしている。鎌倉時代の庶民の暮らしを知ることができ、後世の童話や狂言の基になった話もある。

しゃぢく-の-ごとし【車軸の如し】(シャジクノゴトシ) 連語 (雨の降りぐあいが車軸のように太い、という形容から)大雨の降るさま。平家物語 鎌倉一物語 八・太宰府落「をりふしくだる雨しゃぢくのごとし」訳ちょうど降ってきた雨は(車軸のように)大雨だった。

しゃつ【奴】 代名詞 **あいつ。そいつ。** ▼他称の人称代名詞。他人をののしって言う語。

しゃっ-つら【しゃっ面】 名詞 顔を卑しめ、ののしって言う語。◆「しゃつら」の変化した語。「しゃ」は接頭語。

しゃ-てい【舎弟】 名詞 親を同じくする実の弟(おとうと)。**おとうと。** 他人の弟についても用いる。

しゃ-とう【社頭】 名詞 **社前。** 神社の付近。

しゃな【遮那・舎那】 名詞 仏教語。「毘盧遮那仏(びるしゃなぶつ)」の略。

参考 密教では「遮那」、顕教では「舎那」と書く。

しゃば【娑婆】 名詞 仏教語。**人間世界。俗世間。**「さば」とも。平家物語 鎌倉一物語 一・祇王「しゃばの栄花は夢の夢、楽しみ栄えて何かせん」訳人間世界の栄華はきわめてはかないもので、裕福になり栄えてどうしようというのか。

写本(しゃほん) 文芸 木活字(もくかつじ)や版木(はんぎ)によって印刷した刊本(かんぽん)に対して、手書きで書き記された本。著者自身の手に成る自筆本と、すでに存在している本を書き写した筆写本(＝転写本)とがある。

じゃ-ま【邪魔】 名詞 ❶仏教語。仏道修行を妨げる悪魔。❷**妨げ。妨害。支障。**

しゃみ【沙弥】 名詞 仏教語。出家して十戒は受けたが、まだ具足戒は受けていない男子の僧。出家したばかりで修行の未熟な僧。「さみ」とも。女子は「沙弥尼(しゃみに)」という。

しゃみ-せん【三味線】 名詞 浄瑠璃(じょうるり)などの伴奏に用いる弦楽器の一つ。胴と棹(さお)に張られた三本の弦を撥(ばち)ではじいて演奏する。三味(しゃみ)。「さみせん」とも。

（三味線）

しゃ-めん【赦免】 名詞 ／ —す 他動詞 サ変 **罪を許すこと。** 平家物語 鎌倉一物語 三・御産「俊寛僧都(そうづ)一人(いちにん)、しゃめんなかりけるこそうたてけれ」訳俊寛僧都ひとり、許しがなかったのは、気の毒であった。

しゃ-もん【沙門】 名詞 仏教語。出家して仏道を修行する者。**僧侶(そうりょ)。法師。**「さもん」とも。

しゃら-さうじゅ【娑羅双樹・沙羅双樹】(シャラソウジュ) 名詞 「娑羅」はインド原産の木の名。釈迦(しゃか)がインドのクシナガラの娑羅の林で入滅(＝死去)したとき、その床(とこ)の四辺に生えていたという、娑羅樹の根から生じた一双ずつ八本の娑羅の木。釈迦の入滅を悲しみ、双樹の各一本ずつが枯れ、鶴(つる)のように白くなって釈迦の死の床を覆ったという。この世の無常を説くたとえに用いられる。「さらさうじゅ」とも。平家物語 鎌倉一物語 一・祇園精舎「しゃらさうじゅの花の色、盛者必衰(じょうしゃひっすい)の理(ことわり)をあらはす」訳娑羅双樹の花の色が一瞬のうちに変わったことは、勢いの盛んな者も必ず衰える道理をあらわす。

しゃり【舎利】 名詞 ❶仏教語。仏・聖者・善行を積んだ人の遺骨。特に、釈迦(しゃか)の遺骨。仏舎利。「さり」とも。❷**米粒。米。** ▼形が❶に似ていることから。

し-や・る【為遣る】 他動詞 ラ四 {ら／り／る／る／れ／れ} (事を)**十分に行う。滞りなくすませる。** 源氏物語 平安一物語 浮舟

「この人々も、はかなきことなど、えしゃるまじく」訳この女房たちも、(京に移るための)ちょっとした準備などを十分に行うことはとてもできそうになく。

*しゃる 助動詞 特殊型《接続》四段・ナ変動詞の未然形に付く。{しゃら・しゃれ／しゃり・しゃっ・しゃれ／しゃる／しゃる／しゃれ・しゃるれ／しゃれ・しゃい・しゃれい}〔軽い尊敬〕…なさる。…(ら)れる。一代男 江戸―物語 浮世・西鶴「小麦をやれといはしゃったによって」訳小麦をやれといいなさったので。◆江戸時代の語。

参考 尊敬の助動詞「す」の未然形に尊敬の助動詞「らる」の付いた「せらる」の変化した語。活用は本来は下二段型活用で、後に四段型活用が加わり、複雑な活用になった。

しゃれ【洒落】名詞 ❶(言動などが)洗練されていること。粋であること。❷派手な身なり。❸その場に興を添えるための、こっけいな文句。冗談。

しゃれ-かうべ【髑髏・曝れ頭・曝れ首】名詞 風雨にさらされて骨だけになった頭。どくろ。◆「されかうべ」の変化した語。

洒落本 文芸 江戸時代中期、江戸を中心に流行した、会話中心の短編通俗小説。遊里の情景を滑稽化して描いた、「通」と「うがち」の文学である。安永・天明(一七七二～一七八八)ごろ最も盛んとなったが、寛政の改革(一七九一)以後は一挙に衰退した。山東京伝の『通言総籬』が特に名高い。

しゃれ-もの【洒落者】名詞 ❶(言動などが)洗練されている人。粋な人。風流人。❷派手な身なりの人。❸こっけいなことを言ったり、したりする人。

*しゃれ-をんな【洒落女・白女】名詞 遊女。

しゃんす 助動詞 特殊型《接続》四段・ナ変動詞の未然形に付く。{しゃんせ／しゃんし／しゃんす／しゃんす／しゃんすれ／しゃんせ}〔尊敬・丁寧〕お…になります。…なさいます。油地獄 江戸―浄瑠 浄瑠・近松「その右の手ここへ出さしゃんせ」訳その右手、ここへお出しなさいませ。◆江戸時代の上方の女性語。

参考 尊敬の助動詞「しゃる」の連用形に丁寧の助動詞「ます」の付いた「しゃります」の変化した語。

[1]しゅ【守】名詞 ❶律令制で、その人の任ぜられた官職相当位が位階よりも高い場合、位階と官職との間に置く語。たとえば、従三位の人が正三位相当の大納言に任ぜられた場合は「従三位守大納言」となる。対行。❷「国守」「守護」などの略。

[2]しゅ【衆】名詞 ❶「しゅう(衆)」に同じ。三宝絵詞 平安―説話 中「この尼、…しゅの中にありて」訳この尼は、…多くの人々の間にあって。❷「所の衆」の略。❸「堂衆」の略。太平記 室町―物語 一七「このほか十四の禅侶、法花堂のしゅに至るまで」訳このほか十四僧侶、法花堂の下級の僧に至るまで。◆「しゅう」とも。

[3]-しゅ【朱・銖】接尾語 ❶律令制の重さの単位。両の二十四分の一。❷江戸時代の貨幣の単位。両の十六分の一、歩の四分の一。一銖は銀目の約三匁七分五厘に当たる。❸利率の単位。割の十分の一。

[4]-しゅ【首】接尾語 漢詩・和歌の数を数える語。

[5]-しゅ【衆】接尾語「-しゅう(衆)」に同じ。「女房しゅ」

[1]じゅ【呪・咒】名詞 ❶まじない。呪文。❷❶の書かれた札。呪符。❸仏教語。真言。陀羅尼。◆「しゅ」とも。

[2]じゅ-【従】接頭語 律令制の位階で、同一の位階を上下二段階に分けたとき、その下位を表す語。「じゅ三位」「じゅ五位」。対正。

し-ゆい【四維】名詞 乾(=西北)・坤(=西南)・艮(=東北)・巽(=東南)の四つの方角。「しゐ」とも。

[1]シュウ【秀・秋・祝・愁・蹴】⇩しう

[2]シュウ【拾・執・集・襲】⇩しふ

[3]しゅう【主】名詞 自分が仕える人。主人。主君。枕草子 平安―随筆 ありがたきもの「しゅうそしらぬ従者」訳主人をけなさないお供の者。◆「しゅ(主)」の変化した語。

[4]しゅう【宗】名詞 仏教語。仏教の宗派。宗門。また、各宗派がその根本義として守るべき教義。宗旨。

[5]しゅう【衆】名詞 多数の人。人々。「しゅ」とも。徒然 鎌倉―随筆 一五一「しゅうに交はりたるも、あいなく、見苦し」訳多数の人と交際しているのも、むだで、見苦しい。

[6]-しゅう【衆】接尾語〔人を表す名詞などに付いて〕たち。がた。▼親愛・尊敬などの意を添えることもある。「旦那しゅう」

[1]ジュウ【十・什・渋】⇩じふ

[2]ジュウ【住・重】⇩ぢゅう

しゅう-えん【終焉】名詞 死にぎわ。臨終。

拾遺和歌集 ⇩拾遺和歌集

しゅうぎ-はん【衆議判】名詞「しゅぎはん」に同じ。

しゅう-じゅう【主従】名詞 主人と従者。主人と家来。「しゅじゅう」とも。

しゅう-と【衆徒】名詞「しゅと」に同じ。

じゅう-るい【従類】名詞 一族とその家来の者ども。

じゅう-わう【縦横】名詞 たてと、よこ。南北と東西。奥の細道 江戸―紀行 象潟「江のじゅうわう一里ばかり」訳入り江の南北と東西はそれぞれ一里ほど。

じゅう-わう・なり【縦横なり】形容動詞 ナリ {なら／なり・に／なり／なる／なれ／なれ} 思いのままに振る舞う。思う存分だ。自由自在だ。奥の細道 江戸―紀行 飯坂「気力いささか取り直し、路じゅうわうに踏んで伊達の大木戸をこす」訳気力を少し取り直して、道を自由自在に歩いて伊達の関所を越す。

[1]じゅ-かい【受戒】名詞／―す 自動詞 サ変 仏教語。仏門に入る者が戒律を受けること。また、その戒律を受けて必ず守り従うことを誓う儀式。対授戒。

[2]じゅ-かい【授戒】名詞／―す 他動詞 サ変 仏教語。仏門に入る人に僧が戒律を授けること。対受戒。

しゅ-かう【趣向】名詞 趣や味わいが出るように工夫すること。また、その工夫・考え。去来抄 江戸―論 修行「句案に二品あり。しゅかうより入ると、詞道具より入るとなり」訳句案に二とおりある。構想から入るのと、ことばや題材から入るのとである。

しゅぎ-はん【衆議判】名詞 歌合わせで、判者を置かないで、左右の方人(=歌の作者)が互いに批判し議論し合って歌の優劣を判定すること。「しゅうぎはん」とも。

[1]しゅ-ぎゃう【修行】名詞／―す 自動詞 サ変 ❶仏教語。仏の教えを修得し実践すること。平家物語 鎌倉―物語 一〇・戒文「ひとへに仏道しゅぎゃうしたう候へども」訳ひとえに仏の教えを修得し、実践したく思いますが。❷仏教語。仏道を修めるために諸国をめぐり歩くこと。巡礼・托鉢・遊行・行脚など。今昔物語 平安―説話 三一・二四「しゅぎゃう仕まつる者どもの、道を

踏み違へて参りたるなり」[訳]托鉢をしている者たちが、道をまちがえて参ったらしい。❸転じて、学問・技芸などの修得に励み努めること。また、その研究や錬磨のために諸国をめぐり歩くこと。[徒然 鎌倉―随筆]二一七「徳をつかんと思はば、すべからく、まづその心遣ひをしゅぎゃうすべし」[訳]富を得ようと思うならば、当然、まずその心がけを熱心に修得しなければならない。

◆「すぎゃう」とも。

しゅ-ぎゃう[2]【執行】[名詞]❶(仏事・政治・事務などを)とり行うこと。「しぎゃう」「しっかう」とも。[大鏡 平安―物語]道隆「帥殿に天下しゅぎゃうの宣旨下し奉りに」[訳]帥殿(=藤原伊周)に天下をとり行うことという天皇の命令をお伝えするために。❷仏教語。寺院の僧職の一つ。寺院の事務や法会を統轄する僧。「しぎゃう」とも。

しゅぎゃう-ざ【修行者】[名詞]仏道修行のため、諸国を行脚する僧。「すぎゃうざ」とも。

じゅ-ぎょ【入御】[名詞]天皇・皇后などが内裏に入ることの尊敬語。のちには摂政・関白など貴人にもいう。「にふぎょ」とも。[対]出御。

じゅ-きょう【入興】[名詞]／―す[自動詞]サ変 興味深く思うこと。おもしろがること。[著聞集 鎌倉―説話]三九五「その絵を院御覧じて、御じゅきょうありけり」[訳]その絵を上皇がご覧になって、興味深く思われた。

しゅ-ぎょく【珠玉】[名詞]海から産するたま(=真珠)と、山から産するたま(=玉)。貴く美しいもののたとえとする。「すぎょく」とも。

しゅく【宿】[名詞]❶**宿駅。宿場。**[猿蓑 江戸―句集]俳諧「梅若菜鞠子のしゅくのとろろ汁―芭蕉」[訳]江戸へ下られるあなたの道中、路傍には梅が美しく花開き、畑の若菜も緑鮮やかであろう。そして、途中の鞠子の宿場には、名物のとろろ汁もある。❷**やどや。旅宿。**❸**星宿。星座。**[徒然 鎌倉―随筆]二三九「このしゅく清明なるゆゑに、月を翫ぶに良夜とす」[訳]この星宿は曇りなく明るいので、月を見て楽しむのによい夜だとしている。

しゅく-い【宿意】[名詞]❶以前から抱いている考えや望み。**宿志。**[平家物語 鎌倉―物語]七・木曾山門牒状「義仲去にし年の秋、しゅくいを達せんがために」[訳]義仲は去年の秋、以前から抱いている望みを達成しようとするために。❷以前から抱いている恨み。年来の遺恨。**宿怨。**[平家物語 鎌倉―物語]二・座主流「そのしゅくいによって大衆を語らひ、訴訟をいたさる」[訳]その年来の遺恨によって多数の僧を仲間に引き入れ、訴訟をなさる。

しゅく-いん【宿因】[名詞]仏教語。**前世からの因縁。**宿縁。「すくいん」とも。

しゅく-うん【宿運】[名詞]仏教語。前世から定まっている運命。**宿命。**「すくうん」とも。[平家物語 鎌倉―物語]六・入道死去「しゅくうんたちまちに尽き給へば」[訳]宿命がたちまち尽きてしまわれたので。

しゅく-えき【宿駅】[名詞]鎌倉時代以降、街道の要所で、旅人の宿泊や、人夫・かご・馬などを中継する設備があった所。宿。

しゅく-えん【宿縁】[名詞]仏教語。**前世からの因縁。**宿因。「すくえん」とも。[平家物語 鎌倉―物語]六・祇園女御「選ばれて、事始めの奉行に参られける、しゅくえんの程こそ目出たけれ」[訳]選ばれて、新しい仕事を執行なさった、前世からの因縁の深さはすばらしいものだ。

しゅく-ぐわん【宿願】[名詞]**前々からの願い。念願。**宿望。「すくぐわん」とも。

しゅく-ごふ【宿業】[名詞]仏教語。現世で報いを受ける原因となった前世での行為。**前世からの報い。**「すくごふ」「しくごふ」とも。[平家物語 鎌倉―物語]二・座主流「かかる貴っとき人なれども、前世のしゅくごふをば免れ給はず」[訳]このように高貴な人であるが、前世からの報いを免れなさらない。

じゅく-こん【熟根】[名詞]**素性。生まれ。**[平家物語 鎌倉―物語]一・俊寛沙汰鵜川軍「成景は京の者、じゅくこんいやしき下臈なり」[訳]成景は京の者で、素性は身分の低い下賤の者である。

しゅく-しふ【宿執】[名詞]仏教語。**前世からの執着や執念。**前世からの因縁。「しゅくじふ」とも。

しゅくしふ-かいほつ【宿執開発】[連語]仏教語。前世での善い行いが、現世で好ましい結果をもたらすこと。

しゅく-しょ【宿所・宿処】[名詞]**寝泊まりする所。住まい。**

しゅく-・す【宿す】[自動詞]サ変{せ／し／す／する／すれ／せよ}**やどる。泊まる。**[太平記 室町―物語]四「釣して芦花の岸にしゅくすれば」[訳]釣りをして蘆の花が咲く岸に泊まっていると。

しゅく-すい【菽水】[名詞]❶**粗末な食べ物。**❷**貧しい暮らし。**

しゅく-せ【宿世】[名詞]「すくせ」に同じ。

しゅく-ぜん【宿善】[名詞]仏教語。**前世で行った善い行い。**「すくぜん」「しうぜん」とも。

しゅく-ば【宿場】[名詞]江戸時代、街道の要所にあって、人夫や馬の中継設備や、旅人の宿泊設備などがあった所。

しゅく-ほう【宿報】[名詞]仏教語。**前世の報い。**「すくほう」とも。

しゅく-まう【宿望】[名詞]**前々からの望み。年来の願望。**宿願。「しゅくばう」とも。

しゅく-らう【宿老】[名詞]❶物事に通じた、経験豊富な老人。❷鎌倉・室町幕府の評定衆。❸江戸幕府の老中や諸大名の家老。❹江戸時代の町内の年寄役。

じゅ-ぐわん【呪願・咒願】仏教語。[一][名詞]／―す[自動詞]サ変 法会などの際に、僧が施主の幸福などを祈願すること。また、その祈願文。「しゅぐわん」とも。[二][名詞]「呪願師」の略。法会などで[一]を読む僧。「しゅぐわん」とも。

しゅけい-れう【主計寮】[名詞]「かずへれう」に同じ。

しゅ-げん【修験】[名詞]❶山野を歩き回るなどの修行によって、霊験のある法を得ること。[今昔物語 平安―説話]一七・一八「しゅげんを好みて、諸の山をめぐり海を渡りて、難行苦行す」[訳]霊験のある法を得る修行を好んで、いろいろな山をめぐり海を渡って苦痛に堪える修行をする。❷「修験道」の略。[盛衰記 鎌倉―物語]三「三井の流れのしゅげんの人」[訳]三井の系列の修験道の人。❸「修験者」の略。奥の細道 江戸―紀行 出羽三山「僧坊棟を並べ、しゅげん行法を励まし」訳 僧坊の建物が建ち並んで、修験者たちは、修行の法に励んでいて。

しゅげん-じゃ【修験者】 名詞 仏教語。修験道の修行をする者。長髪に兜巾をかぶり、篠懸けを着け、結い袈裟を掛け、太刀を帯び、笈を背負う。そして、金剛杖を突き、法螺を吹き鳴らしながら山野をめぐって修行する。験者。行者。山伏。

しゅげん-だう【修験道】 名詞 仏教語。奈良時代の役小角(=役の行者)を開祖とする仏教の一派。真言密教と古来の山岳信仰が結びついたもので、山中で難行苦行をし、加持・祈禱で霊験を現す力を身につけようとする。

しゅ-ご【守護】 一 名詞／―す 自動詞サ変 **守ること。** 警護すること。二 名詞 鎌倉・室町幕府に置かれた役職。文治一年(一一八五)、源頼朝が地頭とともに設置したのに始まる。国ごとに置かれ、本来の職掌は治安維持および武士の統制であるが、鎌倉末期には領主化し、室町時代を通じて守護大名へと変質した。

じゅ-ごう【准后】 名詞「じゅさんぐう」に同じ。

しゅご-じん【守護神】 名詞 国・村・家族・個人・職業などを守る神。**守り神。**「しゅごしん」とも。

じゅ-さんぐう【准三宮】 名詞 平安時代以降、皇族や天皇の近親者、または公卿などを優遇するために設けた称号。三宮(=皇后・皇太后・太皇太后)に準じて年官や年爵を給付して経済的に優遇したが、のちには年官や年爵の付かない形式だけのものとなった。准三后・准后。

じゅ-さんごう【准三后】 名詞「じゅさんぐう」に同じ。「じゅんさんごう」とも。

じゅ-し【呪師・咒師】 名詞 ❶呪文を唱えて加持祈禱を行う僧。❷法会の後に、呪文の内容を猿楽・田楽などの芸の形で演じる人。◆「しゅし」「ずし」とも。

しゅ-しゃう【主上】 名詞 天皇の尊敬語。多く、今上天皇にいう。◆江戸時代以降は「しゅじゃう」。

しゅ-じゃう【衆生】* 名詞 仏教語。**あらゆる生き物。すべての人類。** 生きとし生けるもの。「すじゃう」とも。

しゅ-じゃく【朱雀】 名詞「すざく」に同じ。

しゅじゃく-おほぢ【朱雀大路】 名詞「すざくおほぢ」に同じ。

しゅじゃく-もん【朱雀門】 名詞「すざくもん」に同じ。

しゅじゃく-ゐん【朱雀院】 名詞「すざくゐん」に同じ。

しゅ-しょう【殊勝】* 名詞 ❶**非常に優れていること。** 格別であること。奥の細道 江戸―紀行 那谷「萱ぶきの小堂、岩の上に造りかけて、しゅしょうの土地なり」訳 萱ぶきの小さなお堂が、岩の上に寄りかかるように建って、格別の土地である。❷**けなげなこと。** 感心なこと。神妙なこと。

しゅ-しょう・なり【殊勝なり】* 形容動詞ナリ {なら／なり・に／なり／なる／なれ／なれ} ❶**非常に優れている。格別だ。** 今昔物語 平安―説話 二二・五「我、生々世々に福徳長命しゅしょうにして」訳 私は、現世も後世も幸福と利益と長命が格別であって。❷**けなげだ。感心だ。神妙だ。** 安宅 室町―能楽 謡曲「近ごろしゅしょうに候ふ」訳 たいそう感心なことでございます。

しゅ・す【修す】 他動詞サ変 {せ／し／す／する／すれ／せよ} **修める。身につける。** 徒然 鎌倉―随筆 九二「夕べには朝あらん事を思ひ、朝には夕あらん事を期して、重ねてねんごろにしゅせん事を期す」訳 夕方には明日の朝があると思い、朝には夕方があるからと思って、もう一度念を入れて修行しようということを心に決める。

じゅ・す【誦す】 他動詞サ変 {せ／し／す／する／すれ／せよ} (詩歌・経文などを)**声を出して唱える。口ずさむ。**「ずす」「ずず」「ずうず」「ずんず」とも。枕草子 平安―随筆 故殿の御ために「酒飲み、詩じゅしなどするに」訳 酒を飲み、詩を口ずさみなどするうちに。

じゅ-ず【数珠】 名詞「ずず」に同じ。「ずじゅ」とも。

じゅ-すい【入水】 名詞／―す 自動詞サ変 (死ぬために)みずから水中に身を投げること。**身投げ。** 平家物語 鎌倉―物語 一〇・維盛入水「那智の沖にてじゅすいす」訳 那智の沖で身投げする。

しゅぜい-れう【主税寮】 名詞 律令制で、民部省に属し、田租や穀物倉庫などを管理する役所。「ちかられう」とも。

しゅ-せき【手跡・手蹟】 名詞 **書いた文字。筆跡。**

じゅ-ぜん【受禅】 名詞／―す 自動詞サ変 先代の天皇から位を譲り受けて、天皇の位につくこと。◆「禅」は天子が位を譲る意。

しゅ-そ【呪詛】 名詞／―す 他動詞サ変 神仏に祈願して、人をのろうこと。**のろい。**「じゅそ」「ずそ」とも。

じゅ-だい【入内】* 名詞／―す 自動詞サ変 皇后・中宮・女御などに決まった女性が、正式に内裏に入ること。平家物語 鎌倉―物語 一・二代后「后御じゅだいあるべき由、右大臣家に宣旨を下さる」訳 后が御入内なさるようにと、右大臣家に宣旨を下された。

しゅつ-ぎょ【出御】 名詞／―す 自動詞サ変 天皇・皇后などが外出・出席することの尊敬語。のちには、将軍についてもいう。対入御。

しゅつ-くわい【述懐】 名詞／―す 自動詞サ変 ❶心中の思いを述べること。平家物語 鎌倉―物語 四・鵼「しゅつくわいの和歌一首詠うでこそ、昇殿をば許されけれ」訳 心中の思いを述べた和歌を一首詠んで、昇殿を許された。❷**恨み言やぐち。** 不平不満を述べること。平家物語 鎌倉―物語 一一・腰越「事新しき申し状、しゅつくわいに似たりといへども」訳 改めて申し上げた願いは、恨み言やぐちに似ているといっても。◆のちに「じゅっくわい」とも。

しゅつ-け【出家】 名詞／―す 自動詞サ変 ❶俗世間の生活から離れて、僧侶を志して仏道修行に専念すること。また、その人。対在家。❷僧侶の通称。宗論 室町―狂言 狂言「旅のしゅっけでござるが」訳 旅の僧侶ですが。◆「すけ」とも。

◆学習ポイント㉞

貴族と出家

平安時代は、平均寿命からいって四十の賀、五十の賀が過ぎると死が近くなる。死んでから地獄の責めを受けるより極楽浄土に生まれ変わりたい、そのためにはこの世に未練を残してはならない―として出家したり、愛する人に死別した人が菩提を弔うために出家したりした。権勢を誇った藤原道長は五十四歳で出家し、最愛の紫の上を失った光源氏は五十二歳で出家を決意している。
『平家物語』では、平家が壇の浦で滅んだあと、京都郊外大原の寂光院に入って、息子の安徳天皇と平家一門の菩提を弔った建礼門院(平清盛の娘)の話が名高い。

しゅっ-し【出仕】 名詞／―す 自動詞 サ変 ❶官職に就くこと。宮仕えすること。**仕官**。❷勤めに出ること。また、主君の前に伺候すること。平家物語 鎌倉―物語 八・猫間「官加階したる者の直垂でしゅっしせん事あるべうもなかりけり」訳官職が上がった者が、直垂で勤めに出るような事があるはずもなかった。❸ある場所・席に臨むこと。**出席すること**。徒然 鎌倉―随筆 六〇「しゅっしして饗膳などにつく時も」訳出席してごちそうの膳などにつくときも。

しゅっ-せ【出世】 名詞 ❶仏教語。仏が衆生救済のためにこの世に仮の姿で現れること。❷仏教語。世俗を捨てて仏門に入ること。出家すること。また、その人。僧。❸地位や富を得て栄えること。立身出世。

出世景清 書名 時代物浄瑠璃。近松門左衛門作。江戸時代前期(一六八五)初演。〔内容〕平家の悪七兵衛景清と源頼朝を主人公とした愛憎の物語で、近松が竹本義太夫のために書いた最初の作品。

しゅっ-たい【出来】 名詞／―す 自動詞 サ変 「しゅつらい」の変化した語。❶**出て来ること**。(事件などが)起こること。平治物語 鎌倉―物語 中「定めて狼藉しゅったいせんか」訳決して狼藉が起こらないか。❷出来上がること。仕上がること。**完成**。仏師 室町―狂言 狂言「昨日誂へて今日しゅったい致すやうな」訳昨日注文して作らせ、今日仕上がるような。

じゅつ-な・し【術無し】 形容詞ク {(く)・から／く・かり／し／き・かる／けれ／かれ} **どうにも方法がない。どうしようもない。つらい。せつない**。「ずちなし」「ずつなし」とも。沙石 鎌倉―説話 二・「飢渇の苦しみに責められて、じゅつなく候ふに」訳飢えと渇きの苦しみに責められて、どうしようもございませんのに。

しゅつ-なふ【出納】 名詞 ❶蔵人所に属して文書・雑具の出し入れなど雑務をつかさどる役。❷一般に、文書・雑具の出し入れを扱う役。

しゅつ-り【出離】 名詞／―す 自動詞 サ変 仏教語。迷いの世界を離れ出て、悟りの境地に入ること。また、仏門に入ること。平家物語 鎌倉―物語 一〇・戒文「しゅつりの道まちまちなりといへども」訳仏門に入る道は人さまざまであるというが。

しゅ-と【衆徒】 名詞 ❶**多数の僧**。❷大きな寺院で、警備や雑用などをする下級の僧。平安時代中期以後は、武技を修めて武装した僧兵となった。◆「しゅうと」とも。

しゅ-び【首尾】 名詞 ❶**始めと終わり。前と後。終始**。著聞集 鎌倉―説話 七〇二「声を合はせて阿弥陀経をよむに、しゅびあひかなひて果てけり」訳声を合わせて阿弥陀経をよむときに、終始ちょうどよく合って終わった。❷**事の成り行き。一部始終**。❸物事が都合よく運ぶこと。❹**都合。事情**。❺**機会。折**。

しゅ-ひつ【執筆】 名詞 文書などを書くこと。記録すること。また、その役の人。**記録係。書記**。平家物語 鎌倉―物語 三・足摺「平家の思ひ忘れかや、しゅひつの誤りか」訳平家の思い忘れか、書記の書き誤りか。

しゅ-ほふ【修法】 名詞 仏教語。密教で、国家または個人のために加持・祈禱をすること。護摩壇を設けて本尊を安置し、護摩をたき、印を結び、真言を唱えて、降伏・息災・延命などの実現を祈る。「すほふ」「ずほふ」とも。

じゅ-ほふ【受法】 名詞／―す 自動詞 サ変 仏教語。弟子が師匠から仏法を受けること。平家物語 鎌倉―物語 四・三井寺炎上「じゅほふ相承の弟子は又、経教にわかれんだり」訳師匠から仏法を受け伝えるべき弟子はまた、経文から遠ざかってしまった。

しゅみ-せん【須弥山】 名詞 仏教語。仏教で、世界の中心にそびえ立つという高く巨大な山。大海の中にあって、周囲を九山八海が取り巻く。頂上には帝釈天、山腹には四天王が住み、日月が山腹の周囲をめぐるという。須弥。蘇迷盧。「すみせん」とも。

しゅ-め【主馬】 名詞 ❶「主馬署」の略。❷「主馬の頭」の略。**主馬署の長官**。

しゅめ-しょ【主馬署】 名詞 律令制で、春宮坊に属し、皇太子の乗馬や馬具を管理する役所。

しゅ-もく【撞木】 名詞 仏具の一つ。鐘やたたき鉦などを打ち鳴らす丁字形の棒。「しもく」とも。

しゅもく-づゑ【撞木杖】 名詞 手で握る部分が丁字形になっている杖。「しもくづゑ」とも。

しゅら【修羅】 名詞 ❶「阿修羅」の略。❷「修羅道」の略。

じゅ-らく【入洛】 名詞／―す 自動詞 サ変 地方から都に入ること。**都入り**。平家物語 鎌倉―物語 一〇・請文「東夷北狄党を結び、群をなしてじゅらくの間」訳関東と北国の武士たちが徒党を組んで、群れをなして都入りしたので。

しゅら-だう【修羅道】 名詞 仏教語。六道の一つ。阿修羅が支配し、自尊心・我執・疑いの心の強い者が行く、常に争いの絶えない世界。阿修羅道。修羅。

しゅ-り【修理】 名詞／―す 他動詞 サ変 破損部分をつくろいなおすこと。**修繕。修理**。「すり」とも。今昔物語 平安―説話 二〇・三四「当に倒れ傾きて、殊にしゅりを加ふる人なし」訳間違いなく倒れ傾いて、なお修繕を加える人がいない。

しゅり-しき【修理職】 名詞 令外の官の一つ。弘仁九年(八一八)に設置され、「木工寮」とともに、皇居の営繕などを担当した役所。「をさめつくるつかさ」「すりしき」とも。

じゅ-りゃう【受領】 名詞 「ずりゃう」に同じ。

しゅ-れう【衆寮】 名詞 仏教語。禅寺で、修行する僧の宿舎。奥の細道 江戸―紀行 全昌寺「吾も秋風を聞きてしゅれうに臥せば」訳私も秋風の音を聞いて僧の宿舎で横になっていると。

しゅんあうでん【春鶯囀】 名詞 雅楽の曲名。壱越調の唐楽。伎女十人で舞ったが、後に男舞となり、四人で舞った。

じゅん-えん【順縁】 名詞 ❶仏教語。善事が仏道に入る縁となること。❷俗に、年老いた者から死ぬこと。対❶❷逆縁。◆順当な縁の意。

しゅんきょう-でん【春興殿】 名詞 内裏の殿舎の一つ。紫宸殿の東南にあり武具を納めた。「しゅんこうでん」とも。参照▶資料26

しゅんくわ-もん【春華門・春和門】 名詞 内裏の外郭門の一つで東南の角にあり、建礼門をはさんで西南の修明門に対している。参照▶資料26

じゅんげん-ごふ【順現業】 名詞 仏教語。「順現受業」の略。現世における善業・悪業の報いが現世で現れること。

じゅんご-ごふ【順後業】 名詞 仏教語。「順後受業」の略。現世における善業・悪業の報いが来々世(第三生)以後に現れること。

しゅん-じう【春秋】 名詞 ❶春と秋。❷一年。一年間。太平記 室町―物語 八「しゅんじう安き時無く」訳一年間安らかなときがなく。❸年月。歳月。方丈記 鎌倉―随筆「また五つかへりのしゅんじうをなん経へにける」訳また五回の年月を経てしまった。◆古くは「しゅんしう」とも。

じゅんしやう-ごふ【順生業】 名詞 仏教語。「順生受業」の略。現世における善業・悪業の報いが来世に現れること。

じゅん-しゅ【巡酒】 名詞 回り持ちで主催者となって酒宴を開くこと。また、酒を飲み回すこと。

春色梅児誉美 しゅんしょくうめごよみ 書名 人情本。為永春水作。江戸時代後期(一八三二~一八三三)刊。十二冊。(内容)遊女屋唐琴屋の養子で美男子丹次郎と深川芸者米八との恋愛と、下町情緒を描いた一種の風俗小説。好評を博し、春水は続編の『春色辰巳園』以下の人情本を次々と刊行した。

春水 しゅんすい ⇩為永春水

俊成 しゅんぜい ⇩藤原俊成

俊成女 しゅんぜいのむすめ ⇩藤原俊成女

順徳天皇 じゅんとくてんわう 人名 (一一九七~一二四二)鎌倉時代の天皇・歌人。後鳥羽天皇の皇子。十四歳で即位したが父の院政下で、和歌や学芸に専念でき、有職故実書『禁秘抄』や歌論書『八雲御抄』を書いた。和歌集に『順徳院御集』がある。

しゅん-め【駿馬】 名詞 足の速い、強くて優れた馬。

じゅん-れい【巡礼・順礼】
一 名詞/―す 自動詞サ変 各所の寺社や霊場をめぐり歩いて拝むこと。西国三十三所の観音霊場の巡礼と、四国八十八所の真言霊場の巡礼とが特に有名。
二 名詞 巡礼する人。

俊恵 しゅんゑ 人名 (一一一三~一一八一?)平安時代後期の歌人。源俊頼の子。東大寺の僧。京都の自宅を歌林苑と称し月例の歌会を開き、当時の有名歌人が参集した。弟子の鴨長明の『無名抄』に俊恵の歌論がある。家集『林葉和歌集』がある。

しょ【書】 名詞 ❶文字を書くこと。また、その書き方。書道。❷書いた文字。❸文書。書物。❹手紙。❺『書経』の略。中国の経典の一つ。

じょ【自余・爾余】 名詞 それのほか。それ以外。平家物語 鎌倉―物語 五・早馬「じょの輩は、よも朝敵が方人をば仕まつり候はじ」訳それ以外のものたちは、まさか朝廷にそむく敵の味方をすることはないでしょう。

じょ【序】 名詞 ❶詩文や書物の本文の前書き。序文。❷特に、和歌の前に置かれて、その成立の事情などを述べる文章。詞書。❸和歌の修辞法の一つ。序詞。❹雅楽・能楽などで、一曲を構成する三つの部分(序・破・急)のうち、調子の緩やかな最初の部分。⇩序破急 文芸

[1] **ショウ【上・正・生・庄・床・声・性・尚・姓・荘・相・清・省・将・唱・笙・菖・装・掌・聖・鉦・障・箏・精・請・賞】** ⇩しゃう

[2] **ショウ【小・少・抄・昭・笑・消・逍・鈔・焦・焼・蕉】** ⇩せう

[1] **ジョウ【上・成・状・城・浄・常・盛・情】** ⇩じゃう

[2] **ジョウ【丈・定・諚】** ⇩ぢゃう

[3] **ジョウ【条】** ⇩でう

[4] **ジョウ【帖】** ⇩でふ

[5] **じょう【丞】** 名詞 律令制で、八省の第三等官。判官

[6] **じょう【判官】** 名詞 律令制で、「四等官」の第三。「次官」の次位。公文書の文案の審査などを担当。役所により異なる字を当てる。「ぞう」とも。

[7] **じょう【尉】** 名詞 ❶「衛門府」「兵衛府」および「検非違使庁」の三等官。❷能楽で、男の老人の役。また、その面。❸転じて、広く、男の老人。❹炭火の白い灰。▼黒い髪から変化した白髪に見立てていう。

しょう-いん【承引】 名詞/―す 他動詞サ変 承諾すること。「じょういん」とも。将門記 平安―物語「しかるにしょういんせずして」訳それなのに承諾しないで。

しょう-か【証歌】 名詞 (歌論などで)典拠として引用する歌。証拠となる歌。

じょうきやう-でん【承香殿】 名詞 平安京内裏の後宮七殿の一つ。仁寿殿の北にあり、内宴・御遊が行われた。「しょうきやうでん」「そきゃうでん」とも。参照▶資料26

しょう-くゎ【証果・證果】 名詞 仏教語。仏道修行の結果として悟りの境地に達すること。

しょう-し【勝事】 名詞 大事件。▼すばらしい出来事にも、異常な出来事にもいう。平家物語 鎌倉―物語 一・二代后「この事天下において、ことなるしょうしなれば、公卿僉議あり」訳この事は天下において特別の大事件なので、公卿の会議がある。◆後世「しょうじ」とも。

しょうじ-ほふし【承仕法師】 名詞 仏教語。仏具の管理や法事の準備など寺院の雑用を務める下級の僧侶。「じょうじぼふし」とも。

しょう-じやう【丞相】 名詞 ❶中国で、国政をつかさどる、最高の官。宰相。◇天子を助ける者の意。❷日本で、「大臣」の中国風の呼び名。◆「じょうしゃう」とも。

じょう-しやう【縄床】 名詞 木の床に縄または木綿の布を張った、粗末な腰掛け。主に禅僧が座禅のときに使う。

しょう-す【称す】 他動詞サ変 {せ/し/す/する/すれ/せよ} ❶名付ける。枕草子 平安―随筆 五月ばかり、月もなう「種ゑてこの

君としょうす」訳(竹を)植えてこの君と名付ける。❷声に出して仏名などを言う。となえる。平家物語 鎌倉一物語 一〇・戒文「専ら名号をしょうすれば、西方に至る」訳もっぱら弥陀の名をとなえると、西方浄土に行き着く。❸ほめる。◆「しょうず」とも。

じょう-ず【乗ず】 自動詞サ変{ぜ/じ/ず/ずる/ずれ/ぜよ} **都合よく利用する。つけいる。乗ずる。** 平家物語 鎌倉一物語 灌頂・六道之沙汰「かたじけなく弥陀の本願にじょうじて、五障三従の苦しみをのがれ」訳ありがたいことに阿弥陀如来の衆生救済の誓願を都合よく利用して、女人の持つ五つの障害と三つの従うべき道の苦しみをのがれ。

しょう-ぜつ【勝絶】 名詞 雅楽の音階である「十二律」の第四音。

しょう-そこ【消息】 ⇩せうそこ

しょう-ち【勝地】 名詞 ❶**地勢などが優れた土地。** ❷景色のよい所。**名勝。**

***しょう-でん【昇殿】** 名詞/ーす 自動詞サ変 天皇に仕えるために、許されて清涼殿の「殿上の間」にのぼること。平家物語 鎌倉一物語 四・鵼「大内守護にて年ひさしうありしかども、しょうでんをばゆるされず」訳(源頼政は)宮中守護職として長年務めていたが、殿上の間にのぼることを許されなかった。

参考 (1)昇殿は、五位以上の人と、六位の「蔵人」とに許された。(2)昇殿を許された人を「殿上人」といい、許されていない人を「地下」という。

しょう-と【兄人】 ⇩せうと

しょう-とく【所得】 名詞/ーす 自動詞サ変 **もうけること。得をすること。** 宇治拾遺 鎌倉一説話 一四・六「着たりける水干を脱ぎて『これにかへてんや』といひければ、玉の主の男、しょうとくしたりと思ひけるに」訳着ていた水干を脱いで「これと換えてくれないか」と言ったので、玉の持ち主の男は得をしたと思って。

肖柏 ⇩肖柏

しょう-ばん【鐘板】 名詞 寺院、特に禅寺で時刻や食事の時間を知らせる合図に用いる青銅または鉄製の雲形の板。雲板。

しょう-ぶ【勝負】 一名詞 **勝ち負け。** 勝利と敗北。二名詞/ーす 自動詞サ変 (闘って)**勝敗を決すること。** 平家物語 鎌倉一物語 七・篠原合戦「はじめは互いに五騎十騎づつ出しあはせてしょうぶをせさせ」訳初めはお互いから五騎ずつ十騎ずつと騎馬をくり出して勝敗の決着をさせ。

蕉風 文芸 松尾芭蕉とその門人たちによる俳風。「正風」とも書く。それまでの貞門・談林俳諧の滑稽・機知を中心とする通俗性を脱却して文芸性を確立した、閑寂・枯淡で、高い品格を保つ象徴的な俳風。「さび」の理念を基本とし、「しをり」「細み」「軽み」を重視した。

しょうまん-ぎゃう【勝鬘経】 名詞 仏教の教典の一つ。インドの勝鬘夫人が仏の威神力を受けて説いたとされ、法身が現れて悟りを得たことを述べたもの。

しょう-みゃう【称名】 名詞/ーす 自動詞サ変 仏教語。(「南無観世音菩薩」「南無阿弥陀仏」などと)仏の名を唱えること。**念仏。**

しょうめい-もん【承明門】 名詞 平安京内裏の内郭門の一つ。内郭の南面の中央にあり、建礼門に対する。

蕉門 文芸 松尾芭蕉の門人。また、蕉風の俳諧に共鳴・賛同する俳人の一派。

蕉門十哲 文芸 松尾芭蕉の直接の弟子の中で、特にすぐれた十人の弟子。ふつう、榎本(宝井)其角・服部嵐雪・森川許六・各務支考・向井去来・内藤丈草・杉山杉風・志太野坡・越智越人・立花北枝をいう。「蕉門十哲」の言い方は、「孔門(=孔子の門下)十哲」や「釈迦の十大弟子」などにならったもの。「蕉門の十哲」とも。

しょう-り【勝利】 名詞 仏教語。❶**優れた御利益。** ❷**戦いに勝つこと。**

浄瑠璃 文芸 浄瑠璃節や、人形浄瑠璃のこと。浄瑠璃節は、室町時代末期から江戸時代にかけて流行した語り物の一つ。初め琵琶と扇拍子で節回しを付けて語ったが、のち、三味線の伴奏で語るようになり、人形を操る演劇の語りとして発展した。貞享年間(一六八四～一六八七)に竹本義太夫が義太夫節を工夫し、近松門左衛門の協力によって語り物としての浄瑠璃は面目を一新し、音楽劇としての「人形浄瑠璃」を大成させた。義太夫節以外には、河東節・豊後節・常磐津節・富本節・清元節・新内節などがある。なお、特に義太夫節をさすこともある。

しょ-えん【諸縁】 名詞 仏教語。**いろいろな関係。多くのゆかり。** 徒然 鎌倉一随筆 七五「生活・人事・伎能・学問等のしょえんをやめよ」訳生計をたてること・交わり・技芸・学問などのいろいろな関係を絶て。

しょ-かう【初更】 名詞 時刻の名。「五更」の第一。午後八時。また、それを中心とする二時間。初夜。

1 **しょ-ぎゃう【所行】** 名詞 **行為。振る舞い。しわざ。** 今昔物語 平安一説話 一三・九「その家の主、聖人のしょぎゃうを見むと思ひて」訳その家の主人が、聖人の行為を見ようと思って。

2 **しょ-ぎゃう【諸行】** 名詞 仏教語。この世に存在する、すべてのもの。**万物。いっさいの現象。**

しょぎゃう-むじゃう【諸行無常】 連語 この世のすべてのものは、常に変化・生滅して、永遠・不変であることはないということ。平家物語 鎌倉一物語 一・祇園精舎「祇園精舎の鐘の声、しょぎゃうむじゃうの響きあり」訳(釈迦のために建てられた)祇園精舎の鐘の音は、この世のすべてのものは常に変化・生滅するという響きがする。

参考 『涅槃経』の中の雪山偈の第一句で、仏教の根本的な思想を表す言葉とされる。その全体は「諸行無常、是正滅法、生滅滅已、寂滅為楽」で、これを和訳したものが『伊呂波歌』であるという。⇩伊呂波歌

ジョク【濁】 ⇩ぢょく

しょくかう-の-にしき【蜀江の錦】 名詞 蜀の国の成都で産出した精巧な美しい錦。平家物語 鎌倉一物語 一・吾身栄花「楊州の金、荊州の珠、呉郡の綾、しょくかうのにしき、七珍万宝一として闕けたる事

し

なし」訳揚州の金、荊州の珠、呉都の綾、蜀江の錦など、あらゆる種類の宝物が一つも欠けていない。

続古今和歌集【しょくこきんわかしふ】書名 十一番目の勅撰集。藤原基家・為家・行家・光俊(=真観)撰。鎌倉時代(一二六五)成立。二十巻。〔内容〕『万葉集』以下の和歌千九百二十五首を収め、新古今調の歌が多い。代表歌人は宗尊親王と撰者。

続後拾遺和歌集【しょくごしふいわかしふ】書名 十六番目の勅撰集。二条為藤・為定撰。鎌倉時代(一三二五)成立。二十巻。〔内容〕後醍醐天皇の勅命で完成。平明な二条派の和歌千三百四十七首を収め、藤原為氏・為世ら二条派の歌人が中心。

続後撰和歌集【しょくごせんわかしふ】書名 十番目の勅撰集。藤原為家撰。鎌倉時代(一二五一)成立。二十巻。〔内容〕後嵯峨院の院宣で完成。政治的配慮が目立ち、当代中心の平板な和歌が多い。代表歌人は藤原定家・俊成・後鳥羽院ほか。

蜀山人【しょくさんじん】⇨大田南畝

式子内親王【しょくしないしんわう】⇨式子内親王

続拾遺和歌集【しょくしふいわかしふ】書名 十二番目の勅撰集。藤原為氏撰。鎌倉時代(一二七八)成立。二十巻。〔内容〕亀山上皇の院宣で完成。優雅・平淡な歌風が特色で、武士の和歌も多い。代表歌人は後嵯峨院、藤原為家・定家・俊成ほか。

続千載和歌集【しょくせんざいわかしふ】書名 十五番目の勅撰集。二条為世撰。鎌倉時代(一三二〇)成立。二十巻。〔内容〕後宇多院の院宣で完成。京極為兼撰の『玉葉和歌集』に対抗して、二条家の正統を重視した二千百四十八首が収録されている。

続日本紀【しょくにほんぎ】書名 史書。藤原継縄・菅野真道ら編。平安時代前期(七九七)成立。四十巻。〔内容〕六国史の一つ。『日本書紀』の後をうけ、文武天皇から桓武天皇まで(六九一〜七九一)を編年体で書いた、漢文の歴史書である。

続日本後紀【しょくにほんこうき】書名 史書。藤原良房・春澄善縄ら編。平安時代前期(八六九)成立。二十巻。〔内容〕六国史の一つ。『日本後紀』の後をうけ、仁明天皇十八年間(八三三〜八五五)の一代かぎりの詳細な歴史が、漢文で書かれている。

しょ-くゎ【所課】名詞 課せられること。また、課せられたもの。割り当て。負担。徒然 鎌倉―随筆 一三五「負けになりて、しょくゎいかめしくせられたりけるとぞ」訳負けになって、割り当て(のごちそう)を立派になさったということだ。

しょ-くゎん【諸官】名詞 多くの役人。

しょ-ぐゎん【所願】名詞 望み願うところ。願い事。願望。徒然 鎌倉―随筆 二一五「人の世にある、自他につけてしょぐゎん無量なり」訳人が生きていると、自分のことにも他人に対しても願い事は際限がない。

しょ-け【所化】名詞 仏教語。寺で修行中の僧。◆教化を受ける者の意。対 能化(のうけ)。

序詞【じょことば】文芸 和歌の修辞法の一つ。ある語句を導き出すための前置きの修飾句。枕詞とは違って二句ないし四句から成り、導き出される語句との関係は固定的ではない。序。「じょし」とも。参照▼資料11

***しょ-さ**【所作】名詞 ❶振る舞い。行い。今昔物語 平安―説話 一七「毎日のしょさとして怠ることなし」訳毎日の行いとして怠ることがない。❷仕事。なりわい。今昔物語 平安―説話 三・二六「昼夜に常に狩り・漁捕りをもってしょさとする国なり」訳昼も夜もいつも狩りや漁をしてなりわいとする国である。❸(踊りなどの)身のこなし。演技。❹仏教語。身・口・意のはたらきがあらわれること。しわざ。徒然 鎌倉―随筆 二四一「直ちに万事を放下して道に向かふ時、障りなく、しょさなくて、心身ながく静かなり」訳すぐさますべてを投げ捨てて仏道に向かうときには、心に障害がなく、(心身を労する)しわざもなく、心身ともに永く安らかである。

しょ-ざい【所在】名詞 ❶ありか。居所。すみか。❷行い。しわざ。振る舞い。❸身分。境遇。職業。

じょ-さい【如在・如才】名詞 手落ち。手ぬかり。世間胸算用 江戸―物語 浮世・西鶴「何がさて、じょさいは御座らぬ」訳何がさてどうなっても手落ちはございません。

1 **しょ-し**【所司】名詞 ❶鎌倉幕府の「侍所」の次官。室町幕府では、「侍所」の長官に当たる。❷別当の下にあって、寺務をつかさどる役僧。❸貴族の家で、仕事を担当して雑務に携わる者。

2 **しょ-し**【書紙】名詞 文章を書き付けた紙。文書。書きつけ。書状。手紙。

3 **しょ-し**【諸司】名詞 多くの役所。またそこに属する多くの役人。

序詞【じょし】文芸「じょことば」に同じ。

しょし-だい【所司代】名詞 ❶室町時代、「侍所(さぶらひどころ)」の「所司」の代理をした職。所司の家人(けにん)が任ぜられた。❷江戸時代に、京都に置かれた職。朝廷に関する事務や、京都・近畿地方の民政などをつかさどった。京都所司代。

じょ-しゃく【叙爵】名詞/―す 自動詞 サ変 (六位の役人が)初めて従五位下に叙せられること。今昔物語 平安―説話 三一・二八「惟規は当職の蔵人にてありければ、え具しても下らずして、じょしゃくしてのちにぞ下りけるに」訳惟規は現職の蔵人なので、一緒について行くことはせず、五位に叙せられてから後に下ったのであったが。

しょ-じゅう【所従】名詞 付き従う者。家来・従者など。平家物語 鎌倉―物語 一一・嗣信最期「のちには、黄金商人のしょじゅうになり」訳後には砂金などを売買する人の従者になり。

***しょ-しん**【初心】名詞 ❶仏道修行や学問・芸能などの道において初歩の段階であること。学び始めであること。またその人。初学。初心者。徒然 鎌倉―随筆 九二「しょしんの人、二つの矢を持つことなかれ」訳初心者は二本の矢を持ってはいけない。❷世阿弥の能楽論で、芸の修行の各段階における芸の自覚・認識や、未熟な演技体験。花鏡 室町―論 奥段「しょしん忘るべからず」訳未熟なときの演技体験を忘れてはいけない。

***しょ-しん・なり**【初心なり】形容動詞ナリ (なら/なり・に/なり/なる/なれ/なれ) ❶仏道修行や学問・芸能などの道において初歩の段階だ。学び始めである。❷世慣れていない。すれていない。うぶだ。一代男 江戸―物語 浮世・西鶴「しょしんなる女郎は」訳世慣れていない女郎は。◇江戸時代の語。

しょ-せん【所詮】

一 名詞 結果として落ち着くところ。究極。沙石 鎌倉―説話 四「聖教は、文を読むを本意とせず、咎を除くをしょせんとす」訳仏の教えは、文を読むことを本来の目的とせず、あやまちを取り除くことを究極の目的とする。**二** 副詞 つまるところ。結局。要するに。保元 鎌倉―物語 上「しょせん、宣旨によって御上洛候ふか、院宣に従って参らせ給ひ候ふか、承らん」訳つまるところ、天皇の命でご上洛なさるか、院の命に従っておいでになるか、うかがおう。

しょ-ぞん【所存】 名詞 心中に思っていること。考え。おもわく。

しょ-たい【所帯】 **一** 名詞 身に付けているもの。地位・官職・領地・財産など。平家物語 鎌倉―物語 三・御産「しょたい・所職を帯する程の人」訳財産・官職を持つほどの人。**二** 名詞／―す 自動詞サ変 一家を構え、独立した生計を立てること。仁勢 江戸―物語 仮名「伊勢の国にてしょたいしてあらん」訳伊勢の国で一家を構え、独立した生計を立てて住もう。

じょ-だい【序題・序代】 名詞 序文。はしがき。

しょ-だいぶ【諸大夫】 名詞 ❶親王家・摂関家・大臣家の「家司」として朝廷から任命された四位または五位の官人。❷武家で、五位に叙せられた侍。◆「しょだいふ」とも。

しょ-たう【所当】 名詞 ❶官・領主に納める割り当てられた物。❷(法や道理に照らして)当を得たこと。適当。相当。

しょ-だう【諸道】 名詞 さまざまな専門の道。

しょ-ち【所知】 名詞 領地として所有している土地。所領。領有地。

しょ-てん【諸天】 名詞 仏教語。もろもろの天上界。また、天上界に住んで仏法を守護する神々。

序破急 文芸 舞楽・能楽などで、曲の構成や演出の上での形式の一つ。一曲を三部に区分して、「序」は緩やかで自由な拍子の導入部、「破」は変化のある拍子の展開部、「急」は急速な拍子の終局部とする。三部構成の基本形式として、能楽の演出のほか、他の音楽・舞踊や文芸などにも用いられる。

しょ-まう【所望】 名詞 望み願うこと。欲しがること。希望。

***しょ-や【初夜】** 名詞 ❶一昼夜を六分した「六時」の一つ。夜を初・中・後に三分した最初の時間で、だいたい午後六時から午後九時までに当たる。対中夜・後夜。❷戌の刻のこと。午後八時ごろ。また、午後七時ごろから午後九時ごろまで。❸仏教語。戌の刻に行う勤行。また、その時につき鳴らす鐘。◆「そや」とも。

しょ-らう【所労】 名詞 病気。わずらい。平家物語 鎌倉―物語 三・医師問答「しょらういよいよ大事なる由その聞こえあり」訳病気がますます重いという評判がある。

しょ-りゃう【所領】 名詞 領地。

しょ-ゐ【所為】 名詞 行為。しわざ。

じょ-ゐ【叙位】 名詞 ❶位を授けること。❷平安時代以降、宮中で、陰暦正月五日・六日、または七日に、五位以上の位を授ける行事。

しょ-ゐん【書院】 名詞 ❶寺院や公家・武家で、読書・講義などをする部屋。書斎。❷書院造りの座敷で、床の間に接して縁側に張り出して作った、窓付きの棚。窓には明かり障子を立て、棚板は机の代用になる。付け書院。❸書院造りの表座敷。江戸時代、儀式や客の応接などに用いた。

しょゐん-づくり【書院造り】 名詞 建築様式の一つ。室町時代の末期以降、主に武家の住宅に行われた。建物内は襖障子や明かり障子で間仕切りした畳敷きの部屋に分かれていて、表座敷には床・棚・付け書院があり、また、玄関が設けられている。室町時代末期に起こって桃山時代に完成し、現在の日本風住宅様式の基礎となった。

しら-あしげ【白葦毛】 名詞 馬の毛色の一つ。葦毛に白毛が多く混じったもの。「しろあしげ」とも。

しら-あわ【白泡】 名詞 水などに立つ白い泡。

しらあわ-かま・す【白泡嚙ます】 連語 馬の口から白い泡を吹かせる。▼馬が勇み立つようすを言う。平家物語 鎌倉―物語 九・生ずきの沙汰「しらあわかませ、舎人あまたついたりけれども、なほ引きもためず」訳(馬は)口から白い泡を吹かせ、馬の口取りの男が大勢ついていたのに、それでもやはり引きとどめることもできず。

(書院造り)

しらうめに… 俳句「白梅に明くる夜ばかりとなりにけり」から檜葉 江戸―句集 俳諧・蕪村 訳冬も終わり、ほころび始めた白梅の花が闇からしらじらと浮かび上がる夜明けを迎えるころとなった。鑑賞 蕪村の辞世の句。没したのは十二月であるが、蕪村の心はすでに初春の明け方を向いている。季語は「白梅」で、季は春。

しら-え-ず【知らえず】 連語 なりたち 動詞「しる」の未然形＋奈良時代以前の受身の助動詞「ゆ」の未然形＋打消の助動詞「ず」 (他人にその真価を)知られない。万葉集 奈良―歌集 一〇一八「白珠は人にしらえず知らずともよし」訳⇩しらたまは…。

しら-え-ぬ【知らえぬ】 連語 なりたち 動詞「しる」の未然形＋奈良時代以前の可能・自発の助動詞「ゆ」の連用形＋完了の助動詞「ぬ」の終止形 知られた。わかった。万葉集 奈良―歌集 八五三「あさりする海人の子どもと人は言へど見るにしらえぬうまひとの子と」訳魚をとる漁師の子供だと人は言うけれど、私には一目見て知ることができました、良い家柄の娘であると。

しら-か【白香】名詞 麻や楮などの繊維を細かく裂き、さらして白髪のようにして束ねたもの。神事に使った。

しら-がさね【白重ね・白襲】名詞 襲の色目の一つ。表・裏ともに白色。陰暦四月一日の衣替えから着用する。「しろがさね」とも。

しら-かし【白樫・白橿】名詞 木の名。葉は細長く、裏は白色を帯びる。どんぐりの実をつける。

白河の関 地名 歌枕 今の福島県白河市旗宿にあった関所。蝦夷に備えて奈良時代以前に設けられ、東北地方への出入り口に当たる。勿来の関、念珠が関とともに奥州三関の一つ。芭蕉が『奥の細道』に「この関は三関の一にして、風騒の人(=詩人・文人)心をとどむ」と記したように、この関を詠んだ歌は多い。

しらかは-よふね【白川夜船】名詞 熟睡していて、その間の事情を何も知らないこと。「しらかはよぶね」とも。◆京の地名「白川」を聞かれて川の名と思い込み、「夜船で通ったから知らない」と答えて、京見物をしていないことを暴露したという話から。

-しらが・ふ 接尾語 ハ四 ❶(目立つように)わざと…する。「見えしらがふ」。❷争って…する。「追ひしらがふ」「奪ひしらがふ」

しらぎ【新羅】名詞 古代朝鮮半島にあった国名。七世紀に半島を統一し、十世紀前半に高麗に滅ぼされた。◆古くは「しらき」。

***しら・く**【白く】一 自動詞 カ下二{け/け/く/くる/くれ/けよ} ❶**白くなる。色があせる。** 万葉集 奈良―歌集 一七四〇「黒かりし髪もしらけぬ」訳黒かった髪も白くなってしまった。❷**気分がそがれる。興がさめる。しらける。** 冥途飛脚 江戸―浄瑠 浄瑠・近松「恋に浮き世を投げ首の酒もしらけて醒めにけり」訳恋に浮かれてこの世を捨てるほど思案に余って酒の酔いも気分がそがれてさめてしまった。❸**間が悪くなる。気まずくなる。** 十訓抄 鎌倉―説話 八「しらけて、実方は立ちにけり」訳気まずくなって、実方は立ってしまった。

二 他動詞 カ下二{け/け/く/くる/くれ/けよ} **明らかにする。すっかり打ち明ける。** 一代女 江戸―物語 浮世・西鶴「万しらけて物を語りけるに」訳すべてをすっかり打ち明けて話したら。

1**しら・ぐ** 他動詞 ガ下二{げ/げ/ぐ/ぐる/ぐれ/げよ} (棒やむちで)**打つ。たたく。** 平家物語 鎌倉―物語 一・鹿谷「しら杖をもってかの聖がうなじをしらげ」訳白い杖でその聖人の首をたたき。

2**しら・ぐ**【精ぐ・白ぐ】他動詞 ガ下二{げ/げ/ぐ/ぐる/ぐれ/げよ} ❶**玄米を白米にする。精白する。** 宇津保 平安―物語 吹上上「米しらげたり」訳米を精白した。❷(木などを)**削って白くする。** 日本永代蔵 江戸―物語 浮世・西鶴「太箸をとる由来を問ひける。『あれは、汚れし時しらげて…』」訳太い箸を使うわけを尋ねた。「あれは、汚れたとき削って白くして…」。❸**仕上げる。精製する。** 文武二道 江戸―物語 黄表「しらげすませし文武二道」訳すっかり仕上げた文武二つの道。

しらくもに… 和歌 「白雲に 羽うち交はし 飛ぶ雁の 数さへ見ゆる 秋の夜の月」古今 平安―歌集 秋上・よみ人知らず 訳白雲の浮かぶ高い夜空に羽を連ねて飛んでゆく雁の、その数までもが見えるほどに明るい、秋の夜の月よ。

鑑賞 雁が斜めに連なって飛ぶのを雁行というが、そのようすを「羽うち交はし」といっている。さえざえと月が明るいので、雁の数までもわかるのだという。「さへ」は添加を表す副助詞で、「…までも」と訳す。秋の夜空に白雲と雁を配し、月の明るさを強調して、『古今和歌集』らしく、絵のような情景を知的にとらえている。

しらくも-の【白雲の】枕詞 白雲が立ったり、山にかかったり、消えたりするようすから「立つ」「絶ゆ」「かかる」にかかる。また、「立つ」と同音を含む地名「竜田」にかかる。万葉集 奈良―歌集 三五一七「しらくもの絶えにし妹をあぜせろと心に乗りてここばかなしけ」訳(仲の)絶えてしまった娘を、どうしろといって心に乗りかかってこうも悲しいのか。

***しらし-め・す**【知らしめす・領らしめす】他動詞 サ四{さ/し/す/す/せ/せ}

なりたち 動詞「しる」の未然形＋奈良時代以前の尊敬の助動詞「す」からなる「しらす」に尊敬の補助動詞「めす」の付いたかたちが一語化したもの。

「知る・領る」の尊敬語 **お治めになる。** ▼連語「知らす」より敬意が高い。万葉集 奈良―歌集 二九「天の下しらしめしけむ天皇の」訳天下をお治めになる天皇の。

参考 奈良時代以前の語。平安時代以降は「しろしめす」。

しら-じら・し【白白し】形容詞 シク{しく・しから/しく・しかり/し/しき・しかる/しけれ/しかれ} ❶**いかにも白い。白々としている。** 和漢朗詠集 平安―歌集 白「しらじらし白けたる年の月影に雪かきわけて梅の花折る」訳いかにも白い白髪の年齢の人が月の光に雪をかきわけて梅の花を折る。❷**味気ない。興ざめだ。** 枕草子 平安―随筆 をのこは「いみじう美々しうてをかしき君たちも、随身なきはいとしらじらし」訳たいそうはなやかで美しく立派な貴公子たちも、護衛の者がついていないのは、たいそう興ざめだ。❸**そらぞらしい。しらじらしい。** 曾根崎心中 江戸―浄瑠 浄瑠・近松「はったと睨む顔つきは、けにもなげにしらじらし」訳きっとにらむ顔付きは、取りつくしまもないようすでそらぞらしい。◆古くは「しらしらし」。

1**しら-す**【白州・白洲】名詞 ❶白い砂の州。平家物語 鎌倉―物語 三・有王「沖のしらすにすだく浜千鳥」訳沖の白い砂の州に集まる浜千鳥。❷屋敷の玄関前や庭などの、白い砂を敷いた所。❸奉行所で、訴訟を審理して罪人を取り調べる、白い砂を敷いた場所。

2**しら-す**【知らす・領らす】連語

なりたち 動詞「しる」の未然形＋奈良時代以前の尊敬の助動詞「す」

「知る・領る」の尊敬語 **お治めになる。統治なさる。** 万葉集 奈良―歌集 四〇九四「天の日嗣としらし来る君の御代御代」訳天にある神の子孫としてお治めになってくる大君の代々。◆奈良時代以前の語。

しら-ず【知らず】連語

なりたち 動詞「しる」の未然形＋打消の助動詞「ず」

❶**わからない。はかり知れない。** 万葉集 奈良―歌集 二〇八「秋山の黄葉を茂み迷ひぬる妹を求めむ山道

しらずも」訳⇨あきやまの…。❷〔文頭に用い、係助詞「か」を下接して〕…かしら。さあねえ。方丈記 鎌倉—随筆「しらず、生まれ死ぬる人、いづかたより来たりて、いづかたへか去る」訳さあねえ。生まれたり死んだりする人はどちらから来てどちらへ消えて行くのか。❸〔「…はしらず」の形で〕…はいざ知らず。…はさておき。平家物語 鎌倉—物語 一〇・藤戸「天竺・震旦はしらず、我が朝には希代のためしなり」訳インドや中国はさておき、我が国では世にもまれな例である。

しらず-がほ【知らず顔】シラズガオ 名詞 知らないふりをすること。そしらぬ顔。「しらぬがほ」とも。

しらず-がほ・なり【知らず顔なり】シラズガオナリ 形容動詞 ナリ〔なら/なり・に/なり/なる/なれ/なれ〕知らないふりをする。知らん顔だ。源氏物語 平安—物語 絵合「このたびは思ほしとまりて、ただしらずがほにもてなし給へれど」訳今度は思いとどまりなさって、ただ知らん顔でお振る舞いなさったが。対知り顔なり。

しらすげ-の【白菅の】枕詞 白菅(=草の名)の名所であることから地名「真野」にかかる。万葉集 奈良—歌集 二八〇「いざ子ども大和へ早くしらすげの真野の榛原手折りて行かむ」訳さあみんな、大和へ早く真野の榛原にある榛の枝を手折って帰ろうよ。

しら-ず-しも-あら-じ【知らずしもあらじ】連語 なりたち 動詞「しる」の未然形＋打消の助動詞「ず」の連用形＋副助詞「しも」＋ラ変動詞「あり」の未然形＋打消推量の助動詞「じ」 知らないわけでもあるまい。徒然 鎌倉—随筆 二三四「人のものを問ひたるに、しらずしもあらじ、ありのままに言はんはをこがましとにや」訳人が、何かを尋ねているのに、知らないわけでもあるまい、ありのままに答えるのは、ばかげたことに思ってであろうか。

しらず-よみ【知らず詠み】名詞 相手の真意に気がつかないふりをして返歌を詠むこと。

しら-だいしゅ【白大衆】名詞 官位のない僧たち。

しら-たま【白玉・白珠】名詞 白色の美しい玉。また、真珠。愛人や愛児をたとえていうこともある。万葉集 奈良—歌集 一〇一八「しらたまは人に知らえず知らずともよし」訳⇨しらたまは…。

しらたまか… 和歌「白珠か 何ぞと人の 問ひしとき 露と答へて 消えなましものを」伊勢物語 平安—物語 六 訳「白玉かしら、何かしら」とあの人が尋ねたとき、「露だよ」と答えて、私の身も露のようにそのまま消えてしまえばよかったのに。

鑑賞『新古今和歌集』「哀傷」では、結句が「けなましものを」。ある男が、女を盗み出して芥川という川まで来たとき、女は草の上に置く露を見て「あれは何？」と尋ねたけれど、答えずに荒れはてた蔵に女を押し入れ、自分は戸口で守っていた。ところが夜が明けてみると女は鬼に食われてしまっていたという「鬼一口説話」で、その時男が詠んだ歌という。鬼が女を食う話は、『今昔物語集』などにも見える。「なまし」は完了の助動詞「ぬ」の未然形＋反実仮想の助動詞「まし」の連体形。「露」「消え」は縁語。

しらたまは… 和歌「白珠は 人に知らえず 知らずともよし 知らずとも われし知れらば 知らずともよし」万葉集 奈良—歌集 一〇一八・元興寺の僧 訳真珠は人に知られていない。だが人は知らなくてもいい。人は知らなくても、自分がその価値を知っていれば、人は知らなくてもよい。

鑑賞この歌の左注には、元興寺のある僧が、すぐれた知識才能を有していたにもかかわらず、周囲から理解されずにいることを嘆いた作であると伝える。歌体は5・7・7、5・7・7の形式からなる旋頭歌。「白珠」は真珠のことで、ここでは自分の才能のたとえ。「知らえず」の「え」は受身の助動詞「ゆ」の未然形。「白珠」のあとに「知らえず」「知らず」など「しら」の音を繰り返して一首に技巧的なリズム感をもたらしている。

しら-つきげ【白月毛】名詞 馬の毛色の一つ。白みを帯びた月毛。「しろつきげ」とも。

＊**しら-つゆ【白露】**名詞 (白く光って見える)露。古今 平安—歌集 物名「秋近う野はなりにけりしらつゆの置ける草葉も色変はりゆく」訳秋も間近なようすに野原はなってしまった。白露の置いている草の葉も色が変わっていく。

しらつゆに… 和歌 百人一首「白露に 風の吹きしく 秋の野は 貫きとめぬ 玉ぞ散りける」後撰 平安—歌集 秋中・文屋朝康 訳(草の葉の)白露に、風がしきりに吹いている秋の野は、まるで糸で貫き通していない玉が散りこぼれているように見えることだよ。

1**しらつゆ-の【白露の】**枕詞 露が、置くことから「置く」に、また、消えやすいことから「消」にかかる。また、「置く」と同音の「起く」「奥」にもかかる。古今 平安—歌集 恋一「つれもなき人をやねたくしらつゆのおくとは嘆き寝とはしのばむ」訳薄情なあの人を、どうして起きては嘆き寝ては慕わなければならないのだろう。

2**しらつゆの…** 和歌「しら露の 色はひとつを いかにして 秋の木の葉を ちぢにそむらむ」古今 平安—歌集 秋下・藤原敏行 訳白露の色はただ白一色なのに、それをどのようにして、秋の木の葉をさまざまな色に染めるのであろうか。

鑑賞秋の木の葉がさまざまな色に彩られて美しい姿をしているのを、白露のなせるわざと解し、そんなことを白一色の露がどうしてできるのかと疑問視することによって、秋の紅葉を賛嘆している。「らむ」は「秋の木の葉をちぢにそ」めている現在の事実に対して、その原因・理由を推量している。

しらつゆも… 俳句「白露も こぼさぬ萩の うねりかな」芭蕉庵再興 江戸—句集 俳諧・芭蕉 訳萩が、その花や葉に美しい白露をいっぱいに宿している。時折、夕風が吹くが、しなやかに身をくねらせながら、置く露をこぼそうともしない。

鑑賞夕風に吹かれる野の萩の風情を詠みとった句。中七が「こぼれぬ萩の」の形も伝わるが、それでは、風の前に辛くも身を持ちこたえる萩の、可憐な風情が出ない。季語は「白露」で、季は秋。

しらつゆや… 俳句「白露や 茨の刺に ひとつづつ」蕪村句集 江戸—句集 俳諧・蕪村 訳庭には朝露が一面に降りている。葉を落とした茨に近寄って見ると、鋭いとげの一つ一つに白露がきらきらと光っている。

鑑賞花のある茨は夏の季語であるが、この句の季語は秋の「白露」で、秋冷の朝の庭の景色を描いた句である。

しらとり-の【白鳥の】枕詞 白鳥が飛ぶことから地名「飛羽山」に、また、鷺が白い鳥であることから同

し

音を含む地名「鷺坂山(さぎさかやま)」にかかる。万葉集 奈良―歌集 五八八「しらとりの飛羽山松の待ちつつぞ我が恋ひ渡るこの月ごろを」訳飛羽山の松で待ちながら私はあなたを恋い続けます。この幾月を。

しら-なみ【白波・白浪】名詞 ❶**白く立つ波。** ❷**盗賊。**「はくは」「はくらう(白浪)」とも。方丈記 鎌倉―随筆「所、河原近ければ、水の難も深く、しらなみの恐れも騒がし」訳場所は、河原が近いので、水の災難も多く、盗賊の恐れもあり、穏やかではない。◇『後漢書(ごかんじょ)』に見える賊の名「白波(はくは)賊」の「白波」を訓読した語。

しらなみ-の【白波の】枕詞 白波が浜に打ち寄せることから「よる」「かへる」などにかかる。また、「しろ」を含む「いちしろし」、「うち」を含む「うちしきり」などにもかかる。万葉集 奈良―歌集 三〇二三「隠(こも)り沼(ぬ)の下ゆ恋ひ余りしらなみのいちしろく出(い)でぬ人の知るべく」訳底から恋心が溢れてはっきりと現れてしまった。他人にわかるほどに。

しら-に【知らに】連語 **知らないで。知らないので。** 万葉集 奈良―歌集 七九四「言はむすべ為(せ)むすべしらに」訳言う方法もする方法も知らないので。◆「に」は打消の助動詞「ず」の古い連用形。奈良時代以前の語。

しらぬ-がほ【知らぬ顔】シラヌガオ 名詞「しらずがほ」に同じ。

しらぬ-がほ・なり【知らぬ顔なり】シラヌガオナリ 形容動詞ナリ{なら/なり・に/なり/なる/なれ/なれ}「しらずがほなり」に同じ。源氏物語 平安―物語 夕霧「年ごろもむげに見知りたまはぬにはあらねど、しらぬがほにのみもてなしたまへるを」訳数年来の気持ちもまるでお気づきにならないということではなかったけれど、いつも知らないふりで応対なさっていらっしゃったのを。

[1]**しらぬ-ひ**【不知火】シラヌイ 名詞 九州の有明海(ありあけかい)や八代海(やつしろかい)の沖にゆらめいて見える無数の灯火のような火。

[2]**しらぬひ** シラヌイ 枕詞 語義・かかる理由未詳。地名「筑紫(つくし)」にかかる。「しらぬひ筑紫」。◆平安時代以降「しらぬひの」とも。

しら-ぬり【白塗り】名詞 白く彩色したもの。白土を用いたり銀めっきをしたりする。

しら-はた【白旗】名詞 ❶**戦場で用いる白い旗。**▼降伏の標識として用いる。❷源平合戦のころ、平家の赤旗に対して源氏が用いた旗。

しら-びやうし【白拍子】シラビョウシ 名詞 歌舞の一つ。また、その舞を舞う職業の遊女。水干・立て烏帽子(えぼし)の装束に白鞘巻(しらさやまき)の太刀を帯びて男装した遊女が、今様(いまよう)を歌いながら舞った。平安時代末期から鎌倉時代にかけて行われた。参照▼口絵

-しら・ふ シラウ 接尾語 ハ四〔動詞の連用形に付いて〕**その場にふさわしく…する。**「あへしらふ」「恥ぢしらふ」

しら・ぶ【調ぶ】他動詞 バ下二{べ/べ/ぶ/ぶる/ぶれ/べよ} ❶**音律を整える。調律する。** 源氏物語 平安―物語 横笛「律(りち)にしらべられて、いとよく弾き慣らしたる」訳(和琴(わごん)は)律の調子に調律されて、たいそうよく弾き慣らしてあるのが。❷**演奏する。奏する。かなでる。** 蜻蛉 平安―日記 下「箏(さう)の琴(こと)・琵琶(びは)など、折にあひたる音(ね)にしらべなどして」訳箏・琵琶など、時節にふさわしい音色で演奏するなどして。❸〔「かたりしらぶ」の形で〕**調子づく。図に乗る。** 枕草子 平安―随筆 にくきもの「我もとより知りたることのやうに、異人(ことひと)にも語りしらぶるも、いとにくし」訳自分が以前から知っていたことのように、他人にも調子づいて話すのもたいそう不快だ。

*__しらべ__【調べ】名詞 ❶**楽器の調子。音律。音調。**また、音律を整えること。源氏物語 平安―物語 若菜下「御琴どものしらべども整ひ果てて」訳御琴などの音律などもすっかり整って。❷**演奏。演奏する曲。** 源氏物語 平安―物語 明石「心ことなるしらべをほのかに掻(か)き鳴らし給(たま)へる」訳格別の曲をかすかに弾き鳴らしなさった。

しらべ-あは・す【調べ合はす】シラベアワス 他動詞 サ下二{せ/せ/す/する/すれ/せよ} **楽器の調子や音律を合わせ整える。** 徒然 鎌倉―随筆 二二〇「当寺の楽はよく図をしらべあはせて」訳この寺の音楽は図竹(ずだけ)(=雅楽用の調子笛)に調子や音律を合わせ整えて。

しら-ぼし【白干し・素乾し】名詞 魚・鳥・野菜などを、塩につけずにそのまま干した食品。素干(すぼ)し。

[1]**しら-まゆみ**【白真弓・白檀弓】名詞 **まゆみの木で作った、白木のままの弓。** 万葉集 奈良―歌集 一八〇九「しらまゆみ靫(ゆき)取り負ひて」訳まゆみの木で作った白木のままの弓を入れた靫を背負って。

[2]**しら-まゆみ**【白真弓・白檀弓】枕詞 弓を張る・引く・射ることから、同音の「はる」「ひく」「いる」などにかかる。万葉集 奈良―歌集 一九二三「しらまゆみいま春山(はるやま)に行く雲の行きや別れむ恋しきものを」訳今、春山に流れて行く雲のように行き別れることか。恋しくてならないのに。

[1]**しら・む**【白む】自動詞 マ四{ま/み/む/む/め/め} ❶**白くなる。明るくなる。** 今昔物語 平安―説話 一三・一二「夜、やうやく明けしらむ程に」訳夜が、だんだん明けて明るくなるにつれて。❷**衰える。** 宇津保 平安―物語 俊蔭「手触れで久しくなりにけるに、声もしらまず」訳手を触れないままで長い時がたったのに、音色も衰えず。❸**勢いがくじける。ひるむ。** 曾我物語 鎌倉―物語 八「すでに矢をこそ抜き出(い)だす。源太も、しらまぬ者なれば」訳早くも矢を抜き出す。源太もひるまない男なので。

[2]**しら・む**【調む】他動詞 マ下二{め/め/む/むる/むれ/めよ} ❶「しら(調)ぶ❷」に同じ。平家物語 鎌倉―物語 五・月見「琵琶(びは)をしらめて」訳琵琶を演奏して。❷**吟味して整える。** 文正草子 江戸―物語 御伽「文正、また、杯をばしらめて中将殿にさしにけり」訳文正は、また杯を吟味して整えて、中将殿に注いだ。

しら-め【白目・白眼】名詞 しろめ。気絶したときなど目玉が白目がちになった状態をいう。

白山(しらやま) 地名 歌枕 今の石川県と岐阜県の境にそびえる白山(はくさん)の古名。信仰の山として知られ、和歌にも「越(こし)の白山」と詠まれた。

しらゆふ-はな【白木綿花】シラユウハナ 名詞 白い「木綿(ゆふ)」で作った造花。波頭の白さや流れ落ちる水の飛び散るようすをたとえて言う。

[1]**しり**【尻】名詞 腰の後ろ下の部分。臀部(でんぶ)。

[2]**しり**【後】名詞 ❶**後ろ。あと。後部。** 枕草子 平安―随筆 祭のかへさ「男車の誰(たれ)とも知らぬが、しりにひき続きて来るも」訳男車でだれだともわからないのが、後ろについて来るのも。❷**末端。末。**▼先端に対していう。源氏

物語 平安―物語 梅枝「筆のしりくはへて」訳筆の末端をくわえて。❸「下襲」の「裾(=長く垂れた、すそ)」。

³‐しり【尻】接尾語 矢羽に用いる鳥の尾羽を数える語。一尻は、大鷲の尾羽十四枚、小鷲の尾羽十二枚。

じ‐り【事理】名詞 仏教語。さまざまな現象(=事)と、その根本にある真理(=理)。徒然 鎌倉―随筆 一五七「じりもとより二つならず」訳さまざまな現象とその根本にある真理は、本来別のものではない。

しり‐あし【後足・尻足】名詞 後ろ足。あと足。

しりう‐ご・つ【後言つ】自動詞 タ四{た/ち/つ/つ/て/て} 陰口を言う。源氏物語 平安―物語 紅梅「『見所少なくやならまし』など、しりうごちて」訳「見所が少なくなってしまうだろうに」などと、陰口を言って。

*しりう‐ごと【後言】名詞 陰口。枕草子 平安―随筆 関白殿、二月二十一日に「なにか、しりうごとには聞こえむ」訳どうして、陰口など申しましょうか。

しりえ〔後方〕⇩しりへ

しり‐がい【鞦・尻繫】名詞「しりがき」のイ音便。牛馬の腰から尻に掛ける紐。また、馬の鞍から腰・尾に掛ける紐。参照▼口絵

しり‐がき【鞦・尻繫】名詞「しりがい」に同じ。

しり‐がほ【知り顔】名詞 いかにも知っているような顔つき。知ったかぶり。

しり‐がほ・なり【知り顔なり】形容動詞 ナリ{なら/なり・に/なり/なる/なれ/なれ} いかにも知っているという顔付きだ。知ったかぶりをする。枕草子 平安―随筆 頭の中将の「これが末をしりがほに、たどたどしき真名に書きたらむも、いと見ぐるしと」訳この漢詩の下の句を知ったかぶりで、心もとない漢字を書いているようなのも、たいへんみっともないと。

じ‐りき【自力】名詞 ❶自分ひとりの力。❷仏教語。仏にすがらず自分ひとりの力で修行して悟りを得ようとすること。対他力。

しり‐きれ【尻切れ】名詞 かかとの当たる部分が狭いわらぞうり。あしなか。

(尻切れ)

しり‐くさ【知り草・尻草】名詞 湿地に自生する三角藺の別名。また、灯心草の別名ともいう。

しり‐ぐち【後口・尻口】名詞 牛車の、後方にある乗り口。簾や下簾が掛けてある。「しりくち」とも。

しりくべ‐なは【尻久米縄・注連】名詞 清浄な場所に張り渡して、立ち入り禁止の印にした縄。のち、神前に張り渡したり、正月の飾りにしたりした。しめなわ。「しりくめなは」とも。

しりくめ‐なは【尻久米縄・注連】名詞「しりくべなは」に同じ。

しりこた・ふ【後答ふ・尻答ふ】自動詞 ハ下二{へ/へ/ふ/ふる/ふれ/へよ} 矢が命中した手応えがある。今昔物語 平安―説話 二七・三四「音を推し量りて射たりければ、しりこたへつとおぼえて」訳声がする方向にねらいをつけて矢を射ると、矢が命中した手応えがあったと感じて。

しり‐さき【尻先・後前】名詞 後ろと前。前後。あとさき。枕草子 平安―随筆 うつくしきもの「人のしりさきに立ちてありくもをかし」訳(鶏のひなが)人の前後に立って歩くのもかわいい。

しり‐ざや【尻鞘】名詞 太刀の鞘を雨露から守るための袋。虎、熊、猪などの毛皮を用いた。「しざや」とも。参照▼口絵

*しり‐ぞ・く【退く】一 自動詞 カ四{か/き/く/く/け/け} ❶引き下がる。後ろへ下がる。日本書紀 奈良―史書 孝徳「座を避りてしりぞきて」訳座るための敷物をよけて引き下がって。❷退出する。著聞集 鎌倉―説話 二五九「舞ひてしりぞき入りければ」訳舞ってすっかり退出したので。❸引退する。身を引く。徒然 鎌倉―随筆 一三四「拙きを知らば、なんぞやがてしりぞかざる」訳巧みでないことを知ったなら、どうしてすぐに引退しないのか。

(尻鞘)

二 他動詞 カ下二{け/け/く/くる/くれ/けよ} ❶引き下がらせる。平家物語 鎌倉―物語 五・福原院宣「朝家の怨敵をしりぞけよ」訳朝廷の怨みのある敵を引き下がらせよ。❷遠ざける。徒然 鎌倉―随筆 一八「奢りをしりぞけて財を持たず」訳ぜいたくを遠ざけて財産を持たない。

しり‐に‐た・つ【後に立つ】連語 人の後ろについて行く。人に従って行く。伊勢物語 平安―物語 二四「女いとかなしくて、しりにたちておひゆけど」訳女はとても切なく悲しくて、男の後ろについて追って行くが。

*しり‐へ【後方】名詞 ❶後ろの方。後方。万葉集 奈良―歌集 六〇八「相思はぬ人を思ふは大寺の餓鬼のしりへに額づくがごと」訳⇩あひおもはぬ…。❷(競技や物合わせで、先に行う左方の組に対して、あとに行う)右方の組。蜻蛉 平安―日記 中「幼き人しりへの方にとられて出でにたり」訳幼い人は右方の組のほうに入れられて出場した。◆「へ」は方向の意。

しりへ‐ざま【後方様】名詞 後ろ向き。後ろの方。

しり‐め【後目・尻目】名詞 目だけをその方に向けて見ること。流し目。横目。源氏物語 平安―物語 澪標「女君は、しりめに見おこせて」訳女君は横目で見つめて。

しりめ‐に‐か・く【後目に懸く・尻目に懸く】連語 ❶横目で見る。浜松中納言 平安―物語 二「御かたがたの、細殿の内にこぼれ出でて苦しきまで見送るを、しりめにかけつつ過ぎ給ひぬるも」訳上、中臈の女房たちなどが細殿の内にはみ出て(感動で)息がつまるような思いをして見送るのを、横目で見ながら通り過ぎていらっしゃるのも。❷特に、媚びたり不機嫌だったり、またはさげすんだりして、横目で見る。一代男 江戸―物語 浮世・西鶴「もろこしに笑はせ、かほるがしりめにかけられ」訳唐土(=遊女の名)を笑わせ、薫に横目で見られ(色目を使われ)。

し‐りやう【死霊】名詞 死者の「怨霊」。対生き霊・生き霊。

しりうごと〔後言〕⇩しりうごと

しり‐ゐ【尻居】名詞 しりもちをつくこと。

し・る[1]【知る】

語義の扉
現代語よりも意味の幅が広い。㊀の❸❹や、㊁の意味には、注意がいる。㊁は、知るということがそれを支配することにつながる意味で古語「知る」を理解するポイントである。

- 一 [他動詞]
  - ㊀【知る】
    - ❶わかる。理解する。
    - ❷関わる。つき合う。
    - ❸世話をする。面倒をみる。
    - ❹気にする。かまう。
  - ㊁【知る・領る・治る】
    - ❶治める。統治する。
    - ❷所有する。領有する。
- 二 [自動詞] 知られる。

一 [他動詞]ラ四{ら/り/る/る/れ/れ}

㊀【知る】

❶**わかる。理解する。わきまえる。知る。**[新古今 鎌倉―歌集] 春上「山深み春ともしらぬ松の戸にたえだえかかる雪の玉水(たまみづ)」[訳]⇩やまふかみ…。

❷**関わる。つき合う。親しくする。**[土佐日記 平安―日記] 一二・二一「かれこれ、しるしらぬ、送りす」[訳]だれやかれや、親しくしている人も親しくしていない人も、私たちの見送りをする。

❸**世話をする。面倒を見る。**[源氏物語 平安―物語] 柏木「しる人もなくて漂はむことの、あはれに」[訳]面倒を見る人もなくて寄るべなく暮らすことが、かわいそうで。

❹〔打消の語を下接して〕**気にする。かまう。**[宇治拾遺 鎌倉―説話] 三・六「それもしらず、ただ逃げ出(い)でたるをことにして、向かひのつらに立てり」[訳]それもかまわず、自分だけ逃げ出したのをよいこととして、道の向こう側に立っている。

㊁【知る・領る・治る】

❶**治める。統治する。**[源氏物語 平安―物語] 桐壺「つひに世の中をしり給(たま)ふべき右の大臣(おとど)の御勢ひは」[訳]結局は世を治めなさるはずの右大臣のご勢力は。◇「領る」「治る」とも書く。

❷**所有する。領有する。**[徒然 鎌倉―随筆] 二三六「しだのなにがしとかや、しる所なれば」[訳]しだの某(なにがし)とかいう人の領有しているところなので。◇「領る」「治る」とも書く。

二 [自動詞]ラ下二{れ/れ/る/るる/るれ/れよ} **知られる。**[拾遺 平安―歌集] 恋一「恋すてふわが名はまだき立ちにけり人しれずこそ思ひそめしか」[訳]⇩こひすてふ…。

し・る[2]【痴る】[自動詞]ラ下二{れ/れ/る/るる/るれ/れよ}

❶**ぼんやりとなる。ぼける。愚かになる。**[竹取物語 平安―物語] かぐや姫の昇天「心地(ここち)ただしれにしれて」[訳]気持ちがただもうぼんやりとなって。

❷〔助動詞「たる」を伴って「痴れたる」の形で〕**物好きである。いたずら好きである。**[徒然 鎌倉―随筆] 一〇七「亀山の院の御時、しれたる女房ども、若き男達の参らるるごとに、ほととぎすや聞きたまへると問ひて心みられけるに」[訳]亀山の御治世に、いたずら好きの女房たちが、若い男性たちが参内するたびに「ほととぎすの声をお聞きになられましたか」と問い試したところ。

しるし[1] [名詞]

㊀【標・印・証】

❶**目じるし。**[徒然 鎌倉―随筆] 一八三「人つく牛をば角を切り、人くふ馬をば耳を切りて、そのしるしとす」[訳]人を刺し通す牛はその角を切り、人に食いつく馬はその耳を切って、その目じるしとする。

❷**墓。**[定家卿百首 鎌倉―歌集] 謡曲「これはいかなる人のしるしにて候ふぞ」[訳]これはどのような人の墓なのですか。

❸**合図。**[大鏡 平安―物語] 師輔「かかるしるしを見せ給(たま)ふはずは、いかでか見奉り給ふらむとも知らまし」[訳]このような合図をなさらなかったならば、(斎院が宮たちを)お見申し上げなさっていらっしゃるだろうと、どうしてわかろうか、いや、わからないだろう。

❹**証拠。**[源氏物語 平安―物語] 桐壺「亡き人の住みか尋ね出(い)でたりけむしるしの釵(かんざし)ならましかば」[訳]亡くなった人の住みかを捜し出してきたという証拠のかんざしであったとしたら(うれしいのに)。

㊁【徴・験】

❶**前兆。兆し。**[徒然 鎌倉―随筆] 五〇「かの鬼の虚言(そらごと)は、このしるしを示すなりけり」[訳]あの鬼についてのうその話は、この(人々が病気になるという)前兆を示すものだったのだ。

❷**霊験。ご利益。**[更級 平安―日記] 夫の死「稲荷(いなり)より給ふしるしの杉よ」[訳]お稲荷様から下さる霊験の(ある)杉だよ。

❸**効果。かい。**[万葉集 奈良―歌集] 三三八「しるしなき物を思はずは一坏(ひとつき)の濁れる酒を飲むべくあるらし」[訳]⇩しるしなき…。

㊂【璽】**神璽(しんじ)。**▼三種の神器のうち、八尺瓊(やさかに)の曲玉(まがたま)。[平家物語 鎌倉―物語] 一一・内侍所都入「内侍所(ないしどころ)・しるしの御箱、太政官(だいじゃうぐゎん)の庁へ入らせ給ふ」[訳](内侍所に安置している)神鏡と神璽の御箱が、太政官の庁にお入りになられる。

しる・し[2]【著し】[形容詞]ク{(く)・から/く・かり/し/き・かる/けれ/かれ}

語義の扉
はっきりと目立つようすを表す。現代語の「いちじるしい」のもとになった語。
- ❶はっきりわかる。明白である。
- ❷まさにそのとおりだ。予想どおりだ。

❶**はっきりわかる。明白である。**[源氏物語 平安―物語] 若紫「いといたうやつれ給(たま)へれど、しるき御さまなれば」[訳]たいそうひどく目立たなくなっていらっしゃるが、(普通の人ではないことは)はっきりわかるごようすなので。

❷〔「…もしるし」の形で〕**まさにそのとおりだ。予想どおりだ。**[方丈記 鎌倉―随筆] 「世の乱るる瑞相(ずいさう)とか聞けるもしるく、日を経(へ)つつ世の中浮き立ちて、人の心もをさまらず。」[訳]世の中が乱れる前兆だとか聞いたのも、まさにそのとおりで、日がたつにつれて、世の中が浮き足立って、人心が不穏になる。

しるしなき… 和歌「験なき 物を思はずは 一坏の 濁れる酒を 飲むべくあるらし」万葉集 奈良―歌集 三三八・大伴旅人 訳かいのない物思いなんかしないで、一杯の濁った酒を飲むべきであるらしい。
鑑賞 大伴旅人の「讃酒歌」十三首の最初の歌。旅人は当時の知識人の一人で、中国の詩文に明るく、この歌には中国の老荘思想の影響が見られる。「らし」は普通、根拠に基づく推定と説かれるが、ここでは断定を避けた言い方として使われている。

しる-しる【知る知る】連語 知りながら。知りつつ。伊勢物語 平安―物語 四二「昔、男、色好みとしるしる、女をあひへりけり」訳昔、男が色好みの女だと知りながら、たがいに求婚し合っていた。◆動詞「知る」の終止形を重ねたもの。

しる・す 他動詞サ四〔さ/し/す/す/せ/せ〕
㊀【徴す】前兆を示す。きざしを見せる。万葉集 奈良―歌集 三九二五「豊の年しるすとならし雪の降れるは」訳豊年の前兆を示しているらしい、雪が降っているのは。
㊁【標す】目印とする。古今 平安―歌集 雑体「積もれる年をしるせば五つの六つになりにけり」訳積み重ねた年を目印とすると、五の六倍(の三十年)になってしまった。
㊂【記す・誌す】書き付ける。記録する。万葉集 奈良―歌集 四三六六「吾が恋をしるして付けて妹に知らせむ」訳私の恋心を書き付けてあの人に知らせよう。

しる-ところ【領る所】連語 領地。領有する土地。伊勢物語 平安―物語 六六「むかし、男、津の国にしるところありけるに」訳昔、ある男が摂津の国(＝大阪府の一部と兵庫県の一部)に領地があったので。

しる-へ【後方】名詞「しりへ」に同じ。◆「しりへ」の奈良時代以前の東国方言。

しる-べ【知る辺・導】名詞 ❶道の案内をすること。また、その人・もの。道案内。道しるべ。❷教え導くこと。また、その人・もの。源氏物語 平安―物語 若菜下「何事をか、もの調へ知るしるべとはせむ」訳何を、音律を調える知る教えとしたらよいのか。❸知り合い。知人。

しる-よし-して【領る由して】連語 領地を所有する縁があって。伊勢物語 平安―物語 一「むかし、男、初冠して、奈良の京春日の里に、しるよしして、狩りにいにけり」訳昔、ある男が、元服して奈良の都の春日の里に領地を所有する縁があって、鷹狩りに出かけた。
なりたち 動詞「しる」の連体形＋名詞「よし」＋格助詞「して」

しれ-がま・し【痴れがまし】形容詞シク〔(しく)・しから/しく・しかり/し/しき・しかる/しけれ/しかれ〕愚かである。ばかげている。落窪物語 平安―物語 一「さて、『使ひよし』とはしも、なのたまひそ。いとしれがまし」訳それにしても「使いよい」などとは、おっしゃいますな。ほんとうにばかげている。◆「がまし」は接尾語。

しれ-ごと 名詞
㊀【痴れ言】ばかげた言葉。たわごと。平家物語 鎌倉―物語 四・競「平家の人どもがさやうのしれごとを言ふにこそあんなれ」訳平家の人たちがそんなばかげた言葉を言うのであるようだ。
㊁【痴れ事】ばかげた事。愚かな事。今昔物語 平安―説話 二八・三三「かかるしれごとして憎み笑はるる男なんありける」訳このようなばかげた事をして、憎まれ笑われる男がいたそうだ。

しれじれ・し【痴れ痴れし】形容詞シク〔(しく)・しから/しく・しかり/し/しき・しかる/しけれ/しかれ〕愚かしい。いかにも無知だ。枕草子 平安―随筆 円融院の御はての年「ともかくもいはで、しれじれしう笑みて走りにけり」訳(童は)どうとも答えないで、愚かしい笑顔をして走って行ってしまった。
◇「しれじれしう」はウ音便。

しれ-もの【痴れ者】名詞 ❶愚か者。ばか者。大鏡 平安―物語 師尹「御顔なども清げにおはしけれど、御心きはめたるしれものとぞ聞き奉りし」訳御顔などはうつくしくていらっしゃったが、御心はひどい愚か者であるとうかがった。❷芸事などに夢中になっている人。奥の細道 江戸―紀行 仙台「さればこそ風流のしれもの、ここに至りてその実を顕す」訳それだからこそ風流に夢中になっている人は、ここに至って、その事実をあきらかにする。

しれもの-ぐるひ【痴れ者狂ひ】名詞 愚かで常軌を逸していること。また、そういう人。

しろ【代】名詞 ❶代わりのもの。代用。万葉集 奈良―歌集 一六四二「梅の花咲かぬがしろに擬へてだに見む」訳梅の花が咲かないが、その代わりのものになぞらえて見よう。❷物の代わりに渡す金品。代物、または代金。烏帽子折 室町―能楽 謡曲「およそ烏帽子のしろは定まりて候ふほどに」訳だいたい烏帽子の代金は決まっておりますので。

しろ-あしげ【白葦毛】名詞「しらあしげ」に同じ。

しろい-もの【白い物】名詞「しろきもの」のイ音便。おしろい。枕草子 平安―随筆 宮にはじめてまゐりたるころ「裳・唐衣にしろいものうつりて」訳裳や唐衣におしろいがしみついて。

しろう ⇩しろふ

しろ-うすやう【白薄様】名詞 ❶白い薄手の鳥の子紙。❷五節の舞で殿上人が歌う歌謡の一つ。

しろ-がなもの【白金物】名詞 武具などにつける銀製、または銀めっきをした飾り金具。

しろ-かね【銀】名詞 ❶銀。▼「銅」「金」「鉄」に対していう。万葉集 奈良―歌集 八〇三「しろかねも金も玉も何せむに勝れる宝子に及しかめやも」訳⇩しろかねも…。❷銀貨。◆江戸時代以降は「しろがね」。

しろかねも… 和歌「銀も 金も玉も 何せむに 勝れる宝 子に及しかめやも」万葉集 奈良―歌集 八〇三・山上憶良 訳銀も金も玉も、どうしてすぐれた宝である子供に及ぼうか、決して及びはしない。
鑑賞「子らを思ふ歌」の題で作られた長歌「瓜食めば子ども思ほゆ栗食めばましてしぬはゆいづくより来たりしものそまなかひにもとなかかりて安眠し寝さぬ」〈⇩うりはめば…。〉の反歌。子を思う親心を表す歌として最も古い代表的な歌である。

しろ-かみ【白髪】名詞 しらが。白髪。

しろ-き【白酒】名詞 新嘗祭・大嘗祭などに神前に供える白い酒。◆「き」は酒のこと。対黒酒。

しろ-ぎぬ【白衣】名詞 ❶白い衣服。❷一般の人。俗人。▼僧侶の墨染め衣に対していう。◆「しろきぬ」とも。

しろき-もの【白き物】 名詞「しろいもの」に同じ。

しろ-ぐつわ【白轡】 名詞 白く光るように磨いた鉄製のくつわ。

¹しろ・し【白し】 形容詞ク〔(く)・から／く・かり／し／き・かる／けれ／かれ〕❶**色が白い。** 奥の細道 江戸-紀行 那谷「石山の石よりしろし秋の風—芭蕉」訳⇨いしやまの…。❷色をつけず、生地のままであり白い。

²しろ・し【著し】 形容詞ク〔(く)・から／く・かり／し／き・かる／けれ／かれ〕**はっきりしている。明白だ。** 保元 鎌倉-物語 上「しろく院方へ参る由を言ひて」訳はっきりと院の方へ参上する理由を言って。

しろし-め・す【知ろしめす・領ろしめす】 他動詞サ四〔さ／し／す／す／せ／せ〕「しらしめす」の変化した語。❶「知(領・治)る(=治める)」の尊敬語。**お治めになる。統治なさる。** 古今 平安-歌集 仮名序「天皇の、天の下しろしめすこと」訳天皇が天下を統治なさることが。❷「知る」の尊敬語。**知っていらっしゃる。ご存じである。** 平家物語 鎌倉-物語 九・木曾最期「さる者ありとは、鎌倉殿までもしろしめされたるらんぞ」訳そういう者がいるとは、鎌倉殿までもご存じでいらっしゃるであろうぞ。

＊しろ-たへ【白栲・白妙】 名詞❶こうぞ類の樹皮からとった繊維(=栲)で織った、白い布。また、それで作った衣服。万葉集 奈良-歌集 二八「春過ぎて夏来たるらししろたへの衣干したり天の香具山」訳⇨はるすぎてなつきたるらし…。❷**白いこと。白い色。** 万葉集 奈良-歌集 一一九二「しろたへに匂ふ信土の山川に」訳白い色に美しく映える信土山の川で。

¹しろたへ-の【白栲の・白妙の】 枕詞❶白栲で衣服を作ることから、衣服に関する語「衣」「袖」「袂」「帯」「紐」「たすき」などにかかる。万葉集 奈良-歌集 六四五「しろたへの袖別るべき日を近み心にむせひ音のみし泣かゆ」訳(お互いに)別れるはずの日が近くなったので、胸がいっぱいになって声をあげて泣くばかりです。❷白栲は白いことから、「月」「雲」「雪」「波」など、白いものを表す語にかかる。土佐日記 平安-日記 一二・二六「しろたへの波路を遠くゆき交ひてわれに似べきはたれならなくに」訳白い波の立つ海路をはるばる(私と)行きちがいにやってきて、私と同じ境遇になるのはほかならぬあなたなのですね。

²しろたへの… 和歌「白妙の(=枕詞)袖の別れに露落ちて身にしむ色の秋風ぞ吹く」新古今 鎌倉-歌集 恋五・藤原定家 訳共寝をした翌朝の別れに露も涙も落ちて、しみじみと身にしむ色合いの秋風が吹くことだ。

鑑賞「袖の別れ」は袖を重ねて共寝した男女が別れること。「露」は涙を暗示し、「秋風」には「飽き」がかけられている。暁の別れに紅涙を絞る袖も、露の降りた庭先の情景も、やがて来る別れの予感のために悲しみの色合いに染まっている。『万葉集』「白妙の袖の別れは惜しけども思ひ乱れて許しつるかも」〈共寝したあとの別れは惜しいけれど、私は心が乱れて、あの人を行かせてしまったことよ。〉、『古今和歌六帖』「吹き来れば身にもしみける秋風を色なきものと思ひけるかな」〈吹いてくると、しみじみ身にしみる秋風なのに、何かにしみこむ色などないと思っていたよ。〉を本歌とし、古歌に詠まれた悲恋の雰囲気を重ねながら、心情と情景とを交錯させ妖艶な美の世界を表現している。

＊-しろ・ふ 接尾語ハ四〔動詞の連用形に付いて〕**互いに…し合う。**「しらふ」とも。「言ひしろふ」「突きしろふ」「引きしろふ」

しろ・む【白む】

一 自動詞マ四〔ま／み／む／む／め／め〕❶**白くなる。白みを帯びる。** 枕草子 平安-随筆 関白殿、二月二十一日に「まだ暗うてよくも見えざりつるを、しろみたる者の侍りつれば」訳まだ暗くてよくも見えなかったのが、白っぽく見えている者がいたので。❷**ひるむ。たじろぐ。** 太平記 室町-物語 三二「山名が兵ども進みかねて、少ししろうてぞ見えたりける」訳山名方の兵たちが進むことができずに、少しひるんで見えていた。

二 他動詞マ下二〔め／め／む／むる／むれ／めよ〕**白くする。** 枕草子 平安-随筆 職の御曹司におはします頃、西の廂にて「衣もしろめず、同じ煤けにてあれば」訳衣服も白くせず、同じようにすすけていたので。

しろ-むく【白無垢】 名詞 染めていない白い衣服。

しわ【皺】 名詞 皮膚や紙の表面にできる細い筋目。▼「波のしわ」など波紋やさざなみの意で比喩的にも用いる。

し-わざ【仕業・為業】 名詞**働き。行為。所業。** 竹取物語 平安-物語 竜の頸の玉「これは竜のしわざにこそありけれ」訳これは竜の所業であったそうだ。

しわ・し【吝し】 形容詞ク〔(く)・から／く・かり／し／き・かる／けれ／かれ〕**出し惜しみする。けちだ。** 日本永代蔵 江戸-物語 浮世・西鶴「この男、生まれつきて、しわきにあらず」訳この男は、生まれつきけちなのではない。◆歴史的仮名づかいは「しはし」か「しわし」か未詳。

しわす【師走】 ⇨しはす

し-わた・す【為渡す】 他動詞サ四〔さ／し／す／す／せ／せ〕**端から端まで、ずっと作り渡す。作りめぐらす。** 蜻蛉 平安-日記 上「網代どもをしわたしたり」訳網代(=魚をとるしかけ)などを作りめぐらしている。

しわ-の・ぶ【皺伸ぶ】 自動詞バ上二〔び／び／ぶ／ぶる／ぶれ／びよ〕**若返る。気が晴れ晴れする。** 源氏物語 平安-物語 総角「見奉るにしわのぶる心地して」訳(中納言を)拝見すると気が晴れ晴れする気持ちがして。

し-わ・ぶ【為侘ぶ】 他動詞バ上二〔び／び／ぶ／ぶる／ぶれ／びよ〕**処置に困る。もてあます。** 大和物語 平安-物語 一四七「よろづに心ざしを見えければ、しわびぬ」訳(男たちは)色々と愛情を見せたので、(女は)対応に困った。

しわぶき【咳き】 ⇨しはぶき

しわぶく【咳く】 ⇨しはぶく

しわ・む【皺む】 自動詞マ四〔ま／み／む／む／め／め〕**しわが寄る。** 万葉集 奈良-歌集 一七四〇「若かりし膚もしわみぬ」訳若かった肌もしわが寄ってしまった。

し-ゐ【四位】 名詞 位階の四番目の位。正四位と従四位があり、五位とともに勅許によって昇殿を許された。

し-ゐぎ【四威儀】 名詞 仏教語。行・住・座・臥という、戒律にかなった四つの作法。戒律にかなった立ち居振る舞い。

しゐ-の-せうしゃう【四位の少将】 名詞 四位の位を持つ近衛の少将。参考 少将は本来、正五位相当の官なので、四位の者は名誉とされ、有力者の子弟が多かった。

しゑや 感動詞 **えい、ままよ。**▼物事を思い切るときに発する語。万葉集 奈良-歌集 一九二六「憎からぬ君にはしゑや寄さゆともよし」訳心をひかれるあなたのことで、えい、ままよ、噂されてもよい。

慈円 人名 (一一五五～一二二五)鎌倉時代の歌人。関白藤原忠通の子。天台座主。諡は慈鎮。歌人として名高く、後鳥羽上皇をはじめ藤原俊成・定家らと歌合わせなどで活躍した。表現力にすぐれ自由で流麗な歌風が特色。和歌集のほか、歴史書『愚管抄』がある。

し-をに【紫苑】 名詞「しをん」に同じ。◆「しをん」の「ん」を「に」で表記した語。

しをら・し 形容詞シク〔(しく)・しから／しく・しかり／し／しき・しかる／しけれ／しかれ〕❶**奥ゆかしい。優雅だ。**東海道名所 江戸-物語 仮名「さまざましをらしき掛け物を」訳いろいろな奥ゆかしい掛け物を。❷**控え目でいじらしい。可憐だ。**一代女 江戸-物語 浮世・西鶴「御物腰しをらしく、また世の中にかかる女﨟もあるものかと」訳言葉遣いも控え目でいじらしく、また世の中にこのような女性もいるものだろうかと。❸**殊勝だ。けなげだ。**日本永代蔵 江戸-物語 浮世・西鶴「この娘、しをらしくかしこまり」訳この娘は殊勝に父の言葉を承って(=ききいれて)。

[1]**し-をり【枝折り・栞】** 名詞 山道などで木の枝を折って道しるべとすること。また、そのもの。**道しるべ。**

[2]**しをり** 文芸「さび」「細み」とともに、蕉風俳諧の美的理念の一つ。自然・人事に対する作者の思いやりの心が句の余情として自然に表れ出た、しみじみとした情趣。『去来抄』によると、芭蕉は、許六の『韻塞』「十団子も小粒になりぬ秋の風」〈秋風が吹き、街道も人影まばらな時節になった。この宇津の山の名物の十団子も心なしか小粒になったように見える。〉の句に「しをり」があるとしている。「しほり」とも。

しをり-ど【枝折り戸】 名詞 木の枝や竹などをそのまま使った、簡単な開き戸。

[1]**し-を・る【枝折る・栞る】** 他動詞ラ四〔ら／り／る／る／れ／れ〕❶**木の枝を折って道しるべとする。**山家集 平安-歌集 上「降る雪にしをりし柴も埋もれて」訳降る雪のせいで枝を折って道しるべにした柴も埋もれて。❷**道案内をする。**千載 鎌倉-歌集 春上「咲きぬやと知らぬ山路に尋ね入る我をば花のしをるなりけり」訳咲いているかと、見知らぬ山道に尋ね入った私を花が道案内をするのであることよ。

[2]**しを・る【責る】** 他動詞ラ四〔ら／り／る／る／れ／れ〕**しかってこらしめる。なじりとがめる。**伊勢物語 平安-物語 六五「女をばまかでさせて、蔵にこめてしをりたまうければ」訳女を宮中から退出させて、蔵に押しこめてこらしめなさったので。

[3]**しを・る【萎る】** 一 自動詞ラ下二〔れ／れ／る／るる／るれ／れよ〕❶**草木などがしおれる。**犬子集 江戸-句集 俳諧「しをるるは何かあんずの花の色」―貞徳 訳可憐なあんずの花がしおれている。その悲しんでいるようなようすは、いったい何を案じているのだろうか。❷**悲しみにうちひしがれる。しょんぼりする。**源氏物語 平安-物語 若菜下「さる高き御仲らひの嘆きしをれ給へるころほひにて」訳そのような高貴な御親戚やご友人が、悲しみ、しょんぼりしなさっている時なので。❸**ひどくぬれる。ぬれてぐったりする。**新古今 鎌倉-歌集 恋二「幾夜われ波にしをれて」訳幾夜、私は波にひどくぬれて。

二 他動詞ラ四〔ら／り／る／る／れ／れ〕**草木などをしおれさせる。**増鏡 室町-物語 新島守「木枯しの隠岐の杣山吹きしをり」訳木枯しが隠岐の島の木の茂った山を吹きしおれさせ。

し-をん【紫苑】 名詞 ❶草の名。秋、長い茎の上部に薄紫色の花が密集して咲く。花を見ると、心に思ったことを忘れないという。思い草。鬼の醜草。季秋。❷「紫苑色」の略。◆「しをに」とも。

しをん-いろ【紫苑色】 名詞 襲の色目の一つ。表は薄紫、裏は青。秋に着用する。表は紫、裏は蘇芳とする説もある。参照▼口絵

[1]**しん【信】** 名詞 ❶偽らないこと。**信義。**儒教では「五常」の一つ。❷信用すること。**信頼。**徒然 鎌倉-随筆 六八「深くしんを致しぬれば、かかる徳もありけるにこそ」訳心から深く信頼をしていたから、このようなご利益もあったのだ。❸**信仰。信心。**今昔物語 平安-説話 一九・三九「いよいよしんを起こして、戒を保ちて観音に仕まつりけり」訳ますます信心を起こして、戒律を守って観音にお仕えした。

[2]**しん【神】** 名詞 ❶**神。神霊。**❷**魂。心。精神。**奥の細道 江戸-紀行 越後路「暑湿の労にしんを悩まし」訳むし暑さの苦しみに心を悩ませ。

[3]**しん【真】** 名詞 ❶**真実。まこと。**海道記 鎌倉-紀行「しんを写してもよしなし」訳真実を写しても無意味だ。❷**真理。**性霊 平安-漢詩 七「しんに帰する夕べ」訳真理に至る夕べ。❸**正式。本式。本当。**❹漢字の書体の一つ。**楷書。真書。**大鏡 平安-物語 伊尹「表の方には、楽府をうるはしくしんに書き」訳表側には楽府を立派に楷書で書き。

[4]**しん【親】** 名詞 ❶**親族。身内。**❷**おや。両親。**

[1]**ジン**〔沈・陣・塵〕⇩ぢん

[2]**じん【仁】** 名詞 ❶儒教で、「五常」の一つ。徳の根本となる博愛の心。❷**慈愛。思いやり。**❸**人物。人。**

しん-い【瞋恚・嗔恚】 名詞 仏教語。「三毒」または「十悪」の一つ。自分の心に反するものを怒り恨むこと。また、一般に、怒り・腹立ちの意でも用いる。「しんに」「しんね」とも。

新葉和歌集 書名 準勅撰集。宗良親王撰。室町時代前期(一三八一)成立。二十巻。〔内容〕後醍醐・後村上・長慶の吉野三代五十年間の君臣の和歌を収める。二条派の歌風を基礎としながらも、慨世憂国の真情があふれた歌が多い。

しん-えん【宸宴】 名詞 天皇主催の宴会。

しん-かう【深更】 名詞 **夜ふけ。真夜中。**

しん-がう【信仰】 名詞／―す 他動詞サ変 ❶神仏を仰ぎ敬うこと。**信仰。**❷信頼し尊敬すること。徒然 鎌倉-随筆 一五二「『あな尊の気色や』とて、しんがうの気色ありければ」訳「ああ、ありがたいようすだ」と言って、信頼し、尊敬する表情があったので。◆江戸時代以降は「しんかう」と清音。

しん-がく【心学】 名詞 江戸時代の庶民向け生活哲

学。儒教・仏教・神道の教えを融合させ、金銭営利を重んずることも肯定しながら、人は各自の本分を生かすことにこそ真の生きる道があるということを平易に説く。享保年間(一七一六～一七三六)に京都の石田梅岩が唱えた。

しんかん-に-そ-ふ【心肝にそふ】 連語 **心にしみる。心に深く感じる。** 平家物語 鎌倉-物語 一・願立「しんかんにそうて、ことにたっとく思しめし」訳心に深く感じて、(御神託を)ことさらに尊くお思いになられ。◇「そう」はウ音便。

しん-ぎ【宸儀】 名詞 天皇御自身。天皇の御身。

1 **じん-ぎ【仁義】** 名詞 ❶仁と義。博愛の心と、道理を重んずる心。❷広く、人が行うべき道徳。義理。

2 **じん-ぎ【神祇】** 名詞 ❶天神と地祇(=地神)。天と地の神々。❷「神祇官」の略。

じんぎ-くわん【神祇官】 名詞 律令制で、「太政官」とならぶ最高機関。朝廷の祭祀・占いなどをつかさどり、諸国の官社を監督した。「かみづかさ」「かむづかさ」「かんづかさ」とも。

しん-きん【宸襟】 名詞 天皇のお気持ち・お考え。

親句 文芸 和歌・連歌用語。和歌の一句から五句まで文意が続くもの(=正の親句)と、句と句が音韻で連接するもの(=響きの親句)とをいう。対疎句。

じん-く【神供】 名詞 (神への)**供え物。お供物。**「じんぐ」とも。

じん-くわん【神官】 名詞 **神に奉仕する人。神職。**「じんぐわん」「しんくわん」とも。

心敬 人名 (一四〇六～一四七五)室町時代中期の連歌作者・歌人。権大僧都。和歌を正徹に学び、『新古今和歌集』の特色や理想を連歌にとり入れた。連歌界の中心として活躍し、連歌論書の『ささめごと』などのほか、連歌と和歌の家集『芝草』がある。

しん-げつ【新月】 名詞 ❶陰暦で、月の第一日。ついたち。❷陰暦で、月初めに出る細い月。季秋。❸陰暦十五夜の、東の空に昇り始めた月。平家物語 鎌倉-物語 七・青山之沙汰「三五夜中しんげつ白く冴え」訳陰暦十五夜の夜中、東の空に昇り始めた月が白く澄んで。

じん-こう【人口】 名詞 話・うわさなどをする人の口。**世間のうわさ。**

新古今調 文芸「万葉調」「古今調」と並ぶ、和歌の三大歌風の一つ。『新古今和歌集』の歌の表現上の特徴のこと。感覚的・絵画的で、情緒的傾向が強く、象徴・幻想・妖艶などの余情を尊ぶ。七五調を基調として初句切れ・三句切れが多く、体言止め・掛け詞・縁語・本歌取りなどの技巧を多く用いている。

新古今和歌集 書名 八番目の勅撰集。源通具・藤原有家・藤原定家・藤原家隆・藤原雅経・寂蓮撰。鎌倉時代前期(一二〇五)成立。二十巻。〔内容〕八代集の一つ。約千九百八十首を収め、修辞上「本歌取り」「三句切れ」「体言止め」を特色とする。余韻余情を重んじる「幽玄体」の歌風は新古今調と呼ばれ、万葉調・古今調とともに三大歌風を形作った。

しん-こく【神国】 名詞 **日本国。**◆神が支配し守護する国の意。

新後拾遺和歌集 書名 二十番目の勅撰集。室町時代前期(一三八四)成立。二条為遠・二条為重撰。二十巻。〔内容〕足利義満奏上で後円融天皇の勅命をうけ完成。二条良基の仮名序があり、千五百五十四首中には武家や僧侶の歌もある。二条派の平明で優美な和歌が多い。

新後撰和歌集 書名 十三番目の勅撰集。二条為世撰。鎌倉時代(一三〇三)成立。二十巻。〔内容〕後宇多上皇の院宣で完成。藤原定家以下二条派の和歌を収める。

しん-ごふ【賑給】 名詞 国が天災の被災者や身寄りのない者、行路病者などに米・塩を給付する救済事業。平安時代中ごろから形式化し、毎年五月に行われる京都の年中行事となった。しんきゅう。

しん-ごん【真言】 名詞 仏教語。❶**真実の言葉。**深い意味のこもった仏の言葉。源氏物語 平安-物語 薄雲「仏のいさめ守り給ふしんごんの深き道をだに」訳仏のさとしをお守りになる真実の言葉の深い道さえも。❷**密教の呪文。**密教で、仏・菩薩やそれらの働きを示す秘密の言葉。梵語で表され、呪文として唱える。「陀羅尼」と同じものであるが、ふつう、その中の短いものを「真言」という。源氏物語 平安-物語 手習「心にさるべきしんごんを読み印を作りて」訳心にふさわしい密教の呪文を唱え、手に印を結んで。❸「真言宗」の略。仏教八宗の一つ。大日如来を教主とし、秘密真言の教え(=密教)を中心とする。唐に渡った空海が大同一年(八〇六)に帰朝して伝えた。

しんごん-ゐん【真言院】 名詞 朝廷の祈禱所。平安京大内裏の中央付近、豊楽院の北にあり、国家や天皇のために真言の修法を行った。

しん-ざう【新造】 名詞 ❶**新築。**❷**若妻。**▼ふつう「御新造」の形で用いる。❸**若い娘。**対年増。❹新しく勤めに出た若い遊女。◇「新艘」とも書く。

しん-ざん【新参】 名詞 新たに召しかかえられること。また、その人。

1 **しん-し【神璽】** 名詞 三種の神器の一つ、八尺瓊の曲玉のこと。璽。「しんじ」とも。

2 **しん-し【進止】** 名詞 ❶挙動。立ち居振る舞い。❷土地や役の任免などを支配すること。◆「しんじ」とも。

1 **しん-じ【信士】** 名詞 仏教語。❶在俗のまま戒を受けた男子。優婆塞。❷仏式で葬った男子の戒名の下に付ける文字。

2 **しん-じ【進士】** 名詞 律令制で、式部省が行う官吏登用試験に及第した者。「秀才」の下位。のちには、「文章の生」の地位が与えられた。「しんし」とも。

じん-じ【神事】 名詞 **神社の祭事。**「しんじ」とも。

しん-じち【真実】 名詞 **本当。まこと。**「しんじつ」とも。

しん-じち・なり【真実なり】 形容動詞ナリ {(なら)/なり・に/なり/なる/なれ/なれ} **本当だ。まことだ。しんじつだ。**「しんじつなり」とも。伊勢物語 平安-物語 四〇「しんじちに絶え入りにければ」訳本当に息が絶えてしまったので。

しん-じつ【真実】 名詞「しんじち」に同じ。

じん-じつ【人日】 名詞「五節句」の一つ。陰暦正月七日のこと。この日、七種粥で祝う。季春。

しん-じつ・なり【真実なり】 形容動詞ナリ「しんじちなり」に同じ。

新拾遺和歌集 書名 十九番目の勅撰集。二条為明撰。室町時代前期(一三六四)成立。二十巻。〔内容〕後光厳天皇の勅命で完成。天皇家・将軍家・冷泉派・京極派の歌人にも配慮した編集で、二条派の平明な歌が中心となっている。

しん-しゃう【身上】 名詞 ❶**身の上。**〔箙 室町―能〕謡曲「あら定めなのしんしゃうやな」訳ああ定めのない身の上であるよ。❷**財産。身代。**

しん-じゃう【進上】 名詞／―す 他動詞 サ変 ❶差し上げること。奉ること。**献上。進呈。**〔枕草子 平安―随筆〕頭の弁の御もとより「例に依ょてしんじゃう件の如し」訳先例に従って献上するのは、前述の通りである。❷目上の人に差し出す書状のあて名の上に添えて、敬意を表す語。

じん-じゃう・なり*【尋常なり】 形容動詞 ナリ〔なら／なり・に／なり／なる／なれ／なれ〕❶**普通だ。あたりまえだ。並みだ。**〔今昔物語 平安―説話〕二八・四「一人としてじんじゃうなる者なし」訳一人として普通の者はいない。❷**結構だ。りっぱだ。**〔平家物語 鎌倉―物語〕一一・那須与一「じんじゃうに飾ったる小舟一艘」訳りっぱに飾った小舟が一艘。❸**殊勝だ。いさぎよい。**〔太平記 室町―物語〕三「敵ながら弓矢取ってじんじゃうに死したる者かな」訳敵ではあるが、弓矢を取っていさぎよく死んだ者であることよ。❹**しとやかだ。上品だ。**〔花鏡 室町―論〕幽玄之入堺事「姿の幽玄ならんためには、じんじゃうなる仕立ての風体をならひ」訳姿が優美で美しくあるためには、上品な扮装のしかたを習い。

しんじゃう-ゑ【新嘗会】 名詞「にひなめまつり」に同じ。

しん-しゃく【斟酌】 名詞／―す 自動詞 サ変 ❶状況や相手の気持ちを推察すること。事情をよくくみとること。程よく取り計らうこと。〔十訓抄 鎌倉―説話〕一「優の詞も事によりてしんしゃくすべきにや」訳ほめことばも事によって事情をよくくみとって言うべきではないだろうか。❷控えめにすること。差し控えること。〔連理秘抄 南北―論〕「上手多からん座にては、いささかしんしゃくすべし」訳上手な人が多いような席では、少し控えめにするがよい。❸遠慮すること。辞退すること。

心中物 文芸 江戸時代の文学において、浄瑠璃・歌舞伎で、恋仲の男女の情死を扱ったもの。近松門左衛門の『曾根崎心中』(一七〇三)に始まり流行した。特に近松の作品にすぐれたものが多く、『心中天の網島』が有名。

じん-じょ【尋所】 名詞／―す 他動詞 サ変「じんじょう」に同じ。〔平家物語 鎌倉―物語〕一一・泊瀬六代「さらばじんじょせよ」訳それでは案内せよ。

じん-じょう【尋承】 名詞／―す 他動詞 サ変 案内すること。また、案内人。「尋所」とも。〔盛衰記 鎌倉―物語〕四二「屋島のじんじょうせよ」訳屋島の案内せよ。

しん-しょく【神職】 名詞 **神官。神主。**

新続古今和歌集 書名 二十一代集最後の勅撰集。飛鳥井雅世撰。室町時代中期(一四三九)成立。二十巻。〔内容〕後花園天皇の勅命で完成。『万葉集』以後、新古今時代の歌人を中心に幅広く二千百四十四首を集めてある。

じん-しん【人臣】 名詞 **家来。臣下。**〔平家物語 鎌倉―物語〕三・法印問答「下として上に逆ふる事、あにじんしんの礼たらんや」訳身分の低い者が身分の高い者に逆らう事が、どうして臣下の礼儀であろうか。

しん-しん・たり【深深たり・沈沈たり】 形容動詞 タリ〔たら／たり・と／たり／たる／たれ／たれ〕❶**奥深く静かだ。ひっそり静まり返っている。**〔平家物語 鎌倉―物語〕二・一行阿闍梨之沙汰「しんしんとして山深し」訳ひっそり静まり返っていて山は深い。❷(寒さなどが)**身にしみる。**〔曾根崎心中 江戸―浄瑠〕浄瑠・近松「風しんしんたる曾根崎の森にぞたどり着きにける」訳風が身にしみる曾根崎の森にやっと行き着いた。

しん-・ず【進ず】
一 他動詞 サ変〔ぜ／じ／ず／ずる／ずれ／ぜよ〕**差し上げる。奉る。**〔平家物語 鎌倉―物語〕一・殿上闇討「もしなほその咎あるべくは、かの身を召ししんずべきか」訳もしそれでもまだみとがめがあるのならば、その(家来の)身を召し出して差し上げるべきでしょうか。
二 補助動詞 サ変〔ぜ／じ／ず／ずる／ずれ／ぜよ〕〔動詞の連用形に助詞「て」「で」が付いた形に付いて〕…(て)**差し上げる。**…(て)あげる。〔鑓権三 江戸―浄瑠〕浄瑠・近松「汗拭うてしんぜう」訳汗をふいてあげよう。

しん-すい【薪水】 名詞 ❶薪と水。❷**炊事。家事。**

じん-ずい【神水】 名詞 **神前に供える水。**互いに飲み交わして誓いのしるしともした。「じんすい」とも。

しん-せ【信施】 名詞 仏教語。信者が三宝(=仏・法・僧)にささげる布施。「しんぜ」とも。

しん-せつ【深切・親切】 名詞 心がこもっていること。思いやりが深いこと。

しん-せつ・なり【深切なり・親切なり】 形容動詞 ナリ〔なら／なり・に／なり／なる／なれ／なれ〕**心がこもっている。思いやりが深い。**〔許六離別詞 江戸―俳文〕俳文・芭蕉「今年五月の初めしんせつに別れを惜しむ」訳今年の五月の初めに心をこめて別れを惜しんだ。

しんぜ-むざん【信施無慙】 名詞 仏教語。僧が信者から布施を受けながら修行をせずに、それを恥じないこと。

しん-せん【神仙】 名詞 ❶**仙人。**❷雅楽の音階である「十二律」の第十一音。「しんぜん」とも。

新撰犬筑波集 ⇩犬筑波集

新千載和歌集 書名 十八番目の勅撰集。二条為定撰。室町時代前期(一三五九)成立。二十巻。〔内容〕後光厳天皇の勅命で完成。総歌数二千三百六十五首で二条派歌人のほか京極派歌人や武士の和歌も収める。一般に伝統を重んじた平明で優美な歌風のものが多い。

新撰髄脳 書名 歌論書。藤原公任著。平安時代中期成立。一巻。〔内容〕最初の歌論書で、初心者の和歌の実作の指針を説いている。和歌の心や姿の美、用語の心得などを論じた書。

新撰菟玖波集 書名 連歌集。一条冬良・飯尾宗祇撰。室町時代中期(一四九五)成立。二十巻。〔内容〕心敬・高山宗砌・専順らニ百五十五人の作者の連歌約二千句を、四季・恋・羇旅・雑などに部立てして編集したもの。連歌集『菟玖波集』のあとを継いで連歌興隆の契機となった。

しんせん-ゑん【神泉苑】 名詞 平安京大内裏

し

の南東に接する庭園。天皇が行幸して遊宴が行われ、雨ごいの霊場ともされた。

しん-ぞ【神ぞ・真ぞ】副詞 **本当に。必ず。神かけて。**▼自ら誓うときの語。歌念仏 江戸―浄瑠 浄瑠・近松「朝晩に心を付け、しんぞ思ひを尽くせども」訳朝晩に心がけて本当に思いを尽くしても。

しん-ぞく【真俗】名詞 ❶仏教語。真諦(=不変の真理)と俗諦(=世俗の相対の真理)。❷転じて、仏法の事柄と、世俗の事柄。徒然 鎌倉―随筆 一五五「しんぞくにつけて必ず果たし遂げんと思はん事は、機嫌をいふべからず」訳仏法についての事柄や、世俗の事柄に関して、必ず最後までやり抜こうと思うようなことは、時機(のよしあし)を言ってはならない。❸**僧と俗人。僧俗。**

しん-たい【真諦】名詞 仏教語。真実・平等の、不変の真理。

[1]**しん-だい**【身代】名詞 ❶**財産。身上。**五人女 江戸―物語 浮世・西鶴「いらぬ所に油火をともすも構はず、しんだい薄くなりて」訳不必要なところに火をともすのも構わず、財産が少なくなって。❷**暮らし向き。生計。**もくあみ 江戸―物語 仮名「しんだい思はしからぬと聞きつるに」訳暮らし向きが思わしくないと聞いていたので。❸**身分。地位。**また、特に、俸禄・財産などを持つ身分。腹立てず 室町―狂言 狂言「愚僧もそのやうなしんだいの者ぢゃ」訳私もそんな身分の者じゃ。

[2]**しん-だい**【進退】 一 名詞 ❶進むことと退くこと。また、進めることと退けること。**進退。**太平記 室町―物語 二一「しんだい歩みを失うて、頭をめぐらすところに」訳進退の方向がわからなくなって見まわしたところに。❷**一挙一動。立ち居振る舞い。**方丈記 鎌倉―随筆「しんだい安からず、起居につけて恐れをののくさま、たとへば、雀の鷹の巣に近づけるがごとし」訳一挙一動が心配で、立ち居につけて恐れおののいているようすは、たとえば、雀が鷹の巣に近づいたようなものだ。 二 名詞/―す 他動詞サ変 (人・物・土地などを)思いのままに扱うこと。また、思いのまま扱えるもの。枕草子 平安―随筆 正月に寺にこもりたるは「屏風の高きを、いとよくしんだいして」訳屏風の高いのを、とてもうまく思いのままに扱って。

じん-たい【人体・仁体】名詞 ❶**人間の体。**❷**人のようす。人柄。人品。**

しんだい-これ-きはまれ-り【進退これ谷まれり】連語 (進むことも退くこともできないような)どうすることもできない苦しい立場に立たされて途方にくれる。平家物語 鎌倉―物語 二・烽火之沙汰「不孝の罪をのがれんと思へば、君の御ために既に不忠の逆臣となりぬべし。しんだいこれきはまれり」訳不孝の罪を逃れようと思えば、主君の御ためについに不忠の逆臣となってしまうであろう。どうすることもできない苦しい立場に立たされてしまったことだ。

しん-たう【神道】名詞 ❶神を敬い、祖先の霊を崇拝する日本民族固有の信仰。❷神。

しん-だん【震旦・振旦】名詞 中国の別名。◆後に「しんたん」とも。

しん-ぢつ【親昵】名詞 親しみなじむこと。また、親しい間柄。今昔物語 平安―説話 一三・三三「僧、竜の心を知りて、しんぢつの契りをなしつ」訳僧は竜の心がわかり、親しく交わろうと約束をした。

しん-ぢゅう【心中】名詞 ❶**心の中。**また、心の中で考えていること。平家物語 鎌倉―物語 一〇・請文「しんぢゅうに愁ひあれば体外に喜びなし」訳心の中に悲しみがあると体の外に喜びが出ることはない。❷義理を立てること。**真心。誠意。**❸愛し合った男女が、自分の愛情が変わらないことを示すこと。起請文を書いたり、髪や指を切ったり、爪を抜いたりして相手に渡す。**心中立て。**❹**情死。**
参考 ❹は近松門左衛門の「心中物」の題材となり、世の中の流行を誘ったので、幕府は「心中」の用語を禁じ、「相対死」の語を用いさせた。

心中天の網島 書名 世話物浄瑠璃。近松門左衛門作。江戸時代前期(一七二〇)初演。〔内容〕大坂曾根崎新地の紀の国屋小春と、天満の紙屋の主人治兵衛が、網島の大長寺で情死した事件を脚色したもの。翌年歌舞伎でも上演した。

新勅撰和歌集 書名 九番目の勅撰集。藤原定家撰。鎌倉時代(一二三五)成立。二十巻。〔内容〕後堀河天皇の勅命で完成。千三百七十四首。離別・哀傷が少なく恋と雑の和歌が多い。平明な歌風で、のちの二条家の歌風に影響を与えた。源実朝ら鎌倉幕府の武家の歌が多いところから、『宇治河集』の別名もある。

じん-づう【神通】名詞 自在に物事ができる不思議なはたらき。また、その力。神通力。

じん-でう【晨朝】名詞 ❶**夜明け方。**午前六時ごろ。❷「晨朝」に寺で行う勤行。❸「晨朝の鐘」の略。「晨朝」に寺で打ち鳴らす鐘。◆「じんてう」「しんてう」とも。❷❸は仏教語。

[1]**しん-でん**【神田】名詞 神社付属の田地。収穫を神社運営の諸費にあてる不輪租田(=税金を収めない田)とした。

[2]**しん-でん**【寝殿】名詞 平安時代の貴族の住宅の正殿。寝殿造りの中心となる建物で、中央に南向きに建てられ、内部は母屋・廂・簀の子に分かれる。主人の居間または客間である。参照▼口絵

しんでん-づくり【寝殿造り】名詞 平安時代から室町時代ころまでの貴族の邸宅の建築様式。中央の南向きの寝殿を中心に、その東・西・北にそれぞれ対の屋があり、渡殿(=渡り廊下)で連絡する。寝殿の南には庭があり、その南隅には、遣り水を引いた中島のある池がある。この池に面して釣り殿・泉殿がある。各殿舎の内部は板敷きで、主人や客の座る所に畳を置く。邸宅の周囲には築地をめぐらし、東西に門を配置する。参照▼口絵

しん-とう【心頭】名詞 **こころ。念頭。**

じん-どう【神頭】名詞 鏃の一つ。鏑矢に似ているが、中は空洞ではなく、先端は平らになっている。

しん-どく【真読・信読】名詞 仏教語。省略せずに経典を全部通して読むこと。

[1]**しん-にょ**【信女】名詞 仏教語。❶在俗のまま戒を受けた女子。優婆夷。❷仏式で葬った女子の戒名の下に付ける文字。

[2]**しん-にょ**【真如】名詞 仏教語。永久不変の絶対的

真理。拾遺 平安－歌集 哀傷「霊山の釈迦の御前に契りてししんにょ朽ちせずあひ見つるかな」訳霊山の釈迦の御前で誓った永久不変の絶対的真理は消滅せずに今も互いに見ていることよ。

じん-にん【神人】名詞❶神職。神主。❷神社に仕える下級神職。◆「じにん」とも。

しん-ねん【心念】名詞心の中で念ずること。心の中で念仏すること。

神皇正統記ジンノウシヨウトウキ ⇨神皇正統記じんのうしょうとうき

じん-ぱい【神拝】名詞／―す自動詞サ変❶神を拝むこと。❷新任の国司が初めてその国内の主要神社に参拝すること。◆「しんぱい」「じんばい」とも。

新花摘しんはなつみ 書名 俳書。与謝蕪村作。江戸時代後期（一七七七）成立。一冊。〔内容〕榎本其角の俳諧日記『花摘』にならって、毎日十句を書こうと始めたが病気で中断、あとを随筆でまとめた句文集で、没後に門人の月渓がさし絵を描き刊行。

しん-ぴつ【宸筆】名詞**天皇の直筆。**

しん-べう【神妙】名詞❶**人の能力を超えた働き。絶妙。**❷**殊勝。けなげ。**❸**穏やかであること。**◆「しんめう」とも。

しん-べう・なり【神妙なり】形容動詞ナリ（なら／なり・に／なり／なる／なれ／なれ）❶**人の能力を超えている。絶妙だ。**著聞集 鎌倉－説話 二四四「まことにしんべうなりけり。わが朝に比類なき笛なり」訳ほんとうに絶妙であるよ。今の世に比べるもののないほどすばらしい笛である。❷**殊勝だ。けなげだ。**平家物語 鎌倉－物語 三・有王「志の程こそしんべうなれ」訳志のありさまはけなげだ。❸**穏当だ。穏やかだ。**心中天網島 江戸－浄瑠璃 浄瑠璃・近松「のう、さうざうしい。しんべうにもなることを」訳ああ、さわがしい。穏やかにもできることを。◆「しんめうなり」とも。

じん-べん【神変】名詞神が起こす、霊妙で不思議な変化。また、それを起こす神の不思議な力。「じんぺん」「しんぺん」とも。

じん-ぼう【神宝】名詞神殿に安置された神聖な宝物。「じんぽう」とも。

しん-ぼく【神木】名詞神社の境内にあり、神霊が宿るとして祭られる樹木。

しん-ぼち【新発意・新発】名詞仏教語。**新たに発心して仏道に入った人。出家したばかりの人。**「しぼち」とも。

しん-みやう【身命】名詞**体と命。身体。生命。**「しんめい」とも。

じんみやう-ちやう【神名帳】名詞神社とその祭神を記載した帳簿。特に『延喜式』神名帳をさすことが多い。「しんめいちやう」とも。

しんみやう【神妙】⇨しんめう

1 **しん-めい【身命】**「しんみやう」に同じ。

2 **しん-めい【神明】**名詞❶**神。神祇。**平家物語 鎌倉－物語 二・教訓状「しんめい・仏陀感応あらば」訳もし、神や仏の霊に信心が通じれば。❷天照大神。また、それを祭った神社。神明宮。神明社。

しん-めう【神妙】名詞「しんべう」に同じ。

しん-めう・なり【神妙なり】形容動詞ナリ（なら／なり・に／なり／なる／なれ／なれ）❶「しんべうなり❶」に同じ。❷「しんべうなり❷」に同じ。武家義理 江戸－物語 浮世・西鶴「あっぱれ、しんめうなる心入れ」訳見事、けなげな心づかい。

しん-よ【神輿】名詞神の乗り物。みこし。「じんよ」とも。

親鸞しんらん 人名（一一七三～一二六二）鎌倉時代の僧。浄土真宗の開祖。諡は見真大師。日野有範の子。比叡山の僧から法然の門に入る。旧仏教勢力の弾圧を受けて越後に流され、そこで恵信尼と結婚。のち、関東各地で教化につとめ、念仏による救済を説いた。『教行信証』などの著書がある。

じん-りよ【神慮】名詞**神の心。神意。**

じん-りん【人倫】名詞❶**人間。人類。**徒然 鎌倉－随筆 一二八「一切の有情を見て慈悲の心なからんは、じんりんにあらず」訳すべての生き物を見て情けの心がわからないようなら、人間ではない。❷人として守り行うべき道。**倫理。**◆「倫」は仲間・ともがらの意。

しん-るい【親類】名詞❶**父方の血族。**▼母方の血族を「縁者」というのに対していう。将門記 平安－物語「財物を虜領せしめ、若干のしんるいを殺害せしめて」訳財物をかすめ取らせ、数名の父方の血族を殺害させて。❷**親戚。親族。**平家物語 鎌倉－物語 四・鵼「しんるいを捨てて参じたりしかども」訳親族を捨てて、参上したのだが。

しん-れい【神霊】名詞❶**神。**❷**神の優れた不思議な威徳。**

神話しんわ 文芸 神に関連づけて語られた説話。古代人が自然の現象や出来事を、人間を超越した神の力によるものと考えて語り伝えた物語。日本では『古事記』『日本書紀』などに見られる。

しん-わう【親王】名詞律令制で、天皇の兄弟および皇太子以外の皇子の称号。奈良時代末期以後、親王宣下によってその称号を許されるようになった。みこ。対内親王。

神皇正統記じんのうしょうとうき 書名 歴史書。北畠親房作。室町時代前期（一三四三）成立。六巻。〔内容〕神武天皇から後村上天皇までの歴史を通して、南朝が正統であることを主張している。江戸時代の『大日本史』『日本外史』などにも影響を及ぼした。

しん-ゐん【新院】名詞上皇が同時に二人以上あるとき、新しくなった方の上皇。

しん-を-いた・す【信を致す】連語**深く信仰する。**徒然 鎌倉－随筆 六八「深くしんをいたしぬれば、かかる徳もありけるにこそ」訳心から深く信仰していたから、このようなご利益もあったのだ。

しん-を-な・す【信を成す】連語**本当だと信じる。信仰する。**大鏡 平安－物語 後一条「年老いたる尼・法師ども、額に手をあて、信を成しつつ聞きゐたり」訳年老いた尼や法師たちは額に手をあてて、ほんとうだと信じて聞いていた。

し

す[1]【州・洲】名詞 川・湖・海などで、堆積(たいせき)した土砂が水面上に低く現れた所。中州(なかす)。

す[2]【簀・簾】名詞 割り竹・細板・葦(あし)などを並べて、糸で粗く編みつづったもの。簀の子。また、簾(すだれ)。

参考 割り竹・細板・葦などを粗く編んだものの総称が「す」で、敷物には「簀」、部屋を仕切るものには「簾」の字を当てる。

す[3]【為】

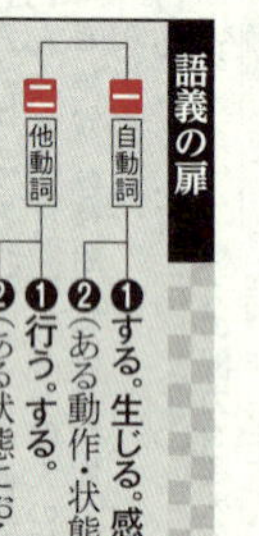

語義の扉

一 自動詞
❶する。生じる。感じられる。
❷(ある動作・状態がおこる)する。

二 他動詞
❶行う。する。
❷(ある状態におく)する。
❸みなす。扱う。する。

一 自動詞 サ変 {せ／し／す／する／すれ／せよ}

❶**する。生じる。感じられる。** 古今 平安―歌集 夏「五月(さつき)待つ花橘(はなたちばな)の香(か)をかげば昔の人の袖(そで)の香ぞする」訳⇩さつきまつ…。

❷**する。**▼ある動作・状態がおこる。源氏物語 平安―物語 桐壺「御息所(みやすどころ)、はかなき心地に患ひて、まかでなむとし給(たま)ふを」訳御息所(＝桐壺更衣(きりつぼのこうい))はちょっとした病気になって、里に退出してしまおうとなさるが。

二 他動詞 サ変 {せ／し／す／する／すれ／せよ}

❶**行う。する。** 土佐日記 平安―日記 一二・二一「男もすなる日記(にき)といふものを」訳男も書くという日記というものを。

❷**する。**▼ある状態におく。徒然 鎌倉―随筆 二二二「立ち明かし、しろくせよ」訳庭に立てるたいまつを、明るく燃やせ。

❸**みなす。扱う。する。** 徒然 鎌倉―随筆 一六七「善に誇らず、物と争はざるを徳とす」訳善行を自慢せず、人と争わないことを美徳とする。

語法 「愛す」「対面す」「恋す」などのように、体言や体言に準ずる語の下に付いて、複合動詞を作る。

す[4] 助動詞 四型

《接続》四段・サ変動詞の未然形に付く。

未然形	連用形	終止形	連体形	已然形	命令形
さ	し	す	す	せ	せ

〔尊敬〕**お…になる。…なさる。…ていらっしゃる。** 万葉集 奈良―歌集 一「この丘に菜摘ます児(こ)家聞かな告(の)らさね」訳⇩こもよ…。◆奈良時代以前の語。

語法 **接続と音変化** 四段動詞「思ふ」「知る」「聞く」「織る」に付くときは、音変化して「思ほす」「知ろす」「聞こす」「織ろす」となる。また、四段・サ変以外の動詞でも、「寝(ぬ)(下二段)」「見る(上一段)」「着る(上一段)」「臥(こ)ゆ(上二段)」に付くことがあるが、この場合、音が変化して「寝(な)す」「見(め)す」「着(け)す」「臥(こ)やす」となる。このように音が変化する場合は、全体を一語の動詞として扱う。

注意 尊敬の意味を表す、平安時代以降の助動詞「す」(下二型)と混同しないこと。奈良時代以前の「す」は単独で尊敬を表した。

す[5] 助動詞 下二型

《接続》四段・ナ変・ラ変動詞の未然形に付く。

未然形	連用形	終止形	連体形	已然形	命令形
せ	せ	す	する	すれ	せよ

❶〔使役〕**…せる。…させる。** 竹取物語 平安―物語 かぐや姫の生ひ立ち「妻(め)の嫗(おうな)にあづけて養はす」訳(かぐや姫を)妻である老女に預けて育てさせる。

❷〔尊敬〕**お…になる。…なさる。…あそばす。**▼尊敬の意を表す語とともに用いて、より高い尊敬の意を表す。源氏物語 平安―物語 桐壺「人の譏(そし)りをもえはばからせ給(たま)はず」訳(帝(みかど)は、世間の)人の非難にも気がねなさることもなくて。

❸〔謙譲〕**…てさし上げる。…申し上げる。**▼主に会話文中で、謙譲語「参る」「奉る」「申す」などとともに用いてより深い謙譲の意を表す。枕草子 平安―随筆 円融院の御はての年「『これ奉らせむ』と言ひければ」訳「これを差し上げ申し上げよう」と言ったので。

❹〔受身〕**…れる。** 平家物語 鎌倉―物語 九・二度之懸「足を討たせて、弟(おとと)が一人(いちにん)残りとどまったらば」訳足を討たれて、弟が一人残ったならば。

語法 (1)**尊敬の「す」**(主として平安・鎌倉・室町時代)

……せ給(たま)ふ
……せおはします } (地の文)最高敬語
……せらる (「らる」も尊敬の助動詞)

⇩さす・最高敬語

(2)**受身の「す」** ❹は、軍記物語の合戦の場面に見られる特殊な用法で、武士が「…される」という受身の表現を嫌った、「…させてやる」という気持ちから生まれたもの。

注意 (1)単独で用いられる「す」は使役である。
(2)「せ給(たま)ふ」には二とおりあり、「…に」に当たる使役の対象の人物が文脈上存在する場合は使役、そうでない場合は最高敬語、または二重敬語と見てよい。⇩せたまふ
(3)奈良時代以前の尊敬の助動詞「す」と混同しないようにすること。

参考 (1)「す」と同じ意味・用法の助動詞「さす」は四段・ナ変・ラ変以外の動詞の未然形に付く。
(2)「宣(のたま)はす」「賜はす」「参らす」の「す」は、本来は❷と❸の「す」であるが、「宣はす」「賜はす」「参らす」全体で一語の動詞とするのが一般的である。

語の歴史 奈良時代以前、使役の意味には「しむ」が用いられたが、平安時代に「す」「さす」が現れてから、和文では「す」「さす」、漢文訓読調の文では「しむ」とい

うように使い分けられるようになった。

す[6] 助動詞 特殊型《接続》動詞・形容動詞の連用形や助詞「て」などに付く。〔す／〇／〇／す／〇／〇〕〔丁寧〕…ます。…です。末広がり 室町―狂言 狂言「末広がり買ひす」訳末広がり(＝扇)を買います。◆「さうらふ」の下略「さう」の変化した語。鎌倉・室町時代の語。

す-[7]【素】接頭語 ❶他のものを付け加えない、ただそれだけの、などの意を表す。「す顔」「す手」「す足」。❷人を表す語に付けて、ただの、みすぼらしい、などのさげすむ意を表す。「す町人」「す浪人」「す丁稚」

ズ[1]〔図・頭・厨〕⇩づ

ず[2] 助動詞 特殊型

《接続》活用語の未然形に付く。

未然形	連用形	終止形	連体形	已然形	命令形
(な)〈ず〉ざら	(に) ず ざり	(ぬ) ず	ぬ ざる	ね ざれ	ざれ

〔打消〕…ない。…ぬ。伊勢物語 平安―物語 九「京には見えぬ鳥なれば、みな人見知らず」訳都では見かけない鳥であるので、そこにいる人は皆、よく知らない。

語法 (1)**連用形の「ず」** 連用形の「ず」は、接続助詞を伴って「ずして」「ずて」となる。⇩ずして・ずて

(2)**連体形の「ざる」** 連体形「ざる」に推定・伝聞の助動詞「なり」や推定の助動詞「めり」が付く場合、「ざるなり」「ざるめり」となるが、撥音便化して「ざんなり」「ざんめり」となり、さらに「ん」が表記されないで「ざなり」「ざめり」となることが多い。⇩ざなり・ざめり

(3)**奈良時代以前の活用形**

活用形	語形	用例
未然形	な	…なく〈…ないこと〉→「く」は接尾語
連用形	に	知らに〈知らないので〉
終止形	ぬ	寝なさぬ〈お休みにならない〉→「寝す」の未然形

(4)**未然形の「ず」** 「ず＋は」については、次の二とおりの説がある。

(ア) ず＋は（連用形＋係助詞）＝…ないなら
(イ) ず＋は（未然形＋接続助詞）＝…ないとしたら

(イ)の立場に立った場合にだけ未然形が存在することになる。⇩ずは・は

注意 同じ打消でも、「で(＝ないで)」は「ず」の活用形の一つではなく、接続助詞である。

参考 **「ず」の補助活用** 「ざら・ざり・○・ざる・ざれ・ざれ」のラ変型活用は、「ず」の連用形＋ラ変動詞「あり」からなる「ずあり」が変化したもので「ず」が他の助動詞などに接続しにくい点を補うために発達したとみられる。「ず」の補助活用という。

ず[3] 打消の助動詞「ず」の連用形。万葉集 奈良―歌集 四〇四九「荒磯のめぐり見れど飽かずけり」訳荒磯のまわりは(美しくて)見ても飽きないことよ。

す-あを【素襖】スオウ 名詞 直垂の一種。室町時代に現れて主に下級武士のふだん着であったが、江戸時代には武士の礼服となった。麻地で背・袖付けには家紋を入れ、胸紐・菊綴じは革を用いる。ふつう、同質・同色の長袴を併用する。「素袍」「すあう」「すわう」とも。参照▶口絵

粋 文芸 江戸時代の美的理念の一つ。遊び心を持ち、義理・人情をわきまえてほどよく振る舞う、都会的な洗練された態度。もとは、江戸時代前期の上方の裕福な町人の理想の生き方で、浮世草子や浄瑠璃に多く描かれている。「粋」は、江戸時代後期に現れる「いき(粋)」や「通」にも通じ、これに対するものが「野暮」である。

ずい【随】名詞 気まま。勝手。

すい-えき【水駅】名詞 舟着き場。◆水路の駅の意。

***すい-がい**【透垣】名詞「すきがき」のイ音便。板か竹で、少し間をあけて作った垣。「すいがき」とも。参照▶口絵

すい-がき【透垣】名詞「すいがい」に同じ。

すい-かん【水干】名詞 狩衣を簡略にした衣服。糊を用いず水張りにして干した布で作った衣の意。盤領の上前の領先と後ろ領の中央とに付けた紐で結び合わせて着、裾は袴に着込めるのが普通。身ごろや袖付けは菊綴じにする。もと庶民のふだん着であったが、公家の私服や元服前の少年の晴れ着ともなり、鎌倉時代には、武家の礼装となった。白拍子の舞の衣装にもされた。参照▶口絵

すいかん-ばかま【水干袴】名詞 水干用の裾を短くくくった袴。参照▶口絵

ずい-き【随喜】名詞／―す 自動詞 サ変 仏教語。他人の善行を見て、ともどもに喜ぶこと。また、仏の教えを聞いて心に喜びを生じ、帰依すること。転じて、一般に、心の底からありがたく思うこと。宇治拾遺 鎌倉―説話 二・二「帝・大臣・公卿等ずいきして」訳帝や大臣、公卿たちは喜び帰依して。

すい-くゎ【水火】スイカ 名詞 水と火。水害と火災。

すい-ごかし【粋ごかし】名詞 相手を粋人扱いしておだてて、自分の思うようにすること。◆「ごかし」は接尾語。

すい-さう【水晶】スイショウ 名詞 鉱物の一つ。水晶。

ずい-さう【瑞相】ズイソウ 名詞 ❶めでたいしるし。吉兆。今昔物語 平安―説話 一一・三六「希有のずいさうを見て多聞天の利益を被るべし」訳めったにないめでたいしるしを見て、多聞天の利益を受けるにちがいない。❷前ぶれ。前兆。▼吉凶いずれにも用いる。方丈記 鎌倉―随筆「世の乱るるずいさうとか聞けるもしるく」訳世の中が乱れる前兆とか聞いていたのも、まさにそのとおりで。

すい-さん【推参】名詞／―す 自動詞 サ変 一方的に押しかけて行くこと。平家物語 鎌倉―物語 一・祇王「あそびもののならひ、なにか苦しかるべき。すいさんして見ん」

訳遊女の習慣として、どうして差しつかえがあろうか。押しかけ参上してみよう。

すい-さん・なり【推参なり】 形容動詞ナリ（なら／なり・に／なり／なる／なれ／なれ）差し出がましい。出過ぎた振る舞いをする。軟猿 室町―狂言「すいさんなやつの」訳差し出がましいやつが。

すい-じゃく【垂迹】 名詞仏教語。仏や菩薩が人々を救うために、仮に神や人間の姿となって現れること。「本地垂迹」とも。◆室町時代までは「すいしゃく」。

すい-しゅ【水手・水主】 名詞船乗り。水夫。平家物語 鎌倉―物語 一一・先帝身投「源氏の兵どもすでに平家の舟にのりうつければ、すいしゅ梶取ども、ゐころされ、きりころされて」訳源氏の兵士たちがすでに平家の舟に乗り移ったので、水夫・梶取りたちは射殺され切り殺されて。

***ずい-じん【随身】** 名詞❶平安時代、貴人の外出のとき、朝廷の命令で護衛として従った者。弓矢を持ち、太刀を帯びた。「近衛府」の「舎人」や、「内舎人」などが務める。❷身辺に供としてつき従うこと。また、その人。供人。従者。

すい-・す【推す】 他動詞サ変（せ／し／す／する／すれ／せよ）推し量る。推察する。徒然 鎌倉―随筆 一九四「さまざまにすいし心得たるよしして」訳いろいろに推測して事情がわかったふりをして。

すい-せき【水石】 名詞泉水と庭石。

ずいそう【瑞相】 ⇩ずいさう

すい-たい【翠黛】 名詞❶緑色のまゆずみ。緑色のまゆずみで描いた美しい眉。和漢朗詠集 平安―歌集 王昭君「すいたい紅顔錦繡の粧ひ」訳緑色のまゆずみを引いた美しい眉、若々しく血色のよい顔、美しい衣服をまとい。❷緑色にかすんで見える遠景の山。平家物語 鎌倉―物語 灌頂・大原御幸「すいたいの山」訳緑色にかすんで見える遠くの山は。

すいちゃう-こうけい【翠帳紅閨】（スイチョウコウケイ）名詞貴婦人の寝室。緑色のとばりを垂らし、紅色に飾った寝室。平家物語 鎌倉―物語 八・太宰府落「すいちゃうこうけいにかはれるは、土生の小屋の蘆簾」訳紅色の美しい寝室の緑色のとばりの代わりに、今ではみすぼらしい小屋に蘆の簾がかけられ。

ずい-なう【髄脳】（ズイノウ）名詞❶骨髄と脳。脳髄。❷和歌の奥義などについて述べた書物。歌学書。俊頼髄脳 平安―論「歌の病を去ること、古きずいなうに見えたるごとくならば」訳歌の欠点を除く方法は、古い歌学書にみられるようなものは。

すい-なり【粋なり・帥なり】 形容動詞ナリ（なら／なり・に／なり／なる／なれ／なれ）世事や人情の機微を理解している。言動が洗練されている。寿の門松 江戸―浄瑠 浄瑠・近松「すいな婆さん」訳人情に通じた物わかりのよい婆さん。◇「すいな」は口語化した活用。⇩粋

ずい-なり【随なり】 形容動詞ナリ（なら／なり・に／なり／なる／なれ／なれ）気ままだ。勝手だ。

すい-にち【衰日】 名詞陰陽道で、万事に慎まねばならないとする凶日。その人の生年の干支によって定まっている。

すい-はん【水飯】 名詞「乾し飯」または飯を冷水にひたしたもの。夏に食べる。季夏。源氏物語 平安―物語 常夏「氷水召して、すいはんなど、とりどりにさうどきつつ食ふ」訳氷水をお取り寄せになり、水飯などを、それぞれ大騒ぎしながら召し上がる。

すい-び【翠微】 名詞❶山の頂上を少し下った所。山の中腹。幻住庵記 江戸―俳文 俳文・芭蕉「すいびに登ること三曲二百歩にして」訳山の中腹に登ること三曲がり二百歩で。❷うす緑色の山の気。また、遠く青くかすむ山。蕪村句集 江戸―句集 俳諧「蚊屋つりてすいびつくらむ家の内―蕪村」訳（病で山に行けないので）蚊屋をつって青く遠くかすむ山を作ろう。家の内で（山の気分を味わおう）。

随筆（ずいひつ）文芸 文学の形態の一つ。筆者の体験・見聞・感想・批評などを、自由な形式で書きつづった作品。平安時代中期の清少納言の『枕草子』、鎌倉時代の鴨長明の『方丈記』、吉田兼好の『徒然草』は、三大随筆といわれる。江戸時代には、本居宣長の『玉勝間』や、松平定信の『花月草紙』などが書かれた。

ずい-ひゃう【随兵】（ズイヒョウ）名詞❶戦場に供として連れて行く兵士。❷鎌倉・室町時代に、将軍・貴人や神輿の渡御の際、武装した騎馬で警護に当たった武士。◆「ずいびゃう」とも。

すい-ふろ【水風呂】 名詞風呂桶の下に直接かまどが取り付けてあり、水から沸かした湯に入る風呂。「蒸し風呂」に対していう。◆「据ゑ風呂」の変化した語とも。

***ずい-ぶん（に）【随分（に）】** 副詞❶分際に応じて。身分相応（に）。平家物語 鎌倉―物語 灌頂・六道之沙汰「万乗の主となり、ずいぶん一つとして、心にかなはずといふことなし」訳天子となり、その位に応じて一つとして、思いにかなわないということがない。❷できるかぎり。精一杯。極力。平家物語 鎌倉―物語 三・法印問答「ずいぶん悲涙をおさへてこそ罷り過ぎ候へ」訳できるかぎり悲しみの涙をおさえて、過ぎて来ました。❸すこぶる。大いに。今昔物語 平安―説話 一四・二五「真言を保ちて年ごろ行ふ間、ずいぶんにその験あり」訳真言を保って長年修行をして来たので、大いにその効果がある。❹（打消の語を下接して）決して。なかなか。容易には。去来抄 江戸―論 先師評「そこもとずいぶん軽みをとり失ふべからず」訳おまえは決して軽みを失ってはならない。

すい-めん【睡眠】 名詞眠ること。すいみん。徒然 鎌倉―随筆 一〇八「一日のうちに、飲食・便利・すいめん・言語・行歩、止むことを得ずして、多くの時を失ふ」訳一日の間に、食事や便通・睡眠・談話・歩行など、やむを得ないことで、多くの時間をつぶしている。

すい-らう【透廊】（スイロウ）名詞「すきらう」のイ音便。寝殿造りで両側に壁がなく、柱と欄干からなる廊下。透き渡殿。

すい-れん【水練】 名詞❶泳ぎの技術。水泳。❷水泳の達者な人。平家物語 鎌倉―物語 一一・能登殿最期「究竟のすいれんにておはしければ」訳すぐれた水泳の達人でいらっしゃるので。

す・う【据う】 他動詞ワ下二（ゑ／ゑ／う／うる／うれ／ゑよ）❶置く。据える。伊勢物語 平安―物語 九「かきつばたといふ五つ文字を句の上にすゑて、旅の心を詠め」訳かき

つばたという五文字を句のはじめに置いて旅における感慨を和歌に作れ。

❷設置する。設ける。枕草子 平安－随筆 関白殿、二月二十一日に「御桟敷の前に陣屋すゑさせ給へる、おぼろけのことかは」訳中宮様の桟敷の前に(近衛の)陣屋を設けておられるのは並みのことではない。

❸位につかせる。地位につける。源氏物語 平安－物語 紅葉賀「坊にもすゑ奉らずなりにしを」訳(帝は源氏を)皇太子の位にもおつけ申さずじまいになってしまったことを。

❹住まわせる。とどめておく。源氏物語 平安－物語 若紫「僧都は、よもさやうにはすゑ給はじを」訳僧都は、まさかそのようには(女性を)住まわせなさらないだろうに。

❺判を押す。心中天網島 江戸－浄瑠 浄瑠・近松「血判をすゑて差し出す」訳血判を押して差し出す。

❻(灸を)据える。一代男 江戸－物語 浮世・西鶴「もぐさ取り出だし、三里にすゑて顔をしかむる」訳もぐさを取り出し、三里に灸を据えて顔をしかめている。

注意 ⇩う(植)う 注意

すう-き【枢機】 名詞 (物事の)かなめ。肝要なところ。要点。太平記 室町－物語 二四「世を静め国を治め給ふすうきなれば、一度も断絶すべからざる事なれども」訳(宮中の儀式や年中行事は)世の中を落ち着かせ、国を治めなさるかなめなので、一度も途絶えてはならない事だが。

ずう-・ず【誦ず】 他動詞 サ変 {ぜ/じ/ず/ずる/ずれ/ぜよ}「じゅす」に同じ。「ずず」「ずんず」とも。枕草子 平安－随筆 故殿の御服のころ「詩をいとをかしうずうじ侍るものを」訳漢詩をたいそう上手に声を出して唱えておりますのに。

すう-ぜう【芻蕘・蒭蕘】 名詞 身分の低い者。◆草刈りと木こりの意。

すえ【末】 ⇩すゑ

末摘花[1] ⇩末摘花

すおう[1]【素袍・周防・蘇芳・蘇枋】⇩すはう

すおう[2]【素襖】⇩すあを

すが【菅】 名詞 草の名。すげ。

すが-がき【清掻き・菅掻き】 名詞 ❶「和琴」の奏法の一つ。詳細は不明。源氏物語 平安－物語 常夏「はかなき同じすががきの音に」訳何でもないだれが弾いても同じようなすががきの音色でも。❷三味線曲の一つ。歌はなく、二および三の糸だけをにぎやかにかき鳴らす。特に、江戸時代、吉原の遊女が、張り見世(客引きのために店へ出ること)の合図に弾いたもの。❸歌舞伎の「下座」音楽の一つ。❷を用い、遊郭の場面の幕開きなどに奏する。◆「すがかき」とも。

すが-が・く【清掻く・菅掻く】 他動詞 カ四 {か/き/く/く/け/け} 和琴を清掻きで弾いて。源氏物語 平安－物語 若紫「あづま琴を「清掻き」で弾く。」...

す-がき【簀掻き】 名詞 ❶床を竹や葦を簀の子のように張ること。また、その床。❷魚をとるための竹簀。

す-がく・る【巣隠る】 自動詞 ラ下二 {れ/れ/る/るる/るれ/れよ} 巣の中に隠れる。巣ごもる。源氏物語 平安－物語 真木柱「すがくれて数にもあらぬかりの子を」訳巣の中に隠れて物の数にも入らない雁の子(のような仮の子)を。

すが-ごも【菅菰・菅薦】 名詞 すげを細くよって編んで作ったむしろ。各地で産したが、特に、陸前(宮城県)利府のものが有名で、「とふの菅薦」(=編み目が十筋の菅薦)と和歌に詠まれた。「すがこも」とも。

すかし-あふぎ【透かし扇】 名詞 杉板の骨に透かし彫りを施し、生絹を張った扇。「すきあふぎ」とも。

すがし-め【清し女】 名詞 清らかな女性。

すか・す[1]【透かす】 他動詞 サ四 {さ/し/す/す/せ/せ} ❶すきまを作る。減らす。枕草子 平安－随筆 宮の五節いださせ給ふに「五節の局を、日も暮れぬほどに皆こぼちすかして」訳五節の舞姫の控え室を、日も暮れないうちにみな取りこわしすきまを作って。❷透けて見えるようにする。枕草子 平安－随筆 小白河といふ所は「二藍の指貫・直衣・浅葱のかたびらどもぞすかし給へる」訳「二藍」色の指貫、直衣、「浅葱」色のかたびらなどを透けて見えるようにしなさっている。❸油断する。西鶴織留 江戸－物語 浮世・西鶴「万事にひとつもすかさぬ人の言へり」訳すべてにわたって一つも油断しない人が言っている。

すか・す[2]【賺す】 他動詞 サ四 {さ/し/す/す/せ/せ} ❶だます。だまして誘う。徒然 鎌倉－随筆 一二九「幼きなき子をすかし、おどしたり、おどしたり。❷おだてる。源氏物語 平安－物語 帚木「『さてさてをかしかりける女かな』と、すかい給ふを」訳「いやまったくおもしろい女だな」とおだてなさって。◇「すかい」はイ音便。❸なだめる。なぐさめる。源氏物語 平安－物語 早蕨「さまざまに語らひ給ふ御様のをかしきにすかされ奉りて」訳いろいろにお話しなさるごようすがおもしろいのでなだめられ申し上げて。

すがすが・し[*]【清清し】 形容詞 シク {(しく)・しから/しく・しかり/し/しき・しかる/しけれ/しかれ} ❶(気分が)さわやかである。古事記 奈良－史書 神代「吾ここに来て、わが御心すがすがし」訳私はここに来て、私の気分はさわやかである。❷思いきりがよい。こだわることがない。源氏物語 平安－物語 桐壺「すがすがしうも思し立たざりけるほどに」訳思いきりよくご決心なさらないうちに。◇「すがすがしう」はウ音便。❸滞ることがない。源氏物語 平安－物語 少女「すがすがしう果て給へれば」訳(他の試験も)滞りなく終わりなさったので。◇「すがすがしう」はウ音便。

すが-すが(と)【清清(と)】 副詞 ❶さっぱり(と)。こだわりなく。あっさり(と)。源氏物語 平安－物語 桐壺「すがすがともえ参らせ奉り給はぬなりけり」訳(若宮を)あっさりとは宮中に参上させ申し上げなさることができないのであった。❷すらすら(と)。滞りなく。更級 平安－日記 富士川「沼尻といふ所もすがすがと過ぎて」訳沼尻という所も滞りなく過ぎて。

すがた【姿】 名詞

❶容姿。体つき。今昔物語 平安－説話 三一・三三「まことに端正のすがたならば、すみやかに后とせむ」訳本当に美しい容姿ならば、ただちに后にしよう。

❷身なり。服装。方丈記 鎌倉－随筆「よろしきすがたしたる者、ひたすらに家ごとに乞ひありく」訳相当な身なりをしたものが、懸命に家々を回って食べ物をもらい歩く。

❸外見。外形。格好。枕草子 平安－随筆 草の花は「をかしかりぬべき花のすがたに」訳趣深いのが当然な花の

外見をしているのに。

❹趣のあるようす。枕草子 平安―随筆 花の木ならぬは「すがたなけれど、すろの木、唐めきて、わるき家のものとは見えず」訳趣のあるようすはない(＝外見は悪い)が、しゅろの木は異国的で、貧しい家のものとは見えない。

❺表現のしかた。▼和歌や俳諧などでいう。徒然 鎌倉―随筆 一四「すがたも清げに、あはれも深く見ゆ」訳(昔の人の詠んだ和歌は)表現のしかたもきれいで、しみじみとした情緒も深く感じられる。

関連語 「すがた」と「かたち」の違い
人の場合、「かたち」が顔つき・容貌についていうのに対し、「すがた」は体つき・身なりなど全体的な姿態をいう。

(かたち)
(すがた)

すがた-かたち【姿形】 名詞 容姿。身なりと顔かたち。枕草子 平安―随筆 正月一日は「世にありとある人は、みなすがたかたち心ことにつくろひ」訳世の中のすべての人は、みな身なりと顔かたちを格別に整え。

すが-たたみ【菅畳】 名詞 すげを編んで作った敷物。「すがだたみ」とも。

すがのね-の【菅の根の】 枕詞 ❶すげの根が長く乱れはびこることから「長」や「乱る」、また、「思ひ乱る」にかかる。万葉集 奈良―歌集 一九三四「相想はぬ妹をやもとなすがのねの長き春日を思ひ暮らさむ」訳思ってもくれぬあの子を、やたらに長い春の日を思い暮らすことか。❷同音「ね」の繰り返しで「ねもころ」にかかる。万葉集 奈良―歌集 二四七三「すがのねのねもころ君が結びてし我が紐の緒を解くひとはあらじ」訳ねんごろにあなたが結んでくれた私の着物のひもを解く人はいないでしょう。

すが-はら【菅原】 名詞 すげの生えている野原。「すげはら」とも。

菅原伝授手習鑑 書名 時代物浄瑠璃。竹田出雲・並木千柳・三好松洛・竹田小出雲合作。江戸時代中期(一七四八)初演。(内容)五段。菅原道真の北野天満宮の縁起を背景に、藤原時平や梅王丸・松王丸・桜丸の兄弟夫婦の葛藤、武部源蔵夫婦の忠節を描いた時代物の傑作。

菅原孝標女 人名 (一〇〇八～?)平安時代後期の日記文学作者・歌人。十歳から十三歳まで、父孝標の任地の上総(千葉県)で成長、『源氏物語』などに熱中した。三十二歳で、祐子内親王に仕え、翌年橘俊通と結婚した。『更級日記』の著書がある。

古典の常識

『文学少女から作家に』―菅原孝標女

菅原道真の子孫で、母の異母姉は『蜻蛉日記』の作者である藤原道綱母と、文学的環境に恵まれていた。少女時代から物語に熱中し、十三歳のとき父の任地から帰京して、叔母から『源氏物語』全巻を贈られると、夢中になり、女主人公に自分の未来を重ね合わせて空想にふけったりした。母の出家後、三十二歳で初めて祐子内親王家に宮仕えした。翌年、橘俊通と結婚し、二児の母となると、ようやく現実に目覚め、家庭の幸福を願って石山寺などに参詣したり、名勝地で歌を詠んだりして平和に暮らした。しかし、五十一歳のとき夫が病死すると、子とも離れ、孤独な晩年を送った。
そのころ半生を追憶して書いたのが『更級日記』である。また、『浜松中納言物語』や、『夜の寝覚』などの作者ともいわれる。

菅原道真 人名 (八四五～九〇三)平安時代前期の学者・政治家・漢詩人・歌人。三十三歳のとき文章博士となり、醍醐天皇のとき右大臣に昇進したが、左大臣の藤原時平にねたまれ、大宰権帥に位をおとされ、九州に流されて死去した。詩文に優れ、『菅家文草』『菅家後草』などの作品集がある。

すが・ふ【次ふ】 自動詞ハ四{は/ひ/ふ/ふ/へ/へ} ❶次々に連なる。匹敵する。源氏物語 平安―物語 紅梅「中の君も、うちすがひて、あてになまめかしう」訳中の君も、(姉君に)匹敵して、気高く上品で。❷行き違う。散木 平安―歌集「すがひて会はず」訳行き違って会わない。

すが-まくら【菅枕】 名詞 すげを束ねて作った枕。

すが・む【眇む】 一 自動詞マ四{ま/み/む/む/め/め} 片目が細くなる。また、「眇」になる。平家物語 鎌倉―物語 一・殿上闇討「忠盛目のすがまれたりければかやうにははやされけり」訳忠盛は目が斜視でいらっしゃったので、このようにはやしたてられたのであった。
二 他動詞マ下二{め/め/む/むる/むれ/めよ} 片目を細くして見る。曾我物語 鎌倉―物語 九「松明少し脇へまはし、眼を少しすがめてゐたりけり」訳松明を少し横にまわして、少し片目を細くして見ていたのであった。

すが-め【眇】 名詞 ❶片目が不自由であること。斜視。やぶにらみ。❷瞳を片寄せて物を見ること。横目。今昔物語 平安―説話 一九・三「卒堵婆の方をすがめに見やりつつ」訳卒塔婆の方を横目で見やりながら。

＊**すが-やか・なり【清やかなり】** 形容動詞ナリ{なら/なり・に/なり/なる/なれ/なれ} ❶滞りない。大鏡 平安―物語 道長上「帥のおとどの、大臣までかくすがやかになり給へりしを」訳帥の大臣(＝藤原伊周)が、大臣にまでこのように滞りなくおなりになったのを。❷さっぱりと思いきりがよい。源氏物語 平安―物語 柏木「すがやかに、思し立ちける程よ」訳さっぱりと思いきりよく、(出家を)ご決心なさったことよ。◆「やか」は接尾語。

＊**-すがら** 接尾語 ❶…の間じゅう、ずっと。後拾遺 平安―歌集 秋上「夜すがら虫の音をのみぞ鳴く」訳夜の間ずっと虫が声をあげてなくばかり。❷…の途中で。源氏物語 平安―物語 夕顔「道すがらおぼさる」訳道の途中でお思いになる。❸…だけ。奥の細道 江戸―紀行 草加「ただ身すがらにと出で立ち侍るを」訳ただ身一つだけでと出発しましたが。

すがら-に 副詞 途切れることなく、ずっと。万葉集 奈良

一歌集 六一九「ぬばたまの(=枕詞(まくらことば))夜はすがらに」訳夜はずっと通して。◆ふつう「夜」について用いられる。

すがる[1]【蜾蠃】名詞 ❶じがばちの古名。腹部がくびれていることから、女性の細腰にたとえる。万葉集 奈良一歌集 三七九一「飛び翔(か)けるすがるのごとき腰細に」訳飛びまわるじがばちのような細い腰に。❷鹿(しか)の別名。古今 平安一歌集 離別「すがる鳴く秋の萩原(はぎはら)」訳鹿が鳴く秋の萩原に。

参考 細腰は、万葉時代の女性の容姿の美しさの基準の一つである。『古今和歌集』以降は、もっぱら「鹿」の意で用いられるが、これも鹿の腰が細いことからの呼び方である。

す-が・る[2]【酸がる】自動詞ラ四〔ら/り/る/る/れ/れ〕すっぱいと思う。すっぱがる。枕草子 平安一随筆 にげなきもの「歯もなき女の梅(むめ)食ひてすがりたる」訳歯もなくなった(老)女が梅を食ってすっぱがっている(の)。◆「がる」は接尾語。

すが・る[3]【縋る】自動詞ラ四〔ら/り/る/る/れ/れ〕頼みとして取り付く。頼りにする。野ざらし 江戸一句集 俳文・芭蕉「昔の人の杖(つゑ)にすがりて」訳昔の人の(言葉を)杖のように頼りにして。

すがる-をとめ【蜾蠃乙女(スガルオトメ)】名詞 じがばちのような細腰のなよやかな美しい少女。

すき【好き】名詞

❶**色好み。好色。恋愛。**源氏物語 平安一物語 宿木「さはれ、なほざりの御すきにはありとも、さるべきにて、御心とまるやうも」訳ままよ、(匂宮(にほうみや)の)一時の御色好みであっても、宿縁で、(六の君に)お心がとまるようなことも。

❷**和歌・音楽・芸道などの風流の道に深く心を寄せること。風雅。風流。**増鏡 室町一物語 おどろの下「限りなきすきのほども、あはれにぞ見えける」訳限りなく風雅の道(の歌道)に打ち込んでいるのも、しみじみとすばらしいと思われた。◇「数寄」「数奇」とも書く。

語の歴史 現代語では、形容動詞として「(…が)好きだ」のように、好ましく思っている対象を受けて用いるのがふつうで、名詞としては「数寄(数奇)をこらす」のような言い方だけに残る。

すぎ[1]【杉】名詞 スギ科の常緑高木。古来、神木としてまつられる。建築用材や酒樽(さかだる)に多く用いられた。

すぎ[2]【過ぎ】動詞「すぐ」の未然形・連用形。

ず・き 連語

なりたち 打消の助動詞「ず」の連用形＋過去の助動詞「き」

…なかった。万葉集 奈良一歌集 六〇九「情(こころ)ゆも我(あ)は思はずきまたさらにわが故郷(ふるさと)に還(かへ)り来むとは」訳心にも私は思わなかった。再び自分の故郷に帰って来るだろうとは。◆奈良時代以前の語。

すき-あり・く【好き歩く】自動詞カ四〔か/き/く/く/け/け〕❶(主として男性が)色事を求めて歩き回る。源氏物語 平安一物語 夕顔「なほ同じごと、すきありきければ」訳やはり同じように色事を求めて歩き回ったので。❷風流を求めて歩き回る。十訓抄 鎌倉一説話 一「花の下(もと)月の前にすきありきけり」訳花の下や月の夜に風流を求めて歩き回っていた。

すき-かげ【透き影】名詞 ❶物のすきまや薄い布などをとおして漏れてくる光。源氏物語 平安一物語 帚木「火ともしたるすきかげ」訳明かりをつけたすきまからの光が。❷物のすきまや簾(すだれ)・几帳(きちやう)などをとおして見える姿・形。源氏物語 平安一物語 夕顔「をかしき額(ひたひ)つきのすきかげ、あまた見えて」訳美しい額の形の(簾越しに透けて見える女の)姿が、たくさん見えて。

すぎ-がて-に【過ぎがてに】連語

なりたち 動詞「す(過)ぐ」の連用形＋奈良時代以前の補助動詞「かつ」の未然形「かて」＋打消の助動詞「ず」の奈良時代以前の連用形「に」からなる「すぎかてに」の濁音化。

通り過ぎることができなくて。素通りできずに。古今 平安一歌集 夏「ほととぎすわが宿をしもすぎがてに鳴く」訳ほととぎすが私の家を素通りできずに鳴く。

すき-がま・し【好きがまし】形容詞シク〔(しく)・しから/しく・しかり/し/しき・しかる/しけれ/しかれ〕いかにも好色らしい。いかにも浮気っぽい。源氏物語 平安一物語 宿木「すきがましきやうに思(おぼ)さるらむと、恥づかしけれど」訳いかにも浮気っぽいようにお思いになるだろうと恥ずかしく思うけれど。◆「がまし」は接尾語。

すき-ごこち【好き心地】名詞(恋の情緒を好む)好色な心。浮気心。源氏物語 平安一物語 帚木「若きほどのすきごこちには、この人をとまりにとも思ひとどめ侍(はべ)らず」訳若い時分の浮気心では、この人を本妻にとも決めることもしません。

すき-ごころ【好き心】名詞「すきごこち」に同じ。

すき-ごと【好き事】名詞 ❶色好みの行為。情事。好き業(わざ)。蜻蛉 平安一日記 上「昔すきごとせし人も、今はおはせずとか」訳昔好色ごとをした人も、今はいらっしゃらないとか(言う)。❷物好きな行為。酔狂。竹取物語 平安一物語 竜の頸の玉「『かかるすきごとをし給(たま)ふこと』とそしり合へり」訳「こんな物好きなことをなさることだ」と(人々は)悪口を言い合っていた。

すきずき・し【好き好きし】

形容詞シク〔(しく)・しから/しく・しかり/し/しき・しかる/しけれ/しかれ〕

❶**好色だ。いかにも浮気っぽい。**源氏物語 平安一物語 若紫「すきずきしき方(かた)にはあらで、まめやかに聞こゆるなり」訳(姫君のことは)好色な気持ちからではなく、まじめに申し上げるのである。

❷**いかにも物好きだ。**源氏物語 平安一物語 絵合「かう、すきずきしきやうなる、後(のち)の聞こえやあらむ」訳このように、いかにも物好きのようであるのは、後の評判になるだろうか。

❸**風流だ。**枕草子 平安一随筆 清涼殿の丑寅のすみの「すきずきしうあはれなることなり」訳風流でしみじみと心打たれることである。◇「すきずきしう」はウ音便。

すぎ-すぎ(に)【次次(に)】副詞 順ぐり(に)。つぎつぎ(に)。源氏物語 平安一物語 若菜上「紅梅にやあらむ、濃き、薄き、すぎすぎにあまた重なりたる」訳紅梅襲(こうばいがさね)であろうか、濃い色薄い色が、次々にたくさん重なっている。

すき-たわ・む【好き撓む】自動詞マ四〔ま/み/む/む/め/め〕浮気っぽく人にすぐなびく。源氏物語 平安一物語 帚木「すきたわめらむ女に心おかせたまへ」訳浮気っぽく人にすぐなびいているような女には注意なさいませ。

すぎ-はひ【生業】［名詞］生活していくための職業。なりわい。**身過ぎ。**

すぎはら-がみ【杉原紙】［名詞］鎌倉時代、播磨の国（兵庫県）杉原で作られたという紙。奉書紙に似てやや薄く柔らかで、手紙・目録などに用いられた。

すき-びたひ【透き額】［名詞］冠の一つ。額の部分に半月形の穴をあけ、羅を張って透かしにしたもの。元服後まもない公家が用いる。

（透き額）

すき-ま【透き間・隙間】［名詞］❶物と物との間。透いている所。❷**人のつけ入る機会。油断。**❸**ひま。**いとま。

すき-もの【好き者・数寄者】［名詞］❶**物好きな人。好事家。風流人。**［伊勢物語 平安―物語］一〇「昔、すきものども集まりて」［訳］昔、風流人たちが集まって。❷男女間の情緒を解する人。**色好みの人。好色な人。**［源氏物語 平安―物語］夕顔「このすきものどもは、かかる歩きをのみして」［訳］この色好みの人たちは、こんな歩きまわりばかりして。

すき-や【数寄屋】［名詞］茶の湯を行うための小さな建物。茶室。

す-ぎやう【修行】［名詞］「しゅぎゃう」に同じ。

ず-きやう【誦経】［名詞］❶経文をそらで覚えて唱えること。**僧に経を読ませること。**［枕草子 平安―随筆］清涼殿の丑寅のすみの「御ずきやうなどあまたせさせ給ひて」［訳］**僧に経を読ませること**などをたくさんさせなさって。❷「誦経物」の略。僧に❶をしてもらった謝礼として出す布施。［大和物語 平安―物語］一六八「わが装束分の装束、上下・帯・太刀までみなずきやうにしけり」［訳］自分の装束、狩衣や指貫、帯・太刀までみな読経の布施とした。

すぎやう-ざ【修行者】［名詞］「しゅぎゃうじゃ」に同じ。

すぎやうざ-だ・つ【修行者だつ】［連語］修行者めく。**修行者ふうのさまをする。**［枕草子 平安―随筆］正月に寺にこもりたるは「いとわざと尊くしもあらず、すぎやうざだちたる法師の蓑うち着たるなどが」［訳］特にありがたいという感じよりも、修行者めいた法師で、蓑をまとったような人が。

ずきよう【誦経】⇩ずきやう

すぎわい【生業】⇩すぎはひ

すき-わざ【好き業】［名詞］**好色な振る舞い。浮気な行い。**「すきごと」とも。

すき-わたどの【透渡殿】［名詞］寝殿造りで、両側に壁がなく、柱と勾欄とからなる廊下。透廊。「すいわたどの」とも。参照▶口絵

[1]す-く【秀句】［名詞］「しうく」に同じ。

[2]す・く【好く】

━［自動詞］カ四｛か／き／く／く／け／け｝❶**異性に熱中する。打ち込む。色好みである。**［伊勢物語 平安―物語］四〇「昔の若人は、さるすける物思ひをなむしける」［訳］昔の若者は、そのような打ち込んだ恋をしたものだ。❷**風流にふける。風流を好もしがる。**［発心 鎌倉―説話］六「家貧しくして心すけりける」［訳］（永秀法師は）家は貧しくても、心は風流にふけっていた。

━［他動詞］カ四｛か／き／く／く／け／け｝**好む。めでる。**［伯母が酒 室町―狂言］狂言「その上甘い物を好んでお食べになる方たちもおいでになり。

◇「すい」はイ音便。

[3]す・く【食く・飲く】［他動詞］カ四｛か／き／く／く／け／け｝**食べる。飲む。**［源氏物語 平安―物語］若紫「さるべき物作りて、すかせ奉り」［訳］しかるべき護符などを作って、お飲ませ申し上げ。

[4]す・く【透く・空く】［自動詞］カ四｛か／き／く／く／け／け｝❶**すきまができる。まばらになる。**［源氏物語 平安―物語］総角「歯はうちすきて愛敬なげに言ひなす女あり」［訳］歯はまばらに抜けてかわいげがないようすで物を言う女がいる。❷**すけて見える。透き通る。**［源氏物語 平安―物語］賢木「薄物の直衣・単衣を着給へるに、すき給へる肌つき」［訳］薄物の直衣や単衣を着ていらっしゃるので、すけて見えていらっしゃる肌のようす。❸（光・風が）すき**まを通り抜ける。**［更級 平安―日記］大井川「風すくまじく引き渡しなどしたるに」［訳］風が通り抜けないように（幕を）引き回しなどしているのに。

[5]す・く【梳く】［他動詞］カ四｛か／き／く／く／け／け｝**髪をとかす。くしけずる。**［日本永代蔵 江戸―物語］浮世・西鶴「毎日髪かしらも自らすきて」［訳］毎日、頭髪も自分でとかして。

[6]す・く【漉く・抄く】［他動詞］カ四｛か／き／く／く／け／け｝（紙などの）原料を水にとかし、簀の上に薄く平らにひろげて作る。［源氏物語 平安―物語］鈴虫「清らにすかせ給へるに」［訳］きれいにおすかせになった紙に。

[7]す・く【鋤く・犂く】［他動詞］カ四｛か／き／く／く／け／け｝（鋤・鍬などの農具を用いて、土を）**掘り起こす。耕す。**［徒然 鎌倉―随筆］三〇「古き墳はすかれて田となりぬ」［訳］古い墳墓は掘り起こされて田になってしまった。

[1]す・ぐ【挿ぐ】［他動詞］ガ下二｛げ／げ／ぐ／ぐる／ぐれ／げよ｝❶（糸・紐などを）**穴に差し通して付ける。すげる。**［枕草子 平安―随筆］心もとなきもの「とみのもの縫ふに、なま暗うて針に糸すぐる」［訳］急ぎのものを縫うのに、薄暗い中で針の穴に糸を通すの（はもどかしい）。❷**あけた穴にはめ込む。さし込む。**［宇治拾遺 鎌倉―説話］一二・一九「矢に錐のやうなる鏃をすげて」［訳］矢にきりのようなやじりをさし込んで。

[2]す・ぐ【過ぐ】［自動詞］ガ上二｛ぎ／ぎ／ぐ／ぐる／ぐれ／ぎよ｝

❶**通り過ぎる。通過する。過ぎる。**［更級 平安―日記］大納言殿の姫君「呼びわづらひて、笛をいとをかしく吹き澄まして、すぎぬなり」［訳］（車の主は）呼びあぐねて、笛をたいそう見事に一心に吹いて、通り過ぎて行ってしまうようだ。

❷**時がたつ。経過する。過ぎる。**［新古今 鎌倉―歌集］夏「春すぎて夏来にけらし白妙の衣干すてふ天の香具山」［訳］⇩はるすぎてなつきにけらし…。

❸**消え失せる。人が死ぬ。**［万葉集 奈良―歌集］二〇七「沖つ藻のなびきし妹は黄葉のすぎて去にきと玉梓の使ひの言へば」［訳］⇩あまとぶや…。

❹**超過する。過ぎる。**［伊勢物語 平安―物語］二三「筒井つの井筒にかけしまろが丈すぎにけらしな妹見ざるまに」［訳］⇩つつゐつの…。

❺**まさる。以上である。**徒然 鎌倉―随筆 五二「聞きしにもすぎて、尊くこそおはしけれ」訳聞いていたのにもまさって、けだかくいらっしゃった。
❻**暮らす。生活する。**宇治拾遺 鎌倉―説話 一・三「人に交じるに及ばねば、薪を採りて世をすぐるに」訳世間とつきあうことができないので、薪を採って生活していくうちに。

すく-えう【宿曜】スクヨウ 名詞 星の運行によって運勢や時・方角の吉凶などを占う術。
参考「宿」は「二十八宿(にじゅうはっしゅく)」の星座、「曜」は「九曜(くえう)」の星をさす。インドに由来し、古代中国の密教経典「宿曜経」による占星術で、日本には平安時代に仏教とともに伝来し流行した。

すぐ・す【過ぐす】他動詞サ四{さ/し/す/す/せ/せ}
❶**時を過ごす。年月を送る。暮らす。**更級 平安―日記 子忍びの森「明くるより暮るるまで、東の山ぎはをながめてすぐす」訳夜が明けてから暮れるまで、私は東の山際を眺めて過ごす。
❷**そのままにしておく。うち捨てておく。**発心 鎌倉―説話 六「いかばかりのことかあらんと、思ひあなづりてすぐすほどに」訳どれほどのことがあるだろうかと、高をくくってそのままにしておくうちに。
❸**終わらせる。すませる。**大和物語 平安―物語 九四「御忌みなどすぐしては」訳御喪などをすませては。
❹**年をとる。ふける。年上である。**源氏物語 平安―物語 桐壺「女君は少しすぐし給(たま)へるほどに」訳女君(=葵(あおい)の上)は、(源氏の君より)少し年上でいらっしゃる年齢で。
❺**度をこす。やりすぎる。**宇治拾遺 鎌倉―説話 一〇・一「左の大臣(おとど)は、すぐしたる事もなきに、かかるよこざまの罪にあたるを」訳左大臣は度をこしたこと(=過ち)もないのに、このような無実の罪を受けるのを。

すくすく 副詞 ぐんぐん。竹取物語 平安―物語 かぐや姫の生ひ立ち「この児(ちご)、養ふほどに、すくすくと大きになりまさる」訳「この幼児は、養育するほどにぐんぐんと大きくなってゆく。

すくすく・し 形容詞シク{(しく)・しから/しく・しかり/し/しき・しかる/しけれ/しかれ}❶**優美さがない。地味である。**源氏物語 平安―物語 胡蝶「白き紙の、うはべはおいらかにすくすくしきに、いとめでたう書い給へり」訳白い紙で、表面はあっさりと地味なのに、たいそう見事にお書きになっていらっしゃる。❷**きまじめだ。実直だ。融通がきかない。**源氏物語 平安―物語 初音「中将などをば、すくすくしきおほやけ人になしてむ」訳中将などを、実直な官吏にしてしまおう。❸**無愛想である。そっけない。**源氏物語 平安―物語 若菜上「えすくすくしくも、かへさひ申さでなむ」訳とても無愛想には、ご辞退申し上げることもできませんで。◆「すくずくし」「すぐすぐし」とも。

すく-せ【宿世】名詞 仏教語
❶**前世。先の世。**更級 平安―日記 子忍びの森「我も人もすくせのつたなかりければ」訳私も(娘の)おまえも前世の因縁で運が悪かったので。
❷**宿命。前世の因縁。**伊勢物語 平安―物語 六五「かかる君に仕うまつらで、すくせつたなく悲しきこと」訳このようなご主君にお仕え申し上げないで、前世の因縁が悪く悲しいこと。
◆「しゅくせ」とも。
参考 平安時代には、人の力で変えられない現実を、仏教的世界観によって前世の行いによる結果ととらえた。

すくせ-すくせ【宿世宿世】連語 **その人その人の宿命。それぞれの前世からの因縁。**源氏物語 平安―物語 少女「人の御すくせすくせ、いと定め難く」訳人それぞれの御宿命は、とても予測できなく。

すくなく-も【少なくも】副詞
なりたち 形容詞「すくなし」の連用形に係助詞「も」の付いたかたちが一語化したもの。
[打消・反語の表現を下接して]**少しだけ(…ではない)。非常に…だ。**万葉集 奈良―歌集 一二・二五二三「さにつらふ(=枕詞(まくらことば))色にはいでねすくなくも心のうちにわが思はなくに」訳顔色には出さないが、心の中では私は少しだけ思うのではない(=激しく思っている)ことだなあ。

すぐな-もじ【直な文字】名詞 平仮名の「し」の字。◆まっすぐな文字の意。

***すぐ・なり【直なり】**形容動詞ナリ{なら/なり・に/なり/なる/なれ/なれ}
❶**まっすぐだ。**平家物語 鎌倉―物語 一一・遠矢「平家の舟の下をすぐにはうで通りけり」訳(いるかが)平家の舟の下をまっすぐに泳いで通っていった。❷**素直だ。自然だ。正直だ。**❸**ありのままだ。**平家物語 鎌倉―物語 二・阿古屋之松「すぐに知らせ奉っては悪(あ)しかりなん」訳ありのままにお知らせ申し上げては不都合であろう。

関連語「すぐなり」と「ただ(直)なり」「なほ(直)」「ひた(直)」の違い
「すぐなり」は、曲がらずに一直線であることを表すが、「ただなり」は直接的でへだてがない(=じかである)ことを、「なほ」は、曲がりくねる(=変化する)ことなく続くこと(=平凡・普通)を、「ひた」は、直接に・まっすぐに・いちずになど、色々な意味を表す。

すく-ね【宿禰】名詞 ❶奈良時代以前、貴人を親しみ尊んで、その名に添える尊敬語。古事記 奈良―史書 允恭「大前(おほまへ)小前(をまへ)すくね」訳大前小前の宿禰。❷「八色(やくさ)の姓(かばね)」の第三位で、「真人(まひと)」「朝臣(あそみ)」に次ぐ姓。

す-く・ふ[1]**【巣くふ】**スクウ 自動詞ハ四{は/ひ/ふ/ふ/へ/へ}(鳥などが)**巣をつくる。**俊頼髄脳 平安―論「この家にすくひて、子産みたるつばくらめの」訳この家に巣をつくって、子を産んだ燕(つばめ)の。

すく・ふ[2]**【掬ふ】**スクウ 他動詞ハ四{は/ひ/ふ/ふ/へ/へ}❶**手・ひしゃくなどで、物をくみ取る。しゃくる。**栄花物語 平安―物語 御裳着「宇治河の底に沈めるいろくづを網ならねどもすくひつるかな」訳宇治川の底に沈んでいる魚を、網ではなかったが、すくい取ったことだなあ。❷(物をしゃくるように)**持ち上げる。**曾我物語 鎌倉―物語 八「乗りたる馬を主(ぬし)ともに中(ちゅう)にすくうて投げ上げ」訳乗っている馬を主人もろとも空中に持ち上げて投げ上げ。◇「すくう」はウ音便。❸**手前へひきしめる。たぐる。繰る。**盛衰記 鎌倉―物語 一五「手綱をすくうて歩ませよ」訳手綱をひきしめて歩ませよ。◇「すくう」はウ音便。

すぐ-みち【直道】名詞 **まっすぐな道。近道。**奥の細道

◆学習ポイント35

読み方の難しい言葉

愛敬	あいぎゃう
閼伽	あか
阿闍梨	あざり（あじゃり）
網代	あじろ
朝臣	あそん
海人・海士	あま
白馬	あをうま
内裏	うち（だいり）
現身・空蝉	うつせみ
采女	うねめ
産土	うぶすな
産養	うぶやしなひ
似非	えせ
干支	えと
夷	えびす
烏帽子	えぼ（う）し
飲食	おんじき
御衣	おんぞ
学生	がくしゃう
神楽	かぐら
筧	かけひ
方違	かたたがへ
帷・帷子	かたびら
徒・徒歩	かち
鏑矢	かぶらや
狩衣	かりぎぬ
上達部	かんだちめ（かんだちべ）
后	きさき
階	きざはし
公達	きんだち
公卿	くぎゃう
薬師・医師	くすし
蛇	くちなは
口伝	くでん
国造	くにのみやつこ
蔵人	くらうど
傾城	けいせい
懸想	けさう
下衆	げす
懈怠	けだい
輿	こし
五節	ごせち
去年	こぞ
言霊	ことだま
蟋蟀	こほろぎ
権化	ごんげ
催馬楽	さいばら
装束	さうぞく
桟敷	さじき
賤	しづ
声明	しゃうみゃう
上臈	じゃうらふ
娑婆	しゃば
修験	しゅげん
白妙	しろたへ
随身	ずいじん
誦経	ずきゃう
宿世	すくせ
受領	ずりゃう
消息	せうそこ
前栽	せんざい
僧都	そうづ
大嘗会	だいじゃうゑ
大納言	だいなごん
高坏	たかつき
工・匠	たくみ
除目	ぢもく
築地	ついぢ
晦日	つごもり
局	つぼね
手水	てうづ
殿上	てんじゃう
春宮	とうぐう
舎人	とねり
主殿司	とのも（り）づかさ
宿直	とのゐ
内侍	ないし
長押	なげし
直衣	なほし
女御	にょうご
禰宜	ねぎ
涅槃	ねはん
野分	のわき
袴	はかま
半蔀	はじとみ
比丘	びく
聖	ひじり
直垂	ひたたれ
終日	ひねもす
布衣	ほ（う）い
籬	まがき
丈夫	ますらを
政	まつりごと
御門	みかど
巫女	みこ
命婦	みゃうぶ
御息所	みやす（ん）どころ
行幸・御幸	みゆき
行縢	むかばき
冥途	めいど
乳母	めのと
物忌	ものいみ
物怪	もののけ
武士	もののふ
文章	もんじゃう
山賤	やまがつ
四方	よも
鴛鴦	ゑんあう
折敷	をしき
女郎花	をみなへし

江戸一紀行 那須「これより野越にかかりてすぐみちを行かんとす」訳これから野原を越える道にかかって近道を行こうとする。

すく・む【竦む】 一 自動詞 マ四 {ま/み/む/む/め/め} ❶**体がこわばる。ちぢこまる。すくむ。** 源氏物語 平安一物語 夕霧「すくみたるやうにて物も思え給はず」訳(御身体は)こわばっているようで意識もおありにならない。❷**かたくなである。** 源氏物語 平安一物語 藤裏葉「おとどの御掟、あまりにすくみて」訳大臣のご方針があまりにもかたくなであって。❸**柔軟性がなくなる。ごわごわする。** 源氏物語 平安一物語 梅枝「唐の紙の、いとすくみたるに草書き給へる」訳中国渡来の紙で、たいそうごわごわしているのに草仮名をお書きになっていらっしゃる。

二 他動詞 マ下二 {め/め/む/むる/むれ/めよ} **ちぢこませる。ちぢめる。すくめる。** 亭子院歌合 平安一歌集「口すくめて肩据ゑたるやうにつぶやけり」訳口をすぼめて肩をはったようにぶつぶつ言っている。

すく-やか・なり【健やかなり】 形容動詞 ナリ「すくよかなり」に同じ。

すく-よか・なり【健よかなり】 形容動詞 ナリ {なら/なり・に/なり/なる/なれ/なれ} ❶**(心身が)しっかりしている。** 源氏物語 平安一物語 真木柱「女君、あやしう、悩ましげにのみもてない給ひて、すくよかなる折もなく、しをれ給へるを」訳女君(=玉鬘)は、不思議に気分がよくないようにばかりお振る舞いになって、気持ちがしっかりしているときもなく、沈んでいらっしゃったが。❷**まじめだ。ぶこつだ。** 徒然 鎌倉一随筆 一四一「ひとへにすくよかなるものなれば、初めより否と言ひて止みぬ」訳(東国の人は)むやみにぶこつなものなので、初めからいやだと言ってやめてしまう。❸**険しい。** 源氏物語 平安一物語 帚木「すくよかならぬ山の気色」訳険しくない山のようす。◆「すくやかなり」とも。

すぐ・る[1]**【勝る・優る】** 自動詞 ラ下二 {れ/れ/る/るる/るれ/れよ} **他よりもまさる。ひいでる。すぐれる。** 古今 平安一歌集 仮名序「この人々をおきて、またすぐれたる人も、くれ竹の(=枕詞)世々にきこえ」訳これらの人々以外に、また(歌に)ひいでた人も代々に名高く。

すぐ・る[2]**【過ぐる】** 自動詞 ラ四 {ら/り/る/る/れ/れ} **過ぎる。** 万葉集 奈良一歌集 三三〇九「橘の末枝をすぐり」訳たちばなの枝先を越え。

参考 動詞「す(過)ぐ」の連体形を再活用させたもの。動詞を再活用させたものには、ほかにも「寄す」→「寄そる」、「起く」→「起こる」などがある。なお、「過ぐる」は、動詞「過ぐ」の古形であるとする説もある。

すぐ・る[3]**【選る】** 他動詞 ラ四 {ら/り/る/る/れ/れ} **よいものを選び**

出す。選ぶ。[奥の細道 江戸－紀行] 平泉「さても義臣すぐって、この城にこもり、功名一時の叢となる」[訳]さて(義経が)義勇の臣を選び出して、この城に立てこもり、(そこで挙げた)手柄の名声もいっときの(夢として消え、今は)草原となっている。◇「すぐっ」は促音便。

すぐれ-て【勝れて】[副詞]**きわだって。とりわけ。**[源氏物語 平安－物語] 桐壺「すぐれて時めき給ふありけり」[訳]きわだって帝のご寵愛を受けて栄えていらっしゃる方があった。

すぐ-ろく【双六】[名詞]「すごろく」に同じ。

す-け[1]【出家】[名詞]／—す[自動詞]サ変「しゅっけ」に同じ。

すけ[2]【次官】[名詞]律令制で、「四等官」の第二位。「長官」を補佐する。役所によって亮・助・佐・介などのように「すけ」を示す字が異なる。[参照]▶資料27

すけ[3]【助け】[名詞]❶助けること。また、その人。手助け。❷宴席などで、人の杯の酒を手伝って飲むこと。また、その人。

すげ【菅】[名詞]草の名。笠・蓑、また、縄などの材料とする。菅。

すけき[名詞]**ほんの少しのすきま。**◆「透き明き」の変化した語か。

すげ-な・し* [形容詞]ク{(く)・から/く・かり/し/き・かる/けれ/かれ}**そっけない。思いやりがない。冷淡だ。**[源氏物語 平安－物語] 桐壺「さまあしき御もてなしゆゑこそすげなうねたみ給ひしか」[訳](帝の)見苦しいまでのご待遇のせいで、思いやりなくおねたみになった。◇「すげなう」はウ音便。

すげ・む【皺む】[自動詞]マ四{ま/み/む/む/め/め}(老いて歯が抜け、口のまわりに)**しわが寄る。口がすぼむ。**[源氏物語 平安－物語] 朝顔「いたうすげみにたる口つき」[訳](歯が抜けて)ひどくすぼんでしわの寄ってしまっている口もと。

すご-げ・なり【凄気なり】[形容動詞]ナリ{なら/なり・に/なり/なる/なれ/なれ}❶**不気味で、恐ろしい。**[源氏物語 平安－物語] 夕顔「『心細く』とて、もの恐ろしうすごげに思ひたれば」[訳]「心細いこと」と、(夕顔が)なんとなく恐ろしく不気味に思っているので。❷**もの寂しい。**[源氏物語 平安－物語] 若紫「いとすごげに荒れたる所の、人少ななるに、いかに幼き人恐ろしからむと見ゆ」[訳]たいそうもの寂しく荒れた所で、人も少ないので、どんなに幼い子には怖いことだろうと思わせる。

すこし*【少し】[副詞]**多少。いくらか。**[土佐日記 平安－日記] 一・九「海は荒るれども、心はすこしなぎぬ」[訳]海は荒れるけれども、心はいくらかおさまった。

[参考]「すこし」が「少しはある」意を表すの対して、「すくなし」は「少ししかない」意を表す。

すご・し【凄し】[形容詞]ク{(く)・から/く・かり/し/き・かる/けれ/かれ}

語義の扉

背筋が寒くなるような、強い感じ方を表す。いやなものにも、よいものにも用いる。

❶㊀気味が悪い。
❷㊀もの寂しい。ぞっとするほど寂しい。
❸㊀殺風景だ。冷ややかだ。
❹㊉ぞっとするほどすばらしい。

❶**気味が悪い。**[源氏物語 平安－物語] 若紫「霰降り荒れてすごき夜のさまなり」[訳]あられが荒々しく降り、気味が悪い夜のようすである。

❷**もの寂しい。ぞっとするほど寂しい。**[更級 平安－日記]「日の入りぎはの、いとすごくきりわたりたるに」[訳]ちょうど日の入りのときで、たいそうもの寂しく、霧が一面にたちこめているときに。

❸**殺風景だ。冷ややかだ。**[紫式部 平安－日記] 消息文「艶になりぬる人は、いとすごうすずろなるをりも、もののあはれにすすみ」[訳]情趣本位が身についてしまった人は、ひどく殺風景でなんということのないときも、しみじみとした情趣をもとめ。◇「すごう」はウ音便。

❹**ぞっとするほどすばらしい。**[源氏物語 平安－物語] 若菜下「おどろおどろしからぬも、なまめかしく、すごくおもしろく」[訳](太鼓が入らず)仰々しくないのも、優雅で、ぞっとするほどすばらしく趣があり。

すこしき【少しき】[副詞]**わずか。ちょっと。少し。**[日本書紀 奈良－史書] 神代上「尾に至りて剣の刃すこしき欠けぬ」[訳]尾になって剣の刃が少し欠けた。

すこしき・なり【少しきなり】[形容動詞]ナリ{なら/なり・に/なり/なる/なれ/なれ}❶**わずかだ。少量だ。**[徒然 鎌倉－随筆] 二一二「心を用ゐることすこしきにして」[訳]心をくばることがわずかであって。❷**小さい。**[日本書紀 奈良－史書] 雄略「すこしきなる雄鶏をもって、呼びて天皇の鶏として」[訳]小さい雄鶏の方を、天皇の鶏と呼んで。

すこし-も【少しも】[副詞]❶**少しでも。わずかでも。**[竹取物語 平安－物語] 貴公子たちの求婚「すこしもかたちよしと聞きては」[訳]少しでも容貌がよいと聞いては。❷〔打消の語を下接して〕**ちっとも。まったく。**[平家物語 鎌倉－物語] 九・越中前司最期「猪俣すこしも騒がず、しばらく息を休め」[訳]猪俣はちっともあわてず、しばらく呼吸をととのえ。

すご・す【過ごす】[他動詞]サ四{さ/し/す/す/せ/せ}「すぐす」の変化した語。❶**やり過ごす。**[宇治拾遺 鎌倉－説話] 二・八「すごし立てて太刀を抜きて打ちければ」[訳](追ってくる強盗を)やり過ごしておいて太刀を抜いて切りつけると。❷**時を過ごす。年月を送る。**[源氏物語 平安－物語] 藤裏葉「二日すごしてぞ」[訳]二日たって。❸**暮らす。生活する。**[源氏物語 平安－物語] 若紫「かくてはいかでかすごし給はむ」[訳]こんなことではどうやって生活しなさるのか。❹**そのままにしておく。**[源氏物語 平安－物語] 葵「常よりも見所ありて、すごし難きほどなり」[訳]いつもより見る価値があって、そのままにしておきにくいぐらいである。❺**養う。**[蛤の草紙 江戸－物語] 御伽「母をすごし候はんことの嬉しさよ」[訳]母を養いますことのうれしいことよ。

[参考]奈良時代までは「すぐす」が一般的で、平安時代以降「すごす」が併用されるようになった。

すこ-ぶる【頗る】[副詞]❶**少しばかり。いささか。ちょっと。**[大鏡 平安－物語] 時平「笑ひ立たせ給ひぬれば、すこぶる事も乱れけるとか」[訳]いったん笑い出しなされてしまうと、いささか乱れてだらしなくなったとか。❷**かなり。だいぶ。甚だ。**[平家物語 鎌倉－物語] 一・殿下乗合「侍どももみな馬より取って引き落とし、すこぶる恥辱に及びけり」[訳]侍どももみな馬からひきずり落として、かなり恥をかかせた。

す-ごも【簀薦・食薦】[名詞]食事のときに食膳の

下に敷く敷物。竹や、こも・いぐさの類を「簾(す)」のように編んだもの。

すご‐ろく【双六・雙六】名詞「すぐろく」の変化した語。室内遊戯の一つ。インドに起こったといわれ、中国からわが国に伝来した。木製の盤を挟んで二人が相対し、盤上の敵味方それぞれ十二に区切った陣内に、それぞれ十五個の黒白の駒(こま)を約束に従って並べ、二個の賽(さい)を振って出た目によって駒を敵陣に進め、早く敵陣へ駒を進め切った者を勝ちとする。

(双　六)

す‐こん【数献】名詞 **酒の数杯。**▼杯を重ねる意。徒然 鎌倉―随筆 二一「こころよくすこんに及びて、興に入られはべりき」訳 気持ちよく何杯か杯を重ねて、いいご機嫌になられました。

す‐さ【朱砂】名詞 鉱石の名。深紅色をしている。水銀や赤絵の具の原料としたり、薬用にしたりする。辰砂(しんしゃ)。

*__ず‐さ__【従者】名詞 **供の者。召使い。**「ずんざ」とも。

す‐ざう【素姓・素性】(ウス)名詞「すじゃう」に同じ。

す‐さき【州崎・洲崎】名詞 ❶州がみさきのようになって水中に突き出ているところ。❷❶を図案化した模様。

す‐ざく【朱雀】名詞 ❶「四神(しじん)」の一つ。南方の守護神。鳳凰(ほうおう)に似た鳥の姿をしている。朱鳥。「しゅじゃく」「しゅじゃか」「しゅしゃか」とも。参照▼口絵 ❷「朱雀野(の)」の略。京都の西七条千本や丹波口(たんばぐち)一帯の田野。

すざく‐おほぢ【朱雀大路】(スザクオオジ)名詞 平城京・平安京で、大内裏(だいだいり)の南門朱雀門から羅城門(らしょうもん)まで都城の中央を南北に通じる大路。この大路を中心に東側を左京、西側を右京に分けている。「しゅじゃくおほじ」とも。参照▼資料24

すざく‐もん【朱雀門】名詞 平安京の大内裏(だいだいり)の外郭十二門の一つ。大内裏の南面中央の正門。「しゅじゃくもん」とも。参照▼口絵／資料25

すざく‐ゐん【朱雀院】(スザクイン)名詞 嵯峨(さが)天皇以後、歴代の天皇が退位後に住んだ後院(ごいん)。朱雀大路の西にあった。「しゅじゃくゐん」とも。

すさび【荒び・遊び】名詞

❶**気まぐれ。気まま。**源氏物語 平安―物語 夕顔「懲(こ)りずまにまたもあだ名立ちぬべき御心のすさびなめり」訳 こりもせずにまたまた浮気な評判が立ちそうな(源氏の)お心の気まぐれであるようだ。

❷**慰み。もてあそび。**徒然 鎌倉―随筆 一九「筆にまかせつつ、あぢきなきすさびにて」訳 筆の勢いにまかせながら書いた、つまらない慰みで。

すさび‐ごと 名詞 ㊀【遊び事】その場の気分で楽しむ慰み事。㊁【遊び言】慰みにいう言葉。

すさ・ぶ【荒ぶ・遊ぶ】

自動詞バ上二{び／び／ぶ／ぶる／ぶれ／びよ}・バ四{ば／び／ぶ／ぶ／べ／べ}

❶**気の向くままに…する。慰みに…する。**源氏物語 平安―物語 澪標「箏(さう)の御琴引き寄せて、かき合はせ、すさび給(たま)ひて」訳(源氏は)箏(そう)のお琴を引き寄せて、調子を整え、気の向くままに弾きなさって。

❷**盛んに…する。ほしいままに…する。さかる。**万葉集 奈良―歌集 二二八一「朝露に咲きすさびたるつき草の日くたつなへに消ぬべく思ほゆ」訳 朝露に盛んに咲いている露草のように、日が傾くにつれて消え入るように思われる。

❸**衰えてやむ。**新古今 鎌倉―歌集 恋四「思ひかねうち寝(ぬ)る宵もありなまし吹きだにすさべ庭の松風」訳 待つ思いの苦しさに耐えかねて寝てしまう宵もきっとあろう。せめて(眠りを妨げないように)吹き衰えてくれ、庭の松風よ。

語の歴史 古く奈良時代以前には上二段に活用したが、平安時代になると、四段・上二段の両例が見え、「すさむ」の語形も認められるようになる。意味も、古くは、「気の向くままに行動する」意であったが、その意味の一部である「荒れる」が特に強く意識されるようになり、現代語では、「風吹きすさぶ」のようにその意だけで使われている。なお、バ行音・マ行音は音が近いことから、「すさぶ」「すさむ」の両形が古くから併用された。

すさま・じ【凄じ・冷じ】形容詞シク{(じく)・じから／じく・じかり／じ／じき・じかる／じけれ／じかれ}

語義の扉
タイミングがずれていたり、場違いであったりしたとき、それまでの気持ちが冷めてしまい、不快で、しらけた感じになることを表す。
❶おもしろくない。興ざめだ。
❷寒々としている。殺風景だ。情趣がない。
❸冷たい。寒い。
❹ものすごい。激しい。ひどい。

❶**おもしろくない。興ざめだ。しらけている。**枕草子 平安―随筆 木の花は「梨(なし)の花、よにすさまじきものにして、近うもてなさず」訳 梨の花は、まったくおもしろくないものとして、身近には取り扱わない。

❷**寒々としている。殺風景だ。情趣がない。**徒然 鎌倉―随筆 一九「すさまじきものにして見る人もなき月の」訳 殺風景なものとして見る人もない(冬の)月が。

❸**冷たい。寒い。**平家物語 鎌倉―物語 六・紅葉「風すさまじかりける朝(あした)なれば」訳 風が冷たかった朝なので。

❹**ものすごい。激しい。ひどい。**保元 鎌倉―物語 中「すさまじき者の固めたる門へ寄せ当たりぬるものかな」訳 ものすごい者が守っている門に攻めてきてしまったものだな。

†**すさま・じき‐の‐み‐な・ら‐ず**【すさまじきのみならず】枕草子 平安―随筆 すさまじきもの「今宵はえまゐるまじとて返しおこせたるは、すさまじきのみならず、いとにくくわりなし」訳「今夜はとても参上できそうにな

い」と返事を送ってよこしたのは興ざめがするばかりでなく、たいそう憎らしく、たまらなくつらい。

品詞分解 すさまじき＝形容詞「すさまじ」体 のみ＝副助詞「のみ」 なら＝断定の助動詞「なり」未 ず＝打消の助動詞「ず」用

＊すさまじ-げ・なり【凄じげなり】 形容動詞ナリ {なら／なり・に／なり／なる／なれ／なれ} **殺風景だ。興味がなさそうだ。** 源氏物語 平安―物語 蓬生「ふるごとどもの目なれたるなどは、いとすさまじげなるを」訳古歌で見なれたのなどが書いてあるのは、いかにも殺風景であるのを。◆「げ」は接尾語。

すさみ【荒み・遊み】 名詞「すさび」に同じ。芭蕉庵再興 江戸―句集 俳文「この山寺に入りおはしてのすさみなるよし」訳この山寺にお入りになっての慰み（の句）であるという事情。

すさ・む【荒む・遊む】

一 自動詞マ四 {ま／み／む／む／め／め}

❶**気の向くままに…する。慰みに…する。** 枕草子 平安―随筆 雪のいと高うはあらで「火箸して灰など掻きすさみて」訳火箸で灰などを気の向くままにかきながら。

❷**勢いが甚だしくなる。激しく…する。** 新古今 鎌倉―歌集 秋下「松に這ふまさの葉かづら散りにけり外山の秋に風すさむらむ」訳松にからまるまさの葉かずらは散ってしまったことだ。外山の秋に風は激しく吹き荒れているだろう。

二 他動詞マ下二 {め／め／む／むる／むれ／めよ}

❶**心がひかれて楽しむ。もてはやす。** 古今 平安―歌集 春上「山高み人もすさめぬ桜花いたくなわびそ我見はやさむ」訳山が高いのでだれももてはやさない桜の花よ、ひどく嘆くことはない。私が見てほめてあげるから。

❷**きらって避ける。** 源氏物語 平安―物語 紅梅「むべ我をばすさめたりと、気色どり、怨じ給ひしこそ、をかしかりしか」訳道理で私をきらって避けていたのだと、（春宮が）ようすを察して、恨みごとをお言いになったのが面白かった。

すし[1]【鮨・鮓】 名詞 魚介類を塩漬けして自然発酵させた保存食。◆のち、発酵を早めるために飯を混ぜて漬けるようになり、江戸時代には酢を加えた飯を混ぜた。酢飯もともに食べるようになったのは江戸時代末期から。季夏。

す・し[2]【酸し】 形容詞ク {く・から／く・かり／し／き・かる／けれ／かれ} **すっぱい。** 今昔物語 平安―説話 二八・五「酒少し濁りてすき様なれど」訳酒は少し濁ってすっぱいようだけれど。

すじ【筋】 ⇨すぢ

ずし【厨子】 ⇨づし

すし-あはび【鮨鮑】 スシアワビ 名詞 鮨にしたあわび。

すし-あゆ【鮨鮎】 名詞 鮨にしたあゆ。

ず-して 連語

なりたち 打消の助動詞「ず」の連用形＋接続助詞「して」

…ないで。…なくて。 土佐日記 平安―日記 二・一六「なほ悲しきにたへずして」訳さらにいっそう（あの子のいない）悲しさにこらえきれないで。◆主に漢文訓読文や和歌に用いる。

す-じゃう[1]【素姓・素性・素生・種姓】 スジョウ 名詞 ❶**家筋。家柄。** ❷**生まれ。育ち。** ❸**生まれつき。本性。** ◆「すざう」とも。

＊す-じゃう[2]【衆生】 スジョウ 名詞「しゅじゃう」に同じ。

す・す【煤す】 自動詞サ四 {さ／し／す／す／せ／せ} **すすで黒くなる。すすける。** 万葉集 奈良―歌集 二六五一「難波人葦火焚く屋のすしてあれどおのが妻こそ常めづらしき」訳難波の人が葦火をたく家のようにすすけているけれど、私の妻こそがいつもかわいいことよ。◆奈良時代以前の語。

すず【篠・篶】 名詞 竹の一種。**すずたけ。丈が低くて細い。**

ず-・す【誦す】 他動詞サ変 {せ／し／す／する／すれ／せよ}「じゅす」に同じ。「ずず」「ずうず」「ずんず」とも。枕草子 平安―随筆 五月ばかり、月もなう「『種ゑてこの君と称す』とずして」訳「うえてこの君と称す（＝竹を植えてこの君と名付ける）」と（漢詩の一節を）朗唱して。

ず-ず[1]【数珠・珠数】 名詞 仏や菩薩を拝するときに用いる、小さな玉をつないで輪にした道具。唱名や念仏などのときに、指先で玉を動かして回数を数えたり、手に掛けてすり合わせたりする。玉は菩提樹の実や水晶などで作り、ふつう百八個を連ねて百八煩悩を除く意とする。念珠。「じゅず」とも。参照▼口絵

ず-ず[2]【誦ず】 他動詞サ変 {ぜ／じ／ず／ずる／ずれ／ぜよ}「じゅす」に同じ。「ずす」「ずうず」「ずんず」とも。伊勢物語 平安―物語 八二「親王、歌を返す返すずじ給うて」訳親王は、歌を繰り返し朗唱しなさって。

鈴鹿川（すずかがは） スズカガワ 地名 歌枕 今の三重県の北部を流れる川。「鈴鹿山」の東側に源を発し、東流して伊勢湾に注ぐ。

すず-かけ【篠懸け】 名詞 修験者が衣の上に着る麻製の法衣。素襖と似た形に作る。◆深山の篠の露を防ぐために着ることから。参照▼口絵

すずかぜの… 俳句「涼風の 曲がりくねって 来たりけり」七番日記 江戸―日記 俳文・一茶 訳自分の住む裏長屋は路地の奥にあるので、涼風も曲がりくねってやっとのことで吹いて来たな。

鑑賞「曲がりくねって」という言い回しに、実際を想像させるおかしみが感じられる。季語は「涼風」で、季は夏。

鈴鹿の関（すずかのせき） 地名 今の滋賀県甲賀郡と三重県鈴鹿郡との境に当たる鈴鹿峠に設けられた関所。不破の関・愛発の関とともに古代「三関」の一つ。

すずか-やま[1]【鈴鹿山】 枕詞 鈴鹿山の縁で国名「伊勢」にかかる。「すずかやま伊勢男を」

鈴鹿山[2]（すずかやま） 地名 歌枕 今の滋賀県と三重県との境をなす山。鈴鹿の関のある鈴鹿峠は鈴鹿山の南端近くにあり、東海道では箱根に次ぐ難所とされる。

参考 歌枕としての鈴鹿山は、ほとんどが「鈴鹿の関」を越える心で詠まれており、「鈴」の縁で「ふる」「なる」などの語が詠み込まれる。

すすき【薄・芒】 名詞 草の名。その花穂（また、穂の出たすすき）を尾花といい、秋の七草の一つ。

鈴木正三（すずきしょうさん） スズキショウサン 人名（一五七九～一六五五）江戸時代前期の仮名草子作者。本名は重光。三河の人。徳川家康の家臣であったが曹洞禅を修めて出家し、諸国を回った。晩年は江戸に住み禅を説いた。仮名草子『二人比丘尼』などがある。

すす・く【煤く】 自動詞 カ下二〔け/け/く/くる/くれ/けよ〕 ❶**すすがしみついて黒ずむ。すすける。** 徒然 鎌倉―随筆 一七六「御薪にすすけたれば、黒戸といふとぞ」訳おたきぎ（を焚く煙）で、すすがしみついて黒ずんでいるので、黒戸というのだそうだ。❷**よごれてすす色になる。古くよごれた状態になる。** 源氏物語 平安―物語 末摘花「衣は、雪に逢ひてすすけまどひ」訳着物は、雪（の反射）にあってひどくよごれて。

すす・ぐ【濯ぐ・漱ぐ・滌ぐ】 他動詞 ガ四〔が/ぎ/ぐ/ぐ/げ/げ〕 ❶**水で洗い清める。** 新古今 鎌倉―歌集 釈教「心の塵をすすぎつるかな」訳心の汚れを洗い清めたことだ。❷**汚名・恥を除き去る。** 源氏物語 平安―物語 朝顔「この世の濁りをすすぎ給はざらむ」訳（仏は）この現世の汚れた罪を除いてくださらないであろう。◆古くは「すすく」。「そそぐ」とも。

[1]**すずし【生絹】** 名詞 練っていない（＝灰汁などで煮ていない）絹糸。また、その糸で織った布。張りがあって薄くて軽く、主に夏の衣服に用いる。古くは「すすし」。対練り絹。

[2]**すず・し【涼し】** 形容詞 シク〔(しく)・しから/しく・しかり/し/しき・しかる/しけれ/しかれ〕 ❶**涼しい。** 笈日記 江戸―論 俳諧「朝露によごれてすずし瓜の泥 芭蕉」訳夏の早朝、とったばかりでまだ泥のついたままの瓜の表面が朝露にぬれ、いかにも涼しい風情である。❷**清らかに澄んでいる。曇りがない。** 源氏物語 平安―物語 常夏「秋の夜、月影すずしきほど」訳秋の夜、月の光が清らかに澄んでいるころ。❸**さわやかである。すがすがしい。さっぱりしている。** 源氏物語 明石「思ふことかつがつかなひぬる心地して、すずしう思ひゐたるに」訳（明石入道は）念願がともかくかなった気持ちになって、すがすがしい思いでいたところ。◇「すずしう」はウ音便。

すずしき-かた【涼しき方】 連語 **極楽浄土。** 源氏物語 平安―物語 総角「さりともすずしきかたにぞと思ひやり奉るを」訳それにしても極楽浄土に（いらっしゃるだろう）と推察申し上げていたところを。

すすし-きほ・ふ【すすし競ふ】 自動詞 ハ四〔は/ひ/ふ/ふ/へ/へ〕 **進んでせり合う。勇んで争う。** 万葉集 奈良―歌集 一八〇九「すすしきほひ相よばひしける時は」訳（男性二人が）勇んで争いともに（菟原おとめに）求婚したときは。

すず-しろ【蘿蔔・清白】 名詞 だいこんの別名。春の七草の一つ。季春。

すすど・し【鋭し】 形容詞 ク〔(く)・から/く・かり/し/き・かる/けれ/かれ〕 ❶**動作がすばやく機敏だ。** ❷**勇猛果敢だ。** 平家物語 鎌倉―物語 一一・勝浦付大坂越「九郎はすすどき男にてさぶらふなれば」訳九郎（＝源義経）は勇猛果敢な男でございますそうなので。

すずな【菘】 名詞 蕪の別名。春の七草の一つ。季春。

すす-はき【煤掃き】 名詞 新年を迎える準備として、屋内のすすやほこりを払い清めること。江戸時代には年中行事として十二月十三日に行うのが恒例。煤払い。季冬。

すす-ばな【洟】 名詞 垂れ下がった鼻水。また、それをすすること。

すす-はらひ【煤払ひ】 名詞「すすはき」に同じ。

[1]**すす・む【進む】** 自動詞 マ四〔ま/み/む/む/め/め〕 ❶**前進する。進む。** 平家物語 鎌倉―物語 九・木曾最期「まっ先にこそすすみけれ」訳真っ先に進んだのだった。❷**上達する。進む。** 源氏物語 平安―物語 絵合「いたうすすみぬる人の命、幸いと並びぬるは、いとかたきものになむ」訳（学識が）たいそう上達している人で、長寿と幸せが整いそろう者はまずめったにないものだ。❸**つのる。はやる。** 源氏物語 平安―物語 朝顔「かどかどしさのすすみ給へるや苦しからむ」訳きかん気がつのりなさったのが苦しいのだろうか。

[2]**すす・む【勧む・薦む】** 他動詞 マ下二〔め/め/む/むる/むれ/めよ〕 ❶**勧誘する。うながす。** 源氏物語 平安―物語 行幸「なほ思し立てなど、絶えずすすめ給ふ」訳（宮仕えを）やはりご決心なさいなどと、絶えずうながしなさる。❷（飲食物などを）**勧める。** 徒然 鎌倉―随筆 一七五「人に酒すすむるとて」訳人に酒を勧めるといって。❸**推す。奨励する。** 徒然 鎌倉―随筆 一四二「農をすすめば、下に利あらむこと」訳農業を奨励すれば、下々の人に利益があるだろうことは（疑いない）。

すず-むし【鈴虫】 名詞 虫の名。古くは、今の「松虫」をさしたという。季秋。

すずむしの… 和歌「鈴虫の 声の限りを 尽くしても 長き夜あかず ふる涙かな」源氏物語 平安―物語 桐壺 訳鈴虫のように声の限りをつくして泣いても、秋の夜長にいつはてるとも知れず、しきりにこぼれる涙であることよ。

鑑賞 帝の使いで、亡き桐壺更衣の母を見舞った「靫負の命婦」が帰るときに詠んだ歌。悲しみに沈む草深い住まいの風情に、あわれを感じている。「ふる」は「涙が降る」に「鈴を振る」をかけ、「鈴」の縁語としている。

すずめのこ… 俳句「雀の子 そこのけそこのけ 御馬が通る」おらが春 江戸―句集 俳文・一茶 訳雀の子よ、さあどいたどいた、今からお馬が通って危ないよ。

鑑賞 子雀に優しく注意した句とも、おもちゃの馬に乗った子供が遊んでいる情景を詠んだ句とも解される。季語は「雀の子」で、季は春。

すずり【硯】 名詞 ❶文房具の一つ。石などで作った、墨をする道具。❷すずり箱。

参考 (1)筆・紙・硯・墨を文房四宝（＝「文房」は書斎の意）といい、文人の間や書の世界ではことに大切にされる。なお、『徒然草』「つれづれなるままに、日暮らし硯に向かひて」〈することがなく退屈なのにまかせて、一日じゅう硯に向かって。〉のように、「机」の意を象徴的に表すことがある。(2)❷は、多く蓋をさしていい、文箱の代用とした。また、菓子などを盛って客に供するなどにも用いたが、江戸時代になると、わざわざ同じ形の器を作って料理を盛るようになり、それを「硯蓋」と称した。

すずり-がめ【硯瓶】 名詞 墨をする水を入れておく器。

すずり-ぶた【硯蓋】 名詞 ❶硯箱のふた。物を載せるのにも用いた。❷祝宴の席などで、口取り肴などを盛る盆状の器。

すす・る【啜る】 他動詞 ラ四〔ら/り/る/る/れ/れ〕 ❶（流動物を）**口に吸い入れる。吸い込む。** 宇治拾遺 鎌倉―説話 一・一八「芋粥すすりて、舌打ちをして」訳芋粥をすすって、おいしそうに舌打ちをして。❷**鼻水をすすり上げる。** 源氏物語 平安―物語 真木柱「目とどめて、鼻すすりあへり」訳（庭に）目をとめて、（悲しくて）鼻水をすすり上げ合った。

すずろ・く【漫ろく】 自動詞 カ四 {か/き/く/く/け/け} **妙に落ち着かない。そわそわする。**「すずろぶ」「すぞろく」「そぞろく」とも。著聞集 鎌倉―説話 五四二「いとすずろきて、とみに言ひも出(い)ださず」訳たいへんそわそわして、急には言い出さない。

すずろ-ごころ【漫ろ心】 名詞 **妙に浮ついた気持ち。そわそわと落ち着かない心。**「そぞろごころ」とも。更級 平安―日記 宮仕へ「いとよしなかりけるすずろごころにても」訳全くとりとめもない浮ついた気持ちだとしても。

すずろ-ごと 名詞

㊀【漫ろ言】**くだらない言葉。とりとめのない話。** 源氏物語 平安―物語 柏木「すずろごとをさへ言はせまほしうし給(たま)ふを」訳（用件のほかに柏木は）むだ話までさせたがりなさるものなのに。

㊁【漫ろ事】**あてにならないこと。とるにたらないこと。** 源氏物語 平安―物語 蛍「かつ知る知るかかるすずろごとに心を移し」訳一方ではよく知っていながら、こんなとるにたらないことに心をうばわれ。◆「そぞろごと」とも。

すずろ・なり【漫ろなり】 形容動詞 ナリ {なら/なり・に/なり/なる/なれ/なれ}

語義の扉

はっきりした根拠・理由がないのに、事態が気持ちと関係なく進行するさまをいうのがもとの意味。そこから予想外・無関係の意味が生じた。

❶ひとりでに。これといった理由もなく。
❷思いがけない。予期していない。
❸無関係だ。筋違いだ。
❹むやみやたらだ。

❶**ひとりでに。これといった理由もなく。** 源氏物語 平安―物語 若紫「いみじく泣くを見給(たま)ふも、すずろに悲し」訳（尼君が）ひどく泣くのを（源氏が）ご覧になるのも、これといった理由もなく悲しい気がする。

❷**思いがけない。予期していない。** 伊勢物語 平安―物語 九「つた・かへでは茂り、もの心細く、すずろなる目を見ることと思ふに」訳つたやかえでが茂っていて、なんとなく心細く、思いがけない（ひどい）目にあうことだと感じていると。

❸**無関係だ。筋違いだ。** 大和物語 平安―物語 一四八「すずろなる者に、なにか多く賜(た)ばむ」訳無関係な者に、どうしてたくさんおやりになるのだろうか。

❹**むやみやたらだ。** 徒然 鎌倉―随筆 一六八「大方は知りたりとも、すずろに言ひ散らすは」訳大体は知っていても、むやみやたらに言い散らすのは。

◆「すぞろなり」「そぞろなり」とも。

関連語 ⇩そぞろなり。

***すずろ-は・し【漫ろはし】**（スズロワシ） 形容詞 シク {(しく)・しから/しく・しかり/し/しき・しかる/しけれ/しかれ} ❶（楽しくて）**じっとしていられない。浮き浮きしている。** 源氏物語 平安―物語 若菜下「聞く人ただならず、すずろはしきまで愛敬(あいぎやう)づきて」訳（紫の上の箏(さう)の音は）聞く人が心が穏やかでいられず、浮き浮きするほどおもしろさがあって。❷（不快・不安で）**心が落ち着かない。いやな気分である。** 源氏物語 平安―物語 若菜下「なまもの憂く、すずろはしけれど」訳何となく気が進まず、心が落ち着かないが。◆「すぞろはし」「そぞろはし」とも。

参考 そわそわと落ち着かない心の状態をいうが、楽しい場合にも、不安な場合にも用いる。

すすろ・ふ【啜ろふ】（ススロウ） 他動詞 ハ四 {は/ひ/ふ/ふ/へ/へ} **すすりすすりする。** 万葉集 奈良―歌集 八九二「糟湯酒(かすゆざけ)うちすすろひて」訳⇩かぜまじり…。◆動詞「すする」の未然形に反復継続の助動詞「ふ」の付いた「すすらふ」の変化した語。

すずろ・ぶ【漫ろぶ】 自動詞 バ上二 {び/び/ぶ/ぶる/ぶれ/びよ} **落ち着かず、そわそわしたようすを見せる。** 源氏物語 平安―物語 末摘花「うち笑(ゑ)み給(たま)へる気色(けしき)、はしたなうすずろびたり」訳笑っていらっしゃるようすは、どっちつかずで落ち着かずそわそわしていた。

すそ【裾】 名詞 ❶**衣服の下の端の部分。** ❷**細長い物の下端や末端。先端。** 源氏物語 平安―物語 若菜上「御髪(みぐし)の、すそまでけざやかに見ゆるは」訳御髪の先端までくっきりと見えるのは。❸**山のふもと。山すそ。** ❹**川しも。下流。**

ず-そ【呪詛】 名詞／―す 他動詞 サ変「しゅそ（呪詛）」に同じ。

すそ-がち・なり【裾勝ちなり】 形容動詞 ナリ {なら/なり・に/なり/なる/なれ/なれ} **衣服の裾(すそ)を長く引くようすだ。** 源氏物語 平安―物語 若菜上「御衣(ぞ)のすそがちに、いと細くささやかにて」訳お着物の裾を長く引くようすで、（体は）とても細く小柄で。◆「がち」は接尾語。

すそ-ご【裾濃・末濃】 名詞 ❶**染め色の一つ。** 上になる方を薄く、裾の方を次第に濃くするもの。❷鎧(よろひ)の「縅(をどし)」で、最上部の白から次第に裾の方へ濃い色の糸でおどすもの。

参考「裾濃」とは逆に、上を濃く、下にいくほど薄くするものは「匂(にほ)ひ」といい、同色でところどころに濃淡があって、まだら模様になっているものは「斑濃(むらご)」という。

すそ-び・く【裾曳く】 自動詞 カ四 {か/き/く/く/け/け} **衣服の裾を引きずる。** 万葉集 奈良―歌集 一〇〇二「ますらをはみ狩に立たし娘子(をとめ)らは赤裳(も)すそびく清き浜辺(はまび)を」訳男たちは御狩にお出かけになり、娘たちは赤い裳の裾を引きずっている、清らかな浜辺を。

すそ-み【裾回・裾廻】 名詞 **山のふもとの周り。**「すそわ」とも。◆「み」は接尾語。

すぞろ・なり【漫ろなり】 形容動詞 ナリ「すずろなり」に同じ。

すそ-わ【裾回・裾廻】 名詞「すそみ」に同じ。

すだ・く【集く】 自動詞 カ四 {か/き/く/く/け/け}

❶**群がり集まる。** 新古今 鎌倉―歌集 雑上「すだきけむ昔の人は影絶えて宿もるものはありあけの月」訳群がり集まっていただろう昔の人の人影は絶えて、宿を守るのはただ有明の月だけだ。

❷（虫や鳥などが）**鳴く。** 雨月物語 江戸―物語 吉備津の釜「秋の虫の叢(くさむら)にすだくばかりの声もなし」訳（吉備津(きびつ)の釜(かま)は）秋の虫が、草むらで鳴くほどの小さな音さえ立てない。

すた・る【廃る】

一自動詞ラ四{ら/り/る/る/れ/れ}❶衰える。勢いがなくなる。風姿花伝 室町―論 五「道すたらば、寿福おのづから滅すべし」訳芸の道が衰えれば、幸福も自然になくなってしまうにちがいない。❷用いられなくなる。不用になる。雨月物語 江戸―物語 吉備津の釜「粥さへ日々にすたりて」訳粥さえ日に日に(体が受けつけなくなって)不用になって。

二自動詞ラ下二{れ/れ/る/るる/るれ/れよ}❶一❶に同じ。著聞集 鎌倉―説話 一五六「この道すたれぬるにやと悲しくおぼえて」訳和歌の道が衰えてしまったのかと悲しく思われて。❷一❷に同じ。徒然 鎌倉―随筆 一七四「一度道を聞きて、これに志さん人、いづれのわざかすたれざらん」訳一度仏の教えを聞いて、その仏道への精進を思い立つような人は、その他のどんなことが不用にならないであろうか、いや不用になる。

す-だれ【簾】 名詞 すだれ。細くけずった竹やあしの茎などを糸で編み、上から垂らして室外との隔てや、日よけ、部屋の中の隔てなどに用いたもの。牛車や輿などの、出入り口に垂らしたものもいう。季夏。

(簾)

参照▶口絵

参考 日光をさえぎったり外から見えないようにしたりするためのもので、寝殿造りでは、母屋と廂との間、および廂と簀の子との間に掛けた。不要なときは巻き上げて、「鉤(=かぎ形の金具)」にかけてとめる。また、簾の内側には「壁代」という垂れ布を長押から掛けるのが普通である。

すぢ¹【筋】 名詞

❶筋。線。▼線状のもの。古今 平安―歌集 雑上「年つもり老いにけらしな黒きすぢ無し」訳年が積もって老いてしまったらしい、黒い髪の筋もない。

❷血統。家系。系統。流派。大鏡 平安―物語 序「言ひもていけば、同じ種、一つすぢにぞおはしあれど」訳せんじつめると、同じ祖先、同一の血統でいらっしゃるけれど。

❸性分。気質。源氏物語 平安―物語 帚木「女も、えをさめぬすぢにて、指一つを引き寄せて食ひて侍りしを」訳女も、我慢のできない性分で、指を一本引き寄せて食いついてきましたのを。

❹方角。方向。源氏物語 平安―物語 帚木「二条の院にも同じすぢにて、いづくにか違へむ」訳二条院も同じ方角なので、どちらに方違えしようか。

❺筋道。道理。理由。源氏物語 平安―物語 帚木「なほ誠のすぢをこまやかに書きえたるは」訳やはり本当の筆法の筋道を守って綿密に書き上げたものは。

❻事柄。一件。枕草子 平安―随筆 御かたがた、君たち「『一乗の法なり』など、人々も笑ふことのすぢなめり」訳『一乗の法なのであろう』と言って、人々が笑うそのことに関した事柄であるように思える。

❼作風。趣向。おもむき。紫式部 平安―日記 消息文「口にいと歌の詠まるるなめりとぞ見えたるすぢに侍るかし」訳口先で自然に詠めてくるのであるようだと思われる歌の作風でございますよ。

-すぢ²【筋】 接尾語 …本。…条。竹取物語 平安―物語 かぐや姫の生ひ立ち「もと光る竹なむ一すぢありける」訳根もとが光る竹が一本あった。

すぢ-か・ふ*【筋交ふ・筋違ふ】 スジカウ―スジコウ

一自動詞ハ四{は/ひ/ふ/ふ/へ/へ}❶斜めに交差する。斜めになる。源氏物語 平安―物語 常夏「行のほど、端ざまにすぢかひて倒れぬべく見ゆるを」訳(近江の君の書いたものは)行の具合が、端の方に行くにつれて斜めになって倒れてしまいそうに見えるのを。❷斜めに向かい合う。枕草子 平安―随筆 宮にはじめてまゐりたるころ「いかでかはすぢかひ御覧ぜられむとて」訳なんとかして、斜めに向かい合って(私をご覧になっていただこうとして。❸筋道と行き違う。くいちがう。そむく。浜松中納言 平安―物語 四「あまり世にすぢかひて」訳度外れて世間にそむいて。

二他動詞ハ下二{へ/へ/ふ/ふる/ふれ/へよ}斜めにする。中務内侍 鎌倉―日記「太刀を横さまにすぢかへたるやうにつけて」訳太刀を横に向けて斜めにしているようにつけて。

すぢ-な・し【筋無し】 スジ 形容詞ク{(く)・から/く・かり/し/き・かる/けれ/かれ}

❶道理に合わない。羅生門 室町―能楽 謡曲「すぢなきこと、なおん申し候ひそ」訳道理に合わないことをおっしゃいますな。❷家柄・血筋が正しくない。卑しい。伽羅先代萩 江戸―歌舞 浄瑠「稲妻郷助といふすぢなき者を」訳稲妻郷助という素性の正しくない者を。

ずち-な・し【術無し】 形容詞ク{(く)・から/く・かり/し/き・かる/けれ/かれ}「じゅつなし」に同じ。「ずつなし」とも。枕草子 平安―随筆 里にまかでたるに「『妹のあり所申せ、申せ』と責めらるるに、ずちなし」訳「妹の居所を申せ、申せ」と責められるので、どうしようもない。

すぢ-め【筋目】 スジメ 名詞 ❶筋道。条理。❷家柄。血筋。素性。世間胸算用 江戸―物語 浮世・西鶴「さのみすぢめいやしからぬ人なれども」訳それほど血筋の悪くはない人であるが。

すぢり-もぢ・る【振り捩る】 スジリモジル 他動詞ラ四{ら/り/る/る/れ/れ}❶体をさまざまにくねらせる。宇治拾遺 鎌倉―説話 一・三「すぢりもぢり、えい声を出だして」訳体をさまざまにくねらせ、えいとかけ声を出して。❷あちこちと曲がりくねって行く。冥途飛脚 江戸―浄瑠 浄瑠・近松「里の裏路畦路をすぢりもぢりて藤井寺」訳村里の裏道や畦道を曲がりくねって行って(たどり着いた)藤井寺。

すぢ・る【捩る】 スジル 他動詞ラ四{ら/り/る/る/れ/れ}身をくねらせる。よじる。徒然 鎌倉―随筆 一七五「目もあてられずすぢりたるを」訳見るに耐えないほど身をよじらせて(踊って)いるのを。

す・つ*【捨つ・棄つ】

一他動詞タ下二{て/て/つ/つる/つれ/てよ}❶捨てる。枕草子 平安―随筆 うへにさぶらふ御猫は「打ち殺してすて侍りぬ」訳(犬は)打ち殺して捨てました。❷見捨てる。竹取物語 平安―物語 かぐや姫の昇天「我をいかにせよとて、すてては昇り給ふぞ」訳私(=竹取の翁)をどうしろといって、見捨てて(天に)お昇りになるのか。❸世俗からのがれる。出家する。源氏物語 平安―物語 若紫「世をすてたる法師の心地にもいみじう世の憂へ忘れ、齢延ぶる人の御ありさまなり」訳俗世間からのがれた法師の気持ちとしてもたいそう世俗の心配事を忘れ、寿命が延びる御ようすのお方です。❹〔多く「命をすつ」「身をすつ」の形で用いて〕**身命を投げ出す。犠牲にする。**竹取物語 平安‐物語 蓬萊の玉の枝「命をすてて、かの玉の枝持ちて来たる」訳命を犠牲にして、あの玉の枝を持ってやって来た。

二〔補助動詞〕タ下二{て／て／つ／つる／つれ／てよ}〔動詞の連用形や助詞「て」に付いて〕**…(て)しまう。**平家物語 鎌倉‐物語 一二・泊瀬六代「言はずは斬ってすてん」訳言わないのなら切ってしまおう。

ずつ‐な・し【術無し】形容詞ク{(く)・から／く・かり／し／き・かる／けれ／かれ}「じゅつなし」に同じ。「ずちなし」とも。今昔物語 平安‐説話 二〇・六「すべて、翼打ちおられて、たへがたく、ずつなく候ふ」訳すべての翼が打ち折られて、がまんできなく、どうにも方法がなくございます。

ず‐て*【連語】
なりたち 打消の助動詞「ず」の連用形＋接続助詞「て」
…ないで。…なくて。万葉集 奈良‐歌集 四四三九「降る雪を見ずてや妹が籠もり居るらむ」訳降り続いている雪を見ないで、どうしてあなたはとじこもっているのだろう。◆主に奈良時代以前に用いられ、平安時代以降は歌の中で用いられた。

すて‐か・く【捨て書く】他動詞カ四{か／き／く／く／け／け}**無造作に書く。**源氏物語 平安‐物語 若紫「よしある手のいとあてなるを、うちすてかい給へり」訳風情のある筆跡がたいそう優美なのを、無造作にお書きになっている。◇「すてかい」はイ音便。

すで‐に【已に・既に】副詞

語義の扉
奈良時代以前に「ことごとく」「すべて」の意で用いられ、平安時代の初期に入って、これが漢文訓読専用の語(＝訓点語)として「已」「既」の読みにあてられるようになり、のち、広く漢文訓読系統の文章に用いられた。鎌倉時代以降は和漢混交文にも引き継がれた。

す

❶**すっかり。ことごとく。まったく。**万葉集 奈良‐歌集 三九二三「天の下すでに覆ひて降る雪の光を見れば貴くもあるか」訳地上をすっかり覆って降る雪の光を見ていると、尊く思われることだ。
❷〔多く過去や完了の表現を下接して〕**もはや。もう。とっくに。**今昔物語 平安‐説話 二五・一二「盗人はすでに射落としてけり」訳馬盗人はもはや射落としてしまった。
❸〔多く推量の表現を下接して〕**今まさに。もう少しで。**沙石 鎌倉‐説話 九「すでに分かつべかりける時」訳今まさに(銀を)分け与えようとしたときに。
❹〔多く断定の表現を下接して〕**まさしく。確かに。現に。**平家物語 鎌倉‐物語 二・少将乞請「この少将はすでにかの大納言が嫡子なり」訳この少将(＝成経)はまさしくあの大納言(成親)の正妻の子供である。

ず‐と【連語】**…ないで。…せずに。**膝栗毛 江戸‐物語 滑稽「これしやれずと、もういっぺん湯に這入ってきや」訳これ洒落てないで、もう一回湯に入ってきな。◆江戸時代の語。

崇徳天皇(すとくてんわう／ストクテンノウ)【人名】(一一一九〜一一六四)平安時代後期の天皇。鳥羽天皇の皇子。名は顕仁。源為義・平忠正らと後白河天皇・平清盛・源義朝らに対し保元の乱を起こしたが敗れ、讃岐の国に配流され同地で死去。即位後は讃岐院とも。

ず‐とも【連語】
なりたち 打消の助動詞「ず」の連用形＋接続助詞「とも」
…なくても。…ないとしても。万葉集 奈良‐歌集 一〇一八「われし知れらば知らずともよし」訳⇩しらたまは…。◆打消の逆接仮定条件を表す。

すな‐ご【砂子・沙子】名詞❶**砂。**枕草子 平安‐随筆 女の一人住む所は「ところどころすなごの中より青き草うち見え」訳ところどころ、砂の中に青く草が生えて見え。❷蒔絵・襖紙・色紙・短冊などに吹き付けた金銀箔の粉末。

すな‐どけい【砂時計】名詞 時計の一種。小さな穴から細かい砂を落とし、その落ちる量で時間をはかる。

すな‐ど・る【漁る】他動詞ラ四{ら／り／る／る／れ／れ}**漁をする。魚貝をとる。**万葉集 奈良‐歌集 六二五「妹がためわがすなどれる藻臥束鮒」訳あなたのために私が漁をした藻にひそんでいた小鮒(である)。

すなはち【即ち・則ち】(スナワチ)
一名詞 **その時。当時。**万葉集 奈良‐歌集 一五〇五「ほととぎす鳴きしすなはち君が家に行けと追ひしは至りけむかも」訳ほととぎすが鳴いたその時、あなたの家へ行けと追いやった、そのほととぎすは行き着いたであろうか。
二副詞 **すぐに。ただちに。即座に。**方丈記 鎌倉‐随筆「かくわびしれたる者どもの、ありくかと見れば、すなはち倒れ伏しぬ」訳このようにつらい目にあってぼけたようになっている者たちが、歩いているかと思うと、すぐに倒れて横たわってしまう。
三接続詞 ❶**とりもなおさず。言うまでもなく。つまり。**徒然 鎌倉‐随筆 一八八「一時の懈怠、すなはち一生の懈怠となる」訳一時の怠けが、とりもなおさず一生の怠けになる。
❷**そういうわけで。そこで。**方丈記 鎌倉‐随筆「おのづから短き運を悟りぬ。すなはち、五十の春を迎へて、家を出で世を背けり」訳自然に自分の不運を悟った。そういうわけで、五十歳の春になって、出家して俗世間から離れた。

す‐なほ・なり*【素直なり】(スナオ)形容動詞ナリ{なら／なり・に／なり／なる／なれ／なれ}❶**ありのままだ。素朴だ。**古今 平安‐歌集 仮名序「ちはやぶる(＝枕詞)神代には、歌の文字も定まらず、すなほにして」訳神の世には、歌の音数も(三十一文字とは)決まっておらず、素朴であって。❷**心がまっすぐだ。正直だ。**源氏物語 平安‐物語 初音「かく、いとすなほにしもあらぬものを」訳(世間の男心は)このように、それほど正直ではないものなのに。❸**穏やかで逆らわない。従順だ。**源氏物語 平安‐物語 若菜下「帝と聞こゆれど、ただすなほに公ざまの心ばへばかりにて」訳(夫が)帝と申し上げる人であっても、ただ従順に、通り一ぺんの奉公の気持ちだけで(お仕えし)。

すなわち〔即ち・則ち〕⇨すなはち

すね-あて【臑当て】名詞 すねの部分を覆って防御するためのもの。鉄板または革で作る。参照▶口絵

す-の-こ【簀の子】名詞 ❶あまり厚くない板や竹やあしなどを粗く編んで作った敷物。また、その床(ゆか)。❷寝殿造りで、「廂(ひさし)」の外側に一段低く造ってある縁側。板を横に並べ、雨水がたまらないように、少し透かして打ちつけてある。参照▶口絵

すは(スワ) 感動詞 ❶それ。そら。▼相手の注意をひくために発する語。更級 平安―日記 初瀬「すは、稲荷(いなり)より賜(たま)るしるしの杉よ」訳 そら、稲荷様から下さる霊験のしるしの杉だよ。❷あっ。やっ。▼突然の出来事に驚いて発する語。平家物語 鎌倉―物語 四・競「すは、きゃつを手のべにして」訳 あっ、あいつの処置がおくれて、機会を失い。

ず-は 連語
なりたち 打消の助動詞「ず」の連用形＋係助詞「は」
❶…ないで。万葉集 奈良―歌集 三四三「なかなかに人とあらずは酒壺(さかつぼ)に成りにてしかも」訳 なまじ人間でいないで、酒壺になってしまいたいなあ。
❷もし…でないならば。▼打消の順接仮定条件を表す。古今 平安―歌集 春上「今日来ずは明日は雪とぞ降りなまし」訳 今日、もし私が来なかったら、明日は(この桜も)雪のように散ってしまうだろう。
参考 ❷については「ず」の未然形に接続助詞「は」が付いたものとの説がある。

ず-ば 連語 もし…でないならば。…なかったら。去来抄 江戸―論 玄梅「取られずば名もなかるらん紅葉鮒(もみぢぶな)」訳 もし(人に)つかまえられなかったら、紅葉鮒(＝秋にひれが紅色になる鮒)という(優雅な)名もつかなかっただろう。
参考 江戸時代以後の用法。「ずは」の変化した語だが、打消の助動詞「ず」の未然形＋接続助詞「ば」と説明することもできる。

す-はう[1]【素袍】(スオウ) 名詞「すあを」に同じ。

す-はう[2]【蘇芳・蘇枋】(スオウ) 名詞 ❶木の名。いちいの別名。材質が堅く、建築材、器具材とする。❷木の名。すおう。低木で、心材の削りくずや実のさやを煎(せん)じて暗紅色の染料に用いる。❸染め色の一つ。❷から得た染料で染めた色。紫がかった紅色などをいう。蘇芳色。❹襲(かさね)の色目の一つ。表が薄い蘇芳色、裏が濃い蘇芳色。蘇芳襲。

周防[3](すはう)(スオウ) 地名 旧国名。山陽道八か国の一つ。今の山口県東部に当たる。防州(ぼうしう)。

すはう-いろ【蘇芳色】(スオウイロ) 名詞「すはう❸」に同じ。

すはう-がさね【蘇芳襲】(スオウガサネ) 名詞「すはう❹」に同じ。

周防内侍(すはうのないし)(スオウノナイシ) 人名(?～一一一一?)平安時代後期の女流歌人。周防守平棟仲(むねなか)の娘。後冷泉(ごれいぜい)天皇から四代の天皇に四十年間仕えた。多くの歌合わせに参加して修辞技巧の洗練された優雅な歌を詠み、『新古今和歌集』などにものった。家集に『周防内侍集』がある。

す-はえ【楚・楉】(スワエ) 名詞 ❶木の枝や幹から、まっすぐに細く伸びた若い小枝。❷罪人を打つしおきの道具。棒・むちの類。◆後に「ずはえ」とも。

すは-すは(スワスワ) 副詞 ぴたぴた(と)。ふわふわ(と)。▼物が何かに軽く当たるさまを表す。宇治拾遺 鎌倉―説話 一・六「ふらふらと出(い)できて、腹にすはすはとうちつけたり」訳 ふらふらと出てきて、腹にぴたぴたと打ちつけられた。

すば-すば(と) 副詞 ごくんごくん(と)。すぱすぱ(と)。▼物を飲んだり、吸い込んだりするようすを表す。著聞集 鎌倉―説話 五九六「よによげにすばすばと皆飲みてけり」訳(水を)まことにうまそうにごくんごくんと皆飲んでしまった。

す-はま【州浜・洲浜】名詞 ❶州が出入りしている浜辺。❷❶の形状をかたどった盤の上に、木石・花鳥など、時節にかなった景物をあしらった飾り物。酒宴などの席に用いる。州浜台。後世の島台(しまだい)(＝婚礼などの儀式用の飾り物)は、これをまねたもの。

(州 浜❷)

すは-や(スワヤ) 感動詞「すは」に同じ。平家物語 鎌倉―物語 四・橋合戦「すはや、宮こそ南都へ落ちさせ給(たま)ふなれ」訳 ああっ、宮は南都へ逃げのびなさるそうだ。◆「すは」を強めた語。「や」は強めの間投助詞。

す-ばら【素腹】名詞 ❶子を産めないこと。また、その女性。❷何も食べていない空腹の状態。すきっぱら。◆「すはら」とも。

すばる【昴】名詞 星の名。牡牛(おうし)座の星団プレアデス。六連星(むつらぼし)。すばるぼし。
参考 肉眼で見える六個の星が一まとまりに見え、「集まって一つになる」意の動詞「統(す)ばる」からの称。「六連星」も見た目の形からの称。また、「二十八宿(にじふはつしゆく)」の一つで昴宿(ぼうしゆく)と呼ぶので「昴」の字を当てる。

す-びつ*【炭櫃】名詞 床(ゆか)を切って作った四角の炉。いろり。一説に、部屋に据えつけた角火鉢。季冬。枕草子 平安―随筆 すさまじきもの「すさまじきもの。…火おこさぬすびつ」訳 興ざめなもの。…炭火をおこさない角火鉢。

す-ぶ【統ぶ】他動詞バ下二{べ/べ/ぶ/ぶる/ぶれ/べよ} ❶(ばらばらのものを)一つにまとめる。日本書紀 奈良―史書 神代下「海神(わたつみ)、ここに海(わた)の魚(いを)どもをすべつどへて」訳 海神は、そこで海の魚々をまとめ集めて。❷支配する。統轄する。統治する。霊異記 平安―説話 下「有智(うち)の得業(とくごふ)にして、並びに衆才をすべたり」訳 知恵のある得業(＝僧の階級の一つ)で、また、多くの才能ある人々を支配していた。

すべ*【術】名詞 手段。方法。てだて。徒然 鎌倉―随筆 八〇「夷(えびす)は弓引くすべ知らず、仏法知りたる気色(きそく)し」訳 東国の荒武者は弓を引く方法も知らないで、仏法を心得ているような顔をし。

す-べか-めり【為べかめり】連語
なりたち サ変動詞「す」の終止形＋推量の助動詞「べし」の連体形＋推定の助動詞「めり」からなる「すべかるめり」の撥(はつ)音便「すべかんめり」の「ん」が表記されない形。
…するに違いないようだ。きっと…するように見え

る。竹取物語 平安一物語 竜の頸の玉「すずろなる死にをすべかめるかな」訳思いもかけない死にかたをするに違いないようだなあ。

すべから-く【須く】 副詞

なりたち サ変動詞「す」の終止形に推量の助動詞「べし」の未然形と接尾語「く」の付いたかたちが一語化したもの。

〔多く、助動詞「べし」と呼応して〕**当然。** 徒然 鎌倉一随筆 二一七「徳をつかんと思はば、すべからく、まづその心づかひを修行すべし」訳富を得ようと思うならば、当然、まずその心がけを熱心に修得しなければならない。

参考 漢文訓読で「須」を「すべからく…べし」と読んだことから生じた語で、用例も漢文訓読系の文章に多い。

すべき-かた-な・し【為べき方無し】 連語

なりたち サ変動詞「す」の終止形＋推量の助動詞「べし」の連体形＋名詞「かた」＋形容詞「なし」

するべき方法がない。どうにもしようがない。 方丈記 鎌倉一随筆「すべきかたなき者、古寺に至りて仏を盗み」訳どうにもしようがない者が、古寺に行って仏像を盗み。

すべし-がみ【垂髪】 名詞 女性の髪型の一つ。前髪にふくらみをもたせて後頭部で束ね、そのあとを背中に長く垂らしたもの。江戸時代初期まではひろく結われていたが、後に宮中の正式な髪型となった。「すべらかし」とも。

すべ-て*【総べて】 副詞 ❶**全部合わせて。まとめて。** 古今 平安一歌集 仮名序「すべて千歌、二十巻、名づけて古今和歌集といふ」訳全部合わせて千首の歌、二十巻、名づけて『古今和歌集』という。❷**総じて。だいたい。** 枕草子 平安一随筆 にくきもの「すべてさしいでは、わらはもおとなもいとにくし」訳だいたい出しゃばりなのは、子供でも大人でもたいそう憎らしい。❸〔打消の語を下接して〕**全く。いっさい。** 平家物語 鎌倉一物語 一・祇王「すべてその儀あるまじ」訳全くそのことはあるべきではない。

すべ-な・し*【術無し】 形容詞ク〔(く)・から／く・かり／し／き・かる／けれ／かれ〕**なすべき方法がない。どうしたらよいかわからない。また、つらい。苦しい。** 万葉集 奈良一歌集 八九二「かくばかりすべなきものか世間の道」訳⇩かぜまじり…。

すべ-の-たづき【術の方便】 連語 **よるべき方法。** 「すべのたどき」とも。万葉集 奈良一歌集 三二六一「思ひやるすべのたづきも今はなし」訳思いを晴らすよるべき方法も今はない。◆「すべ」も「たづき」も方法の意で、重ねて意味を強めたもの。

すべ-の-たどき【術の方便】 連語「すべのたづき」に同じ。

すべ-も-すべなさ【術も術なさ】 連語 **どうにもしようがないことだ。** 万葉集 奈良一歌集 七九六「慕ひ来し妹が情のすべもすべなさ」訳慕ってやって来た妻の心のどうにもしようがない(くらいやるせない)ことだ。◆「すべなし」を強めたもの。

すべもなく… 和歌「すべもなく 苦しくあれば いで走り 去なな思へど 子らに障りぬ」万葉集 奈良一歌集 八九九・山上憶良 訳何とかする手だてもなく苦しいので、家を出て世俗を離れ、どこかへ行ってしまいたいと思うけれど、子供たちに妨げられてそれもできないことだ。

鑑賞「老いたる身に病を重ね、年を経て辛苦み、また児等を思ふ歌」という題で長歌一首と反歌六首を詠んだうちの一首。

すべら【皇】 名詞「すめら」に同じ。

すべら-かし【垂髪】 名詞「すべしがみ」に同じ。

すべら-か・す【滑らかす】 他動詞サ四〔さ／し／す／す／せ／せ〕❶**滑らせる。ずらす。** 著聞集 鎌倉一説話 五六二「強盗をすべらかさん料に」訳強盗を滑らせるために。❷**髪を背に長く垂らす。** 妹背山 江戸一浄瑠璃 浄瑠璃「けふより内裏上臈の、髪も改めすべらかし」訳今日より内裏の女官のように、髪型も改め髪を背に長く垂らし。◆「かす」は接尾語。

すべら-がみ【皇神】 名詞 皇室の祖先神。

すべら-ぎ【天皇】 名詞 天皇。古くは「すめろき」。「すべらき」とも。

すべり-い・づ【滑り出づ】 自動詞ダ下二〔で／で／づ／づる／づれ／でよ〕❶**静かに退出する。こっそりと抜け出す。** 枕草子 平安一随筆 すさまじきもの「ひまなくをりつる者ども、ひとりふたりすべりいでて往ぬ」訳すきまもなく座っていた者たちも、一人二人とこっそり抜け出して行ってしまう。❷**にじるようにして、少しずつ前へ出る。** 蜻蛉 平安一日記 下「簀の子にすべりいでて、おぼろなる月にあてて、ひさしう見て入りぬ」訳簀の子へにじり出て、ぼんやりした月の光に当てて、(手紙を)長い間見て(部屋に)入った。

すべり-い・る【滑り入る】 自動詞ラ四〔ら／り／る／る／れ／れ〕**そっと中へはいる。** 源氏物語 平安一物語 若紫「強ひて引き入り給ふにつきて、すべりいりて」訳(若紫が)無理に(帳台へ)お入りになるのに付いて、(源氏も)そっと中へはいって。

すべ・る【滑る・辷る】 自動詞ラ四〔ら／り／る／る／れ／れ〕❶**なめらかに移動する。すべる。** 狭衣 平安一物語 四「取る手もすべるやうなる筋の美しさなど」訳つかみ取る手もすべるような(髪の)毛の美しさなど。❷**そっと座を外す。退出する。** 徒然 鎌倉一随筆 一九一「女も、夜更くる程にすべりつつ」訳女も、夜が更けてくるころにそっと座を外しては。❸**(天皇の)位を退く。退位する。** 保元 鎌倉一物語 上「御位すべらせ給ひて」訳(天皇の)御位をお退きになって。

すべ-を-なみ【術をなみ】 連語 **どうしようもなく。** 万葉集 奈良一歌集 二〇七「道行く人も一人だに似てし行かねばすべをなみ妹が名喚び袖そ振りつる」訳⇩あまとぶや…。

すぼ・し*【窄し】 形容詞ク〔(く)・から／く・かり／し／き・かる／けれ／かれ〕❶**すぼんで細い。狭い。** 清経 室町一能楽 謡曲「眼裏に塵あって、三界すぼく」訳目のうちに迷いの塵があっては広い全世界も狭く(見え)。❷**みすぼらしい。肩身が狭い。** 方丈記 鎌倉一随筆「富める家のとなりに居る者は、朝夕すぼき姿を恥ぢて」訳富裕な家の隣に住む者は、朝晩(自分の)みすぼらしい姿を恥じて。

す-ほふ*【修法】 名詞 仏教語。密教で、災いを除き願いをかなえるために行う、加持・祈禱の法。「ずほふ」「しゅほふ」とも。源氏物語 平安一物語 夕顔「祭り・祓へ・すほふなど、いひ尽くすべくもあらず」訳祭り・お祓い・加持祈禱など、言いつくすこともできない(くらいに行い)。

すぼ・る【窄る】自動詞ラ四〔ら/り/る/る/れ/れ〕❶**ちぢまる。すぼむ。狭くなる。**博多小女郎 江戸―浄瑠 浄瑠・近松「金銀なければ肩すぼり」訳金がないので肩身が狭くなり。❷**衰える。不景気になる。**世間胸算用 江戸―物語 浮世・西鶴「世のすぼりたる物語して」訳世間が不景気になった話をして。

須磨 地名 歌枕 今の兵庫県神戸市須磨区の一部。「須磨の浦」「須磨の関」の形でも詠まれる。「須磨の浦」は、沖に淡路島を望む白砂青松の海岸で月の名所であり、海人・塩焼き衣・塩焼く煙などの言葉が共に詠み込まれ、さびしさ・悲しい恋などを主題とした歌が多い。「須磨の関」は、古代にここに設けられた関所。

すまう[1]〖争う・辞う・住まう〗⇨すまふ

すまう[2]【相撲・角力】名詞「すまひ」に同じ。

すまし【清まし・澄まし】名詞❶洗い清めること。洗濯・洗髪など。❷宮中で、洗濯や湯殿の清掃などの事に仕える、下級の女官。

すま・す[1]【清ます・澄ます】

㊀他動詞サ四〔さ/し/す/す/せ/せ〕❶**洗い清める。洗う。**源氏物語 平安―物語 若菜下「女君は、暑くむつかしとて御ぐしすまして、すこしさはやかにもてなし給へり」訳紫の上は暑くうっとうしいというのでお髪を洗って、少しさっぱりしたようすでお迎えになる。❷**清らかにする。澄むようにする。**源氏物語 平安―物語 夕霧「今すこし思ひしづめ、心すましてこそともかうも」訳もう少し気持ちを落ち着かせ、心を清らかにして、(出家の事も)なんとでも(決めるのがよい)。❸(「目をすます」「耳をすます」の形で)**目を見開く。聞き耳をたてる。**著聞集 鎌倉―説話 一六「舟をとどめて、不思議のことかなと、目をすまして見ゐたる所に」訳(山僧たちは)舟をとどめて、不思議な事だと、目を見開いて見ていたところに。❹**世をしずめる。平定する。**平家物語 鎌倉―物語 一二・土佐房被斬「一天をしずめ、四海をすます」訳(義経は)全天下をしずめ、国内を平定する。

㊁補助動詞サ四〔さ/し/す/す/せ/せ〕(動詞の連用形に付いて)❶**精神を集中して…する。**更級 平安―日記 大納言殿の姫君「呼びわづらひて、笛いとをかしく吹きすまして、過ぎぬなり」訳(車の主は)呼びあぐねて、笛をたいそう見事に一心に吹いて、通り過ぎて行ってしまうようだ。❷**うまく…する。完全に…する。…おおせる。**平家物語 鎌倉―物語 九・生ずきの沙汰「さしも御秘蔵候ふいけずきをぬすみすまいて」訳あれほどにご秘蔵になっていられましたいけずき(=愛馬の名)を盗みおおせて。◇「すまい」はイ音便。

すま・す[2]【済ます】他動詞サ四〔さ/し/す/す/せ/せ〕(借金などを)**返済する。返す。**世間胸算用 江戸―物語 浮世・西鶴「目安付けられし預かり銀のかたへはすまさずして」訳訴えられている借金の一部分は返済しないで。

須磨の浦 地名 歌枕「須磨」の海岸。

すまひ[1]【住まひ・住居】

㊀名詞 **住居。すみか。**

㊁名詞／―す 自動詞サ変 **住みつくこと。暮らすこと。**

すまひ[2]【相撲・角力】名詞❶二人が組み合って力をたたかわせる競技。**すもう。**❷「相撲人」の略。枕草子 平安―随筆 むとくなるもの「すまひの負けてゐる後ろで」訳力士が負けて座っている後ろ姿。❸「相撲の節」の略。蜻蛉 平安―日記 中「朝廷にすまひのころなり」訳朝廷で相撲の節会のあるころである。◆「すまう」とも。

すまひ-の-せち【相撲の節】名詞 平安時代、毎年陰暦七月に行われた宮中の年中行事の一つ。諸国から「相撲人」が召し出され、二十六・二十八・二十九日の三日にわたって相撲をとった。「すまうのせち」とも。参照▶口絵

すまひ-びと【相撲人】名詞「相撲」を取る人。力士。

すま・ふ[1] 自動詞ハ四〔は/ひ/ふ/ふ/へ/へ〕

㊀【争ふ】**抵抗する。張り合う。争う。**伊勢物語 平安―物語 四〇「女も卑しければ、すまふ力なし」訳女も身分が低いので、(男の親に)抵抗する力がない。

㊁【辞ふ】**あえて断る。辞退する。**伊勢物語 平安―物語 一〇一「もとより歌の事は知らざりければ、すまひけれど、しひてよませければ、かくなむ」訳元来歌のことは知らなかったので、辞退したが、無理に詠ませたので、こう詠んだ。

すま・ふ[2]【住まふ】自動詞ハ四〔は/ひ/ふ/ふ/へ/へ〕**住みついて暮らす。住む。**源氏物語 平安―物語 須磨「すまひ給へるさま、言はむ方なく唐めきたり」訳暮らしていらっしゃるようすは、何とも言えず異国風で魅力的であった。

参考 奈良時代以前の語の連語「住まふ」(動詞「住む」の未然形＋継続の助動詞「ふ」)が平安時代以降一語化したもので、同じような例に「語る」→「語らふ」、「呼ぶ」→「呼ばふ」などがある。

すみ-あか・る【住み離る】自動詞ラ下二〔れ/れ/る/るる/るれ/れよ〕**散り散りに別れて住む。**更級 平安―日記 後の頼み「人々はみなほかにすみあかれて」訳人々はみなよそに散り散りに別れ住んで。

すみ-うか・る【住み浮かる】自動詞ラ下二〔れ/れ/る/るる/るれ/れよ〕**一つ所に落ち着くことができないで、よそへ浮かれ出る。**新古今 鎌倉―歌集 恋四「なごりをば庭の浅茅にとどめおきてたれゆゑ君がすみうかれけむ」訳(住んでいた)名残を庭の浅茅にとどめ置いて、いったいだれのせいであなたは落ち着くことができなくて、浮かれ出ていったのであろうか。

すみ-う・し【住み憂し】形容詞ク〔(く)・から/く・かり/し/き・かる/けれ/かれ〕**住みづらい。**伊勢物語 平安―物語 八「京やすみうかりけむ」訳都が住みづらかったのであろうか。

すみ-がき【墨書き】名詞 日本画で、墨で線描きを行うこと。また、その線描き。彩色前の下書きと、彩色後の修正の書き入れをいう。また、その役目の人をもいい、宮廷の「絵所」では、主任格の絵師がつとめた。

すみ-す・む【住み住む】自動詞マ四〔ま/み/む/む/め/め〕**住み続ける。ずっと住む。**万葉集 奈良―歌集 三八五〇「世の中の繁き仮廬にすみすみて」訳この世の煩わしい仮の住みかに住み続けて。

すみ-せん【須弥山】名詞「しゅみせん」に同じ。

*__すみ-ぞめ__【墨染め】名詞❶墨汁で染めること。また、

その色。黒色あるいは灰色。特に、喪服・僧衣の色。古今 平安―歌集 哀傷「今年ばかりはすみぞめに咲け」訳今年だけは喪服の墨染め色に咲け。❷黒色あるいは灰色に染めた喪服・僧衣。墨衣。墨染め衣。墨染めの衣。源氏物語 平安―物語 柏木「すみぞめの御姿」訳墨染めの衣のお姿は。

すみぞめ-ごろも【墨染め衣】名詞「すみぞめ❷」に同じ。

すみぞめ-ざくら【墨染め桜】名詞❶桜の一品種。花の色はかすかに紅色を帯びた白色。❷今の京都市伏見区深草の墨染寺にあったという伝説的な桜。

すみぞめ-の【墨染めの】枕詞「墨染め」の色ということから、「夕べ」「たそがれ」「暗し」などにかかる。古今 平安―歌集 雑体「すみぞめの夕べになればひとりゐて」訳夕方になると、ひとりで居て。

すみぞめ-の-そで【墨染めの袖】連語僧衣、または喪服の袖。

隅田川（すみだがは）スミダガワ 地名 歌枕 今の東京都の東部を流れ、東京湾に注ぐ川。『伊勢物語』第九段の、在原業平の歌「名にし負はばいざ言問はむ都鳥…」(『古今和歌集』)〈都ということばを名としてもっているなら、さあ都のことを尋ねよう。都鳥よ…。〉で有名で、以後の歌はこれを踏まえたものが多い。また、謡曲『隅田川』の舞台ともなった。「墨田川」とも書かれることから「墨水」とも呼ばれ、河口部は大川と呼ばれた。

炭俵（すみだはら）スミダワラ 書名 俳諧集。志田野坡・池田利牛・小泉孤屋編。江戸時代前期(一六九四)成立。二巻。〔内容〕『俳諧七部集』の一つ。松尾芭蕉が晩年に目指した「軽み」の句境が最もよく具現されている。後の俳諧に影響を及ぼす。

すみ-つき【墨付き】名詞❶書いた墨の付き具合。筆跡の墨色の濃淡のようす。源氏物語 平安―物語 若紫「紫の紙に書い給へるすみつきのいとことなるを」訳紫色の紙にお書きになっている墨の濃淡の格別に見事なのを。❷写本で、実際に文字の書かれている紙。その枚数を記すときにいう。❸武家時代、将軍や大名などが臣下に後日の証拠として与えた、黒印を押した文書。また、その黒印。御墨付き。参考❸の文書や黒印が権威をもつところから、現代の「お墨付きをもらう」などの言い方が出た。

すみ-つ・く【住み着く】自動詞カ四〔か/き/く/く/け/け〕❶一つの場所に落ち着いて住む。居つく。落窪物語 平安―物語 四「ましてここに誰も誰もすみつき給へるに」訳ましてこの場所にはだれもかれも居ついていらっしゃるので。❷夫が妻のもとへ続けて通うようになる。夫婦関係が定まる。源氏物語 平安―物語 玉鬘「所につけたるよすがども出で来て、すみつきにけり」訳その土地に相応したつれあいができて、夫婦関係が定まった。

すみ-つぼ【墨壺】名詞❶大工や石工が使う道具の一つ。木をえぐって作った墨池に墨汁を含ませた真綿を入れ、糸巻き車から繰り出した糸を真綿の中に通して一方の端に出し、木材や石材の上でこの糸をはじいて直線を引くようにしたもの。❷墨汁を入れて携帯するための容器。

(墨　壺❶)

すみ-ながし【墨流し】名詞❶水の上に文字や絵をかく方法。特殊な紙に文字や絵をかいて水に浮かべ、紙をつついて沈ませると、かいた墨だけが水面に浮いて残るというもの。❷「墨流し染め」の略。墨汁や顔料で水面に模様を作り、それを紙や布に転写する染色法。また、その製品。

すみ-な・す*【住み成す】自動詞サ四〔さ/し/す/す/せ/せ〕…のようにして住む。…というようすで住む。源氏物語 平安―物語 薄雲「いとのどやかに、心ばせあるけはひにすみなして」訳たいへん落ちついて、風流あるようすにして住んで。

すみ-なは【墨縄】スミナワ 名詞「墨壺❶」の糸巻き車に巻いてある麻糸。墨糸。

住吉（すみのえ）地名 歌枕「住吉」の古名。「住江」「墨江」とも書く。

すみのえ-の[1]【住吉の・住江の】枕詞住吉が松の名所であることから、同音の「待つ」にかかる。古今 平安―歌集 恋五「すみのえのまつほどひさになりぬれば葦鶴のねになかぬ日はなし」訳(あの人を)待つ間が長くなったので、私は鶴と同じように声をたてて泣かぬ日はない。

すみのえの…[2] 和歌 百人一首「住江の岸に寄る波よるさへや夢の通ひ路人目避くらむ」古今 平安―歌集 恋二・藤原敏行 訳住江の岸に寄る波、その「よる」ということばではないが、(人目の多い昼間ならともかく、)夜までも夢の中の(恋の)通い路で、どうしてあなたは人目を避けているのだろうか。鑑賞女性の立場で人目を忍ぶ恋を詠んだ歌。「岸に寄る波」までは「よる」を導く序詞。「よる」に「寄る」「夜」とをかけている。「避く」の主語を自分(＝作者自身)とする説もある。

住吉の松（すみのえのまつ）地名 歌枕 住吉の一帯にある松林。

すみ-のぼ・る【澄み昇る】自動詞ラ四〔ら/り/る/る/れ/れ〕❶月が澄みわたって空高くのぼる。源氏物語 平安―物語 浮舟「有り明けの月すみのぼりて」訳有り明けの月が澄みわたって空高くのぼって。❷音楽の音色や声調が澄んで高く響く。宇津保 平安―物語 楼上・下「遥かにすみのぼりたる声、心細くあはれにて」訳はるかかなたに澄んで高く響いている声は、さびしくしみじみとした思いで。

すみ-は・つ【住み果つ】自動詞タ下二〔て/て/つ/つる/つれ/てよ〕❶死ぬまで住み続ける。住み通す。源氏物語 平安―物語 夕霧「この山里にすみはてなむと思いたり」訳この山里に死ぬまで住み続けようとお思いになっている。❷生き続ける。生き通す。徒然 鎌倉―随筆 七「あだし野の露消ゆる時なく、鳥部山の烟立ちさらでのみすみはつる習ひならば、いかに、もののあはれもなからん」訳あだし野の露が消えるときがなく(いつまでも残り)、鳥部山の煙が消え去らないで(いつまでもたなびいて)いるように(人間も)いつまでも生き続ける(＝死なない)習わしであるならば、どれほど物の情趣もないことであろう。❸ずっと夫婦として生活する。源氏物語 平安｜物語 若菜上「かく世にすみはて給ふにつけても」訳このように世にずっと夫婦として暮らしなさるにつけても。

すみ-はな・る【住み離る】 他動詞ラ下二{れ/れ/る/るる/るれ/れよ} ❶住んでいた所を離れる。世を離れる。隠遁する。源氏物語 平安｜物語 須磨「今はとすみはなれなむ事を思すには」訳もはや、今となっては(都を)離れようということをお思いになると。❷離れて別の所に住む。別居する。更級 平安｜日記 宮仕へ「方異にすみはなれてあり」訳(母は、父とは)別の所に離れて住んでいる。

すみ-ぼうし【角帽子】 名詞 頭巾の一つ。長方形の袋状で、後ろに綴じのような垂れのある頭巾。江戸時代初めから老人・医師・法師などに用いられた。「すみづきん」とも。

すみ-まへがみ【角前髪】 スミマエガミ 名詞 江戸時代、元服前の少年の髪型。前髪を立て、額の両側をそり込んで角ばらせたもの。半元服。

(角前髪)

すみ-やか・なり【速やかなり】 形容動詞ナリ{なら/なり・に/なり/なる/なれ/なれ} ❶速い。土佐日記 平安｜日記 一・二六「御船すみやかにこがしめ給へ」訳お船を速くお漕がせください。❷(時期的に)早い。徒然 鎌倉｜随筆 四九「すみやかにすべき事を緩くし、緩くすべき事を急ぎて」訳早くしなければならないことをゆるやかにし、ゆっくりしなければならないことを急いでして。

参考 平安時代まではほとんど漢文訓読系の文章に用いられた。「やか」は接尾語。

すみ-やぐら【隅櫓・角櫓】 名詞 城郭の隅の部分に設けた櫓。

住吉 すみよし 地名 歌枕 今の大阪市住吉区を中心とする一帯。海浜の景勝の地で、松の名所として有名。この地に鎮座する住吉神社の祭神は、海上交通の守護神として、また、和歌の神としても信仰される。古くからの港で、海上交通の要地でもあった。

参考 元来の地名は「すみのえ」であるが、「住吉」と当てた表記から「すみよし」の読みが生まれた。両者とも用いられるが、平安時代以降は次第に「すみよし」が優勢となる。歌では、「波」「寄る」「松(=「待つ」とかける)」「忘れ草」など、また、「住み良し(=「住吉」にかける)」が詠み込まれる例が多い。

住吉物語 すみよしものがたり 書名 擬古物語。作者未詳。鎌倉時代成立。原本は平安時代中期の成立で、現存本はその改作といわれる。一巻。[内容]継子いじめの物語。中納言の娘が継母から逃れて住吉の乳母に身を寄せ、やがて恋人の中将と結ばれる。継母は人々に嫌われて死ぬ。

古典の常識 **『住吉物語』**—継子いじめの物語

多くの伝本があるが大筋はほぼ同じである。継母の数々の悪だくみに耐えかねた姫君は住吉の地に逃れる。継母によって姫との仲を裂かれた中将は、長谷観音に祈願して姫の居所を知り、二人は結ばれる。その後中将は関白に出世し、継母はおちぶれてこの世を去る。

すみれ【菫】 名詞 ❶植物の名。山野に自生し、春、濃い紫色の花を咲かせる。季春。❷襲の色目の一つ。表が紫で、裏は薄紫。

すみ-わた・る[1]【住み渡る】 自動詞ラ四{ら/り/る/る/れ/れ} ❶一つの所に住み続ける。万葉集 奈良｜歌集 一七五五「わが屋戸の花橘にすみわたれ鳥」訳私の家の(庭の)橘の花に住み続けよ、鳥(=ほととぎす)よ。❷男が女のもとに通い続ける。古今 平安｜歌集 哀傷・詞書「式部卿のみこ、閑院の五のみこにすみわたりけるを」訳式部卿の御子が、閑院の五の女御子のもとに通い続けていたが。

すみ-わた・る[2]【澄み渡る】 自動詞ラ四{ら/り/る/る/れ/れ} (月や空、水などが)曇りなく澄む。一面に澄みわたる。石山寺縁起 鎌倉｜絵「有り明けの月、谷の底まですみわたりけるに」訳有り明けの月が谷の底まで一面に澄みわたっていたので。

すみ-わ・ぶ【住み侘ぶ】 自動詞バ上二{び/び/ぶ/ぶる/ぶれ/びよ} 暮らしていくことをつらいと思う。住みづらく思う。源氏物語 平安｜物語 夕顔「それもいと見苦しきにすみわび給ひて」訳乳母の家もずいぶんみっともないので、住みづらく思いなさって。

す・む[1]【住む】 自動詞マ四{ま/み/む/む/め/め}

❶住む。居住する。土佐日記 平安｜日記 一二・二一「すむ館より出でて、舟に乗るべき所へ渡る」訳住んでいる官舎から出て、舟に乗ることになっている場所へ移る。

❷女のもとに通う。結婚生活を営む。伊勢物語 平安｜物語 二三「男すまずなりにけり」訳男は通わなくなってしまった。

す・む[2]【澄む・清む】 自動詞マ四{ま/み/む/む/め/め}

❶明るくすきとおる。澄む。濁りや曇りがなくなり、明るく清らかになる。徒然 鎌倉｜随筆 一九「すさまじきものにして見る人もなき月の、寒けくすめる二十日あまりの空こそ、心細きものなれ」訳殺風景なものとして見る人もない(冬の)月が、寒そうに澄んでいる(陰暦十二月の)二十日過ぎの空は心細いものである。

❷清らかになる。落ち着く。源氏物語 平安｜物語 帚木「思ひ立つほどは、いと心すめるやうにて」訳(出家を)思い立つときは、とても心が清らかになったようで。

❸洗練される。あか抜けしている。源氏物語 平安｜物語 梅枝「いといたう筆すみたる気色ありて」訳本当にたいそう筆法があか抜けしている感じがあって。

❹清音で発音する。徒然 鎌倉｜随筆 一六〇「『行法』も、『法』の字をすみて言ふ、わろし」訳「行法」という言葉も、「法」の字を清音で発音して言うのはよくない。

❺とりすます。更級 平安｜日記 初瀬「うそぶいて見回し、いといみじうすみたるさまなり」訳(船頭たちは)そらとぼけて辺りを見回し、たいそうひどくとりすましたようすである。

すむや-け・し【速やけし】 形容詞ク{(く)・から/く・かり/し/き・かる/けれ/かれ}

すみやかだ。［万葉集 奈良－歌集］三七四八「すむやけくはや帰りませ」［訳］すみやかに早くお帰りください。

すめ-【皇】 ［接頭語］天皇または神に関する語に付けて、尊敬・賛美する意を表す。「すべ」とも。「すめ神」「すめ御孫（みま）」

すめ-かみ【皇神】 ［名詞］❶神々の尊敬語。❷皇室の祖先に当たる神。［万葉集 奈良－歌集］八九四「倭（やまと）の国はすめかみの厳（いつく）しき国」［訳］大和の国は皇祖の神様が厳然としておいでになる国。◆「すめがみ」「すべがみ」とも。「すめ」は接頭語。

す-め・く ［自動詞］カ四〔か／き／く／く／け／け〕すうすうと荒い息づかいをする。▼一般に苦心して詩歌を作るようすをいう。［盛衰記 鎌倉－物語］三七「大名小名うめきすめきけれども」［訳］大名や小名たちはうなったりすうすうと荒い息づかいをし（て苦心して歌を作っ）たけれども。◆「めく」は接尾語。多く「うめきすめく」の形で用いる。

すめ-みま【皇御孫・皇孫】 ［名詞］❶天照大神（あまてらすおおみかみ）の孫、瓊瓊杵尊（ににぎのみこと）。❷天照大神の子孫である、天皇。◆「すめ」は接頭語。

すめら*【皇】 ［名詞］天皇の尊敬語。「すべら」とも。［万葉集 奈良－歌集］九七三「すめら朕（わ）がうづの御手（みて）もち」［訳］天皇である私の貴く美しい御手をもって。

すめら-ぎ【天皇】 ［名詞］「すめろき」に同じ。「すべらぎ」の古い形。「すめらき」とも。

すめら-へ【皇辺】 ［名詞］天皇のおそば。「すめらべ」とも。

すめら-みくさ【皇御軍】 ［名詞］天皇の軍隊の尊敬語。◆「みくさ」は「みいくさ」の変化した語。

すめら-みこと【天皇・皇尊】 ［名詞］天皇の尊敬語。「すべらみこと」とも。

すめろ-き【天皇】 ［名詞］天皇（てんのう）。「すめろぎ」「すめらぎ」「すべらぎ」とも。

す-もり【巣守り】 ［名詞］❶孵化（ふか）しないで巣に残っている鳥の卵。巣守り子。❷あとに取り残された人。あとに残って番をする人。

ず-もん【誦文】 ［名詞］／―す［自動詞］サ変 経文やまじないの文句を唱えること。「じゅもん」とも。［枕草子 平安－随筆］にくきもの「にくきもの、…はなひてずもんする」［訳］しゃくにさわるもの、…くしゃみをしてまじないの文句を唱えるの。

ず-や ［連語］
なりたち ❶は打消の助動詞「ず」の連用形＋係助詞「や」。❷は打消の助動詞「ず」の終止形＋係助詞「や」。

❶〔打消の語を下接して〕…**ないで…だろうか。…ないで…か。**▼打消の疑問の意を表す。［徒然 鎌倉－随筆］九八「しやせまし、せずやあらましと思ふ事は、おほやうは、せぬはよきなり」［訳］することにしようか、しないでいようかと思うことは、たいがいはしない方がよいのだ。❷〔文末に用いて〕…**ではないだろうか。…ではないか。**▼打消の疑問、反語の意を表す。［万葉集 奈良－歌集］二〇「あかねさす紫野（むらさきの）行き標野（しめの）行き野守（のもり）は見ずや君が袖（そで）振る」［訳］⇩あかねさす…。

す-やつ【其奴】 ［代名詞］**その者。そいつ。**▼他称の人称代名詞。相手を軽んじていう語。［落窪物語 平安－物語］二「すやつはいづち行くとも、よくありなむや」［訳］そいつはどこへ行ったって、幸せになろうものか。

す・ゆ【据ゆ】 ［他動詞］ヤ下二〔え／え／ゆ／ゆる／ゆれ／えよ〕**据える。**［宇治拾遺 鎌倉－説話］九・五「高く大きに盛りたる物ども、持てきつつすゆめり」［訳］高く大きく盛った（食）物などを、持って来ては据えてゆくようである。◆ワ行下二段動詞「す（据）う」の変化した語。平安時代の末期から現れた形。

すら ［副助詞］《接続》体言、活用語の連体形、副詞、助詞などに付く。

❶ある事物や状態を、程度の軽いものまたは極端なものとして例示し、程度の重いものや一般的なもののあることを類推させ、強調する。…**でさえも。…でも。**［万葉集 奈良－歌集］一〇〇七「言（こと）問はぬ木すら妹（いも）と兄（せ）ありといふを」［訳］ものを言わない木でさえも妹と兄があるというのに。［更級 平安－日記］宮仕へ「聖（ひじり）などすら、前（さき）の世のこと夢に見るは、いとかたかなるを」［訳］高僧などでさえ、前世のことを夢に見るのはとてもむずかしいと聞いているのに。

❷〔最小限の希望〕**せめて…だけでも。**［万葉集 奈良－歌集］二三六九「人の寝（ぬ）る味寝（うまい）は寝（ね）ずて愛（は）しきやし君が目すらを欲（ほ）りて嘆くも」［訳］人並みの共寝はしないで、ああ、いとしいあなたにせめて（夢の中で）会うことだけでもと願って嘆くことだ。

［参考］平安時代になると「すら」に代わって類義の「だに」が多用され、「すら」は和歌や漢文訓読文に見られるのみになった。平安時代の末期以降、「そら」の形でも用いられた。［参照▶］さへ／だに。

> **◆学習ポイント㊱**
> **「すら」と「だに」「さへ」の歴史**
> 「すら」も「だに」も、ある一つの事物・状態を取り出し、強調する点では共通している。しかし、「だに」が最小限度のものを取り出して強調するのに対して、「すら」は極端なものを取り出して強調する点で異なっていた。ところが平安時代になると、「だに」が「すら」の意味も合わせ持って使われ、「すら」の使用は減っていった。「すら」は平安時代の後期には復活し、「だに」の同義語として使われたが、また次第に衰えた。
> 「さへ」は、本来ある事柄を添加する意味だったが、次第に強調の意味を強めていき、室町時代の末期以降「だに」が消滅し、「さへ」が今日まで残ってきた。

ず-らう【受領】 （ズロウ）［名詞］「ずりやう」に同じ。

すらく【為らく】
なりたち サ変動詞「す」の終止形＋接尾語「らく」
すること。していること。［日本書紀 奈良－史書］崇神「殺さむとすらくを知らに」［訳］殺そうとしていることも知らないで。

すら-だに ［連語］
なりたち 副助詞「すら」＋副助詞「だに」
…**でさえ。…においてさえ。**▼類義の「すら」と「だに」を重ねて強めた語。［金槐 鎌倉－歌集］雑「物言はぬ四方（よも）の獣（けだもの）すらだにも哀れなるかな親の子を思ふ」［訳］⇩ものいはぬ…。

すら-に ［連語］
なりたち 副助詞「すら」＋間投助詞「に」
…**でさえも。**▼「すら」を強めた語。［万葉集 奈良－歌集］三九〇「鴨（かも）すらに玉藻（たまも）の上にひとり寝なくに」［訳］鴨でさえも美しい藻の上でひとりで寝ないことだのに。

すら-も 連語

なりたち 副助詞「すら」＋係助詞「も」

…でさえも。▼「すら」を強めた語。万葉集 奈良一歌集 三六二五「沖になづさふ鴨(かも)すらも妻とたぐひて」訳沖に浮き漂う鴨でさえも妻と一緒にいて。

すら-を 連語

なりたち 副助詞「すら」＋間投助詞「を」

…であるのに。▼逆接的に下に続ける。万葉集 奈良一歌集 八九二「布肩衣(ぬのかたぎぬ)ありのことごと着襲(きそ)へども寒き夜すらを」訳⇩かぜまじり…。

す-り【修理】名詞／―す 他動詞サ変「しゅり」に同じ。源氏物語 平安一物語 澪標「かの六条の旧宮(ふるみや)をいとよくすりしつつ繕ひたりければ」訳あの六条のもとの御殿をよく修繕し手入れをしておいたので。

すり-うす【磨り臼】名詞 籾(もみ)などの外皮を取り除くのに用いる臼。

すり-かりぎぬ【摺り狩衣】名詞 草木の汁で、種々の模様をすり出した狩衣(かりぎぬ)。

すり-ぎぬ【摺り衣】名詞「すりごろも」に同じ。

すり-こ【磨り粉】名詞 米をすって粉にしたもの。湯にとかして母乳の代用とする。

すり-ごろも【摺り衣】名詞 山藍(やまあい)・月草(＝つゆくさ)などの汁を染料として、白地に草木・花鳥などの模様をすり出した衣服。「すりぎぬ」とも。

すり-しき【修理職】名詞「しゅりしき」に同じ。

すり-も【摺り裳】名詞 白地の絹などに染め草で種々の模様をすり出した裳(も)。

すり-もどろか・す【摺り斑かす】他動詞サ四 {さ/し/す/す/せ/せ} 乱れ模様をすり出す。枕草子 平安一随筆 あはれなるもの「すりもどろかしたる水干(すいかん)といふ袴(はかま)を着せて」訳乱れ模様をすり出してある水干という袴を着せて。

ず-りやう＊【受領】(ズリョウ) 名詞「国司」の長官。特に平安時代中期以降、任国に行かない遥任(ようにん)の国守に対して、実際に赴任する国守をいう。「じゅりやう」「ずらう」とも。

参考 平安時代中期、中下級貴族は、藤原(ふじわら)氏に独占された中央の官職をあきらめ、受領になろうとした。それは、徴税権によって財力をたくわえることができるからであった。

ずりょう【受領】⇩ずりやう

す・る[1]【摺る・刷る】他動詞ラ四 {ら/り/る/る/れ/れ} ❶型木に布を当て、その上から染料をこすりつけて模様を染め出す。万葉集 奈良一歌集 一二八一「君がため手力(たぢから)疲れ織りたる衣(きぬ)ぞ春さらばいかなる色にすりてば好(よ)けむ」訳⇩きみがためたちからつかれ…。❷版木を用いて印刷する。平治物語 鎌倉一物語 下「聖容(しょうよう)をすり奉る」訳尊像を印刷し申し上げる。

二【磨る・摩る・擦る・擂る】❶こすり合わす。こする。竹取物語 平安一物語 貴公子たちの求婚「手をすりのたまへど」訳手をこすり合わせておっしゃるが。❷磨(みが)く。とぐ。貝殻などを漆に塗り込んで、とぎ出す。落窪物語 平安一物語 四「螺(かい)すりたる櫛(くし)」訳螺鈿(らでん)を漆に磨(す)り込んだ櫛。❸墨を硯(すずり)でこすって墨汁を作る。枕草子 平安一随筆 清涼殿の丑寅のすみの「御硯の墨すれ」訳御硯の墨をすれ。

する[2] 使役・尊敬の助動詞「す」の連体形。土佐日記 平安一日記 一・二六「楫(かぢ)取りして、幣(ぬさ)奉(たいまつ)らするに」訳船頭に言いつけて、御幣(ごへい)を奉らせると。

する[3] サ変動詞「す」の連体形。土佐日記 平安一日記 一二・二一「女もしてみむとてするなり」訳女(である私)も(日記を書くということを)やってみようと思って、するのである。

駿河(するが) 地名 旧国名。東海道十五か国の一つ。今の静岡県の中央部。駿州(すんしゅう)。

するがなる… 和歌「駿河(するが)なる 宇津(うつ)の山べの うつつにも 夢にも人に 逢(あ)はぬなりけり」新古今 鎌倉一歌集 羇旅・在原業平(ありはらのなりひら)・伊勢物語 平安一物語 九 訳駿河の国の宇津の山のあたりでは、その「うつ」の名のように、現実にはもちろん夢にさえあなたに会わなかったよ。

鑑賞「駿河なる宇津の山べの」は「うつつ」を導く序詞。

するが-まひ【駿河舞】(スルガマイ) 名詞「東遊(あづまあそび)」の一つ。「風俗歌(ふぞくうた)」に合わせて、駿河の国(静岡県)の有渡浜(うどはま)に天女が舞い降りたようすを表現したという舞を舞う。

するす-み【匹如身】名詞 親族もなく、財物もなく、まったくの無一物であること。また、その人。「するつみ」「するつび」とも。徒然 鎌倉一随筆 一四二「世を捨てたる人の、よろづにするすみなるが」訳出家している人で、すべて無一物である人が。

すれ[1] 使役・尊敬の助動詞「す」の已然形。枕草子 平安一随筆 職の御曹司におはします頃、西の廂にて「かたはらなる人していはすれば」訳そばにいる女房を使って言わせると。

すれ[2] サ変動詞「す」の已然形。土佐日記 平安一日記 二・七「これは、病(やまい)をすればよめるなるべし」訳これは、(自分も)病気をするので、(こんなふうに歌に)よんだのだろう。

す-ろ【棕櫚・椶櫚】名詞 植物の名。しゅろ。

すゑ[1]【末】(スエ) 名詞

❶先端。末端。源氏物語 平安一物語 若紫「髪の美しげにそがれたるすゑも」訳(尼君の)髪がきれいに切り落とされている先端も。

❷下。果て。奥。平家物語 鎌倉一物語 九・宇治川先陣「この川は近江(おうみ)の湖のすゑなれば」訳この川は近江の(琵琶(びわ))湖の下の流れなので。

❸将来。未来。後の世。源氏物語 平安一物語 若紫「初草の生(お)ひゆくすゑも知らぬ間にいかでか露の消えむとすらむ」訳⇩はつくさの…。

❹子孫。大鏡 平安一物語 時平「この大臣(おとど)の御すゑはおはせぬなり」訳この大臣(＝時平)のご子孫はいらっしゃらないのである。

❺終わり。徒然 鎌倉一随筆 九一「この日あること、すゑ通らずと言ひて」訳この日に起こることは、終わりを全うしないと言って。

❻結果。増鏡 室町一物語 新島守「その恨みのすゑなどよりて、事起こるなりけり」訳その恨みの結果などから、事件が起こるのであった。

❼和歌の下の句。枕草子 平安―随筆 清涼殿の丑寅のすみの「歌どもの本を仰せられて、『これがすゑいかに』と問はせ給ふに」訳多くの歌の上の句を仰せになられて「この下の句は何か」とお尋ねになるので。対❶～❼本。

すゑ[2]【陶・須恵】名詞 奈良時代以前の釉薬をかけずに焼いた、黒みをおびた焼き物・陶器。須恵器。

すゑ[3]【据ゑ】動詞「すう」の未然形・連用形。

***すゑ-ずゑ**【末末】名詞 ❶(物の)先の方。先端。末端。源氏物語 平安―物語 蜻蛉「心もとなき花のすゑずゑ」訳弱々しい花の先の方。❷行く末。将来。あとあと。源氏物語 平安―物語 末摘花「かかる人々のすゑずゑいかなりけむ」訳このような人々の将来はどうなったのだろうか。❸年下の者。源氏物語 平安―物語 柏木「弟の君だちも、また、すゑずゑの若きは」訳弟の君達も、また(ずっと)年下の若い方々は。❹子孫。徒然 鎌倉―随筆 三〇「聞き伝ふるばかりのすゑずゑは、あはれとやは思ふ」訳(故人のことを)聞き伝えているだけの子孫は、(その故人のことを)しみじみと思うであろうか、いや、思いはしない。❺身分の低い者。しもじも。徒然 鎌倉―随筆 一三七「若くすゑずゑなるは、宮仕へに立ち居ゐ」訳若くて身分の低い者は、主人の世話に立ったり座ったりして(忙しく)。

***すゑ-つ-かた**【末つ方】名詞 ❶終わりのころ。源氏物語 平安―物語 若紫「秋のすゑつかた、いともの心細くて」訳秋の終わりごろ、たいそう心細くて。❷終わりの部分。源氏物語 平安―物語 横笛「ただすゑつかたをいささか弾き給ふ」訳ただ(想夫恋という曲の)終わりの部分をほんの少し(和琴で)お弾きになる。❸末席。下座。宇治拾遺 鎌倉―説話 一・三「すゑつかたより鬼出で来て」訳末席(の方)から鬼が出て来て。◆「つ」は「の」の意の奈良時代以前の格助詞。

すゑつむ-はな[1]【末摘花】名詞 植物の名。べにばなの別名。花を紅色の染料にする。

参考 (1)べにばなは、茎の先端(=末)に花がつき、それを摘み取ることから「末摘花」という。(2)『源氏物語』に「末摘花」の巻があるが、これはこの巻の主人公である女性が、べにばなのような赤い大きな鼻の持ち主であることによる。

末摘花[2] 人名『源氏物語』の作中人物。常陸宮の娘。鼻が長く先が赤い醜女として描かれている。古風だが誠実な人柄で、のちに二条東院の御所に迎えられる。

すゑ-な・む【据ゑ並む】他動詞マ下二 {め/め/む/むる/むれ/めよ} 並べて置く。並べて座らせる。枕草子 平安―随筆 関白殿、二月二十一日に「こころめでたき人々をすゑなめて御覧ずるこそはうらやましけれ」訳たくさんの美しい人々を並べて座らせてご覧になるとはうらやましいことだ。

末の松山 地名 歌枕 今の宮城県多賀城市の海岸近くの丘とも、岩手県二戸市にある丘ともいう。末の松山を波が越えるということを、あり得ないこと、心変わりすることのたとえとして用いる。⇩きみをおきて…。

***すゑ-の-よ**【末の世】名詞 ❶将来。後世。枕草子 平安―随筆 頭の中将の「いと悪き名の、すゑのよまであらむこそ、口惜しかなれ」訳まことにひどいあだ名が後世まで残るとしたらそれは、残念である。❷晩年。源氏物語 平安―物語 藤裏葉「残り少なくなりゆくすゑのよに思ひ捨て給へるも」訳(命が)残り少なくなってゆく晩年にお見捨てなさるのも。❸末世。源氏物語 平安―物語 若紫「いとむつかしき日の本の、すゑのよに生まれ給ひつらむ」訳たいそうわずらわしい日本の、末世にお生まれになったのだろう。

すゑ-ば【末葉】名詞 ❶草木の先の方にある葉。うらば。新古今 鎌倉―歌集 秋上「下荻のすゑばの露に秋風ぞ吹く」訳物陰の荻の先端の葉に置いた露に秋風が吹くことだ。❷子孫。末裔。徒然 鎌倉―随筆 一「竹の園生のすゑばまで」訳皇族の子孫まで。◆「すゑは」ともいう。

***すゑば-の-やどり**【末葉の宿り】連語 晩年の住居。「すゑはのやどり」とも。方丈記 鎌倉―随筆「六十の露消えがたに及びて、さらにすゑばのやどりを結べることあり」訳六十歳という露のようにはかない命が終わろうとするころになって、新たに晩年の住居を構えたことがある。

すゑ-ひろ【末広】名詞 ❶末の方に向かって次第に広がること。末広がり。方丈記 鎌倉―随筆「扇を広げたるがごとくすゑひろになりぬ」訳(火は)扇を広げたように末広がりになってしまった。❷扇を祝っていう語。末が広がる形を将来の繁栄にかける。末広がり 室町―狂言「すゑひろとは扇の事」訳末広とは扇のこと(だ)。❸中啓の別名。扇子の一種で、親骨の上端を外へ反らし、畳んでも半ば開いているように作ったもの。

すゑ-ひろがり【末広がり】名詞 ❶「すゑひろ❶」に同じ。❷「すゑひろ❷」に同じ。

すゑ-ふろ【据ゑ風呂】名詞「すいふろ」に同じ。

すゑ-へ【末方・末辺】名詞 ❶末の方。先端。❷山の頂のあたり。◆奈良時代以前の語。

すゑ-わた・す【据ゑ渡す】他動詞サ四 {さ/し/す/す/せ/せ} 一面にずらりと並べ置く。宇治拾遺 鎌倉―説話 一・一八「釜を五つ六つ舁き持て来て、庭に杭ども打ちて、すゑわたしたり」訳釜を五つ六つとかついで持って来て、庭に杭などを打って、(それらの釜を)ずらりと並べ置いた。

すん[1]【寸】名詞 ❶寸法。長さ。刀剣の長さにいうことが多い。曾我物語 鎌倉―物語 九「十郎が太刀すんまさりたりければ」訳十郎の太刀は寸法が(比較して)長かったので。❷わずか。猫の草子 江戸―物語 御伽「すんの油断も候はず」訳わずかの油断もございません。

-すん[2]【寸】接尾語 長さの単位を表す。尺の十分の一。曲尺の一寸は約三センチ。

ずん【順】名詞 順番。特に宴席で、杯・舞・和歌などの回ってくる順番。また、順番にめぐること。

すんがり(と) 副詞 すらりと。

すん-いん【寸陰】名詞 ほんのわずかの時間。寸時。徒然 鎌倉―随筆 一〇八「すんいん惜しむ人なし」訳わずかの時間を惜しむ(ようにして精進する)人はない(ものだ)。

ずん-ぎり【寸切り】名詞 ❶まっすぐ横に断ち切ること。輪切り。筒切り。❷頭部を平らに切った形の茶入れ。

ずん-ざ【従者】名詞「ずさ」の変化した語。家来。お供。

宇治拾遺 鎌倉一説話 二・九「ずんざども呼びにやりてこそ」訳家来たちを呼びにやって(から)。

ずん-・ず【誦ず】他動詞サ変{ぜ/じ/ず/ずる/ずれ/ぜよ}「ず(誦)ず」の変化した語。「じゅす」に同じ。「ずうず」とも。源氏物語 平安一物語 須磨「二千里の外故人の心」とずんじ給へる」訳「二千里も遠く離れた旧友の心を思う」と声に出して唱えなさる。

ずん-なが・る【順流る】自動詞ラ下二{れ/れ/る/るる/るれ/れよ}(杯・舞・和歌などが)順番に回る。源氏物語 平安一物語 松風「大御酒あまたたびずんながれて」訳お酒が何度も何度も順番に回って。

***ずん-ば** 連語 もし…でないならば。…なかったら。平家物語 鎌倉一物語 二・康頼祝言「利益の地を頼まずんば、いかんが歩みを嶮難の道に運ばん」訳(人々に)ご利益を与える大地(のような菩薩)を頼みにしなかったら、どうして険しい道に足を運べるだろうか。
参考「ずは❷」に、強調のための撥音が入るとともに「は」が濁音化したもの。打消の順接仮定条件を表す。漢文訓読によって生じた語形で、鎌倉時代以降、軍記物語に多く用いられる。

せ

せ[1]【兄・夫・背】名詞 あなた。夫。あの人。▼女性が、夫、兄弟、恋人など自分の親しい男性をさして呼んだ語。万葉集 奈良一歌集 三三九九「信濃路は今の墾道刈り株に足踏ましなむ沓はけわがせ」訳⇩しなのぢは…。対妹。

せ[2]【背】名詞 背中。裏側。物の後ろ側。

せ[3]【瀬】名詞 ❶川や海の浅くなっている所。また浅くて流れのはやい所にもいう。瀬。浅瀬。詞花 平安一歌集 恋上「せを早み岩にせかるる滝川のわれても末に逢はむとぞ思ふ」訳⇩せをはやみ…。対淵。❷物事に出合う時。場所。折。機会。平家物語 鎌倉一物語 三・足摺「よき様に申す事もあらんずらんと頼みをかけ、そのせに身をも投げざりける心の程こそはかなけれ」訳都合のよいように申し上げることもあるだろうと期待もかけ、その折に身を投げもしなかったという気持ちの持ちようもつまらないことであった。❸(その)点。(その)節。(その)こと。▼形式名詞的に用いる。源氏物語 平安一物語 葵「うれしきせもまじりて」訳(悲しみの中にも)うれしい点もまじって。

せ[4] 奈良時代以前の尊敬の助動詞「す」の已然形・命令形。

せ[5] 使役・尊敬の助動詞「す」の未然形・連用形。参照▶資料3

せ[6] サ変動詞「す」の未然形。参照▶資料3

せ[7] 過去の助動詞「き」の未然形。参照▶資料3

ぜ 係助詞 係助詞「ぞ」に同じ。万葉集 奈良一歌集 四三四六「父母が頭かき撫で幸くあれて言ひし言葉ぜ忘れかねつる」訳⇩ちちははが…。◆奈良時代以前の東国方言。

世阿弥 人名 生没年未詳。室町時代前期の能役者・能作者。観阿弥の子で本名は元清。足利義満に仕え、演能に評論に創作に活躍して、能楽を大成した。謡曲に「高砂」「羽衣」のほか、能楽論書に『風姿花伝』などがある。

せい[1]【制】名詞 ❶おきて。定め。制度。禁制。大鏡 平安一物語 時平「この殿、せいを破りたる御装束の」訳この殿(=藤原時平)の、定めを破ったご装束の。❷制止。命令。

せい[2]【姓】名詞 苗字。氏。「しゃう」「さう」とも。

せい[3]【勢】名詞 ❶勢い。力。勢力。今昔物語 平安一説話 三・三四「火のせい、いよいよ高くなりて」訳火の勢いが、ますます激しくなって。❷軍勢。兵力。平家物語 鎌倉一物語 四・橋合戦「吉野・十津川のせいども馳せ集まりて」訳吉野・十津川の軍勢が駆けつけて集まり。❸形。大きさ。背たけ。今昔物語 平安一説話 二二・三一「もし、この児、せい長ぜば」訳もし、この子が、(成長して)背たけが大きくなれば。

せいい-たいしゃうぐん【征夷大将軍】セイイタイショウグン 名詞 ❶奈良時代から平安時代初頭にかけて、東国の蝦夷征討の将軍として臨時に任命された官。征夷将軍。征夷使。征東使。❷鎌倉時代に源頼朝が任ぜられて以降、幕府の首長である者の職名。征夷将軍。将軍。

せい-うん【青雲】名詞 ❶青空。❷高位高官。

西王母 セイオウボ ⇩西王母(せいわうぼ)

せい-が【笙歌】名詞 笙などの吹奏に合わせてうたうこと。また、その歌。「しゃうが」とも。

せいがいは【青海波】名詞 ❶雅楽の曲名。唐楽で、盤渉調。二人の舞人

(青海波❶)

(青海波❷)

が、波と千鳥の模様のある袍を着け、鳥甲をかぶり、剣を帯びた姿で舞う。優美華麗な曲とされる。❷❶の舞人の衣服に用いる、波形の染め模様。また、それに似た模様。「せいがいなみ」とも。

せい-かん【清閑】 形容動詞 語幹 ⇩せいかんなり。奥の細道 江戸｜紀行「立石寺」「慈覚大師の開基にして、ことにせいかんの地なり」訳（立石寺は）慈覚大師の開かれた寺で、格別清らかで静かな地である。

せい-かん・なり【清閑なり】 形容動詞ナリ {なら／なり・に／なり／なる／なれ／なれ} **清らかで静かだ。**

せい-ぐゎ【清華】 名詞 ❶**高貴の家柄。** 十訓抄 鎌倉｜説話 三「誠に累世せいぐゎの人なりとも」訳ほんとうに代々高貴な家柄の人であっても。❷公家の家格の一つ。「摂家」に次ぐ家格で、大臣と大将を兼ね、太政大臣にまで昇進することはできるが、摂政・関白にはなれない。「華族」とも。

せい-こつ【性骨】 名詞「しゃうこつ」に同じ。

せい-こん【精根】 名詞 **精力。根気。気力。**

せい-ごん【誓言】 名詞（神仏などへの）**誓いの言葉。**「せいげん」とも。

せい-ざう【星霜】 名詞 **年月。歳月。**「せいさう」とも。◆星は一年で天を一周し、霜はその年ごとに降るところから。

せい-し【青侍】 名詞 **身分の低い若侍。** ◆「青侍」を音読した語。

せい-じ【青磁・清瓷】 名詞 磁器の一つ。釉薬をかけることによって、全体が青緑色または淡緑色を示す。中国の唐・宋時代に大成した。日本には平安時代に伝来したといわれ、「秘色」と呼ばれた。「あをじ」とも。

せいし-ぼさつ【勢至菩薩】 名詞 仏教語。「大勢至菩薩」の略。阿弥陀三尊の一つ。阿弥陀仏の右側に立ち、知恵をつかさどる菩薩。

（勢至菩薩）

せい-しょく[1]【声色】 名詞 音楽と女色。徒然 鎌倉｜随筆 二一七「宴飲・せいしょくをこととせず」訳宴を開いたり酒を飲んだり、音楽を聞いたり女性を愛でたりということをせず。

せい-しょく[2]【晴色・霽色】 名詞（雨が上がり）**晴れあがった景色。**

せいしょ-だう【清暑堂】 名詞 平安京の大内裏の豊楽院にある殿舎の一つ。大嘗会などの儀式の後、神楽を行う。「せいそだう」とも。

せい-じん【聖人】 名詞 ❶知徳にすぐれ、万人に師と仰がれる人。❷（濁り酒を賢人というのに対して）清酒の別名。

せいじん-の-いましめ【聖人の戒め】 連語 聖人の戒め。参照▶文脈の研究

せい-・す【制す】 他動詞サ変 {せ／し／す／する／すれ／せよ} ❶**おさえとどめる。制止する。** 竹取物語 平安｜物語 かぐや姫の昇天「月の顔見るは忌むこと」とせいしけれども」訳「月の表面を見るのは不吉として避けることだ」と制止したけれど。❷**定める。決める。**

醒睡笑 書名 噺本。安楽庵策伝作。江戸時代前期（一六二八）成立。八巻。〔内容〕策伝が幼時から耳にした多くの笑話を、京都の所司代板倉重宗の求めに応じて、「無知の僧」「茶の湯」など四十二項にまとめた、噺本中最大のもの。

清少納言 人名 生没年未詳。平安時代中期の女流随筆家・歌人。父の清原元輔が少納言であったので、「清少納言」とよばれた。本名は未詳。和漢の学に通じた才女として、紫式部と並び称された。中宮定子に仕えて特別に愛され、後宮で大いにその才能を発揮し活躍した。随筆『枕草子』、家集

文脈の研究　聖人の戒め

『徒然草』「第一〇九段」は、名高い木登りとして評判だった男が、人を指図して高い木に登らせて、梢を切らせた折、高くて危険と思われたときには何も言わずに、降りるとき、軒の高さほどになって、

過ちすな。心して下りよ。

と注意のアドバイスを発した話。

あやしき下臈なれども、聖人の戒めにかなへり。

は、このアドバイスを不思議に感じた兼好が、

かばかりになりては、飛び下るとも下りなむ。いかにかくはかり言ふぞ。

と尋ねたところ、

そのことに候ふ。目くるめき、枝危きほどは、おのれが恐れ侍れば、申さず。過ちはやすき所になりて、かならずつかまつることに候ふ。

と答えたというエピソードを語ったのちの一文。

「聖人の戒め」は、『易経』の「繋辞伝」にある「君子は安くして危ふきを忘れず」をふまえたもの。このの ち兼好は、蹴鞠についてもふれて、

鞠も、かたき所を蹴出してのち、やすく思へば、かならず落つと侍るやらん。

と書いている。

古典の常識

『定子サロンの花形』―清少納言

歌人の家柄の清原家に生まれ、曾祖父の深養父は『古今和歌集』の歌人、父元輔は『後撰和歌集』の撰者の一人として知られている。このような文学的・学問的な家庭環境の中で、幼いころから和歌・漢詩・漢文の教育を受けた。若いころ橘則光と結婚し、則長を生んだが離別した。

正暦四年ごろ、関白藤原道隆の長女である一条天皇の中宮定子に仕えた。当時の女性としては珍しく漢学の教養をそなえていたこともあり、才媛を集めた定子サロンの花形として、宮廷生活を送った。この宮仕えの体験や見聞、感想などを書きつづったのが『枕草子』である。

定子が二十四歳の若さで亡くなった後、清少納言は宮廷を退き、藤原棟世と結婚した。しかし晩年はあまり恵まれなかったようで、京都近郊に住み、六十歳前後でこの世を去ったといわれる。

『清少納言集』がある。

せい-ぞろへ【勢揃へ】名詞 ❶軍勢を集めそろえること。❷いっせいに並びそろうこと。

せい-たい【聖代】名詞 知徳のすぐれた天子が治める世。また、その時代を尊んだ語。「せいだい」とも。

せい-てう【青鳥】名詞 **手紙を届ける使者。**使い。また、手紙。

参考 前漢の東方朔が三本足の青鳥が飛来したのを見て、それが西王母という仙女の使者だと言ったという故事から。

せい-とく【勢徳】名詞 ❶**権勢と財産。**❷**恩恵。**

せい-なう【細男】名詞 神楽で「人長」の舞の後、滑稽な芸を演ずる人。また、その舞。

せい-ば【征馬】名詞 **旅で乗る馬。**道行く馬。

せい-ばい【成敗】名詞/―す 自動詞・他動詞 サ変

❶**執政。**政治を行うこと。平家物語 鎌倉―物語 一・禿髪「摂政・関白のごせいばいも、世にあまされたるいたづら者などの」訳摂政・関白(といった方)のご執政も、世間からはみだした無用者などの(聞き入れるところではない)。

❷**計画。処置。**平家物語 鎌倉―物語 一〇・千手前「南都炎上のこと、故入道のせいばいにもあらず」訳南都奈良の火災炎上の事件は、故入道平清盛の計画ではない。

❸**裁定。決裁。**沙石 鎌倉―説話 九「宋朝の人、いみじきせいばいとぞ、あまねく褒めののしりける」訳宋の国の人は、すばらしい裁定だと、広く褒めそやした。

❹**処罰。罰を加えること。**▼特に、死罪・斬罪にすること。入間川 室町―狂言 狂言「堪忍ならぬ。せいばいいたす」訳勘弁できない。処罰する。

せい-びやう【精兵】名詞 **すぐれた兵士。**特に、弓を引く勢いの強い者。平家物語 鎌倉―物語 九・木曾最期「ありがたき強弓、せいびやう」訳めったにいない剛弓を引く者、すぐれた兵士。対小兵。

せい-めい【清明】名詞 ❶清らかで曇りのないこと。❷「二十四気」の一つ。陰暦三月の節で、春分後十五日目に当たる。この節になると、すべての物がみな新鮮で、多くの花が咲く好時節になるということから、この名がある。清明節。

せい-めい・たり【清明たり】形容動詞 タリ (たら/たり・と/たり/たる/たれ/たれ) **清らかで曇りがない。**太平記 室町―物語 二二「虚空せいめいたるに」訳空は清らかで曇りがないのに。

せい-めい・なり【清明なり】形容動詞 ナリ (なら/なり・に/なり/なる/なれ/なれ) 「せいめいたり」に同じ。徒然 鎌倉―随筆 二三九「この宿、せいめいなるゆゑに、月を翫ぶに良夜とす」訳この星座(に当たる日)は、清らかで曇りがないので、月を見て楽しむのによい夜だとしている。

せい-もく【聖目・星目・井目】名詞 碁盤の目の上にしるした九つの黒い点。

せい-もん【誓文】一 名詞 **神に誓う文書や言葉。**二 副詞 神に誓って。**決して。きっと。**◆江戸時代の語。

せい-やう【青陽】名詞 春の別名。多く初春にいう。◆五行説で「青」は春に当てられることから。

せい-らん【晴嵐・青嵐】名詞 ❶よく晴れた日に立ちのぼる、山の気。晴れた日の霞。平家物語 鎌倉―物語 三・有王「せいらん夢を破って」訳晴れた日の山の気が(有王の)夢を破って。❷新緑の上を吹き渡る夏の強風。あおあらし。季夏。平家物語 鎌倉―物語 一〇・高野巻「せいらん梢を鳴らして」訳新緑を吹く強風が梢を鳴らして。

せいりやう-でん【清涼殿】名詞 平安京内裏の殿舎の一つ。紫宸殿の西北、校書殿の北にある。天皇の常の御所であるが、四方拝・小朝拝・叙位・除目・官奏などの公事をも行った。「せいらうでん」とも。参照▼口絵/資料26

せい-りよう【青竜】名詞 「四神」の一つ。東方の守護神で、竜の形をしている。「せいりゅう」「しゃうりゅう」とも。参照▼口絵

西王母 人名 中国の伝説上の仙女。崑崙山に住み、周の穆王と瑶池という池で宴会を開き、漢の武帝に不老長寿の桃を与えたという伝説から、西王母信仰が生まれた。謡曲「西王母」の主人公。

せう[1]【小】名詞 ❶小さいこと。短いこと。細いこと。少ないこと。劣っていることなどを表す語。また、そのもの。徒然 鎌倉―随筆 一八八「人に先立ちて、せうを捨て大につくがごとし」訳相手に先んじて(利の)少ない方を捨てて大きい方につくのと同じだ。❷陰暦で、一か月の日数が三十日に満たない月。小の月。対❶❷大。

せう[2]【少輔】名詞 律令制で、八省の次官。「大輔」の次位。「せふ」「せういう」とも。◆「少輔」の字音「せうふ」の変化した語。

せう[3]【兄鷹】名詞 雄の鷹。また、小さい鷹。

せう[4]【抄・鈔】名詞 ❶**抜き書き。**❷書物の難しいところを抜き出して注釈すること。注釈書。

せう[5]【簫】名詞 中国伝来の管楽器の一つ。長短の竹の管

(簫)

を横に編み並べて、両手で持って吹き鳴らすもの。簫の笛。

せ-う⁶ 連語 なりたち サ変動詞「す」の未然形＋意志の助動詞「む」からなる「せむ」の変化した形。**…しよう。** 平家物語 鎌倉-物語 九・宇治川先陣「いかに佐々木殿、高名せうどて不覚し給ふな」訳おい佐々木殿、手柄を立てようとして、油断して失敗しなさるな。

せう-いう【少輔】 ショウユウ 名詞「せう(少輔)」に同じ。

せう-えう【逍遥】 ショウヨウ 名詞／—す 自動詞 サ変 気の向くままに、あちこち歩き回ること。**行楽。遊覧。** 伊勢物語 平安-物語 六七「昔、男、せうえうしに思ふどちかいつらねて」訳昔、男が、行楽をしに、気の合う者同士連れだって。

せう-かん【小寒】 ショウカン 名詞「二十四気」の一つ。冬至の後十五日目をいう。陰暦では十二月の前半ごろ、今の一月五日ごろ。寒の入り。

せう-げき【少外記】 ショウゲキ 名詞 律令制で、「太政官」の役人。「大外記」の下で、文書事務を担当したり、儀式をつかさどったりする。

せう-こん【招魂】 ショウコン 名詞 死者の霊魂を呼び招いて祭ること。

せう-さい【小賽】 ショウサイ 名詞 双六で、振り出したさいころの目の数が少ないこと。

せう-し【笑止】 ショウシ 名詞「しゃうし(勝事)」の変化した語。❶**困ったこと。都合の悪いこと。** 蟻通 室町-能楽 謡曲「あらせうしや、にはかに日暮れ大雨降りて」訳ああ困ったことだ、急に日が暮れ大雨が降って。❷**かわいそうなこと。気の毒なこと。** ❸**笑うべきこと。おかしなこと。**

せう-し-なり【笑止なり】 ショウシナリ 形容動詞 ナリ {なら／なり・に／なり／なる／なれ／なれ} ❶**困った。都合が悪い。** ❷**かわいそうだ。気の毒だ。** 戴恩記 江戸-論 下「あさましき身となり給ひておはしけるを、せうしに思ひ」訳ひどい身の上とおなりになっていらっしゃるのを、気の毒に思い。❸**おかしい。** 風来六部集 江戸-物語「せうしなる事を承るものかな」訳おかしなことをうかがうものだな。

せう-しゃう【少将】 ショウショウ 名詞 律令制で、「近衛府」の次官。「中将」の次位。定員は左右各二名。

せう-じょう¹**【小乗】** ショウジョウ 名詞 仏教語。自己の解脱のみを目的とする教団の教えを、大乗仏教の立場からけなして言った名称。◆「小乗」は劣った乗り物の意。

せう-じょう²**【少判官】** ショウジョウ 名詞 律令制で、「判官」の一つ。「大判官」の下位にある官職。

せう-しん【少進】 ショウシン 名詞 律令制で、「判官」の一つ。大膳職・修理職・中宮職・東宮坊などで「大進」の下位にある官職。「せうじん」とも。

せう-じん【小人・少人】 ショウジン 名詞 ❶**子供。少年。稚児。** ❷**徳のない、品性の卑しい者。小人物。** 徒然 鎌倉-随筆 九七「せうじんに財あり、君子に仁義あり」訳徳のない卑しい者には財産があり、品格のりっぱな人には仁義がある。対君子。❸**身分の低い者。小者。庶民。** 十訓抄 鎌倉-説話 五「せうじんの家の娘、慎みて身をもてかろがろしく人に許すことなかれ」訳身分の低い者の家の娘は、慎んで身を大切にし、軽々しく人に心を許すことがあってはいけない。

せう・す【抄す・鈔す】 ショウス 他動詞 サ変 {せ／し／す／する／すれ／せよ} **抜き書きする。編纂する。** 大鏡 平安-物語 道長下「延喜の御時に、古今せうせられし折」訳延喜(醍醐天皇)の御代に、(和歌を集めて)『古今和歌集』を編纂されたときに。

せうすい-の-うを【少水の魚】 ショウスイノウオ 連語 少ない水の中にいる魚のように、死の危険が迫っていること。「せうすいのいを」とも。

せう-せう【少少・小小】 ショウショウ 副詞 ❶**少しばかり。多少。わずか。** 大鏡 平安-物語 序「さりとも、翁こそ、せうせうのことは覚えはべらめ」訳とはいえ、(私のような)老人こそ、(世の中の)多少のことは覚えておりましょう。❷(多く、「せうせうの」の形で)**ふつう。ありきたり。なみ。** 枕草子 平安-随筆 頭中将のすずなるそら言を「司召にせうせうの司得てはべらむは、何ともおぼゆまじくなむ」訳司召にありきたりの官を得ましても、何ともうれしくも感じられそうにありません。

せう-せつ【小節】 ショウセツ 名詞 **つまらない義理。**

せう-そく【消息】 ショウソク 名詞「せうそこ」に同じ。

せう-そこ【消息】 ショウソコ

語義の扉
「消」は死ぬ、「息」は生きるの意味で、安否などの状況の意味。
一 名詞 **手紙。便り。**
二 名詞／—す 自動詞 **訪問すること。取り次ぎを依頼すること。**

一 名詞 **手紙。便り。** 源氏物語 平安-物語 帚木「日ごろ経るまで、せうそこもつかはさず、あくがれまかりありくに」訳何日かたつまで、(女に)手紙もやらず、ふらふらとさまよい出歩いておりますうちに。

二 名詞／—す 自動詞 サ変 **訪問すること。取り次ぎを依頼すること。** 枕草子 平安-随筆 大進生昌が家に「わざとせうそこし、よびいづべきことにはあらぬや」訳わざわざ取り次ぎを依頼し、呼び出さねばならないほどのことでもないよ。

せうそこ-が・る【消息がる】 ショウソコガル 自動詞 ラ四 {ら／り／る／る／れ／れ} **手紙を交わしたいと思う。** 源氏物語 平安-物語 玉鬘「好いたる田舎人ども、心かけせうそこがる、いと多かり」訳好色な田舎者たちで、(玉鬘に)思いを寄せ手紙を交わしたいと思うものが、たいへん多い。◆「がる」は接尾語。

せうそこ-ぶみ【消息文】 ショウソコブミ 名詞 **手紙。手紙の文章。**

せうでう・たり【蕭条たり】 ショウジョウタリ 形容動詞 タリ {たら／たり・と／たり／たる／たれ／たれ} **ひっそりとしてもの寂しい。** 蕪村句集 江戸-句集 俳諧「せうでうとして石に日の入る枯れ野かな―蕪村」訳⇩せうでうとして…。

せうでうとして… 俳句「蕭条として 石に日の入る 枯れ野かな」蕪村句集 江戸-句集 俳諧・蕪村 訳野の草木も枯れてあらわになった石に、冬の弱い夕日がもの寂しくさしている。寒々とした荒涼たるこの枯れ野よ。

鑑賞 寒々とした枯れ野の情感と、夕日の落ちて行く時間的な経過を伝えるのに、上の句の「蕭条として」という字余りの漢詩的表現が効果的である。季語は「枯れ野」で、季は冬。

せう-てん【少典】 ショウテン 名詞 律令制で、「大宰府」の「主典」。「大典」の下位にある官職。書記官。

せ-うと【兄人】 ショウト 名詞 「せひと」の変化した語。

❶兄弟。兄。弟。▼年齢の上下にかかわらず、女性から見て男の兄弟をさす。伊勢物語 平安一物語 九六「女のせうと、にはかに迎へに来たり」訳女の兄弟が、急に迎えに来た。対妹。

❷兄。▼男性からも女性からも、年上の兄弟をさす。徒然 鎌倉一随筆 四五「公世の二位のせうとに、良覚僧正と聞こえしは、きはめて腹あしき人なりけり」訳(藤原)公世という二位の人の兄で、良覚僧正と申し上げた方は、大変怒りっぽい人であった。

参考 平安時代、男同士の兄弟の場合には、兄を「このかみ」「あに」、弟を「おとうと」といった。

せう-とく【所得】 ショトク 名詞 ／ーす 自動詞 サ変 得をすること。もうけ。

***せう-なごん【少納言】** ショウナゴン 名詞 律令制で、「太政官」の三等官。「参議」の下にあって、小事の奏上や官印の管理などをつかさどり、侍従を兼任した。従五位下相当で地位は低いものの、重要な職であった。「すないものまうし」とも。

せう-に【少弐】 ショウニ 名詞 律令制で、「大宰府」の次官。庶務をつかさどる。「すないすけ」とも。

せうねつ-ぢごく【焦熱地獄】 ショウネツジゴク 名詞 仏教語。「八大地獄」の第六。殺生・偸盗・邪淫・飲酒・妄語の罪を犯した者がおちる地獄。罪人は火熱で苦しめられるという。炎熱地獄。焦熱。

せう-ばう【椒房】 ショウボウ 名詞 ❶皇后の御所。❷皇后・皇妃の別名。

参考 「椒」は山椒、「房」は室の意。中国で皇后の御所の壁に邪気を払うためと、実の多いことにあやかり、皇子が多く生まれるようにと、山椒を塗り込めたり、庭に植えたりしたところからこの名があるという。

肖柏 しょうはく 人名 (一四四三〜一五二七)室町時代後期の連歌作者・歌人。号は牡丹花。和歌を飛鳥井雅親に学び、連歌は飯尾宗祇の門下で、古今伝授をうけた。宗祇・宗長との「水無瀬三吟」で有名。家集に『春夢草』。

せう-ひつ【少弼】 ショウヒツ 名詞 律令制で、「弾正台」の次官のうちの下位。

せう-べん【少弁】 ショウベン 名詞 律令制で、「太政官」の「判官」の一つ。中弁の次に位し、左右両弁局に各一名がいる。「すないおほともひ」とも。

ぜう-まう【焼亡】 ジョウモウ 名詞 ／ーす 自動詞 サ変 (家などが)焼けてなくなること。焼失。火事。「せうばう」とも。

せう-みゃう【小名・少名】 ショウミョウ 名詞 ❶平安時代中期から鎌倉時代にかけて、私有地の少ない領主・御家人。対大名。❷江戸時代、一万石以上の大名のうち、領地の少ない者。

せう-もち【抄物】 ショウモチ 名詞 「せうもつ」に同じ。

せう-もつ【抄物】 ショウモツ 名詞 書物の一部分などを抜き書きしたもの。また、転じて、注釈書。「せうもち」とも。

せうやう-しゃ【昭陽舎】 ショウヨウシャ 名詞 平安京内裏の後宮五舎の一つ。女官の詰め所で、東宮の御在所ともなった。庭に梨の木が植えてあるところから「梨壺」ともいう。「せうやうさ」とも。

せう-らん【照覧・昭覧】 ショウラン 名詞 ／ーす 他動詞 サ変 神仏がご覧になること。平家物語 鎌倉一物語 二・一行阿闍梨之沙汰「両所山王、定めてせうらんし給ふらん」訳(比叡山の)大宮(=釈迦)・二宮(=薬師如来)・聖真子(=弥陀如来)(の神々)も、きっとご覧になっていなさるだろう。

せ-おはしま・す【せ御座します】 セオワシマス 連語

なりたち 尊敬の助動詞「す」の連用形＋尊敬の補助動詞「おはします」

お…になる。お…あそばす。▼強い尊敬の意を表す。源氏物語 平安一物語 夕顔「夜更けぬ先に、帰らせおはしませ」訳夜が更けない前にお帰りあそばせ。

せ-かい【世界】 名詞

❶世界。人間界。地上界。竹取物語 平安一物語 かぐや姫の昇天「昔の契りありけるによりなむ、このせかいにはまうで来たりける」訳昔からの約束があったので、この人間界に参りました。

❷世の中。世間。竹取物語 平安一物語 貴公子たちの求婚「せかいの男、貴なるも賤しきも」訳世の中の男は、身分の高い者も身分の低い者も。

❸あたり一帯。そこらじゅう。方丈記 鎌倉一随筆「くさき香せかいに満ち満ちて」訳くさいにおいがあたり一帯にいっぱいになって。

❹地方。田舎。源氏物語 平安一物語 東屋「さる東の方の、はるかなるせかいにうづもれて」訳(常陸の介は)あんな東国の方の、都からずっと遠い地方に引っ込んで。

参考 もと仏教語で、仏の住む場所や人間の住む場所などをいう。「世」は時間の全体、「界」は空間の全体の意。

せ-がい【船枻】 名詞 船の両側の舷に渡した板。ここを足場にして櫓をこぐ。

***せき【関】** 名詞 ❶物事をせきとめること。また、そのもの。隔て。❷関所。国境や街道の要所に設けて、通行人や通行物を検査し、また、戦時の防備用とした。奥の細道 江戸一紀行 白河の関「卯の花をかざしにせきの晴れ着かな ― 曾良」訳 ⇒うのはなを…。

注意 平安時代は、「関」といえば多く「逢坂の関」をさした。

せき-あ・ぐ[1]【咳き上ぐ】 自動詞 ガ下二 {げ/げ/ぐ/ぐる/ぐれ/げよ} 息がつまってむせかえる。涙などがこみあげる。源氏物語 平安一物語 葵「にはかに例の御胸をせきあげて」訳急にいつものようにお胸に息がつまってむせかえって。

せき-あ・ぐ[2]【塞き上ぐ・堰き上ぐ】 他動詞 ガ下二 {げ/げ/ぐ/ぐる/ぐれ/げよ} 流れをせき止めて、水かさが増すようにする。万葉集 奈良一歌集 二六三五「佐保川の水をせきあげて植ゑし田を刈る早飯は独りなるべし」訳佐保川の流れをせき止めて、水かさが増すようにして植えた、その田を刈り取って炊いた早稲の飯を食べるのは、きっと一人だろう。

せき-あ・ふ【塞き敢ふ・堰き敢ふ】 セキアウ 他動詞 ハ下二 {へ/へ/ふ/ふる/ふれ/へよ} おさえて我慢する。こらえて、せき止める。［万葉集 奈良｜歌集］二四三二「山川の激つ心をせきあへてあり」［訳］谷川の(流れのように)激する心をおさえて我慢していることよ。

せき-あへ-ず【塞き敢へず・堰き敢へず】［連語］こらえきれない。我慢できない。［蜻蛉 平安｜日記］中「みる人も涙せきあへず、まして日ぐらしかなし」［訳］見ている人も涙がこらえきれない。それにもまして一日中悲しい。

せき-い・る【塞き入る・堰き入る】［他動詞］ラ下二｛れ/れ/る/るる/るれ/れよ｝(水を)せき止めて、(別の流れに)引き入れる。［源氏物語 平安｜物語］帚木「中川のわたりなる家なむ、このごろ水せきいれて」［訳］中川のあたりにある家が、最近(川の)水をせき止めて(その家の庭の川に)引き入れて。

せき-おくり【関送り】［名詞］❶京を旅立つ人、特に伊勢参りの人を「逢坂の関」まで見送って行くこと。［対］関迎へ。❷旅立つ人を見送ること。［笈の小文 江戸｜紀行］俳文・芭蕉「其角亭においてせきおくりせんともてなす」［訳］其角亭で旅立ちの見送りをしようとしてごちそうする。

せき-かぜ【関風】［名詞］関所のあたりを吹く風。

せき-か・ぬ【塞きかぬ・堰きかぬ】［他動詞］ナ下二｛ね/ね/ぬ/ぬる/ぬれ/ねよ｝せき止められない。せき止めかねる。こらえかねる。［源氏物語 平安｜物語］玉鬘「二、三人ながら咽せかへり、いとむつかしくせきかねたり」［訳］二、三人そのままむせび泣いて、たいそう気が重く(涙が流れるのを)こらえかねている。

関ヶ原［地名］今の岐阜県の南部不破郡関ヶ原町。京都防衛の地、また東西交通の要地で、奈良時代以前には「三関」の一つ、不破の関が置かれ、江戸時代には「中仙道」の宿駅となった。関ヶ原の戦いでも知られる。

せき-けん【赤県】［名詞］京都、またはその付近。都に近い所。◆中国の唐代に、都に近い県を「赤県」といったことから。

せき-ぞろ【節季候】［名詞］江戸時代、歳末に家々をめぐり、米や金銭をもらい歩いた物ごいの一種。しだの葉を挿した編み笠をかぶって赤い布で覆面し、「せきぞろ(＝節季に候ふ)、せきぞろ」と唱えて、二、三人で家々を歌い踊って歩いた。「せっきぞろ」「せきざうらふ」とも。［季］冬。

せき-だ【席駄・雪駄】［名詞］「せった」に同じ。

(節季候)

せき-たい【石帯】［名詞］束帯のときに、袍に締める革帯。黒漆を塗った牛の皮に、玉・瑪瑙・犀角・烏犀などの飾りを付けたもの。官位の高下、儀式の軽重に応じて使い分けた。石の帯。「しゃくたい」とも。

［参照］▶口絵

せき-ぢ【関路】［名詞］関所に通じる道。関所のある街道。「せきみち」とも。［平家物語 鎌倉｜物語］四・大衆揃「時剋おしうつってせきぢの鶏鳴きあへり」［訳］時刻が移って(朝になり)関所に通じる道の鶏が鳴きあっている。

せき-とく【碩徳】［名詞］徳の高い人。高徳の僧。◆「碩」は大きいの意を表す。

せき-とど・む【塞き止む・堰き止む】［他動詞］マ下二｛め/め/む/むる/むれ/めよ｝水の流れや物事の進行をさえぎりとめる。さえぎりおさえる。［古今 平安｜歌集］恋三「たぎつ瀬の(＝枕詞)はやき心を何しかも人目つつみのせきとどむらむ」［訳］激しくはやる恋の思いを、どうして堤が水の流れをせき止めるように人目という障害がさえぎるのだろう。

せき-と・む【塞き止む・堰き止む】［他動詞］マ下二「せきとどむ」に同じ。

せき-の-ひがし【関の東】［連語］「逢坂の関」から東の国々。今の中部地方以東をいうが、江戸時代には、箱根の関から東の関八州をいった。◆「関東」を訓読した語。

せき-ふ【隻鳧】［名詞］(つがいであったものが、はぐれて)一羽になった鴨。親しい人と別れて、ひとり行くことのたとえ。◆「隻」は対をなすものの片方、「鳧」は鴨の意を表す。

せき-むかへ【関迎へ】［名詞］来る人を最寄りの関所まで迎えに出ること。特に、入京する人を「逢坂の関」に出迎えること。［対］関送り。

せき-もり【関守】［名詞］関所を守る役人。和歌などで、男女の逢瀬を妨げるもののたとえにいうことが多い。［古今 平安｜歌集］恋三・［伊勢物語 平安｜物語］五「人しれぬわが通ひ路のせきもりはよひよひごとにうちも寝ななむ」［訳］⇨ひとしれぬ…。

せき-や【関屋】［名詞］関守の住む家。関所の建物。［新古今 鎌倉｜歌集］雑中「人住まぬ不破のせきやの板廂荒れにしのちはただ秋の風」［訳］⇨ひとすまぬ…。

せき-やう【夕陽】［名詞］❶夕日。入り日。❷夕方。夕暮れ時。

せ-きゃう【説経】［名詞］／―す［自動詞］サ変「せっきゃう」に同じ。◆「せっきゃう」の促音「っ」が表記されない形。

せき-やま【関山】［名詞］関所のある山。特に、「逢坂の関」のあった「逢坂山」をさすことが多い。

せき-や・る【塞き遣る・堰き遣る】［他動詞］ラ四｛ら/り/る/る/れ/れ｝さえぎり止める。せき止める。こらえとどめる。［右京大夫 鎌倉｜歌集］「あまりにせきやらぬ涙も」［訳］あまりにもこらえとどめない涙も。

せき-わ・ぶ【塞き侘ぶ・堰き侘ぶ】［自動詞］バ上二｛び/び/ぶ/ぶる/ぶれ/びよ｝せき止めるのに苦心する。せき止めかねる。［浜松中納言 平安｜物語］二「かたみに涙をせきわびつつ」［訳］互いに涙をせき止めかねながら。

せ-く[1]【節句・節供】［名詞］「せっく」に同じ。◆「せっく」の促音「っ」が表記されない形。

せ・く[2]【急く・逼く】一［自動詞］カ四｛か/き/く/く/け/け｝❶いそぐ。あわてる。あせる。［禁野 室町｜狂言］狂言「そなたがその様におしゃると心がせくによって」［訳］あなたがそのようにおっしゃると心があせるので。❷いらだつ。嫉妬する。［出世景清 江戸｜浄瑠］浄瑠・近松「はっとせきたる気色にて」［訳］はっといらだったようすで。二［他動詞］カ四｛か/き/く/く/け/け｝せかす。いそがせる。せきたてる。［平家女護島 江戸｜浄瑠］浄瑠・近松「『…さあ立ち退け』とせきければ」［訳］「…さあ立ち退け」とせきたてたので。

[4]せ・く【咳く】 自動詞 カ四〔か/き/く/く/け/け〕せきをする。

[3]せ・く【塞く・堰く】 他動詞 カ四〔か/き/く/く/け/け〕❶**せき止める。おさえとどめる。** 源氏物語 平安―物語 幻「いとせきがたき涙の雨のみ降りまされば」訳(亡くなった紫の上をしのんで)とてもせき止めがたい涙の雨ばかりが降りつのるので。❷**邪魔をする。妨げる。** 枕草子 平安―随筆 あはれなるもの「思ひかはしたる若き人の中の、せくかたありて心にもまかせぬ」訳好きあっている若い男女の仲で、邪魔をするものがあって思うようにならない(というのもかわいそうだ)。

せ‐けん【世間】 名詞

❶仏教語。**俗世。俗人。**命のあるものが住むところ。今昔物語 平安―説話 五・一二「生死の無常を観じ、せけんの受楽を厭ひて出家したまふなり」訳生まれ死ぬという世の無常を悟り、俗世の享楽を嫌って出家なさるのだ。❷**世の中。この世。世の中の人々。** 徒然 鎌倉―随筆 一八八「せけんの人、なべてこのことあり」訳世の中の人には、一般的にこのようなことがある。❸**あたり一面。外界。** 大鏡 平安―物語 道長下「にはかに霧立ち、せけんもかい暗がりて侍りしに」訳急に霧が立ちこめ、あたり一面も真っ暗になっておりましたので。❹**暮らし向き。財産。** 沙石 鎌倉―説話 九「かの地頭、せけんも衰へ、つひにみまかりぬ」訳その地頭は、暮らし向きも悪くなっていって、とうとう亡くなってしまった。

せけん‐が‐た・つ【世間が立つ】 連語 **世間への申し訳が立つ。世間への義理がすむ。** 冥途飛脚 江戸―浄瑠 浄瑠・近松「いやいや、それではせけんがたたぬ」訳(ちょっと顔でも見たいが)いやいや、それでは世間への申し訳が立たない。

せけん‐だましひ【世間魂】 名詞 **世渡りの才能。生活に関する知恵。世才。**

世間胸算用 書名 浮世草子。井原西鶴作。江戸時代前期(一六九二)刊。五巻。〔内容〕年の瀬の大晦日を背景に、やり繰り駆け引きなどの、せちがらい町人社会の悲喜劇を活写した、二十話からなる西鶴の町人物の傑作。

[1]せ‐こ【兄子・夫子・背子】 名詞 ❶**主人。あの人。**▼女性が夫または、恋人を親しんで呼ぶ語。万葉集 奈良―歌集 四三「わがせこはいづく行くらむ奥つ藻の(＝枕詞)名張の山を今日か越ゆらむ」訳私のあの人は今どこを旅しているだろうか、名張の山を今日越えているだろうか。❷女性が自分の兄弟を親しんで呼ぶ語。万葉集 奈良―歌集 一〇五「わがせこを大和へ遣ると小夜更けて暁露にわが立ち濡れし」訳⇨わがせこを…。◆「こ」は接尾語。多く「わがせこ」の形で用いられる。

[2]せ‐こ【勢子・列卒】 名詞 狩りのとき、鳥獣を追い立てたり、逃げ去るのを防ぎとめたりする役の人夫。狩り子。「せご」とも。

せ‐ざい【前栽】 名詞 「せんざい」に同じ。◆「せんざい」の撥音「ん」が表記されない形。

せ・さす 連語 なりたち サ変動詞「す」の未然形＋使役・尊敬の助動詞「さす」

❶〔「さす」が使役の意の場合〕**させる。** 土佐日記 平安―日記 一・四「いささけわざせさす」訳心ばかりの返礼をさせる。❷〔「さす」が尊敬の意の場合〕**なさる。あそばす。**▼尊敬語を下接して、「せさせ給ふ」「せさせらる」「せさせおはします」の形となり、最高敬語として用いられる。源氏物語 平安―物語 桐壺「御遊びなどせさせ給ひしに」訳(帝が)管弦の御催しなどをあそばされたときに。⇨させたまふ

[1]せ‐させ‐たま・ふ【せさせ給ふ】 連語 なりたち サ変動詞「す」の未然形＋使役・尊敬の助動詞「さす」の連用形＋尊敬の補助動詞「たまふ」

❶〔「さす」が使役の意の場合〕**させなさる。** 枕草子 平安―随筆 清涼殿の丑寅のすみの「御誦経などあまたせさせたまひて」訳(左大臣は)僧に経を読ませなさることなどをたくさんさせなさって。❷〔「さす」が尊敬の意の場合〕**なさる。なられる。あそばす。** 竹取物語 平安―物語 燕の子安貝「せさせたまふべきやうは、このあななひをこぼちて」訳(燕の子安貝を手に入れるために)なさるべき方法は、この足場を壊して。

[2]せ‐させ‐たま・ふ【せさせ給ふ】 連語 なりたち サ変動詞「す」の未然形＋尊敬の助動詞「さす」の連用形＋尊敬の補助動詞「たまふ」 **…させなさる。お…せになられる。…させあそばす。** 枕草子 平安―随筆 うへにさぶらふ御猫は「御鏡をもたせさせたまひて御覧ずれば」訳(皇后は私に)御鏡を持たせなされて(自分の髪を)ご覧になるので。

せ・し【狭し】 形容詞 ク〔(く)・から/く・かり/し/き・かる/けれ/かれ〕〔多く、「…もせに」「所せし」の形で〕**せまい。窮屈だ。** ⇨せに・ところせし

せ‐じ【世事・世辞】 名詞 ❶**世間の事。俗事。** 徒然 鎌倉―随筆 一〇八「内に思慮なく、外にせじなくして」訳心に雑念がなく、外には俗事がないようにして。❷**愛想のよい言葉。お世辞。**◆「せいじ」とも。

ぜ‐じ【禅師】 名詞 「ぜんじ」に同じ。◆「ぜんじ」の撥音「ん」が表記されない形。

ぜ‐じゃう【軟障】 名詞 簾や壁に添えて垂らす、装飾を兼ねた幕。白絹に名所や風景などの絵を描き、紫の縁どりをし、綱を通して張る。屋内の仕切りとして、また、屋外での行事などでも用いる。「ぜざう」とも。◆「ぜんじゃう」の撥音「ん」が表記されない形。

(軟障)

ぜじょう【軟障】 ⇨ぜじゃう

[1]せ・す【施す】 他動詞 サ変〔せ/し/す/する/すれ/せよ〕**物を与える。ほどこす。** 源氏物語 平安―物語 若菜上「かひなき身をば、熊、狼にもせしはべりなむ」訳(生きていても)かいのない身を、熊や狼にでもほどこしてしまいましょう。

[2]せ・す【為す】 連語 なりたち サ変動詞「す」の未然形＋奈良時代以前の尊敬の助動詞「す」

なさる。あそばす。〔万葉集 奈良｜歌集〕三八「わご大君神(かむ)ながら神さびせすと」〔訳〕わが天皇が、神そのものとして、神として行動なさるといって。◆奈良時代以前の語。

せ-ず-や-あら-ま-し【為ずや有らまし】〔連語〕しないでおこうか。しないですませようか。〔徒然 鎌倉｜随筆〕九八「しやせまし、せずやあらましと思ふ事は、おほやうは、せぬはよきなり」〔訳〕することにしようか、しないですませようかと思うことは、たいがいはしないのがよいのだ。

せ-ぜ【瀬瀬】〔名詞〕❶あちらこちらの瀬。かずかずの瀬。❷折々。その時その時。〔源氏物語 平安｜物語〕東屋「見し人の形代(かたしろ)ならば身に添へて恋しきせぜの撫(な)で物にせむ」〔訳〕(浮舟が)かつて会った人(＝大君)の身代わりならば常に身辺において恋しい折々に(その思いを移して流す)撫で物にしよう。

せせらぎ【細流】〔名詞〕浅瀬など、水がさらさらと音を立てて流れるところ。小川。◆古くは「せせらき」「せぜらき」とも。

せせ-る【拵る】〔他動詞ラ四〕{ら/り/る/る/れ/れ}❶もてあそぶ。なぶる。いじる。つっつく。〔今昔物語 平安｜説話〕二七・四一「続松(ついまつ)の火を以(も)て毛も無くせせるせせる焼きて」〔訳〕(きつねを)松明(たいまつ)の火で毛も無くなるまでつっつき焼いて。❷(虫などが)ちくちくと刺す。〔奥の細道 江戸｜紀行〕飯坂「蚤(のみ)・蚊にせせられて眠らず」〔訳〕蚤や蚊にちくちく刺されて眠らない。

せ-そう【施僧】〔名詞〕仏教語。僧に物をほどこし与えること。

せ-ぞく【世俗】〔名詞〕❶世の中の風習。世間の風俗。〔和漢朗詠集 平安｜歌集〕仏事「願はくは今生(こんじやう)せぞくの文字の業(ごふ)狂言綺語(きやうげんきぎよ)の誤りをもって」〔訳〕願うことは、この世の中の風俗である文学という行為(に携わってきたこと)、つまらない言葉の(もてあそびという)間違いを犯してきたことによって。❷この世の中。俗世間。〔徒然 鎌倉｜随筆〕一五一「せぞくのことに携はりて生涯を暮らすは、下愚の人なり」〔訳〕俗世間のことにかかわって生涯を送るのは、たいそう愚かな人である。

瀬田(せた)〔地名〕〔歌枕〕今の滋賀県大津(おほつ)市瀬田。琵琶(びは)湖南端の瀬田川への流出口に位置する。古くから交通の要地であった。瀬田の夕照(せきせう)は「近江八景」の一つ。

瀬田(せた)の唐橋(からはし)〔地名〕〔歌枕〕今の滋賀県大津(おほつ)市の瀬田川に架かる東海道の橋。「瀬田の長橋(ながはし)」「瀬田の橋」とも。

せ-たま-ふ【せ給ふ】セタマウ—セタモウ〔連語〕
〔なりたち〕使役・尊敬の助動詞「す」の連用形＋尊敬の補助動詞「たまふ」
❶(「す」が尊敬の意の場合)お…なさる。お…あそばす。お…になられる。▼非常に高い尊敬の意を表す。〔源氏物語 平安｜物語〕桐壺「人の謗(そし)りをもえはばからせたまはず」〔訳〕(帝(みかど)は世間の)人の非難にも気がねなさることもなくて。⇩させたまふ
❷(「す」が使役の意の場合)…をおさせになる。…させなさる。▼身分の高い人がだれかに行わせる意を表す。〔源氏物語 平安｜物語〕桐壺「忍びやかに心にくきかぎりの女房、四、五人さぶらはせたまひて、御物語せさせたまふなりけり」〔訳〕しんみりと奥ゆかしい女房だけを、四、五人おそばにお仕えさせなさって、(帝(みかど)は女房たちと)お話しなさっていらっしゃるのであった。⇩させたまふ
〔参考〕⇩させたまふ〔参考〕

せ-た-む【責む】〔他動詞マ下二〕{め/め/む/むる/むれ/めよ}強く責める。あやまちをとがめる。〔宇治拾遺 鎌倉｜説話〕一三・一四「なんの料(れう)に、この老法師をば、かくはせたむるぞや」〔訳〕なんのために、この老僧を、このように強く責めるのか。

せ-ち[1]【世知・世智】〔名詞〕❶仏教語。仏知に対して、俗世間の凡夫の知恵。❷世渡りの知恵や才覚。

せち[2]【節】〔名詞〕❶季節の変わり目。季節。時節。「せつ」とも。❷「節句(せちく)」「節日(せちにち)」「節会(せちゑ)」の略。❸「節振舞(せちぶるまひ)」の略。「節日」に供するごちそう。特に、正月の節日のごちそうをいうことが多い。

せち-え【節会】⇩せちゑ

せち-がい【殺害】〔名詞〕／—す〔他動詞サ変〕「せつがい」に同じ。

せち-く【節句・節供】〔名詞〕「せっく」に同じ。

せち-げ【節下】〔名詞〕「せつげ」に同じ。

せち-だ【雪駄・雪踏】〔名詞〕「せった」に同じ。

せち・なり[1]【切なり】〔形容動詞ナリ〕{なら/なり・に/なり/なる/なれ/なれ}

語義の扉

漢語「切」(呉音はセチ、漢音はセツ)を元に生まれた形容動詞。

漢語の窓
漢字「切」のなりたちは、「七(チ)」と「刀」の会意兼形声。刃物をぴたりと当てて切ること。そのようにぴたりとくっついて膚にこたえるさま、切迫しているさま。また、その意から転じて、「痛切」「親切」「適切」のような強調用法ともなる。

日本語化した「切なり」は、思いが強く心に迫るようす(❶)、また、その思いをおさえがたいようす(❷)を表す。また、よいことがらへの評価として感きわまる意(❸)をも表す。

連用形「せちに」の形で副詞的に用いられることも多く、現代語の副詞「切(せつ)に」の意味・用法につながっている。

❶ひたむきだ。いちずだ。一所懸命だ。
❷痛切だ。思いが甚だしい。
❸すばらしい。感きわまる。

「切(せつ)なし」は、「切」に接尾語「なし」(その状態である)がついた言葉で、思いがひたむきだから、「相手を深く思っている」意味を表し、さらにその気持ちを表す「やりきれない」の意味に発展した。現代語の「せつない」につながっている。〔参照〕▼せつなし(切なし)

❶ひたむきだ。いちずだ。一所懸命だ。〔竹取物語 平安｜物語〕かぐや姫の嘆き「七月十五日の月に出でゐて、せちに物思へる気色なり。」〔訳〕七月十五日の月夜に縁側に出て座って、ひたむきに物思いをする様子である。〔源氏物語 平安｜物語〕桐壺「いと若ううつくしげにて、せちに

隠れたまへど、おのづから漏り見たてまつる」訳（藤壺は）たいそうお若くかわいらしくいらっしゃって、懸命に顔をお隠しなさるけれど、（源氏は）自然とその顔をお見かけ申し上げる。
❷痛切だ。思いが甚だしい。方丈記 鎌倉—随筆「嘆きせちなるときも、声をあげて泣くことなし」訳悲しい心情が痛切なときも、声をあげて泣くこともない。
❸すばらしい。感きわまる。源氏物語 平安—物語 藤裏葉「物の興せちなるほどに、御前にみな御琴ども参れり」訳音楽の感興がすばらしいので、（帝・院・源氏のそれぞれの）御前にすべてお琴を差し上げた。

せ-ち-なり[2]【世知なり・世智なり】形容動詞ナリ〔なら/なり・に/なり/なる/なれ/なれ〕世渡りが巧みだ。抜け目がない。勘定高い。日本永代蔵 江戸—物語 浮世・西鶴「親のせちなる事を見習ひ」訳（娘も）親の世渡りの巧みなようすを見習い。

せち-に【切に】副詞 熱意をもって。はなはだしく。是非とも。大和物語 平安—物語 一七一「いとせちに聞こえさすべきことありて」訳まことに是非とも申し上げたいことがあって。

せち-にち【節日】名詞 季節の変わり目などの祝いを行う日。元旦・白馬・踏歌・端午・相撲・重陽・豊の明かりなど。「せつじつ」とも。

せち-ぶ【節分】名詞「せちぶん」に同じ。◆「せちぶん」の撥音「ん」が表記されない形。

せち-ぶん【節分】名詞 季節の移り変わるとき。立春・立夏・立秋・立冬の前日をいう。平安時代には、この日に「方違へ」が行われた。のち、特に、立春の前日をさすことが多くなった。「せちぶ」「せつぶん」とも。

せちぶん-たがへ【節分違へ】名詞「節分」に行う「方違へ」。平安時代に行われた。枕草子 平安—随筆 節分違へなどして「せちぶんたがへなどして夜深く帰る」訳節分の日の方違えなどをして夜遅くなって帰る。

せち-み【節忌】名詞「せちいみ」の変化した語。「斎日（=在家信者が心身を清浄にする日）」に肉食をしないで、精進や潔斎をすること。また、精進する一定の日。

せち-ゑ[*]【節会】名詞「節日」や、重要な公事のある日、天皇が宮中に群臣を集めて酒宴を催す行事。大節として、即位・拝賀など、中節として白馬・豊の明かりなど、小節として元旦・踏歌などがあった。立后・立坊（=立太子）・任大臣・相撲などの臨時のものもある。

せつ【節】名詞「せち」に同じ。

せつ-いん【雪隠】名詞 便所。厠。「せっちん」とも。

せつ-がい【殺害】名詞/—す 他動詞サ変 人を殺すこと。殺人。「せちがい」とも。

せっ-かく【折角】

語義の扉

漢語「折角」を元に生まれた名詞、副詞。

漢語の窓

漢語「折角」は二つの故事を元にしている。『漢書』「朱雲伝」にある、朱雲が五鹿充宗と『易』を論争してやりこめたのを、鹿の角を折ったと人がしゃれたことから、人の高慢心をおさえつけ弱めることや、高慢の鼻をくじくことの意。また、『後漢書』「郭太伝」にある、郭泰（=郭太）が雨にあい、彼の頭巾のかどが折れたのを、人が見て、それをまねてわざわざ頭巾のかどを折ったことから、頭巾のかどを折り曲げることの意。

日本語化した「折角」は、名詞は力を尽くすこと、骨を折ること、大事なこと、注意しなければならないことを表し（一）、副詞は後漢の郭泰の故事から、苦心して、一所懸命、努力したのにそのかいがなく、わざわざの意（二）を表す。

一 名詞 ❶力を尽くすこと。骨を折ること。❷大事なこと、注意しなければならないこと。
二 副詞 ❶苦心して。一所懸命。❷努力したのにそのかいがなく。わざわざ。

一 名詞 ❶力を尽くすこと。骨を折ること。保元 鎌倉—物語 上「中にもせっかくの合戦二十余か度なり」訳中でも死力を尽くした合戦が二十数回である。❷大事なこと。注意しなければならないこと。風姿花伝 室町—論 七「三日の中に、殊にせっかくの日と覚しからん時」訳三日のうちで、特に大事な日だと思うようなとき。
二 副詞 ❶苦心して。一所懸命。きのふは 江戸—物語 咄本「せっかく習へ。やがて十月十三日になるぞ」訳一所懸命練習せよ。すぐに十月十三日になるぞ。❷努力したのにそのかいがなく。わざわざ。世間胸算用 江戸—物語 浮世・西鶴「せっかく錆び落としてから」訳わざわざ錆を落としたところで。

せっ-き[1]【殺鬼・刹鬼】名詞 ❶人を殺し、全てを滅ぼす恐ろしい鬼。❷無常をたとえていう語。◆「ぜっき」とも。

せっ-き[2]【節季】名詞 ❶陰暦十二月のこと。年の暮れ。歳暮。歳末。❷盆や暮れ、または各節句の前などの、掛け売買の決算期。

せっき-じまひ【節季仕舞ひ】名詞「節季❷」の総決算を済ますこと。「せっきしまひ」とも。

せっき-ぞろ【節季候】名詞「せきぞろ」に同じ。

せっ-きゃう【説経】名詞/—す 自動詞サ変 仏教語。仏の教えや経文の意味をやさしく説き聞かせて、人々を導くこと。説法。「せきやう」とも。

せっきゃう-し【説経師】名詞「説経」を人々に説き聞かせる僧。説経者。「せっきゃうじ」「せきやうじ」とも。徒然 鎌倉—随筆 一八八「教へのままに、せっきゃうしにならんために」訳（親の）教訓のとおりに、説経僧になるために。

せっ-く【節句・節供】名詞 ❶人日（=正月七日）・上巳（=三月三日）・端午（=五月五日）・七夕（=七月七日）・重陽（=九月九日）の各式日。これらは「五節句」と呼ばれ、特別の行事を行ったり、特別の食べ物を食べたりして祝う。❷「節日」に供する膳。正月七日の七種粥、三月三日の草餅、五月五日の粽の類。◆「せく」「せちく」とも。

せっ-け【摂家】名詞 公家の家格の一つ。摂政や関白になることができる家柄。鎌倉時代には近衛・九

文脈の研究　せちに

『源氏物語』「若紫」に、

女君、例の、這ひ隠れて　とみにも出でたまは
（例によって　奥深く隠れこもって　すぐには出ていらっし）
ぬを、大臣切に聞こえたまひて、からうじて渡
（やらないのを　しきりにお勧め申されるので　やっとのことで君の）
りたまへり。
（前にお立ち出でになる）

『徒然草』「第一一二段」に、

俄の大事をも営み、切になげく事もある人は、
（しきりに嘆くこともある人は）
他の事を聞き入れず、人の愁へ・喜びをも問は
ず。

『徒然草』「第一〇八段」の用例は、

寸陰　惜しむ人なし。これよく知れるか、愚か
（ほんのわずかの時間　惜しんで、むだにしまいと努める人がいない　これは、惜しまなくてもよい道理を）
なるか。愚かにして怠る人のために言はば、一
（よく知っているのか　愚かであって何も知らないのか　愚かであって怠っている人のために）
銭軽しといへども、是をかさぬれば、貧しき人
（言うならば　これを積み重ねれば　だから　商人が一銭を大事にする）
を富める人となす。されば、商人の一銭を惜
しむ心、切なり。刹那　覚えずといへども、これ
（気持ちは　切実である　一瞬間という時間　何とも感じないけれども）
を運びてやまざれば、命を終ふる期、忽ちに
（この瞬間を次々と過ごして止まなければ　命を終える時期がたちま）
至る。
（ちやって来る）

というパラグラフの中のもの。直接には、一銭の価値は軽いけれど、積み重なると重いとし、「だから、……」とする文脈であるが、この指摘がそのまま時の浪費を戒めるおおきな文脈の構成にかかわっている。

このように「寸陰」、「刹那」をこの「一銭」の小ささに喩え、永いとみえる人の一生もたちまちに「命を終ふる期」が到来することを説いたうえ、兼好法師は、この段をさらに次のように続けている。

されば、道人は、遠く日月を惜しむべからず。
（だから　仏道修行者は　遠い将来の日月を惜しんではならない）
ただ今の一念、むなしく過ぐる事を惜しむべ
（目の前のこの一瞬間が空しく過ぎ去ることを）
し。もし人来りて、わが命、あすはかならず失は
（惜しまなければならない　お前の命は　明日は必ずなくされる）
るべしと告げ知らせたらんに、今日の暮るるあ
（だろう　告げ知らせたとしたら　今日の一日が暮れる）
ひだ、何事をか頼み、何事をか営まん。
（までの間に　何をあてにし　何を努力してするだろうか。）

条・二条・一条・鷹司の「五摂家」が交互に摂政や関白を勤めた。摂関家。

せつ-げ【節下】 名詞 ❶即位または御禊の儀式のときに宮城内に立てる節旗（=儀式の飾りの旗）の下。❷「節下の大臣」の略。❶に着座して諸事を執行する大臣。◆「せちげ」とも。

せつ-げつ-くゎ【雪月花】 名詞 雪と月と花。四季の自然美の総称。冬の雪・秋の月・春の花で、四季の自然美を表す。「せつげっくゎ」とも。

ぜっ-こん【舌根】 名詞 仏教語。「六根」の一つ。舌。味覚を感じるもの。

せつ-じつ【節日】 名詞 「せちにち」に同じ。

せっ-しゃ【拙者】 代名詞 **わたくし。それがし。**▼自称の人称代名詞。男性が目上に対してへりくだっていう語。◆江戸時代の語。

せっ-しゃう[1]【殺生】 名詞 ❶仏教語。生き物を殺すこと。四つの悪事の一つ、また、十悪の一つで、仏教では最も重い罪とする。❷仏教語。「殺生戒」の略。五戒の一つで、生き物を殺すことを禁ずる戒め。❸**むごいこと。罪作り。**

せっ-しゃう[2]【摂政】 名詞 天皇に代わって政務を執行すること。また、その職。天皇が幼少か、女性であるときに置かれた。

参考 古くは皇族が任ぜられたが、平安時代以後は藤原氏の大臣、特に北家とその系統の「摂家」の者がもっぱら任ぜられるようになった。なお、「関白」が置かれたときには摂政は置かれない。

せっ-しゅ【摂取】 名詞／―す 他動詞サ変 仏教語。仏が、その慈悲によって人々を受け入れ、救済すること。

せっしゅ-ふしゃ【摂取不捨】 名詞 仏教語。阿弥陀仏が慈悲により、念仏をする衆生を一人も見捨てずに極楽浄土へ迎え入れること。

せっ-せん【雪山】 名詞 ヒマラヤ山脈の別名。

せっ-た【雪駄・雪踏】 名詞 「せきだ（席駄）」の変化した語。草履の一種。竹の皮の草履の裏に馬などの獣皮をはり付け、かかとの部分に薄い金物を付けたもの。

せっ-たう【節刀】 名詞 奈良時代、遣唐使や出征する将軍などが天皇から任命のしるしとして賜る刀。凱旋のときには返還する。

せっ-ちん【雪隠】 名詞 「せついん」に同じ。

摂津 地名 旧国名。畿内五か国の一つ。今の大阪府北部・兵庫県東部にわたる地域。古くは「津の国」と呼ばれ、外交の中心地であった。その後も京都に対する要地として、また商業の要地として栄えた。摂州。参照▼資料21

せつ-ど【節度】 名詞 ❶天皇が将軍に出征を命じたとき、そのしるしとして賜る、太刀・旗・鈴などの総称。❷**命令。指図。**

せつど-し【節度使】 名詞 ❶奈良時代、地方の軍事力を整備・強化するために、東海・東山・山陰・西海・南海道などに派遣された、「令外の官」。❷中国の唐の時代に辺境の軍政などを管理した職。

せつ-な*【刹那】 名詞 仏教語。**極めて短い時間。一瞬。** 対 劫。

せつ‐な・し【切なし】形容詞ク{(く)・から/く・かり/し/き・かる/けれ/かれ}❶**心にかけて深く思っている。**清重 室町‐幸若 幸若「義経に心ざしのせつなき人も有るらん」訳義経のことを心にかけて深く思っている人もあるだろう。❷**困る。つらい。やりきれない。**五人女 江戸‐物語 浮世・西鶴「吉三良せつなく、…といへば」訳吉三良は困り、…と言えば。◆「なし」は接尾語。

せつ・なり【切なり】形容動詞ナリ「せち(切)なり」に同じ。

せつ‐ぶん【節分】名詞「せちぶん」に同じ。

せっ‐ぽふ【説法】名詞／―す自動詞サ変仏教語。仏教の教義を説き聞かせること。**説教。**

説話 文芸 神話・伝説・昔話など、実際にあったこととして人々に語り伝えられてきた話。それらを書き記したり編纂したりしたもので、文学形態を備えたものを「説話文学」という。内容の上からは、民衆の生活や生活感情に根ざした「世俗説話」と、説法・霊験などの信仰談からなる「仏教説話」とに分けられる。主な説話集には、『日本霊異記』、『今昔物語集』『宇治拾遺物語』『古今著聞集』『十訓抄』などがある。

せ‐と【瀬戸・迫門】名詞❶**狭い海峡。**川の、両岸が迫って狭くなっている所。❷「瀬戸際」の略。安否・勝負などの分かれ目。物事の重大な分かれ目。◆「せ」は狭い、「と」は所の意。

せ‐ど【背戸】名詞❶**裏門。裏口。**宇治拾遺 鎌倉‐説話 三・一六「せどの方に、米の散りたるを食ふとて」訳裏口の方に、米が散っているのを食うといって。❷家の後ろの方。屋敷の背後にある土地。◆「せと」とも。

旋頭歌 文芸 和歌の歌体の一つ。五・七・七・五・七・七の六句から成るもの。上の三句(五・七・七)の頭句と下の三句(五・七・七)の末句とが、問答・呼び掛け・繰り返しの形をとる。たとえば、問答形式では、『万葉集』「住吉の小田を刈らす児奴かもなき／奴あれど妹がみためと私田刈る」〈住吉の田を刈っているお若いの。あなたは奴を持っていないのか。奴はいるが妻のために私田を刈っているのだ。〉など。本来は、二人の間で片歌(五・七・七)を唱和し合う形の、民謡調の歌と考えられており、『万葉集』に計六十二首見える。

せど‐や【背戸屋】名詞他の家の裏の方にある家。裏店。

せ‐な【夫な・兄な】名詞❶**あなた。**▼女性が、夫または恋人を親しんで呼ぶ語。「せなな」「せなの」「せろ」とも。万葉集 奈良‐歌集 三四六三「里の真中に逢へるせなかも」訳里のまん中で会ってしまったあなたであることよ。❷**兄。**◆「な」は親愛の意を表す接尾語。❷は江戸時代の関東・東北方言。

せな‐な【夫なな・兄なな】名詞「せな❶」に同じ。◆下の「な」は接尾語。

せな‐の【夫なの・兄なの】名詞「せな❶」に同じ。◆「の」は接尾語。

せ‐・なふ【為なふ】連語 なりたち サ変動詞「す」の未然形＋奈良時代以前の打消の助動詞「なふ」

…しない。万葉集 奈良‐歌集 四三七八「月日やは過ぐはゆけども母父が玉の姿は忘れせなふも」訳月日は過ぎて行くけれども、父と母の立派な姿は忘れはしないことよ。◆奈良時代以前の東国方言。

せ‐に【狭に】連語 なりたち 形容詞「せし」の語幹＋格助詞「に」

狭く感じるほどに。ふさがるくらいに。いっぱいに。▼「…も狭に」の形で用いる。千載 鎌倉‐歌集 春下「吹く風をなこその関と思へども道もせに散る山桜かな」訳吹いてくる風に対して、吹いて来てくれるなとさえぎりとめる勿来の関だと思うのだけれども、その名とは裏腹に風が吹いて、この関には道いっぱいに山桜が散っていることだ。

ぜに【銭】名詞銅・鉄などの金属で作られた貨幣。多く円形で、中央に穴がある。江戸時代には、高額の「かね」に対して小額の一文銭をさす。

参考 「銭」の字音(＝漢字音)「せん」の「ん」を、「に」で表記したことで生じた語。同様の語に、「えに(縁)」「しをに(紫苑)」などがある。

ぜに‐うり【銭売】名詞江戸時代、市中を呼び歩くなどして、小銭を金銀貨と両替えして手数料を稼いだ商売。

ぜに‐かね【銭金】名詞ぜにとかね。貨幣。金銭。

ぜに‐さし【銭差し・銭緡】名詞銭の穴に通して銭を束ねるのに用いる細い紐。わら、または麻で作る。銭縄。銭貫。「ぜにざし」とも。

(銭差し)

せ‐にふ【施入】名詞／―す他動詞サ変寺社などに品物や田畑などを寄進すること。また、その物。源氏物語 平安‐物語 若菜上「仏にまかり申し給ひてなむ、御堂にせにふし給ひし」訳ご本尊にお別れを申されてから(琴などを)御堂に寄進しなさった。

ぜに‐みせ【銭店・銭見世】名詞金貨や銀貨を銭と両替する小規模の両替屋。銭屋。

ぜに‐や【銭屋】名詞「ぜにみせ」に同じ。

せ‐の‐きみ【兄の君・背の君】名詞「「せ(兄)」の尊敬語」あなた。**あの方。**女性から男性を敬愛して呼ぶ語。

せ‐ば 連語 なりたち 過去の助動詞「き」の未然形＋接続助詞「ば」

多く、下に反実仮想の助動詞「まし」をともない、事実と反する事柄や実現しそうもないことを仮定し、その上で推量する意を表す。**もし…だったら。もし…なら。**古今 平安‐歌集 春上・伊勢物語 平安‐物語 八二「世の中にたえて桜のなかりせば」訳⇩よのなかにたえてさくらの…。

注意 「せば」の形には、サ変の未然形「せ」＋接続助詞「ば」の場合もある。

せば‐が・る【狭がる】自動詞ラ四{ら/り/る/る/れ/れ}**狭そうにする。狭がる。**枕草子 平安‐随筆 小白河といふ所は「いらへもせで、しひてせばがり出づれば」訳返事もしないで、無理に狭がって出ると。◆「がる」は接尾語。

せは・し【忙し】形容詞シク{(しく)・しから/しく・しかり/し/しき・しかる/しけれ/しかれ}❶**いそがしい。あわただしい。**堀河百首 平安‐歌集 雑「山里の筧の水のせはしきに」訳山里の筧の水の(流れの)あわただしいのに。❷(経済的に)苦しい。差し迫っている。世間胸算用 江戸―物語「よくよくせはしければこそ」訳よくよく(やりくりに)差し迫っているので。❸気ぜわしい。性急である。一代男 江戸―物語 浮世・西鶴「せはしく申せし呉服屋の左兵衛に」訳気ぜわしく申した呉服屋の左兵衛に。

せば・し【狭し】 形容詞ク {(く)・から/く・かり/し/き・かる/けれ/かれ} 狭い。方丈記 鎌倉―随筆「ほどせばしといへども、夜臥す床あり、昼居る座あり」訳(庵は)広さが狭いとはいっても、夜寝る床もあり、昼間座っている場所もある。

ぜ・ひ*【是非】 一 名詞 是と非。道理に合っていることと、合っていないこと。善悪。平家物語 鎌倉―物語 二・烽火之沙汰「進退これきはまれり、ぜひいかにもわきまへがたし」訳進むか退くかここに行きづまってしまった、道理のよしあしをどうしても判断できない。二 名詞/―す 他動詞サ変 善悪を判断すること。批評。徒然 鎌倉―随筆 一九三「おのれが境界にあらざるものをば、争ふべからず、ぜひすべからず」訳自分の能力の及ぶ範囲でないことで争ってはならないし、その善悪の判断をしてはいけない。三 副詞 なんとしても。是が非でも。必ず。油地獄 江戸―浄瑠 浄瑠・近松「さてはぜひ婿取って、妹に所帯渡すな」訳さてはなんとしても婿を取って、妹に家督を渡すのだな。

ぜ・ひ・な・し*【是非無し】 形容詞ク {(く)・から/く・かり/し/き・かる/けれ/かれ} ❶程度が甚だしい。いちずだ。ひたすらだ。▼多く連用修飾に用いる。「ぜひもなし」とも。栄花物語 平安―物語 岩陰「ぜひなく嬉しうこそは思し召すべきを」訳ひたすらうれしくお思いになるはずなのに。❷どうにもしようがない。やむを得ない。「ぜひもなし」とも。日本永代蔵 江戸―物語 浮世・西鶴「町並みに出る葬礼には、ぜひなく」訳町内のつきあいで出る葬式はやむを得ず。❸当然である。言うまでもない。風姿花伝 室町―論 二「似合ひたるやうに出で立つべきこと、ぜひなし」訳その役に似合っているように扮装しなければいけないのは、当然である。

ぜひ・に・およ・ば・ず【是非に及ばず】 連語 なりたち 名詞「ぜひ」＋格助詞「に」＋動詞「およぶ」の未然形＋打消の助動詞「ず」 やむを得ない。しかたがない。太平記 室町―物語 二三「蛮夷僭上無礼の至極ぜひにおよばず候ふ」訳武士が身分をわきまえず無礼を極めるのは、しかたがないことです。

ぜ・ひ・も・しら・ず*【是非も知らず】 連語 なりたち 名詞「ぜひ」＋係助詞「も」＋動詞「しる」の未然形＋打消の助動詞「ず」の連用形 副詞的に用いて 我を忘れて。夢中になって。何もかまわず。宇治拾遺 鎌倉―説話 一・一六「尼、見るままにぜひもしらず臥しまろびて」訳尼は、見るとすぐに我を忘れて体を地に投げ出して転げまわって。

ぜひ・も・な・し【是非も無し】 連語 なりたち 名詞「ぜひ」＋係助詞「も」＋形容詞「なし」 ❶「ぜひなし❶」に同じ。隅田川 室町―能楽 謡曲「ぜひもなく面白う狂ひ候ふを」訳(正気を失った人が)ひたすら面白く舞い踊りますのを。❷「ぜひなし❷」に同じ。諸国ばなし 江戸―物語 浮世・西鶴「しなれぬ命なればぜひもなき事なり」訳(意のままに)死ぬことができない命だからしかたがないことである。

ぜひ・を・こら・す【是非を凝らす】 連語 なりたち 名詞「ぜひ」＋格助詞「を」＋動詞「こらす」 精神統一して深く考えを巡らす。幻住庵記 江戸―俳文 俳文・芭蕉「灯を取りては罔両にぜひをこらす」訳灯火をかかげては、影の周りにできる薄い影に向かって、(人生に)深く考えを巡らす。

せ・ふ【少輔】 名詞「せう(少輔)」に同じ。◆「少輔」の字音「せうふ」の変化した語。

せ・ぶみ【瀬踏み】 名詞 川などを渡るとき、前もって瀬が深いか浅いかを川に入って調べること。転じて、試してみること。平家物語 鎌倉―物語 九・宇治川先陣「重忠せぶみ仕らん」訳重忠が(川へ入って)瀬の深さを調べてみることにしましょう。

せ・まくら【瀬枕】 名詞 ❶川の早瀬が水中の岩などによって一段と高く盛り上がったところを枕にたとえていう語。❷舟の上で寝ること。

せまし・ま・す【せ坐します】 連語 なりたち 尊敬の助動詞「す」の連用形＋補助動詞「ます」の連用形＋補助動詞「ます」 お…なさる。お…いらっしゃる。▼高い尊敬の意を表す。盛衰記 鎌倉―物語 一五「御寝もならず、喉も乾かせましまして」訳おやすみにもなれず、喉もお乾きなされて。

せ・まほ・し【為まほし】 連語 なりたち サ変動詞「す」の未然形＋希望の助動詞「まほし」 …したい。…したいと思う。源氏物語 平安―物語 若紫「かうやうなる住まひもせまほしう覚え給ふものから」訳このような(=出家した)生活でもしたいとお思いになるものの。◇「せまほしう」はウ音便。

せ・ま・る*【迫る・逼る】 自動詞ラ四 {ら/り/る/る/れ/れ} ❶近づく。接近する。徒然 鎌倉―随筆 四九「人はただ、無常の身にせまりぬる事を心にひしとかけて」訳人間はただ、死が身近に近づいていることを心にしっかりとおいて。❷狭くなる。せばまる。日本永代蔵 江戸―物語 浮世・西鶴「借り蔵せまりて、置くべき方もなし」訳借り蔵が狭くなって、(米を)置くことのできる場所もない。❸生活・進退などに窮する。行き詰まる。日本書紀 奈良―史書 神代下「既にせまりて、逃げ去る所無し」訳もはや行き詰まって、逃げてゆくところもない。

せみ【蟬】 名詞 ❶虫の名。「せび」とも。季夏。奥の細道 江戸―紀行 立石寺「閑かさや岩にしみ入る蟬の声―芭蕉」訳⇨しづかさや…。❷旗ざおや帆柱の上についている小さな滑車。◇樹木にとまるせみの形に似ることから。

せみ・ごゑ【せみ声】 名詞 苦しげな、しぼり出すような声。堤中納言 平安―物語 虫めづる姫君「せみごゑにのたまふ声の、いみじうをかしければ」訳(驚いた姫君が)しぼり出すような声でおっしゃる声が、たいそう趣深いので。◆蟬の鳴き声に似る「蟬声」とも、また、「責め声」の変化した語ともいう。

せ・みど【清水】 名詞 しみず。◆奈良時代以前の東国方言。

せみ・の・は【蟬の羽】 連語 ❶せみのはねのように軽

せ

く薄い衣服。❷襲(かさね)の色目の一つ。表は檜皮(ひわだ)色、裏は青。夏用。

蟬丸(せみまる) 人名 生没年未詳。平安時代前期の歌人。盲目で琵琶(びは)にすぐれ、逢坂(あふさか)山に住み、秘曲を源博雅(ひろまさ)に伝えた。『小倉百人一首』に和歌がある。謡曲や浄瑠璃(じやうるり)の『蟬丸』の題材ともされている。

せ¹・む【迫む・逼む・攻む】
一 自動詞 マ下二{め/め/む/むる/むれ/めよ} **近づき迫る。差し迫る。おしつまる。** 宇治拾遺 鎌倉―説話 三・六「家の隣より火いできて、風押し覆ひてせめければ」訳家の隣(の家)から出火して、風が(その火を)おおいかぶせて差し迫ってきたので。
二 他動詞 マ下二{め/め/む/むる/むれ/めよ} ❶**追いつめる。押し寄せて戦う。攻撃する。** 徒然 鎌倉―随筆 五九「無常の来たることは、水火のせむるよりも速やかに、のがれがたきものを」訳死の到来することは、水や火が押し寄せてくるのよりも速くて、逃げられないものなのに。❷**ぴったりと身につける。** 平家物語 鎌倉―物語 二・教訓状「黒糸縅(くろいとをどし)の腹巻の、白金物(しろかなもの)打ったる胸板せめて」訳黒糸で縅した腹巻で、銀の金具を打ってある胸板をぴったりと身につけて。

せ²・む【責む】 他動詞 マ下二{め/め/む/むる/むれ/めよ}
❶**悩ます。苦しめる。** 古今 平安―歌集 雑体「冬は霜にぞせめらるる」訳冬は霜に苦しめられる。
❷**とがめる。なじる。責める。** 宇治拾遺 鎌倉―説話 六・四「双六(すごろく)を打ちけるが、多く負けて、渡すべき物なかりけるに、いたくせめければ」訳(若侍は)双六を打ったが、さんざん負けて、(相手に)与えることができそうな物がなかったときに、(相手が)とても責めたので。
❸**催促する。せがむ。強要する。** 奥の細道 江戸―紀行 象潟「江山(かうざん)水陸の風光数を尽くして、今、象潟(きさかた)に方寸(はうすん)をせむ」訳川や山、海や陸のすばらしい景色をたくさん見てきて、今、象潟へと心がせきたてられる。
❹**追究する。求める。** 三冊子 江戸―俳論「せむるものはその地に足を据ゑがたく、一歩自然(じねん)に進む理(ことわり)なり」訳(風雅の誠を)追究する者は、いつまでも同じところに満足してはいられないから、自然に一歩前に進むことになる道理である。
❺**馬を乗りならす。調教する。**

せ³・む【為む】(ンセ) 連語
なりたち サ変動詞「す」の未然形＋推量・意志の助動詞「む」
❶(「む」が推量の意の場合)**するだろう。** 枕草子 平安―随筆 四月、祭の頃「たどたどしきを聞きつけたらむは、なにここちかせむ」訳(ほととぎすが)心もとなく鳴いたのを聞きつけたようなのは、いったいどんな気持ちがするだろう(=すばらしい)。❷(「む」が意志の意の場合)**しよう。** 土佐日記 平安―日記 二・五「またも恋ふる力にせむ、となるべし」訳また再び恋い慕う力にしようというのだろう。

せ*-む-かた【為む方】(カセンタ) 連語
なりたち サ変動詞「す」の未然形＋推量の助動詞「む」の連体形＋名詞「かた」
なすべき方法。手段。「せんかた」とも。伊勢物語 平安―物語 四一「せむかたもなくて、ただ泣きに泣きけり」訳なすべき方法もなくて、ただ泣くばかりであった。

せむかた-な・し【為む方無し】(タナシ センカ) 形容詞ク{(く)・から/く・かり/し/き・かる/けれ/かれ} **なすべき手段や方法がない。どうしてよいかわからない。どうしようもない。**「せんかたなし」とも。源氏物語 平安―物語 夕顔「なよなよとして我にもあらぬ様(さま)なれば、…せむかたなき心地し給(たま)ふ」訳(夕顔は)ぐったりして意識もないようすなので、…(源氏は)どうしてよいかわからない気持ちがなさる。

せ*-む-すべ【為む術】(スセンベ) 連語
なりたち サ変動詞「す」の未然形＋推量の助動詞「む」の連体形＋名詞「すべ」
「せむかた」に同じ。「せんすべ」とも。

せ¹め【責め】 名詞 ❶**責めること。とがめ。** 大鏡 平安―物語 道長上「後世(ごせ)のせめを思へばとて」訳あの世での責め苦を(受けるだろうと)思うといって。❷**責任。** 平家物語 鎌倉―物語 一〇・戒文「せめ一人(いちにん)に帰(き)すとかや申し候ふなれば」訳責任は結局一人に帰着するとか申しますので。❸**きびしい催促。** 平家物語 鎌倉―物語 四・山門牒状「出(い)だし奉るべき由せめありといへども」訳(高倉の宮を)お出し申し上げる旨のきびしい催促があるといっても。

せ²め【迫め】 動詞「せむ」の未然形・連用形。

せめ-いちにん-に-き・す【責め一人に帰す】 連語 **責任は結局は一人の人間に帰着する。** 平家物語 鎌倉―物語 一〇・戒文「時の大将軍(たいしやう)にて候ひし上は、せめいちにんにきすとかや申し候ふなれば」訳その時の大将軍でございました以上は、責任は結局一人に帰着するとか申しますので。

せめ・ぐ【鬩ぐ】 他動詞 ガ四{が/ぎ/ぐ/ぐ/げ/げ} **恨み訴える。恨み嘆く。** 古今 平安―歌集 雑下「老いぬとてなどかわが身をせめぎけむ」訳年をとったといってどうしてわが身を恨み嘆いたのであろうか。◆古くは「せめく」。

せめ-て 副詞
❶**しいて。無理に。** 更級 平安―日記 後の頼み「透きて見え給(たま)ふを、せめて絶え間に見奉れば」訳(阿弥陀仏(あみだぶつ)が霧の中に透けてお見えになるのを、しいて(霧の)晴れ間に拝見すると。
❷**痛切に。切実に。** 古今 平安―歌集 恋二「いとせめて恋しきときはむばたまの(=枕詞(まくらことば))夜の衣を返してぞ着る」訳とても切実に恋しいときは(夢であの人に会えるように)寝巻きを裏返しに着て(寝)ることだ。
❸**甚だしく。きわめて。ひどく。** 宇治拾遺 鎌倉―説話 七・三「せめて苦しきまで肥え給(たま)ひければ」訳甚だしく苦しいまでにお太りになったので。
❹**よくよく。なおも。しきりに。** 枕草子 平安―随筆 木の花は「なほさりともやうあらむと、せめて見れば」訳(梨(なし)の花は日本では評判が悪いが)やはりそうは言っても(中国では珍重されるのは)わけがあるだろうと、よくよく見ると。
❺**少なくとも。せめて…だけでも。** 大和物語 平安―物語 七七「せめて今宵(こよひ)はな参り給(たま)ひそ」訳少なくとも今夜だけはお伺いなさるな。

せめて-の 連語
なりたち 副詞「せめて」＋格助詞「の」
❶**あまりの。よくよくの。** 平家物語 鎌倉―物語 一一・重衡被斬「せめての罪の報いにや生きながら捕らはれて」訳

あまりの罪の報いなのだろうか、生きたまま捕らえられて。❷精一杯の。つきつめた。〔平家物語 鎌倉－物語〕二・卒都婆流「せめてのはかりことに、千本の卒都婆を作り」〔訳〕精一杯の工夫として、千本の卒塔婆をつくり。

せめて-は 〔連語〕
〔なりたち〕副詞「せめて」＋係助詞「は」
何とかして。十分ではないながら。〔平家物語 鎌倉－物語〕二・卒都婆流「せめては一本なりとも、都へ伝へてたべ」〔訳〕何とかして一本だけでも、都へ伝えてください。

せめ-はた・る【責め徴る】〔他動詞〕ラ四｛ら／り／る／る／れ／れ｝**きびしく取り立てる。きびしく責め立てる。**〔浮世物語 江戸－物語〕仮名「御大名の家中をせめはたり」〔訳〕お大名が藩中からきびしく取り立て。

せめ-ふ・す【責め伏す】〔他動詞〕サ下二｛せ／せ／す／する／すれ／せよ｝
❶**説き伏せる。責めて屈伏させる。**〔愚管抄 鎌倉－論〕五「せめふせられければ、なまじひに山科へむかひてけり」〔訳〕説き伏せられたので、しいていきたくないのに山科に向かっていった。❷**責めつける。問い詰める。**〔義経記 室町－物語〕六「ことばをもってせめふせて問はんずるものをとおぼし召しけり」〔訳〕言葉を使って責めつけて、問いただすのになあとお思いになった。❸（無理じいして）**すっかり疲れさせる。**〔平家物語 鎌倉－物語〕五・富士川「馬も人もせめふせて候ふ」〔訳〕馬も人も（酷使して）疲れさせております。❹**激しい調子でおこなう。**〔著聞集 鎌倉－説話〕七－二六「はじめはのどかに舞ひて、末ざまにはせめふせければ」〔訳〕はじめは静かに踊って、終わりの方は激しい調子で踊ったので。

せめ-まどは・す【責め惑はす】〔他動詞〕サ四｛さ／し／す／す／せ／せ｝**責め立てて困らせる。**〔枕草子 平安－随筆〕頭の中将の「いと見ぐるしと思ひまはす程もなく、せめまどはせば」〔訳〕たいへんみっともないと思案をめぐらす間もなく、責め立てて困らせるので。

せよ[1] 使役・尊敬の助動詞「す」の命令形。〔平家物語 鎌倉－物語〕四・橋合戦「手綱をくれて歩ませよ」〔訳〕手綱を馬にやって（＝ゆるめて）歩かせろ。

せよ[2] サ変動詞「す」の命令形。〔万葉集 奈良－歌集〕二一一九「恋しくは形見にせよと」〔訳〕恋しくなったら（私を）思い出すよすがにしろと。

せり【芹】〔名詞〕草の名。湿地に自生して食用になる。春の七草の一つ。〔季〕春。

せ-ろ【夫ろ・兄ろ】〔名詞〕「せな❶」に同じ。◆奈良時代以前の東国方言。「ろ」は接尾語。

せ-わ【世話】
〔一〕〔名詞〕❶**俗語。口語。**❷**うわさ。たとえ話。ことわざ。**〔八句連歌 室町－狂言〕狂言「誠にせわにも申すごとく」〔訳〕ほんとうにたとえ話にも申すとおり。❸**人の面倒をみること。世話。**
〔二〕〔形容動詞〕**口語やっかいだ。世話がやける。**〔忠臣蔵 江戸－浄瑠〕浄瑠「ほんにせわでござらふの」〔訳〕（酒を飲み過ぎると）本当にやっかいでございましょうなあ。

せわ-し【忙し】 ⇩せはし

世話物 〔文芸〕江戸時代、浄瑠璃や歌舞伎で、当時の町人社会に起こった事件に取材して脚色・上演した作品。当時の現代劇であり、歴史的人物を主題にする「時代物」に対する。近松門左衛門の『曾根崎心中』『冥途の飛脚』などが有名。

せをはやみ… 〔和歌〕〔百人一首〕「瀬を早み 岩にせかるる 滝川の われても末に 逢はむとぞ思ふ」〔詞花 平安－歌集〕恋上・崇徳院〔訳〕川瀬の流れが速いので、岩にせきとめられる滝川の水が、いったん分かれてもまた一つの流れになるように、今二人が別れても、将来はきっと会おうと思うよ。
〔鑑賞〕「われても」は、「流れが分かれても」の意と、「恋しいあなたと別れても」の意をかけている。また、「滝川の」までは、「われても」を導く序詞であるが、ここを比喩であるとする説もある。

せん[1]【先】〔名詞〕❶**進んで行く方向。前の位置。**❷他に先んじて行うこと。**さきがけ。**❸**以前。先代。先祖。**❹（囲碁・将棋などで）**先手。**❺「先途」の略。

せん[2]【詮】〔名詞〕❶**結局。究極。**〔平家物語 鎌倉－物語〕二・烽火之沙汰「申し受くるところせんは、ただ重盛が頸を召され候へ」〔訳〕お願いすることの究極は、ただ重盛の首をお取りください。❷**要点。眼目。**〔無名抄 鎌倉－論〕俊成自讃歌事「歌のせんとすべきふしを」〔訳〕和歌の眼目とすべきところを。❸**なすべき方法・手段。**〔著聞集 鎌倉－説話〕一六「社司ども、せん尽きて眠りゐたりける

〔類語と使い分け⑩〕
「世話をする」意味を表す言葉

「世話をする・世話を焼く・面倒をみる」の意味を持つ古語には、「あつかふ」「もてあつかふ」「かしづく」「もてかしづく」「かへりみる」「みる」などがある。なお、「世話をす」という語句でこの意味を表すようになるのは、江戸時代に入ってからと考えられる（「世話かく」などとも言った）。

あつかふ・もてあつかふ…あれこれと（また時には）こまごまと世話をする、意味を表す。（場合によっては、扱いに苦しむ、もてあます、の意を示すこともある。）

かしづく・もてかしづく…大切に世話をする、付き添って世話をする、意味を表す。また、大切に養い育てる、の意を表すこともある。主語は、親や夫など保護をする者であることが多い。

かへりみる…本来の意味は「振り返って見る」だが、目をかける、世話をするの意味となることがある。「この殿（光源氏）の、蔵人になしかへりみたまひし人なれば」（『源氏物語』須磨）では、光源氏が筑前守を、天皇の側近に奉仕する要職である「蔵人」に引き立てて、目をかけていることを述べているところに使われている。

みる…「みる（見る）」は意味の広い語であるが、文脈によっては、世話をする、面倒をみる、の意味として使われることがある。「このこと出で来にければ（＝このことが起こったので〈物の怪につかれたので〉）、親もみずなりにけり（＝親も面倒をみなくなってしまった）」（『大和物語』一〇五）

せ

程に」訳神主たちが、方法がなくなって眠ってしまっているうちに。❹効果。かい。しるし。平家物語 鎌倉―物語 九・二之懸「ただ一騎大勢の中にかけ入って、討たれたらんは、なんのせんかあらんずるぞ」訳たった一騎で大勢の(敵の)中に駆け込んで、討たれてしまっては、何のかいがあるだろうか。

せん[3]【銭】名詞ぜに。金銭。硬貨。貨幣の単位として用いる場合は、「貫(くわん)」の千分の一で、「文(もん)」に同じ。

ぜん[1]【善】名詞❶道理や道徳にかなったこと。善行。❷好ましいこと。すぐれていること。

ぜん[2]【禅】名詞❶天子が位をゆずること。❷「禅那(ぜんな)」の略。「ぜんぢゃう❶」に同じ。❸「禅宗(ぜんしゅう)」の略。大乗仏教の宗派の一つ。座禅を中心とした修行によって悟りが得られるとする。

ぜん-あく【善悪】一名詞善と悪。善人と悪人。「ぜんなく」「ぜんまく」とも。二副詞よかれあしかれ。いずれにせよ。「ぜんなく」「ぜんまく」とも。風姿花伝 室町―論 二「物数は皆皆失せて、ぜんあくは見所(みどころ)は少なくとも」訳物まねのわざはみななくなり、よかれあしかれ見どころは少なくなってしまうが。

せん-いち【専一】名詞❶一つのことに打ち込むこと。❷第一。主要。必要。◆「せんいつ」とも。

せん-いち・なり【専一なり】形容動詞ナリ{なら/なり・に/なり/なる/なれ/なれ}❶一つのことに打ち込んで他を顧みない。ひたむきだ。❷肝要だ。必要だ。◆「せんいつなり」とも。

せんえう-でん【宣耀殿】センヨウデン 名詞平安京内裏(だいり)の後宮(こうきゅう)七殿の一つ。麗景(れいけい)殿の北、貞観(じょうがん)殿の東にある殿舎で、女御(にょうご)などの居所。「せんにょうでん」とも。参照▶資料26

せん-か【泉下】名詞死後の世界。あの世。冥土(めいど)。◆「黄泉(くわうせん)」の下の意。

せん-かう[1]【浅香】センコウ 名詞香木の一種。「沈香(ぢんかう)」の若木で、沈香より柔らかく軽い。

せん-かう[2]【遷幸】センコウ 名詞/―す 自動詞サ変❶天皇・上皇が他の場所へ移ること。遷御(せんぎょ)。❷天皇が都を他の場所へ移すこと。遷都。

せん-かた【為ん方】名詞「せむかた」に同じ。

せんかた-な・し【為ん方無し】形容詞ク{(く)・から/く・かり/し/き・かる/けれ/かれ}「せむかたなし」に同じ。徒然 鎌倉―随筆 二九「よろづに過ぎにしかたの恋しさのみぞせんかたなき」訳あれこれと過ぎてしまった(昔の)ころの恋しさばかりはどうしようもない(=おさえようがない)。

せん-ぎ[1]【先規】名詞以前からの規則。前からのしきたり。先例。「せんき」とも。

せん-ぎ[2]【僉議】名詞/―す 自動詞サ変多人数で評議して、物事を明らかにすること。衆議。評定。

せん-ぎ[3]【詮議・詮義】名詞/―す 自動詞サ変犯罪を詳しく取り調べること。吟味(ぎんみ)。

戦記物語(せんきものがたり) 文芸 物語の形式の一つ。鎌倉・室町時代に合戦場面を軸として物語的に構成された文芸作品で、力強い和漢混交文で書かれている。鎌倉時代の『保元(ほうげん)物語』『平家物語』、室町時代の『太平記』などがある。「軍記物語」ともいう。

千句(せんく) 文芸 連歌(れんが)・俳諧(はいかい)用語。百韻(ひゃくいん)を続けて十巻千句にまとめたもの。千句のすべてにわたって一定のきまりがある。室町時代には独吟(どくぎん)千句が流行したが、江戸時代に三十六句の歌仙(かせん)形式が定着して衰えた。

せん-ぐ【前駆・先駆】名詞/―す 自動詞サ変行列の先に立ち、馬に乗って先導すること。また、その人。さきのり。さきがけ。「せんく」「ぜんく」「ぜんぐ」とも。

せん-ぐう【遷宮】名詞神社の神殿を造営・改修するとき、御神体を他の場所へ移すこと。遷座。宮移し。

せん-ぐり(に)【先繰り(に)】副詞次から次(に)。順繰り(に)。日本永代蔵 江戸―物語 浮世・西鶴 一「聞き伝へて、せんぐりに毎年集まりて」訳(評判を)聞き伝えて、次から次に毎年集まって。

せん-くわう[1]【先皇】センコウ 名詞先帝。先代の天皇。

せん-げ[1]【宣下】名詞/―す 自動詞サ変「宣旨(せんじ)」がくだること。宇治拾遺 鎌倉―説話 一五・三「僧都(そうづ)に任ずべき由せんげせらるれども」訳僧都に任ずることになっている趣旨の宣旨がくだったけれど。

せん-げ[2]【遷化】名詞/―す 自動詞サ変仏教語。高僧や隠者が死去すること。入寂(にゅうじゃく)。円寂(えんじゃく)。◆もと儒教の語で、この世の教化(きょうげ)を終え、その教化を他の世に遷(うつ)す意。

ぜん-ご【前後・先後】一名詞前と後ろ。あとさき。二名詞/―す 自動詞サ変順序が逆になること。弓張月 江戸―物語 読本「観官(みるもの)事跡のぜんごせしを、怪み給(たま)ふことなかれ」訳読者は物事の順序が逆になったのを、変だと思われないように。

千五百番歌合(せんごひゃくばんうたあわせ) センゴヒャクバンウタアワセ 書名 和歌集。後鳥羽院ほか作。鎌倉時代(一二〇三)成立。二十巻。[内容]新古今時代の到来を告げる、最大規模で催した歌合わせの歌集。後鳥羽院・宮内卿(くないきょう)・藤原定家(さだいえ)・藤原家隆(いえたか)ら三十人が左右に分かれ百首ずつ、四季・祝・恋・雑など合計千五百番を競ったもの。

ぜん-ごふ[1]【前業】ゼンゴウ 名詞仏教語。この世の苦楽の原因となる、前世での行い。

ぜん-ごふ[2]【善業】ゼンゴウ 名詞仏教語。よい果報を得るべきもととなる、よい行い。

ぜんご-も-しら-・ず【前後も知らず】連語あとさきもわからない。正体を失う。徒然 鎌倉―随筆 一七五「息災(そくさい)なる人も、目の前に大事の病者となりて、ぜんごもしらず倒(たふ)れ伏す」訳(むやみに酒を飲ませると)健康な人も見ているうちに重病人となって、正体を失って倒れうつぶしてしまう。

ぜん-ごん【善根】名詞仏教語。あらゆる善を生み出す根本となるもの。来世でよい果報をもたらす原因となるよい行い。実際には、写経、仏像を造ること、供養をすることなどをいう。「ぜんこん」とも。

せん-ざい[1]【千載・千歳】名詞千年。また、長い年月。

せん-ざい[2]【前栽】名詞❶庭の草木。植木。枕草子 平安―随筆 九月ばかり、夜一夜「せんざいの露こぼるばかりぬれかかりたるも、いとをかし」訳庭の草木の露がこぼれるほどびっしょりとぬれているのも、たいへん情趣深い。❷庭の植え込み。花壇。伊勢物語 平安―物語 二三「せんざいの中に隠れゐて、河内へいぬる顔にて見れば」訳庭の植え込みの中に隠れて座って、河内へ行ってしまうふりをして(ようすを)見ると。

参考 平安時代、宮中の殿舎や貴族の邸宅には、自然のままの山野の姿をそのまま移そうとつとめたらしく、特に春や秋の草木を植えて「前栽」とすることが多かった。

ぜん-ざい【善哉】
一 感動詞 **よいなあ。** ▼よいと感じたときに、ほめ、また、喜び祝う語。三宝絵詞 平安―説話 上「ぜんざいぜんざいまことにこれ菩薩、と唱ふ」訳よいなあ、よいなあ、まさしくこれが菩薩である、と唱える。
二 名詞「善哉餅」の略。つぶしあんの汁粉。

せんざい-あはせ【前栽合はせ】 名詞「物合はせ」の一つ。平安時代に貴族社会で行われた遊戯。左右に分かれて、それぞれに作った前栽や、それを詠んだ和歌などの優劣を競う。

ぜん-ざい・なり【善哉なり】 形容動詞ナリ {なら／なり・に／なり／なる／なれ／なれ} よいことだ。地蔵舞 室町―狂言 狂言「ぜんざいなれや地蔵坊」訳(なんと)よいことだよ地蔵坊。

千載和歌集 書名 七番目の勅撰集。藤原俊成撰。平安時代後期(一一八七)成立。二十巻。〔内容〕八代集の一つ。『後拾遺和歌集』にもれた秀歌と当代の作品千二百八十五首を選んである。幽玄体を基調としており、新古今調の先駆となった歌集である。

せん-し【先師】 名詞 すでに亡くなった師匠。**亡き師。**「せんじ」とも。

せん-じ【宣旨】 名詞
❶**天皇の命令を伝える文書。** 源氏物語 平安―物語 桐壺「手車のせんじなどのたまはせても」訳(退出に際して)手車を使用してよいとの宣旨を仰せ出されてからも。
❷天皇の言葉や命令を蔵人に伝える役の女房。のちに、中宮・東宮・斎宮・関白などの家で、それに相当する女房。源氏物語 平安―物語 澪標「故院にさぶらひしせんじの娘」訳故桐壺帝にお仕えしていた宣旨の娘(で)。

参考 天皇の命令のうち、正式のものを「詔勅」、略式のものを「宣旨」という。

ぜん-じ[1]【前司】 名詞 **前任の国司。** ◆古くは「せんじ」とも。

ぜん-じ[2]【禅師】 名詞 ❶「禅定❶」に達した高僧。転じて、一般に、僧の尊敬語。伊勢物語 平安―物語 八五「俗なる、ぜんじなる、あまた参り集まりて」訳俗人であるのも、徳の高い僧であるのも、大勢参上して集まって。❷僧職の一つ。宮中の内道場(＝仏道修行所)に奉仕する僧。❸知徳にすぐれた禅僧に朝廷から賜る称号。◆「ぜじ」とも。

せんしう-らく【千秋楽】 名詞 ❶雅楽の曲名。唐楽で、盤渉調の小曲。舞はなく、式の終わりに用いる祝典曲として奏される。❷❶を法会などの雅楽の終わりに奏することから能・狂言・芝居・相撲などの興行の最終日。また、物事の終わり。

せんじ-がき【宣旨書き】 名詞 ❶「宣旨」の文章。仰せ書き。❷代筆すること。また、その書状。▼宣旨は勅命によって代筆したところから。◆「せじがき」とも。

せんじ-もの【煎じ物】 名詞 薬草を煎じた飲み物。煎じ薬。

せん-じふ【撰集】 名詞 詩歌や文章などを選び集めて編集すること。また、その集。天皇や院が選ぶ勅撰と、一般の人が選ぶ私撰とがある。

せん-しやう【僭上】 名詞／―す 自動詞サ変 ❶思い上がること。おごりたかぶること。❷分を過ぎたぜいたくをすること。見栄を張ること。◆「せんじやう」とも。

ぜん-しやう【前生】 名詞 仏教語。現世に生まれて来る前の世。**先の世。前世。**「ぜんじやう」とも。対今生・後世。

ぜん-じやう【軟障】 名詞「ぜじやう」に同じ。

せん-じゅ【千手】 名詞 仏教語。❶「千手観音」の略。❷「千手陀羅尼」の略。

せんじゅ-くゎんおん【千手観音】 名詞 ❶仏教語。六観音の一つ。千の慈手と千の慈眼を持ち、多くの衆生を救済する観音。中央像の両手のほかに、四十本の手を持ち、十一面(または二十七面)で、それぞれの掌中に一眼ずつ持つことから、千手千眼観音ともいう。❷虱の別名。▼形が❶の姿に似ていることから。

(千手観音❶)

せんじゅ-だらに【千手陀羅尼】 名詞 仏教語。「千手観音」の徳について説いた梵語の呪文。これを唱えれば、千手観音の功力により救済されると信じられた。

せん-しょう*【先蹤】 名詞 古人の事跡。先人の足跡。**先例。前例。**「せんじょう」とも。平家物語 鎌倉―物語 一・鱸「九代のせんしょうをこえ給ふこそ目出たけれ」訳(平家の先祖から)九代の先例をお越えになるのはすばらしいことだ。

ぜんじょう[1]【禅定】 ⇩ぜんぢやう

せん・ず[1]【先ず】 自動詞サ変 {ぜ／じ／ず／ずる／ずれ／ぜよ} **先を越す。先手を取る。先立つ。** 源氏物語 平安―物語 若菜上「おほいまうち君にせんぜられて、ねたうおぼえはべり」訳大臣に先を越されて、くやしく思われます。

せん・ず[2]【撰ず】 他動詞サ変 {ぜ／じ／ず／ずる／ずれ／ぜよ} **多くの詩歌・文章の中から、よいものをえらびとる。** 栄花物語 平安―物語 月の宴「後にせんずとて後撰集といふ名をつけさせ給ひて」訳(古今和歌集の)後からえらびとるということで後撰集という名をつけなさって。

せ・んず[3]【為んず】 連語
なりたち サ変動詞「す」の未然形＋推量の助動詞「んず」
しようとする。するようになる。 宇治拾遺 鎌倉―説話 四・六「高名せんずる人は、その相ありとも」訳名をあげるようになる人は、たとえその人相があっても。

せん-すい【泉水・前水】 名詞 **庭先につくった池。**「せんずい」とも。

せんず-まんざい【千秋万歳・千寿万歳】 名詞 鎌倉・室町時代から江戸時代初期まで行われた正月の祝福芸能の一つ。年の始めに法師姿で家々を訪れて、家門繁栄・長寿を祝い、舞を舞って祝儀を得る。また、それを業とする人。

せんずる-ところ【詮ずる所】 連語 つまるところ。要するに。結局。▼副詞的に用いる。歎異抄 鎌倉一論 二「せんずるところ、愚身の信心におきては、かくのごとし」訳結局のところ、愚かな身(私の)信心については、このようである。◆漢語「所詮」を訓読した語。「詮ず」は詳しく考えたり、説き明かしたりする意。

ぜん-ぜ*【前世】 名詞 仏教語。「三世」の一つ。この世に生まれる前の世。先世。前生。前の世。「ぜんせ」とも。対現世・後世。

せん-せき【仙籍】 名詞 宮中で、当日の出勤者の確認に用いた木の札。また、殿上人の資格。「日給の簡」とも。

せんせき-を-ゆる-す【仙籍を許す】 連語 昇殿を許す。殿上人とする。平家物語 鎌倉一物語 一・祇園精舎「殿上のせんせきをばいまだゆるされず」訳殿上の間への昇殿をまだ許されない。

せん-そ【践祚】 名詞/—す 自動詞サ変 皇位を継承すること。平家物語 鎌倉一物語 一・額打論「近衛院三歳にてせんそあり」訳近衛院は三歳で皇位継承がある。◆「践」は踏む、「祚」は天子の位の意。

せん-ぞく【氈褥】 名詞 毛皮や毛織物の敷物。「せんじょく」とも。

せん-だい【先帝】 名詞 先代の天皇。前の天皇。先皇。「せんてい」とも。

ぜん-だい【前代】 名詞 ❶前の世の中。前の時代。❷当主の前の代。先代。❸「前代未聞」の略。今まで聞いたこともないほど珍しいこと。

せん-だう【山道】 名詞 ❶山間に通じる道。❷「中山道」の略。

せん-だち【先達】 名詞「せんだつ」に同じ。

せん-だつ*【先達】 名詞 ❶修行・学問などで、先に道に達すること。また、その人。先人。先輩。徒然 鎌倉一随筆 二一九「せんだつ、後世を畏るといふこと、この事なり」訳先輩が、後輩を畏敬するということは、このことである。❷修験道で、修行を重ね、峰入り(=修行のため大和の大峰山に入ること)のときなどに他の修験者を先導すること。また、その人。平家物語 鎌倉一物語 一・鱸「伊勢の海より船にて熊野へ参られけるに、…せんだつ申しけるは」訳伊勢の海から船で熊野へおいでになるときに、…修験道の先導者が申したことは。❸案内者。指導者。徒然 鎌倉一随筆 五二「少しのことにも、せんだつはあらまほしきことなり」訳ちょっとしたことでも、指導者はあってほしいものである。◆「せんだち」とも。

せん-だん【栴檀】 名詞 ❶香木の一つ。びゃくだんの別名。❷「栴檀香」の略。❶を材料とした香。❸木の名。「あふち(楝)」に同じ。❹「栴檀の板」の略。

せんだん-は-ふたば-より-かうば・し【栴檀は二葉より香ばし】 連語 大成する人は幼少のときからすぐれているというたとえ。▼栴檀は発芽のころから早くも香気を放つことから。平家物語 鎌倉一物語 一・殿下乗合「せんだんはふたばよりかうばしとこそ見えたれ。既に十二三にならむずる者が、今は礼儀を存知してこそふるまふべきに」訳栴檀は二葉より芳ばしいと言われている。すでに十二、三歳になろうとする者が、もう礼儀を心得てふるまうべきなのに。

せんだん-の-いた【栴檀の板】 名詞 鎧の付属具の一つ。胸板の右のすきまを覆う小さな板。右肩から胸に垂らし、高紐と脇をきられるのを防ぐ。◆左肩のものは「鳩尾の板」という。参照▼口絵

ぜん-ちしき【善知識】
一 名詞 ❶善道に導く友人。親友。今昔物語 平安一説話 三・一九「願はくは、世々にこの人とぜんちしきと成らむ」訳なにとぞ(未来の)世々にわたってこの人と親友となりたい。❷仏教語。人を仏道に導き入れる機縁となることや人。また、転じて、高徳の僧。今昔物語 平安一説話 三・二〇「死ぬる時にぜんちしきに値ひて仏を念じ奉れる者ぞ」訳死ぬときにりっぱな導師にめぐり会い、仏を念じ奉った者であるよ。
二 名詞/—す 他動詞サ変 仏道に導き入れること。盛衰記 鎌倉一物語 三九「『肝要かくのごとし』とぞぜんちしきせられたりける」訳「(念仏の行が)最も大切であることは、このとおりである」と仏道にお導き入れなさった。
参考 古くは「ぜんぢしき」とも。

ぜん-ぢゃう【禅定】 名詞 ❶仏教語。沈思して雑念を去り、絶対の境地に達すること。また、その瞑想。悟り。禅。三宝絵詞 平安一説話 上「もしぜんぢゃうなければ、その心しづまらずして」訳もし悟りがなければ、その心は静まることなく。❷修験道で、駿河の富士、加賀の白山、越中の立山などの霊山に登って修行すること。❸霊山の頂上。太平記 室町一物語 一八「白山ぜんぢゃうの霊神なり」訳白山山頂の霊神である。

せん-ぢゃく【染着】 名詞/—す 自動詞サ変 仏教語。何かに心がとらわれること。執着。「ぜんぢゃく」とも。今昔物語 平安一説話 一五・五「心清くしてせんぢゃくする所なかりけり」訳邪念がなく心がとらわれることがなかった。

せん-ぢん【先陣】 名詞 ❶陣立てで、本隊の前方を進む隊。先鋒。先備え。先手。対後陣。❷敵陣へ真っ先に乗り込むこと。また、その人。一番乗り。さきがけ。平家物語 鎌倉一物語 九・宇治川先陣「佐々木四郎高綱、宇治河のせんぢんぞや」訳佐々木四郎高綱、宇治川の(合戦の)一番乗りであるぞ。

せん-てい【先帝】 名詞「せんだい」に同じ。

せん-ど[1]【先度】 名詞 先ごろ。この間。前回。

せん-ど[2]【先途・前途】 名詞 ❶行く先。落ち着く先。前途。平家物語 鎌倉一物語 二・一行阿闍梨之沙汰「冥々として人もなく、行歩にせんど迷ひ」訳真っ暗で人もおらず、歩行に行く先を迷い。❷将来。前途。また、その目標。平家物語 鎌倉一物語 四・競「せんど・後栄を存じて、当家に奉公いたさんとや思ふ」訳将来の出世や後々の栄達を考えて、当家に奉公しようと思うのか。❸物事の終局。最後。人の死。最期。徒然 鎌倉一随筆 七四「名利に溺れて、せんどの近きことを顧みねばなり」訳名誉や利益(を得ること)に心を奪われて、人生の最期が近いことを気にかけないからである。❹勝敗や成否を決する分かれ目。瀬戸際。保元 鎌倉一物語 中「ここをせんどと防ぎけり」訳ここを勝敗の分かれ目として(敵を)防いだのであった。❺貴族社会で、家筋によって決まる、昇進できる最高の官職。◆「せんと」とも。

せん-とう【仙洞】名詞 ❶**仙人の住まい**。❷上皇の御所。仙洞御所。院の御所。仙院。❸上皇の尊敬語。仙院。院。

せんど-の-はらひ【千度の祓ひ】（センドノハライ）連語「大祓へ」の祝詞を千度唱えて邪気を払うこと。千度祓い。

せん-な・し【詮無し】形容詞ク｛(く)・から／く・かり／し／き・かる／けれ／かれ｝**しかたがない。無益だ**。徒然 鎌倉－随筆 七三「ひとり、『さもなかりしものを』と言はんも**せんなくて**」訳 自分ひとりが「そうでもなかったのに」と言ったとしたらそれも**しかたがない**ので。

ぜん-に【禅尼】名詞 仏教語。在家のまま仏門に入った女性。対 禅門。

せんにち-まうで【千日詣で】（センニチモウデ）名詞 祈願のため、千日の間、毎日、神社や寺に参詣すること。千日参り。

ぜん-に-ほこ・る【善に誇る】連語 **善行を自慢する**。徒然 鎌倉－随筆 一六七「人としては、**ぜんにほこら**ず、物に争はざるを徳とす」訳 人間としては、**善行を自慢せ**ず、人と争わないことを美徳とする。

せん-にん【仙人】名詞 俗世間を離れて深山の奥に住み、不老不死の法を修め、変幻自在の術を体得している者。

ぜん-の-つな【善の綱】連語 仏像の右の手に掛けた五色の綱。開帳や供養などのとき、仏と縁を結ぶために参拝人に引かせる。また、臨終の者がこの綱を引くと、浄土に導かれるという。

せん-ばう【先坊・前坊】（センボウ）名詞 **前の皇太子**。何らかの理由で皇太子の地位を退いたり、皇太子のまま亡くなった人にいう。◆「坊」は「東宮坊」の略。

ぜん-ばう【禅房・禅坊】（ゼンボウ）名詞 ❶禅寺の中の僧が住む所。また、禅寺。❷寺院の僧坊。

せん-ばん【千万】一 名詞 **非常に多い数**。程度の甚だしいこと。平家物語 鎌倉－物語 五・物怪之沙汰「大の眼どもが、**せんばん**出いで来て」訳 大きな目玉が**非常に数多く**出てきて。二 副詞 ❶**いろいろ。さまざま**。生玉心中 江戸－浄瑠 浄瑠・近松「**せんばん**砕く気の働き」訳 **さまざまに**苦しむ気持ちの動き。❷**もしも。万が一**。太平記 室町－物語 一八「**せんばん**蒐合ひの軍に打ち負くる事あらば」訳 **万が一**総力戦に負けることがあるならば。参考 「せんまん」とも。一は、「後悔せんばん」などのように接尾語的にも用いる。

ぜん-ぶ【膳部】名詞 ❶膳にのせる食物。**料理**。食膳。❷食膳を調える人。**料理人**。

せんぶ-にち【先負日】名詞「陰陽道」で公事・急用を避けるべき日。「せんまけ」とも。

せん-べう【前表・先表】（センピョウ）名詞 物事のおこる前触れ。**前兆**。「せんぺう」「ぜんべう」とも。

せん-ぼふ【懺法】（センボウ）名詞 仏教語。経を唱えて、罪を懺悔する修法。法華懺法・阿弥陀懺法・観音懺法などがある。

宣命*（せんみょう）文芸 主として歴史書『続日本紀』などに和文体で記録されている、天皇の公的発言。漢文体の「詔勅」に対する。体言や用言の語幹の右下に、助詞・助動詞や活用語尾を一字一音式の万葉仮名で小さく書く「宣命書き」という特殊な表記法で書かれている。文学史的には『続日本紀』に見える六十二編をいう。

せん-もん【占文】名詞 占いに現れた言葉。また、それを記した文書。「うらぶみ」とも。

ぜん-もん【禅門】名詞 仏教語。❶**禅宗**。❷在家のまま仏門に入り剃髪した男性。**入道**。対 禅尼。

せんやう-もん【宣陽門】（センヨウモン）名詞 平安京内裏の内郭にある十二の門の一つ。東面中央の門で、外郭の建春門に対している。東の陣。

せん-やく【仙薬】名詞 飲むと仙人になれる不老不死の薬。霊薬。

せん-り【千里】名詞 一千里の距離。非常に遠い距離。また、遠方。

川柳（せんりゅう）⇩柄井川柳

せんり-の-かう-も-いっぽ-より-はじま・る【千里の行も一歩より始まる】（センリノコウモイッポヨリハジマル）連語 千里の遠い旅路も、足もとの一歩から始まる。遠大な事業も手近な事から始まることのたとえ。曾我物語 鎌倉－物語 四「九層の台は累土より起こり、**せんりのかうはいっぽよりはじまる**」訳 九階の高殿も、土を積み上げることから始まり、**千里の遠い旅路も、足もとの一歩から始まる**。

川柳（せんりゅう）文芸 江戸時代の雑俳の一つ。五・七・五の十七音節から成る短詩で、人情・風俗の機微や社会の矛盾点などを、おかしみ・うがちの精神で鋭くつき、滑稽・諧謔・風刺・機知などの表現を特色とする。「前句付け」の付け句（五・七・五）が独立したもので、俳諧と似ているが、俗語も用い、季語や切れ字は必要がない。武士や上流の町人に愛好された俳諧に対して、庶民の文芸として発展した。川柳集に、前句付けの点者（＝評点を付ける人）柄井川柳の選句をもとにした『俳風柳多留』がある。「川柳」の名称は、この柄井川柳にちなんで明治時代に入って名づけられた。

ぜん-りん【禅林】名詞 仏教語。❶**寺院**。また、そこに住む僧。❷**禅宗の寺院**。

そ[1]【十】名詞「とお」「じゅう」の意で、三十から九十までの十の位を表して単独では用いず、「三十(みそ)」「四十(よそ)」「五十(いそ)」などのように接尾語的に用いられる。

そ[2]【衣】名詞 **ころも。着物。**◆ふつう貴人の衣服にいい、また、多く「みぞ(御衣)」「おんぞ(御衣)」「おほんぞ(御衣)」の形で用いる。

そ[3]【背】名詞 **背中。うしろ。**◆奈良時代以前の語。参考 多く他の語と複合して用いられる。「そがひ(背向)」「そしし(背肉)」など。

そ[4]【其】代名詞 **それ。その人。**▼中称の指示代名詞。前に話題となったものをさす。「わが屋前(には)に花そ咲きたるそを見れど」万葉集 奈良｜歌集 四六六 訳我が家の庭に花が咲いている。それを見ても。⇩その

そ[5] 終助詞

《接続》動詞および助動詞「る」「らる」「す」「さす」「しむ」の連用形に付く。ただし、カ変・サ変動詞には未然形に付く。

❶〔穏やかな禁止〕〔副詞「な」と呼応して「な…そ」の形で〕(どうか)…**してくれるな。しないでくれ。**「竹取物語 平安｜物語 かぐや姫の昇天「物知らぬことなのたまひそ」訳物の道理をわきまえないことをおっしゃらないでください。

❷〔禁止〕〔平安時代の末期ごろから副詞「な」を伴わず、「…そ」の形で〕…**しないでくれ。**今昔物語 平安｜説話 二九・二八「今はかく馴(な)れぬれば、何事なりとも隠しそ」訳今はこのように親しくなったのだから、どんなことでも隠さないでくれ。

参考 (1)禁止の終助詞「な」を用いた禁止表現よりも、禁止の副詞「な」と呼応した「な…そ」の方がやわらかく穏やかなニュアンスがある。(2)奈良時代以前では「な…そね」という形も併存したが、平安時代では「な…そ」が多用される。

ぞ

語義の扉

(古くは「そ」の語形であったと推測される。上代には「そ」「ぞ」の両形が並存している。)

いろいろの語に接続してその語をとりたててさし示し、文意を強調する係助詞として(一)、また、体言や活用語の連体形に接続して、強くさし示して断定する意を表したり、疑問の文脈を強調したりするはたらきの終助詞として(二)の、ふたつの場合がある。

一 係助詞
- ❶係り結びをつくり、文末の活用語を連体形で終止させる。
- ❷結びとなるべき文節で意味上の終止がなされず、逆説の気持ちで後につづく。
- ❸結びとなるべき文節が終止せず、接続助詞を伴って後につづく。
- ❹〔係助詞「も」を伴って「…もぞ」の形で〕よくないことがらの起こることを予測して、それへの懸念、心配の気持ちを表す。
- ❺〔多く格助詞「と」伴って、「…とぞ」の形で〕結びとなるべき語を省略して、文末に位置する場合。

二 終助詞
- ❶強くさし示し、断定する。…**だぞ。…であるよ。…だよ。**
- ❷〔疑問の表現を伴って〕疑問の意を強調する。強く問いかける気持ちを表す。

一 係助詞《接続》種々の語に付く。

指示、強調の度合いは、同じ係助詞の「なむ」よりも強く、「こそ」よりもやわらかい。地の文にも和歌にも用いられる。

❶係り結びをつくり、文末の活用語連体形で終止させる場合。万葉集 奈良｜歌集 一六「秋山の木(こ)の葉を見ては黄葉(もみち)をば取りてそしのふ取而會思努布青きをば置きてそ歎く置而會歎久そこし恨めし秋山そ我(あれ)は」訳(いっぽう秋は)秋の山の木の葉を見、黄に色づいた葉は手に取って賞美する、青のはそのまま置いて嘆く、それだけが残念ですが、秋山のほうを(春の山より)よいと思うことです、私は。注意「秋山そ」の「そ」は二❶。「しのふ」は「しのぶ(偲ぶ)」。蜻蛉 平安｜日記 上「前栽(せんざい)の花いろいろに咲き乱れたるを見やりて、臥(ふ)しながら、かくぞいはるる」訳前栽(せんざい)の花がいろいろな色に咲き誇っているのを眺(なが)めて、身を横たえたまま、(お互いに)こんな歌が詠(よ)み合われたことでした。

❷結びとなるべき文節で意味上の終止が示されず、文脈のうえから逆説の意味あいが生じて後につづく場合。古今 平安｜歌集 秋上「緑なる一つ草とぞ春は見し秋は色々の花にぞありける」訳どの草も緑色の同じ種類のものだと春には見ていたけれども、秋になってみると、それらはみなさまざまな色に咲く別の花々であったと気づかれたことだ。注意「花にぞ」の「ぞ」は、一❶の「係り結び」の用法。

❸結びとなる文節が終止せず、接続助詞を伴って後につづく場合。源氏物語 平安｜物語 帚木「『やや』とのたまふに、あやしくてさぐり寄りたるにぞいみじく匂ひ満ちて」訳(源氏が)「ああ」とおっしゃるので(女房の中将が)不思議に思って手さぐりで近づいてみると、そのとき、源氏の衣の香りがあたり一面ににおいたって。

❹係助詞「も」に付いて「…もぞ」の形で、よくないことがらの起こることを予測して、懸念、心配の気持ちを表す。…**したら困る。…になったら、たいへんだ。**新古今 鎌倉｜歌集 恋一「玉の緒(を)よ絶えなば絶えねながらへば忍ぶることの弱りもぞする」訳⇩たまのをよ…。

❺多く格助詞「と」伴って、「…とぞ」の形で、結びとなるべき「言ふ」「ある」「聞く」「伝ふ」「侍(はべ)る」などの語を省略して、文末に位置する場合。徒然 鎌倉｜随筆 四六「柳原(やなぎはら)の辺(へん)に、強盗(がうだう)の法印と号(かう)する僧ありけり。たびたび強盗にあひたるゆゑに、この名をつけにけるとぞ」訳京の柳原のあたりに強盗の法印と人が呼ぶ僧がいた。何度も強盗に出くわしたので、人がこう名づ

けたのだということだ。

二 [終助詞] 体言、活用語の連体形に接続して、文末に用いられる。

❶強くさし示し、断定する意を表す。…だよ。…だぞ。…であるよ。…であるぞ。「剣大刀いよよ研ぐべし古ゆさやけく負ひて来にしその名ぞ」[万葉集 奈良―歌集]四四六七 [訳]諸刃の太刀をよりいっそう研ぎみがくべきである。（大伴とは）太古からあきらかにわが一族の上に背負ってきた武門の名であるぞ。[源氏物語 平安―物語]空蟬「戸をやをら押し開くるに、老いたる御達の声にて、『あれは誰そ』と、おどろおどろしく問ふ。わづらはしくて、『まろぞ』と答ふ」[訳]妻戸をそっと静かに押しあけると、年配の女房の声で「そこにいるのはだれか」とおおげさに尋ねる。（小君は）面倒なことになったと思って「わたしだよ」と答える。

[注意]「誰そ」は次の❷の用法で、代名詞「た」のあとに接する場合には「そ」と清音になる。

❷疑問の表現とともに用いて、疑問の意を強める。相手に強く問いかける気持ちを表す。[宇治拾遺 鎌倉―説話]一・三「こはいかにして瘤は失せ給ひたるぞ。いずこなる医師の取り申したるぞ。我に伝へ給へ。この瘤取らん」[訳]これはまあ、いったいどうしてあのこぶはなくなってしまわれたのですか。どこの医者が取ってさしあげたのですか。私に教えてください。このこぶを取ってもらおう。

文脈の研究 和歌の文脈

係助詞「ぞ」がラ変動詞「あり」に熟合して「ざり」となり、平安時代、和歌の中で、次のように用いられることがある。『土佐日記』一月八日の、

照る月の流るる見れば天の川出づる水門は海にざりける

[訳]照る月が空を流れて海に沈んでいくのを見ると、あの天の川の流れ出る河口は（地上と川と同様、やはり）海であったことだなあ。

結びの文節「海にざりける」の「ける」（連体）は「ざり」の中に含みこまれた係助詞「ぞ」によってひき起こされたものである。

そ-い【素意】 [名詞] **かねてからの思い。日ごろの願い。本心。** [平家物語 鎌倉―物語]一一・腰越「鎌倉中へ入られざる間、そいをのぶるにあたはず」[訳]鎌倉市中へ入れていただけないので、本心を申し上げることができません。

ソウ[1]【双・庄・早・相・荘・草・桑・曹・笙・箏・騒・糟】⇨さう

そう[2]【候・左右】⇨さう

そう[3]【添う・副う】⇨そふ

そう[4]【障う】⇨さふ

そう[5]【証】[名詞] **証拠。あかし。しるし。** [大鏡 平安―物語]道長上「『そうなきこと』と仰せらるるに」[訳]「（目的地まで行ったかどうか）証拠がないことだ」とおっしゃるので。

そう[6]【僧】[名詞] 仏教語。出家して仏門に入った男性。**僧侶。出家。** [対]俗。

ゾウ[1]【造】⇨ざう

ゾウ[2]【雑】⇨ざふ

ぞう[3]【判官】[名詞]「じょう（判官）」に同じ。

ぞう[4]【族】[名詞]「ぞく」のウ音便。**一族。一門。**

ぞう[5]【贈】[接頭語] 官位を表す語に付いて、死後、朝廷から賜ったものであることを示す。「ぞう正一位」

宗因 ⇨西山宗因

◆**学習ポイント 37**

[関連語]「ぞ」と「こそ」と「は」

「ぞ」と似た意味を表す語に「こそ」がある。この二語は、強意の度合いが違うとされる。すなわち、「ぞ」に比べて「こそ」の方が強めの度合いが大きく、そのため、「こそ」は逆接の構文に使われることが多くなったと考えられる。

「ぞ」と同じ係助詞の一つに「は」があり、『古今和歌集』春上『新古今和歌集』雑上「雪のうちに春は来にけり鶯のこほれる涙今やとくらむ」、「山陰やさらでは庭に跡もなし春ぞ来にける雪のむら消え」のように、同じに見える構文で使われることがある。「ぞ」の場合、「雪のむら消え」を見て、春の来たことに気づいた実感を詠んだもので、「春ガ来タノダ」のような解釈が考えられる。「は」の場合は、立春も過ぎたことを前提に詠んでいるので、「春ガ来タノダ」の実感ではなく、「春ハ来タノダ」の意味を表している。「は」に一つのことを選び出すという機能があるためで、その場の情景を表す「ぞ」との違いがある。そのため、主語に付いている場合でも「は」は「ハ」と訳され、「ぞ」は「ガ」と訳されるのがふつうである。

そう-が【奏賀】 [名詞] 元旦に、大極殿において、殿上人のうち四位以上の諸臣が天皇に年賀の事を申し上げること。また、その役をする人。[季]春。

雑歌 [文芸] 和歌集の部立ての一つ。『万葉集』では、「相聞」「挽歌」と並ぶ部立てで、それらに属さない歌を集めて巻頭に置いてある。『古今和歌集』に始まる勅撰和歌集では、部立ての最後に置かれ、他の部立てに入らない歌を収めている。

そう-がう【僧綱】 [名詞] 仏教語。全国の僧・尼を取り締まり、事務を総轄するための僧の官職。古くは「僧正」「僧都」「律師」の三僧官をいったが、平安時代の円融天皇以後は「法印」「法眼」「法橋」の三僧位をも含めていう。

そうかく【騒客】 ⇨さうかく

宗鑑 ⇨山崎宗鑑

宗祇 ⇨飯尾宗祇

そう-ぐ【僧供】 [名詞] 供養のために、僧に贈る金品。

そう-くゎ【葱花】 [名詞] ❶**葱の花。** ❷「葱花輦」の略。

そうくゎ-れん【葱花輦】 [名詞] 天皇の乗り物の一つ。屋形の頂に金色の葱の花の形の擬宝珠を付けた輿。神事や臨時の行幸などに用いられ、皇后や東宮も晴れの儀式に用いた。葱花。葱の花の御輿。[参照]▶口絵

そうし【草子・冊子・草紙・双紙】 ⇨さうし

そうじ【障子・精進】 ⇨さうじ

ぞうし【曹司】⇩ざうし

そうじ-て【総じて・惣じて】副詞 ❶すべて。全部で。平家物語 鎌倉｜物語 一二・判官都落「そうじて鎮西の者、義経を大将としてその下知に従ふべきよし」訳すべて西国の者は、義経を大将としてその命令に従わなければならないこと。❷おおよそ。だいたい。一般に。末広がり 室町｜狂言 狂言「そうじて主といふものは」訳おおよそ主人というものは。

そうじみ【正身】⇩さうじみ

そう-しゃう【宗匠】名詞 その道の奥義を究め、すぐれた師である人。特に和歌・連歌・俳諧・茶道・華道などの師匠をいう。

そう-じゃう【僧正】名詞 仏教語。「僧綱」の一つ。朝廷から任命される僧官の最上位。初め一人であったが、のち大僧正・僧正・権僧正の三階級に分かれ、人数も十余人になった。

僧正遍昭 人名 (八一六～八九〇)平安時代前期の歌人。六歌仙の一人。俗名は良岑宗貞。京都山科に元慶寺を創建して、花山僧正と呼ばれた。その和歌は軽妙で機知に富み、『古今和歌集』に十七首とられている。家集に『遍昭集』がある。

そうじん【精進】⇩さうじん

そう-・す【奏す】他動詞サ変｛せ／し／す／する／すれ／せよ｝

語義の扉

漢語「奏」を元に生まれたサ変動詞。

漢語の窓 漢字「奏」のなりたちは、「本」と「廾」の会意。品物をそろえてすすめる、ことがらをまとめて君主に申し上げる、音や声をそろえてかなでる意。

日本語化した「奏す」は、漢語の、天皇や上皇、法皇に申し上げる意❶、また、音楽を演奏するの意❷を受け継いだ。皇后や、皇太后、太皇太后、皇太子などに申し上げるのは「啓す」。参照▶けいす（啓す）。

❶「言ふ」の謙譲語」申し上げる。奏上する。
❷音楽を演奏する。

❶「「言ふ」の謙譲語」(天皇・上皇・法皇に)申し上げる。奏上する。更級 平安｜日記 竹芝寺「上りて、帝に、かくなむありつるとそうしければ」訳使いの者は上京して、天皇にこれこれだったと申し上げたところ。

❷音楽を演奏する。源氏物語 平安｜物語 少女「楽の舟ども漕ぎまひて、調子どもそうする程の」訳楽人の乗った舟が漕ぎまわって、管弦の調子を整える曲を演奏する時分の。

そうず【僧都】⇩そうづ

そうぞうし ⇩さうざうし

そうぞく[1]【装束・装束く】⇩さうぞく

そう-ぞく[2]【僧俗】名詞 僧侶と俗人。

ぞう-ぢゃう【増長】一 名詞／―す自動詞サ変 増大すること。甚だしくなること。徒然 鎌倉｜随筆 三八「才能は煩悩のぞうぢゃうせるなり」訳才能というものは人間の迷いが増大したものである。
二 名詞「増長天」の略。

ぞうぢゃう-てん【増長天】名詞 仏教語。四天王の一つ。須弥山の南面中腹に住み、鬼神を従えて南方を守護する。増長

そう-づ【僧都】名詞 仏教語。「僧綱」の一つ。僧正につぐ僧官。最初は、大僧都・少僧都各一名であったが、のちには、大僧都・権大僧都・少僧都・権少僧都の四階級となった。

(増長天)

そう-ついぶし【総追捕使】名詞 ❶「令外の官」の一つ。平安時代、治安維持のため諸国に置かれた職。❷源頼朝が鎌倉幕府の創始期に諸国に置いた職。のちに、朝廷からその設置・任命を認められるようになり、やがて守護と称した。❸平安時代末期、社寺の領地や荘園の警備の職。

そうなし【双無し・左右無し】⇩さうなし

そう-ばう【僧坊・僧房】名詞 僧や尼が日常起居する寺院付属の家屋。

そうび【薔薇】⇩さうび

そう-ぶん【処分】名詞／―す自動詞サ変 生前に遺産を分配すること。遺産分け。また、その遺産。「そぶん」「しょぶん」「せうぶん」とも。落窪物語 平安｜物語 四「生ける時、そうぶんしてむ」訳生きている間に遺産を分配してしまおう。

そう-べつ【総別・惣別】一 名詞 あらゆること。すべてのもの。平家物語 鎌倉｜物語 三・法印問答「世間も落居せぬままに成行事、そうべつにつけて歎きおぼしめせども」訳世の中も落ち着かないままになっていくこと、すべてのことについて悲しくお思いあそばすけれども。
二 副詞 およそ。だいたい。総じて。戴恩記 江戸｜論 下「そうべつこの『無名抄』を見るに、基俊のあやまれる事をおほくのせられたる」訳総じてこの『無名抄』を見ると、基俊がまちがっている事が多く記載されている。

そうぼう【僧坊・僧房】⇩そうばう

そう-もん[1]【奏聞】名詞／―す自動詞サ変 天皇・上皇に申し上げること。平家物語 鎌倉｜物語 六・紅葉「蔵人奏すべき方はなし。ありのままにそうもんす」訳蔵人は申し上げる方法もない。ありのままを主上に申し上げる。

そう-もん[2]【総門・惣門】名詞 城・寺・邸宅などの建物の敷地の外郭に構える正面の門。大門。

相聞[3] 文芸 『万葉集』で、「雑歌」「挽歌」と並ぶ三大部立ての一つ。収められた歌は男女の間の恋の歌が大部分で、『古今和歌集』以後の勅撰和歌集の「恋」の部に相当する。

そう-らん【奏覧】名詞／―す他動詞サ変 天皇に申し上げてお見せすること。盛衰記 鎌倉｜物語 三「重盛卿そうらんの後、退出せられければ」訳重盛卿は天皇に申し上げご覧に入れた後、退出なさったので。

そう-りゃう【総領・惣領】一 名詞 ❶律令制以前の地方官の名。地方行政上重要な国に置かれ、近隣数か国の行政を管轄した。❷鎌倉・室町時代、武士の一族の長。「総領地頭」「総地

頭」とも。❸家督を受け継ぐべき子。嗣子。❹長男、また長女。

二 名詞 ／―す 他動詞 サ変 **すべてを支配すること。領有すること。** 愚管抄 鎌倉―論 六「さて鎌倉は将軍が跡をば母堂の二位の尼そうりゃうして」訳さて鎌倉は将軍のあとを母上の二位の尼(=政子)がすべて領有して。

そうろう【候う】⇨さうらふ

そう-ゐ【僧位】 名詞 朝廷から学徳の秀でた僧に授けられる僧の位。

そ-が【其が】 連語

なりたち 代名詞「そ」＋格助詞「が」

それが。それの。 竹取物語 平安―物語 竜の頸の玉「船に乗りて、竜殺して、そが頸の玉取れるとや聞く」訳船に乗って、竜を殺して、それの首の玉を取ったとは聞かないか。

そがい【背向】⇨そがひ

ぞ-かし 連語

なりたち 係助詞「ぞ」＋終助詞「かし」

…なのだよ。…ことだよ。▼文末に用いられ、強く判断したものにさらに念を押す意を添える。枕草子 平安―随筆 清涼殿の丑寅のすみの「これは知りたることぞかし」訳これ(=『古今和歌集』の歌)は覚えているはずのことなのだよ。

そがひ【背向】 名詞 **背後。後ろの方角。後方。** 万葉集 奈良―歌集 四〇一一「三島野をそがひに見つつ二上の山飛び越えて」訳三島野を背後に見ながら二上山を飛び越えて。

そがふ-かう【蘇合香】 名詞

❶香木の名。また、種々の香草を煎じた汁から作った香ともいう。❷雅楽の曲名。❶の香木の葉をかたどった冠をつけ、六人の舞人で舞う。◇「そがふ」とも。

(蘇合香❷)

曾我物語 書名 軍記物語。作者未詳。室町時代前期成立か。十巻。〔内容〕曾我十郎祐成・五郎時致の兄弟が、富士の裾野で父の仇工藤祐経を討つまでと、後日談の物語。「曾我物」は、謡曲・浄瑠璃・歌舞伎の作品にもなった。

そぎ-す・つ【削ぎ棄つ・削ぎ捨つ】 他動詞 タ下二〔て／て／つ／つる／つれ／てよ〕❶**省く。簡略にする。** 源氏物語 平安―物語 若菜下「いみじく事どもそぎすてて」訳たいそう何事も簡略にして。❷**髪の先を切り捨てる。** 源氏物語 平安―物語 柏木「きよらなる御髪をそぎすてて」訳美しいお髪を切り捨てて。

そぎ-すゑ【削ぎ末】 名詞 そぎ落としてそろえた物の末端。特に、切りそろえた髪の先。

そきだく 副詞 **はなはだしく。非常に。まことに。** 万葉集 奈良―歌集 四三六〇「そきだくもおぎろなきかもこきばくもゆたけきかも」訳(難波の海は)はなはだしくも広大なことよ、こんなにもゆったりとしていることよ。

そき-た・つ【退き立つ】 自動詞 タ四〔た／ち／つ／つ／て／て〕**遠く離れて立つ。** 延喜式 平安―格式 祈年祭「国のそきたつ限り」訳国が遠く離れて立つ(地の)果て。◆奈良時代以前の語。

そき-へ【退き方】 名詞 **遠く離れたほう。遠方。果て。**「そくへ」とも。

そきゃう-でん【承香殿】 名詞 「じゃうきゃうでん」に同じ。「そぎゃうでん」とも。

そく[1]【職】 名詞 **官職。職務。**「しょく」とも。

そ・く[2]【退く】

一 自動詞 カ四〔か／き／く／く／け／け〕**離れる。遠ざかる。退く。逃れる。** 古事記 奈良―史書 仁徳「倭方に西風吹き上げて雲離れ(=序詞)そき居りとも我忘れめや」訳大和の方へ西風が吹いて雲が離れるように離れていようとも、わたしはお前を忘れようか、いや忘れはしない。

二 他動詞 カ下二〔け／け／く／くる／くれ／けよ〕**離す。分ける。遠ざける。のける。取り除く。** 土佐日記 平安―日記 二・六「いつしかといぶせかりつる難波潟葦漕ぎそけてみ船来にけり」訳いつ着くかと気がかりでならなかった難波潟に葦を漕ぎ分けて御船はやって来たことよ。

日本語のこころ　曾我兄弟―数のかぞえ方

一一九三年(建久四)五月、源頼朝は富士の裾野で武士を集めて巻狩りを主催しましたが、その折、曾我十郎・五郎の兄弟は夜陰にまぎれて狩場に忍び込み、父、河津祐泰の敵、工藤祐経を討ちました。兄の十郎はこの時、仁田四郎忠常と戦って討ち死にし、弟の五郎も捕らえられ打ち首になりました。

ところで十郎・五郎という名前ですが、曾我兄弟の歌でも「十郎・五郎……」と続きますから、昔はその順序が普通だったように思います。しかし今はどうでしょうか。反対に五郎が兄で、十郎が弟だと思う人が多いのではないでしょうか。

現在では、長男に一郎、次男に二郎、三男に三郎……という順に名前を付けるのが一般的ですね。しかし、元来日本人というのはあまり数字で順序を言うことを好みませんでした。たとえば、ホテルでいいますと、西洋式のホテルの部屋は1号室、2号室、3号室……とありますが、日本式の旅館は「藤の間」とか「楓の間」「芙蓉の間」というような呼び方をします。トランプには数字が出て来ますが、日本の花札・花がるたには数字は全然書いてありません。野球には背番号がありますが、相撲のまわしにはありません。

ではなぜ、このように数字を付けることを避ける日本人が、男の兄弟を数で呼ぶようになったかといいますと、日本の家庭では家というものを非常に大切にし、「長幼序あり」の精神を重んじるということの表れだと思います。

-そく[3]【束】 接尾語 ❶**…たば。**▼稲十把、半紙十帖など、束ねたものを数える語。❷矢の長さの単位。一握りの長さ、すなわち親指以外の指四本の幅をいう。❸江戸時代、職人や商人が品物を数えるときに用いた語。一・十・百・千などのまとまりの数を表す。

そ・ぐ【削ぐ・殺ぐ】 他動詞 ガ四〔が／ぎ／ぐ／ぐ／げ／げ〕❶(端を)**削り落とす。切り落とす。** 特に、頭髪の先を切り落とす。源氏物語 平安―物語 若紫「髪の美しげにそがれたる末も」訳(尼君の)髪がきれいに切り落とされている先端も。❷簡略にする。省略する。省く。栄花物語 平安―物語 疑ひ「よろづをそがせ給ふとおぼせど」訳すべてを簡略になさろうとお考えになるが。

***ぞく**【俗】名詞 ❶**ならわし。風習。風俗。** 徒然 鎌倉―随筆 一六五「すべてわがぞくにあらずして人に交はれる、見ぐるし」訳総じて自分の風習の中に身を置かないで(ほかの世界の)人と交際しているのは、みっともない。❷**世間一般。世俗。**また、そのような人。三冊子 江戸―句集 俳論「高く心を悟りて、ぞくに帰るべし」訳(俳諧を作るには)高い風雅の精神を悟って、世俗に帰るのがよい。❸**世俗的なもの。風流でないこと。** 無名抄 鎌倉―論 近代歌体事「中ごろの体をば『ぞくに近し、見所なし』と嫌ふ」訳中期の歌体を「世俗的なものに近い、見るべきところはない」と嫌う。対雅。❹**俗人。出家をしていない人。** 伊勢物語 平安―物語 八五「昔仕うまつりし人、ぞくなる、禅師なる、あまた参り集まりて」訳昔、(君に)お仕えしていた人で、俗人であるのも、徳の高い僧であるのも、大勢参上して集まって。対僧。

ぞく-がう【辱号】名詞 恥ずかしめを受けたという評判。恥辱をこうむった名。

そくけつ-の-くわん【則闕の官】名詞「太政大臣」の別名。◆養老令の『職員令』に「その人無ければ則ち闕く(=適した人がなければ欠員とする)」とあることから付いた名。

***そく-さい**【息災】名詞 仏教語。仏の法力で、災難を防ぎとどめること。

***そくさい-なり**【息災なり】形容動詞ナリ〔なら/なり・に/なり/なる/なれ/なれ〕**健康だ。元気だ。無事だ。** 徒然 鎌倉―随筆 一七五「そくさいなる人も、目の前に大事の病者となりて」訳健康な人も、見ているうちに重態の病人となって。

続猿蓑 書名 俳諧集。服部沾圃ら編。江戸時代前期(一六九八)成立。二冊。〔内容〕『俳諧七部集』の一つ。上巻には松尾芭蕉らの連句と各務支考の俳文「今宵賦」、下巻には二百九人の発句が収められ、芭蕉晩年の「軽み」の俳風が表されている。芭蕉の没後に刊行された。

そ

そくさん-へんぢ【粟散辺地】名詞 仏教語。遠く離れた地にある、粟粒を散らしたような小国。インド・中国などの大国に対して日本をさしていうことが多い。粟散国。粟散辺土。

ぞく-しゃう【俗姓】名詞 ❶僧侶が俗人であったときの名字。徒然 鎌倉―随筆 一四一「悲田院の尭蓮上人は、ぞくしゃうは三浦の某とかや」訳悲田院の尭蓮上人は、出家前の俗人としての姓は三浦のだれそれとか(いった)。❷**通称。家柄。素性。**◆「ぞくせい」とも。

ぞく-じん【俗人】名詞 僧侶に対して世間一般の人。また、出家していない人。

そくしん-じゃうぶつ【即身成仏】連語 仏教語。人間が信心に徹することによって、現世に受けた(=生きた)肉体のままで仏になること。

***そく-たい**【束帯】名詞 平安時代以後、男子の正式の礼服。天皇は即位以外の晴れの儀式に用い、臣下は朝廷の大小の公事に必ず着用する。冠・袍・半臂・下襲・衵・単・表袴・大口・石帯・笏・襪・靴などによって構成され、武官と帯剣勅許の文官は、別に剣・平緒を着ける。参照▼口絵

ぞく-ぢん【俗塵】名詞 **俗世間の塵。世俗の雑事。**俗世間の煩わしさをたとえる。方丈記 鎌倉―随筆「帰りてここに居る時は、他のぞくぢんに馳する事をあはれむ」訳(都から)帰ってここ(の庵)にいるときは、他の(世間の)人が世俗の雑事にあくせくしていることを気の毒に思う。

そく-ばく【若干・許多】副詞「そこばく」に同じ。

そく-ひ【続飯】名詞「そくいひ」の変化した語。(飯粒を練って作った)**糊。** 枕草子 平安―随筆 心もとなきもの「遠き所より思ふ人の文を得て、かたく封じたるそくひなどあくるほど、いと心もとなし」訳遠方から好きな人の手紙をもらって、しっかり封をしてある糊(の部分)をあける間も、たいそうじれったい。

そ-くび【素首・外頸】名詞 首のことをののしっていう語。「そっくび」とも。◆「そ」は接頭語。

ぞく-ひじり【俗聖】名詞 在俗のままで仏道修行に専念する者。

そく-へ[1]【退く方】名詞「そきへ」に同じ。

ぞく-らう[1]【続労】名詞 奈良時代、財物を官に納めて、前任の官職を継続したこと。この制度はやがて「贖労」へと変化した。「そくらう」「しょくらう」とも。

ぞく-らう[2]【贖労】名詞 平安時代、官位を得たり、昇進を願うために財物を官に納めること。また、その財物。「そくらう」とも。

そ-くわい【素懐】名詞 **平素の願い。以前からの願い。**特に、出家したいとか、極楽浄土に往生したいとする願い。平家物語 鎌倉―物語 一・祇王「命のあらん限り念仏して、往生のそくわいをとげんと思ふなり」訳命の続くかぎり念仏を唱えて、極楽往生の以前からの願いをとげようと思うのである。

そこ[1]【底】名詞 ❶**ものの最下部。**❷**地。地底。**❸**奥底。極み。**最も奥深いところ。千載 鎌倉―歌集 夏「ほととぎすなほ初声を忍ぶ山夕ゐる雲のそこに鳴くなり」訳ほととぎすがその初声をいまだに忍び音で、信夫山に夕方かかる雲の奥底で鳴いていることよ。❹**(心の)奥。心底。** 源氏物語 平安―物語 若菜下「心のそこゆかしき様して」訳心の奥が知りたいような(立派な)ようすをして。❺**底力。** 盛衰記 鎌倉―物語 三六「鎌倉殿の賜びたる薄墨にも、そこはまさりてこそあるらめ」訳(義経の乗馬は)鎌倉殿の下さった薄墨(という馬)に比べても、底力はまさっているだろう。

そ-こ[2]【其処・其所】代名詞 ❶**そこ。**▼中称の指示代名詞。相手に近い場所をさす。古今 平安―歌集 雑体「うちわたす遠方人に物申す我そのそこに白く咲けるは何の花ぞも」訳はるかに見渡す遠くにいる方に申し上げる(=尋ねたい)、私は。そのそこに白く咲いているのは何の花であるかと。❷**そこ。その場所。**▼中称の指示代名詞。すでに話題になった場所をさす。伊勢物語 平安―物語 二四「清水のあるところに伏しにけり。そこなりける岩に、およびの血して書きつけける」訳(女は)清水のあるところに倒れてしまった。そこにあった岩に、指の血で書きつけた。❸**その事。その点。**▼中称の指示代名詞。すでに話題

になった内容をさす。〔万葉集 奈良―歌集〕一六「黄葉をば取りてそしのふ青きをば置きてそ嘆くそこし恨めし」訳黄色く色づいた葉を手に取って賞美し、色づかない青い葉はそのままに置いては嘆く。その点が残念なのだ。

❹どこそこ。どこ。▼不定の指示代名詞。はっきりしない場所をさす。〔伊勢物語 平安―物語〕七三「そこにはありと聞けど、消息（せうそこ）をだに言ふべくもあらぬ女のあたりを思ひける」訳どこそこにいるとは聞くが、手紙ですら思いを述べることもできない女のことを思って（詠んだ歌）。

❺お前。君。あなた。▼対称の人称代名詞。目の前にいる、自分と同等かそれ以下の相手をさす。〔今昔物語 平安―説話〕二八・四二「そこの上には障子の倒れかかりたるぞ」訳お前の上に障子が倒れかかったのだよ。

参考「そ」は中称の指示代名詞で、「こ」は場所の意味の接尾語。❺の対称の人称代名詞は、指示代名詞の「そこ」から派生した語。

そこい〔底い〕⇩そこひ

そこ-そこ【其処其処】 代名詞 ❶**どこそこ。**▼特にその場所を明示しないで、ある場所を漠然とさす。〔徒然 鎌倉―随筆〕五〇「『ただ今はそこそこに』など言ひ合へり」訳「（鬼の行方は）ちょうど今はどこそこに」などと言い合った。❷**あちこち。そこここ。**▼全体に行き渡っているようすを表す。〔八百屋お七 江戸―浄瑠〕「初めのごとくそこそこまで、かやうに普請いたせし事」訳初めのようにそこここまで（行き届かぬところなく）、このように建築いたしたこと。

そこ-そこ（に） 副詞 ❶**あわただしく。そそくさと。**▼物事を急いでするようす。〔一代男 江戸―物語〕浮世・西鶴「腰より下の一重（ひとへ）もけふの汗にとてそこそこにときすてて」訳腰から下の一枚（＝腰巻）も今日の汗でと、あわただしく脱ぎ捨てて。❷**中途半端に。無造作に。**▼物事をいいかげんにするようす。〔世間胸算用 江戸―物語〕浮世・西鶴「銀（かね）集まれば皆わがものとおもふから、そこそこにさいそくせず」訳金が集まればみな自分のものと思うので、中途半端に催促しない。

そこ-どころ【其処所】 代名詞〔打消の語を下接して〕**その所。そこの所。**▼特定の一か所をさす。〔源氏物語 平安―物語〕若菜下「そこどころともなく、いみじく苦しくして」訳そこの所ということもなく、たいそう苦しくて。

そこ-と-も-いは-・ず【其処とも言はず】ソコトモイワズ 連語

なりたち 代名詞「そこ」＋格助詞「と」＋係助詞「も」＋動詞「いふ」の未然形＋打消の助動詞「ず」

特にどこそこと場所を決めない。どこということもない。〔古今 平安―歌集〕春下「思ふどち春の山辺に打ちむれてそこともいはぬ旅寝してしが」訳気の合う者同士、春の山辺に連れだって、どこということもなく、旅寝をしたいものだ。

***そこ-と-も-しら-・ず【其処とも知らず】** 連語

なりたち 代名詞「そこ」＋格助詞「と」＋係助詞「も」＋動詞「しる」の未然形＋打消の助動詞「ず」

どこというあてもない。〔新古今 鎌倉―歌集〕春上「思ふどちそこともしらず行き暮れぬ花の宿かせ野べの鶯（うぐひす）」訳気の合う者同士、どこというあてもなく歩くうちに日が暮れてしまった。花の宿を貸してもらおうか。野辺のうぐいすよ。

そこ-と-も-わか-・ず【其処とも分かず】 連語

なりたち 代名詞「そこ」＋格助詞「と」＋係助詞「も」＋動詞「わく」の未然形＋打消の助動詞「ず」

どこであるかもはっきりしない。〔奥の細道 江戸―紀行〕石の巻「そこともわかず終（つひ）に路（みち）ふみたがへて」訳どこであるかもはっきりわからず、しまいに道をまちがえて。

そこ-な【其処な】 連体詞 **そこにいる。そこにある。そこの。**〔察化 室町―狂言〕狂言「畏（かしこ）まってござる。なうそこな人」訳かしこまりました。ねえそこの方。◆「其処なる」の略。鎌倉・室町時代の語。

そこな・ふ【損ふ・害ふ】ソコナウ―ソコノウ 一 他動詞 八四〔は/ひ/ふ/ふ/へ/へ〕❶（物を）**傷つける。こわす。損ずる。**〔枕草子 平安―随筆〕故殿の御服のころ「床子（さうじ）どもを、みなうち倒し、そこなひたり」訳腰掛けなどを、みな倒して、こわしてしまった。❷（人を）**傷つける。殺傷する。**〔方丈記 鎌倉―随筆〕「身をそこなひ、かたはづける人、数も知らず」訳身体を傷つけ、不自由になった人は、数もわからない。❸**やつれさせる。衰えさせる。**〔徒然 鎌倉―随筆〕一二「民の愁（うれ）へ、国のそこなはるるをも知らず」訳国民の嘆き、国の衰えさせられてゆくのもさとらないで。

二 補助動詞 八四〔は/ひ/ふ/ふ/へ/へ〕〔動詞の連用形に付いて〕（…するのに）**失敗する。誤る。**〔源氏物語 平安―物語〕若紫「『書きそこなひつ』と、恥じて隠し給（たま）ふを」訳「書き誤った」と、恥ずかしがってお隠しになるのを。

そこ-ば【若干・許多】 副詞 **たいそう。たくさん。**〔万葉集 奈良―歌集〕三九八五「神柄（かむから）やそこば貴き」訳神の品格のせいか、たいそう貴く。◆「ば」は接尾語。

そこはか-と 副詞〔多く、打消の表現を下接して〕**はっきりどこと。**〔更級 平安―日記〕野辺の笹原「そこはかと知りて行かねど先に立つ涙ぞ道のしるべなりける」訳（お墓の場所を）はっきりどこと知って行くのではないが、先立って出るその涙が道案内であったよ。

そこはかと-な・し 連語

なりたち 副詞「そこはかと」＋形容詞「なし」

❶**どことはっきりしない。どこと言うこともない。**〔源氏物語 平安―物語〕帚木「そこはかとなき虫の声々聞こえ」訳（鳴いているところが）どことはっきりしない虫の声々が聞こえ。

❷**とりとめもない。何ということもない。**〔徒然 鎌倉―随筆〕序「心にうつりゆくよしなし事を、そこはかとなく書きつくれば」訳心に浮かんでは消えてゆくたわいもないことを、とりとめもなく書きつけていると。

そこば-く【若干・許多】 副詞 ❶**たくさん。多く。**▼数量の多いさま。〔伊勢物語 平安―物語〕七七「そこばくの捧（ささ）げ物を木の枝につけて」訳たくさんの贈り物を木の枝につけて。❷**たいそう。ひどく。**▼程度のはなはだしいさま。〔狭衣 平安―物語〕三「そこばく広き大路、ゆすり満ちて」訳たい

そ

そう広い大通りに(見物人たちが)ざわめいて。❸若干。いくらか。いくつか。宇津保 平安―物語 吹上下「そこばく選ばれたる人々に劣らず、ご覧ぜらる」訳(涼しは)何人か選ばれた人々にも劣らないと、(院は)ご覧になる。◆「そくばく」とも。

そこ-ひ*【底ひ】(ソコイ) 名詞 極まる所。奥底。極み。果て。限り。土佐日記 平安―日記 一二・二七「棹させどそこひも知らぬわたつみの」訳棹を突き立てても果てもわからない大海のように。

そこひ-な・し【底ひ無し】(ソコイナシ) 連語 果ても無い。極めて深い。今昔物語 平安―説話 二〇・一一「池の内そこひなく深ければ」訳池の中が果ても無く深いので。

そこひ-も-しら-・ず*【底ひも知らず】(ソコイモシラズ) 連語 果てしない。限り知れない。今昔物語 平安―説話 二・二六「そこひもしらず深き河なれば」訳果てしなく深い河なので。
なりたち 名詞「そこひ」＋係助詞「も」＋動詞「しる」の未然形＋打消の助動詞「ず」

そこ-ほど【其処程】代名詞 そのあたり。そこらあたり。▼中称の指示代名詞。徒然 鎌倉―随筆 七一「昔物語を聞きても、このごろの人の家の、そこほどにてぞありけんと覚え」訳昔の物語を聞いても、現在の人の家の、そのあたりであったろうと思われ。

そこ-もと*【其処許】代名詞 ❶そのあたり。その所。そこ。▼中称の指示代名詞。蜻蛉 平安―日記 下「やがてそこもとに、雨皮はりたる車さしよせ」訳すぐにその所に、雨覆いを張った車をさし寄せ。❷おまえ。なんじ。▼対称の人称代名詞。同等以下の相手に使う。忠臣蔵 江戸―浄瑠 浄瑠「今日の御用は仕舞ひ次第、そこもとへ推参してお目にかける物がある」訳今日の御用が終わり次第、おまえ(のところ)へ参上してお目にかける物がある。

そこ-ゆゑ-に【其処故に】(ソコユエニ) 連語 それだから。そのため。それゆえ。▼接続詞的に用いる。万葉集 奈良―歌集 一六二九「ここ思へば胸こそ痛きそこゆゑに情和ぐやと高円の山にも野にもうち行きて遊びあるけど」訳このことを思うと胸が痛い。そのため気持ちが安まるかと高円の山にも野にも行って遊びまわるけれど。

そこ-ら 副詞

❶多く。たくさん。▼数量の多いさま。竹取物語 平安―物語 かぐや姫の昇天「そこらの年ごろ、そこらの金給ひて」訳多くの年月の間、たくさんの黄金をくださって。
❷はなはだしく。非常に。たいそう。▼程度のはなはだしいさま。源氏物語 平安―物語 若紫「そこら遥かに、いかめしう、占めて造れるさま」訳たいそう遠くまで、厳重に、土地を占領して(屋敷を)造ってあるようす。

そこらく-に 副詞 あれほど。十分に。たくさんに。しっかりと。万葉集 奈良―歌集 一七四〇「この篋開くなゆめとそこらくに堅めしことを」訳この櫛箱を決して開けてはいけないと、あれほど厳しくいましめたことなのに。

そ-し【祖師】名詞 ❶開祖。宗教界で一宗一派を開いた最初の人。禅宗の達磨、浄土真宗の親鸞、日蓮宗の日蓮など。❷学統や流派などを作り出した偉人。また創始した人。❸物事の始め。もと。元祖。❹日蓮宗で、日蓮の尊敬語。

そ-しょう【訴訟】名詞 ❶役所に裁判を申し出ること。訴え。❷不平不満や要求などを申し出ること。請願。嘆願。

そしらは・し【謗らはし】(ソシラワシ) 形容詞シク {(しく)・しから/しく・しかり/し/しき・しかる/しけれ/しかれ} 難癖をつけたくなるようすだ。非難したくなるようすだ。源氏物語 平安―物語 少女「かくそしらはしきなりけり」訳このように難癖をつけたくなるようすであった。

そしり【謗り・誹り・譏り】名詞 悪口。非難。

そし・る【謗る・誹る・譏る】他動詞ラ四 {ら/り/る/る/れ/れ} 悪く言う。非難する。けなす。枕草子 平安―随筆 はしたなきもの「おのづから人の上などうち言ひそしりたるに」訳たまたま他人の話などをちょっと口に出して、けなしていたのを。

-そ・す*【過す】接尾語サ四 〈動詞の連用形に付いて〉十二分に…する。…しすぎる。▼その動作が度を越している意を添える。枕草子 平安―随筆 文ことばなめき人こそ「『あまり見そす』など言ふも」訳「あまり世話を焼きすぎる」などと(私に)言うのも。

そ-・ず【損ず】他動詞サ変 {ぜ/じ/ず/ずる/ずれ/ぜよ} そこなう。こわす。そんずる。▼他の動詞に付けて用いることが多い。宇津保 平安―物語 国譲下「すずろに仕うまつりそじたりや」訳不本意にも(歌を)よみそこないましたよ。◆「そんず」の撥音「ん」が表記されない形。

素性(そせい) 人名 生没年未詳。平安時代前期の歌人。三十六歌仙の一人。俗名は良峯玄利。遍照の子。出家して雲林院に住んだ。『古今和歌集』の代表的な歌人で、技巧的で理知的な歌をよんだ。勅撰集に六十一首入集、家集『素性集』がある。

そ-そ 感動詞 そら。それそれ。そらそら。▼人に注意を促すときに発する語。蜻蛉 平安―日記 中「『そそ』など人もさはぐほどに」訳「それそれ」などと人が騒いでいるうちに。◆代名詞「そ」を重ねた語。

そそか・し 形容詞シク {(しく)・しから/しく・しかり/し/しき・しかる/しけれ/しかれ} 落ち着きがない。せわしい。そそっかしい。源氏物語 平安―物語 横笛「いとそそかしう這ひ下り騒ぎ給ふ」訳たいそう落ち着きなく這いおりて騒いでおられる。◇「そそかしう」はウ音便。

そそ・く[1] 自動詞カ四 {か/き/く/く/け/け} せわしく物事をする。そそくさとする。蜻蛉 平安―日記 中「初夜行ふとて、法師そそけば」訳初夜の勤行を行うというので、僧がせわしくするので。

そそ・く[2] 自動詞カ下二 {け/け/く/くる/くれ/けよ} ほつれる。髪・草などそろっていたものが乱れる。源氏物語 平安―物語 野分「花は限りこそあれ、そそけたる蘂なども、まじるかし」訳花は(美しいといっても)限度があるもので、(ぼさぼさに)ほつれている蘂なども、(みっともなく)まじるものだよ。

そそ・く[3]【注く・灌く・灑く】
一 自動詞カ四 {か/き/く/く/け/け} ❶(水が)流れる。日本書紀 奈良―史書 応神「長き瀾みなそそき溢がる」訳高い波が流れて。❷(雨・雪などが)降りかかる。源氏物語 平安―物語 蓬生「日ごろ降りつる名残の雨、今少しそそきて」訳数日来降っていた雨の余波が、今少し降りかかって。❸

(涙が)盛んに流れ落ちる。[源氏物語 平安—物語] 須磨「酔ひの悲しび、涙そそく春の杯のうち」[訳]酔った悲しみに、涙が春の杯の中に流れ落ちる。

二 [他動詞]カ四（か／き／く／く／け／け）❶**振りかける。流しかける。**[伊勢物語 平安—物語] 五九「面に水そそきなどして」[訳]顔に水を流しかけなどして。❷**(器などに、液体を)つぎ込む。**[伽羅先代萩 江戸—歌舞] 浄瑠「鼎にそそぐ潔浄水」[訳]鼎につぎ込むけがれのない清い水。

参考 江戸時代以降は「そそぐ」。

そそく・る [他動詞]ラ四（ら／り／る／る／れ／れ）**忙しそうに物事をする。せわしげに物事をする。**[源氏物語 平安—物語] 横笛「耳はさみして、そそくりつくろひて、抱きて給へり」[訳](髪の毛を)耳に挟んで、せわしげに世話をして、(若君を)抱いて座っていらっしゃった。

***そそのか・す**【唆かす】[他動詞]サ四（さ／し／す／す／せ／せ）❶**せき立てる。よい事だからと、相手にすすめる。**[源氏物語 平安—物語] 桐壺「とく参り給はむことをそそのかし聞こゆれど」[訳](若宮が宮中に)はやく参内なさることを(祖母君に)せき立て申し上げたが。❷**誘惑する。おだてて悪い方へと誘う。**[生玉心中 江戸—浄瑠] 浄瑠・近松「人の小息子そそのかし、悪道に引き入れるの」[訳]人の若い息子を誘惑し、悪の道に引き入れたり。◇江戸時代の語。

***そそ-め・く** [自動詞]カ四（か／き／く／く／け／け）❶**忙しそうに振る舞う。ざわざわする。**[枕草子 平安—随筆] 殿上の名対面こそ「沓の音し、そそめき出づると」[訳]沓の音をさせて、ざわざわと出てくると。❷**落ち着かず、そわそわする。浮き立つ。**[宇津保 平安—物語] 蔵開上「この朝臣そそめきたりけるは」[訳]この朝臣がそわそわしているのは(どうしたのか)。◆「めく」は接尾語。

そそ-や [感動詞]

なりたち 感動詞「そそ」に間投助詞「や」の付いたかたちが一語化したもの。

❶**それそれ。そうそう。**▼相手の言葉にあいづちを打つ語。[源氏物語 平安—物語] 夢浮橋「『そそや。あな、うつくし』など言ひて」[訳]「そうそう。まあ、かわいらしい」などと言って。❷**あれまあ。そりゃ。**▼驚きを表す語。[源氏物語 平安—物語] 末摘花「ただ今おはするやうにてうちたたき給ふ。『そそや』など言ひて、火とりなほし」[訳]たった今いらっしゃったようにして(格子を)おたたきになる。「あれまあ」などと言って、灯火をつけなおして。

そそ・る[1] **一** [自動詞]ラ四（ら／り／る／る／れ／れ）❶**心が浮つく。そわそわする。**[一代女 江戸—物語] 浮世・西鶴「もたれかかれば、この親仁そそり出だして」[訳]もたれかかると、この親父はそわそわしだして。❷**浮かれ騒ぐ。ひやかして歩く。**[油地獄 江戸—浄瑠] 浄瑠・近松「まだ肌寒き川風を、酒にしのぎてそそり行く」[訳]まだ肌寒い川風を、酒で(体を温め)しのいで浮かれ騒いで行く。

二 [他動詞]ラ四（ら／り／る／る／れ／れ）**(物を)揺り動かす。**[神楽歌 平安—神楽] 早歌「揺すり上げよそそり上げ」[訳]揺すって上げよ、揺すり動かして上げ。

そそ・る[2]【聳る】[自動詞]ラ四（ら／り／る／る／れ／れ）**そびえ立つ。そびえる。**[万葉集 奈良—歌集] 四〇〇三「白雲の千重を押し別け天そそり高き立山」[訳]白雲が幾重にも重なったのを押し分けて、空に高くそびえ立つこの高い立山よ。

そそろ-か・なり【聳ろかなり】[形容動詞]ナリ（なら／なり・に／なり／なる／なれ／なれ）**(背丈が)すらりとして高い。そびえ立つように高い。**「そぞろかなり」とも。[源氏物語 平安—物語] 行幸「丈だちそそろかにものしたまふに」[訳]背丈がすらりとして高くいらっしゃるうえに。

そぞろ-がみ【漫ろ神】[名詞] **なんとなく人の心を浮き立たせる神。**[奥の細道 江戸—紀行] 出発まで「そぞろがみの物につきて心を狂はせ」[訳]人の心を浮き立たせる神が(私に)取り付いて心を正常でなくならせ。

そぞろ・く【漫ろく】[自動詞]カ四「すずろく」に同じ。

そぞろ-ごころ【漫ろ心】[名詞]「すずろごころ」に同じ。

***そぞろ-ごと** [名詞] **一**【漫ろ言】「すずろごと一」に同じ。**二**【漫ろ事】「すずろごと二」に同じ。

そぞろ-さむ・し【漫ろ寒し】[形容詞]ク（(く)・から／く・かり／し／き・かる／けれ／かれ）❶**なんとなく寒い。うすら寒い。ぞっとする。**[源氏物語 平安—物語] 初音「雪やや散りて、そぞろさむきに」[訳]雪が少し舞い散って、なんとなく寒いので。❷**ぞくぞくするほどすばらしい。**[源氏物語 平安—物語] 若菜下「よろづの事そぞろさむく、おもしろさも立ち添ひたり」[訳]すべてのことがぞくぞくするほどすばらしく、美しさも加わっている。

そぞろ・なり【漫ろなり】

[形容動詞]ナリ（なら／なり・に／なり／なる／なれ／なれ）

❶**ひとりでに。これといった理由もなく。**[今昔物語 平安—説話] 二八・四二「障子のそぞろに倒れかかるなりけり」[訳]障子がひとりでに倒れかかるのであった。❷**無関係だ。筋違いだ。**▼いわれや根拠がないさま。[蜻蛉 平安—日記] 中「よろづのことよりも、この君の、かくそぞろなる精進をしておはするよ」[訳]なにはさておいて、この(道綱の)君が、このように無関係な精進をしていらっしゃることよ。❸**むやみやたらだ。**[徒然 鎌倉—随筆] 七三「その道知らぬは、そぞろに神のごとくに言へども」[訳]その専門の分野を知らない人は、むやみに神様のように尊んで言うけれども。❹**思いがけない。予期していない。**◆「すずろなり」とも。

関連語 ⇩すずろなり。

そぞろ-は・し【漫ろはし】[形容詞]シク「すずろはし」に同じ。

そち[1]【帥】[名詞] 大宰府の長官。「そつ」とも。

参考「帥」は多くは親王が任ぜられるが、実際には大宰府に赴任せず、代理の権帥を遣わした。権帥を欠くとき、大弐(=大宰府の次官)が代行するので、大弐をも帥ということがある。

そ-ち[2]【其方】[代名詞] ❶**そちら。そっち。**▼中称の指示代名詞。相手のいる方向をさし示す語。[万葉集 奈良—歌集] 一九九「霰なすそちより来れば」[訳]霰のようにそちらから来るので。❷**なんじ。おまえ。**▼対称の人称代名詞。目下の相手に用いる。[止動方角 室町—狂言] 狂言「そちは大儀ながら、伯父ぢゃ人の方へいて」[訳]おまえは面倒であろうが、伯父さんのところへ行って。◇鎌倉時代以降の用法。

そ-ちん【訴陳】[名詞]／—す[自動詞]サ変 原告(=訴人)

が書状(=訴状)をもって訴え、被告(=論人)がそれに書状(=陳状)をもって答弁すること。三問三答して決着をつける。「そぢん」とも。

＊**そつ【帥】** 名詞「そち」に同じ。

＊**そつ-じ【卒爾・率爾】** 名詞 **失礼な行動。無礼。** 忠臣蔵 江戸一浄瑠 浄瑠「何の遺恨も候はねば、そつじ致さん様もなし」訳何の恨みもございませんので、失礼な行動をすることもない。

＊**そつ-じ-なり【卒爾なり・率爾なり】** 形容動詞ナリ{なら/なり・に/なり/なる/なれ/なれ} ❶**突然だ。だしぬけだ。にわかだ。** 平家物語 鎌倉一物語 一〇・高野御幸「明日の御幸もあまりにそつじに存じ候ふ」訳明日のお出ましもあまりに突然に存じます。❷**軽率だ。軽はずみだ。** 保元 鎌倉一物語 上「そつじに発向せん事、しかるべきともおぼえず」訳軽率に出発することは、適切だとも思われない。

＊**そで【袖】** 名詞 ❶衣服の腕を覆う部分。袂を含めていうこともある。万葉集 奈良一歌集 一三二「わが振るそでを妹見つらむか」訳⇨いはみのや…。❷鎧の、肩からひじを覆う部分。❸牛車や輿で、前後の出入り口の左右に張り出している部分。

参考 ❶の「袖」は古代には霊魂が宿るものとされた。「袖振る」という動作は、男女の間で別れの際に行われた愛情表現といわれるが、それには、相手の魂を招き寄せる、また、そのようにして無事を祈る気持ちが含まれていたという。

そで-うちあは・す【袖打ち合はす】ソデウチアワス 連語 **着物の袖をかき合わせる。**▼神妙さや敬意を表す。枕草子 平安一随筆 内裏の局「そでうちあはせて立ちたるこそをかしけれ」訳着物の袖をかき合わせて立っているのが、趣がある。

そで-かきあは・す【袖掻き合はす】ソデカキアワス 連語 **かしこまって着物の袖をかき合わせる。** 平家物語 鎌倉一物語 三・少将都帰「少将そでかきあはせ、いきたる人に物を申すやうに、泣く泣く申されけるは」訳少将がかしこまって袖をかき合わせ、生きている人にものを申し上げるように、泣く泣く申し上げたことは。

そで-かたし・く【袖片敷く】 連語 **自分の衣服の片袖を敷いて独り寝をする。** 万葉集 奈良一歌集 三六二五「なれ衣そでかたしきて独りかも寝む」訳着古した衣の片袖を敷いて独りで寝ることであろうか。

そで-がち-なり【袖がちなり】 形容動詞ナリ{なら/なり・に/なり/なる/なれ/なれ} **袖ばかりのように見える。** 枕草子 平安一随筆 うつくしきもの「短きがそでがちなる着てありくも」訳短い(着物の)袖ばかりのように見えるの(=袖ばかり目立つの)を着て動きまわるのも。

そで-か・ふ【袖交ふ】ソデカウ 連語 **袖を交えて寝る。男女が共寝をする。** 万葉集 奈良一歌集 二四一〇「あらたまの(=枕詞)年はきはれど敷栲の(=枕詞)そでかへし子を忘れて思へや」訳私は年を取ったけれども袖を交えて寝たあの子のことを忘れようか、忘れはしない。

そで-かへ・す【袖返す】ソデカエス 他動詞サ四{さ/し/す/す/せ/せ} ❶**袖を裏返しにする。** こうして寝ると恋人が夢に現れるという俗信があった。万葉集 奈良一歌集 二八一二「白栲の(=枕詞)そでかへししは夢に見えきや」訳袖を裏返しにして寝たのですが、夢に現れましたか。❷**袖をひるがえす。** 源氏物語 平安一物語 花宴「のどかにそでかへすところを」訳ゆっくりと袖をひるがえすところを。

そで-ぎちゃう【袖几帳】ソデギチョウ 名詞 袖で顔を覆い隠すこと。「そでのきちゃう」とも。◆袖を几帳の代わりにする意を表す。

そで-ぐち【袖口】 名詞 衣服の袖の端の手首の出るところ。◆殿中の几帳や簾の下、あるいは牛車の簾の下から出された女房の衣の袖のようすについていうことが多い。

そで-に-あま・る【袖に余る】 連語 **涙などが袖に包みきれずにこぼれる。** 千載 鎌倉一歌集 恋二「人目をば包むと思ふにせきかねてそでにあまるは涙なりけり」訳人目から包み隠そうと思うのにせきとめることができなくて袖に包みきれずにこぼれるのは涙であることだ。

そで-に-みなと-の-さわ・ぐ【袖に湊の騒ぐ】 連語 (港に波が打ち寄せるように)**袖に涙がはげしく流れる。** 伊勢物語 平安一物語 二六「思ほえずそでにみなとのさわぐかな」訳思いがけず袖に涙がはげしく流れることだなあ。

そで-の-きちゃう【袖の几帳】ソデノキチョウ 連語「そでぎちゃう」に同じ。

そで-の-こほり【袖の氷】ソデノコオリ 連語 **袖をぬらした涙が凍ってできた氷。** 悲しみに閉ざされた心をたとえていう語。「そでのつらら」とも。源氏物語 平安一物語 真木柱「よそにても思ひだにおこせ給はばそでのこほりも溶けなむかし」訳よそにいても、思いだけでもこちらへ送りなさるならば、袖にできた氷もとけてしまうでしょうよ。

そで-の-しがらみ【袖の柵】 連語 **袖で涙をおさえること。** 流れる涙を川の流れにたとえ、袖を、水をせき止める柵にたとえていう語。源氏物語 平安一物語 幻「そでのしがらみせきあへぬまであはれに」訳袖で涙をおさえること(をしても)おさえきれないほどにどうしようもなく悲しく。

そで-の-しぐれ【袖の時雨】 連語 **袖をぬらす涙。** 涙を袖に降る時雨にたとえていう語。「そでしぐれ」とも。源氏物語 平安一物語 椎本「野山のけしき、ましてそでのしぐれをもよほしがちに」訳野や山のようすは、なおさら袖をぬらす涙をさそいがちで。

そで-の-しづく【袖の雫】ソデノシズク 連語 **袖に落ちかかる涙。** 伊勢物語 平安一物語 七五「世の人のつらき心はそでのしづくか」訳人のつめたい心は袖に落ちかかる涙なのだろうか。

そで-の-つゆ【袖の露】 連語 **袖に置く露。袖をぬらす涙。** 後撰 平安一歌集 雑二「我のみはたちも帰らぬ暁にわきても置けるそでのつゆかな」訳私だけが立ち帰ったわけでもない暁なのに、とりわけ私だけに置いた袖の露のように私は泣き泣き帰ったことだ。

＊**そで-の-わかれ【袖の別れ】** 連語 袖を重ねて共寝した男女が袖を解いて別れること。万葉集 奈良一歌集 三一八二「白たえの(=枕詞)そでのわかれを難みして」訳袖を解いて別れるのがつらいと思い。

そでひちて… 和歌「袖ひちて　むすびし水の　凍れるを　春立つ今日の　風やとくらむ」古今 平安一歌集 春上・紀貫之 訳夏の日の袖がぬれるまでにして手にすくった水が、冬の間凍っていたのを、立春の今日の風が解かしていることであろう。

鑑賞 季節の推移を水の変化(水→氷→水)によって巧みに表現して、立春を迎えた喜びを詠んだもの。「むすび」は「掬(むす)び」と「結び」との、「春」は「張る」との、「立つ」は「裁つ」との掛け詞(ことば)。「結ぶ」「張る」「裁つ」「とく(解く)」は、「袖」の縁語。末尾の「らむ」は係助詞「や」の結びで、助動詞「らむ」の連体形である。

そで-ふくりん【袖覆輪】 名詞 衣服の袖口がすり切れるのを防ぐために、別の布でくるんだり、裏地を表にぬいかえしたりしたもの。飾りにもした。

そで-ふりあふ-も-たしやう-の-えん【袖振り合ふも他生の縁】(ソデフリアウモタショウノエン) 連語 仏教語。見知らぬ人と道で袖が触れあうという、些細(ささい)な関係を持つのも、みな前世から結ばれた因縁によるものである。◆「他生」は「多生」の誤用ともいう。

そで-ふ・る【袖振る】 連語 ❶**合図を送ったり、別れを惜しんで袖を振る。** 万葉集 奈良―歌集 一三四「わがそでふるを妹(いも)見けむかも」訳 わたしが別れを惜しんで袖を振るのを妻は見たであろうか。❷**袖を振って舞う。** 源氏物語 平安―物語 紅葉賀「から人のそでふることは遠けれど」訳 唐(=中国)の人が袖を振って舞ったということは遠い昔のことでよく知らないが。

そで-を-しぼ・る【袖を絞る】 連語 **涙でぬれた袖を絞る。** ひどく悲しんで泣くさまにいう。後拾遺 平安―歌集 恋四「契(ちぎ)りきなかたみにそでをしぼりつつ末(すゑ)の松山波越さじとは」訳 ⇨ちぎりきな…。

そで-を-ぬら・す【袖を濡らす】 連語 **涙を流して泣く。涙で袖をぬらす。** 蜻蛉 平安―日記 中「思ひ知りたる人は、そでをぬらさぬといふたぐひなし」訳 身にしみて知っている人は、涙で袖をぬらさないという人はいない。

1 **そと【外】** 名詞 ❶**外側。外部。外面。室外。戸外。** 卒都婆小町 室町―能楽 謡曲「極楽の内ならばこそ悪(あ)しからめ、そとはなにかは苦しかるべき」訳 極楽の中でならば悪いだろうが、外ではどうして不都合なことがあろうか。⇨外(と)・外(ほか)。❷**仏教以外の教え。特に、儒教。** ◇仏教を「内(うち)」と呼ぶのに対していう。
参考 「うち」に対する「そと」は鎌倉時代以降の語。平安時代までは、多く「と」が用いられた。

2 **そ-と** 副詞 ❶**ちょっと。少し。** 西行桜 室町―能楽 謡曲「はるばるこれまで参りて候ふ。そとおん見せ候へ」訳 はるばるここまでやって参りました。ちょっとお見せください。❷**ひそかに。そっと。** 春栄 室町―能楽 謡曲「高橋殿へそとおん目にかかりたきこと候ひて」訳 高橋様にひそかにお目にかかりたいことがございまして。

そとば【卒塔婆・卒都婆】 名詞 ❶仏教語。仏舎利を安置するため、また、供養・報恩のために造る塔状の建造物。❷供養のために墓所に立てる、塔をかたどった細長い板。上部には五輪卒都婆の形の切り込みがあり、板面に梵字(ぼんじ)や経文を書いて死者に回向(えこう)する。

衣通姫(そとほりひめ)(ソトオリヒメ) 人名 『古事記』『日本書紀』に見える伝説上の美女。容姿の美しさが衣を通して光り輝いたことからの名で、『古事記』では允恭(いんぎょう)天皇の皇女軽大郎女(かるのおほいらつめ)、『日本書紀』では允恭天皇の皇后忍坂大中姫(おさかのおほなかつひめ)の妹の弟姫(おとひめ)という。後に和歌三神の一人として、和歌山市の玉津島神社にまつられた。

***そと-も** 名詞 ㊀【背面】**(山の)北側。北。** 日光を受ける側の背面、日の当たらない方。万葉集 奈良―歌集 五二「そともの大御門(おほみかど)に宜(よろ)しなべ神さび立てり」訳 (耳成(みみなし)山は)北側の皇后の御門の方にいかにもいい姿で神々しく立っている。◇奈良時代以前の語。対 影面(かげとも)。㊁【外面】**外。外側。** 平家物語 鎌倉―物語 灌頂・大原御幸「そともの小田(をだ)も水こえて」訳 (垣根の)外側の田も水をたたえて。

そなた【其方】 代名詞 ❶**そちら。そちらの方。** ▼中称の指示代名詞。枕草子 平安―随筆 清涼殿の丑寅のすみの「御誦経(みずきやう)などあまたさせ給(たま)ひて、そなたに向きてなむ念じ暮らし給ひける」訳 (左大臣は)僧に経を読ませることなどをたくさんさせなさって、そちら(=内裏(だいり)の方)を向いて一日じゅう祈念しなさった。❷**その方面。その点。** ▼中称の指示代名詞。源氏物語 平安―物語 桐壺「帝王の上(かみ)なき位にのぼるべき相(さう)おはします人の、そなたにて見れば、乱れ憂ふることやあらむ」訳 帝(みかど)というそれより上のない位に進むはずの人相がおありになる人で、その方面(=帝位につく方)として見ると、世が乱れて心配なことがあるのではないか。❸**あなた。** ▼対称の人称代名詞。主に目下の相手に用いる。世間胸算用 江戸―物語 浮世・西鶴「そなたの虎落(もがり)、今時は古し」訳 あなたのゆすりは、現在では古いよ。

そなた-ざま【其方様】 代名詞 **そちらの方面。そちらの方。** ▼中称の指示代名詞。源氏物語 平安―物語 松風「今日は、なほ桂殿(かつらどの)にとて、そなたざまにおはしましぬ」訳 今日は、やはり桂のお屋敷にということで、そちらの方へいらっしゃった。

そなは・る【備はる・具はる】(ソナワル) 自動詞 ラ四 {ら/り/る/る/れ/れ} ❶**そろっている。欠けるところなく整っている。** 狭衣 平安―物語 四「三十二相もよくそなはり給(たま)ひて」訳 (仏の身についた)三十二の(すぐれた)姿、形もよく整っていらっしゃって。❷(「…にそなはる」の形で)**その地位・身分になる。** 平家物語 鎌倉―物語 灌頂・女院出家「十六にて后妃(こうひ)の位にそなはり」訳 (建礼門院は)十六歳で后の位につき。

そな・ふ【備ふ・具ふ】(ソナウ) 他動詞 ハ下二 {へ/へ/ふ/ふる/ふれ/へよ} ❶**欠けるところなくそろえる。欠けるところなく身につける。** 拾遺 平安―歌集 哀傷「三十(みそ)余り二つの姿そなへたる昔の人の踏める跡ぞこれ」訳 三十二相をすべて身にそなえた昔の人、すなわち仏の踏んだ足跡だ、これは。❷食膳(しょくぜん)や物を調えて神仏や貴人などに差し上げる。平家物語 鎌倉―物語 灌頂・六道之沙汰「供御(くご)をそなふる人もなし」訳 (建礼門院への)お食事を差し上げる人もいない。◇ふつう「供ふ」と書く。

そ-な・る【磯馴る】 自動詞 ラ下二 {れ/れ/る/るる/るれ/れよ} ❶**海辺の木の枝や幹が潮風に順応して、傾いて生える。** 山家集 平安―歌集 中「荒磯(あらいそ)の波にそなれて這(は)ふ松は」訳 荒波の磯に順応し、傾いて、はうように生える松は。❷**なれる。見慣れる。** 源氏物語 平安―物語 松風「見なれそなれて別るるほどはただならざめるを」訳 親しく交わりなれて別れるときは(悲しみが)並々でないようだから。

そ-ね 連語 なりたち 禁止の終助詞「そ」＋相手に望む願望の終助詞「ね」

〔副詞「な」…「そね」の形で〕…してほしくない。…しないでほしい。▼やわらかな禁止を表す。〔万葉集 奈良―歌集〕二〇九七「雨な降りそね」訳雨が降らないでほしい。

曾根崎心中（ソネザキシンジュウ） 書名 世話物浄瑠璃（じょうるり）。近松門左衛門（ちかまつもんざえもん）作。江戸時代中期（一七〇三）初演。〔内容〕大坂の醤油（しょうゆ）屋の手代徳兵衛と遊女のお初が、曾根崎天神の森で情死した事件を、わずか一か月後に脚色上演して、観客を驚嘆させ魅了した作品である。

曾禰好忠（そねのよしただ） 人名 生没年未詳。平安時代中期の歌人。新しい用語や形式をとり入れた革新的な歌風で、歌壇に新風を送ったが、偏屈で言動が奇抜で、逸話が多い。家集に『曾禰好忠集（曾丹（そたん）集）』がある。

そねみ【嫉み】名詞 **嫉妬（しっと）。ねたみ。**〔源氏物語 平安―物語〕須磨「人のそねみ重くてうせ給（たま）ひにしかど」訳（桐壺更衣（きりつぼのこうい）は）人のねたみがひどくて亡くなりなさったけれど。

そね・む【嫉む】他動詞マ四〈ま/み/む/む/め/め〉**うらやみ憎む。ねたむ。**「そねぶ」とも。〔源氏物語 平安―物語〕桐壺「めざましきものにおとしめ、そねみ給（たま）ふ」訳（桐壺更衣（きりつぼのこうい）を、ほかの女御（にょうご）・更衣たちは）気にくわない者としてさげすみ、ねたみなさる。

その¹【園・苑】名詞 **庭園。**草花・果樹・野菜などを栽培するための一区画の土地。

そ-の²【其の】連語

なりたち 代名詞「そ」＋格助詞「の」

❶**その。前述の。**▼すでに話題となった事柄をさしていう。〔竹取物語 平安―物語〕かぐや姫の昇天「御衣（みぞ）を取り出（い）でて着せむとす。その時に、かぐや姫、『しばし待て』と言ふ」訳（天人が）天の羽衣を取り出して着せようとする。そのときに、かぐや姫が「しばらく待て」と言う。

❷**ある。何々の。**▼ある特定の人や物をぼかしていう。〔伊勢物語 平安―物語〕九「京に、その人の御もとにとて、文書きてつく」訳都へ、ある人のいらっしゃる所にと思って、手紙を書いて託す。

参考 現代語では「その」は一語の連体詞とするが、古語では「そ」は単独でも用いられるので二語の連語とする。⇨そ【其】

そのう【園生】⇨そのふ

その-かみ【其の上】名詞

❶**当時。そのころ。**▼現在より前のある時点をいう。〔土佐日記 平安―日記〕一・二〇「さて今、そのかみを思ひやりて、ある人の詠める歌」訳さて今、その当時を想像して、ある人が詠んだ歌。

❷**その時。**▼すでに話題となった時点をいう。〔大和物語 平安―物語〕一〇三「かくてすなはち来にけり。そのかみ塗籠（ぬりごめ）に入りにけり」訳（平中は）こうしてすぐにやって来た。その時（女は）塗籠に入ってしまっていた。

そ-の-こと-と-な・し【其の事と無し】連語

なりたち 代名詞「そ」＋格助詞「の」＋名詞「こと」＋格助詞「と」＋形容詞「なし」

❶**なんということもない。**〔伊勢物語 平安―物語〕四五「暮れがたき夏の日ぐらしながむればそのこととなくものぞ悲しき」訳⇨くれがたき…。❷**何事につけても。万事にわたって。**〔住吉物語 平安―物語〕「そのこととなくあはれにいとほしく」訳何事につけても、かわいそうで気のどくで。

そ-の-こと-に-さうら・ふ【其の事に候ふ】（ソノコトニソウロウ） 連語（応答に用いて）**そのことでございます。そのことなのですよ。**〔徒然 鎌倉―随筆〕一〇九「『いかにかく言ふぞ』と申し侍（はべ）りしかば、『そのことにさうらふ』」訳「どうしてこのように言うのか」と申しましたところ、「その事なのです」。

そ-の-すぢ【其の筋】（ソノスジ） 連語 **その方面。その道。**〔源氏物語 平安―物語〕桐壺「大和言の葉をも唐土（もろこし）の詩（し）をも、ただそのすぢをぞ枕言（まくらごと）にせさせ給（たま）ふ」訳和歌にしても、漢詩にしても、（帝（みかど）が）ただその方面（＝長恨歌（ちょうごんか））のことを口ぐせになさっている。

そ-の-はう【其の方】（ソノホウ） 代名詞 ❶**そちら。その方向。**▼遠称の指示代名詞。❷**おまえ。きさま。**▼対称の人称代名詞。武士や僧侶（そうりょ）などが、対等または目下の相手を見下していう。

そ-の-ひと【其の人】連語 ❶**だれだれ。だれそれ。その人。**▼すぐ前に述べた話題の人や故意に名を伏せる人物をさし示す。❷**それ相応の人。その身分の人。**▼その任に適した人物をそれとなく指し示す。また、その身分に相当する人物を指し示す。

***その-ふ**【園生】（ソノウ） 名詞 **庭。**植物を栽培する園。

そ-の-もの-と-な・し【其の物と無し】連語

なりたち 代名詞「そ」＋格助詞「の」＋名詞「もの」＋格助詞「と」＋形容詞「なし」

取り立てていうほどのものではない。〔枕草子 平安―随筆〕花の木ならぬは「そのものとなけれど、宿り木といふ名、いとあはれなり」訳取り立てていうほどのものではないが、宿り木という（木の）名前は、ほんとうに情趣がある。

そ-の-もの-と-も-な・し【其の物とも無し】連語

なりたち 代名詞「そ」＋格助詞「の」＋名詞「もの」＋格助詞「と」＋係助詞「も」＋形容詞「なし」

なんとも得体が知れない。〔大鏡 平安―物語〕道長上「そのものともなき声どもの聞こゆるに」訳なんとも得体の知れない声々が聞こえるので。

そは¹【岨】（ソワ） 名詞 **がけ。**険しい山の急な斜面。◆後には「そば」とも。

そ-は²【其は】連語

なりたち 代名詞「そ」＋係助詞「は」

それは。〔源氏物語 平安―物語〕若紫「やすらへば『そは心ななり』」訳ためらっていると、「それは（あなたの）考え次第でしょう」（と源氏が言われる）。

そば【稜】名詞 ❶（物のとがった）**かど。りょう。**〔宇治拾遺 鎌倉―説話〕六・五「石のそばの、折敷（をしき）の広さにて」訳石のかどが方形の盆の広さで。❷**袴（はかま）のももだち。**〔今昔物語 平安―説話〕二五・七「指貫（さしぬき）なめりと見ゆる袴のそばわき挟みて」訳指貫のようだと見える袴のももだちをはさんで。

ぞ-は 連語

なりたち 係助詞「ぞ」＋係助詞「は」

（…か）なあ。（…か）ね。▼疑問を表す語を受けて文末に使われる。〔古今 平安―歌集〕離別「かへる山なにぞはありてあるかひは」訳かえる山とは何かね、それがある効果というは（都に帰れるのではないのか）。

そ

そば-ざま【側方】名詞 **横の方。側面。横ざま。** 宇治拾遺 鎌倉―説話 二・七「そばざまに向きて鼻をひるほどに」訳 横の方を向いてくしゃみをするうちに。

そば-そば【側側・端端】名詞 **はしばし。ところどころ。** 枕草子 平安―随筆 野分のまたの日こそ「袴のそばそばより見ゆるに」訳（髪の先が）袴のはしばしからのぞいて見えるが。

そばそば-し*【稜稜し】形容詞 シク〔しく・しから／しく・しかり／し／しき・しかる／しけれ／しかれ〕❶**いかにもかどばっている。ごつごつしている。** 宇津保 平安―物語 菊の宴「優婆塞が行ふ山の椎がもとあなそばそばし」訳 在俗のまま仏門に入った男性が修行する山の椎の木の下はあゝかどばっていて居心地が悪い。❷**よそよそしい。しっくりいかない。（仲が）悪い。** 源氏物語 平安―物語 桐壺「弘徽殿の女御、またこの宮とも、御仲そばそばしきゆゑ」訳 弘徽殿の女御は、またこの（藤壺の）宮とも、お仲が悪いので。

そば-だ・つ*【峙つ・欹つ】
一 自動詞 タ四〔た／ち／つ／つ／て／て〕❶**高くそびえ立つ。** 奥の細道 江戸―紀行 松島「そばだつものは天をゆびさし」訳（島々は）高くそびえ立つものは天に向かい。❷**かどが立つ。とげとげしくなる。** 妹背山 江戸―浄瑠璃 浄瑠璃「詞にそばだつ親と親」訳 言葉にかどが立つ親と親。◆「そばたつ」とも。
二 他動詞 タ下二〔て／て／つ／つる／つれ／てよ〕❶**高くそびえ立たせる。** 平家物語 鎌倉―物語 九・樋口被討罰「深き所には大船をそばだてて」訳（海の）深い所には大船を（帆も）高々とならべ立たせて。❷**斜めに傾ける。** 宇治拾遺 鎌倉―説話 五・四「西坂より山へのぼるときは、身をそばだてて歩む」訳 西の方角の坂から山へ登るときは、身体を斜めに傾けて歩く。❸（「耳をそばだつ」の形で）**聞き耳を立てる。耳を澄ます。** 保元 鎌倉―物語 中「耳をそばだて、涙を流す」訳 聞き耳を立て、涙を流す。◆「そばたつ」とも。

そば-つき【側付き】名詞 **見た目。外見。** かたわらから見たようす。源氏物語 平安―物語 帚木「そばつきざればみたるも」訳 見た目がしゃれているのも。

そば-ひら【側平・傍平】名詞 **側面。かたわら。** 竹取物語 平安―物語 蓬萊の玉の枝「その山のそばひらをめぐれば」訳 その山の側面を回ると。

そば・ふ【戯ふ】ソバウ―ソボウ 自動詞 ハ下二〔へ／へ／ふ／ふる／ふれ／へよ〕**なれてたわむれる。ふざける。** 枕草子 平安―随筆 節は「そばへたる小舎人童などに」訳 ふざけている召使いの少年などに。◆後に「そばゆ」とも。

そば・む*【側む】
一 自動詞 マ四〔ま／み／む／む／め／め〕❶**横を向く。** 落窪物語 平安―物語 二「そばみてあれば、顔は見えず」訳 横を向いているので、顔は見えない。❷**知らないふりをする。よそよそしくする。** 蜻蛉 平安―日記 下「わが仲はそばみぬるかと思ふまで」訳 わたしとの仲はよそよそしくするようになってしまったかと思うまでに。❸**偏する。かたよる。** 源氏物語 平安―物語 梅枝「そばみたる古言どもを選りて」訳（風変わりに）かたよった古い歌などを選んで。
二 他動詞 マ下二〔め／め／む／むる／むれ／めよ〕❶（顔を）**横に向ける。** 源氏物語 平安―物語 空蟬「引き繕ひそばめたるうはべをのみこそ、見給へ」訳 ようすを取り繕って（顔を）横に向けた表面の姿ばかりをご覧になる。❷（目を）**そむける。** 源氏物語 平安―物語 桐壺「あいなく目をそばめつつ」訳 気に入らなくて目をそむけて。❸**かたわらに押しやる。** 平治物語 鎌倉―物語 上「弓をひらめ、矢をそばめて通し奉る」訳 弓を平らに伏せ、矢をかたわらに押しやってお通しする。

そば-め【側目・傍目】名詞 ❶**横目。** 横から見ること。源氏物語 平安―物語 末摘花「そばめに見れば」訳 横目で見ると。❷**横顔。** 横から見たようす・姿。源氏物語 平安―物語 若菜上「髪のかかり給へるそばめ」訳 髪がかかっていらっしゃる横顔。

そばめ-に-か・く【側目に掛く】連語 **横目で見る。また、軽く見る。ばかにする。** 曾我物語 鎌倉―物語 一「御気色も悪しく、傍輩も、そばめにかければ」訳（主人の）ご機嫌も悪く、仲間も軽く見たので。

そば・ゆ【戯ゆ】自動詞 ヤ下二〔え／え／ゆ／ゆる／ゆれ／えよ〕「そばふ」に同じ。

そば-よ・す【側寄す】他動詞 サ下二〔せ／せ／す／する／すれ／せよ〕**かたわらへ身を寄せる。** 枕草子 平安―随筆 内裏の局「うけばりて遣り戸のもとなどに、そばよせてはえ立てで」訳 出しゃばって引き戸の口などに、身を寄せて立つこともできずに。

そは・る【添はる】ソワル 自動詞 ラ四〔ら／り／る／る／れ／れ〕**増える。加わる。添う。** 源氏物語 平安―物語 澪標「なかなか物思ひそはりて、明け暮れくちをしき身を思ひ嘆く」訳 かえって物思いが増えて、明けても暮れてもあまりに身分の違う境遇を思い嘆く。

そび・く【聳く】
一 自動詞 カ四〔か／き／く／く／け／け〕❶**そびえる。** ❷（煙・雲・霧などが）**たなびく。** 今昔物語 平安―説話 一二・三九「西の方より紫の雲そびきてきたる」訳 西の方から紫色の雲がたなびいてきた。
二 他動詞 カ下二〔け／け／く／くる／くれ／けよ〕**高く上げる。そびやかす。** 霊異記 平安―説話 下「簾をそびけて問ひて」訳 玉簾を高く上げてたずねて。

そひ-つ・く【添ひ付く】ソイツク 自動詞 カ四〔か／き／く／く／け／け〕**そばへ寄る。寄り添う。** 枕草子 平安―随筆 故殿の御服のころ「なにぞなにぞと、源中将はそひつきていへど」訳 いったいなんのことですと、源中将は（私の）そばへ寄って言うけれど。

そひ-ぶし【添ひ臥し】ソイブシ 名詞 ❶**添い寝。** 寄り添って寝ること。源氏物語 平安―物語 紅葉賀「いとかう世づかぬ御そひぶしならむ」訳 まったくこのように世間並みでない御添い寝であろう。❷東宮や皇子などの元服の夜、そばに女性が添い寝をすること。また、その女性。源氏物語 平安―物語 桐壺「さらば、この折の後見なかめるを、そひぶしにも」訳 それならこの（元服の）際の後見役もないようだから、（その姫君を、源氏の）添い寝役にでも。
参考 ❷は古代の成人式の遺風とされ、添い臥しに選ばれた娘が正妻となる例が多い。公卿の娘などが選ばれた。

そひ-ふ・す【添ひ臥す】ソイフス 自動詞 サ四〔さ／し／す／す／せ／せ〕❶**物に寄り添って体を横たえる。横になる。** 枕草子 平安―随筆 心にくきもの「几帳のかたにそひふしてうち傾きたる」訳 几帳のところに横になってうつむいている。❷**人に寄り添って横になる。添い寝する。** 源氏物語 平安

一物語 夕顔「端のすだれを上げてそひふしたまへり」訳（夕顔は）端のすだれを上げて（源氏に）添い寝していらっしゃる。

そびやか・なり【聳やかなり・繊やかなり】形容動詞ナリ{なら/なり・に/なり/なる/なれ/なれ} 体つきがすらりとしたようすだ。源氏物語 平安一物語 蛍「そびやかに臥し給へりつる様体のをかしかりつるを」訳すらりとしたようすで横になっていらしゃる姿の風情があったのを。◆「やか」は接尾語。

そび・ゆ【聳ゆ・繊ゆ】自動詞ヤ下二{え/え/ゆ/ゆる/ゆれ/えよ} ❶（樹木・山などが）ひときわ高く立つ。そびえる。平家物語 鎌倉一物語 一〇・熊野参詣「巌松高くそびえて」訳岩に生えた松がひときわ高く立って。❷（体つきが）すらりとして高い。源氏物語 平安一物語 明石「人ざまいと貴にそびえて」訳（明石の上は）人柄がたいそう上品で、背が高くすらりとしていて。

そ-びら【背】名詞 背。背中。うしろ。◆「背平」の意。

そひ-ゐる【添ひ居る】ソイイル 自動詞ワ上一{ゐ/ゐ/ゐる/ゐる/ゐれ/ゐよ} 寄り添う。無名抄 鎌倉一論 道因歌に志深事「脇もとにつぶとそひゐて、みづはさせる姿に耳を傾けつつ」訳かたわらにぴったりと寄り添って、ひどく老いた姿であるが熱心に聞きながら。

そ・ふ【添ふ・副ふ】ソウ

一 自動詞八四{は/ひ/ふ/ふ/へ/へ} ❶付け加わる。さらに備わる。増す。源氏物語 平安一物語 桐壺「あさましううつくしげさそひ給へり」訳（元服した源氏には）あきれるほどかわいらしさがさらに備わりなさった。❷付き添う。付き従う。寄り添う。枕草子 平安一随筆 野分のまたの日こそ「うらやましげに押し張りて、簾にそひたる後ろ手もをかし」訳うらやましそうにすだれを外に押しつけて、すだれに寄り添って（外をながめて）いる後ろ姿もおもしろい。❸男女が連れ添う。夫婦としてくらす。源氏物語 平安一物語 帚木「あしくもよくも、あひそひて」訳（男が）悪くてもよくても、夫婦としてくらして。

二 自動詞八下二{へ/へ/ふ/ふる/ふれ/へよ}「年（月・日）にそへて」の形で」（…に）伴う。（…に）従う。竹取物語 平安一物語 燕の子安貝「人の聞き笑はむことを、日にそへて思ひ給ひければ」訳（中納言は）世間の人が聞いて笑うだろうということを、日がたつに従ってお思いになったので。

三 他動詞八下二{へ/へ/ふ/ふる/ふれ/へよ} ❶つけ加える。つけ足す。竹取物語 平安一物語 かぐや姫の昇天「壺の薬そへて、頭中将呼び寄せて、奉らす」訳（その手紙に）壺の薬をつけ加えて、（かぐや姫は）頭の中将を呼び寄せて（天皇に）献上させる。❷なぞらえる。たとえる。万葉集 奈良一歌集 一六四二「たな霧らひ雪も降らぬか梅の花咲かぬが代にそへてだに見む」訳空一面に曇って雪が降ってくれないかなあ。梅の花が咲かないその代わりに、降る雪を梅の花にせめてなぞらえてでもみよう。❸伴わせる。つき従わせる。

そ-ぶん【処分】名詞/―す 自動詞サ変「そうぶん」に同じ。

そへ-うた【諷歌】ソエウタ 名詞『古今和歌集』の仮名序で、『詩経』の六義（＝六種の形態）になぞらえた和歌の六義の一つ。『詩経』の「風」に当たるもので、ある物にことよせて思う心を詠む歌をさす。

そほ【赭・朱】ソオ 名詞 色の赤い土。また、その色。顔料に用いられた。

そほ-づ【案山子】ソオズ 名詞 かかし。「そほど」とも。古今 平安一歌集 雑体「あしひきの（＝枕詞）山田のそほづおのれさへ」訳山田のかかしよ、おまえまでが。

そぼ・つ【濡つ】自動詞タ上二{ち/ち/つ/つる/つれ/ちよ} ❶（雨・涙などで）ぬれる。びしょびしょになる。徒然 鎌倉一随筆 四四「稲葉の露にそぼちつつ」訳稲の葉に置く露にぬれながら。❷（雨・涙などが）しめやかに落ちる。そぼふる。古今 平安一歌集 恋三「明けぬとて帰る道にはこきたれて雨も涙も降りそぼちつつ」訳夜が明けてしまうといって帰る道にしごいたようにこぼれて落ちて雨も（つらい別れの）涙もひどく降り落ち続けることだ。◆奈良時代以前は「そほつ」か。

そほど【案山子】ソオド 名詞「そほづ」に同じ。

そほ-ぶね【赭舟】ソオブネ 名詞 赤土を塗った舟。「そほふね」とも。万葉集 奈良一歌集 二七〇「旅にして物恋しきに山下の赤のそほぶね沖へ漕ぐ見ゆ」訳⇩たびにして…。

そほ・ふ・る【そほ降る】ソオフル 自動詞ラ四{ら/り/る/る/れ/れ} 小雨がしとしと降る。雨が静かに降る。伊勢物語 平安一物語 八〇「三月のつごもりに、その日雨そほふるに」訳陰暦三月の終わりに、その日は雨がしとしと降るのに。◆後に「そぼふる」とも。

そぼ・る【戯る】自動詞ラ下二{れ/れ/る/るる/るれ/れよ} ❶たわむれる。ふざける。源氏物語 平安一物語 初音「年の内の祝ひ言どもしてそぼれあへるに」訳一年の幸せを願う数々の祝い言を述べて、たわむれあっているところへ。❷しゃれる。きどる。源氏物語 平安一物語 胡蝶「書きざま今めかしうそぼれたり」訳（手紙の）書きようは現代的でしゃれている。

そま【杣】名詞 ❶「杣山」の略。千載 鎌倉一歌集 雑中「おほけなく憂き世の民におほふかなわが立つそまにすみぞめの袖」訳⇩おほけなく…。❷「杣木」の略。❸「杣人」の略。今昔物語 平安一説話 一一・二〇「吉野のそまに三百余物も造らしめて」訳吉野の木こりに（材木を）三百余本造らせて。

そま-いり【杣入り】名詞「杣人」が、木を切るために山に入ること。

そま-びと【杣人】名詞 木こり。「杣山」から材木を切り出すことを職とする人。「そま」ともいう。

そま-やま【杣山】名詞 材木として切り出すために植林した山。「そま」ともいう。

そ・む[1]【染む】

一 自動詞マ四{ま/み/む/む/め/め} ❶染まる。しみ込んで色がつく。古今 平安一歌集 雑体「神無月しぐれの雨のそめるなりけり」訳（紅葉の色は）陰暦十月のしぐれの雨がしみ込んで染まったのだったなあ。❷感化される。とらわれてなじむ。源氏物語 平安一物語 若菜上「この世にそみたるほどの濁り、深きにやあらむ」訳この俗世間に感化されている間の煩悩が深いからだろうか。❸深く感じる。心に深くしみいる。平家物語 鎌倉一物語七・願書「渇仰肝にそむ」訳（八幡大菩薩の）ありがたさが心に深くしみいる。

二 他動詞 マ下二〔め/め/む/むる/むれ/めよ〕

❶色を付ける。染める。万葉集 奈良―歌集 四四二四「色深く背なが衣はそめましを」訳色も濃くあなたの衣服を染めたらよかったのに。

❷思いこむ。心を傾ける。古今 平安―歌集 恋五「心こそうたて憎けれそめざらば移ろふことも惜しからましや」訳心というものはいやに憎いものだ。あの人に心を傾けなかったら、あの人が心変わりすることも惜しいと嘆いただろうか。

-そ・む[2]【初む】接尾語 マ下二〔動詞の連用形に付いて〕…し始める。初めて…する。「言ひそむ」「聞きそむ」「咲きそむ」「立ちそむ」

そむき【背き・反き】名詞 ❶後ろの方。背面。❷反対すること。敵対すること。❸俗世に背き出家すること。遁世。

そむき-ざま・なり【背き様なり・背き状なり】形容動詞 ナリ〔なら/なり・に/なり/なる/なれ/なれ〕裏返しになっている。反対になっている。あべこべだ。枕草子 平安―随筆 ねたきもの「ゆだけの片の身を縫ひつるが、そむきざまなるを見つけで」訳ゆき（＝着物の背の中心から袖口まで）の片身ずつを縫ったのだが、裏返しになっているのに気付かないで。

そむき-す・つ【背き捨つ】他動詞 タ下二〔て/て/つ/つる/つれ/てよ〕俗世を捨て離れる。俗世を捨てて出家する。源氏物語 平安―物語 夕霧「いかでかこの髪そりて、よろづそむきすてむと思ふを」訳どうにかしてこの髪をそって、なにもかも捨てて出家したいと思うのに。

そむき-は・つ【背き果つ】他動詞 下二〔て/て/つ/つる/つれ/てよ〕俗世を捨ててしまう。俗世を捨てて出家する。更級 平安―日記 後の頼み「そむきはてたる庭の草むら」訳俗世を捨てて出家してしまった私の庭の草むら（の荒れざまを思ってください）。

そ-む・く【背く】

語義の扉

「むく」は「向く」、「そ」は「せ（背）」の奈良時代以前からの古代語で、身体を動かして対象に「背が向く」ようすを原義とする。転じて、心理的、また比喩的に「逆らう」「離れる」「出家する」の意にも用いられた（一）。二の他動詞の場合も、同様。

一 自動詞 カ四〔か/き/く/く/け/け〕

❶後ろ向きになる。背中を向ける。徒然 鎌倉―随筆 二三六「御前なる獅子・狛犬そむきて後ろざまに立ちたりければ」訳社殿の前の獅子と狛犬とが（たがいに）背中を向けて後ろ向きに立っていたので。参照▶文脈の研究 …をそむく。

❷逆らう。背く。竹取物語 平安―物語 御門の求婚「国王の仰せ言をそむかば、はや殺し給ひてよかし」訳国王のご命令に逆らうなら、すぐ私をお殺しになってくださいませ。

❸（夫婦が）別れる。離れる。源氏物語 平安―物語 夢浮橋「御心ざし深かりける御仲をそむき給ひて」訳ご愛情が深かった御夫婦仲であったのに、（＝あなた浮舟は）お離れになって。

❹出家する。隠遁する。徒然 鎌倉―随筆 五八「そむけるかひなし。さばかりならば、なじかは捨てし」訳（こんなことでは）出家したかいがない。その程度ならば、どうして世を捨てたのか。

二 他動詞 カ下二〔け/け/く/くる/くれ/けよ〕

❶後ろや横を向かせる。そらす。源氏物語 平安―物語 帚木「火ほのかに壁にそむけ」訳灯火は細くして壁の方に後ろを向かせ。

❷離す。離反する。増鏡 室町―物語 新島守「日に添へて人にもそむけられゆくに」訳日がたつにつれて人にも離反されていくが。

そめ-がみ【染め紙】名詞 仏教の経典。お経。徒然 鎌倉―随筆 二四「経・仏など忌みて、なかご、そめがみなど言ふなるもをかし」訳経・仏などという語は（仏教語なので）避けて、（仏を）なかご、（お経を）そめがみなどと言うのもおもしろい。

文脈の研究 …をそむく

動作の対象を明示した文脈の中では、古く平安時代以前に「…をそむく」の形が多く見られるが、鎌倉時代以降、特別の場合のほかは、『徒然草』「第一三〇段」にある。

人に本意なく思はせて、わが心を慰まんこと、徳にそむけり

訳人を残念に思わせて、わが心を慰めようとするのは人の道にはずれている

のような「…にそむく」がひろく用いられるようになり、「信頼にそむく」「親の言いつけにそむく」などといった現代語での用法にもつながる。

参考 お経を黄色や紺色に染めた紙に書いたところからきたもので、伊勢斎宮の忌み詞。斎宮は神に奉仕する身なので、神をはばかり、仏教語の使用を避けて特別の言葉を用いる。

ぞめき【騒き】名詞 さわがしいこと。浮かれさわぐこと。にぎわい。方丈記 鎌倉―随筆「秋刈り冬収むるぞめきはなし」訳（凶作のため）秋に稲を刈り取り、冬に米を収穫するにぎわいはない。◆古くは「そめき」。

ぞめ・く【騒く】自動詞 カ四〔か/き/く/く/け/け〕浮かれてさわぐ。遊里を冷やかして歩きまわる。心中天網島 江戸―浄瑠 浄瑠・近松「桜橋から中町下りぞめいたら」訳桜橋から中町くんだりまで冷やかして歩きまわったら。◇「ぞめい」はイ音便。◆古くは「そめく」。

そめ-どの【染め殿】名詞 ❶宮中や貴族の邸内にあって、糸または布地を染める所。❷藤原良房の邸宅の呼び名。後に清和天皇の離宮になった。また、良房の通称。

そ-も[1]【抑】接続詞 それにしても。そもそも。いったいぜんたい。▼前に述べたことに関係して、改めて説き起こすのに用いる語。下の文は疑問形が多い。徒然 鎌倉―随

筆]五二「聞きしにも過ぎて、尊くこそおはしけれ。そも、参りたる人ごとに山に登りしは、何事かありけん」訳（石清水八幡宮は）伝え聞いていたのにもまさって、尊くていらっしゃった。それにしても、参詣していた人々が皆山に登ったのは、何があったのでしょう。

そ-も[2]【其も】連語 なりたち 代名詞「そ」＋係助詞「も」 **それも。** 徒然 鎌倉―随筆 三〇「思ひ出でてしのぶ人あらむほどこそあらめ、そもまたほどなく失せて」訳（死んだ人を）思い出してなつかしむ人がいるようなうちはよいだろうが、それもまた間もなく亡くなって。

ぞ-も[1] 連語 なりたち 係助詞「ぞ」＋係助詞「も」 **…こそはまあ。**▼詠嘆を込めて強調する意を表す。万葉集 奈良―歌集 二一二三「わが待ちし秋は来たりぬしかれども萩の花ぞもいまだ咲かずける」訳私の待ち望んでいた秋はやってきた。しかし、萩の花こそはまあ、まだ咲かないことよ。◆奈良時代以前は「そも」とも。語法「ぞも」が文中に用いられた場合、文末の活用語は連体形となる。

ぞ-も[2] 連語 なりたち 終助詞「ぞ」＋終助詞「も」 〔疑問表現を伴って〕**…であるのかな。**▼詠嘆を込めて疑問の気持ちを強調する意を表す。万葉集 奈良―歌集 一四二〇「沫雪かはだれに降ると見るまでに流らへ散るは何の花ぞも」訳あわのような雪がまばらにはらはらと降るのかと見えるほどに、しきりに流れ散るのはなんの花であるのかなあ。◆奈良時代以前は「そも」とも。

そ-もじ【其文字】代名詞 女房詞。**あなた。お前。**▼対称の人称代名詞。女性が対等または目下の者に対して用いる。後、男性が女性に対しても言うようになった。きのふは 江戸―物語 咄本「そもじの鼻を削ひで見せられ候へ」訳あなたの鼻を削り落としてお見せください。

そも-そも【抑】
一 接続詞 **いったいぜんたい。さて。**▼あらためて話題を出すときに用いる。土佐日記 平安―日記 一・七「『そもそもいかが詠んだる』と、いぶかしがりて問ふ」訳「いったいぜんたいどんなふうに（歌を）詠んだのか」と、不思議がって尋ねる。
二 名詞 **初め。起こり。** 日本永代蔵 江戸―物語 浮世・西鶴「そもそもより、摺り鉢九つ、…三年あまりに一つも売れず」訳（店を開いた）初めから、摺り鉢が九つ、…（あったものが）、三年あまりの間に一つも売れない。◆一の接続詞から変化した語。

そも-や 副詞 なりたち 接続詞「そも」に間投助詞「や」の付いたかたちが一語化したもの。**いったいまあ。さてまあ。** 世間胸算用 江戸―物語 浮世・西鶴「そもや、勝手知らぬ者の取る事ではござらぬ」訳さてまあ、事情を知らない者が取ったのではございません。

そもや-そも 連語 **いったいぜんたい。どうして、どうして。** 附子 室町―狂言 狂言「そもやそも、頼うだ人の御大切の御掛け物を、引き裂くといふことがあるものか」訳いったいぜんたい、主人のお大切なお掛け軸を引き裂いたりするものか。◆「そもや」を強めた形。

そ-や[1]【初夜】名詞「しょや」に同じ。

そ-や[2]【征矢・征箭】名詞 **実践用の矢。戦闘で用いる矢。**

ぞ-や[1] 連語 なりたち 係助詞「ぞ」＋係助詞「や」
❶〔疑問を表す語を伴って〕**…か。…であろうか。**▼自問する意を表す。紫式部 平安―日記 消息文「男だに才がりぬる人はいかにぞや、華やかならずのみ侍るめるよ」訳男でさえ学識をひけらかすような人はどういうものか、まるっきりうだつがあがらないと決まっているようですよ。
❷〔疑問を表す語を伴って〕**…か。…であるか。**▼相手に問いかける意を表す。源氏物語 平安―物語 若紫「何事ぞや。童べと腹立ち給へるか」訳何事か。子供たちとけんかしなさったのか。

ぞ-や[2] 連語 なりたち 終助詞「ぞ」＋間投助詞「や」
❶**…だなあ。…ことだ。…だぞ。**▼感動・詠嘆を込めて強く指示する。平家物語 鎌倉―物語 九・木曾最期「日ごろはなにともおぼえぬ鎧が、今日は重うなったるぞや」訳いつもはなんとも思われない鎧が、今日は重くなった（と思われる）ことだ。
❷**…ね。…だよ。**▼念を押したり、言い含めたりする意を表す。源氏物語 平安―物語 帚木「その際々をまだ思ひ知らぬ初事ぞや」訳その身のほど（に応じたふるまい）を、まだわきまえない初めての経験だよ。

そや・す 他動詞 サ四｛さ／し／す／す／せ／せ｝
❶**言いはやす。** 女腹切 江戸―浄瑠 浄瑠・近松「浮気烏とそやされて、月夜の闇もこの里へ」訳浮気烏と言いはやされて、月の夜も闇の夜もこの里へ。
❷**おだてる。** 丹波与作 江戸―浄瑠 浄瑠・近松「さあ、よいお子ぢゃお輿に召せとおどしてもそやしても」訳さあ、いいお子だお輿におのりなさいと、おどかしてもおだてても。

そ-やつ【其奴】代名詞 **そいつ。**▼他称の人称代名詞。人を卑しめののしっていう語。

そ-よ*【其よ】
一 連語 なりたち 代名詞「そ」＋間投助詞「よ」 **それだよ。** 宇治拾遺 鎌倉―説話 六・三「あれは変化の物ぞ。我こそそよ」訳あれは化け物だ。私こそそれだよ（＝本物だよ）。
二 感動詞 **ああ、そうそう。それそれ。**▼ふと思い出したり、相づちを打ったり、何かをし始めるときなどに発する語。源氏物語 平安―物語 宿木「そよ、その工匠も絵師も、いかでか心にはかなふべきわざならむ」訳そうそう、その職人も絵師も、どうして私の満足できるようなものであろうか。

ぞ-よ 連語 なりたち 終助詞「ぞ」＋間投助詞「よ」 **…ね。…だよ。**▼念を押して確かめる意を表す。源氏物語 平安―物語 若紫「今はさは大殿籠るまじきぞよ」訳もうそのように（子供っぽく）お休みになってはならないのだよ。

そよ・ぐ【戦ぐ】 自動詞 ガ四 {が/ぎ/ぐ/ぐ/げ/げ} **そよそよと音を立てる。** 古今 平安―歌集 秋上「稲葉そよぎて秋風の吹く」訳 稲がそよそよ音を立てて秋風が吹いている。

そよ-そよ 副詞 **さやさや。ざわざわ。** ▼物が軽くふれ合って立てるかすかな音を表す。枕草子 平安―随筆 正月に寺にこもりたるは「そよそよとあまたおり来て」訳 ざわざわと大勢が(衣ずれの音を立てて)下りて来て。

そよ(と) 副詞 **そよそよ(と)。** ▼静かに風の吹く音、また物が軽く触れ合って立てる音などを表す。万葉集 奈良―歌集 四三九八「負征箭の、そよと鳴るまで、嘆きつるかも」訳 背負っている矢が、そよそよと鳴るように、深くため息をついたことであるよ。

*** そよ-め・く** 自動詞 カ四 {か/き/く/く/け/け} **そよそよと音がする。風や衣ずれの音がする。ざわざわと音がする。** 源氏物語 平安―物語 少女「風の音の竹に待ち取られてうちそよめくに」訳 風の音が、竹に待ちむかえられてそよそよと鳴るのに。◆「めく」は接尾語。

そよ-や 感動詞 なりたち 感動詞「そよ」に間投助詞「や」の付いたかたちが一語化したもの。
そうよ。そうだ。そうそう。 ▼思い出したときや、相手に同意・同感したときに発する語。蜻蛉 平安―日記 下「そよや、さることありきかし」訳 そうだ、そういうことがあったよ。

そよ-ろ(と) 副詞 **かさり(と)。がさっ(と)。** 「そより」とも。▼物に触れて軽く立つ音を表す。枕草子 平安―随筆 にくきもの「物につきさはりて、そよろといはせたる」訳 (長烏帽子が)物につきあたって、がさっと音を立てたの(はにくらしい)。

曾良[1] ⇩河合曾良

そら[2] **【空】** 名詞 参考 地上の広々とした空間を表すのが原義。
❶**大空。空。天空。** 源氏物語 平安―物語 桐壺「月は入り方の、そら清う澄み渡れるに」訳 月は西に沈もうとしているころで、大空は清らかに一面に澄んでいるうえに。
❷**空模様。天気。** 源氏物語 平安―物語 明石「雨など降り、そら乱れたる夜は」訳 雨などが降って、空模様が荒れている夜は。
❸**途上。方向。場所。** 竹取物語 平安―物語 蓬萊の玉の枝「旅のそらに、助け給ふべき人もなき所に」訳 旅の途上なので、救ってくださるような人もない所であるのに。
❹〔多く、打消の語を下接して、不安・空虚な心の状態を表して〕**気持ち。心地。** 源氏物語 平安―物語 明石「明け暮れ安きそらなく嘆き給ふに」訳 毎日安らかな気持ちもなくお嘆きになるうえに。

そら[3] 副助詞 《接続》体言、活用語の連体形、副詞、助詞などに付く。
…でさえも。…でも。 今昔物語 平安―説話 二八・六「心ばせある人そら物につまづきて倒るること常のことなり」訳 配慮のゆきとどいた人でさえ物につまずいて倒れることは当たり前のことである。
参考 「すら」の変化した形。平安時代の末期から鎌倉時代にかけて、漢文訓読系統の文に多く用いられた。

そら-[4] **【空・虚】** 接頭語 ❶**いつわりの。うその。** ▼事実として存在しない意を表す。「そら言」「そら寝」。❷**かいのない。むだな。** ▼あてにならない意を表す。「そら頼め」。❸**ただなんとなく。** ▼確かな根拠のないままにそう感じられる意を表す。「そら恐ろし」

徂徠 ⇩荻生徂徠

そら-うそぶ・く【空嘯く】 自動詞 カ四 {か/き/く/く/け/け} **とぼけたふりをする。何気ないふうをよそおう。** 一休ばなし 江戸―物語 仮名「したたか食ひて、そらうそぶいておはせしかば」訳 腹一杯食べて、とぼけたふりをしていらっしゃったら。◇「そらうそぶい」はイ音便。◆「そら」は接頭語。

そら-おそろ・し【空恐ろし】 形容詞 シク {(しく)・しから/しく・しかり/し/しき・しかる/しけれ/しかれ} **なんとなく恐ろしい。無気味でこわい。** 源氏物語 平安―物語 賢木「人目も繁き所なれば、常よりも端近なる、そらおそろしうおぼゆ」訳 人目が多い所なので、いつもより外に近い所(にお入れしたの)であることを、なんとなく恐ろしいと思われた。◇「そらおそろしう」はウ音便。◆「そら」は接頭語。

そら-おぼめき【空おぼめき】 名詞 **そしらぬふり。知らぬ顔。そらおぼれ。** 源氏物語 平安―物語 蛍「つれなく、そらおぼめきしたるは」訳 そっけなく、そしらぬふりをしている人は。◆「そら」は接頭語。

そら-おぼれ【空おぼれ】 名詞 「そらおぼめき」に同じ。

そら-かぞふ【空数ふ】 ソラカゾウ 枕詞 地名の「大津」「大坂」など語頭に「大」を持つ語にかかる。語義・かかる理由未詳。万葉集 奈良―歌集 二一九「そらかぞふ大津の子が逢ひし日におほに見しくは今ぞ悔しき」訳 大津の采女に会った日に心にも留めずに見たことが今では悔しい。

そら-ごと【空言・虚言】 名詞 **事実でないこと。うそ。つくりごと。** 徒然 鎌倉―随筆 七三「とにもかくにもそらごと多き世なり」訳 いずれにしてもうその多い世の中である。

*** そら-さま【空様・空方】** 名詞 **上の方。空の方。** 「そらざま」とも。平家物語 鎌倉―物語 三・有王「髪はそらさまへ生ひあがり」訳 髪は上の方に(逆立って)生えあがり。

そらさむみ… 和歌 「空寒み 花にまがへて 散る雪に すこし春ある 心地こそすれ」枕草子 平安―随筆 二月つごもり頃に 訳 空が寒いので、まるで花に見間違えるように散って降る雪のために、少し春の気配が感じられるよ。
鑑賞 荒れ模様の二月末、雪が少し降っているときに、当時の歌壇の第一人者藤原公任から、清少納言のもとに「すこし春あるここちこそすれ」の下の句が送られてきた。それに上の句をつけて一首にした連歌。「すこし春ある」は、白居易の詩句を踏まえたもの。清少納言のつけた上の句も、公任の引用した句の前にある言葉を踏まえている。遊びとはいえ当意即妙性と文学的教養を問われる場面で、清少納言は緊張するが、結果は大いに好評を博した。「空寒み」は形容詞の「寒し」の語幹に接尾語「み」が付いた形で、「空が寒いので」と訳す。「こそ」は強意の係助詞で、結びの「すれ」はサ変動詞「す」の已然形。

そら-しら-・ず【空知らず】連語 **とぼけて知らないふりをする。そしらぬふりをする。** 宇治拾遺 鎌倉—説話 一一・六「心中にをかしく思へども、すかしふせんとてそらしらずして過ぎ行く程に」訳（人々をだまし、）心の中でおかしく思うが、だまし続けてやろうととぼけて知らないふりをして過ごしているうちに。

[1]**そら・す【反らす】**他動詞サ四｛さ／し／す／す／せ／せ｝**そらせる。** 八犬伝 江戸—物語 読本「項をそらしてこれを観る」訳首の後ろをそらせてこれを見上げている。

[2]**そら・す【逸らす】**他動詞サ四｛さ／し／す／す／せ／せ｝❶**逃がす。のがす。** 大和物語 平安—物語 一五二「とりかひ給ふほどに、いかがしたまひけむ、そらしたまひてけり」訳（鷹を）飼育されているうちに、どうされたのだろう、逃がしてしまわれた。❷**人の気分を害する。**❸（打消の語を下接して）**そしらぬふりをする。** 膝栗毛 江戸—物語 滑稽「こたつにとんと身をそむけ、そらさぬかほでふくきせる」訳こたつにすっかり背中を向けて、そしらぬふりで吹くキセル（=きざんだタバコをつめて吸う器具。）。

そら-せうそこ【空消息】ソラショウソコ 名詞 その人から来たように見せかけた、手紙や伝言。**にせの手紙。**◆「そら」は接頭語。

*****そら-だき【空薫き】**名詞 どこからともなくかおって来るように香をたいてにおわすこと。また、そのかおり。と はずがたり 鎌倉—日記 二「そらだきなどするもなべてならず、ことごとしきさまなり」訳香の空薫きなどをするのも並みひととおりではなく、おおげさなようすである。

そら-だきもの【空薫き物】名詞 空薫きに用いる香。

そら-だのみ【空頼み】名詞 あてにならないことを頼みに思うこと。◆「そら」は接頭語。

*****そら-だのめ【空頼め】**名詞 あてにならないことに期待させること。**から約束。** 蜻蛉 平安—日記 上「定めなく消え返りつる露よりもそらだのめする我はなになり」訳はかなくすっかり消えてしまった露よりも（真心のないあなたが）あてにならない期待をさせることをする（=あなたがさせなさる）この私は一体何なのでしょうか。◆「そら」は接頭語。

そら-なき【空泣き】名詞 **泣くふり。うそ泣き。** 大鏡 平安—物語 花山「おのづから障りも出でまうで来なんと、そらなきし給ひけるは」訳自然に差し支えも出てまいりますでしょうと、泣くふりをなさいましたよ。◆「そら」は接頭語。

そら-なげき【空嘆き・空歎き】名詞 **嘆くふりをすること。**悲しいふりをよそおうこと。源氏物語 平安—物語 真木柱「なほ心化粧はすすみて、そらなげきをうちしつつ」訳やはり心づくらいは募って、歎くふりをしながら。◆「そら」は接頭語。

そら・なり【空なり】

形容動詞ナリ｛なら／なり・に／なり／なる／なれ／なれ｝

❶**心がうつろだ。上の空だ。** 古今 平安—歌集 恋五「秋風は身を分けてしも吹かなくに人の心のそらになるらむ」訳秋風は人の体を中に分けいって吹くわけではないのに、あの人はどうして心がうつろになって冷たくなっているのだろう。

❷**いい加減だ。あてにならない。** 源氏物語 平安—物語 帚木「『それ、しかあらじ』と、そらに、いかがは推し量り思ひくたさむ」訳「それは、そうではあるまい」と、いい加減に、どうして当て推量で軽蔑するのであろうか。

❸（連用形「そらに」の形で）**物を見ないで。暗記していて。そらんじていて。** 更級 平安—日記 かどで「わが思ふままに、そらにいかでか覚え語らむ」訳自分の思うとおりに、（姉たちは物語を）そらんじていてどうして思い出して話せようか、（いや、話せない）。

そら-に-すが・く【空に巣掻く】連語 はかないことを試みるたとえ。また、報いられないことのたとえ。新古今 鎌倉—歌集 雑下「ささがにのそらにすがくもおなじことである。◆空に巣を作る意からのたとえ。」訳くもが空に巣を作るのも同じ（ようにはかない）ことである。◆空に巣を作る意からのたとえ。

[1]**そら-に-みつ** 枕詞「そらみつ」に同じ。

[1]**そら-ね【空音】**名詞 ❶**鳴きまね。**偽ってまねる鳴き声。後拾遺 平安—歌集 雑二「夜をこめて鳥のそらねははかるともよに逢坂の関はゆるさじ」訳⇩よをこめて…。❷**そらみみ。**実際にはない音を聞いたように思うこと。枕草子 平安—随筆 四月、祭の頃「忍びたるほととぎすの、遠くそらねかとおぼゆばかり」訳声をひそめて鳴くほととぎすの声が、遠くてそらみみかと思われるばかりに。◆「そら」は接頭語。

[2]**そら-ね【空寝】**名詞 **眠ったふり。たぬき寝入り。** 枕草子 平安—随筆 にくきもの「会はでありなむと思ふ人の来たるに、そらねをしたるを」訳会わないでいようと思う人が来たときに、眠ったふりをしているのを。◆「そら」は接頭語。

そら-の-みだれ【空の乱れ】連語 **悪天候。あらし。** 源氏物語 平安—物語 明石「頭さし出づべくもあらぬそらのみだれに出で立ち参る人もなし」訳頭をさしだすこともできない悪天候に京から参上する人もない。

そら-ひじり【空聖】名詞 名ばかりで本当の「聖」でないもの。にせ法師。えせ法師。えせ聖人。◆「そら」は接頭語。

*****そら-みつ** 枕詞 国名の「大和」にかかる。語義・かかる理由未詳。「そらにみつ」とも。「そらみつ大和の国」

*****そら-みみ【空耳】**名詞 音がしないのに聞こえたように錯覚すること。**幻聴。聞き違い。**◆「そら」は接頭語。

*****そら-め【空目】**名詞 **見まちがえ。見そこない。**ありもしないことを見たように思うこと。源氏物語 平安—物語 夕顔「光ありと見し夕顔の上露はたそかれ時のそらめなりけり」訳光り輝いていると見た夕顔（の花）の上の露のようなお顔は、夕暮れ方の見まちがえでございました。◆「そら」は接頭語。

そら-ゑひ【空酔ひ】ソラエイ 名詞 酒に酔ったふりをすること。◆「そら」は接頭語。

そら-を-あゆ・む【空を歩む】連語 足が地に着かないさま。源氏物語 平安—物語 御法「いとはかなき煙にて、はかなくのぼりたまひぬるも、例のことなれどあへなくいみじ。そらをあゆむここちして、人にかかりてぞおはしましけるを」訳（紫の上の遺骸は）ほんのはかない煙となって、あっけなく立ちのぼっておしまいになったのも、世の常のこととはいえ張り合いがなく悲しい。（源氏は）足も地に着かぬ思いで、人に寄りかかってお出ましになったのを。

そり【反り】名詞 ❶**そること。**弧状になること。❷刀や長刀などの峰のそっている部分。またそっている度合い。❸弦を張らない弓のそっている部分。またその度合い。

そり-くつがへ・る【反り覆る】自動詞ラ四 **そっくり返る。うしろの方へ反りまがる。**枕草子 平安―随筆 おぼつかなきもの「物もまだ言はぬ稚児の、そりくつがへり、人にもいだかれず泣きたる」訳まだ口もきかない赤ん坊が、そっくり返り、人にも抱かれず泣いているの(は気がかりだ)。

そり-くひ【剃り杭】名詞 剃ったあと少しのびた髭。▼短い髭を杭が出ていることに見立てた語。

そり-さげ【剃り下げ】名詞 江戸時代の男性の髪型の一つ。頭の頂を広く剃り下げて、鬢を糸のように細く残した髪型。糸鬢。

そりすてて… 俳句「剃り捨てて 黒髪山に 衣更へ」奥の細道 江戸―紀行 日光・曾良 訳黒髪を剃り捨てて、墨染めの法衣を着た僧として今度の旅に出たが、この黒髪山に衣更えの日の今日来てみると、剃髪して僧衣に着替えたころのことが思い出され感慨深い。

鑑賞 日光の黒髪山(=男体山)を衣更えの日に見て、旅立ちの日のことを思い出し、旅を続けていく決意を新たにした句。「衣更へ」には、季節の衣更えと、着替え(=出家遁世)の意をこめる。季語は「衣更へ」で、季は夏。

そり-はし【反り橋】名詞 中央が円形に高く反り上がっている形をした橋。

そ-りゃく【疎略・粗略】名詞 物事をおろそかに扱うこと。ぞんざい。「そらく」とも。

そ-りゃく・なり【疎略なり・粗略なり】形容動詞ナリ **ぞんざいだ。物事をおろそかに扱う。**「そらくなり」とも。用明天皇 江戸―歌舞 浄瑠・近松「何しにそりゃくに存ずべき」訳どうしてぞんざいにすることができよう。

そり-を-う・つ【反りを打つ】連語 刀の鞘の反りを上向きにして刀を抜こうと身構える。「そりをかへす」とも。反魂香 江戸―浄瑠 浄瑠・近松「瀬兵衛刀のそりをうち」訳瀬兵衛は刀を反りを上向きにして抜こうと身構え。

そり-を-かへ・す【反りを返す】連語「そりをうつ」に同じ。諸国ばなし 江戸―物語 浮世・西鶴「朱鞘のそりをかへして、春まで待てといふに」訳赤い鞘の刀を反りを上向きにして抜こうと身構えて、春まで待てといっているのに。

そ・る[1]【剃る】他動詞ラ四 **髪や髭などをそぎ落とす。**諸国ばなし 江戸―物語 浮世・西鶴「煤をも払はず、二十八日迄髭もそらず」訳煤はらいの煤も払わず、(年末の)二十八日まで髭もそらず。

そ・る[2]【逸る】一 自動詞ラ四 ❶**思わぬ方向に進む。**❷**離れる。逃げる。**落窪物語 平安―物語 一「このごろ御心それ出でて、化粧はやりたりとは見ゆや」訳このごろお心がそれて出て、化粧に夢中になっていると見えるよ。
二 自動詞ラ下二 一に同じ。栄花物語 平安―物語 初花「左よろづにおぼしむつかりて、…それにけり」訳左(の鶏)は万事につけて立腹し、…思いもかけぬ方向に行ってしまった。

それ[1]【其れ】代名詞 ❶**それ。そのこと。そのもの。その人。**▼中称の指示代名詞。すでに話題になった事物・人などをさしていう。竹取物語 平安―物語 貴公子たちの求婚「竜の頸に五色の光ある玉あなり。それを取りて奉りならむ人には」訳竜の頸に、五色の光を放つ玉があるということだ。それを取って献上する人には。
❷**ある。なになに。なにがし。**▼不定称の指示代名詞。不明の事物や、明示したくない事物をさす。土佐日記 平安―日記 一二・二一「それの年の十二月の二十日余り一日の日の」訳ある年の十二月二十日と一日の。
❸**お前。あなた。**▼対称の人称代名詞。徒然 鎌倉―随筆 二三八「あなわびし。それ、求めておはせよ」訳ああ、困ったことだ。あなた、探していらっしゃい。

それ[2]【夫れ】接続詞 **そもそも。いったい。**▼文のはじめに用いて、ある事柄を述べ始める語。方丈記 鎌倉―随筆「それ、三界はただ心一つなり」訳そもそも、我々を取り巻く一切の万物はただ心の持ち方によって決まる。

それ[3] 感動詞 **そら。ほら。**▼人を誘ったり、注意を促したりするときに発する語。七番日記 江戸―日記 俳文「それ馬が馬がとやいふ親雀―一茶」訳ほら馬が(きたぞ)馬がと親雀がいっているよ。

それ-か-あら-ぬ-か【其れかあらぬか】連語
なりたち 代名詞「それ」＋係助詞「か」＋ラ変動詞「あり」の未然形＋打消の助動詞「ず」の連体形＋係助詞「か」
はたしてそうか、それともそうでないのか。古今 平安―歌集 夏「去年の夏なきふるしてし郭公それかあらぬか声の変はらぬ」訳去年の夏に何度も鳴いて新鮮さを感じなくさせたほととぎすよ、それなのか、それとも別の(ほととぎす)なのか、声が変わらないことだ。

それ-がし*【某】代名詞 ❶**だれそれ。だれだれ。**▼不定称の人称代名詞。名のはっきりしない人、または知っていても明らかにする必要のない人をぼかしてさす。蜻蛉 平安―日記 中「ただ今、殿より御文もて、それがしなむ参りたりつる」訳今、ご主人からの御手紙をもって、だれそれが参上した。❷**私。**▼自称の人称代名詞。男性が少し謙そんして用いる。宇治拾遺 鎌倉―説話 四・一一「それがし、おほくの丈六を作り奉れり」訳私が、たくさんの一丈六尺の仏像をお作り申し上げた。参照▼類語と使い分け㉑

参考 ❷は鎌倉時代以後。室町時代以後は❷の意のみとなり、❶の意には「なにがし」が用いられる。

それ-かれ【其れ彼】代名詞 **だれだれ。だれそれ。**▼不定称の人称代名詞。複数の人をさし示す語。枕草子 平安―随筆 方弘は、いみじう人に「院の殿上には誰々かありつる、と人の問へば、それかれなど四、五人ばかり言ふに」訳院の殿上にはだれとだれがいたか、と人が尋ねるとだれそれと四、五人ほどの名前をあげたのに。

それ-それ【其れ其れ】一 代名詞 **だれだれ。だれそれ。**▼不定称の人称代名詞。枕草子 平安―随筆 二月つごもり頃に「『たれかたれか』

と問へば、『それそれ』と言ふ」訳「だれだれが(いらっしゃるのか)」とたずねると、「だれそれ」と言う。

二 感動詞 ❶あ、そうだ。そうそう。▼ふと思い付いたときに発する語。大鏡 平安―物語 道長下「それそれ、いと興に侍りし事なり」訳ああそうそう、たいそう興に乗っておりましたことだ。❷さあさあ。そらそら。▼相手に注意を促す語。清経 室町―能楽 謡曲「それそれおん申し候へ」訳さあさあ申し上げてください。❸それよそれよ。そうですとも。▼相手に同感したときに発する語。浮世物語 江戸―物語 仮名「『腹を立てぬが道ぢゃ』と言へば『それそれ』と言ふて」訳「怒らないのが生きていく道だ。」と言うと「そうですとも。」と言って。

それ-と-は-な・し【其れとは無し】連語 なりたち 代名詞「それ」＋格助詞「と」＋係助詞「は」＋形容詞「なし」

特になんということもない。新古今 鎌倉―歌集 恋二「ながめわびそれとはなしに物ぞ思ふ」訳わびしい気持ちになりなんということもなく物思いにふけることだ。

それ-ながら【其れながら】連語 そのまま(なのに)。そっくり(なのに)。後撰 平安―歌集 恋一「人恋ふる心ばかりはそれながら我は我にもあらぬなりけり」訳あなたを恋い慕う気持ちだけはそのままなのに、(あなたを思う切なさで)私は自分がわからなくなっているのだなあ。

それ-に 接続詞 ❶それなのに。ところが。しかるに。枕草子 平安―随筆 方弘は、いみじう人に「殿上の台盤には人もつかず。それに、豆一盛りやをらとりて」訳殿上の間の台盤にはだれも着席しない(のが普通である)。それなのに、(方弘(まさひろ)は)豆一盛りをそっと取って。❷それによって。それで。源氏物語 平安―物語 早蕨「など、かかるさまにも、なし奉らざりけむ。それに延(の)ぶるやうもあらまし」訳どうして、このような(尼の)姿にも、してさし上げなかったのだろう。それによって(寿命が)延びるようなこともあるだろう。❸その上に。さらに。今昔物語 平安―説話 三一・一二「池を失ひたらむだにはかりなき罪なり。それに、この池の崩るるによりて多くの人の家どもを損じ」訳池をなくしたのだけでもはかり知れない罪である。その上に、この池(の堤)が崩れることによって多くの人家をこわし。

それに-とり-て【其れに取りて】連語〔接続詞的に用いて〕その場合。ただし。もっとも。徒然 鎌倉―随筆 一八八「それにとりて、三つの石を捨てて十(とを)の石に就くことは易し」訳(碁では)その場合、三つの石を捨てて十の石を取ることは簡単である。

それ-は-さ-こそ-おぼ・す-らめ-ども【それはさこそおぼすらめども】徒然 鎌倉―随筆 一四一「それはさこそおぼすらめども、おのれは都に久しく住み馴れて見侍るに」訳それは、そうお思いになっているでしょうが、私は都に長く住みなれて見ていますが。

品詞分解 それ＝名詞 は＝係助詞 さ＝副詞 こそ＝係助詞 おぼす＝動詞「おぼす」㊇ らめ＝現在推量の助動詞「らむ」㊁ ども＝接続助詞

それ-を 接続詞 なりたち 代名詞「それ」に格助詞「を」の付いた形が一語化したもの。それなのに。参照▼文脈の研究 それを。

そゑ-に【其故に】(ニソエ) 接続詞 それだから。それゆえ。だか

文脈の研究 それを

『竹取物語』「かぐや姫の昇天」の、かぐや姫が月に帰る条の、かぐや姫の告白は、まことに意想外のものであった。

おのが身は(私は)、この国の人にもあらず。月の都の人なり。それを、昔の契りありけるによりてなむ、この世界(地上)にはまうで来たりける(やって参りましたのです)。今は、帰るべきになりにければ(帰らなければならないときになったので)、この月の十五日に、かのもとの国より、迎へに人々まうで(やって参る)来むず(ことになっています)。さらずまかりぬべければ(どうしてもおいとましなければなりません)、思し嘆かむが悲しきことを(ので、(あなた方が)思いお嘆きになられるのが悲しくて)、この春より思ひ嘆き侍るなり。」といひて、いみじく泣くを……。

「自分はこの国の人ではないのだ。月の都の人なのだ。」と泣きながら打ち明けるかぐや姫。「それを」の語を挟んで、「前世からの宿縁があったので、この地上に参ったのですよ」と説明を加えるかぐや姫。この二文をつなぐ「それを」は、代名詞「それ」＋格助詞「を」ではなく、逆接の意(＝それなのに)の接続詞であることがあきらか。参照▼文脈の研究 さのみやは(前文)／文脈の研究 なでふことのたまふぞ(後文)。

次の『紫式部日記』「消息文」の用例にも、そのような逆接の機能が確かめられる。

「親は、口惜しう。をのこにてもたらぬこそ幸いなかりけれとぞ、つねになげかれ侍りし。それを、男だにざえがりぬる人は、いかにぞや、はなやかならずのみ侍るめるよと、やうやう人のいふも聞きとめて…」

訳親は、「残念だ。(この娘が)男子でないのが幸運でなかったのだ」といつも嘆いておりました。それなのに、「男でさえ学識をひけらかすような人はどういうものか、まるっきりうだつがあがらないと決まっているようですよ」とだんだん人が言うのを聞きとめて…。

ら。古今 平安一歌集 雑体「そゑにとてとすればかかりかくすればあな言ひ知らずあふさきるさに」訳それだからと思ってああすればこうで、またこうすればああなる。ああ言いようもない、すべてちぐはぐではないか。◆「そゆゑに」の変化した語。

そん-がう【尊号】 ソンゴウ 名詞 **尊んで呼ぶ称号。**特に、天皇・上皇・皇后・皇太后などの称号をいう。

そん-き【損気】 名詞 **損失。損害。不利益。**

そん-ざ【尊者】 名詞「そんじゃ」に同じ。

ぞんじ-の-ほか【存じの外】 連語 **思いがけない。思いのほか。案外。**「ぞんのほか」とも。宇治拾遺 鎌倉一説話 一一・四「あのやつはぞんじのほかにして、あわて惑はんずれ」訳あいつは思いのほかなことに、あわてふためくだろう。

そん-じゃ【尊者】 名詞 ❶仏教語。智徳が兼ね備わって、尊敬されるべき者。阿羅漢や高僧に対する尊称として用いる。❷大臣などの大饗に主客として上座に座る人。親王あるいは高位の人を選ぶ。栄花物語 平安一物語 様々の喜び「一条の右のおとど、そんじゃには参り給へり」訳一条の右大臣は、主客として参上なさった。❸裳着のときの腰結いの役をする人。一族の中の徳望のある目上の人が選ばれる。❹目上の人。身分の高い人。偉い人。◆「そんざ」とも。

ぞん-じゃう【存生】 ゾンジョウ 名詞 生きていること。生きながらえること。**生存。存命。**

ぞん-・ず*【損ず】

語義の扉

漢語「損」を元に生まれたサ変動詞。

漢語の窓　漢字「損」のなりたちは、「員」と「手」の会意兼形声。穴をあけたりこわしたりする、勢力を小さくする、減らす、減る、へりくだる意。

日本語化した「損ず」は、漢語の、いたむ、こわれる意(一)、また、こわす、だめにする意(二❶)を受け継ぎ、さらに、しくじる、しそこなう意(二❷)をも表す。

- 一 自動詞 **いたむ。こわれる。**
- 二 他動詞 ❶**こわす。だめにする。** ❷**しくじる。しそこなう。**

一 自動詞 サ変{ぜ/じ/ず/ずる/ずれ/ぜよ} **いたむ。こわれる。**徒然 鎌倉一随筆 八二「羅の表紙は、とくそんずるがわびしき」訳薄い織物を張った(書物の)表紙は、すぐにいたむのが困りものだ。

二 他動詞 サ変{ぜ/じ/ず/ずる/ずれ/ぜよ} ❶**こわす。だめにする。**徒然 鎌倉一随筆 八一「そんぜざらんためとて、品なく見にくきさまにしなし」訳こわさないためにといって、下品にみっともないように作りあげ。❷**し損なう。しくじる。**平家物語 鎌倉一物語 一一・那須与一「射そんじ候ひなば」訳(扇の的を)射そこないましたならば。

ぞん-・ず*【存ず】

語義の扉

漢語「存」(呉音はゾン、漢音はソン)を元に生まれたサ変動詞。

漢語の窓　漢字「存」のなりたちは、「才」と「土」の会意。ある、たもつ、大切にとっておく、生きている、なだめて落ち着ける、いたわる意。

日本語化した「存ず」は、漢語の、そのままにある、存在する、生存する意(一)や、心を持つ意(二❶)を受け継ぎ、さらに、鎌倉時代の後期以降は「考ふ」「思ふ」「知る」の謙譲語(二❷❸)として用いられた。

- 一 自動詞 **そのままにある。存在する。生き長らえる。生存する。**
- 二 他動詞 ❶**心を持つ。有する。** ❷「考ふ」「思ふ」の謙譲語 **存じます。思います。** ❸「知る」の謙譲語 **存じます。承知しております。**

一 自動詞 サ変{ぜ/じ/ず/ずる/ずれ/ぜよ} **そのままにある。存在する。生き長らえる。生存する。**「ぞんす」とも。徒然 鎌倉一随筆 九三「はからざるに牛は死し、はからざるに主はぞんぜり」訳思いがけず牛は死に、思いがけず持ち主は生き長らえている。

二 他動詞 サ変{ぜ/じ/ず/ずる/ずれ/ぜよ} ❶(心を)**持つ。有する。**平家物語 鎌倉一物語 三・医師問答「心に忠をぞんじ、才芸すぐれて」訳心の中に忠(の気持ち)を持ち、才芸がすぐれていて。❷「考ふ」「思ふ」の謙譲語 **存じます。思います。**平家物語 鎌倉一物語 七・忠度都落「ただ一身の嘆きとぞんじ候ふ」訳ただ我が身の嘆きと思うことでございます。❸「知る」の謙譲語 **存じます。承知しております。**鐘の音 室町一狂言 狂言「さて某がぞんじたる寺々は大方参ったが」訳さて私が承知しております寺々はだいたい参ったけれど。

ぞん-ち【存知】 ゾンチ 名詞 /―す 他動詞 サ変 ❶**承知。心構え。**歎異抄 鎌倉一論 二「しかるに、念仏よりほかに往生の道をもぞんちし」訳ところで、(私は)念仏のほかに極楽往生の方法をも承知しており。❷**心得。**平家物語 鎌倉一物語 五・富士川「古へ、朝敵を滅ぼさんとて都を出づる将軍は三つのぞんちあり」訳昔も朝廷に敵するものを討とうとして都を出発する将軍は三つの心得がある。◆「ぞんぢ」とも。

そん-ぢゃう ソンジョウ 連体詞 そ(其)のぢゃう(定)の変化した語。**だれそれの。なになにの。どこそこの。いついつの。**▼「その」「そこ」「それ」あるいは「たれ」「いつ」などの上に用い、わざと具体的な名を出さずに、人・事物・場所・時などをさす語。平家物語 鎌倉一物語 二・康頼祝言「これはそんぢゃうその王子、かの王子なんど」訳これはなになにの王子社、これこれの王子社など。

参考 後に「そんじょう」「そんでう」「そんぜう」などの形の表記も現れた。また、「そんぢょ」と短縮語形も現れ、現代語でも「そんじょそこらの人間とは違う」のように用いる。

そん-まう【損亡】 ソンモウ 名詞 /―す 自動詞 サ変 こわれたり、なくなったりすること。方丈記 鎌倉一随筆「家のそんまうせるのみにあらず」訳家がこわれたり、なくなったりしただけではない。

ぞん-めい【存命】 名詞 /―す 自動詞 サ変 **生きていること。生き長らえること。**平家物語 鎌倉一物語 三・医師問答「もしかの医術によってぞんめいせば」訳もしあの(宋の)医術によって生き長らえるならば。

そん-よう【尊容】 名詞 尊い顔、または姿。特に、仏にいう。

そん-りゃう【尊霊】ソンリョウ 名詞 霊魂や亡霊の尊敬語。御霊(みたま)。

1 **た【田】** 名詞 **田**。耕して水を入れ、稲を植える地。

2 **た【他】** 名詞 **ほか。べつ。ほかの人。ほかの所。**

3 **た【誰】** 代名詞 **だれ。**▼不定称の人称代名詞。枕草子 平安-随筆 五月ばかり、月もなう「たが教へを聞きて、人のなべて知るべうもあらぬことをば言ふぞ」訳だれの教えを聞いて、人が普通知りそうもないことを言うのか。
語法 多く、格助詞「が」を伴って「たが」の形で、連体修飾語として用いられる。

4 **た** 係助詞 **…は。**▼係助詞「は」がtで終わる字音語の下に付いたとき、連声(れんじょう)で「た」と発音されるもの。表記は「は」となるのが普通。附子 室町-狂言 狂言「今日は(コンニッタ)、所用あって山一つあなたへ参りまする」訳今日は、用事があって山一つ向こうへ参ります。◆能や狂言で多く用いられる。

5 **た** 助動詞 特殊型《接続》活用語の連用形に付く。〔たら/たり/た/た/たれ/○〕❶〔完了・存続〕**…た。…ている。** 平家物語 鎌倉-物語 四・橋合戦「橋をひいたぞ。あやまちすな」訳橋板をとりはずしたぞ。けがをするな。❷〔過去〕**…た。** 末広がり 室町-狂言 狂言「その末広がりをおぬしは見たことがあるか」訳その扇をあなたは見たことがあるのか。◆完了の助動詞「たり」の連体形「たる」の変化した語。

6 **た-** 接頭語 名詞・副詞・動詞・形容詞の上に付いて、語調を整え、意味を強める。「たわらは」「たゆたに」「たやすし」「たもとほる」

だ【攤】 名詞 ❶**遊戯の一つ**。投げた銭(ぜに)の表裏によって勝負を決める賭(か)け事。銭打(ぜにう)ち。❷「双六(すごろく)」の一種。さいころと銭を用いる賭け事。徒然 鎌倉-随筆 一五七「賽(さい)を取れば、だ打たん事を思ふ」訳さいころを手に取ると、双六をやろうと思う。

1 **たい【体】** 名詞 ❶**からだ。身体。**❷**ありさま。姿。様式。**「てい」とも。申楽談儀 室町-能楽「音曲に、一句一句のたいを違(たが)へんとて、それはかり知りて」訳音曲について、一句一句の姿を間違えないようにと、それはかり気にして。❸**本質。本体。**去来抄 江戸-論 修行「不易(ふえき)の句は俳諧(はいかい)のたいにして、いまだ一の物数寄(ものずき)なき句なり」訳永遠の感動を起こす句は俳諧の本質であり、まだ一つの特別な趣向もない句である。

2 **たい【対】** 名詞 ❶**同等。どっこいどっこい。**今昔物語 平安-説話 二四・二六「実(まこと)には御製(ぎょせい)と文時(ふみとき)が詩とたいにおはします」訳ほんとうは天皇の作られた詩と文時の詩とはできばえは同等でおありになる。❷「たいのや」に同じ。

3 **-たい【体】** 接尾語 神仏の像などを数える。徒然 鎌倉-随筆 二五「丈(ぢゃう)六の仏九(く)たい」訳一丈六尺の仏像が九体。

1 **だい【大】** 名詞 ❶**大きなこと。大きいこと。太いこと。広いこと。**❷**甚だしいこと。また盛んなこと。**❸陰暦で、一か月の日数が三十日の月。大の月。

2 **だい【代】** 名詞 ❶位や家督を受け継いでその地位にいる期間。❷**代わり。**西鶴織留 江戸-物語 浮世・西鶴「傘(からかさ)のだいに円座を被(かづ)き」訳傘の代わりに藁(わら)で編んだ敷物をかぶり。❸その人に代わって仕事をする人。**代理。**「師範だい」。❹**代金。**

3 **だい【台】** 名詞 ❶**高い建物。高殿。**❷「ろだい」に同じ。❸**台。**特に、食物を盛った器を載せる台。❹**食事。食物。**蜻蛉 平安-日記 下「しばしありて、だいなど参りたれば」訳しばらくして、お食事などをさし上げると。

4 **-だい【代】** 接尾語 位や家督を受け継いだ順を表す。大鏡 平安-物語 道長上「三十七だいに当たり給(たま)ふ孝徳天皇」訳三十七代にあたりなさる孝徳天皇。

題詠(だいえい) 文芸 歌会(うたかい)などで、決められた題に従って和歌を詠むこと。前もって題を示しておく「兼題(けんだい)」と、その場で題を示す「即題」とがある。『万葉集』の宴席歌にもすでに見られたが、平安時代になると、歌合わせ・歌会の流行とともに盛んになり、贈答歌を除けば題詠が一般的となった。

だい-おんじゃう【大音声】ダイオンジョウ 名詞 大きな声。大きな音。

だい-かうじ【大柑子】ダイコウジ 名詞 植物の名。今の夏みかんの類。季秋。

だい-がく【大学】 名詞 ❶「大学寮（れう）」の略。❷中国の「四書（しょ）」の一つ。儒教の経典。

だいがく-の-しゅう【大学の衆】 連語「大学寮（だいがくれう）」の「学生（がくしやう）」。

だい-かぐら【太神楽・代神楽】 名詞 ❶伊勢神宮で、一般の参詣人が奉納する神楽。❷江戸時代の大道芸の一つ。獅子舞（ししまい）・品玉（しなだま）・皿回しなどの曲芸を演じたもの。

（太神楽❷）

だいがく-れう【大学寮】（ダイガクリョウ） 名詞 律令制で、「式部省」に属する中央の官吏養成機関。明経（みょうぎょう）（＝儒教の経典を学ぶ学科）・紀伝（＝中国の歴史書や、漢詩文を学ぶ学科）・明法（みょうぼう）（＝律令・格式（きゃくしき）を学ぶ学科）・算（＝算術を学ぶ学科）や、音楽・書道を学ぶ学科があった。貴族の子弟を「学生（がくしやう）」にして「博士（はかせ）」が教授に当たった。

たい-かふ【太閤】（タイコウ） 名詞 ❶摂政または太政大臣の尊敬語。また、関白辞任後も引き続き「内覧の宣旨（せんじ）」を賜った人や、関白を子に譲った人のこと。❷特に、豊臣秀吉（とよとみひでよし）のこと。

だいかん【代官】 ⇨だいくわん

たい-き【大気】 名詞 気が大きいこと。太っ腹。度量が大きいこと。

たい-ぎ【大儀】 名詞 (即位・朝賀など)宮中の重大な儀式。対 中儀・小儀（せうぎ）。

たい-き・なり【大気なり】 形容動詞 ナリ {なら/なり・に/なり/なる/なれ/なれ} **気が大きい。太っ腹である。度量が大きい。** 西鶴織留 江戸—物語 浮世・西鶴「諸国より随分たいきなる人参りけれども」訳 さまざまの国からすこぶる気の大きい人が(伊勢の宮を)お参りをするけれども。

たいぎ-なり【大儀なり】 形容動詞 ナリ {なら/なり・に/なり/なる/なれ/なれ} ❶**経費がかかって、やっかいだ。** 一代男 江戸—物語 浮世・西鶴「たいぎなれど百の餅舟（もちぶね）は」訳 経費がかかってやっかいだが、百のお供えもち(の費用)は。❷**面倒だ。やっかいだ。骨が折れる。** 武家義理 江戸—物語 浮世・西鶴「これ着て死出の山越え、御たいぎなり」訳 これを着て死出の山越えをするとは、骨が折れることだ。❸**御苦労さま。** ▼他人の骨折りをねぎらう語。感動詞的にも使う。

だい-きやう【大饗】（ダイキョウ） 名詞 ❶宮中や貴族の家で行われる大宴会。特に、恒例として正月に行われる「二宮（にぐう）の大饗」と「大臣の大饗」、および臨時に行われる大臣の就任祝いの大饗をいう。❷宴会の、ごちそう。料理。◆「たいきやう」とも。

だい-きやうじ【大経師】（ダイキョウジ） 名詞 経典や仏画などを表装する職人の長。朝廷の御用を務め、新暦刊行の権利を与えられていた。後世では、一般の経師屋・表具師をさす。

だい-ぐうじ【大宮司】 名詞 大きな神社の神官・神職の長。伊勢（いせ）・熱田（あつた）・香取（かとり）・鹿島（かしま）・宇佐・阿蘇（あそ）・香椎（かしい）・宗像（むなかた）・気比（けひ）などの大社に置かれた。古くは祭神にゆかりのある家の者が任じられて世襲した。「だいぐじ」「だいくうじ」、また「おほみやづかさ」とも。

たい-くつ【退屈】 名詞／—す 自動詞 サ変 ❶**気力を失うこと。気落ちすること。うんざりすること。** 太平記 室町—物語 七「寄せ手の兵（つはもの）、多くはたいくつしてぞ見えたりける」訳 攻める方の兵は、ほとんど気力を失っているように見えた。❷**退屈すること。** 狐塚 室町—狂言 狂言「定めて両人ともにたいくついたすでござらう」訳 きっと二人とも退屈するでありましょう。❸**困りきること。** 武家義理 江戸—物語 浮世・西鶴「まもなく病死または悪風にたいくつして」訳 まもなく病死または、悪い風習に困りきって。

たい-くわうたいこう【太皇太后】（タイコウタイコウ） 名詞 先々代の天皇の皇后。天皇の祖母。中宮・女御（にょうご）などの地位にあった人にいうこともある。

だい-くわん【代官】（ダイカン） 名詞 ❶ある官職の代理を務める者。平家物語 鎌倉—物語 一一・逆櫓「義経（よしつね）、鎌倉殿の御だいくわんとして院宣（いんぜん）を承って」訳 義経は鎌倉殿(＝頼朝)の御代理として院宣をうけたまわって。❷鎌倉・室町時代、主君の代理としてその土地を支配し事務を行った者。❸鎌倉・室町時代、特に、守護代・地頭（じとう）代のこと。❹江戸時代、幕府の直轄地(＝天領)を支配した役人。年貢・警察・裁判などの民政に当たった。勘定奉行に属し、郡代に次ぐ。❺江戸時代、藩の管轄下の土地を管理した役人。

だい-ぐわん【大願】（ダイガン） 名詞 ❶仏教語。仏・菩薩（ぼさつ）が人々を救うために立てた、大きな誓願。❷**大きな祈願。** 平家物語 鎌倉—物語 一・鹿谷「われ当社に百日参籠（さんろう）のだいぐわんあり」訳 私にはこの神社に百日間のお籠（こも）りをするような大きな祈願がある。◆「たいぐわん」とも。

だいくわん-しょ【代官所】（ダイカンショ） 名詞「代官（だいくわん）❹」が事務を執る役所。

だい-けうくわん【大叫喚】（ダイキョウカン） 名詞 仏教語。「大叫喚地獄（ぢごく）」の略。「八大地獄」の一つ。「殺生（せっしゃう）」「偸盗（ちゅうたう）」「邪淫（じゃいん）」「飲酒（おんじゅ）」「妄語（まうご）」の五戒（ごかい）を犯したものが落ち、そこに落ちた罪人は熱湯・猛火の責め苦を受けて叫びわめくという。

だい-げき【大外記】 名詞「太政官（だいじゃうくわん）」の官職の一つ。少納言の下位。「少外記（せうげき）」とともに外記局を構成し文書の作成や、人事関係の事務を扱う。

だいげん-の-ほふ【大元帥の法】（ダイゲンノホウ） 連語 陰暦正月八日から十四日までの七日間、治部省（じぶしゃう）で国家鎮護（ちんご）のため「大元帥明王」を本尊として行われる法会（ほうえ）。◆「帥（すい）」は習慣として読まない。

だい-けんもつ【大監物】 名詞「中務省（なかつかさしゃう）」の官職の一つ。大蔵省・内蔵寮（くらつかさ）などの出納（すいとう）の監査に当たった。

たいけん-もん【待賢門】 名詞 平安京大内裏（だいだいり）の外郭十二門の一つ。東面の中央にある。

たいこう[1]【太閤】 ⇨たいかふ

たい-こう[2]【退紅・褪紅】 名詞 ❶染め色の一つ。薄桃色。❷薄桃色に染めた狩衣（かりぎぬ）。貴族の下人が着た。

だい-こく【大黒】 名詞 ❶「大黒天」の略。❷僧の妻の俗称。梵妻。[五人女 江戸一物語] 浮世・西鶴「この寺のだいこくになりたくば」[訳]この寺の僧の妻になりたければ。

だいこく-てん【大黒天】[名詞]❶三宝(仏・法・僧)を守護し、飲食をつかさどる神。体が黒色で忿怒(=怒り)の形相をしているが、戦闘・福徳の神として他の形相を示すこともある。❷仏教語。狩衣のような衣服を着て頭巾をかぶり、大きな袋を背負って右手に打ち出の小槌を持ち、米俵の上にのる。福徳をもたらす神として、「夷」と並べて祭られる。「大黒」が「大国」と通じるところから、大国主命と習合した。のち、七福神の一つ。

だいごく-でん【大極殿】[名詞]大内裏の八省院の正殿。中央正面に「高御座」があり、天皇が政務を執り、即位・朝賀などの大礼を行った。「だいこくでん」とも。参照▶口絵／資料25

たい-さい【大才】[名詞]すぐれた才能。また、その持ち主。[徒然 鎌倉一随筆] 一三四「無智にしてたいさいに交はり」[訳]無学であるのにすぐれた才能の持ち主と交際し。

たいざう-かい【胎蔵界】(タイゾウカイ)[名詞]仏教語。密教で、大日如来の慈悲の面を表し示す世界。母親が胎内で子供を慈しみ育てるように、仏の衆生に対する大きな慈しみから生まれたもの。[対]金剛界。

だい-さん【第三】[名詞]❶第一・第二の次。❷連歌・俳諧で発句・脇句の次につける三番目の句。

たいざん-ぶくん【泰山府君・太山府君】[名詞]中国の泰山の神。もとは道教の神であり、人の寿命や福禄をつかさどる。日本では広く仏家・陰陽家で祭られた。「たいさんぶくん」「たいざんふくん」とも。

たい-し【太子】[名詞]❶皇位を継承することが決まっている皇子。皇太子。古代中国では、天子や諸侯の世継ぎの男子をいう。❷特に、聖徳太子のこと。[徒然 鎌倉一随筆] 二二〇「たいしの御時の図」[訳]聖徳太子の御世の(舞楽の音律を示した)図。

だい-し[1]【大姉】[名詞]仏教語。❶女性の死後、戒名の下につける称号。[対]居士。❷出家した女性、または、地位のある在家の女性信者の尊敬語。

だい-し[2]【大師】[名詞]❶偉大な師。尊敬して、仏・菩薩、または高徳の僧にいう。❷諡として朝廷から高徳の僧に贈られる称号。主に死後に贈られる。大師号。貞観八年(八六六)、最澄に「伝教大師」の号を贈ったのが最初。❸特に、弘法大師空海のこと。

だい-じ[1]【大士】[名詞]仏教語。菩薩の別名。「だいし」とも。

だい-じ[2]【大事】

一[名詞]仏教語。❶重大な事件。重要な事柄。[平家物語 鎌倉一物語] 一・鹿谷「ただいま漏れ聞こえて、天下のだいじに及び候ひなんず」[訳](策略が)すぐにも漏れ聞こえて、天下の重大な事件に及んでしまうだろう。❷出家。仏道に入って悟りを開くこと。[徒然 鎌倉一随筆] 五九「だいじを思ひ立たん人は」[訳]出家を思い立つような人は。◇「一大事」の略。

二[形容動詞]語幹⇩だいじなり

だい-じ[3]【大慈】[名詞]仏教語。仏の偉大な慈悲。仏のめぐみ。あらゆる生き物の苦しみを除く、仏・菩薩の慈しみの心。

だいじ-だいひ【大慈大悲】[名詞]仏教語。広大無辺な仏の慈悲。特に、観世音菩薩の慈悲にいう。

たいしき-でう【太食調・大食調】(タイシキジョウ)[名詞]雅楽の「六調子」の一つ。「平調」を主音とする呂旋(=短音階に相当)の調子。

だいじ-な・い【大事ない】[形容詞]口語だいじょうぶだ。かまわない。さしつかえない。[冥途飛脚 江戸一浄瑠璃] 浄瑠・近松「これは、ほんの敵の中、だいじないか」[訳]ここは、まぎれもなく敵のなか、だいじょうぶなのか。

だい-じ・なり【大事なり】[形容動詞]ナリ {なら/なり・に/なり/なる/なれ/なれ}

❶難儀だ。容易ではない。甚だしい。また、病気や傷が重い。[宇治拾遺 鎌倉一説話] 二・一二「暑く、苦しく、だいじなる道を」[訳]暑く、(歩くのが)苦しく、難儀な道を。❷大切だ。手厚い。[大鏡 平安一物語] 師尹「やんごとなき親王のだいじにし給ふことなれば」[訳]身分の高い親王が大切に行いなさること(=催し)だから。

だいじ-の-まへ-の-せうじ【大事の前の小事】(ダイジノマエノショウジ)[連語]大きな物事を行うとき、やむをえず犠牲にする小さな物事。

参考 現代語では、大きな物事を行うときに油断してはならない小さな物事の意で用いることが多い。

たい-しゃ【大赦】[名詞]朝廷に慶事または凶事があったとき、罪人を減刑、または釈放すること。「だいしゃ」とも。

だい-しゃう*【大将】(ダイショウ)[名詞]❶「近衛府」の長官。左右各一名。多く中納言・大納言が兼任したが、大臣・参議が兼ねる場合もある。近衛兵を統轄する。❷軍の指揮・統率をつかさどる者。[保元 鎌倉一物語] 上「まげて今度のだいしゃうをば、余人に仰せ付けられ候へ」[訳]どうしても今度の軍の指揮をする者は、ほかの人にお申し付けになってください。◆「たいしゃう」とも。

だいじやう-くわん*【太政官】(ダイジョウカン)[名詞]律令制で、行政の最高機関。中央の八省・諸役所、および諸国を統括して、国政を処理した。太政大臣、および左大臣・右大臣を長官とし、大納言・中納言・参議で構成される。その下に少納言局・左右弁官の三局があって、事務を分担した。「だじゃうくわん」「おほいまつりごとのつかさ」とも。

たい-しゃうぐん【大将軍】(タイショウグン)[名詞]❶朝廷から任ぜられた、官軍の総大将。[平家物語 鎌倉一物語] 五・富士川「たいしゃうぐんには小松の権亮少将維盛」[訳]官軍の総大将には小松の権亮少将維盛。❷軍隊の総大将。[平家物語 鎌倉一物語] 四・永僉議「大手は、伊豆の守をたいしゃうぐんにて」[訳]正面から攻める軍勢は、伊豆の守を総大将にして。❸「征夷大将軍」の略。❹首領。集団の頭。[今昔物語 平安一説話] 二五・七「世に袴垂といふいみじき盗人のたいしゃうぐんありけり」[訳]そのころ袴垂というすごい盗人の首領がいた。❺陰陽道で、八将神の一つ。金星の精。この神がいる方角は、三年ふさがるとして何事にも忌まれた。◆「だいしゃうぐん」とも。

だい-しゃうこく【大相国】(ダイショウコク)[名詞]「太政大臣」の中国風の呼び名。

だいじゃう-さい【大嘗祭】(ダイジョウサイ)[名詞]「だいじゃう

ゑ」に同じ。「おほなめまつり」「おほにへのまつり」とも。

だい-しゃうじ【大床子】名詞 天皇が腰を掛けるときに常用する四脚の台。

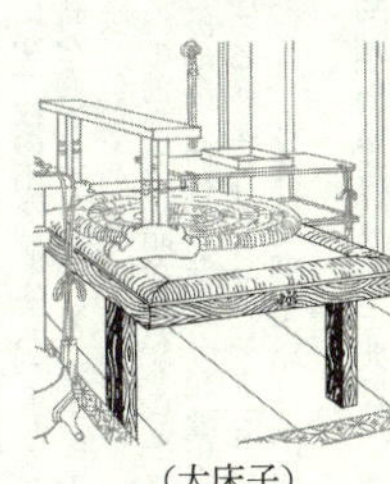

（大床子）

だいしゃうじ-の-おもの【大床子の御膳】連語 清涼殿の「昼の御座」にある大床子に着座して召される、天皇の正式な食事。

[*]**だいじゃう-だいじん**【太政大臣】名詞「太政官」の最高位の長官。国政を総裁するが、定まった職務はない。「おほきおとど」「おほきおほいどの」「おほきおほいまうちぎみ」「だじゃうだいじん」とも。◆適任者がいないときは欠員としたので、「則闕の官」ともいう。

だいじゃう-てんわう【太上天皇】名詞 譲位後の天皇の尊敬語。持統天皇が孫の文武天皇に譲位して、太上天皇と称したのに始まる。太上皇。上皇。「だじゃうてんわう」「おほきすめらみこと」とも。

だいじゃう-にふだう【太政入道】名詞「太政大臣」で、出家した人。「だじゃうにふだう」とも。

だいじゃう-ほふわう【太上法皇】名詞「太上天皇」の出家後の尊敬語。院。法皇。「だじょうほふわう」とも。

[*]**だいじゃう-ゑ**【大嘗会】名詞 天皇の即位後、天皇自らが初めて新穀を神々に供える祭事。天皇一代に一度だけ行われる。即位が七月以前ならばその年の、八月以後ならば翌年の、陰暦十一月の中の卯の日に行われる。大嘗祭。

だいじゃうゑ-の-ごけい【大嘗会の御禊】連語「大嘗会」に先立って、陰暦の十月下旬に天皇が賀茂川で身を清める儀式。

たい-しゃく【帝釈】名詞「帝釈天」の略。

たいしゃく-てん【帝釈天】名詞 仏教語。仏教守護神の一つ。須弥山の頂上の忉利天の喜見城に住み、四天王および三十二天を従え、「梵天」と共に阿修羅と戦うとされる。「帝釈」とも。

たい-しゅ【太守】名詞 ❶親王が任ぜられた、上総・常陸・上野の三国の守。のち、陸奥も親王任国に加えられた。ただし、親王は実際には赴任せず、「介（＝次官）」が任務を代行する習慣があった。❷武士で国の守となった者。また、江戸時代、国主大名のこと。

だい-しゅ【大衆】名詞 大勢の僧。大寺院で、貴族出身でない一般の僧をいう。「衆徒」とも。

参考 貴族出身である長老・学侶に対して、一般の僧をいう。平安時代後半、律令制のゆるむにつれて寺院の勢力が増大し、多くの雑人（＝低い身分の者）をかかえて武力をもつにいたったが、大衆はその僧兵の中心となった。

たい-しょう【太衝】名詞「陰陽道」で、陰暦九月のこと。

だい-じょう【大判官】名詞 律令制で上位の「判官」。◆役所によって異なった文字を当てる。

たいしょく-くゎん【大織冠】名詞 ❶大化改新により制定された冠位の最高の地位。実際には藤原鎌足に授与されただけである。❷藤原鎌足のこと。

だい-じん[1]【大尽・大臣】名詞 ❶**大金持ちの人。財産家。**❷遊里で豪遊する金持ち客。冥途飛脚 江戸－浄瑠璃・近松「娘を京の島原へ売り、だいじんに請け出され」訳 娘を京都の島原遊郭へ売り、金持ち客に身請けされ。◆江戸時代の語。

だい-じん[2]【大臣】名詞「太政官」の上官。太政大臣・左大臣・右大臣・内大臣など。「おほいまうちぎみ」とも。

だい-じん[3]【大進】名詞 中宮職・皇太后宮職・京職・東宮坊などの「判官」のうちの上位。「たいしん」「だいしん」とも。

だい-じんぐう【大神宮・太神宮】名詞 伊勢神宮。特に天照大神を祭った内宮（＝皇太神宮）をいう。「たいじんぐう」とも。

だいじん-の-だいきゃう【大臣の大饗】連語 正月、または新しく大臣に任じられたとき、大臣が他の大臣や殿上人を招いて催す宴。

たい・す【帯す】他動詞 サ変｛せ／し／す／する／すれ／せよ｝**身に着ける。所持する。帯びる。**竹取物語 平安－物語 かぐや姫の昇天「この守る人々も弓矢をたいして」訳 この守っている人々も弓矢を所持して。

だい-ず【大呪】名詞 仏教語。「陀羅尼」の尊敬語。また、長い呪文。「だいじゅ」とも。

だい-せう【大小】名詞 ❶大きいことと小さいこと。大きいものと小さいもの。❷刀と脇差。❸大人と子供。❹大鼓と小鼓。❺暦で大の月（＝陰暦で三十日間の月）と小の月（＝二十九日間の月）。

だい-せうねつ【大焦熱】名詞 仏教語。「大焦熱地獄」の略。八大地獄の一つ。五戒（＝殺生・偸盗・邪淫・妄語・飲酒の戒）を破った者や、浄戒（＝清浄な戒）の尼を犯した者が落ち、そこに落ちた罪人は炎熱の責め苦を受ける。

たい-せち【大切】名詞「たいせつ」に同じ。

たい-せち・なり【大切なり】形容動詞 ナリ｛なら／なり・に／なり／なる／なれ／なれ｝「たいせつなり」に同じ。

たい-せつ【大切】名詞 重大であること。大事であること。「たいせち」とも。

[*]**たい-せつ・なり**【大切なり】形容動詞 ナリ｛なら／なり・に／なり／なる／なれ／なれ｝❶**重大である。さし迫っている。**今昔物語 平安－説話 二四・一八「それがしがたいせつに申すべきことありて」訳 私がさし迫って申し上げなければならないことがあって。❷**大事である。重要である。**枕草子 平安－随筆 職の御曹司におはします頃「里にても、まづ明くるすなはちこれをだいじにて見せにやる」訳 自宅にいても、夜が明けるとすぐに、これを重要なこととして、人を見にやる。◆「たいせちなり」とも。

だいぜん-しき【大膳職】名詞 宮内省に属し、天皇の食事のことや、儀式のときに臣下に賜る飲食物などを取り扱った役所。「おほかしはでのつかさ」とも。

だいぜん-の-だいぶ【大膳の大夫】名詞「大膳職

た

し」の長官。「だいぜんのかみ」「おほかしはでのかみ」とも。

だい-そうじゃう【大僧正】 名詞 僧官の一つ。「僧正」の上位で、僧官の最高位。

だい-そうづ【大僧都】 名詞 僧官の一つ。僧都の上位。

たいだい-し 形容詞シク｛(しく)・しから／しく・しかり／し／しき・しかる／しけれ／しかれ｝不都合だ。もってのほかだ。源氏物語 平安―物語 桐壺「かく世の中の事をも思ほし捨てたるやうになりゆくは、いと、たいだいしきわざなり」訳(帝が)このように世の中の政治についてお考えにならないようになってゆくのは、とても不都合なことである。◆主に男性の会話で使われる。

だい-だいり【大内裏】 名詞 **宮城**。平城京または平安京にある。皇居(＝内裏)と諸官庁がこの内にある。平安京の大内裏は、東西八町、南北十町で築地で囲まれ、十四の門があった。南面中央の朱雀門は大内裏の正門をなした。「たいだいり」とも。参照▼資料24・25

だい-ぢから【大力】 名詞 非常に強い力。また、その持ち主。怪力。

たいちまい… 俳句「田一枚 植ゑて立ち去る 柳かな」奥の細道 江戸―紀行 殺生石・蘆野・芭蕉 訳西行の歌で名高い柳のもとに立ち寄って、しばし西行をしのび感慨にふけっていたが、その間にも目の前の田では、人々がいつの間にか一枚の田を植え終わってしまった。自分も、思わず時を過ごしてしまったと、現実に戻り、柳の陰から立ち去ることである。

鑑賞「植ゑて」の「て」の前後で主語が替わることに、特に注意したい。この柳は、西行が『新古今和歌集』「道の辺に清水流るる柳陰しばしとてこそ立ちどまりつれ」〈⇩みちのべに…。〉と詠んだ柳。季語は「田植ゑ」で季は夏。

[1]たい-てん【大典】 名詞「大宰府」の「主典」の一つ。「少典」の上位。

[2]たい-てん【退転】 名詞／―す 自動詞サ変 ❶仏教語。修行を怠って、それまでに得た悟りの境地や地位が、もとの状態に戻ること。今昔物語 平安―説話 一・五「この施を受けては苦行たいてんしなん」訳この施しを受けてしまったら、(これまでの)苦行(で得た境地が)もとに戻ってしまうだろう。❷しだいに衰えること。しだいになくなること。平家物語 鎌倉―物語 二・山門滅亡「講演磨滅して、堂々の行法もたいてんす」訳仏説の講義や説法はすたれて、(それぞれの)僧堂僧堂での仏法の修行もしだいに衰える。❸絶えてなくなること。中断すること。❹家が断絶すること。破産して、その地位を失うこと。

だい-てんもく【台天目】 名詞 台に載せた天目茶碗。

だい-どうじ【大童子】 名詞 ❶寺院で召し使う童子のうち、「上童子(童子の最上級の者)」の下、「中童子」の上の年ごろのもの。❷年をとった童子。童子姿の者。

だい-とく【大徳】 名詞「だいとこ」に同じ。

だい-とこ【大徳】 名詞 ❶修行を積んだ高徳の僧。源氏物語 平安―物語 若紫「いとたふときだいとこなりけり」訳とても尊い高徳の僧であった。❷一般に僧。宇治拾遺 鎌倉―説話 一五・六「極楽寺の僧、なにがしのだいとこやこれにある」訳極楽寺の僧の、何とかいう僧はここにいるか。◆「だいとく」とも。

だい-ないき【大内記】 名詞「中務省」の官職の一つ。「中内記」または「少内記」の上位。「だいだいき」とも。

だい-なごん【大納言】 名詞「太政官」の次官。大臣に次ぐ地位で、中納言の上位。大臣とともに政治に参与し、「宣旨」を伝達することをつかさどった。大臣が不在のときは代理をつとめる。

だい・なり【大なり】 形容動詞ナリ｛なら／なり・に／なり／なる／なれ／なれ｝甚だしい。盛んだ。太平記 室町―物語 一四「その罪だいにして、身をのがるるに拠なし」訳その罪は甚だしいので、逃れるのによりどころもありません。

だい-に【大弐】 名詞「大宰府」の次官の一つ。「少弐」の上位。「帥」の下に「権帥」が置かれないときに置かれた。

だいにち-にょらい【大日如来】 名詞 仏教語。真言密教で本尊とする仏で摩訶毘盧遮那のこと。宇宙の万物を通じて存在する理知の本体とされ、すべての仏や菩薩も大日如来の化身であるという。知を象徴する金剛界大日如来と、理を象徴する胎蔵界大日如来の二種類ある。

大弐三位 人名 生没年未詳。平安時代中期の女流歌人。父は藤原宣孝、母は紫式部。名は賢子。上東門院女房、後冷泉天皇の乳母などを勤め、従三位典侍となり、大宰大弐高階成章と結婚、その官名により大弐三位と呼ばれた。家集『大弐三位集』がある。

だい-ねんぶつ【大念仏】 名詞 ❶大勢の人が集まって、大声で念仏を唱えること。❷特に、京都の嵯峨清涼寺釈迦堂で、毎年陰暦三月六日から十五日までの十日間にわたって行われる大念仏の法会。

たい-の-うへ【対の上】 連語 寝殿造りの「対の屋」に住む人。

たい-の-や【対の屋】 名詞「寝殿造り」で、母屋である寝殿(＝正殿)の東西(＝左右)や北(＝後ろ)に建てた、別棟の建物。寝殿とは渡殿(＝渡り廊下)でつながっている。それぞれを「東の対」「西の対」「北の対」と呼び、東西の対には子女が、北の対には正妻が住む。「対」とも。

[1]たい-はい【帯佩】 名詞 ❶太刀などを身に着けること。また、そうして武装した姿。❷武術・武芸での型・かまえ・作法。またその身のこなし。

[2]たい-はい【頽廃・退廃】 名詞(建物などが)崩れ荒れること。衰えすたること。

だい-ばん【台盤】 名詞 宮中や貴族の家などで、食物を盛った食器などを載せる台。四脚の長方形の台で、漆塗り。表面は縁が高く、中がくぼんでいる。

（台 盤）

だいばん‐どころ【台盤所】 名詞 ❶「台盤」を置き、食膳をととのえる所。宮中では、清涼殿内にあり、女官の詰め所となっていた。台所。参照▶口絵 ❷貴人の妻の尊敬語。御台所。

だい‐ひ【大悲】 名詞 仏教語。❶生きているものすべての苦しみを救う、仏・菩薩の大きな慈悲の心。❷「大悲菩薩」の略。観世音菩薩の別名。

だいひ‐さ【大悲者】 名詞 仏教語。「大慈悲」のある諸仏・諸菩薩のこと。特に観世音菩薩をいうことが多い。

1 **たい‐ふ** 名詞 一【大夫】律令制で、五位以上の者。また、のちに一般に、五位の者。二【大夫・太夫】❶能・狂言・歌舞伎などの芸能で、技能にすぐれた者。また、一座の演技上の統率者。❷歌舞伎の、主役の女形役者。❸遊女の階級で、最上位の者。❹伊勢神宮の下級神官である御師。また、それが営む旅館。

参考 一般に一は「たいふ」、二は「たゆう」と読む。

2 **たい‐ふ【大副】** 名詞 「神祇官」の次官の一つ。「少副」の上位。

3 **たい‐ふ【大輔】** 名詞 「八省」の次官の一つ。「少輔」の上位。「おほすけ」とも。

だい‐ふ【内府】 名詞 内大臣の中国風の呼び名。「ないふ」とも。

***だい‐ぶ【大夫】** 名詞 律令制で、中宮職・大膳職・左右京職・修理職・東宮坊の長官。一等官。

参考 「大輔」と区別するために濁って読む。

だいふく‐ちゃう【大福帳】 名詞 商家で、金品の出入りを取り引き順に記録する帳簿。

参考 商家では、正月十一日または十日に、大福帳を始め、一年間に使う帳簿を綴じ、表紙に上書きして祝う習慣があった。

（大福帳）

だいふく‐ちゃうじゃ【大福長者】 名詞 非常に裕福な人。大金持ち。

たいふ‐の‐げん【大夫の監】 名詞 五位に叙せられた大監。大監は大宰府の三等官の上位で本来は六位相当であった。

太平記 書名 軍記物語。小島法師作とも。室町時代前期（一三七〇ころ）成立。四十巻。〔内容〕北条氏の滅亡から南北朝の内乱を経て足利幕府の成立に至る戦乱のあとを、華麗な和漢混交文で記したもので、江戸時代には専門の「太平記読み（＝『太平記』を物語る人）」が現れて、庶民に親しまれた。

古典の常識 『太平記』—南北朝の争乱を批判的に描く

後醍醐天皇の倒幕計画から鎌倉幕府滅亡、南北朝の争い、後醍醐天皇の崩御、室町幕府内の抗争を経て幼将軍義満を細川頼之が補佐することで天下が落ち着くまでの約五十年間の動乱史。「太平」の願いを根底に、変革期の混乱の悲劇を批判をこめてつづる。

たいへい‐らく【太平楽】 名詞 ❶舞楽の一つ。即位の大礼など、めでたい場合に、天下泰平を祝って奏する。甲冑姿で、抜いた太刀を持った四人で舞う。❷好き勝手なことを言ったり、行ったりすること。でたらめ。

だい‐べん【大弁】 名詞 「太政官」の三等官の一つ。「中弁」の上位で、「弁」の最上位。左大弁と右大弁とがあり、長としてそれぞれ左右の弁官局を統轄する。

だい‐ほふ【大法】 名詞 仏教語。❶仏の教えの尊敬語。❷密教で、最も重んじられる大がかりな修法。◆「たいほふ」とも。

だい‐ぼん【大犯】 名詞 重大な犯罪。大罪。また、それを犯した人。「たいぼん」とも。

たいぼん‐げじょう【退凡下乗】 名詞 仏教語。釈迦が霊鷲山で説法したとき、摩訶陀国の王がこれを聞くための通路を開き、その中間に建てた二基の卒塔婆（＝塔）。それぞれ「退凡（＝凡人を退けて入れないこと）」「下乗（＝王が乗り物を降りて歩いて行くこと）」と記してあったという。

たい‐まつ【松明】 名詞 「たきまつ（焚き松）」のイ音便。やにの多い松、または竹・葦などを束ねたものに火をつけて照らすもの。

（松明）

***たい‐まつ・る【奉る】** 一 他動詞ラ四 〔ら・り・る・る・れ・れ〕「たてまつる」のイ音便。「与ふ」「贈る」の謙譲語。**差し上げる。** 土佐日記 平安 日記 二・五「言ふにしたがひて、幣たいまつる」訳言うとおりに、幣を（住吉の明神に）差し上げる。
二 補助動詞ラ四 〔ら・り・る・る・れ・れ〕謙譲の意を表す。**…申し上げる。** 宇津保 平安 物語 吹上下「世に経給はむ限りは、いたはりたいまつらむ」訳この世に生きていらっしゃる間は、いたわり申し上げるだろう。

だい‐みゃう【大名】 名詞 ❶平安時代末、多くの名田（＝荒れ地を開墾したり、他人から買い取ったりして自分の名を付けた私有田）を所有していた者。多くの名田を耕作した田堵・名主などの有力農民や土豪をいう。❷鎌倉・室町時代、広い領地を持ち、多数の家の子・郎党を抱えて勢力のあった武士。守護大名など。❸江戸時代、一万石以上の禄高をもっていた武家。

だい‐みゃうじん【大明神】 名詞 神の尊敬語。「明神」をさらに尊んでいう語。

だいみゃう‐そう【題名僧】 名詞 「経供養」のときその経の題目をよみあげる役の僧。

***たい‐め【対面】** 名詞／―す 自動詞サ変 「たいめん」の撥音「ん」が表記されない形。「たいめん」に同じ。大鏡 平安 物語 序「さても、うれしくたいめしたるかな」訳それにしても、うれしく対面したことであるよ。

***たい‐めん【対面】** 名詞／―す 自動詞サ変 **面と向かって会うこと。会って話すこと。**「たいめ」とも。源氏物語

び」〔平安―物語〕桐壺「かく有り難き人に**たいめんし**たる喜び」訳このようにめったにないすばらしい人に**会っ**た喜び。

だい-もく【題目】名詞❶書物などの表題。外題。❷**名称。名目。**❸**条件。項目。**〔徒然 鎌倉―随筆〕二三八「九条の相国伊通公の款状にも、ことなる事なき**だいもく**をも書きのせて」訳九条の大臣伊通公の上申書にも、どうということもない**項目**をも書き載せて。❹仏教語。日蓮宗で唱える「妙法蓮華経」または「南無妙法蓮華経」の名号。「お題目」とも。

だい-もん[1]【大門】名詞寺院などの外構えの大きな正門。総門。

だい-もん[2]【大紋・大文】名詞❶大形の紋所。また、大形の紋柄。❷大形の家紋を五か所に染めた麻の直垂。江戸時代には、五位以上の武家の式服とされた。参照▶口絵

だい-もんじ【大文字】名詞❶大きな文字。❷「大」という文字。❸陰暦七月十六日、京都東山の如意岳の中腹で「大」の字の形にたくかがり火。聖霊の送り火とする。「大文字の火」とも。季秋。

たい-や【逮夜】名詞葬式の前夜。また、忌日・命日の前夜。

たい-やく【大厄】名詞陰陽道で、最も忌み嫌う厄年。男は四十二歳。女は三十三歳。

たいよく-は-むよく-に-に-たり【大欲は無欲に似たり】連語非常に欲の深い者は、その欲のために理性を失って損失を招きやすく、かえって無欲と同じ結果になる。〔徒然 鎌倉―随筆〕二一七「ここに至りては、貧富分く所なし。…**たいよくはむよくににたり**」訳こうなっては、貧乏も富裕も区別するところがない。…**大富豪を志す大欲は無欲と似ているのである。**

だい-り[1]【大理】名詞「検非違使」の別当(=長官)の中国風の呼び名。

だい-り[2]【内裏】名詞❶**天皇の住まい。皇居。**禁裏。❷天皇。〔平家物語 鎌倉―物語〕一〇・三日平氏「院の御沙汰にて、**だいり**にはしろしめされずとぞ聞こえし」訳上皇の御命令によって、**天皇**はご存知ではいらっしゃらなかったとうわさされた。

参考❶の内裏は大内裏の中の一部分で、紫宸殿・清涼殿などや、後宮の御殿が含まれている。

だい-りやう【大領】名詞律令制での、郡の長官。多く、その地の豪族を任じた。「たいりやう」とも。参照▶資料26

だいゐとく-みやうわう【大威徳明王】名詞仏教語。五大尊明王の一つ。西方を守護し、衆生に害をなすいっさいの毒蛇・悪竜や怨敵を征服するという。その像は、六面で、六本の腕・足を持ち、怒りの表情をし、多く水牛に乗る。「大威徳」とも。

だい-ゑ【大会】名詞仏教語。大法会。

たう[1]【当】名詞❶「当来」の略。❷**当番。**

たう[2]【党】名詞❶**集団。組。徒党。**❷平安時代の末期から鎌倉時代、地方の武士が結んだ軍事上の集団。武士団。〔平家物語 鎌倉―物語〕九・樋口被討罰「**たう**も豪家も、七条・朱雀・四塚さまへ馳せ向かふ」訳**地方武士の集団**も名門の武士の集団も、七条・朱雀・四塚方面へ走って行った。

たう[3]【唐】名詞❶中国の王朝の一つ。西暦六一八年から九〇七年にわたって続いた。当時、世界最大の文明国で、飛鳥時代から平安時代前期のわが国の政治・文化に非常に大きな影響を与えた。❷中国のこと。「唐土」「もろこし」「から」とも。

たう-[4]【当】接頭語〔名詞に付いて〕**この。その。今の。**「**たう**職」「**たう**節」

たう-[5]【唐】接頭語❶中国渡来、中国風であることを表す。「**たう**人」「**たう**船」。❷南蛮風、異国風であること、また舶来であることを表す。「**たう**犬」「**たう**桟」

だう[1]【堂】名詞❶**表御殿。正殿。**❷**神仏を祭る建物。**

-だう[2]【堂】接尾語❶人を表す語に付いて敬意を表す。おもに他人の母を敬って用いる。「母**だう**」。❷雅号・屋号などの下にそえる。「大雅**だう**」

だう-あう【堂奥】名詞❶建物内の奥まったところ。❷学問・技芸などの最も深い教えや境地。奥義。

たう-か[1]【堂下】名詞❶**建物の前面などの地上。建物の外。**〔平家物語 鎌倉―物語〕八・山門御幸「堂上・**たうか**・門外・門内、隙狭間も無うぞ満ち満ちたる」訳御殿の内・**建物の外**・門外・門内はすき間もなくいっぱいになった。❷**昇殿を許されない低い身分の者。地下。**〔平家物語 鎌倉―物語〕三・御産「すべて堂上・**たうか**一同にあっと喜び合へる声」訳殿上人も**昇殿を許されない低い身分の者**もみな一同ともにあっと喜び合う声。◆「だうか」とも。対堂上。

たう-か[2]【蹈歌】名詞⇩たふか

たう-ぎん【当今】名詞**当代の天皇。今上。**〔平家物語 鎌倉―物語〕五・奈良炎上「かけまくもかたじけなく**たうぎん**の外祖にておはします」訳言葉に出して言うのもおそれ多いが**今上帝**の母方の祖父でいらっしゃいます。

だう-ぐ【道具】名詞❶仏道修行を行うための道具。三衣・鉢など。❷日用品。調度。❸武具。特に、槍・長刀・太刀・刀のこと。❹そのものに備わっているはずのもの。部分品。

道元人名(一二〇〇〜一二五三)鎌倉時代の僧。曹洞宗の開祖。諡は承陽大師。京都の人。比叡山で出家し、建仁寺の栄西・明全に師事。一二二三年宋に渡り、天童寺で如浄から法をうけた。京都に興聖寺、越前に永平寺を開いた。著書に『正法眼蔵』がある。

たう-ざ【当座】名詞❶**その場。その席。**〔大鏡 平安―物語〕道隆「**たうざ**の御おもては優にて」訳**その席**での面目は大したもので。❷〔多く、「たうざに」の形で〕**すぐその時。即座。**〔平家物語 鎌倉―物語〕五・文覚被流「**たうざ**に…右馬允になされける」訳**即座**に、…右馬允に任命なさった。❸**その場限り。一時。しばらくの間。**〔日本永代蔵 江戸―物語〕浮世・西鶴「惣じて役者子供の取る銀は**たうざ**の化花ぞかし」訳だいたい少年俳優のもらう金は**その場限り**で消えてしまうものである。❹**即題。即詠。**その場で出される和歌・俳句の題。また即席で和歌・俳句を詠むこと。〔著聞集 鎌倉―説話〕二一二「順徳院御位の時、**たうざ**の歌合はせありけり」訳

順徳院がまだ天皇の御位の時、即題の歌合わせがあった。

たうざ-がし【当座貸し】 名詞 短期間、少額の金を貸すこと。借用証書は取らないが、高利であった。

たうざ-ぎん【当座銀】 名詞 **現金払い。現金取り引き。**

たうざ-さばき【当座捌き】 名詞 **一時しのぎ。その場のがれ。**

たうざ-ばらひ【当座払ひ】 名詞 **現金払い。**

***たう-ざん【当山】** 名詞 ❶この山。❷この寺。当寺。

***たう-じ【当時】** 名詞 ❶**現在。当今。ただ今。** 平家物語 鎌倉―物語 九・敦盛最期「たうじみかたに東国の勢何万騎かあるらめども」訳現在、味方に東国の軍勢が何万騎かあるだろうけれども。❷**そのとき。そのころ。** 宇治拾遺 鎌倉―説話 一五・一二「心の欲しきままに悪しきことをのみ事とするは、たうじは心にかなふやうなれども」訳心の中の欲望に従って悪いことだけするのは、そのときは望みどおりのようだけれども。

だう-し[1]【道志】 名詞 大学の明法道(=律令格式を学ぶ学科)出身で、衛門府の「志」を兼任している者。

だう-し[2]【導師】 名詞 仏教語。❶仏・菩薩の尊敬語。❷法会・供養のとき、多くの僧の中心者となって仏事を執り行う僧。❸葬儀をつかさどり、死者に引導を渡す僧。◆仏法を説いて人々を悟りに導く者の意。

だう-しゃ[1]【堂舎】 名詞 大きな建物と、小さな建物。特に、社寺の建物。「だうじゃ」とも。

だう-しゃ[2]【道者】 名詞 ❶仏道を修行する者。**僧。道士。** 笈の小文 江戸―紀行 俳文・芭蕉「無依のだうしゃの跡を慕ひ」訳一切の執着を捨てた僧のたどった跡を慕って。❷寺社・霊場などを参拝するとき連れ立って旅をする人。巡礼。

***たう-しゃう【堂上】** 一 名詞 ❶**御殿の床の上。御殿の内。殿上。** 平家物語 鎌倉―物語 八・山門御幸「たうしゃう・堂下・門外・門内、隙狭間も無うぞ満ち満ちたる」訳御殿の内・建物の外・門外・門内はすき間もなくいっぱいになった。❷**昇殿を許された四位以上の公家。殿上人。** 平家物語 鎌倉―物語 三・御産「すべてたうしゃう・堂下一同にあっと喜び合へる声」訳殿上人も昇殿を許されない低い身分の者もみな一同ともにあっと喜び合う声。◆「だうしゃう」「だうじゃう」とも。対❶❷堂下・❷地下。

二 名詞／―す 自動詞サ変 **清涼殿に昇殿すること。**「だうしゃう」「だうじゃう」とも。徒然 鎌倉―随筆 一〇二「内記の持ちたる宣命を取らずして、たうしゃうせられにけり」訳内記が持っていた宣命を受け取らないで、昇殿なさってしまった。

だう-じゅ【堂衆】 名詞 大寺院の諸堂に属して雑役に従事した、下級の僧。平安時代後期、しだいに武力を持つようになり、僧兵化した。「だうしゅ」とも。

たう-しょく【当職】 名詞 現在その職務に就いていること。現職。

たう-じん【唐人】 名詞 ❶**中国人。** ❷**外国人。異国人。** ❸物の道理のわからない人をあざけっていう語。

***だう-しん【道心】** 名詞 仏教語。❶仏を信じて悟りを求めようとする心。仏道を修めようとする心。菩提心。❷十三歳あるいは十五歳以上で仏門に入った者。一代男 江戸―物語 浮世・西鶴「たのしみし人に捨てられ、だうしんとぞなれる」訳一緒に楽しんだ人に捨てられ、道心となった。

だう-じん【道人】 名詞 ❶道教を修めた人。また、神仙の術を会得した人。「道士」とも。❷「だうにん」に同じ。

だうしん-ざ【道心者】 名詞「だうしんじゃ」に同じ。

だうしん-じゃ【道心者】 名詞 仏教語。**仏教の信者。仏教を修行する者。**「だうしんざ」とも。

桃青[1] ⇨松尾芭蕉

たう-せい[2]【当世】 名詞 ❶**今の世。現代。** ❷「当世風」の略。**現代風。** 世間胸算用 江戸―物語 浮世・西鶴「この柱外して取るが、たうせいの掛けの乞ひやう」訳この柱を外して取っていくのが、現代風の掛け売りの金の取り立て法だ。

たう-せん【唐船】 名詞 中国の船。また、中国風の船。

たう-ぜん【当千】 名詞 武勇にすぐれ、一人で千人に匹敵する威力があること。◆後に「たうせん」とも。

だう-ぞく【道俗】 名詞 **僧侶と俗人。僧俗。** 大鏡 平安―物語 序「だうぞく男女の御前にて申さむと思ふが」訳僧侶と俗人・男女(みなの)前で申そうと思うが。

だうそ-じん【道祖神】 名詞 路上の悪霊・邪神から旅人を守り、旅の安全を守る神。村境・峠や辻などに祭られる。「道六神」「手向けの神」「塞への神」とも。奥の細道 江戸―紀行 出発まで「だうそじんの招きにあひて、取るもの手につかず」訳道祖神の招きにあって、(旅に出たくて)何も手につかないで。

参考 もと「塞の神」と「道祖神」とは別のもので、村境や辻などに祭られて悪霊・邪神を防ぎ止めるのが「塞の神」。これに、中国の道路の守り神の「道祖神」が結びついて、旅の安全をも守る神となった。

***たう-だい【当代】** 名詞 ❶**今の時代。現代。当世。** ❷**現在の天皇。今上。** 徒然 鎌倉―随筆 二三八「たうだい、いまだ坊におはしましころ」訳今上帝が、まだ皇太子でいらっしゃったころ。◇「当帝」とも書く。

た-うだ・く【手抱く】 自動詞カ四「たむだく」に同じ。

だう-ぢゃう【道場】 名詞 ❶仏教語。仏道を修行する場所。**寺。** 平家物語 鎌倉―物語 一一・紺掻之沙汰「石巌のさがしきをきりはらって、新たなるだうぢゃうを造り」訳けわしい岩石をきりはらって、新しい寺を造り。◇本来は、釈迦が仏道を悟った場所の意。❷武道を修行する場所。

だう-ちゅう【道中】 名詞 ❶**旅の途中。** ❷**旅。旅行。** ❸京の島原や江戸の吉原などの遊里で、太夫・天神などの位の遊女が、正装して供を従え、遊女屋と揚げ屋との間を練り歩くこと。おいらん道中。

だうちゅう-すごろく【道中双六】 名詞 絵双六の一つ。東海道五十三次の宿場の風景・風俗が描いてあり、江戸品川を振り出しに、京都を上がりとするもの。

たう-ど【唐土】 名詞 **中国。**

た

だう-どうじ【堂童子】ドウドウジ 名詞 ❶寺院で雑役をつとめる、僧の姿をしていない少年。❷宮中の法会(ほうえ)のときに、華筥(けこ)(＝散華(さんげ)の花を入れるかご)を配る役。

だう-にん【道人】ドウニン 名詞 仏教語。**仏道を究めた人。仏道を修行する人。**「だうじん」とも。徒然 鎌倉－随筆 一〇八「だうにんは、遠く日月を惜しむべからず」訳 仏道を修行する人は、遠い将来の時間を惜しんではならない。

たう-ばり【賜り】トウバリ 名詞 いただくこと。いただいたもの。恩顧によって特にいただく位階・俸禄(ほうろく)などにいう。源氏物語 平安－物語 賢木「宮の御たうばりにても、必ずあるべき加階などをだにせずなどして」訳 宮の御位階にしても、当然あるはずの加階などさえしないで。

たう-ば・る【賜る】トウバル 他動詞ラ四 {ら/り/る/る/れ/れ} **いただく。**宇津保 平安－物語 藤原の君「御返りは必ずあらむ。たうばりてまうで来(こ)む」訳 お返事はきっとあるでしょう。私がいただいてまいりましょう。◆「たまはる」の変化した語。

1**たう・ぶ【食ぶ】**トウ 他動詞バ下二 {べ/べ/ぶ/ぶる/ぶれ/べよ} ❶「飲む」「食ふ」の謙譲語 **いただく。**古今 平安－歌集 離別・詞書「大御酒(おほみき)などたうべて」訳 天皇が召し上がるお酒などいただいて。❷「飲む」「食ふ」を改まっていう丁寧語 **いただく。食べる。**徒然 鎌倉－随筆 二一五「この酒をひとりたうべんがさうざうしければ」訳 この酒をひとりでいただくのが物足りないので。

2**たう・ぶ【賜ぶ・給ぶ】**トウブ

語義の扉

「たぶ」から変化した語(一説に「たまふ」から変化した語とも)。おもに平安時代に用いられた語で「たまふ」よりは敬意の度合いがやや低い。男性語である。

一 他動詞 「与ふ」「授く」の尊敬語 **お与えになる。下さる。**

二 補助動詞 **お…になる。**

一 他動詞バ四 {ば/び/ぶ/ぶ/べ/べ} 「与ふ」「授く」の尊敬語 **お与えになる。下さる。たまわる。**古今 平安－歌集 離別・詞書「上(うへ)の男(をのこ)ども酒たうびけるついでに詠める」訳 殿上人(てんじょうびと)らが、天皇が酒を下さった折に詠んだ歌。

二 補助動詞バ四 {ば/び/ぶ/ぶ/べ/べ} 〔動詞、また動詞型活用の助動詞の連用形に付いて〕尊敬の意を表す **お…になる。…なさる。**大和物語 平安－物語 一五六「もていまして深き山に捨てたうびてよ」訳 この年老いた(おばさんを)連れていらっしゃって、(かならず)深い山奥にお捨てになってきてください。土佐日記 平安－日記「御館(みたち)より出(い)でたうびし日より、ここかしこに追ひ来る」訳 国司の館をご出立になった日から(ずっと)(一行を見送りたい思いで)あちらこちらを追いかけてくる。

たう-まる【唐丸・鶤鶏】トウマル 名詞 ❶にわとりの一種。長鳴きどりの一種で、闘鶏用・愛玩(あいがん)用とされた。❷「唐丸籠(たうまるかご)」の略。❶を飼うための釣り鐘型の竹かご。また、その形をした、罪人を入れて運ぶかご。

たう-め【専女】トウメ 名詞 ❶**老女。**土佐日記 平安－日記 一・二六「この中に、淡路(あはぢ)のたうめといふ人の詠める歌」訳 この人々の中で、淡路(あわじ)の国の老女という人が詠んだ歌。❷**狐(きつね)。古狐(ふるぎつね)。**悪賢いとされる。「伊賀(いが)専女」とも。

たう-やく【当薬】トウヤク 名詞 草の名。「せんぶり」の別名。茎・根を干して、胃薬とする。季秋。

たう-らい【当来】トウライ 名詞 仏教語。**未来。将来。来世。**「当」とも。

たうらい-だうし【当来導師】トウライドウシ 名詞 仏教語。未来の世に出現し、人々を救うことになっている者。弥勒菩薩(みろくぼさつ)をいう。当来の導師。

たうらい-の-だうし【当来の導師】トウライノドウシ 連語 「たうらいだうし」に同じ。

だう-り【道理】ドウリ 名詞 物事のあるべき筋道。もっともなこと。

たう-りう【当流】トウリュウ 名詞 ❶自分の属している流派。❷現代流行の流儀。当世風。

***た・え【絶え】**動詞「たゆ」の未然形・連用形。

たえ-い・る【絶え入る】自動詞ラ四 {ら/り/る/る/れ/れ} ❶**息が絶える。死ぬ。**竹取物語 平安－物語 燕の子安貝「『…』と書き果つる、たえいり給(たま)ひぬ」訳「…」と書き終わると同時にお亡くなりになった。❷**気を失う。気絶する。**伊勢物語 平安－物語 四〇「今日の入相(いりあひ)ばかりにたえいりて、またの日の戌(いぬ)の時ばかりになむ、からうじて生き出(い)でたりける」訳 今日の日没ごろに気を失って、翌日の午後八時ごろであろうか、ようやく生き返った。

たえ-こも・る【絶え籠る】自動詞ラ四 {ら/り/る/る/れ/れ} (世間との交渉を絶ち)**山里などに引きこもる。**源氏物語 平安－物語 若菜上「かのたえこもりたる山住みを」訳 あの山里に引きこもっている山住まいの人を。

たえ・す【絶えす】

一 自動詞サ変 {せ/し/す/する/すれ/せよ} **中途で切れる。**紫式部 平安－日記 寛弘五・七月中旬「例のたえせぬ水のおとなひ」訳 いつものように中途で切れない遣(や)り水の音が。

二 他動詞サ四 {さ/し/す/す/せ/せ} **絶やす。**西鶴織留 江戸－物語 浮世・西鶴「紙入れに金銀をたえさず」訳 財布に金貨・銀貨を絶やさない。

たえ-ず【絶えず】副詞 **常に。絶えることなく。**

たえ-だえ【絶え絶え】副詞 **途切れ途切れに。**源氏物語 平安－物語 若紫「心細げなる御声、たえだえ聞こえて」訳 頼りないようすのお声が、途切れ途切れに聞こえて。

たえ-て【絶えて】副詞

語義の扉

下二段動詞「絶ゆ」の連用形に接続助詞「て」の付いた形が一語化して副詞に転じた語で、主に、表現のあまり望ましくない内容を強調して用いられる。

❶〔「ず」「なし」などの打消の語を下接して〕**いっこうに。少しも。まったく。**古今 平安－歌集 春上・伊勢物語 平安－物語 八二「世の中にたえて桜のなかりせば春の心はのどけからまし」訳 ⇩よのなかにたえてさくらの…。

「たえて」と打消の呼応

たえて訪ふ人なし。（形容詞）
（まったく訪ねる人がない。）

❷すっかり。残らず。はなはだしく。きっぱりと。源氏物語 平安—物語 夕顔「さすがに、たえて思ほし忘れなむことも、いと言ふかひなく憂かるべきことに思ひて」訳そうは言っても、（源氏の君が）すっかり（私＝空蝉の ことを）お忘れになってしまうことも、本当に言いようもなくつらいにちがいないと思って。

たえなり〖妙なり〗⇩たへなり

たえ-は・つ【絶え果つ】自動詞タ下二｛て／て／つ／つる／つれ／てよ｝❶すっかり絶える。すっかりなくなる。蜻蛉 平安—日記 下「わが思ふことは、今はたえはてにたり」訳私が思うことは、今はすっかりなくなってしまった。❷すっかり息が絶える。死ぬ。源氏物語 平安—物語 桐壺「夜半うち過ぐるほどになむ、たえはて給ひぬる」訳夜中を過ぎたころに、（桐壺更衣は）お亡くなりになりました。

たえ-ま【絶え間】名詞（広がっているものの、または続いているものの）切れ間。切れ目。新古今 鎌倉—歌集 秋上「秋風にたなびく雲のたえまより漏れ出いづる月の影のさやけさ」訳⇩あきかぜに…。

たおやかなり〖嫋やかなり〗⇩たをやかなり

たおやめ〖手弱女〗⇩たをやめ

たおる〖倒る〗⇩たふる

1 **たか**【高】名詞❶（田畑の収穫物、知行・扶持などの）数量・金額。❷程度。限度。❸物事のゆきつくところ。果て。冥途飛脚 江戸—浄瑠 浄瑠・近松「たかは死ぬると覚悟しや」訳（二人は）果ては死ぬのだと覚悟してくれ。

2 **たか**【鷹】名詞鳥の名。鷹狩りのために飼われる。季冬。

3 **たか-**【高】接頭語〔名詞や動詞などに付いて〕高い。大きい。立派な。「たか嶺」「たか殿」「たか知る」「たか敷く」

た-が【誰が】連語❶だれの。▼連体修飾語として用いる。方丈記 鎌倉—随筆「仮の宿り、たがためにか心を悩まし」訳仮の世の住まいなのに、だれのために苦心して（造り）。❷だれが。▼主語として用いる。まれな用法。宇治拾遺 鎌倉—説話 九・五「仏師知らずはたが知らんぞ」訳仏師が知らなかったなら、だれが知るだろうか。◆「が」は格助詞。

たがいめ〖違い目〗⇩たがひめ

たがう〖違う〗⇩たがふ

たか-うすべう【鷹護田鳥尾】名詞矢羽の一つ。鷲の羽で、上下と中央とに薄黒い模様のあるもの。「たかうすべを」とも。

たかうな【筍・笋】名詞たけのこ。季夏。源氏物語 平安—物語 横笛「御寺の傍ら近き林に抜き出でたるたかうな」訳お寺のそば近くの林に生えて出たたけのこ。◆「たかむな」の変化した語。

たか-がひ【鷹飼ひ】名詞鷹を飼い慣らして訓練し、狩猟をすること。また、それを職として朝廷・貴族・将軍家・大名などに仕える役人。鷹師。鷹匠。

たか-がり【鷹狩り】名詞飼い慣らした鷹・隼を使って鳥や小さな獣を捕らえさせる狩猟。冬期に行うのを「大鷹狩り」、秋期に行うのを「小鷹狩り」という。「鷹野」とも。季冬。

（鷹飼ひ）

高砂 地名 歌枕 今の兵庫県高砂市の一地区。加古川の河口あたりの地。高砂神社があり、そこにある根元が一つに合した二本の松は、「高砂の松」「相生の松」として名高い。謡曲『高砂』も、この松を主題としている。和歌では、よく松、そして、常緑の松に託して寿ぐ気持ちが詠み込まれる。⇩たかさごの…。

1 **たかさご-の**【高砂の】枕詞有名な「高砂の尾上の松」から、「尾上」「松」、松と同音の「待つ」にかかる。後拾遺 平安—歌集 春上「たかさごの尾上の桜咲きにけり」訳⇩たかさごの…。

2 **たかさごの…** 和歌 百人一首「高砂の（＝枕詞）尾上の桜 咲きにけり 外山の霞 立たずもあらなむ」後拾遺 平安—歌集 春上・大江匡房 訳高い山の峰の桜が咲いたことだよ。人里に近い山の霞よ、（すばらしい桜が見たいから）どうか立ちこめないでおくれ。

たかさご-の-まつ【高砂の松】連語今の兵庫県高砂市の高砂神社の相生の松。樹齢千年以上という老松。古今 平安—歌集 雑上「たかさごのまつも昔の友ならなくに」訳⇩たれをかも…。

1 **たか-し**【鷹師】名詞「たかがひ」に同じ。

2 **たか・し**【高し】形容詞ク｛（く）・から／く・かり／し／き・かる／けれ／かれ｝❶（空間的に）高い。上のほうにある。源氏物語 平安—物語 若紫「たかき所にて、ここかしこ、僧坊どもあらはに見下ろさるる」訳高い場所なので、あちこちにある、僧の住居がくまなく見下ろされる。❷（容積的に）高く積もっている。厚みがある。伊勢物語 平安—物語 八三「小野にまうでたるに、比叡の山のふもとなれば、雪いとたかし」訳小野に参上したとき、比叡山のふもとなので、雪がとても高く積もっている。❸（声・音が）大きい。枕草子 平安—随筆 中納言まゐり給ひて「『まことにかばかりのは見えざりつ』と言たかくのたまへば」訳「まことにこれほどの（すぐれた）もの（＝扇の骨）は目にしたことがなかった」と声を大きくおっしゃるので。❹評判が高い。広く知られている。今昔物語 平安—説話 三一・三三「このこと、世に聞こえたかくなりてけり」訳このこと（＝この女の子の美しさ）が世間でうわさになり評判が高くなってしまった。❺位や身分が高い。高貴だ。方丈記 鎌倉—随筆「棟を並べ甍を争へる、たかきいやしき、人のすまひは」訳棟を並べ屋根の高さを張り合っている、身分が高い人や低い人の住居は。❻自尊心がある。能力がすぐれている。高尚である。源氏物語 平安—物語 少女「男はくちをしき際の人だに、心をたかうこそつかふなれ」訳男は、卑しい身分の人でさえ自尊心を高くもつものだ。◇「たかう」はウ音便。❼年をとっている。古い。昔のことだ。年月がたっている。古今 平安－歌集 雑体「身はいやしくて年たかきことの苦しさかくしつつ」訳身分は低くて、年をとっていることのつらさは大変なものだ。

たか-し・く【高敷く】他動詞カ四｛か／き／く／く／け／け｝立派に治める。万葉集 奈良－歌集 一〇四七「やすみしし(＝枕詞)わご大君のたかしかす大和の国は」訳わが天皇が立派にお治めになる大和の国は。

たか-しこ【竹矢籠】名詞竹で作った胡簶。

高師の浜 地名 歌枕 今の大阪府堺市と高石市とにわたる海岸。白砂青松の景勝地。歌では、同音の「高し」とかけ、また、「高し」を導く。

たかしら-・す【高知らす】連語

なりたち 動詞「たかしる」の未然形＋奈良時代以前の尊敬の助動詞「す」

立派に造り営みなさる。万葉集 奈良－歌集 三六「この山のいやたかしらす、水激つ滝の都は」訳この山のようにますます立派に造り営みなさる、水が激しく落ちる滝の都は。

たか-し・る【高知る】他動詞ラ四｛ら／り／る／る／れ／れ｝❶立派に造り営む。立派に建てる。万葉集 奈良－歌集 三八「高殿をたかしりまして」訳高殿を立派にお建てになって。❷立派に治める。万葉集 奈良－歌集 九三八「わご大君の神ながらたかしらします印南野の」訳我が天皇が神そのままに立派にお治めになる印南野の。◆「たか」はほめことば、「しる」は思うままに取りしきる意。

たかしる-や【高知るや】枕詞 天高くそびえる高殿が、日を覆って影を作ることから、「天の御蔭」にかかる。万葉集 奈良－歌集 五二「たかしるや天の御蔭」訳（山々にかこまれた）高大な御殿。

たか-すなご【高砂子】名詞小高い砂地。

たか-だか【高高】副詞❶〔多く「と」を伴って〕きわだって高く。宇治拾遺 鎌倉－説話 三・一五「その塚一つぞ、たかだかとしてありける」訳その塚一つだけがきわだって高くなっていた。❷〔多く、「と」を伴って〕声高く。朗々と。愚管抄 鎌倉－論 四「たかだかと左右なく称唯して」訳声高くためらわずに「はい」と承って。❸せいぜい。いくら高価に見積もっても。傾城禁短気 江戸－物語 浮世「たかだかで銀一両」訳せいぜい銀一両。

たか-だか・なり【高高なり】形容動詞ナリ｛なら／なり・に／なり／なる／なれ／なれ｝(待ち望んで)高く背のびをして見ている。万葉集 奈良－歌集 二八〇四「高山にたかべさ渡りたかだかにわが待つ君を待ち出でむかも」訳高山にたかべ(＝こがもの一種)が高々と飛び渡るように、高く背のびをして見て(今か今かと)わたしが待つあの人は来てくれるだろうかなあ。

たか-だま【竹玉・竹珠】名詞細い竹を短く輪切りにして、ひもを通したもの。神事に用いる。

***たか-つき**【高坏】名詞❶四角または円形の盆に一本の足台の付いた、食物を盛る器。古くは土製で、のちに木製となり、漆塗りが施されたものもある。参照▼口絵 ❷「高坏灯台」の略。❶を逆さにして、底に灯明皿を置き、灯台の代わりとするもの。通常の灯台よりも低い所を照らす。

（高 坏❶）

たかつの-う・つ【高角打つ】連語 高角を兜の前立てとして取り付ける。

たかづら-ひげ【高面髯】名詞盛り上がって見えるほおひげ。

たか-てらす【高照らす】枕詞 空高く照るの意で、「日」にかかる。万葉集 奈良－歌集 四五「たかてらす日の皇子」訳日の皇子は。

たか-どの【高殿】名詞高く造った建物。高楼。

たか-とり【竹取り】名詞「たけとり」の変化した語。竹取りの翁のこと。

たか-ね【高嶺・高根】名詞高い山。万葉集 奈良－歌集 三一八「田子の浦ゆうち出でて見れば真白にぞ富士のたかねに雪は降りける」訳⇩たごのうらゆ…。

たかね-おろし【高根颪】名詞高い山からふきおろす寒い風。

たか-は【竹葉】名詞竹の葉。ささは。

たか-はし【高橋】名詞高く架け渡した橋。

高橋虫麻呂 人名 生没年未詳。奈良時代の歌人。官吏として常陸国(茨城県)に下り、『常陸国風土記』の編集にも参加したとされる。地方の伝説を題材にした長歌や短歌などが『万葉集』に多く、伝説歌人とも呼ばれる。『高橋虫麻呂歌集』がある。

たか-ひかる【高光る】枕詞 空高く光り輝くの意で、「日」にかかる。万葉集 奈良－歌集 一七一「たかひかるわが日の皇子の万代に国知らさまし島の宮はも」訳わが日の皇子が永久に国を治められるはずであったこの島の宮よ。

たか-ひざまづき【高跪き】名詞両ひざを地につけ、腰を伸ばして身体を起こした姿勢。

たかひ-し・る【高日知る】連語 死んで神として天上を治める。または、天皇・皇子が死ぬことを婉曲的にいう。万葉集 奈良－歌集 二〇二「哭沢の神社に神酒すゑいのれどもわご王はたかひしらしぬ」訳哭沢の神社に神酒を供えてお祈りしたけれどもわが大王は亡くなって天上を治められるようになってしまった。

たがひ-に【互ひに】副詞 入れ違いに。かわるがわる。それぞれに。土佐日記 平安－日記 一・九「これかれ、たがひに国の境のうちはとて見送りに来る人」訳この人やあの人やかわるがわる(せめて)国境の内はといって見送りに来る人が。

***たがひ-め**【違ひ目】名詞思いどおりにいかない事態。行き違い。食い違い。方丈記 鎌倉－随筆「折々のたがひめ、おのづから短き運をさとりぬ」訳その時、その時の思いどおりにいかない事態(に出あって)、自然に(自分の)不運をさとった。

たか-ひも【高紐】名詞鎧の後ろ側の胴の肩のひも。胸板の上部のひもと結んで胴を肩につる。「たかひぼ」とも。

たが・ふ【違ふ】

語義の扉

類義語に「ちがふ」がある。「たがふ」が自分や相手の予想・意向と食い違う意であるのに対し、「ちがふ」は、具体的な動作が互いに交差して行き違うという意。

一 自動詞	❶相違する。食い違う。 ❷背く。逆らう。 ❸いつもと変わる。正常でなくなる。
二 他動詞	❶食い違うようにする。背いて裏切る。 ❷方違えをする。 ❸間違える。誤る。

一 自動詞 八四{は/ひ/ふ/ふ/へ/へ} ❶**相違する。食い違う。外れる。** 更級 平安－日記 夫の死「ただ悲しげなりと見し鏡の影のみたがはぬ、あはれに心憂し」訳ただ悲しそうだと見た鏡の姿だけが、外れなかったのが、悲しくも情けない。❷**背く。逆らう。** 徒然 鎌倉－随筆 一五五「ついで悪(あ)しきことは、人の耳にもさかひ、心にもたがひて、そのこと成らず」訳折の悪い事柄は、他人の耳にも逆らい、心にも背いて、その事柄が成就しない。❸**いつもと変わる。正常でなくなる。** 竹取物語 平安－物語 燕の子安貝「貝にもあらずと見たまひけるに、御心地もたがひて」訳(中納言は)貝ではないとご覧になって、ご気分もいつもと違って悪くなって。**二** 他動詞 八下二{へ/へ/ふ/ふる/ふれ/へよ} ❶**食い違うようにする。背いて裏切る。** 源氏物語 平安－物語 桐壺「ただかの遺言をたがへじとばかりに」訳ただ、あの(故大納言の)遺言に背いて裏切るまいとだけ。❷**方違(かたたが)えをする。** 源氏物語 平安－物語 帚木「二条の院にも同じ筋にて、いづくにかたがへむ」訳二条院も同じ方角なので、どちらに方違えしようか。❸**間違える。誤る。** 蜻蛉 平安－日記 中「所たがへてけり」訳(返歌を届ける)場所を間違えてしまった。関連語 ⇩ちがふ。

たか-ふだ【高札】 名詞「かうさつ」に同じ。

たかま-が-はら【高天原】 名詞「たかまのはら」に同じ。

たか-まきゑ【高蒔絵】 名詞 砥粉(との)などを混ぜた漆を使って模様を盛り上げ、金粉で仕上げた蒔絵。

高円山(たかまどやま) 地名 歌枕 今の奈良県の東南、春日(かすが)山の南に続く山。聖武(しょうむ)天皇の離宮が置かれた。萩(はぎ)や月の名所とされる。「たかまどやま」とも。

***たかま-の-はら【高天原】** 名詞 日本神話で、天(あま)つ神が住むとされる天上界。人間界である「葦原(あしはら)の中つ国」、地下の死者の世界である「根の国」に対する。「たかまがはら」とも。

た-かみ【手上・手柄】 名詞 剣の柄(つか)。◆奈良時代以前の語。

たか-みくら【高御座】 名詞 即位や朝賀などの重大な儀式のとき、大極殿(だいごくでん)または紫宸殿(ししんでん)の中央の一段高い所に設ける天皇の座所。玉座。

(高御座)

たか-むな【筍・笋】 名詞 **たけのこ。**「たかうな」「たかんな」とも。大鏡 平安－物語 伊尹「冷泉院(れいぜいゐん)にたかむな奉らせ給(たま)へる折は」訳冷泉院にたけのこを差し上げ申したときは。

たか-むら【竹叢・篁】 名詞 **竹やぶ。** 今昔物語 平安－説話 三一・三三「たかむらに行きて、竹を切りけるに」訳竹やぶに行って、竹を切ったときに。

篁物語(たかむらものがたり) 書名 物語。作者未詳。平安時代後期成立か。一巻。[内容]有名な小野篁を主人公とした実話風の和歌をまじえた短編説話である。「篁と異母妹の恋愛悲話」「篁と右大臣の三の君との結婚物語」の二話で構成されている。

たか-やか-なり【高やかなり】 形容動詞ナリ{なら/なり・に/なり/なる/なれ/なれ} ❶**高さがいかにも高い。** 源氏物語 平安－物語 夕顔「たかやかなる荻(をぎ)につけて」訳(手紙を)いかにも高い荻に結びつけて。❷(声や音が)**いかにも大きい。** 源氏物語 平安－物語 宿木「たかやかに物語し、うち笑ひなどし給(たま)ふ顔を見るに」訳いかにも大きな声で話をし、お笑いになる顔を見ると。◆「やか」は接尾語。

たか-やぐら【高櫓】 名詞 高く築いたやぐら。

たか-やりど【高遣り戸】 名詞 丈の高い引き戸。特に、清涼殿の西南の渡殿(わたどの)の南側にあるもの。

たかゆく-や【高行くや】 枕詞 はやぶさが空高く飛んでいくことから、「はやぶさ」にかかる。古事記 奈良－史書 仁徳「たかゆくや速総別(はやぶさわけ)の」訳速総別(=人名)の。

たから[1]【宝・財】 名詞 ❶**大切なもの。財宝。** 万葉集 奈良－歌集 八〇三「銀(しろかね)も金(くがね)も玉も何せむに勝れるたから子に及(し)かめやも」訳⇩しろかねも…。❷**金銭。財貨。財産。** 徒然 鎌倉－随筆 三八「たから多ければ身を守るにまどし」訳金銭をたくさん持っていると、自分の身を守るのがおろそかになる。

たから[2] 希望の助動詞「たし」の未然形。平家物語 鎌倉－物語 九・老馬「敵(かたき)に会うてこそ死にたけれ。悪所(あくしょ)に落ちては死にたからず」訳敵に会って(=戦って)死にたいものだ。難所に落ちては死にたくない。

たから-か-なり【高らかなり】 形容動詞ナリ{なら/なり・に/なり/なる/なれ/なれ} ❶**高さがいかにも高い。** 落窪物語 平安－物語 一「衣(きぬ)たからかに引きあげて」訳着物をいかにも高く引きあげて。❷(声や音が)**いかにも高く大きい。** 平家物語 鎌倉－物語 五・勧進帳「勧進帳をひきひろげ、たからかにこそ読うだりけれ」訳勧進帳を勢いよく広げて、声高く大きく読んだので。◆「らか」は接尾語。

たから-ぶね【宝船】 名詞 宝物と七福神とを乗せた帆掛け船。また、それを描いた絵。除夜または節分の夜、江戸時代中ごろからは正月二日の夜、枕(まくら)の下に敷いて寝て、縁起のよい夢を見るまじないとした。紙に印刷したものが売られた。季春。参考 枕の下に敷く宝船の絵には、「ながきよのとをのねぶりのみなめざめなみのりぶねのおとのよきかな」という回文歌(=上から読んでも下から読んでも同じ歌)を書き添えてある。

(宝船)

宝井其角【たからゐきかく】タカライキカク ⇨榎本其角（えのもときかく）

たかり 希望の助動詞「たし」の連用形。著聞集 鎌倉―説話 五四六「法師、しとのしたかりければ」訳僧は、小便がしたかったので。

たか・る【自動詞】ラ四 {ら/り/る/る/れ/れ} **群がり集まる。** 土佐日記 平安―日記 二・一六「船人もみな、子たかりてのしる」訳同船の人も皆、(それぞれの)子供が群がり集まって大騒ぎしている。◆古くは下二段活用。

たき[1]【滝】名詞 ❶**急流。早瀬。** 万葉集 奈良―歌集 三六一七「石走るたきもとどろに」訳岩の上を勢いよく流れる急流の音が鳴り響き。❷**滝。瀑布。** 伊勢物語 平安―物語 七八「山科の宮に、たき落とし、水走らせなどして」訳山科にある宮に滝を造り、水を流すなどして。◆奈良時代以前には「たぎ」とも。

参考 ❷は、奈良時代以前には「たるみ(垂水)」といった。

たき[2] 希望の助動詞「たし」の連体形。徒然 鎌倉―随筆 二三八「文を御覧ぜられたき事ありて」訳本文をご覧になりたいことがあって。

た-ぎ【弾碁】名詞 遊戯の一つ。中央が高くなっている四角の盤を挟んで二人が相対し、自分の手前に置いた白または黒の石を指ではじき、中央の高いところを越して、相手の石に当て、相手の石を取るもの。◆「たんぎ」の撥音「ん」が表記されない形。

だ-きう【打毬】ダキュウ 名詞 古代の遊戯の一つ。騎馬または徒歩の二組みが、まりを「毬杖」ですくいとり、自分の組の毬門(＝ゴールポスト)に投げ入れることを競うもの。

だぎう-らく【打毬楽】ダギュウラク 名詞 雅楽の曲の一つ。唐人の姿をした四人の舞人が「毬杖」を持ち、まりを打つさまを舞う。「たぎうらく」「だきうらく」とも。

たき-かけ【薫き掛け・焚き掛け】名詞 ❶**衣類に香をたきしめること。また、その香り。** ❷**髪に香をたきしめるためのまくら。**

たき-がは【滝川】タキガワ 名詞 **山の谷間などを激しく流れ下る川。**

たき-ぎ【薪】名詞 ❶**まき。燃料として用いる木。** ❷「薪能」の略。陰暦二月、奈良興福寺の法会のときに、夜、南大門前の芝生で薪をたいて演じられた能。

たきぎ-こ・る【薪樵る】連語 ❶**まきにする木を切り取る。** ❷**仏を信仰する。仏や法華経に心を寄せる。** 源氏物語 平安―物語 御法「たきぎこる思ひは今日を初めにて」訳法華経に心を寄せる心持ちは今日が初めてで。◇法華経の教えを受けようとして仙人に仕えた釈迦が、食事の支度のために薪を切ったり水をくんだりして苦労したということから。❸枕詞 薪を伐採する鎌から「鎌」と同音を含む「鎌倉山」にかかる。万葉集 奈良―歌集 三四三三「たきぎこる鎌倉山の木垂る木をまつと汝が言はば恋ひつつやあらむ」訳鎌倉山の茂って枝が垂れ下がる木を待つ(松)とおまえが言いさえしたら、恋しく思いつついよう。

たきぎ-つ・く【薪尽く】連語 ❶仏教語。**釈迦が入滅(＝死去)する。** 源氏物語 平安―物語 若菜上「なほたきぎつきける夜のまどひは深かりけるを」訳やはり釈迦が入滅した夜の迷いは深かったのだから。❷**(人が)死ぬ。** 源氏物語 平安―物語 御法「惜しからぬこの身ながらも限りとてたきぎつきなむことの悲しさ」訳惜しくはないこの身ではあるが、命ももうこれ限りと死んでしまうだろうことの悲しさよ。

たき-ぐち【滝口】名詞 ❶**滝の水の落ちる所。** ❷**清涼殿の東北にある、御溝水(＝清涼殿の周囲を流れる溝の水)の落ちる所。** ここに「滝口の陣」があった。❸**蔵人所に属し、「滝口の陣」に詰めて、宮中の警護に当たった武士。滝口の武士。**

たきぐち-の-ぢん【滝口の陣】タキグチノジン 名詞 **清涼殿の東北の「滝口❷」にあった宮中警護の武士の詰め所。**

滝沢馬琴【たきざはばきん】タキザワバキン 人名 (一七六七～一八四八) 江戸時代後期の読本・草双紙作者。号は曲亭など。初め山東京伝に入門して黄表紙(＝絵入り本)を書いたが、読本(＝読み物)で人気を博し、構想雄大な長編『椿説弓張月』『南総里見八犬伝』などの読本を出版して一躍文名を高めた。晩年は失明したが口述筆記で書きつづけ、全作品は三百数十編になる。

たき-し・む【薫き染む・焚き染む】他動詞マ下二 {め/め/む/むる/むれ/めよ} **香をたき、その香りを衣服などにしみ込ませる。** 枕草子 平安―随筆 よくたきしめたる薫物の「よくたきしめたる薫き物の」訳よく衣服にしみ込ませた香の。

たぎたぎ・し 形容詞シク {(しく)・しから/しく・しかり/し/しき・しかる/しけれ/しかれ} ❶**(道などが)でこぼこしている。** 常陸風土記 奈良―史書「地たぎたぎしかりき」訳地面はでこぼこしていた。❷**足の運びがはかどらない。** 古事記 奈良―史書 景行「今、吾が足え歩まず、たぎたぎしくなりぬ」訳今、私(＝倭建命)の足は歩くことができず、足の運びがはかどらなくなった。

たぎち【滾ち・激ち】名詞 **激流。また、その飛び散るしぶき。**

たぎ・つ【滾つ・激つ】自動詞タ四 {た/ち/つ/つ/て/て} **水がわき立ち、激しく流れる。** 心が激することをたとえていうことも多い。古今 平安―歌集 恋一「たぎつ心をせきぞかねつる」訳激しく思っていた心を抑えられなかったよ。◆奈良時代以前には「たきつ」とも。

たき-つ-せ【滝つ瀬・滾つ瀬】名詞 **水が激しく速く流れる瀬。急流。激流。** 「たぎつせ」とも。

たぎつせ-の【滾つ瀬の】枕詞 水が激しく速く流れる瀬の意から「はやし」にかかる。古今 平安―歌集 恋三「たぎつせのはやき心をなにしかも人目つつみの堰きとどむらむ」訳激しくはやる思いを、なんだって人目をはばかる堤がせき止めるのだろう。

たき-どの【滝殿】名詞 **滝を眺めるように建てた御殿。**

だきに【荼枳尼】名詞 仏教語。「荼枳尼天」の略。鬼神の一つ。神通力によって、人の死を六か月前に知り、その心臓を食うという。その密法を修得した者は神通力を得るとされ、真言密教に取り入れられた。「だぎに」とも。

たきのおとは… 和歌 百人一首「**滝の音は 絶えて久しく なりぬれど 名こそ流れて なほ聞こえけれ**」拾遺 平安―歌集 雑上・藤原公任 訳(大覚寺に伝わる、古い)滝の音は(水がかれて)絶えてしまってから長い年月がたったけれど、その評判だけは世間に流れ伝わって、今なお世間に知られていることであるよ。

たき-まさ・る【焚き増さる】自動詞ラ四{ら/り/る/る/れ/れ} いっそうよく燃える。後拾遺 平安－歌集 冬「小野山の真木の炭焼き釜はたきまさるらむ」訳小野山の真木の炭焼き釜はいっそうよく燃えているだろう。

たき-もと【滝本】名詞 滝壺。滝の水が落ちてたまる所。

たき-もの【薫き物】名詞 沈・白檀・丁字などの種々の香木の粉を調合し、蜜で練り合わせて作った香。

た-ぎゃう【他行】名詞／―す 自動詞サ変 ほかの場所へ出かけること。外出。著聞集 鎌倉－説話 三八九「常則をめしければたぎゃうしたりけり」訳常則をお呼びになったがほかの場所へ出かけてしまっていた。

たぎ・る*【滾る】自動詞ラ四{ら/り/る/る/れ/れ} ❶(川などの)水が逆まき、しぶきを上げる。更級 平安－日記 初瀬「たぎりて流れゆく水」訳逆まきしぶきを上げて流れていく水。❷煮え立つ。沸騰する。大和物語 平安－物語 一四九「この水、熱湯にたぎりぬれば」訳この水は熱湯に煮え立ったので。❸心が高ぶる。怒りや悲しみの気持ちがわき上がる。鑓権三 江戸－浄瑠 浄瑠・近松「たぎる心は運次第」訳高ぶる心は運次第。

たく[1]【栲】名詞 木の名。楮または梶の木。樹皮の繊維から糸・布・紙を作る。

た・く[2]【長く・闌く】自動詞カ下二{け/け/く/くる/くれ/けよ} ❶(日や月が)高くのぼる。高くなる。源氏物語 平安－物語 夕顔「日たくる程に起き給ひて」訳日が高くのぼるころにお起きになって。❷長じる。円熟する。徒然 鎌倉－随筆 一五〇「徳たけ、人に許されて並びなき名を得る事なり」訳人格が円熟し、世間の人に認められて、並ぶ者のない名声を獲得するのである。❸盛りを過ぎる。▼季節・時期・年齢についていう。平家物語 鎌倉－物語 一・祇王「かくて春過ぎ夏たけぬ」訳このようにして春は過ぎ、夏も盛りを過ぎた。

た・く[3]【焚く】他動詞カ四{か/き/く/く/け/け} ❶燃やす。徒然 鎌倉－随筆 五四「あはれ、紅葉をたかん人もがな」訳ああ、紅葉を燃やし(酒をあたためる)ような人がいればよいのになあ。❷香をくゆらす。平家物語 鎌倉－物語 灌頂・大原御幸「甍破れては、霧、不断の香をたき」訳屋根が破れて、入ってくる霧が、たえまなくたく香をたいて(いるようだ)。◇「薫く」とも書く。❸煮る。◇「炊く」とも書く。

た・く[4]【綰く】他動詞カ四{か/き/く/く/け/け} ❶髪をかき上げて束ねる。万葉集 奈良－歌集 一二三「たけばぬれたかねば長き妹が髪」訳かき上げて束ねればほどけ、束ねなければ長くさがっている妻の髪。❷舟を漕ぐ。万葉集 奈良－歌集 一二六六「大船を荒海に漕ぎ出で弥船たけ」訳大船を荒海に漕ぎ出しいよいよ船を漕ぐが。❸(馬の手綱を)あやつる。「だく」とも。万葉集 奈良－歌集 四一五四「石瀬野に馬たき行きて」訳石瀬野に馬をあやつり行って。◆奈良時代以前の語。

たく[5] 希望の助動詞「たし」の未然形・連用形。平家物語 鎌倉－物語 一〇・内裏女房「八島へかへりたくは」訳八島へ帰りたいなら。

たぐい〖類・比〗⇩たぐひ

たぐう〖類う・比う〗⇩たぐふ

たく-せん【託宣】名詞／―す 自動詞サ変 神が人にのり移ったり夢に現れたりして、その意思を告げ知らせること。また、そのお告げ。神託。

たくづの-の【栲綱の】枕詞 栲の繊維で作った綱は色が白いことから「白」に、また、その音を含む「新羅」にかかる。「たくづのの白き腕」「たくづのの新羅の」

たく-なは【栲縄】名詞 こうぞの皮をより合わせて作った白い縄。漁業に用いる。◆後世「たぐなは」とも。

たくなは-の【栲縄の】枕詞 「栲縄」は長いところから、「長し」「千尋」にかかる。万葉集 奈良－歌集 七〇四「たくなはの長き命をほりしくは絶えずて人を見まくほりこそ」訳長い命を欲しいと思ったのは絶え間なくあの人に逢いたいからです。

たく-はつ【托鉢】名詞／―す 自動詞サ変 仏教語。僧尼が、仏道修行のために、鉢を持ち、経文を唱えながら家々を回って米や銭の施しを受けること。「乞食」とも。

たくは・ふ【蓄ふ・貯ふ】 一 他動詞ハ四{は/ひ/ふ/ふ/へ/へ} ためておく。蓄える。万葉集 奈良－歌集 四二二〇「御櫛笥にたくはひ置きて」訳櫛箱に蓄えておいて。 二 他動詞ハ下二{へ/へ/ふ/ふる/ふれ/へよ} 一に同じ。三宝絵詞 平安－説話 序「長者の財をたくはへて」訳大金持ちが財産をためておいて。

たぐひ【類・比】名詞 ❶仲間。連れ。源氏物語 平安－物語 若紫「同じさまにものし給ふなるを、たぐひになさせ給へ」訳私と同じ境遇でいらっしゃるそうなので、仲間になさってください。❷同じような物事。例。同類。源氏物語 平安－物語 若紫「人々まじなひわづらひしを、やがてとどむるたぐひ、あまた侍りき」訳人々がまじなっても(効き目が出ず)困っていたのを、すぐに治した例が、たくさんございました。❸…の種類。…のようなもの。…のような人。方丈記 鎌倉－随筆「男女死ぬるもの数十人、馬・牛のたぐひ辺際を知らず」訳男女で死んだ者は数十人、馬や牛のようなもの(に至ってはその)際限を知らない。

たぐひ-な・し【類無し】形容詞ク{(く)・から/く・かり/し/き・かる/けれ/かれ} 比べるものがない。▼非常にすぐれていることにも、非常に悪いことにもいう。源氏物語 平安－物語 桐壺「かたじけなき御心ばへのたぐひなきを頼みにて交らひ給ふ」訳もったいない(桐壺帝の)ご愛情が比べるものがないほど強いのを頼りにして(更衣は)宮仕えしなさる。

たく-ひれ【栲領巾】名詞 栲などの繊維で織った白い布で作った首に掛ける飾り布。

たくひれ-の【栲領巾の】枕詞 「たくひれ」の色が白いことから、「白」「鷺」に、また、首に掛けるところから、「懸く」にかかる。万葉集 奈良－歌集 一六九四「たくひれの鷺坂山の白つつじ我ににほはね妹に示さむ」訳鷺坂山の白つつじよ、私にしみついてくれ。妻に見せよう。

たぐ・ふ【類ふ・比ふ】
一 自動詞ハ四{は/ひ/ふ/ふ/へ/へ} ❶一緒になる。寄り添う。連れ添う。万葉集 奈良－歌集 七二八「人もなき国もあらぬか我妹子と携ひ行きてたぐひて居らむ」訳誰も人の居ない国でもないものだろうか。(そこへ)あなたと手を取り合って行って、寄り添っていたいことだ。枕草子 平安―随筆 内裏の局「冬は雪・霰などの、風にたぐひて降り入りたるも、いとをかし」訳冬は雪や霰などが、吹く風と一緒になって降り込んでくるのもとても趣ぶかい。
❷似合う。釣り合う。源氏物語 平安―物語 行幸「はかばかしう選ばせ給はむたづねに、たぐふべき人なむなき」訳りっぱな人物をお選びなさろうという求めに、似合うはずの人が見つからない。

二 他動詞 ハ下二 {へ/へ/ふ/ふる/ふれ/へよ}

❶一緒に居させる。寄り添わせる。連れ添わせる。古今 平安―歌集 離別「思へども身をし分けねば目に見えぬ心を君にたぐへてぞやる」訳(あなたのことを)深く思っても、身を二つに分けることはできないので、目に見えない私の心をあなたに寄り添わせて行かせるのである。
❷まねる。なぞらえる。白楽天 室町―能楽 謡曲「鳥類・畜類の、人にたぐへて歌を詠む」訳鳥類・獣類が、人にまねて歌を詠む。

たく-ぶすま【栲衾】 名詞 ❶栲の繊維で作った夜具。色は白い。❷枕詞 たくぶすまの色が白いところから、「しろ」「しら」の音を含む地名にかかる。万葉集 奈良―歌集 三五八七「たくぶすま新羅へいます君が目を今日か明日かといはひて待たむ」訳新羅へいらっしゃるあなたに逢うのを、今日か明日かといみ慎んで待ちましょう。

***たくみ【工・匠】** 名詞 ❶職人。細工師・指物師・鍛冶師。竹取物語 平安―物語 蓬莱の玉の枝「かの愁へをしたるたくみをば」訳あの訴えをした職人を。❷大工。徒然 鎌倉―随筆 一〇「多くのたくみの、心を尽くしてみがきたて」訳大勢の大工が一所懸命にりっぱに作り上げ。❸㋐くわだて。たくらみ。はかりごと。熊野御本地 室町―物語 御伽「またいろいろのたくみどもせられけり」訳またいろいろのくわだてなどもなさった。㋑工夫。趣向。太平記 室町―物語 三三「城の中たくみを替へて防ぎける間」訳城の中では工夫をこらして防いでいた間。◇「企み」とも書く。

たくみ-づかさ【内匠寮】 名詞「たくみれう」に同じ。

たくみ-どり【巧み鳥】 名詞 鳥の名。みそさざいの別名。◆巣を作ることが巧みであることから。

***たくみ-なり【巧みなり】** 形容動詞ナリ {なら/なり・に/なり/なる/なれ/なれ} 器用だ。上手だ。古今 平安―歌集 仮名序「文屋康秀は、詞はたくみにて、そのさま身におはず」訳文屋康秀は、言葉(の使い方)は上手だが、その歌の姿は内容と似つかわしくない。

たくみ-の-かみ【内匠頭】 名詞「内匠寮」の長官。「うちのたくみのかみ」とも。

たくみ-れう【内匠寮】 名詞「中務省」に属し、宮中の器物や、殿舎の装飾のことをつかさどった役所。「うちのたくみのつかさ」「たくみづかさ」とも。

***たく・む【巧む・工む】** 他動詞 マ四 {ま/み/む/む/め/め} ❶工夫する。趣向をこらす。三冊子 江戸―句集 俳論「心の色うるはしからざれば、外に言葉をたくむ」訳心のようすが端正でないと、表現で言葉を工夫する。❷計画する。たくらむ。徒然 鎌倉―随筆 五四「いかで誘ひ出だして遊ばむとたくむ法師どもありて」訳(児を)何とかして誘い出して遊ぼうとたくらむ法師たちがいて。

たく-ら・ぶ【た比ぶ・た較ぶ】 他動詞 バ下二 {べ/べ/ぶ/ぶる/ぶれ/べよ} 比べる。今昔物語 平安―説話 二一・二八「その国のあまたの后をたくらぶるに」訳その国の大勢の后を比べると。◆「た」は接頭語。

1 **たけ【丈・長】** 名詞 ❶(物の)高さ。たけ。長さ。枕草子 平安―随筆 職の御曹司におはします頃、西の廂にて「少したけぞ劣りもて行く」訳少し高さもだんだんと低くなっていく。❷身のたけ。身長。伊勢物語 平安―物語 二三「筒井つの井筒にかけしまろがたけ過ぎにけらしな妹見ざるまに」訳⇨つつゐつの…。❸「…のたけ」の形でありったけ。全部。山家集 平安―歌集 中「もの思ふ心のたけぞ知られぬる」訳思いにふける心の全部がわかってしまう。

2 **たけ【竹】** 名詞 植物の名。

3 **たけ【岳・嶽】** 名詞 高くそびえ立った山。また、その山頂。「だけ」とも。

4 **たけ【茸・菌】** 名詞 きのこ。

だけ 副助詞《接続》体言または活用語の連体形に付く。

❶…かぎり。…だけ。▼物事の及ぶ限界・限度を示す。博多小女郎 江戸―浄瑠 浄瑠・近松「伊勢路へ向けて遁るるだけは遁れて見ん」訳伊勢路へ向かって逃げられるかぎりは逃げてみよう。❷…だけに。…だけあって。▼相応する意を表す。膝栗毛 江戸―物語 滑稽「さすがは田舎だけ、ものが不自由だ」訳さすがに田舎だけあって、ものが不自由だ。❸(多く代名詞「これ」「それ」「あれ」などに付いて)…ぐらい。…ほど。▼程度を表す。春色雪の梅 江戸―物語「せめて飲みしろだけもとってやるがいい」訳せめて飲み代ぐらいはとってやればいい。

たけ-うる-ひ【竹植うる日】 連語 陰暦五月十三日。中国の伝説で、この日に竹を植えるとよく茂るといわれた。笈日記 江戸―論 俳諧「降らずともたけううるひは蓑と笠―芭蕉」訳雨は降らなくても五月十三日は梅雨のころらしく蓑と笠をつけていよう。

たけ・し【猛し】 形容詞ク {(く)・から/く・かり/し/き・かる/けれ/かれ}

❶勇ましい。勇猛だ。竹取物語 平安―物語 かぐや姫の昇天「たけく思ひつる造麻呂も、物に酔ひたる心地して、うつ伏しに伏せり」訳勇ましく思っていた造麻呂も、何かに心を奪われたような気持ちになって、うつ伏せに伏している。
❷勢いが盛んだ。激しい。荒々しい。平家物語 鎌倉―物語 一・祇園精舎「たけき者もつひには滅びぬ」訳勢いが盛んな者も最後には滅びてしまう。
❸気丈だ。強気だ。源氏物語 平安―物語 夕霧「たけう思すとも、女の御心ひとつにわが御身をとりしたため、かへりみ給ふべきやうにかあらむ」訳気丈にお思いになっても、女一人の考えに、ご自分の身をきちんとなさり、お気をつけなさることができるでしょうか。◇「たけう」はウ音便。
❹まさっている。すばらしい。源氏物語 平安―物語 玉鬘「逃げ隠れ給ふとも、何のたけきことかあらむ」訳逃げ隠れなさっても、どれほどまさっていることがあろうか。
❺精いっぱいだ。せいぜいである。源氏物語 平安―物語 明石「面影そひて忘れがたきに、たけきこととはただ涙に沈めり」訳(源氏の)面影が目先にちらついて忘れら

れないので、(明石の上は)せいぜいできることとしてひたすら泣き沈んでいる。

たけじざい-てん【他化自在天】 名詞 仏教語。欲界六天の最上位に位置する天。ここに生まれた者は、その欲するところを自在に自分のものとして楽しむことができるという。「大自在天」「第六天」とも。

竹田出雲 人名 (一六九一～一七五六)江戸時代中期の浄瑠璃作者。竹本座の座元で精巧な機巧を発明した初世出雲の子。名は清定。人形芝居の最盛期に戯作に興行にと活躍した。三好松洛・並木千柳(宗輔)らとの合作『菅原伝授手習鑑』『義経千本桜』『仮名手本忠臣蔵』などの名作を書いた。

たけ-たか・し【丈高し・長高し】 形容詞ク {く・から/く・かり/し/き・かる/けれ/かれ} 歌が格調が高くて壮大・崇高な趣がある。無名抄 鎌倉―論 式部赤染勝劣事「『…』といふ歌は、詞も姿も、ことの外にたけたかく」訳『…』という歌は表現も形も、特に格調が高くて壮大・崇高な趣がある。

参考 歌学用語。平安時代後期から、歌合わせの評語として用いられるようになり、和歌の美的理念を表す言葉の一つとなった。これに近い美を表す語に「遠白し」がある。

古典の常識 『竹取物語』—かぐや姫の話として有名

子供向けの昔話の「かぐや姫」として知られる物語で、『源氏物語』の「絵合」に、「物語の出で来はじめの祖なる」と書かれている。

竹の中から生まれて、讃岐造麿という名の竹取の翁に育てられたかぐや姫は、三か月ほどで光り輝くような美女に成長した。姫の評判は都にも聞こえ、多くの男が求婚したが、特に五人の貴公子は熱心だった。姫は彼らの求婚を避けようと難題を出す。

石作皇子には仏の石の鉢を、庫持皇子には蓬萊の玉の枝を、右大臣阿部御主人には火鼠の皮衣を、大納言大伴御行には竜の頸の五色に光る玉を、中納言石上麻呂足には燕の子安貝を持ってくるよう求めたが、だれも手に入れられなかった。さらに帝のお召しにも応じることなく、十五夜の晩に月の都に帰る。かぐや姫の残した文と不死の薬は駿河の高山で燃やされ、そこから「ふじの山」の名がついた。

たけ-だち【丈立ち】 名詞 立ったときの背の高さ。背丈。身長。

たけ-ち【高市】 名詞 土地の高い所にある、人の集まる所。◆「たかいち」の転。

高市黒人 人名 生没年未詳。大和時代の歌人。柿本人麻呂よりやや後輩で、持統・文武の両朝(六八七～七〇七)に仕え、すぐれた叙景や旅の歌を詠んだ。『万葉集』には短歌十八首が収められる。

竹取物語 書名 物語。作者未詳。平安時代前期成立。二巻。〔内容〕竹取の翁とかぐや姫を主人公とした最古の創作物語で、平明な文章で書かれている。内外の説話や伝説を織り交ぜ、所々に和歌が配してある。

たけなは・なり【酣なり・闌なり】 形容動詞ナリ {なら/なり・に/なり/なる/なれ/なれ} ❶最も盛んだ。真っ最中だ。古事記 奈良―史書 景行「そのたけなはなる時になりて」訳(宴の)最も盛んな時になって。❷盛りを少し過ぎて衰えかけている。日本書紀 奈良―史書 顕宗「夜更け酒たけなはにして」訳夜更けになり、酒も少し盛りを過ぎて。

たけ-の-その【竹の園】 連語 「たけのそのふ」に同じ。

たけ-の-そのふ【竹の園生】 連語 親王。皇族。「たけのその」とも。◆中国の漢代、文帝の皇子の梁の孝王が、庭園に竹を多く植えて、「修竹苑」と名付けた故事による。

たけ・ぶ【猛ぶ】 自動詞バ上二 {び/び/ぶ/ぶる/ぶれ/びよ} 雄々しく奮い立つ。万葉集 奈良―歌集 一八〇九「天仰ぎ叫びおらび足ずりし牙かみたけびて」訳天を仰いで泣き叫び足をじたばたさせ歯ぎしりし雄々しく奮い立って。

竹本義太夫 人名 (一六五一～一七一四)江戸時代前期の浄瑠璃太夫。義太夫節の開祖。号は竹本筑後掾。摂津(兵庫県)の人。三十五歳のとき、大坂道頓堀に竹本座を設けて、あやつり人形芝居を興行した。近松門左衛門の作品を義太夫節で語り、浄瑠璃界に君臨した。

たけれ 希望の助動詞「たし」の已然形。徒然 鎌倉―随筆 六〇「帰りたければ、ひとりつい立ちて行きけり」訳帰りたいときはいつでも、(自分)一人ふいと立って行ってしまった。

たけ-を【猛男・猛夫】 名詞 強くて勇ましい男。

た-ご[1]【田子】 名詞 田を耕作する農民。

た-ご[2]【担桶】 名詞 水や肥料などを入れて、かついで運ぶおけ。

たごう【違う】 ⇨たがふ

た-ごし【手輿】 名詞 前後二人で、手で腰の辺りの高さに支えて運ぶ乗り物。「腰輿」「てごし」とも。◆「た」は「て(手)」の古い形。

たこつぼや… 俳句 「蛸壺や はかなき夢を 夏の月」笈の小文 江戸―紀行 俳文・芭蕉 訳夏の月が淡く照らすこの海の底、夜が明ければとらえられる身の上とも知らない蛸が、蛸壺の中で短夜のむなしい夢を結んでいることだろう。

鑑賞 蛸のこっけい味と、明日の命も知らぬその身の悲哀とが、一句のうちに一つになっている。季語は「夏の月」で、季は夏。

田子の浦 地名 歌枕 今の静岡県富士市富士川河口付近。景勝の地。古くは富士川河口より西の、由比あたりの海岸をさした。

たごのうらに… 和歌 百人一首 「田子の浦に うち出でて見れば 白妙の 富士の高嶺に 雪は降りつつ」新古今 鎌倉―歌集 冬・山部赤人 訳田子の浦に出て、はるかかなたを眺めやると、真っ白な富士の高嶺に雪がしきりに降っているよ。

鑑賞 原歌は次項。

たごのうらゆ… 和歌 「田子の浦ゆ うち出でて見れば 真白にそ 富士の高嶺に 雪は降りける」万葉集 奈良―歌集 三一八・山部赤人 訳田子の浦を通って視界の開けた場所に出て見ると、富士の高嶺に真っ白に雪が降り積もっているよ。

鑑賞 「田子の浦にうち出でて見れば白妙の富士の

高嶺に雪は降りつつ」という形で『新古今和歌集』に見え、これが『百人一首』に採られている。『万葉集』の形だと、「ゆ」は動作の経由する場所を示す格助詞であるから、「田子の浦を通って（ある場所へ行き）」という訳になり、田子の浦は富士が眺望できない所ということになる。由比のあたりは山が海に迫り、富士は山のかげになる。それに対して、『新古今和歌集』は「田子の浦に出て見ると」であるから、田子の浦は富士の見える所でなければならず、これは現在の田子の浦の地と考えられる。

だ-ざい[1]【大宰・太宰】名詞「大宰府」の略。「ださい」とも。

だ-ざい[2]【堕罪】名詞／―する自動詞サ変 罪人となること。

だざい-の-ごんのそち【大宰権帥】名詞「大宰府」の「帥(そち)」の次位の官。親王が帥に任ぜられたとき、代わって政務を執る。大臣が左遷されてなった場合、政務にはあずからなかった。菅原道真(すがわらのみちざね)の場合がそれである。◆「だざい」は「ださい」、「そち」は「そつ」とも。

だざい-の-そち【大宰帥】名詞「大宰府」の長官。平安時代以後、多く親王が任ぜられた。◆「だざい」は「ださい」、「そち」は「そつ」とも。

だざい-ふ【大宰府・太宰府】名詞 律令制で、筑前(ちくぜん)の国に置かれた役所。九州・壱岐(いき)・対馬(つしま)の行政、及び大陸との外交・国防のことをつかさどった。長官の「帥(そち)」、次官の「大弐(だいに)」「少弐(せうに)」以下の役人が置かれ、帥の下に「権帥(ごんのそち)」が置かれることもあった。鎮西府(ちんぜいふ)。「ださいふ」「大宰」とも。

たし　助動詞ク型

語義の扉

動詞および助動詞「る」「らる」「す」「さす」「しむ」などの連用形に付いて、希望する意に用いる。

❶話し手、書き手自身、その他の人の希望。…たい。

❷他に対する希望。…てほしい。

未然形	連用形	終止形	連体形	已然形	命令形
(たく) たから	たく たかり	たし	たき たかる	たけれ	○

❶〔話し手、書き手自身、また、それ以外の人の希望を表す〕…たい。徒然 鎌倉―随筆 六〇「時(とき)非時(ひじ)も人にひとしく定めて食はず、我(わ)が食ひたき時、夜中にも暁(あかつき)にも食ひて、ねぶたければ、昼もかけこもりて」訳（この僧都(そうづ)は）定められている時刻の食事も、そうでない非時の食事も他の僧と同じように時を決めて食べず、自分が食べたい時には夜中でも明け方でも食べて、眠くなると昼間でも部屋にひきこもって。

❷〔他への希望を表す〕…ほしい。…たい。▼動詞「あり」の下に付いて、状態の実現を希望する。平家物語 鎌倉―物語 一・祇王「誰(たれ)もみなあのやうでこそありたけれ」訳だれでもみなあのようであってほしいのだ。

歴史スコープ「たし」は、平安時代の初期から用いられ、院政期ごろから話しことばとして用いられるようになった。希望の助動詞「まほし」に取って変わって優勢になってゆき、書きことばとしても定着し、現代語の「たい」に続く。

たし-か-なり【確かなり】形容動詞ナリ〔なら／なり・に／なり／なる／なれ／なれ〕❶しっかりしている。確実である。竹取物語 平安―物語 火鼠の皮衣「仕うまつる人の中に心たしかなるを選びて」訳お仕え申し上げている人の中で、心のしっかりしているのを選んで。❷信頼できる。安心できる。万葉集 奈良―歌集 二八七四「たしかなる使ひを無(な)みと心をそ使ひに遣(や)りし夢(いめ)に見えきや」訳信頼できる使いがいないので、（私の）心を使いに出しました。あなたの夢に見えたでしょうか。

た-じつ【他日】名詞 ほかの日。後日。

たじ-な・し【他事無し】形容詞ク〔(く)・から／く・かり／し／き・かる／けれ／かれ〕❶ほかの事を顧みない。余念が無い。宇治拾遺 鎌倉―説話 一二・一「ただ囲碁を打つほかはたじなし」訳ただもう囲碁をする以外はほかの事を顧みない。❷親しい。仲がよい。博多小女郎 江戸―浄瑠璃 浄瑠璃・近松「この五人は我らが仲間、たじなう話し明かす仲」訳この五人は我々の仲間で、親しく話し明かす間柄だ。◇「たじなう」はウ音便。

たしなみ【嗜み】名詞❶芸や教養を、他に認められる水準まで習得していること。❷心構え。心がけ。

たしな・む[1]【窘む】一自動詞マ四〔ま／み／む／む／め／め〕苦しむ。日本書紀 奈良―史書 神代上「留まり休むこと得ずして、たしなみつつ降(くだ)りき」訳留まって休むことができず、苦しみながらくだった。◆奈良時代以前の語。二他動詞マ下二〔め／め／む／むる／むれ／めよ〕苦しめる。困らせる。古事記 奈良―史書 崇神「皆迫(せ)めたしなめらえて」訳皆で追いつめ苦しめられて。◆奈良時代以前の語。

たしな・む[2]【嗜む】他動詞マ四〔ま／み／む／む／め／め〕❶好んで精を出す。心がけて励む。徒然 鎌倉―随筆 一八八「いよいよよくしたく覚えてたしなみけるほどに」訳ますます上達したくなって、好んで精を出していた間に。❷心がけて用意する。猫の草子 江戸―物語 御伽「檀那(だんな)をもてなさんとて、煎(い)り豆・座禅豆をたしなみ置けば」訳（僧が）信者をもてなそうと思って、煎り豆・座禅豆を心がけて用意して置くと。❸慎む。さしひかえる。西鶴織留 江戸―物語 浮世・西鶴「惣(そう)じて女、たしなむべきは言葉なり」訳だいたい女が慎むべきは言葉である。

たしみ-だけ【繁竹・密生竹】名詞 生い茂っている竹。◆「たしみ」の「た」は接頭語、「しみ」は茂みの意。

た-しゃう[1]【他生】名詞 仏教語。「今生(こんじゃう)」(=現世)に対して、それ以外の「前生(ぜんしゃう)」(=前世)と「後生(ごしゃう)」(=来世)。

た-しゃう[2]【多生】名詞 仏教語。何度も死んでは生まれ変わることを繰り返すこと。

たしゃう-くわうごふ【多生曠劫】名詞 仏教語。生死を繰り返して輪廻(りんね)する非常に長い時間。

だじゃう-くわん【太政官】名詞「だいじゃうくわん」に同じ。

だじゃう-だいじん【太政大臣】名詞「だいじゃうだいじん」に同じ。

だじゃう-てんわう【太上天皇】名詞「だいじゃうてんわう」に同じ。

だじゃう-にふだう【太政入道】名詞「だい

じゃうにふだう」に同じ。

たしゃう-の-えん【多生の縁】（タショウノエン） 連語 仏教語。何度も死んでは生まれ変わることを繰り返し、この世に生を得るまでの間に結ばれた因縁。平家物語 鎌倉一物語 七・福原落「同じ流れを掬ぶもたしゃうのえんなほ深し」訳同じ川の流れの水を手ですくうのも、この世に生を得るまでに結ばれた因縁がやはり深いのだ。◆「他生の縁」とも書く。

た-しょ【他所】 一 名詞 ほかの場所。よそ。 二 名詞／—す 自動詞 サ変 ほかの場所へ移ること。栄花物語 平安一物語 衣の珠「それさへたしょせられなば」訳その方までもほかの場所へ移りなさってしまったならば。

たじろき ⇩たぢろき

たじろく ⇩たぢろく

たず【鶴・田鶴】 ⇩たづ

た-すき【手繦・襷】 名詞 ❶古代、神を祭るとき、袖が供物にかからないように束ねるために肩にかけた紐。❷手の動きを自由にするために、袖をたぐり上げて留めておく紐。枕草子 平安一随筆 うつくしきもの「衣長にてたすき結ひたるが這ひ出でたるも」訳(幼児が)着物の丈が長くて、たすきを結んでいるのが這い出てくるのも。❸紐などを斜めに打ち違えに掛けた形。◆「た」は「て(手)」の古い形。

***たずき【方便】** ⇩たづき

た-す-く【助く・扶く・輔く】 他動詞 カ下二 {け/け/く/くる/くれ/けよ} ❶力を貸す。手助けする。補佐する。源氏物語 平安一物語 桐壺「朝廷の固めとなりて、天の下をたすくる方にて見れば」訳(源氏の人相は)朝廷の支えとなって、天下(の政治)を補佐する方であると見ると。❷支える。源氏物語 平安一物語 蓬生「左右の戸もみなよろぼひ倒れにければ、をのこどもたすけて」訳左右の戸もみなよろよろと倒れてしまったので、男たちが支えて。❸救う。助ける。竹取物語 平安一物語 蓬萊の玉の枝「旅の空に、たすけ給ふべき人もなきところに」訳旅の途上なので、救ってくださるような人もないところであるのに。◆「た」は手、「すく」は力を添える意。

たずさう【携う】 ⇩たづさふ

たずさわる【携わる】 ⇩たづさはる

たずぬ【尋ぬ・訪ぬ】 ⇩たづぬ

***た-ぜり【田芹】** 名詞 植物の名。「せり」の別名。

た-そ【誰そ】 連語 だれだ。だれか。徒然 鎌倉一随筆 一一五「『かくのたまふは、たそ』と答ふれば」訳「そうおっしゃるのは、だれか」と答えると。◆「そ」は係助詞「ぞ」の古い形。

***たそ-かれ【黄昏・誰そ彼】** 名詞「たそかれどき」に同じ。◆江戸時代以後「たそがれ」。

たそかれ-どき【黄昏時・誰そ彼時】 名詞 夕暮れ方。夕方。夕方、薄暗くなって向こうにいる人が識別しにくくなった時分。「たそかれ」とも。対 彼は誰時。

参考 「たそかれ」は「誰そ彼」で、「誰だ、あれは」といぶかる意。似た形の語「彼は誰れ時」は、夜明け方の薄明るい時分にいう。今日は「たそがれ(どき)」だけが残って使われている。江戸時代以後「たそがれどき」。

ただ 副詞

一【直】❶直接。じかに。徒然 鎌倉一随筆 一二一「ただ言ふ言葉も、口をしうこそなりもてゆくなれ」訳直接話す言葉(=会話)も、だんだん情けなくなってゆくようだ。❷すぐ。ちょうど。▼距離的・時間的に間をおかないようす。源氏物語 平安一物語 若紫「ただこのつづら折りの下に」訳ちょうどこの曲がりくねった坂道の下の方に。

二【唯・只】❶わずかに。たった。単に。▼それだけに限定する意。新古今 鎌倉一歌集 雑中「人住まぬ不破の関屋の板廂荒れにしのちはただ秋の風」訳⇩ひとすまぬ…。❷ただもう。むやみに。まったく。竹取物語 平安一物語 かぐや姫の昇天「立て籠めたるところの戸、すなはち、ただ開きに開きぬ」訳閉め切っておいた所の戸が、すぐに、ただもうどんどん開いてしまった。❸ちょうど。まるで。▼下に「ごとし」「やうなり」を伴うことが多い。平家物語 鎌倉一物語 一・祇園精舎「おごれる人も久しからず、ただ春の夜の夢のごとし」訳思い上がりわがままに振る舞っている人も長くは続かず、ちょうど春の夜に見る夢のよう(にはかないもの)だ。

ただ-あり・なり 形容動詞 ナリ {なら/なり・に/なり/なる/なれ/なれ} ありのままだ。平凡だ。枕草子 平安一随筆 職の御曹司の西面の「をかしき筋など立てたることはなう、ただありなるやうなるを」訳(藤原行成は)格別に風流を気どることもなく、ありのままのようすであるのを。

ただ-いま【只今・唯今】 一 名詞 現在。目下。今。徒然 鎌倉一随筆 九二「何ぞ、ただいまの一念において、直ちにすることの甚だ難き」訳どうして、現在の一瞬において、すぐに実行することがひどく難しいのだろうか。

二 副詞 ❶ちょうど今。つい今しがた。徒然 鎌倉一随筆 七一「ただいま人の言ふ事も、目に見ゆる物も、わが心のうちも」訳ちょうど今人が言ったことも、目に見えた物も、自分の心の中に思ったことも。❷すぐさま。直ちに。枕草子 平安一随筆 うへにさぶらふ御猫は「『この翁丸打ちてうじて、犬島へつかはせ。ただいま』と仰せらるれば」訳「この翁丸(=犬の名)を打ちこらしめて、犬島へ追放せよ。すぐさま」と(帝が)お命じになるので。

たたう-がみ【畳紙】（タトウガミ） 名詞「たたみがみ」のウ音便。折りたたんで懐中に入れておき、鼻紙にしたり、歌などを書くのに用いたりした紙。たたう。ふところがみ。

（畳　紙）

ただ-うど【直人・徒人】（タダウド） 名詞「ただびと」のウ音便。「ただびと」に同じ。

ただ-か【直処・直香】 名詞 その人自身。また、その人のようす。

たたか-ふ【戦ふ・闘ふ】（タタカウ） 一 自動詞 ハ四 {は/ひ/ふ/ふ/へ/へ} ❶戦う。古事記 奈良一史書 神武「い行きまもらひたたかへば吾はや飢ぬ」訳行きつつ(敵の動きを)見守りながら、戦ったので私はもう飢えてしまった。❷（勝敗や優劣を）争う。

二 他動詞ハ四（は/ひ/ふ/ふ/へ/へ）相手を打ち負かそうとする。竹取物語 平安―物語 かぐや姫の昇天「あの国の人を、え戦はぬなり」訳あの（月の世界の）国の人を、（相手に）打ち負かすことはできないのだ。

参照▼ふ 歴史スコープ。

*たた・く【叩く・敲く】

一 他動詞カ四（か/き/く/く/け/け）❶音を立てて、たたく。伊勢物語 平安―物語 二四「『この戸開け給へ』とたたきけれど」訳「この戸を開けてください」とたたいたが。❷強く打つ。なぐる。ぶつ。たたく。❸「口をたたく」の形でしゃべる。

二 自動詞カ四（か/き/く/く/け/け）鳴く。▼水鶏の、戸をたたくような声をいう。徒然 鎌倉―随筆 一九「水鶏のたたくなど、心細からぬかは」訳くいなが戸をたたくように鳴くなどは、もの寂しくないだろうか、いや、本当にもの寂しい。

ただ-こえ【直越え】名詞 まっすぐに越えて行くこと。

ただ-こと【直言・徒言】名詞 ❶和歌で、技巧や歌語を用いずに、ありのままに表現する普通の言葉。古今 平安―歌集 仮名序「これは、ただことに言ひて」訳これは、普通の言葉で表現して。❷文章ではなく、口頭で言う普通の言葉。今昔物語 平安―説話 三〇・一〇「ただことにかく申せ」訳口頭でこのように言え。◆「ただごと」とも。

ただ-ごと【徒事】名詞 普通の事柄。常の事。竹取物語 平安―物語 かぐや姫の昇天「ただごとにも侍らざめり」訳（かぐや姫は）普通とは違っているようです。

ただこと-うた【直言歌・徒言歌】名詞『古今和歌集』仮名序に説かれた和歌の「六義」の一つ。技巧をこらさず、修辞を排して、平易にありのままにうたった歌。

たた-さ【縦さ】名詞 縦の方向。縦。◆「さ」は接尾語。奈良時代以前の語。対横さ。

たた-さま【縦方・縦様】名詞 縦の方向。縦。「たたざま」「たてさま」とも。対横方。

*たた-さま・なり【縦方なり・縦様なり】形容動詞ナリ（なら/なり・に/なり/なる/なれ/なれ）❶縦の状態だ。垂直になっている。枕草子 平安―随筆 上の御局の御簾の前にて「琵琶の御琴をたたさまに持たせ給へり」訳（中宮が）琵琶を縦の状態でお持ちになっていらっしゃった。対横方なり。❷まっすぐだ。一直線だ。枕草子 平安―随筆 五月ばかりなどに「ながながとたたさまに行けば」訳長く続く道をまっすぐに行くと。◆「たたざまなり」とも。

ただ・し[1]【正し】形容詞シク（しく・しから/しく・しかり/し/しき・しかる/しけれ/しかれ）❶正当だ。善だ。正しい。古今 平安―歌集 仮名序「これは、事の調ほり、ただしきをいふなり」訳この歌は事柄が備わり、正しいのをいうのである。❷きちんとしている。整っている。平家物語 鎌倉―物語 五・物怪之沙汰「束帯ただしき上﨟」訳束帯がきちんとしている高貴な人。❸道理に合っている。道徳に合っている。正しい。平家物語 鎌倉―物語 五・富士川「おのおの礼儀をただしうして」訳それぞれ礼儀を正しくして。◇「ただしう」はウ音便。

ただ-し[2]【但し】接続詞

なりたち 副詞「ただ」に副助詞「し」の付いたかたちが一語化したもの。

❶とはいうものの。しかしながら。もっとも。竹取物語 平安―物語 竜の頸の玉「仰せの事はいとも尊し。ただし、この玉たはやすくえ取らじを」訳おっしゃる事はとても重大に受けとめるべきことだ。とはいうものの、この玉はたやすくは取れはしないだろうに。❷もしかしたら。あるいは。▼前文を受け、推量や疑問の内容を加えることを表す。徒然 鎌倉―随筆 二〇二「本文も見えず。ただし、当月、諸社の祭りなき故にこの名あるか」訳（十月を神無月という理由は）典拠となる書物にも見えない。もしかしたら、この月に諸社のお祭りがないので、この名があるのか。❸それとも。あるいは。合柿 室町―狂言「その柿は進上物か、ただし商ひ物か」訳その柿は進物か、それとも売り物か。

たた・す【立たす】連語

なりたち 動詞「たつ」の未然形＋奈良時代以前の尊敬の助動詞「す」

お立ちになる。▼軽い尊敬の意を添える。万葉集 奈良―歌集 四九「日並しの皇子の命の馬並めて御猟立たしし時は来向かふ」訳日並皇子様が（家来と）馬を勢ぞろいさせ、御狩りをしようとお立ちになった（あの）時間が近づいてくる。◆奈良時代以前の語。

ただ・す【正す】

一 他動詞サ四（さ/し/す/す/せ/せ）正しくする。きちんと整える。奥の細道 江戸―紀行 白河の関「古人冠を正し衣装を改めしことなど」訳昔の人が（白河の関を通るとき）冠をきちんと整え、衣服を替えたことなどが。

二【糺す】究明する。罪の有無を調べる。宇治拾遺 鎌倉―説話 一〇・二「かかる事はかへすがへすよくただして、まこと、空事あらはして」訳こういうことは、何度もよく究明して、事実と嘘とをはっきりさせて。

ただす-つかさ【弾正台】名詞「だんじゃうだい」に同じ。

糺の森 地名 歌枕 今の京都市の下鴨神社の境内の森。ほととぎすの名所として知られた。

*たたずまひ【佇まひ】名詞（人や物が静止している）ようす。ありさま。源氏物語 平安―物語 若紫「霞のたたずまひもをかしう見ゆれば」訳霞の（かかっている）ようすも趣深く見えるので。

たたずま・ふ【佇まふ】自動詞ハ四（は/ひ/ふ/ふ/へ/へ）立ちどまったままでいる。枕草子 平安―随筆 正月一日は「奥の方にたたずまふを」訳（女房が）奥の方に立ちどまったままでいるのを。

たたずみ-あり・く【佇み歩く】自動詞カ四（か/き/く/く/け/け）あちこち立ちどまっては、歩いてゆく。うろつき歩く。竹取物語 平安―物語 貴公子たちの求婚「かの家に行きてたたずみありきけれどかひあるべくもあらず」訳あの（かぐや姫の）家に行ってうろつき歩いたが、効果がありそうでもない。

*たたず・む【佇む・彳む】自動詞マ四（ま/み/む/む/め/め）❶歩き回る。ぶらつく。堤中納言 平安―物語 貝あはせ「まだ暁に、門のわたりをたたずめば」訳まだ夜明け方に、門のあたりを歩き回ると。❷じっと立っている。源氏物語 平安―物語 須磨「海見やらるる廊に出で給ひて、たたずみ給ふ御さまの」訳海を見わたすことのできる廊にお出になって、じっと立っていなさるごようすの。

ただ-ち【直路・直道】名詞 まっすぐに行ける道。まっすぐな道。近道。「ただぢ」とも。古今 平安―歌集 恋二「行き通ふ夢のただちは現ならなむ」訳（恋人のもとへ）通う夢の近道が現実であってほしいなあ。

ただち-に【直ちに】副詞 ❶**直接に。じかに。**徒然 鎌倉―随筆 二二三「土器より、ただちに移すべし」訳土器から直接に移すのがよい。❷**すぐに。**徒然 鎌倉―随筆 九二「なんぞ、ただ今の一念において、ただちにすることの甚だ難き」訳どうして、現在の一瞬において、すぐに実行することがひどく難しいのだろうか。

たたな-づく【畳なづく】タタナヅク 枕詞 ❶幾重にも重なっている意で、「青垣」「青垣山」にかかる。古事記 奈良―史書 景行「倭は国のまほろばたたなづく青垣…」訳⇩やまとは…。❷「柔肌」にかかる。かかる理由は未詳。万葉集 奈良―歌集 一九四「たたなづく柔肌すらを」訳柔らかな肌なのに。

参考 (1)❶❷ともに枕詞ではなく、普通の動詞とみる説もある。(2)❷の歌は、「柔肌」にかかる『万葉集』唯一の例。

*__たたな-は・る__【畳なはる】タタナワル 自動詞ラ四〔ら/り/る/る/れ/れ〕❶**畳み重ねたような形になる。重なり合って連なる。**万葉集 奈良―歌集 三八「登り立ち国見をせばたたなはる青垣山」訳（天皇が、高殿に）登り立って国見をなさると、重なり合って連なる青い垣根のような山々。❷**寄り合って重なる。うねうねと重なる。**枕草子 平安―随筆 七月ばかりいみじうあつければ「外の方に髪のうちたたなはりて」訳（衣服の）外の方に髪が寄り合い重なって。

参考 ❶の用例の「たたなはる」は、「青垣山」にかかる枕詞とする説もある。

たたなめ-て【楯並めて】枕詞 楯を並べてその間から矢を射ることから「い」を含む地名「いなさ」「いづみ」にかかる。万葉集 奈良―歌集 三九〇八「たたなめて泉の川のみを絶えず仕へ奉らむ大宮所」訳泉の川のみをのように絶えずお仕えしたい。大宮所だ。◆「たた」は「たて」の古い形。

*__ただなら-ず__【徒ならず】連語

なりたち 形容動詞「ただなり」の未然形＋打消の助動詞「ず」

❶**意味ありげだ。いわくありげだ。**枕草子 平安―随筆 宮の五節いださせ給ふに「赤紐の解けたるを、『これ結ばばや』と言へば、実方の中将寄りてつくろふに、ただならず」訳（女房の）赤い飾り紐が解けたのを「これを結びたいわ」と言うと、実方の中将が近寄って結んでやるが（それが）意味ありげだ。❷**心穏やかではない。**源氏物語 平安―物語 明石「ささめきあへるを、ただならず思へり」訳（人々が）ささやきあうのを（源少納言は）心穏やかでなく思っていた。❸**すぐれている。並々でない。**徒然 鎌倉―随筆 二四「もの古りたる森の気色もただならぬに」訳年月を経た古い森のようすも並々でないが。❹**懐妊しているようすだ。**平家物語 鎌倉―物語 九・小宰相身投「ただならずなりたることをも、日ごろは隠して言はざりしかども」訳懐妊しているようすになったことも、平素は隠して言わなかったが。

ただ・なり【直なり・徒なり】

形容動詞ナリ〔なら/なり・に/なり/なる/なれ/なれ〕

❶**直接だ。じかだ。まっすぐだ。**万葉集 奈良―歌集 四九六「み熊野の浦の浜木綿百重なす心は思へどただに逢はぬかも」訳⇩みくまのの…。

❷**生地のままだ。ありのままだ。**源氏物語 平安―物語 宿木「ただなる絹綾など取り具し給ふ」訳（染めていない）生地のままの模様のある絹織物をおそろえになられる。

❸**普通だ。あたりまえだ。**枕草子 平安―随筆 うらやましげなるもの「ただなるところには目にもとまるまじきに」訳（女の言葉は）普通の所では目にもとまるまいに。

❹**何もせずにそのままである。何事もない。**源氏物語 平安―物語 藤裏葉「ただに見過ぐさむこと惜しき盛りなるに」訳何もせずにそのまま見過ごしてしまうには惜しい花盛りなので。

❺**むなしい。何の効果もない。**大鏡 平安―物語 道長上「ただにて帰り参りて侍らむは、証候ふまじきにより」訳むなしく（手ぶらで）帰って参りましたとしたら、行ったという証拠がございますまいから。

ただなる-より-は【徒なるよりは】連語 普通の場合より。普通の場合以上に。源氏物語 平安―物語 若紫「はしたなかるべきも、ただなるよりは、いとほしう思ひ給へつつみてなむ」訳世間体の悪いことになりましょうが、普通の場合より（源氏のような身分あるものに対しての場合は）気の毒なことになろうと気を使いまして。

ただ-に【啻に】副詞〔多く、打消・反語の表現を下接して〕**単に。**続日本紀 平安―史書 天平宝字三「大保をばただに卿とのみは思ほさず」訳右大臣を単に朝廷の高官とだけはお思いにならず。

たた・ぬ【畳ぬ】他動詞ナ下二〔ね/ね/ぬ/ぬる/ぬれ/ねよ〕**畳む。**万葉集 奈良―歌集 三七二四「君が行く道の長手を繰りたたね焼き滅ぼさむ天の火もがも」訳⇩きみがゆく…。

たたは・し タタワシ 形容詞シク〔(しく)・しから/しく・しかり/し/しき・しかる/しけれ/しかれ〕❶**満ち足りている。完全無欠である。**万葉集 奈良―歌集 三三二四「十五月のたたはしけむと」訳満月のように完全無欠であろうと。◇「たたはしけ」は奈良時代以前の未然形。❷**いかめしく、おごそかである。威厳がある。**土佐日記 平安―日記 一二・二三「これぞ、たたはしきやうにて、馬のはなむけしたる」訳この人はいかめしくおごそかなようすで、餞別をくれた。

ただ-びと【直人・徒人】名詞

❶**普通の人間。常人。**▼神・仏などに対していう。竹取物語 平安―物語 御門の求婚「げにただびとにはあらざりけりと思して」訳（かぐや姫の言うとおり）なるほど普通の人間ではなかったのだなあとお思いになって。

❷**臣下。人臣。**▼天皇や皇后などに対していう。伊勢物語 平安―物語 三「まだ帝にも仕うまつり給はで、ただびとにておはしましける時のことなり」訳まだ天皇にもお仕え申し上げなさらないで、臣下でいらっしゃった時のことである。

❸**普通の貴族。普通の身分の人。**▼摂政・関白などの上級貴族に対していう。源氏物語 平安―物語 若紫「いと悩ましげに読みゐたる尼君、ただびとと見えず」訳たいへん苦しそうに経を読みながら座っている尼君は、普通の身分の人には見えない◆「ただうど」とも。

†__ただ-ひとり-あ・る-のみ-こそ-よ・けれ__

【ただひとりあるのみこそよけれ】徒然 鎌倉―随筆 七五「まぎるる方なく、ただひとりあるのみこそよけれ」訳気を紛らわす方法もなく、ただひとりでいるのがよいのだ。

品詞分解 ただ＝副詞 ひとり＝名詞 ある＝動詞「あり」㊍体 のみ＝副助詞 こそ＝係助詞 よけれ＝形容詞「よし」㊍已

1 **たた・ふ**【称ふ】タタウ―タトウ 他動詞 ハ下二{へ/へ/ふ/ふる/ふれ/へよ} **ほめたたえる。称賛する。** 古事記 奈良―史書 景行「今よりのちは『倭建御子（やまとたけるのみこ）』とたたふべし」訳今からのちは「倭建御子」とほめたたえよう。参照▶類語と使い分け⑰

2 **たた・ふ**【湛ふ】タタウ―タトウ 一 自動詞 ハ四{は/ひ/ふ/ふ/へ/へ} **満ちてふくれる。いっぱいになる。** 大鏡 平安―物語 時平「海ならずたたへる水の底までに清き心は月ぞ照らさむ」訳海どころでなく、もっといっぱいになっている水の底まで清い私の心は月が照らすだろう。 二 他動詞 ハ下二{へ/へ/ふ/ふる/ふれ/へよ}（水を）**たたえる。** 奥の細道 江戸―紀行 松島「東南より海を入れて、江（え）の中（ちゅう）三里、浙江（せっかう）の潮（うしほ）をたたふ」訳東南から海が入りこんで、入り江の中三里にわたって、中国の浙江を思わせる潮をたたえる。

たたみ【畳】名詞 ❶奈良時代以前、敷物の総称。むしろ・こも・毛皮や絹製の敷物などをいう。❷平安時代、ござに縁（ふち）をつけた薄縁（うすべり）の類。当時の部屋は板張りであり、必要に応じてそれを敷いて用いた。参照▶口絵 ❸畳。◇室町時代以降、現在の畳と同じものを指す。

ただ-み【正身・直身】名詞 **その人自身。本人。**

たたみ-こも【畳薦】枕詞 敷物の薦（こも）を幾重にも重ねることから、「重（へ）」と同じ音を含む地名「平群（へぐり）」や、「隔（へだ）つ」にかかる。「たたみこも平群の山」

たたみ-な・す【畳みなす】他動詞 サ四{さ/し/す/す/せ/せ} **幾重にも重ねる。畳んで作り上げる。** 源氏物語 平安―物語 帚木「すくよかならぬ山の気色（けしき）、木深（こぶか）く世離れてたたみなし」訳（絵は）険しくない山のようすを、木が深く（生い茂り）俗世から離れたように幾重にも重ね（描き）。

たた・む【畳む】一 自動詞 マ四{ま/み/む/む/め/め} **幾重にも重なる。積み重なる。** 山家集 平安―歌集 上「月さゆる明石（あかし）の瀬戸に風吹けば氷の上にたたむ白波」訳月がさえざえと輝く明石の海峡に風が吹くと、氷のような海面に幾重にも重なる白波よ。 二 他動詞 マ四{ま/み/む/む/め/め} ❶**幾重にも折り重ねる。折り畳む。** 宇津保 平安―物語 忠こそ「冬の装束（さうぞく）一具（ひとくだり）を、いと小さくたたみて」訳冬の着物ひとそろいをたいそう小さく折りたたんで。❷**取り払う。つぶす。** 西鶴織留 江戸―物語 浮世・西鶴「身代（しんだい）たたむ談合を、夫婦ひそかに極めて」訳家をつぶす相談を、夫婦でこっそりと終わらせて。

ただ-むか・ふ【直向かふ】タダムカウ―タダムコウ 自動詞 ハ四{は/ひ/ふ/ふ/へ/へ} **まともに向き合う。** 万葉集 奈良―歌集 三六二七「ただむかふ敏馬（みぬめ）をさして」訳まともに向き合う敏馬（神戸市のあたり）をめざして。

ただむき【腕・臂】名詞 **腕（うで）。ひじから手首までの間の部分。**

たた-む-つき【立たむ月】タタンツキ 連語 **来月。この次の月。** ◆「む」は推量の助動詞「む」の連体形。

ただ-め【直目】名詞 まのあたり。直接見ること。

ただ-もの【唯者・唯物】名詞〔多く、打消の語を下接して〕**普通の人。凡人。** 落窪物語 平安―物語 一「よろしき者にやあらむとこそ思ひつれ、さらにこれはただものにはあらず」訳普通の者であろうかと思っていたけれど、決してこの者は凡人ではない。

ただよは・し【漂はし】タダヨワシ 形容詞 シク{(しく)・しから/しく・しかり/し/しき・しかる/しけれ/しかれ} **落ち着かない。頼りない。** 源氏物語 平安―物語 蛍「みな、思ふさまに定まり、ただよはしからで」訳みな、思うように身の振りかたが決まり、頼りなくなく。

ただよは・す【漂はす】タダヨワス 他動詞 サ四{さ/し/す/す/せ/せ} ❶**漂わせる。** 万葉集 奈良―歌集 二〇四一「秋風の吹きただよはす白雲は」訳秋風が吹いて漂わせる白雲は。❷**不安定な状態にする。** 源氏物語 平安―物語 桐壺「無品親王（むほんしんわう）の、外戚（げさく）のよせなきにてはただよはさじ」訳無位の親王で、母方の親戚の後見のない者として不安定な状態にするつもりはない。

* **ただよ・ふ**【漂ふ】タダヨウ 自動詞 ハ四{は/ひ/ふ/ふ/へ/へ} ❶**浮いて揺れ動く。漂う。** 竹取物語 平安―物語 蓬莱の玉の枝「舟の行くにまかせて海にただよひて」訳舟が進むのにまかせて海に漂って。❷**さまよう。** 源氏物語 平安―物語 明石「よこざまの罪にあたりて、思ひかけぬ世界にただよふも」訳不当な罪に問われて、思いがけない地にさまようのも。❸**落ち着かない。** 寄るべがなくて不安定な状態で過ごす。更級 平安―日記 夫の死「功徳（くどく）もつくらずなどして、ただよふ」訳（私は）よい報いを受けるための善行を積まないで不安定な状態で過ごす。

たたら【踏鞴】名詞 足で踏んで空気を送る大型のふいご。

1 **たたり**【祟り】名詞 神や仏や怨霊（おんりやう）がもたらす災い。

2 **たたり**【絡垜】名詞 糸繰りの道具の一つ。四角い台の上に柱を立てたもの。糸を引っかけて用いる。

たたん-がみ【畳ん紙】名詞「たたみがみ」の撥音便（はつおんびん）。「たたうがみ」に同じ。「たたむがみ」とも。

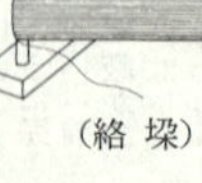

（絡 垜）

1 **たち**【太刀・大刀】名詞 ❶奈良時代以前、長大な刀剣の総称。多くは反（そ）りのない直刀。古事記 奈良―史書 景行「嬢子（をとめ）の床の辺（へ）にわが置きしつるぎのたちそのたちはや」訳おとめの床のそばに私が置いてきた剣。ああその太刀よ。❷平安時代以後、反りがあり、刃を下に向けて腰につり下げる長大な刀。参照▶口絵

2 **たち**【館】名詞 ❶**官舎。** 貴人や役人が宿泊・居住する所。土佐日記 平安―日記 一二・二一「住むたちより出（い）でて」訳住んでいる官舎からでて。❷**邸宅。やかた。** 源氏物語 平安―物語 明石「この浜のたちに心安くておはします」訳この浜の邸宅に（源氏は）気軽においでになられる。❸**小規模な城。** 平家物語 鎌倉―物語 七・願書「貞任（さだたふ）がたち厨川（くりやがは）の城（じやう）焼けぬ」訳貞任の城である厨川城が焼けてしまった。

3 **たち-**【立ち】接頭語 動詞に付いて意味を強める。「たち

代はる」「たち添ふ」「たち勝る」

[4]-たち【達】 接尾語 …方。多くの…。「だち」とも。▼神および尊敬する人を表す名詞の下に付き、複数であることを表す。万葉集 奈良―歌集 三四〇「古への七の賢しき人たちも」訳昔の七人の賢いかたがたも。
参考 同様の意味を表す接尾語「ども」は敬意を含んでいないが、「たち」には自分より上位の人への敬意が含まれている。

-だち【立ち】 接尾語 〔地名に付いて〕…育ち。…出身。…産。平家物語 鎌倉―物語 九・知章最期「この馬は信濃の国井上だちにてありければ」訳この馬は信濃の国(長野県)井上産であったので。

たち-あかし【立ち明かし】 名詞 庭などの地上に立てて火をともすたいまつ。「たてあかし」とも。徒然 鎌倉―随筆 二二二「たちあかし著くせよ」訳たいまつを明るくしろ。

たち-あか・す【立ち明かす】 自動詞サ四〔さ/し/す/す/せ/せ〕立ったまま夜を明かす。枕草子 平安―随筆 内裏の局「ゐるべきやうもなくてたちあかすも、なほをかしげなるに」訳(人がたくさんいるので)座ることもできなくて立ったまま夜を明かすのも、やはりいかにも趣があるが。

たちい【立ち居・起ち居】 ⇩たちゐ

***たち-い・づ【立ち出づ】** 自動詞ダ下二〔で/で/づ/づる/づれ/でよ〕❶出て行く。立ち去る。古今 平安―歌集 離別「秋霧の共にたちいでて別れなば」訳秋の霧と共にあなたが立ち去って別れてしまえば。❷出て来る。源氏物語 平安―物語 若紫「夕暮れのいたう霞みたるに紛れて、かの小柴垣のもとにたちいで給ふ」訳夕暮れがたいそうかすんでいるのに紛れこんで、あの小柴垣のところに出て来なさる。❸表面に現れ出る。源氏物語 平安―物語 桐壺「もとよりの憎さもたちいでて」訳前々からの憎しみも表に現れ出て。

たち-い・る【立ち入る】 自動詞ラ四〔ら/り/る/る/れ/れ〕❶中へ入る。入り込む。徒然 鎌倉―随筆 二三五「道行き人みだりにたちいり」訳(主のいない所には)通行人がむやみに入り込み。❷出入りする。平家物語 鎌倉―物語 二・西光被斬「故中御門の藤中納言家成の卿の辺にたちいり給ひしをば」訳亡き中御門の藤中納言家成卿のまわりに出入りなさっていたのを。❸立ち寄る。徒然 鎌倉―随筆 二一六「足利左馬の入道のもとへ、…たちいられたりけるに」訳足利左馬の入道のもとへ、…立ち寄られたときに。◆「たち」は接頭語。

たち-え【立ち枝】 名詞 高く伸びた枝。拾遺 平安―歌集 春「わが宿の梅のたちえや見えつらむ」訳わたしの家の梅の高く伸びた枝が見えているだろう。

***たち-おく・る【立ち後る・立ち遅る】** 自動詞ラ下二〔れ/れ/る/るる/るれ/れよ〕❶遅れる。遅れて行動する。更級 平安―日記 かどで「国にたちおくれたる人々待つとて、そこに日を暮らしつ」訳国府に残って(出発が)遅れている人々を待つといって、そこで一日すごした。❷死におくれる。源氏物語 平安―物語 若紫「むつましかるべき人にもたちおくれ侍りにければ」訳仲むつまじくあるはずの母にも死におくれましたので。❸劣る。ひけをとる。源氏物語 平安―物語 帚木「学問をも遊びをも、もろともにして、をさをさたちおくれず」訳学問も遊びもいっしょにして、少しもひけをとらず。◆「たち」は接頭語。

たち-がく【立ち楽】 名詞 節会の日、楽人が庭で立ったまま、音楽を演奏すること。

たち-かく・す【立ち隠す】 他動詞サ四〔さ/し/す/す/せ/せ〕霧・霞などが立ってさえぎり隠す。古今 平安―歌集 春上「山桜わが見に来れば春霞峰にも尾にもたちかくしつつ」訳山桜を私が見に来ると山の峰にもふもとにも春の霞が立ってさえぎり隠しているよ。

***たち-かく・る【立ち隠る】** 自動詞ラ四〔ら/り/る/る/れ/れ〕・ラ下二〔れ/れ/る/るる/るれ/れよ〕隠れる。古今 平安―歌集 秋上「人の見ることや苦しき女郎花秋霧にのみたちかくるらむ」訳人が見るのがつらいからかおみなえしは秋の霧に隠れているのだろう。◆「たち」は接頭語。

[1]たち-かさ・ぬ【立ち重ぬ】 他動詞ナ下二〔ね/ね/ぬ/ぬる/ぬれ/ねよ〕(波や霞などが)立って、幾重にも重ねる。源氏物語 平安―物語 紅葉賀「恨みてもいふかひぞなきたちかさね引きて返りし波のなごりに」訳恨んでもそれを言うかいもない。幾重にも重ねて立ち引いては返る波のあとは。
参考 和歌では「裁ち重ぬ」とかけて用いることが多い。

[2]たち-かさ・ぬ【裁ち重ぬ】 他動詞ナ下二〔ね/ね/ぬ/ぬる/ぬれ/ねよ〕(布を)裁ち縫って、重ねて着る。源氏物語 平安―物語 宿木「高麗・唐土の錦・綾をたちかさねたる目移しには」訳高麗や唐の錦や綾の布を裁ち縫って重ねて着たのを見慣れた目で他のものを見るときには。
参考 和歌では「立ち重ぬ」とかけて用いることが多い。

たち-かは・る【立ち代はる・立ち替はる】 自動詞ラ四〔ら/り/る/る/れ/れ〕❶移り変わる。万葉集 奈良―歌集 一〇四八「たちかはり古き都となりぬれば」訳移り変わり古い都になってしまったので。❷交替する。源氏物語 平安―物語 紅梅「うへ、おはせぬ程は、たちかはりて参り来べきを」訳母上が、おいでにならない間は、交替して参上しなければならないのに。◆「たち」は接頭語。

たち-か・ふ【裁ち替ふ】 他動詞ハ下二〔へ/へ/ふ/ふる/ふれ/へよ〕布などを裁って衣服を作りかえる。衣替えする。源氏物語 平安―物語 幻「夏衣たちかへてける今日ばかり」訳夏の衣服を作りかえ衣替えしてしまった今日だけは。

***たち-かへり【立ち返り】** 副詞 ❶何度も繰り返して。万葉集 奈良―歌集 三七五九「たちかへり泣けども吾ははしるし無み」訳何度も繰り返し泣いても私は何のかいもないので。❷もう一度繰り返して。再び。新古今 鎌倉―歌集 羇旅「たちかへりまたも来て見む松島や雄島の苫屋波に荒らすな」訳再び来てもう一度見よう。松島の雄島の小屋を波に荒らさせないでくれ。❸折り返し。すぐに。▼返事をする場合に用いる。蜻蛉 平安―日記 上「たちかへり、返り事、『…』とて」訳折り返し、返事として、「…」といって。❹一転して。反対に。徒然 鎌倉―随筆 一二六「たちかへり、続けて勝つべき時の至れると知るべし」訳(運が)一転して、(相手が)続けて勝てる時がきたと知れ。

***たち-かへ・る【立ち返る・立ち帰る】** 自動詞ラ四〔ら/り/る/る/れ/れ〕❶寄せては返る。土佐日記 平安―日記 二一・三「風の吹くことやまねば、岸の波たちかへる」訳風が吹くことがやまないので、岸の波は寄せては返る。❷戻る。引き返す。昔にかえる。さかのぼる。徒然 鎌倉―随筆 一九「古への事もたちかへり恋しう思ひ出でらるる」訳昔のこともさかのぼってなつかしく思い出される。

❸繰り返す。更級 平安－日記 夫の死「親のをりよりたちかへりつつ見しあづま路よりは」訳親の代から何度も繰り返し経験した東国よりは。❹〔「年たちかへる」の形で〕年が改まる。拾遺 平安－歌集 春「あらたまの(＝枕詞)年たちかへる朝より」訳新しく年が改まる元日の朝から。◆❷❸❹の「たち」は接頭語。

た-ぢから【手力】 名詞 手の力。腕力。万葉集 奈良－歌集 四一九「石戸破るたぢからもがも」訳岩の戸を割る腕力があったらいいなあ。◆「た」は「て(手)」の古形。

たち-き・く【立ち聞く】 他動詞 カ四 〔か／き／く／く／け／け〕❶立って聞く。万葉集 奈良－歌集 二〇七「吾妹子が止まず出いで見し軽の市にわがたちきけば」訳⇩あまとぶや…。❷立ち聞きする。源氏物語 平安－物語 帚木「やをら起きてたちぎき給へば」訳そっと起きて立ち聞きなさると。❸ちょっと聞く。源氏物語 平安－物語 蛍「幼き人の、女房などに時々読まするをたちきけば」訳幼い人が、女房などに(物語を)時々読ませているのをちょっと聞くと。

たち-く【立ち来】 自動詞 カ変 〔こ／き／く／くる／くれ／こ(こよ)〕❶(雲・風・波などが)わき起こってくる。古事記 奈良－史書 景行「我家の方よ雲居たちくも」訳私の家の方から雲がわき起こってくることよ。❷(出発して)やって来る。万葉集 奈良－歌集 四四〇八「大君の任けのまにまに島守にわがたちくれば」訳天皇のご任命のままに防人として私が出発してやって来ると。

たち-く・く【立ち潜く】 自動詞 カ四 〔か／き／く／く／け／け〕(間を)くぐって行く。万葉集 奈良－歌集 三九一一「木の間たちくき鳴かぬ日はなし」訳(ほととぎすが)木の間をくぐって行き鳴かない日はない。◆「たち」は接頭語。

たち-くだ・る【立ち下る】 自動詞 ラ四 〔ら／り／る／る／れ／れ〕劣る。源氏物語 平安－物語 若菜上「たちくだれる際には物し給はねど」訳劣っている身分ではいらっしゃらないが。◆「たち」は接頭語。

たち-こ・む【立ち込む・立ち籠む】
一 自動詞 マ四 〔ま／み／む／む／め／め〕ぎっしり入り込む。混雑する。たてこむ。▼人や車などにいう。徒然 鎌倉－随筆 五〇「院の御桟敷のあたり、更に通り得うべうもあらずたちこみたり」訳上皇の御桟敷のあたりは、まったく通り抜けることができそうもないほど混雑していた。
二 自動詞 マ下二 〔め／め／む／むる／むれ／めよ〕立ちこめる。霧・煙があたりをおおう。平家物語 鎌倉－物語 五・勧進帳「春は霞にたちこめられ」訳春は霞に立ちこめられ。
三 他動詞 マ下二 〔め／め／む／むる／むれ／めよ〕取り囲む。宇治拾遺 鎌倉－説話 七・四「忠明をたちこめて殺さんとしければ」訳忠明を取り囲んで殺そうとしたので。

たち-さか・ゆ【立ち栄ゆ】 自動詞 ヤ下二 〔え／え／ゆ／ゆる／ゆれ／えよ〕❶(草木が)盛んに生い茂る。古事記 奈良－史書 雄略「たちさかゆる葉広熊白檮」訳盛んに生い茂る広い葉の大きなかしの木。❷栄えて時めく。

たち-さ・ふ【立ち塞ふ・立ち障ふ】 タチサウ 他動詞 ハ下二 〔へ／へ／ふ／ふる／ふれ／へよ〕立って、さえぎる。土佐日記 平安－日記 一・八「波たちさへて、入いれずもあらなむ」訳波が立ってさえぎって、(月を海の中に)入れないでほしい。

たち-さまよ・ふ【立ち彷徨ふ】 タチサマヨウ 自動詞 ハ四 〔は／ひ／ふ／ふ／へ／へ〕うろつく。さまよい歩く。枕草子 平安－随筆 小白河といふ所は「ゑゐも定まらず、ここかしこにたちさまよひたるも」訳落ち着いて座っておられず、あちらこちらうろついているのも。

たち-さわ・ぐ【立ち騒ぐ】 自動詞 ガ四 〔が／ぎ／ぐ／ぐ／げ／げ〕❶立って、騒ぐ。万葉集 奈良－歌集 三八八「滝の上の浅野の雉明けぬとしたちさわぐらし」訳滝の上の浅野のきじは夜が明けたと立って騒ぐらしい。❷騒ぐ。騒ぎ立てる。更級 平安－日記 かどで「あらはにこぼち散らして、たちさわぎて」訳中がまる見えになるようにやたらに壊して散らかして、騒いで。◆古くは「たちさわく」。❷の「たち」は接頭語。

たち-し・く【立ち頻く】 自動詞 カ四 〔か／き／く／く／け／け〕(波が)次々に立つ。万葉集 奈良－歌集 四〇九三「英遠の浦に寄する白波いや増しにたちしき寄せ来く」訳英遠の浦に寄せる白波はますます次々に立ち寄せて来る。

たち-じに【立ち死に】 名詞 立ったままで死ぬこと。立ち往生。

たち-すく・む【立ち竦む】 自動詞 マ四 〔ま／み／む／む／め／め〕❶立ち続ける。源氏物語 平安－物語 宿木「やうやう腰痛きまでたちすくみ給へど、なほ動かで見給ふに」訳だんだん腰が痛くなるまで立ち続けなさるが、依然として動かずにご覧になっていらっしゃると。❷立ったまま身動きできなくなる。宇治拾遺 鎌倉－説話 一〇・四「火をともし、太刀をぬき、目を見張りて、おのおのたちすくみて、さらにすることなし」訳火をともし、太刀をぬき、目を見張って、それぞれ立ったまま身動きできなくなって、いっこうに何もしない。

***たち-そ・ふ【立ち添ふ】** タチソウ 自動詞 ハ四 〔は／ひ／ふ／ふ／へ／へ〕❶寄り添って立つ。付き添う。枕草子 平安－随筆 かしこきものは「男児は、つとたちそひて後ろ見」訳男の子はぴったり付き添って世話をし。❷ほかの人のあとを追って死ぬ。源氏物語 平安－物語 夕顔「程もなくまたたちそひぬべきが、口惜しくもあるべきかな」訳まもなく自分もまた(夕顔の)あとを追って死んでしまうだろうことが、くやしいことであるよ。❸付け加わる。源氏物語 平安－物語 蛍「いとどしき御匂ひのたちそひたれば」訳甚だしい御匂いが付け加わったので。◆❷❸の「たち」は接頭語。

たち-つ・ぐ【立ち継ぐ】 他動詞 ガ四 〔が／ぎ／ぐ／ぐ／げ／げ〕後を継いで立つ。源氏物語 平安－物語 橋姫「この宮を世の中にたちつぎ給ふべく」訳この宮を天皇の治世に後を継いで立ちなさるようにしようと。

たち-つけ【裁ち着け】 名詞 袴の一種。ひざから下の部分を脚絆(すねにきっちり巻いて歩きやすくする布)のように仕立てたもの。旅行のときなどに用いる。「たっつけ」とも。

（裁ち着け）

たち-つら・ぬ【立ち連ぬ】 自動詞 ナ下二 〔ね／ね／ぬ／ぬる／ぬれ／ねよ〕立ち並ぶ。並んで立つ。竹取物語 平安－物語 かぐや姫の昇天「大空より、人、雲に乗りて下り来て、土より五尺ばかりあがりたるほどにたちつらねたり」訳大空から、人が雲に乗って下りて来て、地面から五尺ほど上がったあたりに立ち並んだ。

たち-ど【立ち所・立ち処】 名詞 立っている場所。(足の)踏み場。方丈記 鎌倉―随筆「道行く馬は足のたちどをまどはす」訳道を行く馬は足の踏み場をどこにしたらよいかうろたえる。

たち-な・む【立ち並む】 自動詞マ四{ま/み/む/む/め/め}**立ち並ぶ。** 宇治拾遺 鎌倉―説話 九・四「京童部どもも谷を見下ろして、あさましがり、たちなみて見けれども」訳京の若者たちは、谷を見下ろして、驚きあきれはて、立ち並んで見ていたけれども。

1 **たち-なら・す【立ち均す・立ち平す】** 他動詞サ四{さ/し/す/す/せ/せ}**地面を平らにするほど行き来する。** 万葉集 奈良―歌集 一八〇八「勝鹿の真間の井を見ればたちならし水汲ましけむ手児名し思ほゆ」訳⇩かつしかの…。

2 **たち-なら・す【立ち馴らす】** 他動詞サ四{さ/し/す/す/せ/せ}**慣れ親しませる。なじませる。** 枕草子 平安―随筆 草の花は「さ牡鹿の別きてたちならすらむも」訳牡鹿がとりわけ慣れ親しませるというのも。◆「たち」は接頭語。

たち-なら・ぶ【立ち並ぶ】 一 自動詞バ四{ば/び/ぶ/ぶ/べ/べ}❶**立って並ぶ。並ぶ。** 平家物語 鎌倉―物語 九・一二之懸「熊谷親子は、中を割られじと、たちならんで」訳熊谷親子は敵に割り込まれまいと並んで。❷**匹敵する。肩を並べる。同じほどになる。** 竹取物語 平安―物語 かぐや姫の昇天「わが丈たちならぶまで養ひ奉りたるわが子を」訳私の背丈と同じほどになるまで養い申し上げたわが子を。二 他動詞バ下二{べ/べ/ぶ/ぶる/ぶれ/べよ}**同等に扱う。同一視する。** 源氏物語 平安―物語 玉鬘「さりとも、明石の並みには、たちならべ給はざらまし」訳それでも明石の上並みには同等に扱いなさらないだろう。

たち-な・る【立ち馴る】 自動詞ラ下二{れ/れ/る/るる/るれ/れよ}(いつもいて)**慣れ親しむ。** 更級 平安―日記 宮仕へ「さても宮仕への方にもたちなれ」訳そのまま宮仕えの生活にも慣れ親しみ。

たち-ぬ・ふ【裁ち縫ふ】 タチヌウ 他動詞ハ四{は/ひ/ふ/ふ/へ/へ}布を裁断して衣服などを縫う。**裁縫する。** 源氏物語 平安―物語 帚木「そのたなばたのたちぬふ方をのどめて」訳その織女の裁縫する方面はひかえめにして。

たち-ぬ・る【立ち濡る】 自動詞ラ下二{れ/れ/る/るる/るれ/れよ}**ぬれながら立つ。** 万葉集 奈良―歌集 一〇五「わが背子を大和へ遣ると小夜更けて暁露にわがたちぬれし」訳⇩わがせこを…。

たち-はき【帯刀】 名詞 東宮坊の舎人監の役人。舎人の中から武芸にすぐれた者を選び、刀を帯びさせて皇太子の護衛に当たらせたもの。「たてはき」とも。

たちはき-の-ぢん【帯刀の陣】 タチハキノジン 連語 「帯刀」の詰め所。

たち-はし・る【立ち走る】 自動詞ラ四{ら/り/る/る/れ/れ}**立って走る。走り回る。** 万葉集 奈良―歌集 一七四〇「たちはしり叫び袖振りこいまろび」訳立って走り、叫び、袖を振り、ころがり。

たちばな【橘】 名詞 果樹の名。また、その花。今のこうじみかん。初夏に香りの高い白い花が咲く。果実はみかんに似ていて、食用ともする。季花は夏、実は秋。

参考『古今和歌集』「五月待つ花橘の香をかげば昔の人の袖の香ぞする」〈⇩さつきまつ…。〉により、その香りは昔を思い起こさせるものとされた。また、ほととぎすと取り合わせて歌に詠まれた。

橘曙覧 たちばなあけみ 人名 (一八一二〜一八六八)江戸時代後期の歌人・国学者。号は志濃夫廼舎。姓は井出。越前(福井県)の人。本居宣長の門人の田中大秀について国学を学び、万葉調のおおらかで個性的な歌をよんだ。家集に『志濃夫廼舎歌集』がある。

たちばなの… 和歌 「**橘の にほふあたりの うたた寝は 夢も昔の 袖の香ぞする**」新古今 鎌倉―歌集 夏・藤原俊成女 訳懐かしい人を思い出させるたちばなの花の香り、その花のにおう辺りでうたた寝をすると、夢の中にも昔の恋人の袖の香がすることだ。

鑑賞『古今和歌集』「五月待つ花橘の香をかげば昔の人の袖の香ぞする」〈⇩さつきまつ…。〉を本歌とする歌。本歌ではたちばなの花に昔の恋人を思うだけだったが、さらにうたた寝に見る夢にも昔の恋人の袖の香がすると言って、失われた時代を二重に懐旧している。「ぞする」は係り結びの強めの用法。

橘成季 たちばなのなりすゑ タチバナノナリスエ 人名 生没年未詳。鎌倉時代の説話集編者。橘光季の養子で従五位下伊賀守になった。藤原孝時から琵琶を学び、絵画や詩文にもすぐれ、藤原定家から高く評価された。日本説話集の『古今著聞集』を完成させた。

たち-はな・る【立ち離る】 自動詞ラ下二{れ/れ/る/るる/るれ/れよ}**離れる。遠ざかる。立ち去る。** 源氏物語 平安―物語 桐壺「草むらの虫の声々、もよほし顔なるも、いとたちはなれにくき草のもとなり」訳草むらの虫の鳴く声々が、(涙を)誘うように聞こえるのも、とても離れがたい草の宿である。

たち-ばら【立ち腹】 名詞 ❶腹をたてやすいこと。❷立ったまま切腹をすること。

たち-ばら・なり【立ち腹なり】 形容動詞ナリ{なら/なり・に/なり/なる/なれ/なれ}**腹をたてやすい。** 落窪物語 平安―物語 三「おのが心本性たちばらに侍りて」訳私の心の本性は腹をたてやすくございまして。

但馬 たぢま タジマ 地名 旧国名。山陰道八か国の一つ。今の兵庫県北部。但州。参照▶資料21

たち-まさ・る【立ち勝る】 自動詞ラ四{ら/り/る/る/れ/れ}❶**すぐれる。** 源氏物語 平安―物語 須磨「そこはかとなくかすみあひて、秋のあはれに多くたちまされり」訳なんとなく霞がかかって、秋の趣より多分にすぐれている。❷**回数が増える。程度が激しくなる。** 源氏物語 平安―物語 澪標「御とぶらひ、いますこしたちまさりて、しばしば聞こえ給ふ」訳御訪問がもう少し回数が増えて、しばしば申し上げなさる。◆「たち」は接頭語。

*__たち-まじ・る【立ち交じる】__ 自動詞ラ四{ら/り/る/る/れ/れ}**仲間に加わる。交じる。** 徒然 鎌倉―随筆 一「才なくなりぬれば、品くだり、顔憎さげなる人にもたちまじりて」訳教養がなくなってしまうと、身分が低く、顔が憎らしいようすの人々に交じって。◆「たち」は接頭語。

*__たちまち(に)【忽ち(に)】__ 副詞 ❶**またたく間(に)。すぐさま。たちどころ(に)。** 方丈記 鎌倉―随筆「或は焔にまぐれて、たちまちに死ぬ」訳ある者は炎に目がくらんで、またたく間に死んでしまう。❷**突然(に)。にわか(に)。** 平家物語 鎌倉―物語 一・禿髪「病にをかされ、存命のためにたちまちに出家入道す」訳病気にかかり、生き長らえるために、突然に出家した。❸**現(に)。実際(に)。** 今昔物語 平安―説話 一四・九「たちまちに今、

この難に遭へり」訳現に今、この災難に遭った。◆古くは「に」を伴って用いることが多い。

***たちまち-の-つき**【立ち待ちの月】名詞 陰暦十七日の夜の月。座るまでもなく、立ちながら待っているうちに、程なく出てくる月の意。立ち待ち月。立ち待ち。季秋。

たち-ま・つ【立ち待つ】他動詞タ四｛た/ち/つ/つ/て/て｝立ったまま待つ。万葉集 奈良―歌集 八九五「大伴の御津の松原かき掃きて我たちまたむはや帰りませ」訳難波の御津の松原を掃いて私は(あなたを)立ったまま待とう。早くお帰りください。

たち-ま・ふ【立ち舞ふ】（タチマウ―タチモウ）自動詞ハ四｛は/ひ/ふ/ふ/へ/へ｝❶立って舞う。源氏物語 平安―物語 紅葉賀「物思ふにたちまふべくもあらぬ身の」訳恋の悩みのために立って舞うことなどできない身の。❷立って漂う。伊勢物語 平安―物語 六七「きのふけふ雲のたちまひ隠ろふは」訳きのう今日雲が立ち漂って(生駒山が)隠れているのは。❸加わる。交じる。源氏物語 平安―物語 賢木「見知り給はぬ世の憂さに、たちまふべくも思されず」訳ご存じないこの世のつらさに、(仲間として)加わろうともお思いにならない。◇「たち」は接頭語。

たち-むか・ふ【立ち向かふ】（タチムカウ―タチムコウ）自動詞ハ四｛は/ひ/ふ/ふ/へ/へ｝❶面と向かって立つ。万葉集 奈良―歌集 六一「ますらをの猟矢たばさみたちむかひ」訳男が狩猟に用いる矢をわきにはさんで、面と向かって立ち。❷手向かいする。徒然 鎌倉―随筆 八七「この男、たちむかひて」訳この男は手向かいして。

たち-めぐ・る【立ち巡る・立ち回る】自動詞ラ四｛ら/り/る/る/れ/れ｝巡り歩く。源氏物語 平安―物語 蜻蛉「ことごとしくにはかにたちめぐりし宿直人どもも」訳おおげさに突然巡り歩いた夜間警備の人たちも。

たち-もとほ・る【立ち徘徊る】（タチモトオル）自動詞ラ四｛ら/り/る/る/れ/れ｝歩きまわる。ぶらつく。徘徊する。万葉集 奈良―歌集 二八二一「木の間より移ろふ月の影を惜しみたちもとほるに」訳木の間からちらちら見える月の光を惜しんで歩きまわると。

たち-もち【太刀持ち】名詞 武家で、主人の、刀を持ってそば近く仕える家来。

たち-やく【立ち役】名詞 ❶能・狂言で、立って舞う演技者。立ち方。▼地謡方・囃子方に対していう。❷歌舞伎で、女形・子役以外の男役。❸歌舞伎で、善良な男の役。▼敵役・老役などに対していう。主役となることが多かった。

***たち-やすら・ふ**【立ち休らふ】（タチヤスラウ―タチヤスロウ）自動詞ハ四｛は/ひ/ふ/ふ/へ/へ｝たたずむ。立ち止まる。古今 平安―歌集 雑体「せむ術無みに庭に出でてたちやすらへば」訳どうしようもないので、庭にでてたたずむと。

たち-ゆ・く【立ち行く】自動詞カ四｛か/き/く/く/け/け｝旅立って行く。出立する。万葉集 奈良―歌集 三二一〇「たちゆかむ君におくれてうつしけめやも」訳旅立って行こうとするあなたに取り残されて(私は)正気でいられようか、いや、いられない。

たち-よそ・ふ【立ち装ふ】（タチヨソウ）他動詞ハ四｛は/ひ/ふ/ふ/へ/へ｝飾る。装う。万葉集 奈良―歌集 一五八「山吹のたちよそひたる山清水」訳山吹の花が美しく飾っている山の清水。◆「たち」は接頭語。

***たち-よ・る**【立ち寄る】自動詞ラ四｛ら/り/る/る/れ/れ｝❶波が立って岸に寄せる。竹取物語 平安―物語 燕の子安貝「年を経て波たちよらぬ住の江の」訳何年も波が岸に寄せない住の江の。❷近寄る。徒然 鎌倉―随筆 一三七「花の本には、ねぢ寄り、たちより」訳(桜の)花の下に、にじり寄って近寄り。❸訪れる。訪問する。◆❷❸の「たち」は接頭語。

たぢろき（タジロキ）名詞 (心の)動揺。ためらい。▼障害や抵抗にあっておこる心情。源氏物語 平安―物語 帚木「さやうならぬたぢろきに、絶えぬべきわざなり」訳そのような心の動揺で、(夫婦の仲は)切れてしまうのです。

たぢろ・く（タジロク）自動詞カ四｛か/き/く/く/け/け｝❶劣る。衰える。浜松中納言 平安―物語 三「筑紫へ放たれおはせしに、いとどよろづたぢろき」訳筑紫に流されていらっしゃったときに、たいそう万事に衰え。❷動く。傾く。著聞集 鎌倉―説話 三八二「弘光引き抜かんと身を動かしけれども、たぢろかざりければ」訳弘光は手を引き抜こうとからだを動かしたけれど、動かないので。❸ひるむ。◆のちに「たぢろぐ」。

たち-わか・る【立ち別る】自動詞ラ下二｛れ/れ/る/るる/るれ/れよ｝別れ行く。別れ去る。古今 平安―歌集 離別「たちわかれいなばの山の峰に生ふるまつとし聞かば今帰り来む」訳⇩たちわかれ…。

たちわかれ… 和歌 百人一首 「立ち別れ いなばの山の 峰に生ふる まつとし聞かば 今帰り来む」古今 平安―歌集 離別・在原行平 訳あなたがたとお別れして因幡の国へ行くが、いなば山の峰に生えている「松」の名のように、あなたがたが私を待っていると聞いたら、すぐにでも帰って来よう。

鑑賞 作者が因幡の守として赴任するとき、見送りの人々との別れを惜しんで詠んだ歌。「いなば」は「往なば」と「因幡」とを、「まつ」は「松」と「待つ」とをかけている。

たち-わた・る【立ち渡る】自動詞ラ四｛ら/り/る/る/れ/れ｝❶たちこめる。雲・霧が、あたり一帯をおおう。更級 平安―日記 かどで「夕霧たちわたりて、いみじうをかしければ」訳夕霧が一面にたちこめて、たいへん趣があるので。❷(人や車が)立ち並ぶ。源氏物語 平安―物語 葵「隙もなう、たちわたりたるに」訳すきまもなく、車が立ち並んでいるところに。

***たち-わづら・ふ**【立ち煩ふ】（タチワズラウ―タチワズロウ）自動詞ハ四｛は/ひ/ふ/ふ/へ/へ｝❶つらい思いをしながら立つ。立ちくたびれる。源氏物語 平安―物語 蓬生「御使ひのたちわづらはむもいとほしう」訳御使いが立ちくたびれているであろうのも気の毒で。❷立ち去りにくく思う。出発しかねる。源氏物語 平安―物語 賢木「とかくたちわづらふなる庭のたたずまひも」訳とかく立ち去りにくくなるという庭のたたずまいも。❸車の置き場所がなくて困る。源氏物語 平安―物語 葵「隙もなう、立ち渡りたるに、よそほしう引き続きて、たちわづらふ」訳すきまもなく車が立ち並んでいるところに威儀を整えて列をなして(来たので)、車の置き場所がなくて困る。

***たち-ゐ**【立ち居・起ち居】（タチイ）名詞 ❶立ったり座ったりすること。また、日常のありふれた動作。❷(雲などが)現れて漂うこと。雨月物語 江戸―物語 菊花の約「この日天晴れて、千里に雲のたちゐもなく」訳この日空は晴れて、千里四方に雲が現れて漂うこともなく。

たち-ゐる【立ち居る】（タチイル）自動詞ワ上一｛ゐ/ゐ/ゐる/ゐる/ゐれ/ゐよ｝

❶立ったり座ったりする。徒然 鎌倉―随筆 一三七「若く末々なるは、宮仕へにたちゐ」訳若くて身分の低い者は、主人の世話に立ったり座ったりして（忙しく）。❷（雲などが）現れて漂う。伊勢物語 平安―物語 二一「中空にたちゐる雲のあともなく」訳空の中ほどに現れて漂う雲があとかたもなく。

たつ[1]【辰】名詞 ❶「十二支」の第五。❷時刻の名。**午前八時**。また、それを中心とする二時間。❸方角の名。**東南東**。

たつ[2]【竜】名詞 想像上の動物の一。体は大蛇に似ていて、四脚で、背にうろこがある。顔が長く、角・耳・ひげがある。水中に潜み、空を飛んで雲・雨を起こすという。「りゅう」とも。

（竜）

た・つ[3] 他動詞 タ四 〔た／ち／つ／つ／て／て〕

一【断つ・絶つ・截つ】❶**切り離す**。徒然 鎌倉―随筆 二一七「この掟は、ただ人間の望みをたちて」訳この掟は、ただ人間的な欲望を切り離して。❷（続けていた物事や習慣）**をやめる**。竹取物語 平安―物語 蓬萊の玉の枝「五穀たちて、千余日に力を尽くしたること少なからず」訳食べ物をやめて、千日余りに力を出し尽くしたことも尋常ではない。❸**滅ぼす**。万葉集 奈良―歌集 四四六五「虚言も祖の名たつな」訳かりそめにも祖先の名を滅ぼすな。

二【裁つ】**布を裁断する。裁つ**。万葉集 奈良―歌集 一二七八「夏影の房の下に衣たつ吾妹」訳夏の木陰の離れ屋の下で着物の布を裁断するわが妻。

た・つ[4]【立つ・起つ】

一 自動詞 タ四 〔た／ち／つ／つ／て／て〕

❶（人や動物が）**立つ**。（植物が）**生える**。（物が）**立つ**。更級 平安―日記 初瀬「門広う押し開けて、人々たてるが」訳門を広く押し開けて、供の人たちが立っている、その人たちが。❷**置いてある。止まる**。枕草子 平安―随筆 祭のかへさ「雲林院・知足院などのもとにたてる車ども」訳雲林院・知足院などのところに止まっている多くの牛車。❸**位置を占める。位置する**。（ある位置に）**立つ**。枕草子 平安―随筆 うらやましげなるもの「遅れて来と見る者どもの、ただ行きに先にたちてまうづる、いとめでたし」訳後からくると見られた人たちが、どんどん先に立って参拝するのはとてもすばらしい。❹**地位につく。即位する**。大鏡 平安―物語 後一条「春宮にたたせ給ひき」訳皇太子の位におつきになりました。❺（風・波などが）**起こる。立つ。立ち昇る**。古今 平安―歌集 雑下「風吹けば沖つ白波たつた山夜半にや君がひとり越ゆらむ」訳⇩かぜふけばおきつしらなみ…。❻（季節が）**やってくる。始まる**。奥の細道 江戸―紀行 旅立「やや年も暮れ、春たてる霞の空に、白河の関越えんと」訳ようやく年も暮れ、春がやってきて、霞がかかっている空を見るにつけ、白河の関を越えたいと。❼**知れ渡る。ひろがる**。拾遺 平安―歌集 恋一「恋すてふわが名はまだきたちにけり人知れずこそ思ひそめしか」訳⇩こひすてふ…。❽**出発する。出かける。旅出つ**。徒然 鎌倉―随筆 一九「御仏名、荷前の使ひたつなどぞ、あはれにやんごとなき」訳御仏名、また諸陵墓への勅使が出発するさまなどは、趣深く尊い気がする。◇「発つ」とも書く。❾（鳥が）**飛び立つ**。新古今 鎌倉―歌集 秋上「心なき身にもあはれは知られけり鴫たつ沢の秋の夕暮れ」訳⇩こころなき…。❿（月日が）**過ぎる。経過する**。源氏物語 平安―物語 若紫「たちぬる月の二十日のほどになむ」訳過ぎてしまった先月の二十日のそのころに。

二 補助動詞 タ四 〔た／ち／つ／つ／て／て〕〔動詞の連用形に付いて〕**盛んに…する。きわだって…する**。源氏物語 平安―物語 夕霧「律師も騒ぎたち給うて」訳律師も盛んに騒ぎなさって。

三 他動詞 タ下二 〔て／て／つ／つる／つれ／てよ〕

❶**立たせる。立ち止まらせる。立てる**。万葉集 奈良―歌集 三三八六「にほ鳥の（＝枕詞）葛飾早稲をにへすともそのかなしきを外にたてめやも」訳葛飾の地で産した早生の稲を神に供えていても、あのいとしい人を、外に立たせておこうか、外に立たせてはおけない。❷**止めて置く**。枕草子 平安―随筆 鳥は「雲林院・知足院などの前に車をたてたれば」訳雲林院・知足院などの前に牛車を止めて置くと。❸**つかせる。即位させる**。今昔物語 平安―説話 三一・三「『やがて具して宮に返りて、后にたてむ』とのたまふ」訳「このまま内裏に連れて帰って后につかせよう」と天皇がおっしゃると。❹（門・戸などを）**閉める**。枕草子 平安―随筆 にくきもの「あけていで入る所たてぬ人、いとにくし」訳開けて出入りする所を閉めない人はたいそう憎らしい。❺**建てる**。徒然 鎌倉―随筆 二〇七「亀山殿たてられんとて、地を引かれけるに」訳亀山の御殿をお建てになろうとして、地をならされると。◇「建つ」とも書く。❻**起こす。立たせる。立ちこめさせる。立ち昇らせる**。土佐日記 平安―日記 一・七「海をさへおどろかして、波たてつべし」訳海の神までもびっくりさせて、きっと波を起こしてしまいそうだ。❼**広く知らせる。表面に出す**。徒然 鎌倉―随筆 八五「偽り飾りて名をたてんとす」訳偽り飾り立てて名を広く知らせようとする。❽**はっきり表す。押し通す**。源氏物語 平安―物語 若菜上「心をたてて、世の中に過ぐさむことも」訳自分の考えを押し通して、世を過ごすようなことも。❾（願や誓いを）**立てる**。土佐日記 平安―日記 一二・二二「二十二日に、和泉の国までと、平らかに願たつ」訳二十二日に、和泉の国（大阪府南部）までは、平穏無事であるように願を立てる。❿**成り立たせる。もっぱらとする**。宇治拾遺 鎌倉―説話 三・六「この道をたてて世にあらんには、仏だによく書き奉らば、百千の家も出できなん」訳この絵の道をもっぱらにして世を送るには、仏さえ立派に描き申し上げ

たならば、百や千の家もきっとできるだろう。

⓫出発させる。出向かせる。 平家物語 鎌倉―物語 一一・能登殿最期「新中納言使者を**たて**て『…』と宣ひければ」訳新中納言(=平知盛)が使者を**出向かせ**て「…」とおっしゃったので。◇「発つ」とも書く。

⓬月日を過ごす。経過させる。 五人女 江戸―物語 浮世・西鶴「年波の日数をたてて、憂き世帯もふたり住みならば」訳年月を**過ごし**て、辛い貧乏暮らしも二人で住むならば。

四 補助動詞 タ下二〔て/て/つ/つる/つれ/てよ〕〔動詞の連用形に付いて〕**盛んに…する。ことさら…する。** 更級 平安―日記 子忍びの森「まづ胸あくばかりかしづきたてて」訳まず気持ちが晴れるほどあなたを**ことさら**大切に育て**あげ**て。

たづ【鶴・田鶴】 名詞 鳥の名。**鶴**。▼多く、歌語として用いられた。万葉集 奈良―歌集 九一九「若の浦に潮満ち来れば潟を無み葦辺をさして**たづ**鳴き渡る」訳⇩わかのうらに…。

参考 『万葉集』の時代にはすでに「つる」という語と併存していたが、歌語としては「たづ」が用いられた。

***-だ・つ** 接尾語 タ四〔名詞・形容詞語幹などに付いて〕…のようになる。…がかる。…めく。枕草子 平安―随筆 春はあけぼの「紫**だち**たる雲」訳紫**がかっ**ている雲が。

たづか-な・し【方便無し】 形容詞 ク〔(く)・から/く・かり/し/き・かる/けれ/かれ〕「たづきなし」に同じ。

たづ-が-ね【田鶴が音】 連語 ❶鶴の鳴き声。❷鶴の別名。

た-づき【方便】 名詞

❶手段。手立て。手がかり。方法。万葉集 奈良―歌集 六六五「向かひ居て見れども飽かぬ我妹子に立ち離れ行かむ**たづき**知らずも」訳たがいに顔を合わせてすわっていくら見ていても満ち足りることのないあなたから離れて他所へ行く**手立て**がないことだ。徒然 鎌倉―随筆 一八八「説経などして世渡る**たづき**ともせよ」訳仏教の道理などを説いて聞かせてこの世で生活していく**手段**ともしなさい。

❷ようす。状態。見当。古今 平安―歌集 春上「をちこちの**たづき**も知らぬ山中に」訳どこがどことも**見当**もつかない山の中で。

参考 奈良時代以前には「たどき」ともいった。鎌倉・室町時代には「たつき」と清音に、また「たつぎ」ともいった。

***たづき-な・し【方便無し】** 形容詞 ク〔(く)・から/く・かり/し/き・かる/けれ/かれ〕**頼りとするものがない。頼り所がない。**「たづかなし」とも。源氏物語 平安―物語 夕顔「この人の、**たづきなし**と思ひたるを」訳この人(=右近)が、(夕顔の死後)**頼りとするものがない**と思っていたのを。

***たづさは・る【携はる】** 自動詞 ラ四〔ら/り/る/る/れ/れ〕❶**手を取り合う。** 万葉集 奈良―歌集 九〇四「夕星の夕べになればいざ寝よと手を**たづさはり**」訳夕方の星の出る夕べになると、さあ寝なさいと手を**取り合い**。❷**連れ立つ。** 万葉集 奈良―歌集 三九九三「思ふどち馬うち群れて**たづさはり**」訳親しい仲間が馬に乗って集まり**連れ立ち**。❸**かかわり合う。関係する。** 徒然 鎌倉―随筆 一六七「一道に**たづさはる**人」訳一つの専門の道に**かかわり合う**人。

たづさ・ふ【携ふ】

一 自動詞 ハ四〔は/ひ/ふ/ふ/へ/へ〕**手を取りあう。連れ立つ。連れ添う。** 万葉集 奈良―歌集 七二八「吾妹子と**たづさひ**行きてたぐひて居らむ」訳あなたと**連れ立っ**て行って、一緒にいよう。

二 他動詞 ハ下二〔へ/へ/ふ/ふる/ふれ/へよ〕**手に持つ。携帯する。携える。** 奥の細道 江戸―紀行 尿前の関「樫の杖を**たづさへ**て、我々が先に立ちて行く」訳樫の杖を**持っ**て、我々の先に立って行く。

たつ-しゃ【達者】 名詞 学問や技芸などの達人。また、その道に熟達していること。平家物語 鎌倉―物語 七・願書「文武二道の**たつしゃ**」訳学問と武道二つの方面の**達人**。

たつ-しゃ・なり【達者なり】 形容動詞 ナリ〔なら/なり・に/なり/なる/なれ/なれ〕**体が丈夫だ。健康だ。** 塗師 室町―狂言 狂言「かねて**たつしやな**者でござったによって」訳前から**体が丈夫な**者であったので。◇「たつしやな」は口語。

竜田 地名 今の奈良県生駒郡斑鳩町。紅葉の名所。

日本語のこころ

「立つ」とは

立春は、「春立つ」と書きます。この「立つ」という言葉には、いったいどういう意味があるのでしょうか。柳田国男氏の説によりますと、「何々が立つ」という言い方は、方言の中に多くあるのだそうです。

たとえば「一日(ツイタチ)」という言葉がありますね。これは、「月立(ツキタチ)」の発音が変化した形で、今まで見えなかった月が姿を現す日という意味です。「虹が立つ」というのは、虹が空にかかる意味で、長崎県島原半島では「虹」そのものを「タチモノ」というそうです。熊本県の一部ではそのものズバリに「タツ」というそうです。

「夕立」という言葉は、濃尾地方ではヨダチといいますが、これは夕方または夜に雨が降りはじめる意味です。「雷」をカンダチという地方がいくつかありますが、これは神様が現れる意味と解釈されます。

つまり、「立つ」というのは、今まで存在しなかったもの、一般に神秘的なものが忽然と姿をあらわした、という意味の言葉なのです。

竜田川 地名 歌枕 今の奈良県の生駒山地の東側を流れて、大和川に合流する川。上流を生駒川という。紅葉・桜の名所。「立田川」とも書く。

たづたづ・し 形容詞 シク〔(しく)・しから/しく・しかり/し/しき・しかる/しけれ/しかれ〕「たどたどし」に同じ。万葉集 奈良―歌集 七〇九「夕闇は道**たづたづし**」訳夕闇は道が**心もとない**。◆奈良時代以前語。

たつた-ひめ【竜田姫】 名詞 秋を支配する女神。「竜田山」を神格化したもので、竜田山は平城京の西に当たり、西の方角は五行説で秋に当たるところからいう。秋の木々の紅葉はこの女神が織りなすとされた。季秋。対佐保姫。

竜田山 地名 歌枕 今の奈良県西北部と大阪府

東南部との境にある山。大和の国と河内の国とを結ぶ交通路であった。紅葉・桜の名所。「竜田姫」はこの山を神格化したもの。歌では、「立つ」を導く序詞としたり、「立つ」に言いかけたりすることが多い。「立田山」とも書く。

たっ-つけ【裁っ着け】名詞「たちつけ」に同じ。

たっと・し【尊し・貴し】形容詞ク{(く)・から/く・かり/し/き・かる/けれ/かれ}「たふとし」の促音便。「たふとし」に同じ。平家物語 鎌倉-物語 二・徳大寺之沙汰「さしもたっとき霊仏・霊社のいくらもまします」訳あんなにも貴い霊験あらたかな仏・霊験あらたかな神社がいくらでもおありになる。

たっと・ぶ【尊ぶ・貴ぶ】「たふとぶ」の促音便。
一 他動詞バ上二「たふとぶ 一」に同じ。
二 他動詞バ四 二 に同じ。

た-づな【手綱】名詞 ❶馬具の一種。馬の轡につけて馬をあやつる綱。参照▶口絵 ❷鎧を着用したとき烏帽子の縁に鉢巻きにする布。

たづ・ぬ【尋ぬ・訪ぬ】他動詞ナ下二{ね/ね/ぬ/ぬる/ぬれ/ねよ}
❶(ありかを)捜し求める。追い求める。更級 平安-日記 竹芝寺「『…飛ぶやうに逃げける』と申し出でて、この男をたづぬるに」訳「…飛ぶように逃げた」と申し出たので、この男を捜し求めると。❷(事情を)調べて明らかにする。探る。調べる。大鏡 平安-物語 道長下「『何者の家ぞ』とたづねさせ給ひければ」訳「何者の家なのか」と調べさせなさると。❸訪問する。訪れる。徒然 鎌倉-随筆 一一「ある山里にたづね入ること侍りしに」訳ある山里に人を訪問して入ったことがありましたが。❹問いただす。質問する。枕草子 平安-随筆 大納言殿まゐり給ひて「『いかでありつる鶏ぞ』などたづねさせ給ふに」訳「どのようにした鶏なのか」など問いただされなさると。

たづね-い・づ【尋ね出づ】他動詞ダ下二{で/で/づ/づる/づれ/でよ}捜し出す。捜し求めて見つける。源氏物語 平安-物語 桐壺「亡き人の住みかたづねいでたりけむしるしの釵ならましかば」訳亡くなった人の住みかを捜し出してきたという証拠のかんざしであったとしたら(うれしいのに)。

たづね-い・る【尋ね入る】自動詞ラ四{ら/り/る/る/れ/れ}(人などを)たずねて(山などに)分け入る。平家物語 鎌倉-物語 三・少将都帰「父大納言殿の住み給ひける所を、たづねいりて見給ふに」訳(成経は)父大納言(=成親)殿が住んでいらっしゃった所を、たずねて分け入ってごらんになると。

たづね-と・る【尋ね取る】他動詞ラ四{ら/り/る/る/れ/れ}
❶捜し出して手に入れる。見付け出して引き取る。捜し当てる。枕草子 平安-随筆 六位の蔵人などは「いつしかよき所をたづねとりて住みたるこそよけれ」訳いつかよい家を捜し出して手に入れて住んでいるのはよい。❷探究して会得する。習得する。源氏物語 平安-物語 若菜下「まことに跡のままにたづねとりたる昔の人は」訳きちんと定まった手法どおりに探究して会得した昔の人は。

たづね-わ・ぶ【尋ね侘ぶ】自動詞バ上二{び/び/ぶ/ぶる/ぶれ/びよ}捜しあぐねる。捜し当てることができないで、気落ちする。後撰 平安-歌集 雑二「武蔵野は袖漬つばかり分けしかど若紫はたづねわびにき」訳武蔵野には袖がぬれるほど深く分け入ったが紫草は捜しあぐねた。

だつ-ま【達摩】名詞 数珠の玉のうち、とめにする大玉。

たつ-み【辰巳・巽】名詞 ❶方角の名。東南。「辰」と「巳」との間の方角。古今 平安-歌集 雑下「わが庵は都のたつみしかぞ住む世をうぢ山と人はいふなり」訳⇩わがいほは…。❷江戸時代、江戸深川にあった遊里。江戸城の東南に当たることから。◇江戸時代の語。

たつみ-あがり【辰巳上がり・巽上がり】名詞 ❶(声が)調子はずれでかん高いこと。❷むやみに興奮して言動が荒っぽいこと。

たつみ-あがり・なり【辰巳上がりなり・巽上がりなり】形容動詞ナリ{なら/なり・に/なり/なる/なれ/なれ}むやみに興奮して言動が荒っぽい。(声が)かん高く調子はずれだ。日本永代蔵 江戸-物語 浮世・西鶴「たつみあがりなる高咄し」訳かん高く調子はずれな大声の話。

た-づら【田面】名詞 田の表面。田の辺り。

たて[1]【経・縦】名詞 ❶上下の方向。方角では南北にいう。対横。❷織物の縦糸。対緯。

たて[2]【楯・盾】名詞 戦場で体を隠して敵の矢や弾丸を防ぐ板状の武具。手に持つもの、地に置くもの、船端にかけるものなどがある。防いで守るものを、楯に見立てていうこともある。

（楯）

だて【伊達】名詞 ❶派手に振る舞うこと。粋なようすをすること。❷みえを張ること。

たて-あかし【立て明かし】名詞「たちあかし」に同じ。

たて-あつ・む【立て集む】他動詞マ下二{め/め/む/むる/むれ/めよ}数多く立てる。源氏物語 平安-物語 東屋「さかしらに屏風ども持て来て、いぶせきまでたてあつめて」訳おせっかいに屏風をいくつも持って来て、うっとうしいほど数多く立てて。

たて-あ・ふ【立て合ふ】自動詞ハ四{は/ひ/ふ/ふ/へ/へ}抵抗する。張り合う。平家物語 鎌倉-物語 六・飛脚到来「たてあふ者をば射伏せ、斬り伏せ」訳抵抗する者を矢で射倒し、斬り倒し。

たて-いし【立て石】名詞 据え立ててある石。庭石や道しるべなどのことをいう。

たて-いた【立て板】名詞 ❶立てかけてある板。❷牛車の車の箱の両側の板。

たて-えぼし【立て烏帽子】名詞 頭部が立っている普通の烏帽子。▼「折り烏帽子」に対していう。参照▶口絵

たで-くふ-むし【蓼食ふ虫】連語 辛い蓼の葉を好んで食う虫。「蓼食ふ虫も好き好き」ということわざから、物好きな人をたとえていう。一代女 江戸-物語 浮世・西鶴「また、たでくふむしありて、古き我に思ひつきて」訳また、物好きなお客がいて、薹が立った私を好ましく思って。

たて-こ・む【立て込む・閉て込む・立て籠む・閉て籠む】他動詞マ下二{め/め/む/むる/むれ/めよ}❶閉じ込める。今昔物語 平安-説話 一九・四〇「忠明をたてこめて殺さ

むとしければ」訳忠明を**閉じこめ**て殺そうとしたので。❷**戸・障子などを閉め切る。**徒然 鎌倉―随筆 一六二「己も入りて、**たてこめ**て」訳自分も中に入って、(戸を)**閉め切っ**て。

たて-さま【縦方・縦様】 名詞 **縦の方向。縦向き。**「たてざま」「たたさま」とも。徒然 鎌倉―随筆 二三七「**たてさま**、横様、物によるべきにや」訳**縦の方向**か、横の方向か、置く物によるのがよいのであろうか。対横方(よこさま)。

たて-さま・なり【縦方なり・縦様なり】 形容動詞 ナリ〔なら／なり・に／なり／なる／なれ／なれ〕「たたさまなり」

たて-じとみ【立て蔀】 名詞 細い木を縦横に組んで格子とし、裏に板を張ってついたてのように作ったもの。庭先に立てて室内の目隠しにする。室内でついたてにも用いる。

たて-ちが・ふ【立て違ふ】(タテチガウ―タテチゴウ) 他動詞 ハ下二〔へ／へ／ふ／ふる／ふれ／へよ〕**互い違いに立てる。**源氏物語 平安―物語 蜻蛉「几帳どものたてちがへたるあはひより」訳几帳などを**互い違いに立て**てあるあいだから。

たて-つき【楯突き】 名詞 手向かうこと。**反抗。**「たてづき」とも。

たて-て【立てて】 副詞

なりたち 動詞「たつ」の連用形に接続助詞「て」の付いたかたちが一語化したもの。

取り立てて。第一に。特に。源氏物語 平安―物語 行幸「いとまめやかに、かの人の**たてて**好む筋なれば、物して侍るなり」訳たいそうまじめに、あの人が**特に**好む趣向なので、このように(歌を)作ったのです。

だて・なり【伊達なり】 形容動詞 ナリ〔なら／なり・に／なり／なる／なれ／なれ〕❶**派手に振る舞う。洗練されて粋だ。**鑓権三 江戸―浄瑠 浄瑠璃・近松「さすが茶人の妻、物好きもよく、気も**だてに**」訳さすが茶道に通じた人の妻、趣味もよく、気持ちも**洗練されて粋で**。❷**みえを張る。**

たて-ぬき【経緯】 名詞 機の縦糸と横糸。古今 平安―歌集 冬「時雨の雨を**たてぬき**にして」訳時雨の雨を**縦糸と横糸**にして。

たて-はき【帯刀】 名詞「たちはき」に同じ。

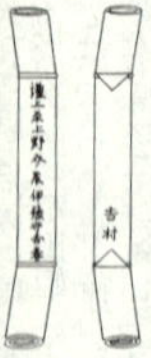

(立て文)

たて-ぶみ【立て文・竪文】 名詞 書状の形式の一つ。書状を「礼紙」で巻き包み、さらに白紙の包み紙で縦に包み、余った上下を裏側に折るもの。正式で儀礼的な書状の包み方とされる。また、その形式による書状。対包み文。

たてまつら-・す【奉らす】 連語

なりたち 動詞「たてまつる」の未然形＋使役の助動詞「す」

㊀(「奉る」が謙譲語の場合)❶(「す」が使役の意の場合)**差し上げさせる。**源氏物語 平安―物語 夕顔「門あけて惟光の朝臣出で来たるして、**たてまつらす**」訳門をあけて、惟光の朝臣が出てきたのに、**差し上げさせる。**❷(使役の「す」が「奉る」の謙譲の意を補強する場合)**差し上げる。**枕草子 平安―随筆 円融院の御はての年「白き木に立て文をつけて、『これ**たてまつらせ**む』と言ひければ」訳白い木に立て文をつけて「これを**差し上げ**申し上げよう」と言ったので。

㊁(「奉る」が尊敬語の場合)**お召しいただく。**源氏物語 平安―物語 手習「御前にはかかるをこそ**たてまつらす**べけれ」訳あの方にはこのようなのこそを**お召しいただく**べきだ。

注意 ㊀❷は、「たてまつる」だけより敬意が強い。

たてまつら-せ-たま・ふ【奉らせ給ふ】(タテマツラセタマウ―タテマツラセタモウ) 連語

なりたち ㊀謙譲の動詞「たてまつる」の未然形＋使役・尊敬の助動詞「す」の連用形＋尊敬の補助動詞「たまふ」。㊁謙譲の補助動詞「たてまつる」の未然形＋尊敬の助動詞「す」の連用形＋尊敬の補助動詞「たまふ」。㊂連語「たてまつらす」㊀❷の連用形＋尊敬の補助動詞「たまふ」

㊀(「奉る」が動詞の場合)❶(「す」が尊敬の意の場合)**お差し上げあそばす。**源氏物語 平安―物語 少女「色々の花・紅葉をこきまぜてこなたに**たてまつらせたまへ**り」訳色々の花や紅葉を取りまぜて、こちらに**お差し上げあそばし**た。❷(「す」が使役の意の場合)**差し上げさせなさる。**源氏物語 平安―物語 梅枝「みづからの御料の直衣の御よそひ一くだり、…御車に**たてまつらせたまふ**」訳(源氏は)自分のお召し物の直衣の御装束ひとそろいを、…(使いに命じて)御車に**差し上げさせなさる。**

㊁(「奉る」が補助動詞の場合。動詞の連用形に付いて)**お…申し上げあそばす。**源氏物語 平安―物語 薄雲「院に別れ**たてまつらせたまひ**にし程は」訳(帝が)院に**お別れ申し上げあそばし**たときは。

㊂(「奉らす」が連語㊀❷の場合)❶**差し上げになる。お差し上げなさる。**枕草子 平安―随筆 中納言まゐり給ひて「中納言参り給ひて、御扇**たてまつらせたまふ**に」訳中納言が参上なさって、(中宮に)御扇を**お差し上げになる**ときに。❷(動詞の連用形に付いて)**お…申し上げなさる。**▼「たてまつらす」は補助動詞的に用いられる。源氏物語 平安―物語 若菜上「六条院も少し御心地よろしくと聞き**たてまつらせたまひ**て」訳六条院も(朱雀院が)少し御容体がよいと**お聞き申し上げなさっ**て。

語法「たてまつらせたまふ」は、謙譲語と尊敬語とを含んでいて、二人の人を同時に敬う表現(いわゆる二方面の敬語)である。動作を受ける人への敬意は上部の「たてまつる」や「たてまつらす」で表し、動作の主への敬意は下部の「せたまふ」や「たまふ」で表す。

注意 ㊀❶と㊂❶とは同じような意味だが、最高敬語の形を含む前者の方が後者より敬意が強い。

たてまつり-たま・ふ【奉り給ふ】(タテマツリタマウ―タテマツリタモウ) 連語

なりたち 動詞「たてまつる」の連用形＋補助動詞「たまふ」

㊀(「奉る」が謙譲の場合)**差し上げなさる。献上なさる。**枕草子 平安―随筆 この草子「宮の御前に、内の大臣の**たてまつりたまへ**りけるを」訳中宮様に、内の大臣が(この草子を)**献上なさっ**たのだが。

㊁(「奉る」が尊敬の場合)**お乗りになる。**増鏡 室町―物語 新島守「十三日に御船に**たてまつりたまふ**」訳十三日に御舟に**お乗りになる。**

㊂(「奉る」が謙譲の補助動詞の場合)**お…申し上げなさる。**枕草子 平安―随筆 関白殿、黒戸より「あなめでた、大納言ばかりに沓取らせ**たてまつりたまふ**よ」訳まあなんとすばらしい、大納言ほどの(高位のお方)に

沓をお取らせ申し上げなさる(御身分)よ。

たてまつり-もの【奉り物】 名詞 ❶献上する物。貢ぎ物。❷貴人のお召し物。

たてまつ・る【奉る】

一 他動詞 ラ四{ら/り/る/る/れ/れ}

❶[「与ふ」「贈る」の謙譲語]**差し上げる。献上する。** 徒然 鎌倉―随筆 一二二「人に物を取らせたるも、ついでなくて、『これをたてまつらん』と言ひたる、まことの志なり」訳人に物を与える場合も、何のきっかけもなくて、「これを差し上げましょう」と言っているのが本当の誠意である。

❷[「遣る」の謙譲語]**お伺いさせる。参上させる。** 枕草子 平安―随筆 清涼殿の丑寅のすみの「『上渡らせ給ひて、かかること』など殿に申しにたてまつられたりければ」訳「天皇様が(女御の所に)おいでになって、これこれのことが(行われています)」と、人々が左大臣殿にお知らせするために(使いを)参上させなさったので。

❸[「飲む」「食ふ」「着る」の尊敬語]**召し上がる。お召しになる。** 竹取物語 平安―物語 かぐや姫の昇天「一人の天人言ふ、『壺なる御薬たてまつれ』」訳一人の天人がかぐや姫に言うには「壺にあるお薬を召し上がれ」。

二 自動詞 ラ四{ら/り/る/る/れ/れ}[「乗る」の尊敬語]**お乗りになる。** 竹取物語 平安―物語 御門の求婚「御輿にたてまつりてのちに」訳(帝は)御輿にお乗りになってから。

三 他動詞 ラ下二{れ/れ/る/るる/るれ/れよ}

❶ **一**❶に同じ。源氏物語 平安―物語 若紫「御文たてまつれ給へり」訳お手紙を差し上げなさった。

❷ **一**❷に同じ。源氏物語 平安―物語 若紫「君の御許よりは、惟光をたてまつれ給へり」訳源氏のおもとからは、従者の惟光を参上させなさった。

四 補助動詞 ラ四{ら/り/る/る/れ/れ}(動詞や受身・使役の助動詞の連用形に付いて)…**申し上げる。**▼謙譲の意を表す。徒然 鎌倉―随筆 三二「九月二十日のころ、ある人に誘はれたてまつりて」訳九月二十日ごろ、ある人に誘われ申し上げて。

参考 同じ謙譲の補助動詞に「聞こゆ」があるが、『源氏物語』などでは、「奉る」は「見る」「聞く」、および「返す」「抱く」などの動作を表す動詞、助動詞「る」「らる」「す」「さす」「しむ」に付き、「聞こゆ」は「思ふ」「恋ふ」などの精神活動を表す動詞に付く傾向があるといわれる。

たてまつれ【奉れ】 ❶**差し上げる。** 源氏物語 平安―物語 若菜上「それと見せて、その日の夕つかたたてまつれさせ給ふ」訳それとわかるようにして、当日の夕方に(お祝いの品を)差し上げなさる。❷**参上させる。** 源氏物語 平安―物語 若紫「二三日ありて、惟光をぞたてまつれ給ふ」訳二三日あって、惟光を(使者として)参上させなさる。◆下二段活用の「奉る」が未然形や連用形になった時の形。

たてまつれ-たま・ふ【奉れ給ふ】(タテマツレタマウ―タテマツレタモウ) 連語 **差し上げなさる。参上させなさる。** 源氏物語 平安―物語 葵「いみじくし尽くし給へるものども、また重ねてたてまつれたまへり」訳たいそう心をこめてお作りになったもの(装束)を、またさらに差し上げなさった。

たてり-あきなひ【たてり商ひ】(タテリアキナイ) 名詞 実際の米の受け渡しなしに、相場の高下によって生じる差額を決算する取り引き。◆江戸時代の語。

たて-わた・す【立て渡す】 他動詞 サ四{さ/し/す/す/せ/せ} 一面に立てる。立て並べる。 徒然 鎌倉―随筆 一九「大路のさま、松たてわたして」訳都大路のようすは、門松をずっと立て並べて。

たとうがみ【畳紙】 ⇨たたうがみ

た-どき【方便】 名詞 「たづき」に同じ。◆奈良時代以前の語。

* **たとしへ-な・し【譬しへ無し】**(タトシエナシ) 形容詞 ク{(く)・から/く・かり/し/き・かる/けれ/かれ} ❶**比べようがない。たとえようがない。** 枕草子 平安―随筆 たとしへなきもの「夏と冬と、夜と昼と、雨降る日と照る日と」訳比べようのないもの。夏と冬と、夜と昼と、雨降りの日と天気のよい日と。❷**甚だしく。**▼連用形のみの用法。源氏物語 平安―物語 夕顔「たとしへなく木暗し」訳甚だしく木が茂りあって暗い。

* **たどたど・し** 形容詞 シク{(しく)・しから/しく・しかり/し/しき・しかる/しけれ/しかれ} ❶**心もとない。おぼつかない。はっきりしない。** 枕草子 平安―随筆 頭の中将の「たどたどしき真名書きたらむも」訳心もとない漢字を書いているのも。❷**あぶなっかしい。** 訳「経など習ふとて、いみじうたどたどしく、忘れがちに」訳経などを習うというので、たいそうたどたどしく、忘れっぽくて。◆奈良時代以前の語「たづたづし」が変化した語。

たとひ[1]【譬ひ・喩ひ】(イタトイ) 名詞 「たとへ」に同じ。

たとひ[2]【仮令・縦ひ】(イタトイ) 副詞 ❶(助詞「ば」を下接して)**もし…(ならば)。**▼順接の仮定条件と呼応する。日本書紀 奈良―史書 雄略「たとひ、星川、志を得て共に国家を治めば」訳もし、星川が志を持って共に国家を治めたならば。❷(助詞「とも」などを下接して)**かりに…(ても)。たとえ…(ても)。**▼逆接の仮定条件と呼応する。徒然 鎌倉―随筆 五三「たとひ耳鼻こそ切れ失すとも」訳たとえ耳や鼻が切れてなくなるとしても。

> **「たとひ」と順接仮定の呼応**
> たとひ風吹かば(順接仮定の接続助詞)
> (もしも風が吹くなら)

> **「たとひ」と逆接仮定の呼応**
> たとひ風吹くとも(逆接仮定の接続助詞)
> (かりに風が吹いても)

* **たと・ふ【譬ふ・喩ふ】**(タトウ) 他動詞 ハ下二{へ/へ/ふ/ふる/ふれ/へよ} **なぞらえる。たとえる。** 竹取物語 平安―物語 蓬萊の玉の枝「世にたとふべきにあらざりしかど」訳この世のほかのものになぞらえることができないものでしたが。

たとへ【譬へ・喩へ】(タトエ) 名詞 たとえて引き合いに出すもの。平家物語 鎌倉―物語 七・実盛「事のたとへ候ふぞかし。故郷へは錦を着て帰れといふことの候ふ」訳事のたとえがございますよ。故郷へは錦を着て帰れということがございます。

たとへ-うた【譬へ歌】(タトエウタ) 名詞 『古今和歌集』仮名序にある、和歌の「六義」の一つ。自分の気持ちを自然の風物にたとえて詠んだ歌。

***たとへ-ば**【例へば・譬へば】副詞 なりたち 動詞「たとふ」の未然形に接続助詞「ば」の付いたかたちが一語化したもの。

❶〔「ごとし」を下接して〕**他のものにたとえて言えば。さながら。ちょうど。** 徒然 鎌倉-随筆 一八八「たとへば、碁を打つ人、一手も徒らにせず、人に先だちて、小を捨て大につくがごとし」訳ちょうど、碁を打つ人が、一手も無駄にせず、相手に先立って、利益の小さい石を捨て大きい石に力を入れるようなものだ。❷**例をあげて言えば。具体的に説明すると。** 平家物語 鎌倉-物語 六・祇園女御「六十ばかりの法師なり。たとへば、御堂の承仕法師でありけるが」訳六十ぐらいの法師である。具体的に説明すると、堂内の雑用をする法師であったが。❸**端的に言うと。言うなれば。** 平家物語 鎌倉-物語 六・廻文「たとへば、日本国二人の将軍と言はればや」訳端的に言うと、日本国の二人の将軍と言われたい。❹**仮に。たとえ。もし。** 新古今 鎌倉-歌集 恋三「ただ頼めたとへば人の偽りを重ねてこそは」訳ただ頼りにしなさい。仮に私が偽りを重ねたら。

たとへ-む-かた-な・し【譬へむ方無し】連語 **たとえようがない。他と比べようがない。** 源氏物語 平安-物語 桐壺「なほにほはしさはたとへむかたなく、うつくしげなるを、世の人光君と聞こゆ」訳やはり(若宮の)美しさは他の人と比べようがなく、かわいく見えるのを、世の人は(若宮のことを)光君と申し上げる。

た-どほ・し形容詞ク〔(く)・から/く・かり/し/き・かる/けれ/かれ〕**遠い。** 万葉集 奈良-歌集 三九五七「玉桙の(=枕詞)道をたどほみ山川の隔りてあれば」訳道が遠いので、(しかも)山や川が隔てているので。◆「た」は接頭語。

たどり【辿り】名詞 **深く考えること。分別。** 源氏物語 平安-物語 若菜上「かく、来し方行く先のたどりも」訳このように、今までのことこれからのことを深く考えることも。

たどり-な・し【辿り無し】形容詞ク〔(く)・から/く・かり/し/き・かる/けれ/かれ〕**あてどない。迷いやためらいがない。** 幻住庵記 江戸-俳文 俳文・芭蕉「たどりなき風雲に身をせめ、花鳥に情を労して」訳あてどない(風や雲のように)さまよい歩く旅に身を苦しめ、自然の風物としての花や鳥(を詠ずるの)に心をくだいて。

たど・る【辿る】

一 他動詞ラ四〔ら/り/る/る/れ/れ〕❶**迷いながら行く。苦労して行く。** 古今 平安-歌集 秋上「天の河浅瀬しらなみたどりつつ渡りはてねばあけぞしにける」訳天の河の浅瀬を(=彦星は)知らないので白波の立つ所を迷いながら行ったものだから、川を渡りきらないうちに夜が明けてしまったよ。❷**あれこれ思案する。知ろうとする。** 源氏物語 平安-物語 帚木「幼心地に深くしもたどらず」訳(小君は)子供心に深くは知ろうとしない。

二 自動詞ラ四〔ら/り/る/る/れ/れ〕**判断に迷う。途方に暮れる。** 源氏物語 平安-物語 桐壺「しばしは夢かとのみたどられしを」訳しばらくの間はこれは夢ではないかとばかり途方に暮れなさったが。

たどる-たどる【辿る辿る】副詞 (道などを)**あれこれ迷いながら。少しずつさぐりさぐり進みながら。** 今昔物語 平安-説話 六・六「宿るべき所無ければ、たどるたどる只足にまかせてある く間に」訳宿泊する所がないので、あれこれ迷いながら、ただ足にまかせて歩いたところ。

たな[1]【店】名詞 ❶**店。商店。** ❷**その人の勤め先の店。** ❸**貸し家。借家。** ◆棚に商品を陳列して見せる「見世棚」の略。

たな[2]【棚】名詞 ❶**物をのせるために横に渡した板。** ❷「船棚」の略。船べりの内側に沿って取り付ける平たい板。

たな-[3] 接頭語 動詞に付いて、一面に・十分になどの意を表す。「たな知る」「たな曇る」など。

た-な-うら【掌】名詞 **手のひら。** ◆「た」は「て(手)」の意。「な」は「の」の意の奈良時代以前の格助詞。

たなぎら・ふ【棚霧らふ】自動詞ハ四〔は/ひ/ふ/ふ/へ/へ〕なりたち 動詞「たなぎる」の未然形に反復継続の助動詞「ふ」の付いたかたちが一語化したもの。

一面に霧がかかる。空一面に曇る。 万葉集 奈良-歌集 一六四二「たなぎらひ雪も降らぬか」訳空一面に曇り雪でも降らないかなあ。◆奈良時代以前の語。

たな-ぐも・る【棚曇る】自動詞ラ四〔ら/り/る/る/れ/れ〕**空一面に曇る。** 万葉集 奈良-歌集 三三一〇「たなぐもり雪は降り来さ曇り雨は降り来」訳空一面に曇り雪は降って来、曇って雨は降って来る。◆「たな」は接頭語。

た-な-ごころ【掌】名詞 **手のひら。** ◆「た」は「て(手)」の意。「な」は「の」の意の奈良時代以前の格助詞。

たなごころ-の-うち【掌の中】連語 手のひらの中。容易に自分の自由になること。

たなごころ-を-さ・す【掌を指す】連語 **はっきりしているさま。容易であるさま。** 太平記 室町-物語 二〇「足羽の城を拉がん事、隻手の中にありと、人皆たなごころをさす思ひをなせり」訳足羽の城を取りつぶすことは、(自分の)片手の中にあるようなものだと、人々は皆容易であるという思いをしていた。

たな-し・る【たな知る】自動詞ラ四〔ら/り/る/る/れ/れ〕**すっかり知る。十分わきまえる。** 万葉集 奈良-歌集 一八〇七「いくばくも生けらじものを何すとか身をたなしりて」訳いくらも生きられないだろうものを、何のために、自分の身を十分わきまえて。◆奈良時代以前の語。「たな」は接頭語。

た-な-すゑ【手末】名詞 **手の先。指先。** ◆「た」は「て(手)」の意。「な」は「の」の意の奈良時代以前の格助詞。「手の末」の意。

たな-づし【棚厨子】名詞 上部に棚を取り付けた厨子。

たな-つ-もの【穀】名詞 ❶種から生えてくるもの。稲。❷穀物。◆「たな」は「たね(種)」の意。「つ」は「の」の意の奈良時代以前の格助詞。

たななし-をぶね【棚無し小舟】名詞 船棚がない小さな舟。

たな-はし【棚橋】名詞 板を棚のように渡しただけの、欄干がない簡単な橋。

***たな-ばた**【棚機・織女・七夕】名詞 ❶**機織り機。** ❷「たなばたつめ❶」に同じ。古事記 奈良-史書 神代「弟たなばたの項がせる玉の御統」訳機織り女が首に

かけていらっしゃる玉の首飾り。◇「織女」とも書く。❸「たなばたつめ❷」に同じ。万葉集 奈良｜歌集 二〇八〇「たなばたの今宵逢ひなば」訳七夕の織女がもし今宵会えば。◇「織女」とも書く。❹五節句の一つ。陰暦七月七日の夜、一年に一度会うという牽牛・織女の二星を祭る行事。裁縫・書道などの上達を祈った。「棚機祭り」とも。◇「七夕」とも書く。季秋。

参照▶口絵

たなばた-つ-め【棚機つ女・織女】名詞 ❶**機織りの女**。万葉集 奈良｜歌集 二〇二七「たなばたつめのその屋戸に織る白栲は」訳機織りの女がその家で織る白い布は。❷七夕伝説の織女。一年に一度、七月七日の夜に天の川を渡って牽牛に会うという。また、その織女を表す織女星。◆「棚機」とも。「つ」は「の」の意の古い格助詞。

たなばた-まつり【棚機祭り・七夕祭り】名詞「たなばた❹」に同じ。

たな-び・く*【棚引く】

一 自動詞 カ四 {か/き/く/く/け/け} **雲・霞や、煙が横に長く引く**。枕草子 平安｜随筆 春はあけぼの「紫だちたる雲の細くたなびきたる」訳紫がかっている雲が細く横に長く引いているの(はとても趣深い)。

二 他動詞 カ四 {か/き/く/く/け/け} **長く連ねる。引きつれる**。平家物語 鎌倉｜物語 三・法印問答「数千騎の軍兵をたなびいて都へ入り給ふ」訳数千騎の軍勢を引きつれて都へお入りになった。◇「たなびい」はイ音便。

た・なり* 連語

なりたち 完了・存続の助動詞「たり」の連体形＋推定・伝聞の助動詞「なり」からなる「たるなり」の、撥音便「たんなり」の「ん」が表記されない形。読むときは「たんなり」と発音する。

❶〔「なり」が推定の意の場合〕…**ているようだ**。土佐日記 平安｜日記 一二・二五「守の館より呼びに文持て来たなり」訳(新任の)国司の官舎から(私を)呼びに手紙を持って来ているようだ。❷〔「なり」が伝聞の意の場合〕…**ていると聞いている**。…**たそうだ**。源氏物語 平安｜物語 若紫「この寺にありし源氏の君こそ、おはしたなれ」訳ここのお寺にい(らっしゃっ)た源氏の君が、おいでになっているそうだね。

た-なれ【手慣れ・手馴れ】名詞 ❶手に扱い慣れていること。❷動物を飼いならしてあること。◆「た」は「て(手)」の意。

だに

副助詞《接続》体言、活用語の連体形助詞などに付く。

語義の扉

主語や連用修飾語について、譲歩したかたちで軽い例をとりあげ、他の場合を類推させる用法の助詞。

❶最小限、最低限の強調。**せめて…なりと**。
❷類推。…**でさえ**(まして)。…**さえも**。…**すら**。

参照▶文脈の研究 だに。

❶〔意志、希望、打消、また命令の表現の中に用いられて〕仮定のことがらについて、最小限、最低限を示し、強調しながら、願望の意を添える。**せめて…なりと。せめて…だけでも**。万葉集 奈良｜歌集 一四九九「言繁み君は来まさずほととぎす汝だに来鳴け朝戸開かむ」訳人の噂がうるさいのであの人はおいでにならないことだ。ほととぎすよ、せめてお前だけでも私の所へやって来て欲しい。暁方には、あの人を送り出すような心で朝の戸を開けたいと思うから。竹取物語 平安｜物語 かぐや姫の昇天「『ここにも心にもあらでかく罷るに、昇らむをだに見送りたまへ』と言へども」訳「私も意に反してこの国を立ち去って参りますのですから、どうか、せめて私が月の世界に昇って行くのだけでもお見送りください」と言ったけれども。参照▶文脈の研究 天皇の苦悩。

❷確定的なことがらについて、程度の軽いものを例にあげ、より重いことがらの存在を類推させる。…**さえも**。…**でさえ**、(まして…)。…**すら**。枕草子 平安｜随筆 木の花は「梨の花、世にすさまじくあやしきものにして、目に近く、はかなき文つけなどだにせず。」訳梨の花については、世間では興ざめでおもしろくないものとして、すぐそばに置いてもてはやすこともせず、ちょっとした手紙を結びつけたりなどさえもしない。徒然 鎌倉｜随筆 二五「かばかりの名残だになき所々は、おのづから礎ばかり残るもあれど、さだかに知れる人もなし。」訳(建物の一部分が残っている場合ならまだしも)これくらいの形見さえも残されていない他の神社やら、邸などは、たまたま建物の土台の石だけ残っているのもあるが、それがいかなる建物であったかをはっきりと知っている人もいない。

関連語「すら」と「だに」

(1)「だに」とほぼ同様の意味用法を持つ副助詞に「すら」があるが(参照▶すら)、奈良時代以前においては「だに」は「最小限、最低限の強調」(せめて〜なりと)の用法が主であり、いっぽうの「すら」は「類推」の用法が主であった。しかし、平安時代以降になると、「すら」は散文の中ではあまり用いられなくなり、代わって「だに」がその使用の領域を広げ、鎌倉時代の中ごろに「さえ」にとって代わられるまで用いられた。

参照▶さえ

(2)「だに」に係助詞「も」のついた形の「だにも」のつづまった「だも」も、平安時代以降に用いられた。和泉式部集 平安｜歌集「夢にだも会うと見ることそうれしけれ残りの頼みすくなけれども」訳夢の中でさえも思いこがれている人に会うと見えたのはうれしいものだ。残りの頼みとして安心できることはすくないのだけれども。方丈記 鎌倉｜随筆「保つところは、わづかに周梨槃特が行ひにだも及ばず」訳守り行っていることは、釈迦の最も愚かな弟子とされる周梨般特の修行にさえも及ばない。

だに-あ・り* 連語 …**でさえ…だ**。…**だけでも…である**。古今 平安｜歌集 春下「雪とのみ降るだにあるを桜花いかに散れとか風の吹くらむ」訳雪の降るように散るだけでさえ惜しいのに、桜の花に「どんな散り方をしろ」といって風が吹くのだろう。

注意 訳すときは、「だに」と「あり」の間に、文脈上そこに込められている心情に相当する形容詞・形容動詞を補う。この用例の場合は、「惜しく」を補う。

た-にぎ・る【手握る】

た

文脈の研究　天皇の苦悩

『源氏物語』「桐壺」の、

限りあれば、さのみもえ止めさせ給はず、御覧じだに送らぬおぼつかなさを言ふ方なく思ほさる。

（宮中のさだめごとがあるので／そんなにお引きとめになることもおできにならず／言いようもなく）

のように、複合語（「御覧じ送る」は「見送る」の尊敬表現）には、助詞がその間に入って用いられるので、文脈の整理には工夫を要する。この例の場合、「更衣の退出（病気養生のための里下り）をせめてお見送りなりとしたいとお思いになるのだが、それさえもおできにならぬ心もとなさを…」といった含みを考えあわせたい。

限りあれば、→ さのみもえ止めさせ給はず、／（え）御覧じだに送らぬ → おぼつかなさを言ふ方なく思ほさる

また、「限りあれば」は、直接に「さのみもえ止めさせ給はず」と「御覧じだに送らぬ」の両方に係り、あわせて「さのみもえ止めさせ給はず」の副詞「え」の呼応力は、「止めさせ給はず」の打ち消しの助動詞「ず」にくくられる表現、および「御覧じだに送らぬ」の打ち消しの助動詞「ず」の連用形「ぬ」にくくられる表現の両方に係り、「お引きとめになることができない」「お見送りなさることが（それさえも）できない」のように、ともに不可能を表出している。さらに「おぼつかなさを」は、「お引きとめになることができない」意と、「お見送りなさることができない」意と両方を受け止めて天皇の言いようもないつらい心情（＝言ふ方なく思ほさる）の表現に続く構成となっていることを理解したい。

「限り」は、「宮中のさだめごと」の意。天皇であっても意のままにすることはできず、定めごとに従わなくてはならない。宮中では穢れを忌避する定めごとがあり、病気や瀕死の人は、宮中を退出する（宮中で死を迎えることができるのは天皇のみ）。ここでは、寵愛している更衣の退出に際し、引きとめることもできない、見送りもできない、里下りした後のようすも知ることができない、更衣との関係が断絶してしまう天皇の深い苦悩と悲しみが表出されていることが読み取れる。

一 自動詞 ラ四 〔ら／り／る／る／れ／れ〕 こぶしを握る。万葉集 奈良―歌集 二五七四「たにぎりて打てども懲りず」訳 こぶしを握って打ったがこりない。◆「た」は「て（手）」の意。二 他動詞 ラ四 〔ら／り／る／る／れ／れ〕 握る。万葉集 奈良―歌集 八〇四「猟弓をたにぎり持ちて」訳 狩猟に使う弓を握り持って。◆「た」は「て（手）」の意。

たに-ぐく【谷蟇】 名詞 動物の名。ひきがえる。◆「くく」は蛙の古名。

たに-へ【谷辺】 名詞 谷のあたり。◆後に「たにべ」とも。

だに-も 連語 なりたち 副助詞「だに」＋係助詞「も」

❶…だけでも。徒然 鎌倉―随筆 七「つくづくと一年を暮らすほどだにも、こよなうのどけしや」訳 しみじみと一年を暮らすだけでも、この上なくゆったりとしている（ものである）よ。❷…さえも。古今 平安―歌集 春上「春や疾き花や遅きと聞き分かむ鶯だにも鳴かずもあるかな」訳 春が来るのが早いのか、花の咲くのが遅いのかとその声を聞いて判別しようと思うそのうぐいすさえも鳴かないでいることよ。

たぬき【狸】 名詞 ❶動物の名。❷たぬき寝入りをすること。また、その人。

たね【種】 名詞 ❶植物の種子。❷血統。血筋。子孫。徒然 鎌倉―随筆 一「人間のたねならぬぞ、やんごとなき」訳 人間の血筋ではないというのが尊い。❸物事が生ずるもと。根元。古今 平安―歌集 仮名序「やまと歌は、人の心をたねとして」訳 和歌は人の心をもととして。

種彦 ⇨柳亭種彦

た-ねん【他念】 名詞 〔「…なし」を下接して〕ほかのことを考える心。余念。

たのう-だ-ひと【頼うだ人】 名詞 「たのみたるひと」の変化した語。頼みとする人。主人。

た-のごひ【手拭ひ】 名詞 てぬぐい。◆「た」は「て（手）」の意。

たの・し【楽し】 形容詞 シク 〔（しく）・しから／しく・しかり／し／しき・しかる／しけれ／しかれ〕 ❶楽しい。万葉集 奈良―歌集 八一五「梅を招きつつた

のしき終へめ」訳梅の花を招き寄せては楽しいことの限りを尽くそう。❷裕福である。徒然 鎌倉－随筆 九九「堀川相国は、美男のたのしき人にて」訳堀川の太政大臣は、美男子で裕福な人であって。

たのしび【楽しび】 名詞 楽しみ。快楽。徒然 鎌倉－随筆 二五「時移り、事去り、たのしび悲しびゆきかひて」訳時代が変わり、もの事は去りゆき、楽しみと悲しみがかわるがわるやってきて。

たのし・ぶ【楽しぶ】 自動詞バ四{ば/び/ぶ/ぶ/べ/べ}「たのしむ」に同じ。徒然 鎌倉－随筆 二一「山沢に遊びて、魚鳥を見れば心たのしぶ」訳山や沢に遊んで、魚や鳥を見ると心楽しく思う。

たのし・む【楽しむ】

一 自動詞マ四{ま/み/む/む/め/め}❶心が満ち足りて楽しく思う。方丈記 鎌倉－随筆「深くよろこぶ事あれども、大きにたのしむにあたはず」訳深く喜ぶことがあっても、大いに楽しむことはできない。❷物が豊富で裕福になる。富む。平家物語 鎌倉－物語 一・祇王「たのしみ栄えて何かせん」訳裕福になり栄えてどうしようというのか。

二 他動詞マ四{ま/み/む/む/め/め}楽しく感じる。楽しむ。徒然 鎌倉－随筆 九三「人皆生をたのしまざるは、死を恐れざる故なり」訳人が皆生を楽しまないのは、死を恐れないからである。

[1]た-の-み【田の実】 名詞 稲の実。米。◆和歌では「頼み」とかけて用いることが多い。

[2]たのみ【頼み】 名詞 ❶頼ること。また、その人・物。頼り。源氏物語 平安－物語 桐壺「かたじけなき御心ばへのたぐひなきをたのみにて」訳もったいない(桐壺帝の)ご愛情が比べるものがないほど強いのを頼りにして。❷結婚の結納。◇江戸時代の用法。

たのみ-だる【頼み樽】 名詞 結納のしるしとして贈る角樽(=角のような柄のついた酒樽)。

たのみ-どころ【頼み所】 名詞 頼りとするところ。よりどころ。

[1]た-の-む【田の面】 名詞「たのも」に同じ。新古今 鎌倉－歌集 春上「忘るなよたのむの沢を立つ雁も」訳忘れるなよ。田に続いている沢を立っていく雁も。◆和歌では「頼む」とかけて用いることが多い。

[2]た-の-む【手飲む】 他動詞マ四{ま/み/む/む/め/め}手ですくって飲む。伊勢物語 平安－物語 一二二「たのみしかひもなき世なりけり」訳手ですくって飲んだ、(そのように頼んだ)かいもない二人の間柄だったなあ。◆和歌では「頼む」とかけて用いることが多い。

[3]たの・む【頼む】

語義の扉

相手の力や何かのものごとに依存したり、自らの身を任せるように期待するのが原義。一四段活用の場合は、「自分が相手を頼りにする」意味。二下二段活用の場合は、「相手に自分を頼りにさせる」意味。

一 他動詞 ❶頼りにする。あてにする。❷頼って仕える。主人とする。

二 他動詞 頼りにさせる。あてにさせる。頼みにさせる。

一 他動詞マ四{ま/み/む/む/め/め}❶頼りにする。あてにする。頼る。期待する。徒然 鎌倉－随筆 九二「のちの矢をたのみて、初めの矢になほざりの心あり」訳あとの矢をあてにして、最初の矢(を射ること)にいいかげんな気持ちが生ずる。❷頼って仕える。主人とする。平家物語 鎌倉－物語 一二・六代被斬「頼朝をたのまば助けて使はんは、いかに」訳頼朝を頼って仕えるならば、助けて家臣として使ってやるが、どうだ。

二 他動詞マ下二{め/め/む/むる/むれ/めよ}頼りにさせる。あてにさせる。期待させる。更級 平安－日記 梅の立枝「たのめしをなほやまつべき霜枯れし梅をも春はわすれざりけり」訳(帰っておいでになる)と頼りにさせたあなた(のことば)を、まだあてにして待ったほうがよいでしょうか。(どうぞご覧ください、)霜枯れした梅のことさえ春は忘れないでやって来ていますよ。徒然 鎌倉－随筆 一八九「待つ人は障りありて、たのめぬ人は来たり」訳待っている人には差し障りがあり、来ることを期待させない人はやってくる。

たのめ【頼め】 名詞 頼りに思わせること。期待させること。約束すること。源氏物語 平安－物語 夕顔「ゆく先の御たのめ、いとこちたし」訳将来へのお約束とは、たいそう大げさである。

たのめ-く【頼め来】 自動詞カ変{こ/き/く/くる/くれ/こ(こよ)}ずっと頼りにさせてくる。古今 平安－歌集 恋四「たのめこしことのは今は返してむ」訳ずっと頼りにさせてきた手紙を今は返してしまおう。

た-の-も【田の面】 名詞 田の表面。田。万葉集 奈良－歌集 三五二三「安倍のたのもにゐる鶴が」訳安倍の田にいる鶴が。

たのも・し【頼もし】

形容詞シク{(しく)・しから/しく・しかり/し/しき・しかる/しけれ/しかれ}❶頼みになる。心強い。あてにできる。枕草子 平安－随筆 たのもしきもの「たのもしきもの。心地あしきころ、伴僧あまたして修法したる」訳頼みになるもの。病気のとき、導師が従僧を大勢連れて祈祷している(の)。❷楽しみだ。期待できる。奥の細道 江戸－紀行 象潟「雨後の晴色またたのもしきと、蜑のとま屋に膝を入れて雨の晴るるを待つ」訳雨上がりの晴れた空がまた楽しみだと思って、漁師の小屋に立ち寄って、雨の晴れるのを待つ。❸裕福だ。宇治拾遺 鎌倉－説話 一〇・一〇「我は若かりし折は、まことにたのもしくてありし身なり」訳私は若かったときは、とても裕福であった身分である。

たのもしげ-な・し【頼もしげ無し】 形容詞ク{(く)・から/く・かり/し/き・かる/けれ/かれ}頼りない。源氏物語 平安－物語 若紫「むげに、いとたのもしげなくならせ給ひにたれば」訳全くとても頼りなくおなりになられたので。

たのもし-げ・なり【頼もしげなり】 形容動詞ナリ{なら/なり・に/なり/なる/なれ/なれ}❶頼りにできそうだ。心強い感じだ。源氏物語 平安－物語 桐壺「行く先もたのもしげなること」訳将来も頼りにできそうであること。❷期待できそうだ。平家物語 鎌倉－物語 三・少将都帰「いささかたのもしげにはのたまひけれ」訳少し期待できそうにはおっしゃった。

文脈の研究　『更級日記』の継母・たのむ

『更級日記』「梅の立枝」の「たのめしを…」の和歌は、作者（菅原孝標女）の慕っていた継母とのエピソードを描いている条のもの。継母が、父親との仲がしっくり行かずに離別していく折、「心温かく親しく接してくれたあなたのことを忘れるときはきっとないでしょう」と言い、また、軒端の大きな梅の木を指して、「この木の花が咲くころには、また戻って来ましょうね」と言いおいて去った話の直後の文脈で、他動詞「たのむ」の語の一四段活用と二下二段活用の両方が用いられている場面である。

継母なりし人は、宮仕へせし（宮仕えしていたのが）がくだりしなれ（〔父に伴って、上総の方まで〕下って行ったので）ば、思ひしあらぬことどもなどありて、世中（夫婦仲が）うらめしげにて（うまくいかないふうで）、ほかにわたるとて、五つばかりなる児どもなどして、

「あはれなりつる心のほどなむ（心温かく接してくれたあなたのお気持ちのほどは忘れること）、わすれむ世あるまじき（などきっとないでしょう）」

などいひて、梅の木の、つまちかくて、いとおほきなるを、

「これが（この梅の木）花のさかむをり（折）は来むよ」

といひおきてわたりぬるを（よそへ行ってしまったのを）、心のうちに、こひしくあはれなりと思ひつつ、しのびねをのみ泣きて（声をこらえて泣いて）、その年もかへりぬ（その年も改まってしまった）。いつしか梅さかなむ（早く梅の花が咲いてほしい）。来むとありしを、さやあると、目をかけてまちわたるに（待ち続けていたのに）、花もみなさきぬれど、音もせず（たよりもなく）、思ひわびて、花ををりて（折り）やる。

「たのめしをなほやまつべき霜枯れし
　梅をも春はわすれざりけり」

訳（帰っておいでになる）と頼りにさせたあなた（のことば）を、まだあてにして待ったほうがよいでしょうか。（どうぞご覧ください、）霜枯れした梅のことさえ春は忘れないでやって来ていますよ。

といひやりたれば、あはれなることどもかきて（しみじみとしたことごとを記し連ねて）、

「なほたのめ梅の立ち枝は契りおかぬ
　思ひのほかの人も訪ふなり」

訳やはりあてにしてお待ちなさい。梅の長くのびた枝は約束もしていない、思いがけない人が訪れたりしますよ。

これら二つは、同じ「たのめ」という語形を見せているが、過去の助動詞「き」の連体形「し」に接続した前者（二の用例）が連用形の「たのめ」、したがって下二段活用（四段活用なら連用形は「たのみ」）。よって、「頼みにさせたのを」の意。

一方、後者の「たのめ」は文脈から、また下接語がないことから命令形。したがって四段活用（もし下二段活用なら「たのめよ」）。よって、「やはり、まだあてにしていなさい」の意。⇩「しる（知）」「はく（佩・帯）」

たのもし-びと【頼もし人】名詞 頼みに思う人。頼みになる人。源氏物語 平安―物語 手習「たのもしびとに思ふ人、一人ものし給はぬは」訳頼みになる人と思う人が、一人もいらっしゃらないのは。

た-ばかり【謀り】名詞 ❶思案。工夫。計画。将門記 平安―物語「王城を建つべきたばかりをなす」訳王城を建てようと計画をする。❷計略。謀略。竹取物語 平安―物語 蓬萊の玉の枝「くらもちの皇子は、心たばかりある人にて」訳くらもちの皇子は、心中に計略のある人で。

た-ばか・る【謀る】他動詞ラ四｛ら／り／る／る／れ／れ｝❶考えをめぐらす。工夫する。竹取物語 平安―物語 燕の子安貝「子安貝取らむと思しめさば、たばかり申さむ」訳子安貝を取ろうとお思いならば、工夫をこらし申し上げよう。❷たくらむ。だます。平家物語 鎌倉―物語 七・倶梨迦羅落「平家の大勢を倶梨迦羅が谷へ追ひ落とさうどたばかりけるを」訳（源氏は）平家の大軍を倶梨迦羅が谷へ追い落とそうとたくらんでいたのを。◆「た」は接頭語。

たは・く【戯く】自動詞カ下二｛け／け／く／くる／くれ／けよ｝❶ふしだらな行いをする。古事記 奈良―史書 允恭「軽大郎女にたはけて」訳軽大郎女にふしだらな行いをして。❷ふざける。雨月物語 江戸―物語 吉備津の釜「おのがままのたはけたる性はいかにせん」訳生まれつきのふざけている本性だけはどうにもならないものだ。

たはけ【戯け】名詞 ❶不倫な関係。❷浮かれふざけた振る舞い。❸愚か者。たわけ者。

たは-こと【戯言】名詞 ❶正気を失って言う、正常

でない言葉。でたらめ。❷ばかばかしい言葉・話。冗談など。◆「たはごと」とも。

たばさ・む【手挟む】 他動詞マ四{ま/み/む/む/め/め} 手に挟んで持つ。脇に挟んで持つ。徒然 鎌倉—随筆 九二「諸矢をたばさみて的に向かふ」訳二本の矢を手に挟んで持って的に向かう。◆「た」は「て(手)」の古形。

たは・し【戯し】 形容詞シク{(しく)・しから/しく・しかり/し/しき・しかる/しけれ/しかれ} ふしだらである。みだらである。好色である。栄花物語 平安—物語 月の宴「九条の師輔の大臣おと、いとたはしくおはして」訳九条師輔の大臣は、たいへん好色でいらっしゃって。

たばし・る【た走る】 自動詞ラ四{ら/り/る/る/れ/れ} 激しい勢いでとび散る。金塊 鎌倉—歌集 冬「霰たばしる那須の篠原」訳霰が激しい勢いでとび散る那須の篠竹の原。◆「た」は接頭語。

たば・す【賜ばす】 連語 多く「…てたばせたまふ」の形で用いられる。⇩たばせたまふ

たば・せ・たま・ふ【賜ばせ給ふ】 連語 なりたち 補助動詞「たぶ」の未然形＋尊敬の助動詞「す」の連用形＋尊敬の補助動詞「たまふ」

お…になってくださる。…なさってくださる。▼強い尊敬の意を表す。平家物語 鎌倉—物語 一一・那須与一「願はくは、あの扇の真中射させてたばせたまへ」訳どうぞあの扇の真ん中を(私に)射当てさせなさってください。◆多く命令形「たばせたまへ」が用いられる。

た-ばなれ【手放れ】 名詞 手を離れること。別れ。◆「た」は「て(手)」の意。

たはぶ・る【戯る】* 自動詞ラ下二{れ/れ/る/るる/るれ/れよ} ❶遊び興じる。万葉集 奈良—歌集 九〇四「立てれども居をれどもともにたはぶれ」訳(わが子は)立っていても座っていても(親と)一緒に遊び興じ。❷ふざける。冗談を言う。徒然 鎌倉—随筆 七五「人にたはぶれ、物に争ひ」訳人にふざけて、物につけては争い。◆「たはむる」の古形。

たはぶれ【戯れ】 名詞 ❶遊び興じること。遊び事。梁塵秘抄 平安—歌集 四句神歌「遊びをせむとや生まれけむたはぶれせむとや生まれけむ」訳⇩あそびをせむとや…。❷ふざけること。ふざけて言う言葉・語。冗談。徒然 鎌倉—随筆 一五七「かりにも、不善のたはぶれをなすべからず」訳仮にも、よくないふざけたことをしてはいけない。◆「たはむれ」とも。

たはぶれ-ごと【戯れ事・戯れ言】* 名詞 遊びとしてする事。いたずら。ふざけて言う言葉。冗談。「たはむれごと」とも。

たはぶれ-にく・し【戯れにくし】 形容詞ク{(く)・から/く・かり/し/き・かる/けれ/かれ} 戯れではすまされないほどやるせない。源氏物語 平安—物語 明石「いかにせまし、たわぶれにくくもあるかな」訳どうしたものだろう。戯れではすまされないほどやるせなくもあることだなあ。

たは-やす・し【たは易し】 形容詞ク{(く)・から/く・かり/し/き・かる/けれ/かれ} ❶容易だ。たやすい。竹取物語 平安—物語 蓬莱の玉の枝「たはやすく人寄り来くまじき」訳容易に人が寄って来ることができない。❷気軽だ。軽々しい。軽率だ。源氏物語 平安—物語 末摘花「なみなみのたはやすき御振る舞ひならねば」訳ふつうの気軽なお振る舞いではないので。

たはら-むかへ【俵迎へ】 名詞 江戸時代、奈良地方で、正月三が日に売り歩いた、福の神である大黒天を印刷した札。人々はこれを買い求めて縁起を祝った。

たは・る【戯る・狂る】 自動詞ラ下二{れ/れ/る/るる/るれ/れよ} ❶みだらな行為をする。色恋におぼれる。徒然 鎌倉—随筆 三「さりとて、ひたすらたはれたる方にはあらで」訳そうはいっても、すっかり色恋におぼれているというのではなくて。❷ふざける。たわむれる。万葉集 奈良—歌集 一七三八「容よきによりてそ妹はたはれてありける」訳自分が美貌であるからと恋人はふざけているのだよ。❸くだけた態度をとる。源氏物語 平安—物語 藤裏葉「公ざまは、たはれてあざれたる方なりし」訳表向きには、くだけた態度をとって、儀式ばらない人であった。

たば・る【賜る・給ばる】* 他動詞ラ四{ら/り/る/る/れ/れ} 謙譲の動詞「たまはる」の変化した語。「受く」「もらふ」の謙譲語。いただく。万葉集 奈良—歌集 一四六二「たばりたる茅花つばなを食はめど」訳いただいたちがやの花を食べたけれど。◆奈良時代以前の語。

[1]**たび【度】** 名詞 ❶折。時。枕草子 平安—随筆 頭の中将の「持て来たりしたびは、いかならむと胸つぶれて」訳(返事を)持って来た時は、どうであろうとどきどきして。❷度数。回数。源氏物語 平安—物語 東屋「この道を行きかふたびかさなるを思ふに」訳この道を行き来する回数が重なるのを思うと。

[2]**たび【旅】** 名詞 自分の家を出て、一時、よその土地にいること。また、その途上。

[3]**-たび【度】** 接尾語 数を表す語に付いて度数を表す。「八やたび」

だび【荼毘・荼毗】 名詞 仏教語。火葬。

たび-ごろも【旅衣】 名詞 旅のときに着る衣服。旅行き衣。◆古くは「たびころも」。

たびし-かはら【礫瓦】 名詞 小石や瓦のように、取るに足りない卑しい者。「たびしがはら」とも。◆「たびし」は小石の意。

たび-ずみ【旅住み】 名詞 常の住まいでない所に住むこと。仮の住まい。源氏物語 平安—物語 真木柱「年ごろ慣らひ給はぬたびずみに狭くはしたなくては、いかでかあまたはさぶらはぬ」訳長年ご経験なさったことのない仮住まいに、狭く落ち着かない所では、どうして大勢がお仕えできようか。

たび-だ・つ【旅立つ】 自動詞タ四{た/ち/つ/つ/て/て} ❶よそに泊まる。常の住まいを離れて、よそに滞在する。枕草子 平安—随筆 かたはらいたきもの「たびだちたるところにて、下衆すげども戯ざれゐたる」訳よそに泊まった先で、(お供の)下男たちがはしゃいでいるの。❷旅立つ。旅に出かける。奥の細道 江戸—紀行 福井「名月は敦賀のみなとにとたびだつ」訳名月は敦賀の港で(見ることにしよう)と旅立つ。

たび-たび【度度】 副詞 繰り返し何度も。何度も何度も。源氏物語 平安—物語 葵「いとはしきこと多く思ひ給へ乱れしも、たびたびの御消息せうそこになぐさめはべりてなむ」訳いやなことが多くて、思い乱れました気持ちも、何度も何度も(いただく)お手紙によってなぐさめられてまいりました。

たび-たま・ふ【賜び給ふ】 連語 なりたち 動詞「たぶ」の連用形＋尊敬の補助動詞「たまふ」

❶お与えくださる。[曾我物語 鎌倉―物語]一「男子(なんし)にてましませば、わらはにたびたまへ」[訳]男子でいらっしゃいましたならば、私にお与えください。❷〔動詞の連用形、または、それに「て」の付いた形に付いて〕…てくださる。▼補助動詞的に用いる。[隅田川 室町―能楽]謡曲「さりとては乗せてたびたまへ」[訳]どうか(舟に)乗せてください。◆「たまふ」は、多く命令形「たまへ」の形で用いられる。

たび-と(たびびと)【旅人】[名詞]「たびびと」の変化した語。旅人。

たび-どころ【旅所】[名詞]仮の住まい。旅先の宿。

たびにして…[和歌]「旅にして 物恋(こほ)しきに 山下の 赤(あけ)の赭船(そほぶね) 沖へ漕(こ)ぐ見ゆ」[万葉集 奈良―歌集]二七〇・高市黒人(たけちのくろひと)[訳]旅にあって何かと恋しい気持ちがしているときに、山の下に停泊していた朱(しゅ)塗りの船が沖へ向かって漕(こ)いで行くのが見える。

[参考]船を赤く塗るのは、官船のしるしとも、航海の安全を願っての魔よけのためともいわれる。

たびにやんで…[俳句]「旅に病(や)んで 夢は枯れ野を かけ廻(めぐ)る」[笈日記 江戸―論]俳文・芭蕉(ばせう)[訳]旅の途中で病に倒れ床に伏しているが、風雅の心はなお断ちがたく、夢はひとりさびしい冬枯れの野をかけめぐってやまない。

[鑑賞]元禄(げんろく)七年(一六九四)十月八日、死の四日前の吟。芭蕉(ばせう)は、大坂の蕉門の人々に招かれての旅で発病し、ついに旅先で死を迎えた。この句は看病中の門人呑舟(どんしう)に書きとらせ、「病中吟」と前書きを置くように指示したもので、芭蕉最後の句であるが辞世の句ではない。重い病の床にありながら、なお「夢」をかけめぐらせるところに、つねに漂泊に身をおき、風雅の心(=俳諧(はいかい)の精神)を求め続けた芭蕉の、執念の感じられる句である。季語は「枯れ野」で、季は冬。

*__たび-ね__【旅寝】[名詞]常の住まいを離れてよそで寝ること。旅先の宿泊。▼旅先で寝ることばかりではなく、外泊にもいう。「たびまくら」とも。[古今 平安―歌集]春下「そこともいはぬたびねしてしが」[訳]どこととも決めない旅先の宿泊ができたらなあ。

たび-の-そら【旅の空】[連語]❶旅先で眺める空。[源氏物語 平安―物語]須磨「たびのそら飛ぶ声の悲しき」[訳]⇩はつかりは…。❷旅先の地。旅先の心細い境遇。[山家集 平安―歌集]上「つねよりも心ぼそくぞ思ほゆるたびのそらにて年の暮れぬる」[訳]いつもよりもっと心細く思われるよ。旅先の地で年が暮れてしまったので。

たびびと…[俳句]「旅人と 我(わ)が名呼ばれん 初時雨(はつしぐれ)」[笈の小文 江戸―紀行]俳文・芭蕉(ばせう)[訳]初時雨の降る季節となった。私は今日、その時雨にぬれながら旅立ちをし、旅人と呼ばれる境涯に身を置こう。

[鑑賞]『笈(おい)の小文(こぶみ)』の旅立ちの、送別の席で詠まれたもの。季語は「初時雨」で、季は冬。

たびびとの…[和歌]「旅人の 袖(そで)吹き返す 秋風に 夕日寂しき 山の懸(か)け橋」[新古今 鎌倉―歌集]羇旅・藤原定家(ふぢはらのさだいへ)[訳]旅人の袖を吹き返している秋風の中、夕日が寂しく照らしている山の懸け橋よ。

[鑑賞]旅の歌として詠まれた題詠歌。「懸け橋」は険しい崖(がけ)にかけた桟道のこと。寂しい夕日の照らす桟道を、一人渡っている旅人を遠望した絵画的な構成。

たび-まくら【旅枕】[名詞]「たびね」に同じ。

たび-まね・し【度遍し】[形容詞ク]{(く)/から/く・かり/し/き・かる/けれ/かれ}絶え間がない。回数が多い。[万葉集 奈良―歌集]六四六「ますらをの思ひわびつつたびまねく嘆く嘆きを負はぬものかも」[訳]勇ましい男が思い悩み続けて絶え間なく嘆くその嘆きをあなたは身に引き受けないものであろうか。

たびゆき-ごろも【旅行き衣】[名詞]「たびごろも」に同じ。

*__たひら-か・なり__(タイラカナリ)【平らかなり】[形容動詞ナリ]{なら/なり・に/なり/なる/なれ/なれ}❶平らだ。[今昔物語 平安―説話]一四・三〇「王たひらかなる道を示して」[訳]王は平らな道を指し示して。❷無事だ。平穏だ。[土佐日記 平安―日記]一二・二一「たひらかに願(ぐわん)立つ」[訳]無事であるようにと神仏に願を立てる。❸穏やかだ。心静かだ。[平家物語 鎌倉―物語]七・平家山門連署「たひらかに花咲く宿も年経(ふ)れば」[訳]穏やかに花が咲く家も年月がたつと。◆「か」は接尾語。

たひら・ぐ(タイラグ)【平らぐ】一[自動詞ガ四]{が/ぎ/ぐ/ぐ/げ/げ}❶平らになる。[更級 平安―日記]足柄山「山の頂(いただき)の少したいらぎたるより」[訳]山の頂上の少し平らになったところから。❷平静になる。平穏になる。[大鏡 平安―物語]時平「世の過差(くわさ)はたひらぎしか」[訳]世の中のぜいたくなようすは平静になった。❸病気が治る。[源氏物語 平安―物語]若菜上「なほたひらぎ果て給(たま)はぬにより」[訳]相変わらずすっかり病気が治りきりなさらないので。

二[他動詞ガ下二]{げ/げ/ぐ/ぐる/ぐれ/げよ}❶平らにする。ならす。[万葉集 奈良―歌集]三九五七「朝庭に出(い)で立ちならし夕庭に踏みたひらげず」[訳]朝の庭に出て地面を平らにし、夕方の庭に出て地面を踏んでならすということをせず。❷討ち鎮める。平定する。平らげる。[平家物語 鎌倉―物語]一・殿下乗合「昔より代々(だいだい)の朝敵をたひらぐる者」[訳]昔から代々の朝敵を平定する者。

たひら-け・し(タイラケシ)【平らけし】[形容詞ク]{(く)/から/く・かり/し/き・かる/けれ/かれ}穏やかだ。無事だ。[万葉集 奈良―歌集]四四〇三「たひらけくま幸(さき)くませと」[訳]無事で元気でおいでくださいと。

たひら・なり(タイラナリ)【平らなり】[形容動詞ナリ]{なら/なり・に/なり/なる/なれ/なれ}❶平らだ。[伊勢物語 平安―物語]八二「おしなべて峰もたひらになりななむ」[訳]⇩おしなべて…。❷ひざを崩して、あぐらをかいている。

平敦盛(たひらのあつもり)(タイラノアツモリ)[人名](一一六九〜一一八四)平安時代後期の武将。経盛(つねもり)の子。従五位下だが官職がなく、無官の大夫(たいふ)と呼ばれた。横笛の名手。一の谷の戦いで熊谷直実(くまがいなほざね)に討たれた悲話は『平家物語』に見え、謡曲「敦盛」で有名。

平兼盛(たひらのかねもり)(タイラノカネモリ)[人名](?〜九九〇)平安時代中期の歌人。三十六歌仙の一人。赤染衛門(あかぞめゑもん)の父か。『後撰(ごせん)和歌集』時代に活躍し、「天徳四年内裏歌合(だいりうたあはせ)」で壬生忠見(みぶのただみ)に勝った話は有名。家集『兼盛集』がある。

平清盛(たひらのきよもり)(タイラノキヨモリ)[人名](一一一八〜一一八一)平安時代後期の武将。忠盛(ただもり)の子。保元(ほうげん)・平治の乱で源氏を圧倒して地位を確立し、太政大臣に昇進した。娘の徳子を高倉天皇に嫁がせて平家の全盛時代を築いたが、熱病で死んだ。『平家物語』の中心人物。

平維盛(たひらのこれもり)(タイラノコレモリ)[人名](一一五八〜一一八四ころ)

平安時代後期の武将。重盛の子。富士川の戦いで水鳥の羽音に驚いて逃げ、倶利伽羅峠の戦いで敗れ、平家一門と都落ちの途中離れて出家し、那智で入水したという。『平家物語』や浄瑠璃「義経千本桜」、歌舞伎などの登場人物でもある。

平貞文【たいらのさだふん】タイラノサダフン 人名 (?～九二三)平安時代中期の歌人。定文とも書き、平中ともいわれた。和歌にすぐれ好色の美男子として在原業平と並び称された。『平中物語』の主人公。

平忠度【たいらのただのり】タイラノタダノリ 人名 (一一四四～一一八四)平安時代後期の武将。忠盛の子。薩摩守。一の谷の戦いで戦死。平家一門都落ちの途中、引き返して和歌を師藤原俊成に託した話が、『平家物語』にある。家集『平忠度朝臣集』がある。

たび-ゐ【旅居】タビイ 名詞 旅住まい。常の住まいを離れた、よその所での生活。源氏物語 平安一物語 東屋「客人のおはする程の御たびゐ、見苦し」訳客人がおいでになっていらっしゃる時のよそでのお暮らしは見苦しい。

たふ[1]【塔】トウ 名詞「卒塔婆」または「塔婆」の略。**塔**。仏舎利(=仏骨)などを納め、供養のために建てる、高く築いた建造物。仏跡・霊地を表すためにも建てる。

たふ[2]【答】トウ 名詞 ❶**返事。返礼。答礼。**❷**返報。仕返し。**枕草子 平安一随筆 うれしきもの「これがたふは必ずせむと思ふらむ」訳この仕返しはきっとしようと思っているだろう。

た-ふ[3]【耐ふ・堪ふ】タウ 自動詞 ハ下二{へ/へ/ふ/ふる/ふれ/へよ} ❶**こらえる。我慢する。堪える。**新古今 鎌倉一歌集 冬「寂しさにたへたる人のまたもあれな庵並べむ冬の山里」訳⇨さびしさにたへたるひとの…。❷**十分応じ得る。すぐれる。**源氏物語 平安一物語 東屋「たへ給ふべき御覚えを選び申して」訳すぐれていらっしゃるであろう世の評判を取り上げ申して。❸**もちこたえる。**源氏物語 平安一物語 夕顔「命さへたへ給はずなりにしのち」訳命までももちこたえなさらなくなった後。

た-ぶ[1]【食ぶ】他動詞 バ下二{べ/べ/ぶ/ぶる/ぶれ/べよ} ❶「飲む」「食ふ」の謙譲語 **いただく。**枕草子 平安一随筆 職の御曹司におはします頃、西の廂にて「御仏供の下ろしたべむと申すを」訳仏へのお供え物のおさがりをいただこうと申し上げるのを。❷「飲む」「食ふ」の丁寧語 **いただく。食べる。**平家物語 鎌倉一物語 六・紅葉「酒あたためてたべける薪にこそしてんげれ」訳酒をあたためていただいた薪にしてしまった。

た・ぶ[2]【賜ぶ・給ぶ】

語義の扉

「給ふ」よりもややくだけた言い方で、おもに会話に用いられる。「て」が付く形は鎌倉時代以降の用法。「食ぶ」は謙譲語・丁寧語で別語である。

[一] 他動詞 **お与えになる。下さる。**
[二] 補助動詞 **お…になる。…なさる。**

[一] 他動詞 バ四{ば/び/ぶ/ぶ/べ/べ}「与ふ」の尊敬語 **お与えになる。下さる。**徒然 鎌倉一随筆 二三一「切りぬべき人なくは、たべ」訳切るのにふさわしい人がいないならば、ください。

[二] 補助動詞 バ四{ば/び/ぶ/ぶ/べ/べ}〔動詞の連用形、または、それに接続助詞「て」の付いた形に付いて、尊敬の意を表す〕**お…になる。…なさる。…てくださる。**竹取物語 平安一物語 火鼠の皮衣「もし、金賜はぬものならば、かの衣の質返したべ」訳もしお金をくださらないのならば、あの、約束の保証として預けた衣を返してください。

たふ-か【踏歌】トウカ 名詞 平安時代、年始に宮中で行われた行事。中国の隋・唐の行事が伝来したもので、歌舞に巧みな都の男女を召し、新年の祝詞を謡い舞わせた。初めは男女一緒で、正月十四日か十五日に豊楽殿で行われたが、のち、正月十四日に男踏歌(=男だけの踏歌)が、十六日に女踏歌が紫宸殿で行われ、さらに、女踏歌だけになった。十六日の女踏歌を「踏歌の節会」という。参照▽口絵

たぶさ【髻】名詞 髪の毛を頭の頂に集めてたばねたところ。もとどり。

たふさぎ【犢鼻褌】名詞 今のふんどしのような、男が下ばきに用いるもの。下袴。「たふさき」とも。

た-ぶせ【田伏せ】名詞 耕作用に田畑に作る仮小屋。

たぶて【礫・飛礫】名詞「つぶて」に同じ。◆「つぶて」の古形。

たふと【尊】トウ 形容詞語幹 ⇨たふとし。奥の細道 江戸一紀行 日光「あらたふと青葉若葉の日の光」―芭蕉 訳⇨あらたふと…。

たふと-し*【尊し・貴し】トウトシ 形容詞ク{(く)・から/く・かり/し/き・かる/けれ/かれ} ❶**けだかい。高貴だ。尊い。**「たっとし」とも。徒然 鎌倉一随筆 五二「聞きしにも過ぎて、たふとくこそおはしけれ」訳聞いていたのにもまさって、けだかくいらっしゃいました。❷**価値が高い。貴重だ。すぐれている。**万葉集 奈良一歌集 三四二「極まりてたふときものは酒にしあるらし」訳この上なく価値が高いものは酒であるらしい。

たふと-ぶ【尊ぶ・貴ぶ】トウトブ [一] 他動詞 バ上二{び/び/ぶ/ぶる/ぶれ/びよ} **尊ぶ。尊重する。**「たっとぶ」「たふとむ」とも。新古今 鎌倉一歌集 仮名序「目を卑しみ、耳をたふとぶるあまり」訳目(に見える現在)を軽視し、耳(に聞く昔)を尊重するあまり。
[二] 他動詞 バ四{ば/び/ぶ/ぶ/べ/べ} [一]に同じ。「たっとぶ」「たふとむ」とも。今昔物語 平安一説話 一二・三二「禅師をたふとぶが故に」訳その法師を尊重しているので。

たふと-む【尊む・貴む】トウトム 他動詞 マ四{ま/み/む/む/め/め}「たふとぶ」に同じ。方丈記 鎌倉一随筆「富めるをたふとみ、ねんごろなるを先とす」訳裕福なものを尊重し、懇意な者を優先する。

たふ-の-はい【答の拝】トウノハイ 連語 相手の拝礼に答えて返す拝礼。源氏物語 平安一物語 宿木「たふのはいしたまふ御さまども、とりどりにいとめでたく」訳相手の拝礼に答えて返す拝礼をなさるごようすなど、(薫も匂宮も)それぞれにたいそうすばらしく。

多武の峰【たふのみね】トウノミネ 地名 今の奈良県桜井市にある山。中臣鎌足と中大兄皇子が蘇我氏を討伐する談義をしたという伝説がある。鎌足を祭る談山神社がある。

たふ-の-や【答の矢】トウノヤ 連語 敵の射た矢に射返す矢。平家物語 鎌倉一物語 九・二度之懸「たふのやを射てその敵を射おとし」訳敵の射た矢に射返す矢を射

てその敵を射倒し。

たふば【塔婆】(トウバ) 名詞「卒塔婆」の略。「たふ(塔)」に同じ。

たふ-めう【塔廟】(トウミョウ) 名詞 仏舎利を納めたり、死者を供養したりするために建てる塔。「たふべう」とも。

たぶら-か・す【誑かす】他動詞サ四{さ/し/す/す/せ/せ} だます。「たぶろかす」とも。平家物語 鎌倉—物語 三・足摺「天魔波旬のわが心をたぶらかさんとて言ふやらん」訳天の魔王が私の心をだまそうとして言うのであろうか。◆「かす」は接尾語。

***たふ・る**【倒る】(タオル) 自動詞ラ下二{れ/れ/る/るる/るれ/れよ} ❶倒れる。枕草子 平安—随筆 野分のまたの日こそ「大きなる木どももたふれ」訳大きな木々も倒れ。❷くじける。屈する。屈従する。紫式部 平安—日記 消息文「たふるる方にて、ある限りみな忠実人なり」訳(まわりに)屈従する傾向で、ここにいる限りはみな実直な人である。❸滅びる。平家物語 鎌倉—物語 一・鹿谷「平氏たふれ候ひぬとぞ申されける」訳平家が滅びてしまいましたと、おっしゃった。◇❸の用例は、同音である「瓶子(=とっくり)」と「平氏」をかけて、瓶子が倒れたことに平家が滅びることを例えている。

たぶ・る【狂る】自動詞ラ下二{れ/れ/る/るる/るれ/れよ} 気が狂う。万葉集 奈良—歌集 四〇一一「たぶれたる醜つ翁の言だにも我には告げず」訳気が狂った醜い老人が一言さえも私には告げずに。

たふるる-ところ-に-つち-を-つか・む【倒るる所に土を摑む】(タオルルトコロニツチヲツカム) 連語 どんな悪い状況におちいっても何かを得ようとする。転んでもただでは起きない。太平記 室町—物語 三八「降人に出たる不覚の人どもが、たふるるところにつちをつかむ風情をしたりける」訳降参してきた卑怯な人たちが、転んでもただでは起きないような態度をしていた。

たふれ【倒れ】(タオレ) 名詞 ❶倒れること。❷貸し倒れ。損失。

たぶろ-か・す【誑かす】他動詞サ四「たぶらかす」に同じ。

たふ-わ【答話・答和】(トウワ) 名詞 返答。また、当意即妙の応答。

たへ【栲】(タエ) 名詞 こうぞの類の木の繊維で織った、白い布。また、布類の総称。

たへ-がた・し【堪へ難し】(タエガタシ) 形容詞ク{(く)・から/く・かり/し/き・かる/けれ/かれ} 堪えることができない。我慢できない。つらい。苦しい。大鏡 平安—物語 伊尹「中門に立ちて待つほどに、西日もさしかかりて、暑くたへがたしとはおろかなり」訳中門に立って待っているうちに、西日もさしかかってきて、暑くて我慢できないというどころではありません。

たへ・なり【妙なり】(タエナリ) 形容動詞ナリ{なら/なり・に/なり/なる/なれ/なれ} ❶神秘的だ。不思議だ。霊妙だ。万葉集 奈良—歌集 一七四〇「わたつみの神の宮の内の重へのたへなる殿に」訳海の神をまつる神社の中の奥の方の神秘的な御殿に。❷群を抜いて上手だ。巧妙だ。古今 平安—歌集 仮名序「歌にあやしくたへなりけり」訳歌には、不思議と上手だったよ。

たま[1]【玉・珠】名詞 ❶宝石。宝玉。万葉集 奈良—歌集 八〇三「銀も金もたまも何せむに勝れる宝子に及しかめやも」訳⇩しろかねも…。❷真珠。万葉集 奈良—歌集 一〇〇三「海人少女たま求むらし沖つ波恐き海に船出せり見ゆ」訳海人の少女たちが真珠を取っているらしい。沖の波が恐ろしい海に船出しているのが見える。❸〔多く「たまの」の形で体言を修飾して〕美しいものの形容に用いられる語。源氏物語 平安—物語 桐壺「世になく清らなるたまの男御子さへ生まれ給ひぬ」訳世にまたとなく気品があって美しい玉のような男の御子までもお生まれになった。❹(涙・露など)形のまるいもののたとえ。源氏物語 平安—物語 御法「涙のたまをば、もて消ち給ひける」訳涙の玉(=悲しみ)をお払いになった。

たま[2]【魂・霊】名詞 たましい。霊魂。徒然 鎌倉—随筆 一九「亡き人の来る夜とて、たま祭るわざは」訳亡くなった人がよみがえってくる夜だというので、そのたましいを祭る行事は。

参考「魂」は、人や動植物に宿って生命活動や精神活動を営むものとされ、体内から抜け出すこともあり、また、人の死後も存続し活動すると考えられていた。そのため、「魂」が肉体から離れないようにするまじないや、死者の「魂」を招いたり祭ったりする行事も行われた。

たま-[3]【玉・珠】接頭語 美しいものをほめていう。「たま垣」「たま藻」

たま-あ・ふ【魂合ふ】(タマアウ—タマオウ) 自動詞八四{は/ひ/ふ/ふ/へ/へ} 心が通じ合う。魂が結ばれる。万葉集 奈良—歌集 三二七六「たまあはば君来ますやと我が嘆く八尺の嘆き」訳心が通じ合えばあなたはいらっしゃるだろうかと私がつく長いため息を。

たまう〖賜う・給う〗⇩たまふ

たま-がき【玉垣】名詞 神社の周囲にめぐらした垣根。◆「たま」は接頭語。古くは「たまかき」。

(玉　垣)

たまがき-の【玉垣の】枕詞 美しい垣根の内の意から「うち」にかかる。また、玉垣の別の呼び名である「瑞垣」から「みつ」にかかる。「たまがきの内つ国(=大和の国)」

たま-かぎる【玉かぎる】枕詞 玉が淡い光を放つところから、「ほのか」「夕」「日」「はろか」などにかかる。また、「磐垣淵」にかかるが、かかり方未詳。万葉集 奈良—歌集 二一〇「うつせみと思ひし妹がたまかぎるほのかにだにも見えぬ思へば」訳この世の人だと思っていた妻がほのかにさえも見えないことを思うと。

たま-がしは【玉堅磐】(タマガシワ) 名詞 堅い岩の美称。◆「たま」は接頭語。

たま-かつま[1]【玉勝間・玉籠】枕詞「かつま」は、かごの意。竹かごは蓋と身とが合うことから「逢ふ」にかかり、「逢ふ」に似た音の地名「安部」にもかかる。また、地名「鳥熊山」にかかるが、かかる理由未詳。［万葉集 奈良―歌集］二九一六「たまかつま逢はむといふは誰なるか逢へる時さへ面隠しする」［訳］会おうというのはだれなのですか。逢っている時でも顔を隠すとは。◆「たま」は接頭語で美称。

玉勝間（たまかつま）［書名］随筆。本居宣長作。江戸時代後期（一七九四～一八一二）刊。十五巻。〔内容〕題名の玉は美称。かつまは籠。学問や人生などに対する宣長の豊かな学識が、雅文体の名文のなかに伺える。

たま-かづら【玉葛・玉蔓】［名詞］つたなど、つる草の美称。◆「たま」は接頭語。

たま-かづら【玉葛・玉蔓】［枕詞］つる草のつるが、切れずに長く延びることから、「遠長く」「絶えず」「絶ゆ」に、また、つる草の花・実から、「花」「実」などにかかる。［万葉集 奈良―歌集］四四三「たまかづらいや遠長く祖の名も継ぎゆくものと」［訳］ますます末長く祖先の名を継いでゆくものと。

たま-かづら【玉鬘】［名詞］❶装身具の一種。玉を緒で貫いて作った髪飾り。❷［枕詞］髪飾りを頭にかけるところから「懸く」に、また、「懸く」と似た音の語「影」にかかる。［万葉集 奈良―歌集］二九九四「たまかづら懸けぬ時無く恋ふれどもなにしか妹に逢ふ時もなき」［訳］心にかけないときはなく、いつも恋しく思っているけれど、どうしてあの子に逢う時もないのだろうか。

玉鬘（たまかづら）［人名］『源氏物語』の作中人物。頭中将と夕顔との娘。幼くして母と死別して九州を流浪するが、成長して京に戻り光源氏の邸の六条院に住む。聡明な美人で求婚者は多かったが、髭黒大将と結婚する。謡曲「玉鬘（葛）」の主人公。

玉川（たまがは）［地名］［歌枕］❶今の京都府綴喜郡井出町を通って木津川に注ぐ川。「井出の玉川」といい、山吹の名所。❷今の滋賀県草津市野路を通って琵琶湖に注ぐ川。「野路の玉川」といい、萩の名所。❸今の宮城県多賀城市を流れる川。「野田の玉川」といい、千鳥・潮風がよく詠まれる。❹今の大阪府高槻市三島付近を流れる川。「三島の玉川」といい、卯の花の名所。❺今の東京都西部を流れて東京湾に注ぐ川。「調布の玉川」といい、「てづくり」「晒す」などの語と共に詠まれる。◇「多摩川」とも書く。❻今の和歌山県の高野山の山中を流れる川。「高野の玉川」という。［参考］❶～❻の六つの玉川を総称して、「六玉川」という。

たまがはに…［和歌］「多摩川に　晒す手作り　さらさらに　何そこの児の　ここだ愛しき」［万葉集 奈良―歌集］三三七三・東歌［訳］多摩川で手作りの布をさらしている、その「さら」ではないが、さらにさらにどうしてこの子がこれほどにいとしいのか。

［鑑賞］東歌の武蔵の国の歌。「多摩川に晒す手作り」は「さらさらに」を導く序詞で、同音を重ねた快い調子の歌である。

た-まき【手纏・環・鐶】［名詞］❶古代の装身具の一種。玉や鈴などを紐に通した腕飾り。❷弓を射るときに左のひじをおおう、筒形の道具。のちの弓籠手。◆「た」は「て（手）」の意。

たまぎぬ-の【玉衣の】［枕詞］玉で飾った衣服の衣ずれの音から「さゐさゐ（＝ざわざわという音）」にかかる。「たまきぬの」とも。［万葉集 奈良―歌集］五〇三「たまぎぬのさゐさゐしづみ家の妹に物言はず来にて思ひかねつも」［訳］ざわざわというざわめきをおししずめて、家の妻と語らずに来てしまったので恋しくてたまらない。

たま-きはる【魂きはる】［枕詞］「内」や「内」と同音の地名「宇智」、また、「命」「幾世」などにかかる。語義・かかる理由未詳。［万葉集 奈良―歌集］四「たまきはる宇智の大野に馬並めて朝踏ますらむその草深野」［訳］宇智の広々とした野に馬を並べて、朝の野を踏ませておいでだろう。あの草深野を。［あらたま 大正―歌集］斎藤茂吉「あかあかと一本の道とほりたりたまきはる我が命なりけり」［訳］あかあかと一本の道とほりたりたまきはる我が命なりけり（ママ）あかあかと秋の陽に照らされて一本の道がはるかに続いている。この一筋の道は、私が生きていく道、私の命そのものなのだ。

たま-ぎ・る【魂消る】［自動詞］ラ四｛ら／り／る／る／れ／れ｝気絶するほど驚く。たまげる。［平家物語 鎌倉―物語］四・鵺「主上よなよなおびえたまぎらせ給ふ事ありけり」［訳］天皇は、毎夜おびえ気絶するほど驚きなさることがあった。

たま-ぐし【玉串】［名詞］神にささげるために、榊の小枝に「木綿」を付けたもの。のちには、白い紙を付けるようになった。また、転じて、榊。◆古くは「たまくし」。

（玉　串）

たま-くしげ【玉櫛笥・玉匣】［名詞］❶歌語。櫛などの化粧道具を入れる美しい箱。◆「たま」は接頭語。❷［枕詞］くしげを開けることから「あく」に、くしげにはふたがあることから「二」「二上山」「二見」に、ふたをして覆うことから「覆ふ」に、身があることから、「三諸・み室戸」に、箱であることから「箱」などにかかる。

たまくしげ…［和歌］「玉匣　箱根のみうみ　けけれあれや　二国かけて　なかにたゆたふ」［金塊 鎌倉―歌集］雑・源実朝［訳］箱根のみずうみは心があるからか、相模と駿河の二国にまたがって、その間で揺れ動いている。

［鑑賞］「箱根のみうみ」の「みうみ」は「水の海」で、芦の湖のこと。「けけれ」は「心」の奈良時代以前の東国方言。京都の朝廷と鎌倉幕府との間にあって、苦悩する実朝の心が、「二国かけてなかにたゆたふ」という表現となってあらわれた。

たま-くしろ【玉釧】［名詞］古代の装身具の一種。玉を紐でつないで輪にしたもの。手首・ひじなどに巻いた。

たま-くしろ【玉釧】［枕詞］玉釧を手に取ったり腕に巻いたりするところから、「手に取り持つ」「纏く」にかかる。［万葉集 奈良―歌集］二八六五「たまくしろまき寝る妹もあらばこそ夜の長けくも嬉しかるべき」［訳］手枕を交わしていっしょに寝る妻がいるのならば、夜の長いのも嬉しかろうが。

た-まくら【手枕】［名詞］枕にする腕。てまくら。多く、共寝する場合にいう。［千載 鎌倉―歌集］雑上「春の夜の夢ばかりなるたまくらにかひなく立たむ名こそ惜しけれ」［訳］⇩はるのよのゆめばかりなる…。◆「た」は「て（手）」の古形。

***たま‐さか・なり【偶なり】** 形容動詞ナリ〔なら／なり・に／なり／なる／なれ／なれ〕❶**偶然だ。たまたまだ。** 源氏物語 平安－物語 若紫「たまさかに立ち出づるだに、かく、思ひの外なることを見るよ」訳偶然に出かけてきてさえ、このように思いがけないことを見るよ。❷**まれだ。ときたまだ。** 枕草子 平安－随筆 五月の御精進のほど「あやしき法師、下衆のいふかひなきのみ、たまさかに見ゆるに」訳身分の低い法師、下僕のみすぼらしい者のみ、まれに見るが。❸〈連用形を仮定条件を表す句の中に用いて〉**万一。** 竹取物語 平安－物語 火鼠の皮衣「もし、天竺にたまさかに持て渡りなば」訳もし、インドに万一持ってきていたならば。

たま‐さか・る【魂離る】 自動詞ラ四〔ら／り／る／る／れ／れ〕**正気を失ってぼんやりする。** 竹取物語 平安－物語 蓬萊の玉の枝「これをなむ、『たまさかる』とはいひはじめける」訳このことをもって、「正気を失ってぼんやりする(＝魂離る)」と言い始めるようになったということだ。

たま‐ざさ【玉笹・玉篠】 名詞 笹の美称。◆「たま」は接頭語。

たま‐しき【玉敷き】 名詞〔多く「たましきの」の形で〕玉を敷いたように美しくりっぱなこと。また、その場所。方丈記 鎌倉－随筆「たましきの都のうちに、棟を並べ」訳玉を敷いたように美しくりっぱな都の中に、棟を並べ。

たま‐し・く【玉敷く】 連語 **玉を敷き並べる。** 万葉集 奈良－歌集 二八二四「八重葎おほへる庭にたましかましを」訳八重葎の繁った庭に玉を敷き並べましたのに。

***たましひ【魂】** タマシイ 名詞 ❶「たま(魂)」に同じ。❷**心の働き。精神。知恵。思慮分別。** 大鏡 平安－物語 道長下「かやうのたましひのある事は、すぐれたる御房ぞかし」訳このような思慮分別があるということは、すぐれた僧なのだ。❸**天分。才能。** 源氏物語 平安－物語 絵合「筆とる道と、碁打つ事とぞ、あやしうたましひの程見ゆるを」訳筆を取る書道と、碁を打つことには、不思議なことに才能のあるようすが見えるのを。

たまずさ【玉梓・玉章】 ⇩たまづさ

たま‐すだれ【玉簾】 名詞 すだれの美称。美しいすだれ。「たまだれ」とも。◆「たま」は接頭語。

たま‐だすき【玉襷】 名詞 ❶たすきの美称。たすきは、神事にも用いた。◆「たま」は接頭語。❷ 枕詞 たすきは掛けるものであることから「掛く」に、また、「頸(＝首に掛ける)」ものであることから、「うなぐ」に似た音を含む地名「畝火」にかかる。万葉集 奈良－歌集 二二三六「たまだすきかけぬ時なし我が恋はしぐれし降らば濡れつつも行かむ」訳心にかけないときはない。私の恋は時雨が降ったら濡れても行こうと思うほどだ。万葉集 奈良－歌集 二九「たまだすき畝傍の山の」

たま‐だな【魂棚・霊棚】 名詞 盂蘭盆会に、先祖の霊を迎えて安置し、供え物を供える棚。精霊棚。

***たま‐たま【偶・適】** 副詞 ❶**偶然に。思いがけず。ふと。** 平家物語 鎌倉－物語 一・祇王「たまたま思ひ立って参りてさぶらふを」訳ふと思い立って参りましたのに。❷**時おり。時たま。まれに。** 方丈記 鎌倉－随筆「たまたま、換ふる者は、金を軽くし、粟を重くす」訳時たま交換する者がいると、金の価値を低くし、粟(＝穀物)の価値を高くする。徒然 鎌倉－随筆 八五「至りて愚かなる人は、たまたま、賢なる人を見てこれを憎む」訳非常に愚かな人は、まれに、賢い人に会うと、これを憎む。

たま‐だれ【玉垂れ】 名詞「たますだれ」に同じ。

たまだれ‐の【玉垂れの】 枕詞 緒で貫いた玉を垂らして飾りとしたことから「緒」と同じ音の「を」にかかる。万葉集 奈良－歌集 一九四「たまだれの越智の大野の朝露に玉裳はひづち」訳越智の大野の朝露に裳はびっしょりと濡れ。

***たま‐づさ【玉梓・玉章】** タマズサ 名詞「たま(玉)あづさ(梓)」の変化した語。❶**使者。使い。** 万葉集 奈良－歌集 四四五「いつしかと待つらむ妹にたまづさの言だに告げず往にし君かも」訳いつになったら(帰って来る)かと待っているであろう妻に、使者にことづてもせずに死んでいった君よ。❷**便り。手紙。消息。** 古今 平安－歌集 秋上「秋風に初雁が音ぞ聞こゆなる誰がたまづさをかけて来つらむ」訳秋風に乗って初雁の鳴き声が聞こえてくるよ。いったい、だれの手紙を身に携えてやって来たのであろうか。

参考 便りを運ぶ使者は、そのしるしに梓の杖を持ったという。

たまづさ‐の【玉梓の・玉章の】 タマズサノ 枕詞 手紙を運ぶ使者は梓の枝を持って、これに手紙を結び付けていたことから「使ひ」にかかる。また、「妹」にもかかるが、かかる理由未詳。万葉集 奈良－歌集 二〇九「たまづさの使ひを見れば」訳⇩もみちばの…。

玉津島 たまつしま 地名 歌枕 今の和歌山県和歌の浦にある玉津島神社(玉津島明神)の背後にある、風景の美しい所とされた。古くは島であった。

たま‐どの【魂殿・霊殿】 名詞 ❶葬儀の前にしばらく遺体を安置しておく所。❷死者の霊が祭ってある建物。霊廟。◆「たまや」とも。

たま‐の‐うてな【玉の台・珠の台】 連語 **美しくりっぱな御殿。** 枕草子 平安－随筆 頭の中将の「たまのうてなと求め給はましかば」訳(私を)美しくりっぱな御殿といってお捜しになったら。◆漢語「玉台」を訓読した語。

たま‐の‐こし【玉の輿】 連語 ❶身分の高い人が乗る立派な輿。また、その輿に乗れるような立派な身分。❷女性が身分の高い男性と結婚して得た富裕な身分や境遇。

***たま‐の‐を【玉の緒】** タマノオ 名詞 ❶宝玉を貫き通すひも。万葉集 奈良－歌集 七六三「たまのををあわ緒によりて結べらばありて後にも会はざらめやも」訳玉のひもをあわ緒のように結んだとしたら(＝二人の仲がしっかりと結ばれていたら)、今後会わなくなるということがあるだろうか、いやないはずだ。❷**少し。しばらく。** 短いことのたとえ。万葉集 奈良－歌集 三三五八「さ寝らくはたまのをばかり恋ふらくは富士の高嶺の鳴沢のごと」訳一緒に寝たのは(玉のひもぐらいの)短いあいだだけだったのに、恋いこがれていることは富士の山の鳴沢の(岩の音の)よう(に激しいもの)だ。❸**命。** ▼「玉」に「魂」をかけ、「魂」を肉体につなぎとめる緒の意から。新古今 鎌倉－歌集 恋一「たまのをよ絶えなば絶えねながらへば忍ぶることの弱りもぞする」訳⇩たまのをよ…。

たま-の-をぐし【玉の小櫛】(タマノオグシ) 連語 櫛の美称。美しい櫛(くし)。源氏物語 平安―物語 若菜上「さしながらむかしを今につたふればたまのをぐしぞ神さびにける」訳髪にさしながら昔(賜ったお情け)を今まで持ち続けているので、美しい櫛も古めかしくなってしまったことよ。

たま-の-をごと【玉の小琴】(タマノオゴト) 連語 琴の美称。美しい琴。

*__たまのを-の__【玉の緒の】(タマノオノ) 枕詞 玉を貫き通す緒の状態から「絶ゆ」「長し」「短し」「思ひ乱る」などにかかる。万葉集 奈良―歌集 三三六六「まそ鏡見しかと思ふ妹(いも)も逢はぬかもたまのをの絶えたる恋の繁きこのころ」訳見たいと思うあの子は逢ってくれないものか。途絶えていた恋心がしきりなこのごろ。

たまのをよ… 和歌 百人一首「玉の緒(を)よ 絶えなば絶えね ながらへば 忍ぶることの 弱りもぞする」新古今 鎌倉―歌集 恋一・式子内親王(しきしないしんのう) 訳私の命よ、絶えてしまうのならば絶えてしまえ。このまま生き長らえれば、(恋心を)人に知られまいと耐え忍んでいる力が弱って(人に知られてしまって、)いけないから。鑑賞 人知れず恋しい思いに必死に絶えている女の哀切きわまりない心情が歌われている。「絶え」「ながらへ」「弱り」は「緒」の縁語。

たまは-・す【賜はす・給はす】(タマワス)

他動詞 サ下二 {せ/せ/す/する/すれ/せよ}

語義の扉
尊敬の意に用いられる八行四段活用動詞「たまふ」(賜・給)の未然形「たまは」に尊敬の助動詞「す」の接続した語で、「与ふ」の尊敬語として、「たまふ」「たうぶ」「たぶ」の語より高い敬意を表す。

「与ふ」の尊敬語 **お与えになる。お下しになる。お渡しになる。下賜される。** 竹取物語 平安―物語 かぐや姫の昇天「かの奉(たてまつ)る不死の薬壺(くすりつぼ)に文(ふみ)具して御使(おほむつかひ)にたまはす」訳(帝は)かぐや姫の差しあげた不死の薬の壺に手紙をつけて御使いの人にお下しになる。源氏物語 平安―物語 桐壺「上局(うへつぼね)にたまはす」訳上の御局(みつぼね)としてお与えになる。

たま-ばはき【玉箒】名詞 ❶ほうきにする木・草。今の高野箒(こうやぼうき)とも、箒草(ほうきぐさ)ともいう。❷正月の初子(はつね)の日に、蚕室(さんしつ)を掃くのに用いた、玉を飾った儀礼用のほうき。❸酒のたとえ。▼憂いを掃き除くことから。◆「たまははき」とも。

(玉　箒❷)

たま-はやす【玉囃す】枕詞 地名「武庫(むこ)」にかかる。語義・かかる理由未詳。万葉集 奈良―歌集 三八九五「たまはやす武庫(むこ)のわたりに天伝(あまづた)ふ日の暮れ行けば家をしぞ思ふ」訳武庫の港に日が暮れてゆくと家のことばかり思う。

たまは・る【賜る・給る】(タマワル)

語義の扉
尊敬の意の八行四段活用動詞「たまふ」(賜・給)の未然形「たまは」に受身の助動詞「る」の接続した語で、「受く」「もらふ」の謙譲語として、「いただく」の意に用いられる。(一の❶および二の❶)「授く」「与ふ」の尊敬語としての用法(一の❷)、また、「…てくださる」「お…なさる」の用法(二の❷)は、鎌倉時代以降になって謙譲語からの誤用として発生したもの。

一 他動詞
❶いただく。頂戴する。
❷くださる。お与えになる。
二 補助動詞
❶…ていただく。
❷…てくださる。お…なさる。

一 他動詞 ラ四 {ら/り/る/る/れ/れ}
❶「受く」「もらふ」の謙譲語 **いただく。頂戴する。** 源氏物語 平安―物語 桐壺「禄(ろく)どもも、しなじなにたまはり給(たま)ふ」訳褒美などをそれぞれにいただきなさる。
❷「授く」「与ふ」の尊敬語 **くださる。お与えになる。** 平家物語 鎌倉―物語 一〇・藤戸「備前の児島(こじま)を佐々木にたまはりける」訳備前の国(岡山県)の児島を佐々木にお与えになった。

二 補助動詞 ラ四 {ら/り/る/る/れ/れ}(動詞の連用形、また、それに接続助詞「て」が付いた形に付いて)
❶「謙譲の意を表す」**…ていただく。** 徒然 鎌倉―随筆 八七「まげて許したまはらむ」訳ぜひともお許しいただきたい。
❷「尊敬の意を表す」**…てくださる。お…なさる。** 隅田川 室町―能楽「この道のほとりに築きこめて、しるしに柳を植ゑてたまはれと」訳この道のかたわらに塚を築きこめて、しるしに柳を植えて、(私のなきがらを)埋めたしるしとして柳の木を植えてくださいませ。

たま・ふ[1]【賜ふ・給ふ】(タマウ／タモウ)

語義の扉
尊敬語。上位の者が「お与えになる」「お授けになる」の意(一❶❷)。動詞、また動詞型活用の助動詞に接続して用いられる補助動詞の場合も上位の者の動作に尊敬の気持ちを加えて、「お…になる」「…なさる」の意を表す(二❶❷)。また、「せ…たまふ」「させ…たまふ」「しめ…たまふ」の形で高度の敬意を表す場合がある。

一 他動詞
❶お与えになる。下さる。
❷(命令形を用いて)…しなさい。
二 補助動詞
❶…てくださる。お…になる。
❷お…なさる。…あそばす。

一 他動詞 八四 {は/ひ/ふ/ふ/へ/へ}
❶「与ふ」「授く」の尊敬語 **お与えになる。下さる。** 更級 平安―日記 夫の死「稲荷(いなり)よりたまふしるしの杉よ」とて、投げいでられしを」訳「稲荷から下さるしるしの杉だ」といって、一枚の杉を投げ出され(た夢を見)たが。
❷「いざたまへ」「あなかなたまへ」のように、命令形を用いて、軽く敬意を添えて人を促す…**しなさい。…してください。** 徒然 鎌倉―随筆 二三六「いざたまへ、出雲

拝みに。かいもちひ召させん」訳さあ、いらっしゃい、出雲神社の参拝に。ぼた餅をごちそうしよう。

二 補助動詞 ハ四 {は/ひ/ふ/ふ/へ/へ}〔動詞や助動詞「る」「らる」「す」「さす」「しむ」の連用形に付いて、尊敬の意を表す〕

❶…てくださる。…になる。…なさる。伊勢物語 平安一物語 二四「この戸開けたまへ」とたたきけれど」訳男は「この戸を開けてください」とたたいたが。

❷〔特に、尊敬の助動詞の連用形「せ」「させ」「しめ」（それぞれ終止形は「す」「さす」「しむ」）に付いて「せ…たまふ」「させ…たまふ」「しめ…たまふ」の形で、高い尊敬の意を表す〕お…なさる。…あそばす。竹取物語 平安一物語 かぐや姫の昇天「峰にてすべきやう教へさせたまふ。御文、不死の薬の壺並べて、火をつけて燃やすべきよし仰せたまふ」訳（帝は、勅使に）その峰でなすべき方法をお教えになる。（すなわち）お手紙と不死の薬の壺とを並べて燃やすべきことをお命じになる。

たま・ふ[2]【賜ふ・給ふ】タマウ—タモウ

語義の扉

謙譲語。上位の者から「いただく」「頂戴する」の意。「いただく」動作主を低めることで、動作の対象となる人を高める。思ふ、覚ゆ、見る、聞くなど特定の知覚動詞に接続して用いられる補助動詞の場合も「…(さ)せていただく」「…ております」の意を表出する。

一 他動詞 **いただく。頂戴する。**
二 補助動詞 **…(さ)せていただく。…ております。**

一 他動詞 ハ下二 {へ/へ/ふ/ふる/ふれ/へよ}〔「受く」「飲む」「食ふ」の謙譲語〕**いただく。頂戴する。** 万葉集 奈良一歌集 三七六七「魂は朝夕べにたまふれどあが胸痛し恋の繁きに」訳あなたの真心は朝に夕べにいつもいただいていますけれど私の胸は痛いのです。恋しい思いが絶えないので。

二 補助動詞 ハ下二 {へ/へ/○/ふる/ふれ/○}〔話し手、また書き手自身の知覚的認知を表出する動詞「思ふ」「覚ゆ」「見る」「聞く」などの連用形に付いて、謙譲の意を表す〕**…(さ)せていただく。…ております。** 源氏物語 平安一物語 若紫「今はこの世のことを思ひたまへねば、験方の行ひもすて忘れてはべるを、いかで、かふおはしましつらん」訳今は現世のことは考えておりませんので、修験の行法などもすっかり忘れはてておりますのに、どうしてこのようにわざわざおいでになったのでしょうか。参照▼文脈の研究 たまふ。

文脈の研究 たまふ

「たまふ二」の場合は、平安時代の仮名作品中では、会話文、手紙（消息）文、またそれに近い文体の地の文に用いられている。この例のほかか、

『源氏物語』「若紫」にある、

いとうれしう思ひたまへぬべき御ことながらも、聞こしめしひがめたることなどやはべらむと、つつましうなむ。（お聞き違いなさったことなどがございませんかと気が引けるのでございます）

のような「思ひ（思う）たまふ」は、「存じている」。

『源氏物語』「須磨」にある、

「定めなき世（無常の世）に、やがて別るべき門出（旅立ち）にもや」といみじうおぼえたまへ（ひたすら（悲しく）思われます）ば、「忍びてもろともにや（こっそりと一緒に（連れて行こう））」と思し寄る折あれど（お思い当たることもあるが）

のような「覚えたまふ」は、「思われます」。

『源氏物語』「帚木」にある、

まだ文章生にはべりし時、かしこき（すぐれた）女の例をなむ見たまへし

のような「見たまふ」は、「拝見いたす」。

『源氏物語』「帚木」にある、

ある博士のもとに学問などはべるとてまかり通ひしほどに（学問などをいたそうと通っておりました時に）、あるじのむすめども多かりと聞きたまへて、…

のような「聞きたまふ」は「お聞きする」。

といったように文脈のありかたに合わせてくふうある現代語訳を試みたい。

たま-ほこ【玉桙・玉鉾】名詞 ❶矛の美称。美しい矛。❷道。道中。▼枕詞「たまほこの」が「道」にかかるところから。新古今 鎌倉一歌集 春下「たまほこの行き通ふ袖では花の香ぞする」訳道を行き来する人々の袖は花の香りがする。◆「たま」は接頭語。「たまぼこ」とも。

たまほこ-の【玉桙の・玉鉾の】枕詞「道」「里」にかかる。かかる理由未詳。「たまぼこの」とも。万葉集 奈良一歌集 七九「たまほこの道行き暮らし」訳道を行き、日暮れになり。

***たま-まき**【玉纏き】名詞 玉を巻いて美しく飾ること。

たま-まつり【魂祭り・霊祭り】名詞 死者の霊を祭る行事。陰暦七月中旬の盂蘭盆に行われる。精霊会。季秋。

たま-みづ【玉水】タマミズ 名詞 ❶水の美称。**清水。清らかな水。** 伊勢物語 平安一物語 一二二「山城の井手のたまみづ手にむすび」訳山城の国（京都府）の井手（＝

地名)の清水を手ですくって。◇「たま」は接頭語。❷雨垂れなどのしずく(=「玉」)になってしたたり落ちる水の美称。新古今 鎌倉―歌集 春上「山深み春とも知らぬ松の戸にたえだえかかる雪のたまみづ」訳⇩やまふかみ…。

たま-むすび【魂結び】 名詞 肉体から遊離しやすい魂を鎮めとどめるための呪術。伊勢物語 平安―物語 一一〇「夜深く見えばたまむすびせよ」訳夜更けて(私が)夢に見えたなら魂結びをしてください。

[1]たま-も【玉裳】 名詞 裳の美称。万葉集 奈良―歌集 四〇「あみの浦に船乗りすらむをとめらがたまもの裾に潮満つらむか」訳今ごろは、あみの浦で船に乗って遊んでいるだろう少女たちの美しい裳の裾にまで、潮が満ち寄せているだろうか。◆「たま」は接頭語。

[2]たま-も【玉藻】 名詞 藻の美称。◆「たま」は接頭語。

[1]たまも-かる【玉藻刈る】 枕詞 玉藻を刈り採っている所の意で、海岸の地名「敏馬」「辛荷」「平等女」などに、また、海や水に関係のある「沖」「井堤」などにかかる。万葉集 奈良―歌集 二五〇「たまもかる敏馬を過ぎて」訳⇩たまもかる…。

[2]たまもかる… 和歌「玉藻刈る(=枕詞) 敏馬を過ぎて 夏草の(=枕詞) 野島の崎に 舟近づきぬ」万葉集 奈良―歌集 二五〇・柿本人麻呂 訳敏馬を通り過ぎて、野島の崎に舟が近づいたことだ。

鑑賞「柿本人麻呂の羇旅の歌」八首の中の一首。舟は難波(大阪府)から瀬戸内海を西へ向かって航行している。「玉藻刈る」「夏草の」は枕詞だが、「敏馬」「野島」の景を描写する意図もあるようだ。この二語によって、音調が流麗になり、リズム感をもたらした。「敏馬」は今の神戸市灘区岩屋町付近、「野島」は淡路島の西北部。

たまも-なす【玉藻なす】 枕詞 美しい海藻のようにの意から、「浮かぶ」「なびく」「寄る」などにかかる。万葉集 奈良―歌集 一三一「たまもなす寄り寝し妹を」訳⇩いはみのうみ…。

たま-もひ【玉盌】 名詞「盌(=水や酒を盛る器)」の美称。◆「たま」は接頭語。

たまも-よし【玉藻よし】 枕詞 美しい海藻の産地であることから地名「讃岐」にかかる。万葉集 奈良―歌集 二二〇「たまもよし讃岐の国は国からか見れども飽かぬ」訳讃岐の国(香川県)は国柄のせいか見ても飽きることがなく。

***たま-ゆら【玉響】** 副詞 しばらくの間。わずかの間。しばし。新古今 鎌倉―歌集 哀傷「たまゆらの露も涙もとどまらず亡き人恋ふる宿の秋風」訳⇩たまゆらの…。

たまゆらの… 和歌「たまゆらの 露も涙も とどまらず 亡き人恋ふる 宿の秋風」新古今 鎌倉―歌集 哀傷・藤原定家 訳玉のような草木の露も私の涙も、ほんのしばらくの間もとどまらないでこぼれ落ちる。亡き人を恋い慕う、この家に吹く秋風のために。

鑑賞 作者の母が死んだ年の秋に、生前住んでいた家を訪ねて詠んだ歌。「秋風」は、亡き人を悼む悲しみに重なり、ものさびしい風の音が深い悲しみを表す。「たまゆらの」は「ほんのしばらくの間」と「玉のような」の意をかけている。「玉」は「露」「涙」の縁語になる。

***たま・る【溜まる】** 自動詞ラ四{ら/り/る/る/れ/れ} ❶寄り集まる。集まり積もる。❷とどまる。平家物語 鎌倉―物語 一一・六代被斬「錐袋にたまらぬ風情にて」訳錐は袋にとどまっていないというように。❸〔多く、打消の語や反語表現を下接して〕持ちこたえる。保つ。我慢する。平家物語 鎌倉―物語 四・橋合戦「楯もたまらず、通りける」訳(矢が)楯でも持ちこたえずに、通った。◇「堪る」とも書く。

たまわす【賜わす】 ⇩たまはす

たまわる【賜る】 ⇩たまはる

たみ【民】 名詞 臣民。多く、貴族などを除いた庶民をいう。

たみ-くさ【民草】 名詞 庶民。◆増える民を、繁茂する草にたとえた語。

[1]た・む【回む・廻む】 自動詞マ上二{み/み/む/むる/むれ/みよ} ぐるりと巡る。迂回する。万葉集 奈良―歌集 五八「安礼の崎漕ぎたみ行きし棚なし小舟」訳⇩いづくにか…。

[2]た・む【訛む】 自動詞マ四{ま/み/む/む/め/め} なまる。音声が濁る。源氏物語 平安―物語 常夏「言葉こそはごはしく、言葉たみて」訳言葉はごつごつして、言葉はなまっていて。◆後には「だむ」。

[3]た・む【溜む】 他動詞マ下二{め/め/む/むる/むれ/めよ} ❶とどめておく。とめる。万葉集 奈良―歌集 三三二七「水脈速み生ひため難き石枕蘿むすまでに」訳水路の流れがはやいので(苔が)生えてつくのが難しいその川の石に苔が生えるまでに。❷集めてためる。拾遺 平安―歌集 春「摘みたむることの難きは鶯の声する野辺の若菜なりけり」訳摘み集めてためることが難しいのは、鶯の鳴き声がする野原の若葉であるよ。

[4]た・む【矯む・揉む】 他動詞マ下二{め/め/む/むる/むれ/めよ} ❶伸ばしたり曲げたりして、形を整える。奥の細道 江戸―紀行 松島「屈曲おのづからためたるがごとし」訳屈曲しているようすは自然に形を整えたかのようだ。❷制御する。平家物語 鎌倉―物語 九・生ずきの沙汰「舎人あまた付いたりけれども、なほ引きもためず」訳舎人が大勢付いていたが、それでも(綱を)引いて制御することもできず。❸偽る。❹弓に矢をつがえてねらいをつける。

た-む・く【手向く】 他動詞カ下二{け/け/く/くる/くれ/けよ} ❶願い事をして、神仏に供え物を供える。旅の無事を祈る場合にいうことが多い。徒然 鎌倉―随筆 六七「常に百首の歌を詠みて、かの二つの社の御前の水にて書きて、たむけられたり」訳いつも百首の歌を詠んで、あの二つの社の御前の水で(墨をすって)書いて、供えなさった。❷旅立つ人に餞別を贈る。新古今 鎌倉―歌集 雑上「行く年に涙の玉をたむけつるかな」訳去って行く年に涙の玉を餞別として贈ったことだ。

***た-むけ** 名詞

㊀【手向け】❶神仏に供え物をすること。また、その供え物。旅の無事を祈る場合にいうことが多い。土佐日記 平安―日記 一・二六「夜中ばかりより船を出だして漕ぎくる道に、たむけする所あり」訳夜中ごろから船を出して漕いでくる途中に、神仏に供え物をする所がある。❷「手向けの神」の略。古今 平安―歌集 仮名序「逢坂山に至りてたむけを祈り」訳逢坂山まで来て手向けの神を祈り。❸旅立つ人に贈る餞別。はなむけ。源氏物語 平安―物語 夕顔「女房の下らむにと、はなむけ心殊にせさせ給ふ」訳女房が(都から任地へ)下っていくというので、餞別を特別に気をつかってお

させになる。

二【峠】山路を登りつめた所。とうげ。◇そこで道祖神に「手向け❶」をすることから。

参考 本来は、旅人が旅の無事を祈って塞の神に幣(ぬさ)を供えること。旅人は、幣として木綿(ゆう)・布や五色の紙などを細かく切ったものを携行し、神前にまいた。「たむけ」をする場所は、❶の用例のように海路にもあったが、多くは陸路の山道を登りつめた所が多かった。鎌倉時代以降、「たむけ」が「たうげ」へとウ音便化し、「とうげ(峠)」になった。

たむけ-ぐさ【手向け草】 名詞 **神仏に供える物。**布・糸・木綿(ゆう)・紙など。

たむけ-の-かみ【手向けの神】 連語 峠などに祭られている、旅人が道中の安全を祈る神。道祖神。

たむけ-ばな【手向け花】 名詞 **仏前に供える花。**

たむけ-やま【手向山】 名詞 「手向けの神」が祭られている山。奈良山・逢坂山(おうさかやま)が有名。手向けの山。古今 平安-歌集 羇旅「このたびは幣(ぬさ)も取りあへずたむけやま紅葉(もみぢ)の錦(にしき)神のまにまに」訳⇩このたびは…。

た-むだ・く【拱く・手抱く】 自動詞カ四{か/き/く/く/け/け} **両手を組む。何もしないで腕組みをする。**「たうだく」とも。万葉集 奈良-歌集 九七三「平(たひ)らけく朕(われ)は遊ばむたむだきて朕はいまさむ」訳安心して私は遊ぼう、両手を組んで私はいらっしゃるようにしよう。◇「いまさ」は自敬表現。

ため【為】 名詞

❶**ため。**▼目的とすることを表す。徒然 鎌倉-随筆 一八八「説経師にならんために、まづ馬に乗り習ひけり」訳経文を説く僧になろうとするために、まず馬に乗ることを習った。

❷**ため。**▼利益になるようにすることを表す。古今 平安-歌集 春上「君がため春の野に出(い)でて若菜摘むわが衣手(ころもで)に雪は降りつつ」訳⇩きみがためはるののにいでて…。

❸**ゆえ。せい。**▼原因・理由を表す。徒然 鎌倉-随筆 二四〇「かくあやしき身のために、あたら身をいたづらになさんやは」訳こんなにいやしい身の上のせいで、惜しいことに、その一生をむだにするだろうか、いや、むだにしない。

❹〔「…の(が)ため」の形で〕**…にとっては。…に関しては。**▼関係していることを表す。徒然 鎌倉-随筆 七三「わがため面目あるやうに言はれぬる虚言(そらごと)は、人いたくあらがはず」訳自分にとって面目が立つように言われたうそに対しては、人はたいして抵抗しない。

ためし【例】 名詞

前例。例。方丈記 鎌倉-随筆「よどみに浮かぶうたかたは、かつ消えかつ結びて、久しくとどまりたるためしなし」訳(川の)流れが滞っている所に浮かんでいる水の泡は、一方では消え、同時に一方ではできて、そのまま(川の面に)長くとどまっている例はない。

為永春水(ためながしゅんすい) 人名 (一七九〇～一八四三)江戸時代後期の人情本作者。江戸の人。本名、鷦鷯(ささき)(佐々木)貞高。本屋・講釈師の後、式亭三馬(しきていさんば)の門人になる。人情本『春色梅児誉美(しゅんしょくうめごよみ)』を書いて一躍流行作家になったが、天保(てんぽう)の改革で、風俗を乱した罪で手鎖(てぐさり)五十日の刑をうけ、翌年病死した。

ためら・ふ【躊躇ふ】 タメラウ

一 他動詞ハ四{は/ひ/ふ/ふ/へ/へ} ❶**心を静める。感情をおさえる。**源氏物語 平安-物語 桐壺「ややためらひて、仰せ言伝へ聞こゆ」訳いくらか心を静めて、(帝(みかど)の)おっしゃったお言葉をお伝え申し上げる。❷**病勢を落ち着かせる。体を休ませる。養生する。**源氏物語 平安-物語 夢浮橋「心地の、かき乱るやうにし侍(はべ)るほど、ためらひて、今聞こえむ」訳気分が、かき乱れるようになっています間、体を休ませて、まもなく(返事を)申し上げましょう。◆自動詞的にも使う。

二 自動詞ハ四{は/ひ/ふ/ふ/へ/へ} **気持ちが決まらず迷う。ぐずぐずする。躊躇(ちゅうちょ)する。**徒然 鎌倉-随筆 一三一「たやすくうち出(い)でんもいかがとためらひけるを」訳軽率に言い出すのもどうかと躊躇していたのを。

た・めり 連語

なりたち 完了の助動詞「たり」の連体形＋推定の助動詞「めり」からなる「たるめり」の撥(はつ)音便「たんめり」の「ん」が表記されない形。

…ているように見える。…ているようだ。枕草子 平安-随筆 木の花は「花びらの端に、をかしきにほひこそ、心もとなうつきためれ」訳(梨(なし)の花は)花びらの端に、美しい色つやが、ほのかについているように見える。◆読むときは「たんめり」と発音する。

だも 副助詞《接続》種々の語に付く。〔軽いものを例示し、他の重要なものを類推させる〕**…でさえも。…だって。**和泉式部集 平安-歌集「夢にだも逢(あ)ふと見るこそうれしけれ」訳夢にさえも(あなたに)会うと見るのはうれしいことだ。

参考 (1)平安時代以降に現れ、主に漢文訓読系統の文に用いられた。(2)副助詞「だに」に係助詞「も」が付いた「だにも」が「だんも」→「だも」と変化した語。

た-も・つ【保つ】 他動詞タ四{た/ち/つ/つ/て/て} ❶**所持する。**日本書紀 奈良-史書 敏達「弥勒(みろく)の石の像(みかた)一柱(ひとはしら)をたもてり」訳弥勒の石の像一体は所持している。❷**長く続ける。維持する。**平家物語 鎌倉-物語 三・城南之離宮「臣よく君をたもち、臣また君を覆す」訳臣下はよく主君を維持し、臣下はまた主君を滅ぼす(こともある)。❸**長くとめる。保持する。**源氏物語 平安-物語 明石「忌む事たもつばかりの尊さはあれど」訳戒律を心に長くとめるだけの尊さはあるが。❹**統治する。支配する。**徒然 鎌倉-随筆 一七一「世をたもたん道もかくや侍(はべ)らん」訳世の中を統治しようとする方法もこのようなものでしょう。

た-もと【袂】 名詞 ❶**ひじから肩までの部分。**手首、および腕全体にもいう。万葉集 奈良-歌集 八〇四「唐玉(からたま)をたもとに纏(ま)かし」訳唐渡りの玉を手首にお巻きになって。❷**袖(そで)。**また、袖の垂れ下がった部分。◆「手(た)本(もと)」の意から。

た-もとほ・る【徘徊る】 タモトオル 自動詞ラ四{ら/り/る/る/れ/れ} **行ったり来たりする。歩き回る。**万葉集 奈良-歌集 四五八「若子(みどりこ)の這(は)ひたもとほり」訳幼い子のように這って行ったり来たりし。◆「た」は接頭語。奈良時代以前の語。

たもと-を-しぼ・る【袂を絞る】 連語 涙でぬれた袂を絞る。激しく泣くことをたとえていう。平家物語 鎌

倉 ― 物語 二・座主流「法衣のたもとをしぼりつつ、都へ帰り上られける」訳僧衣の袂を涙でぬらしながら都へ帰って行かれた。

たもん-てん【多聞天】名詞 四天王の一つ。須弥山の北面に住み、北方を守護する。福の神ともされ、「毘沙門天」の名で七福神の一つとされる。「たもんでん」とも。

（多聞天）

た-やす・し【た易し】形容詞ク〔(く)・から／く・かり／し／き・かる／けれ／かれ〕❶**容易だ。簡単だ。たやすい。**徒然 鎌倉 ― 随筆 五三「打ち割らんとすれどたやすく割れず」訳（足のついた鼎を）たたき割ろうとするけれども、容易に割れない。❷**軽率である。軽々しい。気安い。**徒然 鎌倉 ― 随筆 二三一「たやすくうち出でんもいかがとためらひけるを」訳軽率に言い出すのもどうかと躊躇していたのを。◆「た」は接頭語。

田安宗武（たやすむねたけ）人名（一七一五～一七七一）江戸時代中期の国学者・歌人。将軍吉宗の二男で田安家をおこした。はじめ荷田在満に、のちに賀茂真淵に国学と和歌を学び、有職故実にも精通していた。万葉調の和歌集『天降言』がある。

た・ゆ【絶ゆ】自動詞ヤ下二〔え／え／ゆ／ゆる／ゆれ／えよ〕

語義の扉

現代語の「絶える」にあたる語で、ひろく、続行していた事柄が途切れる、無くなる、途絶える、終わる意。

他動詞として用いられる「絶つ」（タ行四段）が、きっぱりとした積極性を示すのに対して、「絶ゆ」には、「成り行きにしたがって…」「自然に…」「無理に手を加えることができない状態で…」と受け止めて扱うニュアンスが内在している。

❶絶える。途切れる
❷命が終わる。死ぬ。

❶**絶える。途切れる。切れる。**万葉集 奈良 ― 歌集 三三八〇「埼玉の津に居る舟の風をいたみ綱はたゆとも言な絶えそね」訳埼玉の（古利根川の）船着き場にある舟が、風が激しいために、その綱がたとえ切れても音信は絶えないようにしてくださいね。❷（息が）**絶える。**（命が）**終わる。死ぬ。**新古今 鎌倉 ― 歌集 恋一「玉の緒よたえなばたえねながらへば忍ぶることの弱りもぞする」訳⇨たまのをよ…。

たゆう〔大夫・太夫・大副・大輔〕⇨たいふ

たゆ-げ・なり【弛げなり】形容動詞ナリ〔なら／なり・に／なり／なる／なれ／なれ〕**だるそうだ。**源氏物語 平安 ― 物語 葵「いとたゆげに見上げてうちまもりきこえたまふに」訳たいそうだるそうに見上げてじっとお見つめ申し上げなさると。◆「げ」は接尾語。

たゆ・し【弛し】形容詞ク〔(く)・から／く・かり／し／き・かる／けれ／かれ〕❶**だるい。疲れて力がない。**万葉集 奈良 ― 歌集 三一八三「わが紐の緒の結ふ手たゆしも」訳私の衣のひもを結ぶ手がだるいことよ。❷**ぼんやりしている。のんびりしている。**源氏物語 平安 ― 物語 蜻蛉「わがたゆく世づかぬ心のみくやしく」訳私のぼんやりして世慣れていない心だけがくやしく思われ。

*__たゆた・ふ__【揺蕩ふ・猶予ふ】自動詞ハ四〔は／ひ／ふ／ふ／へ／へ〕❶**定まる所なく揺れ動く。漂う。**万葉集 奈良 ― 歌集 一〇八九「海原のたゆたふ波に立てる白雲」訳海原の揺れ動く波にわき立っている白雲。❷**ためらう。**万葉集 奈良 ― 歌集 五四二「今は逢はじとたゆたひぬらし」訳今はもう会うまいとためらっているらしい。

たゆみ-な・し【弛み無し】形容詞ク〔(く)・から／く・かり／し／き・かる／けれ／かれ〕**気のゆるむことがない。なまけない。**徒然 鎌倉 ― 随筆 一八七「たゆみなく慎みて軽々しくせぬと」訳気のゆるむことなく慎重にして軽々しくしないのと。

たゆ・む【弛む】一 自動詞マ四〔ま／み／む／む／め／め〕**気がゆるむ。油断する。**今昔物語 平安 ― 説話 二五・一二「この馬に付きて上る兵どものたゆむことのなかりければ」訳この馬に付いて都へ行く武士たちは油断することがなかったので。二 他動詞マ下二〔め／め／む／むる／むれ／めよ〕**気をゆるめさせる。油断させる。**枕草子 平安 ― 随筆 うれしきもの「いとつれなく、なにとも思ひたらぬさまにて、たゆめ過ぐすも、またをかし」訳（やりこめてやった相手が、きっと仕返ししてやろうと思っていることだろうと気を使って待っているのに、）まったく素知らぬふうに、なんとも思っていないようすで、（こちらのことを）油断させたままにしているのも、また興味深い。

たゆら・なり 形容動詞ナリ〔なら／なり・に／なり／なる／なれ／なれ〕**ゆれ動いて定まらない。**「たよらなり」とも。万葉集 奈良 ― 歌集 三三九二「筑波嶺の岩もとどろに落つる水よにもたゆらにわが思はなくに」訳筑波山の岩もとどろかして落ちる水のように、決して（私たちの仲も）ゆれ動いて定まらないとは私は思わないことなのに。

たよら・なり 形容動詞ナリ「たゆらなり」に同じ。

たより【頼り・便り】名詞
❶**よりどころ。**伊勢物語 平安 ― 物語 二三「女、親なく、たよりなくなるままに」訳女は、親が死に、よりどころがなくなるにつれて。
❷**縁故。ゆかり。**更級 平安 ― 日記 大納言殿の姫君「さるべきたよりをたづねて、七月七日言ひやる」訳ふさわしそうな縁故を見つけ出し、七月七日に言い送る。
❸**具合。配置。**徒然 鎌倉 ― 随筆 一〇「簀の子・透垣のたよりをかしく」訳ぬれ縁や、すき間のある垣根の配置も趣深く。
❹**機会。ついで。**土佐日記 平安 ― 日記 二・一六「たよりごとに物も絶えず得させたり」訳機会のあるたびに、贈り物も絶えず与えてきた。
❺**知らせ。手紙。**源氏物語 平安 ― 物語 若菜上「語らひつ

きにける女房のたよりに、御有様なども聞き伝ふるを」訳語り合って親しくなった女房の知らせで、（女三の宮の）ごようすなども伝え聞くのを。

たより-なし【便り無し】 名詞 貧乏人。大鏡 平安―物語 伊尹「徳人たよりなしの家の内の作法など」訳金持ち、貧乏人の家の中のやり方など。

たよわ・し【た弱し】 形容詞ク {く・から／く・かり／し／き・かる／けれ／かれ} 弱い。か弱い。万葉集 奈良―歌集 四一九「たよわき女(をみな)にしあれば術(すべ)の知らなく」訳か弱い女であるので手段がわからないことよ。◆「た」は接頭語。

1 **たら** 完了の助動詞「たり」の未然形。竹取物語 平安―物語 燕の子安貝「燕(つばくらめ)の巣くひたらば告げよ」訳燕(つばめ)が巣を作ったならば報告せよ。

2 **たら** 断定の助動詞「たり」の未然形。平家物語 鎌倉―物語 三・法印問答「下(しも)として上(かみ)にさかふること、あに人臣の礼たらんや」訳臣下として主君に逆らうことは、どうして臣下としての礼であるだろうか、いや、臣下としての礼ではない。

1 **たらう**〘足らう〙⇨たらふ

2 **たら-う【太郎】**(タロウ) 名詞 ❶長男。❷初めのもの。いちばんすぐれたもの。大きいもの。▼他の名詞と複合して用いる。「たらう月(づき)（=正月）」「坂東(ばんどう)たらう（=利根(とね)川の別名）」

たらう-くわじゃ【太郎冠者】(タロウカジャ) 名詞 狂言で、大小名の召使いのうち、先輩格の者。一般にアド（=脇役(わきやく)）となるが、シテ（=主役）となることもある。

たら-じ 連語 なりたち 完了の助動詞「たり」の未然形＋打消推量の助動詞「じ」 …てはおくまい。…ていないだろう。落窪物語 平安―物語 二「わが言(い)はざらむ人の事をだにしたらば、ここにも置きたらじ」訳私が言わないだろう人のことでもしたら、ここにも置いてはおくまい。

たら・す【誑す】 他動詞サ四 {さ／し／す／す／せ／せ} うまいことを言って人をあざむく。だます。末広がり 室町―狂言 狂言「たらされたは憎けれど、囃子物(はやしもの)が面白い」訳だまされたのは憎いが、囃子物がおもしろい。

1 **たら・ず** 連語 なりたち 完了の助動詞「たり」の未然形＋打消の助動詞「ず」 …ていない。…なかった。徒然 鎌倉―随筆 九「身を惜しとも思ひたらず」訳自分自身を惜しいとも思っていない。

2 **たら・ず** 連語 なりたち 断定の助動詞「たり」の未然形＋打消の助動詞「ず」 …でない。平家物語 鎌倉―物語 二・烽火之沙汰「君(きみ)、君たらずといふとも」訳主君が、主君でない（=主君に値しない）というとしても。

たらち-し【垂乳し】 枕詞「母」や地名「吉備(きび)」にかかる。語義・かかる理由未詳。万葉集 奈良―歌集 三七九一「たらちし母にうだかえ」訳母に抱かれ。

たらちし-の【垂乳しの】 枕詞「母」にかかる。語義・かかる理由未詳。万葉集 奈良―歌集 八八七「たらちしの母が目見ずておほほしくいづち向きてか我(あ)が別るらむ」訳母に会えないで心も暗く、どちらを向いて別れて行くのであろうか。

たらちし-や【垂乳しや】 枕詞「母」にかかる。語義・かかる理由未詳。万葉集 奈良―歌集 八八六「うちひさす宮へ上(のぼ)るとたらちしや母が手離れ」訳都へ上るために母の手もとを離れ。

* **たらち-ね【垂乳根】** 名詞 ❶母。熊野 室町―能楽 謡曲「たらちねを守り給(たま)へや」訳母をお守りくださいな。❷親。両親。新古今 鎌倉―歌集 雑下「たらちねの諫(いさ)めしものを」訳親が忠告したのに。❸父。▼母を「たらちめ」というようになったところから。後拾遺 平安―歌集 雑五「たらちねははかなくてこそやみにしか」訳父はここであっけなく亡くなってしまった。参考 枕詞(まくらことば)「たらちねの」から転じて、そのかかる語「母」「親」をさすようになった。のち、母は「女(め)」であるとの意識が働いて、母を「たらちめ」というようになり、「たらちね」を父とするようになった。同様に、父は「男(を)」であるとの意識から、父を「たらちを」ともいうようになった。「たらち」を「垂乳」と書くのは、当て字。

* **たらちね-の【垂乳根の】** 枕詞 ❶「母」にかかる。語義・かかる理由未詳。万葉集 奈良―歌集 二五一七「たらちねの母に障(さや)らばいたづらに汝(いまし)も我(あれ)も事そなるべき」訳お母さんに邪魔されたなら台無しに、あなたも私も話がなるでしょう。赤光 大正―歌集 斎藤茂吉「のど赤きつばくらめふたつ屋梁(はり)にゐてたらちねの母は死にたまふなり」訳のどの赤いつばめが二羽、天井の梁(はり)にいて、その下で、いま母は死んでいこうとしている。❷転じて、「親」にかかる。平安時代の用法。古今 平安―歌集 離別「たらちねの親の守りとあひそふる心ばかりはせきなとどめそ」訳親がわが子の守りとして添えてやる心だけは関所の役人もせき止めないでください。

たらち-め【垂乳女】 名詞 母。◆「たらちね」から派生して、男女の別を強調する意識から生じた語。対垂乳男。

たらち-を【垂乳男】(タラチオ) 名詞 父。◆「たらちめ」に対する語として生じた語。対垂乳女(たらちめ)。男(たらちを)。

だらに【陀羅尼】 名詞 仏教語。漢文に翻訳せず、梵語のままで音読する経文。梵語で唱えることで無限の功徳(くどく)があると信じられた。短いものを「真言(しんごん)」という。

たらひ【盥】(タライ) 名詞「たあら（手洗）ひ」の変化した語。手や顔を洗う、平たい器。多くは左右に二本ずつ角のような取っ手が付いている。

たら・ふ【足らふ】(タラウ) 自動詞ハ四 {は／ひ／ふ／ふ／へ／へ} なりたち 動詞「たる」の未然形に反復継続の助動詞「ふ」の付いたかたちが一語化したもの。❶すべて不足なく備わっている。完全である。源氏物語 平安―物語 若菜下「かくたらひぬる人は、必ずえ長からぬ事なり」訳このように完全であった人は、きっと長生きできないものだ。❷十分に資格が備わる。源氏物語 平安―物語 行幸「いと宿徳(しうとく)に、面(おも)持ち・歩(あゆ)まひ、大臣と言はむにたらひ給(たま)へり」訳たいそう落ち着いて威厳があり、顔つきや歩き方は、大臣と呼ぶのに十分資格が備わっていらっしゃる。

たら・まし 連語 なりたち 完了の助動詞「たり」の未然形＋反実仮想の助動詞「まし」 ❶〔「たらましかば…まし」の形で〕もし…ていたなら…だろう。竹取物語 平安―物語 竜の頸の玉「竜を捕らへたらましかば、また、こともなく、我は害せられなまし」訳もし竜を捕らえていたなら、また、たやすく、私はきっと殺されてしまっただろう。❷［疑問語とともに用いて］…していようか。和泉式部 平安一日記「呼びてやおきたらまし」訳呼び寄せてここに置いておこうか。

たら-む[1] 連語

なりたち 断定の助動詞「たり」の未然形＋推量の助動詞「む」

…であるだろう。▼いったん断定したことに対して、ややためらって推量する。平家物語 鎌倉一物語 三・法印問答「下として上にさかふること、あに人臣の礼たらんや」訳臣下として主君に逆らうことは、どうして臣下としての礼であるだろうか、いや、臣下としての礼ではないだろう。

たら-む[2] 連語

なりたち 完了の助動詞「たり」の未然形＋推量の助動詞「む」

❶**…ているだろう。…ていよう。**▼実現されているはずのことで、まだ確認されていない事態を推量する。枕草子 平安一随筆 宮にはじめてまゐりたるころ「下がりまほしうなりにたらむ」訳（自分の部屋に）下がりたくなってしまっているだろう。

❷［多く連体修飾や準体言の用法で］**…したならば、その…。…したような。**▼実現していない事態を仮定して述べたり、実現している事態を婉曲に述べたりする。伊勢物語 平安一物語 九「比叡の山を二十ばかり重ね上げたらむほどして」訳比叡山を二十ほど積み上げたような程度（の高さ）で。

たり[1] 助動詞 ラ変型

《接続》ラ変以外の動詞、および「つ」を除く動詞型活用の助動詞の連用形に付く。

未然形	連用形	終止形	連体形	已然形	命令形
たら	たり	たり	たる	たれ	たれ

㊀［完了］**…た。…てしまった。**▼動作・作用が完了した意を表す。宇治拾遺 鎌倉一説話 一・一二「無期の後に、『えい』といらへたりければ」訳時間が長くたってから、「はい」と返事したので。

㊁［存続］❶**…ている。…てある。…た。**▼動作・作用が行われ、その結果が残っている意を表す。枕草子 平安一随筆 三月三日は「おもしろく咲きたる桜を長く折りて、大きなる瓶にさしたるこそ、をかしけれ」訳美しく咲いている桜を長く折って、大きな花瓶に挿してあるのは、趣深い。

❷**…ている。…てある。**▼動作・作用が現在も続いている意を表す。枕草子 平安一随筆 春はあけぼの「紫だちたる雲の細くたなびきたる」訳紫がかっている雲が細く横に長く引いているの（はとても趣深い）。

㊂［並列］**…たり…たり。**▼二つ以上の動作・作用を交互に行う意を表す。平家物語 鎌倉一物語 一一・先帝身投「艫舳に走り回り、掃いたり、拭うたり」訳（知盛は）船尾や舳先に走り回り、掃いたり、拭いたり。

語法 (1)**完了と存続の違い** 「たり」は、「つ」「ぬ」「り」とともに完了の助動詞であるが、「たり」の基本の意味は、「り」と同様に動作・作用が行われてその結果が残っていることを表す存続である。完了と存続の見分け方については注意(1)参照。

(2)**接続の特徴** 「たり」は、「り」と、その意味はまったく同じであるが、接続は、大きく異なる。また、平安時代では尊敬の補助動詞「給ふ」に接続する場合には、「給へり」が一般的で、「給ひたり」はまれであった。

たり	広く活用語の連用形
り	四段動詞の已然形・サ変動詞の未然形

(3)㊂は鎌倉時代以降の用法で、「…たり…たり」の構文で用いられる。

注意 (1)完了か存続かは文脈で判断しなければならないが、便宜的に存続の「…ている」「…てある」で訳してみて、文脈に合えば存続。そうでない場合は完了と判断すればよい。

(2)断定の助動詞「たり」と混同しないようにすること。

参考 接続助詞「て」＋ラ変動詞「あり」からなる「てあり」の変化した語。

たり[2] 助動詞 タリ型

《接続》体言に付く。

未然形	連用形	終止形	連体形	已然形	命令形
たら	たり と	たり	たる	たれ	たれ

［断定］**…である。…だ。**平家物語 鎌倉一物語 一・鱸「清盛、嫡男たるによって、その跡をつぐ」訳清盛は、正式の長男であることによって、その（死んだ父の）家督を継ぐ。

注意 完了の助動詞「たり」や「漫漫たり」などのタリ活用形容動詞の語尾と混同しないようにすること。

参考 格助詞「と」＋ラ変動詞「あり」からなる「とあり」の変化した語。

関連語 平安時代には漢文訓読系統の文章に用いられ、かなの和文や和歌には「なり」が用いられたが、鎌倉時代以降和漢混交文に用いられて一般化した。

たり[3] 完了の助動詞「たり」の連用形。徒然 鎌倉一随筆 八九「飼ひける犬の暗けれど主を知りて、飛びつきたりけるとぞ」訳飼っていた犬が、暗いけれど飼い主とわかって、飛びついたのだったということだ。

たり[4] 断定の助動詞「たり」の連用形。平家物語 鎌倉一物語 三・大塔建立「清盛公いまだ安芸守たりし時」訳清盛公がまだ安芸守であったとき。

た-りき[1]【他力】名詞 仏教語。仏・菩薩の、人々を救済する力。特に、阿弥陀仏の本願の力。また、その力にたよって成仏すること。対自力。

たり-き[2] 連語

なりたち 完了の助動詞「たり」の連用形＋過去の助動詞「き」

…ていた。…た。源氏物語 平安一物語 夕顔「はかなきついで作り出でて、消息など遣はしたりき」訳ちょっとした機会を作り出して、手紙などを（女の所に）送った。

たり-き[3] 連語

た

なりたち 断定の助動詞「たり」の連用形＋過去の助動詞「き」

…であった。…だった。平家物語 鎌倉―物語 一・祇園精舎「六代は諸国の受領たりしかども」訳（平家の初期の）六代（の先祖の方々）は諸国の受領（＝国司）であったけれども。

たりき-ほんぐゎん【他力本願】名詞 仏教語。自分の修行の功徳によらず、阿弥陀仏の人々を救済しようとする誓願（＝本願）を信ずることにより、浄土への往生を果たそうとすること。他力の本願。

たり・けむ 連語

なりたち 完了の助動詞「たり」の連用形＋過去推量の助動詞「けむ」

❶〔「けむ」が過去の事柄を推量する意の場合〕…ていただろう。…たのだろう。平家物語 鎌倉―物語 七・忠度都落「薩摩守忠度は、いづくよりや帰られたりけん」訳薩摩守忠度は、どこからお帰りになったのだろうか。❷〔「けむ」が連体修飾語となり、過去の事柄の伝聞や、仮定・婉曲表現などの場合〕…ていたとかいう。…ていたとしたら、その。徒然 鎌倉―随筆 五三「医師のもとにさし入りて向かひゐたりけん有様」訳医者の家の中に入って、（医者と）対座していたとかいうありさまは。◆「たりけん」とも表記する。

たり・けり[1] 連語

なりたち 完了の助動詞「たり」の連用形＋過去の助動詞「けり」

❶…た。伊勢物語 平安―物語 六二「『このありつる人たまへ』と主に言ひければ、おこせたりけり」訳「あの先ほどの（食事の給仕をしてくれた）女性をよこしてください」と主人に言ったので、（主人は、女性を男の所に）よこした。❷…ていた。伊勢物語 平安―物語 九三「昔、男、身はいやしくて、いと二なき人を思ひかけたりけり」訳昔、男が、身分は低くて、たいそう比類のない（ほどの身分の高い）女性を恋しく思っていた。

たり・けり[2] 連語

なりたち 断定の助動詞「たり」の連用形＋過去の助動詞「けり」

…であった。著聞集 鎌倉―説話 一三九「具平親王家の作文の序者たりけるに」訳（橘正通が）具平親王家の詩作の（会で）序詩を作る役であったときに。

たり-し[1] 連語

なりたち 完了の助動詞「たり」の連用形＋過去の助動詞「き」の連体形

…ていた。…てあった。…た。源氏物語 平安―物語 桐壺「宮仕への本意、深く物したりしよろこびは」訳（桐壺更衣の宮仕え（をさせるという故大納言）の本来の志を、（あなた＝母君が）深く守りとおしていた（ことへの）お礼には。

たり-し[2] 連語

なりたち 断定の助動詞「たり」の連用形＋過去の助動詞「き」の連体形

…であった。平家物語 鎌倉―物語 一・殿上闇討「もとは一門たりし木工助平貞光が孫」訳もとは（平家の）一門であった木工助平貞光の孫。

たり・つ 連語

なりたち 完了の助動詞「たり」の連用形＋完了の助動詞「つ」

（確かに）…ていた。…た。▼動作・作用が直前まで存続していて、完了したことを確信をもって述べる意を表す。源氏物語 平安―物語 若紫「伏籠のうちに籠めたりつるものを」訳（すずめの子を）伏籠の中にとじこめていたのになあ。

た・る[1]【足る】自動詞ラ四（ら／り／る／る／れ／れ）❶十分である。満ち備わっている。達する。方丈記 鎌倉―随筆「その地、程狭くて、条里を割るにたらず」訳その土地は、面積が狭くて、東西南北の町割りを作るのに十分でない。❷相応している。価値がある。値する。徒然 鎌倉―随筆 三八「万事は皆非なり。言ふにたらず、願ふにたらず」訳万事は皆、無である。言うだけの価値がなく、願うにも値しない。❸満足する。徒然 鎌倉―随筆 五八「求むるところはやすく、その心はやくたりぬべし」訳求めるものはたやすく手に入り、その心はすぐに満足してしまうにちがいない。

た・る[2]【垂る】一 自動詞ラ四（ら／り／る／る／れ／れ）❶垂れ下がる。源氏物語 平安―物語 末摘花「先の方すこしたりて色づきたること」訳（鼻は）先端のほうが少し垂れ下がって、赤みを帯びていること。❷したたる。徒然 鎌倉―随筆 五三「頸のまはり欠けて、血たり」訳首のまわりに傷がついて、血がしたたり。

二 他動詞ラ下二（れ／れ／る／るる／れ／れよ）❶垂れ下げる。ぶら下げる。垂らす。平家物語 鎌倉―物語 三・大塔建立「いづくより来たるともなき老僧の、眉には霜をたれ」訳どこから来たともわからない老僧で、眉には霜をぶら下げ。❷したたらす。宇治拾遺 鎌倉―説話 七・一「涙をたれて泣く」訳涙をしたたらせて泣く。❸現し示す。源氏物語 平安―物語 明石「近き境を鎮め守り給ふ、まことに跡をたれ給ふ神ならば」訳近くの地域を鎮めて守っていらっしゃる、本当に仏が人々を救うために姿を現し示しなさる神であるならば。

たる[3] ❶完了の助動詞「たり」の連体形。❷断定の助動詞「たり」の連体形。参照▼資料3

たる-ひ【垂氷】名詞 つらら。「たりひ」とも。

たる-み【垂水】名詞 滝。万葉集 奈良―歌集 一四一八「石走るたるみの上の早蕨の萌え出づる春になりにけるかも」訳⇩いはばしる…。

たれ[1]【誰】代名詞 だれ。▼不定称の人称代名詞。徒然 鎌倉―随筆 二五「桃李もの言はねば、たれとともにか昔を語らん」訳桃や李はものを言わないのだから、だれとともに昔を語ろうか、いや、だれとも語れない。◆江戸時代の初期からは「だれ」とも。

たれ[2] 完了の助動詞「たり」の已然形。更級 平安―日記 足柄山「雪の消ゆる世もなく積もりたれば」訳雪が消えるときもなく積もっているので。

たれ[3] 完了の助動詞「たり」の命令形。大鏡 平安―物語 兼家「これしばし持ち給ひたれ」訳これを少しの間お持ちになっていらっしゃい。

たれ[4] 断定の助動詞「たり」の已然形・命令形。

たれ-か-ある【誰か有る】連語

なりたち 代名詞「たれ」＋係助詞「か」＋ラ変動詞「あり」の連体形

だれかいるか。▼上の者が目下の者を呼ぶことば。安宅 室町―能楽 謡曲「いかにたれかある」訳おい、だれかいるか。

たれ-がし【誰某】[代名詞]だれそれ。何某。▼不定称の人称代名詞。はっきり名をあげないで人をさしたり、名がわからないままにその人とさし示したりする語。[徒然 鎌倉―随筆]一九〇「たれがしが婿になりぬ」[訳]だれそれの婿になってしまった。

†たれ-か-は-おもひよ-ら-ざら-ん-なれ-ども【誰かは思ひ寄らざらんなれども】[徒然 鎌倉―随筆]四二「かほどのことわり、たれかはおもひよらざらんなれども、おりからの思ひかけぬ心地して、胸に当りにけるや」[訳]この程度の道理は、誰が思いつかないことであろう、誰だって思いつくことなのだけれど、ちょうどその時に思いも寄らぬ気持ちがして、胸に思い当たったのだろうか。

[品詞分解]たれ＝代名詞　かは＝係助詞　おもひよら＝動詞「おもひよる」(未)　ざら＝打消の助動詞「ず」(未)　ん＝推量の助動詞「ん(む)」(体)　なれ＝断定の助動詞「なり」(已)　ども＝接続助詞

***たれ-こ-む【垂れ籠む】**[自動詞]マ下二{め/め/む/むる/むれ/めよ}**簾や帳をおろして室内にこもる。閉じこもる。**[古今 平安―歌集]春下「たれこめて春のゆくへも知らぬまに待ちし桜も移ろひにけり」[訳]簾をおろして閉じこもっていて、春の移り変わりも知らないでいるうちに、楽しみに待っていた桜も散ってしまったよ。

たれ-も-たれ-も【誰も誰も】[副詞]**だれもかれも。みんなすべて。**[源氏物語 平安―物語]蜻蛉「飽かず夢のやうにて、たれもたれもまどひはべるよしを申させたまへ」[訳]ほんとうに夢のようなことで、だれもかれもが途方にくれておりますと申し上げて下さい。

たれ-を-かも…[和歌][百人一首]「誰をかも知る人にせむ高砂の松も昔の友ならなくに」[古今 平安―歌集]雑上・藤原興風[訳](年老いた私は)誰を友人としようか。(あの高砂の年老いた松ぐらいだが、)高砂の松も、昔からの友人ではないのだがなあ。

たわ【撓】[名詞]❶山の尾根の、くぼんで低くなっている部分。鞍部。「たをり」とも。[古事記 奈良―史書]垂仁「山のたわより御船を引き越して」[訳]山の尾根のくぼんだ所から御船を引き上げ(山を)越えさせて。❷枕などにおされてついた、髪の癖。

たわけ【戯け】⇨たはけ

たわ-なり【撓なり】[形容動詞]ナリ{なら/なり・に/なり/なる/なれ/なれ}**たわむほどだ。しなうほどだ。**[賀茂翁家集 江戸―歌集]二「信濃なる須賀の荒野を飛ぶ鷲の翼もたわに吹く嵐かな」[訳]信濃の国(長野県)の須賀の荒野を飛ぶ鷲の翼もたわむほどに、激しく吹く嵐だなあ。

たわぶる【戯る】⇨たはぶる

たわ-む【撓む】一[自動詞]マ四{ま/み/む/む/め/め}❶**しなやかに曲がる。しなう。**たわむ。[源氏物語 平安―物語]若菜下「枝もたわむばかり咲き乱れたり」[訳]枝もしなうほど咲き乱れている。❷**屈する。弱気になる。**[万葉集 奈良―歌集]九三五「手弱女の思ひたわみて」[訳]か弱い女のように心が弱気になって。二[他動詞]マ下二{め/め/む/むる/むれ/めよ}**しなやかに曲げる。**[宇治拾遺 鎌倉―説話]一一・一三「背をたわめてちがひければ」[訳]背をしなやかに曲げて身をかわしたので。

たわやすし【たわ易し】⇨たはやすし

たわや-め【手弱女】[名詞]**しなやかで優しい女性。**「たをやめ」とも。◆「たわや」は、たわみしなうさまの意の「撓」に接尾語「や」が付いたもの。「手弱」は当て字。[対]益荒男

たわる【戯る・狂る】⇨たはる

たわ-わ-なり【撓なり】[形容動詞]ナリ{なら/なり・に/なり/なる/なれ/なれ}**たわみしなうほどだ。**[徒然 鎌倉―随筆]一一「大きなる柑子の木の、枝もたわわになりたるが周りを」[訳]大きなこうじみかんの木で、枝もたわみしなうほどに実がなっている木のまわりを。

た-ゐ【田居】[名詞]❶**田。たんぼ。**❷田のあるような田舎。

た-をさ【田長】[名詞]**農夫のかしら。**

た-を-たを(と)[副詞]**しなやかに。ものやわらかに。なよなよ(と)。**[源氏物語 平安―物語]夕顔「細やかにたをたをとして」[訳]ほっそりと、しなやかでいて。

***たを-やか-なり【嫋やかなり】**[形容動詞]ナリ{なら/なり・に/なり/なる/なれ/なれ}❶**しなやかだ。やわらかだ。**[枕草子 平安―随筆]草の花は「萩、いと色深う、枝たをやかに咲きたるが」[訳]萩の花は、とても色が濃く、枝もしなやかに咲いているのが。❷**物やわらかだ。穏やかだ。**[源氏物語 平安―物語]帚木「あなうたて、この人のたをやかならましかばと見えたり」[訳]ああいやだ、この人が物やわらかであったならよいのにと、感じている。◆「やか」は接尾語。

***たを-や-ぐ【嫋やぐ】**[自動詞]ガ四{が/ぎ/ぐ/ぐ/げ/げ}**しとやかになる。柔和になる。**[源氏物語 平安―物語]総角「人の心もたをやぎぬべき御さまを」[訳]人の心も柔和になるにちがいない御ありさまを。◆「やぐ」は接尾語。

たをや-め【手弱女】[名詞]「たわやめ」に同じ。

たをり【撓り】[名詞]「たわ❶」に同じ。

た-を-る【手折る】[他動詞]ラ四{ら/り/る/る/れ/れ}**手で折り取る。**[万葉集 奈良―歌集]八三六「梅の花たをり挿頭して遊べども」[訳]梅の花の枝を手で折り取り髪に挿して遊んでも。

-たん【段・反】[接尾語]❶田畑の面積の単位を表す。一段は三百六十歩(＝約一二アール)、のち、三百歩(＝約一〇アール)。❷距離の単位を表す。一段は六間(＝約一一メートル)。[平家物語 鎌倉―物語]一一・那須与一「海へ一たんばかり打ち入れたれども」[訳]海へ一たんくらい(馬を)勢いよく乗り入れたのだが。❸布を数える単位を表す。時代や布の種類によって変動はあるが、ふつう、成人の着物一着分に必要な布地が一反。◇「端」とも書く。

だん[1]【段】[名詞]❶**階段。**また、その一つ一つ。段。❷**等級。格。**❸語り物や文章の一区切り。**段落。**❹**事柄。条項。件。**❺**場合。事態。とき。**❻(「…だんではない」「…だんか」の形で)…**程度。**…**どころ。**…**場合。**[曾根崎心中 江戸―浄瑠]近松「はて軽口のだんかいの」[訳]はて冗談を言っている場合かいな。◆❹❺❻は形式名詞として用いる。

だん[2]【緂】[名詞]種々の色を交互に配したもの。鎧の縅の糸や太刀の緒などに用いる。

だん[3]【壇】[名詞]神事や仏事を行うために、土を盛り上げて、一段高く平らに作った所。

歎異抄[書名]法語。唯円編。鎌倉時代(一二六四ころ)成立。一巻。[内容]親鸞の語録で真宗の安心と他力信仰の本義を、弟子の唯円が平

易な文章で説いたもの。師の口伝(くでん)に対する異義を嘆く、と序にある。親鸞の没後に成立した。「たんにしょう」とも。

短歌(たんか) 文芸 和歌の歌体の一つ。五・七・五・七・七の五句三十一音から成る歌。「長歌(ちょうか)」に対する。初めの五・七・五の三句を「上(かみ)の句」、あとの七・七の二句を「下(しも)の句」という。奈良時代には長歌・旋頭歌(せどうか)ととともに詠まれていたが、平安時代以降は短歌だけが盛んになり、のちの連歌(れんが)・俳諧(はいかい)の母体ともなった。三十一音から成るところから、「三十一文字(みそひともじ)」ともいう。
参考 「歌」「和歌」といえば短歌をさすことが多い。

だん-か【檀家】 名詞 一定の寺に墓地を持ち、その寺の施主になる家。檀那(だんな)。

だん-かふ【談合】(ダンゴウ) 名詞／―す 他動詞 サ変 話し合うこと。相談。「だんがふ」とも。

たん-ぎ【弾碁】 名詞「たぎ」に同じ。

だん-ぎ【談義】 名詞 ❶意見を出し合って話し合うこと。相談。談合。❷書物の内容や、文芸・芸能などについて解説すること。講義。❸仏教語。大勢の信者に仏教の教義や宗旨を説き聞かせること。説法。徒然 鎌倉一随筆 六〇「だんぎの座にても、大きなる鉢にうづたかく盛りて」訳説法の座にいても、大きな鉢にうず高く盛って。

たん-ぎん【断金】 名詞 雅楽の音階である「十二律(じふにりつ)」の第二音。

だん-きん【断金】 名詞 非常に友情があついこと。
参考 「二人心を同じうすれば、その利(と)きこと金を断つ」という『易経(えききょう)』から出た語。

1 **たん-ご【端午】** 名詞 五節句の一つ。陰暦五月五日の節句。上巳(じょうし)(＝陰暦三月三日)が女子の節句とされたのに対し、男子のものとされた。邪気を払うために、菖蒲(しょうぶ)・蓬(よもぎ)を軒にさし、粽(ちまき)や柏餅(かしわもち)を食べる。江戸時代以降、男の子のいる家では鯉幟(こいのぼり)を立て、甲冑(かっちゅう)・刀・武者人形などを飾る。あやめの節句。重五(ちょうご)。季夏。参照▼口絵

2 **丹後(たんご)** 地名 旧国名。山陰道八か国の一つ。今の京都府北部。古くは丹波(たんば)の国の一部。丹州(たんしゅう)。参照▼資料21

たん-ざく【短冊・短籍・短尺】 名詞 ❶題名や目録などを書いたり、物の印につけたりなどする、木や紙の小片。❷和歌や俳句を書く細長い厚手の料紙。ふつう、縦一尺一寸五分(＝約三五センチ)、幅一寸八分(＝約五・五センチ)。◆「たんじゃく」とも。

たん-し【短紙】 名詞 自分の手紙のことを卑下していう語。

1 **だん-し【弾指】**
一 名詞／―す 自動詞 サ変 親指の腹を他の指ではじいて音を出すこと。つまはじき。「たんじ」とも。▼後悔や非難・警告などの動作。
二 名詞 仏教語。非常に短い時間。「たんじ」とも。

2 **だん-し【檀紙】** 名詞 和紙の一種。厚手で白い、上質紙。檀(まゆみ)の樹皮で作られていたが、平安時代末期に楮(こうぞ)を原料として陸奥(むつ)の国で生産されるようになり、文書・包装・贈答用として使われた。「陸奥国紙(みちのくにがみ)」とも。

だん-じゃう【弾正】(ダンジョウ) 名詞「弾正台」の略。また、弾正台の職員。

だんじゃう-だい【弾正台】(ダンジョウダイ) 名詞 律令制で、役人の罪悪をただし、一般の犯罪を取り締まり、風俗を正すことをつかさどる役所。のち、権限は検非違使(けびいし)に移った。「ただすつかさ」とも。

たん-じゃく【短冊・短尺】 名詞「たんざく」に同じ。

たん-・ず【弾ず】 他動詞 サ変 (ぜ/じ/ず/ずる/ずれ/ぜよ) (弦楽器を)かき鳴らす。「だんず」とも。平家物語 鎌倉一物語 三・大臣流罪「琵琶(びわ)をたんじ、和歌を詠じて」訳琵琶をかき鳴らし、和歌を朗詠して。

たんだ【唯・只】 副詞 ただもう。もっぱら。ひたすら。隅田川 室町一能楽 謡曲「たんだ弱りに弱り、すでに末期(まつご)に見え候ふ時」訳ただもう弱りに弱って、今まさに臨終に思われますとき。◆「ただ」を強めていう語。

だん-だん【段段】
一 名詞 ❶〔「…のだんだん」の形で〕事柄の一つ一つ。箇条箇条。次第。狂言記 江戸一物語 雁かり金「ただ今のだんだん申し上げたれば」訳今の事柄の一つ一つを申し上げると。❷いろいろの事柄。数々。心中天網島 江戸一浄瑠 浄瑠・近松「だんだんの御意見」訳数々の御意見。
二 副詞 ❶順を追って。次第に。萩大名 室町一狂言 狂言「これはだんだんおもしろうござる」訳これは次第にゆかいになってきます。❷いろいろと。あれやこれや。一代男 江戸一物語 浮世・西鶴「だんだん訳あって」訳いろいろ訳があって。

だんな【檀那・旦那】* 名詞 ❶仏教語。施主(せしゅ)。▼「与える者(＝施主)」の意の「檀越(だんおつ)」と混同して、寺や僧に金銭・衣食を施す信者の意に用いる。徒然 鎌倉一随筆 一八八「法師の、無下(むげ)に能なきは、だんなすさまじく思ふべしとて」訳法師で全く無芸なのは、施主は興ざめに思うにちがいないといって。❷家人(けにん)・使用人などがその主人を敬っていう語。❸商人が客を、また、役者・芸者などが自分のひいき筋を敬っていう語。❹妻が夫を敬っていう語。他家の主人を敬っていうのにも用いる。

だんな-でら【檀那寺・旦那寺】 名詞 その家が帰依(きえ)して檀家になっている寺。江戸時代には、すべての家がいずれかの寺に属することが制度化された。菩提寺(ぼだいじ)。

たん-・なり* 連語
なりたち 完了の助動詞「たり」の連体形＋推定・伝聞の助動詞「なり」からなる「たるなり」の撥(はつ)音便。「たなり」とも表記される。
❶〔「なり」が推定の意の場合〕「たなり❶」に同じ。平家物語 鎌倉一物語 六・小督「君は、小督(こごう)ゆゑに、思(おぼ)し召し沈ませ給(たま)ひたんなり」訳天皇は、(愛する)小督の(失踪(しっそう)の)ために、お思い沈みあそばしているようだ。
❷〔「なり」が伝聞の意の場合〕「たなり❷」に同じ。平家物語 鎌倉一物語 二・阿古屋之松「日本は、昔三十三か国にてありけるを、中ごろ六十六か国に分けられたんなり」訳日本は、昔三十三か国であったのを、そう遠くない昔六十六か国に分けられたそうだ。

たん-のう【堪能】 名詞／―す 自動詞 サ変「た(足)りぬ」の撥(はつ)音便「たんぬ」の変化した語。❶物が十分に満ち足りること。満足。日本永代蔵 江戸一物語 浮世・西鶴「この乞食(こつじき)のたんのうする程、銭(ぜに)をとらせし人なかりき」訳この乞食が満足するほど、銭を与えた人がいなかった。❷心が満足すること。気が済むこと。◆「堪

能」は当て字。

壇の浦 地名 今の山口県下関市の、関門海峡の東端、早鞆の瀬戸から東方にかけての沿岸一帯。平家とそれを追撃した源氏との間の最後の決戦があった。

丹波 地名 旧国名。山陰道八か国の一つ。今の京都府中部と兵庫県北東部。丹州。参照▶資料21

だん-ぶくろ【段袋】 名詞 荷物を入れて運ぶ、布製の大きな袋。

たん-めり 連語 なりたち 完了の助動詞「たり」の連体形＋推定の助動詞「めり」からなる「たるめり」の撥音便。ふつう「ためり」と表現される。「ためり」に同じ。

たん-りつ【単律】 名詞 音楽で、呂の音階が行われず、律の音階のみが行われること。

たん-りょ【短慮】 名詞 ❶思慮が足りないこと。浅はか。自分の考えを謙そんしていうこともある。❷気が短いこと。短気。気短。

談林十百韻 書名 俳諧集。田代松意編。江戸時代前期（一六七五）刊。二冊。〔内容〕江戸に下っていた西山宗因から巻頭の発句をもらい、江戸在住の松意ら九人が興行した俳諧百韻（＝百句）十巻を収めたもの。「談林派」という呼称は本書から出た。

談林風 文芸 西山宗因を中心に、大坂の井原西鶴、江戸の田代松意らが興した「談林派」の、俳諧の傾向。古風で保守的な貞門派に対し、自由斬新で滑稽・洒脱を特色とした俳風。町人社会に歓迎されて延宝・天和（一六七三～一六八四）のころ盛行したが、蕉風俳諧が興隆すると衰微した。

短連歌 文芸 連歌の形式の一つ。和歌の上の句（五七五）に別の人が即興的に下の句（七七）をつけて完成させるもの。下の句に上の句をつける場合もある。平安時代の中ごろから行われた。

たん-ゐん【探韻】 名詞 文学遊戯の一つ。漢詩の会で、韻字が記されている紙片を探り取って、その韻によっておのおの漢詩を作ること。

だんをつ【檀越】 名詞 仏教語。寺や僧尼に布施をする信者。檀那。檀家。「だんをち」「だにをち」とも。

ち

ち1【千】 名詞 千。また、きわめて数の多いこと。

ち2【血】 名詞 ❶血液。❷血筋。血統。

ち3【乳】 名詞 ❶母乳。乳汁。乳。❷乳房。乳首。方丈記 鎌倉｜随筆「幼けなき子の、なほちを吸ひつつ臥せるなどもありけり」訳小さな子供で、まだ乳首を吸いながら横たわっているのなどもあった。❸（旗・幕・蚊帳・羽織・わらじなどの縁に付けてある）竿や紐を通すための小さな輪。▼形が乳首に似るところから。

ち4【茅】 名詞 草の名。ちがや。晩春に出る花穂を「つばな」または「ちばな」という。

ち5【知・智】 名詞 ❶知恵。物事を理解し、是非善悪を判断する心の動き。❷知識。知力。

-ち6 接尾語 体言に付いて、方角・場所を表す。「いづち（＝どちら）」「こち（＝こちら）」「遠ち（＝かなた）」

-ち7【箇】 接尾語 数詞に付いて数を数える。「五百ち」「二十ち」

ぢ1【地】 名詞 ❶陸地。地上。平家物語 鎌倉｜物語 二・阿古屋之松「『これはなほ舟津近うて、悪しかりなん』とてぢへ渡し奉り」訳「これではまだ船着き場が近くて、よくないだろう」といって、陸地へお移し申し上げ。❷その土地。地元。❸（囲碁で）石で囲んで占めた盤面。❹生まれつき。本性。❺（布・紙などの）生地。更級 平安｜日記「夢にいと清げなる僧の、黄なるぢの袈裟着たるが来て」訳夢の中にたいそう美しい僧で、黄色の生地の袈裟を着たのが出てきて。❻現実。実際。❼（文章や語り物の）地の文。

ぢ2【持】 名詞 （歌合わせ・囲碁などで）優劣がないこと。引き分け。◆訓読して「持ち」とも。

-ぢ3【路】 接尾語 ❶地名などに付いて、そこへ行く道、そこを通る道であることを表す。「家ぢ」「海ぢ」「信濃ぢ」「山ぢ」「奈良ぢ」。❷日数に付いて、それだけかかる道のりであることを表す。「二日ぢ」。❸心に関する語に付いて、その状態にあることを表す。「恋ぢ」「夢ぢ」

ち

-ぢ【箇】 ジ 接尾語 「ち(箇)」の連濁形。「七十ぢ」「八十ぢ」。

ちいさし【小さし】 ⇨ちひさし

ちいほ-あき【千五百秋】 チイホアキ 名詞 限りなく長い年月。永遠。

ち-いん【知音】 一 名詞 ❶親友。心の底を打ち明けて話すことのできる友。❷知人。知り合い。 二 名詞 ／―す 自動詞 サ変 男女が情を通じること。 参考 中国の春秋時代、琴の名手伯牙は、その音をよく理解していた友人鍾子期の死後、音を理解する(=音を知る)者がないといって、琴の弦を切り再び弾かなかったという、『列子』の故事から。

ちう【宙】 チュウ 名詞 ❶大空。空中。平家物語 鎌倉―物語 二・西光被斬「馬よりとって引き落とし、ちうにくくって西八条へさげて参る」訳馬から捕らえて引きずり落とし、しばって空中にぶらさげて西八条へ参上した。❷そらんじること。暗記。

ちうせい【小せい】 チュウセイ 連体詞 小さい。枕草子 平安―随筆 大進生昌が家に「ちうせい折敷に、ちうせい高坏などこそよく侍らめ」訳小さい折敷(=角盆)に、小さい高坏(=食物をのせる台)などがようございましょう。 参考 形容詞「ちひさし」の連体形の変化した語という説と、中くらいな高さという意味の漢語「中勢」からという説とがある。

ぢ-うたひ【地謡】 ヂウタイ 名詞 謡曲の詞章の地の部分(=会話以外の部分)を舞台の一隅の地謡座で合同で謡うこと。また、その謡・人。

ちえ【千重】 ⇨ちへ

ちかい【誓い】 ⇨ちかひ

ぢ-かい【持戒】 ヂカイ 名詞 仏教語。「六波羅蜜」の一つ。戒律をかたく守ること。

ちかう【誓う】 ⇨ちかふ

***ちがう【違う・交う】** ⇨ちがふ

***ちか-おとり【近劣り】** 名詞 近くで見ると、遠くで見るよりも劣って見えること。源氏物語 平安―物語 総角「心ばせのちかおとりするやうもやなどぞ」訳(中の君の)気立ては、実際会ってみると劣って見えることもありはしないかなどと。対近勝り。

ちかき-まもり【近衛】 名詞 「このゑ」に同じ。

ちか-ごと【誓言】 名詞 「ちかひごと」の変化した語。(神仏などに示す)誓いの言葉。約束。源氏物語 平安―物語 総角「仏の御前にてちかごとも立て侍らむ」訳仏の御前で誓いの言葉も申し上げましょう。◆音読して「せいごん」とも。

ちか-ごろ【近頃】 一 名詞 最近。このごろ。 二 副詞 たいそう。甚だ。▼「最近の例になく甚だしい」の意から。鞍馬天狗 室町―狂言 謡曲「これはちかごろ狼藉なる者にて候ふ」訳これはたいそう乱暴な者でございます。

ちか-ごろ-なり【近頃なり】 形容動詞ナリ {なら／なり・に／なり／なる／なれ／なれ} ❶たいへん結構だ。たいへんよい。葵上 室町―能楽 謡曲「それはちかごろにてござ候ふ」訳それはたいへんようございます。❷たいへん悪い。たいへんひどい。

***ちか・し【近し】** 形容詞ク {(く)・から／く・かり／し／き・かる／けれ／かれ} ❶(距離的・時間的に)近い。鳥の道 江戸―俳文 俳諧「秋ちかき心の寄るや四畳半―芭蕉」訳暑い夏も終わろうとし、秋の近い気配が日増しに感じられるこのごろである。その気配の中で一座した人々の心は深く寄り合うことだ、この落ち着いた四畳半の中で。❷(心理的に)近い。親しい。身近だ。手近だ。枕草子 平安―随筆 木の花は「梨の花、よにすさまじきものにして、ちかうもてなさず」訳梨の花は、まったくおもしろみのないものとして、身近には取り扱わない。◇「ちかう」はウ音便。❸(関係が)近い。近親である。似ている。徒然 鎌倉―随筆 八〇「禽獣にちかき振る舞ひ」訳鳥獣に近い振る舞い。対❶〜❸遠し。

ちか-つ-あふみ【近つ淡海】 チカツオウミ 名詞 近い淡海(=湖)の意。「あふみ」は「あはうみ(淡海)」の変化した語。琵琶湖。また、琵琶湖のある所の意で、近江の国(滋賀県)の古名。 参考 「遠つ淡海(=浜名湖)」に対していう。「つ」は「の」の意の奈良時代以前の格助詞。

ちか-づ・く【近付く】 一 自動詞 カ四 {か／き／く／く／け／け} ❶近くなる。間近になる。せまる。万葉集 奈良―歌集 二五〇「夏草の野島の崎に舟ちかづきぬ」訳⇨たまもかる…。❷近づきになる。親しくなる。徒然 鎌倉―随筆 一七五「ちかづかまほしき人の、上戸にてひしひしと馴れぬる、またうれし」訳近づきになりたいと思った人が、酒飲みであってすぐにうち解けてしまったのは、またうれしい。 二 他動詞 カ下二 {け／け／く／くる／くれ／けよ} 近づける。近寄らせる。源氏物語 平安―物語 宿木「帝の、とりわきてせちにちかづけて睦び給ふべきにもあらずかし」訳帝が特にしきりに近づけて親しくなさるはずでもないのだよ。

ちかひ【誓ひ】 チカイ 名詞 ❶誓った約束。(神仏にかけた)誓約。源氏物語 平安―物語 夕霧「深さちかひにて、今は命を限りにける山ごもりを」訳深い誓約をかけて、命のあるかぎりにと決心した山ごもりを。❷人々を救おうとする、仏の誓願。源氏物語 平安―物語 若菜下「不動尊の御本のちかひあり」訳不動尊のご本願の誓いがある。

ちか・ふ【誓ふ】 チカウ―チコウ 他動詞 ハ四 {は／ひ／ふ／ふ／へ／へ} ❶神仏に誓約する。源氏物語 平安―物語 夕霧「里に出でじとちかひたるを」訳里には出まいと仏に誓約していた僧を。❷固く約束する。源氏物語 平安―物語 橋姫「返す返す散らさぬ由をちかひつる」訳重ね重ね他言しないことを固く約束した。

***ち・が・ふ【違ふ・交ふ】** チガウ―チゴウ 一 自動詞 ハ四 {は／ひ／ふ／ふ／へ／へ} ❶行き交う。交錯する。枕草子 平安―随筆 春はあけぼの「闇もなほ蛍の多く飛びちがひたる」訳月の出ていない夜もやはり、蛍がたくさん飛び交っている(のがおもしろい)。❷行き違いになる。遭わないようにする。平家物語 鎌倉―物語 八・室山「木曾にちがはんと、…播磨の国へ下る」訳(行家は)木曾義仲に遭わないようにしようと、…播磨の国(兵庫県)へ下る。❸相違する。食い違う。背く。曾我物語 鎌倉―物語 四「母や師匠の御心にちがはん事、いかがすべきなれども」訳母や師の御心に背くことはどうすればよいかと思うが。 二 他動詞 ハ下二 {へ／へ／ふ／ふる／ふれ／へよ} ❶交差させる。徒然 鎌倉―随筆 二〇八「紐を結ふに、上下よりたすきにちが

へて」訳紐を結ぶのに、上下からたすき掛けに交差させて。❷変える。とくに、悪夢を吉夢に変える。夢違えをする。蜻蛉 平安―日記 上「しばしば夢のさとしありければ、ちがふるわざもがなとて」訳しばしば夢のおつげがあったので、夢違えをする方法があったらなあと思って。❸相違させる。変える。保元 鎌倉―物語 中「朝日に向かって、弓引かんこと便なかるべし。いささか方をちがへべし」訳朝日に向かって弓を引こうというのは都合が悪いだろう。すこし方向を変えなさい。

参考 類義の語に「たがふ」がある。「たがふ」が、自分や相手の予想・意向と食い違う意であるのに対して、「ちがふ」は、具体的な動作が互いに交差したり行き違ったりする意が本義。なお、「ちがふ」は、古くは「…ちがふ」の形の複合動詞として用いられることが多い。

ちか-まさり[*]【近勝り】名詞 遠くから見るよりも近くで見るほうが勝って見えること。源氏物語 平安―物語 藤裏葉「主の大臣、いとどしきちかまさりを、うつくしきものに思して」訳主の大臣は、ますます近くで見ると優れて見えることを、かわいい婿君だとお思いになって。対近劣り。

近松半二 人名（一七二五～一七八三）江戸時代中期の浄瑠璃作者。大坂の人。本名、穂積成章。近松門左衛門を尊敬して近松を名乗った。竹田出雲の門下。『奥州安達原』で竹本座の立作者となった。『妹背山婦女庭訓』など秀作が多い。

近松門左衛門 人名（一六五三～一七二四）江戸時代前期の浄瑠璃・歌舞伎狂言作者。本名は杉森信盛。戯曲づくりの天才で、浄瑠璃では竹本義太夫と、また歌舞伎では坂田藤十郎と提携し、元禄時代を中心に活躍した。時代物の『国姓(性)爺合戦』、世話物の『冥途の飛脚』『女殺油地獄』など傑作が多い。

ちか-み【近み】 なりたち 形容詞「ちかし」の語幹＋接尾語「み」 近いので。後撰 平安―歌集 夏「このごろは五月雨ちかみほととぎす思ひ乱れて鳴かぬ日ぞなき」訳このごろは五月雨の降る時期が近いので、ほととぎすも私と同じく、思い乱れて鳴かない日はないことよ。

ぢ-がみ【地紙】名詞 扇・烏帽子や傘などに張るための、その形に切った紙。また、扇や傘などに張った紙。

ち-がや【茅・白茅・茅萱】名詞「ち(茅)」に同じ。

ちか-やか・なり【近やかなり】形容動詞ナリ〔なら／なり・に／なり／なる／なれ／なれ〕❶すぐ近くだ。源氏物語 平安―物語 胡蝶「ちかやかに臥したまへば」訳すぐ近くに横になりなさったので。❷いかにも親密だ。源氏物語 平安―物語 初音「今はあながちに、ちかやかなる御ありさまも、もてなし聞こえ給はざりけり」訳(源氏は)今はしいていかにも親密なごようすも、(花散里に)お振る舞い申し上げなさらないのだった。◆「やか」は接尾語。

ちから[1]【力】名詞 ❶体力。腕力。❷気力。精神力。❸効力。効験。源氏物語 平安―物語 柏木「さまざまに引きとどめらるる祈り・願などのちからにや」訳(命を)さまざまに引きとどめることができる祈りや願いなどの効力であろうか。❹頼みがい。頼り。源氏物語 平安―物語 夕霧「こなたにちからある心地して慰めしだに」訳こちらに頼みがいがある感じがして心を慰めただけでも。❺能力。力量。❻労力。働き。

ちから[2]【税】名詞 人民が国家に納める稲の束。また、転じて、租・庸・調などの税。◆民の力という意味の語。

ちから-あし【力足】名詞 ❶力を込めた足。❷相撲の四股。

ちから-およば-・ず【力及ばず】連語 どうしようもない。どうにもできない。しかたがない。平家物語 鎌倉―物語 一・殿上闇討「忠盛に知らせずして、ひそかに参候の条、ちからおよばぬ次第なり」訳(私)忠盛に知らせないで、こっそりと参上した件は、(私には)どうしようもないことです。

ちから-がは【力皮・力革】名詞 馬具の一つ。鞍と鐙とをつなぐ革。参照▼口絵

ちから-ぜめ【力攻め】名詞 計略などを用いず、武力だけで攻めること。

ちから-な・し[*]【力無し】形容詞ク〔(く)・から／く・かり／し／き・かる／けれ／かれ〕どうしようもない。やむを得ない。▼「耐える力がない」という意から。平家物語 鎌倉―物語 四・競「『さらんには、ちからなし』とて、その後沙汰もなかりしを」訳「そういうことならやむを得ない」と言って、その後の音信もなかったのだが。

ちから-れう【主税寮】名詞「しゅぜいれう」に同じ。

ちから-を-た・つ【力を立つ】連語 力を入れる。徒然 鎌倉―随筆 五三「ただちからをたてて引き給へ」訳ひたすら力を入れて引っぱりなさい。

ち-ぎ[1]【千木】名詞 屋根の両端の材木を交差させて、棟の上に突き出させたもの。

参考 古代の家の造り方の一つで、現在も神社建築に引き継がれている。

（千 木）

ちぎ[2]【杠秤・扛秤】名詞 一貫目(＝約三・七五キログラム)以上の重いものを量る桿秤。「ちき」「ちきり」とも。

ぢき・なり【直なり】形容動詞ナリ〔なら／なり・に／なり／なる／なれ／なれ〕❶まっすぐだ。太平記 室町―物語 一三「両の耳は竹をそいでぢきに天を指し」訳両耳は竹をそいだようにまっすぐに天を指し。❷直接だ。じかだ。平家物語 鎌倉―物語 五・咸陽宮「まったく人しては参らせじ。ぢきに奉らん」訳決して他の人を介しては差し上げません。直接に差し上げたい。❸即座だ。すぐだ。膝栗毛 江戸―物語 滑稽「子どもとあなどって、ぢきにむくったと」訳子供だとばかにして、すぐに報いがあったと。

ち-ぎやう[1]【知行】一 名詞／―す 他動詞 サ変 土地を支配すること。領地を治めること。また、領地。平家物語 鎌倉―物語 一・吾身栄花「平家ちぎやうの国三十余か国」訳平家の領地の国は三十か国余り。二 名詞 ❶「知行所」の略。江戸時代、武士が、幕府または藩から分与された土地。❷❶から転じて、扶持や俸禄。

ち-ぎやう[2]【智行・知行】名詞 仏教語。知恵と修行。知識と徳行。

ぢ-きやう【持経】名詞 仏教語。つねに身から離さずに持っている経典。

ぢ-ぎやう【地形】名詞 **土地のようす。地形。** 今昔物語 平安一説話 二二・六「堀河の院は、ちぎやうめでたければ晴れの所にして」訳 堀河院は土地のようすがすばらしいので、ここを晴れがましい場所として。

ちぎり【契り】名詞

❶**約束。契約。** 男女の間の恋の約束、夫婦の縁についても用いる。徒然 鎌倉一随筆 一三七「あだなるちぎりをかこち、長き夜を独り明かし」訳 むだになってしまった約束を嘆き、長い夜を独りで明かして。

❷**前世からの約束。宿縁。因縁。** 源氏物語 平安一物語 桐壺「前の世にも御ちぎりや深かりけむ、世になく清らなる玉の男御子さへ生まれ給ひぬ」訳 前の世においてもご宿縁が深かったのであろうか、この世にまたとなく気品があって美しい玉のような男の御子までもお生まれになった。

歴史スコープ 平安時代は、前世の因縁によってこの世のあり方が決まるという、仏教の因果応報の思想が盛んであった。❷には、そのような、すでに前世から定まっていて人の力ではどうにもならない、現世に対する拘束力という意味合いがこめられている。

ちぎりおきし… 和歌 百人一首「契りおきし させもが露を 命にて あはれ今年の 秋も去ぬめり」千載 鎌倉一歌集 雑上・藤原基俊 訳（「私を頼みにしなさい」と）約束してくださった「させも草」の歌の、ありがたい露のようなお言葉を、命のように大切にしておりましたのに、（望みもかなわず）今年の秋も過ぎ去ってしまうようです。

鑑賞 息子の僧都光覚を維摩絵の講師にと、藤原忠通に頼んだところ、「なほ頼め標茅が原のさせも草わが世の中にあらむ限りは（＝『新古今和歌集』釈教）」と請け合ってくれた。それなのに今年も選にもれたので、その恨みと悲嘆を述べた歌。「させも草」は「さしも草」に同じで、「蓬」のこと。

ちぎり-お・く【契り置く】他動詞カ四{か/き/く/く/け/け} **約束しておく。約束をかわす。** 更級 平安一日記 梅の立枝「なほ頼め梅のたち枝はちぎりおかぬ思ひのほかの人も訪ふなり」訳 やはり頼みにして待つがよい。梅の高く伸びた枝（がかおるとき）は約束をかわさない思いがけない人も訪れるというから。参照▼ 文脈の研究 たのむ。

ちぎりきな… 和歌 百人一首「契りきな かたみに袖を 絞りつつ 末の松山 波越さじとは」後拾遺 平安一歌集 恋四・清原元輔 訳 約束したのだったね、お互いに涙に濡れた袖を絞りながら。あの末の松山を波が越すことがないように、決して心変わりはしないと。（それなのに、あなたは心変わりしてしまったのですね。）

鑑賞 本歌は『古今和歌集』東歌「君をおきてあだし心をわが持たば末の松山波も越えなむ」〈⇩きみをおきて…〉。

ちぎり-を-むす・ぶ【契りを結ぶ】連語 **約束を取り交わす。また、夫婦の縁を結ぶ。** 宇津保 平安一物語 俊蔭「この日の本の国にちぎりをむすべる因縁あるによりて、その果報豊かなるべし」訳 この日本の国（の人）と約束を取り交わした因縁があることによって、その果報も豊かであろう。

ち-ぎ・る[1]【千切る・捩る】

一 他動詞ラ四{ら/り/る/る/れ/れ} ❶**（手で）細かくきりとる。** 蜻蛉 平安一日記 上「海松の引干の、短くちぎりたるを結ひ集めて」訳 海松の引干の短くきりとったのを束ねて。❷**無理にもぎとる。ねじ切る。** 徒然 鎌倉一随筆 五三「頸もちぎるばかり引きたるに」訳 首ももぎとるくらいに引いたところ。

二 自動詞ラ下二{れ/れ/る/るる/るれ/れよ} **ねじれて切れる。切れて分かれる。** 鉢木 室町一能楽 謡曲「ちぎれたりともこの具足」訳 ねじれて切れているといってもこの鎧。

三 補助動詞ラ四{ら/り/る/る/れ/れ}〔動詞の連用形に付いて〕（ちぎれるほど）**盛んに…する。** 宇治拾遺 鎌倉一説話 三・四「念珠を揉みちぎる」訳 数珠を盛んに力を入れてもむ。

ちぎ・る[2]【契る】自動詞ラ四{ら/り/る/る/れ/れ} ❶**固く、確かに約束する。行く末を誓う。** 今昔物語 平安一説話 二五・一二「頼信、これを聞きて、ことしもそこにもとよりちぎりたらむやうに」訳 頼信はこれを聞いて、あたかもどこそこで（討ち取れ）と前から約束していたかのように。❷**愛を誓う。男女が夫婦の約束をする。** 平家物語 鎌倉一物語 一・祇王「千年万年とちぎれども、やがて離るる仲もあり。あからさまとは思へども、ながらへ果つることもあり」訳 千年も万年も一緒にと愛を誓っても間もなく別れてしまう男女の仲もある。かりそめと思ってもずっと生涯を連れ添うことだってある。

ち-ぐ【値遇】名詞／—す 自動詞サ変 仏教語。前世の宿縁によって現世で出会うこと。また、仏縁ある者に会うこと。「ちぐう」とも。今昔物語 平安一説話 一一・七「文殊にちぐし奉らむと祈願し給ひける程に」訳 文殊菩薩に会い申し上げたいものと祈願なさったときに。

ぢく【軸】名詞 ❶**牛車などの車軸。** ❷巻く物、特に巻物や掛け物の芯にする丸棒。❸**巻物。掛け物。**

筑後 地名 旧国名。西海道十二か国の一つ。今の福岡県南部。筑州。参照▼ 資料21

ち-くさ[1]【千草・千種】名詞 ❶**いろいろの草。多くの草。** 季 秋。❷「千草色」の略。薄い藍色。萌黄色。◆「ちぐさ」とも。

ち-くさ[2]【千種】名詞 種類が多いこと。いろいろ。さまざま。「ちぐさ」とも。

ち-くさ・なり【千種なり】形容動詞ナリ{なら/なり・に/なり/なる/なれ/なれ} **種類が多い。いろいろだ。さまざまだ。**「ちぐさなり」とも。伊勢物語 平安一物語 八一「紅葉のちくさに見ゆるをり」訳 紅葉の（色が）さまざまに見えるところ。

ちく-しやう【畜生】名詞 ❶**鳥獣魚虫の類。けだもの。** ❷仏教語。「畜生道」の略。❸人をののしっていう語。

ちくしやう-ざんがい【畜生残害】名詞 けだものが互いにかみ合い、傷つけ合うこと。また、そのような行為をするけだもの。

ちくしやう-だう【畜生道】名詞 仏教語。「六道」の一つ。死者が生前の悪業の報いによって「ちくしやう❶」に生まれ変わり、責め苦を受ける世界。

筑前【地名】旧国名。西海道十二か国の一つ。今の福岡県北部。古くから大宰府が置かれた。筑州。
参照▶資料21

ちく-だい【竹台】 名詞 清涼殿の東庭にある、竹を植えた台。呉竹の台と河竹の台がある。竹のうてな。

ちく-てん【逐電】 名詞／―す 自動詞 サ変 ❶きわめて速いこと。❷逃げ去って行方をくらますこと。逃亡。平家物語 鎌倉―物語 五・物怪之沙汰「かの夢見たる青侍、やがてちくてんしてんげり」訳あの夢を見た若く身分の低い侍は、そのまま逃げ去って行方をくらましてしまった。◆電を逐うという意。後に「ちくでん」とも。

竹生島 地名 今の滋賀県琵琶湖の北方にある、風光明媚な島。日本三弁天の一つの弁天堂があり、信仰を集めた地。謡曲「竹生島」の舞台。

ぢ-くわろ【地火炉】 名詞 (おもに料理用の)いろり。「ちくわろ」とも。枕草子 平安―随筆 すさまじきもの「すさまじきもの。…火おこさぬ炭櫃・ぢくわろ」訳興ざめなもの。…炭火をおこさない角火鉢やいろり。

ぢ-げ【地下】 名詞 ❶宮中の清涼殿の「殿上の間」に昇殿を許されない役人。また、その家柄。ふつう、「蔵人」を除く六位以下の者。枕草子 平安―随筆 関白殿、二月二十一日に「殿を始め奉りて、殿上人・ぢげなどもみな参りぬ」訳殿を始めとし申し上げて、殿上人や昇殿を許されない役人などもみな参上した。対殿上人。❷(官職のない)普通の人々。庶民。

ぢげ-にん【地下人】 名詞 ❶「ぢげ❶」に同じ。❷「ぢげ❷」に同じ。❸領民。

ち-ご【児・稚児】 名詞 ❶乳飲み児。あかご。源氏物語 平安―物語 桐壺「めづらかなるちごの御かたちなり」訳めったにないほど美しい赤ん坊のお顔立ちである。❷幼児。枕草子 平安―随筆 うつくしきもの「二つ三つばかりなるちごの、急ぎてはひ来る道に」訳二、三歳ぐらいの幼児が、急いではってくる途中で。❸寺で、出家しない姿のままで勉学や行儀見習いをし、また、雑用に当たったりする少年。宇治拾遺 鎌倉―説話 一・一二「これも今は昔、比叡の山にちごありけり」訳これも今となっては昔のことだが、比叡山に稚児がいた。

ちご-おひ【児生ひ・稚児生ひ】 名詞 幼児の成長するようす。また、幼い時の容姿。源氏物語 平安―物語 柏木「大将などのちごおひの、ほのかに思い出づるには、似給はず」訳大将などが幼い時の様子を、かすかにお思い出しなさるのには似ていらっしゃらない。

ぢ-ごく*【地獄】 名詞 仏教語。「六道」の一つ。生前に悪事をはたらいた者が、死後に落ちてさまざまの罰を受ける所。地獄道。対極楽(浄土)。
参考 地下深い所にあると考えられ、閻魔大王が死者の生前の悪事を裁き、鬼たちが罪人にさまざまの罰を与えるという。ふつう、八大地獄(＝「八熱地獄」とも。等活・黒縄・衆合・叫喚・大叫喚・焦熱・大焦熱・無間の八種の極熱の地獄)をいうが、ほかに八寒地獄もある。

ぢこく-てん【持国天】 名詞 仏教語。四天王の一つ。須弥山の中腹の東側に住み、東方を守護するという。

(持国天)

ぢごく-の-かま-の-ふた-も-あ-く【地獄の釜の蓋も開く】 連語 どんな人でも休む正月の十六日と盆の七月十六日とは、地獄の鬼すら亡者を責める釜の蓋を開けて呵責を休む。

ぢごく-へん【地獄変】 名詞 「地獄変相」の略。地獄の種類によって異なるさまざまな責め苦の様相。また、それを描いたもの。

ぢごく-ゑ【地獄絵】 名詞 「地獄変」を描いた絵。

ちさ【萵苣】 名詞 木の名。えごのき。初夏に白色の花をつける。一説に「ちしゃのき」とも。

ぢ-さい【持斎】 名詞／―す 自動詞 サ変 仏教語。僧が午後食事をしないという戒律を保つこと。また、一般に、精進潔斎に励むこと。今昔物語 平安―説話 一三・二七「一生の間、持戒にして、常にぢさいす」訳一生の間、戒律をかたく守って、常に精進潔斎に励む。

ぢ-ざう【地蔵】 名詞 仏教語。「地蔵菩薩」の略。釈迦の死後、弥勒菩薩が出現するまでの仏のいない時代に、人々を救い、教え導く菩薩。平安時代中期以降、地獄の罪人を救い、また、子供を守る仏として信仰された。地蔵尊。

ち-さと【千里】 名詞 ❶多くの村里。❷(距離の)千里。遠い道のり。徒然 鎌倉―随筆 一三七「望月の隈なきをちさとの外まで眺めたるよりも」訳満月がこうこうと澄みわたっているのを千里より遠くまで眺めているのよりも。◇「千里」を訓読した語。

ち-さん【遅参】
一 名詞／―す 自動詞 サ変 刻限に遅れて参上すること。今昔物語 平安―説話 二七・九「その史、ちさんしたる事を怖れて」訳その第四等官は、刻限に遅れて参上したことを恐れて。
二 名詞／―す 他動詞 サ変 ためらって、参上しないこと。また、こわくて参上をためらうこと。義経記 室町―物語 五「これ程の山河をちさんし給ふか」訳これぐらいの谷川をこわくて参上をためらいなさるのか。

ぢ-さん【地算】 名詞 初歩の計算法。「ぢざん」とも。

ち-じ【致仕】 名詞 ❶官職を退くこと。辞職。❷七十歳の別名。▼昔、中国で、七十歳になると退官を許されたことから。◆「ちし」とも。

ぢ-し【地子】 名詞 ❶律令制で、諸国の公田および私田の一部を農民に貸して耕作させるときの賃租料。❷主に室町時代以後、市街地の宅地税。転じて、土地の使用料。

ち-しき【知識・智識】 名詞 仏教語。❶仏縁に結ばれる知人・友人。また、広く、知人。❷修行をつんで、仏道に縁を結ばせてくれる人。転じて、徳の高い高僧。善知識。❸結縁のため、仏像や堂塔の建立などに私財を寄進すること。また、そのもの。

ぢ-しき【地敷き】 名詞 貴人の座席で、板敷きの床に敷くござ。

ち-しほ【千入・千汐】(チシオ) 名詞 繰り返し幾度も染めること。また、その色や染めた物。◆「しほ」は染色の度数を表す接尾語。

ち-しゃ【知者・智者】 名詞 ❶**道理をよくわきまえた人。知恵のある人。賢い人。**❷**仏の教えに明るい僧。高徳の僧。**善知識。知識。「ちさ」とも。徒然 鎌倉―随筆 六〇「盛親僧都とて、やんごとなきちしゃありけり」訳盛親僧都という名で、並々でない高徳の僧がいたそうだ。

ぢ-しゃ【持者】(ジシャ) 名詞 「持経者」の略。常に経を声に出して読む、信仰のあつい者。ふつう、法華経を読む者にいう。◆仏教語。

ぢ-しゅ【地主】(ジシュ) 名詞 ❶土地の所有者。じぬし。❷土地の守護神。また、特に、寺院の建立以前からその地にあって、その寺院の守護神とされる神。比叡山の日吉神社、高野山の天野神社など。地主の神。

ぢ-じん【地神】(ジジン) 名詞 ❶この国土を治めた天照大神・天忍穂耳尊・瓊瓊杵尊・彦火火出見尊・鸕鷀草葺不合尊の五代の神。◇多く「地神五代」の形で用いる。❷「けんらうぢじん」に同じ。

ち-す【帙簀】 名詞 経典などを包む「帙」。竹を簀の子に編んだものの周りを錦で縁どりし、裏に綾をつけ、組みひもをつけたもの。「ぢす」とも。

(帙簀)

ぢ-す【治す】(ヂス) 一 自動詞 サ変 {せ/し/す/する/すれ/せよ} (病気が)**なおる。**風来六部集 江戸―物語「ぢする病も療し得ず」訳なおる病気もなおせず。二 他動詞 サ変 {せ/し/す/する/すれ/せよ} ❶(病気を)**なおす。治療する。**栄花物語 平安―物語 玉の村菊「目をいみじう煩ひ給ひて、よろづぢし尽くさせ給ひけれど」訳目をひどくわずらいなさって、あらゆる手段で治療し尽くしなさったけれど。❷**治める。平定する。**平家物語 鎌倉―物語 九・樋口被討罰「漸々に敵を滅ぼして、天下をぢする事を得たりき」訳やっと敵を滅ぼして、天下を治めることができた。

ぢ-ずり【地摺り】(ジズリ) 名詞 白地に藍や金泥で模様を摺り出すこと。また、その織物。

ち-たび【千度】 名詞 千回。また、度数の多いこと。

＊**ち-ぢ【千千】** 名詞 **千箇。たくさん。**数が多いこと。伊勢物語 平安―物語 九四「ちぢの秋ひとつの春にむかはめや紅葉も花もともにこそ散れ」訳たくさんの秋が一つの春にかなうだろうか、いや、かなわない。しかし、秋の紅葉も春の花も同じように散るのだ。◆「ぢ」は接尾語。

ちち-ぎみ【父君】 名詞 父の尊敬語。**父上。**

＊**ち-ぢ-なり【千千なり】** 形容動詞ナリ {なら/なり・に/なり/なる/なれ/なれ} **いろいろだ。さまざまだ。**古今 平安―歌集 秋上「月見ればちぢに物こそ悲しけれ」訳⇨つきみれば…。◆「ぢ」は接尾語。

ちち-ぬし【父主】 名詞 父の尊敬語。**父君。父上。**

ちちのみ-の【ちちの実の】 枕詞 同音の繰り返しで「父」にかかる。「ちちのみの父の命」

ちちははが… 和歌「父母が 頭かき撫で 幸くあれて 言ひし言葉ぜ 忘れかねつる」万葉集 奈良―歌集 四三四六・防人歌 訳旅立つときに父母が私の頭をなでて、無事でいなさいと言った言葉が、いまだに忘れられないことだ。

鑑賞 別れる際の両親のことを思い出して故郷を懐かしんでいる防人の歌。「けとばぜ」の「ぜ」は「ぞ」の、「あれて」は「あれと」の東国方言。

ちちははも… 和歌「父母も 花にもがもや 草枕(＝枕詞) 旅は行くとも 捧ごて行かむ」万葉集 奈良―歌集 四三二五・防人歌 訳父や母が花であったらいいのになあ。そうすれば、防人として旅に出ても、大切に携えていくのに。

鑑賞 父母を残して防人に行く嘆きを詠んだ歌。「もがもや」は連語で、実現することが難しいことについての願望を表す。「捧ごて」は「捧げて」の東国方言。

ちち-みかど【父帝】 名詞 父である天皇。天皇である父。

ちち-みこ【父御子・父皇子】 名詞 父である皇子。皇子である父。

ちち-みや【父宮】 名詞 父である皇族。皇族である父。

ぢ-ぢゃう【治定】(ジジョウ) 一 名詞／―す 自動詞 サ変 落ち着き定まること。**決定。**盛衰記 鎌倉―物語 六「罪科ぢぢゃうの程は申し預かり候はばや」訳罪のしおきの決定については任せていただきたい。二 名詞 連歌・俳諧で句の表現を完結すること。結びの表現。三 副詞 **必ず。きっと。**太平記 室町―物語 一〇「今日の軍にはぢぢゃう勝つべき謂はれ候ふ」訳今日のいくさには必ず勝つにちがいない理由がございます。

ぢぢゃう-なり【治定なり】(ジジョウナリ) 形容動詞ナリ {なら/なり・に/なり/なる/なれ/なれ} **確かだ。必定だ。**恨の介 江戸―物語 仮名「このまま御堂に転び伏し、露と消えんはぢぢゃうなり」訳(恋がかなわないなら)このまま御堂に倒れ伏して、死んでしまうだろうことは確かだ。

ちちよ-ちちよ 副詞 みのむしの鳴き声を表す語。▼親に捨てられて「父よ」または「乳よ」と鳴くと解される。枕草子 平安―随筆 虫は「八月ばかりになればちちよちちよとはかなげに鳴く」訳八月ごろになると、(みのむしが)ちちよちちよと心細そうに鳴く。

ちちわく-に【千千分くに】 副詞 **あれこれと。さまざまに。**拾遺 平安―歌集 雑上「ちちわくに人はいふとも織りて着む我が機物に白き麻衣」訳あれこれと人が言っても織って着よう。私の機で織った白い麻の衣を。

参考『万葉集』七・一二九八の歌の「かにかくに」の原文「千各」を「千分」と読み誤った語という。

ち-つ[1]【帙】 名詞 書物を保護するために包む覆い。厚紙に布を張って作ることが多い。古くは「帙簀」であった。

-ちつ[2]【帙】 接尾語 帙に書物を入れ、それを単位として書物を数える語。「三ちつの書籍」

ちっ-とも【些とも】 副詞 ❶**少しでも。**浮世風呂 江戸―物語 滑稽「ちっとも早く如来さまのお迎へをまつのさ」訳少しでも早くと仏様のお迎えをまつのさ。❷(打消の語を下接して)**少しも(…ない)。**保元 鎌倉―物語 下「為朝ちっとも騒がず」訳源為朝は少しも騒がないで。

ちと【些と】副詞 少し。ちょっと。宇治拾遺 鎌倉―説話 八・三「ちとまどろませ給ふともなきに」訳少しうとうととなされたかどうかというときに。徒然 鎌倉―随筆 二三六「この御社の獅子の立てられやう、さだめて習ひあることに侍らん。ちとうけたまはらばや」訳この神社の獅子の立てられ方は、きっと由緒があることでしょう。ちょっとお聞きしたいものです。

ぢ-とう【地頭】ヂトウ 名詞 ❶鎌倉時代、荘園に置かれた、荘園管理のための役職。幕府が御家人を任命し、年貢徴収、治安維持などに当たらせた。❷室町時代には守護大名の、江戸時代には将軍・諸藩の家臣で、知行地を与えられてそこの領主となっている者。

持統天皇 ジトウテンノウ 人名（六四五〜七〇二）飛鳥時代の女流歌人。天智天皇の第二皇女で天武天皇の皇后。即位して藤原京を建設し、白鳳文化の発展に尽くした。歌人としても名高く、『万葉集』などに御製が収められている。

ちと-すうぜう【雉兎芻蕘】チトスウジョウ 名詞 猟師や草刈り・木こりなどの人々。奥の細道 江戸―紀行 石の巻「ちとすうぜうのゆきかふ道」訳猟師や草刈り・木こりなどが行き来する道。◆「雉兎」は猟師、「芻」は草刈り、「蕘」は木こりの意。

ち-とせ【千歳・千年】名詞 **千年。多くの年。長久の年月。**

ち-どり【千鳥】名詞 ❶**多くの鳥。いろいろの鳥。**万葉集 奈良―歌集 三八七三「わが門に千鳥しば鳴く起きよ起きよ」訳我が家の門に多くの鳥が起きよ起きよとしきりに鳴く。❷鳥の名。ちどり科の鳥の総称。川・海・湖沼の水辺に群れをなしてすむ。季冬。万葉集 奈良―歌集 九二五「ぬばたまの夜の更け行けば久木生ふる清き川原にちどり屢鳴く」訳⇒ぬばたまの…。

参考 文学に表される四季の代表的な鳥は、春は梅に来る鶯、夏は卯の花に来て鳴く時鳥、秋は秋風とともに訪れる雁、冬は千鳥。

ちどりなく… 和歌「千鳥鳴く 佐保の川瀬の さざれ波 やむときもなし 我が恋ふらくは」万葉集 奈良―歌集 五二六・坂上郎女 訳千鳥の鳴く佐保川の瀬のさざなみのように、途絶えるときもないことだ、わたしの恋しく思う気持ちは。

鑑賞 絶えることのない恋心を詠んだ歌。上句は「やむときもなし」を導き出す序詞。

ち-な【千名】名詞 **さまざまの評判。**

ちなみ【因み】名詞 ❶**ゆかり。縁故。関係。**奥の細道 江戸―紀行 汐越の松「古きちなみあれば尋ぬ」訳古くからの縁故があったのでたずねた。❷**つき合い。**❸**婚約。縁結び。**

ちな・む【因む】自動詞マ四{ま/み/む/む/め/め} **ある縁に基づいて物事を行う。縁を結ぶ。親しく交わる。**雪の尾花 江戸―俳諧 俳諧「年ごろちなみ置ける旧友・門人の情け」訳長年、親しく交わっていた旧友や門人の思いやり。

ち-ぬし【乳主】名詞 ❶**乳母。**宇津保 平安―物語 忠こそ「かのおとどの御ちぬしの娘」訳あの大臣の御乳母の娘。❷**乳母の子。**源氏物語 平安―物語 若菜上「常にこの小侍従といふ御ちぬしをも言ひ励まして」訳いつも、この小侍従という御乳母の子を責めたてて。

ち-の-すぢ【血の筋】チスジ 連語 **血がつながっていること。血筋。血縁。**冥途飛脚 江戸―浄瑠璃 浄瑠璃・近松「なう、ちのすぢは悲しい」訳なあ、血のつながりは悲しいものだ。

ち-の-なみだ【血の涙】連語 **深く悲しんで血が出るほど流す涙。**竹取物語 平安―物語 ふじの山「その後、翁・嫗、ちのなみだを流して惑へどかひなし」訳その後、（竹取の）翁と嫗は、深く悲しんで血が出るほどの涙を流して悲しみもだえるが、どうしようもない。

ち-ばな【茅花】名詞「つばな」に同じ。

ち-は・ふ【幸ふ】チワウ/チオウ 自動詞ハ四{は/ひ/ふ/ふ/へ/へ} **霊力を現して加護する。**万葉集 奈良―歌集 一七五三「女の神もちはひ給ひて」訳女の神も霊力を現して加護しなさって。◆「ち」は霊力の意。

ちはや【襷・襅・千早】名詞 ❶たすき。もと、巫女の用いたものをいった。❷巫女が神事に奉仕するときに着た服。白布で作る。

ちはや-ひと【千早人】枕詞 威勢の強い人の意で、「氏」のほめ言葉とされ、「氏」と同音の「宇治」にかかる。万葉集 奈良―歌集 一一三九「ちはやひと宇治川波を清みかも旅行く人の立ちかてにする」訳宇治川の波が清らかだからだろうか。旅行く人が去りかねている。

ちはや-ぶる[1]【千早振る】枕詞 ❶荒々しい「氏」ということから、地名「宇治」にかかる。「ちはやぶる宇治の」。❷荒々しい神ということから、「神」および「神」を含む語、「神」の名、「神社」の名などにかかる。古今 平安―歌集 秋下「ちはやぶる神代も聞かず」訳⇒ちはやぶる…。

ちはやぶる…[2] 和歌 百人一首「ちはやぶる（＝枕詞） 神代も聞かず 竜田川 韓紅に 水くくるとは」古今 平安―歌集 秋下・在原業平 訳不思議なことが多かったという神代でも、こんなことは聞いたことがない。竜田川の水を、紅葉の葉が紅にくくり染めにするなんて。

鑑賞 詞書に、紅葉の流れる竜田川を描いた屏風絵を題として詠んだとある。紅葉を浮かべる竜田川のさまを、くくり染めの織物に見立てた歌である。

ちはや-ぶる[3]【千早振る】上二段動詞「ちはやぶ」の連体形。**たけだけしい。荒々しい。**のちには「ちはやふる」とも。万葉集 奈良―歌集 一九九「ちはやぶる人を和せ」訳荒々しい人を懐柔し。

ち-びき【千引き】名詞 **重くて千人で引かなければ動かないこと。また、それほどの重さのもの。**

ちひさ【小さ】チイサ 形容詞語幹⇒ちひさし。栄花物語 平安―物語 月の宴「御心掟など、ちひさながらおはしますを」訳御配慮などを、幼いながら備えておいでなので。

ちひさ・し【小さし】チイサシ 形容詞ク{(く)・から/く・かり/し/き・かる/けれ/かれ} ❶**小さい。**枕草子 平安―随筆 うつくしきもの「なにもなにもちひさきものはみなうつくし」訳何もかも小さいものはみなかわいらしい。❷**幼い。**源氏物語 平安―物語 若紫「僧都のもとなるちひさき童して」訳僧都のもとに仕える幼い童を使って。

ちひさ-やか・なり【小さやかなり】チイサヤカナリ 形容動詞ナリ{なら/なり・に/なり/なる/なれ/なれ} **いかにも小さい。**落窪物語 平安―物語 一「例のもちひ二くさ、ちひさやかにをかしうて」訳普通のもちが二種類、いかにも小さく趣があって。◆「やか」は接尾語。

ち-ひと【千人】名詞 **千人の人。多くの人。**

ち

ち-ひろ【千尋】名詞 千尋(せん)。また、長さ・遠さ・深さが甚だしいことにいう。「ちいろ」とも。◆「ひろ」は長さや深さの単位。

ち-ふ[1]【茅生】名詞 一面にちがや(=草の名)が生えている所。茅原(ちはら)。

ち-ふ[2](チュ) 連語 「といふ」の変化した語。…という。万葉集 奈良―歌集 八〇〇「穿(う)け沓(ぐつ)を…踏み脱きて行くちふ人は」訳穴のあいたくつを…踏みつけて脱いでいくという人は。

参考 奈良時代以前には、「とふ」の形も用いられ、平安時代以後は、「てふ」が用いられる。

ぢ-ぶ【治部】(ブジ) 名詞 「治部省(しゃう)」の略。また、治部省の役人。

ぢぶ-きゃう【治部卿】(ヨウジブキ) 名詞 「治部省(しゃう)」の長官。四位以上が任ぜられ、多く大・中納言や参議の兼任。「おさむるつかさのかみ」とも。

ぢぶ-しゃう【治部省】(ヨウジブシ) 名詞 「八省」の一つ。五位以上の貴族の戸籍・相続・婚姻や葬送、外国使節の接待などを取り扱った役所。おさむるつかさ。

ぢ-ぶつ【持仏】(ツジブ) 名詞 ❶(守り本尊として)つねに身辺に置いて信仰する仏像。❷「持仏堂」の略。幻住庵記 江戸―俳文 俳文・芭蕉「ぢぶつ一間(ま)を隔てて」訳仏間ひと間を隔てて。

ぢぶつ-だう【持仏堂】(ドウジブツ) 名詞 「持仏❶」や先祖の位牌(いはい)を安置する堂。または、部屋。仏間(ぶつま)。

ちふり-の-かみ【道触りの神】名詞 **旅の安全を守る神。** 土佐日記 平安―日記 一・二六「わたつみのちふりのかみに手向けする幣(ぬさ)の追ひ風止まず吹かなむ」訳大海の旅の安全を守る神様に捧げる幣を吹く追風よ、止まずに吹いておくれ。◆「ちふり」は「ちぶり」とも。

ち-へ*【千重】(エチ) 名詞 **幾重もの重なり。** 万葉集 奈良―歌集 八六六「白雲のちへに隔てる筑紫(つくし)の国は」訳白雲が幾重もの重なりになって隔てている筑紫の国は。

ちへ-しくしく-に【千重頻く頻くに】(チエシクシクニ) 連語 **幾度も繰り返して。何度も何度も。しきりに。** 万葉集 奈良―歌集 二二三四「一日(ひとひ)にはちへしくしくにわが恋ふる妹(いも)があたりに」訳一日に何度も何度も私が恋するあの娘の(家の)あたりに。

ちへ-なみ【千重波・千重浪】(チエナミ) 名詞 **幾重にも重なって寄せる波。**

ちへ-に-ももへ-に【千重に百重に】(チエニモモエニ) 連語 **幾重にも幾重にも。** 万葉集 奈良―歌集 二九一〇「心にはちへにももへに思へれど」訳心では幾重にも幾重にも思っているが。

ち-まき【粽・茅巻】名詞 米の粉を水でこねたものを、笹(ささ)や真菰(まこも)の葉で巻き、蒸して作った餅(もち)。端午(たんご)の節句に食べる。季夏。

(粽)

ち-また*【巷・岐・衢】名詞 ❶**道の分岐点。分かれ道。** 徒然 鎌倉―随筆 二六「路(みち)のちまたの分かれん事を嘆く人もありけんかし」訳道の分岐点が分かれることを嘆く人もいたそうだよ。❷**町中の道。街路。** 転じて、**この世。** 今昔物語 平安―説話 七・四二「門の内の南北に大きなる一のちまたあり」訳門の内の南北の方向に大きな一つの街路がある。❸**所。場所。** 太平記 室町―物語 七「冥途(めいど)までも同じちまたに伴ふべし」訳あの世までも同じ所へ連れて行こう。◆「道股(ちまた)」の意。

ち-まつり【血祭り】名詞 出陣のとき、敵方の捕虜などを殺して軍神を祭ること。

ぢ-もく【除目】(クジモ) 名詞

語義の扉

「除」は前任者を除くこと、「目」は新任者の名前を目録に記すことから。

朝廷で行われる、大臣以外の官職の任命式。国司(地方官)を任命する春の「県召(あがため)しの除目」と、京官(中央官庁の役人)を任命する秋の「司召(つかさめ)しの除目」とのほか、「臨時の除目」があった。枕草子 平安―随筆 すさまじきもの「ぢもくに司(つかさ)得ぬ人の家」訳(期待がうらぎられて、心地がわるいのは)役人任命の行事のときに、官職を得ることができなかった人の家である。

古典の常識

『「除目(ぢもく)」と貴族たち』

「除目」は、平安時代以後室町時代まで行われたが、平安貴族たちにとっては、大きな関心事であった。特に正月に三日間行われる「県召(あがため)しの除目」は、収入のよい国司の地位が得られるかどうかが決まるので、中下流貴族(受領(ずりやう)階級)にとっては大きな意味を持っていた。そこで「申(まう)し文(ぶみ)(=叙任を申請する文書)」を提出したり、縁故を頼ったりと、国司の地位を得るための猟官運動が盛んに行われた。

平安女流文学の担い手には受領階級の娘が多いためか、その作品にも除目のようすや国司に対する思いの記述をみることができる。

『枕草子(まくらのさうし)』には、除目の評定が行われる夜、申し文を持って歩いたり、女房の局に自分を売り込んだりして、あくせくと走り回る姿や、知らせを一喜一憂して待つ家のようすなどが描かれている。また『更級(さらしな)日記』には、へんぴな土地の国司になった作者の父のなげきが書かれている。

ぢゃ(ヤジ) 助動詞 特殊型

《接続》体言、活用語の連体形、接続助詞「て」などに付く。

未然形	連用形	終止形	連体形	已然形	命令形
ぢゃら	(で) ぢゃっ	ぢゃ	(な) ぢゃ ○	○	ぢゃる

❶〔断定〕**…だ。…である。** 末広がり 室町―狂言 狂言「すればそなたは仕合せ者ぢゃ」訳それならお前は幸せ者だ。

❷〔資格・続き柄〕**…にあたる。…である。** ▼親族を表す名詞に付いて。武悪 室町―狂言 狂言「親ぢゃ人に逢(あ)うた」訳親である人に会った。

❸〔疑問〕**…か。…なのか。** ▼疑問・不定を表す語を受けて。生玉心中 江戸―浄瑠 浄瑠・近松「その深い男は誰(たれ)

ぢゃ知らぬが」訳その深い（仲の相手の）男はだれか知らないが。

❹〔反語〕…（である）か（いや、そうではない）。▼疑問・不定を表す語を受けて。雁盗人 室町―狂言「諸侍が何とそのやうなさもしいことをするものぢゃ」訳侍たる者がどうしてそのようなさもしいことをするものか（いや、だれもしない）。

❺〔軽い敬意〕…おいでだ。▼助詞「て」「に」に付いて。冥途飛脚 江戸―浄瑠 近松「おやぢさまはいとしや、早う脱ぬかしてくれよとて、狂乱になってぢゃ」訳おやじ様はかわいそうに、早く逃がしてくれといって、狂乱のようになっておいでだ。

参考 室町時代の末期に「である」が変化してできた語。関東の「だ」に対立する形で関西で用いられ、現代でも関西以西の地方で用いられる。

ちゃう[1]【丁】チョウ
一 名詞 偶数。特に、賽の目にいう。
二 副詞 〔漢数字の上に付けて〕ちょうど。鑓権三 江戸―浄瑠 浄瑠・近松「わしは戌でちゃう六十」訳わたしは戌どしでちょうど六十。

ちゃう[2]【庁】チョウ 名詞 ❶役所。官庁。❷「検非違使庁」の略。「使庁」とも。

ちゃう[3]【町・丁】チョウ 名詞 市街地。まち。主に商工業者が居住する地域。

ちゃう[4]【帳】チョウ 名詞 ❶垂れぎぬ。とばり。室内を区切って、人目をさえぎるために垂れ下げる布。竹取物語 平安―物語 かぐや姫の生ひ立ち「ちゃうの内よりも出ださず、いつき養ふ」訳垂れぎぬの中からさえも出さないで、大切に養い育てる。❷「ちゃうだい（帳台）」に同じ。❸帳面。帳簿。

-ちゃう[5]【町・丁】チョウ 接尾語 ❶土地の面積の単位を表す。一町は十段で約一ヘクタール。❷距離の単位を表す。一町は六十間で約一一〇メートル。

-ちゃう[6]【張】チョウ 接尾語 ❶弓・琴・琵琶など、弦を張った物を数える。❷紙や皮などを数える。…枚。❸幕や蚊帳などを数える。…張。

ぢゃう[1]【定】ジョウ 名詞 ❶真実。本当のこと。定め。❷約束。取り決め。申楽談儀 室町―能楽「末代欠き申すまじきよし、ぢゃう申しあひだ」訳いつまでも休まないということを、約束いたしたので。❸「ぜんぢゃう（禅定）❶」に同じ。◇仏教語。❹…のとおり。平家物語 鎌倉―物語 一二・六代被斬「そのぢゃうにしたりければ、げにも後には人一人もなかりけり」訳そのとおりにしたので、本当にその後は人が一人もいなかった。❺…の程度。…のようす。平家物語 鎌倉―物語 一・祇王「このぢゃうでは、舞もさだめてよかるらむ」訳このようすでは、舞もきっと上手に舞うであろう。❻〔接続助詞的に用いて〕（…とはいう）ものの。平家物語 鎌倉―物語 一一・那須与一「小兵といふぢゃう、十二束三つ伏せ、弓は強し」訳小柄とは言うものの、矢の長さは十二束三つ伏せの大矢だし、弓は強弓だ。

ぢゃう[2]【諚】ジョウ 名詞 〔多く「御諚」の形で〕命令。仰せ。平家物語 鎌倉―物語 一一・逆櫓「御ぢゃうであるに、とくとくつかまつれ」訳御命令であるから、さっさといたせ。

-ぢゃう[3]【丈】ジョウ 接尾語 ❶長さの単位を表す。一丈は十尺で、約三メートル。❷役者などの名に添えて敬意を表す。「市川団十郎丈」

ぢゃう-ぎ【定器】ジョウギ 名詞 ❶日常定めて用いるうつわ。❷仏前に米などを盛って供えるうつわ。◆「ぢゃうき」とも。

ちゃう-ぎゃう【張行】チョウギョウ 名詞／―す 他動詞 サ変 ❶強引に行うこと。平家物語 鎌倉―物語 一・俊寛沙汰鵜川軍「非法非例をちゃうぎゃうし」訳法にたがうこと前例のないことを強引に行い。❷興行すること。催すこと。連理秘抄 南北―論「一座をちゃうぎゃうせんと思はば」訳連歌の会を催そうと思うなら。

ちゃう-ぎん【丁銀・挺銀】チョウギン 名詞 江戸時代の銀貨の一種。海鼠形の、ほぼ四十匁（＝約一五〇グラム）前後の秤量貨幣。主に上方で通用。表に「常是」「宝」の文字、大黒天像、鋳造年号を示す文字などの極印がある。慶長丁銀・元禄丁銀など。

ぢゃうぐゎん-でん【貞観殿】ジョウガンデン 名詞 平安京内裏の後宮七殿の一つ。北端の中央に位置する。皇后宮の正庁で後宮管理の事務を担当した。

ちゃう-けん【長絹】チョウケン 名詞 ❶絹布の一種。硬くてつやがあり、水干・狩衣・直垂などに用いる。❷❶で仕立てた衣服の一種。「直垂」に似るが、袖でくくりがある。公家・武家で用いた。のちには、生絹・紗などでも仕立てた。

ぢゃう-ごふ【定業】ジョウゴウ 名詞 仏教語。前世から定まっている報い。善の定業は幸福を、悪の定業は苦悩を受けるという。

長恨歌（ちゃうごんか）チョウゴンカ 書名 中国の長編の七言古詩。唐の白居易作。平安時代の初期（八〇六）成立。遣唐使が日本に伝えた。〔内容〕百二十句から成る七言の叙事詩で、唐の玄宗皇帝と楊貴妃の物語である。『源氏物語』をはじめ日本の文学に大きな影響を及ぼした。

ちゃう-ざ【長座】チョウザ 名詞／―す 自動詞 サ変 長くその場所にいること。長居。諸国ばなし 江戸―物語 浮世・西鶴「『よい年忘れ、ことにちゃうざ』と千秋楽をうたひ出し」訳「よい年忘れ（の会）で、とりわけ長居（しました）」と（終わりに歌う）千秋楽をうたい出し。

ぢゃう-ざ【定者】ジョウザ 名詞 仏教語。法会のとき、行列の先頭に立って香炉を持って進む役の僧。「ぢゃうじゃ」とも。

ちゃう-じ[1]【丁子・丁字】チョウジ 名詞 ❶熱帯産の木の名。実からとった油を香料・薬剤とする。また、つぼみを乾燥させて香料・染料とする。❷「丁子香」の略。❶のつぼみからとった香料。❸「丁子色」の略。❶のつぼみで染めた色。やや濃い黄赤色。

ちゃう-じ[2]【停止】チョウジ 名詞／―す 他動詞 サ変 差し止めること。禁止。平家物語 鎌倉―物語 二・座主流「天台座主明雲大僧正、公請をちゃうじせらるるうへ」訳天台座主の明雲大僧正は、朝廷から法会に召されるのを差し止められた上に。

ちゃうじ-ぞめ【丁子染め】チョウジゾメ 名詞 丁子のつぼみの煎汁で染めること。また、その染め物。

ちゃう-じゃ*【長者】チョウジャ 名詞 ❶年長者。長老。❷金持ち。財産家。富豪。❸一族の長。氏の長。大鏡 平安

ち

一物語 道長上「藤氏のちゃうじゃ殿」訳藤原氏の一族の長の殿。❹宿駅の女主人。遊女のかしら。

ぢやう-じゃ【定者】 名詞「ぢゃうざ」に同じ。

ちやう-じゅ【聴衆】 名詞仏教語。説法などを聞きに集まった人々。「ちゃうしゅ」とも。

ちやう-・ず[1]【打ず】 他動詞サ変{ぜ/じ/ず/ずる/ずれ/ぜよ}打ちたたく。打ち懲らしめる。宇治拾遺 鎌倉一説話 九・六「見るにちゃうぜん事いとほしく覚えければ」訳見ると打ちたたくようなことはかわいそうに思われたので。

ちやう-・ず[2]【長ず】 自動詞サ変{ぜ/じ/ず/ずる/ずれ/ぜよ}❶成長する。育つ。今昔物語 平安一説話 五・一四「その子、漸く勢ちゃうずるに」訳その子は、だんだん体つきが成長すると。❷年上である。年長である。太平記 室町一物語 五「年ちゃうぜるを先達に作り立て」訳年が上である者を先導役にしたてて。❸ぬきんでる。すぐれる。徒然 鎌倉一随筆 一四五「道にちゃうじぬる一言、神のごとし」訳専門の道でぬきん出ている人のひとことは、神の言葉のようだ。

ちやうせい-でん【長生殿】 名詞中国唐代の離宮の一つ。長安の東北驪山の麓にあり、後に玄宗が華清宮と改名し、楊貴妃を伴ってしばしば出かけた。

ちやう-せん【庁宣】 名詞❶「検非違使庁」の長官である別当が発行する公文書。❷「院の庁(=上皇・法皇が政務をとる所)」が発行する公文書。❸平安時代中期、国司が支配地に発行する公文書。

ちやう-だい【帳台】 名詞❶寝殿造りの母屋で用いる調度の一つ。一段高い二畳分の台に天井をつけ、四方に帳を垂らした、箱形の座敷。貴人の座所、兼寝所とする。❷「帳台の試み」の略。陰暦十一月の中の丑の日に、常寧殿の「帳台」で、天皇が「五節の舞」の試演を見る行事。

ちやう-ちやう(と)【丁丁(と)・打打(と)】 副詞かんかん(と)。ちんちん(と)。▼物を続けて打つ音を表す。著聞集 鎌倉一説話 五五一「鉦をあまたたびちゃうちゃうと物騒がしげに打ちて」訳(持仏堂で)鉦を何度もちんちんとやかましく打って。

ちやう-ちやく【打擲】 名詞/―す 他動詞サ変打ちたたくこと。なぐること。太平記 室町一物語 二二「持ったる紅葉の枝を奪ひ取り、散々にちゃうちゃくして門より外へ追ひ出だす」訳(佐渡法官の下郎が)持っていた紅葉の枝を奪い取って、ひどく打ちたたいて、門から外へ追い出した。

ちやう-と【長途】 名詞長い道のり。遠い旅路。「ちゃうど」とも。

ちやう-ど*【丁ど】 副詞❶がちんと。がんと。ばんと。▼物が激しく打ち当たる音を表す。平家物語 鎌倉一物語 二・小教訓「障子をちゃうどたててぞ出でられける」訳障子をばんと閉めて出ていらっしゃった。❷ぴしりと。きちんと。▼しっかりと行うさま。平治物語 鎌倉一物語 中「南・西・北をばちゃうど鎖し」訳南・西・北の門をきちんと鍵をかけ。❸はったと。かっと。▼目を見開いてにらみつけるさま。平家物語 鎌倉一物語 五・物怪之沙汰「入道相国をちゃうどにらまへて」訳入道相国をはったとにらんで。◆「ちゃうと」とも。

ちやう-にん[1]【町人】 名詞町に住み商業・工業に従事する人。室町時代以降の階級で、士・農に対する工・商をさす。特に江戸時代、狭義には家持ちの町住人をさした。

ぢやう-にん[2]【停任】 名詞/―す 他動詞サ変犯罪や過失などによって、一時的に官職を解任すること。太平記 室町一物語 一二「解官ちゃうにんせられし人々」訳官職を免ぜられたり、一時解任された人々。

ちやう-はい【停廃】 名詞/―す 他動詞サ変取り止めること。廃止。太平記 室町一物語 二二「御願をちゃうはいし」訳御願をかけることを取り止め。

ちやう-はん【丁半】 名詞❶賽の目の偶数と奇数。丁が偶数、半が奇数。❷二つの賽を振って、出た目の数が丁か半かを賭ける賭博。

ちやう-ぼん【張本】 名詞悪事の首謀者。

ぢやう-みやう【定命】 名詞仏教語。前世の因縁によって定まっている人の寿命。

ちやう-む【庁務】 名詞院の庁、検非違使庁などの諸官庁の事務。

長明 ⇨鴨長明

ちやう-もん【聴聞】 名詞/―す 他動詞サ変❶仏教語。説法・法話などを聞くこと。枕草子 平安一随筆 説経の講師は「ちゃうもんすなどたふれ騒ぎ」訳(人々が)説法を聞くといって大騒ぎし。❷注意して聞くこと。よく聞くこと。

ぢやう-もん【定紋】 名詞家々に定まっている紋どころ。家紋。

ぢやう-や【長夜】 名詞仏教語。人が煩悩のために悟りを開くことができず、生死の輪廻の苦界から脱し切れないでいる境地。長い苦しみを長い夜にたとえたもの。「ちゃうや」とも。

ぢやうや-の-やみ【長夜の闇】 連語「長夜」の境をさまよう、迷いの境地を長い夜の闇にたとえたもの。源氏物語 平安一物語 夕霧「女人のあしき身を受け、ちゃうやのやみに惑ふは」訳女人という悪い身を(この世に)受け、長い夜の闇のような迷いの境地で思い悩むのは。

ちやう-らい【頂礼】 名詞/―す 他動詞サ変仏教語。「頂戴礼拝」の略。仏教における最敬礼。仏や尊者の前にひれ伏し、自分の頭を相手の足につけて拝すること。今昔物語 平安一説話 一・二「太子の御足をちゃうらいして」訳悉達太子(=釈迦)の御足もとを拝して最敬礼して。

ちやう-らう【長老】 名詞仏教語。❶修行を積んで知徳に優れた年長の僧。❷禅宗で、住職。また、先輩の僧の尊敬語。

ちやう-り【長吏】 名詞❶地位の高い役人。役人の長。平家物語 鎌倉一物語 一・禿髪「京師のちゃうり」訳都の地位の高い役人。❷仏教語。園城寺・勧修寺・延暦寺などで、一山の首席として寺務を統轄する役僧。

ぢやう-ろく【丈六】 名詞❶一丈六尺(=約四・八五メートル)。今昔物語 平安一説話 六・一「釈迦如来しゃかにょらい、ぢゃうろくの姿に」訳釈迦如来は、一丈六尺の姿に。❷「丈六の仏」の略。

ぢやうろく-の-ほとけ【丈六の仏】 連語高さが一丈六尺(=約四・八五メートル)の仏像。座像では八尺(=約二・四メートル)余り。更級 平安一日記 富士川「ぢゃうろくのほとけのいまだ荒作りにおはするが」訳一丈六尺の仏像がまだ未完成でいらっしゃるのが。
参考「丈六」は、仏・菩薩が化身してこの世に現れる身長とされることから、仏の立像の標準的な大きさとされ、それより大きい仏像を「大仏」という。

ちゃく-こ【着袴】 名詞「はかまぎ」に同じ。

ちゃく-し【嫡子】 名詞 正妻の生んだ、家督を継ぐ男子。**世継ぎ。跡取り。嫡男。**

ちゃく-・す【着す・著す】
一 自動詞サ変{せ/し/す/する/すれ/せよ} **到着する。着く。** 著聞集 鎌倉一説話 四九「舟をになひて岸にちゃくしけり」訳舟をかついで岸に着いた。
二 他動詞サ変{せ/し/す/する/すれ/せよ} **着る。着用する。** 保元 鎌倉一物語 上「上北面の武士は水干袴に腹巻をちゃくす」訳上北面の武士は水干袴に腹巻を着用する。

ぢゃく-・す【着す・著す】 自動詞サ変{せ/し/す/する/すれ/せよ} **執着する。** 今昔物語 平安一説話 一・一八「その愛欲にぢゃくして、仏法を信ぜず」訳その愛欲に執着して仏法を信じない。

ちゃく-そん【嫡孫】 名詞 **跡取りの孫。嫡子の嫡子。**

ちゃく-たい【着帯】 名詞 妊娠して五か月目に岩田帯(=腹帯)を締めること。また、その儀式。

ちゃく-たう【着到】 名詞 ❶役所に出勤した者の氏名を記入する帳簿。❷出陣に際し集まった軍勢の名を書き留めたもの。着到状。

ちゃく-なん【嫡男】 名詞 正妻の生んだ長男。**嫡子**

ちゃたう-てんもく【茶湯天目】 名詞 仏前に供える、茶をせんじた湯をくみ入れる天目茶碗。

ぢゃ-に-よって 連語
なりたち 断定の助動詞「ぢゃ」の連体形＋格助詞「に」＋動詞「よる」の連用形＋接続助詞「て」からなる「ぢゃによりて」の促音便。
…であるので。 釣狐 室町一狂言 狂言「執心の深い恐ろしいものぢゃによって」訳(きつねは)執念深い恐ろしいものであるので。

ちゃ-の-ゆ【茶の湯】 名詞 ❶作法に従って抹茶をたてること。江戸時代には煎茶をたてる場合にも言う。❷客を招いて抹茶をたててごちそうなどをする会。茶の会。❸茶をたてるための湯。

ちゃ-ぶね【茶船】 名詞 ❶運搬用の小さい川船。大坂では十石積みのものをいった。❷川遊びの船の客に飲食物を売る小舟。

ちゃ-や【茶屋】 名詞 ❶通行人に湯茶を飲ませ、休息させる店。**茶店。水茶屋。** ❷上方の遊里で、下級の遊女を揚げて遊ぶ家。揚げ屋より格が低く、安い。❸上方で、遊里以外の場所にあって私娼を抱え、客を遊ばせる家。色茶屋。❹江戸の吉原で、客を揚げ屋や遊女屋へ案内する店。引き手茶屋。

チュウ[1]【宙】 ⇨ちう

ちゅう[2]【中】 名詞 ❶**中央。中間。途中。** 太平記 室町一物語 一四「橋桁四、五間が、中より折れて」訳橋げた四、五間が、中央から折れて。❷**中ぐらい。中ぐらいの大きさ。** ❸**偏らないこと。中庸。** ❹**空中。宙。** 太平記 室町一物語 三八「真壁孫四郎をちゅうにひっさげながら」訳真壁孫四郎を宙にぶらさげて持ちながら。

ちゅう[3]【忠】 名詞 ❶**真心。誠実さ。** ❷臣下が主君に真心を尽くして仕えること。**忠義。**

ちゅう[4]【誅】 名詞 罪あるものを殺すこと。

ぢゅう【住】 名詞 ❶仏教語。物が安定し存在すること。❷**住人。**

ちゅう-いん【中陰】 名詞 仏教語。人の死後の四十九日間。死後、次の生を受けるまでの期間で、この間は霊魂が現世と来世の間をさまよっているとされる。中有。
参考 この間にあとに残った人々が追善供養を行えば、その功徳でよい世界に生まれ変わると信じられた。

ちゅう-う【中有】 名詞 仏教語。「ちゅういん」に同じ。

ちゅうう-の-たび【中有の旅】 連語 死後の「中有」のさまよい。**死後の世界の旅。** 今昔物語 平安一説話 三一・二八「そのちゅううのたびの空には」訳そのあの世にゆく旅の途中では。

ちゅう-ぎ【中儀】 名詞 朝廷で行われる、重要度が中程度の行事。六位以上のものが参列する、元日・白馬・端午・豊の明かりの節会など。

ちゅう-きん【忠勤】 名詞 **忠義を尽くした勤め。**

ちゅう-ぐう*【中宮】 名詞 ❶皇后・皇太后(=先代の天皇の皇后)・太皇太后(=先々代の天皇の皇后)の総称。三宮。❷〔醍醐天皇以後〕皇后の別称。❸〔一条天皇以後〕皇后と同資格の、天皇の后。女御・更衣の上位になる。
参考 ❸は、一条天皇のとき、それまで中宮であった藤原定子を「皇后」とし、あらたに入内した藤原彰子を「中宮」として、二人の后を並立するようにしたことから始まる。

ちゅうぐう-しき【中宮職】 名詞「中務省」に属し、「中宮」の庶務を担当した役所。単に「職」ともいう。「なかのみやのつかさ」とも。

中宮定子 ⇨藤原定子

ぢゅう-くわ[1]【重科】 名詞 **重い罪。重罪。**

ちゅう-げん[1]【中元】 名詞 陰暦七月十五日。仏に供物をし、死者の冥福を祈る。
参考 道教で、正月十五日を「上元」、七月十五日を「中元」、十月十五日を「下元」として祝ったが、その中元に仏教の盂蘭盆会が結びついて死者の霊を祭る行事となった。

ちゅう-げん[2]【中間】 名詞 ❶**中間。間。** ❷「ちゅうげんをとこ」に同じ。太平記 室町一物語 二二「ただ一人付きそひたるちゅうげんを相そへられて」訳ただ一人付きそっていた召使いを付き従わせられて。

ちゅう-げん-なり【中間なり】 形容動詞ナリ{なら/なり・に/なり/なる/なれ/なれ} **中途半端だ。どっちつかずだ。** 枕草子 平安一随筆 大進生昌が家に「ちゅうげんなる折に、『大進、まづ物聞こえむとあり』と言ふを聞こし召して」訳どっちつかずな時に「大進がまずお話し申し上げたいと言っている」と言うのをお聞きになられて。

ちゅうげん-ほふし【中間法師】 名詞 雑用を務める下級の僧。

ちゅうげん-をとこ【中間男】 名詞 侍と小者の間に位する武家の召使い。中間。

ちゅう-ごく【中国】 名詞 ❶律令制で、都からの遠近によって全国を三つに分けたものの一つ。他は遠国と近国。『延喜式』では、遠江・駿河・伊豆(静岡県)、甲斐(山梨県)、飛騨(岐阜県)、信濃

(長野県)、越中(富山県)、越前(福井県)、加賀・能登(石川県)、伯耆(鳥取県)、出雲(島根県)、備中(岡山県)、備後(広島県)、阿波(徳島県)、讃岐(香川県)の十六か国。❷律令制で、人口などによって諸国を大国・上国・中国・下国の四つの等級に分けたものの、第三位の国。『延喜式』では、安房(千葉県)、佐渡(新潟県)、能登(石川県)、若狭(福井県)、丹後(京都府)、石見(島根県)、長門(山口県)、土佐(高知県)、日向(宮崎県)、大隅・薩摩(鹿児島県)の十一か国。❸山陽道のこと。のち、山陰道も含めていう。

ちゅう-ごしゃう【中小姓】 〔名詞〕江戸時代の武家の職名。小姓組と徒士衆の中間の位の小姓。

＊**ちゅう-しう【中秋・仲秋】** 〔名詞〕❶**陰暦八月。**▼七・八・九月の秋の三か月の中間の月の意。〔栄花物語 平安―物語〕音楽「虎魄葉は、ちゅうしう黄葉のごとし」〔訳〕琥珀色の葉は陰暦八月の黄葉のようだ。❷**陰暦八月十五日。**▼秋の九十日間の中間の日の意。◆古くは「ちゅうじう」とも。〔季〕❶❷秋。

＊**ちゅう-じゃう【中将】** 〔名詞〕「近衛府」の次官。正と権とがある。大将の下、少将の上位。もと左右一名だったが、次第に増加した。同じく次官である少将と合わせて「介」ともいう。

〔参考〕参議で兼任する者を「宰相の中将」、蔵人の頭で兼任する者を「頭の中将」、また特に三位で中将の位にある者(中将は従四位下相当の官職)を「三位の中将」といい、いずれも大臣・摂関家の子弟の出世コースの一つであった。

ちゅうしょ-わう【中書王】 〔名詞〕中務卿に任ぜられた親王。◆「中書」は「中務省」の中国風の呼び名。

ちゅう-しん【注進】 〔名詞〕／―す〔他動詞〕サ変 事変の内容や状況を詳しく記して、朝廷や主君に報告すること。また、事変を急いで知らせること。〔平家物語 鎌倉―物語〕六・横田河原合戦「平氏調伏の由ちゅうしんしたりける」〔訳〕平氏を呪う法をしているということを報告していた。

ちゅう-・す【誅す】 〔他動詞〕サ変{せ/し/す/する/すれ/せよ} **罪あるものを殺す。死刑にする。**〔太平記 室町―物語〕二「この宿にてちゅうせられし時」〔訳〕(光親卿が謀反の罪で)この宿で殺されたとき。

＊**ぢゅう-・す【住す】** 〔自動詞〕サ変{せ/し/す/する/すれ/せよ}

語義の扉

漢語「住」を元に生まれたサ変動詞。

漢語の窓 漢字「住」のなりたちは、「主」と「人」の会意兼形声。ずっと動かずにその場所にすむ、ずっと一箇所にとどまる、とどめる意。

日本語化した「住す」は、漢語の、定まる、落ち着く意(❶)、すむ意(❷)、とどまる、停滞する意(❸)を受け継ぎ、さらに、一箇所にとどまることを心理に限定して、執着する意(❹)を表す。

- ❶定まる。落ち着く。
- ❷住む。
- ❸とどまる。停滞する。
- ❹執着する。

❶**定まる。落ち着く。**▼考えや気持ちにいう。〔平家物語 鎌倉―物語〕七・返牒「源氏合力の心にぢゅうすべきよし」〔訳〕源氏に味方する気持ちに定まるはずである旨。❷**住む。**❸**とどまる。停滞する。**〔徒然 鎌倉―随筆〕二四一「望月のまとかなる事は、暫くもぢゅうせず」〔訳〕満月の丸い状態は少しの間もとどまらない。❹**執着する。**〔曾我物語 鎌倉―物語〕六「思はずも、欲心にぢゅうす」〔訳〕意外にも欲望に執着する。

ぢゅう-そう【住僧】 〔名詞〕**その寺に住んでいる僧。**

ちゅう-ぞん【中尊】 〔名詞〕仏教語。左右に脇侍を従え壇の中央に祭られる仏の像。「ちゅうそん」とも。

〔参考〕来迎三仏のうちの阿弥陀仏、密教の五仏の大日如来、五大明王のうちの不動明王など。

ぢゅう-だい【重代】 〔名詞〕❶代を重ねること。**先祖代々。累代。**❷**先祖伝来の宝物。**

ちゅう-たう【偸盗】 〔名詞〕❶仏教語。戒律の対象とされる「五悪」または「十悪」の一つ。他人の物を盗み取ること。**盗み。**❷**盗人。どろぼう。**

ちゅう-だう【中堂】 〔名詞〕仏教語。本尊を安置する堂。**本堂。金堂。**特に、比叡山延暦寺の根本中堂。

ぢゅう-ぢ【住持】 〔名詞〕／―す〔他動詞〕サ変 仏教語。❶世にとどまって仏法を保ち守ること。❷一寺を管理すること。また、その僧。**住職。**

ぢゅう-ぢゅう【重重】 一〔名詞〕❶**各層。**❷**各段階。** 二〔副詞〕**かさねがさね。ますます。**〔忠臣蔵 江戸―浄瑠璃〕浄瑠璃「ぢゅうぢゅうのお世話かたじけなし」〔訳〕かさねがさねのお世話がありがたい。

ちゅう-どうじ【中童子】 〔名詞〕寺院で召し使う十二、三歳ぐらいの少年。法会に奉仕し、また僧の外出の供をする。

＊**ちゅう-なごん【中納言】** 〔名詞〕令外の官の一つ。「太政官」の次官。大納言に次ぎ、正と権とがある。職務は、大納言にほぼ同じ。中国風の呼び名は「黄門」。「なかのものまうすつかさ」とも。

ちゅう・なり【忠なり】 〔形容動詞〕ナリ{なら/なり・に/なり/なる/なれ/なれ} **忠義だ。**〔平家物語 鎌倉―物語〕二・教訓状「無双のちゅうなれども」〔訳〕(天下の反乱を鎮めたのは)このうえもない忠義だが。

ぢゅう-ぶく【重服】 〔名詞〕**重い喪。**父母の喪に服すること。

ちゅう-ぶん【中分】 〔名詞〕❶**半分。半分ずつ。**❷**同等。五分五分。**❸**中流。中くらい。**

ちゅう-べん【中弁】 〔名詞〕「太政官」の「判官」の一つ。大弁の下、少弁の上に位し、左右の別がある。

ちゅう-ぼん【中品】 〔名詞〕仏教語。極楽往生の際の九つの等級を示す九品のうち、中位の三つ。中品上生・中品中生・中品下生の総称。

ちゅう-もん【中門】 〔名詞〕❶寝殿造りで、表門から寝殿の南庭に通じる門。〔参照〕▼口絵 ❷社寺で、楼門と拝殿との間にある門。

〔参考〕❶は、東西の対の屋から南にのびる長廊下の中ほどを切り通しにして設けた門。屋根はあるが、冠木(きかぶ)(=門柱の上から柱間を横に渡した木)や閾(しきみ)(=下に敷いた横木)がなく、車が通行できる。客はここで車を降り、案内をこう。

ちゅうもん-の-らう【中門の廊】(チュウモンノロウ) 連語 寝殿造りで対(たい)の屋から釣り殿に通じる長廊下。▼途中に中門が設けてあるところから。参照▶口絵

ちゅう-や【中夜】名詞 一夜を三分した真ん中の時間。今のおよそ午後九時から午前三時ごろまで。

*__ちゅう-らふ__【中臈】(チュウロウ) 名詞 ❶後宮などに仕えた、内侍(ないし)でない中級の女官。上臈と下臈の間に位置し、公卿(くぎょう)よりも下の家柄の女がなった。❷江戸時代、大奥または大名に仕える女中。上臈・年寄りなどの下に位置する。

ちゅう-りく【誅戮】名詞/—す 他動詞 サ変 罪を犯した者を法に照らして殺すこと。弓張月 江戸―物語 読本「あまたの逆徒をちゅうりくし給(たま)へるを」訳(源頼義(みなもとのよりよし)親子が)多くの逆賊を殺しなさったので。

[1] **ぢゅう-りょ**【住侶】(ジュウリョ) 名詞「ぢゅうそう」に同じ。

[1] **ち-よ**【千代・千世】名詞 千年。非常に長い年月。永遠。伊勢物語 平安―物語 八四「世の中にさらぬ別れのなくもがなちよもと祈る人の子のため」訳⇩よのなかにさらぬわかれの…。

[2] **ち-よ**【千夜】名詞 千の夜。数多くの夜。

[1] **チヤウ**〔丁・打・庁・町・長・挺・帳・張・聴〕⇩ちゃう

[2] **チヨウ**〔鳥・朝・銚・調〕⇩てう

[3] **チヨウ**〔蝶〕⇩てふ

[4] **ちょう**【寵】名詞 (貴人・主君などの)格別な愛顧。格別なかわいがり。寵愛。徒然 鎌倉―随筆 一二一「君のちょうをも頼むべからず」訳主君の格別な愛顧をもあてにしてはいけない。

長歌(ちょうか) 文芸 和歌の歌体の一つ。五・七の二句を三度以上繰り返して最後に七の句を添え、合計七句以上から成る長い歌。「短歌」に対する。ふつう「反歌(はんか)」を一首または二首添える。柿本人麻呂(かきのもとのひとまろ)によって完成された。『万葉集』に二百六十余首が収められているが、平安時代以降は衰え、しだいに作られなくなった。「ながうた」とも。

[1] **ちょうず**〔手水〕⇩てうづ

[2] **ちょうず**〔調ず〕⇩てうず

[3] **ちょう-・ず**【懲ず】他動詞 サ変 {ぜ/じ/ず/ずる/ずれ/ぜよ} こらしめる。落窪物語 平安―物語 二「中納言殿に、吹く風につけて、侮(あなづ)り、ちょうじ給(たま)ふことしも多かれど」訳中納言殿に対して、何かにつけてあなどり、こらしめなさることが多いけれども。

ちょう-でふ【重畳】(チョウジョウ) 名詞/—す 自動詞 サ変 幾重にも重なること。平家物語 鎌倉―物語 一・殿上闇討「事既にちょうでふせり。罪科もっとも逃れ難し」訳悪事はすでに幾重にも重なった。罪は当然のがれられない。

[1] **ちょうど**〔丁ど〕⇩ちゃうど

[2] **ちょうど**〔調度〕⇩てうど

町人物(ちょうにんもの) 文芸 江戸時代の「浮世草子」の中で、主として当時の町人の経済生活を描いたもの。金銭を中心とする経済生活を題材にした点が注目される。井原西鶴(さいかく)の『日本永代蔵(えいたいぐら)』『世間胸算用(むねさんよう)』『西鶴織留(おりどめ)』などが代表作。

ちょう-ばみ【重食】名詞「てうばみ」に同じ。

ちょう-ほう【重宝】一 名詞 貴重な宝。大切な宝。平家物語 鎌倉―物語 一〇・戒文「わが朝のちょうほう、三種の神器」訳我が国の貴重な宝である三種の神器。
二 名詞/—す 他動詞 サ変 珍重すること。虎明・粟田口 室町―狂言 狂言「粟田口(あはたぐち)を何とてちょうほうするぞ」訳粟田口をどうして珍重するのか。

*__ちょう-やう__【重陽】(チョウヨウ) 名詞 五節句の一つ。陰暦九月九日の節句。菊の節句。▼易(えき)で陽の数「九」が重なるところから。季秋。参照▶口絵

参考 この日、平安時代の宮中では「重陽の宴」(菊の宴)が催され、天皇が紫宸殿(ししんでん)で群臣に詩を作らせ、菊酒を賜るのが慣例だった。

長連歌(ちょうれんが) 文芸 連歌の形式の一つ。和歌の上(かみ)の句(長句)と下(しも)の句(短句)を数人で交互に、発句(長句)脇(わき)(短句)第三(長句)と鎖のように詠み続けるもの。平安時代の末ごろから行われ、鎌倉時代初期には百韻(百句)が標準となった。室町時代に最も流行した。

ちょう-ろく【調六】名詞「でうろく」に同じ。

ちょく【勅・敕】名詞 天皇のご命令。天皇の仰せ言(ごと)。みことのり。拾遺 平安―歌集 雑下・大鏡 平安―物語 道長下「ちょくなればいともかしこし」訳⇩ちょくなれば…。

ぢょく-あく【濁悪】(ジョクアク) 名詞 仏教語。(この世に満ちている)種々の汚れや罪悪。方丈記 鎌倉―随筆「ぢょくあくの世にも生まれ合ひて」訳汚れや罪悪の世にも生まれ合わせて。

ちょく-かん【勅勘】(チョッカン) 名詞 勅命によって勘当(かんどう)されること。天皇によるとがめ。

ちょく-し【勅使】名詞 勅命を伝達する使者。

ちょく-しょ【勅書】名詞 勅命を記した公文書。

ぢょく-せ【濁世】(ジョクセ) 名詞 仏教語。濁り汚れた世。人間界をいう。平家物語 鎌倉―物語 二・座主流「ぢょくせ・末代(まつだい)と言ひながら」訳濁り汚れた世・末世と言いながら。

[1] **ちょく-せん**【勅宣】名詞 天皇の仰せ言(ごと)。みことのり。

[2] **ちょく-せん**【勅撰】名詞 天皇自らが、または勅命によって、詩文・和歌などの撰と編集を行うこと。

参考 天皇に準ずる上皇・法皇自身が撰集する場合でも、また、その命令による場合でも「勅撰」という。

勅撰集(ちょくせんしゅう) 文芸 天皇・上皇・法皇が自身で、またはその命令によって撰者が編纂(へんさん)した、漢詩文集・和歌集。狭義には勅撰和歌集のことをいう。平安時代初期には漢詩集に『凌雲集(りょううんしゅう)』『文華秀麗集(ぶんかしゅうれいしゅう)』があり、漢詩文集に『経国集(けいこくしゅう)』がある。最初の勅撰和歌集である『古今和歌集』以後は和歌集が勅撰集の中心となり、『後撰和歌集』『拾遺和歌集』までの三代集、『新古今和歌集』までの八代集、それ以降の十三代集の、合計二十一集(二十一代集)が作られた。

*__ちょく-ぢゃう__【勅諚・勅定】(チョクジョウ) 名詞 天皇の仰せ。天皇のご命令。勅命。みことのり。

ちょくなれば… 和歌「勅なれば いともかしこし 鶯(うぐひす)の 宿はと問はば いかが答へむ」拾遺 平安―歌集 雑下・よみ人知らず・大鏡 平安―物語 道長下・紀内侍(きのないし) 訳紅梅を献上するようにという帝(みかど)のご命令ですから、お断り申し上げるのは非常におそれ多いことですが、

もしこの紅梅に巣を作った鶯が帰ってきて、私の家はどこへ行ったのかと尋ねたら、どのように答えたらよいのでしょう。

鑑賞 詞書に、宮中からの命令で、人の家にあった紅梅を献上させようとしたところ、その木に鶯が巣を作っていたので、その家の女主人が詠んだ歌とある。「勅なれば」は口語的な表現で歌言葉ではないが、この歌の場合については優れた表現になっていると西行が賞賛している。

ちょく-めい【勅命】 名詞 「ちょくぢゃう」に同じ。

ちょく-もん【勅問】 名詞 **天皇からの質問。**

ちょく-ろ【直盧】 名詞 宮中内の、摂政・関白・大臣・大納言などが休憩や宿直する部屋。

ぢょ-ちゅう【女中】 名詞 ❶女性の尊敬語。**ご婦人。** ❷**宮仕えしている女性。武家の屋敷に仕えている女性。** ❸**下女。はしため。**

ちょっかん〖勅勘〗⇩ちょくかん

ちょっと【一寸・鳥渡】 副詞 ❶**ほんのしばらく。少しわずか。** 膝栗毛 江戸－物語 滑稽「大変だ、ちょっと来てくんな」訳大変だ、ほんのしばらく来てくれ。❷**ついうっかり。** 千鳥 室町－狂言 狂言「あまりの忙しさに棚の端へちょっと載せて参った」訳あまりの忙しさに棚の端についうっかり載せて参りました。

ち-よろづ【千万】 名詞 **数が限りなく多いこと。無数。**

ちよ-を-こ・む【千代を籠む】 連語 **千代も栄える姿をそなえる。** 拾遺 平安－歌集 賀「一節にちよをこめたる杖なればつくともつきじ君が齢は」訳一節ごとに千代も栄える姿をそなえている杖なので、どれほど杖を突こうが、尽きようとしても尽きることがあるまい、君の寿命は。

ぢ-らい【持来】 名詞／―す 他動詞 サ変 **持って来ること。** 徒然 鎌倉－随筆 一七九「(道眼上人が中国から)一切経をぢらいして」訳一切経を持って来て。

***ちら・す【散らす】**
一 他動詞 サ四 {さ／し／す／す／せ／せ} ❶**散らばらせる。** ❷**落とす。紛失する。** 源氏物語 平安－物語 夕霧「見ぬさまならむも、ちらしてけると推し量り給ふべし」訳(手紙を)見ていないようすだったら、落としたと推量なさるであろう。御前にて人々とも❸**言いふらす。** 枕草子 平安－随筆 御前にて人々とも「『かう申したり』と、なちらし給ひそ」訳「このように言った」と、言いふらしなさらないでください。
二 補助動詞 サ四 {さ／し／す／す／せ／せ} (他の動詞の連用形に付いて)**やたらに…する。…し放題にする。** 更級 平安－日記 かどで「あらはにこぼちちらして」訳中がまる見えになるようにやたらに壊して散らかして。

ちら-ふ【散らふ】 連語 **散り続ける。散っている。** 万葉集 奈良－歌集 三六「花ちらふ秋津の野辺に」訳花の散り続ける秋津の野原に。◆「ふ」は反復継続の助動詞。奈良時代以前の語。

ちり[1]【散り】 名詞 **散ること。散るもの。**

ちり[2]【塵】 名詞 ❶**ほこり。小さいごみ。** ❷**ほんの少し。わずか。** 枕草子 平安－随筆 にくきもの「露ちりの事もゆかしがり」訳ほんのわずかのことも知りたがり。❸**わずかな汚れ。小さな欠点。少しの傷。** 源氏物語 平安－物語 帚木「かたちきたなげなく若やかなるほどの、おのがじしちりも付かじと身をもてなし」訳容姿がこぎれいで若々しい年ごろの(女で)、各自(自分には)少しの欠点も付けまいと、身を振る舞い。❹**俗世の汚れ。汚れた俗世間。** 徒然 鎌倉－随筆 七五「世に従へば、心、外のちりに奪はれて惑ひやすく」訳世間の動きに従うと、心は外界の汚れにひきつけられて混乱し。

***ちり-あか・る【散り離る・散り別る】** 自動詞 ラ下二 {れ／れ／る／るる／るれ／れよ} **散り散りになる。離れ離れになる。** 源氏物語 平安－物語 蓬生「今は限りとあなづり果てて、さまざまに競ひちりあかれし上下の人々」訳(奉公も)今はこれまでと馬鹿にしきって、思い思い競うように散りになった身分の上や下の人々は。

ちり-がた【散り方】 名詞 **散り始めるころ。**

ちり-かひ-くも・る【散り交ひ曇る】 自動詞 ラ四 {ら／り／る／る／れ／れ} **花などが散り乱れるために、あたりが曇ったようになる。** 古今 平安－歌集 賀・伊勢物語 平安－物語 九七「桜花ちりかひくもれ老いらくの来むといふなる道まがふがに」訳⇩さくらばなちりかひくもれ老いらくの来むといふなる道まがふがに…。

***ちり-か・ふ【散り交ふ】** 自動詞 ハ四 {は／ひ／ふ／ふ／へ／へ} (花などが)**入り乱れて散る。散り乱れる。** 古今 平安－歌集 春下「ちりかふ花に道は惑ひぬ」訳入り乱れて散る花のために道に迷ってしまった。

ちり-し・く【散り敷く】 自動詞 カ四 {か／き／く／く／け／け} **散って、一面に敷きつめる。** 宇津保 平安－物語 菊の宴「いろいろの花ちりしきたる浦に」訳色とりどりの花が散って、一面に敷きつめている海の上に。

ちり-しを・る【散り萎る】 自動詞 ラ下二 {れ／れ／る／るる／るれ／れよ} **花が散ってしぼむ。花が散ってしおれる。** 徒然 鎌倉－随筆 一三七「咲きぬべきほどの梢、ちりしをれたる庭などこそ」訳(桜の)今にも咲きそうな梢や、花が散ってしおれて(残って)いる庭などにこそ。

ちり-す・く【散り透く】 自動詞 カ四 {か／き／く／く／け／け} **散ってまばらになる。散って枝が透ける。** 源氏物語 平安－物語 紅葉賀「かざしの紅葉、いたうちりすきて」訳(源氏が)冠に挿した紅葉の枝も葉がひどく散ってまばらになって。

ちり-す・ぐ【散り過ぐ】 自動詞 ガ上二 {ぎ／ぎ／ぐ／ぐる／ぐれ／ぎよ} **すっかり散ってしまう。** 徒然 鎌倉－随筆 一九「折しも雨風うち続きて、心あわたたしくちりすぎぬ」訳ちょうど雨や風が続いて、(桜は)気ぜわしくすっかり散ってしまった。

ちり-ちら-ず【散り散らず】 連語 **もう散ったか、それともまだ散っていないのか。** 拾遺 平安－歌集 春「ちりちらず聞かまほしきをふる里の花見て帰る人も逢はなむ」訳もう散ったか、それともまだ散っていないのか、それを聞いてみたいのだが、古里の花を見て帰ってくる人があれば逢ってほしいものだ。

ちり-ぢり【散り散り】 副詞 **離れ離れに。別れ別れに。** 「ちりちり」とも。古今 平安－歌集 雑体「人々はおのがちりぢり別れなば」訳人々はそれぞれが離れ離れに別れて行ったならば。

ちり-ぢり・なり【散り散りなり】 形容動詞 ナリ {なら／なり・に／なり／なる／なれ／なれ} **別れ別れだ。** 「ちりちりなり」とも。源氏物語 平安－物語 賢木「過ぎぬれば、ちりぢりにまかで給ふ」訳(四十九日を)過ぎたので、(人々は)別れ別れに退出なさる。

ちり-づか【塵塚】 名詞 **ごみ捨て場。ごみため。** 徒然 鎌倉－随筆 七二「多くて見苦しからぬは、文車の文、ちりづかの塵」訳多くても見苦しくないのは文事の書物、ごみ捨て場のごみ。

ちり-に-つ・ぐ【塵に継ぐ】 連語 **先人の遺業を継ぐ。**▼先人の歩いた後に立つ塵に続く意から。古今 平安一歌集 雑体「今も仰せのくだれるはちりにつげとや」訳今も(勅撰和歌集撰進の)仰せがくだったのは(柿本人麻呂の)遺業を継げということであろうか。

ちり-の-すゑ【塵の末】 連語 価値のない、つまらない人間のたとえ。

ちり-の-よ【塵の世】 連語 **汚れたこの世。俗世間。**

ちり-ばかり【塵ばかり】 連語 **少しばかり。わずか。** 源氏物語 平安一物語 紅葉賀「ご覧ぜさせて、ただちりばかりこの花びらにと聞こゆるを」訳(藤壺に)ご覧に入れて、ほんの少しばかり(の返事でも)この花びらにと申し上げると。◆「ばかり」は副助詞。

ちり-ば・む[1]【塵ばむ】 自動詞マ四{ま/み/む/む/め/め} **ちりにまみれる。** 源氏物語 平安一物語 須磨「台盤なども傍はちりばみて」訳食卓なども一部分はちりにまみれて。◆「ばむ」は接尾語。

ちり-ば・む[2]【鏤む】 他動詞マ下二{め/め/む/むる/むれ/めよ} **彫って金銀・宝玉などをはめ込む。** 平家物語 鎌倉一物語 六・築島「金銀をちりばめて作られたりし西八条殿」訳金銀をはめ込んで作られた西八条殿が。

ちり-ひぢ【塵泥】 名詞(塵と泥のように)とるに足りないもののたとえ。

ちり-ぼ・ふ【散りぼふ】 自動詞八四{は/ひ/ふ/ふ/へ/へ} **❶散り乱れる。散らばる。** 枕草子 平安一随筆 七月ばかりいみじうあつければ「几帳のもとにちりぼひたり」訳几帳のもとに散らばっている。**❷散り散りになる。離散する。落ちぶれてさすらう。** 源氏物語 平安一物語 玉鬘「京よりちりぼひ来たるなどを、たよりにつけて呼び集めなどしつつ」訳京から散り散りになって来た者などを、消息を聞いて呼び集めたりしながら。

ちり-まが・ふ【散り紛ふ】 自動詞八四{は/ひ/ふ/ふ/へ/へ} (花などが)**散り乱れる。** 万葉集 奈良一歌集 八三八「梅の花ちりまがひたる岡傍には」訳梅の花が散り乱れている丘のあたりには。

ちり-を-い・づ【塵を出づ】 連語 **俗世間をのがれる。出家する。** 新古今 鎌倉一歌集 哀傷「秋風の露の宿りに君を置きてちりをいでぬることぞ悲しき」訳秋風の前の露のようなはかない住まいに君を置いて、出家してしまうことは悲しいことだ。

ちり-を-むす・ぶ【塵を結ぶ】 連語 ほんの少しの物をしるしとして贈る。

ち・る【散る】 自動詞ラ四{ら/り/る/る/れ/れ} **❶散り落ちる。散る。ばらばらに落ちる。** 更級 平安一日記 大納言殿の姫君「花の咲きちるをりごとに、乳母亡くなりしをりぞかしとのみあはれなるに」訳桜の花の咲き散る時節ごとに、乳母の亡くなった季節だなあとただもうしみじみとするが。**❷散らばる。散乱する。ばらばらになる。** 源氏物語 平安一物語 蛍「こなたかなたに、かかる物どもの、ちりつつ」訳あちらこちらに、こうした絵物語が散らばり散らばりして。**❸世間に広まって知れる。** 枕草子 平安一随筆 頭の弁の、職にまゐり給ひて「見ぐるしきことちるがわびしければ」訳みっともないことばが世間に広まるのがつらいので。**❹**(心が)**まとまらない。落ち着かない。** 源氏物語 平安一物語 若菜下「いろいろ目移ろひ心ちりて」訳(あれにもこれにも)いろいろと目移りがして心が落ち着かないで。

ぢ-るい【地類】 名詞 **❶地上にあるすべての物。❷地上の諸神。**◆「ちるい」とも。

ちればこそ… 和歌「散ればこそ いとど桜は めでたけれ うき世に何か 久しかるべき」伊勢物語 平安一物語 八二 訳散るからこそいっそう桜はすばらしいのだ。つらいことの多いこの世の中に、何が永遠なものであろうか。永遠なものなどありはしない。

鑑賞「世の中にたえて桜のなかりせば春の心はのどけからまし」〈⇩よのなかにたえてさくらの…。〉の返歌。「世の中に…」の歌が桜の散りゆくことを厭うのに対して、この歌は、いつまでも咲いていずに惜しまれながら散るからこそすばらしいとする。はかなく散ってゆく桜に美を見いだしている。

ち-ゑ【知恵・智慧】 名詞 **❶**迷いを断ち、悟りを開く力。**❷**頭の働き。**知能。知性。** 徒然 鎌倉一随筆 一一七「良き友三つあり。一つには物くるる友。二つには医師。三つには知恵ある友」訳よい友は三種類ある。一つは物をくれる友。二つには医師。三つには知性のある友。

ぢ-を-ひ・く【地を引く】 連語 **地面を平らにする。地ならしをする。** 太平記 室町一物語 二六「山を崩し木を伐り棄てて、ぢをひきける間」訳山を崩し、木を切り捨てて地ならしをした間。

ちん【朕】 代名詞 **われ。私。**▼天皇の自称の人称代名詞。

ぢん[1]【沈】 名詞「沈香」の略。

ぢん[2]【陣】 名詞 **❶**戦闘のために、兵士を並べて作った隊列。**陣形。** 平家物語 鎌倉一物語 七・平家山門連署「魚鱗・鶴翼のぢん」訳魚鱗・鶴翼の陣形。**❷陣営。陣屋。** 平家物語 鎌倉一物語 五・富士川「平家の方より源氏のぢんを見わたせば」訳平家の方から源氏の陣営を見わたすと。**❸**宮中や貴族の家で、警護の者の詰める所。また、そこに詰める者。枕草子 平安一随筆 大進生昌が家に「またぢんのゐねば、入りなむ」訳また警護の者がいないので、入ってしまおう。**❹**「ぢんのざ」に同じ。

ぢん-かう【沈香】 名詞 熱帯地方産の香木の名。材は芯が堅く重く、水に沈む。香料や調度品の材料とする。光沢のある黒色の良質のものを、特に「伽羅」という。沈水。沈水香。

ぢん-くゎい【塵灰】 名詞 塵と灰。特に、火事などの後の灰。

ちん-じゅ【鎮守】 名詞 **❶**軍隊を派遣・駐屯させて、その土地を鎮め守ること。**❷**その土地を鎮め守る神や神社。**❸**寺院の境内にまつった守護神。

ちんじゅ-ふ【鎮守府】 名詞 主に、奈良時代以前から平安時代、陸奥に置かれた、蝦夷鎮定のための最高軍政府。初め多賀城(=宮城県多賀城市)に設けられ、のち、胆沢城(=岩手県水沢市付近)へ、さらに平泉(=岩手県平泉町)へ移った。長官を「将軍」という。

ちんじゅふ-しゃうぐん【鎮守府将軍】 名詞「鎮守府」の長官。

ちん-ず【陳ず】 他動詞 サ変 {ぜ／じ／ず／ずる／ずれ／ぜよ} ❶**申し開きをする。弁明する。釈明する。** 平家物語 鎌倉―物語 二・教訓状「退いて事の由をちんじ申させ給ひて」訳退却してことの次第を申し開きさせなさって。❷**偽りを申し立てる。ごまかしを言う。** 出世景清 江戸―浄瑠・近松「いったんちんじ申すとて、隠し遂げられ申すべきか」訳いったん偽りを申し立てたといっても、最後まで隠すことができるだろうか。

ちん-すい【沈酔】 名詞／―す 自動詞 サ変 **酒に酔いつぶれること。**

ぢん-すい【沈水】 名詞「ぢんかう」に同じ。◆木質が重く、水に沈むところから。

ちん-ぜい【鎮西】 名詞 九州の別名。▼奈良時代以前に、一時、大宰府に代えて「鎮西府」を置いたことから。

椿説弓張月 書名 読本。滝沢(曲亭)馬琴作。江戸時代後期(一八〇七～一八一一)刊。二十八巻。(内容)源為朝が保元の乱で伊豆大島に流され、琉球王になるまでの史実と空想を織りまぜた規模雄大な物語。椿説は珍説で、弓張月は弓の名人為朝という意味である。さし絵は葛飾北斎。

ぢん-ぢ【沈地】 名詞「沈香」の木の木地。

ちん-ちょう【珍重】 名詞／―す 他動詞 サ変 **珍しいものとして大切にすること。もてはやすこと。** 拾遺 平安―歌集 雑賀「流俗の色にはあらず梅の花ちんちょうすべきものとこそ見れ」訳低俗な色ではない、梅の花は。珍しいものとして大切にしなければならないものとして見ることだ。

ちん-ちょう・なり【珍重なり】 形容動詞 ナリ {なら／なり・に／なり／なる／なれ／なれ} **めでたいことだ。結構だ。** 鑓権三 江戸―浄瑠・近松「お留守何事なくちんちょうに存じまする」訳お留守の間何事もなくめでたいことに存じます。

ぢん-ど【塵土】 名詞 **汚れた現世。**

ぢん-とう【陣頭】 名詞 ❶軍勢の先頭。❷「陣の座」の席上。❸宮中で、警備にあたる者たちが詰める陣のあたり。

ぢん-の-ざ【陣の座】 名詞 宮中で節会や公事のとき、公卿が列座する席。左右の近衛の陣の席に設けられた。陣。

ぢん-の-さだめ【陣の定め】 連語 大臣以下公卿が「陣の座」でする、日常の政務の評議。

ぢん-まく【陣幕】 名詞 陣営に張りめぐらす幕。定紋が大きく入れてある。

ぢん-や【陣屋】 名詞 ❶軍勢の集まっている所。**陣営。軍営。陣所。** ❷宮中警固の人の詰め所。また、(そこの)警護の人。❸郡代・代官などの役所・居所。

つ 1【津】名詞 **船着き場。港。渡し場。**

つ 2 格助詞《接続》体言や形容詞の語幹に付く。

語義の扉
格助詞「の」「が」のように広く用いられて主格表示、同格表示などの働きをもつに至らず、連体格用法だけにとどまった語。

(奈良時代以前の語)体言、また、まれに形容詞の語幹に接続して、連体修飾語をつくる。**…の。** 日本書紀 奈良―史書 歌謡「庭つ鳥儞播都等唎鶏は鳴くなり、野つ鳥奴都等利雉は響む」訳(庭の鳥であるところの)鶏の鳴く声がする、(野の鳥であるところの)雉(＝きじ)が声を響かせて鳴き騒ぐ。注意「庭つ鳥」「野つ鳥」は枕詞として、それぞれ「鶏」「雉」にかかる。万葉集 奈良―歌集 一五三「沖つ櫂奥津加伊いたくな撥ねそ辺つ櫂辺津加伊いたくな撥ねそ」訳沖の櫂もそんなにひどく撥ねないでもらいたい、岸の櫂もそんなにやたらと撥ねないでもらいたい(わたしの夫の思いのこもった鳥、夫の霊魂の宿ったいとしい鳥が飛び立ってしまうから)。

歴史スコープ **変遷・位相** 奈良時代以前においても、既にその用法が限定的。平安時代以降には、いよいよ慣用句なものに限られていくので、格助詞「つ」としての生きた働きを失ったものとみて、全体でひとつの複合名詞として妥当である。なお「まつげ」(目つ毛)→(睫毛)などは現代語にも命脈を保った複合語化の化石的残存である。

参照▼な。

つ 3 助動詞 下二型

《接続》活用語の連用形に付く。

未然形	連用形	終止形	連体形	已然形	命令形
て	て	つ	つる	つれ	てよ

㊀〔完了〕…た。…てしまう。…てしまった。竹取物語 平安一物語 かぐや姫の生ひ立ち「秋田、なよ竹のかぐや姫とつけつ」訳秋田は、(かぐや姫に)なよ竹のかぐや姫と(いう名前を)付けた。

㊁〔確述〕❶〔「つ」が単独で用いられて〕必ず…する。間違いなく…てしまう。まさに…だ。徒然 鎌倉一随筆 一〇四「門よくさしてよ。雨もぞ降る」訳門をきっちり間違いなく閉めてしまいなさい。雨が降ったら大変だ。❷〔「む」「らむ」「べし」など推量の助動詞を伴って〕きっと…(だろう)。間違いなく…(はずだ)。確かに…(したい)。枕草子 平安一随筆 虫は「蠅こそ、憎きもののうちに入れつべく」訳はえ(という虫)こそ、憎らしいものの中に確かに入れてしまいたいもので。

㊂〔並列〕…たり…たり。▼「…つ…つ」の形で、動作が並行する意を表す。平家物語 鎌倉一物語 三・足摺「僧都乗っては降りつ、降りては乗っつ、あらまし事をぞし給ひける」訳(俊寛)僧都は(船に)乗っては降りたり、降りては乗ったりして、乗って行きたいというようすをなさった。◇鎌倉時代以降の用法。

語法 (1)完了の助動詞　いわゆる完了の助動詞には「つ」「ぬ」「たり」「り」があるが、「つ」「ぬ」は過去・未来などの時間的関係を表す用法とは無関係に動作・作用の終了を表すのが基本の意味であり、「たり」「り」は存続の意味を基本とする。

(2)「ぬ」との違い

	上に付く動詞	意味の差
つ	意志的・作為的な動作を表す他動詞に付く。	散らしつ。〈意識して散らしてしまった。〉
ぬ	自然的・無作為的な動作を表す自動詞に付く。	散りぬ。〈自然に散ってしまった。〉

※右は、大体の傾向で、例外もある。

注意 ㊁の用法は、「てむ・つらむ・つべし」と推量の助動詞の上にあったら、「きっと…だろう」と訳してみる。「確述」は強意とも呼ばれる。

づ[1]【図】ズ 名詞 ❶絵図。図面。地図。❷ようす。光景。❸ねらいどころ。もくろみ。太平記 室町一物語 二九「などか思ふづに合戦一度せでは候ふべき」訳どうして、心に思うもくろみに、合戦を一度しないでいられるだろうか。❹音律の正しい調子を定めるもの。調子笛の類をいう。

づ[2]【出】ズ 自動詞 ダ下二 {で/で/づ/づる/づれ/でよ}「い(出)づ」に同じ。◆「い(出)づ」の「い」が脱落したもの。奈良時代以前の語。

つい[1]〘終〙⇩つひ

つい-[2]【突い】接頭語「つき」のイ音便。動詞に付いて、強意のときは、しっかりと、軽いときは、そのまま、ちょっと、さっと、などの意を表す。「つい居る」「つい立つ」

ついいる〘つい居る〙⇩ついゐる

ついえ〘弊え・潰え・費え〙⇩つひえ

つい-がき【築垣・築墻】名詞「つきかき」のイ音便。「ついぢ❶」に同じ。古くは「ついかき」。

つい-がさね【衝重ね】名詞「つきがさね」のイ音便。食物や食器を載せる台の一つ。ひのきのへぎ板を方形に折り曲げて作った台に「折敷」を取り付けたもの。

(衝重ね)

対句 文芸 修辞法の一つ。表現形式が同じあるいは類似し意味も対応している二つ以上の語句・文を並べ、均整美を出す表現技法。また、その語句・文。本来は漢詩文の技法で、和漢混交文に多い。たとえば、『方丈記』の冒頭の「ゆく河の流れは絶えずして、しかも、もとの水にあらず。淀みに浮かぶうたかたは、かつ消えかつ結びて、久しくとどまりたる例なし」〈流れゆく川のその流れは、いつも絶えることなく、それでいてなお、もとの水と同じ水が流れているのではない。流れのよどんでいるところに浮かんでいる水の泡は、一方では消え、一方ではできて、長い間同じ状態でいるということはない。〉では、第一文「ゆく河の…あらず」と第二文「淀みに…例なし」とが対句。

つい-くぐ・る【突い潜る】自動詞 ラ四 {ら/り/る/る/れ/れ}さっとくぐる。平家物語 鎌倉一物語 四・橋合戦「上がる矢をばついくぐり」訳頭上を飛んでくる矢をさっとくぐり。◆「つい」は接頭語。

つい-さ・す【突い挿す】他動詞 サ四 {さ/し/す/す/せ/せ}ちょっと挿す。軽く挿し込む。枕草子 平安一随筆 円融院の御はての年「上にさしてつかはしたるを」訳(手紙を、長押の)上にちょっと挿して置いたのを。◆「つい」は接頭語。

ついじ〘築地〙⇩ついぢ

つい-しょう【追従】名詞／―す 自動詞 サ変 ❶(人のあとに)付き従うこと。つきまとうこと。源氏物語 平安一物語 少女「雛遊びのついしょうをも、ねんごろにまつはれ歩きて」訳雛遊びに付き従うのも、熱心にくっついて歩いて。❷こびへつらうこと。源氏物語 平安一物語 須磨「かの鹿を馬と言ひけむ人の、ひがめるやうについしょうする」訳あの鹿を馬と言ったという人が、ひねくれている(のと同じ)ように(源氏に)こびへつらう。◆「ついそう」とも。

つい-す・う【突い据う】他動詞 ワ下二 {ゑ/ゑ/う/うる/うれ/ゑよ}そこに座らせる。ひょいとそこに置く。宇津保 平安一物語 楼上下「灯のほど間中ばかり離りてついすゑ奉り給へる容態」訳灯火から半間ほど離れて座らせ申し上げなさった(姫君の)ご容姿は。◆「つい」は接頭語。

つい-ぜん【追善】名詞 仏教語。死者の冥福を祈って善事を行うこと。特に、命日などに仏事供養を行うこと。追福。

つい-そう【追従】名詞／―す 自動詞 サ変「ついしょう」に同じ。

*つい-たち【朔日】名詞「つきたち(月立ち)」のイ音便。❶月の第一日。平家物語 鎌倉一物語 知章最期「毎月ついたちごとに、泰山府君をぞまつられける」訳毎

日一日ごとに、泰山府君をおまつりになった。❷月の初め。上旬。枕草子 平安—随筆 木の花は「四月のつごもり、五月のついたちのころほひ」訳四月の終わりごろ、五月の初めの時分。対❶❷晦日。

ついたち-さうじ【衝立ち障子】名詞「ついたてしやうじ」に同じ。

つい-た・つ【突い立つ】自動詞タ四{た/ち/つ/つ/て/て}さっと立つ。ひょいと立つ。徒然 鎌倉—随筆 六〇「帰りたければ、ひとりついたちて行きけり」訳(盛親僧都は)帰りたくなると、一人でさっと立って帰った。◆「つい」は接頭語。

(衝立て障子)

ついたて-さうじ【衝立て障子】名詞「ついたてしやうじ」に同じ。

ついたて-しやうじ【衝立て障子】名詞襖障子(=現在のふすま)に台が付いた形のもの。室内の仕切りや隔てにする家具。「ついたてさうじ」「ついたちさうじ」とも。◆「ついたて」は「つきたて」のイ音便。

ついぢ【築地】名詞「つきひぢ(築泥)」の変化した語。❶泥土を積み上げて築いた塀。古くは泥土だけを固めて造ったが、後には柱を立て、板をしんにして、泥土で塗り固め、屋根を瓦でふいた。「ついがき」とも。❷「公卿」「堂上」の異名。▼上流貴族の邸宅には❶をめぐらしていることから。
参照▶口絵

つい・づ【序づ】他動詞ダ下二{で/で/づ/づる/づれ/でよ}順序を決める。順序を立てて並べる。国歌八論 江戸—論「これを定家卿の左についづ」訳この(藤原良経の)歌を藤原定家卿の(歌の)下位に順序を立てて並べる。

ついで【序】名詞

語義の扉

順序、次序の意の古語「つぎて」から転じた語で、事柄の順序、順番の意(❶)。また、機会、折、場合の意(❷)にも用いる。

❶(物事の)順序。順番。
❷機会。折。場合。

❶(物事の)順序。順番。徒然 鎌倉—随筆 一五五「四季はなほ定まれるついであり。死期はついでを待たず。」訳四季にはやはり決まった順番がある。死ぬ時期は順番を待たない。

❷機会。折。場合。古今 平安—歌集 三九三・詞書「山にのぼりてかへりまうできて、人々わかれけるついでによめる」訳比叡山に登って(桜の木のところまで)帰ってきて、僧侶たちと別れた折によんだ。
参照▶折。

ついで-おもしろ・し【序おもしろし】連語時宜にかなったおもむきのあること。ちょうどよいぴったりの機会にあたっていること。伊勢物語 平安—物語 初冠「となむ、おいつぎていひやりける。ついでおもしろきことともや思ひけむ。」訳さっそく詠み贈ったのだった(この歌を見た姉妹は)ことのいきさつを知り、時と場にじつにぴったりなふるまいでおもしろいと感じとったことであったろうか。参照▶文脈の研究 春日野の若紫の。

ついで-な・し【序無し】連語
なりたち 名詞「ついで」＋形容詞「なし」
何のきっかけもない。突然である。徒然 鎌倉—随筆 二三一「人にものを取らせたるも、ついでなくて『これを奉らん』と、言ひたる」訳人に物を与える場合も、何のきっかけもなくて「これを差し上げましょう」と言っているのが。

ついで-に【序に】副詞その折に。その機会に。源氏物語 平安—物語 若紫「この世にののしり給ふ光源氏、かかるついでに見奉り給はむや」訳世間で評判になっていらっしゃる光源氏を、このような機会に拝見なさってはいかがだろうか。

ついで-をか・し【序をかし】連語時宜にかなったおもむきのあること。ちょうどよいぴったりの機会にあたっていること。徒然 鎌倉—随筆 二三一「客人の饗応なども、ついでをかしきやうにとりなしたるも、まことによけれども」訳お客へのもてなしなどもちょうどよい機会といったふうにとりはからっているのも本当によいけれども。

つい-な【追儺】名詞大晦日の夜に宮中で行われる、悪鬼を追い払い災難を除く儀式。鬼に扮した舎人を、殿上人が弓と矢で追い払う。のち、民間にも伝わって、節分の行事になった。鬼遣らい。徒然 鎌倉—随筆 一九「ついなより四方拝に続くこそ、おもしろけれ」訳追儺の儀式から元旦の四方拝に続くのも、趣がある。
参照▶口絵

(追儺)

ついに【終に・遂に】⇩つひに

つい-ひぢ【築泥・築地】名詞「つきひぢ」のイ音便。「ついぢ❶」に同じ。

つい-ひらが・る【突い平がる】自動詞ラ四{ら/り/る/る/れ/れ}体を平べったくする。身を伏せる。はいつくばる。宇治拾遺 鎌倉—説話 一二・一九「虎、人の香を嗅ぎて、ついひらがりて」訳虎は人のにおいをかぎつけて、身を伏せて。◆「つい」は接頭語。

つい-ふ【追捕】名詞/—す他動詞サ変❶(役人を派遣して)悪人や賊を追って捕らえること。❷奪い取ること。略奪。没収。平家物語 鎌倉—物語 四・南都牒状「去年の冬十一月、太上皇のすみかをついふし」訳昨年の冬の十一月、太上皇の住まいを奪い取り。◆「ついぶ」「ついほ」「ついふく」とも。

つい-ふく[1]【追捕】名詞/—す他動詞サ変「ついふ」に同じ。「ついぶく」とも。

つい-ふく[2]【追福】名詞「ついぜん」に同じ。

ついふく-し【追捕使】名詞「ついふし」に同じ。「ついぶくし」とも。

ついふ-し【追捕使】名詞令外の官の一つ。平安時代、賊徒逮捕・反乱鎮定のために派遣された臨時の職。国司・郡司などから選ばれた。のちには国ごとに常置され、また、社寺や荘園にも置かれた。「ついふくし」とも。

つい-まつ【続松】名詞 ❶たいまつ。伊勢物語 平安―物語 六九「その杯の皿に、ついまつの炭して歌の末を書き継ぐ」訳その杯の皿に、たいまつの炭で歌の下の句を書き継ぐ。❷歌がるた。歌貝。

参考 (1)松を続けて燃やす意の「つぎまつ(継ぎ松)」のイ音便。(2)❷は、❶の用例の『伊勢物語』六十九段に見える、斎宮が杯の皿に上の句を書いて差し出したのに対して、業平が続松の炭で下の句を書き継いだという故事により、上・下の句が分かれる歌がるたや歌貝をいう。

つい-やす[*]〘弊やす・潰やす・費やす〙⇩つひやす

つい-ゐる【突い居る】自動詞ワ上一 {ゐ/ゐ/ゐる/ゐる/ゐれ/ゐよ} 「つきゐる」のイ音便。❶かしこまって座る。ひざまずく。源氏物語 平安―物語 若紫「『こちや』と言へば、ついゐたり」訳「こちらへ来なさい」と言うと、(若紫は)かしこまって座った。❷軽く腰を下ろす。ちょこんと座る。徒然 鎌倉―随筆 四一「法師の登りて、木の股についゐて」訳法師が(木に)登って、木の股にちょこんと座って。

つう[1]【通】名詞 ❶通力。神通力。徒然 鎌倉―随筆 八「久米の仙人の物あらふ女の脛の白きを見て、つうを失ひけんは」訳久米の仙人が、物を洗う女のすねの白いのを見て、神通力を失ったというのは。❷世事や人情に通じていること。特に、遊里の事情に通じていること。また、その人。⇩通 文芸

通[2] 文芸 江戸時代後期の美的理念。世間や遊里の事情に通じていて人情の機微がわかり、万事にさばけていて洗練されていること。江戸の遊里を背景に発達し、「黄表紙」や「洒落本」などに表されている。「通」に対して、洗練されていない態度は「野暮」といわれた。

つう-じ【通事・通辞・通詞】名詞／―す 自動詞サ変 ❶通訳をすること。また、その人。❷取り次ぎをすること。反魂香 江戸―浄瑠 浄瑠・近松「夫はなまなか目礼ばかり女房そばからつうじして」訳夫はなまじ(物を言ってもだめなので)、目つきで会釈ばかりして、女房がそばから取り次いで。

つう-りき【通力】名詞 神通力。何事をも自由自在になし得る能力。

つか[1]【柄】名詞 ❶弓や刀剣などの握りの部分。❷筆の軸。

つか[2]【塚】名詞 ❶土を盛り上げて造った墓。また、(一般に)墓。奥の細道 江戸―紀行 金沢「つかも動け我が泣く声は秋の風―芭蕉」訳⇩つかもうごけ…。❷(土などの)小高く盛り上がった所。

-つか[3]【束】接尾語 ❶長さの単位。握った手の指四本の幅程の長さ。「十つか剣」。❷束ねたものを数える。「稲二十二つか」

つかう〘仕う・使う・遣う〙⇩つかふ

つがう〘番う・継がう〙⇩つがふ

つかう-まつり-びと【仕うまつり人】名詞 (朝廷や貴人に)お仕えする人。奉公人。

つかう-まつ・る【仕う奉る】

> **語義の扉**
>
> 「つかへまつる」のウ音便形。他動詞化した二は、種々の具体的な動作をいうのに用いられた。おもに平安時代に用いられ、時代が下がると、「つかまつる」となっていった。
>
> 一 自動詞［謙譲語］お仕え申し上げる。
> 二 他動詞［謙譲語］してさし上げる。
> 三 補助動詞［謙譲の意］…申し上げる。

一 自動詞ラ四 {ら/り/る/る/れ/れ} 〔「仕ふ」の謙譲語〕お仕え申し上げる。伊勢物語 平安―物語 八三「例の狩りしにおはします供に、馬の頭なる翁つかうまつれり」訳(惟喬親王が)いつものように鷹狩りをしにおいでになるお供として、馬の頭である翁がお仕え申し上げた。

二 他動詞ラ四 {ら/り/る/る/れ/れ} 〔「す」「行ふ」「作る」などの謙譲語〕してさし上げる。し申し上げる。源氏物語 平安―物語 花宴「箏の琴つかうまつり給ふ」訳源氏は箏の琴を演奏し申し上げなさる。

三 補助動詞ラ四 {ら/り/る/る/れ/れ} 〔動詞の連用形に付いて〕…申し上げる。〔謙譲の意を表す〕源氏物語 平安―物語 夕顔「なづさひつかうまつりけむ身もいたはしく」訳(乳母として源氏に)慣れ親しみ申し上げたような自分の身も大切で。

つかえまつる[*]〘仕え奉る〙⇩つかへまつる

つかさ【司・官・寮】名詞 ❶役所。官庁。竹取物語 平安―物語 かぐや姫の昇天「つかさ、つかさに仰せて、…二千人の人を竹取の家に遣はす」訳(帝は)役所、役所に命令して、…二千人の人々を竹取の翁の家へお遣わしになる。❷役人。官吏。源氏物語 平安―物語 須磨「近き所々の御庄のつかさ召して」訳近くのあちこちの荘園の役人をお呼び寄せになって。❸官職。枕草子 平安―随筆 すさまじきもの「除目につかさ得ぬ人の家」訳官職任命の儀式に官職を得ない人の家。

つかさ-かうぶり【官冠・官爵】名詞 ❶官職と位階。官位。❷「年官」と「年爵」。

つかさ-くらゐ【官位】名詞 官職と位階。

つかさ-ど・る【司る・掌る】他動詞ラ四 {ら/り/る/る/れ/れ} 職務として取り扱う。担当する。源氏物語 平安―物語 行幸「公ざまにて、さる所の事をつかさどり」訳公務として、そのような所の事務を取り扱い。

つかさ-びと[*]【官人】名詞 役人。官吏。

つかさ-めし【司召し】名詞 「司召しの除目」の略。対県召し。

つかさめし-の-ぢもく【司召しの除目】名詞 毎年定期的に行われる都にある官庁の官吏を任命する儀式。初めは春に行われたが、平安時代中期からは秋に行われるようになった。「秋の除目」「司召し」とも。対県召しの除目。

つか・ぬ【束ぬ】他動詞ナ下二 {ね/ね/ぬ/ぬる/ぬれ/ねよ} ❶集めて一つにくくる。束ねる。万葉集 奈良―歌集 三七九一「か黒し髪をま櫛もちここにかき垂り取りつかね」訳まっ黒な髪を櫛でもってここにすいて垂らし、手に取って一つに束ね。❷一所にまとめる。

つかね-を【束ね緒】名詞 物を縛るための紐。結び紐。

つがのき-の【栂の木の】枕詞「つが」の音との類似から「つぎつぎ」にかかる。

つか-の-ま【束の間】名詞 ほんの短い時間。一瞬間。徒然 鎌倉―随筆 四九「つかのまも忘るまじきなり」訳ほんの短い時間も忘れてはいけないのだ。

つかは・す[1]【遣はす】ツカワス 他動詞サ四{さ/し/す/す/せ/せ}

> **語義の扉**
>
> ❶が「遣る」、❷が「与ふ」「贈る」のそれぞれ尊敬語である。しかし❸は尊敬の意を失って、❶❷の敬意のない用法になる。
>
> ❶[尊敬語]お遣わしになる。派遣なさる。おやりになる。
>
> ❷[尊敬語]お与えになる。お贈りになる。おやりになる。
>
> ❸[敬意なし]行かせる。やる。与える。贈る。

❶[「遣る」の尊敬語]**お遣わしになる。派遣なさる。おやりになる。**源氏物語 平安―物語 若紫「召しにつかはしたるに」訳(源氏は修行者を)お呼びに人をお遣わしになったが。

❷[「与ふ」「贈る」の尊敬語]**お与えになる。お贈りになる。おやりになる。**源氏物語 平安―物語 明石「またの日の昼つ方、岡辺に御文つかはす」訳次の日の昼ごろ、(源氏は明石の姫君の住む)丘の辺りの住まいにお手紙をおやりになる。

❸**行かせる。やる。与える。贈る。**諸国ばなし 江戸―物語 浮世・西鶴「このもとへ無心の状をつかはしたるに」訳この(女房の兄の)ところへ無心の手紙を出したところ。

つかは-す[2]【使はす】ツカワス 連語 なりたち 動詞「つかふ」の未然形＋奈良時代以前の尊敬の助動詞「す」**お使いになる。**万葉集 奈良―歌集 三三二六「つかはしし舎人の子らは」訳お使いになった舎人の者たちは。◆奈良時代以前の語。

つかひ*【使ひ・遣ひ】イツカ 名詞 ❶**使者。**(神仏の)使い。徒然 鎌倉―随筆 二一六「足利左馬入道の許へ、まづつかひを遣はして」訳足利左馬の入道のもとへ、まず使者を行かせて。❷**召使い。側女。**竹取物語 平安―物語 蓬莱の玉の枝「御つかひとおはしますべきかぐや姫の要じ給ふべきなりけり」訳御側女でいらっしゃるはずのかぐや姫が(この枝を)必要となさっているのだったよ。

参考 ❶の神仏の使者としては、稲荷の狐、八幡神の鳩などが有名。

つがひ【番ひ】イツガ 名詞 ❶**組み合わせ。組。**組み合わせの相手。(動物の雄と雌の)一対。❷**つなぎ目。継ぎ目。**❸**都合。具合。**❹**ころあい。時分。**

つかひ-ざね【使ひ実】ツカイザネ 名詞 使者の中の主だった人。正使。

つか・ふ[1]【仕ふ】ツカウ―ツコウ 自動詞ハ下二{へ/へ/ふ/ふる/ふれ/へよ} ❶(貴人などの)**そば近くで働く。奉仕する。**徒然 鎌倉―随筆 五八「朝夕君につかへ」訳朝に夕に主君に奉仕し。❷**官職につく。仕官する。奉公する。**方丈記 鎌倉―随筆「世につかふるほどの人、たれか一人ふる里に残りをらん」訳朝廷に仕官する身分の人は、だれが一人で旧都に残っていようか。だれも残る人はいない。

つか・ふ[2]【使ふ・遣ふ】ツカウ―ツコウ 他動詞ハ四{は/ひ/ふ/ふ/へ/へ} ❶**用いる。役立てる。使う。**竹取物語 平安―物語 かぐや姫の生ひ立ち「野山にまじりて竹を取りつつ、よろづの事につかひけり」訳野山に分け入って、竹を採取しては、いろいろなことに使っていた。❷**召し使う。用をさせる。使う。**竹取物語 平安―物語 かぐや姫の昇天「近くつかはるる人々」訳(かぐや姫の)おそば近くに召し使われている人々が。❸[多く「心つかふ」の形で](心を)**働かせる。使う。**竹取物語 平安―物語 かぐや姫の昇天「たけき心つかふ人も、よもあらじ」訳強い心を働かせる人は、まさかありますまい。❹[受身の形で]**あやつる。支配する。**徒然 鎌倉―随筆 三八「名利につかはれて、閑かなる暇なく」訳名誉欲や利欲に支配されて、心静かなときもなく。

つ-がふ[1]*【都合】ツゴウ 名詞 **総計。全部。**▼副詞的にも用いる。平家物語 鎌倉―物語 四・橋合戦「つがふその勢二万八千余騎」訳総計その軍勢は二万八千騎余り。

つが・ふ[2]【番ふ】ツガウ―ツゴウ 一 自動詞ハ四{は/ひ/ふ/ふ/へ/へ} (二つのものが)**組みになる。対になる。**紫式部 平安―日記 寛弘五・一一・一「つがひし鴛鴦ぞ夜半に恋しき」訳対になったおしどりが、夜中には恋しかった。

二 他動詞ハ四{は/ひ/ふ/ふ/へ/へ} ❶(二つのものを)**組み合わせる。対にする。**大鏡 平安―物語 時平「御前つがひ給はず」訳お先駆けを対になさらず。❷(矢を)**つがえる。**平家物語 鎌倉―物語 一一・那須与一「鏑をとってつがひ、よっぴいてひゃうど放つ」訳鏑矢を取って弓につがえ、十分に引きしぼってひゅうっと放った。❸**固く約束する。**油地獄 江戸―浄瑠 浄瑠・近松「今日暮れてから渡さうと、詞をつがうた」訳今日、日が暮れてから渡そうと、言葉で約束した。◇「つがう」はウ音便。

つが・ふ[3]【継がふ】ツガウ―ツゴウ 連語 なりたち 動詞「つぐ」の未然形＋反復継続の助動詞「ふ」**長い間続ける。長く受け継いでいく。**万葉集 奈良―歌集 三三二九「万代にかたりつがへと」訳永久に長く語り続けよと。◆奈良時代以前の語。

つかへ-まつ・る*【仕へ奉る】ツカエマツル なりたち 謙譲の動詞「つかふ」の連用形に謙譲の補助動詞「まつる」の付いたかたちが一語化したもの。

一 自動詞ラ四{ら/り/る/る/れ/れ}[「仕ふ」の謙譲語]**お仕え申し上げる。**日本書紀 奈良―史書 雄略「其しが尽くるまでに大君に堅くつかへまつらむと」訳それが尽きるまで、天皇にしっかりお仕え申し上げようと。◆奈良時代以前の語。

二 他動詞ラ四{ら/り/る/る/れ/れ}[「す」「行ふ」「作る」などの謙譲語]**してさし上げる。し申し上げる。**万葉集 奈良―歌集 四二七五「万代につかへまつらむ黒酒白酒を」訳万世にわたってお作り申し上げよう、黒酒、白酒を。◆奈良時代以前の語。

参考 平安時代以後は「つかうまつる」「つかまつる」となる。

つか-まつ・る【仕る】

一 自動詞 ラ四 {ら/り/る/る/れ/れ}〔「仕ふ」の謙譲語〕**お仕え申し上げる。** 大鏡 平安―物語 道長下「堀河の左大臣殿は、御社までつかまつらせ給ひて」訳堀河の左大臣殿は、神社まで(中宮様にお供として)お仕え申し上げなさって。

二 他動詞 ラ四 {ら/り/る/る/れ/れ}〔「す」「行ふ」「作る」などの謙譲語〕❶**してさし上げる。し申し上げる。** 今昔物語 平安―説話 二五・一二「さらば今宵は御宿直つかまつりて、朝見給へむ」訳それでは今夜は宿直をし申し上げて、明日の朝拝見いたしましょう。〔「す」「行ふ」の丁寧語〕❷**いたす。します。** 徒然 鎌倉―随筆 一〇九「過ちはやすき所になりて、必ずつかまつることに候ふ」訳失敗は、易しい所になってから、必ずいたすものでございます。

三 補助動詞 ラ四 {ら/り/る/る/れ/れ}〔謙譲の意を表す〕〔漢語サ変動詞の語幹に付いて〕❶**…申し上げる。** 平家物語 鎌倉―物語 一〇・千手前「心の及び候はんほどは、奉公つかまつり候ふべし」訳私の思いが及びますうちはご奉公申し上げましょう。❷〔丁寧の意を表す〕**…いたす。** 大鏡 平安―物語 序「太政大臣にて元服つかまつりし時」訳太政大臣邸で元服いたしました時。

参考「つかへまつる」のウ音便「つかうまつる」の変化した語。

つかもうごけ… 俳句「塚も動け 我が泣く声は 秋の風」奥の細道 江戸―紀行 金沢・芭蕉 訳塚も動け。弟子の死をいたんで私の泣く声は、秋風となって塚の上を吹きめぐる。

鑑賞 金沢の俳人で弟子の小杉一笑の追善俳諧での句。一笑は加賀俳壇の俊秀であった。「塚も動け」という激しい表現に、一笑を失った芭蕉の深い悲しみがこめられている。季語は「秋の風」で、季は秋。

-づ-から 接尾語 ❶〔名詞に付いて〕**…のまま。…によって。…でもって。**「み(身)づから」「手づから」「徒づから」。❷人間関係などに関する名詞に付いて、…の関係にあるの意を表す。「隣づから」「いとこづから」◆奈良時代以前の格助詞「つ」に名詞「から」が付いて濁音化したもの。

つか・る【疲る】自動詞 ラ下二 {れ/れ/る/るる/るれ/れよ} ❶**疲れる。疲労する。** 万葉集 奈良―歌集 二六四三「玉桙の(=枕詞)道行きつかれ」訳道を行き疲れて。❷**腹がすく。飢える。** 宇津保 平安―物語 俊蔭「国ほろびて、諸々の衆生、国土の人、ここにつかれし時ありき」訳国(インド)がさびれ、多くの民衆や、国民がそこで飢えたときがあった。

つかわす〖遣わす・使わす〗⇩つかはす

つき[1]【月】名詞

❶(空の)**月。** 徒然 鎌倉―随筆 一三七「花は盛りに、つきは隈なきをのみ見るものかは」訳桜の花は満開のときに、月はかげりがない満月のときにだけ見るものであろうか、いやそうではない。

❷(暦の)**月。一か月。** 枕草子 平安―随筆 清涼殿の丑寅のすみの「『そのつき、何のをり、その人の詠みたる歌はいかに』と問ひ聞こえさせ給ふを」訳「何の月の、何の時に、あの人の詠んだ歌は何か」と(帝が)お尋ね申し上げなさるのを。

◆学習ポイント㊳

月の異名

四季	月	異名	他の異名	季名
春	一月	睦月	正月・元月・青陽	孟春 初春
	二月	如月	令月・梅見月	仲春
	三月	弥生	花月・桜月・竹秋	季春 晩春
夏	四月	卯月	夏初月・麦秋	孟夏 初夏
	五月	皐月	早苗月・田草月	仲夏
	六月	水無月	風待月・蟬羽月	季夏 晩夏
秋	七月	文月	秋初月・七夕月	孟秋 初秋
	八月	葉月	月見月・壮月	仲秋
	九月	長月	玄月・紅葉月	季秋 晩秋
冬	十月	神無月	時雨月・小春	孟冬 初冬
	十一月	霜月	子月・雪待月	仲冬
	十二月	師走	極月・梅初月	季冬 晩冬

つき[2]【坏・杯】名詞 飲食物を盛る深みのある器。古くは土器、のち、木・金属などでも作った。

つき[3]【槻】名詞 木の名。けやきの古名か。◆弓を作る材

古典の常識

『月と民俗』

太陽暦を採用する明治時代以前は、月の満ち欠けに基づく太陰暦による生活が営まれていた。月の十五日は満月で明るく、月初め・月末は月の光が弱い。照明器具の発達していなかった時代にあっては、月の出ない晦日は暗い夜を過ごさなければならなかった。

月に関する言い伝えは中国伝来のものが多く、月に大きな桂の木が生えているとか、月の都があり、月宮殿があるというものである。これが天人の羽衣伝説や、かぐや姫の物語(『竹取物語』)を生んだ。月の光は人の心を怪しい境地に誘いこみ不吉であるので避けるべきだ、という考えもあったが、平安貴族は「雪月花」といって、特に秋の美の代表として中秋の名月を賞美し、和歌にも詠んだ。月齢により次のような異称がある。望月(十五夜の満月)・十六夜の月(十六日の月)・立ち待ち月(十七日の月)・居待ち月(十八日の月)・寝待ち月(十九日の月)・有り明けの月(下旬の月)

月齢表（月の満ち欠けと呼び名）

呼び名	月齢
新月（しんげつ）・晦（つごもり）	（30日ごろ）
二日月（ふつかづき）	（2日ごろ）
三日月（みかづき）	（3日ごろ）
七日月（なぬかづき）	（7日ごろ）
八日月（やうかづき）	（8日ごろ）
九日月（ここぬかづき）	（9日ごろ）
十日余りの月（とはかあまりのつき）	（11日ごろ）
十三夜月（じふさんやづき）	（13日ごろ）
望月（もちづき）・満月（まんげつ）	（15日ごろ）
十六夜の月（いさよひのつき）	（16日ごろ）
立ち待ちの月（たちまちのつき）	（17日ごろ）
居待ち月（ゐまちづき）	（18日ごろ）
臥し待ちの月（ふしまちのつき）（寝待ちの月）	（19日ごろ）
更け待ちの月（ふけまちのつき）	（20日ごろ）
二十日余りの月（はつかあまりのつき）	（22日ごろ）
二十三夜の月（にじふさんやのつき）	（23日ごろ）

上弦の月

下弦の月

に用いる。

-つき[4]【坏・杯】接尾語…杯は。▼器に盛った飲食物を数える。「一つきの酒」

つぎ[1]【次】名詞 ❶後に続くこと。後に続くもの。徒然 鎌倉—随筆 三八「偏に高き官・位を望むも、つぎに愚かなり」訳ひたすら、高い官位を望むのも、(利益の追求に)続くものとして愚かなことだ。❷一段低い地位。一段劣ること。風姿花伝 室町—論 三「たとひ能は少しつぎなりとも」訳たとえ能は一段劣ったものであっても。❸次の間。控えの間。❹宿場。宿。▼江戸時代、旅をするとき、馬や駕籠を中継する所。◇江戸時代の用法。

つぎ[2]【継ぎ・続ぎ】名詞 ❶続くこと。続きぐあい。万葉集 奈良—歌集 一〇九三「巻向山はつぎのよろしも」訳巻向山は続きぐあいも好ましいことだ。❷跡継ぎ。世継ぎ。源氏物語 平安—物語 若菜下「御つぎおはしまさぬを飽かず御心のうちに思す」訳お世継ぎがいらっしゃらないのを不満足にお心の内でひそかにお思いになる。

つき-あり・く【突き歩く】他動詞カ四 {か/き/く/く/け/け} 頭を下げて歩き回る。枕草子 平安—随筆 虫は「ぬかづき虫、…さる心地に道心おこして、つきありくらむよ」訳米つき虫、…そんな虫の心にも仏道を求める心を起こして、頭を下げて歩き回っているのだろうよ。

つき-かげ*【月影】名詞 ❶月光。月明かり。月光の当たる所。源氏物語 平安—物語 桐壺「つきかげばかりぞ八重葎にもさはらず、さし入りたる」訳月光だけが、茂った雑草にも邪魔されずに、さし入っている。❷月の姿。古今 平安—歌集 恋二「つきかげにわが身をかふるものならばつれなき人もあはれとや見む」訳月の姿にわが身を変えられるならば、つれないあなたも、しみじみと眺めるだろう。❸月明かりの中の姿。源氏物語 平安—物語 橋姫「ほのかなりしつきかげの、見劣りせずば」訳ほのかに見えた月明かりの中の姿が、もし(昼でも)見劣りがしなかったら。

つき-がしら【月頭】名詞 月初め。対月尻つきじり。

つき-か・ふ【月変ふ】ツキカウ 連語 月が改まるのを待つ。次の月になる。万葉集 奈良—歌集 三一三一「つきかへて君をば見むと思へかも」訳来月になったらあなたに会えると思うからなのか。

つききよし…俳句「月清し 遊行の持てる 砂の上」奥の細道 江戸—紀行 敦賀・芭蕉 訳月が清らかな光を放っていることだ。歴代の遊行上人が持ち運んだと聞く神前の白砂の上には。

鑑賞 敦賀の気比明神を参詣した際に詠んだ句。その昔、二世遊行上人が神宮の付近の葦を刈り、土砂を運んでぬかるみを埋め、参道を改修した。その古例を伝える行事が今でも行われており、歴代の遊行上人が白砂を神前に運んだという。芭蕉は、神前の白砂に月光がさして、一面に霜を敷いたように見えたと記している。季語は「月」で、季は秋。

つき-きり・なり【突き切りなり】形容動詞ナリ

日本語のこころ 「月」と日本人

江戸時代の医者橘南谿は、『北窓瑣談』という随筆の中で、長崎で会ったオランダ人が「日本人は月みたいな殺風景なものを見て喜んでいる民族だ」というのを聞いて驚きあきれています。日本人は、月は夜道を明るくしてくれるありであるほかに、心の寂しさをなぐさめてくれる最上のものと心得ていました。

「百人一首」の和歌には、月を詠んだ歌が十首もあり、明治以後の子供たちの歌う唱歌や童謡にも多く題材となっています。「荒城の月」「朧月夜」「十五夜お月さん」「雨降りお月さん」「月の砂漠」などその例は沢山あります。

月はその形や現れる時刻によって多くの名前を持っています。「三日月」「弓張り月」からはじまって「満月」(=十五夜の月=望月)、「いざよいの月」(=十六夜の月)、「立ち待ちの月」(=十七夜の月)、「居待ちの月」(=十八夜の月)、「寝待ちの月」(=十九夜の月)……と一夜毎に違った名で呼ばれます。こんなことは日本語以外の言葉にはないでしょう。

お菓子の「最中」は、もとは「最中の月」といって、満月の異称の「最中の月」にちなんだものでした。ばらの花の種類に「いざよいばら」というのがあります。これは一か所欠けて真ん丸ではないということから来た名前だそうです。

その他、「新月」「朧月」「名月」「寒月」「真如の月」という言葉もあり、ことに「残月」の別名「有明の月」は、「百人一首」に四首も詠われているほど人気がありました。

〔なら/なり・に/なり/なる/なれ/なれ〕**そっけなく言い放す。突き放して言う。** 源氏物語 平安-物語 若菜下「はしたなく**つきりなる**事なのたまひそよ」訳無愛想に**そっけなく言い放す**ことは、おっしゃらないでくれ。

つき-くさ【月草】 名詞 ❶草の名。つゆくさの古名。この花の汁を衣に摺(す)り付けて縹(はなだ)色(＝薄藍(うすあい)色)に染める。その染め色のさめやすいことから、歌では人の心の移ろいやすいたとえとすることが多い。季秋。❷襲(かさね)の色目の一つ。表裏とも縹色。あるいは裏は薄縹色。秋に着用。

つきくさ-の【月草の】 枕詞 月草(＝つゆくさ)の花汁で染めた色がさめやすいところから「移ろふ」「移し心」「消(け)」などにかかる。万葉集 奈良-歌集 五八三「**つきくさ**の移ろひやすく思へかも我(あ)が思ふ人の言(こと)も告げ来(こ)ぬ」訳心変わりしやすく思っているからだろうか。恋しい人からの言伝ても来ない。

つき-げ【鴾毛・月毛】 名詞 馬の毛色の一つ。鴾(つき)(＝鳥のときの古名)の羽の裏の色のような赤みを帯びた白い毛色。また、その馬。

つき-こ・む【築き込む】 他動詞 マ下二〔め/め/む/むる/むれ/めよ〕❶(塀などを)築いてその中に押し込める。築いて囲み込む。狭衣 平安-物語 一「四条堀河のわたりを四町**つきこめて**」訳四条堀河のあたりを四町**塀を築いて囲み込んで**。❷塚を築いて死体を埋める。隅田川 室町-能楽 謡曲「この道のほとりに**つきこめて**」訳この道のそばに**塚を築いて死体を埋めて**。

***つき-ごろ【月頃】** 名詞 ❶何か月もの間。枕草子 平安-随筆 うれしきもの「日ごろ、**つきごろ**、しるき事ありて、悩みわたるが」訳何日も、**何か月も**、目立つ病状で、苦しんでいたのが。❷数か月来。源氏物語 平安-物語 帚木「**つきごろ**風病(ふびやう)重きに堪へかねて」訳**数か月来**、かぜが重いのにがまんできなくなって。

***つぎ-ざま【次ぎ様】** 名詞 一段劣ること。二流。「つぎさま」とも。徒然 鎌倉-随筆 五六「**つぎざま**の人は、…、息もつぎあへず語り興ずるぞかし」訳**二流**の人は、…、息をつぐひまもなく話をしておもしろがることであるよ。

つき-じり【月尻】 名詞 月末。下旬。対月頭(つきがしら)。

つき-しろ・ふ【突きしろふ】 自動詞 ハ四〔は/ひ/ふ/ふ/へ/へ〕互いに(肩やひざなどを)つつきあう。源氏物語 平安-物語 夕顔「**つきしろひ**目くはす」訳**互いにつつきあい**目くばせする。◆「しろふ」は接尾語。

つき-・す【尽きす】 自動詞 サ変〔せ/し/す/する/すれ/せよ〕〔打消の語を下接して〕尽きる。なくなる。方丈記 鎌倉-随筆「高き、いやしき、人の住まひは、世々(よよ)を経て**つきせ**ぬものなれど」訳身分の高い人や低い人の住居は、長い年月を経ても**尽き**ないものだけれど。

つき-た・つ【月立つ】 連語 ❶月が現れる。月がのぼる。万葉集 奈良-歌集 一二九四「向かひの山に**つきたて**り見ゆ」訳向こうの山に**月がのぼって**いるのが見える。❷月が改まる。月が変わる。万葉集 奈良-歌集 三九八三「ほととぎす**つきたつ**までになにか来鳴かぬ」訳ほととぎすは(四月の)**月が改まる**までどうして来て鳴かないのか。

つぎ-つぎ【次次・継ぎ継ぎ】 一 名詞 ❶(地位・身分などが)その次に位置すること。それより下。源氏物語 平安-物語 若菜下「随身(ずいじん)、小舎人童(こどねりわらは)、**つぎつぎ**の舎人などまで」訳随身、小舎人童、**それより下**の舎人などまで。❷子孫。源氏物語 平安-物語 橋姫「いよいよかの御**つぎつぎ**になり果てぬる世にて」訳いよいよあのかたの御**子孫**の代にすっかりなってしまった世の中なので。
二 副詞 順々に。次から次へと。枕草子 平安-随筆 なほめでたきこと「**つぎつぎ**出(い)づるに、足踏みを拍子(はうし)に合はせて」訳**次から次へと**出るのに、足踏みを拍子に合わせて。

つきづき・し 形容詞 シク〔(しく)・しから/しく・しかり/し/しき・しかる/しけれ/しかれ〕

語義の扉

動詞「付く」の連用形を重ねて形容詞化した語。場面、事柄によく調和しているようすを表して用いられ、「いかにもぴったりである」「ふさわしい」の意を表す。

❶㊉似つかわしい。ふさわしい。
❷㊀要領よくつくろう。もっともらしい。

❶似つかわしい。ふさわしい。しっくりしている。枕草子 平安-随筆 春はあけぼの「いと寒きに、火など急ぎおこし

文脈の研究

「つきづきし❶」の『枕草子』の例は、よく知られた「春はあけぼの」の段の「冬はつとめて」のくだり。こうした動作、活動が、寒さの厳しい冬の早朝ならではの事情にふさわしいとする清少納言の言説である。ただし、似つかわしさ、ふさわしさと表明することの語には、『源氏物語』「賢木」の、

月のつごもりを、**つきづきしう**聞こえ給はむも、まばゆきほどになりぬれば、

訳月の終わりを、**もっともらしく**申し上げるのもきまりが悪いほどになってしまったので。

また、『源氏物語』「蓬生」の、

立ちとどまり給はむも、所のさまよりはじめ、まばゆき御有様なれば、**つきづきしう**のたまひすべして出で給ひなむとす。

訳お泊まりなさるとしても、その場所の様子からして、(荒れ果てて)目を背けたくなるようなありさまなので、(源氏は)**体よく**言い逃れをして、(邸宅から)お出ましになろうとなさる。

のような、読解や鑑賞上注意すべきばあいがある。ともに、表向きの似つかわしさ、ふさわしさの意をこえて、「体(てい)よく、上手に」「もっともらしく」といった意で、やや批判的な判断を伴う文脈のなかで用いられている。

て、炭もて渡るも、いとつきづきし」訳たいそう寒いときに、炭火などを急いでおこして、炭を持って行くのも、(冬の早朝に)たいそう似つかわしい。源氏物語 平安―物語 若紫「舞人(まひびと)などを、やむごとなき家の子ども、上達部(かんだちめ)、殿上人(てんじゃうびと)などもなども、そのかたにつきづきしは、みなえらばせたまへれば」訳舞を舞う人などを、高貴な家の子たち、公卿(くぎゃう)、殿上人たちなども、舞いの方面にふさわしい者は、(帝が)皆、お選びになったから。

❷要領よくつくろう。もっともらしい。源氏物語 平安―物語 若紫「ことば多かる人にて、つきづきしう言ひ続くれど、「いとわりなき御ほどを、いかにおぼすにか」と、ゆゆしうなむ、たれもたれも思しける。」訳口数の多い人なので、もっともらしく言い続けるが、「たいそう道理に合わないお年であるのを、どのようにお思いか」とおそれ多く、誰もが思うのであった。

つきてんしん… 俳句「月天心 貧しき町を 通りけり」蕪村句集 江戸―句集 俳諧・蕪村(ぶそん) 訳名月が中天にこうこうと輝く秋の夜更け、小家がちの路地の多い、寝静まった貧しい町を通りかかったよ。

鑑賞「月天心」は、中国宋(そう)の邵康節(せうこうせつ)の詩「清夜吟」の一節「月天心に到(いた)る処(ところ)」を踏まえている。季語は「月」で、季は秋。

つき-な・し【付き無し】 形容詞ク {(く)・から/く・かり/し/○/き・かる/けれ/かれ}

❶取り付くすべがない。手がかりがない。源氏物語 平安―物語 夕霧「時々さぶらふに、かかる御簾(みす)の前、はた、つきなき心地(ここち)し侍(はべ)るを」訳時々お側にうかがっているのに、このような御簾の前では、やはり取り付くすべがないような感じがいたしますので。

❷ふさわしくない。不似合いだ。竹取物語 平安―物語 竜の頸の玉「親君と申すとも、かくつきなきことを仰せ給(たま)ふこと」訳親のような主君とはいっても、このように(主君に)ふさわしくないことをおおせになられることよ。

つき-なみ【月次・月並み】 名詞 ❶毎月。例月。また、月ごとに決まってあること。枕草子 平安―随筆 坤元録の御屏風こそ「つきなみの御屏風(びゃうぶ)もをかし」訳十二か月毎月の(行事・景物をえがいた)お屏風も趣がある。❷「月次の祭(まつり)」の略。朝廷の年中行事の一つ。六月と十二月の各十一日に「神祇官(じんぎくゎん)」で行われる祭儀。伊勢(いせ)神宮以下、全国の主要神社に幣帛(へいはく)を奉って国家の安寧などを祈願する。本来は毎月行われるものであった。❸月々催される詩歌・連歌(れんが)・俳諧(はいかい)などの会合。

月並(つきなみ)調(ちょう) 文芸 月例の句会のような作風の意。新味がなく、平凡で俗っぽい俳風のこと。明治時代に、俳人正岡子規(まさおかしき)が江戸時代末期の俳諧(はいかい)の傾向を批判して言った語。「月次調」とも書く。

つき-な・む【着き並む】 自動詞マ四 {ま/み/む/む/め/め} 並んで座る。居並ぶ。枕草子 平安―随筆 五月の御精進のほど「いかでか、さ女官(にょうくゎん)などのやうに、つきなみてはあらむ」訳どうして、そう(下級の)女官などのように、(お膳(ぜん)の前に)並んで座ってはいられましょうか。

つき-に-けに【月に異に】 連語 なりたち 名詞「つき」＋格助詞「に」＋形容動詞「けなり」の連用形 月ごとに。万葉集 奈良―歌集 九三二「つきにけに日に日に見とも今のみに飽き足らめやも」訳月ごとに、日ごとに見ても今だけで飽き足りるだろうか。

つき-に-ひ-に-けに【月に日に異に】 連語 なりたち 名詞「つき」＋格助詞「に」＋名詞「ひ」＋格助詞「に」＋形容動詞「けなり」の連用形 月ごと日ごとに。万葉集 奈良―歌集 六九八「吾(あ)は恋ひまさるつきにひにけに」訳私は恋しさがつのります、月ごと日ごとに。

つぎねふ 枕詞 地名「山城(やましろ)」にかかる。語義・かかる理由未詳。古事記 奈良―史書 仁徳「つぎねふ山代女(やましろめ)の木鍬(こくは)持ち」訳山城の女が木の鍬(くわ)を持って。

つき-の-かつら【月の桂】 連語 中国の伝説で、月に生えているという五百丈もの高さの桂の木。季秋。古今 平安―歌集 秋上「ひさかたのつきのかつらも秋はなほもみぢすればや照りまさるらむ」訳⇩ひさかたのつきのかつらも…。

つき-の-かほ【月の顔】 ツキノカオ 連語 月の表面。月のおもて。月の光。竹取物語 平安―物語 かぐや姫の昇天「つきのかほ見るは忌(い)むこと」訳月の表面を見ることは不吉として避けること。

***つき-の-ころ【月の頃】** 連語 月の眺めのよいころ。特に満月になる陰暦十五日を中心とした前後の数日間をさす。枕草子 平安―随筆 春はあけぼの「つきのころはさらなり」訳月の眺めのよいころはいうまでもない。

つき-の-みやこ【月の都】 連語 月の世界の都。また、そこにある宮殿。季秋。竹取物語 平安―物語 かぐや姫の昇天「おのが身はこの国の人にもあらず。つきのみやこの人なり」訳私の身はこの人間世界の人ではない。月の都の者である。

つき-ばえ【月栄え・月映え】 名詞 月光に照らされて、一段と美しさがますこと。またその人や物。

つぎ-はし【継ぎ橋】 名詞 水中に柱を立て、板を何枚か継いで渡した橋。

***つき-ひ【月日】** 名詞 ❶月と太陽。❷歳月。年月。伊勢物語 平安―物語 四六「対面せでつきひの経(へ)にけること」訳会わないで歳月がたってしまったことだなあ。

つき-ひと【月人】 名詞 月。▼月を擬人化していう語。

つきひと-をとこ【月人男・月人壮士】 ツキヒトオトコ 名詞 月。お月様。▼月を擬人化し、若い男に見立てていう語。

つきひ-に-そへ-て【月日に添へて】 ツキヒニソエテ 連語 月日がたつにつれて。源氏物語 平安―物語 桐壺「待ち過ぐすつきひにそへて、いと忍びがたきはわりなきわざになむ」訳待ちながら過ごす月日がたつにつれて、とても耐えがたいのは困ったことです。

つぎ-びは【継ぎ琵琶】 ツギビワ 名詞 柄を取り外しできる琵琶。

つき-み【月見】 名詞 ❶月を眺めて鑑賞すること。特に、陰暦八月十五夜と九月十三夜に行う。観月。季秋。❷八月十五日に行う、遊里の「紋日(もんび)」の一つ。

つきみれば… 和歌 百人一首「月見れば 千々(ちぢ)に物こそ 悲しけれ わが身一つの 秋にはあらねど」古今 平安―歌集 秋上・大江千里(おほえのちさと) 訳月を眺めていると、さまざまに心が動いて物悲しくなる。自分ひとりだけに来た秋ではないけれども。

つぎ-め【継ぎ目】 名詞 ❶つなぎ目。❷関節。平家物語 鎌倉―物語 三・有王「つぎめ現れて、皮ゆたひ」訳関節が現れて、皮膚がたるみ。❸家督相続。跡継ぎ。愚管抄 鎌倉一論 三「大入道殿このつぎめにと日ごろの遺恨をおぼしめども」訳大入道殿はこの跡継ぎにと日ごろのわすれがたい恨みをお思いになっただろうけれども。

つき-もの【憑き物】 名詞 人に乗り移った霊。取り付いた物の怪。

つきやあらぬ… 和歌「月やあらぬ 春や昔の 春ならぬ わが身一つは もとの身にして」古今 平安一歌集 恋五・在原業平 訳月は昔のままの月ではないのか。春は昔のままの春ではないのか。月も春もすべてが違ってしまったように感じられるが、わが身だけは昔どおりのわが身であって。

鑑賞 恋人を失った男が、去年の春にその恋人とともに過ごした、もう住む人のいない家を訪れて詠んだ歌。『伊勢物語』第四段にも載っている。「あらぬ」「ならぬ」の「ぬ」は、いずれも係助詞「や」の結びで、打消の助動詞「ず」の連体形である。

つきやあられ… 俳句「月や霰 その夜のふけて 川千鳥」新雑談集 江戸一句集 俳文・上田秋成 訳晴れて月が出ていたかと思うと、にわかに曇って霰が降ってくる。そんな天候の定まらなかった夜も更けて、今は川千鳥の鳴き声が聞こえるばかりだ。

鑑賞 冬の天候の複雑な変化と、時間の経過を巧みに詠み込んだ句。季語は「霰・千鳥」で、季は冬。

つき-ゆみ【槻弓】 名詞「槻」の木で作った丸木の弓。「つくゆみ」とも。

つき-よ【月夜】 名詞 ❶月。月の光。源氏物語 平安一物語 総角「十二月のつきよ曇りなくさし出でたるを」訳十二月の月が曇りなく明るく出ているのを。❷月の明るい夜。古今 平安一歌集 恋五「つきよには来ぬ人待たるる」訳月の明るい夜には、通ってこない人が自然と待たれる。❸秋の澄んだ月夜。季秋。◆古くは「つくよ」。

つき-よみ【月夜見・月読み】 名詞 月。◆古くは「つくよみ」。

つきよみの… 和歌「月よみの 光を待ちて 帰りませ 山路は栗の いがの繁きに」良寛歌集 江戸一歌集 良寛 訳月の光がさすのを待ってお帰りなさい。山道は栗のいがが多いですから。

鑑賞 作者良寛が、帰ろうとする友への思いやりを示しながら、友を少しでも長く引き止めようとする気持ちを込めて詠んだもの。

[1]つ・く【付く・着く】

一 自動詞 カ四 {か/き/く/く/け/け}

❶くっつく。付着する。接触する。徒然 鎌倉一随筆 一〇四「台所の棚に、小土器に味噌の少しつきたるを見いでて」訳台所の棚に、小さな素焼きの皿にみその少しくっついているのを見つけだして。

❷備わる。身につく。加わる。宇治拾遺 鎌倉一説話 六・四「取りたる侍は、思ひかけぬたよりある妻まうけて、いとよく徳つきて」訳(お参りの証文を)取った侍は、思いがけないよりどころのある妻をもらって、たいそうよく財産が身について。

❸(物の怪などが)とりつく。のり移る。宇治拾遺 鎌倉一説話 三・六「あさましきことかな。物のつき給へるか」訳あきれはてたことだなあ。あやしげなものがのり移り気でもおかしくなられたか。◇多く「憑く」と書く。

❹(気持ちなどが)生じる。起こる。源氏物語 平安一物語 若紫「明け暮れの慰めにも見ばやと思ふ心、深うつきぬ」訳毎日の心の慰めとしてもこの少女を見たいと思う心が、(源氏に)強く起こった。

❺付いて行く。付き従う。今昔物語 平安一説話 二五・一二「『構へて盗まむ』と思ひて、ひそかにつきて上りけるに」訳(馬盗人は)「何とかしてこの馬を盗もう」と思って、そっと付き従って上京したが。

❻到着する。着く。土佐日記 平安一日記 二・六「難波につきて、川尻に入る」訳難波に着いて、河口に入る。

❼(座席や地位に)つく。着座する。就任する。古今 平安一歌集 仮名序「春宮を互いに譲りて位につき給はねで」訳皇太子の位を互いに譲り合って位におつきにならないで。

❽決まる。落ち着く。蜻蛉 平安一日記 上「とにもかくにもつかで、世に経る人ありけり」訳ああもこうも、どっちつかずで(態度が)決まらないで月日を送る人がいた。

❾(「につき」「につきて」の形で)…に関して。諸国ばなし 江戸一物語 浮世・西鶴「それにつき、上書きに一作あり」訳それに関して、金包みの上書きにひとつ趣向がある。

二 他動詞 カ四 {か/き/く/く/け/け}

❶身に備える。身につける。体得する。徒然 鎌倉一随筆 一五〇「能をつかんとする人」訳芸能を身につけようとする人は。

❷(名を)つける。命名する。枕草子 平安一随筆 虫は「人の名につきたる、いとうとまし」訳人の名に(蠅と)つけているのは、たいそういやな感じだ。

三 他動詞 カ下二 {け/け/く/くる/くれ/けよ}

❶くっつける。付着させる。接触させる。諸国ばなし 江戸一物語 浮世・西鶴「内証より、内儀声を立て、『小判はこの方へ参った』と重箱のふたにつけて」訳台所から奥方が声を出して「小判はこちらへ来ていました」と、重箱のふたにくっつけて。

❷(気持ちを)起こさせる。関心を払う。(心を)向ける。徒然 鎌倉一随筆 二一「月・花はさらなり、風のみこそ、人に心はつくめれ」訳月や花は言うまでもないが、風はとりわけ、人に感動の気持ちを起こさせるようだ。

❸付き従わせる。付き添わせる。大鏡 平安一物語 道隆「使ひをつけて、たしかにこの島に送り給へりければ」訳(捕虜に)使者を付き添わせて、確かにこの(壱岐対馬の)島に送りなさったところ。

❹任せる。委嘱する。託す。伊勢物語 平安一物語 九「京に、その人の御もとにとて、文書きてつく」訳都へ、ある人のいらっしゃる所にと思って、手紙を書いて託す。

❺(地位に)つける。就任させる。即位させる。平家物語 鎌倉一物語 三・大塔建立「いかにもして皇子御誕生あれかし。位につけ奉り」訳どうにかして皇子がお生まれになってほしい。その皇子を帝位におつけ申し上げて。

❻(名を)つける。名づける。命名する。堤中納言 平安一物語 虫めづる姫君「いま新しきには名をつけて興じたま

ふ」訳（姫君は）さらに新しいの（＝虫）には名前をつけて面白がりなさる。

❼（和歌・俳諧などで、上の句、または下の句を）詠み加える。つける。枕草子 平安―随筆 二月つごもり頃に「これが本はいかでかつくべからむと思ひわづらひぬ」訳この（句に対する）上の句はどうつけるのがよいだろうかと思い悩む。

❽対応させる。応じさせる。関連させる。徒然 鎌倉―随筆 一「程につけつつ、時にあひ、したり顔なるも」訳それぞれの身分や家柄に応じて、時運にあって栄達し、得意顔であるのも。

❾（「につけて」の形で）…に関して。…につけて。徒然 鎌倉―随筆 一八八「若きほどは、諸事につけて…心にはかけながら」訳若いうちはいろいろなことに関して…気にはかけながら。

つ・く[2]【尽く】 自動詞 カ上二〔き／き／く／くる／くれ／きよ〕 ❶消えてなくなる。果てる。尽きる。徒然 鎌倉―随筆 一三七「大きなる器に水を入れて、細き穴をあけたらんに、…やがてつきぬべし」訳大きな器に水を入れて、小さい穴をあけたとしたら、…間もなく（水は）消えてなくなるにちがいない。❷極まる。極に達する。源氏物語 平安―物語 紅葉賀「今日の試楽は、青海波に事みなつきぬ」訳今日の試楽は、（源氏の）青海波（の舞）に極まったことだ。

つ・く[3]【吐く】 他動詞 カ四〔か／き／く／く／け／け〕 ❶呼吸をする。（息を）吐く。古事記 奈良―史書 応神「鳰鳥の潜き息つき」訳かいつぶり（＝鳥の名）が（水中に）潜り（水面に上がって）息を吐き。❷（へどを）吐く。排せつする。竹取物語 平安―物語 竜の頸の玉「青へどをつきてのたまふ」訳へどを吐いておっしゃる。❸（よくないことを）口外する。（うそを）言う。鑓権三 江戸―浄瑠 浄瑠・近松「権三がうそをつくものか」訳権三がうそを言うものか。

つ・く[4]【突く】 他動詞 カ四〔か／き／く／く／け／け〕 ❶刺し通す。徒然 鎌倉―随筆 一八三「人つく牛をば角を切り」訳人を刺し通す牛は、角を切り。◇「衝く」とも書く。❷強く押す。平家物語 鎌倉―物語 九・越中前司最期「越中前司が鎧の胸板をばぐっとついて」訳越中前司の鎧の胸板をぐっと強く押して。◇「衝く」とも書く。❸打ち鳴らす。源氏物語 平安―物語 末摘花「鐘つきてとぢめむことはさすがにて」訳鐘を打ち鳴らして終わりにするようなことはやはりするわけにはいきません。◇「撞く」とも書く。❹（杖を）つく。万葉集 奈良―歌集 四三二〇「杖つきもつかずも行きて」訳杖をついても、つかなくても行って。❺ぬかずく。拝むために、頭・額などを地面や床に強く押し当てる。更級 平安―日記 かどで「身を捨てて額をつき、祈り申すほどに」訳身体を地に投げ出して、額を床に押し当て、祈り申し上げていると。

つ・く[5]【搗く・舂く】 他動詞 カ四〔か／き／く／く／け／け〕 杵をもって、穀物などを押しつぶしたり、殻を除いたりする。万葉集 奈良―歌集 三四五九「稲つけばかかる吾が手を」訳⇩いねつけば…。

つ・く[6]【漬く】 自動詞 カ四〔か／き／く／く／け／け〕 水にひたる。水につかる。万葉集 奈良―歌集 一三八一「広瀬川袖つくばかり浅きをや」訳あなたは、私の長い袖が水につかりそうに浅い広瀬川のように薄情なのに。

つ・く[7]【築く】 他動詞 カ四〔か／き／く／く／け／け〕 築く。土石を突き固めて積み上げる。徒然 鎌倉―随筆 六「聖徳太子の、御墓をかねてつかせ給ひける時も」訳聖徳太子が、御墓を生前に築かせなさった時も。

つ・ぐ[1]【告ぐ】 他動詞 ガ下二〔げ／げ／ぐ／ぐる／ぐれ／げよ〕 伝える。知らせる。古今 平安―歌集 羇旅「わたの原八十島かけて漕ぎ出でぬと人にはつげよ海人の釣り舟」訳⇩わたのはらやそしまかけて…。

つ・ぐ[2]【継ぐ・続ぐ】 他動詞 ガ四〔が／ぎ／ぐ／ぐ／げ／げ〕 ❶絶えないようにする。続ける。保ち続ける。竹取物語 平安―物語 蓬莱の玉の枝「ある時には、海の貝を取りて命をつぐ」訳ある時には、海の貝を取って命を保ち続ける。❷受け伝える。伝承する。継承する。万葉集 奈良―歌集 三一七「語りつぎ言ひつぎ行かむ富士の高嶺は」訳⇩あめつちの…。❸跡を受ける。相続する。保元 鎌倉―物語 上「父祖累葉の跡をつぎ」訳父祖代代の跡を相続し。◇「嗣ぐ」とも書く。

❹つなぎ合わせる。繕う。枕草子 平安―随筆 うれしきもの「人の破り捨てたる文をつぎて見るに」訳人が破り捨ててしまった手紙をつなぎ合わせて見るときに。

-づ・く[1] 接尾語 四 名詞に付いて、その状態・趣を帯びる意の動詞をつくる。「秋づく」「愛嬌づく」。◆動詞「つ（付）く」の変化した語。

-づ・く[2]【尽く】 接尾語 四 〔名詞および形容詞の語幹に付いて〕…を尽くす。…に任せきる。「運づく」「頼もしづく」

つくえ【机・案】 名詞 ❶（飲食物などを載せる）脚つきの台。❷読書や執筆のための台。

参考 歴史的仮名遣いは、従来「つくゑ」とされていたが、近年、平安時代の初期の資料により「つくえ」とする説が有力。

筑紫 地名 今の九州全域をさす古い呼び名。後には、筑前・筑後（福岡県）両国にわたる北九州地域をさす。

つく・す*【尽くす】 他動詞 サ四〔さ／し／す／す／せ／せ〕 ❶出し尽くす。出しきる。竹取物語 平安―物語 蓬莱の玉の枝「五穀断ちて、千余日に力をつくしたること」訳食べ物をやめて、千日余りに力を出し尽くしたこと。❷その極まで達する。極める。源氏物語 平安―物語 桐壺「とりわき仰せ言ありて、清らをつくして仕うまつれり」訳特に勅命があって、美しさを極めてお勤め申し上げた。

つく-だ【佃】 名詞 「つくりだ（作り田）」の変化した語。❶耕作をしている田。❷平安時代から戦国時代にかけて荘園内の領主直轄の農地。

つく-づく（と） 副詞 ❶しみじみ（と）。しんみり（と）。▼思いにふけるさま。徒然 鎌倉―随筆 七「つくづくと一年を暮らすほどだにも、こよなうのどけしや」訳しみじみと一年を暮らすだけでも、この上なくゆったりとしている（ものである）よ。❷ぼんやり（と）。ぽつねん（と）。▼手持ちぶさたなさま。更級 平安―日記 大納言殿の姫君「姉なる人、つくづくと空をながめて」訳姉である人は、ぼんやりと空をながめて。

❸よくよく。じっくり。▼考えなどを集中させるようす。〔平家物語 鎌倉―物語〕六・小督「仲国、つくづくと案ずるに」訳仲国は、よくよく考えてみると。

筑波 地名 今の茨城県の筑波山を中心とする地方。◆古くは「つくは」。

菟玖波集 書名 連歌集。二条良基・救済撰。室町時代前期(一三五六)成立。二十巻。〔内容〕日本武尊から当時までの作者五百三十人の連歌二千百九十句を四季・恋・雑などに分類して編集してある。連歌興隆のもととなった撰集である。

筑波嶺 地名 歌枕 「つくばやま」に同じ。◆奈良時代以前は「つくはね」。

つくはねに… 和歌 「筑波嶺に 雪かも降らる 否をかも 愛しき子ろが 布干さるかも」〔万葉集 奈良―歌集〕三三五一・東歌 訳筑波山に雪が降っているのか。いや、違う。そうだ、いとしいあの子が布を干しているのかなあ。

鑑賞 常陸(今の茨城県)の歌である。「降らる」「にの(布)」「干さる」は、それぞれ「降れる」「ぬの」「干せる」の東国方言。

つくばねの… 和歌 百人一首 「筑波嶺の 峰より落つる みなの川 恋ぞ積もりて 淵となりぬる」陽成院 訳筑波山の峰から落ちる男女川が、だんだんと水量を増して深い淵となるように、初めは淡い思いだった私の恋も、積もり積もって今では淵のように深くなってしまったよ。

鑑賞 『後撰和歌集』「恋三」では第五句「淵となりぬる」が「淵となりける」。

筑波の道 文芸 「連歌」の別名。日本武尊の歌に対して、かがり火をたく老人が「かがなべて夜には九夜日には十日を」(『古事記』)〈新治や筑波を過ぎて、これまで幾夜寝たのだろうか。日を重ねて、夜では九夜、日では十日ですよ。〉と答えたのを連歌の起源とすることによる。

参考 室町時代前期の連歌論書『筑波問答』や連歌集『菟玖波集』の書名もこれに由来する。

つく-ば・ふ【蹲ふ・踞ふ】自動詞ハ四〔は/ひ/ふ/ふ/へ/へ〕よつんばいになる。平伏する。「つくばる」とも。〔二人大名 室町―狂言〕狂言「いや、汝らがつくばうてゐる所は白犬にそのままぢゃ」訳いやこれは、お前らがよつんばいになっているところは白犬にそっくりだ。◇「つくばう」はウ音便。

筑波山 地名 歌枕 今の茨城県のほぼ中央部にある山。関東の名峰で、山頂は女体・男体の二峰に分かれる。古く「嬥歌(=歌垣)」が行われたことで有名。歌では恋を詠むことが多い。筑波嶺。◆奈良時代以前は「つくはやま」。

つくば・る【蹲る・踞る】自動詞ラ四〔ら/り/る/る/れ/れ〕「つくばふ」に同じ。

つくも-がみ【江浦草髪・九十九髪】名詞 老女の白髪。白髪の老女。〔伊勢物語 平安―物語〕六三「百年に一年足らぬつくもがみ」訳百歳に一年足りない白髪の老女。

参考 白髪のようすが水草の江浦草(=「ふとい」)の古名という)に似ることから。「九十九」を当てるのは、「白」が「百」から「一」を取り去った字形だから。

つくも-どころ【作物所】名詞 蔵人所に属し、宮中の調度品の製造・修理を担当する役所。内裏の西南隅にあった。◆「つくりものどころ」の変化した語。

****つく-ゆみ**【槻弓】名詞 「つきゆみ」に同じ。

つく-よ【月夜】名詞 ❶月。月光。〔万葉集 奈良―歌集〕四四八九「ぬばたまの(=枕詞)今宵のつくよ霞みたるらむ」訳今夜の月は霞んでいるだろう。❷月の明るい夜。〔万葉集 奈良―歌集〕七三六「つくよには門に出で立ち」訳月の明るい夜には門に出て立ち。◆奈良時代以前の語。のちには「つきよ」。

****つく-よみ**【月夜見・月読み】名詞 月。〔万葉集 奈良―歌集〕三五九九「つくよみの光を清み」訳月の光が清らかなので。◆奈良時代以前の語。のちには「つきよみ」。

つくよみ-をとこ【月夜見壮子・月読み男】名詞 月。▼月を擬人化していう語。

つくり【作り・造り】名詞 ❶作ること。作った人・物・状態。❷書かれた文字・絵のようす。❸身づくろい。装い。化粧。

つくり-あは・す【作り合はす】他動詞サ下二〔せ/せ/す/する/すれ/せよ〕似つかわしく作る。調和するように作る。〔源氏物語 平安―物語〕澪標「馬副の童のほど、みなつくりあはせて」訳馬添いの童のほうも、みな(衣装を)調和するように作って。

つくり-いだ・す【作り出だす】他動詞サ四〔さ/し/す/す/せ/せ〕新しくこしらえ上げる。製作する。〔源氏物語 平安―物語〕帚木「よろづの物を心にまかせてつくりいだすも」訳あらゆる物を思いどおりにこしらえ上げるのも。

つくり-い・づ【作り出づ】他動詞ダ下二〔で/で/づ/づる/づれ/でよ〕「つくりいだす」に同じ。〔竹取物語 平安―物語〕蓬萊の玉の枝「かぐや姫ののたまふやうにたがはずつくりいでつ」訳かぐや姫がおっしゃるように(少しも)違わずこしらえ上げた。

つくり-えだ【作り枝】名詞 ❶金銀などで作った草木の枝。贈り物などに使う。〔伊勢物語 平安―物語〕九八「梅のつくりえだに雉をつけて」訳梅の細工物の木の枝にきじをつけて。❷手入れして、さまざまの形に整えた枝。

つくり-ごと【作り事】名詞 ❶作り物。人工によって作った物。〔源氏物語 平安―物語〕少女「細かに見れば、えならぬつくりごとどもなりけり」訳細かく見ると、何ともいえないくらいすばらしい作り物であった。❷いつわりごと。うそ。まねごと。〔枕草子 平安―随筆〕成信の中将は「なにしにかは、つくりごとにても見えむとも思はむ」訳(全く愛情のないような女には)どうして、まねごとにも顔を見せようと思うだろうか。

つくり-た・つ【作り立つ】他動詞タ下二〔て/て/つ/つる/つれ/てよ〕❶作り上げる。〔宇津保 平安―物語〕藤原の君「大きなるところによき屋をつくりたてて」訳広いところによい建物を作り上げて。❷飾り立てる。化粧する。〔徒然 鎌倉―随筆〕二三八「さぶらふ女房をつくりたてて出だし給ひて」訳おそばに控えている女房を飾り立ててお出しになって。

つくり-な・す【作りなす】他動詞サ四〔さ/し/す/す/せ/せ〕それらしく作り上げる。〔徒然 鎌倉―随筆〕一〇「前栽の草木まで心のままならずつくりなせるは」訳庭の植え込みの草木まで自然のままでなくそれらしく作り上げるのは。

つくり-ばな【作り花・造り花】名詞 造花。

つくり-みが・く【作り磨く】他動詞カ四｛か/き/く/く/け/け｝美しく飾って作る。源氏物語 平安―物語 蓬生「大将殿のつくりみがき給はむにこそは、ひきかへ玉の台にもなりかへらめ」訳(源氏の)大将様が(屋敷に手を入れて)美しく飾って作りなさるのならば、うって変わって玉のような建物に変わるであろう。

つくり-もの【作り物】名詞 ❶農作物。❷(物の形に似せて作った)飾り物。❸偽物。まがい物。❹能楽で、舞台に据える簡単なこしらえもの。❺歌舞伎の大道具。

作り物語 文芸 平安時代の物語文学の一つ。客観的な叙事性を持つのを特色とする、創作による架空の物語。『竹取物語』『宇津保物語』『落窪物語』『源氏物語』『堤中納言物語』『浜松中納言物語』などがある。同じ時期に現れた「歌物語」に対していう。

つくり-ゑ【作り絵】名詞 墨書きした上に彩色すること。また、その絵。

つく・る【作る・造る】他動詞ラ四｛ら/り/る/る/れ/れ｝❶作る。制作する。更級 平安―日記 かどで「等身に薬師仏をつくりて」訳人間の身長と等しい高さに薬師如来の像を作って。❷耕す。耕作する。平家物語 鎌倉―物語 五・富士川「春は田つくり、秋はかりをさめて寄せ」訳「春に田を耕作して、秋に収穫してから寄せ」❸料理する。宇治拾遺 鎌倉―説話 四・七「いざ、この雉子、生けながらつくりて食はん」訳さあ、この雉子を生かしたままで料理して食おう。❹ふりをする。よそおう。伊勢物語 平安―物語 二三「初めこそ心にくくもつくりけれ、今はうちとけて」訳(女は、男の)通い始めのうちは奥ゆかしくよそおっていたけれど、今は気を許して。❺なす。行う。竹取物語 平安―物語 かぐや姫の昇天「いささかなる功徳を、翁つくりけるによりて」訳ほんのわずかの善行を翁が行ったことによって。

つくろひ-た・つ【繕ひ立つ】他動詞タ下二｛て/て/つ/つる/つれ/てよ｝手入れして整える。装い立てる。源氏物語 平安―物語 桐壺「やもめ住みなれど、…とかくつくろひたてて」訳未亡人の住まいではあるが、…あれこれと手入れして整えて。

＊**つくろ・ふ**【繕ふ】他動詞ハ四｛は/ひ/ふ/ふ/へ/へ｝なりたち 動詞「つくる」の未然形「つくら」に奈良時代以前の反復継続の助動詞「ふ」がついた「つくらふ」の変化した語。❶修理する。手入れをする。直す。源氏物語 平安―物語 松風「前栽どもの折れ伏したるなど、つくろはせ給ふ」訳庭の植え込みの草木が折れ曲がり倒れているのなど、手入れをおさせになる。❷治療する。徒然 鎌倉―随筆 四二「さまざまにつくろひけれど、わづらはしくなりて」訳いろいろな方法で治療をしたけれど、病気が重くなって。❸(姿・形を)整え飾る。装う。化粧する。徒然 鎌倉―随筆 一九一「鏡取りて、顔などつくろひて」訳鏡を手に取って、顔などを化粧して。❹(表面の体裁を)とりつくろう。ごまかす。源氏物語 平安―物語 蜻蛉「今は世の聞こえをだにつくろはむ」訳今はせめて世間の評判だけでもとりつくろおう。

つけ【付け・附け】名詞 ❶書きつけ。勘定書き。❷手紙。❸縁起。運。

つげ【黄楊】名詞 木の名。つげの木。櫛・版木の材にする。

付け合い 文芸 連歌・俳諧で、すでに示されている句に対して、それに応じる句を付けること。すでに示されている句を「前句」、それに付ける句を「付け句」という。五・七・五の長句には七・七の短句を付け、短句には長句を付ける。付け合いの種類には、前句の言葉や意を汲んで付ける「心付け」、前句の言葉や物に関連して付ける「物付け」、前句の余情を汲んで付ける「匂ひ付け」などがある。

＊**つけ-うた**【付け歌】名詞 神楽・催馬楽・今様・声明などで、主唱者が歌う第一句に続いて、第二句以下を他の人々が歌うこと。

付け句 文芸 連歌・俳諧で、すでに示されている前句に付けるあとの句。

つけ-もの【付け物】名詞 ❶衣服に飾りとして付けるもの。特に、賀茂祭りの警護の放免(＝検非違使庁に使われる下部)が水干に付ける飾り物。❷俳諧で、前句の中の物や詞の縁によって付け句を付けること。物付け。

つげ-や・る【告げ遣る】他動詞ラ四｛ら/り/る/る/れ/れ｝知らせてやる。竹取物語 平安―物語 蓬萊の玉の枝「船に乗りて帰り来にけりと殿につげやりて」訳船に乗って帰って来たのだと(自分の)御殿に知らせてやって。

つこうまつる【仕う奉る】⇨つかうまつる

つ-ごもり【晦日・晦】名詞 ❶月の最後の日。みそか。徒然 鎌倉―随筆 一九「つごもりの夜、いたう暗きに、松どもともして」訳(十二)月の最後の日の夜、とても暗いときに、松明を手に手にともして。❷月の終わりごろ。下旬。月末。伊勢物語 平安―物語 九「富士の山を見れば、五月のつごもりに、雪いと白う降れり」訳富士の山を見ると、五月の下旬だというのに、雪がとても白く降り積もっている。◆「月隠り」の変化した語。

つごもり-がた【晦日方】名詞 つごもりのころ。月末ごろ。下旬。

つじ【辻】名詞 十字路。四つ角。

＊**づ-し**【厨子】名詞 ❶仏像・舎利・経巻などを安置する、

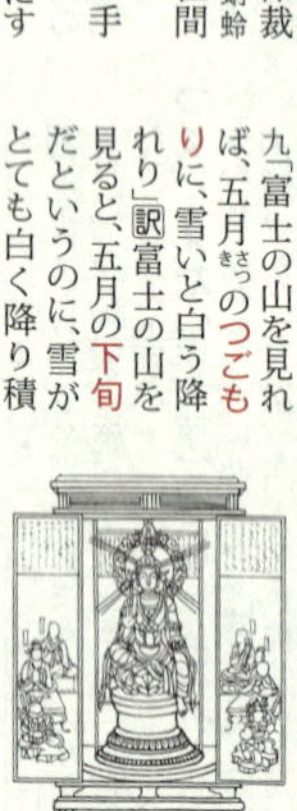

(厨子❶)

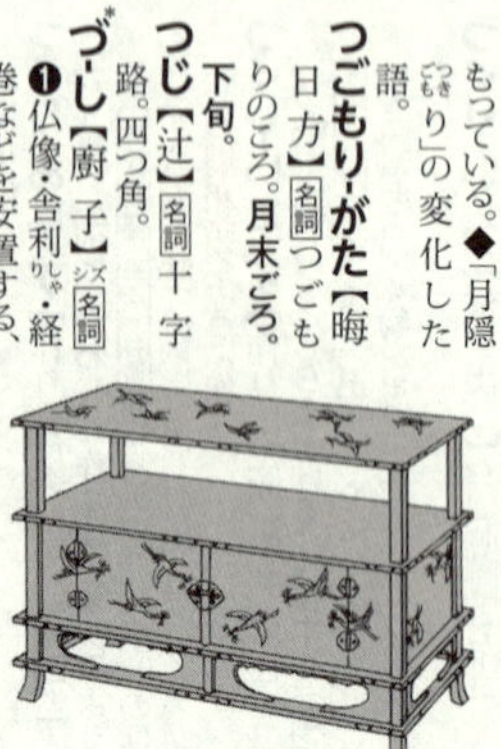

(厨子❷)

正面に両開きの扉をつけた戸棚。❷調度品・書画などを納める、両開きの扉がついた置き戸棚。はじめ御厨子所(=台所)に置き、食器・食物を入れるものであったが、のち、室内調度となった。上に棚のない本来の形のものや、上に棚を付けた二階厨子などがある。❸平安時代の家造りで、家に作り付けになっている、両開きの扉のある棚。

つじ-かぜ【旋風・辻風】 名詞 つむじかぜ。

づし-ほとけ【厨子仏】 名詞「厨子❶」に据えて祭る小さい仏像。

対馬 地名 旧国名。西海道十二か国の一つ。今の長崎県の一部。九州と朝鮮半島との中間にある島。対州。

づし-やか・なり 形容動詞ナリ {なら/なり・に/なり/なる/なれ/なれ} **重々しく物事に動じない。どっしりとしている。** 源氏物語 平安―物語 宿木「故姫君の…心の底のづしやかなる所は」訳亡くなった姫君の…心の底のものに動じない点は。

参考 奈良時代以前にはなく、平安時代にも非常に例の少ない語である。語頭が濁音になる和語がほとんどないことから、「つしやかなり」とする説もある。

づしょ-れう【図書寮】 名詞 中務省に属し、宮中の書籍・経典の保管・書写・製本などを行い、また、紙・筆・墨の製造・給付などを受け持つ役所。

つた【蔦】 名詞 つる草の名。秋は紅葉し、冬は落葉する。季秋。

づだ【頭陀】 名詞 仏教語。衣食住に関する執着を払い除く修行。特に、托鉢を行う乞食行をいうことが多い。また、それを行う僧。

つたう【伝う】 ⇨つたふ

つたな・し【拙し】

形容詞ク {(く)・から/く・かり/し/き・かる/けれ/かれ}

語義の扉

古文では才能や知恵の面にまで、広い意味で劣っていることを表す。

❶愚かだ。力量や才能が劣っている。
❷未熟だ。へただ。技能が劣っている。
❸運が悪い。宿縁が劣っている。
❹見苦しい。みすぼらしい。みっともない。

❶**愚かだ。力量や才能が劣っている。** 今昔物語 平安―説話 二八・四二「和御許のつたなくて、この盗人をば逃がしつるぞ」訳おまえが愚かだから、この盗人を逃がしてしまったのだぞ。

❷**未熟だ。へただ。技能が劣っている。** 枕草子 平安―随筆 清涼殿の丑寅のすみの「これは知りたることぞかし。などかうつたなうはあるぞ」訳これ(=『古今和歌集』の歌)は覚えているはずのことなのだよ。どうしてこう未熟で(=覚えが悪く)あるのか。◇「つたなう」はウ音便。

❸**運が悪い。(前世からの)宿縁が劣っている。** 更級 平安―日記 子忍びの森「我も人も宿世のつたなかりければ、ありありてかくはるかなる国になりにたり」訳私も(娘の)おまえも前世の因縁で運が悪かったので、とどのつまりこのような遠く離れている国の国司になってしまったのだ。

❹**見苦しい。みすぼらしい。みっともない。** 徒然 鎌倉―随筆 一四〇「よからぬ物たくはへ置きたるもつたなく」訳つまらない物をたくわえているのも見苦しく。

つたは・る【伝はる】 自動詞ラ四 {ら/り/る/る/れ/れ} ❶**続く。ずっと…する。** 源氏物語 平安―物語 桐壺「三代の宮仕へにつたはりぬるに」訳三代の天皇にずっとお仕えしたが。❷(昔から、また他のところから)**伝わる。** 源氏物語 平安―物語 橋姫「御耳とまるばかりの手などは、いづくよりか、ここまではつたはり来む」訳御耳にとまるほどの琴の奏法などは、どこから、ここまで伝わって来るだろうか。

つた・ふ【伝ふ】*

一 自動詞ハ四 {は/ひ/ふ/ふ/へ/へ} **ある物に沿って移る。伝わる。** 万葉集 奈良―歌集 一八二六「鶯の木末をつたひ鳴きつつもとな」訳うぐいすがこずえに沿って飛び移りながらむやみに鳴いている。

二 他動詞ハ下二 {へ/へ/ふ/ふる/ふれ/へよ} ❶**伝え残す。伝授する。** 徒然 鎌倉―随筆 一八「これをいみじと思へばこそ、記しとどめて世にもつたへけめ」訳これをすばらしいと思ったからこそ、記録にとどめて世に伝え残したのだろう。❷**伝え受ける。受け継ぐ。教わる。** 方丈記 鎌倉―随筆「父方の祖母の家をつたへて」訳父方の祖母の家を受け継いで。❸**ことづける。伝える。** 源氏物語 平安―物語 明石「良清、忍びやかに伝へ申す。」訳良清は、(源氏に)こっそりお伝え申し上げる。

づだ-ぶくろ【頭陀袋】 名詞 ❶「頭陀」を行う僧が首に掛けて持ち歩く経巻・僧具・布施物などを入れる袋。❷死者を葬るとき、その首に掛ける袋。

(頭陀袋)

つたへ【伝へ】 名詞 ❶**言い伝え。** 源氏物語 平安―物語 若菜上「家のつたへなどに」訳その家の言い伝えなどに。❷**伝授。** 源氏物語 平安―物語 明石「嵯峨の御つたへにて、女五の宮、さる世の中の上手にものし給ひけるを」訳嵯峨天皇の御伝授で、女五の宮は、その方面の名手でいらっしゃるのを。❸**ことづて。伝言。** 源氏物語 平安―物語 東屋「いささかのつたへだになくて年月重なりにけり」訳ほんの少しのことづてさえなく年月がすぎた。

つたへ-し・る【伝へ知る】 他動詞ラ四 {ら/り/る/る/れ/れ} **伝え聞いて知る。伝授されて知る。** 源氏物語 平安―物語 薄雲「かやうに、忍びたらむことをば、いかでかつたへしるやうのあらむとする」訳このように秘密にしているようなことを、どうして伝え聞いて知るすべがあろうか、いや、ない。

つ-だみ【哯吐】 名詞 乳児が乳を吐くこと。

つち[1]【土・地】 名詞 ❶**大地。地面。土の上。** 竹取物語 平安―物語 かぐや姫の昇天「つちより五尺ばかり上がりたる程に」訳地面から五尺ほど上がったあたりに。❷**土。土くれ。** ❸**醜い容貌のたとえ。** 源氏物語 平安―物語 蜻蛉「御前なる人は、まことにつちなどの心地ぞするを」訳御前にいる人は、ほんとうに土のように醜い容貌といった気がするのを。❹「ぢげ❶」に同じ。落窪物語 平安―物語 二「つちの帯刀の、歳二十ばかり」訳地下の身分の帯刀で、年齢が二十歳ぐらい。

つち[2]【槌】 名詞 物を打ちたたくための道具。円柱形の木や金属に柄をつけたもの。木槌・金鎚などがある。

つち-いみ【土忌み】[名詞]陰陽道で、「土公神」のいる方角を犯して工事・造作などをすることを避けること。やむをえない場合には「方違へ」をして行った。

[参考]土公神のいる方角を犯すことを「土犯す」といった。

つち-おほね【土大根】[名詞]だいこん。[季]冬。

つち-か・ふ【培ふ】[他動詞]ハ四{は/ひ/ふ/ふ/へ/へ}(根元に土をかけて)植物を育てる。[蕪村句集 江戸―句集]俳諧「人なき日藤につちかふ法師かな―蕪村」[訳]人が来ない日に藤の根元に土をかけて育てる僧がいることよ。

つち-どの【土殿】[名詞]貴人が喪に服するための仮の家。

つち-の-え【戊】[名詞]「十干」の第五。◆「土の兄」で土性の陽の意。

つち-の-と【己】[名詞]「十干」の第六。◆「土の弟」で土性の陰の意。

つち-みかど【土御門】[名詞]平安京大内裏の上東門及び上西門の別名。◆築地を切り抜いただけの屋根のない土門であるところからの名。

つちや-ぐら【土屋倉】[名詞]土蔵。「つちや」とも。

つち-ゐ【土居】[名詞]❶(帳台・几帳などの)柱の下の土台。[宇津保 平安―物語]蔵開上「帷を引きかづきて、つちゐのもとにて抱き取りたれば」[訳]几帳の布を引きかぶって、その柱の土台のところで抱き取ったので。❷(家の)柱を立てる土台。[方丈記 鎌倉―随筆]「仮の庵も…つちゐに苔むせり」[訳]仮の住まいの庵も(住みなれて)…柱の土台には苔が生えている。

つち-をか・す【土犯す】[連語]陰陽道で、「土忌み」を犯して工事を行う。[蜻蛉 平安―日記]下「二十七八日のほどに、つちをかすとて」[訳]二十七、八日の頃、土忌みを犯して工事を行うというので。

つつ[1]【筒】[名詞]❶中が空の細長いもの。❷丸い井戸の側壁。井筒。

つ・つ[2]【伝つ】[他動詞]タ下二{て/て/つ/つる/つれ/てよ}伝える。[古今 平安―歌集]春上「言やつてまし」[訳](雁が)言葉を伝えてくれるだろうか。◆未然・連用・命令の三活用形だけが用いられる。

つつ[3][接続助詞]《接続》動詞および動詞型活用の助動詞の連用形に付く。

❶〔反復〕**何度も…ては。**[更級 平安―日記]かどで「人まには参りつつ、額をつきし薬師仏の立ち給へるを」[訳]人のいない時には何度もお参りしては礼拝した、あの薬師如来が立っていらっしゃるのを。

❷〔継続〕**…し続けて。(ずっと)…していて。**[伊勢物語 平安―物語]二三「女はこの男をと思ひつつ、親のあはすれども、聞かでなむありける」[訳]女はこの男を(夫にしよう)と思い続けて、親が(他の男と)結婚させようとするけれども、承知しないでいたのだった。

❸〔複数動作の並行〕**…しながら。…する一方で。**[伊勢物語 平安―物語]九「水の上に遊びつつ魚を食ふ」[訳](白い鳥が)水の表面で自由に泳ぎ回りながら魚を食べる。

❹〔複数主語の動作の並行〕**みんなが…ながら。それぞれが…して。**[土佐日記 平安―日記]一二・二一「としごろよく比べつる人々なむ、別れがたく思ひて、日しきりにとかくしつつ、ののしるうちに」[訳]長年の間、よくつき合って親しくしてきた人々は、特別に別れにくいことだと思って、一日中ずっとみんなであれこれしながら騒いでいるうちに。

❺〔逆接〕**…ながらも。…にもかかわらず。**[万葉集 奈良―歌集]四二〇七「遥々に鳴くほととぎす…君が聞きつつ告げなくも憂し」[訳]はるかに鳴くほととぎす…あなたが(その鳴き声を)聞いているにもかかわらず、知らせてくれないのはつれないぞ。

❻〔単純な接続〕**…て。**▼接続助詞「て」と同じ用法。[徒然 鎌倉―随筆]一「程につけつつ時にあひ、したり顔なるも」[訳]それぞれの身分や家柄に応じて、時運にあって栄達し、得意顔であるのも。

❼〔動作の継続を詠嘆的に表す〕**しきりに…していることよ。**▼和歌の末尾に用いられ、「つつ止め」といわれる。[新古今 鎌倉―歌集]冬「田子の浦にうち出でて見れば白妙の富士の高嶺に雪は降りつつ」[訳]⇩たごのうらに…。

[語の歴史]「つつ」は現代語では、文語的な文脈の中で用いられる。現代語の「つつ」は、「道を歩きつつ本を読む」のように、二つの動作の並行か、「今、読みつつある本」のように、動作の継続かの意味で用いられる。古語の用例も、ともすれば、この意味に解釈しやすい傾向がある。古語では❶の意味で用いられることが多いが、これも二つの動作の並行の意味に誤解されることが多いので注意する必要がある。この動作の反復の意は現代語の接続助詞ではとらえられず、その意に当たる副詞的な語を補うか、「つつ」の上の動詞を繰り返すなどすると、その意味がとらえやすい。❺の用法は、現代語から見てそう解するほうが理解しやすいというものである。この意味では「月夜には来ぬ人待たるかきくもり雨も降らなむわびつつも寝む」(『古今和歌集』恋五)のように「つつも」の形で使われた場合が多い。

-づつ*[接尾語](数量・程度を表す語の下に付いて)❶**…ずつ。**▼同じ数量・程度であることを表す。[伊勢物語 平安―物語]五〇「鳥の子を十づつ十は重ぬとも」[訳]卵を十個ずつ十重ねてしまうとしても。❷**…ずつ。**▼一定の数量・程度を繰り返すことを表す。[枕草子 平安―随筆]関白殿、二月二十一日に「四人づつ御前にまゐりつどひてさぶらふに」[訳]四人ずつ(中宮の)御前に参り集ってお仕えしていると。

[参考]副詞化の接尾語。副助詞とする説がある。

つつお-ごめ【筒落米】[名詞]「米刺し」の竹筒から地面にこぼれ落ちた米。

つつが【恙】[名詞]**病気。わずらい。さしさわり。**[源氏物語 平安―物語]匂宮「わが身につつがある心地するも」[訳]自分のからだに病気がある気がするが。

つつが-な・し【恙無し】[形容詞]ク{(く)/から/く/かり/し/き/かる/けれ/かれ}**無事である。さしさわりがない。**[奥の細道 江戸―紀行]市振「神明の加護必ずつつがなかるべし」[訳]神のご加護できっと無事であるにちがいない。

つづ・く【続く】

[一][自動詞]カ四{か/き/く/く/け/け}❶**途切れることなく連なる。つながる。**[おらが春 江戸―句集]俳文「蟻の道雲の峰よりつづきけん―一茶」[訳]⇩ありのみち…。❷**後に従**

う。〔枕草子 平安―随筆〕なほめでたきこと「上達部など も、みなつづきて出で給ひぬれば」〔訳〕上達部なども、みな後に従ってお出ましになったので。◆古くは「つつく」。

二〔他動詞〕カ下二｛け/け/く/くる/くれ/けよ｝**連ねる。つなげる。続ける。付き従える。**〔徒然 鎌倉―随筆〕一二六「立ち返りつづけて勝つべき時の至れると知るべし」〔訳〕（運が）一転して、（相手が）続けて勝てる時がきたと知れ。◆古くは「つつく」。

つづけ-がら【続け柄】〔名詞〕言葉の続け具合。

つつじ【躑躅】〔名詞〕❶木の名。春から夏にかけて花が咲く。〔季〕春。❷襲の色目の一つ。表は蘇芳、裏は青または紅。冬から春にかけて用いる。

つつじ-はな【躑躅花】〔枕詞〕つつじの花のように美しい意から「にほふ」にかかる。〔万葉集 奈良―歌集〕四四三「つつじはなにほへる君が」〔訳〕美しいあなたが。

***つつしみ【慎み・謹み】**〔名詞〕❶**物忌み。斎戒。**〔蜻蛉 平安―日記〕下「うちにもつつしみ深うて、山寺になどしげうて」〔訳〕内裏でも物忌みが重々しくて、山寺になど法事でこもることも多く。❷**自重。謹慎。**

***つつし-む【慎む・謹む】**〔他動詞〕マ四｛ま/み/む/む/め/め｝❶**慎重にする。用心する。**〔徒然 鎌倉―随筆〕一四五「落馬の相ある人なり。よくよくつつしみ給へ」〔訳〕落馬の相がある人だ。十二分に慎重になさい。❷**物忌みをする。斎戒する。**〔源氏物語 平安―物語〕帚木「伊予の守の朝臣の家に、つつしむこと侍りて」〔訳〕伊予の守の朝臣の家に、物忌みをすることがございまして。

つづしり-うた【嘰り歌】〔名詞〕一句ずつ短く切れ切れに歌う歌。

つづし・る【嘰る】〔他動詞〕ラ四｛ら/り/る/る/れ/れ｝❶**ぽつりぽつりと歌う。口ずさむ。**〔源氏物語 平安―物語〕帚木「つづしり歌ふ程に」〔訳〕口ずさみ歌っているときに。❷**一口ずつ食べる。少しずつ食う。**〔今昔物語 平安―説話〕二八・五「塩辛き物どもをつづしるに」〔訳〕塩辛い物などを一口ずつ食べると。

つづしろ・ふ【嘰ろふ】〔他動詞〕ハ四｛は/ひ/ふ/ふ/へ/へ｝**少しずつ食べ続ける。**〔万葉集 奈良―歌集〕八九二「堅塩を取りつづしろひ」〔訳〕⇩かぜまじり…。

〔参考〕動詞「つづしる」の未然形に古い反復継続の助動詞「ふ」が付いた「つづしらふ」の転。

つっ-と〔副詞〕❶**さっと。**▼すばやいようす。〔平家物語 鎌倉―物語〕九・木曾最期「後ろへつっと出でたれば、五十騎ばかりになりにけり」〔訳〕（敵軍の）背後へさっと出ると（味方は）五十騎ほどになってしまっていた。❷**非常に。ひどく。**〔飛越 室町―狂言〕狂言「茶の湯などと申すものは、つっと難しいもので」〔訳〕茶の湯などというものは非常に難しいものです。❸**じっと。**▼動かずにいるようす。〔義経記 室町―物語〕七「十余人の人々、むらむらと内へ入りて、つっとしてゐたる」〔訳〕十数人の人々が、ばらばらと中に入って、じっとして座っていた。

つつま・し【慎まし】〔形容詞〕シク｛（しく）・しから/しく・しかり/し/しき・しかる/しけれ/しかれ｝❶**気が引ける。気兼ねされる。遠慮される。**〔大和物語 平安―物語〕一四九「久しく行かざりければ、つつましくて立てりけり」〔訳〕（女の所へ）長い間行かなかったので、気が引けて（外に）立っていた。❷**きまりが悪い。気恥ずかしい。**〔源氏物語 平安―物語〕夢浮橋「幼ければ、ふと言ひ寄らむもつつましけれど」〔訳〕幼いので、突然話しかけることも気恥ずかしいけれど。

つつまし-げ・なり【慎ましげなり】〔形容動詞〕ナリ｛なら/なり・に/なり/なる/なれ/なれ｝**慎重だ。遠慮がちだ。**〔枕草子 平安―随筆〕文ことばなめき人こそ「ただ名乗る名をいささかつつましげならずいふは」〔訳〕（殿上人などを、ただ）その人の実名を少しも遠慮がちでもなく言うのは。◆「げ」は接尾語。

つつま・ふ【恙まふ・障まふ】〔連語〕**災害にあう。病気になる。**〔万葉集 奈良―歌集〕四三三一「事し終はらばつつまはず帰り来ませと」〔訳〕勤めが終わったら病気にならずに帰って来てくださいと。◆奈良時代以前の語。

〔なりたち〕動詞「つつむ」の未然形＋反復継続の助動詞「ふ」

***つづま-やか・なり【約まやかなり】**〔形容動詞〕ナリ｛なら/なり・に/なり/なる/なれ/なれ｝❶**手短だ。簡略だ。**〔筑波問答 室町―論〕「それは長歌の心をうけて、しかもつづまやかにする事なり」〔訳〕それ（＝反歌）は、長歌の心を受けて、そのうえ簡略にすることである。❷**倹約している。質素だ。**〔徒然 鎌倉―随筆〕一八「人は己をつづまやかにし、奢りを退けて」〔訳〕人は自分を質素にし、ぜいたくを遠ざけて。◆「やか」は接尾語。

つづま・る【約まる】〔自動詞〕ラ四｛ら/り/る/る/れ/れ｝**小さくなる。短くなる。ちぢまる。**〔今昔物語 平安―説話〕二六・一二「近くなるままに、長のつづまりて」〔訳〕（岸に）近くなるにつれて、（波の）高さが小さくなって。

つつみ[1]【包み】〔名詞〕❶物を包むこと。包んだ物。❷包むもの。▼今日の風呂敷の類。

つつみ[2]【堤】〔名詞〕**堤防。土手。**

つつみ[3]【慎み】〔名詞〕**遠慮。気がね。つつしみ。**〔枕草子 平安―随筆〕あさましきもの「人のために恥づかしうあしき事を、つつみもなく言ひゐたる」〔訳〕人にとって恥ずかしく、いやな事を、遠慮もなく言っているの（はあきれてしまう）。

つづみ【鼓】〔名詞〕中空の胴の両端に皮を張って打ち鳴らす楽器の総称。鎌倉時代以降は特に、中央がくびれた胴の両端に皮を張った打楽器をいう。

堤中納言物語〔書名〕物語。小式部ほか作。平安時代後期から鎌倉時代前期に成立。十巻。〔内容〕わが国の短編小説の始まりで、「虫めづる姫君」などの十話からなる。平安時代の世相を背景に、奇抜な着想、鋭い観察、笑いと皮肉を包んだ巧みな表現で、人生の一断面を鮮やかに描き出している。

つつみ-な・し【恙み無し】〔形容詞〕ク｛（く）・から/く・かり/し/き・かる/けれ/かれ｝**支障がない。無事である。**〔万葉集 奈良―歌集〕八九四「つつみなく幸くいまして」〔訳〕支障なく無事でいらして。

つつみ-ぶみ【包み文】〔名詞〕薄様（＝薄くすいた鳥の…

古典の常識

『堤中納言物語』—短編小説の祖

姫君とまちがえて老尼を連れ出してしまう「花桜折る少将」の失敗談、変わった趣味の「虫めづる（＝かわいがる）姫君」の話、主従三つの階層の恋物語を描き、王朝の恋の諸相を示す「ほどほどの懸想」など、多彩な内容を、笑いと皮肉を込めて描く。

つ

子紙)などで上を包んだ手紙。「後朝」の文や「懸想文」などに用いる。[対]立て文。

つつ・む¹【包む】[他動詞]マ四{ま/み/む/む/め/め} ❶包む。▼その物を覆って中に入れ込む。❷隠す。包み隠す。▼表面に表さないようにする。[源氏物語 平安―物語] 若紫「いみじうつつみ給へど」[訳]たいそう包み隠しておいでになるが。

つつ・む²【恙む・障む】[自動詞]マ四{ま/み/む/む/め/め} 障害にあう。差し障る。病気になる。[万葉集 奈良―歌集] 三五八二「大船を荒海に出だしいます君つつむことなく早帰りませ」[訳]大船を荒海に乗り出していらっしゃるあなた、差し障ることもなく早くお帰りください。

つつ・む³【慎む】[他動詞]マ四{ま/み/む/む/め/め} 気がねする。はばかる。遠慮する。[竹取物語 平安―物語] かぐや姫の昇天「人目にも、今はつつみ給はず泣き給ふ」[訳]人の目も、今ははばかりなさることなくお泣きになる。[紫式部 平安―日記] 消息文「このふるさとの女の前にてだに、つつみ侍るものを」[訳]自分の実家の侍女たちの前でさえ(漢籍を読むのを)遠慮しておりますのに。

つづ・む【約む】[他動詞]マ下二{め/め/む/むる/むれ/めよ} 短くする。小さくする。ちぢめる。[蜻蛉 平安―日記] 下「幸ひある人こそ、命はつづむれと思ふに」[訳]幸せな人ほど、寿命は短くするものだと思うと。

つつめ・く【囁く】[自動詞]カ四{か/き/く/く/け/け} ひそひそとささやく。ぶつぶつ言う。「つつやく」とも。[土佐日記 平安―日記] 二・一「つつめきてやみぬ」[訳]ぶつぶつ言って止めた。

つつや・く【囁く】[自動詞]カ四 「つつめく」に同じ。

つつ-やみ【つつ闇】[名詞] 真っ暗闇。

つづら [名詞] ㊀【葛・黒葛】つる草の総称。㊁【葛籠】つる草または竹で編んだ櫃。主に衣類を入れる。

つづ-らか・なり【円らかなり】[形容動詞]ナリ{なら/なり・に/なり/なる/なれ/なれ} 目がくりくりしている。目を丸く見開いている。[大鏡 平安―物語] 兼通「堀河殿の目をつづらかにさし出でて給へるに」[訳]堀河殿(=藤原兼通)が(怒りで)目を丸く見開いて出ていらっしゃったので。◆「らか」は接尾語。

つづら-をり【葛折り・九十九折り】ツヅラオリ [名詞] 幾重にも折れ曲がった坂道。◆「つづら」のつるが曲がりくねっていることから。

つづり【綴り】[名詞] 布を継ぎ合わせた、粗末な衣服。僧衣にもいう。

つづり-させ【綴り刺せ】[連語] こおろぎの鳴き声を表す語。▼鳴き声を、越冬準備に着物のほころびを「綴り刺せ(=つづって糸で刺せ)」と聞いたことから。

つづ・る【綴る】[他動詞]ラ四{ら/り/る/る/れ/れ} ❶(糸などで)継ぎ合わせる。[奥の細道 江戸―紀行] 出発まで「股引の破れをつづり」[訳]股引きの破れを継ぎ合わせ。❷詩歌・文章を作る。

つづれ【綴れ・襤褸】[名詞] 「つづり」に同じ。

つつ-ゐ【筒井】イツ [名詞] 円筒形に掘った井戸。[伊勢物語 平安―物語] 二三「つつゐつの井筒にかけしまろが丈」[訳]⇨つつゐつの…。

つつゐ-づつ【筒井筒】ツツイヅツ [名詞] 「筒井」を囲む筒状の外枠。[新千載 南北―歌集] 夏「つつゐづつ井筒の上に水越えて」[訳]筒状の囲みのある筒井戸の上に水が越えて。[参照]▶口絵

[参考]『伊勢物語』二十三段の話により、幼なじみ・幼い男女の遊び仲間を表す語ともなる。

つつゐつの… [和歌]「筒井つの 井筒にかけし まろが丈 過ぎにけらしな 妹見ざるまに」[伊勢物語 平安―物語] 二三[訳]筒井を囲む井筒と背くらべした私の背丈は、井筒を越してしまったようだなあ。あなたと会わずにいるうちに。

[鑑賞] 幼い日の恋人たちが、成人して互いに会うことがなくなっても心の中でひそかに相手を思い続け、ついに男が「あなたと会わずにいた間に、私もすっかり大人になりました」と求婚した歌。これに対して、女も「比べ来し振り分け髪も肩過ぎぬ君ならずして誰か上ぐべき」(⇨くらべこし…)と返して、恋を実らせたという。「筒井つの井筒」の「つ」の意味は未詳。「筒井筒井筒」となっている伝本もある。

つて¹【伝て】[名詞] ❶人づて。[源氏物語 平安―物語] 桐壺「たづね行く幻もがなつてにても魂のありかをそこと知るべく」[訳](更衣の魂のゆくえを)捜しに行ってくれる幻術師がいるといいなあ。人づてにでも魂のありかをどこだと知ることができるように。❷もののついで。[源氏物語 平安―物語] 椎本「つてに見し宿の桜を」[訳]もののついでに見た宿の桜を。

つて²【伝て】 動詞「つつ」の未然形・連用形。

つて-こと【伝言】[名詞] ❶言伝て。伝言。❷うわさ。

つと¹【苞・苞苴】[名詞] ❶食品などをわらで包んだもの。わらづと。❷贈り物にする土地の産物。みやげ。[徒然 鎌倉―随筆] 二三六「都のつとに語らん」[訳]都へのみやげとして語ろう。

つと² [副詞] ❶そのまま。ずっと。じっと。[大和物語 平安―物語] 一四九「かくて、ほかへもさらに行かで、つとゐにけり」[訳]こうして、ほかの所へはまったく行かないで、そのまま(女のそばを離れないで)いた。❷急に。さっと。[平家物語 鎌倉―物語] 九・宇治川先陣「その間に、佐々木高綱は、つと馳せ抜いて」[訳]その間に、佐々木は、さっと馬で追い抜いて。

つと-に【夙に】[副詞] 朝早く。[万葉集 奈良―歌集] 二一三七「つとに行く雁の鳴く音は」[訳]朝早く飛んで行く雁の鳴く声は。

つど・ふ【集ふ】ツドウ ㊀[自動詞]ハ四{は/ひ/ふ/ふ/へ/へ} 集まる。寄り合う。[奥の細道 江戸―紀行] 旅立「むつまじき限りは宵よりつどひて」[訳]親しい人々すべては、(前の)晩から集まって。㊁[他動詞]ハ下二{へ/へ/ふ/ふる/ふれ/へよ} 集める。寄せ集める。[竹取物語 平安―物語] かぐや姫の生ひ立ち「をとこはうけきらはず呼びつどへて」[訳]男は分けへだてしないで呼び集めて。

***つと・む【勤む・務む】**[他動詞]マ下二{め/め/む/むる/むれ/めよ} ❶努力する。励む。[徒然 鎌倉―随筆] 二二四「道を知る者は、植うることをつとむ」[訳]道理を知る者は、(役に立つ草木を)植えることに努力する。❷仏道修行に励む。[源氏物語 平安―物語] 横笛「御行ひの程にも、同じ道をこそはつとめ給ふらめなど」[訳]勤行のときにも、同じ仏の

道を修行に励んでいらっしゃるだろうなどと(お思いになって)。❸仕事として行う。勤める。

***つとめ**【勤め・務め】名詞 ❶任務。義務。徒然 鎌倉―随筆 一二二「忠孝のつとめも、医にあらずはあるべからず」訳忠義と孝行の義務も医術を知らないと果たすことができない。❷(読経・念仏や礼拝などをして)仏道修行に励むこと。勤行。源氏物語 平安―物語 薄雲「後の世のつとめも心に任せて」訳極楽往生のための勤行も思いのままにして。❸仕事。役目。

つとめて 名詞

語義の扉

「つと」は副詞「つと(夙)に」の「つと」と同じ語源とされ、本来は「早朝」の意。何か出来事があった晩の「翌日の早朝」の意にも使われる。

❶早朝。
❷翌朝。

❶早朝。枕草子 平安―随筆 春はあけぼの「冬はつとめて。雪の降りたるは言ふべきにもあらず」訳冬は早朝(が趣深い)雪が降り積もっているのは言うまでもない。

❷その翌朝。翌朝。枕草子 平安―随筆 上に候ふ御猫は「暗うなりて、物食はせたれど、食はねば、あらぬものに言ひなしてやみぬるつとめて…」訳暗くなったころ、何か食べさせようとしたけれど食べないので、(翁丸と)ちがう)別の犬だと言い決めて終わってしまったその翌朝(のこと)。

つな【綱】名詞 ❶つな。縄の太いもの。❷頼みとするもの。きずな。

つな・ぐ【繋ぐ・踵ぐ】他動詞ガ四〔が/ぎ/ぐ/ぐ/げ/げ〕❶結びとめて離れないようにする。つなぐ。❷絶えないように保つ。つなぐ。花月草紙 江戸―随筆「今は命つなぐやうもなし」訳今はもう命を絶えないように保つ方法もない。❸(獲物や敵などの跡を)つけて行く。追い求める。平家物語 鎌倉―物語 八・緒環「男の帰らんとき、しるしを付けて、行かん方をつないで見よ」訳男が帰るとき、しるしを付けて、行こうとする方向をつけて行ってみろ。

づ-な・し【図無し】形容詞ク〔(く)・から/く・かり/し/き・かる/けれ/かれ〕途方もない。とんでもない。心中宵庚申 江戸―浄瑠 浄瑠・近松「さってもづなし」訳それにしても途方もない。

つな-で【綱手】名詞 船の引き綱。船につないで手で引く綱。◆古くは「つなて」。

つな-ひ・く【綱引く・綱曳く】自動詞カ四〔か/き/く/く/け/け〕❶つながれた綱を引っ張る。(動物などが)綱で引かれるのを嫌がって逆らう。源氏物語 平安―物語 若菜下「猫のつなひきたりし夕べのことも」訳(御簾の端を)猫が引っ張ってあけた(あの)夕方のことも。❷意地を張る。強情を張る。源氏物語 平安―物語 帚木「しか改めむとも言はず、いたくつなひきて見せし間に」訳そのように改めようとも言わないで、ひどく意地を張って見せた間に。

***つね**【常・恒】名詞 ❶ふだん。平常。源氏物語 平安―物語 桐壺「つねよりも思し出づること多くて」訳(帝は)ふだんよりもお思い出しになることが多くて。❷普通。あたりまえ。伊勢物語 平安―物語 一六「世のつねの人のごとにもあらず」訳世間の普通の人のようにもなく(落ちぶれてしまった)。

***つね-な・し**【常無し】形容詞ク〔(く)・から/く・かり/し/き・かる/けれ/かれ〕変わりやすい。定まっていない。無常である。万葉集 奈良―歌集 四六五「うつせみの(=枕詞)世はつねなしと知るものを」訳この世は無常であると知ってはいたが。◆漢語「無常」を訓読した語。

つね-なら-・ず【常ならず・恒ならず】連語

なりたち 名詞「つね」＋断定の助動詞「なり」の未然形＋打消の助動詞「ず」

変わりやすい。無常である。はかない。徒然 鎌倉―随筆 二五「飛鳥川の淵瀬つねならぬ世にしあれば」訳飛鳥川の淵と瀬が変わりやすいように変わりやすい世の中であるから。

つね・なり【常なり】形容動詞ナリ〔なら/なり・に/なり/なる/なれ/なれ〕

❶普通だ。あたりまえだ。枕草子 平安―随筆 木の花は「をかしなど世のつねに言ふべくやはある」訳すばらしいなどと世間で普通に言う言い方ができようか、いやできない。❷永久だ。不変だ。古今 平安―歌集 雑下「世の中は何かつねなる飛鳥川昨日の淵ぞ今日は瀬になる」訳⇨よのなかはなにかつねなる…。

つね-の-さん【恒の産】連語 一定の財産や安定した職業。徒然 鎌倉―随筆 一四二「人、つねのさんなきときは恒の心なし」訳人は、一定の財産がないときは、落ち着いた心がないものである。

つね-は【常は】連語 いつも。いつもは。始終。平家物語 鎌倉―物語 一・祇王「つねは暇を申ししかども」訳いつもお暇を下さいと申したのですが。◆「は」は係助詞。

[1]津の国 地名「摂津」の国の古名。

つのくに-の【津の国の】枕詞「摂津の国の」の意から、この国の地名「難波」「長柄」「御津」などと類音・同音の「何は」「ながらへ」「見つ」などにかかる。古今 平安―歌集 恋四「つのくにのなにはおもはず山城のとばにあひ見むことをのみこそ」訳(摂津の国の難波という名のように)何も思わず、(山城の国の鳥羽という名のように)永遠に逢いたいと思うだけだ。

[2]つのくにの… 和歌「津の国の 難波の春は 夢なれや あしの枯れ葉に 風渡るなり」新古今 鎌倉―歌集 冬・西行 訳摂津の国の難波のあの美しい景色の春は夢だったのか。今は、ただあしの枯れ葉に風が吹き渡っていくばかりだよ。

鑑賞 能因法師の歌「心あらむ人に見せばや津の国の難波わたりの春の景色を」(『後拾遺和歌集』)〈物の情趣を解する人がいたら、その人にぜひ見せたい。この摂津の国の難波あたりの春の景色を。〉に基づいている。

つの-ぐ・む【角ぐむ】自動詞マ四〔ま/み/む/む/め/め〕新芽が角のように出始める。後拾遺 平安―歌集 春上「つのぐむ蘆の」訳新芽が角のように出始める蘆が。◆「ぐむ」は接尾語。

つのさはふ ツノサハウ―ツノサオウ 枕詞「いは(岩・石)」「石見」「磐余」などにかかる。語義・かかる理由未詳。「つのさはふ石見の海」

海柘榴市 地名 今の奈良県桜井市金屋にあった古代の市。歌垣の場所として有名で、平安時代には長谷(はせ)寺参りの人でにぎわった。「椿市」とも書く。

つばい-もちひ【椿餅】 ツバイモチイ 名詞 つばきもち。糯米(もちごめ)の粉に甘茶をかけて固め、椿(つばき)の葉二枚で包んだもの。

つばき【椿】 名詞 ❶木の名。また、その花。季春。❷襲(かさね)の色目の一つ。表は蘇芳(すおう)、裏は赤(一説に紅)。冬に用いる。

つ-は・く【唾吐く】 自動詞カ四〔か/き/く/く/け/け〕**つばを吐く。** 古事記 奈良―史書 神代「赤土(はに)を含(ふ)みてつはき出(い)だしたまへば」訳粘土を口に含んで(それといっしょに)つばを吐き出しなさると。

つばくら-め【燕】 名詞 鳥の名。つばめの別称。

つ-ばな【茅花】 名詞 **ちがやの花。ちがや。** つぼみを食用とした。「ちばな」とも。季春。

***つは-もの【兵】** ツワモノ 名詞 ❶**武器。兵器。** 徒然 鎌倉―随筆 八〇「つはもの尽き、矢窮まりて、つひに敵(あた)に降(くだ)らず」訳武器がすっかりなくなり、矢もなくなっても、最後まで敵に降参しない。❷**武士。兵士。勇士。豪傑。** 奥の細道 江戸―紀行 平泉「夏草やつはものどもが夢の跡―芭蕉」訳⇩なつくさや…。

つはもの-の-みち【兵の道】 ツワモノノミチ 連語 戦いのしかた。兵法。

つばら-か・なり【委曲かなり】 形容動詞ナリ〔なら/なり・に/なり/なる/なれ/なれ〕「つばらなり」に同じ。万葉集 奈良―歌集 一七五三「つばらかに示し給(たま)へば」訳詳しくお示しになったので。◆「か」は接尾語。

つばらつばら-に【委曲委曲に】 副詞 **つくづく。しみじみ。よくよく。** 万葉集 奈良―歌集 三三三「つばらつばらに物思(ものも)へば」訳つくづく物思いに沈んでいると。

つばら-なり【委曲なり】 形容動詞ナリ〔なら/なり・に/なり/なる/なれ/なれ〕**詳しい。十分だ。存分だ。** 万葉集 奈良―歌集 一七「つばらにも見つつ行かむを」訳⇩うまさけ…。

つは・る ツワル 自動詞ラ四〔ら/り/る/る/れ/れ〕❶(芽などが)**外に現れようとする。芽ぐむ。** 徒然 鎌倉―随筆 一五五「下よりきざしつはるに堪へずして、落つるなり」訳下から芽ぐみ外に現れようとする力に堪えられなくなって(木の葉が)落ちるのだ。❷**妊娠のきざしが現れる。つわりになる。** 落窪物語 平安―物語 二「いつしかとつはり給(たま)へば」訳いつのまにか妊娠のきざしが現れなさって。

***つひ【終】** ツイ 名詞 **つまるところ。終わり。人生の終わり。死。** 源氏物語 平安―物語 帯木「つひの頼みどころには思ひおくべかりける」訳人生の終わりに頼りにする人(=妻)として考えておくべきだった。

つひえ ツイエ 名詞

一【弊え・潰え】**疲れ。** 弱ること。太平記 室町―物語 三五「鷸蚌(いつぱう)相挟む時は烏(からす)そのつひえに乗る」訳しぎとはまぐりが互いに相手をかんでいるときは烏がその疲れに乗じる。

二【費え】❶**損失。損害。** 方丈記 鎌倉―随筆「七珍万宝さながら灰燼(くわいじん)となりにき。そのつひえ、いくそばくぞ」訳あらゆる宝物が残らず全部(焼けて)灰になってしまった。その損失は、どれほど多かっただろう。❷**物いり。掛かり。出費。** 徒然 鎌倉―随筆 八一「つひえもなくて、物柄のよきがよきなり」訳出費も少なくて、物の品質のよいものがよい。

つひ-に【終に・遂に】 ツイニ 副詞 ❶**しまいに。最後に。** 平家物語 鎌倉―物語 一・祇園精舎「たけき者もつひには滅びぬ、ひとへに風の前の塵(ちり)に同じ」訳勢いが盛んな者も最後には滅びてしまう、まったく風の前の塵と同じである。❷〔多く、打消の語を下接して〕**最後まで。** 枕草子 平安―随筆 清涼殿の丑寅のすみの「されど、つひに負け聞こえさせ給(たま)はずなりにけり」訳しかし、(女御は)最後まで(帝(みかど)に)お負け申し上げにはならなかった。❸〔打消の語を下接して〕**まだ一度も。いまだに。** 末広がり 室町―狂言 狂言「つひに都へのぼったことがござらぬ」訳まだ一度も都へ行ったことがありません。

つひにゆく… 和歌「つひに行く 道とはかねて 聞きしかど 昨日(きのふ)今日(けふ)とは 思はざりしを」古今 平安―歌集 哀傷・在原業平(ありはらのなりひら) 訳だれでも最後に行く道だとは、かねがね聞いていたけれど、それがまさか昨日や今日のさし迫ったことだとは思わなかったよ。

鑑賞『伊勢(いせ)物語』百二十五段には、昔男の辞世の歌として載せられている。「聞きしかど」の「しか」や、「思はざりしを」の「し」は、過去の助動詞「き」。

***つひ-に-ゆく-みち【つひに行く道】** ツイニユクミチ 連語 **人生の最後に行く死出の旅路。** 古今 平安―歌集 哀傷「つひにゆくみちとはかねて聞きしかど昨日(きのふ)今日(けふ)とは思はざりしを」訳⇩つひにゆく…。

***つひ-の-こと【終の事】** ツイノコト 連語 **結局はそうなること。** 源氏物語 平安―物語 鈴虫「住みはなれ給(たま)ひなむも、つひのことにて」訳別居しておしまいなさるのは、結局

日本語のこころ 「芽ぐむ」から「芽吹く」まで

「つのぐむ」とは、早春に出る葦(あし)の芽が牛の角のような形をしているところから出来た言葉ですが、数ある植物の中でも、「あし」とか「すすき」とか極めて少数のものにしか使われない珍しい言葉です。

一般に日本人は春、植物が芽を出す、その進行状態によってたくさんの名前をつけています。これは、日本人の植物に対する観察の細かさを示していると思います。まず、先の部分がふくらんで、中に芽が出て来ていることが確実に分かる状態にあることを「芽ぐむ」(ねこ柳)といい、その先がちょっと外に現れることを「芽ざす」(ろう梅)といいます。

「芽ばる」と「芽だつ」はその芽が大きくなった状態で、「芽ぶく」(柳)と言うと、少し離れたところから見て一帯がボーッと青みを帯びて見える状態を言い、柳の芽などに多く使われます。これがもし、地面から生え出る草や新しい木の株であったら、「芽ばえる」というのがあって、土の上にひょっこり顔を見せたことをいいます。「萌(も)える」というと、そろそろ茎と葉とが分かれるまでに生長したということで、「草の芽が萌える」とか「緑に萌える」というように、一面が緑色に染まったような状態をいいます。

このことから考えますと「つのぐむ」とは、あしやすすきが「芽ぐむ」とか「芽ばえる」の状態に達したことを表しているのです。

はそうなることなので。

つひ‐の‐すみか【終の住み処】(ツイノスミカ) 連語 最後に住み付く所。死ぬまで住む所。七番日記 江戸―日記 俳文「是がまあつひのすみかか雪五尺―一茶」訳⇩これがまあ…。

つひ‐の‐わかれ【終の別れ】(ツイノワカレ) 連語 最後の別れ。死別。源氏物語 平安―物語 椎本「世の事として、つひのわかれを、逃れぬわざなめれど」訳この世のならいとして、死別を、まぬがれないことのようだけれども。

つひや・す (ツイヤス) 他動詞 サ四〔さ／し／す／す／せ／せ〕 ㊀【弊やす・潰やす】❶崩す。破る。❷疲れ弱らせる。徒然 鎌倉―随筆 九七「その物につきて、その物をつひやし損なふ物」訳その物について、その物を疲れ弱らせ害する物は。 ㊁【費やす】(財物などを)使って減らす。方丈記 鎌倉―随筆「さしも危ふき京中の家を造るとて、宝をつひやし」訳あんなにも危険な都の中の家を造るからといって、財産を使って減らし。

つひ・ゆ (ツイユ) 自動詞 ヤ下二〔え／え／ゆ／ゆる／ゆれ／えよ〕 ㊀【弊ゆ・潰ゆ】❶崩れる。破れる。雨月物語 江戸―物語 浅茅が宿「御所の師つひえしかば」訳御所方の軍勢が崩れたので。❷弱る。やせ衰える。源氏物語 平安―物語 蓬生「年ごろいたうつひえたれど」訳数年来ひどく弱ったけれど。 ㊁【費ゆ】使ってしだいに減る。日本書紀 奈良―史書 皇極「損りつひゆること極めて甚だし」訳(財産が)損失し使ってしだいに減ることがこの上なくはなはだしい。

つぶさ・なり【具さなり・備さなり・審さなり】形容動詞 ナリ〔なら／なり・に／なり／なる／なれ／なれ〕 ❶欠けるところがない。完全だ。古事記 奈良―史書 神代「つぶさにその言のごとくなりしかば」訳完全にその言葉のとおりになったので。❷細かくて詳しい。今昔物語 平安―説話 七・一五「つぶさに事の有り様を語る」訳細かく詳しく出来事のようすを語る。

つぶつぶ‐と 副詞 ❶こまごまと。▼詳細なようす。落窪物語 平安―物語 三「片端よりつぶつぶと語りて」訳事の一部分から、こまごまと話して。❷ぽたぽたと。ぽろぽろと。▼水などが粒のようになってこぼれ出るようす。蜻蛉 平安―日記 中「つぶつぶと涙ぞ落つる」訳ぽろぽろと涙が落ちる。❸どきどきと。▼胸が高鳴るようす。蜻蛉 平安―日記 中「例のごとぞあらむと思ふに、胸つぶつぶと走るに」訳いつものとおりなのだろうと思うのだけれど、胸がどきどきと騒ぐのに。❹ふっくらと。▼豊満なようす。源氏物語 平安―物語 横笛「つぶつぶとをかしげなる胸をあけて、乳などくくめ給ふ」訳ふっくらとすばらしい胸をあけて、(赤ん坊に)乳などをおふくませになる。❺ぐつぐつと。▼物が煮える音を表す。徒然 鎌倉―随筆 六九「豆を煮ける音のつぶつぶと鳴るを聞き給ひければ」訳豆を煮ていた音がぐつぐつと鳴るのをお聞きになったところ。❻ぶつぶつと。▼つぶやくようす。雨月物語 江戸―物語 蛇性の婬「口の内つぶつぶと念じ給ひつつ」訳(呪文を)口の中でぶつぶつとお唱えになりながら。

づぶ‐づぶ(と) (ズブズブ(ト)) 副詞 ❶ずぶずぶ(と)。▼水の中や泥などに沈み込むようす。❷ぐでんぐでんに。▼非常に酔ったようす。寿の門松 江戸―浄瑠 浄瑠・近松「づぶづぶ酔うた足元」訳ぐでんぐでんに酔った足元。

つぶて【飛礫・礫】名詞 投げつけるための小石。転じて、小石。

つぶ‐と 副詞 ❶ぴったりと。びっしりと。すっかり。完全に。今昔物語 平安―説話 二六・二「鷲に取られし年月日につぶと当たりたれば」訳(娘を)鷲に取られた年月日にぴったりと符合したので。❷(打消の語を下接して)全然。少しも。今昔物語 平安―説話 二七・三八「顔をつぶと見せぬがあやしきにと思ひて」訳顔を少しも見せないのがあやしいと思って。

つぶ‐なぎ【踝】名詞 くるぶし。「つぶふし」とも。

づぶぬれの… 俳句「づぶ濡れの 大名を見る 炬燵かな」八番日記 江戸―句集 俳文・一茶 訳宿場に泊まり、炬燵にあたりながら外を見ていると、気の毒なことに、冬の冷たい雨にずぶぬれになりながら、参勤交代の大名行列が通り過ぎて行くことだ。

鑑賞 支配される庶民は炬燵で暖まり、権威ある大名は冷たい雨に震えているという対比の妙。季語は「炬燵」で、季は冬。

つぶね【奴】名詞 ❶召使い。しもべ。❷仕えること。奉公。奉仕。雨月物語 江戸―物語 吉備津の釜「朝夕のつぶねもことに実やかに」訳朝夕の奉仕も特別に心がこもっていて。

つぶ‐ふし【踝】名詞「つぶなぎ」に同じ。

つぶら‐か・なり【円らかなり】形容動詞 ナリ〔なら／なり・に／なり／なる／なれ／なれ〕 まるくふっくらとしている。宇津保 平安―物語 国譲下「いとつぶらかに白く肥え給へり」訳たいそうまるくふっくらとして白くふとっていらっしゃる。

つぶらは・し【潰らはし】(ツブラワシ) 形容詞 シク〔(しく)・しから／しく・しかり／し／しき・しかる／しけれ／しかれ〕 (驚きや心配などで胸が)おしつぶされそうだ。蜻蛉 平安―日記 上「胸つぶらはしきをりのみあるが」訳胸がおしつぶされそうなときばかりあるけれど。

つぶり【頭】名詞 あたま。「つむり」とも。

つぶ・る【潰る】自動詞 ラ下二〔れ／れ／る／るる／るれ／れよ〕 ❶つぶれる。こわれる。著聞集 鎌倉―説話 四三九「法師がいただきにおちて、つぶれて」訳(熟れたかきが)法師の頭のてっぺんに落ちて、つぶれて。❷(「胸つぶる」などの形で)(驚き・悲しみなどで胸が)どきどきする。心が痛む。竹取物語 平安―物語 蓬萊の玉の枝「我は皇子に負けぬべしと、胸うちつぶれて思ひけり」訳私は(くらもちの)皇子にきっと負けてしまうだろうと、胸がひどく痛んで心配するのだった。

つ‐べし 連語

なりたち 完了(確述)の助動詞「つ」の終止形＋推量の助動詞「べし」

❶(「べし」が推量の意の場合)きっと…てしまうだろう。…てしまうにちがいない。源氏物語 平安―物語 桐壺「楊貴妃の例も引き出でつべうなりゆくに」訳(唐の)楊貴妃の先例も引き合いに出すにちがいないほどになってゆくので。◇「つべう」はウ音便。❷(「べし」が可能の意の場合)…てしまうことができ

るだろう。枕草子 平安―随筆 にくきもの「あなづりやすき人ならば、『のちに』とてもやりつべけれど」訳軽く扱ってよい人であるならば、「後で」と言って帰してしまうこともできるだろうが。

❸〔「べし」が義務の意の場合〕…しなければならない。…するべきだ。枕草子 平安―随筆 中納言殿まゐり給ひて「かやうのことこそは、かたはらいたきことのうちに入れつべけれど」訳このようなことは、きまりが悪いことの中に加えてしまうべきだけれども。

❹〔「べし」が意志の意の場合〕…てしまいたい。…てしまおう。源氏物語 平安―物語 澪標「とりかへしつべき心地（ここち）こそすれ」訳（乳母を明石にやらずに）取り返してしまいたい気持ちがする。

つべた-ま・し【冷たまし】形容詞シク〔(しく・しから)／しく・しかり／し／しき・しかる／しけれ／しかれ〕**人間味がない。冷酷である。** 源氏物語 平安―物語 柏木「この聖（ひじり）も、丈高やかに、まぶしつべたましくて」訳この聖も、背丈が高くまなざしが冷酷であって。

つぼ[1]【坪】名詞 ❶**中庭。** 建物や垣などに囲まれた、比較的狭い一区画の土地。枕草子 平安―随筆 職の御曹司におはします頃、西の廂にて「御前（おまへ）のつぼにも作らせ給（たま）へり」訳清涼殿の西の中庭にも（雪山を）作らせなさった。◇「壺」とも書く。❷**宮中の部屋。つぼね。** ◇「壺」とも書く。❸（格子の）**ます目。** 枕草子 平安―随筆 野分のまたの日こそ「格子（かうし）のつぼなどに、木の葉を…こまごまと吹き入れたる」訳格子のます目などに木の葉を…（風が）こまごまと吹き入れている。❹条里制で、一町（＝約一〇九メートル）四方の土地の面積を表す単位。一坪は約一一九アール。❺鎌倉時代以降、屋敷地や田畑などの面積を表す単位。一間（＝約一・八メートル）四方の面積で、一坪は約三・三平方メートル。

つぼ[2]【壺】名詞 ❶口がつぼまっている容器。つぼ。❷（岩のくぼみ、滝壺などの）深くくぼんだ所。❸掛け金を受ける留め金。壺金（つぼがね）。❹ねらうべき要所。**ねらい所。急所。** 申楽談儀 室町―能楽「似合ひたる能にて候はずは、得たるつぼに入（い）るまじく候ふ」訳似合った能でありませんと、堂にいったねらい所に入ることはできないのです。

***つぼ-さうぞく**【壺装束】ツボソウゾク 名詞 主に平安時代、中流貴族以下の女性が徒歩で遠出するときの服装。単衣（ひとえ）・袿（うちき）を着重ねて腰紐（こしひも）を結んで引き上げ、垂れ髪を袿の下に入れ、歩きやすいように裾を壺折（つぼお）り（＝はしょり）、懸け帯をする。頭には「市女笠（いちめがさ）」をかぶっているが、袿を「被（かづ）き」にすることもあった。「つぼしゃうぞく」とも。参照▼口絵

つぼ-すみれ【壺菫】名詞 草の名。たちつぼすみれ。◆「すみれ」を花の形から呼んだものともいう。

つぼ-せんざい【坪前栽・壺前栽】名詞 中庭の植え込み。

つぼね【局】名詞

❶**部屋。** 宮中の舎殿、また貴人の大きな建物の中で、仕切りをした部屋のこと。多くは、几帳（きちょう）や屏風（びょうぶ）などを用いて一時的に簡便に仕切ったものをいうが、板や壁で固定的に仕切ったものもある。女房の居室として用いることが多いが、后（きさき）・女御（にょうご）の居室ともした。十訓抄 鎌倉―説話 三「『いかに心もとなくおぼすらん』と言ひて、つぼねの前を過ぎられけるを」訳「どんなにか心細く思っていらっしゃることでしょう」と言って（小式部内侍（こしきぶのないし）の）部屋の前を通り過ぎられたのを。参照▼文脈の研究 歌詠みの世覚え。

❷宮中で「局❶」を持つ女官。紫式部 平安―日記 消息文「『日本紀（にほんぎ）の御つぼね』とぞ付けたりける」訳「日本紀の局」とあだ名を付けたのは。

つぼ・む[1]【窄む】

一 自動詞マ四〔ま／み／む／む／め／め〕**小さくせばまる。** また、（狭い所に）**集まってまとまる。** 博多小女郎 江戸―浄瑠 浄瑠・近松「一所につぼむ談合で」訳一軒の家に（親子が）まとまる相談がきまって。

二 他動詞マ下二〔め／め／む／むる／むれ／めよ〕（口を）**すぼめる。**

つぼ・む[2]【蕾む・莟む】自動詞マ四〔ま／み／む／む／め／め〕**つぼみをつける。つぼみになる。** 徒然 鎌倉―随筆 一五五「梅もつぼみぬ」訳梅もつぼみになった。

つぼ-やなぐひ【壺胡簶・壺胡籙】ツボヤナグイ 名詞「胡簶（やなぐひ）」の一種。七本の矢を差して身に帯びる筒状の入れ物。譲位や節会（せちえ）などの警固に際し、主に近衛（このえ）の武官が用いる。参照▼口絵

つぼ-を・る【壺折る】ツボオル 他動詞ラ四〔ら／り／る／る／れ／れ〕**衣服の裾（すそ）をつまんではしょる。** 今昔物語 平安―説話 二五・一二「起きけるままに衣を引き、つぼをりて胡録（やなぐひ）をかき負ひて」訳起き上がるや否や着物を引き寄せ、裾をはしょって胡録をかき背負って。

つま[1]【夫・妻】名詞

❶**夫。** ▼妻から夫を呼ぶときに用いる語。第三者が用いることもある。万葉集 奈良―歌集 一七四二「ただ独りい渡らす児（こ）は若草の（＝枕詞（まくらことば））つまかあるらむ」訳たった一人で川を渡られる児は夫があるのだろうか。

❷**妻。** ▼夫から妻を呼ぶときに用いる語。第三者が用いることもある。万葉集 奈良―歌集 四三二二「わがつまはいたく恋ひらし飲む水に影（かご）さへ見えて世に忘られず」訳⇨わがつまは…。

❸動物のつがいの一方をいう語。万葉集 奈良―歌集 九二〇「下辺（しもへ）にはかはづつま呼ぶ」訳川下では、かじかが相手を呼んでいる。

参考「つま（端）」から出た語。妻問い婚の時代、女の家の端（つま）に妻屋（つまや）を建てて、夫がそこに通ったことから、「端の人」の意でいったとされる。ふつう、夫婦の間で互いに呼び合う語。平安時代以降は、❷の用法で固定した。

◆学習ポイント㊴

家族の呼び名

古文では、家族など親しい間柄の呼び名は紛らわしい。夫が妻を、また、妻が夫を呼ぶとき「つま（妻・夫）」という。「つま」は配偶者を表している。男性が妻や恋人、姉妹など女性一般を親しんで呼ぶときは「いも（妹）」で、女性が夫や兄弟など男性を親しんで呼ぶときは「せ（夫・兄・背）・せこ（夫・兄子・背子）」である。

ほかに一般に兄弟姉妹を呼ぶ場合には次のように言った。男性からは姉や妹のことを「いもうと（妹）」、兄を「このかみ（兄）」「あに」、弟を「おとうと（弟）」。女性から呼ぶときには、姉を「このかみ」「あね」、妹を「おとう

と」、兄や弟を「せうと(兄人)」といった。

つま[2]【端】名詞 ❶**はし。へり。** 源氏物語 平安―物語 柏木「几帳のつまを引き上げ給へれば」訳几帳のはしを引き上げなさったので。❷**軒先。軒端。** 更級 平安―日記 梅の立枝「梅の木の、つま近くて、いと大きなるを」訳梅の木で、軒先に近くて、たいそう大きなのを。❸**きっかけ。手がかり。** 源氏物語 平安―物語 須磨「なかなか物思ひのつまなるべきを」訳かえって心配のきっかけになるであろうから。

つま-おと【爪音】名詞 ❶琴爪で琴を弾く音。平家物語 鎌倉―物語 六・小督「少しも紛ふべうもなき小督の殿のつまおとなり」訳少しも聞き誤るはずもない小督の殿の琴を弾く音である。❷馬のひづめの音。

つま-ぎ【爪木】名詞 薪にする小枝。また、木っ端。木ぎれ。

つま-ぐ・る【爪繰る】他動詞ラ四 {ら/り/る/る/れ/れ} **指先で繰る。** 盛久 室町―能楽 謡曲「水晶の数珠をつまぐりて」訳水晶の数珠の玉を指先で繰って。

つま-ごひ【夫恋ひ・妻恋ひ】名詞／―す 自動詞サ変 (夫婦・雌雄が)相手を恋い慕うこと。動物の場合、雄鹿が雌鹿を呼んで鳴くことにいうことが多い。

つま-ごみ【妻籠み】名詞 妻を住まわせること。一説に、夫婦が一緒に住むこと。「つまごめ」とも。古事記 奈良―史書 神代「八雲立つ出雲八重垣つまごみに八重垣作るその八重垣を」訳⇩やくもたつ…。

つま-ごゑ【端声】名詞 自分の言いたいことを他人に言わせ、ところどころ、その言葉の端に自分も言い添えること。源氏物語 平安―物語 行幸「殿より申させたまはば、つまごゑのやうにて」訳殿から申し上げてくださいますなら、その言葉の端に私も言い添えるようにして。

つま-じるし【爪印・爪標】名詞 書物の中の注意すべき箇所や不審の箇所などに爪で付けた印。

つま-づま【端端】名詞 物事のはしばし。徒然 鎌倉―随筆 七三「つまづま合はせて語る虚言は」訳物事のはしばしを合わせて語るうそは。

つま-ど*【妻戸】名詞 ❶寝殿造りで、建物の四隅に設けた外側に開く両開きの板戸。掛け金でとめる仕組みになっている。参照▶口絵 ❷一般に両開きの板戸。◆端に設けた戸の意。

（妻 戸❶）

つま-どひ【妻問ひ】名詞 異性のもとを訪ねて言い寄ること。求婚すること。特に、男が女を訪ねる場合にいう。また、(恋人や妻である)女のもとに通うこと。

つま-ど・ふ【妻問ふ】自動詞ハ四 {は/ひ/ふ/ふ/へ/へ} 「妻問ひ」をする。万葉集 奈良―歌集 二〇九〇「天人のつまどふ夕ぞ」訳天上の彦星が妻問いをする夕べであるよ。

つま-なし【妻梨】名詞 植物の名。梨の別名。「妻無し」に言いかけた語。万葉集 奈良―歌集 二一八九「秋風にもみちにけりもつまなしの木は」訳秋風に紅葉したのだなあ、(妻無しの私ではないが)梨の木は。

つま-の-みこと【夫の命・妻の命】連語 自分の夫または妻を敬愛して呼ぶ語。万葉集 奈良―歌集 一九四「なびかひしつまのみことの」訳互いになびき合った夫のあなたが。

つま-はじき【爪弾き】名詞 親指の腹に人さし指の爪を掛けて強くはじくこと。不満な気持ちを発散させる動作。土佐日記 平安―日記 一・二七「日一日、風やまず。つまはじきして寝ぬ」訳一日中、風がやまない。(舟出できず不満なので)爪弾きをして寝てしまった。

つま-び・く【爪引く・爪弾く】他動詞カ四 {か/き/く/く/け/け} **弓の弦を指先ではじく。弦楽器を指の爪ではじき鳴らす。** 万葉集 奈良―歌集 五三一「梓弓つまびく夜音の」訳梓弓の弦を指先ではじく音が夜聞こえるように。

つまびら-か・なり【詳らかなり・審らかなり】形容動詞ナリ {なら/なり・に/なり/なる/なれ/なれ} **事細かだ。詳しい。** 著聞集 鎌倉―説話 四〇二「大納言、つまびらかに申す旨なし」訳大納言は詳しく申し上げる考えがない。◆古くは「つまひらかなり」。

つま-や【妻屋】名詞 夫婦の寝所。「寝屋」とも。

つまり【詰まり】 一 名詞 ❶**果て。ゆきどまり。すみ。** ❷**ゆきづまり。困窮。** 二 副詞 **結局。要するに。** 曾我会稽山 江戸―浄瑠 浄瑠・近松「つまりは共に死ぬる分と」訳結局は共に死ぬ状況だと。

つま・る*【詰まる】自動詞ラ四 {ら/り/る/る/れ/れ} ❶**(いっぱいになって)ふさがる。** 徒然 鎌倉―随筆 五三「足鼎を取りて頭に被きたれば、つまるやうにするを」訳足のついた鼎を手に取って頭にかぶったところ、ふさがるようになるのを。❷**言葉・返答などにつかえる。窮する。** 徒然 鎌倉―随筆 一三五「大納言入道はたとつまりて」訳大納言入道はぐっと言葉につかえて。❸**生活が苦しくなる。困窮する。** 太平記 室町―物語 三八「兵粮につまりて」訳軍の食糧(の調達)で困窮して。

つみ【罪】名詞 ❶**罪。過失。** 竹取物語 平安―物語 かぐや姫の昇天「かぐや姫はつみをつくり給へりければ」訳かぐや姫は罪を犯しなさったので。❷**罪業。仏罪。**▼仏法に反した、成仏の妨げとなる行い。源氏物語 平安―物語 若紫「つみ得ることぞと常に聞こゆるを」訳(すずめを捕らえることは)仏罪になることですよ、といつも申し上げているのに。❸**欠点。短所。難点。** 源氏物語 平安―物語 夕顔「御心ざし一つの浅からぬに、よろづのつみ許さるるなめりかし」訳(源氏の)お気持ちはひたすら深いので、女の家のすべての欠点が許されるものであるようだよ。

つみ-さ・る【罪去る・罪避る】自動詞ラ四 {ら/り/る/る/れ/れ} **罪を逃れる。謝罪する。** 源氏物語 平安―物語 東屋「後にもつみさり申し給ひてむ」訳後日にでも、謝罪し申し上げなされたほうがよいでしょう。

つみ-・す【罪す】他動詞サ変 {せ/し/す/する/すれ/せよ} **罰する。処罰**

する。徒然 鎌倉―随筆 一四二「盗人を縛め、僻事をのみつみせんよりは」訳盗人を(捕らえて)縛り、悪事だけを処罰するようなのよりは。

つみ-な・ふ【罪なふ】（ツミナウ／ツミノウ） 他動詞 ハ四〔は/ひ/ふ/ふ/へ/へ〕**処罰する。処刑する。** 徒然 鎌倉―随筆 一四二「法を犯さしめて、それをつみなはん事」訳法律に違反させて、それを処罰しようとすることは。

[1]つ・む 他動詞 マ四〔ま/み/む/む/め/め〕**前歯でかじる。** 枕草子 平安―随筆 にげなきもの「鬚がちなるものの椎つみたる」訳(似つかわしくないものは)ひげ面の者が椎の実を前歯でかじっているの。

[2]つ・む【抓む】 他動詞 マ四〔ま/み/む/む/め/め〕❶**つまむ。** 万葉集 奈良―歌集 四四〇八「御裳の裾つみ挙げ」訳(母は)裳の裾をつまみあげ。❷**つねる。** 万葉集 奈良―歌集 三九四〇「わが背子がつみし手見つつ」訳私の夫がつねった手を見ながら。

[3]つ・む【集む】 他動詞 マ下二〔め/め/む/むる/むれ/めよ〕**集める。** 万葉集 奈良―歌集 三六〇「潮干なば玉藻刈りつめ」訳潮が引いたら海草を刈り集めよ。◇「つめ」は古い命令形。

[4]つ・む【詰む】 一 自動詞 マ下二〔め/め/む/むる/むれ/めよ〕**勤務場所に控えている。詰める。** 冥途飛脚 江戸―浄瑠 浄瑠・近松「これのは今朝から庄屋殿へつめられ」訳うちの人は今朝から庄屋殿のところへ詰めておられ。
二 他動詞 マ下二〔め/め/む/むる/むれ/めよ〕❶**ぎっしりと入れる。いっぱいにする。** 茶壺 室町―狂言「まんまと茶をつめて下りまする所に」訳首尾よく茶をぎっしりと入れて下りまする所に。❷**すき間に物を入れて動けなくする。** 落窪物語 平安―物語 二「打ちたたき、押し引けど、内外につめてければ、ゆるぎだにせず」訳たたいたり、押したり引いたりしても、内にも外にもすき間に物を入れ動けなくしてあるので、ゆらぐことさえない。❸(相手を)**行き詰まらせる。追い詰める。** 徒然 鎌倉―随筆 二四三「問ひつめられて、え答へずなり侍りつ」訳問い詰められて、答えられなくなってしまいました。❹**短くする。縮める。** 風姿花伝 室町―論 二「腰膝を屈め、身をつむれば」訳腰や膝をかがめ、からだを縮めると。❺(家計を)**切り詰める。倹約する。** 阿波鳴渡 江戸―浄瑠 近松「わしが身をつめ、三度つける油も一度つけ」訳私が身代を切り詰め、三度つける油も一度だけつけ。

[5]つ・む【積む】 一 自動詞 マ四〔ま/み/む/む/め/め〕**積もる。** 猿蓑 江戸―句集 俳諧「下京や雪つむ上の夜の雨―凡兆」訳⇩しもぎやうや…。
二 他動詞 マ四〔ま/み/む/む/め/め〕❶**重ねる。積み重ねる。** 枕草子 平安―随筆 僧都の御乳母のままなど「馬づかさの御秣つみて侍りける家より」訳馬寮のかいばを積み重ねてありました家から。❷(船や車などに荷を)**載せる。** 徒然 鎌倉―随筆 一七七「鋸のくづを車につみて、多く奉りたりければ」訳鋸で切った切りくずを車に積んで、たくさん差し上げたので。❸**ふやす。増す。** 平家物語 鎌倉―物語 三・少将都帰「いましばらく念仏の功をもつむべう候へども」訳もう少し念仏の功徳を増すほうがよいのですが。

[1]つむじ【辻】 名詞 **十字路。** ◆「つじ」の古い形。

[2]つむじ【旋風】 名詞「つむじかぜ」の略。うずを巻くように吹き込んでくる風。

[1]つめ【爪】 名詞 ❶手足の、つめ。❷**琴爪。** 琴を弾くときに指先にはめるもの。

[2]つめ【詰め】 名詞 ❶**端。きわ。橋のたもと。** 平家物語 鎌倉―物語 四・橋合戦「二万八千余騎、…宇治橋のつめにぞ押し寄せたる」訳二万八千騎余りが…宇治橋のたもとに押し寄せた。❷(能や狂言の作品中の)眼目となる所。**急所。見せ場。** ❸「詰め袖」の略。わきを縫って袋状にした短い袖(の着物)。また、その着物を着る年ごろの女。**年増女。** ◇江戸時代の語。

つめ-く・ふ【爪食ふ】（ツメクウ） 連語 **爪をかんでもじもじする。** 源氏物語 平安―物語 帚木「なま人わろく、つめくはるれど」訳少々きまりが悪く、爪をかんでもじもじしないではいられないけれども。

つめ-ひも【詰め紐】 名詞(直垂の胸のくくりなどの)ひもを締めてしっかり結ぶこと。

つ-めり 連語 なりたち 完了の助動詞「つ」の終止形＋推定の助動詞「めり」

…たように見える。…たようだ。更級 平安―日記 春秋のさだめ「人はみな春に心を寄せつめり我のみや見む秋の夜の月」訳人はみな春に心を寄せたように見える、(しかし)私だけが(すばらしいと)見るのだろうか、秋の夜の月を。

つめ-を-はじ・く【爪を弾く】 連語 人差し指の爪を親指の腹にかけて弾き、非難・嫌悪・不満などを表す。宇津保 平安―物語 祭の使「季英、つめをはじき」訳季英は、(腹を立てて)つまはじきをして。

つもごり【晦日・晦】 名詞「つごもり」に同じ。◆「つごもり」の変化した語。

つもり【積もり】 名詞 ❶**積み重なること。積み重なった結果。** 源氏物語 平安―物語 桐壺「恨みを負ふつもりにやありけむ」訳恨みを受けることが積み重なった結果であったのだろうか。❷**推測。想像。** ❸**限度。程度。めど。**

***つも・る【積もる】** 一 自動詞 ラ四〔ら/り/る/る/れ/れ〕**積み重なる。増える。降り積もる。** 古今 平安―歌集 冬「み吉野の山の白雪つもるらし」訳吉野山の白雪は降り積もっているらしい。
二 他動詞 ラ四〔ら/り/る/る/れ/れ〕**見積もる。計算する。** 世間胸算用 江戸―物語 浮世・西鶴「年中入り帳の銀高つもりて」訳年中、収入簿の金高を計算して。◆江戸時代の語。

[1]つ-や【通夜】 名詞／―す 自動詞 サ変 ❶社寺・仏堂にこもって終夜祈願すること。平家物語 鎌倉―物語 二・卒都婆流「ある時二人つやして」訳ある時二人が(三所権現の御前に参って)夜通し祈願して。❷死者の棺のそばで、読経などをして夜を過ごすこと。❸徹夜すること。

[2]つや【艶】 名詞 ❶潤いのある美しい光沢。❷愛敬。お世辞。❸色事。情事。

[1]つや-つや(と) 副詞 ❶**完全に。すっかり。きれいさっぱり。** 十訓抄 鎌倉―説話 一「つやつや忘れてけり」訳きれいさっぱり忘れていた。❷〔打消の語を下接して〕**少しも。まったく。一向に。** 徒然 鎌倉―随筆 五四「つやつや物も見えず」訳まったく何も見えず。❸**つくづく。よくよく。** 小栗判官 江戸―浄瑠 浄瑠・近松「国司の姿をつやつやとうち眺め」訳国司の姿をつくづくと眺め。

つや-つや(と)【艶艶(と)】 副詞 **光沢があって。** 源氏物語 平安―物語 若紫「こぼれかかりたる髪、つやつやとめでたう見ゆ」訳 垂れ下がって顔にかかった(若紫の)髪は、光沢があって美しく見えた。

つや-め・く【艶めく】 自動詞 カ四〔か/き/く/く/け/け〕**つやつやとしている。** 枕草子 平安―随筆 花の木ならぬは「濃き紅葉のつやめきて」訳 色の濃い紅葉がつやつやとして。◆「めく」は接尾語。

***つや-やか・なり【艶やかなり】** 形容動詞 ナリ〔なら/なり・に/なり/なる/なれ/なれ〕❶**潤いがあって美しいようすだ。** 源氏物語 平安―物語 真木柱「つややかに書い給へれど」訳 潤いがあって美しいようすにお書きになっているが。❷**色めいた感じがする。** 蜻蛉 平安―日記 下「かしこまりをはなはだしう置きたれば、つややかなる事はものせざりけり」訳 恐縮していることを甚だしく置いた(書いた)ので、色めいた感じがすることはしなかった。◆「やか」は接尾語。

つゆ【露】

一 名詞 ❶**露。** 消えやすいものとしてとらえることが多い。方丈記 鎌倉―随筆「あるいはつゆ落ちて花残れり」訳 ある場合は、露が落ちて花が残っている。❷**涙のたとえ。** 多く❶の意をかけて用いる。源氏物語 平安―物語 桐壺「いとどしく虫の音しげき浅茅生につゆおきそふる雲の上人」訳 ⇩いとどしく…。❸**はかなく消えやすいもののたとえ。** 源氏物語 平安―物語 夕霧「つゆのあはれをばさしおきて、ただならず嘆きつつおはす」訳 露のようにはかない無常ということをさしおいて、ひとかたならず嘆き続けていらっしゃる。❹**ほんのわずかなこと。少しばかりのこと。** 源氏物語 平安―物語 帚木「つゆにても心にたがふ事はなくもがな」訳 ほんのわずかなことについても(夫の)心にそむくことはないようにしたい。❺狩衣・直垂などの、袖くくりの紐の下へ垂れた部分。太平記 室町―物語 二「柿の衣のつゆを結んで肩に掛け」訳 柿色の法衣の袖くくりの紐の先を結んで肩にかけて。

二 副詞〔打消の語を下接して〕**少しも。まったく。** 枕草子 平安―随筆 清涼殿の丑寅のすみの「やがて末まではあらねども、すべてつゆたがふことなかりけり」訳 すぐに下の句まで答えるということはないが、すべてにおいて少しも間違うことがなかった。

つゆ-くさ【露草】 名詞 ❶草の名。夏の朝、藍色の花を開く。季 秋。◇古くは「つきくさ」。❷露草の花の汁で染めた、明るい藍色。花色。はなだ色。

***つゆ-け・し【露けし】** 形容詞 ク〔(く)・から/く・かり/し/き・かる/けれ/かれ〕❶**露にぬれてしめっぽい。** 源氏物語 平安―物語 賢木「道のほど、いとつゆけし」訳 道の途中は、とても露にぬれてしめっぽい。❷**涙がちである。** 源氏物語 平安―物語 桐壺「若宮の、いとおぼつかなく、つゆけき中に過ぐし給ふも」訳 若宮がとても気がかりで、涙がちのうちにおすごしになるのも。◆「けし」は接尾語。

***つゆ-しも【露霜】** 名詞 ❶**露と霜。** また、露が凍って霜のようになったもの。徒然 鎌倉―随筆 三「つゆしもにしほたれて、所定めず惑ひ歩き」訳 露と霜でぐっしょりぬれて、あてどなくさまよい歩き。季 秋。❷**年月。** 新古今 鎌倉―歌集 仮名序「つゆしもは改まっても」訳 年月は改まっても。◆「つゆじも」とも。

つゆしも-の【露霜の】 枕詞 ❶露や霜が消えやすいところから、「消」「過ぐ」にかかる。万葉集 奈良―歌集 三〇四三「つゆしもの消やすきわが身老いぬともまたをち反り君をし待たむ」訳 はかないわが身は年老いてもまた若返りあの人の訪れを待とう。❷露や霜が置く意から、「置く」や、それと同音を含む語にかかる。万葉集 奈良―歌集 一三一「つゆしもの置きてし来れば」訳 ⇩いはみのうみ…。❸露や霜が秋の代表的な景物であるところから、「秋」にかかる。「つゆしもの秋」

つゆ-ちり【露塵】

一 名詞 ❶非常にわずかなことのたとえ。枕草子 平安―随筆 にくきもの「つゆちりのこともゆかしがり」訳 非常にわずかなことも知りたがり。❷捨てても惜しくないもののたとえ。

二 副詞〔打消の語を下接して〕**少しも。** 宇津保 平安―物語 忠こそ「つゆちり、物取らせむの心なく」訳 少しも、物を与えてやろうという気持ちがなく。

日本語のこころ 露

日本語には、「露」がつく言葉がたくさんあります。たとえば、「露の命」「露の身」「露の世」といったら、これは、人の世の無常をたとえた言葉です。また、「袖の露」「思いの露」「心の露」といったら、涙をたとえた言葉です。いずれにしても、「露」は、きらきらと輝いて、玉のように美しいものですが、しかしその反面たいへんはかないものです。その「はかなさ」が、日本人の好みに合っているのだと思います。

『枕草子』の「長月ばかり」の巻には、こんな美しい場面があります。竹垣やすすきにかかった蜘蛛の巣の糸。この糸が露の玉をつらぬいて、まるで首飾りのようだと言っております。これは露の玉を真珠にでもたとえたのでしょうか。露が消えてしまったらなくなってしまうものです。まさに、露のはかない美しさを非常によく表した名文だと思います。

つゆとくとく… 俳句「露とくとく こころみに浮き世すすがばや」野ざらし 江戸―句集 俳文・芭蕉 訳 今もとくとくとわいて流れ落ちる、西行法師ゆかりの苔の間を流れる清水で、ためしにこの身に積もった俗世間の塵を洗いすすいでみようか。

鑑賞 吉野山にある西行の草庵跡とゆかりの苔清水を訪れた折の句。その地で、西行が詠んだと伝えられる「とくとくと落つる岩間の苔清水くみほす程もなきすまひかな」〈とくとくと、岩間の苔を伝い流れるわずかな清水を、くみつくしてしまうこともない、ささやかな山中のわび住まいであることよ。〉をふまえている。季語は「露」で、季は秋。

つゆ-の-いのち【露の命】 連語 露のようにはかない命。露命。万葉集 奈良―歌集 三九三三「つゆのいのちも継ぎつつ渡れ」訳 露のようにはかない命もつないで生きておりますのに。

つゆ-の-ま【露の間】 連語 ほんのわずかの間。

つゆ-の-み【露の身】連語 露のようにはかない命をもつ、人の身。

つゆ-の-やどり【露の宿り】連語 ❶露の降りる所。また、涙にぬれる所。伊勢物語 平安―物語 五六「暮るればつゆのやどりなりけり」訳(私の袖では)日が暮れると涙にぬれる所であるのだなあ。❷露のようにはかない身を置く住まい。❸はかない現世。

つゆ-の-よ【露の世】連語 露のようにはかないこの世。現世。おらが春 江戸―句集 俳文「つゆのよはつゆのよながらさりながら―一茶」訳⇩つゆのよは…。

つゆのよは… 俳句「露の世は 露の世ながら さりながら」おらが春 江戸―句集 俳文・一茶 訳昔から、この世は露のようにはかないものとされていて、確かに無常な世であることはよく分かっているつもりだが、そうではあってもやはり、この死別の悲しさは、この世が露の世だと自分にいいきかせてもどうにもならないことだ。

鑑賞 文政二年(一八一八)、五十六歳で得た長女を、翌年失い、その折に追悼として作った句。季語は「露」で、季は秋。

つゆ-ばかり【露ばかり】連語 ❶ごくわずか。❷〔打消の語を下接して〕少しも。源氏物語 平安―物語 総角「物も、つゆばかり参らず」訳食べ物も、少しも召し上がらない。◆「ばかり」は副助詞。

つゆばかり-の-いのち【露ばかりの命】連語 露のようにはかない命。野ざらし 江戸―句集 俳文・芭蕉「つゆばかりのいのち待つ間と」訳はかない命(がつきるの)を待つあいだと。

つゆ-も【露も】連語 ❶少しでも。ちょっとでも。竹取物語 平安―物語 かぐや姫の昇天「つゆも、物空をかけらば」訳少しでも物が空に高く飛ぶならば。❷〔打消の語を下接して〕少しも。ちっとも。平家物語 鎌倉―物語 五・都遷「つゆも思し召しよらず」訳少しもお思いにならず。◆「も」は係助詞。

つゆ-わ・く【露分く】連語 露を置いた草木を押し分けて進む。拾遺 平安―歌集 恋二「朝まだきつゆわけ来つる衣手のひるまばかりに恋しきやなぞ」訳朝早く露を置いた草木を押し分けて帰ってきて、濡れた衣服が乾く間、そのわずかな昼間だけでも恋しくてたまらないのはどうしたことか。

つゆわけ-ごろも【露分け衣】名詞 露の多い草原などを分け行くときに着る衣。

つゆ-わす・るる-に-は-あ・ら-ね-ど【つゆ忘るるにはあらねど】徒然 鎌倉―随筆 三〇「年月経ても、つゆわするるにはあらねど、去れる物は日々に疎しと言へることなれば」訳年月が過ぎてもすこしも忘れるというわけではないけれど、「去るものは日々に疎し」と言われることでもあるので。

品詞分解 つゆ＝副詞 わするる＝動詞「わする」㊍に＝断定の助動詞「なり」㊊ は＝係助詞 あら＝補助動詞「あり」㊌ ね＝打消の助動詞「ず」㊎ ど＝接続助詞

つよ・し【強し】形容詞ク{(く)・から/く・かり/し/き・かる/けれ/かれ} ❶丈夫だ。強い。徒然 鎌倉―随筆 一一七「病なく身つよき人」訳病気がなくて体の丈夫な人。❷気丈だ。(意志が)強い。源氏物語 平安―物語 夕霧「心一つにはつよくおぼせど」訳自分の心では強く(出家を)お思いになるが。❸堅固だ。すきまがない。源氏物語 平安―物語 末摘花「障子手づからいとつよくさして」訳ふすまを自分の手ですきまもなく閉めて。❹はげしい。きびしい。対❶～❹弱し。

つよ-ゆみ【強弓】名詞 ❶張りが強く、力の強い者でなければ引けない弓。剛弓。❷剛弓を引きこなす人。平家物語 鎌倉―物語 四・競「競は元よりすぐれたるつよゆみ」訳競(＝人名)は前からすぐれた剛弓を引きこなす人。

つより【強り】名詞 強み。頼りとなるもの。

つよ・る【強る】

一 自動詞ラ四{ら/り/る/る/れ/れ} 強くなる。勢いを増す。平家物語 鎌倉―物語 一二・吉田大納言の沙汰「源氏の世のつよりし後は」訳源氏の世が勢いを増した後は。

二 他動詞ラ四{ら/り/る/る/れ/れ} 心を強く引き立てる。気を張る。源氏物語 平安―物語 若菜上「苦しき御心地を思しつよりて」訳苦しいご気分を強く引き立てなさって。

つら[1]【列・連】名詞 ❶列。行列。源氏物語 平安―物語 横笛「雁がねもつらを離れぬ」訳雁もその列を離れてしまった。❷仲間。同類。源氏物語 平安―物語 須磨「初雁は恋しき人のつらなれや」訳今年初めて見る雁は恋しい人の仲間なのだろうか。

つら[2]【面】名詞 ❶ほお。宇治拾遺 鎌倉―説話 一・三「かの翁がつらにある瘤をや取るべき」訳あの翁のほおにある瘤を取ろうか。◇「頰」とも書く。❷顔。▼多く、卑しめていう。❸表面。おもて。大鏡 平安―物語 伊尹「御屛風のつらに」訳御屛風の表面に。❹ほとり。かたわら。そば。源氏物語 平安―物語 明石「山水のつらに」訳山や川のほとりに。❺通りに面した側。方丈記 鎌倉―随筆「築地のつら、道のほとりに」訳土塀の通りに面した側や、道ばたに。

つ-らう 連語 なりたち 完了(確述)の助動詞「つ」の終止形＋推量の助動詞「らむ」からなる「つらむ」の変化した語。

…ているだろう。…たのだろう。天草平家 安桃―物語 四「思ひ嘆きの積もって、病とこそなっつらう」訳思い嘆くことが積み重なって、病となったのだろう。◆室町時代の末期から江戸時代の初期にかけての口語。

つ-らく 連語 …てしまったこと。万葉集 奈良―歌集 四八五「眠も寝がてにと明かしつらくも長きこの夜を」訳少しも眠れずに明かしてしまったことよ、長いこんな夜を。◆完了の助動詞「つ」のク語法。

つら-ぐし【面櫛】名詞 櫛を前髪に挿すこと。また、その櫛。

つら・し【辛し】

形容詞ク{(く)・から/く・かり/し/き・かる/けれ/かれ}

❶薄情だ。冷淡だ。つれない。土佐日記 平安―日記 二・一六「いとはつらく見ゆれど、志はせむとす」訳(留守番宅をあずかった人は)とても薄情に思われるけれど、お礼の贈り物はしようと思う。

❷たえがたい。苦痛だ。つらい。源氏物語 平安―物語 桐壺「命長さのいとつらう思ひ給へ知らるるに」訳命を長らえていることが、とてもたえがたく思われますのにつけても。◇「つらう」はウ音便。

つら-だましひ【面魂】名詞 いかにも気性が鋭く強そうな顔つき。

つら-つき【面付き・頰付き】名詞 ほおのあたりのよう

す。横顔のようす。

つらつら-つばき【列列椿】 名詞 数多く並んで咲いているつばき。

つらつら(に・と) 副詞 つくづく。よくよく。▼念を入れて見たり考えたりするようす。「つらつら思へば」訳つくづく思うと。徒然 鎌倉―随筆 三八

***つら-づゑ【頰杖】** ツラヅエ 名詞 ほおづえ。

***つら-な・る【連なる・列なる】** 自動詞ラ四 {ら/り/る/る/れ/れ} ❶列をなす。列に入る。並ぶ。平家物語 鎌倉―物語 一・祇園精舎「王氏を出いでて人臣につらなる」訳皇族を離れて臣下の列に入る。❷連れ立つ。今昔物語 平安―説話 一七・一三「同じ郷さとの者三人とつらなりて」訳同じ故郷の者三人と連れ立って。

***つら・ぬ【連ぬ・列ぬ】** 一 自動詞ナ下二 {ね/ね/ぬ/ぬる/ぬれ/ねよ} ❶並ぶ。連なる。枕草子 平安―随筆 春はあけぼの「雁かりなどのつらねたるが」訳雁などが連なっているのが。❷連れ立つ。竹取物語 平安―物語 蓬萊の玉の枝「男ども六人つらねて」訳男たちが六人連れ立って。

二 他動詞ナ下二 {ね/ね/ぬ/ぬる/ぬれ/ねよ} ❶一列に並べる。平家物語 鎌倉―物語 七・火打合戦「盤石ばんじゃく峙そばだちめぐって、四方に峰をつらねたり」訳（火打ちが城は）大きな岩がぐるりとそびえ立ち、まわりに山の峰を一列に並べている。❷引き連れる。伴う。源氏物語 平安―物語 空蟬「老人おいびと、これをつらねて歩ありきけると思ひて」訳老女房は、（小君が）その人を引き連れて歩いていたと思って。❸言葉を並べる。詩歌・文章をつくる。▼文字・言葉を並べる意から。沙石 鎌倉―説話 五末「心は池の上に、月の宿りたるやうを、つらぬべし」訳内容としては、池の上に、月が出ているようすを、歌につくりなさい。

つら-ぬき【頰貫・貫】 名詞 鎧よろいをつけて乗馬するときにはく、毛皮製の浅沓あさぐつ。縁に貫ぬき緒を通し、足の甲の上で結ぶ。「つなぬき」とも。参照▼口絵

（頰貫）

つらぬき-と・む【貫き止む・貫き留む】 他動詞マ下二 {め/め/む/むる/むれ/めよ} ひもなどを貫き通してつなぎとめる。後撰 平安―歌集 秋中「つらぬきとめぬ玉ぞ散りける」訳⇩しらつゆに…。

つらぬ・く【貫く】 他動詞カ四 {か/き/く/く/け/け} 端から端まで突き通す。つらぬく。枕草子 平安―随筆 九月ばかり、夜一夜「白き玉をつらぬきたるやうなるこそ」訳白い玉を（糸で）つらぬいたようであるのは。

つ-らむ 連語

なりたち 完了（確述）の助動詞「つ」の終止形＋推量の助動詞「らむ」

❶［「らむ」が現在の推量の意の場合］…ているだろう。…たであろう。▼目の前にない事柄について、確かに起こっているであろうと推量する。万葉集 奈良―歌集 一三二「石見いはみのや高角山たかつのやまの木この間まよりわが振る袖そでを妹いも見つらむか」訳⇩いはみのや…。

❷［「らむ」が現在の原因・理由の推量の意の場合］…たのだろう。▼目の前に見えている事実について、理由・根拠などを推量する。古今 平安―歌集 恋二「思ひつつ寝ぬればや人の見えつらむ夢と知りせば覚めざらましを」訳⇩おもひつつ…。

注意「つ」はこの場合は、確述（強意）を表す。

貫之つらゆき ⇩紀貫之きのつらゆき

つらら【氷・氷柱】 名詞 ❶（平らに張っている）氷。源氏物語 平安―物語 末摘花「朝日さす軒の垂氷たるひは解けながらなどかつららのむすぼほるらむ」訳朝日がさしている軒のつららは解けているのにどうして氷が張っているのだろうか。❷柱状に垂れ下がる氷こおり。つらら。季冬。

語の歴史 今日いう「つらら」のことを古くは「たるひ（垂氷）」といい、それを「つらら」というようになったのは江戸時代に入ってからである。

つらら-・ゐる【氷居る】 ツララ イル 連語 氷が張る。こおりつく。平家物語 鎌倉―物語 五・文覚荒行「比ころは十二月十日あまりの事なれば、雪ふりつもりつららゐて、谷の小川も音もせず」訳季節は十二月十日過ぎのことで

類語と使い分け⑪ 「つらい」意味を表す言葉

現在「つらい」という言葉の意味には、自分の心身に苦痛や苦悩を感じて耐えがたいという気持ちと、相手の仕打ちが、むごい、または薄情であるようすを表す二つの意味が混じり合っているが、古語の「つらし」の場合も同様である。また同様に、「うし」「いたまし」もその二つの意味を持っているが、「いたまし」の使用は平安時代後期以降と見られる。

それに対し自分の気持ちだけを言う言葉に「いたし」「からし」「くるし」「わびし」がある。

うし…本来は、物事が思いどおりにならず、心の内に重くこもる晴れない気持ちをあらわし、それをつらく、耐えがたいと思う意味であり、あるいはそのような気持ちにさせる相手に対して、むごい、いやだ、気にくわないと感じる意味を表す。

つらし…相手のつれない態度やむごい仕打ちに対して、思いやりがない、つれないと思う気持ちが中心にあり、そうした相手の態度に対する気持ちから、苦痛だ、耐えがたいという意味が生じる。

いたし…「痛し」で、肉体的な痛さを表す意味から、精神的にも苦しい、耐えられないの意味を表す。

からし…本来、味がからい、塩からいの意味であり、転じて、きびしい、つらい、苦しいの意味を表す。

くるし・わびし…ともに意味の広い言葉であり、状況によって、つらい、苦しいの意味を表す。

あったから、雪が降り積もり氷が張って、谷の小川も水音一つしない。

つり-どの【釣り殿】 名詞 寝殿造りで、東西の対たいの屋から出た廊の南端にある、池に臨んだ建物。納涼・月見などのために用いられる。参照▼口絵

つる[1]【鶴】 名詞 鳥の名。古くから、亀かめと共に長寿の象徴とされている。

参考 歌語としては、『万葉集』以来「たづ」を用いる。

つ・る[2]【連る】 一 自動詞ラ下二{れ/れ/る/るる/るれ/れよ} ❶**一列に並ぶ。連なる。** 古今 平安-歌集 羇旅「北へ行く雁かりぞ鳴くなるつれて来こし数は足らでぞ帰るべらなる」訳北へ行く雁が鳴いている。連なってきた数は足りないで帰っていくようだ。❷**連れ立つ。同行する。** 枕草子 平安-随筆 うつくしきもの「親の、ともにつれて立ちて走るも」訳(鶏の)親が、ひよこといっしょに連れ立って走りまわるのも。❸[「…につれて」の形で]**…に従って。…に応じて。** 心中宵庚申 江戸-浄瑠 浄瑠・近松「衣服の綺羅きらも世につれて」訳衣服の華麗さも世に応じて。

二 他動詞ラ下二{れ/れ/る/るる/るれ/れよ} **従えて行く。伴って行く。** 一代男 江戸-物語 浮世・西鶴「これをつるる程の者を軽く思ふは」訳この者を従えて行くくらいの者を軽く思うのは。

つる[3] 完了の助動詞「つ」の連体形。

つる-うち【弦打ち】 名詞/—す 自動詞サ変 魔よけのまじないとして弓の弦つるをはじき鳴らすこと。また、それを行う人。源氏物語 平安-物語 夕顔「随身ずいじんも、つるうちして絶えず声こわづくれ」訳供の者も弓の弦を鳴らして、絶えず(警戒の)声をあげよ。

つる-かめ【鶴亀】 一 名詞 鶴と亀。◆どちらも長命でめでたい動物とされる。

二 感動詞 不吉なことを払う、まじないの語。◆「つるかめつるかめ」と二度唱えることが多い。

鶴岡八幡宮 つるがをかはちまんぐう ツルガオカハチマングウ 寺社 今の神奈川県鎌倉市にある、源氏の氏神とされてきた神社。応神天皇・神功じんぐう皇后を祭る。鎌倉八幡宮。

つる-ぎ【剣】 名詞 刀剣類の総称。特に、諸刃もろはの刀。

参考 奈良時代以前の刀剣はすべて諸刃であり、それらを総称して「つるぎ」とも「たち」とも、また、「つるぎ(の)たち」ともいった。後に片刃の刀剣ができ、それを「かたな」といって区別した。

つるぎ-たち[1]【剣太刀】 名詞「つるぎ」に同じ。

つるぎ-たち[2]【剣太刀】 枕詞 ❶刀剣は身に帯びることから「身にそふ」にかかる。万葉集 奈良-歌集 一九四「柔膚にきはだすらをつるぎたち身に添へ寝ねば」訳柔らかい肌さえも身に添えて寝ることがないので。❷刀剣の刃を古くは「な」といったことから「名」「汝な」にかかる。万葉集 奈良-歌集 二四九九「我妹子わぎもこに恋ひし渡ればつるぎたち名の惜しけくも思ひかねつも」訳あの子に恋しつづけていると、名が惜しいことも思い寄らないことだ。❸刀剣は研ぐことから「とぐ」にかかる。万葉集 奈良-歌集 三三二六「つるぎたち磨とぎし心を」訳磨ぎ澄ました心を。

つる-の-けごろも【鶴の毛衣】 連語 ❶白い装束のたとえ。鶴の羽毛を鶴の衣にたとえていう語。❷鶴の羽毛で作った衣。

つる-の-はやし【鶴の林】 連語 釈迦しゃか入滅(=死去)の時の娑羅双樹しゃらそうじゅの林。◆悲しみのために、娑羅双樹が鶴の羽のように白くなったことから。

つる-はぎ【鶴脛】 名詞 着物の裾すそが短くてすねが鶴の脚のように長く現れていること。

つるばみ【橡】 名詞 ❶くぬぎの実。「どんぐり」の古名。❷染め色の一つ。❶のかさを煮た汁で染めた、濃いねずみ色。奈良時代以前には身分の低い者の衣服の色として、平安時代には四位以上の「袍はう」の色や喪服の色として用いた。◆古くは「つるはみ」。

つる-ぶくろ【弦袋】 名詞 ❶掛け替えの弓弦ゆづるを巻いて持ち歩く道具。葛藤つづらや籐ふじなどで作り、箙えびらや腰革に下げて用いる。「弦巻つるまき」とも。❷革や布で作って予備の弓弦を入れて持ち歩く袋。

つるべ-おとし【釣瓶落とし】 名詞「釣瓶つるべ(=井戸水をくみ上げる桶おけ)」を井戸に落とすように、急速に落下すること。転じて、秋の日の暮れやすいこと。

つる-まき【弦巻】 名詞「つるぶくろ❶」に同じ。

鶴屋南北 つるやなんぼく 人名 (一七五五～一八二九)江戸時代後期の歌舞伎かぶき脚本作者。名跡みょうせきの四代目で、「大南北」と称される。一世から三世までは役者。江戸の人。舞台機構を駆使した怪談物・世話物を得意とし、文化・文政期の江戸劇壇で活躍した。『東海道四谷怪談』『於染おそめ久松色読販うきなのよみうり』が有名。

つれ[1]【連れ】 名詞 ❶**仲間。同伴者。** ❷〔多く「その」「あの」「この」などの指示語の下に付いて〕**たぐい。同類。** 吃り 室町-狂言 狂言「またそのつれな事を言ふ」訳またそのたぐいの事を言う。❸能で、シテやワキに従って出る助演者。◇ふつう「ツレ」と書く。

つれ[2] 完了の助動詞「つ」の已然形。

-づれ【連れ】 接尾語〔人や人名を表す語に付いて〕**…のようなやつ。…ごとき者。** ▼ののしったり、さげすんだりする意をこめていう。

つれ-づれ*【徒然】 一 名詞 ❶**手持ちぶさた。退屈であること。所在なさ。** 宇治拾遺 鎌倉-説話 一・一二「僧たち、宵のつれづれに」訳(比叡ひえ山の)坊さんたちは、宵の手持ちぶさたの時に。❷**しんみりしたもの寂しさ。物思いに沈むこと。** 源氏物語 平安-物語 薄雲「明け暮れのもの思はしさ、つれづれをもうち語らひて」訳(私は乳母と)日々の物思いや、しんみりしたもの寂しさをも語り合って。

二 副詞 **つくづく。** 冥途飛脚 江戸-浄瑠 浄瑠・近松「顔をつれづれながむれば」訳顔をつくづく眺めると。◆江戸時代の語。

三 形容動詞 語幹⇩つれづれなり

徒然草 つれづれぐさ 書名 随筆集。吉田兼好けんこう作。鎌倉時代後期(一三三一)成立。二巻。〔内容〕多くの例話や引用をとり入れた、序段のほか二百四十三段からなる随想集で、仏教の無常観などを背景に、教訓談・処世法・趣味論など多くの話題を展開して飽きさせない。『枕草子まくらのそうし』と並ぶ随筆文学の最高傑作とされている。参照▼口絵

つれづれ-と【徒然と】 副詞 ❶**所在なく。しみじみとものさびしく。** 伊勢物語 平安-物語 四五「死にければ、つれづれとこもり居をりけり」訳(女が)死んだので、(男は)しみじみとものさびしく引きこもっていた。❷つく

古典の常識

『徒然草(つれづれぐさ)』—無常観が基調の人間観察

自らの見聞や思いをつづった随筆。「いでや、この世に生まれては…」(一段)と人生を考え、「古き世」を慕い、無常の世の中を「世は定めなきこそいみじけれ」(七段)と詠嘆するなど、無常観を根底に持ちつつ、貴族的文化を理想とする姿勢が表れている。

とりあげる内容は広範囲にわたり、登場する人物も公家・武家・庶民・僧侶などさまざまである。「花はさかりに、月はくまなきをのみ見るものかは」(一三七段)という美意識を示した段、「死は前よりしも来たらず、かねてうしろに迫れり」(一五五段)と死を論じた段。あるいは、贈り物の作法(六六段)など有職故実の知識を示した段、水車作りの名人(五一段)など、専門家の尊さを示した段などのほか、鬼の顔に変わっていく奇病の話(四二段)、怒りっぽいためにあだ名を次々つけられてしまう僧正(四五段)などの滑稽(こっけい)談も含まれ、自然や人生に対する深い観察と鋭い批判のうかがえる作品である。

づくと。神霊矢口渡 江戸—浄瑠 四「娘は顔をつれづれと、恨めしさうにうち眺め」訳娘は顔をつくづくと、恨めしそうに眺め。

つれ-づれ・なり【徒然なり】

形容動詞 ナリ {なら/なり・に/なり/なる/なれ/なれ}

語義の扉

同じ状態が長く続くことがもとの意味。単調さ、変化のなさの表出から、何かを求めながらするあてもなく満たされない心の状態が長く続くこと、の意が生じた。

- ❶することもなく手持ちぶさただ。所在ない。
- ❷しんみりと物思いにふけっている。

❶することもなく手持ちぶさただ。所在ない。徒然 鎌倉—随筆 序「つれづれなるままに、日暮らし、硯(すずり)に向かひて」訳することもなく手持ちぶさたなのにまかせて、一日じゅう硯に向かって。

❷しんみりと物思いにふけっている。もの寂しくぼんやりしている。紫式部 平安—日記 寛弘五・一一・一「年ごろ、つれづれにながめ明かし暮らしつつ」訳(出仕前は)長年、しんみりと物思いにふけってぼんやりと明け暮れ過ごしながら。

つれ-な・し

形容詞 ク {(く)・から/く・かり/し/き・かる/けれ/かれ}

語義の扉

「連れ無し」で、関連がなく無縁なようすを原義とし、平然としている、無反応である、冷淡だ、などの意に用いられる。

- ❶何事もない。変わらない。
- ❷素知らぬふうだ。平然としている。
- ❸㊀冷淡だ。薄情だ。
- ❹㊀ままならない。思うにまかせない。

❶何事もない。変わらない。枕草子 平安—随筆 職の御曹司におはしますころ、西の廂にて「雪の山つれなくて年も返りぬ」訳雪の山は変わらずに年も改まってしまった。

❷素知らぬふうだ。平然としている。さりげない。枕草子 平安—随筆 うれしきもの「いとつれなく、なにとも思ひたらぬさまにて、たゆめ過ぐすも、またをかし」訳まったく素知らぬふうで、なんとも思っていないようすで、(相手を)油断させとおすのも、また興味深い。

❸冷淡だ。薄情だ。伊勢物語 平安—物語 五四「昔、男、つれなかりける女にいひやりける」訳昔、男が冷淡だった女に言い送った(歌)。

❹ままならない。思うにまかせない。源氏物語 平安—物語 桐壺「かへすがへす、つれなき命にも侍(はべ)るかな」訳本当にまあ、ままならない私の命でございますね。

つれなし-がほ【つれなし顔】(ツレナシガオ) 名詞 そしらぬ顔。

つれなし-がほ・なり【つれなし顔なり】(ツレナシガオナリ) 形容動詞 ナリ {なら/なり・に/なり/なる/なれ/なれ} そしらぬ顔をしている。源氏物語 平安—物語 東屋「つれなしがほなるしもこそいたけれ」訳そしらぬ顔をしているのがなんとも、りっぱである。

つれなし-づく・る【つれなし作る】 自動詞 ラ四 {ら/り/る/る/れ/れ} なにげないふりをする。源氏物語 平安—物語 蜻蛉「しか、つれなしづくりたらむけはひは」訳そのように、なにげないふりをしたような態度は。

つれ-も-な・し 形容詞 ク {(く)・から/く・かり/し/き・かる/けれ/かれ} ❶なんの関係もない。ゆかりがない。万葉集 奈良—歌集 四六〇「つれもなき佐保の山辺に…慕ひ来まして」訳なんの関係もない佐保の山のほとりに…慕っていらっしゃって。❷冷淡だ。つれない。万葉集 奈良—歌集 四一八四「つれもなく離(か)れにし妹(いも)を」訳つれなく離れていった恋人を。◆「つれ」は関係・つながりの意。

つわもの〔兵〕⇩つはもの

つゑ[1]**【杖】**(エツ) 名詞 ❶(竹や木で作った)つえ。❷刑具の一つ。杖罪(じょうざい)の者を打つ棒で、長さ一メートルほどの節(ふし)を削った竹の棒。

-つゑ[2]**【杖】**(エツ) 接尾語 奈良時代以前の長さの単位。一杖は約一丈(＝約三メートル)に当たる。

て[1]【手】名詞

❶手。▼指・手のひら・手首・腕などにいう。枕草子 平安一随筆 すさまじきもの「てを折りてうちかぞへなどして」訳指を折って、数えたりなどして。❷（器具の）取っ手。横木。枕草子 平安一随筆 正月に寺にこもりたるは「てもなき盥」訳取っ手もないたらい。❸筆跡。文字。枕草子 平安一随筆 うらやましげなるもの「てよく書き、歌よく詠みて」訳文字をうまく書き、歌も上手に詠んで。❹腕前。技量。源氏物語 平安一物語 帚木「織女のてにも劣るまじく」訳（裁縫も）織女の腕前にも劣らないに違いなく。❺（物事の）やり方。型。徒然 鎌倉一随筆 一一〇「いづれのてか、とく負けぬべきと案じて」訳どのやり方が、早く負けてしまうだろうかと考えて。❻部隊。軍勢。配下。平家物語 鎌倉一物語 九・河原合戦「宇治のてを攻め落といて」訳（義経は）宇治の軍勢を攻め落として。❼傷。負傷。平家物語 鎌倉一物語 四・源氏揃「わが身、て負ひ、からき命を生きつつ」訳自分の体は傷を負って、危ない命を保ちながら。

て[2]

格助詞《接続》言い切りの形に付く。〔格助詞「と」に相当〕…と。万葉集 奈良一歌集 四三四六「父母が頭かき撫で幸くあれて言ひし言葉ぜ忘れかねつる」訳⇩ちちはは が…。◆奈良時代以前の東国方言。

て[3]

接続助詞《接続》活用語の連用形に付く。

❶〔継起〕…して、それから。▼ある動作・状態から、次の動作・状態に移ることを表す。土佐日記 平安一日記 一二・二一「住む館より出でて船に乗るべき所へ渡る」訳住んでいる官舎から出て、船に乗ることになっている所へ移る。❷〔並行〕…て。…て、そして。▼動作・状態が同時に進行・存在していることを表す。徒然 鎌倉一随筆 一九「六月のころ、あやしき家に夕顔の白く見えて、蚊遣り火ふすぶるもあはれなり」訳陰暦六月のころ、粗末な家（の塀）に夕顔の花が白く見えて、そして蚊遣り火がくすぶっているのももの寂しく心ひかれる。❸〔順接の確定条件〕…ために。…から。…ので。▼上に述べた事柄が原因・理由になって下の事柄が起こることを表す。徒然 鎌倉一随筆 一三七「さはることありてまからで」訳さしつかえる事があるので、（花見に）参りませんで。❹〔逆接の確定条件〕…のに。…ても。…にもかかわらず。徒然 鎌倉一随筆 一四一「都の人は言承けのみよくて、実なし」訳都の人は口先の返事だけは感じがよくても、誠実味がない。❺〔順接の仮定条件〕…たら。…なら。万葉集 奈良一歌集 三七一二「ぬばたまの（＝枕詞）妹が乾すべくあらなくにわが衣手を濡れていかにせむ」訳妻が（そばにいて）干してくれるわけでもないのに、私の袖がぬれたらどうしよう。❻〔状態〕…のようすで。…まま。竹取物語 平安一物語 かぐや姫の生ひ立ち「三寸ばかりなる人、いと美しうてゐたり」訳（竹の中に）三寸（＝約九センチ）ほどである人が、とてもかわいらしいようすで座っている。❼〔補助動詞に続けるのに用いて〕…て。土佐日記 平安一日記 一二・二一「男もすなる日記といふものを、女もしてみむとてするなり」訳男も書くという日記というものを、女（である私）も書いてみようと思って書くのである。

参考 (1)完了の助動詞「つ」の連用形「て」が変化したもの。(2)動詞の撥音便形やウ音便形に続いて「掘り食んで」（『神楽歌』）「夕殿に蛍飛んで」（『源氏物語』）や「呼うで来てくだされ」（『冥途飛脚』）のように、濁音化することもある。(3)副詞の「かく」「など」「さ」に付いて「かくて」「などて」「さて」という副詞を作ったり、格助詞「と」「に」に付いて「とて」「にて」という複合助詞を作る。

て[4]

終助詞《接続》言い切りの形に付く。

〔文末の言い切り、動詞・助動詞の終止形に付いて、感動のニュアンスを添え、抑え気味に首相する意を表す〕…よ。…ことだよ。…だわい。…ぞ。浮世風呂 江戸一物語 滑稽「ゆふべは寝そびれて困りきったと」訳ゆうべは寝つかれなくなってしまって困ったよ。◆江戸時代の語。

て-[5]【手】

接頭語〔形容詞に付いて〕手段・方法などの程度を強める。「て堅し」「て強し」

-て[6]【手】

接尾語 ❶碁・将棋などの手数を数える語。「一て」。❷矢二本を一組みとして数える語。「的矢一て」。❸そのことをする人を表す語。「使ひて」

て[7]

完了の助動詞「つ」の未然形・連用形。

で[1]

格助詞《接続》体言、また体言相当の語句に付く。

❶〔場所・時〕…で。…において。…の時。平家物語 鎌倉一物語 九・木曾最期「所々で討たれんより」訳別々の場所で討たれるより。❷〔状態・事情〕…で。…でいて。…のままで。今昔物語 平安一説話 二八・三二「盗人なる心で、否、主、かく口浄くな言ひそ」訳盗人根性でいて、よく、おぬし、そんなきれいごとを言わないでくれ。❸〔手段・方法・道具・材料〕…によって。…で。平家物語 鎌倉一物語 四・競「鋸で頸切らん」訳鋸で首を切り落とそう。❹〔原因・動機・理由・根拠〕…によって。…だから。…ために。平家物語 鎌倉一物語 九・木曾最期「臆病でこそさは思しめし候へ」訳気おくれのために、そのようにお思いになるのでございます。

参考 格助詞「にて」が変化したもの。平安時代の末期以降の用法。

で[2]

接続助詞《接続》活用語の未然形に付く。

語義の扉

〔平安時代以降に用いられた語〕

活用語の未然形に接続し、前に述べたことがらを打ち消しながら次に続ける。…ないで…。…ずに…。…でなくて…。

…ないで…。…ずに…。[源氏 平安―物語]若紫「おのがかく今日明日に覚ゆる命をば何ともおぼしたらで、雀慕ひたまふほどよ」[訳]わたしの命もこんなふうに今日か明日かというほどに迫っているのに、それをなんともお考えにならないで、雀の子を追いかけて遊んでいらっしゃる幼さよ。

歴史スコープ 語源
奈良時代以前には、「で」の意味、用法を、[万葉集 奈良―歌集]三七七七「きのふけふ君に逢はずて 伎美尓安波受弖するすべのたどきを知らに音のみしぞ哭く」[訳]昨日も今日もあなたに逢えないでいて、どうしたらよいか、その方法も分からずにただ声をあげて泣いてばかりいることだ。
このように、「ずて」(打消の助動詞「ず」の連用形＋接続助詞)が分担していた。このため、接続助詞「で」の語源を、この「ずて」に求める説が一般に行われているが、いっぽう、その語源を、「ず」の連用形の古形「に」に接続助詞「て」のついた形に求める考え方も捨てがたい。

て-あはせ【手合はせ】テアワセ [名詞]❶相手との最初の戦い。❷相手との勝負。❸(薬などの)調合。

て-あひ【手合ひ】テアイ [名詞]❶勝負を試みること。❷手ごろな相手。連中。仲間。❸約束。契約。

て-あ-り [連語]❶〔動作・作用が存続していることを表す〕…ている。[万葉集 奈良―歌集]一八三「わが御門千代と永久に栄えむと思ひてありしわれし悲しも」[訳]わが宮殿は永遠に栄えるであろうと思っていた自分が悲しいことだ。❷〔動作・作用が終結し、その結果から生じたことが存続していることを表す〕…て、…している。[今昔物語 平安―説話]二四・四三「土佐守に成りてその国に下りてありける程に」[訳]土佐守になって任国に下って、(その任国に)いたあいだに。

てい[1]【体・躰】[名詞]❶姿。ようす。ありさま。[平家物語 鎌倉―物語]七・忠度都落「事のてい何となう哀れなり」[訳]事(＝忠度と俊成の対面)のありさまはこれということもなくしみじみとしていた。❷詠みぶり。風体。▼和歌・連歌の表現形式。[近代秀歌 鎌倉―和歌]「貫之は、…余情妖艶のていを詠まず」[訳]貫之は、…余情妖艶の(歌の)風体を詠まない。

てい[2]【亭】[名詞]❶屋敷。[平家物語 鎌倉―物語]二・西光被斬「入道相国の西八条のていに」[訳]入道相国(＝平清盛)の西八条の屋敷に。❷庭園の中に設けた休息所。あずまや。「ちん」とも。❸「亭主」の略。

-てい[3]【体・躰】[接尾語]〔体言に付いて〕…の類。…ふぜい。▼見かけがそれと同類・同程度のものの意を表す。[平治物語 鎌倉―物語]下「蓑・笠・着物ていのもの」[訳]蓑・笠・着物の類のもの。

-てい[4]【亭】[接尾語]❶文人や芸人などの号に用いる。「式亭三馬」「三遊亭円朝」。❷文人の住居や寄席・料理屋などの屋号に用いる。

でい【泥】[名詞]❶どろ。❷金銀の粉末をにかわで溶かしたどろ状の絵の具。金泥や銀泥。

定家 ⇨藤原定家

てい-きん【庭訓】[名詞]父から子に授ける教訓。「ていくん」とも。

参考 孔子が、子の伯魚が庭を走り過ぎようとするのを呼び止めて、詩と礼を学ぶべきであるとさとしたという『論語』の故事による。

てい-け【天気】[名詞]空模様。天候。てんき。◆「天気」の呉音「てんけ」の「ん」を「い」で表記したもの。⇨てけ(天気)

てい-ご【亭午】[名詞]正午。真昼。◆「亭」は至る、「午」は午の刻(＝昼の十二時ごろ)の意。

定子 ⇨藤原定子

てい-しゅ【亭主】[名詞]❶一家の主人。あるじ。[徒然 鎌倉―随筆]二一六「その座には、ていしゅ夫婦」[訳]その席にはあるじ夫婦。❷夫。❸茶の湯で、客に茶をたてて接待する人。

て-いた・し【手痛し】[形容詞ク]{(く)・から/く・かり/し/き・かる/けれ/かれ}激しい。手荒い。手ひどい。[平家物語 鎌倉―物語]四・橋合戦「橋の上の戦ていたう候ふ」[訳]橋の上の戦は激しゅうございます。◇「ていたう」はウ音便。

てい-たらく【為体】[名詞]

なりたち 名詞「てい(体)」に助動詞「たり」の未然形「たら」と体言化の接尾語「く」の付いたかたちが一語化したもの。

ようす。姿。なりゆき。[平家物語 鎌倉―物語]七・願書「覚明がていたらく、褐の直垂に」[訳]覚明の姿は、濃い紺色の直垂に。

参考 直訳すると、「そのようなようすであること」の意。単なる姿・ようすではなく、何かの事情から生じた姿・ようすをいう。

でい-てい【泥渟】[名詞]泥水のたまった所。ぬかるみ。[奥の細道 江戸―紀行]敦賀「土石を担ひ、でいていをかわかせて」[訳]土や石をかついで運び、泥水のたまった所を乾かして。

てい-と [副詞]確かに。きっと。必ず。[鍋八撥 室町―狂言]狂言「ていとさう言ふか」[訳]確かにそう言うか。◆古くは「でいど」。

貞徳 ⇨松永貞徳

でい-の-ごとし【泥の如し】[連語]泥酔して正体がないさま。[宇津保 平安―物語]蔵開上「皆人、でいのごと酔ひて、足を逆さまに倒れよろぼひつつ」[訳]全員が、正体がなくなるほど酔って、足を逆さまにして倒れたりよろめいたりしながら。◇「ごと」は助動詞「ごとし」の語幹用法。

てい-ばう【亭坊】テイボウ [名詞]寺の住職。

てい-はつ【剃髪】[名詞]❶髪を剃ること。出家すること。❷「剃髪の祝ひ」の略。新生児の産毛をそる祝い。うぶぞり。

貞門 [文芸]江戸時代初期の俳諧の流派。漢語や俗語を自由に用い、古典・漢籍や故事・ことわざのもじり・洒落を積極的に取り入れた。教養主義的で、言語の遊戯を喜ぶ俳風を特色とする。松永貞徳を始祖として、談林俳諧が興る以前に京都を中心に全国的に流行した。安原貞室・松江重頼・北村季吟・野々口立圃らがその代表的俳人である。

てう[1]【朝】チョウ [名詞]❶朝廷。❷王朝。同じ系統の、また、一人の君主が統治している期間。❸国。君主の治下。❹市中。まちなか。

て

てう²【調】(チョウ) 名詞 ❶古代の税制の一つ。穀物以外の絹・糸・綿などの物品を納めるもの。❷**音楽の調子。音律。**「でう」とも。「盤渉(ばんしき)てう」「黄鐘(わうじき)てう」。❸双六(すごろく)で、二つの賽(さい)に同じ目が出ること。枕草子 平安―随筆 こころゆくもの「調食(てうばみ)に、てう多く打ち出(い)でたる」訳双六で調食(＝二つの賽に同じ目を出す遊び)をして、同じ目が多く出たとき。

でう【条】(ジョウ) 名詞 ❶都城制で、都の左京・右京を、それぞれ南北に九つに区画したもの。北から南へ一条・二条…と呼ぶ。❷(…の)**くだり。**(…の)**件。**保元 鎌倉―物語 中「無音(ぶいん)に乱入のでう甚だいはれなし」訳あいさつなしに乱入した件はたいそう不当である。❸…に**よって。ゆえに。**平家物語 鎌倉―物語 七・忠度都落「その沙汰(さた)なく候ふでう、ただ一身(いっしん)の嘆きと存じ候ふ」訳その知らせがございませんゆえに、ただ我が身の嘆きと思うことでございます。

参考 ❸は、❷から変化した接続助詞的な用法で、鎌倉時代以後の候文(そうろうぶん)に多く用いられる。

てう-おん【朝恩】(チョウオン) 名詞 朝廷から受ける恩恵。

てう-か【朝家】(チョウカ) 名詞 **皇室。天皇。**「てうけ」とも。

てう-が【朝賀】(チョウガ) 名詞「てうはい」に同じ。

てう-がく【調楽】(チョウガク) 名詞 公の行事や宴席で奏する舞楽の予行演習。特に、賀茂(かも)・石清水(いわしみず)両社の臨時の祭りで奏する舞楽のため宮中の楽所(がくしょ)で行う練習。「でうがく」とも。

てう-ぎ【調義・調儀】(チョウギ) 名詞 ❶**工夫。才覚。策略。かけひき。**❷からかうこと。おだてること。◇「調戯」とも書く。

てう-きん【朝覲】(チョウキン) 名詞／―す 自動詞サ変 天皇が上皇や皇太后の御所に出向いて祝意を表すこと。また、その儀式。参照▼口絵

てう-し【銚子】(チョウシ) 名詞 ❶酒を杯につぐための、金属製で長い柄のついた器。❷**とくり。**酒の燗(かん)をする器。

(銚子❶)

てうしふ-し【朝集使】(チョウシュウシ) 名詞 律令制で、諸国から年度ごとの政務報告書を太政官に提出するために役所から派遣される使者。

てうしふ-だう【朝集堂・調集堂】(チョウシュウドウ) 名詞 平安京大内裏(だいだいり)の八省院の中にあった建物の一つ。大礼のとき、百官が参集待機した所。「朝集殿」「朝集院」とも。

てう-・す【朝す】(チョウス) 自動詞サ変 {せ/し/す/する/すれ/せよ} ❶**朝廷に出仕する。参内(さんだい)する。**太平記 室町―物語 三三「天下の士をてうせしめんずる処(ところ)を」訳全国の男を朝廷に出仕させようとするところを。❷**朝廷にみつぎ物をする。**

てう-・ず【調ず】(チョウズ) 他動詞サ変 {ぜ/じ/ず/ずる/ずれ/ぜよ}

語義の扉

漢語「調」(呉音はデウ(ジョウ)、漢音はテウ(チョウ))を元に生まれたサ変動詞。

漢語の窓

漢字「調」のなりたちは、「周(シュウ)」と「言」の会意兼形声。利害や損得、味のでこぼこをなくして全体を調和させる意、くせのないように調教したり、楽器を調整したりする意、軍隊や職務、物資を動かしたり調達したりしてととのえる意。

日本語化した「調ず」は、漢語の、こしらえる、調達する意(❶)、調理する意(❷)を受け継ぎ、さらに、調教することから、怨敵や魔物を祈り伏せる、調伏する意(❸)や、他人をこらしめる意(❹)をも表す。

- ❶こしらえる。調達する。
- ❷調理する。
- ❸祈り伏せる。調伏する。
- ❹こらしめる。

❶**こしらえる。作る。調達する。**枕草子 平安―随筆 心にくきもの「よくてうじたる火桶(ひをけ)の灰の際清げにて」訳上手に作った火鉢が、灰の際がきれいで。

❷**調理する。**源氏物語 平安―物語 若菜下「若菜などてうじてや」訳若菜などを調理してはどうか。

❸**祈り伏せる。調伏する。**枕草子 平安―随筆 すさまじきもの「験者(げんざ)の、物の怪(け)てうずとて」訳修験者(しゅげんじゃ)が物の怪を調伏するといって。

❹**こらしめる。**竹取物語 平安―物語 蓬萊の玉の枝「くらもちの皇子(みこ)、血の流るるまでてうぜさせ給(たま)ふ」訳くらもちの皇子は、血が流れるまで(工匠を)こらしめなさる。

てうせき-に-せま・る【朝夕に迫る】(チョウセキニセマル) 連語 **目の前に差し迫る。切迫する。**徒然 鎌倉―随筆 四九「今、火急の事ありて、すでにてうせきにせまれり」訳いま、緊急の事があって、もはや目の前に差し迫っている。

て-うち【手打ち】名詞 ❶素手で打ち殺すこと。また、自分の手で討ち取ること。特に、武士が目下の者の首を自分の手で切ること。蕪村句集 江戸―句集 俳諧「御(お)てうちの夫婦なりしを更衣(ころもがへ)―蕪村」訳⇨おてうちの…。◇「手討ち」とも書く。❷祝い事や取り引きが成立したときなどに、一同が両手を打ち合わせること。

て-うづ*【手水】(チョウズ) 名詞「てみづ」のウ音便。手や顔などを洗い清めること。また、そのための水。枕草子 平安―随筆 正月に寺にこもりたるは「半挿(はんざふ)(＝湯水を入れて物に注ぐ器)にてうづ入れて」訳半挿に水を入れて。

てう-てき【朝敵】(チョウテキ) 名詞 朝廷に反逆する敵。

てう-ど【調度】(チョウド) 名詞 ❶(日常生活に使う)**身の回りの道具。調度品。**徒然 鎌倉―随筆 一〇「うちあるてうども昔おぼえてやすらかなるこそ、心にくしと見ゆれ」訳何気なく置いてある道具なども、古風に感じられて落ち着きがあるのは、奥ゆかしく思われる。参照▼口絵 ❷**弓矢。**▼弓矢を武具のうちの第一としたことから。宇治拾遺 鎌倉―説話 一二・一九「てうど負ひて去(い)ぬ」訳弓矢を背負って出かけた。

てうど-がけ【調度懸け】(チョウドガケ) 名詞 ❶朝廷の儀式の際に弓矢を持って参列する役。❷武家で主君が外出する際に弓矢を持って供をする役。❸江戸時代、弓矢を立て掛けて飾った台。◆古くは「でうどがけ」とも。

てう-はい【朝拝】(チョウハイ) 名詞 元日の辰(たつ)の刻(＝午前八

時ごろ)に、群臣が大極殿に集まって、天皇に賀詞を申し上げる儀式。「朝賀」とも。

てう-ばみ【調半・調食】 名詞 双六の一つ。二つのさいころを振って同じ目を出すことを競う遊び。◆目がそろうのが「調」、そろわないのが「半」。

てう-ぶく【調伏】 名詞／―す 他動詞 サ変 ❶仏教語。身・口・意の三業を調和統一して、煩悩や悪行を制圧すること。「でうぶく」とも。❷仏教語。(密教で)仏力を頼み祈って、たたりをなす怨霊や敵などを降伏させること。「でうぶく」とも。今昔物語 平安一説話 一四・四五「利仁の将軍の死にし事は、そのてうぶくの法の験によりてなりけり」訳利仁将軍が死んだことは、その調伏の祈禱の霊験によってであった。❸呪詛。まじないなどによって、人をのろい殺すこと。

てう-もく【鳥目】 名詞 銭の別名。◆中央に穴があり、その形が鵞鳥の目に似ていることから。

て-うら【手占】 名詞 その人の手を見て判断する占い。

でう-り【条里】 名詞 ❶古代の耕地の区画。条理制。❷市中の区画。町割り。

でう-ろく【調六・畳六】 名詞 双六で二つのさいころの目がともに六と出ること。「ちょうろく」とも。

て-おひ【手負ひ】 名詞 負傷。負傷者。◆「て」は傷の意。

て-おほ-す【手負ほす】 連語 傷を負わせる。徒然 鎌倉一随筆 八七「あまたしておほせ、打ち伏せて」訳大勢で(男に)傷を負わせ、うち倒して。

て-かき【手書き】 名詞 ❶文字を上手に書くこと。また、その人。能書家。「てがき」とも。❷物を書く役目の者。書記。

1 **て-か・く【手書く】** 自動詞 カ四 {か/き/く/く/け/け} 文字を書く。文字を上手に書く。徒然 鎌倉一随筆 一二二「てかく事、むねとする事はなくとも、これを習ふべし」訳文字を上手に書くこと、専門とするのではなくてもこれを習うべきだ。

2 **て-か・く【手掻く】** 連語 (合図として)手を振る。手で制止する。源氏物語 平安一物語 夕顔「『あなかま』と、てかくものから」訳「静かに」と手で制止するものの。

でか・す【出来す】 他動詞 サ四 {さ/し/す/す/せ/せ} ❶作り出す。こしらえる。麻生 室町一狂言 狂言「今日中にでかす約束で」訳今日中にこしらえる約束で。❷うまくやる。丹波与作 江戸一浄瑠 浄瑠・近松「これも馬子殿のおかげぢゃ、でかいた、でかいた」訳これも馬子殿のおかげだ、うまくやった、うまくやった。◇「でかい」はイ音便。

て-がた【手形】 名詞 ❶牛車の入り口や馬の鞍の前輪(=鞍の前部の山形に高い部分)の左右にあって、つかまる際の手がかりとするくぼみ。❷(墨を塗り)文書に押して後日の証拠とする手の形。❸(印判を押して保証する)証文・証書・証券・切手の類。

で-がはり【出替はり・出代はり】 名詞 江戸時代、一季または半季契約の奉公人が雇用期限を終えて入れ替わること。初め二月と八月の二日であったが、後に三月と九月の五日に改められた。「でがはり」とも。対居替はり。

て-き 連語

なりたち 完了の助動詞「つ」の連用形＋過去の助動詞「き」

…てしまった。確かに…た。古今 平安一歌集 恋二「うたた寝に恋しき人を見てしより夢てふものは頼み初めてき」訳⇩うたたねに…。

て-きき【手利き】 名詞 腕利き。手業がすぐれていること。また、その人。▼特に、弓の名手にいう。平家物語 鎌倉一物語 一一・那須与一「与一宗高こそ小兵で候へども、てききで候へ」訳与一宗高は小柄ですが、(弓の)腕利きでございます。

て-き・く【手利く】 連語 腕利きだ。器用だ。行き届く。大鏡 平安一物語 道長下「いとてききたる御心ばへなりな」訳非常に行き届いたお心がけであるね。

て-ぐすね-ひ・く【手薬煉引く】 連語 ❶矢を射る用意をして弓を持つ。保元 鎌倉一物語 中「てぐすねひき、そぞろ引いてぞ向かひたる」訳矢を射る用意をして弓を持ち、むやみに引いて(敵に)向かっている。❷準備を整えて待つ。◆手に「薬煉」を引く意。「薬煉」は松脂を油で煮て練り混ぜたもので、弓の弦を強くするために用いる。

て-ぐり【手繰り】 名詞 ❶手で繰ること。たぐること。❷物を順繰りに手渡して送ること。

て-ぐるま【手車・輦・輦車】 名詞 輿の形の屋形の左右に小さな車輪を付け、人の手で引いて動かす車。「手車の宣旨」を受けた皇太子・親王・内親王・女御・大臣などの乗用。こしぐるま。参照▼口絵

てぐるま-の-せんじ【手車の宣旨・輦の宣旨・輦車の宣旨】 連語 手車に乗って宮中に出入りすることを許可する天皇のうちうちの命令。宇津保 平安一物語 菊の宴「てぐるまのせんじ、おそく下りて夜更けて罷で給へり」訳手車に乗る許可がおそく出たので、夜が更けてから退出なさった。

て-け【天気】 名詞 天候。空模様。てんき。土佐日記 平安一日記 一・九「てけのこと、楫取りの心に任せつ」訳天候のことは、船頭の心に任せている。◆「天気」の呉音「てんけ」の撥音の無表記。⇩ていけ(天気)

て-けむ 連語

なりたち 完了の助動詞「つ」の連用形＋過去推量の助動詞「けむ」

…てしまったろう。確かに…たろう。万葉集 奈良一歌集 三六七五「沖つ波高く立つ日に遭へりきと都の人は聞きてけむかも」訳沖の波が(恐ろしく)高く立つ日に出会っていたと、(確かに)都の妻は聞いてしまったろうか。

て-けり 連語

なりたち 完了の助動詞「つ」の連用形＋過去の助動詞「けり」

❶(「けり」が過去の事柄を伝聞として回想する場合)…てしまった(そうだ)。…た(そうだ)。伊勢物語 平安一物語 一「この男、垣間見てけり」訳この男は物の透き間からのぞき見してしまった。❷(「けり」が今まで気付かなかったことに気が付いて詠嘆する意を表す場合)…ていることよ。新古今 鎌倉一歌集 冬「時雨の雨染めかねてけり山城の常磐の森の槙の下葉は」訳時雨の雨は紅葉の色に染めることができないでいることよ、山城(の国)の常磐の森の槙の下葉は。◆鎌倉時代の軍記物語などでは「てんげり」の形でも使われた。

て-ご【手児】 名詞 ❶幼児。❷少女。娘。◆「てこ」とも。

て

奈良時代以前の東国方言。

て-ご-な【手児名・手児奈】〔名詞〕**かわいい少女。美しい少女。**〔万葉集 奈良｜歌集〕一八〇八「立ち平(なら)し水汲(く)ましけむ**てごな**し思ほゆ」〔訳〕⇨かつしかの…。

て-さう(テソウ)〔連語〕

〔なりたち〕接続助詞「て」＋丁寧の補助動詞「さうらふ」からなる「てさうらふ」が変化した語。

…ています。…ております。〔平家物語 鎌倉｜物語〕九・生ずきの沙汰「いかに佐々木殿、いけずき賜(たま)はらせ給(たま)ひ**てさう**な」〔訳〕なんと佐々木殿、いけずき(＝馬の名)をいただい**ておりますな**。

て-さき【手先】〔名詞〕❶手の先。指の先。❷先頭の兵。先鋒(せんぽう)。❸人の手下。特に、捕吏の配下。目明かし。❹「雁股(かりまた)の鏃(やじり)」の先端。❺兜(かぶと)の吹き返し(＝耳のあたりを覆うそり返った部分)の前の部分。

て-しか*〔終助詞〕《接続》活用語の連用形に付く。

語義の扉

完了の助動詞「つ」の連用形と願望の終助詞「しか」が複合して一語化した語。

活用語の連用形に付いて、実現不可能、またきわめて実現の困難なことがらに対する願望の気持ちを表す。

…たらいいのに。…たいものだ。〔万葉集 奈良｜歌集〕一四六七「ほととぎす無かる国にも行き**てしか**去而師香その鳴く声を聞けば苦しも」〔訳〕ほととぎすという鳥のいない国があったらぜひに行って住み**たいものだなあ**。あの鳴き声を聞くと苦しくてならないことだ。〔古今 平安｜歌集〕夏下「思ふどち春の山辺にうち群れてそことも言はぬ旅寝(たびね)し**てしか**」〔訳〕気の合った親しい仲間同士で春の山辺に連れだって遊び、どこに泊まるとも定めない気ままな旅寝をし**たいものだなあ**。

て-しが〔終助詞〕《接続》活用語の連用形に付く。

終助詞「てしか」の濁音化した語。意味、用法は「てしか」と同じ。⇨てしか。

歴史スコープ **清濁**

奈良時代以前は清音の「てしか」であったことが万葉仮名のありようから確かであるが、濁音化の時期は明らかでなく、『古今和歌集』の読みかたを記した鎌倉時代成立の『古今訓点抄』でも「か」は清音である。

なお、平安時代になるとただちに濁音化したとして、「てしか」の第二例〔古今 平安｜歌集〕夏下「思ふどち…」などを「てしが」の用例と見る通説もある。

て-しか-な*〔終助詞〕《接続》活用語の連用形に付く。

語義の扉

ふたつの終助詞「てしか」(願望)と「な」(詠嘆)が複合して一語化し、平安時代以降に用いられた語。実現の難しそうなことがらへの願望を詠嘆のニュアンスを添えて表す。

…したいものだなあ。…したらいいのになあ。…できたらいいのになあ。〔竹取 平安｜物語〕貴公子たちの求婚「世界の男、貴(あて)なるも賤(いや)しきも、いかでこのかぐや姫を得**てしかな**、見**てしかな**と、音に聞きめでまどふ」〔訳〕世の中の男という男は、身分の高い者も、身分の低い者も、なんとかしてこのかぐや姫を自分の妻に**したいものだ**、結婚して世話を**してみたいものだ**と、噂に聞いてはかぐや姫を恋い慕って思い乱れている。

て-しが-な*〔終助詞〕《接続》活用語の連用形に付く。

〔なりたち〕願望の終助詞「てしが」に詠嘆の終助詞「な」の付いたかたちが一語化したもの。

〔詠嘆をこめた自己の願望〕**…(し)たいものだなあ。**〔竹取物語 平安｜物語〕貴公子たちの求婚「いかでこのかぐや姫を、得**てしがな**、見**てしがな**」〔訳〕なんとかしてこのかぐや姫を、手に入れ**たいものだなあ**、結婚し**たいものだなあ**。◆奈良時代以前の「てしかな」「てしかも」にあたる。

て-しか-も〔終助詞〕《接続》活用語の連用形に付く。

語義の扉

ふたつの終助詞「てしか」(願望)と「も」(詠嘆)が複合して一語化し、奈良時代以前に用いられた語。実現不可能、また実現のきわめて困難なことがらに対する願望を詠嘆のニュアンスを添えて表す。

…たいものだなあ。…できたらいいのになあ。〔万葉集 奈良｜歌集〕三四三「なかなかに人とあらずは酒壺(さかつぼ)になりに**てしかも**成而鴨酒に染(し)みなむ」〔訳〕なまじっか中途はんぱに人間として生きていないで、いっそのこと酒壺になってしまえ**たらいいのに**。そうしたらどっぷり酒に浸っていることができるだろうに。〔万葉集 奈良｜歌集〕一五二〇「ひさかたの天(あま)の川原(かは)に天飛ぶや領巾(ひれ)片敷き真玉手の玉手さし交(か)へ数多夜(あまたよ)も寝(い)ね**てしかも**寝而師可聞秋にあらずとも」〔訳〕天の川の川原に領巾を敷いて、玉のような腕をさしかわして、幾晩も幾晩も共寝することが**できたらいいのになあ**。七夕の夜でなくても。

て-じな【手品】〔名詞〕❶腕前の程度。手並み。❷手つき。手ぎわ。❸奇術。手品。

で-しほ【出潮】(デシオ)〔名詞〕「いでしほ」の変化した語。満ち潮。差し潮。「でじほ」とも。

です〔助動詞〕特殊型《接続》体言や体言相当の語句に付く。〔でせ／でし／です／○／○／○〕

〔断定〕**…であります。**▼相手への敬意をこめる。〔入間川 室町｜狂言〕狂言「東国に隠れもない大名**です**」〔訳〕東国では知らぬ者のない大名**であります**。

語の歴史 室町時代に用例が見え始めるが、江戸語においては主に遊里の女性の言葉であって、一般に広まったのは、江戸に集まった地方出の武士たちがまねて使ったことによるという。明治時代以後、丁寧語として用いられるようになった。

て-すさび【手遊び】〔名詞〕手先で何気なく、また、気晴らしでする遊び。「てすさみ」「てずさび」とも。

てずつ-なり【手ずつなり】⇨てづつなり

て-ぜい【手勢】〔名詞〕手もとにひきいている軍勢。

て-だい【手代】〔名詞〕❶江戸時代、郡代・代官や諸奉行の配下として、諸雑務を扱った下級役人。❷江戸時代の商家で、番頭と丁稚(でっち)との中間に位置する使用人。丁稚としての十年の年季奉公が終わると手代に昇格する。

て-だて【手立て】名詞 **やり方。手段。方法。**

て-だま【手玉】名詞 ❶手首につける飾り玉。◇古くは「ただま」。❷曲芸師が空中投げの演技で使う小さな玉。また、少女が遊ぶお手玉。

て-だり【手足り・手垂り】名詞 **腕きき。上手。**技量のすぐれていること。また、その者。「てだれ」とも。無名抄 鎌倉―論 歌人不可証得事「後徳大寺の大臣(おとど)は左右(さう)なきてだりにていませしかども」訳後徳大寺の大臣は並ぶもののない和歌の上手でいらっしゃいましたが。

て-だれ【手足れ・手垂れ】名詞「てだり」の変化した語。「てだり」に同じ。

で-ちが・ふ【出違ふ】デチガウ―デチゴウ 自動詞ハ四 {は/ひ/ふ/ふ/へ/へ} **入れ違いに外出する。**(借金取りなどを避けて)**外出する。**世間胸算用 江戸―物語 浮世・西鶴「数年(すね)負ひつけたる者は大晦日(おほみそか)にもでちがはず」訳何年も借金なれした者は大晦日でも(借金取りを避けて)外出しない。

て-つがひ【手番ひ・手結ひ】テツガイ 名詞 ❶(「相撲(すまひ)」「射礼(じゃらい)」「競(くら)べ馬(うま)」などの勝負事で)競技者を左右に分けて組を作ること。また、その取組。❷特に、「騎射(きしゃ)」または「射礼」「賭弓(のりゆみ)」の儀に先立って行う予行演習。

て-づかひ【手遣ひ・手使ひ】テヅカイ 名詞 ❶**手の運び。手の使い方。**❷**手はず。手配り。**

て-づから【手づから】テズカラ 副詞 ❶**自分の手で。**伊勢物語 平安―物語 二三「今はうちとけて、てづから飯匙(いひがひ)とりて」訳今は気を許して、自分の手で杓子(しゃくし)を持って。❷**自分自身で。みずから。**大鏡 平安―物語 伊尹「御てづから人ごとに尋ね申させ給(たま)へば」訳ご自身で各人にお尋ね申し上げなられると。◆「づから」は接尾語。

てづから-みづから【手づから自ら】テズカラミズカラ 連語 **わざわざ自分自身で。**平家物語 鎌倉―物語 五・富士川「てづからみづから御願文(ごぐわんもん)をあそばいて」訳わざわざ自分自身で御願文をお作りになって。◆「てづから」を強めた語。

て-づくり【手作り】名詞 ❶**手製。**自分の手で作ること。また、その物。❷**手織りの布。**万葉集 奈良―歌集 三三七三「多摩川に晒(さら)すてづくりさらさらに何そこの児のここだ愛(かな)しき」訳⇩たまがはに…。

でっ-ち[1]【丁稚】名詞「でし(弟子)」の変化した語。❶**商人や職人の家で雑務に従事する年季奉公の少年。**❷**小僧。**▼年少の男や少年をさげすんでいう語。

参考 江戸時代の商家では、丁稚の年季奉公の期間は十年であり、無給で勤め上げるが、衣類と小遣いだけは支給された。

でっ-ち[2]【重一・畳一・調一】名詞「でふいち」の変化した語。双六(すごろく)で二つのさいころの目がともに一と出ること。

て-づつ【手づつ】テズツ 名詞 下手なこと。無器用。

て-づつ-なり【手づつなり】テズツナリ 形容動詞ナリ {なら/なり・に/なり/なる/なれ/なれ} **下手だ。無器用だ。不細工だ。**紫式部日記 平安―日記 寛弘六・一・三「一といふ文字をだに書きわたし侍(はべ)らず、いとてづつに、あさましく侍り」訳一という文字さえ書くのをずっとしないでいまして、とても下手で、見苦しいのです。

てつ-に-い・る【徹に入る】連語 **微に入る。物事の深みに達する。**許六離別詞 江戸―俳文 俳文・芭蕉「師が画は、精神てつにいり、筆端妙(めう)をふるふ」訳師(=許六(きょりく))の画は、精神は深みに達し、筆づかいは妙技を存分に発揮する。

てて【父】名詞 **父(ちち)。ちちおや。**

参考「ちち」の母音交替(=ある語の母音の部分が、発音の変化に伴い他の母音に変わること)形で、平安時代から現れる。幼児や女性の会話や女性の文章の中で、父親を親しみをこめて呼ぶ語として用いられ、また、庶民の間でも、また今でも各地でよく用いられることからみると、「ちち」よりもくだけた言い方か、あるいは古い言い方ともいえる。

てて-き【父君】名詞「ててぎみ」に同じ。

てて-ぎみ【父君】名詞 父の尊敬語。**父上。お父さま。**「ててき」とも。

てて-はは【父母】名詞 父と母。両親。

て-と-み-に-な・る【手と身になる】連語 **無一文になる。全財産を失う。**すっからかんになる。日本永代蔵 江戸―物語 浮世・西鶴「てとみになりての思案」訳無一文になっての考え。

て-なが【手長】名詞 ❶手の異常に長い、中国の想像上の人間。「足長(あしなが)」とともに清涼殿の「荒海(あらうみ)の障子(さうじ)」に描かれている。⇩あらうみのさうじ。❷(宮中や貴族の邸宅などで)酒宴の膳(ぜん)を運び据える役の給仕人。

て-なし【手無し】名詞 ❶衣服の一種。両袖(そで)のない上着。❷**月経。**▼その期間は、宮中で天皇の食膳(しょくぜん)や調度に手を触れられなかったことからいう。◇女房詞(にょうぼうことば)。

て-なら・す【手馴らす・手慣らす】他動詞サ四 {さ/し/す/す/せ/せ} ❶**使い慣らす。**源氏物語 平安―物語 夕霧「かのてならし給へりし螺鈿(らでん)の箱なりけり」訳あの(六条御息所(ろくじょうのみやすどころ)が)使い慣らしていらっしゃった螺鈿(=漆器に貝をはめこんだ細工)の箱であった。❷**手なずける。飼いならす。**源氏物語 平安―物語 若菜下「このてならし猫の、いとらうたげにうち鳴きて来たるを」訳この飼いならした猫が、たいそうかわいらしいようすで鳴きながらやって来たのを。◆「たならす」とも。

て-ならひ【手習ひ】テナライ 名詞 ❶**習字。**文字を書くことを習うこと。❷(和歌などを)心のおもむくままに書き流すこと。また、その紙。源氏物語 平安―物語 須磨「つれづれなるままに、いろいろの紙を継ぎつつ、てならひをし給(たま)ふ」訳何もすることがないままに、いろいろな紙を継ぎ足し継ぎ足し、心のおもむくままに書き流すことをなさる。❸**稽古(けいこ)。修業。学問。**

て-なら・ふ【手習ふ】テナラウ―テナロウ 自動詞ハ四 {は/ひ/ふ/ふ/へ/へ} ❶**文字を書くことを習う。**古今 平安―歌集 仮名序「この二歌(ふたうた)は、歌の父母のやうにてぞてならふ人の初めにもしける」訳この二首の歌は、和歌の父母のようであって文字を習う人が最初に習うものともした。❷**思い浮かぶままに無造作に書く。**源氏物語 平安―物語 浮舟「あやしき硯(すずり)召し出(い)でて、てならひたまふ」訳粗末な硯をお取り寄せになって、思い浮かぶままに無造作に書きなさる。

て-な・る【手馴る・手慣る】自動詞ラ下二 {れ/れ/る/るる/るれ/れよ} ❶**使い慣れる。**徒然 鎌倉―随筆 二九「てなれし具足なども、心もなくて変はらず久しき、いとかなし」訳（故人が）使い慣れた道具なども、無心で、いつまでも変わらないで残っているのは、とても悲しい。❷熟練する。落窪物語 平安―物語 二「これもなほあだにぞ見ゆる笛竹のてなるるふしを忘ると思へば」訳私たち二人の仲もやはりはかなく思われる。竹で作った笛の熟練する節まで忘れると思うと。

て-に-かか-る【手に掛かる・手に懸かる】 連語 処分される。殺される。太平記 室町―物語 二「心ならず敵のてにかかりたりしを」訳不本意であるが敵によって殺されたのを。

て-に-か-く【手に掛く】 連語 ❶自分の思うようにする。手塩にかける。世話をする。源氏物語 平安―物語 竹河「てにかくるものにしあらば藤の花松よりまさる色を見ましや」訳自分の思うようにする（ことができる）ものならば藤の花の松よりもすぐれた美しい色をただ眺めているだけですましたりしようか、いや、すましたりしない。❷自分の手で殺す。

て-に-す-ゑ-たる-たか-を-そら-す【手に据ゑたる鷹を逸らす】 連語 一度手に入れたものを失うたとえにいう。大鏡 平安―物語 道隆「てにすゑたるたかをそらいたらむやうにて、嘆かせ給ふ」訳（伊周これちかは関白の地位を叔父の道兼に取られて）一度手に入れたものを取り逃がしたような気分で、嘆きなさる。◇「…たかをそらい」はイ音便。

て-に-を-は【弖爾乎波・手爾於葉・天爾遠波】 名詞 ❶漢文訓読の際に補う語の総称。助詞・助動詞・接尾語・活用語尾などに当たる。❷助詞・助動詞。また、その用法。◆「てには」とも。
参考 平安時代、漢文訓読の際に用いられた「ヲコト点」のうちの「博士家点はかせけてん」を、左下から右回りに読むと「てをは」となるところからいう。明治時代以降は、助詞の使い方。また、言葉の使い方。⇩ヲコト点 文芸

て-の-うら【手の裏】 名詞 手のひら。たなごころ。「掌たなうら」とも。

て-の-きは【手の際】 連語 手のつくせる限り。力のありったけ。平家物語 鎌倉―物語 六・飛脚到来「城内の兵どもてのきは戦ひ」訳城内の兵士たちは力の限り戦って。

て-の-べ【手延べ】 名詞 手遅れ。処置がおくれて、機会を失うこと。「てのび」とも。平家物語 鎌倉―物語 四・競「すは、きゃつをてのべにして、たばかられぬるは」訳あっ、あいつの処置がおくれて、機会を失い、だまされてしまったぞ。

て-の-もの【手の者】 名詞 部下。手下。

て-の-やっこ-あし-の-のりもの【手の奴足の乗り物】 連語 他の力に頼らず自力で事を行うことのたとえにいう。◆自分の手を召使いの代わりに、自分の足を乗り物の代わりにする意。

て-は* 連語 なりたち 接続助詞「て」＋係助詞「は」
❶「て」に強めの「は」が付いたもの。［打消か逆接の表現を下接して］…て…のさまで。源氏物語 平安―物語 桐壺「さりとも、うち捨てては、え行きやらじ」訳そうはいっても、（この世に私を）残しては（あの世へ）行けないでしょう。
❷仮定の意を表す。もし…したら。徒然 鎌倉―随筆 一二六「残りなく打ち入れんとせんにあひては、打つべからず」訳（ばくちに負けて）かける物を全部かけてしまおうとする人にあったら、勝負をしてはいけない。
❸ある事態のあと別の事態が導かされることを表す。…ので。…た以上は。…てからは。源氏物語 平安―物語 匂宮「御元服したまひては兵部卿と聞こゆ」訳（匂宮におうみやは）御元服をなさってからは、兵部卿ひょうぶきょうと申し上げる。
❹ある条件に対して必ず同じ結果になる意を表す。…するときはつねに…する。徒然 鎌倉―随筆 八三「月満ちては、欠け、物盛りにしては衰ふ」訳月み満ちるとつねに欠け、物事は盛りなるとつねに衰える。
❺動作・作用が反復される状態を表す。…たかと思うと、また…。（し）てはそのたびに。更級 平安―日記 初瀬「宮の参りてあひては、つゆまどろまずながめあかいしものを」訳こんなすばらしい月夜には）御所に参上して会ってはそのたびに、少しもまどろまず月を眺め明かしたものだが。

て-ば 連語 なりたち 完了の助動詞「つ」の未然形＋接続助詞「ば」
［下に推量の表現を伴って］…たならば。…ているならば。源氏物語 平安―物語 匂宮「わざとはなくて、この人々に見せそめてば、必ず心とどめたまひてん」訳わざわざという機会ではなくて、この（＝匂宮におうみや）や薫かおるといった）人達に（姫君を）一度見せたならば、必ず心におとどめになるだろう。

で-は[1] 連語 なりたち 格助詞「で」＋係助詞「は」
…では。平家物語 鎌倉―物語 九・宇治川先陣「この御気色ごきそくでは、それも詮せんなし」訳こんなお気持ちでは、それ（＝忠義立て）も無益だ。

で-は[2] 連語 なりたち 打消の接続助詞「で」＋係助詞「は」
…ないでは。…なくては。…ずには。源氏物語 平安―物語 夕顔「ただ今の骸からを見では、またいつの世にかありし容貌かたちをも見む」訳せめて今の（夕顔の）亡骸なきがらを見ないでは、再びいつの世になったら生前の容貌を見ることがあろうか。

出羽[3] **では** 地名 旧国名。東山道八か国の一つ。今の山形県と秋田県にまたがる。古くは越後えちごの一部であったが、和銅五年（七一二）に分かれて一国となり、下って明治一年（一八六八）には、さらに羽前うぜん（山形県）と羽後うご（秋田県）の二国に分割された。羽州うしゅう。参照▶資料21

て-ばこ【手箱】 名詞 身の回りの小道具などを入れておく箱。

て-はなち・なり【手放ちなり】 形容動詞ナリ ［なら／なり・に／なり／なる／なれ／なれ］行き届かないようすだ。手を抜いて不十分だ。更級 平安―日記 太井川「これは、をとこなども添はねば、いとてはなちに、あらあらしげにて」訳ここ（乳母の宿）は、夫なども付き添っていないので、非常に行き届かないようすで、粗末な状態であって。

て-はべ・り【て侍り】 連語 なりたち 接続助詞「て」＋補助動詞「はべり」
…てございます。大鏡 平安―物語 後一条「いで、聞き給

ふや。歌一首つくりてはべり」訳さあ、お聞きになられますか。歌を一首つくってございます。

て-はん【手判】 名詞 ❶後日の証拠として、墨で紙におした手形。❷江戸時代、関所の通行証。名主や五人組の証印を必要とした。

て-びき【手引き】 名詞 ❶手で引き出すこと。❷導くこと。案内すること。また、その人。❸盲目の人を手を引いて案内すること。また、その人。

て-ふ¹【牒】 名詞 ❶律令制で、主典以上の役人が、直属関係にない役所・寺社に送った公文書。後には一般に役所間や役所・寺社間などで取り交わす文書もいう。❷文書で通告すること。また、その文書。

て-ふ²【蝶】 名詞 昆虫の名。ちょう。季春。早桃 昭和－句集 大野林火「あをあをと空を残しててふ分れ」訳蝶が二羽、ひとつに絡み合って舞い上がったが、それを見上げる頭上でぱっとふたつに分かれ、青空だけが鮮やかに残った。

て-ふ³ 連語 「とい(言)ふ」の変化したもの。…という。新古今 鎌倉－歌集 夏「春過ぎて夏来にけらし白妙の衣干すてふ天の香具山」訳⇩はるすぎてなつきにけらし…。

参考 平安時代に入ってから、和歌に多く用いられる。

でふ¹【帖】 名詞 折り本。折り手本。

-でふ²【帖】 接尾語 折り本・屏風・楯などを数える語。「屏風二でふ」

て-ぶし【手節】 名詞 腕前。手並み。腕っ節。

て-ふ-じゃう【牒状】 名詞 ❶あて名を連名にして、順に回して用件を伝える書状。回し文。回状。❷国から国へと送られる国書。❸訴状。

て-ふ-そう【牒送・牒奏】 名詞／―す 自動詞サ変 「てふじゃう❶」で通知すること。平家物語 鎌倉－物語 四・南都牒状「諸寺にてふそうし、末寺に下知し」訳諸寺に書状で通知し、末寺に命令し。

て-ぶり* 名詞

㊀【手風】ならわし。風習。方丈記 鎌倉－随筆「都のてぶりたちまちに改まりて」訳都の風習は急に変わって。

㊁【手振り】❶手を振り動かすこと。❷従者。「てふり」とも。蜻蛉 平安－日記 上「下仕へ・てぶりなどが具し行けば」訳雑用係・従者などがつき従って行くので。❸手ぶら。世間胸算用 江戸－物語 浮世・西鶴「またてぶりにてやうやう今日の夕飯前に宿へ帰りしに」訳(借金取りをはたせず)また手ぶらでようやく今日の夕飯前に宿に帰ったら。❹元手のないこと。無一文。

て-へ 連語 「てふ」の已然形・命令形。古今 平安－歌集 雑下「今更に訪ふべき人も思ほえず八重葎して門させりてへ」訳今さら(私を)訪ねてくるような人も思い浮かばない。雑草を茂らせて門を閉ざしていると言え。

参考 格助詞「と」に「言ふ」の変化したもの。平安時代の和歌に用いられる。詔勅・上奏文・記録文など漢文体の文末には、下に完了の助動詞「り」を付けた「てへり」がしばしば用いられる。

てへれ-ば【者】 接続詞 …というわけで。…という次第なので。平家物語 鎌倉－物語 四・山門牒状「一方欠けんにおいてはいかでかその嘆きなからんや。てへればことに合力いたして」訳(延暦寺と園城寺の)一方が欠けるようなことにおいては、どうしてその嘆きがないことがあろうか。というわけで、特に協力をいたして。◆格助詞「と」＋動詞「いふ」の已然形＋完了の助動詞「り」の已然形＋接続助詞「ば」からなる「といへれば」の変化した語。漢文的色彩の強い文章に用いられた。

て-へん【天辺・頂辺】 名詞 ❶兜の鉢の頂上部。息抜きの穴があいている。平家物語 鎌倉－物語 四・橋合戦「いたう傾けててへん射さすな」訳ひどく傾けて兜の上の穴を射られるな。◇「天変」とも書く。❷いただき。頭頂。頭。「てっぺん」とも。◇「天窓」とも書く。

て-まさぐり【手弄り】 名詞 手慰み。手先で何気なくもてあそぶこと。蜻蛉 平安－日記 上「筥のあるを、てまさぐりに開けてみれば」訳箱があるのを、手慰みに開けてみると。

て・まし* 連語

なりたち 完了(確述)の助動詞「つ」の未然形＋反実仮想の助動詞「まし」

きっと…だろうに。きっと…だったろうに。▼「…ましかば…てまし」の形で、仮想のことを強調して表す。土佐日記 平安－日記 一・八「もし海辺にて詠まましかば、『…』とも詠みてましや」訳もし海辺で詠むとしたら、「…」とでもきっと詠んだだろうか。

て-まどはし【手惑はし】 名詞 (勝負事などでの)人の目を惑わす程の巧みなわざ。秘術。一説に「手惑ひ」と同じとし、あわてふためく意とも。

て-まへ【手前】

㊀名詞 ❶自分の目の前。また、こちら側。❷体面。武悪 室町－狂言 狂言「そなたのてまへ、面目もおりない」訳あなたに対する体面も、面目もありません。❸腕前。技量。武道伝来記 江戸－物語 浮世・西鶴「三手の矢五本当たり、ことさらてまへ見事なるに」訳六本の矢のうち五本当たり、特に腕前が見事であるが。❹暮らし向き。生活。日本永代蔵 江戸－物語 浮世・西鶴「てまへのよき親類も、銭銀の頼りにはならぬもの」訳暮らし向きのよい親類も、金銭面の頼りにはならないものだ。❺茶を立てること。またその作法。◇ふつう「点前」と書く。

㊁代名詞 ❶私。自分。❷おまえ。▼多く目下の者に対していう。「てめえ」とも。

で-まれ 連語

なりたち 断定の助動詞「なり」の連用形＋接続助詞「て」＋係助詞「も」＋ラ変動詞「あり」の命令形からなる「にてもあれ」の変化した「でもあれ」がさらに変化したもの。

…であったにせよ。…であっても。平家物語 鎌倉－物語 九・坂落「何でまれ、敵の方より出で来たらん物を逃すべき様なし」訳何であったにせよ、敵の方から出て来たような者を逃がすことはできない。

て・む 連語

なりたち 完了(確述)の助動詞「つ」の未然形＋推量の助動詞「む」

❶…てしまおう。▼強い意志を表す。土佐日記 平安－日記 二・一六「とまれ、かうまれ、とく破りてむ」訳とにかく、早く破ってしまおう。

❷きっと…だろう。きっと…にちがいない。▼推量を強

調する。[徒然]鎌倉｜随筆 六〇「もしあらましかば、この僧の顔に似てん」[訳]もしあるとしたならば、この僧の顔にきっと似ているだろう。
❸…できるだろう。▼実現の可能性を推量する。[古今]平安｜歌集 春上「春日野の飛ぶ火の野守(のもり)出(い)でて見よいまいく日(か)ありて若菜摘みてむ」[訳]春日野の飛ぶ火野の番人(＝「飛ぶ火を管理する野守」とも)よ、外に出て(ようすを)見よ。あと何日たてば若菜を摘むことができるだろうか。
❹…してしまうのがよい。…してしまうべきだ。▼適当・当然の意を強調する。[徒然]鎌倉｜随筆 一七〇「心づきなき事あらん折は、なかなかその由をも言ひてん」[訳]気にくわないことがあるようなときには、かえってその理由をも言ってしまうのがよい。
[参考]「てん」とも表記される。

て-む-や [連語]
[なりたち] 完了(確述)の助動詞「つ」の未然形＋推量の助動詞「む」の終止形＋係助詞「や」
❶…てくれないか。▼同意を求め、相手の意向を問う。[竹取物語]平安｜物語 貴公子たちの求婚「翁(おきな)の申さむことは聞き給(たま)ひてむや」[訳]このじじの申し上げることを、お聞きになってくれないか。❷…ただろうか、いや…なかっただろう。▼反語を表す。[徒然]鎌倉｜随筆 二五「かばかりあせ果てんとはおぼしてんや」[訳]これほど荒れ果ててしまうとはお思いになっただろうか、いや、お思いにならなかっただろう。◆「てんや」とも表記される。

て-も* [連語]
[なりたち] 接続助詞「て」＋係助詞「も」
❶…ても。…の状態でも。▼接続助詞「て」で受けた語に強調の意を添える。[源氏物語]平安｜物語 桐壺「朝夕の宮仕へにつけても、人の心をのみ動かし」[訳](桐壺更衣(きりつぼのこうい)は帝(みかど)のご寵愛(ちょうあい)を一身に受けたため)朝晩のお勤めにつけても、他の女御(にょうご)や更衣たちの心をひどく動揺させ。❷たとえ…ても。…たとしても。▼逆接の仮定条件を表す。[徒然]鎌倉｜随筆 三〇「年月経ても、つゆ忘るるにはあらねど」[訳]たとえ長い年月が経過しても、(亡くなった人のことを)少しも忘れるわけではないけれども。
❸…したにもかかわらず。…けれども。▼逆接の確定条件を表す。[源氏物語]平安｜物語 桐壺「夜の御殿(おとど)に入らせ給(たま)ひても、まどろませ給ふことかたし」[訳](帝は)ご寝所にお入りになるけれども、(桐壺更衣との死別の悲しみで)うとうととなさることもむずかしい。

で-も [連語]
[なりたち] 打消の接続助詞「で」＋係助詞「も」
❶…ないで。…ずに。▼上を打ち消し、下に続ける。[古今]平安｜歌集 離別「むすぶ手の雫(しづく)に濁る山の井の飽かでも人に別れぬるかな」[訳]⇩むすぶての…。❷…なくても。…ないでも。▼打消の逆接仮定条件を表す。[枕草子]平安｜随筆 春はあけぼの「霜のいと白きも、またさらでも、いと寒きに」[訳]霜がたいそう白く降りている朝も、またそうでなくても、ひどく寒さのきびしい早朝に。

て-も-すまに【手もすまに】[連語] 手を働かせて。一生懸命になって。[万葉集]奈良｜歌集 一六三三「手もすまに植ゑし萩(はぎ)にやかへりては見れども飽(あ)かず心尽くさむ」[訳]手を働かせて植えた萩の花だからであろうか、かえっていくら見ても満足せず私は精根を使い果たすことであろう。

て-もと【手元・手許】[名詞] ❶手近。手回り。手の届くあたり。❷(棒などの)手で握り持つ部分。❸手並み。腕前。技量。

て-や[1]【手矢・手箭】[名詞] すぐに射ることができるように矢を手に持つこと。また、その矢。

て-や[2] [連語]
[なりたち] 接続助詞「て」＋疑問の係助詞「や」
…して…か。[徒然]鎌倉｜随筆 二三四「知りたることも、なほさだかにと思ひてや問ふらん」[訳]知っていることも、もっとはっきり(知りたい)と思って尋ねているのであろうか。

て-や[3] [連語]
[なりたち] 接続助詞「て」＋間投助詞「や」
…してくれ。▼他に対する願望を表す。[博多小女郎]江戸｜浄瑠 浄瑠・近松「駕籠(かご)の衆、早う連れましてやと」[訳]駕籠の人たちよ、早くお連れ申しておくれと。

て-や[4] [連語]
[なりたち] 終助詞「て」＋間投助詞「や」
…わ。…よ。▼言い聞かせる気持ちを表す。[忠臣蔵]江戸｜浄瑠 浄瑠「まだその上にたしかな事があるてや」[訳]まだその上にたしかなことがあるのだよ。◆江戸時代の語。

て-よ* 完了の助動詞「つ」の命令形。

てら【寺】[名詞] ❶寺。寺院。❷三井寺(みいでら)(＝園城寺(おんじょうじ))。▼比叡山(ひえいざん)延暦寺(えんりゃくじ)を「山(やま)」というのに対していう語。[紫式部]平安｜日記 寛弘六・某月・一一「教化(けうげ)行ふ所、山・てらの作法うつして」[訳]仏の教えに導くところは、延暦寺、三井寺の法式を取り入れて。❸「寺子屋(てらこや)」の略。

てら・う【衒う】⇩てらふ

てらこ-や【寺子屋・寺小屋】[名詞] 江戸時代、主に庶民の子供に読み方・習字・算盤(そろばん)などの教育を行った私設の初等教育機関。「寺」とも。
[参考]「寺子(＝寺で勉学する子供)」が学習する家の意で、初め、主に僧侶(そうりょ)が寺で子供を教えたことに基づく。室町時代に始まるが、江戸時代中期以降広く一般に普及し、明治時代の初めまで続いた。僧侶・神官・医師・浪人や教養のある町人などが経営に当たり、教科書には「庭訓往来(ていきんおうらい)」「実語教」などの往来物が用いられた。

てらさ・ふ【衒さふ】(テラサウ／テラソウ) [他動詞] ハ四〔は／ひ／ふ／へ／へ〕
[なりたち] 動詞「て(照)らす」の未然形に、反復継続の助動詞「ふ」の付いたかたちが、一語化したもの。
「てらふ」に同じ。[万葉集]奈良｜歌集 四一三〇「針袋帯び続けながら里ごとにてらさひ歩けど人も咎(とが)めず」[訳](あなたからもらった)針袋を身につけ続けたままで里ごとに見せびらかして歩き回ったけれども、だれも気にとめない。

てら・ふ【衒ふ】(テラウ／テロウ) [他動詞] ハ四〔は／ひ／ふ／へ／へ〕
[なりたち] 動詞「て(照)る」の未然形に、反復継続の古い助動詞「ふ」の付いたかたちが一語化したもの。
誇示する。自慢する。ひけらかす。[日本書紀]奈良｜史書 雄略「山の辺の小島子ゆゑに人てらふ馬の八匹(やつぎ)は惜しけくもなし」[訳]山の辺の小島子(＝女性の名)のた

て

めには、人が自慢する馬の八頭ぐらいは惜しいことはない。

てら-ほふし【寺法師】名詞 三井寺(＝園城寺)の僧徒。対山法師。

てら-ゐ【寺井】名詞 寺の境内のわき水。または、井戸。

てり-は【照り葉】名詞 つやのある美しい葉。紅葉して美しく照り輝く葉。季秋。

てり-はた-た・く【照り霹靂く】自動詞カ四〔か/き/く/く/け/け〕**日光が照りつけ、雷鳴がとどろく**。竹取物語 平安—物語 貴公子たちの求婚「水無月のてりはたたくにも障らず来たり」訳六月の日光が照りつけ、雷鳴がとどろくのにも妨げられないでやって来た。

てりもせず… 和歌「照りもせず 曇りも果てぬ 春の夜の 朧月夜に しくものぞなき」新古今 鎌倉—歌集 春上・大江千里 訳照り渡るというのでもなく、完全に曇ってしまうというのでもない春の夜の、ほのかなおぼろ月夜の風情に及ぶものはない。

鑑賞「明らかならず暗からず、朧々たる月」という『白氏文集』の詩の一節を題に詠んだ歌で、第四句まではその詩句の翻訳であるが、結びの「しくものぞなき」によっておぼろ月のほのかな風情を鮮やかに導き出した。

て・る[*]【照る】自動詞ラ四〔ら/り/る/る/れ/れ〕❶**光り輝く**。万葉集 奈良—歌集 四二九二「うらうらにてれる春日に」訳⇨うらうらに…。❷**美しく輝く。照り映える**。万葉集 奈良—歌集 二三五二「玉のごとてらせる君を」訳玉のように美しく輝いていらっしゃるあなたを。

で-ゐ【出居】名詞「いでゐ❷」に同じ。◆「い(出)でゐ(居)」の変化した語。

て-を-か・く【手を書く】連語「てかく(手書く)」に同じ。

て-を-す・る【手を擦る・手を摺る】連語 **両手をもみ合わせる。もみ手をする**。▼嘆願や依頼のときのしぐさ。竹取物語 平安—物語 貴公子たちの求婚「娘を我に賜べ」と伏し拝み、てをすりのたまへど」訳「娘さんを私に下さい」と伏し拝み、両手をもみ合わせておっしゃるけれども。

て-を-つか・ぬ【手を束ぬ】連語 ❶**両手を組み合わせて敬礼する**。宇治拾遺 鎌倉—説話 一一・一〇「この行ひ人に逢ひて、てをつかねて泣くこと限りなし」訳(鬼は)この行者に出会って、両手を組み合わせて敬礼して泣くことこの上ない。❷腕組みしたまま何もしないでいる。**手をこまねく**。

て-を-つく・る【手を作る】連語 **両手を合わせて拝む**。源氏物語 平安—物語 葵「てをつくりて額に当てつつ見奉り上げたるも」訳(卑しい身分の者たちが)両手を合わせて拝んで額に当てながら(源氏を)お見申し上げているのも。

て-を-ねぶ・る【手を舐る】連語 掌につばをつけて張り切ろうとする。宇治拾遺 鎌倉—説話 八・四「吾をとく得んとてをねぶりつる軍どもも失せにけり」訳自分を早くつかまえようと掌につばをつけて張り切っていた兵隊たちは消え失せてしまった。

て-をの【手斧】名詞 斧の一種。斧で荒削りした材木を平らにするための刃物。

て-を-ゆる・す【手を許す】連語 囲碁で相手に待ったを許す。転じて、寛大な態度で接する。**大目に見る。許す**。源氏物語 平安—物語 竹河「あはれとてをゆるせかし生き死にを君にまかするわが身とならば」訳かわいそうだと思って(姫君を私に)許して下さい、生きるか死ぬかはあなたお任せしているわが身なのですから。

て-を-わか・つ【手を分かつ】連語 **手分けをする。分担する**。竹取物語 平安—物語 蓬萊の玉の枝「宮司さぶらふ人々、みなてをわかちて求めたてまつれども」訳(くらもちの皇子の)お屋敷の役人や、お仕えする人々が、みな手分けをしてお捜し申し上げるけれども。

て-を-わか・る【手を別る】連語 **手を切る。関係を断つ**。源氏物語 平安—物語 帚木「憂きふしを心ひとつに数へきてこや君がてをわかるべきをり」訳つらいことを(私の)胸一つにおさめて数え(我慢し)てきたが、これこそあなたと手を切らなければならないときなのでしょう。

て-を-を・る【手を折る】連語 **指を折って物を数える**。伊勢物語 平安—物語 一六「てをりてあひ見しことをかぞふれば」訳指を折って妻と共に暮らした年月を数えると。

てん[1]【天】名詞 ❶**天空。大空。空**。対地。❷**造物主。天帝**。中国の古代思想で、天地・万物を創造し支配するとされる神。源氏物語 平安—物語 薄雲「罪重くて、てんの眼恐ろしう思ひ給へらるることを」訳罪が重くて、天帝の眼力が恐ろしく思われておりますことを。❸**自然の理。運命。天命**。野ざらし 江戸—句集 俳文・芭蕉「ただこれてんにして、汝が性のつたなさを泣け」訳ただこれは運命であって、自分の生まれつきの不運を嘆け。❹仏教語。六道の一つ。**天上界**。人間界の上にあって、すぐれた果報を受ける者が住むという清浄で安楽な理想世界。源氏物語 平安—物語 松風「てんに生まるる人の」訳天上界に生まれた人の。❺仏教語。天上界に住んで仏教を守護する神。❻**最上**。最もたっとばれるものや人。▼物事の程度を天・地・人と分けたうちの天。徒然 鎌倉—随筆 一二二「食は人のてんなり」訳食べることは人にとって最もたっとばれるものだ。

てん[2]【点】名詞 ❶漢字の字画の一種。点(、)の形をしたもの。❷**訓点**。漢文を訓読するために漢字の傍らに付けた、送り仮名や返り点。❸**評点**。和歌・連歌・俳諧などで、師匠などがよいと認めた作品に付ける符号。❹**批評。添削**。❺**刻限。時刻**。

て-ん[3] 連語「てむ」に同じ。◆連語「てむ」の「む」を、平安時代の中ごろから「ん」と発音したことから「てん」と表記されるようになったもの。

でん[1]【殿】名詞 大きく立派な建物。貴人の邸宅や寺社などの建物。

-でん[2]【殿】接尾語 建物の名称に付けて、大きな建物であることを示す。「てん」とも。「清涼でん」「紫宸でん」

てん-が[1]【天下】名詞

❶**全世界。全国土。一国全体。全国**。平家物語 鎌倉—物語 一・祇園精舎「てんがの乱れんことを悟らずして、民間の愁ふるところを知らざっしかば」訳国が混乱するであろうことを悟らないで、民衆が悲しみ嘆くことを

察しなかったので。❷世の中。世間。徒然 鎌倉－随筆 一五〇「てんがのものの上手といへども、始めは不堪の聞こえもあり」訳世の中に比べるものがない一芸の達人といっても、初めはその道にすぐれていないといった評判もあり。❸国を支配する者。天子・摂政・関白・江戸時代の将軍など。

[2]**てん-が**【殿下】名詞 ❶三后および皇太子に対して用いる尊敬語。後には、親王・女王などの皇族にも用いた。❷醍醐朝以後、摂政・関白・将軍に対して用いる尊敬語。◆後に「でんか」とも。参考「てんか」「てんげ」とも。

てんがう【 】名詞 ふざけること。たわむれること。◆江戸時代の語。

てんがう・なり 形容動詞ナリ〔なら／なり・に／なり／なる／なれ／なれ〕ふざけたようすだ。たわむれだ。冥途飛脚 江戸－浄瑠璃 浄瑠璃・近松「てんがうな手形を書き、無筆の母御をなだめしが」訳ふざけた証文を書き、字の読めない母御をなだめたが。◇「てんがうな」は口語。◆江戸時代の語。

[1]**でん-がく**【田楽】名詞 ❶平安時代から室町時代にかけて行われた民間芸能の一つ。⇩田楽 文芸 ❷❶に用いる、腰に付けて打つ鼓。❸「田楽法師」の略。❶を演じることを職業とする者。❹「田楽豆腐」あるいは「田楽焼き」の略。豆腐を串に刺し、味噌をつけて焼いた食べ物。

(田 楽❶)

[2]**田楽** 文芸 平安時代から室町時代にかけて行われた民間芸能の一つ。笛・太鼓ではやして歌い踊る、田植えのときの神事芸能。のち、田植え踊りを中心に曲芸的な演技も加えて遊芸化し、職業的な芸人(田楽法師)も生まれて興行化された。室町時代になると、「猿楽」に吸収された。

てんが-しゅぎやう【天下執行】名詞 関白に代わって天下の政治を行うこと。大鏡 平安－物語 道隆「帥殿にてんがしゅぎやうの宣旨下り奉りしに」訳帥殿に、関白に代わって政治を行う勅命が下され申し上げられたところ。

てんが-に【天下に】連語 世の中に比べるものがないほど。この上もなく。「てんかに」とも。源氏物語 平安－物語 宿木「てんがにいみじきこととおぼしたりしかど」訳世の中に比べるものがないほどすばらしいものとお思いになっていたけれども。

てんが-の【天下の】連語 世の中に比べるものがない。最高の。「てんかの」とも。徒然 鎌倉－随筆 一五〇「てんがのものの上手といへども、始めは不堪の聞こえもあり」訳世の中に比べるものがない一芸の達人といっても、初めはその道にすぐれていないといった評判もあり。蜻蛉 平安－日記 中「てんがのそらごとならむと思へば」訳世の中に比べるものがない(まったくの)作り事だと思ったので。

てん-き【天気】名詞 ❶空模様。❷天皇のお気持ち。平家物語 鎌倉－物語 六・紅葉「てんきことに御心よげにうち笑ませ給ひて」訳天皇のお気持ちが特によいようで、お笑いになられて。◆「てんけ」とも。❷は「天機」とも書く。

伝奇物語 文芸 空想的・幻想的な傾向の強い娯楽物語。代表的なものに、平安時代では『竹取物語』『宇津保物語』『浜松中納言物語』があり、江戸時代になっては、上田秋成の『雨月物語』、滝沢馬琴の『南総里見八犬伝』などがある。平安時代初期の『竹取物語』『宇津保物語』は『源氏物語』を導く役割を果たしている。

てん-ぐ【天狗】名詞 ❶古代中国の天文で、落下の際に大音響を発するという、流星の一種。天狗星。「てんく」とも。❷山中などに住むという変化や怪物。宇津保 平安－物語 俊蔭「かく遥かなる山に、誰か物の音ねしらべて、遊びゐたらむ。てんぐのするにこそあらめ」訳こんな遠くの山に、だれが楽器を弾いて、遊んでいるだろうか。天狗のしわざであろう。❸高慢なこと。また、その人。参考日本の天狗は、古くから信じられていた木の精霊などと中国伝来の天狗(飛天夜叉など)とが結合し、さらに修験道とも結びついて独自のイメージをつくり上げた。今日では、顔が赤く鼻の異常に高い大天狗や、くちばしと鋭い爪を持つ烏天狗などが知られるが、これらは平安時代末期から鎌倉時代にかけて固定したものらしい。

てん-くわん【天冠】名詞 ❶仏や天人などが着ける美しい宝冠。❷幼い帝が即位のとき着ける冠。❸騎射・舞楽などで着ける一種の冠。◆「てんぐわん」とも。

てん-け【天気】名詞「てんき」に同じ。

てん-げり 連語 連語「てけり」に、鎌倉時代以降、撥音「ん」が加わって濁音化した語。…てしまったのだった。…てしまったことだ。▼「てけり」の強調表現。平家物語 鎌倉－物語 四・橋合戦「箙も解いて捨ててんげり」訳箙(＝矢を背負う武具)(のひも)もほどいて捨ててしまったのだった。◆軍記物語や説話に多く用いられる。⇩てけり

てん-こち【天骨】名詞「てんこつ」に同じ。

てん-こつ【天骨】名詞 生まれつき。また、生まれつきの才能や器用さ。「てんこち」とも。万葉集 奈良－歌集 三九七五・左注「所謂文章はてんこつにして、習ひて得ず」訳いわゆる文章は生まれつきの才能によるもので、習って得るものではない。

てん-じ【典侍】名詞「内侍司」の次官。「ないしのすけ」「すけ」とも。

てんじく〖天竺〗⇩てんぢく

てん-じゃ【点者】名詞 連歌・俳諧などで、歌句に批点を加え、その優劣を判定する人。「判者」とも。

でん-じゃ【田舎】名詞 いなか。いなかの家。「でんしゃ」とも。

てん‐じゃう【殿上】
一 名詞 ❶清涼殿の「殿上の間」のこと。紫式部 平安―日記 寛弘五・一一・二〇「てんじゃうに、兵部の丞という蔵人、呼べ呼べ」訳殿上の間にいる、兵部の丞という蔵人を、呼んでくれ、呼んでくれ。❷「殿上人」の略。
二 名詞／―す 自動詞サ変 「殿上の間」や「紫宸殿」に昇ること。また、それを許されること。昇殿。大鏡 平安―物語 兼家「源宰相、三条院の御時は、てんじゃうもし給はで」訳源宰相(＝源頼定)は、三条院のご在位中は、昇殿もお許しにならず。

てんじゃう‐の‐ふだ【殿上の簡】 連語 「にっきふのふだ」に同じ。

てんじゃう‐の‐ま【殿上の間】 連語 清涼殿で、参内した「殿上人」が控えている部屋。南廂にあって、「昼の御座」に隣接している。「殿上」とも。参照▶口絵

てんじゃう‐びと【殿上人】 名詞 清涼殿の「殿上の間」に昇ることを許された人。四位・五位の人の中で特別な人。蔵人は六位でも許された。「上人」「雲の上人」「雲上人」「殿上」とも。紫式部 平安―日記 消息文「『いみじうなむ才ある』と、てんじゃうびとなどにいひちらして」訳「(紫式部は)たいそう学識があるのだ」と殿上人などに言いふらして。対地下。
参考 「殿上人」は貴族の中流階層で、直接政治にかかわる上級の「上達部」と、昇殿のできない「地下」との中間に位置する。

てんじゃう‐ほふし【殿上法師】 名詞 ❶法皇に仕えて院への昇殿を許された法師。❷「ばうくゎん❷」に同じ。

てんじゃう‐まゆ【殿上眉】 名詞 公家の子弟が元服のとき、眉をそり落とし、その上に墨で丸く二点を描いて眉としたもの。

***てんじゃう‐わらは【殿上童】** 名詞 元服前の公卿の子で、宮中での作法見習いのために特に許されて「殿上の間」に出仕している者。「上童」とも。

てん‐しゅ【天守・天主】 名詞 城の本丸にある、最も高い物見やぐら。天守閣。

てん‐じゅ【転手・伝手・点手】 名詞 琵琶・三味線の棹の頭部にあって弦を巻きつけるための横棒。糸巻き。

てんじょう【殿上】 ⇩てんじゃう

てんじょうびと【殿上人】 ⇩てんじゃうびと

てん‐しん【天心】 名詞 ❶天の意思。天意。天子の心。平治物語 鎌倉―物語 上「上はてんしんに背き、下は人望に背かる」訳上は天意に背き、下は民衆の信頼に背かれる。❷天の中心。天空のまん中。中天。蕪村句集 江戸―句集 俳諧「月てんしん貧しき町を通りけり―蕪村」訳⇩つきてんしん…。

てん‐じん【天神】 名詞 ❶天の神。あまつかみ。❷菅原道真を祭った神社。天満宮。また、道真の神霊。❸江戸時代の、上方の遊女の階級の一つで、太夫に次ぐもの。◇揚げ代の二十五匁を、北野天満宮の縁日の二十五日にかけた語。後に「天神」の字をはばかって「転進」と書くよう改めた。

[1]てん‐・ず【点ず】 他動詞サ変 {ぜ/じ/ず/ずる/ずれ/ぜよ} ❶点を打つ。点を打ったように連ねる。❷(漢文に)訓点を付ける。今鏡 平安―物語 昔語「書もてんじしたためて」訳文章も訓点を付けて書いて。❸指定する。選定する。栄花物語 平安―物語 疑ひ「木幡といふ所は…その大臣のてんじ置かせ給へりし所なり」訳木幡という所は…その大臣があらかじめ指定しておられたところである。❹くわしく点検する。調べる。太平記 室町―物語 一四「宇多津において兵船をてんじ」訳宇多津で軍船をくわしく点検し。

[2]て‐んず 連語 なりたち 完了(確述)の助動詞「つ」の未然形＋推量の助動詞「んず」
きっと…することになろう。宇治拾遺 鎌倉―説話 二・九「恥を見てんずと思へども」訳(季通は)きっと恥をかくことになるだろうと思うけれども。

てん‐すい【天水】 名詞 ❶空と水。水天。❷雨水。

伝説 文芸 説話の一つで、過去の事実として古くから語り伝えられてきた話。ある特定の人物・場所・時代と結び付いている。この点で、語り手によって自由に改変される「昔話」とは異なる。

てん‐そう【伝奏】
一 名詞 親王家・摂家・寺社・武家などからの願い事を取り次いで、天皇または上皇に伝える役。「でんそう」とも。
二 名詞／―す 自動詞サ変 臣下の申し出を、天皇や上皇に取り次いで申し上げること。「でんそう」とも。

てん‐だい【天台】 名詞 ❶「天台山」の略。❷「天台宗」の略。

てんだい‐ざす【天台座主】 名詞 比叡山延暦寺の住持で、天台一門を総理・統括する最高位の僧職。

天台山 地名 ❶今の中国浙江省天台県にある山。天台大師智顗が天台宗を開いた所であり、入唐した最澄もここで学び、日本に天台宗をもたらした。❷比叡山の別名。▼最澄が延暦寺を開いて天台宗を広めたことから。◆「天台」とも。

てんだい‐しゅう【天台宗】 名詞 日本八宗の一つ。中国隋代に智顗が説いた法華経を根本教典とする教えに基づく。わが国へは奈良時代、唐僧鑑真が初めて伝え、平安時代初期、入唐した伝教大師最澄が再びもたらし、比叡山に延暦寺を建てて広めた。「天台」とも。

てん‐たう【天道】 名詞 ❶天地自然の道理。天の道。「天理」とも。懐風藻 奈良―漢詩「てんたう親しみ無し、惟善をのみこれ輔くと」訳天の道は特に親しいものはなく公平で、ただ善人だけを助けるという。❷天帝。天地自然を支配する神。❸太陽。おてんとうさま。「てんと」とも。◆「てんだう」とも。

てん‐だう【顛倒】 名詞 ひっくりかえること。逆さになること。「てんたう」とも。

***てん‐ぢく【天竺】** 名詞 インドの古名。日本および中国でいう。

天智天皇 人名 (六二六～六七一)飛鳥時代の歌人。第三十八代の天皇。即位前は中大兄

皇子。中臣鎌足とともに蘇我氏を滅ぼし、大化の改新を断行した。『万葉集』に「大和三山」の歌などの御製が載っている。

てん-つか・る【点付かる】連語
なりたち 名詞「てん」＋動詞「つく」の未然形＋受身の助動詞「る」
批判される。非難される。源氏物語 平安―物語 若菜下「人にてんつかるべき振る舞ひはせじ」訳人に非難されるような行動はするまい。

てんで-に【手手に】副詞 めいめい。それぞれ。おのおの。各自。平家物語 鎌倉―物語 一一・嗣信最期「内裏に乱れ入り、てんでに火を放って片時の煙と焼き払ふ」訳宮中に乱入し、めいめいが火をつけて一瞬の煙として焼き払う。◆「手に手に」の変化した語。

てん-どう[1]【天童】名詞 ❶仏教語。仏法守護のため、子供の姿に変身して人間界に現れた天人または鬼神。❷祭礼などのとき、天人の姿に扮する少年少女。稚児。

てん-どう[2]【纏頭】名詞 歌舞・演芸などをした者に、衣服や金品をほうびに与えること。また、その金品。転じて、当座の祝儀。「てんとう」とも。▼ほうびとして衣服をもらったとき、それを頭にまとったことから。

てん-どく【転読】名詞／―す 他動詞サ変 仏教語。長い経典の題目や要所要所の数行だけを読んで、全文を読むことに代えること。対真読。

てん-なが・なり【点長なり】形容動詞ナリ（なら／なり・に／なり／なる／なれ／なれ）達筆めかして、文字の点画を長く引いてある。源氏物語 平安―物語 帚木「てんながに走り書き」訳達筆めかして点画を長く引いて走り書きをし。

てん-にん【天人】名詞 仏教語。天上界にすむという想像上の人。「天女」をさすことが多い。舞楽を巧みに奏し、羽衣を着て天空を飛行するとされる。

（天人）

てん-ぱい【天盃・天杯】名詞 天皇から頂く酒杯。

てん-びん【天秤】名詞 はかりの一種。竿の中央に支点を置き、両端につるした皿の片方に分銅を、もう片方に量りたいものを載せてその重さを量るもの。主に銀貨を量るのに用いられた。

でん-ぶ【田夫】名詞 ❶農夫。農民。❷いなか者。粗野な人。◆「でんぷ」とも。

てん-べん【天変】名詞 天空に起こる異変。暴風雨・落雷・日食・月食・彗星などを指し、凶兆と考えられた。「てんぺん」とも。

てん-ぼふりん【転法輪】（テンボウリン）名詞 仏教語。仏法を説くこと。説法。
参考 仏の説法が煩悩や諸悪を打ち砕くことを、「転輪聖王」が輪宝（＝神聖な車輪）を回転させて一切の障害を砕くのにたとえて「法輪」といい、それを説くことを「転」という。

てん-ま[1]【天魔】名詞 仏教語。つねに仏道を妨げ、人を惑わして知恵・善根を失わせようとする魔王。「天魔波旬」とも。

てん-ま[2]【伝馬】名詞 ❶律令制で、「駅馬」とは別に各郡ごとに五頭ずつを備え、官人が公用に用いた馬。❷戦国時代以降、各宿駅に備えて、宿駅から宿駅まで人や荷物を運ぶ公用の馬。宿継ぎの馬。❸「伝馬船」の略。大船と陸との間で荷物や人などを運ぶ小舟。はしけ。

てんま-はじゅん【天魔波旬】名詞「てんま（天魔）」に同じ。

天武天皇（テンムテンノウ）人名（六三一？～六八六）飛鳥時代の歌人。第四十代の天皇。即位前は大海人皇子。皇位継承争い（壬申の乱）に勝って即位した。新しい制度や史書編纂の事業を推進して、天皇家の権威を高めた。『万葉集』の額田王に答えた歌が有名。

てん-めい【天命】名詞 ❶天からの命令。天から与えられた運命。❷天皇の命令。勅命。❸天から定められた寿命。天寿。

天明調（テンメイチョウ）文芸 江戸時代中期の安永・天明（一七七二～一七八九）期に、与謝蕪村・加藤暁台・三浦樗良らが俳諧の低俗化を嘆いて、芭蕉俳諧の復興を行った革新俳諧の俳風。

天明俳諧（テンメイハイカイ）文芸 江戸時代中期の安永から天明（一七七二～一七八九）にかけて、芭蕉没後の俳諧の堕落を反省し、蕉風への復帰を目標にして興った俳諧。与謝蕪村を中心に、炭太祇・加藤暁台・三浦樗良・大島蓼太らが代表俳人である。かれらの作風を「天明調」というが、芭蕉のレベルには及ばなかった。

てん-もく【天目】名詞「天目茶碗」の略。茶道で用いる抹茶茶碗の一種。浅くて開いたすり鉢形のもの。▼中国浙江省天目山の寺院で用いられたことから。

てんもん-はかせ【天文博士】名詞 律令制で、「陰陽寮」に属し、天文、暦数（＝天体を観測して暦を作ること）に関することを担当し、また、天文生に教授する役人。

て-ん-や 連語 連語「てむや」の「む」を、平安時代の中ごろから「ん」と発音したことから「てんや」と表記されるようになった語。「てむや」に同じ。

てん-やく【典薬】名詞 ❶宮中や幕府に仕えた医師。医療・医薬一般をつかさどる。❷後宮十二司の一つである薬司の女官。尚薬に次ぐ職。「くすりのすけ」とも。

てんやく-れう【典薬寮】（テンヤクリョウ）名詞 宮内省に属し、宮中の医薬のことをつかさどった役所。「くすりのつかさ」とも。

てん-り【天理】名詞「てんたう❶」に同じ。

てん-りょ【天慮】名詞 天皇のおぼしめし。天子の御心。

てんりん-じゃうわう【転輪聖王】（テンリンジョウオウ）名詞 仏教語。即位のとき、天から輪宝（＝神聖な車輪）を得て、それを回転させて四方を統治する聖王。身に三十二相をそなえ、輪宝などの七宝をもち、武力によらず世界を統治するという理想的君主。転輪王。輪王。

てん-わう【天王】（テンノウ）名詞 仏教語。❶欲界六天の最下天である四王天に住む神の名。持国天・増長天

・広目天・多聞天（＝毘沙門天）の四天王。❷「牛頭天王」の略。インドの祇園精舎の守護神。

てんわう-にょらい【天王如来】テンノウニョライ 名詞 仏教語。提婆達多（＝釈迦の従弟）が来世で悟りを開いて成仏するときの名。

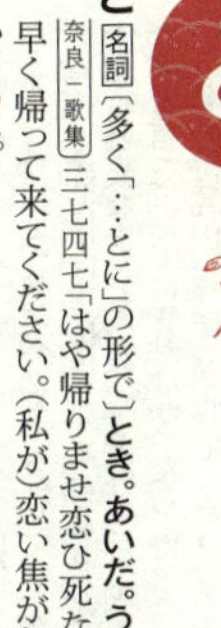

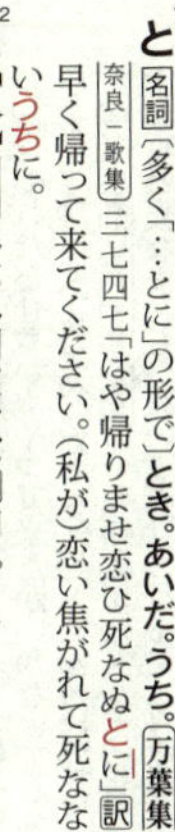

と[1] 名詞〔多く「…とに」の形で〕**とき。あいだ。うち。** 万葉集 奈良―歌集 三七四七「はや帰りませ恋ひ死なぬとに」訳早く帰って来てください。（私が）恋い焦がれて死なないうちに。

と[2]【外】名詞 **外。外側。屋外。** 対内。⇩そと

と[3]【門・戸】名詞 ❶**出入り口。戸口。** ❷**瀬戸。海峡。** 両岸が迫って、水の流れの出入り口となる所。万葉集 奈良―歌集 二五五「明石のとより大和島見ゆ」訳⇩あまざかる…。❸**戸。扉。** 竹取物語 平安―物語 かぐや姫の昇天「立て籠めたるところのと、すなはち、ただ開きに開きぬ」訳閉め切っておいた所の戸が、すぐに、ただもうどんどん開いてしまった。

と[4]【音】名詞 **音。声。響き。** 万葉集 奈良―歌集 二二〇「波のとの繁き浜辺を」訳波の音が絶え間ない浜辺を。◆「おと（音）」の変化した語。

と[5] 副詞 **そう。そのように。あのように。** 源氏物語 平安―物語 東屋「と言ひかく言ひ、恨み給ふ」訳ああ言い、こう言いして、お恨みになる。◆多く、副詞「かく（かう）」と対にして用いられる。

と[6] 格助詞《接続》体言や体言に準ずる語、引用句などに付く。

語義の扉

体言、体言に準ずる語、まれに動詞の連用形に接続して用いられる。

〔体言、体言に準ずる語に付いて〕
- ❶動作の相手、共同者を表す。**…と。…といっしょに。…とともに。**
- ❷会話、心中思惟、思想、手紙文、詩句などの引用を表す。**…と。…などと。**
- ❸動作の契機、目的を表す。**…しようとして。…するために。**
- ❹比較、対比の基準を表す。**…と。…と比べて。**
- ❺比喩を表す。**…のように。…のごとく。**
- ❻変化の結果、帰着点を表す。**…に。…と。**
- ❼並立の文節をつくる。**…と…と。**

〔動詞の連用形について〕
- ❽同じ動作を重ね用いて、強調の意を表す。
  - ㋐「全て」「残さず」の意を表す。
  - ㋑**どんどん…する。ただもうやたらに…する。**

❶動作の相手、共同者を表す。**…と。…といっしょに。…とともに。** 万葉集 奈良―歌集 七二八「人も無き国もあらぬか吾妹子と吾妹児与たづさはり行きてたぐひて居らむ」訳ふたりの仲を邪魔する者のない国があってほしいなあ。あなたといっしょに手に取り合って行ってずうっと寄り添っていたいから。源氏物語 平安―物語 若紫「『何事ぞや。童べと腹立ちたまへるか』とて」訳「何ごとですか。子どもたちとけんかをなさったのですか」と言って。

❷会話、心中思惟、思想、手紙文、詩句などの引用を表す。▼この場合、引用部分が全体でひとまとまりの体言に準ずるものと扱われている。**…と言って。…などと。** 古今 平安―歌集 春上「春来ぬと人は言へども鶯の鳴かぬかぎりはあらじとぞ思ふ」訳春がやって来たと人は言っているけれども、どうしてどうして、鶯の鳴かないうちは春は来ていないと私は思うことだ。枕草子 平安―随筆 職の御曹司におはしますころ、西の廂に「いみじく憎ければ、笑ひにくみて、『いね、いね』と追ふに、いとをかし」訳とても気にくわなく思うので、笑って憎らしがって、「行ってしまえ。行ってしまえ」と追い立てるのだが、それがたいへんおもしろい。

❸「と」によって導かれる動作の契機となることから、目的を表す。**…しようとして。…するために。** 万葉集 奈良―歌集 一〇五「わが背子を大和へ遣ると倭辺遣登さ夜更けて暁露にわが立ち濡れし」訳⇩わがせこを…。

❹比較、また対比の基準を示す。**…と比べて。…と。** 源氏物語 平安―物語 桐壺「ただわが女御子たち

と同じつらに思ひ聞こえむ」訳四の宮のことをわたしの女の御子たちと同列に思い申しあげましょう。枕草子 平安—随筆 木の花は「桐の木の花。紫に咲きたるは、なほをかしきに、…異木どもと等しう言ふべきにあらず」訳桐の花が紫色に咲いているのはやはり趣深いもので、…これもほかの木々と同じく論じるべきものではない。

❺比喩を表す。(たとえば)…のように、…のごとく。古今 平安—歌集 春上「今日来ずは明日は雪とぞ降りなまし消えずはありとも花と見ましや」訳(ちょうど今日やって来たからよかったものの)もし私が今日見に来ていなかったとしたら明日は雪が降るように散ってしまっていることだろう。雪のように消えてしまうことはないにしても、それが花とみえるだろうかね。

❻変化の結果、帰着点を表す。…に。…と。源氏物語 平安—物語 帚木「男の、朝廷に仕うまつりはかばかしき世のかためなるべきも、まことのうつはものとなるべきを取りいださむにはかたかるべし。」訳男の、朝廷にお仕えてして、しっかりと天下を守るべきものとなるにちがいないという場合でも、真の大器となりそうな人を選び出そうとすると、きっとむずかしいことでしょうね。

❼並立の文節をつくる。並立語としていくつかのことがらを示す。…と…と。枕草子 平安—随筆 たとしへなきもの「たとしへなきもの。夏と冬と。夜と昼と。雨降ると、日照ると。若きと老いたると。人の笑ふと、腹立つと。…同じ人ながらも心ざし失せぬるは、まさとにあらぬ人とぞおぼゆるかし」訳比べようがないほど違いのあるもの。夏と冬と。夜と昼と。雨が降るのと、日が照るのと。若いのと年とったのと。人が笑うのと、怒っているのと。…同じ人なのに、自分への愛情がなくなってしまったのは、まるで別の人とおもわれることだ。

❽〔動詞の連用形に接続する用法〕繰り返される同じ動詞の間に位置して強調の意を表す。

㋐「全く」「残りなく」の意となる場合。古今 平安—歌集 仮名序文「生きとし生けるもの、いづれか歌を詠まざりける」訳生命あるものの全て、いったい誰が和歌を詠まなかったことだろうか。蜻蛉 平安—日記 中「知りと知りたる人、法師に至るまで、若君の御慶び聞こえにとおこせ言ふを聞くにも、あやしきまで嬉し。」訳知り人の全てが、法師にいたるまで残りなく、若君のお喜びの言上のために次々と使いをよこしたりやって来たりするのを聞くにつけても、不思議なことに嬉しかった。

㋑「どんどん…する」「ただ、やたらに…する」の意となる場合。土佐日記 平安—日記 二・七「来と来ては河上り路の水を浅み船もわが身をなづむ今日かな」訳(淀川に入れば風波の妨げもなくなるものと思って)もうどんどん上って来たものの、川を上る水路が浅いので、船もうまく進まないし、わが身も病気に苦しむ今日の日であることだ。

と[7] 接続助詞 《接続》動詞型活用・形容動詞型活用の語の終止形、形容詞型の活用語および打消の助動詞「ず」の連用形に付く。

語義の扉

活用語の終止形に接続して、逆接の仮定条件を表す。ただし、形容詞および形容詞型活用の助動詞、打消の助動詞「ず」には連用形に付く。

室町時代ごろ以降は、活用語の連体形に接続して、順接(仮定条件、恒常的条件)を表し、現代語の接続助詞「と」への接近を見せる。

❶〔平安時代から鎌倉時代ごろまで〕〔和歌・会話文に用いられて〕逆接の仮定条件を表す。たとえ…ても。かりに…であっても。蜻蛉 平安—日記 下「『さらば、いとかひなからむ。異夜はありと、かならず今宵は』とあり」訳「それだとせっかくやって来たかいがないでしょう。たとえば他の夜は数に数えなくても、今夜はぜひ」と言う。新古今 鎌倉—歌集 恋三「頼めずは人をまつちの山なりと寝なましものをいさよひの月」訳今宵逢おうなどと言ってあてにさせなかったら、たとえ人を待つという名の待乳山だって寝てしまうだろうに、あの十六夜の月のようにいつまでも寝ることがためらわれて仕方のないことよ。

❷〔室町時代ごろ以降〕〔口頭語として用いられて〕㋐順接の仮定条件を表す。…たら。…と。傾城阿波鳴門 江戸—浄瑠 浄瑠・近松「此のこと承引せぬと、侍どもに言ひつけ首を討たすぞ」訳この事を承知しなかったら、侍たちに命じて首を取らせるぞ。

㋑恒常的条件を表す。…と、いつも。…と、かならず。吃り 室町—狂言「私が留守になると、酒ばかり飲うで」訳私が留守にすると、かならず酒を飲んでばかりいて。

-と[8]【所・処】接尾語 …する所。…の場所。「隈と」「臥ど」◆「ど」と濁ることが多い。

と[9] タリ活用形容動詞の連用形語尾。平家物語 鎌倉—物語 三・法印問答「凡そ、天心は、蒼々としてはかりがたし」訳全く、天の心はどこまでも青々として推測できない。

と[10] 断定の助動詞「たり」の連用形。

ど[1]【土】名詞 ❶土地。国土。場所。❷「五行」の一つ。

ど[2] 接続助詞 《接続》活用語の已然形に付く。

語義の扉

活用語の已然形に接続して用いられ、

❶逆接の確定条件を表す。けれども…のに。

❷逆接の恒常的条件を表す。…としても。…ても、必ず。

同じ意味を表す接続助詞「ども」と比べてやややわらかな語感を持つため、平安時代の和文の作品には多用され、ことに女性の会話には好んで用いられる。漢文訓読文、和漢混交文では「ども」がふつう。

❶上に述べたことがらにかかわりなく、下のことが起こることを表す。また、反対のことがらが起こることも表す。…けれども。…のに。蜻蛉 平安—日記 中「われもやがて出でむと思いつれど、人も困じたりとてえものせず」訳わたしもすぐに父の家を出ようと思ったのだけれども、侍女たちも疲れているということで帰ることができなかった。更級 平安—日記 梅の立枝「花もみな咲きぬれど、音もせず」訳花もみな咲いてしまったというのに(継母からは)何の音沙汰もない。

❷逆接の恒常的条件を表す。今はそういう状況ではないが、そうしたことがらのあるときは必ずそれに照応しない結果がみちびかれることを表す。…としても。…ても、必ず。万葉集 奈良―歌集 一〇六「二人行けど行き過ぎがたき秋山をいかにか君が一人越ゆらむ」訳二人で行っても常に越えにくいあの秋の山を、今ごろあなたはどのようにして越えているのであろうか。徒然 鎌倉―随筆 五六「よき人の物語するは、人あまたあれど、ひとりに向きて言ふを、おのづから人も聞くにこそあれ」訳身分も教養もたかい人が話をするのは、そこに人がたくさんいても、必ず、その中の一人に向かって話す、それを自然と他の人も聞くのである。

と-あ・り[1] 連語 なりたち 断定の助動詞「たり」の連用形「と」＋ラ変補助動詞「あり」

…である。▼そのような立場などにあることを示す。今昔物語 平安―説話 一一・三二「近衛（こんゑ）の将監（しゃうげん）とありける時」訳近衛の判官であったとき。

と-あ・り[2] 連語 なりたち 格助詞「と」＋ラ変動詞「あり」

…とある。…といった。…となっている。▼前に述べた事柄を受けて、そのような内容であることを示す。徒然 鎌倉―随筆 八二「一部とある草子などの」訳一部となっている(＝まとまっている)書物などが。

と-あり-かかり 連語 なりたち 副詞「と」＋ラ変動詞「あり」の終止形＋副詞「かく」＋ラ変動詞「あり」からなる「とありかくあり」の変化した形。

ああだ、こうだ。枕草子 平安―随筆 宮にはじめてまゐりたるころ「『これはとありかかり、それが、かれが』などのたまはす」訳「これはああだ、こうだ、それが、あれが」などとおっしゃる。

と-あり-とも-かかり-とも 連語 なりたち 副詞「と」にラ変動詞「あり」の連体形「ある」の付いたかたちが一語化したもの。

どのようであっても。どうであれ。竹取物語 平安―物語 御門の求婚「天下のことは、とありともかかりとも、御命（みいのち）の危（あやふ）さこそ大きなる障（さはり）なれば」訳世間のことはどうであれ、(かぐや姫の)お命の危ういということが大きな支障であるので。

と-ある 連体詞 **ちょっとした。**太平記 室町―物語 五「とある辻堂（つじだう）の内に置き奉りて」訳ちょっとした路傍の仏堂の内に置き申し上げて。

と-あれ-ば-かかり 連語 なりたち 副詞「と」＋ラ変動詞「あり」の已然形＋接続助詞「ば」＋副詞「かく」＋ラ変動詞「あり」からなる「とあればかくあり」の変化した形。

一方がああであると、他方がこうである。源氏物語 平安―物語 帚木「とあればかかり、あふさきるさにて、なのめにさてもありぬべき人の少なきを」訳一方がああであると、他方がこうで、ちぐはぐで、ありふれていてこれで十分だという女性が少ないので。

トウ[1]【当・党・唐・堂】⇩たう

トウ[2]【答・塔・踏】⇩たふ

とう[3]【耐う・堪う】⇩たふ

とう[4]【問う・訪う】⇩とふ

とう[5]【頭】名詞 ❶(組織や集団の)**かしら。頭領。**❷「蔵人（くらうど）の頭（とう）」の略。❸(集会・祭礼などの)世話役の当番。◇鎌倉・室町時代の語。

とう[6]【疾う】副詞「と(疾)く」のウ音便。**早く。速やかに。**竹取物語 平安―物語 火鼠の皮衣「歩みとうする馬をもちて走らせ」訳早く歩む馬を走らせて。

-とう[7]【等】接尾語 ❶**など。**▼あるものの中から代表的なものを挙げ、全体は省略するという意を表す。「役人とう」。❷段階や階級などを表す。「二とう」

ドウ[1]【堂・道・導】⇩だう

どう[2]【筒】名詞 ❶「こしき(轂)」に同じ。❷双六（すごろく）で賽（さい）を入れて、ふり出す竹の筒。

どう[3]【胴】名詞 ❶頭部と手足を除いた体の部分。❷鎧（よろい）・具足などの、❶をおおう部分。❸鼓・太鼓・三味線などの、音が共鳴するように設けられた中空の部分。❹心。肝っ玉。

とう-い【東夷】名詞 東方に住む未開人の意。❶中国で東方の異民族をさげすんで呼んだ語。❷我が国で東方の異民族蝦夷（えぞ）をさしていった語。❸京都人が東国武士をさしていった語。

とうか【踏歌】⇩たふか

とう-かい【東海】名詞 ❶東方の海。❷「東海道」の略。❸日本の別名。▼東方の海上の国の意から。

とうかい-だう【東海道】名詞 ❶「五畿七道（ごきしちだう）」の一つ。畿内（きない）の東の、伊賀（いが）・伊勢（いせ）・志摩（三重県）、尾張（おわり）・三河（愛知県）、遠江（とおとうみ）・駿河（するが）・伊豆（静岡県）、甲斐（かい）（山梨県）、相模（さがみ）（神奈川県）、安房（あわ）・上総（かずさ）（千葉県）、下総（しもうさ）（千葉県・茨城県）、常陸（ひたち）（茨城県）の十四か国と、武蔵（むさし）（東京都・埼玉県・神奈川県）を加えた計十五か国。参照▼資料21 ❷畿内から東方沿岸を関東地方まで結ぶ道路。鎌倉時代以後、京都・鎌倉間の主街道となる。江戸時代には「五街道（ごかいだう）」の一つとして、江戸日本橋を起点に五十三次を経て京都三条大橋に至る経路となった。◆「東海」とも。

東海道中膝栗毛（とうかいだうちゅうひざくりげ） 書名 滑稽本（こっけいぼん）。江戸時代後期(一八〇二～一八一四)刊。十返舎一九（じっぺんしゃいっく）作。十八冊。(内容)弥次郎兵衛（やじろべえ）と喜多八がさまざまな失敗と滑稽な行動を重ねながら、江戸から東海道を上って京・大坂に至る正編の「道中膝栗毛(十八冊)」が好評で、以後二十年にわたって続編の『金比羅参詣（こんぴらさんけい）』など四十三冊が刊行された。

東海道四谷怪談（とうかいだうよつやくわいだん） 書名 歌舞伎（かぶき）脚本。四世鶴屋（つるや）南北作。江戸時代後期(一八二五)初演。(内容)江戸中村座初演、五幕七場。浪人の民谷伊右衛門（たみやいえもん）が妻お岩を殺し、その亡霊に苦しむという筋の怪談劇。

とう-がく【等覚】名詞 仏教語。❶仏の別名。❷菩薩（ぼさつ）が修行して達する最高の位。◆仏の悟りの内容(＝正覚（しょうがく）)に等しい意から。

とう-かん【等閑】名詞 物事をいいかげんにすること。なおざり。おろそか。

どう-ぎゃう[1]【同行】名詞 ❶仏教語。心を同じくして共に仏道を修行する者。浄土真宗では、信徒をいう。❷参詣（さんけい）・巡礼の道連れ。笈の小文 江戸―紀行 俳文・芭蕉「乾坤無住（けんこんむぢゅう）同行二人（ににん）」訳天地に依りどころがない参詣の道連れ二人。❸**道連れ。**奥の

細道 江戸 紀行 室の八島「どうぎゃう曾良が曰く」訳 道連れの曾良が言うことには。

どう-ぎゃう[2]【童形】名詞 **稚児姿。**おかっぱ頭の子供の姿。また、**稚児姿の少年。**

とう-ぐう[*]【東宮・春宮】名詞 ❶皇太子の住む宮殿。❷**皇太子。**「春の宮」とも。

参考 皇居の東にあったところから「東宮」という。五行説(=古代中国の世界観の一つ)で東方は四季の春に配するところから、「春宮」とも書く。

とうぐう-の-だいぶ【東宮の大夫・春宮の大夫】名詞「東宮坊」の長官。

とうぐう-ばう【東宮坊】名詞 皇太子に関する一切の事務をつかさどる役所。

とうくゎ-でん【登花殿・登華殿】名詞 平安京内裏の後宮七殿の一つ。弘徽殿の北、貞観殿の西にあり、女御などの私室に当てられた。参照▶資料26

とう-くゎん【東関】名詞 ❶京都の東にある関所。特に、逢坂の関。❷逢坂の関より東の地域。**関東。**

東関紀行 書名 紀行。作者未詳。鎌倉時代(一二四二か)成立。一巻。〔内容〕京都から東海道を下って鎌倉に到着し、また帰京するまでの紀行文。流麗な和漢混交文で、仏教思想が濃厚である。

とう-ごく【東国】名詞「畿内」から見て東の諸国。対 西国。

参考 東国の範囲は時代によって異なるが、古くは遠江・信濃以東をさし、後に足柄(=駿河と相模との境)以東をさすようになった。なお、東国の北限は、陸奥との境である白河の関である。

とうざ〖当座〗⇩たうざ

とう-ざい【東西】

一 名詞 ❶**東と西。方角。方向。**❷**あちこち。**今昔物語 平安 説話 二八・七「とうざいを見めぐらせば」訳 あちこちを見まわすと。

二 名詞/―す 自動詞 サ変 身動きすること。枕草子 平安 随筆 頭の中将の「ただ、袖をとらへて、とうざいせさせず」訳 ひたすら、袖をつかんで身動きをさせず。

三 感動詞 興行物で、客のざわめきをしずめたり、口上を述べたりするときの冒頭に発する語。

とうざい-を-うしな・ふ【東西を失ふ】連語 **方角を見失う。方向がわからなくなる。**または、**途方に暮れる。**今昔物語 平安 説話 一三・一「道に迷ひてとうざいをうしなひつ」訳 道に迷って方角を見失ってしまった。

とうざい-を-しら-ず【東西を知らず】連語 **西も東もわからない。思慮分別がつかない。**「東西を弁えず」とも。宇津保 平安 物語 国譲上「内裏よりただ今まかで侍りて、乱り心地とうざいしらず侍れば」訳 宮中からたった今退出したばかりで、思慮分別がつかないほど疲れておりますので。

とうさん-だう【東山道】名詞 ❶「五畿七道」の一つ。畿内の東、東海・北陸両道に挟まれた山間部を経て奥羽地方に及ぶ地域。近江(滋賀県)、美濃・飛驒(岐阜県)、信濃(長野県)、上野(群馬県)、下野(栃木県)と、陸奥(福島県・宮城県・岩手県・青森県)、出羽(山形県・秋田県)との計八か国。明治一年(一八六八)、陸奥が磐城・岩代・陸前・陸中・陸奥に、出羽が羽前・羽後に分割され、十三か国となった。参照▶資料21 ❷❶の諸国を連ねる道路。「海の道」と呼ぶ東海道に対して「山の道」ともいう。後世、「中山道」という。◆「とうせんだう」とも。

とう-し【藤氏】名詞 **藤原氏一族。**藤原の姓を持っている氏族。

とう-じ【刀自】名詞「とじ」に同じ。

どう-じ【童子】名詞 ❶**子供。わらべ。**平家物語 鎌倉 物語 七・主上都落「びんづら結ひたるどうじの」訳 髪をみづらに結った子供が。❷仏教語。仏・菩薩・明王などの眷族。❸仏教語。寺に入って僧の弟子となり、学びながら雑用に従う少年。年齢によって大童子・中童子などと呼び分ける。

とう-しみ【灯心】名詞「とうしん」の変化した語。「とうじみ」とも。

とう-じゃう【闘諍】名詞 **戦い争うこと。闘争。けんか。**徒然 鎌倉 随筆 五〇「暮るるまでかく立ち騒ぎて、果てはとうじゃう起こりて」訳 日が暮れるまでこのように立ち騒いで、ついにけんかまで起こって。

とう-しゅ【東首】名詞/―す 自動詞 サ変 寝たとき、頭が東になるようにすること。東枕で寝ること。徒然 鎌倉 随筆 一三三「孔子もとうしゅし給へり」訳 孔子も東枕で寝なさった。

どう-じゅく【同宿】名詞/―す 自動詞 サ変 ❶同じ宿に泊まること。また、その人。❷師の僧と同じ寺に住み、その師について修行すること。また、その僧。徒然 鎌倉 随筆 八六「寺法師の円伊僧正とどうじゅくして侍りけるに」訳 三井寺の僧の円伊僧正と同じ寺に住み、僧正について修行しておりましたときに。◆「どうしゅく」とも。

とう-しん【灯心】名詞 灯油にひたして火をともすしん。細藺(=草の名)の白いしんや綿糸などを用いる。「とうしみ」「とうじみ」とも。

とう-じん【等身】名詞 人間の身長とほぼ等しい高さ。「とうしん」とも。更級 平安 日記 かどで「とうじんに薬師仏をつくりて」訳 人間の身長と等しい高さに薬師如来の像を作って。

どうしん[1]〖道心〗⇩だうしん

どう-しん[2]【同心】

一 名詞/―す 自動詞 サ変 ❶心を合わせて事に当たること。また、戦闘で味方すること。平家物語 鎌倉 物語 四・競「そもそも朝敵頼政法師にどうしんせんとや思ふ」訳 いったい朝敵の頼政法師に味方しようと思うか。❷気持ちや意見が同じであること。また、同意すること。西鶴織留 江戸 物語 浮世・西鶴「親仁なかなかどうしんせず」訳 父親はなかなか同意しない。

二 名詞 ❶鎌倉・室町時代、武家で侍大将などの下に服属した兵卒。のち、騎馬の者を「与力」というのに対して、徒歩の者をいう。❷江戸時代、幕府の所司代・諸奉行などの配下に属し、「与力」の下にあって、雑務や警備などの事に従った下級の役人。

どう-・ず[1]【同ず】自動詞 サ変 {ぜ/じ/ず/ずる/ずれ/ぜよ} **同意する。賛成する。味方する。**平家物語 鎌倉 物語 一・御輿振「皆、もっとももっともとぞどうじける」訳 皆、もっとももっともと賛成した。

どう-・ず[2]【動ず】自動詞 サ変 {ぜ/じ/ず/ずる/ずれ/ぜよ} **心が動く。驚**

きあわてる。動揺する。［大鏡 平安―物語］道隆「おぼろけのいくさにどうずべくもなくなりゆくを」［訳］並ひととおりではない軍勢には、驚きあわてそうもなくなっていくのを。

とう-そ【屠蘇】［名詞］「とそ」に同じ。

とう-たい【凍餒】［名詞］こごえや飢え。寒さにこごえることと、飢えること。生活に苦しむこと。［徒然 鎌倉―随筆］一四二「世治まらずして、とうたいの苦しみあらば」［訳］世の中が治まらないで、こごえや飢えの苦しみがあれば。

とう-だい【灯台】［名詞］室内照明具の一種。木製の脚のついた台の上に油皿を置いて灯火をともす器具。

（灯 台）

とうだい-もと-くら-し【灯台下暗し】［連語］あまり身近なことは、かえって気がつかないことのたとえ。▼灯台の直下はかえって暗いことから。［浮世床 江戸―物語］滑稽「それはとうだいもとくらしとやら、あんまり傍に居ては見つからねへで」［訳］それは灯台下暗しではないか。あまり近くにいると見つからねえぞ。

東大寺（とうだいじ）［寺社］今の奈良市にある華厳宗の総本山。南都七大寺の一つ。聖武天皇の勅願により創建。本尊は「奈良の大仏」として知られる毘盧舎那仏。

とう・づ【取う出】（トウズ）［他動詞］ダ下二｛で／で／づ／づる／づれ／でよ｝「とりいづ」の変化した語。**取り出す。**［枕草子 平安―随筆］僧都の御乳母のままなど「いささかものもとうではべらず」［訳］まったく荷物も取り出しておりません。◆未然形・連用形が多く用いられる。

とう-ど［副詞］❶**ゆったりと。**▼座って腰を落ち着けるようす。［吉野静 室町―能楽］謡曲「まづとうど居てこれで待たう」［訳］とりあえずゆったりと座ってここで待とう。❷**ちゃんと。しっかりと。**［柑子 室町―狂言］狂言「太郎冠者が六波羅へ、とうど納めました」［訳］太郎冠者が六波羅へちゃんと納めました。

どう-ど［副詞］どしんと。どんと。どっと。「どうと」とも。▼物が落ちたり、倒れたりするさま。［平家物語 鎌倉―物語］一一・弓流「馬はどうど倒るれば」［訳］馬はどしんと倒れたので。

とう-とう【疾う疾う】［副詞］「と(疾)くと(疾)く」のウ音便。**早く早く。さっさと。**［平家物語 鎌倉―物語］一一・那須与一「とうとうこれより帰らるべし」［訳］さっさとここからお帰りなさるがよい。

とうとし【尊し・貴し】⇩たふとし

とうとぶ【尊ぶ・貴ぶ】⇩たふとぶ

どう-な・し【動無し】［形容詞］ク｛(く)・から／く・かり／し／き・かる／けれ／かれ｝**心を動かすようすがない。動じるようすがない。**［源氏物語 平安―物語］明石「さらに、例の、どうなきを、せめて言はれて」［訳］（娘は）少しもこれまでと同様に心を動かすようすがない(＝返事を書こうとしない)のに（父の明石の入道に）強いて言われるので。

とう-の-ちゅうじゃう【頭の中将】（トウノチュウジョウ）［名詞］近衛の中将で「蔵人の頭」を兼ねている人。

頭の中将（とうのちゅうじゃう）（トウノチュウジョウ）［人名］『源氏物語』の作中人物。左大臣の長男。光源氏の妻葵の上の兄。源氏の親友でライバル。のちに太政大臣に昇進した。雲井の雁・柏木・玉鬘の父。

とう-の-べん【頭の弁】［名詞］「弁官」で「蔵人の頭」を兼ねている人。

多武峰少将物語（とうのみねせうしやうものがたり）（トウノミネショウショウモノガタリ）［書名］日記（物語）。作者未詳。平安時代前期成立。一巻。〔内容〕応和一年（九六一）右大臣藤原師輔の八男高光が、突然出家する前後から多武峰の草庵に移るまでを、妻や妹の悲しみの和歌と消息文（手紙）を中心に記してある。別名『高光日記』。

とう-はっかこく【東八箇国】［名詞］足柄の関以東の八か国の総称。今の関東地方。相模（神奈川県）、武蔵（東京都・神奈川県・埼玉県）、安房・上総（千葉県）、下総（千葉県・茨城県）、常陸（茨城県）、上野（群馬県）、下野（栃木県）。「とうはちかこく」とも。

とうぶ【食ぶ・賜ぶ・給ぶ】⇩たうぶ

どう-ぶく【胴服】［名詞］羽織の古い呼び名。

どう-ぼう【同朋】［名詞］❶**仲間。友達。**❷室町時代から江戸時代にかけて将軍や諸大名のそばに仕えて、身辺の雑事に従事した僧形の者。

どう-まる【胴丸・筒丸】［名詞］鎧の一つ。胴を丸く囲んで右わき下で合わせるように作った簡略なもの。軽装で活動的なもの。「どうまろ」とも。［参照］▼口絵

どう-よく・なり【胴欲なり・胴慾なり】［形容動詞］ナリ｛なら／なり・に／なり／なる／なれ／なれ｝❶**欲が深い。**［志道軒伝 江戸―物語］滑稽「どうよくなくだ巻き舌に同じ事を幾度か」［訳］欲が深いくだを巻いた言い方で同じことを何度も。◇「どうよくな」は口語。❷**薄情だ。残酷だ。**［清水 室町―狂言］狂言「そのやうなどうよくな事するものか」［訳］そのような薄情なことをするものか。◇「どうよくな」は口語。

とう-より【疾うより】［連語］**早くから。**［大鏡 平安―物語］道長上「さるべき人はとうより御心魂の猛く」［訳］そうなる(＝偉くなる)はずの人は早くから御気力が勇ましく。

とう-りう【逗留】（トウリュウ）一［名詞］／―す［自動詞］サ変❶とどまって進まないこと。ためらうこと。［大鏡 平安―物語］師尹「さばかりのことにてとうりうせさせ給はむやは」［訳］そのくらいのことでもって（道長公が）ためらいなさることがあるだろうか、いや、ないだろう。❷旅先で滞在・宿泊すること。［奥の細道 江戸―紀行］仙台「旅宿をもとめて四五日とうりうす」［訳］宿屋をさがし求めて四、五日滞在する。
二［名詞］とどまる時間。ひま。

とう-りゃう【棟梁】（トウリョウ）［名詞］❶**棟と梁は。**［平家物語 鎌倉―物語］二・山門滅亡「とうりゃう遥かに秀でて、四面の椽を白霧の間にかけたりき」［訳］棟と梁が遥かにそびえて、四面の垂木を白い霧の間にかけてあった。❷（一国・一門・一族などを支える）**重要な中心的人物。**▼棟と梁とが建物を支える重要なものであるところから。❸**首領。頭。**◇「頭領」とも書く。❹（大工の）**頭。**

どう-れい【同隷】［名詞］同じ主人に仕える仲間。同僚。同輩。

とう-ろ【灯籠】［名詞］屋外用灯火具の一種。木・竹・石・金属などの枠に紙を張った火屋に、灯火をともす。本来は僧房の灯火具であるが、のち、寺社・庭園な

どの屋外灯火具として広く用いられた。釣り灯籠と置き灯籠とがあり、また、材料や形により多くの種類に分かれる。「とうろう」とも。

とう-ろう【灯籠】名詞「とうろ」に同じ。

ど-えん【度縁】名詞 律令制で、官が得度を認められた僧尼に与えた許可証。「とえん」とも。

とお[1]【十】⇩とを

とお[2]【遠】⇩とほ

とおおなり【撓なり】⇩とををなり

とおしろし ⇩とほしろし

とおる【通る】⇩とほる

と-か 連語

なりたち 格助詞「と」＋係助詞「か」

❶（文中にあって）不確定な推量を表す）…と…であろうか。万葉集 奈良―歌集 八七四「海原の沖行く船を帰れとか領巾振らしけむ松浦佐用姫」訳 海原の沖を遠ざかり行く船に帰れと領巾を振ったであろうか、松浦佐用姫は。❷（文末にあって）伝聞を表す）…とかいうことだ。源氏物語 平安―物語 若菜下「琴はた、まして、さらにまねぶ人なくなりにたりとか」訳 琴にいたっては、なおさら、まったく学ぶ人もいなくなったとかいうことです。

とが【咎・科】名詞

❶欠点。過失。徒然 鎌倉―随筆 一六七「たとひことばに出でてこそ言はねども、内心にそこばくのとがあり」訳 たとえ言葉に出して言わないとしても、内心には多くの欠点がある。

❷犯罪。罪。徒然 鎌倉―随筆 一四二「世治まらずして、凍餒の苦しみあらば、とがの者絶ゆべからず」訳 世の中が治まらないで、こごえや飢えの苦しみがあれば、犯罪者が絶えるはずがない。

***と-かう** 副詞「とかく」のウ音便。「とかく」に同じ。源氏物語 平安―物語 若紫「とかう世を思し乱るること多かり」訳 あれやこれや男女の仲についてお思い悩みになることが多い。

と-かく 副詞

なりたち 副詞「と」に副詞「かく」の付いた形が一語化したもの。

❶あれやこれや。何やかやと。土佐日記 平安―日記 一二・二一「日しきりにとかくしつつ、ののしるうちに夜ふけぬ」訳 一日中、あれやこれやとしながら大騒ぎするうちに、夜が更けてしまった。

❷ややもすれば。ともすれば。愚管抄 鎌倉―論 七「仲哀より欽明まで十七代は、とかく落ち上がりて」訳 仲哀天皇から欽明天皇までの十七代は、ややもすれば落ちたり上がったりして。

❸いずれにしても。何にしても。とにかく。諸国ばなし 江戸―物語 浮世・西鶴「『とかく、あるじの心まかせに』と申されければ」訳「とにかく、ご主人のお心のままに」と申し上げられたので。

とかく・す 連語

なりたち 副詞「とかく」＋サ変動詞「す」

あれこれする。徒然 鎌倉―随筆 二一五「直垂のなくて、とかくせしほどに」訳（着る）直垂がなくて、あれこれしている間に。

とかく-の-こと【とかくの事】連語 ❶あれやこれやのこと。❷人の死や葬式を婉曲に表現する語。

と-かげ【常陰】名詞（山の陰など）いつも日の当たらない場所。

とがとが・し 形容詞 シク｛(しく)・しから／しく・しかり／し／しき・しかる／しけれ／しかれ｝とがめだてするようすである。とげとげしい。口うるさい。堤中納言 平安―物語 虫めづる姫君「『衣など着ずともありなむかし』など言ひあへるを、とがとがしき女聞きて」訳「着物など着なくてもよいでしょうよ」などと言いあっているのを、口うるさい女性が聞いて。

栂尾 地名 今の京都市右京区梅ケ畑栂尾町。高尾（高雄）・槙尾とともに三尾と称せられる。高山寺があり、紅葉の名所。

と-かま【利鎌】名詞 よく切れる鎌。切れ味の鋭い鎌。「とがま」とも。

とが・む【咎む】他動詞 マ下二｛め／め／む／むる／むれ／めよ｝

❶非難する。責める。徒然 鎌倉―随筆 一〇六「いと腹悪しくとがめて、『こは希有の狼藉かな』」訳 かんかんに怒って非難して、「これはとんでもない乱暴だな」。

❷気にとめる。あやしむ。土佐日記 平安―日記 一・二一「人の程に合はねば、とがむるなり」訳（言い方が）身分に合わないので、気にとめるのである。

❸問いただす。尋問する。枕草子 平安―随筆 にげなきもの「『嫌疑の者やある』ととがむ」訳「あやしい者はいるか」と問いただす。

と-がめ【咎め】名詞 過ちや欠点を取り上げて責めること。非難。

と-か-や 連語

なりたち 格助詞「と」＋係助詞「か」＋間投助詞「や」

❶（文中の場合）…とかいう。徒然 鎌倉―随筆 一四一「悲田院の尭連上人は、俗姓は三浦のなにがしとかや、双なき武者なり」訳 悲田院の尭連上人は、出家前の俗人としての姓は三浦のだれそれとかいう、並ぶ者のいない武士である。❷（文末の場合）…とかいうことだ。徒然 鎌倉―随筆 二二七「新院のおりゐさせ給ひての春、詠ませ給ひけるとかや」訳 新院（＝花園上皇）が退位あそばして（その年）の春、（歌を）お詠みになられたとかいうことだ。

と-がり【鳥狩り】名詞 鷹を使って鳥を捕らえること。「とかり」とも。

とがり-や【尖り矢】名詞 先の鋭くとがった鏃を付けた四枚羽の矢。参照▼口絵

とき[1]【時】名詞

❶（過ぎていく）時間。時の流れ。徒然 鎌倉―随筆 一九一「若きどち、心とどめて見る人は、ときをも分かぬものなれば」訳 若い者同士、互いに注意して見る人は、（見たり見なかったりという）時間の区別がないものなので。

❷（一昼夜を区分した）時間。時刻。竹取物語 平安―物語 かぐや姫の昇天「宵うち過ぎて、子のときばかりに」

訳夜も更けて、子の**時刻**(=今の午前零時)ごろに。❸**時節。季節。** 新古今 鎌倉―歌集 雑中・伊勢物語 平安―物語 九「**とき**知らぬ山は富士の嶺いつとてか鹿の子まだらに雪の降るらむ」訳⇩ときしらぬ…。❹**よい時機。好機。** 万葉集 奈良―歌集 一八五五「桜花**とき**は過ぎねど見る人の恋の盛りと今し散るらむ」訳桜の花をみるのに**よい時機**は過ぎていないのに、見る人の惜しむ盛りだと思って、今こそ散っているのだろう。❺**時代。年代。世。** 源氏物語 平安―物語 桐壺「いづれの御**とき**にか、女御・更衣あまたさぶらひ給ひける中に」訳どの帝の御**治世**であったろうか、女御や更衣がたくさんお仕えしておられたなかに。❻**時勢。時世。世のなりゆき。** 伊勢物語 平安―物語 一六「のちは世変はり**とき**移りにければ」訳その後は世が変わって**時勢**が移ってしまったので。❼**その当時。そのころ。** 源氏物語 平安―物語 蜻蛉「**とき**の帝の御むすめ」訳**そのころ**の帝の皇女。❽(そういう状態の)**時。折。場合。** 徒然 鎌倉―随筆 一〇九「降るる**とき**に、軒たけばかりになりて」訳降りてきている**時**に、軒の高さぐらいになって。❾**栄えている時期。勢いが盛んな時期。** 古今 平安―歌集 雑下・詞書「**とき**なりける人の、にはかに**とき**なくなりて嘆くを見て」訳**勢いが盛んな時期**であった人が、急に**盛んな勢い**がなくなって嘆くのを見て。

とき[2]【斎】名詞 仏教語。❶**僧の食事。** 特に、午前中にとる定時の食事。徒然 鎌倉―随筆 六〇「**とき**・非時も、人に等しく定めて食はず」訳**定時の食事**も、そうでない食事も、他の人のように時間を決めては食べず。❷法事などの際に、僧や参会者に出す食事。

参考 食事をすべき時の意から。僧は午前中の一日一食であった。

とき[3]【鬨・鯨波】名詞 合戦で、戦いの初めに全軍で発する勇ましい叫び声。**ときの声。** 平家物語 鎌倉―物語 一・殿下乗合「六波羅の兵ども、…**とき**をどっとぞつくりける」訳六波羅の兵たちは、…**ときの声**をどっと上げた。

参考 全軍の士気を高め、戦闘開始を敵に告げる合図。大将が「えい、えい」と二声発すると、一同が「おう」と応じ、これを三度繰り返す。

古典の常識

『時刻法』

わが国の時刻法には、奈良時代から宮中を中心に行われた「定時法」と、江戸時代に民間で行われた「不定時法」とがある。⇩資料18

定時法…漏刻(=水時計)によって時を計り、一昼夜を十二等分した一つの時間を一時(今の二時間に当たる)とし、各区分に十二支名を当てる方法。夜十一時から一時までを子の時とし、以下丑・寅・卯…のように呼んだ。時報は宮中で太鼓や鐘を打って知らせ、子と午に九つ、以下一時ごとに数を一つずつ減らし、四つになるとまた九つにもどって打った。また、一時をさらに四刻に細分する方法もあった。

不定時法…夜明けを「明け六つ」、日暮れを「暮れ六つ」と呼び、夜明けから日暮れまで、日暮れから夜明けまでをおのおの六等分する方法。夜半を夜の九つとし、以下八つ・七つ…の順に四つまで数えて、昼の九つに戻る(十二支名を当てる場合もある)。ただし、季節によって昼夜の長さが変わるため、一時の長さも異なる。

とぎ【伽】名詞 ❶**話し相手となって、相手の退屈を慰めること。** また、それをする人。増鏡 室町―物語 序「ありつる人の帰り来こん程、御**とぎ**せんはいかが」訳先ほどの人が帰ってくるあいだ、お**話し相手**をするのはどうか。❷寝所の相手をつとめること。❸看護すること。また、その人。笈日記 江戸―論 俳諧「其角が今宵の**とぎ**に加はりけるも」訳其角が今夜の**看護**に加わったが。

とき-うつ・る【時移る】連語 **長い時間が経過する。世が移り変わる。** 古今 平安―歌集 仮名序「たとひ**ときうつり**事去り、楽しび悲しび行きかふとも」訳たとえ**世が移り変わり**過去のこととなり、楽しみや悲しみがかわるがわるやってきても。

とき-かはさ-・ず【時交はさず】連語 **時を移さず。ただちに。すぐに。** 枕草子 平安―随筆 ねたきもの「とみの御物なり。誰も誰も、**ときかはさず**、あまたして縫ひて参らせよ」訳急ぎのお召物です。皆、**すぐに**大勢で(手分けして)縫ってさし上げなさい。

ときぎぬ-の【解き衣の】枕詞 縫い糸を解きほぐした衣類が乱れやすいことから「思ひ乱る」「恋ひ乱る」にかかる。万葉集 奈良―歌集 二五〇四「**ときぎぬの**恋ひ乱れつつ浮き砂生きても我はあり渡るかも」訳恋心に乱れながら生きて私は長らえることだ。

とき-さ・く*【解き放く】他動詞 カ下二 {け/け/く/くる/くれ/けよ} 解きほどく。解きはなす。 万葉集 奈良―歌集 八九六「紐**ときさけ**て立ち走りせむ」訳紐を**解きほどい**たまま走っていきましょう。

とき・じ*【時じ】形容詞 シク {(じく)・じから/じく・じかり/じ/じき・じかる/じけれ/じかれ} ❶**時節外れだ。その時ではない。** 万葉集 奈良―歌集 一六二七「わが宿の**ときじき**藤のめづらしく今も見てしか妹が笑まひを」訳わが家の庭の**時節外れな**藤の花のように、愛らしいと今も見たいものだ。あなたの笑顔を。❷**時節にかかわりない。常にある。絶え間ない。** 万葉集 奈良―歌集 三一七「**ときじく**ぞ雪は降りける」訳⇩あめつちの…。◆奈良時代以前の語。

参考 「じ」は形容詞を作る接尾語で、打消の意味を持つ。

ときじく-に【時じくに】連語 **時期にかかわらず。いつでも。** 万葉集 奈良―歌集 四一一二「橘は花にも実にも見つれどもいや**ときじくに**なほし見がほし」訳橘は花でも実でも見たけれども、ますます**いつでも**やはり見たい。

とき-しも【時しも】連語 **折も折。ちょうどその時。** 玉葉 鎌倉―歌集 秋上「哀れなる**ときしも**秋の寝覚めかな」訳しみじみと悲しい**折も折**秋の(明け方の)目覚めだなあ。

なりたち 名詞「とき」＋副助詞「しも」

とき-しも-あれ【時しもあれ】連語 **折も折なのに。ほかの時もあるのによりによって。** 古今 平安―歌集 哀傷「**ときしもあれ**秋やは人の別るべき」訳ほ

なりたち 名詞「とき」＋副助詞「しも」＋ラ変動詞「あり」の已然形

かの時もあるのによりによって、秋に人に死に別れてよいものだろうか。

***とき-しら-・ず**【時知らず】**連語** **なりたち** 名詞「とき」＋動詞「しる」の未然形＋打消の助動詞「ず」

季節を知らない。時節をわきまえない。[新古今 鎌倉―歌集] 雑中・伊勢物語 平安―物語 九「ときしらぬ山は富士の嶺いつとてか鹿の子まだらに雪の降るらむ」[訳]⇩ときしらぬ…。

ときしらぬ… **和歌**「時知らぬ 山は富士の嶺 いつとてか 鹿の子まだらに 雪の降るらむ」[新古今 鎌倉―歌集] 雑中・在原業平・伊勢物語 平安―物語 九[訳]季節を知らない山、それは富士山だ。今をいつだと思って、鹿の子まだらに雪が降り積もっているのであろうか。

鑑賞 詞書に「五月の晦日に、富士の山の雪白く降れるを見て、詠み侍りける」とある。『伊勢物語』では、東国へ下る男がその途中で詠んだ歌であり、やはり「富士の山を見れば、五月の晦日に、雪いと白う降れり」とある。夏の盛りの陰暦五月の末に、雪をいただく富士に驚嘆、感動して詠んだものである。

ときしり-がほ【時知り顔】**名詞** 時節をわきまえているような得意気な顔つき。

ときしり-がほ・なり【時知り顔なり】(トキシリガオナリ) **形容動詞** ナリ〔なら／なり・に／なり／なる／なれ／なれ〕いかにも時節をわきまえているかのような、得意そうな顔つきだ。[源氏物語 平安―物語] 薄雲「心やりてときしりがほなるも、あはれにこそ」[訳](草の花が)思うままに時節をわきまえているかのような得意そうな顔なのも、しみじみとした思いだ。

とき-ぞ-と-も-な・し【時ぞとも無し】**連語** **なりたち** 名詞「とき」＋係助詞「ぞ」＋格助詞「と」＋係助詞「も」＋形容詞「なし」

いつと決まった時もない。いつもである。[万葉集 奈良―歌集] 三一九六「春日野の浅茅が原におくれ居てときぞともなしわが恋ふらくは」[訳]春日野の丈の低いちがやが一面に生えている野原に残されていて、いつもである、私が恋いこがれることは。

とき-づかさ【時司】**名詞** 律令制で、「陰陽寮」に属し、時刻を知らせることを担当した役人。また、その役所。

とき-つ-かぜ【時つ風】**名詞** ❶潮が満ちて来るときなど、定まったときに吹く風。❷その季節や時季にふさわしい風。順風。❸**枕詞** 定まったときに吹く風の意から「吹く」と同音を含む地名「吹飯」にかかる。「ときつかぜ吹飯の浜に」◆「つ」は「の」の意の奈良時代以前の格助詞。

とき-どき【時時】**副詞** その時その時。時に応じて。ときおり。[源氏物語 平安―物語] 夢浮橋「母のいとかなしくして、宇治にもときどき率ておはせしかば」[訳](小君のことは、その)母親がとてもかわいがって、宇治にもときおり連れておいでだったので。

ときどきの… **和歌**「時々の 花は咲けども 何すれそ 母とふ花の 咲き出来ずけむ」[万葉集 奈良―歌集] 四三二三・防人歌[訳]その季節季節の花は咲くけれども、どうして母という花が咲き出てこなかったのだろう。

鑑賞 母が花であったらささげて行くのに、花ではないので、別れて一人で行くしかないという防人の気持ちを歌っている。防人歌にはこうした愛する者との別れを詠んだ歌が多い。

とき-と-して【時として】**連語** **なりたち** 名詞「とき」＋断定の助動詞「たり」の連用形「と」＋接続助詞「して」

❶(打消の語を下接して)少しの間も。どんな時も。[方丈記 鎌倉―随筆]「心念々に動きて、ときとして安からず」[訳]心が一瞬一瞬に動揺して、少しの間も心が穏やかではない。❷時には。

とき-と-なく【時と無く】**連語** **なりたち** 名詞「とき」＋格助詞「と」＋形容詞「なし」の連用形

いつと決めずに。いつも。[万葉集 奈良―歌集] 三〇六〇「忘れ草我が紐に付くときとなく思ひわたれば生けりともなし」[訳](身につけると憂いが忘れられるという)忘れ草を私の下紐につける。いつも、恋しく思い続けていると、生きた心地もしないことよ。

とき-なか【時半・時中】**名詞** 一時の半分。今の約一時間。半時。

とき-な・し【時無し】**形容詞** ク〔(く)・から／く・かり／し／き・かる／けれ／かれ〕いつと決まった時がない。いつもである。絶え間がない。[万葉集 奈良―歌集] 二五「み吉野の耳我の嶺にときなくそ雪は降りける」[訳]吉野の耳我の峰に絶え間なく雪は降っていた。

***とき-なら-・ず**【時ならず】**連語** **なりたち** 名詞「とき」＋断定の助動詞「なり」の未然形＋打消の助動詞「ず」

その時節でない。季節はずれである。だしぬけである。[源氏物語 平安―物語] 若菜下「ときならぬ霜雪を降らせ」[訳]季節はずれである霜や雪を降らせ。

***とき-に-あ・ふ**【時にあふ】(トキニアウ) **連語** ❶ちょうど…になる。ちょうどその時機や時節に出あう。[蜻蛉日記 平安―日記] 上「折ならで色づきにけるもみぢ葉はときにあひてぞ色まさりける」[訳]時節でないのに色づいてしまったもみじ葉はちょうど秋になっていっそう美しい色になった。❷時の運に乗る。時めく。よい時機に出あって栄える。[徒然 鎌倉―随筆] 三八「愚かにつたなき人も、家に生まれときにあへば、高き位にのぼり」[訳]愚かでつまらない人でも、名門に生まれ、時の運に乗れば、高い位にのぼり。◆「あふ」は「合ふ」「会ふ」「遇ふ」と当てる。

とき-に-したが・ふ【時に従ふ】(トキニシタガウ) **連語** ❶時勢に従う。世の風習に従う。[源氏物語 平安―物語] 少女「ときにしたがふ世の人の、下には鼻まじろきをしつつ追従し」[訳]時勢に従う世間の人が、心の中では冷笑しながらもこびへつらい。❷時節時節による。[更級 平安―日記] 春秋のさだめ「ときにしたがひ見ることには、春霞おもしろく」[訳]時節時節により見る景色では、春霞が趣深く。

とき-に-つ・く【時につく】**連語** その時々に応じる。[源氏物語 平安―物語] 帚木「ときにつけつつさまを変へて、いまめかしきに目移りて」[訳]その時々に応じて趣向を変えて、目新しくしているのに目移りして。

とき-に-とり-て【時にとりて】**連語** **なりたち** 名詞「とき」＋格助詞「に」＋動詞「とる」の連用形＋接続助詞「て」

場合によって。その時にあたって。[徒然 鎌倉―随筆] 四一「人、木石にあらねば、ときにとりてものに感ずる事なきにあらず」[訳]人間は木や石のように人情を解さないものではないので、場合によって何かに心が動かされることがないわけではない。

ときにより… 和歌「時により 過ぐれば民の なげきなり 八大竜王 雨やめたまへ」〔金槐 鎌倉―歌集〕雑・源実朝 訳 時によって度が過ぎると、ありがたい雨も民の嘆きの原因となります。八大竜王よ、もうこれ以上雨を降らさないでください。

鑑賞 「八大竜王」は雨をつかさどる神で、雨乞いのときの信仰の対象とされた。ここでは、民に害を及ぼすほどに降る雨を止めるため、国を統治する者として神に祈念したときの歌。

とき-の-きら【時の綺羅】連語 好機に巡り会い、権勢の盛んなこと。〔平家物語 鎌倉―物語〕一・東宮立「世のおぼえ、ときのきら、めでたかりき」訳 世間の評判も権勢の盛んなことも、すばらしかった。

とき-の-くひ【時の杙・時の杭】連語 清涼殿の殿上の間の小庭に「時の簡」を立てるくい。

とき-の-こゑ【鬨の声】名詞 「とき(鬨)」に同じ。

とき-の-てうし【時の調子】連語 ❶雅楽で、それぞれの季節にふさわしい調子。春は双調、夏は黄鐘調、秋は平調、冬は盤渉調とする。❷能楽で、その場、その場にふさわしい調子。

とき-の-ひと【時の人】連語 ❶その当時の人。その時代の人。❷時めいている人。時勢に合って羽振りのよい人。

とき-の-はな【時の花】連語 ❶四季折々の花。〔万葉集 奈良―歌集〕四四八五「ときのはないやめづらしくもかくしこそ見し明らめめ秋立つごとに」訳 四季折々の花は、いよいよ美しく賞される。このようにして眺めては心を晴らそう、秋が来るたびに。❷時に合って、はなやかに栄えることのたとえ。〔夜の寝覚 平安―物語〕二「情だちたる心ばへはなく、ときのはなをかざす心ばへある人にて」訳 (左衛門督は)情味に欠け、時流に乗って栄華を誇りたい気持ちのある人で。

とき-の-ふだ【時の簡】連語 平安時代、清涼殿の殿上の間の小庭に立てて時刻を示した札。

とき-の-ま【時の間】連語 ほんのちょっとの間。暫時。〔源氏物語 平安―物語〕桐壺「ときのまもおぼつかなかりしを」訳 ほんのちょっとの間も、会いたくて待ち遠しかったのを。

***とき-は**【常磐・常盤】名詞 「とこいは」の変化した語。永遠に変わることのない大岩。〔万葉集 奈良―歌集〕八〇五「ときはなすかくしもがもと思へども」訳 永遠に変わることのない大岩となる、このように(変わらずに)ありたいものだと思うが。

参考 巨大な岩のもつ神秘性に対する信仰から、永遠に不変である意を生じたもの。

***とき-は・なり**【常磐なり・常盤なり】形容動詞ナリ〔なら／なり・に／なり／なる／なれ／なれ〕❶永遠に変わらない。とこしえだ。〔万葉集 奈良―歌集〕三〇八「ときはなる石室は今もありけれど」訳 永遠に変わらない岩屋は今もあるのだが。❷樹木などの葉が緑の色を変えない。常緑だ。〔万葉集 奈良―歌集〕四五〇一「ときはなる松のさ枝を」訳 常緑の松の枝を。

とき-めか・し【時めかし】形容詞シク〔(しく)・しから／しく・しかり／し／しき・しかる／しけれ／しかれ〕全盛である。時流にのって栄えている。〔枕草子 平安―随筆〕能因本・すさまじきもの「さわがしうときめかしきところに」訳 (人の出入りも)にぎやかで時流にのって栄えている(人の)ところに。

とき-めか・す【時めかす】他動詞サ四〔さ／し／す／す／せ／せ〕寵愛する。かわいがる。〔源氏物語 平安―物語〕須磨「かく、国王すぐれてときめかし給ふこと並びなかりけるほどに」訳 このように、帝が格別に寵愛しなさることがほかに比べるものがなかったほどなので。◆「めかす」は接尾語。

***とき-め・く**【時めく】自動詞カ四〔か／き／く／く／け／け〕❶時流に乗って栄える。もてはやされる。〔枕草子 平安―随筆〕花の木ならぬは「師走のつごもりのみときめきて」訳 (新年の飾りにするゆずり葉は)十二月の末だけもてはやされて。❷格別に目をかけられる。寵愛を受けて栄える。〔源氏物語 平安―物語〕桐壺「いとやむごとなききはにはあらぬが、すぐれてときめき給ふありけり」訳 それほど高貴な身分ではない方で、際だって帝の寵愛を受けて栄えていらっしゃる方があった。◆「めく」は接尾語。

とき-もり【時守】名詞 律令制で、「陰陽寮」の役人。漏刻(＝水時計)の番をし、時刻を鐘を打って知らせる役。

ど-きやう【読経】名詞／―す 自動詞サ変 「どくきやう」の変化した語。声をあげて経文を読むこと。

どきやう-あらそひ【読経争ひ】名詞 遊びの一つ。経文の主な文句を読み上げ、その声や節回しの優劣を競う。一説に、経文をどこまですら読み続けられるかを競うとも。

とき-よ【時世】名詞 ❶年月。時代。〔伊勢物語 平安―物語〕八二「ときよ経て久しくなりにければその人の名忘れにけり」訳 年月を経て長い時がたってしまったので、その人の名前を忘れてしまった。❷時流。時勢。その当時の世の中。〔源氏物語 平安―物語〕須磨「人柄いと清らなれば、ときよの覚え重くて物し給へど」訳 人柄がたいそう清潔なので、当時の世(の人々)の信頼が厚くていらっしゃるが。

と-ぎよ【渡御】名詞／―す 自動詞サ変 天皇・皇后・皇族などの貴人や御輿がお出かけになること。おでまし。

どきよう〖読経〗⇩どきやう

ときわ〖常磐・常盤〗⇩ときは

とき-わか-・ず【時分かず】連語 なりたち 名詞「とき」＋四段動詞「わく」の未然形＋打消の助動詞「ず」 四季の別がない。いつと決まっていない。時を選ばない。〔万葉集 奈良―歌集〕九六一「湯の原に鳴く蘆鶴はわがごとく妹に恋ふれやときわかず鳴く」訳 湯の原で鳴く鶴は私のように妻に恋するのだろうか。時を選ばず鳴いていることだ。

ときわなり〖常磐なり・常盤なり〗⇩ときはなり

とき-を-・う【時を得】連語 好機を得て栄える。〔増鏡 室町―物語〕むら時雨「ときをえてみゆきかひある庭の面に花もさかりの色や久しき」訳 (折しも春という)好機を得て、天皇の行幸をあおいだかいのあるこの庭では、今は盛りと咲きほこっている桜の花の色も、久しくうつろうことがないであろう。

***とき-を-うしな・ふ**【時を失ふ】連語 時の流れに合わないで勢力がなくなる。落ちぶれる。〔古今 平

安一歌集 仮名序「昨日は栄えおごりて、ときをうしなひ、世にわび」訳昨日(まで)は栄えて思い上がっていたのに、(今日は)時の流れに合わないで勢力がなくなり、世間で落ちぶれて。

とき-を-うつ・す【時を移す】 連語 よけいな時間がかかる。ひまをつぶす。徒然 鎌倉一随筆 一〇八「無益の事を思惟して、ときをうつすのみならず」訳役に立たないことを考えて、ひまをつぶすばかりでなく。

とき-を-そう・す【時を奏す】 連語 時刻を奏上する。平安時代、宮中で夜間、亥の一刻から子の四刻まで、左近衛の官人が、丑の一刻から寅の四刻まで、右近衛の官人が夜行して時を知らせた。

と-きん【頭巾・兜巾】 名詞 修験者のかぶる布製の小さな黒いずきん。「ときん」とも。参照▼口絵

(頭巾)

1 **とく【徳】** 名詞 ❶道徳。人の道。徒然 鎌倉一随筆 二三〇「人に本意なく思はせてわが心を慰まん事、とくに背けり」訳他人にいやな思いをさせて、自分の心を楽しませることは、道徳にそむいている。❷人徳。徳望。大鏡 平安一物語 道長下「これはとくいたりたる翁どもにてさぶらふ」訳これは人徳が極致に達した老人たちでございます。❸天性。長所。生まれつきの能力。徒然 鎌倉一随筆 一二二「よく味はひをととのへ知れる人、大きなるとくとすべし」訳よく味の具合に精通している人は、大きな長所とすべきだ。❹恵み。恩恵。源氏物語 平安一物語 澪標「神の御とくをあはれにめでたしと思ふ」訳神の御恩恵をしみじみすばらしいと思う。❺おかげ。落窪物語 平安一物語 四「帥はこの殿の御とくに、大納言になり給へり」訳帥はこの殿のおかげで、大納言になられた。❻利益。もうけ。所得。今昔物語 平安一説話 九・三七「そのとくおのづからありて」訳そのもうけがしぜんと出てきて。◇「得」とも書く。❼富。財産。源氏物語 平安一物語 東屋「物ぎたなき人ならず、とくいかめしうなどあれば」訳卑しげな人ではなく、財産も豊かな人であるので。◇「得」とも書く。

2 **と・く【解く】**

一 他動詞 カ四 {か/き/く/く/け/け} ❶ほどく。諸国ばなし 江戸一物語 浮世・西鶴「上座から帯をとけば、その次も改めける」訳上座の者から帯をほどくと、その次の者も調べた。❷取り外す。脱ぐ。今昔物語 平安一説話 二五・一二「いまだ装束もとかで丸寝にてありければ」訳まだ昼の衣装も脱がないで、着衣のまま寝ていたので。❸ほぐして整える。(櫛で)すく。源氏物語 平安一物語 手習「とき果てたれば、つやつやと清らなり」訳(髪は)すっかり(櫛で)すき終わっていたので、つやつやと光沢があって美しい。❹答えを出す。解答する。徒然 鎌倉一随筆 一〇三「なぞなぞを作りてとかれけるところへ」訳なぞなぞを作って解答を出しておられたところへ。

二 自動詞 カ下二 {け/け/く/くる/くれ/けよ} ❶ほどける。万葉集 奈良一歌集 三一四六「草枕(=枕詞)旅の衣の紐とけぬ」訳旅の衣のひもがほどけて。❷(恨み・わだかまりが)消える。なくなる。源氏物語 平安一物語 少女「その恨みはおのづからとけ侍りなむ」訳その不平は自然にきっと消えていくでしょう。❸うちとける。安心する。源氏物語 平安一物語 帚木「君はとけても寝られ給はず」訳源氏の君はうちとけて休むこともおできにならず。❹官職から離れる。古今 平安一歌集 雑下「左近の将監とけて侍りける時に」訳左近の将監の職から離れておりました時に。

3 **と・く【溶く・融く】**

一 他動詞 カ四 {か/き/く/く/け/け} 溶く。溶かす。古今 平安一歌集 春上「袖ひちてむすびし水の凍れるを春立つ今日の風やとくらむ」訳⇨そでひちて…。

二 自動詞 カ下二 {け/け/く/くる/くれ/けよ} 溶ける。源氏物語 平安一物語 末摘花「軒の垂氷はとけながら」訳軒先のつららは溶けるのに。

4 **と・く【説く】** 他動詞 カ四 {か/き/く/く/け/け} 説明する。言い聞かせる。徒然 鎌倉一随筆 二二二「称名を追福に修して巨益あるべしととける経文を見及ばねば」訳念仏を追善供養のためにとなえて大きな御利益があるはずだと説明しているお経をまだ見ていないので。

5 **とく【疾く】** 副詞 ❶すぐに。早速。急いで。土佐日記 平安一日記 二・五「船とく漕げ。日のよきに。」訳船を急いで漕げ。天気がよいから。❷すでに。とっくに。源氏物語 平安一物語 夕顔「息はとく絶え果てにけり」訳息はすでにすっかり絶えてしまった。

と・ぐ【遂ぐ】 他動詞 ガ下二 {げ/げ/ぐ/ぐる/ぐれ/げよ} なしとげる。徒然 鎌倉一随筆 五九「去りがたく心にかからん事を本意をとげずして」訳捨てにくく、気がかりなことの目的をなしとげないで。

とく-い【得意】 名詞 ❶親しい間柄。親友。知己。源氏物語 平安一物語 明石「入道は、かの国のとくいにて」訳入道は、あの国の(私の)親友で。❷ひいきにすること。ひいきにする人。枕草子 平安一随筆 職の御曹司におはします頃、西の廂にて「御とくいなり。さらに、よも語らひ取らじ」訳(それは皆さんの)ごひいきだそうだ。まさか、決して言いくるめて横取りはしないだろう。❸得意先。

どく-ぎん【独吟】 名詞/―す 他動詞 サ変 ❶一人で詩歌などを作ったり、吟じたりすること。❷連歌や連句を一人で作ること。また、その作品。

とく-くわ【徳化】 名詞/―す 他動詞 サ変 高僧が人徳により人々を仏の道に導くこと。「とくげ」とも。

とく-こ【独鈷】 名詞 仏教語。「独鈷杵」の略。仏具の一つ。「金剛杵」の一種で、銅または鉄でつくり、両端が分かれずにとがっているもの。真言密教で、煩悩を打ち砕く菩提心を表すものとして用いる。「とこ」「とっこ」とも。

とく-ごふ【得業】 名詞 仏教語。僧の学問上の階級の一つ。奈良の三会(=興福寺の維摩会・法華会、薬師寺の最勝会)の修行を勤めたもの。「とくご」とも。

と-くさ【木賊】 名詞 ❶植物の名。しだ類で、硬い茎を干し、物を磨くのに用いる。季秋。❷「木賊色」の略。㋐襲の色目の一つ。表は黒みを帯びた青、裏は白というが、他の説もある。老人が用いる。㋑染め色の一

つ。❶の葉や茎のような、黒みを帯びた鈍い緑色。

とく-し【読師】 名詞 ❶諸国の国分寺におかれた僧官。講師の下位。❷法会のとき、経文・題目を読み上げる役の僧。❸歌合わせ、歌会、または作文の会のとき、作品を記した懐紙や短冊を整理して、講師に渡す役。◆「どくし」「とくじ」「どくじ」とも。

***とく-しち【得失】** 名詞 「とくしつ」に同じ。

とく-しつ【得失】 名詞 ❶損得。利害。徒然 鎌倉―随筆 七五「分別みだりに起こりて、**とくしつ**止む時なし」訳思慮分別がやたらに起こって、**利害**を思う心がやむ時がない。❷成功と失敗。徒然 鎌倉―随筆 九二「毎度ただ**とくしつ**なく、この一矢に定むべしと思へ」訳(矢を射るときは)毎回ただ**成功と失敗**に関係なく、この一本の矢で決めようと思え。◆「とくしち」とも。

どく-じゅ【読誦】 名詞／―す 他動詞 サ変 仏教語。声を出して経文を読み、また、唱えること。読経。

とく-じん【徳人】 名詞 「とくにん」に同じ。

とく-せい【徳政】 名詞 ❶民衆に恩恵を施すよい政治。免税・大赦・貧民への施策などを行う政治。❷鎌倉時代末期から室町時代にかけて、御家人や農民の困窮を救うために幕府から発せられた債務・債権の破棄令。

とく-せん【得選】 名詞 御厨子所に仕え、食膳その他の雑用に従事した女官。

とく-つ・く【得付く・徳付く】 自動詞 カ四 〔か／き／く／く／け／け〕裕福になる。平家物語 鎌倉―物語 一〇・三日平氏「命生き給ふのみならず、**とくつい**てぞ帰り上られける」訳命を生きながらえられたばかりでなく、**裕福になっ**て都へ帰りなさった。◆「とくつい」はイ音便。

***とく-ど【得度】** 名詞／―す 自動詞 サ変 仏教語。迷いの境地を脱して悟りを得ること。また、そのために出家(して修行)すること。◆生死の苦海を度って悟りを得る意。

とく-とく【疾く疾く】 副詞 早く早く。さっさと。十訓抄 鎌倉―説話 六「**とくとく**もておはして、取らせ給へ」訳**早く早く**持っていらっしゃって、お渡しなさい。◆形容詞「と(疾)し」の連用形を重ねて強めた語。

とく-に-かく・る【徳に隠る】 連語 恩恵を受ける。源氏物語 平安―物語 関屋「爵など得しまで、この御**とくにかくれ**たりしを」訳五位に叙せられたほど、この(光源氏の)ご**恩恵を受け**ていたのに。

とく-にん【徳人】 名詞 金持ち。富豪。「とくじん」とも。徒然 鎌倉―随筆 九八「**とくにん**は貧になり」訳**金持ち**は貧乏になり。

とく-ほふ【得法】 名詞／―す 自動詞 サ変 ❶仏教語。仏教を会得すること。悟りを開くこと。❷奥義を会得すること。風姿花伝 室町―論 一「たとひ天下に許され、能に**とくほふし**たりとも」訳「たとえ世間に認められ、能の**奥義を会得し**たとしても。」

と-ぐら【鳥座・塒】 名詞 鳥のとまり木。鳥のねぐら。

とこ[1]【床】 名詞 ❶寝床。寝所。❷牛車の屋形。車体。栄花物語 平安―物語 峰の月「御車の**とこ**かきおろして」訳お車の**車体**を地に置いて。❸涼み床。納涼のために川の上などに設ける桟敷。

と-こ[2]【独鈷】 名詞 「とくこ」の促音便「とっこ」の促音「っ」が表記されない形。

とこ-[3]【常】 接頭語 〔名詞・形容詞などに付いて〕いつも変わらない、永久不変であるの意を表す。「**とこ**夏」「**とこ**闇」「**とこ**世」「**とこ**少女」「**とこ**懐し」。◆奈良時代以前の語。

とこ・し【常し】 形容詞 シク 〔(しく)・しから／しく・しかり／し／しき・しかる／しけれ／しかれ〕いつまでも変わらない。万葉集 奈良―歌集 一一三三「いや**とこしく**にわれかへり見む」訳いよいよ**いつまでも変わらなく**私は(この吉野に)また来てみよう。

***とこし-なへ・なり【常しなへなり】** 形容動詞 ナリ 〔なら／なり・に／なり／なる／なれ／なれ〕「とこしへなり」に同じ。徒然 鎌倉―随筆 二一七「心**とこしなへに**安く楽し」訳心は**いつまでも**安らかで楽しい。

***とこし-へ・なり【常しへなり】** 形容動詞 ナリ 〔なら／なり・に／なり／なる／なれ／なれ〕いつまでも変わらない。永久だ。永遠だ。「とこしなへなり」とも。日本書紀 奈良―史書 允恭「**とこしへに**君も逢へやも」訳**いつまでも変わらず**あなたにも会いたいものだ。

と-こそ 連語 なりたち 格助詞「と」＋係助詞「こそ」 ❶〔文中に用いて〕…と。▼「と」で受けた内容を強める。徒然 鎌倉―随筆 一五「能ある人、かたち良き人も、常よりはをかし**とこそ**見ゆれ」訳(同行の)芸を身につけている人や、容貌の美しい人も、(旅先で見ると)常日ごろよりずっとすばらしい**と**思えるものである。❷〔文末に用いて〕…しろよ。…しろというのだ。▼動詞の命令形に付いて命令の意を強める。安宅 室町―能楽 謡曲「いかに、これなる強力、とまれ**とこそ**」訳おい、そこの強力、とまれ**というのだ**。

とこ-つ-みかど【常つ御門】 名詞 「とこみや」に同じ。◆「つ」は「の」の意の奈良時代以前の格助詞。

とこ-なつ【常夏】 名詞 ❶植物の名。なでしこの別名。◇花の盛りが春から秋まで続くことから。❷襲の色目の一つ。表は紅梅、裏は青色。

とこ-なつか・し【常懐かし】 形容詞 シク 〔(しく)・しから／しく・しかり／し／しき・しかる／しけれ／しかれ〕いつも親しみを覚える。常に心が引かれる。源氏物語 平安―物語 常夏「撫子の**とこなつかしき**色を見ばもとの垣根を人や尋ねむ」訳なでしこの**常に心が引かれる**ようすを見るならば、もとの垣根を人は探し求めることができるだろうか。

とこ-なめ【常滑】 名詞 苔がついて滑らかな、川底の石。一説に、その石についている苔とも。万葉集 奈良―歌集 三七「見れど飽かぬ吉野の川の**とこなめ**の」訳いくら見ても飽きない吉野川の**滑らかな川底の石**のように。

とこ-は【常葉】 名詞 常緑の木の葉。

とこ-はな【常花】 名詞 いつでも咲いている花。

とこ-はな・る【床離る】 連語 夫婦が寝床をともにしないようになる。夫婦関係がなくなる。伊勢物語 平安―物語 一六「年ごろあひ馴れたる妻、やうやう**とこはなれ**て」訳長年なれ親しんできた妻が、だんだんと**寝床をともにしなくなっ**て。

とこ-ふ・る【床旧る】 連語 夫婦が長い年月一緒に生活する。長く連れ添う。拾遺 平安―歌集 哀傷「年ふれどいかなる人か**とこふり**て相思ふ人に別れざるらむ」訳長い年月がたっても、いったいどのような人が**長く連れ添っ**て愛し合っている人と死別しないことがあるだろうか。

とこ-みや【常宮】 名詞 永遠に変わることなく栄える

宮殿。貴人の墓所の意でも用いる。「常(とこ)つ御門(みかど)」とも。

とこ-やみ【常闇】 名詞 **永遠のくらやみ。**

1 **とこ-よ【常世】** 名詞 ❶**永久不変。永遠。**永久に変わらないこと。万葉集 奈良|歌集 四四六「鞆(とも)の浦(うら)のむろの木はとこよにあれど見し人そなき」訳⇨わぎもこがみしとものうらの…。❷「常世の国」の略。

2 **とこ-よ【常夜】** 名詞 **永久に続く夜。**永遠のくらやみ。常闇(とこやみ)。

とこよいでて… 和歌「常世出でて 旅の空なる 雁(かり)がねも 列(つら)におくれぬ ほどぞ慰む」源氏物語 平安|物語 須磨 訳 故郷の常世(仙郷＝仙人の住むところ)を出て、旅の空を飛ぶかりも、仲間と一緒にいる間は心が慰められているのです。

鑑賞 須磨(すま)に退去した光源氏が、かりの鳴き声を聞いて望郷の思いを歌にしたとき、供の者たちがそれに合わせて歌を詠んだうちの一首。都から遠く離れていても、光源氏や仲間と一緒なら寂しくはないという意。作者は前右近(さきのうこん)の尉(ぞう)。

とこよ-の-くに【常世の国】 連語 海のはるかかなたにあり、祖先の霊が集まって住むという国。また、不老・不死であるという理想境。常世。古事記 奈良|史書 垂仁「多遅摩毛理(たぢまもり)をとこよのくにに遣はして、ときじくのかくの木(こ)の実を求めしめ給(たま)ひき」訳 多遅摩毛理を常世の国に行かせて、永遠の橘(たちばな)の実を求めさせなさった。

とこよ-べ【常世辺】 名詞 **常世の国の方。**常世の国のあたり。

とこよ-もの【常世物】 名詞 常世の国から持って来たもの。**橘(たちばな)の別名。**◆常世の国から田道間守(たじまもり)が持ち帰ったという伝説から。

1 **ところ【所・処】** 名詞

❶**場所。地点。**更級 平安|日記 大納言殿の姫君「ただ一人ゐたるところに、この猫が向かひゐたれば」訳 (私が)一人で座っていた場所に、この猫が(私に)向かい合って座っているので。

❷**その土地。その地方。**枕草子 平安|随筆 五月の御精進のほど「ところにつけては、かかることをなむ見るべき」訳 その土地らしく、こんなものでも見るのがよかろう。

❸**その家。その邸(やしき)。**枕草子 平安|随筆 うらやましげなるもの「さやうのことは、ところの大人などになりぬれば」訳 そういうことは、その邸の年輩の女房などになったなら。

❹(全体の中の)**ある部分。箇所。点。**枕草子 平安|随筆 清涼殿の丑寅のすみの「ひがおぼえをもし、忘れたるところもあらば」訳(『古今和歌集』の和歌について)記憶違いをしていたり、忘れてしまった部分があるならば。

❺(連体修飾語を受けて)**こと。点。時。場合。**平家物語 鎌倉|物語 一・祇園精舎「天下の乱れんことを悟らずして、民間の愁(うれ)ふるところを知らざつしかば」訳 国が混乱するであろうことを悟らないで、民衆が悲しみ嘆くことを察しなかったので。◇形式名詞的用法。

2 **ところ【野老】** 名詞 植物の名。つる草で、根や茎は苦みを抜いて食用にする。新年を祝う食べ物。

3 **-ところ【所・処】** 接尾語 **方(かた)。**▼貴人の人数を数える。源氏物語 平安|物語 桐壺「女御子(をんなみこ)たち二(ふた)ところ」訳 皇女たちお二方。

ところ-あらはし【所顕し】(トコロアラワシ) 名詞 平安時代、結婚数日後に披露の宴を開くこと。多く、結婚後三日目の夜に女の家で婿と新婦の両親・親族が対面した。

* **ところ-う【所得・処得】** 他動詞ア下二{え/え/う/うる/うれ/えよ}

なりたち 名詞「ところ」＋動詞「う」

❶**よい地位を得る。**源氏物語 平安|物語 若紫「京にてこそ、ところえぬやうなりけれ」訳(明石の入道は)京都にあっては、よい地位を得ないようであったが。❷**得意になる。**徒然 鎌倉|随筆 二三三「上手(じやうず)めき、ところえたる気色(けしき)して」訳 名人ぶって、得意になっているようすで。

* **ところえ-がほ【所得顔】**(トコロエガオ) 名詞 よい場所・よい地位を得たという得意顔。

ところえ-がほ・なり【所得顔なり】(トコロエガオナリ) 形容動詞ナリ{なら/なり・に/なり/なる/なれ/なれ}(よい場所・地位を得て)**得意顔だ。満足感が顔にまで出ている。**徒然 鎌倉|随筆 二三五「あるじなき所には…ところえがほに入(い)り住み」訳 あるじのいない所には(きつねなどが)…得意顔に入って住み。

* **ところ-お・く【所置く】** 連語 **遠慮する。はばかる。**▼距離をおく意から。大鏡 平安|物語 道長下「公忠(きんただ)が少しひかへて、ところおき申ししを」訳 公忠が少しひかえて、遠慮し申したのを。

ところ-から【所柄】 名詞 **場所柄。**枕草子 平安|随筆 故殿の御服のころ「ところからなめり、さすがに虫の声など聞こえたり」訳 場所柄であろうか、やはり虫の声などが聞こえている。◆「ところがら」とも。

ところ-さ・る【所去る】 連語 **その場所を避けてほかの所に移る。**枕草子 平安|随筆 つれづれなるもの「つれづれなるもの、ところさりたる物忌み」訳 所在ないもの、(いつも住んでいる)場所を避けてほかの所に移ってする物忌み。

ところ-せが・る【所狭がる】 自動詞ラ四{ら/り/る/る/れ/れ} **窮屈に思う。やっかいに思う。**大和物語 平安|物語 一五六「これをなほ、この嫁、ところせがりて」訳 これ(＝年老いた伯母)をやはり、この嫁は、やっかいに思って。

ところせき-な・し【所狭きなし】 形容詞ク{(く)・から/く・かり/し/き・かる/けれ/かれ} **せまくるしい。はなはだ狭い。**◆「なし」は接尾語。

ところ-せ・し【所狭し】
形容詞ク{(く)・から/く・かり/し/き・かる/けれ/かれ}

語義の扉

空間的に「場所が狭い」の意を原義とし、心理的・感覚的にも窮屈で不自由、気づまり、煩わしくやっかいなさまを表す。そこから、比喩的に、あたりが窮屈に思われるほど堂々としている、重々しい、また、おおげさで、堅苦しいようすも表した。

❶ その場にいっぱいだ。余地がない。
❷ ㊀窮屈だ。気詰まりだ。
❸ ㊀煩わしい。面倒である。
❹ ㊀やっかいである。困る。
❺ ㊀おおげさだ。ぎょうぎょうしい。
❻ ㊉重々しい。堂々としている。

❶その場にいっぱいだ。余地がない。[枕草子 平安―随筆] 淑景舎、東宮に「せばき縁に、ところせき御装束の下襲引き散らされたり」[訳]狭い縁側にその場所いっぱいの束帯の下襲の裾が広げられている。
❷窮屈だ。気詰まりだ。[源氏物語 平安―物語] 若紫「かかる有り様もならひ給はず、ところせき御身にて、珍しうおぼされけり」[訳]このような(山歩きの)ようすもお見なれなさらないで、窮屈なご身分なので、新鮮だとお思いになった。
❸煩わしい。面倒である。[源氏物語 平安―物語] 玉鬘「和歌の髄脳いとところせう」[訳]和歌の心得がたいそう煩わしく(書いてあって)。◇「ところせう」はウ音便。
❹やっかいである。困る。[源氏物語 平安―物語] 末摘花「雨降り出でてところせくもあるに」[訳]雨が降り始めてやっかいでもあるが。
❺おおげさだ。ぎょうぎょうしい。[源氏物語 平安―物語] 須磨「ところせき御調度、はなやかなる御装ひなどは、さらに具し給はず」[訳]おおげさな御調度や、はなやかな御装いなどは、まったく身にお付けにならないで。
❻重々しい。堂々としている。[枕草子 平安―随筆] あさましきもの「さるおほのかなるものは、ところせくやあらむと思ひしに」[訳]そうした大きなものは堂々としているだろうかと思っていたのに。

ところ-たがへ【所違へ】トコロタガエ [名詞] 行き先・送り先などを間違えること。[枕草子 平安―随筆] 御前にて人々とも「ところたがへなどならば、おのづからまた言ひに来なむ」[訳]送り先違いなどならば、自然とまた言いに来るだろう。

ところ-どころ【所所・処処】[名詞] ❶あちらこちら。ほうぼう。別々の所。[平家物語 鎌倉―物語] 九・河原合戦「ところどころで討たれん事こそ悲しけれ」[訳]別々の所で討たれることが悲しい。❷「人々」の尊敬語。方々。[源氏物語 平安―物語] 須磨「ところどころ、眺め給ふらむかし」[訳]方々は(同じようにこの月を)眺めていらっしゃるだろうよ。

ところ-な・し【所無し】[形容詞]ク{く・から/く・かり/し/き・かる/けれ/かれ} たくさん集まってすきまがない。[徒然 鎌倉―随筆] 一三七「暮るるほどには立て並べつる車ども、ところなく並みゐつる人も」[訳]日の暮れるころには、立て並べてあった多くの車も、たくさん集まってすきまなく並んで座っていた人々も。

ところ-に-したが・ふ【所に従ふ】トコロニシタガウ [連語] 遠慮も場合による。[源氏物語 平安―物語] 夕顔「御前近くもえ参らぬつつましさに、長押にもえのぼらず。『なほ持て来や、ところにしたがひてこそ』とて」[訳](光源氏の)お側近く参るのははばかられて(従者は)長押(=敷居)にも近づけずにいる。(源氏は)「(明かりを)もっとこっちへ持って来い、遠慮も場合によりけりだ」と言って。

***ところ-に-つ・く**【所に付く】[連語] その場所にふさわしい。[源氏物語 平安―物語] 玉鬘「むすめども男子ども、ところにつけたるよすがども出で来て住みつきにたり」[訳]娘たち息子たちも、その場所にふさわしい縁者たちが次々とでてきて、住みついてしまった。

ところ-を-お・く【所を置く】[連語] 遠慮をする。[平家物語 鎌倉―物語] 一〇・内裏女房「院へも内へも参り給ひし時は、老いたるも若きもところをおきて」[訳](平重衡が)院御所にも宮中にも参上なさった時には、老人も若い者も(重衡に)遠慮をして。

とこ-をとめ【常少女】トコオトメ [名詞] いつまでも若々しい女性。

土佐 [地名] 旧国名。南海道六か国の一つ。今の高知県。土州。[参照▶資料21]

ど-ざ【土座】[名詞] 土間。

と-ざし【鎖し】[名詞] ❶戸じまり。門や戸を閉ざすこと。また、門や戸をさし固めるもの。錠や掛け金など。❷門。[平家物語 鎌倉―物語] 一一・先帝身投「門をば不老と号して、老いせぬとざしと説きたれども」[訳]門を不老と名づけて、年をとらない門と説明したが。

土佐日記 [書名] 日記。紀貫之作。平安時代中期(九三五)成立。一巻。(内容)仮名書き日記文学の始まりで、土佐守の紀貫之が、土佐の国(高知県)から京都へ帰るまでの五十五日間の旅日記である。文章は軽妙でわかりやすく、後世の日記・紀行文に大きな影響を与えた。

古典の常識 『土佐日記』―和歌を交えた船中旅日記

「男もすなる日記といふものを、女もしてみむとてするなり」で始まる、女性の手になる作品、という形をとっている。

承平四年(九三四)十二月、土佐守の任期を終え、京都に向かうところから筆を起こす。――二十七日に船をこぎ出すが、悪天候のため、港で待たされた。正月を大湊で過ごし、大勢の人が見送る中、九日に出港。奈半を経て室津に着く。この近辺の港での出港待ちの間に海賊のうわさを聞いて心配し、神仏に祈る。その後土佐の泊を経て、三十日夜、和泉の灘に到着する。淀川に入り、二月十六日、京都着。うれしくて次々に和歌を詠む。しかし、荒れた自宅を前に、留守番に礼はしなくてはと思いつつ、この家で生まれた女の子を土佐で亡くした悲しみにくれ、忘れ難い心残りのことは、とても書き切れない、と筆を置く。

亡き子への深い悲嘆・追慕の情が随所に表れている。

と-ざま【外様・外方】[名詞] ❶外のほう。よそのほう。❷表だった所。表向き。公の場。❸鎌倉幕府以降、将軍の一族や譜代の家臣でない家臣、または大名。

***とざま-かうざま** トザマコウザマ [副詞] あれやこれや。あちらこちら。「とざまかくざま」「とさまかうさま」とも。[源氏物語 平安―物語] 葵「とざまかうざまに試み聞こゆる程」[訳]あれやこれや試し申し上げているうちに。◆「かうざま」は「かくざま」のウ音便。

とざま-かくざま [副詞]「とざまかうざま」に同じ。「とさまかくさま」とも。

と-さん【土産】[名詞] その土地の産物。転じて、贈り物。みやげ。「どさん」とも。

¹とし【年・歳】[名詞]
❶(暦の)年。年数。年月。[徒然 鎌倉―随筆] 一九「としの暮れはてて、人ごとに急ぎあへるころぞ、またなくあはれなる」[訳]一年が終わってしまって、どの人も急ぎあっ

と

ているその時は、またとないほど趣があるものである。
❷年齢。[徒然 鎌倉―随筆]五二「仁和寺にある法師、とし寄るまで、石清水を拝まざりければ」[訳]仁和寺にいたある法師が、年をとるまで石清水八幡宮を参拝したことがなかったので。
❸季節。時候。[宇津保 平安―物語]梅の花笠「今年はあやしくとし急ぎて、遅き花とく咲き」[訳]今年は不思議に季節が早く移って、遅く咲くはずの花が早く咲き。
❹穀物。特に、稲。稲の実り。[万葉集 奈良―歌集]四一二四「わが欲りし雨は降り来ぬかくしあらば言挙げせずともとしは栄えむ」[訳]私が望んでいた雨は降ってきた。だから言葉に出して願い事をしなくても稲の実りは豊かであろう。

と・し[2] [形容詞ク]｛(く)・から／く・かり／し／き・かる／けれ／かれ｝
㊀【利し・鋭し】よく切れる。するどい。鋭利だ。[万葉集 奈良―歌集]二四九八「剣太刀諸刃のときに足踏みて」[訳]剣の両刃のよく切れるのを足で踏んで。
㊁【疾し】❶時期が早い。[古今 平安―歌集]春上「春やとき花や遅きと聞き分かむ鶯だにも鳴かずもあるかな」[訳]春が来るのが早いのか、花の咲くのが遅いのかとその声を聞いて判断しようと思うそのうぐいすさえも鳴かないでいることよ。❷速度が速い。速く激しい。[万葉集 奈良―歌集]一一〇一「巻向の川音高しも嵐かもとき」[訳]巻向の川の流れの音が大きいなあ。嵐が激しいのか。
㊂【敏し】❶すばしこい。機敏だ。[徒然 鎌倉―随筆]一八八「とき時は則ち功あり」[訳](行動が)機敏なときは、必ず効果がある。❷鋭い。鋭敏だ。[枕草子 平安―随筆]大蔵卿ばかり「大蔵卿ばかり耳とき人はなし」[訳]大蔵卿ほど耳の鋭敏な人はいない。

と-じ*【刀自】[名詞]❶主婦。「とうじ」とも。❷…様。…君。▼夫人の敬称。[万葉集 奈良―歌集]一〇二二「母とじにわれは愛子ぞ」[訳]母君にとって私は最愛の子である。❸宮中の「内侍所」「御厨子所」「台盤所」などに勤めて雑役に従う女官。

どし-いくさ【同士軍】[名詞]味方どうしの合戦。仲間どうしの争い。同士討ち。

どし-うち*【同士討ち】[名詞]「どしいくさ」に同じ。

とし-かへ・る【年返る・歳返る】トシカエル [連語]年が改まる。新年になる。[季]春。[万葉集 奈良―歌集]三九七九「あらたまの(＝枕詞)としかへるまで相見ねば」[訳]新年になるまで互いに会わないので。
[参考]意味を強めて「年立ち返る」ともいう。

と-じき【屯食】[名詞]「とんじき」に同じ。◆「とんじき」の撥音「ん」が表記されない形。

と-じきみ【戸閾】[名詞]❶門や部屋の戸・障子などの下に、仕切りとして敷き渡した横木。しきみ。❷牛車の前後の入り口の床に敷き渡した横板。◇「軾」とも書く。

とし-ぎり【年切り】[名詞]樹木が、年によって結実しないこと。多く、物事のとだえることのたとえとする。「としぎれ」とも。

としごひ-の-まつり【祈年祭】トシゴイノマツリ [名詞]毎年陰暦二月四日に、中央では神祇官、地方では各国司の庁で行われた祭儀。春の農耕の開始に当たって、天候の順調、五穀の豊作、天皇の長寿、国家の安泰を神に祈る。「きねんさい」とも。[参照▼]口絵

とし-こ・ゆ【年越ゆ】[連語]その年が過ぎ翌年になる。[竹取物語 平安―物語]竜の頸の玉「遣はしし人は、夜昼待ち給ふに、としこゆるまで音もせず」[訳](玉を取るのに)派遣した家来は、(大納言が)夜も昼も待っておられるのに、その年が過ぎ翌年になるまで連絡もしてこない。

とし-ごろ【年頃】[名詞]

語義の扉
「ころ」はある程度まとまった時間を示す語。「年」が付いて「数年間」などの意味になる。多くは副詞的に用いて「何年も前から」の意味になる。
❶長年の間。数年間。数年来。
❷年かっこう。年ごろ。

❶長年の間。長年。数年間。数年来。[土佐日記 平安―日記]一二・二一「としごろよくくらべつる人々なむ、別れがたく思ひて」[訳]長年の間、よくつき合って親しくしてきた人々は、別れにくいことだと思って。
❷年かっこう。年ごろ。[三人法師 室町―物語]御伽「父いまだ生きてましまさば、御僧のとしごろにこそわたらせ給ふべきに」[訳]父がまだ生きておられましたならば、あなた(僧)の年ごろでいらっしゃったであろうに。
◆古くは「としころ」とも。
[関連語]月ごろ／日ごろ。

としごろ-ひごろ【年頃日頃】[連語]これまでずっと。常日ごろ。長いあいだ。[平家物語 鎌倉―物語]七・維盛都落「としごろひごろ、これほど情けなかりける人とこそ兼ねてもおもはざりしか」[訳]これまでずっと、これほど情けのない人だとは前には少しも思わなかった。

とし-たか・し【年高し】[連語]高齢である。年長である。[古今 平安―歌集]雑体「身はいやしくてとしたかきことの苦しさ」[訳]身分は低くて高齢であることのつらさよ。

とし-た・く【年長く・歳長く】[連語]年を取る。老人になる。[新古今 鎌倉―歌集]羇旅「としたけてまた越ゆべしと思ひきや」[訳]⇩としたけて…。

としたけて… [和歌]「年たけて　また越ゆべしと　思ひきや　命なりけり　佐夜の中山」[新古今 鎌倉―歌集]羇旅・西行 [訳]年老いてから再び越えることができると思っただろうか、いや思いはしなかった。命があったからなんだなあ、こうして佐夜の中山を越えることができたのは。
[鑑賞]文治二年(一一八六)、西行六十九歳の時、東国へ向かう途次に詠んだ歌。西行にとって東国下向は、三十歳ごろに次いで二度目であった。それだけに感慨深いものがあったのであろう。「命なりけり」にその思いが強く出ている。「べし」は可能、「や」は反語。

とし-たちかへ・る【年立ち返る】トシタチカエル [連語]年が改まる。新年になる。[源氏物語 平安―物語]初音「としたちかへる朝の空のけしき」[訳]年が改まる朝の空のようす。◆再び新しい年がめぐり来るの意。

とし-た・つ【年立つ】[連語]新年になる。[貫之集 平安―歌集]三「としたてば花とふべくもあらなくに」[訳]新年

になるから花がすぐ咲かなければならないということもないのに。

とし-つき【年月】名詞 ❶年月。歳月。月日。❷多くの歳月。長い年月。徒然 鎌倉―随筆 三〇「としつき経ても、つゆ忘るるにはあらねど」訳長い年月が経過しても、少しも忘れるわけではないけれども。❸〔副詞的に用いて〕数年この方。年来。宇津保 平安―物語 藤原の君「中の大臣の姫君にとしつき聞こえさせむと思ふを」訳中の大臣の姫君に数年この方申し上げようと思うのを。

とし-つも・る【年積もる】連語 年をとる。年齢を重ねる。増鏡 室町―物語 おどろの下「この人、としつもるまであらましかば」訳この人が、年をとるまで生きていられたら。

と-して 連語

なりたち 断定の助動詞「たり」の連用形＋接続助詞「して」

❶…であって。…であるからには。徒然 鎌倉―随筆 一六七「人としては、善にほこらず、ものと争はざるを徳とする」訳人間であろうからには、自分の長所を自慢することなく、人と争いごとをしないのを美点とする。

❷〔打消表現を下接して、例外なくの意を示す〕…も。どんな…も。平家物語 鎌倉―物語 五・朝敵揃「一人として素懐をとぐる者なし」訳一人も（朝廷の権威を滅ぼそうとていう）本望をとげた者はいない。

としとく-じん【歳徳神】名詞 陰陽道で信仰する女神。正月にやって来てその年の福徳をつかさどる。来訪の方角である「恵方」に向かって物事を行えば万事に吉とされる。「としとくのかみ」とも。

とし-なみ【年並み・年次】名詞 ❶年ごと。毎年。❷年数。年齢。

としのうちに… 和歌「年の内に 春は来にけり ひととせを 去年とやいはむ 今年とやいはむ」古今 平安―歌集 春上・在原元方 訳年内に立春が来てしまったのだなあ。同じこの一年のことを、去年と言ったものか、今年と言ったものか。

鑑賞 新年が来ないうちに立春になってしまった日の歌である。一般に、陰暦では新年と立春とが一致するが、まれに師走のうちに立春となる年もあった。

とし-の-こひ【年の恋】トシノコイ 連語 一年間思い続けた恋心。万葉集 奈良―歌集 二〇三七「としのこひ今夜晴らして明日よりは常のごとくや我が恋ひ居らむ」訳一年間思い続けた恋心を、今夜晴らして、明日からはまたいつものように私は恋し続けることでしょう。

とし-の-は【年の端】連語 毎年。万葉集 奈良―歌集 八三三「としのはに春の来たらば」訳毎年春がやって来たら。

とし-の-よはひ【年の齢】トシノヨワイ 連語「としよはひ」に同じ。

とし-の-わたり【年の渡り】連語 一年に一度、彦星が天の川を渡って織り姫を訪れること。

とし-の-を【年の緒】トシノオ 連語 年が長く続くのを緒（＝ひも）にたとえていう語。古今 平安―歌集 秋上「としのをながく恋ひやわたらむ」訳（私は）ひものように長い年月をずっと恋し続けることになろうか。

とし-・ふ【年経】連語 時がたつ。年月が過ぎる。伊勢物語 平安―物語 八九「昔、いやしからぬ男、われよりはまさりたる人を思ひをかけて、としへにける」訳昔、身分の低くない男が、自分よりは身分の高い人に思いをかけて、年月が過ぎた。

としふれば… 和歌「年経れば 齢は老いぬ しかはあれど 花をし見れば 物思ひもなし」古今 平安―歌集 春上・藤原良房 訳年月がたったので、私は年老いてしまった。そうではあるが、このみごとな桜の花を見ていると、悩みも消えて何の心配事もない。

鑑賞 詞書に「染殿の后（＝文徳天皇の中宮である娘の明子）のお前に花瓶に桜の花を挿させ給へるを見て詠める」とあるように、桜の花を娘明子にたとえ、老いを感じながらも、権力者となった自分や一門の栄華をおおらかにうたった歌である。良房は、藤原北家の人で、臣下の身で最初の太政大臣となった。その子孫である道長にも「この世をばわが世とぞ思ふ望月のかけたることもなしと思へば」（『小右記』）〈この世の中を、自分のためにある世の中であると思う。今夜の満月の欠けているところもないように、自分も不満が全くないと思うと。〉の歌がある。

とし-み【落忌】名詞 精進の期間が終わって、肉食をすること。賀の祝いの法要のあとの、饗宴についてもいう。精進落とし。◆「おとしいみ」の変化した語。

とし-よはひ【年齢】トショワイ 名詞 年のほど。年齢。「としのよはひ」とも。

とし-より【年寄り】名詞 ❶老人。❷武家時代、政務に参与する重臣。室町幕府の評定衆と引付け衆、江戸幕府の老中など。また、大名の家老。❸江戸時代、都市・郷村の民政指導者。町役人を補佐する立場の町年寄り・村年寄りなど。❹江戸幕府の大奥の重職。武家出身の女性で、奥向きの女性たちの取り締まりに当たる。

とず〔閉ず〕⇩とづ

ど-・す【度す】他動詞 サ変〔せ／し／す／する／すれ／せよ〕❶仏教語。仏が人々を迷いから救う。済度する。迷いの此岸から悟りの彼岸へと人々を渡す。霊異記 平安―説話 下「人をどするに勝れたる書ぞ」訳人を迷いから救うのにすぐれた書物だ。❷納得させる。得心させる。▼多く「どしがたい」の形で用いる。浮世床 江戸―物語 滑稽「足下たちはどしがたい」訳お前たちは納得させにくい。

-とせ【年・歳】接尾語 年齢や歳月を数えるのに用いる語。「千とせ」「百とせ」「幾とせ」

と-せい【渡世】名詞 暮らしを立てること。世渡り。生業。

と-そ【屠蘇】名詞 肉桂・山椒・白朮・桔梗・防風・赤小豆などを調合した薬。酒または味醂に浸して元日に飲めば、その一年の邪気を払い延命に効があるとされる。「とうそ」とも。

と-ぞ* 連語

なりたち 格助詞「と」＋係助詞「ぞ」

❶〔文中に用いて〕…と。▼「と」が受ける内容を強める。竹取物語 平安―物語 ふじの山「その煙、いまだ雲の中へ立ち上る、とぞ言ひ伝へたる」訳その（不死の薬を焼く）煙は、今でも雲の中へ立ち上っている、と言い伝えている。❷〔文末に用いて〕…ということだ。▼伝聞あるいは不確実な内容であることを表す。徒然 鎌倉―随筆 八九「飼ひける犬の、暗けれど主を知りて、飛びつ

と

きたりけるとぞ」訳飼っていた犬が、暗いけれど飼い主とわかって、飛びついたのだったということだ。

語法❶の文末は多く「ぞ」の結びとして、連体形になる。❷は係り結びの結び「言へる」などが省略された形である。

と‐そつ【兜率・都率】名詞「兜率天」の略。

と‐そつ‐てん【兜率天・都率天】名詞仏教語。欲界の六天の第四。須弥山(しゅみせん)の頂にあって内外の二院があり、内院は仏になる前の弥勒菩薩(みろくぼさつ)が説法をし、外院は天人がいる所という。

と‐だえ【跡絶え】名詞／—す自動詞サ変 **とぎれること。**蜻蛉 平安一日記 上「ほかに渡せる文(ふみ)見ればここやとだえにならむとすらむ」訳ほか(の女のところ)に送る手紙を見ると、私のところへのおとずれが、とぎれることになろうとしているのだろうか。

と‐だ・ゆ【跡絶ゆ】自動詞ヤ下二{え/え/ゆ/ゆる/ゆれ/えよ} **行き来がとだえる。**特に、男が女の所に通わなくなる。源氏物語 平安一物語 総角「久しうとだえ給(たま)はむは、心細からむ」訳長い間行き来がとだえなさるのは、心細く思っているだろう。

どち[1] 名詞 **仲間(なか ま)。連れ。**

‐どち[2] 接尾語［名詞に付いて］…**たち。…ども。**▼互いに同等・同類である意を表す。「貴人(うまひと)どち」「思ふどち」「男どち」

参考「どち」は、「たち」と「ども」との中間に位置するものとして、親しみのある語感をもつ。

とぢ・む【閉ぢむ】他動詞マ下二{め/め/む/むる/むれ/めよ} ❶(物事を)**なし遂げる。終了する。**源氏物語 平安一物語 葵「今日にしもとぢむまじきことなれど」訳今日でかならずしも終わるわけではないだろうが。❷**命を終える。**源氏物語 平安一物語 若菜下「重き病者(びやうざ)の、にはかに、とぢめつるさまなりつるを」訳重い病人で、急に、命を終えてしまうようすであったのを。

とぢ‐め【閉ぢめ】名詞 ❶**終わり。最後。**源氏物語 平安一物語 賢木「『…』と謡ふとぢめに」訳「…」と謡う終わりに。❷**命の終わり。死にぎわ。臨終。最期。**源氏物語 平安一物語 幻「いみじき事のとぢめを見つるに」訳重大な命の終わりを見てしまうと。❸(物の)**末端。**源氏物語 平安一物語 横笛「まじりのとぢめ」訳目じりの末端。

***と・づ【閉づ】**一 自動詞ダ上二{ぢ/ぢ/づ/づる/づれ/ぢよ} ❶**閉ざされる。ふさがる。閉じこもる。**源氏物語 平安一物語 明石「いとど空さへとづる心地して」訳ますます空まで閉ざされる気がして。❷**水が凍る。結ぶ。**源氏物語 平安一物語 賢木「岩井の水も氷とぢ」訳岩清水の井戸の水も氷が結んで。

二 他動詞ダ上二{ぢ/ぢ/づ/づる/づれ/ぢよ} ❶**閉ざす。ふさぐ。しめる。**平家物語 鎌倉一物語 七・忠度都落「門戸をとぢて開かず」訳門を閉ざして開かない。❷**閉じ込める。**源氏物語 平安一物語 夕霧「まだ、夕暮れの霧にとぢられて」訳まだ、夕暮れの霧に閉じ込められて。❸**水が凍って、流れを止めたり池を覆ったりする。**新古今 鎌倉一歌集 春上「岩間とぢし氷も今朝はとけそめて」訳岩の間を覆った氷も今朝はとけはじめて。

とつか‐の‐つるぎ【十拳の剣・十握の剣】連語 **刀身の長さが、十握りばかりある長い剣。**◆「つか」は物の長さをはかる単位で、握った手の小指から人差し指まで程の幅。

と・づ・く【届く】一 自動詞カ四{か/き/く/く/け/け} **とどく。及ぶ。**平家物語 鎌倉一物語 一一・逆櫓「海は櫓櫂(ろかい)のとづかん程せめゆくべし」訳海では櫓や櫂の届くであろう間は攻めていくつもりだ。◆「とどく」の古い形。

二 他動詞カ下二{け/け/く/くる/くれ/けよ} **届ける。**柏崎 室町一能楽 謡曲「形見をとづくる音づれは」訳形見を届けるたよりは。◆「とどく」の古い形。

***と‐つ‐くに【外つ国】**名詞 ❶「畿内(きない)」以外の国。❷**外国(がいこく)。異国。**◆「つ」は「の」の意の古い格助詞。

とっ‐こ【独鈷】連語「とくこ」に同じ。

どっ‐と 副詞 ❶**多人数がいっせいに声を立てるようす。**平家物語 鎌倉一物語 三・行隆之沙汰「時をどっとぞつくりける」訳ときの声をどっとあげた。❷**多数の人や物が一度に押し寄せるようす。**今参 室町一狂言 狂言「一度にどっと置こう」訳一度にどっと置こう。

と‐つ‐みや【外つ宮】名詞 ❶**離宮。**❷**伊勢(いせ)神宮の外宮(げくう)。**◆「つ」は「の」の意の奈良時代以前の格助詞。

と‐て 格助詞《接続》体言や体言に準ずる語、引用句などに付く。

語義の扉

格助詞「と」と接続助詞「て」が一語化したもので、平安時代以降に用いられた語。

体言、体言に準ずる語に接続して、

❶会話、心中思惟、詩歌、手紙文などの引用。**…と言って。…と思って。…と書いて。**

❷動作の動機、目的。**…しようとして。…しようと思って。**

❸動作の理由、原因。**…というので。…というわけで。**

❹ものの名称。人物の名を表す。**…と言って。…という名で。**

❶会話、心中思惟、詩歌、手紙文などの引用を表す。▼引用部分が全体でひとまとまりの体言に準ずるものとして扱われる。**…と言って。…と思って。…と書いて。**伊勢物語 平安一物語 二三「女、親なくたよりなくなるままに、もろともに言ふかひなくてあらむやはとて、河内(かふち)の国、高安の郡に行き通ふ所出(い)で来にけり」訳女の親が亡くなり生活の便宜がなくなるにつれて、このまま女としがない暮らしをしていてもしかたがないと思って、男には、河内の国の高安の郡に通って行く女が出来た。

❷動作の目的、動機を表す。**…しようとして。…しようと思って。**土佐日記 平安一日記 一二・二一「男もすなる日記といふものを、女もしてみむとてするなり」訳男も書き記すとかいう日記というものを、女の私もやってみようと思って、書くのである。

❸動作の理由、原因を表す。**…というので。…というわけで。…(だ)からといって。**枕草子 平安一随筆 節は「さて、春ごとに咲くとて、桜をよろしう思ふ人やはある」訳そんなふうに、毎年毎年春になると咲くからといって、桜を並みひととおりに思う人がいるであろうか、いやあるまい。

注意「よろしう」は、たいしたことがない、普通であるの意。

❹ものの名称、人物の名を表す。…と言って。…という名で。徒然 鎌倉―随筆 六〇「真乗院に、盛親僧都とてやんごとなき智者ありけり」訳真乗院に、盛親僧都といって、このうえなく仏教の学識に通じた僧がいた。

ど-て【土手】名詞 ❶堤防。❷特に吉原遊廓入り口の山谷堀の堤のこと。吉原土手。日本堤。

とて-は 連語

なりたち 格助詞「とて」＋係助詞「は」

❶…と言っては。▼会話を引用する。落窪物語 平安―物語 二「『かう病み給ふがわびしさ』とては、また寝入りぬ」訳「こんなに痛がりなさるのがつらいことだ」と言っては、また寝入ってしまった。

❷…としては。▼考える内容を引用する。落窪物語 平安―物語 二「いみじう悲しくて、ただ頼む事とては、涙とあこぎとぞ心にかなひたるものにて」訳たいそう悲しくて、ただ頼りになるものとしては、涙とあこぎ（＝侍女の名）とが心にかなったもので。

❸…だって。▼打消の語を下接して強く指示する。生玉心中 江戸―浄瑠 浄瑠・近松「酒とてはござらぬ」訳酒だってございません。

とて-も[1] 副詞 ❶どのようにしても。どうせ。結局。閑吟集 室町―歌謡「とても売らるる身をただ静かに漕げよ」訳⇨ひとかひぶねは…。❷〔打消の語を下接して〕とうてい。しょせん。平家物語 鎌倉―物語 三・行隆之沙汰「とても逃れざらんものゆゑに」訳とうてい逃れられないものだから。◆「とてもかくても」の略か。

とて-も[2] 連語

なりたち 格助詞「とて」＋係助詞「も」

…といっても。…だって。蜻蛉 平安―日記 上「かたちとても人にも似ず」訳容姿といっても人並みではなく。

とても-かうて-も トテモコウテモ「とてもかくても」に同じ。◆「かうても」は「かくても」のウ音便形。

とても-かくて-も 連語

なりたち 副詞「とても」＋副詞「かくて」＋係助詞「も」

❶どっちにしても。いずれにもせよ。つまるところは。源氏物語 平安―物語 蛍「わが世の程はとてもかくても同じ事なれど」訳わが世の中のことがらはどっちにしても同じことだが。❷どのようにしてでも。どうあっても。大和物語 平安―物語 一四八「おのれはとてもかくても経なむ」訳私はどのようにしてでも過ごしていけるだろう。

とても-の-こと-に【とても事に】連語

なりたち 副詞「とても」＋格助詞「の」＋名詞「こと」＋格助詞「に」

いっそのこと。どうせ同じことなら。自然居士 室町―能楽 謡曲「とてものことに簓を摩っておん見せ候へ」訳いっそのこと簓（＝楽器）をすって（音を立てて）お見せください。

とと【父】名詞 ❶「ちち（父）」の小児語。❷夫。亭主。対母。

ど-ど【度度】副詞 たびたび。平家物語 鎌倉―物語 七・返牒「どどのいくさに討ち勝って」訳たびたびの戦いに討ち勝って。

と-とく【都督】名詞「大宰帥」の中国風の呼び名。

とどこほり【滞り】トドコオリ 名詞 差し支え。差し障り。源氏物語 平安―物語 明石「はるばると物のとどこほりなき海面なるに」訳はるばると何もさえぎるもののない海面なので。

とどこほ・る【滞る】トドコオル 自動詞 ラ四｛ら／り／る／る／れ／れ｝❶つかえて動かない。停滞する。徒然 鎌倉―随筆 一五五「しばしもとどこほらず、ただちに行ひゆくものなり」訳少しの間も停滞せず、すぐに実現してゆくものである。❷ぐずぐずする。ためらう。源氏物語 平安―物語 賢木「何事にかはとどこほり給はむ」訳何をためらったりなさろうものか。

ととの・ふ【調ふ・整ふ】トトノウ

一 自動詞 ハ四｛は／ひ／ふ／ふ／へ／へ｝❶きちんとそろう。不足なく備わる。源氏物語 平安―物語 紅葉賀「人柄もあるべき限りととのひて」訳人柄も備わるべきものがすべてそろっていて。

❷（楽器の）調子が合う。源氏物語 平安―物語 若菜下「いとかしこくととのひてこそ侍りつれ」訳（和琴は）たいそう立派に調子が合っておりました。

二 他動詞 ハ下二｛へ／へ／ふ／ふる／ふれ／へよ｝❶きちんとそろえる。枕草子 平安―随筆 古代の人の指貫着たるこそ「衣の前をととのへはてて」訳着物の前を完全に整え終えて。

❷必要なものをそろえる。準備する。源氏物語 平安―物語 鈴虫「御念誦堂の具ども、細かにととのへさせ給へるを」訳御念誦堂に必要な道具なども、細かに不足なくご準備させなさったのを。

❸（楽器の）調子を合わせる。源氏物語 平安―物語 若菜上「よろづの物の音ととのへられたるは」訳すべての楽器の音色が調子を合わせられて響くのは。

ととのへ-し・る【調へ知る】トトノエシル 他動詞 ラ四｛ら／り／る／る／れ／れ｝❶うまく調子をととのえる。源氏物語 平安―物語 若菜下「琴の音を離れては、何ごとをか物をととのへしるしるべとはせむ」訳琴の音を除いては、どの物（＝楽器）を使ってうまく調子をととのえる基準にできようか。❷精通する。徒然 鎌倉―随筆 一二二「よく味はひをととのへしれる人、大きなる徳とすべし」訳よく味の具合に精通している人は、大きな長所とすべきだ。

ととのほ・る【調ほる・整ほる】トトノオル 自動詞 ラ四｛ら／り／る／る／れ／れ｝❶調和がとれる。調子が合う。徒然 鎌倉―随筆 二二〇「ものの音のめでたくととのほり侍ること」訳楽器の音色がすばらしく調和がとれていますことが。❷欠けるところがなく備わる。すっかりそろう。徒然 鎌倉―随筆 八二「すべて、何もみな、ことのととのほりたるは悪しきことなり」訳すべて、何でもみな、ものごとの欠けるところなく備わっているのはよくないことである。

とどま・る【止まる・留まる・停まる】自動詞 ラ四｛ら／り／る／る／れ／れ｝❶とどまる。あとに残る。徒然 鎌倉―随筆 一九「汀の草に紅葉の散りとどまりて」訳水ぎわの草に散った紅葉が残っていて。❷止まる。停止する。源氏物語 平安―物語 少女「涙のみとどまらねば、嘆き明かして」訳ただもう涙ばかりが止まらないので、夜を嘆き明かして。❸宿泊する。滞在する。大和物語 平安―物語 一四九

と

「とどまりなむと思ふ夜も、なほ『いね』と言ひければ」訳(男が)必ず泊まろうと思う夜も、やはり(女は)「行きなさい」と言ったので。

❹中止になる。後拾遺 平安｜歌集 秋上「花山院歌合はせさせ給はむとしけるに、とどまり侍りにけれど」訳花山院が歌合わせをおさせになろうとなさった時に、中止になってしまいましたけれど。

❺(心や耳に)残る。徒然 鎌倉｜随筆 一一「ある聖の申ししこと、耳にとどまりて」訳ある高僧が申しましたことが、耳に残って。

とど・む【止む・留む・停む】

■一 他動詞 マ上二 {み/み/む/むる/むれ/みよ} **とどめる。止める。** 万葉集 奈良｜歌集 八〇五「世の理となればとどみかねつも」訳この世の定めなので(老いることは)とどめられないよ。

■二 他動詞 マ下二 {め/め/む/むる/むれ/めよ}

❶**引きとめる。とどめる。抑える。制止する。** 万葉集 奈良｜歌集 三三四八「夏麻引く(=枕詞)海上潟の沖つ州に舟はとどめむ」訳海上潟の沖の州に舟をとどめよう。

❷**中止する。やめる。** 枕草子 平安｜随筆 説経の講師は「にくげなるは罪や得らむと覚ゆ。このことはとどむべし」訳顔の醜い僧は仏罰を受けるだろうと思う。このことは(言うのを)やめるのがよい。

❸**あとに残す。** 源氏物語 平安｜物語 桐壺「御子をばとどめ奉りて、忍びてぞ出で給ふ」訳御子を宮中にお残し申し上げて、こっそりお出掛けになる。

❹**集中する。**(注意を)**向ける。** 伊勢物語 平安｜物語 四四「この歌は、あるが中におもしろければ、心とどめてよまず、腹に味はひて」訳この歌は、たくさんある中でも特におもしろいので、特に気持ちを集中させて、詠誦せず、心底味わって(みるべきものであろう)。

とどめおきて… 和歌「とどめおきて 誰をあはれと 思ふらむ 子はまさるらむ 子はまさりけり」後拾遺 平安｜歌集 哀傷・和泉式部 訳亡くなった娘は、この世に自分の子供たちと母親の私を残して、いったい誰のことをしみじみと思い出しているのだろう。きっと我が子を思う気持ちの方がまさっているのだろう。私もあの子との死別がつらくて、ひたすら思っているのだから。

鑑賞 詞書によると、娘の小式部内侍が亡くなったときに、残された孫たちを見て詠んだ歌。四句の「子」は小式部の子供たち、結句の「子」は娘の小式部。「けり」は詠嘆の助動詞の終止形で、娘を思う気持ちの強さを改めて実感した思いが込められている。

[1]**とど-め・く**【轟めく】自動詞 カ四 {か/き/く/く/け/け} **音が響き渡る。がやがやと騒ぐ。どよめく。**「どどめく」とも。宇治拾遺 鎌倉｜説話 一・三「人の音多くして、とどめき来る音す」訳人の声が多くして、がやがやと騒いでやって来る音がする。◆「めく」は接尾語。

とどろか・す【轟かす】他動詞 サ四 {さ/し/す/す/せ/せ} **音を鳴り響かせる。** 世間胸算用 江戸｜物語 浮世・西鶴「黒白の鬼、車をとどろかし、あの世この世のさかひを見せける」訳牛頭(=牛の頭をした人)と馬頭(=馬の頭をした人)が火の車の音を鳴り響かせて、生きながら死の恐怖を経験させた。

とどろ・く【轟く】自動詞 カ四 {か/き/く/く/け/け} ❶**大きな音が鳴り響く。あたりに響きわたる。** 源氏物語 平安｜物語 夕霧「耳かしがましうとどろき響く」訳やかましく大きな音が鳴り響く。❷(胸が)**どきどきする。** 奥の細道 江戸｜紀行 尿前の関「胸とどろくのみなり」訳胸がどきどきするだけである。

とどろ-とどろ【轟轟】副詞 **ごろごろ。ごうごう。どんどん。**▼(雷などの)大きな音が響きわたるようす。紫式部 平安｜日記 寛弘五・七・中「御加持まゐりたまふ足音、渡殿の橋の、とどろとどろと踏み鳴らさるるさへぞ」訳(僧正が二十人の僧を引きつれて寝殿へ)御加持をなさりに行かれる足音、(その揃いの足踏で)渡り廊下の床板がどんどんと踏み鳴らされるのまでが。◆「とどろ」を強めた語。

＊**とどろ(に・と)**【轟(に・と)】副詞 **どうどう。ごうごう。**▼大きな音が鳴り響くさま。金槐 鎌倉｜歌集 雑「大海の磯もとどろに寄する波」訳⇨おほうみの…。

とどろ-め・く【轟めく】自動詞 カ四 {か/き/く/く/け/け} **音が鳴り響く。とどろく。** 宇治拾遺 鎌倉｜説話 八・六「谷へとどろめきて逃げ行く音す」訳谷へ鳴り響いて逃げていく音がする。◆「めく」は接尾語。

と-な 連語 なりたち 格助詞「と」＋終助詞「な」 **…というのだね。**▼相手に確認したり、問い返したりする意を表す。竹取物語 平安｜物語 火鼠の皮衣「かぐや姫に住み給ふとな」訳(あべの右大臣が)かぐや姫のところに夫として通っていらっしゃるというのだね。

と-なか【門中】名詞 **海峡の中。**

[1]**とな・ふ**【唱ふ・称ふ】(トナウ—トノウ) 他動詞 ハ下二 {へ/へ/ふ/ふる/ふれ/へよ} **声に出して言う。声高に読み上げる。となえる。** 平家物語 鎌倉｜物語 九・小宰相身投「『南無』ととなふる声とともに、海にぞ沈み給ひける」訳「南無」ととなえる声とともに、海にお沈みになった。

[2]**とな・ふ**【調ふ・整ふ】(トナウ—トノウ) 他動詞 ハ下二 {へ/へ/ふ/ふる/ふれ/へよ} **一つにそろえる。ととのえる。集中させる。** 枕草子 平安｜随筆 殿上の名対面こそ「耳をとなへて聞くに」訳耳(の神経)を集中させて聞くと。

[1]**と-なみ**【門波・戸波】名詞 **海峡に立つ波。**

[2]**と-なみ**【鳥網】名詞「と(鳥)のあみ」の変化した語。**鳥を捕らえるための網。**

となみ-はる【鳥網張る】枕詞 鳥を捕らえる網は多く坂に張ることから「坂」にかかる。万葉集 奈良｜歌集 三三三〇「となみはる坂手を過ぎ」訳坂手を過ぎて。

と-なむ 連語 なりたち 格助詞「と」＋係助詞「なむ」 **…ということだ。** 方丈記 鎌倉｜随筆「舞人を宿せる仮屋より出で来たりけるとなむ」訳(火事は)舞をする人を泊めた仮小屋から起こったということだ。

と-なり 連語 なりたち 格助詞「と」＋断定の助動詞「なり」 **…ということである。** 竹取物語 平安｜物語 かぐや姫の昇天「この国に生まれぬるとならば」訳この(人間の)世界に生まれたということであれば。

と-に-かく-に 連語 なりたち 副詞「と」＋格助詞「に」＋副詞「かく」＋格助詞「に」 ❶**あれやこれやと。何やかやと。** 落窪物語 平安｜物語 四「とにかくに言ひ知らすれば」訳あれやこれやと言って知らせると。❷**いずれにせよ。** 一寸法師 江戸｜物語 御伽

「とにかくにもはからひ候へ」訳いずれにせよ（適当に）はからってください。

とに‐に【頓に】 副詞 すぐに。にわかに。土佐日記 平安－日記 一・二六「風波、とににやむべくもあらず」訳風や波はすぐにやみそうもない。

と‐に‐は‐あら‐ず 連語

なりたち 格助詞「と」＋断定の助動詞「なり」の連用形＋係助詞「は」＋動詞「あり」の未然形＋打消の助動詞「ず」

…というわけではない。方丈記 鎌倉－随筆「芸はこれつたなけれども、人の耳をよろこばしめむとにはあらず」訳（琵琶の）わざは未熟だけれど、人に聞かせて喜ばせようというわけではない。

と‐に‐も‐あら‐ず 連語

なりたち 格助詞「と」＋断定の助動詞「なり」の連用形＋係助詞「も」＋動詞「あり」の未然形＋打消の助動詞「ず」

…というわけでもない。徒然 鎌倉－随筆 一九「同じ事、また今さらに言はじとにもあらず」訳（故人と）同じことを、また今更言うまいというわけでもない。

と‐に‐も‐かく‐に‐も 連語

なりたち 副詞「と」＋格助詞「に」＋係助詞「も」＋副詞「かく」＋格助詞「に」＋係助詞「も」

❶ああも、こうも。蜻蛉 平安－日記 上「とにもかくにもつかで、世に経る人ありけり」訳ああも、こうも、どっちつかずで（態度が）決まらないで月日を送る人がいた。❷いずれにしても。ともかくも。徒然 鎌倉－随筆 七三「とにもかくにも虚言多き世なり」訳いずれにしてもうその多い世の中である。

と‐ね【刀禰】 名詞 ❶主典（＝四等官）以上の役人。❷奈良・平安時代、村・里の長で、公事に関係する者。❸伊勢神宮や賀茂神社などに置かれた神職の一つ。また、転じて、神官。

利根川 地名 今の群馬県の山間部に発し、関東平野を縦断して太平洋にそそぐ大きな川。古くは今の江戸川を流路として東京湾へと流れていた。坂東太郎とも呼ばれる。

とねり【舎人】 名詞 ❶天皇・皇族などの身近に仕えて、護衛・雑役・宿直などに携わる下級の役人。「大舎人」「内舎人」「小舎人」などの別がある。平安時代には、摂政・関白以下、貴族にも仕えた。徒然 鎌倉－随筆 一一八「堀川殿にて、とねりが寝たる足を狐にくはる」訳堀川家の御殿で、寝ていた舎人が足を狐にかみつかれる。❷（牛車を引く）牛飼い。馬の口取り。平家物語 鎌倉－物語 一一・一門大路渡「とねり・牛飼ひなんど申す者は」訳馬の口取り・牛飼いなどと申します者は。◆「舎人男」とも。

舎人親王 人名（六七六～七三五）奈良時代の歌人。天武天皇の第三皇子。養老四年（七二〇）太安万侶らと史書『日本書紀』を完成した。歌人としても知られ、『万葉集』には短歌三首が載っている。

とねり‐をとこ【舎人男・舎人壮士】 名詞「とねり」に同じ。「とねりのおのこ」とも。

との【殿】 名詞 ❶御殿。貴人の邸宅。徒然 鎌倉－随筆 五一「亀山どのの御池に、大井川の水をまかせられんとて」訳（後嵯峨院が）亀山御殿（＝離宮）のお池に大井川の水をお引き入れになろうとして。❷邸宅の主人、また、貴人の尊敬語。殿。徒然 鎌倉－随筆 一〇「このとのの御心、さばかりにこそ」訳この殿（＝後徳大寺の左大臣）のお心は、その程度であったのだろう。❸殿。▼妻や子が、その夫や父をさしていう語。源氏物語 平安－物語 若紫「故姫君は、十ばかりにてとのにおくれ給ひしほど」訳亡くなった姫君（＝若紫の母）は、十歳ほどで殿（＝父である尼君の夫）に先立たれなさったころ。❹家来が主君を呼ぶ尊敬語。ご主人（様）。殿。枕草子 平安－随筆 すさまじきもの「外より来たる者などぞ、『とのは何にかならせ給ひたる』など問ふに」訳ほかから来た人などが、「ご主人は何（という国の国司）におなりになられたのか」などと聞くと。

古典の常識

『古典の登場人物の呼び方』

古典では、身分の高い人を実名で呼ぶのは恐れ多いので、身分や官職などで表現する。

『枕草子』では中宮の藤原定子を「宮」「宮の御前」、定子の父道隆を「殿」「関白殿」、兄の伊周を「大納言」「内の大臣」などと書いている。伊周の例でわかるように、同じ登場人物でも、身分や官職が変われば、呼び名も変わるので注意しよう。（〈例〉大納言→内大臣、少将→中将）

また天皇は「上」「一人」などと表されるが、主語を省略して最高敬語のみで示す場合もある。各場面での呼び名に当たる登場人物を考えながら読み取る必要がある。

とのい〘宿直〙 ⇨とのゐ

との‐うつり【殿移り】 名詞 身分の高い人の転居。

との‐ぐも‐る【との曇る】 自動詞ラ四 空一面に曇る。万葉集 奈良－歌集 三〇一二「とのぐもり雨（＝序詞）ふる川のさざれ波間なくも君は思ほゆるかも」訳空一面曇り雨が降る川にたつ細かい波のように、やすみなく君は思われることだ。◆「との」は接頭語。

との‐ごも‐る【殿隠る・殿籠る】 自動詞ラ四 ❶「死ぬ」の尊敬語。お隠れになる。崩御される。万葉集 奈良－歌集 三三二六「大殿を仕へ奉りてとのごもり」訳殯の宮（＝埋葬まで遺体を安置する所）をお造り申し上げて（皇子は）お隠れになり。◇殯の宮にこもる意から。❷「寝ぬ」の尊敬語。おやすみになる。宇津保 平安－物語 国譲上「夜はこなたにとのごもれなど」訳夜はこちらにおやすみなさいなど。◇寝殿にこもる意から。

との‐づくり【殿造り・殿作り】 名詞 御殿を作ること。御殿風に立派な家を作ること。

との‐ど【殿戸・殿門】 名詞 御殿の門または戸口。…

のお方。…の殿。▼相手への尊敬を表す語。

との-の-うへ【殿の上】(トノウエ) 連語 高貴な人の妻に対する尊敬語。

との-ばら【殿ばら】［名詞］「身分の高い男性たち、また武士たちをいう尊敬語」みなさま。［徒然 鎌倉―随筆］二三六「いかにとのばら、殊勝のことは御覧じ咎めずや」［訳］なんとみなさま。この優れたことにはご覧になって気づかないのですか。［平家物語 鎌倉―物語］九・木曾最期「これを見給へ、東国のとのばら」［訳］これをご覧くだされ、東国の武者の方々。◆「ばら」は複数を表す接尾語。

との-びと【殿人】［名詞］貴族の家人。貴族の家に仕える人。

と-の-へ【外の重】(トノエ) ［名詞］宮城の外郭の門。また、そこを守る、左右の衛門の陣。

との-も【主殿】［名詞］「主殿」の略。「とのもづかさ」に同じ。

とのも-づかさ ［名詞］
㊀【主殿司・殿司】後宮十二司の一つ。後宮の清掃・灯火・薪炭などをつかさどった役所。また、その女官。職員はすべて女性。
㊁【主殿寮】「とのもれう」に同じ。◆「とのもりづかさ」の変化した語。

とのも-の-かみ ［名詞］
㊀【主殿の頭】「主殿寮」の長官。
㊁【尚殿】「主殿司」の長官。◆「とのもりのかみ」とも。

との-もり【主殿・殿司】［名詞］❶「とのもづかさ」に同じ。❷「とのもれう」に同じ。

とのもり-づかさ ［名詞］
㊀【主殿司・殿司】「とのもづかさ㊀」に同じ。
㊁【主殿寮】「とのもれう」に同じ。◆「とのもりのつかさ」とも。

とのもり-の-とものみやつこ【主殿の伴の御奴】連語「主殿寮」の下役人。宮中の灯火のことや庭の清掃などに当たる。

とのも-れう【主殿寮】(トノモリョウ) ［名詞］宮内省に属し、天皇の乗り物や帷帳に関する事、および清掃・湯浴み・灯火・薪炭などの事をつかさどった役所。「とのもづかさ」「とのもりづかさ」「とのもり」とも。◆「とのもりれう」の撥音便「とのもんれう」の撥音「ん」が表記されない形。

との-ゐ[*]【宿直】(トノイ) ［名詞］❶宿直。夜、宮中・役所・貴人の邸宅などに職務として宿泊して、警護・事務、その他の奉仕をすること。❷夜、天皇や貴人の寝所に仕えて、お相手をつとめること。［源氏物語 平安―物語］桐壺「御方々の御とのゐなども絶えてし給はず」［訳］(後宮の)御女性方の夜のお相手なども全くおありならず。

とのゐ-ぎぬ【宿直衣】(トノイギヌ) ［名詞］宮仕えの人が宮中で「宿直❶」をする際に着用した衣服。やや略式のものを用いる。「宿直装束」とも。

とのゐ-さうぞく【宿直装束】(トノイソウゾク) ［名詞］「とのゐぎぬ」に同じ。

とのゐ-すがた【宿直姿】(トノイスガタ) ［名詞］「宿直衣」を着けた姿。

とのゐ-どころ【宿直所】(トノイドコロ) ［名詞］宮中で「宿直❶」に当たる人(特に、大臣・納言・蔵人の頭・近衛の大将・兵衛の督など)が、宿直をするときの詰め所。

とのゐ-びと【宿直人】(トノイビト) ［名詞］「宿直❶」をする人。また、貴人の邸宅の留守番に当たる人。

とのゐ-まうし【宿直奏し・宿直申し】(トノイモウシ) ［名詞］宮中に「宿直❶」をした衛府や滝口の武士などが、夜、定められた時刻に自分の姓名を名のること。⇩なだいめん

参考 亥の刻から子の刻までが左近衛の役人、丑の刻から卯の刻までが右近衛の役人の宿直奏しと決められていた。

とのゐ-もの【宿直物】(トノイモノ) ［名詞］宮中の「宿直❶」のとき、また、夜くつろいだときに使用する衣服や夜具の類。

とのゐもの-の-ふくろ【宿直物の袋】(トノイモノノフクロ) 連語「宿直物」を入れる袋。

土芳[1] (ドホウ) ⇩服部土芳

と-ばかり[2] ［副詞］
なりたち 副詞「と」に副助詞「ばかり」の付いたかたちが一語化したもの。
ちょっとの間。しばらくの間。［源氏物語 平安―物語］松風「殿におはして、とばかりうち休み給ふ」［訳］御殿にいらっしゃって、ちょっとの間お休みになる。

と-ばかり[2] 連語
なりたち 格助詞「と」＋副助詞「ばかり」
…とだけ。［後拾遺 平安―歌集］恋三「今はただ思ひ絶えなむとばかりを」［訳］⇩いまはただ…。

とばかり-あり-て[*] 連語 しばらくたって。［宇治拾遺 鎌倉―説話］五・九「待ちゐたる程に、とばかりありて、内より『それへ入らせ給へ』とあれば」［訳］待っていると、しばらくたって、部屋の中から「これらへお入り下さい」と言うので。

と-ばし・る【迸る】［自動詞］ラ四〔ら／り／る／る／れ／れ〕飛び散る。ほとばしる。［宇治拾遺 鎌倉―説話］一二・七「童の顔にも、粥とばしりて」［訳］稚児の顔にも、粥が飛び散って。

とはず-がたり[1]【問はず語り】(トワズガタリ) ［名詞］人が尋ねないのに、自分から語り出すこと。

とはずがたり[2] (トワズガタリ) 書名 日記。後深草院二条作。鎌倉時代(一三一〇ころ)成立。五巻。〔内容〕十四歳で後深草上皇の寵愛をうけてから、数々の恋愛を重ねた回想記の三巻と、東国旅行の見聞記の二巻から成る。作者は中院大納言源雅忠の娘で、愛欲の記録としても有名である。

とばどのへ… 俳句「鳥羽殿へ 五六騎急ぐ 野分かな」［蕪村句集 江戸―句集］俳諧・蕪村 ［訳］野分が吹き荒れている。折から、五、六騎の武者が、上皇の離宮の鳥羽殿をさしてあわただしく過ぎて行くことよ。

鑑賞 軍記物語に取材し、戦乱の時代の情景を空想して詠んだもの。季語は「野分」で、季は秋。

とは・なり【永久なり・常なり】(トワナリ) ［形容動詞］ナリ〔なら／なり・に／なり／なる／なれ／なれ〕久しく変化しない。永遠だ。［伊勢物語 平安―物語］一〇八「風吹けばとはに波越す岩なれや」［訳］風が吹くと永遠に波が越す岩だからだろうか。

と-ばり[*]【帷・帳】［名詞］室内の仕切りや外との遮断のために鴨居などから垂らす大きな布。たれぎぬ。「とはり」とも。

とび-うめ【飛び梅】［名詞］菅原道真が京から筑

紫(福岡県)の大宰府に左遷されるとき、道真を慕って大宰府に飛んでいったという梅。愛していた梅の木との別れを惜しんで「東風吹かば匂ひおこせよ梅の花あるじなしとて春をわするな」〈⇨こちふかば…。〉と詠んだ。

とび-かけ・る【飛び翔る】自動詞ラ四 **高く飛ぶ。** 万葉集 奈良一歌集 三七九二「海神の殿の甍にとびかけるすがるのごとき」訳海神の御殿の屋根に高く飛ぶすがる蜂のような。

とび-か・ふ【飛び交ふ】自動詞ハ四 **互いに入り乱れて飛ぶ。飛びちがう。** 源氏物語 平安一物語 須磨「雲近くとびかふ鶴も」訳雲の近くに入り乱れて飛ぶつるも。

とひ-き・く【問ひ聞く】自動詞カ四 **問いたずねる。聞きただす。** 玉勝間 江戸一論 一二「法師も皆食ふなりといふ、なほとひきくに」訳法師も皆食べるのであるという、さらに問いたずねると。

とひ-さ・く【問ひ放く】自動詞カ下二 **遠くから言葉をかける。問いを発する。** 万葉集 奈良一歌集 七九四「石木をもとひさけ知らず」訳石や木にも、問いを発することもできない。

とび-ちが・ふ【飛び違ふ】自動詞ハ四 「とびかふ」に同じ。枕草子 平安一随筆 春はあけぼの「闇もなほ、蛍の多くとびちがひたる」訳月の出ていない夜もやはり、蛍がたくさん入り乱れて飛んでいる(のがおもしろい)。

とひ-まる【問丸】名詞 ❶鎌倉・室町時代、船商人の旅宿で、物資の保管・運送・中継取り引きなどを行った業者。❷江戸時代、「問屋❶」の別名。

とひ-や【問屋】名詞 ❶商品を買い集めて他へ売る卸し売り業者。❷「問屋場」の略。街道の宿駅で、人馬や駕籠などの継ぎ替えをした所。またその業者。◆「とんや」とも。

と・ふ[1]【問ふ・訪ふ】他動詞ハ四 ❶**尋ねる。質問する。** 伊勢物語 平安一物語 九「渡し守にとひければ」訳渡し舟の船頭に尋ねたところ。❷**調べる。詰問する。** 平家物語 鎌倉一物語 四・南都牒状「その罪をとふべしといへども」訳その罪を詰問しなければならないというが。❸**訪れる。訪問する。見舞う。** 古今 平安一歌集 秋下「秋は来ぬ紅葉は宿に降りしきぬ道踏み分けてとふ人はなし」訳秋が来た。紅葉は庭にいっぱい散ってしまった。しかし、その道を踏み分けて私を訪れる人は一人もいない。❹**弔問する。弔う。** 徒然 鎌倉一随筆 三〇「跡とふわざも絶えぬれば」訳死者の霊を弔う法事もしなくなってしまうと。

とふ[2] 連語 「といふ」の変化した語。…という。万葉集 奈良一歌集 八八三「佐用姫が領巾振りきとふ君松浦山」訳佐用姫が肩から垂らした布を振ったという、君を待つ、松浦山は。参考 奈良時代以前には「とふ」「ちふ」が用いられ、平安時代には「てふ」が用いられる。

と・ぶ【飛ぶ】自動詞バ四 ❶**空を飛ぶ。** 古今 平安一歌集 秋上「とぶ雁の数さへ見ゆる」訳⇨しらくもに…。❷**空中に舞い上がる。** 万葉集 奈良一歌集 五四三「黄葉の散りとぶ見つつ」訳もみじが散って舞い上がるのをみながら。❸**跳躍する。はねる。** 平家物語 鎌倉一物語 一一・能登殿最期「やがてつづいてもとび給はず」訳(能登殿は)すぐに続いて(船に)飛び乗りなさらない。❹**走る。かける。** 枕草子 平安一随筆 ねたきもの「簾のもとに止まりて見たる心地こそ、とびも出でぬべき心地すれ」訳すだれのところに立ち止まって見ている気持ちというのは、走り出していきたい気がする。

と-ぶさ【鳥総】名詞 樹木の梢や葉の茂った枝先。きこりが木を切ったときに、これを折って、切った跡へ立てて山神を祭る習慣があった。

とぶとり-の【飛ぶ鳥の】枕詞 ❶地名の「あすか(明日香)」にかかる。「とぶとりの明日香の里」❷飛ぶ鳥が速いことから、「早く」にかかる。万葉集 奈良一歌集 九七一「とぶとりの早く来まさね」訳早くお帰りください。参考 天武天皇の時代、赤い鳥を献上した者があったので、明日香にあった宮殿の「浄御原宮」に「とぶとりの」を冠して、「飛鳥浄御原宮」と改めたことにより、地名「明日香」の枕詞となり、さらに「明日香」も「飛鳥」と書かれるようになった。

とふ-の-すがごも【十編の菅薦】連語 菅で編んだ編み目が十筋ある、幅の広いむしろ。陸奥の名産。

とぶ-ひ【飛ぶ火・烽火】名詞 奈良時代以前、変事を地方から都へ通報するための設備。要所の展望のきく所に壇を築き、昼は煙、夜は火で通報した。

とぶひ-の-のもり【飛ぶ火の野守】連語 飛火野(=今の奈良市春日山のふもとの野)にあった「飛ぶ火」の番人。

とぶらひ【訪ひ】名詞 **訪問すること。見舞い。**

とぶら・ふ【訪ふ／弔ふ】

他動詞ハ四

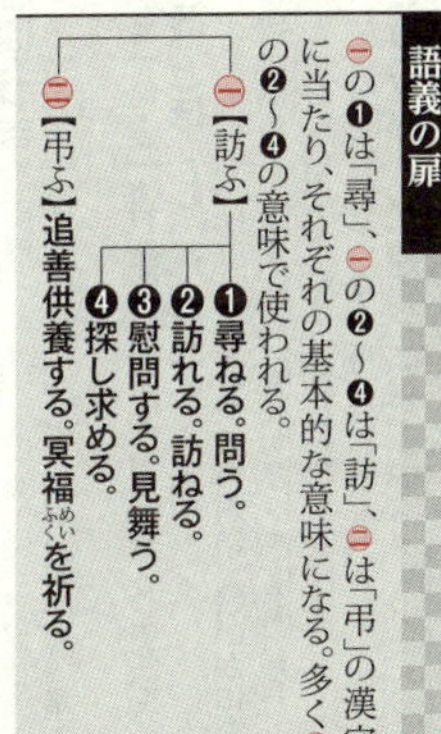

語義の扉

㊀の❶は「尋」、㊀の❷〜❹は「訪」、㊁は「弔」の漢字に当たり、それぞれの基本的な意味になる。多く㊀の❷〜❹の意味で使われる。

㊀【訪ふ】❶尋ねる。問う。❷訪れる。訪ねる。❸慰問する。見舞う。❹探し求める。

㊁【弔ふ】追善供養する。冥福を祈る。

㊀【訪ふ】

❶**尋ねる。問う。** 古今 平安一歌集 秋上「秋の野に人まつ虫の声すなり我かと行きていざとぶらはむ」訳秋の野に人を待つ松虫の声がするのが聞こえる。私を待っているのかと、出かけて行って、さあ、尋ねてみよう。❷**訪れる。訪ねる。訪問する。** 奥の細道 江戸一紀行 大垣「そのほか親しき人々、日夜とぶらひて、蘇生の者に会ふがごとく、かつ喜びかついたはる」訳そのほか親しい人々が、夜も昼も訪ねてきて、生き返った人に会うように、一方では(私の無事を)喜び、一方ではねぎらってくれる。❸**慰問する。見舞う。** 竹取物語 平安一物語 竜の頸の玉「国の司まうでとぶらふにも、え起き上がり給はで」

訳(大納言を)国司が参上して見舞っても、起き上がることがおできにならないで。❹探し求める。平家物語 鎌倉―物語 一・祇園精舎「遠く異朝をとぶらへば」訳遠く外国の例を探し求めると。㊁【弔ふ】追善供養する。冥福を祈る。平家物語 鎌倉―物語 五・福原院宣「その後世をとぶらはんために」訳その死後の冥福を祈るために。

とほ【遠】形容詞語幹 ⇩とほし。◆直接、または格助詞「つ」や「の」を伴って時間的・空間的に隔たっている意を表す。

とほき-まもり【遠き守り】連語 遠くから守ること。特に、その人に対する冥土からの守り。平家物語 鎌倉―物語 七・忠度都落「とほき御まもりでこそ候はんずれ」訳(あなたへの)冥土からのお守りでございましょう。

とほ-さぶらひ【遠侍】名詞 武家の屋敷で、母屋から隔たった場所に設けられた、当番の侍の詰め所。「とほざむらひ」とも。◆鎌倉時代の語。

とほ-ざむらひ【遠侍】名詞 「とほさぶらひ」に同じ。

とほ・し【遠し】形容詞ク〔(く)・から／く・かり／し／き・かる／けれ／かれ〕❶(距離的に)遠い。離れている。万葉集 奈良―歌集 一八〇九「とほき世に語り継がむと」訳遠い(後の)世に語りつごうと。❷疎遠だ。親しくない。万葉集 奈良―歌集 二七〇一「石橋の(＝枕詞)とほき心は思ほえぬかも」訳(あなたに)疎遠な気持ちはもっていないことよ。❸気が進まない。興味がない。源氏物語 平安―物語 少女「学問などに身を苦しめむことは、いととほくなむ覚ゆべかめる」訳学問などで自分を苦しめようとすることは、全く気が進まないことに思われるにちがいないようだ。❹縁遠い。似ていない。源氏物語 平安―物語 橋姫「世の常の女しくなよびたる方はとほくや」訳世間の普通の女らしくものやわらかなところとは縁遠いのか。

とほ-しろ・し【形容詞】ク〔(く)・から／く・かり／し／き・かる／けれ／かれ〕❶大きくてりっぱである。雄大である。万葉集 奈良―歌集 三二四「明日香の古き京師は山高み河とほしろし」訳明日香の昔の都は山が高くて川が雄大である。❷けだかく奥深い。◇歌学用語。そのような美しさを備えた歌を評する。

とほ・す【通す・徹す】㊀他動詞サ四〔さ／し／す／す／せ／せ〕❶突き抜く。貫く。うがつ。万葉集 奈良―歌集 二四四三「石が根もとほして思ふ」訳岩の根元も突き抜くほどに思う。❷透きとおす。すかす。万葉集 奈良―歌集 一〇七三「玉垂れの(＝枕詞)小簾の間とほし」訳すだれの小さなすき間をすかして。❸届かせる。通じさせる。通行させる。源氏物語 平安―物語 蛍「南の町もとほして、はるばるとありければ」訳南の町も(道を)通じさせて、遥か遠くまであったので。❹継続する。続ける。経過する。枕草子 平安―随筆 八九月ばかりに「夏とほしたる綿衣のかかりたるを」訳夏中続け(て用い)ていた綿入れの、(汗の)においがしたのを。㊁補助動詞サ四〔さ／し／す／す／せ／せ〕(動詞の連用形に付いて)終わりまでやりとげる。万葉集 奈良―歌集 四一八三「霍公鳥飼ひとほせらば」訳ほととぎすを飼いとげられれば。

と-ぼそ【枢】名詞 ❶開き戸の上下の端に設けた回転軸である「とまら(枢)」を差し込むために、梁と敷居とにあける穴。❷扉。戸。くるる戸。源氏物語 平安―物語 若紫「奥山の松のとぼそをまれにあけて」訳山奥の家の松の戸をごくたまに開けて。◆戸臍(「臍」は、へその意。

とほ-そ・く【遠退く】自動詞カ四〔か／き／く／く／け／け〕遠く離れる。遠ざかる。万葉集 奈良―歌集 四二五八「恋ふれば都いやとほそきぬ」訳(去った人を)恋しく思っていると、都はいよいよ遠ざかってしまった。

遠江【とほたふみ】地名 旧国名。東海道十五か国の一つ。今の静岡県の西部。遠州。◆浜名湖の別称「遠つ淡海」からできた語。

とほ-つ【遠つ】連語 遠くの。遠い。はるかな。「とほつ淡海」「とほつ沖」「とほつ祖先」。◆「つ」は「の」の意の奈良時代以前の格助詞。

とほ-つ-おや【遠つ祖】名詞 先祖。祖先。

とほ-つ-かみ【遠つ神】㊀名詞 祖先である神。㊁枕詞 神代から続く高貴な方の意から「大君」にかかる。万葉集 奈良―歌集 五「とほつかみわご大君の行幸の」訳我が大君が行幸なさっている。

とほ-つ-かむおや【遠つ神祖】名詞「遠つ祖」の尊敬語。神である遠いご先祖。ご祖先。

とほ-つ-くに【遠つ国】名詞 ❶遠方の国。❷死者の魂が行く国。黄泉の国。

とほ-つ-ひと【遠つ人】枕詞 ❶遠方にいる人を待つ意から、「待つ」と同音の「松」および地名「松浦」にかかる。「とほつひと松の」。❷遠い北国から飛来する雁を擬人化して、「雁」にかかる。万葉集 奈良―歌集 三九四七「今朝の朝明秋風寒しとほつひと雁が来鳴かむ時近みかも」訳今朝の夜明け。秋風が冷たい。かりが来て鳴く時期が近いのであろうか。

とほ-づま【遠夫】名詞 ㊀【遠夫】遠く離れている夫。特に、牽牛星をいう。㊁【遠妻】遠く離れている妻。特に、織女星をいう。

とほとほ・し【遠遠し】形容詞シク〔(しく)・しから／しく・しかり／し／しき・しかる／しけれ／しかれ〕❶いかにも遠い。❷いかにも疎遠である。よそよそしい。源氏物語 平安―物語 総角「とほとほしくのみもてなさせ給へば」訳よそよそしくお扱いになられるので。◆「とほどほし」とも。

とほ-なが・し【遠長し】形容詞ク〔(く)・から／く・かり／し／き・かる／けれ／かれ〕❶遠くはるかだ。万葉集 奈良―歌集 三三五六「富士の嶺のいやとほながき山路をも」訳富士山の非常に遠くはるかな山道でも。❷永遠だ。末長い。万葉集 奈良―歌集 三二八八「思ひたのみてさな葛(＝枕詞)いやとほながくわが思へる」訳頼みに思い、いよいよ末長くあってほしいと私が思っている(あなた)。

とほ-の-みかど【遠の朝廷】連語 ❶朝廷の命を受け、都から遠く離れた所で政務をとる役所。諸国の国府や大宰府をさす。❷古代の朝鮮半島にあった日本府。また、新羅をさす。

とほ-み【遠見】名詞 ❶高い所から敵のようすなどを見ること。また、その人。❷遠くを見渡すこと。遠方から見ること。❸歌舞伎の背景画で遠くの景色をかいたもの。

とほ-み[2]【遠み】トオミ

なりたち 形容詞「とほし」の語幹＋接尾語「み」

遠いので。 後拾遺 平安―歌集 春上「道とほみ行きては見ねど桜花心をやりて今日は帰りぬ」訳道のりが遠いので、行って目のあたりに見はしないけれども、山の桜に心をはせて今日一日を暮らしたことだ。

とほ-め【遠目】トオメ 名詞 遠くから見ること。遠望。

とほ-や【遠矢】トオヤ 名詞 矢で遠方の目標を射ること。また、その矢。

とほ-やま【遠山】トオヤマ 名詞 **遠方に見える山。**

とほやま-どり【遠山鳥】トオヤマドリ 名詞 鳥の名。山鳥の別名。山鳥のおすとめすが山を隔てて寝るところから、男女が離れて夜を過ごすことをたとえていう。

とほ・る【通る】トオル 自動詞ラ四 {ら/り/る/る/れ/れ}

❶**通過する。通る。** 徒然 鎌倉―随筆 五〇「院の御桟敷のあたり、さらにとほり得べうもあらず立ちこみたり」訳上皇の御桟敷のあたりは、まったく通り抜けることができそうもないほど混雑していた。

❷**貫く。つき抜ける。** 万葉集 奈良―歌集 二三八六「巌すら行きとほるべき健男も」訳大岩さえも貫いて行くにちがいない勇ましい男子も。◇「徹る」とも書く。

❸**すき通る。すける。** 源氏物語 平安―物語 澪標「外は暗うなり、内は大殿油のほのかに物よりとほりて見ゆるを」訳外は暗くなり、内は大殿油の火がかすかに物越しにすき通って見えるので。◇「透る」とも書く。

❹**うまくいく。達成する。** 徒然 鎌倉―随筆 一四一「おのづから本意とほらぬこと多かるべし」訳自然、思うようにうまくいかないことが多いにちがいない。

❺**理解する。悟る。** 三冊子 江戸―句集 俳論「俳諧は、教へてならざる所あり。よくとほるにあり」訳俳諧は、教えただけではうまくいかないところがある。自分でよく理解するところにこつがある。

とま【苫】名詞 菅・茅などの草を編んで薦のように造ったもの。雨露を防ぐために、小屋の屋根にふいたり、船の上部を覆ったりするのに使う。後撰 平安―歌集 秋中「秋の田のかりほの庵のとまを粗み」訳⇩あきのたのかりほのいほの…。

とま-びさし【苫庇】名詞「苫」でふいた屋根のひさし。

とま-や【苫屋】名詞「苫」で屋根をふいた粗末な小屋。新古今 鎌倉―歌集 秋上「見渡せば花も紅葉もなかりけり浦のとまやの秋の夕暮れ」訳⇩みわたせばはなももみぢも…。

とまり* 名詞

㊀【止まり・留まり】❶**行き着く所。終点。果て。** 古今 平安―歌集 秋下「年ごとにもみぢ葉流す竜田川水門や秋のとまりなるらむ」訳毎年毎年もみじの葉を流す竜田川、その河口は秋が行き着く終点なのだろう。❷**最後まで連れ添う人。本妻。** 源氏物語 平安―物語 帚木「若きほどの好き心地には、この人をとまりにとも思ひとどめ侍らず」訳若い時分の浮気心では、この人を本妻にとも決めることもしません。

㊁【泊まり】❶**船着き場。港。** ❷**宿。宿屋。**

とま・る 自動詞ラ四 {ら/り/る/る/れ/れ}

㊀【止まる・留まる】

❶**停止する。立ち止まる。** 万葉集 奈良―歌集 四一六〇「ゆく水のとまらぬごとく」訳流れ行く水が停止しないように。

❷**あとに残る。居残る。生き残る。** 更級 平安―日記 子忍びの森「とまる男の、送りして帰るに」訳あとに残る下僕で、(父を)送ってから戻る者に。

❸**消えずに残る。**(目に)**とまる。** 紫式部 平安―日記 消息文「必ずをかしき一ふしの目にとまる、詠みそへ侍り」訳必ず興味深い一節で目にとまるのが詠みそえてあります。

❹**とりやめになる。中止になる。** 枕草子 平安―随筆 くちをしきもの「営み、いつしかと待つことの、障りあり、にはかにとまりぬる」訳準備をして、早くその日にならないかと待っていることが、支障ができて急に中止になったこと。

㊁【泊まる】

❶**停泊する。** 土佐日記 平安―日記 一二・二七「こよひ浦戸にとまる」訳今夜は浦戸に停泊する。

❷**宿をとる。宿泊する。** 宇治拾遺 鎌倉―説話 一・三「雨風はしたなくて、帰るに及ばで、山の中に、心にもあらずとまりぬ」訳雨風が激しくて、帰ることができず、山の中に、思いがけなく泊まってしまった。

とまれ-かうまれ トマレコウマレ 連語「ともあれかくもあれ」に同じ。土佐日記 平安―日記 二・一六「とまれかうまれ、疾く破りてむ」訳とにかく、早く破ってしまおう。◆「かうまれ」は「かくまれ」のウ音便。「とまれかくまれ」の変化したもの。

とまれ-かくまれ 連語「ともあれかくもあれ」に同じ。「とまれかうまれ」とも。竹取物語 平安―物語 火鼠の皮衣「とまれかくまれ、まづ請じ入れ奉らむ」訳ともかくも、まず招き入れ申し上げよう。◆「ともあれかくもあれ」の変化したもの。

とみ[1]【富】名詞 ❶富むこと。**多額の財産。** ❷江戸時代に流行した宝くじ。**富くじ。**

とみ[2]【跡見】名詞 狩猟のとき、鳥や獣の通った跡を見つけて、その行方を推しはかること。また、その役の人。

とみ-かうみ*【と見かう見】トミコウミ 連語 **あっち見、こっち見。あっちを見たり、こっちを見たり。** 伊勢物語 平安―物語 二一「門に出でて、とみかうみ見けれど」訳門の外に出て、あっちを見、こっちを見、見回したけれど。◆「かうみ」は「かくみ」のウ音便。「左見右見」とも当てる。

とみ-こうみ【と見こう見】⇩とみかうみ

とみ-くさ【富草】名詞 植物の名。稲の別名。一説に稲を富ます草の意から、れんげ草とも。

とみ・なり【頓なり】形容動詞ナリ {なら/なり・に/なり/なる/なれ/なれ}

急だ。にわかだ。 伊勢物語 平安―物語 八四「さるに、十二月ばかりに、とみのことこて御文あり」訳そうこうしているうちに、十二月ごろ、急ぎのことだといって(母宮から)お手紙が来た。蜻蛉 平安―日記 上「とみなる召使ひの、来合ひたりつればなむ」訳急な(用事を伝える)召使いが、来合わせたので。

とみ-に【頓に】副詞〔多く、打消の語を下接して〕**急には。すぐには。** 紫式部 平安―日記 寛弘五・一一・二〇「内侍起こせど、とみにも起きず」訳内侍を起こしたが、急には起きない。

ど-みん【土民】名詞 土着の住民。

と・む[1]【止む・留む・停む】他動詞マ下二〔め/め/む/むる/むれ/めよ〕❶（進むのを）とめる。新古今 鎌倉―歌集 冬「駒とめて袖うちはらふ陰もなし」訳⇩こまとめて…。❷後に残す。とどめる。源氏物語 平安―物語 若紫「面影は身をも離れず山桜心の限りとめてこしかど」訳あの人の面影は私から離れない山桜のようだ。私の心は全部後に残して来たのだけれど。❸つなぎとめる。後撰 平安―歌集 秋中「白露に風の吹きしく秋の野は貫きとめぬ玉ぞ散りける」訳⇩しらつゆに…。❹（「心をとむ」「目をとむ」の形で）関心をもつ。注目する。源氏物語 平安―物語 葵「神などは目もこそとめ給へ」訳神などが目をつけなさると大変だ。❺（船を）停泊させる。（人を）宿泊させる。万葉集 奈良―歌集 三六二七「船とめて浮き寝をしつつ」訳船を停泊させてその中で寝ながら。◇「泊む」とも書く。

と・む[2]【尋む・求む・覓む】他動詞マ下二〔め/め/む/むる/むれ/めよ〕さがしもとめる。たずねる。新古今 鎌倉―歌集 春上「とめ来かし梅盛りなるわが宿を」訳たずねて来てほしい、梅の花が盛りの私の家を。

とむら・ふ【訪ふ・弔ふ】トムラウ―トムロウ 他動詞ハ四「とぶらふ」の変化した語。「とぶらふ」に同じ。

とめ-く【尋め来】自動詞カ変〔こ/き/く/くる/くれ/こ（こよ）〕たずねもとめて来る。拾遺 平安―歌集 神楽歌「榊葉の香をかぐはしみとめくれば」訳榊の葉の香りがよいのでたずねもとめて来ると。

とめ-ゆ・く【尋め行く】自動詞カ四〔か/き/く/く/け/け〕さがし求めて行く。たずね行く。歌意考 江戸―論「知らぬどちも、心静かにとめゆかば」訳（和歌の道を）知らない者たちも、気持ちを落ち着けてさがし求めて行けば。

とも[1] 名詞

㊀【伴】（一定の職能をもって朝廷に仕える）同一集団に属する人々。万葉集 奈良―歌集 四四六五「大伴の氏と名に負へるますらをのとも」訳大伴の氏の名を持っている勇士の集団の人々よ。◇奈良時代以前の語。

㊁【友】❶友人。仲間。伊勢物語 平安―物語 八「ともとする人、一人二人して行きけり」訳友人である人、一人二人とともに行った。❷同行の者。連れ。

㊂【供】従者。おとも。▼主人に付き従う者。

とも[2]【鞆】名詞 武具の一種。弓を射るとき、左手の手首に結び付ける、中に藁や獣毛を詰めた丸い革製の用具。弓弦が手を打つのを防ぐためとも、手首の「釧」に弓弦が当たって切れるのを防ぐためともいう。

（鞆）

とも[3]【艫】名詞 船の後部。船尾。対舳へ。

と-も[4] 接続助詞

《接続》動詞型・形容動詞型活用語の終止形、形容詞型活用語および打消の助動詞「ず」の連用形に付く。鎌倉時代以降、動詞型・形容動詞型活用語の連体形にも付く。

> **語義の扉**
>
> 活用語の終止形に接続して逆説の意を表す。ただ、形容詞および形容詞型活用の助動詞、打ち消しの助動詞「ず」には連用形に付く。
>
> ❶逆接の仮定条件。**たとえ…ても。かりに…であっても。**
>
> ❷強調（修辞的仮定）。（今、たしかに）…**ではあるが、たとえそうであっても。**

❶ある仮定的なことがらをあげて「かりにそうであっても」という気持ちで下に続ける。**たとえ…ても。かりに…であっても。**万葉集 奈良―歌集 一〇一八「白珠は人に知らえず知らずともよし不知反縦知らずともよし不知友任意」訳この白珠のほんとうの価値を知る人はいない。しかし知る人がいなくても、それでいい。人が分かってくれなくても自分さえ知っていれば、人は知らなくてもいいのだ。注意 自分の優れた才能を白珠（＝真珠）になぞらえて詠んだ旋頭歌。徒然 鎌倉―随筆 七「命長ければ恥多し。長くとも、四十に足らぬほどにて死なむこそめやすかるべけれ」訳（古人の詞にもあるように）長生きしていると、恥をさらすことが多いのだ。たとえ長生きしたとしても、四十歳に足りないくらいで死ぬのが見苦しくないように思われる。

❷すでに確定している事実を仮定のことのように述べ、「たとえそうであっても」という気持ちで、それとかかわりのないことがらが引き起こされることを強調的に表す。（今、たしかに）…**ではあるが、たとえそうであっても。**万葉集 奈良―歌集 三一「楽浪の志賀の大わだ淀むとも昔の人にまたも逢はめやも」訳この志賀の大わだは昔とすこしも変わることなく淀んでいるけれど、いくら淀んではいても、この場所でふたたび昔の大宮人にめぐり逢うことができようか、できはしないことだ。平家物語 鎌倉―物語 一一・先帝身投「わが身は女なりとも、敵の手にはかかるまじ」訳わたしは女の身であるが、しかし、何としても敵の手にはかかりたくないことです。

歴史スコープ 語法・文法

同じく仮定条件や強調の意を用法を持つ接続助詞「と」と比べて、その用例は、奈良時代以前から圧倒的に多い（「と」は、平安時代以降の語。参照▼と）。

なお、奈良時代以前には、動詞「見る」に接続する場合、つぎのように「見とも」の形をとっている。万葉集 奈良―歌集 四五〇三「君が家の池の白浪磯に寄せしばしば見とも之姿之姿美等母飽かむ君かも」訳あなたの家の池に立つ白波が繰り返し繰り返し磯に寄せるようにいくたびもいくたびもあなたを見ても満ち足りることがないことだなあ。

また、鎌倉時代になると、いわゆる連体形終止現象の影響を受けて活用語の連体形に接続した例が見えるようになる。

徒然 鎌倉―随筆 一〇九「かばかりになりては、飛び降るるとも降りなむ。いかにかく言ふぞ」訳もうこれぐらいの高さになってしまったら、飛び降りたって平気でしょう。どうして、きんなふうに言うのですか。

と-も⁵【終助詞】《接続》活用語の終止形に付く。
〔強い同意〕**もちろん…さ。**【附子】室町｜狂言 狂言「あれを引き裂けば、申しわけになるか」「おう、なるとも、なるとも」【訳】「あれを引き裂いたら、言い訳になるか」「ああ、もちろんなるさ、もちろんなるさ」
【参考】室町時代の後期以降の語。

と-も⁶【連語】
【なりたち】格助詞「と」＋係助詞「も」
❶**…ということも。**▼「と」が受ける事柄の意味を和らげたり、含みをもたせる。【伊勢物語】平安｜物語 六「鬼ある所とも知らで」【訳】鬼がすむ所ということも知らないで。❷**…こと…こと。**▼同じ動詞・形容詞を重ねてその間に置いて意味を強める。【源氏物語】平安｜物語 玉鬘「あなうれしとも、うれし」【訳】「ああうれしいこと、うれしいこと」

ど-も¹【接続助詞】《接続》活用語の已然形に付く。

語義の扉
接続助詞の「ど」と係助詞「も」とが複合し一語化したもので、活用語の已然形に接続して用いられ、
❶逆接の確定条件。…けれども。…のに。
❷逆接の恒常的条件。…ても。……ても、必ず。

❶逆接の確定条件を表す。**…けれども。…のに…。**【万葉集】奈良｜歌集 一二〇七「粟島(あはしま)に漕ぎ渡らむと思へども思柄明石の門波(となみ)いまだ騒けり」【訳】船を漕いで粟島に渡ろうと思うけれども、それを許さぬように明石の瀬戸の波は今も立ち騒いでいることだ。【方丈記】鎌倉｜随筆「かく夥(おびただ)しく震(ふ)ることはしばしにて止みにしかども、その名残しばしば絶えず」【訳】こんなにすごく震動することはしばらくやんだけれども、その余震はその後しばらく絶えることがなかった。
❷逆接の恒常的条件を表す。今はそうした状態ではないが、そうした条件のもとでは必ずそれに照応しない結果のみちびかれることを表す。**…ても。…ても、必ず。**【源氏物語】平安｜物語 帚木「なりのぼれども、もとよりさるべき筋ならぬは、世の人の思へることも、さは言へどなほ異なり」【訳】成りあがりはしても、もとからそれに相応の家柄でない人は、世の人々の思惑もやはり何といっても違うものです。

歴史スコープ 位相・変遷
同じ用法を有する接続助詞「ど」との意味上の異なり僅少であるが、平安時代、漢文訓読系の文章にはもっぱら「ども」が用いられ、いっぽうの平仮名文(和文)には「ど」が圧倒的な多さで用いられた。このうち和漢混交文の中に「ども」が用いられるようになり出して、ついに鎌倉時代末期には平仮名文系統の文章でも「ど」を圧倒するに至る。
なお、室町時代になると「けれども」が成立し、江戸時代以降これが日常口頭語として広く用いられ、現代語のありようにつながる。

-ども²【接尾語】❶体言に付いて、同類の複数を表す。**ら。**「海人少女(あまをとめ)ども」。❷自分を表す語や身内の者を表す語に付いて、謙遜の意を表す。「女ども(＝私の妻)」。❸目下の者を表す語に付いて、相手への呼び掛けに用いたり、相手を低く扱ったりする。【大和物語】平安｜物語 一五六「嫗(おうな)どもいざたまへ」【訳】ばあさんや、さあいらっしゃい。
【参考】(1)❶の人を表す語に付く「ども」は、「たち」に比べて敬意が低い。⇨たち
(2)似ているように感じられる「など」は副助詞で、一、二の事柄を例示したり、表現を穏やかにやわらげたりするもので、「ども」とは異なる。また、「ども」と「など」が重なる場合は、「どもなど」の形で強めを表す。

と-も-ある*【連語】
【なりたち】副詞「と」＋係助詞「も」＋ラ変動詞「あり」の連体形
何か、ちょっとした事がある。ちょっとした。▼連体修飾語として用いる。【徒然】鎌倉｜随筆 三七「朝夕隔てなく馴(な)れたる人の、ともある時、我に心置き」【訳】日常遠慮なく親しくしている人が、ちょっとした時、私に気兼ねして。

と-も-あれ【連語】**どのようであっても。ともかく。**「とまれ」とも。【一代男】江戸｜物語 浮世・西鶴「身どもはともあれ、大坂のお客に」【訳】私はともかく、大坂のお客に。
【参考】「ともあれかくもあれ」の、下半分が略された語。

と-も-あれ-かく-も-あれ【連語】
【なりたち】副詞「と」＋係助詞「も」＋ラ変動詞「あり」の命令形＋副詞「かく」＋係助詞「も」＋ラ変動詞「あり」の命令形
(たとえ)**どうあろうとも。ともかくも。何はさておき。**【源氏物語】平安｜物語 明石「ともあれかくもあれ、夜の明け離れぬ先に、御舟に奉れ」【訳】ともかくも、夜が明けきらないうちに御舟にお乗りあそばせ。

と-も-いは-ず【とも言はず】(トモイワズ)【連語】**…を無視して。**【平家物語】鎌倉｜物語 七・木曾山門牒状「平家こそ当時は仏法ともいはず、寺をほろぼし」【訳】平家こそ当時、仏法を無視して、寺を滅亡させ。

ともえ【鞆絵・巴】⇨ともゑ

とも-かうも(トモコウモ)【副詞】「ともかくも」のウ音便。「ともかくも」に同じ。

とも-かがみ【共鏡・友鏡】【名詞】❶**合わせ鏡。**鏡を二つ使って後ろ姿を映すこと。❷二つの物を照らし合わせて見ること。

とも-がき【友伴・朋友・友垣】【名詞】**友達。**◆交わりを結ぶのを、垣を結ぶのにたとえていう。

とも-かく-も¹【副詞】
【なりたち】副詞「と」、係助詞「も」、副詞「かく」、係助詞「も」が連なって一語化したもの。
❶**どのようにでも。なんとでも。とにかく。**❷(打消の語を下接して)**どちらとも。どうとも。なんとも。**【源氏物語】平安｜物語 桐壺「ともかくもあしらへ聞こえ給(たま)はず」【訳】どちらともお返事申し上げなさらない。◆「ともかうも」とも。

ともかくも…²【俳句】「ともかくも あなたまかせの 年の暮れ」【おらが春】江戸｜句集 俳文・一茶(いっさ)【訳】この一年、さまざまのことがあったが、いずれにしても今となっては阿弥陀(あみだ)様にすべてをお任せして、年の暮れを送ることだ。
【鑑賞】『おらが春』巻末の句。文政二年(一八一九)十二月二十九日の作。『おらが春』巻頭に「…ことしの春もあなた任せになんむかへける」として「目出度(めで)さも

と

ちう位なりおらが春」〈⇩めでたさも…。〉とあるのと照応する。季語は「年の暮れ」で、季は冬。

ともかくも-な・る 連語

なりたち 副詞「ともかくも」＋動詞「なる」

❶どのようになるかわからないが、ある結果になる。源氏物語 平安—物語 桐壺「かくながら、ともかくもならむを御覧じ果てむと」訳このままで、（桐壺更衣が）どのようにかなるだろう（＝生きるか死ぬか）なりゆきを最後までお見届けになろうと。❷死ぬことを婉曲に言う語。源氏物語 平安—物語 浮舟「またあひ見でもこそともかくもなれと思へば」訳これきり母に会えぬまま、死ぬ（かもしれない）と思うと。

と-もがな 連語

なりたち 格助詞「と」＋願望の終助詞「もがな」

体言に接続して、その状態が実現することを願う気持ちを表す。実現の可能性の低いことがらについて用いる場合がふつう。…としたものだなあ。…であってほしいものだなあ。詞花 平安—歌集 恋上「風吹けば藻塩の煙片寄りになびくを人の心ともがな」訳風が吹いてくると藻塩を焼く煙が一方に向かってだけ靡くが、そのようにあの人の心が私の方にだけ靡き寄ってほしいものだなあ。

とも-がら【輩・儕・徒】名詞 仲間。同輩。徒然 鎌倉—随筆 八五「舜を学ぶは、舜のともがらなり」訳舜のことを学ぶのは、舜の仲間である。

[1]**ともし** 名詞

㊀【灯し】ともし火。灯火。明かり。
㊁【照射】夏の夜の山中で、狩人が鹿をおびき出すために篝火をたいたり、松明をともしたりすること。また、その火。

[2]**とも・し** 形容詞 シク {(しく)・しから／しく・しかり／し／しき・しかる／しけれ／しかれ}

㊀【羨し】❶慕わしい。心引かれる。万葉集 奈良—歌集 三五二三「ともしき君は明日さへもがも」訳慕わしいあなたは明日も来てほしい。❷うらやましい。万葉集 奈良—歌集 五五「真土山行き来と見らむ紀人ともしも」訳真土山を行き来するごとに見ているであろう紀伊の人がうらやましいことよ。

㊁【乏し】❶少ない。不足だ。方丈記 鎌倉—随筆「薪さへともしくなりゆけば」訳薪までもが少なくなってゆくので。❷貧しい。徒然 鎌倉—随筆 一四二「ともしく叶はぬ人のみあれば、おのづから、本意通らぬこと多かるべし」訳貧しく、望みがかなわない人ばかりなので、自然、思いどおりにならないことが多いにちがいない。

ともし-さ【羨しさ】名詞 うらやましいこと。

ともじ-に-ふ・む【十文字に踏む】連語「じふもんじにふむ」に同じ。

ともし-び【灯し火・灯】名詞 灯火。明かり。

ともしび-の【灯し火の】枕詞 灯火が明るいことから、地名「明石」にかかる。「ともしびの明石大門」

***とも・しぶ**【羨しぶ】自動詞 バ上二 {び／び／ぶ／ぶる／ぶれ／びよ} うらやましく思う。「ともしむ」とも。万葉集 奈良—歌集 四〇〇〇「音のみも名のみも聞きてともしぶるがね」訳評判だけでも、名前だけでも聞いて（人々は）うらやましく思うだろうから。

ともし・む【乏しむ・羨しむ】

[一]自動詞 マ四 {ま／み／む／む／め／め}「ともしぶ」に同じ。
[二]他動詞 マ下二 {め／め／む／むる／むれ／めよ} 物足りなく思わせる。うらやましく思わせる。万葉集 奈良—歌集 二五七七「今だにも目なともしめそ相見ずて恋ひむ年月久しけまくに」訳今だけでも（あなたを）見ることを物足りなく思わせてくれるな（＝思う存分顔を見せてください）、お会いできずに恋しく思う年月が長いことでしょうから。

とも・す【点す・灯す】他動詞 サ四 {さ／し／す／す／せ／せ} 明かりをつける。点火する。源氏物語 平安—物語 帚木「火ともしたる透き影、障子の上より漏りたる」訳（隣の部屋の）明かりをつけたすきまからの光が、ふすまの上から漏れているので。

とも-すぎ【共過ぎ】名詞 共働き。◆江戸時代の語。

とも-すれ-ば 副詞

なりたち 副詞「と」、係助詞「も」、動詞「す」の已然形、接続助詞「ば」が連なり一語化したもの。

ややもすると。どうかすると。竹取物語 平安—物語 かぐや姫の昇天「ともすれば人まにも月を見ては、いみじく泣き給ふ」訳ややもすると人のいない間にも月を見ては、ひどくお泣きになる。

とも-ちどり【友千鳥】名詞 数多く群れをなしている千鳥。むら千鳥。

とも-づな【艫綱・纜】名詞 船尾にあって、船をつなぎとめる綱。

とも-な・ふ【伴ふ】トモナウ／トモノウ

[一]自動詞 ハ四 {は／ひ／ふ／ふ／へ／へ} 連れ立つ。連れ添う。徒然 鎌倉—随筆 二三「賢助僧正にともなひて」訳賢助僧正に連れ添って。
[二]他動詞 ハ四 {は／ひ／ふ／ふ／へ／へ} 連れて行く。徒然 鎌倉—随筆 二三八「人あまたともなひて」訳人を大勢連れて行って。

参考 [二]は、奈良時代以前には「鵜飼ひともなへ」（『万葉集』）〈鵜飼いをする人を連れて行って。〉のように下二段にも活用したが、下二段活用の用例は連用形しかない。

とも-に【共に】連語 …といっしょに。枕草子 平安—随筆 小白河といふ所は「露とともに起きて、げにぞひまなかりける」訳朝露が置くのといっしょに起きて（行ったが）、ほんとうに（車をとめる）すき間もなかった。

とも-の-みやつこ 名詞

㊀【伴の造・伴造】奈良時代以前、皇室所有の部を世襲的に管理・統率した、在京の中下層豪族。◇「伴」は部、「造」はその首長。⇩国の造。
㊁【伴の御奴】「主殿寮」の下役人。庭の掃除などに従った。

とも-の-を【伴の緒】トモノオ 名詞 奈良時代以前、それぞれ特定の職能をもって朝廷に奉仕した「部」。また、その首長。

とも-ゑ【鞆絵・巴】トモエ 名詞 ❶水の流れを渦巻き形に模様化したもの。右巻き・左巻きのもの、二つまたは三つ組み合わせたものなど。かわらや太鼓の模様に多く使われる。❷紋所の一つ。❶を図案化したもの。

と-や 連語

なりたち 格助詞「と」＋係助詞「や」

❶〔文中の場合〕…と…か。…というのか。▼「と」で受ける内容について疑問の意を表す。伊勢物語 平安—物語 一四「さすがにあはれとや思ひけむ、行きて寝にけ

り」訳さすがに(その女を)いとしいと思ったのだろうか、(男は)行って共寝をした。❷(文末の場合)㋐…とかいうことだ。▼伝聞あるいは不確実な内容であることを表す。今昔物語 平安―説話 二三・二一「昔はかかる力ある相撲人(すまひびと)もありけりとなむ語り伝へたるとや」訳昔はこんな力の強い力士もいたのだと語り伝えているとかいうことだ。㋑…というのだな。…というのか。▼相手に問い返したり確認したりする意を表す。安宅 室町―能楽 謡曲「なにと、勧進帳(くわんじんちゃう)を読めとや」訳なんだって、勧進帳を読めというのか。◇江戸時代の用法。

参考 ❷㋐は説話などの末尾に用いられる。「とや言ふ」の「言ふ」が省略された形。

*とやかくや(と) 副詞

なりたち 副詞「と」、係助詞「や」、副詞「かく」、係助詞「や」が連なり一語化したもの。

ああしようか、こうしようか(と)。あれやこれや(と)。源氏物語 平安―物語 葵「とやかくやと思(おぼ)し扱ひ聞こえさせ給(たま)へるさま」訳あれやこれやと気をつけてお世話し申し上げなさるようす。

とや-がへ・る【鳥屋返る】(トヤガエル) 自動詞ラ四 {ら/り/る/る/れ/れ} 秋のころに鳥屋(=鳥小屋)の中にいる鷹(たか)の羽が抜けかわる。また、鳥屋に飛び帰って来る意とも。後拾遺 平安―歌集 冬「とやがへる白斑(しらふ)の鷹の木居(こゐ)をなみ雪げの空にあはせつるかな」訳羽が抜けかわるまだら模様の鷹はとまる木がないので、雪の降りそうな空に、獲物に向けて放ったことよ。

と-やま【外山】名詞 人里に近い山。古今 平安―歌集 神遊びのうた「深山(みやま)には霰(あられ)降るらしとやまなるまさきの葛(かづら)色づきにけり」訳人里から遠く離れた山にはあられが降っているらしい。もう、人里近くの山にあるまさきの葛が、きれいに色づいてしまったよ。対奥山(おくやま)・深山(みやま)。

と-ゆき-かう-ゆき【と行きかう行き】(トユキコウユキ) 連語 あっちへ行きこっちへ行きして混乱するさま。右往左往するようす。宇治拾遺 鎌倉―説話 六・七「とゆきかうゆきするほどに」訳右往左往するうちに。

¹とよ-【豊】接頭語 名詞や動詞に付いて、物事が十分に満ち足りて、豊かであることをほめたたえる意を表す。「とよ秋津島」「とよ御酒(みき)」「とよ寿(ほ)く」。◆奈良時代以前の語。

²と-よ 連語

なりたち 格助詞「と」＋間投助詞「よ」

❶…と思うよ。…ということだよ。▼「と」で引用したことに念を押す。万葉集 奈良―歌集 四四〇五「わが妹子(いもこ)がしぬひにせよと着けし紐(ひも)糸になるとも吾(わ)は解かじとよ」訳私の妻が形見にしなさいと結び付けた紐が糸になっても私はほどくまいと思うよ。❷(多く文末に用いて)…だよ。…だなあ。▼感動・詠嘆の意を表す。平家物語 鎌倉―物語 九・小宰相身投「明日のいくさには、一定(いちぢゃう)討たれなんずと覚ゆるとよ」訳明日の合戦では、(私は)必ず討たれるだろうと思われるのだよ。❸(「かとよ」の形で)…だったかなあ。▼不確かな事柄を確認する意を表す。方丈記 鎌倉―随筆「去(い)んじ安元三年四月(うづき)廿八日(にじふはちにち)かとよ」訳(あれは)去る安元三年の四月二十八日であったかなあ。

とよ-あきつしま【豊秋津島】名詞 日本国の美称。「とよあきづしま」とも。◆秋の実りの豊かな大和(やまと)の国の意。「とよ」は接頭語。

とよ-あしはら【豊葦原】(トヨアシワラ) 名詞 日本国の美称。◆豊かに葦が茂った原の意。「とよ」は接頭語。

とよあしはら-の-なかつくに【豊葦原の中つ国】(トヨアシワラノナカツクニ) 連語 日本国の美称。◆高天(たか)の原(=天上界)と黄泉(よみ)の国(=地下の死者界)の中間にある国の意。「とよ」は接頭語。

とよあしはら-の-みづほのくに【豊葦原の瑞穂の国】(トヨアシワラノミズホノクニ) 連語 日本国の美称。◆「豊葦原」にある、みずみずしく稲の穂が実る国の意。「とよ」は接頭語。

ど-よう【土用】名詞 陰暦で、立春・立夏・立秋・立冬の前の各十八日間。一般には立秋の前の夏の土用をさす。季夏。

どよう-ぼし【土用干し】名詞 夏の土用に、かびや虫がつくのを防ぐため、衣類や書物を干すこと。

とよ-の-あかり【豊の明かり】名詞 ❶酒を飲んで顔が赤らむこと。❷宴会。特に、宮中の宴会。万葉集 奈良―歌集 四二六六「わご大君の…とよのあかり見(め)す今日の日は」訳わが大君が…宴会をなさる今日の日は。❸「とよのあかりのせちゑ」に同じ。◆「とよ」は接頭語。「あかり」は顔が赤らむの意。

とよのあかり-の-せちゑ【豊の明かりの節会】(トヨノアカリノセチエ) 連語 新嘗祭(しんじゃうさい)または大嘗祭(だいじゃうさい)の翌日に豊楽殿(ぶらくでん)で行う公式の宴会。天皇が新穀を召し上がり、群臣にも賜る。賜宴の後、五節(ごせち)の舞などが行われた。

とよ-の-とし【豊の年】名詞 豊作の年。豊年。◆「とよ」は接頭語。

*とよ-はたくも【豊旗雲】名詞 旗のようになびく美しい雲。「とよはたぐも」とも。万葉集 奈良―歌集 一五「わたつみのとよはたくもに入り日さし」訳⇨わたつみの…。◆「とよ」は接頭語。

*とよみ【響み】名詞 大きな音や声が鳴り響(ひび)くこと。また、人が大声を上げて騒ぐこと。大笑い。「どよみ」とも。徒然 鎌倉―随筆 一三六「とよみになりてまかり出(い)でにけり」訳(人々の)大笑いになって(笑われた医師は)退出してしまった。◆動詞「とよむ」連用形が名詞化した語。

とよ-みき【豊御酒】名詞 美酒。よい酒。▼酒をほめていう語。◆「とよ」は接頭語。

とよ-みてぐら【豊御幣】名詞 神に供える「幣帛(へいはく)」をほめたたえていう語。◆「とよ」は接頭語。

とよ・む【響む】

一 自動詞マ四 {ま/み/む/む/め/め} 鳴り響く。響きわたる。大声で騒ぐ。古今 平安―歌集 恋二「秋なれば山とよむまで鳴く鹿(しか)に」訳秋になったので、妻恋いに山が鳴り響くまで鳴く牡鹿(おじか)の声に。

二 他動詞マ下二 {め/め/む/むる/むれ/めよ} 鳴り響かせる。「とよもす」とも。万葉集 奈良―歌集 三六八〇「夜(よ)を長み眠(い)の寝(ね)らえぬにあしひきの(=枕詞(まくらことば))山彦(やまびこ)とよめさ雄鹿(をしか)鳴くも」訳夜が長いので眠れない時に、山彦を鳴り響かせて雄鹿が鳴くことよ。

どよ-め・く【響動めく】自動詞カ四 {か/き/く/く/け/け} 響きわたる。大声を上げて騒ぐ。平家物語 鎌倉―物語 一一・那

と

須与二「陸には、源氏、箙をたたいてどよめきけり」訳陸では源氏が箙(=矢を差し入れて背負う武具)をたたいて気勢をあげ大声を上げて騒いだ。◆「めく」は接尾語。

とよも・す*【響もす】他動詞サ四〔さ/し/す/す/せ/せ〕「とよむ」二に同じ。万葉集 奈良―歌集 一四七二「ほととぎす来鳴きとよもす卯の花の」訳ほととぎすが来て声を鳴り響かす卯の花の。

とら*【寅】名詞❶「十二支」の第三。❷時刻の名。**午前四時。**また、それを中心とする二時間。❸方角の名。**東北東。**

どら【銅鑼・鉦】名詞打楽器の一つ。多くは青銅製の盆状のもの。ひもでつり下げて、ばちで打ち鳴らす。法会に用い、また、広く合図に打ち鳴らす。

（銅 鑼）

とら・す【取らす】なりたち 動詞「とる」の未然形に使役の助動詞「す」の付いたかたちが一語化したもの。
一 他動詞サ下二〔せ/せ/す/する/すれ/せよ〕**受け取らせる。与える。やる。**竹取物語 平安―物語 火鼠の皮衣「唐にをるわうけいに金をとらす」訳唐にいるおうけい(=人名)に金をやる。
二 補助動詞サ下二〔せ/せ/す/する/すれ/せよ〕〔動詞の連用形＋「て」の形の下に付いて〕…(して)**やる。**佐渡狐 室町―狂言 狂言「いかにも判断してとらせうほどに」訳なんとかして判断をしてやるから。
参考 一の「取らす」は、上位者から下位者へ「与える」の意を強制使役の形で表現したもの。和文では、与えるの意を表す場合、「与ふ」はふつう用いられず、この「取らす」や「得さす」「授く」などが用いられた。

とら-の-を-を-ふ・む【虎の尾を踏む】連語 非常に危険なことを行うことのたとえ。平家物語 鎌倉―物語 三・法印問答「竜の髭をなで、とらのををふむ心地はせられけれども」訳竜の髭をなで、虎の尾を踏むような心地になられたけれど。

とら・ふ*【捕らふ・捉らふ】他動詞ハ下二〔へ/へ/ふ/ふる/ふれ/へよ〕❶**捕らえる。取り押さえる。**徒然 鎌倉―随筆 一七五「逃げんとするを、とらへてひきとどめて」訳逃げようとするのを取り押さえてひきとめて。❷**握る。**手でしっかりとつかむ。竹取物語 平安―物語 御門の求婚「袖をとらへ給へば」訳袖をお握りになったので。❸**取り上げる。問題にする。**紫式部 平安―日記 消息文「わが心の立てつる筋をとらへて」訳自分の心に決めた得意の方面を問題にして。

とら-を-の-に-はな・つ【虎を野に放つ】連語 後のわざわいの原因となるものを除かずにおくことのたとえ。

とり[1]【酉】名詞❶「十二支」の第十。❷時刻の名。**午後六時。**また、それを中心とした二時間。❸方角の名。**西。**

とり[2]【鳥】名詞❶鳥類の総称。❷鶏。また、鶏の鳴き声。伊勢物語 平安―物語 五三「男、…女にあひて、物語りなどする程に、とりの鳴きければ」訳男が、…女と会って話などするうちに鶏が鳴いたので。◇「鶏」とも書く。❸雉。徒然 鎌倉―随筆 六六「盛りなる紅梅に、とり一双を添へて」訳花盛りの紅梅の枝にきじを一つがい添えて。

とり-[3]【取り】接頭語 動作を表す動詞の上に付いて、語勢を強める。「とりそふ」「とりつくろふ」

とりあげ-ばば【取り上げ婆】名詞 助産婦。

とり-あつ・む【取り集む】他動詞マ下二〔め/め/む/むる/むれ/めよ〕**寄せ集める。**(いろいろなものを)**いっしょにする。**徒然 鎌倉―随筆 一九「とりあつめたることは、秋のみぞ多かる」訳(いろいろ情趣あることを)寄せ集めていることは、秋が一番多い。

とり-あ・ふ[1]【取り合ふ】一 自動詞ハ四〔は/ひ/ふ/ふ/へ/へ〕❶**かかわり合う。**太平記 室町―物語 三九「かかる大社の訴訟にとりあうて」訳このような大社の訴訟にかかわり合って。◇「とりあう」はウ音便。❷**つり合う。似合う。**子盗人 室町―狂言「これはこちらの道具とはとりあはぬ物ぢやが」訳これはこちらの道具とはつり合わないものじゃが。
二 他動詞ハ四〔は/ひ/ふ/ふ/へ/へ〕**奪い合う。**宇治拾遺 鎌倉―説話 六・三「かく宝どもみな人のとりあひたる」訳このように宝などをみな人々が奪い合った。

とり-あ・ふ[2]【取り敢ふ】他動詞ハ下二〔へ/へ/ふ/ふる/ふれ/へよ〕❶**取ることができる。用意する。**古今 平安―歌集 羇旅「このたびは幣もとりあへず」訳⇩このたびは…。❷**居あわせる。あり合わせる。**源氏物語 平安―物語 竹河「とりあへたるままに被け給ふ」訳あり合わせのままにお与えになった。❸**こらえる。おさえとどめる。**源氏物語 平安―物語 葵「もろき御涙は、ましてとりあへ給はず」訳もろくこぼれる御涙は、ましてこらえなされない。

とりあへ-ず【取り敢へず】副詞 なりたち 下二段動詞「とりあふ」の未然形に打消の助動詞「ず」の連用形の付いたかたちが一語化した語。
❶**あっという間に。たちまち。**源氏物語 平安―物語 須磨「高潮といふものになむ、とりあへず人そこなはるるとは聞けど」訳高潮というものに、たちまち人が危害を加えられるとは聞くけれど。❷(ほかの事はさておいて)**即座に。すぐさま。**徒然 鎌倉―随筆 一〇七「女の物言ひかけたる返り事、とりあへずよきほどにする男は、ありがたきものぞ」訳女がものを言いかけた返事を、即座によい程度にする男は、めったにないものだ。
参考「取る(べき)ものも取りきれないで」が本来の意で、何かほかの事をする間もなく即座に次の反応を示すことにいう。

とり-い・づ【取り出づ】他動詞ダ下二〔で/で/づ/づる/づれ/でよ〕❶**取り出す。持ち出す。**徒然 鎌倉―随筆 一六七「わが智をとりいでて人に争ふは」訳自分の知恵を持ち出して人と競うのは。❷**引き起こす。**源氏物語 平安―物語 浮舟「見苦しきこととりいで給ひてむ」訳見苦しいことを引き起こしなさってしまうだろう。

とり-い・る【取り入る】一 自動詞ラ四〔ら/り/る/る/れ/れ〕❶(物の怪が人間の心に)**入り込む。**平家物語 鎌倉―物語 三・赦文「こはき御物の怪どもとりいり奉る」訳こわい御物の怪たちが入り込み申し上げる。❷**かかわる。**今鏡 平安―物語 藤波下「世のまめなる事はとりいらぬ御心にや」訳世間の実際的な事にはかかわらないおつもりではないか。❸へつらう。盛衰記 鎌倉ー物語 二六「太政大臣にとりいり」訳太政大臣にへつらい。 二 他動詞 ラ下二{れ/れ/る/るる/るれ/れよ} ❶取り次ぐ。受け取る。竹取物語 平安ー物語 火鼠の皮衣「竹取出(い)で来て、とりいれてかぐや姫に見す」訳竹取の翁が出て来て、受け取ってかぐや姫に見せる。❷(物の怪(け)が人の心を)引き入れる。源氏物語 平安ー物語 葵「御物の怪の、たびたびとりいれ奉りしを」訳御物の怪が、たびたび(心を)引き入れ申し上げたのを。

とり-うり【取り売り】 名詞 不用品を買い取り、それを他へ売ること。また、その人。古道具屋。

とり-お・く【取り置く】 他動詞 カ四{か/き/く/く/け/け} ❶**取って、しまっておく。保管する。** 万葉集 奈良ー歌集 二三五六「高麗錦(こまにしき)紐(ひも)の片方(かた)ぞ床に落ちにける…とりおき待たむ」訳高麗錦の紐の片方が床に落ちていた…保管して待とう。❷**片づける。** 落窪物語 平安ー物語 一「御ゆするの調度などとりおきて」訳ご調髪用の道具などを片づけて。

とり-おこな・ふ【執り行ふ】トリオコナウ ― トリオコノウ 一 他動詞 ハ四{は/ひ/ふ/ふ/へ/へ} (儀式・行事などを)**行う。** 平家物語 鎌倉ー物語 三・法印問答「入道はただ大方をとりおこなふばかりでこそ候へ」訳入道(=平清盛)はただ大体の事を行うだけでした。 二 自動詞 ハ四{は/ひ/ふ/ふ/へ/へ} **酒を飲む。** 徒然 鎌倉ー随筆 一七五「つれづれなる日、思ひのほかに友の入りきて、とりおこなひたるも、心なぐさむ」訳所在のない日、思いがけず友達が入ってきて酒を飲むのも気晴らしになる。

とり-おひ【鳥追ひ】トリオイ 名詞 ❶農家の年中行事の一つ。正月十五日の早朝、害鳥や害虫を追い払うために、若者が棒を打ち歌いながら家々を回る。❷江戸時代、編み笠の女芸人が正月に家々を回り三味線を弾いて鳥追い歌を歌い、金銭を請うたもの。また、その女芸人。

(鳥追ひ❷)

とり-おろ・す【取り下ろす】 他動詞 サ四{さ/し/す/す/せ/せ} ❶**取って下ろす。取って下に置く。** 源氏物語 平安ー物語 野分「紙一巻(ひとまき)、御硯(すずり)の蓋(ふた)にとりおろし奉れば」訳紙一巻を御硯箱のふたに取って下に置き(夕霧に)さしあげると。❷**貴人の前から物をさげる。** 枕草子 平安ー随筆 うらやましげなるもの「御硯(すずり)とりおろして書かさせ給ふもうらやまし」訳御硯を御前から下げて、お書かせになりなさるのもうらやましい。

とり-かか・る【取り掛かる】 他動詞 ラ四{ら/り/る/る/れ/れ} ❶**始める。手をつける。** ❷**心にかかる。気がかりである。** 源氏物語 平安ー物語 蜻蛉「宮の上にとりかかりて恋しうもつらくも」訳宮のことが心にかかって恋しくもつらくも。❸**とりすがる。取り付く。** 古事記 奈良ー史書 神代「手足にとりかかりて泣き悲しみき」訳手足にとりすがって泣き悲しんだ。❹**立ち向かって行く。襲いかかる。** 今昔物語 平安ー説話 二五・七「心も知らざらん人にとりかかりては」訳気持ちもわからない人に襲いかかっては。◆「とり」は接頭語。

とり-かさ・ぬ【取り重ぬ】 他動詞 ナ下二{ね/ね/ぬ/ぬる/ぬれ/ねよ} **重ねる。加える。** 徒然 鎌倉ー随筆 一九「春の急ぎにとりかさねて催し行はるるさまぞ」訳新年の支度に加えて行事が行われるようすは。◆「とり」は接頭語。

とり-かぢ【取り舵】トリカジ 名詞 ❶船首を左へ向けるときの舵のとり方。❷**左舷(さげん)。** 左のふなばた。

とり-が-なく【鳥が鳴く・鶏が鳴く】 枕詞 東国人の言葉はわかりにくく、鳥がさえずるように聞こえることから、「あづま」にかかる。「とりがなくあづまの国の」

とり-か・ふ【取り飼ふ】トリカウ ― トリコウ 他動詞 ハ四{は/ひ/ふ/ふ/へ/へ} ❶**飼い養う。** 著聞集 鎌倉ー説話 六七八「御鷹(たか)飼いどもの面々にとりかひけれども」訳御鷹飼いたちは、おのおの飼い養っているけれども。❷**飼料を与える。** 源氏物語 平安ー物語 夕霧「秣(まぐさ)などとりかはせて」訳(馬に)まぐさ(=飼料にする草)などを与えさせて。◆「とり」は接頭語。

とり-かぶと【鳥甲・鳥兜】 名詞 舞楽で、楽人や舞人が用いるかぶりもの。鳳凰(ほうおう)の頭になぞらえ、後方に「錣(しころ)」が突き出している。

(鳥 甲)

とり-かへし【取り返し】トリカエシ 副詞 **初めに返って。改めて。** 源氏物語 平安ー物語 桐壺「思ほ(おぼ)しまぎるる折もありつる昔のこと、とりかへし悲しく思ほ(おぼ)さる」訳思いまぎれるときもあった昔のことを、改めて、悲しくお思いになる。

とりかへばや物語(ものがたり)トリカエバヤモノガタリ 書名 物語。作者未詳。平安時代後期(一一七〇ころか)成立。四巻。〔内容〕権大納言(ごんのだいなごん)の子の腹ちがいの兄妹が、男女をとりかえられて育てられ仕官したが、ことが現れて元に戻り幸福になる。性交換の悲喜劇の物語である。

> **古典の常識**
> **『とりかへばや物語』―男女あべこべ物語**
> 性格が男女逆のため、兄は女装、妹は男装で育てられた若君と姫君。姫君は好色の宰相(さいしょう)中将に男装を見破られ、宰相の子を見ごもり、出産を機に本来の姿に戻る。後、互いの経歴を引き継いで入れ替わり、円満に暮らしたという、特異なストーリーの物語。

とり-ぐ・す【取り具す】 他動詞 サ変{せ/し/す/する/すれ/せよ} **とりそろえる。十分に備える。** 源氏物語 平安ー物語 帚木「さまざまのよき限りをとりぐし」訳さまざまのよい点を十分備え。

[1]とり-こ【取り子】 名詞 **養子。もらい子。**

とり-こ・む【取り込む】 一 自動詞 マ四{ま/み/む/む/め/め} **多忙で混雑する。ごたごたする。** 一代男 江戸ー物語 浮世・西鶴「手前とりこみ早々申しのこし候」訳私の方もごたごたし簡単に用件だけ申しました。 二 他動詞 マ四{ま/み/む/む/め/め} ❶**取り入れる。** 源氏物語 平安ー物語 帚木「をかしき古事(ふるごと)をも、はじめよりとりこみつつ」訳趣のある古歌までも、初句から(自分の歌に)取り入れて。❷**自分の手に入れる。獲得する。** 続膝栗毛 江戸ー物語 滑稽「食らひ物をやたらむしゃうにとりこむ」訳食べ物を手あたりしだいむやみに手に入れる(=食べる)。❸**丸め込む。だます。** 一代男 江戸ー物語 浮世・

西鶴『ちと御立ち寄り』ととりこむ事もあり」訳「ちょっとお立ち寄りください」と丸め込むやり方もある。

²とり-こ・む【取り籠む】 他動詞マ下二{め/め/む/むる/むれ/めよ}**取り囲む。とじこめる。** 雨月物語 江戸―物語 浅茅が宿「山賊あまたにとりこめられ、衣服金銭残りなく掠められ」訳山賊大勢に取り囲まれ、衣服や金銭すべて取られて。

とり-ざかな【取り肴】 名詞 器に盛って出して各自が取り分けるようにした、酒のさかな。

とり-さし【鳥刺し】 名詞 先に鳥のもちを塗った竿で、小鳥を捕らえること。また、それを職業にしている人。

とり-ざた【取り沙汰】 名詞／―す 他動詞サ変 ❶**処置。とりさばくこと。** 宇治拾遺 鎌倉―説話 一五・九「泣く泣く葬送の事もとりざたしけるとなん」訳泣く泣く葬送のことも処置したという。❷**世間のうわさ。評判。** 止動方角 室町―狂言「世上でこなたのとりざたを聞かせられてござるが」訳世間であなたのうわさを聞かされていますが。◆「とりさた」とも。

とり-さ・ふ【取り支ふ】 トリサウ―トリソウ 他動詞ハ下二{へ/へ/ふ/ふる/ふれ/へよ}**仲裁する。調停する。** 宇治拾遺 鎌倉―説話 一〇・一「出納ののしれば、出でて、とりさへんとするに」訳出納(係の家の子)が騒ぎ立てるので、外にでて、仲裁しようとすると。◆「とり」は接頭語。

とり-したた・む【取り認む】 他動詞マ下二{め/め/む/むる/むれ/めよ}**きちんと処置する。きちんと整理する。** 徒然 鎌倉―随筆 二九「何となき具足とりしたため」訳特にどうということもない身のまわりの道具をきちんと整理し。◆「とり」は接頭語。

とり-じもの【鳥じもの】 枕詞 鳥のようにの意から「浮き」「朝立ち」「なづさふ」などにかかる。万葉集 奈良―歌集 二一〇「とりじもの朝立ちいまして」訳朝出発していかれて。◆「じもの」は接尾語。

とり・す【執りす】 他動詞サ変{せ/し/す/する/すれ/せよ}**打ち込む。熱中する。** 源氏物語 平安―物語 若菜下「はかなくとりする事どもも、物のはえありて」訳ちょっと熱中する芸事なども、見ばえがして。

とり-す・う【取り据う】 他動詞ワ下二{ゑ/ゑ/う/うる/うれ/ゑよ}❶**持ってきてそこに置く。据え置く。** 折々草 江戸―紀行「しばし見をりしが、手にとりすゑて」訳少しの間見ていたが、手のうえに据え置いて。❷**住まわせる。** 徒然 鎌倉―随筆 一九〇「いかなる女をとりすゑて相住む」訳これこれの女を住まわせて、一緒に住んでいる。

とり-そ・ふ【取り添ふ】 トリソウ 他動詞ハ下二{へ/へ/ふ/ふる/ふれ/へよ}**添える。付け加える。** 平家物語 鎌倉―物語 四・橋合戦「このむ白柄の大長刀にとりそへて」訳(弓に)自分の好みの白木の柄の大長刀を添えて(持って)。◆「とり」は接頭語。

とり-たが・ふ【取り違ふ】 トリタガウ―トリタゴウ 他動詞ハ下二{へ/へ/ふ/ふる/ふれ/へよ}**取りちがえる。間違える。** 枕草子 平安―随筆 里にまかでたるに「人のもとに、さる物を包みて送るやうやはある。とりたがへたるか」訳人のところに、そんな物を包んで送るという法はあろうか、ありはしない。取りちがえてしまったか。

***とり-た・つ【取り立つ】** 他動詞タ下二{て/て/つ/つる/つれ/てよ}❶**(物を)取って上にあげる。取り上げる。使う。** 竹取物語 平安―物語 かぐや姫の昇天「弓矢とりたてむとすれども」訳弓矢を取り上げようとするが。❷**特別に取り上げる。** 源氏物語 平安―物語 桐壺「とりたててはかばかしき後ろ見しなければ」訳特別に取り上げて(いうほど)しっかりした後ろだてがないので。❸**調える。用意する。ある状態にする。** 宇津保 平安―物語 蔵開下「銀・黄金の馬、さまざま色々にとりたてて」訳銀・金の馬、そのほかいろいろな物を調えて。❹**ひいきにして、引き立てる。** 麻生 室町―狂言「狂言くわっととりたてて取らせうぞ」訳ぐっとひいきにしてやろう。❺**建てる。築く。構える。** 徒然 鎌倉―随筆 二五「金堂はその後…、とりたつるわざもなし」訳金堂はその後…、(再び)建てるうごきもない。◇「とり」は接頭語。

***とり-つ・く【取り付く】** 一 自動詞カ四{か/き/く/く/け/け}❶**すがりつく。とりすがる。** 徒然 鎌倉―随筆 四一「とりつきながら、いたう睡りて」訳(木に)すがりつきながら、ぐっすり眠って。❷**(神霊や物の怪が)乗り移る。** 栄花物語 平安―物語 楚王の夢「御物の怪のとりつき奉りにければ」訳物の怪が乗り移り申し上げたので。◇「取り憑く」とも書く。❸**取り掛かる。着手する。** 二 他動詞カ下二{け/け/く/くる/くれ/けよ}❶**取り付ける。付ける。** 万葉集 奈良―歌集 四〇一二「白塗りの鈴とりつけて」訳白塗りの鈴を取り付けて。❷**(神霊や物の怪を)乗り移らせる。** 延喜式 平安―格式 出雲国造神賀詞「和魂を八咫の鏡にとりつけて」訳温和な徳のある魂を八咫の鏡に乗り移らせて。

***とり-つくろ・ふ【取り繕ふ】** トリツクロウ 他動詞ハ四{は/ひ/ふ/ふ/へ/へ}❶**手入れをする。** 蜻蛉 平安―日記 上「かかる所も、とりつくろひかかはる人もなければ、いと悪しくのみなりゆく」訳このような所も、手入れをし世話をする人もないので、ひどく悪くなっていくばかりだ。❷**整え装う。威儀を正す。体裁をつくる。** 源氏物語 平安―物語 総角「ありつかずとりつくろひたる姿どもの」訳似あわないが整え装った姿の者たちが。◆「とり」は接頭語。

とり-つづしろ・ふ【取り嘰ろふ】 トリツヅシロウ 連語 **手に取って少しずつ食べる。** 万葉集 奈良―歌集 八九二「堅塩をとりつづしろひ糟湯酒うちすすろひて」訳⇩かぜまじり…。

とり-て 名詞 一【取り手】❶相撲・柔道のわざ。また、相撲・柔道が強い人。❷武術の一つ。素手で人を捕らえるわざ。二【捕り手】罪人を捕らえる人。特に、罪人を召し捕る役人。

とり-で【取り出】 名詞 始めて間もなくて、慣れていないこと。

***とり-どころ【取り所】** 名詞 ❶**とりえ。長所。** 枕草子 平安―随筆 とり所なきもの「とりどころなきもの。容にくさげに、心あしき人」訳とりえのないもの。容貌も醜く、性格も悪い人。❷**取っ手。つまみ。** 宇津保 平安―物語 蔵開「とりどころには、女の一人若菜摘みたる形を作りたり」訳取っ手は、女性が一人、若菜を摘んでいる形を作った。

とり-と・む【取り留む】 他動詞マ下二{め/め/む/むる/むれ/めよ}**押さえとどめる。取りおさえる。** 伊勢物語 平安―物語 六四「とりとめぬ風にはありとも玉すだれたが許さばかひま求むべき」訳（あなたが）押さえとどめることのできない風であっても、（私の）すだれのすきまをさがして入るなどということをだれが許しましょうか。

とり-どり・なり【取り取りなり】形容動詞ナリ〔なら/なり・に/なり/なる/なれ/なれ〕思い思いだ。さまざまだ。平家物語 鎌倉－物語 一・祇園精舎「これらはおごれる心もたけきことも、皆とりどりにこそありしかども」訳これらの人々はおごった心も勢いが盛んなことも、みなさまざまであったけれども。

***とり-な・す**【取り成す・執り成す】他動詞サ四〔さ/し/す/す/せ/せ〕❶（別の物に）変える。作り変える。変身させる。古事記 奈良－史書 神代「湯津爪櫛にその童女をとりなして」訳神聖な櫛にその乙女を変身させて。❷言い立てる。うわさする。源氏物語 平安－物語 夕霧「かうやうの旅寝は、軽々しきやうに、人もとりなすべし」訳このような旅寝は、軽々しいように、人もうわさするだろう。❸うまく調子を合わせる。源氏物語 平安－物語 帚木「あまり情けに引きこめられて、とりなせば、あだめく」訳あまり情に引き入れられて、うまく調子を合わせると、浮気に見える。❹取り扱う。枕草子 平安－随筆 すさまじきもの「いときたなげにとりなし」訳たいそうきたならしく取り扱い。

とり-な・づ【取り撫づ】他動詞ダ下二〔で/で/づ/づる/づれ/でよ〕手に取ってなでる。万葉集 奈良－歌集 三「朝にはとりなで給ひ」訳朝には手に取っておなでになり。

とり-なほ・す【取り直す】他動詞サ四〔さ/し/す/す/せ/せ〕❶（手で）持ち直す。源氏物語 平安－物語 梅枝「筆とりなほし」訳筆を持ち直し。❷改める。取り繕う。源氏物語 平安－物語 末摘花「火とりなほし、格子放ちて入れ奉る」訳（女房は）灯火を改め、格子をあけて（源氏を）お入れ申し上げる。

とり-の-あと【鳥の跡】連語❶文字。筆跡。手紙。▼古代中国の倉頡が、鳥の足跡から文字を考案したということから。❷たどたどしい文字。枕草子 平安－随筆 うらやましげなるもの「心憎き所へつかはす仰せ書きなど、誰もいととりのあとにしもなどかはあらむ」訳奥ゆかしい人の所へ送る文書など、いったいだれがたどたどしい文字で書くだろうか。

とり-の-こ【鳥の子】名詞❶鳥の卵。特に、鶏卵。❷「鳥の子紙」の略。和紙の一種。雁皮と楮の樹皮の繊維を主原料とした、厚手の上質の紙。鶏卵の殻の色に似た淡黄色なのでこの名がある。古くから記録や書簡の用紙とされた。

とり-の-そらね【鳥の空音】連語 鶏の鳴きまねをすること。後拾遺 平安－歌集 雑二「夜をこめてとりのそらねははかるとも」訳⇩よをこめて…。
参考 中国で孟嘗君が秦の国を脱出するとき、鶏が鳴くまで開門しない函谷関の関所の役人を、鶏の鳴き声の巧みな者が欺いて、開門させて関所を越えたという故事による。

とり-の-まひ【鳥の舞】名詞 雅楽の「迦陵頻伽」の鳥になぞらえて舞うもの。

とり-ばかま【取り袴】名詞 袴の「股立ち」をからげ上げて帯に挟み込むこと。平家物語 鎌倉－物語 二・西光被斬「人も追はぬに、とりばかまして、急ぎ門外へぞ逃げ出でける」訳人も追いかけないのに、袴の股立ちをからげ上げ帯に挟み込むことをして、あわてて門の外へ逃げて行った。

とり-は・く【取り佩く】他動詞カ四〔か/き/く/く/け/け〕大刀を帯びる。（取って）身につける。古事記 奈良－史書 清寧「物部の、我が夫子が、とりはける、大刀の手上に」訳武人である我が君が身につけている、大刀の柄に。

***とり-はづ・す**【取り外す】他動詞サ四〔さ/し/す/す/せ/せ〕❶（うっかりして）取り落とす。取りそこなう。今昔物語 平安－説話 二・二六「この生まれたる皇子をとりはづして、この河に落とし入れつ」訳この生まれた皇子を取りそこなって、この川に落とし入れてしまった。❷間違える。失敗する。源氏物語 平安－物語 少女「とりはづして、ただ人の宿世あらば」訳間違えて、臣下と結ばれる前世の因縁ならば。

とり-ばみ【鳥食み・取り食み】名詞 宴会などのあとで、残った食べ物を庭へ投げて下人などに食べさせること。また、その食べ物を拾って食べる者。枕草子 平安－随筆 なほめでたきこと「とりばみといふもの、男などのせむだに、いとうたてあるを」訳とりばみというものは、男などがするのは大そういやなのに。

とり-はや・す【取り囃す】他動詞サ四〔さ/し/す/す/せ/せ〕座を取りもつ。にぎやかにする。枕草子 平安－随筆 五月の御精進のほど「『むげにかくては、その人ならず』などいひて、とりはやし」訳「まったくこのようではあなたらしくもない」などと言って座を取りもち。

とり-ぶき【取り葺き】名詞 屋根でそぎ板を薄く重ねて並べ、石や竹・木などを押さえにしたもの。

鳥辺野 地名 今の京都市東山区にある東山の西のふもとの地。「鳥部野」とも書く。平安時代から火葬場・墓地があり、嵯峨の「徒し野」とともに平安文学によく現れる。鳥辺野の火葬の煙は世の無常を表すものとされ、歌にもよく詠まれた。「鳥辺山」とも。

鳥辺山 地名「鳥辺野」に同じ。「鳥部山」とも書く。

とり-まう・す【取り申す・執り申す】他動詞サ四〔さ/し/す/す/せ/せ〕❶取り次いで申し上げる。蜻蛉 平安－日記 下「上には、『…』ととりまうさせ給へ」訳お上には『…』と取り次いで申し上げなさってください。❷取り立てて申し上げる。申し上げる。源氏物語 平安－物語 明石「対面して、事の心とりまうさむ」訳会って、ことの次第を申し上げよう。

とり-まかな・ふ【取り賄ふ】他動詞ハ四〔は/ひ/ふ/ふ/へ/へ〕世話をする。用意する。徒然 鎌倉－随筆 二四〇「すべてよその人のとりまかなひたらん、うたて心づきなき事多かるべし」訳だいたい他人が世話をしたようなの（＝結婚）は、いっそう気に入らないことが多いであろう。◆「とり」は接頭語。

とり-まはし【取り回し】名詞 取り扱い。やりくり。処置。

とり-・みる【取り見る・執り見る】他動詞マ上一〔み/み/みる/みる/みれ/みよ〕❶手に取って見る。万葉集 奈良－歌集 二〇三四「織女の五百機立てて織る布の秋さり衣たれかとりみむ」訳織りひめがたくさん織り機を並べて織る布で作る秋に着る衣は、だれが手に取って見るのだろうか。❷世話をする。看病する。万葉集 奈良－歌集 八八六「家に在らば母とりみまし」訳（旅先で病気に

と

なった私が)もし家にいるなら、母が(私を)看病するだろうに。

とり-も-あへ-ず【取りも敢へず】連語「とりあへず」に同じ。

*__とり-も・つ__【取り持つ・執り持つ】他動詞タ四{た/ち/つ/つ/て/て}❶**手に取って持つ。持つ。**万葉集 奈良ー歌集 一九九「大御手に弓とりもたし」訳御手に弓をお持ちになり。❷**執り行う。取りしきる。**万葉集 奈良ー歌集 四〇〇八「食す国の事とりもちて」訳統治なさる国の政を執り行って。❸**世話をする。引き受ける。**源氏物語 平安ー物語 絵合「とりもちて、親めき聞こえ給ふ」訳世話をして、親のようにして差し上げなさる。❹**仲立ちをする。とりもつ。**米市 室町ー狂言 狂言「そなた、とりもって御杯をいただかせてくれさしめ」訳あなたがとりもってお杯をいただかせてください。◇「とりもっ」は促音便。鎌倉・室町時代の語。

とり-もの【採り物】名詞 祭事のとき、神官などが手に持つ道具。特に、「神楽」で、舞人が手に持って舞う物。榊・幣・杖・篠・弓・剣・鉾・杓・葛など。その際にうたう採り物にちなむ歌を「採り物の歌」という。

とり-やり【取り遣り】名詞 物のやりとり。贈答。

とり-や・る【取り遣る】他動詞ラ四{ら/り/る/る/れ/れ}片付ける。取り除く。源氏物語 平安ー物語 野分「紛るるものどももとりやりたれば」訳見通しをさえぎる調度類なども片付けてあるので。

とり-ゆ【取り由・取り揺】名詞「箏の琴」を弾くときの技法の一つ。左手で弦を押さえ止める技法。

とり-よ・す【取り寄す】他動詞サ下二{せ/せ/す/する/すれ/せよ}❶**手もとに引き寄せる。**枕草子 平安ー随筆 虫は「火ちかうとりよせて物語などみるに」訳灯火を近く引き寄せて物語などを読んでいると。❷**持ってこさせる。**源氏物語 平安ー物語 紅葉賀「人召して、御琴とりよせて弾かせたてまつりたまふ」訳人をお呼びになって、御琴を持ってこさせて(姫君に)弾かせ申し上げなさる。❸**人を近くに呼び寄せる。**

*__とり-よそ・ふ__【取り装ふ】他動詞ハ四{は/ひ/ふ/ふ/へ/へ}身支度をする。装う。万葉集 奈良ー歌集 四三九八「とりよそひ門出をすれば」訳身支度をして出発すると。◆「とり」は接頭語。

とり-よろ・ふ自動詞ハ四{は/ひ/ふ/ふ/へ/へ}天の香具山をほめていう語。万葉集 奈良ー歌集 二「とりよろふ天の香具山」訳⇩やまとには…。◆引用した歌の一例しか用例がなく、語義未詳の語。奈良時代以前の語。

とり-わき【取り分き】副詞 格別に。取り分け。「とりわきて」とも。源氏物語 平安ー物語 桐壺「とりわき仰せ言ありて、清らを尽くして仕うまつれり」訳格別にご命令があって、美しさの限りを尽くしてお仕え申し上げた。

とりわき-て【取り分きて】副詞「とりわき」に同じ。徒然 鎌倉ー随筆 一七五「よき人の、とりわきて、『今ひとつ、上少なし』など、のたまはせたるもうれし」訳身分が高く教養のある人が、特別に、「もう一杯、杯の上の方が減っていない」などと、おっしゃったのもうれしい。

とり-わ・く【取り分く】他動詞カ四{か/き/く/く/け/け}特に取り上げる。特別扱いする。源氏物語 平安ー物語 梅枝「とりわきたる宣旨にて大将の君も仕うまつり給ふ」訳特別扱いをしている天皇のお言葉があって大将の君(＝源氏)も供奉申し上げなさる。

とり-わた・す【取り渡す】他動詞サ四{さ/し/す/す/せ/せ}持って来る。持って行く。枕草子 平安ー随筆 御仏名のまたの日「地獄絵の屛風とりわたして、宮に御覧ぜさせ奉らせ給ふ」訳地獄絵の屛風を持って来て、(帝が)中宮に御覧に入れて差し上げなさる。◆「とり」は接頭語。

とりゐ-だち【鳥居立ち】名詞 両足を開いて立つこと。

とり-ゐる【取り率る】他動詞ワ上一{ゐ/ゐ/ゐる/ゐる/ゐれ/ゐよ}無理に連れて行く。召し連れる。竹取物語 平安ー物語 かぐや姫の昇天「許さぬ迎へまうで来て、とりゐてまかりぬれば」訳拒むことのできない迎えが参上して、無理に連れて行ってしまいますので。

と・る[1]【取る】他動詞ラ四{ら/り/る/る/れ/れ}❶**握り持つ。手に取る。得る。**竹取物語 平安ー物語 かぐや姫の昇天「中将に天人とりて伝ふ」訳(かぐや姫の手から)天人は(壺を)取って中将に手渡す。❷**捕らえる。つかまえる。**徒然 鎌倉ー随筆 一〇「鳥の群れゐて、池の蛙をとりければ」訳鳥が群がっていて、池の蛙をつかまえたので。◇「捕る」とも書く。❸**採取する。収穫する。**竹取物語 平安ー物語 かぐや姫の生ひ立ち「野山にまじりて竹をとりつつ、よろづのことに使ひけり」訳野山に分け入って、竹を採取しては、いろいろなことに使っていた。◇「採る」とも書く。❹**取り上げる。没収する。奪う。討ち平らげる。**徒然 鎌倉ー随筆 八九「猫の経上がりて、猫またになりて、人とることはあなるものを」訳猫が年を経て化けて、猫またになって、人の命を奪うことがあるということだのに。❺**選び定める。選び用いる。**十訓抄 鎌倉ー説話 三「京に歌合ありけるに、小式部内侍、歌詠みにとられて」訳都で歌合わせがあったときに、小式部内侍が歌人として選ばれて。❻**あやつる。(拍子を)とる。**源氏物語 平安ー物語 梅枝「拍子とりて『梅が枝』を出だしたるほど」訳笏で拍子をとって、催馬楽の「梅が枝」を謡い出したようすが。❼**取り去る。取り除く。**今昔物語 平安ー説話 一・一三「剣をもっては頭をとり」訳剣を取って頭を切り取り。❽(「…にとりて」「…にとって」の形で)**…に関して。…に関連して。**方丈記 鎌倉ー随筆「ただわが身一つにとりて」訳ただ私一人の身の上に関して。

と・る[2]【照る】自動詞ラ四{ら/り/る/る/れ/れ}照る。万葉集 奈良ー歌集 三五六一「日がとれば雨を待つとのす君をと待とも」訳太陽が照ると雨を待つように、(私は)あなたを待つことだ。◆「てる」の奈良時代以前の東国方言。

とる-かた-な・し【取る方なし】連語 なんのとりえもない。源氏物語 平安ー物語 帚木「とるかたなくくちをしき際と」訳なんのとりえもないつまらない身分の女と。

とろ-とろ副詞❶たらたら。▼鼻汁などの粘液状のものが流れ落ちるようす。盛衰記 鎌倉ー物語 一七「よだれとろとろ垂らして見入り給へり」訳（入道は）よだれをたらたら垂らしてごらんになっている。❷ゆっくり。ゆったり。のろのろ。▼ゆっくり動くようす。宇治拾遺 鎌倉｜説話 一五・四「この府生騒がずして、ひき固めてとろとろと放ちて」訳この府生（という者）は、少しも騒がず、（弓を）十分に引き絞って、ゆっくりと矢を放って。

とろ-め・く【盪めく・蕩めく】自動詞カ四｛か/き/く/く/け/け｝❶**眠気をもよおす。ぼんやりとする。**今昔物語 平安｜説話 四・三二「かくとろめきて寝をのみ眠給ふは」訳このように眠気をもよおして横になって眠ってばかりいらっしゃるのは。❷**うっとりとする。**閑吟集 室町｜歌謡「扇のかげで目をとろめかす」訳扇の陰で目をうっとりとさせる。◆「めく」は接尾語。

と-わた・る【門渡る】自動詞ラ四｛ら/り/る/る/れ/れ｝**川や海峡を渡る。**万葉集 奈良｜歌集 三八九四「淡路島とわたる船の楫間にもわれは忘れず家をしぞ思ふ」訳淡路島の海峡を船で渡る、その船の櫓をこぐわずかの間でも私は忘れずに家のことを思っている。

とわなり【永久なり・常なり】⇨とはなり

とゐ-なみ【とゐ波】名詞 うねり立つ波。

とゑら・ふ 自動詞ハ四｛は/ひ/ふ/ふ/へ/へ｝**揺れ動く。波がうねり立つ。**万葉集 奈良｜歌集 四三八五「行こ先に波なとゑらひ」訳行く先に波ようねり立つな。◆「とをらふ」の奈良時代以前の東国方言。

とを【十】名詞 数の名。**とお。じゅう。**

とを-だご【十団子】名詞 駿河の国（静岡県）の宇都谷峠のふもとで売った、名物の団子。黄・白・赤などに染めた小さな団子を、十個ずつ竹串や糸に通して売った。「とをだんご」とも。韻塞 江戸｜句集 俳諧「とをだごも小粒になりぬ秋の風」―許六」訳秋風が吹き、街道も人影まばらな時節になった。この宇津の山の名物の十団子も、心なしか小粒になったように見える。

とを-だんご【十団子】名詞「とをだご」に同じ。

とを-よ・る【撓寄る】自動詞ラ四｛ら/り/る/る/れ/れ｝**しなやかにたわむ。**万葉集 奈良｜歌集 二一七「秋山の（＝枕詞）したへる妹なよ竹の（＝枕詞）とをよる子らは」訳赤く色づいた（ように美しい）あの娘、なよ竹のようにしなやかなあの少女は。

とを-ら・ふ【撓らふ】自動詞ハ四｛は/ひ/ふ/ふ/へ/へ｝**揺れ動く。**万葉集 奈良｜歌集 一七四〇「墨吉の岸に出でみて釣り船のとをらふ見れば古の事そ思ほゆる」訳墨吉の岸に出ていて、釣り舟の揺れ動くのを見ると昔のことが自然に思われる。

とをを-なり【撓なり】形容動詞ナリ｛なら/なり・に/なり/なる/なれ/なれ｝**たわみしなっている。**万葉集 奈良｜歌集 一五九五「秋萩の枝もとををに置く露の」訳秋萩の枝もたわみしなうくらいに置く露が。

どん-ごん【鈍根】名詞 仏教語。**仏道修養の素質が劣っていること。愚かなこと。**「どんこん」とも。

どん-ごん・なり【鈍根なり】形容動詞ナリ｛なら/なり・に/なり/なる/なれ/なれ｝仏教語。**仏道修養の素質が劣っている。愚かだ。**「どんこんなり」とも。沙石 鎌倉｜説話 二・一「仏の御弟子の須利般特は余りにどんごんにして我が名も忘れけり」訳仏のお弟子の須利般特は度が過ぎて愚かなために自分の名さえもわすれたのであった。

とん-じき【屯食】名詞 強飯を握り固めて卵形にしたもの。平安時代、宮中または貴族の家で、饗宴のとき、折敷などの上に盛って庭にならべ、弁当として従者などに与えた。「とじき」とも。

とんしょう-ぼだい【頓証菩提】名詞 仏教語。すみやかに心の迷いを取り去り、悟りの境地に達すること。追善回向の功徳として、死者の成仏を祈る言葉に用いる。

とん-せい【遁世】名詞／―す 自動詞サ変 **俗世間を離れて、出家すること。仏門に入ること。**「とんぜい」「とんせ」とも。徒然 鎌倉｜随筆 二二六「学問を捨ててとんせいしたりける」訳学問を捨てて仏門に入ってしまった。

とんせい-しゃ【遁世者】名詞 **俗世間を離れて出家した人。世捨て人。**「とんぜいしゃ」とも。

とん-ちき【頓痴気】名詞 機転の利かない人。

どん-ちゃう【緞帳】名詞 厚地の織物で作った帳。室内に張り巡らして仕切り・装飾とした。

とん-と 副詞 ❶**きっぱりと。まったく。すっかり。**西鶴織留 江戸｜物語 浮世・西鶴「難波橋の上からとんとはまって死ぬるかと」訳難波橋の上からきっぱりと落ち込んで死のうかと。❷（打消や否定の語を下接して）**いっこうに。少しも。全然。**根無草後編 江戸｜物語 滑稽「わしらはとんとのみこまぬわひの」訳我々はいっこうに理解できないよ。

とん-ばう【蜻蛉・蜻蜓】名詞 虫の名。とんぼ。「とうばう」とも。季秋。

とんばう-がへり【蜻蛉返り】名詞 ❶刀のさばき方の一つ。身軽に向きを変えて後方を切ること。平家物語 鎌倉｜物語 四・橋合戦「蜘蛛手・角縄・十文字、とんばうがへり・水車、八方すかさず斬ったりけり」訳蜘蛛手・角縄・十文字、とんぼ返り・水車などの刀さばきで、八方すき間なく斬りまくったのだった。❷手をつかずに宙返りすること。**とんぼ返り。**

参考 空を飛ぶ蜻蛉が急に身をひるがえす動作に似ることから。❶の用例は、軍記物語の乱戦の場面によく用いられる描写。

とんび-だこ【鳶凧】名詞 羽を広げたとびの形をしたたこ。また、あちこちふらつく人のたとえ。

とん-よく【貪欲】名詞 仏教語。「十悪」「三毒」の一つ。**非常に欲の深いこと。**方丈記 鎌倉｜随筆「勢ひある者はとんよく深く」訳勢力のあるものは欲が深く。◆江戸時代の末期からは「どんよく」とも。

と

な[1] 名詞 ㊀【肴】**おかず。**副食物の総称。㊁【菜】食用とする草の総称。㊂【魚】**魚**。食用にする魚。
参考 現代語の「さかな」は「酒な」から出た語で、本来は酒のつまみの意。

な[2]【名】名詞
❶**名。名前。名称。** 野ざらし 江戸―句集 俳文・芭蕉「春なれやなもなき山の薄霞―芭蕉」訳さすがにもう春だなあ。名前もない山々にまで薄く霞がかかっている。
❷**虚名。名目。名ばかりで実質を伴わないこと。** 万葉集 奈良―歌集 三七一八「家島はなにこそありけれ海原をあが恋ひ来つる妹もあらなくに」訳家島とは（家島というからは妻もいるはずなのに）名ばかりだなあ。海原を、私が恋い慕って来た妻もいないのに。
❸**うわさ。評判。名声。名誉。** 源氏物語 平安―物語 須磨「いと警策なるなをとりて」訳たいそうすぐれているという評判をとって。
参考 古くは、男が女に名前を尋ねることは求婚を意味し、女が名前を教えることは結婚の承諾を意味した。

な[3]【儺】名詞 ❶「追儺」「鬼遣らひ」のこと。❷「追儺」のときに追い払われる鬼。

な[4]【汝】代名詞 **そなた。おまえ。**▼対称の人称代名詞。目下の者や親しい者に対して用いる。万葉集 奈良―歌集 二六六「淡海の海夕波千鳥なが鳴けば」訳⇩あふみのうみ…。

な[5]【無】形容詞 語幹⇩なし。枕草子 平安―随筆 かへる年の「心もなの事や、と聞く程に」訳なんと誠意のないことよ、と聞くときに。
参考 感動の表現のときに用いられる。用例の「…も…や」も感動を表す句法の一つ。

な[6] 副詞
〔動詞の連用形（カ変・サ変は未然形）を下接して用いられる〕
❶**…（する）な。…（してくれる）な。**▼すぐ下の動詞の表す動作を禁止する意を表す。万葉集 奈良―歌集 三〇三二「君があたり見つつも居らむ生駒山雲なたなびき雨は降るとも」訳⇩きみがあたり…。◇奈良時代以前の語。
❷〔終助詞「そ」と呼応した「な…そ」の形で〕**…（し）てくれるな。**▼終助詞「な」に比してもの柔らかで、願望に近い禁止の意を表す。古今 平安―歌集 春上「春日野は今日はな焼きそ若草のつまもこもれり我もこもれり」訳⇩かすがのは…。
参考 ❶❷とも、奈良時代以前から用いられているが、❷は平安時代の末期以降、「な」が省略され、「そ」のみで禁止を表す用法も見られる。

な[7] 格助詞《接続》体言に付く。
〔奈良時代以前の語〕体言、また体言あつかいの語に接続して、連体修飾語をつくる。**～の。** 日本書紀 奈良―史書 神代上「手端」「足端」訳手の先、足の先。万葉集 奈良―歌集 八〇二「眼な交ひにもとなかかりて」訳（子どもの姿が）眼の前にちらついて。
参考 格助詞「の」「が」の連体格用法と比べてその用法は格段に狭く、また格助詞「つ」よりもその用例はかなり少なく、慣用的な語結合のなかでの複合語的な使用にほぼ限定されている。「たなごころ」（手な心→掌）、「まなこ」（目な子→眼）、「みなと」（水な門→港）などは、現代語にも受け継がれた複合語のなかでの化石的な残存例である。

な[8] 格助詞《接続》体言に付く。

語義の扉
上代の東国方言。中央語の格助詞「に」に相当する。

…へ。…に。 万葉集 奈良―歌集 三四四七「夏陰の安努な行かむと墾りし道安努は行かずて荒草立ちぬ」訳安努の地へ行きたいと思って開墾した道であったけれど、安努へは行かないので、雑草が生い茂ってきたことだ。

な[9] 終助詞
《接続》動詞型活用語の終止形、ただし、ラ変型活用語には連体形に付く。

語義の扉
動詞、動詞型活用の助動詞の終止形（ただし、ラ変型活用の語には連体形）に接続して文末に用いられ、禁止する意を表す。…するな。…な。
「な…そ」による禁止表現がやわらかく懇請するようなニュアンスを持って平安時代の女性のよく用いるところであったのに対し、「…な」による禁止は、現代語の「…するな」に当たる強い語感を伴っている。
参照▼ そ。

禁止の意を表す。**…するな。…な。** 万葉集 奈良―歌集 五二一「庭に立つ麻手刈り干し布曝す東女を忘れたまふな」訳庭の畑に生えそろった麻を刈り取って干し、それで織った麻布を日に曝している、この東国の田舎女のことを（帰京なさっても）どうぞいつまでもお忘れくださいますな。源氏物語 平安―物語 夕顔「『ことさらに人来まじき隠れ処求めたるなり。さらに心より外に漏らすな』と、口がためさせたまふ」訳（源氏は）「わざわざ人のやって来そうにない隠れ処をさがしたのだぞ。自分の心の中にだけとめおいてかくし、絶対人に話すな」と口どめさせなさった。徒然 鎌倉―随筆 一〇九「降るる時に、軒たけばかりになりて、『あやまちすな。心して降りよ』と言葉をかけはべりしを」訳（高い木に登った男が）降りてくる時に、家の軒ぐらいにの高さになってから、（木登り名人は、その男に）「けがをするな。気をつけて降りろ」と言葉をかけましたのを。
参照▼ 文脈の研究 聖人の戒め。

歴史スコープ **用法**
㊀室町時代ごろの資料から、ラ変型活用以外の語に

な

も連体形に接続した例がみられるようになる。これは、院政期ごろからはじまった終止形、連体形同化の現象(＝連体形終止)によってひき起こされたもの。なお、この時期ごろから接続上の違例は少なく、上二段、下二段活用、サ変活用の語の未然形、連用形、また、上一段活用、サ変活用の語の未然形に付いた例も散見するが、奈良時代以前から現代まで、その意味、用法を保存しながら受け継がれた語のひとつである。

な[10] 終助詞《接続》活用語の未然形に付く。❶〔自己の意志・願望〕…たい。…よう。万葉集 奈良―歌集 一「菜摘ます児家聞かな」訳⇩こもよ…。❷〔勧誘〕さあ…ようよ。万葉集 奈良―歌集 八「潮もかなひぬ今は漕ぎ出でな」訳⇩にきたつに…。❸〔他に対する願望〕…てほしい。仏足石歌 奈良―和歌「もろもろ救ひ渡し給はな」訳多くの人々をお救いになって、浄土へお渡しになってほしい。◆奈良時代以前の語。

な[11]

語法 主語の人称による判断

❶の用法	主語が一人称の時
❷の用法	主語が一人称複数の時
❸の用法	主語が二・三人称の時

語義の扉

詠嘆、感動、また相手に対する確認や念押しの気持ちを表す語で、終助詞そして文末に用いられる場合(一)、文節の切れ目に用いられて働く間投助詞の場合(二)とがある。

一 終助詞―終止する文、また、引用の格助詞「と」に接続する。
❶詠嘆、感動。…なあ。…ことだよ。
❷確認、念押し。…ね。…だね。

二 間投助詞―文中、文末のいろいろの語に接続する強調、念押し、軽い詠嘆。…ね。

一 終助詞 ❶詠嘆、感動の意を表す。…なあ。…ことだよ。伊勢物語 平安―物語 二三「筒井つの井筒にかけてしまろがたけ過ぎにけらしな妹見ざる間に」訳筒井戸を囲む井筒と背比べした私の背丈も、もうその井筒を越してしまったようだなあ。あなたに逢わないでいるうちに。(一人前の男として、早くあなたに逢いたいことです)。❷相手に確認したり、念を押したりする気持ちを表す。…ね。…だね。竹取物語 平安―物語 火鼠の皮衣「世の人々『あべの大臣、火ねづみの皮衣持ていまして、かぐや姫にすみ給ふとな。ここにやいます』など問ふ」訳世間の人たちが「あべの右大臣は、火鼠の皮衣を持ち帰って、かぐや姫のところに夫として通っていらっしゃるというのですね。ここにおいでなのですか」などと尋ねる。源氏物語 平安―物語 帚木「『伊予介かしづくや。君と思ふらむな』」訳「伊予介は(妻を)たいせつにあつかっているか。主君のように思っているだろうね」

二 間投助詞 強調、念押し、また軽い詠嘆の気持ちを表す。…ね。大鏡 平安―物語 師輔「そのほど、西宮殿などの御心地よな、いかが思しけむ」訳(兄の式部卿)の宮が威儀の親王の役をさせられた)そのときの西宮殿(源高明さま)のお気持ちは、まあ、どんなに悔しく思われたことでしょう。

‐な[12] 接尾語 人を表す語に付いて親愛の意を表す。「兄なな」「真間の手児な(＝伝説上の女性)」。◆奈良時代以前の東国方言と考えられている。

な[13] 打消の助動詞「ず」の古い未然形。

な[14] 完了の助動詞「ぬ」の未然形。

な[15] 断定の助動詞「なり」の連体形「なる」の「る」が助動詞「なり」「めり」などの上で撥音便化して無表記になり、「な」とだけ書かれたもの。

な‐あ‐り【名有り】連語 名高い。平家物語 鎌倉―物語 七・篠原合戦「我等はさすが東国では皆人に知られて、なある者でこそあれ」訳我々はなんといってもやはり東国では皆人に知られて、名高い者である。

ない[1]【地震】⇩なゐ

ない[2] 感動詞 はい。▼呼ばれて答える語。また、承知したことを意味する語。◆江戸時代の語。

ない‐えん【内宴】名詞 平安時代、陰暦正月二十日ごろの子の日に、宮中の仁寿殿で催された内々の宴。公卿以下文人が召されて酒宴を賜り、詩歌・管弦の遊びを行った。

ない‐が‐しろ・なり＊【蔑なり】形容動詞ナリ {なら/なり・に/なり/なる/なれ/なれ} 「な(無)きがしろ(代)」のイ音便。❶人をあなどって無視する。ないがしろにする。方丈記 鎌倉―随筆「福家の人のないがしろなる気色を聞くにも」訳金持ちの家の人が、無視する態度なのを聞くにつけても。❷無造作だ。ぞんざいだ。源氏物語 平安―物語 末摘花「あやしき馬に狩衣姿の、ないがしろにて来ければ」訳みすぼらしい馬に狩衣姿の、無造作な(かっこう)で来たので。

ない‐き【内記】名詞 律令制で、「中務省」に属し、詔勅や宣命を起草し、記録をつかさどる職。「うちのしるすつかさ」とも。

ない‐ぎ[1]【内儀】名詞 ❶表向きでない内々のこと。内証。❷奥向きの意から、他人の妻の尊敬語。江戸時代、特に町家の主婦に対していう。◆江戸時代の語。

ない‐ぎ[2]【内議】名詞 内々の取り決め。内々の相談。平家物語 鎌倉―物語 五・奈良炎上「大衆かかるないぎをば知らず」訳(興福寺の)大衆がこのような内々の取り決めを知らないで。

ない‐ぐ【内供】名詞「内供奉」の略。宮中の内道場で「夜居」を勤める僧。諸国から高徳の僧十人が選ばれて奉仕した。

ない‐くう【内宮】名詞 伊勢の皇大神宮。対外宮。

ない‐くわん【内官】名詞 律令制で、中央官庁に勤める在京の官吏。地方官を「外官」と呼ぶのに対する。

ない‐げ【内外】名詞 ❶うちと、そと。奥向きと表向き。すべての方面。平家物語 鎌倉―物語 一・東宮立「ないげにつけたる執権の臣」訳(時忠は宮中の)内と外について権力を握った臣下。❷貴人の家などに出入りすること。源氏物語 平安—物語 朝顔「今はないげ許させ給ひてむ」訳今は御簾の中の出入りもお許しになるだろう。❸内典(=仏教書)と外典(=仏教を除く儒教などの書)。❹内教(=仏教)と外教(=仏教以外の教え)。

ない-けう【内教】 ナイキョウ 名詞 仏教語。**仏教。仏教関係の書物。**▼仏家で儒教や道教などを外教と呼ぶのに対して、自らの信仰する仏教そのものをいう言葉。

ない-けうばう【内教坊】 ナイキョウボウ 名詞 宮中で舞姫に、女楽(=女子による舞楽)・踏歌などを教習させる所。

***ない-し【内侍】** 名詞 ❶「内侍司」の女官。❷特に、「掌侍」のこと。❸伊勢の斎宮、または賀茂の斎院に仕える女官。❹安芸の国(広島県)の厳島神社に奉仕する巫女。

***ないし-どころ【内侍所】** 名詞 ❶三種の神器の一つである八咫の鏡を安置する場所。宮中の「温明殿」にある。「内侍❶」が詰めて奉仕したことからいう。❷八咫の鏡。平家物語 鎌倉—物語 四・厳島御幸「ないしどころ・神璽・宝剣渡し奉る」訳八咫の鏡・八坂瓊曲玉・天叢雲剣をお移し申し上げる。

ないし-の-かみ【尚侍】 名詞 律令制で、「内侍司」の長官である女官。後に、女御・更衣に準ずる地位となって、大臣の娘が任命されることが多かった。「しゃうじ」とも。

ないし-の-じょう【掌侍】 名詞 律令制で、「内侍司」の第三等官である女官。定員四名(平安時代は六名)で、その長を「勾当の内侍」という。「内侍」とも。

ないし-の-すけ【典侍】 名詞 律令制で、「内侍司」の次官である女官。公卿・殿上人などの娘が任じられた。「てんじ」とも。

ないし-の-つかさ【内侍司】 名詞 律令制の後宮十二司の一つ。職員はすべて女性で、天皇の近くに仕えて、伝達や取りつぎ、宮中の礼式・雑事などをつかさどる。

***ない-しょう【内証】** 名詞 ❶仏教語。心の中に仏教の真理を悟ること。また、その悟った真理。徒然 鎌倉—随筆 一五七「外相もし背かざれば、ないしょう必ず熟す」訳外部に現れた姿が正しい法に反しなければ、内心の悟りは必ずでき上がってくる。❷**内密。秘密。内輪の事情。**一代女 江戸—物語 浮世・西鶴「ないしょうの事ども、何によらず外へ漏らさじ」訳内輪の事情は何によらず、他人には漏らすまい。❸**暮らし向き。家計。ふところぐあい。**博多小女郎 江戸—浄瑠 浄瑠・近松「身請けするほど、ないしょうがあたたかで」訳身請けするほど、ふところぐあいが豊かで。❹主婦がいる奥の間。また、主婦。

ない-しんわう【内親王】 ナイシンノウ 名詞 天皇の姉妹および皇女。後には親王宣下を受けた者に限るようになった。「うちのみこ」とも。対親王

ない-ぜん【内膳】 名詞「ないぜんし」に同じ。

***ないぜん-し【内膳司】** 名詞 律令制で宮内省に属し、天皇の食事の調理・毒味などをつかさどる役所。「うちのかしはでのつかさ」とも。

ない-だいじん【内大臣】 名詞 太政官の官名。「令外の官」の一つ。左右大臣の下にあって、その補佐をつとめる。内府。「うちのおとど」「うちのおほいどの」とも。

ない-だん【内談】 名詞／—す 自動詞サ変 内々で話し合うこと。**うちうちの話。密談。**

ない-ぢん【内陣】 ジン 名詞 神社の本殿や寺院の本堂の奥の間の、神体や本尊を安置してある所。対外陣

ない-でん【内典】 名詞 仏教語。仏家から見た仏教の経典。「ないてん」とも。対外典

ない-ない【内内】 副詞 **こっそり。ひそかに。**平家物語 鎌倉—物語 九・宇治川先陣「人目には何とも見えざりけれども、ないないは先に心をかけたりければ」訳人目には何とも見えなかったが、ひそかには(二人とも)先陣を切ろうと心に決めていたので。

ないはら-を-た・つ【ない腹を立つ】 連語 それほどでもないことに**腹を立てる。むかむかと腹を立てる。**大鏡 平安—物語 伊尹「やがて馬のうへにて、ないはらをたちて」訳そのまま馬の上で、むかむかと腹を立てて。

ない-ふ【内府】 名詞「内大臣」の中国風の呼び名。

ない-べん【内弁】 名詞 平安時代、即位や節会のときに、承明門の内で諸事をつかさどった公卿。対外弁

ない-らん【内覧】 名詞 天皇に奉られる文書を、それに先立って見て政務を処理すること。また、それを行う人。摂政・関白または特に宣旨を受けた大臣が行った。

ないらん-の-せんじ【内覧の宣旨】 名詞「内覧」を許す旨を申しつける宣旨(=天皇のお言葉を伝える公文書)。

ないり【泥梨・泥犁・奈利】 名詞 仏教語。**地獄。奈落。**

ない-ゐ【内位】 イナイ 名詞 律令制で、五位以下で外位のつかない位階。氏姓の尊卑などによって、同じ位階に内位・外位の区別をつけた。

なう[1] ノウ 感動詞 ❶**もし。もしもし。**▼人への呼び掛けに発する語。羽衣 室町—能楽 謡曲「なう、その衣はこなたのにて候ふ」訳もしもし、その羽衣は私のものでございます。❷**ああ。おお。**▼感動して発する語。隅田川 室町—能楽 謡曲「なうこれは夢かや、あらあさましや候ふ」訳ああ、これは夢だろうか、なんとひどいことでございます。

なう[2] ノウ 終助詞《接続》文の言い切りの形に付く。〔感動や同意を求める〕**ねえ。なあ。**腰祈 室町—狂言 狂言「さてもさても、久しう見ぬうちに恐ろしい山伏になりやったなう」訳ほんとにまあ、長い間見ないうちに驚くほど立派な山伏におなりでしたねえ。◆鎌倉時代以降の語。

なう-なう ノウノウ 感動詞「なう(感動詞)」に同じ。◆感動詞「なう」を重ねて強めた形。

なえ-かか・る【萎え掛かる】 自動詞ラ四 **ぐったりとして物に寄りかかる。**竹取物語 平安—物語 かぐや姫の昇天「弓矢をとりたてむとすれども、手に力もなくなりて、なえかかりたり」訳弓矢を取り上げようとするが、手に力がはいらなくなり、ぐったりと物に寄りかかっている。

なえ-なえ(と)【萎え萎え(と)】 副詞 なえてくたくた(と)。ぐったり(と)。宇治拾遺 鎌倉—説話 三・七「二た

び三たびばかり打ち振りて、なえなえとなして」訳二度三度ほど振り回して、ぐったりとさせて。

なえ-ば・む【萎えばむ】 自動詞マ四{ま/み/む/む/め/め} 着なれて衣服がやわらかくなる。よれよれになる。枕草子 平安一随筆 ものへ行く路に「袙どものいとあざやかなるにはあらで、なえばみたるに」訳袙で、とてもきわだって美しいのではなく、やわらかくよれよれになったのを(着て)。◆「ばむ」は接尾語。

なお【直・猶・尚】 ⇩なほ

なおざりなり【等閑なり】 ⇩なほざりなり

なおし【直衣・直し】 ⇩なほし

なおる【直る】 ⇩なほる

なか【中・仲】 名詞

❶(物の)内部。内側。中。竹取物語 平安一物語 ふじの山「その煙、いまだ雲のなかへ立ち上る」訳その(不死の薬を焼く)煙は、今でも雲の中へ立ち上っている。

❷中ほど。中央。あいだ。中旬。伊勢物語 平安一物語 九「武蔵国と下総国とのなかに、いと大きなる川あり」訳武蔵の国と下総の国とのあいだにたいそう大きな川がある。

❸中位。中等。▼身分や等級で「上」「下」に対していう。土佐日記 平安一日記 一二・二二「上なか下、酔ひ飽きて」訳身分の上位・中位・下位の者(みんな)、ひどく酔っぱらって。

❹二番目。次男。次女。▼兄弟・姉妹の中での順番。更級 平安一日記 大納言殿の姫君「このなかの君のすずろにあはれと思ひいで給へば」訳この(家の)二番目の姫君(=作者)がしきりにいとおしんで思い出してくださるので。

❺内。中。▼同類のものの内の一つ。方丈記 鎌倉一随筆「いにしへ見し人は、二、三十人がなかに、わづかに一人二人なり」訳昔会ったことがある人は二、三十人の内、かろうじて一人か二人である。

❻間柄。間。仲。紫式部 平安一日記 寛弘五・一一・一五「なか絶ゆとなけれど、おのづからかき絶ゆるもあまた」訳(交際の)仲がとだえるというわけではないが、自然と音さたがなくなる人も多くて。

な-が【汝が】 連語 おまえが。万葉集 奈良一歌集 三・二六六「近江の海夕波千鳥なが鳴けば心もしのに古思ほゆ」訳⇩あふみのうみ…。

なが-あめ【長雨】 名詞「ながめ(長雨)」に同じ。

なか-いり【中入り】 名詞 ❶能で、前段が終わり、シテが一度楽屋または作り物の中に退場すること。◇能楽の用語。❷能・相撲・寄席などの興行物の中途で、少し休むこと。また、その時間。

なが-うた 名詞

一【長唄】❶端唄・小唄に対し、上方で流行した長編の三味線組曲。上方歌。◇「長歌」とも書く。❷三味線伴奏による長編の謡い物。上方の長唄が江戸に入り、歌舞伎と結びついて栄えた。江戸長歌。

二【長歌】「ちょうか」に同じ。

なが-え 名詞

一【轅】牛車の前方に長く突き出した二本の長い柄。その先に軛をつけて牛に引かせる。参照▼口絵

二【長柄】長い柄。また、柄の長い道具・武具。

なが-えぼし【長烏帽子】 名詞 烏帽子の一つ。丈の長い立て烏帽子(=折り烏帽子)に対し、折らずに頭部が立っている普通の烏帽子。

ながおか-きゃう【長岡京】 ナガオカキョウ 名詞 桓武天皇の延暦三(七八四)年、平城京からの遷都で今の長岡京市・向日市に造営され、延暦十三(七九四)年の平安京遷都まで続いた日本の都。長岡宮。

ながおか-きゅう【長岡宮】 名詞「ながおかきゃう」に同じ。

なか-がき【中垣】 名詞 隣家との境に作った垣根。

なか-がみ【天一神・中神】 名詞 陰陽道で、天地を周回して人の吉凶禍福をつかさどるという神。「てんいちじん」とも。源氏物語 平安一物語 帚木「今宵、なかがみ、内裏よりは塞がりて侍りけり」訳今夜は、中神は、宮中の方からはふさがっておりました。

参考 天一神は、天地八方を六十日の周期で巡行する。己酉の日に天上から下り、東・西・南・北に各五日ずつ、北東・南東・南西・北西に各六日ずつ、計四十四日地上に滞在し、癸巳の日から十六日間は天上にいる。この地上にいる間の神のいる方角を「塞がり」「方塞がり」として忌み、その方角へ外出する際には、「方違へ」を行った。

ながからむ… 和歌 百人一首「長からむ 心も知らず 黒髪の 乱れて今朝は 物をこそ思へ」千載 鎌倉一歌集 恋三・待賢門院堀河 訳末永く愛してくださるお心であるかどうか(そのお心も私にはわかりません)。黒髪が寝乱れているように、(お逢いして別れた)今朝は物思いにふけっております。

鑑賞 後朝の女性の気持ちを詠んだ歌。「乱れて」は黒髪の乱れと心の乱れとをかけている(掛け詞)。

なが-きよ【長き夜】 連語 ❶長い夜。▼特に、秋の夜にいう。万葉集 奈良一歌集 四六二「いかにか独りながきよを寝む」訳どのようにして一人で秋の長い夜を寝たものだろうか。❷永久に続く夜。死後の世界。

***ながき-わかれ【長き別れ】** 連語 ❶長い間会えない別れ。❷死別。再び会えない別れ。新古今 鎌倉一歌集 恋三「これもまたながきわかれになりやせん」訳この今朝の別れもひょっとすると死別になるのであろうか。

なか-ぐろ【中黒】 名詞 ❶矢羽の一つ。上下が白く、中の黒いもの。黒い部分の広いものを大中黒、狭いものを小中黒という。参照▼口絵 ❷紋所の一つ。輪の中に横に太く「一」を書いたもの。

なが-くゑにち【長凶会日】 ナガクエニチ 名詞 陰陽道でいう「凶会日」が長く続くこと。

なか-ご【中子】 名詞 ❶中央。中心。❷仏。▼斎宮の忌み詞。仏堂や厨子の中央に安置するものの意。❸鏃の根の矢柄の中に入る部分。❹刀剣類の柄の中に入る部分。

なが-ごと【長言】 名詞 長話。長口上。枕草子 平安一随筆 にくきもの「急ぐ事ある折に来て長言する客人」訳急用がある時にやって来て、長話をする客(はしゃくにさわる)。

なが-こひ【長恋ひ】 ナガコイ 名詞 長い年月恋いこがれること。長い物思い。

なか-ごろ【中頃】 名詞 昔と今との中間。あまり遠くない昔。方丈記 鎌倉一随筆「これをなかごろの栖に並ぶれば」訳この住まいをちょっと前の住まいに比べる

と。

なか-さうじ【中障子】名詞 二つの部屋の隔てとなる襖障子。

なか-ざし【中差し】名詞 ❶「箙」の中に差した矢のうちの、「鏑矢」以外の矢。❷女性の「髻」の中央にさす「笄」・かんざしの類。

なが-ざま・なり【長様なり】形容動詞ナリ {なら/なり・に/なり/なる/なれ/なれ} **形が長い。横長だ。** 枕草子 平安―随筆 関白殿、二月二十一日に「畳一ひらをながざまに縁を端にして、長押の上に敷きて」訳畳一枚を横長に、(畳の)へりを端に合わせて、長押の上に敷いて。

なが・し【長し】形容詞ク {(く)・から/く・かり/し/き・かる/けれ/かれ} ❶**長い。**▼時間的な隔たり。空間的な隔たり。❷**長い。永久である。**▼時間的な隔たり。徒然 鎌倉―随筆 七「命ながければ、辱多し」訳命が長いと決まって、(それだけ)恥をかくことも多い。◇「永し」とも書く。対❶❷短し。

ながし-つかは・す【流し遣はす】他動詞サ四 {さ/し/す/す/せ/せ} **流罪に処する。** 伊勢物語 平安―物語 六五「帝聞こし召しつけて、この男をばながしつかはしてければ」訳帝は(このことを)お聞きつけになって、この男を流罪に処してしまったので。

なか-じま【中島】名詞 寝殿造りの庭園の池の中に造った、人工の島。

なが・す【流す】他動詞サ四 {さ/し/す/す/せ/せ}
❶**流す。流れさせる。** 竹取物語 平安―物語 かぐや姫の昇天「翁・嫗、血の涙をながしてまどへど、かひなし」訳翁も嫗も血の涙を流して泣き乱れるけれど、どうにもならない。
❷**島流しにする。流罪にする。** 古今 平安―歌集 羇旅「隠岐の国にながされける時に」訳隠岐の国に流罪にされたときに。
❸**伝え広める。流布させる。** 竹取物語 平安―物語 竜の頸の玉「汝ら、君の使ひと名をながしつ」訳お前たちは主君の家来として、名を伝え広めた。

なが-すびつ【長炭櫃】名詞 長方形の「炭櫃」。

なかせん-だう【中山道・中仙道】名詞「東山道」の中央部を貫く街道。江戸時代には「五街道」の一つとされ、江戸日本橋から上野(群馬県)・信濃(長野県)・美濃(岐阜県)を経て、近江(滋賀県)の草津宿で東海道に合流する六十九次の街道。木曾十一宿を通るので「木曾街道」「木曾路」ともいわれた。

なが-そで【長袖】名詞 ❶長い袖。また、長い袖の衣服。❷公卿・僧侶・神官・医師・学者などの称。また、学問・芸能にばかりふける者をあざける気持ちでいう言葉。長袖。長袖者。▼常に長袖の衣服を着ていることから。

なか-ぞら【中空】名詞 ❶**空の中ほど。中天。** 伊勢物語 平安―物語 二一「なかぞらに立ちゐる雲のあともなく(消えてしまうように)」訳空の中ほどに現れて漂う雲があとかたもなく(消えてしまうように)。❷**中途。旅の途中。** 後拾遺 平安―歌集 雑六「道遠みなかぞらにてや帰らまし」訳(あの世への)道のりが遠いので、旅の途中から帰ってしまおうかしら。

なか-ぞら・なり【中空なり】形容動詞ナリ {なら/なり・に/なり/なる/なれ/なれ} ❶**中途半端だ。** 源氏物語 平安―物語 若紫「なかぞらなる御程にて」訳(幼児でもなく大人でもない)中途半端なお年ごろで。❷**心が落ち着かない。うわのそらだ。** 古今 平安―歌集 恋一「初雁のはつかに声を聞きしよりなかぞらにのみ物を思ふかな」訳(=枕詞)はつかに声を聞きしより、ほんのちょっと(あなたの)声を聞いてから、うわのそらに物思いをすることだ。

なか-たえ【中絶え】名詞 交際や宮仕えなどが途絶えること。また、中断すること。「なかだえ」とも。

なか-だち【仲立ち・中立ち】名詞 ❶両者の間に立って取り持つこと。また、その人。徒然 鎌倉―随筆 三八「害を買ひ、累を招くなかだちなり」訳(財産は)害を受け、面倒をひきおこす媒介物である。❷特に男女の仲を取り持つこと。また、その人。仲人。◆「なかだて」とも。❷は「媒」とも書く。

なか-た・ゆ【中絶ゆ】自動詞ヤ下二 {え/え/ゆ/ゆる/ゆれ/えよ} **交際や宮仕えなどが途絶える。** 紫式部 平安―日記 寛弘五・一一・一「いとあいなければ、なかたゆとなけれど」訳ひどくつまらないので、交際が途絶えるというわけではないが。

なか-ち【仲子】名詞 **次男。**また長子・末子以外の男の子。「なかつこ」「なかちこ」とも。◆奈良時代以前の語。

***なが-ぢ**【長道】名詞 **長い道のり。遠路。** 長手。「ながち」とも。万葉集 奈良―歌集 二五五「天離る鄙のながぢゆ恋ひ来れば明石の門より大和島見ゆ」訳⇩あまざかる…。

なか-つ-え【中つ枝】名詞 幹の中ほどの枝。中ほどの高さにある枝。◆「つ」は「の」の意の奈良時代以前の格助詞。対上枝・下枝。

なか-づかさ【中務】名詞 ❶「中務省」の略。❷「中務卿」の略。◆「なかつかさ」とも。

なかづかさ-きやう【中務卿】名詞「中務省」の長官。平安時代中期以降は、四品以上の親王が任ぜられるならわしとなり、これを「中務の親王」あるいは「中務の宮」と呼ぶ。「なかづかさのきやう」「なかづかさのかみ」とも。「なかづかさ」は「なかつかさ」とも。

なかづかさ-しやう【中務省】名詞 律令制の「八省」の一つ。宮中の事務一切をつかさどり、詔勅の文案作成・叙位・国史の監修・女官の人事などを行った。八省の中で最重要視された。「なかのまつりごとのつかさ」とも。「なかづかさ」は「なかつかさ」とも。

***なが-つき**【長月】名詞 陰暦九月の別名。この月で秋が終わる。「ながづき」とも。季秋。

なが-て【長手】名詞「ながぢ」に同じ。万葉集 奈良―歌集 三七二四「君が行く道のながてを繰り畳ね焼き滅ぼさむ天の火もがも」訳⇩きみがゆく…。

長門 地名 旧国名。山陽道八か国の一つ。今の山口県西北部。長州。参照▼資料21

なか-なか

語義の扉

どっちつかずで、かえってそうでない方がましであるさま。

一 副詞 ❶かえって。むしろ。なまじっか。

─❷簡単には。とても。
─二 感動詞 いかにも。はい、そのとおり。

一 副詞
❶かえって。むしろ。なまじっか。源氏物語 平安一物語 若紫「髪の美しげにそがれたる末も、なかなか長きよりもこよなう今めかしきものかな」訳(尼君の)髪がきれいに切り落とされている先端も、なまじっか長いのよりはこの上なくしゃれているものだな。
❷(打消の語を下接して)簡単には。とても。安宅 室町一能楽 謡曲「後に引き退がっておん通り候はば、なかなか人は思ひ寄り申すまじきと存じ候ふ」訳(我々の)後ろに下がって(関所を)お通りになりましたら、簡単には人は(変装だと)気がつくまいと存じます。
二 感動詞 いかにも。はい、そのとおり。▼相手の言葉を肯定する語。謡曲や狂言などで用いられる。末広がり 室町一狂言 狂言「『なんと末広がりになったではおりないか』『なかなか、末広がりになりました』」訳「なんと末広がりになったではありませんか」「いかにも、末広がりになりました」

†なかなか-さしも-あ・ら・ぬ-など-も-あ・り-か・し【なかなかさしもあらぬなどもありかし】 枕草子 平安一随筆 にくきもの「まして、さしあたりたらんこそ思ひやらるれ。されど、なかなかさしもあらぬなどもありかし」訳それにもまして、直面することであったら、と思いやられることだ。しかし、かえってそうでもないことなどもあるものだよ。
品詞分解 なかなか＝副詞 さしも＝副詞 あら＝補助動詞「あり」(未) ぬ＝打消の助動詞「ず」(体) など＝副助詞 も＝係助詞 あり＝動詞「あり」(終) かし＝終助詞

なが-なが・し【長長し】 形容詞シク {(しく)/しから/しく・しかり/し/しき・しかる/しけれ/しかれ} 非常に長い。拾遺 平安一歌集 恋三「あしひきの山鳥の尾のしだり尾のながながし夜をひとりかも寝む」訳⇨あしひきのやまどりのをの…。◆形容詞「なが(長)し」の語幹「長」を重ねて、「長し」を強調した語。

ながながと… 俳句「ながながと川一筋や雪の原」猿蓑 江戸一句集 俳諧・凡兆 訳何もない真っ白に広がる雪原に、たった一筋の川の流れだけが、はるか彼方までずっと黒く蛇行して伸びている。
鑑賞 白い雪原と冬の黒ずんだ川の対照的な色あいと雄大な景色を写生した句。季語は「雪の原」で、季は冬。

なか-なか・なり
形容動詞ナリ {なら/なり・に/なり/なる/なれ/なれ}

語義の扉 副詞「なかなか」が形容動詞化したもので、どっちつかずの中途半端なようすをいう。

❶なまじっかだ。中途半端だ。源氏物語 平安一物語 藤袴「中将も、なかなかなることをうち出でて、いかにおぼすらむと、苦しきままに」訳(夕霧の)中将も、なまじっかな(言わなくてもよい)ことを言い出して、(玉鬘は)どのようにお思いになっているのであろうかと、心苦しいのにつけて。
❷かえってよくない。むしろ…(し)ないほうがよい。枕草子 平安一随筆 五月ばかり月もなう「さることは何の答へをかせむ。なかなかならむ」訳そのようなことにはなんという返事をしようか。むしろしないほうがよいだろう。

なかなか-に 副詞 ❶なまじ。なまじっか。中途半端に。万葉集 奈良一歌集 三四三「なかなかに人とあらずは酒壺に成りにてしかも酒に染みなむ」訳なまじっか人間でいないで、酒壺になってしまいたいなあ。(そうしたら)酒に浸っていられるであろう。❷いっそのこと。かえって。むしろ。万葉集 奈良一歌集 三九三四「なかなかに死なば安けむ」訳いっそのこと死んでしまったら楽になっただろう。

なか-に-つい-て【中に就いて】 連語
なりたち 名詞「なか」＋格助詞「に」＋動詞「つく」の連用形＋接続助詞「て」からなる「なかにつきて」のイ音便。
とりわけ。特に。源氏物語 平安一物語 帚木「なかについても、女の宿世はいと浮かびたるなむあはれに侍る」訳とりわけ女の運命はまったく(水に)浮かんでいるようであるのがかわいそうでございます。

なか-の-きみ【中の君】 名詞 姉妹のうちの、第二番目の姫君。
参考 長女は大君、三女以下は三の君・四の君のように呼ぶ。

中大兄皇子 なかのおほえのわうじ ナカノオオエノオウジ ⇨天智天皇

なか-の-ころも【中の衣】 連語 上着と下着との間に着る衣。「直衣」の下に着る衣。
参考 和歌では男女の「仲」とかけて用いることが多い。

なか-の-しな【中の品】 連語 ❶中ほど。中央の部分。中段。源氏物語 平安一物語 若菜上「御階のなかのしなのほどに居給ひぬ」訳(夕霧は寝殿の)階段の中段のあたりにお座りになった。❷中流階級。中ほどの位。源氏物語 平安一物語 帚木「なかのしなになむ、人の心々、おのがじしの立てたる趣も見えて」訳中流階級(の女性の場合)にこそ、それぞれの心や、おのおのが考えている主義・主張も現れて。

なか-の-と【中の戸】 連語 ❶部屋と部屋の間にある戸。❷清涼殿の北廂の、萩の戸と藤壺の上の御局との境の戸。

なか-の-とをか【中の十日】 トオカ 連語 ❶月の中旬の十日間。宇津保 平安一物語 吹上下「八月なかのとをかのほどに、院の帝花の宴し給ふ」訳八月の中旬のころに、上皇が花の宴を催しなさる。❷二十日。▼月の中旬の十日目の意を表す。源氏物語 平安一物語 若菜下「十月なかのとをかなれば、神の斎垣にはふ葛も色変はりて」訳十月の二十日なので、神社の垣根にのび広がっている葛も色が変わって。

なか-の-はしら【中の柱】 連語 壁につかないで部屋の中に立つ柱。「なかばしら」とも。源氏物語 平安一物語 若紫「なかのはしらに寄りゐて」訳部屋の中に立つ柱に寄りそってすわって。

なか-のぼり【中登り・中上り】 名詞 ❶平安時代、国司が在任の途中で京へのぼること。❷江戸時代、上方から江戸に奉公や修業で下っている者が、中途でしばらくの間帰郷すること。❸関東へ修行に下っている僧が、京の本山へ帰ること。

なか-の-みかど【中の御門】名詞 ❶建春門・建礼門など、内裏の外郭中央にある門。❷大内裏の外郭中央にある「待賢門」のこと。

なかのみや-の-つかさ【中宮職】名詞「ちゅうぐうしき」に同じ。

なか-の-ものまうすつかさ【中納言】(ナカノモノモウスツカサ) 名詞「ちゅうなごん」に同じ。

***なか-ば**【半ば】

一 名詞 ❶半分。❷まん中。蜻蛉 平安―日記 中「春のなかばにもなりにけり」訳春の中ごろになってしまった。❸まっ最中。たけなわ。千載 鎌倉―歌集 春下「吉野山花はなかばに散りにけり」訳吉野山の花はそのまっ盛りに散ってしまった。

二 副詞 だいぶ。よほど。おおかた。源氏物語 平安―物語 明石「憂き世の夢もなかば醒さむやと」訳つらい世の(悲しい)夢もおおかた覚めるかと。

なが-ばかま【長袴】名詞 裾が長く、足を包んでなお後ろへ引きずるようにした袴。素袍・大紋・長上下などに用いる。参照▶口絵

なが-はし【長橋】名詞 ❶長い橋。❷内裏の、清涼殿から紫宸殿に通じる廊下。源氏物語 平安―物語 桐壺「ながはしよりおりて舞踏し給ふ」訳長橋からおりて舞踏をなさる。

なか-ばしら【中柱】名詞「なかのはしら」に同じ。

なが-びつ【長櫃】名詞 衣類や調度品などを納める、長方形の蓋のある箱。六本の短い脚をもつ。運ぶときには、前後に棒を通して二人で担ぐ。

なか-びと【中人・仲人】名詞 **仲立ちとなる人。なこうど。仲介。**「なかひと」とも。

なか-へだて【中隔て】名詞 間に仕切りをして二つに分けること。**仕切り。まじきり。**

なかま-あきなひ【仲間商ひ】(ナカマアキナイ) 名詞 **同業者。同業者間での取り引き。**

なか-みかど【中御門】名詞「たいけんもん」に同じ。

なか-みち【中道】名詞 人と人の間をつなぐ道。特に男女の間に通う道。

ながむ[1]【眺む】他動詞マ下二 {め／め／む／むる／むれ／めよ}

語義の扉

ながい時間ぼんやりと見続ける意が原義と判断されるため、名詞「ながめ(長目)」の動詞化した語とされる。

❶長いあいだ、ぼんやりと見やる。
❷物思いに沈む。
❸遠くを見やる。見渡す。眺める。

❶**長いあいだ、ぼんやりと見やる。長く見続ける。** 源氏物語 平安―物語 浮舟「灯をながめたるまみ、髪のこぼれかかりたる額つきいとあてやかに」訳灯火をぼんやりと見やっている目もとや、髪が垂れてかかっている額のようすはたいそう上品で。

❷(ぼんやりと)**物思いに沈む。** 伊勢物語 平安―物語 四五「暮れがたき夏の日ぐらしながむれば」訳⇩くれがたき…。

❸**遠くを見やる。見渡す。眺める。** 宇治拾遺 鎌倉―説話 三・六「向かひのつらに立ちてながめければ、あさましき事とて人ども来とぶらひけれど、騒がず。」訳(大路の)向かい側に立って眺めていたので、「大変なことだ」と人々が見舞いに訪れたが、うろたえない。

ながむ[2]【詠む】他動詞マ下二 {め／め／む／むる／むれ／めよ}

語義の扉

長く声を引いて詩歌を吟ずるのを原義とし、のち、詩歌を作る・詠む意にも用いられる。

❶(声を長く引いて)**吟ずる。**(詩歌を)**口ずさむ。**

❷**詩歌を作る。詠む。** 平家物語 鎌倉―物語 一〇・海道下「『唐衣着つつなれにし』とながめけん三河の国八橋にもなりぬれば」訳「唐衣を着なれるようになれ親しんだ」と詠んだという三河の国八橋にも着いたので。

なか-むかし【中昔】名詞 **あまり遠くない昔。中古。** 鉢かづき 江戸―物語 御伽「なかむかしのことにやありけん」訳少し昔のことであっただろうか。
参考「大昔」と「今日」との間の昔のころの意。室町時代の後期の説話の語り出しでしばしば用いられる。

ながむとて… 俳句「ながむとて 花にもいたし 頸の骨」牛飼 江戸―俳諧 俳諧・宗因 訳美しい桜に見とれて、ひたすら見上げていたら、ついに首の骨が痛くなってしまったことだ。
鑑賞 西行の「ながむとて花にもいたく馴れぬればちるわかれこそかなしかりけれ」(『新古今和歌集』)〈しみじみとながめて、桜の花にもずいぶん慣れ親しんだものだから、散ってゆく別れは悲しいことだ。〉をふまえ、「いたく(=はなはだ)」を「痛く」ともじった句。季語は「花」で、季は春。

なが-め[1]【長雨】名詞「ながあめ(長雨)」の変化した語。**長く降り続く雨。** 古今 平安―歌集 恋三「つれづれのながめにまさる涙川」訳所在なく物思いにふけり長く降り続く雨に水かさがふえる川のように涙があふれることだ。
参考 和歌では、多く「眺め」とかけて用いられる。

ながめ[2]【眺め】名詞

❶(物思いにふけりながら)ぼんやりと見ていること。**物思い。** 古今 平安―歌集 春下「花の色は移りにけりないたづらにわが身世にふるながめせし間に」訳⇩はなのいろは…。

❷**眺め。眺望。** 奥の細道 江戸―紀行 松島「月、海に映りて、昼のながめまた改む」訳(夜になると)月が海に映って、昼の眺めとはまた違うおもむきになった。
参考 和歌では、❶は多く「長雨」とかけて用いられる。

ながめ[3]【詠め】名詞 **詩歌を吟ずること。詩歌を作ること。**

***ながめ-あか・す**【眺め明かす】他動詞サ四 {さ／し／す／す／せ／せ} **物思いにふけりながら夜を明かす。思い続けたままで夜を明かす。** 源氏物語 平安―物語 須磨「御

格子もまゐらで、ながめあかし給ひければ」訳御格子もお下ろしにならないで、物思いにふけりながら夜をお明かしになったので。

ながめ‐いだ・す【眺め出だす】他動詞サ四{さ/し/す/す/せ/せ}（部屋の中から）ぼんやりと外を見る。源氏物語 平安―物語 手習「ながめいだしたまへるさまいとうつくし」訳ぼんやりと外を見ていらっしゃるようすはまことにかわいらしい。

ながめ‐がち・なり【眺めがちなり】形容動詞ナリ{なら/なり・に/なり/なる/なれ/なれ}物思いに沈みがちである。源氏物語 平安―物語 空蝉「ただならずながめがちなり」訳平静ではいられず物思いに沈みがちである。◆「がち」は接尾語。

ながめ‐くら・す【眺め暮らす】他動詞サ四{さ/し/す/す/せ/せ}物思いにふけって一日を過ごす。思い暮らす。古今 平安―歌集 恋三・伊勢物語 平安―物語 二「起きもせず寝もせで夜をあかしては春のものとてながめくらしつ」訳⇩おきもせず…。

ながめ‐の‐そら【眺めの空】連語 物思いに沈みながら見る空。

参考 和歌では、多く「長雨の空」とかけて用いられる。

ながめ‐ふ【眺め経】他動詞ハ下二{へ/へ/ふ/ふる/ふれ/へよ}物思いに沈みながら月日を過ごす。蜻蛉 平安―日記 上「わが宿のなげきの下葉色ふかくうつろひにけりながめふるまに」訳わたしの家の木の下葉は長雨の降り続く間に色が深くなってしまった。わたしの容色もすっかり衰えてしまったことだ。物思いに沈みながら月日を過ごす間に。

参考 和歌では、多く「長雨降る」とかけて用いられる。

ながめ‐や・る【眺め遣る】他動詞ラ四{ら/り/る/る/れ/れ}物思いにふけりながら遠くを見る。遠くに視線を送る。蜻蛉 平安―日記 上「月のいとあはれなるに、ながめやりてゐたれば」訳月がいかにもしみじみとしているので、物思いにふけって遠くを見ながら座っていると。

なか‐めり【無かめり】連語

なりたち 形容詞「なし」の連体形＋推定の助動詞「めり」からなる「なかるめり」の、撥音便「なかんめり」の「ん」が表記されない形。

ないように見える。ないようだ。源氏物語 平安―物語 鈴虫「殊なることなかめれど」訳特別なことがないように見えるが。

ながめ‐わ・ぶ【眺め侘ぶ】自動詞バ上二{び/び/ぶ/ぶる/ぶれ/びよ}物思いに沈んでつらい気持ちになる。源氏物語 平安―物語 明石「をちこちも知らぬ雲居にながめわび」訳遠くとも近くともわからないはるかに離れた所で、物思いに沈んでつらい気持ちになり。

なが‐もち【長持】名詞 衣類や夜具などを納める、長方形の蓋つきの箱。運搬用にも用いる。

なが‐や【長屋】名詞❶一方向に棟を長くし、細長く建てた一軒の建物。❷一棟の建物を幾つかに仕切り、その一区切りごとを一戸の住まいとしたもの。棟割り長屋。◇江戸時代の語。

なが‐やか・なり【長やかなり】形容動詞ナリ{なら/なり・に/なり/なる/なれ/なれ}いかにも長々としている。源氏物語 平安―物語 東屋「袖の重なりながらながやかに出でたりけるが」訳袖が重なりながら、長々と外に出ているのが。◆「やか」は接尾語。

なか‐やどり【中宿り】名詞 途中で休息したり宿泊したりすること。また、その所。

***なか‐ら**【半ら】名詞❶半分。半ば。源氏物語 平安―物語 総角「なからばかり入り給へるに」訳（体が）半分ほどお入りになると。❷中途。途中。中ほど。更級 平安―日記 足柄山「山のなからばかりの、木の下のわづかなるに」訳山の途中あたりの、木の下のわずかな場所に。❸まん中。中心。大鏡 平安―物語 道長上「同じものを、なからには当たるものかは」訳なんと同じ（当たるという）ものでも、（的の）中心に当たるではないか。❹大半。ほとんど。宇治拾遺 鎌倉―説話 三・七「舟のうちなる者ども、…なからは死に入りぬ」訳舟の中の人々は、…大半は死んでしまった（ような気がした）。◆「ら」は接尾語。

ながら 接続助詞

《接続》動詞型活用の語の連用形、体言、副詞、形容詞・形容動詞の語幹などに付く。

語義の扉

体言、副詞、活用語などいろいろの語に接続する。

❶（奈良時代以前の用法として）動作・状態が上の語の本質に基づいて生起するを表す。…として。…のとおりに。…に従って。

❷動作、状態の持続、継続。…のままで。…したまま。

❸（平安時代中期以降の用法として）数詞に接続して「そっくり全部」の意を表す。みな。ともに。

❹動作、作用の同時並行。…ながら。…するとともに。

❺（平安時代以降の用法として）逆接条件。…しながらも。…にもかかわらず

❶（奈良時代以前の用法として）体言、動詞連用形に接続して、動作、状態が上の語の本質に基づいて起こることをあらわす。…として。…のとおりに。万葉集 奈良―歌集 八一三「万代に言ひ継ぐがねと海の底沖つ深江の海上の子負の原に御手づから置かしたまひて神ながら可武奈何良神さびいます奇し御魂今のをつつに貴きろかも」訳いつまでも後の世に語り継いでほしいと深江の里の海のほとりの、この子負の原に（神功皇后様が）御自身の手でお置きになって神として神々しく鎮座しているこの霊験あらたかな御魂の石は、今も眼の前にあってほんとうに尊く思われることです。万葉集 奈良―歌集 一六七九「紀伊の国にやまず通はむ妻の杜妻寄しこせね妻と言ひながら妻常言長柄」訳この紀伊の国には絶えず通い続けよう。妻の杜の神様よ、妻をここへ連れて来ておいてください、「妻」というその名のとおりに。

❷体言、副詞、動詞連用形などについて、状態や動作の持続するさまを表す。…のままで。…したまま。…の状態で。万葉集 奈良―歌集 三八八四「伊夜彦神の麓

に今日らもか鹿の伏すらむ皮服着て角付きながら角附奈我良」訳弥彦の神山の麓に、今日あたりも、鹿が寝ていることだろうか。毛皮の衣を身に付け、角をつけたままで。

古今 平安一歌集 秋下・紀友則「露ながら折りてかざさむ菊の花老いせぬ秋の久しかるべく」訳露のついているままこの菊の花を折りとって冠にさしておこう。そのきめで、いつまでも年老いずに過ごすことができるように。

❸(平安時代半ば以降の用法)しばしば数詞について、「そのまま全部」の意を表す。**ともに。みな。** 枕草子 平安一随筆 頃は「頃は、正月、三月、四五月、七八月、九十一月、十二月。すべて折につけつつ、一年ながらをかし」訳ころは、正月、三月、四五月、七八月、九十一月、十二月。(しかし)すべてその時節に応じて、一年中みなおもしろい。

❹(ことに、平安時代以降に多く認められる用法)動詞、また動詞型活用の助動詞の連用形について、ふたつの動作、作用が同時に行われることを表す。**…ながら。…するとともに。** 徒然 鎌倉一随筆 六〇「談義の座にても、大きなる鉢にうづたかく盛りて膝元に置きつつ、食ひながら文をも読みけり」訳説法の場でも、芋頭を大きな鉢にたくさん山盛りに盛って膝元に置いては、それを食べながら仏典の講読してきかせた。

❺(平安時代以降の用法)体言、動詞、形容詞や形容動詞の語幹などに接続して、文脈の上から逆接の意を表す。**…ながらも。…にもかかわらず。** 枕草子 平安一随筆 はしたなきもの「あはれなることなど、人の言ひてうち泣くに、げにいとあはれとは聞きながら涙のふつと出で来ぬ、いとはしたなし」訳身にしみてしみじみと思われるようなことなどを人が話して泣くときに、実にかわいそうだと思って聞きはするものの、涙がすっと湧いて出ないのはなんとも間が悪い。伊勢物語 平安一物語 八四「身はいやしながら、母なむ宮なりける」訳身分は低いものの、母親は皇族であった。

長柄の橋
地名 **歌枕** 今の大阪市大淀区にあったとされる橋。

ながら-に
連語

なりたち 接続助詞「ながら」＋格助詞「に」

❶**…のままで。** 大和物語 平安一物語 一四〇「しきかへずありしながらに草枕塵のみぞゐる払ふ人無み」訳敷きかえることなく以前あった状態のままで、床には塵ばかりがわがもの顔に積もっております。(塵を)払ってくださる方も(ほかには)ありませんので。❷**…すべて。…ごと。** 古今 平安一歌集 春下「咲く花は千種ながらにあだなれど」訳(春に)咲く花の種類は数多く、すべて散りやすくはかないけれど。

なか-らひ【仲らひ】
名詞 (男女・夫婦・血族などの)人と人との間柄。**人間関係。一族。**「なからへ」とも。

*ながら・ふ
㊀【流らふ】**自動詞** ハ下二 **流れ続ける。静かに降り続ける。** 万葉集 奈良一歌集 八二「ひさかたの(=枕詞)天の時雨のながらふ見れば」訳天から時雨が静かに降り続けるのを見ると。◇奈良時代以前の語。

㊁【永らふ・長らふ・存らふ】❶**ずうっと続く。長続きする。** 源氏物語 平安一物語 帚木「ながらふべきものとしも思ひ給へざりしかど」訳(その女との関係は)長続きするはずのものだとも思っておりませんでしたけれども。❷**長生きする。生きながらえる。** 更級 平安一日記 夫の死「わくらばの立ち出でも絶えて、ながらふべき心地もせぬままに」訳まれな外出もなくなって、長生きできそうな気持ちもしないものだから。

参考 下二段動詞の「流る」に反復継続の意を表す奈良時代以前の助動詞「ふ」の付いたものかという。「ふ」は、ふつう四段動詞に付いて四段に活用するが、下二段動詞に付いて下二段に活用するのは異例のことである。

なか-らへ【仲らへ】
名詞「なからひ」に同じ。

ながらへば…
和歌 百人一首「長らへば　またこの頃や　しのばれむ　憂しと見し世ぞ　今は恋しき」新古今 鎌倉一歌集 雑下・藤原清輔 訳生き長らえるならば、(つらいことの多い)この頃のことが、懐かしく思い出されるであろうか。つらいと思った過去が、今では懐かしく思われることだよ。

ながらへ-は・つ【永らへ果つ・存らへ果つ】
自動詞 タ下二 **長生きをして天命を全うする。** 平家物語 鎌倉一物語 八・太宰府落「ながらへはつべき身にもあらず」訳(私は)長生きをして天命を全うできるような身ではない。

ながら-も
連語

なりたち 接続助詞「ながら」＋係助詞「も」

…ながらでも。…しつつも。…けれども。 徒然 鎌倉一随筆 三九「疑ひながらも、念仏すれば、往生す」訳(往生できるのかどうか)疑いながらでも念仏を唱えていれば、極楽浄土に生まれ変わる。

なかり-せ-ば
連語

なりたち 形容詞「なし」の連用形＋過去の助動詞「き」の未然形＋接続助詞「ば」

(もし)**なかったならば。なかったら。** 古今 平安一歌集 春上・伊勢物語 平安一物語 八二「世の中にたえて桜のなかりせば春の心はのどけからまし」訳⇩よのなかにたえてさくらの…。

参考 (1)多く、仮定の条件を表し、「まし」で文章を結んで、「せば…まし」の形で反実仮想の表現となる。(2)「せ」をサ変動詞「す」の未然形とする説がある。

なが・る【流る】
自動詞 ラ下二

❶**流れる。流れ落ちる。** ▼液状のものが移り動く。奥の細道 江戸一紀行 平泉「北上川、南部よりながるる大河なり」訳北上川は南部地方から流れる大河である。

❷(月日が)**過ぎる。たつ。流れる。** ▼時間が移っていく。古今 平安一歌集 冬「昨日といひ今日と暮らしてあすか川ながれてはやき月日なりけり」訳昨日はああ、今日はこうと暮らして明日を迎えていたが(もう年末)、飛鳥川の流れのように早く過ぎるものは月日だなあ。

❸**流罪になる。島流しになる。** 蜻蛉 平安一日記 中「天下の人々、ながるるとののしること出いできて」訳世間の人々が、流罪になると大騒ぎする事件が起きて。

❹**広まる。しだいに伝わる。** 更級 平安一日記 初瀬「その日しも京をふり出いでて行かむも、いともの狂ほしく、ながれての物語ともなりぬべきことなり」訳その日によりによって京都を振り捨てて出発して行こうというのも、全く異常であって、しだいに伝わっての語り草

となるにきまっている。❺**順に回る。**〔源氏物語 平安―物語〕行幸「土器あまたたびながれ、皆酔ひになりて」訳杯が何度も回り、皆酔った状態になって。❻**生きながらえる。**〔古今 平安―歌集〕恋五「水のあわの消えでうき身といひながらながれてなほもたのまるるかな」訳水の泡が消えないでいるようなつらい身であるとはいうけれど、生きながらえているとなおも生きたいと思うことだ。

なかれ【無かれ・勿かれ・莫かれ・毋れ】形容詞「なし」の命令形。**…するな。…してはいけない。**〔徒然 鎌倉―随筆〕九二「初心の人二つの矢を持つことなかれ」訳（弓を）初めて習う人は、（弓を射る時に）二本の矢を持つことをするな。

参考 多く、形式名詞「こと」を挟んで「…ことなかれ」の形で用い、禁止（打消の命令）の意を表す。平安時代の漢文訓読系の文で用いられ始め、その後は長く和漢混交体の文章に用いられた。

ながれ【流れ】名詞❶流れること。また、流れるもの。〔方丈記 鎌倉―随筆〕「行く河のながれは絶えずして」訳流れていく河の流れは絶えることがなくて。❷**杯に残る酒のしずく。**〔徒然 鎌倉―随筆〕一五八「ながれを残して、口のつきたる所をすすぐなり」訳杯に残る酒のしずくを残しておいて、（それで自分の）口のついた所を洗い清めるのである。❸**血統。子孫。**〔大鏡 平安―物語〕道隆「二位の新発の御ながれにて」訳二位の新出家者（高階成忠）の御血統で。❹**流派。流儀。系統。**〔古今 平安―歌集〕仮名序「小野の小町は古への衣通姫のながれなり」訳小野小町（の歌）は昔の衣通姫の（歌の）系統である。

ながれゆく… 和歌「流れゆく　われは水屑と　なりはてぬ　君しがらみと　なりてとどめよ」〔大鏡 平安―物語〕時平・菅原道真 訳筑紫（福岡県）へと流されていく私は、水の中に漂うごみのように流されて、自分ではどうすることもできない身となってしまいました。わが君よ、どうか水屑をせき止めるしがらみとなって、わたしを引き止めてください。

鑑賞 筑紫へと左遷される菅原道真が、頼りとしていた宇多法皇に救ってもらおうと訴えた歌。「しがらみ」は、川に杭を並べて打ち、竹を横に渡して結びつけ水をせき止めるもの。

なが-ゐ【長居】名詞／―す 自動詞サ変**長く一か所にとどまること。**〔雨月物語 江戸―物語〕浅茅が宿「浮き木に乗りつも知らぬ国にながゐせん」訳不安定な状態であっても知らない国に長くとどまろうか。

なかん-づく【就中】副詞「中に就く」の撥音便。**とりわけ。殊に。特に。**〔平家物語 鎌倉―物語〕二・教訓状「なかんづく御出家の御身なり」訳とりわけ御出家の御身の上である。

参考「中に就きて」の意で、漢文訓読系の文から生じた語。「なかんづくに」の形でも用いる。

なかんづく-に【就中に】連語「なかんづく」に同じ。

なぎ【水葱】名詞水草の名。「みずあおい」の古名。葉を食用とする。

なき-あ・ぐ【鳴き上ぐ】自動詞ガ下二{げ／げ／ぐ／ぐる／ぐれ／げよ}**声を高く上げて鳴く。**〔枕草子 平安―随筆〕にくきもの「犬のもろ声にながながとなきあげたる、まがまがしくさへにくし」訳犬が声を合わせて長々と声を高く上げてほえるのは、不吉な感じまでもしていやだ。

なき-い・る【泣き入る】自動詞ラ四{ら／り／る／る／れ／れ}**ひどく泣く。泣き沈む。**〔枕草子 平安―随筆〕胸つぶるるもの「ものいはぬちごのなきいりて、乳も飲まず」訳ことばもしゃべれない赤ん坊がひどく泣いて、乳も飲まない。

なき-かず【亡き数】名詞**死者の仲間。**

なき-かへ・る【泣き返る】自動詞ラ四{ら／り／る／る／れ／れ}**激しく泣く。泣きに泣く。**〔蜻蛉 平安―日記〕中「なきかへる声ぞきほひて聞こゆなる」訳（ひぐらしが）激しく鳴く声は、まるで競っているように聞こえるよ。

なき-がら【亡き骸】名詞**死骸。死体。**

なき-こと【無き事】名詞**身に覚えのないこと。根拠のないこと。無実の罪。**

なぎさ【渚・汀】名詞川・湖・海などの波が寄せる所。波打ちぎわ。

なき-しづ・む【泣き沈む】自動詞マ四{ま／み／む／む／め／め}**泣き伏す。泣き崩れる。**〔源氏物語 平安―物語〕須磨「御簾捲き上げて、端に誘ひ聞こえ給へば、女君なきしづみ給へる」訳御簾を巻き上げて、縁側にお誘い申し上げなさると、女君（＝紫の上）は泣き伏していらっしゃる。

なき-たま【亡き霊】名詞**死んだ人の霊。**

なき-て-を-いだ・す【無き手を出だす】連語**ない知恵をしぼる。努力を尽くす。あらゆる手段をはかる。**〔源氏物語 平安―物語〕帚木「いかでこの人のためにはなきてをいだし、後れたる筋の心をも、なほくちをしくは見えじと思ひはげみつつ」訳何とかしてこの人のためにはと、（この女は）ない知恵をしぼり、不得意な面も、やはりがっかりだとは思われまいと努力して。

***なき-とよ・む**
一 自動詞マ四{ま／み／む／む／め／め}㊀【泣き響む】**泣き叫ぶ。泣き騒ぐ。**〔源氏物語 平安―物語〕明石「なきとよむ声、いかづちにも劣らず」訳（大勢の者が）泣き叫ぶ声は、雷鳴にも劣らない。㊁【鳴き響む】（鳥などが）**やかましく鳴き立てる。**〔万葉集 奈良―歌集〕一四九四「ほととぎすなきとよむなる声のはるけさ」訳ほととぎすがやかましく鳴き立てるらしい声が遠く聞こえることよ。◆後に「なきどよむ」とも。
二【鳴き響む】他動詞マ下二{め／め／む／むる／むれ／めよ}（鳥などが）**鳴き声をあたりに響かせる。鳴き響かせる。**「なきとよもす」とも。〔万葉集 奈良―歌集〕一九五〇「ほととぎす花橘の枝に居てなきとよむれば花は散りつつ」訳ほととぎすが橘の花の枝に止まって、鳴き声を響かせるので花が散ってゆくことだ。◆後に「なきどよむ」とも。

***なき-とよも・す**【鳴き響もす】他動詞サ四{さ／し／す／す／せ／せ}「なきとよむ」二に同じ。

なき-な【無き名】連語**身に覚えのないうわさ。ぬれぎぬ。**▼多く、恋のうわさ（浮き名）に用いられる。〔古今 平安―歌集〕恋三「こりずまにまたもなきなは立ちぬべし」訳しょうこりもなく、またも浮き名が立ってしまうにちがいない。

なぎ-なた【薙刀・長刀】名詞武器の一つ。長い柄に、反りの強い幅広の長い刃をつけて、人馬をなぎ払う。平安時代末期から室町時代中期にかけて盛んに用いられたが、江戸時代にはもっぱら婦女子の武器と

な

なった。参照▼口絵

なき-に-しも-あら-ず【無きにしもあらず】連語

なりたち 形容詞「なし」の連体形＋断定の助動詞「なり」の連用形＋副助詞「しも」＋ラ変動詞「あり」の未然形＋打消の助動詞「ず」

必ずしもないというわけではない。 伊勢物語 平安―物語 九「京に思ふ人なきにしもあらず」訳都に愛している人が必ずしもいないというわけではない。

なき-に-な・す【無きに成す】連語

なりたち 形容詞「なし」の連体形＋格助詞「に」＋動詞「なす」

ないものとする。殺す。 源氏物語 平安―物語 須磨「惜しげなき身はなきになしても」訳（捨てても）惜しくないわが身はたとえ、ないものにしても。

***なき-ののし・る**【泣きののしる】自動詞ラ四{ら/り/る/る/れ/れ}

一【泣きののしる】（人が）**泣きわめく。大声で泣く。** 竹取物語 平安―物語 かぐや姫の昇天「我こそ死なめとて、なきののしることいと堪へがたげなり」訳「私の方こそ死んでしまいたい」と、泣きわめくのは、とても堪えられないようなようすであった。

二【鳴きののしる】（鳥や獣が）**鳴き騒ぐ。** 更級 平安―日記 大納言殿の姫君「かしがましくなきののしれども」訳（猫が）うるさく鳴き騒ぐけれども。

なぎのはな-の-みこし【葱の花の御輿】名詞「そうくわれん」に同じ。

なき-ひと【亡き人】名詞 **亡くなった人。故人。**

なきひと-の-わかれ【亡き人の別れ】連語 **死別。**

なき-ふ・る【鳴き旧る】自動詞ラ上二{り/り/る/るる/るれ/りよ} **鳴き声が耳なれて珍しくなくなる。** 新千載 南北―歌集 夏「なきふりて後に語らへほととぎす」訳鳴き声が耳なれて珍しくなくなってから後に語らえ、ほととぎすよ。◆多く、ほととぎすの声についていう。

なき-ふる・す【鳴き旧るす】他動詞サ四{さ/し/す/す/せ/せ} **何度も鳴いて新鮮さを感じなくさせる。** 古今 平安―歌集 夏「去年(こぞ)の夏なきふるしてし郭公(ほととぎす)」訳去年の夏に何度も鳴いて新鮮さを感じなくさせたほととぎすよ。◆多く、ほととぎすの声についていう。

なき-まど・ふ【泣き惑ふ】(ナキマドウ) 自動詞ハ四{は/ひ/ふ/ふ/へ/へ} **泣いて取り乱す。激しく泣き悲しむ。** 源氏物語 平安―物語 夕顔「女房などの、悲しびに堪へず、なきまどひ侍(はべ)らむに」訳女房たちが悲しさに堪えきれず、泣いて取り乱すでしょうから。

なき-よ【無き世】連語 **死んだ後の世。死後。**

なき-わた・る【鳴き渡る】自動詞ラ四{ら/り/る/る/れ/れ}（鳥が）**鳴きながら飛んで行く。** 万葉集 奈良―歌集 九一九「若の浦に潮満ち来れば潟(かた)を無み葦辺(あしべ)をさして鶴(たづ)なきわたる」訳⇨わかのうらに…。

な・く[1] 一自動詞カ四{か/き/く/く/け/け}

一【鳴く・啼く】**鳥・獣・虫などが声を立てる。鳴く。** 奥の細道 江戸―紀行 旅立「行く春や鳥なき魚(うを)の目は涙」―芭蕉 訳⇨ゆくはるやとりなきうをの…。

二【泣く・哭く】**人が悲しみなどで声を立てたり涙を流したりする。泣く。**

三【泣く・哭く】他動詞カ下二{け/け/く/くる/くれ/けよ} **泣かせる。** 万葉集 奈良―歌集 三四七一「夢のみにもとな見えつつ吾(あ)を音(ね)しなくる」訳夢の中にばかり（あなたの姿が）やたらに見えて、私を泣きに泣かせる。

参考 三は奈良時代以前の東国方言で『万葉集』の東歌・防人歌(さきもりうた)に「吾(あ)をね泣くる」の形でいられる。

な-く[2]

なりたち 打消の助動詞「ず」の奈良時代以前の未然形「な」＋接尾語「く」

…ないこと。 ▼上の用言に打消の意を加えて体言化する。万葉集 奈良―歌集 四二〇七「君が聞きつつ告げなくも憂し」訳（谷の近くに住んでいる）あなたが（ほととぎすの鳴き声を）聞いているにもかかわらず、知らせてくれないことはつらいことだなあ。

語法 活用語の未然形に付く。文末に用いられ、詠嘆の意味を含んで言い切ることもある。「…ないことだなあ」と訳すとよい。

な・ぐ[1]【投ぐ】他動詞ガ下二{げ/げ/ぐ/ぐる/ぐれ/げよ} ❶**遠くへ投げる。投げ捨てる。** 日本書紀 奈良―史書 神代上「その杖(みつゑ)をなげたまふ」訳その杖(つゑ)を遠くへ投げなさる。❷**身投げをする。入水(じゅすい)する。** 大和物語 平安―物語 一四七「すみわびぬわが身なげてむ」訳世に住むのがいやになった、わが身を（川に）投げ捨ててしまおう。

な・ぐ[2]【和ぐ】自動詞ガ上二{ぎ/ぎ/ぐ/ぐる/ぐれ/ぎよ} ❶**心が穏やかになる。なごむ。** 伊勢物語 平安―物語 七五「心はなぎぬ語らはねども」訳心は穏やかになった。うち解けてはいないけれども。❷**風がやみ海が静まる。波が穏やかになる。** 源氏物語 平安―物語 須磨「海の面(おも)うらうらとなぎわたりて」訳海の表面はうららかに波が静まりかえって。◇「凪ぐ」とも書く。

な・ぐ[3]【薙ぐ】他動詞ガ四{が/ぎ/ぐ/ぐ/げ/げ} **横に払って切る。** 日本書紀 奈良―史書 景行「王(みこ)の傍(かた)の草をなぎはらふ」訳王(＝日本武尊(やまとたけるのみこと))がそばにある草を横に払って切りのける。

なぐ-さ【慰】名詞

なりたち 動詞「なぐ（和ぐ）」の終止形＋接尾語「さ」

心を慰めるもの。心を安めるもの。

なぐさみ【慰み】名詞 ❶**心を慰めるもの。楽しみ。** ❷**からかうもの。もてあそびもの。**

***なぐさ・む**【慰む】

一自動詞マ四{ま/み/む/む/め/め} **気が紛れる。心が晴れる。** 徒然 鎌倉―随筆 二一「よろづのことは、月見るにこそ、なぐさむものなれ」訳いろいろなことは、月を見ることによって、心が晴れるものだ。

二他動詞マ四{ま/み/む/む/め/め} ❶**気分を晴らす。心を楽しませる。** 徒然 鎌倉―随筆 一三〇「人に本意(ほい)なく思はせてわが心をなぐさまん事、徳に背けり」訳相手にいやな思いをさせて、自分の心を楽しませることは、道徳にそむいている。❷**からかう。もてあそぶ。**

三他動詞マ下二{め/め/む/むる/むれ/めよ} ❶**心を安める。心を晴らす。** 古今 平安―歌集 仮名序「猛(たけ)き武士(もののふ)の心をもなぐさむるは」訳勇猛な武人の心をも安める（ことができる）のは。❷**なだめる。** 枕草子 平安―随筆 すさまじきもの「稚児(ちご)の乳母(めのと)の、ただあからさまにとて出(い)でぬるほど、とかくなぐさめて」訳赤ん坊の乳母が、ついちょっとの間といって出ていったあいだ、いろいろとなだめあやして。

なぐさ-もる【慰もる】他動詞 **慰める。気分を晴らす。** 万葉集 奈良―歌集 二九〇四「恋ひ恋ひて後も逢(あ)はむとなぐさもる心しなくは」訳恋い続けていってその後に会おうと

な

778

慰める心もなかったなら。◆下二段動詞「なぐさむ」の連体形「なぐさむる」の変化した語。

なく-て-あり-なん【無くて有りなん】 連語 ないほうがよい 徒然 鎌倉一随筆 六「数ならざらんにも、子といふものなくてありなん」訳取るにも足らぬような(身分の)場合でも、子供というものはないほうがよい。

なく-なく【泣く泣く】 副詞 泣きながら。泣きたいほどの気持ちで。泣いて泣いて。源氏物語 平安一物語 椎本「人々来て、『この夜中ばかりになむ亡せ給ひぬる』となくなく申す」訳(使いの)人々がやって来て「この夜中ごろに(八の宮は)お亡くなりになられました」と泣きながら申し上げる。

なく-な・す 他動詞サ四 {さ/し/す/す/せ/せ}
㊀【亡くなす】死なせる。源氏物語 平安一物語 蜻蛉「この大将殿のなくなし給ひてし人は」訳この大将殿が死なせておしまいになった人は。
㊁【無くなす】❶失う。なくす。❷失脚させる。栄花物語 平安一物語 花山たづぬる中納言「いかでこの大将をなくなしてばや」訳なんとかして、この大将を失脚させたいものだ。

なくなみだ… 和歌「泣く涙 雨と降らなむ 渡り川 水まさりなば 帰り来るがに」古今 平安一歌集 哀傷・小野篁 訳わたしの泣く涙が雨となって降ってほしい。それで三途の川の水かさが増したならば、あなたは渡ることができなくて、この世に帰って来るであろうから。
鑑賞「渡り川」とは、あの世とこの世の境を流れる「三途の川」のこと。自分の流す涙で三途の川の水かさが増せば、渡ることができずに引き返して来るだろうと、とめどない悲しみを表現している。「なむ」は願望の終助詞。

なく-な・る 自動詞ラ四 {ら/り/る/る/れ/れ}
㊀【亡くなる】死ぬ。亡くなる。伊勢物語 平安一物語 一一「昔、男、やむごとなき女のもとに、なくなりにけるをとぶらふやうにて」訳昔、男が高貴な女のところに、(その女の関係者で)亡くなった人を弔うようなふりをして。
㊁【無くなる】消える。無くなる。伊勢物語 平安一物語 一二三「行かむと思ふ心なくなりにけり」訳出て行こうと思う気持ちが無くなってしまった。

な-く-に 連語
なりたち 打消の助動詞「ず」の奈良時代以前の未然形＋接尾語「く」＋助詞「に」
❶…ないことだなあ。▼文末に用いて、打消に詠嘆の意を込めて言い切る。万葉集 奈良一歌集 二六五「苦しくも降り来る雨か神が崎狭野の渡りに家もあらなくに」訳困ったことに降ってきたにわか雨だなあ。ここ三輪の崎の狭野の渡し場には雨宿りする家もないことだなあ。❷…ないことなのに。…ないのに。▼文末・文中で用いて、打消に、逆接の意を込めて言い切ったり下に続けたりする。古今 平安一歌集 雑上・伊勢物語 平安一物語 八二「あかなくにまだきも月の隠るるか山の端にげて入れずもあらなむ」訳⇨あかなくに…。❸…ないのだから。…ない以上は。▼倒置表現の和歌の末尾に用いて、打消に理由の意を添える。古今 平安一歌集 雑上「誰をかも知る人にせむ高砂の松も昔の友ならなくに」訳⇨たれをかも…。
語法 活用語の未然形に付く。
参考 (1)奈良時代以前に盛んに用いられたが、平安時代以降は衰えた。主として和歌に用いられる。(2)「なくに」の「に」については、格助詞とする説、接続助詞とする説、間投助詞とする説などがある。

な-ぐは・し【名細し・名美し】 形容詞シク {(しく)・しから/しく・しかり/し/しき・しかる/しけれ/しかれ} 名が美しい。名高い。「なくはし」とも。万葉集 奈良一歌集 三〇三「なぐはしき印南の海の沖つ波千重に隠りぬ大和島根は」訳名も美しい印南の海の沖の波、その幾重もの波のかなたに隠れてしまった、大和の国は。◆「くはし」は、繊細で美しい、すぐれているの意。奈良時代以前の語。

なく-もがな【無くもがな】 連語
なりたち 形容詞「なし」の連用形＋終助詞「もがな」
ないといい。あってほしくない。伊勢物語 平安一物語 八四「世の中にさらぬ別れのなくもがな千代もと祈る人の子のため」訳⇨よのなかにさらぬわかれの…。

なげ-い・づ【投げ出づ】 他動詞ダ下二 {で/で/づ/づる/づれ/でよ} 投げ出す。更級 平安一日記 初瀬「『…』とて、物をなげいづるやうにするに」訳「…」といって、物を投げ出すようにするときに。

なげか・し【嘆かし】 形容詞シク {(しく)・しから/しく・しかり/し/しき・しかる/しけれ/しかれ} 嘆きたいような気持ちである。嘆かわしい。竹取物語 平安一物語 火鼠の皮衣「かぐや姫のやもめなるをなげかしければ」訳かぐや姫の独身であることが嘆かわしいので。

なげかし-が・る【嘆かしがる】 自動詞ラ四 {ら/り/る/る/れ/れ} 嘆げかわしく思う。竹取物語 平安一物語 かぐや姫の昇天「恋しからむことの堪へがたく、湯水飲まれず、同じ心になげかしがりけり」訳恋しい気持ちがこらえきれず、湯水も喉を通らず、(翁・媼と)同じ心で嘆かわしく思った。

なげか・ふ【嘆かふ】 自動詞ハ四 {は/ひ/ふ/ふ/へ/へ}
なりたち 動詞「なげく」の未然形＋反復継続の助動詞「ふ」
嘆く。嘆き続ける。万葉集 奈良一歌集 八九七「わが身の上に病をと加へてあれば昼はもなげかひ暮し」訳私の体に病までを負わされているので、昼は嘆き続けて暮らし。

なげき【嘆き・歎き】 名詞 ❶嘆息。ため息。万葉集 奈良一歌集 一三八三「なげきせば人知りぬべみ」訳ため息をついたら、人が知りそうなので。❷悲嘆。悲しみ。万葉集 奈良一歌集 三六九一「世の中の人のなげきは相思はぬ君にあれやも」訳世の中の人の悲しみなど心にかけないあなたではないのに。❸嘆願。哀願。

なげきつつ… 和歌 百人一首「嘆きつつ 独り寝る 夜の 明くる間は いかに久しき ものとかは知る」拾遺 平安一歌集 恋四・藤原道綱母 訳あなたの訪れを待ちわびて、ため息をつきながら独りで寝る夜が明けるまでの間がどんなに長いものか、あなたはご存じでしょうか、ご存じではありますまい。

なげき-わた・る【嘆き渡る】 自動詞ラ四 {ら/り/る/る/れ/れ} 嘆いて年月を過ごす。嘆き続ける。万葉集 奈良一歌集 四〇七五「あやしくもなげきわたるか人の問ふまで」訳おかしなことに長い間ずっと嘆くことだなあ、人が(どうしたのかと)尋ねるほどに。

なげ・く【嘆く・歎く】 自動詞カ四 {か/き/く/く/け/け}

❶ため息をつく。嘆息する。拾遺 平安―歌集 恋四「なげきつつ独り寝る夜の明くる間はいかに久しきものとかは知る」訳⇩なげきつつ…。
❷悲しむ。悲しんで泣く。竹取物語 平安―物語 かぐや姫の昇天「このことをなげくに、ひげも白く、腰もかがまり、目もただれにけり」訳このこと(=かぐや姫が月に帰る時が近づいていること)を悲しんで泣くので、ひげも白くなり、腰も曲がり、目もただれてしまった。
❸願う。強く望む。哀願する。沙石 鎌倉―説話 九「この主、いかばかりなげき求むらむ」訳この持ち主は、どんなに哀願して探していることだろう。

なげけとて… 和歌 百人一首 「嘆けとて 月やは物を思はする かこち顔なる わが涙かな」千載 鎌倉―歌集 恋五・西行法師 訳嘆き悲しめといって、月は私に物思いさせるのか、いや、そうではない。月にかこつけがましくこぼれ落ちる、私の涙であるなあ。
鑑賞「月前の恋」の題による歌。西行は、花・月・旅の詩人と評される。

なげし【長押】 名詞 柱の側面に取り付けて、柱と柱の間を横につなぐ材。鴨居に添える「上長押」、敷居に添える「下長押」がある。

（長押）
釘隠し

なけ-なく-に【無けなくに】 連語
なりたち 形容詞「なし」の奈良時代以前の未然形「なけ」＋打消の助動詞「ず」の奈良時代以前の未然形「な」＋接尾語「く」＋格助詞「に」
ないことはないのだから。万葉集 奈良―歌集 五〇六「事しあらば火にも水にもわれなけなくに」訳もし何か事があったならば、(たとえ)火であろうが水であろうが(襲ってきても)、私がいないわけではないのだから。

な-げ・なり[*]【無げなり】形容動詞ナリ{なら/なり・に/なり/なる/なれ/なれ}
❶なさそうだ。枕草子 平安―随筆 うらやましげなるもの「思ふ事なげにて歩みありく人見るこそ、いみじううらやましけれ」訳心配することがなさそうに歩きまわる人を見るのは、たいそううらやましいことだ。❷いいかげんだ。後撰 平安―歌集 恋四「言の葉はなげなるものといひながら」訳言葉は誠意がなくいいかげんなものだとはいうものの。
参考 ❷は多く「なげの」の形で用いられ、「かりそめの」「とおりいっぺんの」の意味。

なげ-の-あはれ【無げのあはれ】 連語
ちょっとした同情。かりそめの愛情。源氏物語 平安―物語 若菜上「横さまの人のなげのあはれをもかけ」訳関係のない人がちょっとした同情をかけ。

なげ-の-ことのは[*]【無げの言の葉】 連語
うわべだけの言葉。「なげのことば」とも。宇津保 平安―物語 嵯峨院「疎き人にもこそなげのことのはいふなれ」訳疎遠な人にさえもうわべだけの言葉をかけるのだ。

なけやなけ… 和歌「鳴けや鳴け よもぎが杣の きりぎりす 過ぎゆく秋は げにぞかなしき」後拾遺 平安―歌集 秋上・曾禰好忠 訳鳴けよ鳴け。木々の茂る、杣山のように生い茂るよもぎのもとで鳴くこおろぎよ。過ぎ去っていく秋は、おまえが嘆くように本当に悲しいことだ。
鑑賞「杣」は「杣山」のことで、材木にするために植林した山。「よもぎが杣」は作者の独創的な表現で、こおろぎがよもぎを杣山と見ている。「きりぎりす」は今のこおろぎ。

な-ごし[1]【夏越し・名越し】 名詞「夏越しの祓へ」の略。

なご・し[2]【和し】 形容詞ク{(く)・から/く・かり/し/き・かる/けれ/かれ}
❶穏やかである。和やかである。枕草子 平安―随筆 日のいとうららかなるに「さばかりなごかりつる海とも見えずかし」訳あれほど穏やかであった海とも見えないよ。❷柔らかそうである。源氏物語 平安―物語 梅枝「高麗の紙の、はだ細かになごう懐かしきが」訳高麗の紙で、きめが細かく柔らかそうで親しみやすい感じなのを。◇「なごう」はウ音便。

なごし-の-はらへ【夏越しの祓へ】 名詞 陰暦六月の晦日に、半年間の罪や汚れを清めるために行う神事。川原や海辺などに出て「茅の輪(=茅を編んで作った輪。災禍を除く力があるという)」をくぐったり、人形で体をなでて、それを水に流したりして祓えをする。翌七月一日からは秋となるので「夏越しの祓へ」といい、また、「水無月祓へ」「夏祓へ」ともいう。参照▼口絵

勿来の関 地名 歌枕 今の福島県いわき市内勿来の九面にあった関所。奥州三関(=勿来の関・白河の関・念珠が関)の一つ。和歌では「な来そ(=来てくれるな)」とかけて用いることが多い。

奈呉の海 地名 歌枕 ❶今の富山県新湊市の西部海岸一帯。この地に赴任した大伴家持の歌で有名になった。奈呉の浦。❷今の大阪市の住吉大社の西方にあった海岸。◆❶❷とも「那古の海」「名児の海」とも書くが、❶は多く「奈呉の海」と書き、❷は多く「名児の海」と書く。

なごのうみの… 和歌「なごの海の 霞の間より 眺むれば 入る日を洗ふ 沖つ白波」新古今 鎌倉―歌集 春上・藤原実定 訳なごの海にかかる霞の間から眺めると、今しも波間に入ろうとする夕日を洗っているかのように見える沖の白波よ。
鑑賞 この歌の「なごの海」は、住吉(=今の大阪)あたりの海と考えられているが、越中(富山県)とする説もある。両者は『万葉集』の時代から詠まれているが、平安時代に入ると混同され、どちらとも断定できない歌が多くなった。

なご・む【和む】
一 自動詞マ四{ま/み/む/む/め/め}和やかになる。穏やかになる。源氏物語 平安―物語 夕霧「おのづから、なごみつつ物し給ふを」訳自然と、和やかになっていらっしゃるのを。
二 他動詞マ下二{め/め/む/むる/むれ/めよ}和やかにする。やわらげる。無名抄 鎌倉―論 近代歌体事「鬼神をなごむる術にて侍れ」訳鬼神(のような恐ろしい心)を和やかにする技術です。

なご-や【和や】 名詞 やわらかいこと。和やかな状態。◆「や」は接尾語。

なご-やか・なり[*]【和やかなり】 形容動詞ナリ

〔なら／なり・に／なり／なる／なれ／なれ〕❶**ものやわらかだ。温和だ。**〔源氏物語 平安―物語〕橋姫「驚き顔にはあらず**なごやかに**もてなして」訳あわてたようすではなく、**ものやわらかに**振る舞って。❷**静かだ。穏やかだ。**〔源氏物語 平安―物語〕手習「昔の山里よりは、水の音も**なごやかなり**」訳以前にいた山里(の宇治)よりは、(小野の里は)水の音も**静かである**。◆「やか」は接尾語。

なごり[1]【名残】名詞

語義の扉

波残り(なみのこり)が語源とされ、波が引いたあとにそちこちにとり残された海水のたまりや海藻、小魚のこと。また、海風が吹き荒れ静まったあともしばらく持続して立っている波のこと(❶)。この意から比喩的に転じて、余韻・影響(❷)、形見(❸)、心残り(❹)、ほかの意に用いられる。

❶**波が引いたあとに残った海水。風がおさまったあとに残った波。**〔大和物語 平安―物語〕三〇「沖つ風ふけゐの浦にたつなみの**なごり**にさへや我はしづまん」訳沖で風が吹き、吹井の浦に波が立つが、その**あとに残った波**にさえたえられずに私は海の底にしずんでしまうだろう。

❷**余韻。余情。影響。**▼物事が終わってもあとに残っている気分・気配・影響。〔万葉集 奈良―歌集〕二五八八「夕されば君来まさむと待ちし夜の**なごり**そ今も寝ねかてにする」訳夕方になると、あなたがお見えになるだろうと待った夜の**影響**なのです。今も寝つかれないのは。

❸**形見。遺児。遺産。**〔源氏物語 平安―物語〕玉鬘「げに深くおぼしける人の**なごり**なめり」訳本当に深くお思いになっていた人(=夕顔)の**忘れ形見**であるようだ。

❹**心残り。**▼人と別れたあとに残っている別れを惜しむ思い。〔徒然 鎌倉―随筆〕一九「暁方より、さすがに音なくなりぬるこそ、年の**なごり**も心細けれ」訳明け方からは、なんといってもやはり物音もなく(静かに)なってしまうのは、ゆく年の**心残り**が(感じられて)心細い。

❺(心残りな)**最後の別れ。**〔徒然 鎌倉―随筆〕五三「童の法師にならんとする**なごり**とて」訳稚児が法師になろうとする**最後の別れ**ということで。

❻(連歌・俳諧で、連句を書き記す)**懐紙の最後の一枚。**「名残の折」ともいい、表と裏を用い、それぞれを「名残の表」「名残の裏」という。〔去来抄 江戸―論〕修行「初折の裏より**なごり**の表半ばまでに」訳懐紙の最初の一枚目の裏から**最後の一枚**の表の半分くらいまでの間に。

なごり[2]【余波】名詞

❶打ち寄せた波が引いたあと、なぎさのあちこちに残る海水・魚・海藻など。〔万葉集 奈良―歌集〕五三三「難波潟潮干の**なごり**」訳難波潟の潮が引いたその**あとの干潟のようす**。❷風が静まったあとも、しばらく波が静まらないこと。余波。

参考「名残」のもとになった語で、和歌では多く「名残」とかけて用いられる。

なごり-な・し【名残り無し】形容詞ク

〔(く)・から／く・かり／し／き・かる／けれ／かれ〕❶**跡形もない。すっかり。**〔竹取物語 平安―物語〕火鼠の皮衣「**なごりなく**燃ゆと知りせば」訳**跡形もなく**燃えるとわかっていたならば。〔源氏物語 平安―物語〕末摘花「あまりもののほど知らぬやうに、さてしも過ぐしはてず、**なごりなく**くづほれて、なほなほしき方に定まりなどするもあれば」訳あまり、ものごとの程度が分からないようだが、さりとて最後まで押し通しもせず、意地も誇りもなく気持ちが**すっかり**崩れてしまって、つまらない男の妻に落ち着きなどするものもあるので。❷**未練がない。執着しない。**〔堤中納言 平安―物語〕はいずみ「**なごりなき**御心かな」訳**未練のない**(冷たい)お気持ちだなあ。

なごり-の-つき【名残の月】連語

❶**夜明け方の月。残月。有り明けの月。**❷陰暦の九月十三夜の月。季秋。

なさけ【情け】名詞

❶**情愛。思いやり。**〔徒然 鎌倉―随筆〕五九「そのとき、老いたる親、いときなき子、君の恩、人の**なさけ**捨て難しとて捨てざらんや」訳その(死がやってきた)ときに、年老いた親、幼い子、主君の恩、人の**情愛**を、捨てかねるからといって捨てないでいられようか、捨てないではいられない。

❷**愛情。恋情。**男女間の異性を思う心。〔徒然 鎌倉―随筆〕一三七「男女の**なさけ**も、ひとへに逢ひ見るをば言ふものかは」訳男女間の**恋情**も、いちずに会っている(最中だけ)をいうものだろうか、いや、そうではない。

❸**みやび心。風流心。**情趣・風流を解する心。〔源氏物語 平安―物語〕行幸「上はその中に**なさけ**棄てずおはしませば」訳主上は心の中に**風流心**をお忘れにならずにいらっしゃる(方である)から。

❹**情趣。風情。趣。**〔徒然 鎌倉―随筆〕一三七「垂れこめて春の行方知らぬも、なほあはれに**なさけ**深し」訳すだれを垂らして(部屋の中に)とじこもって、春の過ぎて行くのを知らないでいるのも、やはりしみじみとして、**情趣**が深い。

なさけ-あ・り*【情けあり】連語

思いやりがある。人情を解する。〔方丈記 鎌倉―随筆〕「必ずしも**なさけある**とすなほなるとをば愛せず」訳必ずしも、**思いやりがある**ことと、心がまっすぐであることを好まない。

なさけ-おく・る*【情け後る】自動詞ラ下二

〔れ／れ／る／るる／るれ／れよ〕**情愛がうすい。思いやりが乏しい。薄情だ。**〔徒然 鎌倉―随筆〕一四一「あづま人は…心の色なく**なさけおくれ**」訳東国の人は…心のやさしさがなく**思いやりに乏しく**。

なさけ-だ・つ【情け立つ】自動詞タ四

〔た／ち／つ／つ／て／て〕❶**情愛があるように振る舞う。**〔源氏物語 平安―物語〕藤裏葉「わざとならねど、**なさけだち**給ふ若人は」訳特別深い関係というわけではないが、(夕霧に)**いかにも情愛があるように振る舞い**なさる若い女房たちは。❷**風流を解しているように振る舞う。風流ぶる。**〔源氏物語 平安―物語〕帚木「よしばみ**なさけだた**ざらむなむ、目やすかるべき」訳気取ったり**風流を解しているように振る舞わ**ないのが、無難であろう。◆「だつ」は接尾語。

なさけなさけ・し【情け情けし】形容詞シク

〔(しく)・しから／しく・しかり／し／しき・しかる／しけれ／しかれ〕**情愛や思いやりがいかにも深い。**〔大鏡 平安―物語〕道兼「人のために**なさけなさけしき**

ところおはしましけるに」訳他人のために思いやりがいかにも深いところがおありになるが。

なさけ-な・し【情け無し】 形容詞ク{(く)・から/く・かり/し/き・かる/けれ/かれ} ❶**思いやりがない。薄情だ。つれない。** 源氏物語 平安一物語 紅葉賀「などかなさけなくはもてなすらむ」訳(お前は)どうして(葵の上を)つれなく扱うのであろうか。❷**風情がない。興ざめだ。無風流だ。** 源氏物語 平安一物語 夕顔「好き給はざらむもなさけなく、さうざうしかるべしかし」訳浮気をなさらないのも興ざめであり、物足りないにちがいない。

なさけ-ば・む【情けばむ】 自動詞マ四{ま/み/む/む/め/め} **情けがあるように振る舞う。** 源氏物語 平安一物語 夕霧「しばしはなさけばまむ」訳しばらくは情けがあるように振る舞うとしよう。◆「ばむ」は接尾語。

なさけ・ぶ【情けぶ】 自動詞バ上二{び/び/ぶ/ぶる/ぶれ/びよ} ❶**情け深いように振る舞う。** 源氏物語 平安一物語 玉鬘「故少弐のいとなさけび、きらきらしうものしたまひしを」訳故少弐はまことに情け深いように振る舞い、堂々としていらっしゃいましたので。❷**情緒があるように振る舞う。**

なさけ-ふか・し【情け深し】 形容詞ク{(く)・から/く・かり/し/き・かる/けれ/かれ} ❶**情趣を解する心が深い。** 平家物語 鎌倉一物語 六・新院崩御「この僧正は優になさけふかき人なり」訳この僧正は優雅で情趣を解する心が深い人である。❷**思いやりの心が深い。情愛が深い。** 平家物語 鎌倉一物語 一一・重衡被斬「なさけふかう芳心おはしつるこそ、ありがたううれしけれ」訳思いやりの心が深く親切にしていただいたことは、めったにないうれしいことだ。◇「なさけふかう」はウ音便。

なさけ-を-かは・す【情けを交はす】 連語 **互いに情愛を交わし合う。思いを寄せ合う。** 源氏物語 平安一物語 御法「さすがになさけをかはし給ふ方々は」訳そうはいっても互いに情愛を交わし合いなさる方々は。

なさけ-を-つく・す【情けを尽くす】 連語 **親切を尽くす。この上なく親切をほどこす。** 源氏物語 平安一物語 澪標「ありがたきまでなさけをつくし給へど」訳めったにないほど親切を尽くしなさるけれど。

なし[1]【生し】 名詞(子を)生むこと。

なし[2]【為し・成し】 名詞**そうさせること。(…の)せい。**◆多く、「心のなし」の形で用いられる。

な・し[3]【無し】

一 形容詞ク{(く)・から/く・かり/し/き・かる/けれ/かれ} ❶**ない。いない。存在しない。** 竹取物語 平安一物語 かぐや姫の昇天「格子どもも、人はなくして開きぬ」訳格子なども人はいないのに開いてしまった。❷**留守だ。不在だ。** 古今 平安一歌集 雑上「老いらくの来むと知りせば門さしてなしと答へてあはざらましを」訳老いることがやって来るだろうと知っていたならば、門を閉ざして留守だと答えて会わなかったろうのに。❸**死んでいる。生きていない。** 徒然 鎌倉一随筆 三〇「人のなきあとばかり悲しきはなし」訳人が死んだ後ほど悲しいものはない。◇「亡し」とも書く。❹**世間から見捨てられている。ないも同然だ。** 源氏物語 平安一物語 絵合「中ごろなきになりて沈みたりし憂へにかはりて」訳少し昔世間から見捨てられた状態になって落ちぶれてしまった嘆きにかわって。❺**またとない。無類だ。** 十訓抄 鎌倉一説話 一〇「なき好き者にて、朝夕琴をさし置くことなかりけり」訳またとない風流人で、朝夕琴を離しておくことがなかった。❻**正体がない。正気を失っている。** 源氏物語 平安一物語 賢木「宮はなかばなきやうなる御気色の、心苦しければ」訳(藤壺の)宮は半ば正気を失っているようなごようすで(源氏にも)いたわしく感じられて。

二 補助形容詞ク{(く)・から/く・かり/し/き・かる/けれ/かれ}〔形容詞・形容動詞、およびそれと同型の活用をする助動詞の連用形、またはそれに係助詞が付いた形に付いて〕**…ない。**▼打消の意を表す。土佐日記 平安一日記 一・二一「この言葉、何とにはなければども、もの言ふやうにぞ聞こえたる」訳この言葉は、どういうことはないが、気のきいたことを言うように聞こえた。

-な・し[4] 接尾語ク〔状態や性質を表す語に付いて〕**まことに…である。…の状態である。**▼形容詞を作り、その語意を強める。「うしろめたなし」「いときなし」

なじか 副詞**どうして。なんで。**◆「なにしか」の変化した語。

なじか-は[*] 副詞 ❶**どうして…か。なぜ…か。**▼疑問の意を表す。徒然 鎌倉一随筆 五八「さばかりならば、なじかは捨てし」訳その程度ならば、どうして(世を)捨てたのか。❷**どうして…か、いや、…ない。**▼反語の意を表す。平家物語 鎌倉一物語 一・祇王「声よく節も上手でありければ、なじかは舞も損ずべき」訳声もよく節回しも上手であったのなら、どうして舞をしそこなうことがあろうか、いや、しそこなうことはない。

参考 「なにしかは(副詞「なに」＋副助詞「し」＋係助詞「か」＋係助詞「は」)」→「なんしかは」→「なじかは」と変化した語。

なし-た・つ【成し立つ】 他動詞タ下二{て/て/つ/つる/つれ/てよ} **育てあげる。成長させて世に出す。** 源氏物語 平安一物語 蛍「心にまかせたるやうなるおぼえ、勢ひにて、みななしたてたまふ」訳思いのとおりになる(大臣の)名声や勢力によって、(子供たちを)みな成長させて世に出しなさる。

なし-ぢ【梨子地】 名詞蒔絵の一種。漆を塗った上に、金銀の粉をなしの実の皮のまだらのようにまき、さらにその上に透明な「梨子地漆」を塗って、磨き出したもの。

なし-つぼ【梨壺】 名詞平安京内裏の五舎の一つ「昭陽舎」の別名。中庭に梨の木が植えてあるところからいう。女官の詰め所であるが、東宮の在所ともされる。参照▶資料26

梨壺の五人 文芸 平安時代の天暦五年(九五一)に宮中の「梨壺」に設置された和歌所で、第二の勅撰和歌集『後撰和歌集』を編纂した五人の歌人。大中臣能宣・清原元輔・源順・紀時文・坂上望城。『万葉集』の訓読・解釈も行った。

なじょう ⇩なでふ

なし-ゑ【梨子絵】 名詞「梨子地」の蒔絵。

な・す[1]【生す】 他動詞サ四{さ/し/す/す/せ/せ}(子を)**生む。** 竹取物語 平安一物語 貴公子たちの求婚「おのがなさぬ子なれば、心にも従はずなむある」訳私が生んだのではない子なので、(かぐや姫は私の)意向にも従わないでいる。

な・す[2]【為す・成す】

語義の扉

自動詞「な(成)る」と対応する他動詞。動詞の連用形に接続して、その動作が意識的に行われたことを表す補助動詞として用いることもある。

一 他動詞 ❶実行する。行う。❷変える。…にする。❸作り上げる。実現する。
二 補助動詞 ことさらに…する。

一 他動詞サ四{さ/し/す/す/せ/せ} ❶**実行する。行う。** 徒然 鎌倉―随筆 一八九「けふはそのことをなさんと思へど、あらぬ急ぎまづ出(い)できて」訳今日はそのことをしようと思っても、思いもかけない急なことが先にできて。❷**変える。…にする。ならせる。** 徒然 鎌倉―随筆 一八八「ある者、子を法師になして」訳ある人が、子を僧侶(そうりょ)にして。❸**作り上げる。実現する。成就する。** 徒然 鎌倉―随筆 一八八「目の前のことにのみ紛れて月日を送れば、ことごとなすことなくして、身は老いぬ」訳目の前のことにだけ心を奪われて月日を過ごすので、どれもこれも成就することがないままで、(わが)身は老いてしまう。

二 補助動詞サ四{さ/し/す/す/せ/せ}〔動詞の連用形に付いて〕**ことさらに…する。** 源氏物語 平安―物語 若紫「顔はいと赤くすりなして立てり」訳顔は(泣いたらしく)たいそう赤くことさらにこすって(尼君のそばに)立っている。

な・す[3]【寝す】一 自動詞サ四{さ/し/す/す/せ/せ}「寝(ぬ)」の尊敬語。**おやすみになる。** 万葉集 奈良―歌集 三九七八「吾(あ)を待つとなすらむ妹(いも)を会ひてはや見む」訳私を待っておやすみになっているであろう妻に早く会いたいものだ。◆動詞「寝(ぬ)」に尊敬の助動詞「す」が付いたものの変化した語。奈良時代以前の語。

二 他動詞サ四{さ/し/す/す/せ/せ} **寝させる。** 万葉集 奈良―歌集 八〇二「まなかひにもとなかかりて安眠(やす)しなさぬ」訳⇩うりはめば…。◆奈良時代以前の語。

な・す[4]【鳴す】他動詞サ四{さ/し/す/す/せ/せ} **鳴らす。** 日本書紀 奈良―史書 継体「末辺(すゑへ)をば笛に作り吹きなす」訳竹の末端を笛に作り吹き鳴らす。◆奈良時代以前の語。

-なす[5] 接尾語〔体言、ときに動詞の連体形に付いて〕**…のように。…のような。** ▼比況・例示の意を示し、副詞のように用いる。「水母(くらげ)なす」「玉藻なす」「真珠(またま)なす」。◆奈良時代以前の語。

参考 「なす」の東国方言に「のす」がある。

なず【撫ず】⇩なづ

なずむ【泥む】⇩なづむ

なずらう(ナズラウ)【準う・擬う】⇩なずらふ

なずらひ(ナズライ)【準ひ・擬ひ】名詞 **同じ程度であること。準ずること。また、そのもの。** 源氏物語 平安―物語 明石「なずらひならぬ身のほど」訳同じ程度でない身の程。

なずら・ふ(ナズラウ―ナズロウ)【準ふ・擬ふ】一 自動詞ハ四{は/ひ/ふ/ふ/へ/へ} **肩を並べる。匹敵する。準じる。**「なぞらふ」とも。源氏物語 平安―物語 桐壺「女御子(をんなみこ)たち二所(ふたところ)、この御腹におはしませど、なずらひ給(たま)ふべきだにぞなかりける」訳皇女たちがお二方、この(弘徽殿(こきでん)の女御の)御腹にお生まれになっているが、(源氏に)肩をお並べになることができる方さえもいないのであった。

二 他動詞ハ下二{へ/へ/ふ/ふる/ふれ/へよ} ❶**同程度・同格のものと見なす。比べる。** 伊勢物語 平安―物語 二二「秋の夜の千夜(ちよ)を一夜(ひとよ)になずらへて」訳秋の夜の千夜を一夜と見なして。❷**似せる。まねる。** 源氏物語 平安―物語 少女「いにしへの例(ためし)になずらへて白馬(あをうま)ひき」訳古い前例をまねて白馬を引き。◆「なぞらふ」とも。

なずらへ-うた(ナズラエウタ)【準へ歌】名詞『古今和歌集』の仮名序にある和歌の「六義(りくぎ)」の一つ。他の物事にたとえ比べて思いを述べる歌。『詩経(しきゃう)』にみえる漢詩の六義の一つである「比(ひ)」になぞらえたもの。

な-せ【汝兄】名詞 **あなた。** ▼女性から、親愛の情をこめて男性を呼ぶ語。万葉集 奈良―歌集 三八八五「愛子(いとご)なせの君」訳親愛なあなた様。◆奈良時代以前の語。

類語と使い分け⑫

「なぜ」の意味を表す言葉

「なぜ言われたことができないのか」とか、「なぜ氷は解けるのか」などというときの理由や原因を問う「なぜ」の語に当たる古語には、「いかに」「いかにか」「など」「などて」「などや」「なに」「なにか」「なにぞ」などがある。

いかに…どうして・なぜの意味のほかに、どんなにか・じつになどの意味で使われることもある。「なぜ」の意味の場合には、「いかにかく言ふぞ」(『徒然草』一〇九)〈どうしてこのように言うのか。〉のように使われる。

など…なぜ・どうしての意味を表す古語として頻繁に使われる語。「などその門(かど)、はた、狭(せば)くは造りて住みたまひける」(『枕草子』大進生昌が家に)〈どうして、その門を狭く造って住んでいらっしゃったのか。〉などと使う。

などて・などや…「など」に助詞の「て」「や」を下に付けた形で、「なぜ」の意味を表す。「などてかく泣くぞ」(『大和物語』一三三)〈どうしてこのように泣くのか。〉「などや具し奉り給はぬぞ」(『平家物語』七・一門都落)〈どうしてお連れなさらぬのか。〉などのように使われる。

なに…名詞でなく、副詞として「なに隠すらむ(=なぜ隠すのだろう)」のように使われるとき、「なぜ」の意味になる。

いかにか…どのように、という状態・方法などの疑問を表す。「いかにか妹(いも)が逢(あ)ふ時もなき」(『風雅集』恋五)〈なぜあなたに逢う時がないのか。〉のように、原因・理由についての疑問を表すときもある。

語。対汝妹(なにも)。

なーせーそ なりたち 副詞「な」＋サ変動詞「す」の未然形＋終助詞「そ」 連語 するな。万葉集 奈良―歌集 四四八七「いざ子どもたはわざなせそ」訳さあ人々よ、ふざけたことをするな。

な…そ ⇩な(副詞)

[1]なーぞ【何ぞ】副詞 ❶どうして(…か)。なぜ(…か)。▼疑問の意を表す。土佐日記 平安―日記 二・一「『なぞ、ただごとなる』と、ひそかにいふべし」訳「なぜ、こんなに平凡(な歌)なんだろうか」と、こっそり言うに違いない。❷どうして…か、いや、…ではない。▼反語の意を表す。万葉集 奈良―歌集 一七七七「君なくはなぞ身装(そよ)はむくしげなる黄楊(つげ)の小櫛(をぐし)も取らむとも思(も)はず」訳あなたがいないならば、どうしてこの身を飾りましょうか、いや、飾ったりなどしない。櫛箱にあるつげの小櫛も手に取ろうとも思わない。

語法「なぞ」は疑問語であるため、文中に係助詞がなくても、文末の活用語は連体形で結ぶ。

[2]なーぞ【何ぞ】連語 なりたち 代名詞「なに」＋係助詞「ぞ」からなる「なにぞ」が変化した「なんぞ」の撥音(はつおん)「ん」が表記されない形。

何か。何ものか。何ごとか。どうしたことか。▼文末に用いて不明の事物、状態やその原因などを問いかける。更級 平安―日記 初瀬「行きちがふ馬も車も、徒歩(かち)人も、『あれはなぞ、あれはなぞ』と」訳(私どもと)すれちがう馬(に乗った人)も、牛車(に乗った人)も、(また)徒歩の人も「あれは何か。あれは何か」と。

なぞーなぞ【謎謎】名詞「何(な)ぞ何(な)ぞ」と問いかけることから言葉や文の中に隠された意味を当てさせる遊び。なぞかけ。

なぞなぞーあはせ【謎謎合はせ】ナゾナゾアワセ 名詞 物合わせの一つ。左右の二組みに分かれて、「謎」をかけ合い、それを解き合う遊び。

なぞーの【何ぞの】連体詞 なりたち 連語「なぞ」に格助詞「の」の付いたかたちが一語化した語。

なんという。どういう。どんな。▼不明のものをさしていう。枕草子 平安―随筆 うへにさぶらふ御猫は「なぞの犬の、かく久しう鳴くにかあらむ」訳どんな犬が、こんなに長く鳴いているのであろうか。

なぞ・ふ【準ふ・擬ふ】ナゾウ 他動詞 ハ下二｛へ／へ／ふ／ふる／ふれ／へよ｝なぞらえる。他の物に見立てる。万葉集 奈良―歌集 四〇五四「ほととぎすこよ鳴き渡れ灯火(ともしび)を月夜(つくよ)になぞへその影も見む」訳ほととぎすよ、ここを通って鳴きながら飛び過ぎよ、(月のない夜だから)灯火を月に見立て、その光でお前の姿も見よう。◆後には「なぞふ」とも。

なぞへ【準へ・擬へ】ナゾエ 名詞 なぞらえること。比べること。◆古くは「なそへ」とも。

なぞーや【何ぞや】連語 なりたち 副詞「なぞ」＋係助詞「や」

❶どうして(…か)。どういうわけで(…か)。▼疑問の意を表す。宇津保 平安―物語 藤原の君「巣を出(い)でてねぐらも知らぬ雛鳥(ひなどり)もなぞや暮れゆくひよと鳴くらむ」訳巣を出てその巣もわからなくなった雛鳥でもどういうわけで夕暮れになるとヒヨと鳴くのだろうか。❷どうして…か、いや、…ない。▼反語の意を表す。後撰 平安―歌集 恋二「大方はなぞやわが名の惜しからむ」訳概して言えば、どうして私の名声が惜しいことがあろうか、いや、惜しくない。

なぞら・ふ【準ふ・擬ふ】ナゾラウ―ナゾロウ 一 自動詞 ハ四｛は／ひ／ふ／ふ／へ／へ｝「なずらふ 一」に同じ。後撰 平安―歌集 春中「身になぞらへる花にしあらねば」訳私など肩を並べている(つまらない)花ではないので。二 他動詞 ハ下二｛へ／へ／ふ／ふる／ふれ／へよ｝❶「なずらふ 二❶」に同じ。方丈記 鎌倉―随筆「今の世の有様、昔になぞらへて知りぬべし」訳今の世のようすを、昔にひき比べて理解するがよい。❷「なずらふ 二❷」に同じ。

なそり【納蘇利・納曾利】名詞 舞楽の曲名。高麗(こま)楽の一つで、二人または一人で舞う。一人舞のときは「落蹲(らくそん)」ともいう。「なっそり」とも。

なだ【灘】名詞 風波や潮流が激しい航海の難所。

なーだい【名代】名詞 ❶歌舞伎(かぶき)や浄瑠璃(じょうるり)などの題名。外題(げだい)。◇「名題」とも書く。❷名義。名目(めいもく)。❸評判の高いこと。名声。有名。◆江戸時代の語。

なーだいめん【名対面】名詞 ❶宮中で、夜中の定刻に、宿直(とのい)の殿上人(てんじょうびと)の点呼を取り、姓名を名乗らせること。おおむね亥(い)の一刻(＝午後九時ごろ)に行われ、それに次いで「宿直奏(とのいもう)し」が行われる。名謁(みょうえつ)。❷戦場で、互いに名乗ること。盛衰記 鎌倉―物語 四一「互ひになだいめんして散々に射殺しぬる者もあり」訳互いに名乗りをして(それから)散々に(弓を)射て殺してしまった者もある。

なーだた・し【名立たし】形容詞 シク｛(しく)・しから／しく・しかり／し／しき・しかる／しけれ／しかれ｝評判になりそうである。落窪物語 平安―物語 二「なだたしく、我が妻(め)子どもとて、さる恥を見せ笑はれけむことよ」訳評判になりそうな、私の妻子たちだというので、そのような恥をかかせてお笑いになったのであろうなあ。

なーだた・り【名立たり】自動詞 ラ変｛ら／り／り／る／れ／れ｝有名である。評判が高い。源氏物語 平安―物語 野分「なだたる春の御前(おまへ)の花園に心寄せし人々」訳評判が高い春の御前(＝紫の上のご殿)の庭の花園に好意を寄せていた人々は。◆「なたちあり」の変化した語とされる。多く、連体形で用いられる。

なーだて【名立て】名詞 評判や浮き名が立つようにすること。また、そのような評判。

なだ・む【宥む】他動詞 マ下二｛め／め／む／むる／むれ／めよ｝❶ゆるやかに扱う。寛大な扱いをする。源氏物語 平安―物語 少女「憚(はばか)るところなく、…なだむる事なく厳しう行へ」訳遠慮することなく、…寛大に扱うことなく厳格に実施せよ。❷人の心を和らげる。浜松中納言 平安―物語 二「せめて言ひなだめて」訳強いて言って(北の方の)心を和らげて。❸とりなす。調停する。平家物語 鎌倉―物語 四・厳島御幸「太政入道やうやうになだめ給(また)へば」訳太政入道はさまざまにとりなしなさったので。

***なだーらか・なり** 形容動詞 ナリ｛なら／なり・に／なり／なる／なれ／なれ｝❶(角だっていなくて)滑らかだ。平滑だ。宇津保 平安―物語 祭の使「なだらかなる石、かどある岩など」訳滑ら

かな石や、かどのある岩など。❷穏やかだ。温和だ。源氏物語 平安｜物語 桐壺「心ばせのなだらかに目やすく」訳気立てが穏やかで難がなく。❸平穏だ。無事だ。源氏物語 平安｜物語 玉鬘「響きの灘もなだらかに過ぎぬ」訳響き灘（という海の難所）も無事に通り過ぎた。❹無難だ。体裁がよい。枕草子 平安｜随筆 女のひとりすむ所は「ものかしこげになだらかに修理して」訳気が利いたように（家を）体裁よく修理して。❺よどみがない。流暢だ。すらすらとしている。源氏物語 平安｜物語 橋姫「若き人々の、なだらかに物聞こゆべきもなく」訳若い人々（＝女房たち）で、すらすらと申し上げられそうな者もなく。

なだら・む 他動詞 マ下二｛め/め/む/むる/むれ/めよ｝**なだらかにする。滑らかにする。むらがないようにする。** 源氏物語 平安｜物語 常夏「よろづの事に通はし、なだらめて」訳あらゆることに行き渡らせ、むらがないようにして。

那智 地名 今の和歌山県東牟婁郡那智勝浦町。熊野の三社の一つである熊野那智大社がある。那智の滝を中心とする修験道信仰が古くからあり、平安時代末期から参詣する人が多く、蟻の熊野詣でといわれた。

なつ【夏】 名詞 四季の一つ。立夏から立秋の前日までをいい、陰暦の四月から六月までの三か月。

な・づ【撫づ】 他動詞 ダ下二｛で/で/づ/づる/づれ/でよ｝❶**さする。なでる。** 枕草子 平安｜随筆 にくきもの「ひげある者はそれをなで」訳ひげがある者はそれをなで。❷**いつくしむ。かわいがる。** 徒然 鎌倉｜随筆 一四二「民をなで農を勧めば」訳国民をいつくしみ農業を奨励すれば。

なつか・し【懐かし】 形容詞 シク｛（しく）・しから/しく・しかり/し/しき・しかる/しけれ/しかれ｝

語義の扉

動詞「なつく」が形容詞化した語。愛着を感じ、心が引かれて、離れたくない気持ちを表す。のちに、昔を思う懐古の気持ちを表す意が生まれ（❸）、これが、現代語に引きつがれた。

- ❶心が引かれる。親しみが持てる。
- ❷着物がからだになじんでいるようす。
- ❸思い出に心引かれる。昔が思い出されて慕わしい。

❶**心が引かれる。親しみが持てる。好ましい。** 万葉集 奈良｜歌集 一〇五九「咲く花の色めづらしく百鳥の声なつかしくありが欲し住みよき里の荒るらく惜しも」訳咲く花の色はすばらしく、いろいろな鳥の声も心引かれ、いつまでも住みつづけたい、住みよい里が荒れるのは惜しいことだ。古今 平安｜歌集 春下「春雨ににほへる色もあかなくに香さへなつかし山吹の花」訳春雨に美しく映える色も見飽きない事だが、香りまでも心が引かれる山吹の花よ。

❷**着物がからだになじんでいるようす。** 源氏物語 平安｜物語 夕霧「なつかしきほどの直衣に、色こまやかなる御衣の、うち目、いと、けうらに透きて」訳体になじんだ直衣に、紅色が濃いお召し物の、砧で打った艶が大そうきよらかに美しく透き通って。

❸**過去の思い出に心がひかれる。昔が思い出されて慕わしい。** 羽衣 室町｜能楽「迦陵頻伽の慣れ慣れし声今さらに僅かなる雁がねの帰り行く天路を聞けばなつかしや」訳聞き慣れた迦陵頻伽の声を思い出させる、雁が帰って行く声を空に聞くと、思い出に心がひかれることだ。

なつかし-げ・なり【懐かしげなり】 形容動詞 ナリ｛なら/なり・に/なり/なる/なれ/なれ｝**親しみが感じられる。慕わしげだ。** 源氏物語 平安｜物語 真木柱「いとなつかしげに、思ひしことの違ひにたる恨みをのたまはするに」訳とても慕わしげに、期待していたことがそうならなかった恨み言をおっしゃるので。◆「げ」は接尾語。

な-づき[1]**【名付き】** 名詞「みやうぶ（名簿）」に同じ。

なづき[2]**【脳・髄】** 名詞 ❶脳・脳髄・脳蓋などの古名。❷❶から転じて、頭。

なつ・く【懐く】

一 自動詞 カ四｛か/き/く/く/け/け｝**なれ親しむ。なじむ。なつく。** 源氏物語 平安｜物語 若菜上「猫はまだよく人にもなつかぬにや」訳猫はまだよく人になれ親しまないのであろうか。

二 他動詞 カ下二｛け/け/く/くる/くれ/けよ｝**なれ親しませる。なじませる。なつかせる。** 源氏物語 平安｜物語 若紫「君は、二、三日内裏へも参り給はで、この人をなつけ語らひ聞こえ給ふ」訳源氏の君は、二、三日の間宮中にも参上なさらないで、この人（＝若紫）をなれ親しませ話をしてさし上げなさる。

な-づ・く【名付く】 他動詞 カ下二｛け/け/く/くる/くれ/けよ｝**名付ける。** 竹取物語 平安｜物語 ふじの山「その山をふじの山とはなづける」訳その山を（士に富む山の意で）富士の山と名付けた。

なつくさ-の【夏草の】 枕詞 ❶夏草が日に照らされてしなえる意で「思ひしなゆ」にかかる。万葉集 奈良｜歌集 一三一「なつくさの思ひしなえて偲ふらむ」訳⇨いはみのうみ…。❷夏草が生えている野の意で「野」を含む地名「野島」や「野沢」にかかる。「なつくさの野島」。❸夏草が深く茂るところから「繁し」「深し」にかかる。古今 平安｜歌集 恋四「なつくさの深くも人の思ほゆるかな」訳心に深くあの人のことが思われることだ。❹夏草を刈るの意で「刈る」と同音を含む「仮」「仮初め」にかかる。新古今 鎌倉｜歌集 秋下「なつくさのかりそめにとて来し宿も」訳ほんのしばらくの間住もうと思って来た宿も。

なつくさや… 俳句「夏草や 兵どもが 夢の跡」奥の細道 江戸｜紀行 平泉・芭蕉 訳今見れば夏草が生い茂るばかりだが、ここは昔、義経ら武人たちが功名を夢みて奮戦した跡である。そんな功名も一場の夢と消えて、ただ夏草が無心に茂っている。

鑑賞 陸奥国の平泉の、高館の跡で詠んだ句。この句は、現代では、夏のスポーツの大会が終わったあとの寂ばく感を表現するのによく用いられる。季語は「夏草」で、季は夏。

なつ-げ【夏毛】 名詞 鹿の夏の毛。白い斑点がはっきりと現れる。毛は筆の穂先に、毛皮は行縢（＝馬に乗る際に脚や袴を覆うもの）に適する。

な-づけ【名付け】 名詞 ❶**名前を付けること。命名。** ❷**いいなずけ。婚約者。**

なづけ-そ・む【名付け初む】 他動詞 マ下二｛め/め/む/むる/むれ/めよ｝**初めて名前を付ける。言いはじめる。** 万葉

な

集 奈良｜歌集 九六三「大汝少彦名の神こそはなづけそめけめ」訳大汝の神と少彦名の神が初めて（名児山の）名前を付けたのだろう。

なつ-ごろも[1]【夏衣】名詞夏に着る衣服。古今 平安｜歌集 雑体「蟬の羽の（＝枕詞）ひとへに薄きなつごろも」訳（蟬の羽のように）たいへん薄い夏の衣服。

なつ-ごろも[2]【夏衣】枕詞❶夏の衣は薄いところから「薄し」「ひとへ」などにかかる。古今 平安｜歌集 恋四「なつごろもうすくや人のならむと思へば」訳夏の衣のようにあの人の愛情が薄くなるだろうと思うと。❷「衣」の縁語として「たつ」「着」「裾」「ひも」などにかかる。宇津保 平安｜物語 吹上・上「なつごろも今日たつ旅の」訳今日出立する旅の。

***なづさ・ふ** ナズサウ―ナズソウ 自動詞ハ四｛は/ひ/ふ/ふ/へ/へ｝❶水にもまれる。水に浮かび漂う。万葉集 奈良｜歌集 三六二五「明け来れば沖になづさふ鴨すらも」訳夜が明けてくると沖に浮かび漂う鴨さえも。◇奈良時代以前の語。❷なれ親しむ。慕いなつく。源氏物語 平安｜物語 夕顔「いときなきよりなづさひし者の」訳幼いときからなれ親しんで来た者が。

なっ-しょ【納所】名詞❶年貢などを収納しておく場所。また、そこの役人。❷禅宗の寺で、施し物を納めておく所。❸「納所坊主」の略。

なっしょ-ぼうず【納所坊主】名詞寺の事務や雑務を担当する僧。

なつそ-ひく【夏麻引く】枕詞「夏麻」は、夏の土用のころに畑から引き抜く麻。夏麻は「績む（＝つむぐ）」ものであることから「うなかみ（海上）」「うなひ（宇奈比）」の「う」に同音でかかり、また、夏麻から「糸」をつむぐので、同音で「いのち（命）」の「い」にかかる。「なつそひく」とも。万葉集 奈良｜歌集 三二五五「なつそひく命かたまけ」訳命をかたむけ。

なつとあきと… 和歌「夏と秋と 行きかふ空の 通ひ路は かたへ涼しき 風や吹くらむ」古今 平安｜歌集 夏・凡河内躬恒訳夏と秋がすれ違う空の通路には、片方だけに涼しい秋風が吹いているのだろうか。

鑑賞 詞書に「六月つごもりの日によめる」とある。陰暦で、六月末日は夏が終わる日であった。地上は残暑でまだ蒸し暑いが、天空にはもう秋がやって来ていると空想した歌。当時、秋の訪れはまず風から感じ取られていた。空の片側だけに吹いていると想像するところが、古今的発想である。「や」は疑問の係助詞で、結びは「らむ」の連体形である。「らむ」は目の前にないことを推量する現在推量の助動詞で、「…しているだろう」と訳す。

なっそり【納蘇利・納曾利】名詞「なそり」に同じ。

なづな【薺】名詞植物の名。「春の七草」の一つ。実が三味線のばちに似ることから「ぺんぺん草」ともいう。季春。続虚栗 江戸｜句集 俳諧「よく見ればなづな花咲く垣根かな―芭蕉」訳ふと目をとめてよくよく見ると、垣根のほとりに、なずなが、見過ごしてしまいそうな白く可憐な花をつけていることだ。

なつのの… 和歌「夏の野の 繁みに咲ける 姫百合の 知らえぬ恋は 苦しきものぞ」万葉集 奈良｜歌集 一五〇〇・坂上郎女訳夏の野の生い茂る草の中にひっそりと咲いている姫百合の花のように、人知れず思い続ける恋は苦しいものだ。

鑑賞 片思いをするせつなさを詠んだ歌。「姫百合」の可憐で小さな花のイメージと片思いの心情が調和している。上の句は「知らえぬ」を導き出す序詞で、自分は思ってはいるが、その思いが相手に知られていないことをいう。

なつのよは… 和歌 百人一首「夏の夜は まだ宵ながら 明けぬるを 雲のいづこに 月宿るらむ」古今 平安｜歌集 夏・清原深養父訳短い夏の夜は、まだ宵のつもりでいるうちに明けてしまったが、いったい、月は雲のどこに宿っているのだろうか。（西の山に隠れるひまもなかっただろうに。）

なつ-はぎ【夏萩】名詞❶植物の名。萩の一種。「みやぎのはぎ」の別名。❷襲の色目の一つ。表は青、裏は紫。夏に用いる。

なつ-ばらへ【夏祓へ】名詞「なごしのはらへ」に同じ。

なつ-びき【夏引き】名詞夏、糸を紡ぐこと。また、その紡いだ糸。

なつびき-の【夏引きの】枕詞夏引きの糸という意味から「糸」と同音の副詞「いと」や同音を含む「いとま」「いとほし」などにかかる。蜻蛉 平安｜日記 上「なつびきのいとことわりや」訳まことに当然のことだ。

なづ・む【泥む】ナズム 自動詞マ四｛ま/み/む/む/め/め｝

❶行き悩む。停滞する。徒然 鎌倉｜随筆 一五〇「天性その骨なけれども、道になづまず」訳生まれつきのその道の奥義を習得する勘がなくても、その道に停滞せず。

❷悩み苦しむ。源氏物語 平安｜物語 横笛「この君、なづみて、泣きむつかり、明かし給ひつ」訳この若君は、悩み苦しんで、泣いてすねて、一夜をお明かしになった。

❸こだわる。気にする。徒然 鎌倉｜随筆 一一五「死を軽くして、少しもなづまざるかたの潔く覚えて」訳死を軽く思って、少しも気にしないところが思い切りがよく思われて。

なつ-むし【夏虫】名詞❶夏に出て来る昆虫の総称。蛍・蟬・蛾・蚊など。❷特に、夏の夜、灯火に集まって来る虫。蛾の類をいう。火取り虫。

なつむし-の-いろ【夏虫の色】連語染め色の名。青蛾の色である瑠璃色とされる。一説に、蟬の羽の色である二藍とも。

な-で 連語

なりたち 完了の助動詞「ぬ」の未然形＋接続助詞「で」

…てしまわないで。古今 平安｜歌集 恋三「かれなで海人の足たゆく来る」訳離れてしまわないで漁師（＝あの人）は足がだるくなるまで（入り江に）通ってくるのでしょうか。

なでしこ【撫子・瞿麦】名詞❶植物の名。「秋の七草」の一つ。唐撫子（＝石竹）を含めていうこともあるが、一般には河原撫子（＝大和撫子）をさす。季秋。奥の細道 江戸｜紀行 那須「かさねとは八重なでしこの名なるべし―曾良」訳⇩かさねとは…。❷「撫子襲」の略。襲の色目の一つ。青・赤の二系統があり、青系統は表が薄紫色で裏が青または紅梅、赤系統は表が紅梅で裏が赤または青。共に夏に用いる。

❸かわいがっている子。愛児。▼「撫(な)でし子(=なでるようにしてかわいがる子)」の意を❶にかけて。源氏物語 平安－物語 夕顔「かのなでしこの生ひ立つありさま、聞かせまほしけれど」訳あの愛児が成長していくようすを、(その子の父である頭中将に)聞かせたいけれども。

なで-つくろ・ふ【撫で繕ふ】(ナデツクロウ) 他動詞 八四 {は/ひ/ふ/ふ/へ/へ} **頭を撫(な)でて髪型をきちんと整える。身なりをきちんと整える。** 源氏物語 平安－物語 東屋「むすめを、昼より乳母と二人、なでつくろひ立てたれば」訳娘を、昼から乳母と二人で、ことさら身なりをきちんと整えたところ。

なでふ (ナジョウ)

一 連体詞 **何という。どのような。いかなる。**▼疑問の意を表す。紫式部 平安－日記「なでふ女が真名書(まんなぶみ)は読む。むかしは経読むをだに人は制しき」訳どのような女が漢文などを読むのか。昔は経文を読むのさえ、人が止めたものを。

二 副詞 **なんで。どうして。**▼疑問・反語の意を表す。徒然 鎌倉－随筆 二三一「なでふ百日の鯉(こひ)を切らんぞ」訳どうして百日の鯉を(料理しているなどという口実をつけて)切ろうか、いや、そんな必要はない。

参考「なにといふ」→「なにてふ」→「なんでふ」→「なでふ」(撥音(はつおん)「ん」が表記されない形)と変化してできた語。

なでふ-こと(ナジョウコト) 連語 なりたち 連体詞「なでふ」＋名詞「こと」

❶**なんということ。** 枕草子 平安－随筆 あはれなるもの「ただ清き衣(ぬき)を着て詣(まう)でむに、なでふことかあらむ」訳ただもうきれいな衣服を着て参詣(けいさん)しようというのに、なんということがあろうか、いや、なんということはない。❷**とんでもないこと。** 竹取物語 平安－物語 かぐや姫の昇天「こは、なでふことをのたまふぞ」訳これは、とんでもないことをおっしゃるものだ。参照▼ 文脈の研究 なでふことのたまふぞ

なでふ-こと-か-あら-む(ナジョウコトカアラン) 連語 なりたち 「か」＋ラ変動詞「あり」の未然形＋推量の助動詞「む」の連体形。連体詞「なでふ」＋名詞「こと」＋係助詞

どれほどのことがあろうか、いや、どういうこともない。 玉の小櫛 江戸－論「かならず儒仏の意にことなりとて、なでふことかあらむ」訳(書物のおもしろさは)確かに儒教や仏教の意向とは異なるといっても、どれほどのことがあろうか、いや、どういうこともない。

***なでふ-こと-な・し【なでふこと無し】**(ナジョウコトナシ) 連語 なりたち 連体詞「なでふ」＋名詞「こと」＋形容詞「なし」

なんということもない。取るに足りない。たいしたこともない。 伊勢物語 平安－物語 一五「むかし、みちの国にて、なでふことなき人の妻(め)に通ひけるに」訳昔、奥州で、たいしたこともない人の妻に(男が)通ったところ。枕草子 平安－随筆 にくきもの「なでふことなき人の、笑(ゑ)がちにてものいたう言ひたる」訳特にこれということのない人が、にこにこしてむやみにしゃべっている(のはしゃくにさわる)。

なでふ-こと-なり(ナジョウコトナリ) 連語 なりたち 連体詞「なでふ」＋名詞「こと」＋断定の助動詞「なり」

なんということだ。とんでもないことだ。 蜻蛉 平安－日記 下「いとあやしう、いちはやき暦にもあるかななでふことなり、よにあらじ、この文書く人のそらごとならむと思ふ」訳なんとおかしい、性急な暦であることだ、なんとい

文脈の研究 なでふことのたまふぞ

「なでふこと❷」の『竹取物語』「かぐや姫の昇天」の用例「こは、なでふことをのたまふぞ」は、かぐや姫が、

おのが身は、この国の人にもあらず。月の都の人なり。

と言ってひどく泣くのを受けた翁のことばの中の表現。

翁、

「こは、なでふことをのたまふぞ。竹の中より見つけきこえたりしかど、菜種の大きさおはせしを(芥子なら菜種ほどのおおきさでいらっしゃったのを)、わが丈立ちならぶまで(私の背丈に並ぶ程までに)養ひ奉りたる我が子を、なにびとか迎へきこえむ(いったい誰がお迎え申し上げるというのか)。まさにゆるさむや(どうして許そうか)。」

といひて、

「我こそ死なめ(私は死んでしまうのだ)。」

とて、泣きののしること、いと堪へがたげなり(たえがたいようすである)。

ひどく泣きながら、涙のわけを語ったかぐや姫のことばが実に意想外な内容なので、この「なでふこと…」は、「どのようなこと…」「いかなること…」の意ではなく、「何というとんでもないことをおっしゃるのですか」の意。

かつて竹の中から見つけ申し上げた折、あんなにちいさかったのを、私の背丈に並ぶほどまで育て申し上げた「わが子」を誰が迎えに来たとて、どうして許そうか(決して渡しなどしない)、という強い拒絶の意思を表明する翁は、さらに、「今さら連れて行かれてしまったら、私は死んでしまうのだ」と、いかにも耐えきれないようすで泣き叫ぶのである。参照▼ 文脈の研究 ここ(後文)。文脈の研究 それを(前文)／

うことだ、そんなことはあるまい、この手紙を書いた人のつくりごとであろうと思う。

な-でん【南殿】 名詞「なんでん(南殿)」の「なん」の撥音「ん」が表記されない形。「紫宸殿」の別名。「なんでん」とも。

など[1] 副詞

❶どうして。なぜ。▼疑問の意を表す。今昔物語 平安一説話 二五・一二「親、子に言はく『など久しくは見えざりつるぞ』」訳父親は子を見て言うには「どうして長いこと来なかったのか」。

❷どうして…か、いや、…ない。▼反語の意を表す。源氏物語 平安一物語 帚木「など、かくうとましきものにしもおぼすべき」訳どうして、(私を)こんなにまでいやな者だとお思いになってよかろうか、いやよくない。◆「なにと」の変化した語。

語法「など」は疑問語であるため、文中に係助詞がなくても、文末の活用語は連体形で結ぶ。

など[2] 副助詞 《接続》体言、活用語の連用形・連体形、助詞、引用句などに付く。

❶〔例示〕たとえば…など。…など。▼多くの事物の中から、一、二の例を挙げてほかにも類似のものがあることを示す。枕草子 平安一随筆 春はあけぼの「風の音、虫の音など、はた言ふべきにあらず」訳風の音や虫の鳴き声など(の趣のあることは)、さらにまた言うまでもない。

❷〔婉曲〕…なんか。…など。枕草子 平安一随筆 春はあけぼの「いと寒きに、火など急ぎおこして」訳たいそう寒いときに、火などを急いでおこして。

❸〔強調〕…なんか。▼軽蔑・卑下する意を強く表したり否定・反問を強めたりする。徒然 鎌倉一随筆 一〇六「かくのごとくの優婆夷などの身にて、比丘を堀へ蹴入れさする、未曾有の悪行なり」訳こんないやしい優婆夷(=在家のまま仏門に帰依した女性)なんかの分際で、比丘僧(のような尊い身)を堀へ蹴落とさせるなんて、前代未聞の悪い行いである。

❹〔引用〕…などと。▼引用句を受けて、だいたいこのようなことという意を表す。徒然 鎌倉一随筆 五九「ものの騒がしからぬやうになど思はんには」訳せっかちでないようにしよう、などと思うなら。

参考 平安時代以降の語。「小魚どもなど」と「ども」とともに用いられることからも明らかなように、「など」は複数を表す語ではない。

など-か 副詞

なりたち 副詞「など」に係助詞「か」の付いたかたちが一語化したもの。

❶〔多く、打消の語を下接して〕どうして…か。なぜ…か。▼疑問の意を表す。大和物語 平安一物語 一七三「などかものも宣はぬ」訳どうしてものもおっしゃらないのですか。

❷〔多く、打消の語を下接して〕どうして…か、いや、…ない。▼反語の意を表す。平家物語 鎌倉一物語 一一・能登殿最期「たとひ十丈の鬼なりとも、などか従へざるべき」訳たとえ(背丈が)十丈の鬼でも、どうして従えられないことがあろうか、いや、従えられないことはない。

語法「などか」は疑問の副詞であり、係助詞「か」を含むため、文末の活用語は連体形で結ぶ。

「などか」と打消の呼応
などか鳴かぬ。(どうして鳴かないのか。)
(打消の助動詞)

など-かう-は【など斯うは】 ナドコウハ 連語

なりたち 副詞「など」＋副詞「かく」のウ音便「かう」＋係助詞「は」

なぜこのように。源氏物語 平安一物語 夕顔「『そよ。などかうは』とて、かい探りたまふに息もせず」訳「それよ。なぜこのように(こわがるのか)」と言って手で探りなさると(夕顔は)息もしていない。

†**など-かう-は-な-か-せ-たま-ふ-ぞ【など斯うは泣かせ給ふぞ】** 宇治拾遺 鎌倉一説話 一・一三「などかうはなかせたまふぞ」訳なぜこのようにお泣きになるの。この花の散るを惜しう覚えさせ給ふか」訳なぜこのようにお泣きになるの。この桜の花が散るのが残念だとお感じになるのか。

品詞分解 など＝副詞 かう＝副詞 は＝係助詞

類語と使い分け⑬ 「どうして」の意を表す語(疑問・反語)

「どうして生きていったらよいのだろうか」といったとき、あるいは「どうして来ないのか」といったときの、疑問を表す「どうして」(前者は方法ややり方を問い、後者は理由や原因を問う)や、「どうして本当のことが言えようか(いや言えはしない)」といったときの、反語を表す「どうして」に相当する古語には、いろいろな言葉がある。

以下に挙げるものは、文脈や下に伴う語によって疑問の意味になったり反語の意味になったりする。

いかで・いかでか・いかでかは・いかにか・なでふ・など・などか・などかは・なに・なにか・なにかは・なにしに・なにせむに

また、いかに・などては疑問の意味で使われる。

さらに次に挙げる言葉は、多く反語の意味で使われる。

あに…奈良時代にはさまざまな種類の文章に用いられたが、平安時代以後はもっぱら漢文訓読体の文章に用いられた。どうして。なんで。

いかにかは…副詞の「いかに」に係助詞「かは」が付いたもの。どうして…か、いや、…はずはない。

なんでふ(副詞)…『竹取物語』の「なんでふさることかし侍らむ」(貴公子たちの求婚)というかぐや姫の言葉〈どうしてそのようなこと(結婚すること)をいたしましょうか、いや、結婚などいたしません。〉に使われている。どうして…か。いや…しない。

泣か＝動詞㊍ せ＝尊敬の助動詞「す」㊊ たまふ＝補助動詞「たまふ」㊍ ぞ＝係助詞

などか-なから-む【などか無からむ】連語
なりたち 副詞「などか」＋形容詞「なし」の未然形＋推量の助動詞「む」の連体形
どうしてないわけがあろうか、いや、あるはずだ。▼反語の意を表す。徒然 鎌倉―随筆 二三四「まことに知らぬ人もなどかなからん」訳ほんとうに知らない人もどうしていないわけがあろうか、いや、いるはずだ。

などか-は 連語
なりたち 副詞「などか」＋係助詞「は」。「などか」を強めた言い方。
［多く、打消の語を下接して］どうして…か。なぜ…か。どうして…か、いや、そうではない。▼強い疑問・反語の意を表す。枕草子 平安―随筆 殿などのおはしまさで後「などかは参らせ給はぬ」訳なぜ参上なさらないのか。
語法 文末の活用語は連体形になる。

な-どころ[1]【名所】名詞 ❶名所。❷物の部分の名。

など-て 副詞
なりたち 副詞「など」に接続助詞「て」の付いたかたちが一語化したもの。
どうして(…か)。なぜ(…か)。▼疑問の意を表す。源氏物語 平安―物語 夕顔「などて、かくはかなき宿りは取りつるぞ」訳どうして、このように心細い所に宿をとったのか。
語法 文末の活用語は、疑問語「など」を受けて多く連体形となる。

など-て[2] 連語
なりたち 副助詞「など」＋格助詞「とて」からなる「などとて」の変化した形。
…などと言って。…などと思って。蜻蛉 平安―日記 中「『さらば、暮れに』などて帰りぬ」訳「それでは、夕方に(また来よう)」などと言って帰っていった。

などて-か 連語
なりたち 副詞「などて」＋係助詞「か」
どうして…か、いや、…ない。▼多く反語の意を表す。源氏物語 平安―物語 少女「などてかさもあらん」訳どうしてそれでいいことがあろうか、いや、いけない。

など-や* 副詞
なりたち 副詞「など」に係助詞「や」の付いたかたちが一語化したもの。
どうして(…か)。なぜ(…か)。更級 平安―日記 竹芝寺「などや苦しき目をみるらむ」訳どうしてつらい目に遭うのだろうか。
語法 文末の活用語は、疑問語「など」を受けて連体形となる。

など-やう 連語
なりたち 副助詞「など」＋形式名詞「やう」
…などのよう。▼例として示す。更級 平安―日記 かどで「姉、継母などやうの人々の」訳姉や継母などのような人々が。
参考 平安時代中期に用いられた言い方で、ほかにまだあるという含みをもたせる。後、「…など」までを体言的に一語のように考えて、「などのやう」の言い方が一般的になる。

名取川【なとりがは】地名 歌枕 今の宮城県名取市を流れて仙台湾に注ぐ川。無き名(＝身に覚えのないうわさ)を取ることのたとえなどで恋の歌に詠まれる。

な-な[1] 連語
なりたち 完了の助動詞「ぬ」の未然形＋願望の終助詞「な」
…てしまいたい。…てしまおう。万葉集 奈良―歌集 一一四「秋の田の穂向の寄れること寄りに君に寄りなな」訳秋の田の穂の向きが一つの方向に寄るように、あなたに寄り添ってしまいたい。◆活用語の連用形に接続する。奈良時代以前の語。

な-な[2] 連語
なりたち 打消の助動詞「ず」の奈良時代以前の未然形「な」＋奈良時代以前の東国方言の助詞「な」
…ないで。…(せ)ずに。万葉集 奈良―歌集 四四一八「わが門の片山椿まこと汝わが手触れなな土に落ちもかも」訳わが家の門の片山椿よ。ほんとうにお前は私の手に触れずに、地面に落ちてしまうのか。◆活用語の未然形に接続する。奈良時代以前の東国方言。

なな-くさ*【七種・七草】名詞 ❶七つの種類。なないろ。転じて、いろいろとあること。❷「はるのななくさ」に同じ。❸「あきのななくさ」に同じ。❹「七種の節句」の略。陰暦正月七日に「七種の粥」を食べ、万病を除き、邪気を払い、新年を祝う年中行事。人日。

ななくさ-の-かゆ【七種の粥・七草の粥】名詞 ❶陰暦正月十五日に、米・大豆・小豆など七種の穀物を入れて炊く固粥(＝今の飯に近いもの)。❷陰暦正月七日の朝に、春の七草を入れて炊く汁粥。⇩はるのななくさ

なな-せ【七瀬】名詞 ❶七つの瀬。多くの瀬。❷「七瀬の祓へ」をする七か所の瀬。

ななせ-の-はらへ【七瀬の祓へ】連語 平安時代に行われた朝廷の行事の一つ。毎月あるいは臨時に吉日を選び、天皇の災禍を移した人形を、七人の勅使が七か所の瀬に流して祓いをした。

なな-そ【七十】名詞 七十。

ななそ-ぢ【七十・七十路】名詞 しちじゅう。七十歳。七十年。◆「ぢ」は接尾語。

なな-つ【七つ】名詞 ❶しち。七歳。❷時刻の名。今の午前または午後四時ごろ。七つ時。◆「つ」は接尾語。

ななつ-だち【七つ立ち】名詞 明けの七時(＝午前四時ごろ)に出立すること。

なな-なぬか【七七日】名詞 仏教語。「しじふくにち」に同じ。

なな-の-さかしきひと【七の賢しき人】連語 中国晋代の竹林の七賢人。俗世を離れて竹林に集まり、清談をしたという七人の隠者。◆「七賢人」を訓読した語。

ななへやへ… 和歌「七重八重 花は咲けども 山吹の みの一つだに なきぞ悲しき」後拾遺 平安―歌集 雑五・兼明親王 訳七重にも八重にも山吹の花は咲くけれど、実の一つさえつかないように、お貸しする蓑が一つもないのは悲しいことです。
鑑賞 詞書によると、雨の降る日に蓑を借りに来た人に作者が山吹の枝を差し出した。その意味を理解できなかった相手が、真意を尋ねたので詠んだ歌。山吹に実がならないことをふまえ、「みの」に「蓑」をかける。室町時代中期の武将太田道灌が、農家で蓑を借りようとして少女に山吹の枝を差し出され、その

な

意味がわからず、後に不明を恥じて歌道に励んだという逸話で有名。結句を「あやしき」とする伝本もある。その場合は、「おかしなことです」の意となる。

な-なむ 連語

なりたち 完了の助動詞「ぬ」の未然形＋他に対する願望の終助詞「なむ」

…てしまってほしい。 伊勢物語 平安－物語 八二「おしなべて峰もたひらになりななむ山の端はなくは月も入らじを」訳⇩おしなべて…。

ななめ【斜め】 名詞 ❶傾いていること。❷時刻などが半ばを過ぎて終わりに近いこと。

ななめ-なら-・ず【斜めならず】 連語 「なのめならず」に同じ。盛衰記 鎌倉－物語 三四「木曾義仲、都にて狼藉ななめならず」訳木曾義仲は、都での乱暴が並みひととおりでなく。

なな-よ【七夜】 名詞 「しちや」に同じ。

な-・なり 連語

なりたち 断定の助動詞「なり」の連体形＋推定・伝聞の助動詞「なり」からなる「なるなり」の撥音便「なんなり」の撥音「ん」が表記されない形。

…であるようだ。…であるということだ。 ▼推定・伝聞の意を表す。枕草子 平安－随筆 中納言まゐり給ひて「さては、扇のにはあらで、海月のななり」訳それでは、扇の（骨）ではなくて、くらげの（骨）であるようだ。

な-なん 連語 「ななむ」に同じ。

なに【何】

一 代名詞 **なにごと。なにもの。何。** ▼不定称の指示代名詞。名前や実体のわからない事物をさす。徒然 鎌倉－随筆 二四三「教へ候ひける仏をば、なにが教へ候ひける」訳（人を）教えました仏を、なにものが教えましたか。

二 副詞 **どうして（…か）。なぜ（…か）。** ▼疑問・反語の意を表す。新古今 鎌倉－歌集 春上「見渡せば山もと霞む水無瀬川夕べは秋となに思ひけむ」訳⇩みわたせばやまもとかすむ…。

三 感動詞 **なんだ。なんだって。なんと。** ▼念を押して問い返す。鉢木 室町－能楽 謡曲「鎌倉へ勢の上るといふはまことか。なにおびたたしう上るとや」訳鎌倉に軍勢が上るというのは本当か。なんだって、おびただしく上るというのか。

語法 二は、疑問語であるため、文中に係助詞がなくても、文末の活用語は連体形で結ぶ。

なに-あみだぶつ【何阿弥陀仏】 名詞 なんとか阿弥陀仏。

参考 「阿弥陀仏」は僧などが名前の下につけて号として用いた語。

な-に-お・ふ【名に負ふ】 連語

なりたち 名詞「な」＋格助詞「に」＋動詞「おふ」

❶**名として持っている。名を持つ。** 万葉集 奈良－歌集 四四六五「大伴の氏となにおへるますらをの伴」訳大伴の氏の名を持っている勇士の集団の人々よ。❷**有名である。名高い。** 徒然 鎌倉－随筆 一九「花橘はなにこそおへれ」訳花橘は（昔をしのばせるものとして）有名である。◆「なにしおふ」とも。

なに-か[1]【何か】 連語

なりたち 代名詞「なに」＋係助詞「か」

一 **何が…か。何を…か。** 古今 平安－歌集 雑下「世の中はなにか常なる飛鳥川昨日の淵ぞ今日は瀬になる」訳⇩よのなかはなにかつねなる…。◇文末の活用語は連体形で結ぶ。

二 副詞 **どうして…か。なぜ…か。どうして…か、いや、…ない。** ▼疑問・反語の意を表す。万葉集 奈良－歌集 三九八三「ほととぎす月立つまでになにか来鳴かぬ」訳ほととぎすは（四月の）月が改まるまでどうして来て鳴かないのか。◇文末の活用語は連体形で結ぶ。

三 感動詞 **いやいや。どうしてどうして。いやなに。** ▼上の語、または相手の言葉を打ち消し、反対のことを述べるときに発する語。源氏物語 平安－物語 玉鬘「なにか。この身はいと安く侍り」訳いやなに（心配はいりません）。私の身はずいぶん気軽に考えております。

なに-か[2]【何彼】 連語 **何やかや。何かと。あれこれ。** 源氏物語 平安－物語 柏木「所々の饗、院の下部、庁の召次所、なにかの隈まで、いかめしうせさせたまへり」訳（六条院内の）諸司の役人らへの饗膳は、（六条）院の下役たち、庁の召次（＝雑事に任ずる）の詰所、何やかやその他下々の者たちまで、立派におさせなさる。

なに-が-さて【何がさて】 連語

なりたち 代名詞「なに」＋格助詞「が」＋副詞「さて」

❶**何はともあれ。言うまでもなく。** ▼相手の言うことを受けて、まず第一に自分の考えを強く主張する気持ちを表す。心中天網島 江戸－浄瑠 浄瑠・近松「『疑ひの念なきやうに誓紙書かすが合点か』『なにがさて、千枚でもつかまつらう』」訳「疑いの念のないように誓紙を書かせるが、いいか」「言うまでもなく、千枚でもお書きいたしましょう」。❷**どうしてどうして。とんでもない。** ▼強い打消を表す。末広がり 室町－狂言 狂言「『なにがさて、広い都でござるによって、都にないと申すことがござらうか』」訳どうしてどうして、広い都でございますから、都にないということがございましょうか。

なに-がし【何某・某】

一 名詞 **なんとか。だれそれ。どこそこ。** ▼人・事物・場所・方向などで、その名前がわからないとき、また、知っていても省略するとき用いる。徒然 鎌倉－随筆 一四一「悲田院の尭蓮上人は、俗姓は三浦のなにがしとかや、さうなき武者なり」訳悲田院の尭蓮上人は、出家前の俗人としての姓は三浦のだれそれとかいう、並ぶ者のない武士である。

二 代名詞 **わたくし。** ▼自称の人称代名詞。男性が謙譲の意をこめて、改まった気持ちでいう。源氏物語 平安－物語 若紫「その北の方なむ、なにがしが妹に侍る」訳その方の奥方は、わたくしの妹でございます。参照▶類語と使い分け㉑

なにがし-かがし【何がし某】 連語 **だれそれ。** 「なにがしくれがし」とも。▼名前を特定せずにいう語。大鏡 平安－物語 花山「なにがしかがしといふいみじき源氏の武者たちをこそ、御送りに添へられたりけれ」訳だれそれというたいそうな源氏の武士たちを御警護に添えられたのだったよ。

なにがし-くれがし【何がし某】 連語 「なにがしかがし」に同じ。

なに-か-せ-む【何か為む】 連語 いったい何になろうか(いや、何にもならない)。▼反語の意を表す。竹取物語 平安―物語 蓬萊の玉の枝「思ふことならでは世の中に生きてなにかせむ」訳(自分の)願うことが成就しなくては、この世の中に生きていていったい何になろうか(いや、何にもならない)。

なに-がな【何がな】 連語 何か。何かしら。「なにをがな」とも。なりたち 代名詞「なに」＋副助詞「がな」 徒然 鎌倉―随筆 一七五「御肴なにがな」訳お酒の肴(＝おつまみ)が何かしら(ほしい)。

***なに-かは【何かは】** 連語 ㊀〔「なに」が代名詞の場合〕何が…か(、いや、…ない)。何を…か(、いや、…ない)。▼多く反語の意を表す。徒然 鎌倉―随筆 二一「折に触れば、なにかはあはれならざらん」訳よい時機にあたれば、何がしみじみとした興趣がないことがあろうか、いや、ないわけはない。◆「かは」は係助詞。
㊁〔「なに」が副詞の場合〕❶どうして(なぜ)…か。どうして…か、いや、…ない。▼疑問・反語の意を表す。古今 平安―歌集 夏「蓮葉の濁りに染まぬ心もてなにかは露を玉と欺く」訳⇩はちすばの…。❷なんの。どうしてどうして。いやなに。▼感動詞的に用いる。枕草子 平安―随筆 つねに文おこする人の「なにかは。言ふにもかひなし。いまは」訳なんの。なにを言ってもむだだ。もう(別れよう)。◆「かは」は係助詞。

***なに-かは-せ-む【何かは為む】** 連語 語法 文末の活用語は、多く連体形となる。なりたち 代名詞＋係助詞＋動詞「す」㊍＋意志の助動詞「む」㊍
何になろうか、いや、何にもならない。▼反語の意を表す。徒然 鎌倉―随筆 七「住み果てぬ世に、醜き姿を待ち迎へてなにかはせむ」訳いつまでも住み通すことのできないこの世で、(生きながらえて)醜い姿(になるの)を待ち迎えて、何になろうか、いや、何にもならない。

***な-に-き・く【名に聞く】** 連語 名として聞く。うわさに聞く。土佐日記 平安―日記 二・一一「まことにてなにきくところ羽根ならば飛ぶがごとくに都へもがな」訳ほんとうに(この場所の名「はね」が、その)名として聞くとおり、ここが(鳥の)羽根であったならば、(鳥が空を)飛ぶように都へ帰れたらばなあ。

***なに-くれ【何くれ】** 代名詞 ❶なにやかや。あれこれ。▼不定称の指示代名詞。枕草子 平安―随筆 無名といふ琵琶の御琴を「水竜・・・・釘打ち・葉二つなにくれなど、多く聞きしかど」訳水竜・・・・釘打ち・葉二つあれこれなど、たくさん聞いたけれど。❷だれそれ。▼不定称の人称代名詞。源氏物語 平安―物語 葵「山の座主、なにくれの僧たちも」訳比叡山の座主、だれそれの僧たちも。

なにくれ-と【何くれと】 副詞 なにやかやと。あれこれと。源氏物語 平安―物語 須磨「昼は、なにくれと戯れ言うちのたまひまぎらはし」訳(源氏は)昼は、なにやかやと冗談をおっしゃって気を紛らわし。

なに-ごこち【何心地】 名詞 どのような心。源氏物語 平安―物語 橋姫「女君たち、なにごこちして過ぐし給ふらむ」訳女君たちは、どのような気持ちで過ごしていらっしゃるであろうか。

なに-ごころ【何心】 名詞 どのような心。どのような考え。万葉集 奈良―歌集 二二九五「来まさぬ君はなにごころそも」訳おいでにならないあなたは、どのような考えなのでしょう。

なにごころ-な・し【何心無し】 形容詞ク {(く)・から／く・かり／し／き・かる／けれ／かれ} 無心である。なにげない。無邪気である。「なにごころもなし」とも。源氏物語 平安―物語 若紫「見上げ給へるがなにごころなくうつくしげなれば」訳見上げなさる姿が無邪気でかわいらしい感じなので。

なにごころ-も-な・し【何心も無し】 連語 「なにごころなし」に同じ。

なに-ごと【何事】 名詞 ❶どんなこと。何のこと。源氏物語 平安―物語 桐壺「なにごとかあらむと思ほしたらず」訳どんなことがあるのだろうかともお思いになっておらず。❷〔多く、助詞「も」を下接して〕万事。すべてのこと。伊勢物語 平安―物語 一一六「なにごとも、みなよくなりにけり」訳すべてのことも、みなよくなった。❸〔多く、助詞「ぞ」を下接して〕どうしたこと。なんたること。▼とがめる意を表す。落窪物語 平安―物語 一「こはなにごとぞ」訳これはどうしたことか。❹なになに。▼不定の事柄をさしていう。徒然 鎌倉―随筆 一六九「なにごとの式といふ事は」訳なになにという(慣例の)事の仕方ということは。

なにしおはば… 1 和歌 百人一首 「名にし負はば 逢坂山の さねかづら 人に知られで くるよしもがな」後撰 平安―歌集 恋三・藤原定方 訳逢坂山が「逢ふ」という名を負っているなら、「さ寝」ということばにも通じる逢坂山のさねかづらのつるをたぐるように、人に知られずにあなたのもとに来る方法があればよいなあ。
鑑賞「逢坂山」に「逢ふ」を、「さねかづら」に「さ寝」を、「くる」に「繰る」と「来る」とをかけている。

なにしおはば… 2 和歌 「名にし負はば いざ言問はむ 都鳥 わが思ふ人は ありやなしやと」伊勢物語 平安―物語 九・古今 平安―歌集 羈旅・在原業平 訳「都」という言葉を名として持っているのなら、さあ、都のことを尋ねよう。都鳥よ。私の恋しく思っているあの人は健在かどうかと。
鑑賞『古今和歌集』羈旅の部の詞書にこの歌の成立の事情が述べられているが、それは『伊勢物語』第九段の記述と同じである。『古今和歌集』でこの歌の前にあるのは、やはり『伊勢物語』の同じ段にある「唐衣きつつなれにしつましあればはるばるきぬるたびをしぞ思ふ」〈⇩からころも…。〉の歌であり、「わが思ふ人」は都に残して来た「なれにし妻」である。「あり」は、「生きている」「無事である」の意。

な-に-し-お・ふ【名にし負ふ】 連語 なりたち 名詞「な」＋格助詞「に」＋副助詞「し」＋動詞「おふ」
「なにおふ❶」に同じ。古今 平安―歌集 羈旅・伊勢物語 平安―物語 九「なにしおはばいざ言問はむ都鳥」訳⇩なにしおはばいざことと…。◆「し」は強意の副助詞。

なに-しか【何しか】 連語 なりたち 副詞「なに」＋副助詞「し」＋係助詞「か」
どうして…か。▼原因・理由についての疑問に用いる。万葉集 奈良―歌集 二五〇〇「なにしか君が見るに飽かざらむ」訳どうしてあなたはいくら会っても飽きないのだろうか。

なに-し-に＊【何しに】連語
なりたち 副詞「なに」＋サ変動詞「す」の連用形＋格助詞「に」
❶なんのために。どうして。なぜ。▼疑問の意を表す。枕草子 平安―随筆 方弘は、いみじう人に「なにしにかかる者には使はるるぞ」訳なぜこんな者に使われているのか。❷どうして…か(、いや、…ない)。▼反語の意を表す。竹取物語 平安―物語 かぐや姫の昇天「なにしに、悲しきに見送り奉らむ」訳どうして、悲しいのにお見送り申し上げようか、いや、お見送り申し上げない。

なに-す-と-か【何為とか】連語 どうして…か(いや、…ない)。▼反語の意を表す。万葉集 奈良―歌集 二二七三「なにすとか君を厭(いと)はむ秋萩のその初花(はつはな)の嬉(うれ)しきものを」訳どうしてあなたをうとましく思うでしょうか(いや、そうは思わない)、秋萩の初花のように、(あなたに初めて会えれば)うれしく思いますのに。

なに-すれ-ぞ【何為れぞ】連語
なりたち 副詞「なに」＋動詞「す」の已然形＋係助詞「ぞ」
どうして。なぜ。「なにすれぞ」「なんすれぞ」「なすれぞ」とも。万葉集 奈良―歌集 四三二三「なにすれそ母とふ花の咲き出(で)来(こ)ずけむ」訳⇩ときどきの…。

なにせうぞ… 歌謡「何せうぞ くすんで 一期(いちご)は夢よ ただ狂へ」閑吟集 室町―歌謡 訳何をしようというのだ、そんなに真面目くさって。そんなに真面目に考えないで、どうせ人生なんて夢のようにはかないもの、ただただ我を忘れて面白おかしく遊び暮らした方がよい。

鑑賞 仏教的無常観によって悟りを求める現実拒否の悲観的な考え方を否定し、享楽的に人生を送ろうという現実肯定的な内容の歌。「憂き世」を「浮き世」としてとらえ始めた室町時代末期の風潮を背景にしている。「くすむ」は真面目くさる、悟りすますの意。

なに-せ-む【何為む】連語 なんになろうか(いや、なんにもならない)。▼反語の意を表す。万葉集 奈良―歌集 五六〇「恋ひ死なむ時はなにせむ生(い)ける日のためこそ妹(いも)を見まく欲(ほ)りすれ」訳恋いこがれて死ぬような時になってからでは、(会ったとして)なんになろうか(いや、なんにもならない)。生きている日のためにこそあの娘に会いたいと思うのに。

なに-せ-む-に【何為むに】連語
なりたち 代名詞「なに」＋サ変動詞「す」の未然形＋推量の助動詞「む」の連体形＋格助詞「に」
❶何のために。どうして。▼疑問の意を表す。万葉集 奈良―歌集 二三七七「なにせむに命継ぎけむ吾妹子(わぎもこ)に恋ひざる前(さき)に死なましものを」訳何のために命長らえて来たのであろう。(いとしい)お前に恋しないうちに死んでしまったらよかったのに。❷どうして…か、いや、…ない。▼反語の意を表す。万葉集 奈良―歌集 八〇三「銀(しろかね)も金(くがね)も玉もなにせむに勝れる宝子に及(し)かめやも」訳⇩しろかねも…。

なに-ぞ【何ぞ】連語 ㊀〔「なに」が代名詞の場合〕❶なんだ。伊勢物語 平安―物語 六「『かれはなにぞ』となむ男に問ひける」訳(女が)「あれはなに」と男にたずねた。❷〔体言に助詞「か」の付いた形に続けて〕…か何か。新古今 鎌倉―歌集 哀傷・伊勢物語 平安―物語 六「白玉かなにぞと人の問ひしとき」訳⇩しらたまか…。㊁〔「なに」が副詞の場合〕なぜまあ。どうしてまあ。万葉集 奈良―歌集 三三七三「なにそこの児(こ)のここだ愛(かな)しき」訳⇩たまがはに…。◆「ぞ」は係助詞。

なに-ぞ-の【何ぞの】連語 ⇩なんぞの

なに-た-つ＊【名に立つ】連語 有名になる。評判になる。世に聞こえる。後撰 平安―歌集 恋二「我が袖(そで)はなにたつ末(すゑ)の松山か空より浪(なみ)の越えぬ日はなし」訳私の袖は世に聞こえる末の松山なのでしょうか。(あなたの浮ついた気持ちのせいで)波が空を越えない(＝涙でぬれない)日はありません。

なに-と＊【何と】
なりたち 代名詞「なに」＋格助詞「と」
㊀連語 ❶どういうことかと。どんなものかと。源氏物語 平安―物語 薄雲「なにと分くまじき山伏などまで」訳(物の道理が)どういうことかと判断できそうもない山伏などまでが。❷…や何やと。…など。土佐日記 平安―日記 一二・二七「これかれ酒なにと持て追ひ来て」訳この人やあの人が酒や何やと持って追いかけてきて。
㊁副詞 ❶どういうわけで。どうして。続古今 鎌倉―歌集 雑中「なにとうき世にむすぼほるらむ」訳どうしてつらい世の中に縁を結んでいるのだろう。❷どのように。どう。平家物語 鎌倉―物語 一二・六代被斬「維盛(これもり)の卿(きやう)の子息はなにと候ふやらん」訳維盛卿のお子様はどのようにしているでしょうか。
㊂感動詞 ❶なに。なんだって。▼問い返すときに発する語。烏帽子折 室町―能楽 謡曲「なにと、取れと候ふや」訳なんだって、受け取れとおっしゃるのか。❷どうだ。いかに。おい。▼問いかけるときに発する語。武悪 室町―狂言「なにと、内へ入って一杯飲むまいか」訳どうだ、中へ入って一杯飲もうか。

なに-と-かは【何とかは】連語
なりたち 代名詞「なに」＋格助詞「と」＋係助詞「かは」
❶何と…か。どのように…か。▼疑問の意を表す。源氏物語 平安―物語 椎本「君なくて岩のかけ道絶えしより松の雪をもなにとかは見る」訳父君が亡くなって(山寺に通う)岩場の桟道(の往来)が途絶えたときから、(父君を待つあなたは、この)松に積もる雪をどのように見るのか。❷どうして…か、いや、…ない。▼反語の意を表す。源氏物語 平安―物語 初音「つれなき人の御心をば、なにとかは見たてまつりとがめむ」訳薄情な人のお心を、どうしてご非難申し上げられようか、いや、できない。

なに-と-かも【何とかも】連語
なりたち 代名詞「なに」＋格助詞「と」＋係助詞「かも」
どうして…なのかなあ。日本書紀 奈良―史書 孝徳「本(もと)ごとに花は咲けどもなにとかも愛(うつく)し妹(いも)がまた咲き出(で)来(こ)ぬ」訳株ごとに花は咲くけれどもどうしていとしいあなたがもう一度咲き出てこないのかなあ。

なに-と-し-て【何として】連語
なりたち 代名詞「なに」＋格助詞「と」＋サ変動詞「す」の連用形＋接続助詞「て」
❶どうやって。どのようにして。なぜ。▼理由などについての疑問の意を表す。徒然 鎌倉―随筆 二四三「人はなにとして仏には成り候ふやらん」訳人はどうやって仏にはなるのでしょうか。❷どうして…か、いや、…ない。▼反語の意を表す。鬼の継子 室町―能楽 狂言「身共がた

めにも継子ぢゃものを、なにとして食ふものぢゃ」訳自分にとっても継子であるのを、どうして食べるものか、いや、食べはしない。

なに-と-て【何とて】 副詞

なりたち 代名詞「なに」＋格助詞「と」＋接続助詞「て」

どうして。なぜ。 更級 平安－日記 後の頼み「月も出でで闇にくれたる姨捨になにとて今宵たづね来つらむ」訳月も出ないで闇に沈んでいる姨捨山(＝悲嘆にくれている私の所)に、あなたはどうして今夜訪ねてきてくれたのでしょう。

なに-と-な・し【何と無し】 連語

なりたち 代名詞「なに」＋格助詞「と」＋形容詞「なし」

❶**これということもない。** 平家物語 鎌倉－物語 七・忠度都落「事の体なにとなう哀れなり」訳その場のありさまはこれということもなくしみじみとしていた。◇「なにとなう」はウ音便。❷**特にどうということもない。** 徒然 鎌倉－随筆 二九「長き夜のすさびに、なにとなき具足とりしたため」訳長い夜の慰みごとに、特にどうということもない身のまわりの道具をきちんと整理し。❸**すべてにわたっている。** 源氏物語 平安－物語 紅葉賀「御前の前栽の、なにとなく青みわたれる中に」訳御前の植え込みが、すべてにわたって青くひろがっている中に。❹**なんとなく。** 枕草子 平安－随筆 四月、祭の頃「霧も霞も隔てぬ空のけしきの、なにとなくすずろにをかしきに」訳霧にも霞にも隔てられない(きれいな)空のようすがなんとなくむやみに興趣深いが。

なに-と-に-は-な・し【何とには無し】 連語

なりたち 代名詞「なに」＋格助詞「と」＋断定の助動詞「なり」の連用形「に」＋係助詞「は」＋形容詞「なし」

どうということはない。たいしたことではない。 土佐日記 平安－日記 一・二一「この言葉、なにとにはなけれども、もの言ふやうにぞ聞こえたる」訳この言葉は、どうということはないけれども、気のきいたことを言うように聞こえた。

なに-と-は-な・し【何とは無し】 連語

なりたち 代名詞「なに」＋格助詞「と」＋係助詞「は」＋形容詞「なし」

「なにとにはなし」に同じ。源氏物語 平安－物語 鈴虫「なにとはなけれど…忘れぬ昔の御物語など承り、聞こえまほしう思ひたまふるに」訳どうということはないが…忘れていない昔の御思い出話などをお聞きし、(また、)申し上げたく存じますのに。

なに-と-も-な-や【何ともなや】 連語

なりたち 代名詞「なに」＋格助詞「と」＋係助詞「も」＋形容詞「なし」の語幹＋間投助詞「や」

(感動詞「あら」の後に続けて)**どうしようもない。**▼落胆・失望などの気持ちを表す。船弁慶 室町－能楽 謡曲「頼みても頼みなきは人の心なり、あらなにともなや候ふ」訳頼りにしても頼りにならないのは人の心である。ああどうしようもないことでございますよ。

なに-と-やらん【何とやらん】 連語

なりたち 代名詞「なに」＋格助詞「と」＋係助詞「や」＋ラ変補助動詞「あり」の未然形＋推量の助動詞「ん」からなる「なにとやあらん」の変化した語。

❶**なんとなく。** 平家物語 鎌倉－物語 二・徳大寺之沙汰「余りになにとやらん心ぼそうて、徒然なるに」訳あまりになんとなく心細くて、所在ない気持ちでいたのに。❷**いったい何であろうか。** 平家物語 鎌倉－物語 延慶本・成経等赦免「慢々たる海上に、なにとやらんはたらく物あり」訳広々とした海上に、いったい何であろうか動く物がある。

なに-なら-・ず【何ならず】 連語

なりたち 代名詞「なに」＋断定の助動詞「なり」の未然形＋打消の助動詞「ず」

何ということもない。とるに足りない。 源氏物語 平安－物語 夕顔「いつのほどにてかは、なにならぬ御名のりを聞こえたまはん」訳どんなときに、何ということもないお名前をお申し上げになるでしょうか(そんなことはなさらないでしょう)。

なに-・なり【何なり】 連語

なりたち 代名詞「なに」＋断定の助動詞「なり」

いったい何なのか。 蜻蛉 平安－日記 上「定めなく消えかへりつる露よりもそらだのめするわれはなになり」訳はかなく消えてなくなってしまった露(であるあなた)よりも、(そのあなたを)あてもなく頼みにさせられている私はいったい何なのか。

なに-に-かは-せ-む【何にかは為む】 連語

なりたち 代名詞＋格助詞＋係助詞＋動詞「す」(未)＋意志の助動詞「む」(体)

いったい何のためになろうか、いや、何にもならない。▼反語の意を表す。更級 平安－日記 物語「几帳の内にうち臥して引き出でつつ見る心地、后の位もなににかはせむ」訳几帳の中に身を横たえ(少しずつ『源氏物語』を)取り出しては読んでゆく気持ちは、后という位もいったい何になろうか、いや、何にもならない。

なに-の【何の】*

一 連語

なりたち 代名詞「なに」＋格助詞「の」

❶(「の」が主格の場合)**何が。だれが。** 枕草子 平安－随筆 職の御曹司におはします頃、西の廂にて「なにの言ふにかあらむ」訳だれが言うのであろうか。❷(「の」が連体格の場合)㋐**なになにの。なにがしの。** 源氏物語 平安－物語 少女「なにの親王、くれの源氏など」訳なになにの親王、だれそれの源氏など。㋑**なんという。どんな。** 枕草子 平安－随筆 五月ばかり、月もなう「さることには、なにの答へをかせむ」訳そのようなことにはなんという返事をしようか。㋒(打消の語を下接して)**どれほどの。少しの。** 源氏物語 平安－物語 若紫「さらになにのしるしも侍らじものを」訳決してどれほどの効果もないのになあ。

二 副詞 ❶**何で。どうして。**▼疑問・反語の意を表す。源氏物語 平安－物語 手習「なにのさる人をか、この院の内に捨て侍らむ」訳何でそのような人を、この院の中に捨てましょうか、いや、そんなことはしません。❷**いや、むしろ。かえって。** 伊勢物語 平安－物語 六五「さればなにのよきことと思ひて」訳それならばかえって好都合なことだと思って。

難波（なには）（ナニワ） 地名 歌枕 今の大阪市およびその付近。仁徳・孝徳両天皇の皇居が置かれた地であり、古くから港として開け、瀬戸内・九州を介して大陸とも交渉があった。低湿地が多く、「難波草」とも呼ばれる葦が一面に生い茂ることで有名であり、歌では「葦」が詠み

な

こまれることが多い。「浪速」とも書く。

難波江（ナニワエ） 地名 歌枕 「難波潟」に同じ。

なにはえの… 和歌 百人一首 「難波江の 葦のかりねの ひとよゆゑ みをつくしてや 恋ひわたるべき」千載 鎌倉－歌集 恋三・皇嘉門院別当 訳難波の入り江の葦の刈り根の一節（＝一節）のような、旅の仮寝のわずか一夜の契りのせいで、難波江の「澪標」のように、身を尽くしてあなたを恋い続けなければならないのだろうか。

鑑賞「難波江の葦の」は「かりね」を導く序詞。「かりね」に「刈り根」と「仮寝」とを、「ひとよ」に「一節」と「一夜」とを、「みをつくし」に「澪標」と「身を尽くし」とをかけている。

1 **なにはがた…** 和歌 百人一首 「難波潟 短き葦の 節の間も 逢はでこの世を 過ぐしてよとや」新古今 鎌倉－歌集 恋一・伊勢 訳難波潟に生えている葦の、あの短い節と節との間のような、ほんのわずかな間でさえも、会わないでこの世を過ごせとおっしゃるのですか。

鑑賞「短き葦の」までは「節の間」を導く序詞。「この世」の「世」は「節（＝ふし）」を響かせた「葦」の縁語。

2 **難波潟**（ナニワガタ） 地名 歌枕 今の大阪市の上町台地の西側に広がっていた海で、旧淀川の河口にあたる。港である「難波津」があり、浅い海だったので航路を示す「澪標」が立てられ、あたり一面に「葦」が生い茂っていた。歌では、「澪標」「葦」などが景物として詠まれる。「難波江」とも。

なに-ばかり【何ばかり】連語

なりたち 副詞「なに」＋副助詞「ばかり」

❶どれほど。どれくらい。竹取物語 平安－物語 貴公子たちの求婚「なにばかりの深きをか見むと言はむ」訳どれほどの深い愛情を見たいと言おうか。❷〔打消の語を下接して〕さほど。たいした。枕草子 平安－随筆 かたはらいたきもの「それはなにばかりの人ならねど」訳それはさほどの（身分の）人ではないが。

なには-づ【難波津】（ナニワヅ） 名詞 ❶「難波潟」にあった港。❷百済から渡来した王仁が詠んだという「難波津に咲くや木の花冬ごもり今は春べと咲くやこの花」（『古今和歌集』）〈⇩なにはづに…。〉の歌のこと。手習いの初歩に用いた。

なにはづに… 和歌 「難波津に 咲くや木の花 冬ごもり（＝枕詞） 今は春べと 咲くやこの花」古今 平安－歌集 仮名序・王仁 訳難波の海辺に咲き出した、この梅の花よ。今は春となり、自分の季節の到来と咲いている、この梅の花よ。

鑑賞 王仁が、梅の開花にことよせて仁徳天皇に即位を勧めた歌とされる。『古今和歌集』仮名序は、「安積山…」の歌とともに代表的な古歌として引き、また、「そへ歌」の例としている。この二つの古歌は、古くから習字の初歩の教材ともされた。「難波津」は難波（＝今の大阪）の港。「冬ごもり」は「春」にかかる枕詞。「咲くや」の「咲く」は連体形、「や」は間投助詞である。

なには-の-あし-は-いせ-の-はまをぎ【難波の葦は伊勢の浜荻】（ナニワノアシハイセノハマオギ） 連語 難波でいう葦は、伊勢で浜荻と呼ばれるものである。同じ物の名や風俗・習慣などが、場所によって異なることのたとえ。菟玖波 南北－句集「草の名も所によりて変はるなりなにはのあしはいせのはまをぎ」訳草の名前もその土地によって変わるものだよ。難波でいう葦は、伊勢で浜荻と呼ばれるものである。

難波土産（ナニワミヤゲ） 書名 注釈書。三木平右衛門貞成作。江戸時代中期（一七三八）刊。五巻。〔内容〕浄瑠璃の注釈書で、九編の浄瑠璃の注釈と批評で構成されている。冒頭の近松門左衛門からの聞き書き「虚実皮膜論」が有名。

なに-びと【何人】名詞 どんな人。何者。いかなる人。「なにひと」とも。竹取物語 平安－物語 かぐや姫の昇天「なにびとか迎へきこえむ」訳いかなる人がお迎え申し上げるのか。

なに-ほど【何程】副詞 ❶どれくらい。どれほど。▼反語表現に用いて、たいしたことはないという意を表す。平家物語 鎌倉－物語 八・妹尾最期「思ふになにほどの事かあるべき」訳考えてみると、どれほどのことがあろうか（いや、たいしたことはないだろう）。❷どんなに。世間胸算用 江戸－物語 浮世・西鶴「年玉銀一包みくれしを、なにほどかうれしく思ひ」訳お年玉の銀一包みをくれたのが、どんなにかうれしく思って。

1 **な-にも**【汝妹】名詞 あなた。▼男性から女性を親しみを込めて呼ぶ語。◆奈良時代以前の語。対汝兄。

2 **なに-も**【何も】連語

なりたち 代名詞「なに」＋係助詞「も」

なにもかも。すべて。大和物語 平安－物語 一六八「蓑もなにも、涙のかかりたる所は」訳蓑もなにもかも涙のかかっているところは。

なに-もの【何者・何物】名詞 どのような人。どのような物。

なに-や【何や】連語

なりたち 代名詞「なに」＋間投助詞「や」

〔「…やなにや」の形で〕なんだ。なにやかや。蜻蛉 平安－日記 下「物忌みやなにやと、をり悪し」訳物忌みだなんだと、時分が悪い。

なに-や-か-や【何や彼や】連語

なりたち 代名詞「なに」＋間投助詞「や」＋代名詞「か」＋間投助詞「や」

あれやこれや。なんだかんだ。源氏物語 平安－物語 末摘花「なにやかやと…のたまへど、何のかひなし」訳あれやこれやと…お話しになるけれども、何の話しがいもない。

難波（ナニワ） ⇩難波

なに-わざ【何業】名詞 どんなこと。なに。

なぬ-か【七日】名詞 ❶七日間。仏事や病気治療などの一区切りの期間の目安とした。❷月の第七日。㋐特に、正月七日。枕草子 平安－随筆 正月一日は「なぬか、雪間の若菜摘み」訳正月七日、雪間に顔を出した若菜摘み（の日）。㋑特に、七夕の七月七日。蜻蛉 平安－日記 上「あまのかはなぬかをちぎる心あらば」訳天の川で（一年に一度）七月七日に会う約束をする気持ちがあるならば。❸子供が生まれて七日目の夜。また、その祝い。七夜。

なぬか-なぬか【七日七日】連語 七日ごとに営む死者の供養。初七日から四十九日までの間行う。

な-ぬし【名主】名詞 ❶江戸時代、一村の代表であり、村の行政や徴税・治安などの民政に携わり、また、農事指導などに当たった者。主に関東での呼び方で、関西では「庄屋」という。❷江戸時代、町年寄の下にあって、町政一般に携わった町役の一つ。町名主。

な-ね【汝ね】代名詞 **私が愛する人。あなた。そなた。おまえ。**▼対称の人称代名詞。人を親しみ尊んで呼ぶ語で、女性に対していうことが多いが、男性にも用いる。接尾語的にも用いる。万葉集 奈良-歌集 七二四「かくばかりなねが恋ふれそ夢に見えける」訳これほどにあなたが(私を)恋い慕っているから夢に(あなたが)見えたのだ。◆「ね」は接尾語。奈良時代以前の語。

なのはなや… 俳句「菜の花や 月は東に 日は西に」蕪村句集 江戸-句集 俳諧・蕪村 訳一面に続く菜の花畑、東の空からは月が昇り、西には赤い夕陽が沈んで行く。

鑑賞 満月前後の菜の花畑の夕景を、画家でもあった蕪村が絵画的にとらえた句。季語は「菜の花」で、季は春。

なのめなら-ず【斜めならず】連語

なりたち 形容動詞「なのめなり」の未然形＋打消の助動詞「ず」

並ひととおりでない。格別だ。「ななめならず」とも。源氏物語 平安-物語 柏木「公私の事に触れつつ、なのめならず思ひのぼりしかど」訳公私のことに関与しながら、並ひととおりでなく高望みをしたけれども。

なのめ・なり【斜めなり】形容動詞ナリ {なら/なり・に/なり/なる/なれ/なれ}

語義の扉

垂直・水平がきちんとしているのに対して、「斜め」は、いいかげんなもの、おざなりなものと考えられた。平安時代の和文に用いられ、鎌倉時代以降は「なのめならず」の慣用表現の中で用いられる。

❶いいかげんだ。おざなりだ。
❷並ひととおりだ。ありふれていることだ。
❸並ひととおりでなく。格別に。

❶**いいかげんだ。おざなりだ。**枕草子 平安-随筆 文ことばなめき人こそ「世をなのめに書き流したることばのにくきこそ」訳世間をいいかげんに(見て)書き流している言葉づかいがいやで(ある)。

❷**並ひととおりだ。ありふれていることだ。平凡だ。**源氏物語 平安-物語 帚木「つらき事ありとも、念じて、なのめに思ひなりて」訳つらいことがあっても、がまんして、(自然とそれは)ありふれていることだと思うようになって。

❸(「なのめに」の形で)**並ひととおりでなく。格別に。**▼鎌倉時代以降、「なのめならず」と同じ意味に用いる。烏帽子折 室町-能楽 謡曲「帝なのめにおぼしめし」訳帝は格別に(功績があると)お思いになり。

な-のり【名告り・名乗り】名詞 ❶自分の名を言うこと。また、その名。❷平安時代、宮中での「宿直」の際や合戦の場などで、自分の名や地位・身分などを特定の形式で声高く申し述べること。❸公家や武家の男子が、元服に際して幼名に替えて付ける実名。❹売り物の名を呼びながら歩くこと。また、その声。

なのりそ 名詞 海藻のほんだわらの古名。正月の飾りや、食用・肥料とする。万葉集 奈良-歌集 三六二「美沙居る磯廻に生ふるなのりその(＝以上序詞)名は告らしてよ」訳みさごが住む磯辺に生えるなのりそではないが、(名のってはいけない)名をおっしゃいなさいよ。◆和歌では「な告りそ(＝告げるな)」の意をかけて用い、また、「名」を導く序詞の一部を構成する。

な-の・る【名告る・名乗る】自動詞ラ四 {ら/り/る/る/れ/れ} ❶**自分の名を告げる。**平家物語 鎌倉-物語 七・忠度都落「『忠度』となのり給へば」訳「忠度(です)」と名をお告げになると。❷戦場で、家柄・姓名を大声で申し述べる。**名告りをあげる。**保元 鎌倉-物語 上「『大和の国の住人、宇野の七郎親浩と申す者なり』と、高らかにこそなのりけれ」訳「大和の国の住人、宇野の七郎親浩と申す者である」と、高らかに名告りをあげた。❸**名前として付ける。**平家物語 鎌倉-物語 六・祇園女御「子息一人養子にして、清国となのらせ」訳子供一人を養子にして、清国と名前を付けて。❹**虫や鳥などが鳴く。**枕草子 平安-随筆 にくきもの「蚊の細声にわびしげになのりて、顔のほどに飛びありく」訳蚊がかぼそい声で心細い感じに鳴いて、顔のあたりを飛び回る(のはにくらしい)。

な-ば 連語

なりたち 完了の助動詞「ぬ」の未然形＋接続助詞「ば」

…**てしまったならば。…たならば。**更級 平安-日記 大納言殿の姫君「ただ今ゆくへなく飛び失せなば、いかが思ふべき」訳たった今(私が)どこへ行くとも知れず飛び去っていなくなってしまったならば、(あなたは)どのように思うでしょうか。

なは-て【縄手】名詞 ❶**あぜ道。**❷**長く続くまっすぐな道。**徒然 鎌倉-随筆 一九五「久我(＝地名)なはてを通りけるに」訳(ある人が)久我の長いまっすぐな道を通ったところ。

なびか・す【靡かす】他動詞サ四 {さ/し/す/す/せ/せ} ❶**なびかせる。**万葉集 奈良-歌集 三七〇五「玉藻なびかし漕ぎ出でなむ君が御船を」訳玉藻をなびかせて漕ぎ出していらっしゃるあなたの御船を。❷**従わせる。服従させる。**源氏物語 平安-物語 賢木「時の有職と、天の下をなびかし給へるさま」訳(源氏は)当代の識者として、世の中を従わせなさっているようす。

なびか・ふ【靡かふ】自動詞ハ四 {は/ひ/ふ/ふ/へ/へ}

なりたち 動詞「なびく」の未然形に、反復継続の助動詞「ふ」の付いたかたちが一語化したもの。

なびき合っている。万葉集 奈良-歌集 一九六「臥やせば川藻のごとくなびかひし宜しき君が朝宮を」訳お臥しになれば川藻のようにたがいになびき合っていたりっぱなあなたの朝宮を。◆奈良時代以前の語。

なびき【靡き】名詞 なびくこと。

なびき-やす・なり【靡き易なり】形容動詞ナリ {なら/なり・に/なり/なる/なれ/なれ} **気持ちが傾きやすい。言いなりになりやすい。**源氏物語 平安-物語 朝顔「さぶらふ人々の、さしもあらぬ際のことをだに、なびきやすなるなどは」訳お仕えする女房たちで、それほどでもない身分の男とのことでさえ、気持ちが傾きやすいものなどは。

なび・く【靡く】

一 自動詞カ四 {か/き/く/く/け/け} ❶(風・波などの力で)雲・煙・海藻・草木などが揺れ動く。**なびく。**枕草子 平安-随筆

な

草の花は「昔思ひ出顔に、風になびきてかひろぎ立てる」訳(晩秋のすすきが)昔(の美しさ)を思い出しているように、風になびいてゆらゆら揺れ動き立っているのは。❷心から従う。同意する。万葉集 奈良―歌集 二〇七「沖つ藻のなびきし妹は」訳⇩あまとぶや…。

二 他動詞 カ下二{け/け/く/くる/くれ/けよ} ❶なびかせる。万葉集 奈良―歌集 二五三二「ぬばたまの(=枕詞)わが黒髪をなびけて居らむ」訳私のこの黒髪をなびかせておりましょう。❷服従させる。同意させる。太平記 室町―物語 六「七百余騎にて和泉・河内の両国をなびけて」訳七百余騎(という軍勢)で、和泉・河内の両国を服従させて。

なびなび-と 副詞 **流麗に。ゆったりと。** 花鏡 室町―論 幽玄之入堺事「節かかり美しく下りて、なびなびと聞こえたらんは」訳旋律の風情が美しく流れて、流麗に聞こえたならば。

な・ふ[1]【萎ふ】ウナ―ウノ 自動詞 ハ下二{へ/へ/ふ/ふる/ふれ/へよ}「なゆ」に同じ。

なふ[2] ウナ―ウノ 助動詞 特殊型《接続》動詞の未然形に付く。{なは/なへ(のへ)/○/なふ/なへ/○}〔打消〕…ない。…ぬ。万葉集 奈良―歌集 三四二六「会津嶺の国をさ遠み逢はなはば」訳会津の山のある国が遠いので会わないならば。◆奈良時代以前の東国方言。

-な・ふ[3] ウナ―ウノ 接尾語 ハ四・ハ下二名詞、副詞、形容詞の語幹などに付いて、その動作・行為を行う意の動詞をつくる。「商なふ」「占なふ」「いざなふ」「諾なふ」「甘なふ」

参考 多く四段に活用し、まれに下二段にも活用する。

な・ぶ[1]【並ぶ】他動詞 バ下二{べ/べ/ぶ/ぶる/ぶれ/べよ} **並べる。** 古事記 奈良―史書 景行「日々なべて夜には九夜日には十日を」訳日数を並べて、夜で九夜、昼で十日になりますなあ。

な・ぶ[2]【靡ぶ】他動詞 バ下二{べ/べ/ぶ/ぶる/ぶれ/べよ} **なびかせる。** 万葉集 奈良―歌集 四〇一六「婦負の野のすすき押しなべ降る雪に宿借る今日し悲しく思ほゆ」訳婦負の野のすすきを押しなびかせて降る雪の中で、宿を借りる今日は悲しく思われる。

なふ-え【衲衣・納衣】エノウ 名詞 仏教語。**僧の着る衣。**◆ぼろ布をつづり合わせて作った粗末な衣の意。

なへ[1] 接続助詞

> **語義の扉**
> 奈良時代以前の語。活用語の連体形に接続して、ひとつのことがらの発生につれて、同時に他の動作、状態が並行して行われることを表す。
> **…と同時に。…につれて。…と共に。…の時に、ちょうど。…の折しも…。**

…と同時に。…につれて。…と共に。…の時にちょうど。…の折しも…。 万葉集 奈良―歌集 一五四〇「今朝の朝明雁が音寒く聞きしなへ野辺の浅茅そ色づきにける」訳今日の明けがた、鳴きわたる雁の声を寒々と聞いたとき、ふと見ると、ちょうど野辺の浅茅もすっかり色づいていたことだ。

関連語 「なへ」に格助詞「に」の付いた「なへに」も同様の意味用法で用いられたが、「なへ」が上代のみの使用に限られるのに対して、「なへに」は平安時代にも用いられた。参照▶なへに。

なへ[2] エナ 打消の助動詞「なふ」の連体形・已然形。

なへ・ぐ【蹇ぐ】グナエ 自動詞 ガ四{が/ぎ/ぐ/ぐ/げ/げ} **足が不自由で、よろよろと歩く。** 蜻蛉 平安―日記 中「なへぐなへぐと見えたりしは、なにごとにかありけむ」訳足が不自由で、よろよろと歩くのが見えたのは、どういうことであったのだろうか。

なべ-て【並べて】副詞

> **語義の扉**
> 動詞「な(並)ぶ」の連用形に接続助詞「て」の付いた形が一語の副詞に転じた語で、一面に(一帯に)広く行きわたるようすを表す。
> ❶全般に。総じて。すべて。
> ❷(あたり)一面に。
> ❸ひととおり。あたりまえ。普通。

❶**全般に。総じて。すべて。一般に。** 徒然 鎌倉―随筆 一四一「なべて心柔らかに、情けあるゆゑに」訳(都の人は)一般に心が穏やかで、思いやりがあるために。

❷(あたり)**一面に。** 古今 平安―歌集 冬「梅の花それとも見えずひさかたの天霧る雪のなべて降れれば」訳どれが梅の花だかわからない。空を霧のようにかき曇らせる雪が一面に降っているので。

❸〔多く「なべての」の形で〕**ひととおり(の)。あたりまえ(の)。普通(の)。** 源氏物語 平安―物語 花宴「いと若うをかしげなる声の、なべての人とは聞こえぬ」訳たいそう若々しく趣のある声で、普通の女房とは思われない(声が)。

なべて-なら-ず[*]【並べてならず】連語

なりたち 副詞「なべて」＋断定の助動詞「なり」の未然形＋打消の助動詞「ず」

ありふれていない。並ひととおりではない。格別だ。 源氏物語 平安―物語 桐壺「やむごとなき御思ひなべてならず」訳(帝の)ありがたいご寵愛が並ひととおりではない。

なへ-に 接続助詞

接続助詞「なへ」に格助詞「に」が接続して一語化した助詞で、活用語の連体形について「なへ」と同様の意味を表す。**…と同時に。…につれて。…の時に、ちょうど。…のとたんに。**

万葉集 奈良―歌集 一〇八八「あしひきの山川の瀬の鳴るなへに弓月が岳に雲立ちわたる」訳この山の中の川の瀬音が激しく高まってくるにつれて、弓月が岳にはもくもくと雲が湧き上ってくることだ。古今 平安―歌集 秋上「ひぐらしの鳴きつるなへに日は暮れぬと思ふは山の陰にぞありける」訳ひぐらし鳴いたとたんにちょうど日が暮れたと思ったのは、実は、私が山の陰に入ったからだったことだ。参照▶なへ。

なほ[1]【直】オナ 名詞 まっすぐであること。偽りのないこと。

なほ[2]【直】オナ 副詞 ❶**そのまま。何もしないで。** 土佐日記 平安―日記 一・四「かうやうに物持て来る人に、なほしもえあらで」訳このように贈り物を持って来る人に、（お返しもしないで）そのままにしてはおけないので。❷何ということもなく。平凡に。伊勢物語 平安－物語 三九「天の下の色好みの歌にてはなほぞありける」訳天下（に評判）の色事好きの人の歌としては平凡であったよ。

なほ[3]【猶・尚】ナオ 副詞

語義の扉
変化もなく、状態が時間的に持続していくようす。時間の持続・延長ということから、加えて、その上、の意味が生じた。
❶依然として。相変わらず。やはり。
❷何といっても（やはり）。それでもやはり。
❸さらにいっそう。ますます。
❹ふたたび。やはりまた。

❶**依然として。相変わらず。やはり。**土佐日記 平安－日記 二・四「なほ、同じ所に日を経ることを嘆きて」訳依然として、同じ所に（とどまって）日を送ることを嘆いて。

❷**何といっても（やはり）。それでもやはり。**枕草子 平安－随筆 草の花は「されど、なほ夕顔といふ名ばかりはをかし」訳しかし、何といってもやはり夕顔という名前だけは興味深い。

❸**さらにいっそう。ますます。**土佐日記 平安－日記 一・一六「かかるうちに、なほ悲しきにたへずして」訳こうした（騒ぎの）中で、さらにいっそう悲しさにこらえきれないで。

❹**ふたたび。やはりまた。**方丈記 鎌倉－随筆「同じき年の冬、なほこの京に帰り給ひにき」訳（天皇は）同年の冬にふたたび平安京にお帰りになった。

なほ-あら-・じ【猶有らじ】ナオアラジ 連語
なりたち 副詞「なほ」＋ラ変動詞「あり」の未然形＋打消推量の助動詞「じ」
このままにはしまい。何もしないではすまされない。源氏物語 平安－物語 花宴「うち嘆きて、なほあらじに弘徽殿の細殿に立ち寄り給へれば」訳ため息をついて、何もしないではすまされなくて弘徽殿の細殿にお立ち寄りになったところ。

なほ-さら・に-い・ふ-べう-も-あ・ら-ず[†]【なほさらに言ふべうもあらず】枕草子 平安－随筆 木の花は「ほととぎすのよすがとさへおもへばにや、なほさらにいふべうもあらず」訳（橘は）ほととぎすが身を寄せる木とまで思うからであろうか、なおいっそう言いようもなく（趣深い）。
品詞分解 なほ＝副詞　さらに＝形容動詞「さらなり」用　いふ＝動詞「いふ」終　べう＝当然の助動詞「べし」用（ウ音便）　も＝係助詞　あら＝補助動詞「あり」未　ず＝打消の助動詞「ず」終

なほざり-ごと【一】【等閑言】ナオザリゴト 名詞 実のない、いいかげんな言葉。【二】【等閑事】いいかげんなこと。その場限りのこと。

なほざり・なり【等閑なり】ナオザリナリ 形容動詞 ナリ｛なら／なり・に／なり／なる／なれ／なれ｝

語義の扉
❶本気でない。いいかげんだ。
❷あっさりしている。ほどほどだ。

❶**本気でない。いいかげんだ。注意を払わない。おろそかだ。**後撰 平安－歌集 秋下「なほざりに秋の山辺を越え来れば織らぬ錦を着ぬ人ぞなき」訳（降りかかる落葉に）注意を払うこともなく秋の山辺を越えて来たので、織らない錦（＝紅葉の錦）を着ていない人とてないことよ。

❷**あっさりしている。ほどほどだ。**徒然 鎌倉－随筆 一三七「よき人は、ひとへに好けるさまにも見えず、興ずるさまもなほざりなり」訳教養のある人は、いちずに情趣を好むようにも見えないし、おもしろがるさまもあっさりしている。

なほし[1]【直衣】ナオシ｜ノウシ 名詞 男性貴族の平服。「袍」に形の似た、それよりやや短く狭い上着。位による色の規定がないため、好みの色を用いる。直衣を着用するときは、烏帽子または冠をつけ、指貫の袴をはく。勅許があれば宮中でも着用でき、名誉なこととされた。◆正服・礼服でない直の服の意。参照▼口絵

頸上
入れ紐
鰭袖
襴
〈背面〉
（直衣）

なほ・し[2]【直し】ナオシ 形容詞 ク｛（く）・から／く・かり／し／き・かる／けれ／かれ｝
❶**まっすぐである。**❷**公明正大である。正しい。**❸**整っていて平らである。**枕草子 平安－随筆 正月十よ日のほど「えせ者の家の荒畠といふものの、土うるはしうもなほからぬ」訳身分の低い者の家の荒れた畠といったところで、土がきちんと平らでない（所に）。❹**普通である。**源氏物語 平安－物語 総角「目も鼻もなほしと覚ゆるは」訳目鼻立ちも普通であると思われるのは。

なほ-し[3]【猶し】ナオシ 連語
なりたち 副詞「なほ」＋強意の副助詞「し」
❶**それでもやはり。**万葉集 奈良－歌集 四四七〇「水泡なす仮れる身そとは知れれどもなほし願ひつ千歳の命を」訳水の泡のような、はかない仮りの身であるとは知っているが、それでもやはり願ってしまうよ、千年の寿命を。❷**ますます。いっそう。いよいよ。**今昔物語 平安－説話 一〇・三四「鳥の飛ぶよりも、なほし疾く飛び行くに」訳鳥が飛ぶよりも、いっそう速く飛んで行くと。

なほし-た・つ【直し立つ】ナオシタツ 他動詞 タ下二｛て／て／つ／つる／つれ／てよ｝**もとの場所になおす。もとに戻す。**源氏物語 平安－物語 澪標「なほしたてたまひて、御心地涼しくなむ思しける」訳（朱雀帝は源氏を）もとの地位に戻しなさって、お気持ちがさわやかにお思いになったのだった。

なほし-どころ【直し所】ナオシドコロ 名詞 ❶**直すべきところ。欠点。**❷**直しがい。**

なほ-しも【猶しも】 連語 なりたち 副詞「なほ」＋強意の副助詞「しも」
❶**ますます。いっそう。** 新勅撰 鎌倉―歌集 雑一「吉野山なほしも奥に花咲かばまたあくがるる身とやなりなむ」訳吉野山のますます奥に花が咲くとしたら、また心が落ち着かなくなる身となってしまうのだろうか。❷**変わりばえがなく。ふつうに。** 蜻蛉 平安―日記 中「それになほしもあらぬやうにあれば、いたくけしきばみ立てり」訳その人に対してふつうでないよう（＝恋心を抱いているよう）なので、たいそう気取って立っている。

***なほ・す**【直す】 他動詞サ四{さ/し/す/す/せ/せ} ❶**正しくする。もとどおりにする。修繕する。** 徒然 鎌倉―随筆 五一「とかくなほしけれども、終ひに回らで」訳（水車を）あれこれと修繕したけれども、とうとう回転しないで。❷**改める。** 源氏物語 平安―物語 夕霧「人の御名をよさまに言ひなほす人は難きものなり」訳人の評判をよいように言い改める人はめったにいないものである。❸**とりなす。とりつくろう。**

なほ-なほ【猶猶・尚尚】 一 副詞 ❶**それでもやはり。** 落窪物語 平安―物語 二「なほなほな憎ませ給ひそ」訳それでもやはりお憎みなさるな。❷**いよいよ。ますます。** 狭衣 平安―物語 二「なほなほいかなりし事ぞとおぼつかなくゆかしきに」訳いよいよどういうことかと気がかりで知りたいので。
二 感動詞 **ぜひぜひ。さあさあ。**▼相手を促すときに発する語。源氏物語 平安―物語 夕霧「山の方を眺めて、『なほなほ』とせちにのたまへば」訳山の方を眺めて、「ぜひどうぞ」と熱心におっしゃるので。

なほなほ-・し【直直し】 形容詞シク{(しく)・しから/しく・しかり/し/しき・しかる/しけれ/しかれ} 副詞「なほ（直）」❷を重ねて形容詞化した語。**普通である。平凡である。つまらない。** 蜻蛉 平安―日記 下「返りごとなほなほし」訳返事は平凡でつまらない。源氏物語 平安―物語 末摘花「なごりなくくづほれて、なほなほしき方に定まりなどするもあれば」訳意地も誇りもなく気持ちがすっかり崩れてしまって、つまらない男の妻に落ち着きなどするのもあるので。

なほなほ-に【直直に】 副詞 **まっすぐに。素直に。** 万葉集 奈良―歌集 八〇一「ひさかたの（＝枕詞）天路は遠しなほなほに家に帰りて業をしまさに」訳天上への道は遠い。まっすぐに（自分の）家に帰って家業をなさってほしい。

なほ・なり【直なり】 形容動詞ナリ{なら/なり・に/なり/なる/なれ/なれ} **まっすぐだ。いつわりがない。** 万葉集 奈良―歌集 一三九三「まなほにしあらば何か嘆かむ」訳まっすぐであれば、どうして嘆くことがあろうか。

なほ-びと【直人】 名詞 **普通の身分・家柄の人。名門でない人。** 伊勢物語 平安―物語 一〇「父はなほびとにて、母なむ藤原なりける」訳父は普通の身分の人で、母は藤原氏であった。

なほらひ【直会】 名詞 神事の後、神前の供物を下げて飲食すること。また、その下がり物。◆斎から平常に直る意。

***なほ・る**【直る】 自動詞ラ四{ら/り/る/る/れ/れ} ❶**もとどおりになる。回復する。** 源氏物語 平安―物語 明石「やうやう風なほり」訳だんだん（暴）風も静まり。❷**きちんと座る。正座する。** 平家物語 鎌倉―物語 二・大納言死去「聞きもあへず起きなほり」訳聞くか聞かないうちに起きて正座し。

***なま-**【生】 接頭語 ❶（動詞・形容詞・形容動詞に付いて）**なんとなく。いくらか。なまじ。**「なま憧る」「なまむつかし」「なま片ほなり」。❷（体言に付いて）**未熟な。世なれない。中途半端な。**「なま学生」「なま女房」「なま心」

なま-あらあら・し【生荒荒し】 形容詞シク{(しく)・しから/しく・しかり/し/しき・しかる/しけれ/しかれ} **どことなく荒っぽい。** 源氏物語 平安―物語 東屋「『前には呼び出でぬ人の、何ごと言ひにかあらむ』と、なまあらあらしき気色なれど」訳「前には呼び出さない人が、どんなことを言いにきたのだろうか」と、どことなく荒っぽいようすではあるが。◆「なま」は接頭語。

なま-うかび【生浮かび】 名詞 中途半端な仏道の悟り。◆「なま」は接頭語。

なま-おぼえ【生覚え】 名詞 ❶記憶が中途半端なこと。うろ覚え。❷（上位者や他の人に）あまり気に入られていないこと。寵愛が深くないこと。◆「なま」は接頭語。

なま-がくしやう【生学生】 名詞 未熟な「学生」。◆「なま」は接頭語。

なま-かたくな・し【生頑なし】 形容詞シク{(しく)・しから/しく・しかり/し/しき・しかる/しけれ/しかれ} **どことなく無骨だ。** 源氏物語 平安―物語 橋姫「宿直人めく男、なまかたくなしき出で来たり」訳留守番らしき男で、どことなく無骨なのが出て来た。◆「なま」は接頭語。

なま-かたは・なり【生片端なり】 形容動詞ナリ{なら/なり・に/なり/なる/なれ/なれ} **どことなく不十分だ。**「なまかたほなり」とも。源氏物語 平安―物語 手習「なまかたはなることを、『かくなむ聞こえたまふ』と言ふに」訳どことなく不十分なこと（＝歌）を「このように申し上げなさる」と言うので。◆「なま」は接頭語。

なま-かたほ・なり【生片ほなり】 形容動詞ナリ{なら/なり・に/なり/なる/なれ/なれ} 「なまかたはなり」に同じ。源氏物語 平安―物語 行幸「なまかたほなることを見えたまはば、かうまでことごとしうもてなし思さじ」訳どことなく不十分なところがお見えになるならば、（源氏は）こうまで大げさにとりなししようとお思いになるまい。◆「なま」は接頭語。

なま-きんだち【生公達・生君達】 名詞 それほど身分の高くない、貴族の子弟。◆「なま」は接頭語。

なまきんだち-め・く【生公達めく・生君達めく】 自動詞カ四{か/き/く/く/け/け} それほど身分の高くない貴族の子弟らしく見える。源氏物語 平安―物語 東屋「なまきんだちめく人々もおとなひ言ふ、あまたありけり」訳それほど身分の高くない貴族の子弟らしく見える人々も手紙を送り言い寄るのが、たいそうたくさんいるのであった。◆「なま」は接頭語、「めく」は接尾語。

なま-くら・し【生暗し】 形容詞ク{(く)・から/く・かり/し/き・かる/けれ/かれ} **何となく暗い。薄暗い。**「なまぐらし」とも。枕草子 平安―随筆 心もとなきもの「とみのもの縫ふに、なまくらうて針に糸すぐる」訳急ぎのものを縫うのに、薄暗い中で針の穴に糸を通すの（はもどかしい）。◇「なまくらう」はウ音便。◆「なま」は接頭語。

なま-ごころ【生心】 名詞 中途半端な分別心や風流心。伊勢物語 平安―物語 一八「昔、なまごころある女ありけり」訳昔、中途半端な風流心のある女がいた。◆「なま」は接頭語。

なま-さか・し【生賢し】 形容詞シク {(しく)・しから/しく・しかり/し/しき・しかる/しけれ/しかれ} **中途半端に賢い。こざかしい。** 玉勝間 江戸―論 七「なまさかしき今やうにうつりやすくて」訳こざかしい当世風(の言葉遣い)に変わりやすくて。◆「なま」は接頭語。

なま-さぶらひ【生侍】 ナマサブライ 名詞 (貴族に仕える)**若くて未熟な侍。まだ身分の低い侍。**◆「なま」は接頭語。

なま・し[1] **【生し】** 形容詞シク {(しく)・しから/しく・しかり/し/しき・しかる/しけれ/しかれ} ❶**生である。生々しい。** 今昔物語 平安―説話 二八・三五「なましき鯛(ひた)」訳生の鯛。❷**未熟である。** 沙石 鎌倉―説話 二「衆生(しゅじょう)の機なましき時は、感応なし」訳衆生の持っている仏性が未熟であるときは、神仏の加護はない。

な・まし[2] 連語
なりたち 完了(確述)の助動詞「ぬ」の未然形＋反実仮想の助動詞「まし」
❶〔上に仮定条件を伴って〕**…てしまっただろう(に)。きっと…てしまうだろう(に)。**▼事実と反する事を仮想する。竹取物語 平安―物語 竜の頸の玉「まして竜(たつ)を捕らへたらましかば、また事もなく我は害せられなまし」訳ましてもし竜を捕らえていたなら、また、たやすく私はきっと殺されてしまっただろう。❷〔上に疑問語を伴って〕(いっそのこと)**…たものだろうか。…してしまおうか。**▼ためらいの気持ちを表す。源氏物語 平安―物語 明石「これより深き山を求めてや、跡絶えなまし」訳ここよりも深い山を探し求めて、(いっそのこと)行方をくらましてしまおうか。❸〔終助詞「ものを」を伴って〕…**してしまえばよかった(のに)。**▼実現が不可能なことを希望する意を表す。新古今 鎌倉―歌集 哀傷・伊勢物語 平安―物語 六「白玉か何ぞと人の問ひしとき露と答へてけなましものを」訳⇨しらたまか…。

*__なま-じひ・なり【生強ひなり・慭なり】__ ナマジイナリ 形容動詞ナリ {なら/なり・に/なり/なる/なれ/なれ} ❶**できないことを無理にする。無理やりだ。** 万葉集 奈良―歌集 六一三「物思(も)ふと人に見えじとなまじひに常の面(おも)へりありぞかねつる」訳物思いをしていると他人に見られまいと、無理やり普通の顔をしようとしてもとてもできなかった。❷**しなくてもよいのにしてしまう。なまじ。なまじっか。** 徒然 鎌倉―随筆 一五〇「よくせざらん程は、なまじひに人に知られじ」訳(芸を)上手にやれないうちは、なまじっか人には知られまい。❸**中途半端だ。いいかげんだ。** 平家物語 鎌倉―物語 一・祇王「今生(こんじやう)も後生(ごしやう)もなまじひにし損じたる心地にてありつるに」訳現世も来世も中途半端にやりそこなった気持ちがするので。◆「なましひなり」とも。

な・まし-ものを 連語 ⇨なまし(連語)❸ 後拾遺 平安―歌集 恋二「やすらはで寝なましものを小夜(さよ)更(ふ)けて傾(かたぶ)くまでの月を見しかな」訳⇨やすらはで…。

なます【膾・鱠】 名詞 魚介・鳥獣の生肉を細かく刻んだもの。後世では、それを酢などであえた料理。さらに後には、大根・人参などを混ぜたり、野菜のみのものにもいう。

なま-ずりやう【生受領】 ナマズリョウ 名詞 たいした権勢や実力もない受領。◆「なま」は接頭語。

なま-そんわう【生孫王】 ナマソンノウ 名詞 **名ばかりの皇族。皇族の末流。**◆「なま」は接頭語。

なま-なま・なり【生生なり】 形容動詞ナリ {なら/なり・に/なり/なる/なれ/なれ} ❶**不本意だ。不承不承だ。** 古事記 奈良―史書 仲哀「その御琴を取り寄せて、なまなまに弾きまし」訳その御琴を取り寄せて、不承不承お弾きになった。❷**中途半端だ。未熟だ。**

なま-にく・し【生憎し】 形容詞ク {(く)・から/く・かり/し/き・かる/けれ/かれ} **どことなく憎らしい。小憎らしい。** 源氏物語 平安―物語 橋姫「いとつつみなくもの馴(な)れたるも、なまにくきものから」訳たいした遠慮もせず、なれなれしくしているのも、小憎らしいけれども。◆「なま」は接頭語。

なま-にようばう【生女房】 ナマニョウボウ 名詞 まだ宮仕えに慣れていない、年若の女房。**新参の女房。**◆「なま」は接頭語。

なま-はしたな・し【生はしたなし】 形容詞ク {(く)・から/く・かり/し/き・かる/けれ/かれ} **なんとなくきまりが悪い。** 源氏物語 平安―物語 夕顔「答(いら)へたまはでほど経(へ)ければ、なまはしたなきに」訳(源氏が)返事をなさらないで時間がたったので、なんとなくきまりが悪いところに。◆「なま」は接頭語。

なま-ふがふ・なり【生不合なり】 ナマフゴウナリ 形容動詞ナリ {なら/なり・に/なり/なる/なれ/なれ} **なんとなく金銭に困っている。あまり暮らしが豊かでない。** 大鏡 平安―物語 時平「大学の衆どものなまふがふにいましかりしを」訳大学の学生たちが、あまり暮らしが豊かでなくいらっしゃったのを。◆「なま」は接頭語。

なまふせがし-げ・なり【生防がしげなり】 形容動詞ナリ {なら/なり・に/なり/なる/なれ/なれ} **なんとなく邪魔そうだ。少し迷惑そうだ。** 枕草子 平安―随筆 宮仕へ人の里なども「なまふせがしげに思ひて答(いら)ふるにも」訳なんとなく邪魔そうに思って返事するのにも。◆「なま」は接頭語、「げ」は接尾語。

な・まほし 連語
なりたち 完了の助動詞「ぬ」の未然形＋希望の助動詞「まほし」
…**てしまいたい。**▼強い希望を表す。源氏物語 平安―物語 野分「かう心憂ければこそ、今宵(こよひ)の風にもあくがれなまほしくはべりつれ」訳こう情けないからこそ、昨晩の風にでも(連れられて)どこともなく出歩いてしまいとうございましたよ。

なま-みやづかへ【生宮仕へ】 ナマミヤヅカエ 名詞 形だけで、実務はあまりない宮仕え。◆「なま」は接頭語。

なま-むつか・し【生難し】 形容詞シク {(しく)・しから/しく・しかり/し/しき・しかる/しけれ/しかれ} **なんとなく面倒だ。なんとなくいやな感じだ。** 源氏物語 平安―物語 少女「若うをかしき声なれど、誰(たれ)ともえ思ひたどられず、なまむつかしきに」訳若く趣のある声であるが、(その声の主を)だれとも思い及ぶことができず、なんとなくいやな感じのところに。◆「なま」は接頭語。

なま-めか・し 形容詞シク {(しく)・しから/しく・しかり/し/しき・しかる/しけれ/しかれ}

語義の扉
動詞「なまめく」の形容詞化した語。さりげなく、未

な

熟なように初々しく見えながら、じつは見えないところでゆきとどいた心遣いがされている美しさ、奥ゆかしさを表す。
❶若々しい。みずみずしい。清新だ。
❷優美だ。優雅だ。上品だ。
❸色っぽい。つやっぽい。

❶若々しい。みずみずしい。清新だ。[源氏物語 平安―物語] 若菜上「なまめかしく、人の親げなくおはしますを」訳(源氏は)若々しく、人の親というようすではなくていらっしゃるのを。❷優美だ。優雅だ。上品だ。[枕草子 平安―随筆] なまめかしきもの「なまめかしきもの。ほそやかに清げなる君達の直衣姿」訳優美なもの。ほっそりしていてすっきりと美しい貴公子たちの直衣(=平服)姿。❸色っぽい。つやっぽい。[反魂香 江戸―浄瑠] 浄瑠・近松「三味線にひきかはりたる三筋町、恋の市場となまめかし」訳三味線を弾く音に変わった三筋町は、恋の売り買いの場所と色っぽい(ところだ)。◇広く用いられるようになったのは江戸時代以降。

なま-め・く [自動詞] カ四 {か/き/く/く/け/け}

語義の扉
「生のようにする」「不十分、未熟に見せる」を原義とし、未完成の初々しさでふるまい、それがかえってそのままの美しさ・奥ゆかしさ呈をする意を表す。そこから派生して、色っぽくする、異性の気を引くという意味にまで発展する。
❶初々しく、美しい。清らかだ。
❷上品だ。優雅だ。情緒がある。
❸色っぽいようすをする。

❶初々しく、美しい。清らかだ。[伊勢物語 平安―物語] 一「その里にいとなまめいたる女はらから住みけり」訳その里にとてもみずみずしくて美しい姉妹が住んでいた。◇「なまめい」はイ音便。❷上品だ。優雅だ。情緒がある。[源氏物語 平安―物語] 鈴虫「閼伽の棚などして、その方にしなさせ給へる御しつらひなど、いとなまめきたり」訳閼伽棚など作って、仏道修行にふさわしく準備をおさせになったご設備などは、たいそう情緒があった。❸色っぽいようすをする。好色そうな態度をとる。[伊勢物語 平安―物語] 三九「この車を女車と見て、寄り来て、とかくなまめく間に」訳この車を女車と見て、近寄って、あれこれと(女の気を引くような)色っぽいようすをする間に。

なま-もの【生者】 [名詞] ❶まだ一人前でない者。未熟な者。❷身分の低い者。◆「なま」は接頭語。

なまよみ-の [枕詞] 地名「甲斐」にかかる。語義・かかる理由未詳。「なまよみの甲斐の国」

なま-わづらは・し【生煩はし】 [形容詞] シク {(しく)・しから/しく・しかり/し/しき・しかる/しけれ/しかれ} なんとなく煩わしい。[源氏物語 平安―物語] 末摘花「かく、わざとがましうのたまひわたれば、なまわづらはしく」訳(源氏が)このように、わざとがましうのたまひわたれば、(命婦は)なんとなく煩わしく。◆「なま」は接頭語。

なま-わろ・なり【生悪なり】 [形容動詞] ナリ {なら/なり・に/なり/なる/なれ/なれ} なんとなくよくない。みっともない。[源氏物語 平安―物語] 帚木「なまわろならむふるまひなど見えむに、恥づかしくなん見えはべりし」訳みっともないような振る舞いなどを見られると、気恥ずかしく思われました。◆「なま」は接頭語。

なみ[1]【並み】 [名詞] ❶同じ程度であること。同等。同類。同列。[源氏物語 平安―物語] 帚木「かの中の品に取り出でて言ひし、このなみならむかし」訳あの中流の例としてとりたてて言ったのは、これと同等であるようだ。❷共通する一般的な性質。通性。[大鏡 平安―物語] 道隆「老いのなみに言ひ過ぐしもぞし侍る」訳老人の通性として言い過ごしもするのかもしれません。

なみ[2]【波・浪】 [名詞] ❶波。[笈日記 江戸―論] 俳諧「清滝や波に散り込む青松葉―芭蕉」訳清滝川の清冽な流れ。その波の中へ松の青葉がはらはらと散り込んでいる。❷波のように起伏が生じるものをたとえていう。[万葉集 奈良―歌集] 一〇六八「天の海に雲のなみ立ち」訳⇩あめのうみに…。❸年老いて皮膚にできたしわのたとえ。[古今 平安―歌集] 仮名序「或は年ごとに鏡のかげに見ゆる雪となみとを嘆き」訳ある者は年ごとに鏡に映る姿に見える雪のような髪と波のようなしわとを嘆き。

-なみ[3]【並み】 [接尾語] ❶同じものが並んでいること、また、重なっていることを表す。「歯なみ」「山なみ」。❷同じものが一定の単位で繰り返されることを表す。「月なみ」。❸同程度・同類の意を表す。「人なみ」

な-み[4]【無み】 [なりたち] 形容詞「なし」の語幹＋接尾語「み」 ないので。ないために。[万葉集 奈良―歌集] 九一九「若の浦に潮満ち来れば潟をなみ葦辺をさして鶴鳴き渡る」訳⇩わかのうらに…。

なみ-かぜ【波風】 [名詞] ❶波と風。また、風で波が立つこと、あるいはその波。❷騒動。もめごと。

並木正三 [人名] (一七三〇～一七七三) 江戸時代中期の歌舞伎脚本作者。大坂の人。並木宗輔に入門して浄瑠璃作者となったが、歌舞伎作者に転じた。舞台装置の考案にすぐれ、回り舞台やせりを発明した。代表作『三十石艠始』。

並木宗輔 [人名] (一六九五～一七五一) 江戸時代中期の浄瑠璃作者。大坂の人。時代物を得意とし、豊竹座で活躍。竹本座では、並木千柳の名で合作『義経千本桜』を書いて、浄瑠璃全盛時代を築いた。ほかに合作の『菅原伝授手習鑑』『仮名手本忠臣蔵』などがある。

なみこえぬ… [俳句] 「波こえぬ 契りありてや みさごの巣」[奥の細道 江戸―紀行] 象潟・曾良 訳仲むつまじい鳥とされる「みさご」が、波が岩を越えることはないという、夫婦の固い約束があるからだろうか、このような北海の荒波の中でも巣を営んでいる。

[鑑賞] この句は、「君をおきてあだし心をわがもたば末の松山波も越えなむ」〈⇩きみをおきて…〉(『古今和歌集』)と、「契りきなかたみに袖を絞りつつ末の松山波越さじとは」(『後拾遺和歌集』)〈⇩ちぎりきな…〉をふまえている。季語は「みさごの巣」で、季は夏。

なみじ〔波路〕⇩なみぢ

なみ-・す【無みす・蔑す】他動詞サ変｛せ／し／す／する／すれ／せよ｝かろんずる。あなどる。ないがしろにする。平家物語 鎌倉一物語 三・城南之離宮「安元・治承の今は、また君をなみし奉る」訳（清盛は）安元・治承の今は、また天皇をかろんじ申し上げる。

なみだ【涙】名詞 **涙。**◆古くは「なみた」とも。

なみだ-がは【涙川】名詞 涙の川。▼涙があふれ流れるようすを川にたとえた語。古今 平安一歌集 恋一「なみだがは何水上を尋ねけむ」訳涙の川の水源を、（私は）どうして尋ねたのであろうか。

なみだ-ぐむ【涙ぐむ】自動詞マ四｛ま／み／む／む／め／め｝**涙が出そうになる。涙を浮かべる。**徒然 鎌倉一随筆 二三六「あなめでたや。この獅子の立ちやう、いとめづらしく、古きゆゑあらんとなみだぐみて」訳ああすばらしい。この獅子の立つ姿はとても見慣れないもので、古いいわれがあるのだろうと涙を浮かべて。◆「ぐむ」は接尾語。

なみだ-に-くも・る【涙に曇る】連語 **涙で目がくもり見えなくなる。涙にくれる。**拾遺 平安一歌集 恋三「さやかにも見るべき月を我はただなみだにくもる折ぞ多かる」訳はっきりと見えるはずの月を、私はただもう（あなたを思って流す）涙で目がくもり見えなくなる折が多いことだ。

なみだ-に-く・る【涙に暗る】連語（目の前が）**涙で暗くなる。悲しみに沈んでどうしてよいかわからなくなる。**（目が）涙でくもる。源氏物語 平安一物語 桐壺「雲の上もなみだにくるる秋の月」訳⇩くものうへも…。

なみだ-に-しづ・む【涙に沈む】連語 **泣き沈む。**源氏物語 平安一物語 明石「面影そひて忘れがたきに、たけきこととはただなみだにしづめり」訳（源氏の）面影が目先にちらついて忘れられないので、（明石の上は）精いっぱいのできることとしてひたすら泣き沈んでいる。

なみだ-に-む・す【涙に咽す】連語 **涙のためにむせる。息がつまりそうになるくらい泣く。**栄花物語 平安一物語 玉の飾り「なみだにむせて仕うまつる」訳（宮仕えの人たちは）涙のためにむせてお仕え申し上げる。

なみだ-の-いろ【涙の色】連語 ❶（血のような）涙の色。紅色。▼悲嘆が窮まると血の涙を流すとされたことから。❷嘆き悲しむようす。雲雀山 室町一能楽 謡曲「先非を悔ゆる父が心、なみだのいろにも見ゆらんものを」訳過去の過ちを後悔する父の心は、嘆き悲しむようすにも見えるだろうに。

なみだ-もろ・なり【涙もろなり】形容動詞ナリ｛なら／なり・に／なり／なる／なれ／なれ｝**涙もろい。涙が出やすい。**源氏物語 平安一物語 野分「はかなきことにつけても、なみだもろにものしたまへば」訳ちょっとしたことにつけても、涙もろくていらっしゃるので。

なみ-ぢ*【波路】名詞（海上の）**船の通う道すじ。航路。**船路。潮路。

なみ-なみ【並み並み】名詞 同じ程度であること。**同等。同様。**万葉集 奈良一歌集 三七九八「否も諾も友のなみなみ我もよりなむ」訳いやも応もなく他の友と同様、私もなびき寄りましょう。◆「並み」を重ねて意味を強めた語。

なみ-なみ・なり【並み並みなり】形容動詞ナリ｛なら／なり・に／なり／なる／なれ／なれ｝**とおり一遍だ。普通だ。世間並みだ。**▼打消の語を伴って用いることも多い。源氏物語 平安一物語 空蟬「女もなみなみならず」訳女も普通でなく。

なみ・なり【並みなり】形容動詞ナリ｛なら／なり・に／なり／なる／なれ／なれ｝**並ひととおりだ。普通だ。**万葉集 奈良一歌集 八五八「なみにし思はば我恋ひめやも」訳並ひととおりに（あなたを）思うのなら私はこんなに恋しく思おうか。

なみ-の-はな【波の花】連語 **波のしぶき。波の泡。**▼波の白いしぶきや泡を花にたとえていう語。古今 平安一歌集 秋下「草も木も色かはれどもわたつうみのなみのはなにぞ秋なかりける」訳（秋が来て）草も木も色が変わるけれども、（いつも白い）海の波の泡には（色が変わる）秋は来なかったなあ。

なみ-ま【波間・浪間】名詞 ❶**波と波の間。**❷**波の絶え間。**

なみ-まくら【波枕】名詞 船の中で旅寝すること。また、枕もとに波の音を聞くこと。▼波を枕にする意から。

なみ-よ・る【並み寄る】自動詞ラ四｛ら／り／る／る／れ／れ｝**並んで一方による。一方によりあつまる。**源氏物語 平安一物語 野分「御髪のなみよりて、はらはらとこぼれかかりたるほど」訳御髪が一方によりあつまって、はらはらとこぼれかかったとき。

なみ-・ゐる【並み居る】自動詞ワ上一｛ゐ／ゐ／ゐる／ゐる／ゐれ／ゐよ｝**並んで座る。居並ぶ。**枕草子 平安一随筆 関白殿、二月二十一日に「御供にさぶらひてなみゐたり」訳お供にお仕えして、並んで座っている。

なむ[1]【南無】名詞 仏教語。信仰する仏・菩薩・教えなどの上に付けて、それらに心から帰依する気持ちを表す語。「なも」とも。

な・む[2]【並む】

一 自動詞マ四｛ま／み／む／む／め／め｝**並ぶ。連なる。**万葉集 奈良一歌集 四三七五「松の木のなみたる見れば」訳松の木が並んでいるのを見ると。

二 他動詞マ四｛ま／み／む／む／め／め｝**並べる。連ねる。**万葉集 奈良一歌集 四三一〇「石なみ置かば継ぎて見むかも」訳（天の川に）石を並べて置いたなら（牽牛と織女は）絶えず会うことができるだろうかなあ。

三 他動詞マ下二｛め／め／む／むる／むれ／めよ｝二に同じ。古今 平安一歌集 春上「駒なめていざ見に行かむ故里は雪とのみこそ花は散るらめ」訳馬を並べて、さあ見に行こう。あの懐かしい土地では、まるで雪のように桜が散っているだろう。

なむ[3] 係助詞 《接続》体言、活用語の連体形、副詞、助詞などに付く。連用修飾語に付くときは連用形に付く。

❶〔強意〕文中に用いられて、その付いた上の語句を強調する。文末の活用語は連体形で結ぶ。竹取物語 平安一物語 かぐや姫の生ひ立ち「その竹の中に、もと光る竹なむ一筋ありける」訳その竹の中で、なんと根もとが光る竹が一本あった。

❷〔余情〕「なむ」を受ける結びの「ある」「言ふ」「侍る」などを省略した形で余情を表す。源氏物語 平安一物語 桐壺「かかる仰せごとにつけても、かきくらす乱り心地になむ」訳このようなお言葉につけても、心が暗み取り乱した気持ちでございますよ。

語法 (1)係り結び （結びは連体形）

●もと光る竹なむ（強調）一筋ありける（連体形）。

(2)**結びの省略** 「なむ」を受けて結びとなるはずの語句が省略されて、「なむ」で言い切った形になることもある。たとえば❷の例では「なむ」の下に連体形「侍る」が省略されている。

(3)**結びの消滅** 「なむ」を受ける結びの部分に接続助詞が付いて下に続く場合、結びは消滅する。たとえば「年ごろよく比べつる人々なむ別れがたく思ひて」(『土佐日記』)〈この数年来親しく付き合ってきた人々は特別に別れがたく思って。〉では「なむ」を受けて連体形「思ふ」となるところだが、下に接続助詞「て」が付くため、連用形「思ひ」となって、結びが消滅する。

参考 奈良時代以前には「なも」という語もあったが、『万葉集』ではすでに「なむ」を多用。平安時代には、会話文・手紙文に多用され、平安時代の末期には衰退し始めた。「なん」とも表記される。

4**なむ** 終助詞《接続》活用語の未然形に付く。

〔他に対する願望〕…**てほしい。…てもらいたい。** 更級 平安―日記 梅の立枝「いつしか梅咲かなむ」訳早く梅が咲いてほしい。

参考 奈良時代以前には「なむ」と同じ意味で「なも」を用いた。「なん」とも表記される。⇩表組。

5**なむ** 助動詞 特殊型《接続》活用語の終止形に付く。〔○/○/なむ/なむ/なめ/○〕

〔現在推量〕…**ているだろう。** 万葉集 奈良―歌集 三三三六「鎌倉の美奈の瀬川に潮満つなむか」訳鎌倉の美奈の瀬川に潮は満ちているだろうか。◆奈良時代以前の東国方言。助動詞「らむ」に相当する。

6**な‐む** 連語

なりたち 完了(確述)の助動詞「ぬ」の未然形＋推量の助動詞「む」

いろいろな「願望」の終助詞

用法・意味			語	接続
自己の願望	自分の動作についての希望を表す	…したい	「ばや」「な」(上代)	動詞型活用語の未然形
他への願望	他に対してあつらえ望む意を表す	…してほしい	「なむ」「なも」(上代)「に」(上代)「ね」(上代)	動詞型活用語の未然形
		そうなってほしい	「こそ」(上代)	動詞型活用語の連用形
願望	自分の状態について願望を表す	…があったらなあ …であったらなあ …したい	「(も)がな」「もが(も)」	種々の語
			「てしが(な)」「にしが(な)」「てしか(な)」「にしか(な)」	動詞・助動詞の連用形(てには本来、完了の助動詞のつぬの連用形)

❶…**てしまおう。必ず…しよう。** ▼強い意志を表す。土佐日記 平安―日記 一二・二七「潮満ちぬ。風も吹きぬべし」と騒げば、船に乗りなむとす」訳「潮も満ちた。風もきっと吹くだろう」と騒ぐので、船に乗ってしまおうとする。

❷…**てしまうだろう。きっと…するだろう。確かに…だろう。** ▼強い推量を表す。更級 平安―日記 物語「盛りにならば、形も限りなくよく、髪もいみじく長くなりなむ」訳(私も)年ごろになったならば、顔かたちもこの上なく美しく、きっと髪もすばらしく長くなるだろう。

❸…**ことができるだろう。…できそうだ。** ▼実現の可能性を推量する。徒然 鎌倉―随筆 一〇九「かばかりになりては、飛び降るるとも降りなん」訳これくらい(の高さ)になったからには、飛び降りても降りることができるだろう。

❹…**するのがきっとよい。…ほうがよい。…すべきだ。** ▼適当・当然の意を強調する。徒然 鎌倉―随筆 六「子といふもの、なくてありなん」訳子供というものは、ないほうがよい。

❺〔係助詞「や」を伴って〕

㋐…**するつもりはないか。…てくれないか。** ▼相手の意向を問う。源氏物語 平安―物語 桐壺「忍びては参り給ひなむや」訳ひそかに参内しなさってくださいませんか。

㋑…**できるだろうか、いや…できないだろう。** ▼反語の意を表す。竹取物語 平安―物語 御門の求婚「国王の仰せ言を、…承り給はでありなむや」訳国王のご命令を、…お受け申し上げなさらないでいられましょうか、いや、いられないだろう。

参考 活用語の連用形に接続する連語。「なん」とも表記される。

なむ‐あみだぶつ【南無阿弥陀仏】連語 仏教語。阿弥陀仏を信仰し、ひたすらその力にすがること。浄土宗や浄土真宗ではこれを唱えて極楽往生を祈る。

なむ‐きみやう【南無帰命】連語 仏教語。仏に心から帰依礼拝すること。仏を拝むときに唱える言葉。

なむ‐きみやうちやうらい【南無帰命頂礼】連語 仏教語。仏の足に頭をつけ礼拝し、すべてをささげて帰依すること。仏を拝むときに唱える言葉。

なむ‐さんぼう【南無三宝】
一 ［名詞］仏教語。仏・法・僧の「三宝」に対する帰依の心を表す語。また、三宝に呼び掛けて、その救いを願い求める言葉。
二 ［感動詞］**しまった。たいへんだ。**▼驚いたり、失敗に気づいたりしたときに発する語。夜討曾我〈室町―能楽〉謡曲「どれどれ、なむさんぼう。したたかに斬られてあるは」［訳］どれどれ、しまった。ひどく斬られているぞ。◆略して「南無三」とも。

な‐・むず 連語
なりたち 完了（確述）の助動詞「ぬ」の未然形＋推量（意志）の助動詞「むず」
❶**…てしまうだろう。**平家物語〈鎌倉―物語〉一・鹿谷「天下の大事に及び候ひなんず」［訳］天下の重大な事件に及んでしまうだろう。❷**…てしまおう。**竹取物語〈平安―物語〉御門の求婚「強ひて仕うまつらせ給はば、消え失せなむず」［訳］無理に（帝に）お仕え申し上げさせなさるならば、（私は）消え失せてしまおう（と思います）。◆鎌倉時代以降は「なんず」とも表記される。

なむぢ【汝】 ［代名詞］**おまえ。そなた。**▼対称の人称代名詞。多く男性が同等または目下の者に対して用いる。竹取物語〈平安―物語〉御門の求婚「なむぢが持ちて侍るかぐや姫奉れ」［訳］おまえが持っておるかぐや姫を献上せよ。
参考 古くは「なむち」で、「な」は代名詞、「むち」は尊い者の意を表す語。「なんぢ」と表記されることが多い。本来は語の構成が示すように、尊敬の意を含む語。平安時代になると敬意を失って、同等または目下の者に対する代名詞となり、鎌倉時代以降はもっぱら目下の者に対する代名詞となった。

な‐む‐と‐・す 連語
なりたち 完了（確述）の助動詞「ぬ」の未然形＋推量の助動詞「む」＋格助詞「と」＋サ変動詞「す」
…てしまおうとする。…てしまいそうだ。伊勢物語〈平安―物語〉八二「十一日の月も隠れなむとすれば」［訳］十一日の月も（西の山に）隠れてしまおうとするので。

なむ‐めうほふれんげきやう【南無妙法蓮華経】 連語 仏教語。絶対の真理として妙法蓮華経（＝法華経）に帰依すること。日蓮宗で題目として唱える。

な‐む‐や 連語
なりたち 完了（確述）の助動詞「ぬ」の未然形＋推量の助動詞「む」の終止形＋係助詞「や」

語義の扉
「な」は完了の助動詞「ぬ」の未然形、「む」は推量の助動詞「む」の終止形、「や」は係助詞（文末用法）。活用語の連用形に接続して用いられ、「や」が疑問を表すか、反語を表すかによって、❶、❷の場合に分かれる。
❶は、該当のふたつの例のように、尊敬の表現を伴って用いられることが多い。

❶〔「や」が疑問の意を表す場合〕相手の意向を重んじながら、やわらかく勧誘する。**…しないでしょうか。…したらいかがでしょうか。**蜻蛉〈平安―日記〉下「つれづれと過ごしはべらん月日を、宿直ばかりを、簀の端わたり許されはべりなむや」［訳］さびしく所在なく送ることになると存じますその月日のあいだ、せめて夜の警固の宿直だけでも、簀の子の端のあたりでよいですからお許し願えないでしょうか。源氏物語〈平安―物語〉桐壺「いかにすべきわざにかとも問いあはすべき人だになきを、忍びては参りたまひなむや」［訳］どうしたらいいものかと相談できる人さえいないのですから、あなた（＝母君）がこっそり参内してくださらないでしょうか。
❷〔「や」が反語の意を表す場合〕強いニュアンスの反語。**…だろうか。いや…はずがない。**徒然〈鎌倉―随筆〉一四二「恩愛の道ならでは、かかる者の心に慈悲ありなむや。」［訳］親子間の愛情といった方面でなくては、こうした荒くれ男の心に慈悲の心というものがあろうか、いや、あるはずがないことだ。

なめ‐げ・なり ［形容動詞］ナリ｛なら／なり・に／なり／なる／なれ／なれ｝
無礼だ。失礼だ。竹取物語〈平安―物語〉かぐや姫の昇天「心強く承らずなりにしこと、なめげなるものにおぼしめしとどめられぬるなむ、心にとどまりはべりぬる」［訳］（宮仕えを）強情にお引き受け申し上げなかったことを、（帝が）無礼な者だとお思いになり心に留めてしまわれたのが、残念でございました。◆「げ」は接尾語。

なめ・し ［形容詞］ク｛（く）・から／く・かり／し／き・かる／けれ／かれ｝
無礼だ。無作法だ。枕草子〈平安―随筆〉文ことばなめき人「文ことばなめき人こそいとにくけれ」［訳］手紙の言葉が無礼な人はほんとうにいやだ。

なめ‐て【並めて】 ［副詞］「なべて」に同じ。山家集〈平安―歌集〉上「吹く風のなめて梢に当たるかな」［訳］吹く風がすべて梢に当たることだなあ。

な‐・めり 連語
なりたち 断定の助動詞「なり」の連体形＋推定の助動詞「めり」からなる「なるめり」の撥音便「なんめり」の「ん」が表記されない形。読むときは「なんめり」と発音する。
…であるようだ。…であるように見える。竹取物語〈平安―物語〉かぐや姫の生ひ立ち「子になり給ふべき人なめり」［訳］（私の）子におなりになるはずの人であるようだ。

なも[1]【南無・南謨】 ［名詞］「なむ（南無）」に同じ。

なも[2] ［係助詞］《接続》種々の助詞や、形容詞語幹＋「み」に付く。引用句・連用修飾語に付くことが多い。〔強意〕付いた語句を強調する。万葉集〈奈良―歌集〉二八七七「何時はなも恋ひずありとはあらねどもうたてこのころ恋し繁しも」［訳］どんな時でも恋しく思わないでいることはないけれども、ますますこのごろは恋心がつのることだ。◆和歌にはほとんど用いられず、『万葉集』の用例は右記の例のみである。平安時代以降は「なむ」。奈良時代以前の語。

なも[3] ［終助詞］《接続》活用語の未然形に付く。〔他に対する願望〕**…てほしい。…てもらいたい。**万葉集〈奈良―歌集〉一八「三輪山をしかも隠すか雲だにも心あらなも隠さふべしや」［訳］⇩みわやまを…。◆奈良時代以前の語。

なも[4] ［助動詞］特殊型《接続》動詞型活用語の終止形、ラ変型活用語には連体形に付く。｛○／○／なも／なも／○／○｝〔現在推量〕**…ているだろう。**万葉集〈奈良―歌集〉三五五二「真人言思ほすなもろわが思もほのすも」訳他人のうわさがうるさいとお思いになっているでしょうよ、私が思っているように。◆奈良時代以前の東国方言。助動詞「らむ」に相当する。

*なやま・し【悩まし】形容詞シク{(しく)・しから/しく・しかり/し/しき・しかる/しけれ/しかれ}難儀だ。(病気などで)気分が悪い。源氏物語 平安―物語 帚木「『いづくにか違へむ、いとなやましきに』とて」訳「どちらに方違えしようか。たいそう難儀であるのに」といって。

*なやまし-げ・なり【悩ましげなり】形容動詞ナリ{なら/なり・に/なり/なる/なれ/なれ}気分が悪く苦しそうだ。だるそうだ。源氏物語 平安―物語 若紫「脇息の上に経を置きて、いとなやましげに読みゐたる尼君」訳脇息の上に経本を置いて、たいへん苦しそうに読みながら座っている尼君。◆「げ」は接尾語。

*なやま・す【悩ます】他動詞サ四{さ/し/す/す/せ/せ}悩ませる。困らせる。徒然 鎌倉―随筆 一九「よろづにただ心をのみぞなやます」訳万事にただ心ばかりを悩ませる。

なやみ【悩み】名詞苦しみ。病気。病苦。源氏物語 平安―物語 賢木「おどろおどろしき御なやみにはあらで」訳ひどい御病気ではなくて。

参考 精神・肉体の両面に用いるが、肉体的な面に用いられる例が多い。

なや・む【悩む】自動詞マ四{ま/み/む/む/め/め}

語義の扉

苦しむ、困る意を表す。肉体的な場合にも、精神的な場合にも用いられる。

❶病気になる。病気で苦しむ。
❷困る。苦労する。
❸困らせることを言う。非難する。

❶病気になる。病気で苦しむ。更級 平安―日記 大納言殿の姫君「をかしがりらうたがるほどに、姉のなやむことあるに」訳おもしろがりかわいがっているうちに、姉が病気になることがあって。

❷困る。苦労する。土佐日記 平安―日記 二・七「川の水干て、なやみわづらふ」訳川の水量が少なくて、困り苦しむ。

❸困らせることを言う。非難する。栄花物語 平安―物語 花山たづぬる中納言「かく御子もおはせぬ女御の后に居給ひぬる事、安からぬ事に世の人なやみ申して」訳このようにお子もいらっしゃらない女御が后におなりになったことを、穏やかでない事だと世の人が非難し申し上げて。

な-やら・ふ【儺遣らふ】ナヤラウ―ナヤロウ 連語 追儺をする。源氏物語 平安―物語 紅葉賀「なやらふとて、犬君がこれをこぼちはべりにければ、つくろひはべるぞ」訳追儺をするといって、犬君(=童女の名)がこれ(=人形遊びの御殿)を壊してしまいましたので、直しているのです。

*な・ゆ【萎ゆ】自動詞ヤ下二{え/え/ゆ/ゆる/ゆれ/えよ}❶力がなくなってぐったりする。なえる。竹取物語 平安―物語 かぐや姫の昇天「手に力もなくなりて、なえかかりたり」訳手に力もなくなって、ぐったりし物によりかかっていた。❷(衣服が着なれて)柔らかになる。しなやかになる。枕草子 平安―随筆 正月十よ日のほど「袴なえたれど、よき袿着たる三、四人来て」訳袴は着なれて柔らかくなっているが、よい袿を着た(童女が)三、四人やって来て。❸草木がしおれる。

なゆ-たけ【萎竹】名詞「なよたけ」に同じ。

なゆたけ-の【萎竹の】枕詞「なよたけの」に同じ。

な-よし【名吉・鯔】名詞魚の名。ぼら、または、その幼魚いなの別名。◆成長につれて呼び名が変わるのをめでたいとする「名吉し」から。

なよ-たけ【弱竹】名詞細くしなやかな若竹。「なよだけ」「なゆたけ」とも。

なよたけ-の【弱竹の】枕詞❶細いしなやかな若竹がたわみやすいところから、「とをよる(=しんなりとたわみ寄る)」にかかる。「なよたけのとをよる子ら」。❷しなやかな竹の節(=ふし)の意で、「よ」と同音の「夜」「世」などにかかる。古今 平安―歌集 雑歌下「なよたけの夜長きうへに初霜のおきゐてものを思ふころかな」訳なよ竹の長い節のあいだに、夜長の初霜が降りている。私は

類語と使い分け⑭

「悩む」意味を表す言葉

「悩む」とは、身体的にも精神的にも、苦しむ、難儀するという意味を表すが、古語の「なやむ」は、身体的な苦しみが中心で、病気になる、わずらうの意味で使われることが多い。また、とやかく非難するの意味も表し、類義語には「わづらふ」がある。

一方、精神的に悩む、思い悩むの意味を持つ言葉には、「くだく」「こがす」「まどふ」「もだゆ」などや、「おもふ」の複合語である「おもひあつかふ」「おもひあまる」「おもひわぶ」などがある。

わづらふ…「なやむ」とほぼ同じ意味を持つものの、本来は、何かにとらわれて身動きできなくなるの意味を根底に持つので、そこから、難儀する、苦労する、病気で苦しむの意味が出てくる。

くだく…「砕く」で、物をこなごなにして打ちこわす意味が原義であり、そこから、心をこなごなにするまで思い悩む、心を痛めるの意味が生まれた。

こがす…「焦がす」で、火や日でじりじり焼いて黒くする意味が原義であり、そこから、悩みで心をじりじりさせる、恋い焦がれて心を苦しめ悩ます意味でも用いられる。

まどふ…どうしてよいか途方にくれるという意味が原義にあるので、そこから、心が混乱して思い悩む意味も表す。

もだゆ…悲しみなどによって、もがき思い悩む意味を表し、悩む度合いが非常に強い。「人目も知らず泣きもだえけり」(『平家物語』)の例もそのことを表している。

夜も起きていて、いろいろともの思いにふけっている。◆「なよだけの」「なゆたけの」とも。

なよ-なよ-と 副詞 弱々しいさま。力なく頼りないようす。源氏物語 平安―物語 手習「なよなよとしてものも言はず、息もしはべらず」訳（その女性は）弱々しいようすでものも言わず、息もしておりません。

***なよび-か・なり** 形容動詞ナリ｛なら／なり・に／なり／なる／なれ／なれ｝ ❶柔らかだ。源氏物語 平安―物語 総角「白き御衣どものなよびかなるに」訳白いお召し物で柔らかなのに。❷人柄がものやわらかで優しいようすだ。上品で穏やかだ。源氏物語 平安―物語 帚木「なよびかに女しと見れば」訳ものやわらかで優しようすで女らしいと見ると。❸色っぽい。艶っぽい。源氏物語 平安―物語 帚木「なよびかにをかしきことはなくて」訳色っぽくおもしろいこと（＝話）はなくて。◆「か」は接尾語。

なよ-・ぶ 自動詞バ上二｛び／び／ぶ／ぶる／ぶれ／びよ｝ ❶しなやかになる。源氏物語 平安―物語 夕霧「なよびたる御衣ども、脱い給うて」訳しなやかになっているお着物をお脱ぎになって。❷なよなよとする。ものやわらかに振る舞う。源氏物語 平安―物語 賢木「御心なよびたる方に過ぎて」訳お心持ちがものやわらかすぎて。参考 連用形の例しかみられず、活用は四段活用とする説もある。

なよ-よか・なり 形容動詞ナリ｛なら／なり・に／なり／なる／なれ／なれ｝ ❶（衣服が）柔らかだ。しなやかだ。蜻蛉 平安―日記 下「なよよかなる直衣」訳（糊気がとれた）柔らかな直衣。❷（態度や物腰が）弱々しくてものやわらかだ。源氏物語 平安―物語 夕霧「なよよかにをかしばめる事を」訳ものやわらかで風流めいていることを。◆「よか」は接尾語。

なよ-らか・なり 形容動詞ナリ｛なら／なり・に／なり／なる／なれ／なれ｝ ❶「なよよかなり❶」に同じ。枕草子 平安―随筆 清涼殿の丑寅のすみの「桜の直衣の少しなよらかなるに」訳桜襲の直衣のすこししなやかなのに。❷「なよよかなり❷」に同じ。源氏物語 平安―物語 橋姫「いとなよらかに心苦しうて」訳たいそうものやわらかでいじらしく感じられて。◆「らか」は接尾語。

なら[1] 副助詞《接続》体言に付く。断定の助動詞「なり」の未然形に接続助詞「ば」が付いた「ならば」の変化した語。［「…なら…なら」の形で、複数の事柄をとりたてて列挙する］…でも…でも。…といい…といい。堀川波鼓 江戸―歌集 浄瑠・近松「姿なら面体なら…いなば山国育ちとは思われず」訳姿といい顔つきといい…いなば山国の山国育ちとは思われない。◆江戸時代の語。

奈良[2] 地名 今の奈良市。和銅三年（七一〇）から延暦三年（七八四）までの間の都で、唐の長安を模して造営された。廃都後も、春日大社・東大寺・興福寺などの門前町として繁栄した。南都。古くは「寧楽」「平城」とも書く。参照▶資料22

なら[3] 断定の助動詞「なり」の未然形。古事記 奈良―史書 仲哀「この御酒は我が御酒ならず」訳このお酒は私が造ったお酒ではない。

ならい【慣らい・習い】⇨ならひ

ならう[1]【慣らう・馴らう・習う】⇨ならふ

な-らく【奈落】名詞 ❶仏教語。悪人が死後に落ちて、責め苦を受ける所。地獄。❷最終の所。果て。どん底。❸歌舞伎劇場の舞台や花道の床下。回り舞台・せり出しなどの設備が設けられ、通路にも用いられる。

なら-く[2] なりたち 推定・伝聞の助動詞「なり」の未然形＋体言化する接尾語「く」

…ことには。▼漢文訓読系の文章で、「言ふならく」「聞くならく」などの形で用いる。十訓抄 鎌倉―説話 五「言ふならく、奈落の底に入りぬれば」訳言うことには、奈落の底に落ちると。

奈良坂 地名 今の奈良市から奈良山を越えて京都府へ出る坂。古くは平城京の大内裏の北から越える歌姫越えの坂をいったが、後に般若寺経由で京都府木津に至る坂をさした。「ならさか」とも。「平城坂」とも書く。

***な-・らし** 連語

なりたち 断定の助動詞「なり」の連体形＋推定の助動詞「らし」からなる、「なるらし」の変化した語。

❶（たしかに）…であるらしい。万葉集 奈良―歌集 三九二五「新たしき年のはじめに豊の年しるすとならし雪の降れるは」訳新しい年の初めに豊作の前兆を表すということであるらしい、雪が降っているのは。❷…であるよ。…だなあ。新古今 鎌倉―歌集 仮名序「昔の人の心をも表し、行きて見ぬ境のほかの事をも知るは、ただこの道ならし」訳昔の人の心をも表し、行って見（ることのでき）ない世界の外の事をも、知る（ことのできる）のは、ただこの（和歌の）道であるよ。参考 ❷の用法は、平安時代以降、「らし」の意味が薄れ、断定の意味を婉曲的・詠嘆的に述べたもの。

なら・す[1]【均す・平す】他動詞サ四｛さ／し／す／す／せ／せ｝ 平らにする。万葉集 奈良―歌集 三五四六「青柳の張らろ川門に汝を待つと清水は汲まず立ち処ならすも」訳青柳の芽がふくらむ川の渡り場であなたを待つということで、清水はくまずに、立っている所を平らにしているよ。

なら・す[2]【慣らす・馴らす】他動詞サ四｛さ／し／す／す／せ／せ｝ ❶慣れ親しむようにする。慣れさせる。源氏物語 平安―物語 空蟬「かの薄衣は、…身近くならして」訳あの薄衣は、…身近に置いて（香りに）慣れ親しませて。❷なれなれしくする。（なれて）わが物顔に振る舞う。枕草子 平安―随筆 正月一日は「いかばかりなる人、九重をならすらむ」訳どのような人が、宮中をわが物顔に振る舞っているのだろうか。❸練習させる。習わせる。源氏物語 平安―物語 若菜下「十余日と定めて、舞どもならし、殿の内ゆすりてののしる」訳（御賀の日を）十何日と定めて、舞などを練習させ、六条院の中はどよめき騒ぐ。

なら-・ず 連語

なりたち 断定の助動詞「なり」の未然形＋打消の助動詞「ず」

…でない。…ではない。徒然 鎌倉―随筆 一「下戸ならぬこそ男はよけれ」訳酒が飲めない人でないのが、男としてはよいのである。

なら-だいしゅ【奈良大衆】名詞 「ならほふし」に同じ。

なら-で 連語

なりたち 断定の助動詞「なり」の未然形＋打消の接続助詞「で」

な

な

…でなくて。…以外に。新勅撰 鎌倉―歌集 雑一「花さそふ嵐の庭の雪ならで」訳⇩はなさそふあらしのにはの…。

なら-で-は 連語 なりたち 断定の助動詞「なり」の未然形＋打消の接続助詞「で」＋係助詞「は」

…でなくては。…以外には。徒然 鎌倉―随筆 一四二「恩愛の道ならでは、かかる者の心に慈悲ありなんや」訳親子の情愛の道でなくては、このような者(＝東国の恐ろしそうな武士)の心に慈悲の心があるだろうか。

なら-な-く-に 連語 なりたち 断定の助動詞「なり」の未然形＋打消の助動詞「ず」の古い未然形「な」＋体言化する接尾語「く」＋助詞「に」

❶…でないことだなあ。…ではないのだよ。▼文末に用いる。古今 平安―歌集 恋四「誰ゆゑに乱れそめにし我ならなくに」訳⇩みちのくの…。❷…ではないのに。▼文中に用いる。古今 平安―歌集 賀「めづらしき声ならなくにほととぎすここらの年を飽かずもあるかな」訳目新しい声ではないのに、ほととぎす(の声)は長年(聞いても)飽きないものだなあ。

楢の小川(ならのをがは) ナラノオガワ 地名 歌枕 今の京都市北区の上賀茂神社の境内を流れる御手洗川。

ならはし＊【慣らはし・習はし】ナラワシ 名詞 ❶しつけ。練習。源氏物語 平安―物語 少女「舞ならはしなどは、里にていとようしたてて」訳舞の練習などは、実家でとてもよく教え込んで。❷しきたり。風習。慣習。

ならは・す＊【慣らはす・習はす】ナラワス 他動詞サ四 {さ/し/す/す/せ/せ} ❶慣れさせる。しつける。竹取物語 平安―物語 御門の求婚「かくたいだいしくやはならはすべき」訳あんなに不まじめにしつけてよいものか。❷身につけさせる。学ばせる。源氏物語 平安―物語 少女「大学の道にしばしならはさむの本意侍るにより」訳大学の課程でしばらく学ばせようというかねてからの考えがございますので。

ならひ【慣らひ・習ひ】ナライ 名詞 ❶習慣。しきたり。ならわし。徒然 鎌倉―随筆 一三七「花の散り、月の傾くを慕ふならひはさることなれど」訳(桜の)花が散り、月が傾くのを愛惜する習慣は、もっともなことであるけれども。❷(世間の)きまり。世のさだめ。世の常。方丈記 鎌倉―随筆「朝に死に、夕べに生まるるならひ、ただ水の泡にぞ似たりける」訳朝に死ぬ者があれば、夕方に生まれる者があるという世のさだめは、ちょうど水の泡に似ていることだ。❸(昔からの大事な)言い伝え。由緒。徒然 鎌倉―随筆 二三六「この御社の獅子の立てられやう、定めてならひあることに侍らん」訳この神社の獅子の立てられ方は、きっと(特別な)由緒があることでしょう。

ならひ-う【習ひ得】ナライウ 他動詞ア下二 {え/え/う/うる/うれ/えよ} 習って身につける。習得する。徒然 鎌倉―随筆 一五〇「うちうちよくならひえてさし出でたらんこそ、いと心にくからめ」訳(一芸を身につけるのに)ひそかによく習得してから人前に出たようなのこそ、たいそう奥ゆかしいであろう。

ならび-な・し【並び無し・双び無し】形容詞ク {(く)・から/く・かり/し/き・かる/けれ/かれ} 肩を並べるものがない。無類だ。徒然 鎌倉―随筆 一五〇「人に許されて、ならびなき名を得ることなり」訳世間の人からも認められて、並ぶもののない名声を得るのである。

なら・ふ【慣らふ・馴らふ】【習ふ】ナラウ―ナロウ

語義の扉

「繰り返す」意味が基本的にあって、どういうことを繰り返すかによって、意味が決まっていく。

一【慣らふ・馴らふ】自動詞 ❶慣れる。習慣となる。❷なじむ。なつく。

二【習ふ】他動詞 経験して身につける。学ぶ。

一【慣らふ・馴らふ】自動詞ハ四 {は/ひ/ふ/ふ/へ/へ} ❶慣れる。習慣となる。古今 平安―歌集 春上「春霞立つを見捨てて行く雁は花なき里に住みやならへる」訳⇩はるがすみ…。❷なじむ。なつく。親しくなる。源氏物語 平安―物語 若紫「霞のたたずまひもをかしう見ゆれば、かかる有様もならひ給はず」訳霞の(かかっている)ようすも趣深く見えるので、このような山のようすもなじんでいらっしゃらない。

二【習ふ】他動詞ハ四 {は/ひ/ふ/ふ/へ/へ} 経験して身につける。学ぶ。枕草子 平安―随筆 清涼殿の丑寅のすみの「一つには、御手をならひ給へ」訳一つには、お習字をお習いなさい。

なら・ぶ＊【並ぶ】一 自動詞バ四 {ば/び/ぶ/ぶ/べ/べ} ❶整いそろう。連なる。万葉集 奈良―歌集 七九四「鳰鳥の(＝枕詞)二人ならび居」訳二人が連なっていて。❷匹敵する。肩を並べる。竹取物語 平安―物語 火鼠の皮衣「うるはしきこと、ならぶべきものなし」訳(その)立派なことは、(他に)匹敵するものがない。

二 他動詞バ下二 {べ/べ/ぶ/ぶる/ぶれ/べよ} ❶並べる。連ねる。そろえる。源氏物語 平安―物語 桐壺「羽をならべ枝を交はさむ」訳翼を並べ(て飛び)枝を交えよう(＝一心同体となって深く愛し合おう)。❷優劣を比べる。比較する。方丈記 鎌倉―随筆「これをありし住まひにならぶるに、十分が一なり」訳これを以前の住まいに比較すると、十分の一(の大きさ)である。

なら-ほふし【奈良法師】ナラホウシ 名詞 奈良の東大寺や興福寺などの大寺に所属する僧。豪勇の僧兵として知られた。奈良大衆。参考 延暦寺の「山法師」、三井寺の「寺法師」とともに僧兵の一大勢力として有名。『平家物語』や『太平記』などの軍記物語によく登場する。

なら-まし 連語 なりたち 断定の助動詞「なり」の未然形＋推量の助動詞「まし」

…だろう。平家物語 鎌倉―物語 九・忠度最期「行き暮れて木の下かげを宿とせば花や今宵のあるじならまし」訳もし、行く途中で日が暮れて木の下を宿とするならば、花が今夜の宿の主人となり、もてなしてくれるだろう。

ならむ 〔なりたち〕 連語 断定の助動詞「なり」の未然形＋推量の助動詞「む」

…であるのだろう。…なのだろう。若紫「いとうつくしかりつる児(ちご)かな、何人ならむ」〔源氏物語 平安―物語〕訳たいそうかわいかったこどもだなあ、だれなのだろう。

奈良山(ならやま) 地名 今の奈良市の北方の丘陵。この山を越える奈良坂は古代から交通の要路であった。「平城山」とも書く。

ならわし【慣らわし・習わし】⇨ならはし

1 **なり**【形・態】名詞 ❶**物のかたち。かっこう。**〔伊勢物語 平安―物語〕九「その山は…なりは塩尻(しほじり)のやうになむありける」訳その(富士)山は…かっこうは塩尻のようであった。❷**身なり。服装。**〔落窪物語 平安―物語〕一「なりのいとあしくて」訳身なりがたいへんひどくて。❸**ありさま。ようす。状態。**

参考「なり」は自然に生じたかたちをいう。これに対して、「すがた」は意識してつくったかたちをいう。

2 **なり**【業】名詞 **生活のための仕事。家業。なりわい。**多く、自然生産的な農業にいう。「なりはひ」とも。〔万葉集 奈良―歌集〕八〇一「なほなほに家に帰りてなりをしまさに」訳まっすぐに(自分の)家に帰って家業をなさってほしい。

3 **なり**【鳴り】名詞 音声を立てること。また、その音声。特に、騒がしい音にいう。

4 **なり** 助動詞ラ変型

《接続》活用語の終止形に付く。ただし、平安時代以後は、ラ変型の活用語には連体形に付く。

未然形	連用形	終止形	連体形	已然形	命令形
○	(なり)	なり	なる	なれ	○

❶〔音・声として聞こえることを表す〕**…の音(声)がする。…が聞こえるよ。**〔古今 平安―歌集〕夏「音羽山(おとはやま)今朝(けさ)越えくればほととぎす梢(こずゑ)はるかに今ぞ鳴くなる」訳音羽山を今朝越えて来ると、ほととぎすが梢はるかに今鳴いているのが聞こえるよ。

❷〔推定〕**…ようだ。…らしい。**▼音・声や周囲の気配、相手の話などをもとにして推定する意を表す。〔更級 平安―日記〕大納言殿の姫君「笛をいとをかしく吹き澄まして、過ぎぬなり」訳笛をとても見事に一心に吹いて、通り過ぎて行ってしまったようだ。

❸〔伝聞〕**…という。…そうだ。…と聞いている。**▼人から伝え聞いたことであることを表す。〔土佐日記 平安―日記〕一二・二一「男もすなる日記(にき)といふものを、女もしてみむとてするなり」訳男も書くという日記というものを、女(である私)も書いてみようと思って書くのである。

語法 **(1)ラ変型活用語の接続**

		撥(はつ)音便化		無表記
ある（ラ変「あり」連体形）	＋ なり	→ あンなり	→	あなり
たる（完了「たり」連体形）	＋ なり	→ たンなり	→	たなり
なる（断定「なり」連体形）	＋ なり	→ なンなり	→	ななり

(2)推定の助動詞「めり」との違い

なり	聴覚による推定	あの音から判断すると、…であるらしい
めり	視覚による推定	あのようすから判断すると、…であるらしい

ともに推定の意を表すが、右のような違いがある。

注意 ❸の用例の「するなり」の「なり」は、連体形に接続しているから断定の助動詞である。

参考 推定・伝聞の「なり」は、ラ変動詞やラ変型活用語には連体形につくが、その大部分は「あんなり」のように撥(はつ)音便に付く。また「あんなり」は「あなり」のように撥音「ん」を表記しないことが多い。奈良時代以前では、ラ変型活用語の終止形に付いていたことや、「あるなる」の確かな例が希有(けう)なことから、平安時代においても終止形に接続するという説がある。

5 **なり** 助動詞ナリ型

《接続》体言や活用語の連体形、また、副詞や助詞などに付く。

未然形	連用形	終止形	連体形	已然形	命令形
なら	なり・に	なり	なる	なれ	(なれ)

❶〔断定〕**…である。…だ。**〔竹取物語 平安―物語〕かぐや姫の昇天「おのが身はこの国の人にもあらず。月の都の人なり」訳私の身はこの人間世界の人ではない。月の都の者である。

❷〔存在〕**…にある。…にいる。**〔竹取物語 平安―物語〕かぐや姫の昇天「壺(つぼ)なる御薬奉れ」訳壺(の中)にあるお薬を召し上がれ。

❸〔状態・性質〕**…である。**〔源氏物語 平安―物語〕絵合「物語の出(い)で来(き)始めの親なる竹取の翁(おきな)」訳物語のでき始めの元祖である『竹取の翁の物語』。

語法 **(1)連用形「に」の用法**

に ＋ {て／して} ＝であって（ともに接続助詞が下に付く）

に ＋ {係助詞／副助詞} ＋ {あり ＝である／なし ＝で(も)ない／おはす ＝でいらっしゃる／侍(はべ)り ＝でございます／候(さうら)ふ ＝でございます}（下に付く動詞・形容詞は、補助用言である）

(2)存在を表す「なる」と「なり」 存在を表す場合はほとんどが連体形であるが、終止形の場合もある。「富士の山はこの国なり」(『更級日記』)〈富士山はこの駿河の国にある。〉「なり」は終止形。

語の歴史 「なり」は、格助詞「に」＋ラ変動詞「あり」から成立したが、再び「に＋て＋あり」という形ともなり、それが、「にてぁ」「(ん)でぁ」となり、さらに「ぢゃ」の

な

過程を経て、現代語の「だ」となる。

なり[6] ナリ活用形容動詞の連用形・終止形の活用語尾。

なり[7] 推定・伝聞の助動詞「なり」の連用形。

なり[8] 断定の助動詞「なり」の連用形。更級 平安一日記 梅の立枝「継母なりし人は、宮仕へせしが」訳(私の)継母であった人は、(以前に)宮中に仕えていたが。

なり-あが・る【成り上がる】 自動詞ラ四{ら/り/る/れ/れ} ❶低い地位・身分の者が高い地位・身分にのぼる。**出世する。成りのぼる。** 枕草子 平安一随筆 したり顔なるもの「もとの君たちのなりあがりたるよりもしたり顔にけだかう」訳もともとの殿上人が出世したのよりも得意そうで誇らしく。対成り下がる。❷貧乏な者が金持ちになる。

なり-あ・ふ【成り合ふ】 ナリアウ―ナリオウ 自動詞ハ四{は/ひ/ふ/へ/へ} ❶**でき上がる。完成する。** 古事記 奈良一史書 神代「なりあはざる処一処あり」訳でき上がっていないところが一か所ある。❷**成長して一人前となる。** 源氏物語 平安一物語 東屋「まだ幼くなりあはぬ人を」訳まだ幼くて一人前となっていない人を。❸**一緒になる。一つになる。** 太平記 室町一物語 三七「畠山となりあひて夜打ちに寄せたりと騒ぎ」訳畠山と合流して夜打ちに押し寄せたと騒いで。

なり-い・づ[*] ナリイズ【生り出づ・成り出づ】 自動詞ダ下二{で/で/づ/づる/づれ/でよ} ㊀【生り出づ・成り出づ】❶**生まれて世に出る。出生する。** 日本書紀 奈良一史書 神代上「その中に自づからになりいづる神います」訳その中に自然に生まれ出た神がいらっしゃる。❷**成長する。生育する。** 堤中納言 平安一物語 虫めづる姫君「そのさまのなりいづるを取り出でて」訳そのようすが(毛虫からちょうに)成長するのを取り出して。
㊁【成り出づ】**出世する。立身する。** 枕草子 平安一随筆 位こそ猶めでたき物はあれ「男はなほ若き身のなりいづるぞいとめでたきかし」訳男はやはり若い人が出世するのがすばらしいことだ。

なり-かは・る ナリカワル 自動詞ラ四{ら/り/る/れ/れ} ㊀【成り変はる】**変化して別なものになる。** 後撰 平安一歌集 恋三「淵は瀬になりかはるてふ飛鳥川」訳深い淵は浅瀬に変化するという飛鳥川。
㊁【成り代はる】**あるものの代わりとなる。代わって任命される。** 更級 平安一日記 富士川「またなりかはりたるも」訳また代わって任命された人も。

なり-かぶら【鳴り鏑】 名詞「かぶらや」に同じ。

なり-かへ・る【成り返る・成り反る】 ナリカエル 自動詞ラ四{ら/り/る/れ/れ} ❶**元のようになる。元に戻る。** 源氏物語 平安一物語 若菜上「いまめかしくもなりかへる御ありさまかな」訳現代風にはなやいで元に戻る(=若返る)ごようすですね。❷**裏返しになる。ひっくり返る。** 拾遺 平安一歌集 雑下「さ牡鹿のしがらみふする秋萩は下葉や上になりかへるらむ」訳雄鹿が足にからめて倒す秋萩は下の葉が上にひっくり返るから(下葉から紅葉するの)だろうか。❸**なりきる。** 無名抄 鎌倉一論 頼政歌数奇事「心の底まで歌になりかへりて」訳心の底まで歌になりきって。

なり-・き 連語 なりたち 断定の助動詞「なり」の連用形＋過去の助動詞「き」
…であった。更級 平安一日記 野辺の笹原「乳母なりし人、『今は何につけてか』など、泣く泣くもとありける所に帰りわたるに」訳乳母であった人は、「今はどんな理由があってか」など(と言って)、泣く泣く以前住んでいた所に帰って行くので。

なり-・けむ 連語 なりたち 断定の助動詞「なり」の連用形＋過去推量の助動詞「けむ」
…であったろう。源氏物語 平安一物語 若菜・上「思し出づることども、さまざまなりけむかし」訳思い出されることも、さまざまであったろうことよ。

なり-・けり 連語 なりたち 断定の助動詞「なり」の連用形＋過去の助動詞「けり」
❶〔「けり」が過去を表す場合〕…であった。…だったそうだ。伊勢物語 平安一物語 六五「在原なりける男の、まだいと若かりけるを」訳在原氏であった男で、まだとても若かったのを。❷〔「けり」が詠嘆を表す場合〕…であったのだなあ。…であるなあ。源氏物語 平安一物語 桐壺「限りとて別るる道の悲しきにいかまほしきは命なりけり」訳⇩かぎりとて…。◆和歌に現れる「なりけり」は、多く❷の意で用いられる。

なり-さが・る【成り下がる】 自動詞ラ四 **落ちぶれる。零落する。** 対成り上がる。成り上る。

なり-たか・し【鳴り高し】 連語 **やかましい。うるさい。** ▼騒がしいのを制するときに発する語。源氏物語 平安一物語 少女「なりたかし。鳴りやまむ」訳やかましい。静かにしたらどうだ。

なり-た・つ【成り立つ】 自動詞タ四{た/ち/つ/つ/て/て} ❶**立派に成長する。立身出世する。** 源氏物語 平安一物語 真木柱「人にもなりたたむこと難し」訳人なみに立身出世するようなことはむずかしい。❷**はっきりとある状態になる。** 大鏡 平安一物語 道長上「またの年、いとどいみじくなりたちにしぞかし」訳翌年は、ますますひどい状態になってしまったのであったよ。

なり-ところ【業所】 名詞 ❶生産のための田地と、そこに設けた宅地。❷(荘園に建てた)別宅。◆「なりどころ」とも。

なり-とよ・む【鳴り響む】 自動詞マ四{ま/み/む/む/め/め} **鳴りひびく。**「なりどよむ」とも。方丈記 鎌倉一随筆「おびたたしくなりとよむほどに」訳(つむじ風が)ひどく鳴りひびくので。

なり-な・る【成り成る】 自動詞ラ四{ら/り/る/る/れ/れ} ❶**しだいに出来上がる。** 古事記 奈良一史書 神代「吾が身はなりなりて」訳私の身体はしだいに出来上がって。❷**順々になる。** 宇治拾遺 鎌倉一説話 四・四「男子、女子あまた産み続けて、またそれが妻男になりなりしつつ」訳男の子、女の子を多数産み続けて、またそれが夫婦に順々になっていき。

なり-ぬ-・べし【成りぬべし】 連語 なりたち 動詞「なる」の連用形＋確述の助動詞「ぬ」の終止形＋推量の助動詞「べし」
なってしまうにちがいない。なるにきまっている。 更級 平安一日記「その日しも京をふり出でて行かむも、いとものぐるほしく、流れての物語ともなりぬべきことなり」訳その日によりによって京都を振り捨てて出発して行こうというのも、全く異常であって、のちのちまでの語り草となるにきまっている。

なり-のぼ・る【成り上る】自動詞ラ四{ら/り/る/る/れ/れ}**高い地位にのぼる。立身出世する。**成りあがる。源氏物語 平安―物語 行幸「年月の労になりのぼるたぐひあれど」訳長年の功労に高い地位にのぼる例はあるが。対成り下がる。

なり-は・つ【成り果つ】自動詞タ下二{て/て/つ/つる/つれ/てよ}❶**すっかり終わる。**源氏物語 平安―物語 葵「平らかに事なりはてぬれば」訳(お産は)無事にすっかり終わったので。❷**すっかり…になってしまう。**古今 平安―歌集 雑体「頼む蔭なくなりはてて」訳頼りにする(人の)お陰がすっかりなくなってしまって。❸**すっかり落ちぶれる。**太平記 室町―物語 一一「つひに乞食のごとくになりはてて」訳とうとうこじきのようにすっかり落ちぶれて。

なり-はひ*【生業】名詞 ❶**農業。農作。**また、その作物。日本書紀 奈良―史書 崇神「なりはひは天の下の大きなる本なり」訳農業はこの世の中のいちばん大きな根本である。❷**職業。家業。生業。**「なり」とも。源氏物語 平安―物語 夕顔「今年こそ、なりはひにも頼むところ少なく」訳今年は、商売にももうけが少なく。◆「はひ」は接尾語。

なり-ひさこ【生り瓢】名詞 植物の名。「ひょうたん」の別名。果実を乾燥させ、酒や水を入れる容器としたり、縦に半分にしてひしゃくにしたりする。「なりびさこ」「なりひさご」とも。徒然 鎌倉―随筆 一八「なりひさこといふ物を人の得させたりければ」訳ひょうたんという物をある人が与えたところ。

業平 ⇩在原業平

なり-まさ・る【成り増さる・成り勝る】自動詞ラ四{ら/り/る/る/れ/れ}**ますます…となってゆく。しだいに…になる。**竹取物語 平安―物語 かぐや姫の生ひ立ち「この児、養ふ程に、すくすくと大きになりまさる」訳この赤ん坊は、育てているうちに、すくすくと大きくなってゆく。

なり-もて-ゆ・く【成りもて行く】自動詞カ四{か/き/く/く/け/け}**だんだん…になってゆく。**徒然 鎌倉―随筆 二二「ただ言ふ言葉も、口惜しうこそなりもてゆくなれ」訳直接話す言葉(＝会話)も、だんだん情けなくなってゆくようだ。参考「もて」は「持ちて」の促音便「持って」の促音「っ」が表記されない形で、語と語の間に挟んで、ある状態・傾向などがしだいに進行する意を表す。

なり-もの【生り物】名詞 実のなるもの。また、その実。果実。

なり-や【鳴り矢】名詞「かぶらや」に同じ。「なるや」とも。

なり-やま-む【鳴り止まむ】連語 **静かにしなさい。**▼騒がしいのを制止するさいの言葉。源氏物語 平安―物語 少女「鳴り高し。なりやまむ。はなはだ非常なり。座を引きて立ちたうびなむ」訳やかましい。静かにしなさい。まったくとんでもないことだ。座を引き上げていただきましょう。

なり-ゆ・く【成り行く】自動詞カ四{か/き/く/く/け/け}**しだいに(ある状態に)なってゆく。**竹取物語 平安―物語 かぐや姫の生ひ立ち「かくて翁やうやうゆたかになりゆく」訳こうして翁はしだいに富裕になってゆく。

なりわい〖生業〗⇩なりはひ

な・る[1]【生る】自動詞ラ四{ら/り/る/る/れ/れ}❶**生まれる。**古事記 奈良―史書 神代「高天の原になれる神の名は」訳高天の原に生まれた神の名前は。❷**実がなる。結実する。**徒然 鎌倉―随筆 一一「柑子の木の、枝もたわわになりたるが」訳こうじみかんの木で、枝もたわみしなうほどに、実がなっているのが。

な・る[2]【成る】

一 自動詞ラ四{ら/り/る/る/れ/れ}❶(別の状態に)**なる。変わる。**更級 平安―日記 子忍びの森「今はまいて大人になりにたるを」訳今はまして大人になってしまっているので。❷(ある時刻・年月・季節などに)**達する。なる。**竹取物語 平安―物語 かぐや姫の昇天「かぐや姫を養ひ奉ること二十余年になりぬ」訳かぐや姫を養い申し上げることが二十年あまりになった。❸(地位に)**就く。任官する。なる。**更級 平安―日記 子忍びの森「わづかになりたる国を辞し申すべきにもあらねば」訳やっと任官した国を辞退申し上げるわけにもいかないので。❹**実現する。完成する。**徒然 鎌倉―随筆 一八八「いづ方をも捨てじと心にとり持ちては、一事もなるべからず」訳どれをも捨てまいと執着していては、一つのことも完成することはできない。❺**実を結ぶ。実る。**方丈記 鎌倉―随筆「よからぬことどもうち続きて、五穀ことごとくならず」訳よくないことがいろいろと続いて起こって、穀物はどれも実を結ばない。◇「生る」とも書く。❻**おいでになる。お行きになる。**▼貴人の動作を尊敬していう語。中務内侍 鎌倉―日記「御所になりぬるとてあれば皆起きて参る」訳(皇太子が)御所においでになったというので、皆起きて参上する。◇鎌倉時代以降の用法。

二 補助動詞ラ四{ら/り/る/る/れ/れ}(敬意を含む漢語に付いて)**…なさる。お…になる。**平家物語 鎌倉―物語 灌頂・大原御幸「法皇、夜をこめて大原の奥へぞ御幸なる」訳法皇は、夜がまだ深い時分に大原の奥へお出かけになる。◇平安時代の末期にも用例があるが、一般的には鎌倉・室町時代の用法。

な・る[3]【業る】自動詞ラ四{ら/り/る/る/れ/れ}**生業とする。生産する。営む。**万葉集 奈良―歌集 四三六四「家の妹がなるべき事を言はず来ぬかも」訳家の妻に生計を立ててゆくことのできる方法を言わないで来たことだ。

な・る[4]【慣る・馴る】自動詞ラ下二{れ/れ/る/るる/るれ/れよ}❶**慣れる。**更級 平安―日記 物語「たれもいまだ都なれぬほどにて、え見つけず」訳だれもがまだ都に慣れていないころなので、見つけ出すことができない。❷**うちとける。なじむ。親しくなる。**古今 平安―歌集 羇旅・伊勢物語 平安―物語 九「唐衣きつつなれにしつましあればはるばるきぬるたびをしぞ思ふ」訳⇩からころも…。❸**よれよれになる。体によくなじむ。**源氏物語 平安―物語 若紫「山吹などのなれたる着て」訳山吹襲かなにかの体によくなじんだものを着て。◇「萎る」とも書く。❹**古ぼける。**源氏物語 平安―物語 蓬生「御調度どもも、いと古体になれたるが」訳御調度品の数々も、たい

な

へん古風で古びているが。◇「褻る」とも書く。

[5]**なる** 推定・伝聞の助動詞「なり」の連体形。〔万葉集 奈良―歌集〕六六〇「汝(な)をと吾(あ)を人そ離(さ)くなる」〔訳〕あなたと私との仲を、人がさいているようだ。

[6]**なる** 断定の助動詞「なり」の連体形。〔古今 平安―歌集〕羇旅「春日(かすが)なる三笠(みかさ)の山に」〔訳〕⇨あまのはら…。

なる-かみ【鳴る神】〔名詞〕かみなり。雷鳴。〔季〕夏。
〔参考〕「かみなり」は「神鳴り」、「いかづち」は「厳(かい)つ霊(ち)」から出た語で、古代人が雷を、神威の現れと考えていたことによる。

なるかみ-の【鳴る神の】〔枕詞〕「雷の」の意から、「音(おと)」にかかる。〔万葉集 奈良―歌集〕九一三「なるかみの音のみ聞きし」〔訳〕うわさだけを聞いていた。

鳴滝(なるたき)〔地名〕今の京都市右京区鳴滝。宇多野の中央、鳴滝川の流域にあたる。

[1]**なる-と**【鳴門】〔名詞〕潮の干満によって海流が音を鳴り響かせて流れる、狭い海峡。

[2]**鳴門(なると)**〔地名〕❶今の淡路島と四国との間にある鳴門海峡。❷今の徳島県鳴門市。

なる-べし〔連語〕
〔なりたち〕断定の助動詞「なり」の連体形＋推量の助動詞「べし」
…であろう。…であるに違いない。〔徒然 鎌倉―随筆〕一一「さすがに住む人のあればなるべし」〔訳〕それでもやはり住む人がいるからであろう。

なる-ほど【成る程】〔副詞〕❶できるだけ。なるべく。〔会津地蔵 室町―狂言〕狂言「御仏供(おぶく)などはなるほど念を入れて」〔訳〕お供え物などはできるだけ心をこめて。❷ずいぶん。なかなか。十分。〔合柿 室町―狂言〕狂言「いやいやなるほど甘うござる」〔訳〕いやいやずいぶん甘いですよ。❸（相手の言葉に同意して）いかにも。確かに。〔壬生大念仏 江戸―歌舞〕歌舞・近松「『その出家の役を見事せふか』『なるほど致しませふ』」〔訳〕「その出家の役をりっぱにやれるか」「いかにも致しましょう」

鳴海(なるみ)〔地名〕〔歌枕〕今の愛知県名古屋市緑区鳴海町。古くから東海道の宿駅で、また、古くは海に臨んでいて「鳴海潟(なるみがた)」の景勝でも知られた。歌では、「千鳥(ちどり)」「月」などが詠み込まれ、また「成る」「鳴る」「なり」などにかけて用いることが多い。

鳴海潟(なるみがた)〔地名〕〔歌枕〕今の愛知県名古屋市緑区鳴海町付近にあった海岸。「鳴海の海」「鳴海の浦」の形でも詠む。

なる-や【鳴る矢】〔名詞〕「かぶらや」に同じ。「なりや」とも。

なる-らむ〔連語〕
〔なりたち〕断定の助動詞「なり」の連体形＋推量の助動詞「らむ」
…であるだろう。…であるのだろう。〔古今 平安―歌集〕秋下「年ごとにもみぢ葉流す竜田川水門(みなと)や秋のとまりなるらむ」〔訳〕毎年毎年もみじの葉を流す竜田川、その河口は秋の行き着く終点なのだろう。

[1]**なれ**【汝】〔代名詞〕おまえ。▼対称の人称代名詞。親しい者、目下の者、動物などに用いる。〔万葉集 奈良―歌集〕一四九九「ほととぎすなれだに来(き)鳴け」〔訳〕ほととぎすよ。せめておまえだけでも来て鳴けよ。

[2]**なれ** 推定・伝聞の助動詞「なり」の已然形。〔堤中納言 平安―物語〕このついで「宰相中将こそ参り給(また)ふなれ」〔訳〕宰相の中将がいらっしゃるようだ。

[3]**なれ** 断定の助動詞「なり」の已然形・命令形。〔更級 平安―日記〕梅の立枝「宮仕へせしが下りしなれば」〔訳〕（継母(ままはは)だった人は）以前に宮中に仕えていたが（父について東国に）下った人であるので。

[4]**なれ**【慣れ】動詞「なる」の未然形・連用形。

なれ-がほ・なり【馴れ顔なり】(ナレガオナリ)〔形容動詞〕ナリ｛なら／なり・に／なり／なる／なれ／なれ｝なれてうちとけた顔つき・態度だ。物なれたようすだ。〔源氏物語 平安―物語〕若紫「いとなれがほに御帳(みちやう)のうちに入り給(たま)へば」〔訳〕たいそう物なれたようすで御帳台の中にお入りになるので。

なれ-ごろも【馴れ衣】〔名詞〕着なれた衣。ふだん着。

なれ-そ・む【馴れ初む】〔自動詞〕マ下二｛め／め／む／むる／むれ／めよ｝親しくなり始める。親しい縁を結ぶ。〔玉葉 鎌倉―歌集〕旅「くやしきは由なく君になれそめて」〔訳〕悔しいことは無益にも我が君と親しい縁を結んだばかりに。

なれ-つかうまつ・る【馴れ仕う奉る】(ナレツコウマツル)〔自動詞〕ラ四｛ら／り／る／る／れ／れ｝親しくお仕え申しあげる。〔源氏物語 平安―物語〕須磨「近うなれつかうまつるをうれしきことにて」〔訳〕身近に親しくお仕え申しあげるのをうれしいことと思って。

なれ-ども〔接続詞〕
〔なりたち〕断定の助動詞「なり」の已然形に接続助詞「ども」の付いたかたちが一語化したもの。
ではあるが。しかし。〔丹波与作 江戸―浄瑠〕浄瑠・近松「大事の所をしそこなひ、また切腹に極(きは)まった。なれども腹を切らせては」〔訳〕（父の与作は、勤めで）大事な所でしくじって、また切腹に決まった。しかし、腹を切らせては。

なれ-なれ・し【馴れ馴れし】〔形容詞〕シク｛(しく)・しから／しく・しかり／し／しき・しかる／しけれ／しかれ｝❶なれなれしい。ひどくなれている。❷なれなれしくて無遠慮だ。ぶしつけだ。〔和泉式部 平安―日記〕「そのこととさぶらはでは、なれなれしきさまにやと」〔訳〕これといった用事がございませんことには、（うかがうのは）なれなれしくて無遠慮な態度でございましょうかと。

なれ-ば〔連語〕
〔なりたち〕「なれ」は断定の助動詞「なり」の已然形、「ば」は接続助詞。
…だから。…なので。〔蜻蛉 平安―日記〕上「はかなき仲なれば、かくてやむやうもありなむかし」〔訳〕頼みにならない二人の仲なので、このままとだえてしまうようなこともきっとあるにちがいない。

なれ-ば・む〔自動詞〕マ四｛ま／み／む／む／め／め｝着古されてくたくたになる。〔枕草子 平安―随筆〕能因本・よろづよりは「狩衣(かりぎぬ)は何もうちなればみたる」〔訳〕狩衣は全体にすっかり着古されてくたくたになったの（を着て）。◆「ばむ」は接尾語。

なれ-むつ・ぶ【馴れ睦ぶ】〔自動詞〕バ上二｛び／び／ぶ／ぶる／ぶれ／びよ｝馴れ親しんで、仲よくする。親密にする。〔源氏物語 平安―物語〕桐壺「年ごろなれむつび聞こえ給(また)ひつるを」〔訳〕長年馴れ親しみ申し上げていらっしゃったのに。

***なれ-や**〔連語〕
〔なりたち〕㊀断定の助動詞「なり」の已然形＋係助詞

「や」」
㊁断定の助動詞「なり」の已然形＋間投助詞「や」
㊀〔「や」が係助詞の場合〕❶…だからなのだろうか。▼疑問の意を表す。古今 平安—歌集 恋一「浮草の上は繁れる淵なれや深き心を知る人のなき」訳表面は浮草が繁っている深い淵だからなのだろうか、私の深い心の底をわかってくれる人がいない。❷…なのだろうか、いや、…ではない。▼反語の意を表す。万葉集 奈良—歌集 二三「麻続王海人なれや伊良虞の島の玉藻刈ります」訳麻続王は漁師なのだろうか、いや、そうではないのに、伊良虞の島の藻を刈っていらっしゃることよ。
㊁〔「や」が間投助詞の場合〕…であることよ。▼詠嘆の意を表す。新古今 鎌倉—歌集 羇旅「明けばまた越ゆべき山の嶺なれや」訳⇩あけばまた…。

なゐ[*]【地震】名詞 地震。方丈記 鎌倉—随筆「おびたたしく大なゐ震ること侍りき」訳ひどく大きな地震が来たことがございました。
参考 古く「なゐ」は大地の意で、「なゐ振(震)る」「なゐ揺る」の形で地震が起こる意に用いた。のちに、「なゐ」だけで地震の意を表すようになった。

な-を-う【名を得】連語
なりたち 名詞「な」＋格助詞「を」＋動詞「う」
名声を得る。風姿花伝 室町—論 二「なをえたらん人に、事を細かに問ひて」訳名声を得ているような人に、いろいろなこと(稽古のしかたなど)を細かに質問して。

な-を-くた-す【名を腐す】連語 評判を悪くする。面目をつぶす。源氏物語 平安—物語 夕霧「われのみや憂き世を知れるためしにて濡れそふ袖のなをくたすべき」訳わたしだけが、不幸なこの世の男女の仲を知る例として、さらにあなたのことで涙で袖を濡らして、評判を悪くしなければならないのでしょうか。

な-を-た-つ【名を立つ】連語 ❶名声をあげる。万葉集 奈良—歌集 四一六四「後の代の語り継ぐべくなをたつべしも」訳後の時代の人が語り継ぐように名声をあげるべきであるなあ。❷浮き名が立つ。うわさになる。源氏物語 平安—物語 若菜下「いとあるまじきなをたちて」訳たいそうとんでもないうわさになって。

な-を-と-る【名を取る】連語 評判を得る。名声を得る。源氏物語 平安—物語 明石「ただ今、世になをとれる人々」訳現在、世の中で名声を得ている人たちは。

な-を-なが-す【名を流す】連語 評判を広める。世間に名を知られる。竹取物語 平安—物語 竜の頸の玉「汝ら、君の使ひとなをながしつ」訳お前たちは主君の家来として世間に名を知られている。

な-を-のこ-す【名を残す】連語 名(名声)を後世に残す。源氏物語 平安—物語 絵合「わが国にもありがたき才のほどをひろめ、なをのこしける古き心を言ふに」訳わが国にもたぐいまれな(琴の)才能の程度(の高さ)を世にひろめ、名を後世に残した昔の人の心を言いたてる上に。

な-を-をし-む【名を惜しむ】連語 名声に傷がつくのを惜しむ。名誉や名声を大切にする。万葉集 奈良—歌集 二八六一「なををしみ人に知らえず恋ひ渡るかも」訳名誉を大切にし、人に知られないように恋し続けることだなあ。

なん[1]【難】名詞 ❶難点。欠点。短所。おちど。徒然 鎌倉—随筆 三三「『いづくもなんなし』とて」訳「どこにも欠点がない」といって。❷非難。難くせ。去来抄 江戸—論 先師評「尚白がなん当たらず」訳尚白(＝俳人の名)の非難は適当ではない。❸わざわい。災難。徒然 鎌倉—随筆 一四六「おのれ、もし兵仗のなんやある」訳私には、ひょっとして武器によるわざわいがありはしないか。❹困難。苦労。奥の細道 江戸—紀行 日光「かつは羇旅のなんをいたはらんと」訳一方では旅の苦労を慰めようと。

なん[2]【何】代名詞「なに」に同じ。◆「なに」の変化した語。

なん[3] 係助詞
「なむ」(係助詞)の後世の表記。平安時代中ごろの文献から現われはじめる。⇩なむ。

なん[4] 終助詞
「なむ」(終助詞)の後世の表記。平安時代中ごろの文献から現われはじめる。⇩なむ。

な-・ん[5] 連語「なむ」に同じ。◆平安時代の中期ごろから連語「なむ」の「む」を「ん」と発音したことから「なん」と表記されるようになったもの。⇩なむ(連語)

なん-えんぶだい【南閻浮提】名詞 仏教語。「えんぶだい」に同じ。◆須弥山の南にあることから。

なん-かい【南階】名詞 ❶南向きの階段。❷内裏の紫宸殿の南面中央の階段。◇左右に、左近の桜、右近の橘がある。

なんかい-だう【南海道】名詞「五畿七道」の一つ。紀伊(和歌山県・三重県)、淡路(兵庫県)、阿波(徳島県)、讃岐(香川県)、伊予(愛媛県)、土佐(高知県)の六か国が属する。

なん-ぎ
㊀【難義】名詞 わかりにくい言葉や事柄。
㊁【難儀】❶苦難。苦しみ。❷めんどう。迷惑。

なん-ぎ・なり【難儀なり】形容動詞ナリ〔なら/なり・に/なり/なる/なれ/なれ〕❶困難だ。太平記 室町—物語 五「いづれもなんぎなりと思し召して」訳どちらも困難だとお思いになって。❷(病気などが)重体だ。謡曲 室町—能楽「膝の口を射させ、すでになんぎに候ひしを」訳膝頭を射られ、すでに重体でございましたが。❸迷惑だ。めんどうだ。

なん-きやう【南京】名詞「なんと(南都)❶」に同じ。

なん-くわ【南華】名詞 ❶『南華真経』の略。荘周(＝荘子)著『荘子』の別名。◇「南華」は荘子の別名。❷愚か者。間抜け。◇遊里語。

なん-し【男子】名詞 男。男性。また、男児。

なんじ〔汝〕⇩なんぢ

なん-じょ【難所】名詞 (山道・海岸などの)通行に困難な場所。「なんしょ」とも。

なんじょう〔何じょう〕⇩なんでふ

なん-・ず[1]【難ず】他動詞サ変〔ぜ/じ/ず/ずる/ずれ/ぜよ〕非難する。とがめる。そしる。十訓抄 鎌倉—説話 四「人の短きをそしり、したる事をなんじ」訳他人の欠点を悪く言い、したことを非難し。

な-・んず[2] 連語「なむず」に同じ。◆平安時代の中期ごろから「む」を「ん」と発音したことから「なんず」と表記されるようになったもの。

なん-ぞ【何ぞ】 なりたち 代名詞「なに」＋係助詞「ぞ」からなる「なにぞ」の変化した語。

一 連語 **なんだ。なんなのか。**「なぞ」とも。枕草子 平安一随筆 頭の中将の「なんぞ。司召しなども聞こえぬを」訳なんなのか。宮中官吏の任命式(の話)なども聞こえていないのに。

二 副詞 ❶**どうして…か。なぜ…か。**▼理由への疑問の意を表す。徒然 鎌倉一随筆 九二「なんぞ、ただ今の一念において、直ちにすることの甚だ難き」訳どうして、現在の一瞬において、すぐに実行することがひどく難しいのか。❷**どうして…か、いや、…ない。**▼反語の意を表す。宇治拾遺 鎌倉一説話 五・四「なんぞ志を遂げざらん」訳どうして(極楽往生の)志を遂げないことがあろうか、いや、遂げないことはない。❸**なにか。なにかしら。**

◇江戸時代の語。

南総里見八犬伝 書名 読本。滝沢(曲亭)馬琴作。江戸時代後期(一八一四～一八四二)刊。九輯百六冊。〔内容〕『里見軍談』などを資料に『水滸伝』などに構想をかりた長編小説。室町時代の末、南総(千葉県)の里見家の再興をはかる八犬士の活躍を、徹底した娯楽主義と儒教的な勧善懲悪のテーマでつづっている。

なん-ぞ-の【何ぞの】 連語 なりたち 代名詞「なに」＋係助詞「ぞ」＋格助詞「の」からなる「なにぞの」の変化した語。

どんな。どういう。宇津保 平安一物語 俊蔭「かれはなんぞの人ぞ」訳あの人はどういう人か。

なん-だいもん【南大門】 名詞 都城・寺院などの、南に面する門。通常、正門に当たり、最も大きい。

なん-ぢ[1]【難治】 名詞 ❶**治めにくいこと。**❷**むずかしいこと。困難。**❸(病気が)**治りにくいこと。**

なんぢ[2]【汝】 代名詞「なむぢ」に同じ。野ざらし 江戸一句集 俳文・芭蕉「いかにぞや、なんぢ父に憎まれたるか、母にうとまれたるか」訳どうしたことか、おまえは父親に憎まれたのか、母親にうとんじられたのか。

なん-つ・く【難付く】

一 他動詞 カ下二 {け／け／く／くる／くれ／けよ} **非難する。けちをつける。**源氏物語 平安一物語 帚木「女の、これはしもとなんつくまじきは」訳女性で、これこそは(申し分ない)と非難することができないような人は。

二 自動詞 カ四 {か／き／く／く／け／け} **難癖をつけられる。きずがつく。**心中刃は氷 江戸一浄瑠 浄瑠・近松「家になんつかず」訳家名にはきずがつかない。

なん-てい【南庭】 名詞 **建物の南にある庭。**特に、内裏の紫宸殿の正面の庭。

なん-でふ*【何でふ】 「なにといふ」の変化した語。

一 連体詞 **なにほどの。どういう。どんな。**竹取物語 平安一物語 かぐや姫の昇天「なんでふ心地すれば、かく、物を思ひたるさまにて月を見給ふぞ」訳どのような気持ちで、こんなに物思いをしているようなようすで月をごらんになるのか。

二 副詞 **どうして**(…か、いや、…ない)。▼反語表現に用いる。竹取物語 平安一物語 貴公子たちの求婚「なんでふさることか、し侍らむ」訳どうしてそのようなこと(＝結婚すること)をいたしましょうか、いや、(結婚など)いたしません。宇治拾遺 鎌倉一説話「なんでふ物の憑くべきぞ」訳どうして物の怪などがとりついたりするものか。

参照▼ 類語と使い分け⑬

三 感動詞 **何を言うのか。とんでもない。**▼相手の言うことを否定する語。平家物語 鎌倉一物語 一・祇王「なんでふ、さやうのあそび者は人の召しにしたがうてこそ参れ」訳とんでもない、そのような遊女は、人のお呼びに従って参上するものだ。

◆「なでふ」とも。

なん-でん【南殿】 名詞 ❶(寝殿造りで)南向きの殿舎。多く、正殿となる。❷「紫宸殿」の別名。「なでん」とも。

文脈の研究　なんでふ物の憑くべきぞ

「なんでふ二」の『宇治拾遺物語』の用例本文は、「絵仏師良秀」として、教科書頻出教材の中の特に著名な条。

隣家からの出火に、家族のことも構わず逃げ出て、道の向かい側から、自分の家に火が燃え移るのを眺める絵仏師の良秀。うんうんとうなずいて、時に笑ってもいると語られている。

見舞いに訪れた人たちがことの意外さに呆れ驚いて、

こはいかに(これはまた、どうしたことですか)、かくては(こんなふうに)立ちたまへるぞ。あさましきことかな(驚いたことですね)。物の憑きたまへるか(物の怪が憑いてしまわれたのか)。

と問うのに答えた会話の第一文。こののち、良秀の発言は、

なんでふ物の憑くべきぞ。年ごろ(何年も)不動尊の火焔を悪しく書きつるなり(下手に書いてしまっていたのだ)。今見れば、かうこそ(こんなふうに)燃えけれと(燃えるものなのだなあと)、心得つるなり(会得したのだ)。これこそせうとくよ(収穫だ)。この道を(絵仏師の道)立てて世にあらんには、仏だに(仏さえ)よく書き奉らば(立派に描き申せば)、百千の家も出で来なん。わたうたちこそ(あなたがたこそ)、させる能にもおはせねば(これといった才能もお持ちでないから)、物をも惜しみ給へ(物を惜しみなさるのだ)。(拾得)

と続いている。

¹**なん-と【南都】** 名詞 ❶京都を「北都」と呼ぶのに対する奈良の別名。「南京(なんきゃう)」とも。❷比叡山(ひえいざん)延暦寺(えんりゃくじ)を「北嶺(ほくれい)」と呼ぶのに対する奈良の興福寺の別名。

²**なん-と【何と】**「なにと」の変化した語。
一 副詞 ❶**どう。どのように。**▼疑問の意を表す。平家物語 鎌倉―物語 二・教訓状「縦(たと)ひ人なんと申すとも」訳たとえ人がどのように言っても。❷**どうして(…か、いや、…ない)。**▼反語表現に用いる。附子 室町―狂言 狂言「なんと食ふことがなるものか」訳どうして食べることができるものか、いやできない。
二 感動詞 **ねえ。どうだ。**▼人に問いかけたり、同意を求めるときに発する語。神鳴 室町―狂言 狂言「『なんと取ったか』『なかなか、取りました』」訳「どうだ取ったか」「もちろん、取りました」。

なんど 副助詞《接続》体言、活用語の連用形・連体形、助詞、引用句などに付く。「など」に同じ。平家物語 鎌倉―物語 九・木曾最期「『木曾殿をばそれがしが郎等(らうどう)の討ち奉ったる』なんど申さんことこそ口惜しう候へ」訳「木曾殿をだれそれの家来がお討ち申し上げたぞ」などと申し上げるようなことがあったらそれこそ残念でございます。
参考「なにと(代名詞「なに」+格助詞「と」)」→「なんど」→「など」と変化する。

なんと-しちだいじ【南都七大寺】 名詞 奈良の七つの大寺。東大寺・興福寺・元興寺(がんごうじ)・大安寺・薬師寺・西大寺(さいだいじ)・法隆寺の七寺。南都七堂。

***なんと-して【何として】** 副詞 ❶**どうして。なぜ。**▼疑問の意を表す。一代男 江戸―物語 浮世・西鶴「方様(かたさま)はなんとしてここに御(ご)ざります」訳あなた様はどうしてここにいらっしゃるのですか。❷**どうして…か、いや、…ない。**▼反語表現に用いる。武悪 室町―狂言 狂言「討たうとは思うたれど、なんとして身が討たうぞ」訳(お前を)討とうとは思ったが、どうして私が討てようか、いや、討てはしない。

なん-と-・す 連語「なむとす」に同じ。

なんと-ほくれい【南都北嶺】 名詞 ❶南都(=奈良)と北嶺(=比叡山(ひえいざん))。❷奈良の興福寺と比叡山の延暦寺(えんりゃくじ)。

¹**なんと-やら【何とやら】** 副詞 **なんだか。どうやら。** 腹立てず 室町―狂言 狂言「なんとやら後光がさすやうにござる」訳なんだか後光がさすようです。

²**なん-と-やら【何とやら】** 連語
なりたち 代名詞「なに」+格助詞「と」+不確実を表す副助詞「やら」からなる「なにとやら」の変化した語。
なんとか。しかじか。うんぬん。 浮世風呂 江戸―物語 滑稽「女賢(かさか)しくして牛をなんとやらで」訳女が利口だと牛をなんとか(=売りそこなう)(というわけ)で。

なんと-ろくしゅう【南都六宗】 名詞 奈良時代に盛んだった仏教の六宗派。三論・成実(じょうじつ)・法相(ほっそう)・倶舎(くしゃ)・律・華厳(けごん)の六宗。

なん-な・し【難無し】 連語 **非難される点がない。欠点がない。差し支えない。** 徒然 鎌倉―随筆 五九「行末(ゆくすゑ)なんなくしたためまうけて」訳将来(人に)非難される点がない(ように)整え準備して。

なん-・なり 連語「ななり」に同じ。

なん-にょ【男女】 名詞 **男と女。だんじょ。また、人々。**

なん-の【何の】「なにの」の変化した語。
一 連体詞 **どういう。どんな。** 笈の小文 江戸―紀行 俳文・芭蕉「なんの木の花とも知らず」訳どういう木の花とも知らない。
二 副詞 ❶**どうして(…か、いや、…ない)。**▼反語表現に用いる。心中天網島 江戸―浄瑠 近松「あの不心中者(ぶしんぢゅうもの)、なんの死なう」訳あの不誠実なやつが、どうして死ぬだろうか、いや、死にはしない。❷**なんだ。どうということはない。** 浮世床 江戸―物語 滑稽「なんの、こんな頭の一つや二つ」訳どうということはない、こんな頭の一つや二つ。❸「何の彼(か)の」の略。**なんだのかんだの。** 心中刃は氷 江戸―浄瑠 近松「引き日のなんのと」訳引き日(=遊女が自分で金を出して休む日)だのなんだのかんだのと。

なん-ばん【南蛮】 名詞 ❶南方の異民族。また、南方の賊徒。❷ルソン・ジャワなどの東南アジア諸国。❸「南蛮人」の略。室町時代の末期から江戸時代に、日本に来たポルトガル人・スペイン人。広く西洋人。❹東南アジア方面から渡来したもの。また、珍奇なもの。多く他の語の前に冠して用いる。「南蛮鉄」「南蛮絵」。◆❷❸❹は室町時代以降の用法。

なん-ぴん【難平】 名詞 愚かなこと。また、身の程を知らぬ愚か者。◆米相場で、損を回復しようとしてする売り増し・買い増しの意から。

南畝(なんぽ) ⇨大田南畝(おおたなんぽ)

なん-ぼう【何ぼう】 副詞 ❶**どれほど。どんなに。** 冥途飛脚 江戸―浄瑠 浄瑠・近松「御用に立てば私も、なんぼうかうれしいもの」訳お役に立てば私も、どんなにかうれしいこと。❷**たとえどんなに(…でも)。いくら(…ても)。**▼譲歩し仮定する意を表す。国姓爺 江戸―浄瑠 浄瑠・近松「なんぼう飽かれた中なりとも」訳いくら飽きのきた夫婦仲であっても。❸**なんとまあ。なんと。**▼感動、驚きの気持ちを表す。道成寺 室町―能楽 謡曲「なんぼう恐ろしき物語にて候ふぞ」訳なんとまあ恐ろしい物語でございますことか。

なん-・めり 連語「なめり」に同じ。

***なん-めん【南面】** 名詞 ❶南に向くこと。南に向いた所。**南向き。南おもて。** ❷中国で、君主は南に向いて臣下に対したところから、天子の位について天下を治めること。また、その位。平家物語 鎌倉―物語 一・額打論「なんめんにして一日万機(いちじつばんき)の政(まつりごと)を治め給(たま)ひしに」訳天子の位についてあらゆる天下の政治をおとりになったことに。

なん-や 連語「なむや」に同じ。◆平安時代の中期ごろから連語「なむや」の「む」を「ん」と発音したことから「なんや」と表記されるようになったもの。

なん-れう【南鐐】 名詞 ❶**良質の美しい銀。** 南鐐銀。❷江戸時代の貨幣。二朱銀の別名。八枚で一両に当たる。

な

に[1]【二】名詞 ❶数の名。ふたつ。❷二番目。また、第二流。

に[2]【丹】名詞 **赤土**。また、赤色の顔料。赤い色。

に[3]

格助詞《接続》体言、活用語の連体形に付く。

語義の扉

伝言、体言あつかいの語、活用語の連体形に付いて連用修飾語をつくる。

❶動作、作用のおこなわれる時間(時)、空間(場所)。**…で。…に。**

❷移動動作の帰着点や方向。**…へ。…へ向かって。**

❸動作、作用の及ぶ相手、対象。**…に。…に対して。**

❹動作の行われる目的。**…のために。**

❺動作、作用の原因、理由。**…によって。…のために。**

❻受身、使役の対象。**…に**(よって…される)。**…から**(…される)。**…に**(させる)。

❼比較や対比の基準。**…に比べて。…より。**

❽添加、また累加の基盤。**…のうえに。…に。**

❾変化・変貌の結果。**…に**(なる)。**…と**(変わる)。

❿「知る」「見る」「聞く」「思ふ」「思ほす」などの動詞に付いて、その知覚の内容を示す。**…であると。…として。…と。**

ひろく❶の意を表すのを基底の用法として、❷〜❿といった、現代語の格助詞「に」とほぼ同様のいくつかの意味、用法があり、読解、解釈にあたっては、それぞれの文脈のありかたにあわせて、「に」の直前にある語(体言、体言あつかいされた語、活用語の連体形)と、下に位置している用言とのかかわりから、その意味、用法を判別することが要求される。

なお、これら以外に、古典語の格助詞「に」特有の用法として、

⓫主格を表す語に付き、係助詞「も」「は」「こそ」などを伴って、「…にも」「…には」「にこそ」などの形で、動作、状態の主への尊敬の意を表す場合。**…におかれても**(は)。**…におかせられても**(は)。

⓬同じ動詞を繰り返した間に「に」を用い、「…連用形＋に＋…連用形」の形で(この場合「に」の直前の動詞連用形は体言あつかいに準ずるものとしてあつかわれている)、強調表現をつくる。**とてもひどく…する。ただもう……するばかりである。ひたすら……している。**

⓭比喩を表す場合。**…のように。**

といった用法があり、これらのうち、⓫や⓬の場合などは、それぞれ、「どちら様にもおすこやかにてお過ごしのことと存じます。」といった手紙文などでの挨拶の言葉や、「走りに走って」「飲みに飲んで」などといった慣用的な言いかたとして現代語のなかにも流れ込んでいるとみとめられるもので、総じて、格助詞「に」の意味用法の、時をこえての普遍的な姿を見ることができよう。

❶動作、作用のおこなわれる時間(時)、空間(場所)を表す。**…で。…に。**万葉集 奈良一歌集 八「熟田津(にぎたつ)に熟田津尓船乗りせむと月待てば潮もかなひぬ今は漕ぎ出でな」訳熟田津で、船出しようと月の出を待っていると、月も出て、潮も満ちてきた。さあ、さあ、今こそ漕ぎ出そう。土佐日記 平安一日記 十二・二一「某(それ)の年の、十二月の二十日余り一日の日の戌(いぬ)の時に門出す」訳ある年の十二月の二十一日の日の、戌の刻(午後八時ごろ)に出発をする。

❷移動する動作の帰着点や方向を表す。**…へ。…へ向かって。**竹取物語 平安一物語 龍の頸の玉「『この玉取り得では、家に帰り来な。』とのたまはせけり」訳(大伴の大納言は家来たちに)「この龍の青の玉を手に入れることができなかったら家へ帰って来てはならぬ」とおおせられた(ということだ)。土佐日記 平安一日記 一・十一「今し、羽根といふ所に来ぬ」訳今、ちょうど、羽根という名の地に着いた。

❸動作、作用の及ぶ相手、対象を表す。**…に。…に対して。**万葉集 奈良一歌集 六五二「玉守(たまもり)に玉主尓珠は授けてかつがつも枕と吾(わ)れはいざ二人寝む」訳大切にしていた珠は番人に渡し与えたし、やれやれ、これから私は枕とふたりでさあ寝ることとしよう。注意 大切に育てていつくしんだわが娘を「玉」にたとえ、嫁がせた相手を「玉守」にたとえて、母親の立場からその安堵の気持ちと寂しさとを詠んだ歌。竹取物語 平安一物語 貴公子たちの求婚「この人々、ある時は竹取を呼びいでて、『娘をわれに給(た)べ』とふし拝み、手をすり宣へど」訳この貴公子たちは、ある折はこの竹取の翁を呼び出して「かぐや姫を私に下さい」と伏して願い、両手を合わせておっしゃったのだが。

❹動作の行われる目的を表す。**…のために。…に。**竹取物語 平安一物語 龍の頸の玉「龍の頸(くび)の玉取りにとて、出だしたてたまふ。」訳(大伴の大納言は)「龍の頸の玉を取るためにと言って」(家来たちを)出発させなさった。伊勢物語 平安一物語 九「その男、身を要(えう)無きものに思ひなして、京にはあらじ、あづまの方に住むべき国求めにとて行きけり」訳その男は、自分のことを無用の者に思って、この京には居るまい、東国の方に住むにふさわしい国を見つけるためにと思って(東国に)でかけて行った。更級 平安一日記 大井川「送りに来つる人々、これよりみな帰りぬ」訳(わたしたちを)(上総の国から)見送るために来た人々はここで皆帰って行った。

❺動作、作用の原因、理由を表す。**…によって。…のために。**万葉集 奈良一歌集 三九〇三「春雨に春雨尓萌(も)えし柳か梅の花ともに遅れぬ常のものかも」訳ここしばらくの春雨によって芽ぶいた柳であろうか、それとも、梅の花が咲く時期に遅れることなく毎年のように咲く慣らいであろうか。徒然 鎌倉一随筆 一九「花たちばなは名にこそ負へれ、なほ梅のにほひにぞいにしへのことも

立ち返り恋しう思ひいでらるる。」訳花を咲かせた橘はその香が昔のことを思い出させるよすがとして定評があるところだけれども、やはり、何と言っても梅の花の香によってこそ昔のことも自然と思い浮かんで恋しく思い出されることである。

注意「花たちばなは名にこそ負へれ」は、いちおう「〜こそ…已然形」のかたちをとっているが、意味上の終止がなされず、逆接の意を伴って以下の文脈に続いてゆく用法。参照▶こそ。

❻受身や使役の対象を表す。**…に**(よって…される)。**…から**(…される)。**…に**(させる)。〔伊勢物語 平安―物語〕十二「盗人なりければ、国の守にからめられにけり。」訳盗人であったので、国の守によって捕えられてしまった。〔更級 平安―日記〕竹芝寺「竹芝のをのこに、生けらむ世のかぎり、武蔵の国をあづけ取らせて、公事も為させじ。」訳この竹芝の男に、生きている限りのあいだ、武蔵の国をさずけ与えることにして、年貢を納めたり、賦役を提供したりすることも仰せつけないことにしよう。〔徒然 鎌倉―随筆〕一八「ある時、木の枝に掛けたりけるが、風に吹かれて鳴りけるを、かしかましとて捨てつ」訳ある時、(瓢箪を)木の枝に掛けておいたのだが風に吹かれてからから鳴ったので、やがて、やかましいと言って捨ててしまった。

❼比較や対比の基準を表す。**…に比べて。…より。**〔万葉集 奈良―歌集〕八〇三「銀も金も玉も何せむにまされる宝子に及かめやも古尓斯迦米夜母」訳銀だって、黄金だって、玉だって、いったい何になろうというのか。こうした宝だって子というものに及ぼうか。及びはしないのだ。〔土佐日記 平安―日記〕一・九「この人々の深き志は、この海にも劣らざるべし。」訳(私たち一行を送ろうとして追って来た)この人達の気持ちは、その深さにおいて、この海にも負けないことであろう。

❽添加、また累加の基盤を表す。**…のうえに。…に。**〔竹取物語 平安―物語〕龍の頸の玉「この人々の道の糧食ひ物に、殿内の絹、綿、銭など、あるかぎり取り出でて添えて遣はす」訳(龍の頸に付いている玉を取りに出かける)この家来たちのために、糧物となる食べ物のほかに、お邸の中にある絹、綿、銭などを、あるだけみんな取り出して、持たせておやりになる。〔徒然 鎌倉―随筆〕四四「いと若き男の、月光に色あひさだかならねど、つややかなる狩衣に濃き指貫、いとゆゑづきたるさまにて…」訳とても若い男が、月の光の射している中で(月明りであるために)その色あいははっきりと分からないが、つやつやとした狩衣に紫色の濃い指貫を着けた、いかにも由緒ありげな様子で……

❾変化、変貌の結果を表す。**…に**(なる)。**…と**(変わる)。〔竹取物語 平安―物語〕かぐや姫の生ひ立ち「いきほひ猛の者に成りにけり。」訳(竹取の翁は)富み栄えた勢力家となった。〔徒然 鎌倉―随筆〕一九「青葉になり行くまで、よろづにただ心をのみぞなやます」訳(桜の花も)青葉になって行くまで、あれこれと気をもみ、心を悩ますばかりである。

❿「知る」「見る」「聞く」「思ふ」「思ほす」などの動詞について、その知覚の内容を表す。**…であると。…として。…と。**〔源氏物語 平安―物語〕桐壺「いと篤しくなりゆき、もの心細げに里がちなるを、いよいよ飽かずあはれなるものに思ほして」訳たいそう病弱となり、何となく寂しく頼りなげで、里に下りていることも多いのを、(帝は)ますますたまらなく、不憫な者としてお思いになり。

⓫(「…にも」「…には」「…にこそ」などの形で)動作、状態の主への尊敬の意を表す。**…におかれても**(は)。**…におかせられても**(は)。〔枕草子 平安―随筆〕うへにさぶらふ御猫は「御前にもいみじううち笑はせたまふ。…上にも聞こしめして、渡らせおはしまして、……と笑はせたまふ」訳皇后様におかれてもたいへんお笑いになる。……(皆が大騒ぎしているのを)お聞きになって帝におかれても、こちらへおいでなされて……などと言われてお笑いになった。〔源氏物語 平安―物語〕桐壺「『亡きあとまで人の胸あくまじかりける人の御覚えかな』とぞ、弘徽殿の女御などには、なほ許しなうのたまひける」訳「死んでしまった後までも人を不愉快にさせずにおかない御寵愛ぶりだこと」と、弘徽殿の女御などにおかれては、今もって容赦なくおっしゃるのだった。〔源氏物語 平安―物語〕帚木「そこにこそ多く集へたまふらぬ。すこし見ばや。」訳あなたのおところこそ(女の方々からの手紙を)たくさん集めていらっしゃるのでしょう。すこし、拝見したいものです。〔栄花物語 平安―物語〕殿上の花見「女宮ふたりおはしまして、男宮のおはしまさぬことを口惜しう。内にも宮にも殿ばらもおぼしめす。」訳(章子、馨子という)女宮がふたりおられるものの、男宮のいらっしゃらないことを、帝におかれても、また后におかれても、殿達も残念なことに思っていらっしゃる。

⓬(「…に…」の形で)強調表現を作る。**とてもひどく…する。ただもう…するばかりである。ひたすら…している。**〔万葉集 奈良―歌集〕七五一「あひ見ては幾日も経ぬをここだくも狂ひに狂ひ久流比尓久流必思ほゆるかも」訳逢ってのちいくにちも経っていないのに、こんなにも恋しく、ただひたすら狂おしく思われてならないことだ。〔竹取物語 平安―物語〕かぐや姫の昇天「荒れも戦かで、心地ただ痴れに痴れて、目守りあへり。…立て籠めたるところの戸、ただ開きに開きぬ。」訳激しく勇ましく戦うこともしないで、気持ちがただもうぼんやりとなってしまって、じっと見つめているばかりだった。…きちんと閉じてあった戸が、たちまちのうちにどんどん開いてしまった。

⓭比喩を表す。**…のように。**〔万葉集 奈良―歌集〕三二三八「相坂をうちいでて見れば淡海の海白木綿花に白木綿花尓浪立ち渡る」訳逢坂を出てみると、琵琶湖の湖面には一面に波が立ちさわいでいることだ。まるで白い木綿花が咲きそろってもいるように。〔古今 平安―歌集〕恋五「今はとてわが身時雨に降りぬれば言の葉さへに移ろひにけり」訳今はもうわたしもあなたにとって古びてしまい、時雨にあった木の葉のように以前のあなたのお約束のことばまですっかり色変わりしてしまったことですね。

に[4]

〔接続助詞〕《接続》活用語の連体形に付く。

語義の扉

もともと時(時間)や場所を表す格助詞の「に」であったものが、接続助詞としての働きをもつように変化した語。
活用語の連体形、まれに形容詞の終止形にも接続して、「に」をはさんだ前後の文の内容のつながり方を示す。そのつながり方に、つぎのような三つの場合がある。
❶単純な接続であることを表す。…と。…て、そして。
❷順接の確定条件を表す。
㋐必然的条件。原因、理由。…ので。…から。
㋑偶然的条件。…したところ。
㋒恒常的条件。…するときは、いつも。
❸逆接の確定条件を表す。…のに。…が。…けれども。

❶単純な接続を表す。…と。…て、そして。…が。[宇治拾遺 鎌倉—説話] 一・一二「この稚児(ちご)、寝たるよしにて、出でくるを待ちけるに、すでにし出だしたるさまにて」[訳]この稚児は、寝たふりをして、(ぼたもちの)出来あがってくるのを待っていると、もう作りあげたようすで。[徒然 鎌倉—随筆] 六〇「きはめて貧しかりけるに、師匠、死にざまに銭二百貫と坊ひとつを譲りたりけるを、坊を百貫に売りて」[訳](この盛親(じゃうしん)僧都は)とても貧乏であったが、その師匠が死に際(ぎわ)に銭二百貫と住坊ひとつとを譲ってくれていたのに、住坊の方を百貫で売って(結局、三万疋(びき)の銭を)。

❷順接の確定条件を表す。㋐(必然的条件)原因、理由を表す。…ので。…から。[伊勢物語 平安—物語] 九「渡守(わたしもり)『はや舟に乗れ、日も暮れぬ』といふに、乗りて渡らむとするに、皆人ものわびしくて、京に思ふ人なきにしもあらず」[訳]渡守が「急いで船に乗りなさい、日が暮れてしまう」と言うので、乗ってこの河を渡ろうとしたが、誰も皆(こんなに遠くまで都を離れて来てしまったことが)わびしく感じられて来て、都には愛(いと)しい妻も残してきているのであった。

㋑(偶然的条件)…たところ。[竹取物語 平安—物語] かぐや姫の生ひ立ち「あやしがりて寄りて見るに、筒の中、光りたり」[訳]不思議に思って(その根元の光っている竹に)近寄って見たところ、筒の中が光り輝いていた。

㋒(恒常的条件)…するときは、いつも。[万葉集 奈良—歌集] 四六六「うつせみの借(か)れる身にあれば露霜(つゆしも)の消ぬるがごとくあしひきの山道(やまぢ)をさして入り日なお隠りにしかばそこ思ふに曽許念尓胸こそ痛き」[訳]人間というものははかない仮の命だから、わたしの妻も、露や霜が消えてしまうように山道の方に日が没するように隠れてしまったので、それを思うと(いつも)胸がしめつけられてならないことだ。

❷逆接の確定条件を表す。…のに。…だが。…けれども。[更級 平安—日記]「うれしくいみじくて、夜昼(よるひる)これを見るよりうちはじめ、またまたも見まほしきに、ありもつかぬ都のほとりに、誰かは物語もとめ見する人のあらむ」[訳]うれしくて、とてもうれしくて、夜も昼もこの物語を見るのを始めとして、つぎつぎに別の物語を見たいのだけれども、まだ住み慣れてもいないこの都のあたりに、いったい誰が物語などさがし出して見せてくれる人があるだろうか、あろうはずもないことだ。

参考 時や場所の格助詞「に」から転じた語であるから、もともと明確な区別の難しい例もある。「に」の直前に位置している連体形の指田に「時」「所」という語を補って修飾の関係が明晰になる場合は格助詞としてあつかうことができる。万葉集の、巻三・二七〇の高市連黒人の連作中の「旅にしてもの恋(こほ)しきに物語敷尓山下の赤(けあ)のそほ船沖に漕ぐ見ゆ」など、「旅にあって、なんとなくふるさとが恋しく思われる時に」といった時の表示と認められる。しかし、いっぽう、「旅にあって、なんとなくふるさとが恋しく思われて、ふと見ると…」という接続関係表示の萌芽とも考えられる場合である。

に[5] [終助詞]《接続》活用語の未然形に付く。
奈良時代以前の語。活用語の未然形に接続して、他に対する願望を表す。…てもらいたい。…てほしい。[万葉集 奈良—歌集] 八〇一「ひさかたの天路は遠しなほなほに家に帰りて業(なり)をしまさに奈利乎斯麻佐尓」[訳](天に行けば何でも自分の自由にふるまえばよいけれども)その天への道のりは遠い。おとなしく家に帰って家業にお励みになってほしい。

に[6] 打消の助動詞「ず」の奈良時代以前の連用形。

に[7] 完了の助動詞「ぬ」の連用形。参照▶資料3

に[8] ナリ活用形容動詞の連用形活用語尾の一つ。参照▶資料3

に[9] 断定の助動詞「なり」の連用形。参照▶資料3

に-あ・ふ【似合ふ】(ニアウ—ニオウ) [自動詞]八四{は/ひ/ふ/ふ/へ/へ} よくつり合う。調和がとれている。[源氏物語 平安—物語] 東屋「ものなど聞こえ給ふ御容貌(かたち)ども、いとさまににあひたり」[訳]お話を申し上げていらっしゃるお二人のお顔立ちは大そう美しく、よくつり合っている。

に-あ・り[1] 連語
なりたち 格助詞「に」＋ラ変動詞「あり」
…にある。…にいる。[土佐日記 平安—日記] 一・五「風波やまねば、なほ同じ所にあり」[訳]風や波が止まないので、

文脈の研究 に
右の例は単独で文末に用いられた場合。次の例のように、詠嘆の終助詞「も」を伴って、他への願望(誂(あつら)え)を強調した文脈をつくる場合がある。

『万葉集』四一七八の、

ひとりのみ聞けばさぶしもほととぎす丹生(にふ)の山辺(やまへ)にい行き鳴かにも伊去鳴尓毛

[訳]わたしひとりでその鳴き声を聞いているとさびしいことだ。ほととぎすよ、(どうか)丹生の山辺へ行って鳴いてほしいことだ。

このような「にも」を一語の終助詞と認め、額田王の有名な歌、『万葉集』一八の、

三輪山をしかも隠すか雲たりと心あらなも隠さふべしや

などの「なも」と同意の語と判定することもできる。

やはり同じ所に(停泊して)いる。

²に-あ・り 連語
なりたち 断定の助動詞「なり」の連用形「に」＋ラ変補助動詞「あり」
…である。…だ。枕草子 平安-随筆 春はあけぼの「風の音虫の音など、はた言ふべきにあらず」訳風の音や虫の鳴き声など(の趣のあることは)、さらにまた言う必要のあることでない(＝言うまでもない)。

にい【新】⇨にひ

にう-めん【煮麺・入麺】ニュウメン 名詞「にめん」の変化した語。素麺を煮て、しょうゆや味噌で味付けしたもの。

にえ【贄】⇨にへ

にお【鳰】⇨にほ

におい【匂い】⇨にほひ

匂い付け 文芸 蕉風俳諧で、連句の付け方の一つ。前句に漂う気分・余情を受けて、それに調和するように同趣の情調を持つ付け句を付けること。

に-おいて【に於いて】 連語 …に。…にて。…で。「におきて」とも。▼場所・時・場合などを表す語の下に用いて、下へ続ける。徒然 鎌倉-随筆 九二「いはんや一刹那のうちにおいて、懈怠の心ある事を知らんや」訳ましてや一瞬の間に怠惰の心があることを知っているだろうか。いや、知るまい。
参考「おいて」は「お(置)きて」のイ音便。平安時代の漢文訓読系の文章で時・所を表す助字「於」の訓として当てられた語。

におう【匂う】⇨にほふ

***に-およば-ず【に及ばず】** 連語 ⇨およばず❷。

¹に-か 連語
なりたち 格助詞「に」＋係助詞「か」
…に…か。…に…か(いや、…ない)。万葉集 奈良-歌集 三六九六「新羅へか家にか帰る壱岐の島(＝枕詞)行かむたどきも思ひかねつも」訳新羅へ行くか、家に帰るか(判断がつきかねる)。ユキの島というが、どうしてユクのかも思いつかないことだ。

²に-か 連語
なりたち 断定の助動詞「なり」の連用形「に」＋係助詞「か」
…であろうか。…であろうか(いや、…ない)。万葉集 奈良-歌集 六一二「間無く恋ふれにかあらむ草枕旅なる君が夢にし見ゆる」訳絶え間なくわたしが恋しく思うからであろうか、(草枕)旅に出ているあなたが夢に見えます。

に-か-あら-む 連語
なりたち 断定の助動詞「なり」の連用形「に」＋係助詞「か」＋ラ変補助動詞「あり」の未然形＋推量の助動詞「む」の連体形
…であろうか。竹取物語 平安-物語 燕の子安貝「『何の用にかあらむ』と申す」訳「何に用いるのであろうか」と申し上げる。
参考 多く、「にかあらむ」は「何の」などの疑問語を伴うときに用い、そうでないときは、「にやあらむ」を用いる。

に-かい【二階】 名詞 ❶「二階厨子」の略。二段の棚の下の部分だけに扉をつけた置き戸棚。参照▼口絵 ❷「二階棚」の略。扉のない二段の棚。参照▼口絵 ❸二階建ての建物。また、その上の部分。

に-かう【二更】ニコウ 名詞 時刻の名。「五更」の第二。午後十時および、それを中心とする二時間。

にが・し【苦し】 形容詞ク {(く)・から/く・かり/し/き・かる/けれ/かれ} ❶苦い。宇治拾遺 鎌倉-説話 三・一六「食ふに、にがきこと物にも似ず」訳食べてみると、苦い(味がする)ことは例を見ない。❷不愉快である。おもしろくない。気まずい。大鏡 平安-物語 道長上「興もさめて、ことにがうなりぬ」訳興も覚めて、雰囲気が気まずくなってしまった。◇「にがう」はウ音便。参照▼類語と使い分け⑲

にが-たけ【苦竹】 名詞 植物の名。真竹、女竹の別名。▼それらの竹の子に苦味があることから。

にがにが・し【苦苦し】 形容詞シク {(しく)・しから/しく・しかり/し/しき・しかる/しけれ/しかれ} 非常に不愉快である。平家物語 鎌倉-物語 一・鹿谷「世の中にがにがしうぞ見えし」訳世の中が非常に不愉快に思えた。◇「にがにがしう」はウ音便。参照▼類語と使い分け⑲

にが・む【苦む】
一 自動詞マ四 {ま/み/む/む/め/め} 苦々しく思う。苦々しい顔をする。しかめっ面になる。源氏物語 平安-物語 帚木「『暑きに』と、にがみ給へば」訳「暑いので」といって、苦々しい顔をしなさるので。
二 他動詞マ下二 {め/め/む/むる/むれ/めよ} 顔をしかめる。しわを寄せる。盛衰記 鎌倉-物語 四「面模の下にて鼻をにがむる事に侍るなり」訳仮面の下で鼻にしわを寄せるものであるようです。

にがむ-にがむ【苦む苦む】 副詞 苦い顔をしながら。しぶしぶ。大鏡 平安-物語 道長上「いま二所も、にがむにがむおのおのおはさうじぬ」訳もうお二人(＝道隆と道兼)も、しぶしぶそれぞれお出かけになった。

にが・る【苦る】 自動詞ラ四 {ら/り/る/る/れ/れ} 「にがむ」一に同じ。

¹に-き【日記】 名詞「にっき」に同じ。土佐日記 平安-日記 一二・二一「男もすなる日記といふものを、女もしてみむとてするなり」訳男も書くという日記というものを、女(の私)も書いてみようと思って書くのである。◇「にっき」の促音「っ」が表記されない形。

²にき-【和】 接頭語 穏やかな。柔らかい。細かい。整った。「にき稲」「にき栲」「にき膚」「にき御魂」。◆平安時代以降は「にぎ」。

³に-き 連語
なりたち 完了の助動詞「ぬ」の連用形＋過去の助動詞「き」
…てしまった。方丈記 鎌倉-随筆「一夜のうちに塵灰となりにき」訳(火事によって)一夜のうちに灰となってしまった。

熟田津 地名 歌枕 今の愛媛県松山市道後温泉の近くにあった港。所在地は諸説あり未詳。◆平安時代以降は「にぎたづ」。

にきたつに… 和歌「熟田津に 船乗りせむと 月待てば 潮もかなひぬ 今は漕ぎ出でな」万葉集 奈良-歌集 八・額田王 訳熟田津で船出をしようと月の出を待っていると、月が出、潮の具合もよくなった。さあ、今こそこぎ出そうよ。
鑑賞 作者が新羅征伐に向かう天皇一行のお供をしたとき、途中の熟田津(＝今の愛媛県にあった船着き場)で詠んだ歌。「漕ぎ出でな」の「な」は勧誘を表す

に

終助詞。

にき-たへ【和栲・和妙】 名詞 **打って柔らかくした布。織り目の細かい布。**◆「にき」は接頭語。平安時代以降は「にぎたへ」。対荒栲。

にき-たま【和魂】 名詞「にきみたま」に同じ。◆「にき」は接頭語。

にぎ-は・し【賑はし】 形容詞シク「にぎははし」に同じ。

にき-はだ【和膚・柔膚】 名詞 **柔らかな肌。やわはだ。**◆「にき」は接頭語。平安時代以降は「にぎはだ」。

にぎ-はは・し【賑ははし】 形容詞シク {(しく)・しから/しく・しかり/し/しき・しかる/しけれ/しかれ} ❶**富み栄えている。豊かである。裕福である。**源氏物語 平安-物語 帚木「すべて、にぎははしきに寄るべきなむなり」訳だいたい富み栄えている(家の娘)に近寄るのがよいようだ。❷**にぎやかで活気がある。**更級 平安-日記 宮仕へ「今日はかくておはすれば、内外人多くこよなくにぎははしくもなりたるかな」訳今日はこのようにしていらっしゃるので、家の内外に人が大勢いて、この上なくにぎやかで活気があるようになったものです。❸**明るく陽気である。**源氏物語 平安-物語 空蝉「にぎははしう愛敬づき、をかしげなるを」訳明るく陽気で魅力があり、かわいらしいのを。◇「にぎははしう」はウ音便。

にぎ-は・ふ【賑はふ】 自動詞ハ四 {は/ひ/ふ/ふ/へ/へ} ❶**富み栄える。繁栄する。**日本書紀 奈良-史書 崇神「五穀すでに成りて、百姓にぎはひぬ」訳作物はすべて実って、国民は繁栄している。❷**にぎやかになる。盛んになる。**宇治拾遺 鎌倉-説話 二・七「里もにぎはひにけり」訳集落もにぎわっていた。

にき・ぶ【和ぶ】 自動詞バ上二 {び/び/ぶ/ぶる/ぶれ/びよ} **安らかにくつろぐ。なれ親しむ。**万葉集 奈良-歌集 七九「にきびにし家をおき」訳くつろいでいた家をすてて。

にき-みたま【和御魂】 名詞 **柔和な徳を備えた神霊。**「にきたま」とも。◆「にき」は接頭語。平安時代以降は「にぎみたま」とも。対荒御魂。

にき-め【和布・和海藻】 名詞 **柔らかな海藻。**わかめの類。◆「にき」は接頭語。平安時代以降は「にぎめ」。

にく【憎】 形容詞 語幹⇩にくし。枕草子 平安-随筆 方弘は、いみじう人に「あな、にくの男や」訳ああ、気に入らない男よ。◆多く「あな、にく」の形で使われる。

に・ぐ【逃ぐ】 自動詞ガ下二 {げ/げ/ぐ/ぐる/ぐれ/げよ} **逃げる。避ける。**宇治拾遺 鎌倉-説話 三・六「にげ出でて大路へ出でにけり」訳逃げ出して大通りに出ていた。

にぐう-の-だいきゃう【二宮の大饗】 名詞 平安時代、正月二日に宮中で、群臣が中宮・東宮の二宮を拝賀し、後に饗宴を賜る儀式。

にくから-・ず【憎からず】 連語

なりたち 形容詞「にくし」の未然形＋打消の助動詞「ず」

❶**情愛が細やかである。**竹取物語 平安-物語 御門の求婚「御返り、さすがににくからず聞こえ交はし給ひて」訳ご返事は、そうはいっても情愛細やかにやりとり申し上げなさって。❷**あいきょうがある。感じがよい。**枕草子 平安-随筆 正月一日は「男君もにくからずうち笑みたるに」訳男主人も感じがよくにっこりしているが。

語法「にくし」ではない、の形をとった婉曲な表現で、多く連用修飾語として用いられる。

にく-げ・なり【憎げなり】 形容動詞ナリ {なら/なり・に/なり/なる/なれ/なれ} ❶**憎らしげだ。憎らしそうだ。**源氏物語 平安-物語 帚木「にくげなることどもを言ひ励まし侍るに」訳憎らしげなことなどを激しく言い立てますと。❷**見た目に感じが悪い。醜い。ぶかっこうだ。**蜻蛉 平安-日記 下「鏡をうち見れば、いとにくげにはあり」訳鏡を見ると、ずいぶんぶかっこうであって。◆「げ」は接尾語。

にくさ-げ・なり【憎さげなり】 形容動詞ナリ {なら/なり・に/なり/なる/なれ/なれ} 形容詞「にくし」の語幹に接尾語「さ」を付けて名詞化し、さらに接尾語「げ」を付けて形容動詞化した語。**不快に思われる。いかにも醜い。**徒然 鎌倉-随筆 一「顔にくさげなる人にも立ちまじりて」訳顔付きがいかにも醜い人の間にも入り交じって。

にく・し【憎し】 形容詞ク {(く)・から/く・かり/し/き・かる/けれ/かれ}

語義の扉

古語の「にくし」には、現代語の「にくい」ほどの強い憎悪の意味はない。

❶㊀しゃくにさわる。気に入らない。
❷㊀感じが悪い。みっともない。
❸㊉あっぱれだ。見事だ。

❶**しゃくにさわる。気に入らない。いやだ。憎らしい。**枕草子 平安-随筆 にくきもの「急ぐことあるをりに来て長言するまらうと」訳しゃくにさわるもの。急用があるときにやって来て、長話をする客。❷**感じが悪い。みっともない。見苦しい。**徒然 鎌倉-随筆 二〇八「これは、このごろやうの事なり。いとにくし」訳この結び方は、今ふうのものだ。たいそう見苦しい。❸**あっぱれだ。見事だ。優れている。**▼憎く感じるほど優れているようす。保元 鎌倉-物語 中「にくい剛の者かな」訳あっぱれな勇者であることよ。◇「にくい」はイ音便。

-にく・し[2]【憎し】 接尾語ク〔動詞の連用形に付いて〕…するのがつらい。…しにくい。源氏物語 平安-物語 桐壺「いと立ち離れにくき草のもとなり」訳とても立ち去るのがつらい草深い屋敷である。

にくみ-す・つ【憎み捨つ】 他動詞タ下二 {て/て/つ/つる/つれ/てよ} **憎み嫌って、顧みない。**笈の小文 江戸-紀行 俳文・芭蕉「にくみすてたるほどの人も」訳(ふだんは)嫌悪して顧みなかったような間柄の人も。

にく・む【憎む】 他動詞マ四 {ま/み/む/む/め/め} ❶**憎らしいと思う。嫌う。いやがる。**源氏物語 平安-物語 帚木「『異人の言はむやうに、心得ず仰せらる』とて、中将にくむ」訳「別の人が言うように、(私には)納得しがたいことをおっしゃる」といって、頭の中将は憎らしがる。❷**非難する。とがめる。反対する。**徒然 鎌倉-随筆 一二「『我は、さやは思ふ』など、争ひにくみ」訳「私はそのように思うか、いや思わない」などと言い争って非難し。

にげ-な・し【似気無し】 形容詞ク {(く)・から/く・かり/し/き・かる/けれ/かれ} **ふさわしくない。似合わない。**枕草子 平安-随筆 にげなきもの「にげなきもの、下衆の家に雪の降りける」訳似合わないものは、身分の低い者の家に雪が降ったもの。

にげ-まうけ【逃げ設け】 名詞 **逃げる準備。**

にげ-みづ【逃げ水】 名詞 春に草原などで、遠くに水があるように見え、近づくと、それが遠ざかって見える、一種の蜃気楼(しんきろう)。武蔵野(むさしの)にあるとされていた。

に-けむ* 連語

なりたち 完了の助動詞「ぬ」の連用形＋過去推量の助動詞「けむ」

…たのであろう。…てしまったのであろう。土佐日記 平安一日記 二・一六「五六年(いつとせむとせ)のうちに千年(ちとせ)や過ぎにけむ、かたへはなくなりにけり」訳(土佐在任中の)五、六年の間に、千年が過ぎてしまったのだろうか、(池のほとりの松の)一部分はなくなってしまった。

にげめ-を-つか・ふ【逃げ目を使ふ】(ニゲメヲツカウ) 連語 逃げようとする目つきをする。今昔物語 平安一説話 三一・三二「あやしくにげめをつかひて、ただ騒ぎに騒ぐ」訳奇妙にも、逃げようとする目つきをして、ただもうやたら騒ぐ。

に-けらし* 連語

なりたち 完了の助動詞「ぬ」の連用形＋過去推定の助動詞「けらし」

…たらしい。…てしまったらしい。伊勢物語 平安一物語 二三「筒井(つつ)つの井筒にかけしまろが丈(たけ)過ぎにけらしな妹(いも)見ざるまに」訳⇩つつゐつの…。

に-けり 連語

なりたち 完了の助動詞「ぬ」の連用形＋過去・詠嘆の助動詞「けり」

❶〔「けり」が過去の意を表す場合〕…た。…てしまった。伊勢物語 平安一物語 九「乾飯(かれいひ)の上に涙落として、ほとびにけり」訳乾飯(＝干した飯)の上に涙をこぼして、(乾飯が)ふやけてしまった。

❷〔「けり」が気づき・詠嘆の意を表す場合〕…たことだ。…てしまったことだ。拾遺 平安一歌集 恋一「忍ぶれど色に出(い)でにけりわが恋は物や思ふと人の問ふまで」訳⇩しのぶれど…。

にこ-【和・柔】 接頭語〔名詞に付いて〕柔らかい。柔和な。「にこ毛」「にこ草」

に-こそ[1] 連語

なりたち 格助詞「に」＋係助詞「こそ」

…に。…にこそ。源氏物語 平安一物語 帚木「そこにこそ多くつどへ給(たま)ふらめ」訳そちらにこそ多く集めておられることでしょう。

に-こそ[2] 連語

なりたち 断定の助動詞「なり」の連用形「に」＋係助詞「こそ」

…で。…でこそ。源氏物語 平安一物語 帚木「人違(たが)へにこそ侍るめれ」訳人違いでございましょう。

に-こそ[3] 連語

なりたち 接続助詞「に」＋係助詞「こそ」

…ので。源氏物語 平安一物語 竹河「院は、げに御位を去らせ給(たま)へるにこそ、盛り過ぎたる心地すれど」訳院(冷泉院(れいぜい))は、なるほど、御位を退いておられるので、元気盛んな頃は過ぎたという心地はするけれど。

にこ-やか・なり【和やかなり・柔やかなり】 形容動詞ナリ {なら/なり・に/なり/なる/なれ/なれ} ❶もの柔らかだ。しとやかだ。源氏物語 平安一物語 梅枝「にこやかなる方の御なつかしさは」訳(文字の)もの柔らかな面(＝筆づかい)の御好ましさは。❷にこにこしている。◆「やか」は接尾語。❷は江戸時代以降に使われる。

にごり*【濁り】 名詞 ❶よごれ。けがれ。古今 平安一歌集 夏「蓮葉(はちすば)のにごりに染(し)まぬ心もてなにかは露を玉と欺(あざむ)く」訳⇩はちすばの…。❷心が潔白でないこと。後ろ暗さ。源氏物語 平安一物語 須磨「にごりなき心に任せて、つれなく過ぐし侍(はべ)らむも」訳後ろ暗さのない心に任せて、平気な顔で過ごしましたとしても。❸仏道修行の妨げとなる欲望。煩悩。徒然 鎌倉一随筆 一七「心のにごりも清まる心地(ここち)すれ」訳心の煩悩も清らかになる気持ちがする。

にごり-え【濁り江】 名詞 水の濁っている入り江。

にごり-に-し・む【濁りに染む】 連語 俗世の濁りに染まる。源氏物語 平安一物語 帚木「にごりにしめるほどよりも、なまうかびにては、かへりてあしき道にもただよひぬべくぞおぼゆる」訳(在俗の)時よりも、なま悟りでは、かえって悪道(＝地獄、餓鬼、畜生の三悪道)にもさまようことになるだろうと思われる。

にご・る*【濁る】 自動詞ラ四 {ら/り/る/る/れ/れ} ❶不透明になる。にごる。古今 平安一歌集 離別「むすぶ

類語と使い分け⑮ 「にくらしい」意味を表す言葉

現代語の「にくらしい」は、にくい気持ちを起こさせるようす、しゃくにさわるようすを表す言葉であるが、その意味に近い古語は、「にくげなり」「ねたげなり」「ねたし」といった言葉である。「にくし」の意味もそれに近いが、「ねたげなり」と同様に「すぐれている」「あっぱれだ」などの意味もあり、その点が異なる。また、「けにくし」「いまいまし」「まがまがし」などの言葉も、部分的に意味が重なる。

にくげなり…にくらしい・しゃくだの意味であるが、「なほ、顔いとにくげならむ人は、心うし」(『枕草子』職の御曹司の西面の)などでは、(顔が)にくらしいという意味ではなくて、(顔が)みにくいという意味で、見た目が悪いことを表している。

にくし…しゃくにさわる・にくらしいの意味のほかに、見苦しい・見事だの意味もある。

ねたげなり…しゃくだ・にくらしいの意味が基本であるが、(にくらしいほど)りっぱだの意味もあり、その点「にくし」にも現代語「にくい」にも通ずるものがある。

ねたし…にくらしいの意味のほかに、くやしい・残念だの意味もある。

けにくし…同じにくらしいでも、どことなくにくらしい、そっけなくてしゃくだという意味がある。

いまいまし…忌みさけたくなるような気持ちが根底にあり、そこから様々な意味を表す言葉であるが、いまいましい対象に出会ったとき、その対象に対してにくらしい・いやだという気持ちを表す。

手の雫ににごる山の井の飽かでも人に別れぬるかな」訳⇩むすぶての…。❷煩悩・情欲にとらわれる。**けがれる。**源氏物語 平安一物語 宿木「澄み果てたりし方の心もにごりそめにしかば」訳悟りきっていた方面の気持ちも(大君に対する恋のため)けがれはじめてしまったので。❸**濁音になる。**徒然 鎌倉一随筆 一六〇「『行法』も、『法』の字を清みて言ふ、わろし。にごりていふ」訳「行法」という言葉も、「法」の文字を清音で発音するのはよくない。濁音にして言う(べきだ)。

に-ざり-ける 連語 なりたち 断定の助動詞「なり」の連用形「に」＋係助詞「ぞ」＋ラ変補助動詞「あり」の連用形＋過去の助動詞「けり」の連体形からなる「にぞありける」の変化した形。

…であったのだなあ。▼そのことに初めて気づいたという詠嘆を表す。土佐日記 平安一日記 一・八「天の川出づるみなとは海にざりける」訳天の川の流れ出る河口は海であったのだなあ。

にし[1]【西】名詞 ❶方角の一つ。❷**西風。**更級 平安一日記 竹芝寺「にし吹けば東になびき」訳西風が吹くと(ひさごは)東へ寄り。❸**西方浄土。**

にし[2]【螺・辛螺】名詞 小形の巻き貝の総称。

に-し[3] 連語 なりたち 完了の助動詞「ぬ」の連用形＋過去の助動詞「き」の連体形

…てしまった。新古今 鎌倉一歌集 雑上「めぐり逢ひて見しやそれとも分かぬ間に雲隠れにし夜半の月影」訳⇩めぐりあひて…。参考 用例は紫式部の歌で「小倉百人一首」にも採録されているが、「月影」が「月かな」となっている。

に-し[4] 連語 なりたち 断定の助動詞「なり」の連用形「に」＋副助詞「し」

…で。徒然 鎌倉一随筆 二五「飛鳥川の淵瀬常ならぬ世にしあれば」訳飛鳥川の淵や瀬が変わりやすいように、変わりやすい世の中であるから。

に-じ【二字】名詞 ❶**実名。名のり。**▼人名は多く二字の漢字を用いることから。❷**武士の身分。**▼武士は実名を名のることから。

にし-おもて[*]【西面】名詞 ❶**西の方角。**更級 平安一日記 足柄山「わが生ひ出でし国にては、にしおもてに見えし山なり」訳(富士山は)私が成長した国では、西の方角に見えた山である。❷**西向きの部屋。**源氏物語 平安一物語 若紫「ただ、このにしおもてにしも、持仏据ゑ奉りて行ふ、尼なりけり」訳ちょうど、この西向きの部屋に持仏を安置し申し上げてお勤めをする、尼であったのだ。❸院の御所の西面に詰めて警護の任に当たる武士。後鳥羽上皇のとき、「北面の武士」に並ぶものとして設けられた。「西面の武士」とも。

に-しか 終助詞《接続》活用語の連用形に付く。

なりたち 平安時代に、完了の助動詞「ぬ」の連用形と終助詞「しか」とが複合して一語化したもの。

動詞の連用形について、話し手自身の願望を表す。**…したいものだ。…できたらいいなあ。**後撰 平安一歌集 恋五「伊勢の海に遊ぶ海人ともなりにしか浪かき分けて海松布潜かむ」訳伊勢の海にもぐって遊ぶ海人になりたいものだなあ。海人が波をかき分けてもぐり、海松布を採ってくるように、わたしも、こっそりと恋しい人に会う機会(＝見る目)を手に入れたいことだから。

関連語「にしか」と「てしかな」 同じような語構造と意味、用法の語に「てしかな」があるが、上接の動詞について、「てしかな」が多く他動詞に付くのに対し、「にしかな」は多く自動詞に接続する。

に-しが 終助詞

⇩にしか。

にしか-な《接続》活用語の連用形に付く。

語義の扉

ふたつの願望の終助詞「にしか」と「な」とが複合して一語化したもの。

「にしか」と同様、動詞の連用形について、話し手自身の願望を表す。

…したいものだ。…したいなあ。蜻蛉 平安一日記 中「いかで、心として死にもしにしかな」訳やっぱり、どうにかして思い通りに死んでしまいたいものだ。

にしが-な 終助詞

⇩にしかな。

にしき【錦】名詞 ❶金糸・銀糸など種々の色糸で、いろいろな模様を織り出した、厚地の美しい絹織物。❷色彩ゆたかで美しいものをたとえていう語。古今 平安一歌集 春上「見渡せば柳桜をこきまぜて都ぞ春のにしきなりける」訳⇩みわたせばやなぎさくらを…。

にしき-を-き-て-かへ・る【錦を着て帰る】ニシキヲキテカエル 連語 **成功、出世して故郷に帰る。**平家物語 鎌倉一物語 七・実盛「故郷へはにしきをきてかへれといふことの候ふ」訳故郷には錦を着て帰れ(＝成功して出世して帰れ)ということがございます。

に-して[1] 連語 なりたち 格助詞「に」＋格助詞「して」

…において。…で。…に。▼場所・場合・時などの意を表す。方丈記 鎌倉一随筆「三十あまりにして、更にわが心と一つの庵を結ぶ」訳三十歳過ぎで、改めて自分の心のままに一軒の庵を建てる。

に-して[2] 連語 なりたち 断定の助動詞「なり」の連用形「に」＋接続助詞「して」

…で。…であって。奥の細道 江戸一紀行 旅立「月日は百代の過客にして」訳月日は永久に旅を続ける旅人(のようなもの)であって。◆漢文訓読系の文章や和歌に用いられる。「にて」に同じ。

に-し-て[3] 連語 なりたち 格助詞「に」＋サ変動詞「す」の連用形＋接続助詞「て」

…にして。古今 平安一歌集 冬「竜田川錦織りかく神無月時雨の雨をたてぬきにして」訳竜田川(の紅葉)は錦を織って掛けたようだ。神無月の時雨を たて糸と横糸にして。

にし-の-きやう【西の京】 名詞 平城京・平安京で、朱雀大路から西の部分。右京。平安京では、低湿地のため人家も少なく、まもなく田野となった。

にし-の-たい【西の対】 名詞 寝殿造りで、主殿の西側にある対の屋。ふつう、女性の住まいに用いられる。二の対。対 東の対。

にじふご-ぼさつ【二十五菩薩】 名詞 仏教語。念仏の修行者を守護し、臨終のときに、阿弥陀如来に率いられて来迎するという二十五の菩薩。

にじふ-し-き【二十四気】 名詞 陰暦で、五日を一候、三候を一気として、一年を二十四に区分した季節区分の称。立春・雨水・啓蟄・春分・清明・穀雨・立夏・小満・芒種・夏至・小暑・大暑・立秋・処暑・白露・秋分・寒露・霜降・立冬・小雪・大雪・冬至・小寒・大寒。

に-しも-あら-ず 連語 なりたち 断定の助動詞「なり」の連用形「に」＋副助詞「しも」＋ラ変補助動詞「あり」の未然形＋打消の助動詞「ず」

必ずしも…ではない。…というわけではない。 伊勢物語 平安―物語 九「京に思ふ人なきにしもあらず」訳 都に愛している人が必ずしもいないというわけではない。

西山 地名 今の京都市右京区にある愛宕山・小倉山・嵐山などを含む山地。社寺が多く、平安時代以降、貴族の信仰・遊覧の地となり、山荘も多かった。

西山宗因 人名 (一六〇五～一六八二)江戸時代前期の連歌作者・俳人。肥後(熊本県)の人。談林俳諧の祖。名は豊一。京都に出て連歌を里村昌琢に学び、宗匠となる。俳諧は連歌の余技として始めたが、その軽妙で清新な俳風は、古風な貞門派の俳諧にかわるものとして支持され、「談林風」と呼ばれた。

二十一代集 文芸 平安時代から鎌倉・室町時代にかけて編纂された、二十一の勅撰和歌集。『古今和歌集』から『新古今和歌集』までの八代集と、それ以後に編纂された『新勅撰和歌集』『続後撰和歌集』『続古今和歌集』『続拾遺和歌集』『新後撰和歌集』『玉葉和歌集』『続千載和歌集』『続後拾遺和歌集』『風雅和歌集』『新千載和歌集』『新拾遺和歌集』『新後拾遺和歌集』『新続古今和歌集』の十三の歌集(「十三代集」という)のこと。以後は、勅撰和歌集は編まれていない。⇨八代集 文芸

二条良基 ⇨二条良基

にじ-る【躙る】 一 自動詞 ラ四 {ら/り/る/る/れ/れ} **座ったままの姿勢でひざをするようにして、じりじりと移動する。** 貴人の前から退出するときなどの動作。今参 室町―狂言 狂言「まだ御前をにじりも致しませぬ」訳 まだ(あなたの)御前から退出しもいたしておりません。

二 他動詞 ラ四 {ら/り/る/る/れ/れ} **(物を)押しつぶすように、じりじりとねじ回す。** 宇治拾遺 鎌倉―説話 一三・六「板敷きに押し当ててにじれば」訳 板の間に押しつけてねじ回すと。

に-す【似す】 他動詞 サ下二 {せ/せ/す/する/すれ/せよ} **似るようにする。似せる。** 枕草子 平安―随筆 木の花は「楊貴妃の帝の御使ひにあひて泣きける顔ににせて」訳 楊貴妃が帝のお使いに会って泣いた顔に似せて。

に-せ【二世】 名詞 ❶仏教語。**現世と来世。** ❷**二代目。** 奥の細道 江戸―紀行 敦賀「遊行のにせの上人」訳 遊行の二代目の上人。

にせ-の-えん【二世の縁】 連語 **夫婦の縁。** 二世の契り。▼夫婦は現世・来世の二世の縁があるということから。

にせ-の-ちぎり【二世の契り】 連語 **夫婦の関係。** 二世の縁。▼現世と来世の二世にわたる約束があるということから。

偐紫田舎源氏 書名 合巻。柳亭種彦作。江戸時代後期(一八二九～一八四二)刊。三十八編。(内容)『源氏物語』の草双紙への翻案で、時代を室町時代に移し、足利将軍の子光氏を光源氏に見立てて好色生活を描いているが、実際は江戸城大奥の栄華を風刺している。

にせ-ゑ【似せ絵】 名詞 似顔絵。特に、平安時代後期から鎌倉時代に流行した大和絵の肖像画。

に-ぞ[1] 連語 なりたち 断定の助動詞「なり」の連用形「に」＋係助詞「ぞ」

…で。 万葉集 奈良―歌集 三七八四「心なき鳥にぞありけるほととぎす」訳 心ない鳥であったのだなあ、ほととぎすは。

に-ぞ[2] 連語 なりたち 格助詞「に」＋係助詞「ぞ」

…に。 源氏物語 平安―物語 若紫「故尼君のにぞ似たりける」訳 なき尼君の(筆跡)に似ていたのだった。

に-たり 連語 なりたち 完了の助動詞「ぬ」の連用形＋完了(存続)の助動詞「たり」

…てしまった。…てしまっている。 徒然 鎌倉―随筆 一九「言ひ続くれば、みな源氏物語・枕草子などにこと古りにたれど」訳 このように言い続けると、みな『源氏物語』や『枕草子』などに、言いふるされてしまっているが。

日蓮 人名 (一二二二～一二八二)鎌倉時代の僧。日蓮宗の開祖。安房(千葉県)の人。立正大師。清澄寺・比叡山などで修行し、『法華経』にのっとった新しい宗派をおこした。建白書の『立正安国論』を書いて伊豆・佐渡へ流罪の後、鎌倉に戻り、身延山に入って教えを説いた。著書に『開目抄』などがある。

にちれん-しゅう【日蓮宗】 名詞 日本仏教の宗派の一つ。鎌倉時代に日蓮を祖として開宗。法華経を経典とし、「南無妙法蓮華経」の題目を唱える。法華宗。

につかは・し【似つかはし】 形容詞 シク {(しく)・しから/しく・しかり/し/しき・しかる/しけれ/しかれ} **ふさわしい。似つかわしい。** 土佐日記 平安―日記 一・一二「幼き童の言にては、につかはし」訳 幼子の言葉としては、ふさわしい。

につ-き【日記】 名詞 日々の出来事や感想などを記録したもの。平安時代の仮名表記では、促音を表す文字がなかったため、「にき」という表記がふつう。

参考 主に変体漢文で書かれた男性の手になる公的

な日記と、主に和文で書かれた、多くは女性の手になる私的な日記の二種に分けて考えられる。後者は、内面的な描写が行われ、文学的価値をもつものが多く、「日記文学」としてとり上げられる。⇩日記文学

文芸 **にっ-きふ【日給】** ニッキュウ 名詞 「殿上人」が宮中に当直として出仕すること。また、その日。「にきふ」とも。

にっきふ-の-ふだ【日給の簡】 ニッキュウノフダ 名詞 宮中で、当日の出勤者の確認をするために用いた、それぞれの官位・姓名を記した木の札。出勤者は自分の姓名の下に当直の日付を記した紙片をはり、清涼殿の殿上の間の北西の壁に立てかける。殿上の簡。仙籍。「ひだまひのふだ」とも。

日記文学 文芸 文学の形式の一つ。平安時代から鎌倉時代にかけて和文で書かれた、文学性の高い日記作品。多く回想録風で、内省的傾向が強い。その最初のものは、平安時代初期の、紀貫之が女性に仮託して書いた『土佐日記』である。道綱母の『蜻蛉日記』によって平安女流の仮名日記文学が盛んになり、『和泉式部日記』『紫式部日記』『更級日記』などが相次いだ。鎌倉時代には『建春門院中納言日記(建寿御前日記)』『十六夜日記』などがある。紀行文学とのかかわりも深い。

にっ-くゎう【日光】 ニッコウ 名詞 ❶日光。太陽の光。❷仏教語。「日光菩薩」の略。

にっくゎう-かいだう【日光街道】 ニッコウカイドウ 名詞 江戸時代の五街道の一つ。江戸日本橋から日光に至る街道で、宇都宮までの間は、奥州街道と重なる。日光東照宮の参拝道として幕府が整備した。

にっくゎう-ぼさつ【日光菩薩】 ニッコウボサツ 名詞 仏教語。薬師如来の左脇に立つ菩薩。◆右脇には月光菩薩が立つ。

にっくゎ-もん【日華門】 ニッカモン 名詞 内裏の門の一つで、紫宸殿の南庭の東、宜陽殿と春興殿の間にあり、西の月華門と対する門。「じっくゎもん」とも。

にっ-しふ【入集】 ニッシュウ 名詞/—す 他動詞 サ変 歌集・句集に、作品を選び入れること。去来抄 江戸—論 先師評「冬の月とにっしふせり」訳「冬の月」として句集に入れた。

にっ-そう【入宋】 ニッソウ 名詞/—す 自動詞 サ変 日本から宋へ行くこと。徒然 鎌倉—随筆 一七九「にっそうの沙門道眼上人」訳 宋に渡った僧の道眼上人。⇩入唐

にっ-たう【入唐】 ニットウ 名詞/—す 自動詞 サ変 日本から唐へ行くこと。平家物語 鎌倉—物語 七・平家山門連署「伝教大師にったう帰朝の後」訳 伝教大師最澄が唐に渡って日本に帰ったあと。

参考 広く中国へ行く意にも用いる。同じ意の語に「入宋」がある。

にっ-ちゅう【日中】 ニッチュウ 名詞 ❶仏教語。「六時」の一つで、今の午前十時ごろから午後二時ごろまでに当たる時刻。また、その間に行う勤行。❷昼間。

日本永代蔵 書名 浮世草子。井原西鶴作。江戸時代前期(一六八八)刊。六巻。(内容)西鶴の町人物の第一作。町人の知恵才覚による経済上の成功談と失敗談三十話から成る。「昔は掛算今は当座銀」の三井九郎右衛門など、実在のモデルによるリアルな描写が町人社会に鋭いメスをいれている。

に-つら・ふ【丹つらふ】 ニツラウ 自動詞 八四 〔は／ひ／ふ／ふ／へ／へ〕 紅に照り映えて美しい。万葉集 奈良—歌集 一九八六「につらふ妹は」訳 (ほほが)紅に照り映えて美しい私の恋する女性は。◆奈良時代以前の語。

にて[1] 格助詞 《接続》体言、まれに活用語の連体形に付く。

語義の扉

格助詞「に」と接続助詞「て」が複合して一語化したもので、体言、また、まれに活用語の連体形について用いられ、

- ❶場所や時、また年齢を表す。…で。…に。…において。
- ❷方法、手段また材料を表す。…で。…によって。
- ❸原因、理由を表す。…によって。…で。…のために。
- ❹資格、状態、事情を表す。…で。…として。…であって。

なお、「にて」は、ひろく各時代の古典の作品にわたってみとめられる助詞であるが、平安時代の末ごろになると音韻変化によって「で」という語形をも生じ、現代語の格助詞「で」の用法につながるもといをかたちづくっている。

❶動作、作用、状態の存在する場所、時、また年齢などを示す。**…で。…に。…において。** 土佐日記 平安—日記 一二・二七「京にて生まれたりし女児、国にてにはかに失せにしかば」訳 京で生まれた女の子どもが、土佐の国で急に亡くなってしまったので。徒然 鎌倉—随筆 七「長くとも、四十に足らぬほどにて死なむこそめやすかるべけれ」訳 (長生きをすると、恥をさらすことが多い。)たとえ長くても、四十歳に足らぬぐらいの年で死ぬのが見苦しくないであろう。

❷動作、作用の方法や手段、また材料などを表す。**…で。…によって。** 源氏物語 平安—物語 桐壺「たづね行く幻もがな伝にても魂の在り処をそこと知るべく」訳 亡くなった更衣の魂を尋ねあてる幻術師がいてほしいことだ。人伝えにでもその魂のありかがどこであるかを知ることができるように。注意「長恨歌」の内容になぞらえて、帝が亡き更衣への思いを詠んだ歌。更級 平安—日記 太井川「深き河を舟にて渡る」訳 深い河を、舟に乗って渡る。

❸動作、作用の生じる原因、理由を示す。**…によって。…で。…のために。** 竹取物語 平安—物語 かぐや姫の生ひ立ち「われ、朝毎夕毎に見る竹の中におはするにて知りぬ。子となり給ふべき人なんめり」訳「わたしが毎朝毎晩見る竹の中にあなたがおいでになることで気がつきました。あなたはわたしどもの子となり、わたしの編む籠の中で養い育まれるべきお方であるようです。

文脈の研究 ❸のこの用例は全体が竹取の翁の会話文であるが、「こ」が和歌表現における掛詞の実質を持って機能しており、子の意と籠(=かご)の意とが生かされた文例である。

❹動作、作用が行われるときの資格や状態、事情を表す。…で。…として。…であって。源氏 平安－物語 桐壺「まみなどもいとたゆげにて、いとゞなよよくと、われかの色気にて臥したれば」訳眼差などもとてもだるそうで、よりいっそう力なく、正体もないような有様で横になっているので。徒然 鎌倉－随筆 一〇六「かくのごとくの優婆夷などの身にて比丘を堀へ蹴入れさする、未曾有の悪行なり」訳このようなことさら低い身分の優婆夷などで(ありながら)比丘ほどの身を堀の中に蹴りころがすとは、かつて聞いたこともない悪行だぞ。

歴史スコープ 語法・文法
❶のような用法のうち場所や時を示す場合、奈良時代以前、また平安時代以降の漢文訓読系統の作品の中では、格助詞「に」と接続助詞「て」の間にサ変動詞連用形を介した「にして」という連語の用いられることが多い。参照▶にして。

に-て[2] 連語
なりたち 完了の助動詞「ぬ」の連用形＋接続助詞「て」
…てしまって(いて)。万葉集 奈良－歌集 八二九「梅の花咲きて散りなば桜花継ぎて咲くべくなりにてあらずや」訳梅の花が咲いて散ってしまったら、桜の花が続いて咲きそうになってしまっているではないか。

二条良基 人名 (一三二〇～一三八八)室町時代前期の歌人・歌学者。関白二条道平の子。関白・太政大臣・摂政。師の救済とともに、連歌集『菟玖波集』を編集し、連歌の興隆に指導的役割を果たした。連歌論書に『筑波問答』などがある。

二条院讃岐 人名 生没年未詳。平安・鎌倉時代の女流歌人。源頼政の娘。藤原重頼の妻。二条天皇と後鳥羽院中宮の宜秋門院に仕えた。『千五百番歌合』などで活躍、叙情的な歌を詠んだ。家集『二条院讃岐集』。

に-て-も[1] 連語
なりたち 断定の助動詞「なり」の連用形「に」＋接続助詞「て」＋係助詞「も」
…であっても。…でいても。…でも。▼「あり」「なし」などの語が下にくることが多い。徒然 鎌倉－随筆 一九一「昼はことそぎ、およすけたる姿にてもありなん」訳昼は簡素にして、地味な姿でいてもよいだろう。

に-て-も[2] 連語
なりたち 格助詞「にて」＋格助詞「も」
❶(場所・時間などを表して)…においても。…にいても。…でも。万葉集 奈良－歌集 三八九六「家にてもたゆたふ命波の上に浮きてし居れば奥処知らずも」訳家にいても不安な命なのに、(今、海上の)波の上に浮いているので、この先将来がどうなるのかわからないことよ。❷(手段・方法、または理由・原因を表して)…によっても。…にでも。源氏物語 平安－物語 桐壺「たづね行く幻もがなつてにても魂のありかをそこと知るべく」訳(更衣の魂のゆくえ)を捜しに行ってくれる幻術士がいるといいなあ。人づてにでも魂のいる場所がどこなのか知ることができるように。

に-な・し【二無し】形容詞ク{(く)・から／く・かり／し／き・かる／けれ／かれ}同等のものが二つとない。比べるものがない。この上ない。源氏物語 平安－物語 須磨「げに及ばぬ磯のたたずまひ、になく書き集め給へり」訳ほんとうに想像も及ばない(すばらしい)磯のようすを、比べるものがなく(立派に絵に)描いて集めなさった。

になひ-いだ・す【担ひ出だす】他動詞サ四{さ／し／す／す／せ／せ}❶肩にかついで出す。❷やっと持ち出す。やっとのことで作り出す。土佐日記 平安－日記 一二・二七「この海辺にて、になひいだせる歌」訳この海辺でやっとのことで作り出した歌。

にな・ふ【担ふ・荷ふ】他動詞ハ四{は／ひ／ふ／ふ／へ／へ}かつぐ。肩にのせて運ぶ。枕草子 平安－随筆 五月四日の夕つかた「青き草多くいとうるはしく切りて、左右になひて」訳青い草(＝菖蒲)をたくさんたいそう美しく整えて切って、左右の肩にかついで。

に-なむ[1] 連語
なりたち 格助詞「に」＋係助詞「なむ」
…に。源氏物語 平安－物語 桐壺「夜半うち過ぐるほどになむ、絶えはて給ひぬる」訳夜中を過ぎたころに、(桐壺更衣は)お亡くなりになりました。

に-なむ[2] 連語
なりたち 断定の助動詞「なり」の連用形「に」＋係助詞「なむ」
…で。…であって。源氏物語 平安－物語 桐壺「母宮、内裏のひとつ后腹になむおはしければ」訳(女君の)母宮は、帝と御母は同じであり、その母后のお腹からお生まれになった皇女でいらっしゃったので。

に-なむ[3] 連語
なりたち 接続助詞「に」＋係助詞「なむ」
…ので。源氏物語 平安－物語 朝顔「かく立ち寄り訪はせ給ふになむ、もの忘れしぬべくはべる」訳(あなたが)このようにお見舞い下さるので、この世のつらさも忘れそうでございます。

二人比丘尼 書名 仮名草子。鈴木正三作。江戸時代前期(一六三二ころ)成立。二巻。〔内容〕戦乱で夫に死別した若い妻と、やはり夫に死別した美女の二人の運命を描いて、無常の世のありさまと仏教の理を説いたもの。

にの【布】名詞「ぬの」に同じ。◆奈良時代以前の東国方言。

に-の-ひと【二の人】名詞 宮中の席次が一の人(＝摂政・関白)に次ぐ人。

に-の-まち【二の町】名詞 二流。二番目。◆「まち」は区分・区画の意。

に-の-まひ【二の舞】名詞 ❶舞楽の舞の一つ。『案摩』の舞の次に、異様な面をつけた二人の舞人が、案摩をまねた滑稽な所作で舞うもの。案摩の舞に対する答舞であるという。❷人の後に出て、そのまねをすること。また、前者の失敗を再び繰り返すこと。

に-の-みや【二の宮】名詞 ❶第二親王。また、第二内親王。内親王の場合は「女二の宮」と呼ぶことが多い。❷その国で「一の宮」に次ぐ社格の神社。

には[1]【庭】名詞 ❶家屋の前後などにある平地。のち、邸内の、草木を植え、池・島などを設けた場所。❷神事・農事・狩猟・戦争・教育など、物事が行われる場所。場。保元 鎌倉－物語 上「合戦のにはに出いでて」訳合戦の場に出て。❸海面。万葉集 奈良－歌集 三八八「いざ子どもあへて漕ぎでむにはも静けし」訳さあ、みんな。思いきって漕ぎ出そう。海面も静かだ。❹家の中の土

に

問。

[2]**に-は** ［連語］［なりたち］断定の助動詞「なり」の連用形「に」＋係助詞「は」

…では。▼多く「あらず」「侍らず」など打消の語句や「あれど」などの逆接を表す語句が続く。［源氏物語 平安―物語］桐壺「いとやむごとなき際にはあらぬが、すぐれて時めき給ふありけり」［訳］それほど高貴な身分ではない方で、際だって帝のご寵愛を受けて栄えていらっしゃる方があった。

[3]**に-は** ［連語］［なりたち］格助詞「に」＋係助詞「は」

…には。［古今 平安―歌集］秋上「秋来ぬと目にはさやかに見えねども」［訳］⇩あききぬと…。

にはか【俄】ニワカ ［名詞］「俄狂言」の略。にわかに思いついてする即興の狂言の意。滑稽を主とした即興的な演芸。素人が祭礼などで演じた即興の寸劇が変化し、専門の芸人によって遊里・寄席で行われるようになったもの。江戸時代中期から末期にかけて、大坂、のちに江戸で流行した。

にはか・なり【俄なり】ニワカナリ ［形容動詞］ナリ｛なら／なり・に／なり／なる／なれ／なれ｝❶**突然だ。だしぬけだ。急だ。**［源氏物語 平安―物語］桐壺「野分たちて、にはかに肌寒き夕暮れの程」［訳］嵐が吹いて、急に肌寒くなった夕暮れのころ。

❷**病気の容態が急変する。危篤になる。**▼「にはかになる」の形で用いる。［古事記 奈良―史書］景行「この時御病いとにはかになりぬ」［訳］この時（倭建命の）ご病気がたいそう急変して危篤になった。

には-かまど【庭竈】ニワカマド ［名詞］正月の三が日、入り口の土間に新しいかまどを築き、家人・奉公人が集まって飲食して楽しむこと。また、そのかまど。［季］春。

には-ぐら【庭蔵】ニワグラ ［名詞］穀類や雑物を納めるため屋外に設置した蔵。「にはくら」とも。

[1]**には-たづみ**【行潦・庭潦】ニワタズミ ［名詞］雨が降ったりして、地上にたまり流れる水。

[2]**には-たづみ**【行潦・庭潦】ニワタズミ ［枕詞］地上にたまった水が流れることから「流る」「行く」「川」にかかる。［新勅撰 鎌倉―歌集］恋二「にはたづみ行く方知らぬもの思ひに」［訳］にわたづみの流れる先がわからないように、私もどうなるかわからないもの思いに。

[1]**には-つ-とり**【庭つ鳥】ニワツトリ ［名詞］鶏。◆「つ」は「の」の意の奈良時代以前の格助詞。

[2]**には-つ-とり**【庭つ鳥】ニワツトリ ［枕詞］「庭の鳥」の意から鶏の古名「鶏」にかかる。［万葉集 奈良―歌集］一四一三「にはつとり鶏の垂り尾の乱れ尾の長き心も思ほえぬかも」［訳］鶏の垂れた長い尾のように長くゆったりした気持ちは持てないことだ。

には-のり【庭乗り】ニワノリ ［名詞］／―す ［自動詞］サ変 庭先で馬を乗りならすこと。［平家物語 鎌倉―物語］四・競「今朝もにはのりし候ひつる」［訳］今朝も庭先で馬を乗りならしておりました。

には-の-をしへ【庭の訓へ】ニワノオシエ ［連語］家庭で親が子に授ける教育。**家庭教育。教訓。**◆「庭訓」を訓読した語。

には-び【庭火・庭燎】ニワビ ［名詞］庭でたいて明かりとする火。特に、宮中で神楽を行うときなどのかがり火。［季］冬。

***にば・む**【鈍む】［自動詞］マ四｛ま／み／む／む／め／め｝❶**鈍色（＝濃いねずみ色）になる。鈍色に染まる。**多く喪服を着ることにいう。「にぶ」「にぶむ」とも。［源氏物語 平安―物語］葵「にばめる御衣奉れるも」［訳］（源氏は）鈍色のお着物（＝喪服）をお召しになっているのも。

にひ-【新】ニイ ［接頭語］（名詞に付いて）**新しい。初めての。まだだれも手をつけていない。**「にひ草」「にひ肌」「にひ枕」

にび【鈍】［名詞］「鈍色」の略。

にび-いろ【鈍色】［名詞］染め色の一つ。橡の実の球で染める濃いねずみ色。喪服の色に用いる。「にぶいろ」とも。［参照］▼口絵

にひ-さきもり【新防人】ニイサキモリ ［名詞］新しく派遣される防人。

にひ-しまもり【新島守り】ニイシマモリ ［名詞］新しく派遣された島の番人。「にひじまもり」とも。

にひ-たまくら【新手枕】ニイタマクラ ［名詞］「にひまくら」に同じ。

[2]**にひ-なへ**【新嘗】ニイナエ ［名詞］「にひなめ」に同じ。

にひ-なめ【新嘗】ニイナメ ［名詞］❶新穀を供えて神々を祭り、自らも食べて収穫を感謝する神事。❷「新嘗祭り」の略。◆「にひなへ」とも。

にひなめ-まつり【新嘗祭り】ニイナメマツリ ［名詞］宮中の年中行事の一つ。陰暦十一月の中の卯の日、天皇が新穀を皇祖はじめ諸神に供え、自らもそれを食べる儀式。即位後初めてのものは、大嘗祭または大嘗会と呼ぶ。新嘗祭。［参照］▼口絵

にひ-ばり【新治・新墾】ニイバリ ［名詞］荒れ地を新たに開墾したこと。また、その土地。［万葉集 奈良―歌集］二八五五「にひばりの今作る路」［訳］新しく開墾した土地の今作っている路。

にひ-まくら【新枕】ニイマクラ ［名詞］男女が初めて共寝すること。初夜。新手枕。◆「にひ」は接頭語。

にひ-むろ【新室】ニイムロ ［名詞］新しく造った家や部屋。

にひ-も【新喪】ニイモ ［名詞］亡くなったばかりの近親者のために服する喪。

に・ぶ【鈍ぶ】［自動詞］バ上二｛び／び／ぶ／ぶる／ぶれ／びよ｝「にばむ」に同じ。［源氏物語 平安―物語］朝顔「にびたる御衣どもなれど」［訳］濃いねずみ色になっているお召し物などではあるけれど。

にぶ-いろ【鈍色】［名詞］「にびいろ」に同じ。

にふ-ぎよ【入御】ニュウギョ ［名詞］「じゅぎょ」に同じ。

にふ-じ【入寺】ニュウジ 仏教語。

一［名詞］真言宗の大寺での僧侶の階級の一つ。衆分の上。阿闍梨の下。

二［名詞］／―す ［自動詞］サ変 寺に入って僧侶・住職になること。［平家物語 鎌倉―物語］四・南都牒状「不慮の難を逃れんがために、にはかににふじせしめ給ふ」［訳］思いがけない災難をまぬがれるために、急に寺に入って僧侶になられる。

にぶ・し【鈍し】［形容詞］ク｛（く）・から／く・かり／し／き・かる／けれ／かれ｝❶**切れ味が悪い。**［枕草子 平安―随筆］さかしきもの「紙をあまた押し重ねて、いとにぶき刀して切るさまは」［訳］紙をたくさん押し重ねて、とても切れ味の鈍い刀で切るありさまは。

❷**のろのろしている。**［徒然 鎌倉―随筆］一八五「これはにぶくしてあやまちあるべし」［訳］この馬はのろくて間違いがあるだろう。

にふ-じゃく【入寂】ニュウジャク 名詞／—す 自動詞 サ変 仏教語。僧侶(そうりょ)が死ぬこと。入滅。遷化(せんげ)。入定(にゅうじょう)。

*にふ-だう【入道】ニュウドウ 一 名詞／—す 自動詞 サ変 仏教語。仏道に入って修行すること。また、その人。出家。源氏物語 平安―物語 椎本「にふだうの御本意は、昔より深くおはせしかど」訳 出家のご意志は、昔から深くていらっしゃったけれど。二 名詞 髪をそり僧衣を着ているが、在俗のままで仏に仕え、寺に入っていない者。源氏物語 平安―物語 明石「にふだうの領(らう)じ占めたる所どころ」訳（明石の入道という）在俗の仏教者の領有しているあちこちの土地。

参考 二は、平安時代、天皇・皇族・貴族など身分の高い人にいうことが多く、多くは法名を付けた。

にふだう-の-みや【入道の宮】ニュウドウノミヤ 連語 出家した親王・内親王や女院などの呼び名。

にふ-ぢゃう【入定】ニュウジョウ 名詞／—す 自動詞 サ変 仏教語。❶心を統一して雑念をはらい、「禅定(ぜんぢやう)」（＝悟りの境地）に入ること。対 出定(しゅつぢやう)。❷高僧が死ぬこと。入滅。入寂(にゅうじゃく)。

にふ-ぶ【入部】ニュウブ 名詞／—す 自動詞 サ変 国司や領主が、その支配する領内にはじめて入ること。平家物語 鎌倉―物語 一・俊寛沙汰鵜川軍「昔よりこの所は国方(くにかた)の者ににふぶする事なし」訳 昔からこの場所は国府の役人が領内に入ることはない。

にふぶ-に ニュウブニ 副詞 にこにこ。万葉集 奈良―歌集 三八一七「わが背子はにふぶに笑みてたちてます見ゆ」訳 私の愛する人はにこにこ笑って立っていらっしゃるのが見える。

にふ-めつ【入滅】ニュウメツ 名詞／—す 自動詞 サ変 仏教語。死ぬこと。特に、釈迦(しゃか)の死についていう。また転じて、貴人・高僧の死にもいう。入寂(にゅうじゃく)。入定(にゅうじょう)。

にへ【贄】ニエ 名詞 ❶古代、豊作を感謝して、神にその年の新穀を供えること。また、その供え物。❷神や朝廷に献上する供え物。穀物・野菜・魚・鳥などをさす。❸貢物(みつぎもの)。贈り物。

にへ-・す【贄す】ニエス 他動詞 サ変 {せ/し/す/する/すれ/せよ} その年の新しい穀物を神に供える。万葉集 奈良―歌集 三三八六「にほ鳥の（＝枕詞(まくらことば)）葛飾(かつしか)早稲(わせ)をにへすとも」訳 葛飾で収穫した早生(わせ)の稲を神に供えていても。

にへ-どの【贄殿】ニエドノ 名詞 ❶宮中の「内膳司(ないぜんし)」にあり、諸国から献上された魚や鳥などを納めておく所。❷貴族の家などで魚や鳥などを保存し、調理する所。

にほ【鳰】ニオ 名詞 鳥の名。かいつぶりの別名。湖沼にすみ、水中にもぐって魚を取る。「にほどり」とも。

にほ-どり【鳰鳥】ニオドリ 名詞「にほ」に同じ。

にほどり-の【鳰鳥の】ニオドリノ 枕詞 かいつぶりが、よく水にもぐることから「潜(かづ)く」および同音を含む地名「葛飾(かつしか)」に、長くもぐることから「息長(おきなが)」に、水に浮いていることから「なづさふ（＝水に浮かび漂う）」に、また、繁殖期に雌雄が並んでいることから「二人並び居(ゐ)」にかかる。「にほどりの葛飾（⇩にへす）」

にほ-の-うきす【鳰の浮き巣】ニオノウキス 連語 水鳥のかいつぶりの巣。◆葦(あし)の間に作られた巣は水に浮いてみえることから、和歌などでは、頼りない、身の寄せ所がない意で使われる。

鳰(にほ)の海(うみ) ニオノウミ 地名 歌枕「琵琶湖(びわこ)」の別名。歌では、春の景としては「霞(かすみ)」「花」、秋の景では「月」とともに詠まれる。

にほのうみや… 和歌「にほの海や 月の光の うつろへば 波の花にも 秋は見えけり」新古今 鎌倉―歌集 秋上・藤原家隆(ふじわらのいえたか) 訳 にほの海はまあ、月の光が映るので、秋の色がないといわれる波の花にも、秋の色は見えることだなあ。

鑑賞 本歌の「草も木も色変はれどもわたつうみの波の花にぞ秋なかりける」（『古今和歌集』）〈草も木も色が変わるが、海の波という花には（色を変える）秋はないことよ。〉が、秋になっても白波の色が変わらないのを、「秋なかりける」としたのに対してここでは、月の光が白い波に映れば、波も秋の色になると異を唱えた。「にほの海」は「琵琶湖(びわこ)」の別名。

にほは・し【匂はし】ニオワシ 形容詞 シク {(しく)・しから/しく・しかり/し/しき・しかる/しけれ/しかれ} 輝くように美しい。つややかに美しい。源氏物語 平安―物語 空蟬「ねびれてにほはしき所も見えず」訳（空蟬(うつせみ)は）老けてつややかに美しいところも見えない。

*にほは・す【匂はす】ニオワス 他動詞 サ四 {さ/し/す/す/せ/せ} ❶美しく染める。美しく色づける。万葉集 奈良―歌集 三六七七「秋の野をにほはす萩は咲けれども」訳 秋の野を美しく染める萩は咲いたけれども。❷香りを漂わせる。薫らせる。枕草子 平安―随筆 南ならずは東の「火取りに火深う埋(うづ)みて、心細げににほはしたるも」訳 火取り香炉に火を深く埋めて、かすかに香りを漂わせているのも。❸それとなく知らせる。ほのめかす。源氏物語 平安―物語 横笛「まほにあらねど、うちにほはしおきて」訳 はっきりではないが、（気持ちを）ちょっとほのめかしておいて。

にほひ

にほひ【匂ひ】ニオイ 名詞

❶（美しい）色あい。色つや。枕草子 平安―随筆 木の花は「花びらの端に、をかしきにほひこそ、心もとなうつきためれ」訳（梨(なし)の花は）花びらの端に、美しい色つやが、ほのかについているように見える。

❷（輝くような）美しさ。つややかな美しさ。源氏物語 平安―物語 桐壺「この御にほひには並びたまふべくもあらざりければ」訳 この（若宮の）つややかなお美しさには匹敵なさることもできそうになかったので。

❸（あふれ出る）魅力。気品。紫式部 平安―日記 消息文「その方の才(ざえ)ある人、はかないことばのにほひも見え侍(はべ)るめり」訳 その方面（＝文章）の才能のある人で、ちょっとした言葉にも魅力が見えるようです。

❹栄華。威光。源氏物語 平安―物語 椎本「官位(つかさくらゐ)、世の中のにほひも、何とも覚えずなむ」訳 官位や世間での栄華も、何とも思われなくて。

❺（よい）香り。におい。徒然 鎌倉―随筆 三二「わざとならぬにほひ、しめやかにうちかをりて」訳 わざわざ焚(た)いたとも思われない（香の）かおりが、もの静かに薫って。

❻（句に漂う）気分。余情。三冊子 江戸―句集 俳論「言外に侘(わ)びたるにほひ、ほのかに聞き得て」訳（前句の）言外に表れた閑寂の気分を、ほのかに聞き取って。◇俳諧(はいかい)用語。

にほひ-あ・ふ【匂ひ合ふ】ニオイアウ 自動詞 ハ四 {は/ひ/ふ/ふ/へ/へ} ❶色美しく映(は)え合う。枕草子 平安―随筆 関白殿、二月二十一日に「空は緑にかすみわたれるほどに、

に

女房の装束のにほひあひて」訳空が青く一面にかすんでいるようすに、女房の衣装が色美しく映え合って。❷いくつかの香りが調和して香る。源氏物語 平安一物語 鈴虫「ひとつ香りににほひあひて、いとなつかし」訳ひとつの香りに調和して香って、とても心引かれる。

にほひ-やか・なり【匂ひやかなり】ニオイヤカナリ 形容動詞ナリ〔なら／なり・に／なり／なる／なれ／なれ〕つやつやと美しい。華やかで美しい。源氏物語 平安一物語 桐壺「いとにほひやかに、うつくしげなる人の」訳たいへん華やかで美しく、かわいらしい人が。◆「やか」は接尾語。

にほ・ふ【匂ふ】ニオウ 自動詞ハ四／他動詞ハ四／他動詞ハ下二

語義の扉

「に」は「丹(に)」で赤い土。「ほ」は「秀(ほ)」で抜きん出る意。それに「ふ」を付けて動詞化した語と考えられ、目でとらえられる視覚的な美しさを表すのが原義。後に、鼻でかぐ「かをる(薫る)」の語と混同を生じ、ともに視覚・嗅覚でとらえられるものをさしたか、やがて両者とも、嗅覚によるばあいだけをいうようになった。

- 一 自動詞
  - ❶美しく咲いている。美しく映える。
  - ❷美しく染まる。
  - ❸美しさがあふれている。
  - ❹快く香る。香が漂う。
  - ❺恩を受ける。
- 二 他動詞 香りを漂わせる。
- 三 他動詞 染める。色づける。

一 自動詞ハ四〔は／ひ／ふ／ふ／へ／へ〕❶**美しく咲いている。美しく映える。**万葉集 奈良一歌集 四一三九「春の苑紅にほふ桃の花下照る道に出で立つ乙女」訳⇩はるのその…。❷**美しく染まる。(草木などの色に)染まる。**万葉集 奈良一歌集 一六九四「細領巾の(＝枕詞)鷺坂山の白躑躅われににほはね妹に示さむ」訳鷺坂山の白つつじよ、私の衣に染まってほしい。妻に見せよう。❸**美しさがあふれている。美しさが輝いている。**万葉集 奈良一歌集 二一「紫草のにほへる妹を憎くあらば人妻ゆゑに我恋ひめやも」訳⇩むらさきのにほへるいもを…。❹**快く香る。香が漂う。**古今 平安一歌集 春上「人はいさ心も知らずふるさとは花ぞ昔の香ににほひける」訳⇩ひとはいさ…。❺**恩を受ける。おかげをこうむる。**源氏物語 平安一物語 真木柱「ほとりまでもにほふためしこそあれ」訳その縁のある人々までおかげをこうむる例もあるのだ。

二 他動詞ハ四〔は／ひ／ふ／ふ／へ／へ〕**香りを漂わせる。香らせる。**古今 平安一歌集 冬「花の色は雪に交じりて見えずとも香をだににほへ人の知るべく」訳梅の花の色は雪の色にまじって見えなくても、せめて香りだけでも香らせよ。梅の花があると人が知るように。

三 他動詞ハ下二〔へ／へ／ふ／ふる／ふれ／へよ〕**染める。色づける。**万葉集 奈良一歌集 三八〇一「住吉の岸野の榛ににほふれどにほはぬ我やにほひて居らむ」訳住吉の岸辺の野の榛の木で染めても染まらない私だけれども(この翁に)染まっていくことだろうか。

匂宮(にほふみや)ニオウミヤ 人名『源氏物語』の作中人物。匂兵部卿宮。今上帝の第三皇子で、母は光源氏の娘明石中宮。祖父光源氏ゆずりの色好みの美男子で、薫と並んで「宇治十帖」の中心人物である。におうのみや。

日本紀(にほんぎ) ⇩日本書紀

日本後紀(にほんこうき) 書名 史書。藤原冬嗣・藤原緒嗣ら編。平安時代前期(八四〇)成立。四十巻。〔内容〕六国史の一つ。桓武天皇(七九二)から淳和天皇までの四天皇四十二年間の史実を、漢文で整然と記述した編年体の歴史書。

日本国現報善悪霊異記(にほんこくげんぽうぜんあくりょういき)ニホンコクゲンボウゼンアクリョウイキ ⇩日本霊異記

日本三代実録(にほんさんだいじつろく) 書名 史書。藤原時平・菅原道真ら編。平安時代中期(九〇一)成立。五十巻。〔内容〕六国史の一つ。清和・陽成・光孝天皇の約三十年間の史実を編年体で記述した、六国史中最大で内容も詳細な歴史書。

日本書紀(にほんしょき) 書名 史書。舎人親王・太安万侶ら編。奈良時代(七二〇)成立。三十巻。〔内容〕豊かな史料をもとに、神代の巻以下、神武天皇から持統天皇までの歴史的事実に重点をおき、多くの異説を付記した歴史書。『日本紀』とも。『古事記』と並べて「記紀」という。参照▼口絵

日本橋(にほんばし) 地名 今の東京都中央区日本橋。江戸時代から商業の中心地として発展した。橋は一六〇三年に架けられ、東海道など五街道の起点となった。

日本霊異記(にほんりょういき)ニホンリョウイキ 書名 説話集。景戒著。平安時代前期(八二二ころ)成立。三巻。〔内容〕『日本国現報善悪霊異記』の略称で最古の説話集。作者は奈良薬師寺の僧。「悪業の結果牛になった話」など因果応報の仏教説話を中心に、漢文で書かれた百十二の説話が集められている。『景戒記』ともいう。

に-も[1] 連語 なりたち 格助詞「に」＋係助詞「も」

❶**…においても。**源氏物語 平安一物語 桐壺「前の世にも御契りや深かりけむ」訳前の世においても、ご宿縁が深かったのだろうか。❷**…におかれても。**▼尊敬の意を表す。枕草子 平安一随筆 うへにさぶらふ御猫は「御前にもいみじうおち笑はせ給ふ」訳中宮様におかれても(事情がわかって)大変お笑いになられる。❸**…につけても。**源氏物語 平安一物語 若紫「まもらるるなりけりと思ふにも、涙ぞ落つる」訳自然と見つめないではいられなかったのだと思うにつけても、涙が落ちる。❹**…に比べても。…よりも。**土佐日記 平安一日記 一・九「この人々の深き志は、この海にも劣らざるべし」訳この(見送りにきた)人たちの深い友情は、この海の深さに比べてもひけをとらないにちがいない。❺**…の場合も。…の時も。**源氏物語 平安一物語 桐壺「あくる年の春、坊定まり給ふにも」訳翌年の春、皇太子がお決まりになる時も。❻**…にさえも。**源氏物語 平安一物語 桐壺「色にも出ださせ給はずなりぬるを」訳顔色にさえもお出しにならなくなってしまわれたので。

に-も[2] 連語 なりたち 断定の助動詞「なり」の連用形「に」＋係助

詞「も」

…でも。▼多く「あらず」「侍らず」などの打消の語句や、「あれど」などの逆接を表す語句が続く。今昔物語 平安一説話 二六・二三「敵に値ふべきにも無かりけれども」訳敵になれるようなものでもなかったけれども。

に-も-あら-ず 連語

なりたち 断定の助動詞「なり」の連用形「に」＋係助詞「も」＋ラ変補助動詞「あり」の未然形＋打消の助動詞「ず」

…でもない。竹取物語 平安一物語 かぐや姫の昇天「おのが身はこの国の人にもあらず」訳私の身は、この国の人でもない。

に-も-あれ 連語

なりたち 断定の助動詞「なり」の連用形「に」＋係助詞「も」＋ラ変補助動詞「あり」の已然形

…であっても。枕草子 平安一随筆 三月三日は「まらうどにもあれ、御せうとの君たちにても」訳お客様であっても、御兄弟の方たちでも。

に-も-こそ-あれ 連語

なりたち 断定の助動詞「なり」の連用形「に」＋係助詞「も」＋係助詞「こそ」＋ラ変補助動詞「あり」の已然形

…であると困る。…であると大変だ。源氏物語 平安一物語 若菜下「いまはのとぢめにもこそあれ」訳これが最期のときであると大変だ。

に-や[1] 連語

なりたち 格助詞「に」＋係助詞「や」

❶〔「や」が疑問の意を表す場合〕…に…か。竹取物語 平安一物語 火鼠の皮衣「かぐや姫にすみ給ふとな。ここにやいます」訳(あべの右大臣は)かぐや姫の所に夫として通っていらっしゃるというのだね。こちらにいらっしゃるか。❷〔「や」が反語の意を表す場合〕…に…か、いや…ない。竹取物語 平安一物語 御門の求婚「この女のたばかりにや負けむと思して」訳この女の計略に負けようか、いや、負けないぞとお思いになって。

に-や[2] 連語

なりたち 断定の助動詞「なり」の連用形「に」＋係助詞「や」

❶…であろうか。…であったのだろうか。▼多く「にやあらむ」「にやありけむ」の形で用いられ、疑問を表す。源氏物語 平安一物語 桐壺「恨みを負ふつもりにやありけむ」訳恨みを受けることが積み重なった結果であったのだろうか。❷…であろうか。…であったのだろうか。▼下の「あらむ」などが省略された形で、文末や、挿入句の末尾に用いられる。徒然 鎌倉一随筆 七三「世に語り伝ふること、まことはあいなきにや、多くはみな虚言なり」訳世間で語り伝えていることは、真実はつまらないのであろうか、多くはみんなつくりごとである。❸…であろうか。▼断言しない形にすることによって文の調子を柔らげる。奥の細道 江戸一紀行 草加「今年、元禄二年にや、奥羽長途の行脚、ただかりそめに思ひ立ちて」訳今年は元禄二年であろうか、奥州への長い行脚の旅をふと思いついて。

に-や-あら-む 連語

なりたち 断定の助動詞「なり」の連用形「に」＋係助詞「や」＋ラ変補助動詞「あり」の未然形＋推量の助動詞「む」の連体形

…であろうか。伊勢物語 平安一物語 二三「異心ありてかかるにやあらむと思ひ疑ひて」訳(女に)他の男への気持ちがあって、こうなのであろうかと心の中でひそかに疑って。

に-や-らむ 連語 「にやあらむ」に同じ。◆「にやあらむ」の変化したもの。

ニュウ【入】⇩にふ

にょい-ほうじゅ【如意宝珠】名詞 仏教語。これに祈れば、願いがすべてかなうという不思議な宝の玉。

にょい-りん【如意輪】名詞 「如意輪観音」の略。

にょいりん-くわんおん【如意輪観音】名詞 仏教語。六観音、または七観音の一つ。腕が六本で、如意宝珠と法輪を持つ。人々の願いを成就させるという。「如意輪」とも。

ニョウ【鐃】⇩ねう

にょう-くわん【女官】名詞 宮中・後宮に勤務して公の仕事をする女性。「にょくわん」とも。

参考 桃山時代の『源氏物語』の注釈書『岷江入楚』によると、「にょくわん」は内侍・命婦などの上級女官、「にょうくわん」は下級女官と、区別があったらしい。

にょう-ご*【女御】名詞 后の位の一つ。皇后・中宮の下位で、更衣の上位。「にょご」とも。

参考 摂政・関白・大臣の娘から出るのがふつうであった。桓武天皇のときに始まり、初めは地位が低かったが、次第に高くなり、醍醐天皇の女御の藤原穏子以後は、女御から皇后にあがるようになった。

にょう-じゅ【女嬬・女孺】名詞 「にょじゅ」に同じ。

にょう-ばう【女房】名詞

❶宮中や院の御所、天皇や后に仕え、一室(＝局)を与えられていた女官。枕草子 平安一随筆 うらやましげなるもの「よき人の御前に女房いとあまたさぶらふに」訳りっぱな方の御前に、女房がとてもたくさんそばにお仕えしているときに。❷貴族の家や武家に仕える女性。枕草子 平安一随筆 正月一日は「家の御達・女房などのうかがふを、打たれじと用意して」訳家の年功を積んだ女房や若い女房などが、(腰を打つ機会を)ねらうのを、打たれま

古典の常識『女房について』

「房」は部屋のことで、女房とは、一人用の部屋を与えられている上級の侍女のことをいう。尚侍を始めとする女官や、天皇・后・貴族などに仕える私的な侍女をも含んだ呼び名で、天皇に仕える女官を「上の女房」、后などに仕える侍女を「宮の女房」ということもある。

宮の女房は中流貴族から出ることも多かったが、家柄や身分によって「上臈」「中臈」「下臈」の階級に分けられ、主人の身の回りの世話や教育などに携わった。名前は実名ではなく、清少納言(清は姓の清原氏)のように、近親者の官名で呼ばれた。后の実家では競って優秀な女性を集め、給料も負担した。

いと用心して。❸**妻。**〔諸国ばなし 江戸‐物語〕浮世・西鶴「**にょうばう**の兄、半井清庵と申して、神田の明神の横町に、薬師あり」訳**妻**の兄に半井清庵といいまして、神田明神の横町に、医者(をやっているの)がいる。❹**女性。婦人。**〔世間胸算用 江戸‐物語〕浮世・西鶴「きれいなる**にょうばう**をつかふことがすきぢや」訳(ご主人は)きれいな**女性**を使うのが好きだ。

にょうばう‐いはらじ【女房家主】〔名詞〕「にょうばういへぬし」に同じ。

にょうばう‐いへぬし【女房家主】〔名詞〕**主婦。女主人。**「にょうばういはらじ」とも。

にょうばう‐ぐるま【女房車】〔名詞〕「女房❶」が乗る牛車。女車。

にょうばう‐ことば【女房詞・女房言葉】〔名詞〕室町時代初期から、宮中に仕えた女房が使い始めた特殊な言葉。のち、庶民の女性の間にも広まった。

にょうばう‐の‐さぶらひ【女房の侍】〔連語〕清涼殿内の女房たちの詰め所。台盤所。

にょうぼう〖女房〗⇩にょうばう

女房文学 〔文芸〕平安時代、宮中や貴族の家に仕えた「女房」によって平がなで書かれた、文学性の豊かな作品。日記・随筆・物語などがある。ほかの時代に比べて女性の文学活動がきわだって盛んだったのは平安時代中期で、代表的作者に清少納言・紫式部・和泉式部・赤染衛門などがいる。

◆**学習ポイント㊵**

女房詞のいろいろ

女房詞は、宮中に仕えた女房たちが卑俗な言い方を避けようとして、言葉の一部を省略したり、略したあとに「文字」を付けたり、言い換えたりしてできた用語である。

●言葉を省略したもの
おでん(お田…料理の「田楽」の略)
おひや(冷たい水…お冷やしの略)
おこわ(赤飯…こわめし〈強飯〉の略)

●語尾を略し、「文字」をつけたもの
かもじ(髪・添え髪…髪の「か」＋文字)
すもじ(寿司…すしの「す」＋文字)
しゃもじ(杓子…しゃくしの「しゃ」＋文字)
おめもじ(お目にかかること…「お目」＋文字)

●言葉を言い変えたもの
おなか(腹・食事…からだの中程)
むらさき(鰯―醤油の異称でもある)
かべ(豆腐)
あか・あかあか(小豆)

にょう‐ゐん*【女院】〔名詞〕天皇の生母や后・内親王などで、「院」もしくは「門院」の称号を与えられて、「上皇」に準じる待遇を受ける女性。また、その尊称。「にょゐん」とも。〔参考〕一条天皇の生母で皇太后だった藤原詮子が出家し、東三条院の称号が贈られたのが最初。門院号は、一条天皇の中宮だった藤原彰子に上東門院の称号が贈られたのが初め。

にょ‐くらうど【女蔵人】〔名詞〕宮中に仕える下級の女房。「内侍」「命婦」の下で雑務に当たった。「蔵人」とも。

にょ‐くわん【女官】〔名詞〕「にょうくわん」に同じ。

古典の常識

『宮廷の女官たち』

宮中で后たちが住む後宮には、天皇のそば近くに仕える内侍司を始め、料理を担当する膳司、裁縫を担当する縫司まで、十二の司(＝役所)があり、女官たちがいた。中でも最も重要なのは内侍司で、内に侍る(＝天皇に仕える)というように、天皇の命令を伝えたり、臣下の言葉を天皇に取り次いだりする秘書のような仕事をしていた。職員は全員女性で、長官の尚侍の下に、典侍・掌侍・命婦などがいた。

尚侍・典侍などは直接天皇に接するので、大臣など高級貴族の娘から選ばれたが、天皇の后になる者も多かった。

にょ‐げん【如幻】〔名詞〕仏教語。すべての存在は幻の如くにはかないということ。

にょ‐ご【女御】〔名詞〕「にょうご」に同じ。

にょ‐し【女子】〔名詞〕**女性。女の子。**

にょ‐しゃう【女性】〔名詞〕**女の人。女。女性。**

にょ‐じゅ【女孺・女嬬】〔名詞〕下級の「女官」。「内侍司」や「掃部寮」などに置かれた。「にょうじゅ」とも。

にょぜ‐がもん【如是我聞】〔名詞〕仏教語。経文の冒頭に置かれる語。釈迦の死後、弟子の阿難が経典を編集するにあたり、それらが師から親しく聞いたものであることを示すために置いた。▼「是このように私は仏の教えを聞いた」の意。

にょでい‐にん【如泥人】〔名詞〕**ぐずぐずしている人。しっかりしていない人。**

によ・ふ【呻吟ふ】〔自動詞〕ハ四 {は/ひ/ふ/ふ/へ/へ} **うめく。うなる。**「にょぶ」とも。〔竹取物語 平安‐物語〕竜の頸の玉「**によふによふ**担はれ給ひて家に入り給ひぬるを」訳**うめきうめき**かつがれなさって家にお入りになったのを。

にょ‐べったう【女別当】〔名詞〕「斎宮」や「斎院」に仕えた女官。

にょ‐ほふ【如法】〔副詞〕❶**まったく。文字どおり。**〔盛衰記 鎌倉‐物語〕二〇「**にょほふ**肥え太りたる男なり」訳**文字どおり**肥え太った男である。❷**元来。もとより。**〔平家物語 鎌倉‐物語〕一一・鏡「**にょほふ**夜半のことなれば、内侍も女官も参りあはずして」訳**もとより**夜中のことなので、内侍も女官も参上していなくて。

にょ‐ほふ・なり【如法なり】〔形容動詞〕ナリ {なら/なり・に/なり/なる/なれ/なれ} ❶仏教語。**決められた法式を守る。仏の教えどおりだ。**〔今昔物語 平安‐説話〕一一・二七「**にょほふに**精進して、法華経を書き給ふ」訳**仏の教えどおりに**修行に精を出して、法華経をお書きになる。❷**穏やかだ。**〔今宮心中 江戸‐浄瑠〕浄瑠・近松「**にょほふなる**気も丸額ににこやかに」訳**穏やかな性格で**気持ちも円満で、丸額の顔をにこにこさせて。

にょ‐ぼん【女犯】〔名詞〕仏教語。僧が、不邪淫戒を破って女性と交わること。

にょ‐らい【如来】〔名詞〕仏教語。「仏」の尊称。仏陀。

釈迦如来・阿弥陀如来・薬師如来・大日如来など。▼真如(=真理)から現れ来たる者の意。

にょらい-かけ-て【如来掛けて】連語 **仏に誓って。** 油地獄 江戸―浄瑠 浄瑠・近松「にょらいかけての母が言ひ分からは」訳 仏に誓っての母親の言葉もあるのだから。

如儡子 にょらいし 人名 (一六〇三?～一六七四)江戸時代前期の仮名草子作者。東北出身の武士。浪人して江戸に出て、仮名草子『可笑記』を書いて浅井了意に認められ、『百八町記』などを刊行した。「じょらいし」とも。

にょ-ゐん【女院】ニョイン 名詞「にょうゐん」に同じ。

にら-ぐ【焠ぐ・淬ぐ】他動詞ガ四 {が/ぎ/ぐ/ぐ/げ/げ} 刀剣を鍛えるため、鉄を灼熱させて水に入れる。やきを入れる。奥の細道 江戸―紀行 最上川「かの竜泉に剣をにらぐとかや」訳 あの竜泉の水で剣を鍛えるとか。◆古くは「にらく」。

にらま-ふ【睨まふ】ニラマウ 他動詞ハ下二 {へ/へ/ふ/ふる/ふれ/へよ} **にらみつける。** 平家物語 鎌倉―物語 五・物怪之沙汰「入道相国ちッとも騒がず、ちやうどにらまへておはしければ」訳 入道相国(=平清盛)は少しも騒がず、はったとにらみつけていらっしゃったところ。

にる【似る】自動詞ナ上一 {に/に/にる/にる/にれ/によ} **物の形や性質が同じように見える。** 徒然 鎌倉―随筆 一八九「日々に過ぎ行くさま、かねて思ひつるにはにず」訳 毎日が過ぎてゆく状態は、あらかじめ考えていたのとは似ていない。

にれ-か・む【齝む】他動詞マ四 {ま/み/む/む/め/め} (牛などが)**のみ込んだ物を口に戻してかむ。反芻する。**

にわ【庭】⇩には

に-わう【仁王・二王】ニオウ 名詞「金剛力士」の別名。

にわか【俄】⇩にはか

にわかなり【俄なり】⇩にはかなり

にわたずみ【行潦・庭潦】⇩にはたづみ

にん【任】名詞 ❶**任務。仕事。**❷**任期。**❸**任地。**

にん-がい【人界】名詞 仏教語。「十界」の一つ。人間が住む世界。人間界。

にんが-の-さう【人我の相】ニンガノソウ 連語 仏教語。自分さえよければ、人はどうでもよいという利己的な考え。徒然 鎌倉―随筆 一〇七「にんがのさう深く、貪欲甚だしく」訳 (女というものは)利己的な考え方が強く、欲が深いことが甚だしく。

にん-げん【人間】名詞 ❶仏教語。**人間が住む世界。人間界。世間。** 今昔物語 平安―説話 一・二五「天上・にんげんには子ある人を富人とす」訳 天上界・人間界では、子供がある人を富み栄えた人とする。❷**人間界に住む者。ひと。** 徒然 鎌倉―随筆 一「竹の園生の末葉まで、にんげんの種ならぬぞ、やんごとなき」訳 皇族の子孫まで、人間の血筋でないというのが尊い。

にん-こく【任国】名詞 国司として任命された国。「にんごく」とも。

にん-じ【人事】名詞 生活の中で、人として行うこと。世間との交際。「じんじ」とも。徒然 鎌倉―随筆 一七四「にんじ多かる中に、道をたのしぶより気味深きはなし」訳 人のすることはたくさんある中で、仏の道を楽しむ以上に味わいの深いものはない。

にん-じゃう【刃傷】ニンジョウ 名詞／―す 他動詞サ変 刃物で人に傷を負わせること。

にん-じゅ【人数】名詞 ❶**人の数。人数**(にんずう)。❷**人々。顔ぶれ。**

にんじゅ-だて【人数立て】名詞 **人員の配列。軍勢の手分け。**

人情本 にんじょうぼん 文芸 江戸時代末期の通俗小説の一つ。「洒落本」の後を受け、主として富裕な江戸町人の日常生活における人情、特に男女の恋愛を描いたもの。やはり洒落本の後を受け継ぐ「滑稽本」に対する。天保年間(一八三〇～四四)に盛んになったが、天保の改革で禁止令を受け、急速に衰えた。代表作に、為永春水の『春色梅児誉美』がある。

にん-じん【人身】名詞 **人間としての肉体。人のからだ。**「じんしん」とも。平家物語 鎌倉―物語 一・祇王「にんじんは請けがたく、仏教にはあひがたし」訳 人間の肉体は授かることが難しく、仏の教えにはあうことが難しい。

にん-だう【人道】ニンドウ 名詞 ❶仏教語。「六道」の一つ。**人間が住む世界。人間界。**❷**人として行うべき道。**

にん-ちゃう【人長】ニンジョウ 名詞 宮中の神楽の舞人の長。近衛の舎人がつとめた。

仁和寺 にんなじ 寺社 今の京都市右京区御室にある真言宗の寺。仁和四年(八八八)の創建。退位後の宇多天皇が入山して御室(=御所)を営んだことから「御室(の)御所」と呼ばれ、以後代々法親王が住んで門跡寺院の首位とされた。「にんわじ」とも。

にん-にく【忍辱】名詞 仏教語。「六波羅蜜」の一つ。あらゆる恥辱や迫害に耐え、心を動かさないこと。

にんにく-の-ころも【忍辱の衣】連語 仏教語。僧が身につける法衣。袈裟。参考「忍辱」の心は、いっさいの害悪を防ぐということから、法衣が身を守るのにたとえた言葉。

にん-ぴにん【人非人】名詞 ❶仏教語。仏法を守護する八部衆の一つである緊那羅(=歌神)の別名。❷**人間として値打ちのない者。** 平家物語 鎌倉―物語 一・禿髪「この一門にあらざらん人は皆にんぴにんなるべし」訳 この(平家の)一門でない人は皆人間として値打ちのない者にちがいない。❸**人の道に外れた事をする人。人でなし。** 大鏡 平安―物語 道隆「あはれのにんぴにんや」訳 ああ(何という)人でなしだ。

にん-わう【人皇・人王】ニンオウ 名詞 神代に対し、人代になってからの天皇のこと。神武天皇以後の天皇。

にんわう-ゑ【仁王会】ニンノウエ 名詞 国や国民の平和と繁栄を願って、宮中で『仁王護国般若経(=仁王経)』を講ずる法会。陰暦の三月と七月の吉日に行うが、臨時のものもあり、また、天皇の代替わりに行う「大仁王会」もあった。

ぬ[1]【野】名詞 野原。野。万葉集 奈良―歌集 四三八七「千葉のぬの児手柏」訳千葉の野原の児手柏(という木のように)。

参考 江戸時代の国学者が、「の」と読むべき万葉仮名を「ぬ」と誤読して生じた語とされる。一説に、「野」の奈良時代以前の東国方言とも。

ぬ[2]【寝】自動詞ナ下二{ね/ね/ぬ/ぬる/ぬれ/ねよ} **寝る。眠る。横になる。**更級 平安―日記 大納言殿の姫君「みな人もねたる夜中ばかりに、縁に出でゐて」訳家の人が皆眠っている真夜中ごろに、縁に出て座って。

ぬ[3] 助動詞 ナ変型

《接続》活用語の連用形に付く。

未然形	連用形	終止形	連体形	已然形	命令形
な	に	ぬ	ぬる	ぬれ	ね

❶〔完了〕**…てしまった。…てしまう。…た。**古今 平安―歌集 秋上「秋来ぬと目にはさやかに見えねども風の音にぞ驚かれぬる」訳⇨あききぬと…。

❷〔確述〕**きっと…だろう。間違いなく…はずだ。**▼多く、「む」「らむ」「べし」など推量の意を表す語とともに用いられて、その事態が確実に起こることを予想し強調する。源氏物語 平安―物語 桐壺「世の例にもなりぬべき御もてなしなり」訳世間の話の種にもきっとなるだろうに違いないご処遇である。

❸〔並列〕**…たり…たり。**▼「…ぬ…ぬ」の形で、動作が並行する意を表す。平家物語 鎌倉―物語 一一・那須与一「白波の上にただよひ、浮きぬ沈みぬゆられければ」訳(扇は)白波の上に漂って、浮いたり沈んだりしながら揺られていたので。◇鎌倉時代以降の用法。

語法 (1)完了の助動詞⇨つ

(2)「つ」との違い⇨つ

参考 **完了と確述(強意)の見分け方**

過去に関係する文脈―→完了
未来に関係する文脈―→確述(強意)
※「なむ」「ぬらむ」「ぬべし」など、下に推量の助動詞を伴う。

ぬ[4] 打消の助動詞「ず」の連体形。

ぬえ【鵺・鵼】名詞 ❶鳥の名。とらつぐみ。夜、ヒョーヒョーと鳴く。鳴き声は、哀調があるとも、気味が悪いともされる。「ぬえこどり」「ぬえどり」とも。❷想像上の怪獣の名。頭は猿、体は狸、手足は虎、尾は蛇、鳴き声はとらつぐみに似るという。源頼政が退治したとされる。

ぬえこ-どり[1]【鵺小鳥】名詞「ぬえ❶」に同じ。

ぬえこ-どり[2]【鵺小鳥】枕詞 悲しげな鳴き声から「うらなく(=忍び泣く)」にかかる。万葉集 奈良―歌集 五「ぬえこどりうらなけ居れば」訳忍び泣いていると。

ぬえ-どり【鵺鳥】名詞「ぬえ❶」に同じ。

ぬえどり-の【鵺鳥の】枕詞 鵺鳥の鳴き声が悲しそうに聞こえるところから、「うらなく(=忍び泣く)」「のどよふ(=か細い声を出す)」「片恋ひ」にかかる。万葉集 奈良―歌集 一九九七「ひさかたの天の川原にぬえどりのうら嘆きましつすべなきまでに」訳天の川原に、鵺鳥のようにひそかに嘆いておられたことよ。気の毒なほどに。

ぬか[1]【額】名詞 ❶ひたい。❷ぬかずくこと。礼拝。枕草子 平安―随筆 あはれなるもの「うち行ひたる暁のぬかなど、いみじうあはれなり」訳勤行をしている夜明け前の礼拝などは、たいそうしみじみと心打たれる。

ぬ-か[2] 連語 なりたち 打消の助動詞「ず」の連体形＋終助詞「か」

❶〔多く、「…も…ぬか」の形で〕**…てほしい。…ないかなあ。**▼他に対する願望を表す。万葉集 奈良―歌集 一三七四「いつしかと吾が待つ月も早も照らぬか」訳いつ出るかと私が待っている月も早く照らないかなあ。◇奈良時代以前の語。

❷**…ではないか。**▼打消の疑問を表す。古今 平安―歌集 恋四「かげろふのそれかあらぬか」訳かげろうのようにはっきりしないが、あれは昔のあの人だったのか、そうではないのか。

ぬか-ご【零余子】名詞 やまいもなどの葉のつけ根にできる長円形の芽。食用になる。季秋。

額田王 人名 生没年未詳。大和時代の女流歌人。初め大海人皇子(=のちの天武天皇)に愛されて、十市皇女を生んだが、のちに天智天皇に仕えた。『万葉集』には情感のこもった十余首の作品がある。

古典の常識 『二人の天皇に愛された歌人』―額田王

舒明天皇の時代に、鏡王の娘に生まれ、大海人皇子(後の天武天皇)に召されて十市皇女を生んだ。のちに天智天皇にも愛され、宮廷女流歌人として活躍し、情熱的で力強い、情感豊かな歌を詠んだ。持統天皇の時代にも作品があるので、六十歳くらいで没したらしい。『万葉集』第一期の代表的歌人で、十数首が載っている。

「熟田津に船乗りせむと……」「あかねさす紫野行き標野行き……」「君待つとわが恋ひをれば……」「味酒三輪の山あをによし……」「三輪山をしかも隠すか……」(いずれの歌も本文参照)などが広く知られている。

ぬか-づき【酸漿】名詞 草の名。ほおずき。季秋。

ぬかづき-むし【額突き虫・叩頭虫】名詞 虫の名。こめつきむし。季秋。

ぬか-づ・く【額突く】自動詞カ四{か/き/く/く/け/け} ひたいを地や床につけて、お辞儀や礼拝をする。万葉集 奈良―歌集 九〇四「地つ神伏してぬかづき」訳地上の神に伏して拝み。◆古くは「ぬかつく」か。

ぬ-がに 連語 なりたち 完了の助動詞「ぬ」の終止形＋接続助詞「がに」

今にも…てしまいそうに。今にも…てしまうほどに。万葉集 奈良―歌集 五九四「わが屋戸の夕影草の白露の消(け)ぬがにもとな思ほゆるかも」訳わたしの家にある夕影草の白露が今にも消えてしまいそうなように(わたしの心も消えてしまいそうに)無性に(あなたのことが)思われてなりません。◆奈良時代以前の語。

ぬ-か-も[1] 連語

なりたち 「ぬ」は打ち消しの助動詞「ず」の連体形、「か」「も」は終助詞。⇩「ぬか」

多く「…も～ぬかも」の形で、他に対する願望の意を表す。**～てほしいものだ。～であったらいいなあ。** 万葉集 奈良一歌集 一八八七「春日なる御笠(みかさ)の山に月も出でぬかも佐紀山(さきやま)に咲ける桜の花の見ゆべく」訳春日の御笠の山に早く月がのぼってほしいものだなあ。佐紀山に咲く桜の花がよく見えるように。◆奈良時代以前の語。

ぬ-かも[2] 連語

なりたち 「ぬ」は打ち消しの助動詞「ず」の連体形、「かも」は詠嘆の終助詞

～ないことだなあ。～ないことよ。 万葉集 奈良一歌集 三一九「日の本の大和の国の鎮(しづ)めともいます神かも宝ともなれる山かも駿河なる富士の高嶺は見れど飽かぬかも不飽香間」訳(この富士の山こそは)わが大和の国の鎮めとなってまします神であることだ。国の宝ともなっている山であることだ。駿河にある富士の高嶺は、いくら見ても見飽きないことだなあ。◆奈良時代以前の語。

ぬか・る【抜かる】自動詞ラ四{ら/り/る/る/れ/れ}**油断して失敗する。しくじる。** 察化 室町一狂言「それはそっともぬかることではござらぬ」訳それは少しもしくじることではございません。

ぬか-を-つ・く【額を突く】連語 ひたいを地につけて礼拝する。**ぬかずく。** 更級 平安一日記 かどで「身を捨ててぬかをつき祈り申すほどに」訳身体を地に投げ出して、ぬかずき祈り申し上げると。

ぬき 名詞 ㊀【緯】**織物の横糸。** 万葉集 奈良一歌集 一五一二「経(たて)もなく緯(ぬき)も定めず」訳縦糸もなく横糸も決めずに。対経(たて)。

㊁【貫】家屋の、柱と柱との間を横に貫いている木。

ぬぎ-か・く【脱ぎ掛く】他動詞カ下二{け/け/く/くる/くれ/けよ}❶(衣服を)**脱いで掛ける。** 特に、「被(かづ)け物」として与えるために、衣服を脱いで相手の肩に掛けることにいうこともある。古今 平安一歌集 秋上「何人か来て脱ぎかけし」訳どういう人が来て脱いで掛けたのか。❷着物を、(襟足が出るように)**肩のあたりまで脱ぎ滑らせて着る。** 堤中納言 平安一物語 花桜をる少将「衣(ぬき)ぬぎかけたる様態(やうだい)ささやかに」訳衣を肩のあたりまで滑らせて着ているようすは、小柄で。

ぬぎ-か・ふ【脱ぎ換ふ】ヌギカウ―ヌギコウ 他動詞ハ下二{へ/へ/ふ/ふる/ふれ/へよ}**着替える。** 源氏物語 平安一物語 夕霧「しばしうち休み給(たま)ひて、御衣(ぞ)ぬぎかへ給ふ」訳しばらく休息なさってお召し物を着替えなさる。

ぬき-す【貫簀】名詞 細く削った竹を糸で編んだすのこ。手を洗うとき、水が飛び散らないように、たらいの上などに置いた。

ぬぎ-すべ・す【脱ぎ滑す】他動詞サ四{さ/し/す/す/せ/せ}**衣服を肩から滑らせるように脱ぐ。** 源氏物語 平安一物語 空蟬「かのぬぎすべしたる薄衣(うすぎぬ)をとりて」訳あの人(=空蟬(うつせみ))が肩から滑らせるように脱いだ薄い衣を手に取って。

ぬき-た・る【貫き垂る】他動詞ラ四{ら/り/る/る/れ/れ}(玉などを)**貫いて垂らす。** 万葉集 奈良一歌集 四二二〇「竹玉(たかだま)を間(ま)なくぬきたり」訳竹で作った玉をすき間なくいっぱいに貫いて垂らし。

ぬぎ-た・る【脱ぎ垂る】他動詞ラ下二{れ/れ/る/るる/るれ/れよ}(衣服の)**片方の肩を脱いで、その袖(そで)を垂らす。** 枕草子 平安一随筆 清涼殿の丑寅のすみの「女房、桜の唐衣(からぎぬ)どもくつろかにぬぎたれて」訳女房は、桜がさねの唐衣などをゆったりと片袖を脱いで垂らして。

ぬき-みだ・る【貫き乱る】

㊀ 自動詞ラ四{ら/り/る/る/れ/れ}**貫いている緒が抜けるなどして玉などが乱れ散る。** 拾遺 平安一歌集 恋二「ぬきみだる涙の玉もとまるやと」訳貫いている糸が抜けて玉が乱れ散るように散る涙の玉もとまるかもしれないと。

㊁ 他動詞ラ四{ら/り/る/る/れ/れ}**貫いている緒を抜くなどして玉などを乱れ散らす。** 古今 平安一歌集 雑上「ぬきみだる人こそあるらし白玉の間(ま)なくも散るか」訳糸を抜いて玉を乱れ散らす人がいるらしい。白玉(=涙)が絶え間もなく散ることよ。

ぬ・く[1]【抜く】

㊀ 自動詞カ下二{け/け/く/くる/くれ/けよ}❶**抜ける。**(おさまっている所から)**離れる。出る。** 徒然 鎌倉一随筆 五三「耳鼻欠けうげながらぬけにけり」訳耳と鼻が欠けて穴があいたまま(頭にかぶった鼎(かなへ)は)抜けてしまった。❷**抜きん出る。秀でる。優れる。** 源氏物語 平安一物語 絵合「齢(よはひ)足らで官(つかさ)・位(くらゐ)高くのぼり、世にぬけぬる人の」訳年齢が足りない(=若い)うちに官も位も高い位置にのぼり、世に抜きん出た人は。❸**はずれる。逃げ出す。** 平家物語 鎌倉一物語 八・妹尾最期「群(ぐん)にぬけて追うてゆく」訳軍勢からはずれて追って行く。

㊁ 他動詞カ四{か/き/く/く/け/け}❶**取り出す。取り去る。引き抜く。** 今昔物語 平安一説話 二九・一八「その御髪(みぐし)の丈(たけ)に余りて長ければ、それを抜き取りて鬘(かづら)にせむとてぬくなり」訳そのおぐしが背丈よりも長いから、それを抜き取ってかつらにしようと思って引き抜くのだ。❷**出し抜く。ごまかす。だます。** 末広がり 室町一狂言「太郎冠者(たらうくわじゃ)は都でぬかれて参ったと見えた」訳太郎冠者は都でだまされて帰って参ったと見えた。

ぬ・く[2]【貫く】他動詞カ四{か/き/く/く/け/け}**通す。つらぬく。** 古今 平安一歌集 春上「あさみどり(=枕詞(まくらことば))糸よりかけて白露を玉にもぬける春の柳か」訳薄緑色の糸をよって掛けて、白露を玉のように並べてつらぬいている春の柳であるよ。

ぬけ【抜け】下二段動詞「ぬく」の未然形・連用形。

ぬけ-い・づ【抜け出づ】ヌケイズ 自動詞ダ下二{で/で/づ/づる/づれ/でよ}❶**抜け出る。** 大鏡 平安一物語 道隆「ものよりぬけいでたるやうにぞおはせし」訳(容姿が美しく)絵などから抜け出たようでいらっしゃった。❷**他より優れている。** 大鏡 平安一物語 頼忠「かくいづれの道もぬけいで給(たま)ひけむは、いにしへもはべらぬ事なり」訳このようにどの道にも他の人より優れていなさったということは、昔にもございませんことです。

ぬさ*【幣】名詞 神に祈るときの捧(ささ)げ物。古くは麻・木綿(ゆう)などをそのまま用いたが、のちには織った布や紙などを用い、多く串(くし)につけた。また、旅には、紙または絹布を細かに切ったものを「幣袋(ぬさぶくろ)」に入れて携え、道中の「道祖神(だうそじん)」に奉った。

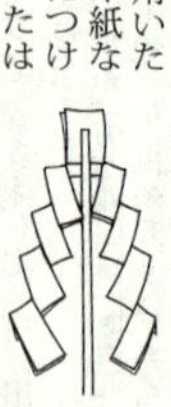

（幣）

ぬさ-ぶくろ【幣袋】名詞 旅の安全を祈るために「道祖神(だうそじん)」に供える「幣(ぬさ)」を入れて携帯した袋。

ぬし[1]【主】

一 名詞 ❶お人。お方。…様。▼その人を軽い敬意や親しみをこめていう語。今昔物語 平安―説話 二八・四二「や、あのぬし。盗人(ぬすびと)は早ういでて去(い)にけり」訳もし、そのお方。盗人はとっくに出て行ってしまった。
❷(ご)主人。あるじ。▼主従関係での、主人。従者から尊敬してもいう。竹取物語 平安―物語 竜の頸の玉「うたてあるぬしの御許(みもと)につかうまつりて」訳嘆かわしい主人の御もとにお仕え申し上げて。
❸主人。あるじ。▼一家の主人。徒然 鎌倉―随筆 二三五「ぬしある家には」訳主人のいる家には。
❹夫。恋人である男。源氏物語 平安―物語 夕顔「いま一方(ひとかた)は、ぬし強くなるとも」訳もうおひとりは、たとえはっきり夫がきまったところで。
❺所有者。持ち主。今昔物語 平安―説話 二五・一二「馬のぬし、いなびがたくて、その馬を上せけるに」訳(頼信の申し出を)馬の持ち主は、断りかねて、その馬を(都に)上らせることにしたときに。
❻山・川・池などに住みつき、不可思議な魔力を持つといわれる動物。沙石 鎌倉―説話 七「この沼のぬしに申す」訳この沼に(住みついて)いるぬしに申し上げる。
❼(動作をする)本人。当人。風姿花伝 室町―論 一「いったん勝つ時は、人も思ひ上げ、ぬしも上手と思ひ染むるなり」訳一度勝ったりすると、他人も実際より高く評価し、本人も(自分は)上手なのだと思い込んでしまうのだ。

二 代名詞 あなた。▼対称の人称代名詞。軽い敬意を表す。大鏡 平安―物語 序「さても、ぬしの御名(みな)はいかにぞや」訳ところで、あなたのお名前は何というのか。

ぬ-し[2]【塗師】名詞 漆塗り職人。漆細工職人。◆「ぬりし」の変化した語。

ぬし-づ・く【主付く】他動詞カ四〔か/き/く/く/け/け〕所有する。持ち主となる。雨月物語 江戸―物語 浅茅が宿「田畑あまたぬしづきて、家豊かに暮らしけるが」訳田畑をたくさん所有して、家族は豊かに生活していたが。

ぬし-どの【主殿】代名詞 あなた。おまえさん。▼対称の人称代名詞。同輩以下の相手を呼ぶ語。

ぬす-びと【盗人】名詞 ❶どろぼう。ぬすっと。❷したたか者。曲者(くせもの)。▼人をののしっていう語。竹取物語 平安―物語 竜の頸の玉「かぐや姫てふ大ぬすびとの奴(やつ)が、人を殺さむとするなりけり」訳かぐや姫という大悪党のやつが、人を殺そうとするのであったよ。◆「ぬすみひと」の変化した語。

ぬすま・ふ【盗まふ】(ヌスマウ―ヌスモウ) 他動詞ハ四〔は/ひ/ふ/ふ/へ/へ〕

なりたち 動詞「ぬすむ」の未然形に奈良時代以前の反復継続の助動詞「ふ」の付いたかたちが一語化したもの。

❶盗み続ける。人の目を盗んでひそかに…(し)続ける。源氏物語 平安―物語 末摘花「せちにおぼす所ばかりにこそ、ぬすまはれ給(たま)へ」訳ぜひにとお思いになる(女性の)所にだけは、人の目を盗んでひそかに通い続けなさるが。
❷だます。ごまかす。万葉集 奈良―歌集 二五七三「心さへ奉(まつ)れる君に何をかも言はずて言ひしと我がぬすまはむ」訳心までささげたあなたに、何をまあ、言わないのに言ったと、どうして私がだますでしょうか。

ぬす・む*【盗む】他動詞マ四〔ま/み/む/む/め/め〕❶盗む。妻にするために、親の許しなしに女を連れ出すことにもいう。伊勢物語 平安―物語 一二「人の娘をぬすみて武蔵野へ率てゆくほどに」訳人の娘を妻にするために連れ出して、武蔵野に連れて行くうちに。
❷ひそかに…する。忍んでする。徒然 鎌倉―随筆 二一九「かやうに間々(まま)に皆一律(いちりつ)をぬすめるに」訳このように(横笛は、穴の)間ごとにすべて一律(の音階)を忍ばせているのに。
❸無断でまねて学ぶ。こっそりと学び取る。方丈記 鎌倉―随筆「岡(をか)の屋(や)に行き交ふ舟をながめて、満沙弥(まんしやみ)が風情をぬすみ」訳岡の屋(=船着き場)に行き来する船をながめて、沙弥満誓(しやみまんぜい)(=奈良時代の歌人)の風流な趣をまねて学び。

ぬた-め【鯵目】名詞 鹿(かし)の角にある波状の模様。

ぬ-な-と【瓊音】名詞 玉が擦れ合う音。◆「ぬ」は美しい玉。「な」は「の」の意で、奈良時代以前の格助詞。

ぬ-なは【蓴】(ヌナワ) 名詞 水草の名。じゅんさい。若芽は食用になる。

ぬ[1]**-なり** 連語

なりたち 完了の助動詞「ぬ」の終止形＋推定・伝聞の助動詞「なり」

…てしまうそうだ。…てしまったそうだ。…てしまうようだ。…てしまったようだ。源氏物語 平安―物語 椎本「鐘の声かすかに響きて、夜明けぬなりと、聞こゆるほどに」訳鐘の音がかすかに響い(てき)て、夜が明けてしまったようだと、(姫君たちが)思われるうちに。

ぬ[2]**-なり** 連語

なりたち 打消の助動詞「ず」の連体形＋断定の助動詞「なり」

…ないのだ。竹取物語 平安―物語 かぐや姫の昇天「あの国の人をえ戦はぬなり」訳あの(月の世界の)国の人を、(相手に)戦うことはできないのだ。

ぬの【布】名詞 絹に対して麻・苧(からむし)・葛(くず)などの植物の繊維で織った織物。絹に比べて粗い。

ぬの-かたぎぬ【布肩衣】名詞「布」で作った、袖(そで)のない衣服。下層階級の人が用いた。

ぬの-こ【布子】名詞 木綿の綿入れ。古くは麻の袷(あわせ)や綿入れ。

ぬの-さうじ【布障子】(ヌノソウジ) 名詞 白布を張りつけたふすま障子。墨絵が描かれているものが多い。

布引(ぬのびき)の滝(たき) 地名 歌枕 今の兵庫県神戸市の、生田(いくた)川の上流にかかる滝。上流に雄滝、下流に雌滝がある。和歌では、その雄大さや、「布」の縁語の「さらす」「白糸」「衣」などが詠み込まれる。

ぬ[1]**-ばかり** 連語

なりたち 打消の助動詞「ず」の連体形＋副助詞「ばかり」

…ないだけ。源氏物語 平安―物語 藤裏葉「をり過ごしたまはぬばかりを、いかが思ひけむ」訳(便りを送る)機会をおのがしにならないだけ(の点)を、(受け取った藤典侍は)どのように思ったであろうか。

ぬ-ばかり[2] 連語 なりたち 完了の助動詞「ぬ」の終止形＋副助詞「ばかり」

❶…てしまいそうなほどに。源氏物語 平安－物語 柏木「かきくらし思ひ乱れて、枕も浮きぬばかり、人やりならず流し添へつつ」訳悲しみにくれて心も乱れて、涙に枕も浮いてしまいそうなほどに、だれのせいにしようもなくまた泣いては。❷…ただけ。源氏物語 平安－物語 蓬生「年を経て待つしるしなきわが宿を花のたよりに過ぎぬばかりか」訳年がたって、お待ちするかいもなかった私の家を、藤の花をご覧になるついでに立ち寄っただけなのですね。

ぬば-たま【射干玉・野干玉】名詞 ひおうぎ(＝草の名)の実。黒く丸い形。「うばたま」「むばたま」とも。

ぬばたま-の[1]【射干玉の・野干玉の】枕詞 ❶「ぬばたま」の実が黒いところから、「黒し」「黒髪」など黒いものにかかり、さらに、「黒」の連想から「髪」「夜(よ・よる)」などにかかる。万葉集 奈良－歌集 九二五「ぬばたまの夜の更け行けば」訳⇩ぬばたまの…。❷「夜」の連想から「月」「夢」にかかる。万葉集 奈良－歌集 三九八〇「ぬばたまの夢にはもとなあひ見れど直にあらねば恋止まずけり」訳夢ではいたずらに(妻に)会うけれどじかではないので恋しさはやまない。◆「うばたまの」「むばたまの」とも。

ぬばたまの…[2] 和歌「ぬばたまの(＝枕詞) 夜の更け行けば 久木生ふる 清き川原に 千鳥しば鳴く」万葉集 奈良－歌集 九二五・山部赤人 訳夜がしだいに更けてゆくと、久木の生えている清らかな川原で千鳥がしきりに鳴いている。

鑑賞 第二句を「夜の更けぬれば」とする説もある。「久木」はあかめがしわともいうが、未詳。

ぬ-ひ【奴婢】名詞 召使い。下男下女。

ぬひ-どの【縫殿】名詞「ぬひどのれう」に同じ。

ぬひどの-の-つかさ【縫殿の寮】名詞「ぬひどのれう」に同じ。

ぬひどの-れう【縫殿寮】名詞 律令制で、「中務省」に属した役所。後宮の女官の勤務評定を行い、また、宮中の衣服の裁縫や組み紐・薬玉の製作などをつかさどった。「ぬひどの」「ぬひどののつかさ」とも。

ぬひ-もの【縫ひ物】名詞 ❶裁縫。仕立て物。❷刺繡。枕草子 平安－随筆 むつかしげなるもの「むつかしげなるもの、ぬひものの裏」訳見苦しい感じがするものは、ししゅう(した布)の裏。

ぬ・ふ【縫ふ】他動詞 八四 {は/ひ/ふ/ふ/へ/へ} 糸などで布切れなどをつなぐ。源氏物語 平安－物語 若紫「昨夜ぬひし御衣どもひきさげて」訳昨夜縫った御召し物などを携えて。

ぬ-・べし 連語 なりたち 完了(確述)の助動詞「ぬ」の終止形＋推量の助動詞「べし」

❶(「べし」が推量の意の場合)きっと…だろう。…てしまうにちがいない。土佐日記 平安－日記 一二・二七「潮満ちぬ。風も吹きぬべし」訳潮も満ちた。風もきっと吹くだろう。❷(「べし」が可能の意の場合)…できるはずである。…できそうだ。徒然 鎌倉－随筆 四一「殊に人多く立ちこみて、分け入りぬべきやうもなし」訳特に人が多くて立て込んで、分け入ることのできそうなようすでもない。❸(「べし」が意志の意の場合)…てしまうつもりである。きっと…しよう。…てしまおう。更級 平安－日記 鏡のかげ「我はかくて閉ぢこもりぬべきぞ」訳私はこうして(官職をやめたまま家に)閉じこもってしまうつもりだ。❹(「べし」が当然・義務の意の場合)…てしまわなければならない。どうしても…なければならない。竹取物語 平安－物語 かぐや姫の昇天「さらずまかりぬべければ、思し嘆かむが悲しきことを、この春より思ひ嘆き侍るなり」訳やむを得ず(月の世界へ)行ってしまわなければならないので、(あなた方が)お嘆きになるようなことが悲しい(という)ことを、(私は)この春から思い嘆いているのでございます。

ぬ-・めり 連語 なりたち 完了の助動詞「ぬ」の終止形＋推定の助動詞「めり」

…てしまったと見える。…てしまったと思われる。…てしまったようだ。▼物事が完了したことをやわらげて表現する。更級 平安－日記 初瀬「日も暮れ方になりぬめり」訳日も暮れ方になってしまったようだ。

ぬめ・る【滑る】自動詞 ラ四 {ら/り/る/る/れ/れ} ❶すべる。すべるように動く。反魂香 江戸－浄瑠 浄瑠・近松「花の立ち木のそのままにぬめり出でたるごとくなり」訳(おいらん道中は)花の立ち木がそのまますべるように動き出ているようだ。❷粋に振る舞う。色めく。うかれ歩く。◆江戸時代の語。

ぬ-・らし 連語 なりたち 完了の助動詞「ぬ」の終止形＋推定の助動詞「らし」

(確かに)…てしまったらしい。…しまっているようだ。万葉集 奈良－歌集 三九五五「夜は更けぬらし玉匣(＝枕詞)二上山に月傾きぬ」訳(確かに)夜は更けてしまったらしい、二上山に月が傾いた。

ぬ-・らむ 連語 なりたち 完了の助動詞「ぬ」の終止形＋現在推量の助動詞「らむ」

❶(「ぬ」が確述を表す場合)今ごろ、きっと…であろう。今ごろ…にちがいない。万葉集 奈良－歌集 六三「いざ子ども早く日本へ大伴の御津の浜松待ち恋ひぬらむ」訳⇩いざこども…。❷(「ぬ」が完了を表す場合)…てしまったのであろう。古今 平安－歌集 夏「いつの間に五月来ぬらむあしひきの(＝枕詞)山ほととぎす今ぞ鳴くなる」訳いつの間に五月が来てしまったのであろう、山ほととぎすが今ないているようだ。

ぬり-ごめ【塗籠】名詞 ❶主に寝殿造りで、周囲を厚い壁で塗りこめ、明かり取りの窓を付け、妻戸から出入りする部屋。納戸や寝室に用いた。参照▼口絵 ❷「塗籠籐」の略。

ぬりごめ-どう【塗籠籐】名詞 弓の柄を籐で透き間なく巻き、その上を漆で塗り固めたもの。参照▼口絵

ぬり-つ・く【塗り付く】他動詞 カ下二 {け/け/く/くる/くれ/けよ}

（罪や責任を他者に）押しつける。負わせる。［著聞集 鎌倉｜説話］五四九「誰たれにぬりつけんとて、かくほどに人をいだしぬかんとするぞ」訳だれに責任を押しつけようとして、これほどに人を出し抜こうとするか。

ぬり-の【塗り箆】名詞 矢の柄えに漆を塗りつけたもの。

ぬ・る[1] 自動詞ラ下二｛れ/れ/る/るる/るれ/れよ｝ほどける。ゆるむ。抜け落ちる。［万葉集 奈良｜歌集］二一八「恋ふれこそわが結ふ髪の漬ひぢてぬれけれ」訳恋い慕ってくださるから、私の結った髪が水にぬれ、ほどけたのだな。

ぬ・る[2]【濡る】自動詞ラ下二｛れ/れ/る/るる/るれ/れよ｝ぬれる。［蕪村句集 江戸｜句集］俳諧「春雨はるさめや小磯こいその小貝こがひぬるるほど―― 蕪村」訳⇨はるさめやこいそのこがひ…。

ぬる[3] 完了の助動詞「ぬ」の連体形。［古今 平安｜歌集］秋上「秋来きぬと目にはさやかに見えねども風の音にぞ驚かれぬる」訳⇨あききぬと…。

ぬる・し*【温し】形容詞ク｛(く)/から/く/かり/し/き/かる/けれ/かれ｝❶ぬるい。［枕草子 平安｜随筆］春はあけぼの「昼になりて、ぬるくゆるびもていけば」訳昼になって、次第にあたたかく、（寒さが）やわらいでいくと。❷ゆるやかである。［日本書紀 奈良｜史書］神代上「下しもつ瀬はこれ太はなはだぬるし」訳下流はこれは（流れが）たいへんゆるやかである。❸鈍い。のろい。おっとりしている。［源氏物語 平安｜物語］若菜下「心のいとぬるきぞくやしきや」訳（自分の）心がたいそう鈍かったのが残念なことよ。❹熱心でない。情が薄い。［源氏物語 平安｜物語］若菜上「うちうちの御心ざしぬるきやうにはありけれ」訳内々での（源氏の）御愛情が薄いようであった。

ぬる-ま【微温】名詞 性質の鈍い者。のろま。

ぬる・む【温む】自動詞マ四｛ま/み/む/む/め/め｝❶ぬるくなる。なまあたたかくなる。［後撰 平安｜歌集］恋二「人恋ふる涙は春ぞぬるみける」訳人恋しさに流す涙は春にはあたたかくなるのだなあ。❷（病気で）熱っぽくなる。［源氏物語 平安｜物語］若菜下「御身もぬるみて、御心地ここちもいと悪あしけれど」訳おからだも熱っぽくなって、ご気分もずいぶん悪いけれど。

ぬる-よ-おち-ず【寝る夜落ちず】連語 毎晩欠かさず。毎夜いつも。［万葉集 奈良｜歌集］六「山越こしの風を時じみぬるよおちず家なる妹いもをかけて偲しのひつ」訳山を越えて来る風が絶えないので、毎晩欠かさず、家にいる妻を心に思い浮かべて慕ったことだ。

ぬれ 完了の助動詞「ぬ」の已然形。［竹取物語 平安｜物語］かぐや姫の生ひ立ち「この子いと大きになりぬれば」訳この子がたいへん大きくなったので。

ぬれ-ぎぬ【濡れ衣】名詞 ❶ぬれた衣服。［万葉集 奈良｜歌集］一六八八「ぬれぎぬを家には遣やらな」訳（旅先で）ぬれた衣服を家に送ろう。❷無実の罪。根拠のないうわさ。事実無根の浮き名。汚名。

ぬれ-ごと【濡れ事】名詞 ❶歌舞伎かぶきで、男女の恋愛・情事の場面の演技。❷情事。色事。

ぬれて-で-あは【濡れ手で粟】ヌレテデアワ 連語 苦労をせずに多くの利益を得ることのたとえ。▼ぬれた手で粟あわをつかめば、多くつかめることから。［幼稚子 江戸｜歌舞］歌舞「『ここにも百両』『ぬれてであは』」訳「ここにも百両ある」「（まさに）濡れ手で粟だ」

ぬれ-ば・む【濡ればむ】自動詞マ四｛ま/み/む/む/め/め｝ぬれているように見える。［今昔物語 平安｜説話］二六・一七「鼻の先赤みて、穴のめぐりいたくぬればみたるは」訳鼻の先が赤みがかり、鼻の穴の周りがたいそうぬれているように見えているのは。◆「ばむ」は接尾語。

ぬれ-ぶみ【濡れ文】名詞 恋文。

ぬれ-もの【濡れ者】名詞 なまめかしい美人。

ね[1]【子】名詞 ❶「十二支じふにし」の第一。❷時刻の名。午前零時。また、それを中心とする二時間。❸方角の名。北。

ね[2]【音】名詞 音。なき声。ひびき。▼情感のこもる、音楽的な音。（人や動物の）泣（鳴）き声や、楽器などの響く音。［枕草子 平安｜随筆］春はあけぼの「日入りはてて、風の音おと、虫のねなど、はた言ふべきにもあらず」訳日がすっかり沈んでしまって、（耳に聞こえてくる）風の音や虫の鳴き声など（の趣のあることは）、さらにまた言うまでもない。

関連語 「ね」と「おと」の違い

「ね」が人の心に響く音であるのに対して、「おと」は雑音的なものを含め、風や鐘の音など比較的大きい音をいう。

ね[3]【峰・嶺】名詞 山の頂。みね。「富士のね」

ね[4]【根】名詞 ❶植物の根。根もと。❷もと。根源。物事の始まるもととなる所。［徒然 鎌倉｜随筆］九「まことに、愛着あいぢやくの道、そのね深く」訳本当に、男女の深く愛して執着をするという方面のことは、そのもとは深く。

ね[5] 終助詞 奈良時代以前の語。

《接続》活用語の未然形、および「な…そ」に付く。

語義の扉

活用語の未然形に接続して、

❶他者の動作、行動に対する願望を表す。
…てほしい。…てもらいたい。

❷（特に）禁止表現「な……そ」に付いて用いられ、「…しないでほしい」「…しないでもらいたい」の意を表す。

❶他への願望。…てほしい。…てもらいたい。［古事記 奈

良―史書 歌謡・日本書紀 奈良―史書 歌謡「……吾はや飢ぬ烏つ鳥鵜飼が伴今助けに来ね」訳わたしはねえ、(敵との戦いで)飢え、疲れてしまった。鵜飼部の味方たちよ、どうか、今すぐに救援に来てほしいことだ。万葉集 奈良―歌集 三六八七「あしひきの山飛び越ゆる雁がねは都に行かば妹に逢ひて来ね伊毛尓安比弖許祢」訳山を越えて飛ぶ雁よ、都に行くのならば恋しい妻に逢って来ておくれ。❷(「な…そね」の形で)…しないでほしい。…しないでもらいたい。万葉集 奈良―歌集 一二七四「住吉の出見の浜の柴な刈りそね柴莫苅曽尼娘子らが赤裳の裾の濡れて行かむ見む」訳住吉の出見の浜の柴は刈りとらないでおいてほしい(ことだ)。若々しい女の子たちが赤い裳裾をぬらして行く姿をのぞき見したいから。

-ね[6] 接尾語 人を表す語に付いて、親愛の気持ちを表す。「な(汝)ね」◆奈良時代以前の語。

-ね[7]【根】接尾語 名詞に直接、または格助詞「が」を介して付いて、そのものがしっかり大地についている意を表す。「岩ね」「岩がね」「垣ね」

ね[8] 打消の助動詞「ず」の已然形。

ね[9] 完了の助動詞「ぬ」の命令形。

ね[10]【寝】動詞「ぬ」の未然形・連用形。

ね-あはせ【根合はせ】(ネアワセ) 名詞「物合はせ」の一つ。陰暦五月五日の端午の節句に、左右に分かれて菖蒲の根の長さや、それに添えた歌の優劣を競い合う遊戯。

ねう-はち【鐃鈸・鐃鉢】(ニョウハチ) 名詞 寺で法事や葬式のときに使う楽器。銅製で丸い皿のようなもの。二枚を打ち鳴らして音を出す。

(鐃 鈸)

ね-お・く【寝起く】自動詞カ上二{き/き/く/くる/くれ/きよ}目覚めて起き上がる。源氏物語 平安―物語 若紫「日高うねおき給ひて」訳日が高くなってから目覚めて起き上がりなさって。

ね-おどろ・く【寝驚く】自動詞カ四{か/き/く/く/け/け}ふと目が覚める。枕草子 平安―随筆 七月ばかりいみじうあつければ「月の頃はねおどろきて、見出だすに、いとをかし」訳月の出ているころはふと目が覚めて、外を見ると大変すばらしい。

ね-おび・る【寝おびる】自動詞ラ下二{れ/れ/る/るる/るれ/れよ}寝ぼける。源氏物語 平安―物語 横笛「君達の、いはけなくねおびれたる気配など」訳若君たちが、あどけなく寝ぼけているようすなど。

ねがは-く-は[1]【願はくは】(ネガワクハ) 連語

なりたち 動詞「ねがふ」の未然形＋接尾語「く」＋係助詞「は」

できることなら。どうか。なにとぞ。続古今 鎌倉―歌集 雑上・山家集 平安―歌集 上「ねがはくは花の下にて春死なむそのきさらぎの望月のころ」訳⇩ねがはくは…。

参考 漢文訓読から生じた語で、文末は命令や意思の表現で結ぶ。願うことは、の意。後世「ねがはくば」とも。

ねがはくは…[2] 和歌「願はくは 花の下にて 春死なむ そのきさらぎの 望月のころ」続古今 鎌倉―歌集 雑上・山家集 平安―歌集 上・西行 訳私が願うことは、桜の花の下で、春に死にたいということだ。それも、あの釈迦入滅の日である二月の満月のころに。

鑑賞 生涯、月と花とを愛した西行は、その願いどおり、文治六年(一一九〇)二月十六日にこの世を去った。

ねがは・し【願はし】(ネガワシ) 形容詞シク{(しく)・しから/しく・しかり/し/しき・しかる/しけれ/しかれ}そうあってほしい。望ましい。徒然 鎌倉―随筆 一「いでや、この世に生まれてはねがはしかるべき事こそ多かめれ」訳さてさて、現世に生まれたからには、そうあってほしいと望むはずのことが多いようである。

ねが・ふ【願ふ】(ネガウ) 一(ネゴウ) 他動詞ハ四{は/ひ/ふ/ふ/へ/へ}

なりたち 動詞「ね(祈)ぐ」の未然形に奈良時代以前の反復継続の助動詞「ふ」の付いたかたちが一語化したもの。

❶祈願する。祈る。万葉集 奈良―歌集 四四七〇「なほしねがひつ千歳の命を」訳それでもやはり祈ってしまうよ、千年の寿命を。❷望む。万葉集 奈良―歌集 九〇四「世の人の貴び願ふ七種の宝も」訳世間の人が貴び望む七種の宝も。

ねぎ【禰宜】名詞 神官の位の一つ。宮司または神主の下、祝の上に位した。

ねぎ-ごと【祈ぎ事】名詞 神仏に祈り願う事柄。願い事。

ねぎしろく… 俳句「葱白く 洗ひたてたる 寒さかな」韻塞 江戸―句集 俳諧・芭蕉 訳泥を落として、水で洗ったばかりの根深ねぎの清新な白い色を見ていると、いっそう寒さが身にしみてくることだ。

鑑賞 根深ねぎの産地美濃の国(岐阜県)垂井にある規外亭での句。新鮮なねぎの白さに冬の寒さを感じとったもの。季語は「葱」で、季は冬。

ね・ぐ[1]【労ぐ】他動詞ガ上二{ぎ/ぎ/ぐ/ぐる/ぐれ/ぎよ}ねぎらう。いたわる。万葉集 奈良―歌集 九七三「うづの御手もちかき撫でぞねぎ給ふ」訳尊い御手をもってかきなでてねぎらいなさる。

ね・ぐ[2]【祈ぐ】他動詞ガ四{が/ぎ/ぐ/ぐ/げ/げ}祈る。祈願する。摂津風土記 奈良―史書「福をねぎ給ひき」訳幸福を祈願なさった。

ね-くた・る*【寝腐る】自動詞ラ下二{れ/れ/る/るる/るれ/れよ}寝乱れて、身なりがだらしなくなる。蜻蛉 平安―日記 下「二十日ばかりに、人ねくたれたる程見え」訳二十日ごろに、みな寝乱れてだらしなくなっている時に来て。

ね-くたれ【寝腐れ】名詞 寝乱れてだらしなくなること。

ねくたれ-がみ【寝腐れ髪】名詞 寝乱れた髪。

ね-ぐら【塒】名詞 鳥の巣。鳥の寝場所。

ねこ-おろし【猫下ろし】名詞 猫が物を食べ残すこと。また、猫の食べ残し。

ね-こじ【根掘じ】名詞 樹木を根ごと掘り起こすこと。

ねこ-また*【猫股】名詞 想像上の怪獣の一つ。猫が年老いて大きくなり、尾が二つに分かれたもの。化けて人を害するという。

ね-ごめ【根込め】名詞 根がついたまま。根こそぎ。枕草子 平安―随筆 野分のまたの日こそ「ねごめに吹き折られたるここかしこに取り集め」訳根こそぎ吹き折られた(草木などを)あちらこちらに寄せ集め。

ね-さう【年三】ネンソウ 名詞「ねんさう」の撥音「ん」が表記されない形。来世の幸せを願って、年に三回、正月・五月・九月に精進をすること。
参考「年星」をあてて、陰陽道で、開運のために生まれた年に当たる星を祭ることとする説もある。

ね-ざし【根差し】名詞 ❶地中に根を深く伸ばすこと。根の張りぐあい。源氏物語 平安―物語 明石「岩に生ひたる松のねざしも、心ばへあるさまなり」訳岩に生えている松の根の張りぐあいも、風情のあるようすだ。❷生まれつき。素性。源氏物語 平安―物語 帚木「もとのねざし賤しからぬが」訳もともとの生まれつきも卑しくないのが。

ね-ざめ【寝覚め】名詞 眠りの途中でふと目が覚めること。

ねじけ-がまし【拗けがまし】⇩ねぢけがまし

ねじ-よる【捩じ寄る】⇩ねぢよる

ねず【捩ず・捻ず】⇩ねづ

念珠が関 地名 今の山形県と新潟県の境にあった関所。勿来の関・白河の関とともに奥州三関の一つ。

ねず-なき【鼠鳴き】名詞 ねずみの鳴き声をまねて口を鳴らすこと。人を呼んだり子供をあやしたり、遊女が客を呼び入れたりするときにする。「ねずみなき」とも。枕草子 平安―随筆 うつくしきもの「雀の子の、ねずなきするにをどり来る」訳雀の子が、ねずみの鳴き声をまねて口を鳴らすのに、飛び跳ねて来る(のはかわいらしい)。

ねずみ【鼠】名詞 ❶動物の名。ねずみ。❷染め色の一つ。青みがかった灰色。ねずみ色。

ねた【妬】名詞 ねたましく思うこと。いまいましく思うこと。恨み。

ねた-が・る【妬がる】自動詞ラ四 {ら/り/る/る/れ/れ} うらやましがる。ねたましがる。憎らしがる。枕草子 平安―随筆 うらやましげなるもの「集まりてたはぶれにもねたがり言ふめり」訳(女房たちは)集まって、冗談にせようらやましがり(あれこれ)言うようである。◆「がる」は接尾語。

ね*たげ・なり【妬げなり】形容動詞ナリ {なら/なり・に/なり/なる/なれ/なれ} ❶憎らしそうだ。くやしそうだ。源氏物語 平安―物語 紅葉賀「いとねたげなるしり目なり」訳たいそう憎らしそうな横目である。参照▶類語と使い分け⑮ ❷憎らしいほどりっぱだ。奥ゆかしくすぐれている。枕草子 平安―随筆 鳥は「はた隠れたるも、ねたげなる心ばへなり」訳(ほととぎすが)姿が少し隠れているのも、憎らしいほどすばらしい風情である。◆「げ」は接尾語。

ねた・し【妬し】形容詞ク {く・から/く・かり/し/き・かる/けれ/かれ}

語義の扉
相手に引け目を感じたり、無視されたりして感じる、相手への反感を表す。また、自分の力が及ばず失敗して、自分を腹立たしく思うようすも表す。そこから、ねたましく思うほど相手がすぐれているようすを表すようになった。
❶㊀しゃくだ。いまいましい。
❷㊀くやしい。残念だ。
❸㊉ねたましいほどすぐれている。

❶しゃくだ。いまいましい。腹立たしい。憎らしい。枕草子 平安―随筆 清涼殿の丑寅のすみの「いかでなほ、少しひがこと見つけてをやまむと、ねたきまでにおぼしめしけるに」訳(天皇は)何とかして、少しでも(女御の答えに)間違いを見つけてね、その上で終わりにしようと、いまいましいほどにお思いになっていらっしゃるが。参照▶類語と使い分け⑮
❷くやしい。残念だ。土佐日記 平安―日記 一二・二「淡路の御の歌に劣れり。ねたき。いはざらましものを」訳淡路の御老女の歌よりまずい。くやしい。言わなければよかったものを。
❸ねたましいほどすぐれている。りっぱである。源氏物語 平安―物語 明石「これはあくまで弾き澄まし、心にくくねたき音ぞまされる」訳この方(=明石の上)はどこまでも見事に弾きこなし、ねたましいほど美しい音がすぐれている。

ね*たま・し【妬まし】形容詞シク {(しく)・しから/しく・しかり/し/しき・しかる/しけれ/しかれ} いまいましい。憎らしい。著聞集 鎌倉―説話 三九六「この事を、僧正ねたましくや思はれけん」訳このこと(=侍法師の絵が僧正の絵にひけをとらなかったこと)を、僧正はいまいましくお思いになったのだろうか。

ねたま・す【妬ます】他動詞サ四 {さ/し/す/す/せ/せ} くやしがらせる。いまいましく思わせる。ねたましく思わせる。源氏物語 平安―物語 総角「『なべてやは』など、ねたましきこゆれば」訳「並のことではとても(できない)」などと、(薫が)匂宮を)くやしがらせ申し上げるので。

ねた・む【妬む】他動詞マ四 {ま/み/む/む/め/め} いまいましく思う。ねたましく思う。憎らしく思う。竹取物語 平安―物語 かぐや姫の昇天「『…うるはしき姿したる使ひにも、障らじ』と、ねたみをり」訳「…立派な姿をした使者によっても、(私は)妨げられまい」といまいましく思っている。

ねぢ・く【拗く】ネジク 自動詞カ下二 {け/け/く/くる/くれ/けよ} ❶曲がりくねる。ねじれる。徒然 鎌倉―随筆 一三九「いとこちたくねぢけたり」訳(八重桜は)たいそう仰々しく曲がりくねっている。❷ひねくれる。素直でない。源氏物語 平安―物語 空蟬「ねぢけたるところなく、をかしげなる人」訳ひねくれたところがなく、かわいらしい人。◆多く「ねぢけたり」の形で用いる。

ね*ぢけ-がま・し【拗けがまし】ネジケガマシ 形容詞シク {(しく)・しから/しく・しかり/し/しき・しかる/しけれ/しかれ} ❶ひねくれている。素直でない。源氏物語 平安―物語 帚木「いと口惜しくねぢけがましき覚えだになくは」訳たいそう残念なほどひねくれた評判さえなければ。❷普通ではない。変わっている。源氏物語 平安―物語 少女「ゆかり睦び、ねぢけがましき様にて」訳縁者同士の結婚で、普通ではないようすなので。◆「がまし」は接尾語。

ねぢけ-ひと【拗け人】ネジケヒト 名詞 心のひねくれた人。◆後に「ねぢけびと」とも。

ねぢ-よ・る【捩ぢ寄る】ネジヨル 自動詞ラ四 {ら/り/る/る/れ/れ} にじり寄る。じわじわと近寄る。徒然 鎌倉―随筆 一三七「花の本には、ねぢより立ち寄り、あからめもせずまもりて」訳(桜の)花の下に、にじり寄って近寄り、わき見もしないで見つめて。

ね-づ【捩づ・捻づ】他動詞 ダ上二〔ぢ/ぢ/づ/づる/づれ/ぢよ〕ひねる。ねじる。今昔物語 平安―説話 一〇・一二「鳴かぬ雁の頸をねぢて殺して」訳鳴かない雁の首をひねって殺して。

ねった・い【妬い】形容詞 口語くやしい。残念だ。ねたましい。平家物語 鎌倉―物語 九・生ずきの沙汰「ねったい、さらば景季も盗むべかりけるものを」訳残念だ。それならば（私）景季も（馬を）盗めばよかったのになあ。

ね-どころ【寝所】名詞 ❶寝る所。寝床。❷ねぐら。枕草子 平安―随筆 春はあけぼの「からすのねどころへ行くとて」訳からすがねぐらへ帰ろうとして。

ね-と・る【音取る】他動詞 ラ四〔ら/り/る/る/れ/れ〕楽器の調子を合わせる。著聞集 鎌倉―説話 六三五「一臈笛をねとる」訳最も古参の蔵人が、笛の調子を合わせる。

ね-な・く＊【音泣く・音鳴く】自動詞 カ四〔か/き/く/く/け/け〕声をあげてなく。万葉集 奈良―歌集 一八〇九「新喪のごともねなきつるかも」訳新しく喪に服したように、声をあげて泣いてしまったことだよ。

ね-に-な・く【音に泣く】連語 なりたち 名詞「ね」＋格助詞「に」＋動詞「なく」

声をあげて泣く。古今 平安―歌集 恋一「わが園の梅の上枝に鶯の（＝序詞）ねになきぬべき恋もするかな」訳私の庭の梅の上の方の枝でうぐいすが鳴くように声をあげて泣いてしまいそうな恋をしていることだなあ。

ね-ぬなは【根蓴・根蓴菜】名詞「ぬなは」に同じ。

ねぬなは-の【根蓴の・根蓴菜の】枕詞 根の長いじゅんさいは繰って取ることから「長き」「くる」「苦し」に、また同音の繰り返しで「寝」「ねたし」にかかる。古今 平安―歌集 雑体「隠れ沼の下より生ふるねぬなはの寝ぬ名は立てじ来るな厭ひそ」訳沼の底から生えるねぬなは。私は一緒に寝ないというわさは立てまい。

ね-の-くに【根の国】名詞 奈良時代以前、地の底にあって、死者の霊が行くと考えられていた世界。黄泉の国。根の堅州国。

ね-の-ひ＊【子の日】名詞 ❶十二支の「子」に当たる日。❷㋐正月の最初の子の日に、人々が野外に出て小松を引き抜いたり若菜を摘んだりし、宴遊を行って千代の長寿を祝う行事。のちに、正月七日の行事となった。子の日の遊び。㋑「子の日の松」の略。新古今 鎌倉―歌集 春上「さざ波や（＝枕詞）志賀の浜松古りにけり誰が世に引けるねのひなるらむ」訳志賀の浜辺の松は古くなってしまったことだ。いったいだれが昔子の日に引いた小松であったのであろうか。◆「根延び」にかけて「ねのび」とも。

ねのひ-の-まつ【子の日の松】連語「ねのひ❷㋐」のときに千年の寿命を祈って引き抜く小松。

ね-のみ-な・く＊【音のみ泣く】連語 ⇩ねをなく。

ね-ば 連語 なりたち 打消の助動詞「ず」の已然形＋接続助詞「ば」

❶〔「ば」が順接の確定条件を表す場合〕…ないので。…ないから。源氏物語 平安―物語 夕顔「今年こそ、なりはひにも頼むところすくなく、田舎の通ひも思ひかけねば、いいと心細けれ」訳今年は、商売にももうけが少なく、田舎への行き末も期待できないから、ひどく心細いことよ。❷〔「ば」が恒常条件を表す場合〕…ないと。…ないときは、いつも。徒然 鎌倉―随筆 四七「鼻ひたる時、かくまじなはねば、死ぬるなり」訳くしゃみをした時、このように（クサメ、クサメと）おまじないをしないと、死んでしまうのだ。❸〔多く上に「も」を伴い、「ば」が逆接の確定条件を表す場合〕…ないのに。万葉集 奈良―歌集 一六二八「我が宿の萩の下葉は秋風もいまだ吹かねばかくぞ紅葉てる」訳私の家の庭の萩の下葉は、まだ秋風も吹かないのに、こんなに紅葉しているよ。

ね-は・ふ【根延ふ】自動詞 ハ四〔は/ひ/ふ/ふ/へ/へ〕根が長くのびる。根が張る。「ねばふ」とも。万葉集 奈良―歌集 一八二五「紫草のねはふ横野の春野には」訳紫草の根が張る横野（＝地名）の春の野には。

ね-は・る【寝腫る】自動詞 ラ下二〔れ/れ/る/るる/るれ/れよ〕寝て、顔がはれぼったくなる。枕草子 平安―随筆 見ぐるしきもの「えせかたちは、つやめき、ねはれて、ようせずは、頰ゆがみもしぬべし」訳（昼寝のあと）つまらない顔かたちの人は、てかてか光り、寝て顔がはれぼったくなって、ひょっとすると、頰がゆがむこともあるにちがいない。

ねはん【涅槃】名詞 仏教語。❶いっさいの煩悩を超越した、不生不滅の悟りの境地。❷仏、特に釈迦が入滅すること。高貴な人が死ぬことにいうこともある。❸「涅槃会」の略。

ねはん-ゑ【涅槃会】名詞 釈迦入滅の日の陰暦二月十五日に、寺で行われる追悼の法会。季春。

ねび 動詞「ねぶ」の未然形・連用形。

ね-ひとつ【子一つ】名詞 子の刻を四つに分けた第一の刻。今の午後十一時から十一時半ごろまで。

ねび-ととの・ふ【ねび整ふ】自動詞 ハ四〔は/ひ/ふ/ふ/へ/へ〕成長してりっぱになる。おとなびる。源氏物語 平安―物語 玉鬘「この君、ねびととのひ給ふままに」訳この女君は、成長してりっぱな大人になりなさるにつれて。

ねび-びと【ねび人】名詞 年寄り。年を取って経験の豊かな人。

ねび-まさ・る＊【ねび勝る】自動詞 ラ四〔ら/り/る/る/れ/れ〕成長に従ってりっぱになる。成長して美しくなる。年よりもおとなびる。源氏物語 平安―物語 宿木「見し程よりも、こよなくねびまさり給へりける」訳以前に見たよりも、この上もなくりっぱに成長して美しくなりなさっていた。

ねび-ゆ・く【ねび行く】自動詞 カ四〔か/き/く/く/け/け〕成長してゆく。おとなになってゆく。源氏物語 平安―物語 若紫「『ねびゆかむさま、ゆかしき人かな』と、目とまり給ふ」訳「成長してゆくようすを見てみたい人だなあ」と、目をはなさないでいらっしゃる。

ね・びる 自動詞 ラ下二〔れ/れ/る/るる/るれ/れよ〕老ける。年寄りじみてくる。源氏物語 平安―物語 空蟬「ねびれてにほはしき所も見えず」訳（空蟬は）老けてつややかに美しいところも見えない。

ねぶ[1]【合歓・合歓木】名詞 木の名。ねむのき。対生している葉は、刺激を与えられたり夜になったりすると閉じて垂れる。夏、淡紅色の小さな筒状の花が咲く。ねむ。季夏。奥の細道 江戸―紀行 象潟「象潟や雨に西施がねぶの花―芭蕉」訳⇩きさかたや…。

ね・ぶ[2] 自動詞 バ上二〔び/び/ぶ/ぶる/ぶれ/びよ〕

ね

❶おとなびる。ませる。平家物語 鎌倉―物語 一一・先帝身投「御年の程よりはるかにねびさせ給ひて」訳実際のご年齢よりはるかにおとなびていらっしゃって。❷年ごろになる。成人する。源氏物語 平安―物語 紅葉賀「ねび給ふままに、ゆゆしきまでなりまさり給ふ御ありさまかな」訳成長なさるにつれて、恐ろしいほど美しくなっておゆきになるごようすだな。❸老いる。ふける。源氏物語 平安―物語 夕顔「かたちなどねびたれど清げにて」訳容貌などはふけているけれどきれいで。

ね-ぶか【根深】 名詞 ねぎ(=野菜の名)の別名。特に、太ねぎ(根深ねぎ)にいう。季冬。蕪村句集 江戸―句集 俳諧「易水にねぶか流るる寒さかな―蕪村」訳⇩えきすいに…。

ねぶた-げ・なり【眠たげなり・睡たげなり】 形容動詞ナリ{なら/なり・に/なり/なる/なれ/なれ} 眠そうだ。枕草子 平安―随筆 すきずきしくて「暁に帰りて、やがて起きたる、ねぶたげなるけしきなれど」訳明け方に帰って来て、そのまま起きているのは、眠そうなようすであるけれど。◆「げ」は接尾語。

ねぶた・し【眠たし・睡たし】 形容詞ク{(く)・から/く・かり/し/き・かる/けれ/かれ} 「ねぶ(眠)りいた(甚)し」の変化した語。ひどくねむい。ねむたい。枕草子 平安―随筆 にくきもの「ねぶたしと思ひて伏したるに」訳ひどくねむいと思って横になっていると。

ねぶり【眠り・睡り】 名詞 ねむること。睡眠。

ねぶり-ごゑ【眠り声】 名詞 眠そうな声。寝ぼけ声。枕草子 平安―随筆 にくきもの「ゐるままにすなはちねぶりごゑなる、いとにくし」訳座るとすぐに眠そうな声を出すのは、たいそう憎らしい。

[1]ねぶ・る【眠る・睡る】 自動詞ラ四{ら/り/る/る/れ/れ} ねむる。目をつぶって、ねむったようにしている。蜻蛉 平安―日記 上「夜長うしてねぶることなければ」訳夜が長くて眠ることがないので。

[2]ねぶ・る【舐る】 他動詞ラ四{ら/り/る/る/れ/れ} なめる。しゃぶる。今昔物語 平安―説話 一四・一九「仏前の常灯の油をねぶり失ひき」訳(蛇は)仏前に常にともしておく灯火の油をなめ尽くしてしまった。

ね-ほ・る【寝惚る】 自動詞ラ下二{れ/れ/る/るる/るれ/れよ} 寝ぼける。今昔物語 平安―説話 一七・九「わがねほれて夢と思ゆるか」訳私が寝ぼけて夢だと思ったのだろうか。

ね-ま【寝間】 名詞 ❶寝る部屋。寝室。❷寝床。とこ。

***ねまち-の-つき【寝待ちの月】** 連語 出るのがおそくて、寝て待つ月の意。陰暦十九日の夜の月。特に、陰暦八月十九日の夜の月をいうことが多い。寝待ち。臥し待ちの月。季秋。

ね-まど・ふ【寝惑ふ】 自動詞ハ四{は/ひ/ふ/ふ/へ/へ} 寝ぼける。枕草子 平安―随筆 にげなきもの「老いたる男のねまどひたる」訳老いた男が寝ぼけているの。

ねま・る 自動詞ラ四{ら/り/る/る/れ/れ} ❶うずくまる。ひれふす。心中宵庚申 江戸―浄瑠 浄瑠・近松「軍右衛門がねまり申して手をつかへる」訳軍右衛門がひれふし申し上げて手をつく。❷くつろいで楽な姿勢になる。寝そべる。奥の細道 江戸―紀行 尾花沢「涼しさをわが宿にしてねまるなり―芭蕉」訳涼しさを私の宿のものとし、我が家にいるようにくつろぐことだ。

ねみみ-に-みづ【寝耳に水】 連語 思いがけない突然の出来事に驚くことのたとえ。▼「寝耳に水の入るごとし」の略。国姓爺 江戸―浄瑠 浄瑠・近松「城の兵、ねみみにみづの、あわてさわいで」訳城の兵士は、寝耳に水のことで、あわて騒いで。

ね・む【睨む】 他動詞マ下二{め/め/む/むる/むれ/めよ} にらむ。宇治拾遺 鎌倉―説話 九・四「『後あはざらんやは』とねめずばこそ」訳「また会わないでおくものか」と言ってにらまなければ。

ねむごろ・なり【懇なり】 形容動詞ナリ 「ねんごろなり」に同じ。

ねめ-か・く【睨め掛く】 他動詞カ下二{け/け/く/くる/くれ/けよ} にらみつける。宇治拾遺 鎌倉―説話 九・四「『をの、後にあはざらんやは』とて、ねめかけて帰りにければ」訳「おのれ、後に会わないでおくものか」と言って、にらみつけて帰ってしまったので。

***ねもころ【懇】** 副詞 心をこめて。熱心に。「ねもごろ」とも。万葉集 奈良―歌集 二四七二「ねもころ我は片思ひぞする」訳熱心に私は片思いをすることだ。◆「ねんごろ」の古い形。

ねもころ-ごろ・なり【懇ごろなり】 形容動詞ナリ{なら/なり・に/なり/なる/なれ/なれ} ❶細やかだ。ねんごろだ。万葉集 奈良―歌集 三〇五四「相思はずあるものをかも菅の根の(=枕詞)ねもころごろに我が思へるらむ」訳私のことを思ってくれないものを、ねんごろに私は思っているのだろうか。❷隅々まで行き届くようす。万葉集 奈良―歌集 二八五七「ねもころごろに照る日にも乾めやわが袖」訳隅々までさんさんと照る日にも乾かないだろう私の袖は。

***ねもころ・なり【懇なり】** 形容動詞ナリ{なら/なり・に/なり/なる/なれ/なれ} 丁重だ。丁寧だ。入念だ。「ねもごろなり」とも。万葉集 奈良―歌集 六八二「ねもころに心尽くして恋ふる我かも」訳丁重に心を尽くして慕う私であることだ。◆「ねんごろなり」の古い形。

***ね-や【閨】** 名詞 ❶寝室。寝所。徒然 鎌倉―随筆 一三七「月の夜はねやのうちながらも思へるこそ、いとたのもしうをかしけれ」訳月の夜は寝室の中にいるままでも(月を)思い描くのが、たいそう期待させられ興趣をそそられることだ。❷奥深い所にある、婦人の居室。深窓。源氏物語 平安―物語 帚木「思ひやり異なることなきねやのうちに」訳想像しても、想像の域を出ない婦人の居室の中に。◆「寝屋」の意。

ねや-ど【寝屋処】 名詞 寝る所。寝所。万葉集 奈良―歌集 八九二「里長が声はねやどまで来立ち呼ばひぬ」訳⇩かぜまじり…。

ねよ-と-の-かね【寝よとの鐘】 連語 なりたち 動詞「ぬ(寝)」の命令形＋格助詞「と」＋格助詞「の」＋名詞「かね」 人に寝なさいと告げる鐘。亥の刻(=午後十時ごろ)に打った。西鶴織留 江戸―物語 浮世・西鶴「夜はねよとのかね鳴りて次第にふけゆくほどに」訳夜は亥の刻を告げる鐘が鳴って次第に更けていくころに。

ね-ら【嶺ら】 名詞 峰。◆「ら」は接尾語。

ねり【練り・煉り】 名詞 ❶「練り絹」の略。❷「練り貫」の略。❸悪達者で巧みであること。

ねり-い・づ【練り出づ】 自動詞ダ下二{で/で/づ/づる/づれ/でよ} ゆっくりと歩み出る。静かに進み出る。源氏物語 平安―物語 末摘花「儀式官のねりいでたる臂持ち覚えて」

訳儀式官がゆっくりと歩み出たときのひじを張って歩く姿が思われて。

ねり-いろ【練り色】 名詞 染め色の一つ。白みを帯びた薄い黄色。

ねり-ぎぬ【練り絹】 名詞 練って柔らかくした絹布。しなやかで光沢がある。古くは「ねりきぬ」。対生絹(すずし)。

ねり-さまよ・ふ【練り徘徊ふ・練り彷徨ふ】(ネリサマヨウ) 自動詞ハ四{は/ひ/ふ/ふ/へ/へ} **あちこちゆっくりと歩き回る。** 枕草子 平安－随筆 四月、祭の頃「定者(ちやうじや)などいふ法師のやうにねりさまよふ」訳法会(ほうえ)のときに行列の先導役をする僧のように、あちこちゆっくりと歩き回る。

ねり-ぬき【練り貫き】 名詞 生糸を縦糸とし、横糸に練り糸を使って織った絹布。

ねり-ばかま【練り袴】 名詞 **練り絹で作った袴。**

***ね・る【練る】**

一 他動詞ラ四{ら/り/る/る/れ/れ} ❶**こねる。こねまぜる。** 太平記 室町－物語 二八「ただ泥にねられたる魚のごとくにて」訳ちょうど泥にこねられた魚のようで。❷絹を灰汁(あく)で煮て柔らかくする。枕草子 平安－随筆 こころゆくもの「うるはしき糸のねりたる」訳きちんと美しい糸が(灰汁で煮て)柔らかくなったのは。❸**精錬する。精製する。** 今鏡 平安－物語 序「百度(もも)たびねりたる銅(あかがね)なり」訳百回も精錬した銅であるようだ。

二 自動詞ラ四{ら/り/る/る/れ/れ} **静かにゆっくり歩く。** 枕草子 平安－随筆 きらきらしきもの「白馬(あをうま)の日、大路(おほぢ)ねりたる」訳白馬の節会(せちえ)の日、大路を静かにゆっくり歩いたの。

ね-ろ【嶺ろ】 名詞 **峰(みね)。** 万葉集 奈良－歌集 三三七〇「足柄(あしがり)の箱根のねろの和草(にこぐさ)の」訳足柄の箱根の峰のやわらかな草の(ような)。◆「ろ」は接尾語。奈良時代以前の東国方言。

***ね-を-な・く【音を泣く】** 連語 **声を出してなく。** 源氏物語 平安－物語 夕霧「ねをなき給(たま)ふさまの、心深く」訳声を出してお泣きになる姿が、慎み深く。参考「なく」は「鳴く」とも書く。「なくことをなく」の意で、「泣く」「鳴く」の強調であるため、「ねをもなく」のように、強めの助詞「も」「ぞ」「のみ」などを伴った例が多い。関連語「しのびねをなく(忍び音を泣く)」は、声をひそめて泣く意。

ね-を-のみ-な・く【音をのみ泣く】 連語 ⇩ねをなく。

ねん【念】 名詞 ❶**思い。考え。思慮。** 徒然 鎌倉－随筆 二四一「常住平生(へいぜい)のねんに習ひて」訳人生は不変であり平穏に生活できるとの考えに慣れて。❷念を入れること。注意すること。**配慮。** 栗焼 室町－狂言 狂言「随分ねんを入れて火取って来い」訳十分に注意をしてあぶって来い。❸仏教語。**一瞬間。**

ねん-き【年季・年期】 名詞 ❶契約による、奉公人や遊女の奉公の期間。一年を一季とする。❷「年季奉公(ほうこう)」の略。あらかじめ期限を定めてする奉公。期限は、ふつう十年。

ねん-きり【年切り】 名詞 年季を定めて奉公すること。また、その年限・奉公人。

ねん-ぐ【年貢】 名詞 農民が租税として納める生産物。ふつう、米についていう。

ねん-くゎん【年官】(ネンカン) 名詞 平安時代以降、皇族や公卿(くぎやう)に与えられた権利の一つ。「除目(ぢもく)」のとき、官職(下級の国司など)に任ずべき人物について、毎年一定数の人員を推薦することができる権利。推薦者は推薦された人から相応の財物を得る。⇩ねんしゃく

ねん-ごろ【懇ろ】 名詞／―す 自動詞サ変 ❶**親しくなること。** 傾城禁短気 江戸－物語 浮世「おまえは貧乏神とねんごろして」訳おまえは貧乏神と親しくなって。❷男女が情を通じること。**情交。**

ねんごろ-が・る【懇がる】 自動詞ラ四{ら/り/る/る/れ/れ} **親密なようすをする。慣れ親しむ。** 源氏物語 平安－物語 横笛「この宮に心かけきこえたまひて、かくねんごろがりきこえたまふぞ」訳この宮(=落葉の宮)にご執心申し上げなさって、このように親密なようすをし申し上げなさるのだ。◆「がる」は接尾語。

ねんごろ・なり【懇なり】

形容動詞ナリ{なら/なり・に/なり/なる/なれ/なれ}

語義の扉

主として奈良時代以前に用いられた「ねもころ」が、「ねむころ」を経て「ねんごろ」と転じた語。

❶**手厚い。親切だ。丁寧だ。入念だ。** 徒然 鎌倉－随筆 九二「朝(あした)には夕(ゆふべ)あらんことを思ひて、重ねてねんごろに修(しゆ)せんことを期(ご)す」訳朝には夜があることを思って、もう一度入念に身につけることの心づもりをする。

❷(仲が)**親密だ。懇意だ。むつまじい。親しい。** 伊勢物語 平安－物語 一六「思ひわびて、ねんごろに相語らひける友だちのもとに」訳思い悩んで、親しく交際していた友人のもとに。

❸**一途(いちず)だ。本気だ。まともだ。正直だ。** 徒然 鎌倉－随筆 七三「世俗の虚言(そらごと)を、ねんごろに信じたるもをこがましく」訳世間のうそを、正直に信じているのもばかげていて。

ねんじ-い・る【念じ入る】 自動詞ラ四{ら/り/る/る/れ/れ} **心をこめて祈る。一心に思う。** 源氏物語 平安－物語 玉鬘「額(ひたひ)に手を当ててねんじいりてをり」訳額に手を当てて心をこめて祈っている。

ねんじ-かへ・す【念じ返す】(ネンジカエス) 他動詞サ四{さ/し/す/す/せ/せ} **思い直して我慢する。** 源氏物語 平安－物語 桐壺「たへがたきを心づよくねんじかへさせ給(たま)ふ」訳耐えがたい気持ちになるのを、気強く思い直して我慢していらっしゃる。

ねんじ-すぐ・す【念じ過ぐす】 他動詞サ四{さ/し/す/す/せ/せ} **じっとこらえて過ごす。** 源氏物語 平安－物語 幻「思ひのどめてこそはとねんじすぐしたまひつつ」訳心を落ち着かせていようとじっとこらえて過ごしなさって。

ねん-しゃく【年爵】 名詞 平安時代以降、皇族や公卿(くぎやう)に与えられた権利の一つ。「除目(ぢもく)」のとき、位階(主に従五位下)を授けるべき人物について、毎年一定数の人員を推薦することができる権利。推薦者は推薦された人物から相応の財物を得る。⇩ねんくゎん

[1]ねん-じゅ【念珠】 名詞 **数珠(じゅず)。** ▼一心に仏を念じる際に用いられることから。「ねんず」とも。

ねん-じゅ[2]【念誦】名詞／―す 自動詞 サ変 仏教語。仏の加護を祈って、経文や仏の名を唱えること。「ねんず」とも。平家物語 鎌倉―物語 一〇・横笛「住み荒らしたる僧坊にねんじゅの声しけり」訳永年住んで荒れはてた寺院に経を唱える声がした。

ねんじゅ-だう【念誦堂】(ネンジュドウ) 名詞「ねんずだう」に同じ。

ねんじ-わ・ぶ【念じ侘ぶ】自動詞 バ上二 {び／び／ぶ／ぶる／ぶれ／びよ} 我慢しかねる。こらえきれなくなる。方丈記 鎌倉―随筆「ねんじわびつつ、さまざまの財物、かたはしより捨つるごとくすれども」訳(飢えに)我慢しかねて、いろいろな財産を、片っぱしから捨てるように(安く売ろうと)するけれども。

ねん-ず[1]【念誦】名詞／―す 自動詞 サ変「ねんじゅ(念誦)」に同じ。

ねん-・ず[2]【念ず】他動詞 サ変 {ぜ／じ／ず／ずる／ずれ／ぜよ}

> **語義の扉**
>
> 漢語「念」を元に生まれたサ変動詞。
>
> **漢語の窓**
> 漢字「念」のなりたちは、「今」と「心」の会意兼形声。心のうちにじっと思いをとどめておく、また、口を大きく開かず、うなるように含み声で読む意。
>
> 日本語化した「念ず」は、心の中で神様や仏様に祈る、願うの意(❶)。さらに転じて、口に出さないことから、がまんする意(❷)をも表す。
>
> ❶心の中で祈る。心の中で願う。
> ❷がまんする。じっとこらえる。

❶**心の中で祈る。心の中で願う。**枕草子 平安―随筆 清涼殿の丑寅のすみの「そなたに向きてなむねんじ暮らし給ひける」訳そちら(＝内裏の方)を向いて心の中で祈って一日を過ごしなさった。

❷**がまんする。じっとこらえる。**宇治拾遺 鎌倉―説話 一・一二「いま一声呼ばれていらへんと、ねんじて寝たるほどに」訳もう一度呼ばれたら返事をしようと、じっとこらえて寝ているうちに。

ねんず-だう【念誦堂】(ネンズドウ) 名詞「念誦」をするために建てた堂。「ねんじゅだう」とも。

ねんぢゅう-ぎゃうじ【年中行事】(ネンジュウギョウジ) 名詞 一年間の一定の時期に慣例として行われる、宮中の儀式・行事。のちには民間でもいうようになった。「ねんちゅうぎゃうじ」とも。

ねんぢゅうぎゃうじ-の-みさうじ【年中行事の御障子】(ネンジュウギョウジノミソウジ) 連語 清涼殿の東南の隅に置かれていた衝立障子。年中行事の名目が書かれていた。参照▼口絵

ねん-な・し[*]【念無し】形容詞 ク {(く)・から／く・かり／し／き・かる／けれ／かれ} ❶**残念である。くやしい。**平家物語 鎌倉―物語 六・祇園女御「これを射も殺し、斬りも殺したらんは、無下にねんなかるべし」訳これを射殺したり、斬り殺したりしたら、大変に残念であるにちがいない。❷**思いがけない。意外である。**末広がり 室町―狂言 狂言「ねんなう早かった」訳(来るのが)意外に早かった。◇「ねんなう」はウ音便。❸**たやすい。容易である。**太平記 室町―物語 一七「高櫓一つ、一つ、ねんなく攻め破られて焼きけり」訳高楼が一つ、たやすく攻め破られて焼けてしまった。注意「念＋無し」で考えが足りない意が本来の用法。

ねん-ねん【念念】名詞 ❶仏教語。**一瞬間一瞬間。時々刻々。**方丈記 鎌倉―随筆「心ねんねんに動きて、時として安からず」訳心が一瞬間一瞬間に動揺して、少しの間も心が穏やかではない。◇「念」は極めて短い時間、一瞬間の意。❷**一つ一つの思い。**徒然 鎌倉―随筆 二三五「我らが心に、ねんねんのほしきままに来たり浮かぶも」訳我々の心の中に、一つ一つの思いが勝手気ままにやって来て浮かぶのも。

ねん-ぶつ【念仏】名詞／―す 自動詞 サ変 仏教語。心に仏の姿や恵みを思い浮かべ、仏の名を唱えて仏に祈ること。特に、「南無阿弥陀仏」を唱えること。◆「ねぶつ」とも。

ねんぶつ-かう【念仏講】(ネンブツコウ) 名詞 念仏宗の信者が念仏を唱えるための会合。交代に当番を定めてその家に集まり、念仏を唱えて極楽往生を願った。

ねんぶつ-わうじゃう【念仏往生】(ネンブツオウジョウ) 名詞 仏教語。念仏を唱えて、極楽に往生すること。

ねん-よ【年預】名詞 ❶「院の庁(＝上皇・法皇・女院に関する事務を取り扱う役所)」で、当番として執事の下で一年間の実務を行う者。斎院・摂関家・大社寺などにも置かれた。▼一年間だけ、他の官職者が兼任する(＝預かり行う)ことから。◇「ねんにょ」とも。❷その年の祭りの世話役。

の[1]【野】名詞 草や低木が生えている広い平地。

の[2]【篦】名詞 矢の、竹でできた部分。**矢柄**(やがら)。参照▶口絵 

の[3] 格助詞《接続》体言や体言に準ずる語に付く。

❶〔連体格＝連体修飾語をつくる〕㋐〔所有〕**…の。…がもっている。…のものである。** 万葉集 奈良―歌集 一四七「大君の御寿(みいのち)は長く天(あま)足らしたり」訳天皇のご寿命は長く空に満ち満ちていらっしゃった。

㋑〔所属〕**…の。…に属する。…のうちの。** 徒然 鎌倉―随筆 五三「仁和(にんな)寺の法師」訳仁和寺に属する法師。

㋒〔所在〕**…の。…にある。** 万葉集 奈良―歌集 七「宇治(うぢ)のみやこの仮廬(かりいほ)し思ほゆ」訳宇治の都にある仮りの小屋が思い出される。

㋓〔時〕**…の。** 土佐日記 平安―日記 一二・二一「県(あがた)の四年五年(よとせいつとせ)果てて」訳地方官としての勤務期間の四、五年の任期が終わって。

㋔〔作者・行為者〕**…の。…の作った。…のした。** 源氏物語 平安―物語 桐壺「人の譏(そし)りをもえはばからせ給(たま)はず」訳(帝(みかど)は、世間の)人の非難などにも気がねなさることもなくて。

㋕〔材料〕**…の。** 万葉集 奈良―歌集 三五六七「置きて行かば妹(いも)ばまかなし持ちて行く梓(あづさ)の弓の弓束(ゆつか)にもがも」訳置いて行ったら、妻はかわいそうだ。持って行く梓の弓の握るところであればよいのに。

㋖〔名称・資格〕**…の。…という。** 竹取物語 平安―物語 ふじの山「その山をふじの山とは名づけける」訳その山を(士(つわもの)に富む山の意で)富士の山と名付けたのである。

㋗〔様子・状態〕下に「ごとし」「やうなり」「まにまに」「からに」「ゆゑに」などを伴う。伊勢物語 平安―物語 二三「つひに本意(ほい)のごとくにあひにけり」訳とうとう、かねての望みのとおりに結婚したのだった。

❷〔主語を示す〕**…が。** 枕草子 平安―随筆 春はあけぼの「まいて雁(かり)などの連ねたるが、いと小さく見ゆるは」訳いうまでもなく雁などが連なって(飛んで)いるのが、とても小さく見えるのは。

❸〔同格〕㋐〔同様の体言を前後に伴って〕**…であって(しかも)。…でまた。** 万葉集 奈良―歌集 八九二「風交じり雨降る夜(よ)の雨交じり雪降る夜(よ)は」訳⇩かぜまじり…。

㋑〔下の体言を省略して〕**…であって(しかも)。** 伊勢物語 平安―物語 九「白き鳥の、嘴(はし)と脚と赤き、鴫(しぎ)の大きさなる」訳白い鳥であって、くちばしと脚とが赤い鳥で、鴫くらいの大きさの(鳥)。◇「赤き」「大きさなる」の次に「鳥」が省略されている。

❹〔(下の体言を省略して)体言の意味を含んだ働き〕**…のもの。…のこと。** 枕草子 平安―随筆 中納言まゐり給ひて「まことにかばかりのは見えざりつ」訳本当にこれほどのもの(＝見事な扇の骨)は、目にしたことがなかった。

❺〔連用格＝連用修飾語をつくる〕㋐〔比喩〕**…のように。** 万葉集 奈良―歌集 二一「紫草(むらさき)のにほへる妹(いも)を憎くあらば人妻ゆゑに我恋ひめやも」訳⇩むらさきのにほへるいもを…。

㋑〔動作の目的・対象〕**…を。** 源氏物語 平安―物語 桐壺「見てはうち笑(ゑ)まれぬべきさまのし給(たま)へれば」訳見てほほえまずにはいられないようすを(若宮は)していらっしゃるので。

❻〔並列〕**…だの。…とか。** 浮世風呂 江戸―物語 滑稽「着物がきたねの、貧乏人だのと」訳着物が汚いだの、貧乏人だのと。◇鎌倉時代以降の用法。

語法 (1)**主語を示す用法** ❷の用法は「…の…連体形＋が」「…の…連体形＋は」の形になることが多い。また、主語を受ける述語は連体形になる。
(2)**「…の…さ」の用法** 「の」＋形容詞語幹＋接尾語「さ」の形の場合、全体で詠嘆を表す。「…が…であることよ」などと訳すとよい。『新古今和歌集』「月の影のさやけさ」〈月の光がなんと澄んでいることよ。〉

参考 ❶㋗は、「まにまに」の「ま」などが体言に由来する語なので、連体格とする。❹の「の」を準体助詞、❻の「の」を並立助詞とする説がある。

の[4] 終助詞《接続》体言や、文を言いきった形に付く。**…だなあ。…だね。** ▼感動や念押し・同意などの意を表す。浮世風呂 江戸―物語 滑稽「はて、とんだ物が目にはいったの」訳それにしても、とんでもない物が目に入ったなあ。◆鎌倉時代以降の用法。

のい-ふ・す【偃す】自動詞サ四{さ/し/す/す/せ/せ}〔「のきふす」のイ音便〕**あおむけになって寝る。** 大鏡 平安―物語 道長上「門(かど)をだに鎖(さ)さで、安らかにのいふしたれば」訳門をさえ閉めずに、安心してあおむけになって寝ているので。

のう[1] ⇩なう

ノウ[2]【衲・納】⇩なふ

のう[3]【能】名詞 ❶**才能。能力。** 平治物語 鎌倉―物語 上「のうもなく芸もなく、ただ朝恩(てうおん)にのみほこり」訳才能も芸もなく、ただ朝廷のご恩だけを自慢とし。❷**技芸。芸能。** 徒然 鎌倉―随筆 一八八「法師の無下(むげ)にのうなきは」訳法師がまったく技芸のないのは。❸鎌倉・室町時代の芸能の一つ。「田楽(でんがく)」と「猿楽(さるがく)」。❹室町時代に確立された歌舞劇の一種。⇩能 文芸

のう[4] 感動詞「なう」に同じ。◆「なう」を発音通りに表記したもの。

能[5](のう) 文芸 謡(うたい)(＝詞章)・囃子(はやし)・舞を総合した、幽玄な仮面楽劇。室町幕府の三代将軍足利義満の庇護のもと、古くからあった猿楽や田楽などの芸能を母体に、観阿弥(かんあみ)・世阿弥(ぜあみ)父子によって、演劇として確立された。簡素な舞台(能舞台)を使って、シテ(＝主役)・ワキ(＝脇役(わきやく))・ツレ(＝助演者)が、笛・小鼓(こつづみ)・大鼓(おおつづみ)・太鼓の囃子と地謡(じうたい)とに合わせて舞ったり、自ら謡って所作したりするもの。その詞章は「謡曲(ようきょく)」といわれる。

能因(のういん) 人名 (九八八～?)平安時代中期の歌人。俗名は橘永愷(たちばなのながやす)。三十六歌仙の一人。和歌の逸話が多く、都にいながら「都をば霞(かすみ)と共に立ちしかど秋風ぞ吹く白河の関」(『後拾遺和歌集』)〈都を霞の立つ春に旅立ったけれど、今ではもう秋風が吹いているよ、この白河の関は。〉と詠んだ話は有名。家集に『能因法師集』がある。

のう-げい【能芸】名詞 身につけた芸。

のうし〔直衣〕⇩なほし

のう-じゃ【能者】名詞 ❶才能がある人。物事に堪能(たんのう)な人。盛衰記 鎌倉―物語 三九「無双ののうじゃにておはしますなり」訳二人といない才能の持ち主でいらっしゃるのだ。❷能役者。風姿花伝 室町―論 一「まことに得たらんのうじゃならば」訳ほんとうに(真髄を)得たような能役者であるならば。◆「のうしゃ」とも。

のう-しょ【能書】名詞 文字を書くのが上手なこと。また、その人。能筆(のうひつ)。「のうじょ」とも。

のう-ひつ【能筆】名詞「のうしょ」に同じ。

のう-ぶたい【能舞台】名詞 能・狂言を演ずる専用舞台。奥行き四間半(約八・二メートル)、間口三間(約五・五メートル)の板張り。背景には松が描かれていて、左側に橋懸(はしが)かり(=廊下)がある。上演の際には、舞台後方に囃子方(はやしかた)、右側に地謡(じうたい)が着座する。

のうらく-もの【能楽者】名詞 のらりくらりと遊び暮らしている者。怠け者。

の-おくり【野送り】名詞 遺体を火葬場または墓地まで送ること。葬送。野辺(のべ)の送り。

の-がけ【野掛け・野駆け】名詞 春や秋に、飲食物を持参して野山を遊び歩くこと。花見や紅葉狩りなどの野遊び。野掛け遊び。

の-かぜ【野風】名詞 野原を吹き渡る風。

の-がひ【野飼ひ】(ノガイ) 名詞 (牛馬などの)放し飼い。放牧。

の-が・ふ【野飼ふ】(ノガウ) 他動詞ハ四 {は/ひ/ふ/ふ/へ/へ} (牛馬などを)放し飼いにする。放牧する。古今 平安―歌集 雑体「わが身は春の駒(こま)なれやのがひがてらに放ち捨てつる」訳私は春の日の馬なのだろうか、(あの人は私を)放し飼いにするついでに放り捨ててしまったことだ。

の-がみ【野髪】名詞 自然のままで、刈りそろえてない、馬のたてがみ。

***の-がり**【の許】連語 なりたち 格助詞「の」+名詞「がり」 …のもとへ。…の所へ。徒然 鎌倉―随筆 五三「京なる医師(くすし)のがり率(ゐ)て行きける道すがら」訳京都にいる医師のもとへ連れて行った、その道々。

のが・る【逃る・遁る】自動詞ラ下二 {れ/れ/る/るる/るれ/れよ} ❶逃げる。避けて遠ざかる。源氏物語 平安―物語 空蟬「かばかりのがるる心あめれば」訳これほど(自分から)逃げる気持ちがあるようなので。❷言い逃れる。源氏物語 平安―物語 花宴「切(せち)に責めのたまはするに、のがれがたくて」訳しきりにせきたておっしゃるので、言い逃れることができなくて。

のき【軒】名詞 屋根の下端が建物の外にさし出た部分。また、軒下。

のき-の-たまみづ【軒の玉水】(ノキノタマミズ) 連語 軒先からしたたり落ちる雨だれ。軒のしずく。

のき-ば【軒端】名詞 軒のはし。軒に近いところ。

のき-を-あらそ・ふ【軒を争ふ】(ノキヲアラソウ) 連語 ❶軒と高さを競う。▼草が軒を覆って生い茂ることをたとえていう。源氏物語 平安―物語 蓬生「しげき蓬(よもぎ)は、のきをあらそひて生ひのぼる」訳深く茂った蓬は、軒と高さを競うように生長し。❷軒と軒とが重なり合う程に、人家が密集している。方丈記 鎌倉―随筆「のきをあらそひし人の住まひ、日を経(へ)つつ荒れ行く」訳軒を接するように密集していた人々の住まいが、日がたつに従って荒れてゆく。

***の・く**【退く】 一 自動詞カ四 {か/き/く/く/け/け} ❶しりぞく。どく。立ちのく。おらが春 江戸―句集 俳文「雀(すずめ)の子そこのけそこのけ御馬(おうま)が通る―一茶」訳⇩すずめのこ…。❷地位を離れる。身を引く。しりぞく。大鏡 平安―物語 頼忠「一条院位につかせ給ひしかば、…関白のき給ひにき」訳一条院が即位なさったので、…関白は(その地位を)おしりぞきになった。❸間が隔たる。離れる。狭衣 平安―物語 四「居給(たま)ふべき所と見ゆるは、寺よりは少しのきてぞありける」訳いらっしゃるはずの所と思われるのは、寺からは少し離れた所にあった。 二 他動詞カ下二 {け/け/く/くる/くれ/けよ} ❶しりぞかせる。どかせる。枕草子 平安―随筆 よろづのことよりも、わびしげなる「立てる車どもを、ただのけにのけさせて」訳とめてあった多くの車を、強引にどかせて。❷間を隔てる。離す。徒然 鎌倉―随筆 二一九「この穴を吹く時は、必ずのく」訳(横笛の)この穴を吹くときは、必ず(口を)離す。 三 補助動詞カ下二 {け/け/く/くる/くれ/けよ} (動詞連用形+助詞「て」の下に付いて)…てしまう。曾根崎心中 江戸―浄瑠 近松「いっそ死んでのけたい」訳いっそ死んでしまいたい。

のけ-くび【仰け領】名詞 着物の襟元(えりもと)をうしろにずらし、首筋が出るようにした着方。

のけざま-に【仰け様に】副詞 あおむけに。竹取物語 平安―物語 燕の子安貝「八島(やしま)の鼎(かなへ)の上にのけざまに落ち給(たま)へり」訳(中納言は)八島の鼎の上にあおむけに落ちなさった。

のけ-に【仰けに】副詞 あおむけに。平家物語 鎌倉―物語 九・越中前司最期「うしろの水田へのけに突き倒す」訳うしろの水田へあおむけに突き倒す。

のご・ふ【拭ふ】(ノゴウ) 他動詞ハ四 {は/ひ/ふ/ふ/へ/へ} ふき取る。ぬぐう。徒然 鎌倉―随筆 一四四「『うれしき結縁(けちえん)をもしつるかな』とて、感涙(かんるい)をのごはれけるとぞ」訳「うれしい仏縁を結んだことだなあ」と言って、感激の涙をおふき取りになったと(いうことだ)。

のこり-おほ・し【残り多し】(ノコリオオシ) 形容詞ク {(く)・から/く・かり/し/き・かる/けれ/かれ} 心残りが多い。残念である。浜松中納言 平安―物語 三「のこりおほかるありさまは、いと世に類(たぐ)ひなう思ひやられ侍(はべ)りて」訳(私の死後の娘の生活の)心残りが多いありさまは、大変世間に類もなく心配でございまして。

のこり-な・し【残り無し】形容詞ク {(く)・から/く・かり/し/き・かる/けれ/かれ} 余すところがない。古今 平安―歌集 春下「のこりなく散るぞめでたき桜花」訳余すところがなく散るのがすばらしいのだ、桜の花は。

***のこ・る**【残る】自動詞ラ四 {ら/り/る/る/れ/れ} ❶残る。万葉集 奈良―歌集 八四九「のこりたる雪にまじれる梅の花」訳残っている雪にまざって(咲いて)いる梅の花よ。❷生き残る。死におくれる。源氏物語 平安―物語 東屋「我一人のこりて、知り語らはむもいとつつましく」訳私一人が生き残って、相談相手になったりしても、たいそう気がひけて。❸後世に伝わる。源氏物語 平安―物語 若菜下「古(いにし)への心ののこりてこそ」訳かつて昔の(愛憎の)心が今も消えずに残っていればこそ。❹〔打消の語を伴って〕もれる。ぬける。源氏物語 平安―物語 夕顔「案内

ものこる所なく」訳(その家の)事情ももれる所なく。

のこん-の【残んの】 連体詞 「のこりの」の撥音便。**残っている。** 平家物語 鎌倉一物語 一〇・海道下「遠山の花は残んの雪かと見えて」訳遠くの山の桜の花は残っている雪かと見えて。

の-さき【荷前】 名詞 諸国から朝廷へ奉る貢ぎ物のうち、その年の最初の分を、陰暦十二月に「荷前の使ひ」を派遣して、伊勢神宮をはじめ諸方の神や天皇の陵墓に献進すること。また、その献上の品物。

のさき-の-つかひ【荷前の使ひ】 名詞 毎年、陰暦十二月に、「荷前」の献進のために朝廷から派遣される使者。

のさ-のさ(と) 副詞 ❶のんきに。のんびりと。❷横柄に。平然と。

野沢凡兆 人名 (?~一七一四)江戸時代中期の俳人。金沢の人。京都に出て医者となった。松尾芭蕉の門に入り、印象的な写生句を得意とした。向井去来と俳諧撰集『猿蓑』を編集して蕉風を発展させた。妻の羽紅も俳人。

のさ-もの【のさ者】 名詞 のんき者。また、横着者。

の-ざらし【野晒し】 名詞 ❶野外で風雨にさらされること。また、さらされたもの。❷山野で風雨にさらされて白骨となった頭蓋骨。髑髏。されこうべ。野ざらし 江戸一句集 俳文「のざらしを心に風のしむ身かな―芭蕉」訳⇩のざらしを…。

野ざらし紀行 書名 俳諧紀行。松尾芭蕉作。江戸時代前期(一六八五)成立。一巻。『甲子吟行』ともいう。〔内容〕芭蕉紀行の第一作で、貞享一年(一六八四)八月江戸を出発して、故郷の伊賀で年を越し、翌年四月江戸に帰るまでの俳文的紀行である。

のざらしを… 俳句 「野ざらしを 心に風の しむ身かな」野ざらし 江戸一句集 俳文・芭蕉 訳旅の途中で行き倒れ、白骨を野にさらすことになるかもしれない。それでも、と決意して旅に立つが、折からの秋風が我が心に、我が身にひとしおしみることである。

鑑賞『野ざらし紀行』の門出の句で、蕉風開眼の境地に達した芭蕉の、新たなる旅立ちに際しての思いつめたような感とともに、心の高揚が感じられる。句中の「心に」は、「野ざらしを心に(決意し)」と「心に風のしむ」が言いかけられている。季語は「身にしむ」、季は秋。

のし【熨斗】 名詞 ❶「火熨斗」の略。金属製の、裁縫具の一つ。中に炭火を入れ、衣服のしわをのばすのに用いる。❷「熨斗鮑」の略。

のし-あはび【熨斗鮑】 名詞 鮑の肉を薄く長くそぎ、引きのばして干したもの。古くは食用。のち、儀式に用い、また、祝儀の進物などの飾り物とした。熨斗。

のし-ひとへ【伸し単衣】 名詞 糊をつけ、火熨斗を掛けてぴんと張った、練り絹の単衣。薄く透いて見える。

のし-め【熨斗目】 名詞 練り糸を縦糸に、生糸を横糸にして織った地が堅くて平らな絹布。また、その布で作った衣服。無地で袖の下と腰のあたりに、縞を織り出したもの。江戸時代、武士が礼服として麻裃の下に着用した。

(熨斗目)

の・す【乗す・載す】 他動詞 サ下二 {せ/せ/す/する/すれ/せよ} ❶**乗せる。** 源氏物語 平安一物語 若菜下「大将殿は君達を御車にのせて、月の澄めるにまかでたまふ」訳大将殿は若君達をお車に乗せて、月の澄んだ中を退出なさる。❷**記載する。** 平家物語 鎌倉一物語 一〇・藤戸「鎌倉殿の御教書にものせられけり」訳鎌倉殿(=頼朝)の下文にも記載された。❸**調子よくだます。** 申楽談儀 室町一能楽「のせたる心より出づ」訳人を調子よくだましている魂胆から出たことである。

の-すぢ【野筋】 名詞 野の道筋になぞらえて作った、庭園の道筋。

の-ずゑ【野末】 名詞 野の果て。

[1]のぞ・く【覗く・覘く】 他動詞 カ四 {か/き/く/く/け/け} ❶**すきまや物陰を通して見る。うかがい見る。** 源氏物語 平安一物語 夕顔「をかしき額つきの透き影、あまた見えてのぞく」訳美しい額の形の(簾越しに透けて見える女の)姿が、たくさん見えて(こちらを)うかがい見る。❷**ちょっと立ち寄って、見る。のぞき見る。** 源氏物語 平安一物語 花散里「西面には、わざとなく忍びやかにうち振る舞ひ給ひて、のぞき給へるも」訳(花散里のいる)西側の部屋には、わざと(の訪問)でなく、目立たぬようになさって、ちょっと立ち寄ってごらんになっても。❸**見下ろす。のぞき込む。** 源氏物語 平安一物語 手習「川近き所にて、水をのぞき給ひて」訳川に近い所で、水を見下ろしなさって。

[2]のぞ・く【臨く】 自動詞 カ四 {か/き/く/く/け/け} **向かい合う。臨む。** 源氏物語 平安一物語 椎本「水にのぞきたる廊に造りおろしたる橋の心ばへなど」訳水に臨んで建てた廊下に、下におりられるように造ってある階段の風情など。

のぞみ【望み】 名詞 ❶**眺め。眺望。** 平家物語 鎌倉一物語 三・城南之離宮「西山の雪の色、香炉峰ののぞみをもよほす」訳西山の雪の景色は、香炉峰の眺望を思わせる。❷**希望。願い。** 方丈記 鎌倉一随筆「ただしづかなるをのぞみとし」訳ただ静寂なのを願いとし。

[1]のぞ・む【望む】 他動詞 マ四 {ま/み/む/む/め/め} ❶**遠くから眺めやる。** 土佐日記 平安一日記 一・二七「日をのぞめば都遠し」訳太陽を遠くから眺めると(見えるのに、都は、見えないので)都は遠い(と思われる)。❷**願う。希望する。** 平家物語 鎌倉一物語 九・生ずきの沙汰「いけずきをば梶原源太景季しきりにのぞみ申しけれども」訳いけずき(=馬の名)を梶原源太景季はしきりに所望申し上げたが。

[2]のぞ・む【臨む】 自動詞 マ四 {ま/み/む/む/め/め} ❶**向かい合う。面する。** 和泉式部集 平安一歌集「海にのぞみたる松」訳海に向かい合っている松。❷**直面する。** 源氏物語 平安一物語 須磨「これより大きなる恥にのぞまぬ先に」訳これよりもひどい恥に直面しない前に。❸**出席する。臨席する。** 徒然 鎌倉一随筆 一六七「一道に携はる人、あらぬ道の席にのぞみて」訳一つの専門の道にかかわり合う人が、自分の専門外の場に出席して。

のたう・ぶ【宣ぶ】 他動詞 バ四 {ば/び/ぶ/ぶ/べ/べ} 「言ふ」の尊敬語。**おっしゃる。**「のたぶ」とも。古今 平安一歌集 恋二・詞書「弥生ばかりに、もののたうびける人のもとに、…詠みてつかはしける」訳三月のころに、物をおっしゃった人のところに、…詠んでおやりになった(歌)。

のたば-く【宣ばく】 連語

なりたち 動詞「のたぶ」の未然形＋接尾語「く」

おっしゃる(こと)には。万葉集 奈良―歌集 四四〇八「白鬚(しらひげ)の上ゆ涙垂(た)り嘆きのたばく」訳(父上は)白い髭の上に涙をこぼして嘆いておっしゃるには。

のた・ぶ【宣ぶ】 他動詞バ四{ば/び/ぶ/ぶ/べ/べ}「のたうぶ」に同じ。大鏡 平安―物語 道長下「ぬしののたぶ事も天の河をかき流すやうに侍(はべ)れど」訳あなたのおっしゃることも、天の川を流すよう(な雄弁)でございますが。

のたま・う【宣う】 ⇩のたまふ

のたまは-く【宣はく・曰はく】 ノタマワク

なりたち 尊敬の動詞「のたまふ」の未然形＋接尾語「く」

おっしゃること(には)。竹取物語 平安―物語 蓬莱の玉の枝「皇子(みこ)答へてのたまはく」訳皇子が答えておっしゃることには。

＊のたまは・す【宣はす】 ノタマワス 他動詞サ下二{せ/せ/す/する/すれ/せよ}

なりたち 尊敬の動詞「のたまふ」の未然形に尊敬の助動詞「す」の付いたかたちが一語化したもの。

[「言ふ」の尊敬語]**おおせになる。おおせられる。おっしゃる。** 枕草子 平安―随筆 職の御曹司におはします頃、西の廂にて「御前(おまへ)に聞こし召して、『いみじうよくとぞ思ひつらむ』とぞ、のたまはする」訳中宮様がお聞きになって、「とてもすばらしいと思っているのであろう」とおっしゃる。

参考 「のたまふ」より敬意が高く、天皇・上皇・皇后・中宮などの動作に用いられる最高敬語の一つである。

のたまひ-あは・す【宣ひ合はす】 ノタマイアワス 他動詞サ下二{せ/せ/す/する/すれ/せよ}[「言ひ合はす」の尊敬語]**相談なさる。** 源氏物語 平安―物語 須磨「物をものたまひあはすべき人しなければ」訳物ごとをも相談なさることのできる人もいないので。

のたまひ-いだ・す【宣ひ出だす】 ノタマイイダス 他動詞サ四{さ/し/す/す/せ/せ}[「言ひ出だす」の尊敬語]**口に出しておっしゃる。** 徒然 鎌倉―随筆 二三八「『情けなしと恨み奉る人なんある』とのたまひいだしたるに」訳「情味のない方だとお恨み申す人があります」と口に出しておっしゃったので。

†のたま・ひ-も-あ・へ-ず-な・か-れ-け・れ-ば【のたまひもあへず泣かれければ】 平家物語 鎌倉―物語 七・維盛都落「おさなき者共があまりにしたひ候ふを、とかうこしらへおかんと仕る程に、存の外(ほか)の遅参」とのたまひもあへずなかれければ」訳「幼い者たちがあまりにひどくあとを慕いますのを、あれやこれやとなだめておこうといたします間に、思いの外に遅れ申しました」と仰せられるやいなやお泣きになったので。

品詞分解 のたまひ＝動詞「のたまふ」用 も＝係助詞 あへ＝動詞「あふ」未 ず＝打消の助動詞「ず」用 なか＝動詞「なく」未 れ＝尊敬の助動詞「る」用 けれ＝過去の助動詞「けり」已 ば＝接続助詞

のたま・ふ【宣ふ】ノタマウ―ノタモウ 他動詞ハ四{は/ひ/ふ/ふ/へ/へ}

語義の扉

「言ふ」の尊敬語。「(神が)告げる・言う」意の四段活用の動詞「の(告)る」の連用形に、尊敬の意の補助動詞「たまふ」が付いた「のりたまふ」が転じてできた語で、敬意の程度は、「のたまはす」「おほせらる」の次である。平安時代から用いられた。

❶[「言ふ」の尊敬語]おっしゃる。
❷[謙譲語]申し聞かせる。言い聞かせる。

❶[「言ふ」の尊敬語]**おっしゃる。** 枕草子 平安―随筆 大蔵卿ばかり「さのたまはば、今日は立たじ」訳そんなことをおっしゃるなら、今日は出かけるのをやめよう。

❷[謙譲語][上位の人との対話の中で、話し手が身内の者や目下の者に上位の人の言葉を言い聞かせる意で用いる]**申し聞かせる。言い聞かせる。** 源氏物語 平安―物語 帚木「いと畏(かしこ)き仰せ言(ごと)に侍(はべ)るなり。姉なる人にのたまひてむ」訳まことにおそれ多いお言葉でございます。姉にあたる人に申し聞かせましょう。

の-ため【篦撓め】 名詞「篦(の)」の反りをまっすぐに直すこと。また、そのための道具。細い木に斜めに溝を彫り刻んだもので、その溝に篦を入れて直す。

のため-がた【篦撓め形】 名詞**なめ。すじかい。** ◆「篦撓め」に似た形の意から。

のたり(と) 副詞波などがゆるやかにうねるようす。蕪村句集 江戸―句集 俳諧「春の海終日(ひねもす)のたりのたりかな―蕪村」訳⇩はるのうみ…。

のち【後】名詞

❶**のち。あと。以後。** 徒然 鎌倉―随筆 九二「のちの矢を頼みて、初めの矢になほざりの心あり」訳あと(＝二本目)の矢をあてにして、最初の矢(を射ること)にいいかげんな気持ちが生ずる。

❷**未来。将来。** 更級 平安―日記 後の頼み「この度は帰りて、のちに迎へに来む」訳今回は(このまま)帰って、将来(再び)迎えに来よう。

❸**死後。後世(ごせ)。来世。** 源氏物語 平安―物語 蜻蛉「のちのしたためなども、いとはかなくしてけるを」訳(浮舟の)死後の処置(＝葬儀)なども、たいへん簡略にしてしまったのを。

❹**子孫。後裔(こうえい)。** 枕草子 平安―随筆 五月の御精進のほど「その人ののちといはれぬ身なりせば、こよひの歌をまづぞ詠ままし」訳もし(私が)その(有名な歌人の)子孫だといわれない身だったら、今夜の歌会の歌を真っ先に詠んで(さし出し)たろうに。

の-ぢ【野路】 ノジ 名詞野の中の道。

のち-せ[1]【後世】 名詞のちの世。後代。

のち-せ[2]【後瀬】 名詞❶**下流の瀬。** ❷**のちに会う機会。**

のち-の-あした【後の朝】 連語男女が一夜を共に過ごした翌朝。後朝(きぬぎぬ)。

のち-の-あふひ【後の葵】 ノチノアオイ 連語賀茂(かも)の祭りが過ぎてもそのまま残っている飾りの葵(あおい)。

のち-の-おや【後の親】 連語実の親の死後、親代わりにして頼る人。継親(ままおや)。源氏物語 平安―物語 若紫「今はただこののちのおやを、いみじう睦(むつ)びまつはし聞こえ給(たま)ふ」訳今はもうこの親代わりの人を、たいへん親しんでまといつき申し上げなさる。

＊**のち-の-こと**【後の事】連語 ❶**将来のこと。死後のこと。**更級 平安―日記 夫の死「**のちのこと**は知らず、そのほどの有様はものさわがしきまでに人多くいきほひたり」訳**将来のこと**はわからず、そのころのようすは騒々しいくらいに人が多く、活気づいていた。❷**人の死後に行う行事。**葬送や法要など。源氏物語 平安―物語 松風「命尽きぬと聞こし召すとも、**のちのこと**思し営むな」訳死んだとお聞きになったとしても、**法要**をしようとお思いになるな。❸**後産**。枕草子 平安―随筆 心もとなきもの「子産みたる**のちのこと**の久しき」訳子を産んだ**後産**が長びくの(も気がかりである)。

のち-の-たのみ【後の頼み】連語 **死後の極楽往生の期待。**更級 平安―日記 後の頼み「この夢ばかりぞ、**のちのたのみ**としける」訳(阿弥陀様の現れた)この夢だけを、**死後の極楽往生の期待**とした。

＊**のち-の-つき**【後の月】名詞 陰暦八月十五日の夜の月に対して陰暦九月十三日の夜の月。やはり名月とされ、月見をする。栗名月。豆名月。名残の月。季秋。笈日記 江戸―論 俳諧「木曾の痩せもまだなほらぬに**のちのつき**――芭蕉」訳木曾路の(旅による)痩せもまだ直らないのに**陰暦九月十三日の月見**をすることだ。

＊**のち-の-よ**【後の世】名詞 ❶**後代。末代。将来。**万葉集 奈良―歌集 三七九一「古への賢しき人も**のちのよ**の鑑にせむと」訳昔の賢い人も**後代**の手本にしようと。❷**死後の世。後世。来世。**源氏物語 平安―物語 若紫「僧都、…**のちのよ**の事など聞こえ知らせ給ふ」訳僧都は、…**死後の世界**のことなどをお教え申し上げなさる。

＊**のち-の-わざ**【後の業】連語「のちのこと❷」に同じ。源氏物語 平安―物語 桐壺「**のちのわざ**などにも、細かに訪はせ給ふ」訳**法要**などにも、丁重にお見舞いなさる。

の-づかさ【野阜・野司】名詞 **野原の中の小高い丘。**万葉集 奈良―歌集 三九一五「山谷越えて**のづかさ**に今は鳴くらむ鶯の声」訳山や谷を越えて**野の中の小高い丘**で、今は鳴いているであろう、うぐいすの声は。

のっ-と[1]【祝詞】名詞「のりと」の促音便。「のりと」に同じ。

のっ-と[2] 副詞 **ぬっと。**▼突然現れるようすを表す。炭俵 江戸―句集 俳諧「梅が香に**のっと**日の出る山路かな――芭蕉」訳⇩うめがかに…。

能登 地名 旧国名。北陸道七か国の一つ。今の石川県の北部。日本海に突き出た能登半島を占める。能州。参照▶資料21

のど-か-・なり【長閑なり】形容動詞ナリ {なら/なり・に/なり/なる/なれ/なれ} ❶**穏やかだ。うららかだ。**▼天候などに用いる。枕草子 平安―随筆 三月三日は「三月三日は、うらうらと**のどかに**照りたる」訳三月三日(の節句)は、うららかに**穏やかに**日が照っているの(がよい)。❷**のんびりしている。ゆったりしている。**徒然 鎌倉―随筆 一八八「世を**のどかに**思ひてうち怠りつつ」訳一生を**のんびりと**考えてつい怠けては。❸**落ち着いている。静かだ。**源氏物語 平安―物語 薄雲「その年、おほかた世の中騒がしくて、公ざまにもものさとしげく、**のどかならで**」訳その年、いったいに世の中が騒がしくて、朝廷関係のことで何かの前兆がしきりに起こって、**落ち着か**なくて。◆「のどやかなり」とも。

＊**のど-け-・し**【長閑けし】形容詞ク {(く)・から/く・かり/し/き・かる/けれ/かれ} ❶**天気が穏やかだ。のどかだ。うららかだ。**古今 平安―歌集 春下「ひさかたの光**のどけき**春の日に静心なく花の散るらむ」訳⇩ひさかたのひかりのどけき…。❷**落ち着いている。ゆったりしている。のんびりしている。**古今 平安―歌集 春上「世の中にたえて桜のなかりせば春の心は**のどけからまし**」訳⇩よのなかにたえてさくらの…。

のど-・なり 形容動詞ナリ {なら/なり・に/なり/なる/なれ/なれ} **穏やかだ。**万葉集 奈良―歌集 三三三九「立つ波も**のどに**は立たぬ」訳立つ波も**穏やかに**は立たない。

のどの-ど-と 副詞 ❶**のどかに。のんびりと。ゆったりと。**更級 平安―日記 初瀬「**のどのどと**かすみ渡りたるに」訳**のどかに**一面にかすみがかかっているところに。❷**のろのろと。**今昔物語 平安―説話 二八・七「**のどのどと**馬を歩ますほどに」訳**のろのろと**馬を歩ませているうちに。

のどま・る 自動詞ラ四 {ら/り/る/る/れ/れ} **穏やかになる。静まる。落ち着く。**源氏物語 平安―物語 須磨「何となく、心の**のどまる**世なくこそありけれ」訳何となく、心が**静まる**時がないことであるよ。

＊**のど・む** 他動詞マ下二 {め/め/む/むる/むれ/めよ} ❶**落ち着かせる。静める。**蜻蛉 平安―日記 中「立ちも止まらで行き過ぐれば、心地**のどめて**思ふ」訳(車が)立ち止まりもしないで通り過ぎたので、気持ちを**静めて**思う。❷**のんびりさせる。ゆったりさせる。**源氏物語 平安―物語 空蟬「さのみもえ思し**のどむ**まじかりければ」訳そんな風にばかり**のんびりとお考えになる**こともできないので。❸**猶予する。のばす。**源氏物語 平安―物語 若菜下「ただ、今しばし**のどめ**給へ」訳ほんの、もう少し(命を)お**のばし**ください。

のど-やか-・なり【長閑やかなり】形容動詞ナリ {なら/なり・に/なり/なる/なれ/なれ}「のどかなり」に同じ。徒然 鎌倉―随筆 一九「**のどやかなる**日影に、垣根の草萌え出づるころより」訳**うららかな**日ざしに(より)、垣根の草が芽を出すころから。◆「やか」は接尾語。

のどよ・ふ（ノドヨウ） 自動詞ハ四 {は/ひ/ふ/ふ/へ/へ} **力のない声を出す。**万葉集 奈良―歌集 八九二「飯炊くことも忘れてぬえ鳥の**のどよひ**をるに」訳⇩かぜまじり…。

の-なか[1]【野中】名詞 **野原の中。**

の-なか[2]【篦中】名詞 矢柄の中ほど。

のなか-の-しみづ【野中の清水】（ノナカノシミズ） 連語 野の中にわく冷たい清水。また、特に、歌枕として、播磨の国(=兵庫県)の印南野にあったという清水。昔は冷たいよい水であったが、のちにぬるくなったという。古今 平安―歌集 雑上「古への**のなかのしみづ**ぬるけれどもとの心を知る人ぞ汲む」訳昔の**冷たい水であった野中の清水**は今はぬるんでいるが、昔の清水を知っている人が来てはくんでいる。そのように昔の私の気持ちを知っている人だけが訪れてくれる。参考 用例の『古今和歌集』の歌から、今は疎遠になっている昔の恋人・親友のたとえともされる。

ののし・る【罵る】自動詞ラ四／他動詞ラ四

語義の扉

大きな声を出したり、大きな音を立てたりして、騒がしくするのを原義とし、転じて、世間全体で「ののしる」場合は、皆でうわさする、とりざたする、さらに、勢いを持つ、はぶりをきかすの意になる。面と向かって騒がしく「ののしる」場合には、声荒く罵倒する、どなって悪く言うの意になる。

一 自動詞
❶声高に物を言う。わめく。
❷高い声・大きい声で鳴く。やかましく音をたてる。
❸口々に言い騒ぐ。大騒ぎする。
❹うわさする。評判になる。
❺はぶりをきかす。勢力を持つ。

二 他動詞 声を荒くして悪く言う。口やかましく言う。

一 自動詞ラ四〔ら／り／る／る／れ／れ〕❶**声高に物を言う。わめく。** 徒然 鎌倉―随筆 一九「何事にかあらん、ことごとしくののしりて」訳どんな事が起こったのだろうか、大げさにわめいて。❷**高い声・大きい声で鳴く。やかましく音をたてる。** 源氏物語 平安―物語 浮舟「里びたる声したる犬どもの出で来てののしるもいと恐ろしく」訳いなかびた声をしている犬が何匹か出て来てほえたてるのもたいそう恐ろしくて。❸**口々に言い騒ぐ。大騒ぎする。** 更級 平安―日記 初瀬「そのかへる年の十月二十五日、大嘗会の御禊とののしるに」訳そのあくる年の十月二十五日、大嘗会の御禊が催されると大騒ぎするときに。❹**うわさする。評判になる。** 源氏物語 平安―物語 若紫「この世にののしり給ふ光源氏、かかるついでに見奉り給はむや」訳世間で評判になっていらっしゃる光源氏を、このような機会に拝見なさってはいかがだろうか。❺**はぶりをきかす。勢力を持つ。** 大和物語 平安―物語 一二四「左の大臣の北の方にてののしり給ひける時に」訳左大臣の夫人として勢力を持っていらっしゃったときに。

二 他動詞ラ四〔ら／り／る／る／れ／れ〕**声を荒くして悪く言う。口やかましく言う。** 大和物語 平安―物語 六二「親聞きつけてののしりてあはせざりければ」訳親が聞きつけて口やかましく言って会わせなかったので。

関連語 ⇨ののめく。

の-の-みや【野の宮】 名詞 皇女が、斎宮や斎院になるとき、身を清めるため一年間こもる建物。

参考 斎宮の野の宮は京都嵯峨野の有栖川に、斎院の野の宮は紫野の東に、それぞれあった。ともに、柴垣に黒木の鳥居の、質素なつくりであった。

のの-め・く 自動詞カ四〔か／き／く／く／け／け〕**声高に騒ぐ。** 宇治拾遺 鎌倉―説話 一二・六「見る人、皆ののめき感じ、あるいは泣きけり」訳見る人は、皆声高に騒ぎ感動し、ある者は泣いた。◆「めく」は接尾語。

のばう〖延ばう・述ばう〗⇨のばふ

の-ばか【野墓】 名詞 ❶**野原にある墓。** ❷**火葬場。**

のば・す【伸ばす・延ばす】 他動詞サ四〔さ／し／す／す／せ／せ〕❶（時間・期間を）**のばす。長びかせる。** 平家物語 鎌倉―物語 四・永僉議「程をのばさんがために、ながながとぞ僉議したる」訳時間をのばそうとするために、長い時間評定をした。❷**逃げのびさせる。逃がす。** 平家物語 鎌倉―物語 四・宮御最期「父をのばさんと、返しあはせ返しあはせ」訳父を逃がそうとして、何度も引き返しては戦い。

のば・ふ[1]**【延ばふ】** ノバウ―ノボウ 他動詞ハ下二〔へ／へ／ふ／ふる／ふれ／へよ〕**延ばす。延長する。** 後撰 平安―歌集 秋下「数知らず君が齢をのばへつつ」訳数えきれないほど、あなたのお年を延ばし続けて。

のば・ふ[2]**【述ばふ】** ノバウ―ノボウ 他動詞ハ下二〔へ／へ／ふ／ふる／ふれ／へよ〕**十分に述べる。** 古今 平安―歌集 雑体「いかにして思ふ心をのばへまし」訳どのようにしてわが思う心を十分に述べればよいだろうか。

の-び【野火】 名詞 **野を焼く火。** 特に、春の初めに、野山の枯れ草を焼く火。野焼き。季春。

のび-らか・なり【伸びらかなり】 形容動詞ナリ〔なら／なり・に／なり／なる／なれ／なれ〕❶**長く伸びている。** 源氏物語 平安―物語 末摘花「あさましう高うのびらかに、先の方すこし垂りて色づきたること」訳（鼻が）あきれるほど高く長く伸びていて、先端が少し垂れ下がって色づいていることが。❷**のんびりしている。ゆったりとくつろいでいる。** 源氏物語 平安―物語 初音「おのづから人の心ものびらかにぞ見ゆるかし」訳自然に人の気持ちものんびりして見えるよ。❸**穏やかだ。おっとりしている。** 源氏物語 平安―物語 横笛「口つきうつくしう匂ひ、まみのびらかに恥づかしう薫りたるなどは」訳（赤子は）口もとがかわいらしくつやつやとして、目もとがおっとりして気恥ずかしいほどに美しいのは。◆「らか」は接尾語。

の・ぶ*【伸ぶ・延ぶ】

一 自動詞バ上二〔び／び／ぶ／ぶる／ぶれ／びよ〕❶（空間的に）**伸びる。長くなる。** 源氏物語 平安―物語 総角「皺のぶる心地して」訳皺が伸びる（ような）気持ちがして。❷（時間的に）**延びる。延期される。** 源氏物語 平安―物語 朝顔「いとどしき命やのび侍らむ」訳こんなにまで生きながらえた命が、また延びるのでしょうか。❸**のんびりする。ゆったりする。** 源氏物語 平安―物語 絵合「空もうららかにて、人の心ものび」訳空のようすもうららかで、人の心ものんびりし。❹**逃げのびる。落ちのびる。** 平家物語 鎌倉―物語 四・宮御最期「今は宮も遥かにのびさせ給ひぬらん」訳今はもう宮も遥か遠くに逃げのびあそばされているだろう。

二 他動詞バ下二〔べ／べ／ぶ／ぶる／ぶれ／べよ〕❶（空間的に）**伸ばす。長くする。** 霊異記 平安―説話 下「その頸を張りのべ、打ち殺さむとせしとき」訳その首を引っぱり伸ばし、打ち殺そうとしたときに。❷（時間的に）**延ばす。延期する。** 源氏物語 平安―物語 蜻蛉「日をのべても、さる事はするものを」訳日を延期しても、そうしたことはするものであるのに。❸**のんびりさせる。ゆったりとさせる。** 万葉集 奈良―歌集 一八八二「春の野に心のべむと思ふどち」訳春の野辺に気持ちをのんびりさせようと思う仲間同士が。

の-ぶか・なり【篦深なり】 形容動詞ナリ〔なら／なり・に／なり／なる／なれ／なれ〕**矢竹の部分**（篦）**まで、矢が深く突き**

刺さる。平家物語 鎌倉―物語 九・宇治川先陣「馬の額をのぶかに射させて」訳馬の額を矢竹の部分まで深く射られて。

のへ 〔ノ〕打消の助動詞「なふ」の連体形「なへ」の変化した語。万葉集 奈良―歌集 三四七八「逢(あ)ほ時(しだ)も逢はのへ時(しだ)も」訳会うときも会わないときも。◆奈良時代以前の東国方言。

のべ[1]【延べ】名詞 ❶平たく延ばした物。特に、金(きん)をたたいて延ばしたもの。❷「延べ紙」の略。

の-べ[2]【野辺】名詞 ❶野のあたり。野原。千載 鎌倉―歌集 秋上「夕さればのべの秋風身にしみて」訳⇨ゆふさればのべのあきかぜ…。❷火葬場。太平記 室町―物語 六「側(あた)りなるのべへ越えけるその間に」訳そばにある火葬場に行っているその間に。

のべ-かがみ【延べ鏡】名詞 ❶その物を直接見ないで鏡に映して間接的に見ること。❷懐中に入れて持ち歩く鏡。

のべ-がみ【延べ紙】名詞 多く大和の国(奈良県)の吉野地方で産した紙。小形で薄く柔らかなので、鼻紙の上等品とされた。江戸時代、金持ちの商人や遊女が用いた。

のべ-の-おくり【野辺の送り】連語「のおくり」に同じ。

のべ-の-けぶり【野辺の煙】連語 火葬の煙。新古今 鎌倉―歌集 哀傷「いかなるのべのけぶりにて」訳どのような火葬の煙となって。

のぼ・す*【上す】

一 他動詞サ下二〔せ/せ/す/する/すれ/せよ〕❶高い所・上方に移動させる。あげる。のぼらせる。徒然 鎌倉―随筆 一〇九「人を掟(おき)てて、高き木にのぼせて梢(こずゑ)を切らせしに」訳人を指図して、高い木にのぼらせて梢を切らせたときに。◇「登す」とも書く。❷川をさかのぼらせる。万葉集 奈良―歌集 五〇「百足(もも)たらず(=枕詞(まくらことば))筏(いかだ)に作りのぼすらむ」訳筏に作って川をさかのぼらせているであろう。❸参上させる。召し寄せる。枕草子 平安―随筆 職の御曹司の西面の「下(しも)なるをも呼びのぼせ」訳局(つぼね)に下がっているのまでも呼んで参上させ。❹都へ上らせる。増鏡 室町―物語 新島守「雲霞(うんか)の兵(つはもの)をたなびかせて、都にのぼす」訳大軍を長々と従わせて、都に上らせる。

二 他動詞サ四〔さ/し/す/す/せ/せ〕❶ 一❶に同じ。世間胸算用 江戸―物語 浮世・西鶴「紙鳥(いか)をのぼし」訳凧(たこ)をあげ。❷おだてる。西鶴置土産 江戸―物語 浮世・西鶴「むしゃうにのぼされ」訳むやみにおだてられ。

能褒野(のぼの) 地名 今の三重県鈴鹿(すず)郡を流れる鈴鹿川の北の台地。倭建命(やまとたけるのみこと)が病死した地とされている。◆「能煩野」とも書く。

のぼり【上り・登り・昇り】名詞 ❶(上に)のぼること。万葉集 奈良―歌集 一八二八「佐保の山辺をのぼり下りに」訳佐保の山辺を上り下りして。❷内裏(だいり)が北にあったところから京都で、南から北へ向かって行くこと。大鏡 平安―物語 道長下「東の洞院(とうゐん)よりのぼりに」訳東の洞院から北の方に。❸地方から都へ向かって行くこと。上京。平家物語 鎌倉―物語 二・徳大寺之沙汰「さて、御のぼりのとき」訳さて、御上京のとき。対❶～❸下り。

のぼり-た・つ【登り立つ】自動詞タ四〔た/ち/つ/つ/て/て〕(高いところに)登って行って立つ。古事記 奈良―史書 景行「その坂にのぼりたちて」訳その坂を登って行って(坂の上に)立って。

のぼ・る【上る・登る・昇る】自動詞ラ四〔ら/り/る/る/れ/れ〕

❶高い所・上の方に行く。のぼる。奥の細道 江戸―紀行 平泉「まづ高館(たかだち)にのぼれば、北上川南部より流るる大河なり」訳まず高館にのぼると、北上川が(見えるが)南部地方から流れてくる大河である(ことがわかった)。

❷川の上流に行く。さかのぼる。土佐日記 平安―日記 二・七「船ののぼることいとかたし」訳船がさかのぼるのは、とてもむずかしい。

❸都に行く。上京する。更級 平安―日記 かどで「十三になる年、のぼらむとて、九月三日門出して」訳十三歳になる年に、都に行こうと思って、九月三日に出発して。

❹(京の町で)北へ行く。▼内裏(だいり)が北にあることから。宇治拾遺 鎌倉―説話 七・四「忠明(ただあき)も太刀を抜きて、御堂(みだう)ざまにのぼるに」訳忠明も刀を抜いて、御堂の方向に北行すると。

❺行く。参上する。参内(さんだい)する。更級 平安―日記 竹芝寺「はや帰りておほやけにこのよし奏せよと仰せられければ、言はむ方なくて、のぼりて」訳早く帰京して朝廷にこのことを奏上しろと仰せになられたので、どうしようもなくて、参内して。

❻(官位・階級が)進む。昇進する。源氏物語 平安―物語 桐壺「帝王の上(かみ)なき位にのぼるべき相(さう)おはします人の」訳帝(みかど)というそれより上のない位に進むはずの人相がおありになる人で。

❼あがる。上陸する。川や海から陸地に移る。源氏物語 平安―物語 明石「海に入り渚(なぎさ)にのぼり、いたく困(こう)じにたれど」訳海に入ったり渚に上陸したりして、たいへん苦労したけれど。

◆学習ポイント㊶

関連語「のぼる」と「くだる」

下の方・低い所から上の方・高い方へいくのが「のぼる」で、反対に高い所から低い所へ行くのが「くだる」であるが、両者とも位置的な移動の意味だけでなく、比喩(ゆ)的な意味でさまざまに用いられている。

都と地方、内裏や貴人の屋敷と臣下の屋敷などをそれぞれ上下と考えて、「都に上る(=上京する)」「地方へ下る(=下向する)」といったり、内裏が京の北にあることから、北へ行くことを「のぼる」、南へ行くことを「くだる」といったりする。

また、貴人のもとや宮中に行く(=参上する)ことや高い位につくことも「のぼる」という。

(のぼる)(くだる)

のみ

語義の扉

一 副助詞
❶〔限定〕…だけ。…ばかり。
❷〔強音・強調〕上の語を、他との比較の上で特にとりたてる。もっぱら。とりわけ(て)。とくに。
❸〔強音・強調〕上の語と、それを含む「のみ」の文節が修飾する用言条件を強める。ひたすら…である。しきりに…してばかりである。ただもう…する。

二 終助詞
〔断定的限定〕漢文訓読体の文章で、文末に用いられる。…だけだよ。

一 ❶〔体言や副詞、活用語の連体形、連用形、助詞などいろいろの語について〕それひとつに限定する意を表す。…だけ。…ばかり。土佐日記 平安一日記 一・七「今日は、白馬を思へどかひなし、ただ波の白き**のみ**ぞ見ゆる」訳今日は都での白馬の節会のことを思ってはみるけれどどうしようもないことだ、ただ波の白いの**だけ**が見える。徒然 鎌倉一随筆 一三七「花はさかりに、月はくまなきを**のみ**見るものかは」訳(春の)桜の花は満開の**だけ**を、(秋の)月は曇りなく照りわたっているの**だけ**を見るものだろうか。いや、そうではない。

❷〔強意。単純な強調〕上の語を特にとり立てる。**もっぱら。とりわけ(て)。とくに。**徒然 鎌倉一随筆 二一「月、花はさらなり、風**のみ**こそ人に心はつくぬれ」訳(秋の)月や(春の)花は言うまでもないが、**とりわけ**風というものは人にあれこれと気をもませるもののようだ。

❸〔強意、強調〕上の語と、「のみ」を含んだ文節がかかって行く用言全体を強調する。**ひたすら…である。しきりに…してばかりである。ただもう…する。**竹取物語 平安一物語 かぐや姫の昇天「御心を**のみ**惑はして去りなむことの悲しく堪へがたくはべるなり」訳**ただ**(翁と媼の)お心を乱して**ばかりで**月に帰ってしまうことが悲しく耐え切れなく思われるのです。源氏物語 平安一物語 桐壺「御胸**のみ**つとふたがりてつゆまどろまれず、明かしかねさせたまふ」訳(帝は)**ただもう**お胸がいっぱいになっていらっしゃって、ひとときもおねむりになれず、夏の短夜の明けるのを待ちかねておられる。

注意 この用法の場合、限定、単純な強調の意との用法差を明らかにした訳出が大切である。ふたつの例とも、それぞれ「御心を**だけ**惑はして」「御胸**だけ**つとふたがりて」といった意味ではなく、「御心を惑はす」こと、また「御胸つとふたがる」状態全体を強調している点を認識した解釈が求められる。

二〔平安時代以降、漢文訓読体の文章で、文末に用いられて〕断定的に限定する意を表す。**…だけだよ。…だけである。**芭蕉書簡 江戸一書簡 許六離別の詞「燈を掲げて、柴門の外に送りて別るゝ**のみ**」訳灯火をかかげて俺の枝折戸の外まで送って、名残惜しい別れを**しただけである**。

関連語 「のみ」と「ばかり」 副助詞「のみ」と同じように限定の意の用法を有する助詞に「ばかり」があるが、そのそれぞれの限定のしかたには異なりが認められる。「ばかり」の限定が、その指定の範囲、指定の程度にいくらかの余地を残すひろがりがあるのに対して、「のみ」による限定にはただそれだけと強く指示する明確さが認められる。参照▼ばかり(副助詞)。

発展 終助詞「のみ」は、上代の和歌に、連体止め、体言止めの文の文末におかれて、

万葉集 奈良一歌集 二〇七八「玉葛絶えぬものからさ寝らくは年の渡りにただ一夜**のみ**直一夜耳」訳どこまでものびひろがる葛の蔓のように私たち二人の仲は絶えることがないのだけれども、残念なのは二人共寝できるのが一年のうちにたったこの夜一晩**だけであることだよ**。

といったふうに詠嘆のニュアンスを強調する用法が、平安時代に入って漢文の助辞「耳」「而已」の字訓として漢文訓読に一般化して和文の世界から離れ、後世の漢文訓読文体の文語文にもとり入れられたもの。したがって、これを終助詞として特立せず、副助詞「のみ」の文末における一用法とする見方もある。

のみしらみ… 俳句「蚤虱 馬の尿する 枕もと」奥の細道 江戸一紀行 尿前の関・芭蕉 訳一晩中、のみやしらみに責められてなかなか眠れないでいると、さらに枕もとには馬の小便をする音までが聞こえてくることだ。

鑑賞 尿前の関(=宮城県鳴子町)を過ぎ、出羽国(秋田・山形県)へ越える山中での作。寝苦しい旅寝のようすを表現したものだが、その中に尿前の地名をかけて俳諧的なおかしみが感じられる。季語は「蚤」で、季は夏。

の-みち【野道】名詞 ❶野中の道。❷特に、京都の丹波口から島原の遊里へ行く野中の道。

の・む[1]【祈む】他動詞マ四〔ま/み/む/む/め/め〕頭を下げて神仏に祈る。頭をたれて請い願う。万葉集 奈良一歌集 二六六二「ちはやぶる(=枕詞)神の社を**のま**ぬ日はなし」訳(愛する人に会うことを)神の社に**祈ら**ない日はない。◆奈良時代以前の語。

の・む[2]【飲む・呑む】他動詞マ四〔ま/み/む/む/め/め〕❶飲む。飲酒する。万葉集 奈良一歌集 三四四「あなみにく賢しらをすと酒**のま**ぬ人をよく見れば猿にかも似る」訳⇩あなみにく…。❷圧倒する。太平記 室町一物語 一一「勢ひ京洛を**のめり**」訳(軍勢の)勢いは京都を**圧倒し**ている。

の-も-せ 一【野も狭】連語 野も狭いほど多く。野原いっぱい。野原一面。後撰 平安一歌集 秋上「秋来れば**のもせ**に虫の織り乱る」訳秋が来ると**野原いっぱい**に虫が鳴き乱れる。

二【野面】名詞 野原。野原一面。新古今 鎌倉一歌集 夏「縒られつる**のもせ**の草のかげろひて」訳(暑さで)しおれていた**野原一面**の草も(日が)かげり。

参考 二は一の意味を誤解したことで生じた語。ともに歌語として用いられる。

の-もり【野守】名詞 立ち入りが禁止されている野の番人。万葉集 奈良一歌集 二〇「あかねさす紫野行き標野行き**のもり**は見ずや君が袖振る」訳⇩あかねさす…。

のもり-の-かがみ【野守の鏡】連語 物の影が映って見える、野原のたまり水。▼雄略天皇が鷹狩りをしたとき、逃げた鷹を、野守が溜まり水に映った影で発

見したという故事から、溜まり水を鏡に見立てていう。

の-や【野矢】名詞 主に狩猟用の、矢羽の端を切りそろえない粗略な矢。

の-やき【野焼き】名詞 春の初めに、新しい草がよく生え出るように野の枯れ草を焼くこと。野火。季 春。蜻蛉 平安一日記 下「のやきなどするころの、花はあやしう遅きころなれば」訳 野焼きなどをするころで、桜は不思議に咲くのが遅いころなので。

のら[1] 名詞 ❶仕事を怠けること。また、その人。❷遊蕩に身を持ち崩すこと。また、その人。ならず者。

の-ら[2]【野ら】名詞 **野原。野。**◆「ら」は接尾語。

のら-・す【告らす・宣らす】連語

なりたち 動詞「の(告)る」の未然形＋尊敬の助動詞「す」

［「告る」の尊敬語］**おっしゃる。**万葉集 奈良一歌集 二三七「否と言へど語れ語れとのらせこそ志斐いは申せ強ひ語りと詔る」訳 話すのはいやだと申すのに、語れ語れとおっしゃるからこそ、志斐はお話し申すのです。それを帝は押しつけ話だとおっしゃいます。

のら-まゐり【のら参り】名詞 怠け者・放蕩者が、信心からではなく、遊び半分に神仏に参詣すること。

のら-やぶ【野ら藪】名詞 野原の、草や低木の茂った所。荒れ果てた庭のたとえにも言う。

のり*【法・則】名詞 ❶**道理。模範。**太平記 室町一物語 四「是れ臣下ののりなり」訳 これ(＝主君をいさめて節義のために死ぬこと)は臣下の道理である。❷**規則。法律。法令。**徒然 鎌倉一随筆 一四二「人を苦しめ、のりを犯さしめて、それを罪なはんこと、不便のわざなり」訳 人を苦しめ、法律を犯させて、それを処罰するようなことは、かわいそうなことである。❸**仏の教え。仏法。仏道。**源氏物語 平安一物語 御法「薪こる思ひは今日を初めにてこの世に願ふのりぞはるけき」訳 仏を信じる思いは今日がはじめてで、今後、この現世で願う仏法の道は末長く続くでしょう。

のり-あひ【乗り合ひ・乗り会ひ】名詞 ❶馬や乗り物に乗ったままで人に出会うこと。貴人に対しては失礼になった。❷同じ乗り物にいっしょに乗ること。また、その人。❸「乗り合ひ船」の略。一定の料金を取って、多くの客を乗せる船。

のり-あ・ふ【罵り合ふ】―自動詞 ハ四 {は/ひ/ふ/ふ/へ/へ} **互いに悪口を言い合う。ののしり合う。**徒然 鎌倉一随筆 一七五「下ざまの人は、のりあひ、いさかひて、あさましく恐ろし」訳 身分の低い人は、悪口を言い合い、けんかして、あきれるほど恐ろしい。

のり-いち【乗り一】名詞 乗り心地がいちばんよいこと。平家物語 鎌倉一物語 四・競「これはのりいちの馬で候ふ」訳 これは乗り心地が一番の馬でございます。

のり-かけ【乗り掛け・乗り懸け】名詞 江戸時代、宿駅の駄馬の鞍の両側に荷物二十貫(＝約七五キロ)を振り分けに積み掛け、さらにその上に客一人を載せて運ぶこと。また、その駄馬。乗り掛け馬。

のり-かへ【乗り換へ・乗り替へ】名詞 ❶途中で乗り換えるために用意する馬や乗り物。特に馬にいうことが多い。平家物語 鎌倉一物語 九・宇治川先陣「そののち、畠山のりかへに乗ってうち上がる」訳 その後、畠山は乗り換えの馬に乗って(岸へ)上がる。❷大将の乗り換え用の馬を預かり、それに乗って大将に付き従う家臣。◆「のりがへ」とも。

のり-くち【乗り口】名詞 馬を引くとき、鐙の所で差し縄を取って引くこと。

のり-こぼ・る【乗り溢る】自動詞 ラ下二 {れ/れ/る/るる/るれ/れよ} ❶**牛車のすだれの下から着物の端がはみ出る。**源氏物語 平安一物語 葵「我も我もとのりこぼれたる下簾の隙間どもも」訳 我も我もと(乗った)牛車から(女房たちの)着物の端がはみ出ている下簾の隙間隙間をも。❷**あふれるほど大勢乗り込む。**宇治拾遺 鎌倉一説話 一一・八「車にのりこぼれて、やり寄せて見れば」訳 (殿上人が)牛車にあふれるほど大勢乗り込んで、牛車を進め寄せて見ると。

のり-じり【乗り尻・騎尻】名詞 ❶「競べ馬」の騎手。❷馬に乗って行列の最後尾にお供する者。

のり-た・つ【乗り立つ】自動詞 タ四 {た/ち/つ/つ/て/て} (馬や船などに)**乗って出発する。**万葉集 奈良一歌集 三九七八「近江路にい行きのりたち」訳 近江路に行って、旅に出発し。

祝詞 文芸 神を祭るとき、神に申し上げて、その徳をたたえ、幸福が来るように祈願する言葉のこと。古代日本人の言霊信仰に基づくもので、反復・対句を多用するものが多く、荘重な文体となり、宣命書きで表記されている。現存する古代から平安時代初期にかけての二十七編は、平安時代初期の法令集『延喜式』に収められている。

のり-の-し【法の師】連語 **僧。**◆「法師」を訓読した語。

のり-の-ともしび【法の灯火】連語 ❶**仏前にともす灯明。**❷**仏法。**煩悩に迷うこの世から人を導く仏法を、闇夜を照らす灯火に見立てていう。新古今 鎌倉一歌集 釈教「願はくはしばし闇路にやすらひて掲げやせましのりのともしび」訳 願うことは少しの間憂き世にとどまって、かかげたいことだ、衆生を導く灯火を。◆「法灯」を訓読した語。

のり-の-ふね【法の舟】連語 仏法を船にたとえた語。◆仏法が衆生を極楽浄土の彼岸に運ぶことから。

のり-の-みち【法の道】連語 ❶仏の説いた道。仏道。❷寺へ参詣する道。

のり-もの[1]【乗り物】名詞 ❶人の乗る物。馬・車・輿・駕籠など。❷江戸時代、公卿・高級武士、また儒者・医者・婦女子などの限られた町人が乗ることを許された、引き戸のある上等な駕籠。

のり-もの[2]【賭物】名詞 勝負事で賭ける物。

のり-ゆみ【賭弓】名詞 ❶賞品を賭けて行う弓術の競技会。❷「賭弓の節」の略。平安時代の宮中の年中行事の一つ。陰暦正月十八日に行われる弓術の競技会で、天皇臨席のもと、弓場殿で近衛府・兵衛府の役人が左右に分かれて射芸を競ったもの。

参照▶口絵

のりゆみ-の-かへりあるじ【賭弓の還り饗】連語 「賭弓❷」ののち、勝った方の大将が配下の射手を招いて行う宴。「賭弓の還り立ち」とも。

のりゆみ-の-かへりだち【賭弓の還り立ち】連語 「のりゆみのかへりあるじ」に同じ。

の・る[1]【告る・宣る】他動詞 ラ四 {ら/り/る/る/れ/れ} **言う。告げ**

る。万葉集 奈良｜歌集 二四〇七「母は問ふともその名は言うのらじ」訳母が尋ねたとしても、(恋人の)その名は言うまい。

参考 言霊(ことだま)信仰を背景にした語で、まじない・のろいの力をもった発言や、むやみに口に出すべきでない事柄を明かす発言、重要な意味をもった正式の発言などにいう。

の・る[2]【乗る】自動詞ラ四{ら/り/る/る/れ/れ}❶**乗る。**伊勢物語 平安｜物語 九「はや舟にのれ、日も暮れぬ」訳早く舟に乗れ、日が暮れてしまう。❷**のりうつる。**万葉集 奈良｜歌集 三五一七「何(あ)為(ぜ)ろと心にのりてここばかなしけ」訳どのようにしろというのか、心にのりうつってこんなにも悲しいのか。❸**調子づく。勢いがつく。**後撰 平安｜歌集 雑一・詞書「ゑひにのりて子どものうへなど申しけるついでに」訳酔いに調子づいて子供のことなど申し上げたついでに。

の・る[3]【罵る】他動詞ラ四{ら/り/る/る/れ/れ}**悪口を言う。ののしる。**万葉集 奈良｜歌集 三〇九六「馬柵(うませ)越しに麦食(は)む駒(こま)ののらゆれど」訳馬柵を越えて麦を食う馬のように(親から)ののしられるけれど。

のろ・し【鈍し】形容詞ク{(く)・から/く・かり/し/き・かる/けれ/かれ}❶(速度が)**遅い。のろい。にぶい。**❷**女性に甘い。ほれっぽい。**◇江戸時代の語。

のろ・ふ【呪ふ】(ノロウ)他動詞ハ四{は/ひ/ふ/ふ/へ/へ}**恨みのある人に災いがふりかかるように神に祈る。のろう。**枕草子 平安｜随筆 正月一日は「泣き腹立ちつつ、人をのろひ」訳泣いて腹を立てながら、人をのろい。◆動詞「の(告)る」の未然形に反復継続の助動詞「ふ」の付いた「のらふ」の変化した語。

*の-わき【野分】名詞**秋に吹く激しい風。**今の台風に当たる。「のわけ」とも。季秋。武蔵曲 江戸｜句集 俳諧「芭蕉(ばせう)のわきして盥(たらひ)に雨を聞く夜ょかな―芭蕉」訳⇩ばせうのわきして…。

*のわき-だ・つ【野分立つ】自動詞タ四{た/ち/つ/つ/て/て}**あらしのような風が吹く。あらしが吹き始める。**源氏物語 平安｜物語 桐壺「のわきだちて、にはかに肌寒き夕暮れのほど」訳あらしのような風が吹いて、急に肌寒くなった夕暮れのころ。◆「だつ」は接尾語。

の-わけ【野分】名詞「のわき」に同じ。

のをよこに… 俳句「野を横に 馬牽(ひ)き向けよ ほととぎす」奥の細道 江戸｜紀行 殺生石・芭蕉(ばせう) 訳那須野(なすの)の原を馬に乗って来たところ、道の横手でほととぎすが鳴き過ぎた。その声のした方へ、馬子(まご)よ、馬を引き向けてくれ。

鑑賞 殺生石(せっしょうせき)へ向かう途中、即興で詠んだもので、当意即妙のあいさつの句となっている。季語は「ほととぎす」で、季は夏。

のん-こ 名詞❶**道楽者。放蕩(ほうとう)者。**❷「のんこ髷(わげ)」の略。

日本語のこころ　野分

九月一日の「二百十日」のころに吹く強い風のことを「野分」といいます。

「野分」が過ぎると、冬の訪れとともに今度は「木枯らし」が吹いてきます。この「野分」も「木枯らし」も秋頃に吹く強い風に変わりはないのですが、吹く時期と風のようすなどの点でちがいがあります。

「木枯らし」の方は、時期でいうと、秋の終わりから冬の初めごろです。文字どおり、木を枯らすような冷たく乾いた強い風のことです。俳句の季語でいったら冬にあたります。一方「野分」の方は、二百十日ごろに吹くものです。木枯らしよりももっと強く、野の草木を吹き分けるような、今でいえば台風のようなものです。季語でいうと、こちらは秋です。

いずれも、いろいろな物語に出てきますが、中でもよく知られているのは、『枕草子』や『源氏物語』です。『源氏物語』の「野分」の巻では、あまりの風に御簾(みす)がまくり上がってしまい、女房たちの慌てるようすが出てきます。野分のお見舞いにやってきた夕霧が、思いがけず紫の上を垣間見てしまう有名な場面でもあります。ここでは庭の萩が風にあおられ倒れたありさまなど、野分のようすが実によく描かれています。

のんこ-わげ【のんこ髷】名詞江戸時代の髪型の一つ。両鬢(りょうびん)を細く狭くとり、髷(まげ)の根を高く結ったもの。伊達(だて)好みの若者の間で行われた。「のんこまげ」とも。

のんど【喉・咽】名詞「飲(の)み門(と)」の変化した語。のど。

のんどり 副詞のんびり。のどか。

のん-の 名詞一幅(ひとの)ずつの布。

は[1]【羽】名詞 鳥の羽毛・翼。また、飛ぶ虫のはね。

は[2]【破】名詞 雅楽・能楽の曲などで、一曲を構成する三つの部分「序」「破」「急」のうちの中間部分。しだいに拍子が変わり、速くなっていく部分。

は[3]【端】名詞 **はし。へり。ふち。**

は[4]

語義の扉

文中に用いられて、あることがらを特に明示的にとりたて、強調しながら、文末にも影響を与える係助詞として(一)、文末に用いられて、体言や活用語の連体形などについて詠嘆、感動の意を表す終助詞として(二)、形容詞や形容詞型活用語、打消の助動詞の連用形について「…くは」「…しくは」「…ずは」の形で仮定条件(順接)を表す接続助詞として(三)の場合がある。

一 係助詞 いろいろの語に接続して、
- ❶区別。…は。…**だけは**(特別に)。
- ❷対照。対比。…**の方は**。…は。…、**いっぽう**…**は**。
- ❸主題、題目。…は。…**というものは**。…**については**。
- ❹強調。

二 終助詞 (文を終止させる位置にある体言、活用語の連体形などについて)詠嘆、感動。…**ことよ**。…**だなあ**。

三 接続助詞 (「…くは」「…しくは」「まずは」の形で)順接の仮定条件を表す。…**なら**ば。…**たら**。

一 係助詞《接続》種々の語に付く。

いろいろの語に接続して文中に用いられ、その語をとりたてたり、その語を含む表現全体を強調したりしながら、文をしめくくる述部にもかかり、文末の活用語を終止形で終止させる。

❶一般的、全体的なものの中から特にとりたてて示し、他と区別する。…**は**。…**だけは**(特別に)。…**について**は、**特に**。伊勢物語 平安一物語 十二「武蔵野は今日**は**な焼きそ若草の夫もこもれりわれもこもれり」訳この武蔵野の草原を今日**だけは(どうか)**野焼きしないでおいてください。夫もわたしもここに隠れているのですから。

注意「若草の」はその新鮮さ、みずみずしさから、「にひ(新)」「わか(若)」「つま(妻、夫)」にかかる枕詞。なお、この歌、初句を「春日野は」として『古今和歌集』「春上」読み人知らずにも見える。

蜻蛉 平安一日記 上「『一日の風**は**、いかにとも、例の人はとひてまし』と言へば、げにとや思ひけむ…」訳「このあいだのような風の時に**は**、『いかがされていましたか』とぐらい、まともな人ならきっと見舞ってくれたことでしょうに」と言うと、もっともなことと思ったのでしょうか…。

❷ふたつ(以上)のことがらを対比的、対照的にとり立てて示す。**〜は**…、**いっぽう〜は**…。**〜の方は**…、…**そして〜の方は**…。古事記 平安一史書 景行「日日並べて夜に**は**九夜日に**は**十日を」訳(そのために)日を重ねて、夜において**は**九夜、昼において**は**十日を要しました。古今 平安一歌集 恋三「よるべなみ身をこそ遠くへだてつれ心**は**君が影となりにき」訳あなたにお会いしようにもその手だてがないのでわたしの身はこのように遠くへだたっていますが、わたしの心**は**あなたに寄り添ったまま離れる時がないことです。

❸主題、題目となることがらをとりたてて示す。…**は**。…**というものは**。…**については**。古今 平安一歌集 仮名序「大和歌**は**人の心をたねとして、よろづの言の葉とぞなれりける」訳わが国で興った歌、即ち和歌**というものは**、人間のうちなる心の動きを源泉として、さまざまの言葉となってできあがっているものである。更級 平安一日記 かどで「門出したるところ**は**、めぐりなどもなくて、かりそめの茅屋の、蔀などもなし」訳わたしたち一行の門出したところ**はというと**、周囲の垣などもなくて、ほんの間に合わせの茅ぶきの家で、蔀戸などさえなかった。

❹強調。語、文節を提示して、叙述を強める。◆解釈にあっては文脈にあわせた強調の表現を添える工夫が必要である。万葉集 奈良一歌集 一八〇七「麻衣に青衿着けひたさ麻を裳には織り着て髪だにも掻き**は**梳らず履をだに履かず行けども」訳粗末な麻の衣に青い色の襟を着けて麻だけで織った裳を着け、髪さえ櫛けずる**こともなく**、沓さえ履かず、素足で行くのだけれども。土佐日記 平安一日記 二・一六「いとはつらく見ゆれど、志**は**せむとす」訳実にもう薄情なやりかただとは思はれるけれど、お礼**(だけ)は**しようと思う。

関連語「は」と「も」の違い

同じ係助詞の「も」がいくつかのことがらを取り込みあわせて示すのと対照的に、「は」はあることがらを他からとくにとりたてることによって強調的、明示的に示すのが基本である。

いっぽう、「は」は、動作、状態などの主体を示すとき主語に接続する場合が多く、そのために主格の助詞と見誤られがちであるが、右の❷や❹の用例などのように主格以外の成分にもついてその用法は多様であり、したがって、主語を示しているように見られる場合も実際には他からのとりたて、主題、題目の提示の場合であり、また絶えず文末の述語への係りを志向している点、格助詞「が」などとの差は明瞭である。

歴史スコープ 語法・文法

係助詞「は」は格助詞「を」に接続するとき濁音化して「ば」となり、たとえば

土佐日記 平安一日記 一・七「若菜ぞ今日を**ば**知らせたる」訳(贈られた長櫃の中の)若菜が、今日が七草の節句の日であること**を**知らせてくれていた。

のように用いられる。また、特に奈良時代以前には、「は」が同じ係助詞の「こそ」に接続するとき、濁音化して「ば」となり、たとえば、

万葉集 奈良一歌集 一六二九「…あしひきの山鳥こそ**ば**

山鳥許曽婆峰向ひに妻問ひすと言へ…」訳あの山鳥こそは、谷を隔てた向かいの峰まで出かけて妻問いするというのに(この私は…)」となる場合もあった。また、特に平安時代以降、「は」が撥音「ん」、促音「っ」、また漢語のｔ音で終わる語の下に接続するときには、それぞれ、「人間な」(←人間は)、「言っは」(←言ふは)、「こんにった」(←今日は)のように発音されることがあった。

二 終助詞《接続》文を終止させる位置にある体言、また動詞、助動詞の連体形に接続する。

詠嘆、感動の気分を添える。終助詞「も」や間投助詞「や」を伴って「…はも」「…はや」といった形をとることもある。…よ。…だ(なあ)。古今 平安ー歌集 恋一「春日野の雪間を分けて生ひ出でくる草のはつかに見えし君はも」訳春日野に降り積んだ雪の途切れの間を分けて生え出てくる若草のようにほんのわずかに見えたあなたよ。(「今どうしていらっしゃることか、恋しいなあ」という気持ち)◆初句から第四句初「草の」までが「はつかに見え」を導く序詞。枕草子 平安ー随筆 頭の弁の、職にまゐり給ひて「さて、『その文は、殿上人みな見えしは』とのたまへば」訳そうして後、(頭の弁が)「あなたの手紙は、殿上人がみな見てしまったですよ」とおっしゃったので。

歴史スコープ **位相・変遷**

終助詞「は」は、軽い主張や詠嘆の気持ちを表す現代の女性語の「わ」の源であるが、近世の江戸語などでは男女とも使用しており、また、「い」「いな」「いの」「え」「さ」「なあ」「なえ」「ね」などの終助詞を下接する場合もあった。

三 接続助詞《接続》形容詞、形容詞型活用の助動詞、また打ち消しの助動詞「ず」の連用形に接続する。

「…くは」「…しくは」「…ずは」の形で、順接の仮定条件を表す。…**ならば**。**もし…たら**。古今 平安ー歌集 春上「鶯の谷より出づる声なくは春来ることを誰か知らまし」訳鶯が谷を出て梅の枝で鳴く声がもし無かったら、春の訪れをいったい誰が知ることができようか。徒然 鎌倉ー随筆 八十「人倫に遠く禽獣に近きふるまひ、その家あらずは、好きみて益なきことなり」訳(武の道というのは)人間から遠く鳥や獣に近い行為であって、その道の為でなかったら、これを好んでも何も益もないことである。

ば[1]

接続助詞《接続》活用語の未然形、已然形に付く。

語義の扉

活用語の未然形につく場合と已然形につく場合とのふたつの用法を持つ。

❶〔未然形に接続して〕順接の仮定条件を表す。**もし…ならば。…たら。**

❷〔活用語の已然形に接続して〕

㋐順接の確定条件を表す。原因、理由。**…から。…ので。**

㋑恒条的、一般的条件を表す。**…のときは、いつも。…すると、必ず。**

㋒偶然的条件を表す。**…したところ。…すると。**

㋓〔主として、鎌倉時代以降、係助詞「は」と連係し、「～は……ば、～は」の形で〕ことがら、状態の対照、並示。**…すると、一方では…。一方では…、一方では…。**

❶〔活用語の未然形について〕順接の仮定条件を表す。**もし…ならば。…たら。**源氏物語 平安ー物語 桐壺「ほど経ばすこしうち紛るることもやと待ち過ぐす月日に添へて、いと忍びがたきはわりなきわざになむ」訳時が経って行ったならばこの悲しみを紛らわすこともできようかとその時を待ち望んでいる月日の経つにつれて、かえって耐えきれなくなって行くことに困り果てて居ります。更級 平安ー日記 物語「『われはこのごろわろきぞかし。さかりにならば、形も限りなくよく、髪もいみじく長くなりなむ。』訳『私は今は(幼いから)器量もよくないことだ。しかし年ごろになったら、容貌もうんとよくなり、髪だってきっとすばらしく長くなるにちがいない。』

❷〔活用語の已然形について〕順接の確定条件を表す。㋐原因や理由を表す。◆「ば」の上下に位置する文

ば

以上の用法のほか、接続助詞「ば」には、打ち消しの助動詞「ず」の已然形に接続し「…ねば」の形で、逆接の確定条件を表す場合があるので(…ないのに。…ないにもかかわらず)、本来の順接確定条件を示す場合との識別に留意を要する。

『万葉集』「一六二八」の、

わが宿の萩の下葉は秋風もいまだ吹かねば未吹者かくそもみてる

訳わが家の萩の下葉は、まだ秋の風も吹かないのに、こんなにもきれいに色づいていることです。

『平家物語』「第九」の、

落としても果てねば、喊をばどつとつくる

訳まだ一の谷の坂をおりきらないのに、喊の声がどっと上った。

こうしたふたつの例が、逆接の確定条件を表した用法であり、いっぽう、

『徒然草』「第四一段」の、

人、木石にあらねば、時にとりて感ずること無きにあらず。

訳人間というものは、木や石のように感情がないものではないので、時によって物を感じることがないわけではない。

こうした例が本来の順接確定条件を表す場合であることは文脈の読解、「ば」の上下に位置している条件・結果の具体的な把握によって明らかであろう。

脈がたがいに必然的な関係にある場合。…ので。…から。[土佐日記 平安―日記]一・四「四日、風吹けば、え出で立たず。」訳四日、風が吹くので、この港（＝大湊）を立つことができない。[源氏物語 平安―物語]若紫「尼君の見上げたるにすこしおぼえたるところあれば、子なめりと見たまふ。」訳この女の子の顔かたちは尼君の見上げている顔だちにちょっと似ているところがあるので（源氏は）これは娘なのだろうとご覧になっておられる。

㋑恒常的条件、一般的な傾向、原理、また習性、習慣のあることを表す。…のときは、いつでも。…すると、必ず。[万葉集 奈良―歌集]一四二「家にあれば笥に盛る飯を草枕旅にしあれば椎の葉に盛る」訳家にいるといつも立派な器に盛って神にお供えする飯であるが、旅にある今、私は椎の葉に盛ってお供えすることだ。[徒然 鎌倉―随筆]七「命長ければ、恥多し。長くとも四十に足らぬほどにて死なむこそめやすかるべけれ。」訳（昔の人の言うように）命が長いと、必ず、恥をさらすことが多い。四十歳に届かないで死ぬのが見苦しくないことであろう。

㋒偶然的条件を表す。その条件下でたまたま下の結果が導かれたことを表す。…したところ、（たまたま）…（する）と。[竹取物語 平安―物語]かぐや姫の生ひたち「それを見れば、三寸ばかりなる人、いとうつくしうてゐたり。」訳その光っている筒の中を見ると、三寸くらいの人がかわいらしい姿ですわっていた。[古今 平安―歌集]夏「五月待つ花たちばなの香をかげば昔の人の袖の香ぞする」訳五月になるのを待って咲く花の橘の香りをかいだところ、昔なじみのなつかしい人の袖の香がかおってきたことだ。

㋓（主として、鎌倉時代以降）係助詞「は」を伴い、「…は…ば、～は」の形で、ことがらや状態を対照して並べる。…すると、一方では～。一方では……、…また一方では～。[平家物語 鎌倉―物語]十一「鏑は海へ入りければ、扇は空へぞあがりける」訳矢の鏑が海中に落ちると、一方で、射られた扇は空へと舞いあがった。参照▶文脈の研究 ひやうど。

歴史スコープ **位相・変遷**

一 室町時代ごろ以降、「ば」が活用語の已然形に接続して順接の仮定条件を表す用法がしだいに広がり、現代語に及んでいる。古典語の已然形に該当する現代語の活用形が仮定形と呼ばれるのは、そのためである。

ば² 係助 係助詞「は」が格助詞「を」に付き、濁音化したもの。

は¹【灰】⇨はひ

はい²【拝】名詞 ❶**拝むこと。敬礼。** ❷「拝舞」の略。叙位・任官の場合や、禄（＝ほうび）を賜ったときに、お礼として庭に出て手で舞い、足を踏む動作をすること。

はい³【俳】名詞「俳諧❹」の略。

はい-い【俳意】名詞 **俳諧らしい要素。** 軽妙洒脱で庶民的な要素。

はい-かい¹【俳諧・誹諧】名詞 ❶**たわむれ。滑稽。おかしみ。** ❷和歌の一体である「俳諧歌」の略。⇨俳諧歌 文芸。❸「俳諧の連歌」の略。⇨俳諧の連歌 文芸。❹**俳句。** ❸の発句の五・七・五の部分が独立したもの。⇨俳諧 文芸。❺❹の本質や趣。[三冊子 江戸―句集]俳論「『五月雨に鳰の浮き巣を見に行かん』といふ句は、詞にはいかいなし」訳「五月雨に鳰の浮き巣を見に行かん（＝行こう）」という句は、言葉に俳諧の趣がない。

俳諧² 文芸「誹諧」とも書く。江戸時代の文芸の一つ。「発句（＝俳句）」「連句」「俳文」などを含む文芸（俳文学）で、狭義には発句をいう。室町時代の「俳諧の連歌」を基盤とし、自由で滑稽・洒脱な文芸として生まれた。初期の貞門・談林の時代を経て、松尾芭蕉によって芸術的に完成された。◆明治時代以降「俳句」と呼ばれる。

はい-がい【沛艾】名詞 **馬の性質が荒く、暴れ回ること。また、そのような性質の馬。** [徒然 鎌倉―随筆]一四五「はいがいの馬を好みしかば」訳気が荒くて暴れ回る性質の馬を好んだので。

俳諧歌 文芸「誹諧歌」とも書く。内容や用語の上で滑稽さのある歌。『万葉集』巻十六の戯笑歌の系統を引くもので、『古今和歌集』巻十九に収められている。また、江戸時代の狂歌もいう。

俳諧七部集 文芸 江戸時代中期の、蕉門の代表的な七つの撰集。『冬の日』『春の日』『曠野』『ひさご』『猿蓑』『炭俵』『続猿蓑』の七書をいう。享保年間（一七一六～一七三六）に佐久間柳居が選定したとされる。「芭蕉七部集」とも。

俳諧の連歌 文芸 滑稽・諧謔（＝ひねりをきかせたおもしろみ）を主眼とする連歌。和歌的な風雅を重んじて制約の多い純正連歌（＝有心連歌）に対していう。室町時代中期に始まり、末期には山崎宗鑑・荒木田守武などが出て盛んになった。その後、江戸時代の貞門・談林を経て松尾芭蕉の蕉風俳諧に至って芸術的に完成した。「俳諧連歌」とも。江戸時代の「俳諧の連歌」は連句ともいう。⇨連句

ばい-くゎ【梅花】名詞 ❶**梅の花。** ❷「梅花方」の略。薫き物の一種。梅の花の香りに似る。❸「梅花油」の略。梅の花の香りがする頭髪用の水油。梅花香

はい-くゎい【徘徊】名詞／―す 自動詞サ変 ❶**行ったり来たりすること。あてもなくぶらぶらと歩きまわること。** [月夜の卯兵衛 江戸―俳文]江戸 俳文「予もそこらはいくゎいしけるに」訳私もそのあたりをぶらぶらと歩きまわっていたところ。❷**立ち寄ること。**

ばい-じゅう【陪従】名詞「べいじゅう」に同じ。

はい-しょ【配所】名詞 （罪によって）**流された所。流罪の地。** [平家物語 鎌倉―物語]三・足摺「はいしょも一つ所なり」訳流された所も同じ所である。

はい-す【拝す】一 他動詞サ変｛せ／し／す／する／すれ／せよ｝**拝礼する。おがむ。拝見する。** [奥の細道 江戸―紀行]立石寺「岩を這ひて、仏閣をはいし」訳岩の上をはうようにして、仏殿をおがみ。二 自動詞サ変｛せ／し／す／する／すれ／せよ｝**拝舞する。**「拝❷」をする。[枕草子 平安―随筆]よろこび奏するこそ「はいし舞踏し、さわぐよ」訳拝舞をし、舞踏の礼をし、はげしく立ち動くよ。

はい-ずみ【掃墨】名詞「はきずみ」のイ音便。菜種油などの油煙を掃き落としたもの。膠を混ぜて墨をつくった。また、漆・柿渋などに混ぜて塗料としたり、眉墨や薬としても使った。

はい-ぜん【陪膳】名詞／―す 自動詞サ変 宮中で天皇

の食事のときに、また、公家・武家の儀式での食事のときに、その給仕をつとめること。また、その役の人。

はい-でん【拝殿】 名詞 神社の本殿の前方にある拝礼を行うための建物。

ばい-にん【売人】 名詞 **商人。商売人。あきんど。**

はい-ばん【杯盤】 名詞 杯と皿鉢。宴席の道具類。

誹風柳多留 書名 川柳集。呉陵軒可有ほか編。江戸時代中・後期（一七六五～一八三八）刊。百六十七冊。［内容］柄井川柳の「万句合」の中から、前句がなくても意味のわかる佳句を集めた初編が好評で、初代川柳以下の撰んで毎年刊行された。

俳文 文芸 俳人が書いた、俳諧性をもつ文章。内容としては随筆・紀行文・日記などがあり、俳句をともなうことが多い。松尾芭蕉の『幻住庵記』、横井也有の『鶉衣』、小林一茶の『おらが春』、森川許六の『風俗文選』などが特に名高い。

はい-らい【拝礼】 名詞 ❶頭を下げて礼をすること。はいれい。❷元日に宮中などで行われる年賀の儀式。

俳論 文芸 俳諧に関する理論・評論のこと。特に、俳諧の本質についての理論をいう。蕉風俳諧以後にすぐれたものが現れるようになった。俳論書としては、向井去来の『去来抄』『旅寝論』や、去来と森川許六の『俳諧問答』、服部土芳の『三冊子』などが特に名高い。

はう[1]【延う・這う】 ⇨はふ

はう[2]【方】 名詞 ❶**方角。方位。方向。**❷いくつかあるうちの一つのがわ。❸**正方形。正方形の一辺。** 平家物語 鎌倉－物語 二・座主流「はう一尺の箱あり」訳（正方形の）一辺が一尺の箱がある。❹**方法。やり方。**❺（薬や香の）**調合。処方。** 雨月物語 江戸－物語 菊花の約「薬を選み、みづからはうを案じ」訳薬を選び、自分自身で（薬の）調合を考えて。

参考 ❸❹❺の意味では「ほう」とも書く。

はう[3]【袍】 名詞 「束帯」の上着。盤領で広袖仕立て方に二種あって、文官は裾に襴のある「縫腋」、武官は襴のない「闕腋」とする。また、身分によって色や布地が異なる。上の衣。参照▼口絵

ばう[1]【坊】 名詞 ❶平城京・平安京で、四方を大路で囲まれた一画。❷「東宮坊」の略。また、転じて、東宮（＝皇太子）。源氏物語 平安－物語 桐壺「ばうにも、ようせずは、この御子の居給ふべきなめり」訳東宮（の位）にも、悪くすると、この皇子（＝光源氏）がおつきになるかもしれない。❸僧の住む所。**僧坊。**◇「房」とも書く。❹**僧。** 徒然 鎌倉－随筆 八七「御ばうは口惜しき事し給ひつるものかな」訳貴僧はくやしいことをなさったものだ。◇「房」とも書く。❺**宿坊。** 参詣人を泊める所。

ばう[2]【房】 名詞 ❶**部屋。つぼね。** 栄花物語 平安－物語 様々の喜び「御ばうの前の桜の、いとおもしろう盛りなりければ」訳お部屋の前の桜が、とてもすばらしく盛りであったので。❷「ばう（坊）❸」に同じ。宇治拾遺 鎌倉－説話 一四・一「さらばわがばうに具して行きて」訳それではわたしの僧坊に連れて行って。❸「ばう（坊）❹」に同じ。平家物語 鎌倉－物語 五・福原院宣「思ひも寄らぬ事のたまふ聖の御ばうかな」訳思いもよらないことを言われるお坊様だなあ。

-ばう[3]【房】 接尾語 僧の名に付ける。「観音房」「情妙房」

はう-い【芳意】 名詞 **芳志。芳情。**▼他人の親切な心を敬っていう語。

はう-えん【芳縁】 名詞 **よい因縁。よい機会。**

はうか-し【放下師】 名詞 「はうかそう」に同じ。

はうか-そう【放下僧】 名詞 室町時代から江戸時代にかけて、僧形で滑稽な歌舞や雑芸を行った大道芸人。放下師。

伯耆 地名 旧国名。山陰道八か国の一つ。今の鳥取県西部。古くは「ははき（伯伎）」といった。伯州。参照▼資料21

はう-ぐみ【方組み】 名詞 **薬の調合法。処方。** また、それを書き記した処方箋。

はう-くわ【半靴】 名詞 靴の一種。深沓を簡略化したもので、やや浅く、金具つきの靴帯がない。「束帯」以外の略装で馬に乗るときに用いた。◆「はんくわ」の変化した語。

（半靴）

はう-ぐわん*【判官】 名詞 「はんぐわん」の変化した語。❶「じょう（判官）」に同じ。❷特に、「検非違使庁」「兵衛府」の第三等官。尉。また、「衛門府」の尉で検非違使を兼ねる者。❸源義経の呼び名。▼検非違使の尉であったところから。

ばう-ぐわん【坊官】 名詞 ❶「春宮坊」の役人。皇太子に仕え、その仕事をする職員。❷「門跡」に仕えて事務上の仕事をする在俗の僧。◇「房官」とも書く。

はうぐわん-だい【判官代】 名詞 ❶上皇・法皇・女院の政務をとる役所の庶務を担当する役人。❷平安中期以後、国衙（＝国府）領や荘園の現地で、土地の管理・年貢の徴収などに当たった役人。

はうぐわん-びいき【判官贔屓】 名詞 弱者に対して同情し、その肩をもつこと。源九郎判官義経を不運な英雄として同情することから。「はんぐわんびいき」とも。

はう-げ【放下】 名詞／―す 他動詞サ変 仏教語。心身の一切の執着を捨て去ること。徒然 鎌倉－随筆 一一二「諸縁をはうげすべき時なり」訳（俗世との）一切のかかわりを投げ捨てなければならないときである。

はう-ごん【放言】 名詞／―す 自動詞サ変 思ったことをそのまま言い散らすこと。言いたいことを無責任に言うこと。「はうげん」とも。大鏡 平安－物語 伊尹「鼓打ちそこなひて、立ちたうびたるぞかしとはうごんしていまつりけるを」訳鼓を打ちそこなって立っておられるよと思ったことを言い散らし申し上げたが。

ばう-ざ【病者】 名詞 「びゃうじゃ」に同じ。

はう-さう【疱瘡】 名詞 **天然痘。**「もがさ」とも。

はう-し【拍子】 名詞 「はくし」のウ音便。❶「ひゃうし❷」に同じ。❷「笏拍子」の略。「ひゃうし❸」に同じ。「しゃくびゃうし」とも。

はう-じ【方士】 名詞 神仙の術を行う者。道士。「はうし」とも。

ばう-しゃ【茅舎】 名詞 「ばうをく」に同じ。

はう-じゃう【放生】 名詞／―す 他動詞サ変 仏教

語。功徳を積むために、捕らえた生き物を放してやること。

はうじゃう-ゑ【放生会】 名詞 普段の殺生に対する供養として、「放生」を行う法会。ふつう、陰暦八月十五日に行い、宇佐および石清水の八幡宮のものが有名。季 秋。

はう-じん【芳心】 名詞／―す 自動詞 サ変 親切にすること。またその気持ち。「はうしん」とも。平家物語 鎌倉―物語 一〇・維盛出家「同隷共にもはうじんせられてこそまかり過ぎ候ひしか」訳 同僚たちからも親切にされて過ぎてまいりました。

ばう-ず【坊主】 名詞 ❶仏教語。**住職**。寺の宿坊や僧坊の主である僧。◇「房主」とも書く。❷**僧**。❸江戸時代、城中で剃髪した姿で雑用などを勤めた者。

ばう-・ず【亡ず】 自動詞 サ変 {ぜ／じ／ず／ずる／ずれ／ぜよ} **ほろびる。死ぬ。** 平家物語 鎌倉―物語 一・祇園精舎「久しからずしてばうじにし者どもなり」訳 長く(栄華を)保たないで、ほろんでしまった者たちである。参照▶ 類語と使い分け⑨

ばうず-もち【坊主持ち】 名詞 旅などで同行者が荷物を交替で持ち合うとき、坊主(僧)に出会うごとに持ち手を交替する方法。

はう-すん【方寸】 名詞 **こころ。心中。胸中。** ▼心は胸の中方寸(=一寸四方)の間にある、とすることから。

はうすん-を-せ・む【方寸を責む】 連語 **心がかりたてられる。心がせきたてられる。** 奥の細道 江戸―紀行 象潟「江山水陸の風光数を尽くして、今、象潟にはうすんをせむ」訳 川や山、海や陸のすばらしい景色をたくさん見て来て、今、象潟(秋田県)へ行ってみたいと心がせきたてられる。

ばう-ぞく・なり 形容動詞 ナリ {なら／なり・に／なり／なる／なれ／なれ} ❶**だらしない。** 源氏物語 平安―物語 空蟬「胸あらはに、ばうぞくなるもてなしなり」訳 胸をはだけて、だらしのない態度である。❷**無作法である。下品である。** 堤中納言 平安―物語 虫めづる姫君「『けしからず、ばうぞくなり』とて」訳「とんでもない、無作法である」と言って。

はう-ちゃう【庖丁】 名詞 ❶**料理すること。料理人。** 宇治拾遺 鎌倉―説話 二・五「今日のはうちゃうは仕まつらん」訳 今日の料理は(私が)いたしましょう。❷**料理の腕前。** 徒然 鎌倉―随筆 二三一「別当入道のはうちゃうを見ばやと思へども」訳 別当入道の料理の腕前を見たいと思うが。❸「庖丁刀」の略。料理に使用する刃物の総称。

参考 『荘子』に見える「料理人の丁」の意の「庖丁」から出た語。丁は、神技ともいえる牛の解体を行いながら、一つの刃物を十九年も使い続けているという料理の達人。

はう-ぢゃう【方丈】 名詞 ❶**一丈**(=約三メートル)**四方**(の広さ)。方丈記 鎌倉―随筆「広さはわづかにはうぢゃう、高さは七尺がうちなり」訳(庵の)広さはわずかに一丈四方で、高さは七尺(=約二メートル)以内である。❷仏教語。**寺の住職の居室。**また、**寺の住職。** ▼インドの維摩居士の居室が一丈四方であったことによる。奥の細道 江戸―紀行 象潟「この寺のはうぢゃうに座して簾を捲けば」訳 この寺の住職の居室に座って簾を巻き上げ(て外を眺め)ると。◆「ほうぢゃう」とも。

方丈記 書名 随筆。鴨長明作。鎌倉時代前期(一二一二)成立。一巻。〔内容〕人生が無常であることを説き、安元の大火、福原遷都、元暦の地震などの事件を述べ、自分が日野山に隠遁するに至ったわけを、すじ道のよく通った和漢混交文で書きつづっている。『徒然草』と並ぶ鎌倉時代の代表的な随筆である。

はうちゃう-じゃ【庖丁者】 名詞 **料理人。庖丁人。**

ばう-に-た・つ【坊に立つ】 連語 **東宮**(=皇太子)**に立てる。** 増鏡 室町―物語 草枕「東の御方の若宮をばうにたてまつりぬ」訳 東の御方の若君を東宮に立て申し上げた。

参考 ⇩ばう(坊)❷。

はう-べん【方便】 名詞 ❶仏・菩薩が人々を救済するために用いる便宜上の手段。源氏物語 平安―物語 蜻蛉「人の心を起こさせむとて仏のし給ふはうべんは」訳 人の仏道に入る心を起こさせようとして仏様のなさるお導きの手段は。❷転じて、目的を遂げるためにちょっと利用する手段・てだて。

はう-めん【放免】 名詞 ❶罪を許すこと。怒りを解いて許すこと。❷検非違使庁に属し、罪人の捜索・逮捕・護送に当たった下級職。▼軽罪で刑に服して放免された囚人を用いたことからいう。◇「はうべん」とも。

ばう-もん【坊門】 名詞 ❶**町の門。**平安京では朱雀大路に面して、三条から九条までの各坊に設けられ、東西に十四門あった。❷平安京で、二条大路以南を東西に走る小路。◆「坊」は町の意。

はう-らつ【放埒】 名詞／―す 自動詞 サ変 おきて・しきたりなどを無視して、勝手気ままに振る舞うこと。身持ちが正しくないこと。「はうらち」とも。徒然 鎌倉―随筆 一五〇「道の掟正しく、これを重くしてはうらつせざれば」訳 その道のきまりを正しく(守り)、これを重視して勝手気ままに振る舞わなければ。

はうらつ・なり【放埒なり】 形容動詞 ナリ {なら／なり・に／なり／なる／なれ／なれ} **勝手気ままだ。身持ちが正しくない。**「はうらちなり」とも。俳諧風体抄 江戸―論「このごろは座輩はうらつにして、膝をまくり、肩をたたき」訳 近ごろは集まりの席での仲間も勝手気ままであって、ひざ

古典の常識
『方丈記』―世相を見つめる閑居の記

日野山の草庵で人の世の無常と、自分の心境とを理路整然たる名文で記した回想録。「行く河の流れは絶えずして、しかも、もとの水にあらず」に始まる序章で、無常観をテーマとして掲げる。そして、前半部分では、自分が経験した、安元の大火の猛火、治承の辻風で破壊された家屋やけが人、福原遷都での人々の混乱ぶり、元暦の大地震の恐ろしさを記述し、養和の飢饉の悲惨な状況、人の世のはかなさを描く。

後半では、自分が隠遁生活に入った次第と庵での楽しさ、安らかさを記すが、自己の内面に鋭い批判を向けて終える。

は

をまくったり、肩をたたいたり。

ばう-をく【茅屋】ボウオク 名詞 かやぶきの粗末な家。茅舎ぼうしゃ。

はえ【映え・栄え】 名詞 見ばえ。光栄。枕草子 平安一随筆 かへる年の「つゆのはえも見えぬに」訳いっこう見ばえもしない上に。

はえ・す【生えす】 自動詞サ変{せ/し/す/する/すれ/せよ} 生える。万葉集 奈良一歌集 三四九一「柳こそ伐れば生えすれ」訳柳は切ると生えるが。

はえ-な・し【映え無し】 形容詞ク{(く)・から/く・かり/し/き・かる/けれ/かれ} 見ばえが悪い。さえない。枕草子 平安一随筆 清涼殿の丑寅のすみの「さやはけにくく仰せ言をはえなうもてなすべき」訳（どうして）そのようにそっけなく（中宮様の）お言葉を見ばえが悪いもののように取り扱って、いいものだろうか。◇「はえなう」はウ音便。

＊はえばえ・し【映え映えし】 形容詞シク{(しく)・しから/しく・しかり/し/しき・しかる/しけれ/しかれ} ❶輝くようにきわだって見える。はなやかで見ばえがする。枕草子 平安一随筆 正月一日は「いみじう興ありてうち笑ひたるは、いとはえばえし」訳とてもおもしろがって大笑いしているのは、たいへんはなやかで見ばえがする。❷光栄である。晴れがましい。枕草子 平安一随筆 説経の講師は「講師もはえばえしくおぼゆるなるべし」訳説経をする僧も晴れがましく感じるのであろう。

1 **はか【果・量・計】** 名詞 ❶およその目安。見当。目当て。更級 平安一日記 野辺の笹原「いづこをはかと尋ねてか見し」訳（乳母は）どこを目当てに（姉の墓を）尋ねたのだろうか。❷仕事などの進みぐあい。はかどり。平家物語 鎌倉一物語 三・有王「はかもゆかず、よろよろとして出で来たり」訳（前に行こうとしても）はかどらず、よろよろとして出て来た。

参考 ❷は、多く「はかが（の・も・を）ゆく」の形で用いられる。

2 **-はか** 接尾語 名詞・形容詞の語幹などに付いて、そのようなようすの意の形容動詞の語幹を作る。「あさはか」「貴あてはか」

はがい【羽交い】 ⇩はがひ

は-かう【八講】ハコウ 名詞「ほっけはっかう」に同じ。◆「はっかう」の促音「っ」が表記されない形。

は-がき【羽掻き】 名詞「はねがき」に同じ。

は-かし【佩刀】 名詞 四段動詞「佩はく」の未然形に尊敬の助動詞「す」のついた「佩かす」の連用形が名詞化した語。身分の高い人の太刀の尊敬語。お刀。「はかせ」とも。◆ふつう「みはかし」の形で用いる。

はかせ【博士】 名詞

❶官職の一つ。「学生がくしやう」に学問・技術を教授し、研究に従事した。大学寮に明経みやうぎやう・紀伝（のちに文章もんじやう）・明法みやうぼふ・算・書など、陰陽おんやう寮に陰陽・暦・天文・漏刻ろうこくなど、典薬てんやく寮に医・針・按摩あんまなどの博士があった。源氏物語 平安一物語 帚木「あるはかせのもとに『学問などし侍はべり』とて」訳ある博士のところに「学問などをし（ようと思い）ます」といって。

❷博学の人。学者。物知り。その道の指導者。大家たいか。源氏物語 平安一物語 桐壺「弁も、いと才ざえかしこきはかせにて」訳右大弁も、たいそう学問の才能にすぐれた博学の人で。

❸基準。手本。徒然 鎌倉一随筆 二二〇「太子の御時おほんときの図、今に侍はべるをはかせとす」訳聖徳太子の御世みよの（舞楽の音律を示した）図で、今に伝わっていますものを基準としている。

❹「節博士ふしはかせ」の略。⇩ふしはかせ

は-かぜ【羽風】 名詞 鳥・虫などの羽ばたきによって生ずる風。枕草子 平安一随筆 にくきもの「顔のほどに飛びありく。はかぜさへその身のほどにあるこそいとにくけれ」訳（蚊が）顔のあたりに飛び回る。羽風までも蚊の小さな身のほど相応にあるのが、ひどくにくらしい。

は-がため【歯固め】 名詞 正月の三が日に、鏡餅かがみもちなどを食べて長寿を願う行事。また、その食べ物。鏡餅の膳ぜんには、だいこん・うり・芋や、いのしし・しかの肉、押し鮎あゆなども出される。季春。

参考「歯」は齢よわい（＝年齢）の意で、「年齢を固める（＝寿命を延ばす）」意がこめられている。しかし、本来は、堅い物を噛かんで歯の根元を丈夫にする意で行われたものであったという。

はか-な【果無・果敢無】 形容詞語幹 ⇩はかなし 古今 平安一歌集 恋三「いやはかなにもなりまさるかな」訳いよいよますますはかなくなってきますなあ。

＊はかなく-な・る【果無くなる・果敢無くなる】 連語

なりたち 形容詞「はかなし」の連用形＋動詞「なる」

死ぬ。亡くなる。源氏物語 平安一物語 帚木「いといたく思ひ嘆きて、はかなくなり侍はべりにしかば」訳（女は）たいそうひどく思い悲しんで、死んでしまいましたので。

＊はかな-げ・なり【果無げなり・果敢無げなり】 形容動詞ナリ{なら/なり・に/なり/なる/なれ/なれ} ❶頼りなさそうだ。心細そうだ。枕草子 平安一随筆 虫は「ちちよ、ちちよとはかなげに鳴く」訳（みのむしが）ちちよ、ちちよと心細そうに鳴く。❷たいしたことでない。無造作だ。おざなりだ。源氏物語 平安一物語 帚木「はかなげに言ひなして、まめまめしく恨みたるさまも見えず」訳（女は）たいしたことではなさそうにあえて言って、本気で恨んでいるようすも見えない。◆「げ」は接尾語。

はか-な・し【果無し・果敢無し】

形容詞ク{(く)・から/く・かり/し/き・かる/けれ/かれ}

語義の扉

「はか（見当）」が「無し」なので、見当がつかなかったり、結果がどうなるかわからなかったりして、不安定で、頼りにならないようすを表す。❶は事物から受ける感じに、❷以下は事物そのものの状態に重点を置いた意味である。

❶頼りない。むなしい。あっけない。
❷ちょっとしたことだ。何ということもない。
❸幼い。たわいない。
❹粗末だ。取るに足りない。

❶頼りない。むなしい。あっけない。宇治拾遺 鎌倉一説話 一・一三「桜ははかなきものにて、かく程なくうつろひさぶらふなり」訳桜はあっけないものであって、このようにすぐに散ってしまうのです。

❷ちょっとしたことだ。何ということもない。枕草子 平

安一随筆 木の花は「梨の花、よにすさまじきものにして、近うもてなさず、はかなき文つけなどだにせず」訳梨の花は、まったくおもしろみのないものとして、身近には取り扱わず、ちょっとした手紙を結びつけることなどさえしない。

❸**幼い。たわいない。** 源氏物語 平安一物語 若紫「いとはかなうものし給ふこそ、あはれにうしろめたけれ」訳とても幼なくていらっしゃるのが、どうしようもなく悲しく先が気がかりだ。◇「はかなう」はウ音便。参照▶ 文脈の研究 あはれにうしろめたけれ。

❹**粗末だ。取るに足りない。** 枕草子 平安一随筆 九月二十日あまりのほど「長谷に詣でて、いとはかなき家に泊まりたりしに」訳長谷寺に参詣して、とても粗末な家に泊まったときに。

はかなし-ごと【果無し事・果無し言】名詞 とるに足らないつまらない事。ちょっと口にした言葉。

はかな-だ・つ【果無立つ】自動詞タ四{た/ち/つ/つ/て/て} **心細そうに見える。頼りなく見える。** 枕草子 平安一随筆 五月の御精進のほど「屋のさまもはかなだち、廊めきて」訳建物のようすも頼りなく見え、渡り廊下のようになっていて。◆「だつ」は接尾語。

はかな・ぶ【果無ぶ】自動詞バ上二{び/び/ぶ/ぶる/ぶれ/びよ}「はかなむ」に同じ。源氏物語 平安一物語 夕顔「はかなびたるこそ女はらうたけれ」訳頼りなげに見えているのこそ、女はかわいらしいものだ。◆「ぶ」は接尾語。

はかな・む【果無む】自動詞マ四{ま/み/む/む/め/め} **はかなく思う。むなしく感じる。頼りなく思う。**「はかなぶ」とも。徒然 鎌倉一随筆 五八「げにはこの世をはかなみ、必ず生死を出でんと思はんに」訳本当にこの世をむなしく感じ、きっと人々の苦と迷いの世界から抜け出そうと思うのに。◆「む」は接尾語。

はかばか・し

形容詞シク{(しく)・しから/しく・しかり/し/しき・しかる/しけれ/しかれ}

語義の扉

仕事の進み具合の意を表す名詞「はか」を重ねて形容詞化した語。事柄が順調にはかどるようすを表すのを原義とし、転じて、しっかりしている、際立っている、本格的だなどといった、人物や事柄の評価にも用いられる。多く打消の語を下接して用いられる。

❶はきはきしている。てきぱきしている。
❷頼もしい。しっかりしている。
❸はっきりしている。際立っている。
❹本格的だ。まともできちんとしている。

❶**はきはきしている。てきぱきしている。** 源氏物語 平安一物語 桐壺「『…とく参り給へ』など、はかばかしうも、のたまはせやらず」訳「…早く参内なさい」などと、てきぱきと、終わりまでおっしゃれず。◇「はかばかしう」はウ音便。

❷**頼もしい。しっかりしている。頼りになる。** 源氏物語 平安一物語 桐壺「とりたててはかばかしき後ろ見しなければ、事ある時は、なほよりどころなく心細げなり」訳特別に取り上げて(いうほど)しっかりした後ろだてがないので、大事が起こったときは、やはり頼りとする所がなく、心細いようすである。

❸**はっきりしている。際立っている。** 更級 平安一日記 足柄山「やうやう入り立つふもとのほどだに空のけしき、はかばかしくも見えず」訳しだいに足を踏み入れる山のふもとのあたりでさえ、空のようすははっきりとは見えない。

❹**本格的だ。まともできちんとしている。** 宇治拾遺 鎌倉一説話 一・一〇「『いかなる歌か詠みたる』と言はれければ、『はかばかしき候はず』とて」訳「どんな歌を詠んだのか」とおっしゃったので、「本格的なものはありません」と言って。

は-がひ【羽交ひ】名詞 鳥の左右の翼が重なり合う部分。また、転じて、鳥の翼。万葉集 奈良一歌集 六四「葦辺行く鴨のはがひに霜降りて寒き夕べは大和し思ほゆ」訳⇩あしべゆく…。

は-がへ【葉替へ】名詞／―す 自動詞サ変 草木の葉が枯れ落ちて、新しく生えかわること。枕草子 平安一随筆 花の木ならぬは「はがへせぬためしにいはれたるもをかし」訳葉が新しく生えかわらない例として歌に詠まれているのもおもしろい。

はかま【袴】名詞 ❶奈良時代以前、腰から下の肌に直接まとった下着。参照▶口絵 ❷上着の上に着用し、下半身を覆う衣類の総称。古くは男性のみが用いたが、平安時代以降は女性も用いるようになった。参照▶口絵

はかま-ぎ【袴着】名詞 皇族・貴族の子供が初めて袴を着用する儀式。男女ともに行い、古くは三歳、後には五歳または七歳のときに行った。「着袴」とも。

はから-ざる-に【計らざるに】連語 なりたち 動詞「はかる」の未然形＋打消の助動詞「ず」の連体形＋接続助詞「に」 **思いがけなく。突然に。** 徒然 鎌倉一随筆 四九「はからざるに病を受けて」訳思いがけなく病気になって。

はからひ【計らひ】名詞 ❶**考え。判断。配慮。** ❷**処置。計画。取りなし。**

***はから・ふ**【計らふ】他動詞ハ四{は/ひ/ふ/ふ/へ/へ} ❶**相談する。打ち合わせる。** 増鏡 室町一物語 新島守「かの大将軍はからひ、掟てつつ」訳あの大将軍は相談して、指令しながら。❷**考慮する。見はからう。** 徒然 鎌倉一随筆 九八「遁世者は、無きにことかけぬやうをはからひて過ぐる」訳世をのがれ仏門に入った者は、何がなくても不自由しないやり方を見はからって(毎日を)過ごす。❸**考えて取り決める。取りはからう。** 徒然 鎌倉一随筆 六〇「三百貫の物を貧しき身にまうけて、かくはからひける」訳三百貫という大金を貧しい身で手に入れて、このように取りはからったのは。

はかり【計り・量り】名詞 ❶**目当て。見当。手掛かり。** 伊勢物語 平安一物語 二一「いづこをはかりとも覚えざりければ」訳(女を探すのに)どこを目当てと(してよいか)もわからなかったので。❷**限度。際限。限り。** 平家物語 鎌倉一物語 七・維盛都落「声をはかりにぞをめき叫び給ひける」訳声の出る限りにわめき叫びなさった。

ばかり

副助詞《接続》体言、副詞、活用語の終止形・連体形などに付く。

は

語義の扉

「ばかり」の基本的用法

●空間的・時間的な程度を表す。奈良時代以前からの用法。

❶(範囲・程度)…**ほど。…ぐらい。…あたり。**

❷(動作・作用の程度)…**ほど。…ぐらい。**

❸**最上・最高の程度…ほど。…ぐらい。**

●限定を表す。平安時代以降の用法。

❹(限定)…**だけ。**

❺(動作や作用の程度の限定)…**だけ。…にすぎない。**

❶(時期・時刻・場所・数量・大きさなどのおおよその範囲・程度)…**ほど。…ぐらい。…あたり。**範囲を示す。竹取物語 平安-物語 かぐや姫の生ひ立ち「三寸ばかりなる人、いとうつくしうてゐたり」訳(竹の中に)三寸(=約九センチ)ほどである人が、とてもかわいらしいようすで座っている。

❷(動作や作用の程度)…**ほど。…ぐらい。**徒然 鎌倉-随筆 五三「頸もちぎるばかり引きたるに」訳首ももぎとるぐらいに引いたところ。

❸〔打消の語を下接して〕(最上・最高の程度)…**ほど。…ぐらい。**枕草子 平安-随筆 大蔵卿ばかり「大蔵卿ばかり耳とき人はなし」訳大蔵卿ほど耳ざとい人はいない。

❹(限定)…**だけ。**源氏物語 平安-物語 若紫「人々は返し給ひて、惟光ばかり御供にて」訳人々はお帰しになって、惟光だけをお供にして。

❺(動作や作用の程度の限定)…**だけ。…にすぎない。**方丈記 鎌倉-随筆「ただわが身一つにとりて、むかし今とをなぞらふるばかりなり」訳ただ私一人の身の上に関して、昔のことを今の楽しみと比べているだけである。

はかり-ご・つ【謀りごつ】他動詞 タ四 {た/ち/つ/つ/て/て} ❶**はかりごとをめぐらす。計画する。**今昔物語 平安-説話 一・九「舎利弗に会ひて秘術を相競くべむことをはかりごつ」訳舎利弗(=釈迦の十大弟子の一人)に会い、秘術の比べ合いをしようと計画する。❷**計略にかける。だます。**源氏物語 平安-物語 橋姫「人をはかりごちて西の海の果てまで取りもてまかりにしかば」訳人(=私)をだまして西海の果てまで連れて参りましたので。◆「はかりこつ」とも。

はかり-こと*【策・謀り事】名詞 ❶**工夫。もくろみ。**平家物語 鎌倉-物語 二・徳大寺之沙汰「ありがたきはかりことかな」訳滅多にない(すばらしい)もくろみだなあ。❷**計略。策略。**❸**仕事。**笈の小文 江戸-紀行 俳文・芭蕉「終に生涯のはかりことゝなす」訳とうとう生涯の仕事とする。◆江戸時代の中期からは「はかりごと」。

はかり-な・し【計り無し・量り無し】形容詞ク {(く)・から/く・かり/し/き・かる/けれ/かれ} **際限がない。はかり知れない。**大鏡 平安-物語 後一条「並びなくはかりなくおはします」訳(道長のようすは)比べられる相手もなくはかり知れないほど大きな存在でいらっしゃいます。

ばかり-に 連語

なりたち 副助詞「ばかり」+格助詞「に」

❶**…ほどに。…ぐらいに。**▼範囲・程度を表す。更級 平安-日記 かどで「庵などと浮きぬばかりに雨降りなどすれば」訳仮小屋なども浮いてしまうほどに雨が降ったりなどするので。❷**…だけに。**▼限定を表す。徒然 鎌倉-随筆 一九三「碁うつ事ばかりにさとく巧みなる」訳碁をうつことだけに機敏で上手な人。

はか・る【他動詞】ラ四 {ら/り/る/る/れ/れ}

㊀【計る・量る・測る】

❶**おしはかる。推量する。**徒然 鎌倉-随筆 五六「興なきことを言ひてもよく笑ふにぞ、品のほどはかられぬべき」訳おもしろみがないことを言ってもよく笑うことで、品格の程度はおしはかることができるであろう。

❷**予測する。予想する。**土佐日記 平安-日記 二・四「このかぢとりは、日もえはからぬかたゐなりけり」訳この船頭は、天候を予測することもできない愚か者であったよ。

❸**機会をとらえる。見計らう。**徒然 鎌倉-随筆 六八「館の内に人もなかりける隙をはかりて」訳屋敷の中に人がいなかったすきを見計らって。

❹**計量する。測定する。計算する。**平家物語 鎌倉-物語 七・願書「たとへば、嬰児の貝をもって、巨海をはかり」訳たとえていうなら赤子が貝殻で大海の水量をはかり。

㊁【謀る・企る】

❶**相談する。**宇津保 平安-物語 忠こそ「いささかなる事、はかり聞こえむとぞや」訳ちょっとしたことを、相談申し上げようというのだろうか。

❷**くわだてる。たくらむ。**平家物語 鎌倉-物語 二・西光被斬「あは、これらが内々はかりしことのもれにけるよ」訳ああ、この者どもが内々でくわだてたことがもれてしまったよ。

❸**計略にかける。だます。**枕草子 平安-随筆 うれしきもの「我はなど思ひてしたり顔なる人はかり得たる」訳自分こそはなどと思って得意顔でいる人をだますことができたとき(は、うれしい)。

はぎ[1]【脛】名詞 **すね。**足の膝から下、踝から上の部分。奥の細道 江戸-紀行 象潟「汐越や鶴はぎぬれて海涼し— 芭蕉」訳⇩しほごしや…。

はぎ[2]【萩】名詞 ❶「秋の七草」の一つ。夏から秋にかけ、紅紫色または白色の花が咲く。季秋。万葉集 奈良-歌集 二二八〇「はぎの花咲けるを見れば」訳萩の花が咲いているのを見ると。❷襲の色目の一つ。表が蘇芳、裏が萌葱。秋に用いる。参照▼口絵

はぎ-に-あ・ぐ【脛に挙ぐ】連語 **衣の裾をすねまでまくり上げる。**土佐日記 平安-日記 一・一三「心にもあらぬ、はぎにあげて見せける」訳うっかり、衣の裾をすねまでまくり上げて見せたことだった。

はぎのはな… 和歌「萩の花 尾花葛花 なでしこの花 をみなへし また藤袴 朝顔の花」万葉集 奈良-歌集 一五三八・山上憶良 訳はぎの花、すすき、くずの花、なでしこの花、おみなえし、そしてふじばかま、朝顔の花。

鑑賞 秋の野に咲く七種類の草の花を詠んだ歌。中でもはぎの花は、『万葉集』で最も多く詠まれている。五七七・五七七の旋頭歌の形式。

はぎ-ま・ず【矧ぎ交ず】他動詞 ザ下二 {ぜ/ぜ/ず/ずる/ずれ/ぜよ}

何種類かの鳥の羽をまぜて竹につけ、弓の矢を作る。平家物語 鎌倉―物語 一一・那須与一「うす切り斑に鷹の羽はぎまぜたるぬた目の鏑」訳薄い黒と白のまだらの尾羽に鷹の羽をまぜて竹につけて作った波状の模様がある鹿の角の鏑矢。

馬琴 ⇩滝沢馬琴

はく[1]【箔】 名詞 金・銀・錫などの金属を薄く平たく打ち延ばしたもの。物に押しつけて飾りにする。

はく[2]【佩く・帯く】

一 他動詞 カ四 {か/き/く/く/け/け} (太刀を)腰におびる。古事記 奈良―史書 景行「出雲建が はける刀」訳出雲建が腰におびた太刀。

二 他動詞 カ下二 {け/け/く/くる/くれ/けよ} (太刀を)腰におびさせる。古事記 奈良―史書 景行「一つ松人にありせば太刀はけましを」訳もしこの一本松が人であったなら、太刀を腰におびさせるだろうに。

⇩たのむ。

はく[3]【着く・著く】

一 他動詞 カ四 {か/き/く/く/け/け} ❶衣類や履物を下半身につける。万葉集 奈良―歌集 三三九九「沓はけわが背」訳⇩しなのぢは…。◇多く「履く」「穿く」と書く。❷弓に弦をかける。万葉集 奈良―歌集 三四三七「陸奥のあだたら真弓弾き置きて反らしめきなば弦はかめかも」訳陸奥のあだたら産の真弓の弦をはずしておいて反らしたままならば、弓に弦をかけることができようか。

二 他動詞 カ下二 {け/け/く/くる/くれ/けよ} 一❷に同じ。万葉集 奈良―歌集 一三二九「陸奥のあだたら真弓弦はけて」訳陸奥のあだたら産の真弓に弦をかけて。

はぐ[1]【矧ぐ】

一 他動詞 ガ四 {が/ぎ/ぐ/ぐ/げ/げ} 竹に鳥の羽ややじりをつけて矢を作る。平家物語 鎌倉―物語 一一・遠矢「白篦に山鳥の尾をもってはいだりける矢の」訳白篦(＝塗りなどを施してない矢竹)に山鳥の尾の羽をつけて作ったとがり矢で。◇「はい」はイ音便。

二 他動詞 ガ下二 {げ/げ/ぐ/ぐる/ぐれ/げよ} 矢を弓の弦にあてる。つがえる。宇治拾遺 鎌倉―説話 一・七「矢をはげて射むとて、弓ふりたて見るに」訳矢をつがえて射ようとして、弓を勢いよく立てて見ると。

はぐ[2]【剝ぐ】

一 他動詞 ガ四 {が/ぎ/ぐ/ぐ/げ/げ} ❶(表面にあるものを)むしり取る。はがす。万葉集 奈良―歌集 三八八六「もむ楡を五百枝はぎ垂り」訳もむにれの樹皮をたくさんはがして垂らし。❷(着ている衣類を)はぎ取る。脱がす。宇治拾遺 鎌倉―説話 二・一〇「走りかかりて、衣をはがむと思ふに」訳走りかかって、(着ている)衣服をはぎ取ろうと思うが。

二 自動詞 ガ下二 {げ/げ/ぐ/ぐる/ぐれ/げよ} ❶(表面にあるものが)はがれる。はげる。落窪物語 平安―物語 一「古めきまどひて、所々はげたるを」訳ひどく古びて、所々(塗りが)はげているのを。❷毛が抜け落ちる。はげる。徒然 鎌倉―随筆 一五二「むく犬の、あさましく老いさらぼひて、毛はげたるを」訳むく犬で、みっともなく年老いてよぼよぼになって、毛が抜け落ちているのを。◇多く「禿ぐ」と書く。

ばく-えき【博奕】 名詞 樗蒲・双六など、盤・骰子を用い、金品をかけて行う勝負事の総称。「ばくち」「ばくやう」とも。

ばく-ぎゃく【莫逆】 名詞 「ばくげき」に同じ。

は-ぐくみ【育み】 名詞 大切に育てること。養育。

は-ぐく・む【育む】 他動詞 マ四 {ま/み/む/む/め/め} ❶(親鳥がひなを)羽で包みこんで保護する。万葉集 奈良―歌集 一七九一「わが子はぐくめ天の鶴群」訳私の子を羽で包んで保護してやってくれ。大空の鶴の群れよ。❷育てる。養育する。源氏物語 平安―物語 桐壺「もろともにはぐくまぬおぼつかなさを」訳いっしょに養育しないゆえの気がかりな気持ちを。❸世話をする。めんどうをみる。平家物語 鎌倉―物語 灌頂・女院出家「誰はぐくみ奉るべしとも見え給はず」訳だれかがお世話申し上げているだろうともお見えにならない。

参考 「羽含む」の意から。「はごくむ」とも。

ばく-げき【莫逆】 名詞 心が通い合ってきわめて親しいこと。また、そうした友人。「ばくぎゃく」とも。▼「心に逆らうこと莫し」の意。

古典の常識 『萩と古典』

萩は秋の七草の一つであり、日本全国の山野に自生している。『万葉集』には百六十種余りの植物が詠まれているが、萩の用例は百四十余首と、植物の中では最も多い(二位は梅)。平安時代以降も秋の歌によく詠まれた。

萩の歌で目立つのは、「我が岡にさを鹿来鳴く初萩の花妻どひに来鳴くさを鹿」(『万葉集』一五四一 大伴旅人)〈私の住む岡に、雄鹿が来て鳴いている。萩の初花を妻問う(＝求婚する)ために来て鳴く雄鹿よ。〉のように、萩を鹿の妻と見る発想である。また、萩は露にさそわれて咲くという考えから、露と取り合わせた歌も多い。これらの発想は、平安時代まで受け継がれていった。

平安時代中期から「萩の花摺り」という優雅な言葉が使われるようになる。これは、萩の野に入って、衣服が萩の花の色に染まることをいう。なお、萩の名所としては宮城野(＝宮城県仙台市の東方一帯)が名高い。

はく-げつ【白月】 名詞 「びゃくぐゎつ」に同じ。

ばく-しう【麦秋】 名詞 麦が実り、刈り取る季節。初夏のころ。むぎあき。季夏。

はく-じゃう【白状】

一 名詞/―す 他動詞 サ変 罪人が犯した罪状を申し述べること。太平記 室町―物語 二「身も疲れ心も弱くなりけるにや、…と、はくじゃうせられけり」訳体も疲れ心も弱くなったのであろうか、…と罪状を申し述べられた。

二 名詞 口頭で自供した罪状を記録した文書。口書。

白石 ⇩新井白石

はく-たい【百代】 名詞 長い年月。永遠。「はくだい」「ひゃくだい」とも。奥の細道 江戸―紀行 出発まで「月日ははくたいの過客にして、行きかふ年も又旅人なり」訳月日は永遠に旅を続ける旅人（のようなもの）であって、巡り移る年もまた旅人（のようなもの）である。

ばく-ち【博打・博奕】 名詞「博打ち」の変化した語。❶「ばくえき」に同じ。❷❶を専業とする者。ばくち打ち。徒然 鎌倉―随筆 一二六「ばくちの、負けきはまりて」訳ばくち打ちで、すっかり負けて。

はく-ちゃう【白張・白丁】 名詞 ❶糊を強くつけた白麻布で作った白い狩衣。❷❶を着た下級の官人。貴人の傘持ちや沓持ち、馬の口取りなどの仕事をする。

（白 張❷）

はくばいや… 俳句「白梅や 墨芳しき 鴻臚館」蕪村句集 江戸―句集 俳諧・蕪村 訳鴻臚館の庭には白梅が花開き、室内では唐国からの賓客を迎えて漢詩文の応酬が始まろうとしている。そのために摺られた墨の芳しい匂いがあたり一面に漂っている。

鑑賞 白梅と墨との香りの対照に、白と黒の色のコントラストが重なって、さわやかで格調高い作品となっている。実景ではなく王朝時代を想像しての句。「鴻臚館」の語がエキゾチックな雰囲気をかもし出す。季語は「白梅」で、季節は春。

ばく-ふ【幕府】 名詞 ❶軍陣における将軍の本営。❷「近衛府」の中国風の呼び名。また、近衛の大将や、その居所もさす。❸鎌倉・室町・江戸時代の武家政府の本拠。❹「征夷大将軍」の別名。◆中国で、軍陣において将軍が、幕をめぐらした本営を府（＝役所）としたことからいう。

ばく-やう【博奕】 名詞「ばくえき」に同じ。

羽黒山 地名 今の山形県にある山。月山、湯殿山とともに出羽三山の一つ。古来「修験道」の霊地として有名で、羽黒派山伏の本拠地。

は-ぐろめ【歯黒め】 名詞 鉄片を酢などに浸して酸化させて作った、歯を黒く染める液。また、それを用いて歯を黒く染めること。御歯黒。

はく-をく【白屋】 名詞 白い茅で屋根を葺いた粗末な家。またその住人。

はけ-さき【刷毛先】 名詞 男性の髷の先端。

はげ・し【激し】 形容詞シク（しく）・しから／しく・しかり／し／しき・しかる／しけれ／しかれ ❶（勢いが）強い。（程度が）甚だしい。竹取物語 平安―物語 竜の頸の玉「風吹き波はげしけれども」訳風が吹き波が激しいけれども。❷（山などが）けわしい。源氏物語 平安―物語 早蕨「道のほどの、遥けくはげしき山道の有様を、見給ふにぞ」訳道中の、遠くけわしい山道のようすをご覧になると。

はけ-ついで【刷毛序】 名詞 ある事をするついでに他の事をするたとえ。ことのついで。

はげ・む【励む】 自動詞マ四（ま／み／む／む／め／め）心を奮いたたせる。その事にうち込む。徒然 鎌倉―随筆 一三一「分を知らずして強ひてはげむ」訳身の程をわきまえないで無理にうち込む。

はこ【箱・筥】 名詞 ❶物を納める器。❷便器。便を受ける容器。❸大便。

ば-こそ 連語

なりたち 接続助詞「ば」＋係助詞「こそ」

㊀〔活用語の未然形に付いて〕❶〔文中に用いて〕…ならばきっと。▼順接の仮定条件を強調する。竹取物語 平安―物語 御門の求婚「この国に生まれて侍らばこそ、使ひ給はめ」訳この国に生まれましたならばきっと、召し使いなさることもできましょうけれど。❷〔文末に用いて〕…はずがない。…ものか。▼ある事態を仮定し、それを強く否定する。平家物語 鎌倉―物語 七・一門都落「今は世の世にてもあらばこそ」訳今は（自分たちが栄えていた）世であるならともかく、そのような世ではあろうはずがない。◇鎌倉時代以降の用法。

㊁〔活用語の已然形に付いて〕…からこそ。▼順接の確定条件を強調する。伊勢物語 平安―物語 八二「散ればこそいとど桜はめでたけれうき世に何か久しかるべき」訳⇨ちればこそ…。

語法 文中に用いられる場合、文末の活用語は係助詞「こそ」を受けて已然形となる。

ば-こそ-あら-め 連語

なりたち 接続助詞「ば」＋係助詞「こそ」＋動詞「あり」の未然形＋推量の助動詞「む」の已然形

❶…ならばいいだろうが。…ならばともかく。源氏物語 平安―物語 総角「仏をも念じたまはばこそあらめ、なほかかるついでにいかで亡せなむ」訳仏様にお願いでもなさるのならばともかく、やはりこんな機会にどうにかして死にたい。❷…ならばぐあいが悪いだろうが。源氏物語 平安―物語 賢木「今はじめたることならばこそあらめ、ありそめにけることなれば」訳今にはじまったことならばぐあいが悪いだろうが、前から続いていることなのだから。

はこねぢを… 和歌「箱根路を わが越え来れば 伊豆の海や 沖の小島に 波の寄る見ゆ」続後撰 鎌倉―歌集 羈旅・金槐 鎌倉―歌集 雑・源実朝 訳険しい箱根の山道を私が越えて来ると、伊豆の海の小島に、波がうち寄せているのが見える。

箱根山 地名 歌枕 今の神奈川県と静岡県との境にある火山。東海道の難所でもあった。山中に多くの温泉がある。

はこ・ぶ【運ぶ】 他動詞バ四（ば／び／ぶ／ぶ／べ／べ）❶（物を）運搬する。❷〔「歩みをはこぶ」「足をはこぶ」などの形で〕歩く。出向く。おもむく。平家物語 鎌倉―物語 五・勧進帳「上品蓮台に歩みをはこび」訳上品蓮台に出向いて。❸（物事を）おし進める。（時を）経過させる。徒然 鎌倉―随筆 一〇八「刹那覚えずといへども、はこびてやまざれば」訳一刹那の短い時間は意識されなくても、この一刹那を（次々と）経過させて止めないと。

はこや-の-やま【藐姑射の山】 名詞 ❶中国の想像上の山名で、仙人が住むとされる。❷上皇の御所を神仙の住む山にたとえて祝っていう語。仙洞。

はこ・ゆ 他動詞ヤ下二（え／え／ゆ／ゆる／ゆれ／えよ）衣服の裾をたくし上げて着る。「ひきはこゆ」に同じ。

は-ざふ【半挿】 名詞「はんざふ」に同じ。

はさ-ま【狭間・迫間】 名詞 ❶（物と物との間の）すきま。伊勢物語 平安―物語 一〇〇「後涼殿のはさまを渡りければ」訳後涼殿（と清涼殿）の間のすきまを通って行ったところ。❷谷。谷間。義経記 室町―物語 七「どの山を、どのはさまにかかりて行かむずるぞ」訳どの山を、どの谷間を通って行こうとするのか。❸あいま。▼ある事柄から次の事柄に移る、その間の短い時間。宇

治拾遺 鎌倉―説話 一一・九「そのはさまは、唇ばかりはたらくは、念仏なめりと見ゆ」訳そのあいまには、唇だけが動くのは、（やはり）念仏を唱えているように見える。❹弓・鉄砲などをうつために、城壁に設けた穴。◆鎌倉時代以降は「はざま」。

はさみ-ばこ【挟み箱】 名詞 江戸時代、衣類や手回り品などを入れ、棒を通して従者に担がせた箱。

（挟み箱）

はさ・む【挟む】 一 他動詞マ四〔ま／み／む／む／め／め〕**間に入れて両側から押さえる。間に持つ。** 竹取物語 平安―物語 蓬萊の玉の枝「一人の男、文挟みに文をはさみて、申す」訳一人の男が、文挟みに書状をはさんで（差し出して）申し上げる。二 他動詞マ下二〔め／め／む／むる／むれ／めよ〕一に同じ。大鏡 平安―物語 後一条「とぐわきも知らず、うちはさめて置きたる」訳（鏡を）どうして磨いたらよいかも知らないで、（櫛笥の中へ鏡を）はさんだままにして置いてある。

ばさら【婆娑羅】 名詞 ❶人目を驚かすような派手で華美を競ったかっこう。伊達。❷したい放題に、おごりたかぶった振る舞いをすること。❸音楽・舞楽で、本来の拍子からはずれて自由に演ずる形式。◆南北朝期以降、万事に破格であることをいうのに用いられた語。

はし[1]【階・梯】 名詞 ❶（庭から建物に上る）階段。きざはし。枕草子 平安―随筆 故殿の御服のころ「はしより高き屋にのぼりたるを」訳（若い人々が）階段から高い鐘楼にのぼったのを。❷はしご。太平記 室町―物語 二三「警護の者どもはしをさして軒の上にのぼって見れば」訳警護の者たちがはしごを掛けて軒の上にのぼって見ると。

はし[2]【端】 名詞 ❶（物の）はし。先端。末端。へり。ふち。枕草子 平安―随筆 木の花は「せめて見れば、花びらのはしに、をかしきにほひこそ、心もとなうつきためれ」訳よくよく見ると、（梨の花の）花びらの先端に美しい色つやが、ほのかについているように見える。❷（物事の）発端。端緒。はじまり。千載 鎌倉―歌集 恋四「逢ひ見むと言ひ渡りしは行く末の物思ふ事のはしにぞありける」訳（あなたに）会いたいと言いつづけていたことは、それから先のもの思いのはじまりであったのだ。❸（家の）外に近いところ。縁側。大和物語 平安―物語 一四九「男や来ると見れば、はしにいでゐて」訳男が来るだろうかと思って見ていると、（その女は）縁側に出て座って。❹（物の）一部分。一端。切れ端。枕草子 平安―随筆 正月に寺にこもりたるは「なにともなき経のはし、うち誦み」訳これときまったこともないお経の一部分を口ずさんだり。❺折。時。間。万葉集 奈良―歌集 一九九「露霜の（＝枕詞）消なば消ぬべく行く鳥の（＝枕詞）争ふはしに」訳死ぬならば死んでしまえと先を争って戦う（その）時に。❻中途はんぱ。はんぱ者。古今 平安―歌集 雑下「木にもあらず草にもあらぬ竹の節のはしにわが身はなりぬべらなり」訳木でもなければ草でもない竹の節と節の間の中空のように、世のはんぱ者に我が身はなってしまいそうだ。

はし[3]【嘴】 名詞 くちばし。伊勢物語 平安―物語 九「白き鳥のはしと脚と赤き、鴫の大きさなる」訳白い鳥であって、くちばしと脚とが赤い、鴫くらいの大きさの（鳥）が。

はし[4]【橋】 名詞 ❶川などの上に架け渡して、交通路とする建造物。❷遣水や通路の上に架けられた廊や渡殿。❸「橋懸かり」の略。

は・し[5]【愛し】 形容詞シク〔（しく）・しから／しく・しかり／し／しき・しかる／しけれ／しかれ〕愛らしい。いとおしい。慕わしい。万葉集 奈良―歌集 四三三一「長き日を待ちかも恋ひむはしき妻らは」訳長き日々を待ち恋うことだろうかいとおしい妻たちは。◆奈良時代以前の語。

はじ[1]【恥・辱】 ⇩はぢ

はじ[2]【土師】 名詞 奈良時代以前の氏族の名の一つ。「土師部」を率いて埴輪や土器（＝土師器）の製作などをつかさどった「伴造」。◆「はにし（土師）」の変化した語。

ば-し[*] 副助詞《接続》体言、格助詞「に」「を」「と」、接続助詞「て」に付く。

なりたち 係助詞「は」に副助詞「し」の付いたものが「ばし」と変化し一語化したもの。

〔強調〕…など。…なんか。平治物語 鎌倉―物語 中「滝口、矢に当たりつるぞ。敵に頸ばしとらすな」訳滝口は矢に当たったぞ。敵に首など取られるな。◆鎌倉・室町時代の語。

はしい【端居】 ⇩はしゐ

はし-がかり【橋懸かり・橋掛かり】 名詞 能舞台で、楽屋の鏡の間から舞台の後座への通路として、斜めに掛け渡した欄干付きの板張りの長廊下。舞台に向かって左側にある。

はし-がき【端書き】 名詞 追伸。追而書。文書・手紙などの初頭や末尾に、紙の端を用いて書き添える文章。

はし-がくし【階隠し】 名詞 寝殿などで、正面中央の階段の部分を覆うために、廂を他よりも外にのばした小屋根のこと。

（階隠し）

はしがくし-の-ま【階隠しの間】 名詞「階隠し」の階段を登った先にある廂の間。日隠しの間。

はじ-かみ 名詞 一【椒】植物の名。さんしょうの古名。二【薑】植物の名。しょうがの別名。季秋。

＊**はしき-やし**【愛しきやし】連語

なりたち 形容詞「は(愛)し」の連体形＋間投助詞「やし」

ああ、いとおしい。ああ、なつかしい。ああ、いたわしい。「はしきよし」「はしけやし」とも。万葉集 奈良－歌集 一三八「はしきやしわが嬬(つま)の児(こ)が」訳ああ、いとおしい、我が妻が。◆奈良時代以前の語。

参考 愛惜や追慕の気持ちをこめて感動詞的に用い、愛惜や悲哀の情を表す「ああ」「あわれ」の意となる場合もある。「はしきやし」「はしきよし」「はしけやし」のうち、「はしけやし」が最も古くから用いられている。

はしき-よし【愛しきよし】連語

なりたち 形容詞「は(愛)し」の連体形＋間投助詞「よし」

「はしきやし」に同じ。「はしけやし」とも。日本書紀 奈良－史書 景行「はしきよし我家(わぎへ)の方ゆ雲居立ち来(く)も」訳ああ、なつかしい、私の家の方から雲が立ち上って来ることよ。◆奈良時代以前の語。

はしけ-やし【愛しけやし】連語「はしきやし」に同じ。「はしきよし」とも。

参考「はしけ」は形容詞「は(愛)し」の古い連体形とされる。「やし」は間投助詞。奈良時代以前の語。

はし-ことば【端言葉・端詞】名詞 和歌や漢詩、俳句などの前に、それが詠まれたいきさつや由来などを記したことば。詞書(ことばがき)。

はした【端】名詞

❶はんぱ。端数。世間胸算用 江戸－物語 浮世・西鶴「惜しや、片足は野良犬めにくはへられ、はしたになりて」訳惜しいことよ、片方(の下駄(げた))は野良犬めにくわえられ(持っていかれ)て、はんぱになって。

❷召使いの女。下女。「はしため」「はしたもの」とも。増鏡 室町－物語 おりゐる雲「下仕(しもづか)へ・御はした・御雑仕(ざふし)」訳雑役のもの・召使いの女・下級の女官。

関連語 はしたなし／はしたなむ／はしたなげ。

はしたて-の【梯立ての】枕詞 高床式の倉に梯子(はし)をかけたところから「くら」「峻(さが)し(＝険しい)」や地名「倉梯(はし)」にかかる。また「くら」の音の変化から地名「熊来(くまき)」にかかる。「はしたての倉梯山(くらはしやまに)」

はしたな-げ・なり【端なげなり】形容動詞ナリ {なら/なり・に/なり/なる/なれ/なれ} 中途半端できまりが悪いようすである。源氏物語 平安－物語 総角「さぶらふ人々も、かたほにすこし飽かぬところあるははしたなげなり」訳お仕えする女房たちも、器量がよくなく多少とも十分でないところがある人はきまりの悪いようすである。

はした-な・し【端なし】形容詞ク {(く)・から/く・かり/し/き・かる/けれ/かれ}

語義の扉

「はした」はどっちつかずで中途半端なようす、「なし」は状態・性質を示す語に付いてその意を確かに認定して強示し、「まことに…だ」の意を加える接尾語で、もともと打消の意を有しないが、時代を追って否定的なニュアンスに誤認され、対象をマイナスに評価する用法をも加えた。

❶不似合いだ。中途半端だ。
❷きまりが悪い。体裁が悪い。
❸見苦しい。無作法だ。
❹そっけない。無愛想だ。
❺激しい。甚だしい。

❶不似合いだ。どっちつかずで落ち着かない。中途半端だ。伊勢物語 平安－物語 一「思ほえず、古里(ふるさと)にいとはしたなくてありければ」訳思いがけなく、(さびれた)旧都にたいそう不似合いに(美しい姉妹が)住んでいたので。

❷きまりが悪い。体裁が悪い。枕草子 平安－随筆 はしたなきもの「げにいとあはれなりなど聞きながら、涙のつといで来(こ)ぬ、いとはしたなし」訳なるほどたいそう哀れなことだと(思って話を)聞いているのに、涙がすぐに出て来ないのは、ほんとうにきまりが悪い。

❸慎みがなく、見苦しい。浅はかで、無作法だ。宇津保 平安－物語 俊蔭「さばかり乱れてはしたなかりつるに、こと人の酔(ゑ)ひさまには似ずかし」訳(酒宴は)たいそう乱れて見苦しかったのに、他の人々の酔ったようすにも似ず立派でしたよ。

❹そっけない。無愛想だ。源氏物語 平安－物語 宿木「心許さざらむ人のためには、はしたなくもてなし給(たま)ひつべくこそものし給ふめるを」訳心を許していないような人に対しては、そっけなく扱っておしまいになるようにしていらっしゃるようであるのを。

❺激しい。甚だしい。宇治拾遺 鎌倉－説話 一・三「雨風はしたなくて、帰るに及ばで、山の中に、心にもあらずとまりぬ」訳雨風が激しくて、帰ることができず、山の中に、思いがけなく泊まってしまった。

はしたな・む 他動詞マ下二 {め/め/む/むる/むれ/めよ} ❶きまりの悪い目にあわせる。困らせる。源氏物語 平安－物語 桐壺「こなたかなた心を合はせて、はしたなめ煩はせ給(たま)ふ時も多かり」訳こちらとあちらで心を一つに合わせて、(桐壺更衣(きりつぼのこうい)を)きまりの悪い目にあわせ悩ませなさるときも多い。❷きびしくとがめる。たしなめる。源氏物語 平安－物語 宿木「『あな物狂ほし』と、はしたなめさし放たむにも」訳「ああ正気を失っている」と、たしなめて突き放すようなことも。

＊**はした・なり**【端なり】形容動詞ナリ {なら/なり・に/なり/なる/なれ/なれ} どちらともつかない。中途半端だ。源氏物語 平安－物語 末摘花「娘にや孫にや、はしたなる大きさの女の」訳(老人の)娘であろうか、孫であろうか、どちらともつかない大きさの女が。

はした-め【端女・婢女】名詞 召使いの女。下女。「はした」「はしたもの」とも。

はした-もの【端者】名詞「はしため」に同じ。

はした-わらは【端童】(ハシタワラワ) 名詞 子供の召使い。

はし-ぢか【端近】名詞 建物の中で、外に近い所。寝殿造りでは廂(ひさし)の間をいうことが多い。

はし-ぢか・し【端近し】形容詞ク {(く)・から/く・かり/し/き・かる/けれ/かれ} 家の中で外に近い所である。枕草子 平安－随筆 雪のいと高うはあらで「はしぢかう、おなじ心なる人二、三人ばかり、火桶(ひをけ)を中に据ゑて」訳部屋の外に近い所で、気の合う女房二、三人ほどが、火鉢を中に置いて。◇「はしぢかう」はウ音便。

はし-ぢか・なり【端近なり】形容動詞ナリ {なら/なり・に/なり/なる/なれ/なれ} ❶(家の中で)外に近い場所にいるよう

す。枕草子 平安―随筆 五月の御精進のほど「廊めきて、はしぢかにあさはかなれど」訳（全体が）渡り廊下みたいで、外に近く奥深くない（貧弱な感じである）が。❷軽薄だ。あさはかだ。栄花物語 平安―物語 浅緑「御心おきて、有様など、いかでかく古体ならず今めかしう、さりとてはしぢかにやはおはします」訳お気配り、ごようすなど、どうしてこのように古風でなく当世風で、そうかといってあさはかでいらっしゃるだろうか（いや、いらっしゃらない）。

***はし-つ-かた**【端つ方】名詞 **端の方。**◆「つ」は「の」の意の古い格助詞。

***は-じとみ**【半蔀】名詞「蔀」の一種。上下二枚に分け、下半部は格子または鰭板などとして固定し、上半部は蔀にして外側へつり上げるようにしたもの。

参照▼口絵

（立て蔀）

（半蔀）

はじとみ-ぐるま【半蔀車】名詞 網代車の一種。物見の窓に「半蔀」を付けた牛車。上皇や摂政・関白・大臣・大将・高僧・女房などの乗用。参照▼口絵

はし-ばし【端端】名詞 ❶**（物事の）あちこちの端。ことの一端。**源氏物語 平安―物語 椎本「おぼさるらむはしばしをも、明らめ聞こえまほしくなむ」訳お思いになっているようなことの一端でも、晴れ晴れとさせ申し上げたいと（存じます）。❷**とるに足りないもの。つまらないもの。**

はし-ひめ【橋姫】名詞 橋を守る女神。特に、山城の国の宇治橋の神をさす。宇治に住む愛人をいうことが多い。古今 平安―歌集 恋四「今宵もや我を待つらむ宇治のはしひめ」訳今宵も私を待っているのだろうか。宇治の姫君は。参考 宇治の橋姫には古くから種々の伝説があり、謡曲の題材ともされた。今、京都府宇治市の宇治橋の西のたもとにある橋姫神社は、その霊を祭ると伝えられている。『源氏物語』の橋姫は、宇治の大君・中の君をさす。

はし-ぶね【端舟】名詞 **小舟。はしけ。**「はしふね」とも。枕草子 平安―随筆 日のいとうららかなるに「はしぶねとつけて、いみじう小さきに乗りて漕ぎありく」訳端舟と名づけて、たいそう小さいその舟に乗って漕ぎまわる。

はじ・む【始む】他動詞マ下二｛め／め／む／むる／むれ／めよ｝❶**始める。新しく事をおこす。**❷〔「…をはじめて」「…よりはじめて」などの形で〕**最初として。はじめとして。第一のものとして。**竹取物語 平安―物語 かぐや姫の昇天「親をはじめて、何事とも知らず」訳（かぐや姫の悩み事は）親をはじめとして、（だれにも）どんな事だともわからない。参考 ❷は、現代語の「…をはじめ（として）」と同じ用法。「はじめて」と「て」を伴うのは古い語法で、時代が下がると「て」が省略され、「はじめ」の形となる。今日、「…をはじめ」の「はじめ」は名詞とみなされる。

はじめ【始め・初め】名詞 ❶**起こり。始まり。**徒然 鎌倉―随筆 九一「ありと見るものも存ぜず、はじめある事も終はりなし」訳（すべてが流転し変化するこの世では）あると（思って）見るものも存在せず、始まりがある事柄も終わることがない。❷**最初。初め。**徒然 鎌倉―随筆 九二「のちの矢を頼みて、はじめの矢になほざりの心あり」訳あとの矢をあてにして、最初の矢（を射ること）にいいかげんな気持ちが生ずる。❸**（序列の）第一。主要のもの。**平家物語 鎌倉―物語 七・火打合戦「かの城郭にこもる勢、平泉寺の長吏斎明威儀師…佐美をはじめとして」訳あの（義仲の）城の中にこもっている軍勢は、平泉寺の威儀師（＝法会などの指揮をする役僧）斎明…佐美らを主要のものとして。❹**以前。前（に）。**▼副詞的に用いる。枕草子 平安―随筆 関白殿、二月二十一日に「はじめおりける人、物見えぬべき端に八人ばかりゐにけり」訳（車から）さきにおりた人（＝女房たち）が、見物できそうな端の所に、八人ほど出て座っていたのだった。❺**一部始終。事の次第。**一代男 江戸―物語 浮世・西鶴「様子を問へば、はじめを語る」訳ようすを尋ねると、一部始終を打ち明ける。

はじめ-たる【始めたる・初めたる】連体詞 なりたち 下二段動詞「はじむ」の連用形に完了の助動詞「たり」の連体形の付いたかたちが一語化したもの。
はじめての。栄花物語 平安―物語 つぼみ花「ことのほかにめでたければ、これをはじめたる例になりぬべし」訳特別おめでたいことなので、このこと（＝皇女にお守り刀を与えること）がはじめての例となるにちがいないだろう。

***はじめ-つ-かた**【初めつ方】名詞 **はじめのころ。**枕草子 平安―随筆 説経の講師は「はじめつかたは、かちありきする人はなかりき」訳はじめのころは、徒歩で外出する人はいなかった。◆「つ」は「の」の意の奈良時代以前の格助詞。

はじめ-て【初めて・始めて】副詞 ❶**最初に。はじめて。**枕草子 平安―随筆 宮にはじめてまゐりたるころ「宮にはじめて参りたるころ」訳中宮様の御殿にはじめてお仕えしたころ。❷**以前と変わって。**今昔物語 平安―説話 三一・三「互ひに契りて、遂にはじめて落ちぬ」訳（女と）互いに情を交わすようになり、ついに以前と変わって（女色におぼれる）破戒僧となった。❸**改めて。いまさら。**平家物語 鎌倉―物語 一〇・千手前「事新しうはじめて申すべきにあらず」訳言葉を改めていまさら申すべきことではない。

はじ-もみぢ【櫨紅葉・黄櫨紅葉】名詞 ❶紅葉したはぜの木の葉。季秋。❷襲の色目の一つ。表は蘇芳、裏は黄。秋に着用した。

はし-もり【橋守】名詞 **橋の番人。**

ば-しゃう【馬上】名詞 ❶**馬の上。**❷馬に乗ること。乗馬。❸**騎馬の武者。**◆「ばじゃう」とも。

ば-しゃく【馬借】名詞 馬を使って、物資を運んだり、馬方に馬を貸したりして賃料をとること。また、それを職業とする人。

は-じゅん【波旬】名詞 仏教語。釈迦の修行を妨げようとした、欲界第六天の魔王の名。

[1]**はしら**【柱】名詞 ❶直立させた細長い材。❷力にし頼りとする人や物事のたとえ。

-はしら[2]【柱】 [接尾語] 数詞に付いて、信仰・尊敬の対象である神仏、または高貴な人を数える。「三はしらの神」「十はしらの賢者」

はしら-か・す【走らかす】 [他動詞]サ四{さ/し/す/す/せ/せ} **走らせる。駆けつけさせる。** [徒然 鎌倉 随筆] 八七「男どもを数多はしらかしたれば」[訳]召使いたちを大勢駆けつけさせたところ。◆「かす」は接尾語。

はしら-もと【柱下・柱許】 [名詞] **柱のすぐそば。**

はしり【走り】 [名詞] ❶**走ること。** ❷(敵に向かって、高い所から)木を滑らせ転がすこと。また、その木。「走り木」とも。[太平記 室町 物語] 一四「橋げたを渡る者あらば、はしりをもちて押し落とすやうにぞ構へたる」[訳]橋げたを渡って来る者がいるならば、走り木を使って押し落とすように待ちかまえている。❸**台所の流し。** ❹魚・鳥・野菜・果物などの初物。

はしり-あり・く【走り歩く】 [自動詞]カ四{か/き/く/く/け/け} **走り回る。** [枕草子 平安 随筆] 日のいとうららかなるに「下衆どものいささかおそろしとも思はではしりありき」[訳]身分の低い者どもがまったく恐ろしいとも思わないで(舟の上を)走り回り。

はしり-か・く【走り書く】 [他動詞]カ四{か/き/く/く/け/け} (文字を)**すらすらと速く書く。走り書きする。** [徒然 鎌倉 随筆] 一「手など拙からずはしりかき」[訳]筆跡など見苦しくなくすらすらと速く書き。

はしり-で【走り出】 [名詞] 家から走り出たところ。家の門の近く。一説に山裾や堤などが続いているところ。「わしりで」とも。

はしり-び【走り火】 [名詞] ぱちぱちと飛びはねる火の粉。**はね火。**

はしり-ゆ【走り湯】 [名詞] 温泉。いでゆ。◆勢いよくわき出る湯の意。

はしり-ゐ【走り井】(ハシリイ) [名詞] 水が勢いよくわき出る泉。[枕草子 平安 随筆] 井は「はしりゐは逢坂なるがをかしきなり」[訳]勢いよくわき出る泉は逢坂の関にあるのが趣がある。

[参考]「逢坂の関」の西にわく走り井が有名で、古来名水とされ、物語・歌にもしばしば登場する。

はし・る【走る・奔る】 [自動詞]ラ四{ら/り/る/る/れ/れ}

❶**駆ける。走る。** [徒然 鎌倉 随筆] 五〇「皆北をさしてはしる」[訳]みんなが北に向かって走っていく。

❷**逃げる。** [冥途飛脚 江戸 浄瑠] 浄瑠・近松「その傾城つれて、はしられたといふて」[訳]その遊女を連れて逃げられたといって。

❸**はねる。とび散る。ほとばしる。** [今昔物語 平安 説話] 一四・一一「その火はしり経の二字に当たりて、その二字焼けにき」[訳]その火がとび散りお経の二文字に当たって、その二文字が焼けてしまった。

❹**胸が騒ぐ。** [蜻蛉 平安 日記] 中「例のごとぞあらむと思ふに、胸つぶつぶとはしるに」[訳]いつものとおりなのだろうと思うのだけれど、胸がどきどきと騒ぐのに。

はしる-はしる【走る走る】 [副詞] **胸をわくわくさせながら。** [更級 平安 日記] 物語「はしるはしるわづかに見つつ、心も得ず心もとなく思ふ源氏を」[訳]胸をわくわくさせながら(今まで)読みかじって、内容も理解できず、じれったく思っていた『源氏(物語)』を。

はし-ゐ【端居】(ハシイ) [名詞] (涼を求めて)縁先に出ていること。[季]夏。[蕪村句集 江戸 句集] 俳諧「はしゐして妻子を避くる暑さかな―蕪村」[訳](家の)縁先に出て妻子までも避けたくなる暑さだなあ。

は・す【馳す】

[一] [自動詞]サ下二{せ/せ/す/する/すれ/せよ} **走る。駆ける。** [平家物語 鎌倉 物語] 五・富士川「甲斐・信濃の源氏どもはせ来て一つになる」[訳]甲斐・信濃の源氏ども(みな)駆け集まって一つになる。

[二] [他動詞]サ下二{せ/せ/す/する/すれ/せよ} ❶**走らせる。駆けさせる。** [徒然 鎌倉 随筆] 一三八「今一度馬をはするものならば」[訳]もう一度馬を走らせるものならば。❷(心を)**向ける。** [方丈記 鎌倉 随筆]「他の俗塵にはすることをあはれむ」[訳]世間の人が世間のわずらわしさに(あくせくと)心を向けるのを気の毒に思う。

はず[1]『恥ず・羞ず』⇩はづ

はず[2]【筈・弭】 [名詞] ❶弓の両端の、弦を掛ける所。弓筈。[参照]▶口絵 ❷矢の上端の、弦を掛けるところ。矢筈。[参照]▶口絵 ❸**当然のこと。道理。** ▼筈と弦とはよく合うことから。

はずかし『恥ずかし』⇩はづかし

はず・す『外す』⇩はづす

はず・む『弾む』⇩はづむ

初瀬(はせ) [地名]「はつせ」に同じ。「長谷」とも書く。

芭蕉(ばせう) ⇩松尾芭蕉

芭蕉七部集(ばせうしちぶしふ) [書名] 俳諧集。佐久間柳居編。江戸時代中期(一七三二〜一七三三ころ)成立。十二冊。[内容]松尾芭蕉の俳諧を代表する『冬の日』『春の日』『曠野(阿羅野)』『ひさご』『猿蓑』『炭俵』『続猿蓑』の七部を一つに集めたもの。『俳諧七部集』ともいう。

ばせうのわきして… [俳句]「芭蕉野分して盥に雨を聞く夜かな」[武蔵曲 江戸 句集] 俳諧・芭蕉 [訳]野分が吹き荒れ、庭の芭蕉の葉を打つ雨風の音がしきりである。家の中ではたらいを打つ雨もりの音がわびしく響いて、秋の夜のわびしさがひとしお身にしみることだ。

[鑑賞]「茅舎の感」の前書きがある。深川の芭蕉庵での句。蘇東坡や杜甫などの詩句を踏まえてつくられた、全体に漢詩調の句である。季語は「野分」で、季は秋。

はせ-おく・る【馳せ後る】 [自動詞]ラ下二{れ/れ/る/るる/るれ/れよ} **馬で駆けつけるのが遅れる。** [平家物語 鎌倉 物語] 四・競「はせおくれてとどまったりけるを」[訳](主人のもとに)馬で駆けつけるのが遅れて後に残っていたところ。

はせ-さん・ず【馳せ参ず】 [自動詞]サ変{ぜ/じ/ず/ずる/ずれ/ぜよ} **馬を走らせて参上する。大急ぎで参上する。** [平家物語 鎌倉 物語] 九・河原合戦「まづこの御所守護のためにはせさんじて候ふ」[訳]まずこの御所守護のために馬を走らせて参上しました。

はせ-ちが・ふ【馳せ違ふ】(ハセチガウ―ハセチゴウ) [自動詞]ハ四{は/ひ/ふ/ふ/へ/へ} (馬や車に乗って)**たがいに駆けて行き違う。** [平家物語 鎌倉 物語] 九・坂落「馬のはせちがふ音はいかづちのごとし」[訳]馬がたがいに駆けて行き違う音は雷のようである。

長谷寺(はせでら) [寺社] 今の奈良県桜井市初瀬町にある寺。真言宗の寺。平安時代には、特に貴族の信仰を集めた。長谷観音。「はつせでら」とも。「初瀬寺」とも書く。

芭蕉を（はせを）ハセオ ⇩松尾芭蕉

[1]**はた【二十】** 名詞 **にじゅう。** 古今 平安―歌集 仮名序「すべて千歌はた巻、名づけて古今和歌集といふ」訳全部合わせて千首の歌、二十巻、名づけて『古今和歌集』という。

[2]**はた【端】** 名詞 ❶**へり。ふち。** 枕草子 平安―随筆 にくきもの「老いばみたる者こそ火桶のはたに足をさへもたげて」訳年寄りじみた者がきまって火鉢のふちに(手ばかりか)足まで持ちあげて。❷**わき。そば。ほとり。** 徒然 鎌倉―随筆 八九「小川のはたにて、音に聞きし猫また」訳小川(＝川の名)のほとりで、話に聞いていた猫またが。

[3]**はた【幡・旗】** 名詞 ❶仏教語。仏・菩薩の威徳を示すため、法会の際に用いる飾り。❷朝廷の儀式や軍陣で、飾りや標識として用いる旗。◆「ばん」とも。

[4]**はた【機・服】** 名詞 布を織る機械。また、機で織った布。

[5]**はた【鰭】** 名詞 **魚のひれ。**

[6]**はた【将】**

一 副詞 ❶〔並立〕…**もまた。やはり。さらにまた。** ▼二つの事柄の並立を表す。枕草子 平安―随筆 春はあけぼの「日入り果てて、風の音、虫の音など、はた言ふべきにあらず」訳日がすっかり沈んでしまって、(耳に聞こえてくる)風の音や虫の鳴き声など(の趣のあることは)、さらにまた言うまでもない。

❷〔対立〕**しかしながら、やはり。そうはいうものの。さりとて。** ▼二つの事柄の対立を表す。紫式部 平安―日記 消息文「かう読ませ給ひなどすること、はた、かのもの言ひの内侍は、え聞かざるべし」訳こうして(中宮様が私に漢籍を)お読ませになったりしていることまでは、そうはいうものの、あの口うるさい内侍は、まだ聞きつけていないだろう。

❸〔打消の語を下接して〕**言うまでもなく。おそらく。決して。** 今昔物語 平安―説話 二五・九「この浅き道、はたえ知られじ」訳この(水の深さの)浅い道は、おそらくお知りにならないだろう。

❹**もしかすると。ひょっとして。** 日本書紀 奈良―史書 崇峻「はた、敗らるること無からむや」訳もしかすると、うち負かされることはないだろうか。

❺**なんとまあ。それにしてもまあ。** 源氏物語 平安―物語 帚木「いで、あな悲し。かくはたおぼしなりにけるよ」訳まあ、ほんとうに悲しいこと。こんなにまでそれにしてもまあご決心なさってしまったことだね。

二 接続詞 **あるいは。それとも。** 奥の細道 江戸―紀行 福井「『いかに老いさらぼひてあるにや、はた死にけるにや』と人に尋ね侍れば」訳「(今では)どんなに老いぼれているのだろうか、あるいは死んだのだろうか」と人に尋ねますと。

文脈の研究　はた　言ふべきにあらず

「はた 一 ❶」の「日入り果てて、風の音、虫の音など、はた言ふべきにあらず。」の用例は、『枕草子』のとくによく知られた第一段(春はあけぼの)の「秋は夕暮れ」の条、

秋は夕暮れ。夕日のさして山の端いと近うなりたるに、烏の寝どころへ行くとて、三つ四つ、二つ三つなど、飛び急ぐさへあはれなり。まいて雁などの連ねたるが、いと小さく見ゆるは、いとをかし。

（傍注：山の端＝山の稜線が／近う＝近くなっ／なりたる＝てくる／あはれなり＝しみじみとした情趣である／まいて＝まして／をかし＝趣がある）

訳秋は夕暮れがよい。夕日がさして山の稜線にたいそう近くなってくるときに、烏がねぐらへ行くというので、三つ四つ、二つ三つなど飛び急いでいるのさえしみじみとした情趣を感じる。まして雁などの連ねているのがとても小さく見えるのは、たいそう趣がある。

に続く一文。

この条までの、烏や雁の姿をとらえた視覚的な記述に対して、先の一文は「夕暮れ」の表出枠を出て、風の音・虫の鳴き声など、日没後の聴覚的な叙述に移行している。参照▼文脈の研究 つきづきし。

はだ【肌・膚】 名詞 ❶**表皮。皮膚。** 物を覆う外側の皮。❷(表面の)きめ。❸**気質。気性。** ◇江戸時代の語。

はた-いふ-べき-に-あら-ず【はた言ふべきにあらず】ハタイウベキニアラズ 連語

なりたち 副詞「はた」＋動詞「いふ」の終止形＋適当・勧誘の助動詞「べし」の連体形＋断定の助動詞「なり」の連用形「に」＋ラ変補助動詞「あり」の未然形＋打消の助動詞「ず」

さらにまた言うまでもない。 枕草子 平安―随筆 春はあけぼの「風の音、虫の音など、はたいふべきにあらず」訳風の音や虫の鳴き声など(の趣があることは)、さらにまた言うまでもない。

はだえ〔肌・膚〕⇩はだへ

はた-おり【機織り】 名詞 ❶機で布を織ること。また、その工人。❷虫の名。**きりぎりす。** 季秋。

はた-かく・る【半隠る・端隠る】 自動詞 ラ下二｛れ／れ／る／るる／るれ／れよ｝**半分ほど隠れる。ちょっと隠れる。** 枕草子 平安―随筆 鳥は「卯の花、花橘などに宿りをしてはたかくれたるも、妬げなる心ばへなり」訳(ほととぎすが)卯の花や、橘の花などに一時的にとどまって半分ほど隠れているのも、ねたましいほど心ひかれる風情である。

はだか・る【開かる】 自動詞 ラ四｛ら／り／る／る／れ／れ｝❶**広がる。目や口などが大きく開く。** 落窪物語 平安―物語 三「むげに落窪の君の手なれば、目も口もはだかりぬ」訳まぎれもなく落窪の君の筆跡なので、目も口も大きく

開いてしまった。❷手や足を大きく広げて立つ。立ちはだかる。今昔物語 平安―説話 四・二七「清弁(しゃう)、その戸にはだかりて」訳清弁は、その出入り口に立ちはだかって。

はだ・く[1]【刷く】他動詞カ下二{け/け/く/くる/くれ/けよ}(髪などを)かき上げる。(馬の毛並みを)つくろう。今昔物語 平安―説話 二二・七「馬飼(うまかひ)を召し出(い)でて、はだけしめ給(たま)ふやうにて」訳(若君は)馬飼をお呼び寄せになって、馬の毛並みをつくろわせなさるようであって。

はだ・く[2]【開く】他動詞カ下二{け/け/く/くる/くれ/けよ}大きく広げる。太平記 室町―物語 一〇「大手(おほて)をはだけて追ひける間」訳両手を左右に大きく広げて追ったので。

はたけ-つ-もの【畑つ物】名詞 粟(あは)・稗(ひえ)・麦・豆など畑からとれる農作物。「はたつもの」とも。対穀(たなつもの)。◆「つ」は「の」の意の奈良時代以前の格助詞。

＊はた-ご【旅籠】名詞❶旅行のとき、馬の飼料を入れて持ち運ぶかご。また、食物や手回りの品を入れて持ち歩く旅行用のかご。今昔物語 平安―説話 二〇・四六「食物(じきもつ)は郡(こほり)に知られずして、はたごを具したり」訳食物は土地の者に用意させないで旅行用のかごに入れ持参した。❷「はたごや」に同じ。❸宿代。旅籠銭(はたごせん)。

はたご-うま【旅籠馬】名詞 旅行用の食物や手回り品を入れたかごを運ぶ馬。

はたご-ところ【旅籠所】名詞 旅行者が食事をとったり、休息をとったりするところ。「はたごどころ」とも。

はたご-や【旅籠屋】名詞 江戸時代、各宿駅にあって、食事付きで旅人を泊めた宿屋。「はたご」とも。

はた-さし【旗差し・旗指し】名詞 戦場で、馬に乗って、大将の旗を持つ武士。旗持ち。

はたし-と・ぐ【果たし遂ぐ】他動詞ガ下二{げ/げ/ぐ/ぐる/ぐれ/げよ}最後までやり抜く。やり遂げる。徒然 鎌倉―随筆 一五五「必ずはたしとげんと思はん事は、機嫌をいふべからず」訳必ず最後までやり抜こうと思うようなことは、時機(のよしあし)を言ってはならない。

はた・す【果たす】他動詞サ四{さ/し/す/す/せ/せ}❶成し遂げる。し終える。徒然 鎌倉―随筆 五二「年ごろ思ひつること、はたし侍(はべ)りぬ」訳長年思いつづけてきたことを成し遂げました。❷(神仏に掛けた願いがかなって)願(がん)ほどきのお礼参りをする。源氏物語 平安―物語 若菜上「願ひ満ち給(たま)はむ世に、住吉の御社(みやしろ)をはじめ、はたし申し給へ」訳(長年の)願いがかないなさったようなときには、住吉の御社をはじめとして、願ほどきのお礼参りをし申し上げなさい。❸しとめる。殺す。千切木 室町―狂言 狂言「この上は、生きがひはあるまい程に、急いで行(い)ってはたさしめ」訳この上は、生きていても仕方がないだろうから、早く行って(彼らを)殺しなさい。

はた-すすき【旗薄】名詞 長く伸びた穂が風に吹かれて旗のようになびいているすすき。季秋。

はだ-すすき【はだ薄】名詞❶語義未詳。「はたすすき」の変化した語とも、「膚薄(はだすすき)」で、穂の出る前の皮をかぶった状態のすすきともいう。❷枕詞 すすきの穂の意から「穂」「末(うれ)(=穂の先)」「うら」にかかる。万葉集 奈良―歌集 三五六五「かの児(こ)ろと寝ずやなりなむはだすすき宇良野(うらの)の山に月(つく)片寄るも」訳あの子と寝ずに終わるのか。宇良野の山に月は傾いたことよ。

はた-そで【端袖・鰭袖】名詞 袍(はう)・直衣(なほし)・直垂(ひたたれ)などで、袖を広くするために袖口の部分にさらに半幅(はん)の(約一五センチメートル)つけたした袖。

はたた-がみ【霹靂神】名詞 激しく鳴りとどろく雷。◆「はたた」は激しい音の擬音語。

はたた・く【霹靂く・霆く】自動詞カ四{か/き/く/く/け/け}擬声語の「はたた」が動詞化した語。(雷が)激しく鳴り響く。竹取物語 平安―物語 貴公子たちの求婚「六月(みなづき)の照りはたたくにも障(さは)らず来たり」訳六月の日光が照りつけ雷が激しく鳴り響くのにも妨げられないでやって来た。

はた-ち【二十】名詞❶にじゅう。伊勢物語 平安―物語 九「その山は、ここにたとへば、比叡(ひえ)の山をはたちばかり重ね上げたらむ程して」訳その山(=富士山)は、京の都を例にとると、比叡山(ひえいざん)を二十くらい積み上げたような程度(の高さ)で。❷二十歳。◆「ち」は接尾語。

はだ-つき【肌付き・膚付き】名詞❶肌のようす。❷肌着。下着。

はた-つ-もの【畑つ物】名詞「はたけつもの」に同じ。

はたて【果たて・極】名詞 果て。限り。古今 平安―歌集 恋一「夕暮れは雲のはたてに物ぞ思ふ天(あま)つ空なる人を恋ふとて」訳⇩ゆふぐれは…。

はた-と 副詞❶ぱしっと。どんと。▼ものとものとがぶつかり合う音の形容。また、勢いよく打ったり切ったりなどする音の形容。平家物語 鎌倉―物語 四・鵼「手ごたへしてはたとあたる」訳(矢が)命中したという感じがしてぱしっと当たる。❷きっと。▼目を据えてにらみつけるさま。平家物語 鎌倉―物語 九・越中前司最期「馳(は)せ来る敵(かたき)をはたとまもって」訳駆け寄ってくる敵をきっとにらみつけて。❸急に。突然。ぐっと。徒然 鎌倉―随筆 一三五「大納言入道、はたと詰まりて」訳大納言入道はぐっと言葉につかえて。❹まったく。すっかり。風姿花伝 室町―論 一「易(やす)かりし時分の移りに、手だてはたと変はりぬれば」訳(能が)やすやすとやれた時期に比べて、手段がすっかり変わってしまったので。❺ぴっしりと。しっかりと。平家物語 鎌倉―物語 五・富士川「およそ八日九日の道にはたと続いて」訳約八日か九日かかる道筋にびっしりと続いて。◆「はったと」とも。

はた-の-さもの【鰭の狭物】連語 ひれのせまい魚。小さい魚。対鰭の広物(ひろもの)。

はた-の-ひろもの【鰭の広物】連語 ひれの広い魚。大きい魚。対鰭の狭物(さもの)。

はた-はた-と 副詞 物の当たる音などが連続して起こるさま。また、その音。宇治拾遺 鎌倉―説話 二・八「暁方(あかつきがた)に戸をはたはたと叩(たた)けるに」訳明け方に戸をはたはたと叩く音がするので。

はだへ【肌・膚】(ハダエ) 名詞 皮膚。はだ。

はた-ほこ【幢・幡幢・宝幢】名詞 先端に小旗をつけた矛(ほこ)。朝儀や法会(ほうえ)などに飾り物として使用された。「はたぼこ」とも。

はた-また【将又】副詞 それともまた。方丈記 鎌倉―随筆「もしこれ、貧賤(ひんせん)の報いのみづから悩ますか、はたまた、妄心(まうしん)のいたりて狂せるか」訳もしやこれは、貧賤の報いが自分を悩ませているのか、それともまた、迷いの心が極限に達して私を狂わせているのか。
参考 漢文訓読語で、二つの疑問文の間に用いて、その二つのうちの一つを追究する意を表す。鎌倉時代以降の和漢混交文などによく用いられる。

はた-もと【旗本】 名詞 ❶戦場で大将のいる陣。本陣。❷本陣を守る大将直属の家臣。❸江戸時代、将軍直属の家臣のうち、禄高一万石未満で、将軍にお目通りを許された者。

はた-もの【機物】 名詞 ❶**はた。布を織る道具。**❷**織物。布地。**❸磔に用いる木材。また、磔にすること。◇「幡物」とも書く。もと❶を利用したことから。

はた-や【将や】 副詞 なりたち 副詞「はた」に疑問の係助詞「や」の付いたかたちが一語化したもの。

もしかしたら。ひょっとして。▼疑い・危惧の念を強く表す。万葉集 奈良―歌集 七四「はたや今夜もわが独り寝む」訳もしかしたら(恋人にも会えずに)今夜も私は独り寝をするのだろうか。

はた-や-はた【将や将】 連語 **ひょっとして。もしや万一。**万葉集 奈良―歌集 三八五四「痩す痩すも生けらばあらむをはたやはた鰻を取ると川に流るな」訳痩せながらでも生きていれば、それでよかろうに、もしや万一(夏痩せ防止に)うなぎを取ろうなどとして川で流されたりしないでください。◆副詞「はたや」に副詞「はた」を続け、さらに強調する語。

はたらか・す【働かす】 他動詞サ四 {さ/し/す/す/せ/せ} **動かす。活動させる。**枕草子 平安―随筆 蟻通の明神「二つをならべて、…尾はたらかさむを女と知れ」訳二匹(の蛇)を並べて、…尾を動かすならばそれを雌と知りなさい。

はたらき【働き】 名詞 ❶**活動。労働。活躍。**❷**機能。効果。**

***はたら・く【働く】** 自動詞カ四 {か/き/く/く/け/け} ❶**動く。身動きする。**平家物語 鎌倉―物語 九・木曾最期「打てども打てどもはたらかず」訳(むちで)打っても打っても(馬は)動かない。❷**仕事をする。労働をする。**方丈記 鎌倉―随筆「常に歩き、常にはたらくは、養性なるべし」訳いつも歩き、いつも働くことは、健康を保つのによいことに違いない。❸**役目を果たす。役立つ。**役立つように機能する。一代女 江戸―物語 浮世・西鶴「その銀はたらかずして」訳その財産が役目を果たさずに。

***はだら・なり【斑なり】** 形容動詞ナリ {なら/なり・に/なり/なる/なれ/なれ} 「はだれなり」に同じ。万葉集 奈良―歌集 二三一八「庭もはだらにみ雪降りたり」訳庭にうっすらと雪が降り積もっている。

はだら-ゆき【斑雪】 名詞「はだれゆき」に同じ。

はた・る【徴る】 他動詞ラ四 {ら/り/る/る/れ/れ} **責めたてる。催促する。**今昔物語 平安―説話 三一・九「安永その宮の封戸をはたらむがために上野の国に行きにけり」訳安永はその親王の封戸の税を催促するために上野の国(群馬県)に行ってしまった。

はだれ【斑】 名詞「斑雪」の略。万葉集 奈良―歌集 四一四〇「わが園の李の花か庭に降るはだれのいまだ残りたるかも」訳⇩わがそのの…。

はだれ-しも【斑霜】 名詞 **薄くまだらにおりた霜。**

***はだれ・なり【斑なり】** 形容動詞ナリ {なら/なり・に/なり/なる/なれ/なれ} (雪が降るさまが)**まばらだ。まだらだ。**(雪や霜などのおりたさまが)**薄い。**「はだらなり」とも。万葉集 奈良―歌集 一四二〇「沫雪かはだれに降ると見るまでに」訳あわのような雪がまばらにはらはらと降るのかと見えるほどに。

はだれ-ゆき【斑雪】 名詞 はらはらとまばらに降る雪。また、薄くまだらに降り積もった雪。「はだれ」「はだらゆき」とも。

はた-を-ま・く【旗を巻く】 連語 上げていた旗を巻いて片づける。転じて、戦いに負ける。降参する。平家物語 鎌倉―物語 九・木曾最期「わづかに五十騎ばかりにうちなされ、はたをばまかせて」訳わずか五十騎ほどに討たれて、旗を巻いて片付けさせて。

はち【鉢】 名詞 ❶仏教語。僧や尼が施し物を受けるのに用いる、鉄または陶製の器。転じて、「托鉢」。また、托鉢で得る施し物。❷食器の一つ。皿よりは深く、椀よりは浅い。❸**植木鉢。**❹**頭蓋骨。**❺兜の、頭頂部を覆う部分。鉄・革などで作る。参照▼口絵

はぢ[1]【恥・辱】 名詞 ❶**不名誉。不面目。**❷**恥を知ること。名誉を重んずること。**平家物語 鎌倉―物語 五・奈良炎上「はぢをも思ひ、名をも惜しむ程の者は」訳恥を知ることを思い、名をも惜しむくらいの者は。

はぢ[2]【恥ぢ】 動詞「はづ」の未然形・連用形。

ばち【撥】 名詞 琵琶や三味線などを弾き鳴らすための、いちょうの葉のような形をしたもの。また、太鼓などを打つための棒状のもの。

はちえふ-の-くるま【八葉の車】 連語「網代車」の一種。車の箱の外装に、青地に黄色で八弁の蓮の花(=八葉)の紋様を散らした牛車。摂関・大臣から地下(=六位以下の役人)に至るまで広く用いられた。参照▼口絵

はぢ-かかや・く【恥ぢ赫く】 自動詞カ四 {か/き/く/く/け/け} **恥ずかしがって、顔を赤くする。赤面する。**源氏物語 平安―物語 夕顔「なかなかはぢかかやかむよりは罪ゆるされてぞ見えける」訳(女は)かえって、恥ずかしがって、顔を赤くするのよりは、罪がないように見えた。

はぢ-かく・る【恥ぢ隠る】 自動詞ラ下二 {れ/れ/る/るる/るれ/れよ} **恥ずかしがって隠れる。**枕草子 平安―随筆 おひさきなく「いつかはそれをはぢかくれたりし」訳(宮仕えの女房が)いったいいつそれ(=下賤の者)を恥ずかしがって隠れていただろうか。参考 動詞「恥づ」の連用形と「隠る」の複合動詞。

はぢ-かは・す【恥ぢ交はす】 自動詞サ四 {さ/し/す/す/せ/せ} **互いに恥ずかしがる。互いに気がねする。**伊勢物語 平安―物語 二三「大人になりにければ、男も女もはぢかはしてありけれど」訳一人前の大人になってしまったので、男も女も互いに恥ずかしがっていたけれども。

***はぢ-がま・し【恥ぢがまし】** 形容詞シク {(しく)・しから/しく・しかり/し/しき・しかる/しけれ/しかれ} **外聞が悪い。恥ずかしい。**徒然草 鎌倉―随筆 一七五「はぢがましく、心憂き事のみありて」訳(酒に酔うと)外聞も悪く、情けないことばかりあって。◆「がまし」は接尾語。

はち-ぎゃく【八虐・八逆】 名詞 大宝令の律の規定で、最も重いとされた八種の罪。謀反・謀大逆・謀叛・悪逆・不道・大不敬・不孝・不義。

***はぢ-し・む【恥ぢしむ】** 他動詞マ下二 {め/め/む/むる/むれ/めよ} **恥をかかせる。辱める。**源氏物語 平安―物語 真木柱「『ほけたり、ひがひがし』とのたまひはぢしむるは」訳「ぼけている、ひねくれている」とおっしゃって恥をかかせるのは。

はぢ-しら・ふ【恥ぢしらふ】 自動詞ハ四 {は/ひ/ふ/ふ/へ/へ} **恥ずかしそうにする。はにかむ。**今昔物語 平

安一説話 一六・二二「女すべてものを言はねば、しばしははぢしらひたるかと思ふに」訳女がまったくものを言わないので、(男は)しばらくははにかんでいるのかと思っていると。

はちす【蓮】 名詞 ❶植物の名。「はす」の別名。▼実が蜂の巣に似るところから。❷「れんだい(蓮台)」に同じ。

***はちす-の-うてな【蓮の台】** 連語 仏教語。「れんだい(蓮台)」に同じ。「はちす」とも。今昔物語 平安一説話 六・一八「その光の中に、はちすのうてなに乗れる人二十余人あり」訳空中の光の中に、蓮華の台座に乗っている人が二十余人いた。◆「蓮台」を訓読した語。

はちす-の-うへ【蓮の上】(ハチスノウエ) 連語 仏教語。はすの花の上。極楽浄土をたとえていう。源氏物語 平安一物語 橋姫「心ばかりは、はちすのうへに思ひのぼり」訳心だけは、極楽浄土に思いをはせ。

はちす-ば【蓮葉】 名詞 歌語。はすの葉。季夏。古今 平安一歌集 夏「はちすばの濁りに染まぬ心もてなにかは露を玉と欺く」訳⇨はちすばの…。

はちすばの… 和歌「蓮葉の 濁りに染まぬ 心も て なにかは露を 玉と欺く」〔古今 平安一歌集 夏・遍昭〕訳はすの葉は、周りの泥水の濁りに染まらない清らかな心を持っているのに、どうしてその上に置く露を玉と見せかけてだますのか。鑑賞 仏教では清浄な心を持っているはずの蓮が人を欺くという、機知的な趣向に妙味がある歌。「欺く」は係助詞「か」の結びで、動詞「欺く」の連体形。

八代集 文芸 八代の天皇の勅撰和歌集の意。平安時代から鎌倉時代初期にかけて編纂された、八つの勅撰和歌集。『古今和歌集』『後撰和歌集』『拾遺和歌集』『後拾遺和歌集』『金葉和歌集』『詞花和歌集』『千載和歌集』『新古今和歌集』のこと。初めの三集『古今和歌集』『後撰和歌集』『拾遺和歌集』は「三代集」という。⇨三代集・二十一代集

はちだい-ぢごく【八大地獄】(ハチダイジゴク) 名詞 仏教語。亡者を熱火で苦しめるという八種の地獄の総称。等活・黒縄・衆合・叫喚・大叫喚・焦熱・大焦熱・無間(阿鼻とも)。八熱地獄。

はちだい-りゅうじん【八大竜神】 名詞「はちだいりゅうわう」に同じ。

はちだい-りゅうわう【八大竜王】(ハチダイリュウオウ) 名詞 仏教語。『法華経』に現れる、雨をつかさどるという八体の竜王。難陀・跋難陀・沙加羅・和修吉・徳叉伽・阿那婆達多・摩那斯・優鉢羅。八大竜神。

はち-たたき【鉢叩き】 名詞 陰暦十一月十三日の空也忌(=空也上人の命日)より四十八日間、空也僧(=空也念仏をして歩く僧)が、鉄鉢やひょうたんをたたき、鉦を鳴らし、念仏を唱えながら托鉢をしたこと。また、その人々。季冬。

(鉢叩き)

はぢ-な-し【恥無し・辱無し】(ハジナシ) 形容詞ク (く・から/く・かり/し/き・かる/けれ/かれ) ❶(人前へ出ても)恥ずかしくない。見劣りしない。源氏物語 平安一物語 絵合「今の浅はかなるも、昔の跡にはぢなく」訳近ごろの軽薄な絵でも、古人の名画に(比べて)見劣りせず。❷恥ずかしがらない。厚かましい。源氏物語 平安一物語 少女「うち合はずかたくなしき姿などをもはぢなく」訳(借着が)身に合わず、見苦しい姿であることなども恥ずかしがらず。

はち-なん【八難】 名詞 ❶仏教語。仏を見たり、仏法を聞くことを妨げる八つの障害。地獄・畜生・餓鬼の三悪道ほか。❷飢・渇・寒・暑・水・火・刀・兵の八つの災難。また、多くの苦難。❸多くの欠点。

はち-の-こ【鉢の子】 名詞 托鉢僧が施し物を受けるために持つ鉢。

はち-ぶ-く【蜂吹く】 自動詞カ四 (か/き/く/く/け/け) 不快・嫌悪の表情をする。ふくれ面で文句を言う。源氏物語 平安一物語 若菜下「『何しに参りつらむ』と、はちぶく」訳「(私は)何のために参ったのだろう」と、ふくれ面で文句を言う。

はち-ぼく【八木】 名詞 米の別名。◆「米」の字を分解すると、「八」と「木」になることから。

はちまん【八幡】 一 名詞 応神天皇を主祭神とする神社。また、その祭神。大分県の宇佐八幡、京都の石清水八幡など、全国に社がある。源氏が氏神として以来、広く武士に信仰された。八幡宮。八幡神。「やはた」とも。二 副詞 ❶ほんとうに。まったく。一代男 江戸一物語 浮世・西鶴「はちまん、気に入り申し候ふ」訳ほんとうに、(この硯箱は)気に入り申しております。❷(打消の語を伴って)決して。断じて。鑓権三 江戸一浄瑠 浄瑠・近松「はちまん我らも心底変はらぬ」訳断じて、われわれも心のうちは変わらない。◆八幡の神に誓っての意から。

はちまん-だいぼさつ【八幡大菩薩】 名詞 本地垂迹説の立場から、八幡神を仏が姿を変えたものとしてつけた称号。

はぢら-ふ【恥ぢらふ】(ハジラウ) 自動詞ハ四 (は/ひ/ふ/ふ/へ/へ) 恥ずかしがる。はにかむ。源氏物語 平安一物語 末摘花「いたうはぢらひて口覆ひし給へる」訳たいそう恥ずかしがって(両袖で)口もとをお隠しになっている。

はぢ-を-きよ-む【恥を雪む】(ハジヲキヨム) 連語〔多く「会稽のはぢをきよむ」の形で〕不名誉を挽回する。恥をぬぐいさる。恥をすすぐ。平家物語 鎌倉一物語 一・清水寺炎上「御葬送の夜の会稽のはぢをきよめんがためとぞ聞こえし」訳(天皇の)御葬送の夜に受けた恥をぬぐいさろうとするためであるとうわさされた。参考 中国の古典『史記』にある、越王勾践が会稽山の戦いで呉王夫差に捕らえられたが、のちに夫差を破り、その時の恥をすすいだという故事による。

はぢ-を-す-つ【恥を捨つ・辱を捨つ】(ハジヲスツ) 連語 恥を恥とも思わない。恥を気にしない。厚かましい。竹取物語 平安一物語 仏の御石の鉢「面なき事をば、はちをすつとは言ひける」訳厚かましいことを、(鉢と恥とを掛け)恥を捨てると言ったのである。

はぢ-を-み-す【恥を見す・辱を見す】(ハジヲミス) 連語 恥をかかせる。竹取物語 平安一物語 かぐや姫の昇

天「ここらの公人(おほやけびと)に見せて、**はぢをみせむ**」訳たくさんの役人に見せて、**恥をかかせて**やろう。

はぢ-を-・みる【恥を見る】(ハジヲミル) 連語 **恥ずかしい目をみる。恥をかく。** 宇津保 平安―物語 国譲下「『かかる**はじをみること**』と思(おぼ)し嘆きて」訳「こうした**恥をかく**ことよ」と思い嘆きなさって。

は・つ[1]【泊つ】自動詞 タ下二{て/て/つ/つる/つれ/てよ} **停泊する。**船が港に着いてとまる。万葉集 奈良―歌集 一〇六七「神代(かみよ)より千船(ちふね)の**はつる**大和田の浜」訳神代から多くの船が**停泊する**大和田の浜であるよ。

は・つ[2]【果つ】自動詞

一 自動詞 タ下二{て/て/つ/つる/つれ/てよ} ❶**終わる。終了する。** 徒然 鎌倉―随筆 一五五「春暮れてのち夏になり、夏**はて**て、秋の来るにはあらず」訳春が暮れたあと夏になり、夏が**終わっ**てから、秋が来るのではない。

❷**死ぬ。息を引き取る。** 源氏物語 平安―物語 薄雲「ともし火などの消え入るやうにて**はて**給(たま)ひぬれば」訳灯火などが消えてなくなるように**息をお引き取りになった**ので。

二 補助動詞 タ下二{て/て/つ/つる/つれ/てよ}〔動詞の連用形に付いて〕**すっかり…してしまう。…し終わる。完全に…になる。** 枕草子 平安―随筆 春はあけぼの「日入り**はて**て、風の音(おと)、虫の音(ね)など、はた言ふべきにあらず」訳日が**すっかり沈んでしまって**、(耳に聞こえてくる)風の音や虫の鳴き声など(の趣のあることは)、さらにまた言うまでもない。

はつ-[3]【初】接頭語〔名詞または動詞の連用形に付いて〕**最初の。新しい。**「**はつ**雪」「**はつ**午(うま)」「**はつ**音(ね)」

は・づ【恥づ・羞づ】(ハズ) 自動詞 ダ上二{ぢ/ぢ/づ/づる/づれ/ぢよ}

❶**恥じる。恥ずかしく思う。** 徒然 鎌倉―随筆 一五〇「そしり笑はるるにも**はぢ**ず」訳けなされ笑われることも**恥ずかしく思わ**ないで。

❷**気がねする。遠慮する。** 土佐日記 平安―日記 一二・二三「心あるものは**はぢ**ずになん来ける」訳真心のある人は(まわりに)**気がねし**ないで(見送りに)やってきたのである。

❸〔打消の語を下接して〕**劣る。ひけをとる。** 奥の細道 江戸―紀行 松島「松島は扶桑(ふさう)第一の好風にして、およそ洞庭(どうてい)・西湖(せいこ)を**はぢ**ず」訳松島は日本第一(の名勝地)のよい景色であって、少しも(中国の名勝地)洞庭湖や西湖に**劣ら**ない。

はつ-うま【初午】名詞 陰暦二月の最初の午の日(正確には立春後の最初の午の日)。各地の稲荷(いなり)社で祭事が行われる。季春。

はっ-かう[1]【八講】(ハッコウ) 名詞 仏教語。「ほっけはっかう」に同じ。「はかう」とも。

はっ-かう[2]【発向】(ハッコウ) 名詞／―す 自動詞 サ変 ❶目的地に向かって出発すること。特に、軍を出動させること。平家物語 鎌倉―物語 七・清水冠者「その勢十万余騎で、信濃国(しなののくに)へ**はっかうす**」訳その軍勢は十万余騎で、信濃の国(長野県)へ**向かって出動する**。❷はやること。流行すること。

はづか・し【恥づかし】(ハズカシ) 形容詞 シク{(しく)・しから/しく・しかり/し/しき・しかる/しけれ/しかれ}

語義の扉

動詞「はづ(恥づ)」を形容詞化した語で、他との比較認識の上に、気おくれし、ひけめを感じる、それほどに相手が立派ですぐれている、などの意味で用いられる。

- ❶ ㊀**気おくれする。気が引ける。気恥ずかしい。**
- ❷ ㊉**こちらが気恥ずかしくなるほどりっぱだ。すぐれている。**
- ❸ ㊀**きまりが悪い。気づまりで遠慮される。**

❶**気おくれする。気が引ける。気恥ずかしい。**▼自分の気持ちを表す。源氏物語 平安―物語 桐壺「女君はすこし過ぐし給へるほどに、いと若うおはすれば、似げなく**はづかし**とおぼいたり」訳女君(葵の上)は少し年長でいらっしゃるのに、(光源氏が)たいそう若くていらっ

類語と使い分け⑯

「はずかしい」意味を表す言葉

現代語の「はずかしい」は、面目ないようすや、遠慮し気おくれするようすを表しているが、いずれにしても自分の気持ちについていう言葉である。ところが古語の「はづかし」には、相手の状態についていう場合があるので注意したい。この「はづかし」と同じ様な意味を表す言葉に、「まばゆし」がある。

「はずかしい」意味を表す言葉には、ほかに「おもなし」「かたじけなし」「かたはらいたし」「かはゆし」「やさし」などがある。

はづかし…「はずかしい」の意味のほかに、(自分がはずかしくなるほど相手が)すぐれている、りっぱだの意味がある。

まばゆし…「強い光に照らされてまぶしい」が原義であり、そこから、相手が(まぶしいほどりっぱだ、(そうした相手に対して)きまりが悪くて顔をそむけたくなる、はずかしいの意味を表す。

おもなし…「面無し」で、合わせる顔がない、面目ない、はずかしいの意味を表す。

かはゆし…はずかしさで顔がほてる感じを表す。また、相手に対して、気の毒だ、見るにしのびないの意味もある。

やさし…「や(痩)す」の形容詞化した言葉で、身も細るほどで、消え入りたいという思いを込めて、はずかしい、面目ないという意味を持つ。

かたはらいたし…傍らにいる人がつらく感じるようすを表すのが原義で、(そばにいる人のことが強く意識されて)はずかしいの意味を表す。

しゃるので、似つかわしくなく気おくれするとお思いになっている。❷こちらが気恥ずかしくなるほどりっぱだ。すぐれている。［枕草子 平安―随筆］うれしきもの「はづかしき人の、歌の本末問ひたるに、ふとおぼえたる、我ながらうれし」［訳］こちらが気恥ずかしくなるほどりっぱな方が、歌の上の句と下の句をたずねたときに、さっと思い出したのは、我ながらうれしい。❸きまりが悪い。気づまりで遠慮される。［徒然 鎌倉―随筆］五六「隔てなく慣れぬる人も、ほど経て見るは、はづかしからぬかは」［訳］うちとけて慣れ親しんだ人も、しばらくぶりで会うときには、気づまりでないか、いや気づまりだ。

［関連語］はづ／はづかしげ／はづかしげなし／はづかしむ。

はづかしげ-な・し【恥づかしげ無し】［形容詞］ク〔(く)・から／く・かり／し／き・かる／けれ／かれ〕恥ずかしそうなところがない。遠慮するところがない。［源氏物語 平安―物語］総角「宮などのはづかしげなく聞こえ給ふめるを」［訳］宮(＝匂宮)などが遠慮するところもなく(手紙で大君を)口説き申し上げなさっているようであるが。

は*づかし-げ・なり【恥づかしげなり】［形容動詞］ナリ〔なら／なり・に／なり／なる／なれ／なれ〕❶恥ずかしそうだ。［源氏物語 平安―物語］葵「いと、わづらはしくはづかしげなる御まみを」［訳］たいそう気づかいされて、恥ずかしそうなお目つきを。❷(こちらが恥ずかしいと思うほど)りっぱだ。すぐれている。［枕草子 平安―随筆］関白殿、二月二十一日に「はづかしげに清げなる御さまどもして、うち笑みて見給ふも」［訳］(中宮は)、りっぱで美しいごようすでもって、ほほ笑んでご覧になっているのも。◆「げ」は接尾語。

はづかし・む【辱しむ】［他動詞］マ下二〔め／め／む／むる／むれ／めよ〕恥ずかしい思いをさせる。恥をかかせる。［徒然 鎌倉―随筆］一三四「貪る心にひかれて、みづから身をはづかしむるなり」［訳］欲望にひかれて、自分で自分に恥をかかせるのである。◆「む」は接尾語。

はつか-しゃうぐゎつ【二十日正月】［名詞］陰暦正月二十日のこと。正月の祝い納めとして仕事を休み、料理や団子などを食べて祝った。団子正月。［季］春。

はつ-かぜ【初風】［名詞］その季節のおとずれを告げる風。特に、初秋の微風にいう。［季］秋。［源氏物語 平安―物語］篝火「はつかぜ涼しく吹き出でて」［訳］初秋の微風が涼しく吹き始めて。

はつ-がつを【初鰹】［名詞］初夏のころ一番早くとれたはしりのかつお。江戸では特に珍重された。［素堂家集 江戸―句集］俳諧「目には青葉山ほととぎすはつがつを―素堂」［訳］⇩めにはあをば…。

はつ-か・なり【僅かなり】［形容動詞］ナリ〔なら／なり・に／なり／なる／なれ／なれ〕❶かすかだ。ほのかだ。［古今 平安―歌集］恋一「春日野の雪間を分けて生ひ出でくる草のはつかに見えし君はも」［訳］⇩かすがののゆきまをわけて…。❷(時間が)ほんのわずかだ。ちょっとだ。［源氏物語 平安―物語］若菜下「今宵の遊びは、長くはあらではつかなるほどにと思ひつるを」［訳］今晩の管弦の遊びは、長く続けないで、ほんのわずかな時間で(やめよう)と思っていたのに。

［参考］類義語「わづかなり」は分量の少なさを意味する語だが、鎌倉時代から混同が生じ、「はつかなり」が消滅した。⇩わづかなり［参考］

はつ-かり【初雁】［名詞］歌語。秋になって、北から初めて渡って来る雁。［季］秋。［源氏物語 平安―物語］須磨「はつかりは恋しき人のつらなれや」［訳］⇩はつかりは…。

はつ-かりがね【初雁が音】［名詞］歌語。初雁の鳴き声。また、初雁。［季］秋。［古今 平安―歌集］秋上「秋風にはつかりがねぞ聞こゆなる」［訳］秋風に乗って初雁の鳴き声が聞こえてくるよ。

はつかりは…［和歌］「初雁は　恋しき人の　つらなれや　旅の空飛ぶ　声の悲しき」［源氏物語 平安―物語］須磨［訳］初雁は都にいる恋しい人の仲間なのだろうか。旅の空を飛ぶ声が、せつなく悲しいよ。

［鑑賞］政治情勢が不利になり、退去した須磨で秋を迎えた源氏が、沖をゆく舟を見たり、初雁の鳴き声を聞いたりして感傷的になり、都の恋しい人々を思いやって詠んだ歌。「つら」は仲間・列を表し、雁の縁語。

は*-づき【八月・葉月】［名詞］陰暦八月の別名。「はつき」とも。［季］秋。

はづき・じふごや【八月十五夜】［名詞］陰暦八月十五日の夜。⇩「じふごや❷」。

はっ-く【八苦】［名詞］仏教語。人間がその生涯に受ける八種の苦しみ。生・老・病・死の「四苦」に、愛別離苦(＝愛する者と別れる苦しみ)・怨憎会苦(＝怨み憎む者と出会う苦しみ)・求不得苦(＝求めても得られない苦しみ)・五陰盛苦(＝心身の受けるあらゆる苦しみ)を加えたもの。

はつ-くさ【初草】［名詞］歌語。❶春の初めにもえ出る草。若草。［季］春。❷幼い子などをたとえていう語。［源氏物語 平安―物語］若紫「はつくさの生ひゆく末も知らぬ間に」［訳］⇩はつくさの…。

はつくさの…［和歌］「初草の　生ひゆく末も　知らぬ間に　いかでか露の　消えむとすらむ」［源氏物語 平安―物語］若紫［訳］萌えだしたばかりの初草が、成長してゆく末も知らないうちに、どうして露が消えようとするのでしょうか。

［鑑賞］「初草」は紫の上、「露」は祖母の尼君を指す。自分の死後、残された孫娘の身を案じて尼君が、「生ひたたむありかも知らぬ若草をおくらす露ぞ消えむ空なき」〈⇩おひたたむ…。〉と詠んだのに対し、その場にいた女房が詠んだ歌。気の弱いことをおっしゃらずに、長生きをしてほしいと、力づけている。

はつ-くに【初国・肇国】［名詞］初めに作った国。初めて統治した国。

はつくに-しらす-すめらみこと【初国知らす天皇・肇国知らす天皇】［連語］初代神武天皇、または十代崇神天皇の尊敬語。◆初めて国を統治した天皇の意から。

はっ-くわう【八荒】［名詞］国の八方の果ての地。国のすみずみ。天下。［奥の細道 江戸―紀行］日光「恩沢はっくゎうにあふれ」［訳］(東照神宮の)お恵みは国のすみずみまで行き渡って。◆「荒」は果ての意。

はつこひや…［俳句］「初恋や　灯籠に寄する　顔と顔」［太祇句選 江戸―句集］俳諧・炭太祇［訳］初恋であろう、少年と少女が恥ずかしそうに灯籠の陰に顔と顔を寄せ合っている。

鑑賞 初恋の男女の、恥じらいを含んだ初々しい姿をとらえた句。これは数少ない俳句における恋の名作の一つ。季語は「灯籠」で、季は秋。

はつ-こゑ【初声】(ハツコエ) 名詞「はつね」に同じ。

はつ-さい【八災】(ハッサイ) 名詞 仏教語。「八災患(はっさいげん)」の略。仏道修行の妨げとなる八種の災い。憂・喜・苦・楽・尋(じん)・伺(し)・出息・入息をさす。「はちさい」とも。

はっ-さく【八朔】名詞 陰暦八月一日。また、この日に行われる行事。本来は農家の行事で「田の実」の祝いともいい、その年取れた穀物を神に供え、主家や知人に贈った。のち、一般にも広まり、物品の贈答を行う風習が定着した。現在の「中元」のもと。季秋。

はつ-しぐれ[1]【初時雨】名詞 晩秋に降るその年初めての時雨。季冬。猿蓑 江戸―句集 俳諧「はつしぐれ猿も小蓑(こみの)をほしげなり―芭蕉」訳⇨はつしぐれ…。

はつしぐれ…[2] 俳句「初時雨(はつしぐれ) 猿も小蓑を ほしげなり」〈猿蓑 江戸―句集 俳諧・芭蕉(ばせう)〉訳故郷の伊賀(いが)へ向かう山道で、冬の到来を告げる初時雨に出あった。ふと近くの木を見上げると、猿が雨にぬれている。その猿までも、小さい蓑をほしそうだ。

鑑賞「俳諧(はいかい)七部集」の一つである『猿蓑(さるみの)』の初頭の句であり、『猿蓑』の書名はこの句による。「初時雨」は伝統的にわびしい雨として詠まれるが、「小蓑」をほしがる「猿」を出したところに俳諧の本質の一つである滑稽(こっけい)で自由闊達(かったつ)な味わいがある。季語は「初時雨」で、季は冬。

はつ-しも【初霜】名詞 その年の秋に、初めて降りた霜。季冬。古今 平安―歌集 秋下「心あてに折らばや折らむはつしもの置きまどはせる白菊の花」訳⇨こころあてに…。

はっ-しゃう[1]【八姓】(ハッショウ) 名詞「やくさのかばね」に同じ。

はっ-しゃう[2]【八省】(ハッショウ) 名詞 律令制で、太政官(だいじょうかん)に属する八つの中央行政官庁。中務(なかつかさ)・式部・治部・民部・兵部(ひょうぶ)・刑部(ぎょうぶ)・大蔵(おおくら)・宮内(くない)の八省。やつのすぶるつかさ。

はっ-しゅう【八宗】名詞 仏教語。奈良・平安時代に広まった仏教の八つの宗派。南都六宗の華厳(けごん)・法相(ほっそう)・三論・成実(じょうじつ)・倶舎(くしゃ)・律と平安二宗の天台・真言との総称。

参考「八宗」は、かつて日本仏教のすべてであり、学僧として立つためには、八宗の教義のすべてを修めるべきとされた。これを「八宗兼学(けんがく)」という。

はづ-す*【外す】(ハズス) 他動詞サ四{さ/し/す/す/せ/せ} ❶取り除く。取りのける。❷取り損なう。取り逃がす。源氏物語 平安―物語 若紫「さて、はづしてむは、いと口惜しかべければ」訳そんなことで、(若紫を迎える機会を)取り逃がしてしまっては、本当に残念なことになろうから。❸ねらいをそらす。平家物語 鎌倉―物語 一一・遠矢「三町が内外(うちと)の物ははづさず強う射けり」訳三町前後の(距離の)ものは、ねらいをそらさず強く射当てる。❹避ける。かわす。禰宜山伏 室町―狂言 狂言「裏道からはづさせて下されい」訳裏道から逃げさせてください。

初瀬(はつせ) 地名 歌枕 今の奈良県桜井市初瀬(はせ)町。三輪(みわ)山東方の初瀬川の谷沿いの地。武烈天皇の泊瀬列城(はつせのなみき)の宮、雄略天皇の泊瀬朝倉(はつせのあさくら)の宮と、古く都が設けられた。「長谷寺(はせでら)」でも有名であり、その門前町として、また、伊勢(いせ)へ向かう街道の宿場町としてもにぎわった。「はせ(初瀬)」とも。「泊瀬」とも書く。

はつせ-がは[1]【初瀬川・泊瀬川】(ハツセガワ) 枕詞 初瀬川の流れが早いところから「早し」にかかる。源氏物語 平安―物語 玉鬘「はつせがは早くのことは知らねども」訳昔のことは知らないけれど。

初瀬川(はつせがは)[2](ハツセガワ) 地名 歌枕 今の奈良県桜井市初瀬(はせ)を流れる川。長谷寺(はせでら)の下を西流し佐保川・飛鳥(あすか)川と合流、大和川となる。今は「はせ(初瀬)川」と呼ばれる。「泊瀬川」とも書く。

初瀬山(はつせやま) 地名 歌枕 今の奈良県桜井市初瀬(はせ)の周囲の山。「泊瀬山」とも書く。

はっ-せん【八専】名詞 陰暦で、壬子(みずのえね)の日から癸亥(みずのとい)の日までの十二日間のうち、丑(うし)・辰(たつ)・午(うま)・戌(いぬ)の四日間を間日(まび)として除いた八日間。

参考 一年に六回ある。この期間は雨が多いとされ、婚礼・仏事・造作・売買などは避けられた。

はった-と 副詞「はたと」を促音化して強めた語。❶「はたと❶」に同じ。心中天網島 江戸―浄瑠 浄瑠・近松「額際(ひたひぎは)をはったと蹴って」訳額ぎわをばしっとけって。❷「はたと❷」に同じ。曾根崎心中 江戸―浄瑠 浄瑠・近松「はったとにらむ顔つきは」訳きっとにらむ顔つきは。❸「はたと❹」に同じ。入間川 室町―狂言 狂言「定めて上りに渡ったであらうが、はったと忘れた」訳(この川は)きっと上京するときに渡ったのであろうが、すっかり忘れてしまった。❹決して。唐糸さうし 江戸―物語 御伽「『はったと、信濃(しなの)へ帰るまじ』と泣きければ」訳「決して、信濃には帰るまい」と泣くので。❺「はたと❺」に同じ。富士松 室町―狂言 狂言「爪髪(つめかみ)はったと致いて逞(たくま)しいお馬ではござれども」訳爪髪がしっかりとしていてたくましいお馬でございますが。

はっ-と【法度】名詞「はふと(法度)」の促音便。❶法。おきて。さだめ。❷(一般的に)禁止されていること。禁制。

はつ-とがり【初鷹狩り】名詞 秋になって初めて行う鷹(たか)狩り。季秋。

服部土芳(はっとりどはう)(ハットリドホウ) 人名(一六五七～一七三〇)江戸時代中期の俳人。伊賀(三重県)上野の人。名は保英(やすひで)。松尾芭蕉(ばしょう)に俳諧(はいかい)を学び、誠実な人柄で蕉門(しょうもん)の中心人物であった。大坂で死んだ芭蕉の遺髪を故郷に持ち帰った。俳論書『三冊子(さんぞうし)』がある。

はつ-ね[1]【初子】名詞 月の最初の子(ね)の日。特に、正月最初の子の日をいい、宮中では、饗宴(きょうえん)や行幸が行われ、庶民は小松を引いたり、若菜を摘んだりして祝った。

はつ-ね[2]【初音】名詞 鳥の、その季節に初めて鳴く声。うぐいす・ほととぎすについていうことが多い。初声(はつこえ)。季春。源氏物語 平安―物語 初音「今日(けふ)鶯(うぐひす)のはつね聞かせよ」訳今日こそうぐいすの初めての鳴き声を聞かせよ。

はっ-ぱう【八方】(ハッポウ) 名詞 東西南北と、その中間の南東・南西・北東・北西の八つの方角。四方八方。あらゆる方角。

はっぱう-すかさ-ず【八方透かさず】(ハッポウスカサズ) 連語 すべての方向においてすき間なく。平家物語 鎌倉―物語 四・橋合戦「蜘蛛手(くもで)、かくなわ、十文字、とんばう返り、水車、十文字、とんぼ返り、水車などの刀さばきで、すべての方向においてすき間なく斬りまくったのだった。

はつ-はつ(に) 副詞 わずか(に)。かすか(に)。万葉集 奈良一歌集 二四六一「はつはつに妹をそ見つる恋しきまでに」訳ほんのかすかに愛しい人を見たよ。こんなにも恋しくなるまでに。◆形容動詞「はつかなり」の「はつ」を重ねた語。

はつ-はな【初花】 名詞 ❶その年、その季節になって最初に咲く花。また、その草木に最初に咲いた花。季春。古今 平安一歌集 春上「打ち出づる波や春のはつはな」訳吹き出してくる白波。それが春の最初に咲く花であろうか。❷年ごろの若い娘をたとえていう語。

はつはな-ぞめ【初花染め】 名詞 紅花の初花で染めること。また、それで染めた布。

はつ-はる【初春】 名詞 春の初め。新春。万葉集 奈良一歌集 四五一六「新しき年の始めのはつはるの」訳⇩あらたしき…。

はっ-ぴ【法被・半被】 名詞 ❶禅宗で、高僧の座る椅子の背に掛ける金襴などの布。❷武家が中間に着せた、その家の紋などのある短い羽織の一種。❸職人などの着る印半纏。❹能装束の一種。◆「はふひ(法被)」または「はんぴ(半被)」の変化した語。

はっぴゃくや-ちゃう【八百八町】 名詞 江戸の多数の町々。江戸の町数が多いことをいう語。◆「八百八」は多数の意。

はつ-ほ【初穂】 名詞 ❶その年最初に実った稲の穂。また、その年最初にとれた穀物・野菜・果物など。❷その年最初にとれた穀物などを、神仏や朝廷に奉ること。また、その穀物など。❸神仏に供える金銭や米など。

参考 平安時代中期ごろから「初穂」を「はつを」と発音するようになり、鎌倉時代以降は「初尾」と書くのが普通となった。

はづ・む【弾む】 一 自動詞 マ四 {ま/み/む/む/め/め} ❶勢いよくはね上がる。平家物語 鎌倉一物語 四・橋合戦「はづまばかいくって泳がせよ」訳(馬が)はね上がるならば(手綱を)手元にたぐり寄せて泳がせよ。❷勢いに乗る。❸息が荒くなる。

二 他動詞 マ四 {ま/み/む/む/め/め} おごる。奮発する。一代男 江戸一物語 浮世・西鶴「江戸にない珍しい物ぢゃと、亭主に一包みはづむ」訳江戸にはない珍しい物だと(言って)、亭主に一包みおごる。

参考 歴史的仮名遣いは「はずむ」とする説もある。

はつ-めい【発明】 名詞/—す 他動詞 サ変 ❶物事の道理や意味を明らかにすること。明らかに悟ること。沙石 鎌倉一説話 四「心地明らかならざらむ学者は、…大事をはつめいすべしと言へり」訳心が明らかでないような学者は、…大事を明らかに悟る(努力をする)べきだと言った。❷工夫。創案。去来抄 江戸一論 修行「不易流行の句は古説にや、先師のはつめいにや」訳不易流行の句というのは、古来の説ですか、(それとも)先師(＝芭蕉)の創案ですか。

はつめい・なり【発明なり】 形容動詞 ナリ {なら/なり・に/なり/なる/なれ/なれ} 賢い。利口だ。利発だ。梅児誉美 江戸一物語 人情「女郎芸者に賢い者はいるけれども」訳女郎芸者にはつめいなる者はあれども」

はつ-もとゆひ【初元結ひ】 名詞 元服のとき、髪を結ぶのに用いる紐。公卿は紫の組み紐を用いた。また、転じて、元服すること。

はつ-もみぢ【初紅葉】 名詞 ❶秋になって初めて色づいた紅葉。初紅葉葉。季秋。❷襲の色目の一つ。表は萌葱、裏は薄萌葱。

はつ-もみぢば【初紅葉葉】 名詞 「はつもみぢ」に同じ。

はつ-ゆめ【初夢】 名詞 年の初めに見る夢。山家集 平安一歌集 上「年暮れぬ春来べしとは思ひ寝にまさしく見えてかなふはつゆめ」訳年も暮れた。春がきっと来るだろうと思いながら寝た、その夢に見えたことがまさしく見えて、本当に初夢がかなったよ。

参考 古くは節分の夜から立春の朝にかけて見る夢をいったが、のちには、大晦日の夜から元日の朝にかけて、あるいは正月二日の夜に見る夢をいうようになった。

はつ・る 自動詞 ラ下二 {れ/れ/る/るる/るれ/れよ} ほつれる。ほぐれる。源氏物語 平安一物語 紅葉賀「髪いみじくはつれそそけたり」訳髪がひどくほつれてばさばさになっている。

はづ・る【外る】 自動詞 ラ下二 {れ/れ/る/るる/るれ/れよ} ❶外へ出る。はみ出る。外れる。枕草子 平安一随筆 五月ばかりなどに「急ぎてとらへて折らむとするほどに、ふと過ぎてはづれたるこそ」訳(牛車の屋形に入って来た枝を)急いでつかまえて折ろうとするときに、すばやく過ぎて外れてしまうのは。❷目標からそれる。外れる。著聞集 鎌倉一説話 三四七「右の脇の下五寸ばかりのきてはづれぬ」訳(矢は)右の脇の下五寸ほど離れてそれてしまった。❸離れる。のく。分かれる。源氏物語 平安一物語 関屋「関屋よりさとはづれ出でたる旅姿どもの」訳関屋からさっと離れ出たような(盛大な源氏一行の)旅姿の。❹及ばない。届かない。源氏物語 平安一物語 野分「髪の、まだ丈にははづれたる末の」訳髪の、まだ背丈には及ばないでいる先が。❺その中に入らない。除外される。もれる。枕草子 平安一随筆 五月の御精進のほど「今宵の歌にはづれてはをる」訳(どうして)今夜の歌会の仲間から除外されているのか。

はづれ【外れ】 名詞 ❶端。果て。❷はしばし。❸「褄外れ」の略。ようす。態度。振る舞い。

はつれ-はつれ 副詞 ところどころ。はしばし。「はづれはづれ」とも。徒然 鎌倉一随筆 一〇五「けはひなどはつれはつれ聞こえたるもゆかし」訳話のようすなどが、とぎれとぎれ聞こえてくるのも心をひかれる。

はつ-を【初尾】 名詞 「はつほ」に同じ。

はて【果て】[1] 名詞

❶終わり。最後。しまい。方丈記 鎌倉一随筆「はてには笠うち着、足ひき包み、よろしき姿したる者」訳しまいには、笠をかぶり、足をくるんで、かなりの身分らしいかっこうをした者(まで)。❷最果て。遠いかなた。▼中央(＝都)から遠く離れた所。更級 平安一日記 かどで「あづまぢの道のはてよりも、なほ奥つ方に生ひ出でたる人」訳東国へ行く道筋の最果て(＝常陸の国)よりも、さらに奥まった所(＝上総の国)で成長した人(である私)。❸喪の終わり。そのときの仏事。四十九日や一周忌の

法会。〔徒然 鎌倉―随筆〕三〇「はての日は、いと情けなう、互ひに言ふこともなく」訳喪の終わりの日（＝中陰の終わる四十九日目）は、（早く事をすませて帰りたくて）まるで情味もなく、お互いにものも言わないで（別れてしまう）。

❹末路。なれのはて。〔紫式部 平安―日記〕消息文「そのあだになりぬる人のはて、いかでかはよく侍らむ」訳そういう不誠実な性質になってしまった人（＝清少納言）の末路が、どうしてよいでありましょうか、よいはずがありません。

はて[2]【果て】動詞「はつ」の未然形・連用形。

はて-の-つき【果ての月】連語 ❶陰暦十二月の別名。師走。❷四十九日、または一周忌の法要のある月。

はて-の-とし【果ての年】連語 喪・忌みの明けた年。諒闇（＝天皇が父母の喪に服する期間）の明けた年。

はて-の-わざ*【果ての業】連語 四十九日、または一周忌の法要。果ての事。

はて-は【果ては】連語 **最後には。ついには。とうとう。**〔大鏡 平安―物語〕伊尹「あさましう人々思ふに、はては乗らんとさへせさせたまふに」訳情けないことだと人々が思っていますのに、ついには、（天皇ご自身が）乗ろうとさえあそばすので。◆副詞とする説もある。

はて-はて【果て果て】名詞 **いちばん終わり。どのつまり。最後。**〔源氏物語 平安―物語〕桐壺「人の恨みを負ひしはてはては、かううち捨てられて」訳人の恨みを受けた最後は、このように置いて行かれて。◆「果て」を重ねて強めた語。

ば-とう【撥頭・抜頭】名詞 舞楽の曲名。髪を振り乱した恐ろしい形相の面をつけ、ばちを持って一人で舞う。

（撥　頭）

はな[1]【花】名詞 ❶（草木の）**花**。〔枕草子 平安―随筆〕木の花は「橘の葉の濃く青きに、はなのいと白う咲きたるが」訳橘の葉が、色濃く青いのに、花がたいそう白く咲いているのが。

❷㋐**梅の花**。〔古今 平安―歌集〕春上「人はいさ心も知らずふるさとははなぞ昔の香ににほひける」訳⇨ひとはいさ…。

㋑**桜の花**。〔更級 平安―日記〕子忍びの森「はな・紅葉の思ひもみな忘れて悲しく」訳（春の）桜や（秋の）紅葉（にあこがれた）思いもすっかり忘れて、ただ悲しく。

❸（露草の花からとった）薄い藍色の絵の具。また、露草の花の色。**はなだ色**。〔枕草子 平安―随筆〕野分のまたの日こそ「はなも返り濡れなどしたる」訳はなだ色もあせてぬれたりなどしている（ものを着て）。

❹**仏に供える花**。特に、樒の花や枝葉。〔源氏物語 平安―物語〕若紫「簾少し上げて、はな奉るめり」訳（尼君は）すだれを少し上げて、（仏に）花をお供えしているようだ。

❺**はなやかさ。はでなこと。栄華。栄誉**。〔古今 平安―歌集〕恋三「君によりわが名ははなに春霞野にも山にも立ち満ちにけり」訳あなたのおかげで私の評判ははでに世間に立ってしまったよ。まるで花（の咲くとき）の春霞が野にも山にも一面に立ち込めているように。

❻**不誠実な心。移ろいやすい心**。▼人の心を実（＝誠実さ）に対比させた花にたとえる。〔古今 平安―歌集〕恋五「色見えでうつろふものは世の中の人の心のはなにぞありける」訳⇨いろみえで…。

❼**表現。表現技巧。表現の美しさ**。▼歌論・俳論で、心（＝意味内容）を「実」というのに対する。〔毎月抄 鎌倉―論〕「いにしへの歌はみな実を存してはなを忘れ」訳昔の和歌は、みな心ばかりで、表現の美しさを忘れていて。

❽**芸の美しさ、魅力**。▼世阿弥の能楽論で、能の根本をなす最高の理念とされる。〔風姿花伝 室町―論〕七「秘すれば、はななり。秘せずは、はななるべからず」訳秘密にするから芸の魅力なのである。秘密にしないならば芸の魅力であるはずがない。

❾（芸人などに与える）**祝儀。心付け**。▼贈り物を花の枝に付けて贈ったところから。〔世間胸算用 江戸―物語〕浮世・西鶴「近付きの芸者にはなをとらせ」訳ひいきの役者に祝儀を与え。

参考 古文で「花」といえば桜の花をさすことが多いが、『万葉集』や『古今和歌集』春歌上では多く梅の花をさす。

古典の常識 『古典と花』

古典文学で「花」といえば桜の花をさすのが常識のようになっているが、その用法が定着するのは平安時代中期以後である。

奈良時代には、梅の花がハイカラな花として貴族たちに愛好され、春の花を代表する地位を占めていたが、それは平安時代に入っても続き、平安時代初期の『古今和歌集』では、まだ「花」という言い方では桜の花をも梅の花をもさしている。ただ、春上の巻では、梅の歌と桜の歌がほぼ同数であったのが、春下の巻では、圧倒的に桜の歌が多くなり、春の花＝桜という固定化の傾向が見られる。だが、まだ「桜」「桜花」という言い方がほとんどである。

その後の勅撰集では、しだいに「花」だけで梅の花をさすことが少なくなっていき、やがて花＝桜というように、桜が春の花の代表的な地位を占めるに至った。

はな[2]【鼻】名詞 ❶顔にあり、呼吸などをつかさどる器官。❷**鼻水。鼻汁**。❸**くしゃみ**。〔枕草子 平安―随筆〕宮にはじめてまゐりたるころ「はなをいと高うひたれば」訳くしゃみをたいそう音高くしたので。❹**風邪。感冒**。

はな-あはせ【花合はせ】ハナアワセ 名詞 物合わせの一つ。左右の組に分かれ花（おもに桜）を出し合ったり、またその花を和歌に詠んだりして、その優劣を競う遊び。

はな-あやめ【花菖蒲】名詞 ❶植物の名。「あやめ」の美称。季夏。❷襲の色目の一つ。表は白、裏は萌葱。

はな-いろ【花色】名詞 ❶花の色。花の色あい。❷薄い藍色。「縹色」に同じ。

はないろ-ごろも【花色衣】名詞 花を衣服に見立てていう語。また、その花の色に染めた衣。❷縹色に染めた衣。

はな-がさ【花笠】 名詞 花飾りをつけた笠。また、花で作った笠。

[1]**はな-がたみ【花筐】** 名詞 つみ取った花や菜を入れる、かご。

[2]**はな-がたみ【花筐】** 枕詞 かごには細かい編み目が並んでいるところから、「めならぶ」にかかる。古今 平安―歌集 恋五「はながたみ目並ぶ人のあまたあれば忘られぬらむ数ならぬ身は」訳あなたが見くらべる人があるのだから、きっと忘れられているのでしょう。ものの数ではない私は。

はな-かつみ【花かつみ】 名詞 草の名。水辺に生える。野生のはなしょうぶの一種か。歌では、序詞(じょことば)の末にあって「かつ」を導くために用いられることが多い。芭蕉(ばしょう)が『奥の細道』に記したように、陸奥(みちのく)の安積(あさか)沼(=今の福島県郡山(こおりやま)市の安積山公園あたりにあった沼)の「花かつみ」が名高い。「はながつみ」とも。

はな-がら【花殻】 名詞 ❶仏に供えた後、不要になって捨てる花。❷お布施(ふせ)の銭。

はな-ぐはし【花細し】(ハナグワシ) 枕詞 花が美しい意で、「桜」「葦(あし)」にかかる。万葉集 奈良―歌集 二五六五「はなぐはし葦垣越しにただ一目相見し児(こ)故(ゆゑ)千度(ちたび)嘆きつ」訳美しい葦の垣根越しに一目だけかいま見たあの子のせいで幾度も嘆いた。

はな-ごころ【花心】 名詞 **浮気な心。移り気。** 桜の花の散りやすいことから、恋の変わりやすい心を散りやすい花にたとえた語。源氏物語 平安―物語 宿木「はなごころにおはする宮なれば」訳浮気な心でいらっしゃる宮だから。

はな-ごろも【花衣】 名詞 ❶春に着る、桜襲(さくらがさね)の衣服。❷はなやかな着物。または、花見の衣装。

はな-ざくら【花桜】 名詞 ❶**桜の花。** ❷襲(かさね)の色目の一つ。表は白、裏は青または紅。

[1]**はなさそふ…** 和歌 百人一首「花さそふ 嵐(あらし)の庭の 雪ならで ふりゆくものは わが身なりけり」新勅撰 鎌倉―歌集 雑一・藤原公経(ふぢはらのきんつね) 訳花を誘って散らす激しい嵐の吹く庭に、花が雪のように降るのではなくて、古(ふ)りゆく(=年をとる)のは、この私であったのだなあ。

鑑賞「ふりゆく」の「ふり」に、「降り」と「古(ふ)り」とをかけている。

[2]**はなさそふ…** 和歌「花さそふ 比良(ひら)の山風 吹きにけり 漕(こ)ぎ行く舟の 跡見ゆるまで」新古今 鎌倉―歌集 春下・宮内卿(くないきやう) 訳美しく咲いた桜を誘うように散らせる比良の山風が吹いたのだなあ。漕いで行く舟の航跡がはっきりわかるほどに、湖面いっぱいに花びらを散らして。

鑑賞 満誓(まんぜい)の「世の中を何にたとへむ朝びらき漕ぎ去(い)にし舟の跡なきがごと」(『万葉集』)〈この世を何にたとえよう。朝、港を漕ぎ出して行った舟が何の跡も残さないようなものだ。〉を本歌とする。

はなしづめ-の-まつり【花鎮めの祭】(ハナシズメノマツリ) 名詞 宮中の年中行事の一つ。陰暦三月、桜の花が散るころは疫病が流行するので、それをはらうために神祇官(じんぎかん)が行った神事。鎮花祭。

咄本(はなしぼん) 文芸「噺本」とも書く。江戸時代の、滑稽(こっけい)で軽妙な笑話や小咄(こばなし)を集めた本。江戸時代初期の『きのふはけふの物語』『醒睡笑(せいすいしょう)』に始まり、中期以降庶民にもてはやされた。落語のもとになった話が多い。

***はな-じろ・む【鼻白む】** 自動詞マ四 {ま/み/む/む/め/め} **気おくれしてとまどう。** 源氏物語 平安―物語 花宴「さての人々は、皆臆(おく)しがちにはなじろめる多かり」訳それ以外の人々は、皆おじけがちでとまどっている者が多かった。

はな-すすき【花薄】 名詞 ❶**穂の出たすすき。** その風になびくようすを、人を招き寄せるさまに見立てることが多い。季秋。古今 平安―歌集 秋上「秋の野の草の袂(たもと)かはなすすき」訳秋の野の草のたもとなのだろうか、花すすきは。❷枕詞「穂に出(い)づ(=穂を出す)」と同音の「秀(ほ)に出(い)づ(=表面に現れる)」に、また、「穂」と同音の「ほ」を含む「ほのか」にかかる。古今 平安―歌集 仮名序「はなすすき、ほに出(い)だすべき事にもあらずなりにたり」訳おもてだって、もち出せるものでもなくなってしまった。

はな-すすり【洟啜り】 名詞 鼻水をすすり上げること。また、そのようにして泣くこと。**すすり泣き。**

はな-ぞめ【花染め】 名詞 つゆくさの花の汁で染めること。また、それで染めた衣。薄い藍(あゐ)色などに染まる。色がさめやすいことから、うつろいやすいことにもたとえる。

はなだ【縹・花田】 名詞 染め色の一つ。つゆくさの花の汁で染めた薄い藍(あゐ)色。縹色。花色。参照▼口絵

はな-たちばな【花橘】 名詞 ❶歌語。花の咲いているたちばな。たちばなの花。たちばなの木にはほととぎすがよく来るとされる。季夏。古今 平安―歌集 夏「五月(さつき)待つはなたちばなの香(か)をかげば昔の人の袖(そで)の香ぞする」訳⇨さつきまつ…。❷襲(かさね)の色目の一つ。表は朽ち葉、裏は青。夏に着用。

はなち-いで【放ち出で】 名詞 寝殿造りで、母屋(もや)に続けて外へ建て増した建物。廂(ひさし)の間(ま)を几帳(きちょう)や障子などで仕切って応接用にした部屋をさすこともある。

はなち-がき【放ち書き】 名詞 文字を続けて書かずに、一字一字離して書くこと。多く、続けて書けない、たどたどしい幼い筆跡をいう。

花散里(はなちるさと) 人名『源氏物語』の作中人物。桐壺帝の麗景殿女御(れいけいでんのにょうご)の妹で、気だてがよく、光源氏(ひかるげんじ)の保護をうけて暮らし、夕霧や玉鬘(たまかづら)の世話をする。

はな・つ【放つ】 他動詞タ四 {た/ち/つ/つ/て/て}

❶**身から離す。手放す。** 万葉集 奈良―歌集 一六八二「裘(かはごろも)扇(あふぎ)はなたず山に住む人」訳(冬の)皮衣と(夏の)扇を(いつも)手放さずにいるよ、仙人は。

❷**自由にする。解き放す。** 源氏物語 平安―物語 鈴虫「この野に虫どもはなたせ給(たま)ひて」訳この野に虫たちをお解き放しなされて。

❸**人手に渡す。譲る。売る。** 宇治拾遺 鎌倉―説話 七・五「価(あたひ)も限らず買はんと申しつるをも、惜しみてはなち給(たま)はずして」訳値段に糸目をつけず買いたいと言いました人があったのに、惜しんでお売りなさらないで。

❹**見放す。見捨てる。** 蜻蛉 平安―日記 上「なつくべき人もはなてば」訳なれ親しむはずの人までも見放すので。

❺(戸などを)**あける。開く。** 源氏物語 平安―物語 末摘花「格子はなちて入れ奉る」訳(女房は)格子をあけて

（源氏）をお入れ申し上げる。❻（音・声・光を）発する。出す。竹取物語 平安—物語 竜の頸の玉「寿詞をはなちて」訳祈りの言葉を発し（=唱え）て。❼（矢を）射る。著聞集 鎌倉—説話 九「真中にあててはなちけるに」訳真ん中をねらって矢を射たが。❽さしおく。無視する。大鏡 平安—物語 師輔「滝口をはなちて、布衣の者内裏に参ることは」訳滝口の武士をさしおいて、無紋の狩衣を着る身分の者が宮中に参上することは。

はな-つき・なり【鼻突きなり・鼻衝きなり】 形容動詞ナリ〔なら／なり・に／なり／なる／なれ／なれ〕出会いがしらだ。ばったり。平家物語 鎌倉—物語 一・殿下乗合「殿下の御出に、はなつきに参り会ふ」訳殿下（=摂政藤原基房）のご外出に、出会いがしらに行き合わせ申した。

はな-づくえ【花机】 名詞 仏前に置いて花や経、仏具をのせる机。脚部に花形の模様が彫られたものが多い。

はな-づま【花妻】 名詞 ❶花のように美しい妻。一説に、結婚前の男女が一定期間会えないことから、触れられない妻。❷花のこと。親しみをこめて擬人化している。❸萩の花。鹿が萩にすり寄ることから、鹿の妻に見立てていう語。

はな-とり【花鳥】 名詞 花と鳥。

はな-なは【鼻縄】 名詞 牛の鼻につける縄。鼻綱。

はなのいろは… 和歌 百人一首「花の色は 移りにけりな いたづらに わが身世にふる ながめせし間に」古今 平安—歌集 春下・小野小町 訳桜の花の色は、すっかりあせてしまったことよ。むなしくも、降り続く長雨に打たれて。——私の美しい姿形もおとろえてしまったよ。むなしく時を過ごし、物思いにふけっている間に。

鑑賞「わが身世にふる」の「ふる」は「降る」と「経る」とを、「ながめ」は「長雨」と「眺め」とをかけている。

はなのうへに… 和歌「花の上に しばし映ろふ 夕づく日 入るともなしに 影消えにけり」風雅 南北—歌集 春中・永福門院 訳桜の花の上に少しの間照り映えていた夕陽。いつ沈んでしまったということもなく、かすかな光は消えてしまったことだ。

鑑賞 桜の花に夕陽が照り映えているが、その光も刻々と弱まっていく。ふと気づくと光は消えて、花は闇の中に白く沈んでいる。そのいつともなく消えてしまった残光に、移ろいやすい美に対する哀感が込められる。

はな-の-えん【花の宴】 連語 季節の花を見ながら催す酒宴。特に、桜の花を鑑賞しながら催す酒宴。季春。

はな-の-が【花の賀】 連語 春、花の咲くころに行う長寿の祝い。

はな-の-かがみ【花の鏡】 連語 花影が映っている池の水などの水面を鏡に見立てていう語。

はな-の-かほ【花の顔】 連語 花のように美しい顔。「はなのかんばせ」とも。

はな-の-くも【花の雲】[1] 連語 桜の花が一面に咲き連なっているようすを雲に見立てていう語。季春。

はなのくも…[2] 俳句「花の雲 鐘は上野か 浅草か」続虚栗 江戸—句集 俳諧・芭蕉 訳はるかに見渡せば、雲と見まがうほどの桜の花の盛りである。折から隅田川を渡って聞こえて来る鐘の音は、上野の寛永寺であろうか、それとも浅草の浅草寺であろうか。

鑑賞 江戸深川の芭蕉庵での句。花も鐘の音もおぼろにかすむ、高層ビルもスモッグもなかった時代の、春風駘蕩たる江戸の春景色である。季語は「花の雲」で、季は春。

はな-の-ころも【花の衣】 連語 ❶はなやかな衣服。古今 平安—歌集 哀傷「皆人ははなのころもになりぬなり苔の袂よ乾きだにせよ」訳⇩みなひとは…。❷花を、うぐいすなどの着る衣服に見立てていう語。拾遺 平安—歌集 物名「鶯のはなのころももほころびにけり」訳うぐいすの晴れ着の梅の花もつぼみが開いたことよ。

はな-の-とぼそ【花の枢】 連語 花が一面に咲いているのを枢（=とびら）が閉まっていることに見立てていう語。花の扃。

はな-の-みやこ【花の都】 連語 都の美称。はなやかで美しい都。また、桜が咲き競う都。

はな-の-もと【花の下】 連語 ❶花が咲いている木の下。花の陰。季春。❷「花の下連歌」の略。鎌倉時代中期から南北朝時代に一般の人々の間に流行した連歌。また、その愛好者。❸連歌の巧みな者、宗匠の尊敬語。◇「花の本」とも書く。

はな-の-ゆき【花の雪】 連語 白く咲いている花や花の散るようすを雪に見立てていう語。季春。

はなはだ【甚だ】 副詞 ❶たいそう。非常に。ひどく。土佐日記 平安—日記 二・四「今日、風・雲のけしきはなはだ悪し」訳今日は、風や雲のようすがたいそう悪い。❷〔打消の語を下接して〕全く。万葉集 奈良—歌集 三二五〇「天地の神もはなはだわが思ふ心知らずや」訳天地の神も、全く私の思う心を知らないのか。

参考 平安時代には主に漢文訓読系の語であって、和文では例が少ない。和文では、「いと」を用いる。

はなはだ・し【甚だし】 形容詞シク〔(しく)・しから／しく・しかり／し／しき・しかる／しけれ／しかれ〕程度がひどい。度を越えている。蜻蛉 平安—日記 下「かしこまりをはなはだしう置きたれば」訳恐縮していることを甚だしく置いた（=書いた）ので。◇「はなはだしう」はウ音便。

はなはちり… 和歌「花は散り その色となく ながむれば むなしき空に 春雨ぞ降る」新古今 鎌倉—歌集 春下・式子内親王 訳桜の花は散ってしまい、何を眺めるというわけでもなく、ぼんやりと思いにふけって空を見ていると、何もない空に春雨がふっていることだ。

鑑賞 空に枝を張り、絢爛と咲き誇っていた桜も幻となってしまった。何もない空は作者の心そのもので、ただ細い春の雨だけが降っている。やりきれない空虚さを、美しい言語の世界に定着させた歌。本歌は「暮れがたき夏のひぐらしながむればそのこととなくものぞ悲しき」（『伊勢物語』）〈⇩くれがたき…。〉

はなばな-と【花花と・華華と】 副詞 はなやかに。はでに。みごとに。枕草子 平安—随筆 関白殿、二月二十一日に「朝日のはなばなとさし上がるほどに」訳朝日がはなやかに昇るころに。

塙保己一（はなわほきいち） 人名（一七四六～一八二一）江戸時代中期の国学者。家号、温古堂。武蔵（埼玉県）の人。七歳で失明。雨富検校に入門、国学を賀茂真淵(かものまぶち)に学んだ。抜群の記憶力で和漢の学に精通し、幕府の保護の下に和学講談所を開設、『群書類従(ぐんしょるいじゅう)』を編集して国学の振興につとめた。

はな-・ひる【嚔る】 自動詞 ハ上一 {ひ/ひ/ひる/ひる/ひれ/ひよ} **くしゃみをする。** 枕草子 平安一随筆 にくきもの「**はなひ**て誦文(ずもん)する」訳 **くしゃみをし**てまじないの文句を唱える(のはにくらしい)。

参考 平安時代以降、くしゃみは凶事の前兆と信じられ、それを免れるのにまじないを唱える習慣があった。古くは「はなふ」で上二段活用。

はな-まじろき【鼻まじろき】 名詞 **鼻をうごめかして冷笑すること。** 源氏物語 平安一物語 少女「時に従ふ世の人の、下には**はなまじろき**をしつつ追従(ついしょう)し」訳 時勢に従う世間の人が、心の中では**冷笑**をしながらもこびへつらい。

***はな-むけ【餞・贐】** 名詞 「うまのはなむけ」の略。旅立ちや門出のとき、別れの宴を催したり金品や詩歌などを贈ったりして、祝ってやること。また、その宴や金品・詩歌など。

参考 旅立つ人の馬の鼻を行く方向へ向けた習慣から。

はな-め・く【花めく・華めく】 自動詞 カ四 {か/き/く/く/け/け} **はなやかに見える。はなやかになる。** 風姿花伝 室町一論 一「よき事は、いよいよ**はなめけり**」訳 よい点は、ますます**はなやかに見え**ている。◆「めく」は接尾語。

はな-もみぢ【花紅葉】(ハナモミジ) 名詞 ❶春の桜や、秋の紅葉。春秋の美しい自然の象徴としていう。徒然 鎌倉一随筆 一三九「よろづの**はなもみぢ**にもまさりて、めでたきものなり」訳 ありとあらゆる**花や紅葉**にもまして、すばらしいものである。❷花のように美しい紅葉。

はなもりや… 俳句 「花守や　白きかしらを　つき合はせ」蕪獅子 江戸一句集 俳諧・去来(きょらい) 訳 満開に咲き誇る桜の花の下で、花守の老人が白髪頭をつき合わせるようにして、ぼそぼそと何か話をしている。

鑑賞 「花守」は、桜の花の番人。桜の花びらの色と白髪の白さを対照させて、清楚(せいそ)な美しさを表現した句。芭蕉はこの句を「さび色よくあらはれ、悦(よろこ)び候ふ」(『去来抄』)と評した。季語は「花守」で、季は春。

はなや-か・なり【華やかなり・花やかなり】 形容動詞 ナリ {なら/なり・に/なり/なる/なれ/なれ} ❶**鮮やかだ。明るく美しい。華麗だ。** 枕草子 平安一随筆 草の花は「龍膽(りんだう)は、枝ざしなどもむつかしけれど、こと花どもみな霜枯れたるに、いと**はなやかなる**色あひにてさし出でたる、いとをかし」訳 りんどうは、枝ぶりなどは見苦しいけれど、ほかの花がみな霜で枯れてしまったのに、たいそう**鮮やかな**色合いで花を出しているのが、とても趣がある。❷(雰囲気が)**にぎやかだ。陽気だ。** 徒然 鎌倉一随筆 一九「大路のさま、松立てわたして、**はなやかに**うれしげなるこそ、またあはれなれ」訳 (元旦の)都大路のようすは、門松をずっと立て並べて、**にぎやかに**うれしそうなのこそ、また趣深いものだ。❸**きわだっている。**(明るく)**はっきりしている。**▼物の形、声・音、においなどに用いる。枕草子 平安一随筆 頭の中将の「『なにがしさぶらふ』と、いと**はなやかに**いふ」訳「だれそれでございます」と、たいそう**はっきりと**言う。❹(勢いが)**きわだって盛んだ。栄えている。** 源氏物語 平安一物語 桐壺「さしあたりて世のおぼえ**はなやかなる**御方々にも劣らず」訳 目下世間の評判が**きわだって盛んな**御方々にも見劣りすることなく。

***はな-や・ぐ【花やぐ・華やぐ】** 自動詞 ガ四 {が/ぎ/ぐ/ぐ/げ/げ} ❶**はなやかになる。陽気になる。** 枕草子 平安一随筆 宮にはじめてまゐりたるころ「これは今少し**はなやぎ**、猿楽言(さるがうごと)などし給(たま)ふを」訳 この方はもう少し**陽気になり**、冗談などおっしゃるのを。❷**時めく。栄える。** 大鏡 平安一物語 頼忠「えも言はず**はなやぎ**給(たま)ひしに」訳 言いようもないほどに、**栄え**ていらっしゃったが。◆「やぐ」は接尾語。

はなよりも… 俳句 「花よりも　団子やありて　帰る雁(かり)」犬子集 江戸一句集 俳諧・貞徳(ていとく) 訳 美しい桜の咲く春だというのに、雁は北へと帰って行く。花より好きな団子があるから、花に心ひかれることなく帰ってしまうのだろうか。

鑑賞 伊勢(いせ)の「春霞(はるがすみ)立つを見捨てて行く雁(かり)は花なき里に住みやならへる」(『古今和歌集』)〈⇩はるがすみ…。〉と「花より団子」ということわざをふまえた句。有名な古歌をことわざで滑稽(こっけい)化している。季語は「帰る雁」で、季は春。

ば-なり-けり 連語

なりたち 接続助詞「ば」＋断定の助動詞「なり」の連用形＋過去の助動詞「けり」

〔活用語の已然形に付いて〕…**だからであった。** 土佐日記 平安一日記 一二・二七「都へと思ふをものの悲しきは、かへらぬ人のあれ**ばなりけり**」訳 都へ(帰るのだ)と思うにつけて何かしら悲しいのは、(死んでしまって)帰らない人(＝自分の子)がいるの**だからであった**。

はな・る【離る・放る】 自動詞 ラ下二 {れ/れ/る/るる/るれ/れよ} ❶**離れる。遠ざかる。去る。** 徒然 鎌倉一随筆 七五「いまだまことの道を知らずとも、縁を**はなれ**て身をしづかにし」訳 まだ本当の(仏の)道を知らなくても、世俗的な生活から**離れ**て身を静かな境地におき。❷**別れる。離縁する。逃げ去る。** 竹取物語 平安一物語 竜の頸の玉「これを聞きて、**はなれ**給(たま)ひしもとの上(うへ)は、腹をきりて笑ひ給ふ」訳 これを聞いて、**離縁し**なさったもとの奥方は、腹をよじってお笑いになる。❸**官職をとかれる。免官になる。** 源氏物語 平安一物語 匂宮「三位(さんゐ)の宰相にて、なほ中将も**はなれ**ず」訳 (薫(かおる)は)三位の宰相で、もとのまま中将も**免官になら**ない。❹**開く。あく。** 狭衣 平安一物語 二「格子(かうし)を探り給(たま)へば、**はなれ**たる所もありけり」訳 格子戸を手探りなさると、**あい**ている所もあった。

ば-なる-べし 連語

なりたち 接続助詞「ば」＋断定の助動詞「なり」の連体形＋推量の助動詞「べし」

〔活用語の已然形に付いて〕…**だからであろう。** 源氏物語 平安一物語 賢木「院の御心寄せもあれ**ばなるべし**」訳 (桐壺)院のお心遣いもあった**からであろう**。

はな-ゑみ【花笑み】(ハナエミ) 名詞 花が咲くこと。花が咲いたようすを人のほほえみにたとえた語。

はな-を-なら・ぶ【鼻を並ぶ】 連語 馬などの**鼻先を並べる。一線に並ぶ。隣接する。** 愚管抄 鎌倉一論 六

「東大寺とはなをならべてつくられけり」訳東大寺と隣接してつくられた。

はな-を-や・る【花を遣る】連語 ❶華やかなよそおいをする。着飾る。西鶴織留 江戸－物語 浮世・西鶴「しゅちんの帯に、紫革足袋にてはなをやりしに」訳高級な絹織物の帯に、紫色の革足袋で着飾っていたが。❷豪勢な生活をする。豪勢な遊びをする。日本永代蔵 江戸－物語 浮世・西鶴「ここの都にはなをやって」訳この都で豪勢な生活をして。◇「はなをやっ」は促音便。

はな-を-を・る【花を折る】連語 衣装を華やかにする。華やかに振る舞う。落窪物語 平安－物語 三「はなををりてさうぞきて、いとよしと思へる」訳衣装を華やかにして着飾って、とても風情があると思える。

はに【埴】名詞 赤黄色の粘土。瓦や陶器の原料にしたり、衣にすりつけて模様を表したりする。

はに-ふ【埴生】名詞 ❶「埴」のある土地。また、「埴」。万葉集 奈良－歌集 六九「岸のはにふににほはさましを」訳岸の赤土で衣を染めてあげればよかっただろうに。❷「埴生の小屋」の略。金塊 鎌倉－歌集 雑「旅の空なれぬはにふの夜の床」訳旅の途中で慣れない粗末な小屋の寝床で寝たことだ。

はにふ-の-をや【埴生の小屋】名詞 みすぼらしい小屋。粗末な家。万葉集 奈良－歌集 二六八三「彼方のはにふのをやに小雨降り」訳遠方のみすぼらしい小屋に小雨が降り。◆「をや」は「こや」とも。

ば-に-や 連語

なりたち 接続助詞「ば」＋断定の助動詞「なり」の連用形＋係助詞「や」

〔活用語の已然形に付いて〕…だからであろうか。堤中納言 平安－物語 虫めづる姫君「けづりつくろはねばにや、しぶげに見ゆるを」訳（髪を）櫛でとかして整えないからであろうか、色つやがなくばさばさに見えるが。

埴安の池 地名 奈良時代以前、今の奈良県の香具山の西側のふもとにあった池。

はにゅう〖埴生〗⇩はにふ

は・ぬ【撥ぬ・跳ぬ】

一 自動詞 ナ下二｛ね／ね／ぬ／ぬる／ぬれ／ねよ｝❶飛び上がる。跳ね上がる。平家物語 鎌倉－物語 九・二二之懸「馬の太腹射させてはぬれば」訳馬が太腹を射られて、跳ね上がるので。❷はじける。飛び散る。栗焼 室町－狂言 狂言「さんざんにはねた」訳（栗が）ひどくはじけた。❸その日の興行が終わる。

二 他動詞 ナ下二｛ね／ね／ぬ／ぬる／ぬれ／ねよ｝❶勢いよく上げる。跳ね上げる。万葉集 奈良－歌集 一五三「沖つ櫂いたくなはねそ」訳沖を行く舟の櫂もひどく水を跳ね上げてくれるな。❷首を刀で切り落とす。平家物語 鎌倉－物語 六・入道死去「頼朝が首をはねて、わが墓の前に懸くべし」訳頼朝の首を切り落として、私の墓の前に懸けよ。◇普通「刎ぬ」と書く。❸一部分をかすめとる。

は-ね【羽・羽根】名詞 ❶（鳥の）翼・羽毛。また、（虫の）羽。❷羽子つき遊びで使う、はね。羽子。

はね-うち-かは・す【羽打ち交はす】連語 ならんで飛ぶ鳥が互いの翼を重ね合わせるように寄り添う。また、男女間の愛情が深いことをたとえていう。「羽を交はす」「羽を並ぶ」とも。古今 平安－歌集 秋上「白雲にはねうちかはし飛ぶ雁の」訳⇩しらくもに…。

参考 男女間の深い愛情のたとえとするのは、白居易の詩『長恨歌』の一句「天に在りては願はくは比翼の鳥となり」による。⇩ひよくのとり

はね-うち-き・す【羽打ち着す】連語 かわいがり育てる。温かくはぐくむ。源氏物語 平安－物語 橋姫「泣く泣くもはねうちきする君なくはわれぞ巣守りになりは果てまし」訳（悲しみに）泣きながらも（わたしを）かわいがり育ててくださる父君がいらっしゃらなかったら、「巣守」（孵化しないで巣に残っている卵）のように、わたしはとても大きくなれなかったでしょう。

はねうま-の-しゃうじ【跳ね馬の障子】名詞 馬の跳ねている絵が描いてある、清涼殿の西側の渡殿に立てられていた衝立障子。

はね-がき【羽搔き】名詞 鳥がくちばしで自分の羽をしごくこと。「はがき」とも。古今 平安－歌集 恋五「暁の鴫のはねがき百羽搔き」訳夜明け方のしぎの羽がきは百回もする。

はね-かづら【はね鬘】名詞 年ごろになったばかりの少女がつけた髪飾り。

はねずいろ-の【はねず色の】枕詞 はねず（＝植物の名）で染めた色がさめやすいところから「移ろひやすし」にかかる。万葉集 奈良－歌集 三〇七四「はねずいろのうつろひ易き心あれば年をそ来経る言とは絶えずて」訳変わりやすい心が（あの人に）あるのでこのまま年を過ごしている。便りだけは絶やさずに。

はね-を-かは・す【羽を交はす】連語 「はねうちかはす」に同じ。源氏物語 平安－物語 夕顔「はねをかはさむとは引きかへて」訳（もし死んだら）比翼の鳥になり寄り添って生きよう（という約束）とは趣を変えて。

参考 ⇩ひよくのとり（比翼の鳥）。

はね-を-なら・ぶ【羽を並ぶ】連語 ❶「はねうちかはす」に同じ。源氏物語 平安－物語 桐壺「朝夕の言ぐさに、はねをならべ、枝を交はさむと契らせ給ひしに」訳（桐壺帝は桐壺更衣に）朝夕の口ぐせに、翼を重ね合う鳥のように寄り添い、木理の通じ合った枝のように仲むつまじくなろうと約束なさったのに。❷臣下が協力して主君を助ける。源氏物語 平安－物語 行幸「はねをならぶるやうにて、朝廷の御後見をも仕うまつる」訳臣下が協力して主君を助けるようにして、朝廷の御補佐をお勤め申し上げる。

参考 ⇩ひよくのとり（比翼の鳥）。

はは【母】名詞 実母。また、養母。対父。

参考 発音は、平安時代中期以後「はワ」と発音するようになったが、室町時代には「ハハ」と発音することもあったとされ、江戸時代以後は「ハハ」が普通となった。

はばかり【憚り】名詞 ❶恐れ慎むこと。恐縮。遠慮。源氏物語 平安－物語 桐壺「百敷に行きかひはべらむことは、ましていとはばかり多くなむ」訳内裏に出入りいたしますことは、さらにたいそう遠慮が多く（ございまして）。❷差し障り。支障。源氏物語 平安－物語 賢木「をさをさ、はばかりあるまじうなむ、見たまふる」訳（天下を治めるのにも）ほとんど差し障りがあるまいと拝見している。

はばか・る【憚る】

一 自動詞 ラ四｛ら／り／る／る／れ／れ｝❶行き悩む。進めないでいる。

行けないでいる。万葉集 奈良―歌集 三一七「白雲もい行きはばかり」訳⇩あめつちの…。❷はびこる。満ちふさがる。いっぱいになる。平家物語 鎌倉―物語 五・物怪之沙汰「ひと間にはばかるほどの物の面出できて」訳一部屋に満ちふさがるほどの何かの顔が出てきて。

二 他動詞ラ四〔ら/り/る/る/れ/れ〕遠慮する。気がねする。嫌がる。発心 鎌倉―説話 六「かつは恐れ、かつははばかりて、まかり過ぎはべるなり」訳一方では恐れ、一方では遠慮して、過ごしていたのでございます。

ははき【帚・箒】名詞 ほうき。枕草子 平安―随筆 いみじうきたなきもの「えせ板敷きのははきの末」訳いいかげんな板の間を掃くほうきの先。

はばき【脛巾・行纏・半履】名詞「脛巾裳」の略。旅行や外出のときに脛に巻きつけた布製のもの。後世の脚絆。参照▶口絵

(脛 巾)

ははき-ぎ【帚木】名詞 ❶草の名。ほうきぐさ。干して草ぼうきにする。季夏。❷信濃の国(長野県)の園原にあったという伝説上の木。遠くからは箒を立てたように見えて、近寄ると見えなくなるという。居るのに人に会わずに逃げる人や、情けがあるらしく見えて実のないことをたとえることもある。源氏物語 平安―物語 帚木「ははきぎの心を知らで園原の道にあやなくまどひぬるかな」訳(伝説の)帚木のように実のない(あなたの)心を知らないで(帚木のある)園原の道(=恋の道)にわけもなく迷ったことだなあ。

参考「ははきぎ」の「はは」に「母」を言い掛けることもある。

はは-きさき【母后】名詞 母親である后。「ははぎさき」「ははきさい」とも。

はは-きたのかた【母北の方】名詞 母親であり、父親の正妻である人。

はは-くそ【黒子】名詞 ほくろ。

ははこ-もちひ【母子餅】ハハコモチイ 名詞 ははこぐさ(=ごぎょうの別名)の若葉を混ぜてついた餅。陰暦の三月三日についた。

はは-しろ【母代】名詞 母親の代わりになって世話をしてくれる人。

ははそ【柞】名詞 なら・くぬぎなど、ぶな科の樹木の総称。紅葉が美しい。季秋。古今 平安―歌集 秋下「佐保山のははその色は薄けれど」訳佐保山のははその(紅葉した)色はまだ薄いけれど。

ははそば-の【柞葉の】枕詞「ははそば」は「柞の葉」。語頭の「はは」から、同音の「母」にかかる。「ははそはの」とも。万葉集 奈良―歌集 四一六四「ちちの実の(=枕詞)父の命ははそばの母の命」訳父上、母上が。

はは-とじ【母刀自】名詞 母の尊敬語。母君。母上。

はは-の-みこと【母の命】名詞 母の尊敬語。母君。母上。

はひ【灰】ハイ 名詞 物の燃焼後の粉状のもの。

はひ-あり・く【這ひ歩く】ハイアリク 自動詞カ四〔か/き/く/く/け/け〕はって動き回る。はい回る。伊勢物語 平安―物語 八一「板敷のしたにはひありきて、」訳板敷きの床の下をはい回って。

はひ-おく・る【灰後る】ハイオクル 連語 紫色を染めるのに使った椿の灰の効力がなくなり、紫の色があせる。「はひかへる」とも。源氏物語 平安―物語 末摘花「紫の紙の、年経にければはひおくれ古めいたるに」訳紫色の紙で、年がたったので紫色があせて古ぼけたのに。

はひ-かく・る【這ひ隠る】ハイカクル 自動詞ラ下二〔れ/れ/る/るる/るれ/れよ〕はうようにして逃げ隠れる。ひそかに隠れる。源氏物語 平安―物語 帚木「深き山里、世離れたる海づらなどにはひかくれぬかし」訳(女性は)深い山里や、物寂しい海辺などに逃げ隠れてしまうものだよ。

はひ-かへ・る【灰返る】ハイカエル 連語「はひおくる」に同じ。

はひ-さ・す【灰差す】ハイサス 連語 紫色を染めるのに椿の灰を加える。万葉集 奈良―歌集 三一〇一「紫ははひさすものそ(=序詞)海石榴市の八十の衢に逢へる児や誰れ」訳紫染めには椿の灰を加えるが、その名をもった海石榴市(=地名)の四方に通じる別れ道で、会ったあなたはどなたでしょう。

はひ-たもとほ・る【這ひ徘徊る】ハイタモトオル 自動詞ラ四〔ら/り/る/る/れ/れ〕はい回る。「はひもとほる」とも。万葉集 奈良―歌集 四五八「若子のはひたもとほり」訳幼児のようにはい回り。

ばひ-と・る【奪ひ取る】バイトル 他動詞ラ四〔ら/り/る/る/れ/れ〕無理やり取る。もぎ取る。平家物語 鎌倉―物語 一一・勝浦付大坂越「判官、『そのふみとれ』とてふみばひとらせ」訳判官は、「その手紙を取れ」といって手紙を無理やり取らせ。

はひ-ふき【灰吹き】ハイフキ 名詞 たばこ盆についている、たばこの灰落とし。多く竹の筒で作られる。

はひ-ぶし【這ひ臥し・這ひ伏し】ハイブシ 名詞 腹ばいになること。

はひ-まぎ・る【這ひ紛る】ハイマギル 自動詞ラ下二〔れ/れ/る/るる/るれ/れよ〕はうようにして人目をまぎらす。忍び隠れる。源氏物語 平安―物語 帚木「かろがろしくはひまぎれ立ち寄りたまはんも」訳軽々しく、人目をまぎらしお立ち寄りなさることも。

はひ-まつは・る【這ひ纏はる】ハイマツワル 自動詞ラ下二〔れ/れ/る/るる/るれ/れよ〕はいのびてからみつく。源氏物語 平安―物語 朝顔「朝顔のこれかれにはひまつはれて」訳朝顔があれやこれやにはいのびてからみついて。

はひ-もとほ・る【這ひ徘徊る】ハイモトオル 自動詞ラ四〔ら/り/る/る/れ/れ〕「はひたもとほる」に同じ。万葉集 奈良―歌集 一九九「鶉なすはひもとほり」訳鶉のようにはい回り。

はひ-もとほろ・ふ【這ひ徘徊ろふ】ハイモトオロウ 自動詞ハ四〔は/ひ/ふ/ふ/へ/へ〕はい回っている。古事記 奈良―史書 景行「稲幹にはひもとほろふところづら」訳稲の茎にはい回っている山芋のつる。◆奈良時代以前の語。

はひ-わた・る【這ひ渡る】ハイワタル 自動詞ラ四〔ら/り/る/る/れ/れ〕❶はってのびる。日本書紀 奈良―史書 神代上「八丘八谷の間にはひわたれり」訳(八岐のおろちは)八つの丘八つの谷の間に横たわっている。❷気軽に歩いて行

く。▼距離の近いことを表す。源氏物語 平安―物語 明石「明石の浦は、ただはひわたる程なれば」訳明石の浦は、ほんの気軽に歩いていくほど(の近い距離)であるので。❸こっそりと忍んで行く。源氏物語 平安―物語 夕顔「この主と覚しきも、はひわたる時侍かめる」訳この主人と思われる人も、(覗き見に)こっそりと行くことがあるようでございます。

はふ[1]【法】名詞 ❶とりきめ。きまり。❷法律。❸しかた。方法。

参考「法」には、漢音の「はふ」と呉音の「ほふ」との二つの仮名づかいがあり、前者はきまり・方法などの意の場合、後者は仏法をいう仏教語の場合と、使い分けられている。⇩ほふ(法)

は・ふ[2]【延ふ】他動詞ハ下二{へ/へ/ふ/ふる/ふれ/へよ} ❶張り渡す。万葉集 奈良―歌集 八九四「黒縄をはへたる如く」訳黒縄を張り渡したように。❷思いを寄せる。万葉集 奈良―歌集 三〇六七「はへてしあらば年に来ずとも」訳(あなたが私に)思いを寄せているのならば一年に一度も来なくてもよい。

は・ふ[3]【這ふ】自動詞ハ四{は/ひ/ふ/ふ/へ/へ} ❶はう。腹ばいで前進する。枕草子 平安―随筆 うつくしきもの「二つ三つばかりなるちごの、いそぎてはひくるみちに」訳二才か三才くらいの幼児が急いではってくる途中で。❷つるや根がのび広がる。伊勢物語 平安―物語 三六「谷狭み峰まではへる玉かづら」訳谷が狭いので峰までのび広がっているつる草。

ば・ふ【奪ふ】他動詞ハ四{は/ひ/ふ/ふ/へ/へ} むりに取りあげる。うばう。源氏物語 平安―物語 夕霧「ありしやうにもばひ給はず」訳以前のようにも、(手紙を)うばい取りなさらない。◆「うば(奪)ふ」の変化した語。

は-ぶ・く[1]【羽振く】自動詞カ四{か/き/く/く/け/け} 羽ばたきをする。更級 平安―日記 宮仕へ「声々はぶきさわぐ音のするに」訳(池の鳥たちが)鳴いて羽ばたきをしさわぐ音がするので。

はぶ・く[2]【省く】他動詞カ四{か/き/く/く/け/け} ❶取り除く。減らす。源氏物語 平安―物語 夕霧「人のそしりあらむ事ははぶき捨て」訳人が非難するであろう事は取り除いて捨て。❷質素にする。源氏物語 平安―物語 少女「世のそしりもやとはぶき給へれば」訳世間の非難もあるだろうかと質素にしなさったので。❸分け与える。平家物語 鎌倉―物語 七・木曾山門牒状「かの庄園を没取して、みだりがはしく子孫にはぶく」訳その荘園を没収して、無秩序に子孫に分け与える。

はふくず-の【這ふ葛の】枕詞 葛のつるが長くはうようにのびることから「いや遠し」「後も逢はむ」「絶えず」などにかかる。万葉集 奈良―歌集 四五〇九「はふくずの絶えず偲はむ大君の見しし野辺には標結ふべしも」訳絶えずしのぼう。大君のご覧になった野辺には標を結うべきだ。

は-ぶくら【羽ぶくら】名詞 矢の上端の、ふっくらと羽のついている部分。

はふつた-の【這ふ蔦の】枕詞 蔦のつるが、いくつもの筋に分かれてはいのびていくことから「別る」「おのが向き向き」などにかかる。万葉集 奈良―歌集 四二二〇「越路をさしてはふつたの別れにしより」訳越路をめざして別れて行ってから。

はふに【白粉】名詞 おしろい。

はふ-はふ【這ふ這ふ】副詞 ❶やっとのことで。▼はうようなかっこうでやっと進むさま。徒然 鎌倉―随筆 八九「希有にして助かりたるさまにて、はふはふ家に入りにけり」訳九死に一生を得たというようすで、やっとのことで家に入った。❷あわてふためいて。平家物語 鎌倉―物語 八・鼓判官「馬を捨て、はふはふ逃ぐる者もあり」訳馬を捨てて、あわてふためいて逃げる者もいる。

はふら-か・す[*]【放らかす】他動詞サ四{さ/し/す/す/せ/せ} うち捨てる。ほうり出す。「はぶらかす」「はふらす」とも。奥の細道 江戸―紀行 市振「白浪の寄する汀に身をはふらかし」訳白波が寄せるなぎさに身をほうり出し。◆「かす」は接尾語。

はふら・す【放らす】他動詞サ四{さ/し/す/す/せ/せ}「はふらかす」に同じ。古今 平安―歌集 雑体「身はすてつ心をだにもはふらさじ」訳わが身は捨てることを決心した。(しかし)、心だけはうち捨てまい。

はふり【祝】名詞 神に奉仕することを職とする者。特に、神主や禰宜と区別する場合は、それらの下位にあって神事の実務に当たる職をさすことが多い。祝り子。「はうり」「はぶり」とも。

はぶり【葬り】名詞 葬送。葬儀。「はふり」とも。

はふり-こ【祝り子】名詞「はふり」に同じ。「はぶりこ」とも。

はふ・る[1]【放る】

一 他動詞ラ四{ら/り/る/る/れ/れ} ほうり出す。散らす。追放する。「はぶる」とも。古事記 奈良―史書 神代「その蛇を切りはふり給ひしかば」訳その蛇を切り散らしなさったので。

二 自動詞ラ下二{れ/れ/る/るる/るれ/れよ} ❶さすらう。源氏物語 平安―物語 玉鬘「いかなるさまにはふれ給はむとすらむ」訳(姫君は)どのようなありさまでさすらいなさろうとするだろうか。❷落ちぶれる。徒然 鎌倉―随筆 一「その子、孫までは、はふれにたれど」訳その子供や孫までは、落ちぶれてしまっていても。

はふ・る[2]【溢る】自動詞ラ四{ら/り/る/る/れ/れ} あふれる。万葉集 奈良―歌集 二八三三「葦鴨のすだく池水はふるとも」訳かもが群がり集まる池の水があふれても。

はぶ・る[1]【羽振る】自動詞ラ四{ら/り/る/る/れ/れ} 飛びかける。はばたく。飛び上がる。「はふる」とも。霊異記 平安―説話 上「鷲とりて空に上がりて、東を指してはぶりいぬ」訳鷲が(幼児を)さらって、空に飛び上がり、東の方を指してはばたき去っていった。

はぶ・る[2]【葬る】他動詞ラ四{ら/り/る/る/れ/れ} ❶埋葬する。ほうむる。❷火葬にする。著聞集 鎌倉―説話 四六「その後薪を積みて、はぶりて」訳その後薪を積んで、火葬にして。◆「はふる」とも。

はべ-めり【侍めり】連語

なりたち「はべり」の連体形＋推定の助動詞「めり」からなる「はべるめり」の撥音便「はべんめり」の、撥音「ん」が表記されない形。

…であるようです。…ようでございます。大鏡 平安―物語 道長上「その削り跡は、いとけざやかにてはべめり」訳その(柱の)けずった跡は、はっきりと残っているようでございます。

は

はべ・り【侍り】

語義の扉

古く、「あり」「をり」の謙譲語として用いられ、平安時代に入って、主として会話また消息（＝手紙）の中で「あり」「をり」の丁寧語としての用法も生じた。指示、命令を待って高貴な人のそばに居る意の「這はひあり」（＝ひれふしております）が語源とされる。平安時代の末期ごろからは、「さぶらふ」が新しい丁寧語として登場し、生きた使用の場を失って、擬古的な文章のなかに用いられた。吉田兼好（一二八三～一三五二）の『徒然草』に多用されるのも、兼好が平安朝期の文章を意識していたあらわれと見られる。

一 自動詞
❶おそばにいる。ひかえている。
❷あります。ございます。

二 他動詞
❶…ます。…（て）おります。
❷…（で）ございます。…（で）あります。

一 自動詞ラ変 {ら/り/り/る/れ/れ}

❶［「あり」「居をり」の謙譲語］おそばにいる。ひかえている。お仕えする。古今 平安―歌集 離別「夕さりまではべりてまかり出いでける折に」訳夕方までひかえていて退出したときに。

❷［「あり」「居をり」の丁寧語］あります。ございます。おります。源氏物語 平安―物語 若紫「ここにはべりながら、御とぶらひにもまうでざりけるに」訳ここにおりますのに、お見舞いにもうかがいませんでしたが。◆「はんべり」とも。

二 補助動詞ラ変 {ら/り/り/る/れ/れ}

❶［動詞の連用形に付いて、丁寧の意を表して］…ます。…（て）おります。源氏物語 平安―物語 桐壺「今までとまりはべるがいと憂きを」訳今まで生き残っておりますのがたいへんつらいので。

❷［補助動詞「あり」の丁寧語］［形容詞・形容動詞・助動詞の連用形に付いて］…（で）ございます。…（で）あります。源氏物語 平安―物語 帚木「かの撫子なでしこのらうたくはべりしかば」訳あの撫子（＝かわいがっている娘、玉鬘たまかずら）がかわゆうございましたので。
◆「はんべり」とも。

はべり-たう・ぶ【侍り給ぶ】 ハベリトウブ 連語

なりたち 動詞・補助動詞「はべり」の連用形＋尊敬の補助動詞「たう（給）ぶ」

❶［「はべり」が動詞の場合］**お仕え申し上げていらっしゃる。** 宇津保 平安―物語 梅の花笠「そこになむ、花見給たまへむとて、日ごろはべりたうぶなり」訳そこで花を見せていただこうと、この数日間お仕え申し上げていらっしゃるそうです。❷［「はべり」が丁寧の補助動詞の場合］**…なさいます。お…になります。…（て）おられます。** 源氏物語 平安―物語 蜻蛉「みづから会ひはべりたうびて」訳ご自身でお会いになりまして。

参考 (1)平安時代には、主として男性の会話文で用いられた。話し手が、自分よりも身分の高い人の行為を、さらに身分の高い人に向かって話す場合に用いられる。(2)❷の用例では、「はべり」が話し手から聞き手への敬意を表し、「たうぶ」が話題の主に対する話し手の尊敬の意を表している。

はべり-たま・ふ【侍り給ふ】 ハベリタマウ ―ハベリタモウ 連語

なりたち 動詞・補助動詞「はべり」の連用形＋尊敬の補助動詞「たま（給）ふ」

❶「はべりたうぶ❶」に同じ。宇津保 平安―物語 国譲下「左衛門の督かみの君、宰相中将、左大弁などがはべりたまひて」訳左衛門の督の君や宰相中将、左大弁などが（おそばに）お仕え申し上げていらして。❷「はべりたうぶ❷」に同じ。源氏物語 平安―物語 橋姫「今となりては、心苦しき女子をんなごどもの上をえ思ひ捨てぬとなむ嘆きはべりたまふ」訳今となっては、気の毒な女子たちの身の上を忘れ去ることはできないと嘆いておられます。

はへわらへ… 俳句「這へ笑へ 二つになるぞ 今朝からは」おらが春 江戸―句集 俳文・一茶いっさ 訳さあ、はいはいをしてごらん、笑ってごらん。新しい年が明けた今朝からは、お前は二歳になるのだよ。

鑑賞 文政元年（一八一八）五月に五十六歳でもうけた長女さとが、初めての新年の朝を迎え、数え年二歳になった折の句。娘に一人前いちにんまえの雑煮膳ぞうにぜんを出したという前書きがあり、老齢の父親の喜びがあふれている。この年、娘は伝染病で亡くなり、その追悼のため『おらが春』を編んだ。季語は「けさの春」で、季は春・新年。

はほ【這ほ】 ハホ 動詞「はふ」の連体形。万葉集 奈良―歌集 四三五二「道の辺への荊うまらの末うれにはほ豆の」訳道のほとりのいばらの枝の先につるがのび広がる豆のように。◆奈良時代以前の東国方言。

はま【浜】 名詞 ❶海・湖に沿った平地。❷川の岸の、船荷を揚げ下ろしする所。また、そこに立つ市場。河岸かし。◇江戸時代の上方かみがた語。

はま-ぐり【蛤】 名詞 ❶二枚貝の一種。季春。❷❶の貝殻。飴あめ、膏薬こうやくなどを入れたり、貝合わせの遊びなどに使用する。

はまぐりの… 俳句「蛤の ふたみに別れ 行く秋ぞ」奥の細道 江戸―紀行 大垣・芭蕉ばしょう 訳離れがたい蛤の蓋ふたと身が別れるように、自分はこの親しい人と別れて、伊勢せの二見が浦へ旅立つことだ。折から晩秋の候で、別れの寂しさがひとしお身にしみて感じられる。

鑑賞『奥の細道』の最後を飾る句。「蛤の」を「二見」の枕詞まくらことばに用いるとともに、「ふたみ」に蛤の「蓋と身」を掛けて別れがたい思いを暗示し、「行く」に「別れ行く」と「行く秋」とを掛けるという俳諧の表現法を駆使し、さらに「行く秋ぞ」が『奥の細道』出立に際しての句「行く春や鳥啼なき魚うをの目は泪」〈⇨ゆくはるや…〉と呼応する。季語は「行く秋」で、季は秋。

ば…まし ⇨まし（助動詞）

はま-ちどり【浜千鳥】 名詞 ❶浜辺にいる千鳥。季冬。❷枕詞 浜千鳥が砂に足跡をつける意から、「あと」にかかる。蜻蛉 平安―日記 上「はまちどりあとのとまりをたづぬとて」訳はまちどりは次の泊まりをさがしもとめて。

はま-の-まさご【浜の真砂】 連語 浜辺の砂。無数、無限であることをたとえていう語。「はまのまなご」とも。▼浜辺の砂は数えきれないほど多いことから。

はま-び【浜び】 名詞 浜辺。

はま-ひさぎ【浜久木・浜楸】 名詞 浜辺にはえるひさ

ぎ(=木の名)。◆和歌では、「久し」を導く序詞として用いることが多い。

はま-びさし【浜廂・浜庇】 名詞 ❶浜辺の家のひさし。❷浜辺にある漁師の粗末な家。◆和歌では、「久し」を導く序詞として用いることが多い。

はま-まつ【浜松】 名詞 **浜辺に生えている松。**

浜松中納言物語(はままつちゅうなごんものがたり) 書名 物語。作者未詳(菅原孝標女(すがわらのたかすえのむすめ)説がある)。平安時代後期の成立か。現存五巻。[内容]唐から帰国した中納言が、吉野山に唐の后(きさき)の母をたずね、その姫君に思いをよせる話で、夢と転生によって物語が進行し、神秘的夢幻的な浪漫性をたたえている。

はま-ゆか【浜床】 名詞 帳台(ちょうだい)の台として設けた方形の床。四隅に柱を立て帳(とばり)をたらして帳台とする。▼台の側面に州浜の模様があることから。

はま-ゆふ【浜木綿】(ハマユウ) 名詞 草の名。浜辺に生える。「はまおもと」の別名。歌では、葉が幾重にも重なることから「百重(ももへ)」「幾重ね(いくかさね)」などを導く序詞(じょことば)を構成し、また、幾重もの葉が茎を包み隠していることから、幾重にも隔てるもののたとえともされる。熊野(くまの)の景物として詠み込まれる。

はま-ゆみ【破魔弓・浜弓】 名詞 正月の遊びに子供が破魔(=わらを丸く編んだ的)を射た小弓。後にはその弓矢を飾り付けて縁起物とし、年末に男児のある家へ贈った。季春。

(破魔弓)

はま・る【塡まる・嵌まる】 自動詞ラ四{ら/り/る/る/れ/れ} ❶**落ち込む。** 入間川 室町―狂言 狂言「渡りてはまる」訳(川を)渡って(川へ)**落ち込む**。❷**相手の計略に陥る。だまされる。** 世間胸算用 江戸―物語 浮世・西鶴「結句(けっく)近き事にはまりぬ」訳かえって身近な(だれでも知っている)ことには**だまされ**てしまう。

はま-をぎ【浜荻】(ハマオギ) 名詞 ❶**浜辺に生えている荻。** ❷草の名。「葦(あし)」の別名。

はみ-かへ・る【食み返る】(ハミカエル) 自動詞ラ四{ら/り/る/る/れ/れ} ❶(魚などが)**水面に出て呼吸し、また水中に戻る。** 平家物語 鎌倉―物語 一一・遠矢「このいるかはみかへり候はば」訳このいるかが、**水面に出て呼吸し、また水中に戻り**ますならば。❷(病気が)**ぶり返す。** 心中天網島 江戸―浄瑠璃 浄瑠・近松「本人間の上々と、聞けばあとからはみかへる、そもいかなる病(やまひ)ぞや」訳真人間の極上と、聞くとすぐあとから**ぶり返す**、これはいったいどういう病気なのか。

は・む¹【食む】 他動詞マ四{ま/み/む/む/め/め} ❶**食う。飲む。ついばむ。** 万葉集 奈良―歌集 八〇二「瓜(うり)はめば子ども思ほゆ栗(くり)はめばまして偲はゆ」訳⇒うりはめば…。❷(俸禄(ほうろく)や知行を)**受ける。** 平家女護島 江戸―浄瑠璃 浄瑠・近松「今また平家の禄をはむ」訳今また平家の禄を**受ける**。

は・む²【塡む・嵌む】 他動詞マ下二{め/め/む/むる/むれ/めよ} ❶**落とし入れる。投げ入れる。** 藤袋草子 室町―物語 御伽「頸(くび)を突きて、海にはめつ」訳くびを突いて、海へ**投げ込ん**だ。❷**計略にかける。だます。**

-ば・む 接尾語マ四〔体言や動詞の連用形、形容詞の終止形などに付いて〕**…じみる。…めく。…がかる。** ▼上の語のような性質・ようすを帯びるの意を表す。「だつ」「めく」より強い。「黄ばむ」「気色(けしき)ばむ」「好きばむ」「をかしばむ」

は-むけ【葉向け】 名詞 風が葉を一方向になびかせること。

は-むしゃ【葉武者・端武者】 名詞 取るに足りない武者。木端(こっぱ)ざむらい。**雑兵(ぞうひょう)。**

は-も¹ 連語 なりたち 係助詞「は」+終助詞「も」 **…よ、ああ。** ▼文末に用いて、強い詠嘆の意を表す。古今 平安―歌集 恋一「草のはつかに見えし君はも」訳⇒かすがののゆきまをわけて…。◆奈良時代以前の語。

は-も² 連語 なりたち 係助詞「は」+係助詞「も」 **…は。** ▼文中に用いて上の語を取り立てて強める意を表す。万葉集 奈良―歌集 二〇四「昼はも日のことごと夜はも夜のことごと臥(ふ)し居嘆けど」訳昼は終日、夜は夜どおし、横になったり座ったりして嘆くけれども。◆奈良時代以前の語。

はもり-の-かみ【葉守の神】 名詞 樹木に宿ってそれを守り、葉を茂らせる神。

は-や¹【甲矢・端矢】 名詞 弓術で、一回に矢二本を一組として射るときの、最初に射る矢。対乙矢(おとや)。

はや²【早】 副詞 ❶**すみやかに。一刻も早く。** ▼命令・勧誘・願望などの表現を伴う。竹取物語 平安―物語 かぐや姫の昇天「はや出(い)だし奉れ」訳**一刻も早く**お出し申し上げよ。❷**早くも。もう。すでに。** 伊勢物語 平安―物語 六「鬼はや一口に食ひてけり」訳鬼は**すでに**一口に(女を)食ってしまっていた。❸〔詠嘆の助動詞「けり」を下接して〕**もともと。元来。実は。** 平家物語 鎌倉―物語 六・祇園女御「変化(へんげ)の物にてはなかりけり。はや人にてぞ有りける」訳化け物ではなかった。**実は**人だったのだ。

は-や³ 連語 なりたち 係助詞「は」+間投助詞「や」 **…よ。…よなあ。** ▼文末に用いて、強い詠嘆の意を表す。源氏物語 平安―物語 須磨「漁(いさ)りせむとは思はざりしはや」訳漁をすることになろうとは思いもしなかったなあ。◆奈良時代以前の語。

は-や⁴ 連語 なりたち 係助詞「は」+係助詞「や」 **…は…か。** ▼文中に用いて、疑問を表す。万葉集 奈良―歌集 一七七二「後れゐてわれはや恋ひむ」訳後に残っていて私は恋しく思うだろうか。語法 文末の活用語は、係助詞「や」を受けて連体形となる。

ばや

終助詞《接続》動詞型活用語の未然形に付く。

語義の扉

平安時代に、接続助詞「ば」と係助詞(一説に、間投助詞)「や」とが複合して一語となった語で、文末で活用語の未然形について用いられ、

❶自己の願望の気持ちを表す。
㋐自分自身の行動、動作の表現を願う場合。**できれば…したいなあ。**
㋑ラ変動詞「あり」「侍り」に接続して、状態の実現、ことがらの存在の実現を願う場

合。…であればよいがなあ。…であってほしいなあ。
❷話し手の意志を表す。…う。…よう。
❸〔多く「～あらばや」の形で、反語的に〕強い打ち消しの気持ちを表す。(…があってほしいのだが)あるどころか、まったく…ない。

❶(願望)㋐自分の行動、動作の実現を願う場合。**できたら…したいなあ。** 古今 平安―歌集 夏「五月来ば鳴きも古りなむほととぎすまだしきほどの声を聞かばや」訳 五月になってしまったら鳴き声も古びてしまうことだろう、まだ鳴く時節の到来しない今、誰よりも早く、ほととぎすの初々しい声を聞きたいことだ。更級 平安―日記「世の中に物語といふもののあんなるを、いかで見ばやと思ひつつ…」訳 世の中に物語というものがあるということだが、それを何とかして見たいものだといつもいつも思い続けていて…。㋑(ある状態、ことがらの存在の実現を願う場合)〔「あらばや」「侍らばや」の形で〕**…があればよいがなあ。…であってほしいなあ。** 源氏物語 平安―物語 早蕨「『かう思ひ知りけりと見え奉る節もあらばや』とはおぼせど」訳「こんなふうに身にしみてありがたく思っているという気持ちを分かっていただくような機会でもあったらよいなあ」とお思いになるが。❷(意志)**…う。…よう。** 隅田川 室町―能楽「今日は舟を急ぎ、人々を渡さばやと存じ候」訳 今日は舟を速く漕いで人々を渡そうと思います。◇鎌倉時代の語。❸(強い打消)〔多く「～あらばや」の形で〕**…あるどころか、まったく…ない。** 若木詩抄 江戸―論「家に銭もあらば、貰うて飲まんずることなれども、それもあらばや」訳 家にお金があるなら酒を買って飲もうと思うのだが、あるどころか一銭だってないことだ。◇鎌倉時代の語。

関連語「ばや」と「なむ」の違い
「ばや」が自己の願望を表すのに対して、同じく願望を表す終助詞の「なむ」は、相手に望む意を表す。
⇩「なむ」(終助)

ばや² 連語

なりたち 接続助詞「ば」＋係助詞「や」
❶〔活用語の未然形に付いて〕**…ならば…か。…たら…か。** ▼仮定条件の疑問を表す。古今 平安―歌集 秋下「心あてに折らばや折らむ」訳 ⇩こころあてに…。❷〔活用語の已然形に付いて〕**…だから…か。…なので…か。** ▼確定条件の疑問を表す。古今 平安―歌集 恋二「思ひつつ寝ればや人の見えつらむ」訳 ⇩おもひつつ…。
語法 文末の活用語は、係助詞「や」を受けて連体形となる。

はやう*【早う】ハヨウ 副詞 「はやく」のウ音便。「はやく❶❷❸」に同じ。枕草子 平安―随筆 すさまじきもの「はやうありし者どもの、ほかほかなりつる」訳 以前いた者たちで、今は散り散りだった人々が。

はや-うた【早歌】名詞 ❶神楽歌の一つ。歌のテンポが速い。❷「さうか」に同じ。

はや-うま【早馬】名詞 急使を乗せて走る馬。また、その馬に乗る急使。◆「はやむま」とも表記する。

はやく【早く】副詞
❶**すでに。とっくに。** 徒然 鎌倉―随筆 一三七「花見にまかれりけるに、はやく散り過ぎにければ」訳 花見に参りましたところ、すでに(花は)散ってしまっていたので。❷**以前。昔。かつて。** 古今 平安―歌集 夏・詞書「はやく住みける所にて、ほととぎすの鳴きけるを聞きて詠める」訳 以前に住んでいた所で、ほととぎすが鳴いたのを聞いて詠んだ(歌)。❸〔助動詞「けり」を下接して〕**驚いたことには。なんとまあ。なんと。実は。** 枕草子 平安―随筆 ねたきもの「針を引き抜きつれば、はやく尻を結ばざりけり」訳 針を引き抜いたところ、なんとまあ(糸の)端を結んでいなかったのだった。❹**もともと。元来。** 徒然 鎌倉―随筆 五〇「はやく跡なきことにはあらざめりとて」訳(うわさは)もともと根拠のないことではないようだと思って。

はやし¹【林】名詞 ❶木の群生している所。❷比喩的に、物の多く集まっている所。

はやし²【囃子】名詞 能楽・歌舞伎・長唄などの芸能で、拍子をとり情緒を添えるために演奏する音楽。

はや・し³【早し・速し】形容詞ク〔(く)・から／く・かり／し／き・かる／けれ／かれ〕
❶(速度が)**速い。急だ。** 奥の細道 江戸―紀行 最上川「五月雨を集めてはやし最上川」―芭蕉 訳 ⇩さみだれを…。❷(時期・時刻が)**早い。** 万葉集 奈良―歌集 三〇九五「朝烏はやくな鳴きそ」訳 朝烏よ、早くから鳴かないでくれ。❸**激しい。強い。** 竹取物語 平安―物語 竜の頸の玉「はやき風吹きて、世界暗がりて」訳 激しい風が吹いて、あたり一帯が暗くなって。❹**香りが強い。香りがきつい。** 源氏物語 平安―物語 梅枝「少しはやき心しらひを添へて、めづらしき薫り加はれり」訳(薫き物は)少し香りが強い心配りを添えて、新鮮な香りが加わっている。

はや・す¹【栄やす・映やす】他動詞サ四〔さ／し／す／す／せ／せ〕❶**引き立てる。際立たせる。** 源氏物語 平安―物語 初音「何事も、さしいらへし給ふ御光にはやされて」訳 何事も、(源氏が)受け答えなさるおかげで(つまらないことも)引き立てられて。❷**ほめそやす。賞美する。** 万葉集 奈良―歌集 三八八五「わが身一つに七重花咲く八重花咲くと申しはやさね申しはやさね」訳 わたしの身一つに七重八重に花が咲くと申し上げほめそやしてください。申し上げほめそやしてください。

はや・す²【囃す】他動詞サ四〔さ／し／す／す／せ／せ〕❶**囃子を演奏する。** 宇津保 平安―物語 楼上・下「よろづの楽、笛の音をはやし」訳 さまざまな音楽、笛の音を演奏し。❷**声を出して拍子を取る。調子を引き立てる。はやし立てる。** 平家物語 鎌倉―物語 一・殿上闇討「人々拍子を変へて『伊勢平氏はすがめなりけり』とぞはやされける」訳 人々は歌の拍子を変えて、「伊勢平氏はすがめなり」とはやし立てられた。◇平氏と瓶子(＝とっくり)、酢瓶と眇(＝片目が不自由なこと)をかけて、からかった。❸**盛んに言う。言いはやす。** 徒然 鎌倉―随筆 一八〇「『法成就の池にこそ』とはやすは」訳「法成就の池にこそ」と盛んに言うのは。

はや-せ【早瀬】 名詞 川の、流れがはやく浅い所。

はや-ち【疾風】 名詞 急に強く吹く風。突風。はやて。◆「ち」は風の古語。

はや-て【疾風】 名詞 「はやち」に同じ。◆「はやち」の変化した語。

はや-はや【早早】 副詞 早く早く。▼人を促すときにいう語。枕草子 平安一随筆 小白河といふ所は「『はやはや』と引き出でてあけて出だすを」訳(前の車の人が)「早く早く」と(自分の車を)引き出して(道を)あけて、(私の車を外に)出してくれるのを。

は-やま【端山】 名詞 人里に近い山。外山。対奥山・深山。

はや-み【早み・速み】 なりたち 形容詞「はやし」の語幹＋接尾語「み」 速いので。早いので。詞花 平安一歌集 恋上「瀬をはやみ岩にせかるる滝川のわれても末に逢はむとぞ思ふ」訳⇩せをはやみ…。

はや・む【早む・速む】 他動詞マ下二{め/め/む/むる/むれ/めよ} 速める。急がせる。平家物語 鎌倉一物語 六・小督「駒をはやめて行くほどに」訳乗った馬を急がせて行くと。

はや-らか・なり【早らかなり・速らかなり】 形容動詞ナリ{なら/なり・に/なり/なる/なれ/なれ} はやい。速やかだ。宇治拾遺 鎌倉一説話 三・五「家へはやらかにやりて」訳(車を)家へ速やかに行かせて。◆「らか」は接尾語。

はやり-か・なり【逸りかなり】 形容動詞ナリ{なら/なり・に/なり/なる/なれ/なれ} ❶調子が速くて軽快だ。陽気で弾んでいる。はしゃいでいる。源氏物語 平安一物語 東屋「はやりかなる曲の物など教へて」訳(娘に)調子の速い軽快な琴の曲などを教えて。❷軽率だ。せっかちだ。源氏物語 平安一物語 末摘花「侍従とて、はやりかなる若人」訳侍従といって、せっかちな若い女房が。❸はやり立ちやすい。勇ましい。源氏物語 平安一物語 東屋「物つつみせずはやりかにおぞき人にて」訳(乳母は)無遠慮で、勇ましく勝ち気な人で。

はやり-を【逸り男・逸り雄】 名詞 血気にはやる男。

[1]はや・る【流行る】 自動詞ラ四{ら/り/る/る/れ/れ} ❶時めく。時流に乗って栄える。大鏡 平安一物語 兼家「堀河摂政のはやり給ひし時に」訳堀河の摂政(=藤原兼通)が時流に乗って栄えていらっしゃったときに。❷流行する。はびこる。世の中に広がる。著聞集 鎌倉一説話 一七「疫病はやりたりけるに」訳悪性の伝染病が流行していたときに。

[2]はや・る【逸る・早る】 自動詞ラ四{ら/り/る/る/れ/れ} ❶興に乗る。夢中になる。落窪物語 平安一物語 一「化粧はやりたりとは見ゆや」訳化粧に夢中になっていると見えるよ。❷勇み立つ。勢いづく。大鏡 平安一物語 頼忠「いみじうはやる馬にて」訳たいそう勇み立つ馬で。❸あせる。いらだつ。源氏物語 平安一物語 常夏「この人も、はた、気色はやれる」訳この人も、またようすがいらだっている。

は*・ゆ【映ゆ・栄ゆ】 自動詞ヤ下二{え/え/ゆ/ゆる/ゆれ/えよ} ❶他のものと調和して、いっそう鮮やかに見える。引き立って見える。枕草子 平安一随筆 十二月二十四日、宮の御仏名の「濃き衣のいと鮮やかなる、つやなど月にはえて」訳濃い色の衣服でたいそうくっきりとしたのが、光沢など月に引き立って見えて。❷いっそう盛んになる。つのる。源氏物語 平安一物語 常夏「厭ふにはゆるにや」訳嫌われるほど、(思いが)つのるのだろうか。

はゆ・し【映ゆし】 形容詞ク{(く)・から/く・かり/し/き・かる/けれ/かれ} ❶まばゆい。❷きまりが悪い。恥ずかしい。照れくさい。和泉式部集 平安一歌集「おほん返し聞こえむもはゆしければ」訳お返事を差し上げるようなのもきまりが悪いので。

はゆ-ま【駅・駅馬】 名詞 奈良時代、旅行者のために街道の駅に備えてあった馬。公用の場合は駅鈴をつけた。伝馬。◆「はやうま(早馬)」の変化した語。

はゆま-づかひ【駅使ひ】 名詞「はゆま」を使って旅行する公用の使者。「はゆまつかひ」とも。

はら*【腹】 名詞 ❶おなか。腹部。❷その女性から生まれたこと。また、その子。源氏物語 平安一物語 桐壺「一の御子は、右大臣の女御の御はらにて」訳第一皇子は、右大臣の娘である女御がお生みになった方で。❸血筋。同じ血筋の者。源氏物語 平安一物語 薄雲「親王たち・大臣の御はらといへど」訳親王方・大臣のお血筋というが。❹心中。心底。考え。伊勢物語 平安一物語 四四「この歌はあるが中におもしろければ、…はらにあぢはひて」訳この歌はたくさんある中でも特におもしろいので、…心底味わって。

-ばら* 接尾語〔人を表す名詞に付いて〕…の仲間。…ども。▼多数であることを表す。多くは、敬意を欠く表現。平安時代から広く用いられ、のち、数種の特定の語に付くようになる。「殿ばら」「奴ばら」

はら*-あ・し【腹悪し】 形容詞シク{(しく)・しから/しく・しかり/し/しき・しかる/しけれ/しかれ} ❶意地が悪い。腹黒い。源氏物語 平安一物語 東屋「はらあしく言葉多かるものにて」訳意地が悪くおしゃべりな者で。❷怒りっぽい。徒然 鎌倉一随筆 四五「良覚僧正と聞こえしは、きはめてはらあしき人なりけり」訳良覚僧正と申し上げた方は、非常に怒りっぽい人であった。

はら-いた・し【腹痛し】 形容詞ク{(く)・から/く・かり/し/き・かる/けれ/かれ} ひどくこっけいだ。笑止千万だ。去来抄 江戸一論 先師評「他門の人聞き侍らば、はらいたく」訳(この事を)他門の人(=芭蕉の門下でない人)が聞きましたら、(その人には)ひどくこっけいで。

はら-から【同胞】 名詞 同腹の(=母を同じくする)兄弟姉妹。転じて、(一般に)兄弟姉妹。更級 平安一日記 初瀬「はらからなる人は言ひ腹立てど、ちごどもの親なるひとは」訳(私の)兄弟である人は腹立たしげに言い立てるけれど、子供たちの父親である人(=夫)は。参考「はら」は腹、「から」は「うから」「やから」の「から」で、血縁関係を意味するとされる。

はら-が-・ゐる【腹が居る】 連語 怒りがおさまる。気が晴れる。平家物語 鎌倉一物語 九・生ずきの沙汰「梶原、この詞にはらがゐて」訳梶原は、この(=高綱の)言葉で怒りがおさまって。

はら-ぎたな・し【腹汚し】 形容詞ク{(く)・から/く・かり/し/き・かる/けれ/かれ} ひねくれて意地が悪い。腹黒い。「腹黒し」とも。枕草子 平安一随筆 成信の中将は「御前わたりも、見苦しなど仰せらるれど、はらぎたなきにや、告づる人もなし」訳中宮も、みっともないなどとおっしゃるが、(ほかの人は)意地が悪いせいか、(本人に)知らせる人もない。

はら-ぐろ・し【腹黒し】 形容詞ク{(く)・から/く・かり/し/き・かる/けれ/かれ} 「はらぎたなし」に同じ。蜻蛉 平安 日記 下「はらぐろう、消えぬとものたまはせで」訳意地悪く、(灯火が)消えたともおっしゃらないで。◇「はらぐろう」はウ音便。

はら-たか・し【腹高し】 形容詞ク{(く)・から/く・かり/し/き・かる/けれ/かれ} 妊娠して腹がふくれている。枕草子 平安 随筆 にげなきもの「老いたる女のはらたかくてありく」訳年とった女が妊娠して腹がふくれていて出歩く(のは似合わないものだ)。

はら-だた・し【腹立たし】 形容詞シク{(しく)・しから/しく・しかり/し/しき・しかる/しけれ/しかれ} しゃくにさわる。腹だたしい。宇治拾遺 鎌倉 説話 一〇・一「いとあしきことなりとはらだたしうて」訳非常にけしからんことだとしゃくにさわって。◇「はらだたしう」はウ音便。

はら-だ・つ【腹立つ】 一 自動詞タ四{た/ち/つ/つ/て/て} ❶腹を立てる。怒る。枕草子 平安 随筆 人のうへいふを腹立つ人こそ「人の上言ふをはらだつ人こそいとわりなけれ」訳人のうわさをすることに腹を立てる人は、まことに訳がわからない。❷けんかする。言い争う。源氏物語 平安 物語 若紫「童べとはらだち給へるか」訳子供たちとけんかしなさったのか。二 自動詞タ下二{て/て/つ/つる/つれ/てよ} ❶に同じ。源氏物語 平安 物語 浮舟「幼き人なはらだてそ」訳幼い人を怒るな。

はら-つづみ【腹鼓】 名詞 十分食べて、ふくれた腹を鼓のように打つこと。世の中が太平で、安楽なさまにもいう。土佐日記 平安 日記 一・七「船子どもははらつづみを打ちて」訳水夫たちは腹を鼓のように打ち鳴らして。◆中国の尭の治世のとき、老人が腹鼓を打ち、大地をたたいて歌い、尭の徳をたたえたという「鼓腹撃壌」の故事による。

はら-ばら【腹腹】 名詞 父を同じくする子供たちの母たち。

***はら-はら(と)** 副詞 ❶はらはら(と)。ぱらぱら(と)。ぽろぽろ(と)。▼雨・木の葉や涙がしきりに落ちるようす。平家物語 鎌倉 物語 二・教訓状「大臣聞きもあへずはらはらとぞ泣かれける」訳大臣殿はみなまで聞かずに涙をぽろぽろと流してお泣きになった。❷長い髪などがゆらめいて垂れ下がるようす。源氏物語 平安 物語 葵「はらはらとかかれる枕の程」訳(髪が)ふんわりとかかった枕のようす。❸さらさら(と)。▼物が触れ合って立てるかすかな音を表す語。源氏物語 平安 物語 帚木「衣の音なひはらはらとして」訳衣ずれの音がさらさらとして。❹物が砕けたり、壊れたり、破れたりする音を表す語。今昔物語 平安 説話 二三・一九「八つの胡桃一度にはらはらと砕けにけり」訳八つのくるみは一度にばりばりと砕けてしまった。❺ぱちぱち(と)。▼物が焼けてはぜる音を表す語。徒然 鎌倉 随筆 六九「焚かるる豆殻のはらはらと鳴る音は」訳燃やされる豆殻のぱちぱちと鳴る音は。❻気をもむようす。◇江戸時代の語。

はらひ【祓ひ】 名詞 「はらへ❶」に同じ。

はら・ふ[1]【払ふ・掃ふ】 他動詞ハ四{は/ひ/ふ/ふ/へ/へ} ❶取り除く。除き去る。古事記 奈良 史書 景行「草を刈りはらひ」訳草を刈って取り除き。❷片づける。掃き清める。源氏物語 平安 物語 総角「御簾かけかへ、ここかしこかきはらひ」訳御簾をかけかえ、あそこここと残らず片づけ。❸討伐する。平定する。万葉集 奈良 歌集 四二五四「天降りましはらひ平らげ」訳天上からおくだりになり、(賊を)討伐し平らげ。

はら・ふ[2]【祓ふ】 他動詞ハ下二{へ/へ/ふ/ふる/ふれ/へよ} 神に祈って罪・汚れや災いを除き清める。はらい清める。万葉集 奈良 歌集 四〇三一「中臣の太祝詞言ひはらへ贖ふ命も」訳中臣氏のりっぱな祝詞を申し上げ不浄をはらい清め代償を差し出して長生きするように祈る命も。

はら-ふくる【腹膨る】 連語 ❶腹がふくれる。太る。❷心中に不満がたまる。大鏡 平安 物語 序「おぼしきこと言はぬは、げにぞはらふくるる心地しける」訳(言いたいと)思っていることを言わないのは、本当に心中に不満がたまる気持ちがするものだ。

はらへ【祓へ】 名詞 ❶神に祈って罪・汚れや災いを払い除くこと。おはらい。また、その儀式。「はらひ」とも。❷罪をつぐなうために、物を出させたり、刑を科したりすること。また、その物や刑。

はらへ-どの【祓へ殿】 名詞 「祓へ」を行う神殿。

はらへど-の-かみ【祓へ戸の神】 名詞 「大祓」のときに祭る神。

はら-まき【腹巻】 名詞 鎧の一つ。騎射戦に用いる「大鎧」に対して、徒歩戦用の簡便な鎧。草摺は細かに分割されていて小型。腹に巻き、背で引き合わせて着用する。参照▼口絵

はらみつ【波羅蜜】 名詞 仏教語。悟りに到達するための菩薩の修行のこと。「波羅蜜多」とも。

はら・む【孕む】 一 自動詞マ四{ま/み/む/む/め/め} ❶身ごもる。妊娠する。源氏物語 平安 物語 竹河「七月よりは、はらみ給へり」訳七月から(大君は)身ごもりなさった。❷(稲などの)穂が出ようとしてふくらむ。張る。蜻蛉 平安 日記 中「いとをかしうはらみて」訳たいそう愛らしく(穂が)ふくらんで。二 他動詞マ四{ま/み/む/む/め/め} 胎内に宿す。身ごもる。平家物語 鎌倉 物語 六・祇園女御「かの女房、院の御子をはらみ奉りしかば」訳かの女房(=祇園女御)が、(白河)院の御子を身ごもり申し上げたので。

はら-め・く 自動詞カ四{か/き/く/く/け/け} ❶ぱらぱらと音を立てる。蜻蛉 平安 日記 中「雨いといたうはらめきて」訳雨がたいそうひどくぱらぱらと音を立てて。❷ぼろぼろになる。発心 鎌倉 説話 一「ゆゆしげに破れはらめきたるを」訳(紙の衣などが)ひどく破れぼろぼろになっているのを。◆「めく」は接尾語。

ばらもん【婆羅門・波羅門】 名詞 古代インド社会の四階級中の最高位である僧侶階級。

はら-わた【腸】 名詞 大腸・小腸の総称。また、内臓。

はらわた-を-き・る【腸を切る】 連語 おかしさにたえられないで大笑いする。著聞集 鎌倉 説話 一三三「満座興に入りてはらわたをきりけるとぞ」訳その場の人は全員、おもしろがって大笑いしたということだ。

***はらわた-を-た・つ【腸を絶つ】** 連語 ❶悲しみに堪えられない。大鏡 平安 物語 時平「秋思の詩篇独りはらわたをたつ」訳「秋思」(という題)の詩一編を作り、ひとり悲しみに堪えられないでいる。◇漢語「断腸」を訓読した語。❷おかしさに堪えられない。盛衰記 鎌倉 物語 三四「さしも浅まし最中に人々みなは

らわたをたつ」訳これほど驚くばかりの(戦いの)最中にあって、人々は皆おかしさに堪えられないでいる。❸感動に堪えられない。感慨無量となる。奥の細道 江戸―紀行 須賀川「風景に魂奪はれ、懐旧にはらわたをたちて」訳(白河の関で)風景(の美しさ)に魂を奪われ、懐旧の情で感慨無量となって。

ばら-を【ばら緒】名詞 細い緒をより合わさないまま束ねて作った鼻緒。

はら-を-き・る【腹を切る】連語 ❶切腹する。❷腹をよじって大笑いする。竹取物語 平安―物語 竜の頸の玉「はらをきりて笑ひ給ふ」訳(奥方は)腹をよじってお笑いになる。

はら-を-す・う【腹を据う】連語 ❶怒りを静める。がまんする。こらえる。平家物語 鎌倉―物語 二・小教訓「入道、なほはらをすゑかねて」訳入道(=平清盛)は、ますます怒りを静められなくなって。❷覚悟を決める。

はり[1]【針】名詞 ❶縫い針。❷釣り針。◇「鉤」とも書く。❸治療のため体に刺す針。◇「鍼」とも書く。❹比喩的に、心や言葉の中にある、人の心を傷つける要素。

はり[2]【榛】名詞 木の名。はんの木。実と樹皮が染料になる。

はり-ぎぬ【張り衣】名詞 板に張って、つやを出し、ぴんとさせた布で仕立てた着物。

はり-つ・く【磔く】他動詞カ下二{け/け/く/くる/くれ/けよ} はりつけにする。今昔物語 平安―説話 二九・九「その所にはりつけて射殺してけり」訳その場所ではりつけにして射殺してしまった。

はり-はら【榛原】名詞 はんの木の生えている原。

播磨 地名 旧国名。山陽道八か国の一つ。今の兵庫県の西南部。播州。◆古くは「針間」と書いた。参照▶資料21

はり-みち【墾道】名詞 新しく切り開いた道。新道。万葉集 奈良―歌集 三三九九「信濃路は今のはりみち刈り株に足踏ましなむ沓はけわが背」訳⇩しなのぢは…。

はり-むしろ【張り筵】名詞 雨よけとして車に覆い掛けるむしろ。

はり-や・る【張り破る】他動詞ラ四{ら/り/る/る/れ/れ}(張り板に布を張るときに)強く張り過ぎて破る。伊勢物語 平安―物語 四一「上の衣の肩をはりやりてけり」訳上着の肩のところを強く張り過ぎて破ってしまった。

はり-ゆみ【張り弓】名詞 弦を掛けて張った弓。また、そのような形のもの。

はる[1]【春】名詞 ❶四季の一つ。立春から立夏まで。ほぼ陰暦の一、二、三月をいう。❷新年。正月。おらが春 江戸―句集 俳文「目出度さもちう位なりおらがはる―一茶」訳⇩めでたさも…。

参考 和歌では芽が伸びふくらむの意の「張る」と掛詞に用いることがある。

> **◆学習ポイント㊷**
>
> **春と秋の優劣論争**
>
> 春秋の優劣を和歌で論ずることは広く行われたが、歌集に残っている最初は、額田王の『万葉集』の歌である。
>
> 天智天皇が藤原鎌足に命じて春の山の花の美しさと秋の山の紅葉の美しさを比べさせたときに作った歌で、大意は次のようなものである。
>
> 春の花は、山の草木が茂るので山に入って折り取って賞美することができない。秋の紅葉は手にとって自由に賞美することができる。――だから秋が勝ると思う。
>
> 平安時代になるとこの優劣論はいっそう盛んになり、比較の対象は花・紅葉だけではなく、春の霞・秋の霧・虫の音など多くの自然現象にまで広がっている。
>
> 鎌倉時代の兼好の『徒然草』では、「もののあはれは秋こそまされと人ごとに言ふめれど…いま一きは心も浮き立つものは、春のけしきにこそあめれ」と、春を推賞している。

は・る[2]【張る】
一 自動詞ラ四{ら/り/る/る/れ/れ} ❶(氷が)はる。一面に広がる。平家物語 鎌倉―物語 九・木曾最期「入り相ばかりの事なるに、薄氷ははったりけり」訳夕暮れ時のころであったうえ、薄氷がはっていた。◇「はっ」は促音便。❷(芽が)ふくらむ。出る。芽ぐむ。万葉集 奈良―歌集 一七〇七「山城のくせの鷺坂神代より春ははりつつ秋は散りけり」訳山城の国の久世の鷺坂では神代から春は芽が出ては秋には散ったことだ。

二 他動詞ラ四{ら/り/る/る/れ/れ} ❶一面に広げる。(縄などを)ぴんと張る。徒然 鎌倉―随筆 一〇「鳶のゐざらむは、何かは苦しかるべき」…縄をはられたりけるを」訳とびを止まらせまいとして、縄をお張りになっていたのを。❷はりつける。(紙などを)広げてつける。枕草子 平安―随筆 中納言まゐり給ひて「隆家こそいみじき骨は得て侍れ。それをはらせて参らせむとするに」訳(わたくし)隆家は、とてもすばらしい扇の骨を手に入れましたよ。それに紙をはりつけさせてさしあげようと思いますが。❸(気を)引き締める。緊張させる。太平記 室町―物語 一七「おのおの気をはり心を専らにして」訳それぞれが気を引き締めて心を集中して。❹構え設ける。張る。平家物語 鎌倉―物語 八・室山「平家は陣を五つにはる」訳平家は陣を五か所に構え設ける。❺平手でたたく。なぐる。平家物語 鎌倉―物語 八・鼓判官「わ殿を鼓判官といふは、よろづの人に打たれたうか、はられたうか」訳あなたを鼓判官というのは、多数の人に打たれなさったからか、たたかれなさったからか。◇「張る」は「鼓を張る」と「頬を張る」とを通じさせた表現。

は・る[3]【晴る・霽る】自動詞ラ下二{れ/れ/る/るる/るれ/れよ} ❶晴れる。❷憂いや悩みが解消する。心がはればれとする。源氏物語 平安―物語 賢木「ましてはるる世なき、中宮の御心のうちなり」訳それ以上に憂いが解ける間もない、中宮のお心のうちである。❸広々とする。源氏物語 平安―物語 末摘花「額つきこよなうはれたるに」訳額のようすはこの上もなく広々としている上に。❹広く開ける。見晴らしがきく。方丈記 鎌倉―随筆「谷しげけれど、西はれたり」訳谷は草木が茂っているが、西の方は見晴らしがきいている。

は・る[4]【墾る】他動詞ラ四{ら/り/る/る/れ/れ} 開墾する。新たに土地を切り開いて田畑や道・池などを作る。万葉集 奈良―歌集 二二四四「住吉の岸を田にはり蒔きし稲」訳住吉の岸を田に開墾してまいた稲。◆奈良時代以

は

前の語。

はる-あき【春秋】 名詞 ❶春と秋。春や秋。❷年月。年齢。しゅんじゅう。方丈記 鎌倉-随筆「四十あまりのはるあきを送れる間」訳四十年余りの年月を送っている間。◆漢語「春秋」を訓読した語。

はるあき-の-さだめ【春秋の定め】 連語 春と秋との風情の優劣の判定。参照▶学習ポイント42

はる-かけ-て【春懸けて】 連語 ❶春を待ち望んで。古今 平安-歌集 春上「梅が枝に来ゐる鶯はるかけて」訳梅の枝に来てとまっているうぐいすが、春を待ち望んで。❷春の気配が濃くなって。平家物語 鎌倉-物語 一〇・海道下「志賀の浦浪はるかけて」訳志賀の浦に寄せる波に春の気配が濃くなって。

はるか・す【晴るかす】 他動詞サ四〔さ/し/す/す/せ/せ〕晴らす。はればれとさせる。伊勢物語 平安-物語 九五「おぼつかなく思ひつめたること、少しはるかさむ」訳もどかしく思い詰めた気持ちを、少し晴らそう。

[1]はる-がすみ【春霞】 名詞 ❶春の霞。季春。古今 平安-歌集 春上「はるがすみ立てるやいづこ」訳春霞が立ちこめているのは、どこなのだろう。❷枕詞「かす」という同音の繰り返しから地名「春日」にまた、春霞の状態から「立つ」「起つ」「発つ」「竜田(立田)」に、霞がかかって物が直接見えない意で「よそに」や、霞が「居る」の意で同音の「井」などにかかる。古今 平安-歌集 春下「花の散ることやわびしきはるがすみ竜田の山の鶯の声」訳花の散ることが心細いのか。春霞がたつという竜田の山でうぐいすの鳴く声が聞こえている。

[2]はるがすみ… 和歌「春霞 立つを見捨てて 行く雁は 花なき里に 住みやならへる」古今 平安-歌集 春上・伊勢 訳春霞が立つのを見捨てて北の国へ帰って行く雁は、花のない里に住み慣れているのであろうか。

鑑賞 この歌は、雁を擬人化し、「花なき里」に住み慣れているせいだろうと想像することによって、春を待ち望む思いを機知的に詠んだ。「ならへる」の「る」は係助詞「や」の結びで、存続の助動詞「り」の連体形。

はる-かたま・く【春片設く】 連語 春を待ち受ける。春を迎える。万葉集 奈良-歌集 八三八「鶯鳴くもはるかたまけて」訳うぐいすが鳴いているなあ。春を迎えて。

はる-か・なり【遥かなり】 形容動詞ナリ〔なら/なり・に/なり/なる/なれ/なれ〕❶(距離的・空間的に)遠く離れている。ずっと遠い。更級 平安-日記 子忍びの森「ありありてかくはるかなる国になりにたり」訳とどのつまり、このような遠く離れている国の国司になってしまったのだ。❷(時間的に)ほど遠い。ずっと先のことである。枕草子 平安-随筆 ゆくすゑはるかなるもの「ゆくすゑはるかなるもの。…生まれたる稚児の大人になる程」訳将来がほど遠いもの。…生まれた赤子が大人になるまでの間。❸気が進まない。その気になれない。うとましい。▼気分的に隔たっているようす。源氏物語 平安-物語 桐壺「大床子の御膳などは、いとはるかにおぼし召したれば」訳(悲しみから)大床子の御膳(=天皇の昼の正式の食事)などは、とてもその気になれない(=食べる気になれない)とお思いになっているので。❹(程度が)甚だしい。徒然 鎌倉-随筆 一八四「皆を張りかへ候はんは、はるかにたやすく候ふべし」訳(障子の紙の)全部を張りかえますなら、そのほうがはなはだ容易でございましょう。

はるきてぞ… 和歌「春来てぞ 人も訪ひける 山里は 花こそ宿の 主なりけれ」拾遺 平安-歌集 雑春・藤原公任・今昔物語 平安-説話 二四・三四 訳春がやって来て、はじめて人も訪れてくるようになった。山里では花こそが家の主人だったのだ。

鑑賞 山里を訪れる人は、家の主人に会いに来るのではなく、花を見るためにやって来るので、山荘の主人は花なのだと、人よりも花に心を引かれる人情を風刺した歌。

はる・く【晴るく】 他動詞カ下二〔け/け/く/くる/くれ/けよ〕❶(憂いなどを)晴れさせる。晴らす。源氏物語 平安-物語 桐壺「くれまどふ心の闇も、たへがたき片はしをだにはるくばかりに聞こえまほしう侍るを」訳(亡き娘を思って)途方に暮れる(親の)心の乱れも、堪えがたく悲しい(が、その)一端だけでも晴らせるほどにお話し申し上げとうございますので。❷払いのける。取り除く。掃除する。源氏物語 平安-物語 総角「岩隠れにも積もれる紅葉の朽ち葉、少しはるけ」訳岩に隠れるようにして積もっている紅葉の朽ち葉を少し払いのけ。

はるくさ-の【春草の】 枕詞 ❶春草はめでたたえるべきである意から「めづらし」にかかる。万葉集 奈良-歌集 二三九「はるくさのいやめづらしきわご大王かも」訳いよいよたたえるべきわが皇子であるなあ。❷春草は生い繁る意から「繁し」にかかる。万葉集 奈良-歌集 一九二〇「はるくさの繁きわが恋大き海の辺に行く波の千重に積もりぬ」訳数多い私の恋は、大海の岸に寄せ来る波のように幾重にも積もってしまった。

はる-け・し【遥けし】 形容詞ク〔(く)・から/く・かり/し/き・かる/けれ/かれ〕❶(空間的に)はるかだ。遠い。源氏物語 平安-物語 賢木「はるけき野辺を分け入り給ふよりいとものあはれなり」訳(嵯峨野の)はるか遠い野のあたりを(源氏が草を)分けてお入りになるやいなや、とてももの寂しい。❷(時間的に)遠い。久しい。ずっと先だ。古今 平安-歌集 物名「人目ゆゑ後に会ふ日のはるけくは」訳人目がはばかられるので、この次に会う日がずっと先になったら。❸(心理的に)隔たっている。古今 平安-歌集 恋五「思はぬ仲ぞはるけかりける」訳互いに思っていない男女の仲は心が隔たっているものだったなあ。

はるけ-どころ【晴るけ所】 名詞 (気分の)晴らし所。はけ口。源氏物語 平安-物語 賢木「少し、物思ひのはるけどころある心地し給ふ」訳(源氏は)少しは、物思いのはけ口がある気持ちがなさる。

春雨物語 書名 読本。上田秋成作。江戸時代後期(一八〇八)成立。十巻。〔内容〕古典や歴史に基づいた「血かたびら」「天津処女」「樊噲」などの十編を収めてあり、作者の人間観・芸術観がきわまった晩年の作品である。

[1]はるさめや… 俳句「春雨や 食はれ残りの 鴨が鳴く」七番日記 江戸-日記 俳文・一茶 訳春雨がしとしとと静かに降り続く夕暮れ、運よく人間に食べられずに生き残った鴨が寂しげに鳴いている。

鑑賞 文化十年(一八一三)の作。「食はれ残り」という大胆な表現で、感傷的な気分を諧謔味に変えている。季語は「春雨」で、季は春。

はるさめや…[2]【俳句】「春雨や 小磯の小貝 ぬるるほど」【蕪村句集 江戸｜句集】俳諧・蕪村〈訳〉海辺に絹糸のような春雨が降っている。入り江の小さな磯に散らばった小さな貝がいつの間にかぬれてゆくほどの、柔らかな細い雨であるよ。

【鑑賞】「小磯の小貝」と頭韻を踏んだ調べが美しい。また、春雨の細い絹糸のような柔らかさを表すには、やはり「小さな磯」の「小さな貝」でなくてはならず、表現の細かい工夫を味わいたい。季語は「春雨」で季は春。

はる-さら-ば＊【春さらば】【連語】春になったら。春がやって来たら。【万葉集 奈良｜歌集】一二八一「君がため手力疲れ織りたる衣ぞはるさらばいかなる色に摺りてば好けむ」〈訳〉⇨はるさらば…。

はる-さ-る【春さる】【連語】春が来る。春になる。【万葉集 奈良｜歌集】八一八「はるさればまづ咲く宿の梅の花」〈訳〉春になるとまっさきに咲く、この家の梅の花。◆「さる」は近付くの意。

はるすぎて…[1]【和歌】「春過ぎて 夏来たるらし 白栲の 衣干したり 天の香具山」【万葉集 奈良｜歌集】二八・持統天皇〈訳〉春が過ぎて夏が来たらしい。その証拠には、夏用の白い衣服が干してある、あの緑の天の香具山に。

【鑑賞】白と緑の対照がすがすがしい印象をもたらす。第二句を「夏来にけらし」、第四句を「衣干すてふ」の形で、『新古今和歌集』『小倉百人一首』にも採られている。

はるすぎて…[2]【和歌】【百人一首】「春過ぎて 夏来にけらし 白妙の 衣干すてふ 天の香具山」【新古今 鎌倉｜歌集】夏・持統天皇〈訳〉春が過ぎて夏が来たのだなあ。夏が来ると白い衣を干すという天の香具山に白い夏の衣が干してあることよ。

はる-た-つ【春立つ】【連語】春になる。立春となる。【季】春。【万葉集 奈良｜歌集】一八一二「ひさかたの(=枕詞)天の香具山このタべ霞たなびくはるたつらしも」〈訳〉天の香具山に、この夕べ、霞がたなびいている。ああ、春になったらしいよ。◆漢語「立春」を訓読した語。

はる-つ-かた【春つ方】【連語】春のころ。春の時分。◆「つ」は「の」の意の奈良時代以前の格助詞。

はる-つげ-どり【春告げ鳥】【名詞】鳥の名。うぐいすの別名。

はる・なり【遥なり】【形容動詞】ナリ〔なら／なり・に／なり／なる／なれ／なれ〕はるかだ。【古今 平安｜歌集】雑上・【伊勢物語 平安｜物語】四一「紫の色こき時は目もはるに野なる草木ぞ分かれざりける」〈訳〉紫草の色が濃いときは、はるか遠くまで見える草木のすべてが紫草と区別がつかない(=みな、いとしい)。そのように、愛する妻の血縁につながる人も、同様に気にかけずにはいられなかったよ。◆歌では、多く「目も遥に」の形で「芽も張る」をかけて用いる。

はる-の【春野】【名詞】春の野原。【季】春。

はる-の-いそぎ【春の急ぎ】【連語】新年を迎える準備。「春の設け」とも。

はるのうみ…【俳句】「春の海 終日のたりのたりかな」【蕪村句集 江戸｜句集】俳諧・蕪村〈訳〉うららかな春の日、海は一日じゅうのたりのたりと、おだやかにうねっていることよ。

【鑑賞】「のたりのたり」という擬態語が、のどかな春の海の単調なうねりを描写している。「ひねもす」の用例としてよく引かれる句であるとともに、春ののどかな、もの憂い一日の気分をよく表す句である。季語は「春の海」で季は春。

はる-の-こころ【春の心】【連語】❶春が持つ心。▼春を擬人化していう。❷春のころに人が持つのどかな心。

はるのその…【和歌】「春の苑 紅にほふ 桃の花 下照る道に 出で立つ乙女」【万葉集 奈良｜歌集】四一三九・大伴家持〈訳〉春の庭園が、真っ赤に美しく色づいている。桃の花が照り輝く下の道に出て立っている少女よ。

【鑑賞】春の庭園のあでやかな桃の花に少女を配した、絵画的な歌。◆二句切れの歌。

はる-の-となり【春の隣】【連語】すぐ春になる時節。立春の前の日などにいう。【季】冬。

はる-の-ななくさ【春の七草】【連語】春の野にある、せり・なずな・ごぎょう・はこべら・ほとけのざ・すずな・すずしろの七種の草。陰暦一月七日にこの七草の若菜を摘んで七草がゆを作る。食べると邪気を払うとされた。

(春の七草)

はるののに…[1]【和歌】「春の野に 霞たなびき うら悲し この夕影に 鶯鳴くも」【万葉集 奈良｜歌集】四二九〇・大伴家持〈訳〉春の野に霞がたなびいてもの悲しい思いがする。この夕方の光の中でうぐいすが鳴いているよ。

【鑑賞】大伴家持の叙情歌の代表作の一つ。春の夕暮れ時の、もの悲しい哀愁を詠んだ歌で、夕方の薄明かりに鳴くうぐいすの声に感傷をそそられているところに、作者の自然観照の繊細さがうかがえる。単純・素朴な万葉風から、平安時代の優美な貴族文学への移行を感じさせる歌でもある。「鳴くも」の「も」は、詠嘆の意を添える終助詞。

はるののに…[2]【和歌】「春の野に すみれ摘みにと 来し我そ 野をなつかしみ 一夜寝にける」【万葉集 奈良｜歌集】一四二四・山部赤人〈訳〉すみれを摘むために春の野に来たこの私は、野が離れがたいので、そこで寝て一晩を明かしてしまったよ。

【鑑賞】春の野遊びの楽しさを詠んだ歌。「寝にける」の「ける」は、係助詞「そ(ぞ)」の結びで、助動詞「けり」の連体形。

はる-の-みなと【春の湊】【連語】春の末。春の果て。

▼春の行き着くところを、船の行き着く港にたとえていう。

はる-の-みや【春の宮】 名詞 皇太子の御殿。また、皇太子。東宮。◆「春宮」を訓読した語。

はるのよの…[1] 和歌 「春の夜の 闇はあやなし 梅の花 色こそ見えね 香やは隠るる」〔古今 平安―歌集〕春上・凡河内躬恒 訳春の夜の闇は道理に合わない。梅の花は、たしかに姿が闇に隠されて見えないけれど、その香りは隠れるだろうか、いや、隠れはしない。

鑑賞 闇の中にほのかに漂う梅の花のかぐわしさを賞美したもの。「見えね」の「ね」は係助詞「こそ」の結びで、打消の助動詞「ず」の已然形。下に逆接関係で続いている。「隠るる」も係助詞「やは」の結びで、連体形である。

はるのよの…[2] 和歌 「春の夜の 夢の浮き橋 とだえして 峰に別るる 横雲の空」〔新古今 鎌倉―歌集〕春上・藤原定家 訳春の夜の浮き橋、そんなはかない夢がとぎれて、外を見ると、もう明け方の空に、横にたなびく雲が峰から静かに離れて行くよ。

鑑賞 春の明け方の情趣を妖艶にとらえ、定家の代表作とされる歌。雲は夕暮れには山に帰り、翌暁には峰を離れるという、当時の自然現象の考え方を心得て、この歌を味わいたい。

はるのよの…[3] 和歌 百人一首 「春の夜の 夢ばかりなる 手枕に かひなく立たむ 名こそ惜しけれ」〔千載 鎌倉―歌集〕雑上・周防内侍 訳短い春の夜の夢ほどのかりそめの戯れに、あなたの腕を枕としてお借りなどしたら、なんの甲斐もなく立ちそうな(私の)恋の浮名が口惜しく思われますよ。

鑑賞 作者が「枕をがな(=枕が欲しい)」とつぶやいたのを聞きつけた大納言忠家が、「これを枕に」と、腕を御簾の下から差し入れたのに対する当意即妙の歌。「かひなく」の「かひな」に「腕」をかけている。

はる-の-よ-の-ゆめ【春の夜の夢】 連語 春の夜に見る夢。短くはかないもののたとえ。〔平家物語 鎌倉―物語〕一・祇園精舎「おごれる人も久しからず、ただはるのよのゆめのごとし」訳思い上がりわがままに振る舞っている人も長くは続かず、ちょうど春の夜に見る夢のようにはかないものの)だ。

はるはな-の【春花の】 枕詞 ❶春の花が美しく咲きにおう意から「盛り」「にほえさかゆ」にかかる。〔万葉集 奈良―歌集〕四一〇六「はるはなの盛りもあらむと待たしけむ時の盛りぞ」訳盛りもあるであろうと言って待ったその真っ盛りだぞ、今は。❷春の花をめでる意から「貴し」や「めづらし」にかかる。〔万葉集 奈良―歌集〕一六七「はるはなの貴からむと」訳貴いであろうにと。❸春の花が散っていく意から「うつろふ」にかかる。〔万葉集 奈良―歌集〕一〇四七「はるはなのうつろひ変はり」訳移りかわり。

はる-ばる【遥遥】 副詞 ❶はるか遠く。〔古今 平安―歌集〕羇旅・〔伊勢物語 平安―物語〕九「唐衣きつつなれにしつましあればはるばるきぬるたびをしぞ思ふ」訳⇩からころも…。❷久しく。

はる-ばる・なり【遥遥なり】 形容動詞ナリ (なら/なり・に/なり/なる/なれ/なれ) ❶はるかまで続いている。〔土佐日記 平安―日記〕二・五「松原目もはるばるなり」訳松原は目も見張るほどはるかに続いている。❷久々だ。

はる-ひ【春日】 名詞 ❶春の日。春の一日。季春。〔万葉集 奈良―歌集〕四二九二「うらうらに照れるはるひに雲雀上がり心悲しも独りし思へば」訳⇩うらうらに…。❷枕詞 春の日がかすむ意から、同音を含む地名「春日」にかかる。「春日の」「春日を」とも。「はるひ春日」

参考 「春日」と書いて「かすが」と読むのは、「飛鳥」同様に、「かすが」にかかる枕詞「春日」の文字を当てたため。

はる-び【腹帯】 名詞 鞍を馬の背に取り付けるために、馬の腹にまわしてしめる帯。「はろび」とも。◆「はらおび」の変化した語。

はるひ-の【春日の】 枕詞 春の日がかすむ意から、同音の地名「春日」にかかる。「はるひの春日の国」

はるひ-を【春日を】 枕詞 春の日がかすむ意から、同音の地名「春日」にかかる。「はるひを春日の山」⇩はるひ 枕詞

はる-べ【春方】 名詞 春のころ。春。〔古今 平安―歌集〕仮名序「難波津に咲くや木の花冬ごもり今ははるべと咲くやこの花」訳⇩なにはづに…。◆古くは「はるへ」。

はれ[1]【晴れ】 名詞 ❶空が晴れること。❷広々としていて、心がはればれするような所。〔源氏物語 平安―物語〕須磨「さるはれに出いでて、言ふよしなく見え給ふ」訳(源氏は)このような(海辺の)広々とした所に出て、言いようもなくすばらしくお見えになる。❸表向き。正式。公。▼「褻」に対していう語。〔徒然 鎌倉―随筆〕一九一「褻・はれなく、ひきつくろはまほしき」訳ふだんと正式の場合の区別なく、きちんと身だしなみをしていたいものである。

はれ[2] 感動詞 ❶ああ。やれ。▼謡い物の囃子詞。〔我駒 平安―催馬楽〕催馬楽「あはれ待乳山、はれ待乳山」訳ああ、待乳山、やれ、待乳山。❷やれ。やあ。まあ。▼感動したときに発する語。

はれ-がま・し【晴れがまし】 形容詞シク ((しく)・しから/しく・しかり/し/しき・しかる/しけれ/しかれ) ❶華やかだ。いかにも晴れの場らしい。公である。〔毎月抄 鎌倉―論〕「はれがましき会の時は、あまりに歌数多く詠む事然るべからず候ふか」訳(宮廷などの)公である(歌の)会のときは、あまり歌を多く詠むのは適当ではございませんでしょう。❷きまりが悪い。表だっていておもはゆい。〔庖丁聟 室町―狂言〕狂言「殊の外はれがましいものでござるによって」訳思いのほかに、きまりが悪いものでございますから。◇「はれがましい」はイ音便。◆「がまし」は接尾語。

はれ-ぎぬ【晴衣】 名詞 表だった席に出るときに着る衣服。晴れ着。

はれ・なり【晴れなり】 形容動詞ナリ (なら/なり・に/なり/なる/なれ/なれ) ❶晴れがましい。〔讃岐典侍 平安―日記〕上「いとど、はれにはしたなき心地すれば」訳たいそう晴れがましく落ち着かない気持ちがするけれど。❷表向きである。

はればれ・し【晴れ晴れし】 形容詞シク ((しく)・しから/しく・しかり/し/しき・しかる/しけれ/しかれ) ❶よく晴れている。〔枕草子 平安―随筆〕成信の中将は「今朝まではればれしかりつる空とも覚えず」訳今朝までよく晴れわたっていた空とも思われない。❷心が晴れやかである。〔源氏物語 平安―物語〕

手習「この本意の事し給ひてのちよりは、少しはればれしくなりて」訳この本来の望み(=出家)の事をなしとげなさってからは、少し心も晴れやかになって。❸公的だ。晴れがましい。大鏡 平安一物語 基経「さるべき事の折、はればれしき料にせさせ給ふ」訳しかるべき行事の折、公的な御用に使うことになされる。❹はばかるところがない。大っぴらである。源氏物語 平安一物語 椎本「御心もてはればれしくもて出でさせ給はばこそ」訳ご自分の心から大っぴらにお出になられたならば。❺広々として明るい。源氏物語 平安一物語 東屋「この有り様は、いとはればれし」訳この(屋敷の)ようすは、たいそう広々として明るい。

はれ-らか・なり【晴れらかなり】形容動詞ナリ {なら／なり・に／なり／なる／なれ／なれ} すっきりとしている。さっぱりしている。徒然 鎌倉一随筆 一七五「女は額髪晴れらかにかきやり」訳女は額髪をさっぱりとかき上げ。◆「らか」は接尾語。

はろ-ばろ・なり【遥遥なり】形容動詞ナリ {なら／なり・に／なり／なる／なれ／なれ} 遠く隔たっている。「はろはろなり」とも。万葉集 奈良一歌集 八六六「はろばろに思ほゆるかも白雲の千重に隔てる筑紫の国は」訳はるか遠くに思われることだよ。白雲が幾重もの重なりになって隔てている筑紫の国は。◆奈良時代以前の語。

は-をく【破屋】名詞 こわれかけた家。あばら家。

はん【判】名詞 ❶判断。判定。判決。沙石 鎌倉一説話 九「国の守のはんにいはく」訳国守の判決では。❷特に、歌合わせなどでの優劣の判定。また、その根拠となるところを記した言葉。判詞。判の詞。❸書き判。花押。印章。印判。

ばん[1]【番】名詞 ❶順番。浜松中納言 平安一物語 三「ばんをもて、夜に三、四人づつ、宿直確かにめぐらいてさぶらはせ」訳順番に、夜に三、四人ずつ、宿直の者を確実に見回りさせて控えさせ。❷当番。当直。徒然 鎌倉一随筆 二二六「楽府の御論義のばんに召されて」訳(『白氏文集』の)新楽府の詩について(後鳥羽院の御前で)の御討論の当番に召されて。❸見張り。番人。竹取物語 平安一物語 かぐや姫の昇天「女どもをばんにをりて守らす」訳女たちを見張りにおいて守らせる。

ばん[2]【盤】名詞 ❶皿・鉢など、食物を盛る平たい器。❷食器などを載せる、脚つきの台。枕草子 平安一随筆 清涼殿の丑寅のすみの「果ての御ばん取りたる蔵人参りて」訳最後の御膳を運んだ蔵人が参上して。❸双六・碁・将棋などをする台。❹物合わせなどで、勝負を争うそれぞれの組。

-ばん[3]【番】接尾語〔数を表す語に付いて〕順序や等級、勝負の組み合わせなどを表す。源氏物語 平安一物語 宿木「三ばんに、数一つ負けさせ給ひぬ」訳三番勝負に、一番を負け越し(=一勝二敗)なされた。

反歌* 文芸 長歌の後に添えた歌。一首または数首で、長歌の内容を要約したり、反復または補足したりして、長歌と一体となっている。多くは短歌形式で、まれに旋頭歌形式のものもある。『万葉集』に多く見られるが、以後は長歌の衰退とともに衰えた。「返し歌」ともいう。

ばん-か[1]【挽歌】名詞 ❶死を悼む歌。葬送のとき、柩を載せた車をひく者が歌う歌。❷『万葉集』での部立ての一つ。⇩挽歌 文芸

挽歌[2] 文芸 『万葉集』で、「雑歌」「相聞」と並ぶ三大部立ての一つ。人の死を悲しむ歌が収められており、辞世の歌や、死者への追憶・回想なども含まれる。『古今和歌集』以後の勅撰和歌集の「哀傷歌」に相当する。

はん-がい【半昇・半蓋】名詞 衣類などを入れておく、竹・柳などを編んで作ったふたのある箱。

ばん-がしら【番頭】名詞 武家の「番衆」の長。江戸幕府では、大番頭・書院番頭・小姓番頭などがある。「ばんとう」とも。

はん-き【半季】名詞 江戸時代、期間を、春秋の出替わりを基準とする半年間と限って奉公すること。また、その期限。ふつう、三月または九月からの六か月間。

はん-ぎ【板木・版木】名詞 印刷するために文字や絵などを彫刻した木。

ばん-き【万機】名詞 もろもろの重要な政務。特に、天皇の政務。天下の政治。

はん-きん【判金・版金】名詞 大判金と小判金の総称。特に、大判金。「ばんきん」とも。

ばん-きん【万金】名詞 多額の金銭。「まんきん」とも。

はん-ぐゎん【判官】名詞 「はうぐゎん」に同じ。

はんぐゎん-びいき【判官贔屓】名詞 「はうぐゎんびいき」に同じ。

はん-げ【半夏】名詞 ❶草の名。からすびしゃくの別名。漢方では、その根を乾燥させて、嘔吐止め、解熱などに用いる。❷「半夏生」の略。陰暦で夏至から十一日目。この日の天候でその年の吉凶を占う風習があった。季夏。

はんごん-かう【反魂香】名詞 たくと、死者の姿が煙の中に現れるという、想像上の香。

参考 中国の漢の武帝が李夫人の死後、恋しさのあまり、香をたいて夫人の面影を見たという故事から。

はん-ざ【判者】名詞 「はんじゃ」に同じ。

ばんざい-らく【万歳楽】名詞 「まんざいらく」に同じ。

はん-ざふ【半挿】名詞 湯や水などをつぐのに用いる器。柄を兼ねる水の差し口の筒が、器の中に半分挿し込まれているので、この名がある。「はざふ」とも。

（半挿）

判詞 文芸 歌合わせ・句合わせなどで、判者(=判定者)が作品の優劣を判定・批評して述べた言葉。それを記述した文章もいう。判詞は、初めは印象を述べる程度の短いものであったが、しだいに文学批評として成長していった。「はんじ」「はんのことば」とも。

ばん-しき【盤渉】名詞 日本の音階の「十二律」の第十音。西洋音楽の「ロ」に近い。「盤渉調」とも。

ばんしき-でう【盤渉調】名詞 ❶雅楽の「六調子」の一つ。「十二律」の「盤渉」を主音とする調子。❷「ばんしき」に同じ。「ばんしきてう」とも。

はん-じゃ【判者】名詞 歌合わせや句合わせなどで、

作品の優劣を判定する役の人。「はんざ」とも。

ばん-じゃう【番匠】名詞 大和（奈良県）・飛驒（岐阜県）などの国から上京し、「木匠寮」に勤番した大工。また、のちに、（広く一般に）大工。

ばん-じゃく【磐石・盤石】名詞 **大きな岩**。いわお。「ばんせき」とも。

ばん-しゅ【番衆】名詞 ❶**番に当たる人**。交替で任に当たる人。❷武家の職名。殿中や本陣などに交代制で宿直し、主君の警固などにあたった武士。「ばんしゅう」とも。

ばんしゅん-らく【万春楽】名詞「ばんすらく」に同じ。

ばん-じょう【万乗】名詞 **天子。天子の位**。◆「乗」は車の意。中国の周の制度で、天子は戦時にその直轄地内から兵車一万台を徴発できることになっていたことから。

はん・ず【判ず】他動詞サ変〔ぜ/じ/ず/ずる/ずれ/ぜよ〕**判定する**。（物事の）**優劣を定める**。増鏡 室町‐物語 おどろの下「この道の聖たちはんじけるに」訳この（歌の）道の名人たちが（歌の）優劣を判定したのであるが。

ばんす-らく【万春楽】名詞「男踏歌」で舞人の歌う七言八句の詩。また、その各句の終わりに唱えるはやしことば。「ばんずらく」「ばんしゅんらく」とも。

ばん-ぜい【万歳】

一 名詞 ❶**長い年月**。長い年月にわたって栄えること。いつまでも長生きすることをことほぎ祝う気持ちをこめていう語。平家物語 鎌倉‐物語 灌頂・女院死去「天子宝算、千秋ばんぜい」訳天子のご寿命は、千年万年（続きますように）。◇長い年月を生きたあとでの意から。❷天皇や身分の高い人の死をいうことば。

二 感動詞 **ばんざい**。めでたいときや、天子や国家の長久を祝うときなどに、祝福の意を表して叫ぶ語。

参考「ばんざい」は呉音で、明治時代から用いられた。

ばん-そう【伴僧】名詞 法会・修法・供養などのときに、導師につき従う僧。「ばんぞう」とも。

はん-でふ【半畳・半帖】名詞 ❶一畳の半分の大きさの畳。栄花物語 平安‐物語 上「それより北の方に、はんでふ敷きて」訳それより北の方に、半畳を敷いて。❷江戸時代、芝居小屋などで客に賃貸しした、一人分の小さい畳、またはござ。椀久二世 江戸‐物語 浮世・西鶴「札銭二十四文、はんでふの銭五文」訳入場料は二十四文、半畳代は五文。

はんでふ-を-うちこ-む【半畳を打ち込む】連語 役者の演技に不満があるとき、客が「半畳❷」を舞台に投げ込む。また、転じて、非難する。やじる。半畳を入れる。佐渡嶋日記 江戸‐論「おけやいおけやいと声々言ふより…ここかしこよりはんでふあまたうちこみける」訳やめよやめよと、口々に言って…あちらこちらから半畳をたくさん投げ込んだ。

はん-てん【半天】名詞 ❶**天の半分**。❷**空のなかほど**。なかぞら。

ばん-とう【番頭】名詞 ❶「ばんがしら」に同じ。❷見張りをすること。きびしく警固すること。❸商家の奉公人の長。手代の上に立つ者で、店の商務を店主に任された者。❹「番頭新造」の略。江戸吉原の遊里で、姉女郎の身の回りの世話などをする女郎。

ばん-どう【坂東】名詞 今の静岡県と神奈川県との境にある足柄の坂より東の意。足柄・碓氷峠以東の地。関東。

ばんどう-ごゑ【坂東声】名詞 関東人特有の音声・アクセント。関東なまり。

ばんどう-たらう【坂東太郎】名詞 利根川の別名。

ばんどう-むしゃ【坂東武者】名詞 **関東の武士**。坂東武士。勇猛なことで有名。

はん-とき【半時】名詞 ❶一時の半分。今の約一時間。❷少しの時間。わずかの間。

はんにゃ【般若】名詞 ❶仏教語。一切の真実を見きわめる知性。悟りを得る真実の知恵。❷能面の一つ。嫉妬や怒りを表した鬼女の面。また、鬼女。▼奈良の面打ち師の般若坊が創始したことからという。

はん-ぴ【半臂】名詞 束帯のとき、袍と下襲との間に着る、短くて袖のない衣。

（半臂）

はんべ・り【侍り】自動詞ラ変／補助動詞ラ変〔ら/り/り/る/れ/れ〕「はべり」に同じ。一寸法師 江戸‐物語 御伽「津の国難波の里に、おほぢと、うばとはんべり」訳摂津の国難波の里に、老翁と老婆とがおります。◆「はべり」に撥音「ん」が挿入された形とされる。

ひ[1]【火】名詞 ❶燃える火。炎。古事記 奈良—史書 景行「さねさし相模(さがむ)の小野に燃ゆるひの」訳⇩さねさし…。❷炭火。おき。枕草子 平安—随筆 春はあけぼの「いと寒きに、ひなど急ぎおこして」訳たいそう寒いときに、炭火などを急いで起こして。❸火事。枕草子 平安—随筆 せめておそろしきもの「近きひ、またおそろし」訳近所の火事は、また恐ろしい。❹ともし火。灯火。万葉集 奈良—歌集 三六四八「海原(うなはら)の沖辺(おきへ)にともし漁(いざ)るひは」訳広い海の沖のあたりにともして漁をする火は。❺のろし。平家物語 鎌倉—物語 二・烽火之沙汰「所々(しょしょ)にひをあげ、太鼓を打って」訳あちこちでのろしをあげ、太鼓をならして。

ひ[2]【日】名詞
❶太陽。日光。万葉集 奈良—歌集 三五六一「ひが照れば」訳太陽が照ると。
❷昼間。昼。日中。古事記 奈良—史書 景行「夜(よ)には九夜(ここのよ)、ひには十日を」訳夜では九夜、昼では十日になりますなあ。
❸一日。日数。▼時の単位としての日。土佐日記 平安—日記 一・二五「いたづらにひを経(ふ)れば、人々海を眺めつつぞある」訳むだに日数を過ごしたので、人々は海を眺めてばかりいる。
❹期日。日。時。折。源氏物語 平安—物語 宿木「今日は内裏(うち)に参るべきひなれば」訳今日は宮中に参内しなければならない日なので。
❺天気。空模様。土佐日記 平安—日記 二・五「船疾(と)く漕(こ)げ。ひのよきに」訳船を急いで漕げ。天気がよいから。
❻太陽神である天照大神(あまてらすおおみかみ)。また、その子孫としての天皇や皇子。万葉集 奈良—歌集 四五「高照らす(＝枕詞(まくらことば))ひの皇子(みこ)」訳天照大神の(子孫である)皇子。

ひ[3]【氷】名詞 ❶こおり。夏用に氷室(ひむろ)に貯蔵した。❷雹(ひょう)。氷雨(ひさめ)。源氏物語 平安—物語 明石「地の底通るばかりのひ降り」訳地の底まで通るほどのひょうが降り。

ひ[4]【非】名詞 ❶道理に反すること。平家物語 鎌倉—物語 一・願立「ひをもって理とす」訳道理に反することをもって(ここでは)道理とする。❷欠点。短所。徒然 鎌倉—随筆 一三四「身の上のひを知らねば、まして外(ほか)のそしりを知らず」訳わが身の欠点をわからないと、ましてほかの人の(自分に対する)非難もわからない。❸不利。

ひ[5]【緋】名詞 燃えるように濃く明るい朱色。律令制では、四位・五位の装束の色とする。朱(あけ)。

ひ[6]【檜】名詞 木の名。「ひのき」の古名。

-び【傍・廻】接尾語 〔名詞に付いて〕ほとり。そのまわり。「山び」「浜び」

ひ-あい【非愛】名詞 ❶思いやりがなく不作法であること。❷危険。

ひ-あい・なり【非愛なり】形容動詞ナリ 〔なら／なり・に／なり／なる／なれ／なれ〕❶不作法だ。十訓抄 鎌倉—説話 四「これも公任卿(きんたふきゃう)のひあいなるにてぞありける」訳これも公任卿の不作法なようすであったことよ。❷危険だ。平家物語 鎌倉—物語 八・法住寺合戦「わが馬のひあいなりとて」訳自分の馬が危険だといって。

ひ-あひ【火相・火合】名詞 火加減や火の用心などの、火の具合。

ひ-あふぎ【檜扇】(ヒオウギ) 名詞 檜(ひのき)の薄板を連ね、上端に白い絹糸を通してとじた扇。男性貴族が衣冠や直衣(のうし)を着用したとき、笏(しゃく)の代わりとして持った。婦人用のものは、扇面に花鳥などの絵を描き、種々の色糸でとじて結び目を作ったり垂らしたりして飾ったもので、「衵扇(あこめあふぎ)」ともいう。参照▼口絵

(檜扇)

ひ-あやふ・し【火危ふし】(ヒアヤウシ) 連語 火の用心。宮中などで、夜番の役人が見回りのときに呼びかける言葉。源氏物語 平安—物語 夕顔「弓弦(ゆづる)いとつきづきしく打ち鳴らして、ひあやふしと、いふいふ」訳弓の弦をたいそうふさわしいようすで打ち鳴らして「火の用心」と言いながら。

ひいきめに… 俳句 「ひいき目に 見てさへ寒い そぶりかな」一茶発句集 江戸—句集 俳諧・一茶(いっさ) 訳わが姿ながら、どんなにひいき目に見ても、何とも寒そうで貧相な姿であることよ。

鑑賞 「おれが姿にいふ」と題して、横向きの自画像にこの句を添えている。自分の姿をみすぼらしいととらえた自嘲の句。こうした一茶の自嘲的な自己認識のあり方が、その句作の原点にあった。季語は「寒い」で、季は冬。

ひいな【雛】名詞 「ひひな」に同じ。◆「ひひな」の変化した語。

ひいふっ-と 副詞 ひゅうぷすっと。「ひふっと」とも。▼射た矢が風を切って飛び、勢いよく命中する音を表す語。平家物語 鎌倉—物語 四・鵼「二の矢に小鏑(こかぶら)とってつがひ、ひいふっと射きって」訳二の矢に小さな鏑矢(かぶらや)を取り弓につがえ、ひゅうぷすっと射切って。

日向(ひうが)(ヒュウガ) 地名 旧国名。西海道十二か国の一つ。今の宮崎県と鹿児島県の一部。日州(にっしゅう)。◆「ひむか」のウ音便。

ひ-うち【火打ち・燧】名詞 ❶火打ち石と火打ち金(がね)とを打ち合わせて発火させること。また、その道具。❷紙子(かみこ)・合羽(かっぱ)の袖付(そでつ)けの下部などに、補強のために縫い付けた三角形の布・紙。

ひうち-げ【火打ち笥】名詞 火打ち石・火打ち金・付け木など、火打ち道具を入れておく箱。

ひうひうと… 俳句 「ひうひうと 風は空ゆく 冬ぼたん」荒小田 江戸—句集 俳諧・鬼貫(おにつら) 訳空では、ひゅうひゅうと音をたてて寒風が吹きすぎて行くが、地上の日だまりでは、まるで冬の寒さを忘れさせるかのように冬ぼたんが咲いている。

鑑賞 激しく吹く冬の風と美しく可憐(かれん)に咲く冬ぼたんを対照的にとらえた句。季語は「冬ぼたん」で、季は冬。

比叡 えひ 地名 比叡山ひえいざん。また、その山上にある延暦寺。

比叡山 ひえいざん 地名 今の京都府と滋賀県の境にある山。古くから霊山とされ、山上に延暦寺えんりゃくじ、山麓さんろくに日吉大社がある。延暦寺の山号でもあり、延暦寺をもさす。比叡えい。叡山。北嶺ほくれい。ひえの山。「ひえいさん」とも。
参考 京都で単に「山やま」といえば比叡山をさした。また、園城寺おんじょうじ(=三井寺)の「寺門じもん」に対し、延暦寺を「山門さんもん」と呼んだ。

ひえ-い・る【冷え入る】 自動詞ラ四〔ら/り/る/る/れ/れ〕すっかり冷える。冷えきる。源氏物語 平安―物語 夕顔「ただ冷えにひえいりて」訳(夕顔の体は)まったくつめたく冷えきって。

日吉神社 ひえじんじゃ 寺社 今の滋賀県大津市坂本にある神社。比叡ひえい山の守護神として尊崇された。鎌倉・室町時代、延暦寺えんりゃくじの僧徒は、たびたび、この神社の神輿みこしをかついで朝廷に強訴ごうそした。今は「日吉ひよし大社」と称する。

稗田阿礼 ひえだのあれ 人名 生没年未詳。大和時代の官人。聡明で記憶力にすぐれ、天武天皇の命令で「帝紀ていき」(=皇室の記録)などを暗記した。和銅五年(七一二)、太安万侶おおのやすまろによって、その内容が歴史書『古事記こじき』にまとめられた。

ひえ-どり【鵯】 名詞 鳥の名。ひよどりの別名。

ひお〘氷魚〙⇩ひを

ひおけ〘火桶〙⇩ひをけ

ひおどし〘緋縅・火縅〙⇩ひをどし

ひおむし〘蜏〙⇩ひをむし

ひ-か【非家】 名詞 その道の専門家でない人。しろうと。門外漢。「ひけ」とも。徒然 鎌倉―随筆 一八七「堪能かんのうのひかに並ぶ時、必ずまさる事は」訳器用なしろうとと並んで競うときに、必ずすぐれていることは。

ひが-【僻】 接頭語〔人に関係のある名詞に付いて〕❶正しくない、間違っているの意を表す。「ひが覚え」「ひが耳」。❷ひねくれているの意を表す。「ひが心」

ひが-おぼえ*【僻覚え】 名詞 事実と違って覚えること。記憶違い。枕草子 平安―随筆 清涼殿の丑寅のすみの「ひがおぼえをもし、忘れたる所もあらば、いみじかるべきことと」訳(『古今和歌集』の和歌について)記憶違いをしていたり、忘れてしまった部分があるならば、大変なことだと。

ひが-かぞへ【僻数へ】 ソヒガカ 名詞 数え違い。源氏物語 平安―物語 若菜上「いと若くきよらにて、かく御賀などいふことはひがかぞへにやとおぼゆるさまの」訳たいそう若く美しくて、このような(四十の)御賀などということは数え違いではないかと思われるようすの。

ひ-かき【火掻き】 名詞 炭火を載せて運ぶ、柄のついた道具。

ひ-がき【檜垣】 名詞 檜ひのの薄板を網代あじろのように斜めに編んで作った垣根。築地ついじに比べ、貧しい人の家の構えであった。参照▼口絵

ひが-ぎき【僻聞き】 名詞 聞き違い。僻耳ひがみみ。「ひがきき」とも。著聞集 鎌倉―説話 七〇二「もしひがぎきかと、人をかへて聞かするに」訳もしかしたら聞き違いかと、人をかえて聞かせると。

ひ-がく【非学】 名詞 仏教語。仏道を学ばないこと。徒然 鎌倉―随筆 一〇六「何といふぞ、非修ひがくの男」訳⇩ひしゅひがく。

ひ-がくし【日隠し】 名詞 日覆い。日よけ。

ひ-かげ[1]**【日陰・日蔭】** 名詞 ❶日光の当たらない場所。世間から顧みられない境遇にたとえることもある。後撰 平安―歌集 雑二「ひかげに生ふる身をいかにせむ」訳不遇な境遇で生きているわが身はどうしたらいいのだろうか。❷「日陰の蔓かづら」の略。

ひ-かげ[2]**【日影】** 名詞 ❶日の光。日ざし。徒然 鎌倉―随筆 一九「のどやかなるひかげに垣根の草萌もえ出いづるころより」訳うららかな日ざしに(より)垣根の草が芽を出すころから。❷太陽。奥の細道 江戸―紀行 象潟「ひかげ、やや傾かたぶくころ」訳太陽がようやく(西に)傾きかけたころ。

ひかげ-の-かづら【日陰の蔓・日蔭の蔓】 ヒカゲノカヅラ 名詞 ❶しだ類の一種。つる性で、常緑。葉の深緑の色は変色しないとされる。神事に使われた。日陰草。❷大嘗祭だいじょうさいなどのとき、親王以下女孺にょじゅ以上の者が物忌みのしるしとして冠の左右に掛けて垂らしたもの。古くは❶を使ったが、のちには、白色または青色の組み紐ひもを使った。日陰の糸。◇「日陰の鬘」とも書く。

(日陰の蔓❷)

ひが-ごころ*【僻心】 名詞 ❶(思い違いによる)間違った考え。考え違い。源氏物語 平安―物語 行幸「ひがごころを得つつ」訳考え違いをして。❷ひねくれた心。ひねくれた考え。◆「ひがこころ」とも。

ひが-こと【僻事】 名詞

語義の扉
「ひが(僻)」は接頭語で、誤っている、理屈に合わない、自分勝手でひねくれているの意。自分自身のかたよった能力や思い込みがもとで、事実を取り違えたり、誤解したりする状態を表して、「ひが覚え」「ひが心」「ひが聞き」「ひが目」「ひが耳」などの複合語の構成素として用いられる。

❶**間違っていること。誤り。過ち。** 枕草子 平安―随筆 清涼殿の丑寅のすみの「いかでなほ少しひがこと見つけてをやまんと、ねたきまでおぼしめしける」訳(天皇は)何とかして、少しでも(女御の答えに)誤りを見つけて、その上で終わりにしようといまいましいまでにお思いあそばされたのだった。

❷**道理。人倫をはずれた行い。非道なこと。** 徒然 鎌倉―随筆 一四二「衣食、尋常よのつねなる上に、ひがことせん人をぞ、まことの盗人とは言ふべき」訳衣食が世間並みであるうえに、悪事をするような人を、本当の盗人と言うことができる。

関連語 ひが覚え/ひが心/ひが聞き/ひが目/ひが耳/ひがし/ひがひがし。

ひ-がさ【檜笠】 名詞 檜ひのを薄く削って編んだ網代笠あじろがさ。晴雨兼用に用いられた。

ひが-ざま・なり*【僻様なり】 形容動詞ナリ

{なら／なり・に／なり／なる／なれ／なれ}間違っている。正しくない。落窪物語 平安－物語 四「みづからの心ひがざまにしおかばこそあらめ」訳私自身の心が正しくないようにしておくのならともかくも。

ひかさ・る【引かさる】 自動詞ラ下二{れ／れ／る／るる／るれ／れよ}**心が引き付けられる。ほだされる。** 源氏物語 平安－物語 東屋「勢ひにひかされて」訳富裕な財力に心が引き付けられて。

ひがし【東】 名詞 ❶**東方。** 蕪村句集 江戸－句集 俳諧「菜の花や月はひがしに日は西に―蕪村」訳⇨なのはなや…。❷**東から吹いて来る風。** こち。更級 平安－日記 竹芝寺「西ふけば東になびき、ひがし吹けば西になびく」訳西風が吹くと(ひさごは)東に寄り、東風が吹くと西に寄る。❸**鎌倉や江戸。** 鎌倉・室町・江戸時代、京都や大坂に対していう。対❶〜❸西。

参考「ひがし」は、「ひむかし」→「ひむがし」→「ひんがし」→「ひがし」と変化した語。「ひむかし」は「日向かし」の意で、「し」は本来は風の意。

ひがし-の-たい【東の対】 名詞 寝殿造りで、寝殿の東にある対の屋。主に家族が住む。「ひんがしのたい」とも。対西の対。参照▽口絵

東山 地名 今の京都市の東側を南北に連なる山。北は比叡山に接し大文字の送り火で有名な如意ケ岳から、南は伏見の稲荷山までの山々は、東山三十六峰と称される。ふもとには、銀閣寺・南禅寺・知恩院・八坂神社(=祇園社)・清水寺・泉涌寺などの寺社や旧跡が数多い。

ひ-かた【日方】 名詞 **東南の風。西南の風。** ▼日のある方角から吹く風の意。

ひがひが・し【僻僻し】 形容詞シク{しく・しから／しく・しかり／し／しき・しかる／しけれ／しかれ}

語義の扉
正しくない、ひねくれているなどの意の「ひが」を重ねて形容詞化した語。参照▽ひがこと。

❶**ひねくれている。素直でない。情趣を解さない。** 徒然 鎌倉－随筆 三一「この雪いかが見ると、一筆のたまはせぬほどのひがひがしからん人の仰せらるること、聞き入るべきかは」訳この雪をどのように見るかと、手紙に一言もおっしゃらないほどの情趣を解さないような人が言われることを、聞き入れることができようか、いや、できない。

❷**みっともない。見苦しい。非常識だ。** 源氏物語 平安－物語 玉鬘「着たる物の人ざまに似ぬはひがひがしうもありかし」訳着ている物が人柄に似合わないのは、みっともなくもあることだよ。◇「ひがひがしう」はウ音便。

❸**調子が変だ。ふつうでない。** 源氏物語 平安－物語 若菜下「年ごろ、かく埋もれて過ぐすに耳なども少しひがひがしくなりたるにやあらむ」訳長年このように世の中から引きこもって過ごしているから、耳なども少し調子が変になっているのだろうか。

***ひか・ふ【控ふ】**

一 自動詞ハ下二{へ／へ／ふ／ふる／ふれ／へよ}❶**進まないで待つ。待機する。** 枕草子 平安－随筆 祭のかへさ「ひかへたる車どもを見やりたるこそ、をかしけれ」訳待機している多くの車をながめているのが、おもしろい。❷**そば近くにいる。控える。** 落窪物語 平安－物語 三「まこと、かの物縫ひし夜、ひかへたりけるはこの君なりけり」訳本当に、あの物を縫った夜中に、そば近くにいたのはこの君だったのだなあ。

二 他動詞ハ下二{へ／へ／ふ／ふる／ふれ／へよ}❶**止める。抑える。引き止める。** 古今 平安－歌集 秋下・詞書「紅葉の散る木のもとに、馬をひかへて立てるを」訳紅葉の散る木の下で、馬を止めて(馬に乗ったまま)立っている(絵があった)のを。❷**やめておく。見合わせる。控え目にする。** 宇治拾遺 鎌倉－説話 一四・一二「その一事をばひかへて、教へざりけり」訳その一つのこと(=人を殺す術)は、見合わせて、教えなかった。❸**引っ張る。手にとる。つかむ。** 平家物語 鎌倉－物語 灌頂・女院死去「中尊の御手の五色の糸をひかへつつ」訳(女院は)中央の仏(=阿弥陀如来)の御手にかけた五色の糸を手にとりながら。

***ひが-みみ【僻耳】** 名詞 **聞き違い。** 源氏物語 平安－物語 若紫「あやし、ひがみみにや」訳変だ、聞き違いだろうか。

ひが・む【僻む】

一 自動詞マ四{ま／み／む／む／め／め}❶**ゆがむ。まともでなくなる。** 蜻蛉 平安－日記 上「ひがみたりし御子の落とし胤なり」訳ゆがんだ(=嫡出でない)皇子のご落胤である。❷**ひねくれる。偏屈である。** 源氏物語 平安－物語 須磨「ひがめる心は、さらにさも思はで」訳ひねくれている気性は、まるでそうした気持ちもなくて。

二 他動詞マ下二{め／め／む／むる／むれ／めよ}❶**事実と違える。ゆがめる。** 源氏物語 平安－物語 紅葉賀「かうあらぬさまに、もてひがめて」訳こうも別人のようにゆがめて。❷〔動詞の下に付いて〕**事実と違えて…する。…違いをする。** 源氏物語 平安－物語 若紫「聞こし召しひがめたることなどや侍らむ」訳お聞き違いなされたことなどがございましょうか。

***ひが-め【僻目】** 名詞 ❶**見間違い。** 今昔物語 平安－説話 一二・二二「一人見たる事ならばこそひがめとも疑ふべきに」訳一人だけが見たことならば、見間違いとも疑うこともできるが。❷**よそ見。** 枕草子 平安－随筆 説経の講師は「ひがめしつればふと忘るるに」訳よそ見をしてしまうと(説法を)ふっと忘れるので。

***ひが-もの【僻者】** 名詞 **ひねくれ者。変人。**

***ひかり【光】** 名詞 ❶**光。輝き。** ❷**光沢。つや。** 源氏物語 平安－物語 初音「ひかりもなく黒き掻い練りの」訳光沢もない黒い掻い練りで。❸**ほまれ。名誉。光栄。** 新古今 鎌倉－歌集 雑上「照る月も雲のよそにぞ行きめぐる花ぞこの世のひかりなりける」訳美しく照る月も、雲の外を通りめぐるよ。すると、桜の花だけがこの世のほまれであるよ。❹**威光。威勢。** 源氏物語 平安－物語 匂宮「並びなき御ひかりを、まばゆからずもてしづめ給ひて」訳(源氏は)比べるものがない御威光を、まばゆく目立つことのないようになさって。

ひかり-あ・ふ【光り合ふ】 自動詞ハ四{は／ひ／ふ／ふ／へ／へ}**照り映える。光り映える。** 更級 平安－日記 春秋のさだめ「雪の降り積もりひかりあひたるに」訳雪が降り積もり(月光に)照り映えているとき。

ひかり-だう【光堂】 名詞 **黄金で装飾した仏堂。** 今の岩手県平泉の中尊寺のものが有名。金色堂。

ひかり-もの【光り物】名詞❶光りながら空中を動くもの。流星・鬼火など。❷金銀の類。

ひか・る【光る】自動詞ラ四{ら/り/る/る/れ/れ}❶光る。輝く。❷(容姿などが)美しく輝く。源氏物語 平安―物語 紅葉賀「常よりもひかると見え給ふ」訳いつもより美しく輝くようにお見えになる。

光源氏 人名『源氏物語』の作中人物。正編四十一帖の主人公。桐壺帝の第二皇子で、母は桐壺更衣。色好みの貴公子で多くの女性と関係をもち、太政大臣にまで昇進して六条院を新築し栄華をきわめるが、四十歳以後は不幸が続いて出家し、五十六歳で死去した。実子に夕霧・明石中宮がいる。

ひが-わざ【僻業】名詞間違った行い。筋違いなこと。源氏物語 平安―物語 東屋「ひがわざすまじくを」訳間違った行いをするつもりはないから。

ひ-がん【彼岸】名詞❶仏教語。(煩悩を超越した)悟りの境地。涅槃。▼煩悩を川の流れにたとえ、生きているこの世をこちら岸(=此岸)とし、悟りの世界を向こう岸とすることから。❷春分と秋分を中日とした、前後七日間。この期間に先祖の供養を行う。季春。

ひき[1]【引き】名詞❶引くこと。また、率いること。❷手引きをすること。また、その人。❸特別に目をかけ、便宜をはかること。**引き立て。**落窪物語 平安―物語 二「御ひきにて白馬に出だし給へ」訳(あなたの)お引き立てで、白馬の節会の馬にお出しなさい。❹「引出物」の略。

ひき[2]【蟇・蟾・蟾蜍】名詞ひきがえる。季夏。

ひき-[3]【引き】接頭語動詞に付いて、語調を強める。「ひきしたたむ」「ひきたがふ」

-ひき[4]【疋・匹】接尾語❶布地、特に絹織物を二反を一疋として数える語。一疋は、古くは四丈(=約一二メートル)、のち、鯨尺で五丈六尺(=約二一メートル)。「疋」とも。❷銭を数える語。一疋は、古くは十文、のちには二十五文。❸獣や鳥・魚・虫などを数える語。

ひき-あ・く【引き開く】他動詞カ下二{け/け/く/くる/くれ/けよ}引いて開ける。堤中納言 平安―物語 虫めづる姫君「『袋などあぐるだにあやしくおもたきかな』とて、ひきあけたれば」訳「袋を持ち上げるのさえ、変に重い感じがするよ」といって(袋の口を)引いて開けたところ。

ひき-あ・ぐ【引き上ぐ】他動詞ガ下二{げ/げ/ぐ/ぐる/ぐれ/げよ}❶引き上げる。堤中納言 平安―物語 虫めづる姫君「『これ御覧ぜよ』とて、簾をひきあげて」訳『これを御覧ください』といって、すだれを引き上げて。❷繰り上げる。平家物語 鎌倉―物語 五・都遷「一日ひきあげて、二日となりにけり」訳一日繰り上げて、二日となったのだった。❸目をかけて用いる。世間胸算用 江戸―物語 浮世・西鶴「世はなげくまじ。またひきあぐる神もありて」訳世の中のことは嘆いてはいけない。また目をかけて用いてくれる神もあって。

ひき-あはせ【引き合はせ】名詞❶引き寄せて合わせる所。❷特に、鎧を着脱するための、胴の前と後ろとを引き合わせる所。大鎧では右わきにあり、腹巻では背中にある。❸取り持って会わせること。紹介。◇江戸時代の語。

ひき-あ・ふ【引き合ふ】一自動詞ハ四{は/ひ/ふ/ふ/へ/へ}❶互いに引く。二他動詞ハ四{は/ひ/ふ/ふ/へ/へ}❶互いに助け合う。太平記 室町―物語 一九「北国へもひきあはず」訳(顕家卿は)北国へ退いて(義貞と)互いに助け合わない。❷取り引きをする。売買の取り決めをする。約束をする。膝栗毛 江戸―物語 滑稽「先刻内々ひきあふておいた」訳さっき内々に約束をしておいた。❸割に合う。商いをして利がある。浮世風呂 江戸―物語 滑稽「是でもお天気都合が悪いと、休みが勝ちますからね。やっぱりひきあひません」訳これでもお天気の具合が悪いと、休みがちになりますからね。やっぱり割に合いません。

ひき-いた【引板】名詞「ひた(引板)」に同じ。

ひき-い・づ【引き出づ】他動詞ダ下二{で/で/づ/づる/づれ/でよ}❶引き出す。取り出す。更級 平安―日記 物語「心も得ず心もとなく思ふ源氏を、一の巻よりして、…ひきいでつつ見る心地」訳(話の筋も)理解できず、じれったく思っていた『源氏(物語)』を、一の巻から読み始めて、…(櫃から一冊ずつ)取り出しては読んでゆく気持ち。❷引き合いに出す。例としてあげる。源氏物語 平安―物語 桐壺「楊貴妃の例も、ひきいでつべうなりゆくに」訳(唐の)楊貴妃の先例も引き合いに出すにちがいないほどになってゆくので。❸事をおこす。しでかす。源氏物語 平安―物語 柏木「さるまじき過ちをひきいでて」訳おこしてはいけない過ちをおこして。

ひきいで-もの【引き出で物】名詞「ひきでもの」に同じ。

ひきいる[1]〔率いる〕⇩ひきゐる

ひき-い・る[2]【引き入る】一自動詞ラ四{ら/り/る/る/れ/れ}❶引っ込む。引き下がる。枕草子 平安―随筆 宮にはじめてまゐりたるころ「いま少し奥にひきいりて」訳もう少し奥に引っ込んで。❷引きこもる。隠れ忍ぶ。奥の細道 江戸―紀行 福井「市中ひそかにひきいりて」訳町の中からひっそりした所に引きこもって。❸控えめにする。遠慮がちである。紫式部 平安―日記 消息文「などか、必ずしも、面にくくひきいりたらむが、かしこからむ」訳どうして必ずしも、とりすまして遠慮がちにしているようなのが、賢いといえましょうか。二他動詞ラ下二{れ/れ/る/るる/るれ/れよ}❶引いて中へ入れる。引っ張り込む。蜻蛉 平安―日記 下「中門おしあけて、車ごめひきいるるを見れば」訳中門を押し開けて、乗ったままのその車を、中へ引いて入れるのを見ると。❷(物の怪などが)人の魂を取り込む。死なせる。源氏物語 平安―物語 夕霧「さる弱目に例の御物の怪のひきいれ奉る」訳そのように弱っている折に、いつもの御物の怪が魂を取り込み申し上げる(=死なせる)。❸深くかぶる。徒然 鎌倉―随筆 二二五「烏帽子をひきいれたりければ」訳烏帽子を深くかぶっていたので。

ひき-いれ【引き入れ】名詞❶元服のとき、冠をかぶらせること。また、その役。❷手引きすること。◇江戸時代の語。

ひきいれ-えぼし【引き入れ烏帽子】名詞緒(=ひも)を掛けずに、頭に深くかぶった烏帽子。

ひき-かがふ・る【引き被る】他動詞ラ四{ら/り/る/る/れ/れ}ひっかぶる。万葉集 奈良―歌集 八九二「寒くしあれば麻衾ひきかがふり」訳⇩かぜまじり…。◆奈良時代以前の語。

ひき-か・く【引き掛く・引き懸く】他動詞カ下二{け/け/く/くる/くれ/けよ}❶引っかける。蜻蛉 平安―日記 上「轅を板敷きにひきかけて立てたり」訳（牛車の）ながえを板敷きに引っかけて立てている。❷引き寄せて上にかぶる。おおう。源氏物語 平安－物語 柏木「衾ひきかけてふし給へり」訳夜具をかぶって横になっていらっしゃる。❸引き合いに出す。わざと関係づける。源氏物語 平安－物語 総角「千々の社をひきかけて」訳さまざまな社を引き合いに出して。

ひき-かく・す【引き隠す】 他動詞サ四{さ/し/す/す/せ/せ}ひっこめて隠す。源氏物語 平安－物語 若菜上「『袖こそ匂へ』と、花をひきかくして、御簾押し上げて眺めたまへるさま」訳「袖こそ匂へ」と（和歌の一節を口に出し）、花をひっこめて隠して、御簾を押し上げてご覧になっている姿は。

ひき-かさ・ぬ【引き重ぬ】 他動詞ナ下二{ね/ね/ぬ/ぬる/ぬれ/ねよ}重ねて着る。衣服を重ねる。宇津保 平安－物語 楼上・下「袿ども五つひきかさねて」訳袿を五枚重ねて。

ひき-かた・む【引き堅む】 他動詞マ下二{め/め/む/むる/むれ/めよ}（弓などを）十分に引き絞る。宇治拾遺 鎌倉－説話 一五・四「ひきかためて、とろとろと放ちて」訳（弓を）十分に引き絞って、ゆっくりと放って。

ひき-かづ・く【引き被く】 他動詞カ四{か/き/く/く/け/け}頭からかぶる。源氏物語 平安－物語 葵「いよいよ御衣ひきかづきて臥し給へり」訳（紫の上は）ますますお召し物を頭からかぶって寝ていらっしゃる。

ひき-かなぐ・る【引きかなぐる】 他動詞ラ四{ら/り/る/る/れ/れ}手荒くひきのける。ひきむしる。源氏物語 平安－物語 帚木「なみなみの人ならばこそ、荒らかにもひきかなぐらめ」訳普通の身分の者ならば、（源氏から空蟬を）荒っぽくひきのけるだろうが。

ひき-か・ふ【引き替ふ・引き換ふ】 他動詞ハ下二{へ/へ/ふ/ふる/ふれ/へよ}取り替える。すっかり変える。源氏物語 平安－物語 東屋「牛などひきかふべき心まうけし給へりけり」訳（牛車を引く）牛なども（途中で）取り替えることができる心づもりをなさっていたのだった。

ひき-かへ【引き替へ】 副詞すっかり違って。うって変わって。徒然 鎌倉－随筆 一九「空の気色、昨日に変はりたりとは見えねど、ひきかへめづらしき心地ぞする」訳空のようすは、昨日と変わっているとは見えないが、うって変わって新鮮な気持ちがする。

ひき-かへし【引き返し】 副詞打って変わって。以前と変わって。源氏物語 平安－物語 夕霧「ひきかへし懸想ばみなまめかむもまばゆし」訳（今さら）打って変わって色めかしてなまめいた振る舞いに出るのもきまりが悪い。

ひき-かへ・す【引き返す】 一 他動詞サ四{さ/し/す/す/せ/せ}❶もとの状態・方向に返す。徒然 鎌倉－随筆 一〇六「馬ひきかへして逃げられにけり」訳馬をもとの方向に返して逃げておしまいになった。❷裏返す。大和物語 平安－物語 八三「雨の漏りければ、筵をひきかへすとて」訳雨が漏ったので、むしろを裏返すといって。❸繰り返す。反復する。源氏物語 平安－物語 宿木「御文を、うちも置かず、ひきかへしひきかへし見ゐ給へり」訳お手紙を手離さず、繰り返し繰り返しご覧になっていらっしゃる。二 自動詞サ四{さ/し/す/す/せ/せ}もとに戻る。引っ返す。平治物語 鎌倉－物語 上「清盛も、しかるべしとて都をさしてひきかへす」訳清盛も、そうなる運命だといって都を目指して引っ返す。

ひき-きり・なり【引き切りなり】 形容動詞ナリ{なら/なり・に/なり/なる/なれ/なれ}性急だ。いちずだ。夜の寝覚 平安－物語 四「いかでかは、さりとて、名残りなくひききりなる御心遣ひのあらむ」訳どうして、そうかといって、今までとうって変わって性急なお心構えになられることがあろうか。

ひき-ぐ・す【引き具す】 他動詞サ変{せ/し/す/する/すれ/せよ}❶引き連れる。伴う。竹取物語 平安－物語 ふじの山「中将、人々ひきぐして帰り参りて」訳中将は、人々を引き連れて宮中に帰って来て。❷（才能などを）身につける。源氏物語 平安－物語 薄雲「いかでかうのみひきぐしけむと思さる」訳（明石の上は）どのようにしてこれまで（琵琶の才能を）身につけたのだろうと（源氏は）思いなさる。

ひき-ごし【引き腰】 名詞平安時代以降、女性の正装で、裳の左右に取り付け、後ろへ長く引き垂らした飾り帯。参照▶口絵

ひき-こ・す【引き越す】 一 自動詞サ四{さ/し/す/す/せ/せ}越えて行く。二 他動詞サ四{さ/し/す/す/せ/せ}❶前へ越えさせる。枕草子 平安－随筆 細殿の遣戸を「纓をひきこして顔を塞ぎて」訳纓（＝冠の後ろに垂らした薄絹）を（肩越しに）前へまわして顔を隠して。❷上位の人を追い越させる。源氏物語 平安－物語 紅葉賀「二十余年になり給へる女御をひきこし奉りては、かたきことなりかし」訳（東宮の母として）二十年あまりにもおなりのこの女御をさしおき申し上げて、飛び越えさせて（ほかの方を中宮に）お立て申し上げることは、しにくいことだ。

ひき-こ・む【引き込む・引き籠む】 一 自動詞マ四{ま/み/む/む/め/め}退いて中に入る。閉じこもる。浮世物語 江戸－物語 仮名「作病してひきこみければ」訳仮病を使って（家に）閉じこもったので。二 他動詞マ四{ま/み/む/む/め/め}❶引いて内に入れる。押し込める。太平記 室町－物語 一四「大立て挙げの臑当、脇楯の下へひきこうで」訳ももまである臑当てを胴の脇の防具の下へ押し込んで。◇「ひきこう」はウ音便。❷着服する。❸深くかぶる。三 他動詞マ下二{め/め/む/むる/むれ/めよ}❶内に入れる。しまい込む。源氏物語 平安－物語 若菜下「御琴ども、すさまじくて、みなひきこめられ」訳お琴なども、興ざめがして、みなしまい込まれ。❷閉じこめる。束縛する。源氏物語 平安－物語 梅枝「そこらの警策の姫君たちひきこめられなむは、世に物の栄えあらじ」訳多くのすぐれた姫君たちが（家に）閉じこめられてしまうのだったら、まるで引き立たなくなるだろう。

ひき-さ・く【引き避く・引き放く】 他動詞カ下二{け/け/く/くる/くれ/けよ}遠慮して避ける。遠ざける。源氏物語 平安－物語 幻「御座のあたりひきさけつつさぶらはせ給ふ」訳御帳台の周辺から遠ざけながらひかえさせておきなさる。

ひき-さ・ぐ【引き下ぐ】 他動詞ガ下二{げ/げ/ぐ/ぐる/ぐれ/げよ}❶手にさげて持つ。携える。枕草子 平安－随筆 ねたきもの「鋤などひきさげて」訳鋤などを手にさげて持って。❷伴う。蜻蛉 平安－日記 下「かかる所にこれをさへひきさげてあるを」訳このような所にこの娘まで伴っている

ひ

のを。❸(一度出したものを)取り下げる。枕草子 平安―随筆 松の木立高き所の「ひきさげながら、急ぎ来て見るや」訳(薬湯を)取り下げながら、急いで来て見ると。

ひき-さ・す【弾き止す】他動詞サ四{さ/し/す/す/せ/せ}弾くことを途中でやめる。源氏物語 平安―物語 須磨「いとすごう聞こゆれば、ひきさし給ひて」訳(琴の音が)たいそうもの寂しく聞こえるので、弾くのを途中でやめなさって。

ひき・し【低し】形容詞ク{(く)・から/く・かり/し/き・かる/けれ/かれ}(位置・身長・身分・声などが)低い。平家物語 鎌倉―物語 八・征夷将軍院宣「顔大きに、背ひきかりけり」訳(頼朝は)顔が大きく、背は低かった。

参考 鎌倉時代初期に成立した語。室町時代には変化して、「ひくし」となる。平安時代には事柄によって、「短し」「浅し」「小さし」などが使い分けられた。

ひき-しじ・む【引き縮む】他動詞マ下二{め/め/む/むる/むれ/めよ}抑えて弱くする。源氏物語 平安―物語 浮舟「声ひきしじめ、かしこまりて物語しけるを」訳声を抑えて弱くし、恐縮して話していたのを。

ひき-したた・む【引き認む】他動詞マ下二{め/め/む/むる/むれ/めよ}とりまとめる。かたづける。徒然 鎌倉―随筆 三〇「物ひきしたため、散り散りに行きあかれぬ」訳荷物をかたづけ、散りぢりに別れて行ってしまう。

ひき-しづ・む【弾き鎮む】他動詞マ下二{め/め/む/むる/むれ/めよ}弾きこなす。源氏物語 平安―物語 明石「琵琶なむ、まことの音をひきしづむる人」訳琵琶というものを、ほんとうの奏法をひきこなす人は。

ひき-しの・ぶ【引き忍ぶ】自動詞バ上二{び/び/ぶ/ぶる/ぶれ/びよ}・バ四{ば/び/ぶ/ぶ/べ/べ}人目に立たないようにする。隠れる。枕草子 平安―随筆 殿などのおはしまさで後「ここにてさへひきしのぶるもあまりなり」訳ここでまでも人目に立たないようにするのもあんまりだ。◆「ひき」は接頭語。

ひき-しろ・ふ【引きしろふ】ヒキシロウ 他動詞ハ四{は/ひ/ふ/ふ/へ/へ}❶引っ張り合う。源氏物語 平安―物語 紅葉賀「とかくひきしろふ程に、ほころびほろほろと絶えぬ」訳なにやかやと引っ張り合ううちに、(直衣の)縫い合わされていない部分がびりびりと切れてしまった。❷引きずる。徒然 鎌倉―随筆 一七五「物も着あへずいだき持ち、ひきしろひて逃ぐる」訳着物を着る間もなく抱きかかえ、引きずって逃げる。❸引き連れる。平家物語 鎌倉―物語 七・福原落「つぎざまの人どもは、さのみひきしろふに及ばねば」訳下々の人たちは、そんなにまで(妻子を)引き連れて行くこともできないので。◆「しろふ」は接尾語。

ひき-す・う【引き据う】他動詞ワ下二{ゑ/ゑ/う/うる/うれ/ゑよ}ぴたりと据える。座らせる。源氏物語 平安―物語 若菜下「この童の手をとらへてひきすゑて」訳この童の手をつかまえて座らせて。

ひき-す・ぐ【引き過ぐ】自動詞ガ上二{ぎ/ぎ/ぐ/ぐる/ぐれ/ぎよ}❶(馬・車などを)引いて通り過ぎる。源氏物語 平安―物語 明石「やがて馬ひきすぎて、赴きぬべくおぼす」訳そのまま馬を引いて通り過ぎて、(都へ)向かって行ってしまいそうにお思いになる。❷通り過ぎる。堤中納言 平安―物語 よしなしごと「ほかざまにと思ひ立たせたまふが、なほ、えひきすぎぬなるべし」訳別の女性のところへ、と決心なさるが、やはり、(その人の前は)通り過ぎることができないのだろう。◇「ひき」は接頭語。

ひき-すさ・ぶ【弾き遊ぶ】他動詞バ四{ば/び/ぶ/ぶ/べ/べ}(弦楽器を)慰みに弾く。弾いて気分を晴らす。源氏物語 平安―物語 須磨「琴をひきすさび給ひて」訳琴を慰みに弾きなさって。

ひき-す・つ【引き捨つ】他動詞タ下二{て/て/つ/つる/つれ/てよ}❶引っ張って行って捨てる。枕草子 平安―随筆 うへにさぶらふ御猫は「死にければ、陣の外にひきすてつ」訳(犬は)死んだので、警護の詰め所の外に引っ張って行って捨ててしまった。❷引き抜いて捨てる。

ひき-すま・す【弾き澄ます】他動詞サ四{さ/し/す/す/せ/せ}(弦楽器を)精神を集中して弾く。みごとに弾きこなす。源氏物語 平安―物語 明石「広陵といふ手を、ある限りひきすまし給へるに」訳広陵という曲を、秘術を尽くしてみごとに弾きこなしなさったときに。

ひき-そば・む【引き側む】一 他動詞マ四{ま/み/む/む/め/め}隠すようにして引き寄せる。源氏物語 平安―物語 藤袴「ひきそばみつつ持て参る御文どもを」訳隠すようにして引き寄せては持って参る数々のお手紙を。二 他動詞マ下二{め/め/む/むる/むれ/めよ}❶隠すために体を横向きにする。源氏物語 平安―物語 松風「ひきそばめて急ぎ書き給ふは」訳体を横向きにして急いでお書きになるのは。❷一に同じ。源氏物語 平安―物語 夕霧「裾をひきそばめつつ居たり」訳着物のすそを隠すようにして引き寄せながら座っている。

ひき-そ・ふ【引き添ふ】ヒキソウ 他動詞ハ下二{へ/へ/ふ/ふる/ふれ/へよ}❶引き寄せて添える。万葉集 奈良―歌集 三八六九「大船に小舟ひきそへ」訳大舟に小舟を引き寄せて添え。❷引き合いに出す。大鏡 平安―物語 道長上「この入道殿を必ずひきそへたてまつりて申す」訳この入道殿(=藤原道長)を必ず引き合いに出し申し上げてお話し申し上げる。

ひき-た【引き板】名詞「ひた」に同じ。

ひき-たが・ふ【引き違ふ】ヒキタガウ ―ヒキタゴウ 他動詞ハ下二{へ/へ/ふ/ふる/ふれ/へよ}❶変更する。源氏物語 平安―物語 帚木「方塞げて、ひきたがへほかざまへと」訳方塞がりだからといって(方角を)変更し、ほかの(女の)所へと。❷予想を裏切る。期待に反する。源氏物語 平安―物語 竹河「かくひきたがへたる御宮仕へを」訳このように期待に反した御宮仕えを。❸すっかり変える。紫式部 平安―日記 寛弘五・七・中旬「現し心をばひきたがへ」訳平常の心をすっかり変え。◆「ひき」は接頭語。

ひき-た・つ【引き立つ】一 自動詞タ四{た/ち/つ/つ/て/て}・タ下二{て/て/つ/つる/つれ/てよ}逃げ腰になる。浮き足立つ。太平記 室町―物語 六「大勢のひきたてたる事なれば」訳大勢が浮き足立ったことであるので。二 他動詞タ下二{て/て/つ/つる/つれ/てよ}❶引いて立たせる。引き起こす。源氏物語 平安―物語 明石「御手を取りてひきたて給ふ」訳(夢で故桐壺帝は源氏の)御手をとって引き起こしなさる。❷引いて閉める。源氏物語 平安―物語 東屋「こなたの障子はひきたて給ひて」訳こちらの障子はお閉めになって。◇「引き閉つ」とも書く。❸引いて連れて行く。引っ立てる。源氏物語 平安―物語 夕霧「やがてこの人をひきたて、推し量りに入り給ふ」訳(夕霧は)そのままこの人(=少将の君)を引き連れて、当て推量に(奥へ)お入りになる。❹**取り立てる。**〔著聞集 鎌倉ー説話〕二九「ひきたつる人もなかりけるに」〔訳〕取り立てる人もなかったところに。

ひきたて-えぼし【引き立て烏帽子】〔名詞〕兜の下に着用する揉み烏帽子のこと。平たくなったとき、後ろの角を引き立てて形を整える。

ひき-た・る【引き垂る】〔他動詞〕ラ下二{れ/れ/る/るる/るれ/れよ}**垂れ下げる。**〔枕草子 平安ー随筆〕にくきもの「かしらふり、口わきをさへひきたれて」〔訳〕(酒を勧めて)頭を振り、口の両はじまでを(への字に)垂れ下げて。

ひき-つくろ・ふ【引き繕ふ】〔他動詞〕八四{は/ひ/ふ/ふ/へ/へ}❶**身なりを整える。体裁をとりつくろう。**〔源氏物語 平安ー物語〕松風「さる御心してひきつくろひ給へる御直衣姿」〔訳〕そういうおつもりで美しく装っていらっしゃる御直衣姿は。❷**気を配ってする。欠点を直す。**〔蜻蛉 平安ー日記〕下「例よりもひきつくろひて、らうたげに書いたり」〔訳〕(和歌は)いつもよりは気を配って、かわいらしそうに書いている。◆「ひき」は接頭語。

ひきつけ-しゅう【引き付け衆】〔名詞〕鎌倉・室町幕府の職名。「評定衆」を補佐して、訴訟などを審理した。

ひき-つぼ・ぬ【引き局ぬ】〔他動詞〕ナ下二{ね/ね/ぬ/ぬる/ぬれ/ねよ}(屏風や几帳を)**引き回して囲う。**〔紫式部 平安ー日記〕寛弘五・九・一〇「御屏風一よろひをひきつぼね」〔訳〕御屏風一対を引きめぐらして囲い。

ひき-つ・む[1]【引き抓む】〔他動詞〕マ四{ま/み/む/む/め/め}**つねる。**〔源氏物語 平安ー物語〕蛍「『埋もれたり』と、ひきつみ給へば」〔訳〕「ひっこみがちだ」と、おつねりになるので。◆「ひき」は接頭語。

ひき-つ・む[2]【引き詰む】〔他動詞〕マ下二{め/め/む/むる/むれ/めよ}**手ばやく続けざまに弓を引く。**〔平家物語 鎌倉ー物語〕八・妹尾最期「さしつめひきつめさんざんに射る」〔訳〕矢を次から次へとつがえて続けざまに弓を引き、思う存分射る。

ひき-つ・る【引き連る】〔他動詞〕ラ下二{れ/れ/る/るる/るれ/れよ}**従えて連れて行く。**〔蜻蛉 平安ー日記〕下「御前あまたひきつれ」〔訳〕御前駆(=先導する人)をたくさん従えて連れて行き。

ひきで-もの【引出物】〔名詞〕祝宴・饗応のときなどに、主人から客へ出す贈り物。「ひきいでもの」とも。◆平安時代、馬を庭先に引き出して贈り物としたことから出た語。

ひき-と・く【引き解く】〔他動詞〕カ四{か/き/く/く/け/け}(結び目などを)**引いてほどく。**〔源氏物語 平安ー物語〕夢浮橋「尼君、御文ひきときて見せたてまつる」〔訳〕尼君が、お手紙の結び目を引いてほどいて、お見せ申し上げる。

ひき-とど・む【引き留む・引き止む】〔他動詞〕マ下二{め/め/む/むる/むれ/めよ}**引きとめる。**〔宇治拾遺 鎌倉ー説話〕一四・一〇「御衣の裾をくひて、ひきとどめ申さんとしければ」〔訳〕(犬が)お召し物のすそをくわえて、お引きとめ申し上げようとしたので。

ひき-と・る[1]【引き取る】

〔一〕〔他動詞〕ラ四{ら/り/る/る/れ/れ}❶**引き寄せて取る。引っ張って取る。**〔源氏物語 平安ー物語〕宿木「こだになど少しひきとらせ給ひて」〔訳〕せめてこれだけでもなどと、少し引き寄せて取らせなさって。❷**奪い取る。**〔源氏物語 平安ー物語〕紅葉賀「君にかくひきとられぬる帯なれば」〔訳〕あなたにこうして奪い取られてしまった帯だから。❸**身に引き受ける。養育する。**

〔二〕〔自動詞〕ラ四{ら/り/る/る/れ/れ}**その場から退く。**〔国姓爺 江戸ー浄瑠璃〕浄瑠・近松「戦ひ負けたる体にして十里ばかりひきとるべし」〔訳〕戦いに負けたようすにして十里ほどその場から退くがよい。

ひき-と・る[2]【弾き取る】〔他動詞〕ラ四{ら/り/る/る/れ/れ}**弾き方を習得する。**〔源氏物語 平安ー物語〕明石「箏は、女なむひきとるものなり」〔訳〕箏は、女が弾き方を習得するものだ。

ひき-なほ・す【引き直す】〔他動詞〕サ四{さ/し/す/す/せ/せ}**もとのように直す。**〔源氏物語 平安ー物語〕若菜上「とみにひきなほす人もなし」〔訳〕すぐにもとのように直す人もいない。

ひき-なら・す【弾き馴らす】〔他動詞〕サ四{さ/し/す/す/せ/せ}**弾きこむ。**〔源氏物語 平安ー物語〕横笛「いとよくひきならしたる、人香にしみて、なつかしうおぼゆ」〔訳〕実によく弾きこんである和琴で、その女の人の移り香がしみこんで、慕わしく思われる。

ひき-ぬ・く【引き抜く】〔他動詞〕カ四{か/き/く/く/け/け}**引っ張って抜き取る。**〔源氏物語 平安ー物語〕夕顔「うたて思さるれば、太刀をひきぬきてうち置き給ひて、右近を起こし給ふ」〔訳〕気味悪くお感じになるので、太刀を引っ張って抜き取って、そばに置きなさって、右近をお起こしになる。

ひき-の・く【引き退く】

〔一〕〔自動詞〕カ四{か/き/く/く/け/け}**しりぞく。退散する。**〔保元 鎌倉ー物語〕中「義朝・清盛、色を失ひてひきのき」〔訳〕義朝と清盛は真っ青になってしりぞき。

〔二〕〔他動詞〕カ下二{け/け/く/くる/くれ/けよ}**引き離す。遠ざける。どかす。**〔栄花物語 平安ー物語〕御賀「次に、また少しひきのけて」〔訳〕次に、また少し(間を)引き離して。

ひき-はぎ【引き剝ぎ】〔名詞〕**追いはぎ。**「ひはぎ」「ひっぱぎ」とも。

ひき-は・く【引き佩く】〔他動詞〕カ四{か/き/く/く/け/け}**垂れ下げて身につける。帯びる。**〔蜻蛉 平安ー日記〕下「太刀ひきはき」〔訳〕太刀を帯び。

ひき-はこ・ゆ【引きはこゆ】〔他動詞〕ヤ下二{え/え/ゆ/ゆる/ゆれ/えよ}**衣服の裾をたくし上げる。**〔枕草子 平安ー随筆〕うらやましげなるもの「壺装束などにはあらで、ただひきはこえたるが」〔訳〕壺装束などではなくて、ただ着物の裾をたくし上げた人が。

ひき-はな・つ【引き放つ】〔他動詞〕タ四{た/ち/つ/つ/て/て}❶**弓を引いて矢を放つ。**〔万葉集 奈良ー歌集〕一九九「ひきはなつ矢のしげけく」〔訳〕弓を引いて矢を放つ、その矢のしきりであることは。❷**引っ張って離す。むりに離す。**〔平中物語 平安ー物語〕二二「この男の乗れる馬、ものに驚きてひきはなちて走りければ」〔訳〕この男の乗っている馬が、なにかに驚いて(綱を)引っ張って離して走ったので。❸**間隔を置く。文字を一字ずつ離して書く。**〔源氏物語 平安ー物語〕早蕨「歌は、わざとがましくひきはなちてぞ書きたる」〔訳〕歌は、わざとらしく文字を一字ずつ離して書いてある。

ひき-は・る【引き張る】〔他動詞〕ラ四{ら/り/る/る/れ/れ}**引っ張る。**〔枕草子 平安ー随筆〕節は「そばへたる小舎人童などにひきはられて」〔訳〕ふざけている召使いの少年などに(たもとの飾りを)引っ張られて。

ひき-ひき【引き引き】名詞 思い思いにすること。また、そのようす。「ひきびき」とも。

ひき-ひき・なり【引き引きなり】形容動詞 ナリ {なら/なり・に/なり/なる/なれ/なれ} 思い思いに。好きずきだ。「ひきびきなり」とも。

ひき-ひろ・ぐ【引き広ぐ】他動詞 ガ下二 {げ/げ/ぐ/ぐる/ぐれ/げよ} 引っ張って広げる。源氏物語 平安―物語 若菜下「隅の間の屏風をひきひろげて」訳 隅の間の屏風を引っ張って広げて。

ひき-ふだ【引き札】名詞 宣伝のための、ちらし。

ひき-ふね【引き船・引き舟・曳き舟】名詞 ❶流れをさかのぼる船を、綱をつけて岸から引くこと。また、その船。❷「引き船女郎」の略。江戸時代、上方で太夫(=最も位の高い遊女)につきそい、座をとりもつ女郎。

ひき-へだ・つ【引き隔つ】他動詞 タ下二 {て/て/つ/つる/つれ/てよ} 間に物を置いて仕切る。枕草子 平安―随筆 清涼殿の丑寅のすみの「御几帳をひきへだてさせ給ひければ」訳 (帝が)御几帳を立てて仕切りあそばしたので。

ひき-ほし【引き干し】名詞 海草を日に干したもの。食用とする。「ひきぼし」とも。

ひき-まど【引き窓】名詞 明かり取り・煙出しのために屋根に作った、天窓。綱を引いて開閉する。

ひき-むす・ぶ【引き結ぶ】他動詞 バ四 {ば/び/ぶ/ぶ/べ/べ} ❶引っ張って結ぶ。新勅撰 鎌倉―歌集 羇旅・伊勢物語 平安―物語 八三「枕とて草ひきむすぶこともせじ」訳 ⇩まくらとて…。❷(草庵を)構える。平家物語 鎌倉―物語 一・祇王「柴の庵をひきむすび」訳 雑木の小枝で屋根をふいた庵を構えて。

ひき-め【蟇目・引き目】名詞 鏃の一種。中が空洞で表面に数個の穴のある、木製の紡錘形のもの。また、それを先端に付けた矢。標的に致命的な傷をつけないので、「犬追物」や「笠懸」などの競技のときに使われた。また、射たときに高い音を発するので、邪気を払うためにも射た。ひきめかぶら。ひきめの矢。参照▶口絵

ひきめ-かぎはな【引き目鉤鼻】連語 平安時代、大和絵の人物の顔を描く手法。目は横に一本、線を引き、鼻はかぎのように「く」の字形に描く。『源氏物語絵巻』などに見られる技法。

(引き目鉤鼻)

ひき-もの[1]【引き物】名詞 ❶布を引き張ったり垂らしたりして、内・外の仕切りとしたもの。壁代・帳・几帳・垂れ幕など。❷**引出物**。特に客の持ち帰り用として膳に添えて出す肴・菓子の類。

ひき-もの[2]【弾き物】名詞 琴・琵琶など、ひいて鳴らす弦楽器。

ひぎゃう-しゃ【飛香舎】名詞 内裏の後宮五舎の一つ。清涼殿の北、弘徽殿の西にあり、中宮・女御などが住んだ。庭に藤が植えてあり、「藤壺」とも呼ばれる。参照▶資料26

ひき-やか・なり【低やかなり】形容動詞 ナリ {なら/なり・に/なり/なる/なれ/なれ} (身長や声が)低い。「ひきらかなり」とも。今昔物語 平安―説話 二三・二一「丈ひきやかなりける男」訳 身長が低かった男(で)。◆「やか」は接尾語。

ひ-きゃく【飛脚】名詞 ❶急ぎの知らせを遠方の人に伝える使者。❷江戸時代、遠方への手紙・金銭・物品などの送達を仕事にする人。幕府公用のための「継ぎ飛脚」、諸大名が設けた「大名飛脚」、民間人が利用する「町飛脚」があった。

(飛脚❷)

ひき-や・る[1]【引き破る】他動詞 ラ四 {ら/り/る/る/れ/れ} 引きやぶる。引きさく。枕草子 平安―随筆 三条の宮におはしますころ「この紙の端をひきやらせ給ひて」訳 その紙の端をお引きやぶりになられて。

ひき-や・る[2]【引き遣る】他動詞 ラ四 {ら/り/る/る/れ/れ} 引きのける。押しやる。源氏物語 平安―物語 澪標「御几帳の、しどけなくひきやられたるより」訳 御几帳が、乱雑に押しやられた(すきま)から。

ひき-ゆ・ふ【引き結ふ】他動詞 ハ四 {は/ひ/ふ/ふ/へ/へ} 引き結ぶ。源氏物語 平安―物語 葵「御髪のいと長うこちたきをひきゆひて打ち添へたるも」訳 御髪のとても長く量が多いのを引き結んでちょっと添えてあるのも。

ひき-ゆるが・す【引き揺るがす】他動詞 サ四 {さ/し/す/す/せ/せ} 引いてゆり動かす。ゆさぶる。枕草子 平安―随筆 にくきもの「いぎたなしと思ひ顔にひきゆるがしたる、いとにくし」訳 寝坊だと思っている顔つきで引いてゆり動かすのは、たいそうしゃくにさわる。

ひ-きょう【比興】一 名詞 ❶物にたとえておもしろく述べること。❷興味があること。おもしろいこと。❸不都合なこと。◇「非興」とも書く。二 形容動詞 語幹 ⇩ひきょうなり。著聞集 鎌倉―説話 五三九「その由を申し上げければ、ひきょうのさたにてやみにけり」訳 そのいきさつを申し上げると、おもしろいこととしてけりがついた。

ひ-きょう・なり【比興なり】形容動詞 ナリ {なら/なり・に/なり/なる/なれ/なれ} ❶おもしろい。興味がある。❷苦々しい。不都合だ。明月記 鎌倉―日記 「先例に似ず、頗るひきょうなり」訳 先例と異なりやや不都合である。

ひき-よ・く【引き避く】他動詞 カ上二 {き/き/く/くる/くれ/きよ} 身を引いてよける。更級 平安―日記 初瀬「ひきよきてゆき過ぐるを」訳 身を引いてよけて通り過ぎるのを。

ひき-らか・なり【低らかなり】形容動詞 ナリ {なら/なり・に/なり/なる/なれ/なれ} 「ひきやかなり」に同じ。◆「らか」は接尾語。

ひきり-うす【火鑽り臼】名詞 摩擦によって火を起こすときに使う、よく乾燥した檜などの板。小穴があり、そこに棒を立てて火をもみ起こす。

ひきり-ぎね【火鑽り杵】名詞 摩擦によって火を起こすときに使う、堅い木の細い棒。

ひき-わか・る【引き別る】自動詞 ラ下二 {れ/れ/る/るる/るれ/れよ} 別れる。離れ離れになる。源氏物語 平安―物語 玉鬘「頼

むべき子どもにもひきわかれて」訳頼りとすべき子たちとも互いに別れて。◆「ひき」は接頭語。

ひき-わた【引き綿】名詞 木綿の綿が切れないように、その上に薄く引き伸ばしてかぶせた真綿。

ひき-わた・す【引き渡す】他動詞 サ四〔さ/し/す/す/せ/せ〕❶**引いて伸ばす。張り渡す。**枕草子 平安-随筆 日のいとうららかなるに「浅みどり打ちたるをひきわたしたるやうにて」訳（海面は）薄い緑色の、打ってつや出しをした布を張り渡したようで。❷**引いて行く。引き回す。**朝比奈 室町-狂言 狂言「一度ならず、両三度まで鎌倉をひきわたさるる」訳一度ならず、二度、三度まで、（罪人として）鎌倉じゅうを引き回される。

ひき-ゐる【率ゐる】他動詞 ワ上一〔ゐ/ゐ/ゐる/ゐる/ゐれ/ゐよ〕❶**引き連れる。**伊勢物語 平安-物語 六六「兄・弟・友だちひきゐて、難波の方へ行きけり」訳兄弟友人たちを引き連れて、難波の方へ行った。❷**統率する。指揮する。**日本書紀 奈良-史書 神代下「八十万の神たちをひきゐて」訳たくさんの神々を指揮して。

ひき-を・る【引き折る】他動詞 ラ四〔ら/り/る/る/れ/れ〕❶**二重に折る。裾をたくし上げる。**今昔物語 平安-説話 二九・二八「衣一つばかりをひきをりて」訳着物一枚だけを（着て、その）裾をたくし上げて。❷**櫂などが折れるほど強く漕ぐ。**万葉集 奈良-歌集 四三三一「夕潮に楫ひきをり」訳夕潮に櫂を折れるほど強く漕ぎ。

ひ・く[1]【引く】

一 自動詞 カ四〔か/き/く/く/け/け〕❶**後ろへ下がる。しりぞく。退却する。逃げる。**平家物語 鎌倉-物語 九・二度之懸「わづかに五十騎ばかりにうちなされ、ざっとひいてぞ出でたりける」訳たった五十騎くらいまでにやられて、さっと逃げて（城から）出たのであった。◇「退く」とも書く。「ひい」はイ音便。❷**ひきつけられる。**徒然 鎌倉-随筆 一七二「好ける方に心ひきて」訳好んでいる方面に心がひきつけられて。◇「惹く」とも書く。

二 他動詞 カ四〔か/き/く/く/け/け〕❶**引っぱる。引き寄せる。引き抜く。**徒然 鎌倉-随筆 五三「首もちぎるばかりひきたるに」訳首もちぎれるほど引っぱったところ。❷**連れる。後に従える。引く。**徒然 鎌倉-随筆 一五二「むく犬の、あさましく老いさらぼひて、毛はげたるをひかせて」訳むく犬で、みっともなく年老いてよぼよぼになって、毛が抜け落ちているのを（従者に）引かせて。◇「曳く」「牽く」とも書く。❸**張りめぐらす。張る。**徒然 鎌倉-随筆 一〇「小坂殿の棟に、いつぞや縄をひかれたりしかば」訳小坂殿の屋根の一番高い所に、いつだったか縄を張りめぐらしておられたから。❹**（弓を）引く。引きしぼる。**著聞集 鎌倉-説話 九「意趣なればと思ひて、よくひきて放ちたりければ」訳意地もあるからと思って、（弓を）よく引きしぼって放ったところ。❺**とりはずす。とり去る。**平家物語 鎌倉-物語 四・橋合戦「橋をひいたぞ。あやまちすな」訳橋板をとりはずしたぞ。けがをするな。❻**引きずる。**源氏物語 平安-物語 花宴「葡萄染めの下襲、裾いと長くひきて」訳薄紫色の下襲の裾をたいへん長く（出して）引きずって。❼**線を書く。**枕草子 平安-随筆 すさまじきもの「上にひきたりつる墨など消えて」訳（手紙の封じ目の）上に線を書いてあった墨なども消えて。❽**ひきつける。気をひく。注意をひく。誘う。**源氏物語 平安-物語 松風「騒がしきにひかれて出で給ふ」訳（外が）騒がしいことに気をひきつけられてお出になった。◇「惹く」とも書く。❾**引用する。例にあげる。**徒然 鎌倉-随筆 二三二「史書の文をひきたりし」訳歴史書の本文を引用したのは。❿**平らにする。ならす。**徒然 鎌倉-随筆 二〇七「亀山殿たてられんとて、地をひかれけるに」訳亀山の御殿をお建てになろうとして、地をならされると。⓫**贈り物を配る。贈る。**平家物語 鎌倉-物語 三・金渡「千両を僧にひき」訳千両を僧に贈り。

三 自動詞 カ下二〔け/け/く/くる/くれ/けよ〕**引かれる。**古事記 奈良-史書 神代「引け鳥のわがひけ往なば」訳連れだって飛ぶ鳥のように私が（皆に）引かれて去ってしまったら。

ひ・く[2]【弾く】他動詞 カ四〔か/き/く/く/け/け〕**（弦楽器を）演奏する。**枕草子 平安-随筆 清涼殿の丑寅のすみの「きんの御琴を人よりことにひきまさらむとおぼせ」訳七弦の琴を人よりすばらしくうまく演奏しようとお思いなさい。

びく【比丘】名詞 仏教語。出家して、一定の戒を受け、正式に僧となった男子。**僧。**対比丘尼。

ひく-て-あまた【ひく手数多】連語

語義の扉

声をかけ誘いにくる人が多いようす。「是非に…」といって多くの人が求めてくるさま。

おなじ意味にもちいられる「ひっぱりだこ」が江戸時代末から出現するのに対して、すでに平安時代初期の用例があり、現代語にもおなじ意味、用法でもちいられている語。「ひっぱりだこ」よりもやや改まったニュアンスがあるのは、その古語性のため。

ひっぱりだこ。伊勢物語 平安-物語 四七「おほぬさのひくてあまたになりぬれば思へどえこそ頼まざりけれ」訳貴方は、まるで大幣のように、たくさんな女に誘われ引っ張りだこで、そちこちに通うようになっておいでなので、好きですけれど頼りに思うことは出来ないことです。

びくに【比丘尼】名詞 仏教語。出家して、一定の戒を受け、正式に僧となった女子。**尼。**対比丘。

ひ-ぐらし[1]【蜩】名詞 虫の名。蟬の一種。「かなかな」と鳴く。季秋。

ひ-ぐらし[2]【日暮らし】副詞 **朝から晩まで。一日じゅう。**「ひくらし」とも。徒然 鎌倉-随筆 序「つれづれなるままに、ひぐらし、硯に向かひて」訳することもなく手持ちぶさたなのにまかせて、一日じゅう硯に向かって。

ひ-ぐわん【悲願】名詞 仏教語。仏・菩薩が衆生を救うため、慈悲心を起こして、誓いを立てること。また、その誓い。

ひ-け【非家】名詞「ひか」に同じ。

ひ-げ【卑下】名詞／―す 自動詞 サ変 **へりくだること。**

謙遜すること。[源氏物語 平安｜物語] 若菜上「ひげして憎らかにも受け張らぬなどを」[訳]へりくだって憎らしくわがもの顔に振る舞ったりしないのを。

ひ-けい【秘計】[名詞]取り持ち。仲立ち。周旋。

び-けい【美形】[名詞]美しい容貌・容姿。また、その人。美男・美女など。

ひげ-がち・なり【鬚勝ちなり】[形容動詞]ナリ{なら/なり・に/なり/なる/なれ/なれ}見ぐるしきもの「ひげがちにかしけやせやせなる男」[訳]ひげが多く、やつれてひどくやせている男。

ひげ-こ【髭籠】[名詞]編み残した竹の端を、上へひげのように延ばして飾りとした竹かご。贈り物を入れるのに使った。

(髭籠)

ひ-こ【彦】[名詞]男子。男子の美称。「海幸ひこ」[対]ひめ。

肥後 [地名] 旧国名。西海道十二か国の一つ。今の熊本県。古くは、火(肥)の国の一部。肥州。[参照]▼資料21

ひこ-じろ・ふ【引こじろふ】[他動詞]ハ四{は/ひ/ふ/ふ/へ/へ}無理に引っ張る。「ひこしろふ」「ひこじらふ」とも。[源氏物語 平安｜物語] 朝顔「やや久しくひこじろひ開けて入り給ふ」[訳]かなり長い時間、(門番が錠を)無理に引っ張りあけて、(源氏は邸内に)お入りになる。

ひこ-ぢ【夫・彦舅】[名詞]夫。◆奈良時代以前の語。

ひこ-づら・ふ【引こづらふ】[他動詞]ハ四{は/ひ/ふ/ふ/へ/へ}強く引っ張る。[万葉集 奈良｜歌集]三三〇〇「そほ舟に綱取りかけひこづらひ」[訳]赤土を塗った舟に綱を掛けて引っ張り。

ひこ-ばえ【蘖】[名詞]草木の切り株から生え出た芽。[季]春。

ひこ-ば・ゆ【蘖ゆ】[自動詞]ヤ下二{え/え/ゆ/ゆる/ゆれ/えよ}蘖(＝草木の切り株から生え出る芽)が出る。[新古今 鎌倉｜歌集] 春上「古蓬今は春べとひこばえにけり」[訳]古よもぎが、今は春のころだというので、(新しい)芽が出たことだ。◆「孫ひ生はゆ」の意。

＊**ひ-ごふ【非業】**[名詞]仏教語。前世の「業」によらないこと。宿命で定められたものでないこと。特に、現世の災難によって死ぬことにいう。

＊**ひこ-ぼし【彦星】**[名詞]牽牛星の和名。七夕伝説で、七月七日の夜だけ天の川を渡って、妻である織女星に会うという。[季]秋。◆男の星の意。奈良時代以前は「ひこほし」と清音。

ひ-ごろ【日頃】

[名詞]❶何日かの間。数日。▼何日かの日数の意。[伊勢物語 平安｜物語]八三「ひごろ経て、宮に帰り給うけり」[訳]数日たって、(京の)御殿へお帰りになった。❷数日来。この数日。▼ある特定の日につながっている何日間の意。[源氏物語 平安｜物語] 帚木「今宵、ひごろの恨みは解けなむと思ひ給へしに」[訳]今夜、数日来の恨みはきっと解けるだろうと存じましたが。❸ふだん。平生。日ごろ。[徒然 鎌倉｜随筆]六八「ひごろここに物し給ふとも見ぬ人々の、かく戦ひし給ふは、いかなる人ぞ」[訳]ふだんここにおいでになるとは思えない方々が、このように戦いくださったのは、どういうわけの方々か。

[参考]「ごろ」は、ほかに「年」「月」「夜」の下に付き、長い時間の経過の意味を添える。

ひ-さう【秘蔵】[名詞]／—す[他動詞]サ変❶大切にしまっておくこと。また、そのもの。[平家物語 鎌倉｜物語]九・知章最期「最も院の御ひさうの御馬にて」[訳]最も院のご大切な所蔵物の御馬で。❷他人には教えない大切な事柄。秘伝。奥義。[徒然 鎌倉｜随筆]一八六「この用意を忘れざるを馬乗りとは申すなり。これひさうの事なり」[訳]以上の用心を忘れないのを(真の)馬乗りと申すのである。これは秘伝のことである。◆江戸時代の中期以降「ひざう」。

ひ-ざう【非常】[名詞]❶普通ではないこと。とんでもないこと。[宇津保 平安｜物語] 藤原の君「必ずひざうとしも思ひ給ふらめど」[訳]きっととんでもないことでもお思いになるでしょうが。❷思いがけないこと。めったにないこと。転じて、高貴な人の急死にもいう。[栄花物語 平安｜物語] 鶴の林「ひざうもおはしまさば、いかにあはれ」[訳](道長に)もし死がおありになるならば、どんなにか悲しいことだ。◆「ひじやう」とも。

び-さう【美相】[名詞]美しい顔立ち。美しい容姿。[源氏物語 平安｜物語] 帚木「びさうなき家刀自の」[訳]美しさのない妻が。

ひ-ざう・なり【非常なり】[形容動詞]ナリ{なら/なり・に/なり/なる/なれ/なれ}❶普通ではない。とんでもない。[源氏物語 平安｜物語] 少女「鳴り止まむ。はなはだひざうなり」[訳]静かになさい。まったくとんでもないことだ。❷思いがけない。めったにない。[枕草子 平安｜随筆] 殿などのおはしまさで後「ひざうに同じこともこそあれ」[訳]思いがけなく同じことがある(と困るから)。◆「ひじやうなり」とも。

ひさ-かた【久方】[名詞]月。◆枕詞「ひさかたの」の「ひさかた」が転じて、月そのものをさすようになった。

[1]ひさかた-の【久方の】[枕詞]天空に関係のある「天」「雨」「空」「月」「日」「昼」「雲」「光」などに、また、「都」にかかる。語義・かかる理由未詳。[万葉集 奈良｜歌集]一六七「ひさかたの天の河原に」[訳]天上界にあるという安の河原に。

[2]ひさかたの… [和歌]「ひさかたの(＝枕詞) 月の桂も 秋はなほ もみちすればや 照りまさるらむ」[古今 平安｜歌集]秋上・壬生忠岑[訳]月に生えている桂の木も、秋にはやはり紅葉するから、秋の月は一段と照り輝いて見えるのだろうか。

[鑑賞]古来、月には桂の大木が生えているという中国からの言い伝えがあった。秋の月が明るいのは、その桂の木が色づいたからなのだという思いつきを詠んだ歌。「や」は疑問の係助詞で、結びは「らむ」の連体形である。「らむ」は原因推量の助動詞で「(…だから)だろう」と訳す。

[3]ひさかたの… [和歌][百人一首]「ひさかたの(＝枕詞) 光のどけき 春の日に 静心なく 花の散るらむ」[古今 平安｜歌集]春下・紀友則[訳]日の光がのどかな春の日に、どうして落ち着いた心もなく、桜の花は散り

急ぐのだろうか。

ひさ-ぎ【楸・久木】名詞 木の名。あかめがしわ。一説に、きささげ。

[1]**ひさく**【杓・柄杓】名詞「ひさこ」の変化した語。ひしゃく。◆ひさご(瓠)の古形。

[2]**ひさ・く**【販く・鬻く】他動詞カ四（か/き/く/く/け/け）**売る。商う。** 徒然 鎌倉—随筆 一三七「棺をひさく者、作りてうち置くほどなし」訳（死ぬ人が多くて）ひつぎを売る者は、作って置いておく間がない。◆後世は「ひさぐ」。

ひさ・ぐ【提ぐ】他動詞ガ下二（げ/げ/ぐ/ぐる/ぐれ/げよ）**手にさげて持つ。** 今昔物語 平安—説話 二六・一七「利仁、狐をひさげて言はく」訳利仁はきつねを手にさげ持って言うことには。◆「ひきさぐ」の変化した語。

ひざ-くりげ【膝栗毛】名詞 徒歩で旅行すること。徒歩旅行。◆自分の膝を栗毛の馬に見立てた語。

ひさげ【提・提子】名詞 鍋に弦と注ぎ口をつけた形の容器。湯・酒などを温めたり注いだりするのに使った。のちには、酒だけに使われた。

（提）

ひさご【瓠・匏・瓢】名詞 ❶植物の瓢簞・夕顔などの総称。また、その果実。なりひさご。季秋。❷瓢簞の実の中をくりぬいて作った容器。水・酒や穀物などを入れる。ふくべ。❸瓢簞の実を縦に二つに割って作った水をくむ道具。ひしゃく。のちには木をくりぬくなどしてその形に作り、柄をつけた。◆古くは「ひさこ」。❸は「杓」とも書く。

[1]**ひさし**【廂・庇】名詞 ❶寝殿造りで、母屋の外側、「簀の子」の内側の部分。区切って部屋を設ける。簀の子より一段高く、母屋より少し低く造られ、天井はない。廂までが家の中になる。「廂の間」ともいう。参照▶口絵 ❷建物や牛車などの出入り口、縁側、窓、塀などの上に設けた小屋根。

[2]**ひさ・し**【久し】形容詞シク（(しく)・しから/しく・しかり/し/しき・しかる/しけれ/しかれ）❶**長い。長く続いている。**▼期間や、時間についていう。平家物語 鎌倉—物語 一・祇園精舎「おごれる人もひさしからず、ただ春の夜の夢のごとし」訳思い上がりわがままに振る舞っている人も長くは続かず、ちょうど春の夜に見る夢のよう(にはかないもの)だ。❷**時間がかかる。** 枕草子 平安—随筆 にくきもの「例あるところにはなくて、ほかに尋ねありくほどいと待ち遠にひさしきに」訳（修験者は）いつもいるところにいなくて、（使いの者が）ほかを尋ねて歩く間、本当に待ち遠しく時間がかかるが。❸**久しぶりだ。しばらくぶりだ。** 磁石 室町—狂言 狂言「そなたは最前から『ひさしい、ひさしい』とおっしゃるが、身どもは知る人ではおりないぞや」訳あなたはさっきから「久しぶりだ、久しぶりだ」とおっしゃるが、私は知人ではないよ。◇「ひさしい」は口語。

ひざ-つき【膝突き・膝衝き】名詞 宮中の儀式などで、地面にひざまずくとき、膝の下に敷く敷物。布や薦などで作った。

ひさ・なり【久なり】形容動詞ナリ（なら/なり・に/なり/なる/なれ/なれ）**時間が長い。久しい。** 万葉集 奈良—歌集 三六〇四「妹が袖別れてひさになりぬれど」訳妻の袖と別れて久しくなったけれど。

ひざ-ま・く【膝枕く】自動詞カ四（か/き/く/く/け/け）**膝を枕にして寝る。** 万葉集 奈良—歌集 三四五七「大和女のひざまくごとに」訳大和の女の膝を枕にして寝るたびに。

ひ-さめ【氷雨】名詞 **雹。霰。** 雹や霰をまじえる激しい雨。季夏。参考 夏の気象で、冬について用いることはなく、夏の季語となっている。また、「大雨」「どしゃ降りの雨」の意の「ひさめ(大雨・甚雨)」もある。

ひざ-もと【膝元】名詞 ❶**膝のそば。** 人のすぐそば。❷親や権力者のすぐ近くで、保護の及ぶところ。**おひざもと。**

ひ-さんぎ【非参議】名詞 三位以上で、まだ参議にならない人。また、左右の大弁や左右の中将など、四位ではあるが、年功があって参議になる資格のある人。

ひし【菱】名詞 ❶草の名。池や沼に生える。夏に白い花が咲く。実は、菱形で二本のとげがあり、食用・薬用。❷武器の名。先端が二本または数本に分かれた刃物に柄を付けたもの。地上に立て並べて人馬を傷つける。

[1]**ひじ**〖泥・肘〗⇨ひぢ

[2]**ひ-じ**【非時】名詞 ❶僧が食事をとってはならないとされる時間。日中(=正午)から後夜(=午前四時)までの間。❷仏教語。「非時食」の略。僧が❶の時間に食事をすること。また、その食事。対斎。

ひじき-も【ひじき藻】名詞 海藻の名。**ひじき。**

ひしき-もの【引敷き物】名詞 **敷物。** 参考 和歌では海藻の「ひじき藻」とかけて用いることが多い。

ひ-しきりに【日しきりに】連語 **一日じゅうずっと。** 土佐日記 平安—日記 一二・二一「ひしきりにとかくしつつののしるうちに」訳一日じゅうずっとみんなであれこれしながら騒いでいるうちに。

ひし・ぐ【拉ぐ】一 他動詞ガ四（が/ぎ/ぐ/ぐ/げ/げ）**押しつぶす。** 枕草子 平安—随筆 五月ばかりなどに「よもぎの、車に押しひしがれたりけるが」訳よもぎで、車輪に押しつぶされたのが。二 自動詞ガ下二（げ/げ/ぐ/ぐる/ぐれ/げよ）**押されてつぶれる。ぺしゃんこになる。ひしゃげる。** 方丈記 鎌倉—随筆「家の内にをれば、たちまちにひしげなむとす」訳（地震がひどく）家の中にいると、たちまちに押されてつぶれそうになる。

ひし-と 副詞 ❶**みしみしと。**▼物がきしむ音を表す。万葉集 奈良—歌集 三二七〇「この床のひしと鳴るまで嘆きつるかも」訳この床がみしみしと鳴るほどにため息をついたことだ。❷**びっしりと。ぴったりと。**▼すき間のないようすを表す。今昔物語 平安—説話 二三・一九「男の腰をひしと挟みたりければ」訳男の腰をぴったりと挟んでいたので。❸**ぴたっと。ぱったりと。**▼急に中断するようすを表す。讃岐典侍 平安—日記 上「久住者どもも、ひしと止みぬ」訳長い間比叡山で修行している僧たち(の読経の声)がぴたっとやんだ。❹**しっかりと。**▼行動が確かであるようすを表す。徒然 鎌倉—随筆 四九「無常の身に迫りぬることを心にひしとかけて」訳（人間は）死が身近に近づいていることを心にしっかりとおいて。

ひ-じに【干死に】名詞 **餓死。**

びし‐びし[副詞]ぐすぐすと。▼鼻水をすすり上げる音を表す。[万葉集 奈良―歌集]八九二「しはぶかひ鼻びしびしに」[訳]⇩かぜまじり…。
[参考]奈良時代以前の語。奈良時代以前の和語で濁音で始まる語は、擬声語・擬態語だけとされる。

***ひし‐ひし‐と**[副詞]❶みしみしと。▼物がきしむ音を表す。[源氏物語 平安―物語]夕顔「物の足音、ひしひしと踏み鳴らしつつ」[訳]何ものかの足音がみしみしと(床を)踏み鳴らしながら。❷ぎっしりと。ぴったりと。▼すき間のないようすを表す。[平家物語 鎌倉―物語]九・宇治川先陣「五百余騎、ひしひしとくつばみを並ぶるところに」[訳]五百余の馬にまたがった武者がぎっしりとくつばみ(=馬の口のところの器具)を並べているところに。❸激しく。したたかに。▼容赦なく厳しくせまるようすを表す。[愚管抄 鎌倉―論]五「ひしひしと問ひければ、みな落ちにけり」[訳]激しく問いつめたので、みな白状した。❹むしゃむしゃと。▼物を食べる音を表す。[宇治拾遺 鎌倉―説話]一・一二「ひしひしと、ただ食ひに食ふ音のしければ」[訳]むしゃむしゃと、ひたすら食べに食べる音がしたので。

ひしほ(ヒシオ)[名詞]㊀【醬】大豆と麦で作った味噌(みそ)の一種。なめみそ。㊁【醢】「肉醬(ししびしほ)」の略。肉や魚を塩漬けにした食品。塩辛(しおから)の類。

***ひし‐め・く**【犇く】[自動詞]カ四{か/き/く/く/け/け}❶ぎしぎし鳴る。きしる。[枕草子 平安―随筆]むとくなるもの「奥のかたより、もののひしめき鳴るもいとおそろしくて」[訳]奥の方から、何かがぎしぎし鳴るのもとても恐ろしくて。❷大勢集まって騒ぎ立てる。わいわいと声に出して騒ぐ。[宇治拾遺 鎌倉―説話]一・一二「すでにし出(い)だしたるさまにて、ひしめき合ひたり」[訳](ぼたもちを)すでに作り上げたようすで、(僧たちが)大勢で騒ぎ立て合っている。◆「ひし」は擬態語、「めく」は接尾語。

ひ‐じやう[1]【非常】(ヒジョウ)[名詞]「ひざう」に同じ。

ひ‐じやう[2]【非情】(ヒジョウ)[名詞]仏教語。感情を持たないこと。また、その物。木石の類。[対]有情(うじやう)。

ひ‐じやう・なり【非常なり】(ヒジョウナリ)[形容動詞]ナリ「ひざうなり」に同じ。

びしゃ‐もん【毘沙門】[名詞]「毘沙門天」の略。

びしゃもん‐てん【毘沙門天】[名詞]仏教語。四天王の一つ。須弥山(しゅみせん)の北側に住んで北方を守護し、福徳をさずける守護神。怒りの相をあらわし、甲冑(かっちゅう)を着けている。日本では七福神の一つ。多聞天(たもんてん)。毘沙門。毘沙門天王。

(毘沙門天)

ひしゅ‐ひがく【非修非学】[連語]仏教語。仏道の修行も学問もしないこと。[徒然 鎌倉―随筆]一〇六「『何といふぞ、ひしゅひがくの男』とあららかに言ひて」[訳]「何をいうか。仏道の修行も学問もしない男め」と荒々しく言って。

【聖】[名詞]

語義の扉
「日・知り」を語源とし、暦日の吉凶を詳しく知っている人の意を原義として、広く、高い徳や知力を備えた人物を言う語。

❶高い徳によって世を治める人。天皇。[万葉集 奈良―歌集]二九「橿原(かしはら)のひじりの御代ゆ生(あ)れましし神のことごと」[訳]橿原の天皇(=神武天皇)の御代以来お生まれになった天皇のすべてが。
❷徳の高いりっぱな人。聖人。[徒然 鎌倉―随筆]一二一「人の才能は、文あきらかにして、ひじりの教へを知れるを第一とす」[訳]人の才能は、典籍に精通していて、聖人の教え(である儒教)を理解していることを第一とする。
❸その道で最も優れた人。達人。名人。[古今 平安―歌集]仮名序「柿本人麻呂(かきのもとのひとまろ)なむ、歌のひじりなりける」[訳]柿本人麻呂は、歌の名人(=歌聖)であったよ。
❹高徳の僧。聖僧。[源氏物語 平安―物語]若紫「峰高く、深き岩のうちにぞ、ひじり入りゐたりける」[訳]峰が高く、深い岩穴の中に、高徳の僧がこもって住んでいた。
❺俗世間を離れて、厳しい修行をする僧。修行僧。[徒然 鎌倉―随筆]一四一「このひじり、声うちゆがみ、荒々しくて」[訳](東国出身の)この僧は、発音がなまって、(もの言いも)粗野であって。

ひじり‐ごころ【聖心】[名詞]❶悟りをえた僧らしい心。「聖心地(ひじりごこち)」とも。❷僧になろうとする心。道心。

ひじり‐ことば【聖言葉】[名詞]僧らしい言葉遣い。聖言(ひじりごと)。

ひじり‐だ・つ【聖立つ】[自動詞]タ四{た/ち/つ/つ/て/て}いかにも高僧という感じがする。徳の高い僧のような感じだ。[源氏物語 平安―物語]橋姫「この宇治山にひじりだちたる阿闍梨(あざり)住みけり」[訳]この宇治山にいかにも高僧という感じがした阿闍梨が住んでいた。

ひじり‐ほふし【聖法師】(ヒジリホウシ)[名詞]一つの寺や宗派に属さず、諸国を巡って修行に専念する僧。

ひじり‐め【聖目】[名詞]「せいもく」に同じ。◆「聖目(せいもく)」を訓読した語。

ひ‐ず【秀ず】⇩ひづ

ひ‐すがら【日すがら・終日】[名詞][副詞]朝から晩まで。一日中。[対]夜(よ)すがら。◆「すがら」は接尾語。
[参考]同義語に「ひねもす」があるが、「夜(よ)すがら」からの対応連想で「日すがら」が生まれた。

ひ‐すまし【樋洗し・樋清し】[名詞]宮中で、便器の清掃などをする、身分の低い女性。

肥前(ひぜん)[地名]旧国名。西海道十二か国の一つ。今の佐賀県・長崎県の一部。古くは火(肥)の国の一部。肥州(ひしゅう)。[参照]▼資料21

備前(びぜん)[地名]旧国名。山陽道八か国の一つ。今の岡山県東南部。古くは吉備(きび)の国の一部。備州(びしゅう)。[参照]▼資料21

ひそか・なり【密かなり・窃かなり・私かなり】[形容動詞]ナリ{なら/なり・に/なり/なる/なれ/なれ}❶物ごとをこっそりする。[蓼太句 江戸―句集]俳諧「五月雨(さみだれ)やある夜(よ)ひそかに松の月―蓼太」[訳]五月雨が降り続くこのごろだが、ある夜ふと空を見上げると、月がこっそりと松の木にかかっていたことだ。❷私的なこと・ものだ。[平家物語 鎌倉―物語]四・南都牒状「ほしいままに国威をひそかにし」訳（平清盛は）思いのままに国の権威を私的なものにして。◆「か」は接尾語。

参考 漢文訓読系の文章に用いられた語。平安時代の仮名文には、多く「みそかなり」が用いられた。

ひ-そく【秘色】 名詞 ❶中国の越で産した青磁の磁器。日本には平安時代に伝来し、後には天皇の食事を盛るための器になった。唐代に宮廷専用となり民間が使うことを禁じたことからの名。❷染め色の一つ。うすい藍色。❸襲の色目の一つ。表は縦糸が紫、横糸が青。裏は薄紫。

ひそま・る【潜まる】 自動詞ラ四 {ら/り/る/る/れ/れ} ❶ひっそりとなる。静かになる。盛衰記 鎌倉―物語 四六「見る人上下恐れをなして、ひそまる気色なりけるに」訳見る人は身分の高い者も低い者も（義経に）恐れをなして、ひっそり静かになるようすであったが。❷眠りにつく。寝込む。土佐日記 平安―日記 一・九「物ももの給はでひそまりぬ」訳何も召し上がらずに寝込んでしまった。

ひそ・む¹【潜む】 一 自動詞マ四 {ま/み/む/む/め/め} 人目につかないように隠れる。二 他動詞マ下二 {め/め/む/むる/むれ/めよ} ❶目立たないようにする。隠す。忍ばせる。奥の細道 江戸―紀行 日光「岩窟に身をひそめ入りて」訳岩穴に身を忍ばせて入って。❷ひっそりと静かにする。平家物語 鎌倉―物語 六・新院崩御「男女打ちひそめて」訳男も女もひっそりと静かにして。

ひそ・む²【顰む】 一 自動詞マ四 {ま/み/む/む/め/め} ❶顔をしかめる。べそをかく。泣き顔になる。源氏物語 平安―物語 柏木「うちひそみつつぞ見給ふ」訳べそをかきながらご覧になる。❷（口が）ゆがむ。▼非難するときの口つきにいう。源氏物語 平安―物語 総角「あやしくひがひがしくもてなし給ふを、もどき口ひそみ聞こゆ」訳妙に片意地を張ってもてなされるのを、（老女房たちは）非難し（不快さに）口がゆがみ（ながら）申し上げる。二 他動詞マ下二 {め/め/む/むる/むれ/めよ} 眉にしわをよせる。しかめる。徒然 鎌倉―随筆 一七五「飲む人の顔、いと堪へがたげに眉をひそめ」訳（酒を無理やり）飲む人の顔は、とてもがまんできそうにもないようすで眉をしかめ。

ひ-た¹【引板】 名詞 鳴子。板に細い竹の管をぶら下げ、綱を引けば鳴るようにしたもの。「ひきた」とも。季秋。◆「ひきいた」の変化した語。

ひた-²【直】 接頭語〔名詞に付いて〕❶直接の、じかに、の意を表す。「ひた土」「ひた面」。❷まっすぐ、の意を表す。「ひた道」。❸ひたすら、いちずに、の意を表す。「ひた心」「ひた走り」。❹すべて、まったく、の意を表す。「ひた紅」「ひたさ麻を」。

飛驒 地名 旧国名。東山道八か国の一つ。今の岐阜県北部。飛州。驒州。参照▼資料21

ひた-あを【直青】 名詞 すべて青いこと。◆「ひた」は接頭語。

ひた-あを・なり【直青なり】 形容動詞ナリ {なら/なり・に/なり/なる/なれ/なれ} まっさおだ。青一色だ。今昔物語 平安―説話 二八・二一「随身も皆ひたあをなる装束をして」訳随身までみな青一色の装束を着て。◆「ひた」は接頭語。

ひたい【額】 ⇨ひたひ

ひ-だう【非道】 名詞 ❶道理や常識に外れていること。無理。❷専門外の道。風姿花伝 室町―論 序「この道に至らんと思はん者は、ひだうを行ずべからず」訳能の道に達しようと思う者は、専門外の道を修行してはならない。

ひ-だう・なり【非道なり】 形容動詞ナリ {なら/なり・に/なり/なる/なれ/なれ} 道理や常識に外れている。無理だ。大鏡 平安―物語 時平「ひだうなる事を仰せられければ」訳（時平公が）無理なことをおっしゃったので。

ひたうら-ごろも【直裏衣】 名詞 表と裏が同じ色の衣。

ひた-おもて【直面】 名詞 物越しではなく、顔を見せて、直接向かい合っていること。◆「ひた」は接頭語。

ひた-おもて・なり*【直面なり】 形容動詞ナリ {なら/なり・に/なり/なる/なれ/なれ} 直接相手と向かい合っている。面と向かっている。紫式部 平安―日記 寛弘五・一一・二〇「殿上人のひたおもてに差し向かひ」訳殿上人が面と向かって差し向かい。◆「ひた」は接頭語。

ひた-おもむき【直趣】 名詞 ひたすら、その事に向かっていること。◆「ひた」は接頭語。

ひた-おもむき・なり【直趣なり】 形容動詞ナリ {なら/なり・に/なり/なる/なれ/なれ} いちずだ。源氏物語 平安―物語 東屋「ひたおもむきに、二心なきを見れば」訳いちずで、ほかの女性に心を移すことのないのを見ると。◆「ひた」は接頭語。

ひ-たか・し【日高し】 連語 日が高くなっている。源氏物語 平安―物語 初音「そら寝をしつつ、ひたかく大殿籠り起きたり」訳寝たふりをして、日が高くなってから、お起きになられた。

ひた-かぶと【直兜・直甲・直冑】 名詞 全員が、鎧・兜を着用して身を固めること。◆「ひた」は接頭語。

ひ-たき【火焼き・火焚き】 名詞 夜間、家の内外の照明のために、また、警護のために、かがり火をたくこと。また、その役の人。

ひたき-や【火焼き屋・火焚き屋】 名詞 宮中で、「衛士」がかがり火をたいて番をするときの詰め所。

ひた-ぎり【直切り・直斬り】 名詞 やたらに切ること。めった切り。◆「ひた」は接頭語。

ひた-ぎり・なり【直切りなり・直斬りなり】 形容動詞ナリ {なら/なり・に/なり/なる/なれ/なれ} やたらに切る。めった切りにする。徒然 鎌倉―随筆 八七「怒りて、ひたぎりにきり落としつ」訳怒って、めった切りにし（馬から）きり落とした。◆「ひた」は接頭語。

ひ-た・く【日闌く】 自動詞カ下二 {け/け/く/くる/くれ/けよ} 日が高く上る。蜻蛉 平安―日記 上「ひたくれば、節供まゐりなどすめる」訳日が高く上ると、おせち料理を召し上がることなどしているようだ。

ひた-ぐろ【直黒】 名詞 すべて黒いこと。◆「ひた」は接頭語。

ひた-ぐろ・なり【直黒なり】 形容動詞ナリ {なら/なり・に/なり/なる/なれ/なれ} 全体が黒い。竹取物語 平安―物語 仏の御石の鉢「ひたぐろに墨つきたるを取りて」訳全体が黒くすすがついているのを手に入れて。◆「ひた」は接頭語。

ひた-ごころ【直心】 名詞 思いつめた、ひたむきな心。

ひ

ひた-さを【直さ麻】ヒタサオ 名詞 ほかの糸が混じらない麻糸。◆「ひた」「さ」は接頭語。

*__ひた-すら(に)__【只管(に)】副詞 ❶**すっかり。まったく。** 源氏物語 平安―物語 朝顔「あるはひたすら亡くなり給ひ、あるはかひなくて」訳ある場合はすっかりお亡くなりになり、ある場合は生きがいがなくて。❷**ただただ。いちずに。** 徒然 鎌倉―随筆 七「ひたすら世をむさぼる心のみ深く」訳ただただ現世の利益や欲望に執着する心だけ強く。

ひた-た・く【滔く・混く】
一 自動詞 カ下二{け/け/く/くる/くれ/けよ} **雑然とする。秩序・節度に欠ける。** 源氏物語 平安―物語 須磨「人しげく、ひたたけたらむ住まひは、いと本意なかるべし」訳人が多く、雑然としているような住まいは、たいそう不本意である。
二 他動詞 カ下二{け/け/く/くる/くれ/けよ} **混合する。** 将門記 平安―物語「涇渭を一流にひたたく」訳(中国の川の)濁った涇水と澄んだ渭水の流れを一つの流れに混合する。

ひだ-たくみ【飛騨匠】名詞 律令制で、飛騨の国(岐阜県)から上京して、殿舎の造営・修理や、調度の製作などに従事した大工。一年で交代した。「ひだのたくみ」とも。

*__ひた-たれ__【直垂】名詞 ❶衣服の一つ。角襟・くくり袖で、胸紐・菊綴じがあり、裾を袴の中に入れて着るもの。古くは麻などでつくり、庶民のふだん着・仕事着であったが、平安時代から鎌倉時代にかけて絹が使われて、公家や武家の平服となり、室町時代以降は武家の礼服となった。江戸時代には長袴と合わせて着、礼服の中でも最上のものとなった。鎧の下に着る小さめのものを「鎧直垂」という。参照▶口絵 ❷「直垂衾」の略。襟と袖をつけ、直垂のような形をした綿入れの夜具。掛け布団として用いる。

常陸ひたち 地名 旧国名。東海道十五か国の一つ。今の茨城県。国守には代々親王を任じた。常州。

ひた-つち【直土】名詞 地面に直接接していること。◆「ひた」は接頭語。

ひた-と【直と・専と】副詞 ❶**ぴったりと。**▼密着するようす。今昔物語 平安―説話 二七・三五「ひたと抱きつきて」訳ぴったりと抱きついて。❷**ぱっと。**▼動作が敏速なようす。保元 鎌倉―物語 中「ひたと乗って罷り出でぬ」訳(急に)ぱっと(馬に)乗り退出した。❸**ひたすら。**▼もっぱらその状態であるようす。油地獄 江戸―浄瑠 浄瑠・近松「先にも待ちは待ちながら、こちらからひたと行き通ふ」訳先のことも待つには待ちながら、こちらからひたすら行き通う。❹**突然。急に。** 蕪村句集 江戸―句集 俳諧「こがらしやひたとつまづく戻り馬―蕪村」訳こがらしの吹きすさぶなかで、突然何かにつまずく引き返し馬であるよ。

ひだ-の-たくみ【飛騨の匠】名詞「ひだたくみ」に同じ。

*__ひたひ__【額】ヒタイ 名詞 ❶**ひたい。おでこ。** ❷冠・烏帽子などの額に当たる部分。❸女官が正装のときに、前髪に付ける飾り。❹「額髪」の略。❺**突き出た所。** 枕草子 平安―随筆 草は「あやふ草は、岸のひたひに生ふらむも」訳あやう草は、川の岸の突き出た所に生えるとかいうのも。

(額❸)

ひたひ-がみ【額髪】ヒタイガミ 名詞 女性の前髪で、額から左右に分けて頬の辺りに垂らしたもの。

ひた-ひた(と) 副詞 ❶**さっと。**▼動作が素早いようすを表す。平家物語 鎌倉―物語 一一・勝浦付大坂越「ひたひたと乗ってかけよ、者ども」訳さっと乗って馬を走らせよ、者ども。❷**ぴったりと。**▼密着するようすを表す。❸**ひたひた。ぴちゃぴちゃ。**▼風や水が物・岸などにうち当たる音を表す。❹**ひたひた。**▼水が浸すように、しだいに迫ってくるようすを表す。

ひたひ-つき【額付き】ヒタイツキ 名詞 **額のようす。額の形。** 源氏物語 平安―物語 若紫「いはけなくかいやりたるひたひつき、髪ざし、いみじううつくし」訳あどけなく(髪を)払いのけた額のようす、髪の生え具合が、たいそうかわいらしい。

ひたひ-に-て-を-あ・つ【額に手を当つ】ヒタイニテヲアツ 連語 **額に手を合わせる。**▼感情や感動が高まった時の動作をいう。土佐日記 平安―日記 二・六「皆人、嫗、翁、ひたひにてをあてて喜ぶこと二つなし」訳そこにいる全員、おばあさんもおじいさんも額に手を当てて喜ぶことこの上ない。

ひたひ-を-あは・す【額を合はす】ヒタイヲアワス 連語 **互いに額がつくほど近く寄る。** 竹取物語 平安―物語 燕の子安貝「中納言、ひたひをあはせて向かひ給へり」訳中納言は、互いに額がつくほど近く寄って対面なさった。

ひたぶる-ごころ【一向心】名詞 **一途な気持ち。** ひたむきな向こう見ずの心。

ひた-ぶる・なり【頓なり・一向なり】

形容動詞 ナリ{なら/なり・に/なり/なる/なれ/なれ}

語義の扉
「ひた」は「ひたみち(直道)」「ひたごころ(直心)」「ひたはしり(直走り)」の「ひた」と同語源で、一つのことだけに心が向かい、何ごとも気にかけず行動するようす。⇨ひた(直)
❶ひたすらだ。いちずだ。
❷いっこうに…(ない)。まったく…(ない)。

❶**ひたすらだ。いちずだ。** 徒然 鎌倉―随筆 二一七「人は、よろづをさしおきて、ひたぶるに徳をつくべきなり」訳人はいっさいのことをそのままにして、ひたすらに富を身につけるべきである。
❷(特に、連用形で、打消の語を下接して)**いっこうに…(ない)。まったく…(ない)。** 芭蕉庵再興 江戸―句集 俳文「ひたぶるに俗塵をいとふとしもあらず」訳まったく俗世間のわずらわしさを嫌っているというのでもない。

ひだまひ-の-ふだ【日給ひの簡】ヒダマイノフダ 名詞「にっきふのふだ」に同じ。

ひた-みち・なり【直道なり】形容動詞 ナリ{なら/なり・に/なり/なる/なれ/なれ} ❶**いちずだ。ひたむきだ。** 源氏物語 平安―物語 御法「ひたみちに行ひにおもむきなんに障りどころあるまじきを」訳いちずに仏道の修行(しゅぎょう)に向かってしまうようなことに、支障があるはずもないが。❷すっかり。まったく。完全に。栄花物語 平安―物語 月の宴「御衣(ぞ)の色どもひたみちに墨染めなり」訳御衣の色も完全に墨染めである。

ひた‐めん【直面】 名詞 能楽で、面をつけないで演ずること。

ひた‐もの【直物】 副詞 いちずに。ひたすら。やたらと。きのふは 江戸―物語 咄本「持ちたる匙(さじ)を置き忘れて、ひたもの尋ねらるる」訳持っていた匙を置き忘れて、ひたすら探し求められる。

ひた‐やごもり【直屋籠り】 名詞 世間との交渉を絶って家に引きこもっていること。心の中に押し込めておくことをたとえることもある。◆「ひた」は接頭語。

ひた‐やごもり‐なり【直屋籠りなり】 形容動詞 ナリ{なら/なり・に/なり/なる/なれ/なれ} 引きこもりきりでいる。蜻蛉 平安―日記 中「幼き人の『ひたやごもりならむ。消息(せうそこ)きこえに』とて、ものするにつけたり」訳子どもが「(これから)引きこもりきりでいるでしょう。そのお知らせを申し上げに」と言って、出かけるのにことづけてやった。◆「ひた」は接頭語。

ひだり【左】 名詞 ❶左側。❷官職を左右に区分したときの、左方。通常、右より上位。❸歌合わせ、絵合わせなど、左右の二組に分かれてする勝負事で、左方。❹酒を飲むこと。また、酒好き。

ひだり‐の‐うまづかさ【左馬寮】 名詞「さまれう」に同じ。対右馬寮(みぎのうまのつかさ)。

ひだり‐の‐うまのかみ【左馬頭】 名詞「さまのかみ」に同じ。対右馬頭(みぎのうまのかみ)。

ひだり‐の‐おとど【左大臣】 名詞「さだいじん」に同じ。「ひだりのおほいまうちぎみ」とも。対右大臣(みぎのおとど)。

ひだり‐の‐おほいまうちぎみ【左大臣】(ヒダリノオオイモウチギミ) 名詞「さだいじん」に同じ。対右大臣(みぎのおほいまうちぎみ)。

ひだり‐の‐つかさ【左の司・左の寮】 名詞 左右の二部局をもつ役所の、左の部局。特に、「左近衛府(さこんゑふ)」と「左馬寮(さまれう)」とをさすことが多い。日本では右よりも上位とされる。

ひだり‐みぎ‐に【左右に】 副詞 あれやこれや。あれこれ。源氏物語 平安―物語 真木柱「大臣(おとど)たちもひだりみぎに聞き思ほさむことを」訳大臣たちも(うわさを)あれこれ聞きお考えになるようなことを。

ひ‐だる‐し【饑るし】 形容詞 ク{(く)・から/く・かり/し/き・かる/けれ/かれ} 空腹だ。ひもじい。著聞集 鎌倉―説話 四四〇「術(せん)なくひだるく候ふままに」訳どうしようもなく空腹でございますので。◆現代語の「ひもじい」は「ひだるし」の女房詞(にょうぼうことば)である「ひ文字」の形容詞化。

ひぢ【泥】(ヒジ) 名詞 どろ。ぬかるみ。

ひぢかさ‐あめ【肘笠雨】(ヒジカサアメ) 名詞 にわか雨。源氏物語 平安―物語 須磨「ひぢかさあめとか降り来て、いとあわたたしければ」訳ひじかさ雨とかいうにわか雨が降ってきて、(人々は)とてもあわただしいので。◆笠(かさ)がないので、ひじを頭上にかざしてしのぐ雨の意。

ひちち‐か‐なり 形容動詞 ナリ{なら/なり・に/なり/なる/なれ/なれ} ぴちぴちと活気があって元気だ。宇津保 平安―物語 蔵開上「ひちちかにふくらかに、愛敬(あいぎゃう)づき給(たま)へり」訳ぴちぴちと活気があって元気でふっくらと、愛らしくていらっしゃる。

ひぢ‐もち【肘持ち】(ヒジモチ) 名詞 扇や笏(しゃく)を持って肘を横に張った姿勢。

ひち‐りき【篳篥】 名詞 雅楽の管楽器の一つ。竹製の縦笛で表に七つ、裏に二つの穴がある。音色は鋭く、哀調を帯びる。奈良時代初期に中国から伝来した。

(篳篥)

ひつ¹【櫃】 名詞 蓋(ふた)つきの大型の木箱。長櫃・唐櫃(からびつ)・折り櫃などの種類がある。

ひ‐つ²【漬つ・沾つ】

一 自動詞 タ四{た/ち/つ/つ/て/て} ひたる。水につかる。ぬれる。古今 平安―歌集 春上「袖(そで)ひちてむすびし水の凍れるを春立つ今日の風やとくらむ」訳⇒そでひちて…。

二 自動詞 タ上二{ち/ち/つ/つる/つれ/ちよ} 一に同じ。蜻蛉 平安―日記 中「袖(そで)ひつる時をだにこそ嘆きしか身さへしぐれのふりもゆくかな」訳袖が涙でぬれる時でさえ嘆いたものなのに、今では身まで時雨(しぐれ)にぬれて、年老いてゆくことだ。

三 他動詞 タ下二{て/て/つ/つる/つれ/てよ} ひたす。水につける。ぬらす。土佐日記 平安―日記 二・四「手をひてて寒さも知らぬ泉にぞくむとはなしに日ごろ経(へ)にける」訳手をひたして寒さも感じない名ばかりの泉(である和泉(いずみ)の国)に(泉の水を)くむということもなくて幾日かを過ごしてしまったことだ。

参考 江戸時代以降「ひづ」となる。

ひ‐づ*【秀づ】(ヒズ) 自動詞 ダ下二{で/で/づ/づる/づれ/でよ} ❶穂が出る。万葉集 奈良―歌集 一二二九「あしひきの(=枕詞(まくらことば))山田作る子ひでずとも縄(しめ)だに延(は)へよ」訳山あいの田を作っている人よ、たとえ稲穂が出なくとも縄だけでも張りめぐらしなさい。❷他よりまさる。ひいでる。愚管抄 鎌倉―論 四「和漢の才にみなひでて」訳和漢の才能にみなひいでて。◆「ほ(秀)い(出)づ」→「ひいづ」→「ひづ」と変化した語。

ひ‐つい‐で【日次いで】 名詞 暦の上で定まっている、その日の吉凶。日がら。

ひっ‐かづ‐く【引っ被く】(ヒッカズク) 他動詞 カ四{か/き/く/く/け/け} 「ひきかづく」の促音便。ひっかぶる。平家物語 鎌倉―物語 四・橋合戦「馬のかしら沈まばひきあげよ。いたう引いてひっかづくな」訳馬のあたまが(水中に)沈むなら引き上げろ。(手綱を)強く引いて(自分が馬を)ひっかぶるな(=ひっくり返るな)。

ひ‐つき【日月】 名詞 ❶太陽と月。❷歳月。年月。

ひ‐つぎ¹【日次ぎ】 名詞 ❶毎日。連日。❷毎日の貢ぎ物。❸日がら。その日の吉凶。

ひ‐つぎ²【日嗣ぎ】 名詞 皇位を継承すること。また、皇位。

ひつぎ³【棺・柩】 名詞 遺体を入れる木の箱。棺(かん)。棺桶(かんおけ)。◆古くは「ひつき」。

ひつぎ‐の‐みこ【日嗣ぎの御子】 名詞 皇太子の尊敬語。

ひっ‐きゃう【畢竟・必竟】(ヒッキョウ) 副詞 つまるところ。しょせん。結局。歌学提要 江戸―論「ひっきゃうしらべとは歌の称(な)なり」訳つまるところ音調とは和歌の代名詞なのである。

ひつじ*【未】 名詞 ❶「十二支(じふにし)」の第八。❷時刻の名。午後二時。また、それを中心とする二時間。❸方角の

名。南南西。

ひつじ-さる【未申・坤】名詞 方角の名。「未」と「申」との間。南西。

ひつ-ぢゃう【必定】(ヒツヂャウ) 副詞 必ず。きっと。確かに。布引滝 江戸―浄瑠 浄瑠「ひつぢゃう源氏の残党ならん」訳（くせ者は）きっと源氏の残党であろう。

ひつ-ぢゃう・なり【必定なり】(ヒツヂャウナリ) 形容動詞ナリ {なら/なり・に/なり/なる/なれ/なれ} 必ずそのようになる。確実だ。間違いない。平治物語 鎌倉―物語 上「実検ひつぢゃうなれば、十五日には…獄門に懸けらるべし」訳首実検は間違いないので、十五日には…獄門台に懸けられるだろう。

備中(びっちゅう) 地名 旧国名。山陽道八か国の一つ。今の岡山県西部。古くは吉備(きび)の国の一部。備州(びしゅう)。参照▼ 資料21

ひづ・つ【漬つ】(ヒヅツ) 自動詞タ四 {た/ち/つ/つ/て/て} ぬれる。泥でよごれる。万葉集 奈良―歌集 一九四「朝露に玉裳(たまも)はひづち」訳朝露に裳はぬれ。

ひっ-ぱ・る【引っ張る】他動詞ラ四 {ら/り/る/る/れ/れ} 「ひきはる」の促音便。❶強く引く。引っ張る。太平記 室町―物語 二二「両方(りゃうばう)の手をひっぱって」訳両方の手を強く引いて。❷むりに連れて行く。引っ立てる。平家物語 鎌倉―物語 五・文覚被流「ひっぱられて立ちながら」訳引っ立てられて立ったままで。❸はりつけにする。博多小女郎 江戸―浄瑠 浄瑠・近松「木の空にひっぱらるるは今のこと」訳はりつけばしらにはりつけにされるのは目前。❹時間を延ばす。期限を延ばす。遅らせる。薩摩歌 江戸―浄瑠 浄瑠・近松「夕飯(ゆふめし)・夜食をひっぱり」訳夕食と夜食を遅らせ。❺上に無造作に着る。引っ掛ける。堀川波鼓 江戸―歌集 浄瑠・近松「阿弥陀笠(あみだがさ)、上に衣をひっぱって」訳阿弥陀笠をかぶり、上に衣を引っ掛けて。

びづら【角髪】(ビズラ) 名詞「びんづら」に同じ。◆「みづら」の変化した語。

ひ・て【漬て】動詞「ひつ」の未然形・連用形。

ひと[1]【人】

一 名詞 ❶人間。人間一般。徒然 鎌倉―随筆 一「ひとは、かたち、ありさまのすぐれたらんこそ、あらまほしかるべけれ」訳人間は、容貌や風采がすぐれていることこそ、望ましいだろう。❷世間の人。徒然 鎌倉―随筆 五九「おほやう、ひとを見るに、少し心ある際(きは)は」訳だいたい、世間の人を見ると、少々ものの道理をわきまえている程度の（人）は。❸ほかの人。他人。更級 平安―日記 大納言殿の姫君「あなかま、ひとに聞かすな」訳しっ、静かに。ほかの人に知らせるな。❹一人前の人。大人。成人。竹取物語 平安―物語 かぐや姫の生ひ立ち「三月(みつき)ばかりなる程に、よき程なるひとになりぬれば」訳三か月ぐらいたつころに、ちょうどよい大きさの大人になったので。❺りっぱな人。相当な人。宇治拾遺 鎌倉―説話 六・四「今は昔、ひとのもとに宮仕へしてある生侍(なまさぶらひ)ありけり」訳今は昔のこと、立派な人のもとに奉公している若侍がいた。❻夫。妻。恋人。あの人。親友。▼特定の人の意味。古今 平安―歌集 恋二「思ひつつ寝(ぬ)ればやひとの見えつらむ夢と知りせば覚めざらましを」訳⇨おもひつつ…。❼人柄。性質。徒然 鎌倉―随筆 二三一「別当入道、さるひとにて」訳別当入道は、相当な（機転のきく）人柄で。❽身分。家柄。源氏物語 平安―物語 夕顔「されど、ひとも賤(いや)しからぬ筋に」訳けれども、（伊予(いよ)の介(すけ)は）身分もいやしくない血筋で。

二 代名詞 あなた。▼対称の人称代名詞。多くは夫婦間で用いる。蜻蛉 平安―日記 中「ひとの気色(けしき)ばみ、くせぐせしきをなむ、あやしと思ふ」訳あなたがむっとした顔をして、すねているのを、変なことだと思う。

ひと-[2]【一】接頭語 ❶一つまたは一回であることを表す。「ひと枝」「ひと盛り」。❷ある。▼不特定のある一点を表す。「ひと年(とせ)」。❸一応の。▼ちょっとしたものであることを表す。「ひと面目(めんぼく)」。❹…全体。…じゅう。▼一つの物全体に及ぶことを表す。「日ひと日」「ひと京」

ひと-あきびと【人商人】名詞 人身売買を仕事とする者。人買い。◆鎌倉時代の語。

ひと-うと・し【人疎し】形容詞ク {(く)・から/く・かり/し/き・かる/けれ/かれ} 人と親しまない。人見知りをする。源氏物語 平安―物語 蓬生「この姫君は、かくひとうとき御癖なれば」訳この姫君は、このように人見知りをする御性分なので。

ひとえ【一重・単】⇨ひとへ

ひとえに【偏に】⇨ひとへに

ひと-おき【人置き】名詞 奉公人・遊女などの周旋屋。求職者を一時宿泊させたり、身元保証人になったりした。口入れ屋。◆江戸時代の語。

ひと-おと【人音】名詞 人のいる音。人のけはい。

ひと-が【人香】名詞 他人の衣服にたきしめてある香(こう)。また、人のにおいが衣服に染み込んだもの。移り香(が)。

ひと-かず【人数】名詞 人の数。頭かず。

ひと-かず・なり【人数なり】形容動詞ナリ {なら/なり・に/なり/なる/なれ/なれ} いっぱしの者だ。一人前として数えられるようだ。源氏物語 平安―物語 玉鬘「右近はなにのひとかずならねど」訳右近はこれというほどのいっぱしの者でないが。

ひと-かた【一方】名詞 一つの方面。一方(いっぽう)。一方の人。源氏物語 平安―物語 宿木「あまりにひとかたに染みたる心ならひに」訳あまりに一方の人（＝大君(おおいぎみ)）に心を傾ける性分に。

ひと-がた【人形】名詞 ❶人の形をしたもの。人形(にんぎょう)。❷禊(みそぎ)・祈禱(きとう)のときに用いる形代(かたしろ)。紙などで人の形に作り、それで体をなでて身の災いを移し、水に流す。❸身代わりの人。源氏物語 平安―物語 東屋「かのひとがた求め給ふ人に見せ奉らばや」訳あの方（＝大君(おおいぎみ)）に似た身代わりをお捜しなさるあの方（＝薫(かおる)）に（浮舟を）お見せ申し上げたい。◆「ひとかた」とも。

ひとかた-なら・ず【一方ならず】連語 並みひととおりではない。源氏物語 平安―物語 夕顔「ひとかたならず心あわただしくて」訳（空蟬(うつせみ)のことを思うと）ひととおりではなく、（源氏は）心が落ち着かなくて。

ひと-かた・なり【一方なり】形容動詞ナリ {なら/なり・に/なり/なる/なれ/なれ} ❶いちずだ。源氏物語 平安―物語 浮舟

「ひとかたにうらみ給はむやうもなし」訳ただいちずに恨みごとばかりおっしゃるわけにもいかない。❷ひととおりだ。普通だ。源氏物語 平安－物語 須磨「知らざりし大海の原に流れ来てひとかたにやは物は悲しき」訳まだ知らなかった大海原に流れてきて、ひととおりにもの悲しいのであろうか、いや、悲しみはひととおりではない。

ひとかた-ひとかた【一方一方】 連語 ❶どちらか一方。❷それぞれ。ひとりひとり。源氏物語 平安－物語 浮舟「ひとかたひとかたにつけて、いとうたてあることは出で来なむ」訳(薫と匂宮のどちらに従っても)それぞれにつけて、非常にいやなことが起こってくるだろう。

ひと-かたらひ【人語らひ】 名詞 人に相談すること。更級 平安－日記 物語「続きの見まほしく覚ゆれど、ひとかたらひなどもえせず」訳(『源氏物語』の)続きを読みたいと思うけれども、人に相談することなどもできない。

ひと-がち・なり【人勝ちなり】 形容動詞ナリ {なら/なり・に/なり/なる/なれ/なれ} 人数が多い。大鏡 平安－物語 道長上「かくひとがちなるにだに、けしきおぼゆ」訳このように人が数多くいる所でさえも、不気味さを感じる。◆「がち」は接尾語。対人少なり。

ひとかひぶねは… 歌謡「人買ひ舟は沖を漕ぐ とても売らるる身を ただ静かに漕げよ 船頭殿」閑吟集 室町－歌謡 訳人買い舟は沖を漕いでいる。いずれにしても売られていく身なのだから、せめて静かに漕いでおくれ、船頭さん。

鑑賞 売られていく者の立場に立って、つらい運命にあらがうことのできないあきらめの気持ちを詠んだ歌。「人買ひ舟」は、人買いが買った女や子供を乗せた舟。「とても」は「とてもかくても」の略で、どうせの意。「るる」は受身の助動詞「る」の連体形。

ひと-かへり【一返り】 副詞 ❶一度。一わたり。源氏物語 平安－物語 竹河「今ひとかへり折り返しうたふを」訳今一度折り返し歌うのを。❷いっそう。ひとしお。狭衣 平安－物語 四「今ひとかへり悲しさの数そふ心地し給ひて」訳今いっそう悲しさのふえる気持ちにおなりになって。

ひと-がま・し【人がまし】 形容詞シク {しく・しから/しく・しかり/し/しき・しかる/しけれ/しかれ} ❶いかにも人並みらしい。❷相当の人物らしい。栄花物語 平安－物語 輝く藤壺「世の中に少し人に知られ、ひとがましき名僧などは」訳世間で少しは人に知られ、相当の人物らしい名僧などは。◆「がまし」は接尾語。

ひと-がら【人柄】 名詞 人の性格。人格。人品。

ひと-ぎき【人聞き】 名詞 世間への聞こえ。外聞。源氏物語 平安－物語 真木柱「人悪ろくて添ひものしたまはむも、ひとぎきやさしかるべし」訳みっともなく連れ添っていらっしゃるのも、外聞が悪いだろう。

ひと-きざみ【一刻み】 名詞 ❶一段階。一階級。源氏物語 平安－物語 桐壺「いまひときざみの位をだにと、贈らせ給ふなりけり」訳(桐壺帝は)せめてもう一階級(上)の位だけでもと、(桐壺の更衣に三位の位を)お贈りになるのであった。❷第一の列。第一級。源氏物語 平安－物語 若菜下「その御前の御遊びなどに、ひときざみに選ばるる人々」訳帝の御前の管弦のご宴会などで、第一級として選ばれる人々。

ひと-きは【一際】
一 名詞 ❶身分・地位などの一段階。源氏物語 平安－物語 薄雲「いまひときはは上がりなむに」訳もう一段階(内大臣に)昇進したなら。❷一時。ひとたび。大鏡 平安－物語 道長上「ひときははいと高く鳴れど」訳(雷は)一時はたいそう大きく鳴るが。
二 副詞 ❶一段と。さらにいっそう。徒然 鎌倉－随筆 一九「匂ひも、ものの音も、ただ夜ぞひときはめでたき」訳香も楽器の音色も、ただもう夜(のほうが)一段とすばらしい。❷(多く「に」を伴って)一筋に。いちずに。源氏物語 平安－物語 若菜下「ひときはに思ひ定めて」訳いちずに思い込んで。

ひと-きやう【一京】 名詞 京都の町じゅう。都じゅう。都一帯。大鏡 平安－物語 道長下「ひときやうまかり歩きしかども」訳(梅の木を求めて)都じゅう歩き回ったが。◆「ひと」は接頭語。

ひとぎれ-な・し【人切れ無し】 連語 人の気配がない。だれもいない。世間胸算用 江戸－物語 浮世・西鶴「いづかたの道場にもひとぎれなく」訳どこのお寺にも人の気配がなく。

ひとく 副詞 鶯の鳴き声を表す語。和歌で「人来」にかけて用いられる。古今 平安－歌集 雑体「梅の花見にこそ来つれうぐひすのひとくひとくと厭ひしもをる」訳梅の花を見にやって来たのに、うぐいすがひとく(＝人が来る)ひとくと嫌がっている。

ひと-くさ【一種】 名詞 一種類。

ひと-くだり 名詞
一【一行】文章の一行。文章の、ごく短い一節。
二【一下り・一領】(装束などの)一そろい。

ひと-くち【一口】 名詞 ❶一度に全部口に入れること。❷少しだけ飲食物を口に入れること。❸ひっくるめて言うこと。

ひと-げ【人気】 名詞 人のいるような感じ。人のけはい。「ひとけ」とも。夜の寝覚 平安－物語 二「ひとげに驚きて見返りたるほどに」訳人のけはいに驚いて振り返ったところ。

***ひとげ-な・し【人気無し】** 形容詞ク {く・から/く・かり/し/き・かる/けれ/かれ} 人並みでない。人並みに扱われない。源氏物語 平安－物語 桐壺「ひとげなき恥を隠しつつ、交らひ給ふめるを」訳人並みに扱われない恥を隠しながら、(女御やほかの更衣と)つき合っていらっしゃったようだが。

ひと-ごこち【人心地】 名詞 正気。生きた心地。

ひと-ごころ【人心】 名詞 ❶人間らしいやさしい心。愛情や誠意のある心。❷正気。人間としての正常な意識。

1 ひと-ごと【人言】 名詞 他人の言う言葉。世間のうわさ。万葉集 奈良－歌集 一一六「ひとごとを繁み言痛み」訳うわさがあれこれとたくさん立って煩わしいので。

2 ひと-ごと【人事】 名詞 他人に関する事柄。よそごと。徒然 鎌倉－随筆 一七五「これらになきひとごとにて伝へ聞きたらんは」訳こちら(＝日本)にないよそごととして伝え聞いたら。

ひとこひし… 俳句「人恋し 灯ともしごろを さくら散る」白雄句集 江戸－句集 俳文・白雄 訳何となく人恋しい春の夕暮れ時、家々には灯がともり、折しもはらは

ひ

らと桜の花びらが散ってゆく。鑑賞 春の夕暮れ時のやるせない感傷を美しく詠んでいる。「ひとこひしひともしごろ」の調べも美しい。近代的憂愁を先取りしたすぐれた句。季語は「さくら」で、季は春。

ひと-さかり【一盛り】 名詞 一時の盛り。一時期盛んであること。

ひと-ざま【人様】 名詞 (外から見た)**人のようす。人柄。人品。** 源氏物語 平安－物語 蛍「ひとざまの、わららかに、け近くものし給へば」訳人柄が、にこやかで、親しみやすくいらっしゃったので。
参考 「ひとざま」が人の外見的なようすをいうのに対して、人の心意気、心のようすをいうには「ことざま(事様)」が用いられる。

ひと・し【等し・均し・斉し】 形容詞 シク {(しく)・しから／しく・しかり／し／しき・しかる／しけれ／しかれ} ❶(多くのものが)**そろっている。同じである。** 源氏物語 平安－物語 末摘花「上下ひとしく書い給へり」訳(文字を)上下そろってお書きになった。❷〔「…とひとしく」の形で〕**…と同時に。** 讃岐典侍 平安－日記 上「暮るるとひとしく参り給ひて」訳日が暮れると同時に参上なさって。

ひとし-ご【等し碁】 名詞 両者の腕前が同程度である囲碁。

ひとし-なみ・なり【等し並みなり】 形容動詞 ナリ {(なら)／なり・に／なり／なる／なれ／なれ} **同等だ。同列だ。** 源氏物語 平安－物語 玉鬘「すやつばらを、ひとしなみにはし侍りなむや」訳そいつらを、(玉鬘と)同列には扱いましょうか、いや、扱いません。

ひと-しほ*【一入】 一 名詞 染め物を、一回染め汁に浸すこと。二 副詞 **一段と。いっそう。** 古今 平安－歌集 春上「常磐なる松の緑も春来れば今ひとしほの色まさりけり」訳いつも変わることのない松の緑も春が来るとさらにいっそう色がまさることだなあ。

ひと-しれ-・ず【人知れず】 連語 **人に知られないで。ひそかに。** 古今 平安－歌集 恋三・伊勢物語 平安－物語 五「ひとしれぬわが通ひ路の関守は」訳⇩ひとしれぬ…。

ひとしれぬ… 和歌「人しれぬ わが通ひ路の 関守は よひよひごとに うちも寝ななむ」古今 平安－歌集 恋三・在原業平・伊勢物語 平安－物語 五 訳人に知られない自分だけの通り道としている、あの道の番人は、毎晩毎晩ちょっとでも眠ってほしいなあ。
鑑賞 男がある女性と親しくなって通っていたが、公然の仲ではなかったので門から入ることができなくて、築地の崩れた所から通っていたところ、それが度重なったので、家の主人が聞きつけて、その通り道に毎晩人をひそませて見張らせたので、会えずに帰って来て、詠んで贈った歌という。

ひと-ずくな・なり【人少なり】 形容動詞 ナリ {(なら)／なり・に／なり／なる／なれ／なれ} **人数が少ない。** 源氏物語 平安－物語 空蝉「ひとずくななりとて召ししかば」訳(仕えている女房の)人数が少ないということでお呼びになったので。
対 人勝ちなり。

ひと-すぢ*【一筋】 名詞 ❶(細長いものの)**一本。一条。** 猿蓑 江戸－句集 俳諧「ながながと川ひとすぢや雪の原—凡兆」訳⇩ながながと…。❷**一つの血統。一族。** 大鏡 平安－物語 師輔「多くは、ただこの九条殿の御ひとすぢなり」訳(代々の関白・摂政も)多くは、ただもうこの九条殿(＝師輔)のご血統である。

ひと-すぢ・なり*【一筋なり】 形容動詞 ナリ {(なら)／なり・に／なり／なる／なれ／なれ} ❶**一様だ。平凡だ。** 源氏物語 平安－物語 梅枝「古き跡は定まれるやうにはあれど、…ひとすぢに通ひてなむありける」訳古人の筆跡は(筆法が)きまっていたようではあるけれども、…(筆法は)一様に似通っていたのだなあ。❷**いちずだ。ひたむきだ。** 源氏物語 平安－物語 夕霧「この御服の程は、ひとすぢに思ひ乱るる事なくてだに過ぐさむ」訳この(御息所の)ご喪中の間は、(ほかのことで)いちずに思い悩むことなくて(供養して)過ごそう。

ひとすまぬ… 和歌「人住まぬ 不破の関屋の 板廂 荒れにしのちは ただ秋の風」新古今 鎌倉－歌集 雑中・藤原良経 訳今は廃止されて人も住まない、不破の関の番小屋の板廂よ。荒れ果ててしまったあとは、ただ秋風が吹き抜けるだけである。
鑑賞 「不破の関」は古代の三関の一つで、延暦八年(七八九)に廃止された。そのため、それ以後の歌では、廃屋となって人の住まない関屋の荒涼とした情景を詠むことが多く、この歌はそれらの中の最も有名な歌である。

ひと-ぞう【一族】 名詞 **一族。一門。** ◆「ぞう」は「ぞく」の変化したもの。

ひと-たがへ【人違へ】 名詞 **人ちがい。** 源氏物語 平安－物語 玉鬘「ひとたがへにや侍らむ」訳人ちがいではございませんか。

ひと-だ・つ【人立つ】 自動詞 タ四 {(た)／ち／つ／つ／て／て} **大人らしくなる。成人する。** 源氏物語 平安－物語 玉鬘「さてひとだち給ひなば、大臣の君も尋ね知り聞こえ給ひてむ」訳そのようにして(六条院に移り)一人前になりなさったならば、内大臣様もきっとお聞きつけ申し上げなさるでしょう。◆「だつ」は接尾語。

ひと-だのめ・なり*【人頼めなり】 形容動詞 ナリ {(なら)／なり・に／なり／なる／なれ／なれ} **人に頼もしく思わせる。** ▼和歌などでは、実際は期待に反して頼りにならないことにいう。古今 平安－歌集 離別「かつ越えて別れも行くか逢坂はひとだのめなる名にこそありけれ」訳(あなたは引きとめられているのに)一方で(この山を)越えて別れて行くのか、逢坂(という名)は(「逢う」と)頼もしく思わせるけれども、(期待に反してあてにならない)名前であったのだなあ。

ひと-だま【人魂】 名詞 夜、空中を飛ぶ青白い火の玉。死んだ人の魂が身体を離れたものと考えられていた。

ひと-だまひ【人賜ひ・人給ひ】 名詞 ❶人々に物を賜ること。また、その物。❷供の者が乗る牛車。

ひと-つ*【一つ】 一 名詞 ❶**一個。** ❷(順序で)**一番目。第一。** ❸**同じであること。いっしょ。同一。** ❹**唯一。…だけ。** 古今 平安－歌集 秋上「月見れば千々に物こそ悲しけれわが身ひとつの秋にはあらねど」訳⇩つきみれば…。二 副詞 ❶**わずかばかり。ちょっと。** 平家物語 鎌倉－物語 四・源氏揃「矢ひとつ射かけて、平家へ子細を申さん」訳矢をちょっと射かけて(＝戦いをしかけて)平家方へ詳細を申し上げましょう。❷〔打消の語を下接して〕少しも。まったく。更級 平安一日記 富士川「この文に書かれたりし、ひとつたがはず」訳この文書に書かれていたことはまったく違わなく。❸容器に満ちている状態。いっぱい。また、十分に。

ひとつ-ご【一つ子】名詞 ❶ひとりっ子。伊勢物語 平安一物語 八四「ひとつごにさへありければ、いと愛しうし給ひけり」訳ひとりっ子でもあったので、(母は)たいそうかわいがりなさったのだった。❷一歳の子供。

ひと-づて【人伝て】名詞 ほかの人を通して言葉を伝えること。また、ほかの人を通して話を伝え聞くこと。後拾遺 平安一歌集 恋三「今はただ思ひ絶えなむとばかりをひとづてならで言ふよしもがな」訳⇩いまはただ…。

***ひとづて-なら-で**【人伝てならで】連語 他人の言葉によってではなく。源氏物語 平安一物語 若菜上「ひとづてならで、物越しに聞こえ知らすべきことなむある」訳他人のことばによってではなく、(直接、あなたに)障子や簾を隔てた状態で、お耳に入れねばならぬことがある。

ひとつ-はら【一つ腹】名詞 同腹。生母が同じであること。また、その兄弟姉妹。

ひと-づま【人妻・他妻・他夫】名詞 他の人の妻。他の人の夫。◆「つま」は配偶者の意で、男にも女にもいう。

ひとつ-むすめ【一つ娘】名詞 ひとり娘。

ひとつ-や【一つ家・一つ屋】名詞 ❶一軒の家。一軒家。❷同じ一つの家。一つ屋根の下。奥の細道 江戸一紀行 市振「ひとつやに遊女も寝たり萩と月―芭蕉」訳⇩ひとつやに…。

ひとつやに… 俳句「一つ家に 遊女も寝たり 萩と月」奥の細道 江戸一紀行 市振・芭蕉 訳同じ宿に、たまたま遊女と泊まり合わせて寝たことだ。世俗を離れた修行僧のような自分となまめかしい遊女とは対照的な存在で、ちょうど庭にたおやかに咲いている萩と澄んだ光を放っている月のようだ。

鑑賞 萩に遊女、月に自分を象徴させ、一見無関係に思われるものの取り合わせに妙味を感じた句。季語は「萩・月」で、季は秋。

ひと-て【一手】名詞 ❶碁・将棋などの、一回の手。一手。❷弓を射るときの、甲矢・乙矢の二本一組みの矢。❸一組み。一隊。

ひと-とき【一時】名詞 ❶しばらくの間。❷同時。いちどき。❸一日を十二等分したうちの一つ。今の約二時間。いっとき。

***ひと-ところ**【一所】名詞 ❶同じ一つの場所。一つ所。平家物語 鎌倉一物語 九・木曾最期「所々で討たれんよりも、ひとところでこそ討ち死にをもせめ」訳別々の場所で討たれるよりも、同じ一つの場所で討死をしよう。❷「一人」の尊敬語。お一人。おひとかた。竹取物語 平安一物語 蓬萊の玉の枝「ただひとところ、深き山へ入り給ひぬ」訳(くらもちの皇子は)ただお一人で、深い山へお入りになった。◇「ところ」は高貴な人を数えるときの接尾語。

ひと-とせ【一年・一歳】名詞 ❶一年。一年間。❷以前のある年。先年。源氏物語 平安一物語 桐壺「ひととせの、春宮の御元服」訳先年の、春宮のご元服。

ひととせに… 和歌「ひととせに ひとたび来ます 君待てば 宿かす人も あらじとぞ思ふ」古今 平安一歌集 羇旅・紀有常・伊勢物語 平安一物語 八二 訳七夕姫は、一年に一度訪ねていらっしゃるお相手を待つものだから、彼女が宿を貸す人は我々のなかにはいないだろうと思いますよ。

鑑賞 惟喬親王のお供で狩りに出掛け、帰路天の川という名の河辺で酒宴をしたときの歌。川の名に興趣を感じた親王が、お供の者たちに題詠をさせた。在原業平が「狩り暮らしたなばたつめに宿からむ天の河原に我は来にけり」(『古今和歌集』)〈⇩かりくらし…。〉と詠んだところ、親王は返歌に窮された。そこで、紀有常が親王に代わって詠んだ歌がこの歌である。

ひと-と-な・す【人となす】連語 一人前にする。一人前の人に育てる。源氏物語 平安一物語 少女「かくまではぐくみ、ひととなさせたまへるを、おろかにはよも思ひきこえさせじ」訳ここまで立派に育て、一人前にして下さったことを、おろそかにはけっして存じ上げぬつもりです。

ひと-と-なり【為人】名詞 ❶天性。生まれつきの性質。❷体つき。体格。背丈。

ひと-と-な・る【人と成る】連語 ❶大人になる。成人する。一人前になる。万葉集 奈良一歌集 九〇四「白玉のわが子古日は…いつしかもひととなり出いでて」訳白玉の(ような)わが子古日は、…早く一人前になって。❷正気に返る。人心地がつく。源氏物語 平安一物語 夢浮橋「やうやう生き出いでて、ひととなり給へりけれど」訳(浮舟は)だんだん、元気が出てきて、正気にもどりなさったが。

ひと-どほ・し【人遠し】形容詞ク {(く)・から/く・かり/し/き・かる/けれ/かれ} 近くに人の気配がない。人里から離れている。源氏物語 平安一物語 蛍「御前のひとどほくのどやかなるをりは」訳姫君のおそばが人の気配がなく静かなときには。

ひと-なみ【人並み】名詞 世間並み。普通の人と同様であること。

ひと-なみなみ【人並み並み】名詞「ひとなみ」に同じ。◆「ひとなみ」を強めた表現。

ひと-なみなみ・なり【人並み並みなり】形容動詞ナリ {なら/なり・に/なり/なる/なれ/なれ}「ひとなみなり」に同じ。源氏物語 平安一物語 総角「ひとなみなみにもてなして、例の人めきたる住まひならば」訳世間並みに(中君を姫君らしく)お世話して、普通の宮家らしい住居であるならば。◆「ひとなみなり」を強めた表現。

ひと-なみ・なり【人並みなり】形容動詞ナリ {なら/なり・に/なり/なる/なれ/なれ} 世間並みだ。普通の人と同様だ。万葉集 奈良一歌集 八九二「わくらばに人とはあるをひとなみにあれも作るを」訳⇩かぜまじり…。

ひと-ならはし【人習はし】名詞 教化。人を教え習わせること。

ひと-な・る【人馴る】自動詞ラ下二 {れ/れ/る/るる/るれ/れよ} ❶人との付き合いに慣れる。人ずれする。源氏物語 平安一物語 花宴「男の御教へなれば、少しひとなれたる事やまじらむ」訳男(=源氏)のご教育なので、(紫の上には)少し人との付き合いに慣れた(=出しゃばる)態度もまじるだろうか。❷(動物が)人になつく。源氏物語 平安一物語 若菜下「心をかしくひとなれたるは」訳(猫が)性質がおとなしく人になついているのは。

ひと-にく・し【人憎し】形容詞ク〔(く)・から/く・かり/し/き・かる/けれ/かれ〕憎らしい。無愛想である。源氏物語 平安―物語 総角「いと、あまり深く、ひとにくかりけることと」訳非常に度を超えて気持ちが強く、無愛想であったことと。

ひと-に-し・む【人に染む】連語 執着する。恋に溺れる。源氏物語 平安―物語 夕顔「わが心ながら、いとかくひとにしむことはなきを」訳自分の心ながら、まったくここまで(女との)恋に溺れることはなかったのに。

ひと-には【一庭】名詞 庭全体。庭じゅう。徒然 鎌倉―随筆 一七七「ひとにはに敷かれて」訳(蹴鞠のためにおがくずを)庭全体にお敷きになって。

ひと-の-うへ【人の上】連語 身の上。枕草子 平安―随筆 かたはらいたきもの「聞きゐたりけるを知らで、ひとのうへ言ひたる」訳(その当人が)聞いていたとも知らないで、(その人の)身の上をうわさしたとき。

ひとのおやの… 和歌「人の親の 心は闇に あらねども 子を思ふ道に 惑ひぬるかな」後撰 平安―歌集 雑一・藤原兼輔・大和物語 平安―物語 四五訳人の親の心は闇ではないけれど、子供のことを思う道には、まるで闇の中にいるように何も見えなくなって、ただただ迷ってしまうことだ。

鑑賞 子供のことを思うと分別すらなくなってしまう親心を素直に表現した歌。『大和物語』では、醍醐天皇の御息所として入内した娘を案じ、兼輔が天皇に奏上した歌とされる。「惑ふ」は「闇」の縁語。

ひと-の-がり【人のがり】連語 人のもと(に)。人のいるところ(へ)。徒然 鎌倉―随筆 三一「ひとのがり言ふべきことありて文をやるとて」訳人のもとに言ってやらなければならない用事があって手紙を届けるということで。◆「がり」は名詞。参照▶がり(許)。

ひと-の-くち【人の口】連語 世間の評判。平家物語 鎌倉―物語 八・法住寺合戦「いつしかひとのくちなれば」訳いつのまにか(広まる)世間の評判であるから。

ひと-の-くに【人の国】連語 ❶外国。異国。多く、中国をさす。源氏物語 平安―物語 総角「ひとのくににありけむ香の煙ぞ」訳異国にあったという香(=反魂香)の煙を。❷(国内における)他国。特に、都以外の地方。田舎。枕草子 平安―随筆 すさまじきもの「すさまじきもの…ひとのくにより遣せる文の物なき」訳興ざめなものは…田舎からよこした手紙に土地の特産などの添えてないの。

ひと-の-ほど【人の程】連語 品格。人柄。身分。徒然 鎌倉―随筆 九「ひとのほど、心ばへなどは、物言ひたるけはひにこそ、物越しにも知らるれ」訳人柄、気だてなどは、話をしているようすで、物をへだてて聞いてもわかるものだ。

ひと-の-やう【人の様】連語 人並み。更級 平安―日記 子忍びの森「物詣でをわづかにしても、はかばかしく、ひとのやうならむとも念ぜられず」訳たまに寺社にお参りしても、しっかりとして、人並みの人間になろうと祈る気にもなれない。

ひとはいさ… 和歌 百人一首「人はいさ 心も知らず ふるさとは 花ぞ昔の 香ににほひける」古今 平安―歌集 春上・紀貫之 訳あなたのお心は、さあ、どうだか知りませんが、昔なじみのこの里の梅の花は、昔と変わらないままのよい香りを放っていることですよ。

ひと-ばしら【人柱】名詞 城・橋・堤防などの工事のとき、その土地の神の心を和らげるためのいけにえとして、水底・地中などに人を埋めること。また、その埋められる人。

ひと-はた【一坏・一杯】副詞 いっぱいに。▼容器からあふれているようすを表す。宇治拾遺 鎌倉―説話 三・五「湯舟に藁を細々と切りて、ひとはた入れて」訳湯舟に藁をこまかく切って、いっぱいに入れて。

ひとはな-ごろも【一花衣】名詞 染め汁に一回ひたした程度の淡い色あいの衣服。

ひと-ばな・る【人離る】自動詞ラ下二〔れ/れ/る/るる/るれ/れよ〕人のいる所から遠く離れる。人気がなくなる。源氏物語 平安―物語 夕顔「ひとばなれたる所に、心とけて寝ぬるものか」訳人のいる所から遠く離れている場所で、寝込んでしまっていいものか。

ひと-ばへ【人ばへ】名詞 人前で調子づいて、はしゃぐこと。枕草子 平安―随筆 人ばへするもの「ひとばへするもの。殊なることなき人の子の、さすがに愛しうしならはしたる」訳人前で調子づいて、はしゃぐ態度をとるもの。格別なこともない子供で、それでもやはり(親に)甘やかされつけている(子供)。

参考 一説に、「ひとば(人映)え」で、人前で映えばえしくなる意とも。

ひと-ひ【一日】名詞 ❶いちにち。❷一日じゅう。終日。▼「日ひとひ」の形で用いられることが多い。土佐日記 平安―日記 一二・二五「日ひとひ、夜一夜、とかく遊ぶやうにて」訳終日、終夜、あれやこれやと管弦の遊びをするようすで。❸ある日。先日。蜻蛉 平安―日記 上「ひとひの風はいかにとも、例の人はとひてまし」訳先日の(野分の)風はいかが(でした)かとも、普通の(常識ある)人はきっと見舞ったでしょうに。❹ついたち。月の最初の日。

ひと-びと【人人】

一 名詞 多くの人。あの人この人。

二 代名詞 皆さん。あなたがた。▼対称の人称代名詞。

ひとびと-・し【人人し】形容詞シク〔(しく)・しから/しく・しかり/し/しき・しかる/しけれ/しかれ〕❶世間並みである。源氏物語 平安―物語 総角「ひとびとしくもてなさばやと」訳世間並みに(姫君として立派に)扱いたいと。❷(身分・家柄・容姿などが)一人前である。かなりの程の人である。蜻蛉 平安―日記 下「この大夫をひとびとしくてあらせ給へ」訳この大夫(=道綱)を一人前にしてください。

参照▶ 文脈の研究 ひとびとし。

ひとひ-まぜ【一日交ぜ】名詞 一日おき。隔日。「日交ぜ」とも。

ひと-ふし【一節】名詞 ❶一つの、ある点。他と異なって目立つ点。何か一つ。一点。徒然 鎌倉―随筆 一四「このごろの歌は、ひとふしをかしく言ひかなへたりと見ゆるはあれど」訳このごろの和歌は、何か一つ趣深くうまく表現しているとみえるものはあるが。❷一つの出来事。一件。源氏物語 平安―物語 夕顔「ただはかなきひとふしに御心とまりて」訳ほんのちょっとした一つの出来事に(源氏の)お心がとまって。❸音楽・舞踊の、一区切り。また、一曲。

ひと-ふで【一筆】名詞 ❶ちょっと書きつけること。また、そうした短い文。❷筆を途中で休めず、一息に書くこと。

ひと-へ【一重】 名詞 ㊀❶(重ならないである)**一枚。** 枕草子 平安―随筆 さかしきもの「紙をあまた押し重ねて、いと鈍き刀して切るさまは、ひとへだに断つべくもあらぬに」訳紙をたくさん押し重ねて、とても切れ味の鈍い刀で切るありさまは、一枚だって切れそうもないのに。❷花びらが一枚ずつで重なっていないこと。また、その花。
㊁【単】「単衣」の略。枕草子 平安―随筆 野分のまたの日こそ「生絹のひとへのいみじうほころびたえ」訳生絹の単衣のたいそう着くずれて。

ひとへ-がさね【単襲】 名詞 単衣を二枚重ねて一つの衣服としたもの。平安時代、女性が夏に上着の下に着た。季夏。対袷。

ひとへ-ぎぬ【単衣】 名詞 平安時代、男女ともに装束の下に肌着として着た、裏地のない衣服。地は、多く綾。四季を通じて着用。参照▶口絵

ひとへ-ごころ【偏心】 名詞 **いちずに思いこむ心。ひたすら思う心。**

ひとへ-に【偏に】* 副詞 ❶**いちずに。ひたすら。** 徒然 鎌倉―随筆 一三七「よき人は、ひとへに好けるさまにも見えず」訳教養のある人は、いちずに情趣を好むようにも見えず。❷**まったく。** 平家物語 鎌倉―物語 一・祇園精舎「猛き者もつひには滅びぬ、ひとへに風の前の塵に同じ」訳勢いが盛んな者も最後には滅びてしまう、まったく風の前の塵と同じである。

ひと-ま【一間】[1] 名詞 ❶建物・橋などの、柱と柱の間一つ。更級 平安―日記 竹芝寺「勢多の橋をひとまばかりこぼちて」訳勢多の橋を(橋脚と橋脚との)間一つほど壊して。❷縦横ともに柱と柱の間一つの長さの、小さな部屋。**一つの部屋。** 枕草子 平安―随筆 成信の中将は「一条の院に造らせ給ひたるひとまの所には」訳一条院にお造りになった一つの部屋の所には。❸障子などの桟と桟の間一つ。

ひと-ま【人間】[2] 名詞
❶**人のいないすき。人目のないとき。** 更級 平安―日記 かどで「等身に薬師仏をつくりて、手洗ひなどして、ひとまにみそかに入りつつ」訳人間の身長と等しい高さに薬師如来の像を作って、手洗いなどし(清めて、人目のないときにひそかに(その部屋に)入っては。❷**人の訪れの間があくこと。疎遠になること。** 女郎花 室町―能楽 謡曲「少し契りの障りあるひとまをまことと思ひけるか」訳少し仲違いで訪れの間があいたことを(私の)本当の心変わりと思ったのか。

ひとま-どころ【一間所】 名詞 「ひとま(一間)❷」に同じ。

文脈の研究　ひとびとし

「人々し」は名詞「人々」を形容詞化した語。『蜻蛉日記』『宇津保物語』など平安時代の早い時期から見えはじめ、『源氏物語』などにも多くの例があるが、文脈の性格把握、また、解釈上の工夫を要する次のような場合がある。

(蝿)はへこそ、にくき物(憎らしいもの)のうちにいれつべく、あいぎ(これほど)やうなき物(可愛げのないものはない)はあれ。人々しう、かたき(敵にまわすほどの)などにすべき物のおほきさにはあらねど、秋など、たゞよろづの物にゐ、かほなどにぬれあししてゐるな(むやみに何にでもとまるし　顔なんかに湿っぽい足でとまったりなんてね(ほんとうにいやらしい))どよ。人の名につきたる(人の名前についているのは)、いとうとまし。

『枕草子』「虫は」の条。語義❶❷いずれによっても、しっくりした現代語訳を得ることが難しいが、「あいぎやうなき」「にくきもの」として扱いながら「かたきなどにすべき」大きさではないとする文脈のありかたから「人を扱うように」「人間扱いして」「人並みに扱って」などとした訳出が妥当である。

ひと-みな【人皆】 名詞 **すべての人。みんな。**
参考 古く、同類語の「皆人」が、その事柄に関係する全員をさしたのに対して、「人皆」は、ばくぜんとすべての人をさしたともいう。平安時代以降は「皆人」だけになり、どちらの意味にも「皆人」を用いるようになった。

ひと-むら【一群・一叢】 名詞 **一まとまり。一かたまり。一群れ。**

ひと-め【一目】[1] 名詞 ❶ちょっと見ること。❷目にいっぱいであること。

ひと-め【人目】[2] 名詞
❶**他人の見る目。世間の目。はた目。** 平家物語 鎌倉―物語 九・宇治川先陣「ひとめには何とも見えざりけれども」訳はた目には何とも見えなかったけれども。❷**人の出入り。人の往来。** 更級 平安―日記 子忍びの森「いとどひとめも見えず、寂しく心細くうちながめつつ」訳(父の出発後は)ますます人の出入りもなくて、もの悲しく心細くもの思いにふけり外を眺めては。

ひと-めか・し【人めかし】 形容詞 シク {(しく)・しから／しく・しかり／し／しき・しかる／しけれ／しかれ} ❶**一人前のようである。りっぱである。** 源氏物語 平安―物語 総角「中の宮をなむ、いかでひとめかしくも扱ひなし奉らむ」訳中の宮(=中君)を、何とかして一人前のようにも世話をしてさし上げたい。❷**並みの人間らしい。世俗的である。** 源氏物語 平安―物語 総角「ひとめかしからぬ心どもにて」訳(年配の女房の)並みの人らしくない気持ちで。

ひと-めか・す【人めかす】 他動詞 サ四 {さ／し／す／す／せ／せ} **一人前の人として扱う。人間並みに扱う。** 枕草子 平安―随筆 草の花は「わざと取り立ててひとめかすべくもあらぬさまなれど、かまつかの花らうたげなり」訳わざわざ取り上げて一人前として扱うことができそうにないようすではあるが、かまつか(=つゆ草とも葉鶏頭とも)の花はかわいらしい。◆「めかす」は接尾語。

ひと-め・く【人めく】* 自動詞 カ四 {か／き／く／く／け／け} **一人前の人らしく見える。人らしく思える。** 源氏物語 平安―物語 夕顔「花の名はひとめきて」訳(「夕顔」という)花の名は人らしく思えて。◆「めく」は接尾語。

ひとめ-な・し【人目無し】 連語 **だれもいない。人の**

ひ

訪れがない。源氏物語 平安｜物語 花散里「ひとめなく静かにておはするありさま」訳人の訪れもなく静かにしていらっしゃるありさま。

ひとめ-も-る【人目守る】連語 人目をはばかる。人目につかぬよう気をつける。万葉集 奈良｜歌集 三一二二「心なき雨にもあるかひとめもり乏しき妹に今日だに逢はむを」訳思いやりのない雨であることよ、人目をはばかってめったに会えないあなたに今日こそは会いたいのに。

ひとめ-を-はか-る【人目を謀る】連語 他人の目をうかがう。人の目を盗む。徒然 鎌倉｜随筆 一七五「ひとめをはかりて捨てんとし」訳他人の目をうかがって（酒を）捨てようとし（たり）。

ひと-もじ【一文字】名詞 ❶一字。一つの文字。❷葱。◇ねぎを「き」といい、一字の語だったことからいう。女房詞。

ひともなき… 和歌「人もなき空しき家は草枕旅にまさりて苦しかりけり」万葉集 奈良｜歌集 四五一・大伴旅人 訳あなたがいない、がらんとした家にいるのは、旅にあるとき以上につらかったよ。鑑賞 大伴旅人が任地の大宰府から帰京したときの歌。任地にいる間に妻を亡くした。

ひと-もの【一物】副詞 いっぱい。一面に。今昔物語 平安｜説話 二八・二三「大きなる壺のありけるに、水をひともの入れて」訳大きな壺があったので、水をいっぱい入れて。

ひともをし… 和歌 百人一首「人もをし人も恨めしあぢきなく世を思ふゆゑに物思ふ身は」続後撰 鎌倉｜歌集 雑中・後鳥羽院 訳（ある時には）人をいとおしく思い、（またある時には）人を恨めしく思う。おもしろくないとこの世を思うがゆえに、さまざまに思い悩む私は。鑑賞 為政者の、思うにまかせない心境を吐露した歌。鎌倉時代初期の公武の対立・抗争の時代を背景として鑑賞するべき歌で、「物思ふ」は恋に悩むのではない。

ひと-や【人屋・獄】名詞 牢屋。牢獄。

ひと-やう・なり【一様なり】形容動詞ナリ {なら／なり・に／なり／なる／なれ／なれ} 同様である。同じようである。源氏物語 平安｜物語 蛍「すくよかに言ひ出でたるしわざも女しきところなかめるぞひとやうなめる」訳そっけなく言葉に出した行為（＝返事）も女らしいところがないようなのは（前述のあさはかな女と）同様であるようだ。◇「ひとやうな」は「ひとやうなる」の撥音便「ひとやうなん」の撥音「ん」が表記されない形。

ひと-やり【人遣り】名詞 自分の意志ではなく、他から強制されてすること。人からさせられること。古今 平安｜歌集 離別「ひとやりの道ならなくに」訳（私の旅は）人から強制されたことの旅ではないのだから。参考 多く、打消の表現を下接する。

ひとやり-なら-・ず【人遣りならず】連語 なりたち 名詞「ひとやり」＋断定の助動詞「なり」の未然形＋打消の助動詞「ず」

だれのせいでもなく、自分から求める。人からさせられるのではなく、自分の意志でする。源氏物語 平安｜物語 橋姫「木の葉の露の散りかかるも、いと冷ややかに、ひとやりならずいたくぬれ給ひぬ」訳木の葉の露（の滴）が散り落ちてかかるのも、とても冷たくて、だれのせいでもなく自分から求めて大変おぬれになってしまった。

ひと-よ【一夜】名詞 ❶一晩。いちや。❷一晩じゅう。終夜。▼多く、「夜ひとよ」の形で用いられる。源氏物語 平安｜物語 若紫「夜ひとよ風吹き荒るるに」訳一晩じゅう風が吹き荒れるので。❸ある夜。先夜。

ひ-とり¹【一人・独り】一 名詞 ❶一人。その人だけ。❷独身。伊勢物語 平安｜物語 二「ひとりのみもあらざりけらし」訳独身ということでもなかったらしい。◆「り」は接尾語。二 副詞 ひとりでに。自然に。浮世物語 江戸｜物語 仮名「ひとり博奕は止まるべし」訳ひとりでにばくちは絶えるだろう。◆「り」は接尾語。

ひ-とり²【火取り】名詞 ❶香炉の一つ。木製の器の中に銅または陶製の炉を置き、上を銅の籠で覆ったもの。香をくゆらせたり、衣類に香をたきしめたりするのに使う。参照▼口絵 ❷「火取りの童」の略。

ひとり-ご・つ【独りごつ】自動詞タ四 {た／ち／つ／つ／て／て} 独り言を言う。つぶやく。枕草子 平安｜随筆 大納言殿まゐり給ひて「『明け侍りぬなり』とひとりごつを」訳「夜が明けたようでございます」と独り言を言うのを。

（火取り❶）

ひとり-ずみ【独り住み】名詞 一人だけで暮らすこと。独り暮らし。竹取物語 平安｜物語 御門の求婚「かぐや姫のみ御心にかかりて、ただひとりずみし給ふ」訳（帝は）かぐや姫（のこと）ばかりがお心にかかって、ただ独り暮らしをなさる。

ひとり-の-わらは【火取りの童】連語 五節の舞姫が内裏に参入するとき、「火取り❶」を持って先頭に立つ童女。

ひとり-びとり【一人一人】名詞 どちらか一人。だれか一人。「ひとりひとり」とも。竹取物語 平安｜物語 貴公子たちの求婚「思ひ定めて、ひとりびとりに逢ひ奉り給ひね」訳よく考えて、だれか一人と結婚してさし上げなさい。◆「ひとり」を強めた言い方。

ひとり-ぶし【独り臥し】名詞 ひとり寝。一人で寝ること。

ひとり-ゑみ【一人笑み】名詞／—す自動詞サ変 ひとり笑いをすること。源氏物語 平安｜物語 若紫「をかしかりつる人のなごり恋しく、ひとりゑみしつつ臥したまへり」訳かわいらしかった姫の面影が恋しく、ひとり笑いをしては横になっていらっしゃる。

ひ-ど・る【日取る】自動詞ラ四 {ら／り／る／る／れ／れ} 吉日を選ぶ。日を選ぶ。源氏物語 平安｜物語 玉鬘「四月二十日のほどにひどりて来むとするほどに」訳四月二十日のころに吉日を選んで来ようとするので。

ひと-わき【人別き】名詞／—す自動詞サ変 人によって差別すること。源氏物語 平安｜物語 末摘花「ひとわきしけると思ふにいとねたし」訳人によって差別をしたなあと思うとたいそういまいましい。

ひと-わたり【一渉り・一渡り】名詞 副詞 ❶全体を通して一度。一回。源氏物語 平安-物語 紅葉賀「ただひとわたりに習ひ取りたまふ」訳たった一回で習得なさる。❷一通り。いちおう。源氏物語 平安-物語 東屋「なほひとわたりはつらしと思はれ」訳やはりいちおうは薄情だと思われ。

ひと-わらはれ・なり【人笑はれなり】ヒトワラワレナリ 形容動詞ナリ{なら／なり・に／なり／なる／なれ／なれ}人から笑われるような、みっともないようすだ。物笑いになるようすだ。枕草子 平安-随筆 くるしげなるもの「さすがにひとわらはれならじと念ずる」訳さすがに物笑いになるまいと我慢しているのは。

ひと-わらへ・なり【人笑へなり】ヒトワラエナリ 形容動詞ナリ「ひとわらはれなり」に同じ。源氏物語 平安-物語 真木柱「妹の北の方の御ことさへ、ひとわらへに思い嘆きて」訳妹の北の方の事まで、物笑いになると嘆いて。

ひと-わろ・し【人悪し】形容詞ク{(く)・から／く・かり／し／き・かる／けれ／かれ}みっともない。体裁が悪い。外聞が悪い。▼他人に見られていやだと思うようす。枕草子 平安-随筆 あはれなるもの「烏帽子のさまなどぞ、すこしひとわろき」訳烏帽子のようすなどは少しみっともない。参照▼類語と使い分け⑱

ひな[1]【鄙・夷】名詞 都から遠く離れた、開けていない所。地方。田舎。万葉集 奈良-歌集 二五五「天離るひなの長道ゆ恋ひ来れば」訳⇩あまざかる…。

ひな[2]【雛】名詞 ❶ひよこ。❷「ひひな」に同じ。

ひな-あそび【雛遊び】名詞「ひひなあそび」に同じ。

ひな-くもり【日な曇り】枕詞 日が曇った薄い日差しの意から地名の「碓氷」にかかる。「ひなくもり碓氷の坂を」◆「な」は「の」の意の奈良時代以前の格助詞。

ひな-さか・る[*]【鄙離る】自動詞ラ四{ら／り／る／る／れ／れ}遠い田舎にある。都から遠く離れている。万葉集 奈良-歌集 三二九一「ひなさかる国治めにと」訳都から遠く離れている国を治めにと。

びな・し【便無し】形容詞ク{(く)・から／く・かり／し／き・かる／けれ／かれ}「びんなし」に同じ。和泉式部 平安-日記「女いとびなき心地すれど」訳女(＝私)はとても都合が悪い気がするけれども。◆「びんなし」の撥音「ん」が表記されない形。

ひな-の-わかれ【鄙の別れ】連語 都から遠い田舎へ別れていくこと。

ひな・ぶ【鄙ぶ】自動詞バ上二{び／び／ぶ／ぶる／ぶれ／びよ}田舎風になる。田舎じみる。やぼったくなる。伊勢物語 平安-物語 一四「歌さへぞひなびたりける」訳(田舎の女は贈る)歌までが田舎じみていたのだった。◆「ぶ」は接尾語。

ひな-ぶり【鄙振り・夷振り・夷曲】名詞 ❶奈良時代以前の歌曲の一種。❷狂歌。

ひ-なみ【日次み・日並み】名詞 ❶毎日行うこと。連日。❷日柄。日のよしあし。

ひ-なら・ぶ【日並ぶ】自動詞バ下二{べ／べ／ぶ／ぶる／ぶれ／べよ}日数を重ねる。万葉集 奈良-歌集 一四二五「山桜花ひならべてかく咲きたらば」訳山の桜の花が、日数を重ねて(＝幾日も続いて)このように咲いていたならば。

ひ・なり【非なり】形容動詞ナリ{なら／なり・に／なり／なる／なれ／なれ}不利だ。うまくいかない。徒然 鎌倉-随筆 二一一「ひなる時は恨みず」訳うまくいかないときは、(人を)恨まない(ことだ)。

ひ-にく【皮肉】名詞 ❶皮と肉。❷肉体。身体。❸当てこすり。意地の悪い遠まわしな非難。

ひ-に-けに[*]【日に異に】連語 日増しに。日が変わるたびに。万葉集 奈良-歌集 二二一二「秋風はひにけに吹きぬ」訳秋風は日増しに(強く)吹いた。

ひ-に-そへ-て【日に添へて】ヒニソエテ 連語 なりたち 名詞「ひ(日)」＋格助詞「に」＋動詞「そふ」の連用形＋接続助詞「て」

日がたつにつれて、ますます。日増しに。竹取物語 平安-物語 燕の子安貝「人の聞き笑はむことを、ひにそへて思ひ給ひければ」訳(中納言は)世間の人が(失敗を)聞いて笑うであろうことを、日増しにお思いになったので。

ひ-にん【非人】名詞 ❶人間のような姿をしていて、人間でないもの。八部衆・夜叉・悪鬼など。◇仏教語。❷世捨て人。遁世者。❸非常に貧しい人。窮民。❹江戸時代、差別を受けて士・農・工・商の階層の外に置かれた身分(の者)。

ひ-ねずみ【火鼠】名詞 中国の想像上の動物の一種。南海の火山にすむ白鼠。その毛で織った布は火浣布といわれ、火に燃えないとされる。

ひねもす【終日】副詞〔多く、「ひねもすに」の形で〕朝から晩まで。一日じゅう。終日。土佐日記 平安-日記 一二・四「『今日、風雲の気色はなはだ悪し』と言ひて、船出いださずなりぬ。しかれども、ひねもすに風立たず」訳「今日は、風や雲のようすがたいそう悪い」と言って、船を出さないでしまった。しかしながら、一日じゅう波風は立たない。対夜もすがら。

ひねり【捻り・拈り・撚り】名詞 ❶ひねること。ねじること。❷「捻り文」の略。❸包み紙の端をひねった祝儀や賽銭。おひねり。

ひねり-いだ・す【捻り出だす】他動詞サ四{さ／し／す／す／せ／せ}苦心して作り出す。土佐日記 平安-日記 一二・七「あやしき歌ひねりいだせり」訳変な歌を苦心して作り出した。

ひねり-ぶみ【捻り文】名詞 ❶細長い幾枚かの紙にそれぞれ別なことを書き、ひねって、くじとしたもの。❷書状を白紙で縦に包んだもの。また、その包み方の手紙。正式な手紙の包み方とされる。立て文。

ひね・る【捻る・拈る・撚る】一 他動詞ラ四{ら／り／る／る／れ／れ}❶つまむ。ひねる。落窪物語 平安-物語 二「錠ひねり見給ふに」訳錠をひねってご覧になるが。❷よじる。枕草子 平安-随筆 松の木立高き所の「外様にひねり向きて」訳外向きに(身体を)よじって。❸苦心して作り出す。土佐日記 平安-日記 一二・七「からくして、あやしき歌ひねり出いだせり」訳やっとのことで、変な和歌を苦心して作り出した。二 自動詞ラ四{ら／り／る／る／れ／れ}一風変わった趣を出す。浮世風呂 江戸-物語 滑稽「ぐっとひねって俗物なる跋」訳いちだんと変わった趣を出して通俗的なあとがき。◇「ひねっ」は促音便。

ひ-の-あし【日の足・日の脚】名詞 雲や物の間から

射す日光。

ひ-の-え【丙】名詞「十干」の第三。

ひのえ-うま【丙午】名詞「干支」の第四十三番目。十干の丙と十二支の午とに当たる年と日。この年には火災が多い、また、この年生まれの女は夫を殺す、という迷信があった。

ひ-の-おまし【昼の御座】名詞天皇が日中いた所。**昼の御座所**。清涼殿にあり、天皇はここで正式の食事(＝大床子の御膳)をとった。「ひるのおまし」「ひのござ」とも。参照▼口絵

ひのき-がさ【檜笠】名詞「ひがさ」に同じ。

ひ-の-くるま【火の車】名詞❶罪人を地獄に運ぶ、火の燃えている車。今昔物語 平安―説話 一五・四「極楽の迎へは見えずして、本意なくひのくるまをここに寄す」訳極楽のお迎えは見えず、不本意なことに火の車がここに寄せてきた。❷貧乏で、生計が苦しいことのたとえ。書生気質 明治―物語 一三「内は相かはらずひのくるまで、いまだに借金がぬけないくらいさ」訳我が家は相変わらず火の車で、いまだに借金がなくならないくらいさ。

ひ-の-ござ【昼の御座】名詞「ひのおまし」に同じ。

ひ-の-さうぞく【昼の装束】名詞正式の礼装。男は束帯、女は裳と唐衣をつける。「昼の装ひ」とも。対宿直装束。

ひ-のし【火熨斗】名詞中に炭火を入れ、布などに当ててそのしわをのばす道具。木の柄がつき、底が平たく、鉄や焼き物でできていた。

ひ-の-たて【日の経】連語東方。また、東西。対日の緯。

ひ-の-と【丁】名詞「十干」の第四。

ひ-の-みこ【日の御子】連語天皇、また、皇太子の尊敬語。

ひ-の-もと【日の本】名詞「日の本の国」の略。**日本**。

ひのもと-の【日の本の】枕詞太陽が上るもとの国である日本の意から「大和」にかかる。「ひのもとの大和の国」

ひのもと-の-くに【日の本の国】連語日本国の美称。◆太陽がのぼるもとの国の意。

ひ-の-よこ【日の緯】連語西方。また、南北。対日の経。

ひ-の-よそひ【昼の装ひ】名詞「ひのさうぞく」に同じ。

びは【琵琶】名詞弦楽器の一つ。木製の楕円形の平たい胴に、四本または五本の弦を張ったもの。撥で弦をはじいて演奏する。ペルシャまたはインドから中国を経て、奈良時代に伝えられた。琵琶の琴とも。参照▼口絵

(琵琶)

ひ-はぎ【引剝ぎ】名詞**追いはぎ**。◆「ひきはぎ」の変化した語。

琵琶湖 地名 今の滋賀県の中央部にある湖。古くは「近江の海」「近つ淡海」「鳰の海」などとよばれた。

ひ-はだ【檜皮】名詞❶**ひのきの樹皮**。屋根を葺く材料として、神殿・皇居などの建物に使われる。❷「檜皮色」の略。❸「檜皮葺き」の略。

ひはだ-いろ【檜皮色】名詞染め色の一つ。黒みがかった蘇芳色(＝赤紫色)。

ひはだ-ぶき【檜皮葺】名詞「檜皮❶」で屋根を葺くこと。また、その屋根。

ひはだ-や【檜皮屋】名詞檜の樹皮で屋根を葺いた家。

ひはづ-なり【繊弱なり・怯弱なり】形容動詞ナリ{なら/なり・に/なり/なる/なれ/なれ}**か細くて弱々しいようすだ。ひよわだ**。「ひはやかなり」とも。源氏物語 平安―物語 真木柱「常の御悩みにやせ衰へ、ひはづにて」訳日ごろのご病気のためにやせ衰え、か細く弱々しいようすであって。

びは-ほふし【琵琶法師】名詞琵琶をかなでながら平家物語などを語って聞かせることを職業とする盲目の法師。参照▼口絵

ひは-やか-なり【繊弱なり】形容動詞ナリ{なら/なり・に/なり/なる/なれ/なれ}「ひはづなり」に同じ。栄花物語 平安―物語 本の雫「東宮もいみじうひはやかに、うつくしうおはします」訳東宮も非常にひ弱で、かわいらしくていらっしゃる。◆「やか」は接尾語。

ひ-ばら【檜原】名詞檜の生い茂っている原。奈良時代では初瀬・巻向・三輪のあたりの檜原が有名だった。「ひはら」とも。

ひびか-す【響かす】他動詞サ四{さ/し/す/す/せ/せ}❶**響かせる**。平家物語 鎌倉―物語 九・坂落「をめき叫ぶ声、山をひびかし」訳大声でわめく声が、山を響かせ。❷**評判をわき立たせる。とどろかす**。大鏡 平安―物語 道長上「かく世をひびかす御孫の出でおはしましたる」訳このように世間の評判をわき立たせる御孫がお生まれなさったのは。

ひびき【響き】名詞❶**響き。音響**。平家物語 鎌倉―物語 一・祇園精舎「祇園精舎の鐘の声、諸行無常のひびきあり」訳祇園寺の鐘の音色は、この世のすべてのものは常に変化・生滅すると告げているような響きがある。❷**余韻**。源氏物語 平安―物語 浮舟「鐘の音の絶ゆるひびきに」訳鐘の音が消えてゆく余韻に。❸**世間の騒ぎ。世間の評判。うわさ**。源氏物語 平安―物語 澪標「かの明石の舟、このひびきにおされて」訳あの明石の上の船が、この(源氏の参詣の)騒ぎに圧倒されて。❹蕉風俳諧での、連句の付け方の一つ。前句の情調の動きや句勢などを受けて付けるもの。

ひび-く【響く】自動詞カ四{か/き/く/く/け/け}❶**響き伝わる。鳴り響く。響く**。❷**世間に広く伝わる。知れ渡る**。源氏物語 平安―物語 若菜上「御賀の事、…かねてよりひびくを」訳(源氏の四十の)御賀の事は、…前々から(評判となって)世間に広く知れ渡っているが。

びび-し【美美し】形容詞シク{しく・しから/しく・しかり/し/しき・しかる/しけれ/しかれ}❶**美しい。はなやかである**。蜻蛉 平安―日記 下「八月待つ程は、そこにびびしうもてなし給ふとか、世に言ふめる」訳八月を待つ今の時期にはそちらではなやかにもてなしていらっしゃるとか、世間では言うようだ。◇「びびしう」はウ音便。❷**りっぱである。見事である**。枕草子 平安―随筆 頭の弁の御もとより「びびしくも言ひたりつるかな」訳(返事を)見事に言ったものですね。参考「びびし」に「便便し」と当てて、似つかわしい、ふさわしいの意とする説もある。

ひ-ひとひ【日一日】連語**朝から晩まで。一日じゅう**。枕草子 平安―随筆 きよげなる男の「双六をひひと

ひ打ちて」訳すごろく(遊び)を一日じゅうやって。対夜一夜。

[*]**ひひな【雛】** 名詞 紙などで作った小さな人形。特に、後世では、ひな祭りの人形をさす。ひな人形。「ひいな」「ひな」とも。

ひひな-あそび【雛遊び】 名詞 ひな人形に供え物をしたり種々の調度を飾ったりしてする遊び。平安時代のころから貴族の子女の遊びとして随時行われ、江戸時代になって、三月三日のひな祭りに固定した。「ひいなあそび」「ひなあそび」とも。季春。

ひひらぎ【柊】 名詞 木の名。常緑で、葉は光沢があり、縁にとげがある。枝を、節分の夜に鰯の頭とともに門口にさして、邪気を払うまじないとした。

[1]**ひひら・く** 自動詞 カ四{か/き/く/く/け/け} ❶(馬が)いななく。❷ぺらぺらとしゃべる。しゃべりまくる。源氏物語 平安｜物語 帚木「馬の頭、物定めの博士になりて、ひひらきゐたり」訳馬の頭は、品定めの博士となって(馬のように)しゃべりまくっていた。◆「ひひ」は擬声語。

[2]**ひひら・く【疼らく】** 自動詞 カ四{か/き/く/く/け/け} **ひりひりと痛む。ずきずき痛む。** 発心 鎌倉｜説話 四「切り焼くがごとく、うづきひひらき」訳切って焼いているようにうずきずきずき痛み。

びふく-もん【美福門】 名詞 平安京大内裏の外郭の門の一つ。大内裏の南面にある朱雀門の東側にある門。

ひ-ほふ【秘法】 名詞 仏教語。密教で行う、秘密の加持・祈禱。

ひぼろき【神籬】 名詞「ひもろき」に同じ。

ひま【隙・暇】 名詞

❶**すきま。物と物との間。** 古今 平安｜歌集 春上「谷風に解くる氷のひまごとにうち出づる波や春の初花」訳谷間を吹く春風によって解けた氷のすきまごとに吹き出してくる波、それが春の最初に咲く花であろうか。

❷**絶え間。** 蜻蛉 平安｜日記 上「僧ども、念仏のひまに、ものがたりするを聞けば」訳僧たちが念仏の絶え間に、世間話をするのを聞くと。

❸**心の隔たり。不仲。不和。** 源氏物語 平安｜物語 常夏「うはべはいとよき御仲の、昔よりさすがにひまありける」訳(源氏は内大臣と)表面的にはよい仲のようであるが、昔からやはり心の隔たりがあった。

❹**よい機会。** 源氏物語 平安｜物語 紅葉賀「例の、ひまもやと、うかがひありき給ふを」訳(源氏は)いつものように(藤壺に会える)よい機会もあるだろうとすきをねらってお歩きになるのを。

❺**時間のゆとり。** 徒然 鎌倉｜随筆 一八八「いよいよよくしたく覚えて、たしなみけるほどに、説経習ふべきひまなくて、年よりにけり」訳(乗馬などを)ますます上達したくなって、好んで精を出していた間に、説経(=仏教の教えを説いて聞かせること)を習うはずの時間のゆとりがなくなって、年をとってしまった。

❻**休暇。いとま。** ▼多くは「ひまをもらふ」「ひまをやる」などの形で用いる。博多小女郎 江戸｜浄瑠 浄瑠・近松「主従の縁もこれかぎり。…ひまをやる」訳主従関係もこれ限りだ。…いとまをやる。

ひ-まぜ【日交ぜ】 名詞 **一日おき。隔日。**

ひま-な・し【隙なし・暇なし】 形容詞ク{(く)・から/く・かり/し/き・かる/けれ/かれ} ❶**すきまがない。** 枕草子 平安｜随筆 宮にはじめてまゐりたるころ「次の間に長炭櫃にひまなくゐたる人々」訳次の部屋で長い角火鉢のそばにすきまがなく座っている女房たち。❷**絶え間がない。ひっきりなしである。** 竹取物語 平安｜物語 燕の子安貝「殿より使ひひまなく賜はせて」訳御殿から使者をひっきりなしにお遣わしになって。❸**心のすきがない。油断がない。** 枕草子 平安｜随筆 ありがたきもの「いささかのひまなく用意したりと思ふが」訳ほんのわずかの油断もなく心づかいしたと思う人が。

ひま-はざま【隙狭間】 名詞 **すきま。空所。** ◆「ひま」「はざま」ともにすきまの意で、すきまの意を強めた表現。

ひま-ひま【隙隙】 名詞 **すきますきま。合間合間。あちこちのすきま。** ▼空間的にも時間的にもいう。源氏物語 平安｜物語 夕顔「ひまひまより見ゆる灯の光、蛍よりけにほのかにあはれなり」訳あちこちのすきまから見える灯火の光は、蛍(の光)よりいっそうかすかでしみじみとした趣がある。

ひま-ゆく-こま【隙行く駒】 連語 月日がまたたく間に過ぎてしまうことをたとえていう語。平家物語 鎌倉｜物語 一一・逆櫓「ひまゆくこまの足はやくして、正月もたち」訳時が過ぎるのが馬のように速く、正月も過ぎ。

ひ-みづ【氷水】 名詞 氷を入れて冷やした水。こおりみず。季夏。

ひ-む【秘む】 他動詞 マ下二{め/め/む/むる/むれ/めよ} **隠して秘密にする。秘める。** 源氏物語 平安｜物語 絵合「心やすくも取り出で給はず、いといたくひめて」訳(権中納言は絵を)たやすく取り出しなさらないで、たいそうひどく隠し秘めて。

ひむがし【東】 名詞 方角の一つ。**ひがし。**「ひむかし」とも。万葉集 奈良｜歌集 四八「ひむがしの野にかぎろひの立つ見えて」訳⇨ひむがしの…。

参考 のちに「ひんがし」→「ひがし」と変化した。

ひむがし-おもて【東面】 名詞 ❶**東側。** ❷**東向きの部屋。**

ひむがしの… 和歌「**東の 野にかぎろひの 立つ見えて かへり見すれば 月傾きぬ**」万葉集 奈良｜歌集 四八・柿本人麻呂 訳東方の野辺には曙光のさしているのが見え、振り返って見ると、西の空に月が傾いている。

鑑賞 軽皇子(=後の文武天皇)が大和の阿騎野で狩りをしたときに、柿本人麻呂が長歌に添えて詠んだ四首の短歌の一つ。雄大な叙景歌ではあるが、阿騎野は軽皇子の亡父草壁皇子も訪れた所で、他の三首の短歌がいずれも草壁皇子追慕の歌であることから、「かぎろひ」に軽皇子、「月」に草壁皇子を重ねて考えてみると、まったく別の趣も読み取れる。なお、「かぎろひ」を「かげろふ(陽炎)」の意と解する説もある。

ひ-むろ【氷室】 名詞 冬の氷を夏まで貯蔵しておく、日のあたらない山かげの穴ぐら。

[1]**ひ-め【姫・媛】** 名詞 ❶**女性の美称。** 対彦。❷**貴人の娘。** ◆「日女」の意。

[2]**ひめ-【姫・媛】** 接頭語 小さくてかわいらしいの意を表

ひ

す。「ひめ垣」「ひめ松」

ひめ-ぎみ【姫君】 名詞 貴人の娘をいう尊敬語。**お姫様。**▼娘のうち、姉をさすこともある。

ひめ-ごぜ【姫御前】 名詞 ❶貴人の娘をいう尊敬語。**お姫様。姫君。** ❷未婚の若い女性の尊敬語。◆「ひめごぜん」の変化した語。

ひめ-ごぜん【姫御前】 名詞「ひめごぜ」に同じ。

ひめ-こまつ【姫小松】 名詞 小さくて若々しい松。◆「ひめ」は接頭語。

ひめ-まうちぎみ【姫大夫】 名詞 内侍所に属す女官。行幸の折には馬に乗ってお供した。◆「ひめまへつぎみ」の変化した語。

ひめ-まつ【姫松】 名詞 小さく、若々しい松。特に、正月初子の日に子供たちが引いて遊ぶ、子の日の松にいうこともある。季春。◆「ひめ」は接頭語。

ひめ-みこ【姫御子】 名詞 **皇女。内親王。** 姫宮。対みこ(皇子・御子)。

ひめ-みや【姫宮】 名詞 **皇女。内親王。**

ひめもす【終日】 副詞「ひねもす」に同じ。宇治拾遺 鎌倉—説話 一五・六「中門の脇に、ひめもすにかがみゐたりつる」訳中門の脇に、一日じゅうかがんで座っていた。

ひ-も【氷面】 名詞 池などの、氷が張っている表面。◆和歌では「紐」とかけて用いることが多い。

ひ-も-すがら【終日】 副詞 **朝から晩まで。一日じゅう。** 寛保四年歳 江戸—句集 俳諧「古庭に鶯啼きぬひもすがら—蕪村」訳古庭にうぐいすが鳴いているよ、一日じゅう。

ひも-と・く*【紐解く】
一 自動詞 カ四 {か/き/く/く/け/け} ❶衣服の紐をほどく。特に、衣服の下紐をほどく。▼男女が共寝することにいう。万葉集 奈良—歌集 四四二六「草枕(=枕詞)旅行く夫なが丸寝せば家なる我は紐解かず寝む」訳旅行く夫が衣服を着たままごろねするならば家にいる私は紐を解かないで寝よう。❷つぼみが開く。ほころびる。源氏物語 平安—物語 若菜上「ひもときわたる花の木ども」訳(あたり一面に)つぼみがほころんでいる桜の花の木々。
二 他動詞 カ四 {か/き/く/く/け/け} (書物を)開く。また、そうして**読む。**▼書物の帙や巻物の紐をほどく意から。机の銘 江戸—俳文 俳文・芭蕉「静かなるときは書をひもといて」訳静かなときには書物を開いて。◆「繙く」とも書く。

参考 この言葉は、古く、男女が共寝の準備をすることにいった。が、一方、男女が共寝して別れるときに、互いに相手の下紐を結び合い、再び会うまでは解かないことを誓う習慣があったが、その禁を破って心変わりすることにもいう。

ひも-の-を【紐の緒】 連語 衣に付けたひも。下ひも。

ひもろき【神籬】 名詞 祭りのとき、神の宿る所として立てる、神聖な木。奈良時代以前には、神霊が宿るとされた老木・森などの周囲に常磐木を植え、玉垣をめぐらし、その地を神座とした。のちには、庭上・室内には四方に小柱を立て、しめ縄をめぐらし、中央に榊を立てるようにした。◆古くは「ひぼろぎ」。後世は「ひもろぎ」とも。

ひもろぎ【胙】 名詞 神に供える肉・餅・米などの供え物。

ひやう-ぐ【兵具】 名詞 戦いの道具。武器や武具。甲冑・刀・槍・弓矢などの類。

ひやうご-まげ【兵庫髷】 名詞 女性の髪型の一つ。髪をうなじの後ろに集めて結い、末端を巻いて上に突き出したもの。摂津の国の兵庫(兵庫県神戸市)の遊女が結い始め、江戸時代初期にはやった。

(兵庫髷)

ひやうご-れう【兵庫寮】 名詞「兵部省」に属し、兵庫(=武器を保管しておく倉庫)を管理し、出納や修理などを担当した役所。

びやう-ざ【病者】 名詞「びやうじや」に同じ。

ひやう-し【拍子】 名詞 ❶(音楽の)拍子。リズム。❷音楽・舞などに合わせ、はずみをつけるために打ち鳴らして取る拍子。❸神楽・催馬楽などで使う打楽器の一種。笏のような平たい板二枚を打ち合わせて音を出すもの。歌を歌う人が節回しの間に打って調子を取る。笏拍子。◆「はうし」とも。

ひやう-じ【兵士】 名詞 **兵士。**

びやう-じや【病者】 名詞 **病人。**「びゃうざ」「ばうざ」とも。

ひやう-ぢやう[1]【兵仗】 名詞 ❶**武器。**「随身」の持つ弓矢や太刀などの武器。徒然 鎌倉—随筆 一四六「おのれ、もしひやうぢやうの難やある」訳私は、ひょっとしたら武器によるわざわいがあるだろうか。❷武装した護衛兵。護衛の武官として朝廷から賜る「随身」「内舎人」をいう。平家物語 鎌倉—物語 一・殿上闇討「ひやうぢやうを賜りて宮中を出入するは」訳随身をいただいて宮中を出入りするのは。◆「へいぢやう」とも。

ひやう-ぢやう[2]【評定】 名詞/—す 自動詞 サ変 大勢の人が集まって相談し、決定すること。

ひやうぢやう-しゆう【評定衆】 名詞 鎌倉・室町幕府で、執権を補佐し、合議により司法・行政などの評決を行った職。

ひやうぢやう-しよ【評定所】 名詞 ❶「評定衆」が司法・行政の評定を行う役所。❷江戸幕府の最上級の裁判機関。老中や寺社・町・勘定の三奉行が合議で裁決した。

ひやう-でう【平調】 名詞 日本の音階「十二律」の一つ。第三音で、壱越より二律(=二音)高い。西洋音楽のホ音に相当する。また、その音を基音とする音階。

ひやう-と 副詞 ひょいと。**思いがけなく。突然。**「ひゃうど」とも。蜻蛉 平安—日記 中「ここにある人、ひやうと寄り来て言ふ」訳ここにいた人がひょいと寄って来て言う。

ひやう-ど 副詞 **ぴゅうっと。**▼矢が勢いよく飛ぶ音を表す。平家物語 鎌倉—物語 一一・嗣信最期「よっぴいてひやうど放つ」訳(弓を)十分に引きしぼってぴゅうっと射る。参照▼文脈の研究 ひやうど。

ひやう-はふ【兵法】 名詞 ❶**戦争のしかた。戦術。** ❷剣術・槍術などの武術。◆「へいはふ」とも。

ひやう-ぶ【兵部】 名詞「兵部省」の略。

びやう-ぶ【屏風】 名詞 室内に立て、装飾を兼ねて風を防ぎ、仕切りとする家具。表面は絵や書で飾る。移動させることができ、古くは衝立障子(ついたてしょうじ)のような一枚のものであったが、のちに二枚、四枚、または六枚をつなぎ、折り畳むような形になった。参照▶口絵

参考 屛風を絵や書で飾るところから、大和絵や仮名書道が大いに発達した。これに用いられるのが屛風絵であり屛風歌であるが、文芸の興隆にも一つの大きな力となっている。

ひやうぶ-きやう【兵部卿】(ヒヨウブキヤウ) 名詞 「兵部省(しゃう)」の長官。本来は正(しょう)四位の相当官であったが、のち、親王を任ずるのが例となり(兵部卿の宮)、さらには大・中納言や参議が兼ねることとなった。

ひやうぶ-しやう【兵部省】(ヒヨウブシヨウ) 名詞 律令制における「八省(はっしゃう)」の一つ。「太政官(だいじゃうくわん)」に属し、軍事一般と武官の人事とをつかさどった役所。「兵部」とも。

ひやう-ふっと(ヒヨウフッ(ト)) 副詞 ひゅうぶすっと。▼矢が飛んで行き、命中する音を表す。平家物語 鎌倉―物語 九・二度之懸「よっぴいてひやうふっと射る。」訳(弓を)十分に引きしぼってひゅうぶすっと射る。

ひやうらう-まい【兵糧米】(ヒヨウロウマイ) 名詞 戦地で軍隊が食糧とする米。また、それに当てるため諸国に割り当て強制的に取り立てた米穀。

ひやう-ゑ【兵衛】(ヒヨウエ) 名詞 ❶「兵衛府(ふ)」に属する兵士。衛士(えじ)。❷「兵衛府」の略。

ひやうゑ-の-かみ【兵衛の督】(ヒヨウエノカミ) 名詞 兵衛府の長官。左兵衛、右兵衛に各一名がいた。

ひやうゑ-の-すけ【兵衛の佐】(ヒヨウエノスケ) 名詞 兵衛府の次官。左兵衛、右兵衛に各一名と権官(ごんかん)がいた。

ひやうゑ-ふ【兵衛府】(ヒヨウエフ) 名詞 律令制における「六衛府(ろくゑふ)」の一つ。左右の二府がある。内裏(だいり)の警護、行幸・行啓のお供などをつかさどる役所。つわもののとねりのつかさ。

百韻(ひゃくいん) 文芸 連歌(れんが)や連句の形式の一つ。発句(ほっく)から挙句(あげく)までの一巻(ひとまき)が百句からなるもの。懐紙四枚を二つ折りにして書き記した。連歌の基本の形式で、俳諧(はいかい)でも貞門(ていもん)や談林では行われていたが、蕉風(しょうふう)以後は、三十六句からなる「歌仙(かせん)」の形式が普通になった。

ひやくがい-きうけう【百骸九竅】(ヒヤクガイキユウキヨウ) 名詞 人体。肉体。◆「百骸」は人体を構成するたくさんの骨、「九竅」は人体の九つの穴の意。

びやく-がう【白毫】(ビヤクゴウ) 名詞 仏教語。如来(にょらい)の三十二相の一つ。仏の眉間(みけん)にあって光明を放つという白い毛。

ひやくき-やぎやう【百鬼夜行】(ヒヤッキヤギヨウ) 名詞 夜中にさまざまな妖怪(ようかい)や化け物が列をなして出歩くこと。

びやく-ぐわつ【白月】(ビヤクガツ) 名詞 陰暦で月の一日から十五日までの間のこと。「びやくげつ」とも。

ひやく-くわん【百官】(ヒヤッカン) 名詞 多くの役人。

びやく-こ【白虎】(ビヤッコ) 名詞 「四神(しじん)」の一つ。西方の守護神で虎(とら)の姿をしている。参照▶口絵

びやく-さん【白散】 名詞 正月に酒に浸して飲む、山椒(さんしょう)、肉桂(にっけい)などを刻んだ粉薬。一年中の邪気を払い、寿命を延ばすとされた。

百首歌(ひゃくしゅうた) 文芸 和歌の題詠のとき、幾つかの題を定め、各題ごとに歌数を決めて合計して百首になるように詠む方式。一人あるいは数人で詠む。平安時代中期から鎌倉時代にかけて盛んに行われた。『小倉(おぐら)百人一首』はこの形にならったものである。「百首の歌」「百首和歌」「詠百首」とも。

ひやくしゅ-の-うた【百首の歌】 名詞 百首を一まとまりとして詠むこと。⇩百首歌(ひゃくしゅうた) 文芸

ひやく-だい【百代】 名詞 「はくたい」に同じ。

びやく-だん【白檀】 名詞 熱帯地方に産する木の名。材は黄白色で香気があり、仏像や器具などを作る。皮は香料・薬などにした。

びやく-ち【躄地】 名詞 ／―す 自動詞 サ変 地面に倒れて転げ回ること。「びやくぢ」とも。平家物語 鎌倉―物語 六・入道死去「悶絶(もんぜつ)びやくちして、つひにあつち死にぞし給(たま)ひける」訳苦しみもだえ地に倒れて転げ回って、

文脈の研究 ひやうど

この語は、『保元物語』、『平治物語』、『曾我物語』、『義経記』など戦記物語の合戦の場、弓を引く条の擬声語としてしばしば用いられている。「ひやうど射る」また「ひやうど放つ」「ひやうど放す」のかたちで用いられ、『平家物語』本文では、直前に「よっぴいて」を伴う慣用的な表現が多くみられ、このうち特に屋島の合戦の一こま、那須与一の扇の的の条は、引きしまった表現、また簡潔な文を連ねた印象深い文脈でよく知られている。

与一鏑(かぶら)をとってつがひ(鏑矢を取って弓につがえ)、よッぴいてひやうど(十分引きしぼってひゅうっと)はなつ(射放した)。小兵といふぢやう(小柄とはいうものの)十二束三伏、弓は強し、浦ひびく程長鳴りして(鏑矢は浦一体に響くほど長く鳴りわたって)、あやまたず扇の(あやまりなく扇)かなめぎは一寸ばかりおいて(のかなめの際から一すぐらい上を)、ひィふっとぞ射きッたる(ひふっと射切った)。鏑は海へ入りければ、扇は空へぞあがりける(鏑矢は海へはいると、扇は空へ舞い上がった)。しばしは虚空にひらめきけるが(しばらくは大空にひらひらひらめいたが)、春風に一もみ二もみもまれて、海へサッとぞ散ッたりける(海へさっと散ったのであった)。夕日のかかやいたるに(夕日が輝いているなかに)、みな紅の扇の(皆紅の扇が)日いだしたる(金の日輪を描いた)が、白浪のうへにただよひ、うきぬ(浮いたり)沈みぬゆられければ(沈んだりしてゆらゆら揺られていたので)、奥(おき)には、平家ふなばたをたたいて感じたり(感嘆した)。陸(くが)には、源氏箙(えびら)をたたいてどよめきけり(どよめいた)。

なお、「…ば、…」の文脈の解析は、参照▶「ば 接続助」。

ひ

とうとうはねるようにもだえ苦しんで死になさった。

百人一首 文芸 古今の代表的な歌人百人のすぐれた和歌を一首ずつ選び集めたもの。藤原定家が選んだとされる『小倉百人一首』が最も古く、また代表的なものとされ、ふつう百人一首といえば、これをさす。

ひゃくはち-ぼんなう【百八煩悩】 名詞 仏教語。百八種の煩悩。人間の迷いのもととなる煩悩のすべて。

ひゃく-ぶ【百歩】 名詞 百歩歩くほどの遠い距離。

ひゃくやく-の-ちゃう【百薬の長】 多くの薬の中で最もすぐれたもの。酒をほめたたえていう。徒然 鎌倉一随筆 一七五「ひゃくやくのちゃうとはいへど、万の病は酒よりこそ起これ」訳 百薬の長だというが、すべての病気は酒から起こるものだ。◆『漢書』食貨志の「酒百薬之長」による。

ひやひやと… 俳句 「ひやひやと 壁をふまへて 昼寝かな」笈日記 江戸一論 俳諧・芭蕉 訳 秋になっても相変わらず残暑が厳しく、なんとなくだるくて物憂いので、横になってひんやりとする壁に足の裏をつけながら、昼寝をすることである。

鑑賞 七月上旬、近江の国(滋賀県)大津にある木節亭での句。横になってすぐに寝入ったのではなく、物思いにふけっているようすがうかがえる。季語は「ひやひや」で、季は秋。

ひや-やか・なり【冷ややかなり】 形容動詞 ナリ {なら/なり・に/なり/なる/なれ/なれ} 冷え冷えとしている。いかにもつめたい。源氏物語 平安一物語 若菜上「風うち吹きたる夜のけはひひややかにて」訳 風が(寝所に)吹き込んでいる夜の空気は冷え冷えとしていて。◆「やか」は接尾語。

ひ・ゆ【冷ゆ】 自動詞 ヤ下二 {え/え/ゆ/ゆる/ゆれ/えよ} 冷たくなる。冷える。源氏物語 平安一物語 若菜上「こよなく久しかりつるに、身もひえにけるは」訳 ずい分長いこと待たされたので、身体も冷えてしまったのは。

日向 ヒュウガ ⇩日向

[1]**ヒョウ【平・兵・拍・評】** ⇩ひゃう

[2]**ヒョウ【表・漂】** ⇩へう

[1]**ビョウ【屏・病】** ⇩びゃう

[2]**ビョウ【苗・廟】** ⇩べう

ひょうど ⇩ひゃうど

ひょうはく【漂泊】 ⇩へうはく

評判記 文芸 江戸時代、遊女や役者などの容姿や技芸についての評判・批評を書き記した読み物。「遊女評判記」「役者評判記」など。

屏風歌 文芸 平安時代、屏風に描かれている絵に合わせて詠まれた、題詠的な和歌。その屏風に書き添えられ、絵やその歌を記した書とともに鑑賞された。屏風歌は、宮廷や上流貴族の社会の晴れの行事に用いられる屏風に書かれることが多く、紀貫之・紀友則・伊勢・源俊頼など、第一級の歌人がこれに携わった。

ひょう-りん【氷輪】 名詞 氷のように冷たく輝いている月。冷たくさえた月。

*__ひよく-の-とり【比翼の鳥】__ 連語 雌雄ともに目・翼が一つずつで、雌雄がいつも一体となって飛ぶという、中国の想像上の鳥。契りが深くて仲むつまじい男女をたとえていう。

参考 「連理の枝」とともに、白居易の詩『長恨歌』の一節「天に在らば、願はくは比翼の鳥と作り、地に在らば願はくは連理の枝と為らん」による。『長恨歌』は古くから人々に親しまれ、この一節に基づく表現も、『源氏物語』の中で帝に桐壺更衣への契りの言葉として「羽を並べ、枝を交はさむ」と言わせたのをはじめとして、しばしば用いられている。「比翼連理」も同様の表現。

ひよく-れんり【比翼連理】 名詞 比翼の鳥と連理の枝。男女の仲の深くむつまじいことのたとえ。

ひよ-ひよ 一 副詞 ぴよぴよ。▼鳥のひなの鳴く声を表す。枕草子 平安一随筆 うつくしきもの「ひよひよとかしがましう鳴きて」訳 (鶏のひなが)ぴよぴよとやかましく鳴いて。

二 名詞 ❶ひな。ひよこ。❷赤ん坊。❸赤ん坊の衣類。

ひ-より【日和】 名詞 ❶晴れて穏やかな空模様。好天。晴天。奥の細道 江戸一紀行 最上川「大石田という所でひよりを待つ」訳 大石田という所で(舟下りによい)好天を待つ。❷空模様。天気。一代男 江戸一物語 浮世・西鶴「伊豆の国よりひより見すまし」訳 伊豆の国から空模様をよくよく見て(船出して)。❸物事のなりゆき・事情・形勢。

[1]**ひら【枚・片・葉】** 名詞 紙や木の葉など、薄くて平らなもの。

[2]**ひら-【平】** 接頭語 ❶名詞に付いて、普通である、並であるの意を表す。「ひら宰相」「ひら侍」。❷「ひたすら」の意を表す。「ひら攻め」

[3]**-ひら【枚・片・葉】** 接尾語 …枚。▼薄く平たいものを数えるとき、数を表す語の下につける。「畳二ひら」「屏風の一ひら」

[4]**比良** 地名 歌枕 今の滋賀県滋賀郡志賀町の西に連なる山。琵琶湖の西岸。冬・春には、この山から琵琶湖に向けて激しい風(=比良の山風)が吹き下ろす。「山風」「雪」「霰」「凍る」などの語を詠み込んで、冬の景色としてうたわれることが多い。近江八景の一つ「比良の暮雪」でも有名。「比良の高嶺」「比良の山」とも。

ひら-あしだ【平足駄】 名詞 歯の低い足駄。日和下駄。

平泉 ヒライズミ 地名 今の岩手県にある北上川西岸の土地。平安時代末期から鎌倉時代初頭にかけて奥州藤原氏三代がこの土地に栄え、独自の文化を誇った。

びらう-げ【檳榔毛】 ビロウゲ 名詞 「檳榔毛の車」の略。「びりやうげ」とも。

*__びらうげ-の-くるま【檳榔毛の車】__ ビロウゲノクルマ 名詞 牛車の一種。さらして白くした檳榔(=木の名)の葉を細かく裂いて編んだもので、車体の上面・側面を覆った車。上皇・親王・大臣・公卿や、女官・高僧など位階の高い人が用いた。「びりやうげのくるま」とも。

参照▼口絵

平賀源内 人名 (一七二八～一七七九)江戸時代中期の本草学者・浄瑠璃作者。讃岐(香川県)の人。作家名は風来山人・福内鬼外。江戸に出て寒暖計・エレキテル(=摩擦発電機)・火浣布(=燃えない布)などを製作した。浄瑠璃『神霊矢口渡』、談義本『風流志道軒伝』、物品目録『物類品隲』などの著作がある。

ひら-かど【平門】 名詞 屋根の上を平らに造った門。「ひらもん」とも。

ひら-が・る【平がる】 自動詞 ラ四〔ら／り／る／る／れ／れ〕 **平べったくなる。平伏する。** 今昔物語 平安―説話 二四・七「『治すべからむやう仰せられよ』といひてひらがり臥す」訳「治療方法をお教えください」と言ってその場に平べったくなりうつぶした。

ひら・く【開く】

一 自動詞 カ下二〔け／け／く／くる／くれ／けよ〕 ❶閉じていたものが自然にあく。また、**咲く。** 源氏物語 平安―物語 賢木「それもがと今朝ひらけたる初花に劣らぬ君が匂ひをぞ見る」訳それがほしいと待たれて今朝咲いたゆりの最初の花にも負けないあなたの美しさを私は見る。❷**始まる。起こる。明ける。興る。** 古今 平安―歌集 仮名序「天地のひらけ始まりける時より」訳(和歌は)天と地がおこり始まった時から(よまれた)。❸**盛んになる。繁栄する。** 大鏡 平安―物語 後一条「入道殿の御栄花も何によりひらけ給ふぞ」訳入道殿下のご栄華も何が原因で盛んになられたのであろう。

二 自動詞 カ四〔か／き／く／く／け／け〕 ❶**あく。広がる。ひらく。ひらける。** 奥の細道 江戸―紀行 出羽三山「三尺ばかりなる桜の、つぼみ半ばひらけるあり」訳三尺ほどの桜で、つぼみが半分ひらいているのがある。❷**逃げる。退散する。帰る。終える。**▼これらの語を不吉とし、代わりに使う。太平記 室町―物語 一五「ただまづ筑紫へ御ひらき候へかし」訳さしあたってはまず筑紫の国へお逃げください。

三 他動詞 カ四〔か／き／く／く／け／け〕 ❶**あける。ひらく。あけ広げる。** 枕草子 平安―随筆 頭の弁の、職にまゐり給ひて「孟嘗君のにはとりは、函谷関をひらきて」訳孟嘗君のにわとりは、函谷関(という関所の扉)を開いて。❷**明らかにする。解き明かす。** 太平記 室町―物語 二五「不審をひらかんために尋ね申しつるなり」訳疑問を明らかにするためにお尋ね申し上げたのだ。❸**盛んにする。繁栄させる。** 平治物語 鎌倉―物語 下「一生の春の風にひらき」訳(唐の太宗は仏教興隆の功徳により)生涯を春風のごとく繁栄させ。

ひら-せ【平瀬】 名詞 川の流れがゆるやかで波の立たない浅い所。

平田篤胤 人名 (一七七六～一八四三)江戸時代後期の国学者。号は気吹舎。出羽(秋田県)の人。本居宣長没後の門人を称し、古典研究から平田神道を形成、王政復古を説いた。神代文字存在説をたてて『神字日文伝』を書いた。国学書に『古史徴』や『古史伝』などがある。

ひら・なり【平なり】 形容動詞 ナリ〔なら／なり・に／なり／なる／なれ／なれ〕 **平らだ。** 枕草子 平安―随筆 故殿の御服のころ「屋のさま、いとひらに短く、瓦ぶきにて」訳屋根のようすは、たいそう平らで低く、瓦ぶきで。

ひら-に【平に】 副詞 ❶**平穏に。無事に。やすやすと。** 盛衰記 鎌倉―物語 三五「直実だにもひらに渡り着く事難かるべし」訳直実でさえも無事に(宇治川を)渡り(対岸に)着くことはむずかしいだろう。❷**ひたすら。しきりに。** 平家物語 鎌倉―物語 一・鹿谷「新大納言成親の卿もひらに申されけり」訳新大納言成親卿も(欠員の左大将の職を)ひたすら(ご所望)申し上げなさった。❸**ぜひとも。なにとぞ。** 松風 室町―能楽 謡曲「ひらに一夜を明かさせて」訳なにとぞ一夜を過ごさせて。

ひら-ばり【平張り】 名詞 幕の天井を平らに張って日光・雨・雪などを防ぐ仮屋。

ひら・む【平む】

一 自動詞 マ四〔ま／み／む／む／め／め〕 ❶**平たくなる。** 竹取物語 平安―物語 燕の子安貝「手をささげて探り給ふに、手にひらめる物さはる時に」訳手を上に伸ばしてお探りになると、手に平たくなっている物がさわるときに。❷**体を平らに伏せる。ひれ伏す。** 今昔物語 平安―説話 二七・三一「目の上に捧げてひらみて階の下に寄り来たりて」訳(文挟みを)目の上に捧げてひれ伏して階下に寄ってきて。

二 他動詞 マ下二〔め／め／む／むる／むれ／めよ〕 **平たくする。平らに伏せる。** 徒然 鎌倉―随筆 五三「鼻を押しひらめて顔をさし入れて」訳鼻を押しつけ平らにして(足鼎の中に)顔をさし込んで。

ひら-め・く【閃く】 自動詞 カ四〔か／き／く／く／け／け〕 ❶**ぴかっと光る。きらめく。** 竹取物語 平安―物語 竜の頸の玉「神は落ちかかるやうにひらめく」訳雷は上方から襲いかかるようにぴかっと光る。❷**ひらひらと揺れ動く。翻る。** 平家物語 鎌倉―物語 一一・勝浦付大坂越「渚に赤旗少々ひらめいたり」訳渚に赤旗が少々ひるがえっている。◆「めく」は接尾語。

ひら-を【平緒】 名詞 **平打ちの組み紐。** 束帯のときに太刀を帯びる緒として使った。のち、飾りとなり、束帯のときに腰に巻いて袴の前に垂らした。参照▼口絵

（平　緒）

ひり・ふ【拾ふ】 他動詞 ハ四〔は／ひ／ふ／ふ／へ／へ〕 **拾う。** ◆奈良時代以前の語。

びりやう-げ【檳榔毛】 名詞 「びらうげ」に同じ。

ひりゆう【拾う】 ⇩ひりふ

ひる[1]**【蒜・葫】** 名詞 のびる・にんにくなど、臭気の強い野菜。薬用・食用とする。

ひる[2]**【干る・乾る】** 自動詞 ハ上一〔ひ／ひ／ひる／ひる／ひれ／ひよ〕 ❶**かわく。** 蜻蛉 平安―日記 上「消えかへり露もまだひぬ袖の上に」訳消え入るような(悲しい思いで夜を明かし)涙の露もまだかわかない袖の上に。❷(潮が)**引く。** 万葉集 奈良―歌集 二七一「桜田へ鶴鳴き渡る年魚市潟潮ひにけらし」訳⇩さくらだへ…。

注意 奈良時代以前の上二段動詞「ふ(干)」が上一段活用に変化したもの。ハ行の上一段動詞は「干る」「嚔る」「簸る(＝穀物のまじり物をとるために箕であおる)」の三語だけ。

ひ・る[3]**【放る・痢る】** 他動詞 ラ四〔ら／り／る／る／れ／れ〕 **体外に出す。排泄する。垂れる。** 今昔物語 平安―説話 二八・五「着る物をも解きあへずくそひり懸くる者もあり」訳着物を脱ぐ間もなく下痢便を垂れかける者もある。

ひる[4]**【嚔る】** 他動詞 ハ上一〔ひ／ひ／ひる／ひる／ひれ／ひよ〕 (「鼻をひる」の形で)**くしゃみをする。** 枕草子 平安―随筆 宮にはじめてまゐ

りたるころ「鼻をいと高うひたれば、『あな、心憂う』」訳たいそう大きな音でくしゃみをしたので、(中宮は)「まあ、いやなこと」。参考 くしゃみをするのは、良くない事が起こる前ぶれとか、恋人が訪れる前ぶれなどといわれていた。奈良時代以前の上二段動詞「ふ(嚔)」の上一段化。⇩はなひる

ひる[5]**【簸る】** 他動詞 ハ上一〔ひ/ひ/ひる/ひる/ひれ/ひよ〕(穀物に混じるくずやごみを取り除くために)**箕でふるいわける。** 著聞集 鎌倉―説話 五二〇「ぬかのみ多く候へば、それをひさせむとて」訳(米の間に)ぬかばかり多くありますので、それを箕でふるいわけさせようとして。

ひるがへ・す【翻す】 他動詞 サ四〔さ/し/す/す/せ/せ〕❶**ひらひらさせる。** 平家物語 鎌倉―物語 一・俊寛沙汰鵜川軍「露ふきむすぶ秋風は、射向けの袖をひるがへし」訳吹いて露の玉をつくる秋風は、鎧の左袖をひらひらさせ。❷(態度や考えを)**急に変える。急いで改める。** 平家物語 鎌倉―物語 七・返牒「すべからく平家値遇の儀をひるがへして、源氏合力の心に住すべきよし」訳当然、今までの平家との友好関係を急いで改めて、源氏に味方する気持ちに定まるはずである旨。

ひる-がれひ【昼餉】 名詞 昼の食事。昼食。

ひる-げ【昼食・昼餉】 名詞 **昼食。昼飯。**

びるしゃな-ぶつ【毘盧遮那仏】 名詞 仏教語。『華厳経』の本尊。その光明はすべての真理を照らし出し、広く世界に及ぶという。密教では大日如来のこととする。「毘盧遮那」「盧遮那仏」とも。

ひる-たうば【昼当飯】 名詞 旅中または外出先で食べる昼食。

ひる-つ-かた***【昼つ方】** 名詞 **昼のころ。昼ごろ。** 蜻蛉 平安―日記 中「ある日のひるつかた」訳ある日の昼ごろ。◆「つ」は「の」の意の奈良時代以前の格助詞。

ひる-の-おまし【昼の御座】 名詞 「ひのおまし」に同じ。

ひる・む【怯む】 自動詞 マ四〔ま/み/む/む/め/め〕**気力が弱る。なえる。おじけづく。** 平家物語 鎌倉―物語 五・文覚被流「うたれてちっとひるむところに」訳(腕を)打たれてちょっと気力が弱るところに。

ひれ***【領巾・肩巾】** 名詞 首から両の肩に掛けて左右に垂らす、細長くて薄い、白い絹布。古代から魔よけなどの力をもつと信じられ、祭儀のときの服飾にも使われ、男女ともに用いた。平安時代からは女性のみの装飾品となり、礼服・朝服として用いられた。参照▶口絵

ひろ【尋】 名詞 **両手を左右に伸ばし広げた長さ。** 源氏物語 平安―物語 総角「心もて、ひろばかりの隔てにても、対面しつるとや」訳(私に)その気があって、両手を広げた長さほどの隔てがあったにしても、(薫と)お会いしたのだと。

ひ-ろう【披露】 名詞/―す 他動詞 サ変 ❶公表すること。言い広めること。ふれまわること。平家物語 鎌倉―物語 二・烽火之沙汰「『我を我と思はん者共は、皆物の具して馳せ参れ』とひろうせよ」訳「自分を大切に思って忠義を尽くしてくれる者どもは、みな武装して急いで駆けつけよ」とふれまわれ。❷文書などを開いて見せること。

び-ろう【尾籠】 名詞 ❶礼を失すること。無作法なこと。**失礼。無礼。** ❷**きたならしいこと。汚らわしいこと。** 浮世風呂 江戸―物語 滑稽「食べるとびろうながら、吐きまする」訳食べるときたならしいことですが、吐きます。◆「をこ」の当て字「尾籠」を音読した語。

び-ろう・なり【尾籠なり】 形容動詞 ナリ〔なら/なり・に/なり/なる/なれ/なれ〕❶**無礼だ。失礼だ。** 平家物語 鎌倉―物語 一・殿下乗合「殿の御出に参り会ひて、乗り物よりおり候はぬこそびろうに候へ」訳殿(=摂政基房)のお出ましにお会い申し上げて、乗り物からおりませんのは無礼でございます。❷**見苦しくて、恥ずかしいことだ。** 平治物語 鎌倉―物語 中「びろうにて候へども、馬ねぶりをつかまつりて」訳恥ずかしいことでございますが、馬上での居眠りをいたしまして。❸**きたならしいことだ。**

ひろ・ぐ【広ぐ】 他動詞 ガ下二〔げ/げ/ぐ/ぐる/ぐれ/げよ〕❶**広げる。** 竹取物語 平安―物語 ふじの山「薬の壺に御文添へ、参らす。ひろげて御覧じて」訳薬の壺に(かぐや姫の)お手紙を添えて(帝に)献上する。(帝は)広げてご覧になって。❷(「門ひろぐ」の形で)(一族を)**繁栄させる。** 源氏物語 平安―物語 薄雲「なほ、この門ひろげさせ給ひて」訳やはり、この(源氏の)一族を繁栄させなさって。

ひろ-ご・る【広ごる】 自動詞 ラ四〔ら/り/る/る/れ/れ〕❶**広くなる。広がる。広まる。** 枕草子 平安―随筆 七月ばかりいみじうあつければ「朴に紫の紙はりたる扇、ひろごりながらある」訳朴(の骨)に紫の紙をはった扇が、広がったままである。❷**繁る。繁栄する。** 源氏物語 平安―物語 柏木「ひとむら薄も頼もしげにひろごりて」訳一むらのすすきも(虫が住むのに)頼りになりそうに繁って。◆「ひろがる」の古形。

ひろ・し***【広し】** 形容詞 ク〔(く)・から/く・かり/し/き・かる/けれ/かれ〕❶**広い。広々としている。広大だ。** ❷**行き渡っている。** 古今 平安―歌集 仮名序「ひろき御恵みの陰」訳(今上天皇の)行き渡っているご恩恵の陰は。❸**心が広い。寛大である。ものにこだわらない。** 源氏物語 平安―物語 梅枝「古き跡は定まれるやうにはあれど、ひろき心ゆたかならず」訳古人の筆跡は(筆法が)きまっていたようではあるけれども、ものにこだわらない(自由な)気持ちが十分でなく。❹**多い。大勢である。栄えている。** 竹取物語 平安―物語 火鼠の皮衣「宝豊かに、家ひろき人にぞおはしける」訳(右大臣は)財産が豊かで、一門が栄えている人でいらっしゃった。

ひろ-びさし【広廂】 名詞 「ひさし(廂)❶」に同じ。

ひろ-びろ-と【広広と】 副詞 たいへん広く感じられるようす。更級 平安―日記 梅の立枝「ひろびろと荒れたる所の、過ぎ来つる山々にも劣らず」訳(家は)たいへん広く感じられる荒れたところで、これまで越えてきた山々にも劣らない(ほどの木の茂り方で)。

ひろ・ふ【拾ふ】 他動詞 ハ四〔は/ひ/ふ/ふ/へ/へ〕❶落ちているものを取り上げる。**拾う。** ❷**自分の物とする。** 古今 平安―歌集 恋四「今はとて返す言の葉ひろひおきて」訳もうこれまでといって(あなたが)返す手紙を自分の物として。❸**徒歩で行く。歩く。** ▼ぬかるみでない所を拾って(=選んで)歩く意から。反魂香 江戸―浄瑠 浄瑠・近松「こちはこれから腰元連れてひろうて戻る」訳私はこれから腰元を連れて歩いて戻る。

ひろ-まへ【広前】 名詞 神仏の前の尊敬語。**御前。**

ひろ・む【広む・弘む】 他動詞 マ下二〔め/め/む/むる/むれ/めよ〕**広め**

る。**広く知らせる。行き渡らせる。** 源氏物語 平安―物語 絵合「人の朝廷にも、わが国にも、ありがたき才のほどをひろめ」訳中国の朝廷にも、わが国にも、（『宇津保物語』の俊蔭は）類まれな（琴の）才能の程度（の高さ）を広く知らせ。

ひろ-め・く[1] 自動詞 カ四 {か／き／く／く／け／け} ❶**あちこち動き回る。** 枕草子 平安―随筆 にくきもの「居ゐも定まらずひろめきて」訳居ずまいもきちんとしないであちこち動き回って。❷**のたうち回る。** 著聞集 鎌倉―説話 六九九「蛇くちなはは出いでて、びりびりとひろめきて」訳蛇は（鼠の穴から）出て、ぶるぶる体を震わせのたうち回って。◆「めく」は接尾語。

ひろ-め・く[2]【閃く】自動詞 カ四 {か／き／く／く／け／け}「ひらめく」に同じ。日本書紀 奈良―史書 雄略「その雷光りひろめきて」訳その（大蛇は）雷のような音をたて光がぴかっと光って。

ひろ-らか・なり【広らかなり】形容動詞 ナリ {なら／なり・に／なり／なる／なれ／なれ} **広くて、ゆったりしている。** 今鏡 平安―物語 すべらぎ下「いづこもひろらかにて」訳（宮中の御殿は）どこも広くて、ゆったりしていて。

びわ【琵琶】⇩びは

ひ-わか・し【ひ若し】形容詞 ク {(く)・から／く・かり／し／き・かる／けれ／かれ} **若々しい。** 栄花物語 平安―物語 本の雫「らうたき声どものひわかく細くうつくしげに」訳弱々しくいじらしい声々が若々しく細くかわいらしげに。◆「ひ」は接頭語。

ひわだ【檜皮】⇩ひはだ

琵琶法師 文芸 琵琶を背負って各地を放浪し、それを伴奏に語り物を語ったり歌謡を歌ったりするのを業とした、盲目の法師。平安時代末期にはすでに存在しており、鎌倉時代中期以後は、もっぱら『平家物語』の語りである「平曲」を語った。

ひ-わりご【檜破籠・檜破子】名詞 ひのきの薄板で作った上等な「わりご」。

ひ-わ・る【干割る】自動詞 ラ下二 {れ／れ／る／るる／るれ／れよ}（乾燥して）**裂け目ができる。ひびが入る。** 源氏物語 平安―物語 真木柱「柱のひわれたるはさまに」訳柱に裂け目ができている（その）すきまに。

ひ-ゐ【非違】名詞「検非違使」の略。

ひ-を【氷魚】名詞 鮎の稚魚。体が半透明なことからの名。琵琶湖や宇治川に多く産し、秋から冬にかけてとれる。朝廷に献上された。ひうお。季冬。

ひ-をけ[*]【火桶】名詞 木製の丸火鉢。胴の表面に漆を塗って蒔絵を施したものもある。季冬。参照▶口絵

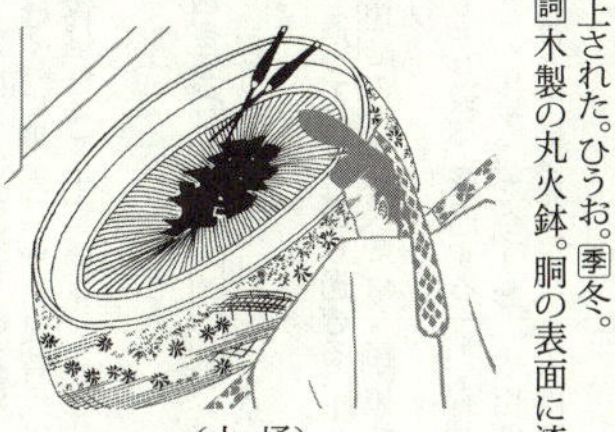

（火 桶）

ひ-をどし【緋縅・火縅】名詞 鎧の縅しの一つ。緋色（＝燃えるような赤色）の革や組糸を用いたもの。紅縅。

ひ-を-と・る【日を取る】連語 **日を選ぶ。日程を定める。** 宇治拾遺 鎌倉―説話 九・八「長者よろこびて、聟にとらんとて、ひをとりて契りてけり」訳長者はよろこんで、婿を迎えようとして、日を選んで約束したのだった。

ひを-むし【蜉】名詞 虫の名。朝に生まれて夕方には死ぬといい、はかないものをたとえることもある。かげろうの類か。

ひ-をり【引折・日折】名詞 内裏の馬場で競馬・騎射をすること。陰暦五月五日に左近衛府の舎人が、六日には右近衛府の舎人が行った。

びん[1]【便】名詞 **便宜。都合。たより。** 徒然 鎌倉―随筆 二三八「びんよくは、言葉などかけんものぞ」訳都合よくいったら、言葉などかけてみるものだぞ。

びん[2]【鬢】名詞 頭の左右、耳の上にある髪。

びん-あ・し【便悪し】形容詞 シク {(しく)・しから／しく・しかり／し／しき・しかる／しけれ／しかれ} **都合が悪い。条件が悪い。不便だ。** 徒然 鎌倉―随筆 三〇「びんあしく狭き所にあまたあひゐて」訳不便で狭い所に大勢一緒にいて。対便良し。

ひんがし【東】名詞「ひむがし」の変化した語。

ひんがし-おもて【東面】名詞「ひむがしおもて」に同じ。

ひんがし-の-たい【東の対】名詞「ひがしのたい」に同じ。

びん-ぎ[*]【便宜】名詞 ❶都合がよいこと。**好都合。** 今昔物語 平安―説話 二〇・三五「国の内に居たるは、極めたるびんぎなり」訳（これほどの僧が）国の中に居たのは、たいへん好都合である。❷**よい機会。よいついで。** 落窪物語 平安―物語 一「なほびんぎあらば告げられよ」訳やはり（姫君を連れ出す）よい機会があるならば知らせてください。❸**手紙。たより。** 歌念仏 江戸―浄瑠 浄瑠・近松「それより、びんぎ・おとづれの声も聞かねば顔を見ず」訳それからは、手紙や訪れの、声も聞かないので（夫の）顔を見ない。

びん-ぐき【鬢茎】名詞 結い上げた鬢の毛筋。

備後 地名 旧国名。山陽道八か国の一つ。今の広島県の東部。古くは吉備の国の一部。備州。参照▶資料21

びん-づら【鬢頬】名詞 少年の髪型の一つ。髪を頭の中央から左右に分けて、それぞれ両耳の辺りで輪の形に束ねたもの。「びづら」とも。

びん-な・し【便無し】

形容詞 ク {(く)・から／く・かり／し／き・かる／けれ／かれ}

語義の扉

便宜・都合の意味の「便」に「無し」が付いて一語化した語で、「不便だ・都合が悪い」の意で客観的、状況的判断を表す場合（❶）と、それに伴って起こる主観的な立場からの「よくない感じ」を表す場合（❷❸）とがある。

- ❶**都合が悪い。具合が悪い。**
- ❷**感心できない。けしからぬ。**
- ❸**かわいそうだ。いたわしい。**

❶**都合が悪い。具合が悪い。** 枕草子 平安―随筆 びんなきところにて「びんなきところにて、人にものを言ひけるに、胸のいみじう走りけるを、『など、かくある』と言ひける人に、「逢坂は胸のみつねに走り井の見つくる人やあ

らんと思へば」訳具合の悪いところで、男と語り合っていたときに胸がとてもざわつくのを、「なぜ、そうなのか」と言う男に、「(逢坂の関にある走井の清水にかけて)(あなたに)逢うときは胸がいつもざわつくのです、見つける人がありはしないかと」。❷感心できない。けしからぬ。大鏡 平安―物語 時平「左の大臣の一の人といひながら、美麗ことのほかにて参れる、びんなきことなり」訳左大臣が、最高の身分であるからといって、ことのほか華美な衣服で参内したのは感心できないことだ。❸かわいそうだ。いたわしい。風俗文選 江戸―句集 俳文「きのふの価、返しくれたびてんやと侘ぶ。いとびんなければ、許しやりぬ」訳昨日の代金を返してくださらないだろうかと困っている。とてもかわいそうなので、許してやった。

関連語 同便悪し／同不便なり／対便良し。

びん-よ・し【便良し】 形容詞ク｛(く)・から／く・かり／し／き・かる／けれ／かれ｝**都合がよい。条件がよい。** 徒然 鎌倉―随筆 五四「双の岡のびんよき所に埋みおきて」訳双の岡(=京都の北部の地名)の都合のよい所に埋めておいて。対便悪し。

ふ[1]**【生】** 名詞 (草木が)繁茂している場所。(草木が)一面にある場所。「浅茅ふ」「蓬ふ」。

参考 接尾語的に用いる例が多く、平安時代中期以後は「ウ」と発音された例も多い。

ふ[2]**【府】** 名詞 ❶**役所。**「近衛府」「国府」など。❷国府の役所の所在地。❸江戸のこと。▼江戸時代、幕府があることから。「在ふ」

ふ[3]**【封】** 名詞 与えられた領地。

ふ[4]**【符】** 名詞 ❶上級官庁から所管の役所に伝える公文書。❷**守り札。護符。**

ふ[5]**【傅】** 名詞 律令制で「東宮坊」の役人。皇太子を補導する役で、多く大臣が兼任した。◆「傅」のもとの意は「かしずく」「つきそう」。

ふ[6]**【干・乾】** 自動詞ハ上二｛ひ／ひ／ふ／ふる／ふれ／ひよ｝❶**かわく。** 万葉集 奈良―歌集 七九八「わが泣く涙いまだひなくに」訳私の泣く涙はまだかわかないのに。❷(潮が)**引く。** 万葉集 奈良―歌集 三七一〇「潮ひなばまたもわれ来む」訳潮が引いたならば、また私はやって来よう。◆奈良時代以前の語。平安時代以後は「ひる」と上一段化。

ふ[7]**【経】** 自動詞ハ下二｛へ／へ／ふ／ふる／ふれ／へよ｝

❶**時がたつ。年月が過ぎる。** 伊勢物語 平安―物語 八三「日ごろへて、宮に帰り給うけり」訳数日たって、京の御殿にお帰りになった。

❷(ある場所を)**通る。通って行く。通り過ぎる。** 土佐日記 平安―日記 二・一「黒崎の松原をへて行く」訳黒崎の松原を通り過ぎて行く。

❸(ある過程・段階などを)**通る。経過する。** 平家物語 鎌倉―物語 三・大臣流罪「大中納言をへずして、大臣関白になり給ふ」訳大納言と中納言を経ないで大臣関白におなりになる。

ふ[8]**【綜】** 他動詞ハ下二｛へ／へ／ふ／ふる／ふれ／へよ｝**縦糸を引き伸ばして織機にかける。** 古今 平安―歌集 物名「ささがにの花にも葉にも糸をみなへし」訳蜘蛛が花にも葉にも一面に糸をかけた。

ふ[9] 助動詞 四型

《接続》四段動詞の未然形に付く。

未然形	連用形	終止形	連体形	已然形	命令形
は	ひ	ふ	ふ	へ	へ

❶〔反復〕**繰り返し…する。何度も…する。** 万葉集 奈良―歌集 八九二「糟湯酒うちすすろひてしはぶかひ」訳⇩かぜまじり…。

❷〔継続〕…**し続ける。ずっと…している。** 万葉集 奈良―歌集 一八「三輪山をしかも隠すか雲だにも心あらなも隠さふべしや」訳⇩みわやまを…。◆奈良時代以前の語。

語法 **上に付く動詞の音変化** 「ふ」が付くと、「ふ」の上のア段の音がオ段の音に変化することがある。❶の用例の「うちすすろふ」は「すすらふ」の「ら」が変化したもので、一語化したハ行四段活用動詞として扱うのが適切。類例は「うつろふ」「つづしろふ」など。

歴史スコープ **変遷** この「ふ」が助動詞としてさまざまの動詞に接続して生きた用法を見せたのは奈良時代以前であり、平安時代になると「語らふ」「住まふ」「慣らふ」「交じらふ」「守らふ」「呼ばふ」「向かふ」など、特定の動詞に接続したものが化石的に残るだけとなった。この場合には、独立した二語の接続(=動詞＋助動詞)ではなく、接尾辞(接尾語)の「ふ」とみなしたり、また、それぞれ一語化したハ行四段活用動詞の活用語尾として扱うことができる。また、「語らふ」「住まふ」などは、「語らう」「住まう」というワ行五段活用動詞として現代語にも受け継がれており、このうち特に「住まう」の語などが「住む」の語とは異なる永続性を含意するのは、「ふ」の原義(右の❶❷)の中の「継続」の性格を保存したものと考えられる。「たたかふ(戦・闘)」の語源も「たたか(カ行四段活用動詞「たたく」の未然形)＋ふ」と考えられる。

-ふ[10] 接尾語 四 助動詞「ふ」が接尾語化したもの。主として

四段活用の動詞の未然形に付いて、反復継続を表す。⇩ふ(助動詞)

ぶ[1]【分】名詞 **程度。割合。** 弓張月 江戸‐物語 読本「力すでに衰へては、弓もまたぶを減ぜしが」訳(為朝は)力がすでに衰え(た今となっ)ては、弓もまた(張りの強さの)程度を低くしたが。

ぶ[2]【夫】名詞 公の土木事業などのために一般民衆を強制的に働かせること。また、その人夫。「夫役」とも。

ぶ[3]【武】名詞 ❶強いこと。勇ましいこと。**武勇。** 徒然 鎌倉‐随筆 八〇「生けらんほどは、ぶに誇るべからず」訳生きている間は、(人は)武勇を誇ってはいけない。❷**武芸。軍事。兵法。武力。** 徒然 鎌倉‐随筆 一二二「文・ぶ・医の道、まことに欠けてはあるべからず」訳学問・武芸・医術の道は、本当に欠けてはならないものである。

ぶ[4]【歩】名詞 **歩合。利回り。**

‐ぶ[5] 接尾語 上二名詞・形容詞の語幹に付いて、そのような状態になる、そのように振る舞うの意を表す。「翁ぶ」「荒ぶ」

‐ぶ[6]【分】接尾語 ❶全体の数量を幾つかに等分することを表す。大鏡 平安‐物語 時平「四ぶ一の家」訳(一町の)四分の一の家。❷十等分したものの割合を表す単位。世間胸算用 江戸‐物語 浮世・西鶴「四ぶ払ひ」訳四割払い。❸長さの単位。寸の十分の一。一分は約三ミリメートル。❹重さの単位。匁の十分の一。一分は約〇・三七五グラム。❺金銀貨の単位。両の四分の一。

‐ぶ[7]【歩】接尾語 ❶長さの単位。一般に、一歩は曲尺の六尺。❷土地の面積の単位。一般に、一歩は曲尺の六尺四方で、一坪とも表す。

◇「歩」とも書く。

ぶ‐あい【不愛・無愛】名詞 ❶不都合なこと。❷愛想のないこと。

ぶ‐あい・なり【不愛なり・無愛なり】形容動詞 ナリ〔なら／なり・に／なり／なる／なれ／なれ〕❶**不都合だ。** 今昔物語 平安‐説話 二三・一六「ここの殿人にも非ぬ者の宵・暁に殿の内より出で入りする、極めてぶあいなり」訳この屋敷の人間でもない者が、朝晩我が者顔で屋敷の中を出入りするのは、まことに不都合だ。❷**無愛想だ。**

ぶ‐あんない【無案内・不案内】名詞 物事や土地の事情などを心得ないこと。

ぶ‐あんない・なり【無案内なり・不案内なり】形容動詞 ナリ〔なら／なり・に／なり／なる／なれ／なれ〕(ようすや事情などが)**わからない。** 平家物語 鎌倉‐物語 七・願書「敵は案内者、我等はぶあんないなり」訳敵は地勢に詳しい者、味方はようすがわからない。

ぶい‐ぶい

一 副詞 **ぶつぶつ。ぶうぶう。** ▼うるさく言い立てるようすを表す。浮世風呂 江戸‐物語 滑稽「常にぶいぶい地口をいふ人も」訳いつもぶつぶつ駄洒落を言う人も。

二 名詞 **やかましく言い立てるやつ。** ▼ののしっていう。

ふう【風】名詞 ❶**風。** ❷**ならわし。風俗。習慣。** 神皇正統記 南北‐史書 嵯峨「ふうを移し俗を変ふるには、楽よりよきはなし」訳(民間の悪い)風習を教化し、卑俗を変えるのには、音楽より良いものはない。❸**外から見たようす。姿。風体。** 筑波問答 室町‐論「すべて時に随ひてふうの移り変はれば」訳(連歌は)すべて時にしたがって、風体が移り変わってゆくので。❹漢詩の「六義」の一つ。あるものにことよせて思いを述べる民謡風の詩。また、六義になぞらえた和歌の六義の一つ。『古今和歌集』仮名序では「そへ歌」を当てる。

ふう‐うん【風雲】名詞 ❶風と雲。また、転じて、自然の風物。**大自然。** 奥の細道 江戸‐紀行 松島「ふううんの中に旅寝するこそ、あやしきまで妙なる心地はせらるれ」訳大自然の風光の中で旅寝をするのは、(私にとって)不思議なほどすばらしい気持ちがするのであった。❷(風や雲のように)**さまよい歩く旅。** 幻住庵記 江戸‐俳文 俳文・芭蕉「たどりなきふううんに身を責め」訳あてどない(風や雲のように)さまよい歩く旅に身を苦しめて。

ふう‐うん‐の‐おもひ【風雲の思ひ】(フウウンノオモイ) 連語 (竜が風雲に乗って天地の間を飛び回るように)英雄や才子が時流に乗って出世しようとする望み。**風雲の志。**

ふう‐うん‐の‐たより【風雲の便り】連語 自然に親しむ手立て。自然の美を愛する機会。

ふう‐が【風雅】名詞 ❶**芸術。文芸・詩歌の道。** 笈の小文 江戸‐紀行 俳文・芭蕉「しかもふうがにおけるもの、造化にしたがひて四時を友とす」訳しかも芸術というものは、天地自然にしたがって四季を友とする。❷**俳諧の道。** 去来抄 江戸‐論 先師評「汝は去来、ともにふうがを語るべきものなり」訳去来よ、お前はともに俳諧を語るにふさわしい者だ。◇特に芭蕉一門でいう。

参考 もと漢詩の『六義』の中の「風(＝諸国の民謡風の詩)」と「雅(＝宮廷の儀礼的な詩)」をさしたが、次第に芸術的な文芸の意味を持つようになった。

風雅の誠 文芸 蕉風俳諧の根本理念の一つ。私心を捨てて大自然と一体となった、永遠不変の境地のこと。「不易流行」の根底にあって、それを生み出すもとになっているとされる。松尾芭蕉が提唱したものを、弟子の服部土芳が俳論書『三冊子』に詳しく伝えている。⇩不易流行

風雅和歌集(フウガワカシュウ) 書名 十七番目の勅撰集。光厳上皇ほか撰。室町時代前期(一三四九ころ)成立。二十巻。〔内容〕花園院の監修で二千二百十一首を収録。和漢両序があり、京極派の哀愁を漂わせた清新な和歌が多い。代表作家は永福門院・伏見院・京極為兼・花園院など。

ふう‐き【富貴】名詞／―す 自動詞 サ変 富もあり身分も高いこと。「ふっき」とも。

ふう‐ぎ【風儀】名詞 ❶**容姿。姿かたち。ようす。** 本朝文粋 平安‐漢詩 一四「ふうぎを変へて俗累をのがれ」訳(立派な)容姿を変えて俗世間の煩わしさをのがれ。❷**風習。ならわし。しきたり。** 沙石 鎌倉‐説話 三「学と行と違ひたる事、一国のふうぎ久しくなれるにや」訳(戒法が日本に伝えられて、今)学(＝戒法)と行(＝規律にかなった立ち居振る舞い)とが一致しないことは、日本でのしきたりが長い時間を経たからなのだろうか。❸能楽で、表現様式。風体。

ふう‐き・なり【富貴なり】形容動詞 ナリ〔なら／なり・に／なり／なる／なれ／なれ〕**裕富で身分が高い。** 日本永代蔵 江戸‐物語 浮世・西鶴「この藤市、…一代のうちにかく手前ふうきになりぬ」訳この藤市は、…一代のうちにこのよ

うに生活は、富も身分も高くなった。

ふう-きやう【風狂】名詞 風流・風雅に徹すること。

ふう-くゎう【風光】名詞 **美しい景色。すばらしい風景。**

ふう-げつ【風月】名詞 ❶**清風と明月。**▼心を慰める自然の風物を代表するものとしていう。❷自然の風物に親しんで風流を楽しむこと。❸詩歌や文章を作ること。また、その才能。徒然 鎌倉―随筆 八六「惟継の中納言はふうげつの才に富める人なり」訳平惟継中納言は詩歌や文章を作ることの才能に恵まれた人である。◆「ふげつ」とも。

ふう-さう【風騒】名詞 詩文を作り楽しむこと。**風流。風雅。**▼「風」は『詩経』の国風、「騒」は『楚辞』の離騒の意で、ともに詩文の模範とされたところから。奥の細道 江戸―紀行 白河の関「この関は三関の一にして、ふうさうの人、心をとどむ」訳この（白河の）関は（奥州）三関の一つであって、風雅の人が、心を寄せる（所である）。

ふう-し【風姿】名詞 **表現された趣。**鎌倉時代以後の芸術論で、表現された芸術的格調をいう語。

風姿花伝 書名 能楽論。世阿弥作。室町時代中期（一四〇二ころ）成立。通称『花伝書』。七巻。〔内容〕「年来稽古」以下七編からなり、能の指導法や演技・演出・歴史から芸の「花」まで、能の極意を説いている。

ふう・ず【封ず】他動詞サ変（ぜ／じ／ず／ずる／ずれ／ぜよ）❶**封をする。封じる。**霊異記 平安―説話 中「怪しびて蔵にふうず」訳（僧たちは）不思議に思って蔵に封をする。❷（神仏の力や念力で）**押さえ込む。封じ込める。**源氏物語 平安―物語 若菜下「物の怪に向かひて物語し給はむもかたはらいたければ、ふうじ込めて」訳（源氏は）物の怪に向かってお話なさるのも、それも見苦しくきまりが悪いので、（物の怪を一室に）封じ込めて。❸**禁止する。**

*__ふう-ぞく__【風俗】名詞 ❶**風習。ならわし。しきたり。**❷**身なり。容姿。態度。**一代男 江戸―物語 浮世・西鶴「ふうぞく、太夫職にそなはって」訳容姿が、大夫の職に不足なく身にそなわって。❸「風俗歌」の略。

ふうぞく-うた【風俗歌】名詞 奈良時代以前、各地方でうたわれた民謡。「ふうぞく」「ふぞくうた」とも。⇩風俗歌

風俗文選 文芸 書名 俳文集。森川許六編。江戸時代前期（一七〇六）刊。十巻。〔内容〕初版本の題名は『本朝文選』。松尾芭蕉をはじめ蕉門俳人二十九人の俳文百十六編を収録してある。芭蕉の「幻住庵の記」「柴門の辞」ほか名文が多い。諸家俳文集成の最初である。

ふう-てい【風体】名詞 ❶**外見。姿。身なり。**❷（能や和歌などの）表現様式。詠風。歌風。芸風。風姿花伝 室町―論 五「およそ、この道、和州・江州において、ふうてい変はれり」訳総じて、能楽は、大和猿楽と近江猿楽とでは芸風が違っている。

ふう-てう【風調】名詞 **趣。味わい。**特に詩歌の趣や調子。

ふう・なり【風なり】形容動詞ナリ（なら／なり・に／なり／なる／なれ／なれ）**趣がある。しゃれている。**傾城禁短気 江戸―物語 浮世「女郎にふうなる仕出しして見せて」訳女郎にしゃれた格好をしてみせて。

*__風来山人__ ⇩平賀源内

ふう-りう【風流】名詞 ❶**伝統。遺風。**風姿花伝 室町―論 序「古きを学び新しきを賞する中にも、全くふうりうを邪にする事なかれ」訳古風を学び、新風を愛し楽しむ中にも、けっして伝統を邪道にすることがあってはならない。❷みやびやかなこと。優雅なこと。また、みやびやかな遊び。詩歌・芸術の遊び。奥の細道 江戸―紀行 須賀川「ふうりうの初めや奥の田植歌―芭蕉」訳⇩ふうりうの…。❸意匠をこらして飾りたてること。❹祭礼の行列などで、笠や仮装などを華やかに意匠すること。また、華やかに仮装し、「囃子物」を奏して踊る踊り。また、その囃子物。「ふりう」とも。

ふうりう・なり【風流なり】形容動詞ナリ（なら／なり・に／なり／なる／なれ／なれ）❶**俗っぽくない。みやびやかだ。風雅だ。**❷**美しく飾ってある。しゃれている。**

ふうりうの… 俳句「風流の　初めや奥の　田植歌」奥の細道 江戸―紀行 須賀川・芭蕉 訳今、白河の関を越えて奥州へ足を踏み入れたが、ここで聞いたひなびたみちのくの田植歌が、奥州で味わう最初の風流であったよ。

鑑賞 須賀川の宿で、旧知の俳人等躬を訪ねたとき、「白河の関いかに越えつるや」と問われて詠んだ句。いよいよ奥州路へ入ったのだという感慨と、等躬へのあいさつの意をこめた句である。季語は「田植歌」で、季は夏。

ふ-うん【浮雲】名詞 **浮き雲。**はかないもの、定めなくうつろいやすいもののたとえにも用いる。

ふえ【笛】名詞 ❶弦楽器の総称である「琴」に対して、管楽器の総称。横笛・笙・篳篥・尺八など。❷特に、横笛。枕草子 平安―随筆 御仏名のまたの日「行義ふえ、経房の少将、笙の笛などおもしろし」訳（管弦の催しでは）平行義は笛、源経房の少将は、笙の笛など（の演奏）が心ひかれる。

ふ-えき【不易】名詞 変わることのないこと。**不変。**三冊子 江戸―句集 俳論「師の風雅に、万代ふえきあり。一時の変化あり」訳師（＝芭蕉）の俳諧に、時代を超えて変化しない価値がある。（また）常に変化する新風の体がある。

*__不易流行__ 文芸 蕉風俳諧の根本理念の一つ。「不易」とは、時代を超えて常に人を感動させる永遠性をいい、「流行」とは、時代の変化に応じて進展する新しさをいう。俳諧の美のありかたについての対照的な理念だが、両者は不即不離の関係にある。ともに「風雅の誠」から出たもので、根本においては一つのものとされる。服部土芳の俳論書『三冊子』などに、芭蕉の理念として記されている。

ぶ-えん【無塩】名詞 ❶（魚介類などが）塩漬けでないこと。塩気を含んでいないこと。❷人ずれしていないこと。

ふかう-でう【風香調】名詞 琵琶の調子の一つ。はなやかな調べであった。

ふかがはや… 俳句「深川や　芭蕉を富士に　預け行く」野ざらし 江戸―句集 俳文・千里 訳いよいよ旅立ちだと思うと、江戸深川の芭蕉庵に植えられた芭蕉のことが気がかりだ。しばらくは、その庭先から眺め

れ、旅先でも目にすることのできる富士山に預けて見守ってもらうことにしよう。

鑑賞 師の芭蕉に同行して、『野ざらし紀行』の旅に出る折の句。深川にあった庵に芭蕉が植えられていたので、庵の名とその主の俳号になった。季語は「芭蕉」で、季は秋。

***ふ-かく**【不覚】名詞／―す 自動詞 サ変 ❶悟っていないこと。思慮分別がないこと。愚かなこと。❷油断して失敗すること。不名誉な誤ちを犯すこと。平家物語 鎌倉―物語 九・宇治川先陣「高名せうどて、ふかくし給ふな」訳手柄を立てようと思って、油断して失敗しなさるな。❸意識がなくなること。**意識不明。人事不省。** ❹**ひきょう。おくびょう。** 夜討曾我 室町―能楽 謡曲「寝入りたる所を斬っては、ふかくと思うて」訳深い眠りに入ったところを切っては、ひきょうなことと思って。

舞楽 文芸 雅楽を伴奏として舞われる舞踊。日本古来の芸能の流れをくむ久米舞・東遊びなどと、唐楽・高麗楽などの外来音楽の系統を引きながら日本化したものとの二種類がある。後者は、平安時代中期までに、インド・唐系の「左舞」と新羅・百済・高麗系の「右舞」との二種類の系統に整理される。

深草 地名 歌枕 今の京都市伏見区深草の辺り一帯の地。文字どおり草深い地で、貴族の山荘が多かった。『伊勢物語』百二十三段の、昔男(=業平)と女との歌の贈答以来、鶉・草深野、また、月の名所として歌に詠まれることとなった。「深草の里」の形でも詠まれる。

ふか-ぐつ【深沓・深履】名詞 革で深く作った沓。黒漆を塗り、雨や雪のときに用いる。対浅沓。

***ふ-かく・なり**【不覚なり】形容動詞 ナリ {なら／なり・に／なり／なる／なれ／なれ} ❶**あさはかだ。愚かだ。** 思慮分別がないさま。今昔物語 平安―説話 二八・三三「和歌は読みけれども、心のふかくにて」訳和歌は(上手に)よんだけれども、心があさはかであって。❷**無意識だ。** 思わずするようすだ。今昔物語 平安―説話 四・八「ふかくに涙落ちて」訳無意識に涙が落ちて。❸**意識不明だ。人事不省だ。** 大鏡 平安―物語 道兼「ことのほかにふかくになり給ひにけり」訳思いのほか意識不明におなりになってしまった。❹**ひきょうだ。おくびょうだ。** 摂待 室町―能楽 謡曲「『剛なり』とも申し、また『ふかくなり』とも申す」訳(継信の最期のようすは)「力強い」とも申し、また「おくびょうだ」とも申します。

ふか・し【深し】形容詞 ク {(く)・から／く・かり／し／き・かる／けれ／かれ} ❶底・奥までの距離が長い。**深い。奥まっている。** 源氏物語 平安―物語 若紫「峰高く、深き岩のうちにぞ、聖入りゐたりける」訳峰が高く、奥まっている岩穴の中に、高徳の僧がこもって住んでいた。❷(季節が)**たけなわだ。時がたっている。** また、**夜が更けている。** 徒然 鎌倉―随筆 一九「のどやかなる日影に、垣根の草萌え出づるころより、やや春ふかくかすみわたりて」訳うららかな日ざしに(より)垣根の草が芽を出すころから、しだいに春たけなわでかすみが一面にかかって。❸(色。香り・霧などが)**濃い。** また、**草木が密生している。** 平家物語 鎌倉―物語 九・宇治川先陣「川霧ふかく立ちこめて、馬の毛も鎧の毛もさだかならず」訳川霧が濃く立ちこめて、馬の毛も鎧の毛もはっきりとはわからない。❹(気持ちが)**強い。** 徒然 鎌倉―随筆 七「ひたすら世をむさぼる心のみふかく、もののあはれも知らずなりゆくなん、あさましき」訳ただただ現世の利益や欲望に執着する心だけ強く、物事の趣もわからなくなっていくのは、見苦しい。❺**なみたいていでない。甚だしい。著しい。** 徒然 鎌倉―随筆 二三六「この獅子の立ちやう、いと珍し。ふかきゆゑあらん」訳この獅子の立ち方はたいへん珍しい。なみたいていでないわけがあるのだろう。❻(回数が)**多い。** 方丈記 鎌倉―随筆「河原近ければ、水の難もふかく」訳河原に近いので、水害も多く。

ふかし・い【深しい】形容詞 口語 ❶**深い。奥深い。** 心中重井筒 江戸―浄瑠 近松「ふかしい事こそこの家屋敷相応に」訳深い事情こそ(言わないが)この家屋敷相応に。❷**格別だ。** ❸**多い。** ◆形容詞「ふかし」から派生して、おもに室町時代から江戸時代にかけて用いられた口語。

ふか・す【深す・更かす】他動詞 サ四 {さ／し／す／す／せ／せ} **夜が更けるのを待つ。** 枕草子 平安―随筆 心にくきもの「ややふかしてまうのぼりたるに」訳少し夜が更けるのを待って、(中宮の御前に)参上したのに。

ふか-た【深田】名詞 泥深い田。深くぬかるんだ田。「ふかだ」「ふけた」とも。

ふ-がふ【不合】名詞 **貧乏。不幸。**

ふ-がふ・なり【不合なり】形容動詞 ナリ {なら／なり・に／なり／なる／なれ／なれ} **貧乏だ。** 今昔物語 平安―説話 一六・五「身ふがふにして与ふべき物なし」訳わが身は貧乏であって(仏師に)与える適当なものがない。

ふか-み【深み】

なりたち 形容詞「ふかし」の語幹＋接尾語「み」深いので。新古今 鎌倉―歌集 春上「山ふかみ春とも知らぬ松の戸にたえだえかかる雪の玉水」訳⇩やまふかみ…。

ふか-みる【深海松】名詞 海底深く生えている海松(=海藻の一種)。

ふかみる-の【深海松の】枕詞 同音の繰り返しで、「深む」「見る」にかかる。万葉集 奈良―歌集 一三五「ふかみるの深めて思へど」訳深く思うが。

ふか・む【深む】他動詞 マ下二 {め／め／む／むる／むれ／めよ} **深くする。深める。深く思う。** 万葉集 奈良―歌集 一三八一「心ふかめてわが思へるらむ」訳(どうしてあの人のことを)心を深くして私は思っているのだろう。

ふ-かん【不堪】名詞 その道にすぐれていないこと。堪能でないこと。徒然 鎌倉―随筆 一五〇「天下の物の上手といへども、始めはふかんの聞こえもあり」訳世の中に比べるものがない一芸の達人であっても、初めはその道にすぐれていないといった評判もあって。◆「堪」はすぐれる意。

ふぎ【不義】名詞 ❶人としての道に背いた行為。❷男女が道徳に反する関係を結ぶこと。**密通。姦通。** 堀川波鼓 江戸―歌集 近松「さてふぎは中立ち同罪たり」訳さて、密通は仲介者も同罪だ。

吹上の浜 地名 歌枕 今の和歌山市の紀の川河口から雑賀にいたる浜。

ふき-あは・す【吹き合はす】フキアワス 他動詞 サ下二 {せ/せ/す/する/すれ/せよ} ❶(笛などを)**合奏する**。(笛などを)他の楽器と調子を合わせて吹く。源氏物語 平安—物語 末摘花「道の程笛ふきあはせて大殿おほいどのにおはしぬ」訳道中(源氏と頭中将は)笛を合奏して、左大臣邸にいらっしゃった。❷(風がほかの音に)**調子を合わせるように吹く**。源氏物語 平安—物語 賢木「浅茅あさぢが原もかれがれなる虫の音ねに、松風すごくふきあはせて」訳浅茅が原も(枯れそうで)かすれて絶え絶えな虫の声に、松風がものさびしく音を合わせるように吹いて。

ふき-いた【葺き板】名詞 **屋根板**。屋根を葺ふく材料の薄い板。

ふき-がたり【吹き語り】名詞 **自慢話**。自分のことを得意げに語ること。

ふき-かへ・す【吹き返す】フキカエス 一 自動詞 サ四 {さ/し/す/す/せ/せ} **反対の方向に吹く**。後拾遺 平安—歌集 雑五「ふきかへす東風こちの返しは身にしみき」訳逆方向に吹き返す東風の返し(=西風)は身にしみた。二 他動詞 サ四 {さ/し/す/す/せ/せ} ❶**風が吹いて物を裏返す**。万葉集 奈良—歌集 五一「采女うねめの袖そでふきかへす明日香風あすかかぜ」訳⇩うねめの…。❷**風が吹いて元の所へ戻す**。竹取物語 平安—物語 竜の頸の玉「三、四日吹きて、ふきかへし寄せたり」訳三、四日吹いて、(風は船を)元の所へ戻し寄せた。

ふき-こ・す【吹き越す】自動詞 サ四 {さ/し/す/す/せ/せ} (風が物の上を)**吹き過ぎる**。万葉集 奈良—歌集 四二九五「高円たかまどの尾花ふきこす秋風に」訳高円の野の尾花の上を吹き過ぎる秋風に。

ふき-し・く【吹き頻く】自動詞 カ四 {か/き/く/く/け/け} **しきりに吹く**。後撰 平安—歌集 秋中「白露しらつゆに風のふきしく秋の野は」訳⇩しらつゆに…。

ふき-すさ・ぶ
一【吹き荒ぶ】自動詞 バ四 {ば/び/ぶ/ぶ/べ/べ} (風が)**激しく吹く。吹き荒れる**。玉葉 鎌倉—歌集 夏「五月雨さみだれの雲ふきすさぶ夕風に」訳梅雨の雲と吹き荒れる夕風で。
二【吹き遊ぶ】他動詞 バ四 {ば/び/ぶ/ぶ/べ/べ} (笛を)**慰みに吹く。心にまかせて吹く**。徒然 鎌倉—随筆 四四「笛をえならずふきすさびたる」訳笛を言いようもなくすばらしく慰みに吹いているのを。

ふき-すま・す【吹き澄ます】他動詞 サ四 {さ/し/す/す/せ/せ} (笛を)**澄んだ音色で吹く**。(笛を)**無心の境地で吹く**。源氏物語 平安—物語 若紫「懐なりける笛取り出いでてふきすましたり」訳(頭中将が)懐にしていた笛を取り出して澄んだ音色で吹いている。

ふき-そ・ふ【吹き添ふ】フキソウ 自動詞 ハ四 {は/ひ/ふ/ふ/へ/へ} (風などが)**吹き加わる。吹きつのる**。源氏物語 平安—物語 常夏「いかなる風のふきそひて、かくは響きはべるぞよ」訳いったいどのような風が吹き加わって、このように心に響くのでございましょうか。

ふき-た・つ【吹き立つ】
一 自動詞 タ四 {た/ち/つ/つ/て/て} (風が)**吹き始める**。伊勢物語 平安—物語 九六「少し秋風のふきたちなむ時、必ず逢あはむ」訳少し秋風が吹き始めるときに、必ず会いましょう。
二 他動詞 タ下二 {て/て/つ/つる/つれ/てよ} ❶**吹いて高く上げる。吹き上げる**。方丈記 鎌倉—随筆「塵ちりを煙のごとくふきたてたれば」訳ちりを煙のように吹き上げたので。❷(笛などを)**盛んに吹き鳴らす**。枕草子 平安—随筆 笛は「ものの後ろに横笛をいみじうふきたてたる」訳(楽人が)物陰で横笛を上手に吹き鳴らしているのを。

ふき-たわ・む【吹き撓む】他動詞 マ下二 {め/め/む/むる/むれ/めよ} 風が当たって木の枝などを曲げる。**吹き曲げる**。奥の細道 江戸—紀行 松島「枝葉しえふ潮風しほかぜにふきたわめて」訳(松の)枝葉は潮風によって吹き曲げられて。◇例は、他動詞を、状態を表す自動詞のように用いた、特殊なもの。

ふき-つ・く【吹き付く】他動詞 カ下二 {け/け/く/くる/くれ/けよ} ❶(風が物を)**吹き寄せる**。宇治拾遺 鎌倉—説話 七・五「風のふきつくるやうに徳つきて」訳風が(物を)吹き寄せるように富が集まって。❷**風が吹いて火を燃やしつける**。平家物語 鎌倉—物語 一・内裏炎上「はては大内にふきつけて」訳最後には内裏だいりに風が火を燃やしつけて。

ふき-と・づ【吹き閉づ】フキトズ 他動詞 ダ上二 {ぢ/ぢ/づ/づる/づれ/ぢよ} **吹いて閉ざす**。古今 平安—歌集 雑上「天あまつ風雲の通ひ路ふきとぢよ」訳⇩あまつかぜ…。

ふき-なし【吹き成し】名詞 (笛などの)**吹き方**。

ふき-まが・ふ【吹き紛ふ】フキマガウ—フキマゴウ 自動詞 ハ四 {は/ひ/ふ/ふ/へ/へ} **風に吹かれて入り乱れる**。源氏物語 平安—物語 初音「梅の香かも御簾みすの内の匂にほひにふきまがひて」訳梅の香りも御簾の中の薫物たきものの香りに風に吹かれて入り乱れて。

ふき-ま・く【吹き捲く】他動詞 カ四 {か/き/く/く/け/け} (風が)**激しく吹く。吹きまくる**。古今 平安—歌集 離別「山風に桜ふきまき乱れなむ」訳山風(のため)に桜の花は吹きまくり散り乱れてほしい。

ふき-まど・ふ【吹き惑ふ】フキマドウ 自動詞 ハ四 {は/ひ/ふ/ふ/へ/へ} (風が)**ひどく吹く。吹き荒れる**。更級 平安—日記 初瀬「風のふきまどひたるさま、恐ろしげなること」訳風がひどく吹き荒れているようすが恐ろしそうなことは。◆「惑ふ」は甚だしく…するの意。

ふき-まよ・ふ【吹き迷ふ】フキマヨウ 自動詞 ハ四 {は/ひ/ふ/ふ/へ/へ} (風が)方向を定めずに強く吹く。**吹き乱れる**。方丈記 鎌倉—随筆「ふきまよふ風に、とかく移り行くほどに」訳吹き乱れる風に、あちらこちらに(火が)移ってゆくうちに。

ふき-むす・ぶ【吹き結ぶ】他動詞 バ四 {ば/び/ぶ/ぶ/べ/べ} (風が草葉の露を)吹き寄せて玉にする。源氏物語 平安—物語 桐壺「宮城野みやぎのの露ふきむすぶ風の音に」訳宮中の庭の草葉の露を吹き寄せて玉にする風の音に。

ふき-め【葺き目】名詞 屋根を葺ふいた杉の皮や板、瓦などの継ぎ目。

ふき-もの【吹き物】名詞 **管楽器**。笛・笙しょう・篳篥ひちりきなど、吹いて鳴らす楽器の総称。

ぶ-ぎゃう【奉行】ブギョウ 名詞/—す 他動詞 サ変 ❶上からの命令を受けて事を執り行うこと。また、その担当者。徒然 鎌倉—随筆 一七七「庭の儀をぶぎゃうする人」訳(蹴鞠けまりのために)庭のこと(整備)を担当する人。❷武家の職名。特定の行政事務を担当する者。鎌倉・室町幕府では「評定衆ひやうぢやうしゆう」「引き付け衆」やそのほかの諸奉行が設けられた。豊臣とよとみ氏は大老の下に「五奉行ごぶぎやう」を置いた。江戸幕府では、寺社・勘定・町の三奉行をはじめとして、中央・遠国に多くの奉行を設けた。

ふ

ふきょう〖不孝〗⇩ふけう

ぶ-きょう【無興・不興】 名詞／—す 自動詞サ変 ❶**興がさめること。不愉快。** 曾我物語 鎌倉—物語 五「袂はしをれ裾はぬれ…ぶきょうといふもあまりあり」訳（にわか雨のために）袂はしぼみ裾はぬれて、…興がさめることといっても言い尽くせない。❷**機嫌を損なうこと。不機嫌。** 心中天網島 江戸—浄瑠 浄瑠・近松「至極堅手の侍、大きにぶきょうし」訳すごく実直な侍が、大いに不機嫌になって。◆後に「ふきょう（不興）」とも。

ぶぎょう〖奉行〗⇩ぶぎやう

ぶ-きりやう【無器量・不器量】 ブキリヨウ 一 名詞 ❶才能や力量が乏しいこと。また、その者。❷容貌がすぐれないこと。二 形容動詞 語幹⇩ぶきりやうなり。平家物語 鎌倉—物語 八・妹尾最期「この身こそぶきりやうの者で候へば」訳この私こそ力量の乏しい者でございますので。

ぶ-きりやう・なり【無器量なり・不器量なり】 ブキリョウナリ 形容動詞ナリ {なら/なり・に/なり/なる/なれ/なれ} ❶**才能や力量が乏しい。** ❷**容貌がすぐれない。**

ふく[1]【福】 一 名詞 ❶**さいわい。幸福。幸運。** ❷神仏に供えた物のお下がり。二 形容動詞 口語 **裕福だ。** 傾城禁短気 江戸—物語 浮世「お前ほどのふくな旦那を」訳あなたほどの裕福なだんなを。

ふ・く[2]【吹く】 一 自動詞カ四 {か/き/く/く/け/け} **風が吹く。** 二 他動詞カ四 {か/き/く/く/け/け} ❶**息を吹き出す。** 万葉集 奈良—歌集 三七九一・題詞「この燭の火をふけ」訳このたき火の火を吹きつけよ。❷**勢いよく出す。** 万葉集 奈良—歌集 八九二「かまどには火気ふき立てず」訳⇩かぜまじり…。❸（管楽器を）**吹き鳴らす。** 落窪物語 平安—物語 四「笙の笛ふかせ給ふ時」訳笙の笛を吹き鳴らしなさるときに。❹（鉱石から金属を）**溶かし分ける。精錬する。** 万葉集 奈良—歌集 三五六〇「真金ふく丹生の真朱の」訳金を精錬する丹生（=地名）の赤土のように。

ふ・く[3]【更く】 自動詞カ下二 {け/け/く/くる/くれ/けよ} ❶**時がたち、季節が深まる。たけなわになる。** 新古今 鎌倉—歌集 秋下「秋ふけぬ鳴けや霜夜のきりぎりす」訳秋がたけなわになった。鳴きなさい。霜の（降る）夜のこおろぎよ。❷**更ける。夜が深くなる。** 源氏物語 平安—物語 桐壺「月のおもしろきに、夜ふくるまで遊びをぞし給ふなる」訳月が美しいので、夜が更けるまで音楽の催しをなさっているようだ。❸**年をとる。老いる。** 拾遺 平安—歌集 雑上「わが世のいたくふけにけるかな」訳私はひどく年をとってしまったことよ。

ふ・く[4]【葺く】 他動詞カ四 {か/き/く/く/け/け} ❶（板・瓦・檜皮・かやなどで）**屋根を覆う。** ❷**草木などを軒端に挿して飾る。** 徒然 鎌倉—随筆 一九「五月、あやめふくころ、早苗とるころ」訳五月の、菖蒲を軒に挿すころ、早苗をと（って田植えをす）るころ。

ぶ-く[1]【仏供】 名詞「ぶっく」の促音「っ」が表記されない形。❶仏前に物を供えること。また、その物。❷❶を盛る器。

ぶく[2]【服】 名詞 ❶**喪服。** 古今 平安—歌集 哀傷・詞書「その又の年、みな人御ぶく脱ぎて」訳その（亡くなられた）次の年、人々はみな御喪服を脱いで。❷喪に服すること。また、その期間。**喪中。** 蜻蛉 平安—日記 中「ぶくになりぬるを、これらとくして」訳喪中になってしまったので、これら（=喪服）を早く仕立てて。

ふくかぜの… 和歌「吹く風の 涼しくもあるか おのづから 山の蟬鳴きて 秋は来にけり」金塊 鎌倉—歌集 秋・源実朝 訳吹く風は涼しいことだなあ。しぜんと山の蟬が鳴きはじめ、確かに秋はやって来たことだ。

鑑賞「山の蟬」はひぐらし。この蟬は秋の訪れを告げるものであった。秋の訪れを知らせる、涼しくなった秋風を詠嘆を込めて歌っている。二句・四句が字余りになっていて、ゆたかに張りのある大きな調べの歌である。

ふくからに… 和歌 百人一首「吹くからに 秋の草木の しをるれば むべ山風を 嵐といふらむ」古今 平安—歌集 秋下・文屋康秀 訳吹くとすぐに秋の草木がしおれるので、なるほどそれで山風を「荒らし」といい、「嵐」と書くのであろう。

ふく-さ【袱紗・服紗】 名詞 ❶糊を引かない柔らかな絹。❷絹や縮緬などで四角形に作った布。進物品を包んだり、その上に掛けたりする。

ふくさ・なり 形容動詞ナリ {なら/なり・に/なり/なる/なれ/なれ} ❶**ふっくらと柔らかい。** ❷**ゆったりとして福々しい。** 世間胸算用 江戸—物語 浮世・西鶴「丸餅を庭火にて焼き食ふも、いやしからずふくさなり」訳丸餅を庭いろりの火で焼いて食べるのも、卑しくなくゆったりとして福々しい。

ふくし【掘串】 名詞 土を掘る道具。竹や木の先端をとがらせて作る。万葉集 奈良—歌集 一「籠もよみ籠持ちふくしもよみふくし持ち」訳⇩こもよ…。◆後に「ふぐし」とも。

ふくしん-の-やまひ【腹心の病】 フクシンノヤマイ 連語 腹や心の中に生じた病気。救いがたい重病。

ふく・す【伏す】 自動詞サ変 {せ/し/す/する/すれ/せよ} **従う。服従する。** 徒然 鎌倉—随筆 二一四「その夷すふくして」訳その蛮族が漢の国に服従して。

ぶく・す【服す】 一 自動詞サ変 {せ/し/す/する/すれ/せよ} **喪に服する。** 赤染衛門集 平安—歌集「娘の亡くなりたりしに、ぶくすとて」訳娘が亡くなってしまったので、喪に服するということで。二 他動詞サ変 {せ/し/す/する/すれ/せよ} ❶**薬を飲む。服用する。** 源氏物語 平安—物語 帚木「極熱の草薬をぶくして」訳熱病の薬草を服用して。❷**食べる。飲食する。** 酒呑童子 江戸—浄瑠璃 御伽「人の身をだにぶくするならば」訳（せめて）人の体だけでも食べる（ことができる）ならば。◆江戸時代には「ふくす」とも。

ふくだ・む 一 自動詞マ四 {ま/み/む/む/め/め} **けば立って、ぼさぼさになる。** 源氏物語 平安—物語 幻「少しふくだみたる髪のかかりなど」訳（寝乱れて）少しぼさぼさになっている髪の（肩への）かかり具合など。二 他動詞マ下二 {め/め/む/むる/むれ/めよ} **けば立たせる。** 枕草子 平安—随筆 すさまじきもの「ありつる文、立て文をも結びたるをも、いときたなげにとりなしふくだめて」訳さっきの（こちらから送った）手紙、立て文でも結び文でも、たいそうきたならしく取り扱ってけば立たせて。

ふくち-の-その【福地の園】 名詞 **極楽。** 福徳を生じる園。

ふくつけ-が・る 自動詞ラ四 {ら/り/る/る/れ/れ} **欲張る。むさぼ**

る。源氏物語 平安―物語 朝顔「いと多う転ばさむとふくつけがれど」訳もっとたくさん(雪を)丸めて転がそうと欲張るけれど。◆「がる」は接尾語。

ふくつけ・し 形容詞ク〔(く)・から／く・かり／し／き・かる／けれ／かれ〕**欲が深い。欲張りである。** 宇治拾遺 鎌倉―説話 八・三「例の鉢来にたり。ゆゆしくふくつけき鉢よ」訳いつもの鉢が(物乞いのために飛んで)来た。ひどく欲が深い鉢だなあ。

ぶく-なほし【服直し】 名詞 喪に服していた期間が終わって喪服から普段着に着替えること。

ふく・む【含む】

一 自動詞マ四〔ま／み／む／む／め／め〕**ふくらんでいる。ふくらむ。** 源氏物語 平安―物語 若菜上「指貫の裾つ方、少しふくみて」訳指貫の裾の方が、少しふくらんでいて。

二 他動詞マ四〔ま／み／む／む／め／め〕❶**中に包み持つ。中に入れる。** 平家物語 鎌倉―物語 九・木曾最期「太刀の先を口にふくみ、馬より逆さまに飛び落ち、貫かってぞ失せにける」訳(今井兼平は)太刀の先を口に入れて、馬から逆さまに飛び落ち、(太刀に)貫かれて自害してしまった。❷**心にとどめおく。心中にいだく。** 平家物語 鎌倉―物語 七・平家山門連署「いやしくも勅命をふくんでしきりに征罰を企つ」訳身分不相応にも勅命を心中にいだいて、しばしば(源氏)征伐を企てる。

三 他動詞マ下二〔め／め／む／むる／むれ／めよ〕❶**含ませる。口に入れる。** 日本書紀 奈良―史書 孝徳「ふくむるに珠玉を以てすること無な」訳(葬儀の際死者の口に)珠玉を含ませる習慣はやめよ。❷**納得させる。言い聞かせる。** 宇治拾遺 鎌倉―説話 一〇・六「『今より後は、かかる事なせそ』と言ひふくめて許しつ」訳「今から後は、このようなことはけっしてするなよ」と言い聞かせて許した。

ふく-やか・なり【脹やかなり】 形容動詞ナリ〔なら／なり・に／なり／なる／なれ／なれ〕「ふくよかなり」に同じ。宇治拾遺 鎌倉―説話 一三・一四「手のいと白くふくやかにて」訳手がたいそう白くてふっくらしていて。◆「やか」は接尾語。

ふく-よか・なり【脹よかなり】 形容動詞ナリ〔なら／なり・に／なり／なる／なれ／なれ〕**ふっくらとしている。**「ふくやかなり」「ふくらかなり」とも。源氏物語 平安―物語 若紫「いと若けれど、生ひ先見えて、ふくよかに書い給へり」訳(若紫の筆跡は)たいそう未熟ではあるが、将来(の上達)が見えて、ふっくらとお書きになっている。◆「よか」は接尾語。

ふくら-か・なり【脹らかなり】 形容動詞ナリ〔なら／なり・に／なり／なる／なれ／なれ〕「ふくよかなり」に同じ。源氏物語 平安―物語 若紫「いと白うあてに痩せたれど、つらつきふくらかに」訳(尼上の顔は)たいそう白く気品があり、痩せてはいるけれども、ほおのあたりはふっくらとして。◆「か」は接尾語。

ふく-りふ【腹立】 名詞／―す 自動詞サ変 腹を立てること。**立腹。** 平家物語 鎌倉―物語 三・法印問答「かつうはふくりふし、かつうは落涙し給へば」訳(清盛は)一方では立腹し、一方では涙を落としなさるので。◆「はらだ(腹立)ち」を音読した語。

ふく-りん【覆輪・伏輪】 名詞 ❶鎧・鞍・刀の鞘などの縁を金・銀・錫などでおおい飾ること。❷着物の袖口・裾などを補強と装飾のために別の布きれで縁取ったもの。

ふく・る【脹る】 自動詞ラ下二〔れ／れ／る／るる／るれ／れよ〕❶**ふくれる。** 竹取物語 平安―物語 竜の頸の玉「風いと重き人にて、腹いとふくれ」訳(大納言は)風邪がひどく重くなるたちの人で、腹はたいそうふくれ。❷**中に含み持つ。心の中で思う。** 源氏物語 平安―物語 行幸「頼みふくれてなむさぶらひつるを」訳(望みを内大臣に伝えてくれるだろうと)頼りにし心の中で思っておりましたが。

ふ-ぐるま【文車】 名詞 室内などで書籍類を運ぶために用いる、板張りの小さな屋形車。◆「ふみぐるま」の変化した語。

(文 車)

ふくろ【袋・嚢】 名詞 ❶布などでつくる、中に物を入れるためのもの。❷巾着。財布。また、その中身の金。

ぶ-け【武家】 名詞 **武士の家筋。** 幕府、将軍、大名、およびそれに仕える家人の総称。対公家。

ふ-けう【不孝】 名詞／―す 他動詞サ変 ❶**親不孝。** ❷**勘当。** 親が子との縁を切ること。今昔物語 平安―説話 二九・一一「その瓜取りたる児を永くふけうして」訳その瓜を取った子供を永く勘当して。

ふ-けう・なり【不孝なり】 形容動詞ナリ〔なら／なり・に／なり／なる／なれ／なれ〕**親不孝だ。** 源氏物語 平安―物語 蛍「ふけうなるは、仏の道にもいみじくこそ言ひたれ」訳親不孝であることは、仏法でも厳しく戒めて言っている。

武家義理物語 書名 浮世草子。井原西鶴作。江戸時代前期(一六八八)刊。六巻。〔内容〕西鶴の武家物の一つ。『武道伝来記』の続編で、敵討の話や武士の義理に関する二十六話より成る。

ふ-げつ【風月】 名詞「ふうげつ」に同じ。

武家物 文芸 江戸時代の「浮世草子」のうち、武家社会に題材をとったもの。義理や敵討ちを重んじる武家社会の非人間的な面を、町人の側から批判的に描く。代表作は、井原西鶴の『武道伝来記』『武家義理物語』など。「好色物」「町人物」に対する。

ふげん【普賢】 名詞 仏教語。「普賢菩薩」の略。文殊菩薩と共に釈迦の脇にひかえる菩薩。単独では白象に乗る姿をとる。慈悲や延命の功徳を備えるとされる。普賢延命菩薩。

ぶ-げん【分限】 名詞 ❶**身の程。分際。身分。** 吾妻問答 室町―論「ぶげんをはかりて正しく案じ、のぼり給ふべく候ふなり」訳身の程を考えあわせて正しく工夫して、(上手の位に)のぼりなさるのがよろしいでしょう。❷財力のあること。また、その人。**金持ち。富豪。**「ぶげんしゃ」とも。日本永代蔵 江戸―物語 浮世・西鶴「今までは借家に居てのぶげんと言はれしに」訳今までは借家にいての金持ちと言われたが。◆「ぶんげん」の変化した語。

ぶげん-しゃ【分限者】 名詞 **金持ち。財産家。**「ぶげん」とも。

ふげん-ぼさつ【普賢菩薩】 名詞 仏教語。文殊菩薩と共に釈迦の脇侍として修行や悟りの徳をつかさどる菩薩。密教では延命を祈るときの本尊となる。「ふげん」とも。

(普賢菩薩)

ふ-こ【封戸】 名詞 律

令制で、親王や上級貴族に奉禄として与えた課戸(=課役負担の義務を持つ者のいる行政単位上の家)。官職による職封、位階による位封、勲功による功封などの別がある。「ふご」とも。

ぶ-こう【無功・不功】名詞 **未熟。下手。**経験が浅く、上手でないこと。

ぶ-こう・なり【無功なり・不功なり】形容動詞ナリ {なら/なり・に/なり/なる/なれ/なれ} **未熟だ。不器用だ。下手だ。**難波土産 江戸―論 発端「ぶこうなる作者は文句をかならず和歌あるいは俳諧などのごとく心得て」訳未熟な作者は(浄瑠璃の)文句をきまって和歌や俳諧などのように理解して。

ぶ-こつ【無骨】形容動詞語幹 ⇩ぶこつなり。平家物語 鎌倉―物語 八・猫間「立ち居の振舞ひのぶこつさ」訳(義仲の)日常のなにげない所作の無作法さ。

ぶ-こつ・なり【無骨なり】形容動詞ナリ {なら/なり・に/なり/なる/なれ/なれ} ❶**無作法だ。無礼だ。不風流だ。**❷**具合が悪い。不都合だ。**曾我物語 鎌倉―物語 一「二、三千人の客人を一人にあづくる事、ぶこつなり」訳二、三千人の客人を一人に任せることは、具合が悪い。❸**役に立たない。才能がない。**曾我物語 鎌倉―物語 五「我ぶこつなりといへども」訳私は才能がないといっても。◆「骨無し」を音読した語。

ふさ 副詞 **みんな。たくさん。多く。**万葉集 奈良―歌集 一五四九「なでしこの花ふさ手折り」訳なでしこの花をみんな手折り。

ふさう[1]【相応う】⇩ふさふ

ふ-さう[2]【扶桑】名詞 ❶中国で、東海の日の出る島に生えるという神木。扶桑木。また、その島の名。❷日本の別名。奥の細道 江戸―紀行 松島「松島はふさう第一の好風にして」訳松島は日本第一の良い景色であって。

ぶ-さう【無双】名詞 二つとないこと。「むさう」とも。

ふさがり【塞がり】名詞 ❶さしさわりのあること。❷陰陽道で大将軍、天一神などのいる方角。この方角は不吉とされた。

ふさが・る*【塞がる】自動詞ラ四 {ら/り/る/る/れ/れ} ❶さえぎられたり、つまったりして通れなくなる。**詰まる。いっぱいになる。**徒然 鎌倉―随筆 二一「左右広ければさはらず。前後遠ければふさがらず」訳左右が広ければ、さえぎられない。前後が遠く離れているといっぱいにならない(=ゆとりがある)。❷**立ちふさがる。**平家物語 鎌倉―物語 一一・嗣信最期「馬の頭を立て並べて大将軍の矢面にふさがりければ」訳馬の頭を並べ立てて大将軍(=義経)の矢面(=矢の飛んでくる方)に立ちふさがったので。❸(思いが胸に)**いっぱいになる。**奥の細道 江戸―紀行 旅立「前途三千里の思ひ胸にふさがりて」訳行く先三千里の(旅の)思いが胸にいっぱいになって。❹陰陽道で、「ふさがり(=凶神がいてふさいでおり、不吉な方角)」の方角に当たっている。⇩かたふたがり

ぶ-さた【無沙汰・不沙汰】名詞 ❶処置や指図をしないで、ほうっておくこと。❷無関心でいること。知らないこと。❸怠けること。おろそかにすること。❹挨拶や訪問をしないでいること。便りのないこと。

ぶ-さた・なり【無沙汰なり・不沙汰なり】形容動詞ナリ {なら/なり・に/なり/なる/なれ/なれ} ❶**ほうっておく。とりあわないでいる。**沙石 鎌倉―説話 一「地頭の申すところ一分の道理なりとて、ぶさたなりける間」訳地頭の申すことは道理が少ないといって、とりあわないでいるうちに。❷**無関心だ。知らないでいる。**沙石 鎌倉―説話 五「世間の事は無下にぶさたなり」訳世間のことには、極めて無関心である。❸**怠けている。おろそかだ。**太平記 室町―物語 七「用心の体少しぶさたにぞなりける」訳用心のようすが少しおろそかになってしまった。❹**挨拶や訪問をしないでいる。**平治物語 鎌倉―物語 下「尋ねたく思ひつれども、…今もぶさたなり」訳尋ねたいと思っていたが、…今も訪問をしないでいる。

ふさ・なり 形容動詞ナリ {なら/なり・に/なり/なる/なれ/なれ} **多い。たくさんだ。いろいろだ。**蜻蛉 平安―日記 中「道すがらうちも笑ひぬべきことどもをふさにあれど」訳道中ずっと笑わずにはいられない話などがたくさんあったが。

ふさは・し【相応し】形容詞シク {しく・しから/しく・しかり/し/しき・しかる/しけれ/しかれ} **似つかわしい。つりあっている。**落窪物語 平安―物語 一「さる心ざまやふさはしかりけむ」訳(姫君の)そのような性格が(少将と)つりあっていたのだろうか。

ふさ・ふ【相応ふ】自動詞ハ四 {は/ひ/ふ/ふ/へ/へ} **つりあう。相応する。調和する。**堤中納言 平安―物語 逢坂越えぬ権中納言「いみじうふさはぬ御けしきのさぶらふは」訳ひどくつりあわないごようすでございますのは。

ふさ・やか・なり 形容動詞ナリ {なら/なり・に/なり/なる/なれ/なれ} **ふさふさとしている。ふさふさした感じだ。**源氏物語 平安―物語 若菜上「裾のふさやかにそがれたる、いと美しげにて」訳(女三の宮の髪の)先がふさふさとした感じに切りそろえられているようすは、とてもかわいらしげで。◆「やか」は接尾語。

ふし【節】名詞 ❶**節。**▼竹や葦などの茎にある区切りで、盛り上がっている部分。竹取物語 平安―物語 かぐや姫の生ひ立ち「ふしを隔てて、よごとに金ある竹を見付くること重なりぬ」訳節と節との間ごとに黄金の入った竹を見つけることがたびたびであった。❷こぶのように盛り上がっている部分。枕草子 平安―随筆 昔おぼえて不用なるもの「繧繝縁の畳の、ふし出で来たる」訳(高価な)繧繝べりの畳で、(古びて擦り切れて)こぶのようなところが出てきているもの。❸**事柄。箇所。点。**源氏物語 平安―物語 若菜下「『恨むべきふしぞ、げにことわり』とおぼゆるふしを」訳「恨むべき事柄は、いかにも道理だ」と思われる点を。❹**根拠。わけ。**更級 平安―日記 春秋のさだめ「春秋を知らせ給ひけむことのふしなむ、いみじう承らまほしき」訳春秋(の優劣)をお見分けになられたことの根拠を、ぜひうかがいたい。❺**きっかけ。機会。**源氏物語 平安―物語 総角「思ひさますふしにもせむとまもれど」訳気持ちを静めるきっかけにしようとじっと見つめるが。❻**節まわし。旋律。**平家物語 鎌倉―物語 一・祇王「仏御前は髪姿よりはじめて、みめ形美しく、声よくふしも上手でありければ」訳仏御前は髪の形をはじめ、顔かたちが美しく、声もよくて節まわしも上手だったので。

ふじ[1]【藤】⇩ふぢ

ふ

富士[2]（じふ）地名 歌枕 今の静岡県と山梨県の境に位置する火山。富士山。古くから霊峰とされ、古典にもしばしば現れる。歌では、山頂に雪があることから「雪」を詠み、また、かつて盛んに噴火していたことから「恋」をその火にたとえて詠むことが多く、ことに「思ひ」の「ひ」と「火」をかける表現が多い。「富士の山」「富士の嶺(ね)」「富士の高嶺(たか)」などの形でも詠まれる。「不尽」「不二」とも書く。参照▼文脈の研究 あふことも…。

ぶ-し【仏師】 名詞「ぶっし」に同じ。

ふし-おき【臥し起き】 名詞 寝ることと起きること。日常の生活。

ふし-ぎ【不思議】 名詞 ❶理解を超えていること。考えられないこと。思いがけないこと。方丈記 鎌倉－随筆「四十(よそ)ぢあまりの春秋を送れる間に、世のふしぎを見る事、ややたびたびになりぬ」訳四十年余りの年月を送っている間に、世の中の思いがけないことを見ることが、しだいにたび重なってきた。❷とっぴなこと。非常識なこと。◆「不可思議」の略。

ふしぎ-なり【不思議なり】 形容動詞ナリ〔なら／なり・に／なり／なる／なれ／なれ〕❶理解を超えている。考えられない。思いがけない。あやしい。今昔物語 平安－説話 一六・三「観音の霊験のふしぎなること」訳観音のご利益(りやく)が（人間の）理解を超えていることは。❷非常識だ。とっぴだ。

ふし-しづ・む【伏し沈む】（フシズム）自動詞マ四〔ま／み／む／む／め／め〕物思いに沈む。悲しみにくれる。源氏物語 平安－物語 桐壺「闇(やみ)にくれてふししづみたまへるほどに」訳（嘆きの）やみの中に心が暗く沈んで悲しみにくれなさっているうちに。

ふ-じつ【不日】 名詞 多くの日数を経ないこと。日をおかないこと。

*__ふし-ど【臥し所・臥し処】__ 名詞 寝所。寝床。ねや。

ふし-の-ま【節の間】 連語（竹・葦(あし)などの）節と節との間。きわめて短い時間。ごくわずかの間。新古今 鎌倉－歌集 恋一・伊勢「難波潟(なにはがた)短き葦のふしのまも逢はでこの世を過ぐしてよとや」訳⇨なにはがた…。

ふし-はかせ【節博士・墨譜】 名詞 日本の古音曲（声明(しやうみやう)・平曲(へいきよく)・謡曲など）で、音曲の文章の傍らにつけて節の高低・長短を示す符号。

ふし-ぶし【節節】 名詞 ❶その時その時。折々。源氏物語 平安－物語 桐壺「何事にも故(ゆゑ)ある事のふしぶしには」訳何事でも風情のある催しの折々には。❷あのこと、このこと。事々。徒然 鎌倉－随筆 二四〇「浅からずあはれと思ふふしぶしの」訳（心の底から）深くしみじみと思うあのこと、このことの。

*__ふしまち-の-つき【臥し待ちの月】__ 連語 陰暦十九日の夜の月。また、十九日以降の月。「臥し待ち」「寝待(ねま)ちの月」とも。季秋。◆出るのが遅く臥して待つ月の意。

ぶしまちや… 俳句「武士町や 四角四面に 水をまく」文政句帖 江戸－論 俳諧・一茶(いっさ) 訳何事も厳格で堅苦しい武士の住む町では、道や庭のほこりをしずめたり涼をとったりするためにまく水も、四方八方にまるくまくのではなく四角四面にまくことだ。

鑑賞 権威ある武士階級に対する庶民的な反発を表現した句。季語は「水をまく（打ち水）」で、季は夏。

ふし-まろ・ぶ【臥し転ぶ】 自動詞バ四〔ば／び／ぶ／ぶ／べ／べ〕（ひどく悲しかったり、うれしかったりで）体を地に投げ出して、あちこちと転げ回る。更級 平安－日記 鏡のかげ「ふしまろび泣き嘆きたる影うつれり」訳あちこちと転げ回り、泣いて悲しんでいる姿が（鏡に）映っている。

伏見(ふしみ) 地名 ❶今の奈良市菅原町。菅原氏ゆかりの地で「菅原の伏見」ともいわれる。❷今の京都市伏見区。平安京の南郊にあり貴族の別荘が多く造られた。豊臣秀吉(とよとみひでよし)が伏見城を築いて以後は城下町として栄え、淀(よど)川の水運の要地として発展した。

ぶ-しゃ【歩射】 名詞「かちゆみ」に同じ。

ふ-しゃう[1]**【不祥】**（フショウ）名詞 ❶縁起の悪いこと。不吉なこと。蜻蛉 平安－日記 中「さきざきの御ふしゃうは、いかでことなかるべく祈り聞こえむ」訳将来のご不幸災難はなんとか無事にすむようにお祈り申し上げましょう。❷不運。不幸。世間胸算用 江戸－物語 浮世・西鶴「かかる盗み心のある鼠(ねずみ)を宿しられたるふしゃうに」訳このように盗み心のあるねずみに住みつかれてしまった不運に。

ふ-しゃう[2]**【不請】**（フショウ）名詞 ❶仏教語。仏・菩薩(ぼさつ)が、人々から請い求められなくても、その慈悲をもって救いの手をさしのべること。❷自分から請い望まないこと。我慢すること。◇「不承」とも書く。

ふ-しゃう[3]**【府生】**（フショウ）名詞「六衛府(ろくゑふ)」の役職で、四等官の下の役人。

ふ-じゃう【不浄】（フジョウ）名詞 ❶きれいでないこと。心身の汚れていること。❷生理。月経。❸大小便。

ふ-しょう【鳧鐘】 名詞 ❶釣り鐘。また、念仏に用いる小型の鉦(かね)。◇古代中国の伝説で鳧氏(ふし)の造った鐘とするところからの名。❷雅楽の音階である「十二律(じふにりつ)」の第七音。鳧鐘調(ふしょうちょう)。

ふ-じょう【不定】 ⇨ふぢゃう

藤原（フジワラ）⇨藤原(ふぢはら)

ふし-をが・む【伏し拝む】（フシオガム）他動詞マ四〔ま／み／む／む／め／め〕はるかに拝む。遠くから拝む。ひれ伏して拝む。平家物語 鎌倉－物語 五・五節之沙汰「甲(かぶと)をぬぎ手水(てうづ)うがひをして、王城の方(かた)をふしをがみ」訳甲をぬぎ、手を洗い清め、口をすすいで、都のほうをはるかに拝み。

ふ-しん[1]**【不審】** 名詞／－す 他動詞サ変 ❶疑わしいこと。いぶかしいこと。疑い。著聞集 鎌倉－説話 九「あたらむことはふしんなけれども」訳（矢が）あたるであろうことについては疑いがないけれども。❷疑いをかけること。嫌疑。平家物語 鎌倉－物語 一二・土佐房被斬「御ふしんを蒙(かうぶ)り給(たま)ふよし聞こえしかば」訳（義経(よしつね)が頼朝(よりとも)から内々に）ご嫌疑を受けていらっしゃるといううわさが伝わったので。

ふ-しん[2]**【普請】** 名詞／－す 他動詞サ変 ❶仏教語。禅宗で、多くの人に頼んで労役に従事してもらうこと。❷寺の堂・塔の建築・修理をすること。また、土木・建築工事をすること。

ふ-じん【夫人】 名詞 ❶天皇の配偶者で、皇后・妃に次ぐ位の女性。❷貴人の妻。◆「ぶにん」とも。

ぶ-しんぢゅう【不心中】（ブシンジュウ）名詞 義理を欠くこと。とくに男女間において不誠実なこと。◆江戸時代の語。

ふしん-なり【不審なり】 形容動詞ナリ〔なら／なり・に／なり／なる／なれ／なれ〕疑わしい。いぶかしい。沙石 鎌倉－説話 九「七つこそありしに、六つあるこそふしんなれ」訳七つあったのに、(今は)六つあるのが疑わしい。

ふ・す[1]【伏す・臥す】

一 自動詞 サ四{さ/す/し/せ/す/せ} ❶**横になる。床につく。寝る。** 今昔物語 平安―説話 二八・四二「夫はいまだふしたりけるに、妻起きて」訳夫はまだ寝ていたが、妻は目覚めて。❷**うつぶす。うつむく。** 竹取物語 平安―物語 かぐや姫の昇天「…と泣きてふせれば、心、惑ひぬ」訳…と泣いてうつぶしたので、(かぐや姫の)心は困惑した。❸**ひそむ。隠れる。** 後拾遺 平安―歌集 恋一「鴫のふす刈田に立てる稲茎の」訳しぎがひそむ刈り取った後の田に立っている稲茎の。

二 他動詞 サ下二{せ/せ/す/する/すれ/せよ} ❶**横たえる。倒す。** 万葉集 奈良―歌集 五〇〇「神風の(=枕詞)伊勢の浜荻折りふせて」訳伊勢の浜辺の荻を折り倒して。❷**寝かせる。床につかせる。** 枕草子 平安―随筆 かしこきものは「親の前にふすれば、ひとり局にふしたり」訳(乳母が子に添って)親の前に寝かせるので、(乳母の夫は)一人で部屋に寝ている。❸**腹ばいにする。うつぶせにする。** 平家物語 鎌倉―物語 八・名虎「名虎をとってふせんとす」訳名虎(=人名)をつかんでうつぶせにしようとする。❹**ひそませる。隠す。** 古今 平安―歌集 恋三・詞書「よごとに人をふせてまもらすれば」訳毎晩人をひそませて警備させるので。

ふ・す[2]【補す】 他動詞 サ変{せ/し/す/する/すれ/せよ} (官職に)任命する。「ほす」とも。曾我物語 鎌倉―物語 一「上洛して大納言にふし」訳都に入り大納言に任命し。

ふ・す[3]【賦す】 他動詞 サ変{せ/し/す/する/すれ/せよ} **題を割り当てられて詩を作る。詩歌を作る。** 難波土産 江戸―論 発端「たとへば松島・宮島の絶景を詩にふしても」訳たとえば松島や宮島のひじょうにすぐれた景色を詩歌に作るとしても。

ぶ-す【附子】 名詞 とりかぶとの根汁を乾かしてつくった毒薬。「ぶし」とも。

ふ-ずく【粉熟】 名詞 菓子の名。米・麦・豆・粟・黍などの粉を餅にしてゆで、甘葛を加えてこね合わせたものを竹筒に入れて固めたもの。◆「ふんじゅく」の変化した語。

ふすさ-に 副詞 **いっぱいに。たくさんに。** 万葉集 奈良―歌集 三四八四「麻苧らを麻笥にふすさに績まずとも」訳麻の糸を麻笥(=麻の糸を入れる器)にいっぱいに紡ぎなさっても。◇「ず」は尊敬の助動詞「す」がなまったもの。

ふす・ぶ【燻ぶ】

一 自動詞 バ下二{べ/べ/ぶ/ぶる/ぶれ/べよ} ❶**いぶる。くすぶる。** 徒然 鎌倉―随筆 一九「蚊遣り火ふすぶるもあはれなり」訳蚊遣り火がくすぶっているのももの寂しく心ひかれる。❷**嫉妬する。やきもちをやく。** 枕草子 平安―随筆 くるしげなるもの「思ふ人二人もちて、こなたかなたふすべらるる男」訳愛する人を二人持って、両方から嫉妬される男(は困っているように見える)。❸**すねる。** 蜻蛉 平安―日記 上「隣さかしらするまで、ふすべかはして」訳隣からいらぬおせっかいをするまで、互いにすねあって。

二 他動詞 バ下二{べ/べ/ぶ/ぶる/ぶれ/べよ} **いぶす。くすぶらせる。** 源氏物語 平安―物語 須磨「柴といふ物、ふすぶるなりけり」訳柴というものを、いぶしているのであった。

ふすぼ・る【燻ぼる】 自動詞 ラ四{ら/り/る/る/れ/れ} ❶**くすぶる。けぶる。** 反魂香 江戸―浄瑠 浄瑠・近松「お寝間の内は抹香でふすぼりますと言ひければ」訳ご寝室の中はお香でくすぶりますと言ったところ。❷**すすける。黒ずむ。** 平家物語 鎌倉―物語 三・頼豪「もってのほかにふすぼったる持仏堂にたてごもって」訳(護摩をたく煙で)予想外にすすけている持仏堂にたてこもって。◇「ふすぼっ」は促音便。

ふすま【衾・被】 名詞 寝るときに身体にかける夜具。かけ布団・かいまきなど。

ふすゐ-の-とこ【臥す猪の床】 連語 いのししの寝所。また、いのしし。◆主に和歌で「いのしし」を表す語として用いる。

ふ-せ[1]【布施】 名詞 仏教語。施しをすること。特に、僧に金品を施し与えること。また、その金品。

-ふせ[2]【伏せ】 接尾語 矢の長さをはかる単位。一伏せは指一本の幅。ふつう、「ぶせ」と連濁する。「十二束三つぶせ」

ふ-ぜい[1]【風情】 名詞

❶**風流な趣。情趣。風雅。** 方丈記 鎌倉―随筆「岡の屋にゆきかふ船をながめて、満沙弥がふぜいを盗み」訳岡の屋(=船着き場)に行き来する船をながめて、沙弥満誓(=奈良時代の歌人)の風流な趣をまねて学び。❷**ようす。ありさま。気配。** 義経記 室町―物語 六「景時父子が命に従ふ者、風に草木の靡くふぜいなれば」訳景時父子の命令に従う者は、風に草木がなびくかのようなようすであるので。❸(能楽で)**所作。しぐさ。** 風姿花伝 室町―論 六「為手の言葉にもふぜいにもかからざらん所には、肝要の言葉をば載すべからず」訳主役の言葉にも所作にもならないような所には、大事なせりふを書き入れてはならない。

-ふぜい[2] 接尾語 ❶〔名詞に付いて〕…**のような(もの)。** 徒然 鎌倉―随筆 五四「箱ふぜいの物にしたため入れて、双の岡の便よき所に埋みおきて」訳箱のような物に丁寧に収めて、双の岡(=京都の北部の地名)の都合よい所に埋めておいて。❷〔人を表す語に付いて〕…**のような奴。…ごとき者。** 薩摩歌 江戸―浄瑠 浄瑠・近松「うぬらふぜいと太刀打ちは」訳おまえらのような奴との相手は。

ふぜい-な・し【風情無し】 連語 **みっともない。ぶざまだ。** 平家物語 鎌倉―物語 八・鼓判官「『ふぜいなし。知康には天狗ついたり』とぞ笑はれける」訳「ぶざまだ。知康には天狗がとりついた」と(人々に)笑われた。

ふせ-いほ【伏せ庵】 名詞 伏せたように軒が地面に接している、みすぼらしい家。

ふ-せう【不肖】 名詞 ❶愚かなこと。劣っていること。❷親に似ず愚かなこと。❸不遇なこと。貧しいこと。

ふ-せう・なり【不肖なり】 形容動詞 ナリ{なら/なり・に/なり/なる/なれ/なれ} ❶**愚かだ。劣っている。** 平家物語 鎌倉―物語 九・越中前司最期「盛俊身こそふせうなれども」

訳盛俊は、自分自身、愚かではあるけれども。❷親に似ないで愚かだ。神皇正統記 南北―史書 武烈「尭の子丹朱、ふせうなりしかば舜に授け」訳尭の子丹朱は、親に似ないで愚かであったので(帝位を)舜に授けて。❸不遇だ。境遇にめぐまれない。ささめごと 室町―論「慶雲は身の程やふせうなりけむ」訳慶雲(＝歌人)の身の上は不遇であったのだろうか。

ふせき-や【防き矢】 名詞 敵の襲来を防ぎとめるために矢を射ること。また、その矢。◆後に「ふせぎや」とも。

ふせ・く【防く】 他動詞カ四{か/き/く/く/け/け} くいとめる。遮る。防止する。源氏物語 平安―物語 蓬生「朝日・夕日をふせく蓬・葎の陰に」訳朝日や夕日を遮る蓬や葎の陰に(雪は深く積もって)。◆後に「ふせぐ」とも。

ふせ-ご【伏せ籠】 名詞 中に香炉を置いて伏せかけた衣服に香を移したり、火鉢を入れて衣服を乾かしたり暖めたりするのに用いる籠。竹または金属で作る。

(伏せ籠)

ふ-せつ【浮説】 名詞 うわさ。風説。評判。徒然 鎌倉―随筆 一六四「世間のふせつ、人の是非、自他のために失多く、得少なし」訳世間のうわさ、他人の批判は、お互いのために損失が多く、得ることは少ない。

ふせ-や【伏せ屋】 名詞「ふせいほ」に同じ。

ふせ・る【伏せる・臥せる】 自動詞ラ四{ら/り/る/る/れ/れ} 横になる。宇治拾遺 鎌倉―説話 三・一六「吐き散らしてふせりあひたり」訳(ひょうたんを食べた者は皆)吐き散らしてごろごろ横になっていた。

豊前 地名 旧国名。西海道十二か国の一つ。今の福岡県東部と大分県北部に当たる。古くは豊後と共に豊の国の一部だった。豊州。参照▶資料21

ふ-そく【不足】 名詞／―す 自動詞サ変 ❶不十分であること。不完全であること。❷不満に思うこと。不平に思うこと。平治物語 鎌倉―物語 上「かくのみ過分なりしかども、なほふそくして」訳ただもうこのように過分な待遇となったのだが、まだ不満に思って。

ふ・ぞく[1]【付属・付嘱・附属】 名詞／―す 他動詞サ変 ❶仏教語。仏法を伝授すること。今昔物語 平安―説話 六・三「この人に仏法を皆ふぞくしたまひつ」訳この人に仏法をすべて伝授しなさった。❷あずけること。譲り渡すこと。今昔物語 平安―説話 二・三二「家業及び妻子・眷属を弟にふぞくして出家して山に入りぬ」訳家業及び妻子や一族を弟にあずけて、出家して山に入った。

ふ-ぞく[2]【風俗】 名詞「風俗歌」の略。

風俗歌 文芸 古代歌謡の一つ。地方の民謡のこと。平安時代に宮廷・貴族社会に採り入れられ、宴遊などで演奏された。「ふうぞくうた」、「風俗」とも。

蕪村 ⇩与謝蕪村

ふだ【簡・札】 名詞 ❶「にっきふのふだ」に同じ。❷立て札。高札。❸お守り。守り札。

ふた-あゐ【二藍】 名詞 ❶染め色の一つ。紅花と藍で染めた、赤みがかった灰青色。ふたゐ。参照▶口絵 ❷襲の色目の一つ。表は赤みがかった濃い縹、裏は縹色。

ふ-たい【不退】 名詞 仏教語。修行を通して得た功徳や悟りが決して失われることのない段階に達すること。また、怠ることなく勤行を続けること。「不退転」とも。

ふ-だい【譜第・譜代】 名詞 ❶氏族の家系の順序を記したもの。系図。系譜。❷代々家系を継承すること。世襲。また、その家系。❸世襲的に臣下として仕えること。また、その者。❹「譜代大名」の略。江戸時代の大名で、関ケ原の戦い以前から徳川氏に仕えていたもの。「外様」に対していう。

ふ-たいてん【不退転】 名詞「ふたい」に同じ。

ふ-たい-の-ぢ【不退の地】 連語 極楽浄土。「ふたいのど」「ふたいのところ」とも。

ふ-たい-の-ど【不退の土】 連語「ふたいのぢ」に同じ。

ぶ-たう[1]【無道】 名詞 非道。道理に外れていること。「むだう」とも。太平記 室町―物語 九「天に代はってぶたうを誅し」訳天に代わって非道を除き。

ぶ-たう[2]【舞踏】 名詞／―す 自動詞サ変「ぶたふ(舞踏)」に同じ。

ふたう-じん【不当人】 名詞 無法者。不法な行いをする者。「ふたうにん」とも。

武道伝来記 書名 浮世草子。井原西鶴作。江戸時代前期(一六八七)刊。八巻。〔内容〕「諸国敵討」の副題がある。敵討ちの三十二話の短編を集め、武士の心情と武家社会の悲劇を、非情な目で描いた秀作が多い。

ぶ-たう・なり【無道なり】 形容動詞ナリ{なら/なり・に/なり/なる/なれ/なれ} 道理に外れている。非道だ。「むだうなり」とも。

二上山 地名 ❶今の奈良県と大阪府の境にある山。大津皇子の埋葬された地。奈良県側のふもとに当麻寺がある。❷今の富山県高岡市と氷見市との境にある小高い山。◆「ふたがみやま」とも。

ふたが・る【塞がる】 自動詞ラ四{ら/り/る/る/れ/れ} ❶詰まる。ふさがる。❷悪い方角に当たっている。▼陰陽道でいう。枕草子 平安―随筆 かへる年の「今宵、方のふたがりければ、方違へになむいく」訳今夜は、方角が悪い方角に当たっていたので、方違えに行く。

ふた・ぐ【塞ぐ】 一 他動詞ガ四{が/ぎ/ぐ/ぐ/げ/げ} ❶覆う。ふたをする。遮る。ふさぐ。枕草子 平安―随筆 頭の中将の「声などする折は、袖で顔をふたぎてつゆ見おこせず」訳(私の)声などがするときには、(頭の中将は)袖で(顔を)覆って少しも(私を)見ないで。❷「韻塞ぎ」をする。源氏物語 平安―物語 賢木「ふたぎもてゆくままに、難き韻の文字どもいと多くて」訳しだいに「韻塞ぎ」をしていくうちに、むずかしい韻の文字などがたいそう多く(残って)。二 他動詞ガ下二{げ/げ/ぐ/ぐる/ぐれ/げよ} ❶いっぱいにする。占領する。源氏物語 平安―物語 松風「寝殿はふたげ給はず」訳寝殿は(仕切りなどで)いっぱいになさらず(あけておいて)。❷妨げる。遮る。源氏物語 平安―物語 蜻蛉「今まうでのぼりける道にふたげられて」訳たった今参上した通路を(薫に)遮られて。

ふた-ごころ【二心】 名詞 ❶浮気心。❷主君に背く心。金塊 鎌倉―歌集 雑「君にふたごころわがあらめやも」訳上皇様に背く心が(私に)ありましょうか、いや、ありません。

ふだ-さし【札差し】 名詞 江戸時代、旗本・御家人の代理として蔵米の受け取り・販売を行って手数料を取り、また、蔵米を担保として金を貸した者。蔵宿(くらやど)。◆蔵米の受け取り手形の「札」を米俵に差す意から。

ふた-つ【二つ】
一 名詞 二。二歳。二番目。◆「つ」は接尾語。
二 副詞 再び。重ねて。大鏡 平安‐物語 公季「またふたつ人見るといふことはあるべきにもあらず」訳また再びほかの女性と結婚するということは当然あろうはずもない。

ふたつ-ぎぬ【二つ衣】 名詞 袙(あこめ)や袿(うちき)を二枚重ねて着たもの。

ふたつ-な・し【二つ無し】 形容詞ク {(く)・から/く・かり/し/き・かる/けれ/かれ} ❶二つとない。たぐいない。万葉集 奈良‐歌集 三一七三「ふたつなき恋をしすれば」訳(あとにも先にも)二つとない恋をするので。❷この上ない。土佐日記 平安‐日記 二・六「額(ひたひ)に手を当てて喜ぶことふたつなし」訳(皆は)額に手を当てて喜ぶことこの上ない。

ふたつ-の-うみ【二つの海】 連語 生と死の二つの世界。

ふたつ-の-みち【二つの道】 連語 ❶貧家の女性の行いと富家の女性の行い。◇女性は貧富によって結婚に二つの道があるとうたった『白氏文集(はくしもんじゅう)』の「秦中吟(しんちゅうぎん)」による。❷忠と孝の道。

[1]ふたつ-もじ【二つ文字】 名詞 平仮名の「こ」の字のこと。

[2]ふたつもじ… 和歌「ふたつ文字 牛の角(つの)文字 直(す)ぐな文字 ゆがみ文字とぞ 君はおぼゆる」徒然 鎌倉‐随筆 六二・延政門院(えんせいもんいん) 訳二つの文字(=こ)、牛の角のような形をした文字(=い)、まっすぐになっている文字(=し)、ゆがんだ形の文字(=く)、そのようにあなた様のことを思っております。
鑑賞 延政門院が幼少のころ、父親の後嵯峨(ごさが)上皇に言い上した歌。それぞれの文字の説明が、「こ・い・し・く」を導くなぞなぞになっており、父親のことを恋しく思っているという無邪気な子供らしい表現になっている。ただし、正しい歴史的仮名遣いは「こひしく」。

部立て(ぶだて) 文芸 和歌集などで、和歌の配列のために行う、作品の内容による分類のこと。『万葉集』の部立ては、相聞(そうもん)・挽歌(ばんか)・雑歌(ぞうか)の三つ。『古今和歌集』では、春・夏・秋・冬の四季と恋とを中心に、賀(が)・離別・羇旅(きりょ)・物名(もののな)・哀傷・雑(ぞう)などの部立てを行い、以後の勅撰(ちょくせん)和歌集の部立ての基本となった。

ふた-と 副詞 ばさっと。ぼんと。▼勢いよくぶつかる音を表す。今昔物語 平安‐説話 二三・二〇「男の尻(しり)をふたと蹴(け)たりければ」訳男の尻をぼんと蹴ったところ。

ふた-なぬか【二七日】 名詞 ❶十四日間。病気療養の区切りの一つ。❷死後十四日目の忌日。またその日に行う仏事。◆「ふたなのか」とも。

ふた-ば【二葉・双葉・嫩】 名詞 草木が若芽を出したばかりの葉。人の幼少のときをもいう。

ぶ-たふ【舞踏】 ブトウ 名詞/―す 自動詞サ変 朝廷などでの朝賀・即位・節会(せちえ)・叙位・任官などのさいの拝礼の作法の一つ。二度礼拝(らいはい)して笏(しゃく)を置き、立って身を左右左とひねり、座って左右左とひねり、笏を取って礼拝し、立ってさらに二度礼拝する。「ぶたう(舞蹈)」とも。

ふた-ふた(と) 副詞 ❶ぱたぱた(と)。ばたばた(と)。枕草子 平安‐随筆 あかつきに帰らむ人は「扇ふたふたと使ひ懐紙(ふところがみ)さし入れて」訳扇をばたばたと使い懐紙をしまいこみ。❷ぽたぽた(と)。▼血などのしたたり落ちるようすを表す。愚管抄 鎌倉‐論 四「ふところより黒血をふたふたと取りいだしたりければ」訳懐中から黒い血をぽたぽたと流したので。❸あたふた(と)。▼あわてふためくようすを表す。

ふた-へ【二重】 フタエ 名詞 ❶二つ重なっていること。❷腰が折れ曲がっていること。❸襲(かさね)の色目の一つ。表も裏も色が同じもの。

ふた-ま【二間】 名詞 ❶柱と柱との間(=柱間(はしらま))が二つあること。柱三本の間の距離。また、東から二番目の柱間。❷柱間の二つある部屋。仏像を安置するときなどに使う。❸清涼殿(せいりょうでん)の部屋の一つ。「夜の御殿(おとど)」の東側にある。夜居(よゐ)の僧の詰める所。参照▼口絵

二見浦(ふたみのうら) 地名 歌枕 今の三重県度会(わたらい)郡二見町の今一色(いまいしき)から立石崎に至る海岸。夫婦岩(めおといわ)で名高く、伊勢神宮に参詣(さんけい)する者が禊(みそぎ)をし斎戒する場所でもあった。
参考 歌枕としての「二見浦」には、ほかに但馬(たじま)の国の二見浦(=今の兵庫県城崎(きのさき)郡城崎町の円山(まるやま)川河口)と、播磨(はりま)の国の二見浦(=今の兵庫県明石(あかし)市二見)との二つがあり、三つのいずれを詠んだのか不明な歌が多い。

ふたむね-の-ごしょ【二棟の御所】 名詞 寝殿造りで、寝殿の東北に突き出して造った建物。居間や応接間に用いる。

ふた-めか・す 他動詞サ四 {さ/し/す/す/せ/せ} ばたばたさせる。宇治拾遺 鎌倉‐説話 三・一六「羽をふためかして惑ふほどに」訳(すずめが)羽をばたばたさせてあわてふためいているうちに。◆「めかす」は接尾語。

***ふた-め・く** 自動詞カ四 {か/き/く/く/け/け} ❶ばたばたと音を立てる。徒然 鎌倉‐随筆 一六二「大雁(おほがり)どもふためきあへる中に」訳たくさんの大雁が(堂に閉じ込められて)ばたばた音を立てあっている中に。❷ばたばた騒ぎ立てる。あわて騒ぐ。平家物語 鎌倉‐物語 八・緒環「引き具したりける所従十余人倒れふためき」訳引き連れていた家来十余人は(大蛇を見て)腰を抜かしてあわて騒ぎ。◆「ふた」は擬声語、「めく」は接尾語。

ふた-ゆ・く【二行く】 自動詞カ四 {か/き/く/く/け/け} ❶二度繰り返す。万葉集 奈良‐歌集 七三三「うつせみの世やもふたゆく」訳現実のこの世は二度繰り返すことがあるのだろうか、いや、そんなことはない。❷両方に心が通う。二心を持つ。万葉集 奈良‐歌集 三五二六「吾(あ)が心ふたゆくなもとなよ思(も)はりそね」訳私の心が両方に通うとは決して思わないでください。

ふだらく【補陀洛・補陀落】 名詞 仏教語。インドの南海岸にあるという山。観世音菩薩(かんぜおんぼさつ)が住む浄土といわれる。また観音(かんのん)の霊場をもいう。「補陀洛山(せん)」とも。
参考 日本では平安時代末期より熊野(くまの)の補陀洛に擬しての熊野信仰が盛んになり、補陀洛を目ざし船出する「補陀洛渡海(とかい)」を行う者もいた。

ふたり(と) 副詞 ぼとん(と)。ぽとり(と)。▼物の落ちる音を表す。宇治拾遺 鎌倉‐説話 二・七「鼻はづれて粥(かゆ)の中へふたりとうち入れつ」訳(鼻を持ち上げる木が揺れて)鼻がはずれて粥の中へぼとんと落としてしまっ

ふ

た。

ふたりゆけど…【和歌】「二人行けど 行き過ぎ難き 秋山を いかにか君が 独り越ゆらむ」【万葉集 奈良―歌集】一〇六・大伯皇女〔訳〕二人で行っても寂しくて通って行きづらい秋の山を、今、あなたはどのようにひとりで越えているのだろうか。

【鑑賞】弟大津皇子との別れを悲しんで詠んだ歌。「わが背子を大和へ遣ると小夜更けて暁露にわが立ち濡れし」(『万葉集』)〈⇩わがせこを…〉の歌も同じ時に詠まれた。

ふ-だん【不断】【副詞】いつも。通常。平常。【子盗人 室町―狂言】狂言「ふだん道具が取り散らいて有ると申すによって」〔訳〕いつも道具を取り散らかしていると申しますので。

ふだん-かう【不断香】フダンコウ【名詞】昼夜絶え間なく室内にたき続ける香。「不断の香」とも。

ふだん-ぎやう【不断経】フダンギョウ【名詞】昼夜間断なく経文を読むこと。特に、『大般若経』『最勝王経』『法華経』などを一定期間にわたって読み、安産や病気平癒の祈願や物故者の追善供養をすること。

ふ-だん・なり【不断なり】【形容動詞】ナリ{なら/なり・に/なり/なる/なれ/なれ}絶え間ない。【源氏物語 平安―物語】総角「法華経をふだんにせさせ給ふ」〔訳〕法華経を絶えまなくお読ませになる。

ふだん-の-かう【不断の香】フダンノコウ【名詞】「ふだんかう」に同じ。

ふ-ち[1]【扶持】【一】【名詞】/―す【他動詞】サ変 ❶助けること。守り支えること。【平家物語 鎌倉―物語】一・額打論「外祖忠仁公(=藤原良房)幼主をふちし給へり」〔訳〕外祖父忠仁公(=藤原良房)が幼い君主(=清和天皇)をお助けになった。❷主従関係を結んで俸禄を与えること。【徒然 鎌倉―随筆】二二六「信濃の入道をふちし給ひけり」〔訳〕(慈鎮和尚は)信濃の入道(=中山行長)と主従関係を結んで生活の世話をしなさった。

【二】【名詞】「扶持米」の略。俸禄として主君から家臣に支給される米。◆江戸時代の語。

ふち[2]【淵】【名詞】水がよどんで深くなっている所。【蕪村句集 江戸―句集】俳諧「朝顔や一輪深きふちの色―蕪村」〔訳〕色とりどりの朝顔が咲いている中に、一輪だけ藍色の花が開いている。その色は谷川の深い淵の色のようだ。【対】瀬。

ふぢ*【藤】フジ【名詞】❶木の名。また、その花。つる性で、初夏に紫色や白色の小花が房になってさく。❷藤色。薄紫色。【栄花物語 平安―物語】御裳着「ふぢの裾濃の織物の御几帳」〔訳〕薄紫色の裾濃の織物の御几帳。❸「藤襲」の略。❹「藤衣❷」の略。

【参考】「藤」は平安時代の貴族に愛好された花の一つであった。それは、花の色の紫が当時好まれた色であったことによるのであろう。また一方、その名から藤原氏が連想され、藤原氏の勢力が盛んになるに従って「藤」との結びつきが大きくなり、その花の盛りをめでたいものと感じたことにもよるのであろう。

ふぢ-がさね【藤襲】フジガサネ【名詞】襲の色目の一つ。表が薄紫、裏が青。一説に、表が薄紫、裏が萌葱。晩春から初夏に用いる。

ふぢ-ごろも【藤衣】フジゴロモ【名詞】❶ふじやくずなどの外皮の繊維で織った布の衣類。織り目が粗く、肌触りが硬い。貧しい者の衣服とされた。【万葉集 奈良―歌集】四一三「須磨の海人の塩焼き衣のふぢごろも」〔訳〕須磨の海人が塩を焼くときの作業着である藤衣は。❷喪服。「藤」とも。【古今 平安―歌集】哀傷「ふぢごろもはつるる糸はわび人の涙の玉の緒とぞなりける」〔訳〕(喪が終わり)喪服からほつれる糸は(父を亡くし)悲嘆にくれている人(=私)の涙の玉を貫き通すひもになっていたのだなあ。◆「藤の衣」とも。

ふち-せ【淵瀬】【名詞】❶淵と瀬。川の深い所と浅い所。【土佐日記 平安―日記】二・一六「この川、飛鳥川にあらねば、ふちせさらに変はらざりけり」〔訳〕この川(=桂川)は、飛鳥川ではないので、淵と瀬は少しも変わっていなかった。❷世の中や人事の移ろいやすいことのたとえ。無常。【後撰 平安―歌集】雑四「飛鳥川ふちせに変はる心とは皆上下の人も言ふめり」〔訳〕飛鳥川の淵瀬のように世の中は無常で(すぐに)心が変わりやすいと、身分の高い人も低い人も皆言うようです。

ふぢ-つぼ[1]【藤壺】フジツボ【名詞】「飛香舎」の別名。

藤壺[2] ふぢつぼ フジツボ【人名】『源氏物語』の作中人物。先帝の第四皇女。桐壺帝の女御として藤壺に住み、のち中宮となる。容貌が桐壺更衣に似ていることから光源氏にしたわれ、やがて二人の子冷泉帝を生む。桐壺帝崩御後出家して「入道の宮」「入道きさいの宮」といわれる。

ふぢ-なみ【藤波・藤浪】フジナミ【名詞】❶藤の花房の風に揺れるさまを波に見立てていう語。転じて、藤および藤の花。【古今 平安―歌集】夏「わが屋戸の池のふぢなみ咲きにけり山ほととぎすいつか来鳴かむ」〔訳〕わが家の庭先の池のほとりの藤の花が咲いたことよ。山のほととぎすはいつになったら飛んで来て鳴くだろうか(待ち遠しいことだ)。❷藤原氏のたとえ。【今鏡 平安―物語】藤波中「ふじなみのあと絶えず」〔訳〕藤原氏の跡継ぎは絶えないで。

【参考】和歌に多く用いられる語で、平安時代には「ちはやぶる賀茂の川辺のふぢなみは懸けて忘るる時の間ぞ無き」(『梁塵秘抄』)のように、藤原氏の繁栄を歌意にこめる場合がある。

ふぢ-の-おんぞ【藤の御衣】フジノオンゾ【連語】「ふぢごろも❷」の尊敬語。

ふぢ-の-ころも【藤の衣】フジノコロモ【連語】「ふぢごろも」に同じ。

ふぢ-ばかま【藤袴】フジバカマ【名詞】❶植物の名。秋の七草の一つ。茎・葉に香気がある。❷藤色の袴。❸襲の色目の一つ。表裏とも紫色。秋八月に用いる。

ふぢはら-きやう【藤原京】フジワラキョウ【名詞】持統天皇の持統八(六九四)年、飛鳥浄御原宮からの遷都で今の橿原市に造営され、元明天皇の和銅三(七一〇)年の平城京遷都まで続いた日本の都。藤原宮。

ふぢはら-きゅう【藤原宮】フジワラキュウ【名詞】「ふぢはらきやう」に同じ。

藤原顕輔 ふぢはらのあきすけ フジワラノアキスケ【人名】(一〇九〇～一一五五)平安時代後期の歌人。六条家の顕季の子。清輔の父。六条家の歌風を継承し、穏健優雅な和歌を詠んだ。崇徳上皇の院宣をうけて勅撰集『詞花和歌集』を撰した。家集に『左京大夫顕輔卿集』がある。

藤原明衡（ふぢはらのあきひら） 人名 （九八九?〜一〇六六）平安時代後期の漢詩人。漢詩文にすぐれ、後朱雀天皇のとき『本朝文粋』を編み、後冷泉天皇の代に文章博士兼大学頭となった。著書に『新猿楽記』『明衡往来』がある。

藤原朝忠（ふぢはらのあさただ） 人名 （九〇九?〜九六六）平安時代中期の歌人。三十六歌仙の一人。定方の子。通称は土御門中納言。『天徳内裏歌合』などで活躍し、『後撰和歌集』などの勅撰集にも入集。家集に『権中納言朝忠卿集』がある。

藤原敦忠（ふぢはらのあつただ） 人名 （九〇六〜九四三）平安時代中期の歌人。三十六歌仙の一人。時平の子。曾祖父は在原業平。好男子で管弦の道にも才能を示した。『後撰和歌集』以下の勅撰集に入集。家集に『権中納言敦忠卿集』がある。

藤原家隆（ふぢはらのいへたか） 人名 （一一五八〜一二三七）鎌倉時代前期の歌人。『新古今和歌集』の撰者の一人で、藤原定家とならぶこの時代の代表的歌人であった。京都の壬生に住み従二位であったところから、家集を『壬二集』という。

藤原興風（ふぢはらのおきかぜ） 人名 生没年未詳。平安時代前期の歌人。三十六歌仙の一人。『寛平御時后宮歌合』『亭子院歌合』などで活躍し、『古今和歌集』以下の勅撰集にも入集。美しい景色を創造して詠嘆する作風が特色で、歌壇の重鎮であった。家集に『興風集』がある。

藤原兼家（ふぢはらのかねいへ） 人名 （九二九〜九九〇）平安時代中期の歌人。摂政・関白・太政大臣。師輔の子で、道長や道綱の父。豪快な人柄で政略にたけ、藤原氏全盛の基盤を固めた。『古今和歌集』以下の勅撰集に十六首がある。

藤原兼輔（ふぢはらのかねすけ） 人名 （八七七〜九三三）平安時代中期の歌人。三十六歌仙の一人。家が賀茂川べりで堤中納言と呼ばれた。紀貫之らの歌人と交際した。知的で温かい歌風で、『古今和歌集』『後撰和歌集』に入集。家集に『兼輔集』がある。

藤原清輔（ふぢはらのきよすけ） 人名 （一一〇四〜一一七七）平安時代後期の歌人。顕輔の子。歌学・歌道の六条家の中心人物で、藤原俊成と並び称された。『続詞花和歌集』を編集し、『千載和歌集』以下の勅撰集に入集。歌学書『袋草子』『奥義抄』、家集に『清輔朝臣集』がある。

藤原公任（ふぢはらのきんたふ） 人名 （九六六〜一〇四一）平安時代中期の歌人。関白藤原頼忠の子。詩歌・管弦・書道などにすぐれ、藤原道長を感心させた逸話が『大鏡』にある。『和漢朗詠集』の撰者で、家集に『前大納言公任卿集』がある。

藤原公経（ふぢはらのきんつね） 人名 （一一七一〜一二四四）鎌倉時代の歌人。西園寺家の祖。太政大臣。源頼朝の姪を妻として栄進、京都北山に西園寺を建て、号とした。諸芸にすぐれ、和歌は『新古今和歌集』以下の勅撰集に入集。

藤原伊尹（ふぢはらのこれただ） 人名 （九二四〜九七二）「これまさ」ともよむ。平安時代中期の歌人。一条摂政と呼ばれた。師輔の長男。太政大臣。和歌所別当として『万葉集』の訓釈と『後撰和歌集』の撰集に従事した。『後撰和歌集』以下の勅撰集に入集。家集に『一条摂政御集』がある。

藤原定家（ふぢはらのさだいへ） 人名 （一一六二〜一二四一）鎌倉時代前期の歌人。俊成の子で「定家」とも読む。新古今時代の代表的人物である。父の歌風をうけて「幽玄体」を完成し、これを「有心体」と称して、情趣豊かな余韻余情（＝言外の味わい）のある歌を理想とした。古典の研究に専念し「定家かなづかい」を確立した。家集に『拾遺愚草』、歌論書に『毎月抄』、日記に『明月記』がある。

藤原定方（ふぢはらのさだかた） 人名 （八七三〜九三二）平安時代中期の歌人。高藤の子。右大臣。延喜十三年（九一三）の『亭子院歌合』など宮廷歌壇で活躍した。和歌・管弦にすぐれ、『後撰和歌集』などの勅撰集に入集。家集に『三条右大臣集』がある。

藤原定頼（ふぢはらのさだより） 人名 （九九五〜一〇四五）平安時代中期の歌人。四条中納言と呼ばれる。公任の子。音楽・読経に長じ、能書家で、和歌の逸話が多い。『後拾遺和歌集』以下に入集。家集に『定頼集』がある。

藤原実方（ふぢはらのさねかた） 人名 （?〜九九八）平安時代中期の歌人。定時の子。恋人の清少納言や藤原公任・道綱らとの贈答歌が多く、のち陸奥守になって任地で没した。『拾遺和歌集』以下に入集。家集に『実方朝臣集』がある。

藤原彰子（ふぢはらのしやうし） 人名 （九八八〜一〇七四）平安時代中期の女流歌人。一条天皇の中宮。上東門院。道長の娘。和歌にすぐれ、紫式部・和泉式部・赤染衛門ら多くの才媛が仕えた。『後拾遺和歌集』以下の勅撰集に和歌がある。

藤原忠通（ふぢはらのただみち） 人名 （一〇九七〜一一六四）平安時代後期の歌人・漢詩人。忠実の子。摂政・関白・太政大臣。保元の乱では後白河天皇方についた。和歌・漢詩・書道にすぐれ、家集に『田

古典の常識

『自我の強い天才歌人』―藤原定家

歌壇の重鎮藤原俊成の二十人ほどいた子の末から二番めに生まれ、源平争乱の世の中で、ただひたすら歌道に励み、父の創始した「幽玄」の歌風を確立した。

幼少のときから和歌の才を発揮し、二十一歳で『堀川院題百首』を詠んだときには、多くの先輩歌人から賞賛を浴びた。

後鳥羽院に認められて後は宮廷歌人として活躍し、和歌所の寄人となって『新古今和歌集』の撰者をつとめたのをはじめ、歌論の執筆、多くの歌合わせの判者になるなど、当時の歌壇の中心人物として名をあげ、『小倉百人一首』も撰した。

その性格は、自尊心が強く感情の起伏も激しかったと伝えられ、常に周りの人々と衝突し、時には後鳥羽院の撰歌にも不満をもらしたという。反面、非常に家庭的で妻子を愛した。

七十一歳で権中納言まで昇進したが翌年出家し、八十歳の天寿を全うした。

多民治集』、漢詩集に『法性寺関白集』、日記に『法性寺関白記』がある。

藤原為家 ふぢはらのためいへ フジワラノタメイエ 人名 (一一九八～一二七五)鎌倉時代の歌人。定家の子。阿仏尼は後妻。『続後撰和歌集』の撰者で、『続古今和歌集』は共撰。歌壇に君臨したが、子孫は二条・京極・冷泉の三家に分裂した。歌論書に『詠歌一体』、家集に『為家集』がある。

藤原為兼 ふぢはらのためかね フジワラノタメカネ ⇨京極為兼

藤原為相 ふぢはらのためすけ フジワラノタメスケ 人名 (一二六三～一三二八)鎌倉時代の歌人。為家の三男で母は阿仏尼。冷泉家の祖。兄の為氏との所領争いで鎌倉に行き、武家に和歌や連歌を教え歌壇に尽くした。門流から今川了俊・正徹が出た。

藤原為教 ふぢはらのためのり フジワラノタメノリ ⇨京極為教

藤原定子 ふぢはらのていし フジワラノテイシ 人名 (九七六～一〇〇〇)平安時代中期の女流歌人。一条天皇の皇后。道隆の娘。清少納言を始め多くの才女が華やかな定子サロンを形成。その情景は『枕草子』に描かれている。和歌は『後拾遺和歌集』以下の多くの勅撰集に入集している。

藤原俊成 ふぢはらのとしなり フジワラノトシナリ 人名 (一一一四～一二〇四)平安時代後期の歌人。定家の父で、「俊成」とも読む。法名、釈阿。『千載和歌集』の撰者。藤原基俊に師事して、清新沈静で言外の余情を重んじる「幽玄体」の新歌風を樹立した。歌論書に『古来風体抄』、家集に『長秋詠藻』がある。

藤原俊成女 ふぢはらのとしなりのむすめ フジワラノトシナリノムスメ 人名 生没年未詳。鎌倉時代前期の女流歌人。後鳥羽院に仕え、女流歌人の第一人者として活躍。『新古今和歌集』以下のすべての勅撰集に入集している。物語評論『無名草子』の作者ともいわれる。

藤原敏行 ふぢはらのとしゆき フジワラノトシユキ 人名 (？～九〇一)平安時代前期の歌人。三十六歌仙の一人。在原業平とは妻どうしが姉妹で親しかった。能書家で知られ、知的で叙情的な和歌をよんだ。『古今和歌集』以下の勅撰集に入集。家集に『敏行集』がある。

藤原雅経 ふぢはらのまさつね フジワラノマサツネ ⇨飛鳥井雅経

藤原道綱母 ふぢはらのみちつなのはは フジワラノミチツナノハハ 人名 (九三六？～九九五？)平安時代中期の女流歌人。右大将道綱母とも。藤原倫寧の娘。藤原兼家と結婚して、道綱を生んだ。和歌にすぐれ、また悩みの多い家庭生活を描いた日記形式の『蜻蛉日記』を書いた。

藤原道長 ふぢはらのみちなが フジワラノミチナガ 人名 (九六六～一〇二七)平安時代中期の政治家。兼家の子。娘三人を一条・三条・後一条の三天皇の中宮に立て、太政大臣となり藤原氏の全盛時代を築いた。出家して法成寺に住んだ。和歌は『拾遺和歌集』以下に入集。家集『御堂関白集』、日記『御堂関白記』がある。

藤原道雅 ふぢはらのみちまさ フジワラノミチマサ 人名 (九九二～一〇五四)平安時代中期の歌人。伊周の子。左京大夫。京都八条の山荘の歌会『左京大夫家歌合』を主催した。奇行も多かったが秀歌も多く、『後拾遺和歌集』以下の勅撰集に入集。

藤原基俊 ふぢはらのもととし フジワラノモトトシ 人名 (一〇六〇ころ～一一四二)平安時代後期の歌人。和漢の学に通じ歌風は保守的で、革新的な歌人の源俊頼と鋭く対立した。門下に藤原俊成がいた。詩歌撰集『新撰朗詠集』を編み、家集『基俊集』がある。

藤原良経 ふぢはらのよしつね フジワラノヨシツネ 人名 (一一六九～一二〇六)鎌倉時代前期の歌人。関白兼実の子で、摂政・太政大臣になった。藤原定家の門下で博識多才、和歌・漢詩文・書道にすぐれ、家集に『秋篠月清集』があり、勅撰集には約三百五十首もの和歌が入集している。

◆学習ポイント43 藤原氏の栄華と一族の争い

藤原氏は代々自分の娘たちを皇后・中宮として、摂政・関白の高位につき、他氏を排斥して勢力を拡大していった。しかし、十世紀半ばの安和の変で他氏排斥に終止符を打つと、一族間での摂関の座をめぐる争いが起こった。

藤原師輔の娘安子が村上天皇の中宮となり、後の冷泉・円融天皇を生んだことで権勢は高まったが、師輔の長男、摂政伊尹の死後、次男兼通と三男兼家との間で後継争いが起きた。その結果、兼家は左遷、兼通は娘媓子を円融天皇の中宮にし、関白に進んだ。兼通は死ぬ際、関白を従兄の頼忠に譲ったが、兼家は娘詮子を円融天皇の女御とし、詮子の生んだ子を一条天皇として即位させ、復権を果たした。兼家の長男道隆は娘定子を一条天皇の中宮にし、摂政・関白となるが、道隆の長男伊周はおじの道長と激しく後継を争い敗れた。道長は長男頼通とともに藤原氏の全盛時代を築いた。

ふち-まい【扶持米】 名詞 江戸時代、主君から家臣に給与として支給された米。「扶持」とも。

***ふ-ぢゃう【不定】** フジョウ 名詞 **定まっていないこと。確かでないこと。** 徒然 鎌倉-随筆 一八九「物は定めがたし。ふぢゃうと心得ぬるのみ、誠にて違はず」訳物事(の予測)は決めがたい。確かではないことと心得てしまうことだけが、真実であってくいちがわないのだ。

***ふ-ぢゃう・なり【不定なり】** フジョウナリ 形容動詞ナリ {なら/なり・に/なり/なる/なれ/なれ} **定まらない。不確かだ。** 徒然 鎌倉-随筆 九一「人の心ふぢゃうなり」訳(一切のものは変化し)人の心は定まらない。

ふ・つ【棄つ・捨つ】 他動詞タ下二 {て/て/つ/つる/つれ/てよ} **捨てる。** 大和物語 平安-物語 一四九「熱湯にたぎりぬれば湯ふてつ」訳熱湯に煮え立ったので湯を捨てた。

ぶっ-かく【仏閣】 名詞 **寺の建物。寺院。**

ふっ-き【富貴】 名詞／―す 自動詞サ変 「ふうき」の促音便。富もあり身分も高いこと。

ふ-づき【文月・七月】 名詞 「ふみづき」に同じ。

ぶっ-きゃう【仏経】 ブッキョウ 名詞 ❶仏教の教典。経文。お経。❷「仏経供養」の略。経文を書写して仏前に供え、死者の冥福を祈ること。

ぶっ-く【仏供】 名詞 「ぶぐ」に同じ。

***ふ-づくえ【文机】** 名詞 書物を載せて読むために使う机。書机。◆「ふみづくえ」の変化した語。

ふつく-に【悉に】 副詞 **ことごとく。すっかり。** 日本書紀 奈良-史書 欽明「ふつくに国のうちの兵を発して」訳ことごとく国中の兵を集めて。

ふつく・む【憤む・恚む】自動詞マ四〔ま／み／む／む／め／め〕**腹を立てる。怒る。**日本書紀 奈良一史書 神代上「天下を治さずして常に啼き泣ちふつくむ」訳天下を治めずに絶えず叫び、泣き、腹を立てる。◆後に「ふづくむ」とも。

ぶっ-くゎ【仏果】名詞仏教語。仏道修行によって得る、成仏という結果。悟り。

ぶっ-こつ【仏骨】名詞「ぶっしゃり」に同じ。

ぶっ-さう【物騒】名詞「ぶっそう」に同じ。

ぶっ-し【仏師】名詞仏像を造る工人。「ぶし」とも。

参考 仏師の長を「大仏師」といい、また、仏画を主とする仏師を特に「絵仏師」という。

ぶつ-じ【仏事】名詞仏教に関する行事。**法事。法要。法会。**

ぶっ-しゃう【仏性】名詞仏教語。人々が本来もっている、仏になることのできる性質。

ぶっしゃう-ゑ【仏生会】名詞「くゎんぶつゑ」に同じ。

ぶっ-しゃり【仏舎利】名詞仏教語。釈迦の遺骨。「舎利」「仏骨」とも。

ぶっ-しょ【仏所】名詞❶仏教語。仏のいる所。**極楽浄土。**❷仏像を安置する所。**仏間。**❸仏師の住む地域。またその工房。

ぶっ-そう【物忩】名詞❶もの騒がしいこと。落ち着かないこと。❷危険なこと。◆「物騒」とも。

ぶっ-そう・なり【物忩なり】形容動詞ナリ〔なら／なり・に／なり／なる／なれ／なれ〕❶**もの騒がしい。落ち着かない。**隅田川 室町一能楽 謡曲「けしからずぶっそうに候ふは何事にて候ふぞ」訳ひどくもの騒がしゅうございますのは何事でございますか。❷**危ない。危険だ。**猿源氏 室町一物語 御伽「洛中は日暮れぬれば小路ぶっそうに候」訳都の中は日が暮れると小路が危険でございます。

仏足石歌 文芸 奈良の薬師寺にある仏足石(＝釈迦の足跡の形を彫った石)の歌碑に刻まれた、二十一首の歌謡。形式は五・七・五・七・七・七の六句で、短歌形式の第五句を繰り返すもの。この歌体は「仏足石歌体」といわれる。「ぶっそくせきのうた」とも。

ぶつ-だ【仏陀】名詞仏教語。正しい悟りを得た者。**仏。**特に、釈迦如来。「ぶつだ」とも。

ぶつ-だう【仏道】名詞釈迦の説いた道。**仏教。仏法。**

ふつつか・なり【不束なり】形容動詞ナリ〔なら／なり・に／なり／なる／なれ／なれ〕❶**どっしりしている。重々しい。**宇津保 平安一物語 蔵開上「いと大きやかに、ふつつかに肥え給へるが」訳たいそう大きくて、どっしりとお太りになっているのが。❷**不格好だ。みっともない。**源氏物語 平安一物語 夕顔「少し黒みやつれたる旅姿、いとふつつかに心づきなし」訳少し黒ずんでやつれている旅の姿は、たいそう不格好で興味が持てない。❸**軽率だ。**徒然 鎌倉一随筆 五「不幸に愁へに沈める人の、頭おろしなど、ふつつかに思ひとりたるにはあらで」訳不幸なことに悲しみに沈んでいる人が、髪をそって出家するといったふうに、(一時の興奮などで)軽率に決心したのではなくて。

ふっつ-と 副詞❶**ぷっつりと。ふっと。**▼物を断ち切る音を表す。心中天網島 江戸一浄瑠 浄瑠・近松「ふっつと切ってこれ見や小春」訳(黒髪を)ぷっつりと切ってこれを見よ小春。❷**きっぱりと。決して。**箕被 室町一狂言 狂言「外へといふてはふっつと参るまい」訳ほかの所へといっても決して出かけまい。

ふっつり(と) 副詞❶ぷっつり(と)。▼物の断ち切れる音を表す。❷**まったく。すっかり。**花子 室町一狂言 狂言「外へといふてはふっつりとならぬと申す」訳外へ行くといってはまったくなりませんと申し上げる。❸**ぎゅっと。**▼強くつねるようすを表す。

ぶっ-てん【仏天】名詞仏を天にたとえた尊敬語。

ふつ-と 副詞❶**完全に。きっぱりと。**沙石 鎌倉一説話 二「今はふつと殺生とどむべき由申して」訳今はきっぱりと殺生をやめるつもりでいる旨を申し上げて。❷〔多く、打消の語を下接して〕**全然。まったく。**大鏡 平安一物語 伊尹「ふつと動きもせず」訳まったく身動きもしない。❸〔多く、打消の語を下接して〕**急に。にわかに。**宇治拾遺 鎌倉一説話 三・二「たぎり湯を面にかくるやうにおぼえて、ふつとえ入らず」訳にえたぎった湯を顔にかけられるような感じがして、にわかに入ることができない。

ふっ-と 副詞❶**すっぱりと。ぶっすりと。**▼物を勢いよく断ち切ったり、貫き通したりするようすを表す。平家物語 鎌倉一物語 九・忠度最期「右の腕を、ひじのもとよりふっと斬り落とす」訳右の腕を、肘のつけ根からすっぱりと切り落とす。❷**ひょいと。突然。**愚管抄 鎌倉一論 六「ふっと上臈になして」訳(北条義時を)突然上席にして。

ぶつ-ど【仏土】名詞仏教語。**仏の住む国土。極楽浄土。**◆「ぶっと」とも読む。

ふつ-に【悉に】副詞〔打消の語を下接して〕**まったく。全然。絶えて。**日本書紀 奈良一史書 神代上「驚きて求むるに、ふつに見ゆる所無し」訳驚いてさがしてみると、全然見えるものがない。◆奈良時代以前の語。

ふつ-ふつ(と) 副詞❶**ぶつり(と)。ぶつぶつ(と)。**▼物を勢いよく断ち切るようすを表す。平家物語 鎌倉一物語 九・宇治川先陣「太刀を抜き、馬の足にかかりける大綱どもをばふつふつと打ち切り打ち切り」訳(佐々木は)太刀を抜いて、馬の足にひっかかった何本もの大綱をぶつりぶつりと打ち切り打ち切りして。❷**ばたばた(と)。**▼鳥の羽ばたく音を表す。沙石 鎌倉一説話 七「ふつふつと飛びて帰るを見れば」訳ばたばたと飛んで帰るのを見ると。❸**きっぱり(と)。すっかり(と)。**今悔 室町一狂言 狂言「この上はふつふつ釣る事ではござりませぬ」訳これ以上はきっぱり(きつねを)つかまえるものではございません。

ぶっ-ぽふ【仏法】名詞**仏の説いた教え。仏道。**

ぶっぽふ-そう【仏法僧】名詞❶仏教語。仏教で、三つの宝とするもの。仏と、その仏の説いた教えと、その教えを奉ずる僧。「三宝」とも。❷鳥の名。「このはずく」の別名。鳴き声が「ぶっぽうそう」と聞こえることからいう。霊鳥とされる。

ぶつ-みゃう【仏名】名詞❶仏の名号。「南無阿弥陀仏」「南無薬師如来」など。❷仏教語。「仏名会」の略。陰暦十二月十五日から(後には十九日から)三日間、宮中および諸寺院で行われた法会。『仏名経』を読み、諸仏の名号を唱えて、一年間の罪の消滅を願う。お仏名。

ぶつ-めつ【仏滅】名詞❶仏教語。釈迦が死ぬこ

ふ

と。入滅。❷「仏滅日」の略。

ぶつめつ-にち【仏滅日】 名詞 暦に書く六曜の一つ。万事につけて不吉とされる日。

ぶつり-そしつ【仏籬祖室】 名詞 仏教語。**仏道。仏門。禅門。** 仏陀の籬(=竹や雑木で編んだ垣根)の内、祖師(=禅宗の開祖、達磨大師)の室の意。

ふで【筆】 名詞 ❶**毛筆。** ❷❶を使ってかくこと。また、かいたもの。**筆法。筆力。** 源氏物語 平安―物語 桐壺「いみじき絵師といへども、ふでかぎりありければ」訳すぐれた絵かきとはいっても、筆力に限りがあったので。◆「ふみて(文手)」→「ふんで」→「ふで」と変化した語。

ふ-でう【不調】 名詞/―す 他動詞 サ変 整わないこと。調子がよくないこと。欠点があること。思わしくないこと。

ふでう-なり【不調なり】 形容動詞 ナリ {なら/なり・に/なり/なる/なれ/なれ} **整わない。欠点が多い。思わしくない。** 源氏物語 平安―物語 野分「いとふでうなる娘まうけ侍りて、もて煩ひ侍りぬ」訳とても欠点が多い娘を持ちまして、もてあましておりました。

ぶ-てうはふ【無調法】 名詞 ❶**気のきかないこと。** 行き届かないこと。❷**不始末。しくじり。** 鐘の音 室町―狂言 狂言「幾重にも私のぶてうはふでござる」訳かえすがえすも私の不始末でございます。❸芸事や遊び、酒などを楽しまないこと。

ふで-づかひ【筆遣ひ】 名詞 書きぶり。筆のつかい方。書風。

*__ふで-の-あと【筆の跡】__ 連語 書いてある文字や文章。また、その書きぶり。**筆跡。**

ふで-の-しり-と・る【筆の尻取る】 連語 詩歌や文章の指導や添削をする。源氏物語 平安―物語 末摘花「またふでのしりとる博士ぞなかるべき」訳ほかに歌を指導する物知りもいないのだろう。

*__ふで-の-すさび【筆の遊び】__ 連語 気の向くままに書くこと。また、その書いたもの。**慰み書き。**「ふでのすさみ」とも。◆「遊」は「荒」とも書く。

ふで-の-すさみ【筆の遊み】 連語「ふでのすさび」に同じ。

ふで-やう【筆様】 名詞 **書きぶり。筆つき。**

ふで-を-そ・む【筆を染む】 連語 筆に墨をつける。転じて、執筆にとりかかる。執筆する。新古今 鎌倉―歌集 雑下・詞書「墨をすりふでをそめつつ年経れど、書きあらはせる言の葉ぞなき」訳墨をすり、筆に墨をつけて歌を作って書いて長年になるが、書き表して世に示せるような自分の歌はない。

ふ-てん【普天】 名詞 天に覆われている所すべて。天下。「普天の下」とも。◆「普」は「広くゆきわたる」の意。

ふと¹【浮屠・浮図】 名詞 仏教語。❶**仏陀。仏。** ❷**僧。** 野ざらし 江戸―句集 俳文・芭蕉「もとどりなき者はふとの属にたぐへて」訳髪を束ねていない者は僧侶の仲間だとして。❸**仏塔。** 今昔物語 平安―説話 九・三〇「わがためにふとを造れと言ひき」訳私のために仏塔を造れと言った。◆「ふど」「ぶど」とも。

ふと² 副詞 ❶**さっと。すばやく。** 枕草子 平安―随筆 五月ばかりなどに「急ぎてとらへて折らむとするほどに、ふと過ぎて外れたるこそ、いとくちをしけれ」訳(牛車の屋形に入って来た枝を)急いでつかんで折ろうとするときに、すばやく過ぎて(牛車から)外れてしまうのは、とても残念だ。❷**不意に。思いがけず。急に。** 宇治拾遺 鎌倉―説話 五・一〇「この僧の鼻より、氷魚の一つ、ふと出でたりければ」訳この僧の鼻から、氷魚(=鮎の稚魚)が一匹、不意に飛び出したので。❸**たやすく。簡単に。** 竹取物語 平安―物語 竜の頸の玉「わが弓の力は、竜あらばふと射殺して」訳私の弓の威力は、もし竜がいるならばたやすく射殺して。

*__ふと³【太】__ 接頭語「りっぱな」「壮大な」「神聖な」などの意を表す。天皇や神道にかかわる儀礼などに関する名詞・動詞に付ける。「ふと襷」「ふと祝詞」「ふと敷く」「ふと知る」

ふ-どう【不動】 名詞「不動明王」の略。

ふどう-そん【不動尊】 名詞「ふどうみやうわう」に同じ。

ふどう-みやうわう【不動明王】 名詞 仏教語。五大明王の主尊。悪を退治し仏法を守るため、怒りの表情で右手に智恵・降魔の剣、左手に捕縛の縄を持ち、猛火を背負って立つ。「不動」「不動尊」とも。

風土記 書名 地誌。奈良時代(七一三)和銅六年、元明天皇の詔で作成された諸国の地誌の総称。成立年代はさまざま。〔内容〕諸国の産物・地名の由来・伝説などを国文体を交えた漢文で記述してある。『出雲風土記』(完本)のほか、常陸・播磨・肥前・豊後の五か国の風土記が現存する。

(不動明王)

ふところ【懐】 名詞 ❶**懐中。** ❷周囲をものにすっぽり包まれた所。

ふところ-がみ【懐紙】 名詞 常に懐中にして、物を書いたり拭いたり、その他種々の用に当てる紙。畳紙。懐紙。

ふところで-ひきなほ・す【懐で引き直す】 連語 **懐手をやめて居ずまいを正す。行儀を正す。** 源氏物語 平安―物語 初音「大臣の君さしのぞきたまへれば、ふところでひきなほしつつ」訳(女房たちがはしゃいでいるところに)大臣の君(=源氏)が顔をお出しになったので、懐手をやめて居ずまいを正しては(皆きまり悪がっている)。

ふと・し【太し】 形容詞 ク {く・から/く・かり/し/き・かる/けれ/かれ} ❶**太い。** ❷**太っている。** ❸**しっかりしていて動じない。たくましい。** 今昔物語 平安―説話 二五・七「心ふとく力強く足早く」訳(袴垂という盗賊は)気持ちがしっかりしていて動じないで力が強く、足は早くて。対❶～❸細し。

ふとし・く【太敷く】 他動詞 カ四 {か/き/く/く/け/け} **居を定めてりっぱに統治する。** (宮殿を)**りっぱに造営する。** (柱を)しっかり立てる。「ふとたかしく」とも。万葉集 奈良―歌集 一九九「瑞穂の国を神ながらふとしきまして」訳瑞穂の国(=日本の美称)を神そのままにりっぱに統治なさって。◆「ふと」は接頭語、「しく」は統治する意。

ふと-しも 連語 奈良時代以前の語。

なりたち 副詞「ふと」＋副助詞「しも」

〔打消の表現を伴って〕**急には～（ない）。簡単には～（ない）。たやすくは～**

［源氏物語 平安―物語］帚木「また、絵所に上手多かれど、墨書きに選ばれて、つぎつぎにさらに劣り勝るけじめふとしも見え分かれず」訳「また、宮中には絵所に名人上手が多くいますけれど、重要な墨書きの役に選ばれて次々に書いたものは、その優劣の差がたやすくは判別できるものではないことです。

［枕草子 平安―随筆］四月、祭の頃「蔵人思ひしめたる人のふとしもえならぬが、こき日、青色着たるこそやがて脱がせでもあらばやと覚ゆれ」訳蔵人になりたいと思いつめていてすぐにはなれない人が、この日（賀茂の祭りの日）にだけ許されて蔵人の着る青色の袍を着ているのは、このまま着せておいてやりたいと思われることだ。

ふと-し・る【太知る・太領る】 ［他動詞］ラ四〔ら／り／る／る／れ／れ〕（宮殿の柱を）**しっかりと造る。**［万葉集 奈良―歌集］四四六五「宮柱ふとしり立てて」訳宮殿の柱をしっかりと造り立てて。◆「ふと」は接頭語、「しる」は領有する意。奈良時代以前の語。

ふと-たかし・く【太高敷く】 ［他動詞］カ四〔か／き／く／く／け／け〕「ふとしく」に同じ。［万葉集 奈良―歌集］九二八「真木柱ふとたかしきて」訳太くりっぱな柱をしっかりと立てて。◆「ふと」「たか」はいずれも接頭語。

ふ-どの【文殿】 ［名詞］「ふみどの」の変化した語。❶書籍や文書を保管しておく所。**書庫。**▼内裏では「校書殿」がこれに当たる。❷院の庁や摂関家・大臣家などで、所領関係の文書を保管した所。後に、所領関係の訴訟の決裁も行った。

ふと-ばし【太箸】 ［名詞］正月の雑煮用の太く丸い箸。柳の白木で作った。［季］春。

ふと-ばら【太腹】 ［名詞］太くふくらんだ腹。多く馬についていう。「ふとはら」とも。

ふと-り【太織】 ［名詞］「ふとおり」の変化した語。太い練り絹糸で織った絹織物。粗末だが丈夫。

ふな-いくさ【船軍】 ［名詞］❶船に乗った兵。**水軍。**❷船で戦うこと。**海戦。**

ふな-がく【船楽】 ［名詞］船の上で音楽を演奏すること。また、その音楽。

ふな-ぎほ・ふ【船競ふ】 ［自動詞］ハ四〔は／ひ／ふ／ふ／へ／へ〕**船をこいで競争する。**［万葉集 奈良―歌集］三六「大宮人は船並めて朝川渡りふなぎほひ夕川渡る」訳宮中に仕える人は、船を並べて朝川を渡り、船をこぎ競い、夕方には川を渡る。

ふな-ぎみ【船君】 ［名詞］船客中の中心人物。［土佐日記 平安―日記］一・二二「ふなぎみなる人、波を見て」訳船客の中心人物である人が、波を見て。

ふな-こ【船子・舟子】 ［名詞］楫取りの下にあって船を操る者。**水夫。**「水手」とも。

ふなずしや… ［俳句］「鮒ずしや　彦根の城に　雲かかる」［新花摘 江戸―句集］俳諧・蕪村　訳琵琶湖のほとりの茶店で名物の鮒ずしを味わっている。ふと見上げると、晴れ渡った夏空に一片の雲があって、彦根城の上にかかっている。

鑑賞 旅中の句。「鮒ずし」は琵琶湖畔の名物で、内臓を除いた鮒を塩漬けにし、樽の中で飯と交互に重ねて発酵させたなれ鮨のこと。酸味と夏のさわやかさがよく合っている。季語は「鮒ずし」で、季は夏。

ふな-ぞろへ【船揃へ】 ［名詞］／―す［自動詞］サ変　多くの船が集まって出航の準備をすること。［平家物語 鎌倉―物語］一一・逆櫓「ふなぞろへして八島へすでに寄せんとす」訳多くの船が集まって八島へはやくも攻め寄せようとしている。

ふな-だな【船枻・船棚】 ［名詞］船の両舷に取り付けてある板。舟子が櫓や櫂をあやつる所。

ふな-ぢ【船路】 ［名詞］**航路。船旅。**「ふなみち」とも。［土佐日記 平安―日記］一二・二二「ふなぢなれど、馬のはなむけす」訳（馬には乗らない）船旅なのだけれども、馬のはなむけをする。

ふな-つ【船津】 ［名詞］船が風波を避けるために停泊する所。**船着き場。**

ふな-の-へ【船の舳】 ［名詞］**船のへさき。船首。**

ふな-はし【船橋】 ［名詞］小船をつなぎ並べて、その上に板を渡して橋としたもの。浮き橋。「ふなばし」とも。

ふな-ばた【船端・舷】 ［名詞］**船の側面。ふなべり。**

ふな-はて【船泊て】 ［名詞］船が（港などに）泊まること。停泊。［万葉集 奈良―歌集］五八「いづくにかふなはてすらむ安礼の崎漕ぎ廻み行きし棚なし小舟」訳⇩いづくにか…。

ふな-びと【船人】 ［名詞］❶**船頭。**［新古今 鎌倉―歌集］恋一「由良の門を渡るふなびとかぢを絶え」訳⇩ゆらのとを…。❷船に乗り合わせている人。**同船の人。船客。**［土佐日記 平安―日記］二・一六「ふなびともみな、子たかりてののしる」訳同船の人も皆、（それぞれの）子供が群がり集まって大騒ぎしている。

ふな-みち【船路】 ［名詞］「ふなぢ」に同じ。

ふな-やかた【船屋形】 ［名詞］船の上に造った屋根付きの部屋。

ふな-よそひ【船装ひ】 ［名詞］**船出の準備。**

ふな-よそ・ふ【船装ふ】 ［自動詞］ハ四〔は／ひ／ふ／ふ／へ／へ〕**船出の準備をする。**［万葉集 奈良―歌集］四三六三「津の国の海のなぎさにふなよそひ」訳津の国（＝摂津）の海のなぎさで船出の準備をし。

ふな-わたり【船渡り】 ［名詞］船で海や川を渡ること。また、その場所。

ふな-ゑひ【船酔ひ】 ［名詞］**ふなよい。**船に乗って気分が悪くなること。

ふ-にん【補任】

一 ［名詞］／―す［自動詞］サ変　官職に任ずること。「ぶにん」とも。

二 ［名詞］「補任状」の略。鎌倉・室町時代、将軍・大名・荘園領主などが、部下を職に任ずるときに出した辞令。「ぶにん」とも。

ぶ-にん【夫人】 ［名詞］「ふじん」に同じ。

ふね ［名詞］

一【船・舟】水上の乗り物。

二【槽】❶**水槽。**［宇治拾遺 鎌倉―説話］一五・一「大きなるふねに布入れて洗ひけるに」訳大きな水槽に布を入れて洗っていると。❷**かいばおけ。**

***ふ-ばこ【文箱】** ［名詞］「ふみばこ」の変化した語。「ふみばこ」に同じ。

ふ-ばさみ【文挟み】 ［名詞］「ふみばさみ」の変化した語。「ふみばさみ」に同じ。

不破の関 ［地名］［歌枕］今の岐阜県不破郡関ケ

原町にあった関所。鈴鹿・愛発と共に古代三関の一つであったが、延暦八年(七八九)に廃止された。

ふ-びと【史】 名詞 ❶大和朝廷で、文書を読み、記録の事をつかさどった役。書記官。中央にも、また、諸国にも置かれたらしい。❷古代の「姓」の一つ。❶の職掌が姓となったもので、多くは渡来人の子孫。◆「ふみひと(文人)」→「ふむひと」→「ふびと」と変化したもの。「ふひと」「ふみひと」とも。

ふ-びやう【風病】 名詞 風の毒に犯されて起こるとされる病気。風邪も含み、発熱して苦痛を感じる。「ふうびやう」とも。

ふ-びん・なり【不便なり】

形容動詞ナリ〔なら／なり・に／なり／なる／なれ／なれ〕 ❶**不都合だ。具合が悪い。都合が悪い。** 源氏物語 平安―物語 夕顔「御供に人もさぶらはざりけり。ふびんなるわざかな」訳お供に人もお仕えしていなかった。不都合なことだなあ。❷**かわいそうだ。気の毒だ。** 平家物語 鎌倉―物語 一・祇王「たまたま思ひたつて参りてさぶらふを、すげなう仰せられて帰させ給はんことこそふびんなれ」訳ふと思い立って参りましたのに、冷淡におっしゃってお帰しになるのは大変かわいそうだ。❸**かわいい。いとしい。** 宇津保 平安―物語 吹上・上「いとふびんなる人柄、仲忠の朝臣と等しくなむ、かたち、ころ、身の方侍る。」訳(涼は)とてもかわいい人柄で、仲忠朝臣と似ていらっしゃいます。容貌も心ばえも教養もおありです。

関連語 ⇩便無し。

ふびんに-す【不便にす】 連語 **かわいがる。** 平家物語 鎌倉―物語 三・有王「幼うよりふびんにして召し使はれける童あり」訳(僧都が)幼いころからかわいがって召し使いなさった少年がいる。

ふぶ・く 自動詞カ四〔か／き／く／く／け／け〕 **風・雨・雪が激しく吹き荒れる。**「ふふく」とも。源氏物語 平安―物語 賢木「風はげしう吹きふぶきて」訳風が激しく吹き荒れて。◆「吹雪く」と当てることもある。

ふ-ぶくろ【文袋】 名詞 手紙や書類などを入れて持ち運ぶのに用いる袋。◆「ふみぶくろ」の変化した語。

*__ふふ・む【含む】__ 一 自動詞マ四〔ま／み／む／む／め／め〕 **花や葉がふくらんで、まだ開ききらないでいる。つぼみのままである。** 万葉集 奈良―歌集 四〇七七「桜花いまだふふめり」訳桜の花はまだつぼみのままであった。二 他動詞マ四〔ま／み／む／む／め／め〕 **口に含む。** 霊異記 平安―説話 中「時に先の夫の鳥から、食物をふふみ持ち来たりて」訳その時に、さっきの雄の鳥は、(ひなのために)食物を口に含んで持って来て。

ぶ-へん【武辺・武篇】 名詞 ❶**武芸。武術。** ❷**武士。**

ぶ-ほうこう【無奉公・不奉公】 名詞／―す 自動詞サ変 まじめに主人に仕えないこと。奉公を怠けること。

ふま・ふ【踏まふ】 他動詞ハ下二〔へ／へ／ふ／ふる／ふれ／へよ〕 ❶**踏みつける。** 今昔物語 平安―説話 一九・三〇「大きなる亀の甲をふまへたり」訳大きな亀の甲を踏みつけた。❷**抑える。支配する。** 太平記 室町―物語 二七「石川の城をふまへさせて」訳石川の城を(畠山清国に)抑えさせて。❸**思案する。考えあわせる。** 旅寝論 江戸―論 俳文「故実をふまへ、みだりに破り給ふ事なし」訳(師芭蕉は)故実を考えあわせ、やたらに(古法を)破りなさることはない。

ふみ【文・書】 名詞

語義の扉

文字の書かれたもののことで、手紙や書物を指すのを原義とし、さらに、広く、漢詩や学問、特に漢学を意味する。「文」の漢音「ブン」(呉音は「モン」)から転じた漢語起源の語とされる。

❶書物。文書。漢籍。
❷手紙。
❸学問。漢学。
❹漢詩。

❶**書物。文書。漢籍。** 枕草子 平安―随筆 うつくしきもの「男児の、声は幼げにてふみ読みたる、いとうつくし」訳男の子が、声はいかにも幼そうなようすで漢籍を読んでいるのは、とてもかわいらしい。❷**手紙。** 金葉 平安―歌集 雑上「大江山いく野の道の遠ければまだふみもみず天の橋立」訳⇩おほえやま…。❸**学問。漢学。** 徒然 鎌倉―随筆 一「ありたきことは、まことしきふみの道」訳身につけたいことは、正式な学問の道。❹**漢詩。** 枕草子 平安―随筆 木の花は「唐土には限りなきものにて、ふみにも作る」訳(梨の花は)中国ではこの上なくすばらしいものとして、漢詩にも作る。

ふみ-あ・く【踏み明く】 他動詞カ下二〔け／け／く／くる／くれ／けよ〕 **踏んで道をつける。** 伊勢物語 平安―物語 五「わらはべのふみあけたる築地の崩れより通ひけり」訳子供が踏んで道をつけた土塀のくずれた所から(女のもとに)通った。

ふみ-いた【踏み板】 名詞 牛車の前後の入り口に渡した板。これを踏んで乗り降りする。「敷き板」とも。

ふみ-がき【文書き】 名詞 手紙や文章の書きぶり。

ふみ-がら【文殻】 名詞 不用になった手紙。**古手紙。**

ふみ-くく・む【踏み含む】 他動詞マ四〔ま／み／む／む／め／め〕 袴などを、裾長に、足先を包みこむようにはく。「ふみくぐむ」とも。風姿花伝 室町―論 二「衣袴などをも長々とふみくくみて」訳衣や袴などをも長々と足先を包みこむようにはいて。

ふみ-ことば【文言葉・文詞】 名詞 手紙などの文章に用いられている言葉。

ふみ-しだ・く【踏みしだく】 他動詞カ四〔か／き／く／く／け／け〕 **強く踏む。踏みにじる。踏み散らす。**「ふみしたく」とも。源氏物語 平安―物語 橋姫「そこはかとなき水の流れどもをふみしだく駒の足音も」訳なんとなく流れる水の流れを踏み散らす馬の足音も。

ふみ-すか・す【踏み透かす】 他動詞サ四〔さ／し／す／す／せ／せ〕 両の鐙に置いた足を開いて踏んばり、馬の腹と鐙との間をあける。平家物語 鎌倉―物語 九・宇治川先陣「左右の鐙をふみすかし」訳(梶原景季は)左右の鐙を踏んばって馬の腹から離して。

ふみ-たが・ふ【踏み違ふ】 フミタガウ — フミタゴウ 他動詞 ハ下二 {へ/へ/ふ/ふる/ふれ/へよ} **足の踏み所を間違える。道を間違える。** 奥の細道 江戸－紀行 那須「初々しき旅人の道ふみたがへん」訳(その地に)まだ物慣れていない旅人が道を間違えるだろう。

ふみ-た・つ【踏み立つ】 他動詞 タ下二 {て/て/つ/つる/つれ/てよ} ❶**地面を踏み鳴らして鳥を追い立てる。** 万葉集 奈良－歌集 四〇一一「夕狩に千鳥ふみたて」訳夕方の狩りに多くの鳥を地面を踏み鳴らして追い立て。❷**足を踏みしめて立つ。** 源氏物語 平安－物語 若菜下「患ひ侍りて、はかばかしくふみたつることも侍らず」訳(足の)病気になりまして、しっかりと足を踏みしめて立つこともありませんで。❸(物を踏んで)**足を突き刺す。** 太平記 室町－物語 一六「矢尻を蹄にふみたてて」訳矢尻を(踏んで)蹄に突き刺して。

ふみ-ちら・す【踏み散らす】 他動詞 サ四 {さ/し/す/す/せ/せ} ❶**踏み荒らす。** 枕草子 平安－随筆 職の御曹司におはします頃、西の廂にて「わらはべなどにふみちらさせず」訳子供たちなどに踏み荒らさせないで。❷**裾を左右に蹴り広げる。** 枕草子 平安－随筆 説経の講師は「薄二藍、青鈍の指貫など、ふみちらしてゐためり」訳薄紅がかった紫や、青みがかったねずみ色の指貫などを、裾を左右に蹴り広げて座っているようだ。

*__ふみ-づき【文月・七月】__ 名詞 陰暦七月の別名。この月からは秋。「ふんづき」「ふづき」とも。季 秋。

ふみづきや… 俳句 「文月や 六日も常の 夜には似ず」奥の細道 江戸－紀行 越後路・芭蕉 訳明日がいよいよ七夕の夜だと思うと、前日の今日七月六日の夜も、何となくいつもの夜とは異なって、夜空のたたずまいも趣深く感じられる。

鑑賞 七夕の夜の感慨を、前夜からとらえたところにこの句の趣向がある。季語は「文月」で、季は秋。

*__ふみ-づくえ【文机】__ 名詞「ふづくえ」に同じ。

ふみ-つくり【文作り】 名詞 漢詩を作ること。また、その人。

ふみ-ど【踏み処】 名詞 足で踏んでいる所。

ふみ-とど・む【踏み留む・踏み止む】 他動詞 マ下二 {め/め/む/むる/むれ/めよ} (足を)**進めるのをやめる。中途でやめる。** 徒然 鎌倉－随筆 一五五「とかくのもよひなく、足をふみとどむまじきなり」訳(なしとげようと決めたことは)あれこれの準備もなく、足を進めるのをやめてはならないのである。

ふみ-とどろか・す【踏み轟かす】 他動詞 サ四 {さ/し/す/す/せ/せ} **足を踏んで音を鳴り響かせる。** 古今 平安－歌集 恋四「天の原ふみとどろかし鳴る神も」訳大空を踏みしめて大音響をたてる雷でも。

ふみ-なら・す【踏み平す・踏み均す】 他動詞 サ四 {さ/し/す/す/せ/せ} **踏んで平らにする。** 万葉集 奈良－歌集 一〇四七「大宮人のふみならし通ひし道は」訳宮中に仕える人が踏んで平らにして通った道は。

[1]**ふみ-ぬ・く【踏み抜く】** 他動詞 カ四 {か/き/く/く/け/け} ❶**踏んで物を突き抜く。深く踏む込む。** 万葉集 奈良－歌集 三二九五「直土に足ふみぬき夏草を腰になづみ」訳地べたに足を深く踏み込み、夏草を腰にからませ。❷**鋭い物を踏んで、足に突き刺す。** 今昔物語 平安－説話 五・二七「足に大きなるくひをふみぬきたり」訳足に大きな切り株を突き刺していた。

[2]**ふみ-ぬ・く【踏み脱く】** 他動詞 カ四 {か/き/く/く/け/け} **衣類やくつなどを足で踏みつけて脱ぐ。** 万葉集 奈良－歌集 八〇〇「穿け沓を脱き棄るごとく、ふみぬきて行くちふ人は」訳穴のあいたくつを脱ぎ捨てるように踏みつけて脱いでいくという人は。◆後に「ふみぬぐ」とも。

ふみ-の-つかさ【書司】 名詞「ふんのつかさ」に同じ。

ふみ-ばこ【文箱】 名詞 ❶手紙を入れておく箱。また、手紙を入れて運び届けるときに使う小箱。参照▶口絵 ❷書物を入れて背負う箱。◆「ふばこ」「ふんばこ」とも。

(文　箱❶)

ふみ-ばさみ【文挟み】 名詞 文書を挟んで貴人に差し出すときなどに用いる木の杖。長さ一・五メートルくらいで、先端に文書を挟む金具がある。「ふんばさみ」「ふばさみ」とも。

(文挟み)

ふみ-はじめ【書始め】 名詞 天皇・皇太子・親王・諸皇子などの皇族が、七、八歳になって初めて漢籍の読み方を授けられる儀式。「読書始め」とも。

ふみ-ひと【史】 名詞「ふびと」に同じ。

ふみ-まど・ふ【踏み惑ふ】 フミマドウ 自動詞 ハ四 {は/ひ/ふ/ふ/へ/へ} (山などに)**踏み込んで、道に迷う。行き迷う。**「ふみまよふ」とも。宇津保 平安－物語 藤原の君「いくたびかふみまどふらむ三輪の山」訳何度踏み込んで、道に迷うのだろうか、三輪山に。

ふみ-まよ・ふ【踏み迷ふ】 フミマヨウ 自動詞 ハ四 {は/ひ/ふ/ふ/へ/へ} 「ふみまどふ」に同じ。太平記 室町－物語 二「落花の雪にふみまよふ、片野の春の桜狩り」訳雪のように散る花に行き迷う、片野の春の花見。

ふみ-わ・く【踏み分く】 他動詞 カ下二 {け/け/く/くる/くれ/けよ} (落ち葉や雪などを)**足で分けながら進む。** 古今 平安－歌集 秋上「奥山に紅葉ふみわけ鳴く鹿の声聞く時ぞ秋はかなしき」訳⇩おくやまに…。

*__ふ・む【踏む】__ 他動詞 マ四 {ま/み/む/む/め/め} ❶**踏みつける。** 万葉集 奈良－歌集 二五四一「心空なり土はふめども」訳心はうわの空である。土は踏みつけているけれども。❷**踏み歩く。歩く。** 万葉集 奈良－歌集 二五九〇「石根ふみ夜道行かじと思へれど」訳大地に根を下ろした岩を踏み歩き夜道は行くつもりはないと思っているけれども。❸〔多く、「位をふむ」の形で〕**位につく。** 平家物語 鎌倉－物語 五・富士川「忝く皇王の位をふむ」訳もったいなくも(私は)天皇の位につく。◇「践む」とも書く。❹(値段を)**見積もる。値ぶみする。**

ぶ-も【父母】 名詞 **父と母。ふぼ。**

ふもだし【絆】 名詞 馬をつないでおくための綱。ほだし。

ぶ-やう【無恙】 ブヨウ 名詞「むやう」に同じ。

ふゆ【冬】 名詞 立冬から立春の前日まで。陰暦の十・十一・十二月。

ふゆ-がまへ【冬構へ】(フユガマエ) 名詞 冬の雪に備えて家屋や庭園などに手を加えること。

ふゆ-がれ【冬枯れ】 名詞 冬に草木の葉が枯れること。また、その風景。▼もの寂しい冬景色の表現に用いる。季冬。徒然 鎌倉―随筆 一九「ふゆがれのけしきこそ、秋にはをさをさ劣るまじけれ」訳 冬枯れの風景こそ、秋にはほとんど劣らないだろう。

ふゆがれの… 和歌「冬枯れの 野べとわが身を 思ひせば もえても春を 待たましものを」古今 平安―歌集 恋五・伊勢(いせ) 訳 もし我が身を、冬枯れの野と思ったならば、燃え果ててもまた、春を待つのだろうに。(そう思えない私は、冬枯れのまま春を待つこともないのです。)

鑑賞 外出した折に野辺が燃えているのを見て詠んだ歌。野火が枯れ野を燃やし尽くした後、春が訪れる自然のめぐりと自分自身の心をくらべ、恋の炎を燃やし尽くした自分は、もう再び春を待つことはない、つまり若いころには戻れないと認識した歌。「…せば…まし」は代表的な反実仮想の表現形式で、「もし…だったら…だろう」と訳す。「思ひ」の「ひ」に「火」をかけて、「もえて」の縁語としている。

ふゆくさ-の【冬草の】 枕詞 冬の草は枯れているところから「枯る」と同音の「離(か)る」にかかる。古今 平安―歌集 冬「わがまたぬ年は来(き)ぬれどふゆくさのかれにし人はおとづれもせず」訳 私が待ってもいない、新年はすぐそこまで来てしまったが、枯れ草のように私から離れて行ってしまった人は訪れても来ない。

ふゆこだち… 俳句「冬木立 月骨髄に 入(い)る夜かな」井華集 江戸―句集 俳諧・几董(きとう) 訳 冬になってすっかり葉を落とした木々が、冷え冷えと鋭くさえた月の光に身をさらしている。見ていると、冷気が身体の芯(しん)まで突きとおってきそうな冬の夜だ。

鑑賞 「骨髄に入る」と漢詩風に表現することで、凍(い)てつくような冬の寒さを強調した句。季語は「冬木立」で、季は冬。

ふゆ-ごもり【冬籠り】 ❶名詞 寒い冬の間、動植物が活動をひかえること。また、人が家にこもってしまうこと。季冬。❷枕詞 「春」「張る」にかかる。かかる理由は未詳。万葉集 奈良―歌集 一六「ふゆごもり春さり来れば鳴かざりし鳥も来鳴きぬ」訳 春がやって来ると鳴かなかった鳥も来て鳴く。◆古くは「ふゆこもり」。

ふゆ-ざれ【冬ざれ】 名詞 冬のさなか。真冬。冬のもの寂しい光景を表す語として用いる。季冬。

ふゆ-た・つ【冬立つ】 連語 暦の上で冬になる。立冬になる。源氏物語 平安―物語 夕顔「今日ぞふゆたつ日なりけるもしるく、うちしぐれて」訳 今日が冬になる日であることもまさにそのとおりで、時雨(しぐれ)が降って。

ふゆ-どし【冬年】 名詞 去年の冬。去年の暮れ。「ふゆとし」とも。

ふゆながら… 和歌「冬ながら 空より花の 散りくるは 雲のあなたは 春にやあるらむ」古今 平安―歌集 冬・清原深養父(ふかやぶ) 訳 冬であるのに空から花が散ってくるというのは、雲の向こう側はもう春になっているのだろうか。

鑑賞 降る雪を落花に見立てた歌で、作者は、清少納言の曾祖父(そうそふ)。「らむ」は係助詞「や」の結びで、現在推量の助動詞「らむ」の連体形。

冬の日(ふゆのひ) 書名 俳諧(はいかい)集。山本荷兮(かけい)編。江戸時代前期(一六八五)刊。一冊。〔内容〕『俳諧七部集』の第一集。松尾芭蕉(ばしょう)が名古屋で同門の俳人らと詠んだ連句(歌仙五巻)と追加六句を収録したもので、蕉風俳諧が確立した書。

ふゆのひや… 俳句「冬の日や 馬上に氷(こほ)る 影法師」笈の小文 江戸―紀行 俳文・芭蕉(ばせう) 訳 薄日のさす寒い冬の日だ。寒風の吹きすさぶ田中の一本道を馬に乗っていくと、あまりの寒さにわが身は馬上の影法師となって、凍りついてしまったようだ。

鑑賞 渥美(あつみ)半島西岸の道、天津縄手(あまつなわて)を行く途中の句。身を切るような風が海から吹き上げてくる道。影法師は、自分の姿を客観化した表現。季語は「冬の日」で、季は冬。

ふ-よう[1]【不用】 名詞 ❶用のないこと。不必要なこと。❷役に立たないこと。むだなこと。❸乱暴なこと。

ふ-よう[2]【芙蓉】 名詞 ❶「はす」の花の別名。❷木の名。あおい科の落葉低木。季秋。

ぶ-よう【武勇】 名詞 強く勇ましいこと。「ぶゆう」とも。

ふ-よう・なり【不用なり】 形容動詞ナリ {なら/なり・に/なり/なる/なれ/なれ} ❶用がない。不必要だ。徒然 鎌倉―随筆 一三八「祭り過ぎぬれば、後(のち)の葵(あふひ)ふようなり」訳 (賀茂の)祭りが過ぎてしまえば、(祭りの)後の葵(の飾り)は不必要である。❷役に立たない。むだだ。枕草子 平安―随筆 昔おぼえて不用なるもの「昔おぼえてふようなるもの」訳 昔が思い出されて役に立たないもの。❸乱暴で手に負えない。不届きだ。保元 鎌倉―物語 上「余りにふように候ひしかば」訳 余りに乱暴で手に負えませんでしたので。

ぶらく-ゐん【豊楽院】(ブラクイン) 名詞 大内裏(だいだいり)の内、朝堂院の西にある殿舎。節会(せちえ)・儀式・競(くら)べ馬・宴会などが行われる。正殿を豊楽殿という。

ふり[1]【振り】 名詞 ❶振る舞い。身ぶり。姿。格好。阿波鳴渡 江戸―浄瑠 浄瑠・近松「門内へ乗り入れしふり、いたいけにおとなし」訳 (馬に乗って)門内に乗り入れた姿は、幼いながらもしっかりしている。❷そぶり。ふり。鑓権三 江戸―浄瑠 浄瑠・近松「ちらりほらりと馬の先をよけるそぶりして邪魔をする」訳 ちらほらと馬の先を避(よ)けるふりをして邪魔をする。❸歌舞伎(かぶき)や舞踊の、しぐさ。所作(しょさ)。❹品物を背負ったりして、品物の名を呼びながら売り歩くこと。また、その商人。振り売り。❺金のやりくり。(金の)操作。振り回し。日本永代蔵 江戸―物語 浮世・西鶴「借銀(しゃくぎん)かさみ、次第にふりにつまり」訳 借金がかさんで、しだいに金のやりくりに困って。

-ふり[2]【振り】 接尾語 …本。▼刀剣を数える語。「太刀一(ひと)ふり」

ふり[3]【旧り】 動詞「ふる」の未然形・連用形。

-ぶり【振り】 接尾語 〔名詞に付いて〕❶…のようす。…風(ふう)。…ざま。「声(こわ)ぶり」「難波(なには)ぶり」「夷(ひな)ぶり」「ますらをぶり」。❷時の経過の程度を表す。「一年ぶり」

***ふり-あか・す【降り明かす】** 自動詞サ四 {さ/し/す/す/せ/せ} 明けがたまで降り続く。一晩じゅう降る。大和物語 平安―物語 一七三「雨は夜(よ)ひと夜(よ)ふりあかして」訳 雨は一晩じゅう明けがたまで降り続いて。

ふり-い・づ【振り出づ】(フリイズ) 他動詞ダ下二 {で/で/づ/づる/づれ/でよ}

❶**振り捨てて出発する。**〔更級 平安―日記〕初瀬「その日しも京をふりいでて行かむも」訳(大嘗会の御禊の)その日によりによって京都を振り捨てて出発して行こうというのも。❷**声を振りしぼるように鳴き出す。**〔源氏物語 平安―物語〕鈴虫「鈴虫のふりいでたる程」訳鈴虫が声をふりしぼるように高く鳴き出したようす(は)。❸**紅を水に振り出して染める。**〔古今 平安―歌集〕恋二「紅のふりいでつつなく涙には袂のみこそ色まさりけれ」訳(染料の)紅を水に振り出して染め染めしては(私は)声をしぼって泣く、その悲しみの血の涙で袂だけは色が美しくなった。

ふ-りう【風流】名詞「ふうりう」に同じ。

ふり-うづ・む【降り埋む】他動詞マ四{ま/み/む/む/め/め}(雪や落ち葉などが)**降り積もって、埋め隠す。**〔徒然 鎌倉―随筆〕三〇「卒塔婆も苔むし、木の葉ふりうづみて」訳卒塔婆にも苔が生え、木の葉が降り積もって埋め隠して。

ふり-お・く【降り置く】自動詞カ四{か/き/く/く/け/け}(雪や落ち葉などが)**降り積もる。**〔万葉集 奈良―歌集〕三二〇「不尽の嶺にふりおく雪は」訳富士の山に降り積もる雪は。

ふり-おこ・す【振り起こす】他動詞サ四{さ/し/す/す/せ/せ}❶**振り動かして、引き起こす。**〔万葉集 奈良―歌集〕三六四「ますらをの弓末ふりおこし射つる矢を」訳りっぱな男子が弓の上部を振り動かして、引き起こし射た矢を。❷**奮い立たせる。発奮させる。**〔万葉集 奈良―歌集〕四三九八「ますらをの心ふりおこし取り装ひ門出をすれば」訳りっぱな男子が心を奮い立たせ身支度をして出発をすると。

ふり-か・く【振り掛く】他動詞カ下二{け/け/く/くる/くれ/けよ}❶(髪や袖などを)**垂らして覆い掛ける。**〔枕草子 平安―随筆〕宮にはじめてまゐりたるころ「ふりかくべき髪のおぼえさへあやしからむと思ふに」訳(顔を隠すため)覆い掛けるはずの髪の感じまで見苦しかろうと思うと。❷**水や粉などをまきちらす。ふりかける。**〔宇津保 平安―物語〕初秋「畳綿の雪のふりかけたるやうなるが」訳真綿で、雪がふりかけてあるようなのが。

ふり-がた・し【旧り難し・古り難し】形容詞ク{(く)・から/く・かり/し/き・かる/けれ/かれ}❶**古びることなく、変わらない。昔のままである。**〔源氏物語 平安―物語〕葵「あさましうふりがたくも今めくかな」訳(源内侍は)驚きあきれたことに昔のままで若い気持ちでいることよ。❷**いつまでも飽きがこない。忘れがたい。**〔蜻蛉 平安―日記〕中「ふりがたくあはれと見つつ、ゆきすぎて」訳(唐崎は)いつまでも心に残って忘れがたくしみじみとした気持ちであたりを見い見いして、通りすぎて。

ふり-くら・す【降り暮らす】自動詞サ四{さ/し/す/す/せ/せ}**一日じゅう降り通す。**〔源氏物語 平安―物語〕帚木「つれづれとふりくらしてしめやかなる宵の雨に」訳所在なく一日じゅう降り通して、しっとりと落ちついたもの静かな宵の雨のために。

ふり-こ・む【降り籠む】他動詞マ下二{め/め/む/むる/むれ/めよ}**雨や雪が降り続いて、人を家に閉じ込める。**〔伊勢物語 平安―物語〕八五「雪にふりこめられたり、といふを題にて歌ありけり」訳雪が降り続いて、家に閉じ込められた、という事を題にして歌を詠んだ。

***ふり-さ・く【振り放く】**他動詞カ下二{け/け/く/くる/くれ/けよ}**はるか遠くを望む。ふり仰ぐ。**〔万葉集 奈良―歌集〕九九四「ふりさけて三日月見れば」訳⇩ふりさけて…。

ふりさけて…和歌「振りさけて　三日月見れば　一目見し　人の眉引き　思ほゆるかも」〔万葉集 奈良―歌集〕九九四・大伴家持訳ふり仰いで三日月を見ると、一目見たあの人の眉がしぜんと思われることよ。

鑑賞 家持の、年代が明らかな最初の作品で、この時家持は十六歳と言われている。その年齢が示すように、三日月から女性の眉を連想するという、若々しいロマンチシズムと繊細な情感があふれた作品となっている。「眉引き」は、眉をそり落として眉墨で描くこと。また、その眉。

ふりさけ-・みる【振り放け見る】他動詞マ上一{み/み/みる/みる/みれ/みよ}**ふり仰いで遠くを望み見る。はるか遠くを望み見る。**〔古今 平安―歌集〕羇旅「天の原ふりさけみれば」訳⇩あまのはら…。

ふり-しき・る【降り頻る】自動詞ラ四{ら/り/る/る/れ/れ}**しきりに降る。絶え間なく降る。**〔万葉集 奈良―歌集〕一八三四「白雪庭にふりしきりつつ」訳白雪は庭に絶え間なく降りつづいて。

ふり-し・く[1]【降り敷く】自動詞カ四{か/き/く/く/け/け}**敷き詰めたように一面に降る。**〔万葉集 奈良―歌集〕一六三九「沫雪のほどろほどろにふりしけば」訳⇩あわゆきの…。

ふり-し・く[2]【降り頻く】自動詞カ四{か/き/く/く/け/け}「ふりしきる」に同じ。〔万葉集 奈良―歌集〕四四四三「ひさかたの(=枕詞)雨はふりしくなでしこがいや初花に恋しき我が背」訳雨はしきりに降り続くが、なでしこのいよいよ新しく咲いた花のように、恋しい私のあの人よ。

ふり-・す【旧りす・古りす】自動詞サ変{せ/し/す/する/すれ/せよ}〔多く、打消の語を下接して〕**古びていく。**〔拾遺 平安―歌集〕恋四「恋しきことのふりせざるらむ」訳(あの人に忘れさられても)恋しい気持ちは(どうして)古びていかないのだろう(=相変わらず思い悩むのだろう)。

ふり-す・つ【振り捨つ・振り棄つ】他動詞タ下二{て/て/つ/つる/つれ/てよ}❶**見捨てる。置き去りにする。放っておく。**〔平家物語 鎌倉―物語〕九・小宰相身投「いとけなき子をもふりすて、老いたる親をもとどめおき」訳幼い子供も置き去りにし、年老いた親も残して置き。❷(神輿・神木などを)**担ぎ出して、置き去りにする。**〔平家物語 鎌倉―物語〕一・御輿振「大衆神輿を陣頭にふりすて奉り」訳僧たちは神輿を宮中の警護の者の詰め所のあたりに担ぎ出して置き去りにし申し上げ。

ふり-そぼ・つ【降り濡つ】自動詞タ四{た/ち/つ/つ/て/て}**ぐっしょりぬれるほど降る。**〔蜻蛉 平安―日記〕上「はつしぐれくもりもあへずふりそほち」訳初時雨が曇るまもなくぐっしょりぬれるほど降り。◆古くは「ふりそほつ」。

ふり-た・つ【振り立つ】他動詞タ下二{て/て/つ/つる/つれ/てよ}❶**勢いよく立てる。**〔万葉集 奈良―歌集〕一一九〇「舟泊ててかしふりたてて廬せむ」訳舟を停泊させて、かし(=舟をつなぎとめておく杭)を勢いよく立てて仮寝をしよう。❷(声を)**張り上げる。**〔古今 平安―歌集〕夏「夏山に恋しき人やいりにけむ声ふりたてて鳴くほととぎす」訳夏の山にいとしい人が籠もってしまったのだろうか、声を張り上げて鳴くほととぎすよ。❸**勢いよく振る。**〔宇津保 平安―物語〕祭の使「高麗鈴をふりたつるに劣らず」訳高麗鈴を勢いよく振るのにも劣らない。

ふり・づ【振り出】フリヅ 他動詞ダ下二「ふりいづ」に同じ。

ふり・つ・む【降り積む】自動詞マ四{ま/み/む/む/め/め}**雪などが降り積もる。** 新古今 鎌倉―歌集 春上「ふりつみし高嶺のみ雪解けにけり」訳降り積もった高い山の雪が(春になり)解けたことだ。

ふり・のこ・す【降り残す】他動詞サ四{さ/し/す/す/せ/せ}(雨や雪が)**ある所だけ降らずに残す。** 奥の細道 江戸―紀行 平泉「五月雨のふりのこしてや光堂」―芭蕉 訳⇨さみだれの…。

ふり・は・つ【旧り果つ】自動詞タ下二{て/て/つ/つる/つれ/てよ}**すっかり古く成り果てる。すっかり老い果てる。** 新古今 鎌倉―歌集 冬「晴れ曇り時雨は定めなきものをふりはてぬるは我が身なりけり」訳晴れたり曇ったり、時雨は定めなく(降り果てない)ものなのに、すっかり老い果ててしまったのは我が身であることだ。

ふり・はな・る【振り離る】自動詞ラ下二{れ/れ/る/るる/るれ/れよ}**振り捨てて離れる。** 源氏物語 平安―物語 夕顔「思へど、あやしう人に似ぬ心強さにてもふりはなれぬるかな」訳考えてみても、不思議なほど普通の人に似ていない強情さで(自分を)振り捨てて離れてしまったものだなあ。

***ふり・は・ふ**【振り延ふ】フリハウ―フリホウ 自動詞ハ下二{へ/へ/ふ/ふる/ふれ/へよ}**ことさらに…する。わざわざ…する。** 源氏物語 平安―物語 若紫「ふりはへさせ給へるに、聞こえさせむ方なくなむ」訳(お手紙を)わざわざくださったのに、(お返事を)申し上げるようなこともなく(おります)。

***ふり・はへ**【振り延へ】フリハエ 副詞 **ことさら。わざわざ。**「ふりはへて」とも。大和物語 平安―物語 一四八「かかる心ばへにて、ふりはへ来たれど」訳このような(別れた夫を探そうという)意向で、わざわざ来たけれど。

ふり・はへ・て【振り延へて】フリハエテ 副詞「ふりはへ」に同じ。

ふり・ふ・ぶ・く【降りふぶく】自動詞カ四{か/き/く/く/け/け}(風と雨や雪が)**激しく吹き降る。** 蜻蛉 平安―日記 中「それより立つほどに雨風いみじくふりふぶく」訳そこから出発したところ、雨風がとても激しく吹き降る。

ふり・ふ・もんじ【不立文字】フリュウモンジ 名詞 仏教語。禅宗の教義の根本をいう語。悟りの内容は文字や言語で伝えられるものではなく、師の心から弟子の心へ直接伝えられるもの(＝以心伝心)であるということ。

ぶり・ぶり【振り振り】名詞 男児の正月のおもちゃ。八角(または六角)の槌に似た形で、彩色してある。両側に小さな車を付けてひもで引き回したり、柄をつけて玉を打ったりして遊ぶ。後には正月の祝儀物ともなった。

ふり・まが・ふ【降り紛ふ】フリマガウ―フリマゴウ

一 自動詞ハ四{は/ひ/ふ/ふ/へ/へ}(見分けがつかないほど)**降り乱れる。** 万葉集 奈良―歌集 二六二「矢釣山木立も見えずふりまがふ雪にさわける朝楽しも」訳矢釣山の木立も見えないほど降り乱れる雪の中をさわいでいる朝は楽しいことよ。

二 他動詞ハ下二{へ/へ/ふ/ふる/ふれ/へよ}**降り乱れて見分けにくくする。** 新古今 鎌倉―歌集 冬「草も木もふりまがへたる雪もよに春待つ梅の花の香ぞする」訳草も木も降り乱れて見分けにくくしている雪の中に、春を待つ梅の花の香がすることだ。

1**ふり・まさ・る**【旧り増さる・古り増さる】自動詞ラ四{ら/り/る/る/れ/れ}**いっそう古くなる。ますます老いる。** 歌では、多く「降り増さる」にかけて用いる。古今 平安―歌集 冬「雪もわが身もふりまさりつつ」訳雪もますます降るし、私自身もますます老いていく。

2**ふり・まさ・る**【降り増さる】自動詞ラ四{ら/り/る/る/れ/れ}**ますます降る。降りつのる。** 源氏物語 平安―物語 幻「いとせきがたき涙の雨のみふりまされば」訳(亡くなった紫の上をしのんで)とてもせき止めがたい涙の雨ばかりが降りつのるので。

ふり・みだ・る【降り乱る】自動詞ラ下二{れ/れ/る/るる/るれ/れよ}**激しく乱れ降る。** 源氏物語 平安―物語 浮舟「雪にはかにふりみだれ、風などはげしければ」訳雪が急に激しく乱れ降り、風なども強いので。

ふり・み・ふらずみ【降りみ降らずみ】連語 **降ったりやんだり。** 後撰 平安―歌集 冬「神無月ふりみふらずみ定めなき時雨ぞ冬のはじめなりける」訳陰暦の十月、降ったりやんだりして定まることのない時雨は、冬の季節のはじまりであったよ。◆「み」は接尾語で、「…み…み」の形で現象や動作が交互に反復して継続していることを表す。

ぶ・りゃく【武略】名詞 **戦略。戦術。戦法。**

ふり・ゆ・く【旧り行く】自動詞カ四{か/き/く/く/け/け}**古びてゆく。年老いてゆく。** 新勅撰 鎌倉―歌集 雑一「花さそふ嵐の庭の雪ならでふりゆくものはわが身なりけり」訳⇨はなさそふあらしのにはの…。

ふ・りょ【不慮】名詞 **思いがけないこと。意外なこと。**

ふ・りょ・なり【不慮なり】形容動詞ナリ{なら/なり・に/なり/なる/なれ/なれ}**思いがけないことだ。意外だ。** 今昔物語 平安―説話 九・三八「ふりょに族のために罪を蒙りて」訳思いがけないことに一族の(犯した悪事の)ために罪を受けることになって。

ふり・わけ【振り分け】名詞 ❶物を二つに分けること。また中間の所。❷「振り分け髪」の略。

ふり・わけ・がみ【振り分け髪】名詞 童男童女の髪型の一つ。頭頂から髪を左右に振り分けて垂らし、肩の辺りで切りそろえる。八歳ごろまでの髪型。「振り分け」とも。伊勢物語 平安―物語 二三「比べ来しふりわけがみも肩過ぎぬ」訳⇨くらべこし…。

(振り分け髪)

1**ふ・る**【旧る・古る】自動詞ラ上二{り/り/る/るる/るれ/りよ}❶**年月がたつ。年月が過ぎる。年月を過ごす。** 古今 平安―歌集 春下「花の色は移りにけりないたづらにわが身世にふるながめせし間に」訳⇨はなのいろは…。❷**年をとる。老いる。また、古びる。** 源氏物語 平安―物語 少女「今はかくふりぬる齢に」訳今はこのように老いてしまった年齢で。❸**ありふれる。**▼新鮮みがなくなる意。源氏物語 平安―物語 朝顔「世にふりたることなれど、なほ、めづらしくも、はかなきことを、しなし給へりしかな」訳世間でありふれたことだが、やはり目新しいものに、ちょっとしたことを、(工夫されて)なさったのだなあ。

2 **ふ・る【振る】** 他動詞 ラ四{ら/り/る/る/れ/れ} ❶**揺り動かす。** 万葉集 奈良－歌集 二〇「野守は見ずや君が袖ふる」訳⇩あかねさす…。❷(神霊を)**移す。**(神輿を)**担ぎ動かす。** 大鏡 平安－物語 道長上「大和の国三笠山にふり奉りて」訳大和国の三笠山に神霊を移し申し上げて。❸**すげなくする。** 一代男 江戸－物語 浮世・西鶴「はじめの高雄に三十五までふられ」訳初代の高雄大夫に三十五度までもすげなくされて。❹**入れ換える。振り替える。** 去来抄 江戸－論 先師評「『行く春』は『行く歳』にも、ふるべし」訳(この句の)「行く春」は「行く歳」にも入れ換えることができるだろう。

3 **ふ・る【降る】** 自動詞 ラ四{ら/り/る/る/れ/れ} ❶**雨や雪が降る。** 古今 平安－歌集 冬「朝ぼらけ有り明けの月と見るまでに吉野の里にふれる白雪」訳⇩あさぼらけありあけのつきと…。❷**涙が流れる。** ▼比喩的な用法。源氏物語 平安－物語 桐壺「鈴虫の声の限りを尽くしても長き夜あかずふる涙かな」訳⇩すずむしの…。

4 **ふ・る【触る】**
一 自動詞 ラ四{ら/り/る/る/れ/れ}(軽く)**さわる。ふれる。** 万葉集 奈良－歌集 四三二八「磯にふり海原渡る」訳磯にふれて(=岩伝いに船で)海原を渡る。◆奈良時代以前の語。
二 自動詞 ラ下二{れ/れ/る/るる/るれ/れよ} ❶(軽く)**さわる。ふれる。**(食事に)**箸をつける。** 源氏物語 平安－物語 桐壺「けしきばかりふれさせ給ひて」訳(お食事に)形だけ箸をおつけになられて。❷(ほんの少し)**かかわり合う。関係する。** 源氏物語 平安－物語 桐壺「この御事にふれたることをば、道理をも失はせ給ひ」訳この桐壺の更衣に関係したことには、(帝は)道理をも無視なさって。
三 他動詞 ラ下二{れ/れ/る/るる/るれ/れよ}(広く)**告げ知らせる。** 平家物語 鎌倉－物語 一・内裏炎上「子細を衆徒にふれんとて、登山しけるを」訳詳細を衆徒に告げ知らせようと、比叡山に登って来たのを。

5 **ふ・る【震る】** 自動詞 ラ四{ら/り/る/る/れ/れ}(大地が)**揺れ動く。震動する。** 方丈記 鎌倉－随筆「かく、おびたたしくふる事は、しばしにて止みにしかども」訳このように、ものすごく(大地が)揺れ動くことは、少しの間で止んでしまったけれども。

6 **布留** 地名 歌枕 今の奈良県天理市布留町付近。石上神宮がある。天理市旧市街とその東方一帯を「石上」といい、布留はその一部であったので、和歌では「石上布留」と続けて用いられもする。同音の「古」や「降る」をかける歌も多い。

ふるいけや… 俳句「古池や 蛙飛び込む 水の音」春の日 江戸－句集 俳諧・芭蕉 訳春の静けさの中、時折古池にかえるが飛び込む音が聞こえる。その音がいっときの余韻を残し、再びもとの静寂さを取り戻す。

鑑賞 江戸深川の芭蕉庵での作とされる。最初、「蛙」以下の七五を作って上五文字を思案していたところ、榎本其角が「山吹や」の案を示したが芭蕉はとらず、「古池や」に定めたという話がある。蕉風開眼の句ともいわれる。たまさか聞こえる水の音に、閑寂さが強く印象づけられている。和歌の伝統的な「蛙鳴く」という発想を「蛙飛ぶ」とし、「水の音」を句の中心に置いた点に独創性があふれた句である。季語は「蛙」で、季は春。

1 **ふる-うた【古歌】** 名詞 昔の人が詠んだ歌。古歌。

ふる-え【古江】 名詞 古く、さびれた入り江。

2 **ふる-え【古枝】** 名詞 古い枝。もとの枝。

ふる-から【古幹】 名詞 古い茎。

ふる-かんだちめ【古上達部】 名詞 古くから仕えている上達部。「ふるかんだちべ」とも。

ふるき【黒貂】 名詞 動物の名。黒貂の古名。この皮で作った「皮衣」は、貴重なものとされた。

ふる-ごたち【古御達】 名詞 年を取った女房たち。

ふる-こと 名詞
一【古言】❶**古い言い伝え。** 日本書紀 奈良－史書 神武「故にふることに称して曰さく」訳これによって古い言い伝えにお祝いたたえ申し上げて(私が)申し上げることは。❷**古い詩歌・文章。** 枕草子 平安－随筆 殿などのおはしまさで後「同じふることといひながら、知らぬ人やはある」訳同じ古い歌といっても、(この歌を)知らない人はいるでしょうか。❸**昔話。** 源氏物語 平安－物語 蛍「さて、かかるふることの中に、まろがやうに実法なる痴者の物語はありや」訳さて、このような昔話の中に、私のように律義で愚か者の物語はあるか。
二【古事・故事】**昔の出来事。** また、昔から伝えられる、いわれのある事柄。**故事。** 源氏物語 平安－物語 少女「笛の音にも、ふることは伝はるものなり」訳笛の音にも(昔の聖賢の)故事は伝わるものである。◆「ふるごと」とも。

ふる-ごゑ【古声】 名詞 昔と変わらない声。

ふる-さと【古里・故郷】 名詞

語義の扉

現代語と同じ「生まれ故郷」(❸)の意味のほかに、「旧都」(❶)や、「古くからのなじみの土地」(❷)、「住みなれたところ」(❹)などの意味があり、❶❷が古文ではより多く用いられる。

❶旧都。旧跡。
❷古くからのなじみの土地。
❸生まれ故郷。
❹住みなれたところ。わが家。

❶**旧都。旧跡。** 伊勢物語 平安－物語「いとなまめいたる女はらから棲みけり。この男かいまみてけり。思ほえず、ふるさとにいとはしたなくてありければ、心地まどひにけり。」訳⇩かすがのの…。文脈の研究 春日野の若紫。新古今 鎌倉－歌集 秋下「み吉野の山の秋風小夜更けてふるさと寒く衣打つなり」訳⇩みよしののやまのあきかぜ…。

❷**古くからのなじみの土地。もとの住まい。** 古今 平安－歌集 春上「人はいさ心も知らずふるさとは花ぞ昔の香ににほひける」訳⇩ひとはいさ…。

❸**生まれ故郷。** 徒然 鎌倉－随筆 一四一「ふるさとの人が来たりて物語りすとて」訳生まれ故郷の人がやって来て話をするということで。

❹**住みなれたところ。わが家。** 源氏物語 平安－物語 明石「おのおの古郷に心ぼそげなる言つてすべかめり」訳それぞれが、わが家に心細そうな言伝てをしているようで

ある。方丈記 鎌倉―随筆 一二「仮の庵もやや故郷となりて、軒には朽葉深く、土居に苔むせり」訳仮の庵も次第に住みなれたところとなって、軒には朽ち葉がたまり、土居には苔が生えた。

ふるさと-びと【故郷人】名詞 郷里の人。昔なじみの人。

***ふる・し**【古し・旧し・故し】形容詞ク｛(く)・から／く・かり／し／き・かる／けれ／かれ｝❶**遠い昔のことである。** 徒然 鎌倉―随筆 二二「何事も、ふるき世のみぞ慕はしき」訳何事も、遠い昔の時代のことが、懐かしく心ひかれる。❷**年を経ている。年功を積んでいる。古参である。** 枕草子 平安―随筆 すさまじきもの「ふるき者どもの、さもえ行き離るまじきは」訳古参の者たちで、そのようにも離れて行くことのできない人々は。❸**古びている。** 万葉集 奈良―歌集 三九二〇「鶉鳴きふるしと人は思へれど花橘の匂ふこの屋戸」訳私の家はうずらが鳴くような古びたところと人は思っているけれども、たちばなの花が香るこの庭は少しも変わることなく懐かしい。

ふる・す【旧す・古す】他動詞サ四｛さ／し／す／す／せ／せ｝❶**古くする。使い古す。** 蜻蛉 平安―日記 上「語らはむ人なき里にほととぎすかひなかるべき声なふるしそ」訳話し相手をする人がいない山里でほととぎすよ、効き目のないにちがいない(求婚のための)声を使い古してくれるな。❷**飽きて見捨てる。** 古今 平安―歌集 恋五「あだ人の我をふるせる名にこそありけれ」訳(秋というものは)浮気者が私を飽きて見捨てた名であったのだなあ。

ふる-つはもの【古兵】名詞 老練な武士。実戦の経験が豊富で、戦いなれた武士。「ふるづはもの」とも。

ふるて-かひ【古手買ひ】名詞 古物商。古着・古道具の類を売買する人。

ふるて-や【古手屋】名詞 古着・古道具の類を商う店。また、その人。

ふる-とし【旧年】名詞 ❶**旧年。去年。** ▼新年を基準としていう。源氏物語 平安―物語 初音「ふるとしの御物語など、懐かしく聞こえ給ひて」訳去年のお話など、親しみやすく申し上げなさって。❷**まだ改まらない年の内。** ▼年内立春のとき、新年を念頭においていう。古今 平安―歌集 春上・詞書「ふるとしに春立ちける日詠める」訳年の内に立春になった日に詠んだ(歌)。

ふるはたの… 和歌「古畑の 岨の立つ木に ゐる鳩の 友呼ぶ声の すごき夕暮れ」新古今 鎌倉―歌集 雑中・山家集 平安―歌集 雑・西行 訳古い荒れた畑のがけっぷちの立ち木にとまっている鳩の、友を呼ぶ声がぞっとするほど寂しく聞こえる夕暮れであるよ。

鑑賞「古畑」は、地力が衰えたため、次に焼くまで草の茂るにまかせてある畑で、荒涼とした風景である。その荒涼とした風景を直接詠むのではなく、鳩の声によってとらえている。群れからはぐれた鳩が、友を求めて呼ぶ声に、作者自身の孤独感が表れている。

***ふる-ひと**【古人・旧人】名詞 ❶**昔の人。故人。** 万葉集 奈良―歌集 一七九五「今木の峰に茂り立つ嬬松の木はふるひと見けむ」訳今木の峰に茂り立つ夫を待つ松の木は昔の人が見ただろう。❷**昔なじみの人。** 万葉集 奈良―歌集 五五四「ふるひとの食へしめたる吉備の酒」訳昔なじみの人がのませてくださった吉備の酒(も)。❸**古くから仕えている人。古参の者。古参の女房。** 源氏物語 平安―物語 東屋「我は母上に似奉りたるところこそは、ふるひとども言ふなりしか」訳私(=中の君)は母上にお似申し上げていると、古参の女房たちが言っていたようだ。❹**老人。** 源氏物語 平安―物語 明石「ふるひとは涙もとどめあへず」訳老人(=明石の入道)は(感動の)涙もとどめることができない。❺**古風な人。昔気質の人。** 源氏物語 平安―物語 行幸「あやしきふるひとにこそあれ」訳(末摘花は)妙に昔気質の人である。◆「ふるびと」とも。

ふる・ふ[1]【振るふ】他動詞ハ四｛は／ひ／ふ／ふ／へ／へ｝❶**揺り動かす。ふるわせる。** 今昔物語 平安―説話 七・四五「一夜、にはかに雨降り雷電して、山をふるふ事あり」訳ある夜、急に雨が降り雷が鳴って、山を揺り動かすことがあった。❷**存分に発揮する。** 許六離別詞 江戸―俳文 俳文・芭蕉「師が絵は、…筆端妙をふるふ」訳師(=許六)の絵は、…筆づかいは妙技を存分に発揮する。❸**思いのままに勢いよく動かす。** 著聞集 鎌倉―説話 三八五「筆をふるひて、絵かける中に」訳筆を思いのままに動かして絵をかいた中に。❹**すっかり出す。** 栄花物語 平安―物語 浅緑「よろづこの度は、わが宝ふるひてむ」訳万事につけて今回の法華八講では、私の宝物をすっかり出してしまおう。

ふる・ふ[2]【震ふ】自動詞ハ四｛は／ひ／ふ／ふ／へ／へ｝❶**身ぶるいがする。ふるえる。** 平家物語 鎌倉―物語 四・宮御最期「浮き草顔に取り覆ひ、ふるひ居たれば」訳浮き草を取り、顔におおって、ふるえていると。❷(大地が)**揺れ動く。**

***ふる-・ぶ**【古ぶ・旧ぶ】自動詞バ上二｛び／び／ぶ／ぶる／ぶれ／びよ｝❶**古風になる。古くさくなる。** 源氏物語 平安―物語 蓬生「心ばせなどのふるびたる方こそあれ、いとうしろやすき後見ならむ」訳心遣いなどは古風になっているところもあるが、大変安心できる世話役であるだろう。❷**年寄りじみる。年寄りくさくなる。** 堤中納言 平安―物語 花桜をる少将「ふるびたる声にて『いなや、こはたれぞ』とのたまふ」訳年寄りじみた声で「いやはや、こんなことをするのはだれだ」とおっしゃる。

ふるぶる-・し【古古し・旧旧し】形容詞シク｛(しく)・しから／しく・しかり／し／しき・しかる／しけれ／しかれ｝**ひどく古い。大変年取っている。非常に古風である。** 枕草子 平安―随筆 かへる年の「いとさだ過ぎ、ふるぶるしき人の」訳とうに盛りを過ぎ、大変年取っている人が。

ふる-へ【古家】名詞 古い家。また、以前住んでいた家。◆「ふるいへ」の変化した語。

ふる-まひ【振る舞ひ】名詞 ❶**動作。行動。** ❷**もてなし。饗応。**

***ふる-ま・ふ**【振る舞ふ】
一 自動詞ハ四｛は／ひ／ふ／ふ／へ／へ｝❶**行動する。** 平家物語 鎌倉―物語 一・殿下乗合「清盛がかく心のままにふるまふこそしかるべからね」訳清盛がこのように思いどおりに行動するのはよくない。❷**人目に立つ行動をする。ことさらに趣向をこらす。威儀をつくろう。** 徒然 鎌倉―随筆 二三一「大方、ふるまひて興あるよりも、興なくてやすらかなるが、まさりたる事なり」訳およそ、ことさらに趣向をこらして興趣があるよりも、興趣がなくて、穏当なのが、すぐれているのである。
二 他動詞ハ四｛は／ひ／ふ／ふ／へ／へ｝**もてなす。饗応する。ごちそうする。** 著聞集 鎌倉―説話 六三五「今夜、新蔵人ふるまはれて候ふ」訳今夜、新任の蔵人がもてなされております。

ふる-みや【古宮】 名詞 ❶古びた宮殿。荒れ果てた、皇族の住まい。❷世間から忘れられた皇族。年老いた皇族。

ふる-め【古妻】 名詞 以前から連れ添っている妻。また、以前に連れ添っていた妻。

*__ふる-めか・し【古めかし】__ 形容詞 シク {(しく)・しから/しく・しかり/し/しき・しかる/しけれ/しかれ} ❶**古くさい。古風である。** 笈の小文 江戸—紀行 俳文・芭蕉「日ごろはふるめかし、かたくなりと悪にくみ捨てたる程の人も」訳ふだんは古くさい、頑固であると、嫌い見捨てた程度の人でも。対今めかし。❷**年寄りじみている。年寄りくさい。** 源氏物語 平安—物語 朝顔「いとふるめかしきしはぶき打ちして」訳とても年寄りくさいせきをして。

*__ふる-め・く【古めく】__ 自動詞 カ四 {か/き/く/く/け/け} ❶**古びて見える。古風に見える。** 枕草子 平安—随筆 成信の中将は「『こま野の物語』は、なにばかりをかしき事もなく、ことばもふるめき」訳『こま野の物語』はたいしておもしろい点もなく、言葉も古風に見えて。❷**年寄りじみて見える。年寄りくさく見える。** 源氏物語 平安—物語 朝顔「いとふるめきたる御けはひ、しはぶきがちにおはす」訳とても年寄りじみて見えているごようすで、(何度も)せきこんでいらっしゃる。◆「めく」は接尾語。

ふる-ものがたり【古物語】 名詞 ❶**昔に作られた物語。**▼『源氏物語』以前の物語をさすことがある。❷**昔話。昔の話。思い出話。** 源氏物語 平安—物語 椎本「おぼえなき御ふるものがたり聞きしより」訳思いがけない(女三の宮と柏木との密通の)昔のお話を聞いてから。

ふる-や【古屋】 名詞 古くなった家。

ふるゆき-の【降る雪の】 枕詞 ❶雪が白いことから「白髪」や「みのしろ衣」にかかる。万葉集 奈良—歌集 三九二二「ふるゆきの白髪までに大王に仕へまつれば貴くもあるか」訳白い髪になるまで天皇にお仕え申し上げるとかたじけないことです。❷雪がとけて消えることから「消け」に、また同音の「日け」にかかる。万葉集 奈良—歌集 六二四「道に逢ひて笑ゑまししからにふるゆきの消けなば消ぬがに恋ふと云ふ我妹」訳道で逢ってにっこりしただけで消えてしまいそうに私に恋するというそなたよ。

ふれ-ば・ふ【触ればふ】 自動詞 ハ四 {は/ひ/ふ/ふ/へ/へ} ❶**物などに近づき、触れる。手を触れる。** 源氏物語 平安—物語 野分「香のかをりもふればひたまへる御けはひにやと」訳(感じられる)香のかおりも(秋好中宮が)手をお触れなさったお名残であろうかと。❷**人とかかわりを持つ。男女が親しく接する。** 源氏物語 平安—物語 行幸「ことさらにもかの御あたりにふればはせむに」訳わざわざあちらのおそばに親しく接しさせようとするのに。

ふろ-ふき【風呂吹き】 名詞 輪切りの大根やかぶをゆでて、熱いうちにみそをつけて食べる料理。

ふろ-や【風呂屋】 名詞 ❶蒸し風呂式の浴室。❷銭湯。湯屋。特に、入浴客相手の遊女である湯女を置いて営業する浴場。

ぶ-ゐ【無為】 名詞 ❶あるがままにして、手を加えないこと。何もしないこと。❷何事もなく平穏であること。無事。

ぶ-ゐ・なり【無為なり】 形容動詞 ナリ {なら/なり・に/なり/なる/なれ/なれ} ❶**自然のままだ。手が加わっていない。** 宇治拾遺 鎌倉—説話 一〇・六「ぶゐに事出いで来こば」訳自然と事が起こったならば。❷**平穏無事だ。** 宇治拾遺 鎌倉—説話 二・六「ぶゐなる人の家より出いださん事あるべきにあらず」訳平穏無事な人の家から(葬儀を)出すような事はあってはならない。

-ふん【分】 接尾語 江戸時代の、銀貨を量るときの単位。一分は一匁の十分の一、一厘の十倍。「ぷん」とも。

[1]**ぶん【分】** 名詞 ❶**分け前。割り当て。** ❷**程度。**(その)くらい。萩大名 室町—狂言 狂言「そのぶんは苦しうござらぬ」訳その程度のことは不都合ではございません。❸**身の程。分際。** 徒然 鎌倉—随筆 一四二「貧しくてぶんを知らざれば盗み」訳貧しくて身の程を知らなければ盗み(を働いて)。❹(限定された)**状況・状態。** 日本永代蔵 江戸—物語 浮世・西鶴「このぶんにて通るべきや」訳この(諸芸に達者であるという)状態で生きていくことができるだろうか。❺仮にそういう扱いにすること。**名目上の扱い。**▼多く、接尾語のように用いる。世間胸算用 江戸—物語 浮世・西鶴「その客死にぶんにして」訳その客は名目上死者扱いにして。

[2]**ぶん【文】** 名詞 文章。詩文。また、書物。

ぶん-かふ【文匣】 名詞 書物・紙類などを入れる小箱。

文鏡秘府論 書名 漢詩文の評論書。空海著・編。平安時代前期(八二〇か)成立。六巻。〔内容〕中国の六朝や唐代の詩論、音韻論などを整理して編集し、空海自身の評論を序の部分に書き加えたもの。省略本に『文筆眼心抄』がある。

ぶん-ぎり【分切り】 名詞 長いものを一定の長さに切ること。

ぶん-きん【文金】 名詞 ❶「元文金」の略。元文一年(一七三六)に、江戸幕府が鋳造した金貨。「文字金」とも。❷「文金島田」「文金高島田」の略。女性の髪型の一つ。髻の腰を一番高くした派手な結い方。❸「文金風」の略。男性の髪型の一つ。髻の腰を高くし、前に長く突き出したもの。

文華秀麗集 書名 二番目の勅撰漢詩集。藤原冬嗣ら撰。平安時代前期(八一八)成立。三巻。〔内容〕嵯峨・淳和天皇をはじめ二十八人の漢詩百四十八首を収録。『凌雲集』とともに平安初期の詩風を知るのに重要な資料である。

*__ぶん-げん【分限】__ 名詞 ❶**能力。**特に、経済的な能力。**資力。** 平家物語 鎌倉—物語 八・太宰府落「ここに内裏造るべきよし沙汰ありしかども、ぶんげんなかりければ造られず」訳ここ(=柳が浦)に内裏を造るようにとの仰せがあったけれども、資力がなかったので造ることができない。❷**身の程。分際。身分。** 太平記 室町—物語 三五「三、四番目の末子のぶんげん程」訳(泰時は)三、四番目のすえっ子の身分で。❸財力のあること。また、その人。**金持ち。財産家。**分限者。日本永代蔵 江戸—物語 浮世・西鶴「銀五百貫目よりして、これをぶんげんといへり」訳銀五百貫目より以上で、これを金持ちといった。◆「ぶげん」とも。

ぶん-こ【文庫】 名詞 ❶書籍や文書を納めておく蔵。書庫。❷手紙や書物などを入れておく小箱。

豊後(ぶんご) 地名 旧国名。西海道十二か国の一つ。今の大分県の大部分。古くは豊前(ぶぜん)と共に豊(とよ)の国の一部であった。豊州(ほうしゅう)。参照▼資料21

ぶん-ざい【分際】 名詞 ❶**程度。限り。** 太平記 室町―物語 三六「ここにて敵のぶんざいを問ふに」訳ここで敵の軍の(勢力の)程度を質問すると。❷**身の程。身分。** 日本永代蔵 江戸―物語 浮世・西鶴「そのぶんざいほどに富めるを願へり」訳その身の程相応に金持ちになることを願っている。

ぶん-さん【分散】 一 名詞／―す 他動詞サ変 分け散らすこと。盛衰記 鎌倉―物語 三三「使者を四国にぶんさんして」訳使者を四国に分け散らして。二 名詞／―す 自動詞サ変 ❶分かれ散ること。著聞集 鎌倉―説話 二五四「七々忌はてて人々ぶんさんしけるに」訳四十九日の法事が終わって人々が分かれ散ったときに。❷自己破産すること。分散仕舞(ぶんさんじまい)。◇江戸時代の語。

ふん-・ず【封ず】 他動詞サ変 {ぜ／じ／ず／ずる／ずれ／ぜよ} **封(ふう)をする。封じる。** 枕草子 平安―随筆 心もとなきもの「文(ふみ)を得て、かたくふんじたる続飯(そくひ)などあくるほど」訳(愛する人の)手紙をもらって、かたく封をしている糊(のり)を開けるときは、(とてもじれったい)。◆「ふうず」の変化した語。

ぶん-だい【文台】 名詞 書物や懐紙・短冊などを載せる小さな机。歌合わせや連歌(れんが)などの席で用いられた。参照▼口絵

ぶん-だん【分段】 名詞 仏教語。❶「分段生死(しゃうじ)」の略。**衆生の生死。** 衆生が限りのある寿命と種々の身体とをもって輪廻(りんね)すること。❷「分段同居(どうご)」の略。❸「分段身(しん)」の略。**凡人の身。この世。**

ふん-づき【文月】 名詞「ふみづき」に同じ。◆「ふみづき」の撥(はつ)音便。

ぶん-どり【分捕り】 名詞 戦場で敵の首や武器などを奪い取ること。

ふん-の-つかさ 名詞 一【図書寮】「づしょれう」に同じ。二【書司】❶後宮十二司の一つ。後宮の書籍・文具・楽器などを管理する所。また、その女官。❷「ふみのつかさ」の撥(はつ)音便。和琴(わごん)の別名。◇❶の女官が管理したことから。

ぶん-ぶ【文武】 名詞 学問と武道。「ぶんぷ」とも。

ふん-べつ【分別】 名詞／―す 他動詞サ変 ❶仏教語。心の働きによって対象を理解判断すること。▼誤った理解・判断にもいう。❷(一般に)物事の道理・善悪・得失などを考えること。またその思案。**思慮分別。** 徒然 鎌倉―随筆 七五「ふんべつみだりに起こりて、得失止(や)む時なし」訳思慮分別がやたらに起こって、利害を思う心がやむ時がない。

ふん-みゃう【分明】 名詞 はっきりしていること。**明白。**

ふん-みゃう・なり【分明なり】 形容動詞ナリ {なら／なり・に／なり／なる／なれ／なれ} **はっきりしている。明白だ。** 平家物語 鎌倉―物語 一一・嗣信最期「海上はるかに隔たって、その仮名(けみやう)実名(じつみやう)ふんみゃうならず」訳海上はるかに隔たって(いるので)、その(人の)通称なのか、本名なのかはっきりしない。

文屋康秀(ふんやのやすひで) 人名 生没年未詳。平安時代前期の歌人。六歌仙の一人。技巧的な歌風で『古今和歌集』に和歌五首がある。『後撰(ごせん)和歌集』にもとられている。

文楽(ぶんらく) 文芸 人形浄瑠璃(にんぎゃうじゃうるり)の一種。義太夫節(ぎだゆうぶし)に合わせて行われる、操り人形の芝居。江戸時代後期の寛政年間(一七八九～一八〇一)、植村文楽軒(うゑむらぶんらくけん)によって始められた。文楽座という芝居小屋の名から「文楽」と呼ばれ、今日、人形浄瑠璃の代表名となっている。⇩浄瑠璃

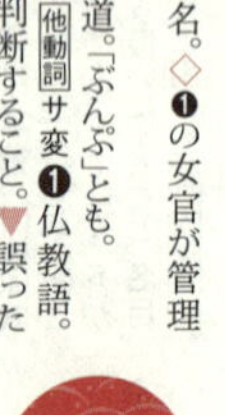

1 **へ【上】** 名詞 〔「…のへ」の形で〕**うえ。ほとり。** 万葉集 奈良―歌集 八七二「佐用比売(さよひめ)がこの山のへに領巾(ひれ)を振りけむ」訳佐用姫がこの山の上で領巾(＝肩にかけた白い薄布)を振ったのだろう。

2 **へ【戸】** 名詞 戸籍上の家。また、それを数える語。

3 **へ【辺・方】** 名詞 ❶**辺り。ほとり。そば。** 万葉集 奈良―歌集 四〇九四「大君のへにこそ死なめ」訳(私は)天皇のそばでこそ死のう。❷**海辺。海岸。** 日本書紀 奈良―史書 神代下「沖つ藻はへには寄れども」訳沖の藻は海辺に近寄るけれども。対沖(おき)。

4 **へ【家】** 名詞 **家(いへ)。** ◆「いへ」の変化した語。

5 **へ【舳】** 名詞 (船の)**へさき。船首。** 対艫(とも)。

6 **へ** 格助詞 《接続》体言に付く。

語義の扉

移動する動作の進行方向を表す、❶の「…の方へ」「…に向かって」が本来の用法。この点、格助詞「に」が、移動・動作の帰着点・到達地を示すのと明らかな用法上の差があった。また、より古くは、話し手のいる地点から遠のく動作を表すのは「へ」であり、従って「此処(ここ)」「此方(こなた)」などには下接しないのが原則であったが、のち、「宮もこなたへ入らせたまひぬ」(『枕草子』)、「ひととせに三度必ずわがもとへ来たれ」(『今昔物語集』)、「まことに遣り戸立つる音して、こなたへ来らむと待つほどに」(『宇治拾遺物語』)のような用法も生じた。

平安時代末、院政期ごろ以降には、格助詞「に」の用法との混交を生じ、❷❸の用法も併せ持つようになり、鎌倉、室町時代以降これが一般化して、現代語への源となった。

室町時代末ごろには、移動・動作の方向、帰着点を表す用法における「へ」の用法は「に」を圧する勢

いであったとみられ、ロドリゲスの『日本大文典』は「京へ筑紫に板東さ」ということわざを引いて、都での話し言葉に「へ」を用いるところを、九州では「に」、関東では「さ」で言い表していることを記している。

❶移動する動作の進行方向を表す。…の方へ。
…にむかって。
❷移動する動作の帰着点を表す。…に。
❸動作・作用の対象、相手を表す。…に対して。…に。

❶移動する動作の進行方向を表す。**…の方へ。…に向かって。** 万葉集 奈良一歌集 二七一「桜田へ鶴鳴き渡る年魚市潟潮干にけらし鶴鳴き渡る」訳桜田の方へ向かって鶴が群れ鳴き渡って行く。年魚市潟は潮がすっかりひいたらしい。それで鶴が鳴いて飛んで行くのだ。

土佐日記 平安一日記 一・十一「『まことに名に聞くところ羽ならば飛ぶがごとくに都へもかな』とぞ言へる。男も女も『いかで迅く京へもかな』と思ふ心あれば、この歌よしとにはあらねど『げん』と思ひて、人々忘れず」訳（例の女の子が）「ほんとうにこの名の通りここが羽根であったらその羽根で飛ぶように早く都へ向かって帰りたいことだ」と詠んだのだった。船中の男も女も皆「何とかして早く京へ帰りたい」と思う心があるので、この歌が格別よいというのではないけれど「その通りだ」と感じて、忘れないでいる。

❷移動する動作、作用の帰着点、到達地を表す。**…に。** 更級 平安一日記「その山越え果てて、贄野の池のほとりへ行き着きたるほど、日は山の端にかかりにたり。」訳（盗賊が出るので有名な）その崇駒山をすっかり越え切って、贄野のほとりにたどりついたころ、入り日がもう西の山の端にかかってしまっていた。徒然 鎌倉一随筆 五三「また仁和寺へ帰りて、親しき者、老いたる母など枕上に寄りゐて泣き悲しめども、聞くらむとも覚えず」訳また、（鼎をかぶったまま）、仁和寺に戻って来て、親しい者や年老いた母などが枕もとに集まりすわって泣き悲しんでいるけれども、本人に聞こえていると も思われない。

❸動作、作用のおこなわれる対象、相手を表す。**…に対して。…に。** 宇治拾遺 鎌倉一説話 十二「わが心ひとつにてはかなはじ。この由を院へ申してこそは」訳わたくしの心ひとつで決めてしまうことはできまい、この次第を院に申しあげてからにしましょう。

-へ[7]**【辺】** 接尾語 **…の辺り。…の方。**「沖へ」「末へ」

-へ[8]**【重】** 接尾語 重なったものを数える語。「千へ」「八へ垣」

へ[9] 反復継続の助動詞「ふ」の已然形・命令形。

へ[10]**【経】** 動詞「ふ」の未然形・連用形。

べ[1]**【部】** 名詞 ❶大化の改新以前、朝廷や豪族に所属し、世襲的に特定の職業に従事した人々の集団。卜部・玉造部・伴部・土師部など。「部曲」とも。❷**群れ。集団。** 万葉集 奈良一歌集 九七一「伴のべを班ち遣はし」訳配下の軍団をあちこちに派遣して。

-べ[2]**【辺】** 接尾語 ❶**…の辺り。…の方。**「葦べ」。❷**…のころ。**「春べ」「夕べ」

へ-あが・る【経上がる・歴上がる】 自動詞ラ四 {ら/り/る/る/れ/れ} ❶**次々に昇進する。成り上がる。** 平家物語 鎌倉一物語 一・鱸「中納言、大納言にへあがって」訳（平清盛は）中納言、大納言に次々と昇進して。◇「へあがっ」は促音便。❷**年を経て化ける。** 徒然 鎌倉一随筆 八九「猫のへあがりて、猫またになりて、人とる事はあなるものを」訳猫が年を経て化けて、猫またになって、人の命をとることがあるということですのに。

べい[1] 助動詞 特殊型《接続》基本的には活用語の終止形・連体形に付くが、未然形・連用形に付くこともある。{○/○/べい/べい/○/○}

❶〔意志〕**…う。…よう。** 雑兵 江戸一物語「足軽衆によく教へべいと思ふ」訳足軽たちによく教えようと思う。

❷〔推量〕**…だろう。** 雑兵 江戸一物語「今日は川越しがあるべいぞ」訳今日は川越しがあるだろうよ。❸〔当然〕**…するはずだ。** 浮世床 江戸一物語 滑稽「琉球芋なら一本十六文づつもしべい」訳さつまいもなら一本十六文ずつもするはずだ。❹〔適当・勧誘〕**…するがよい。…よう。** 浮世風呂 江戸一物語 滑稽「明るい所で勝負しべい」訳明るい所で勝負しよう。

歴史スコープ 室町時代以降の語。「べい」はロドリゲスの『日本文典』にも関東の言葉と説明されているが、江戸時代から現代に至るまで、関東周辺地域の会話語で使われる。

べい[2] 推量の助動詞「べし」の連体形「べき」のイ音便。平家物語 鎌倉一物語 一一・勝浦付大坂越「あの勢の中にしかるべい者やある」訳あの敵勢の中に適しているにちがいない者がいるか。

へいあん-きゃう【平安京】 名詞 桓武天皇の延暦十三年（七九四）、長岡京からの遷都で今の京都市に造営され、明治二年（一八六九）の東京遷都まで続いた日本の都。平安城。参照▼口絵

へいあん-じゃう【平安城】 名詞「へいあんきゃう」に同じ。

へい-がく【兵革】 名詞 **戦争。戦乱。**「へいかく」とも。▼「兵器と甲冑」の意から。

べい-かな 連語 なりたち 推量の助動詞「べし」の連体形「べき」のイ音便＋終助詞「かな」

…だろうなあ。…であろうなあ。 源氏物語 平安一物語 花宴「六は春宮にたてまつらむとこころざしたまへるを、いとほしうもあるべいかな」訳六の君は東宮にさし上げようと心づもりをしておられるのに、（六の君だったら）気の毒なことであろうなあ。

平曲 文芸『平家物語』を琵琶の伴奏で節をつけて語る語り物。鎌倉時代初期に始まり、以後、多くの盲目の法師によって寺社など人々の集まる場所で盛んに語られた。『平家物語』は平曲として語られたため、異本が多い。「平家琵琶」ともいう。⇩琵琶法師 文芸

参考『徒然草』第二二六段に、平曲の始まりについて記してある。

へい-ぐわい【平懐】 名詞 ❶礼儀をわきまえないこと。**無礼。無遠慮。** ❷和歌・連歌・俳諧で、発想や表現がありふれていて、つまらないこと。◆「へいくゎい」とも。

へい-ぐわい・なり【平懐なり】 形容動詞 ナリ {なら/なり・に/なり/なる/なれ/なれ} ❶無礼だ。無遠慮だ。 道成寺現在 江戸―浄瑠 「これまでへいぐわいに申せし段、まっぴら御免」 訳 これまで無礼に申し上げたこと、ひらにお許しください。❷和歌・連歌・俳諧で、発想や表現がありふれていて、つまらない。 六百番歌合 鎌倉―歌集 冬「右の歌、『冬さむみ』こそへいぐわいに侍るめれ」 訳 右の歌は「冬さむみ」の表現がありふれてつまらないようでございます。◆「へいくわいなり」とも。

へい-け【平家】 名詞 ❶平氏。特に、平清盛の一族にいう。❷「平家琵琶」の略。平曲。⇩平曲 ❸『平家物語』の略。

へい-げい【埤堄】 名詞 城壁の上の低い垣根。「へいけい」とも。

平家琵琶 ⇩平曲

平家物語 書名 軍記物語。信濃前司行長作か。鎌倉時代前期成立。十二巻。〔内容〕栄華と権勢をきわめた平家一門の前後九十年にわたる物語を、流麗な和漢混交文でつづってある。平家のみならず、頼朝・義経ら源氏一門の、また俊寛・横笛などの多くの劇的場面をつみ重ねている。この物語は、琵琶法師の語る平曲として民間に親しまれた。参照▼口絵

へい-こう【閉口】 名詞 ／―す 自動詞 サ変 ❶口を閉ざし黙っていること。 十訓抄 鎌倉―説話 四「『これはいかに』と見せければ、へいこうせられけり」 訳 「これはどうでしょうか」と見せたところ、口を閉ざし黙っていなさった。❷(扱いに)困ること。言葉に詰まること。 浮世床 江戸―物語 滑稽「あの婆さんにはへいこうだ」 訳 あの婆さんには困ったことだ。

[1]**へい-じ**【平氏】 名詞 「平」を姓とする一族。「平」は平安時代に皇族が臣籍に降下した際に与えられた姓の一つ。平家。「へいし」とも。

参考 桓武天皇を祖とする桓武平氏は、清和源氏とともに名高く、その一支流である伊勢平氏は平清盛の代に政権をにぎった。

[2]**へい-じ**【瓶子】 名詞 口が狭く、胴の細長いつぼ。酒を入れて、杯などに注ぐための容器。**徳利**。

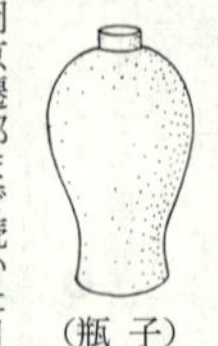
(瓶 子)

へいじゃう-きゃう【平城京】 名詞 元明天皇の和銅三(七一〇)年、藤原京からの遷都で今の奈良市に造営され、桓武天皇の延暦三(七八四)年の長岡京遷都まで続いた日本の都。平城宮。ならのみやこ。

へいじゃう-きゅう【平城宮】 名詞 「へいじゃうきゃう」に同じ。

べい-じゅう【陪従】 名詞 ❶貴人に付き従うこと。また、その人。**お供**。❷神前で の神楽・東遊びで、舞人に付き従って器楽を演奏する地下の楽人。多く、賀茂・石清水などの祭りのときに仕える楽人にいう。◆「ばいじゅう」とも。

へい-しょく【秉燭】 名詞 **夕方**。灯火をともすころ。▼灯火を手に持つことの意。

古典の常識

『平家物語』―平家滅亡を描く人間絵巻

「祇園精舎の鐘の声、諸行無常の響きあり、沙羅双樹の花の色、盛者必衰の理をあらはす」で始まる序章に示される仏教的無常観が、この軍記物語の主題である。

前半は、平氏が忠盛のときに昇殿を許され、その子清盛が太政大臣にまで昇りつめ平氏全盛時代を迎えた様子を描く。しかし平家打倒の動きがしだいに高まり、ついに源頼朝、木曾義仲など源氏の旗揚げが始まる中で福原遷都に失敗した清盛は、熱病のために世を去った。

後半は、平家一門の都落ちから一の谷・屋島・壇の浦での滅亡までの哀史を軸に、勝者である源氏の頼朝・義経兄弟の確執なども含めてさまざまな人間模様が展開する。終章は、壇の浦で入水したが助け出され尼となった建礼門院(清盛の娘)の大原の庵での話で結ぶ。

平安文学には見られない武人の人間像を活写した叙事文学として後世への影響は大きい。

へい-だん【餅餤】 名詞 食べ物の一つ。あひるやかものの卵と野菜を煮て餅の中に入れこみ、四角に切ったもの。官吏昇進の儀式である「定考」などで公卿らに供した。

平治物語 書名 軍記物語。作者未詳。鎌倉時代前期成立。三巻。〔内容〕平治の乱の前後四十一年間を記し、悪源太義平(=源義平)が悲劇の主人公として描かれている。藤原信頼と源義朝が京都で乱を起こして失敗したいきさつを、生き生きとした和漢混交文でつづっている。

へい-ぢゃう【兵仗】 名詞 「ひゃうぢゃう」に同じ。

平中物語 書名 歌物語。作者未詳。平安時代中期成立。一巻。〔内容〕風流で色好みの平貞文(=平中)と、多くの女性との恋愛など長短三十九段から成る歌物語で、『伊勢物語』を連想させる。『平仲物語』とも書く。

古典の常識

『平中物語』―滑稽味の強い恋愛説話

平貞文(=平中)と思われる男と多くの女性との恋のかけひきを主題とした歌中心の物語。平中個人の体験を四季を追って描き、恋の不成就を表す段が多い。平中は成立しかけた恋をあっさりあきらめるなど、気は多いが純情で消極的人物として描かれている。

へい-はく【幣帛】 名詞 神にささげるものの総称。神前のおそなえもの。ぬさ。

へい-はふ【兵法】 名詞 「ひゃうはふ」に同じ。

へい-まん【屛幔】 名詞 **幕。張りめぐらす幕。**

へい-もん【閉門】 名詞 ／―す 自動詞 サ変 ❶門を閉じて家にこもること。特に、謹慎の意を表すために門を閉じて家にこもること。 平家物語 鎌倉―物語 三・法印問答「福原へ馳せ下り、へいもんしてこそおはしけれ」 訳 (平清盛は)福原へ急いでくだって門を閉じて家にこもっていらした。❷江戸時代、武士・僧・神主に科した刑罰の一つ。五十日間または百日間、門を閉じさせて家にこもらせ、人の出入りも禁じるというもの。逼塞

より重く、蟄居(ちっきょ)より軽い。

へう【表】(ヘウ/ヒョウ) 名詞 天皇や官に対して臣下が、意見や祝辞、官職の辞退などを記して奉る文書。

べう¹【廟】(ベウ/ビョウ) 名詞 死者の霊を祭る所。

べう²(ベウ/ビョウ) 推量の助動詞「べし」の連用形「べく」のウ音便。源氏物語 平安―物語 若紫「走り来たる女子(をんなご)、あまた見えつる子どもに似るべうもあらず」訳走って来た少女は、(かわいらしくて)大勢見えていた子供たちに似るはずもない(=並々でない)。

べうえい【苗裔】(ベウエイ/ビョウエイ) 名詞 子孫。末裔。

へうさう【表相】(ヘウサウ/ヒョウソウ) 名詞 前兆として表面に表れたしるし。

へうじ【表事】(ヘウジ/ヒョウジ) 名詞 物事を表すしるし。

べうしょ【廟所】(ベウショ/ビョウショ) 名詞 ❶高貴な人の霊を祭る墓所。御霊屋(おたまや)。❷墓所。

へう・す【標す】(ヘウス/ヒョウス) 他動詞サ変 {せ/し/す/する/すれ/せよ} **見下す。あなどる。**平家物語 鎌倉―物語 二・教訓状「例の内府(だいふ)が世をへうするやうにふるまふ」訳例の通り内大臣が世の中を見下すようにふるまう。

へうとく【表徳】(ヘウトク/ヒョウトク) 名詞 **雅号。**実名のほかに付ける、風流・風雅の道のための別号。

へうはく【漂泊】(ヘウハク/ヒョウハク) 名詞／―す 自動詞サ変 ❶流れただようこと。漂流すること。太平記 室町―物語 一一「時直(ときなほ)わづかに五十余人になつて、柳浦(やなぎがうら)の浪(なみ)にへうはくす」訳時直はわずかに(兵が)五十余人になって、柳浦(=今の福岡県北九州市にあった地名)の海の波にただよっていた。❷(居所を定めず)さまよい歩くこと。奥の細道 江戸―紀行 出発まで「片雲の風にさそはれて、へうはくの思ひやまず」訳ちぎれ雲が風に流されるように(私も)居所を定めずにさまよいたいという気持ちが抑えられず。

へう・びゃく【表白】(ヘウビャク/ヒョウビャク) 名詞／―す 自動詞サ変 法会(ほふゑ)や仏事のとき、その趣旨を仏や参会者に告げ知らせること。また、それを記した文。今昔物語 平安―説話 二〇・三六「講師(かうじ)音(こゑ)をあげてへうびゃくするほどに」訳講師が声を張り上げて、法会の趣旨を告げ知らせるときに。

べう・も・あら・ず(ビョウモアラズ) 連語

なりたち 推量の助動詞「べし」の連用形＋係助詞「も」＋ラ変動詞「あり」の未然形＋打消の助動詞「ず」からなる「べくもあらず」のウ音便。

「べくもあらず」に同じ。源氏物語 平安―物語 若紫「走り来たる女子(なご)、あまた見えつる子どもに似るべうもあらず」訳走って来た少女は、たくさん見える子どもたちとはかけはなれて(比べようもなく)成人したときの姿がはっきりと想像されてかわいらしい容貌である。

へうり【表裏】(ヘウリ/ヒョウリ) 名詞 ❶**物事の表と裏。外見と内面。**❷発言や行動と本心が一致しないこと。**偽りごと。作り事。**

べかし 助動詞シク型《接続》ラ変動詞「あり」の連体形に付く。{○/べかしく/○/べかしき/○/○}〔当然・義務・適当〕**当然(…ある)べきだ。当然(…ある)はずだ。(…する)のがふさわしい。**▼「あるべかし」「あるべかしき」の形で用いられる。源氏物語 平安―物語 総角「大方のあるべかしきことどもは、中納言殿、阿闍梨(あざり)などぞ仕うまつり給ひける」訳だいたいの当然あるはずのことなどは、中納言殿と阿闍梨などがしてさし上げなさった。◆推量の助動詞「べし」の連用形「べかり」の語幹「べか」を形容詞的に活用させた語。

べか・なり* 連語

なりたち 推量の助動詞「べし」の連体形「べかる」＋推定・伝聞の助動詞「なり」からなる「べかるなり」の、撥(はつ)音便「べかんなり」の「ん」が表記されない形。

…にちがいないと聞く。…のはずだという。「べかんなり」とも。源氏物語 平安―物語 若紫「心憂く、渡り給(たま)ふべかなれば、まして聞こえ難(がた)ければ」訳(若紫は)残念(なこと)にも、(父宮邸に)移りなさるはずだというので、(移れば、今まで以上に)まして、(手紙などを)差し上げることもできないので。

べか・めり* 連語

なりたち 推量の助動詞「べし」の連体形「べかる」＋推定の助動詞「めり」からなる「べかるめり」の、撥(はつ)音便「べかんめり」の「ん」が表記されない形。

…にちがいないと見える。…にちがいないと思われる。「べかんなり」とも。枕草子 平安―随筆 はづかしきもの「これが事をばかれに言ひ、かれが事をばこれに言ひ、かたみに聞かすべかめるを」訳この女の事はあの女に言い、あの女の事はこの女に言い、互いに聞かせているにちがいないと思われるのに。

べから 推量の助動詞「べし」の未然形。徒然 鎌倉―随筆 一一〇「勝たんと打つべからず」訳(すごろくは)勝とうと(思って)打ってはならない。

べから・ず* 連語

なりたち 推量の助動詞「べし」の未然形「べから」＋打消の助動詞「ず」

❶**…してはならない。**▼禁止の意を表す。徒然 鎌倉―随筆 七三「ひとへに信ぜず、また疑ひあざけるべからず」訳いちずに信じたりせず、また、疑ったり馬鹿にしたりしてはならない。❷**…はずがない。…ないにちがいない。**▼それが道理上あり得ない事態であることを表す。徒然 鎌倉―随筆 五九「事の尽くる限りもなく、思ひ立つ日もあるべからず」訳用事がなくなる際限もなく、(出家を新たに)決意する日もあるはずがない。❸**…できない。**▼不可能の意を表す。方丈記 鎌倉―随筆「羽なければ、空をも飛ぶべからず」訳(人間には)羽がないので、空を飛ぶこともできない。

語の歴史 平安時代には漢文訓読系統の文章を中心に用いられた語。『源氏物語』『枕草子』とも各一例見られるだけで、前者の例は漢籍にかかわりの深い横川の僧都の言葉として用いられたもので、作者の配慮がうかがわれる。のち、教訓書などで禁止の意に用いられることが多くなり、現代語でも「立ち入るべからず」のように、強い禁止の意を表す語として用いられている。

べから・む 連語

なりたち 推量の助動詞「べし」の未然形「べから」＋推量の助動詞「む」

…のがよいのだろう。…べきだろう。枕草子 平安―随筆 二月つごもり頃に「これが本(もと)は、いかでか付くべからむと思ひわづらひぬ」訳この(句に対する)上の句は、どうつけるのがよいのだろうかと思い悩む。

参考 上に疑問・反語を表す語を伴うことが多い。

べかり 推量の助動詞「べし」の連用形。古今 平安―歌集 春上「香をたづねてぞしるべかりける」訳(梅の花は)そ

へ

のかおる所をたずねて、それだと知ることができることよ。

べかり‐き 連語
なりたち 推量の助動詞「べし」の連用形「べかり」＋過去の助動詞「き」
…べきだった。…はずだった。源氏物語 平安｜物語 葵「斎宮は、去年内裏に入り給ふべかりしを」訳斎宮は、去年宮中にお入りになるはずであったのだが。

べかり‐けり 連語
なりたち 推量の助動詞「べし」の連用形「べかり」＋過去の助動詞「けり」
…べきだった。…にちがいなかった。源氏物語 平安｜物語 須磨「さも、さまざまに心をのみ尽くすべかりける、人の御契りかな」訳そんなにも、いろいろと気ばかりをもむにちがいなかった、(藤壺との前世からの)宿縁であったのだなあ。

べかり‐つ 連語
なりたち 推量の助動詞「べし」の連用形「べかり」＋完了の助動詞「つ」
…はずだった。…べきだった。源氏物語 平安｜物語 鈴虫「内裏の御前に、今宵は月の宴あるべかりつるを、とまりてさうざうしかりつるに」訳宮中で、今夜、十五夜の月の宴があるはずだったのに、中止になってつまらなく思っていたところ。

へが・る【剝がる】 自動詞ラ下二{れ/れ/る/るる/るれ/れよ} はがれる。薄くなる。源氏物語 平安｜物語 明石「所狭かりし御髪の少しへがれたるしも」訳(多すぎるほど)いっぱいであった御髪が少し薄くなっているのも。

べか・る 推量の助動詞「べし」の連体形。蜻蛉 平安｜日記 下「幾入とかは知るべかるらむ」訳(あなたの言葉は)何度染めかえた(いつわりの)色と知らなければならないだろうか。◆多く助動詞「なり」「めり」が付いて、「べかんなり」「べかんめり」のように撥音便となる。

***べかん‐なり** 連語
なりたち 推量の助動詞「べし」の連体形「べかる」＋推定・伝聞の助動詞「なり」からなる「べかるなり」の撥音便形。平安時代には一般に「ん」が表記されずに「べかなり」と書かれた。
「べかなり」に同じ。平家物語 鎌倉｜物語 四・信連「何条、この御所ならでは、いづくへか渡らせ給ふべかんなる」訳何を言うか、この御所以外には、(高倉宮は)どこへお渡りになるはずだというのか。

***べかん‐めり** 連語
なりたち 推量の助動詞「べし」の連体形「べかる」＋推定の助動詞「めり」からなる「べかるめり」の撥音便形。平安時代には、一般に「ん」が表記されずに「べかめり」と書かれた。
「べかめり」に同じ。大鏡 平安｜物語 道長上「今々もさこそは侍るべかんめれ」訳今後もそのように(執政職は他家に移らないで)ありますにちがいないと思われる。

へぎ【折ぎ・片木】 名詞 ❶檜や杉などの木材を薄くはいだ板。へぎ板。❷❶で作った「折敷」。

べき 推量の助動詞「べし」の連体形。土佐日記 平安｜日記 一二・二一「船に乗るべき所へ渡る」訳船に乗ることになっている所へ移る。

へき‐しょ【壁書】 名詞 ❶法令や掟などを布告するため、壁に掲示した文書。❷戦国時代の大名などの家法などを壁にはり出したもの。

べき‐な‐めり 連語
なりたち 推量の助動詞「べし」の連体形＋断定の助動詞「なり」の連体形＋推定の助動詞「めり」からなる「べきなるめり」の撥音便「べきなんめり」の「ん」が表記されない形。
…はずであるようだ。…はずのようだ。源氏物語 平安｜物語 桐壺「坊にも、ようせずは、この御子の居給ふべきなめり」訳皇太子にも、悪くすると、この皇子(＝源氏)がお立ちになるはずのようだ。

べき‐なり 連語
なりたち 推量の助動詞「べし」の連体形＋断定の助動詞「なり」
…べきである。…のがよい。徒然 鎌倉｜随筆 一一〇「勝たんと打つべからず、負けじと打つべきなり」訳(すごろくは)勝とうと(思って)打ってはならない、負けまいと(思って)打つべきである。

へ・ぐ【剝ぐ・折ぐ】 他動詞ガ四{が/ぎ/ぐ/ぐ/げ/げ} ❶薄く削り取る。はがす。嵯峨日記 江戸｜日記 俳文・芭蕉「五月雨や色紙へぎたる壁の跡―芭蕉」訳五月雨が降っていることよ。(もと富豪の別荘であった落柿舎も傷んで)色紙をはがした壁の跡が残っている。❷減らす。少なくする。❸かすめ取る。浮世物語 江戸｜物語 仮名「それをみなへぎて己が徳とし」訳それを全部かすめ取って自分の財産とし。

べく 推量の助動詞「べし」の連用形。伊勢物語 平安｜物語 一二五「心地死ぬべくおぼえければ」訳気分が(悪く)死ぬにちがいないと思ったので。

べく‐は 連語
なりたち 推量の助動詞「べし」の連用形＋係助詞「は」
…はずならば。…できるつもりならば。▼順接の仮定条件を表す。土佐日記 平安｜日記 一・七「よみてむやは。よみつべくは、はやいへかし」訳(歌なんか)作れるのかな。作れるつもりならば、早く言いなさい。

べく‐も‐あら‐ず 連語
なりたち 推量の助動詞「べし」㊊＋係助詞「も」＋補助動詞「あり」㊍＋打消の助動詞「ず」
❶…はずもない。竹取物語 平安｜物語 貴公子たちの求婚「かの家に行きてたたずみ歩きけれど、甲斐あるべくもあらず」訳あの(かぐや姫の)家に行って、うろつき歩いたが、(その)効果があるはずもない。❷…ことができそうにもない。源氏物語 平安｜物語 桐壺「この御にほひには並び給ふべくもあらざりければ」訳(第一皇子は)この(源氏の)お美しさには並びなさることができそうにもなかったので。◆「べうもあらず」とも。

べく‐や‐は‐ある 連語
なりたち 推量の助動詞「べし」の連用形＋係助詞「や」＋係助詞「は」＋補助動詞「あり」の連体形
…できるだろうか(いや、できようはずがない)。▼可能推量の疑問・反語の意を表す。枕草子 平安｜随筆 木の花は「まいて琴に作りて、さまざまなる音の出で来るなどは、をかしなど、世の常に言ふべくやはある」訳まして(桐の木を)琴に作って、いろいろな音が出てくるなどというのは、おもしろいなどと、世々一般の言葉で言うことができるだろうか、いやできようはずがない。

へぐり【平群】 地名 今の奈良県生駒郡平群町。生駒山、信貴山の東側のふもとで、竜田川中流の流域。平群谷は古代の豪族平群氏の本拠地。

べけ・む 連語 なりたち 推量の助動詞「べし」の古い未然形＋推量の助動詞「む」

…だろう。…はずであろう。…べきであろう。今昔物語 平安―説話 九・三二「なんぞ、たちまちに死ぬべけむやと」訳どうしてすぐに死ぬはずがあろうか(すぐに死ぬはずはない)と。参考「べけむや」の形で、多く反語になる。漢文訓読系の語。

べけれ 推量の助動詞「べし」の已然形。竹取物語 平安―物語 竜の頸の玉「おのが君の仰せごとをばかなへむとこそ思ふべけれ」訳自分の主君のご命令を実現しようと思わなければならない。

べし 助動詞 ク型

《接続》(1)活用語の終止形に付く。ただしラ変型活用の語には連体形に付く。(2)上一段活用の語には、「見べし」のように、イ段の音で終わる語形(未然形または連用形)に付くことがある。

未然形	連用形	終止形	連体形	已然形	命令形
〈べく〉 べから	べく べかり	べし	べき べかる	べけれ	○

❶〔推量〕…にちがいない。きっと…だろう。(当然)…しそうだ。▼確信をもって推量する意を表す。徒然 鎌倉―随筆 一「人は、形・有り様のすぐれたらんこそ、あらまほしかるべけれ」訳人間は容貌や風采がすぐれていることこそ、望ましいだろう。

❷〔意志〕(必ず)…しよう。…するつもりだ。…してやろう。▼強い意志を表す。竹取物語 平安―物語 御門の求婚「『宮仕へに出だし立てば死ぬべし』と申す」訳(かぐや姫は)「(私を)宮仕えに出すならば、死んでしまうつもりだ」と申し上げる。

❸〔可能〕…できる。…できそうだ。…できるはずだ。大鏡 平安―物語 道長上「わが子どもの、影だに踏むべくもあらぬこそ、口惜しけれ」訳私(＝兼家)の子息たちが、(四条大納言の)影さえ踏むこともできそうにないのは、残念なことだ。

❹〔適当・勧誘〕…(する)のがよい。…(する)のが適当である。…(する)のがふさわしい。▼そうするのがいちばんよいという意を表す。徒然 鎌倉―随筆 五五「家の造りやうは、夏をむねとすべし」訳家の造り方は、夏(に暮らしやすいこと)を主とするのがよい。

❺〔当然・義務・予定〕…するはずだ。当然…すべきだ。…しなければならない。…することになっている。▼必然的にそうでなければならないという意を表す。竹取物語 平安―物語 かぐや姫の生ひ立ち「子となり給ふべき人なめり」訳(私の)子におなりになるはずの人であるようだ。

❻〔命令〕…せよ。平家物語 鎌倉―物語 一一・先帝身投「西に向かはせ給ひて、御念仏さぶらふべし」訳西(の方)にお向きになって、お念仏をお唱えなさいませ。

語法 (1)「べし」の各音便形

(ア)ウ音便・イ音便

べく ↓ べう ↓ 「ビョウ」と読む 連用形 (ウ音便)	べき ↓ べい ↓ 今でも方言に残っている 連体形 (イ音便)

(イ)撥音便

べかる ＋ なり ↓ べかンなり↓べかなり
連体形　推定・伝聞(撥音便)(無表記)
めり ↓ べかンめり↓べかめり
推定・婉曲(撥音便)(無表記)

⇩べかなり・べかめり・べかんなり・べかんめり

(2)**命令の意味**❻は、主従関係がはっきりしている軍記物語の会話などに現れやすい。

(3)**未然形の「べく」**「べく＋は」については、次の二とおりの説がある。

(ア) べく ＋ は ＝ …はずならば
連用形　係助詞
(イ) べく ＋ は ＝ …できるならば
未然形　接続助詞

(イ)の立場に立った場合にだけ、未然形が存在することになる。また、江戸時代の「べくば」(「べくんば」)の「べく」は、未然形である。⇩は・ば

へ・す【圧す】他動詞 サ四〔さ／し／す／す／せ／せ〕❶押さえつける。義経記 室町―物語 七「押せどもへせども」訳(弁慶を)押しても、押さえつけても。❷圧倒する。へこます。枕草子 平安―随筆 頭の弁の、職にまゐり給ひて「『逢坂』の歌は、へされて返しもえせずなりにき」訳「逢坂」の歌は、(頭の弁に)圧倒されて、返歌もすることができなくなってしまった。

へた【辺・端】名詞 はし。へり。ほとり。海辺。

べ-たう【別当】名詞「べったう」に同じ。◆「べったう」の促音「っ」が表記されない形。

へだし【隔し】名詞 仕切り。隔て。◆奈良時代以前の東国方言。

へだた・る【隔たる】自動詞 ラ四〔ら／り／る／る／れ／れ〕❶隔たる。(距離があって)離れる。枕草子 平安―随筆 うれしきもの「同じ都のうちながらもへだたりて」訳同じ都の中でも離れて。❷経過する。月日がたつ。徒然 鎌倉―随筆 五六「久しくへだたりて会ひたる人の」訳長く月日がたって会った人が。❸(心理的に)離れる。疎遠になる。源氏物語 平安―物語 賢木「かく御仲もへだたりぬるを」訳このように(二人の)御仲も疎遠になってしまったのを。

***へだ・つ**【隔つ】

㊀他動詞 タ下二〔て／て／つ／つる／つれ／てよ〕❶(間を)離す。(間を)仕切る。さえぎる。隔てる。枕草子 平安―随筆 心にくきもの「物の後ろ、障子などへだてて、聞くに」訳物の陰やふすまなどを隔てて聞くと。❷別にする。区別する。源氏物語 平安―物語 賢木「大小の事をへだてず、何事も(源氏の君を)御後見と思せ」訳事の大小を区別せず、何事も御後見とお思いなさい。❸(間に)時間を置く。間を置く。源氏物語 平安―物語 須磨「一、二日たまさかにへだつるをりだに」訳一日二日たまに(あなたと)間を置くときでさえ。❹疎んじる。疎み遠

ざける。源氏物語 平安 物語 若菜上「少しへだつる心添ひて、見知らぬやうにておはす」訳（紫の上には）少し（源氏を）疎んじる心が起こって、そしらぬようすでいらっしゃる。

二 自動詞 タ四 {た/ち/つ/つ/て/て} 「へだたる」に同じ。万葉集 奈良 歌集 八六六「白雲の千重へにへだてる筑紫つくの国は」訳白雲が幾重にも重なりになって隔たっている筑紫の国は。

***へだて【隔て】** 名詞 ❶**間をさえぎること。仕切り。** 枕草子 平安 随筆 清涼殿の丑寅のすみの「北のへだてなる御障子みさうじは」訳北の仕切りであるついたて障子には。❷**違い。差違。区別。** 源氏物語 平安 物語 玉鬘「幸ひのなきとあるとは、へだてあるべきわざかな」訳幸せのない人とある人とは、（美しさの点で）違いがあるはずのものであるなあ。❸**時間の隔たり。時の経過。** 奥の細道 江戸 紀行 全昌寺「一夜のへだて、千里に同じ」訳一夜の（時間的な）隔たりは、千里（も離れた時間）に同じ（ように私には思われる）。❹**心の隔たり。よそよそしさ。また、わだかまり。** 徒然 鎌倉 随筆 五六「へだてなく慣れぬる人も」訳わだかまりがなくうちとけて慣れ親しんだ人も。

べち【別】 形容動詞 語幹⇩べちなり。徒然 鎌倉 随筆 九八「仏道を願ふといふはべちの事なし」訳仏道を願うということは、特別なことではない。

べち-なふ【別納】 ベチノウ 名詞 物などをしまうために母屋から離れて別に建てた家屋。住居にも用いることがあった。

***べち-なり【別なり】** 形容動詞 ナリ {なら/なり・に/なり/なる/なれ/なれ}

語義の扉

漢語「別」を元に生まれた形容動詞。

漢語の窓
漢字「別」のなりたちは、「冎」と「刂」の会意。ほかに、それとは異なるの意。

日本語化した「別なり」は、漢語の、それとは別だ、同じでないの意（❶）を受け継ぎ、さらに、特別だ、格別だの意（❷）をも表す。

❶それとは別だ。同じでない。
❷特別だ。格別だ。

❶**別だ。同じでない。** 源氏物語 平安 物語 横笛「黄金こがね百両をなむべちにせさせ給たまひける」訳黄金百両を（僧への布施として）別にお贈りあそばされた。❷**特別だ。格別だ。**

へ-つ【辺つ】 連語 **海辺近くの。岸辺の。** ◆「つ」は「の」の意の奈良時代以前の格助詞。

へ-つ-かい【辺つ櫂】 名詞 岸辺を漕こぐ船の櫂かい。◆「つ」は「の」の意の奈良時代以前の格助詞。

へ-つ-かぜ【辺つ風】 名詞 **海辺を吹く風。** ◆「つ」は「の」の意の奈良時代以前の格助詞。

べつ-ぎやう【別行】 ベツギョウ 名詞 仏事や修行などを特別に執り行うこと。

べつ-げふ【別業】 ベツギョウ 名詞 **別荘。別邸。** ◆「業」は屋敷の意。

べっ-して【別して】 副詞 **特に。ことさら。** 平家物語 鎌倉 物語 一・殿下乗合「平家もまた、べっして朝家てうに恨み奉る事もなかりし程に」訳平家もまた、ことさら朝廷をお恨み申し上げることもなかったので。

べっ-しょ【別墅】 名詞 **別宅。別荘。** ◆「墅」は離れ屋の意。

***べっ-たう【別当】** ベットウ 名詞 ❶朝廷の特殊な役所である、検非違使庁けびいしちょう・蔵人所くろうどどころ・絵所えどころ・作物所つくもどころなどの長官。栄花物語 平安 物語 月の宴「絵所えどころのべったう蔵人少将くらうどのせうしやう済時なりとき」❷特に、検非違使庁の長官。今昔物語 平安 説話 一三・一〇「その後のち、べったう大きに驚き恐れて」訳その（目が覚めた）あと、検非違使庁の長官はひどく驚き恐れて。❸院・親王家・摂関家・大臣家などで、政所まんどころの長官。落窪物語 平安 物語 三「政所のべったうなる衛門ゑもんの佐すけ」訳政所の別当である衛門の佐。❹鎌倉幕府で、政所まんどころ・侍所さむらいどころ・公文所くもんじょなどの長官。❺東大寺・興福寺・法隆寺などの大寺で、寺務を総括する最高責任者。今昔物語 平安 説話 一一・二九「べったうになりて、この寺を政まつりごつ程に」訳別当になって、この寺の寺務をとりしきっていたが。❻宇佐・鶴岡つるがおか・祇園ぎおん・石清水いわしみずなどの神宮寺じんぐうじ（＝神社に付属して置かれた寺）で、事務をつかさどる者。大鏡 平安 物語 時平「おほやけよりべったう・所司しょなどなさせ給たまひて」訳朝廷から別当や所司などをご任命になりまして。❼荘園の事務をつかさどる役。平家物語 鎌倉 物語 早馬「小山田をやまだべったう有重ありしげ」❽院の廏うまやの長官。転じて、馬丁ばてい。盛衰記 鎌倉 物語 四五「院の御廏のべったうになりて」訳院の御廏の別当になって。◆もと、本官のある者が別の職を兼務する意。「べたう」とも。

べったう-せん【別当宣】 ベットウセン 名詞 検非違使けびいしの「別当（＝長官）」が出す、命令などを記した公文書。庁宣。

べったう-だい【別当代】 ベットウダイ 名詞 寺社で、その長である「別当」の代理をする者。

べっとう【別当】 ⇩べったう

へ-つ-なみ【辺つ波】 名詞 **岸に寄せる波。** ◆「つ」は「の」の意の古い格助詞。対沖つ波。

へ-つ-ひ【竈】 ヘッイ 名詞

なりたち 「竈へ」（＝かまど）＋「つ」（＝「の」の意）＋「霊ひ」の一語化したもの。

❶**かまどの神。** ❷**かまど。** へっつい。

へ-つ-へ【辺つ方】 名詞 **岸辺。** ◆「つ」は「の」の意の奈良時代以前の格助詞。

へ-つ-も【辺つ藻】 名詞 **海岸近くに生えている藻。** ◆「つ」は「の」の意の奈良時代以前の格助詞。

へつら-ふ【諂ふ】 ヘツラウ 自動詞 ハ四 {は/ひ/ふ/ふ/へ/へ} **追従ついしょうする。お世辞をいう。相手に気に入られるように振る舞う。** 方丈記 鎌倉 随筆 「貧しくして富める家の隣にをる者は朝夕すぼき姿を恥ぢて、へつらひつつ出いで入る」訳貧しい身で富裕な家の隣に住む者は、朝晩（自分の）みすぼらしい姿を恥じてお世辞を言いながら（自分の家を）出入りする。

へつり-がね【剝り金・剝り銀】 名詞 **へそくり。** 少しずつかすめ取って手に入れた金。「へづりがね」とも。

へなたり【甲香】 名詞 貝の名。巻き貝の一種の、螺にしのこと。また、その蓋ふた。蓋を、粉にして練り香の材料とした。

へ-なみ【辺波】 名詞 **岸に寄せる波。船べりに寄せる波。** 対沖つ波。

へな・る【隔る】 自動詞ラ四〔ら/り/る/る/れ/れ〕隔たっている。離れている。万葉集 奈良―歌集 三七五五「山川を中にへなりて安けくもなし」訳（あなたと）山や川を中に隔たっていて安心していられない。

へ-まさ・る【経優る】 自動詞ラ四〔ら/り/る/る/れ/れ〕経験を積み、よくなってゆく。源氏物語 平安―物語 朝顔「昔よりもあまたへまさりて思ほさるれば」訳昔よりも随分と経験を積みよくなっていると（自分で）お思いになるので。

へみ【蛇】 名詞へび。◆「へび」の古い形。

＊べ-み

なりたち 推量の助動詞「べし」の語形変化しない部分「べ」＋原因・理由を表す接尾語「み」

…しそうなので。…に違いないので。古今 平安―歌集 秋下「佐保山のははその紅葉散りぬべみ夜さへ見よと照らす月影」訳佐保山のははそ（＝ぶな科の樹木）の紅葉は散ってしまいそうなので、（昼間見るうえに）夜まで見よと照らしている月の光（であることよ）。

参考 奈良時代以前に、多く「ぬべみ」の形で使われ、平安時代にも和歌に用いられた。

へ-めぐ・る【経巡る・経廻る】 自動詞ラ四〔ら/り/る/る/れ/れ〕あちこちを巡り歩く。太平記 室町―物語 一二「千早より降参して、京都にぞへめぐりける」訳千早城から投降して、京都に（向かい）あちこちを巡り歩いた。

べらなり 助動詞ナリ型

《接続》活用語の終止形に付く。ただし、ラ変型活用の語には連体形に付く。

未然形	連用形	終止形	連体形	已然形	命令形
○	（べらに）	べらなり	べらなる	べらなれ	○

〔推量〕…するようだ。…そうに思われる。土佐日記 平安―日記 二・一六「桂川わが心にも通はねど同じ深さに流るべらなり」訳桂川は私の心（の中）に流れているわけではないが、（私の帰京の喜びの深さと）同じ深さに流れているようだ。

参考 助動詞「べし」の語形の変化しない部分「べ」＋接尾語「ら」＋断定の助動詞「なり」からできた語。平安時代、漢文訓読系の文章に「べし」に当たる語として用いられ、和歌では『古今和歌集』のころにはかなり用いられたが間もなくすたれる。

へ-ろ【辺ろ】 名詞辺り。ほとり。◆「ろ」は接尾語。

へ-を【韝】 名詞鷹狩りで、鷹を放し飛ばすまで鷹の足につけておくひも。

へん【辺】 名詞❶辺り。付近。❷国ざかい。❸程度。ほど。

＊べん【弁】 名詞「太政官」に属する官の一つ。諸官庁・諸国との連絡係で、太政官内の文書の処理や命令の伝達を取り扱う。左右に分かれ、それぞれ大・中・小の弁がある。弁官。枕草子 平安―随筆 をのこは「べんなどは、いとをかしき官に思ひたれど」訳弁官などは、とてもりっぱな官だと思っているけれど。

参考 文才があり、実務にたけ、かなり家柄の良い者が選ばれることが多い。中弁の一人が蔵人の頭を兼ねるのが通例で、「頭の弁」と呼ばれる。

へん-うん【片雲】 名詞一片の雲。ちぎれ雲。奥の細道 江戸―紀行 出発まで「へんうんの風に誘はれて漂泊の思ひやまず」訳ちぎれ雲が風に流されるように、（私も）居所を定めずにさまよいたいという気持ちが抑えられず。

べんがら-じま【弁柄縞】 名詞縦糸は絹糸、横糸は木綿糸で織った、縦縞の織物。弁柄。◆インドのベンガルから輸入したことから。

べん-くゎん【弁官】 名詞「べん」に同じ。

へん-げ【変化】 名詞／―す自動詞サ変❶（神仏などが）仮に人の姿となって現れること。また、そのもの。化身。権化。竹取物語 平安―物語 貴公子たちの求婚「へんげの人と申しながら、ここら大きさまで養ひ奉る志おろかならず」訳（あなたは）仮に人間の姿となって現れた人とは申しながら、このような大きさまでお育て申し上げる（私の）愛情はいいかげんな気持ちからではない。❷（動物などが）別のものに姿を変えること。また、そのもの。化け物。妖怪。源氏物語 平安―物語 蓬生「もし、狐などのへんげにや」訳もしかしたら、きつねなどの化け物であろうか。❸変わること。変化。徒然 鎌倉―随筆 七四「常住ならんことを思ひて、へんげの理を知らねばなり」訳永久不変であろうことを願って、一切のものは絶えず変化するものだという道理を知らないからである。◆「へげ」「へんぐゑ」とも。

へん-こ【偏固】 名詞偏屈なこと。頑固。

へん-さい【辺際】 名詞際限。限り。果て。「へんざい」とも。方丈記 鎌倉―随筆「男女死ぬる者数十人、馬・牛のたぐひへんさいを知らず」訳男女で死んだ者は数十人、馬や牛のようなもの（に至ってはその）際限を知らない。

べんざい-てん【弁才天・弁財天】 名詞仏教上の神の一つ。弁舌・知恵・音楽などをつかさどる美しい女神。後世、吉祥天と混同し、七福神の一つとして信仰された。妙音天。弁天。

へん-し【片時】 名詞わずかの時間。かたとき。

へん-しふ【偏執】 名詞／―す自動詞サ変❶かたよった考えにとらわれること。固執。無名抄 鎌倉―論 近代歌体事「一方にへんしふすまじき事にこそ」訳（歌風はどちらか）一方に固執すべきではない事である。❷不愉快に思うこと。不快。太平記 室町―物語 一七「傍若無人に申せば、聞く人見る人、いづれもへんしふの思ひをなしにけり」訳傍若無人に申し上げるので、（これを）聞く人も見る人も、みな不愉快な思いをしてしまった。◆「へんじふ」とも。

遍昭 人名（八一六～八九〇）平安時代前期の歌人。六歌仙の一人。俗名は良岑宗貞。京都山科に元慶寺を創建して、花山僧正と呼ばれた。その和歌は軽妙で機知に富み、『古今和歌集』に十七首とられている。家集に『遍昭集』がある。

へん-ぢ【辺地】 名詞辺鄙な土地。片いなか。辺土。「へんち」とも。

へん-つぎ【偏継ぎ】 名詞文字遊戯の一種。漢字の旁だけを示し、偏を継ぎ足して文字を完成させるもの。多くできた人を勝ちとする。

べん-てん【弁天】 名詞「べんざいてん」に同じ。

へん-ど【辺土】 名詞❶「へんぢ」に同じ。徒然 鎌倉―随筆 二二〇「何事もへんどはいやしく、かたくななれども」訳何事につけても片いなかは粗末で、粗野であるけれども。❷郊外。近郊。都に近い片いなか。

編年体 名詞 文芸 歴史の記述の形式の一つ。個人の伝記を連ねる「紀伝体」に対して、年代順に史実を記述するもので、歴史記述の基本的形式とされる。中国古代の『春秋』に始まり、わが国では『日本書紀』などの「六国史」がこの形式をとった。歴史物語の『栄花物語』もこの形式によっている。

へん-ばい【反陪・反閇】名詞 陰陽道で、天皇や貴人の外出の際、邪気をはらうために行われたまじない。陰陽師が呪文を唱えて地面を踏み鎮める。

へん-べん【返弁】名詞／―す 他動詞サ変 借りたものなどを返すこと。**返却**。心中宵庚申 江戸―浄瑠 浄瑠・近松「この文封のままにごへんべん」訳この手紙、封をしたままご返却。

べん-べん(と)【便便(と)】副詞 ❶**長々(と)。だらだら(と)。**▼無意味な事柄が長引くようす。一代女 江戸―物語 浮世・西鶴「人にべんべんと口説かせられしは聞こえませぬ」訳人(=私)に長々と口説かせなさったのは納得がいきません。❷**でっぷり(と)。だぶだぶ(と)。**▼太って腹が出ているようす。醒睡笑 江戸―物語 咄本「腹べんべんと帰るさに」訳(食べ過ぎて)おなかをだぶだぶと(させて)帰る途中に。◆江戸時代の語。

へん-やく【変易】名詞 変わること。また、変えること。変化。「へんえき」とも。

べん-り【便利】名詞 **大便と小便。便通。**

ほ[1]【火】名詞 **火**。◆複合語の中に用いられる。「ほむら(火群)」「ほかげ」

ほ[2]【帆】名詞 **船の帆**。

ほ[3]【百】名詞 **百**。◆複合語の中でのみ用いられる。単に「百」を表す場合には「もも」が使われる。「いほ(五百)」「やほよろづ(八百万)」

ほ[4]【秀】名詞 ❶**ぬきんでていること**。秀でていること。また、そのもの。「国のほ」「波のほ」。❷**表面に出て目立つもの**。▼多く、「ほ」を稲などの「穂」にかけていう。古今 平安―歌集 恋一「秋の田のほにこそ人を恋ひざらめ」訳(秋の田の稲穂ではないがその)穂のように表面に出してあの人を恋することはできないだろうが。

ほ[5]【穂】名詞 (稲・麦・すすきなどの)**穂**。

ほ-い[1]【布衣】名詞 ❶(貴族の)**平常の衣服。平服。私服。**宇津保 平安―物語 祭の使「元則、しばしほいになりて、その装束この学生に取らせよ」訳元則は、しばらく平服になって、(着ている)その装束をこの学生に貸してやれ。❷六位以下の者が着る、無紋(=無地)の狩衣。また、それを着る身分の者。大鏡 平安―物語 師輔「滝口を放ちてほいの者内に参る事は」訳滝口の武士をさしおいて、無紋の狩衣を着る身分の者が宮中に参上することは。❸江戸時代、将軍に面会できる身分の幕臣が礼服として着た、絹地の無紋の狩衣。また、それを着る身分の者。◆❶❷は「ほうい」とも。

ほ-い[2]【本意】名詞

語義の扉
漢語「本意」を元に生まれた名詞。「ほんい」の撥音「ん」を略したもの。

漢語の窓
漢語「本意」は、本当のまたは本来の意志や気持ち、本来の意味の意。日本語化した「本意」は、漢語の意を受け継ぎ、念願、宿願の意に用いられた。

本来の志。かねてからの願い。念願。宿願。徒然 鎌倉―随筆 五二「ゆかしかりしかど、神へ参るこそほいなれと思ひて、山までは見ず」訳知りたかったのですが、(石清水八幡宮の)神へお参りすることこそ本来の目的であると思って、山までは(行って)見ませんでした。

ほい-あ・り【本意あり】連語 ❶**強く希望・期待する**。源氏物語 平安―物語 御法「年ごろのほいありて思ひつること、かかるきざみにその思ひたがへてやみなんが、いとほしきを」訳長年、強く希望して思い続けてきたこと(=ご出家のこと)をこのような折りなりとげさせずじまいになってしまうのが実にいたわしいことだ。❷**望みどおりである。満足である。**源氏物語 平安―物語 初音「われならざらむ人は、見ざめしぬべき御ありさまを、かくて見るこそうれしくほいあれ」訳わたし以外の人だったら、いや気が起こるような(末摘花の)御様子なのに、こうしてお世話するのは、うれしくて、満足なことだ。

ほい-たう【陪堂】名詞／―す 自動詞サ変 ❶仏教語。禅宗で、僧堂の外で食べ物の施しを受けること。また、その客僧。❷僧や山伏に食べ物を施すこと。また、その食べ物。❸物ごいをすること。また、その人。乞食。仁勢 江戸―物語 仮名「ほいたうしけれども、くれざりければ」訳物ごいをしたけれど、(米や銭を)くれなかったので。

ほい-な・し【本意無し】形容詞ク {(く)・から／く・かり／し／き・かる／けれ／かれ}

語義の扉
本来の志にそぐわないさまで、不満に思うようすを表す。

❶不本意だ。思うようにいかない。[源氏物語 平安―物語] 須磨「人しげく、ひたたけたらむ住まひは、いとほいなかるべし」訳人が多く、雑然としているような住まいは、たいそう不本意であるだろう。❷残念だ。期待外れだ。もの足りない。[平家物語 鎌倉―物語] 一一・弓流「平家これをほいなしとや思ひけん」訳平家はこれを残念だと思ったのだろうか。

ほい-に-は-あら-で【本意にはあらで】 連語 本来望んでいるような状態ではなく。思うようにうまくいかない状態で。[古今 平安―歌集] 恋五・詞書「五条の后の宮の西の対に住みける人に、ほいにはあらでもの言ひわたりけるを」訳五条の后の御所の西の対屋に住んでいた人に、本来望んでいるような状態ではなく交際を続けていたが。

1 **ホウ【方・庖・放・袍】** ⇨はう

2 **ホウ【法】** ⇨はふ(漢音。仏教関係以外の語)

3 **ホウ【法】** ⇨ほふ(呉音。仏教関係の語)

4 **ほう【報】** 名詞 報い。応報。

ボウ【亡・坊・房】 ⇨ばう

ほう-い【布衣】 名詞「ほい(布衣)❶❷」に同じ。

文脈の研究 本意

『徒然草』「第五二段」は、老齢に至るまで石清水八幡宮(現在の京都府八幡市高坊の男山の山上にある神社 参照▶ いはしみづはちまんぐう(石清水八幡宮))に参拝しなかった仁和寺の法師が思い立ってひとりで徒歩で向かい、この神社の付属の摂社である極楽寺や高良神社などだけを見て、これで全て見おえたと早合点して帰ってきてしまったエピソードが示され、右の例文は、こののち、仲間の法師に向かって次のように語った会話文の中のものである。文脈はまず、

年ごろ思ひつること果たしはべりぬ。聞きしにも過ぎて(＝うわさに聞いた以上に)尊くこそおはしけれ。

と宿願を果たした感動を語り、さらに、

そも、まいりたる人ごとに、山へ登りしは、何事かありけむと、ゆかしかりしかど

とあって、例文に続いている。「それにしても、まあ、参拝の人が皆こぞって山上へ向かったのは、上の方に何ごとかあったのであろうか。私も行ってみて知りたかったけれど…」と語ったというのである。兼好は、このあと

少しのことにも先達はあらまほしきことなり。(＝ほんのささやかなことにも、ものをわきまえた指導者はありたいものだ)

と記している。

ほう-いう【朋友】ホウユウ 名詞 親しい友。友人。

ほう-え【法会】 ⇨ほふゑ

ほうえき-の-はう【縫腋の袍】ホウエキノホウ 連語 両脇の部分が縫い付けてある「袍」。天皇・文官、および四位以上の武官が着用した。参照▶口絵

ほうおん-かう【報恩講】ホウオンコウ 名詞 仏教語。浄土真宗で、開祖親鸞の恩に報いるため、毎年、その忌日にちなんで行う法会。御講。

ほう-か【半靴】 ⇨はうくわ

ほう-が【奉加】 名詞／―す 自動詞 サ変 寺社の造営などのとき、勧進に応じて金品を寄付すること。寄進。

ほうが-ぎん【奉加銀】 名詞 寺社に寄付し納める金銭。

ほうが-ちゃう【奉加帳】ホウガチョウ 名詞 寺社に奉納した金額・品名や、寄進者の氏名などを記す帳簿。

1 **ほうがん【判官】** ⇨はうぐわん

2 **伯耆**ホウキ ⇨伯耆(はうき)

ほう-き【蜂起】 名詞／―す 自動詞 サ変 大勢のものが、いっせいに行動を起こすこと。[平家物語 鎌倉―物語] 二・大納言流罪「山門の大衆おびたたしうほうきして」訳比叡山延暦寺の僧たちが非常に多くいっせいに行動を起こして。

ほう-ぎょ【崩御】 名詞／―す 自動詞 サ変 天皇・皇后・上皇・法皇・皇太后などの亡くなることを敬っていう語。

ほう-く【惚く】 自動詞 カ下二{け/け/く/くる/くれ/けよ} ❶ぼける。ぼんやりする。[宇治拾遺 鎌倉―説話] 一四・一一「いみじくほうけて物も覚えぬやうにてありければ」訳すっかりぼけて、物もわからないようであったので。❷一つのことに夢中になる。[宇治拾遺 鎌倉―説話] 一一・一六「博打ちほうけてゐたるが見て」訳博打うちが博打に夢中になっているのを見て。

ほう-ぐ【反古・反故】 名詞「ほぐ」に同じ。

ほう-くわ【烽火】ホウカ 名詞 のろし。緊急連絡のために火をたいて、高く上げる煙。

ほう-けん【宝剣】 名詞 宝物として所蔵する剣。特に、三種の神器の一つである「天の叢雲の剣」。[平家物語 鎌倉―物語] 四・厳島御幸「内侍所・神璽・ほうけん渡し奉る」訳内侍所(＝八咫鏡)・神璽(＝八坂瓊曲玉)・天の叢雲剣(の三種の神器)をお渡し申し上げる。

保元物語 書名 軍記物語。作者未詳。鎌倉時代前期成立。三巻。〔内容〕軍記物語の先駆的作品。保元の乱の前後二十八年間の多くの出来事と、源為朝の末路を、力強くきびきびとした和漢混交文で描いている。軍記物語の始めとして、後世に影響を及ぼした。

ほう-こ【布袴】 名詞 公家の装束の一種。礼装の束帯を簡略にして、上の袴の代わりに指貫をはくもの。朝廷の公式の儀式以外の儀式に着用する。

ほう-ご【反古・反故】 名詞「ほぐ」に同じ。

***ほう-こう【奉公】** 名詞／―す 自動詞 サ変 ❶宮中にお仕えすること。また、主君・主人に仕えること。❷忠実に仕えて功績があること。また、その功績。[平家物語 鎌倉―物語] 五・福原院宣「文覚は故守の殿の御ためにもほうこうの者でこそ候へ」訳文覚は故左馬頭(＝源義朝)殿の御ためにも忠実に尽くした功績の者で

ございます。

ほうこう-かまひ【奉公構ひ】(ホウコウカマイ) 名詞 武家で家臣に科した刑罰の一つ。奉公を禁じ、家禄(かろく)を召し上げるもの。切腹に次ぐ重刑。

ぼうざ【病者】⇩ばうざ

ほう-さん【宝算】名詞 天皇の年齢の尊敬語。**おん年。ご年齢。ご寿命。**

ほうし【法師】⇩ほふし

ほう-しゃ【報謝】名詞/—す 自動詞サ変 ❶**恩に報いて感謝の意を表すこと。** 著聞集 鎌倉―説話 三六「深く件(くだ)んの恩を知りて、よろしくほうしゃすべし」訳深く、今言ったような恩を感じて、(それに)ふさわしく恩に報いて感謝の意を表すべきだ。❷神仏から受けた恩に報いるために慈善を施すこと。また、僧や巡礼に布施をすること。堀川波鼓 江戸―歌集 浄瑠・近松「この金子(きんす)をほうしゃする」訳この金銭を(僧のあなたへの)布施にする。◆「ほうじゃ」とも。

ほうじょう【方丈】⇩はうぢゃう

ほう-じん【封人】名詞 **国境を守る人。** 奥の細道 江戸―紀行 尿前の関「ほうじんの家を見かけて舎(やど)りを求む」訳国境を守る人の家を見かけて宿泊を願う。

ほう-ず[1]【封ず】他動詞サ変{ぜ/じ/ず/ずる/ずれ/ぜよ} 領地を与えて、その支配者に取り立てる。平家物語 鎌倉―物語 六・葵前「男(なん)は侯(こう)にだにもほうぜられず」訳男は諸侯にさえも取り立てられない。

ほう-ず[2]【崩ず】自動詞サ変{ぜ/じ/ず/ずる/ずれ/ぜよ} 天皇・上皇・皇后・皇太后などの亡くなることを敬っていう語。**崩御する。** 今昔物語 平安―説話 六・三「帝(みかど)すでにほうじ給(たま)ひにき」訳国王は、すでにお亡くなりになられた。

ほう-ぜん【宝前】名詞 神仏の前の尊敬語。**神仏の御前。**

ぼう-たん【牡丹】名詞 ❶植物の名。**ぼたん。** 季夏。❷襲(かさね)の色目の一つ。表は蘇芳(すおう)、裏は白。

ほう-ぢゃう【方丈】(ホウジョウ) 名詞「はうぢゃう」に同じ。

ほう-と 副詞 **ぼんと。とんと。**▼物をたたいたり、ぶつけたりする音を表す。枕草子 平安―随筆 すさまじきもの「轅(ながえ)ほうとうちおろすを」訳(牛車(ぎっしゃ)の)轅をぼんと置くのを。

ほう-ど 副詞 **ほとほと。まったく。**▼きわめて困ったようすを表す。吃り 室町―狂言 狂言「私もほうどあの女にあきはてまして」訳私もほとほとあの女に嫌気がさし果てまして。

ほう-とう【宝灯】名詞 神仏にささげる灯火。**灯明。**

ぼう-はん【謀判】名詞 印鑑を偽造したり盗用すること。また、その印鑑。**にせ判。**

参考 江戸時代には、死罪または獄門に処せられる重大な犯罪だった。

ほう-び【褒美】名詞/—す 他動詞サ変 ❶**人をほめたたえること。** 風姿花伝 室町―論 一「見物の上下、一同にほうびせしなり」訳見物のすべての人がそろってほめたたえたのである。❷ほめて金品を与えること。また、その金品。

ほう-ほう 副詞(多く、「ほうほうと」の形で)**ぽんぽん。**▼物を投げたりたたいたりする音を表す。枕草子 平安―随筆 日のいとうららかなるに「五つ六つほうほうと投げ入れなどするこそいみじけれ」訳(松の木の丸太を)五つ六つぽんぽんと(船に)投げ入れたりするのは、すごい。

ほう-もち【捧物】名詞 **ささげ物。** 神仏や貴人に奉る物。「ほうもつ」とも。

ほう-らい【蓬莱】名詞 ❶「蓬莱山(ほうらいさん)」の略。竹取物語 平安―物語 蓬莱の玉の枝「ほうらいといふらむ山に逢(あ)ふやと」訳蓬莱山とかいう山にめぐりあうかと。❷❶にかたどった台の上に、松竹梅・鶴亀(つるかめ)などを飾った祝儀用の飾り物。また、それを図案化したもの。❸「蓬莱飾(かざ)り」の略。江戸時代の正月の飾り物の一種。米を盛った三方(さんぼう)の上に、のしあわび・勝栗(かちぐり)・昆布・橙(だいだい)・海老(えび)などを飾り付けたもの。季春。

ほうらい-さん【蓬莱山】名詞 中国の伝説上の霊山。東方の海上にあり、仙人が住むという。

ほうらい-の-やま【蓬莱の山】連語「ほうらいさん」に同じ。

ほう-れん【鳳輦】名詞 ❶屋形(やかた)の上に金色の鳳凰(ほうおう)を飾り付けた輿(こし)。天皇が、即位・大嘗会(だいじょうえ)・節会(せちえ)などの盛儀や行幸の際に用いる乗り物で、肩の上に担ぐ。参照▼口絵 ❷転じて、天皇の乗り物。

ほう-わう【鳳凰】(ホウオウ) 名詞 中国の想像上の鳥の名。頭は鶏、首は蛇、顎(あご)は燕(つばめ)、背は亀(かめ)、尾は魚に似ており、羽には五色の模様がある大きな鳥。めでたい鳥とされ、天下に正しい政治が行われれば、現れるという。

(鳳凰)

ほか*【外】名詞 ❶**別の場所。よそ。** 源氏物語 平安―物語 桐壺「後涼殿(こうらうでん)に、もとよりさぶらひ給(たま)ふ更衣(かうい)の曹司(ざうし)を、ほかに移させ給ひて」訳後涼殿で、以前からお仕えなさっている更衣の部屋を、よそにお移しになられて。❷**別のところの物・事。** 古今 平安―歌集 春上「見る人もなき山里の桜花ほかの散りなむのちぞ咲かまし」訳⇩みるひとも…。❸**それ以外。その他。** 更級 平安―日記 物語「これを見るよりほかのことなければ」訳これ(=『源氏物語』)を見るより以外のことがないので。❹**外界。世間。** 徒然 鎌倉―随筆 七五「心、ほかの塵(ちり)に奪はれて惑ひやすく」訳心は、外界の汚れにひきつけられ迷いやすく。❺**そと。外側。表面。** 松風 室町―能楽 謡曲「思ひ内にあれば、色ほかに現れさむらふぞや」訳思うことが心の中にあると、色が表面(=顔色)に現れることでございますね。

ほか-ありき【外歩き】名詞 **外出。** そとへ出歩くこと。源氏物語 平安―物語 澪標「御いとまなくて、ほかありきもし給はず」訳お暇がなくて、外出もなさらない。

ほ-かげ【火影】名詞 ❶**灯火の光。火の明かり。** 源氏物語 平安―物語 夕顔「ほかげに見し顔思(おぼ)し出(い)でらる」訳灯火の光で見た顔をお思い出しなさる。❷**灯火に照らされた姿や形。** 源氏物語 平安―物語 東屋「心に入れて見給(たま)へるほかげ、さらにここと見ゆる所なく、細かにをかしげなり」訳熱心にご覧になっている灯火に照らし出された姿は、まったくこれはという所(=欠点)もなく、こまやかに美しい。

ほか-ざま【外方・外様】名詞 **ほかの方向。よその方。**

「ほかさま」とも。竹取物語 平安一物語 かぐや姫の昇天「念じて射むとすれども、ほかざまへ行きければ」訳こらえて射ようとするが、（矢は）ほかの方向に飛んで行ったので。

ほか-ばら【外腹】 名詞 本妻以外の女性から生まれること。また、その生まれた子。脇腹。

ほかひ-びと【乞児・乞食者】 名詞 物もらい。こじき。家の戸口で、祝いの言葉などを唱えて物ごいをする人。「ほかひひと」とも。

ほか-ほか【外外】 名詞 別々の所。源氏物語 平安一物語 賢木「皆ほかほかへと出で給ふ程」訳皆が、別々の所に退出なさるころは。

ほか-ほか・なり【外外なり】 形容動詞 ナリ〔なら/なり・に/なり/なる/なれ/なれ〕別々だ。離れ離れだ。散り散りだ。枕草子 平安一随筆 すさまじきもの「はやうありし者どものほかほかなりつる、…みな集まり来て」訳以前いた者たちで、散り散りだった人々が、…みな集まって来て。

ほか-め【外目】 名詞 わきめ。よそ見。

ほがら-か・なり【朗らかなり】 形容動詞 ナリ〔なら/なり・に/なり/なる/なれ/なれ〕❶明るい。宇津保 平安一物語 祭の使「大学の窓に光ほがらかなる朝は」訳大学の窓に光が明るい朝は。❷晴れやかだ。明るくて晴れ晴れしている。蜻蛉 平安一日記 下「いとほがらかにうち笑ふ」訳たいそう晴れやかに明るく笑う。❸（物事に）明るい。（物事に）くわしく通じている。明快だ。栄花物語 平安一物語 疑ひ「顕密共にほがらかなるをば」訳顕教・密教ともにくわしく通じている者を。◆「か」は接尾語。

ほがら-ほがら【朗ら朗ら】 副詞〔多く、「ほがらほがらと」の形で〕ほのぼの。しらじら。▼夜明けに、空がしだいに明るくなるようす。古今 平安一歌集 恋三「しののめのほがらほがらと明けゆけば」訳明け方に、空がしらじらと明けていくと。

ほか-ゐ【外居・行器】 名詞 食べ物などを入れて持ち運ぶための容器。円形で丈が高く、外側に反り返った三本の脚がついている。

ほき-うた【祝き歌・寿き歌】 名詞 奈良時代以前の歌謡の一種。祝ってうたう歌。

ほ-く[1]【発句】 名詞「ほっく」に同じ。

ほ-く[2]【祝く・寿く】 他動詞 カ四〔か/き/く/く/け/け〕祝い言を唱える。ことほぐ。祝う。万葉集 奈良一歌集 四一三六「寄生取りて挿頭しつらくは千年ほくとぞ」訳やどりぎを取って髪にさしたのは、千年の長寿を祝うということだ。◆後世は「ほぐ」。

ほ・く[3]【惚く・呆く】 一 自動詞 カ四〔か/き/く/く/け/け〕ぼんやりする。ぼける。「ほうく」とも。源氏物語 平安一物語 常夏「世にも、ほきたること、そしり聞こゆ」訳いかにも、ぼけたことと、非難申し上げる。二 自動詞 カ下二〔け/け/く/くる/くれ/けよ〕一に同じ。「ほうく」とも。源氏物語 平安一物語 竹河「我よりも年の数積もり、ほけたる人のひがごとにや」訳私よりも年を取って、ぼけている女房たちの間違って言ったことであろうか。

(外 居)

ほ-ぐ*【反古・反故】 名詞 ❶書画などをかいて不用となった紙。書き損じの紙。ほご紙。源氏物語 平安一物語 浮舟「むつかしきほぐなど破りて」訳（死後まで残しておいては）めんどうな書き損じの手紙類などを破って。❷無駄。不用になったもの。忠臣蔵 江戸一浄瑠璃 浄瑠璃「ほぐにはならぬこの金。一味徒党の御用金」訳無駄にはならないこのお金。同志の仲間の御用金にと。◆「ほうぐ」「ほうご」「ほんご」とも。

ほく-しゅ【北首】 名詞 頭を北に向けて寝ること。北枕。

ぼく-せき【木石】 名詞 木や石。非情のもの、人情を解さない人のたとえ。徒然 鎌倉一随筆 四一「人、木石にあらねば、時にとりて、物に感ずる事なきにあらず」訳人間は、木や石のように人情を解さないものではないので、場合によって、何かに心が動かされることがないわけではない。

ほく-と【北斗】 名詞 北斗七星。

ぼく-とつ【朴訥・木訥】 名詞 口数が少なく、性格が素朴で飾り気のないこと。

ほ-くみ【穂組み】 名詞 乾かすために、刈り取った稲穂を組んで積み重ねたもの。「ほぐみ」とも。

ほく-めん*【北面】 名詞 ❶院の御所の北面にある、警護の武士の詰め所。平家物語 鎌倉一物語 八・法住寺合戦「ほくめんに候ひける宮内判官公朝」訳院の御所の警護の詰め所にお仕え申し上げた宮内判官公朝。❷「北面の武士」の略。

ほくめん-の-ぶし【北面の武士】 連語「ほくめん❶」に詰めて、院の御所の警護に当たった武士。

ほ-くら【神庫・宝倉】 名詞 ❶神宝を納めておく倉。❷小さい社。ほこら。

ぼく-り【木履】 名詞 ❶下駄。❷歯の高い下駄。足駄。

ほくりく-だう【北陸道】 ホクリクドウ 名詞「ほくろくだう」に同じ。

ほく-れい【北嶺】 名詞 比叡山延暦寺の別名。▼奈良の興福寺を「南都」というのに対していう。

ほくろく-だう【北陸道】 ホクロクドウ 名詞「五畿七道」の一つ。本州中部の日本海沿岸の地方。若狭・越前（福井県）、加賀・能登（石川県）、越中（富山県）、越後・佐渡（新潟県）の七か国が含まれる。また、これらの諸国を通る街道。◆後世「ほくりくだう」とも。

ほけ-きゃう【法華経】 ホケキョウ 名詞 仏教語。「妙法蓮華経」の略。大乗仏教の経典の一つ。八巻二十八品（＝章）から成り、最も流布し、最もすぐれた経典とされる。平安時代初期から「法華八講」が行われ、一般には、悪人や女人でも成仏できることが説かれる第五巻が重んじられた。天台・華厳・日蓮などの各宗で尊ぶ。

ほけ-し・る【惚け痴る】 自動詞 ラ下二〔れ/れ/る/るる/るれ/れよ〕ぼけて愚かになる。もうろくする。源氏物語 平安一物語 真木柱「いよいよほけしれてものしたまふ」訳ますますもうろくしていらっしゃる。

ほけほけ・し【惚け惚けし・呆け呆けし】 形容詞 シク〔（しく）・しから/しく・しかり/し/しき・しかる/しけれ/しかれ〕ひどくぼけている。ぼうっとしている。〔源氏物語 平安―物語〕御法「人にほけほけしきさまに見えじ」訳他人に(老いて)ひどくぼけているようすに見られたくない。

ほこ【矛・鉾・戈・戟・鋒】 名詞 ❶武器の一種。諸刃の剣状の刃物に長い柄を付けたもので、槍のように相手を突き刺す。枝を付けた形のものもある。❷(弓の)幹。❸「鉾山車」の略。屋形の上に高い鉾状の飾りを立てた山車。山鉾。▼特に、京都の祇園会(=八坂神社の祭礼)のものが有名。季夏。

ほこ-すぎ【矛杉・鉾杉】 名詞 まっすぐに立つ、矛のような形の杉。

ほこら【叢祠・祠】 名詞「ほくら」の変化した語。(神をまつる)小さな社。

ほこら・し*【誇らし】 形容詞シク{(しく)・しから/しく・しかり/し/しき・しかる/しけれ/しかれ} 誇りたい気持ちである。得意である。誇らしい。〔古今 平安―歌集〕雑体「千々の情けも思ほえず一つ心ぞほこらしき」訳多くの雑念も(私は)思いおこさないで(『古今和歌集』の撰者になって光栄であるという)一つの感情だけが誇らしい。

ほこり-か・なり【誇りかなり】 形容動詞ナリ{なら/なり・に/なり/なる/なれ/なれ} 誇らしげである。得意げである。〔源氏物語 平安―物語〕蓬生「面持ち・気色ほこりかに」訳顔つきや態度が誇らしげで。◆「か」は接尾語。

ほこ・る【誇る】 自動詞ラ四{ら/り/る/る/れ/れ} 得意げにする。自慢する。〔万葉集 奈良―歌集〕一七四〇「浦島の子が堅魚釣り、鯛釣りほこり」訳浦島の子がかつおを釣り、たいを釣って得意げにし。

ほころび【綻び】 名詞 ❶(縫い目などの)ほころびた部分。❷(几帳や衣服などの、下に垂れた部分で)合わせ目を縫い合わさないままにしてある部分。〔源氏物語 平安―物語〕澪標「御几帳のほころびより見給へば」訳御几帳の縫い合わせてない部分から(室内を)ご覧になると。

ほころ・ふ【誇ろふ】 ホコロウ 自動詞ハ四{は/ひ/ふ/ふ/へ/へ}

なりたち 動詞「ほこ(誇)る」の未然形に反復継続の助動詞「ふ」の付いたかたちが一語化したもの。

(しきりに)誇らしく思う。誇っている。〔万葉集 奈良―歌集〕八九二「あれをおきて人はあらじとほころへど」訳⇩かぜまじり…。

ほころ・ぶ*【綻ぶ】 自動詞バ上二{び/び/ぶ/ぶる/ぶれ/びよ} ❶縫い目がほころびる。ほどける。❷口をあける。口をあけて笑う。〔源氏物語 平安―物語〕少女「人々、みなほころびて笑ひぬれば」訳人々は、みな、(こらえかねて)口をあけて笑ってしまったので。❸(つぼみが)少し開く。ほころびる。〔拾遺 平安―歌集〕春「あしひきの(=枕詞)山の桜はほころびにけり」訳山の桜は(つぼみが)少し開いた。❹(外に)現れる。露見する。〔紫式部 平安―日記〕寛弘五・九・九「御簾の下より裳の裾などほころび出づるほどほどに」訳御簾の下から、裳の裾などが(目につくように)現れ出るあたりに。

参考 ❷は、和歌では、❶の意とかけたり、「縫ふ」などの縁語としたりする。

ほこ-を-さかしまに-す【戈を倒しまにす】 連語

なりたち 名詞「ほこ」+格助詞「を」+形容動詞「さかしまなり」の連用形+サ変動詞「す」

味方を攻撃する。裏切る。〔太平記 室町―物語〕三八「二心ある者出で来て、ほこをさかしまにすることあるべし」訳そむく心を持つ者が現れて、味方を裏切ることがあるだろう。◆戈を反対に(=味方に)向ける意から。

ぼさち【菩薩】 名詞「ぼさつ」に同じ。

ぼさつ【菩薩】 名詞 ❶仏教語。自ら悟りを求めて修行するとともに、ほかの者を救いに導こうと努める者。仏の次に位し、未来に仏になる。❷朝廷から高徳の僧に賜った称号。「行基菩薩」。❸日本の神につけた称号。▼「本地垂迹」の考えから。「八幡大ぼさつ」。❹「米」の別名。◇人の命の糧となる尊いものの意から。江戸時代の語。「菩提薩埵」の略。◆「ぼさち」とも。

ほし¹【星】 名詞 ❶(夜空に光る)星。❷数多いもののたとえ。▼星は無数であるところから。❸兜の鉢に並べて打ち付けてある鋲の頭。❹陰陽道でいう「九星」のうち、その人の生まれ年に当たるもの。また、その巡り合わせで人の運勢が決まることから、吉凶の巡り合わせ。

ほ・し²【欲し】 形容詞シク{(しく)・しから/しく・しかり/し/しき・しかる/しけれ/しかれ} ❶得たい。ほしい。〔土佐日記 平安―日記〕二・五「ほしきものぞおはすらむ」訳(明神様は)ほしいものがおありなのでしょう。❷そうありたいと思う。願わしい。〔伊勢物語 平安―物語〕八四「いよいよ見まくほしき君かな」訳⇩おいぬれば…。

ほし-あひ*【星合ひ】 ホシアイ 名詞 陰暦七月七日の夜(=七夕)、牽牛星と織女星が会うこと。季秋。

ほし-いひ【乾し飯・糒】 ホシイイ 名詞 飯を乾燥させた保存・携行食品。水または湯で戻して柔らかくして食べ

日本語のこころ 「星」と日本人

七夕の織姫と彦星の名は有名ですが、日本人は空の星というものに対しては昔からあまり関心をもちませんでした。多くの日本人が知っている星と言えば、「宵の明星」(=金星)と、「北斗七星」、並びに「北極星」「火星」「すばる」「オリオン座」ぐらいなものではないでしょうか。ほかに特殊な星として「流れ星」があります。「北斗七星」はその配置の特異なところから、「北極星」は方角を知る大切な星として有名でした。

「すばる」は、明治の末、森鷗外が中心となって出版された文芸雑誌に『スバル』という星の名前を付けましたが、片仮名で書いたために、ヨーロッパの言葉かと思われました。しかし、古くは平安時代に清少納言の『枕草子』の「星は」という文章の最初に、「星はすばる」と出ており驚かされます。日本人が星に関心の少なかったのは、日本では、季節季節によって様々の花が目を楽しませてくれるからです。

地中海沿岸地方の国々の国旗には星をあしらったものが多いことは、いかにも向こうの人たちが星を重んじたことを表しています。エジプトに俳句があって歳時記が出たと想像するならば、それには花の名などほとんど現れず、星の名、星座の名がぎっしりと並んでいることでしょう。

るもので、戦や旅行のとき用いた。「ほしひ」とも。

ほしい-まま-なり【擅なり・恣なり・縦なり】 形容動詞ナリ「ほしきままなり」のイ音便。「ほしきままなり」に同じ。

ほしき-まま-なり【擅なり・恣なり・縦なり】 形容動詞ナリ{なら/なり・に/なり/なる/なれ/なれ} **勝手気ままである。**「ほしいままなり」とも。徒然 鎌倉―随筆 一八七「巧みにしてほしきままなるは、失の本なり」訳器用でも勝手気ままなのは、失敗のもとである。

ほし-づきよ¹【星月夜】 名詞 月が出ていない星明かりの夜。また、その星明かりや星。「ほしづくよ」とも。季秋。

ほし-づきよ²【星月夜】 枕詞 星月夜が暗いことから、「くら」の音を含む地名「鎌倉」にかかる。「ほしづきよ鎌倉山」

ほし-ひ【糒】 名詞「ほしいひ」に同じ。

ほ-す【干す・乾す】 他動詞サ四{さ/し/す/す/せ/せ} ❶**ぬれたものを乾かす。** 新古今 鎌倉―歌集 夏「衣ほすてふ天の香具山」訳⇨はるすぎてなつきにけらし…。❷**涙を乾かす。** 源氏物語 平安―物語 椎本「ほす世もなくて過ぐしたまふに」訳涙を乾かすときもなく過ごしていらっしゃるうちに。

ほぞ 名詞 ❶【臍】へそ。❷【蔕】（果物の）へた。◆平安時代までは「ほそ」。

ほそ-え【細江】 名詞 **細長く狭い入り江。**

ほそ-えい【細纓】 名詞「さいえい」に同じ。

細川幽斎 人名（一五三四～一六一〇）室町時代後期の歌人。名は藤孝。足利・織田・豊臣・徳川の四家に仕えた武将。和歌を三条西実枝に学んで古今伝授をうけ、二条派をついで、近世歌学の祖といわれた。和歌書『耳底記』などを著した。

ほそ-ごゑ【細声】 名詞 **かぼそくて弱々しい声。小さい声。** 枕草子 平安―随筆 にくきもの「蚊のほそごゑにわびしげに名のりて、顔ほどに飛びありく」訳蚊が小さい声で心細そうに鳴いて、顔のあたりを飛び回る。

ほそ-し*【細し】 形容詞ク{(く)・から/く・かり/し/き・かる/けれ/かれ} ❶（太さが）**細い。**（幅が）**狭い。** また、（体が）**やせている。ほっそりしている。** 源氏物語 平安―物語 真木柱「御姿いとどほそう、か弱げなり」訳（北の方の）お姿は、ますますやせ細り、弱々しげである。◇「ほそう」はウ音便。❷（量・力・程度が）**少ない。弱々しい。低い。** 枕草子 平安―随筆 殿上の名対面こそ「高くほそく名乗り」訳（滝口の武士は）高く、あるいは、低く名のって。

ほそ-どの【細殿】 名詞 ❶**渡り廊下。廊。** ❷御殿の側面・後面などの、細長い「廂の間」。仕切って女房の局などに使う。参照▶口絵

ほそ-なが【細長】 名詞 ❶貴族の女性の衣服の一つ。袿に似るが大領（＝衽）がなく、細長い形をしており、小袿の上に着てふだん着とする。参照▶口絵 ❷貴族の子供の衣服の一つ。水干に似た形で、襟から長い飾りの紐が垂れている。男女ともに用いた。

（細長❶）

ほぞ-の-を【臍の緒】 名詞 **へその緒。** ◆古くは「ほそのを」。

ほそ-びつ【細櫃】 名詞 細長い唐櫃。⇨からひつ。

ほそ-み¹【細身】 名詞 刀などの身が細いこと。また、その刀。

細み² 文芸「寂び」「しをり」とともに、蕉風俳諧の美的理念の一つ。細やかな心で対象に深く入り込むことによってとらえられる、繊細な美。『去来抄』によると、芭蕉は、路通の「鳥どもも寝入ってゐるか余呉の海」（『猿蓑』）〈この湖の水鳥たちも寝入っているのであろうか。冬の夜も更けて、目の前には余呉の湖が暗く静まりかえっていることだ。〉の句に「細み」があるとしている。⇨寂び・しをり

ほそ-やか-なり【細やかなり】 形容動詞ナリ{なら/なり・に/なり/なる/なれ/なれ} **ほっそりしている。弱々しい。** 枕草子 平安―随筆 ものへ行く路に「きよげなる男のほそやかなるが」訳きれいな男で、ほっそりしているのが。◆「やか」は接尾語。

ほそ-や-ぐ【細やぐ】 自動詞ガ四{が/ぎ/ぐ/ぐ/げ/げ} **やせる。ほっそりする。** 源氏物語 平安―物語 宿木「まろにうつくしく肥えたまへりし人の、少しほそやぎにたるに」訳ふっくらとかわいらしく肥えていらっしゃった人が、少しほっそりしてしまったが。◆「やぐ」は接尾語。

ほそ-る【細る】 自動詞ラ四{ら/り/る/る/れ/れ} ❶**細くなる。やせる。** 源氏物語 平安―物語 初音「髪の裾少しほそりて」訳（苦労のせいで玉鬘の）髪の毛先が少し細くなって。❷**身をすぼめる。人目を忍ぶ。** 源氏物語 平安―物語 少女「やをらかいほそりて出で給ふ道に」訳そっと人目を忍んでお出になる途中で。

ほぞ-を-かた-む【臍を固む】 連語 **固く決心して覚悟を決める。** 伽羅先代萩 江戸―歌舞 浄瑠「ほぞをかため、義綱公を御代に出ださずば」訳（全員が）固く決心して覚悟を決め、義綱公を世に出さなければ。

ほぞ-を-か-む【臍を噬む・臍を嚙む】 連語 **後悔する。くやむ。** 太平記 室町―物語 二八「時に乗じてこれを誅せずんば、後の禍ほぞをかむとも益なからん」訳時勢に乗ってこれを討ちとらなくては、後の災いをくやんでも何の益もないであろう。

ほ-ぞん【本尊】 名詞「ほんぞん」に同じ。

ほた【榾】 名詞 たきぎにする木の切れ端。そだ。「ほだ」とも。季冬。

ほ-だ【穂田】 名詞 稲の穂が出そろった田。

ぼだい【菩提】 名詞 仏教語。❶煩悩を断って入る悟りの境地。また、悟りの境地に入ること。大鏡 平安―物語 後一条「講師の説法は、ぼだいのためと思し」訳講師の説法は、悟りの境地に入ることのためとお考えになって。❷死後、極楽浄土に生まれかわること。**極楽往生。成仏。死後の冥福。** 蜻蛉 平安―日記 中「とくしなさせ給ひて、ぼだいかなへ給へ」訳（私を）早く出家させてくださって、極楽往生をかなえてください。

ぼだい-かう【菩提講】 名詞 仏教語。極楽往生を願って、『法華経』を講じ説く法会。◆「菩提」は極楽往生の意。

ほだし【絆】 名詞 ❶馬の足にからませて歩けないようにする綱。

ほ

❷手かせ。足かせ。身動きできないように人の手足にからませるもの。❸妨げ。さし障り。束縛するもの。徒然 鎌倉—随筆 一四二「なべて、ほだし多かる人の、よろづにへつらひ、望み深きを見て、むげに思ひくたすは、ひがことなり」訳一般に、(親・妻子など)束縛するものの多い人が、すべてにおべっかを使い、欲の深いのを見て、むやみに軽べつするのは、間違いである。

*ほだ・す【絆す】他動詞サ四{さ/し/す/す/せ/せ}動けないようにつなぎとめる。束縛する。情でしばる。伊勢物語 平安—物語 六五「『この男にほだされて』とてなむ泣きける」訳「この男の情にしばられて」と言って(女は)泣いた。

ほ-たち【穂立ち】名詞稲の穂が出ること。また、その穂。「ほだち」とも。

ほたる【蛍】名詞虫の名。夏の夜、光を発しながら飛び交う。季夏。

ほたる-び【蛍火】名詞❶蛍の発する光。❷わずかに残っている灰の中の炭火。

ぼたんちりて… 俳句「牡丹散りて 打ち重なりぬ 二三片(にさんぺん)」蕪村句集 江戸—句集 俳諧・蕪村(ぶそん) 訳あでやかに咲いていた牡丹がはらりと散り始め、ぼってりとした花びらが二、三片、静かに重なっている。
鑑賞「打ち重なりぬ」という言い方によって、静かにゆったりと散る感じが出ている。季語は「牡丹」で、季は夏。

ほ-つ-え【上つ枝・秀つ枝】名詞上の方の枝。◆「ほ」は突き出る意、「つ」は「の」の意の奈良時代以前の格助詞。奈良時代以前の語。対中つ枝(え)・下枝(しづえ)。

ほっ-かい【法界】名詞「ほふかい❶」に同じ。

ほっ-き【発起・発企】名詞/—す自動詞サ変❶仏教語。悟りを得ようという心を起こすこと。また、そうして仏門に入ること。発心(ほっしん)。❷思い立つこと。物事を企てること。奥の細道 江戸—紀行 敦賀「大願ほっきの事ありて」訳大願を思い立つことがあって。

*ほっ-く【発句】名詞❶詩歌の第一句。起句。❷連歌(れんが)・俳諧(はいかい)の最初の五・七・五の句。「ほく」とも。対挙句(あげく)。❸❷が独立して、一つの短詩となったもの。俳句。「ほく」とも。⇨発句(ほっく) 文芸

発句(ほっく) 文芸 連歌(れんが)・俳諧(はいかい)で、第一句めの、五・七・五の十七音の句のこと。「挙句(あげく)」に対していう。脇句(わきく)(=第二句)以下に対して一句としての完結性が必要とされ、切れ字・季語を用いることになっている。発句は、室町時代中期から連歌で単独でも詠まれるようになり、俳諧ではさらにその傾向が強まった。「ほく」とも。⇨脇句

ほっ-け【法華】名詞❶仏教語。『法華経(ほけきやう)』の略。❷「法華宗(ほっけしゅう)」の略。

ほっ-けう【法橋】ホッキョウ 名詞❶「法橋上人位(しやうにんゐ)」の略。僧位の一つ。法印・法眼(ほふげん)に次ぐ第三位。僧官の律師に相当し、五位に準ずる位。❷後に、僧位に準じて医者・仏師・連歌(れんが)師などに授けられた称号。

ほっけ-さんまい【法華三昧】名詞仏教語。法華(ほけ)経により、仏法の悟りにいたること。また、そのために道場で法華経をひたすら読誦(どくじゅ)すること。「ほっけざんまい」「ほけさんまい」とも。

ほっけ-しゅう【法華宗】名詞法華(ほけ)経をよりどころとする宗派。平安時代には天台宗をさし、鎌倉時代以降は日蓮(にちれん)宗をさす。

ほっけ-だう【法華堂】ホッケドウ 名詞仏教語。「法華三昧(ほっけさんまい)」を行うための堂。後に貴人の納骨堂ともした。「ほけだう」とも。

ほっけ-はっかう【法華八講】ホッケハッコウ 名詞仏教語。『法華(ほけ)経』八巻を朝座・夕座に一巻ずつ講じ、四日間で全巻を講説する法会(ほふゑ)。法華八講会(はっこうゑ)。八講会。

ほっ-さう【法相】ホッソウ 名詞仏教語。❶万物の本質は一つであるが、その現れる姿はそれぞれ異なるという、仏教上の教理。また、その現れた異なる姿。❷「法相宗」の略。

ほっさう-しゅう【法相宗】ホッソウシュウ 名詞南都六宗の一つ。万物は、認識する心の作用によって存在すると説く宗派。法隆寺・興福寺・薬師寺などが大本山。唯識(ゆいしき)宗。

ほっ-しゃう【法性】ホッショウ 名詞仏教語。万物の不変の本質。真理。

ほっしゃう-しんにょ【法性真如】ホッショウシンニョ 名詞「ほっしゃう」に同じ。

ほっ-しん[1]【法身】名詞❶仏の持つ三つの身体である三身(さんじん)の一つ。永遠の真理を表した仏身。❷僧である身。

ほっ-しん[2]【発心】名詞/—す自動詞サ変仏教語。悟りを得ようとする心を発する(=起こす)こと。また、出家すること。発起(ほっき)。平家物語 鎌倉—物語 九・敦盛最期「それよりしてこそ熊谷(くまがへ)がほっしんの思ひは進みけれ」訳それ(=自分が平敦盛(あつもり)の首を取ったこと)から、熊谷直実(なほざね)の出家の気持ちは強くなった。

発心集(ほっしんしふ)ホッシンシュウ 書名 説話集。鴨長明(かものちやうめい)著。鎌倉時代(一二一六以前)成立。八巻。[内容]発心(ほっしん)・遁世(とんせい)・往生(わうじやう)・因果(いんぐわ)・霊験(れいげん)談など、仏教に関する百余話の説話が収録されていて、文芸性豊かな書。

古典の常識 『発心(ほっしん)集』—文学性濃い仏教説話集
極楽往生を果たすための教訓となる説話を集めたもの。みずからの見聞をもとにして、聖者の崇高な行いから、僧俗の愚かなさままで、多彩な発心(=仏道に志すこと)・出家・往生などについての説話を集め、それぞれに、長明自身の感想・批評を付している。

ほっ-す【欲す】他動詞サ変{せ/し/す/する/すれ/せよ}「ほ(欲)りす」の促音便。❶ほしがる。望む。❷(「…むと)ほっす」の形で)…しようとする。…しそうになる。平家物語 鎌倉—物語 七・木曾山門牒状「平家をほろぼさんとほっす」訳平家を滅ぼそうとする。◇「ん」は「む」の音便。

ほっ-たい【法体】名詞/—す自動詞サ変出家して僧の姿になること。また、僧の姿。僧形(そうぎやう)。

ほ-つ-たか【秀つ鷹】名詞すぐれた鷹。◆「つ」は「の」の意の奈良時代以前の格助詞。

ほ-つ-て【秀つ手・最手】名詞すぐれた技。すぐれた腕前。上手。◆「つ」は「の」の意の奈良時代以前の格助詞。

ほって-も 副詞(打消の語を下接して)どうしても。とても。決して。遊子方言 江戸—物語 洒落「ほってもはやく

帰られぬ」訳決して早くは帰ることができない。

ほっ-とう[1]【法灯】名詞 仏教語。「ほふとう」に同じ。

ほ-て[1]【帆手】名詞 船具の一つ。帆を帆桁に結ぶ縄。帆綱。

ほ-て[2]【最手・秀手】名詞 強くて、最上位に位置する相撲取り。

ほてい【布袋】名詞 七福神の一つ。僧の姿で肥満した腹をし、大きな布の袋をかついでいる神。

ほど[1]【程】名詞

語義の扉

現代語と同じ意味(❶)でも用いられるほか、古文では時間(❸〜❺)、空間(❻〜❾)、状態(❷)、身分など(❿・⓫)の意味がある。

❶ [程度] くらい。ほど。
❷ [状態] ようす。具合。
❸ [時間] (している)間。うち。
❹ ころ。時分。
❺ 時間。月日。
❻ [空間] 道のり。距離。
❼ 途中。
❽ あたり。付近。
❾ 広さ。大きさ。
❿ [身分・年齢] 地位。家柄。
⓫ 年ごろ。年配。

❶**くらい。ほど。程度。** 竹取物語 平安―物語 かぐや姫の昇天「ある人の毛の穴さへ見ゆるほどなり」訳(明るさは)そこにいる人の毛の穴まで見えるくらいである。

❷**ようす。状態。具合。** 枕草子 平安―随筆 野分のまたの日こそ「髪は風に吹き迷はされて、少しうちふくだみたるが、肩にかかれるほど、まことにめでたし」訳髪は風に吹き乱されて、少しふくらんでいるのが、肩にかかっているようすが、実にすばらしい。

❸**間。うち。** 徒然 鎌倉―随筆 三九「目のさめたらんほど、念仏し給へ」訳目が覚めている間、念仏をしなさい。

❹**ころ。時分。時節。** 竹取物語 平安―物語 貴公子たちの求婚「日暮るるほど、例の集まりぬ」訳日が暮れるころ、いつものように集まった。

❺**時間。月日。年月。** 源氏物語 平安―物語 桐壺「ほど経へば、少しうち紛るることもや」訳時間がたてば、少しは気が紛れることもあるだろうか。

❻**道のり。距離。** 徒然 鎌倉―随筆 八七「遥かなるほどなり。口づきの男に、まづ一度せさせよ」訳遠い道のりである。馬の口取りの男に、とりあえず(酒を)一杯飲ませよ。

❼**途中。** 更級 平安―日記 東山なる所「道のほど、…何となく青み、をかしう見えわたりたる」訳道の途中は、…何となく一面青々として趣深く見渡された。

❽**あたり。付近。** 源氏物語 平安―物語 若紫「まみのほど、髪のうつくしげに削がれたる末も」訳目もとのあたりや、髪が美しい感じに切りそろえられている端も。

❾**広さ。大きさ。** 方丈記 鎌倉―随筆「ほど狭しといへども、夜臥す床あり」訳(庵は)広さが狭いといっても、夜寝る床がある。

❿**身分。地位。家柄。** 源氏物語 平安―物語 桐壺「同じほど、それより下臈の更衣たちは」訳(桐壺更衣と)同じ身分や、それより低い身分の更衣たちは。

⓫**年ごろ。年齢。年配。** 源氏物語 平安―物語 若紫「この君だにも、かしこまりも聞こえ給ひつべきほどならましかば」訳せめて姫君だけでも、お礼も申し上げることがおできになれそうな年ごろだったら。

◆古くは「ほと」とも。

ほど[2] 副助詞《接続》体言、活用語の連体形に付く。

鎌倉時代以降、名詞の「ほど」が助詞化したもの。

❶〔大体の程度〕…**ぐらい。** 平家物語 鎌倉―物語 九・敦盛最期「弓矢取る身ほど、口惜しかりけるものはなし」訳弓矢を取る(武士の)身ぐらい、残念なものはない。

❷〔限度〕…**だけ。** 平家物語 鎌倉―物語 一一・鶏合壇浦合戦「矢だねあるほど射尽くして」訳矢のあるだけすべてを射つくして(しまい)。

❸〔比例した変化〕…**につれてますます。** 鑓権三 江戸―浄瑠 近松「思案するほどねたましい」訳あれこれ考えるにつれてますますねたましい。

参考 平安時代以前の「ほど」はほぼ名詞。

ほとおる〘熱る〙 ⇨ほとほる

ほとぎ【缶・瓮】名詞 湯や水を入れる、口が小さく、胴の大きくふくらんだ素焼きの容器。◆古くは「ほとき」。

ほとけ【仏】名詞

❶**仏陀。真理を悟った者。** ▼信仰の対象となり、他を導き救うすぐれた存在。釈迦仏・阿弥陀仏・薬師仏など。特に、釈迦。釈迦牟尼仏。梁塵秘抄 平安―歌集 法文歌「ほとけは常にいませどもうつつならぬぞあはれなる」訳⇨ほとけはつねにいませども…。

❷**仏像。** 更級 平安―日記 宮仕へ「仏師にて、ほとけをいと多く造り奉りし功徳によりて」訳仏師であって、仏像をたいそうたくさん造り申し上げた功徳によって。

❸**仏の教え。仏法。仏教。** 源氏物語 平安―物語 蛍「不孝なるは、ほとけの道にもいみじくこそ言ひたれ」訳親不孝であることは、仏法でも厳しく戒めて言っている。

❹**大切に思う人。** ▼多くは「あがほとけ」「わがほとけ」の形で、親愛の意味を込めた呼びかけに用いる。竹取物語 平安―物語 かぐや姫の昇天「あがほとけ、なに事思ひ給ふぞ」訳私の大切な人よ、いったい何を思い悩んでおられるのか。

❺(仏のように)**慈悲深い人。正直な人。お人好し。好人物。** 心中天網島 江戸―浄瑠 近松「たとへ私がほとけでも、男が茶屋者請け出す、その贔屓せうはずがない」訳たとえ私がお人好しでも、男が遊女を身請けする、その手助けをするはずがない。

参考 「ほとけ」は、梵語ブダ(=仏陀)の音訳「仏」からの転、あるいは、やはり音訳の「浮図」からの転とする説などがある。

ほとけはつねにいませども… 歌謡 「仏は常にいませども うつつならぬぞあはれなる 人の音せぬ暁に ほのかに夢に見え給ふ」梁塵秘抄 平安―歌集 法文歌 訳仏は常にいらっしゃるけれど、俗世に住む我々には現実にそのお姿を見ることができないことが、しみじみと尊いことだ。人の寝静まった物音のしない夜明けごろに、かすかに夢の中にそのお姿をお現しになることだ。

鑑賞 常住不滅でありながら現実に見えぬ仏への敬虔な心情を表し、一方では、現実に仏に対することのできない嘆きも含んでいる歌。平明で素直な表現と、柔らかくよどみのない韻律が仏の尊さと幽遠さを感じさせる。

ほどこ・す【施す】 他動詞サ四｛さ／し／す／す／せ／せ｝❶(広く)行き渡らせる。広める。宇津保 平安―物語 あて宮「世界に名をほどこして」訳世の中に名を広めて。❷付け加える。飾りつける。著聞集 鎌倉―説話 六五八「透き長櫃に丹青をほどこして」訳透き長櫃(=すかしのある長櫃)に赤や青(の色)を付け加えて。❸恵み与える。及ぼす。平家物語 鎌倉―物語 一・清水寺炎上「人のために御情けをほどこさせましまさば」訳人のためにお情けを恵み与えていらっしゃるならば。❹(他人のために)行う。用いる。平家物語 鎌倉―物語 六・紅葉「仁徳の行をほどこさせまします事も」訳仁徳の行(=いつくしみの行い)を行っていらっしゃることも。

ほど-こそ-あら-め【程こそあらめ】 連語 なりたち 名詞「ほど」＋係助詞「こそ」＋ラ変動詞「あり」の未然形＋推量の助動詞「む」の已然形

…のうちはよいだろうが。…の程度ならよいだろうが。徒然 鎌倉―随筆 一二「大方のよしなしごと言はんほどこそあらめ」訳ごく一般のどうでもいいことを言うような程度ならよいだろうが。

ほど-こそ-あり-けれ【程こそ有りけれ】 連語 …するとすぐに。…するとまもなく。平家物語 鎌倉―物語 四・競「高倉の宮の、御謀叛おこして失せさせ給ひぬと申すほどこそありけれ、都の騒動おびただし」訳高倉宮がご謀叛を起こしなさって、姿をおくらましになったと申すとすぐに、京都中の騒動は甚だしい。

ほど-こそ-あれ【程こそ有れ】 連語 ❶…する時間はあったものの。…する時であるけれども。徒然 鎌倉―随筆 一九「花もやうやうけしきだつほどこそあれ、折しも雨風うち続きて」訳桜の花も次第にその季節らしく咲こうとする時であるが、ちょうど雨や風が続いて。❷「ほどこそありけれ」に同じ。太平記 室町―物語 二「鬢の髪のそそぎたるを撫であげ給ふほどこそあれ、太刀の影後ろに光って見えしかば」訳鬢の毛のほつれをなでられるとすぐに、太刀の輝きが(俊基の)背後で光って見えた。

ほど・ど【殆ど】 副詞「ほとほと(に)」に同じ。枕草子 平安―随筆 清涼殿の丑寅のすみの「ほとど継ぎ目も放ちつべし」訳危うく(墨挟みの)継ぎ目も放してしまいそうだ。◆「ほとほと」が変化した「ほとんど」の撥音「ん」が表記されない形。

ほととぎす[1]【時鳥・郭公・杜鵑・霍公鳥】 名詞 鳥の名。日本には夏の初めに各地に飛来して山中の樹林にすみ、秋の初めごろに南方へ去る。古来、夏の鳥として親しまれ、詩歌にも多く詠まれる。季夏。

ほととぎす[2]… 和歌 百人一首「ほととぎす 鳴きつる方を 眺むれば ただ有り明けの 月ぞ残れる」千載 鎌倉―歌集 夏・藤原実定 訳ほととぎすがたしか鳴いたと思ってその方角を眺めると、(その姿はもう見えず、空には)ただ明け方の月だけが残っているよ。

参考「暁に郭公を聞く」の題による歌。

ほととぎす[3]… 和歌「ほととぎす 鳴くや五月の あやめ草 あやめも知らぬ 恋もするかな」古今 平安―歌集 恋一・よみ人知らず 訳ほととぎすが鳴いているよ。その五月のあやめ草ではないが、物事の筋道もわからないほどに理性を失った恋をすることだ。

鑑賞 この歌は、『古今和歌集』で五巻も占める恋の部の冒頭にある。上の句「ほととぎす鳴くや五月のあやめ草」は、同音の「あやめ」を導く序詞。「鳴くや」の「や」は間投助詞で、「恋もするかな」の「も」は強意の助詞。

ほととぎす[4]… 俳句「ほととぎす 大竹藪を 漏る月夜」嵯峨日記 江戸―日記 俳文・芭蕉 訳夏の夜、ほととぎすが一声鳴いて飛び去った。ふり仰ぐと、うっそうと茂った竹藪の間から月の光が静かに漏れさしてくるばかりである。

鑑賞 京都の嵯峨で作った句で、嵯峨には竹藪が多い。季語は「ほととぎす」で、季は夏。

ほととぎす[5]… 俳句「ほととぎす 平安城を 筋違に」蕪村句集 江戸―句集 俳諧・蕪村 訳夜の空にほととぎすが鋭い鳴き声を一筋残して、碁盤の目のように整然とした京都の町を、はすかいに一直線に飛んで行ったことだ。

鑑賞 蕪村の作風である印象鮮明で絵画的な面と、「平安城」の語を用いるといった古典趣味とが、よく表れている。また、「筋違に」で、ほととぎすの飛ぶ方向と、街路の方向との対比を、鮮やかに描き出した。季語は「ほととぎす」で、季は夏。

古典の常識 『ほととぎすと古典』

ほととぎすはその甲高い鳴き声に特徴があり、「てっぺんかけたか」などと表現されている。また口中が赤いことから、血を吐いて鳴くともいわれる。

万葉の時代から初夏を告げる風物として、卯の花または花橘などとの取り合わせで、和歌に数多く詠まれた。四季の自然美の代表とされる「雪」(冬)「月」(秋)「花」(春)に対して、夏を代表する詩歌の詠題とされてきた。

また、農作業との結び付きも強く、田植えの時期を教え、田の仕事に精を出させる鳥ともされた。ほととぎすには「しでのたをさ」の別名があるが、その「たをさ」は「田長」(=農夫のかしら)である。一方、「しで」に「死出」の字を当てるように、冥途との間を往来する鳥という言い伝えも古くからあった。

『枕草子』では、ほととぎすを最も情趣ある鳥として取り上げ、その鳴き声を待ち望むさまや声のすばらしさについて語っている。

＊ほど-な・し【程無し】 形容詞ク｛(く)・から／く・かり／し／き・かる／けれ／かれ｝❶間もない。徒然 鎌倉―随筆 三二「その人、ほどなく失せにけり」訳その(女の)人は、間もなく亡くなって。❷年若い。源氏物語 平安―物語 若菜上「ほどなき御身に、さる恐ろしきことをし給へれば」訳(明石の女御は)年若いお体で、そういう恐ろしいこと(=出産)をなさったので。❸近い。源氏物語 平安―物語 夕顔「そそめき騒ぐもほどなきを」訳(賤しい男たちが)忙しそうに振る舞い騒ぐのも近いことを。❹狭い。源氏物語 平安―物語 夕顔「ほどなき庭に、ざれたる呉竹」訳狭い庭には、風流な呉竹(が見え)。

ほど-に【接続助詞】《接続》活用語の連体形に付く。❶〔事態の推移、時間の経過〕…**すると。…するうちに。**方丈記 鎌倉-随筆「明くる年は立ち直るべきかと思ふほどに、あまりさへ疫癘うちそひて」訳翌年は立ち直るであろうかと思っていると、それどころか、（飢饉の上に）伝染病まで加わって。❷〔原因・理由〕…**ので。…から。**平家物語 鎌倉-物語 二・大納言死去「人目を慎つむほどに、問ひ訪ふ者一人もなし」訳人目をはばかるので、訪ねるものは一人もない。

ほど-に-つ-く【程に付く】連語 **身の程に応じる。程度に応じる。**源氏物語 平安-物語 須磨「ほどにつけつつ思ふらむ家を別れて」訳（それぞれの）身の程に応じて（大事に）思っているであろう家を離れて。

ほと-ぶ【潤ぶ】自動詞バ上二〔び／び／ぶ／ぶる／ぶれ／びよ〕（水分を含んで）**ふやける。**伊勢物語 平安-物語 九「乾飯の上に涙落としてほとびにけり」訳乾飯（＝干した飯）の上に涙をこぼして、（乾飯が）ふやけてしまった。

***ほど-ほど**【程程】名詞 **それぞれの身分。身分身分。**また、身分・分際などに相応していること。**分相応。**源氏物語 平安-物語 夕顔「ほどほどにつけて、わがかなしと思ふ娘を仕うまつらせばやと願ひ」訳それぞれの身分に合わせて、自分のいとしいと思う娘を（源氏に）お仕え申し上げさせたいと願って。

ほとほと-し【殆とし・幾とし】形容詞シク〔しく・しから／しく・しかり／し／しき・しかる／しけれ／しかれ〕❶**もう少しで**（…しそうである）。**すんでのところで**（…しそうである）。土佐日記 平安-日記 二・五「ほとほとしくうちはめつべし」訳（風が船を）もう少しで沈めてしまいそうだ。❷**ほとんど死にそうである。危篤である。**宇津保 平安-物語 国譲下「ほとほとしき病者を」訳危篤である病人を。

ほど-ほど-し【程程し】形容詞シク〔しく・しから／しく・しかり／し／しき・しかる／しけれ／しかれ〕**久しい。長い時間を経ている。**拾遺 平安-歌集 恋四「斧の柄のほどほどしくもなりにけるかな」訳斧の柄が朽ちるほどに、（私の嘆きが凝り集まって）久しくなったことよ。

ほと-ほと（と）副詞 **とんとん（と）。こつこつ（と）。こんこん（と）。かんかん（と）。**▼戸などをたたく音や、斧で木を切る音などを表す。平家物語 鎌倉-物語 一・祇王「竹の編み戸をほとほとと打ちたたくもの」訳竹の編み戸をとんとんとたたく者が。

***ほと-ほと（に）**【殆と（に）・幾と（に）】副詞 ❶**もう少しで。すんでのところで。危うく。**万葉集 奈良-歌集 三七七二「帰りける人来たれりと言ひしかばほとほと死にき君かと思ひて」訳（流罪を許されて）帰った人が来ていると人が言ったので、（うれしさで）もう少しで死ぬところだった。あなたかと思って。❷**おおかた。だいたい。**万葉集 奈良-歌集 三三一「ほとほとに奈良の都を見ずかなりなむ」訳（私の人生は）おおかた奈良の都を見ないで終わることであろうか。◆「ほとど」とも。

語の歴史 平安時代末期には、「ほとほど」または「ほとをと」と発音されていたらしい。のちに「ほとんど」となり、現在に至る。

ほと-ほ-る【熱る】自動詞ラ四〔ら／り／る／る／れ／れ〕❶**発熱する。**発心 鎌倉-説話 六「心地悪しく、身ほとほりて」訳気分が悪く、体は発熱して。❷**怒る。腹を立てる。**枕草子 平安-随筆 弘徽殿とは「さるべき事もなきをほとほり出で給ふ」訳それらしいこともないのに、怒り出しなさる。

ほと-め-く 自動詞カ四〔か／き／く／く／け／け〕**ことことと音を立てる。**枕草子 平安-随筆 虫は「暗き所などにほとめき歩きたるこそをかしけれ」訳（米つき虫が）暗い所などで、ことことと音を立て歩き回っているのはおもしろい。◆「ほと」は擬声語。「めく」は接尾語。

ほど-らひ【程らひ】名詞 **ほどあい。程度。**

***ほとり**【辺】名詞 ❶**そば。かたわら。近辺。**方丈記 鎌倉-随筆「乞食、路のほとりに多く」訳乞食は道のかたわらに多く。❷**関係の近い人。縁故のある人。**源氏物語 平安-物語 真木柱「人ひとりを思ひかしづき給はむゆゑは、ほとりまでも匂ふ例こそあれ」訳人（＝紫の上）ひとりを大切にお世話なさるとしたら、それによって、縁故のある人までも恩恵を受けて栄える例はある。❸**辺境。果て。**今昔物語 平安-説話 三一・一二「彼よりも広く、ほとりなき国にて」訳（この竜宮は）あなたの国よりも広く、果てのない国で。

ほとり-ば-む【辺りばむ】自動詞マ四〔ま／み／む／む／め／め〕❶**奥まっていない。端近になる。**源氏物語 平安-物語 東屋「廊などほとりばみたらむに住ませ奉らむも」訳渡り廊下など（のように）端近になっているような所に住まわせ申し上げるのも。❷**あさはかである。**源氏物語 平安-物語 東屋「さやうのほとりばみたらむ振る舞ひすべきにもあらず」訳そのようなあさはかであるような振る舞いはするべきではない。◆「ばむ」は接尾語。

ほどろ[1] 名詞 **わらびの伸びすぎてほうけた穂。**方丈記 鎌倉-随筆「わらびのほどろを敷きて、夜の床とす」訳わらびの伸びすぎた穂を敷いて、夜の寝床にする。

ほど-ろ[2] 名詞〔「夜のほどろ」の形で〕
㊀（夜が）**明け始めるころ。明け方。**万葉集 奈良-歌集 七五五「夜のほどろ出でつつ来らく遍多くなればわが胸截ち焼くごとし」訳夜の明け始めるころ（別れて）出てくることが度重なったので、私の胸は切りさき焼かれるようだ。◇奈良時代以前の語。
㊁【程ろ】**時分。ころ。**宇津保 平安-物語 蔵開下「翁かく夜のほどろに参りて」訳翁（＝私自身）が、このような夜の時分（＝夜更け）に参上して。

参考 「ろ」は接尾語。㊁は、平安時代に入って奈良時代以前の語の原義が忘れられ、「ほど」を「程」と解してできた語。

ほどろ-なり【斑なり】形容動詞ナリ〔なら／なり・に／なり／なる／なれ／なれ〕（雪などが）**まだらだ。**万葉集 奈良-歌集 二三二三「沫雪降れり庭もほどろに」訳沫雪が降っている、庭もまだらに。

ほどろ-ほどろ-なり【斑斑なり】形容動詞ナリ〔なら／なり・に／なり／なる／なれ／なれ〕**まだらだ。**万葉集 奈良-歌集 一六三九「沫雪のほどろほどろに降りしけば」訳⇩あわゆきの…。◆「ほどろ（斑）」を重ねて強めた語。

ほ-なか【火中】名詞 **火の燃える中。**古事記 奈良-史書 景行「燃ゆる火のほなかに立ちて」訳⇩さねさし…。

ほ-なみ【穂波】名詞 風にそよぐ稲穂を波に見立てていう語。

ぼに【盆】名詞「ぼん」に同じ。

ほ-に-い-づ【穂に出づ】連語
なりたち 名詞「ほ」＋格助詞「に」＋動詞「いづ」
❶**穂が出る。**枕草子 平安-随筆 八月つごもり「ほにいでたる田を人いと多く見騒ぐは」訳稲穂が出ている田を

ほ

人が大勢見て騒ぐのは。❷**表に現れ出る。人目につくようになる。**▼多く❶の意にかけて用いる。新古今 鎌倉一歌集 恋一「石上(いそのかみ)(=枕詞)布留(ふる)の早稲田(わさだ)の(=序詞)ほにはいでず心の中(うち)に恋ひやわたらん」訳布留(の地)の早稲田の稲穂ではないが、表には出ないで、心の中で恋いつづけるのだろうか。

ほね【骨】名詞❶人間や動物の骨。特に、死者の骨。❷建物や道具などを内側から支えるもの。芯(しん)。

ほの-*【仄】接頭語〔動詞・形容詞に付いて〕ほのかに。かすかに。ちょっと。「ほの聞く」「ほの暗し」

ほの-か・なり【仄かなり】形容動詞ナリ {なら/なり・に/なり/なる/なれ/なれ}

❶**うっすらしている。ほんのりしている。ぼんやりしている。かすかだ。**▼わずかに感じられるようす。枕草子 平安一随筆 春はあけぼの「闇(やみ)もなほ、蛍の多く飛びちがひたる。また、ただ一つ二つなど、ほのかにうち光りて行くもをかし」訳月の出ていない夜もやはり、蛍がたくさん入り乱れて飛んでいる(のがおもしろい)。また、たった一匹二匹がうっすらと光って飛んで行くのも趣がある。

❷**わずかだ。ほんの少しだ。**▼量・程度がわずかであるようす。源氏物語 平安一物語 幻「花はほのかに開(あ)けさしつつ、をかしきほどのにほひなり」訳(紅梅の)花はわずかに開きかけて、風情(ふぜい)のあるころの色香である。

ほの-き・く【仄聞く】他動詞カ四 {か/き/く/く/け/け}**ちらっと聞く。かすかに聞く。**枕草子 平安一随筆 いみじう心づきなきもの「『我をば思(おぼ)さず、なにがしこそただ今の時の人』など言ふをほのききたる」訳「私(のこと)を考えてくださらず、だれそれが、現在(ご主人の)一番のお気に入りの人」などと言うのをちらっと聞いたの(はひどく気にくわない)。◆「ほの」は接頭語。

ほの-きこ・ゆ【仄聞こゆ】自動詞ヤ下二 {え/え/ゆ/ゆる/ゆれ/えよ}**かすかに聞こえる。**源氏物語 平安一物語 若紫「数珠(ずず)の脇息(けふそく)に引き鳴らさるる音ほのきこえ」訳数珠が脇息に触れて鳴らされる音がかすかに聞こえ。◆「ほの」は接頭語。

ほの-ぐら・し【仄暗し】形容詞ク {(く)・から/く・かり/し/き・かる/けれ/かれ}**薄暗い。**源氏物語 平安一物語 末摘花「まだほのぐらけれど雪の光にいとど清らに若う見え給(たま)ふを」訳まだ薄暗いけれども雪の明かりで、(源氏が)とても美しく若くお見えになるのを。◆「ほの」は接頭語。

ほの-ぼの【仄仄】

一副詞**ほのかに。かすかに。ほんの少し。**伊勢物語 平安一物語 四「夜(よ)のほのぼのと明くるに」訳夜がほのかに明けるころに。

二名詞**明け方。ほのぼのと夜の明けるころ。**愚管抄 鎌倉一論 四「程やはあるべき、ほのぼのに寄せかけたりけるに」訳一刻もぐずぐずしていられようか、明け方に押しよせたところ。

ほのぼのと…和歌「ほのぼのと(=枕詞)明石(あかし)の浦の 朝霧に 島隠れゆく 舟をしぞ思ふ」古今 平安一歌集 羇旅・よみ人知らず 訳ほのかに明け始めた明石の浦の朝霧の中に、島陰に隠れつつ遠ざかって行く舟の姿を、しみじみとした思いで眺めているよ。

鑑賞 地名の「明石」に「明かし」をかけ、第二句までで「ほのぼのと明け始めた浦の」の意もかける。

ほの-み・ゆ【仄見ゆ】自動詞ヤ下二 {え/え/ゆ/ゆる/ゆれ/えよ}**かすかに見える。ちらりと見える。**源氏物語 平安一物語 横笛「書きかへ給(たま)へりける紙の御几帳(みきちやう)のそばよりほのみゆるを」訳お書き直しになった紙が御几帳の端からちらりと見えるのを。◆「ほの」は接頭語。

ほの-み・る【仄見る】他動詞マ上一 {み/み/みる/みる/みれ/みよ}**ほのかに見る。ちらりと見る。**源氏物語 平安一物語 賢木「ほのみ奉り給へる月影の御容貌(かたち)」訳ほのかに見申し上げなさった月明かりに照らされたお姿。◆「ほの」は接頭語。

ほの-めか・す*【仄めかす】他動詞サ四 {さ/し/す/す/せ/せ}**ほのかに示す。それとなく言う。**源氏物語 平安一物語 葵「ほのめかし給(たま)へる気色(けしき)を、心の鬼にしるく見給ひて」訳(源氏が手紙で)ほのかに示しなさっていることを、(六条御息所(みやすどころ)は)良心のとがめによって、はっきりとおわかりになって。◆「めかす」は接尾語。

ほの-め・く*【仄めく】自動詞カ四 {か/き/く/く/け/け}**ほのかに現れる。かすかに…する(見える・聞こえる・香る)。ちょっと会う。**源氏物語 平安一物語 橋姫「をりをりほのめく箏(さう)の琴の音(ね)こそ」訳ときおりかすかに聞こえる箏の琴の音は。◆「めく」は接尾語。

ほふ【法】ホウ名詞仏教語。❶**存在するいっさいの事象。また、いっさいの事象を成り立たせる原理。**❷**仏の教え。仏道。仏法。**徒然 鎌倉一随筆 九七「君子に仁義あり、僧にはほふあり」訳品格のりっぱな人には仁義があり、僧には仏法がある。❸**祈禱(きとう)。修法(ずほふ)。**方丈記 鎌倉一随筆「なべてならぬほふども行はるれど、更にそのしるしなし」訳並ひととおりでない祈禱や修法が行われるが、いっこうにその効き目はない。

参考「法」の仮名づかいには、呉音の「ほふ」と、漢音の「はふ」とがあり、仏教語の場合には通常呉音を用いる。⇨はふ(法)

ほふ-いん【法印】ホウイン名詞❶仏教語。仏法の不変不動であることを表す、真理のしるし。❷仏教語。「法印大和尚位(だいくわしやうゐ)」の略。僧位の最高の位。僧官の「僧正(そうじやう)」に相当する。❸後に僧位に準じて、医師・仏師・絵師・連歌(れんが)師などに授けられた称号。❹山伏(やまぶし)。◇江戸時代の通俗語。

ほふ-え【法衣】ホウエ名詞仏教語。**僧の衣服。法服(ほふぶく)。僧衣(そうえ)。**

ほふ-かい【法界】ホウカイ名詞❶仏教語。**全宇宙。全世界。この世。**また、仏法の世界。「ほっかい」とも。❷「法界悋気(りんき)」の略。自分と無関係なことに嫉妬(しっと)すること。❸自分と何の縁故もないこと。

ほふけ-づ・く【法気付く】ホウケヅク自動詞カ四 {か/き/く/く/け/け}(人間味がなくなって)**仏くさくなる。抹香(まっこう)くさくなる。**源氏物語 平安一物語 帚木「吉祥天女(きちじやうてんによ)を思ひかけむとすれば、ほふけづき奇(く)しからむこそ、またわびしかりぬべけれ」訳吉祥天女(=容姿端麗で人々に福徳を与える天女)を恋い慕おうとすると、抹香くさくなり固苦しいだろう、そのことが、また、興ざめにちがいない。

ほふ-げん【法眼】ホウゲン名詞❶仏教語。(仏・菩薩(ぼさつ)の)いっさいの諸法を観察する心眼(しんがん)。❷仏教語。「法眼和尚位(わじやうゐ)」の略。僧位の第二位で、「法印(ほふいん)」に次ぐもの。僧官の「僧都(そうづ)」に相当する。❸後に僧位に準じて、医師・仏師・絵師・連歌(れんが)師などに授けられた称号。

ほふ-ご【法語】 名詞 仏教語。仏教の教えを説いた訓話。また、それを記した文章。

ほふ-ざう【法蔵】 名詞 仏教語。❶**仏の説く教え。仏法。**❷**経典。**❸❷を納める蔵。**経蔵。宝蔵。**

ほふ-し【法師】 名詞 ❶仏教語。**僧。出家。**仏法に精通し人々の師となる者。❷**男の子。** 法師が母 室町―狂言 狂言「ほふしが母は、ただ一人、涙にむせぶばかりにて」訳男の子の母親は、ただ一人、涙にむせび泣くだけで。◇昔、男の子は頭髪を剃っていたところから。

ほふ-じ【法事】 名詞 仏教語。追善・供養のために行う仏事。特に、死後四十九日目に行う供養。

ほふ-しき【法式】 名詞 **規則。おきて。**

ほふし-まさり【法師勝り】 名詞 出家して法師になり、以前よりも人柄などがりっぱになること。

ほふ-しんわう【法親王】 名詞 出家してから親王となった皇子。法体の親王。多く、比叡山延暦寺に入山して修学・修行するのが慣例であった。「ほっしんわう」とも。

ほふ-とう【法灯】 名詞 仏教語。❶**仏法。**仏の教えを、世の闇を照らす灯火にたとえていう語。❷一宗の重鎮である、信望ある高僧。徒然 鎌倉―随筆 六〇「宗のほふとうなれば、寺中にも重く思はれたりけれども」訳宗派の重鎮であるので、寺の中でも重要に思われていたが。◆「ほっとう」とも。

法然 人名（一一三三～一二一二）平安・鎌倉時代の僧。浄土宗の開祖。法然房源空。円光大師。美作（岡山県）の人。比叡山などで学んだのち、念仏を唱えればだれでも極楽浄土に往生できるとする浄土宗を開き、広く信仰を集めた。旧仏教の弾圧で、一時土佐（高知県）に流された。著書『選択本願念仏集』など。

ほふ-ぶく【法服】 名詞 「ほふえ」に同じ。「ほふふく」とも。

ほふ-みやう【法名】 名詞 仏教語。❶出家して僧になったときに付ける名。法号。❷死者に付けるおくり名。**戒名。**対❶❷俗名。

ほふ-もん【法文】 名詞 仏教語。**仏の教えを記した文章。**経・論・釈など。

ほふ-らく【法楽】 名詞／―す 自動詞サ変 神仏の前で、読経・奏楽・舞踏などをして、神仏を慰め、楽しませること。また、和歌や連歌を神仏に奉納すること。今昔物語 平安―説話 一九・三三「経を読み奉りては、常にこの神にほふらくし奉りて」訳経を読み申し上げては、いつもこの神に芸能を奉納しその心を慰め申し上げて。

法隆寺 寺社 今の奈良県生駒郡斑鳩町にある聖徳宗の大本山。南都七大寺の一つ。奈良時代に聖徳太子が建立した。現在の建物は焼失後に再建されたものだが、現存する世界最古の木造建築物。「斑鳩寺」とも。

ほふ-りき【法力】 名詞 仏教語。**仏法の力。仏の教えの力。**

ほふ-わう【法皇】 名詞 退位した天皇が仏門に入ったときの尊敬語。**出家した上皇。**▼宇多天皇に始まる。

ほふ-ゑ【法会】 名詞 仏教語。仏法を説いたり、死者の供養をしたりするための集会。

ほほ【朴・厚朴】 名詞 ❶木の名。ほおのき。初夏に黄白色のよい香りの花をつける落葉高木。ほおがしわ。❷ほおのきの樹皮から作ったかぜ薬。

ほほ-がしは【朴柏・厚朴】 名詞 「ほほ❶」に同じ。

ほほま・る【含まる】 自動詞ラ四〔ら/り/る/る/れ/れ〕**つぼみのままでいる。**万葉集 奈良―歌集 四三八七「千葉の野の児手柏のほほまれど」訳千葉の野原の児手柏という木のように（あの娘はまだ）つぼみのままでいるけれど。

ほほ-ゆが・む【頬歪む】 一 自動詞マ四〔ま/み/む/む/め/め〕❶**頬がゆがむ。顔が変な形になる。**枕草子 平安―随筆 見ぐるしきもの「寝腫れて、ようせずは、ほほゆがみもしぬべし」訳（昼寝した後では）寝起きで顔がはれて、悪くすると頬がゆがんだりもしているにちがいない。❷**間違って事実と異なったことを言う。事実がゆがむ。**源氏物語 平安―物語 朝顔「つきづきしうまねびなすには、ほほゆがむこともあめればこそ」訳（手紙の内容をあとで）しっくりするように伝えようとすると、（かえって）事実がゆがむこともあるようなので。

二 他動詞マ下二〔め/め/む/むる/むれ/めよ〕**事実を違えて言う。事実をゆがめる。**源氏物語 平安―物語 帚木「朝顔奉り給ひし歌などを少しほほゆがめて語るも聞こゆ」訳朝顔を差し上げなさったときの歌などを、少し事実を違えて（＝間違えて）言うのも聞こえる。

ほほろ・ぐ 他動詞ガ下二〔げ/げ/ぐ/ぐる/ぐれ/げよ〕**ばらばらに崩しほぐす。ぼろぼろにする。**「ほろろぐ」とも。源氏物語 平安―物語 鈴虫「蜜を隠しほろろげて焚きにほはしたる」訳（その名香は）蜂蜜を少なめにし、ばらばらに崩しほぐしてたきにおわせているのが。

ほほ-ゑ・む【微笑む】 自動詞マ四〔ま/み/む/む/め/め〕❶**微笑する。ちょっと笑う。**源氏物語 平安―物語 葵「さらぬ顔なれど、ほほゑみつつ後目にとどめ給ふもあり」訳さりげない表情であるが、微笑しながら流し目を送られることもある。❷**花がわずかに開く。咲きかかる。**源氏物語 平安―物語 末摘花「梅は気色ばみほほゑみわたれる」訳梅は（開花の）きざしが見えて一面に咲きかかっているのが。

ほ・む【誉む・褒む】 他動詞マ下二〔め/め/む/むる/むれ/めよ〕❶（幸福・繁栄がもたらされることを）**祈りたたえる。ことほぐ。祝う。**万葉集 奈良―歌集 四三四二「真木柱ほめて造れる殿のごと」訳りっぱな柱を祝って造ったご殿のように。❷**称賛する。ほめる。**枕草子 平安―随筆 ありがたきもの「ありがたきもの。舅にほめらるる婿」訳めったにないもの。（それは）舅にほめられる婿。

ほ-むき【穂向き】 名詞 実った稲の穂が一方向になびいていること。

ほ-むら【焰・炎】 名詞 **ほのお。火炎。**心の中に起こる、燃え立つような激しい感情をたとえていうこともある。蜻蛉 平安―日記 中「思ひ塞く胸のほむらはつれなくて涙を沸かすものにざりける」訳（訪れない夫への）いらだちをこらえている胸の炎は、表面には見えないけれど（激しく燃えて）涙を沸かすものであったのだなあ。

ほめ-な・す【誉めなす】 他動詞サ四〔さ/し/す/す/せ/せ〕**褒め立てる。**徒然 鎌倉―随筆 一四三「己が好むかたにほめなすこそ、その人の日来の本意にもあらずやと覚ゆれ」訳（故人について）自分の好きなように褒め立てるのは、その（亡くなった）人の日ごろの本心ではないだろ

う と思われる。

ほめ-ののし・る【誉め喧る】 他動詞 ラ四 {ら／り／る／る／れ／れ} **言葉に出して盛んに褒める。声高に褒め立てる。** 今昔物語 平安 説話 二八・二九「人々みな占ひをほめののしりける」訳 人々はみな(的中した)占いを盛んに褒めた。

ほや[1]【海鞘・老海鼠】 名詞 海産の軟体動物の名。食用にする。

ほや[2]【寄生】 名詞 植物の名。寄生植物の「やどりぎ」の別名。「ほよ」とも。

ほ・ゆ【吠ゆ・吼ゆ】 自動詞 ヤ下二 {え／え／ゆ／ゆる／ゆれ／えよ} ❶**ほえる。獣が声を張り上げて鳴く。** 万葉集 奈良 歌集 一九九「敵(あた)見たる虎(とら)かほゆると」訳 敵を見た虎がほえるのかと。
❷[卑しめて言う語]**泣きわめく。** 油地獄 江戸 浄瑠 浄瑠・近松「朝から晩まで母様(かかさま)、母様と言うてほえをります」訳 朝から晩までお母さん、お母さんと言って泣きわめいております。
❸[卑しめて言う語]**どなる。わめく。** 曾我会稽山 江戸 浄瑠 浄瑠・近松「御前にてほえさせよ」訳 (源頼朝(みなもとのよりとも)の)御前でわめかせろ。

ほよ【寄生】 名詞「ほや(寄生)」に同じ。

洞ケ峠(ほらがたうげ) ホラガトウゲ 地名 今の京都府八幡(やわた)市と大阪府枚方(ひらかた)市との境にある峠。天正一〇年(一五八二)、天王山で山崎の合戦が行われた際、筒井順慶(つついじゅんけい)がここから戦況を眺め、どちらにつくか思案したとされる。

ほら-がひ【法螺貝】 ホラガイ 名詞 貝の名。海産の大型の巻き貝。殻の先端に穴をあけ、吹き鳴らして、戦陣での合図や、修験者(しゅげんじゃ)の山での獣よけ・祈禱(きとう)に用いた。

吹き口 三段
(法螺貝)

ほり-う・う【掘り植う】 他動詞 ワ下二 {ゑ／ゑ／う／うる／うれ／ゑよ} **草木を掘り取ってきて植える。** 古今 平安 歌集 春下「花の木も今はほりうゑじ」訳 花の咲く木も、今は掘り取ってきて植えるつもりはない。

ほり-え【堀江】 名詞 掘って水を通した人工の水路。運河。

ほり-きり【堀切り】 名詞 地面を掘って切り通した堀。堀割り。

ほり-くび【堀頸・堀首】 名詞 人を生きたまま地中に埋めて首を切る刑。

ほり-け【堀池】 名詞「ほりいけ」の変化した語。掘って造った池。

ほり・す【欲りす】 他動詞 サ変 {せ／し／す／する／すれ／せよ} **ほしがる。望む。** 万葉集 奈良 歌集 三四〇「古(いにしへ)の七(なな)の賢(さか)しき人たちもほりせしものは酒にしあるらし」訳 昔の竹林の七賢人もほしがったものは酒であるらしい。◆「ほっす」の古形。

ほ・る[1]【惚る・恍る】 自動詞 ラ下二 {れ／れ／る／るる／るれ／れよ} ❶(放心して)**ぼんやりする。茫然(ばうぜん)となる。本心を失う。** 徒然 鎌倉 随筆 七五「走りて急がはしく、ほれて忘れたること、人皆かくのごとし」訳 (損得のために)走り回って忙しそうで、本心を失って(自分を)忘れていること、人はみなこのような状態である。❷(異性に)**ほれる。異性に思いをかける。**

ほ・る[2]【欲る】 他動詞 ラ四 {ら／り／る／る／れ／れ} **願い望む。欲する。ほしいと思う。** 万葉集 奈良 歌集 七六六「然(しか)ぞ待つらむ君が目をほり」訳 そのようにして(家の外へ出て)待っているだろう、あなたの顔が見たくて。
語法 多く、連用形の形で用いられる。

ほれぼれ・し【惚れ惚れし】 形容詞 シク {しく・しから／しく・しかり／し／しき・しかる／しけれ／しかれ} 「ほけほけし」に同じ。宇津保 平安 物語 楼上・上「ほれぼれしくなられたる人、残り少なくおぼえ給(たま)ひ」訳 (老衰して)ひどくぼけてしまわれた(私の)父が、(余命が)残り少なくお感じになって。

ほれ-ぼれ(と)【惚れ惚れ(と)】 副詞 **ぼんやり(と)。呆然(ぼうぜん)と。うっとり(と)。**「ほれほれ(と)」とも。夜の寝覚 平安 物語 四「姫君を見奉らで日ごろの過ぎゆくままに、心地(ここち)もほれぼれとして」訳 姫君をお見申し上げないで数日が過ぎてゆくにつれて、気持ちもぼんやり

類語と使い分け⑰ 「ほめる」意味を表す言葉

「ほめる」「たたえる」「高い評価を与える」という現代語の意味に近い古語に、「ほめる」の元になった「ほむ」がある。ただし、「ほむ」には、ほめる意味のほかに、祈りたたえる、祝うの意味もある。

類義語には「めづ」があり、また「しのぶ」「あはれぶ」「あはれむ」も部分的に「ほめる」意味を表す。「たたふ」「ほめののしる」は、ほめ方の度合いの強い言葉である。

ほむ…『枕草子』に「ありがたきもの(=めったにないもの)。舅(しうと)にほめらるる婿」(ありがたきもの)とあるように、ほめる・賞賛するの意味で使われる。

めづ…美しさ・かわいらしさ・すばらしさなどに強く心を打たれるのが原義であり、感動し、気に入ってほめる、賞美するという意味を表す。しかし、口に出してたたえるというよりは、かわいがり夢中になる、愛するという面に重点がある。

しのぶ…偲ぶ、慕ぶであって、ひそかに思い慕う気持ちが根底にあり、その思い慕う対象をほめたたえる、賞美するという意味を表す。

あはれぶ・あはれむ…「あはれ」と感じた対象をほめるということで、しみじみと感じ賞美するという意味を表す。

たたふ…言葉の力でいっぱいにする意味から、いっぱいにほめあげる、ほめたたえるの意味を表す。

ほめののしる…言葉に出してさかんにほめる、声高にほめそやすの意味で用いられる。

として。

ほろ[1]【母衣・幌・保呂】名詞 矢を防ぐために鎧の背にかける、袋状の布製防具。

ほ-ろ[2]【保呂】名詞「保呂羽」の略。鷹や鷲の翼の下にある羽。矢羽として珍重された。

ぼろ【梵論・暮露】名詞 普化宗(＝禅宗の一派)の乞食僧。剃髪せず、帯刀し、物乞いをしながら諸国を行脚した。後に「虚無僧」となった。梵論梵論。梵論字。

(母衣)

ほろ・ぶ[*]【滅ぶ・亡ぶ】自動詞 バ上二 {び/び/ぶ/ぶる/ぶれ/びよ} ❶なくなる。滅びる。消滅する。破滅する。平家物語 鎌倉－物語 一・祇園精舎「たけき者も遂にはほろびぬ、偏に風の前の塵に同じ」訳 勢いが盛んな者も最後には滅びてしまう、まったく風の前の塵と同じである。❷亡くなる。死ぬ。宇津保 平安－物語 俊蔭「父・母ほろびて」訳 (私の)父母は亡くなって。❸落ちぶれる。衰えすたれる。枕草子 平安－随筆 したり顔なるもの「『いと異様にほろびて侍るなれば』など言ふも」訳「とても普通並みでなく、(地方へ)落ちぶれるのでございますから」などと言うのも。

ほろぼ・す【滅ぼす・亡ぼす】他動詞 サ四 {さ/し/す/す/せ/せ} ❶消滅させる。滅亡させる。破滅させる。万葉集 奈良－歌集 三七二四「君が行く道の長手を繰り畳ね焼きほろぼさむ天の火もがも」訳 ⇩きみがゆく…。❷殺す。死なせる。宇津保 平安－物語 俊蔭「仇の風、大いなる波にあひて、多くの輩をほろぼして」訳 害をなす風や、大きな波に遭遇して、多くの仲間を死なせて。

ぼろ-ぼろ【梵論梵論・暮露暮露】名詞「ぼろ」に同じ。

ほろ-ほろ(と)[1] 副詞 ❶はらはら(と)。ぱらぱら(と)。▼木の葉や花などが散り落ちるようすを表す。笈の小文 江戸－紀行 俳文・芭蕉「ほろほろと山吹散るか滝の音」訳 ⇩ほろほろと…。❷ばらばら(と)。▼人が分かれ散るようすを表す。源氏物語 平安－物語 夕霧「修法の壇こぼちて、ほろほろと出づるに」訳 (僧たちは)修法の壇をうち壊して、ばらばらと退出するけれども。❸はらはら(と)。ぽろぽろ(と)。▼涙がこぼれ落ちるようすを表す。源氏物語 平安－物語 少女「いとどほろほろと泣き給ひて」訳 いよいよぽろぽろとお泣きになって。❹びりびり(と)。ぼろぼろ(と)。▼物が裂けたり、砕けたりするようすを表す。源氏物語 平安－物語 紅葉賀「とかく引きしろふ程に、ほころびほろほろと絶えぬ」訳 なにやかやと引っ張り合ううちに、(直衣の)縫い合わされていない部分がびりびりと切れてしまった。❺ほろほろ(と)。▼雉・山鳥などの鳴き声を表す。「ほろろ(と)」とも。玉葉 鎌倉－歌集 釈教「山鳥のほろほろと鳴く声聞けば」訳 山鳥のほろほろと鳴いている声を聞くと。

ほろほろと…[2] 俳句「ほろほろと 山吹散るか 滝の音」笈の小文 江戸－紀行 俳文・芭蕉 訳 滝の音がごうごうと響きわたっている。滝のほとりの山吹の花が、その音に誘われるかのようにはらはらと散っていることだ。鑑賞 奈良県にある吉野川の急流、西河の滝を訪れての作。吉野川のほとりの山吹は『古今和歌集』以来有名である。句は、散りやすい山吹のはかなさと、急流の音の激しさ・強さを取り合わせて、新鮮な趣にあふれる。「散るか」の「か」は詠嘆の終助詞。季語は「山吹」で、季は春。

ほろろ・ぐ 他動詞 ガ下二「ほほろぐ」に同じ。

ほろろ(と) 副詞「ほろほろ(と)❺」に同じ。

ぼろん-じ【梵論字・梵論師】名詞「ぼろ」に同じ。

ほん[1]【本】名詞 ❶書物。書籍。本。(よりどころとなる)原本。原典。枕草子 平安－随筆 ありがたきもの「物語・集など書き写すに、ほんに墨つけぬ」訳 物語や歌集などを書き写すときに原本に墨をつけないこと。❷模範。手本。源氏物語 平安－物語 若紫「やがてほんにと思すにや、手習ひ・絵など、さまざまに書きつつ見せ奉り給ふ」訳 そのまま手本にとお思いになるのであろうか、(源氏は)手習いや絵などを、さまざまに書いては、(若紫に)お見せ申し上げなさる。❸根本。基本。日本永代蔵 江戸－物語 浮世・西鶴「人は正直をほんとすること」訳 人は正直を基本とすること。❹本当。真実。まこと。曾根崎心中 江戸－浄瑠 浄瑠・近松「たんとぶたれさんしたと聞いたが、ほんか」訳 うんとぶたれなさったと聞いたが、本当か。

ほん[2]【品】名詞 ❶親王に与えられる位。一品から四品まである。位のない場合は無品という。❷位。▼役人の位の中国風の呼び方。平家物語 鎌倉－物語 六・祇園女御「十八の年、四ほんして」訳 十八の年に四位に上って(＝叙せられて)。❸身分。分際。平家物語 鎌倉－物語 二・西光被斬「侍ほんの者の、受領・検非違使になること」訳 侍の身分の者が、受領や検非違使になること(は)。❹仏教語。編・章に当たる、仏典の一まとまり。

ぼん【盆】名詞 ❶「盂蘭盆」の略。季 秋。❷盂蘭盆の供え物・布施。枕草子 平安－随筆 右衛門の尉なりける者の「七月十五日、ぼん奉るとて、急ぐを」訳 七月十五日に、盂蘭盆の供え物を差し上げると言って準備するのを。◆「ぼに」とも。

ほん-い[*]【本意】名詞 ❶前からの目的。本来の意志。本懐。枕草子 平安－随筆 五月ばかり「殿上にて言ひ期しつるほんいもなくては」訳 殿上の間で口約束した目的も遂げずに。❷本当の趣旨。真意。平家物語 鎌倉－物語 五・都帰「今度の都うつりのほんいをいかにといふに」訳 今度の遷都の真意をどういうことなのかというと。❸歌の本質。本来あるべき姿。◇歌論・連歌論で用いられる語。◆「ほい」とも。

ほん-えん【本縁】名詞 物事の起こり。由来。縁起。「ほんねん」とも。

ほん-か【本歌】名詞 ❶もともとの歌。また、根拠となる歌。「本歌取り」をした場合の、もとになった歌。毎月抄 鎌倉－論「ほんかの詞をあまりに多く取る事は、あるまじき事にて候ふ」訳 本歌取りのもとになった歌の言葉をあまりに多く詠みこむことは、あってはならないことでございます。⇩本歌取り 文芸。❷(正統の)和歌。▼狂歌・俳諧歌などに対していう。

本歌取り 文芸 和歌・連歌の表現技法の一つ。

ほ

古歌（典拠とする古歌を「本歌」という）の用語・表現・情趣などを採り入れて詠み、より複雑な趣を出す技法。新古今時代に盛んに行われた。たとえば、「苦しくも降り来る雨か神が崎狭野のわたりに家もあらなくに」（『万葉集』）〈困ったことに降ってきたにわか雨だなあ。ここ三輪の崎の狭野の渡し場には雨宿りする家もないのになあ。〉を本歌とし、本歌の雨を雪に変え、馬を配し、時を夕暮れとして、藤原定家が「駒とめて袖うちはらふ陰もなし佐野のわたりの雪の夕暮れ」（『新古今和歌集』）〈⇩こまとめて…〉と詠んだなど。無季の本歌を、冬の世界の絵画的で幽玄な趣の歌に変えている。

ほん-ぐわん【本願】 ホンガン 名詞 仏教語。❶仏・菩薩が、人々を救済しようとして立てた誓願。阿弥陀仏の四十八願、薬師如来の十二願など。❷寺院・塔・像などの創建者。願主。今昔物語 平安―説話 三一・二三「かの尊睿をぞ、かの山のほんぐわんとは言ふなる」訳あの尊睿（＝僧の名）を、その（多武峰の妙楽寺の）創建者とはいうのである。

ぼん-げ【凡下】 名詞 ❶平凡であること。また、平凡な人。凡人。❷（貴族・武士より）卑しい身分。庶民。

ほん-ご【反古・反故】 名詞「ほぐ」に同じ。

ぼん-ご【梵語】 名詞 古代インドの言語。サンスクリット。

参考 仏教経典の原典の多くはこの言語で書かれており、日本では原典の原文を陀羅尼とし、呪文として唱えた。表記には梵字を用いる。

◆学習ポイント㊹ 日本語に入った梵語

梵語とは古代インドの言語で、サンスクリットともいう。そんな日本語とは縁もゆかりもないと思われる言語が、仏教を通じて中国経由で日本に入ってきて、日本語になっているものがある。たとえば、「仏に供える水」を意味する「閼伽」は梵語の"argha"を音写した言葉である。この"argha"はユーラシア大陸を経てイギリスに入って、英語の"aqua"（＝水）になっている（たとえば、魚などを飼うガラスの水槽や水族館を意味する"aquarium"などに残る）。

そのほか、日常語になっている梵語としては「檀那」「鉢」「和尚」「僧」「刹那」「袈裟」「奈落」「祇園」などがある。

ほん-ざ【本座】 名詞 ❶鎌倉・室町時代の田楽・猿楽で、分派して起こった「新座」に対して、もとからあった座。❷納言・参議などの辞任後も、元の官に相応する席や地位に就かせること。❸古参の者。

ほん-ざい【本才】 名詞 役に立つ実際的な才能。政治に関する才。また、芸能・音楽などの才。

ほん-ざう【本草】 ホンゾウ 名詞 薬用になる動植物や鉱物。また、それらについての研究解説書。

ほん-ざん【本山】 名詞 仏教で一つの宗や派の長である寺。本寺。

ほん-じ【本寺】 名詞 ❶「ほんざん」に同じ。❷寺の本堂。

ぼん-じ【梵字】 名詞 梵語（＝サンスクリット）を書き表すのに用いる文字。「悉曇」とも。

参考 摩多と呼ぶ母音十二字、体文と呼ぶ子音三十五字の、計四十七字から成る。古代インドの文語であるサンスクリットを書くための文字であるが、日本では、経文の陀羅尼や卒都婆などの文字を書くのに用いる。

ほん-しやう【本性】 ホンショウ 名詞 ❶生まれつきの性質。本来の性質。生来の性格。徒然 鎌倉―随筆 一「めでたしと見る人の、心劣りせらるるほんしやう見えんこそ口惜しかるべけれ」訳すばらしいと思う人が、予想外に見劣りされる生まれつきの性格を見せたとしたら、それは残念なことに違いない。◇古くは「ほんじやう」とも。❷本心。正気。

ほん-じよ【本所】 名詞 ❶いるべき本来の場所。本国。本邸。❷蔵人所の詰め所。滝口の陣。❸荘園制で、領家や領主の上に立つ荘園の名義上の所有者。本家。

ぼん-・ず【犯ず】 他動詞サ変 {ぜ/じ/ず/ずる/ずれ/ぜよ}（戒律などを）犯す。「ぼんす」とも。平家物語 鎌倉―物語 一〇・高野巻「いまだ禁戒をぼんぜず」訳まだ守るべき戒律を犯さない。

ほん-ぜい【本誓】 名詞 仏教語。仏・菩薩が衆生を救うために立てた根本の誓い。本願。

ぼん-せき【盆石】 名詞 盆の上に砂を敷き、そこに趣深い石を配置して風景をかたどった飾り物。

ほん-ぜつ【本説】 名詞 ❶根拠。「ほんせつ」「ほんぜち」とも。徒然 鎌倉―随筆 二〇二「この月、よろづの神たち、大神宮へ集まり給ふなどいふ説あれども、そのほんぜつなし」訳この月（＝陰暦十月）に、すべての神々が（伊勢の）皇大神宮へお集まりになるなどという説があるけれども、その根拠はない。❷特に、和歌・連歌を作るとき、よりどころとする物語・詩・故実など。

ぼん-ぞく【凡俗】 一 名詞 平凡で俗なこと。また、その人。凡人。二 形容動詞 語幹 ⇩ぼんぞくなり。太平記 室町―物語 三〇「余りに恐れなくぼんぞくの器物になされぬること」訳（本当の三種の神器ではないけれど）あまりにおそれかしこまることなく平凡で俗な器にされてしまうことは。

ぼん-ぞく・なり【凡俗なり】 形容動詞ナリ {なら/なり・に/なり/なる/なれ/なれ} 平凡で俗だ。

ほん-ぞん【本尊】 名詞 寺院や仏壇に安置し、信仰の対象として最も重んじる仏像。また、特に信仰の対象とする仏。本尊仏。「ほぞん」とも。

ほん-たい【本体】 名詞 ❶本来の姿。正体。実体。❷根本。本質。真髄。愚管抄 鎌倉―論 六「鎌倉のほんたいの武士梶原は」訳鎌倉の真髄の武士梶原氏は。❸もとで。資本。宇治拾遺 鎌倉―説話 一三・二「女の家なりける金の石をとりて、それをほんたいとして、造りたりけるなり」訳女の家にあった金の石を取って、それをもとでとして、（家を）造ったのである。❹本来。もともと。▼副詞的に用いる。大鏡 平安―物語 道隆「ほんたいは参らせ給ふまじきを」訳本来は（後一条天皇のお七夜に）参上なさってはいけないのに。◆「ほんだい」とも。

ほん-だう【本堂】 ホンドウ 名詞 寺院の中で、本尊を安置しておく殿堂。◆宗派によって呼び方が異なる。

ほん-ぢ【本地】 ホンジ 名詞 ❶仏教語。仏・菩薩が仮に神の姿となって現れる垂迹身に対して、仏・菩薩の本来の姿。本体。本身。〔平家物語 鎌倉－物語〕一〇・維盛入水「当山権現はほんぢ阿弥陀如来にてまします」〔訳〕熊野本宮の仏の化身の神は本来の姿が阿弥陀如来でいらっしゃる。⇩ほんぢすいじゃく。❷本来の姿。本性。本質。〔堤中納言 平安－物語〕虫めづる姫君「人は、まことあり、ほんぢたづねたるこそ、心ばへをかしけれ」〔訳〕人は、誠実さがあって、（物の）本来の姿を探求している、その心のありようがすばらしい。

ほんぢ-すいじゃく【本地垂迹】ホンジスイジャク〔名詞〕仏教語。「本地」である仏・菩薩が日本の人々を救うために、仮に神の姿となって現れたとする仏教的思想。たとえば、天照大神は、本地の大日如来が垂迹したものであるとするなど。「ほんぢすいしゃく」とも。

ほんちょう〔本朝〕⇩ほんてう

ほん-てう【本朝】ホンチョウ〔名詞〕❶**自国の朝廷。日本の朝廷。**〔平家物語 鎌倉－物語〕九・三草勢揃「ほんてうには神代より伝はれる三つの御宝あり」〔訳〕日本の朝廷には神代から伝わっている三つの御宝（＝三種の神器）がある。❷**自国。日本。**〔平家物語 鎌倉－物語〕一・祇園精舎「近くほんてうをうかがふに」〔訳〕最近の日本（の例）を尋ね求めると。〔対〕❶❷異朝。

本朝二十不孝（ほんてうにじふかう）ホンチョウニジュウコウ〔書名〕浮世草子。井原西鶴作。江戸時代前期（一六八六）刊。五巻。（内容）二十四孝をもじって、ひどい親不孝者を幅広くとりあげ、因果応報の罰を受ける十九話と、巻末に祝儀として孝行話一話を収めてある。

本朝文粋（ほんてうもんずい）ホンチョウモンズイ〔書名〕漢詩文集。藤原明衡編。平安時代中期成立。十四巻。（内容）嵯峨天皇の弘仁年間から後一条天皇の長元年間まで（八一〇～一〇三七）の漢詩文四百二十七編を、中国の『文選』の体裁にならって、賦・雑詩など三十九部門に分類し集大成した書。

ぼん-てん【梵天】〔名詞〕❶仏教語。欲界（＝欲望に満ちた人間界）の上にある四つの天のうちの、最下位の天界。大梵天王が住む。❷仏教語。❶の主である、大梵天王。万物の造物主で娑婆世界を支配し、仏法を守護する。❸修験道で、祈禱に用いる幣束。御幣。◆「ぼんでん」とも。

***ぼん-なう【煩悩】**ボンノウ〔名詞〕仏教語。欲望・苦悩・怒り・愚痴など、人の心身を煩わせ悩まし苦しめる妄執。〔徒然 鎌倉－随筆〕三八「才能はぼんなうの増長せるなり」〔訳〕才能というものは煩悩が増大したものである。

ぼんなう-ぐそく【煩悩具足】ボンノウグソク〔名詞〕仏教語。煩悩をもとから身に備え持っていること。

ぼんなう-の-あか【煩悩の垢】ボンノウノアカ〔連語〕絶ち難い煩悩を、洗っても落としきれない垢に見立てていう語。〔平家物語 鎌倉－物語〕二・康頼祝詞「朝には浄水を結んでぼんなうのあかをすすぎ」〔訳〕朝には清水を汲んで、絶ち難い煩悩をすすぎ。

ほん-に【本に】〔副詞〕**本当に。実に。まったく。**〔堀川波鼓 江戸－歌集〕浄瑠璃・近松「ほんに忘るる暇もない」〔訳〕本当に忘れる暇もない。

ぼん-にん【犯人】〔名詞〕**罪を犯した人。犯罪者。**

ほん-の【本の】〔連体詞〕❶**本当の。真実の。本物の。**〔世間胸算用 江戸－物語〕浮世・西鶴「ほんの正月をする」〔訳〕本当の正月をする。❷**ちょっとした。わずかな。**〔浮世風呂 江戸－物語〕滑稽「ほんの軽子をするやうなものでございます」〔訳〕（水売りは）ちょっとした荷運び人足をするようなものでございます。

ぼんのう〔煩悩〕⇩ぼんなう

ぼん-ばい【梵唄】〔名詞〕仏教語。声明の一つ。法会のときに、仏の徳をたたえて梵語で経文や偈をとなえるもの。

ほん-ばう【本坊】ホンボウ〔名詞〕寺院で、住職が住む建物。

ぼん-ぶ【凡夫】〔名詞〕❶仏教語。煩悩にとらわれて、悟りの境地に至れない人。〔平家物語 鎌倉－物語〕一・祇王「仏も昔はぼんぶなり、我らも終には仏なり」〔訳〕仏も昔は凡人である。我らも最後には仏（になるの）である。❷**普通の人。**◆「ぼんぷ」とも。

ほん-もん【本文】〔名詞〕古書などにあって、典拠となる文句。

ほんりゃう-あんど【本領安堵】ホンリョウアンド〔名詞〕武家時代、幕府や主君から、代々伝えた自分の領地（＝本領）の所有権を承認されること。また、途絶えていた旧領の所有権回復を承認されること。

ほん-ゐん【本院】ホンイン〔名詞〕❶「分院」に対して、主となる院。特に、「斎院」の御所にいう。❷嫡流の家。〔大鏡 平安－物語〕時平「左大臣時平のおとど、…ほんゐん大臣と申す」〔訳〕左大臣時平の大臣は、…（藤原氏）本家の大臣と申し上げる。❸（複数の上皇・法皇があるときの）最初の上皇または法皇。一の院。〔対〕新院。

ほ

ま[1]【間】名詞 ❶**物と物とのあいだ。**㋐**すきま。あいだ。**源氏物語 平安—物語 野分「春の曙の霞のまより、おもしろきかば桜の咲き乱れたるを見る心地す」訳春の夜明けの霞の間から、みごとなかば桜が咲き乱れているのを見る心地がする。㋑**柱と柱の間。**源氏物語 平安—物語 空蟬「南の隅のまより、格子叩きののしりて入りぬ」訳南側の隅の柱の間から、格子を音高くたたいてはいった。㋒ふすま・屛風などで仕切られた所。**部屋。**枕草子 平安—随筆 宮にはじめてまゐりたるころ「次のまに、長炭櫃にひまなく居たる人々」訳次の部屋で、長い角火鉢のそばにすきまなく座っている女房たち。❷**うち。あいだ。**▼連続している時間をさす。土佐日記 平安—日記 二・一「朝のま、雨降る」訳朝のうち、雨が降る。

ま[2]【今】副詞「いま」の変化した語。**さらに加えて。もっと。もう。また。**心中重井筒 江戸—浄瑠 近松「ま一度寄ってくださんせ」訳もう一度寄ってくださいませ。

ま-[3]【真】接頭語〔名詞・動詞・形容詞・形容動詞・副詞などに付いて〕❶完全・真実・正確・純粋などの意を表す。「ま盛り」「ま幸く」「まさやか」「ま白し」。❷りっぱである、美しい、などの意を表す。「ま木」「ま玉」「ま弓」

-ま[4] 接尾語 その状態である、の意の名詞を作る。「まほらま」「懲りずま」

ま[5] 推量の助動詞「む」の古い未然形。接尾語「く」を伴って「まく」の形で用いられる。

まい[1]〔幣・舞〕⇩まひ

まい[2] 助動詞 特殊型《接続》動詞の終止形・未然形などに付く。{○／○／まい／まい／まいけれ／○}

❶〔打消の推量〕(きっと)…ないだろう。…**はずがない。**止動方角 室町—狂言「落つまい馬にまで落つる」訳落ちるはずのない馬からまで落ちる。❷〔打消の意志〕…しない〔つもりである〕。…**しないようにしよう。**附子 室町—狂言「捕らへてくれい。やるまいぞ、やるまいぞ」訳捕まえてくれい。逃がしはしないぞ。逃がしはしないぞ。❸〔禁止〕…**してはいけない。…してはならない。**冥途飛脚 江戸—浄瑠 近松「私が二階に居ることを、必ず必ず言ふまいぞ」訳私が二階にいることを、決して、決して、言ってはいけないよ。❹〔不適当〕…**しないほうがよい。…すべきではない。**寿の門松 江戸—浄瑠 浄瑠・近松「ああ貧乏はせまいもの」訳ああ、貧乏はしないほうがよいものだ。

語の歴史 助動詞「まじ」から「まじい」→「まい」となった語。室町時代の後期以後に口語として用いられ、現代語に至る。

-まい[3]【枚】接尾語 ❶紙などのように薄く平たいものを数える語。❷大判金・丁銀などを数える語。❸田畑の区画を数える語。❹駕籠を担ぐ人の数を数える語。

毎月抄 書名 歌論書。藤原定家の著。鎌倉時代(一二一九)成立。一巻。〔内容〕毎月ある貴人の百首の和歌を添削して返すときの手紙に書いた定家の和歌論で、和歌十体のうちで「有心体」を最も尊ぶべきことが論じられている。

まい-て【況いて】副詞「まして」のイ音便。❶「まして❶」に同じ。蜻蛉 平安—日記 上「留まる人、はたまいて言ふかたなく悲しきに」訳あとに残る人は、それどころかさらにいいようもない悲しみに沈んでいるので。❷「まして❷」に同じ。枕草子 平安—随筆 春はあけぼの「まいて、雁などの連ねたるが、いと小さく見ゆるは、いとをかし」訳いうまでもなく、雁などが連なって(飛んで)いるのが、とても小さく見えるのは、とても趣がある。

まい-ど【毎度】副詞 **毎回。いつも。そのたびごとに。**徒然 鎌倉—随筆 九二「まいどただ得失なく、この一矢に定むべしと思へ」訳(矢を射るときは)毎回ただ成功と失敗に関係なく、この一本の矢で決めようと思え。

まいる〔参る〕⇩まゐる

まう【猛】 ㊀名詞 勢いが盛んなこと。㊁形容動詞 語幹 ⇩まうなり。竹取物語 平安—物語 かぐや姫の生ひ立ち「勢、まうの者になりにけり」訳富裕で勢力の盛んな者になったということだ。

まう-か【孟夏】名詞 **夏の初め。初夏。**陰暦四月の別名。▼四月は夏三か月の初めの月。

まうかり 助動詞「まうし」の連用形。

まうき 助動詞「まうし」の連体形。

まう・く[1]【設く・儲く】他動詞 カ下二 {け／け／く／くる／くれ／けよ}

❶(あらかじめ)**用意する。**(前もって)**準備する。**平家物語 鎌倉—物語 四・橋合戦「杉の渡しより寄せんとてまうけたる舟どもを」訳杉の渡し場から攻めようとして前もって用意していた舟々を。❷**作り構える。こしらえる。**源氏物語 平安—物語 若紫「草の御蓆も、この坊にこそまうけ侍るべけれ」訳旅の仮寝のお宿も、この僧坊に作り構えるべきでしょう。❸(妻や子を)**持つ。**大和物語 平安—物語 一四九「妻をまうけてけり」訳妻を持っていた。❹**得をする。手に入れる。**徒然 鎌倉—随筆 五三「からき命まうけて(＝助かって)、久しく病みゐたりけり」訳あやうい命を手に入れて、長い間病気で苦しんでいた。❺(病などに)**かかる。**徒然 鎌倉—随筆 一七五「財を失ひ、病をまうく」訳財産を失い、病気にかかる。

まうく[2] 助動詞「まうし」の連用形。

まうけ【設け・儲け】名詞 ❶**準備。用意。**源氏物語 平安—物語 若菜下「あまたの舞のまうけをせさせ給ふ」訳数多くの舞の準備をおさせなさる。❷**食事のもてなし。ごちそうの用意。**古今 平安—歌集 仮名序「国の司、事おろそかなりとて、まうけなどしたりけれど」訳国司の接待ぶりが怠慢であるといって、ごちそうの用意などをしたけれど。❸**食べ物。**徒然 鎌倉—随筆 五八「麻の衣、一鉢のまうけ」訳麻の衣と、鉢に一杯だけの食べ物。

まうけ-の-きみ*【儲けの君】名詞 **皇太子。**源氏物語 平安—物語 桐壺「疑ひなきまうけのきみと、世にもてかしづき聞こゆれど」訳疑問の余地のない皇太子として、世間では大切に世話し申し上げるけれど。◆漢語「儲君(ちょくん)」を訓読した語。次の天子として用意されている皇子の意。

まうけれ 助動詞「まうし」の已然形。

まう-ご【妄語】(ゴモウ) 名詞 ／―す 自動詞サ変 仏教語。❶「五悪」または「十悪」の一つ。うそを言うこと。また、うそ。転じて、とりとめのない言葉。笈の小文 江戸―紀行 俳文・芭蕉「なほ酔へる者のまうごに等しく」訳やはり酔っている者のとりとめのない言葉と等しく。❷「妄語戒(かい)」の略。「五戒」または「十戒」の一つ。うそを言ってはならないとする戒(いまし)め。大鏡 平安―物語 道長下「十戒の中に、まうごをば保ちて侍(はべ)る身なればこそ」訳十の戒律の中で、うそをつかない戒めを守っております身であるので。

まう-ざう【妄想】(ソウ/モウ) 名詞 仏教語。**正しくない考え。邪念。** 徒然 鎌倉―随筆 二四一「所願(しょぐわん)、みなまうざうなり」訳願いごとというものは、すべて正しくない考えである。

まうさ-く【申さく】(サク/モウ) なりたち 動詞「まうす」の未然形＋接尾語「く」

「言はく」の謙譲語。**申すことには。** 竹取物語 平安―物語 竜の頸の玉「をのこども、仰せのことを承りてまうさく」訳家来たちが、(主人の)ご命令をお聞きして申すことには。

参考 奈良時代以前には「まをさく」であったが、後に「まうさく」に変化した。

まうさ-・す【申さす】(サス/モウ) 連語 なりたち 動詞「まうす」の未然形＋使役・尊敬の助動詞「す」

❶(「す」が使役の意の場合)**申し上げさせる。** 源氏物語 平安―物語 夕顔「『さるべき人召すべきにや』などまうさすれど」訳「しかるべき人をお呼びになるほうがよろしいのでは」などと申し上げさせるが。❷(「言ふ」「告ぐ」の謙譲語。「す」が謙譲の意を強める場合)(自身で)**申し上げる。** 源氏物語 平安―物語 少女「『典侍(ないしのすけ)あきたるに』とまうさせたれば」訳「典侍が欠員になっているところに(私の娘を)」と(惟光(これみつ)が源氏に)申し上げたので。

参考 もともと高貴な人に侍女などを介して「申し上げさせる」意であったが、人を介することは当り前なので意識されなくなり、単に「申し上げる」意になった。

***まうさ-せ-たま・ふ【申させ給ふ】**(タマウ/モウサセ ― タモウ/モウサセ) 連語 なりたち 動詞または補助動詞「まうす」の未然形＋尊敬の補助動詞「す」の連用形＋尊敬の補助動詞「たまふ」

㊀(「まうす」が動詞の場合)❶(「せ」が使役の意の場合)(人を通して)**申し上げさせなさる。** 源氏物語 平安―物語 明石「御使ひしてまうさせたまふ」訳お使いによって申し上げさせなさる。❷(「せ」が尊敬の意の場合)**お申し上げあそばす。** 枕草子 平安―随筆 淑景舎、東宮に「『はやのぼらせたまへ』とまうさせたまふに」訳(中宮が)「早く参内(さんだい)なさってください」とお申し上げあそばす時に。❸(「せ」が謙譲の意の場合)**お申し上げになる。** 枕草子 平安―随筆 大納言殿まゐり給ひて「『今は明けぬるに、から大殿(おほとの)ごもるべきかは』とまうさせたまへば」訳「もう夜が明けたのに、このように(主上が)お休みになられてよいのでしょうか」と(大納言が中宮に)お申し上げになると。

㊁(「まうす」が補助動詞の場合)❶(「せ」が尊敬の意の場合)**お…申し上げあそばす。** 大鏡 平安―物語 道長上「いかでかは院をおろかに思ひまうさせたまはまし」訳どうして(道長公は)三条院をおろそかにお思い申し上げあそばされようか。❷(「せ」が謙譲の意の場合)**お…申し上げになる。** 大鏡 平安―物語 三条「御乳母(めのと)たちは笑ひまうさせたまける」訳御乳母たちは(道長公の言動に対して)お笑い申し上げになった。◇「たまける」は「たまひける」のウ音便「たまうける」の「う」が表記されない形。

まうし¹【申し】(シ/モウ) ㊀名詞 **願い出ること。申し願うこと。** 春栄 室町―能楽 謡曲「若宮の別当の御まうしにより」訳若宮の別当の御願い出により。

㊁感動詞 **もしもし。**▼人に呼びかける語。末広がり 室町―狂言 狂言「まうし、頼うだ人、ござりまするか」訳もしもし、ご主人様はいらっしゃいますか。

参考 ㊁は現代語の「もしもし」の元となった語。

参照▼まうす(申す)。

まうし²(シ/モウ) 助動詞ク型《接続》動詞型活用語の未然形に付く。{○/まうく・まうから/まうし/まうき・まうかる/まうけれ/○}〔打消の希望〕**…したくない。…するのはいやだ。** 源氏物語 平安―物語 桐壺「この君の御童姿(わらはすがた)、いと変へまうく思(おぼ)せど」訳(帝(みかど)は)この君の童姿(元服前の姿)を、(元服の儀のために)たいそう変えたくはなくお思いになるが。

参考 希望の助動詞「まほし」が「ま欲(ほ)し」と理解されたことから、その対義語を「ま憂(う)し」と考えて用いられるようになった語。

まうし-あは・す【申し合はす】(アワス/モウシ) 他動詞サ下二 {せ/せ/す/する/すれ/せよ} ❶「言ひ合はす」の謙譲語。**相談申し上げる。** 大鏡 平安―物語 師尹「民部卿(みんぶきやう)殿にまうしあはせさせ給(たま)へば」訳民部卿殿にご相談申し上げなさると。❷**話し合って用意する。あらかじめ約束する。** 連 歌毘沙門 室町―狂言 狂言「毎年まうしあはせて参る人がござる」訳毎年あらかじめ約束して、参詣(けいさん)する人がいます。

まうし-あ・ふ【申し合ふ】(アウ/モウシ ― オウ/モウシ) 他動詞ハ四 {は/ひ/ふ/ふ/へ/へ} 「言ひ合ふ」の丁寧語。**話し合う。** 徒然 鎌倉―随筆 四八「女房、『あなきたな、誰(た)れに取れとてか』などまうしあはれければ」訳女房が、「まあきたない、だれにかたづけろというの」などと話し合っていらしたところ。

***まうし-い・づ【申し出づ】**(イズ/モウシ) 他動詞ダ下二 {で/で/づ/づる/づれ/でよ} 「言ひ出づ」の謙譲語。**自分から申し出る。** 源氏物語 平安―物語 柏木「『かかることをなむ、かすめし』と、まうしいでて」訳「こんなことを、ほのめかした」と(いつかは源氏に)自分から申し出て。

まうし-う【孟秋】(ユウ/モウシ) 名詞 **秋の初め。初秋。** 陰暦七月の別名。▼七月は秋三か月の初めの月。

まうし-う・く【申し受く】(ウク/モウシ) 他動詞カ下二 {け/け/く/くる/くれ/けよ} ❶「言ひ受く」の謙譲語。(許可を)**お願い申し上げる。** 今昔物語 平安―説話 四・四一「我閻魔王(えんまわう)の所に詣(まう)でて、この子を見む事をまうしうけむ」訳自分は閻魔大王の所へ参上して、この子に会うことをお願い申し上げよう。❷「言ひ受く」の謙譲語。**願い出てお引き受けする。請い受ける。** 大鏡 平安―物語 頼忠「まうしうけ給(たま)へるかひありて」訳(和歌の船に乗ることを)請い受けなさったかいがあって。

まうし-おこな・ふ【申し行ふ】モウシオコナウ—モウシオコノウ 他動詞 ハ四{は/ひ/ふ/ふ/へ/へ} ❶**進言する。申し上げる。** 今昔物語 平安一説話 二二・一四「和銅三年といふ年、天皇にまうしおこなひて」訳和銅三年という年、天皇に進言して。❷**執り行う。処置する。** 平家物語 鎌倉一物語 三・法印問答「たとひ入道非拠をまうしおこなふとも」訳たとえ入道(=平清盛)が不合理なことを執り行っても。

まうし-ご【申し子】モウシゴ 名詞 神仏に祈ってさずかった子。

まうし-ごと【申し言・申し事】モウシゴト 名詞 **申し上げたい事柄。申し分。願いごと。**

まうし-じゃう【申し状】モウシジョウ 名詞 ❶官庁や上位者にあてて個人が差し出す申請書。**上申書。** ❷**申し上げる事柄。願い出。言い分。** 平家物語 鎌倉一物語 一・祇王「祇王御前のまうしじゃうによってこそ召し返されてもさぶらふに」訳祇王様の願い出によって初めて呼びもどされてございますのに。

まうし-つ・ぐ【申し次ぐ】モウシツグ 他動詞 ガ四{が/ぎ/ぐ/ぐ/げ/げ} 「言ひ次ぐ」の謙譲語。**取り次ぎ申し上げる。** 源氏物語 平安一物語 東屋「まうしつぎつる人も寄り来て」訳取り次ぎ申し上げた者も寄って来て。

まうし-つた・ふ【申し伝ふ】モウシツタウ—モウシツトウ 他動詞 ハ下二{へ/へ/ふ/ふる/ふれ/へよ} ❶「言ひ伝ふ」の謙譲語。**お伝え申し上げる。取り次ぎ申し上げる。** 源氏物語 平安一物語 若菜下「人々の御消息も、えまうしつたへたまはず」訳人々のご伝言もお伝え申し上げることがおできにならない。❷**語り継ぎ申し上げる。言い伝え申し上げる。** 平家物語 鎌倉一物語 五・富士川「はかり事によるとこそまうしつたへて候へ」訳(合戦は)計略で決まると語り継ぎ申し上げております。

まうし-ひら・く【申し開く】モウシヒラク 他動詞 カ四{か/き/く/く/け/け} 「言ひ開く」の謙譲語。(事情や理由などを申し上げて)**弁明する。** 太平記 室町一物語 二七「その身の誤らざる所をまうしひらき」訳この身の誤りでないところを弁明し。

まう-しふ【妄執】モウシュウ 名詞 仏教語。迷いにとらわれ、物事に執着する心。「まうじふ」とも。

まうし-ぶみ【申し文】モウシブミ 名詞 ❶朝廷へ上申する文書。**陳情書。** ❷平安時代以後、公卿などが、自分の希望する叙位や任官、または昇進を、朝廷に申請する文書。◆「まをしぶみ」とも。

まうし-ぶん【申し分】モウシブン 名詞 **言い分。不満。**

まうし-むつ・ぶ【申し睦ぶ】モウシムツブ 自動詞 バ上二{び/び/ぶ/ぶる/ぶれ/びよ} 「言ひ睦ぶ」の謙譲語。**親しくおつきあいする。** 徒然 鎌倉一随筆 八七「具覚房とて、…常にまうしむつびけり」訳具覚房といって、…いつも親しくおつきあいしていた。

まう-じゃ【亡者】モウジャ 名詞 仏教語。**死んだ人。** また、その魂が成仏できずに、死後の世界への道の途中で迷っているもの。

まう-しゅん【孟春】モウシュン 名詞 **春の初め。初春。** 陰暦正月の別名。▼正月は春三か月の初めの月。

まう-しん【妄心】モウシン 名詞 仏教語。煩悩に汚された心。**迷いの心。**

まう・す【申す】モウス

語義の扉

奈良時代以前の語「まをす」の変化した語。平安時代、女性に多く用いられた「聞こゆ(=申し上げる)」に対して、直接的で男性的な表現。公的で改まった感じの語。

一 他動詞
- ❶[「言ふ」の謙譲語]**申し上げる。**
- ❷[「願ふ」「請ふ」の謙譲語]**お願いする。**
- ❸[「す」「なす」の謙譲語]**いたす。してさし上げる。**
- ❹[「言ふ」の丁寧語]**言います。申します。**

二 補助動詞 **お…申し上げる。お…する。**

一 他動詞 サ四{さ/し/す/す/せ/せ} ❶[「言ふ」の謙譲語]**申し上げる。** 竹取物語 平安一物語 燕の子安貝「燕の巣に手をさし入れさせて探るに、『物もなし』とまうすに」訳(家来に命じて)燕の巣に手を入れさせて探るが、「何もない」と申し上げるので。❷[「願ふ」「請ふ」の謙譲語]**お願いする。お頼みする。** 更級 平安一日記 物語「親の太秦にこもり給へるにも、ことごとなく、このことをまうして」訳親が太秦(の広隆寺)に参籠なさったときにも(お供をして)、ほかの事は何もなくこのことばかりをお願いして。❸[「す」「なす」の謙譲語]**いたす。してさし上げる。** 今昔物語 平安一説話 二七・二一「『ことづけまうさむと思ふは、聞き給ひてむや』と言ひければ、遠助『まうしはべりなむ』と答ふ」訳「おことづけいたしたいと思うことは、お聞き入れくださるだろうか」と言ったところ、遠助は、「いたしましょう」と答える。❹[「言ふ」の丁寧語]**言います。申します。** 平家物語 鎌倉一物語 九・木曾最期「あれに見え候ふ、粟津の松原とまうす。あの松の中で御自害候へ」訳あれに見えますのは、粟津の松原と申します。あの松の中でご自害なさいませ。

二 補助動詞 サ四{さ/し/す/す/せ/せ} (動詞の連用形に付いて)**お…申し上げる。お…する。ご…する。ご…申し上げる。** 更級 平安一日記 子忍びの森「わづかになりたる国を辞しまうすべきにもあらねば」訳やっと任官した国をご辞退申し上げるわけにもいかないので。

関連語 「申す」「聞こゆ」「聞こえさす」は、いずれの語も「言ふ」の謙譲語という共通の意味を持ち、いずれも「申し上げる」と訳せる語であるが、意味、用法の上で違いがある。「聞こゆ」「聞こえさす」は元来「お耳に入れる」という間接的な言い方の語であり、平安時代、和文の中で女性が多く用いたが、「聞こえさす」の方が敬意の度合いが高い。一方、「申す」は男性が主に用い、公的で改まった場面や漢文訓読系統の文章で使うことが多い。平安時代以降「聞こゆ」「聞こえさす」がしだいに用いられなくなり、「申す」は広く使用されるようになり、「申し上げる」「申し込む」「申します」の形で現代語にも受け継がれている。なお、現代語で感動詞として電話での呼び掛けの慣用語として用いられる「もしもし」

は、この語（＝「申す」）の連用形から転成したもの。また、夏目漱石の『坊っちゃん』の中に登場してよく知られている古い松山方言の終助詞的用法の語「そりゃ、いなごぞな、もし」「今日はお豆腐ぞな、もし」も、この語（＝「申す」）の連用形に起源があり、謙譲あるいは丁寧のニュアンスが保有されており、「（あなたに申し上げますが）それは、（ばったではなく）いなごなのですよ」「（あなたに申し上げますが）今日のメニューはお豆腐でございますよ」という聞き手への敬意が込められた表現である。

まうち-ぎみ【公卿】（モウチギミ）名詞「まへつきみ」の変化した語。「まへつきみ」に同じ。

まう・づ【参づ・詣づ】（モウズ）自動詞 ダ下二 {で／で／づ／づる／づれ／でよ}

語義の扉
奈良時代以前に謙譲の意に用いられたワ行上二段活用動詞「まう（参う）」の連用形「まゐ」に下二段活用動詞「出づ」の付いた「まゐいづ」が「まゐづ」となり、さらにウ音便化したものといわれる。
❶［「行く」の謙譲語］参る。参上する。うかがう。
❷参詣する。参拝する。

❶［「行く」の謙譲語］参る。参上する。うかがう。伊勢物語 平安―物語 八三「かくしつつ、まうでつかうまつりけるを、思ひのほかに、御髪おろしたまふてけり。」訳このようにしながら参上してお仕え申し上げていたのに、思ってもみなかったことに、お髪を落として出家してしまわれた。

❷お参りする。参詣する。参拝する。更級 平安―日記 夫の死「いでしままに稲荷にまうでたらましかば」訳（初瀬から）退出したその足で（伏見の）稲荷に参詣していたならば。

◆「まづ」とも。

歴史スコープ 変遷・活用　古語の下二段活用動詞は、そのほとんどが現代語化して下一段活用となっている。「まうづ」も「氏神様に詣でる時に」「文豪のお墓に詣でた」のように、謙譲のニュアンスを残しつつ、下一段に活用して用いられる。

†**まう・づ-と-し-けれ-ど-しば-しば-え-まう・で-ず**【まうづとしけれどしばしばえまうでず】伊勢物語 平安―物語 八四「子は京に宮仕へしければ、まうづとしけれどしばしばえまうでず」訳子は京で宮中に仕えていたので、参上しようと思っていたけれど、たびたびは参上することができない。

品詞分解 まうづ＝動詞「まうづ」㊦ と＝格助詞 し＝動詞「す」㊐ けれ＝過去の助動詞「けり」㊢ ど＝接続助詞 しばしば＝副詞 え＝副詞 まうで＝動詞「まうづ」㊤ ず＝打消の助動詞「ず」㊦

まうで-・く【参で来・詣で来】（モウデク）自動詞 カ変 {こ／き／く／くる／くれ／こよ}

語義の扉
「まうづ」に「く（来）」の付いた形が一語のカ変動詞となったもので、「貴い所へやって来る」意の謙譲語また丁寧語。
❶うかがう。こちらに来させていただく。
❷参ります。

❶うかがう。こちらに来させていただく。竹取物語 平安―物語 かぐや姫の昇天「昔の契りありけるによりてなむ、この世界にはまうできたりける。今は、帰るべきになりにければ、この月の十五日に、かの元の国より、迎へに人々まうでこむず。」訳前世からの宿縁があることによって、この世界（＝人間界）に来させていただいたのです。今は、帰る時となったので、今月の十五日に、あの元いた国（＝月の世界）から迎えの人々が参ります。

❷参ります。竹取物語 平安―物語 かぐや姫の昇天⇩❶。

まうで-つ・く【参で着く・詣で着く】（モウデツク）自動詞 カ四 {か／き／く／く／け／け} 参詣する所に着く。参り着く。更級 平安―日記 初瀬「その夜、御寺にまうでつきぬ」訳その夜、お寺（＝長谷寺）に参り着いた。

まうで-とぶら・ふ【詣で訪ふ】（モウデトブラウ―モウデトブロウ）他動詞 ハ四 {は／ひ／ふ／ふ／へ／へ} お見舞いに伺う。お訪ねする。竹取物語 平安―物語 竜の頸の玉「国の司まうでとぶらふにも、え起きあがりたまはで」訳（大納言を）国司がお見舞いに伺うのにも、起きあがることがおできにならないで。

ま-うと【真人】（モウト）一 名詞 お方。▼身分の高い人に対して、敬意を込めて呼ぶ言い方。「まひと」のウ音便。
二 代名詞 おまえ。▼対称の人称代名詞。目下の人を呼ぶのに用いる。源氏物語 平安―物語 浮舟「まうとは、何しにここにはたびたびは参るぞ」訳おまえは、どういう用件でここにたびたび参るのか。

まう-とう【孟冬】（モウトウ）名詞 冬の初め。初冬。陰暦十月の別名。▼十月は冬三か月の初めの月。

まう・なり【猛なり】（モウナリ）形容動詞 ナリ {なら／なり・に／なり／なる／なれ／なれ} 勢いが盛んだ。威勢がよい。▼物質的・精神的の両面にわたって用いる。徒然 鎌倉―随筆 一「勢ひまうにののしりたるにつけて、いみじとは見えず」訳権勢が盛んで評判が高いのにつけても、えらいとは見えない。

まう-ねん【妄念・亡念】（モウネン）名詞 仏教語。迷いの心。執着心。ものごとにとらわれる心。

まう-のぼ・る【参上る】（モウノボル）自動詞 ラ四 {ら／り／る／る／れ／れ} 「まゐのぼる」のウ音便。「上る」の謙譲語。貴人のもとにうかがう。参上する。源氏物語 平安―物語 桐壺「まうのぼり給ふにも、あまりうちしきる折々は」訳（桐壺の更衣が帝のもとに）参上なさる場合にも、あまりたび重なる折々には。

まう-りやう（モウリョウ）名詞
一【魍魎】人を害するという、山川・木石などに宿る精霊。
二【罔両】影のまわりにできる、ぼんやりした薄い影。影のくまどり。また、（単に）影法師。幻住庵記 江戸―俳文 芭蕉「月を待ちては影を伴ひ、灯を取りてはまうりやうに是非をこらす」訳月の出を待つと（やがて自分の姿に）影が生まれ、灯をかかげては影の周りにできる薄い影に向かって自分の存在について深く考える。

参考 一は、山林の気から生じる怪物の「魑魅」と合わせて「魑魅魍魎」の形で使われることが多い。この場合はさまざまな妖怪変化といった意。

まえ〘前〙⇩まへ

前句付け 文芸 江戸時代中期の雑俳の一つ。題として示された七・七の前句に、五・七・五の付け句を付け、その優劣を競う遊戯的文芸。たとえば、「恐ろしい事かな恐い事かな」の題に、「雷をまねて腹掛けやっとさせ」と付ける類である。連歌・俳諧で「付け合い」の練習として行われていたものが、独立して雑俳となったもので、江戸時代の庶民参加の文芸として注目される。のち、「川柳」へと発展した。

まえつきみ〖公卿〗⇩まへつきみ

ま-えん【魔縁】名詞 仏教語。人の心を迷わせ、仏道修行の妨害をする悪魔。

まおす〖申す・白す〗⇩まをす

まか【摩訶】名詞 仏教語。大きいこと。すぐれていること。

まが【禍・曲】名詞 曲がっていること。邪魔なこと。**災い。** 古事記 奈良一史書 神代「そのまがを直さむとして成れる神の名は」訳その災いを直そうとして生まれた神の名は。

参考 「まが神」「まが事」などのように、接頭語のように用いられることが多い。

ま-かい【真櫂】名詞 櫂の美称。船の左右両舷にとりつけた櫂の意とする説もある。◆「ま」は接頭語。

まがう〖紛う〗⇩まがふ

***ま-がき**【籬】名詞 ❶竹や柴などで、目を粗く編んで作った垣。「ませ」「籬垣」とも。❷江戸時代、遊郭の入り口の落ち間と見世との間に設けた格子戸。

ま-かげ【目陰・目蔭】名詞 ❶遠方やよく見えないものを見定めようとして、目の上に手をかざして光を遮ること。盛衰記 鎌倉一物語 一三「赤く大なる鼬の…踊り上がり、まかげなんどして失せにけり」訳赤く大きないたちが…踊り上がって目の上に手をかざしなんかして消えてしまった。❷疑っているようなまなざし。また、ためらっているようなまなざし。源氏物語 平安一物語 東屋「後ろめたげに気色ばみたる御まかげこそ、わづらはしけれ」訳心配そうに思いを顔に出した疑っているような御まなざしが、気にかかるのだ。

まが-こと 名詞 ㊀【禍言】**災いを招く不吉な言葉。のろいの言葉。**また、転じて、誤った言葉・説。延喜式 平安一格式 御門祭「天の麻我都比といふ神の言はむまがことにあひまじこり」訳天のまがつひという災禍の神の口にする不吉な言葉に共感して。㊁【禍事】**不吉なこと。災い。凶事。** 古事記 奈良一史書 雄略「吾は、まがことも一言、善事も一言、言ひはなつ神」訳私は凶事も一言、吉事も一言で、きっぱり言いきる神。対善事。

まか・す[1]【引す】他動詞サ下二{せ/せ/す/する/すれ/せよ} **池や田などに、水を引く。引き入れる。** 徒然 鎌倉一随筆 五一「亀山殿の御池に大井川の水をまかせられむとて」訳(後嵯峨院が)亀山御殿(=離宮)のお池に大井川の水をお引き入れになろうとして。

まか・す[2]【任す】他動詞サ下二{せ/せ/す/する/すれ/せよ} ❶**ゆだねる。任せる。** 土佐日記 平安一日記 一・九「天気のこと、楫取りの心にまかせつ」訳天候のことは、船頭の判断にゆだねてしまった。❷**従う。** 平家物語 鎌倉一物語 一・鹿谷「ただ法にまかせて追出せよ」訳ただ法(=神社のきまり)に従って追い出せ。

まかず〖罷ず〗⇩まかづ

まか-たち【侍女・侍婢】名詞 貴人に付き添って仕える女性。**侍女。**「まかだち」とも。◆奈良時代以前の語。

まが-たま【曲玉・勾玉】名詞 奈良時代以前、装身具として用いた巴形の玉。大きさは一センチから六センチぐらいで、ひすい・めのう・水晶や金・粘土などで作り、穴をあけて紐でつなぎ合わせ、首飾りや襟飾りとした。神秘な霊力を持つと考えられ、三種の神器の中にも「八尺瓊の勾玉」がある。

(曲　玉)

ま-かぢ【真楫】名詞 楫の美称。船の両舷に備わった楫の意とする説もある。「まかい」とも。万葉集 奈良一歌集 一一八五「朝凪にまかぢ漕ぎ出で」訳朝の凪に楫(=今の櫓・櫂に当たるもの)を下ろし漕ぎ出して。◆「ま」は接頭語。

まか・づ【罷づ】自動詞ダ下二{で/で/づ/づる/づれ/でよ}

語義の扉

奈良時代から謙譲語として用いられていた四段活用の動詞「まかる」に下二段活用動詞「出づ」が付いた「まかりいづ」が「まかりづ」から「まかんづ」を経て平安時代に生まれた語。「まゐる(参る)」の対義語として用いられた。

❶「「退く」「去る」の謙譲語」退出する。おいとまする。

❷「「行く」「出づ」の丁寧語」出ます。出かけます。

❶「「退く」「去る」の謙譲語」**退き去る。退出する。おいとまする。** 枕草子 平安一随筆 鳥は「竹ちかき紅梅も、いとよくかよひぬべきたよりなかりし。まかでて聞けば、あやしき家の見どころもなき梅の木などには、かしがましきまでぞ鳴く」訳竹に近い紅梅もあり、(うぐいすが)通ってくることができそうなよいところなのよ。(宮中から)退出して聞くと、みすぼらしい家の枝ぶりも悪い梅の木などでは、やかましいくらいに鳴く。

❷「「行く」「出づ」の丁寧語」**出ます。参ります。出かけます。** 源氏物語 平安一物語 若紫「老いかがまりて室の外にもまかでず」訳年をとって腰が曲がって庵室の外にも参りません。

まかで-おんじゃう【罷出音声】名詞「節会」などの儀式で、音楽が終わって楽人たちが退出するときに演奏される音楽。

ま-かな・し【真愛し】形容詞シク{(しく)・しから/しく・しかり/し/しき・しかる/しけれ/しかれ} **切ないほどいとしい。とてもいじらしい。** 万葉集 奈良一歌集 三五六七「置きて行かば妹はまかなし」訳(防人として行く私は)残していったら妻は切ないほどいとしい。◆「ま」は接頭語。奈良時代以前の語。

まかなひ【賄ひ】名詞 ❶(任務として)食事や宴などの準備をすること。また、その係の人。宇津保 平安一物語」初秋「かの御息所、内宴のまかなひにあたり給ひて」訳あの御息所は、宮中での内々の宴の準備係にお当たりになって。❷食事の支度や給仕をすること。また、その人。源氏物語 平安―物語 夕霧「御粥など急ぎ参らせたれど、取り次ぐ御まかなひうち合はず」訳お粥などを急いで差し上げたけれど、取り次ぐお給仕が間に合わず。❸身のまわりの世話。宇津保 平安―物語 蔵開上「その御まかなひは典侍と乳母が仕うまつる」訳そのお世話は典侍と乳母がして差し上げる。

まかな・ふ*【賄ふ】マカナウ―マカノウ 他動詞 ハ四 {は/ひ/ふ/ふ/へ/へ} ❶用意を整える。準備する。源氏物語 平安―物語 柏木「御硯などまかなひて」訳御硯など準備して。❷食事・食べ物を調える。狭衣 平安―物語 二「自らとかくまかなはせ給ひて、物参り給へど」訳自分であれこれお調えなさって、食事を召し上がるけれど。❸やりくりして取りしきる。取りはからう。

ま-かね【真金】名詞 鉄。「まがね」とも。◆「ま」は接頭語。

まかね-ふく【真金吹く】枕詞 ふいごで吹いて鉄を製することから、鉄の産地「吉備」、鉄をふくむ赤土の意味から地名「丹生」にかかる。「まかねふく吉備の中山」

ま-かは【眼皮】マカワ 名詞 まぶた。源氏物語 平安―物語 紅葉賀「まかはいたく黒み落ちいりて」訳まぶたがひどく黒ずみ落ちくぼんで。

まがひ[1]【紛ひ】マガイ 名詞（いろいろのものが）入りまじること。まじり乱れること。また、入りまじって見分けがつかないこと。万葉集 奈良―歌集 三九六三「春花の散りのまがひに死ぬべき思へば」訳春の花の散り乱れるときに死ぬだろうと思うと。

まがひ[2]【蹟ひ】マガイ 名詞 まちがい。過失。

まが・ふ【紛ふ】マガウ―マゴウ

一 自動詞 ハ四 {は/ひ/ふ/ふ/へ/へ} ❶入りまじる。入り乱れる。入りまじって区別できない。源氏物語 平安―物語 初音「えひ香の香のまがへる、いと艶なり」訳えい香の香が入りまじっていて実には なやかである。❷よく似ていて、間違う。区別がつかない。詞花 平安―歌集 雑下「わたの原漕ぎ出でてみればひさかたの雲居にまがふ沖つ白波」訳⇨わたのはらこぎいでてみれば…。

二 他動詞 ハ下二 {へ/へ/ふ/ふる/ふれ/へよ} ❶区別がつかなくする。見間違えさせる。聞き間違えさせる。万葉集 奈良―歌集 一六四〇「わが丘に盛りに咲ける梅の花残れる雪をまがへつるかも」訳私の住む丘に盛りと咲いている梅の花は、消え残っている雪を見間違わせることだなあ。❷見失う。源氏物語 平安―物語 花宴「世に知らぬ心地こそすれ有明の月の行方を空にまがへて」訳この世で経験したことのない（悲しい）気持ちがするよ。有明の月（＝暁にあった女）の行方を空の中に見失って。❸思い違える。見間違える。聞き間違える。枕草子 平安―随筆 二月つごもり頃に「『空寒み花にまがへて散る雪に』と、わななくわななく書きて取らせて」訳「空が寒いので花と見間違えるように降る雪に」と、ふるえふるえ書いて渡して。

参照▼ 聞きまがふ／見まがふ。

まがまが-・し【禍禍し】形容詞 シク {(しく)・しから/しく・しかり/し/しき・しかる/しけれ/しかれ} ❶不吉だ。縁起が悪い。枕草子 平安―随筆 にくきもの「犬のもろ声にながながと鳴きあげたる、まがまがしくさへにくし」訳犬が声を合わせて長々と声を高く上げてほえているのは、不吉な感じまでもしていやだ。❷いまいましい。憎らしい。宇治拾遺 鎌倉―説話 二・七「おのれはまがまがしかりける心持ちたる者かな」訳おまえは憎らしい心を持っている者だな。

まかり【罷り】名詞 貴人の食膳を下げること。また、その下げた食膳。

まがり【鋺】名詞 飲食物、特に酒や水などを入れて飲むための器。

まかり-あか・る【罷り離る・罷り別る】自動詞 ラ下二 {れ/れ/る/るる/るれ/れよ}「あかる」の謙譲語。（貴人のもとから）別れ別れに退出する。退出して別れる。源氏物語 平安―物語 帚木「これかれまかりあかるる所にて」訳（賀茂神社の舞楽の練習から）あの人この人と別れ別れに退出する所で。

まかり-あり・く【罷り歩く】自動詞 カ四 {か/き/く/く/け/け}「ありく」の謙譲語。出歩く。動きまわる。源氏物語 平安―物語 帚木「あくがれまかりありくに」訳ふらふらとさまよい出歩いておりますうちに。

まかり-い・づ【罷り出づ】マカリイズ 自動詞 ダ下二 {で/で/づ/づる/づれ/でよ} ❶「出づ」の謙譲語。退出する。お暇する。伊勢物語 平安―物語 一二一「男、梅壺より雨にぬれて人のまかりいづるを見て」訳男が、梅壺から雨にぬれて女の退出するのを見て。❷「貴人・上位者のもとへ行く意の謙譲語」参上する。出頭する。後撰 平安―歌集 春上・詞書「女の、宮仕へにまかりいでて侍りけるに」訳女が、宮仕えに参上してお仕えしていたときに。❸「出づ」の丁寧語。出て参る。参ります。末広がり 室町―狂言 狂言「まかりいでたる者は、このあたりにかくれもない、大果報の者でござる」訳出て参った者は、このあたりでよく知られたしあわせ者でございます。

まかり-ぢ【罷り路・罷り道】マカリジ 名詞 死者の行く冥土への道。

まかり-な・る【罷り成る】自動詞 ラ四 {ら/り/る/る/れ/れ}「なる」の謙譲語。なる。平家物語 鎌倉―物語 九・知章最期「今は心ぼそうこそまかりなって候へ」訳今は心細くなっております。◇「まかりなっ」は促音便。

まかり-まうし【罷り申し】マカリモウシ 名詞 別れの挨拶に参上すること。いとまごい。

参考 本来は、国司などが地方に赴任するとき、宮中に参上していとまごいを申し上げることをいった。

まか・る【罷る】自動詞 ラ四 {ら/り/る/る/れ/れ}

語義の扉

高貴な人のもとから離れる意（❶）を原義として、「行く」の謙譲語として（❸）、また、「行く」の丁寧語として（❹）用いられる。

一 ❶退出する。おいとまする。

❷出向く。下向する。
❸〔「行く」の謙譲語〕参上する。参る。
❹〔「行く」の丁寧語〕行きます。参ります。
❺〔謙譲・丁寧の意〕…ます。…いたします。
本来、高貴な人のもとに行くことを表す「まゐる（参る）」と対義関係をなす謙譲語であったが、平安時代になるとその位置は「まかづ（罷づ）」がとって代わり、「まかる」は「まうでく❶」の対義語に変じた。「まゐる」と対義関係をなす語は「まかづ（罷づ）」となっていった。
まかづ↔まゐる
まかる↔まうでく

❶退出する。おいとまする。▼高貴な人のもとから離れる意。万葉集 奈良―歌集 三三七「憶良らは今はまからむ」訳⇩おくららは…。
❷出向く。下向する。▼高貴な場所や都から地方へ行く。竹取物語 平安―物語 蓬莱の玉の枝「『玉の枝取りになむまかる』と言はせて下り給ふに」訳「玉の枝を取りに出向く」と伝えさせてお下りになるので。
❸〔「行く」の謙譲語〕参上する。参る。徒然 鎌倉―随筆 二一五「なえたる直垂、うちうちのままにてまかりたりしに」訳よれよれになっている直垂を着て普段着姿で参上したところ。
❹〔「行く」の丁寧語〕行きます。参ります。源氏物語 平安―物語 若紫「いづ方へかまかりぬる。いとをかしう、やうやうなりつるものを」訳（飼っていたすずめは）どこへ行ってしまったのでしょうか。かわいらしく、だんだんなってきたのに。
❺〔謙譲・丁寧の意〕〔他の動詞の上に連用形が付いて〕…ます。…いたします。枕草子 平安―随筆 大進生昌が家に「たまたまこの道にまかり入りにければ」訳たまたまこの（漢学の）道にはいっておりましたから。

まき[1]【牧】 名詞 牧場。「うまき」とも。源氏物語 平安―物語 須磨「領じ給ふ御庄・御まきよりはじめて」訳お治めになる御荘園・御牧場をはじめとして。

まき[2]【巻】 名詞 ❶巻物になった書画や書籍。また、その区分。書籍一般をもいう。源氏物語 平安―物語 絵合「果てのまきは」訳（絵合わせに出す）最後の絵巻は。❷連歌や俳諧で、歌仙・五十韻・百韻など、ひとまとまりになった作品。

まき[3]【真木・槙】 名詞 杉や檜などの常緑の針葉樹の総称。多く、檜をいう。新古今 鎌倉―歌集 秋上「寂しさはその色としもなかりけりまき立つ山の秋の夕暮れ」訳⇩さびしさは…。◆「ま」は接頭語。

-まき[4]【巻】 接尾語 ❶巻いた物を数える語。「紙一まき」。❷巻物仕立ての書物を数える語。「論語十まき」

ま-ぎ【間木】 名詞 長押の上に作った棚。「まき」とも。

まき-えい【巻き纓】 名詞「けんえい」に同じ。

まき・ぬ【枕き寝・纏き寝】 他動詞ナ下二〔ね/ね/ぬ/ぬる/ぬれ/ねよ〕互いの手を枕として、いっしょに寝る。万葉集 奈良―歌集 二八六五「玉釧（＝枕詞）まきぬる妹もあらばこそ」訳手枕を交わしていっしょに寝る妻がいるのならば。

まき-はしら【真木柱】 名詞 ❶杉や檜などの材木で作った、太くてりっぱな柱。宮殿や邸宅に用いた。「まけはしら」「まきばしら」とも。万葉集 奈良―歌集 九二八「績み麻をなす（＝枕詞）長柄の宮にまきはしら太高敷きて」訳長柄の宮に太くりっぱな柱を高々と立て。❷枕詞「まきはしら」は太いことから、「太し」にかかる。万葉集 奈良―歌集 一九〇「まきはしら太き心はありしかどこの我が心鎮めかねつも」訳太くたくましい心は持っていたけれど、今は自分の悲しみをおさえきれないことだ。

巻向 地名 歌枕 今の奈良県桜井市の北部一帯の地。東方に巻向山があり、穴師川が流れる。檜の多い地として知られる。垂仁・景行両天皇の宮殿があった地とされている。「纏向」とも書く。「まきもく」とも。

巻向山 地名「巻向」の東方にある山。三輪山の北に連なる。「まきもくやま」とも。

まき-め【巻き目】 名詞 巻き畳んだ紙についた折れ目。◆紙の巻き終わりの、端の意とする説もある。

まき-も・つ【纏き持つ・巻き持つ】 他動詞タ四〔た/ち/つ/つ/て/て〕手に巻きつけて持つ。万葉集 奈良―歌集 三九九三「妹がため手にまきもちて」訳（玉藻を髪飾りにして）妻のために手に巻きつけて持って。

まき-もの【巻物】 名詞 ❶書画などを表装し、軸に巻いたもの。❷たたまないで軸に巻いた反物。

まぎらはし[1]【紛らはし】 名詞 紛れるようにすること。気晴らし。源氏物語 平安―物語 若紫「もろともに遊びつつ、こよなき物思ひのまぎらはしなり」訳一緒に遊び遊びしては、この上ない物思いの気晴らしである。

まぎらは・し[2]【紛らはし】 形容詞シク〔（しく）・しから/しく・しかり/し/しき・しかる/しけれ/しかれ〕❶まぶしい。まばゆい。万葉集 奈良―歌集 三四〇七「朝日さしまぎらはしもな」訳朝日がさしてまぶしいことだなあ。❷区別がしにくい。紛らわしい。源氏物語 平安―物語 花宴「煩はしう、尋ねむ程も、まぎらはし」訳面倒で、詮索しようにも区別がつきにくい。❸取り紛れている。更級 平安―日記 宮仕へ「そののちは何となくまぎらはしきに、物語の事もうち絶え忘られて」訳その後は何となく取り紛れていて、物語のこともすっかり忘れて。❹めまぐるしい。忙しい。源氏物語 平安―物語 初音「まして、方々のまぎらはしき競ひにも」訳まして方々のめまぐるしい競い合いから起こる雑用にも。◆古くは「まきらはし」とも。

まぎらは・す【紛らはす】 他動詞サ四〔さ/し/す/す/せ/せ〕❶紛れるようにする。源氏物語 平安―物語 夕顔「そこはかとなく、書きまぎらはしたるも」訳それとなく、紛れるように書いてあるのも。❷ごまかす。蜻蛉 平安―日記 上「このたびも、例のまめやかなる返り事する人あれば、まぎらはしつ」訳今度も、例によって心をこめた返事をしてくれる人がいたので、（それで）ごまかした。❸気を紛らす。源氏物語 平安―物語 若紫「とかうまぎらはさせ給ひて、おぼし入れぬなむ」訳あれこれと気を紛らわせなさって、（病気のことを）気になさらないのが。

まぎ・る【紛る】 自動詞ラ下二〔れ/れ/る/るる/るれ/れよ〕❶見間違える。区別できなくなる。源氏物語 平安―物語 若菜下「まぎるべき方なく、その人の手なりけりと見給ひつ」訳見まちがえようもなく、あの人の字だとご覧になった。❷**紛れる。見つかりにくくなる。**源氏物語 平安―物語 若紫「夕暮れのいたう霞みたるにまぎれて」訳夕暮れがたいそうかすんでいるのに紛れこんで。❸**心が奪われる。熱中する。**徒然 鎌倉―随筆 一八八「目の前のことにのみまぎれて月日を送れば」訳目の前のことにだけ心を奪われて月日を過ごすので。❹**気が紛れる。薄らぐ。弱まる。**源氏物語 平安―物語 桐壺「ほど経ば、少しうちまぎるることもや」訳時間がたてば、少しは気が紛れることもあるだろうか。

まぎれ＊【紛れ】名詞 ❶見分けにくいこと。また、その所・時。枕草子 平安―随筆 はづかしきもの「暗きまぎれに、懐に物など引き入るる人もあらむかし」訳暗い物の見分けにくいときに、懐に物など引き入れる人もいるだろうよ。❷ほかのことにとり紛れること。また、そのような用事・出来事。取り込み。源氏物語 平安―物語 須磨「その折の心地のまぎれに、はかばかしうも聞き置かずなりにけり」訳その時の悲しい気分にとり紛れることで、はっきりと聞きおかないままになってしまった。❸気が紛れること。**気晴らし。**源氏物語 平安―物語 明石「昔物語などせさせて聞き給ふに、少しつれづれのまぎれなり」訳昔の話などをさせてお聞きになると、少し退屈の気晴らしである。❹**間違い。過ち。**世間胸算用 江戸―物語 浮世・西鶴「隠居の尋ねらるる年玉銀にまぎれなし」訳隠居が尋ねられたお年玉の金に間違いがない。

まぎれ-あり・く【紛れ歩く】自動詞 カ四 {か/き/く/く/け/け} ❶**人目につかないように、忍び歩く。**源氏物語 平安―物語 少女「心もや慰むと、立ち出でてまぎれありきたまふ」訳心も慰むかと思って、部屋を出て忍び歩きなさる。❷**人々にまじって歩き回る。**源氏物語 平安―物語 須磨「若君の何心なくまぎれありきて」訳若君(＝夕霧)が無心で人々にまじって歩き回って。

まぎれ-い・づ【紛れ出づ】マギレイズ 自動詞 ダ下二 {で/で/づ/づる/づれ/でよ} **忍び出る。何かに紛れてそっと出る。**平家物語 鎌倉―物語 一〇・横笛「忍びつつ八島の館をまぎれいでて」訳人目を忍んで八島の館をそっと出て。

まぎれ-くら・す【紛れ暮らす】自動詞 サ四 {さ/し/す/す/せ/せ} **ほかのことに気をとられて一日を過ごす。**徒然 鎌倉―随筆 一八九「あらぬ急ぎまづ出で来て、まぎれくらし」訳思いもかけない急なことが先にできて、(それに)気をとられて一日を過ごし。

まき-ゑ【蒔絵】エマキ 名詞 漆工芸で、漆の下地に、金・銀などの粉や箔、貝殻・顔料などで絵模様を描き、磨いてつやを出したもの。高蒔絵・平蒔絵・梨地・研ぎ出しなどの種類がある。

ま・く[1]【任く】他動詞 カ下二 {け/け/く/くる/くれ/けよ} ❶**任命する。任命して派遣する。遣わす。**万葉集 奈良―歌集 一九九「まつろはぬ国を治めと皇子ながらまけ給へば」訳服従しない国を治めよと皇子の(意志の)ままに任命なさると。❷**命令によって退出させる。しりぞける。**日本書紀 奈良―史書 神代下「時に皇孫、姉は醜しと思ほして、めさずしてまけ給ふ」訳その時、皇孫は、姉の方は醜いとお思いになって、妻にせずしりぞかせなさった。◆奈良時代以前の語。

ま・く[2]【枕く】他動詞 カ四 {か/き/く/く/け/け} ❶**枕とする。枕にして寝る。**万葉集 奈良―歌集 二二三「鴨山の磐根しまける我をかも知らにと妹が待ちつつあらむ」訳鴨山の岩を枕にして倒れている私のことを、そうとは知らずに妻が待ち続けていることであろうか。❷**共寝する。結婚する。**日本書紀 奈良―史書 神武「七行く媛女ども誰をしまかむ」訳七人で通って行く娘たち、その中のだれと共寝しよう。◆❷は「婚く」とも書く。のちに「まぐ」とも。奈良時代以前の語。

ま・く[3]【負く】
一 自動詞 カ下二 {け/け/く/くる/くれ/けよ} ❶**負ける。敗れる。**徒然 鎌倉―随筆 一一〇「勝たんと打つべからず、まけじと打つべきなり」訳(すごろくは)勝とうと(思って)打ってはならない、負けまいと(思って)打つべきである。❷**気がひける。ひけめを感じる。**土佐日記 平安―日記 一・四「にぎははしきやうなれど、まくる心地す」訳景気がよいようだが、(返礼もろくにできないで)気がひける感じがする。❸**相手の主張に従う。譲る。**竹取物語 平安―物語 火鼠の皮衣「まことならめと思ひて、人の言ふことにもまけめ」訳本物だろうと思って、人の言うことにも従おう。
二 他動詞 カ下二 {け/け/く/くる/くれ/けよ} **値引きする。まける。**胸突 室町―狂言 狂言「そのわび事に、今までの利分をばまけておまさうぞ」訳そのおわびに、今までの利息分をまけてさしあげよ。◆**二**は江戸時代の語。

ま・く[4]【巻く・捲く・纏く】他動詞 カ四 {か/き/く/く/け/け} ❶(ものに)**巻き付ける。からませる。**万葉集 奈良―歌集 七二九「玉ならば手にもまかむを」訳玉であるならば手にも巻き付けようものを。❷**丸く巻く。**伊勢物語 平安―物語 一〇七「男いといたうめでて、今まで、まきて文箱に入れてあり」訳男はひどく感動して、今まで(手紙を)、丸く巻いて文箱に入れてある。❸**取り囲む。取り巻く。**愚管抄 鎌倉―論 五「御所をまきて火をかけてけり」訳御所を取り囲んで火をかけた。

ま・く[5]【設く】他動詞 カ下二 {け/け/く/くる/くれ/けよ} ❶**前もって用意する。準備する。**万葉集 奈良―歌集 一七八〇「さ丹塗りの小船をまけ」訳赤く塗った小船を用意し。❷**前もって考えておく。**万葉集 奈良―歌集 二四三九「奥まけてわが思ふ妹が言の繁けく」訳将来まで前もって考えてわたしの思うあの娘にうわさが多いことよ。❸**時期を待ち受ける。**(その季節や時が)**至る。**万葉集 奈良―歌集 一四八五「夏まけて咲きたる唐棣」訳夏を待ち受けて咲いたはねず。◆奈良時代以前の語。平安時代以後は「まうく」。

ま・く[6]【蒔く・播く・撒く】他動詞 カ四 {か/き/く/く/け/け} ❶**種や餌をまく。まき散らす。**徒然 鎌倉―随筆 一六二「堂の内まで餌をまきて」訳堂の中までえさをまいて。❷**散らし書きにする。**▼書法の一つ。源氏物語 平安―物語 須磨「白き唐の紙四、五枚ばかりをまきつづけて」訳白い唐紙四、五枚ほどを散らし書きにしつづけて。❸(蒔絵で)金銀粉などをまき散らす。**蒔絵をする。**大鏡 平安―物語 伊尹「海賦に蓬萊山・手長・足長、金してまかせ給へり」訳海辺の景色の図に蓬萊山・手長(＝古代中国の想像上の人間。「足長」も同じ)・足長を金で蒔絵になさった。

ま-く[7] 連語
なりたち 推量の助動詞「む」の古い未然形「ま」＋接尾語「く」
…だろうこと。…(し)ようとすること。万葉集 奈良―歌

集 一〇三「大原の古りにし里に降らまくは後」訳大原の古びてしまった里に降るだろうことはまだ後(のことだろう)。

語法 活用語の未然形に付く。

ま-ぐ[1]【曲ぐ・枉ぐ】他動詞ガ下二{げ/げ/ぐ/ぐる/ぐれ/げよ} ❶**曲げる。**日本書紀 奈良―史書 神功「針をまげて鉤をつくり」訳針を曲げて釣り針をつくり。❷(道理や事実などを)**ゆがめる。まげる。**平家物語 鎌倉―物語 四・若宮出家「理をまげて、この宮の御命をば宗盛に賜び候へ」訳道理をまげて、この宮のお命を宗盛にお与えください。❸(感情を)**そこなう。**源氏物語 平安―物語 桐壺「世にいささかも人の心をまげたることはあらじと思ふを」訳ほんの少しでも人の心をそこなったことはあるまいと思っているが。❹(意志や願望を)**おさえる。**徒然 鎌倉―随筆 一三〇「物に争はず、おのれをまげて人に従ひ」訳物事について人と争わず、自分をおさえて人に従い。

ま-ぐ[2]【覓ぐ・求ぐ】他動詞ガ四{が/ぎ/ぐ/ぐ/げ/げ} **探し求める。尋ねる。**古事記 奈良―史書 神代「宮造るべき所を、出雲の国にまぎ給ひき」訳宮を造るのにふさわしい所を、出雲国にお探し求めになった。◆奈良時代以前の語。

ま-くさ【真草】名詞 草の美称。特に、屋根を葺くのに用いる草にいう。◆「ま」は接頭語。

ま-くず【真葛】名詞 葛の美称。◆「ま」は接頭語。

まくず-はら【真葛原】名詞 葛が生えている原。「まくずがはら」とも。◆「ま」は接頭語。

ま-くなぎ 名詞 ❶**小さな羽虫。**糠蚊の類。❷**まばたき。目くばせ。**◆古くは「まぐなき」とも。

ま-ぐは-し【目細し】マグワシ 形容詞シク{(しく)/しく・しかり/し/しき・しかる/しけれ/しかれ} **見た目に美しい。**万葉集 奈良―歌集 三四二四「まぐはし児ろは誰が笥か持たむ」訳美しいあの娘はいったいだれの食器を持つのだろうか。◆「ま」は目の意。奈良時代以前の語。

ま-ぐはひ【目合ひ】マグワイ 名詞 ❶**男と女が互いに目と目を見合わせて、愛情を通わせること。**古事記 奈良―史書 神代「須勢理毘売出で見て、まぐはひして、相婚ひ給ひて」訳須勢理毘売は出て見て、目と目を見合わせることをして、結婚なさって。❷**結婚。**男女の関係を結ぶこと。**性交。**古事記 奈良―史書 神代「吾汝今にまぐはひせむと思ふはいかに」訳私はお前と結婚しようと思うがどうだろうか。◆奈良時代以前の語。

まく-ほ-し[*]【まく欲し】連語

なりたち 推量の助動詞「む」の古い未然形「ま」+接尾語「く」からなる「まく」に形容詞「ほし」が付いたもの。

…したい。…でありたい。伊勢物語 平安―物語 八四「老いぬればさらぬ別れのありといへばいよいよ見まくほしき君かな」訳⇨おいぬれば…。

参考 奈良時代以前から平安時代の初期にかけて用いられ、のちに一語化して助動詞「まほし」となり、これが代わって用いられるようになる。

まく-ほり-す【まく欲りす】連語

なりたち 推量の助動詞「む」の古い未然形「ま」+接尾語「く」+動詞「欲る」の連用形+サ変動詞「す」

…たいと思う。…することを望む。万葉集 奈良―歌集 一〇六二「聞く人の見まくほりする御食向かふ(=枕詞)味原の宮は見れど飽かぬかも」訳聞く人が見たいと思う味原の宮は、いくら見ても見飽きないことだ。

まくら【枕】名詞 ❶**寝るときに頭を支えるもの。**新勅撰 鎌倉―歌集 羇旅・伊勢物語 平安―物語 八三「まくらとて草ひき結ぶこともせじ秋の夜とだに頼まれなくに」訳⇨まくらとて…。❷**まくらもと。**古今 平安―歌集 雑体「まくらよりあとより恋のせめくれば」訳まくらもとからも足元からも、恋が迫ってくるので。❸**寝ること。**❹**物事のよりどころとなるもの。**

まくら-う-く【枕浮く】連語 **寝床に涙がたくさんたまって枕が浮き上がるほどになる。**▼独り寝の悲しみを表す和歌特有の言い方。源氏物語 平安―物語 須磨「波ただここもとに立ちくる心地して、涙落つともおぼえぬに、まくらうくばかりになりにけり」訳波がすぐこの近くに寄せてくるような気がして、涙が落ちたとも気づかないのに、寝床に涙がたまって枕が浮き上がるほどになってしまった。

まくら-かは-す【枕交はす】マクラカワス 連語 **男女が共寝をする。**拾遺 平安―歌集 雑賀「つらからば人に語らむしきたへの(=枕詞)まくらかはして一夜寝にきと」訳あなたがつれないのであるのならば人に語ろう、共寝をして一夜寝たのだと。

まくら-がへし【枕返し】マクラガエシ 名詞 ❶**死んだ人の枕を北向きに変えること。**❷**重ねた木枕を手にのせて自由に操る曲芸。**

まくら-がみ【枕上】名詞 (寝ている)**まくらもと。**

まくら-ごと【枕言】名詞 **いつも口にする言葉。口癖の言葉。常用の文句。**源氏物語 平安―物語 桐壺「ただその筋をぞ、まくらごとにせさせ給ふ」訳ただそのような内容を、(帝は)口癖の言葉としていらっしゃる。

枕詞[*] 文芸 和歌の修辞法の一つ。特定の語句の上に用いられて、その語を言い起こしたり語調を整えたりする語句。多くは、実質的な意味を持たない形式的な修飾語で、大部分は五音だが、まれに三音・四音・六音のものもある。たとえば、「山・峰」などにかかる「あしひきの」や、「奈良」にかかる「あをによし」など。記紀歌謡に始まり、『万葉集』に多く見られる。

参考 一つの品詞のようにはたらいて多くは連体修飾語となり、連用修飾語は少ない。枕詞をもつ歌はほとんどが五七調となる。類似のものに序詞がある。

まくら-さだ-む【枕定む】連語 ❶**寝るとき、頭の方向を決める。**▼その方向により、期待する夢を見ることができるとされる。古今 平安―歌集 恋一「宵々にまくらさだめむ方もなしいかに寝し夜か夢に見えけむ」訳毎晩毎晩寝るとき、頭の方向を決めよう方法もない。どの方角に頭を向けて寝た夜に、(恋人を)夢に見たのだっただろうか。❷**ゆっくりと寝る。**❸遊里で共寝をする相手の女性を決める。

まくら-す【枕す】自動詞サ変{せ/し/す/する/すれ/せよ} **枕にする。頭をのせる。**紫式部 平安―日記 寛弘五・八・二六「硯の箱にまくらして、臥したまへる額つき」訳硯の箱を枕にして、横になっていらっしゃるその額のようすが。

まくら-づく【枕付く】枕詞 枕が並んでくっついている意から、夫婦の寝室の意の「妻屋」にかかる。万葉集 奈良―歌集 二一〇「吾妹子と二人わが寝しまくらづく妻屋のうちに」訳我が妻と二人で寝た、寝室の中で。

まくらとて… 和歌「枕とて 草ひき結ぶ こともせじ 秋の夜とだに 頼まれなくに」〔新勅撰 鎌倉―歌集〕羇旅・在原業平・〔伊勢物語 平安―物語〕八三 訳今夜は、枕として、草を引き結んで旅寝をすることもしますまい。今は夜の短い春なので、秋の夜長のようにあてにしてとてもそのようにゆっくりすることさえもできないのですから。

鑑賞 惟喬親王の鷹狩りの供をした馬の頭の翁(=業平)が、親王を京の御殿まで見送った後、暇を願って詠んだ歌である。早く恋人の所へ行かせてほしいという気持ちを表す。

枕草子 まくらのさうし マクラノソウシ 書名 随筆。清少納言作。平安時代中期(一〇〇〇以後)成立。三巻(諸本がある)。〔内容〕作者の宮廷生活での経験談や、自然や生活などについての感想を集めた約三百段からなる、わが国最初の随筆である。するどい観察力による才気あふれたむだのない文章は、俳諧に近い気品を示している。『源氏物語』と並び称される王朝文学の傑作である。参照▼口絵

まくら-むす・ぶ【枕結ぶ】連語 旅寝の時、枕にするために草を束ねる。**野宿する。**〔新古今 鎌倉―歌集〕羇旅「ゆく末はいま幾夜とかいはしろの岡の萱根にまくらむすばん」訳行く末はもう幾夜の旅寝を続けろというのであろうか、岩代の岡の萱の根もとで(今夜)野宿しよう。

まくら-を-そばだ・つ*【枕を欹つ】連語 枕から頭を上げて、耳を澄ます。枕を傾けて、耳を澄ます。〔源氏物語 平安―物語〕須磨「まくらをそばだてて四方の嵐を聞き給ふに」訳(源氏は)枕から頭を上げて耳を澄まして、あたりを激しく吹く風をお聞きになると。

ま-ぐ・る【眩る】自動詞 ラ下二{れ/れ/る/るる/るれ/れよ}目がくらむ。めまいがする。気絶する。「まくる」とも。〔方丈記 鎌倉―随筆〕「あるいは焰にまぐれてたちまちに死ぬ」訳ある者は炎に目がくらんでまたたく間に死んでしまう。

まけ【任け】名詞 官や職に任命すること。特に、地方官に任命して派遣すること。〔万葉集 奈良―歌集〕三二九一「大君のまけのまにまに」訳天皇のご任命のままに。◆奈良時代以前の語。

> **古典の常識**
>
> **『枕草子』—日本の随筆文学の先がけ**
>
> 紫式部と並び称された才媛の清少納言が、一条天皇の中宮定子に宮仕えしたころの「目に見え心に思ふこと」を書きつづった、王朝文学の傑作で、長短さまざまな約三百段の文章から成る。内容は「ものはづけ」の同類集め、日記的文章、随想的章段と、大きく三つに分類できる。
>
> 「ものはづけ」には「…は」の型と「…もの」の型がある。「…は」の型が、「山は…」「虫は…」「雲は…」など自然が主素材であるのに対し、「…もの」型は「すさまじきもの」「にくきもの」など人間社会に目が向けられている。
>
> 日記的文章は、「正月一日は…」など季節と行事に関する見聞をまとめたもの、随想的章段は「世の中になほ…」「雪のいと高うはあらで…」など自然や人事に関する感想である。
>
> このように、つづられている内容は多様であり、その書きぶりは「随筆」の祖として後世の作品に大きな影響をあたえている。

まげ-いほ【曲げ庵】イマゲイオ 名詞 ゆがんで倒れそうな小屋。〔万葉集 奈良―歌集〕八九二「伏庵のまげいほのうちに」訳⇩かぜまじり…。

まけ-いろ【負け色】名詞 負けそうなようす。敗色。

まげ-て【枉げて】副詞 無理ではあろうが、ぜひとも。なんとか。〔平家物語 鎌倉―物語〕一〇・内裏女房「まげて御許されを蒙り候はばや」訳なんとかお許しをいただきたいものでございます。

まけ-ながく【真日長く】連語 長い間。〔万葉集 奈良―歌集〕二〇一六「まけながく恋ふる心ゆ秋風に妹が音聞こゆ」訳長い間恋しく思うわが心だから、秋風で妻の気配が聞こえることだ。◆「ま」は接頭語。「け」は日数の意。

まけ-はしら【真木柱】名詞「まきはしら」に同じ。「まけばしら」とも。◆奈良時代以前の東国方言。

まけ-わざ【負け業】名詞 歌合わせや碁・相撲などの勝負事で負けた方が、勝った方に贈り物をしたりごちそうしたりすること。

ま-こ【真子】名詞 **いとしい妻。かわいい子。**▼自分の妻や子を親しんでいう語。◆「ま」は接頭語。

ま-こと[1]【真・実・誠】

一 名詞 ❶**真実。事実。本当。**〔徒然 鎌倉―随筆〕七三「世に語り伝ふること、まことはあいなきにや、多くはみな虚言なり」訳世間で語り伝えていることは、真実はつまらないのであろうか、多くはみんなつくりごとである。

❷**誠実。誠意。真心。**〔徒然 鎌倉―随筆〕一四一「あづま人こそ、言ひつることは頼まるれ。都の人は、ことうけのみよくて、まことなし」訳東国の人は言ったことは頼みになる。都の人は、返事だけがよくて、誠実さがない。

二 副詞 **実に。本当に。**〔万葉集 奈良―歌集〕二四五「聞くがごとまこと貴く奇しくも神さびをるかこれの水島」訳かねて聞いていたように、本当に貴く不思議に神々しい姿をしていることだよ、この水島は。

三 感動詞 **そうそう。あっ、そうだ。**〔宇治拾遺 鎌倉―説話〕八・三「まこと、まこと、ありつる鉢を忘れて、取り出でずなりつる」訳そうそう、さきほどの鉢を忘れて、取り出さないままにしてしまった。

まこと[2] 文芸 日本の文芸全般を通じての、根本的な美的理念。真実の姿・感情を尊重し理想とする精神で、感情と理性とが自然に一体となった境地のこと。特に『万葉集』を中心とする奈良時代以前の文学に見られ、文学用語としては『古今和歌集』の仮名序に現れるのが最初。平安時代の「もののあはれ」や、鎌倉・室町時代の「幽玄」などの美的理念の基調ともなった。江戸時代の俳論や歌論などにもしばしば説かれ、その根底になっている。

まこと・し【真し・実し・誠し】形容詞 シク{(しく)・しから/しく・しかり/し/しき・しかる/しけれ/しかれ} ❶**本当であるようす。本物であるようす。本当らしい。**〔徒然 鎌倉―随筆〕七三「おほかた

はまことしくあひしらひて」訳だいたいは本当らしく受け答えをして。❷まじめであるようす。誠実であるようす。枕草子 平安一随筆 野分のまたの日こそ「まことしう清げなる人」訳誠実できれいな人。◇「まことしう」はウ音便。❸正統であるようす。正式であるようす。徒然 鎌倉一随筆 一「ありたき事は、まことしき文の道」訳身につけたいことは、正式な学問の道。

まこと-に【真に・実に・誠に】

一 副詞 本当に。まったく。竹取物語 平安一物語 燕の子安貝「まことに燕巣つくれり」訳本当に燕が巣をつくった。

二 感動詞 ああ、そうそう。▼ふと思い出したことを言うときの語。大鏡 平安一物語 道長下「羽うち広げて居て候ひしほどは、まことに、雪少し打ち散りて」訳（たかが）羽を大きく広げてとまっておりましたときは、そうそう、雪が少しこぼれ散って。

まこと-の-はな【真の花】 連語 能楽で、厳しい習練と工夫を経た末に得ることができる、芸の真の美しさ。風姿花伝 室町一論 三「まことのはなは、咲く道理も、散る道理も、心のままなるべし」訳真の芸の美しさは、咲くのも散るのも、役者の思いのままになるはずだ。対時分の花。

まこと-の-みち【真の道】 連語 仏の説いた道。仏道。後拾遺 平安一歌集 雑三「君すらもまことのみちに入りぬなりひとりや長き闇にまどはむ」訳あなたさえも仏道に入ったようだ。私は一人で迷いの多い現世に惑うのであろうか。

まこと-や【真や・実や】 感動詞 ああ、そうそう。そういえば確か。▼忘れていた事を思い起こしたときや、話の途中で思いついた事をさし挟むときに発する語。源氏物語 平安一物語 須磨「まことや、騒がしかりしほどの紛れに書き漏らしてけり」訳ああ、そうそう、騒がしかった間にほかのことにとり紛れて書きもらしてしまった。

まご-びさし【孫廂・孫庇】 名詞 寝殿造りで、「廂の間」の外に、さらに廂を出して設けた部屋。又廂。
参照▼ 口絵

ま-こも【真菰・真薦】 名詞 草の名。水辺に生える。線形の葉は刈り取ってむしろなどに編む。また、実を食用とする。「菰」「真菰草」「かつみ草」とも。季 夏。◆「ま」は接頭語。

まこも-かる【真菰刈る・真薦刈る】 枕詞 まこもの産地であるところから、地名「淀」「大野河原」「堀江」などにかかる。「まこもかる淀」

ま-さか【目前】 名詞 さしあたっての今。現在。

ま-さかき【真榊】 名詞 さかきの美称。◆「ま」は接頭語。

まさ-き【柾木・真拆】 名詞 「まさきのかづら」に同じ。

ま-さきく【真幸く】 副詞 無事で。つつがなく。万葉集 奈良一歌集 一四一「磐代の浜松が枝を引き結びまさきくあらばまた帰り見む」訳⇒いはしろの…。◆「ま」は接頭語。

まさき-の-かづら【柾木の葛・真拆の葛】 マサキノカヅラ 名詞 植物の名。「ていかかずら」とも「つるまさき」ともいわれる。常緑のつる性植物で、ほかの木にからみついて長々とのびるので、「長し」の序詞となる。古くは、つるをさいて鬘とし、神事に用いられた。まさき。季 秋。

まさぐり-もの【弄り物】 名詞 暇つぶしにもてあそぶ物。

ま-さぐ・る【弄る】 他動詞ラ四 {ら/り/る/る/れ/れ} もてあそぶ。いじる。まさぐる。落窪物語 平安一物語 一「琴を、臥しながらまさぐりて」訳琴を横になったままでもてあそんで。◆「ま」は接頭語。

ま-さご【真砂】 名詞 細かい砂。▼砂の美称。◆古くは「まなご」とも。「ま」は接頭語。

まさご-ぢ【真砂路】 ゴジ 名詞 海岸などの、砂地の道。

まさ-ざま・なり 形容動詞ナリ {なら/なり・に/なり/なる/なれ/なれ}

一【勝様なり】まさっている。すぐれている。栄花物語 平安一物語 初花「督の殿の御方の女房は、この御方よりもまさざまに急ぐと聞こゆ」訳内侍司の長官のお方の女房たちは、このお方（＝中宮）の女房たちよりも（模様替えを）いっそうまさって準備しているとうわさされる。

二【増様なり】（程度が）いっそう増していく。方丈記 鎌倉一随筆「あまりさへ疫癘うち添ひて、まさざまに」訳それぱかりか伝染病まで加わって、（惨状は）いっそうひどくなり。

まさ・し【正し】 形容詞シク {しく・しから/しく・しかり/し/しき・しかる/しけれ/しかれ} ❶見込みどおりである。（予想したことが）本当である。古今 平安一歌集 恋四「かく恋ひむものとは我も思ひにき心の占ぞまさしかりける」訳このように苦しく恋いこがれるであろうとは自分も思っていた。予感は本当であったよ。❷正当である。正しい。平家物語 鎌倉一物語 四・通乗之沙汰「まさしい太上法皇の皇子を討ち奉るだにあるに」訳正当な太上法皇の皇子をお討ちすることさえ恐れ多いことなのに。◇「まさしい」はイ音便。❸確かだ。徒然 鎌倉一随筆 七一「いつとは思ひ出でねども、まさしくありし心地のするは」訳いつとは思い出せないけれど、確かにあったような気持ちのするのは。

まさで-に【正でに】 副詞 まさしく。確かに。万葉集 奈良一歌集 三三七四「武蔵野に占へ肩焼きまさでにも告らぬ君が名占に出にけり」訳武蔵野で、占い師が占いをして鹿の肩の骨を焼き、まさしくだれにも告げたことのないあなたの名が占いに出てしまったことだ。

まさな-ごと【正無事】 名詞 戯れ事。冗談。徒然 鎌倉一随筆 一七六「昔、ただ人におはしましし時、まさなごとせさせ給ひしを忘れ給はで」訳（天皇は）昔、皇子でいらっしゃったとき、戯れ事（ここではお手料理）をなさったのをお忘れにならないで。

まさ-な・し【正無し】

形容詞ク {く・から/く・かり/し/き・かる/けれ/かれ}

語義の扉

あって欲しい状態、正しい規範を逸脱して、期待外れであるさまを表す。

❶不都合だ。あるべきでない。正しくない。竹取物語 平安一物語 かぐや姫の昇天「声高になのたまひそ。屋の上にをる人どもの聞くに、いとまさなし」訳大きな声でおっしゃいますな。建物の上にいる人々が聞くと、たいそうみっともないことですよ。

❷期待はずれだ。好ましくない。更級 平安一日記 物語「何をか奉らむ。まめまめしき物はまさなかりなむ」訳

何を差し上げましょうか。実用的な物はきっとふさわしくないことでしょう。❸見苦しい。外聞が悪い。平家物語 鎌倉―物語 敦盛最期「あれは大将軍とこそ見参らせ候へ。まさなうも敵にうしろを見せさせ給ふものかな。かへさせ給へ」訳そこにいられるのは大将軍であるとお見受けします。見苦しくも敵に後ろをお見せになるものですな。おもどりなさい。

まさ-に【正に・当に】副詞 ❶確かに。間違いなく。仏足石歌 奈良―和歌「踏める足跡を見つつ偲はむ直に会ふまでにまさに会ふまでに」訳(仏の)踏んだ足跡を見ながら慕おう。直接に会うまで、確かに会うまで。❷いま現に。ちょうど今。平家物語 鎌倉―物語 四・山門牒状「王法の牢籠、まさにこの時に当たれり」訳天子の政治が衰えることは、ちょうど今この時に当たっている。❸(反語表現を下接して)どうして…か(いや、そうではない)。竹取物語 平安―物語 かぐや姫の昇天「何人か迎へ聞こえむ。まさに許さむや」訳いったいいかなる人がお迎え申し上げようか。(そんなことを)どうして許そうか、いや許しはしない。

「まさに」と反語の呼応
(反語の係助詞)
まさに許さむや。
(どうして許そうか、いや許しはしない。)

ま-さやか・なり【真清かなり】形容動詞ナリ (なら/なり・に/なり/なる/なれ/なれ) はっきりしている。万葉集 奈良―歌集 四二四四「色深く背なが衣は染めましを御坂賜らばまさやかに見む」訳色も濃くあなたの衣服を染めたらよかった。御坂を通らせていただいたら、はっきりと見られるだろうに。◆「ま」は接頭語。

まさり-がほ【勝り顔・優り顔】名詞 勝っていることを誇る顔つき。得意顔。伊勢物語 平安―物語 六二「これやこの我に逢ふ身をのがれつつ年月経れどまさりがほなき」訳これがまあ、私に逢うのをのがれていって、年月は経ったけれども、以前よりまさっているようすもないありさまであることだなあ。

まさり-ざま・なり【勝り様なり】形容動詞ナリ (なら/なり・に/なり/なる/なれ/なれ) (ほかより)勝っているようすだ。源氏物語 平安―物語 藤裏葉「あざやかにぬけ出でおよすけたる方は、父大臣にもまさりざまにこそあめれ」訳(夕霧の)はっきりと群を抜いて大人らしくなってゆくところは、父大臣(=源氏)にも勝っているようすである。

まさ・る ㊀【増さる】自動詞ラ四 (ら/り/る/る/れ/れ) (数量や程度などが)多くなる。ふえる。源氏物語 平安―物語 桐壺「苦しきことのみまされば」訳苦しいことばかりがふえるので。㊁【勝る・優る】すぐれる。ひいでる。上である。まさる。古今 平安―歌集 恋三「むばたまの(=枕詞)闇のうつつはさだかなる夢にいくらもまさらざりけり」訳暗闇の中での現実の逢瀬は、はっきりとした夢の中の逢瀬に、どれほどもまさっていなかったよ。対劣る。

まし[1]【猿】名詞「ましら」に同じ。

まし[2]【汝】代名詞 おまえ。▼対称の人称代名詞。同等以下の者に使う。大鏡 平安―物語 道長下「げにいとよき所なめり。ましが堂建てよ」訳なるほど(寺を建てるの)に非常によい場所であるようだ。おまえが堂を建てよ。

まし[3] 助動詞 特殊型

《接続》活用語の未然形に付く。

未然形	連用形	終止形	連体形	已然形	命令形
(ませ) ましか	○	まし	まし	ましか	○

❶(反実仮想)(もし)…であったら、…であるだろうに。…であったなら…であるだろう。▼実際には起こり得ないことや、起こらなかったことを想像し、それに基づいて想像した事態を述べる。古今 平安―歌集 春上・伊勢物語 平安―物語 八二「世の中にたえて桜のなかりせば春の心はのどけからまし」訳⇨よのなかにたえてさくらの…。

❷(悔恨や希望)…であればよいのに。…であったならばよかったのに。▼実際とは異なる事態を述べたうえで、そのようにならなかったことの悔恨や、そうあればよいという希望の意を表す。古今 平安―歌集 春上「見る人もなき山里の桜花ほかの散りなむのちぞ咲かまし」訳⇨みるひとも…。

❸(ためらい・不安の念)…すればよいだろう(か)。…したものだろう(か)。…しようかしら。▼多く、「や」「いかに」などの疑問の語を伴う。古今 平安―歌集 冬「雪降れば木毎に花ぞ咲きにけるいづれを梅と分きて折らまし」訳⇨ゆきふれば…。

❹(単なる推量・意志)…だろう。…う(よう)。平家物語 鎌倉―物語 九・忠度最期「行き暮れて木の下かげを宿とせば花や今宵のあるじならまし」訳もし、行く途中で日が暮れて木の下を宿とするならば、花が今夜の宿の主人となり、もてなしてくれるだろう。

語法 (1)未然形と已然形の「ましか」

未然形の「ましか」	接続助詞「ば」が付いて、反実仮想の前提として仮定条件を表す。
已然形の「ましか」	係助詞「こそ」の結びとして用いられる。

已然形の「ましか」の例「我にこそ開かせ給はましか」(『宇津保物語』)〈私に聞かせてくださればよいのに。〉

(2)反実仮想の意味 ❶の「反実仮想」とは、現在の事実に反する事柄を仮定し想像することで、「事実はそうでないのだが、もし…したならば、…だろうに。(だが、事実は…である)」という意味を表す。

(3)反実仮想の表現形式

条件の部分	結論の部分
(ア)…ましかば	……まし
(イ)…ませば	……まし
(ウ)…せば	……まし
(エ)未然形＋ば	……まし

反実仮想を表す形式で、条件の部分、あるいは結論の部分が省略される場合がある。前者が省略されていたなら、上に「できるなら」を、後者が省略されていたなら、「よいのになあ」を補って訳す。「この木なからましか

ま

ばと覚えしか」〈『徒然草』〉〈この木がもしなかったら、よいのになあと思われたことであった。〉

(4)**鎌倉時代以降の用法**　鎌倉時代になると❶❷❸の用法は衰え、推量の助動詞「む」と同じ用法❹となってゆく。

参考 「むは」(助動詞「む」の連体形＋係助詞「は」)が条件を示し、結論の部分に「まし」を使用している例もある。**大鏡** 平安一物語 道長上「おほかたさいはひおはしまさん人の和歌のみちおくれたまへらむは、ことのはえなくやはべらまし」訳総じて幸運でいらっしゃる方が、和歌の道で劣っていらっしゃったら、せっかくのこともうひきたたないでしょう。

まし[4] 反実仮想の助動詞「まし」の連体形。**古今** 平安一歌集 恋二「今ははや恋ひ死なましを」訳(あの人が約束してくれなかったら)今はもう恋しさに死んでいただろうものを。

まじ 助動詞 シク型

《接続》活用語の終止形に付く。ただし、形容詞のカリ活用、また形容動詞ほかラ変型に活用する語には連体形に付く。

語義の扉
平安時代以降に用いられた打消推量の助動詞で、類義語「じ」よりも客観性、必然性が高く、「べし」に認められる用法・意味の打消形に相当している。漢文訓読系統の文章では、「まじ」に代わって主に「べからず」が用いられている。

未然形	連用形	終止形	連体形	已然形	命令形
〈まじく〉 まじから	まじく まじかり	まじ	まじき まじかる	まじけれ	○

❶〔打消の推量〕(きっと)…**ないだろう**。…**ないにちがいない**。…**はずがない**。…**まい**。▼あり得ない事態であることを、確信をもって推量する。**土佐日記** 平安一日記 一・二〇「かの国人、聞き知るまじく思ほえたれども」訳あの国の人たちには、きっとわからないだろうと思われたけれども。

❷〔不可能の推量〕…**できそうにない**。**竹取物語** 平安一物語 かぐや姫の昇天「えとどむまじければ、たださし仰ぎて泣きをり」訳(おばあさんはかぐや姫を)引きとどめることができそうにないので、ただ仰ぎ見て泣いている。

❸〔不適当な事態〕…**てはならない**。…**ないほうがよい**。**徒然** 鎌倉一随筆 一九〇「妻といふものこそ男の持つまじきものなれ」訳妻というものは、男が持ってはならないものである。

❹〔打消の意志〕**決して…ないつもりである**。…**する気はない**。…**まい**。**平家物語** 鎌倉一物語 一一・先帝身投「わが身は女なりとも、敵の手にはかかるまじ」訳わたしは女であっても、決して敵の手にはかからないつもりだ。

語法 (1)**「まじ」の各音便形**

(ア)ウ音便・イ音便

連用形	まじく→まじう→「マジュウ」と読む	(ウ音便)
連体形	まじき→まじい→現代語の「まい」となる	(イ音便)

(イ)撥音便

連体形 まじかる＋	なり→まじかンなり→まじかなり 推定・伝聞　(撥音便)　(無表記)	
	めり→まじかンめり→まじかめり 推定・婉曲　(撥音便)　(無表記)	

(2)**呼応の用法**

え……まじ　＝とても……できないだろう

をさをさ…まじ＝ほとんど…ないだろう

(3)**「じ」との違い**⇩じ

(4)**未然形の「まじく」**「まじく＋は」については、次の二とおりの説がある。

連用形	(ア)まじく	＋は 係助詞	＝…できそうもないなら
未然形	(イ)まじく	＋は 接続助詞	

(イ)の立場に立った場合にだけ、未然形が存在することになる。

歴史スコープ 「まじ」は、奈良時代以前に用いられた打消推量の助動詞「ましじ」から変化した平安時代以降の語。その後、連体形のイ音便化した「まじい」が室町時代ごろから終止形としても用いられるようになった。また、この時期には未然形に接続した用例も見える。なお、打消の推量・意志などを表して、やがて現代語の助動詞として流れ込む。「まい」も、すでにこの室町時代に発生して共に用いられており、「まじい」がやや改まった丁重な文脈に用いられたのに対し、「まい」は口語的な文脈に用いられた。

む↔じ
べし↔まじ

ましか 反実仮想の助動詞「まし」の未然形・已然形。

ましかば…まし ⇩まし(助動詞)

まじかめり 連語

なりたち 打消推量の助動詞「まじ」の連体形＋推量の助動詞「めり」からなる「まじかるめり」の撥音便「まじかんめり」の撥音「ん」が表記されない形。

…**ないようだ**。…**なさそうだ**。**源氏物語** 平安一物語 竹河「のどやかにおはする所は、まぎるることなく、端近なる罪もあるまじかめり」訳静かにお暮しになる邸では、さしたる用事もなく、(姫君たちが)外に近いところにいても、不注意だと咎められることもなさそうだ。

まじから 打消推量の助動詞「まじ」の未然形。

まじかり 打消推量の助動詞「まじ」の連用形。

まじかる 打消推量の助動詞「まじ」の連体形。

まじき 打消推量の助動詞「まじ」の連体形。

まじく 打消推量の助動詞「まじ」の連用形。

まじく-は 連語

なりたち 打消推量の助動詞「まじ」の連用形＋係助詞「は」

…なければ。…ないならば。 源氏物語 平安｜物語 宿木「さだにあるまじくは、道のほどの御送り迎へも、おりたちてつかうまつらむに」訳そうしたことさえなければ、道中のお送り迎えも(私が)直接自身でお世話申し上げますのに。

まじけれ 打消推量の助動詞「まじ」の已然形。

まじじ 助動詞 特殊型《接続》活用語の終止形に付く。{○/○/ましじ/ましじき/○/○}《打消の推量》**…ないだろう。…まい。** 万葉集 奈良｜歌集 九四「さ寝ずはつひにありかつましじ」訳(あなたと)共寝しないでは(私は)とうてい生きてはいられないだろう。◆奈良時代以前の語。

語法 多く、「得(う)」「敢(あ)ふ」「かつ(補助動詞)」「ゆ(助動詞)」など、可能の意味を表す語の下に付いて用いられた。平安時代には「まじ」がこれに代わって用いられた。

まし-じき 助動詞「ましじ」の連体形。

***まし-て【況して】** 副詞 ❶**それにもまして。なおさら。** 万葉集 奈良｜歌集 八〇二「瓜(うり)食(は)めば子ども思ほゆ栗(くり)食めばましてしぬはゆ」訳⇩うりはめば…。❷**いうまでもなく。いわんや。** 徒然 鎌倉｜随筆 六「わが身のやんごとなからんにも、まして数ならざらんにも」訳自分の身が高貴の身分であっても、いうまでもなく取るにも足らぬような(身分の)場合でも。

まじなひ【呪ひ】(マジナイ) 名詞 病気・災難・貧苦などから逃れられるように、神仏などに祈ること。また、その儀式。おまじない。

***まじ-な・ふ【呪ふ】**(マジナウ｜マジノウ) 他動詞 ハ四{は/ひ/ふ/ふ/へ/へ} ❶災いが起きるように、神霊などに祈る。**のろう。** 日本書紀 奈良｜史書 用明「太子(ひつぎのみこ)彦人皇子(ひこひとのみこ)の像(みかた)と竹田皇子(たけだのみこ)の像とを作りてまじなふ」訳太子は、彦人皇子の人形(ひとがた)と竹田皇子の人形とを作って、(その死を願い)のろった。❷病気や災いを除くため、神霊などに祈ったり呪文(じゅもん)を唱えたりする。**まじなう。** 源氏物語 平安｜物語 若紫「世に起こりて、人々まじなひ煩ひしを」訳(病気が)世間に流行して、行者たちがまじなっても(効きめがなく)てこずっていたが。❸(呪術(じゅじゅつ)で病気を)**治療する。** 落窪物語 平安｜物語 二「…御胸まじなへと、上の預け奉り給(たま)ひつるなり」訳…お胸を治療なさいと、北の方が私にお預け申したのだ。

***まじ-は・る【交はる】**(マジワル) 自動詞 ラ四{ら/り/る/る/れ/れ} ❶**入りまじる。** 栄花物語 平安｜物語 音楽「いろいろまじはり輝けり」訳色とりどりに入りまじって輝いている。❷**まぎれ入って身を隠す。** 方丈記 鎌倉｜随筆「世を遁(のが)れて、山林にまじはるは」訳世間を逃れて、山林にまぎれ入って身を隠すのは。❸**交際する。つき合う。**▼多く「人にまじはる」「衆にまじはる」の形をとる。徒然 鎌倉｜随筆 一一三「老人(おいびと)の若き人にまじはりて、興あらんとも言ひゐたる」訳(見苦しいことは)老人が若い人とつき合って、おもしろがらせようと話をしていることだ。❹(男女が)**関係する。** 情を交わす。

参考 漢文訓読系の文章に多く用いられる。

まじ・ふ【交ふ】(マジウ) 他動詞 ハ下二{へ/へ/ふ/ふる/ふれ/へよ} ❶**交ぜる。混合させる。まぜ合わせる。** 万葉集 奈良｜歌集 一九三九「五月(さつき)の玉にまじへて貫(ぬ)かむ」訳五月の薬玉(くすだま)に交ぜて一緒に貫きとどめよう。❷**交差させる。まじえる。** 将門記 平安｜物語「刃(やいば)をまじへて合戦(かっせん)す」訳刃をまじえて合戦する。

まし-ま・す【坐します】

語義の扉

奈良時代以前に用いられた尊敬語「ます」(坐・座)を重ねた語との語源説があるきわめて敬度の高い語で、「あり」の尊敬語として「いらっしゃる」の意で、動詞㊀および補助動詞㊁の用法がある。

㊀自動詞「「あり」の尊敬語」**いらっしゃる。おいでになる。おありになる。**

㊁補助動詞 **…て(で)いらっしゃる。…て(で)おいでである。**

平安時代に発生しているが、特に鎌倉時代に入って盛んに用いられる。平安時代の和文では、同義の「おはします」「おはす」に比べて語例が少なく、しかもその主語が神・仏であるときに特に用いられる傾向があった。

㊀自動詞 サ四{さ/し/す/す/せ/せ}「「あり」の尊敬語」**いらっしゃる。おいでになる。おありになる。** 今昔物語 平安｜説話 一・二「御身は金(こがね)の色にして、三十二の相まします」訳お体は黄金色で、(仏のみが備えた)三十二のすぐれた特徴がおありになる。

㊁補助動詞 サ四{さ/し/す/す/せ/せ}《用言の連用形、助動詞「なり」「す」「さす」の連用形、またそれらに助詞「て」が付いた形に付いて、尊敬語のように用いて》**…て(で)いらっしゃる。…て(で)おいでである。** 平家物語 鎌倉｜物語 一一・鶏合壇浦合戦「いかに猛うましますとも」訳どんなに強くていらっしゃっても。

まし-ものを 連語

なりたち 反実仮想の助動詞「まし」の連体形＋詠嘆の終助詞「ものを」

…だったらよかったのに。…していたらよかったものを。 源氏物語 平安｜物語 真木柱「宮仕へに、かひありてものしたまはましものを」訳出仕して、そのかいあってのご出産だったらよかったのに。

ま-しゃう【魔障】(マショウ) 名詞 仏教語。魔物など、仏道修行の妨げをするもの。また、その妨げ。

ましら【猿】 名詞 猿(さる)の古名。「まし」とも。古今 平安｜歌集 雑体「わびしらにましらな鳴きそ」訳⇩わびしらに…。

***まじらひ【交じらひ】**(マジライ) 名詞 ❶**交際。つきあい。** ❷**宮仕え。** 源氏物語 平安｜物語 桐壺「はかばかしう後ろ見思ふ人なきまじらひは、なかなかなるべきことと思う給(たま)へながら」訳しっかりと後ろだてになってくれる人もない宮仕えは、かえってしないほうがましだと存じながら。

ま-しらふ【真白斑】 名詞 鷹(たか)の羽に白いまだらの紋があること。また、そのような羽の鷹。◆「ま」接頭語。

***まじら・ふ【交じらふ】**(マジラウ｜マジロウ) 自動詞 ハ四{は/ひ/ふ/ふ/へ/へ} ❶**まじり合う。** 枕草子 平安｜随筆 花の木ならぬは「楠(くす)の木は、木立(こだち)多かる所にも殊にまじらひ立てらず」訳くすの木は、木立の多い所でも格別他の木にまじり合って立っていることもなく。❷**仲間に加わる。つきあう。交際する。** 枕草子 平安｜随筆 宮にはじめて参りたるこ

ろ「いつの世にか、さやうにまじらひならむ」訳いつになったら、あのように(女房たちの)仲間に加われるのだろう。❸宮仕えする。源氏物語 平安―物語 桐壺「かたじけなき御心ばへの、たぐひなきを頼みにてまじらひ給ふ」訳もったいない(桐壺帝の)ご愛情が、比べるものがないほど強いのを頼りにして(更衣は)宮仕えしなさる。

まじり【眦・目尻】名詞 ❶目じり。まなじり。❷目つき。

まじ・る*【交じる・雑じる・混じる】自動詞ラ四{ら/り/る/る/れ/れ} ❶入りまじる。まざる。万葉集 奈良―歌集 八四九「残りたる雪にまじれる梅の花」訳消え残っている雪にまざって(咲いて)いる梅の花よ。❷(山野などに)分け入る。入り込む。竹取物語 平安―物語 かぐや姫の生ひ立ち「野山にまじりて竹を取りつつ」訳野山に分け入って竹を採取しては。❸仲間に入る。つきあう。交わる。源氏物語 平安―物語 少女「静かなる所にこもり侍りにし後、ともかくも人にまじる折なければ」訳静かな所に引きこもりました後は、とにかく人と交わる機会がないので。❹宮仕えする。❺〔多く否定の表現を伴って〕じゃまをされる。更級 平安―日記 物語「源氏を、一の巻よりして、人もまじらず」訳源氏物語を一の巻から読み始めて、だれにもじゃまされず。

ま-じろ・く*【瞬く】自動詞カ四{か/き/く/く/け/け} まばたきをする。今昔物語 平安―説話 二〇・三「仏に向かひて、目をもまじろかずして」訳仏に向かって、目をまばたきもしないで。

まじ-わざ【蠱業】名詞 人をのろうまじない。のろいごと。

ま・す[1]【申す】{さ/し/す/す/せ/せ}「まうす」の変化した語。一 自動詞サ四 「言ふ」の謙譲語。申し上げる。栄花物語 平安―物語 月の宴「『…人のそしられの負ひ給ふこと』と、嘆かしげにまし給ふ」訳「…人の非難を受けなさること」と、嘆かわしそうに申し上げなさる。二 補助動詞サ四{さ/し/す/す/せ/せ} 謙譲の意を表す。〔動詞の連用形に付いて〕…申し上げる。お…する。大鏡 平安―物語 道隆「『便なき事もこそ出でくれ』と、人は受けまさざりけり」訳「不都合なことが起こるといけない」と人々は賛成申し上げなかった。

ま・す[2]【坐す・座す】

> **語義の扉**
> 主に奈良時代以前に用いられた尊敬語。平安時代には、すでに古語のニュアンスを帯び、和歌にして用いられる程度となり、「おはす」「おはします」「います」「まします」などがこれにとって代わった。
> 一 自動詞
> ❶「あり」の尊敬語 いらっしゃる。おいでである。おありである。
> ❷「行く」「来く」の尊敬語 いらっしゃる。おいでになる。
> 二 補助動詞 …て(で)いらっしゃる。お…になる。

一 自動詞サ四{さ/し/す/す/せ/せ} ❶「あり」の尊敬語 いらっしゃる。おいでである。おありである。万葉集 奈良―歌集 二四三「王は千歳にまさむ」訳皇子さまは千年も(生きて)おいでになろう。❷「行く」「来く」の尊敬語 いらっしゃる。おいでになる。万葉集 奈良―歌集 四二七〇「大君のまさむと知らば玉敷かましを」訳天皇さまがいらっしゃると知っていたならば玉石を敷いただろうに。二 補助動詞サ四{さ/し/す/す/せ/せ}〔動詞の連用形に付いて、尊敬語のように用いて〕…て(で)いらっしゃる。お…になる。古今 平安―歌集 羇旅「一年に一度来ます君待てば」訳一年に一度通っていらっしゃる夫君を待っているので。

ま・す[3]【増す・益す】一 自動詞サ四{さ/し/す/す/せ/せ} ❶ふえる。激しくなる。万葉集 奈良―歌集 三九六九「痛けくの日に異にませば」訳体の痛みが日に日に激しくなるので。❷すぐれる。まさる。万葉集 奈良―歌集 三四五「価なき宝といふとも一杯の濁れる酒にあにまさめやも」訳値段がつけられないほどに貴重な宝だといっても、一杯の濁り酒にどうしてまさろうか、いや、まさりはしない。◇「勝す」とも書く。二 他動詞サ四{さ/し/す/す/せ/せ} ❶ふやす。増し加える。源氏物語 平安―物語 胡蝶「色をましたる柳」訳美しさを増し加えた柳。❷まさるようにする。すぐれたものにする。源氏物語 平安―物語 初音「色をも音をもますけぢめ、殊になむ分かれける」訳(梅の花の)色も(楽の)調べもすぐれたものにするちがいが、まったく違うのだった。◇「勝す」とも書く。

ます[4] 助動詞サ変型{ませ/まし/ます・まする/ます・まする/ませ・ますれ/ませ・ませい・まし}《接続》動詞型活用語の連用形に付く。❶〔謙譲〕…申し上げる。お…する。瓜盗人 室町―狂言「瓜を返しまする上は御損も御座らぬことで御座るほどに」訳瓜をお返しするからには(あなたにとって)ご損もございませんことでございますので。❷〔丁寧〕…ます。一代女 江戸―物語 浮世・西鶴「『我は京へ上りたらば追っ付け死にます』と言ふ」訳「私は京へのぼったならばすぐに死にます」と言う。◆室町時代後期以後の語。

語の歴史 「まゐ(参)らす」が変化した「まらする」からできた語で、現代語の助動詞「ます」につながる。

まず[1]【先ず】⇨まづ

ま・ず[2]【交ず・雑ず・混ず】他動詞ザ下二{ぜ/ぜ/ず/ずる/ずれ/ぜよ} ❶まぜる。まぜ合わせる。源氏物語 平安―物語 少女「秋の前栽をば、むらむらほのかにまぜたり」訳秋の植え込みを、あちらこちらに目立たないようにまぜている。❷(言葉を)さしはさむ。源氏物語 平安―物語 帚木「君のうちねぶりて、言葉まぜ給はぬを」訳(源氏の)君が居眠りをして、言葉をおはさみにならないのを。

注意 ザ行下二段動詞の唯一の語。語尾が「ズ」音になる他の下二段動詞はダ行下二段動詞で、語尾の仮名づかいは「づ」である。また、サ変動詞を除けば、語尾が「ず」になる動詞もこの「まず」だけ。

ます-おとし【枡落とし】名詞 ねずみを捕らえる仕掛けの一つ。伏せた枡の端を棒で支えて中に餌を置き、ねずみが触れると枡が落ちてかぶさるようにしたもの。

ます-かがみ[1]【真澄鏡】名詞 ❶よく澄んで、くもりのない鏡。◆「ますみのかがみ」の変化した語。平安時代以後の語で、古くは「まそかがみ」。❷枕詞 鏡とかかわりのある「清し」「見る」「向かふ」などにかかる。

増鏡[2] 書名 歴史物語。二条良基作か。室町時代(一三六八以後)成立。十七または十九巻。〔内容〕後鳥羽天皇から後醍醐天皇までの十五代百五十四年間を編年体で記す。『大鏡』の体裁にならい嵯峨の清涼寺に詣でた老尼が昔話をする趣向にしてある。

> **古典の常識**
> **『増鏡』―『大鏡』と並ぶ歴史物語の佳作**
> 老尼の語る歴史を聞く体裁をとっている。鎌倉時代の十五代の各天皇の事績を軸に、宮廷の風雅な生活や諸行事などを織り込み、擬古文体でつづる。中心は、承久・元弘の争乱など朝廷と幕府の対立であり、朝廷の立場に立って描いている。

ます-かき【枡掻き】 名詞 枡で穀物を量るときに、枡に盛った穀類を枡の縁と同じ高さにならすのに用いる、木や竹の丸い短い棒。江戸時代、米寿(=八十八歳)の老人に枡掻きを作ってもらい、その長寿にあやかる風習があった。◆江戸時代の語。

ま-すほ【真赭】 名詞 「まそほ」に同じ。

ま-すみ【真澄み】 名詞 よく澄んでいて明るいこと。「まそみ」とも。◆「ま」は接頭語。

ますみ-の-かがみ【真澄の鏡】 連語 「ますかがみ」に同じ。万葉集 奈良―歌集 三八八五「我が目らはますみのかがみ」

ますら-たけを【益荒猛男】 名詞 勇ましくてりっぱな男。勇猛な武士。◆「益荒男」を強めた語。

ますら-を[*]**【益荒男・丈夫】** 名詞 心身ともに人並みすぐれた強い男子。**りっぱな男子。** 万葉集 奈良―歌集 三九七三「天離る(=枕詞)鄙も治むるますらをや何かもの思ふ」訳地方も治めるりっぱな男子が、どうしてもの思いにふけるのか。対手弱女・たをやめ。
参考 奈良時代以前では、多く武人や役人をさして用いる。後には、単に「男」の意で用いる。

ますらを-の【益荒男の】 枕詞 「ますらを」は「手結ひ(=衣服の袖口を結ぶこと)」をしていたことから、地名「手結」にかかる。◆かかり方については他の説もある。

ますらを-振り 文芸 力強くて男性的な歌風の意。雄渾・素朴・率直で、調子の重々しい歌風のこと。江戸時代に国学者・歌人の賀茂真淵が言い出したもので、この歌風は国学者の間で理想とされ、明治時代の短歌へとつながる。『古今和歌集』の「たをやめ振り」に対する。

ます-る 謙譲・丁寧の助動詞「ます」の連体形。阿波鳴渡 江戸―浄瑠 浄瑠・近松「この吉田屋の喜左衛門が着せまする小袖」訳この吉田屋の喜左衛門がお着せする小袖。

ませ[1]**【籬・笆】** 名詞 竹や木で作った、目の粗い低い垣根。多く、庭の植え込みの周りなどに設ける。「まがき」「籬垣」とも。

ませ[2] 助動詞「まし」の未然形。

ませ[3] 助動詞「ます」の未然形・已然形・命令形。

-まぜ 接尾語 〔数量や日時を表す語に付いて〕…おき。▼それだけの間をおくことを表す。「二、三日まぜ」「一枚まぜ」

ませ-がき【籬垣】 名詞 「ませ(籬)」に同じ。

ませば…まし ⇩まし(助動詞)

まそ-かがみ【真澄鏡】 名詞 「まそみかがみ」の変化した語。❶「ますかがみ」に同じ。❷ 枕詞 鏡の性質・使い方などから、「見る」「清し」「照る」「磨ぐ」「掛く」「向かふ」「蓋」「床」「面影」「影」などに、「見る」ことから「み」を含む地名「敏馬」「南淵山」にかかる。万葉集 奈良―歌集 二六七〇「まそかがみ清き月夜のゆつりなば思ひは止まず恋こそ増さめ」訳鏡のように澄んだ月が沈んでしまったら思いは晴れずに恋しさがつのるだろう。◆奈良時代以前の語。

ま-そほ【真赭・真朱】 名詞 ❶(顔料や水銀などの原料の)赤い土。万葉集 奈良―歌集 三五六〇「真金吹く(=枕詞)丹生のまそほの」訳丹生(=地名)の赤土のように。◇奈良時代以前の語。❷**赤い色。**特に、すすきの穂の赤みを帯びた色にいう。「ますほ」とも。◆「ま」は接頭語。

まそみ-かがみ【真澄鏡】 名詞 「まそかがみ」に同じ。

また【又・亦・復】
一 副詞 ❶**再び。もう一度。** 大和物語 平安―物語 一七三「迎へに人あれば、今またも参り来む」訳迎えに人が来ましたので、すぐ再び参上しましょう。❷〔多く「…もまた」の形で〕**やはり。同じように。同じく。** 奥の細道 江戸―紀行 旅立「行きかふ年もまた旅人なり」訳行き交う年月もやはり旅人のようなものである。❸**そのほかに。それとは別に。** 源氏物語 平安―物語 帚木「さて、また同じころ、まかり通ひし所は」訳さて、それとは別に同じころに通っていた(女の)所は。
二 接続詞 ❶**ならびに。および。** ▼並列の意を表す。枕草子 平安―随筆 うらやましげなるもの「髪いと長くうるはしく、下がりばなどめでたき人。また、やむごとなき人の、よろづの人にかしこまられ、かしづかれ給ふ」訳髪の毛が非常に長く美しくて、垂れた髪の先などが見事である人。ならびに、高貴な人が、大勢の人から恐れ敬われ、大切にされていらっしゃるのは(うらやましい)。❷**それに。そのうえ。加えて。** ▼添加の意を表す。枕草子 平安―随筆 うへにさぶらふ御猫は「似ては侍れど、これはゆゆしげにこそ侍るめれ。また、…呼べど寄り来ず」訳(犬の翁丸に)似てはおりますけれども、これはひどいようすのようです。それに、…呼んでも寄って来ない。❸**一方では。あるいは。** ▼選択の意を表す。伊勢物語 平安―物語 九〇「『さらば、あす、ものごしにても』と言へりけるを、限りなくうれしく、また疑はしかりければ」訳「では、明日、物を隔ててでも(お会いしましょうか)」と言ったのを、この上なくうれしく思い、一方では(女が約束どおりにするかどうか)疑わしくもあったので。❹**さて。それから。** ▼話題の転換の意を表す。方丈記 鎌倉―随筆「また、治承四年水無月のころ、にはかに都遷り侍りき」訳さて、治承四年六月のころ、急に遷都がございました。

まだ【未だ】 副詞 「いまだ」の変化した語。**今もなお。いまだに。まだ。** 源氏物語 平安―物語 桐壺「まだ大殿籠らせ給はざりけるを」訳(帝が)まだおやすみにならなかったのを。

参考 漢文の「未だ…ず」の語法に似て、多く打消の表現を下接する。

ま-だう【魔道】 名詞 悪魔の世界。悪の道。

***まだき【未だき・夙】** 副詞 早くも。もう。▼「に」「も」を伴っても用いられる。古今 平安―歌集 恋五「わが袖にまだき時雨の降りぬるは君が心に秋や来ぬらむ」訳 わたしの袖に早くも時雨(の涙)が降ったのは、あなたの心に秋(=飽き)が来てしまっているのだろうか。

またく【全く】 副詞 まったく。すっかり。徒然 鎌倉―随筆 二一七「銭あれども用ゐざらんは、またく貧者と同じ」訳 お金があっても使わないならば、まったく貧しい者と同じだ。

また・ぐ【跨ぐ】 一 他動詞 ガ四〔が/ぎ/ぐ/ぐ/げ/げ〕 またぐ。足を開いて物の上を越える。丹波与作 江戸―浄瑠 近松「三途の川をまたぎ」訳 三途の川をうちまたぎ。二 他動詞 ガ下二〔げ/げ/ぐ/ぐる/ぐれ/げよ〕 両足を開いてふまえる。宇治拾遺 鎌倉―説話 一・四「西大寺と東大寺とをまたげて立ちたりと見て」訳 西大寺と東大寺とを両足でふまえて立ったという(夢を)見て。

またく-・す【全くす】 他動詞 サ変〔せ/し/す/する/すれ/せよ〕 まっとうする。完全に果たす。徒然 鎌倉―随筆 二四二「もし立ちなほりて命をまたくせば」訳 もし病気がなおって、寿命をまっとうしたら。

またけ-・む【全けむ】 連語 なりたち 形容詞「またし」の古い未然形＋推量の助動詞「む」 無事であろう。完全であろう。古事記 奈良―史書 景行「命のまたけむ人は」訳 命が無事であろう人は。

また・し【全し】 形容詞 ク〔(く)・から/く・かり/し/き・かる/けれ/かれ〕 ❶完全だ。欠けたところがない。枕草子 平安―随筆 女のひとりすむ所は「いたくあばれて、築地などもまたからず」訳 ひどく荒れて、土塀なども完全ではなく。❷無事である。安全だ。万葉集 奈良―歌集 二八九一「あらたまの(=枕詞)年の緒長くかく恋ひばまことわが命またからめやも」訳 長い年月これほど(激しく)恋していたら、ほんとうに私の命は無事であろうか、いや、無事ではいられない。◆後に「まったし」とも。

まだ・し【未だし】 形容詞 シク〔(しく)・しから/しく・しかり/し/しき・しかる/しけれ/しかれ〕 ❶まだその時期になっていない。時期尚早だ。古今 平安―歌集 夏「五月来ば鳴きもふりなむほととぎすまだしきほどの声を聞かばや」訳 五月になれば鳴き声も古く感じられるだろう。ほととぎすよまだその時期になっていない(ういういしい)声が聞きたいものだ。❷未熟である。まだ整わない。不十分である。枕草子 平安―随筆 うらやましげなるもの「琴・笛など習ふ、またさこそは、まだしきほどは、これがやうにいつしかとおぼゆらめ」訳 琴・笛などを習うときは、またそのように、未熟な間は、この人のようにいつになったら(上手になるのか)と感じていることだろう。

ま-たた・く【瞬く】 自動詞 カ四〔か/き/く/く/け/け〕 ❶まばたきをする。堤中納言 平安―物語 はいずみ「目のきろきろとして、またたきゐたり」訳 目がきょろきょろとして、まばたきして座っていた。❷(灯火が今にも消えそうに)明滅する。源氏物語 平安―物語 夕顔「火は、ほのかにまたたきて」訳 火は、わずかに明滅して。❸やっと生き長らえている。源氏物語 平安―物語 玉鬘「冥途のほだしにもてわづらひ聞こえてなむまたたき侍る」訳 あの世への障害として、どうお扱い申し上げてよいやらわからないままに、やっと生き長らえております。◆目叩くの意。「まだたく」とも。

また-な・し【又無し】 形容詞 ク〔(く)・から/く・かり/し/き・かる/けれ/かれ〕 この上ない。ふたつとない。徒然 鎌倉―随筆 一九「年の暮れはてて、人ごとにいそぎあへるころぞ、またなくあはれなる」訳 年が押しつまって、人がいそがしそうにしあっているころは、この上なく感慨深い。

また-の【又の】 連語 ❶次の。翌。「またの日」「またの年」❷もう一つの。「またの名」

また-の-あした【又の朝】 連語 次の日の朝。翌朝。源氏物語 平安―物語 蜻蛉「またのあしたに大宮に参りたまふ」訳 次の日の朝に御殿に参上なさる。

***また-の-つとめて【又のつとめて】** 連語 次の日の早朝。翌朝早く。大和物語 平安―物語 一七三「雨は夜一夜降りあかして、またのつとめてぞすこし空晴れたる」訳 雨は一晩じゅう明けがたまで降り続いて、翌朝早く(やっと)少し空が晴れた。

また-の-とし【又の年】 連語 次の年。翌年。伊勢物語 平安―物語 四「またのとしの睦月に」訳 翌年の正月に。

***また-の-ひ【又の日】** 連語 次の日。翌日。更級 平安―日記 春秋のさだめ「またのひも、いみじく雪降り荒れて」訳 翌日も、たいそう雪が降り荒れて。

1また-の-よ【又の世】 連語 来世。後世。

2また-の-よ【又の夜】 連語 次の日の夜。翌晩。源氏物語 平安―物語 夕顔「この法事したまひてまたのよ」訳 この法事(=夕顔の四十九日の法要)をなさって次の日の夜。

また-は【又は】 連語 〔打消の語を下接して〕二度とは。再び。伊勢物語 平安―物語 三三「このたび行きてはまたは来じ」訳 今度(帰って)行ってしまったら、二度とは(自分の所へ)やって来ないだろう。

また-びさし【又庇・又廂】 名詞 「まごびさし」に同じ。

また-ぶり【扠椏】 名詞 二股になった木の枝。

ま-たま【真玉・真珠】 名詞 玉の美称。◆「ま」は接頭語。

また-また【又又】 副詞 再び。重ねて。源氏物語 平安―物語 橋姫「なほまたまたよくけしき見給へ」訳 今後も重ねてよくようすをごらんになっていてください。

ま-たま-つく【真玉付く】 枕詞 玉を付ける緒の意から、「を」の音を含む「をち」「をちこち」にかかる。万葉集 奈良―歌集 一三四一「またまつく越の菅原我刈らず人の刈らまく惜しき菅原」訳 越の菅の生えた原を私が刈らずに人が刈るのが惜しい菅原。◇「越」の意味は未詳。

***また-も-あれ-な** 連語 自分以外にもだれかいてほしいなあ。新古今 鎌倉―歌集 冬「寂しさに堪へたる人のまたもあれな庵並べむ冬の山里」訳 ⇩さびしさにたへたるひとの…。

またやみむ… 和歌 「またや見む 交野のみ野の 桜狩り 花の雪散る 春のあけぼの」新古今 鎌倉―歌集

春下・藤原俊成 訳また見ることがあろうか。交野の御狩り場の桜狩りの、雪のように花が散る、春のあけぼののこの美しいひとときを。

鑑賞『伊勢物語』八十二段に惟喬親王と業平ら親王周辺の人々が交野で桜狩りをする話があり、それを踏まえての作。落花を惜しむ心は、時の流れに生きる命を惜しむ心でもある。作者俊成の晩年の心境を反映した一首である。

1 **まだら【曼陀羅】** 名詞「まんだら」の撥音「ん」が表記されない形。「まんだら」に同じ。

2 **まだら【斑】** 名詞 色合いの異なるものがまざっていること。

まだら・なり【斑なり】 形容動詞ナリ{なら/なり・に/なり/なる/なれ/なれ} **色がまじっている。濃淡がまじっている。** 徒然 鎌倉一随筆 一八四「まだらに候ふも見苦しや」訳(切り張りでは障子に)濃淡がまじっていますのも見苦しくございませんか。

まだる・し【間怠し】 形容詞ク{(く)・から/く・かり/し/き・かる/けれ/かれ} **じれったい。はがゆい。** ▼動作・反応が鈍いようす。日本永代蔵 江戸一物語 浮世・西鶴「所の商ひまだるく」訳田舎での商売がはがゆく。

まち【町】 名詞 ❶田の区画。また、区画した田地。❷市街地を道路などで区分した区画。平安京では四十丈(=約一二一メートル)四方の区画をいい、この区画を「坊」ともいう。源氏物語 平安一物語 少女「中宮の古き宮のほとりを、四まちをしめて」訳中宮の旧居の付近一帯を、四区画占有して。❸宮殿・寺院・邸宅の中の区画。幾つかの建物・殿舎からなる。源氏物語 平安一物語 玉鬘「南のまちにはいたづらなる対などもなし」訳南の区画には空いている対の屋などもない。❹商店が並んでいる市街地。市場。❺**程度。等級。** 紫式部 平安一日記 寛弘五・九・一一「齢の程同じまちのは」訳年齢が同じ程度の(女房)は。

***まち-い・づ【待ち出づ】** イズ 他動詞ダ下二{で/で/づ/づる/づれ/でよ} **待ち受けて出会う。待ち受けて得る。**「まちづ」とも。古今 平安一歌集 恋四「今来むと言ひしばかりに長月の有り明けの月をまちいでつるかな」訳⇩いまこむと…。

まち-う【待ち得】 他動詞ア下二{え/え/う/うる/うれ/えよ} 待った末に、それを手に入れる。**待っていて、それを迎える。待ち迎える。** 徒然 鎌倉一随筆 七「住み果てぬ世に、醜き姿をまちえて、何かはせむ」訳いつまでも住み通すことのできないこの世で、(生きながらえて)醜い姿(になるの)を待ち迎えて、何になろうか、いや、何にもならない。

まち-か・く【待ち掛く】 他動詞カ下二{け/け/く/くる/くれ/けよ} **待ち受ける。** 源氏物語 平安一物語 薄雲「渡殿の戸口にまちかけて、中将の君して聞こえたまへり」訳(紫の上は)渡殿の戸口で待ち受けて、中将の君を介して(源氏に)申し上げなさっている。

ま-ぢか・し【間近し】 形容詞ク{(く)・から/く・かり/し/き・かる/けれ/かれ} ❶**非常に近い。すぐそばである。** 万葉集 奈良一歌集 五九七「うつせみの(=枕詞)人目を繁み石橋の(=枕詞)まぢかき君に恋ひわたるかも」訳世間の人の目が多いので、すぐ近くのあなたに(会えず)恋い続けていることよ。❷**ごく最近だ。** 平家物語 鎌倉一物語 一・祇園精舎「まぢかくは、六波羅の入道、前の太政大臣平朝臣清盛公と申しし人のありさま」訳ごく最近では、六波羅の入道、前の太政大臣平朝臣清盛公と申した人のありさま。◆「まぢかし」とも。

まち-がた-に【待ち難に】 連語

なりたち 動詞「まつ」の連用形＋形容詞「かたし」の語幹の連濁＋格助詞「に」

待ちかねて。待つことができないで。待ちきれないで。 古事記 奈良一史書 景行「あらたまの(=枕詞)月は来経往くうべなうべな君まちがたに」訳月は来て去っていく。もっともだ、もっともだ。あなたを待ちかねて。

参考「がたに」は、補助動詞「かつ」の未然形に打消の助動詞「ず」の古い連用形「に」がついた「かてに」の古形ともいう。

まち-かて-に【待ちかてに】 連語

なりたち 動詞「まつ」の連用形＋可能の意を表す補助動詞「かつ」の未然形＋打消の助動詞「ず」の奈良時代以前の連用形「に」

待つことができないで。待ちかねて。「まちがてに」とも。万葉集 奈良一歌集 八四五「うぐひすのまちかてにせし梅が花」訳うぐいすが(咲くのを)待ちかねていた梅の花よ。

まち-か・ぬ【待ち兼ぬ】 他動詞ナ下二{ね/ね/ぬ/ぬる/ぬれ/ねよ} **待ちきれなくなる。待ちかねる。** 万葉集 奈良一歌集 三〇「大宮人の船まちかねつ」訳⇩さざなみのしがのからさき…。

まち-がほ【待ち顔】 マチガオ 名詞 **人待ち顔。**

まち-がほ・なり【待ち顔なり】 マチガオナリ 形容動詞ナリ{なら/なり・に/なり/なる/なれ/なれ} **人を待っているようすだ。** 平家物語 鎌倉一物語 灌頂・大原御幸「山郭公の一声も、君の御幸をまちがほなり」訳山郭公の鳴く一声も、法皇の御幸を待っているようすだ。

まち-ざけ【待ち酒】 名詞 **客に飲ませるため、あらかじめ造っておく酒。**

まち-すぐ・す【待ち過ぐす】 他動詞サ四{さ/し/す/す/せ/せ} **待ちながら、(月日を)過ごす。待って(月日を)送る。** 源氏物語 平安一物語 桐壺「ほど経ば、少しうち紛るることもやと、まちすぐす月日に添へて」訳時間がたてば、少しは気が紛れることもあるだろうかと(その時が来るのを)待ちながら過ごす月日がたつにつれて。

まち-づ【待ち出づ】 ズチ 他動詞ダ下二「まちいづ」に同じ。

まち-つ・く【待ち付く】 他動詞カ下二{け/け/く/くる/くれ/けよ} **待ち受けて、出会う。待ち迎える。** 源氏物語 平安一物語 若菜下「女御の君は、かかる御世をもまちつけ給はで亡せ給ひにければ」訳女御の君は、このような御世を待ち迎えなさらないでお亡くなりになったので。

まち-と・る【待ち取る】 他動詞ラ四{ら/り/る/る/れ/れ} ❶**待ち受けて捕らえる。待って受け取る。** 古事記 奈良一史書 神武「押機を張りてまちとらむとす」訳押機(=ばね仕掛けのわな)を張って待ち受けて捕らえようとした。❷**待ち迎える。迎え取る。** 源氏物語 平安一物語 澪標「入道まちとり、喜び」訳入道は(乳母を)待ち迎え、喜んで。

まち-なげ・く【待ち嘆く】 他動詞カ四{か/き/く/く/け/け} **待ちわびる。ため息をつきながら心待ちに待つ。** 更級 平安一日記 夫の死「頼む人の喜びのほどを、心もとなくまちなげかるるに」訳頼りに思う人(=夫)の(任官の)喜びを心落ちつかずに待ちわびているうちに。

まち-ぶぎゃう【町奉行】 ギョウ 名詞 江戸幕府の役職

の一つ。江戸・京都・大坂・駿府(=静岡県)に置かれ、老中の支配下にあって、管内の行政・警察・裁判などの民政一般をつかさどった。江戸は南・北の二奉行、京都・大坂はそれぞれ東・西の二奉行に分かれていた。単に「町奉行」といったときは、ふつう江戸の町奉行をさす。

まち-わた・る【待ち渡る】他動詞ラ四 **長い間待つ。待ち続ける。**更級 平安—日記 梅の立枝「目をかけてまちわたるに」訳(梅の木を)見守って待ち続けていたが。

まち-わ・ぶ【待ち侘ぶ】他動詞バ上二 **待ちくたびれる。待ちあぐむ。**伊勢物語 平安—物語 二四・続古今 鎌倉—歌集 恋四「あらたまの年の三年をまちわびて」訳⇩あらたまの…。

まつ[1]【松】名詞 ❶木の名。三冊子 江戸—句集 俳論「まつの事はまつに習へ、竹の事は竹に習へ」訳松のことは松に習いなさい。竹のことは竹に習いなさい。❷「松明」の略。徒然 鎌倉—随筆 一九「晦日の夜、いたう闇きに、まつどもともして」訳大晦日の夜、たいそう暗い中に、たいまつをいくつもともして。❸門松。徒然 鎌倉—随筆 一九「大路のさま、まつ立てわたして」訳都大路のようすは、門松をずっと立て並べて。

古典の常識

『松と民俗』

松は、常緑樹であるところから不変の象徴とされ、千年の長寿を保つというところから強い生命力と長寿の象徴とされ、古くから縁起のよい木として尊ばれてきた。信仰生活とも関係が深く、平安時代には、子の日に小松を引いて遊ぶ習俗があり、また、後世、正月に年神を迎えるために門松を立てることもよく知られる。また、火力が強く長持ちするので、古くから燃料や照明用として用いられた。

ま・つ[2]【待つ】他動詞タ四 **期待して時を過ごす。待つ。**古今 平安—歌集 夏「五月まつ花橘の香をかげば」訳⇩さつきまつ…。

ま・づ[1]【詣づ】自動詞ダ下二「まうづ」に同じ。◆「まうづ」の変化した語。

まづ[2]【先づ】副詞 ❶**初めに。まっさきに。第一に。**万葉集 奈良—歌集 八一八「春さればまづ咲く宿の梅の花」訳春になるとまっさきに咲く、この家の梅の花。❷**何はさておき。ともかくも。とりあえず。**▼多く命令文に用いる。徒然 鎌倉—随筆 八七「『口づきのをのこに、まづ一度せさせよ』とて、酒を出だしければ」訳「馬の口取りの男に、とりあえず一杯飲ませよ」といって、酒を出すと。❸〔否定の表現を伴って〕**いっこうに。どうにも。**今昔物語 平安—説話 二八・七「まづ心も得ぬ事なれば」訳いっこうにわけがわからないことなので。

まっ-かう【真っ向】名詞 ❶**額のまん中。**文蔵 室町—狂言「太刀を抜きはなち、まっかうにさしかざし」訳太刀を抜き放し、額のまん中にかざし。❷**兜の鉢の前正面。**平家物語 鎌倉—物語 九・木曾最期「まっかうを馬の頭に当てて」訳(木曾義仲は)兜の鉢の前正面を(乗っていた)馬の頭に当てて。

まつ-かぜ【松風】名詞 松の木を吹く風。また、その音。◆琴の音に似通うものとされた。

まつがね-の【松が根の】枕詞 同音の繰り返しから「待つ」に、松の根が長くのびることから「絶ゆることなく」にかかる。万葉集 奈良—歌集 三二五八「まつがねの待つこと遠み天伝ふ日の暮れぬれば」訳待ち遠しさに日が暮れはてると。

ま-づかひ【間使ひ】名詞 消息などを伝えるために、人と人との間を行き来する使者。

まつげ-よま・る【睫読まる】連語 **だまされる。化かされる。**五人女 江戸—物語 浮世・西鶴「姫路の於佐賀部狐も、かへってまつげよまるべし」訳姫路の於佐賀部狐も(女には)逆に化かされてしまうだろう。

まつ-ご【末期】名詞 **死にぎわ。臨終。**

まつ-じ【末寺】名詞 本山の支配下にある寺。

松島 地名 歌枕 今の宮城県の松島湾一帯。湾内に散在する二百六十余の島々と、松の緑と海との景色が美しい。芭蕉は『奥の細道』にその風光を描いたが、あまりの絶景に句が生まれなかったとも記している。和歌では、「海人」を詠み込むことが多く、また、「松島」の「松」を「待つ」とかけて用いることも多い。天の橋立・安芸の宮島(=厳島)とともに、日本三景の一つ。

まつしまや… 俳句「松島や 鶴に身を借れ ほととぎす」奥の細道 江戸—紀行 松島・曾良 訳松島の景色はまことにすばらしい。折から鳴くほととぎすよ、松島の景色にふさわしい鶴の姿に身を借りて、ここを鳴き渡れよ。

鑑賞 ほととぎすは声はいいが、松には鶴の姿こそが似つかわしいので、鶴にその身を借りて鳴けよというのである。『猿蓑』にはこの句の前書きに「松島一見の時、千鳥もかるや鶴の毛衣とよめりければ」とある。祐盛法師の「身にぞしる真野の入江に冬の来て千鳥もかるや鶴の毛衣」によった句。季語は「ほととぎす」で、季は夏。

まっ-せ【末世】名詞 仏教語。❶「末法」の世。❷(権勢・道義などの)衰えた悪い世とされる。衰えたのちの世。

まった【又】接続詞「また」の促音便。「また」を強めていう語。

まつ-だい【末代】名詞 ❶「まっせ❶」に同じ。平家物語 鎌倉—物語 二・烽火之沙汰「ただまつだいに生を受けて」訳ただ末法の世に生まれあわせて。❷**のちの世。後世。**平家物語 鎌倉—物語 三・医師問答「まつだいまでも賢王の御誤り、本朝の恥とこそ見えけれ」訳後世までも賢王の御あやまち、わが国の恥であると思われた。

まったう・す【全うす】他動詞サ変 **まっとうする。最後まで成し遂げる。**平家物語 鎌倉—物語 一・禿髪「宿病たちどころに癒えて、天命をまったうす」訳長い間なおらなかった病気が急になおって、天寿をまっとうする。

まった・し【全し】形容詞ク 形容詞「またし」の促音便。❶**完全だ。**平家物語 鎌倉—物語 九・河原合戦「一陣破れぬれば、残党まったからず」訳(敵は)第一線が敗れているのであるから、残りの軍勢は、完全ではない。❷**安全だ。無事だ。**親任 室町—能楽 謡曲「汝は命をまったう持ちて」訳お前は命を無事に持って。

松平定信 人名(一七五八〜一八二二

九)江戸時代後期の政治家・随筆家。田安宗武の子。白河(福島県)の藩主から老中に就任して、寛政の改革を断行した。学問を好み、和歌・書画なども得意で、随筆『花月草紙』を書いた。

真土山 地名 歌枕 今の奈良県と和歌山県との境にある山。「待乳山」とも書く。

松永貞徳 人名 (一五七一～一六五三)江戸時代前期の俳人。名は勝熊。京都の人。和歌・連歌に通じ、俳諧のきまりを箇条書きにした『俳諧御傘』を書いて貞門派を立て、俳諧の興隆に尽くした。俳諧論書『新増犬筑波集』などがある。

まつ-の-うち【松の内】 名詞 正月の松飾りのある期間。元日から十五日まで。江戸では七日までをいう。季春。

まつ-の-くらゐ【松の位】 連語 江戸時代の遊女の最高位である大夫職のこと。秦の始皇帝が雨宿りした松に大夫の位を授けた故事による。

まつ-の-こゑ【松の声】 連語 松風の音。

まつ-の-ちとせ【松の千歳】 連語 千年もの長い間保つという、松の寿命。

まつ-の-とぼそ【松の枢】 連語 草庵などの、松の木で作った戸。

まづ-は【先づは】 副詞 ❶最初に。第一に。紫式部 平安―日記 寛弘五・一・二「まづは、宮の大夫まゐり給ひて」訳最初に中宮の大夫がおいでになって。❷とりわけ。

まつは・す【纏はす】
一 自動詞 サ四 {さ/し/す/す/せ/せ} 付きまとう。源氏物語 平安―物語 葵「年ごろ、よろづに頼み聞こえ、まつはし聞こえけるこそ」訳長年、何から何まで頼りにし申し上げ、(おそばに)付きまとい申し上げたのは。
二 他動詞 サ四 {さ/し/す/す/せ/せ} 付き添わせる。源氏物語 平安―物語 紅梅「若君を常にまつはし寄せ給ひつつ」訳若君をいつも付き添わせそばにお寄せなさっては。

まつは・る*【纏はる】
一 自動詞 ラ下二 {れ/れ/る/るる/るれ/れよ} ❶からみ付く。巻き付く。源氏物語 平安―物語 若菜上「物にひきかけ、まつはれけるを」訳(猫は綱を)物にひっかけ、(綱が)からみ付いてしまったので。❷いつもそばに付いている。付きまとう。源氏物語 平安―物語 帚木「いづくにてもまつはれきこえたまふほどに」訳(頭の中将は源氏に)どこでもいつもそばに付き申し上げなさっているうちに。❸執着する。とらわれる。源氏物語 平安―物語 常夏「をかしき事のすぢにのみ、まつはれて侍べめれば」訳風流な事柄にばかり執着しておりますので。
二 自動詞 ラ四 {ら/り/る/る/れ/れ} 一❶に同じ。万葉集 奈良―歌集 三二四八「藤波の(=枕詞)思ひまつはり」訳思いがからみ付き。

まつ・ふ【纏ふ】
一 自動詞 ハ四 {は/ひ/ふ/ふ/へ/へ} 「まとふ一」に同じ。源氏物語 平安―物語 真木柱「ただ涙にまつはれておはす」訳ただもう涙にまとわりつかれて(=涙にぬれて)いらっしゃる。
二 他動詞 ハ四 「まとふ二」に同じ。

ま-つぶさ・なり【真具さなり】 形容動詞 ナリ {なら/なり・に/なり/なる/なれ/なれ} 十分に整っている。完全だ。古事記 奈良―史書 神代「ぬばたまの(=枕詞)黒き御衣をまつぶさに取り装ひ」訳黒い御服を完全に着飾り。◆「ま」は接頭語。

松帆の浦 地名 歌枕 今の兵庫県の淡路島の北端にある海辺で、明石海峡をはさんで須磨・明石の地をのぞむ。和歌では「まつほ」を「待つ」とかけて用いることが多い。

まっ-ぽふ【末法】 名詞 仏教語。釈迦の死後を三つの時期に分けた最後の時期。仏法の教えのみがあって修行・悟りが足りなくなり、仏法は衰えて社会が乱れる悪い時期で、一万年間続くという。末法時。対正法・像法。参考 日本では、後冷泉天皇の永承七年(一〇五二)から末法に入ったとされた。当時、天災・戦乱がうち続き、人々は末法思想を深く信ずるようになったが、ここに鎌倉新仏教の生まれる大きな原因があった。

まづ-まづ【先先】 副詞 まっさきに。何はともあれ。ともかくも。栄花物語 平安―物語 花山尋ぬる中納言「ただ『まづまづ弘徽殿に』とのみのたまはすれば」訳(帝は)ただ「何はともあれ弘徽殿の女御に(くだものを)」とのみおっしゃるので。

まつ-むし*【松虫】 名詞 虫の名。今の鈴虫をさすとされる。季秋。参考 古くは、今の松虫は「鈴虫」といい、その名が現在と反対であったというが、根拠となる確かな資料は見当たらない。和歌では「松虫」の「松」を「待つ」とかけて用いることが多い。

まつ-よひ【待つ宵】 名詞 ❶来るあてのない恋人を待つ宵。新古今 鎌倉―歌集 恋三「まつよひに更けゆく鐘の声聞けば飽かぬ別れの鳥はものかは」訳⇨まつよひに…。❷陰暦八月十四日の夜。また、その夜の月。翌日の十五夜の月を待つ宵の意。

まつよひに… 和歌 「待つ宵に 更けゆく鐘の 声聞けば 飽かぬ別れの 鳥はものかは」新古今 鎌倉―歌集 恋三・小侍従 訳来るあてのないあの人の訪れを待っている夜に、(来ないまま)夜更けを告げる鐘の音を聞くと、十分満足せずに後朝の別れを促す鶏の声を聞くつらさなんかものの数ではない。

鑑賞 『平家物語』(巻五・月見)には、作者が御所で「待宵」と「帰る朝」の優劣を問われたときに答えた歌で、この歌によって「待つ宵の小侍従」の名を得たと伝える。後朝の別れのつらさより、来ぬ人を待つ宵のほうがはるかにつらく哀れであるという作者の心情が直接伝わってくる。

松浦 地名 歌枕 今の佐賀県東松浦郡および唐津市一帯。唐津湾に臨み、海岸の風景の美しさで知られる。古くから、朝鮮半島や中国へ行く海路の主要港であり、遣唐使の基地でもあった。殊に、任那へ行く恋人の乗る船を、鏡山(領巾振山)から「領巾」を振って見送ったという、松浦佐用姫の伝説でも知られる地である。歌では「松浦の山」などの形で現れ、待つ心が詠み込まれる。

松浦潟 地名 歌枕 「松浦」の海岸一帯。和歌では「松浦潟」の「まつ」を「待つ」とかけて用いることが多い。

まつら-ぶね【松浦船】 名詞 佐賀県の松浦で造られた船。櫓の音が高かったといわれる。

まつり【祭り】 名詞
❶神を祭ること。また、その儀式。祭礼。❷賀茂の祭り。葵祭り。▼特に京都の賀茂神社の祭りをさす。徒然 鎌倉―随筆 一九「まつりのころ、若葉の梢涼しげに茂りゆくほどこそ、世のあはれも、人の恋しさもまされ」訳賀茂の祭りのころ、若葉の梢が涼しげに茂っていくころは、人の世の情趣も、人の恋しさもいっそう強まる。

まつりごち-し-る【政ごち領る】 自動詞ラ四〈ら/り/る/る/れ/れ〉(世の中を)治める。政治を行う。源氏物語 平安―物語 帚木「かしこしとても、一人二人世の中をまつりごちしるべきならねば」訳いくら賢いといっても、一人や二人で世の中を治めてゆけるわけではないので。

***まつり-ごつ【政ごつ】** 他動詞タ四〈た/ち/つ/つ/て/て〉❶(多く「世をまつりごつ」の形で)政治を行う。(世を)治める。源氏物語 平安―物語 明石「おほやけの御後ろ見をし、世をまつりごつべき人を思しめぐらすに」訳朝廷のお後見をし、世の中を治めることができる人を思いめぐらしなさると。❷取り仕切って世話をする。栄花物語 平安―物語 見果てぬ夢「よろづをまつりごち給ふも」訳万事をお世話なさるのも。

***まつり-ごと【政】** 名詞 政治。行政。徒然 鎌倉―随筆 二「古への聖の御代のまつりごとをも忘れ」訳昔の聖天子の御代の政治を(学ぶことも)忘れ。◆「祭り事」の意。奈良時代以前には、神を祭ることと政治とが一体である祭政一致であったことから出た語。

まつり-の-かへさ【祭りの帰さ】 マツリノカエサ 連語「賀茂の祭り」の翌日、斎王が上賀茂神社から紫野の斎院御所に帰ること。また、その行列。勅使、舞人、楽人などが供をする。

まつり-の-つかひ【祭りの使ひ】 マツリノツカイ 連語「賀茂の祭り」のときなどに、朝廷から幣を奉るために遣わされる使者。高官の者が遣わされた。奉幣使。

まつ・る【奉る】
一 他動詞ラ四〈ら/り/る/る/れ/れ〉❶「与ふ」「やる」の謙譲語。献上する。差し上げる。万葉集 奈良―歌集 六三六「わが衣形見にまつる」訳わたしの衣を形見として差し上げる。❷「飲む」「食ふ」の尊敬語。召し上がる。続日本紀 平安―史書 天平一五「やすみしし(=枕詞)わご大君は…豊御酒まつる」訳わが天皇は…美酒を召し上がる。
二 補助動詞ラ四〈ら/り/る/る/れ/れ〉謙譲の意を表す。〔他の動詞の連用形に付いて〕お…申し上げる。お…する。万葉集 奈良―歌集 三九二二「大君に仕へまつれば」訳天皇にお仕え申し上げると。
参考 二は、平安時代以後は、「たてまつる」「つかうまつる」などとして、謙譲の本動詞の中に残る。奈良時代以前の語。

まつろ・ふ【服ふ・順ふ】 マツロウ
一 自動詞ハ四〈は/ひ/ふ/ふ/へ/へ〉服従する。つき従う。仕える。万葉集 奈良―歌集 四〇九四「うつそみの八十伴の男は大君にまつろふものと」訳世の中のおおぜいの官人は天皇に従うものと。
二 他動詞ハ下二〈へ/へ/ふ/ふる/ふれ/へよ〉服従させる。従わせる。仕えさせる。万葉集 奈良―歌集 四四六五「ちはやぶる(=枕詞)神を言向けまつろへぬ人をも和し」訳神を言葉によって従わせ、(天皇がまだ)服従させない人をも帰順させ。
参考 動詞「まつ(奉)る」の未然形に反復継続の助動詞「ふ」が付いた「まつらふ」の変化した語。貢ぎ物を献上し続けるの意から。

まつわす【纏わす】 ⇨まつはす

まつわる【纏わる】 ⇨まつはる

松尾芭蕉 マツオバショウ 人名 (一六四四～一六九四)江戸時代前期の俳人。伊賀国(=三重県)上野の人。名は宗房。別号、桃青。初め藤堂家に仕えたが、のち京都に出て北村季吟に俳諧を学んだ。やがて江戸に出て談林派の俳諧で名をあげたが、三十七歳で芭蕉庵をかまえ、芸術的な蕉風俳諧を樹立した。句は『猿蓑』など『芭蕉七部集』におさめられる。各地を旅し、五大紀行文『野ざらし紀行』『鹿島紀行』『笈の小文』『更科紀行』『奥の細道』を書いた。

まで[1] 副助詞《接続》体言、活用語の連体形、副詞、助詞などに付く。
❶〔範囲・限度〕…まで。伊勢物語 平安―物語 八二「夜ふくるまで酒飲み、物語して」訳夜の更けるまで酒を飲み交わし、おしゃべりをして。
❷〔添加〕…までも。…さえ。土佐日記 平安―日記 一二・二四「ありとある上下、童まで酔ひ痴れて」訳そこにいるすべての身分の人は、子供までも酒に酔って正体がなくなって。
❸〔程度〕…ほどに。…くらいに。ほどまで。枕草子 平安―随筆 鳥は「梅の木などには、かしがましきまでぞ鳴く」訳梅の木などには(うぐいすが)うるさいぐらいに鳴く。
❹〔強調・感動〕…(だ)なあ。…(だ)ね。▼特に、断定の助動詞「ぢゃ」の下に付き、文末に用いられる。瓜盗人 室町―狂言 狂言「今夜の人形はそのまま人ぢゃまで」訳今夜の人形はそのまま(生きた)人間だなあ。◇室町時代以降の用法。
参考 ❹を終助詞とする説もある。

古典の常識 『漂泊の俳人』―松尾芭蕉

本名は宗房。十代で藤堂藩の侍大将藤堂新七郎の子良忠に仕えた。良忠は蝉吟と号して北村季吟を師としており、芭蕉も主君と共に季吟から俳句と古典を学んだという。寵愛を受けていた良忠が二十五歳の若さで病死すると芭蕉は京へ上り、のち俳諧で身を立てようと江戸に出て桃青と号して談林派の俳人に交じって活躍を始めた。

三十七歳、深川芭蕉庵に移り住んだ後は、当時起こっていた俳諧の新風への模索に共鳴し、みずからも風雅に根ざした俳諧の創出を目指した。翌々年、江戸の大火を契機に定住をやめ、旅に人生を送る決心を固めた芭蕉は、自然を友とし風雅の誠を追求して各地に旅を続け、しだいに蕉風俳諧を樹立していった。『奥の細道』はその集大成で、これによって「不易流行」の文学観を確立した。

五十一歳、大坂の旅宿で病没。「旅に病んで夢は枯れ野をかけ廻る」が最後の句だった。

まで[2]【詣で】動詞「まうづ」の未然形・連用形「まうで」の変化した語。枕草子 平安‐随筆 説経の講師は「つねにまでまほしうなりて」訳いつも参りたくなって。

まで‐く【詣で来】自動詞カ変{こ/き/く/くる/くれ/こ(こよ)}「まうでく」に同じ。後撰 平安‐歌集 恋二「男の、程久しくありてまできて」訳男が、しばらくぶりに参りまして。◆「まうでく」の変化した語。

まで‐に* 連語
なりたち 副助詞「まで」＋格助詞「に」
❶…までも。▼物事が及ぶ限度を示す。土佐日記 平安‐日記 一二・二六「郎等までに物かづけたり」訳家来にまでも贈り物を与えた。❷…くらいに。▼物事の程度を示す。古今 平安‐歌集 冬「朝ぼらけ有り明けの月と見るまでに吉野の里に降れる白雪」訳⇩あさぼらけありあけのつきと…。

まで‐も* 連語
なりたち 副助詞「まで」＋係助詞「も」
❶…までも。▼「まで」が表す限度の意を「も」で強める。徒然 鎌倉‐随筆 一三五「尋ね申すまでもなし」訳お尋ね申し上げるまでもない。❷〔打消の助動詞に付いた「ぬまでも」の形で〕…(ない)としても(せめて)…。新古今 鎌倉‐歌集 春下「来こぬまでも花ゆゑ人の待たれつる」訳(だれも)来ないとしても、桜の花が咲いていたので人を待つ気になっていた。

まと【的】名詞(弓などの)的。

まとい【円居・団居】⇩まとゐ

まとう【纏う】⇩まとふ

まどう【惑う】⇩まどふ

まどおなり【間遠なり】⇩まどほなり

まと‐か‐なり【円かなり】形容動詞ナリ{なら/なり・に/なり/なる/なれ/なれ}❶丸い。徒然 鎌倉‐随筆 二四一「望月のまとかなる事は、しばらくも住せず、やがてかけぬ」訳満月の丸い状態は少しの間もとどまらず、すぐに欠けてしまう。❷人柄が円満だ。◆のちに「まどかなり」とも。「か」は接尾語。

ま‐どころ【政所】名詞「まんどころ」に同じ。◆「まんどころ」の撥音「ん」が表記されない形。

まど‐し【貧し】形容詞シク{(しく)・しから/しく・しかり/し/しき・しかる/しけれ/しかれ}まずしい。不十分である。おろそかだ。徒然 鎌倉‐随筆 三八「財多ければ身を守るにまどし」訳財産が多いと身を守ることがおろそかになる。

まど‐の‐うち【窓の内・窓の中】連語 若い娘が、家の中で人目につかないように大切に育てられていること。深窓育ち。箱入り。

まどは‐か・す【惑はかす】他動詞サ四{さ/し/す/す/せ/せ}「まどはす」に同じ。和泉式部 平安‐日記「夜のほどろにまどはかさるる」訳真夜中に心を乱れさせなさる。◆「かす」は接尾語。

まとは・す【纏はす】他動詞サ四{さ/し/す/す/せ/せ}「まつはす」一に同じ。源氏物語 平安‐物語 紅梅「召しまとはし、戯れがたきにし給ふ」訳お召しになりそばに付き添わせて、遊び相手になさる。

まどは・す【惑はす】他動詞サ四{さ/し/す/す/せ/せ}
❶心を乱れさせる。迷わせる。悩ませる。動揺させる。平家物語 鎌倉‐物語 灌頂巻「風にはかにふき、浮雲あつくたなびいて、兵の心をまどはし」訳風が急にふき、空に浮かぶ雲が厚くたなびき、兵士は心を乱れさせて。❷区別をつかなくさせる。古今 平安‐歌集 秋下「心あてに折らばや折らむ初霜の置きまどはせる白菊の花」訳⇩こころあてに…。❸見失う。行くえをわからなくする。源氏物語 平安‐物語 夕顔「幼き人まどはしたりと中将の憂へしは」訳幼い子を見失ってしまったと頭の中将が嘆いていたのは。◆奈良時代以前は「まとはす」。

まとは・る【纏はる】一自動詞ラ下二{れ/れ/る/るる/るれ/れよ}❶「まつはる」一❶に同じ。狭衣 平安‐物語 一「紐などものまとはれたりける」訳紐などがからみ付いていた。❷「まつはる」一❷に同じ。更級 平安‐日記 大納言殿の姫君「姉妹の中につとまとはれて、をかしがりらうたがるほどに」訳(猫が)姉妹の間にぴったりまとわりついて、(姉妹が)おもしろがりかわいがっているうちに。二自動詞ラ四{ら/り/る/る/れ/れ}「まつはる」二に同じ。沙石 鎌倉‐説話 七「五、六尺ばかりなる蛇、まとはりて」訳五、六尺ばかりの蛇が、(妻に)巻き付いて。

まとひ【纏ひ】名詞❶戦場で、大将がそこにいることを示す「馬印」の一種。さおの頭に飾り物をつけ、多くはその下に馬簾(=細長く切った紙や皮の飾り)を垂らした。❷江戸時代、町火消しが❶を模して、各組の印として用いたもの。

まどひ*【惑ひ】名詞❶迷い。迷っている状態。徒然 鎌倉‐随筆 七五「まどひの上に酔ひ、酔ひのうちに夢をなす」訳迷っている状態の上に酔っている。酔っているなかで夢を見ている。❷あわてること。枕草子 平安‐随筆 関白殿、二月二十一日に「法服の一つ足らざりつるを、にはかにまどひしつるに」訳僧の法服が一つ足りなかったのを、突然のことであわてることがあったが。◆古くは「まとひ」。

まどひ‐あり・く【惑ひ歩く】自動詞カ四{か/き/く/く/け/け}とほうにくれて歩き回る。さまよい歩く。今昔物語 平安‐説話 一五・四一「この尼のまどひありきて念仏を唱ふるを」訳この尼がさまよい歩いて念仏を唱えるのを。

まどひ‐い・づ【惑ひ出づ】自動詞ダ下二{で/で/づ/づる/づれ/でよ}あわてて外へ出る。落窪物語 平安‐物語 二「尻をかかへてまどひいづる心地」訳尻を(手で)かかえてあわてて外へ出る気分。

まどひ‐い・る【惑ひ入る】自動詞ラ四{ら/り/る/る/れ/れ}あわてて中に入る。枕草子 平安‐随筆 にくきもの「人に見えじとまどひいるほどに」訳人には見つからないようにしようとあわてて中に入るときに。

まどひ‐く【惑ひ来】自動詞カ変{こ/き/く/くる/くれ/こ(こよ)}あわててやって来る。伊勢物語 平安‐物語 一〇七「しとどに濡れてまどひきにけり」訳びっしょりと(雨に)濡れて(男は)あわててやって来た。

まどひ‐ふため・く【惑ひふためく】自動詞カ四{か/き/く/く/け/け}あわててばたばたする。宇治拾遺 鎌倉‐説話 二・一四「土に落ちて、まどひふためくを」訳(羽の折れた)屎鳶が地面に落ちてあわててばたばたするのを。

まどひ‐もの【惑ひ者】名詞 住所が定まらず流れさすらう者。浮浪人。

まと・ふ*【纏ふ】

ま

■一 自動詞 八四 ｛は/ひ/ふ/ふ/へ/へ｝からみ付く。巻き付く。平家物語 鎌倉―物語 六・慈心房「法衣（ほふえ）自然（じねん）に身にまとって肩にかかり」訳僧衣が自然に体にからみ付いて肩にかかり。◇「まとっ」は促音便。■二 他動詞 八四 ｛は/ひ/ふ/ふ/へ/へ｝からみ付かせる。身につける。宇治拾遺 鎌倉―説話 一四・三「経頼（つねより）が足を二、三返ばかりまとひけり」訳（蛇は）経頼の足を二、四回ほどからみ付かせた。

まど・ふ【惑ふ】マドウ

語義の扉

心が動揺して、どうしてよいかわからない状態にある意。また、それが表情や態度、行動に表れたところから、他の動詞の連用形に付いて、その動詞の表す意味の程度がはなはだしいことを表す。奈良時代以前には「まとふ」と清音。

■一 自動詞
❶〔気持ち〕気持ちが乱れる。思い悩む。
❷〔態度〕うろたえる。悲しみもだえる。
❸〔行動〕迷い歩く。
■二 補助動詞 ひどく…する。たいへん…する。

■一 自動詞 八四 ｛は/ひ/ふ/ふ/へ/へ｝❶**気持ちが乱れる。思い悩む。**徒然 鎌倉―随筆 五三「酒宴ことさめて、いかがはせむとまどひけり」訳酒宴は興ざめになって、どうしようかと思い悩んだ。⇩類語と使い分け⑭

❷**うろたえる。悲しみもだえる。あわてふためく。**竹取物語 平安―物語 ふじの山「血の涙を流してまどへど、かひなし」訳深く悲しんで血が出るほどの涙を流して悲しみもだえるが、どうしようもない。

❸**迷う。道に迷う。迷い歩く。**伊勢物語 平安―物語 九「道知れる人もなくて、まどひ行きけり」訳道を知っている人もいなくて、迷いながら行った。

■二 補助動詞 八四 ｛は/ひ/ふ/ふ/へ/へ｝〔動詞の連用形に付いて〕**ひどく…する。たいへん…する。**今昔物語 平安―説話 二八・四二「『物取らむとて入りにけるぞ』と思ひければ、あわてまどひて」訳「物を盗もうとして入ってきたな」と思ったので、ひどくあわてて。

ま-どほ【間遠】マドオ 名詞 ❶間隔があいていること。❷編み目や織り目があらいこと。

ま-どほ・し【間遠し】マドオシ 形容詞ク ｛（く）・から/く・かり/し/き・かる/けれ/かれ｝**間隔があいている。遠く離れている。**万葉集 奈良―歌集 三〇二「児（こ）らが家道（いへぢ）ややまどほきを」訳あの子のいる家へ行く道は少し遠く離れているが。

ま-どほ・なり【間遠なり】マドオナリ 形容動詞ナリ ｛なら/なり・に/なり/なる/なれ/なれ｝❶**間隔が遠い。**方丈記 鎌倉―随筆「十日、二十日過ぎにしかば、やうやうまどほになりて」訳十日、二十日と過ぎたので、だんだん間隔が遠くなって。❷**織り目や編み目などがあらい。**万葉集 奈良―歌集 四一三「須磨（すま）の海人（あま）の塩焼き衣（ぎぬ）の藤衣（ふぢごろも）まどほにしあればいまだ着なれず」訳須磨の海人が塩を焼くときの作業着である藤衣は布目があらくまだ着なれない。そのように会う機会が少ないので、その人にまだなじまないことだ。参考❷は、和歌では、❶の意とかけて用いることが多い。古くは「まとほなり」とも。

まと-や【的矢】名詞 的を射るのに使う練習用の矢。

ま-どろ・む【微睡む】自動詞マ四 ｛ま/み/む/む/め/め｝**うとうとと眠る。うつらうつらする。**徒然 鎌倉―随筆 三「さるは独り寝がちに、まどろむ夜（よ）なきこそをかしけれ」訳そのくせひとり寝することが多く、うとうとと眠る夜のないのがおもしろい。

まとわす《纏わす》⇩まとはす

まどわす《惑わす》⇩まどはす

＊**まと-ゐ**【円居・団居】マトイ 名詞／―す 自動詞サ変 ❶人々が輪になって座ること。車座（くるまざ）。団欒（だんらん）。古今 平安―歌集 雑上「思ふどちまとゐせる夜（よ）は」訳親しい者同士車座になっている夜は。❷人々が一か所に集まること。会合。源氏物語 平安―物語 若菜下「この院にかかるまとゐあるべしと聞き伝へて」訳この（六条の）院にこのような会合があるはずだと伝え聞いて。◆後には「まどゐ」とも。

ま-な[1]【真名・真字】名詞 ❶**漢字。**紫式部 平安―日記 消息文「さばかりさかしだち、まな書き散らして侍（はべ）るほども」訳あれほど賢そうに振る舞い、漢字を書き散らしております程度も。対仮名（かな）。❷**漢字の楷書（かいしょ）体。**源氏物語 平安―物語 葵「草（さう）にもまなにも、さまざまめづらしきさまに、書きまぜ給（たま）へり」訳草書にも楷書にも、さまざまにめったにないようすで、書きまぜていらっしゃる。◆正式の文字の意。「まんな」とも。参考古くは、日本は文字を持たず、伝来した漢字を用いて国語を表記する工夫が試みられ、また、正式の文書は長い間漢文で書かれた。そのため漢字を「真名」といい、正式の文書は男が扱うものだったので「男手（をとこで）」といった。

ま-な[2]【真魚】名詞 ❶（食べ物として）食膳（しょくぜん）に出す魚（うを）。❷「真魚（まな）の祝ひ」の略。また、「真魚の祝ひ」のときに用いる魚（うを）。◆「ま」は接頭語。「な」は魚（うを）の意。

まな[3]【勿・莫】感動詞 **だめ。するな。**▼禁止・制止を表す。枕草子 平安―随筆 宮にはじめてまゐりたるころ「女房の放つを、『まな』と仰せらるれば」訳（御格子を）女房が開けるのを、「だめ」と（中宮様が）仰せになるので。参考漢文訓読系の古い形では、「…することまな」のように用いられて副詞であるが、和文では、感動詞として用いる。

ま-な-かひ【眼間・目交】マナカイ 名詞 **目と目の間。目の辺り。目の前。**万葉集 奈良―歌集 八〇二「まなかひにもとなかかりて安眠（やす）し寝（な）さぬ」訳⇩うりはめば…。◆「ま」は目の意、「な」は「つ」の意の古い格助詞、「かひ」は交差するところの意。

ま-な-こ【眼】名詞 ❶**黒目。目玉。目。**❷**物を見たり、本質・価値を見通す力。眼力（がんりき）。**源氏物語 平安―物語 薄雲「罪重くて、天のまなこ恐ろしう思ひ給（たま）へらるることを」訳罪が重くて、天帝の眼力が恐ろしく思われておりますことを。◆目（ま）の子の意。「な」は「の」の意の古い格助詞。

まな-ご[1]【真砂】名詞「まさご」に同じ。◆「まさご」の古い形。奈良時代以前の語。

まな-ご[2]【愛子】名詞 **最愛の子。いとし子。**万葉集 奈良―歌集 一二〇九「人ならば母がまなごぞ」訳もし人間であったならば、母の最愛の子だ。

まなこ-ゐ【眼居】 マナコイ 名詞 **目つき。** 枕草子 平安―随筆 鳥は「鷺は、いとみめも見ぐるし。まなこゐなども、うたてよろづになつかしからねど」訳さぎは、ひどく見た目もみっともない。目つきなども不快で何かにつけて親しみがもてないけれど。

ま-な-ざし【眼差し・眼指し】 名詞 **目つき。** ◆「ま」は目の意、「な」は「の」の意の奈良時代以前の格助詞。「さし」はそのものの状態。

*__ま-な・し【間無し】__ 形容詞ク {(く)・から/く・かり/し/き・かる/けれ/かれ} ❶**すき間がない。** 万葉集 奈良―歌集 四二〇「竹玉をまなく貫き垂り」訳竹で作った玉をすき間なくいっぱいに貫いて垂らして。❷**絶え間がない。とぎれることがない。** 万葉集 奈良―歌集 四〇三三「まなき恋にそ年は経にける」訳絶え間がない恋に年月は経ってしまったことよ。❸**間を置かない。即座である。** 一代男 江戸―物語 浮世・西鶴「まなくもとのごとくに」訳(破れた衣服を)即座にもとのように(してください)。

ま-な-じり【眥・眦】 名詞 **目じり。** ◆「ま」は目の意、「な」は「の」の意の奈良時代以前の格助詞、「じり」は「しり(後)」の意。

まな-の-いはひ【真魚の祝ひ】 マナノイワイ 連語 子供に、生後初めて魚肉を食べさせる儀式。古くは数え年の三歳、室町時代には一〇一日目、江戸時代には一二〇日目に行った。「真名」「真名始め」とも。

まな-ばし【真魚箸】 名詞 魚を料理する時に用いる箸。

まな-はじめ【真魚始め】 名詞 「まなのいはひ」に同じ。

まな・ぶ【学ぶ】 他動詞バ四 {ば/び/ぶ/ぶ/べ/べ}・バ上二 {び/び/ぶ/ぶれ/びよ} ❶**まねる。教えられたとおりにする。** 徒然 鎌倉―随筆 八五「いつはりても賢をまなばんを賢といふべし」訳それらしくよそおうのであっても賢人の行いをまねる人を賢者といってよい。❷**学問をする。勉強する。** 徒然 鎌倉―随筆 一三〇「道をまなぶとならば、善にほこらず」訳道を勉強するつもりなら、自分の善行を自慢しないで。

参考 古くは上二段活用で、平安時代の中ごろから四段活用に変わった。しかし、上二段活用は、漢文訓読系の文章で用いられている。

まに-ま【随・随意】 名詞 他の人の意志や、物事の成り行きに従うこと。**まま。** 万葉集 奈良―歌集 一〇三二「天皇の行幸のまにま吾妹子が手枕まかず月ぞ経にける」訳天皇の行幸に従ったままわが妻の手枕もせず月日が過ぎてしまった。

参考 形式名詞と考えられる。連体修飾語を受けて副詞的に用いられる。

まにま-に【随に】 連語 ❶**…に任せて。…のままに。** ▼他の人の意志や、物事の成り行きに従っての意。万葉集 奈良―歌集 三二九一「大君の任けのまにまに」訳天皇のご任命のままに。❷**…とともに。** ▼物事が進むにつれての意。土佐日記 平安―日記 一・九「漕ぎゆくまにまに海のほとりにとまれる人も遠くなりぬ」訳漕ぎ進むとともに海辺に残っている人も遠くなってしまった。

参考 名詞「まにま」に格助詞「に」の付いた語。「まにま」と同様、連体修飾語を受けて副詞的に用いられる。

まぬか・る【免る】 他動詞ラ下二 {れ/れ/る/るる/るれ/れよ} **かかわらないですむ。まぬがれる。** 万葉集 奈良―歌集 四六〇「生ける者死ぬとふことにまぬかれぬものにしあれば」訳生きている者は死ぬということはまぬがれないものであるので。

まねき【招き】 名詞 ❶(手で合図して)呼び寄せること。さそい。❷立て烏帽子の上部の前に突き出ている部分。また、折り烏帽子の正面の三角形の部分。

*__まね・く【招く】__ 他動詞カ四 {か/き/く/く/け/け} ❶**手招きをして呼び寄せる。** 古今 平安―歌集 秋上「秋の野の草の袂か花すすき穂に出でてまねく袖と見ゆらむ」訳秋の野の草のたもとなのだろうか、花すすきは。穂が出て人目について人を手招きする袖のように見える。❷**ひきおこす。まねき寄せる。** 徒然 鎌倉―随筆 三八「害を買ひ、累をまねく媒なり」訳(財産は)害を受け、面倒をひきおこす媒介物である。

まね・し【多し】 形容詞ク {(く)・から/く・かり/し/き・かる/けれ/かれ} **数量や回数が多い。度重なっている。** 万葉集 奈良―歌集 二〇七「まねく行かば人知りぬべみ」訳⇨あまとぶや…。◆奈良時代以前の語。

まねび-いだ・す【学び出だす】 他動詞サ四 {さ/し/す/す/せ/せ} **見たり聞いたりしたことをさも本当らしく話す。** 源氏物語 平安―物語 帚木「さてありぬべき方をばつくろひてまねびいだすに」訳(女の)そのままで通用するにちがいない面をさらによく見せかけて見聞きしたことをさも本当らしく話すと。

まねび-た・つ【学び立つ】 他動詞タ下二 {て/て/つ/つる/つれ/てよ} (見聞きしたことを)**詳しく語る。** 源氏物語 平安―物語 初音「御方々のありさま、まねびたてむも、言の葉足るまじくなむ」訳御方々の(お住まいの)ようすを詳しく語ろうにも(それを言い表すだけの)言葉が足りないように(思われます)。

まね・ぶ【学ぶ】

他動詞バ四 {ば/び/ぶ/ぶ/べ/べ}

語義の扉

名詞「まね(真似)」に動詞化の接尾語「ぶ」が付いて一語となったもので、ハ行四段のほか上二段に活用した明らかな例もある。同様に、二種類の活用形式にわたる「まなぶ」が主に漢文訓読系の文脈で、❸の意味を荷って用いられ、現代語にも受け継がれたのに対し、平安時代を中心にひらがな文に用いられた。

❶**まねる。まねて言う。** 枕草子 平安―随筆 鳥は「人の言ふらむことをまねぶらむよ」訳(おうむは)人が言うようなことをまねるとかいうことだよ。

❷**そのまま伝える。** 源氏物語 平安―物語 葵「かの御車の所争ひ、まねび聞こゆる人ありければ」訳例のお車の場所取り争いをそのまま伝え申し上げる人がいたので。

❸**勉強する。教えてもらって身につける。** 源氏物語 平安―物語 少女「文才をまねぶにも、琴・笛の調べにも、音も足らず」訳漢学を勉強するにも、琴・笛の音色に功足らず

も、長年の努力が十分でなく。◆「ぶ」は接尾語。

ま-の-あたり【目のあたり】 一 名詞 ❶ちょうど目の前。眼前。雨月物語 江戸一物語 白峰「まのあたりをもおぼつかなき心地せらる」訳眼の前さえもわからない気持ちに自然となる。❷直接すること。じか。

二 副詞 ❶目の前で。現実に。まざまざと。平家物語 鎌倉一物語 三・有王「まのあたりかかる憂きめを見給ひけるこそ不思議なれ」訳目の前でこのようなつらい目をご覧になるとは不思議なことだ。❷直接。じかに。

ま-の-あたり・なり【目のあたりなり】 形容動詞ナリ {なら／なり・に／なり／なる／なれ／なれ} ❶ちょうど目の前だ。眼前だ。平家物語 鎌倉一物語 五・奈良炎上「まのあたりに見奉る者、さらにまなこを当てず」訳眼前に拝見する者は、とても直視できない。❷直接的だ。じかだ。源氏物語 平安一物語 帚木「まのあたりならずとも、さるべからむ雑事等は承らむ」訳直接でなくても、そのような雑用などは承ろう。

ま-のし 名詞／―す 自動詞サ変 まじめな顔になること。一説に、目をみはること。

まはぎちる… 和歌「真萩散る 庭の秋風 身にしみて 夕日のかげぞ 壁に消えゆく」風雅 南北一歌集 秋上・永福門院 訳萩の花の散る庭を吹く秋風が、身にしみるように感じられ、夕日の光がしだいに薄れてゆき、壁に吸い込まれるように消えてゆく。

鑑賞 秋の夕べの残照が歌の中心。下の句は夕陽の残映のうつろいを追い、光が壁に吸い込まれるように消えてゆく瞬間を、鋭い感覚でとらえている。永福門院もその一人である京極派歌人には、こうした光線の動きをとらえた作品が多く、この派の特色にもなっている。

ま-は・す【回す・廻す】 他動詞サ四 {さ／し／す／す／せ／せ} ❶回転させる。まわす。竹取物語 平安一物語 竜の頸の玉「舟を、海中にまかり入りぬべく吹きまはして」訳(疾風が)舟を、海中に引き入れてしまうほどに吹きまわして。❷周りを取り巻く。めぐらす。蜻蛉 平安一日記 中「幕引きまはして」訳幕を引きめぐらして。❸さし向ける。宇津保 平安一物語 蔵開上「それより車をまはさせ給ひて」訳そこから車をさし向けさせなさって。❹行き渡らせる。広くめぐらす。源氏物語 平安一物語 賢木「のどめたるところおはせぬ大臣の、思しもまはさずなりて」訳ゆったりとしたところのおありでない大臣で、お考えも広くめぐらすことがなくて。❺運用する。日本永代蔵 江戸一物語 浮世・西鶴「借銀も、ことごとく利を一か月も重ねぬやうにまはせば」訳借金も、ことごとく利息を一か月も滞らせないようにして運用すると。

ま-ばゆ・し【目映ゆし・眩し】 形容詞ク {(く)・から／く・かり／し／き・かる／けれ／かれ} ❶まぶしい。大鏡 平安一物語 花山「さやけき影をまばゆく思し召しつるほどに」訳明るくてすがすがしい月の光をまぶしくお思いになっていたときに。❷まぶしいほど美しい。際立ってすばらしい。源氏物語 平安一物語 葵「いとまばゆきまでねびゆく、人のかたちかな」訳ほんとうに際立ってすばらしいほどに成長していく、(源氏の)姿であることよ。❸恥ずかしい。きまりが悪い。枕草子 平安一随筆 宮にはじめてまゐりたるころ「御殿油なれば、髪の筋なども、なかなか昼よりも顕証に見えて、まばゆけれど」訳御殿油なので、髪の毛の筋なども、かえって昼間よりもはっきりと見えて、恥ずかしいが。参照▶類語と使い分け⑯ ❹見ていられない。目をそむけたくなる。▼あまりに度が過ぎていて見ていられないようす。源氏物語 平安一物語 桐壺「上達部・上人などもあいなく目をそばめつつ、いとまばゆき人の御おぼえなり」訳上達部や殿上人などもみな気に入らなくて目をそむけつつ、とても見ていられないほどの桐壺の更衣へのご寵愛である。

ま-はり【真榛】 名詞 木の名。はんのき。実と樹皮を染料とした。◆「ま」は接頭語。

ま-は・る【回る・廻る】 自動詞ラ四 {ら／り／る／る／れ／れ} ❶回転する。徒然 鎌倉一随筆 五一「とかく直しけれども、つひにまはらで」訳(水車を)あれこれと修理したけれど、とうとう回転しないで。❷周りをぐるりと動く。平治物語 鎌倉一物語 下「手を合はせ念仏申されければ、難波うしろへまはるとぞ見えし」訳手を合わせ念仏を申されると、難波は後ろへ回ったように見えた。❸回り道をする。迂回する。平家物語 鎌倉一物語 九・河原合戦「範頼は瀬田よりまはり候ふが、いまだ参り候はず」訳範頼は瀬田から迂回しましたが、まだ参上しません。❹めぐり歩く。猿源氏 室町一物語 御伽「汝は洛中をまはり、隠れもなき鰯売りなれば」訳お前は京都中を回り歩いて、知らぬ者のないいわし売りなので。❺利益を生む。もうけになる。一代男 江戸一物語 浮世・西鶴「小判貸しの利は何ほどにまはるものぞ」訳小判貸しの利息はどれほど利益を生むものか。

ま-ひ[1]【真日】 名詞 日。◆「ま」は接頭語。

まひ[2]【幣】 名詞 依頼や謝礼のしるしとして神にささげたり、人に贈ったりする物。「まひなひ」とも。万葉集 奈良一歌集 九〇五「まひはせむしたへの使ひ負ひて通らせ」訳礼物は贈ろう、黄泉の国の使いよ、(わが子を)背負って行っておくれ。◆奈良時代以前の語。

まひ[3]【舞】 名詞 ❶舞うこと。また、舞。神楽・舞楽・延年・曲舞・幸若など。❷特に、幸若舞。奥の細道 江戸一紀行 末の松山「平家にもあらず、まひにもあらず」訳平曲でもなく、幸若舞でもない。

まひ-い・づ【舞ひ出づ】 自動詞ダ下二 {で／で／づ／づる／づれ／でよ} 舞いながら現れ出る。舞い始める。源氏物語 平安一物語 若菜上「落蹲のまひいでたるほど」訳落蹲(という舞楽を舞う人)が舞いながら現れ出たようすは。

ま-びき【目引き】 名詞 目くばせ。

ま-びさし【目庇・眉庇】 名詞 兜の部分の名。兜の鉢の前方から庇のように突き出て、額を深くおおうもの。参照▶口絵

ま-ひと【真人】 名詞 奈良時代、天武天皇のときに定められた「八色の姓」の最高位。皇族に賜った。

まひ-なひ【賂・幣】 名詞 ❶礼として物を贈ること。また、その品物。❷賄賂を贈ること。また、その品物。

まひ-な・ふ【賄ふ】 他動詞ハ四 {は／ひ／ふ／ふ／へ／へ} (謝礼として)贈り物をする。賄賂を贈る。田舎荘子 江戸一物語 中「金銀財宝をもって神にまひなひ」訳金銀財

ま

996

宝でもって神へ贈り物をし。

まひ-の-し【舞の師】マイノシ 連語「雅楽寮(うたれう)」の役人で、舞楽を伝授する人。

まひ-びと【舞人】マイビト 名詞 舞を舞う人。

まひ-ひめ【舞姫】マイヒメ 名詞 舞を舞う少女。特に、「五節(ごせち)の舞姫(まひめ)」。「まひびめ」とも。

まひ-まひ【舞舞】マイマイ 名詞 ❶「かうわかまひ」に同じ。❷江戸時代、幸若舞などを演ずる大道芸人。

ま-びろ・く【真広く】他動詞 カ下二 {け/け/く/くる/くれ/けよ} **衣服を締まりなく着る。はだける。**「まひろぐ」とも。枕草子 平安―随筆 五月の御精進のほど「侍(さぶら)ひにまびろけておはしつる」訳従者の詰め所に、衣服を締まりなく着て(くつろいで)いらっしゃった。◆「ま」は接頭語。

まびろけ-すがた【真広け姿】名詞 衣服を締まりなく着て、くつろいでいる姿。「まひろげすがた」とも。

ま・ふ*【舞ふ】マウ―モウ 自動詞 ハ四 {は/ひ/ふ/ふ/へ/へ} **舞う。おどる。**また、**動き回る。**徒然 鎌倉―随筆 一七五「声の限り出(い)だして、おのおの謡(うた)ひまひ」訳あらん限りの声を出して、それぞれ歌いおどり。

ま-ぶし【目伏し】名詞 **目つき。まなざし。**

真淵(まぶち) ⇨賀茂真淵(かものまぶち)

まへ【前】マエ 名詞 ❶**前方。前。**徒然 鎌倉―随筆 四一「賀茂(かも)の競(くら)べ馬を見侍(はべ)りしに、車のまへに雑人(ざふにん)立ち隔てて見えざりしかば」訳賀茂の祭りの競べ馬を見物しましたところ、牛車(ぎっしゃ)の前方に身分の低い者たちが立ちさえぎって見えなかったので。❷**以前。前。昔。**更級 平安―日記 夫の死「初瀬にて、まへの度、『稲荷(いなり)よりたまふしるしの杉よ』とて、投げいでられしを」訳初瀬で、以前の参詣(さんけい)のとき、「稲荷様からくださる証拠の杉よ」と言って、投げ出されたのを。❸神や貴人などを間接的にさしていう語。「お(御)」などを伴って。枕草子 平安―随筆 うへにさぶらふ御猫は「御まへにもいみじうおち笑はせ給(たま)ふ」訳中宮様におかれても、(事情がわかって)大変お笑いになられる。❹**伺候(しこう)。参上。伺い。**貴人のそば近くに出て仕えること。枕草子 平安―随筆 宮にはじめてまゐりたるころ「あへなきまで御(お)まへ許されたるは」訳あっけないほど簡単に御前に出て仕えることを許されたのは。❺女性を尊敬して名前につける語。▼「…のまへ」の形で。平家物語 鎌倉―物語 一〇・千手前「千手(せんじゅ)の前」訳千手様。

まへ-いた【前板】マエイタ 名詞 牛車(ぎっしゃ)の前の口に横に敷き渡した板。乗降の際の踏み板とする。踏み板。敷き板。

まへ-かた【前方】マエカタ 一 名詞 **先にする組。**栄花物語 平安―物語 歌合「三月には、また賭弓(のりゆみ)あれば、まへかた・後ろ方と、ことども分きて」訳三月には、再び賭弓があるので、先にする組と、後でする組とをそれぞれ分けて。二 名詞 副詞 ❶**以前。昔。**比丘貞 室町―狂言 狂言「まへかた拝見致いた事が御座る」訳(あなたの舞いを)以前拝見致したことがございます。❷(「まへかたに」の形で)**事前に。前もって。あらかじめ。**冥途飛脚 江戸―浄瑠 浄瑠・近松「なぜまへかたに内証で、…かうした訳の金がいると」訳なぜ前もって内証で、…こうした訳のお金が必要だと。

まへかた・なり【前方なり】マエカタナリ 形容動詞ナリ {なら/なり・に/なり/なる/なれ/なれ} ❶**時代遅れだ。古風だ。古くさい。**西鶴置土産 江戸―物語 浮世・西鶴「そんなまへかたなる仕掛け、四も五も食はぬ事」訳そんな古風な仕掛け、絶対にひっかからない。❷**実直だ。控え目だ。**傾城禁短気 江戸―物語 浮世「調子に乗りても、ものはまへかたに言ふべし」訳調子にのっても、ものごとは控え目に言うべきだ。❸**未熟だ。うぶだ。**

まへ-がみ【前髪】マエガミ 名詞 ❶少年または婦人の、額(ひたひ)の上の髪を髻(もとどり)とは別に束ねたもの。少年は、元服のときにそり落とした。❷元服前の少年。一代女 江戸―物語 浮世・西鶴「朝夕近う召し使はれしまへがみに」訳朝夕お側近く召し使われていた少年に。

（前髪❶）

まへ-く【前句】マエク 名詞 連歌(れんが)・俳諧(はいかい)の付け合いで、付け句に先行して、付け句を導く句。対付け句。

まへく-づけ【前句付け】マエクヅケ 名詞 ❶連歌・俳諧の付け合いで、出された前句(七・七の下(しも)の句)に付け句(五・七・五の上(かみ)の句)を付けて、短歌の形式にすること。この逆の場合もある。付け合いの稽古(けいこ)のために始まった。❷江戸時代に流行した雑俳(ざっぱい)の一つ。⇨前句(まへく)付け 文芸

まへ-だれ【前垂れ】マエダレ 名詞 ❶前方が下がっていること。**前下がり。**❷**前掛け。**

まへ-つきみ【公卿】マエツキミ 名詞 天皇の御前に仕える人に対する尊敬語。また、朝廷に仕える高官の総称。大臣は、特に「おほまへつきみ」という。「まうちぎみ」「まちぎみ」とも。◆「つ」は「の」の意の古い格助詞。

まへびろ-に【前広に】マエビロニ 副詞 前もって。あらかじめ。かねて。

まへ-まうし【前申し】マエモウシ 名詞 主君の前でものを申すこと。取り次ぐこと。また、その人。

まへまへかたつぶり… 歌謡「舞へ舞へ蝸牛(かたつぶり) 舞はぬものならば 馬の子や牛の子に蹴(く)ゑさせてむ 踏み破(わ)らせてむ 実(まこと)に美しく舞うたらば 華(はな)の園まで遊ばせむ」梁塵秘抄 平安―歌集 四句神歌 訳舞え舞えかたつむりよ。舞わないなら、子馬や子牛に蹴(け)らせてしまおう、踏み割らせてしまおう。本当にかわいらしく舞ったなら、花の美しく咲く楽園にも遊ばせてやろう。鑑賞 かたつむりとたわむれる無邪気な子供の心情を詠んだ歌。「蹴ゑ」は下二段動詞「く(蹴)う(＝「け(蹴)る」の古形)」の未然形。

まへ-わ【前輪】マエワ 名詞 馬具の鞍(くら)の前の部分で、山形に高くなっている所。対後輪(しづわ)。

まへ-わたり【前渡り】マエワタリ 名詞 前を通り過ぎること。前を素通りすること。源氏物語 平安―物語 桐壺「隙(ひま)なき御まへわたりに、人の御心(みこころ)を尽くし給(たま)ふも」訳(帝(みかど)が)ひっきりなしに(局(つぼね)の)前をお通り過ぎになることに、他の(女性の)方々がお気をもみなさるのも。

ま-ほ【真帆】名詞 帆を正面に向けていっぱいに広げ、全面に追い風を受ける状態。また、その帆。◆「ま」は接頭語。対片帆(かたほ)。

参考 和歌では形容動詞「まほなり」とかけて用いることが多い。

まほし 助動詞 シク型

《接続》活用語の未然形に付く。

語義の扉

奈良時代以前から平安時代の初期ごろまで用いられた「まくほし」から変化して平安時代に生まれた助動詞で、動作や状態の実現を願う気持ちを表す。

❶〔自己の動作の実現の希望〕…たい。
❷〔事態の実現の希望〕…が望ましい。…てほしい。

平安時代の末期ごろに現代語の希望の助動詞に繋がる「たし」が成立し、しだいに「まほし」の用例は減少した。⇨まくほし・たし。

未然形	連用形	終止形	連体形	已然形	命令形
〈まほしく〉 まほしから	まほしく まほしかり	まほし	まほしき まほしかる	まほしけれ	○

❶〔自己の動作の実現の希望〕…たい。更級 平安 ― 日記「紫のゆかりを見て、続きの見まほしく覚ゆれど」訳『源氏物語』の紫の上に関係するところを読んで、続きを読みたく思われるけれども。

❷〔事態の実現の希望〕…が望ましい。…てほしい。▼ラ変動詞「あり」などの下に付いて。徒然 鎌倉 ― 随筆 五二「少しのことにも、先達(せんだつ)はあらまほしきことなり」訳ちょっとしたことでも、指導者はあってほしいものである。⇨あらまほし

語法 (1)「まほしく」の音便 連用形「まほしく」はウ音便化して「まほしう」となることがある。

(2)「まほし」の対義語には「まうし」があり、「…たくない」という意味で用いられた。⇨まうし(助動詞)

(3)未然形の「まほしく」 「まほしく＋は」については、次の二とおりの説がある。

(ア) 連用形 まほしく ＋は 係助詞
(イ) 未然形 まほしく ＋は 接続助詞 ｝＝…たいなら

(イ)の立場に立った場合にだけ、未然形が存在することになる。

注意 「あらまほし」には連語を構成する場合と一語の形容詞の場合(❷)とがある。⇨あらまほし。

まほしから 希望の助動詞「まほし」の未然形。

まほしかり 希望の助動詞「まほし」の連用形。

まほしかる 希望の助動詞「まほし」の連体形。

まほし-が・る なりたち 希望の助動詞「まほし」＋接尾語「がる」 …たがる。…たいと思う。▼自分以外の人の希望を表す。源氏物語 平安 ― 物語 紅葉賀「ぬれ衣(ぎぬ)をだに着まほしがるたぐひもあなればにや」訳(好意をもつ人のためなら)ぬれぎぬをさえ着たがるような人々もあるそうだからであろうか。

まほしき 希望の助動詞「まほし」の連体形。

まほしく 希望の助動詞「まほし」の連用形。

まほしく-は 連語 なりたち 希望の助動詞「まほし」の連用形＋係助詞「は」 …したければ。…たいならば。源氏物語 平安 ― 物語 橋姫「かやすきほどこそ、好かまほしくは、いとよく好きぬべき世にはべりけれ」訳気軽な身分の者こそ、人が好きになりたいならば、いくらでも好きになれる世の中でございますよ。

まほし-げ 連語 なりたち 希望の助動詞「まほし」＋接尾語「げ」 …たいようす。…したそう。源氏物語 平安 ― 物語 桐壺「聞こえまほしげなることはありげなれど」訳申し上げたそうなことはありそうだけれども。

参考 動詞の未然形に付き、「なり」をともなって全体(用例では「聞こえまほしげなる」)で、一語の形容動詞と同様の言葉となる。

***まほしけれ** 希望の助動詞「まほし」の已然形。

ま-ほ・なり【真秀なり・真面なり】形容動詞ナリ {なら/なり・に/なり/なる/なれ/なれ} ❶完全だ。十分に整っている。源氏物語 平安 ― 物語 賢木「かうやうなる折の、まほならぬ事、数々書きつくる」訳このような(酔った)ときの、十分に整ってはいない歌を、いくつも書きつける。対片(かた)ほなり。❷まともだ。直接だ。源氏物語 平安 ― 物語 初音「いとほしと思(おぼ)せば、まほにも向かひ給(たま)はず」訳気の毒にお思いになるので、まともに向かいあうことはなさらない。◆「ま」は接頭語。「ほ」は他よりもぬき出ている意。

ま-ほ・ら 名詞 まことにすぐれたところ。まほろば。まほらま。万葉集 奈良 ― 歌集 四〇八九「天皇(すめろき)の神の命(みこと)の聞こし食(を)す国のまほらに」訳天皇であり神であられるお方のお治めあそばす国のすぐれたところに。◆「ま」は接頭語、「ほ」はすぐれたものの意、「ら」は場所を表す接尾語。奈良時代以前の語。

まぼら・ふ【守らふ】マボラウ ― マボロウ 他動詞ハ下二 「まもらふ」二に同じ。

まほら-ま 名詞「まほら」に同じ。◆「ま」は接尾語。

まぼ・る[1] 他動詞ラ四 {ら/り/る/る/れ/れ} 食べる。土佐日記 平安 ― 日記 一・九「摘っんだる菜を、親やまぼるらむ」訳摘んだ菜を、父親が食べているだろうか。

参考 「召しあがる」の意とする説、「むさぼり食う」の意とする説もある。

まぼ・る[2]【守る・護る】他動詞ラ四 {ら/り/る/る/れ/れ} ❶見つめる。見守る。源氏物語 平安 ― 物語 須磨「月の顔のみ、まぼられ給(たま)ふ」訳月の面ばかり見つめていらっしゃる。❷見守って世話をする。守護する。宇治拾遺 鎌倉 ― 説話 一二・二二「ここに社(やしろ)を作りて斎(いは)ひ給(たま)へ。さらばいかにもまぼり奉らん」訳ここ(＝皇居)に社を作っておまつりなさい。そうすればどのようにも守護してさしあげよう。◆「まもる」の変化した語。

まぼろし【幻】名詞 ❶幻影。まぼろし。たちまち消えるはかないものをたとえていうこともある。❷幻術を使う者。源氏物語 平安 ― 物語 桐壺「たづね行くまぼろしもがな」訳(更衣の魂のゆくえを)捜しに行ってくれる幻術

師がいるといいなあ。

まぼろし-の-ちまた【幻の巷】 連語 幻のようにはかないこの世の分かれ道。奥の細道 江戸―紀行 旅立「まぼろしのちまたに離別の泪をそそく」訳まぼろしのようなはかないこの世の分かれ道で別れの涙を流す。

まほろ-ば 名詞「まほら」に同じ。◆奈良時代以前の語。

1 **まーま【乳母】** 名詞 乳母(ぼう)。めのと。

2 **まま【崖】** 名詞 がけ。急斜面。

3 **まーま【間間】**

一 名詞 物と物とのあいだあいだ。あいだごと。徒然 鎌倉―随筆 二二九「かやうにままにみな一律を盗めるに」訳このように(横笛は、穴の)あいだごとにすべて一律(の音階)を忍ばせているのに。

二 副詞 時には。時として。折々。平家物語 鎌倉―物語 六・葵前「位を退いてのちは、ままさるためしもあんなり」訳退位した後は、時としてそのような例もあるようだ。

4 **まま【儘・随】** 名詞

❶(…の)とおり。(…の)まま。▼成り行きに任せること。源氏物語 平安―物語 少女「ただのたまふままの御心にて」訳ただおっしゃるとおりのお心で。

❷心のまま。思うとおり。源氏物語 平安―物語 澪標「世の中の事、…この大臣(おとど)の御ままなり」訳世の中のことは、…この大臣のお心のままである。

❸そのまま。それきり。源氏物語 平安―物語 末摘花「しか。まかで侍(はべ)るままなり」訳そうです。(宮中から)退出しましてそのまま(こちらへ参上したの)です。

参考 多く形式名詞として用いる。

5 **まま-【継・庶】** 接頭語 ❶親子の関係で血のつながりのないことを表す。「まま子」「まま母」。❷兄弟・姉妹の関係で、腹違いであることを表す。「まま兄弟(あにおとと)」

6 **真間(まま)** 地名 歌枕 今の千葉県市川市真間付近の地。『万葉集』に歌われた伝説の美少女「真間の手児奈(てこな)」によって有名である。

まーまき【真巻き・細射】 名詞 弾力性を増すため、木に竹を張り合わせた弓。的弓(まとゆみ)(競技として的を射る弓術)に用いた。

ままこ-だて【継子立て】 名詞 碁石を用いる遊びの一つ。黒白十五個ずつの石を一定の順で並べ、ある石を起点として十番目の石を順次取り去ってゆき、最後に一つ残った石を勝ちとするもの。継子算。

まま・し【継し】 形容詞シク{(しく)・しから/しく・しかり/し/しき・しかる/しけれ/しかれ} 血がつながらない。義理の関係である。油地獄 江戸―浄瑠 浄瑠・近松「いかにまましい子なればとて」訳どんなに血のつながらない子であるからといっても。◇「まましい」はイ音便。

まま-に【儘に・随に】 連語

なりたち 名詞「まま」＋格助詞「に」

❶…につれて。源氏物語 平安―物語 若紫「山の桜はまだ盛りにて、入(い)りもておはするままに、霞(かすみ)のたたずまひもをかしう見ゆれば」訳山の桜はまだ盛りで、だんだん分け入って行かれるにつれて、霞のかかったようすも趣深く眺められるので。

❷…にまかせて。…ままに。徒然 鎌倉―随筆 序「つれづれなるままに、日暮らし、硯(すずり)に向かひて」訳することもなく手持ちぶさたなのにまかせて、一日じゅう硯に向かって。

❸…のとおりに。更級 平安―日記 かどで「いとどゆかしさまされど、わが思ふままに、そらにいかでかおぼえ語らむ」訳ますます知りたい気持ちがつのるけれど、自分の思うとおりに、(姉たちは物語を)そらんじていてどうして思い出して話せようか、いや、話せない。

❹…とすぐに。…やいなや。徒然 鎌倉―随筆 八九「音に聞きし猫また、あやまたず足もとへふと寄り来て、やがてかきつくままに、頸(くび)のほどを食はんとす」訳うわさに聞いていた猫また(＝想像上の怪獣)が、案の定足もとにすばやく寄って来て、いきなりとりつくとすぐに、首のあたりを食おうとする。

❺…ので。…によって。源氏物語 平安―物語 帚木「足らぬことなど、はた、なかめるままに」訳足りないことなど、どう考えてもやはりないらしいので。

真間(まま)の手児奈(てこな) 人名 下総(しもうさ)の国葛飾(かつしか)郡の真間の里(今の千葉県市川市)に住んでいたという伝説の女性。多くの男性に求婚されて悩んだ末、水中に身投げしたという。『万葉集』に現れる。

***ま-み【目見】** 名詞 ❶目つき。まなざし。源氏物語 平安―物語 桐壺「まみなども、いとたゆげにて」訳まなざしなども、とてもだるそうで。❷目もと。源氏物語 平安―物語 明石「所々うち赤み給(たま)へる御まみのわたりなど」訳(泣いて)ところどころ赤くなっていらっしゃる目もとのあたりなど。

***ま-み・ゆ【見ゆ】** 自動詞ヤ下二{え/え/ゆ/ゆる/ゆれ/えよ} 「会ふ」「見ゆ」の謙譲語。お目にかかる。お会いする。日本書紀 奈良―史書 神代上「ただ姉(なねのみこと)と相(あひ)まみえむと欲(おも)ひて」訳ただ姉上様にお目にかかろうと思って。◆「ま(目)み(見)ゆ」の意。

まめ-いた【豆板】 名詞「豆板銀(ぎん)」の略。江戸時代の銀貨の一種。豆粒大から指先程度の大きさの円形の銀貨。形状からの名称で、大小・軽重は一定せず、量目を量って用いられた。

***まめ-ごころ【忠実心】** 名詞 まじめな心。誠実な心。

***まめ-ごと【忠実事】** 名詞 (誠実さを必要とする)実生活や実務に関すること。まじめなこと。枕草子 平安―随筆 五月ばかり、月もなう「まめごとなども言ひ合はせてゐ給(たま)へるに」訳まじめなことなども話し合って座っていらっしゃると。対徒事(あだごと)。

まめ-ざま【忠実様】 名詞 まじめなようす。誠実・実直な態度。

***まめ-だ・つ【忠実立つ】** 自動詞タ四{た/ち/つ/つ/て/て} 真剣な態度をとる。まじめに振る舞う。本気になる。大鏡 平安―物語 道長下「まめだちたる人には、物言ひにくし」訳まじめに振る舞っている人には、なんとなく言いにくい。◆「だつ」は接尾語。

まめ・なり【忠実なり・実なり】 形容動詞ナリ{なら/なり・に/なり/なる/なれ/なれ}

語義の扉 人物について、まじめ・誠実・実直であるさま。きちんとしているところから熱心なさま、丈夫で健やかなさま。

ま

事物について、実用的・実際的なさま。
❶忠実だ。誠実だ。まじめだ。
❷やる気がある。熱心だ。勤勉だ。
❸健康だ。達者だ。
❹実用的だ。実際的だ。

❶忠実だ。誠実だ。まじめだ。[竹取物語 平安―物語] 燕の子安貝「まめなる男ども二十人ばかりつかはして」[訳]忠実な男たち二十人ばかりをそこにおやりになって。[対]徒なり。[伊勢物語 平安―物語] 一〇三「むかし男ありけり。いとまめにじちようにて、あだなる心なかりけり」[訳]昔、男がいた。たいそうまじめで実直であって、浮いた心はなかった。

❷やる気がある。熱心だ。勤勉だ。[源氏物語 平安―物語] 葵「大将の君は、二条の院にだに、あからさまにも渡り給はず、あはれに、心深う思ひ嘆きて、行ひをまめにし給ひつつ、明かし暮らし給ふ」[訳]源氏の大将の君は、二条院にさえ、ほんのちょっとの間もおいでにならないで、しみじみと心深くお嘆きになって、勤行を熱心になさって、日々をお過ごしなさる。

❸健康だ。達者だ。[方丈記 鎌倉―随筆]「心、身の苦しみを知れれば、苦しむ時は休めつ、まめなれば使ふ」[訳]心は、体の苦しみをわかっているので、苦しいときは休ませるし、健康であるときは使う。

❹実用的だ。実際的だ。[大和物語 平安―物語] 一七三「少将起きて、小舎人童を走らせて、すなはち車にて、まめなるものさまざまにもて来たり」[訳]少将は起きて、小舎人童を走らせて、すぐに牛車で、実用的なものをいろいろと持って来た(＝来させた)。

[関連語] まめなり／まめまめし／まめやか／まめやかなり／まめごと／まめだつ／まめびと／まめざま。

まめ-びと【忠実人】[名詞] まじめな人。誠実な人。実直な人。

まめまめ-し【忠実忠実し・実実し】

[形容詞] シク{(しく)・しから／しく・しかり／し／しき・しかる／しけれ／しかれ}
❶いかにもまじめだ。本気だ。[源氏物語 平安―物語] 若紫「かかるついでにまめまめしう聞こえさすべきことなむ」[訳]このような機会に本気で申し上げなければならないこと(がございます)。◇「まめまめしう」はウ音便。
❷実用的だ。日常的だ。[更級 平安―日記] 物語「何をか奉らむ。まめまめしきものは、まさなかりなむ。ゆかしくし給ふなるものをたてまつらむ」[訳]何を差し上げましょうか。実用的な物は、きっとふさわしくないことでしょう。欲しいとお思いのものを差し上げましょう。

まめ-めいげつ【豆名月】[名詞] 陰暦九月十三日の夜の月。名月として鑑賞する。◆枝豆をゆでて供えることからいう。栗も供えることから「栗名月」、最後の名月であることから「名残の月」、「後の月」ともいう。[季]秋。

まめ-やか・なり【忠実やかなり・実やかなり】

[形容動詞] ナリ{なら／なり・に／なり／なる／なれ／なれ}
❶心がこもっている。誠実だ。まじめだ。本気だ。[源氏物語 平安―物語] 若紫「またの日も、いとまめやかにとぶらひ聞こえ給ふ」[訳]翌日も、たいそう心をこめてお見舞い申し上げなさる。
❷実用的だ。日常向きだ。[源氏物語 平安―物語] 早蕨「まめやかなる事どもをさへ定め置き給ふ」[訳]実用的な様々なことまでお取り決めになる。
❸本格的だ。本当だ。[源氏物語 平安―物語] 幻「雪いたう降りて、まめやかに積もりにけり」[訳]雪がたいそう降って、本格的に積もってしまった。

まめ-わざ【忠実業】[名詞] 実用的な仕事。実務。

まめ-をとこ【忠実男】マメオトコ [名詞] ❶誠実な男。[伊勢物語 平安―物語] 二「かのまめをとこ、うち物語らひて」[訳]例の誠実な男が、一夜を共にすごして。❷好色な男。▼『伊勢物語』第二段で、男がいる女と契る主人公を「まめをとこ」としていることから。

まもら・ふ【守らふ】マモラウ―マモロウ [一][連語]
[なりたち] 動詞「まもる」の未然形＋反復継続の助動詞「ふ」
見守り続ける。[古事記 奈良―史書] 神武「木の間よもい行きまもらひ戦へば」[訳]木の間を行きつつ(敵の動きを)見守りながら戦ったので。◆奈良時代以前の語。
[二][他動詞] ハ下二{へ／へ／ふ／ふる／ふれ／へよ} ❶[一]に同じ。[枕草子 平安―随筆] 説経の講師は「講師の顔をつとまもらへたるこそ」[訳]講師の顔をじっとみつめ続けていてこそ。❷大切に守る。[源氏物語 平安―物語] 夕霧「一つ所をまもらへて」[訳]一人の女を大切に守って。
[参考] [二]は[一]の一語化した語。「まぼらふ」とも。

まもり【守り・護り】[名詞] ❶守ること。守護。護衛。[古今 平安―歌集] 雑体「照る光近きまもりの身なりしを」[訳]天皇のお側近くの警護としての身でありましたのが。
❷神仏の加護。守り神。[源氏物語 平安―物語] 若菜下「まもり強く、…え近づき参らず」[訳]神仏の加護が強くて、…(源氏に)近づきまいることができず。❸守り札。守り袋。◆「まぼり」とも。

まもり-め【守り目】[名詞] 番人。守る役目の人。世話をする人。守り役。

まもり・ゐる【守り居る】マモリイル [他動詞] ワ上一{ゐ／ゐ／ゐる／ゐる／ゐれ／ゐよ} ❶じっと見つめている。見守っている。[源氏物語 平安―物語] 手習「うち笑みてぞまもりゐたまへる」[訳]ほほえんでじっと見つめていなさった。❷大切にしている。[徒然 鎌倉―随筆] 一九〇「らうたくして、あが仏とまもりゐたらめ」[訳]かわいがって、自分の守り本尊のように大切にしているだろう。

ま・も・る【守る】

[他動詞] ラ四{ら／り／る／る／れ／れ}

語義の扉

「目守る」を語源とし、「じっと見つめる」「見まもる」の意を表す。転じて、身体を使って「守る」「警戒する」「防ぐ」意にも用いられて現代語の用法につながった。⇩もる(守る)。
❶目を離さず見続ける。見守る。
❷見張る。警戒する。守る。

❶目を離さず見続ける。見つめる。見守る。[徒然 鎌倉―随筆] 一三七「花の本には、ねぢ寄り立ち寄り、あから

めもせずまもりて」訳（桜の）花の下に、にじり寄って近寄り、わき見もしないで見つめて。❷見張る。警戒する。気をつける。守る。枕草子 平安―随筆 職の御曹司におはします頃、西の廂にて「こぼたせで、よくまもりて十五日までさぶらへ」訳こわさせないで、よく見張って十五日まで（この雪を）残しておいておくれ。

ま-や【馬屋】名詞 馬小屋。うまや。

まゆ【眉】名詞 ❶まゆげ。細い三日月形のものをたとえていうこともある。源氏物語 平安―物語 若紫「まゆのわたりうちけぶり」訳まゆげのあたりがほんのりと美しく見え。❷牛車の屋形の前後にある軒。▼張り出しているさまが「眉」に似るところから。参照▼口絵

参考「まよ」の変化した語。平安時代の女性は、成人後は眉を抜いたり剃ったりして、その跡に眉墨で細い三日月形の眉をかいた。

まゆ-ぐろ【眉黒】名詞 眉毛をそったりせず、黒々と生えたままであること。

まゆ-ぐろ・なり【眉黒なり】形容動詞ナリ｛なら／なり・に／なり／なる／なれ／なれ｝（そったりせず）黒々とした眉だ。堤中納言 平安―物語 虫めづる姫君「いとまゆぐろにてなむ、にらみたまひけるに」訳たいそう黒々とした眉でもって、にらみなさったので。

まゆ-ごもり【繭籠り】名詞 蚕が繭の中にこもること。転じて、人、特に少女が家に閉じこもっていること。「まよごもり」とも。

まゆ-ずみ【眉墨・黛】名詞 ❶眉をかくための化粧用の墨。❷❶を使って眉をかくこと。また、そのかいた細くて長い眉。

まゆ-だま【繭玉】名詞 正月の飾りものの一種。繭を形どった小餅や団子を多数つけた木の枝に、稲穂・小判・

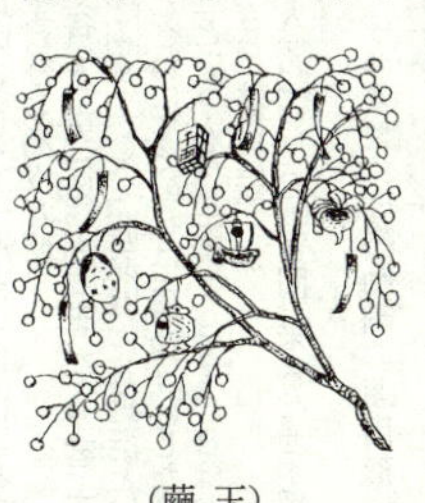

（繭 玉）

宝船などを形どった縁起物をつるしたもの。本来、祈年祭の供え物だった。

ま-ゆみ 名詞 ㊀【檀】木の名。にしきぎに似ていて、秋に紅葉する。固い幹を弓の材料とするところからこの名があり、また、樹皮からは紙を作った。㊁【檀弓・真弓】㊀を用いて作った丸木の弓。神楽歌 平安―神楽 弓「梓弓・まゆみ・槻弓品ももとめず」訳梓弓・檀弓・槻弓どれでもよい。

まゆ-を-ひそ・む【眉を顰む】連語（心配ごとや不快感のために）顔をしかめる。眉にしわを寄せる。徒然 鎌倉―随筆 一七五「飲む人の顔、いと堪へがたげにまゆをひそめ」訳（酒を無理やり）飲む人の顔は、とてもがまんできそうにもないようすで顔をしかめ。

まゆ-を-ひら・く【眉を開く】連語 心配事がなくなって、ほっとする。愁眉を開く。増鏡 室町―物語 月草の花「今はたさらにまゆをひらく時になりて」訳今また重ねてほっとするときになって。

まよ[1]【眉】名詞「まゆ（眉）」の古形。

まよ[2]【繭】名詞（蚕の）まゆ。◆「まゆ」の古い形。奈良時代以前の語。

まよう〘迷う〙⇩まよふ

まよ-ごもり【繭籠り】名詞「まゆごもり」に同じ。

まよ-ね【眉根】名詞 眉。「まゆね」とも。

まよね-か・く【眉根掻く】連語（かゆくて）眉をかく。万葉集 奈良―歌集 九九三「月立ちてただ三日月の眉根かき日長く恋ひし君に逢へるかも」訳新月になってたった三日の、その三日月のような眉をかき、長い間恋い慕っていたあなたに、やっと会ったのだなあ。

参考 眉がかゆくなるのは恋しい人に会える前兆とされ、また、恋しい人に会いたいときは眉をかくと、かなうとされた。

まよひ【迷ひ】名詞 ❶心の迷い。惑い。徒然 鎌倉―随筆 三八「まよひの心をもちて名利の要を求むるに」訳迷いの心で名誉や利益の欲望を求めると。❷紛れること。紛れて、はっきりしないようす。紛れ。源氏物語 平安―物語 若紫「朝ぼらけ霧立つ空のまよひにも」訳明け方の空に霧が立ちこめてはっきりしないようすの中にも。❸（織り糸や髪の毛などが）乱れて片寄ること。ほつれ。乱れ。万葉集 奈良―歌集 一二六五「今年行く新島守が麻衣肩のまよひは誰か取り見む」訳今年行く新島守の麻衣の肩のほつれはだれがつくろうのだろうか。❹混雑。混乱。源氏物語 平安―物語 総角「人のまよひ、少し鎮めておはせむ」訳人々の混乱を、少し鎮めてからおでかけなさるだろう。

まよ-びき【眉引き】名詞 眉墨でかいた眉。万葉集 奈良―歌集 九九四「振りさけて三日月見れば一目見し人のまよびき思ほゆるかも」訳⇩ふりさけて…。◆後には「まゆびき」とも。奈良時代以前の語。

まよびき-の【眉引きの】枕詞 低い山の稜線が、眉墨で書いた眉の形に似ていることから「横山」にかかる。万葉集 奈良―歌集 三五三一「妹をこそ相見に来しかまよびきの横山辺ろの鹿なす思へる」訳あの子に会いたくて来たのに、横たわる山の辺りの鹿であるかのように（うるさく）思っているよ。

まよ・ふ【迷ふ】自動詞ハ四｛は／ひ／ふ／ふ／へ／へ｝❶思い迷う。思い悩む。続拾遺集 鎌倉―歌集 釈教「尋ねきてまことの道にあひぬるもまよふ心ぞしるべなりける」訳探し求めてきて仏の道に出会ったのも、（私の）思い悩む心こそが道しるべであったのだなあ。❷あちこちと移りゆく。さまよう。源氏物語 平安―物語 野分「風騒ぎ群雲まよふ夕べにも」訳風が吹き荒れ、群雲が移りゆく夕べでも。❸道に迷う。平家物語 鎌倉―物語 九・老馬「深山にまよひたらん時は」訳深い山中で道に迷ったようなときは。❹入り乱れる。右往左往する。混乱する。源氏物語 平安―物語 玉鬘「まかで参りする車多くまよふ」訳退出したり参上したりする牛車が数多く右往左往する。❺（織り糸などが）乱れて片寄る。ほつれる。万葉集 奈良―歌集 三四五三「袂の行き来まよひ来にけり」訳袂の縦糸がほつれはじめた。

まら-うと【客人・賓】名詞 客。「まれうと」「まれびと」とも。枕草子 平安―随筆 にくきもの「にくきもの。急ぐことあるをりに来て長言するまらうと」訳しゃくにさわるもの。急用があるときにやって来て、長話をする客。

参考 江戸時代以降「まらうど」。もとは「稀に訪ねて来る人」の意で、「まらひと」のウ音便。

まらうと-ざね【客人実】名詞 **主たる客。主賓。**伊勢物語 平安―物語 一〇一「藤原の良近といふをなむ、まらうとざねにてその日は主設けしたりける」訳藤原良近という人を、主賓としてその日はおもてなしした。◆「ざね」は接尾語。

まらうと-ゐ【客人居】名詞 **客間。**来客を通す部屋。

まらする* 助動詞 下二・サ変型《接続》動詞の連用形に付く。｛まらせ／まらせ・まらし／まらす・まらする／まらする／まらすれ／まらせよ・まらせい｝

❶〔謙譲〕**…申し上げる。お…する。**天草平家 安桃―物語 二「いそいで宮を搦め捕りまらして」訳急いで（高倉の）宮をつかまえ申し上げて。❷〔丁寧〕**…ます。**心中宵庚申 江戸―浄瑠 浄瑠・近松「ここで死なねば、心中が見えまらせぬ」訳ここで死ななければ、真心が見せられません。◆「まゐらす」の連体形「まゐらする」の変化した語。

語の歴史 室町時代から用いられ、のち「まっする」→「ます」を経て「ます」となり、現代語に続く。

まり[1]【椀・鋺】名詞 水・酒などを入れる丸い器。

まり[2]【鞠・毬】名詞 ❶「蹴鞠」に用いるまり。鹿のなめし革二枚を縫い合わせ縫目に馬の革を巻いて作る。❷「蹴鞠」のこと。枕草子 平安―随筆 あそびわざは「さま悪しけれど、まりもをかし」訳みっともないものだが、蹴鞠もおもしろい。

-まり[3]【余り】接尾語「あまり」に同じ。続日本後紀 平安―史書 承和一二「百まり十の翁」訳百あまり十（＝百十）の翁。◆「あまり」の変化した語。

丸子 地名 今の静岡県静岡市丸子町。このはずれに、『伊勢物語』に出てくる「宇津の山」がある。江戸時代には東海道五十三次の宿駅の一つであった。

まり-の-かかり【鞠の懸かり】連語 蹴鞠をする場所。また、その四隅に植えてある桜・柳・楓・松の四本の木。「鞠の場」とも。

まる[1]【丸・円】名詞 ❶**丸い形。丸い物。**❷城郭の内部。「本丸」「一の丸」「二の丸」など。❸完全で、欠けたところがないこと。浮世風呂 江戸―物語 滑稽「借金が多くて、まるの裸で出ますさうだから」訳（遊女奉公の年明けは）借金が多くて、まる裸で出ますそうだから。❹**すっぽん。**▼甲羅が丸いところから。◆「まろ（丸・円）」の変化した語。❹は江戸時代の上方語。

ま・る[2]【放る】他動詞ラ四 ｛ら／り／る／る／れ／れ｝（大小便を）する。万葉集 奈良―歌集 三八三二「屎遠くまれ」訳糞を遠くにせよ。

まる-[3]【丸】接頭語 欠けていないことを表す。「まる三年」

-まる[4]【丸】接尾語 ❶綿などの重さを表す語。一丸は五十斤（＝約三〇キロ）。日本永代蔵 江戸―物語 浮世・西鶴「打ち綿幾まるか江戸に回し」訳打ち綿を幾丸か江戸に回し。❷人・動物・名器・刀・船などの名につける。「牛若まる」◇「まろ」の変化した語。

まる-あんどん【丸行灯・円行灯】名詞 火覆いを円筒形に作った行灯。「まるあんどう」とも。

まる-ぐけ【丸絎け】名詞 綿などを芯にして丸くくけること。また、そうして仕立てた帯・ひも。

まる-ごし【丸腰】名詞 武士などが腰に刀をつけないでいること。

まる-ね【丸寝】名詞「まろね」に同じ。

まる-わげ【丸髷】名詞 江戸時代の女性の髪型の一つ。はじめは、髪を無造作に束ね、丸く巻き上げて結う庶民の女性の髪型をいったが、江戸時代後期には、主に既婚女性が結う、後頭部に楕円形でやや平たい髷をつけた髪型をいうようになった。「まるまげ」とも。参照▼口絵

（丸　髷）

まれ* 連語

なりたち 係助詞「も」にラ変動詞「あり」の命令形「あれ」の付いた「もあれ」の変化した語。

たとえ…でも。…であるにせよ。▼ある事態を仮定して、その結果にはかかわらぬことをいう。源氏物語 平安―物語 蜻蛉「人にまれ、鬼にまれ、返し奉れ」訳人であるにせよ、鬼であるにせよ、お返し申し上げよ。

まれ-うと【客人・賓】名詞「まらうと」に同じ。

まれ・なり【稀なり】形容動詞ナリ ｛なら／なり・に／なり／なる／なれ／なれ｝**めったにない。まれだ。**方丈記 鎌倉―随筆「昔ありし家はまれなり」訳（今ある家で）昔からあった住居はめったにない。

まれ-びと【客人・賓】名詞「まらうと」に同じ。

まれ-まれ【稀稀】副詞 ❶**ごくまれに。ときたま。**伊勢物語 平安―物語 二三「まれまれかの高安に来てみれば」訳ごくまれにあの高安（の郡）に来てみると。❷**たまたま。偶然。**宇治拾遺 鎌倉―説話 一一・一七「まれまれ馬に乗りたる人どもの…出で来たり」訳たまたま馬に乗った人たちが…出て来た。

まろ[1]【丸・円】名詞 ❶まるいこと。まるい形。またそのさま。❷ふっくらとしていること。

まろ[2]【麻呂・麿】代名詞 **私。**▼自称の人称代名詞。平安時代、男女・上下の別なく広く用いられたが、鎌倉時代以後、身分の低い者の例は見られなくなる。伊勢物語 平安―物語 二三「筒井つの井筒にかけしまろが丈過ぎにけらしな妹見ざるまに」訳⇩つつゐつの…。参照▼類語と使い分け㉑

まろ-[3]【丸】接頭語 手を加えず、そのままであるの意を表す。「まろ寝」

-まろ[4]【麻呂・麿・丸】接尾語 ❶男子の名に用いる。「柿本朝臣人まろ」。❷動物や楽器や刀剣などの名に用いる。枕草子 平安―随筆 うへにさぶらふ御猫は「翁まろ、いづら」訳翁まろは、どこにいるの。

まろうと【客人・賓】⇩まらうと

まろ-か・す【丸かす・円かす】他動詞サ四 ｛さ／し／す／す／せ／せ｝**丸める。**「まろがす」とも。紫式部 平安―日記 寛弘五・八・二六「まろがしゐたる人々、あまたつどひゐたり」訳（煉り香を）座って丸めている女房たちが、大ぜい集まっていた。

まろ-か・る【丸かる・円かる】自動詞ラ下二 ｛れ／れ／る／るる／るれ／れよ｝**丸くなる。丸く一つに固まる。**「まろがる」とも。源氏物語 平安―物語 朝顔「まろかれたる御額髪ひきつくろひ給へど」訳（涙のために）丸く一つに固まった御額髪をお整えなさるけれども。

まろ・ぐ【丸ぐ・円ぐ】他動詞ガ下二 ｛げ／げ／ぐ／ぐる／ぐれ／げよ｝**一つにまとめる。丸める。**宇治拾遺 鎌倉―説話 二・四「これを薄に打つに、七、八千枚に打ちつ。これをまろげて」訳

これ(金)を箔にしたところ、七、八千枚に打ちあがった。これを一つにまとめて。

まろ・し【丸し・円し】形容詞ク〔(く)・から/く・かり/し/き・かる/けれ/かれ〕丸い。まるまるとしている。徒然 鎌倉—随筆 二三「閑院殿の櫛形の穴は、まろく」訳(仮の皇居である)閑院殿の、櫛形の窓は、丸く。◆室町時代中期以後、「まるし」とも。

まろ・なり【丸なり・円なり】形容動詞ナリ〔なら/なり・に/なり/なる/なれ/なれ〕❶まるい。▼円形や球形であるようすを表す。枕草子 平安—随筆 蟻通の明神「つやつやとまろにうつくしげに削りたる木の」訳つやつやと丸くきれいに削った木で。❷ふっくらとしている。源氏物語 平安—物語 宿木「まろにうつくしく肥え給へりし人の」訳ふっくらとかわいらしく肥えていらっしゃった人が。

まろ-ね【丸寝】名詞 衣服を着たまま寝ること。独り寝や旅寝の場合にいうこともある。「丸臥し」「まるね」とも。

まろば-か・す【転ばかす】他動詞サ四〔さ/し/す/す/せ/せ〕「まろばす」に同じ。平家物語 鎌倉—物語 三・公卿揃「甑を棟からまろばかす事あり」訳甑(=飯をむす道具)を(御殿の棟から)転がす行事があった。◆「かす」は接尾語。

まろば・す【転ばす】他動詞サ四〔さ/し/す/す/せ/せ〕❶ころがす。枕草子 平安—随筆 むつかしげなるもの「ねずみの子の、毛もまだ生ひぬを、巣の中よりまろばし出でたる」訳ねずみの子で、毛のまだ生えないのを、巣の中からころがし出してあるの。❷ぐるぐる回す。枕草子 平安—随筆 職の御曹司におはします頃、西の廂にて「頭をまろばし振る」訳頭をぐるぐる回して振る。

まろ・ぶ【転ぶ】自動詞バ四〔ば/び/ぶ/ぶ/べ/べ〕❶ころがる。万葉集 奈良—歌集 四七五「こいまろび泥ち泣けども」訳横になりころげ回って泥にまみれ泣いてみても。❷ころぶ。倒れる。愚管抄 鎌倉—論 五「なのめならぬ大地震ありき。古き堂のまろばぬなし」訳並々でない大地震があった。古い堂で倒れないのはなかった。

まろ-ぶし【丸臥し】名詞「まろね」に同じ。

まろ-ほや【丸寄生】名詞 模様の一つ。ほや(=やどり木)の形を丸く図案化したもの。「まるぼや」とも。

まろ・む【丸む・円む】

〓自動詞マ四〔ま/み/む/む/め/め〕丸くなる。栄花物語 平安—物語 若生え「袖口はまろみ出でたる」訳袖口が丸くなって出ている。

〓他動詞マ下二〔め/め/む/むる/むれ/めよ〕❶丸くする。丸める。紫式部 平安—日記 寛弘五・一一・二二「筥の蓋に広げて、日蔭をまろめて」訳箱のふたに(扇を)広げて、ひかげのかずらを丸めて(載せ)。❷こねて固める。それで全体を固める。平家物語 鎌倉—物語 四・競「たとひ黄金をまろめたる馬なりとも」訳たとえ黄金をこねて固めた馬であっても。

まろ-や【丸屋】名詞 葦や茅などで簡単に屋根を葺いた、粗末な家。金葉 平安—歌集 秋「夕されば門田の稲葉おとづれて蘆のまろやに秋風ぞ吹く」訳⇩ゆふさればかどたのいなば…。

まろ-らか・なり【丸らかなり・円らかなり】形容動詞ナリ〔なら/なり・に/なり/なる/なれ/なれ〕まるまるしている。源氏物語 平安—物語 宿木「腕をさし出でたるが、まろらかにをかしげなるほども」訳腕をさし出しているのが、まるまるしていて美しげであるようすも。◆「らか」は接尾語。

まわす〖回す・廻す〗⇩まはす

まわる〖回る・廻る〗⇩まはる

まゐ-・く【参来】自動詞カ変〔こ/き/く/くる/くれ/こ(こよ)〕〔「来く」の謙譲語〕(貴人のもとに)参り来る。参上する。万葉集 奈良—歌集 四二九八「吾はまゐこむ年の緒長く」訳私は参上しましょう、いついつまでも。◆平安時代以降は「まうく」「まうでく」が用いられた。奈良時代以前の語。

まゐ-・づ【参出】自動詞ダ下二〔で/で/づ/づる/づれ/でよ〕「まゐいづ」の変化した語。「出づ」の謙譲語。参上する。うかがう。万葉集 奈良—歌集 九七一「山たづの(=枕詞)迎へまゐでむ君が来まさば」訳迎えにうかがおう、あなたがおいでになるならば。

参考 平安時代には、「まうづ」となる。奈良時代以前の語。

まゐで-・く【参出来】自動詞カ変〔こ/き/く/くる/くれ/こ(こよ)〕〔「来く」の謙譲語〕参り来る。参上する。古事記 奈良—史書 景行「何しかも、汝の兄は朝夕の大御食にまゐでこざる」訳どうして、お前の兄は朝夕の食事に参上しないのか。平安時代には「まうでく」となる。

参考 奈良時代以前の語。平安時代には「まうでく」となる。

まゐ-のぼ・る【参上る】自動詞ラ四〔ら/り/る/る/れ/れ〕「上る」の謙譲語。参上する。帰参する。万葉集 奈良—歌集 一〇二二「まゐのぼる八十氏人の」訳(都に)やって参る多くの人々が。◆平安時代には、「まうのぼる」となる。奈良時代以前の語。

まゐら・す[1]【参らす】

〓他動詞サ下二〔せ/せ/す/する/すれ/せよ〕〔「与ふ」の謙譲語〕献上する。差し上げる。奉る。竹取物語 平安—物語 ふじの山「薬の壺に御文そへてまゐらす」訳薬の壺に(かぐや姫の)お手紙を添えて(帝に)献上する。

〓補助動詞サ下二〔せ/せ/す/する/すれ/せよ〕〔動詞の連用形に付いて、謙譲の意を添える〕お…申し上げる。お…する。平家物語 鎌倉—物語 九・敦盛最期「たすけまゐらせんとは存じ候へども」訳お助け申し上げようとは存じますが。

歴史スコープ 平安時代の中期ごろから用例が見られる。当時は同意・同用法の「奉る」「聞こゆ」「申す」がおもで「参らす」がよく用いられるようになるのは平安時代の末期ごろからである。鎌倉時代以降にも多用されるが、やがて「まらする」「まっする」「まする」に変化し、現代語の丁寧語の助動詞「ます」になる。

まゐら-・す[2]【参らす】連語

なりたち 動詞「まゐる」の未然形＋助動詞「す」

〓(「す」が使役の意の場合)❶参上させる。参内させる。源氏物語 平安—物語 桐壺「急ぎまゐらせて御覧ずるに」訳(帝は、若宮を)急いで参内させてご覧になると。❷差し上げさせる。奉仕させる。源氏物語 平安—物語 柏木「待ちいで給ひて、加持まゐらせむとし給ふ」訳(祈禱師を)お待ちになって、加持をして差し上げさせようとなさる。

〓(「す」が尊敬の意の場合、「給ふ」を下接して)参上あそばされる。⇩まゐらせたまふ

まゐら-せ-たま・ふ【参らせ給ふ】マイラセタマウ―マイラセタモウ

連語 なりたち 動詞「まゐる」の未然形＋助動詞「す」の連用形＋尊敬の補助動詞「たまふ」

一〔「せ(す)」が使役の意の場合〕❶**参上させなさる。お伺いさせる。** 源氏物語 平安―物語 桐壺「さるべき人々まゐらせたまへど」訳しかるべき方々を参上(＝入内)させなさったけれども。❷**奉仕させなさる。おさせになる。** 源氏物語 平安―物語 若紫「よろづに、まじなひ・加持などまゐらせたまへど」訳(源氏は)いろいろとおまじないや加持などをおさせになるが。

二〔「せ(す)」が尊敬の意の場合〕**参上あそばされる。** 枕草子 平安―随筆 関白殿、二月二十一日に「宮は内裏にまゐらせたまひぬるをも知らず」訳中宮様は内裏に参上あそばされたとも気づかずに。

注意 同じ「参らせ給ふ」でも、謙譲の動詞「参らす」に尊敬の補助動詞「給ふ」が付いたものもある。

まゐり-あつま・る【参り集まる】マイリアツマル 自動詞 ラ四 {ら/り/る/る/れ/れ}（貴人のもとに）**参集する。参上して集まる。**「まゐりつどふ」とも。伊勢物語 平安―物語 八五「あまたまゐりあつまりて」訳(この君にお仕え申した人が)大勢参上して集まって。

まゐり-おんじゃう【参り音声】マイリオンジョウ 名詞 節会などで、楽人が入場して着席するときに奏する短い音楽。

まゐり-・く【参り来】マイリク 自動詞 カ変 {こ/き/く/くる/くれ/こ(こよ)} **参り来る。伺う。参上する。** 伊勢物語 平安―物語 一一八「昔、男、久しく音をせで、『忘るる心もなし。まゐりこむ』と言へりければ」訳昔、男が、長いことたよりもしないでいて、「忘れる気持ちもない。お伺いしよう」と言ってきたので。

まゐり-す・う【参り据う】マイリスウ 他動詞 ワ下二 {ゑ/ゑ/う/うる/うれ/ゑよ}（貴人に）**献上して前に置く。** 源氏物語 平安―物語 賢木「『御くだものをだに』とて、まゐりすゑたり」訳「せめてお菓子だけでも(召し上がってください)」と言って、献上して前に置いた。

まゐり-つかうまつ・る【参り仕うまつる】マイリツコウマツル 自動詞 ラ四 {ら/り/る/る/れ/れ}（貴人のもとに）**参上してお仕えする。** 源氏物語 平安―物語 少女「常にこの君にまゐりつかうまつる」訳いつもこの(夕霧の)君のもとに参上してお仕えする(者を)。

まゐり-つ・く【参り着く】マイリツク 自動詞 カ四 {か/き/く/く/け/け}〔「行き着く」「来着く」の謙譲語〕（貴人のもとなどに）**到着する。** 枕草子 平安―随筆 関白殿、二月二十一日に「二条の宮にまゐりつきたり」訳二条の宮に到着した。

まゐり-もの【参り物】マイリモノ 名詞（貴人の）**お食事。召し上がり物。**

まゐり-よ・る【参り寄る】マイリヨル 自動詞 ラ四 {ら/り/る/る/れ/れ}（貴人の）**近くにお寄り申し上げる。おそばに参上する。** 源氏物語 平安―物語 夕顔「これも恐ろしと思ひたるさまにて、まゐりよれり」訳これ(＝侍女)も恐ろしいと思っているようすで、(源氏の)近くにお寄り申し上げた。

まゐ・る【参る】マイル

語義の扉

「まゐいる」が簡略にされた形である。内裏や神社といった高貴な所へ入る意味から、身分の低い所から身分の高い所へ行く意味となった。それから、「物を差し上げる」などの意味にも用いられるようになった。

一 自動詞
❶〔「行く」の謙譲語〕参上する。うかがう。お仕えする。
❷〔「行く」の謙譲語〕お参りに行く。参詣する。
❸〔「行く」の謙譲語〕入内する。
❹〔「行く」「来く」の丁寧語〕参ります。

二 他動詞
❶〔「与ふ」の謙譲語〕差し上げる。奉る。
❷〔「す」「仕ふ」の謙譲語〕してさしあげる。奉仕する。
❸〔「食ふ」「飲む」の尊敬語〕召し上がる。お飲みになる。
❹〔「す」の尊敬語〕なさる。おやりになる。

一 自動詞 ラ四 {ら/り/る/る/れ/れ} ❶〔「行く」の謙譲語〕**参上する。うかがう。お仕えする。** 枕草子 平安―随筆 宮にはじめてまゐりたるころ「宮に初めてまゐりたるころ」訳中宮様の御殿にはじめてお仕えしたころ。

❷〔「行く」の謙譲語〕（神社・寺院などに）**お参りに行く。お参りする。参詣する。** 更級 平安―日記 春秋のさだめ「霜月の二十余日、石山にまゐる」訳十一月の二十日過ぎに、石山寺にお参りに行く。

❸〔「行く」の謙譲語〕（天皇・皇太子の妃として）**おそばに上る。入内する。** 源氏物語 平安―物語 桐壺「人より先にまゐり給ひて、やむごとなき御思ひなべてならず」訳(この妃は)ほかの妃よりも先に入内なさって、帝がお心をおかけになることはひととおりでなくて。

❹〔「行く」「来く」の丁寧語〕**参ります。** 更級 平安―日記 物語「今、まゐりつる道に、紅葉のいとおもしろきところのありつる」訳今、通って参りました道に、紅葉のたいへん美しい所がありましたよ。

二 他動詞 ラ四 {ら/り/る/る/れ/れ} ❶〔「与ふ」の謙譲語〕**差し上げる。献上する。奉る。** 伊勢物語 平安―物語 八二「親王に、馬の頭、大御酒まゐる」訳親王に、右馬寮の長官がお酒を差し上げる。

❷〔「す」「仕ふ」の謙譲語〕**してさしあげる。奉仕する。** 源氏物語 平安―物語 若紫「さるべきもの作りて、すかせたてまつり、加持などまゐるほどに、日高くさし上りぬ」訳しかるべき護符などを作って、お飲ませ申し上げ、加持などをしてさしあげるうちに、太陽が高くのぼった。

❸〔「食ふ」「飲む」の尊敬語〕**召し上がる。お食べになる。お飲みになる。** 大和物語 平安―物語 一二五「ほかにて酒などまゐり、酔ひて」訳よそで酒などをお飲みになり、酔っぱらって。

❹〔「す」の尊敬語〕**なさる。おやりになる。** 源氏物語 平

安一物語 若紫「今宵はなほ静かに加持などまゐりて、出でさせ給へ」訳今晩はやはり静かに加持などをなさって、(山を)出立なさいませ。参考 (1) 一❶の「参る」の対義語は、「まかる」であったが、平安時代になると「まかづ」になった。(2) 二❸の用法は、二❶❷に対して、その奉仕を受ける側の行為・動作を言うのに用いたところから生まれたものである。

ま-を-くば・る【間を配る】連語 間隔を取る。徒然 鎌倉一随筆 二一九「まをくばること等しきゆゑに」訳(横笛の五の穴と上の穴との間の)間隔を取るぐあいが、(他の所と)等しいために。

まを-ごも【真小薦】名詞「こも❷」に同じ。一説に、「真麻(=苧)」で編んだ薦。◆「ま」「を」は共に接頭語。

まをさ-く【申さく・白さく】なりたち 動詞「まをす」の未然形＋接尾語「く」「まうさく」に同じ。万葉集 奈良一歌集 三八四〇「寺々の女餓鬼まをさく」訳寺々の女の餓鬼(の像)が申すことには。参考「まうさく」の古い形。平安時代以降「まうさく」に変化した。

まを・す【申す・白す】「まうす」の古形。一 他動詞サ四{さ／し／す／す／せ／せ}[「言ふ」の謙譲語]申し上げる。万葉集 奈良一歌集 三六八八「秋さらば帰りまさむとたらちねの(=枕詞)母にまをして」訳秋になったら帰っていらっしゃるだろうと、母に申し上げて。二 補助動詞サ四{さ／し／す／す／せ／せ}[謙譲の意を表す](動詞の連用形に付いて)…申し上げる。万葉集 奈良一歌集 八七六「天飛ぶや(=枕詞)鳥にもがもや都まで送りまをして飛び帰るもの」訳鳥であったらいいなあ、都まで送り申し上げて飛んで帰ってくるのになあ。参考 奈良時代以前の語。平安時代以降は「まうす」となる。

まん【幔】名詞 幕の一種。縦にだんだらの筋が入っているもの。幔幕。

万葉集 書名 歌集。大伴家持ほか編。奈良時代成立。二十巻。〔内容〕最古の大詩歌集。短歌・長歌・旋頭歌など総計約四千五百首。歌人はあらゆる身分階層にわたり、地域的にも大和を中心として北は陸奥から南は九州までの広範囲に及んでいる。雄大荘重、純真素朴で、明るく力強く、絵画的な自然描写、情熱的な感動を表現した歌が多く、内容から雑歌・相聞・挽歌に分類されている。参照▼口絵

まん-ぐゎん【満願】名詞 神仏に期限を定めて祈願した、予定の日数が満ちること。

まん-ごふ【万劫】名詞 仏教語。非常に長い年月。

まん-ざ【満座】名詞 その場にいる者全部。

まん-ざい【万歳】名詞 ❶一万年。万世。また、長寿・繁栄などを祝うことばとしても使う。神楽歌 平安一神楽 千歳法「まんざいやまんざいやまんざいや万代のまんざいや」訳万年や万年やよろず代の万年や。❷「千秋万歳」の略。江戸時代、正月に、その年の繁栄を祝って賀詞を述べ、腰鼓を打ってこっけいな踊りをした、門付けの芸能。風折り烏帽子に大紋の直垂を着た太夫と、大黒頭巾をかぶった才蔵が連れ立って演じた。また、その芸人。季春。

まんざい-らく【万歳楽】名詞 雅楽の曲の一つ。祝いの宴に用いられた。

まん-しん【慢心】名詞 思い上がった心。

まんだら【曼陀羅・曼荼羅】名詞 仏教語。❶悟りを得るための修行の道場。また、諸仏を安置する壇。❷仏の悟りの境地を絵に表したもの。特に、密教で重視されて礼拝の対象ともされるが、これは密教の教主大日如来の悟りの境地を絵に表したものである。◆本来は「本質のもの」の意。「まだら」とも。

まん-どころ【政所】名詞 ❶政治を執り行う所。特に、「検非違使庁」のこと。❷平安時代以後、親王・摂関家、三位以上の公卿の家で、荘園の事務や家政などをつかさどった機関。❸大きな神社・寺院で、所管の事務を取り扱う機関。❹鎌倉・室町幕府の政務機関。政務・財政、一部の訴訟を扱った。また、その役人。❺「北の政所」の略。◆「まつりどころ」の変化した語。政治を執り行う所の意。「まどころ」とも。

まん-な【真名・真字】名詞「まな」の撥音便。「まな(真名)❶」に同じ。対仮名。

(万 歳❷)

まん-のう【万能】名詞 さまざまなわざ。技能。

まん-ぼふ【万法】名詞 仏教語。物質的・精神的なすべての実在。また、それらが持つ法則。

まん-まん・たり【漫漫たり】形容動詞タリ{たら／たり・と／たり／たる／たれ／たれ}広々としている。果てしない。平家物語 鎌倉一物語 九・小宰相身投「まんまんたる海上なれば」訳果てしない海上なので。

万葉調 文芸『万葉集』の歌の、特徴的な表現傾向のこと。「古今調」「新古今調」と並ぶ、和歌の三大傾向の一つ。感動を率直・素朴に表現し、壮大で力強い格調を持つ。五七調で、二句切れ・四句切れの歌が多く、枕詞・序詞・対句・反復などの修辞を多く用いている。のち、鎌倉時代の源実朝や、江戸時代の賀茂真淵・良寛らに引き継がれた。男性的な歌風であるところから、「ますらを振り」といわれる。

◆学習ポイント㊺

三大歌集の比較

	万葉集	古今和歌集	新古今和歌集
成立年代	奈良時代後期 七五九年以降	平安時代前期 九〇三年以降	鎌倉時代前期 一二〇五年
歌体	短歌・長歌・旋頭歌・仏足石歌体	短歌・長歌・旋頭歌	短歌
歌風	五七調、二～四句切れが多く、荘重	七五調、三句切れが多く、流麗	七五調、初句、三句切れが多く、流麗
	生活に即した感動を、率直に表現。直感的、実感的、素朴、男性的	生活から遊離し、遊戯的、理知的、技巧的、観念的、優美、女性的	現実から逃避。技巧的、構成的、象徴的、絵画的、耽美的、繊細艶麗
修辞	枕詞・序詞・反復・対句	掛詞・縁語、比喩	掛詞・縁語本歌取り体言止め

み[1]【巳】名詞 ❶「十二支」の第六。❷時刻の名。午前十時。また、それを中心とする二時間。「巳の刻」「巳の時」とも。❸方角の名。**南南東。**

み[2]【身】

一 名詞 ❶**からだ。身体。** 方丈記 鎌倉―随筆「あるいは煙にむせびて倒れ伏し、あるいは焔にまぐれてたちまちに死ぬ。あるいはみ一つ、からうじて逃るるも」訳ある者は煙で息がつまって倒れ伏し、ある者は炎に目がくらんですぐに死んでしまう。ある者はからだ一つ、なんとかして逃げ出すことはできても。

❷**自分。わが身。その人自身。** 枕草子 平安―随筆 頭の中将の「これは、みのためも人の御ためもよろこびには侍らずや」訳これは、自分のためにもあなたの御ためにも喜ばしいことではありませんか。

❸**身の上。境遇。身分。** 枕草子 平安―随筆 大進生昌が家に「家のほど、みのほどに合はせて侍るなり」訳家格、身分の程度に合わせて作ってございます。

❹**刀身。**▼刀剣の、鞘におさまる部分。

❺(容器の蓋に対して)物を入れる方。

二 代名詞 **私。われ。**▼鎌倉時代以降、男性が用いる自称の人称代名詞。正徹物語 室町―論「みが家は三条東洞院にありしなり」訳私の家は三条東洞院にあったのである。

み[3]【海】名詞「うみ」の変化した語。「うみ」に同じ。日本書紀 奈良―史書 神功「淡海のみ」訳近江の海(＝琵琶湖)。

み-[4]【美】接頭語 名詞に付いて、美しい、りっぱな、などの意を添えたり、語調を整えたりするときに用いる。「み冬」「み山」「み雪」「み吉野」。

み-[5]【御】接頭語 名詞に付いて尊敬の意を表す。古くは神・天皇に関するものにいうことが多い。「み明かし」「み軍」「み門」「み子」

日本語のこころ 「体」と「身」

平安時代の女流文学の『源氏物語』や『枕草子』には、「からだ」という言葉は出て来ません。当時は「からだ」という単語は日本語の中になかったのかと思った学者もありましたが、男性の書いた文章の中には、ちゃんと出てきました。

女性の書いた文章に関する限り、一度も使われていないことがわかりました。

それでは女性は「からだ」といいたい時に、何といったのでしょう。「身」といったのです。「百人一首」に出てくる「わが身世にふる眺めせしまに」(⇩はなのいろは…)とか「身を尽くしてや恋ひ渡るべき」(⇩わびぬれば…)の「身」です。「体」と「身」とは意味が違います。体というと、胴体があり、手足がついた肉体をさします。身の方はそれに対して着物を着ているのです。「身なり」と言うのは着物を着たようすについていうことですし、「身ごしらえ」とか「身支度」というのは、いずれも着物を着た姿についていう言葉です。「身のまわりのもの」というのは、着物をちゃんと着ている人が手にもつ小さな道具類をいいます。

日本語には「姿」という美しい言葉があります。主に女の人に関して使う言葉で、何か着ていなければ姿とはいいません。「娘姿」「花嫁姿」「着物姿」「旅姿」「うしろ姿」、「ゆかた姿」など、みな何かを着ている、その全体を少し離れたところから眺めて、美しいなと感心した時に使う言葉です。日本の女性は欧米の人と違い、衣服をまとって、その衣服の着こなしによって美を求めようとしたのです。

-み[6] 接尾語 ❶〔形容詞の語幹、および助動詞「べし」「まじ」の語幹相当の部分に付いて〕(…が)…**なので。**(…が)…**だから。**▼原因・理由を表す。多く、上に「名詞＋を」を伴うが、「を」がない場合もある。万葉集 奈良―歌集 九一九「若の浦に潮満ち来れば潟を無み葦辺をさして鶴鳴き渡る」訳⇩わかのうらに…。❷〔形容詞の語幹に付いて〕…と(思う)。▼下に動詞「思ふ」「す」を続けて、その内容を表す。万葉集 奈良―歌集 一九六「望月のいやめづらしみ思ほしし君と時々幸して」訳満月のように、いよいよいとしいとお思いになっていた夫君と時々お出かけになって。❸〔形容詞の語幹に付いて〕その状態を表す名詞を作る。万葉集 奈良―歌集 一五〇〇「夏の野の繁みに咲ける姫百合の」訳⇩なつののの…。❹〔動詞および助動詞「ず」の連用形に付いて〕…たり…たり。▼「…み…み」の形で、その動作が交互に繰り返される意を表す。伊勢物語 平安―物語 六七「生駒の山を見れば、曇りみ晴れみ、たちゐる雲やまず」訳生駒の山を見ると、曇ったり晴れたりして、高く低く漂う雲が絶えない。

-み[7]【回・廻・曲】接尾語〔地形を表す名詞に付いて〕…の湾曲した所。…のまわり。「磯み」「浦み」「島み」「裾み(=山の裾のまわり)」

み-あかし【御明かし・御灯】名詞 神や仏に供える灯火。お灯明。◆「み」は接頭語。

み-あかしぶみ【御明かし文】名詞 願い事を書いて神仏に奉る文書。願文。◆「み」は接頭語。

み-あさ・む【見あさむ】他動詞マ四{ま/み/む/む/め/め} 見て驚きあきれる。栄花物語 平安―物語 つぼみ花「『公事はことなるものなりけり…』と、みあさみ思ふべし」訳「朝廷のことは、格別のものであるなあ…」と、見て驚きあきれて思うだろう。

み-あし-まゐり【御足参り】⇩あしまゐり

み-あし-まゐ・る【御足参る】連語 貴人の足をもみさすってさしあげる。今昔物語 平安―説話 二六・一七「女声にて『みあしまゐれ』と候へば、参り候ひつる」訳女の声で、「御足をもみさすってさしあげよ」と言われましたので、うかがいました。

み-あつか・ふ【見扱ふ】他動詞ハ四{は/ひ/ふ/ふ/へ/へ} ❶世話をする。面倒を見る。源氏物語 平安―物語 東屋「とかくみあつかふも、心づきなければ」訳(娘浮舟を)あれこれ世話をするのも、(継父の手前)気まずいので。❷もてあます。源氏物語 平安―物語 末摘花「など、かう憂き世をみあつかふらむ」訳どうして、このようにつらいことの多い男女の仲を(私は)もてあましているのだろうか。

み-あつ・む【見集む】他動詞マ下二{め/め/む/むる/むれ/めよ} あれこれと数多く見る。たくさんの事物に接する。源氏物語 平安―物語 玉鬘「多くの人をなむみあつむれど」訳多くの(女の)人をあれこれ見るけれど。

み-あは・す【見合はす】他動詞サ下二{せ/せ/す/する/すれ/せよ} ❶互いに見る。見交わす。蜻蛉 平安―日記 上「目もみあはせず、思ひいりてあれば」訳目も見交わさず、思いつめていると。❷見比べる。対照する。源氏物語 平安―物語 帚木「人の有り様をあまたみあはせむの好みならねど」訳女性のようすをたくさん見比べようという望みではないけれど。

み-あ・ふ【見合ふ】一 自動詞ハ四{は/ひ/ふ/ふ/へ/へ} 出会う。著聞集 鎌倉―説話 五二「はからざるに僧正にみあひ奉りにけり」訳思いがけず僧正に出会い申し上げたのだった。二 他動詞ハ四{は/ひ/ふ/ふ/へ/へ} ❶互いに見る。見交わす。落窪物語 平安―物語 三「うつぶしつつみあひたり」訳うつむきうつむき顔を見交わしている。❷見つける。今昔物語 平安―説話 九・八「生命を害せむをみあはば」訳命を絶とうとするのを見つけたならば。❸みんなで見る。宇治拾遺 鎌倉―説話 一一・一五「上り下る者、市をなして、行きもやらでみあひたり」訳(街道を)往来する者が大勢むらがって、通ることもできずみんなで見ている。

み-あへ【御饗】名詞(貴人への)飲食のもてなし。御馳走。◆「み」は接頭語。

み-あらか【御舎・御殿】名詞 御殿。◆「み」は接頭語。奈良時代以前の語。

み-あらは・す【見顕す】他動詞サ四{さ/し/す/す/せ/せ} (隠されている物や事柄を)見つけて明らかにする。正体を見破る。見抜く。あばく。源氏物語 平安―物語 手習「狐の変化したるか。憎し。みあらはさむ」訳きつねが化けたのか。憎らしい。正体を見破ってやろう。

み-あり・く【見歩く】他動詞カ四{か/き/く/く/け/け} あちこち見て回る。徒然 鎌倉―随筆 三二「九月廿日比、ある人に誘はれたてまつりて、明くるまで月みありく事侍りしに」訳九月二〇日ごろ、ある人のお誘いをいただいて、夜が明けるまで月を見て回ることがございましたが。

み-あれ【御生れ・御阿礼】名詞 ❶「賀茂の祭り」に先立って陰暦四月の中の午の日に上賀茂神社で行われる神事。「賀茂のみあれ」「みあれ祭り」とも。❷「上賀茂神社」の別名。◆「み」は接頭語。「あれ」は、生まれることの意。

み-いだ・す【見出だす】他動詞サ四{さ/し/す/す/せ/せ} ❶外を見る。ながめやる。伊勢物語 平安―物語 六九「男、はた寝られざりければ、外の方をみいだして臥せるに」訳男もまた寝られなかったので、外の方をながめやって、横になっていると。対見入る。❷見つける。見つけ出す。発見する。宇治拾遺 鎌倉―説話 五・一「この地蔵納めて置き奉りけるを思ひ出して、みいだしたりけり」訳この地蔵を(奥の部屋に)お納め置き申し上げてあったことを思い出して、見つけ出したのであった。❸(目を)みはる。みひらく。曾我物語 鎌倉―物語 七「持ちたる扇をさっと開き、大きに目をみいだし」訳持っている扇をさっと開いて、大きな目をみひらいて。

み-いつ【御厳・御稜威】名詞「稜威」の尊敬語。神や天皇の強い御威光。◆「み」は接頭語。

み-い・づ【見出づ】他動詞ダ下二{で/で/づ/づる/づれ/でよ} ❶見つけ出す。枕草子 平安―随筆 うれしきもの「いみじうゆかしとのみ思ふが、残りみいでたる」訳とても読みたいとばかり思っている(物語)の、残りを見つけ出したとき。❷内から外を見る。浜松中納言 平安―物語 二「いとよく笑みてみいでて居給へり」訳とてもよく笑って外を見ていらっしゃる。

み-いはひ【身祝ひ】名詞 その人自身の個人的な祝い。

***み-い・る**【見入る】他動詞ラ下二{れ/れ/る/るる/るれ/れよ} ❶外から内を見る。のぞく。枕草子 平安―随筆 殿などのおはしまさで後「御簾のそばの、あきたりつるより、みいれつれば」訳御簾のわきのすき間から、中をのぞいたところ。

対見出(みいだ)す。❷気にとめて見る。注意して見る。枕草子 平安—随筆 鳥は「鳶(とび)・烏(からす)などのうへは、みいれ聞き入れなどする人、世になしかし」訳とびやからすについては、注意して見たり聞いたりする人は、世の中にいないでしょう。❸目をかける。心を込めて世話をする。枕草子 平安—随筆 にくきもの「あからさまに来たる子ども・童(わらは)を、みいれらうたがりて」訳ちょっと遊びに来た子供や幼子たちを、目をかけてかわいがって。❹(悪霊などが)目をつけてとりつく。源氏物語 平安—物語 夕顔「荒れたりし所に住みけむ物の我にみいれけむたよりに」訳荒れはてた所に住みついたという魔性のものが、私に目をつけてとりついたまきぞえで。

み-いれ【見入れ】 名詞 ものの内部をのぞき込んで見ること。また、のぞき込んで見たようす。源氏物語 平安—物語 夕顔「みいれの、程なく、ものはかなき住まひを」訳内部をのぞき込んだところでは、奥行きもなく、みすぼらしい住まいだが。

み-うち¹【身内】 名詞 ❶体じゅう。❷親類。

み-うち²【御内】 一 名詞 ❶貴人・主君の邸内または屋敷の尊敬語。❷貴人、また、その奥方の尊敬語。また、主君の尊敬語。❸直属の家臣。譜代の家臣。太平記 室町—物語 三七「みうち・外様(とざま)の勢四千余騎」訳一門の家臣・外様家臣の軍勢四千余騎。❹家臣。家来。◆「み」は接頭語。
二 代名詞 あなたさま。▼対称の人称代名詞。尊敬語。雲林院 室町—能楽 謡曲「花を散らしつるはみうちでわたり候ふか」訳花を散らしたのはあなたさまでいらっしゃいますか。

み-うちき【御袿・御打ち着】 名詞 装束をお召しになること。◆「み」は接頭語。

みえ-あり・く【見え歩く】 自動詞カ四{か/き/く/く/け/け} 人目につくように歩き回る。竹取物語 平安—物語 貴公子たちの求婚「あながちに心ざしみえありく」訳一途に真心が人目につくように歩き回る。

み-えい【御影】 名詞 神仏や貴人の肖像の尊敬語。◆「み」は接頭語。

みえ-・く【見え来】 自動詞カ変{こ/き/く/くる/くれ/こ(こよ)} 姿を見せる。やってくる。古今 平安—歌集 恋五「植ゑて去(い)にし秋田刈るまでみえこねば」訳苗を植えて行ってしまって秋に田を刈るまでやってこないので。

みえ-しらが・ふ【見えしらがふ】 ミエシラガウ—ミエシラゴウ 自動詞ハ四{は/ひ/ふ/ふ/へ/へ} わざと人目につくようにする。枕草子 平安—随筆 職の御曹司におはします頃、西の廂にて「つねにみえしらがひありく」訳いつもわざと人目につくようにして歩き回る。

みえ-にく・し【見え難し】 形容詞ク{(く)・から/く・かり/し/き・かる/けれ/かれ} 会うのが気詰まりだ。枕草子 平安—随筆 職の御曹司の西面の「この君こそ、うたてみえにくけれ」訳あのお方は、いとわしくて会うのが気詰まりだ。

みえ-ぬ【見えぬ】 連語
なりたち 動詞「みゆ」の未然形＋打消の助動詞「ず」の連体形
❶姿が見えない。堤中納言 平安—物語 虫めづる姫君「鬼と女とは、人にみえぬぞよき」訳鬼と女とは、人に姿が見えないのがよいのだ。❷見知らぬ。見かけない。伊勢物語 平安—物語 九「京にはみえぬ鳥なれば、みな人見知らず」訳都では見かけない鳥であるので、そこにいる人は皆、よく知らない。

みえ-まが・ふ【見え紛ふ】 ミエマガウ—ミエマゴウ 自動詞ハ四{は/ひ/ふ/ふ/へ/へ} 見まちがえる。源氏物語 平安—物語 薄雲「かがり火どもの影の、遣(や)り水の蛍にみえまがふも、をかし」訳かがり火の光が、遣り水の蛍に見まちがえるのも、趣深い。

みえ-わ・く【見え分く】 自動詞カ四{か/き/く/く/け/け} 区別がついて見える。はっきりと見分けがつく。枕草子 平安—随筆 関白殿、二月二十一日に「色の黒さ赤ささへみえわかれぬべきほどなるが」訳(髪の)色の黒さや赤さまでもはっきりと見分けがつけられるほどであるが。

みえ-わた・る【見え渡る】 自動詞ラ四{ら/り/る/る/れ/れ} 全体が一目で見える。長い時間ずっと見える。蜻蛉 平安—日記 中「まだいと暗ければ、湖(みう)の上、白くみえわたりて」訳まだたいそう暗いので、湖の上が、白く一目で見渡せて。

みお【水脈・澪】 ⇨みを

み-お・く【見置く】 他動詞カ四{か/き/く/く/け/け} ❶あとに残しておく。見捨てる。枕草子 平安—随筆 御乳母の大輔の命婦「さる君をみおき奉りてこそ、え行くまじけれ」訳こうした御方をお見捨て申し上げては、とても行くことはできない。❷ようすなどを見ておく。見定めておく。源氏物語 平安—物語 須磨「少納言をはかばかしき者にみおき給(たま)へれば」訳(源氏は)少納言を頼りになる人として見定めておきなさったので。❸前もって方法を講じておく。とりはからっておく。更級 平安—日記 夫の死「幼き人々を、いかにもいかにもわがあらむ世にみおくこともがな」訳幼い子供たち(の行く末)を、なんとしても私の生きている間にとりはからっておくことができたらなあ。

み-おこ・す【見遣す】 他動詞サ下二{せ/せ/す/する/すれ/せよ} こちらを見る。竹取物語 平安—物語 かぐや姫の昇天「月の出(い)でたらむ夜は、みおこせ給(たま)へ」訳月が出ているような夜は、こちら(＝私のいる月)を見てください。対見遣(みや)る。

みおつくし【澪標】 ⇨みをつくし

み-おと・す【見貶す】 他動詞サ四{さ/し/す/す/せ/せ} 見くだす。さげすむ。紫式部 平安—日記 消息文「ねたげにみおとさむ者」訳憎らしげに見下すような人。

み-おほ・す【見果す】 ミオオス 他動詞サ下二{せ/せ/す/する/すれ/せよ} 最後まで見届ける。見定める。源氏物語 平安—物語 明石「手などことなくまさりにけりと、みおほせ給(たま)ひて」訳筆跡なども格段にぬきんでてしまったなあと、(手紙の書き手がだれかを)見定めなさって。

み-おや【御祖】 名詞 親や先祖の尊敬語。▼母・祖母を尊んでいうことが多い。◆「み」は接頭語。

み-およ・ぶ【見及ぶ】 他動詞バ四{ば/び/ぶ/ぶ/べ/べ} 見ることができる。考えつく。源氏物語 平安—物語 帚木「人のみおよばぬ蓬萊(ほうらい)の山」訳人が見ることのできない蓬萊の山。

み-か¹【三日】 名詞 ❶三日間。❷月の第三日。❸結婚や出産の後の三日目。◇結婚後三日目の夜には披露(ひろう)の宴を、出産後三日目には「産養(うぶやしな)ひ」の祝宴を行う。

み-か²【甕】 名詞 大きな瓶(かめ)。水や酒を貯蔵したり、酒をかもしたりするのに用いる。◆「み」は接頭語。

み-かうし【御格子】ミカウシ 名詞「格子(かうし)」の尊敬語。◆「み」は接頭語。

みかうし-まゐ・る【御格子参る】ミカウシマイル 連語 [格子の上げ下げについての謙譲語](御殿の)**格子をお上げする。また、格子をお下ろしする。** 枕草子 平安―随筆「雪のいと高う降りたるを、例ならずみかうしまゐりて」訳雪がずいぶん高く降り積もっているのに、いつもと違って格子をお下ろし申して。

み-かき【御垣】 名詞 (宮中や神社などの)**お垣根。** ◆「み」は接頭語。

みかき-もり[1]【御垣守】 名詞 宮中の門を警固する役人。衛士(ゑじ)。詞花 平安―歌集 恋上「みかきもり衛士(ゑじ)のたく火の夜(よる)は燃え昼は消えつつ物をこそ思へ」訳⇩みかきもり…。

みかきもり…[2] 和歌 百人一首「みかきもり 衛士(ゑじ)のたく火の **夜(よる)は燃え 昼は消えつつ 物をこそ思へ**」詞花 平安―歌集 恋上・大中臣能宣(おほなかとみのよしのぶ) 訳宮中の御門を守る衛士のたくかがり火が、夜は燃えて昼は消えているように、私の恋の炎も、夜になると燃え、昼は魂(たましい)も消え入るばかりになり、切ない物思いをしているよ。

み-か・く【見掛く】 他動詞カ下二{け/け/く/くる/くれ/けよ}**目に留める。目にかける。** 宇治拾遺 鎌倉―説話 一五・六「つゆ目もみかくる人もなきに」訳少しも目に留める人もないのに。

みが・く【磨く・研く】 他動詞カ四{か/き/く/く/け/け}❶**物をこすって光らせる。磨く。** 枕草子 平安―随筆 あさましきもの「挿し櫛(ぐし)すりてみがく程に」訳挿し櫛をこすって磨いているうちに。❷**飾りたてる。** ▼化粧することにもいう。源氏物語 平安―物語 明石「娘住ませたるかたは、心殊にみがきて」訳娘を住まわせている所は、丹精こめて飾りたてて。❸**いっそう洗練させる。いっそうりっぱなものにする。** 源氏物語 平安―物語 若菜上「対(たい)の上(うへ)の御もてなしにみがかれて」訳(明石の姫君は)対の上(=紫の上)のご養育でいっそう洗練させられて。

み-かく・す【見隠す】 他動詞サ四{さ/し/す/す/せ/せ}**見て見ぬふりをする。** 源氏物語 平安―物語 松風「せめてみかくし給(たま)ふ御目(まみ)じりこそわづらはしけれ」訳無理に見て見ぬふりをしなさるお目つきが気にかかるのだ。

み-がく・る[1]【水隠る】 自動詞ラ下二{れ/れ/る/るる/るれ/れよ}**水の中に隠れる。** 古今 平安―歌集 恋二「川の瀬になびく玉藻のみがくれて(=序詞(じよことば))人に知られぬ恋もするかな」訳川の瀬になびいている藻が水の中に隠れてわからないように、人に知られない恋をすることだ。参考 和歌では、「知られぬ」を導く序詞を構成することがあり、また、人に知られないでいるの意をかけることがある。

み-がく・る[2]【見隠る】 自動詞ラ下二{れ/れ/る/るる/るれ/れよ}**見え隠れたりする。** 著聞集 鎌倉―説話 四三三「みかくれ行くに」訳見え隠れ、見え隠れして行くと。

み-かげ【御陰・御蔭】 名詞 ❶**日光や雨などを避ける所。** ▼天皇の御殿にいう。❷(神・貴人などの)**御庇護(ごひご)。おかげ。お恵み。** ◆「み」は接頭語。

み-かさ【水嵩】 名詞 **みずかさ。水量。**

三笠山(みかさやま) 地名 歌枕 今の奈良市東部、春日(かすが)大社の東方にある山。「蓋(きぬがさ)」を伏せた形に似ることからの名。和歌では、月と取り合わせることが多く、また、「笠」を「傘」とかけて用いることが多い。さらに、天皇にさしかける御笠(みかさ)(=蓋(きぬがさ))ということから、天皇の警護にあたる近衛府(このゑふ)の高官を意味することもある。三笠の山。

み-がてり【見がてり】 連語 なりたち 動詞「みる」の連用形＋奈良時代以前の接続助詞「がてり」**見ながら。見るついでに。** 万葉集 奈良―歌集 三九四三「秋の田の穂向きみがてり」訳秋の田の穂のようすを見ながら。

み-かど【御門】 名詞 ❶[「門」の持ち主を敬っていう語]**ご門。** また、特に、**皇居のご門。** 万葉集 奈良―歌集 一八六「一日(ひと)には千(ち)たび参りし東(ひむがし)の大きみかどを入りかてぬかも」訳一日に千回も参上した東の大きなご門を入りかねることよ。❷**皇居。朝廷。宮殿。** 万葉集 奈良―歌集 一七三「高光る我が日の皇子のいませしば島のみかどは荒れざらましを」訳わが日の御子がおいでだったならば、島の宮殿は荒れなかっただろうに。❸[「天皇」の尊敬語]**天皇。** 伊勢物語 平安―物語 一六「三代(みよ)のみかどに仕うまつりて」訳三代の天皇にお仕え申し上げて。◇「帝」とも書く。❹**国家。天皇が治める国。** 伊勢物語 平安―物語 八一「わがみかど六十余国の中に、塩竈(しほがま)といふ所に似たるところなかりけり」訳我々の国家六十余りの国の中に、塩竈という所に似ている所はなかった。◆「み」は接頭語。

◆学習ポイント46

天皇家の人々

天皇は「みかど(御門・帝)」「うへ(上)」「しゅしゃう(主上)」(のち、「しゅじゃう」とも)」「うち(内)」、あるいは今の天皇という意味で「たうだい(当代)」「きんじゃう(今上)」と尊称された。引退した天皇は「ゐん(院)」「しゃうくわう(上皇)」などと呼ばれた。

天皇の正妻は一条天皇以後は、「くゎうごう(皇后)」「ちゅうぐう(中宮)」で同資格。その次が「にょうご(女御)」、その下が「かうい(更衣)」で正妻以外の夫人たちは「みやすどころ(御息所)」とも呼ばれた。

皇子は「しんわう(親王)」、皇女は「ないしんわう(内親王)」で、次の天皇となる皇子は「とうぐう(東宮・春宮)」と呼ばれた。

みかど-もり【御門守】 名詞 皇居や貴人の邸宅の門を守ること。また、その人。

みかのはら…[1] 和歌 百人一首「みかの原(はら) わきて流るる いづみ川 **いつ見きとてか 恋しかるらむ**」新古今 鎌倉―歌集 恋一・藤原兼輔(ふぢはらのかねすけ) 訳甕(みか)の原(はら)に湧(わ)き出て、その原を分けて流れる「いづみ川」ではないが、いつ見たというので、こんなにあの人が恋しいのであろうか。鑑賞「みかの原わきて流るるいづみ川」は「いづみ」と同音の「いつ見」を導く序詞(じょことば)。「わきて」は「泉」の縁語で、「分きて」と「湧きて」とをかけている。

甕の原(みかのはら)[2] 地名 歌枕 今の京都府相楽(そうらく)郡加茂(かも)町の、木津川(=泉川)の右岸の地域。大和と近江(おうみ)を結

み

ぶ交通の要路に当たり、元明・聖武両天皇の離宮が置かれ、また、聖武天皇の恭仁京が置かれた。和歌では、「みかのはら」の「みか」を「三日」と、また、「み」を「見」とかけて用いられることが多い。

みか-の-よ-の-もちひ【三日の夜の餅】(ミカノヨノモチイ) 連語 新婚三日目の夜、新郎新婦が、新婦の家で食べる祝い餅。「三日の餅」とも。◆これを食べることを結婚成立のあかしとした。

¹み-かは【御溝】(ミカワ) 名詞「みかはみづ」に同じ。

²三河(みかわ) 地名 旧国名。東海道十五か国の一つ。今の愛知県東部。三州。

み-かは-す【見交はす】(ミカワス) 他動詞サ四 {さ/し/す/す/せ/せ} 互いに見合わせる。大鏡 平安―物語 序「これらうち笑ひ、みかはして言ふやう」訳この人たちがちょっと笑い、互いに見合わせて言うことには。

みかは-みづ【御溝水】(ミカワミズ) 名詞 宮中の御殿の周りの溝を流れる水。特に、清涼殿のものをいうことが多い。「御溝」とも。

みかはや-うど【御厠人】(ミカワヤウド)―(ミカワヨウド) 名詞「みかはやびと」のウ音便。宮中で、不浄の場所や便所の清掃に従事した、身分の低い女性。

み-かへ-る【見返る】(ミカエル) 他動詞ラ四 {ら/り/る/る/れ/れ} 振り向いて見る。振り向く。徒然 鎌倉―随筆 四一「前なる人ども、…みな後ろをみかへりて」訳前にいる人たちが、…みんな後ろを振り向いて。

み-が-ほ-し【見が欲し】 形容詞シク {(しく)・しから/しく・しかり/し/しき・しかる/しけれ/しかれ} 見たい。万葉集 奈良―歌集 四一七〇「白玉のみがほし君を」訳真珠のように見たいあなたを。◆奈良時代以前の語。

み-かまぎ【御竈木・御薪】 名詞 役人が宮中に献上する薪。また、その儀式。のち、正月十五日の武家の行事となった。◆「み」は接頭語。

みかわやうど【御厠人】 ⇩みかはやうど

み-き【御酒】 名詞「酒」の尊敬語。お酒。特に、神に供える神聖な酒。◆「み」は接頭語、「き」は「酒」の古語。

みぎ【右】 名詞 ❶右。❷ある官職を左右に分ける場合の右の方。左より下位。対❶❷左。

みぎ-の-うまのかみ【右馬頭】 名詞「うまのかみ」に同じ。対左馬頭。

みぎ-の-おとど【右大臣】 名詞「うだいじん」に同じ。対左大臣。

みぎ-の-おほいまうちぎみ【右大臣】(ミギノオオイモウチギミ) 名詞「うだいじん」に同じ。対左大臣。

みき-の-つかさ【造酒の司】 名詞 律令制で、「宮内省」に属し、朝廷で使う酒・酢を作る役所。

***み-ぎは【汀】**(ミギワ) 名詞 水のほとり。水ぎわ。◆「み(水)きは(際)」から。

みぎは-まさ-る【汀勝る】(ミギワマサル) 連語 汀の水が増す。転じて、涙がとめどなく流れる。源氏物語 平安―物語 須磨「来し方行く先かきくらし、みぎはまさりてなむ」訳過去や将来のことを思って悲しみにくれ、涙がとめどなく流れるばかりです。

みぎょうしょ【御教書】 ⇩みげうしょ

¹みぎり【右】 名詞 みぎ。◆「ひだり」に合わせて、「みぎ」に「り」を添えたものか。

²み-ぎり【砌】 名詞 ❶雨滴を受けるために、軒下などに石などを敷いた所。また、転じて、庭。徒然 鎌倉―随筆 六六「大みぎりの石を伝ひて、雪に跡をつけず」訳敷石の石を伝って、雪に跡をつけないで。❷場所。所。今昔物語 平安―説話 一一・三〇「山の頂より下りて、…ふもとのみぎりに至りぬ」訳山頂から下って、…ふもとの所に着いた。❸時。折。場合。平家物語 鎌倉―物語 一〇・高野御幸「釈尊説法のみぎりに」訳釈迦の説法の折に。

参考「水限り(=「限り」は限る意)」→「水切り」からの語。

みぎわ【汀】 ⇩みぎは

¹み-くさ【水草】 名詞 水草。水辺に生える草。源氏物語 平安―物語 夕顔「池もみくさに埋もれたれば」訳池も水草におおわれているので。

²み-くさ【御軍】 名詞 天皇の軍隊。◆「み」は接頭語。「みいくさ」の変化した語。

***み-ぐし** 名詞 ㊀【御髪】貴人の「髪」の尊敬語。枕草子 平安―随筆 淑景舎、東宮に「こなたにてみぐしなど参る程に」訳こちらでお髪などおととのえになるころに。㊁【御首・御頭】貴人の「首」や「頭」の尊敬語。方丈記 鎌倉―随筆「大地震ふりて、東大寺の仏のみぐし落ちなど」訳大地震があって、東大寺の大仏のお首が落ちるなど。◆「み」は接頭語、「くし」は櫛の意。㊁は㊀の変化した語。

みぐし-あげ【御髪上げ】 名詞 貴人の髪を結い上げること。また、それに奉仕する人。枕草子 平安―随筆 淑景舎、東宮に「みぐしあげ参りて、蔵人ども御まかなひの髪あげて参らする程は」訳理髪係(の女官)が参上して、女蔵人たちのお給仕役の人の髪をあげてさし上げる間は。

***みぐし-おろ-す【御髪下ろす】** 連語 貴人が髪を剃って仏門に入る。貴人が出家する。伊勢物語 平安―物語 八三「思ひのほかに、みぐしおろし給うてけり」訳思いがけなく出家しなさってしまった。

み-くしげ【御櫛笥】 名詞「櫛笥」の尊敬語。◆「み」は接頭語。

みくしげ-どの【御匣殿】 名詞 ❶宮中の貞観殿の中にあって、内蔵寮で作るもの以外の装束を裁縫・調達する所。また、広く、貴人の家で、装束を裁縫・調達する所。❷❶に仕える女官の長。御匣殿の別当。冷泉天皇のころから、天皇・皇太子の妻妾となることが多くなった。

み-くづ【水屑】(ミクズ) 名詞 水中のごみ。つまらないもの、役に立たないもの、はかない身の上などのたとえに用いられることが多い。大鏡 平安―物語 時平「流れゆく我はみくづと成りはてぬ」訳(配所に)流されてゆく私は水中のごみ(のようにつまらないもの)となってしまった。

みくに-ゆづり【御国譲り】(ミクニユズリ) 名詞「天皇が位を皇太子に譲ること」の尊敬語。御譲位。◆「み」は接頭語。

みくまのの… 和歌「み熊野の 浦の浜木綿 百重なす 心は思へど 直に逢はぬかも」万葉集 奈良―歌集 四九六・柿本人麻呂 訳熊野の浦の浜木綿の葉が百枚も重なっているように、(あなたを)いく重にも心では思っているけれど、直接あなたに会う機会はないことよ。

鑑賞「み熊野の浦の浜木綿」は、「百重なす」を導く序詞。

み-くまり【水分り】名詞 山から流れ出る水が分かれる所。**分水嶺**。延喜式 平安―格式 祈年祭「みくまりに坐ます皇神たち」訳分水嶺においでになる神々。◆奈良時代以前の語。「水配り」の意。

み-くら【御倉・御蔵】名詞 倉の尊敬語。**おくら**。◆「み」は接頭語。

み-くり【三稜草】名詞 草の名。沼や沢に自生する多年生の水草。茎がすだれの材料となる。

***み-ぐる・し**【見苦し】形容詞 シク {（しく）・しから／しく・しかり／し／しき・しかる／しけれ／しかれ} ❶**見ているのがつらい。見るに忍びない**。大和物語 平安―物語 一四七「かくみぐるしく歳月を経へて」訳このように(そばで)見ているのがつらい(ような)年月を過ごして。❷**みっともない。不体裁だ**。枕草子 平安―随筆 鳥は「鷺は、いと見目もみぐるし」訳さぎは、ひどく見た目もみっともない。

み-け【御食・御饌】名詞 神または天皇にさし上げる食料の尊敬語。**お召し上がり物**。◆「み」は接頭語、「け」は食物・食事の意。

み-げうしょ【御教書】名詞 「下し文」の尊敬語。貴人の意を承ってそれを伝えるために出す、公式の命令書。平安時代には、三位以上の公卿、特に摂政・関白などの意を承って家司が出すものをいい、綸旨・院宣も含んでいた。鎌倉・室町時代には、将軍の意を承って執権や管領が出すものをいう。◆「み」は接頭語。

み-けし【御衣】名詞 貴人の衣服の尊敬語。**お召し物**。◆「み」は接頭語。

み-け-つ-くに【御食つ国】名詞 天皇の食料を献上する国。◆「つ」は「の」の意の奈良時代以前の格助詞。

み-け-むかふ【御食向かふ】枕詞 食膳に向かい合っている「鴨」「粟」「葱(=ねぎ)」「蜷(=にな)」などの食物と同じ音を含むことから、「味原」「淡路」「城の上へ」「南淵」などの地名にかかる。「みけむかふ淡路の島」

みけんびゃくがう-さう【眉間白毫相】名詞 仏教語。仏の三十二相の一つ。眉間の白毫(=白い巻き毛)から光を放つ様相。仏像では水晶などをはめて表す。

み-こ[1]【巫女・神子】名詞 神に奉仕して、神楽を舞ったり祈禱をしたり、また、神託を告げたり口寄せをしたりする女性。多くは未婚。

み-こ[2]【御子】名詞

❶[貴人の子の尊敬語]**お子様**。源氏物語 平安―物語 若紫「さらば、かの人のみこになりておはしませよ」訳それでは、あの方(=源氏)のお子様になっていらっしゃいよ。

❷**天皇の子。天皇の子孫**。▼男女ともに用いる。源氏物語 平安―物語 桐壺「世になく清らなる玉の男みこさへ生まれ給ひぬ」訳世にまたとなく気品があって美しい玉のような男の御子までもお生まれになった。

❸**親王**。皇族であることを天皇に認められた皇子。源氏物語 平安―物語 賢木「みこにもなさず、徒人にて朝廷の御後ろ見をせさせむと思ひ給へしなり」訳(源氏を)親王にもしないで、臣下として朝廷の御後見役をさせようと思いもうしたのです。◆「み」は接頭語。❷❸は「皇子」とも書く。

み-こき【御国忌】名詞 「国忌」の尊敬語。◆「み」は接頭語。

みこころ-を【御心を】枕詞 「御心を寄す」ということから、「寄す」と同じ音を含む「吉野」にかかる。「みこころを吉野の国」

***み-こし**【御輿】名詞 ❶「輿」の尊敬語。❷神が乗るとされる輿。◇「神輿」とも書く。◆「み」は接頭語。

みこし-やどり【御輿宿り】名詞 ❶御輿を納める倉。❷祭礼のとき、神輿・神輿が一時的に鎮座する所。**御旅所**。

み-こと[1]【命・尊】

一 名詞 [「…のみこと」の形で]神・天皇、または、目上の人の尊敬語。古事記 奈良―史書 神代「八千矛の神のみこと」訳八千矛の尊い神。万葉集 奈良―歌集 四四三「たらちねの(=枕詞)母のみこと」訳尊い母。◆「み」は接頭語。

二 代名詞 ❶**お前。お前さん**。▼対称の人称代名詞。今昔物語 平安―説話 一六・一八「我とみことと争ひをせむ

類語と使い分け⑱

「見苦しい」意味を表す言葉

「見苦しい」は、みっともないようす、体裁の悪いようすを指していう言葉であるが、古語の「見苦し」は、相手のようすについていうだけでなく、自分のほうが見ているのがつらい、見るに忍びないの意味で使われることがある。

現代語の「見苦しい」にあたる言葉には、「あさまし」「うたてげなり」「かたくなし」「さまあし」「ひとわろし」「みにくし」などがある。また、「あやし」「きたなし」などの言葉にも、見苦しいの意味が含まれている。

あさまし…あまりのことに驚きあきれるようすを表すのが原義であるが、そこから、あきれるほど見苦しい、見下げはてたようすであるの意味を表す。

うたてげなり…異様な感じ、怪しげな感じを伴って、見苦しい、いやな感じだという意味を表す。

かたくなし…「頑し」であり、頑固で融通のきかないようす、おろかしいようすを表す意味を持ちつつ、見苦しい、体裁が悪いの意味を表す。

ひとわろし…人に見られてよくないの意味で、そこから、体裁が悪い、外聞が悪いの意味を表す。

みにくし…ようすが見苦しい、みっともないのほかに、特に顔かたちについて、みっともない、不器量だの意味を表す。

あやし…本来、人知を超えたものに対し不思議に思う気持ちを表し、そこから、普通とはちがう奇異なものに対して、それを見苦しいととらえる意味を表す。

と思ふを」訳おれとお前と争いをしようと思うが。❷やつ。その人。▼他称の人称代名詞。今昔物語 平安―説話 二五・三「そのみことは、我に挑むべきことかは」訳そのやつは、おれに挑むことができようか、いや、できるはずがない。

参考 (1)一は、『日本書紀』では、非常に尊い身分に「尊」、それ以外は「命」と使い分けているが、『古事記』では「命」だけである。(2)二は、『今昔物語集』に見られる、人を見くびって呼ぶ用法。

[2]**み-こと**【御言・命】名詞 神や天皇の言葉の尊敬語。**お言葉。仰せ。詔。** 万葉集 奈良―歌集 四三二八「大君のみこと畏み磯に触り海原渡る父母を置きて」訳天皇の仰せを謹んで承り、磯を伝い、海を渡っていく。父母を置いたままで。◆「み」は接頭語。奈良時代以前の語。

み-ごと【見事】名詞 見るべき事物。見もの。徒然 鎌倉―随筆 一三七「みごといと遅し」訳見るべきもの(=賀茂の祭りの行列)がひどく遅い。

みごと・なり【見事なり】形容動詞ナリ {なら/なり・に/なり/なる/なれ/なれ} みごとだ。りっぱだ。巧みだ。

みこと-のり【詔・勅】名詞 天皇の言葉の尊敬語。**天皇のお言葉。**

みこと-もち【宰・司】名詞 天皇の命令により任地に下った地方官。のちの律令制の国司に当たる。▼天皇の「御言」を持ち政治を行うという意から。

みこ-ばら【皇女腹】名詞 皇女から生まれた子。内親王の子。

み-こも【水菰・水薦】名詞 草の名。水中に生える真菰。

みこも-かる【水菰刈る】枕詞 水菰がたくさん生えていて、それを刈り取る地の意で、「信濃」にかかる。「みこもかる信濃」

み-こもり【水籠り・水隠り】名詞 ❶水中に隠れること。万葉集 奈良―歌集 一三八四「みこもりに息づきあまり」訳水中に隠れる状態でため息をつくだけでなく。❷心に秘めて外に表さないこと。新古今 鎌倉―歌集 恋二「隠れ沼のみこもりにのみ恋ひやわたらむ」訳草に隠れた沼のように心に秘めて外に表さない状態でずっと恋いつづけようか。◆「みごもり」とも。

み-さう【御荘・御庄】名詞 荘園の尊敬語。**貴人の荘園。**◆「み」は接頭語。

みさお【操】⇨みさを

み-さき【御先・御前】名詞 ❶(貴人の外出のときの)**先払い。御前駆。** 源氏物語 平安―物語 浮舟「みさきも追はせ給はず」訳先払いもおさせにならず。❷神の使者とされる動物。稲荷のきつねなど。◆「み」は接頭語。

み-さ-く【見放く】他動詞カ下二 {け/け/く/くる/くれ/けよ} ❶**遠くを望み見る。** 万葉集 奈良―歌集 一七「しばしばもみさけむ山を心なく雲の隠さふべしや」訳⇨うまさけ…。❷**会って思いを晴らす。** 万葉集 奈良―歌集 四一五四「語りさけみさくる人目乏しみと」訳語り合って思いを晴らし、会って思いを晴らす人が少ないからと。◆「放く」は遠くへやる意。奈良時代以前の語。

みさご【鶚・雎鳩】名詞 鳥の名。猛禽で、海岸・河岸などにすみ、水中の魚を捕る。岩壁に巣を作り、夫婦仲がよいとされる。

みささき【陵】名詞 天皇・皇后などの墓所。**御陵。山陵。**「みさざき」とも。◆のちに「みささぎ」。奈良時代以前の語。

み-さ-す【見止す】他動詞サ四 {さ/し/す/す/せ/せ} **見るのを途中でやめる。** 伊勢物語 平安―物語 一〇四「みさして帰り給ひにけりとなむ」訳見物を途中でやめてお帰りになったということだ。

み-さぶらひ【御侍】名詞 貴人に仕える「侍(=従者)」の尊敬語。**お付きの人。御家来。**◆「み」は接頭語。

[1]**み-ざま**【見様】名詞 **はたから見たようす。外見。容姿。** 徒然 鎌倉―随筆 五六「人のみざまのよしあし」訳人の外見の良い悪い。

[2]**み-ざま**【身様】名詞 **体のありさま。体つき。** 源氏物語 平安―物語 若菜下「古めかしき御みざまにて」訳ふけやつれたお体つきで。

参考 「見様」に対して、体格や服装など体についていう語。

みさ-みさ 副詞 ぐっしょりと水にぬれたさま。びしょびしょになったさま。宇治拾遺 鎌倉―説話 二・四「背中は紅の練単衣を水に濡らして着せたるやうにみさみさとなりてありけるを」訳(拷問を受けたため)背中は紅の練単衣を水に濡らして着せたように(血で)ぐっしょりとなってしまったのを。

み-ざめ【見醒め】名詞 見ているうちに興ざめすること。

みさを【操】名詞 心を固く守って変えないこと。**節操。貞操。貞節。** 後拾遺 平安―歌集 雑一「あるが上にまた脱ぎかくる唐衣みさをもいかがつもりあふべき」訳かけてある上にまた唐衣を脱ぎかけてはどうして衣紋掛けも持ちこたえられよう。そのように私という者がいながら更に別の男と会うようではどうして貞節が保たれようか。

みさを-つく-る【操作る】連語 **平気なようすをする。** 源氏物語 平安―物語 帚木「上はつれなくみさをつくり」訳表面は何気なく平気なようすをし。

みさを・なり【操なり】形容動詞ナリ {なら/なり・に/なり/なる/なれ/なれ} ❶**心を固く守って変えない。堅固だ。** 宇津保 平安―物語 蔵開上「心のいとみさをに賢かりしかば」訳心がとても堅固で賢かったので。❷**平気だ。がまん強い。** 山家集 平安―歌集 中「疎き恨みはみさをなりけり」訳(今の会えないつらさに比べたら)二人の間が疎遠で会えなかったころの恨みの方が平気であったことだ。

みじか・し【短し】

形容詞ク {(く)・から/く・かり/し/き・かる/けれ/かれ}

❶(空間的に)**短い。低い。** 新古今 鎌倉―歌集 恋一「難波潟みじかき葦の節の間も逢はでこの世を過ぐしてよとや」訳⇨なにはがた…。

❷(時間的に)**短い。** 枕草子 平安―随筆 鳥は「五月雨のみじかき夜に寝ざめをして」訳五月雨が降る短い夜に途中で目をさまして。

❸(身分や位が)**低い。卑しい。** 源氏物語 平安―物語 東屋「高きもみじかきも女といふものは」訳身分の高い者も、身分の低い者も女というものは。

❹**思慮分別に欠ける。あさはかだ。短気だ。**〔古今 平安ー歌集〕雑体「玉の緒の(＝枕詞(まくらことば))みじかき心思ひあへず降る春雨の漏るやしぬらむ」〔訳〕(この私の)あさはかな心は思慮が及ばないで、降り注ぐ春雨の雨もりのように、(よい歌々が)選に漏れてしまっているのではないかと思います。〔五人女 江戸ー物語〕三「さりとはみじかし。さまざま分別こそあれ」〔訳〕そんなことを言うなんて、(いくらなんでも)思慮が足りない。いろいろ考えがある。❺(心情・愛情が)**移ろいやすい。心変わりしやすい。飽きっぽい。浮気っぽい。**〔源氏物語 平安ー物語〕末摘花「すきずきしき方に疑ひ寄せ給ふにこそあらめ。さりとも、みじかき心ばへつかはぬものを」〔訳〕かりそめの浮わついた気持ちと疑っていらっしゃるのであろう。けれども(私は)浮気っぽい心でいるのではないことだのに。

みじか-よ【短夜】〔名詞〕(夏の)**短い夜。**〔季〕夏。

み-し-ひと【見し人】〔連語〕

〔なりたち〕動詞「みる」の連用形＋過去の助動詞「き」の連体形＋名詞「ひと」

以前会ったことのある人。顔見知りの人。以前つきあった人。〔伊勢物語 平安ー物語〕九「『かかる道はいかでかいまする』と言ふを見れば、みしひとなりけり」〔訳〕「このような道にどうしていらっしゃるのか」と言うのをみると、以前会ったことのある人であった。

みしひとの…〔和歌〕「見し人の　松の千年(ちとせ)に　見ましかば　遠く悲しき　別れせましや」〔土佐日記 平安ー日記〕二・一六〔訳〕死んでしまったかわいい子供が、千年を経る松のようにいつまでも長生きしていたなら、遠い土地で悲しい死別をしただろうか、しなかったに違いない。

〔鑑賞〕幼い娘を赴任先で亡くした悲しみは、この作品のテーマの一つである。土佐の国での任期を終えて帰京して見ると、出発した時には元気だった子供のいない喪失感が、よりいっそう身にしみる。荒れ果てた庭先の小松を見て詠んだ一首で、『土佐日記』巻末の歌。「見し人」は「かつての恋人」の意であるが、ここでは亡くした我が子を示す。「ましかば…まし」は反実仮想の構文で、「もし…だったら…だろうに」と訳す。

み-しほ【御修法】〔名詞〕「みずほふ」に同じ。◆「みしゅほふ」の変化した語。

み-し・る【見知る】〔他動詞〕ラ四〔ら／り／る／る／れ／れ〕❶**見て、それとわかる。見て、よく知っている。**〔伊勢物語 平安ー物語〕九「京には見えぬ鳥なれば、みな人みしらず」〔訳〕都では見かけない鳥であるので、そこにいる人は皆よく知らない。❷**顔見知りである。面識がある。**〔徒然 鎌倉ー随筆〕八九「見れば、このわたりにみしれる僧なり」〔訳〕見ると、このあたりで顔を見知っている僧である。❸**見て、その価値を理解する。**〔源氏物語 平安ー物語〕末摘花「いみじうなまめきて、みしらむ人にこそ見せめ」〔訳〕たいそう美しくて、(物の美しさを)理解できそうな人にこそ見せたいものだ。

み-じろ・く【身動く】〔自動詞〕カ四〔か／き／く／く／け／け〕**体を動かす。身動きする。**〔枕草子 平安ー随筆〕宮にはじめてまゐりたるころ「さらにえふともみじろかねば」〔訳〕全然、急には体を動かせないので。

み-す[1]【御簾】〔名詞〕「簾(す)」の尊敬語。神殿や貴人の御殿に用いる簾(すだれ)。〔枕草子 平安ー随筆〕雪のいと高う降りたるを「御格子(みかうし)上げさせて、みすを高く上げたれば、笑はせ給(たま)ふ」〔訳〕(女房に)御格子を上げさせて、御簾を高く上げたところ、(中宮は)お笑いになる。◆「み」は接頭語。〔参照〕▼口絵

み・す[2]【見す】

〔一〕〔他動詞〕サ四〔さ／し／す／す／せ／せ〕〔「見る」の尊敬語〕**ご覧になる。**〔日本書紀 奈良ー史書〕継体「御諸(みもろ)が上に登り立ち我が見せば」〔訳〕御諸山の上に登り立って私がご覧になると。〔参考〕用例の作者は、春日皇女(かすがのひめみこ)。自分の動作をみずから敬った形の言い方で、「自敬表現」と呼ぶことがある。

〔二〕〔他動詞〕サ下二〔せ／せ／す／する／すれ／せよ〕❶**見せる。見させる。見るようにさせる。**〔枕草子 平安ー随筆〕うつくしきもの「いとをかしげなる指(および)にとらへて、大人ごとにみせたるいとうつくし」〔訳〕(幼児が塵(ちり)を)たいそう愛らしい指につまんで、大人を見るごとに見せているのがたいそう可愛らしい。〔参照〕▼文脈の研究　見す。❷**嫁がせる。結婚させる。**〔源氏物語 平安ー物語〕若菜下「宮仕へに次ぎては、親王(みこ)たちにこそはみせ奉らめ」〔訳〕(大切にしている娘を)帝(みかど)への宮仕え(をさせるかそれ)に次いでは、親王たちに嫁がせ申し上げるのがよかろう。❸**占わせる。判断させる。**〔源氏物語 平安ー物語〕明石「しのびて、よろしき日みせて」〔訳〕(明石の入道は)こっそりと、(陰陽師(おんようじ)に)吉日を占わせて。

見す

「見す〔二〕❶」の『枕草子』「うつくしきもの」の条の用例は、

> うつくしきもの(可愛らしいもの)。瓜にかきたる(描いてある)児(ちご)(幼な子)の顔。雀の子のねず鳴き(ねずみの鳴きまね)するにをどり来る(踊るように来る)。

の後に記された一文中のもので、この直前の文脈に、

> 二つ三つばかりなる児の、いそぎて(急いで)はひくる(這って来る)道に、いとちひさきちり(小さな塵)のありけるをめざとく(めざ)とに見つけて、

とあるのを受けた部分。「大人ごとに」は「大人毎に」で、厳密には「大人がいるのを見ては、そのひとりひとりに」の意。

〔参照〕▼うつくし❷／めざとなり。

みず〖水・瑞〗⇩みづ

み-ずいじん【御随身】〔名詞〕「随身(ずいじん)」の尊敬語。◆「み」は接頭語。

み-すがら【身すがら】〔名詞〕❶**体一つであること。身一つ。**〔奥の細道 江戸ー紀行〕草加「ただみすがらにと出(い)で立ち侍(はべ)るを」〔訳〕ただ身一つだけでと出発しましたが。❷(家族・親族などの)係累がないこと。**独り身。**〔心中

み

天網島 江戸｜浄瑠 浄瑠・近松「みすがらの太兵衛と名を取った男」訳独り者の太兵衛と評判を取った男。◆「すがら」は接尾語。江戸時代の語。

みずから【自ら】⇩みづから

み-すぎ【身過ぎ】名詞 暮らしのてだて。生計。なりわい。世間胸算用 江戸｜物語 浮世・西鶴「『夢にもみすぎの事を忘るな』と、これ長者の言葉なり」訳「夢にも暮らしのてだてのことを忘れるな」と、これは長者の言葉である。◆江戸時代の語。

み-すぐ・す【見過ぐす】他動詞サ四（さ／し／す／す／せ／せ）見ながら、そのままにしておく。見のがす。源氏物語 平安｜物語 真木柱「怪しき事どもをみすぐすこころの年頃の心ざしを」訳怪しい事々を見のがしている長年の心持ちを。

みずし【御廚子】⇩みづし

みすず-かる【水篶刈る・三篶刈る】枕詞「すず」は篠竹の意。篠竹の産地であるところから「信濃」にかかる。

参考 現在では「みこもかる」と読む『万葉集』の「水(三)薦刈」の表記を、江戸時代の国学者が「みすずかる」と読んだことから慣用化した語。「み」は接頭語。

み-す・つ【見捨つ】他動詞タ下二（て／て／つ／つる／つれ／てよ）❶見捨てる。竹取物語 平安｜物語 かぐや姫の昇天「みすて奉りてまかる空よりも」訳(ご両親を)お見捨て申し上げて去って行く空からも。❷先立つ。あとに残して死ぬ。源氏物語 平安｜物語 若紫「ただ今、おのれみすて奉らば」訳たった今、私が(あなたを)あとに残して死に申し上げたならば。

みずほ【瑞穂】⇩みづほ

み-ずほふ【御修法】名詞「修法」の尊敬語。また、特に、毎年正月八日からの七日間、天皇の健康や国家の安泰などを祈って、宮中の真言院で行われた修法の行事。後七日の御修法。後七日。「みすほふ」「みしゅほふ」「みしほ」とも。◆「み」は接頭語。

み-すまる【御統】名詞 多くの玉を糸で貫いて輪にした、古代の装身具。首飾りや腕輪にした。◆「み」は接頭語。

みす-みす【見す見す】副詞

なりたち 動詞「見す(=見せる)」を重ねたものが一語化したもの。

〔「目にみすみす」の形で〕目の前に見ているうちに。源氏物語 平安｜物語 浮舟「目にみすみす消え入り給ひにしことなど」訳目の前に見ているうちにお亡くなりになってしまったことなどを。

みずら【角髪・角子】⇩みづら

1みせ【見世・店】名詞❶「見世棚」の略。店。商店。また、商品の陳列棚。❷遊里で、遊女が客を待ち居並ぶ座敷。❸「見世女郎」の略。

2み・せ【見せ】動詞「みす」の未然形・連用形。

み-せせり【身せせり】名詞 体を小刻みにふるわせること。「みぜせり」とも。

みせ-じょらう【見世女郎】名詞「みせ❷」にいる遊女より、下級の遊女。「見世」「端女郎」とも。

みせばやな…和歌 百人一首「見せばやな 雄島の 海人の 袖だにも 濡れにぞ濡れし 色は変はらず」千載 鎌倉｜歌集 恋四・殷富門院大輔 訳(恋の血の涙に濡れて色の変わってしまった私の袖を)お見せしたいものですね。あの雄島の漁師の袖でさえも、(潮で)濡れに濡れていますが、(それでも、私の袖のようには)色は変わらないのですよ。

鑑賞 本歌は『後拾遺和歌集』恋四・源重之「松島や雄島の磯に漁りせし海人の袖こそかくは濡れしか」。「雄島」は松島湾にある島の一つ。

み-せん【味煎・蜜煎】名詞 甘葛の煎じ汁。甘味料に用いた。

みそ【三十】名詞 三十。

*み-ぞ【御衣】名詞 貴人の衣服の尊敬語。お召し物。お着物。◆「み」は接頭語。「おほんぞ」とも。古くは「みそ」。

1み-ぞう【未曾有】名詞 今までに一度もないこと。前代未聞。徒然 鎌倉｜随筆 一〇六「優婆夷などの身にて、…みぞうの悪行なり」訳優婆夷などの身分で、…前代未聞の悪い行いである。

参考「未だ曾て有らず」を音読した語。

2み-ぞう【御族】名詞「族」の尊敬語。御一族。御一門。◆「み」は接頭語。「みぞう」は「みぞく」のウ音便。

みそ-か【三十日】名詞❶三十日(間)。❷(月末に当たる)月の三十日目。みそか。月末。つごもり。落窪物語 平安｜物語 二「十一月のみそかばかりより」訳十一月の月末のころから。◇「晦日」とも書く。

みそ-かけ【御衣掛け】名詞 衣服を掛けておく家具。衣桁。「みぞかけ」とも。

みそか-ごころ【密か心】名詞 隠しごとをする心。ひそかに恋をする心。

みそか-ごと【密か事】名詞❶秘密の事柄。❷秘密の情事。密通。

みそ-か・なり【密かなり】形容動詞ナリ（なら／なり・に／なり／なる／なれ／なれ）

こっそり振る舞っている。ひそかだ。▼人目につかぬよう行うようす。大鏡 平安｜物語 花山「みそかに花山寺におはしまして」訳ひそかに花山寺においでになって。

参考「みそかなり(みそかに)」は平安時代の和文体に多く用いられ、漢文訓読系の文章では「ひそかなり(ひそかに)」が用いられた。

みそか-ぬすびと【密か盗人】名詞 こそどろ。

み-そぎ【禊】名詞

罪や汚れのある身を海や川の水で洗って、身を清めること。季夏。古今 平安｜歌集 恋一「恋せじと御手洗川にせしみそぎ神はうけずぞなりにけらしも」訳もう恋はするまいと誓って身を清める川でしたみそぎなのだが、神は受け入れずに終わってしまったらしいよ(私はまだ恋に悩んでいる)。

みそぎ-がは【禊川】名詞 みそぎをする川。また、「夏越しの祓へ」の神事に川原に幣を立てて祭りをする川。季夏。

みそ・ぐ【禊ぐ】自動詞ガ四（が／ぎ／ぐ／ぐ／げ／げ）みそぎをする。万葉集 奈良｜歌集 四二〇「ひさかたの(=枕詞)天の川原に出で立ちてみそぎてましを」訳天の川原に行ってみそぎをしたらよかったのに。

み-そ・す【見過す】他動詞サ四（さ／し／す／す／せ／せ）世話をやき過ぎる。枕草子 平安｜随筆 文ことばなめき人こそ「『あまりみそす』など言ふも」訳「あまり世話をやき過ぎる」などと(私に)言うのも。◆「そす」は接尾語。

みそ-ぢ【三十】ミソジ 名詞 (数の)**三十**(さんじゅう)。(年齢の)**三十。三十歳。**「みそち」とも。
参考「ぢ」は、数を示す接尾語「つ」から「ち」→「ぢ」と転じたもの。のち、「ぢ」が「路」と解されて「三十路」とも表記された。殊に、年齢は「三十路」と書かれることが多い。

***み-そなは-す【見そなはす】**ミソナワス 他動詞サ四 {さ/し/す/す/せ/せ}「見る」の尊敬語」**ご覧になる。**「見そなふ」とも。古今 平安-歌集 仮名序「今も**みそなはし**、後(のち)の世にも伝はれとて」訳(今上天皇が)今も**ご覧になり**、後世にも伝われよとお思いになって。

み-そな-ふ【見そなふ】ミソノウ 他動詞ハ四 {は/ひ/ふ/ふ/へ/へ}「みそなはす」に同じ。新古今 鎌倉-歌集 釈教「神も仏も我を**みそなへ**」訳神も仏も私を**ご覧あれ**。

み-そのふ【御園生】ミソノウ 名詞「園生(そのふ)」の尊敬語」**お庭。**◆「み」は接頭語。

みぞ-びつ【御衣櫃】名詞 衣服を収納しておく、ふたのついた大きな箱。「みそびつ」とも。

みそひと-もじ【三十一文字】名詞 短歌を構成する、五・七・五・七・七の、三十一の文字。また、短歌の別名。「みそぢひともじ」「三十文字(みそもじ)余り一文字(ひともじ)」ともいう。

みそ-ひめ【御衣姫】名詞 衣服用の姫糊(ひめのり)(=飯で作った糊)。張り物・洗濯に使う。

***み-そ-む【見初む】**他動詞マ下二 {め/め/む/むる/むれ/めよ} ❶**初めて見る。初めて会う。**源氏物語 平安-物語 宿木「故宮(こみや)の御山住みを**みそめ**給(たま)ひしよりぞ」訳亡き宮の御山住み(のありさま)を**初めてご覧になって**からというもの。❷**会って恋し始める。初めて契りを結ぶ。**平家物語 鎌倉-物語 六・小督「いまだ少将なりし時、**みそめ**たりし女房なり」訳まだ少将であったとき、**初めて契りを結んだ**女房である。

みそもじ-あまり-ひともじ【三十文字余り一文字】名詞「みそひともじ」に同じ。

みだ【弥陀】名詞 仏教語。「阿弥陀(あみだ)」の略。

み-だい【御台】名詞 ❶「食物を盛った皿などを載せる台の尊敬語」**お膳**(ぜん)。源氏物語 平安-物語 末摘花「**みだい**、秘色(ひそく)やうの唐土(もろこし)の物なれど」訳**お膳**は、青磁ふうの中国の物だけれど。❷貴人の食事の尊敬語」**お食事。**源氏物語 平安-物語 夕霧「**みだい**など、こなたにて参らせ給(たま)ふ」訳**お食事**など、こちらで召し上がりなさる。❸「御台盤所(みだいばんどころ)」の略。◆「み」は接頭語。

み-だいどころ【御台所】名詞「みだいばんどころ」に同じ。◆「み」は接頭語。

み-だいばんどころ【御台盤所】名詞「大臣・大将・将軍などの妻の尊敬語」**奥方様。**「御台」「御台所」とも。◆「み」は接頭語。

み-だう【御堂】ミドウ 名詞 ❶仏堂・寺院の尊敬語。**お堂。**枕草子 平安-随筆 関白殿、二月二十一日に「法興院(ほこゐん)の積善寺(さくぜんじ)といふ**みだう**にて」訳法興院の積善寺という**お堂**で。❷特に、藤原道長(みちなが)が建てて、出家後に住んだ法成寺(ほうじょうじ)のこと。また、転じて、藤原道長の尊称。御堂関白。◆「み」は接頭語。

御嶽(みたけ) 地名 今の奈良県吉野にある吉野山の最高峰、金峰山(きんぷせん)の別名。修験道(しゅげんどう)の霊場で、弥勒(みろく)浄土と信じられ、平安時代から人々の御嶽詣(もう)でも盛んだった。「御岳」とも書く。

みたけ-さうじ【御嶽精進】ミタケソウジ 名詞「御嶽(みたけ)」に詣(もう)でる人が、それに先立って、五十日から百日の間身を清めて読経などを行うこと。

み-たち【御館】名詞「館(たち)」の尊敬語」貴人の邸宅や国司の庁舎。また、国司や領主。◆「み」は接頭語。

***み-た-つ【見立つ】**他動詞タ下二 {て/て/つ/つる/つれ/てよ} ❶**見送る。旅立たせる。**万葉集 奈良-歌集 三五三四「出(い)でかてにせしを**みたて**し家の子らはも」訳出発しにくそうにしていたのを**見送って**くれた家の妻よ。❷**よく見る。**(目を)**とめる。見とがめる。**方丈記 鎌倉-随筆「さまざまの財物(たからもの)かたはしより捨つるがごとくすれども、さらに目**みたつる**人なし」訳いろいろな財産を片っぱしから捨てるように(安く売ろうと)するけれども、まったく目を**とめる**人もいない。❸**世話をする。**日本永代蔵 江戸-物語 浮世・西鶴「妹(いもと)が一子を**みたて**」訳妹の一人子を**世話し**。❹**判断する。**一代男 江戸-物語 浮世・西鶴「贔屓目(ひいきめ)から**みたて**ました」訳好意的に見て**判断し**ました。

み-たて[1]【見立て】名詞 ❶**判断。診断。**世間胸算用 江戸-物語 浮世・西鶴「その**みたて**は格別」訳その**判断**は大変な違いだ。❷**考え。思いつき。**日本永代蔵 江戸-物語 浮世・西鶴「珍しき**みたて**もがな」訳珍しい(商売の)**思いつき**がないものかな。

み-たて[2]【御楯】名詞 天皇を守護する兵士。▼身をもって楯になる者の意のたとえ。◆「み」は接頭語。

みだて-な-し【見立て無し】形容詞ク {く・から/く・かり/し/き・かる/けれ/かれ} **見ばえがしない。**源氏物語 平安-物語 朝顔「あまり目なれ、**みだてなく**思(おぼ)さるるにや」訳(あなたが私を)あまり見なれて、**見ばえがしない**とお思いになるのだろうか。

みだ-ぶつ【弥陀仏】名詞「阿弥陀仏(あみだぶつ)」の略。

み-たま【御霊・御魂】名詞 ❶「神や人の「霊(たま)」の尊敬語」**御神霊。御精霊。**❷**おかげ。御恩。**万葉集 奈良-歌集 八八二「吾(あ)が主(ぬし)の**みたま**賜ひて」訳あなたさまの**御恩**を賜って。❸**魂祭(たままつ)り。**蜻蛉 平安-日記 下「**みたま**など見るにつけても」訳**魂祭り**など見るにつけても。

み-たみ【御民】名詞 **天皇の民。**▼天皇を尊敬して、その臣下である人民が自らをいう語。万葉集 奈良-歌集 九九六「**みたみ**我生ける験(しるし)あり」訳**天皇の民**である私は生きているかいがある。◆「み」は接頭語。

み-たらし[1]【御手洗】名詞 神を拝む前に手を洗い、口をすすいで、身を清めること。また、その水や、その水のある所。◆「み」は接頭語。

み-たらし[2]【御執らし】名詞「みとらし」に同じ。◆「み」は接頭語。

みたらし-がは【御手洗川】ミタラシガワ 名詞 神社のそばを流れ、参拝者が「御手洗(みたらし)」をする川。古今 平安-歌集 恋一「恋せじと**みたらしがは**にせし禊(みそぎ)神はうけずぞなりにけらしも」訳もう恋はするまいと誓って**身をきよめる川**でしたみそぎなのだが、神は受け入れずに終わってしまったらしいよ(私はまだ恋に悩んでいる)。
参考 京都の上賀茂(かみがも)神社の御手洗川である「楢(なら)の小川」が特に名高い。ふつう、御手洗川といえばそれをさすことが多く、歌にも多く詠まれている。

みだり-あし【乱り足・乱り脚】名詞 (病気・疲労・酔いなどで)きちんと歩けない足。また、歩き疲れた足。

み

「みだれあし」とも。

みだり-かくびゃう【乱り脚病】ミダリカクビョウ 名詞 **脚気**(かっけ)。

みだり-かぜ【乱り風】名詞 **風邪**(ふうじゃ)。**感冒**。

*__みだり-がは・し__【乱りがはし・濫りがはし】ミダリガワシ 形容詞シク {(しく)・しから/しく・しかり/し/しき・しかる/しけれ/しかれ} ❶**乱雑である。入り乱れている。整っていない。** 源氏物語 平安-物語 夕顔「虫の声々**みだりがはしく**」訳いろいろな虫の声が**入り乱れて**。❷**無作法である。乱暴である。** 源氏物語 平安-物語 桐壺「**みだりがはしき**を、心をさめざりける程と、御覧じ許すべし」訳(手紙が)**無作法であるの**を、心を取り乱しているときだからと、(帝は)お見逃しなさるであろう。❸**くだけて好色めいている。** 源氏物語 平安-物語 葵「まめやかなるも、また例の**みだりがはしき**ことをも聞こえ出でつつ」訳まじめなことも、またいつもの**好色めいた**ことをも口に出して申し上げては。◆「みだれがはし」とも。

*__みだり-ごこち__【乱り心地】名詞 ❶悩んで取り乱した気持ち。源氏物語 平安-物語 桐壺「かかる仰せごとにつけても、かきくらす**みだりごこち**になむ」訳このようなお言葉につけても、心が暗み**取り乱した気持ち**でございますよ。❷病気によるすぐれない気分。源氏物語 平安-物語 夕顔「**みだりごこち**の悪しう侍れば、うつぶし臥して侍るなり」訳**気分**が悪うございますので、うつ伏せに横たわっているのでございます。◆「みだれごこち」とも。

みだり-ごと【乱り言】名詞「みだれごと(言)」に同じ。

みだり・なり【濫りなり・妄りなり・猥りなり】形容動詞ナリ {なら/なり・に/なり/なる/なれ/なれ} **締まりがない。秩序がない。** 徒然 鎌倉-随筆 一七一「軽く、ほしきままにして**みだりなれ**ば」訳軽率で、気ままにして**秩序がない**と。

みだ・る【乱る】

一 自動詞ラ下二 {れ/れ/る/るる/るれ/れよ} ❶**乱れる。混乱する。** 平家物語 鎌倉-物語 一・祇園精舎「楽しみをきはめ、いさめをも思ひ入れず、天下の**みだれ**んことを悟らずして」訳楽しみを極め、(人の)忠告をも深く心にとどめないで、国が**混乱する**であろうことも悟らないで。❷格式・服装などがくずれる。**しまりがなくなる。だらしがなくなる。** 枕草子 平安-随筆 正月一日は「内裏わたりなどのやんごとなきも、けふはみな**みだれ**てかしこまりなし」訳宮中あたりなどの高貴な所も、(節句の)今日は皆**しまりがなくなって**慎みがない。❸(心が)**乱れる。平静でなくなる。** 源氏物語 平安-物語 夕顔「かかる筋は、まめ人の**みだるる**折もあるを」訳このような(恋の)方面では、まじめな人が**心が平静でなくなる**時もあるから。

二 他動詞ラ四 {ら/り/る/る/れ/れ} ❶**乱す。混乱させる。** 平家物語 鎌倉-物語 二・西光被斬「この一門を滅ぼして、天下を**みだら**んとする企てあり」訳この一門を滅ぼして、国中を**混乱させ**ようとする計画がある。❷(心を)**乱す。平静でなくす。思いわずらわせる。思い悩ます。** 源氏物語 平安-物語 明石「今さらに心を**みだる**も、いといとほしげなり」訳(明石の入道が出家していながら)今改めて、(出家の)心を**乱す**のも、たいへん気の毒なようすである。

みだれ【乱れ】名詞 ❶乱れること。**散乱。混乱。** 源氏物語 平安-物語 帚木「風にきほへる紅葉の**みだれ**など」訳風に先を争って散っている紅葉の**散り乱れるようす**など。❷(世の)**乱れ。騒乱。騒ぎ。** 平家物語 鎌倉-物語 一・志度合戦「ただ世の**みだれ**を鎮めて」訳ただ世の中の**騒動**を鎮めて。❸**悩み。惑い。** 源氏物語 平安-物語 葵「かかる御物思ひの**みだれ**に」訳このような御物思いの**悩み**に。

みだれ-がは・し【乱れがはし・濫れがはし】ミダレガワシ 形容詞シク {(しく)・しから/しく・しかり/し/しき・しかる/しけれ/しかれ}「みだりがはし」に同じ。源氏物語 平安-物語 常夏「**みだれがはしき**前栽(せんざい)なども」訳**ごたごたした**植え込みなども。

みだれ-ごこち【乱れ心地】名詞「みだりごこち」に同じ。

[1]**みだれ-ごと**【乱れ言】名詞 **いいかげんな言葉。冗談。**「みだりごと」とも。

[2]**みだれ-ごと**【乱れ事】名詞 **乱れて騒がしいこと。たわむれごと。**

みだれ-そ・む【乱れ初む】自動詞マ下二 {め/め/む/むる/むれ/めよ} **乱れはじめる。** 古今 平安-歌集 恋四「陸奥(みちのく)のしのぶもぢずり誰(たれ)ゆゑに**みだれそめ**にし我ならなくに」訳⇨みちのくの…。

[1]**み-ち**【道・路】名詞

❶**道。道路。通路。航路。** 方丈記 鎌倉-随筆「馬、車の行きかふ**みち**だになし」訳(賀茂川の河原などは)馬や車の行き来する**道**さえもない。❷**途中。途上。道中。** 土佐日記 平安-日記 一・二六「船を出だして漕ぎ来る**みち**に、手向けする所あり」訳船を出して漕いでくる**途中**に、神仏に供え物をする所がある。❸**道のり。行程。** 平家物語 鎌倉-物語 九・落足「都へ近づくこともわづかに一日の**みち**なれば」訳都へ近づくこともわずか一日の**道のり**であるので。❹**方面。** 万葉集 奈良-歌集 三四七「世の中の遊びの**みち**にすずしくは」訳世間の遊興の**方面**で心がさっぱりするものは。❺**専門の道。専門の方面。** 徒然 鎌倉-随筆 九二「**みち**を学する人、夕べには朝あらんことを思ひ、朝には夕べあらんことを思ひて、かさねて、ねんごろに修せんことを期す」訳**専門の道**を学ぶ人は、夜には明日の朝があることを思い、朝には夜があることを思って、もう一度入念に身につけることの心積もりをする。❻**方法。手だて。** 徒然 鎌倉-随筆 一八四「世を治むる**みち**、倹約を本とす」訳世の中を治める**方法**は、倹約を基本とする。❼**道理。条理。人としてのあり方。正しい生き方。** 徒然 鎌倉-随筆 一八八「これをも捨てず、かれをも取らむと思ふ心に、かれをも得ず、これをも失ふべき**みち**なり」訳これも捨てず、あれも自分のものにしようと思う心のせいで、あれも自分のものにできず、これも失うことになる**道理**である。

[2]**み-ち**【満ち】名詞(潮・月などが)満ちること。

[3]**み-ち**【蜜】名詞 **蜂蜜**(はちみつ)。

みち-かひ【道交ひ】ミチカイ 名詞 ❶道で行き違うこと。**すれ違い。** 源氏物語 平安-物語 明石「**みちかひ**にてだに、

『人か何ぞ』とだに御覧じ分くべくもあらず」訳道でのすれ違いであっても、「人間か何か他のものか」とさえ見わけなさることができない。❷道を行き来すること。往来。大鏡 平安―物語 師尹「世の中のもの恐ろしく、大路のみちかひもいかがと」訳世の中がなんとなく恐ろしく、都大路の往来もどんなものかと。

みち-・く【満ち来】自動詞カ変{こ/き/く/くる/くれ/こ(こよ)}**潮が満ちてくる。だんだん満潮になる。**万葉集 奈良―歌集 九一九「若の浦に潮みちくれば潟を無み葦辺をさして鶴鳴き渡る」訳⇩わかのうらに…。

みち-しば【道芝・路芝】名詞❶道ばたに生えている芝草。❷人を導いて案内する人のたとえ。

みち-しるべ【道標・道導】名詞**道案内。**道案内のための人や物。

みち-すがら【道すがら・途次】副詞**道中ずっと。**道を行きながら。石山寺縁起 鎌倉―絵「下向のみちすがら、案じもて行くほどに」訳(石山寺からの)帰りの道中ずっと、思案して行くうちに。

道綱母 ⇩藤原道綱母

みち-とせ【三千年】名詞**三千年。**

参考 中国の伝説にある、三千年に一度実を結び、食べれば不老長寿になるという桃のことを踏まえていうことが多い。

みち-の-き【道の記】名詞**紀行文。旅行記。**旅行の日記。「みちのにき」とも。

陸奥 地名 旧国名。東山道八か国の一つ。今の青森・岩手・宮城・福島の四県。明治一年(一八六八)、磐城・岩代・陸前・陸中・陸奥の五か国に分割された。東海道・東山道の奥の意で、今の東北地方全体をさしていうこともある。陸奥。陸州。奥州。

みちのく-がみ【陸奥紙】名詞「みちのくにがみ」に同じ。

みち-の-くに【陸奥国】名詞「みちのく」に同じ。⇩陸奥 地名

みちのくに-がみ【陸奥国紙】名詞 上質の和紙の一種。厚手で白く、表面に細かいしわがある。文書・包装・贈答用、特に、歌などを書くのに使われた。檀の樹皮で作られたので「檀紙」ともいい、陸奥の国の特産であった。「陸奥紙」とも。

みちのくの… 和歌 百人一首「陸奥の しのぶもぢずり 誰ゆゑに 乱れそめにし 我ならなくに」源融 訳陸奥の信夫で作られる「しのぶもぢずり」の乱れ模様のように、いったい誰のせいで私の心は乱れ始めたのか、私のせいではないのに。

鑑賞 つれない相手に対して、「私の心が乱れるのはすべてあなたのせいです。」と自分の気持ちを訴える歌。『古今和歌集』「恋四」では第四句「乱れそめにし」が「乱れむと思ふ」。

みち-の-しをり【道の枝折り】連語 **道案内。**道しるべ。

みち-の-そら【道の空】連語 **道の途中。**道の空路。

みち-の-にき【道の日記】名詞「みちのき」に同じ。

みち-の-べ【道の辺】名詞 **道のほとり。道ばた。**「みちのへ」「みちべ」とも。新古今 鎌倉―歌集 夏「みちのべに清水流るる柳陰しばしとてこそ立ちどまりつれ」訳⇩みちのべに…。

みちのべに… 和歌「道の辺に 清水流るる 柳陰 しばしとてこそ 立ちどまりつれ」新古今 鎌倉―歌集 夏・西行 訳道のほとりに清水が流れている柳の木陰よ。しばらくの間と思って立ちどまったはずだったのに(つい長い時間を過ごしてしまったよ)。

鑑賞 この柳は、今の栃木県那須郡那須町芦野の「遊行柳」で、芭蕉も柳を訪れて「田一枚植ゑて立ち去る柳かな」(『奥の細道』)〈⇩たいちまい…。〉と詠み、また、謡曲『遊行柳』のモチーフともなって有名である。

みちのべの… 俳句「道のべの 木槿は馬に 食はれけり」野ざらし 江戸―句集 俳文・芭蕉 訳街道を馬で行くと、道ばたにむくげの花が咲いている。と眺めるより早く、その花は馬に食われてしまったよ。

鑑賞「眼前」と前書きがあるが、「馬上吟」となっている本もある。ここから考えると、むくげを食った馬は芭蕉自身が乗った馬であろう。ある本の序で山口素堂は「山路来てのすみれ、道ばたのむくげこそ、この吟行の秀逸なるべけれ」と、この句を「山路来て…」〈⇩やまぢきて…。〉の句と共に賞賛している。季語は「木槿」で、季は秋。

みち-の-ほど【道の程】連語 ❶**道のり。距離。**源氏物語 平安―物語 初音「みちのほど遠くて、夜明け方になりにけり」訳道のりが遠くて、夜明け近くになってしまった。❷(行く)**道の途中。道中。**源氏物語 平安―物語 明石「みちのほども、四方の浦々見渡し給ひて」訳道中も、四方の浦々を見渡しなさって。

みち-の-まま【道の儘】連語 **道を行きながら。道すがら。**枕草子 平安―随筆 五月の御精進のほど「帯はみちのままに結ひて」訳帯は道を行きながら結んで。

みち-の-もの【道の者】連語 ❶**専門家。**その道に通じた者。「道の人」とも。❷**遊女。**

*__みち-び・く__【導く】他動詞カ四{か/き/く/く/け/け}❶**道案内をする。**また、**手引きをする。**源氏物語 平安―物語 明石「みちびき給ふべきにこそあなれ」訳(私を娘の方に)手引きなさろうということのようだ。❷**教え示す。**源氏物語 平安―物語 玉鬘「神仏こそは、さるべき方にもみちびき給はめ」訳神仏こそは、(姫君を)そうあるべき方向へ教え示しくださるだろう。

みち-べ【道辺】名詞「みちのべ」に同じ。

みち-みち【道道】一名詞❶**あちこちの道路。**❷(学問や芸能などの)**さまざまの方面。**二副詞**道の途中で。道すがら。**宇治拾遺 鎌倉―説話 一一・二「京へ出づるみちみち、西の京に水葱いと多く生ひたる所あり」訳京へ出る道の途中で、西の京にみずあおいがたくさん生えている所があった。

みちみち・し【道道し】形容詞シク{(しく)・しから/しく・しかり/し/しき・しかる/しけれ/しかれ}❶**道理にかなっている。**源氏物語 平安―物語 蛍「これらにこそ、みちみちしく、くはしき事はあらめ」訳これら(＝いろいろな物語)にこそ、道理にかなった、詳細なことが書いてあるだろう。❷**学問的である。理屈っぽい。**源氏物語 平安―物語 帚木「三史・五経のみちみちしき方を、明らかに悟りあかさむこそ」訳三史・五経という学問的なほうを、はっきり会得して明らかにするようなことこそ。

*__みち-も-せに__【道も狭に】連語 **道も狭**

いばかりに。道いっぱいに。千載 鎌倉―歌集 春下「みちもせに散る山桜かな」訳道いっぱいに散っている山桜であることだ。

みち-もり【道守】名詞 道路や駅路を守り、管理する人。

み-ちゃう【御帳】ミチヨウ 名詞「帳」の尊敬語。とばり。帳台。◆「み」は接頭語。

***みち-ゆき**【道行き】名詞 ❶道を行くこと。道中。❷「道行き文」のこと。⇩道行き文 文芸。❸浄瑠璃・歌舞伎などで、相思相愛の男女が駆け落ち・心中に向かう場面。転じて、駆け落ち・心中に向かうこと。

みちゆき-うら【道行き占】名詞 道路に立って、通行人の言葉で、吉凶を判断する占い。

みちゆき-びと【道行き人】名詞 通行人。旅人。

みちゆき-ぶり【道行き振り・道行き触り】名詞 道の途中で行き違うこと。行きずり。万葉集 奈良―歌集 二六〇五「玉桙の(＝枕詞)みちゆきぶりに思はぬに妹を相見て恋ふるころかも」訳道の行きずりにはからずもあなたに会って恋するこのごろであるよ。

道行き文 文芸 軍記物語や謡曲・浄瑠璃などで、旅をして行く途中の地名や景色・旅情などを、多くは和漢の語を交えて七五調でつづった文章。韻律の美しい文章で、縁語・掛け詞・序詞などの修辞を多用している。浄瑠璃・歌舞伎などでは男女の駆け落ちなどの場面に用いられ、近松門左衛門の世話物の道行き文が名高い。「みちゆきぶみ」とも。

み-つ[1]【三つ】名詞 ❶(数の)三。みっつ。第三。三歳。❷時刻の呼び名で、一刻を四つに分けた第三の時刻。◆「つ」は接尾語。

み・つ[2]【満つ・充つ】

一 自動詞 タ四{た/ち/つ/つ/て/て} ❶(限度まで)いっぱいになる。満ちる。広まる。竹取物語 平安―物語 かぐや姫の生ひ立ち「屋のうちは暗き所なく光みちたり」訳家の中は暗い所もなく光がいっぱいになっている。❷満月になる。徒然 鎌倉―随筆 八三「月みちては欠け」訳月は満月になっては欠け。❸思いや願いがかなう。成就する。充足する。源氏物語 平安―物語 東屋「年ごろの願ひのみつ心地して」訳長年の願いがかなう気がして。

二 他動詞 タ下二{て/て/つ/つる/つれ/てよ} ❶(限度まで)いっぱいにする。満たす。万葉集 奈良―歌集 四〇五七「堀江には玉敷きみてて」訳堀江には玉を敷き満たして。❷(思いや願いを)かなえる。充足させる。源氏物語 平安―物語 東屋「その本尊、願ひみて給ふべくはこそ尊からめ」訳その本尊が願いをかなえてくださるならば、ほんとうに尊いのだが。

御津[3] 地名 今の大阪市にあった港。難波の御津、大伴の御津ともいわれた。

みづ[1]【水】ズミ 名詞 ❶水。❷庭の遣り水。徒然 鎌倉―随筆 五五「深きみづは涼しげなし。浅くて流れたる、はるかに涼し」訳深い遣り水は涼しそうではない。浅く流れている方がずっと涼しい。

みづ[2]【瑞】ズミ 名詞 ❶若々しくて生き生きと美しいこと。▼多く、接頭語的に用いられる。「みづ枝」「みづ穂」❷めでたいしるし。瑞兆。日本書紀 奈良―史書 皇極「これ、蘇我の臣の栄えむとするみづなり」訳これは、蘇我の臣が栄えようとする瑞兆である。

みづ-あげ【水揚げ】ミズアゲ 名詞 ❶船の積み荷を陸へあげること。❷遊女が初めて客を取ること。

みづ-うまや【水駅】ミズウマヤ 名詞 ❶水路の宿駅。船着き場。❷平安時代、「男踏歌」で、舞人が諸所を巡る途中、酒・湯漬けなどを供して簡単に接待した所。❸ちょっとだけ立ち寄る所。❹街道の茶店。

みづ-うみ【湖・水海】ミズウミ 名詞 湖。湖水。淡水湖。◆「塩海」に対して、淡水の海の意を表す。

みづ-え【瑞枝】ミズエ 名詞 みずみずしい若い枝。万葉集 奈良―歌集 三二二三「百足らず(＝枕詞)斎槻が枝にみづえさす秋の紅葉」訳神聖なつきの木の枝にみずみずしい枝が伸びる秋の紅葉。

みづ-かがみ[1]【水鏡】ミズカガミ 名詞 姿が映って見える、静かな水面。

水鏡[2] ミズカガミ 書名 歴史物語。中山(藤原)忠親作。平安時代後期か鎌倉時代初期の成立。三巻。〔内容〕神武天皇から仁明天皇までの五十四代、千五百余年を編年体で記す。『大鏡』の前の時代を補ったものであるが、歴史的・文学的価値は『大鏡』に劣る。

みづ-かき【瑞垣】ミズカキ 名詞 みずみずしく美しい、りっぱな垣根。神社や皇居などに巡らした垣根をたたえていう。◆のちに「みづがき」とも。

みづかき-の【瑞垣の】ミズカキノ 枕詞 神社の垣根は久しく続くことから「久し」にかかる。万葉集 奈良―歌集 三二六二「みづかきの久しき時ゆ恋すれば我が帯緩ふ朝夕ごとに」訳久しい以前からずっと恋しているので私の帯はゆるんでゆく。朝夕ごとに。◆のちに「みづがきの」とも。

みづ-かげ【水影】ミズカゲ 名詞 水面に映っている、物の影。また、物の影を映す水。

みづ-かね【水銀】ミズカネ 名詞 水銀。薬用に、また、鏡を磨くのに使われる。

みづ-か・ふ【水飼ふ】ミズカウ 他動詞 八四{は/ひ/ふ/ふ/へ/へ} 馬や牛などに水を与える。新古今 鎌倉―歌集 春下「駒とめてなほみづかはむ山吹の花の露添ふ井出の玉川」訳馬をとめてもっと水をやろう。山吹の花の露がこぼれ加わる井出の玉川よ。

み-づ-から【自ら】ミズカラ

語義の扉

「みつから」の変化形。「み」は「身」、「づ」は「の」の意の奈良時代以前の格助詞「つ」の濁音化、「から」はそれ自体の意の名詞。

一 名詞 自分自身。本人。方丈記 鎌倉―随筆「頼むかたなき人は、みづからが家をこほちて、市に出でて売る」訳暮らしを立てるあてのない人は、自分自身の家を壊して、(薪として)市場に出て売る。

二 代名詞 私。▼自称の人称代名詞。古くは男女ともに用いたが、江戸時代では女性語となった。大鏡 平安―物語 序「みづからが子童にてありしとき」訳私が幼い子供であったとき。⇩類語と使い分け㉑

三 副詞 自分自身で。直接に。徒然 鎌倉―随筆 一六七

一道にも誠に長じぬる人は、みづから明らかにその非を知る故に」訳一道に真に達した人は、自分自身ではっきりと自分の欠点を知っているので。参照▼おのづから／手づから。

みーつき【貢・調】 名詞 租・庸・調などの租税の総称。▼「調(=年貢)」を敬っていう語。◆「み」は接頭語。のちに「みつぎ」。

みつきーもの【貢物・調物】 名詞「貢」として朝廷に献上する物品。

*__みーつ・く【見付く】__
一 自動詞 カ四{か/き/く/く/け/け} **見なれる。見てなじむ。** 源氏物語 平安―物語 手習「さだ過ぎたる尼額の見つかぬに」訳盛りをすぎた尼削ぎの額のなじんでいないのに。
二 自動詞 カ下二{け/け/く/くる/くれ/けよ} 一に同じ。世間胸算用 江戸―物語 浮世・西鶴「鳶・鳥も、不断、焼き印の大編み笠をみつけて」訳とびやからすも、ふだん焼き印入りの大編み笠を見なれて。
三 他動詞 カ下二{け/け/く/くる/くれ/けよ} **見つける。発見する。** 竹取物語 平安―物語 かぐや姫の生ひ立ち「金ある竹をみつくる事重なりぬ」訳金の入っている竹を見つけることが何回もあった。

みーつ・ぐ【見継ぐ】 他動詞 ガ四{が/ぎ/ぐ/ぐ/げ/げ} ❶**見続ける。見守り続ける。次々に見る。** 万葉集 奈良―歌集 二〇七五「人さへやみつがずあらむ彦星の妻問ひの舟の近づき行くを」訳人々も見守っていないことがあろうか。彦星の妻問いの舟が近づいて行くのを。❷**助ける。援助する。** 徒然 鎌倉―随筆 一一五「わきさしたち、いづかたをもみつぎ給ふな」訳お仲間がた、どちらにも手助けしなさるな。

*__みーづ・く【水漬く】__ 自動詞 カ四{か/き/く/く/け/け} **水に浸る。水につかる。** 万葉集 奈良―歌集 四〇九四「海行かばみづく屍山行かば草生す屍」訳海に行くなら水につかるなきがら、山に行くなら草のはえるなきがら(となっても)。◆奈良時代以前の語。

*__みづーくき【水茎】__ 名詞 ❶**筆。** 源氏物語 平安―物語 夕霧「涙の、みづくきに先に立つ心地して、書きやり給はず」訳涙が、筆に先立つような気がして、すらすらとお書きになることができない。❷**筆跡。手紙。** ▼水茎(=筆)の跡の意から。◆「みづぐき」とも。

みづくきーの【水茎の】 枕詞 ❶同音の繰り返しから「水城」にかかる。万葉集 奈良―歌集 九六八「ますらをと思へる我やみづくきの水城の上に涙拭はむ」訳ますらおと思う私が水城(=大宰府を守るための水ぼり)のほとりで涙を拭くことか。❷「岡」にかかる。かかる理由は未詳。「みづくきの岡」
参考 平安時代以後、「みづくき」を筆の意にとり、「水茎の跡」で筆跡の意としたところから、「跡」「流れ」「行方も知らず」などにかかる枕詞のようにも用いられた。

みづくきーのーあと【水茎の跡】 連語 **筆跡。手紙。** 「みづぐきのあと」とも。大和物語 平安―物語 付載説話「人づてならず、かかるみづくきのあとならでも聞こえてしがな」訳人づてでなく、このような手紙でなく(直接に)お話し申し上げたいものだなあ。

みづーくく・る【水括る】 連語 (川の水面を織物に見立てて)水面に浮んだもみじの葉によって水を「括り染め」にしたように染める。古今 平安―歌集 秋下「ちはやぶる神代も聞かず竜田川韓紅にみづくくるとは」訳⇩ちはやぶる…。

みつぐりーの【三栗の】 枕詞 栗のいがの中の三つの実のまん中の意から「中」や、地名「那賀」にかかる。万葉集 奈良―歌集 一七八三「松反りしひてあれやはみつぐりの中上り来ぬ麻呂といふ奴」訳ぼけてしまったのか中上り(=国司の、在任中の上京)もして来ない。麻呂というやつは。

みづーぐるま【水車】 名詞 ❶**水車。** ❷戦いのとき、太刀・長刀などを激しく振り回すこと。平家物語 鎌倉―物語 四・橋合戦「十文字・とんばう返り・みづぐるま、八方すかさず切ったりけり」訳十文字・とんぼ返り・水車などの刀さばきで、八方にすき間なく斬りまくったのだった。

みっーけう【密教】 名詞 仏教語。真言宗と天台宗で説く、大日如来の真実の奥深い教え。平安時代、貴族に支持されて盛んになった。

みーづし【御厨子】 名詞 ❶「厨子」の尊敬語。❷「御厨子所」❶に仕える女官。❸貴人の家の台所で働く女性。◆「み」は接頭語。

みづしーどころ【御厨子所】 名詞 ❶宮中で、天皇の食事や、節会の際の酒肴を調製する所。内膳司に属する。❷貴人の家の台所。

みつせーがは【三瀬川】 名詞 仏教語。「さんづのかは」に同じ。

みづち【蛟・虬】 名詞 想像上の動物の一つ。水中にすみ、毒気を吐いて人を苦しめるという竜の一種。

みづーつ・く【水漬く】 自動詞 カ四{か/き/く/く/け/け} **水に浸る。水につかる。** 「みづづく」とも。土佐日記 平安―日記 二・一六「池めいてくぼまり、みづつける所あり」訳池のようにくぼみ、水につかっている所がある。

みづーとり[1]【水取り】 名詞 東大寺二月堂で、陰暦二月十三日未明、堂の下の若狭井の水をくみ取り、大きなたいまつをかざしながら水を堂内陣に運び、香水として仏前に供える儀式。お水取り。季春。

みづーとり[2]【水鳥】 名詞 水上や水辺にすむ鳥。

みづとりーの[1]【水鳥の】 枕詞 水鳥の代表であることから「鴨」、および同音の地名「賀茂」に、また、水鳥の色や生態から「青葉」「立つ」「浮き(憂き)」などにかかる。「みづとりの鴨」

みづとりの…[2] 和歌「水鳥の 発ちの急きに 父母に 物言はず来にて 今ぞ悔しき」万葉集 奈良―歌集 四三三七・防人歌 訳水鳥が飛び立つような出発のあわただしさのために、父母にものも言わず来てしまって、今となってはとても悔しい。
鑑賞 筑紫へ向かう途上、父母を思い出しての作。防人の任期は三年だが生きて帰れる保証はない。故郷が遠ざかるにつれ、旅立ちのとき、父母と十分話せなかったことが今さらながらに悔やまれる。父母に対する情愛に満ちた歌。「来にて」は奈良時代以前の東国方言。

みつなーのーすけ【御綱の助】 名詞 行幸のとき、御輿の綱を引く役人を指揮した役。多く「近衛府」の次官の中将か少将がつとめた。

みづーのーえ【壬】 名詞「十干」の第九。◆「水の兄」から。

みづ-の-と【癸】名詞「十干」の第十。◆「水の弟」から。

みつ-の-とも【三つの友】連語 琴・酒・詩の三つ。◆唐の詩人白居易の詩「北窓三友」にある「三友」を訓読した語。

みつ-の-みち【三つの道】連語 ❶天・地・人のこと。◇「三才」を訓読した語。❷「さんづ」❶に同じ。「三途」を訓読した語。❸(隠者などの住む家の)庭の三つの小道。◇「三径」を訓読した語。

みづは-ぐ・む【瑞歯含む】自動詞マ四{ま/み/む/む/め/め} **長生きする。非常に年老いる。**「瑞歯さす」とも。源氏物語 平安―物語 夕顔「惟光が父の朝臣の乳母に侍りし者の、みづはぐみて住み侍るなり」訳惟光の父の朝臣の乳母でございました者が、すっかり年をとって住んでおります。
参考 年老いて歯が抜け落ちたあとに再び生える歯が「瑞歯」で、その歯の出ることが「みづはぐむ」であるとする説によった。

みづは-さ・す【瑞歯さす】自動詞サ四{さ/し/す/す/せ/せ} 「みづはぐむ」に同じ。

みづ-ほ【瑞穂】名詞 みずみずしい、りっぱな稲の穂。

みづほ-の-くに【瑞穂の国】名詞 日本国の美称。稲の穂が豊かに実る国の意。

みつみつし 枕詞 氏族の名「久米」にかかる。古事記 奈良―史書 神武「みつみつし久米の子らが」訳久米の者たちが。
参考「みつ」は「満つ」であるとも、「御稜威(=激しい威力)」で久米氏の武勇をほめたたえる語ともいうが、語義・かかる理由ともに未詳。

みづ-むけ【水向け】名詞 霊前に水を供えること。また、その水を入れる、墓の台石に掘ったくぼみ。

みづ-も-せ-に【水も狭に】連語 **水面が狭く感じるくらいいっぱいに。**後撰 平安―歌集 羇旅「みづもせに浮きぬる時はしがらみの内の外のとも見えぬもみぢ葉」訳水面が狭く感じるくらいいっぱいに浮いている時は、柵の内側だとか外側だとかいうこともわからないくらいに一面に浮いている紅葉の葉であることよ。

みづ-も-もらさ・ず【水も漏らさず】連語 **仲がきわめて親密なさま。**傾城禁短気 江戸―物語 浮世「年を重ねてねんごろし、行末は夫婦にならんと互ひの契約、…みづももらさぬなかと契り」訳年を重ねて親しくなり、将来は夫婦になろうと互いに約束(をし)、…水も漏らさないような親密なふたりの仲でいようと約束し。

みづ-や【水屋】名詞 ❶社寺にある、参詣人が水で手や口を清める所。❷茶室の隅にある、茶器を洗ったり調えたりする所。❸飲料水や砂糖入り冷水を売り歩く者。

みづら【角髪・角子】名詞 男性の髪型の一つ。髪を頭の中央で左右に分け、耳のあたりで束ねて結んだもの。奈良時代以前には成年男子の髪型で、平安時代には少年の髪型となった。

(角 髪)

みつ・る【羸る】自動詞ラ下二{れ/れ/る/るる/るれ/れよ} **やつれる。疲れはてる。**万葉集 奈良―歌集 一九六七「送らむ妹はみつれてもあるか」訳(花を)贈ろうと思うあの娘は疲れはてていることであろうか。

み-てぐら【幣】名詞 神に奉る物の総称。特に、絹・木綿・麻などの布にいうことが多い。◆「み」は接頭語。

み-と【水門】名詞 川や海の、水の出入り口。河口・海峡など。「みなと」とも。土佐日記 平安―日記 一・三〇「船を出だして、阿波のみとを渡る」訳舟を出して、阿波の海峡を渡る。

み-とが・む【見咎む】他動詞マ下二{め/め/む/むる/むれ/めよ} **見て、怪しく思う。見て、非難する。**また、**見て気づく。**源氏物語 平安―物語 松風「人にみとがめられじの心もあれば」訳人に見られて怪しまれないようにという心づもりもあるので。⇩ごらんじとがむ。

み-と・く【見解く】他動詞カ四{か/き/く/く/け/け} **見て理解する。読み解く。**源氏物語 平安―物語 夕霧「とみにもみとき給はで」訳すぐにも(その字を)見て理解しなさらずに。

み-どころ【見所】名詞 ❶**見るべき価値のあるところ。要点。**徒然 鎌倉―随筆 一三七「咲きぬべきほどの梢、散りしをれたる庭などこそみどころ多けれ」訳(桜の)今にも咲きそうな梢や、花が散ってしおれて(残って)いる庭などにこそ見るべきところが多い。❷**将来性。見込み。**浮世風呂 江戸―物語 前上「しかしみどころがあるて」訳しかし、見込みがあるね。◇江戸時代の語。

みとせ-ご【三歳児】名詞 三歳の幼児。

み-ども【身ども】代名詞 **わたし。おれ。**▼自称の人称代名詞。萩大名 室町―狂言 狂言「ここな人はみどもをおなぶりやるか」訳ここにいる人はわたしをおいじめになるのか。
参考 自分と同等の者、または目下の者に向かって、やや改まった気持ちで用いる。室町時代から、はじめは武士の間に用いられ、後には町人や女子でも用いるようになった。

み-とらし【御執らし】名詞 **手におとりになる物。**転じて、(手におとりになる)**お弓。**「みたらし」とも。◆「み」は接頭語。「とらし」は、動詞「と(執)る」の未然形に奈良時代以前の尊敬の助動詞「す」の連用形の付いたかたちが一語化したもの。奈良時代以前の語。

みどり【緑・翠】名詞 ❶**緑色。**現在の緑色から藍色までを含む広い範囲の色をいった。❷(草木の)新芽。また、若葉。
参考 本来は新鮮でつややかな感じを表した語であるといわれる。

みどり-こ【嬰児】名詞 **おさなご。乳幼児。**◆後には「みどりご」とも。

み-と・る【見取る】他動詞ラ四{ら/り/る/る/れ/れ} **見て知る。**源氏物語 平安―物語 夕顔「いとよく案内みとりて申す」訳たいそうよく内情を見て知って(報告を)申し上げる。

みな[1]【皆】
一 名詞 **全部。すべて。**徒然 鎌倉―随筆 一八四「みなを張りかへ候はんは、はるかにたやすく候ふべし」訳(障子の紙の)全部を張りかえますなら、そのほうが、はなはだ容易でございましょう。
二 副詞 **すっかり。全く。**土佐日記 平安―日記 一・一一「み

み

な夜ょ明けて」訳すっかり夜が明けて。

みな²【蜷】名詞 淡水にすむ小さな巻き貝。かわにな。

み-なか【真中】名詞 **真ん中。**◆「み」は接頭語。

み-な-かみ【水上】名詞 ❶**川上。上流。水源。**対水下(みなしも)。❷**物事の起源。**◆「な」は「の」の意の奈良時代以前の格助詞。

み-なが-ら¹【皆がら】副詞 **みなことごとく。残らず。すべて。**古今 平安-歌集 雑上「紫のひともとゆゑに武蔵野の草はみながらあはれとぞ見る」訳⇒むらさきのひともとゆゑに…。◆名詞「みな」に接続助詞「ながら」の付いた「みながら」の変化した語。

み-ながら²【身ながら】連語 **わが身ながら。我ながら。**源氏物語 平安-物語 空蟬「みながら心にもえ任すまじくなむありける」訳わが身ながら思うままにできそうにないのでね。◆「ながら」は助詞。

み-な-ぎは【水際】ミナギワ 名詞 **みずぎわ。水のほとり。**「みなきは」とも。◆「な」は「の」の意の奈良時代以前の格助詞。

みなぎら-・ふ【漲らふ】ミナギラウ 連語 なりたち 動詞「みなぎる」の未然形＋反復継続の助動詞「ふ」 **水が満ちあふれている。みなぎりかえる。**日本書紀 奈良-史書 斉明「飛鳥川みなぎらひつつ行く水の」訳飛鳥川の満ちあふれながら流れて行く水のように。◆奈良時代以前の語。

みなぎ・る【漲る】自動詞ラ四 {ら/り/る/る/れ/れ} **水があふれるほどに満ちる。水の勢いが盛んになる。**感情などが心に満ちることにたとえることもある。奥の細道 江戸-紀行 最上川「水みなぎつて、舟あやふし」訳水はあふれるほどに満ちて、舟も危険なほどである。◇「みなぎつ」は促音便。

み-な-ぐれなゐ【皆紅】ミナグレナイ 名詞 **紅一色。**全部紅色。

みなし-がは¹【水無し川】ミナシガワ 名詞 **水のない川。天の川。**

みなし-がは²【水無し川】ミナシガワ 枕詞 水が絶えた川の意から「絶ゆ」にかかる。万葉集 奈良-歌集 二七一二「言速くは中は淀ませみなしがは絶ゆとふことをありこすなゆめ」訳噂が高いなら途中一休みしてください。(水無し川の水が絶えるように)二人の仲が絶えるようなことはないようにしてください、決して。

虚栗(みなしぐり) 書名 俳諧集。榎本(宝井)其角編。江戸時代前期(一六八三)成立。二冊。内容 芭蕉と蕉門の俳句や歌仙を収め、漢詩文調や字余りの句などが多く、蕉風俳諧成立に至る過渡的な撰集である。

み-な・す*【見做す】他動詞サ四 {さ/し/す/す/せ/せ} ❶(そうでないものを仮に)**それと思って見る。**万葉集 奈良-歌集 六九〇「照らす日を闇にみなして泣く涙」訳照っている日を闇と思って見るほどに泣く涙で。❷(そのようになるのを)**見届ける。**源氏物語 平安-物語 夕顔「命長くて、なほ、位高くなどもみなし給へ」訳長生きして、もっと位の高くなることなどもお見届けください。❸**世話をする。面倒を見る。**源氏物語 平安-物語 少女「この君をだに、いかで思ふさまにみなし侍らむ」訳この君だけでも、なんとか(自分の)思うとおりに世話をしたいものです。

水無瀬(みなせ) 地名 今の大阪府三島郡島本町広瀬。景勝に恵まれ、平安時代初期から朝廷の狩猟地であり、『伊勢物語』で知られる惟喬親王の離宮や、後には後鳥羽上皇の離宮があった。

みなせ-がは¹【水無瀬川】ミナセガワ 名詞 ❶**水のない川。**伏流となって地下を流れ、川床に水の見えない川。和歌では、表に現れない、表に現せない心をたとえることがある。「みなしがは」とも。❷枕詞 水無瀬川の水は地下を流れるところから、「下」にかかる。古今 平安-歌集 恋二「言にいでて言はぬばかりぞみなせがは下に通ひて恋しきものを」訳言葉に出して言わないだけのことです。心の中で思いを通わすのは恋しいものですよ。

水無瀬川²(みなせがは) ミナセガワ 地名 歌枕 今の大阪府三島郡島本町を流れ、桂川に注ぐ川。新古今 鎌倉-歌集 春上「見渡せば山もと霞むみなせがは夕べは秋となに思ひけむ」訳⇒みわたせばやまもとかすむ…。

水無瀬三吟百韻(みなせさんぎんひゃくいん) ミナセサンギンヒャクイン 書名 連歌集。飯尾宗祇ほか。室町時代(一四八八)成立。一巻。内容 長享二年正月、後鳥羽院の離宮があった摂津国(今の大阪府)水無瀬の御影堂に奉納した宗祇・肖柏・宗長の三人による連歌で、百韻連歌の典型とされる。

み-な-そこ【水底】名詞 **水の底。**万葉集 奈良-歌集 四四九一「大き海のみなそこ深く思ひつつ」訳大きい海の水の底のように深く心に思いながら。◆「な」は「の」の意の奈良時代以前の格助詞。

み-な-づき*【水無月・六月】名詞 陰暦六月の別名。▼夏の終わりの月とされる。◆「な」は「の」の意の奈良時代以前の格助詞。田に水を引く月の意か。「水無月」は後世の当て字。

みなづき-ばらへ【水無月祓へ・六月祓へ】ミナヅキバラエ 名詞「なごしのはらへ」に同じ。季夏。

み-な-と*【水門・湊・港】名詞 ❶**川や海の、水の出入り口。河口・湾口・海峡など。**「みと」とも。❷**船のとまる所。船着き場。**万葉集 奈良-歌集 一二八八「みなとの葦の末葉を誰か手折りし我が背子が振る手を見むとわれそ手折りし」訳⇒みなとの…。❸**行き着く所。**新古今 鎌倉-歌集 春下「暮れてゆく春のみなとは知らねども霞に落つる宇治の柴舟」訳⇒くれてゆく…。◆「な」は「の」の意の奈良時代以前の格助詞。

みなとの… 和歌「水門の 葦の末葉を 誰か手折りし 我が背子が 振る手を見むと 我ぞ手折りし」万葉集 奈良-歌集 一二八八・作者未詳 訳湊の辺りに生い茂るあしの先の葉を、だれが手折ったのか。恋しいあの人が振る手を見ようと思って、私が手折ったことです。

鑑賞 船で旅立つ男を見送る女の歌。「背子」は、女性が、夫や恋人の男性を親しんで呼ぶ語。「か…し」「ぞ…し」は係り結びで、「し」は過去の助動詞「き」の連体形。

みな-ながら【皆ながら】副詞 **残らず全部。ことごとく。**「みながら」とも。宇治拾遺 鎌倉-説話 一四・一一「ある人みなながら」訳そこにいる人は残らず全員。

みな-に-な・す【皆になす】連語 **全部なくす。使い果たす。**「みなにす」とも。猫の草子 江戸-物語 御伽「一夜のうちにみなになし」訳一夜のうちに（食べてしまって）全部なくし。

みな-に-な・る【皆になる】連語 全部なくなる。尽きる。徒然 鎌倉｜随筆 六〇「他用に用ゐることなくて、その銭みなになりにけり」訳他の用途に使うこともなく、そのお金はすっかりなくなってしまった。

みな-の-わた【蜷の腸】枕詞 蜷（＝かわにな）の肉を焼いたものが黒いことから「か黒し」にかかる。万葉集 奈良｜歌集 一二七七「天なる日売菅原の草な刈りそねみなのわたか黒き髪に芥しつくも」訳日売菅原の草なんか刈りなさるな。黒々とした美しい髪にごみがついていますよ。

みな-ひと【皆人】名詞 全員。すべての人。みんな。万葉集 奈良｜歌集 九五「我はもや安見児得たりみなひとの得がてにすとふ安見児得たり」訳⇩われはもや…。

みなひとは… 和歌「皆人は 花の衣に なりぬなり 苔の袂よ 乾きだにせよ」古今 平安｜歌集 哀傷・遍昭 訳世間の人は皆、喪服を脱いではなやかな服に着替えたという。涙にぬれた私の僧衣の袂よ、せめて乾くことだけでもしてくれ。鑑賞 仁明天皇の一年の喪が明けて詠んだ歌。喪が明けて日常に戻った世間と、先帝の死をいたむ自分とが、「花の衣」と「苔の袂」との対比によって表されている。

みなみ【南】名詞 ❶方角の一つ。南。❷南から吹く風。南風。◆「みんなみ」とも。対❶❷北。

みなみ-おもて【南面】名詞 ❶南に向いた方。南側。南に面した部屋。❷寝殿造りで、南に面した正殿。参考 建物などでは南面が正面に当たり、南面の部屋は客間や儀式の部屋となる。灯火のとぼしい奈良時代以前はもちろん、広壮になった平安貴族の住居でも、日光のよく入る南面の部屋は最高の条件の部屋であった。

みなみ-まつり【南祭り】名詞 京都の南部にある石清水八幡宮で、陰暦三月の中の午の日に行った臨時の祭り。また、陰暦八月十五日に行う放生会。参考 京都北部にある賀茂神社の祭りを「北祭り」というのに対していう。

みな-むすび【蜷結び】名詞 組みひもの結び方の一つ。公家の「上の袴」や「几帳」の装飾に用いたもの。「になむすび」とも。

み-な-もと【源】名詞 ❶水源。❷起源。根源。徒然 鎌倉｜随筆 九「まことに、愛着の道、その根深く、みなもと遠し」訳本当に、男女の深く愛して執着をするという方面のことは、そのもとは深く、根源は遠い。◆「な」は「の」の意の奈良時代以前の格助詞。水の本の意。

源家長（ミナモトノイエナガ） 人名（一一七〇？〜一二三四）鎌倉時代の歌人。時長の子。後鳥羽上皇に仕え、和歌所で『新古今和歌集』の撰集にあたった。円熟した歌風で、『新古今和歌集』以下に入集。『源家長日記』がある。

源兼昌 人名（?〜一一一二）平安時代中期の歌人。俊輔の子。藤原忠通家の歌合わせに活躍。『金葉和歌集』以下の勅撰集に入集している。「淡路島かよふ千鳥の鳴く声に幾夜寝ざめぬ須磨の関守」（『金葉和歌集』）〈⇩あはぢしま…〉の歌で有名。

源実朝 人名（一一九二〜一二一九）鎌倉時代前期の歌人。源頼朝の子。頼家の弟。鎌倉幕府の三代将軍。ロマンチックな精神に富み、京文化にあこがれていた。和歌を藤原定家に学び、新鮮な感動を情熱的に詠んだ「万葉調」の秀歌が『金槐和歌集』に入集している。

源順（ミナモトノシタゴウ） 人名（九一一〜九八三）平安時代中期の歌人・学者。三十六歌仙の一人。梨壺の五人の一人として『万葉集』を読み解き、『後撰和歌集』を撰集した。博学で辞書『和名類聚抄』を著した。『拾遺和歌集』ほか、漢詩文が『本朝文粋』に入集。家集に『源順集』がある。

源隆国 人名（一〇〇四〜一〇七七）平安時代後期の歌人。高明の孫。宇治の別荘に住み宇治大納言と呼ばれた。人々から諸国の話を聞いて説話集『宇治大納言物語』（現存せず）を書いた。和歌は『後拾遺和歌集』以下に入集。

源経信 人名（一〇一六〜一〇九七）平安時代後期の歌人。桂大納言と呼ばれた。俊頼の父。和歌・漢詩文・管弦にすぐれ、藤原公任と並び称された。『後拾遺和歌集』以下に入集し、歌論書に『難後拾遺』、家集に『大納言経信集』がある。

源俊頼 人名（一〇五五ころ〜一一二九）平安時代後期の歌人。大納言経信の子。白河法皇の命で『金葉和歌集』を撰集した。自由清新な和歌を詠んだ。家集に『散木奇歌集』、歌論書に『俊頼髄脳』がある。

源通具 人名（一一七一〜一二二七）鎌倉時代の歌人。土御門通親の子。妻は藤原俊成の娘。堀河大納言と呼ばれた。和歌所寄人となり、『新古今和歌集』の撰にあたった。同集以下の勅撰集に入集。

源宗于 人名（?〜九三九）平安時代中期の歌人。三十六歌仙の一人。光孝天皇の孫、父は是忠親王。右京大夫。「寛平御時后宮歌合」に参加、紀貫之との贈答歌もある。余情のある歌が『古今和歌集』などに入集、家集に『宗于集』がある。

源義経 人名（一一五九〜一一八九）平安時代後期の武将。義朝の九男。母は常盤御前。幼名、牛若丸。兄頼朝の挙兵に応じて、平家一門を壇の浦で滅ぼしたが、頼朝に追われて奥州に逃げ、平泉の藤原泰衡にそむかれて自殺。その悲劇的な生涯が後世の文学の素材となった。

源義仲 ⇩木曾義仲

源頼朝 人名（一一四七〜一一九九）平安・鎌倉時代の武将。鎌倉幕府の初代将軍。義朝の三男。母は藤原季範の娘。平治の乱で伊豆に流されたが、平家追討の令旨をうけ、平維盛軍を敗走させ、平家一門を壇の浦で滅ぼし、建久三年（一一九二）征夷大将軍になって、鎌倉に幕府を創設した。

源頼政 人名（一一〇四〜一一八〇）平安時代後期の歌人。保元・平治の乱では勝利側につい

み

た。従三位。出家して源三位入道といった。武勇にすぐれ、宮中の鵺退治の話が、謡曲・浄瑠璃などに脚色された。和歌は『新古今和歌集』以下の勅撰集に入集。家集に『源三位頼政卿集』がある。

み-なら-す【見馴らす・見慣らす】他動詞サ四{さ/し/す/す/せ/せ}見なれるようにする。目になじませる。源氏物語 平安―物語 若紫「かしこに渡りてみならし給へ」訳あちらにおいでになって(継母北の方を)見なれるようにしなさいませ。

み-なら-ふ【ミナラウ―ミナロウ】一【見慣らふ・見馴らふ】自動詞ハ四{は/ひ/ふ/ふ/へ/へ}見慣れる。見てなじむ。竹取物語 平安―物語 かぐや姫の昇天「心ばへなど貴やかにうつくしかりつる事をみならひて」訳(かぐや姫の)気立てなどが優雅で愛らしかったことを(召使いたちは)見慣れていて。二【見習ふ・見倣ふ】他動詞ハ四{は/ひ/ふ/ふ/へ/へ}見てまねる。見て覚える。徒然 鎌倉―随筆 一八四「若き人にみならはせて心づけんためなり」訳若い人に見て覚えさせて気づかせようというためなのだ。

み-な-る[1]【水馴る】自動詞ラ下二{れ/れ/る/るる/るれ/れよ}水に浸りなれる。水に親しむ。古今 平安―歌集 恋五「音羽川渡るとなしにみなれそめけむ」訳どうして(私は)音羽川を渡ることもないのに、水に浸りなれ始めてしまったのだろう(=あの人と深くは交際できないのに、なじみ始めてしまったのだろう)。参考 和歌では「見馴る」とかけて用いることが多い。

み-な-る[2]【見馴る・見慣る】自動詞ラ下二{れ/れ/る/るる/るれ/れよ}見なれる。見てなじむ。慣れ親しむ。竹取物語 平安―物語 かぐや姫の昇天「明け暮れ、みなれたるかぐや姫をやりては」訳明けても暮れても慣れ親しんでいるかぐや姫を手放しては。

みなれ-ごろも【見馴れ衣】名詞 着なれた衣服。ふだん着ていて、身になじんだ衣服。

みなれ-ざを【水馴れ棹】ミナレザオ 名詞 使い込み、水になれたさお。参考 和歌では、「見馴る」「さす」などを導く序詞として用いることが多い。

み-な-わ【水泡】名詞「水な泡」の変化した語。水の泡。はかないものをたとえていう。万葉集 奈良―歌集 一二六九「行く水のみなわのごとし世の人我は」訳流れ行く水の泡のようである。この世の人であるわたしは。◆「な」は「の」の意の奈良時代以前の格助詞。

み-に-あま-る【身に余る】連語 自分にとって十分過ぎる。自分には過分である。源氏物語 平安―物語 桐壺「みにあまるまでの御心ざしの」訳十分過ぎるほどの(帝の)ご寵愛が。

み-に-お-ふ【身に負ふ】ミニオウ 連語 身分にふさわしい。内容にふさわしい。古今 平安―歌集 仮名序「言葉は巧みにて、そのさまみにおはず」訳言葉は技巧的であって、その(歌の)体裁は内容にふさわしくない。

み-にく-し【見悪し・醜し】形容詞ク{く・から/く・かり/し/き・かる/けれ/かれ}❶見苦しい。みっともない。竹取物語 平安―物語 竜の頸の玉「かぐや姫据ゑむには、例のやうにはみにくし」訳かぐや姫を(妻として)住まわせるには、これまでの状態ではみっともない。❷(顔かたちが)よくない。徒然 鎌倉―随筆 一三四「わがかたちのみにくく浅ましき事を」訳自分の容貌が見苦しくてあきれるほどなのを。参照▼類語と使い分け⑱

みにく-やか-なり【醜やかなり】形容動詞ナリ{なら/なり・に/なり/なる/なれ/なれ}いかにもみにくい。源氏物語 平安―物語 浮舟「はらからのみにくやかなるも恋し」訳妹の、いかにもみにくいのまでも(今は)恋しい。◆「やか」は接尾語。

み-に-し-む【身に染む・身に沁む】連語 ❶痛切に感じる。しみじみと味わう。源氏物語 平安―物語 帚木「御有様をみにしむばかり思へる好き心どもあめり」訳(源氏の)お姿をしみじみ味わうほどの思いで見る好色そうな女房どもがいるようだ。❷秋の冷気が身に強く感じられる。更科紀行 江戸―紀行 俳文・芭蕉「みにしみて大根からし秋の風―芭蕉」訳旅先の宿で大根おろしを食べると、骨身にしみるほどからく、折からの秋風の冷たさが身に強く感じられる。

み-ぬけ【身抜け】名詞／―す 自動詞サ変 ある状態から抜け出ること。特に、借金の責め苦から逃れることや、遊女が勤めをやめることにいう。世間胸算用 江戸―物語 浮世・西鶴「この節季のみぬけ、何とも分別あたはず」訳この決算期の(支払いを)逃れることは何とも思いつくことができない。

みぬよ-の-ひと【見ぬ世の人】連語 昔の人。自分の生まれる前の時代の人。徒然 鎌倉―随筆 一三「文をひろげて、みぬよのひとを友とするぞ」訳書物を広げて、昔の人を友とすることは。

み-ね【峰・峯・嶺】名詞 ❶山のいただき。山頂。頂上。拾遺 平安―歌集 雑秋「小倉山みねのもみぢ葉心あらば今ひとたびのみゆき待たなむ」訳⇩をぐらやまみねのもみぢば…。❷(ものの)高く盛り上がっているところ。宇津保 平安―物語 俊蔭「いたづらなる所は、…鼻のみねなりけり」訳どうでもよい所は、…鼻の高く盛り上がっているところであった。❸刃物の、刃の反対側。刀剣の背。「刀背」とも。◆「み」は接頭語。

み-の[1]【蓑・簑】名詞 雨具の一つ。茅や菅や藁などを編んで作り、肩から羽織って用いる。同時に、頭には菅笠をかぶる。

(蓑)

美濃[2] 地名 旧国名。東山道八か国の一つ。今の岐阜県南部。濃州。

みのけ-よだ-つ【身の毛よだつ】連語 ぞっとする。「みのけたつ」とも。▼寒さ・恐怖・緊張などのため、体の毛が立つように感じる場合にいう。平家物語 鎌倉―物語 三・御産「修法の声みのけよだって」訳祈禱の声は(聞く人には)ぞっとして。◇「みのけよだって」は促音便。◆「よだつ」は「いよだ(立)つ」の変化したもの。

み-の-こく【巳の刻】連語 ❶「み(巳)❷」に同じ。「巳の時」とも。❷「みのとき❷」に同じ。

みのしろ-ごろも【蓑代衣】名詞 蓑の代わりに雨具にもなる衣服。

み-の-とき【巳の時】連語 ❶「み(巳)❷」に同じ。「巳の刻」とも。❷新しいもの。新鮮であること。「巳の刻」とも。▼巳の時が昼より前であることからいう。盛衰記 鎌倉―物語 一五「鎧は緋縅に金物を打ち、いまだみのときとぞ見えし」訳鎧は緋縅に金具を打ちつけ、まだ新しいものと見うけられた。❸物事のたけなわ

み

のとき。勢いの盛んなとき。

***み-の-のち**【身の後】名詞 死んだあと。死後。徒然 鎌倉一随筆 三八「みののちの名、残りてさらに益(やく)なし」訳死んだあとの名声など、残っても少しも役にたたない。

みのひ-の-はらへ【巳の日の祓へ】ミノヒノハラエ 連語 陰暦三月の最初の巳の日に、人形(ひとがた)をなで、自分の汚(けが)れを移して川に流し、厄(やく)をはらった行事。「巳の日の祓ひ」「上巳(じょうし)の祓へ」とも。

み-の・ぶ【見延ぶ】他動詞バ下二{べ/べ/ぶ/ぶる/ぶれ/べよ} **じっと流し目で見る。遠くをじっと見る。**源氏物語 平安一物語 紅葉賀「見返りたるまみ、いたうみのべたれど」訳ふり返り見た目つきは、たいそうじっと流し目で見ていたけれど。

***み-の-ほど**【身の程】名詞 ❶**身分や能力の程度。分際。**枕草子 平安一随筆 にくきもの「羽風(はかぜ)さへそのみのほどにあるこそいとにくけれ」訳(蚊は)羽風までがその体相応にあるのはまったくにくらしい。❷**身の上。**蜻蛉 平安一日記 下「はかなきみのほどを、いかにとあはれに思う給(たま)ふる」訳はかない身の上を、どのようになりゆくことかとあわれに存じます。

み-のり【御法】名詞 ❶法律・法令の尊敬語。❷仏法や、仏事・経文などの尊敬語。◆「み」は接頭語。

み-はかし【御佩刀】名詞「佩刀」の尊敬語。**お刀。**◆「み」は接頭語。

み-はし【御階】名詞 (神社・宮殿など)殿舎の階段を敬っていう語。特に、紫宸殿(ししんでん)の南正面の階段にいう。◆「み」は接頭語。

み-は・つ【見果つ】他動詞タ下二{て/て/つ/つる/つれ/てよ} ❶**終わりまで見る。残らず見る。**更級 平安一日記 物語「この物語みはてむと思へど、見えず」訳この物語を残らず読んでしまおうと思うけれど、見ることができない。❷**最後まで見届ける。世話をし通す。**源氏物語 平安一物語 蓬生「かく甲斐(かひ)なき身なりともみはてむとこそ思ひつれ」訳このような取るに足りない身であっても最後まで見届けようと思った。

み-はな・つ【見放つ】他動詞タ四{た/ち/つ/つ/て/て} **見捨てる。見放す。**源氏物語 平安一物語 幻「時々はみはなたぬやうに思(おぼ)したりつる人々も」訳時々は、見捨てないようにお思いになっていた女房たちも。

み-は-ならはしもの【身は習はし物】ミハナラワシモノ 連語 人の身の上は習慣しだいだということ。古今 平安一歌集 恋一「人のみもならはしものを逢(あ)はずしていざ試みむ恋ひや死ぬると」訳人の身の上も習慣しだいだということだから、(恋人に)会わないで、さあ、試してみよう、こがれ死にするかどうか。

み-はや・す【見栄やす】他動詞サ四{さ/し/す/す/せ/せ} **見て、ほめあげる。見て、もてはやす。**古今 平安一歌集 春上「桜花いたくなわびそ我みはやさむ」訳桜の花よ、ひどく嘆くことはない。私が見て、ほめてあげるから。

み-はるか・す【見晴るかす】他動詞サ四{さ/し/す/す/せ/せ} **遠く見はらす。はるかに見渡す。**延喜式 平安一格式 祈年祭「皇神(すめがみ)のみはるかします四方(よも)の国は」訳神々のはるかに見渡します四方(しほう)の国は。

み-ばれ【身晴れ】名詞 身の疑いが晴れること。諸国ばなし 江戸一物語 浮世・西鶴「銘々のみばれと、上座(うわざ)から帯をとけば」訳各人の身の疑いが晴れるためと言って、上座(かみざ)のほうから帯を解くと。

み-ふ【御封】名詞「封戸(ふこ)」の尊敬語。「みぶ」とも。◆「み」は接頭語。「ふ」は「ふこ」の略。

み-ぶくし【み掘串】名詞「掘串(ふくし)」の美称。◆「み」は接頭語。

[1]**み-ふ・す**【見伏す】他動詞サ下二{せ/せ/す/する/すれ/せよ} **見極める。見定める。**宇治拾遺 鎌倉一説話 三・一「返す返す思ひみふせて」訳くり返し考え見極めて。

[2]**み-ふ・す**【見臥す】他動詞サ四{さ/し/す/す/せ/せ} **横になったままで眺める。**伊勢物語 平安一物語 四五「この男、みふせりて」訳この男は、(蛍の高く飛びあがるのを)横になったままで眺めていて。

み-ふだ【御簡】名詞「日給(にっきふ)の簡(ふだ)」の尊敬語。源氏物語 平安一物語 須磨「つひにみふだ削られ、官(つかさ)も取られて」訳とうとう御簡を除かれ、官職も取り上げられて。◆「み」は接頭語。

壬生忠見(みぶのただみ) 人名 生没年未詳。平安時代中期の歌人。三十六歌仙の一人。忠岑(ただみね)の子。官位は低かったが、繊細清新な歌風で『拾遺和歌集』などに入集。家集に『忠見集』がある。『天徳四年内裏歌合(だいりうたあわせ)』で「恋すてふ…思ひそめしか」(『拾遺和歌集』)〈⇩こひすてふ…。〉の歌が、平兼盛(かねもり)の「忍ぶれど…人の問ふまで」(『拾遺和歌集』)〈⇩しのぶれど…。〉の歌に敗れたので、悩んだ末病死した伝説は有名。

壬生忠岑(みぶのただみね) 人名 生没年未詳。平安時代前期の歌人。三十六歌仙の一人。紀貫之(きのつらゆき)らと『古今和歌集』を撰集した。優雅で考えをめぐらした作品が多い。家集に『忠岑集』がある。

み-へ【三重】ミエ 名詞 三重(さんじゅう)に折り重なっていること。三つ重なっていること。また、そのもの。

みへ-がさね【三重襲】ミエガサネ 名詞 ❶表と裏の布の間に中倍(なかべ)という布を入れて三重にして仕立てた衣服。❷「三重襲の扇(あふぎ)」の略。語義未詳。「檜扇(ひあふぎ)」の一種で、檜(ひ)の薄板八枚を一重(ひとえ)とし、それを三倍連ねたものか。

みほ-どり【鳰鳥】ミオドリ 名詞「にほ」に同じ。

三保の松原(みほのまつばら) 地名 今の静岡県静岡市清水の三保の海岸の松林。天女が降りたという羽衣伝説で名高い。

み-ぼめ【身褒め】名詞 **自慢。**自分をほめること。

み-まうし【見まうし】連語 **見るのがつらい。見たくない。**源氏物語 平安一物語 末摘花「形(かた)にかきてもみまうきさましたり」訳絵に描いたものでも、見るのがつらいようすをしている。◆「まうし」は助動詞。

***み-まが・ふ**【見紛ふ】ミマガウ ミマゴウ 他動詞ハ下二{へ/へ/ふ/ふる/ふれ/へよ} **見まちがえる。見誤る。**枕草子 平安一随筆 花の木ならぬは「雪の降り置きたるにみまがへられ」訳(白樫(しらかし)という木は)雪の一面に降りつもっているのに見まちがえられ。

***み-まか・る**【身罷る】自動詞ラ四{ら/り/る/る/れ/れ} **あの世へ行く。死ぬ。**古今 平安一歌集 哀傷・詞書「妹(いも)のみまかりける時詠みける」訳恋人が亡くなったとき詠んだ歌。参照▶類語と使い分け⑨

み-まき【御牧】名詞「牧」の尊敬語。貴人が所有する牧場。また、朝廷所有の牧場。◆「み」は接頭語。

み-まく【見まく】連語 なりたち 動詞「みる」の未然形＋推量の助動詞「む」の古い未然形「ま」＋接尾語「く」

見るだろうこと。見ること。〔万葉集 奈良―歌集〕五八一「生きてあらばみまくも知らず」訳生きていれば会えるかも知れないのに。◆奈良時代以前の語。

み‐まく‐ほ・し【見まく欲し】 連語 **見たい。会いたい。**〔万葉集 奈良―歌集〕二八〇一「朝な朝なみまくほしきを見えぬ君かも」訳毎朝毎朝会いたいのに、会えないあなたであるよ。〔伊勢物語 平安―物語〕八四「老いぬればさらぬ別れのありと言へばいよいよみまくほしき君かな」訳年をとったので、避けられぬ別れがあるということですから、いよいよ会いたいと思われるあなたですよ。◆「ほし」は形容詞。

美作（みまさか） 地名 旧国名。山陽道八か国の一つ。今の岡山県北部。作州（さくしゅう）。

み‐まさり【見優り・見勝り】 名詞／―す 自動詞サ変 （以前より、また、予想やうわさより）すぐれて見えること。〔源氏物語 平安―物語〕浮舟「こよなくみまさりしたる心地し給ふに」訳（以前より）格段にすぐれて見えている感じがしなさるのだが。

み‐まし【汝】 代名詞 「汝（なむぢ）」の尊敬語 **あなたさま。あなた。** ▼対称の人称代名詞。〔続日本紀 平安―史書〕神亀一「みましの父とます天皇（すめらみこと）の」訳あなたさまの父でいらっしゃいます天皇の。◆奈良時代以前の語。

参考 「御座（みまし）」の意で、「いまし」「まし」より敬意が高いともいわれるが、臣下や子弟に対しても親愛の気持ちをこめて用いられている。

みまそが・り 自動詞ラ変 {ら／り／り／る／れ／れ} 〔「あり」の尊敬語〕 **いらっしゃる。おいでになる。**「みまそかり」とも。〔伊勢物語 平安―物語〕七七「その時の女御（にょうご）、多賀幾子（たかきこ）と申すみまそがりけり」訳そのときの女御で、多賀幾子と申し上げる方がいらっしゃった。

参考 ラ変動詞「いますがり」から変化した語か。

み‐ま・ふ【見舞ふ】 ミマウ―ミモウ 他動詞ハ四 {は／ひ／ふ／ふ／へ／へ} ❶**見回る。巡視する。**〔柿山伏 室町―狂言〕狂言「毎日みまひまする」訳毎日見回ります。❷（挨拶や御機嫌伺いのために）**訪問する。**〔腰祈 室町―狂言〕狂言「この度（たび）はみまはうと存ずる」訳この度は訪問しようと存じます。❸**診察して回る。往診する。**〔西鶴織留 江戸―物語〕浮世・西鶴「朝脈（あさみゃく）にみまへば」訳朝、脈を取りに往診すると。

み‐まや【御馬屋・御廏】 名詞 「みうまや」の変化した語。廏（うまや）の尊敬語。**御うまや。**

み み【耳】 名詞 ❶五官の一つ。音を聞く器官。❷**聞くこと。聞く能力。**❸**うわさ。評判。**〔万葉集 奈良―歌集〕一二八「わが聞きしみみによく似る葦（あし）のうれの足痛（ひ）くわが背勤めたぶべし」訳私が聞いたうわさにそっくり似ている、葦の葉先のように足の弱々しいわが夫よ、御自愛なさい。❹**針の穴。めど。** ▼耳に穴があることから。

み‐み【身身】 名詞 ❶**その身その身。人それぞれの身。**〔源氏物語 平安―物語〕蓬生「おのがみみにつけたるたよりども思ひ出（い）でて」訳各人がそれぞれの身に持っているいろんな縁故を思い出して。❷〔多く「みみとなる」の形で〕出産すること。身二つになること。〔平家物語 鎌倉―物語〕九・小宰相身投「舟のうちの住まひなれば、静かにみみとならん時もいかがはせん」訳船の中の住まいなので、無事に出産となるようなときもどうしたらいいのか。

みみ‐おどろ・く【耳驚く】 連語 **聞いてびっくりする。**〔徒然 鎌倉―随筆〕七三「下（しも）ざまの人の物語は、みみおどろく事のみあり」訳身分の低い階層の人の話は、聞いて驚くことばかりだ。

みみ‐かしがま・し【耳喧し】 形容詞シク {（しく）・しから／しく・しかり／し／しき・しかる／しけれ／しかれ} **やかましい。うるさい。**〔源氏物語 平安―物語〕夕顔「みみかしがましかりし砧（きぬた）の音をおぼし出（い）づるさへ」訳やかましかった砧の音をお思い出しになることさえ。参照▶類語と使い分け⑳

みみ‐た・つ【耳立つ】 一 自動詞タ四 {た／ち／つ／つ／て／て} **聞いて、心に留まる。聞いて、注意が向く。**〔源氏物語 平安―物語〕帚木「下（しも）の階（きざみ）といふ際（きは）になれば、殊にみみたたずかし」訳（女も）下層階級という身分になると、格別に注意が向かないよ。 二 他動詞タ下二 {て／て／つ／つる／つれ／てよ} **注意して聞く。きき耳をたてる。**〔枕草子 平安―随筆〕世の中になほいと心憂きものは「親などのかなしうする子は目立てみみたてられて」訳親などがかわいがっている子は注目され、きき耳をたてられて。

みみ‐ぢか・し【耳近し】 形容詞ク {（く）・から／く・かり／し／き・かる／けれ／かれ} ❶（音が）**耳に近い。近くに聞こえる。**〔更級 平安―日記〕鏡のかげ「松風、いとみみぢかう心細く聞こえて」訳松風が、たいそう耳の近くにものさびしく聞こえて。◇「みみぢかう」はウ音便。❷**聞きなれてわかりやすい。**〔源氏物語 平安―物語〕橋姫「同じ仏の御教へをもみみぢかきたとひに引きまぜ」訳同じ仏のお教えにしても、聞きなれてわかりやすい例え話の中に引いて混ぜ（て説き）。

みみ‐と・し【耳疾し】 形容詞ク {（く）・から／く・かり／し／き・かる／けれ／かれ} **聴覚が鋭い。耳ざとい。耳がいい。**〔枕草子 平安―随筆〕大蔵卿ばかり「大蔵卿（おほくらきゃう）ばかりみみとき人はなし」訳大蔵卿ほど耳ざとい人はいない。

みみ‐とどま・る【耳留まる】 自動詞ラ四 {ら／り／る／る／れ／れ} **耳に残る。**〔源氏物語 平安―物語〕東屋「あまりおどろおどろしきことどみみとどまりける」訳あまりに大げさなことと耳に残った。

みみ‐とど・む【耳留む】 他動詞マ下二 {め／め／む／むる／むれ／めよ} **注意して聞く。聞き耳を立てる。**〔源氏物語 平安―物語〕帚木「ゆかしくて、みみとどめ給（たま）へるに」訳（どんな女性か）知りたいものだと思って、注意して聞いておられると。

みみ‐と‐なる【身身となる】 連語 ⇩みみ（身身）❷

みみな‐ぐさ【耳菜草】 名詞 畑や空地に生え、葉がねずみの耳に似ている雑草。若草は食用。

耳成山（みみなしやま） 地名 歌枕（うたまくら）。今の奈良県橿原（かしはら）市にある山。天（あま）の香具山（かぐやま）、畝傍山（うねびやま）とともに大和三山の一つ。

みみ‐な・る【耳馴る・耳慣る】 自動詞ラ下二 {れ／れ／る／るる／るれ／れよ} **聞き慣れる。**〔源氏物語 平安―物語〕若菜下「東遊（あづまあそ）びのみみなれたるは」訳東遊びの聞き慣れたのは。

みみ‐に‐さか・ふ【耳に逆ふ】 ミミニサカウ―ミミニサコウ 連語 **聞いて不愉快になる。**〔徒然 鎌倉―随筆〕一五五「ついで悪（あ）しき事は、人のみみにもさかひ」訳折の悪い事柄は、他人が聞いても不愉快になり。

みみ‐はさみ【耳挟み】 名詞 女性が、顔にかかる額髪（ひたいがみ）を、邪魔にならないように左右の耳の後ろへかきやって挟むこと。忙しく働くときなどの動作であるが、品のないこととされた。

みみ-ふ・る【耳旧る】 自動詞ラ上二｛り/り/る/るる/るれ/りよ｝**耳が慣れて珍しくもなくなる。聞きなれる。** 物語 源氏物語 平安―若菜下「興ある朝夕の管弦の遊びにみみふり」訳興趣ある朝夕の管弦の遊びに聞きなれ。

みみ-やす・し【耳安し・耳易し】 形容詞ク｛(く)・から/く・かり/し/き・かる/けれ/かれ｝**耳にして安心する。** 源氏物語 平安―物語 若菜上「みみやすきものから、さすがに妬く思ふ」訳耳にして安心するものの、やはりいまいましく思う。

みみ-を-かたぶ・く【耳を傾く】 連語 **耳を傾ける。注意して聞く。熱心にじっと聞き入る。** 枕草子 平安―随筆 大蔵卿ばかり耳とき人はなし「『何とか、何とか』と、みみをかたぶけ来るに」訳「何ですって、何ですって」と耳を傾けて来るのに。

み-むろ【御室】 名詞 ❶「室」の尊敬語。**貴人のお住まい。**▼僧房や庵室にもいう。伊勢物語 平安―物語 八三「強ひてみむろにまうでて拝み奉るに」訳無理にお住まいに参上してお目にかかったところ。❷「みもろ」に同じ。神楽歌 平安―神楽 榊「誰が世にか神のみむろと斎ひそめけむ」訳いったいだれの世に、神の宿る所としてまつりはじめたのだろうか。◆「み」は接頭語。

みむろ-の-やま【御室の山】 名詞 神が降臨してまつられている山。紅葉の名所である神奈備山(＝今の奈良県生駒郡斑鳩町)や、「三輪山」にいうことが多い。「みむろやま」。「みもろのやま」。古今 平安―歌集 秋下「竜田川もみぢ葉流る神奈備のみむろのやまに時雨降るらし」訳竜田川に紅葉した葉が流れている。神奈備の御室の山に時雨が降っているらしい。

み-め[1]【見目・眉目】 名詞 ❶目に見える姿・ようす。**見た目。外見。** 枕草子 平安―随筆 鳥は「鷺は、いとみめも見ぐるし」訳さぎは、ひどく見た目もみっともない。❷**容貌。顔かたち。** 枕草子 平安―随筆 位こそ猶めでたき物はあれ「みめ清げなるにつけても」訳(法師が)容貌の美しいようすであるにつけても。❸**名誉。面目。** 心中天網島 江戸―浄瑠 近松「結構なばかりみめではない」訳(人柄が)すぐれているばかりが名誉ではない。

み-め[2]【御妻・妃】 名詞 神・天皇・貴人の妻の尊敬語。◆「み」は接頭語。

み-めう・なり【微妙なり】 形容動詞ナリ｛なら/なり・に/なり/なる/なれ/なれ｝**すばらしい。** 今昔物語 平安―説話 二四・三〇「この句みめうに感ぜさせ給ひて」訳この詩句がすばらしいと感心なさって。

みめ-かたち【見目形・眉目形】 名詞 顔かたちと姿。容姿。

み-め・づ【見愛づ】 他動詞ダ下二｛で/で/づ/づる/づれ/でよ｝**見てほめる。すてきだと思って見る。** 源氏物語 平安―物語 末摘花「宮には女房つどひてみめでけり」訳宮では女房が集まってすてきだと思って見た。

みめ-よ・し【見目好し・眉目佳し】 形容詞ク｛(く)・から/く・かり/し/き・かる/けれ/かれ｝**顔かたちが美しい。** 七夕 室町―物語 御伽「白き狩衣着てみめよき男会ひたるに」訳白い狩衣を着ている顔かたちが美しい男と出会ったので。

御裳濯川 地名 歌枕 今の三重県伊勢市を流れ、伊勢神宮の内宮の神域を流れる「五十鈴川」の別名。斎宮の倭姫命が、この川で「御裳」を洗い清めたという故事から、この名がある。尽きることのない神聖な清流を、大神や皇室の悠久であることにたとえて歌に詠まれることが多い。

み-もち【身持ち】 名詞 ❶**品行。行状。** 浮世物語 江戸―物語 仮名「これより、みもちわがままになりて」訳これ以後、行いが自分勝手になって。❷妊娠すること。身重。竹斎 江戸―物語 仮名「さる人の御方様、みもちになり給ふと聞こえけり」訳ある人の奥方が身重になりなさったとうわさになった。◆江戸時代の語。

み-もの【見物】 名詞 ❶**見る価値のあるもの。** 見てすばらしいと思うもの。枕草子 平安―随筆 見ものは「みものは、臨時の祭り」訳見る価値のあるものは、(賀茂の)臨時の祭り。❷**見物。** 源氏物語 平安―物語 胡蝶「かのみものの女房たち」訳あの(船遊びの)見物の女房たち。

み-もら・す【見漏らす・見洩らす】 他動詞サ四｛さ/し/す/す/せ/せ｝**見落とす。** 徒然 鎌倉―随筆 一三七「一事もみもらさじとまぼりて」訳どんなことも見落とすまいと見守って。

み-もろ【御諸・三諸・御室】 名詞 神が降臨して宿る神聖な所。磐座(＝神の御座所)のある山や、森・岩窟など。特に、「三輪山」にいうこともある。また、神座や神社。「みむろ」とも。万葉集 奈良―歌集 四二〇「わが宿にみもろを立てて」訳わが家に祭壇を設けて。◆「み」は接頭語。

み-や【宮】 名詞 ❶**神社。神宮。** 万葉集 奈良―歌集 一七四〇「わたつみの神のみやの内の重への妙なる殿に」訳海の神をまつる神社の中の奥の方の神秘的な御殿に。❷**皇居。御所。** 万葉集 奈良―歌集 一〇六三「あり通ふ難波のみやは海近み」訳いつも通う難波にある皇居は海が近いので。❸(皇后・中宮・皇子・皇女などの)**皇族の住居。** 離宮。伊勢物語 平安―物語 八二「山崎のあなたに、水無瀬といふ所にみやありけり」訳山崎のむこうの方で、水無瀬という所に御殿があった。❹皇族に対する尊敬語。伊勢物語 平安―物語 八四「身はいやしながら、母なむみやなりける」訳(男は)身分は低いけれども、母君は皇女であった。◆「み」は接頭語、「や」は「屋」。

みやう-が*【冥加】 名詞 ❶仏教語。(目に見えないまま、知らず知らずのうちに受ける)神仏の恵み。**神仏の加護。** 徒然 鎌倉―随筆 二三八「時にあたりて本歌を覚悟す。道のみやうがなり、高運なり」訳ちょうどその肝心なときにあたって本拠となる歌を記憶していてそらんじている。これは歌の道の神仏の加護である。よい巡り合わせである。❷**報恩。お礼。** 日本永代蔵 江戸―物語 浮世・西鶴「薬代をみやうがのために遣はしたし」訳薬代をお礼のために贈りたい。

みやう-がう[1]【名号】 名詞 仏教語。仏や菩薩の名。特に、念仏として唱える阿弥陀仏の称号。「南無阿弥陀仏」がそれで、これを「六字の名号」という。

みやう-がう[2]【名香】 名詞 **仏前でたく香。**

みやう-くわ【猛火】 名詞 **勢い盛んな火。猛火。**

みやう-くわん【冥官】 名詞 仏教語。地獄の閻魔の庁の役人。

みやう-けん【冥顕】 名詞 **あの世とこの世。** 目に見えない神仏の世界(＝冥界)と目に見える人間の世

み

界(＝顕界)。「みゃうげん」とも。

みゃう-じ【名字】 名詞 ❶古代の「氏」「姓」としての名前。また、人の名前。❷同一の「氏」から分かれた家の名。また、広く、家名。❸「みゃうがう」に同じ。沙石 鎌倉－説話 七「せめてはみゃうじばかりを唱へんと思へども」訳せめて南無阿弥陀仏ぐらいは唱えようと思うけれど。

参考 ❷は、源氏から分かれた新田・足利などのように、武士が、出身地や名田などの名を自分の字としたのが本来のものである。のち、次第に「氏」との区別があいまいになった。

みゃう-しゅ【冥衆】 名詞 仏教語。**目に見えない神々。**鬼神・閻魔王など。

みゃう-じょ【冥助】 名詞 **目に見えない神仏の加護。**

みゃう-じん【名神・明神】 名詞 歴史が古く、神格が正しい神社の称号。後に、神の尊敬語。

みゃう-ばつ【冥罰】 名詞 仏教語。**人知れず神仏が下す罰。**

みゃうばふ-はかせ【明法博士】 名詞 大学寮で律令・格式を教授した博士。

[1]みゃう-ぶ【名簿・名符】 名詞 自分の官位・姓名などを記した名札。貴人に面会したり、門弟になったりするときに差し出す。

[2]みゃう-ぶ【命婦】 名詞 ❶宮中や後宮の女官の一つ。五位以上の女官(内命婦)と、五位以上の役人の妻(外命婦)がある。平安時代以後は、中級の女官をいう。❷稲荷の神の使いとされる狐の別名。

みゃう-もん【名聞】 名詞 **名声。名誉。** 今昔物語 平安－説話 一一・三二「ひとへにみゃうもんを離れて官職を辞して」訳ひたすら名誉を離れて、官職を退いて。

みゃうもん-ぐる・し【名聞苦し】 形容詞 シク{(しく)・しから／しく・しかり／し／しき・しかる／しけれ／しかれ} **名声・名誉を求めるのは(その身にとって)心苦しい。** 徒然 鎌倉－随筆 一「みゃうもんぐるしく、仏の御教へに違ふらんとぞ覚ゆる」訳名声・名誉を求めるのは心苦しく、仏の御教えにそむいているだろうと思われる。

参考 名声・名誉を求めてあくせくするようすと解する説もあり、また、「名聞(が)苦し」で名声・名誉の高いのが仏道を志す者にとってつらいと解する説もある。

みゃうもん・なり【名聞なり】 形容動詞 ナリ{なら／なり・に／なり／なる／なれ／なれ} **名声・名誉を得るために、見栄を張ったり偽善を行ったりする。** 大鏡 平安－物語 師尹「くせぐせしき覚えまさりて、みゃうもんになどぞおはせし」訳ひねくれているという評判がいっそうひどくて、見栄っ張りでいらっしゃった。

[1]みゃう-り【名利】 名詞 **現世での名誉と利益。**

[2]みゃう-り【冥利】 名詞 仏教語。**神仏が人知れず与える恵み。**

みゃう-わう【明王】 名詞 仏教語。密教で、大日如来の命を受けて、一切の悪を退治して仏法を守る諸尊。いずれも怒りの相を現し、武器を携える。五大明王(＝「五大尊」)と呼ばれる不動・降三世・軍荼利・大威徳・金剛夜叉の五明王をはじめ、多くの明王があるが、単に明王というときは、不動明王をさすことが多い。

明恵 人名 (一一七三～一二三二)鎌倉時代の僧・歌人。華厳宗中興の祖。紀伊(和歌山県)の人。諱は高弁。華厳経と密教を修め、後鳥羽上皇から京都栂尾の地を賜り高山寺を創建、華厳宗の道場とした。法然を批判した『摧邪輪』を書き、また、宋伝来の茶を栽培した。家集『明恵上人歌集』がある。

みや-ぎ【宮木】 名詞 宮殿・神殿を造営する用材。「みやき」とも。

宮城野 地名 歌枕 今の宮城県仙台市の東方一帯の原野。「宮城野の萩」と呼ばれるほどに、萩の名所として名高い。和歌では、「萩」「露」、あるいは「鹿」「月」などと取り合わせて詠まれることが多い。

みやぎのの… 和歌 「宮城野の 露吹きむすぶ 風の音に 小萩がもとを 思ひこそやれ」源氏物語 平安－物語 桐壺 訳宮城野を吹いて露を結ぶ風の音を聞くと、小萩のことが思い出されてならない。

鑑賞 亡き桐壺更衣の実家で祖母君と過ごす若宮(＝幼い源氏)を思って詠んだ帝の歌。宮城野は奥州の萩の名所で、「宮城」と書き記すことから、ここでは宮中の意味を持たせている。「露」は涙を、「小萩」は幼い源氏を指す。

み-やけ【屯倉・屯家】 名詞 律令制以前、天皇直轄地の田で収穫した穀類を納めた倉。また、その直轄地。

◆「み」は接頭語。「やけ」は「やか(宅)」の変化した語。

みや-こ【都・京】 名詞

皇居のある所。首都。▼「宮処」の意で、天皇の宮殿のある場所を表すが、平安時代以降は特に京都をさした。方丈記 鎌倉－随筆「たましきのみやこのうちに、棟を並べ甍を争へる、高きいやしき、人の住まひは、世々を経て尽きせぬものなれど」訳玉を敷いたように美しくりっぱな都の中に、棟を並べ、屋根の高さを張り合っている、身分が高い人や低い人の住居は、年月を経ても尽きないものだけれど。

みやこ-うつり【都移り・都遷り】 名詞 **遷都。**都が移ること。

みやこ-おち【都落ち】 名詞 戦に敗れるなどして都から地方へ落ちのびること。

みやこかた-ひと【都方人】 名詞 **都の人。都会人。**また、都の近辺に住んでいる人。

みやこ-ぢ【都路】 名詞 **都へ行く道。都へ続く道。**

みやこ-どり【都鳥】 名詞 水鳥の名。海に近い河川にすむ。今の「ゆりかもめ」。懐かしい都の名をもつ鳥とされる。体は白く、くちばしと脚が赤い。古今 平安－歌集 羇旅・伊勢物語 平安－物語 九「名にし負はばいざ言問はむみやこどりわが思ふ人はありやなしやと」訳⇩なにしおはばいざこととはむ…。

みやこ-の-つと【都の苞】 連語 **都へのみやげ。** 徒然 鎌倉－随筆 二三六「みやこのつとに語らん」訳都へのみやげとして語ろう。

都良香 人名 (八三四～八七九)平安時代前期の漢詩人。文章博士。文才に富み、歴史書『日本文徳天皇実録』の編集にも参加。家集に『都氏文集』がある。羅城門上の鬼が良香の漢詩に唱和したなど、伝説が多い。

みやこ・ぶ【都ぶ】 自動詞 バ上二{び／び／ぶ／ぶる／ぶれ／びよ} **都らしくなる。** 万葉集 奈良－歌集 三・三一二「今は都引きみやこびにけり」訳今は都を移して来て都らしくなったことよ。◆「ぶ」は接尾語。

みやこ-へ【都辺】名詞 **都の方。都の辺り。**「みやこべ」とも。

みやこ-ほこり【都誇り】名詞 都の人であることを誇ること。また、都に近づいたことで喜び、元気づくこと。

みやこをば… 和歌「都をば 霞とともに 立ちしかど 秋風ぞ吹く 白河の関」後拾遺 平安―歌集 羇旅・能因 訳都を春の霞が立つとともに出発したが、早くも秋風の吹く季節となってしまったことだ、この白河の関に来てみると。

鑑賞 能因が初めて陸奥へ下向した折の歌。『袋草紙』には、能因が実際に陸奥へは下向せず、自邸にこもって姿を隠し、下向したという評判が立ったころ現れてこの歌を詠んだという逸話を載せている。「立つ」は「霞が立つ」と「旅にたつ」をかける。「白河の関」は、今の福島県白河市にあった関所。

みや-じ【宮仕】名詞 掃除などの雑役に従事した下級の社僧(=神仏で仏事を行う僧形の者)。

***みやす-どころ**【御息所】名詞 ❶天皇の御寝所に仕える女性。❷皇太子・親王の妃。

参考「みやすみどころ」の撥音「ん」が表記されない形。「みやすんどころ」→「みやすどころ」と変化した語で、天皇の御休息所が本来の意。天皇の夫人たちで「女御」「更衣」のクラスの官女をさし、しかも、皇子・皇女を産んだ女御・更衣に対する尊称であることが多い。のち、しだいに、更衣に限って用いるようになる。

みやすん-どころ【御息所】名詞「みやすみどころ」の撥音便。「みやすどころ」に同じ。

みや-ぢ【宮路・宮道】名詞 ❶**宮殿に通う道。**❷神社に参詣する道。**参道。**

みやづかえ【宮仕え】⇨みやづかへ

みや-づかさ【宮司】名詞 ❶中宮職・東宮坊・斎宮・斎院などに仕える職員。宇津保 平安―物語 菊の宴「供、殿上人・みやづかさ」訳お供の殿上人や宮廷の役人。❷神官。神職。「ぐうじ」とも。徒然 鎌倉―随筆 六七「老いたるみやづかさの過ぎしを呼びとどめて」訳年とった神官の通り過ぎたのを呼びとめて。

***みや-づか・ふ**【宮仕ふ】 ■一 自動詞ハ下二{へ/へ/ふ/ふる/ふれ/へよ} ❶**宮殿の造営に奉仕する。**万葉集 奈良―歌集 一〇三五「古へゆみやづかへけむ多芸の野の上に」訳昔から宮殿の造営に奉仕したのであろう、多芸の野の上に。❷宮中や貴人に奉公する。**宮仕えをする。**愚管抄 鎌倉―論 四「知足院殿はことにみやづかへて取り入らせ給ひければ」訳知足院殿はことさら奉公して、お取り入りになったので。■二 自動詞ハ四{は/ひ/ふ/ふ/へ/へ} ■一❷に同じ。平家物語 鎌倉―物語 八・山門御幸「建礼門院のいまだ中宮にてましましける時、その御方にみやづかひ給ひしを」訳建礼門院がまだ中宮でいらっしゃったとき、そのお方に仕えておられたのを。■三 他動詞ハ四{は/ひ/ふ/ふ/へ/へ} **奉公させて召し使う。**著聞集 鎌倉―説話 五五二「さて、みやづかふに、かひがひしくまめにて」訳そうして、奉公させ召し使うと、しっかりとよく働いて。

***みや-づかへ**【宮仕へ】名詞 ❶**宮中に仕えること。宮仕え。**源氏物語 平安―物語 帚木「みやづかへに出で立ちて、思ひかけぬ幸ひ取り出づるためしども多かるかし」訳宮仕えに出て、思いがけぬ幸運を引き当てる例も多いよ。❷**貴人に仕えること。奉公。**大和物語 平安―物語 一四八「このみやづかへする所の北の方亡せ給うて」訳このお仕えをしているところの奥方がお亡くなりになって。❸主人に仕えて身のまわりの世話をすること。徒然 鎌倉―随筆 一三七「若く末々なるはみやづかへに立ち居」訳若く身分の低い者は、主人の世話に立ったり座ったりして(忙しく)。

みやづかへ-どころ【宮仕へ所】名詞 **宮仕えをする所。奉公先。**枕草子 平安―随筆 にくきもの「家にてもみやづかへどころにても、あはでありなむと思ふ人の来たるに」訳自宅でも奉公先でも、会わないでいようと思っている人が来たときに。

みやづかへ-びと【宮仕へ人】名詞 **宮仕えをする人。**▼特に女房についていう。

[1]**み-やつこ**【造】名詞 古代の「姓」の一つ。朝廷や地方において、その部を統轄する氏族の姓。また、その氏族。◆「み」は接頭語。「やつこ」は「家つ子」(=家の子)の意か。奈良時代以前の語。

[2]**み-やつこ**【御奴】名詞 朝廷に仕える奴婢。◆「み」は接頭語。

みや-どころ【宮所・宮処】名詞 皇居のある所。

みやの-だいぶ【宮の大夫】名詞「中宮職」の長官。中宮大夫。

みやの-め【宮の咩】名詞「宮の咩の祭り」の略。平安時代以降、不吉を避け、幸福を求めて、正月と十二月の初午の日に、高御魂命など六柱の神をまつった祭り。「みやのべ」とも。

みや-はじめ【宮始め】名詞 ❶后の位につくこと。❷新しく皇居や神社をつくること。

みや-ばしら【宮柱】名詞 宮殿や神殿の柱。皇居の柱。万葉集 奈良―歌集 四四六五「橿原の畝傍の宮にみやばしら太知り立てて」訳橿原の畝傍の宮に宮殿の柱をしっかりと造り立てて。

[1]**みや-ばら**【宮ばら】名詞 **宮様がた。**◆「ばら」は複数を表す接尾語。

[2]**みや-ばら**【宮腹】名詞 皇女の子として生まれること。また、その子。皇女腹。源氏物語 平安―物語 帚木「みやばらの中将は」訳皇女の子の中将は。

[1]みやび【雅び】名詞

なりたち 動詞「みやぶ(雅ぶ)」の転成名詞。

❶**宮廷風また都会風で品格のあるさま。**また、そのふるまい。また、**洗練された風雅。優美。**源氏物語 平安―物語 東屋「寂しう事うちあはぬみやび好める人の果て果ては、物清くもなく」訳貧しく、物の入手が思うにまかせないうえに、風雅を好んだ人の行きつく果ては物への執着があり清くさっぱりしていなくて。❷特に、恋愛について、**洗練されたふるまいをするさま。**伊勢物語 平安―物語 一「昔人は、かくいちはやきみやびをなむしける」訳昔の人は、このように熱烈な風流を行ったものだった。❸**すぐれた姿、風采。**

参考 ⇨雅び 文芸

雅び[2] 文芸 奈良時代から平安時代を通じての美的理念の一つ。「里び」「鄙び」に対して、繊細な感受性や洗練された言動など、宮廷風・都会風に洗練された優雅の美をいう。「あはれ」「をかし」も「雅び」の一面をなしている。

みやび-か・なり*【雅びかなり】形容動詞ナリ {なら/なり・に/なり/なる/なれ/なれ} **上品で優雅だ。**「みやびかなり」とも。枕草子 平安―随筆 職の御曹司におはします頃、西の廂にて「はなやぎみやびかなり」訳（女法師は）陽気で、上品で優雅である。

みや-びと【宮人】名詞 ❶**宮中に仕える人。**「大宮人」とも。対里人。❷**神に仕える人。神官。**◆古くは「みやひと」。

みやび-やか・なり*【雅びやかなり】形容動詞ナリ {なら/なり・に/なり/なる/なれ/なれ}「みやびかなり」に同じ。雨月物語 江戸―物語 吉備津の釜「生まれだちみやびやかにて」訳生まれつき上品で優雅であって。

みやび-を【雅び男】ミヤビオ 名詞 **風流を解する男。風流を好む男。風流人。**

みや-・ぶ【雅ぶ】自動詞バ上二 {び/び/ぶ/ぶる/ぶれ/びよ} **優雅である。風流である。**万葉集 奈良―歌集 八五二「梅の花夢に語らくみやびたる花と我思ふ酒に浮かべこそ」訳梅の花が夢の中で語ることには、優雅な花だと自分では思う。酒に浮かべてください。◆「ぶ」は接尾語。対里さぶ・鄙ぶ。

み-やま[1] 名詞 ㊀【み山】お山。▼「山」の美称。万葉集 奈良―歌集 一三三「笹の葉はみやまもさやに乱るとも我は妹思ふ別れ来ぬれば」訳⇩ささのはは…。㊁【御山】**御陵。みささぎ。**
参考 ㊀は「深山」と書かれることもあるが、当て字である。「みやま」が次項の「深山」であるかどうかは、前後の表現で理解できる。「み」は接頭語。

み-やま[2]【深山】名詞 **人里から遠く離れた山。奥深い山。奥山。**古今 平安―歌集 神遊びの歌「みやまには霰降るらし」訳人里から遠く離れた山にはあられが降っているらしい。対外山・端山。

みやま-おろし【深山颪】名詞（遠い）**奥山から吹きおろす風。**源氏物語 平安―物語 若紫「吹き迷ふみやまおろしに夢さめて涙もよほす滝の音かな」訳吹き乱れる奥山から吹きおろす風につれて聞こえてくるお経の声に煩悩の夢が覚めて、涙をさそう滝の音であるよ。

みやま-がくれ【深山隠れ】名詞（深い）**山の奥深い所。**山の奥に隠れること。古今 平安―歌集 春上「吹く風と谷の水としなかりせばみやまがくれの花を見ましや」訳吹き散らす風とそれを運ぶ谷川の水がもしなかったら、山の奥深い所に咲く花を見るだろうか。

みやま-ぎ【深山木】名詞（遠い）**奥山に生えている木。**源氏物語 平安―物語 宿木「いと気色あるみやまぎに宿りたる蔦の色ぞまだ残りたる」訳たいそう趣のある奥山の木に寄生しているつたの（紅葉の）色は、まだ残っていた。

みやま-ぢ【深山路】ミヤマジ 名詞 **奥山の道。**

みや-もり【宮守り】名詞 神社を守り、管理をする人。**神社の番人。**

み-やり【見遣り】名詞 見渡すこと。また、見渡せる所。

み-や・る*【見遣る】他動詞ラ四 {ら/り/る/る/れ/れ} **その方を見る。遠くその方を眺める。**伊勢物語 平安―物語 二三「かの女、大和の方をみやりて」訳その女は、大和の方角を眺めて。対見遣す。

みや-ゐ【宮居】ミヤイ 名詞 ❶神が鎮座すること。また、その住まいとするもの。神社。千載 鎌倉―歌集 神祇「神代よりつもりの浦にみやゐして」訳神代から津守の浦に鎮座して。❷天皇が宮殿を造って、そこにお住みになること。また、皇居。平家物語 鎌倉―物語 五・都遷「同国泊瀬朝倉にみやゐし給ふ」訳同国の泊瀬の朝倉の地にお住みになる。

み・ゆ【見ゆ】自動詞ヤ下二 {え/え/ゆ/ゆる/ゆれ/えよ}

語義の扉

上一段動詞「みる」の未然形に奈良時代以前に用いられた「自発」「受身」「可能」の助動詞「ゆ」の付いたかたちが一語化したもので、「自発」の意を引きついで、意思とは関係なく眼前の光景が目に入ってくる意を表すほか、❷は、「受身」の意を残しており、❸❹は、それを立場に変えて用いたものである。❺❻もまた、そこから派生している。❼は、判断や感想を表す。

- ❶見える。目に入る。
- ❷見られる。
- ❸見せる。思わせる。
- ❹姿を見せる。現れる。来る。
- ❺会う。対面する。
- ❻結婚する。妻になる。
- ❼思われる。考えられる。

❶**見える。目に入る。**万葉集 奈良―歌集 八四一「鶯の音聞くなへに梅の花吾家の園に咲きて散るみゆ」訳鶯が鳴く声を聞くにつれて、梅の花がわが家の庭園に咲いて散るのが見える。

❷**見られる。**源氏物語 平安―物語 若菜上「大将にみえ給ふな」訳夕霧大将に見られなさるな。

❸**見せる。思わせる。**竹取物語 平安―物語 貴公子たちの求婚「あながちに志見えありく」訳一途に真心が人目につくように歩きまわる。大和物語 平安―物語 一四九「さて、出でて行くとみえて、前栽の中に隠れて」訳さて、（男は家を）出て行くと思わせて、庭の植込みの中に隠れて。

❹**姿を見せる。現れる。来る。**枕草子 平安―随筆 大進生昌が家に「さてもかばかりの家に、車入らぬ門やはある。みえば笑はむ」訳それにしても、これほどの（立派な）家に、牛車の入らない門があろうか、あるはずがない。（この家の主人の生昌殿が）来たら笑ってやろう。

❺**会う。対面する。**徒然 鎌倉―随筆 四三「後は坊の内の人にもみえずこもりゐて」訳その後は、僧坊のなかの人にも会わずにとじこもっていて。

❻**結婚する。妻になる。**平家物語 鎌倉―物語 七・維盛都落「いかならむ人にもみえて、身をも助け、幼き者どもをもはぐくみ給ふべし」訳どのような男であっても結婚して、あなた自身の身を守り、幼い子供たちをも大切にお育てになるがよい。

❼**思われる。考えられる。**源氏物語 平安―物語 若紫「中

に、十ばかりにやあらむとみえて、白き衣、山吹などのなえたる着て、走り来たる女子(をんなご)」訳そのなかに、十歳ぐらいであろうかと思われて、白い衣、山吹襲(かさね)などの柔らかくなったのを着て、走って来た少女は。

1 **み-ゆき** 名詞 天皇・上皇などの外出の尊敬語。
一【行幸】**天皇のお出まし。** 万葉集 奈良一歌集 五四三「大君のみゆきのまにまに」訳天皇の行幸に従って。
二【御幸】**上皇・法皇・女院(にょういん)のお出まし。** 源氏物語 平安一物語 若菜上「朱雀院(すざくゐん)の帝(みかど)、ありしみゆきののち」訳朱雀院の帝は、さきごろのお出ましの後。
参考「み行(ゆ)き」の意で、「み」は接頭語。和語としては、「行幸」「御幸」ともに「みゆき」であるが、平安時代末期からは、一を「ぎゃうかう」または「ぎゃうがう」、二を「ごかう」と音読して区別するようになった。なお、皇后・皇太子には「行啓(ぎゃうけい)」、または「お成り」を用いる。

2 **み-ゆき**【み雪】名詞 雪の美称。◆「み」は接頭語。

3 **み-ゆき**【深雪】名詞 **深く積もった雪。** 季冬。

み-ゆづ・る【見譲る】他動詞ラ四{ら/り/る/る/れ/れ} **世話を別の人にゆだねる。** 源氏物語 平安一物語 椎本「かう、みゆづる人なき御事どもの見捨てがたきを」訳こうして後を任せる者のない姫君たちを見捨てがたいので。

み-ゆる・す【見許す・見赦す】他動詞サ四{さ/し/す/す/せ/せ} (とがめるべきものを)**見ながらも、とがめないでおく。見のがす。** 源氏物語 平安一物語 手習「うつくしきに、よろづの咎(とが)をみゆるして」訳かわいらしいので、いろいろの欠点を見とがめないでおいて。

1 **み-よ**【三世】名詞「さんぜ」に同じ。

2 **み-よ**【御代・御世】名詞 天皇の治世の尊敬語。(神や天皇の)**御治世。** ◆「み」は接頭語。

1 **ミヨウ**【名・命・明・冥】⇨みゃう

2 **ミヨウ**【妙】⇨めう

みよ-げ・なり【見よげなり】形容動詞ナリ{なら/なり・に/なり/なる/なれ/なれ} **見た目に気持ちがよい。体裁がよい。** 日本永代蔵 江戸一物語 浮世・西鶴「当世の風俗、みよげに始末になりぬ」訳近ごろの風俗が、体裁がよく経済的になった。◆「げ」は接尾語。

み-よしの【み吉野】名詞「吉野(よしの)」(今の奈良県吉野郡吉野町を中心に、吉野山付近)の美称。古今 平安一歌集 冬「みよしのの山の白雪(しらゆき)踏み分けて入(い)りにし人の訪れもせぬ」訳吉野の山の深くつもった白雪を踏み分けて入ってしまった人からはその後なんの音信もないことよ。◆「み」は接頭語。

1 **みよしのの…** 和歌「**み吉野の 象山(きさやま)の際(ま)の 木末(こぬれ)には 幾許(ここだ)も騒く 鳥の声かも**」万葉集 奈良一歌集 九二四・山部赤人(やまべのあかひと) 訳吉野の象山の山あいの木々の梢(こずゑ)で、こんなにもおびただしく騒いでいる鳥の声よ。
鑑賞 吉野行幸に随行したときの歌で、たくさんの鳥の鳴き声を中心にして、山中のさわやかな明け方の情景を詠んで行幸の地をたたえたもの。

2 **みよしのの…** 和歌「**み吉野の 高嶺(たかね)の桜 散りにけり 嵐(あらし)も白き 春のあけぼの**」新古今 鎌倉一歌集 春下・後鳥羽院(ごとばゐん) 訳吉野山の高い峰の桜が散ってしまったなあ。落花のために、激しく吹き下ろす山風までも白く見える春のあけぼのよ。
鑑賞 吉野山は平安時代以来の桜の名所。「嵐も白き」という表現に、独創的な感覚の鋭さが見られる。

3 **みよしのの…** 和歌「**み吉野の 山かき曇り 雪降れば ふもとの里は うちしぐれつつ**」新古今 鎌倉一歌集 冬・俊恵(しゅんえ) 訳吉野の山が一面に曇って雪が降ると、ふもとの里はしきりにしぐれが降ることだ。
鑑賞 吉野は古代から信仰の地として名高く、天皇家の離宮もあった。吉野山は『新古今和歌集』のころから桜の名所としても知られる歌枕(うたまくら)。山とふもとの里、雪としぐれを対比させて、広大な景色を客観的に詠んでいる。鴨長明(かものちゃうめい)の『無明抄(むみゃうせう)』によると、作者俊恵の自賛歌であったという。

4 **みよしのの…** 和歌 百人一首「**み吉野(よしの)の 山の秋風 小夜(さよ)更(ふ)けて ふるさと寒く 衣打つなり**」新古今 鎌倉一歌集 秋下・藤原雅経(まさつね) 訳吉野山の秋風に夜は更けて、古い都のあった吉野の里はひとしお寒くなり、(砧(きぬた)で)衣を打っている(その寒々とした音が聞こえる)ことよ。
鑑賞 本歌は『古今和歌集』冬・坂上是則「み吉野の山の白雪(しらゆき)積もるらしふるさと寒くなりまさるなり」。

み-らい【未来】名詞 ❶**まだ来ていないとき。将来。** 平家物語 鎌倉一物語 二・座主流「伝教大師、みらいの座主すずの名字(みゃうじ)をかねて記しおかれたり」訳伝教大師が将来の座主の名前を前もって記しおかれたのである。❷仏教語。「三世(さんぜ)」の一つ。**来世(らいせ)。後世(ごせ)。後(のち)の世。** 宇津保 平安一物語 藤原の君「来世、みらいの功徳(くどく)なり」訳来世、後世の功徳である。

1 **みる**【海松】名詞 海藻の一つ。浅い海の底の岩に生え、濃緑色の枝葉が股(また)状に分岐する。古くは食用。その形状から「破れ衣」の形容に用いられることがあり、また、歌では「見る」にかけて詠まれることが多い。「海松布(みるめ)」「俣海松(またみる)」「海松(うみまつ)」とも。季夏。

2 **みる**【見る】

語義の扉
視覚でとらえる意を原義とし、さらに、見て判断する、世話をする、経験する、男女が結ばれるなどの意を表す。また、補助動詞として「ためしに…する」「試みる」の意を表す。
一 自動詞
❶目にする。眺める。
❷見て思う。見て判断する。理解する。
❸男女が結ばれる。結婚する。妻にする。
❹世話をする。面倒を見る。
❺経験する。であう。
二 補助動詞 ためしに…する。試みる。

一 他動詞マ上一{み/み/みる/みる/みれ/みよ} ❶**目にする。眺める。** 更級 平安一日記 大納言殿の姫君「同じをりに亡くなり給(たま)ひし侍従の大納言の御女(むすめ)の手を見つつ」訳同じ時にお亡くなりになった侍従の大納言(＝藤原行成(ゆきなり))のお嬢さまの筆跡をいつも見て。
❷(「…と見る」の形で)**見て思う。見て判断する。理解する。** 徒然 鎌倉一随筆 一「めでたしとみる人の、心劣りせらるる本性見えむこそ、口惜しかるべけれ」訳すばらしいと思う人が、予想外に見劣りされる生まれつきの

性格を見せたとしたら、それは残念なことに違いない。❸男女が結ばれる。結婚する。妻にする。枕草子 平安―随筆 にくきもの「わが知る人にてある人の、はやうみし女のこと、ほめ言ひ出でなどするも」訳自分が現在つきあっている男が、以前関係のあった女性のことを、ほめて口に出したりするのも。❹世話する。面倒をみる。源氏物語 平安―物語 玉鬘「かの御かはりにみ奉らむ」訳あの(=夕顔の)御代わりに玉鬘をお世話し申しましょう。参照▶類語と使い分け⑩ ❺経験する。出会う。伊勢物語 平安―物語 九「もの心細く、すずろなる目をみることと思ふに」訳なんとなく心細く、思いがけないひどい事態に出くわすことよと思っていると。

二 補助動詞 マ上一 {み/み/みる/みる/みれ/みよ}〔動詞の連用形や助詞「て」に付いて〕ためしに…する。試みる。竹取物語 平安―物語 火鼠の皮衣「はや、焼きてみ給へ」訳さあ早く、ためしに焼いてみなさい。土佐日記 平安―日記 冒頭「をとこもすなる日記といふものを、をむなもしてみんとてするなり。」訳男も書くという日記というものを、女(である私)も書いてみよう思って書くのである。

みる-いろ【海松色】名詞 染め色の一つ。やや黒ずんだうす緑色。

みるひとも… 和歌「見る人も なき山里の 桜花 ほかの散りなむ のちぞ咲かまし」古今 平安―歌集 春上・伊勢 訳見る人とてない山里の桜花よ、ほかの花がみんな散ってしまった後に咲いたらいいのに。

鑑賞「ほかの」というのは、見る人の多い都の桜のことをいう。都の桜は多くの人に観賞され、もてはやされるが、山里の桜は美しくもひっそりと咲く。そんな山里の桜に対して、あわれみの心をもって呼びかけた歌である。都の桜が散ってしまった後なら、人々も見に来るだろうというのである。

みる-ぶさ【海松房】名詞 海藻の海松の枝が房状になっているもの。昔、「髪削ぎ」に用いたという。

みるほどぞ… 和歌「見る程ぞ しばし慰む めぐりあはむ 月の都は はるかなれども」源氏物語 平安―物語 須磨 訳月を眺めている間だけは、しばらくの間、心が慰められる。めぐる月のように、恋しい人達にまためぐりあう都は、ここからはるか遠くだけれども。

鑑賞 謹慎中の須磨で八月十五日の満月を見ながら、源氏が詠んだ歌。月は東から西へ、欠けてはまた満月へとめぐりめぐる。そのように、再び都の恋しい人たちに会いたいと願った歌。さらに、月にある都のように、地上の京も遠いけれど、と悲しみを深めている。

みる-みる【見る見る】連語 目の前に見ながら。見ているうちに。源氏物語 平安―物語 桐壺「むなしき御骸をみるみる」訳からだだけあって魂がない(桐壺更衣の)ご遺体を目の前に見ながら。

みる-め[1]【見る目】名詞 ❶(他人の)見ている目。人目。はた目。❷見たようす。見た目。外見。源氏物語 平安―物語 若菜上「みるめは人よりけに若くをかしげにて」訳見た目は人より格別に若々しく美しくて。❸(男女が)会うこと。会う機会。古今 平安―歌集 恋二「しきたへの(=枕詞)枕の下に海はあれど人をみるめは生ひずぞありける」訳(あまり泣いたので)枕の下に涙の海ができてしまった。しかし海松布が生えていないので、あの人と会う機会はなさそうだ。

参考 ❸は和歌では、「海松布」とかけて用いることが多い。

みる-め[2]【海松布】名詞「みる(海松)」に同じ。▼「め」は、食用とする海藻の意。伊勢物語 平安―物語 七〇「みるめ刈るかたやいづこぞ棹さして我に教へよ海人の釣り舟」訳海松布を刈る場所(=あの人と会える場所)はどちらか、棹でさし示して私に教えよ、海人の釣り舟よ。

参考 和歌では、「見る目❸」にかけて用いることが多い。

みるめ-な・し【見る目無し】形容詞ク {(く)・から/く・かり/し/き・かる/けれ/かれ} ❶(男女が)会う機会がない。後撰 平安―歌集 恋四「みるめなきこと行きてうらみん」訳会う機会がないことを、行って恨み言を言おう。❷見どころがない。伊勢物語 平安―物語 二五「みるめなきわが身」訳見どころがないわが身。

参考「みるめ」は、和歌では「海松布」とかけて用いることが多い。

み-れん【未練】名詞 ❶未熟。まだ鍛練していないこと。❷思い切りが悪いこと。あきらめきれないこと。

み-れん・なり【未練なり】形容動詞ナリ {なら/なり・に/なり/なる/なれ/なれ} ❶未熟だ。盛衰記 鎌倉―物語 四三「船軍はみれんなるべし」訳船による戦いは未熟であろう。❷思い切りが悪い。あきらめきれない。曾我物語 鎌倉―物語 一「みれんなり。なんぢ、はや十歳にあまるぞかし」訳思い切りが悪い。おまえは、もう十歳をこえているのだよ。

みろく【弥勒】名詞 仏教語。菩薩の一つ。「兜率天」に住み、釈迦の入滅後五十六億七千万年たってこの世に現れ、仏となって人々を救うといわれる。

(弥 勒)

みろく-の-よ【弥勒の世】連語 弥勒がこの世に現れてあらゆる生あるものを救うという、遠い未来の世。

みわ[1]【神酒】名詞 おみき。神に供える酒。

三輪[2] 地名 今の奈良県桜井市の北部で、東方に三輪山がある地。

み-わた【水曲】名詞 川の流れが曲がってよどんでいるところ。「みわだ」とも。

み-わたし【見渡し】名詞 遠く見渡すこと。また、その見渡せる範囲。

み-わた・す【見渡す】他動詞 サ四 {さ/し/す/す/せ/せ} 遠く広く見る。紫式部 平安―日記 寛弘五・一〇・一三「朝霧の絶え間にみわたしたるは」訳朝霧の絶え間に遠く広く見た光景は。

みわたせば…[1] 和歌「見渡せば 花も紅葉も なかりけり 浦の苫屋の 秋の夕暮れ」新古今 鎌倉―歌集 秋上・藤原定家 訳見渡すと、春の桜の花も、秋の紅葉もないのであった。海辺の苫ぶきの粗末な小屋のあたりの秋の夕暮れは。

鑑賞「三夕の歌」の一つ。何の色彩もない殺風景な秋の夕暮れの海辺の情景を詠んだものであるが、「花・

紅葉」という春と秋を代表するもののいずれもない状態の、枯れた美を認めるような時代になったことを示す歌といえよう。また、「花も紅葉もなかりけり」とは、それらの美を十分知り尽くした人にして初めて言える言葉であろう。

2**みわたせば…** 和歌「見渡せば　柳桜を　こきまぜて　都ぞ春の　錦なりける」〈古今 平安―歌集 春上・素性〉訳はるかに見渡すと、新緑の柳と薄紅色の桜とをまぜ合わせて、この都こそがまさしく春の錦であったよ。
鑑賞 秋山の紅葉を錦に見立てる漢詩の詩句を転じて、柳桜の織りなす春景色を「春の錦」と断じたところに新鮮味がある。

3**みわたせば…** 和歌「見渡せば　山もと霞む　水無瀬川　夕べは秋と　なに思ひけむ」〈新古今 鎌倉―歌集 春上・後鳥羽院〉訳見渡すと、山のふもとはかすみ、その辺りを水無瀬川が流れている。夕方の情趣は秋に限ると、なぜ思っていたのだろう。こんなにすばらしい春の夕べがあるのも知らないで。
鑑賞『枕草子』の「春はあけぼの」の段の「秋は夕暮れ」に代表される伝統的な美意識に対して、春の夕暮れのもつ情趣をたたえた歌である。

み-わづら・ふ【見煩ふ】 ミワズラウ 他動詞 ハ四〔は/ひ/ふ/ふ/へ/へ〕❶**見て思案にくれる。**〈伊勢物語 平安―物語 一〇七〉「雨の降りぬべきになむみわづらひ侍る」訳雨が今にも降りそうなので見て思案にくれております。❷**もてあます。**〈源氏物語 平安―物語 夢浮橋〉「『いと世づかぬ御有り様かな』とみわづらひぬ」訳「たいそう世慣れぬごようすであるよ」ともてあましてしまった。

三輪山（みわやま） 地名 歌枕 今の奈良県桜井市三輪にある山。古くから信仰の対象とされ、ふもとには、山そのものを神体とし、造酒の神としても信仰される大神（みわ）神社がある。和歌では、古くは信仰の対象として山を詠んでいたが、『古今和歌集』以後、「杉」「しるしの杉」などが詠みこまれることが多くなった。

みわやまを… 和歌「三輪山を　しかも隠すか　雲だにも　心あらなも　隠さふべしや」〈万葉集 奈良―歌集 一八・額田王〉訳三輪山をそんなにも隠すのか。せめて雲だけでもやさしい心があって欲しい。そのようにずっと隠し続けてよいものか。
鑑賞 この歌は額田王の、懐かしい故郷のシンボルである三輪山を一目見たいという願望を雲に呼びかけた歌。

三井寺（みゐでら） ミイデラ 寺社 今の滋賀県大津市にある天台宗の寺。寺門派の総本山。別名園城寺。天智・天武・持統の三天皇の産湯の水をくんだ井戸のあることから「三井寺」という。延暦寺を「山門」「山」というのに対して、三井寺は「寺門」「寺」という。何度も兵火を浴びたが慶長三年（一五九八）復興。

***み-を【水脈・澪】** ミオ 名詞 川や海の中の、帯状に深くなっている部分。水が流れ、舟の通る水路となる。〈万葉集 奈良―歌集 四四六一〉「堀江よりみをさかのぼる楫の音の」訳堀江から舟の水路をさかのぼるかじの音のように。
参考 ⇩みをつくし

〈横面図〉〈縦面図〉みをつくし　みを
（水脈と澪標）

み-を-あは・す【身を合はす】 ミヲアワス 連語 **一心同体となる。一致する。**〈古今 平安―歌集 仮名序〉「君も人もみをあはせたりといふなるべし」訳帝も臣下も一心同体となったということであろう。

み-を-いたづらに-な・す【身を徒らになす】 ミヲイタズラニナス 連語 **身を捨てる。身をほろぼす。死ぬ。**〈源氏物語 平安―物語 若菜・下〉「さらば不用なめり。みをいたづらにやはなし果てぬ」訳それなら、もうむだでしょうね。むしろ死んでしまったほうがましです。

み-をし【御食】 ミオシ 名詞 食事の尊敬語。**お食事。**◆「み」は接頭語。

み-を-しづ・む【身を沈む】 ミヲシズム 連語 ❶**身投げをして沈む。**〈源氏物語 平安―物語 蜻蛉〉「水の底にみをしづめても」訳水の底に身投げをして沈んでも。❷**不遇な身の上になる。**〈源氏物語 平安―物語 明石〉「なほかうみをしづめたるほどは」訳やはりこうした不遇な身の上になっている間は。

***み-を-す・つ【身を捨つ】** 連語 ❶**わが身を顧みない。**〈源氏物語 平安―物語 須磨〉「『みをすててとぶらひ参らむにも、何のかひか』と思ふにや」訳「わが身を顧みないで、（源氏を）お見舞いにうかがったとしても、何になろうか」と思うのであろうか。❷**世間並みの暮らしを捨てる。**▼出家することや、不遇な境遇に身を置くことにいう。〈蜻蛉 平安―日記 中〉「みをすてて憂きをも知らぬ旅だにも」訳出家して浮き世の関心を持たない旅人でさえも。❸**体を投げ出す。ひれ伏す。**〈更級 平安―日記 かどで〉「みをすてて額をつき」訳ひれ伏してぬかづき。

み-を-た・つ【身を立つ】 連語 **立身し出世する。**〈徒然 鎌倉―随筆 一八八〉「諸事につけて、みをたて」訳いろいろの方面において、立身し出世して。◆漢語「立身」を訓読した語。

み-を-たど・る【身を辿る】 連語 **自分の身の上について思い迷う。**〈古今 平安―歌集 雑下〉「われか人かとみをたどる世に」訳自分のことなのか他人のことなのかと、わが身の上について思い迷っている折なので。

***みを-つくし【澪標】** ミオツクシ 名詞 往来する舟のために水路の目印として立ててある杭。〈土佐日記 平安―日記 二・六〉「みをつくしのもとより出でて、難波に着きて」訳みをつくしのところから船出して、難波に着いて。

（澪　標）

参考「水脈つ串」の意。「つ」は「の」の意の古い格助詞。難波の淀川河口のものが有名。昔、淀川の河口は非常に広がっていて浅く、船の航行に難渋したことから澪標が設けられた。歌では、「わびぬれば今はた同じ難波なるみをつくしても逢はむとぞ思ふ」〈後撰和歌集〉〈⇩わびぬれば…〉のように、「身を尽くし」にかけ、また、「難波」と呼応して詠まれることが多い。

み-を-つく・す【身を尽くす】 連語 **心身の限りを尽くす。命をかける。**〈後撰 平安―歌集 恋五〉「わびぬれば今は同じ難波(なに)なるみをつくしても逢(あ)はむとぞ思ふ」訳⇨わびぬればいまはたおなじ…。

み-を-つ・む【身を抓む】 連語 （他人の不幸が）わが身に照らして思いやられる。源氏物語 平安―物語 総角「みをつみていとほしければ」訳わが身に照らして思いやられて気の毒なので。◆わが身をつねって人の痛さを知ることから。

み-を-な・ぐ【身を投ぐ】 連語 ❶身投げをする。古今 平安―歌集 雑体「世の中の憂きたびごとにみをなげば」訳世の中がつらいと思うたびごとに身投げをすれば。❷あわてて前へ身を投げ出すようにする。宇治拾遺 鎌倉―説話 一・一八「狐(きつね)みをなげて逃ぐれども」訳きつねはあわてて前へ身を投げ出すようにして逃げるけれども。❸夢中になる。源氏物語 平安―物語 若菜上「鞠(まり)にみをなぐる若君達(わかきんだち)の」訳蹴鞠(けまり)に夢中になっている若い貴公子たちが。

み-を-な・す【身を成す】 連語 ❶身ごしらえをする。本朝桜陰 江戸―浄瑠 浮世・西鶴「一つある白小袖(こそで)にみをなし」訳一つある白小袖で身ごしらえをし。❷身を入れる。夢中になる。日本永代蔵 江戸―物語 浮世・西鶴「商売にみをなし」訳商売に身を入れ。

み-を-び・く【水脈引く・澪引く】(ミオビク) 自動詞カ四〔か/き/く/く/け/け〕水先案内に従って船が進む。万葉集 奈良―歌集 三六二七「潮待ちてみをびき行けば」訳潮がさしてくるのを待って水先案内に従って船が進んで行くと。

み-を-も・つ【身を持つ】 連語 ❶暮らしを立派に立てる。立身出世をする。徒然 鎌倉―随筆 一八八「思ひしやうにみをももたず」訳思ったように立身出世をもせず。❷結婚して独立の商売をする。日本永代蔵 江戸―物語 浮世・西鶴「肝心のみをもつ時」訳肝心の、結婚して独立の商売をする時。◇江戸時代の語。

み-を-もてな・す【身をもて成す】 連語 身を処す。ある事態・情況に対応して適切な処置をとる。源氏物語 平安―物語 夕霧「女ばかり、みをもてなすさまも所狭(せ)う、あはれなるものはなし」訳女ほど、身を処すやりかたも窮屈で、かわいそうなものはない。

み-を-やつ・す【身を窶す】 連語 身をおちぶれさす。身を落とす。あるいは、出家する。源氏物語 平安―物語 東屋「かかるほどのありさまにみをやつすは、くちをしきものになむはべりける」訳こんな（受領ふぜいの妻の）立場に身をおちぶれさすのは、情けないことでございました。

み-を-わ・く【身を分く】 連語 ❶一人の身を二つに分ける。古今 平安―歌集 離別「思へどもみをしわけねば」訳（あなたのことを）思っても、一人の身を二つに分けることはできないので。❷人の体の中に分けいる。古今 平安―歌集 恋五「秋風はみをわけてしも吹かなくに」訳秋風は人の体の中に分けいって吹くわけではないのに。

みん-かん【民間】 名詞 民衆の社会。また、民衆。平家物語 鎌倉―物語 一・祇園精舎「天下(てんか)の乱れんことを悟らずして、みんかんの愁ふるところを知らざっしかば」訳国が混乱するであろうことを悟らないで、民衆が悲しみ嘆くことを察しなかったので。

みん-ぶ【民部】 名詞「民部省(みんぶしやう)」の略。

みんぶ-きやう【民部卿】(ミンブキョウ) 名詞 民部省の長官。

みんぶ-しやう【民部省】(ミンブショウ) 名詞「八省」の一つ。「太政官(だいじやうくわん)」に属し、戸籍・租税・賦役・田地など、民政一般をつかさどった役所。

む

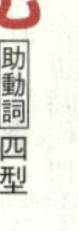

む[1] 助動詞四型

《接続》活用語の未然形に付く。

未然形	連用形	終止形	連体形	已然形	命令形
(ま)	○	む	む	め	○

❶〔推量〕…だろう。…う。徒然 鎌倉―随筆 二三六「この獅子の立ちやう、いとめづらし。深きゆゑあらむ」訳この獅子の立ち方はたいそうめずらしい。深いわけがあるのだろう。

❷〔意志〕…(し)よう。…(する)つもりだ。伊勢物語 平安―物語 二三「男はこの女をこそ得(え)めと思ふ」訳男は（他の女性ではなく）この女性を（妻として）手にいれようと思う。

❸〔仮定・婉曲(えんきょく)〕…としたら、その…。…のような。▼主として連体形の用法。枕草子 平安―随筆 思はむ子を「思はむ子を法師になしたらむこそ心苦しけれ」訳いとしく思うような子を法師にしたとしたら、それは気の毒である。

❹〔適当・勧誘〕…するのがよい。…したらどうだ。…であるはずだ。徒然 鎌倉―随筆 六「子といふもの、なくてありなん」訳子供というものは、ないほうがよい。⇨てむ・なむ

語法 (1)未然形の「ま」 未然形の「ま」は奈良時代以前に限られ、接尾語「く」が付いた「まく」の形で用いられた。⇨まく
(2)已然形の「め」 (ア)已然形「め」が「めかも」「めや」「めやも」などの形で用いられるのは主に奈良時代以前に限られ、その「か」「や」は反語の意を表した。(イ)係助詞「こそ」の結びの語となって「こそ…め」の形となるときは、適当・勧誘の意(❹)を表すことが多い。しかし、❷の『伊勢物語』のような例外もある。

(3)「む」「らむ」「けむ」の比較

む	未来の事態に用いられることが多いが、現在の事態にも用いられる。
らむ	現在の事態に用いられる。
けむ	過去の事態に用いられる。

注意 主語が一人称の場合は❷の意に、二人称の場合は❹の意に、三人称の場合には❶の意になることが多い。

参考 鎌倉時代以降は、「ん」と表記する。

語の歴史 平安時代末期から鎌倉時代にかけて発音が「ン」から「ウ」に変化し、助動詞「う」の形が生じた。

-む[2] 接尾語 マ・四、マ・下二 形容詞の語幹などに付いて、…のような状態になる(させる)、…のように振る舞う、の意の動詞を作る。「あか(赤)む」「かなしむ」「にがむ」「ひろむ」。

む-え【無依】 名詞 仏教語。何ものにも頼らず、執着しない悟りの境地。笈の小文 江戸―紀行 俳文・芭蕉「あるはむえの道者の跡を慕ひ」訳あるいは一切の執着を捨てた仏道修行者の足跡をたどり。

む-えん【無縁】 名詞 ❶仏教語。前世で仏と縁が結ばれていないこと。対有縁うえん。❷仏教語。(仏の慈悲が)特定の縁あるものだけでなく、すべてに平等に及ぶこと。❸この世に縁者がいないこと。また、死後を弔う縁者がないこと。◆❶❷は仏教語。

む-か【無何】 名詞 「無何有むかう」の略。作為がなく、自然のままであること。また、無我の境地。

む-が【無我】 名詞 仏教語。不変の実体である我がというものは存在しないとすること。**我執がないこと。**

むかう【向かう・対う・迎う】 ⇨むかふ

むかう-ざま・なり【向かう様なり】 ムコウザマナリ 形容動詞 ナリ {なら/なり・に/なり/なる/なれ/なれ} **面と向かう。真正面に向き合う。**「むかうさまなり」とも。平家物語 鎌倉―物語 九・生ずきの沙汰「むかうさまにや当て落とすと思ひけるが」訳真正面に向き合い(馬を)ぶつけて落とそうかと思ったが。

むかし【昔】 名詞 **ずっと以前。かつて。昔。** 伊勢物語 平安―物語 一「むかし、男、うひかうぶりして」訳昔、ある男が、元服して。

むが・し 形容詞 シク {(しく)・しから/しく・しかり/し/しき・しかる/しけれ/しかれ} **喜ばしい。ありがたい。** 万葉集 奈良―歌集 四一〇五「白玉の五百いほつ集ひを手に結び遣おこせむ海人あまはむがしくもあるか」訳真珠をたくさん集めたものを手にすくい、よこしてくれるような漁夫はありがたいことよなあ。◆「うむがし」の変化した語。

むかし-いま【昔今】 名詞 **昔と今。**

むかし-おぼ・ゆ【昔覚ゆ】 連語 ❶**昔がしのばれる。** 源氏物語 平安―物語 賢木「かのむかしおぼえたる細殿の局つぼねに」訳あの昔がしのばれる細殿の部屋に。❷**古風に感じられる。** 徒然 鎌倉―随筆 一〇「うちある調度もむかしおぼえてやすらかなるこそ」訳何気なく置いてある道具なども、古風に感じられて落ち着きがあるのは。

むかしおもふ… 和歌「昔思ふ 草の庵いほりの 夜の雨に 涙な添へそ 山ほととぎす」新古今 鎌倉―歌集 夏・藤原俊成ふじはらのとしなり 訳宮中に出仕して華やかだった昔を懐かしんでいる草庵あんの夜の雨に、悲しい声で鳴いてさらに涙を加えさせないでくれ、山ほととぎすよ。

鑑賞 白居易はくきょいの詩句「蘭省らんせいの花の時錦帳きんちょうの下もと、廬山ろざんの雨の夜草庵の中うち」を基に詠まれたもので、草庵に住み、懐旧の念に涙する人の立場に立って詠んでいる。

むかし-がたり【昔語り】 名詞 ❶**昔の話。昔の出来事。** 源氏物語 平安―物語 花散里「むかしがたりもかき崩すべき人、少なうなり行くを」訳昔の話をぼつぼつとでも話のできる人が、少なくなっていくのを。❷**昔の事を語ること。** 徒然 鎌倉―随筆 二一五「平宣時朝臣たひらののぶときあっそん、老いののち、むかしがたりに」訳平宣時朝臣が老いてから昔の思い出話に。

むかし-ざま【昔様】 名詞 **昔のようす。**

むかし-の-ちぎり【昔の契り】 連語 **前世からの宿縁。前世からの約束。** 竹取物語 平安―物語 かぐや姫の昇天「むかしのちぎりありけるによりてなむ、この世界にはまうで来たりける」訳前世からの宿縁があることによって、この世界(=人間界)にやってまいったのです。

むかし-の-ひと【昔の人】 連語 ❶**過去の時代の人。古人こじん。** 徒然 鎌倉―随筆 一四「むかしのひとは、ただいかに言ひ捨てたる言種ことくさも、みないみじく聞こゆるにや」訳古人(の言葉)は、どんなに無造作に言った言葉でも、すべてりっぱに聞こえるのであろうか。❷**亡くなった人。故人こじん。** 更級 平安―日記 野辺の笹原「むかしのひとの『必ず求めておこせよ』とありしかば」訳故人が「必ず捜して届けてくれ」と言っていたので。❸**昔、なれ親しんだ人。昔なじみ。** 古今 平安―歌集 夏「五月さつき待つ花橘はなたちばなの香かをかげばむかしのひとの袖そでの香ぞする」訳⇨さつきまつ…。

むかし-びと【昔人】 名詞 「むかしのひと」に同じ。参照▼文脈の研究 子を恋ふる思ひにまさる思ひなきなり。

むかし-へ【昔へ】 ムカシエ 名詞 **過去の方。昔。** 古今 平安―歌集 夏「むかしへや今も恋しき時鳥ほととぎす」訳過去の方が今になっても恋しいのか、ほととぎすよ。◆「へ」は方向の意の接尾語。

むかしへ-びと【昔へ人】 ムカシエビト 名詞 **故人。**

むかし-ものがたり【昔物語】 名詞 ❶昔から伝わる物語。❷**昔の出来事の話。** 昔語り。枕草子 平安―随筆 頭の弁の、職にまゐり給ひて「夜を通して、むかしものがたりも聞こえ明かさむとせしを」訳夜通し、昔の思い出話も、申し上げて夜を明かそうとしたのを。

むかし-わたり【昔渡り】 名詞 昔、中国などから渡来した品物。

むかし-をとこ【昔男】 ムカシオトコ 名詞 在原業平ありわらのなりひらの別名。

参考『伊勢いせ物語』が在原業平のエピソードを描いたものと考えられ、また、その説話が、多く「昔、男…」で始まるものを、「昔男、…」と誤解したことによる。

むか-つ-を【向かつ峰・向かつ丘】 ムカツオ 名詞 向かいの丘・山。◆「つ」は「の」の意の奈良時代以前の格助詞。奈良時代以前の語。

むか-ば【向か歯】 名詞 **上の前歯。**「むかうば」とも。

むか-はぎ【向か脛】 名詞 **向こうずね。**

むか-ばき【行縢】 名詞 旅行・狩猟・流鏑馬やぶさめなどで馬に乗る際に、腰から前面に垂らして、脚や袴はかまを覆うもの。多く、しか・くまなどの毛皮で作る。参照▼口絵

むかはり【向かはり・迎はり】 ムカワリ 名詞 一年、または一月(ひとつき)がめぐって来ること。特に、死者の一周忌をいうことが多い。世間胸算用 江戸―物語 浮世・西鶴「世に月日のたつは夢ぢや。明日はそのむかはりになるが」訳世の中月日のたつのは夢のように早い。明日はその一周年になるが。

(行縢)

むかは・る ムカワル 自動詞ラ四 {ら/り/る/る/れ/れ} **報いがめぐって来る。** 源氏物語 平安―物語 柏木「この世に、かく思ひかけぬ事にてむかはり来(き)ぬれば」訳この世に、このように思いがけないことで報いがめぐって来たので。

むかひ-ばら【向かひ腹・当腹】 ムカイバラ 名詞 正妻の腹から生まれること。また、その子。対外腹(ほかばら)。

むかひ-び【向かひ火】 ムカイビ 名詞 ❶燃え進んで来る火に対して、こちらから火を放って、向こうからの火の勢いを弱らせること。古事記 奈良―史書 景行「その火打ちもちて、火を打ち出(い)でて、むかひびをつけて焼き退(そ)けて」訳その火打ち石で、火を打ち出して、向かい火をつけて(迫って来る火を)焼き退けて。❷相手の怒りに対して、こちらも負けずに怒って、相手の勢いに対抗すること。源氏物語 平安―物語 真木柱「憎げにふすべ恨みなどし給(たま)はば、…我もむかひび作りてあるべきを」訳憎らしげに嫉妬(しっと)し恨んだりなさるのならば…自分も負けずに怒って対抗をしてもよいのだが。

むかひ-ゐる【向かひ居る】 ムカイイル 自動詞ワ上一 {ゐ/ゐ/ゐる/ゐる/ゐれ/ゐよ} **向かい合ってすわる。** 徒然 鎌倉―随筆 二四〇「むかひゐたらんも影はづかしく覚えなん」訳向かい合ってすわっているのも、自分の姿がきまり悪く思われるだろう。

むか・ふ[1]**【向かふ・対ふ】** ムカウ―ムコウ 一 自動詞ハ四 {は/ひ/ふ/ふ/へ/へ} ❶**向き合う。相対する。対座する。** 徒然 鎌倉―随筆 一七〇「人とむかひたれば、ことば多く、身もくたびれ、心もしづかならず」訳人と対座していると、口数も多くなり、からだもくたびれ、心も落ち着かない。❷**出向く。赴く。** 平家物語 鎌倉―物語 六・小督「御書をたまはってむかひ候はん」訳お手紙をいただいて出向きましょう。❸**敵対する。対抗する。はむかう。** 平家物語 鎌倉―物語 七・願書「蟷螂(たうらう)の斧(をの)をいからして、隆車(りゆうしや)にむかふがごとし」訳かまきりがかまを振りかざして、大きな車にはむかうようなものである。❹**匹敵する。肩を並べる。かなう。** 伊勢物語 平安―物語 九四「千々(ちぢ)の秋一つの春にむかはめや紅葉(もみぢ)も花もともにこそ散れ」訳たくさんの秋が一つの春にかなうだろうか、いや、かなわない。しかし、秋の紅葉も春の花も同じように散ってしまうものである。
二 他動詞ハ下二 {へ/へ/ふ/ふる/ふれ/へよ} ❶**向かい合わせる。向ける。** 蜻蛉 平安―日記 上「川にむかへて、簾(すだれ)巻き上げて見れば」訳(牛車(ぎつしや)を)川に向かい合わせて、簾を巻き上げて(外の景色を)見ると。❷**出向かせる。赴かせる。** 平家物語 鎌倉―物語 二・烽火之沙汰「入道がもとへ討手(うつて)なんどやむかへんずらん」訳入道(=平清盛)のところへ討伐の軍勢などを出向かせようとするだろうか。

むか・ふ[2]**【迎ふ】** ムカウ―ムコウ 他動詞ハ下二 {へ/へ/ふ/ふる/ふれ/へよ} ❶**待ち受ける。用意して待つ。** 万葉集 奈良―歌集 一四三〇「去年(こぞ)の春逢(あ)へりし君に恋ひにてし桜の花はむかへけらしも」訳去年の春会ったあなたに恋をしてしまった桜の花はあなたを待ち受けていたらしいですね。❷**(時や時節の)来るのを待ち、受け入れる。** 奥の細道 江戸―紀行 出発まで「馬の口とらへて老いをむかふる者は、日々旅にして旅を栖(すみか)とす」訳馬の口綱(くちづな)をとって、老年を迎える者は、日々が旅であって旅をすみかとしている。❸**呼び寄せる。出迎える。** 源氏物語 平安―物語 浮舟「石山に、今日、詣(まう)でさせむとて、母君のむかふるなりけり」訳石山寺に今日参詣(さんけい)させようと思って、母君が呼び寄せたのだった。

むか-ぶ・す【向か伏す】 自動詞サ四 {さ/し/す/す/せ/せ} **はるか向こうの方に横たわる。** ▼広大な土地をほめていう。万葉集 奈良―歌集 四四三「天雲(あまくも)のむかぶす国の」訳天雲がはるか向こうに横たわっている国の。

むかへ-す・う【迎へ据う】 ムカエスウ 他動詞ワ下二 {ゑ/ゑ/う/うる/うれ/ゑよ} **迎えてある地位につける。呼び迎えて住まわせる。** 源氏物語 平安―物語 東屋「かの宮にむかへすゑむも音聞き便(びん)なかるべし」訳あの邸宅に呼び迎えて住まわせるようなのも、(世間の手前、)外聞が悪いだろう。

むかへ-と・る【迎へ取る】 ムカエトル 他動詞ラ四 {ら/り/る/る/れ/れ} **自分のもとに迎える。家に迎え入れる。** 更級 平安―日記 子忍びの森「京とても、頼もしうむかへとりてむと思ふ類・親族(しぞく)もなし」訳都といっても心強く家に迎え入れてくれそうな親類縁者もない。

むかへ-び【迎へ火】 ムカエビ 名詞 陰暦七月十三日(=盂蘭盆(うらぼん)の初日)の夕刻、死者の霊魂を迎えるためにたく火。「むかひび」とも。季秋。

むかへ-ゆ【迎へ湯】 ムカエユ 名詞 皇子誕生の際の御湯殿の儀式のとき、産湯(うぶゆ)をつかわせる女官の補佐をして産児を受け取る役。また、その役の女官。

むか-もも【向か股】 名詞 **左右のもも。** ◆「むこうずね」の意とする説もある。

向井去来(むかゐきよらい) ムカイキョライ 人名 (一六五一～一七〇四)江戸時代前期の俳人。別号は落柿舎(らくししや)。蕉門(しようもん)十哲の一人。俳論にもすぐれ、京都の嵯峨(さが)の別荘「落柿舎」に住み関西で活躍した。野沢凡兆(ぼんちよう)と俳諧(はいかい)集『猿蓑(さるみの)』を編集し、蕉門の代表者であった。俳論書『去来抄』。

むぎ-あき【麦秋】 名詞 麦を取り入れる初夏のころ。陰暦五月。「麦の秋」とも。◆「麦秋(ばくしう)」を訓読した語。季夏。

むぎあきや… 俳句「麦秋や 子を負ひながら 鰯(いは)売り」おらが春 江戸―句集 俳文・一茶(いっさ) 訳麦の穂が一面黄金色に色づいた畑の道を、赤ん坊を背負った鰯売りの女がやってくる。
鑑賞「越後女、旅かけて商(あきな)ひする哀れさを」と前書きがある。日々を精一杯に生きる弱者への共感と、それにそそがれる一茶のあたたかなまなざしが感じられる。季語は「麦秋」で、季は夏。

むぎ-なは【麦索・麦縄】 ムギナワ 名詞 ❶「さくべい」に同

む

じ。❷うどん・冷や麦の類。

むき-むき【向き向き】 名詞 めいめいが別の方向を向いていること。**思い思い。** 万葉集 奈良―歌集 一八〇四「はふ蔦の（＝枕詞）おのがむきむき天雲の（＝枕詞）別れし行けば」訳 自分の思い思いに別れて行くので。

むく[1]【椋】 名詞 木の名。むくの木。

む-く[2]【無垢】
一 名詞 ❶一着の全体が同色の無地である衣服。多くは「白無垢」をいう。❷混じりけのない金や銀。
二 形容動詞 語幹 ⇩むくなり。梁塵秘抄 平安―歌集 法文歌「むくの浄土は疎けれど」訳 煩悩によるけがれがない浄土は縁が遠い（＝成仏できないと思われていた）が。

む・く[3]【向く】
一 自動詞 カ四 ｛か／き／く／く／け／け｝ ❶**向かう。**（正面が）**ある方向に対する。** 徒然 鎌倉―随筆 五六「一人にむきて言ふを、おのづから人も聞くにこそあれ」訳 （教養ある人の話は）一人に向かって言うのを、自然にほかの人も聞くのである。❷**傾く。** 心や物事がある状態の方向に進む。為兼卿 鎌倉―歌集「歌はいかなるものぞ。いかにとむきて、いかにと詠むべきぞ」訳 歌はどのようなものか。どのように（心が）傾いて、どのように詠んだらよいのか。❸**うまく合う。似合う。** 卯月紅葉 江戸―浄瑠 浄瑠・近松「廓様、今はむかぬと」訳 廓ふうは、今は似合わないと。
二 他動詞 カ下二 ｛け／け／く／くる／くれ／けよ｝ ❶**向ける。向かせる。** 更級 平安―日記 大納言殿の姫君「物もきたなげなるは、外方に顔をむけて食はず」訳 食べ物もきたならしいものは、よそに顔を向けて食べない。❷（人を）**行かせる。赴かせる。** 平家物語 鎌倉―物語 二・蘇武「蘇武を大将軍として五十万騎をむけらる」訳 蘇武を大将軍にて五十万騎をさしむけなさる。❸**従わせる。服従させる。** 万葉集 奈良―歌集 八一三「韓国をむけ平らげて」訳 新羅の国を服従させ平定して。❹（神や霊などに）**供え物をする。手向ける。** 万葉集 奈良―歌集 六二二「海中に幣取りむけて早帰り来ね」訳 海神に幣を手向けて早く帰っておいで。

むくい【報い・酬い】 名詞 ❶**お返し。お礼。** ▼ある行為の結果として身に受けるもの。古今 平安―歌集 雑体「我を思ふ人を思はぬむくいにやわが思ふ人の我を思はぬ」訳 わたしを思ってくれた人を思わなかったお返しなのであろうか。わたしの思う人はわたしのことを思ってはくれない。❷**応報。果報。** ▼特に、仏教的な考えで、前世の業に従って現世で受ける結果のこと。源氏物語 平安―物語 須磨「かかる事も、前の世のむくいにこそ侍るなれば」訳 このようなことも前世の応報だそうでございますから。❸**仕返し。報復。復讐。** 土佐日記 平安―日記 一・二一「海賊むくいせむといふなる事を」訳 海賊が報復をするだろうと言っているとかいうことを。

むくげ【木槿・槿】 名詞 木の名。夏から秋にかけて淡紫色・淡紅色・白色などの花が咲く。季 秋。野ざらし 江戸―句集 俳文「道のべのむくげは馬に食はれけり――芭蕉」訳 ⇩みちのべの…。

むくつけ・し

形容詞 ク ｛（く）・から／く・かり／し／き・かる／けれ／かれ｝

❶**気味が悪い。恐ろしい。** ▼正体がつかめず、不安な気持ち。源氏物語 平安―物語 夕顔「昔物語などにこそかかることは聞けと、いと珍かにむくつけけれど」訳 昔の物語などでは、このようなことを聞くものだがと、めったに例のないことで気味が悪いけれど。⇩類語と使い分け⑤

❷**無骨だ。むさくるしい。無風流だ。** 源氏物語 平安―物語 玉鬘「むくつけき心の中に、いささか好きたる心まじりて」訳 無骨な心のうちにも、少し色好みな心が混じっていて。

む-く-なり【無垢なり】 形容動詞 ナリ ｛なら／なり・に／なり／なる／なれ／なれ｝ ❶仏教語。煩悩によるけがれがなく清浄だ。❷純粋だ。❸金銀などにまじりけがなく純粋だ。

むく・ふ【報ふ・酬ふ】
一 他動詞 上二 ｛ひ／ひ／ふ／ふる／ふれ／ひよ｝ **返礼や仕返しをする。** 水鏡 鎌倉―物語 敏達天皇「なんぢに子をまうけさせて、かれにておんをむくひん」訳 お前に子供を持たせて、その子で恩に報いるとしよう。
二 他動詞 八四 ｛は／ひ／ふ／ふ／へ／へ｝ ❶一に同じ。平家物語 鎌倉―物語 七・福原落「あやしの鳥けだものも、恩を報じ徳をむくふ心は候ふなり」訳 いやしい鳥やけだものも、恩にむくい、恵みに返礼をする心はあるものです。❷**報酬を支払う。** 方丈記 鎌倉―随筆「車の力をむくふほかには」訳 運搬の車代を支払う以外には。
三 自動詞 八四 ｛は／ひ／ふ／ふ／へ／へ｝ **報いとなって現れる。** 平家物語 鎌倉―物語 灌頂・女院死去「父祖の罪業は子孫にむくふという事、疑ひなし」訳 先祖の犯した罪は子孫に報いとなって現れるということは疑いがない。

むくむく・し 形容詞 シク ｛（しく）・しから／しく・しかり／し／しき・しかる／しけれ／しかれ｝ **なんとも気味が悪い。** 更級 平安―日記 初瀬「聞くに、いとむくむくしくをかし」訳 聞くと、たいそう気味が悪く、こっけいだ。

むく-め・く【蠢く】 自動詞 カ四 ｛か／き／く／く／け／け｝ **うごめく。むくむくと動く。** 「むぐめく」とも。今昔物語 平安―説話 一九・二一「まことに多くの蛇ありてむくめく」訳 本当に多くの蛇がいてうごめいている。◆「めく」は接尾語。

むく・ゆ【報ゆ・酬ゆ】 自動詞 ヤ上二 ｛い／い／ゆ／ゆる／ゆれ／いよ｝ **返礼や仕返しをする。** 今昔物語 平安―説話 二九・三六「人の恩を蒙りなば必ずむくゆべきなり」訳 人から恩を受けたならば必ず返礼しなければならない。

参考 ヤ行上二段動詞は、「老ゆ」「悔ゆ」「報ゆ」の三語だけ。

むぐら【葎】 名詞 山野や道ばたに繁茂するつる草の総称。やえむぐら・かなむぐらなど。季 夏。竹取物語 平安―物語 御門の求婚「むぐらはふ下にも年は経ぬる身の何かは玉の台をも見む」訳 むぐらのはい茂る粗末な家で年を過ごして来た私が、どうしてりっぱな宮殿で暮らそうと思いましょうか。

参考 「浅茅」「蓬」とともに、荒れ果てた家や粗末な家の描写に用いられることが多い。

むぐら-の-かど【葎の門】 連語 「むぐら」の生い茂っている家。「むぐらのやど」とも。◆荒れはてた家や貧しい家についていう。

むぐら-の-やど【葎の宿】 連語 「むぐらのかど」に同じ。源氏物語 平安―物語 横笛「露しげきむぐらのやどに古への秋に変はらぬ虫の声かな」訳 露いっぱいのむぐらの生い茂っている家に昔の秋のままの虫の声であることよ。

むぐら-ふ【葎生】ムグラウ 名詞「むぐら」の生い茂っている所。

むくらん-ぢ【木蘭地】ムクランジ 名詞 狩衣（かりぎぬ）・直垂（ひたたれ）などの、黒みを帯びた赤黄色の布地。「もくらんぢ」とも。

む-くろ【身・軀】名詞 ❶**からだ。胴体。** 平家物語 鎌倉―物語 四・鵺「頭（かしら）は猿、むくろは狸（たぬき）、尾は蛇（くちなは）、手足は虎（とら）の姿なり」訳 頭は猿、胴体は狸、尾は蛇、手足は虎の姿である。❷**死骸（しがい）。なきがら。** 特に、首を切られた胴体だけの死体。◇「骸」とも書く。

むくろ-ごめ【軀籠め】名詞 **全身。からだごと。身体ぐるみ。** ◆「ごめ」は接尾語。

む-くわん【無官】ムカン 名詞 **官職のないこと。** 平家物語 鎌倉―物語 一・祇園精舎「高見の王、むくわん・無位にして失（う）せ給（たま）ひぬ」訳 高見の王は官職もなく、位階もないままでお亡くなりになった。

む-くわんの-たいふ【無官の大夫】ムカンノタイフ 連語 四位・五位で、官職のない者。多く、公卿（くぎょう）の子息で元服前に五位に叙せられた者をいう。

む-げ【無下】形容動詞 語幹 ⇩むげなり。徒然 鎌倉―随筆 一五〇「むげの瑕瑾（かきん）もありき」訳（名人といわれる人にも）最悪の欠点もあった。

むげ・なり【無下なり】形容動詞ナリ {なら/なり・に/なり/なる/なれ/なれ}

語義の扉

それより下がない意味から程度が甚だしくよくないことを言うが、後に、単に程度の甚だしいことに用いるようになった。

❶あまりにひどい。非常によくない。
❷身分がきわめて低い。教養がまったくない。
❸甚だしい。むやみだ。
❹まさにその通りである。まぎれもない。
❺悲しくあわれだ。悲惨だ。
❻まったく。少しも。

❶**あまりにひどい。非常によくない。** 徒然 鎌倉―随筆 二三六「殊勝のことは御覧じとがめずや。むげなり」訳（こんな）すばらしいことを見てお気づきにならないのか。あまりにひどい。

❷**身分がきわめて低い。教養がまったくない。** 増鏡 室町―物語 新島守「今のやうに、むげの民と争ひて、君の滅びたまへる例（ため）し、この国にはいとあまたも聞こえざんめり」訳 このたびのように、きわめて身分の低い民と戦って、君主がお滅びになってしまった先例は、この国にはそれほど多くも聞かれないようです。

❸**甚だしい。むやみだ。** 枕草子 平安―随筆 職の御曹司におはします頃、西の廂にて「むげに仲良くなりて、よろづのこと語る」訳 むやみに仲良くなって、いろいろなことを話す。

❹**まさにその通りである。まぎれもない。** 落窪物語 平安―物語 三「まして底に書ける物を見るに、むげに落窪（おちくぼ）の君の手なれば」訳 いうまでもなく底に書いた物を見ると、まぎれもなく落窪の君の筆跡なので。源氏物語 平安―物語 薄雲「寝殿の御しつらひ、いとど輝（かかや）くばかりしたまひて、今はむげの親ざまにもてなして扱ひきこえたまふ」訳「寝殿のご調度・お飾りは、いっそう輝くほどになさって、源氏の君は今はすっかり親のようなふるまいでお扱い申し上げている。

❺**悲しくあわれだ。悲惨だ。** 義経記 室町―物語「いかに江田殿、弓矢取る者の矢一つにて死なんずるはむげなることぞ」訳 どうした江田殿、弓矢を手に取って戦う者（武士）がその矢一本で死んでしまうなどとは悲惨なことこの上ないことであるぞ。

❻（「むげに」の形で、打消表現を下接して）**まったく。少しも。** 徒然 鎌倉―随筆 一八八「法師のむげに能なきは」訳 法師がまったく技芸のないのは。

む-けん【無間】名詞「無間地獄（ぢごく）」の略。

むけん-ぢごく【無間地獄】ムゲンジゴク 名詞 仏教語。八大地獄の最も底にある地獄。五逆罪の大罪を犯した者が落ち、非常に長い時間、絶え間なく責め苦を受けるという。無間奈落（ならく）。阿鼻（あび）地獄。「むけん」とも。

む-ご【無期】
一 名詞 **期限のないこと。いつとわからないこと。**
二 形容動詞 語幹 ⇩むごなり。宇治拾遺 鎌倉―説話 一・一二「むごののち、『えい』と答（いら）へたりければ」訳 時間が長くたってから「はい」と返事したので。

むこ-かしづき【婿傅き】ムコカシヅキ 名詞 娘に迎えた婿を大切に世話すること。

むこ-がね【婿がね】名詞 婿となるべき男。**婿の候補者。** ◆「がね」は接尾語。

む-ご・なり【無期なり】形容動詞ナリ {なら/なり・に/なり/なる/なれ/なれ} ❶**際限がない。** 更級 平安―日記 初瀬「むごにえ渡らで、つくづくと見るに」訳（宇治川を）いつまでたっても渡れないので、よくよく（あたりの景色を）見ると。❷**時間・期間が長くたつ。久しい。** 源氏物語 平安―物語 浮舟「怪しからむまみを思へば、むごに臥（ふ）したり」訳（泣いて）はれた目を気にしたので、久しく寝ていた。

武庫の浦（むこのうら）地名 歌枕 今の兵庫県の西宮市と尼崎市の境を流れる武庫川河口付近の海岸一帯。

む-ごん【無言】名詞 ❶**物を言わないこと。** 黙っていること。❷仏教語。「無言の行（ぎょう）」の略。口をきかず、ひたすら精神を統一する修行。

む-さ【武者】名詞「むしゃ」に同じ。

む-さい【無才】名詞 **学問のないこと。** 才能のないこと。

む-さう[1]【無双】ムソウ 名詞「ぶさう」に同じ。「むざう」とも。

む-さう[2]【夢想】ムソウ 名詞 ❶**夢のお告げ。** 夢の中で神や仏の教えを受けること。また、その教え。❷夢の中で心に思い浮かんだこと。夢の中で思い見ること。

む-ざう【無慙】ムザウ 名詞「むざん」に同じ。

む-ざう・なり【無慙なり】ムザウナリ 形容動詞ナリ {なら/なり・に/なり/なる/なれ/なれ}「むざんなり」に同じ。宇治拾遺 鎌倉―説話 一〇・一〇「あはれにむざうにおぼえしかども」訳 しみじみとかわいそうで痛ましく感じられたが。

むさ・し[1] 形容詞ク {(く)・から/く・かり/し/き・かる/けれ/かれ} **むさくるしい。不潔である。心ぎたない。卑しい。** 西鶴織留 江戸―物語 浮世・西鶴「塩籠（かご）にむさき事どもして」訳（油虫どもが）塩籠に不潔なことごとをして。

武蔵（むさし）[2] 地名 旧国名。東海道十五か国の一つ。今の東京都・埼玉県全部と神奈川県の一部。初めは東山道に属した。「武州（ぶしゅう）」とも。◆古くは「むざし」。参照▼資料21

むさし-あぶみ【武蔵鐙】名詞 武蔵の国で産する

む

鐙。またその様式による鐙。武蔵鐙は、鐙と「刺鉄(さすが)(＝鐙をつるす革に付いている留め金)」を連接するのに透かしを入れた薄い鉄板を用いて直付けのようにする。

参考 和歌では、副詞「さすが」「さすがに」を導くことが多い。

武蔵野(むさしの) 地名 歌枕 今の東京都と埼玉県にまたがる関東平野西部の、多摩川流域から荒川流域に及ぶ原野。古くから「うけらが花」「雉(きぎす)」「紫草」「薄(すすき)」などが名高く、また、「逃げ水(＝蜃気楼(しんきろう)現象の一種)」も詠まれる。◆古くは「むざしの」。

むさ-と 副詞 ❶むやみに。やたらに。❷うっかりと。国姓爺 江戸－浄瑠 近松「むさと鉄砲はなすな」訳うっかりと鉄砲をはなすな。❸取るに足らない。

む-ざね【実】名詞 実体。正体。そのものの本体。

むさぼ・る【貪る】他動詞ラ四 {ら/り/る/る/れ/れ} 欲深く物をほしがる。執着する。「むさぶる」とも。徒然 鎌倉－随筆 七四「生(しゃう)をむさぼり、利を求めて止(や)む時なし」訳命あることに執着し、利益を求めてとどまるときがない。

む-ざん＊【無慙・無慚】

一 名詞 ❶仏教語。罪を犯しながら恥じないこと。❷残酷なこと。むごいこと。❸気の毒なこと。いたましいこと。◆「むざう」とも。

二 形容動詞 語幹 ⇨むざんなり。❶源氏物語 平安－物語 手習「われ、むざんの法師にて」訳私は、罪を犯し(＝戒律を破り)ながら恥じない法師で。❷平家物語 鎌倉－物語 二・卒都婆流「あな、むざんや」訳ああ、むごいことだなあ。❸奥の細道 江戸－紀行 太田神社「むざんやな甲(かぶと)の下のきりぎりす――芭蕉」訳⇨むざんやな…。

む-ざん・なり＊【無慙なり・無慚なり】形容動詞ナリ {なら/なり・に/なり/なる/なれ/なれ} ❶仏教語。罪を犯しながら恥じない。❷残酷だ。むごい。❸気の毒だ。いたましい。平家物語 鎌倉－物語 一・祇王「泣く泣くまた出(い)で立ちける心の内こそむざんなれ」訳泣きながら再び出ていった心の内はいたましい。◆「むざうなり」とも。

むざんやな… 俳句「むざんやな 甲(かぶと)の下の きりぎりす」奥の細道 江戸－紀行 太田神社・芭蕉(ばせう) 訳なんといたわしいことだ。その昔、樋口(ひぐち)の次郎は、この甲を着けて討ち死にした老将斎藤実盛(さねもり)の首を検分し、「むざんやな」と落涙したそうだが、今その甲の下では、秋の哀れを誘うようにきりぎりすが悲痛な声で鳴いていることだ。

鑑賞 加賀の国(石川県)の多太(ただ)神社で斎藤実盛の甲を見ての句。実盛は平家方の武将で、老いを隠すため白髪を染めて出陣し戦死した。謡曲「実盛」の一節「あなむざんやな」〈ああ、むざんだなあ。〉を受けた表現。「きりぎりす」は今の「こおろぎ」。季語は「きりぎりす」で、季は秋。

むし[1]【虫】名詞 ❶虫。昆虫をはじめとして、くも・蛇・とかげなどを含めていう。❷特に、秋に鳴く虫。季秋。源氏物語 平安－物語 桐壺「風の音(と)、むしの音(ね)につけても、もののみ悲しう思(おぼ)さるるに」訳風の音、美しく鳴く虫の音を聞くにつけても、ただわけもなくもの悲しくお思いになるのに。❸心の底の感情。腹の虫。冥途飛脚 江戸－浄瑠 浄瑠・近松「忠兵衛(ちゅうべゑ)、元来悪いむし押さへかねて」訳忠兵衛は、もとから悪い腹の虫を押さえられないで。

む-し[2]【無始】名詞 仏教語。無限に遠い過去。無限にさかのぼった過去。◆一切は因縁によって生ずるものであるが、その因縁の始めが無いことからいう。

むし-くわうごふ【無始曠劫】(ムシコウゴウ) 名詞 仏教語。始めの無い無限にさかのぼった過去。

むし-こ【虫籠】名詞 ❶虫かご。❷虫かごのように目の細かい格子。また、その格子のある窓。

むし-づくし【虫尽くし】名詞 声・形のすぐれた虫を持ちよって、優劣を競う遊戯。

むし-の-たれぎぬ【枲の垂れ衣・帔】名詞 平安・鎌倉時代、女性が外出する時に、「市女笠(いちめがさ)」のへりに縫いつけて長く垂らし、頭から身を覆うようにした薄い布。

むし-や【武者】名詞 武士、軍人。「むさ」とも。

む-じゃう【無常】(ムジョウ) 名詞

❶仏教語。すべてのものが絶えず生滅(しゃうめつ)・転変・生々流転(るてん)して、少しの間も同じ状態にとどまっていないこと。方丈記 鎌倉－随筆「その主(あるじ)と栖(すみか)と、むじゃうを争ふさま、いはば朝顔の露に異ならず」訳その持ち主と住居(すまい)とが生滅転変の早さを競い合うかのように滅びてゆくようすは、朝顔の花とそこに置いた露とがそのはかなさを争うのと変わるところがない。参照▼無常観 文芸／文脈の研究 朝顔と露。

❷(人の世がはかないことから)死。命の終わり。徒然 鎌倉－随筆 五九「むじゃうの来たることは、水火の攻むるよりも速やかに」訳死の到来することは、水や火が押し寄せてくるのよりも速くて。

むじゃう-しょ【無常所】(ムジョウショ) 名詞 墓場。墓地。

むじゃう-の-かたき【無常の敵】(ムジョウノカタキ) 連語 死。死を、命を奪う敵にたとえた語。

むじゃう-の-せっき【無常の殺鬼】(ムジョウノセッキ) 連語 死。死を、命を奪う鬼にたとえた語。

むしゃ-どころ【武者所】名詞 院の御所の警護に当たる北面(ほくめん)の武士の詰め所。また、その武士。

む-しょ【墓所】名詞 墓場。「はかどころ」とも。

無常観(むじょうかん) 文芸 特に鎌倉・室町時代の文芸に共通して見られる理念。この世のものは絶えず生滅(しょうめつ)・変化していつまでも存在するものではなく、この世ははかないものであるとする考え。平安時代中期からの末法思想を背景に、戦乱が続いて精神・生活両面に不安の大きかった鎌倉・室町時代の民衆の間に広まり、無常観としてしだいに時代の風潮となった。文学としては、『万葉集』の一部や、勅撰(ちょくせん)和歌集の「釈教歌(しゃっきょうか)」にも現れているが、西行(さいぎょう)の和歌や、鴨長明(かものちょうめい)の『方丈記』、吉田兼好(けんこう)の『徒然草(つれづれぐさ)』、また『平家物語』など、鎌倉時代の文学に最も色濃く現れている。

むじょう【無常】⇨むじゃう

むしろ【筵・蓆・席】名詞 ❶藺(い)・藁(わら)・蒲(がま)・竹などで編んで作った敷物の総称。❷(会合などの)場所。座席。席。徒然 鎌倉－随筆 一六七「一道に携はる人、あらぬ道のむしろに臨みて」訳一つの専門の道にかかわり合う人が、専門外の場に出席して。

む-しん[1]【無心】

一 名詞 ❶分別がないこと。考えが浅いこと。❷風流心

む

が無いこと。

二 [形容動詞] 語幹 ⇩むしんなり。[源氏物語 平安―物語] 若菜下「このおとどの、さるむしんの女房に心合はせて、入り来たりけむにも」[訳]この（髭黒の）大臣があんな無思慮の女房と心を合わせて、（玉鬘の所へ）入ってきたような場合にも。

三 [名詞]「無心連歌」の略。▼和歌的な優雅な連歌を「有心」というのに対し、滑稽味のある連歌をいう。[筑波問答 室町―論]「有心むしんとて、うるはしき連歌と狂句とをまぜにせられしことも常に侍り」[訳]有心・無心といって、優雅な連歌と滑稽な句とをまぜこぜになさったことも常にあります。

四 [名詞]／―す [自動詞]サ変 無遠慮に頼むこと。厚かましく願うこと。[靫猿 室町―狂言]「猿引きに初めて会うて、むしんを言ふはいかがなれども」[訳]猿使いに初めて会って、無遠慮な頼みを言うのもどうかとは思うが。

無心[2] [文芸] 鎌倉・室町時代の和歌・連歌の美的理念の一つ。優雅な和歌的情趣から外れた、滑稽で卑俗的な傾向をいう。「無心連歌」や、のちの貞門・談林の俳諧に見られ、俳諧や狂歌の根源となった。「有心」に対していう。

むしん-しょぢゃく【無心所着】 [名詞] 内容がまとまらず意味が通じない歌。◆歌論用語。

む-しん・なり【無心なり】 [形容動詞]ナリ {なら／なり・に／なり／なる／なれ／なれ}

❶**分別がない。考えが浅い。**[枕草子 平安―随筆] 頭の弁の御もとより「まろなどに、さることいはむ人、かへりてむしんならむかし」[訳]私などに、そんな歌などを詠みかける人は、かえって分別がないというものでしょうよ。

❷**無風流だ。情趣を解さない。**[宇津保 平安―物語] 国譲上「人の遊びせむ所には、草刈り笛吹くばかりの心どもにて、いとむしんにて侍り」[訳]人が音楽を演奏するような場では、やっと草刈り笛を吹くぐらいの趣向で、まったく無風流なことであります。

無心連歌 [文芸] 鎌倉時代、和歌的情趣を主とする有心連歌と力を競った、滑稽で卑俗な内容の連歌。有心連歌が連歌界の大勢を支配したため、同時代末期には衰退した。のちの「俳諧の連歌」はこの系統を引くものである。

文脈の研究　むず

推量の助動詞「む」＋格助詞「と」＋サ変動詞「す」からなる「むとす」から変化して平安時代に生まれた語。平安時代の末期から鎌倉時代以降、広く用いられるようになった。平安時代の中期には俗語的なニュアンスを伴い、主として会話文に用いられていた。この語について、『枕草子』には、次のような指摘がある。

ふと心おとりとかするもの（思っていたよりも劣っていると感じる）は、男も女もことばの文字いやしう（下品に）使ひたるこそ、よろづのことよ（なにごとにもまして悪いことよ）りまさりてわろけれ。

と起筆される「ふと心おとりとかするものは」の段の後半部に

なに事をいひても、

「そのことさせんとす（そのことをしようと思う）、いはんとす（言おうと思う）、なにとせ（どのようにし）んとす（ようと思う）」

という「と」文字を失ひて（「と」の字をなくして）、ただ

「いはむずる（言おうと思う）、里へいでんずる（里へ行こうと思う）」

などいへば、やがて（それがそのまま）いとわろし。まいて（まして）、文に書いて（手紙に書く）はいふべきにもあらず。

この作品は平安時代の中期、長保二（一〇〇〇）年ごろの成立とされ、「むず」「むずる」「むずれ」への清少納言の忌避の感覚が率直に示されていて興味深い。

む・す[1]**【生す・産す】** [自動詞]サ四 {さ／し／す／す／せ／せ} **生える。生じる。**[古今 平安―歌集] 賀「わが君は千代に八千代に細れ石のいはほとなりて苔のむすまで」[訳]わが君は千年も八千年も長生きしてください。小石が大きな岩となって苔が生えるまでも。

む・す[2]**【噎す・咽す】** [自動詞]サ下二 {せ／せ／す／する／すれ／せよ} ❶**むせる。**[著聞集 鎌倉―説話] 二四六「むせては吐き戻して苦しんでいるので。❷（悲しみで）**胸がつまったようになる。**[万葉集 奈良―歌集] 四五三「吾妹子が植ゑし梅の木見るごとに心むせつつ涙し流る」[訳]⇩わぎもこがうゑしうめのき…。

むず [助動詞]サ変型

《接続》活用語の未然形に付く。

未然形	連用形	終止形	連体形	已然形	命令形
○	○	むず	むずる	むずれ	○

❶〔推量〕…**だろう。**[竹取物語 平安―物語] かぐや姫の昇天「かのもとの国より、迎へに人々まうで来むず」[訳]あのもとの国（＝月の世界）から、迎えに人々がやってまいるだろう。

❷〔意志〕…（し）**よう。**…（する）**つもりだ。**[竹取物語 平安―物語] 竜の頸の玉「いづちもいづちも足の向きたらむ方へ往なむず」[訳]どこへなりとも、足の向いている方向へ行ってしまおう。

❸〔仮定・婉曲〕…**としたら、その…。…ような。**▼主として連体形の用法。[竹取物語 平安―物語] かぐや姫の昇天「さる所へまからむずるも、いみじくも侍らず」[訳]そのような所（＝月の世界）へまいりますようなことも（今の私には）うれしくもございません。

❹〔適当・当然〕…**するのがよい。…すべきである。**[落窪

む

物語 平安―物語 一「この御格子は参らでやあらむずる」訳この御格子はお上げしないのがよいでしょうか。◆鎌倉時代以降は特に「んず」「うず」と表記する。

むず-と 副詞 むんずと。ぐいっと。▼動作を勢いよく力強く行うさま。平家物語 鎌倉―物語 六・祇園女御「忠盛走り寄って、むずと組む」訳忠盛は走り寄って、むんずと組みつく。

むす-ひ【産霊】名詞 天地・万物を生成し、また成長させる霊妙な威力。◆「むす」は生じる、「ひ」は霊威の意。後に「むすび」とも。

むすび-い・づ【結び出づ】他動詞 ダ下二 {で/で/づ/づる/づれ/でよ} 結んで形を作り出す。徒然 鎌倉―随筆 五四「印こととしくむすびいでなどして」訳(僧たちは)印を仰々しく結んで作り出したりして。

むすび-こ・む【結び込む】他動詞 マ下二 {め/め/む/むる/むれ/めよ} とじこめる。和泉式部 平安―日記「心はむすびこめてき」訳心はしっかりととじこめておいた。

むすび-とうだい【結び灯台】名詞 細長い三本の棒をひもで結び、上下を開いて立てて台とし、その上に油皿を置いたもの。

むすび-ぶみ【結び文】名詞 巻き畳んで両端をひねり結び、封印として墨を引いた書状。正式な「立て文」に対して略式なもので、恋文に用いることが多い。

むすび-まつ【結び松】名詞 松の小枝を結び合わせて、願いや誓いをかけたしるしとすること。また、その松。万葉集 奈良―歌集 一四四「磐代の野中に立てるむすびまつ心も解けず古へ思ほゆ」訳磐代の野の中に立っている結び松、その結び目のように私の心も解けないで昔が思われることだ。

むす・ぶ[1]【掬ぶ】他動詞 バ四 {ば/び/ぶ/ぶ/べ/べ} (水などを)左右の手のひらを合わせてすくう。古今 平安―歌集 春上「袖ひちてむすびし水の凍れるを春立つ今日の風やとくらむ」訳⇩そでひちて…。

むす・ぶ[2]【結ぶ】

一 自動詞 バ四 {ば/び/ぶ/ぶ/べ/べ} (霧・露・霜・水・泡などが)できる。生じる。形をなす。固まる。方丈記 鎌倉―随筆「淀みに浮かぶうたかたは、かつ消えかつむすびて、久しくとどまりたる例なし」訳(川の)流れの滞っている所に浮かんでいる水の泡は、一方では消え、同時に一方ではできて、そのまま長くとどまっている例はない。

二 他動詞 バ四 {ば/び/ぶ/ぶ/べ/べ} ❶(紐、糸などを)つなぐ。結び合わせる。結ぶ。枕草子 平安―随筆 宮の五節いださせ給ふに「赤紐の解けたるを、『これ、むすばばや』と言へば」訳(自分の着物の)赤い飾り紐が解けたのを、(まわりの女房に)「これを結びたいわ」と言うと。❷(約束などを)結ぶ。関係をつける。約束する。万葉集 奈良―歌集 四八一「絶えじい妹とむすびてし言は果たさず」訳(二人の仲は)絶えまい、妻よと、互いに約束したその言葉を果たすこともなく。❸両手で印の形を作る。▼「印を結ぶ」の形で用いる。❹(物を)作る。構える。編んで作る。組み立てる。方丈記 鎌倉―随筆「六十の露消えがたに及びて、更に末葉の宿りをむすべることあり」訳六十歳という露のようにはかない命が終わろうとするころになって、新たに晩年の住居を構えたことがある。❺(状態・形を)かたちづくる。生じさせる。構成する。徒然 鎌倉―随筆 一三〇「始め興宴よりおこりて、長き恨みをむすぶ類多し」訳最初は宴会(の悪ふざけ)から起こって、長い(間続く)恨みを生じさせる例が多い。

歴史スコープ **民俗**

古くは、草の葉や木の枝を結び合わせ魂を込めて命の安全や幸福を祈り、また、男女が相手の衣服の紐を結んで誓いを立てる風習があった。万葉集 奈良―歌集 一〇「君が代も わが代も知るや 磐代の 岡の草根を いざ結びてな」訳あなたの寿命もわたしの寿命も知っているよ、磐代(現在の和歌山県みなべ町)の岡のしっかり根をはった草を、さあ結びましょう。万葉集 奈良―歌集 四五〇一「八千草の 花は移ろふ 常磐なる 松のさ枝をわれは結ばな」訳さまざまの花は(美しいとはいえどの花も)色あせてしまう。常緑の松の小枝を私は結ぶよ。

むすぶての… 和歌「むすぶ手の 雫に濁る 山の井の 飽かでも人に 別れぬるかな」古今 平安―歌集 離別・紀貫之 訳すくう手から落ちる雫のために濁ってしまう山の湧き水は、満足するまで飲めず物足りない。そのように満ち足りずにあなたと別れてしまったよ。

鑑賞 旅先の行きずりの人を名残惜しく思う淡い感情が素直に表現されている。「むすぶ手の…山の井の」は、眼前のようすを描写するとともに、「あかでも」を導く序詞となっている。

むすぶ-の-かみ 名詞 一【産霊の神】天地・万物を生み出す神。二【結ぶの神】男女の縁を結ぶ神。縁結びの神。

***むすぼほ・る**【結ぼほる】自動詞 ラ下二 {れ/れ/る/るる/るれ/れよ} ❶(解けなくなるほど、しっかりと)結ばれる。からみつく。源氏物語 平安―物語 朝顔「秋果てて霧の籬にむすぼほれあるかなきかに移る朝顔」訳秋が終わって霧のたち込めた目の粗い垣にからみつき、あるのかないのかわからないほどに色あせてしまった朝顔よ。❷関係がある。縁故で結ばれる。平家物語 鎌倉―物語 一〇・首渡「平家にむすぼほれたる人々は」訳平家と関係をもっている人たちは。❸(露・霜・氷などが)できる。新古今 鎌倉―歌集 恋四「通ひ来し宿の道芝かれがれに跡なき霜のむすぼほれつつ」訳あの人の通って来た家の道の雑草は枯れ、訪れも間遠になった。今は足跡のつかない霜が降りていることだ。❹気がふさぐ。くさくさする。源氏物語 平安―物語 手習「たゆみなくむすぼほれ、物をのみ思したりしも」訳絶えず気がふさぎ、物思いばかりなさっていたのも。

むすぼ・る【結ぼる】自動詞 ラ下二「むすぼほる」に同じ。

むずむず-と 副詞 ❶力強くしっかりと。ぴしぴしと。平治物語 鎌倉―物語 中「緒をむずむずとゆひ」訳かぶとの緒を力強くしっかりと結び。❷無遠慮に。無造作に。宇治拾遺 鎌倉―説話 二・一「むずむずと折り食ふ」訳(なぎという草を)無遠慮に折って食べる。

むず・らむ 連語 なりたち 推量の助動詞「むず」の終止形＋推量の助

む

動詞「らむ」…だろう。[宇治拾遺 鎌倉—説話]一・一二「この児、さだめておどろかさむずらむと、待ち居たるに」[訳]この稚児は、きっと(だれかが自分を)起こそうとするだろうと、待っていたところ。

むずる 助動詞「むず」の連体形。

むずれ 助動詞「むず」の已然形。

むせ-かへ・る【噎せ返る・咽せ返る】[自動詞]ラ四{ら/り/る/る/れ/れ}**激しくむせる。むせび泣く。**[源氏物語 平安—物語]桐壺「はかばかしうも、のたまはせやらず、むせかへらせ給ひつつ」[訳]てきぱきと、終わりまでおっしゃれず、むせび泣きあそばしながら。

む*せ・ぶ【噎ぶ・咽ぶ】[自動詞]バ四{ば/び/ぶ/ぶ/べ/べ}❶**むせる。(胸などに)つかえる。**[方丈記 鎌倉—随筆]「或いは煙にむせびて倒れ伏し」[訳]あるいは煙にむせて倒れ伏し。❷**声をつまらせながら激しく泣く。むせび泣く。**[万葉集 奈良—歌集]四三九八「涙をのごひむせひつつ語らひすれば」[訳]涙をふきむせび泣きながら話しかけるので。❸**むせび泣くような音・声を立てる。**[徒然 鎌倉—随筆]三〇「嵐にむせびし松も、千年を待たで」[訳]嵐にむせび泣くように鳴った松も、千年とたたないうちに。❹**流れなどが、つかえる。滞る。**[源氏物語 平安—物語]朝顔「遣り水もいといたくむせびて」[訳]遣り水もたいそうひどく流れがつかえて。◆古くは「むせふ」。

むそ-ぢ【六十・六十路】[名詞]六十。六十年。六十歳。◆「ぢ」は接尾語。

むた【共・与】[名詞]…と一緒に。…とともに。▼名詞または代名詞に格助詞「の」「が」の付いた語に接続し、全体を副詞的に用いる。[万葉集 奈良—歌集]三七七三「君がむた行かましものを」[訳]あなたと一緒に行けばよかったのに。

む-たい【無体・無代・無台】[名詞]❶**無視。**ないがしろにすること。❷**無理。無法。無茶。**◆「むだい」とも。

む-たい・なり【無体なり・無代なり・無台なり】[形容動詞]ナリ{なら/なり・に/なり/なる/なれ/なれ}❶**ないがしろだ。大切にしない。**[盛衰記 鎌倉—物語]二四「誰か仏法をむたいにし、逆罪を相招く」[訳]いったいだれが仏の教えをないがしろにし、極悪の罪を招こうか。❷**理由もなく不当だ。無法だ。無理だ。**[平家物語 鎌倉—物語]四・競「よもその者、むたいに捕らへからめられはせじ」[訳]よもやあの男が、不当に捕らえられ、縛られることはないであろう。◆「むだいなり」とも。

む-だう【無道】[名詞]道理や道義にはずれていること。理不尽なこと。「ぶたう」とも。

む-だう・なり【無道なり】[形容動詞]ナリ{なら/なり・に/なり/なる/なれ/なれ}**道理に外れている。**「ぶたうなり」とも。[落窪物語 平安—物語]三「衛門の督のむだうなるやうなれども」[訳]衛門の督が道理に外れているようではあるが。

むだ・く【抱く】[他動詞]カ四{か/き/く/く/け/け}**だく。だきかかえる。**[万葉集 奈良—歌集]三四〇四「かきむだき寝れど飽かぬを」[訳]しっかりだきかかえ寝ても満ち足りないが。

むち【鞭】[名詞]馬を打って進ませる道具。竹や革などで作る。

むち-あぶみ-を-あは・す【鞭鐙を合はす】[連語](馬を速く走らせるために)鞭を打つのに合わせて鐙をあおる。[保元 鎌倉—物語]中「むちあぶみをあはせて逃げければ」[訳]鞭に合わせて鐙をあおって逃げたところ。

無住(むぢゅう)[人名](一二二六〜一三一二)鎌倉時代の説話文学作者。臨済宗の僧。名は道暁。大円国師。鎌倉の人。密教や禅など諸宗を学び、尾張(愛知県)に長母寺を開いた。著書に仏教説話集の『沙石集』『雑談集』などがある。

むち-を-あ・ぐ【鞭を揚ぐ】[連語]**馬を速く走らせるために、鞭を大きく振り上げる。**[増鏡 室町—物語]新島守「泰時ただひとり、むちをあげて馳せ来たり」[訳]泰時ただ一人が、鞭を大きく振り上げて駆けてやって来た。

む\[1\]つ【六つ】[名詞]❶数の名。六。むっつ。六歳。❷時刻の一つ。「明け六つ」と、「暮れ六つ」とがあり、それぞれ不定時法の昼夜の分岐点とされる。

陸奥\[2\](むつ)[地名]❶旧国名。「陸奥」に同じ。❷旧国名。東山道十三か国の一つ。今の岩手県北部と青森県。明治一年(一八六八)、❶から分割された。参照▼資料21

むつか・し【難し】[形容詞]シク{(しく)・しから/しく・しかり/し/しき・しかる/しけれ/しかれ}

語義の扉

好ましくないことがらに対して、心がふさがるような、不快感を表す。動詞形は、「むつかる」。

❶いやな感じだ。気味が悪い。
❷煩わしい。めんどうだ。
❸不快だ。うっとうしい。

❶**いやな感じだ。見苦しい。気味が悪い。**[堤中納言 平安—物語]虫めづる姫君「手にきり付きて、いとむつかしきものぞかし」[訳]手に(蝶の鱗粉が)ついて、とてもいやな感じのものであるよ。

❷**煩わしい。めんどうだ。**[枕草子 平安—随筆]にくきもの「あなづりやすき人ならば、『のちに』とてもやりつべけれど、さすがに心恥づかしき人、いとにくくむつかし」[訳]軽く扱ってよい人であるならば、「後で」と言って帰してしまうこともできるだろうが、やはり気がねをしなければならないような人のときは、(そうもいかず)本当ににくらしく煩わしい。

❸**不快だ。うっとうしい。**[枕草子 平安—随筆]むつかしげなるもの「心地あしうしてひさしうなやみたるも、男の心地はむつかしかるべし」[訳](あまり愛していない妻が)気分が悪くて長く病んでいるのも、男の気持ちとしてはうっとうしいだろう。

歴史スコープ 室町時代の末期ごろまで「むつかし」の形。「むづかし」の確かな出現例は江戸時代の末期ごろで、「分かりにくい」「困難だ」の意味をも表すようになり、現代語の「むずかしい」の用法につながった。(ひと昔前まで)東日本を中心に「むずかしい」が、西日本を中心に「むつかしい」が分布していたが、現今(二〇一〇年代)「むずかしい」が広く用いられる。

むつかし-げ・なり【難しげなり】[形容動詞]ナリ{なら/なり・に/なり/なる/なれ/なれ}❶**むさ苦しい。感じがよくない。**[源氏物語 平安—物語]若紫「いとむつかしげに侍れど、かしこまりをだにとて」[訳]たいそうむさ苦しげでございますが、せめてお見舞いのお礼だけでもと存じまして。❷気味が悪い。［大鏡 平安一物語］道長上「今宵（こよひ）こそ、いとむつかしげなる夜なめれ」訳今夜こそ、たいそう気味が悪い夜のようだ。❸面倒そうだ。煩わしい。［源氏物語 平安一物語］若菜上「むつかしげにおはするほどを、絶えず抱（いだ）き取り給（たま）へば」訳（生まれたばかりで、扱いに）面倒そうでいらっしゃるほどの（赤ちゃん）を絶えず抱きとりなさるので。

むつか・る*【憤る】自動詞ラ四｛ら／り／る／る／れ／れ｝❶**機嫌を悪くして腹を立てる。機嫌を悪くして不平や小言を言う。**［源氏物語 平安一物語］明石「『あなにく。例の御癖（おほんくせ）ぞ』と、見奉りむつかるめり」訳「ああいやだ。いつもの（色好みの）お癖だ」と、見申し上げ機嫌を悪くしたようだ。❷**機嫌を悪くして泣く。すねる。**特に、**子どもが駄々をこねる。**［大鏡 平安一物語］公季「『例はかくもむつからぬに、いかなればかからむ』と」訳「いつもはこうも駄々をこねないのにどうしてこうなのだろう」と。◆のちに「むづかる」とも。

む-つき[1]【睦月】名詞 陰暦一月の別名。**正月。**▼春の始まりの月。季春。

むつき[2]【襁褓】名詞❶**産着（うぶぎ）。**❷**おしめ。おむつ。**

むつ-ごと【睦言】名詞 **親しく語り合う話。うちとけた会話。**特に、男女のむつまじい語らい。

むつび【睦び】名詞 **親睦。親しみ。**親しくすること。

むつ・ぶ*【睦ぶ】自動詞バ上二｛び／び／ぶ／ぶる／ぶれ／びよ｝**親しくする。仲よくする。**「むつむ」とも。［源氏物語 平安一物語］横笛「むつびそめたる年月のほどを数ふるに」訳親しくなり始めてからの年月を数えると。

むつま・し*【睦まし】形容詞シク｛（しく）・しから／しく・しかり／し／しき・しかる／しけれ／しかれ｝❶**親しい。仲がよい。親密である。**［源氏物語 平安一物語］若紫「御供にむつましき四五人ばかりして」訳お供に親しい者四、五人ほどを連れて。❷**慕わしい。懐かしい。**［源氏物語 平安一物語］夕顔「見し人の煙（けぶり）を雲と眺むれば夕べの空もむつましきかな」訳契りを結んだあの人を火葬にした煙を雲として眺めると、夕方の空も慕わしいことだ。◆室町時代の末期ごろから「むつまじ」とも。

むつ・る【睦る】自動詞ラ下二｛れ／れ／る／るる／るれ／れよ｝**親しみなつく。親しんでまつわりつく。**［源氏物語 平安一物語］帚木「心の中（うち）に思ふことをも隠しあへずなむ、むつれ聞こえ給ひける」訳心の中で思うことをも隠し通せないほどに、親しみなつき申し上げなさった。

む-とく・なり【無徳なり】形容動詞ナリ｛なら／なり・に／なり／なる／なれ／なれ｝❶（徳がないので）**収入が少ない。貧しい。**［宇津保 平安一物語］嵯峨院「むとくなる司（つかさ）にて年ごろ経（へ）ければ」訳貧しい役人で長年過ごしたので。❷**何の効果もない。役に立たない。**［源氏物語 平安一物語］常夏「水の上むとくなる今日の暑かはしさかな」訳水の上も役に立たない今日の暑苦しさだなあ。❸**体裁が悪い。ぶざまだ。**［枕草子 平安一随筆］むとくなるもの「潮干の潟にをる大船」訳ぶざまなもの、干潟に残された大船。

む-と-・す 連語

なりたち 推量の助動詞「む」の終止形＋格助詞「と」＋サ変動詞「す」

❶**…だろう。**▼「む」の推量の意を強調した表現。［竹取物語 平安一物語］かぐや姫の昇天「かの国の人来（こ）ば、みな開（あ）きなむとす」訳あの国（＝月の世界）の人が来たら、（戸が）すべて開いてしまうだろう。❷**…しようとする。**▼「む」の意志の意を強調した表現。［竹取物語 平安一物語］かぐや姫の昇天「あひ戦はむとすとも」訳戦おうとしても。

む-な-いた【胸板】名詞❶**胸の平らな部分。**❷鎧（よろい）の部分の一つ。胴の前面最上部にある、化粧板の上の鉄板。

むな-がい【胸繋・鞅】名詞 馬具の一つ。馬や牛の胸に当て、その両端を鞍に結ぶ組み緒。◆「むなかき」の変化した語。参照▼口絵

むながい-づくし【鞅尽くし】名詞「鞅」を当てる、馬や牛の胸のあたり。

むな-がひ【胸交ひ】名詞 着物の襟（えり）が胸のあたりで交わるところ。胸ぐら。

むなぎ【鰻】名詞「うなぎ」の古い形。

むな-ぐるま【空車】名詞❶車台だけの、車箱や屋形の付いてない車。主に、荷車。❷人の乗っていない車。からぐるま。

類語と使い分け⑲

「不愉快」な意味を表す言葉

「愉快でない」「いやで楽しくない」の意味を持つ古語には、「うたてあり」「にがにがし」「にがし」「むつかし」「ものし」などがある。また、一部にその意味を持つ言葉に、「こころうし」「うたてし」がある。

「ぶきょう（無興・不興）」も不愉快を表す言葉であるが、使用されたのは鎌倉時代以降と考えられる。また、「にがにがし」は不愉快の度合いが非常に強い言葉であり、その使用はやはり鎌倉時代に入ってからと考えられる。

うたてあり…不快だ、いやだの意味であり、「うたてある主（ぬし）のみもとに仕うまつりて、すずろなる死にをすべかめるかな」（『竹取物語』竜の頸の玉）では、船頭が主人である大納言に対して、いやな主人に仕えて…と言っているのである。

にがにがし…非常に不愉快である、ひどく気にくわないという意味である。

にがし…もともと味が苦いことを表す言葉だが、そこから転じて、不愉快だ、おもしろくないの意味を表す。

むつかし…うっとうしさ、わずらわしさを表す言葉であり、そこから、不快だ、不愉快だの意味を表す。

ものし…不気味であやしいという意味が根底にあって、そこから、不愉快だ、目ざわりだ、気にくわないという意味を表す言葉である。

こころうし…つらい、情けないという感じから、他人に対しても、あってほしくない、いやだ、不快だと、批判的な意味を表す言葉である。

むな-こと【空言・虚言】 名詞 うそ。裏付けのない言葉。

むな-ざんよう【胸算用】 名詞 心の中で見積もること。心づもり。「むねざんよう」「むねさんよう」とも。世間胸算用 江戸｜物語 浮世・西鶴「この銀の見えぬゆゑむなざんよう違ひて」訳この金が見あたらないため心づもりが違って。

むな・し【空し・虚し】 形容詞シク {(しく)・しから/しく・しかり/し/しき・しかる/しけれ/しかれ}

❶からっぽだ。中に何もない。平家物語 鎌倉｜物語 一一・内侍所都入「主もなきむなしき舟は、潮に引かれ、風に従つて、いづくをさすともなく揺られ行くこそ悲しけれ」訳乗り手のいないからっぽな舟は、潮に流され、風に吹かれて、どこを目ざすともなく揺られて行くのが悲しい。

❷うそだ。事実無根だ。源氏物語 平安｜物語 澪標「相人の言むなしからず」訳人相見の言葉はうそではない。

❸むだだ。効果がない。方丈記 鎌倉｜随筆「むなしく春かへし、夏植うる営みありて、秋刈り、冬収むるぞめきはなし」訳むだに春耕し、夏の田植えの仕事だけがあって、秋に刈り取り、冬に(倉に)しまうにぎわいがない。

❹はかない。かりそめだ。万葉集 奈良｜歌集 七九三「世の中はむなしきものと知る時しいよよますます悲しかりけり」訳⇨よのなかはむなしきものと…。

❺死んでいる。命がない。源氏物語 平安｜物語 桐壺「むなしき御骸を見る見る」訳命がない(桐壺更衣の)ご遺体を目の前に見ながら。

むなしき-そら【虚しき空】 連語 何も無い大空。虚空。◆「虚空」を訓読した語。

***むなしく-な・る【空しくなる】** 連語 死ぬ。亡くなる。源氏物語 平安｜物語 横笛「むなしくなりし音こそつきせね」訳亡くなった(人の吹奏された)音色はいつまでも伝えられていく。

むな-づはら・し【胸づはらし】 ムナヅワラシ 形容詞シク {(しく)・しから/しく・しかり/し/しき・しかる/しけれ/しかれ} (心配ごとで)胸が詰まるようである。冥途飛脚 江戸｜浄瑠璃 浄瑠璃・近松「顔をつれづれながむれば、梅川いとどむなづはらしく」訳顔をつくづく眺めると、梅川(＝遊女の名)はますます胸が詰まるようで。

むな-で【空手・徒手】 名詞 手に何も持たないこと。また、手をこまねいて何もしないこと。山家集 平安｜歌集 上「水たたふ岩間の真菰刈りかねてむなでに過ぐる五月雨のころ」訳水が満ちて岩の間の真菰を刈り取ることができないので、何もしないで過ぎていく五月雨のころだ。

むな-わけ【胸分け】 名詞 ❶(鹿などが)胸で草を押し分けること。❷胸。胸の幅。

むね[1]【旨】 名詞 事の意味・内容。趣旨。源氏物語 平安｜物語 蛍「言ひもてゆけば、一つむねにあたりて」訳つきつめていくと、同一の趣旨にあてはまって。

むね[2]【宗】 名詞 主とすること。中心とすること。また、そのもの。徒然 鎌倉｜随筆 五五「家の造りやうは、夏をむねとすべし」訳家の造り方は、夏(に暮らしやすいこと)を主とするのがよい。

むね[3]【胸】 名詞 ❶胸。胸部。❷胸部の病気。枕草子 平安｜随筆 病は「病は、むね」訳病気は胸。❸心。思い。気持ち。源氏物語 平安｜物語 賢木「あはれのみ尽きせねば、むね苦しうてまかで給ひぬ」訳しんみりとした思いばかりが尽きないので、心が苦しくて退出なさった。◆「むな」とも。

むね[4]【棟】 名詞 ❶屋根の中央部の最も高い部分。❷「牛車」の屋形の屋根の中央に前後に渡した木。
参照▶口絵

***むね-あ・く【胸開く】** 連語 心が晴れる。源氏物語 平安｜物語 桐壺「亡き後まで、人のむねあくまじかりける人の御覚えかな」訳亡くなった後まで、人の心が晴れないであろうほどの(桐壺更衣への)ご寵愛であることよ。

むね-いた・し【胸痛し】 形容詞ク {(く)・から/く・かり/し/き・かる/けれ/かれ} (胸に痛みを感じるほど)非常に苦しい。非常に悲しい。竹取物語 平安｜物語 かぐや姫の昇天「むねいたきこと、なし給ひそ」訳胸が痛むほど悲しいことをなさいますな。

むね-かど【棟門】 名詞 門の様式の一つ。二本の柱の上に棟を高く上げ、切妻破風造りの屋根を付けたもの。多く、公家の邸宅に用いられた。「むなもん」「むねもん」とも。

むね-こが・る【胸焦がる】 連語 胸が焦げるほど悩み苦しむ。苦悶する。源氏物語 平安｜物語 帚木「をりをり、人やりならぬむねこがるる夕べもあらむとおぼえはべり」訳時々、(女が)自ら求めたこととはいえ、胸が焦げるほど悩み苦しむ夕方もあろうかと思われることです。

むね-さ・く【胸裂く】 連語 (苦しさや悲しさで)胸がはり裂けそうになる。蜻蛉 平安｜日記 中「むねさくるここちす」訳胸がはり裂けそうな気持ちがする。

むね-さわ・ぐ【胸騒ぐ】 連語 心が動揺する。胸騒ぎがする。源氏物語 平安｜物語 夕顔「あいなくむねさわぎて」訳むやみに心が動揺して。

むね-ざんよう【胸算用】 名詞「むなざんよう」に同じ。「むねさんよう」とも。

むね-つき【胸付き】 名詞 胸のあたりのようす。

むね-つぶらは・し【胸潰らはし】 ムネツブラワシ 連語 (驚きや心配で)胸がつぶれるような感じである。どきっとする。源氏物語 平安｜物語 賢木「いとむねつぶらはしくおぼさる」訳ひどく胸がつぶれるような感じにお思いになる。

***むね-つぶ・る【胸潰る】** 連語 (驚き・悲しみなどで)胸がしめつけられる。どきどきする。はらはらする。「胸拉ぐ」とも。枕草子 平安｜随筆 殿上の名対面こそ「知る人の名のあるは、ふと例のむねつぶるらむかし」訳知っている人の名前があるのは、たちまちいつものようにどきどきするだろうよ。

むね-と[1]【宗徒】 名詞 主だった者。中心人物と頼りにする者。平家物語 鎌倉｜物語 二・徳大寺之沙汰「むねとの内侍どもを召し具して」訳主だった内侍たちをお引き連れになって。◆副詞「宗と」が名詞化した語。「宗とある者」の意。

むね-と[2]【宗と】 副詞 ❶主に。第一に。徒然 鎌倉｜随筆 一八八「一生のうち、むねとあらまほしからん事の中に、いづれかまさると」訳一生の間で、第一にこうありたいと望むことの中で、どれがまさっているかと。❷「むね

む

とある」の形で〕中心となる。〔今昔物語 平安―説話〕一九・四「むねとある郎等どもを召して」訳中心となる家来たちを召して。

***むね-に-あた・る【胸に当たる】** 連語 （心に）思い当たる。心に響く。〔徒然 鎌倉―随筆〕四一「折からの思ひかけぬ心地して、むねにあたりけるにや」訳ちょうどそのときの（私の言葉が）意外な気がして、（人々の）心に響いたのであろうか。

むね-に-くぎ-う・つ【胸に釘打つ】 連語 心が痛む。苦痛である。〔大鏡 平安―物語〕師輔「その夜、やがてむねにくぎはうちてき」訳その夜、ただちに心が痛んでしまった。

むね-はしり【胸走り】 名詞 胸がどきどきすること。

むね-はしり-び【胸走り火】 名詞 胸騒ぎがすること。胸がどきどきすること。◆「胸走り」と「走り火」とを重ねたもので、胸騒ぎし落ち着かない思いをぱちぱちはねる火にたとえていう語。

むね-はし・る【胸走る】 連語 胸がどきどきする。胸騒ぎがする。〔落窪物語 平安―物語〕二「報いせむと思ふも、むねはしる」訳復讐しようと思うにつけても胸騒ぎがする。

***むね-ひし・ぐ【胸拉ぐ】** 連語 「むねつぶる」に同じ。

***むね-ふたが・る【胸塞がる】** 連語 （不安や心痛で）胸がいっぱいになる。〔源氏物語 平安―物語〕帚木「ありがたきにも、いとどむねふたがる」訳めったになく優れたかたと思うにつけても、ますます胸がいっぱいになる。

***むね-むね・し【宗宗し】** 形容詞シク {(しく)・しから／しく・しかり／し／しき・しかる／しけれ／しかれ} ❶主だっている。中心的である。〔源氏物語 平安―物語〕橋姫「家司などもむねむねしき人もなかりければ」訳家政を処理する役人なども、主だった人もいなかったので。❷しっかりしている。堂々としている。〔源氏物語 平安―物語〕夕顔「むねむねしからぬ軒のつまごとに」訳堂々としていない軒先ごとに。

むね-もん【棟門】 名詞 「むねかど」に同じ。

宗良親王 むねよししんのう（ムネヨシシンノウ） 人名 （一三一一～一三八五？）室町時代前期の歌人。後醍醐天皇の皇子。倒幕運動の失敗で讃岐（香川県）に配流、建武新政後は各地に転戦した。『新葉和歌集』を撰進、平明温雅な二条派の歌風で、家集『李花集』がある。「むねながしんわう」とも。

むね-を-つぶ・す【胸を潰す】 連語 胸がつぶれるほど思い悩む。衝撃を受ける。〔源氏物語 平安―物語〕賢木「この憎き御心のやまぬに、ともすれば御むねをつぶし給ひつつ」訳この（源氏の）困ったご執心に、（藤壺は）ややもすればお胸がつぶれるほど思い悩みなさりながら。

む-ねん【無念】 名詞 ❶仏教語。無我の境に入って、心に何も思わないこと。❷悔しいこと。残念なこと。「ぶねん」とも。

***むばたま-の** 枕詞 「ぬばたまの」の変化した語。「ぬばたまの」に同じ。「うばたまの」とも。〔古今 平安―歌集〕恋二「いとせめて恋しきときはむばたまの夜の衣を返してぞ着る」訳とても切実に恋しいときは、寝巻きを裏返しに着て寝ることだ。

***むばら【茨・荊】** 名詞 「いばら」に同じ。

***むべ【宜】** 副詞 「うべ」に同じ。〔古今 平安―歌集〕秋下「吹くからに秋の草木のしをるればむべ山風を嵐といふらむ」訳⇨ふくからに…。

***むべむべ・し【宜宜し】** 形容詞シク {(しく)・しから／しく・しかり／し／しき・しかる／しけれ／しかれ} 「うべうべし」に同じ。〔枕草子 平安―随筆〕故殿の御服のころ「花のきはやかに房なりて咲きたる、むべむべしき所の前栽にはいとよし」訳花がくっきりと房になって咲いているのは、格式ばった場所の植え込みには実によい。

むへん-せかい【無辺世界】 名詞 ❶仏教語。際限のない広い世界。❷見当外れの方向・所のたとえ。〔大鏡 平安―物語〕道長上「的のあたりにだに近く寄らず、むへんせかいを射給へる」訳的のあたりにさえ近づかず、見当外れの方向を射なさる。

む-ほん【謀反・謀叛】 名詞／―す 自動詞サ変 国家・政府に反対して、存立をおびやかすこと。また、主君に背いて兵を挙げること。

参考 「律」の規定では「謀反」と「謀叛」とは区別されていたが、平安時代末期以後は混同された。

むほん-しんわう【無品親王】 名詞 「品」の位を持たない親王。「むぼんしんわう」とも。

むま【馬】 名詞 動物の名。「うま」に同じ。

むま-ご【孫】 名詞 「うまご（孫）」に同じ。

むまさうな… 俳句 「むまさうな 雪がふうはり ふはりかな」〔七番日記 江戸―日記〕俳文・一茶 訳おいしそうなぼたん雪が、空からふわりふわりと舞い落ちてくる。

鑑賞 軽妙な口語調の句。句形は「ふうはりふうはりと」とするものもある。季語は「雪」で、季は冬。

むま-ぞひ【馬副ひ・馬添ひ】 名詞 「うまぞひ」に同じ。

むま-の-はなむけ【餞・馬の餞】 名詞 「うまのはなむけ」に同じ。

むま-や[1]【馬屋・廐】 名詞 「うまや（馬屋）」に同じ。

むま-や[2]【駅】 名詞 「うまや（駅）」に同じ。

むま・る【生まる】 自動詞ラ下二 「うまる」に同じ。

むまれしも… 和歌 「生まれしも 帰らぬものを わが宿に 小松のあるを 見るが悲しさ」〔土佐日記 平安―日記〕二・一六 訳この家に生まれた子供も、死んでしまって帰らないというのに、庭に自然に生えた小松を見ることの悲しさよ。

鑑賞 帰京した紀貫之を待っていたのは荒廃した自宅で、管理を頼んでいた隣家の無責任ぶりに落胆する。あてにならない人情に悲哀を感じながら荒れ果てた庭を見ると、留守の間に生えた小松があった。その姿に幼くして死んだ娘をしのび、伸びゆく命とはかない死とをくらべて、悲しみを新たにしている。

む-みやう【無明】 名詞 仏教語。十二因縁の一つで、真理に暗く、無知に迷うこと。煩悩の根本をなすものとされる。

無名草子 むみゃうざうし（ムミョウゾウシ） 書名 物語評論。藤原俊成女作か。鎌倉時代（一二〇〇ころ）成立。一冊。〔内容〕『源氏物語』『狭衣物語』などの、登場人物や構想について批評した、現存最古の物語評論。

無名抄 むみゃうせう（ムミョウショウ） 書名 歌論書。鴨長明作。鎌倉時代（一二一一以後）成立。一巻。〔内容〕和歌に関する八十項目に及ぶ評論集で、歌人の逸話や古歌の遺跡などが随筆ふうに書かれている。幽玄体の論説や歌壇の論評は高く評価されている。

むむ 感動詞 うふふ。うん。うむ。▼含み笑いをするときや、感心したり納得したりするときに発する語。源氏物語 平安｜物語 末摘花「ただ『むむ』とうち笑ひて」訳ただ「うふふ」と含み笑いをして。

むめ【梅】 名詞 木の名。「うめ」に同じ。

むもれ-いた・し【埋もれ甚し】 形容詞ク「うもれいたし」に同じ。

むもれ-ぎ【埋もれ木】 名詞「うもれぎ」に同じ。

む-もん【無文・無紋】 名詞 ❶冠・衣・帯・太刀などの地に模様のないこと。無地。また、そのもの。枕草子 平安｜随筆 関白殿、二月二十一日に「紅梅の濃き薄き織物、固紋・むもんなどを」訳紅梅の色の濃いまたは薄い織物、固紋（＝織物の、糸を浮かさずに固くしめて織った模様）、無地などを。❷和歌・連歌・俳諧で、技巧や趣向をこらさないこと。また、そのような表現の歌や句。対❶❷有文。

むもん-の-たち【無文の太刀】 連語 殿上人以上が凶事に用いる、装飾のない、柄と鞘が黒塗りの太刀。

む-やう【無恙】（ムヨウ） 名詞 無事であること。つつがないこと。「ぶやう」とも。

む-やく【無益】 名詞 ❶**無駄なこと。役に立たないこと。**❷**しゃくにさわること。**いまいましいこと。

むやく-・し【無益し】 形容詞シク {しく・しから／しく・しかり／し／しき・しかる／しけれ／しかれ} **いまいましい。くやしい。** 一代男 江戸｜物語 浮世・西鶴「大方な機嫌とりてむやくしき事も程すぎて」訳いいかげんなご機嫌をとって、くやしいことも時がたって。

む-やく・なり【無益なり】 形容動詞ナリ {なら／なり・に／なり／なる／なれ／なれ} **利益にならない。役に立たない。むだだ。** 平家物語 鎌倉｜物語 二・西光被斬「この事むやくなりと思ふ心つきにけり」訳このことは役に立たないと思う気持ちになった。

むゆ-か【六日】 名詞 六日。

む-よう【無用】 形容動詞語幹 ⇩むようなり。徒然 鎌倉｜随筆 一二〇「むようの物どものみ取り積みて」訳役に立たない物だけを積み込んで。

む-よう・なり【無用なり】 形容動詞ナリ {なら／なり・に／なり／なる／なれ／なれ} ❶**役に立たない。**❷**してはならない。してはいけない。** 船渡聟 室町｜狂言 狂言「ひらにむようにせい」訳ぜひともやめにせよ。

むら¹【群・叢・聚】 名詞 同じ種類の物が集まって、まとまること。また、そのもの。

-むら²【匹・疋】 接尾語 二反分を一巻きにした布を数える語。更級 平安｜日記 かどで「匹布を千むら、万むら織らせ」訳匹布（＝二反続きの布）を千まきも万まきも織らせて。

む-らい【無礼】 名詞 **無礼。不作法。**礼を失すること。源氏物語 平安｜物語 常夏「むらいの罪は許されなむや」訳無礼の罪は許されるだろうか。

むら-ぎえ【斑消え】 名詞（雪などが）まだらに消え残ること。新古今 鎌倉｜歌集 春上「野辺の緑の若草に跡まで見ゆる雪のむらぎえ」訳⇩うすくこき…。

***むらきも-の【群肝の】** 枕詞「心」にかかる。心は内臓に宿るとされたことからか。「むらぎもの」とも。万葉集 奈良｜歌集 七二〇「むらきもの心くだけてかくばかり我が恋ふらくを知らずかあるらむ」訳心もくだけてこれほどまで私が恋していることも、あなたは知らずにいることだろうか。

むら-ぎ・ゆ【斑消ゆ】 自動詞ヤ下二 {え／え／ゆ／ゆる／ゆれ／えよ}（雪などが）**まだらに消える。** 源氏物語 平安｜物語 浮舟「垣のもと、雪むらぎえつつ」訳垣根のあたりに、雪がまだらに消えて。

むら-くも【群雲・叢雲】 名詞 集まりまとまっている雲。**一群の雲。**

むら-ご【斑濃・村濃】 名詞 染め方の一つ。同色でところどころに濃淡をつけて染めること。用いる色によって紺斑濃・紫斑濃などという。

むらさき【紫】 名詞 ❶草の名。むらさき草。根から赤紫色の染料をとる。古くから「武蔵野」の名草として有名。季夏。古今 平安｜歌集 雑上「むらさきのひともとゆゑに武蔵野の草はみながらあはれとぞ見る」訳⇩むらさきのひともとゆゑに…。❷染め色の一つ。❶の根で染めた色。赤紫色。古代紫。古くから尊ばれた色で、律令制では三位以上の衣服の色とされた。

紫式部 人名（九七八ころ～一〇一四ころ）平安時代中期の女流文学者。藤原為時の娘。藤原宣孝と結婚して大弐三位を生んだが、じきに夫と死別した。このころから『源氏物語』を書きはじめる。この間、一条天皇の中宮彰子に仕え、『紫式部日記』を書き上げた。家集に『紫式部集』がある。参照▼口絵

古典の常識

『内省的な大女流作家』—紫式部

文学者の家系に生まれ、優れた文人である父藤原為時らから漢籍などの教養を授けられた。『紫式部日記』によると、父が兄（弟とする説もある）惟規に漢籍を教えるのをそばで聞いてすぐ理解し、父は「男子にて持たらぬこそ幸なかりけれ（この子が男でないのが残念だ）」と嘆いたという。

九九六年、父の越前の国赴任に同行。帰京後、藤原宣孝と結婚した。二年ほどで夫と死別し、『源氏物語』の執筆に入る。『源氏物語』は少しずつ公にされていったらしく、宮廷で評判になり、それが左大臣藤原道長にも届き、認められて、その娘一条天皇中宮彰子に仕えることになった。宮廷生活では中宮に『白氏文集』を講じたり、一条天皇に「まことに才あるべし」と才能を高く評価され、清少納言・和泉式部・赤染衛門らと文名を競ったりした。父に先立ち、四十～五十歳で没したらしいが、諸説があり、はっきりしない。

紫式部日記 書名 日記。紫式部作。平安時代中期（一〇一〇以後）成立。二巻。［内容］作者が中宮彰子に仕えた寛弘五年（一〇〇八）七月から同七年正月に至る約一年半の宮廷生活を記録したもので、和泉式部・清少納言らに対する人物評もある。

むらさき-すそご【紫裾濃】 名詞 染め方の一つ。上を白くして、下にいくにつれてだんだんと紫色を濃くしたもの。

むらさき-だ・つ【紫立つ】 自動詞タ四 {た／ち／つ／つ／て／て} **紫色がかる。** 枕草子 平安｜随筆 春はあけぼの「むらさきだちたる雲の細くたなびきたる」訳紫がかっている雲が

む

古典の常識

『紫式部日記』―才女の精神生活をうかがう

一条天皇の中宮彰子の、親王(＝後一条天皇)出産前後のようすを中心に、宮廷の風俗や儀式、自分の心境や人物評などを記す。

貴族社会を活写し、また式部の精神生活がうかがえる、随想的日記である。記録的な日記部分と、消息文(＝手紙文)から成る。

細く横に長く引いているの(はとても趣深い)。

1 **むらさき-の**【紫野】名詞 「むらさき❶」を栽培している園。万葉集 奈良―歌集 二〇「あかねさす**むらさきの**行き標野行き野守は見ずや君が袖振る」訳⇩あかねさす…。

2 **むらさきの…** 和歌「紫の 色こき時は めもはるに 野なる草木ぞ わかれざりける」古今 平安―歌集 雑上・在原業平・伊勢物語 平安―物語 四一 訳紫草の根の色が濃いときは、遥かに目に映る、芽を張った野原の草木も紫草と見分けがつかず、どれもなつかしく思われるよ。

鑑賞 妻の妹の結婚相手、つまり義理の弟に袍を贈るとき一緒に添えた歌。紫は縁の色といわれ、根の色が濃いと言うことで、自分たちの妻同士が姉妹であることを示している。春の野に芽を張る草は相手の夫を表し、妻につながる妹が懐かしいように、その相手にも好意を持っていると詠んだ歌。いとしい妻と縁続きの人は、自分にも大切だという。贈り物をするときに、恩着せがましくならないようにと、思いやったもの。「めもはる」は「眼に遥かに」と「芽が張る」の掛け詞。

◆学習ポイント 47

紫式部の清少納言批評

平安女流文学の代表として並び称された二人は、清少納言の方がやや年長と考えられるが、作品からみるかぎり、その性格は、才気煥発な清少納言に対して内省的な紫式部と、全く対照的である。

当時お互いをどのようにみていたかを知る資料は少ないが、『紫式部日記』に清少納言批評が書かれているので、その一端をうかがうことができる。

清少納言こそ、したり顔にいみじう侍りける人(＝得意顔をして偉そうにしていた人)。さばかりさかしだち(＝あのように利口ぶって)真名(＝漢字)書きちらして侍るほども、よく見れば、まだいとたらぬこと多かり(＝まだ全く不十分なことが多い)。

このあと、何事にも情趣(＝をかし)をふりかざす人で軽薄であり、このような人の将来がよいわけがないと、強い対抗意識からか、酷評している。

3 **むらさきの…** 和歌「紫草の 匂へる妹を 憎くあらば 人妻ゆゑに 我恋ひめやも」万葉集 奈良―歌集 一・大海人皇子 訳紫草のように美しいあなたをいやに思うならば、(あなたは)人妻なのだから、どうして私が恋い慕うことがあるだろうか、決してそんなことはないよ。

鑑賞 人妻に対する激しい恋慕の情を詠む。大海人皇子(のちの天武天皇)が、自分の前夫人で、今は兄天智天皇の夫人である額田王の「あかねさす紫野行き標野行き野守は見ずや君が袖振る」〈⇩あかねさす…〉の歌に答えて詠んだもの。この唱和は宴会の戯れ事であったとする説もある。

4 **むらさきの…** 和歌「紫の ひともとゆゑに 武蔵野の 草はみながら あはれとぞ見る」古今 平安―歌集 雑上・よみ人知らず 訳紫草がただ一本生えているために、武蔵野の草という草が、ことごとくいとしいものだと思う。

鑑賞 表面の意味は訳のとおりであるが、紫草を自分が愛する人に、他の草をその縁者にたとえて、愛する人ゆえにその縁につながる人がみな慕わしく思われる、と詠んだのである。

5 **紫野** 地名 今の京都市北区紫野。大徳寺周辺の地。朝廷の狩猟地となった野原。賀茂斎院の野宮や雲林院などがある。「むらさいの」とも。

紫の上 人名 『源氏物語』の作中人物。藤壺女御の兄の兵部卿の宮の娘。光源氏に北山で見いだされ、二条院にひきとられて理想の女性に養育される。葵の上の死後源氏の正妻となる。御法の巻で、四十三歳で死去。

むらさき-の-くもぢ【紫の雲路】連語 極楽浄土の空。極楽浄土へ続いている道。◆極楽浄土には紫色の雲がたなびいていると考えられていることから。

むらさき-の-ゆかり【紫の縁】連語 いとしい人や親しい人に縁のある物や人。源氏物語 平安―物語 末摘花「かの**むらさきのゆかり**尋ね取り給ひては」訳あの**藤壺の宮の縁をひく人**(＝紫の上)を捜し出して引き取りなさってからは。

参考 「むらさき❶」の用例の歌から生まれた語。

むら-さめ【村雨・叢雨】名詞 断続的に激しく降って過ぎる雨。にわか雨。驟雨。新古今 鎌倉―歌集 秋下「**むらさめ**の露もまだ干ぬ槙の葉に霧立ちのぼる秋の夕暮れ」訳⇩むらさめの…。

◆学習ポイント 48

美人の条件

平安時代の大和絵の画法に、男女ともに目は細い直線、鼻は小さいかぎ型(く)に描く引目鉤鼻があるが、美人の第一条件は、『更級日記』に「髪はいと長く」とあるように、肩から後ろへ垂らした髪の長いことである。

『源氏物語』では若い紫の上の美貌を、「髪は扇を広げたるやうにゆらゆらとして」とか「眉のわたり、うちけぶり、いはけなくかいやりたる額つき」と、髪・眉・額などの美しさでとらえている。反対に不美人の代表として末摘花を、胴長で背が高くやせている、顔は長く、額が広い、鼻は垂れ下がって先が赤い、顔色は青い、と描写している。

むらさめの… 和歌 百人一首「村雨の 露もまだ干ぬ 槙の葉に 霧立ちのぼる 秋の夕暮れ」新古今 鎌倉―歌集 秋下・寂蓮法師 訳にわか雨の露がまだ乾かないで残っている杉や檜の葉のあたりに霧が立ちのぼる、秋の夕暮れだなあ。

鑑賞『新古今和歌集』には、同じ作者の「秋の夕暮れ」をうたった有名な「三夕の歌」の一つも収録さ

れている。⇩三夕の歌

むらじ【連】 名詞 ❶「姓かばね」の一つ。「臣おみ」と並ぶ最高位の姓。神別しんべつ(=天神地祇てんじんちぎの子孫と称される氏族)の「伴造とものみやつこ」に与えられた。「連」姓の中の有力者は「大連おおむらじ」といい、「大臣おおおみ」とともに古代の国政に参与した。❷「八色やくさの姓かばね」の第七位。

むら-しぐれ【村時雨・叢時雨】 名詞 ひとしきり降って、通り過ぎて行く時雨。季冬。千載 鎌倉―歌集 羇旅「旅寝する庵いほを過ぎるむらしぐれなごりまでこそ袖そではぬれけり」訳旅寝をする庵を通り過ぎるようにして降ったむら時雨、その名残で袖までぬれてしまったことよ。

むら-たけ【叢竹・群竹】 名詞 群がって生えている竹。万葉集 奈良―歌集 四二九一「わが宿のいささむらたけ吹く風の音のかそけきこの夕べかも」訳⇩わがやどの…。

むら-だ・つ【群立つ】 自動詞タ四{た/ち/つ/つ/て/て} ❶群れをなして出発する。群がって飛び立つ。万葉集 奈良―歌集 一七八五「群鳥むらとりの(=枕詞まくらことば)むらだち行けば」訳群れをなして飛び立って行くと。❷群れをなして立つ。群がって立つ。太平記 室町―物語 九「ここかしこにむらだって」訳(兵士たちが)あちらこちらに群がり立って。

村田春海むらたはるみ 人名 (一七四六～一八一一)江戸時代後期の歌人・国学者。号は琴後翁ことじりのおきななど。江戸の人。賀茂真淵かものまぶちに学び、和歌は加藤千蔭ちかげと江戸派歌風の双璧そうへきといわれた。国学書『和学大概』、和歌和文集『琴後集』がある。

むらたま-の【群玉の】 枕詞 たくさんの玉がくるくる回ることから同音の「枢くる」にかかる。万葉集 奈良―歌集 四三九〇「むらたまのくるにくぎ刺し固めとし妹いもが心は動あよくなめかも」訳枢戸くるるどに釘をさし込むようにして固く誓った妻の心は動揺するものか。

むら-とり【群鳥】 名詞 むらがり集まっている鳥。

むらとり-の【群鳥の】 枕詞 群がった鳥が、朝いっせいに飛び立つところから「朝立つ」「群むら立つ」「出いで立つ」などにかかる。万葉集 奈良―歌集 四〇〇八「むらとりの朝立ち去いなば」訳(あなたが)早朝に出立して行ったなら。

むら-むら【斑斑・叢叢】 副詞 まばらに。まだらに。枕草子 平安―随筆 正月一日は「黒きに白き物いきつかぬ所は、雪のむらむら消え残りたる心地ここちして」訳黒い顔におしろいのいきわたらないところは、雪がまだらに消え残っているような感じがして。

むら-やま【群山】 名詞 群がっている山々。多くの山々。万葉集 奈良―歌集 二「大和にはむらやまあれど」訳⇩やまとには…。

む-りゃう【無量】 ムリョウ 名詞 はかりしれないほど多いこと。無数。

む-りゃう・なり【無量なり】 ムリョウナリ 形容動詞ナリ{なら/なり・に/なり/なる/なれ/なれ} はかり知れない。限りなく多い。徒然 鎌倉―随筆 二一七「人の世にある、自他につけて所願むりゃうなり」訳人がこの世に生きてゆくのに、自分のこと、他人のことにつけても欲望は限りなく多い。

む・る【群る】 自動詞ラ下二{れ/れ/る/るる/るれ/れよ} 群れる。群がる。蜻蛉 平安―日記 中「家の前の浜面づらに松原あり、鶴たづむれて遊ぶ」訳家の前の浜辺には松原があり、鶴が群がって遊んでいる。

むれ-た・つ【群れ立つ】 自動詞タ四{た/ち/つ/つ/て/て} 群がって立つ。古今 平安―歌集 雑体「花すすき君なき庭にむれたちて」訳穂の出たすすきが主人のいない庭に群がり立って。

むれ-らか・なり【群れらかなり】 形容動詞ナリ{なら/なり・に/なり/なる/なれ/なれ} 群れをなしているようだ。まとまっている状態だ。宇治拾遺 鎌倉―説話 九・四「物はむれらかに得たるこそよけれ」訳物は、まとまっている状態で手に入れるのがよいのだ。◆「らか」は接尾語。

むれ-・ゐる【群れ居る】 ムレイル 自動詞ワ上一{ゐ/ゐ/ゐる/ゐる/ゐれ/ゐよ} 群がり集まってすわる。伊勢物語 平安―物語 九「その川のほとりにむれゐて、思ひやれば」訳その川の岸辺に、群がり集まってすわって、(都のことをはるかに)思うと。

むろ[1]【室】 名詞 ❶自然の洞窟どうくつ。また、掘って造った岩屋。◇「窟」とも書く。❷奈良時代以前、周囲を壁などで塗り込めた家屋・部屋。寝室や産室などに用いた。❸保存・保温などのために特別に作った所。氷室ひむろ・麹室こうじむろなど。❹こもり住む所。特に、僧房。庵室あんしつ。源氏物語 平安―物語 若紫「老いかがまりてむろの外にもまかでず」訳年をとって腰が曲がって庵室の外にも参りません。

む-ろ[2]【無漏】 名詞 仏教語。煩悩ぼんのうの迷いがないこと。◆「漏」は煩悩の意。対有漏うろ。

むろ-の-き【室の木・杜松】 連語 木の名。「杜松ねず」の古名。海岸に多く生える。

むろ-の-やしま[1]【室の八島】 名詞 占いの一種。大晦日おおみそかの夜、払い清めたかまどの残り灰の状態で新年の吉凶を占う。

室の八島むろのやしま[2] 地名 歌枕 今の栃木市国府こう町にあった大神おおみわ神社。ここの池の水が蒸発して煙のように見えたことから、つねに煙の立つ所として歌枕に用いられる。

む-ゐ【無為】 ムイ 名詞 仏教語。因果関係から生じたものではない、絶対的なもの。現象を超越した常住不変の存在。真理。対有為うい。

むゐ-に-い・る【無為に入る】 ムイニイル 連語 仏門に入る。出家する。とはずがたり 鎌倉―日記「恩を捨ててむゐにいるは、真実しんじつの報恩なり」訳恩を捨てて出家するのは、ほんとうの報恩である。

む

め[1]**【女】** 名詞 ❶**女**。**女性**。万葉集 奈良－歌集 一七五三「男の神も許し賜ひめの神も幸ひ給ひて」訳男の神もお許しになり、女の神もお恵みになって。❷**妻**。竹取物語 平安－物語 かぐや姫の生ひ立ち「めの嫗にあづけて養はす」訳妻である老女にあずけて育てさせる。◇「妻」とも書く。❸(主に、動物の)**めす**。◇「牝」「雌」とも書く。対❶～❸男を。

め[2]**【目・眼】** 名詞

❶**目**。奥の細道 江戸－紀行 旅立「行く春や鳥啼き魚のめは涙― 芭蕉」訳⇩ゆくはるやとりなきうをの…。

❷**会うこと。見ること**。万葉集 奈良－歌集 二九一一「ひとめ多みめこそ忍ぶれ」訳人目が多いので、会うことは我慢しているけれど。

❸**視線。まなざし**。源氏物語 平安－物語 夕顔「人にめも見合はせ給はず」訳人と視線をお合わせにならないで。

❹(見る対象である)**顔。姿**。万葉集 奈良－歌集 七六六「路遠み来じとは知れるものからに然そ待つらむ君がめを欲り」訳道が遠いので(あなたは)来ないだろうと知ってはいるが、そのようにして(家の外へ出て)待っているだろう、あなたの顔が見たくて。

❺(出会う)**事態**。▼多くよくない経験の場合に用いる。伊勢物語 平安－物語 九「もの心細く、すずろなるめを見ることと思ふに」訳なんとなく心細く、思いがけない(ひどい)事態にであうことよと思っていると。

❻**すきま。合わせ目。継ぎ目。編み目**。枕草子 平安－随筆 雪は檜皮葺「いと多うも降らぬが、瓦のめごとに入りて」訳それほど多くも降らない(雪)が、瓦と瓦の合わせ目ごとに入って。

❼**点。穴。目**。万葉集 奈良－歌集 三八二七「一二のめのみにあらず五六三四さへあり双六の采」訳一、二の目ばかりでなく、五、六、三、四の目まであるよ。双六のさいころは。

め[3]**【海布・海藻】** 名詞 わかめ・あらめ・みるめなど、食用となる海藻の総称。

‐め[4]**【奴】** 接尾語 ❶人を卑しめののしる意を表す。「法師め」。❷自分や自分の身内などを卑下する意を表す。「私め」

‐め[5]**【目】** 接尾語 ❶…**番目**。▼ものの順序を示す。「二番め」❷もんめ。一貫(＝三・七五キログラム)の千分の一の単位。江戸時代以降の尺貫法の単位。

め[6] 推量の助動詞「む」の已然形。

***め‐あは・す【妻合はす】** 他動詞 サ下二{せ/せ/す/する/すれ/せよ}**妻として男に添わせる。嫁入りさせる**。賽の目 室町－狂言 狂言「こなたとめあはせまするによって」訳(私の娘を)あなたと添わせますので。

め‐あ・ふ【目合ふ】 連語 **眠る**。▼上下のまぶたが合う意から。源氏物語 平安－物語 帚木「見し夢を逢ふ夜ありやと嘆く間にめさへあはでぞ頃も経にける」訳見た夢が正夢になって再び会える夜があるかどうかと嘆いている間に、眠れずに日数がたったことだ。

めい[1]**【命】** 名詞 ❶**運命。天命**。十訓抄 鎌倉－説話 九「めいを知る者は天をうらみず」訳(自分の)運命を理解している者は天を恨まない。❷**生命。いのち**。平家物語 鎌倉－物語 七・返牒「万死の一生を顧みず(?)」

めい[2]**【銘】** 名詞 ❶金石や器物などに、功績をたたえ、また、来歴を述べる文を記したもの。また、その文。漢文の銘は四字一句を連ねて韻を踏む。❷器物に製作者の名を記したもの。また、その文字。❸製品につける名称。

めい‐か【名家】 名詞 ❶**名望のある家柄。名門**。❷「公卿」の家格の一つ。「摂家」・「清華」に次ぐ家柄で、文筆を主とし蔵人を兼ね、大納言まで昇進できる。

めい‐げつ[1]**【名月】** 名詞 陰暦八月十五日の夜の月。季秋。おらが春 江戸－句集 俳文「めいげつをとってくれろと泣く子かな― 一茶」訳⇩めいげつを…。

めい‐げつ[2]**【明月】** 名詞 ❶**明るく澄み渡った月**。❷「めいげつ(名月)」に同じ。初蟬 江戸－句集 俳諧「めいげつや座にうつくしき顔もなし― 芭蕉」訳明るい名月を賞して人が集まっているが、月があまりに美しいので、座の中にだれ一人美しく見える顔がないことだ。

明月記 書名 日記。藤原定家の作。鎌倉時代(一二四一か)成立。巻数不明。〔内容〕漢文体で書かれた藤原定家の日記で、当時の歌道のこと、貴族の生活、政治の状態などが詳細に記録されている。原本は百巻以上でその一部が現存する。

めいげつや…[1] 俳句「名月や 池をめぐりて 夜もすがら」孤松 江戸－句集 俳文・芭蕉 訳中秋の名月の今夜、月の映る池のほとりを歩きまわって、一晩じゅう月見をすることである。

鑑賞「よもすがら」に、美しい月に出会えた喜びと感興の深さがうかがえる。季語は「名月」で、季は秋。

めいげつや…[2] 俳句「名月や 北国日和 定めなき」奥の細道 江戸－紀行 敦賀・芭蕉 訳今夜は中秋の名月だ。それなのに雨が降ってしまい、まったく北国の天気は変わりやすくて定めないことだ。

鑑賞 陰暦八月十四日、敦賀の港に着いて宿をとった夜はよく晴れて月がきれいであった。中秋の名月を楽しみにしていた芭蕉は宿の亭主に、明日の夜も晴れるかと尋ねたところ、亭主は、北国の天気は変わりやすいので予想できないと答えた。そして十五日、その亭主の言葉通りとなったのである。季語は「名月」で、季は秋。

めいげつや…[3] 俳句「名月や 畳の上に 松の影」雑談 鎌倉－説話 俳文・其角 訳中秋の名月のさやかな光が部屋の中まで射し込んで、庭の松が畳の上にくっきりとその影を落としていることだ。

鑑賞「名月」は、陰暦八月十五夜の月。月の明るさを鮮明な影のようすで印象的にとらえた句。季語は「名月」で、季は秋。

めいげつを… 俳句「名月を とってくれろと 泣く子かな」おらが春 江戸－句集 俳文・一茶 訳秋の澄んだ夜空にくっきりと浮かんでいる十五夜の月を、子どもが、

「取ってくれ、取ってくれ」としきりにせがんで泣くことだ。

鑑賞 子どもの無邪気な願いがほほえましく表現された句。「名月」は、陰暦八月十五夜の月。季語は「名月」で、季は秋。

めい-げん【鳴弦】 名詞／―す 自動詞サ変 弓弦(ゆづる)をはじいて鳴らし、悪魔や妖気(ようき)を追い払うこと。初め宮中で、天皇の入浴や病気、皇子の誕生などのときに行われ、後には貴族・武家の間でも広く行われるようになった。

（鳴 弦）

名所記(めいしょき) 文芸 江戸時代初期の読み物の一つ。各地の神社・仏閣や景勝地などの旅行案内記。浅井了意(りょうい)の『東海道名所記』『江戸名所記』などの仮名草子が名高い。

めい-・ず【銘ず】 他動詞サ変 {ぜ/じ/ず/ずる/ずれ/ぜよ} (金属・石、また心などに)**深く刻みつける。** 平家物語 鎌倉-物語 二・大納言死去「諫(いさ)められ参らせし御ことばも肝にめいじて、片時も忘れ参らせ候はず」訳しかられ申し上げたお言葉も、心に深く刻みつけて、片時もお忘れ申し上げていません。

めい-ど【冥途・冥土】 名詞 仏教語。死者の霊魂が行くとされる世界。**あの世。**

冥途の飛脚(めいどのひきゃく) 書名 世話浄瑠璃(せわじょうるり)。近松門左衛門(もんざえもん)作。江戸時代中期(一七一一)初演。内容 大坂の飛脚問屋の養子忠兵衛と、遊女の梅川(うめがわ)を主人公とした、人情味あふれる恋愛悲劇で、近松の世話物の傑作である。

めい-ぼく【面目】 名詞「めんぼく(面目)」の撥音(はつおん)「ん」を「い」と表記した語。「めんぼく」に同じ。

伽羅先代萩(めいぼくせんだいはぎ) 書名 歌舞伎(かぶき)脚本。奈河亀輔(ながわかめすけ)ら作。江戸時代中期(一七七七)初演。内容 時代物五幕。江戸時代初めの仙台藩の「伊達騒動(だてそうどう)」を鎌倉時代に置き換えて、幼主鶴千代の乳母政岡(まさおか)の忠誠を主題としたもの。別に松貫四(まつかんし)ら作の時代物浄瑠璃(じょうるり)『伽羅先代萩』(一七八五初演)がある。

めい-めい[1]【銘銘】 名詞 **それぞれ。おのおの。各自。** 千切木 室町-狂言 狂言「めいめいに行くには及ばぬ」訳それぞれに行く必要はない。◆「めんめん(面面)」の変化した語。

めい-めい-[2]【銘銘】 接頭語 複数の人がひとりひとりする意を表す。「めいめい書き」「めいめい買ひ」

めい-よ【名誉】 一 名詞 ❶(技能などが)すぐれていること。また、その評判が高いこと。**名声。名誉。** 平家物語 鎌倉-物語 八・征夷将軍院宣「今武勇(ぶよう)のめいよ長ぜるによって」訳いま武勇の名声が高くなったので。❷**世にまれなこと。不思議なこと。奇怪。**
二 名詞／―す 自動詞サ変 **評判になること。有名になること。著名。** 宇治拾遺 鎌倉-説話 一五・一二「『後(のち)の千金』(＝あとでの千金)といふことめいよせり」訳「後の千金より今の救いのほうがありがたい」ということわざが有名になった。
三 形容動詞 語幹 ⇨めいよなり。平治物語 鎌倉-物語 中「隠れなき強盗、めいよの大剛の者にて候ふ」訳広く世に知られた強盗で、評判の強者でございます。
四 副詞 **不思議に。奇妙に。** 西鶴置土産 江戸-物語 浮世・西鶴「ここにてめいよ悪心かはりて」訳ここで不思議に悪心が変わって。◆ 一❷から変化した語。

めい-よ-・なり【名誉なり】 形容動詞ナリ {なら/なり・に/なり/なる/なれ/なれ} ❶(技能などが)**すぐれている。** 評判が高い。❷**評判だ。有名だ。** ❸**不思議だ。奇妙だ。**

めい-わう【明王】 名詞 **すぐれてかしこい君主。**

めい-わく【迷惑】 名詞／―す 自動詞サ変 **途方にくれること。とまどうこと。当惑。** 平家物語 鎌倉-物語 五・咸陽宮「皇居になれざるが故(ゆゑ)に心めいわくす」訳皇居に住み慣れていないために、気持ちがとまどっている。

めい-わく-・なり【迷惑なり】 形容動詞ナリ {なら/なり・に/なり/なる/なれ/なれ} **困惑したり、不快に感じたりしている。** 一代女 江戸-物語 浮世・西鶴「少しの事に遠く歩ませまして、近ごろめいわくなり」訳ちょっとの事で遠くまで歩かせまして、はなはだ不快なことだ。

めう【妙】 名詞 ❶**極めてすぐれていること。すばらしいこと。絶妙。** 平家物語 鎌倉-物語 三・大臣流罪「物のめうを究むる時には、自然(じねん)に感を催すものなれば」訳ものごとが極めてすぐれているところまで達すると、自然に感興をよびおこすものであるので。❷**不思議なこと。奇妙なこと。**

めう-おん【妙音】 名詞 **非常に美しい音声。** また、音楽。

めうおん-てん【妙音天】 名詞「弁才天(べんざいてん)」のこと。

めう-かく【妙覚】 名詞 仏教語。この上ない悟り。「めうがく」とも。

めう-けん【妙見】 名詞「妙見菩薩(めうけんぼさつ)」の略。

めうけん-ぼさつ【妙見菩薩】 名詞 仏教語。北斗七星を神格化した菩薩。国土を守り、人の福寿を増すとされる。妙見。北辰(ほくしん)菩薩。

め-うつし【目移し】 名詞 ある物を見なれた目でほかの物を見ること。

めう-でん【妙典】 名詞 **仏教の経典。** 多く、『法華経(ほけきゃう)』をいう。

めう-ほふ【妙法】 名詞 仏教語。❶不可思議で意味の深いすぐれた教え。仏の教え。❷「妙法蓮華経(れんげきゃう)」の略。

めうほふれんげ-きゃう【妙法蓮華経】 名詞 ❶「南無(なむ)妙法蓮華経」の略。❷「ほけきゃう」に同じ。

めう-もん【妙文】 名詞 **霊妙な経文。** 特に、『法華経(ほけきゃう)』をいう。

めおと【妻夫・夫婦】 ⇨めをと

めおとこ【女男・妻男】 ⇨めをとこ

めかかう 名詞 **あかんべえ。べっかんこ。**「めがかう」とも。

め

-めか・し [接尾語]シク〔名詞および形容詞・形容動詞の語幹に付いて形容詞を作る〕…らしい。…のようだ。…めいている。「今めかし」「上衆めかし(=貴人らしい)」「古めかし」

*__-めか・す__ [接尾語]サ四〔名詞などに付いて動詞を作る〕…のように見せる。…めくようにする。「人めかす」「物めかす」

め-かり【和布刈り・海布刈り】 [名詞] **若布を刈ること。** [季]夏。[和布刈 室町―能楽] 謡曲「竜神すなはち現れてめかりの処の水底をうがち」[訳]竜神はたちまち現れて、若布を刈っている所の水底に穴をあけ。

*__め-か・る【目離る】__ [自動詞]ラ下二{れ/れ/る/るる/るれ/れよ} ❶**目が離れる。目を離す。**❷**遠く離れて会わなくなる。疎遠になる。**[伊勢物語 平安―物語] 四六「世の中の人の心は、めかるれば忘れぬべきものにこそあめれ」[訳]世間の人の心というものは、会わないでいると、忘れてしまうのが当然のものであるようだ。◆「めがる」とも。

め-かれ【目離れ】 [名詞] **目が離れること。疎遠になること。** また、**会わないでいること。** [伊勢物語 平安―物語] 八五「思へども身をし分けねばめかれせぬ雪の積もるぞわが心なる」[訳](常におそばにいたいと)思っているけれども、体を二つに分けられないので、目を離すことができないほどはげしく雪が降り積もって(京に帰れないでいる)のが、私の気持ちなのです。

め-きき【目利き】 [名詞] 物のよしあしの区別がよくできること。刀剣や書画など骨董品の真偽・良否を見分けること。また、それらができる人。

め-ぎみ【女君】 [名詞]「をんなぎみ」に同じ。

め-き・る【目霧る】 [連語] **涙で目がくもる。涙で見えなくなる。** [源氏物語 平安―物語] 夕霧「おろしたてまつりたまふを思し出づるに、めもきりていみじ」[訳](母君がご気分の苦しい中にも)車から降ろしてくださったことを(落葉宮は)お思い出しになると、涙で目がくもって(悲しさは)ひとしおだ。

-め・く 接尾語・カ四
❶〔名詞・形容詞・形容動詞の語幹に付いて四段動詞を作る〕…らしくなる。…のように見える。「春めく」「古めく」「ほのめく」「今めく」。❷〔擬声語・擬態語に付いて四段動詞を作る〕…という音を立てる。…のような状態になる。「そよめく」「きらめく」「ひしめく」。

めぐ・し【愛し・愍し】 [形容詞]ク{(く)・から/く・かり/し/き・かる/けれ/かれ} ❶**いたわしい。かわいそうだ。** [万葉集 奈良―歌集] 二五六〇「めぐくや君が恋に死なする」[訳]かわいそうにもあなたが恋い死にさせるのですか。❷**切ないほどかわいい。いとおしい。** [万葉集 奈良―歌集] 八〇〇「父母を見れば尊し妻子見ればめぐし愛し」[訳]父と母を見ると尊い、妻と子を見ると切ないほどかわいくいとしい。◆奈良時代以前の語。

め-くち-はだか・る【目口開かる】 [連語] **目や口が開いたままふさがらないほど驚きあきれる。** [宇治拾遺 鎌倉―説話] 一二・七「これを聞くにあさましく、めくちはだかりて覚ゆ」[訳]これを聞くとびっくりし、目や口が開いたままふさがらないほど驚きあきれた思いがする。

め-くは・す【目くはす】 [自動詞]サ下二{せ/せ/す/する/すれ/せよ} **目くばせをする。** [源氏物語 平安―物語] 若菜上「『あな、かたはらいた』とめくはすれど、聞きも入れず」[訳]「ああ、みっともない」と、目くばせをするけれど、聞き入れもしない。

めぐみ【恵み】 [名詞] **恩恵。** [土佐日記 平安―日記] 一・三〇「神仏のめぐみかうぶれるに似たり」[訳]神仏の恩恵をいただいているようである。

め-ぐ・む[1]【芽ぐむ・萌む】 [自動詞]マ四{ま/み/む/む/め/め} (草木が)**芽を出す。** [徒然 鎌倉―随筆] 一五五「木の葉の落つるも、まづ落ちてめぐむにはあらず」[訳]木の葉が散るのも、まず葉が落ちて、それから芽を出すのではない。◆「ぐむ」は接尾語。

めぐ・む[2]【恵む・恤む】 [他動詞]マ四{ま/み/む/む/め/め} **情けをかける。いつくしむ。恩恵を施す。施しを与える。** [徒然 鎌倉―随筆] 一四二「いかがして人をめぐむべきとならば」[訳]どのようにして人に恩恵を施すのがふさわしいかというならば。

めぐらし-ぶみ【廻らし文】 [名詞] 文書の形式の一つ。あて名を列記して順次に回覧する書状。回状。

めぐら・す【廻らす・回らす・巡らす】 [他動詞]サ四{さ/し/す/す/せ/せ} ❶**周囲をぐるりと移動させる。囲むようにして置く。** [源氏物語 平安―物語] 夕霧「ゆゆしげに引き隔て、めぐらしたる」[訳](幕を)大げさに引いて隔て、(屏風で)周りを囲んである。❷**回転させる。回す。** [平家物語 鎌倉―物語] 一一・一門大路渡「車は輪をめぐらす事あたはず」[訳]車は車輪を回すことができない。❸(口頭または回状で)**順次に知らせる。触れ回す。** [源氏物語 平安―物語] 葵「にはかにめぐらし仰せ給ひて見給ふ」[訳]急に(外出を)触れ回されて見物にお出かけになる。❹**あれこれと思案する。思いめぐらす。** [平家物語 鎌倉―物語] 一・鹿谷「平家滅ぼさんずる謀をぞめぐらしける」[訳]平家を滅ぼそうとする計略を思いめぐらした。

めぐら・ふ【廻らふ・回らふ・巡らふ】 [自動詞]ハ四{は/ひ/ふ/ふ/へ/へ}
[なりたち] 動詞「めぐる」の未然形に反復継続の助動詞「ふ」の付いたかたちが一語化したもの。
人の中に交わる。生活する。生き続ける。 [源氏物語 平安―物語] 玉鬘「この近き世界にはめぐらひなむや」[訳]この近辺界隈で暮らしてゆくことができるであろうか。

めくら-ほふし【盲法師】 [名詞] 盲目の琵琶法師。

めぐり【廻り・回り・巡り】 [名詞] ❶**まわり。周囲。辺り。周辺。** [竹取物語 平安―物語] 蓬莱の玉の枝「山のめぐりをさしめぐらせて」[訳]山の周囲を(舟で)回らせて。❷周囲にめぐらす、垣・塀などの囲み。[更級 平安―日記] かどで「門出したる所は、めぐりなどもなくて」[訳]出発するために移った家は周囲の垣根などもなくて。❸周囲を歩き回ること。[栄花物語 平安―物語] 本の雫「また児どものめぐりするとも見えたり」[訳]また子供たちが、供養のために仏像の周囲を回ること(=行道)をしているようにも見えた。

めぐりあひて… [和歌] [百人一首]「めぐり逢ひて 見しやそれとも 分かぬ間に 雲隠れにし 夜半の月かな」紫式部 [訳]めぐり逢って、見たのはそれかどうかもはっきりわからないうちに雲に隠れてしまった夜中の月のように、(逢ったのかどうかもはっきりしないうちに)あわただしく帰ってしまわれたあなたよ。
[鑑賞] 久しぶりに会った幼友達があわただしく帰って

しまった、その名残惜しさを詠んだ歌。『新古今和歌集』雑上の第五句は「夜半の月影」。

めぐり-あ・ふ【廻り合ふ・巡り合ふ】 メグリアウ 自動詞ハ四{は/ひ/ふ/ふ/へ/へ} **めぐりめぐって再び出会う。やっと出会う。** 増鏡 室町―物語 新島守「めぐりあふべき限りだになく」訳(都に帰って親しい人たちに)めぐりめぐって再び出会うことができる機会さえなく。

め-く・る【目眩る・目昏る】 自動詞ラ下二{れ/れ/る/るる/るれ/れよ} **目がくらむ。目が見えなくなる。** 平家物語 鎌倉―物語 一一・能登殿最期「すでに御蓋を開かんとすれば、たちまちにめくれ、鼻血垂る」訳まさにお蓋を開こうとすると、たちまち目がくらみ、鼻血が垂れる。

***めぐ・る【廻る・回る・巡る】** 自動詞ラ四{ら/り/る/る/れ/れ} ❶**くるくる回る。回転する。** 徒然 鎌倉―随筆 五一「水車を造らせられけり。…大方めぐらざりければ」訳水車をお作らせになった。…まったく回らなかったので。❷**(周囲を)回る。** 孤松 江戸―句集 俳文「名月や池をめぐりて夜もすがら― 芭蕉」訳⇨めいげつやいけをめぐりて…。❸**回り歩く。あちこち歩く。** 源氏物語 平安―物語 初音「朱雀院のきさいの宮の御方など、めぐりけるほどに」訳朱雀院の大后の宮の御所などを回り歩いていた間に。❹**(周囲を)取り囲む。取り巻く。** 源氏物語 平安―物語 葵「宿直の人々は近うめぐりて候へど」訳宿直の女房どもは(寝ている源氏の)近くに取り囲んで控えているが。❺**(時間が)経過する。**(その季節が)**再びめぐって来る。** 蜻蛉 平安―日記 下「年月のめぐりくるまの輪になりて」訳年月がめぐりめぐって車の輪のようになって。❻**幾度もこの世に生まれかわる。転生する。** 源氏物語 平安―物語 葵「深き契りある仲は、めぐりても、絶えざなれば」訳(前世からの)深い因縁のある間柄は、幾度この世に生まれかわっても、(親子の縁は)切れるものではないということだから。❼(「世にめぐる」の形で)**この世に生きている。生きながらえる。** 源氏物語 平安―物語 手習「我かくて憂き世の中にめぐるとも」訳自分はこのようにしてつらい世の中に生きながらえているとしても。

め-くるめ・く【目眩く】 自動詞カ四{か/き/く/く/け/け} **目がくらむ。** 宇治拾遺 鎌倉―説話 六・五「めくるめき、悲しければ」訳(深い谷底で)目がくらみ、悲しいので。

めくわす【目くわす】 ⇨めくはす

め-こ 名詞 ㊀【妻子】❶**妻と子。** 万葉集 奈良―歌集 八〇〇「父母を見れば尊しめこ見ればめぐし愛し」訳父と母を見ると尊い、妻と子を見ると切ないほどかわいくいとしい。❷**妻。** 宇津保 平安―物語 嵯峨院「天の下には、わがめこにすべき人なし」訳この世の中には自分の妻にしてもよい人はいない。◇「こ」は接尾語。
㊁【女子】**女の子。娘。** 栄花物語 平安―物語 つぼみ花「さべき人のめこみな宮仕へに出でてはてぬ」訳それ相応の人の娘はみな宮仕えに出てしまった。

め-こと【目言】 名詞 実際に目で見、口で話すこと。顔を合わせて語り合うこと。

めさ・ぐ【召上ぐ】 他動詞ガ下二{げ/げ/ぐ/ぐる/ぐれ/げよ} **お呼びよせになる。召し出す。** 万葉集 奈良―歌集 八八二「春さらば奈良の都にめさげ給はね」訳春がやって来たならば、奈良の都に(私を)お呼びよせなさってくださいませ。◆「めしあぐ」の変化した語。

め-ざし【目刺し】 名詞 ❶目にかかるほどの長さで前髪を切りそろえた、子供の髪型。❷❶の髪型の年ごろの子ども。

(目刺し❶)

め-ざと・なり【目敏なり】 形容動詞ナリ{なら/なり・に/なり/なる/なれ/なれ} **目ざとい。** 枕草子 平安―随筆 うつくしきもの「いと小さき塵のありけるをめざとに見つけて」訳ほんの小さな塵があったのを目ざとく見つけて。

め-ざま・し【目覚まし】

形容詞シク{(しく)・しから/しく・しかり/し/しき・しかる/しけれ/しかれ} (古くは「めさまし」と第二音節が清音)

語義の扉

無理に目を覚まさせるほどだ、思いのほかだの意を原義として、悪く評価する場合にも良く評価する場合にも用いられる。平安時代の仮名文学作品では、多く、上位の者が下位の者の言動や状態を見て、身の程を越えて意外であると感じたときに、❶のようにけなしたり、❷のようにほめたりして用いられる。古くは、❶の意に用いられる場合が多い。

❶⊖(悪い場合)**気にくわない。目にあまる。**
❷⊕(良い場合)**思いのほかすばらしい。**

❶**気にくわない。目にあまる。** 蜻蛉 平安―日記 上「めざましと思ひしところは、いまは天下のわざをし騒ぐと聞けば、心やすし」訳目にあまると思っていたところ(＝女)は、いまは、あらゆる手段を尽くして(兼家の寵愛をとりもどそうと)騒いでいるということなので、心やすらかである。源氏物語 平安―物語 桐壺「はじめより我はと思ひ上がり給へる御方々、めざましきものにおとしめそねみ給ふ」訳宮仕えの最初から、私こそは(帝の寵愛をうける)と自負していらっしゃった御方々は、(桐壺更衣を)気にくわない者としてさげすみ、ねたみなさる。

❷**思いのほかすばらしい。意外にたいしたものだ。** 源氏物語 平安―物語 明石「『げにもすきたるかな』と、めざましう見給ふ」訳「なるほど風流なことよ」と思いのほかすばらしいとご覧になる。大鏡 平安―物語 師輔「いとをかしきことは、かくやむごとなくおはします殿の、貫之のぬしが家におはしましたりこそ、なほ和歌はめざましきことなりしかと、おぼへはべりしか」訳たいそう興味深いことは、このように何事にもすぐれていらっしゃる殿(師輔)が、貫之どのの家におでかけになったことで、和歌とは思いのほかすばらしいものだと感じたことでしたよ。◇「めざましう」はウ音便。

めざまし-ぐさ【目覚まし草】 名詞 ❶目を覚まさせるための品。「めざましぐさ」とも。◇「くさ」は種の意。❷たばこの別名。

め-さ・む【目覚む】 自動詞マ下二{め/め/む/むる/むれ/めよ} **目がさめるような新鮮な思いがする。** 徒然 鎌倉―随筆 一五「しばし旅だちたるこそめさむる心地すれ」訳しばらく旅に出ていると、(その間)目がさめるような新鮮な気持ちがするものだ。

***めさ・る**【召さる】

なりたち 動詞「め(召)す」の未然形に尊敬の助動詞「る」の付いたかたちが一語化したもの。

一 他動詞 ラ下二 {れ/れ/る/るる/るれ/れよ}「す」の尊敬語。なさる。萩大名 室町-狂言 狂言「普段掃除をめさるると見えて、きれいなよな」訳ふだんから掃除をなさると見えてきれいですね。

二 補助動詞 ラ下二 {れ/れ/る/るる/るれ/れよ}〔動詞の連用形に付いて尊敬の意を添える〕…なさる。阿波鳴渡 江戸-浄瑠 浄瑠・近松「殿の御用に立ちめされう」訳殿様のご用にお立ち会いなさるように。

参考 室町時代以後に用いられた。

めし【召し】名詞 (貴人の)お呼び出し。

めし・あ・ぐ【召し上ぐ】他動詞 ガ下二 {げ/げ/ぐ/ぐる/ぐれ/げよ} ❶お呼び出しになる。召し出す。古今 平安-歌集 秋下・左注「この歌は、まだ殿上ゆるされざりける時に、めしあげられて、仕(つかま)つれるとなむ」訳この歌は作者がまだ昇殿を許されていなかった時に、宮中に召し出されて詠んだ歌という。❷取り上げる。没収する。太平記 室町-物語 一「ことごとく所領をめしあげられ」訳すべて領地を没収され。❸お買い上げになる。昆布売 室町-狂言 狂言「ただめしあげらるる方へ参るよ」訳(商売人ですから)ただお買い上げになられる人のところへ参りますよ。

めし・あつ・む【召し集む】他動詞 マ下二 {め/め/む/むる/むれ/めよ} お呼び集めになる。物などお取り寄せになる。源氏物語 平安-物語 賢木「いたづらに暇(いとま)ありげなる博士ども、めしあつめて、文作り」訳世に用いられず暇そうな博士たちをお呼び集めになって、漢詩文を作り。

めし・あは・す【召し合はす】(メシアワス) 他動詞 サ下二 {せ/せ/す/する/すれ/せよ} お呼び出しになって立ち会わせる。徒然 鎌倉-随筆 一三五「御前にてめしあはせられたりけるに」訳帝(みかど)の御前でお呼び出しになって立ち会わせなさったところ。

めしい【盲】⇩めしひ

めし・いだ・す【召し出だす】他動詞 サ四 {さ/し/す/す/せ/せ} ❶「めしいづ❶」に同じ。徒然 鎌倉-随筆 一七五「年老いたる法師めしいだされて」訳年老いた法師が召し寄せられて。❷「めしいづ❷」に同じ。太平記 室町-物語 二八「一斗を盛る卮(さかづき)をめしいだして」訳一斗入る杯をお取り寄せになって。

めし・い・づ【召し出づ】(メシイズ) 他動詞 ダ下二 {で/で/づ/づる/づれ/でよ} ❶お呼び寄せになる。枕草子 平安-随筆 清涼殿の丑寅のすみの「その方(かた)におぼめかしからぬ人、二、三人ばかりめしいでて」訳歌の方面に暗くない女房を二、三人ほどお呼び寄せになって。❷お取り寄せになる。源氏物語 平安-物語 松風「御直衣(なほし)めしいでて、奉る」訳御直衣をお取り寄せになって、お召しになる。◆「めしいだす」とも。

めし・い・る【召し入る】他動詞 ラ下二 {れ/れ/る/るる/るれ/れよ} お呼び入れになる。枕草子 平安-随筆 淑景舎、東宮に「山の井の大納言めしいれて、御袿(みうちき)参らせ給(たま)ひて」訳山の井の大納言をお呼び入れになって、御装束のお召しかえをさせなさって。

めし・うと【召人】(メシュウト) 名詞「めしひと」のウ音便。❶舞楽などをするために召し出された人。❷平安時代、貴族の身近く仕え、主人の寝所にも奉仕した女房。そばめ。侍妾(じしょう)。❸捕らわれ人。囚人(しゅうじん)。◇多く「囚人」と書く。◆「めしうど」とも。

めし・お・く【召し置く】他動詞 カ四 {か/き/く/く/け/け} ❶お呼び寄せになって近くに居させる。臣下として召しかかえなさる。徒然 鎌倉-随筆 二二六「一芸あるものをば下部(しもべ)までもめしおきて」訳一芸を持っている者を、身分の低い者まで召しかかえなさって。❷捕らえて留めおきなさる。お召し取りになる。神皇正統記 南北-史書 後醍醐「権大納言公宗卿(きんむねのきゃう)めしおかれしも」訳権大納言公宗卿がお召し取りになられたが。

めし・かへ・す【召し返す】(メシカエス) 他動詞 サ四 {さ/し/す/す/せ/せ} ❶お呼び戻しになる。平家物語 鎌倉-物語 三・僧都死去「などや三人ながされたる人の、二人はめしかへされてさぶらふに、今まで御のぼりさぶらはぬぞ」訳どうして三人流された人の中で二人はお呼び戻しになりましたのに、今まで上京なさらないのですか。❷お取り戻しになる。平家物語 鎌倉-物語 二・座主流「如意輪の御本尊をめしかへいて」訳(天台座主(すざ)は)御本尊である如意輪観音をお取り戻しになって。◇「めしかへい」はイ音便。

めし・ぐ・す【召し具す】他動詞 サ変 {せ/し/す/する/すれ/せよ} 呼び寄せてお連れになる。連れていらっしゃる。新古今 鎌倉-歌集 離別・詞書「素性(そせい)法師めしぐせられて参りけるを」訳素性法師を呼び寄せてお連れになられて参上したのを。

めし・こ・む【召し籠む】他動詞 マ下二 {め/め/む/むる/むれ/めよ} 呼び寄せて押し込めなさる。監禁なさる。宇津保 平安-物語 楼上・上「いかで、かかる御使ひをめしこめて、かう懲(ちゃう)ぜさせ給(たま)ふ」訳どうしてこのようなお使いの者を監禁なさって、このようにおこらしめなさるのですか。

めし・つか・ふ【召し使ふ】(メシツカウ―メシツコウ) 他動詞 ハ四 {は/ひ/ふ/ふ/へ/へ} 呼び寄せて雑用などをさせなさる。徒然 鎌倉-随筆 九〇「大納言法印のめしつかひし乙鶴丸(おとづるまる)」訳大納言法印が呼び寄せて雑用などをさせなさった乙鶴丸。

めし・つぎ【召し次ぎ・召し継ぎ】名詞 ❶取り次ぎすること。また、その人。❷院の庁(＝上皇・法皇・女院(にょういん)に関係する事務を取り扱う役所)・東宮などに仕えて時刻を告げたり、雑事をつとめたりする下級の役人。

めしつぎ・どころ【召し次ぎ所】名詞 院の庁の「召し次ぎ❷」の詰め所。また、そこに仕える人。

めし・つど・ふ【召し集ふ】(メシツドウ) 他動詞 ハ下二 {へ/へ/ふ/ふる/ふれ/へよ} お呼び集めになる。増鏡 室町-物語 新島守「武士(もののふ)どもめしつどへ、宇治・勢多(せた)の橋もひかせて」訳武士たちをお呼び集めになり、宇治や勢多の橋もとり除かせて。

めし・と・る【召し取る】他動詞 ラ四 {ら/り/る/る/れ/れ} ❶お呼び寄せになる。竹取物語 平安-物語 蓬萊の玉の枝「鍛冶匠(かぢたくみ)六人をめしとりて」訳鍛冶匠六人をお呼び寄せになって。❷(官命によって)捕らえる。徒然 鎌倉-随筆 一五三「為兼(ためかね)の大納言入道めしとられて、武士どもうち囲みて」訳為兼大納言入道が捕らえられて、武士たちがとり囲んで。◇「召し捕る」とも書く。

めし・はな・つ【召し放つ】他動詞 タ四 {た/ち/つ/つ/て/て} 大勢の中から、その人だけをお呼び寄せになる。源氏物語平安―物語 紅梅「この君、めしはなちて語らひ給へば」訳 この若君を一人だけお呼び寄せになって、お話しになるので。

めしひ【盲】名詞 **目が見えないこと。**盲目。また、その人。

めし-まつは・す【召し纏はす】他動詞 サ四〔さ／し／す／せ／せ〕(愛する人を)**そば近くに呼び寄せていっしょに居させなさる。**「めしまとはす」とも。源氏物語 平安―物語 桐壺「源氏の君は、上の常にめしまつはせば」訳 源氏の君は、父帝がいつもそば近くに呼び寄せていっしょに居させなさるので。

めし-よ・す【召し寄す】他動詞 サ下二〔せ／せ／す／する／すれ／せよ〕❶**そば近くにお呼び寄せになる。**源氏物語 平安―物語 夕顔「かの右近をめしよせて」訳 例の右近をそば近くお呼び寄せになって。❷**お取り寄せになる。**源氏物語 平安―物語 宿木「よしある御くだものめしよせ」訳 結構な御くだものを、お取り寄せになり。

め-しろ【目代】名詞「もくだい」に同じ。

め・す[1]【召す】

語義の扉

「見る」の尊敬語の「め(見)す」を語源とし、「近くに呼び寄せてご覧になる」ということから「人を呼び寄せる」「近くに取り寄せる」、さらに、「食べる」とか、「着る・乗る」などの尊敬語として用いられる語。

一 他動詞
❶「呼ぶ」「招く」の尊敬語 **お呼びになる。お召しになる。**
❷「取り寄す」の尊敬語 **お取り寄せになる。**
❸「食ふ」「飲む」の尊敬語 **召し上がる。お飲みになる。**
❹「着る」の尊敬語 **お着けになる。お召しになる。**

二 自動詞「乗る」の尊敬語 **お乗りになる。**

三 補助動詞 尊敬の気持ちを高める。

一 他動詞 サ四〔さ／し／す／す／せ／せ〕❶「呼ぶ」「招く」の尊敬語 **お呼びになる。お召しになる。**竹取物語 平安―物語 かぐや姫の昇天「大臣・上達部をめして」訳 (帝は)大臣・公卿をお召しになって。
❷「取り寄す」の尊敬語 **お取り寄せになる。持って来させなさる。**源氏物語 平安―物語 常夏「人召し、『篝火の台一つ、こなたに』とめす」訳 人をお呼びになって「篝火の台を一つ、こちらに」とお取り寄せになる。
❸「食ふ」「飲む」の尊敬語 **召し上がる。お食べになる。お飲みになる。**徒然 鎌倉―随筆 二三六「いざ給へ、出雲拝みに。かいもちひめさせん」訳 さあ、いらっしゃい、出雲神社の参拝に。ぼたもちを召し上がらせよう(=ごちそうしよう)。
❹「着る」の尊敬語 **お着けになる。お召しになる。**源氏物語 平安―物語 末摘花「御直衣めして」訳 ふだんのお着物をお着けになって。

二 自動詞 サ四〔さ／し／す／す／せ／せ〕「乗る」の尊敬語 **お乗りになる。**平家物語 鎌倉―物語 七・福原落「人びと皆、御舟にめす」訳 (平家の)人々はみんな、お舟にお乗りになる。

三 補助動詞 サ四〔さ／し／す／す／せ／せ〕〔尊敬の意の動詞の連用形に付いて、さらに尊敬の気持ちを高める〕⇩思し召す。聞こし召す。知ろし召す。

め・す[2]【見す・看す】他動詞 サ四〔さ／し／す／す／せ／せ〕動詞「み(見)る」の未然形に尊敬の助動詞「す」(四段活用)が付いた「みす」の変化した語。
❶「見る」の尊敬語 **ご覧になる。**万葉集 奈良―歌集 四七九「愛しきかも皇子の命のあり通ひめしし活道の路は荒れにけり」訳 まことに惜しいことだなあ。皇子様がいつもお出掛けになってご覧になった活道山の道は(今はもう)すっかり荒れはててしまったよ。
❷「治む」の尊敬語 **お治めになる。ご統治なさる。**万葉集 奈良―歌集 一〇〇五「やすみしし(=枕詞)わご大君のめし給ふ吉野の宮は」訳 わが天皇様がお治めになっていらっしゃる吉野の離宮は。
参考 奈良時代以前にだけ使用された。

めず〖愛ず〗⇩めづ

めずらし〖珍し〗⇩めづらし

め-ぞめ【目染め】名詞 絞り染め。

め-だう【馬道】名詞 ❶二つの殿舎の間に厚板を渡し、廊下のようにしたもの。馬などが通れるように、必要に応じて取り外せるようになっている。切り馬道。❷内裏の殿舎の中を貫いている、板敷きの長廊下。源氏物語 平安―物語 桐壺「えさらぬめだうの戸をさしこめ」訳 (通ることを)避けられない長廊下の(両端の)戸を閉めて閉じ込めて。◆「めんだう」とも。

め-た・つ【目立つ】自動詞 タ下二〔て／て／つ／つる／つれ／てよ〕**注目する。注意して見る。**徒然 鎌倉―随筆 九「女は髪のめでたからんこそ、人のめたつべかめれ」訳 女性は髪の美しいような人こそ人が注目するに違いないようだ。◆後に「めだつ」。

め-ぢ【目路】名詞 目で見通せるところ。視界。

め-ぢか・し【目近し】形容詞 ク〔(く)・から／く・かり／し／き・かる／けれ／かれ〕**見慣れている。**枕草子 平安―随筆 正月一日は「例はさしもさるものめぢかからぬ所に、もてさわぎたるこそをかしけれ」訳 いつもはそれほどそんなもの(=若菜)は、見慣れていない宮中で、もてはやしているのはおもしろい。

めつ【滅】名詞 なくなること。滅びること。消滅。

め・づ【愛づ】他動詞 ダ下二〔で／で／づ／づる／づれ／でよ〕

語義の扉

美しさ、良さ、かわいらしさなどに心を打たれ、賞賛し、また愛し好む意を表す。

❶**心がひかれる。心を打たれる。感じ入る。**
❷**感動して、ほめる。**
❸**感じ入って、好む。愛する。**

❶**心がひかれる。心を打たれる。感じ入る。**万葉集 奈良―歌集 三七〇四「もみち葉の散らふ山辺ゆ漕ぐ舟のにほひにめでて出でて来にけり」訳 紅葉が散りつづける山のあたりを通って、漕ぎ進む舟の照り映える美しい色に心がひかれて、(私は)出て来てしまった。
❷**感動して、ほめる。**源氏物語 平安―物語 桐壺「光る君

といふ名は、高麗人のめできこえて、付け奉りける」訳「光る君」という名前は、高麗の国の人がおほめ申して、お付けしたのである。⇩類語と使い分け⑰
❸感じ入って、好む。愛する。竹取物語 平安—物語 貴公子たちの求婚「いかでこのかぐや姫を得てしがな、見てしがなと、おとに聞きめでてまどふ」訳なんとかしてこのかぐや姫を手に入れたいものだなあ、結婚したいものだなあと、うわさに聞いて、感じ入って好きになり、思い乱れる。源氏物語 平安—物語 橋姫「物の音めづる阿闍梨にて」訳音楽を好む阿闍梨であって。

めっ-きゃく【滅却】 一 名詞/—す 自動詞 サ変 **滅びてなくなること。死ぬこと。** 附子 室町—狂言 狂言「これは附子というて、あの方の吹く風に当たってさへ、そのままめっきゃくするほどの大毒な物ぢゃ」訳これは附子といって、その方から吹いてくる風に当たっただけでも、そのまま死ぬくらいの猛毒な物である。
二 名詞/—す 他動詞 サ変 **滅ぼしてなくすこと。**

め-つけ【目付】 名詞 ❶室町時代以降の武家の職名。室町・戦国時代では、家臣の動静を監視したり、敵国の内情を探る役。江戸幕府では、若年寄の配下にあって旗本・御家人を監視する役。❷監視役。見張り。密偵。

めつ-ご【滅後】 名詞 入滅後。死後。特に、釈迦の入滅後。

めづ-こ【愛づ児】 名詞 かわいい子。いとしい子。

文脈の研究 めづ

「めづ❶」の『万葉集』の例は、格助詞「に」に伴って自動詞のように用いられたもので、『古今集』「秋上・二二六」にも

名にめでて 折れるばかりぞ をみなへし
(その名に心ひかれて折りとっただけですよ 女郎花よ)
我落ちにきと 人にかたるな
(私がおまえに近づいて堕落したなどと 人に語らないでくれよ)

のような類例が見られる。
また、のち江戸時代、近松門左衛門の『国性爺合戦』「第二」にも

小むつと云へる 名にめでて、世をむつまじく
(小むつという 名前にひかれて その名の通り夫婦仲よく)
暮らしけり。
(暮らしていた)

とある。

めつ-ど【滅度】 名詞 仏教語。❶悟りを得て生死の迷いを超越すること。悟りの境地。❷高僧が死ぬこと。特に、釈迦が涅槃に入ること。◆「めちど」とも。

めづら-か・なり【珍かなり】 形容動詞 ナリ {なら/なり・に/なり/なる/なれ/なれ} めったにない。風変わりである。珍しいさま。源氏物語 平安—物語 桐壺「急ぎ参らせて御覧ずるに、めづらかなるちごの御かたちなり」訳(帝は、若宮を)急いで参内させてご覧になると、めったにない(すばらしい)若宮のご容貌である。
参考「めづらし」は良い意味に限って使われるが、「めづらかなり」は良い意味にも悪い意味にも使う。

めづら・し【珍し】 形容詞 シク {(しく)・しから/しく・しかり/し/しき・しかる/しけれ/しかれ}

語義の扉
動詞「めづ」(愛する・ほめる)を基に生まれた形容詞。「愛すべきだ・賞賛すべきだ」がもとの意味。
参照▼めづ。
❶すばらしい。愛すべきだ。
❷めったにない。今までに例がない。
❸新鮮だ。目新しい。

❶**すばらしい。みごとだ。愛すべきだ。賞美すべきだ。** 万葉集 奈良—歌集 三七七「青山の嶺の白雲朝に日に常に見れどもめづらしわが君」訳青山の嶺の白雲のように朝に昼にいつも見ているけれど愛すべきあなたよ。
❷**めったにない。今までに例がない。** 徒然 鎌倉—随筆 二三六「あなめでたや。この獅子の立ちやう、いとめづらし。」訳ああすばらしい。この獅子の立ち方はまったく今までに例がない。
❸**新鮮だ。清新だ。目新しい。** 源氏物語 平安—物語 若紫「かかる有り様もならひ給はず、所せき御身にて、めづらしうおぼされけり」訳このような(山歩きの)ようすもお見なれなさらないで、窮屈なご身分なので、新鮮にお思いになった。◇「めづらしう」はウ音便。

めづらし-が・る【珍しがる】 自動詞 ラ四 {ら/り/る/る/れ/れ} **めずらしく思う。すばらしいと思う。** 更級 平安—日記 物語「いとうつくしう生ひなりにけりなど、あはれがり、めづらしがりて」訳たいそうかわいらしく成長したことだねえ、などとしみじみと懐かしがりめずらしく思って。

めづらし-げ【珍しげ】 名詞 ❶賞美するに値すること。❷めったにないこと。◆「げ」は接尾語。

め-て＊**【馬手・右手】** 名詞 ❶右手。保元 鎌倉—物語 上「弓手の腕、めてより四寸長かりければ」訳(為朝は)左手の腕が右手より四寸長かったので。❷右の方。右側。◆馬の手綱を取るほうの手の意。対❶❷弓手。

め・で【愛で】 動詞「めづ」の未然形・連用形。

めで-くつがへ・る【愛で覆る】 他動詞 ラ四 {ら/り/る/る/れ/れ} **大いに感嘆する。ほめちぎる。** 源氏物語 平安—物語 竹河「名残さへとまりたる香ばしさを、人々はめでくつがへる」訳(薫が)お帰りになった後までも残りただよっているよい香りを、女房たちは大いにほめちぎる。

めでた-げ・なり 形容動詞 ナリ {なら/なり・に/なり/なる/なれ/なれ} **すばらしいようすである。りっぱである。** 源氏物語 平安—物語 明石「枯れたりし木の春にあへる心地して、いとめでたげなり」訳枯れていた木が春にめぐりあった気持ちがして、非常にすばらしいようすである。

めでたさも… 俳句「目出度さも ちう位なり おらが春」おらが春 江戸—句集 俳文・一茶 訳(他人任せに世を送る老い先短い身には)正月を迎える、めでたさ

といってもいい加減なものだが、それもまた自分にふさわしいものではないか。
鑑賞『おらが春』の巻頭にあり、その書名もこの句に由来する。「ちう位」は、一茶の故郷の柏原地方の方言でいい加減の意。「ちう」を「中」と解釈し、中程度とする説もある。季語は「おらが春」で、季は春。

めで-た・し 形容詞ク {(く)・から／く・かり／し／き・かる／けれ／かれ}

語義の扉
現代語の形容詞「めでたい」のみなもととなった語。しかし、「喜ばしい」「祝うべきだ」の意は平安時代の末ごろになって生じている。もともとは「きわめて美しい」「とても見事だ」の意に用いられ、動詞「めづ」の連用形が名詞的性格を得た「めで」に、程度のはなはだしさを表す形容詞「いたし」の付いた形が語源と考えられる。⇩めづ
❶すばらしい。見事だ。りっぱだ。
❷喜ばしい。祝うべきだ。

❶**すばらしい。見事だ。りっぱだ。** 枕草子 平安一随筆 木の花は「藤の花は、しなひ長く、色濃く咲きたる、いとめでたし」訳藤の花は、花房のしだれが長く、色が濃く咲いているのが、とてもすばらしい。
❷**喜ばしい。祝うべきだ。** 平家物語 鎌倉一物語 二・烽火之沙汰「果報こそめでたうて、大臣の大将にいたらめ」訳(前世の)果報が喜ばしいので、大臣で近衛の大将になるのであろう。◇「めでたう」はウ音便。

めで-まど・ふ【愛で惑ふ】メデマドウ 自動詞ハ四 {は／ひ／ふ／ふ／へ／へ} **大騒ぎしてほめそやす。ひどく感心する。** 伊勢物語 平安一物語 一〇七「案を書きて書かせてやりけり。めでまどひにけり」訳下書きを書いて、清書させてつかわした。(相手は)ひどく感心してしまった。

めで-ゆす・る【愛で揺する】他動詞ラ四 {ら／り／る／る／れ／れ} **大騒ぎしてほめる。** 源氏物語 平安一物語 少女「そのころ世にめでゆすりける」訳当時世間で大騒ぎしてほめたのであった。

めどう〔馬道〕⇩めだう

め-どき【目時】名詞 視力のすぐれている若い年ごろ。

め-とど・む【目止む】他動詞マ下二 {め／め／む／むる／むれ／めよ} **注意して見る。注目する。** 源氏物語 平安一物語 空蟬「『母屋の中柱にそばめる人や、わが心かくる』と、まづめとどめ給へば」訳「母屋の中柱の所で横を向いている人が、自分の気にかけている(人か)」と、まっさきに注意してご覧になると。

め-とま・る【目止まる】自動詞ラ四 {ら／り／る／る／れ／れ} **目につく。** 徒然 鎌倉一随筆 四四「榻に立てたる車の見ゆるも、都よりはめとまる心地して」訳榻に轅を立てている牛車が見えるのも、都よりは目につく感じがして。

め-と・む【目止む】連語 **目をとめる。注目する。** 源氏物語 平安一物語 夢浮橋「このせうとの童を、僧都、めとめてほめ給ふ」訳この兄弟の童に目をとめておほめになる。

め-と・る【娶る】他動詞ラ四 {ら／り／る／る／れ／れ} **妻として迎える。** 雨月物語 江戸一物語 吉備津の釜「良き人の女子の顔よきをめとりて」訳良家の娘で顔の美しい女を妻として迎えて。

め-なら・ぶ【目並ぶ】
一 他動詞バ下二 {べ／べ／ぶ／ぶる／ぶれ／べよ} **並べて見比べる。** 一説に、多くの人の目を経る。万葉集 奈良一歌集 一二六四「西の市にただ独り出でてめならべず買ひてし絹の商じこりかも」訳西の市にたった一人で出かけ、並べて見比べずに買った絹の買い損ないだなあ。
二 自動詞バ四 {ば／び／ぶ／ぶ／べ／べ} **見比べる。** 古今 平安一歌集 恋五「花がたみ(=枕詞)めならぶ人のあまたあれば忘られぬらむ数ならぬ身は」訳あなたには見比べる人が何人もいるので、きっと忘れられてしまうだろう、ものの数でない私は。

め-な・る【目馴る】自動詞ラ下二 {れ／れ／る／るる／るれ／れよ} ❶**見なれる。** 源氏物語 平安一物語 総角「めなれずもある住まひのさまかな」訳見なれない住まいのようすだなあ。❷(物事に)**なれる。** 源氏物語 平安一物語 蓬生「いふかひなきさびしさにめなれて過ぐし給ふを」訳言いようもないさびしさになれてお過ごしになるのを。

め-に-か・く【目に懸く】連語 ❶**目当てとしてその方を見る。目にとめる。** 平家物語 鎌倉一物語 四・橋合戦「めにかけたるかたきを討たずして」訳目にとめている敵を討たないで。❷**人に見せる。** ❸**はかりにかける。量をはかる。**

め-に-た・つ【目に立つ】連語 ❶〔「立つ」が四段動詞の場合〕**目立つ。** 新古今 鎌倉一歌集 哀傷・詞書「めにたつさまなる塚の侍りけるを」訳目立つようすの墓がありましたので。❷〔「立つ」が下二段動詞の場合〕**注目する。** 山家集 平安一歌集 中「くもりなう鏡の上にゐる塵をめにたてて見る世と思はばや」訳くもりない鏡のように悟りを開いた心の上にあるわずかな煩悩の塵をも注目して見る世の中だと思おう。

めにちかく… 和歌「目に近く 移れば変はる 世の中を 行く末遠く 頼みけるかな」源氏物語 平安一物語 若菜上 訳まのあたりに移り変わる男女の仲ですのに、いつまでも末永くと頼みにしていたことですよ。
鑑賞 長年連れ添った源氏に、紫の上が男女の仲のはかなさを嘆いた歌。「女三の宮」の降嫁によって、事実上正妻の地位にいた紫の上の立場は難しいものになった。何より源氏の背信行為を嘆く思いは強く、紫の上は出家を思うようになる。

め-に-ちか・し【目に近し】連語 (いつも)**目の前にある。見慣れている。** 源氏物語 平安一物語 帚木「めにちかき人の家居ありさま」訳見慣れている人の家のようす。

め-に-つ・く【目に付く】連語 **見て気に入る。** 源氏物語 平安一物語 帚木「すこしまばゆく、艶にこのましきことは、めにつかぬ所あるに」訳少し派手で、あだっぽく気取った点は、気に入らぬ所がありましたので。

め-に-とどま・る【目に留まる】連語 **目にとまる。心がひかれる。気に入る。** 源氏物語 平安一物語 澪標「若き人の御めにとどまるばかりと、心してつくろひ給へる、いと目もあやなり」訳若い人(=前の斎宮)のお目にとまるようにと、力を注いで美しくお書きになったのは、目もくらむほどである。

め-に-とど・む【目に留む】連語 **心に留める。注意して見る。注目する。** 源氏物語 平安一物語 若菜上「いみじくきよらなるを、御めにとどめてうちまもらせ給ひ

め

つつ」訳(夕霧が)まことに気品があるのを(朱雀(すざく)院は)**注目して**じっとお見つめになって。

めにはあをば… 俳句「目には青葉　山ほととぎす　初鰹(はつがつを)」素堂家集 江戸ー句集 俳諧・素堂(そだう) 訳目にはまぶしく輝く木々の新緑が映り、耳には山ほととぎすの鳴き声が聞こえて、口では新鮮な初鰹を味わうことだ。

鑑賞 前書きに、「かまくらにて」とある。鰹(かつお)は鎌倉の名物であった。鎌倉の初夏の風物を視覚・聴覚・味覚でとらえた軽やかなリズムの句。自評に「目には青葉といひて、耳にほととぎす、口に鰹、とおのづから聞こゆるにや」とあるように、「目には」に対応する「耳には」「口には」を省略した句法が新鮮だった。季語は「青葉・山ほととぎす・初鰹」で、季は夏。

め-ぬき【目貫】 名詞 刀の柄(つか)から刀身が抜けないように、柄の上からさし貫いて止める金具。

*****め-の-うちつけに【目のうちつけに】** 連語 **ちょっと見たところでは。** 更級 平安ー日記 大納言殿の姫君「顔をうちまもりつつなごう鳴くも、心のなし、**めのうちつけに**、例の猫にはあらず」訳(私の)顔を見つめながら穏やかに鳴くのも、気のせいか、**ちょっと見たところ**、普通の猫のようではなく。

[1]**め-の-こ【女の子】** 名詞 ❶**女性。婦人。女。** 日本書紀 奈良ー史書 欽明「万機(よろづのまつりごと)の難きに、**めのこ**安(いづくん)ぞあづからむ」訳天下の政治の困難に**女性**がどうして関与できようか。❷**女の子供。娘。** 伊勢物語 平安ー物語 八七「その家の**めのこ**ども出(い)で来て」訳その家の**女の子**たちが出て来て。対❶❷男(を)の子。

[2]**め-の-こ【目の子】** 名詞「目の子算用(ざんよう)」の略。

めのこ-ざんよう【目の子算用】 名詞 目で見て、数量をざっと数えること。「目の子算」「目の子」とも。

*****め-の-と** 名詞

㊀【乳母】母親に代わって、子供に乳を飲ませ、養い育てる女。**うば。**

㊁【傅】貴人の子を守り育てる任に当たる男。**後見。養育係。守り役。**

めのと-ご 名詞

㊀【乳母子】乳母(ばう)の子供。**乳兄弟。**

㊁【傅子】後見役の人の子供。

*****め-の-わらは【女の童】**(メノワラワ) 名詞 ❶**女の子。少女。** 竹取物語 平安ー物語 御門の求婚「この**めのわらは**は、絶えて宮仕へつかうまつるべくもあらず侍(はべ)るを」訳この**女の子**は、まったく宮仕えをいたしそうにもございませんので。❷**召使いの少女。** 平家物語 鎌倉ー物語 四・若宮出家「局(つぼね)の女房、**めのわらは**に至るまで」訳女院に仕えている女房や、**召使いの少女**に至るまで。対❶❷男(を)の童。

め-はじき【目弾き】 名詞「めまぜ」に同じ。

め-は-そら【目は空】 連語 そのものに注意が向かず、他に気を取られていること。枕草子 平安ー随筆 清涼殿の丑寅のすみの「『御硯(すずり)の墨すれ』と仰せらるるに、**めはそら**にて」訳(中宮が)「御硯の墨をすりなさい」とおっしゃるけれど、(私は帝(みかど)に)**気を取られて**。

め-ぶ【馬部】 名詞 左・右の「馬寮(めれう)」に属し、馬の世話に当たった下級役人。

め-まじろき【目瞬き】 名詞 目くばせ。

め-まぜ【目交ぜ】 名詞 ❶**まばたき。** ❷**目くばせ。**◆「めまじ」「目弾(めはじ)き」とも。

め-みた・つ【目見立つ】 連語 **目をとめる。注目する。** 方丈記 鎌倉ー随筆「さまざまの財物(たからもの)、かたはしより捨つるがごとくすれども、さらに**めみたつる**人なし」訳いろいろな財産を片っぱしから捨てるように(安く売ろうと)するけれども、まったく**目をとめる**人もいない。

めめ-・し【女女し】 形容詞シク {(しく)・しから／しく・しかり／し／しき・しかる／しけれ／しかれ} **柔弱である。未練がましい。** 源氏物語 平安ー物語 蜻蛉「ただ**めめしく**、心弱きとや見ゆらむ」訳ただ**未練がましく**、気が弱いと見えるだろうか。対雄雄(をを)し。

め-も-あは-・ず【目も合はず】(メモアワズ) 連語

なりたち 名詞「め」＋係助詞「も」＋動詞「あふ」の未然形＋打消の助動詞「ず」

眠れない。 蜻蛉 平安ー日記 上「夜、**めもあはぬ**ままに、嘆き明かしつつ」訳夜は、**眠れない**ままに(母の死を)嘆き悲しんで明かしては。

*****め-も-あや・なり【目もあやなり】** 連語

なりたち 名詞「め」＋係助詞「も」＋形容動詞「あやなり」

❶**まばゆいほどにりっぱだ。**▼きらびやかで直視できないようす。源氏物語 平安ー物語 手習「**めもあやに**、いみじき天人の天降(あまくだ)れるを」訳**まばゆいほどりっぱで**、すばらしい天女が天降ってきたのを。❷**目をまわすほどひどい。見るにたえない。** 枕草子 平安ー随筆 宮にはじめてまゐりたるころ「あらがひ論じなど聞こゆるは、**めもあやに**、あさましうまであいなう」訳抗弁など申し上げるありさまは、**目をまわすほどひどく**、あきれるほどにむやみに。

め-も-およ-・ば-・ず【目も及ばず】 連語

なりたち 名詞「め」＋係助詞「も」＋動詞「およぶ」の未然形＋打消の助動詞「ず」

正視できないほどりっぱだ。非常にすばらしい。 源氏物語 平安ー物語 若菜上「いつくしくあざやかに**めもおよばぬ**心地するを」訳威厳があって際立って美しく、**正視できないほどりっぱな**感じであるけれど。

め-も-く・る【目も眩る】 連語 **目の前が真っ暗になる。** 平家物語 鎌倉ー物語 九・敦盛最期「**めもくれ**心も消え果てて、前後不覚におぼえけれども」訳**目の前が真っ暗になり**気も遠くなって、前後もわからないように思われたけれども。

*****め-も-たた-・ず【目も立たず】** 連語 **目にもつかない。目にもとまらない。** 枕草子 平安ー随筆 人の顔にとりわきて「絵など、あまたたび見れば、**めもたたず**かし」訳(人の顔と違って)絵などは、何度も何度も見ると、**目にもつかない**ものだ。

*****め-も-はるに【目も遥に】** 連語

なりたち 名詞「め」＋係助詞「も」＋形容動詞「はるなり」の連用形「はるに」

目の届く限りはるかに。 古今 平安ー歌集 雑上・伊勢物語 平安ー物語 四一「紫の色こき時は**めもはるに**野なる草木ぞわかれざりける」訳⇩むらさきのいろこきときは…。

参考 和歌では「春」「芽も張る」などとかけて用いることが多い。

め-や 連語

なりたち 推量の助動詞「む」の已然形＋反語の係助

詞「や」

…だろうか、いや…ではない。万葉集 奈良―歌集 四五〇七「高円の峰の上の宮は荒れぬとも立たしし君の御名忘れめや」訳高円山の上の離宮は荒れてしまっても、(そこに)お立ちになった君(=聖武天皇)のお名前を忘れるだろうか、いや忘れはしない。

め-やす【目安】 名詞 ❶文書を箇条書きにすること。また、その文書。❷鎌倉・室町時代の、箇条書きにした訴状や「陳状」(=答弁書)。江戸時代にはもっぱら訴状をさす。

め-やす・し【目安し・目易し】

形容詞ク {(く)・から／く・かり／し／き・かる／けれ／かれ}

語義の扉

「見た目がよくて、安心できる」がもとの意味。主に、容姿や外見について言う。

見た目に感じがよい。見苦しくない。 源氏物語 平安―物語 若紫「髪ゆるるかに、いと長く、めやすき人なめり」訳(乳母は)髪がゆったりと、とても長く、見た目に感じがよい人であるようだ。紫式部 平安―日記 寛弘六・一・一「もてなしなどいと美々しく、はなやかにぞ見え給へる。心ざまもいとめやすく、心うつくしきものから、またいとはづかしきところ添ひたり」訳(宰相の君は)立ち居のふるまいもたいそう美しくはなやかにお見えです。気だてもたいそう感じがよく、かわいらしいけれども、こちらが気おくれするような気品も備わっています。

め-や-は 連語

なりたち 推量の助動詞「む」の已然形＋反語の係助詞「や」＋詠嘆の終助詞「は」

…だろうか(いや、…ない)。 源氏物語 平安―物語 薄雲「雪間なき吉野の山をたづねても心のかよふ跡絶えめやは」訳雪の晴れ間のない吉野の山に分け入ることになっても、心の通う文の使いの踏み跡が絶えるようなことがあるだろうか、いや、絶えることはない。

め-や-も 連語

なりたち 推量の助動詞「む」の已然形＋反語の係助詞「や」＋終助詞「も」

…だろうか、いや…ではないなあ。 万葉集 奈良―歌集 二一「紫草の匂へる妹を憎くあらば人妻ゆゑに我恋ひめやも」訳⇨むらさきのにほへるいもを…。

めり[1]

助動詞 ラ変型

《接続》動詞および動詞型活用語の終止形に付く。ただし、動詞ラ行変格や、ラ行変格型に活用する語には連体形に付く。

未然形	連用形	終止形	連体形	已然形	命令形
○	(めり)	めり	める	めれ	○

❶(推定)**…のように見える。…と見える。…のように思われる。**▼視覚に基づいて推定する。源氏物語 平安―物語 若紫「簾少し上げて、花奉るめり」訳(尼君は)すだれを少し上げて、(仏に)花をお供えしているように見える。

❷(婉曲)**…ようである。** 徒然 鎌倉―随筆 一九「『もののあはれは秋こそまされ』と人ごとに言ふめれど」訳「しみじみとした趣は秋がすぐれている」とだれもが言うようだけれど。

語法 (1)ラ変型活用語の接続

		撥音便化	無表記
ある ラ変「あり」連体形	＋めり	→あんめり	→あめり
なる 断定「なり」連体形	＋めり	→なんめり	→なめり
べかる 推量「べし」連体形	＋めり	→べかんめり	→べかめり

「めり」の上の「る」の音が撥音便化(=「ン」の音に変わること)したが、撥音が表記されない形である。

(2)「なり」との違い

助動詞	主な用法	他の用法	語源
めり	視覚による推定	婉曲	み(見)あり
なり	聴覚による推定	伝聞	な(音)あり

⇨なり

めり[2] 推定の助動詞「めり」の連用形。

めり-き 連語

なりたち 推定の助動詞「めり」の連用形＋過去の助動詞「き」

…たようだ。…たらしい。 落窪物語 平安―物語 四「『心やはらかなり』とこそはみそかにのたまふめりしか」訳「穏やかな気持ちでいます」と、ひそかにおっしゃったようだ。

めり-つ 連語

なりたち 推定の助動詞「めり」の連用形＋完了の助動詞「つ」

…たようだ。…たようだった。 落窪物語 平安―物語 三「出だし車のこと、御供の人々のことなど整へ騒ぐめりつるを」訳出だし車(=牛車の一種)のことや、御供の人々のことなど支度して騒いでいたようだったのに。

める 推定の助動詞「めり」の連体形。

めれ 推定の助動詞「めり」の已然形。

め-れう【馬寮】 名詞 「衛府」に属し、官馬の飼養・調教や諸国の牧場の馬の管理などをつかさどった役所。左馬寮・右馬寮に分かれ、それぞれに頭(=長官)以下の職員が置かれる。「うまづかさ」「うまのつかさ」「うまれう」とも。

め-を【女男】 名詞 「めをとこ」に同じ。

め-を-おどろか・す【目を驚かす】 連語 **驚嘆して目を見張る。** 源氏物語 平安―物語 桐壺「『かかる人も世に出でおはするものなりけり』と、あさましきまでめをおどろかし給ふ」訳「こんなに美しい方もこの世に生まれておいでになったものだ」とあきれるほどに驚いて目を見張りなさる。

め-を-か・く【目を懸く・目を掛く】 連語 ❶**じっと見る。見守る。** 更級 平安―日記 梅の立枝「さやあると、めをかけて待ちわたるに」訳本当にそうだろうかと、見守って待ち続けていたが。❷**めがける。目標とする。** 平

家物語 鎌倉―物語 九・敦盛最期「沖なる舟にめをかけて、海へざっとうち入れ」訳沖にいる船をめがけて、海にざっと馬を乗り入れ。❸面倒を見る。ひいきにする。

め-を-くは・す【目をくはす】連語 目くばせをする。源氏物語 平安―物語 若菜上「人々、めをくはせつつ、『あまりなる御思ひやりかな』など言ふべし」訳（女房の）人々は、目くばせをしながら、「あまりなお心遣いですこと」などと言うらしい。

め-を-こや・す【目を肥やす】連語 目を楽しませる。更級 平安―日記 初瀬「一時がめをこやして何にかはせむ」訳（大嘗会の御禊の見物で）ちょっとの時間目を楽しませてそれが何になろうか、いや、何にもならない。

め-を-すま・す【目を澄ます】連語 じっと見つめる。平家物語 鎌倉―物語 一・殿上闇討「氷なんどのやうにぞみえける。諸人めをすましけり」訳（抜いた刀の刃は）氷などのように見えた。人々はじっと見つめた。

*め-を-そば・む【目を側む】連語 横目で見る。目をそらす。▼おそれ多いと思ったり、不愉快だったりしたときの動作。源氏物語 平安―物語 桐壺「上達部・上人なども、あいなくめをそばめつつ」訳上達部や殿上人なども、みな気に入らなくて目をそむけて。

*め-を-た・つ【目を立つ】連語 注意して見つめる。注目する。源氏物語 平安―物語 蛍「若やかなる殿上人などは、めをたてて、気色ばむ」訳若々しい殿上人などは、（女房たちに）注目して、気取っている。

め-をと【妻夫・夫婦】名詞 妻と夫。夫婦。

参考 後に「めうと」と書かれ、「ミョウト」のように発音されるようになる。

め-をとこ【女男・妻男】名詞 妻と夫。夫婦。

め-を-とど・む【目を留む】連語 注目をする。注意してみる。源氏物語 平安―物語 若菜下「いとさしも親しからぬ継母の御ことを、いたく心しめたまへるかな、とめをとどむ」訳（夕霧は）特にこれといって親しくもない義母（＝紫の上）の御事を、ひどく気にかけていられることだ、と注目をする。

め-を-と・む【目を留む】連語「めをとどむ」に同じ。

め-を-ほ・る【目を欲る】連語 見たい。会いたい。万葉集 奈良―歌集 三五八九「夕さればひぐらし来鳴く生駒山越えてそ吾が来る妹がめをほり」訳夕方になるとヒグラシが来て鳴く生駒山を越えてわたしはやって来る、妻に会いたくて。

め-を-み・す【目を見す】連語 …の目にあわせる。徒然 鎌倉―随筆 一七五「人をしてかかるめをみする事、慈悲もなく、礼儀にもそむけり」訳人をこのような目にあわせる（＝酒をむりに飲ませ、害を及ぼす）ことは、思いやりの心もなく、礼儀にも反している。

め-を-・みる【目を見る】連語 ❶…の目にあう。体験する。伊勢物語 平安―物語 九「もの心細く、すずろなるめをみることと思ふに」訳なんとなく心細く、思いがけない目にあうことよと思っていると。❷文字が読める。

めん[1]【面】名詞 ❶顔。顔面。❷仮面。

-めん[2]【面】接尾語 鏡・硯・琵琶など、平たい形のものを数える語。「三めんの琵琶」

めん・ず【免ず】他動詞 サ変 ｛ぜ／じ／ず／ずる／ずれ／ぜよ｝ 許す。免除する。平家物語 鎌倉―物語 三・足摺「重科は遠流にめんず」訳重い罪は遠島への流刑によって許す。

*めん-だう【馬道・面道】名詞「めだう」に同じ。

めん-ぼく【面目】名詞 世間に向ける顔。名誉。体面。「めいぼく」「めんもく」とも。源氏物語 平安―物語 蓬生「わが御ためめんぼくなければ、渡り給ふ事はなし」訳自分自身にとって名誉なことではないので、おいでになることはない。

めん-めん【面面】

一 名詞 めいめい。各自。おのおの。平家物語 鎌倉―物語 七・維盛都落「『我も参らん、我も行かん』とめんめんに慕ひ泣き給ふにぞ」訳「私も参ります、私も行きます」と、めいめいが慕い泣きなさるので。

二 代名詞 みなみな。お前たち。▼対称の人称代名詞。対等以下の複数の相手に対していう。太平記 室町―物語 三「めんめん如何計らひ給ふ」訳みなみなどのように取り計らいなさるのか。

めんめん-かせぎ【面面稼ぎ】名詞 共稼ぎ。

めん-もく【面目】名詞 ❶顔。容貌。❷「めんぼく」に同じ。

も

も[1]【面】名詞 表面。方角。◆「おも（面）」の変化した語。

も[2]【喪】名詞 ❶人の死後、その人を弔うために、親族が一定の期間家にこもって交際を避け、慎み深く過ごすこと。❷わざわい。凶事。万葉集 奈良―歌集 三七一七「旅にてももなく早来と」訳旅先でもわざわいにあわず、早く帰って来てと。

も[3]【裳】名詞 ❶奈良時代以前、女性が腰から下を覆うようにまとった衣服。「裙」とも。参照▶口絵 ❷平安時代、成人した女性が正装のときに、最後に後ろ腰につけて後方へ長く引き垂らすようにまとった衣服。多くのひだがあり、縫い取りをして装飾とした。竹取物語 平安―物語 かぐや姫の生ひ立ち「よき程なる人になりぬれば、髪上げなどとかくして髪上げさせ、も着す」訳（かぐや姫が）一人前の大人になったので、髪上げの儀式など何やかやとして髪上げをさせ、裳を着せる。参照▶口絵 ❸僧が、腰から下にまとった衣服。

参考 ❷の『竹取物語』の用例は、平安時代の貴族の女子の成人の儀式である「髪上げ」と「裳着」をさす。⇩もぎ。

も[4]【藻】名詞 水中に生える植物の総称。

も[5]

語義の扉

文中に用いられて、上の語を強調しながら詠嘆の気分を添えて、文末にも影響を与える係助詞として(一)、文末に用いられて詠嘆、感動の気持ちを表す終助詞として(二)、係助詞から転じて、接続と被接続の関係を表す接続助詞として(三)の場合がある。

❶強調。詠嘆、感動。
❷列挙、並立。…も…も。

一 係助詞
❸添加。…も、また。そのうえ…も。
❹例示。たとえば…など。
❺類推。…でさえ。…でも。
❻最小限、最低限の希望。せめて…だけでも。せめて〜なりと。
❼〔不定称の代名詞に付いて〕「どれも皆」「何でも全て」の意を表す。
❽〔「もぞ」「もこそ」の形で〕不安や懸念、心配の気持ち、時に、実現を期待する気持ちを表す。
㋐…したら困る。…したら大変だ。
㋑ひょっとしたら…かも知れない。

二 終助詞
〔終止とする文に接続して、奈良時代以前に多く用いられ〕詠嘆、感動。…ものよ。…ことだ。…なあ。

三 接続助詞
〔活用語の連体形に接続して〕
❶逆接説の確定条件。…なのに。…だけれども。
❷逆接の仮定条件。…ても。たとえ…であったとしても。

一 [係助詞]《接続》種々の語に付く。

❶いろいろの語について、文意を強調し、詠嘆、感動の気持ちを添える。▼解釈にあたっては、「まったく」「ほんとうに」「…もまあ」といったニュアンスを文脈に合わせて付け加えるとよい。[万葉集 奈良―歌集] 九二四「み吉野の象山の際の木末にはここだ**も**騒く幾許毛散和口鳥の声かも」[訳]ここ吉野の象山の山あいの木々の梢では、あたり一面にこんなにも鳴き騒いでいる鳥たちの声の(ほんとうに)何とにぎやかなことであるよ。[蜻蛉 平安―日記] 上「われは、物も覚えねば、知り**も**知られず…」[訳](母の死の衝撃のために)わたしは、しっかりとした気持ちもなくなり、まったく何も分からないような状態になってしまって。

❷似たようなことがら、同種のことがらを列挙し、並べて示す。**…も、…も。**[土佐日記 平安―日記] 一二・二六「とかく言ひて、前の守、今のも、もろともに下りて、今の主**も**、前の**も**、手取り交はして、酔ひ言にこころよげなる言して、出で入りにけり」[訳]あれやこれやと語り合って、前の守、今度の新しい守**も**一緒に庭に下りて、新しい主人も前のも、互いに手を取り合って、酔ったいきおいで景気のいい祝福を述べ合って、ひとりはそのまま門を出、ひとりは門の中に入ったのだった。

❸添加。既に示されているうえに、さらにひとつ同じようなことがらとしてつけ加える。**そのうえ、…も。…も、また。**[土佐日記 平安―日記] 一二・二七「『潮満ちぬ。風**も**吹きぬべし』と騒げば、船に乗りなむとす」[訳]「潮が満ちた。風**も**、きっと吹きだすにちがいないぞ」と騒ぐので、船に乗り込もうとする。

❹例示。一例として挙げる。該当することがらが他にもあるという意を含んで言う。**たとえば…など(も)。**[徒然 鎌倉―随筆] 一三七「歌の詞書にも『花見にまかれりけるに、はやく散り過ぎにければ』とも、『さはることありて、まからで』なども書けるは、『花を見て』といへるに劣れることかは。」[訳]たとえば、和歌の詞書などでも、「花を見に出かけましたが、既にもう散ってしまっていたので」などとも、また**たとえば**「差しつかえることがあって、花を見に参れなくて」**なども**書いてあるのは「花を見て」云々と記してある詞書に劣っていることがあろうか。いや、劣りはしないはずだ。

❺極端なことがらを挙げて示し、他を当然のことがらとして類推させる。**…でさえ。…でも。…はもちろんのこと、…だって。**[竹取物語 平安―物語] かぐや姫の生ひ立ち「帳のうちより**も**出ださず、いつき養ふ」[訳](家の中からはもちろんのこと)帳台の中から**も**外へ出さずに(かぐや姫)を大切に育てた。

❻希望し、期待する最小限度、最低限度のことがらを表す。**せめて…だけでも。せめて…なりと。**[源氏物語 平安―物語] 藤袴「思ふことを、まほならずともかたはしにて**も**うちかすめつべき女親もおはせず。」[訳]心の中で思うことを、たとえ何から何までというわけではなくても、せめてほんのわずかで**も**うちあけられるような女親もいらっしゃらないで。

❼不定称の代名詞「何」「誰」「いづこ」「いづれ」などに接続して、「何でも全て」「誰も皆」「何処も彼処も」「どれも皆」の意を表す。**…も、みな。**[枕草子 平安―随筆] うつくしきもの「何**も**何**も**、ちひさきものは、いとうつくし」[訳]なんで**も**かんで**も**、小さいものは、どれも**皆**、とてもかわいらしく思われることだ。

❽〔係助詞「ぞ」、「こそ」を下接して、「もぞ」「もこそ」の形で〕㋐悪い事態、好ましくない事態の起こることを予測して、懸命、心配、不安の気持ちを表す。**…したら、困る。もし…でもしたら、大変だ。**[源氏物語 平安―物語] 総角「憎しとな思し入りそ。罪**も**ぞ得たまふ」[訳]憎いなどと思い込みなさらないでください。罪をお受けになっ**たら、大変だ**。[源氏物語 平安―物語] 若紫「いづ方へかまかりぬる。いとをかしうやうやうなりつるものを。鳥など**も**こそ見つくれ」[訳](雀は)いったいどこへ行ってしまったのでしょう。だんだんに、とてもかわいらしくなってきていたのに。**もし**鳥なんかに見つかり**でもしたら、大変だ**。

㋑よい事態の起こることを予測して、期待する気持ちを表す。**ひょっとしたら…するかも知れない。**[平家物語 鎌倉―物語] 六「夜泣きすとただ守り立てよ末の世に清くさかふることも**こそ**あれ」[訳]たとえその児(=後の平清盛)が夜泣きするとしても、ただ一生懸命大切にして育てなさい。将来は、清くさかんになるようなことが**あるかも知れない**。

二 [終助詞]《接続》奈良時代以前に多く用いられ、終止する文の文末に位置する。

詠嘆、感動の意を表す。**…ものよ。…ことだ。…なあ。**[万葉集 奈良―歌集] 三三「楽浪の国つ御神のうらさびて荒れたる都見れば悲し**も**見者悲毛」[訳]ここ楽浪の地の神の心がすさんでしまって、そのために荒れ果ててしまった大津の都の廃墟を見ると悲しく思われてならない**ことだ**。[金塊 鎌倉―歌集]「咲けばかつ移ろふ山の桜花花のあたりに風な吹きそ**も**」[訳]山の桜花も、風が吹くとたちまち散ってしまうことだ、風よ、花の咲いているあたりには吹かないでいて欲しいこと**だなあ**。

[参考]『金塊集』の例は源実朝の歌々の万葉調に基づくものであるが、奈良時代以前の使用例は、形容詞に

接続したものが多く、ことに前者の例のようなシク活用の終止形についてものが多い。

三【接続助詞】《接続》平安時代にごく少数の例が見られるほか、主として鎌倉・室町時代以降に用いられ、多く活用語の連体形につく。

❶逆接の確定条件を表す。…なのに。…だけれども。[源氏物語 平安―物語]橋姫「内裏へ参らむとしつるも、出で立たれず」[訳]宮中へ参上しようとしたのだけれども、出かけることができない。

❷逆接の仮定条件を表す。…ても。かりに…であったとしても。[方丈記 鎌倉―随筆]「身ひとつ、からうじてのがるゝも、資財をとり出づるに及ばず」[訳]かりに自分のからだひとつが災難からのがれ得たとしても、せっかくの財産を取り出すことができない。

も6 [助動詞]特殊型《接続》活用語の未然形に付く。〔○／○／も／も／○／○〕…だろう。…(し)よう。[万葉集 奈良―歌集]四三五五「よそにのみ見てや渡らも難波潟雲居に見ゆる島ならなくに」[訳](有名な難波潟を)遠くに見るだけで(九州に)わたるのだろうか、難波潟ははるかに離れた所に見える島というわけではないのに。◆推量の助動詞「む」にあたる奈良時代以前の東国方言。

モウ1【亡・妄・孟・猛】⇨まう

もう2【思う】⇨もふ

もうく【設く・儲く】⇨まうく

もうけ【設け・儲け】⇨まうけ

もうさく【申さく】⇨まうさく

もうす【申す】⇨まうす

もうず【参ず・詣ず】⇨まうづ

もう-まい【蒙昧】[名詞]物事の理解や判断に暗いこと。

もう-ろう・たり【朦朧たり】[形容動詞]タリ〔たら／たり・と／たり／たる／たれ／たれ〕ぼうっと、薄暗くかすんでいるようす。[奥の細道 江戸―紀行]象潟「雨もうろうとして、鳥海の山隠る」[訳]雨でぼうっとかすんで、鳥海山が隠れてしまった。◆「朦」は暗い、「朧」はぼんやりしている意。

もえ-い・づ【萌え出づ】[自動詞]ダ下二〔で／で／づ／づる／づれ／でよ〕草木が芽を出す。[万葉集 奈良―歌集]一四一八「石走る垂水の上の早蕨のもえいづる春になりにけるかも」[訳]⇨いはばしる…。

もえ-ぎ【萌葱・萌黄】[名詞]❶黄色がかった薄緑色。「もよぎ」とも。[参照▶口絵] ❷襲の色目の一つ。表・裏ともに萌葱色。一説に、表は薄青、裏は縹色とも。◆萌え出たばかりの葱(=ねぎ)の色の意とも、萌え木の芽の色の意ともいう。

もえぎ-にほひ【萌葱匂ひ】[名詞]鎧の縅の一つ。上部が萌葱色で下に行くに従って色が薄くなっているもの。「もよぎにほひ」とも。

もえぎ-をどし【萌葱縅】[名詞]鎧の縅の一つ。萌葱色の糸を用いたもの。「もよぎをどし」とも。

もえ-こが・る【燃え焦がる】[自動詞]ラ下二〔れ／れ／る／るる／るれ／れよ〕❶焼け焦げる。❷苦しみもだえる。恋い焦がれる。[夜の寝覚 平安―物語]四「年ごろ、もえこがれて、恋ひ嘆き思ひ思ひて」[訳]長年、(恋に)苦しみもだえて、恋い慕って嘆き思い続けて。

も-か [連語] なりたち 係助詞「も」＋係助詞「か」 …もまた…(…であろう)か。[万葉集 奈良―歌集]一五八七「あしひきの(=枕詞)山のもみち葉今夜もか浮かび行くらむ山川の瀬に」[訳]山のもみじは、今夜もまた浮んで流れて行くことであろうか、山あいの川の瀬を。

も-が [終助詞]《接続》体言、形容詞・助動詞の連用形、副詞、助詞などに付く。〔願望〕…があったらなあ。…があればなあ。[万葉集 奈良―歌集]三三八七「足の音せず行かむ駒もが葛飾の真間の継ぎ橋やまず通はむ」[訳]足音を立てないで行くような馬があればなあ。葛飾の真間の継ぎ橋を絶えず通おうに。

参考 奈良時代以前の語。奈良時代以前には、多く「もがも」の形で用いられ、平安時代以降は「もがな」の形で用いられた。⇨もがな・もがも。

も-かう【帽額】[名詞]「もうがく(帽額)」の変化した語。「御帳」「御簾」の上部や、上長押などに横に長く引き回した、一幅の布。窠(=瓜を輪切りにした形の模様。「木瓜」ともいう)の紋を染めるのを通例とした。⇨すだれ。

も-がさ【疱瘡】[名詞]天然痘。ほうそう。「いもがさ」とも。

もが-な [終助詞] なりたち 終助詞「もが」に終助詞「な」の付いたかたちが一語化したもの。《接続》体言、形容詞や打消・断定の助動詞の連用形などに付く。〔願望〕…があったらなあ。…があればいいなあ。[伊勢物語 平安―物語]八四「世の中にさらぬ別れのなくもがな千代もと祈る人の子のため」[訳]⇨よのなかにさらぬわかれの…。[徒然 鎌倉―随筆]一三七「心あらん友もがなと、都恋しうおぼゆれ」[訳]情趣を解するような友がいたらなあと、(そういう友のいる)都が恋しく思われる。◆平安時代以降の語。

最上川 [地名][歌枕]今の山形県南部の山地に発して北上し、酒田で日本海に注ぐ川。急流として知られる。

も-かも [連語] なりたち 係助詞「も」＋係助詞「かも」 …もまた…か。[万葉集 奈良―歌集]三七七六「今日もかも都なりせば見まく欲り西の御厩の外に立てらまし」[訳]今日もまた都にいるのだったら、会いたくて、西の御厩(=右馬寮)のそとに立つことになるだろうか。◆奈良時代以前の語。

もが-も [終助詞]

語義の扉
奈良時代以前の語。平安時代以降、「もがな」と交替。
ふたつの終助詞「もが」と「も」とが複合して一語化したもので、いろいろの語に接続して、実現の難しそうなことがらについての願望を表す。

…があったらなあ。…であったらなあ。[万葉集 奈良―歌集三二四五「天橋も長くもがも高山も高くもがも月読の持てる落ち水い取り来て君に奉りてをち得てしかも」訳天への梯子も長くあってほしい、高山もより高くあってほしい、月にある若水を取って来て、君に差しあげて若返っていただきたいことです。

関連語 この語は、さらに助詞「な」「や」「よ」を伴って「もがもな」「もがもや」「もがもよ」の形でも用いられた。

もがも-な 連語

なりたち 願望の終助詞「もがも」＋詠嘆の終助詞「な」

…だといいなあ。…であったらなあ。新勅撰 鎌倉―歌集 羇旅「世の中は常にもがもな」訳⇨よのなかはつねにもがもな…。

もがも-や 連語

なりたち 願望の終助詞「もがも」＋詠嘆の間投助詞「や」

…だといいなあ。…であったらなあ。万葉集 奈良―歌集 八七六「天飛ぶや(＝枕詞)鳥にもがもや」訳鳥であったらいいなあ。◆奈良時代以前の語。

もがも-よ 連語

なりたち 願望の終助詞「もがも」＋詠嘆の間投助詞「よ」

…だといいなあ。…であったらなあ。万葉集 奈良―歌集 三五五四「妹が寝る床のあたりに石ぐくる水にもがもよ入りて寝まくも」訳あの娘が寝る床のあたりに岩間をくぐる水であったらなあ。(水のように)しみいって一緒に寝ようものを。◆奈良時代以前の語。

もがり[1]【虎落】名詞 ❶枝を落とした竹を互い違いに組み合わせ、縄で結び付けた柵。家や砦などの囲いとする。竹矢来。❷枝のついた竹を立て並べた物干し。染め物屋などで用いた。◆「虎落」は、中国で、割り竹を連ねて作る垣のこと。

(虎　落❷)

もがり[2]【強請り・虎落】名詞 言いがかりをつけて金品を強要すること。また、その者。ゆすり。

もがり[3]【殯】名詞「あらき(殯)」に同じ。◆「もあ(喪上)がり」の変化した語か。

もかり-ぶね【藻刈り舟】名詞 海藻を刈るのに用いる小舟。「藻舟」「めかりぶね」とも。

も-ぎ【裳着】名詞 貴族の女子が成人したしるしとして、初めて裳を着ける儀式。十二歳から十四歳ごろ、結婚を間近に控えて行われる。徳のある人を選んで裳の腰紐を結ばせ、同時に髪上げも行う。

もぎ-き【捥ぎ木】名詞 枝をもいだ木。

もぎ-だう【没義道・無義道】名詞 情がなく、むごいこと。

もぎだう-なり【没義道なり・無義道なり】形容動詞ナリ{なら/なり・に/なり/なる/なれ/なれ} 不人情だ。じゃけんだ。懐硯 江戸―物語 浮世・西鶴「随分もぎだうに返事すれども」訳ずいぶんじゃけんに返事をしたのに。

も-ぎぬ【喪衣】名詞 喪服。

もく【木】名詞(模様としての)木目。

黙阿弥 ⇨河竹黙阿弥

もく-だい【目代】名詞 ❶平安・鎌倉時代、国司の代理となって、その任国での政務を代行した役人。代官。❷室町時代以後、代官。◆「めしろ」とも。

も-くづ【藻屑】名詞 水中にある、藻などのくず。古今 平安―歌集 恋四「涙に浮かぶもくづなりけり」訳涙の海に浮かぶ藻くずであったことだ。

もくらん-ぢ【木蘭地】名詞「むくらんぢ」に同じ。

もく-れう【木工寮】名詞 律令制で、「宮内省」に属し、宮殿の造営・修理、および材木作りのことなどを担当した役所。「こだくみのつかさ」とも。

もくれん-じ【木欒子】名詞 木の名。中国原産。種子は丸く、数珠玉に用いる。もくげんじ。

もく-ろく【目録】名詞 ❶書物・文書の題目などを集めて書き並べたもの。❷進物の品名や金銀の額などを書き記したもの。現物に添えて贈り、また、現物の代わりに贈ることもある。

も-こそ 連語

なりたち 係助詞「も」＋係助詞「こそ」

❶…も。…だって。▼「も」の意味を「こそ」で強調する。土佐日記 平安―日記 二・五「眼もこそ二つあれ、ただ一つある鏡をたいまつる」訳(大切な)眼でさえも二つあるのに、たった一つしかない鏡を奉納する。

❷…したら困る。…したら大変だ。▼悪い事態が起こることを予想して心配する気持ちを表す。源氏物語 平安―物語 若紫「烏などもこそ見つくれ」訳(すずめの子を)烏などが見つけたら大変だ。

語法 「こそ」を受ける文末の活用語は係り結びの法則によって已然形となる。

もごよ-ふ 自動詞ハ四{は/ひ/ふ/ふ/へ/へ} ❶身をくねらせながら動いて行く。日本書紀 奈良―史書 神代下「八尋の鰐になりて、はらばひもごよふ」訳長くて大きなわにに化身して、はいつくばい身をくねらせる。❷(足腰が立たないで)はいずる。宇津保 平安―物語 楼上・上「もごよひつつ行けば」訳(酔って)はいずりながら行くので。◆「もこよふ」とも。

もころ【如・若】名詞(連体修飾語を受けて)…のごとく。…のように。▼よく似た状態であることを表す。万葉集 奈良―歌集 一九六「わご大王の立たせば玉藻のもころ」訳わが皇女はお立ちになると玉藻のように。

もし*【若し】副詞 ❶仮に。万一。もし。▼仮定表現に用いる。未然形に付く接続助詞「ば」と呼応することが多い。方丈記 鎌倉―随筆「もし心にかなはぬことあらば、やすくほかへ移さんがためなり」訳もしも満足しないことがあったら、簡単に他の場所へ(住居を)移そうと思うためである。❷ひょっとして。あるいは。▼疑問・推量の表現に用いる。疑問の係助詞「や」と呼応することが多い。大鏡 平安―物語 花山「もしさることやし給ふ」訳ひょっとしてそのようなことをなさるかもしれない。

も-じ[1]【文字】名詞「もんじ」の撥音が表記されない形。❶字。❷(仮名文字で表される)音の数。音節。古今 平安―歌集 仮名序「ちはやぶる(＝枕詞)神世には、歌のもじも定まらず」訳神の世には、歌の音数も(三十一文字とは)決まっておらず。❸言葉。用語。枕草子 平安―随筆 ふと心おとりとかするものは「男も女も、ことばのもじいやしう遣ひたるこそ」訳男でも女でも、言葉の用語を下品につかったのは。❹文章。学問。

-もじ[2]**【文字】** 接尾語 語、もしくは語の後半を省いた形に添えて、その語が表すものを上品にいう。室町時代に宮中の女房が用いた「女房詞(にょうぼうことば)」に始まり、模倣もされた。「かもじ(=髪)」「しゃもじ(=杓子(しゃくし))」

もじ-ぐさり【文字鎖】 名詞 ❶和歌で、前の歌の終わりの文字を次の歌の最初に置いて、次々と詠んでゆくもの。また、ある語句の一字ずつを各歌の最初に順に置いて和歌の連作をすること。❷遊びの一つ。前の人の詠んだ古歌の末尾の文字が最初にある古歌を次の人が詠んで、次々にしりとり式に続けていくもの。

もし-は【若しは】 接続詞

なりたち 副詞「もし」に係助詞「は」の付いたかたちが一語化したもの。

もしくは。あるいは。または。 枕草子 平安―随筆 すさまじきもの「『おはしまさざりけり』、もしは『御物忌みとて取り入れず』と言ひて」訳(人に手紙を出したのに)「いらっしゃらなかった」、あるいは「御物忌みといって受け取らない」と言って。◆「もしくは」が漢文訓読専用であるのに対し、「もしは」は和文にも用いられる。

も-しほ【藻塩】(モシオ) 名詞 ❶海藻から採る塩。海水をかけて塩分を多く含ませた海藻を焼き、その灰を水に溶かしてできた上澄みを釜(かま)で煮つめて採る。❷藻塩を製するための海水。新古今 鎌倉―歌集 雑上「もしほ汲(く)む袖(そで)の月影おのづからよそにあかさぬ須磨(すま)の浦人」訳藻塩をくむぬれた袖に映る月影、そのために自然に月を賞でずには夜を明かすことのない須磨の浦の海人(あま)よ。

もしほ-ぐさ【藻塩草】(モシオグサ) 名詞 「藻塩」を採るための海藻。源氏物語 平安―物語 幻「かきつめて見るもかひなきもしほぐさ同じ雲居の煙(けぶり)とをなれ」訳かき集めて見たところで何のかいもない手紙よ、亡き紫の上と同じ大空の煙となるがよい。

参考 製塩の過程で藻塩草を掻(か)き集めるところから、歌では、「掻き集(つ)む」と「書き集(つ)む」、「掻く」と「書く」を掛け詞とし、また、「書く」を導く序詞(じょことば)とすることが多い。さらに、「書き集む」にかけるところから、書き集めた手紙・随筆・詠草などをたとえてもいう。

もしほ-た・る【藻塩垂る】(モシオタル) 連語 **塩を採るために海藻に海水をかける。** 古今 平安―歌集 雑下「わくらばに問ふ人あらば須磨(すま)の浦にもしほたれつつわぶと答へよ」訳たまたまに(私のことを)尋ねる人があったなら、須磨の浦で藻塩草に海水をかけながら(涙を流して)せつなく思っていると答えてください。

参考 和歌では「しほたる(=泣く)」とかけて用いることが多い。

もしほ-び【藻塩火】(モシオビ) 名詞 **「藻塩」を焼く火。**

もし-や 副詞 「もし❷」に同じ。

も-しる・く【も著く】 連語 **予想どおりで。まさにそのとおりで。** 方丈記 鎌倉―随筆 「世の乱るる瑞相(ずいさう)とか聞けるもしるく、日を経(へ)つつ世の中浮き立ちて、人の心もをさまらず」訳世の中が乱れる前兆とか聞いたが、まさにそのとおりで。

もず【鵙・百舌・百舌鳥】 名詞 鳥の名。秋、高い木にとまって鋭い声で鳴く。虫・かえるなどを捕食し、獲物を木の枝に刺しておく習性がある。

も-すそ【裳裾】 名詞 裳の裾。また、衣服の裾。

も-ぞ 連語

語義の扉

「も」「ぞ」ともに係助詞。体言や活用語(連用形)、助詞などに接続し、その文末は連体形で結ぶ。なお、奈良時代以前は「もそ」の形となることがある。

❶上の語をとり立てて、強調する意を表す。
…だって。…も。…たって。

❷よくないことがらの起こることを予測して、それへの懸念、心配の気持ちを表す。また、まれに、よいことがらの起こることを予測して、それへの期待の気持ちを表す。

㋐…したら、困る。…なると、大変だ。

㋑ひょっとしたら(うまく)…することがあるかも知れない。

❶〔「も」の意味が「こそ」によって強められている場合〕とり立て、強調。**…だって。…も。…たって。** 万葉集 奈良―歌集 二五五〇「立ちて思ひ居てもぞ思ふ居毛曽食紅(くれなゐ)の赤裳(あかも)裾(すそ)引き往(い)にし姿を」訳あの人のことが、立っていても思われ、すわっていても思われてならないことだ。紅染(べにぞめ)の赤裳の裾を引きながら歩み去って行ったその姿が。蜻蛉 平安―日記 下「かの語らひけることの筋(すぢ)もぞ、この文にある」訳(養女を迎えるにあたって)あの禅師が間に立って進めてくれた話のいきさつも、みなこの手紙に記されている。

❷予測的に、懸念、心配、また、まれに期待の気持ちを表す。㋐**…したら、困る。…なると、大変だ。** 伊勢物語 平安―物語 四〇「さかしらする親ありて、思ひもぞつくとて、この女をほかへやらむとす」訳さしでがましいおせっかいをする親が、恋する気持ちが起きたら大変だと言って、(この女を)よそへ追い出そうとした。徒然 鎌倉―随筆 一〇四「門(かど)よくさしてよ。雨もぞ降る。御車は門の下に。」訳門をちゃんと閉めて下さい。雨が降ったら大変だ。お車は門の下に。

㋑**ひょっとしたら(うまく)…することがあるかもしれない。** 正治初度百首 鎌倉―歌集 「柴の戸の跡見ゆばかりしをりせよ忘れぬ人のかりにもぞ訪ふ」訳柴の戸のありかがそこと知れる程度に小枝で道しるべをしておくといい。ひょっとしたら、ここを忘れないでいてくれる人が訪れてくれるかも知れない。

もだ*【黙】** 名詞 (「もだあり」「もだをり」の形で)**黙っていること。何もしないでじっとしていること。** 万葉集 奈良―歌集 一九六四「もだもあらむ時も鳴かなむ晩蟬(ひぐらし)の物思ふ時に鳴きつつもとな」訳何もしないでのんびりしていることがあるときにでも鳴いてほしい。それなのにひぐらしは物思いをしているときにやたらと鳴き続ける。

もた-・ぐ【擡ぐ】 他動詞 ガ下二 (げ/げ/ぐ/ぐる/ぐれ/げよ) **持ち上げる。** 枕草子 平安―随筆 五月ばかり、月もなう「御簾(みす)をもたげて」訳御簾を持ち上げて。◆「も(持)ちあ(上)ぐ」の変化した語。

も

＊**もだ・す【黙す】** 自動詞サ変{せ/し/す/する/すれ/せよ} ❶**言わない。黙る。** 万葉集 奈良―歌集 三七九五「辱を忍び恥を黙して事もなくもの言はぬ先に」訳恥を忍び恥と知りつつ黙って、何事もなくものを言うより前に。❷**黙って見過ごす。そのままに捨てておく。** 平家物語 鎌倉―物語 一・願立「げにも山門の訴訟はもだしがたし」訳本当に延暦寺の訴えは黙って見過ごせない。

も-たま・ふ【持給ふ】 連語「持つ」の尊敬語。**お持ちになる。** 源氏物語 平安―物語 橋姫「経を片手にもたまひて、かつ読みつつ唱歌をし給ふ」訳(八の宮は)経を片手にお持ちになって、時には読み上げ、時には唱歌をなさる。◆「もちたまふ」の変化した語。

もだ・ゆ【悶ゆ】 自動詞ヤ下二{え/え/ゆ/ゆる/ゆれ/えよ} **苦悩する。もがき苦しむ。** 平家物語 鎌倉―物語 三・足摺「『何としてかは聞くべき』とてもだえこがれ給ひけり」訳「どうやって(都の話を)聞くことができようか」と言って、もがき苦しみじりじりなさった。参照▶類語と使い分け⑭

もた・り【持たり】 他動詞ラ変{ら/り/り/る/れ/れ} **持っている。所有している。** 竹取物語 平安―物語 貴公子たちの求婚「燕のもたる子安の貝」訳つばめの持っている子安貝。◆「も(持)てあ(有)り」の変化した語。

＊**もち【望】** 名詞 満月であること。また、満月の日。陰暦で十五日。

もぢ【綟・綟子】 名詞 麻糸で織った目の粗い布。夏の衣服や、蚊帳などに使う。

もち-がゆ【望粥】 名詞 正月十五日の上元の節句に食べる粥。米・粟・黍・小豆・胡麻などの七種の穀類を煮たもので、一年中の邪気を払うとされる。季春。

もち-づき【望月】 名詞 **満月。** 陰暦の十五日の夜の月。季秋。徒然 鎌倉―随筆 一三七「もちづきのくまなきを、千里の外まで眺めたるよりも」訳満月の一点のくもりもない光を、はるかかなたまで見通せるように眺めているよりも。

もちづき-の【望月の】 枕詞 ❶満月には欠けた所がないことから「たたはし(=満ち足りる)」や「足れる」などにかかる。万葉集 奈良―歌集 一六七「もちづきのたたはしけむと」訳満ち足りるであろうと。❷満月の美しく心ひかれるところから「愛づらし」にかかる。万葉集 奈良―歌集 一九六「もちづきのいやめづらしみ思ほしし君と」訳いよいよいとしいとお思いになっていた夫君と。

＊**もち-て【以ちて】** 連語 なりたち 動詞「持つ」の連用形＋接続助詞「て」 「もて❶」に同じ。古事記 奈良―史書 景行「是に先づその御刀もちて草を苅りはらひ」訳そこでまずその御刀でもって草を刈って取り除き。

もちひ【餅】 名詞 **もち。** ◆「もちいひ(餅飯)」の変化した語。のちに「もち」。

もちひ-かがみ【餅鏡】 名詞「かがみもち」に同じ。

もち・ふ【用ふ】 他動詞ハ上二{ひ/ひ/ふ/ふる/ふれ/ひよ}「もちゐる」に同じ。沙石 鎌倉―説話 五「聖教とても、名聞や利養にもちふる時は」訳仏の教えといっても、名声や利益に用いるときは。参考 鎌倉時代ごろ、ワ行上一段活用の「用ゐる」が、「ゐ」と「ひ」の混同からハ行になり、さらに二段活用化して生じたもの。

もち・ゆ【用ゆ】 他動詞ヤ上二{い/い/ゆ/ゆる/ゆれ/いよ}「もちゐる」に同じ。宇治拾遺 鎌倉―説話 五・一二「一つももちゆべからず」訳一つも聞き入れることはできない。参考 ワ行上一段活用の「用ゐる」が、「ゐ」と「い」の混同からヤ行になり、さらに二段活用化して生じたもの。

もぢ・る【捩る・綟る】 他動詞ラ四{ら/り/る/る/れ/れ} **ねじる。よじる。** 宇治拾遺 鎌倉―説話 一・三「すぢりもぢり、えい声を出だして」訳身をくねらせよじって、「えい」とかけ声を出して。

もち-ゐる【用ゐる】 他動詞ワ上一{ゐ/ゐ/ゐる/ゐる/ゐれ/ゐよ} ❶(物を)**使う。使用する。役立てる。** 徒然 鎌倉―随筆 二「衣冠より馬・車に至るまで、あるに従ひてもちゐよ」訳衣服や冠から馬や牛車に至るまで、すべてありあわせの物でよいとして使用せよ。❷(人を)**登用する。任につかせる。とりたてる。** 源氏物語 平安―物語 蓬生「世にもちゐらるまじき老人さへ」訳世間で使ってもらえるはずのない老女房までもが。❸**採用する。聞き入れる。** 平家物語 鎌倉―物語 八・山門御幸「西国へ院宣くだされたりけれども、平家もちゐ奉らず」訳西国(にいる武士たち)へ上皇のご命令をお下しになったが、平家は聞き入れ申し上げない。参考 平安時代の中期ごろになると、語中語末の「ゐ」と「ひ」とが混同されて、「もちひる」とも書くようになる。鎌倉時代ごろからハ行上二段に活用する「用ふ」が生じ、さらにヤ行上二段に活用する「用ゆ」の形も使われるようになった。

も・つ【持つ】 他動詞タ四{た/ち/つ/つ/て/て} ❶**手に取る。所持する。** 徒然 鎌倉―随筆 九二「初心の人、二つの矢をもつことなかれ」訳(弓を)初めて習う人は、(弓を射る時に)二本の矢を持つことをするな。❷**自分のものとして持っている。所有する。** 枕草子 平安―随筆 蟻通の明神「七十近き親二人を持たる」訳七十歳近い親を二人持っていた。❸**ある状態を保つ。維持する。** 徒然 鎌倉―随筆 一八八「思ひしやうに身をももたず」訳思ったように身を保つこともなく(=立身出世もせず)。❹**心に抱く。思う。** 万葉集 奈良―歌集 三七二三「あしひきの(=枕詞)山路越えむとする君を心にもちて安けくもなし」訳(流罪になって)山路を越えようとしているあなたの姿を心に抱いて、心が安らかなことはありません。❺〔連用形で用いて〕**使う。用いる。** 万葉集 奈良―歌集 一六三八「あをによし(=枕詞)奈良の山なる黒木もち造れる室は座せど飽かぬかも」訳奈良の山にある皮のついた丸太を使って造ってある家は、いつまでおいでになっても飽きないことだよ。◇「座せ」は自敬表現。

もっ-け【物怪・勿怪】 名詞 **けしからぬ事柄。不吉な事柄。異変。** 今昔物語 平安―説話 一四・四五「様々のもっけありければ」訳さまざまの異変があったので。

もっ-け・なり【物怪なり・勿怪なり】 形容動詞ナリ{なら/なり・に/なり/なる/なれ/なれ} **思いがけない。意外だ。** 油地獄 江戸―浄瑠璃・近松「たった今飛脚の状に、もっけな事が言うて来ました」訳たった今飛脚の届けた手紙で、思いがけないことを言って来ました。◇「もっけな」は口語。

もっ-しゅ【没収】 名詞／―す 他動詞サ変 刑罰として領地・官職・財産などを取り上げること。平家物語 鎌倉―物語 六・新院崩御「南部の僧綱ら、…所職をもっしゅせらる」訳奈良の僧綱たちは、…職務を取り上げられる。

もっ-たい【物体・勿体】 名詞 **もものしいこと。尊大な態度。威厳。** 西鶴織留 江戸―物語 浮世・西鶴「草履取りのほかに男を置きて、少しもったいを付くれば」訳草履取りのほかに男を置いて、少しものものしいようすをつければ。

もったい-な・し【勿体無し】 形容詞ク {(く)・から／く・かり／し／き・かる／けれ／かれ} ❶**もってのほかだ。不届きだ。** 宇治拾遺 鎌倉―説話 一・一五「あはれ、もったいなき主かな」訳ああ、なんと不届きな人だなあ。❷**恐れ多い。ありがたい。** 武悪 室町―狂言 狂言「ああ、もったいない、まずこの手を取って立たしめ」訳ああ恐れ多い、まず、私のこの手を取ってお立ちなされ。❸**もったいない。惜しい。** ◆「もたいなし」とも。

もっ-たう【没倒】 名詞／―す 他動詞サ変 **没収すること。** 平家物語 鎌倉―物語 一・俊寛沙汰鵜川軍「神社仏事、権門勢家の庄領をもったうし」訳神社や寺院、権力家・勢力家の荘園領地を没収し。

もっ-て【以て】 連語「もちて」の促音便。❶「もて❶」に同じ。平家物語 鎌倉―物語 四・鼬之沙汰「飛脚をもって高倉の宮の御謀反の由、都へ申したりければ」訳飛脚を使って高倉の宮が謀反を起こされたことを、都へ申し上げたので。❷「もて❷」に同じ。保元 鎌倉―物語 上「当腹の寵愛をもって、はるかの末弟近衛の院に位を奪はれたりしかば」訳当腹(=美福門院)の寵愛のゆえに、ずっと下の末弟の近衛院に位を奪われたので。❸「もて❸」に同じ。平家物語 鎌倉―物語 三・御産「天をもって父とし、地をもって母と定め」訳天をもって父とし、地をもって母と定め。

もって-の-ほか【以ての外】 連語 **予想外。意外なこと。** 平家物語 鎌倉―物語 三・頼豪「もってのほかにふすぼったる持仏堂にたてごもって」訳(護摩をたく煙で)予想外にすすけている持仏堂にたてこもって。

もっとも 副詞 ㊀【尤も】**いかにも。なるほど。**「もとも」とも。徒然 鎌倉―随筆 四一「まことにさにこそ候ひけれ。もっとも愚かに候ふ」訳本当にそうでございました。いかにも愚かでございます。㊁【最も】❶**非常に。たいそう。とりわけ。**「もとも」とも。▼肯定文の中で用いる。平家物語 鎌倉―物語 二・教訓状「まづ世に四恩候ふ。…その中にもっとも重きは朝恩なり」訳まず世の中に四恩があります。…その中でとりわけ重いのは朝廷から受けた恩である。❷(打消の語を下接して)**少しも。全く。決して。** 竹取物語 平安―物語 燕の子安貝「をかしき事にもあるかな。もっともえ知らざりつる」訳おもしろいことだなあ。少しもわからなかったことだ。

もっとも・なり【尤もなり】 形容動詞ナリ {なら／なり・に／なり／なる／なれ／なれ} **道理にかなっている。当然だ。当たり前だ。**「もともなり」とも。保元 鎌倉―物語 上「今夜の発向もっともなり」訳今夜の(軍勢の)出動は理にかなっている。

もっぱら・なり【専らなり】 形容動詞ナリ {なら／なり・に／なり／なる／なれ／なれ}「もはら」の変化した語。**ひたすらそのことに集中する。** 平家物語 鎌倉―物語 灌頂・女院出家「朝には朝政をすすめ、よるは夜をもっぱらにし給へり」訳(建礼門院は)朝は朝の執務を(帝に)勧め、夜は(帝の)夜をひたすらひとりじめになさった。

もて-[1] 接頭語 動詞に付いて、意味を強め、また、語調を整える。「もてかしづく」「もて興ず」「もてわづらふ」

も-て[2]【以て】 連語「も(以)ちて」の促音便「もって」の促音「っ」が表記されない形。❶…**でもって。…で。…(を)使って。** ▼手段・材料を示す。徒然 鎌倉―随筆 一三一「貧しき者は財をもて礼とし」訳貧しい者は財貨でもって人に尽くすのを礼儀とし。❷…**から。…がもとで。…ゆえに。** ▼動作のきっかけ・理由を示す。源氏物語 平安―物語 行幸「心もて、宮仕ひ思ひ立たむこそ」訳(自分の)意志から宮仕えを決心するようなことこそ。❸…**(を)もって。** ▼ある事柄を取り立てて示す。徒然 鎌倉―随筆 二「おほやけの奉り物は、おろそかなるをもてよしとす」訳天皇のお召しになる物は、簡素なのをもってよいこととする。

参考 名詞、またはそれに「を」が付いたものに付く。

も-て[3]【持て】 連語 (手に)**持って。** 枕草子 平安―随筆 春はあけぼの「火などいそぎおこして、炭もてわたるも」訳炭火などを急いでおこして、炭を持って行くのも。◆「もちて」の促音便「もって」の促音「っ」が表記されない形。

もて-あそび【弄び・玩び・翫び】 名詞 相手として遊び、心を慰めること。また、そのもの。その対象となる物事・人にいう。源氏物語 平安―物語 少女「春のもてあそびをわざとは植ゑて」訳春の慰めになるものをわざわざ考えて植えて。

もてあそび-ぐさ【弄び種】 名詞 心を慰めるもととなるもの。

もて-あそ・ぶ*【弄ぶ・玩ぶ・翫ぶ】** 他動詞バ四 {ば／び／ぶ／ぶ／べ／べ} ❶**興じ楽しむ。慰みとする。** 徒然 鎌倉―随筆 二三九「月をもてあそぶに良夜とす」訳月を見て楽しむのによい夜だとしている。❷**大切に扱う。大切にもてなす。** 今昔物語 平安―説話 一三・二一「その宗の法文を学び、大切にもてあそびし間に」訳その(法相)宗の教義を学び、大切に扱っていた間に。◆持て遊ぶの意。

もてあつかひ-ぐさ【持て扱ひ種】 名詞 **うわさ。話の種。話題。** 徒然 鎌倉―随筆 七七「世の中に、そのころ、人のもてあつかひぐさに言ひあへる事」訳世間で、そのころ、人々が話の種として話し合っていること。

もて-あつか・ふ*【持て扱ふ】** 他動詞ハ四 {は／ひ／ふ／ふ／へ／へ} ❶**世話を焼く。** 源氏物語 平安―物語 若菜上「懐をさらに放たずもてあつかひつつ」訳懐から決して離さず世話を焼いては。参照▼類語と使い分け⑩ ❷**取り扱いに困る。もてあます。** 源氏物語 平安―物語 総角「宿直人がもてあつかひけむ思ひ合はせられて」訳宿直の者がもてあましただろうと思い合わされて。

もて-あり・く【持て歩く】 他動詞カ四 {か／き／く／く／け／け} **持って歩き回る。持って外出する。** 枕草子 平安―随筆 正月一日は「雪降り、いみじうこほりたるに、申し文もてありく」訳(官職の任命式のころは)雪が降り、ひどく氷が張っているときに、申し文(=叙位や任官、昇進を申請する文書)を持って歩き回る。

もて‐い・く【持て行く】他動詞 カ四 {か/き/く/く/け/け} 一 **持って行く。持参する。** 堤中納言 平安―物語 ほどほどの懸想「文取らすれば、『…』と言ひて、もていきて取らすれば」訳手紙を託すので、「…」と言って持って行って渡すと。二【もて行く】自動詞 カ四 {か/き/く/く/け/け}(他の動詞の連用形に付いて)**しだいに…してゆく。だんだん…になる。** 枕草子 平安―随筆 春はあけぼの「昼になりて、ぬるくゆるびもていけば」訳昼になって、しだいに少しあたたかく、(寒さが)やわらいでゆくと。

参考「もてゆく」とも。二の「もて」は接頭語。

もて‐い・づ*【持て出づ】他動詞 ダ下二 {で/で/づ/づる/づれ/でよ} ❶**持って出る。** 徒然 鎌倉―随筆 二一五「銚子に土器取り添へてもていでて」訳(酒の)銚子に素焼きの杯を添えて持って出て。❷**外部に表す。表面に出す。** 源氏物語 平安―物語 花宴「ことさらめきもていでたるを」訳(御簾の下から)わざとらしく外に出しているのを。

もて‐かく・す【もて隠す】他動詞 サ四 {さ/し/す/す/せ/せ} **隠す。そっと隠す。** 源氏物語 平安―物語 帚木「言少ななるがいとよくもてかくすなりけり」訳口数の少ないのが、たいへん上手に(欠点を)隠すものなのだよ。◆「もて」は接頭語。

もて‐かしづ・く*【もて傅く】他動詞 カ四 {か/き/く/く/け/け} **大切に世話をする。大切に育てる。かしずく。** 源氏物語 平安―物語 桐壺「疑ひなきまうけの君と、世にもてかしづき聞こゆれど」訳疑問の余地のない皇太子として、世間では大切に世話し申し上げるけれど。◆「もて」は接頭語。参照▶類語と使い分け⑩

もて‐きょう・ず【もて興ず】自動詞 サ変 {ぜ/じ/ず/ずる/ずれ/ぜよ} **おもしろがる。もてはやす。** 更級 平安―日記 足柄山「人々いみじうあはれがりて、け近くて、人々もてきょうずるに」訳人々はたいそう感じ入って、(遊女たちを)身近に呼び寄せて、みんなでもてはやしていると。◆「もて」は接頭語。

もて‐く【持て来】他動詞 カ変 {こ/き/く/くる/くれ/こ(こよ)} **持って来る。** 枕草子 平安―随筆 すさまじきもの「人のもとにわざときよげに書きてやりつるふみの返りごと、今はもてきぬらむかし、あやしう遅し、とまつほどに」訳人のところに特別にきれいに書いて送った手紙の返事をもう持って来るだろう、いやに遅いと待っていると。

もて‐くだ・る【持て下る】他動詞 ラ四 {ら/り/る/る/れ/れ} (物を)**持って都から地方へ行く。**(物を)**持って下向する。** 大鏡 平安―物語 時平「御衣はたまはりたまへりしを、筑紫にもてくだらしめたまへりければ」訳(道真公は帝から)お召し物をちょうだいなさったが、それを筑紫に持って下りなさっていたので。

もて‐け・つ【もて消つ】他動詞 タ四 {た/ち/つ/つ/て/て} ❶**うまく消す。** 源氏物語 平安―物語 総角「かくそこはかとなくもてけちて」訳こうしてなんとはなしに(話を)うまく消して。❷**けなす。ないがしろにする。** 源氏物語 平安―物語 常夏「もてけち軽むることも」訳けなし軽んじることも。❸**圧倒する。色あせさせる。** 源氏物語 平安―物語 若菜下「誇りかにはなやぎたる方は、弟の君たちにはもてけたれて」訳誇らしげに派手に振る舞うという方面では、弟の君たちには圧倒されて。◆「もて」は接頭語。

もて‐さわ・ぐ【もて騒ぐ】自動詞 ガ四 {が/ぎ/ぐ/ぐ/げ/げ} **大騒ぎする。もてはやす。** 枕草子 平安―随筆 正月一日は「雪間の若菜摘み、…例はさしもさるもの目近からぬ所にもてさわぎたる」訳雪間の若菜を摘んで、…ふだんはそうしたものを目近に見慣れない宮中でもてはやしている。◆「もて」は接頭語。

もて‐しづ・む【もて鎮む】他動詞 マ下二 {め/め/む/むる/むれ/めよ} **落ち着かせる。控えめにする。** 源氏物語 平安―物語 賢木「こころ世をもてしづめ給ふ御心みな乱れて」訳たいそう女性との関係を押しこらえておいでになったお気持ちがすっかり乱れて。◆「もて」は接頭語。

もて‐そこな・ふ【もて損なふ】他動詞 ハ四 {は/ひ/ふ/ふ/へ/へ} **しそこなう。失敗する。** 源氏物語 平安―物語 柏木「心づからもてそこなひつるにこそあめれ」訳自分の心持ちから失敗してしまったようだ。◆「もて」は接頭語。

もて‐つ・く【もて付く】他動詞 カ下二 {け/け/く/くる/くれ/けよ} ❶**身に付ける。身に備える。** 源氏物語 平安―物語 東屋「田舎びたるざれ心もてつけて、品々しからず」訳田舎じみたしゃれっけを身に備えて、品がなく。❷(気にかけて)**取りつくろう。装う。** 源氏物語 平安―物語 空蟬「わろきによれる容貌を、いといたうもてつけて」訳不器量に近い顔だちを、たいそうはなはだしく取りつくろって。◆「もて」は接頭語。

もて‐なし*【持て成し】名詞 ❶**振る舞い。態度。** 源氏物語 平安―物語 空蟬「胸あらはに、ばうぞくなるもてなしなり」訳胸をはだけて、だらしのない態度である。❷**取り計らい。取り扱い。処理。** 源氏物語 平安―物語 葵「少納言がもてなし、心もとなき所なう」訳少納言の取り計らいは行き届かないところがなく。❸**取り扱い。処遇。** 源氏物語 平安―物語 桐壺「世の例にもなりぬべき御もてなしなり」訳世間の話の種にもきっとなるだろうに違いないご処遇である。❹**もてなし。ごちそう。**

もて‐な・す

【持て成す】他動詞 サ四 {さ/し/す/す/せ/せ}

❶**物事をとり行う。処理する。取り計らう。** 源氏物語 平安―物語 桐壺「何事の儀式をも、もてなし給ひけれど」訳(桐壺の更衣の母君様は)どのような儀式についても、(ひけをとらないように)取り計らいなさったけれども。

❷**身を処する。振る舞う。立ち回る。** 源氏物語 平安―物語 須磨「誇りかにもてなして、つれなきさまにし歩く」訳(内心はわからないが表面的には)得意そうに振る舞って、なんでもないような顔で動き回る。

❸(人を)**取り扱う。待遇する。応対する。世話する。** 更級 平安―日記 子忍びの森「我が身よりも高うもてなし、かしづきてみむとこそ思ひつれ」訳(あなたを)私自身よりも高い身分の人のように取り扱い、大切に世話しようと思っていたのに。

❹**珍重する。もてはやす。** 徒然 鎌倉―随筆 一一九「鎌倉の海に鰹といふ魚は、かの境には双なきものにて、このごろもてなすものなり」訳鎌倉の海にいるかつおという魚は、あの地方では並ぶものがないものであって、このごろ珍重しているものである。

❺**饗応する。ごちそうする。**(客を)**もてなす。** 奥の

細道〔江戸｜紀行〕尾花沢「長途(ちやう)のいたはり、さまざまにもてなし侍(はべ)る」訳長旅の苦労のねぎらいとして、いろいろと(私たちに)ごちそうをし(てくれ)ます。

もてなやみ‐ぐさ【もて悩み種】名詞 **悩みの種。** 源氏物語〔平安｜物語〕桐壺「あぢきなう人のもてなやみぐさになりて」訳けしからぬことだと、世間の人の悩みの種となって。

もて‐なや・む【もて悩む】他動詞マ四{ま/み/む/む/め/め} **処置に困る。もてあます。** 源氏物語〔平安｜物語〕葵「やむごとなき験者(げんざ)ども、『珍らかなり』と、もてなやむ」訳すぐれた修験者たちは、「珍しいことだ」と、もてあます。◆「もて」は接頭語。

もて‐なら・す【持て馴らす】他動詞サ四{さ/し/す/す/せ/せ} **使いならす。** 源氏物語〔平安｜物語〕夕顔「ありつる扇御覧ずれば、もてならしたる移り香いとしみ深うなつかしくて」訳さっきの扇をご覧になると、使いならしている(人の)移り香がたいそう深く染み込んでいて心が引かれて。

もて‐はな・る【もて離る】

一 自動詞ラ下二{れ/れ/る/るる/るれ/れよ} ❶**離れる。遠ざかる。外れる。かけ離れる。** 源氏物語〔平安｜物語〕夕顔「この方の御好みにはもてはなれ給(たま)はざりけり」訳この方面の(源氏の)お好みには、かけ離れておいでではなかった。❷**関係やつながりが絶える。疎遠になる。** 源氏物語〔平安｜物語〕賢木「もてはなれつれなき人の御心を」訳(源氏は)疎遠になって薄情にしている方のお心を。◆「もて」は接頭語。

二 他動詞ラ下二{れ/れ/る/るる/るれ/れよ} **遠ざける。関係をなくす。** 源氏物語〔平安｜物語〕若菜上「愛敬(あいぎやう)なく人をもてはなるる心あるは」訳無愛想に人を遠ざける心があるのは。◆「もて」は接頭語。

もて‐はや・す【もて栄す・もて映す】

他動詞サ四{さ/し/す/す/せ/せ} ❶**引き立たせる。きわだって美しく見せる。** 源氏物語〔平安｜物語〕東屋「川の気色(けしき)も山の色も、もてはやしたる造りざまを」訳川の景色も山の色も、きわだって美しく見せてある(家の)造り方を。

❷**ほめたてる。ほめそやす。** 源氏物語〔平安｜物語〕幻「わが宿は花もてはやす人もなし」訳私の家には、花をほめたてる者もいない。

❸**大切に待遇する。歓待する。よろこび迎える。** 大鏡〔平安｜物語〕道長上「饗応(きやうおう)し、もてはやしきこえさせ給ひつる興もさめて」訳機嫌をとり、歓待し申し上げなさった面白さも消えてしまって。◆「もて」は接頭語。

もて‐まゐ・る【持て参る】(モテマイル) 他動詞ラ四{ら/り/る/る/れ/れ} 謙譲語 **持って参上する。差し上げる。** 源氏物語〔平安｜物語〕若紫「僧都(そうづ)、琴(きん)をみづからもてまゐりて」訳僧都は、琴をみずから持って参上して。

もて‐ゆ・く

一【持て行く】他動詞カ四{か/き/く/く/け/け}「もていく一」に同じ。宇治拾遺〔鎌倉｜説話〕二・二「ただ一人愛宕(あたご)の山にもてゆきて」訳たったひとりで、愛宕の山に持って行って。

二【もて行く】自動詞カ四{か/き/く/く/け/け}(他の動詞の連用形に付いて)「もていく二」に同じ。伊勢物語〔平安｜物語〕八二「夜(よ)あけもてゆくほどに」訳夜がしだいに明けてゆくころに。◆「もて」は接頭語。

もて‐わた・る【持て渡る】自動詞ラ四{ら/り/る/る/れ/れ} **持って行く。持って来る。** 枕草子〔平安｜随筆〕春はあけぼの「火など急ぎおこして、炭もてわたるもいとつきづきし」訳炭火などを急いでおこして、炭を持って行くのもいかにも(冬の朝に)たいそう似つかわしい。

もて‐わづら・ふ【もて煩ふ】(モテワズラウ/モテワズロウ) 自動詞ハ四{は/ひ/ふ/ふ/へ/へ} **もてあます。処置に悩む。** 竹取物語〔平安｜物語〕御門の求婚「この女(め)の童(わらは)は、絶えて宮仕へ仕うまつるべくもあらず侍(はべ)るを、もてわづらひ侍り」訳この女の子は、まったく宮仕えをいたしそうにもございませんので、もてあましております。◆「もて」は接頭語。

もと[1]【本・元】

一 名詞

❶**根もと。幹。** 竹取物語〔平安｜物語〕かぐや姫の生ひ立ち「その竹の中に、もと光る竹なむ一筋ありける」訳その竹の中で、根もとが光る竹が一本あった。

❷**下の方。かたわら。付近。ほとり。** 徒然〔鎌倉｜随筆〕一三「ひとり灯火(ともしび)のもとに文(ふみ)を広げて」訳ひとりで灯火の下に書物を広げて。◇「下」とも書く。

❸**(人のいる)所。** 伊勢物語〔平安｜物語〕九「京に、その人の御もとにとて、文(ふみ)書きてつく」訳都へ、ある人のいらっしゃる所にと思って、手紙を書いて託す。◇「許」とも書く。

❹**以前からのもの。昔からあるもの。** 方丈記〔鎌倉｜随筆〕「ゆく河の流れは絶えずして、しかも、もとの水にあらず」訳流れていく川の流れは絶えることがなくて、なおその上に、以前からあった水ではない。◇「旧」「故」とも書く。

❺**基本。根本。よりどころ。原因。** 徒然〔鎌倉｜随筆〕一八四「世を治むる道、倹約をもととす」訳世の中を治める方法は、倹約を基本とする。

❻**はじめ。起こり。起源。** 徒然〔鎌倉｜随筆〕二一四「『想夫恋(さうふれん)』といふ楽(がく)は、…もとは『相府蓮(さうふれん)』、文字の通へるなり」訳「想夫恋」という音楽は、…はじめは「相府蓮」という名で、「想夫恋」と音(おん)が通じているのだ。

❼**(和歌の)上(かみ)の句。** 枕草子〔平安｜随筆〕清涼殿の丑寅のすみの「歌どものもとを仰せられて、『これが末(すゑ)、いかに』と問はせ給(たま)ふに」訳多くの歌の上の句を仰せになられて、「この下の句は何か」とお尋ねになるので。

二 副詞 **以前に。以前から。** 古今〔平安｜歌集〕哀傷・詞書「もとありし前栽(せんざい)もいと繁(しげ)く荒れたりけるを見て」訳以前にあった庭の植え込みもたいそうひどく荒れているのを見て。

‐もと[2]【本】接尾語 **…本。…株。** ▼草木の数を表す。「ひともと」「五(い)つもと柳」

もと‐あら【本荒・本疎】名詞 草木の根ぎわの葉がまばらなこと。

もと‐うた【本歌】名詞「ほんか」に同じ。

もどか・し 形容詞シク{(しく)/しく・しから/し/しき・しかる/しけれ/しかれ} ❶**非難したくなるようすである。気にくわない。** 源氏物語〔平安｜物語〕夢浮橋「急がるる心の、我ながらもどかしきになむ」訳気がせかれてならない気持ちが、自分ながら気にくわなくてね。❷**じれったい。歯がゆい。** 枕草子〔平安｜随筆〕はづかしきもの「男は、うたて思ふさまならず、もどかしう心づきなきことなどありと見れど」訳男は、(相手

も

の女が）いやで自分の思うとおりでなく、歯がゆく気に入らないことがあると思っていても。◇「もどかしう」はウ音便。

もと-かしは【本柏】名詞 ❶冬も落ちずに付いている、柏の古い葉。大嘗会のとき、その葉をひたした酒を神に供えた。❷古くからあるもの。本来のもの。◆「もとがしは」とも。

もどき【擬き・牴牾き】名詞 ❶似せて作ること。また、似せて作ったもの。❷非難。

もど・く 他動詞カ四｛か／き／く／く／け／け｝ ❶張り合っていかにもそれらしく振る舞う。**まねる。似せる。** 宇津保 平安－物語 俊蔭「この七歳なる子、父をもどきて、高麗人と文を作り交はしければ」訳この七歳になる子どもは、父親をまねて、高麗の人と漢詩を作り交換したので。❷**非難する。悪口を言う。** 枕草子 平安－随筆 思はむ子を『ねぶりをのみして』などもどかる」訳「眠ってばかりいて」などと非難される。

もと-じろ【本白】名詞 矢羽の一種。黒い羽のもとの方が白いもの。

もと-すゑ【本末】名詞 ❶（草・木の）**根元と枝葉。** 延喜式 平安－格式 祈年祭「大木・小木を、もとすゑうち切りて持ち参ゐ来て」訳大木・小木を、根元と枝葉を切り払って持って来て。❷**根本と末端。下端と上端。始めと終わり。** ❸（歌の）**上の句と下の句。** 枕草子 平安－随筆 うれしきもの「恥づかしき人の、歌のもとすゑ問ひたるに」訳こちらが気恥ずかしくなるほどりっぱな方が、歌の上の句と下の句をたずねたときに。❹神楽歌で、本方の歌と、末方の歌。

もと-だち【本立ち】名詞 **草木の根元。草木の根ぎわの立ちぐあい。** 源氏物語 平安－物語 蓬生「遣水かき払い、前栽のもとだちも涼しうしなしなどして」訳遣水（のごみ）を取り除き、前栽の根元もすっきりとさせて。

もと-つ-くに【本つ国】名詞 **本国。ふるさと。**◆「つ」は「の」の意の奈良時代以前の格助詞。

もと-つ-ひと【元つ人】名詞 **昔なじみの人。**◆「つ」は「の」の意の奈良時代以前の格助詞。

もと-どり【髻】名詞 髪を頭の上に集めて束ねたところ。髪の根もと。「たぶさ」とも。◆「本取り」の意。

もとどり-き・る【髻切る】連語 髻（髪の根もと）の部分から髪を切ること。転じて、仏門に入ること。出家をすること。平家物語 鎌倉－物語 一〇・横笛「滝口十九にて菩提心をおこし、もとどりきりて、嵯峨の奥、往生院といふ所に、行ひすましてゐたりけるに」訳滝口（時頼）は十九歳の時に悟りを求めようとする心を起こし、髪を切り出家をして、嵯峨の奥にある「往生院」という所で、修行に専念していたところ。

もとどり-はな・つ【髻放つ】連語 **冠などをかぶらず、髻をあらわにする。**▼ぶかっこうなさまとされる。枕草子 平安－随筆 むとくなるもの「翁のもとどりはなちたる」訳老人が頭に何もかぶらないで髻をあらわにしているの。

もとな 副詞 **わけもなく。むやみに。しきりに。** 万葉集 奈良－歌集 八〇二「まなかひにもとなかかりて安眠し寝なさぬ」訳⇒うりはめば…。◆奈良時代以前の語。

もと-は【本葉】名詞 草木の根に近い方にある葉。早く色づいて散る。対末葉。

もと-へ【本方・本辺】名詞 ❶**もとの方。根元のあたり。** 古事記 奈良－史書 応神「もとへは君を思ひ出で末辺は妹を思ひ出で」訳根元のあたりを見て天皇を思い出し、こずえの方を見ては妻を思い出し。❷**山のふもとのあたり。** 万葉集 奈良－歌集 三二二二「もとへは馬酔木花咲き末辺は椿花咲く」訳山のふもとあたりには馬酔木の花が咲き、山頂の方には椿の花が咲く。◆奈良時代以前の語。対❶❷末辺。

もとほ・す【廻す】他動詞サ四｛さ／し／す／す／せ／せ｝ **巡らす。回す。** 古事記 奈良－史書 神代「垣を作りもとほし、その垣に八門を作り」訳垣根を作り巡らし、その垣に八つの入り口を作り。

もとほ・る【廻る】自動詞ラ四｛ら／り／る／る／れ／れ｝〔多く「立つ」「行く」「這ふ」などの連用形に付いて〕**巡る。回る。** 古事記 奈良－史書 神武「細螺のい這ひもとほり撃ちてし止まむ」訳したたみ（＝貝の名）のようにはい回り撃ち滅ぼしてしまおう。◆奈良時代以前の語。

日本語のこころ　**雁もどき**

「雁もどき」という食品がありますが、「雁もどき」の語源として、雁の肉に似た味がする食品と解するのが一般になっています。しかし豆腐に人参やひじきを入れて油で揚げて、雁の肉に似た味のものができるはずはありません。「もどく」という言葉は現在では、まねをするという意味に使われていますが、この「もどく」は、もともとは『源氏物語』などでは、「競争する」「張り合う」という意味で使われております。雁の肉はおいしいという評判です。この大豆食品はそれに負けないぞという意味の命名ではないかと思います。

冬の庭を飾る庭木に「梅もどき」がありますが、ちっとも梅に似ておりません。あれも、梅にはおとらずこっちもきれいだぞ負けないぞと張り合っている意味の命名ではないでしょうか。

それならばなぜ「もどき」という言葉を似たものと解釈するようになったのでしょうか。柳田国男氏の『昔話覚書』という本によると、室町以後の民間の芸能では、モドキという役があって、それは舞台の上で、主人公に敵意を含んだ応答をする。その一つに相手の動作を次々とまねていくものがあり、たいへん人気がありました。それがもとになって、敵対する意味のモドキが、まねをする意味に解されるようになったものと思います。

もとほろ・ふ【廻ろふ】自動詞ハ四｛は／ひ／ふ／ふ／へ／へ｝「もとほる」に同じ。古事記 奈良－史書 神武「這ひもとほろふ細螺の」訳はい回るしただみ（＝貝の名）の。◆動詞「もとほる」の未然形＋反復継続の助動詞「ふ」からなる「もとほらふ」の変化した語。

もと・む【求む】他動詞マ下二｛め／め／む／むる／むれ／めよ｝ ❶**さがし求める。** 枕草子 平安－随筆 中納言まゐり給ひて「おぼろけの紙は、え張るまじければ、もとめ侍るなり」訳普通の紙は張ることができないので、さがし求めております。❷**手に入れたいと願う。** 徒然 鎌倉－随筆 二一七「この義を守りて利をもとめん人は」訳このような道理を守って利益を手に入れたいと願うような人は。❸誘い出す。招く。徒然 鎌倉―随筆 一二九「薬を飲みて汗をもとむるには」訳薬を飲んで汗をかこうとするときには。❹買い求める。買う。末広がり 室町―狂言 狂言「今から都へ上つて、末広がりをもとめて来い」訳今から都へ行って、扇を買って来い。

もとめ-い・づ【求め出づ】モトメイズ 他動詞ダ下二〔で/で/づ/づる/づれ/でよ〕探し出す。見つけ出す。大鏡 平安―物語 道長上「これもとめいでたらむ所には一伽藍(がらん)を建てむ」訳これ(=天皇が落とされた琴の爪)を探し出したならば、その場所には寺院を一つ建てよう。

もとめ-いとな・む【求め営む】他動詞マ四〔ま/み/む/む/め/め〕手に入れようと努める。徒然 鎌倉―随筆 一二三「この四つの外(ほか)をもとめいとなむを奢(おご)りとす」訳この四つ(=食・衣・住・薬)以外のものを手に入れようと努めるのをぜいたくとする。

もとめ-か・ふ【求め飼ふ】モトメカウ 他動詞ハ四〔は/ひ/ふ/ふ/へ/へ〕探し出して飼う。手に入れて飼う。徒然 鎌倉―随筆 一二一「家ごとにあるものなれば、殊更(ことさら)にもとめかはずともありなん」訳(犬は)どの家にもいるものであるから、わざわざ手に入れて飼わなくてもすむであろう。

もとも【尤も・最も】副詞「もっとも」に同じ。

もとも・なり【尤もなり】形容動詞ナリ「もっともなり」に同じ。

もと-ゆひ【元結ひ】モトユイ 名詞 髻(もとどり)を結い束ねる糸。古くは麻糸または組み糸、のちにはこよりを水引きのようにのりで固めたものを用いた。「もとひ」とも。

元良親王(もとよししんのう) モトヨシシンノウ 人名 (八九〇～九四三)平安時代前期の歌人。陽成(ようぜい)天皇の皇子。多くの女性と交渉をもち、恋歌に巧みで、『大和物語』に逸話がある。『後撰(ごせん)和歌集』以下の勅撰集に入集。家集『元良親王集』がある。

もと-より【元より・固より】副詞

なりたち 名詞「もと」に格助詞「より」の付いたかたちが一語化したもの。

❶以前から。昔から。伊勢物語 平安―物語 九「もとより友とする人一人二人して行きけり」訳以前から友人としている人一人二人とともに行った。❷もともと。元来。土佐日記 平安―日記 二・七「船君(ふなぎみ)の病者(ばうざ)、もとよりこちごちしき人にて」訳船の御主人である病人(=紀貫之(つらゆき))は、元来無風流な人で。

もどろ-か・す 他動詞サ四〔さ/し/す/す/せ/せ〕❶まだらにする。枕草子 平安―随筆 あはれなるもの「すりもどろかしたる水干(すいかん)といふ袴(はかま)を着せて」訳模様を染め出しまだらにしてある水干という袴をはかせて。❷まどわす。今昔物語 平安―説話 四・一二「国王より始めて、民に至るまで心をもどろかし」訳国王をはじめとして民に至るまで心をまどわし。

もどろ・く 一 自動詞カ四〔か/き/く/く/け/け〕錯乱する。紛れ乱れる。(目が)くらみ乱れる。大鏡 平安―物語 道長上「あまりなることは、目ももどろく心地なむしたまひける」訳(道長公の振る舞いの)あまりにもったいないことには、目もくらみ乱れる気持ちがしなさった。

二 他動詞カ下二〔け/け/く/くる/くれ/けよ〕まだらの模様をつける。入れ墨をする。

本居宣長(もとおりのりなが) モトオリノリナガ 人名 (一七三〇～一八〇一)江戸時代後期の国学者。伊勢国(いせのくに)(=三重県)松阪の人。号は鈴屋(すずのや)。医学のほかに古典を学び、研究と著述に従い、三十五年の年月をかけて『古事記伝』を完成した。ほかに注釈書『源氏物語玉の小櫛(をぐし)』、随筆『玉勝間(たまかつま)』などの著書がある。

本居春庭(もとおりはるにわ) モトオリハルニワ 人名 (一七六三～一八二八)江戸時代後期の国学者。宣長(のりなが)の子。号は後鈴屋(のちのすずのや)。伊勢(=三重県)松阪の人。和歌・国学にすぐれ三十二歳のとき失明したが、父の家学を継承した。用言の研究書に『詞八衢(ことばのやちまた)』『詞通路(ことばのかよいぢ)』、家集に『後鈴屋集』がある。

も-なか【最中】名詞 ❶真ん中。中央。中心。今昔物語 平安―説話 二五・三「良文(よしふみ)、充(みつる)がもなかに箭(や)を押しあて」訳良文が充(=人名)の真ん中にねらいをつけて。❷まっ盛り。最盛期。

も-ぬ・く【蛻く】自動詞カ下二〔け/け/く/くる/くれ/けよ〕(蛇や蟬(せみ)などが)殻を脱ぐ。脱皮する。源氏物語 平安―物語 若菜下「もぬけたる虫の殻などのやうに、まだいとただよはしげにおはす」訳脱皮した虫の殻などのように、まだとても頼りない感じでいらっしゃる。

もの[1]【物】名詞

❶物。衣服・飲食物・楽器など形のある存在。▼前後の関係からそれとわかるので明示せずにいう。源氏物語 平安―物語 須磨「ものの色、し給(たま)へる様など、いと清らなり」訳衣服の色、なさっているようすなど、大変すばらしい。

❷物事。もの。芸能・音楽・行事など形のない存在。▼前後の関係からそれとわかる事柄を明示せずにいう。源氏物語 平安―物語 絵合「道々に、ものの師あり」訳物事のそれぞれの分野に、物事の(=その道の)師匠がいる。

❸もの。こと。▼思ったり話したりすることの内容。竹取物語 平安―物語 かぐや姫の昇天「常よりももの思ひたるさまなり」訳いつもよりもものを思っているようすである。

❹人。者。竹取物語 平安―物語 かぐや姫の生ひ立ち「竹取の翁(おきな)といふものありけり」訳竹取の翁という人がいたということだ。◇「者」とも書く。

❺ある所。枕草子 平安―随筆 僧都の御乳母のままなど「あからさまにものにまかりたりしほどに」訳ちょっとある所に出かけていた間に。

❻怨霊(おんりょう)。鬼神。物の怪(け)。超自然的な恐ろしい存在。竹取物語 平安―物語 かぐや姫の昇天「ものにおそはるるやうにて、あひ戦はむ心もなかりけり」訳何か恐ろしいものに脅かされるような状態で、戦い合おうという気持ちもなくなったのであった。

もの[2] 接続助詞《接続》活用語の終止形・連体形に付く。

江戸時代の語。活用語の終止形、連体形に接続して、順接の確定条件を表す。…から。…のだから。好色伝授 江戸―歌舞「侍の娘でござるもの、何の偽(いつは)りがござりましょ」訳さむらいの娘ですから、すこしもいつわりなどないことです。

もの[3] 〔終助詞〕《接続》活用語の連体形に付く。

語義の扉
活用語の連体形に付いて、感動、詠嘆の意を表す。
❶〔逆説的〕…のになあ。…のだがなあ。
❷〔順接的〕…だからなあ。

❶奈良時代以前の語。逆接的なニュアンスを込めて感動、詠嘆の意を表す。**…のになあ。…のだがなあ。** 〔万葉集 奈良―歌集〕八七六「天飛ぶや鳥にもがもや都まで送りまをして飛び帰る**もの**」〔訳〕空を飛び翔ける鳥であったらいいなあ。そうしたら、あなたを都までお送りして飛びかえることができる**のになあ**。❷順接的なニュアンスを込めて感動、詠嘆の意を表す。**…だからなあ。** 〔卯月潤色 江戸―浄瑠〕浄瑠・近松「もっともぢや、もっともぢや、道具屋の娘ぢや**もの**」〔訳〕その通り、その通り、わたしは道具屋の娘**だからなあ**。

古典の常識 『平安貴族の生活❹』―遊び

遊びとは好きな事をして楽しく過ごすことであり、主に奈良時代以前では狩りや行楽、平安時代では詩歌を作る、管弦を奏するなどのことを表したが、ここでは娯楽・遊戯に限って述べる。

貴族たちの宮中での生活は、朝は六時半ごろから始まったが、仕事は昼までで終わった。また女性たちは仕事をしないので、時間が十分にあった。このひまをうめたのが遊び（娯楽）だった。野外では春の若菜つみ、桜狩り、紅葉狩りなどのほか、蹴鞠・弓争いなどのスポーツ、毎月いくつか行われる年中行事や祭りへの参加などであった。

室内の遊びはもっとさかんで、姫君たちは物語を読んでひまをまぎらすことが多かった。ゲームとしては囲碁・双六（将棋に近いもの）があった。また二組みに分かれて双方の品物の優劣を競う物合わせがさかんで、草合わせ・花合わせ・根合わせ（＝しょうぶの根の長さを競う）・扇合わせ・貝合わせなどが行われた。

もの-[4]【物】〔接頭語〕〔形容詞・形容動詞などに付いて〕なんとなく…。▼漠然とした様態を表す語を作る。「**もの**恐ろし」「**もの**めづらし」「**もの**はかなし」「**もの**清げ」「**もの**まめやか」

もの-あつかひ【物扱ひ】〔名詞〕取り扱い。世話焼き。

もの-あはせ【物合はせ】〔名詞〕二方に分かれ、物を比べ合わせて優劣を競う遊び。歌合わせ・絵合わせ・花合わせ・根合わせ・貝合わせなど。

もの-あはれ・なり【物哀れなり】〔形容動詞〕ナリ〔なら/なり・に/なり/なる/なれ/なれ〕なんとなくしみじみとしている。〔枕草子 平安―随筆〕野分のまたの日こそ「**ものあはれなる**気色に見出だして」〔訳〕**なんとなくしみじみとした**ようすで庭を眺めて。◆「もの」は接頭語。

もの-あらがひ【物諍ひ】〔名詞〕口争い。言葉でさからうこと。

ものいはぬ… 〔和歌〕「物言はぬ　四方の獣　すらだにも　哀れなるかな　親の子を思ふ」〔金槐 鎌倉―歌集〕雑・源実朝〔訳〕口をきかない、いたる所にいる獣でさえも、しみじみと胸を打たれることよ。親が子を大切に思うようすには。

〔鑑賞〕この歌は、「まして人間ならば、親が子を愛するのは、なおさらのことである」ということを言外に言っている。

もの-いひ【物言ひ】〔名詞〕❶物の言いぶり。言葉づかい。〔源氏物語 平安―物語〕宿木「げにあが君や。幼の御**ものいひ**や」〔訳〕いかにも、わが君よ。幼稚なお**言葉づかい**をなさるのですね。❷うわさ。風評。〔源氏物語 平安―物語〕帚木「隠ろへ事をさへ語り伝へけむ、人の**ものいひ**さがなさよ」〔訳〕隠し事までをも語り伝えた、という人の、**うわさ**のたちの悪さよ。❸話の上手な人。口の達者な人。おしゃべり。〔源氏物語 平安―物語〕帚木「隈なき**ものいひ**も定めかねて」〔訳〕何でも知っている**口の達者な人**も決めかねて。❹言い争い。口げんか。

もの-い・ふ【物言ふ】〔自動詞〕ハ四〔は/ひ/ふ/ふ/へ/へ〕❶口に出して言う。口をきく。〔万葉集 奈良―歌集〕三四八一「家の妹に**ものいは**ず来にて思ひ苦しも」〔訳〕家の妻に**口をきか**ずに来てしまって心苦しいことだ。❷気のきいたことを言う。〔土佐日記 平安―日記〕一・二二「この言葉、何とにはなけれども、**ものいふ**やうにぞ聞こえたる」〔訳〕この言葉は、どうということはないけれども、**気のきいたことを言う**ように聞こえた。❸男女が情を通わせる。〔伊勢物語 平安―物語〕四五「いかでこの男に**ものいは**むと思ひけり」〔訳〕どうにかしてこの男と**情を通じ**ようと思っていた。

もの-いみ【物忌み】〔名詞〕
❶神事に先立って、一定期間、飲食・言行などを慎んで心身を清めること。〔日本書紀 奈良―史書〕崇神「天皇すなはち沐浴**ものいみ**して、殿の内を潔浄まはりて」〔訳〕天皇は、すぐに体を洗い、**心身の清め**をし、御殿の内をはき清めて。❷陰陽道で日や方角が悪いとされるときに、一定期間、家にこもって心身を慎むこと。〔枕草子 平安―随筆〕すさまじきもの「『御**ものいみ**とて取り入れず』と言ひて持て帰りたる」〔訳〕「御**物忌み**であると言って手紙を受け取らない」と言って持って帰るのは。❸「物忌み」であることを示すために、柳の木片や紙に「物忌」と書いた札。冠・烏帽子や衣服、すだれなどにつける。〔枕草子 平安―随筆〕節は「若き人々、菖蒲の挿し櫛さし、**ものいみ**つけなどして」〔訳〕若い女房たちが、菖蒲の挿し櫛をさし、**物忌みの札**を付けなどして。

ものう-が・る【物憂がる】〔自動詞〕ラ四〔ら/り/る/る/れ/れ〕なんとなくおっくうがる。気が進まないと思う。〔源氏物語 平安―物語〕少女「浅葱の心やましければ、内裏へ参ることもせず、**ものうがり**給ふを」〔訳〕（夕霧は）六位の浅葱色が不満なので、宮中へ参上することもせず、**なんとなくおっくうがり**なさるが。◆「がる」は接尾語。

ものう-げ・なり【物憂げなり】〔形容動詞〕ナリ〔なら/なり・に/なり/なる/なれ/なれ〕なんとなく気が進まないようすだ。おっくうそうだ。つらそうだ。〔枕草子 平安―随筆〕すさまじきもの「下衆男、いと**ものうげに**歩みくるを」〔訳〕下男が、たいそう**おっくうそうに**歩いてくるのを。◆「げ」は接尾語。

古典の常識

『陰陽道と方塞がり・方違へ・物忌み』

中国古代の陰陽五行説に基づく、陰陽道という天文・暦・易に関する学問が、六世紀ごろに日本に伝わった。日本では陰陽寮という役所で、天文・暦・時刻・気象などを扱い、吉凶・禍福などを占った。五行とは「木・火・土・金・水」で、自然のすべてはこの五要素によって運行されるとする。五行を兄(陽)と弟(陰)に分けたものが十干で、十二支と組み合わせて年や日を表すのに用いられた(⇩資料20)。

陰陽道は政治から天皇・貴族の生活にまで深くかかわり、禁忌(=タブー)が日常生活全般を支配した。それが「方塞がり」「方違へ」「物忌み」である。吉凶禍福をつかさどる天一神や戦い・凶事をつかさどる太白神が八方を巡行しており、その神のいる方角へ向かうとたたりがあるとされる。この状態が方塞がりで、外出の時別の家に泊まるなどして方角を変えることが方違えである。方角や運勢の悪いとされる時に、家にこもって身を慎むことが物忌みである。

語。

もの-う・し【物憂し】形容詞ク{(く)・から/く・かり/し/き・かる/けれ/かれ}
❶**なんとなくおっくうだ。なんとなく心が晴れない。**方丈記 鎌倉―随筆「もし、念仏ものうく読経まめならぬときは」訳もし、念仏をとなえるのがなんとなくおっくうで、お経を読むのも熱心でないときは。
❷**つらい。嫌だ。**平家物語 鎌倉―物語 一〇・海道下「さらでも旅はものうきに、心を尽くす夕まぐれ」訳そうでなくても旅はつらいのに、しきりに物思いをする夕暮れどきに。◆「もの」は接頭語。

もの-うじ【物倦じ】名詞 **倦怠**。飽きて嫌になること。おっくう。源氏物語 平安―物語 玉鬘「あはれと思ひし人の、ものうじしてはかなき山里に隠れ居にけるを」訳いとしいと思ってた人が、嫌になって、取るに足りない山里に隠れ住んでいたのだが。◆「ものうんじ」の撥音「ん」が表記されない形。

もの-うたがひ【物疑ひ】モノウタガイ 名詞 疑いやねたみをもつこと。枕草子 平安―随筆 くるしげなるもの「わりなくものうたがひする男に、いみじう思はれたる女」訳むやみに疑いをもつ男に深く愛された女。

もの-うと・し【物疎し】形容詞ク{(く)・から/く・かり/し/き・かる/けれ/かれ}**なんとなく親しみにくい。なんとなくいやな感じだ。**源氏物語 平安―物語 夕顔「冷え入りにたれば、気配、ものうとくなりゆく」訳すっかり冷たくなってしまったので、ようすはなんとなくいやな感じになっていく。◆「もの」は接頭語。

もの-うらみ【物恨み】名詞／―す 自動詞サ変 **なんとなく嫉妬し恨むこと。**源氏物語 平安―物語 若菜上「まだきに騒ぎて、あいなきものうらみし給ふな」訳事前に騒ぎ立てて、つまらない嫉妬しなさるな。

もの-うらめ・し【物怨めし】形容詞シク{(しく)・しから/しく・しかり/し/しき・しかる/しけれ/しかれ}**なんとなく恨めしい。**源氏物語 平安―物語 幻「中ごろ、ものうらめしうおぼしたる気色の、時々見え給ひしなどを」訳少し以前に、(紫の上が源氏を)なんとなく恨めしく思っていらっしゃったようすが、時々見えなさったことなどを。◆「もの」は接頭語。◇「ものうらめしう」はウ音便。

もの-うらやみ【物羨み】名詞／―す 自動詞サ変 うらやみ、ねたむこと。枕草子 平安―随筆 にくきもの「ものうらやみし、身の上嘆き」訳(人のことを)うらやみ、わが身の上を嘆き。

もの-うららか・なり【物麗かなり】形容動詞ナリ{なら/なり・に/なり/なる/なれ/なれ}**どことなくのどかだ。**源氏物語 平安―物語 柏木「三月になれば、空の気色もものうららかにて」訳三月になると、空のようすもどことなくのどかであって。◆「もの」は接頭語。

もの-うんじ【物倦じ】名詞「ものうじ」に同じ。

もの-おそろ・し【物恐ろし】形容詞シク{(しく)・しから/しく・しかり/し/しき・しかる/しけれ/しかれ}**なんとなく恐ろしい。薄気味悪い。**源氏物語 平安―物語 野分「ものおそろしかりぬべかりつる夜のさまなれば」訳きっとそら恐ろしかったに違いない昨夜のようすなので。◆「もの」は接頭語。

もの-おぢ【物怖ぢ】モノオジ 名詞 怖がること。おびえておどおどすること。源氏物語 平安―物語 若菜上「心あわただしげに、ものおぢしたるけはひどもなり」訳気が落ち着かないようすで、おびえておどおどすることをしている気配である。

もの-おぼ・ゆ【物覚ゆ】自動詞ヤ下二{え/え/ゆ/ゆる/ゆれ/えよ}
❶**意識がはっきりとする。正気になる。**源氏物語 平安―物語 椎本「あさましく、ものおぼえぬ心地して」訳ただ驚くばかりで、正気でいられない心地がして。
❷**物心がつく。**大鏡 平安―物語 道長上「ものおぼえての後は、かかる事候はぬものをや」訳物心がついてから後は、このような事はございませんのになあ。

もの-おもは・し【物思はし】モノオモワシ 形容詞シク{(しく)・しから/しく・しかり/し/しき・しかる/しけれ/しかれ}**何かと物思いせずにはいられない。心配ごとが絶えない。**源氏物語 平安―物語 若菜下「はかなきことにてもものおもはしく」訳ちょっとしたことでも何かと物思いせずにはいられなく。

もの-おもひ【物思ひ】モノオモイ 名詞 **思い悩むこと。心配。**「ものもひ」とも。竹取物語 平安―物語 かぐや姫の昇天「この衣着つる人は、ものおもひなくなりにければ」訳この羽衣を着た人は、思い悩むことがなくなってしまったので。

もの-おも・ふ【物思ふ】モノオモウ 自動詞ハ四{は/ひ/ふ/ふ/へ/へ}**物思いにふける。思い悩む。**竹取物語 平安―物語 かぐや姫の昇天「月のおもしろく出でたるを見て、常よりもものおもひたるさまなり」訳(かぐや姫は)月が趣深く出ているのを見て、いつもよりも物思いにふけっているようすである。

ものおもへば… 和歌「物思へば 沢の蛍も 我が身より あくがれ出づる たまかとぞ見る」後拾遺 平安―歌集 雑六・和泉式部 訳物思いをしていると、沢を飛び交っている蛍の火も、自分の身から離れ、さまよい出た魂ではないかと見えたことだ。

鑑賞 詞書によると、男に忘れられたころ、貴船神社を参詣し川に飛ぶ蛍を見て詠んだとある。当時は、ひどく思い悩むと魂が身体から遊離すると言われていた。恋の悩みを神に訴えかけた歌。『後拾遺和歌集』では、この返歌として、貴船明神が男の声で詠んだという歌を載せる。

もの-か* 連語

なりたち 形式名詞「もの」＋終助詞「か」

❶…ものか。…ていいものか。▼非難の意をこめて問い返す意を表す。源氏物語 平安―物語 夕顔「人離れたる所に、心とけて寝ぬる**ものか**」訳人気のない所で、安心して寝込んでしまって**ていいものか**。❷(なんとまあ)…ことよ。(驚いたことに)…ではないか。▼意外な事態に驚いたときの強い感動を表す。土佐日記 平安―日記 二・五「『欲しきものぞおはすらむ』とは、今めくも**ものか**」訳「欲しいものがおありなのでしょう」とは、**なんとまあ**当世風であること**よ**。

参考 活用語の連体形に接続する。

もの-がくし【物隠し】 名詞 隠し立て。包み隠すこと。

もの-かず【物数】 名詞 ❶品物の数。物の数。五人女 江戸―物語 浮世・西鶴「取り集めて**ものかず**二十三」訳取り集めて**品数**二十三。❷多数。多くのもの。風姿花伝 室町―論 一「およそそのころ、**ものかず**をば、はや初心に譲りて」訳だいたいそのころ、**多くの曲**を、早くも初心者(の私)に譲って。❸言葉数。口数。一代女 江戸―物語 浮世・西鶴「むつかしく見せて、**ものかず**言はぬこそよけれ」訳とっつきにくそうに見せて、**言葉数**多く言わないのがよい。

もの-がたら・ふ【物語らふ】 他動詞 八四 {は/ひ/ふ/ふ/へ/へ} 物事を語り合う。男女が一夜を共にすごす。伊勢物語 平安―物語 二「かのまめ男、うち**ものがたらひて**帰り来て」訳例の誠実な男が、**一夜を共にすごして**帰ってきて。

もの-がたり[1]**【物語】** 名詞

❶話。談話。雑談。話をすること。枕草子 平安―随筆 雪のいと高う降りたるを「炭櫃に火おこして、**ものがたり**などして集まりさぶらふに」訳角火鉢に火をおこして、(わたしたち女房が)**話**などして集まって(中宮のおそばに)お控え申し上げているときに。

❷散文の文学作品。⇩物語 文芸。源氏物語 平安―物語 絵合「**ものがたり**の出で来始めの親なる竹取の翁に、宇津保の俊蔭を合はせて争ふ」訳**物語**のでき始めの元祖である『竹取の翁の物語』に、『宇津保物語』の俊蔭を対比させて(絵の)優劣を競う。

物語[2] 文芸 文学の形式の一つ。平安時代から室町時代にかけて作られた、創作による読み物。作り物語(『竹取物語』『源氏物語』など)、歴史物語(『大鏡』など)、歌物語(『伊勢物語』など)、説話物語(『今昔物語集』など)、軍記物語(『平家物語』など)などの種類がある。平安時代の物語は、多く貴族の子女を読者とするもので、数多くあったが、現存するものはわずかである。なお、鎌倉時代に、平安時代の作り物語を模倣して作られた物語を「擬古物語」という。

もの-かな 連語 …ものだなあ。▼活用語の連体形に付いて、強い感動・詠嘆を表す。竹取物語 平安―物語 貴公子たちの求婚「うれしくものたまふ**ものかな**」訳うれしいことをおっしゃる**ものだなあ**。◆「かな」は終助詞。

もの-がな・し【物悲し】 形容詞 シク {(しく)・しから/しく・しかり/し/しき・しかる/しけれ/しかれ} なんとなく悲しい。もの悲しい。伊勢物語 平安―物語 八三「つれづれといと**ものがなしく**ておはしましければ」訳手持ちぶさたでたいそう**なんとなく悲しい**ごようすでいらっしゃるので。◆「もの」は接頭語。

もの-かは[1] 終助詞 《接続》活用語の連体形に付く。

なりたち 形式名詞「もの」に係助詞「かは」が付いて一語化したもの。

❶〔反語〕…だろうか、いやそうではない。徒然 鎌倉―随筆 一三七「花は盛りに、月は隈なきをのみ見る**ものかは**」訳桜の花は満開のときに、月はかげりのない満月のときにだけ見るものであろう**か、いや、そうではない**。

❷〔強い感動〕なんと…ではないか。大鏡 平安―物語 道長上「同じものを中心には当たる**ものかは**」訳**なんと**同じ(当たるという)ものでも、(的の)中心に当たる**ではないか**。

もの-かは[2] 連語

なりたち 形式名詞「もの」＋係助詞「かは」

取り立てて言うほどではない。ものの数ではない。新古今 鎌倉―歌集 恋三「待つ宵に更けゆく鐘の声聞けば飽かぬ別れの鳥は**ものかは**」訳⇩まつよひに…。

もの-から 接続助詞 《接続》活用語の連体形に付く。

語義の扉

形式名詞「もの」と格助詞「から」が複合して一語化した助詞で、活用語、主に、動詞、形容詞、形容動詞、助動詞の連体形に接続する。

❶逆接の確定条件。…ではあるが。…ものの。…けれども。…のに。

❷順接の確定条件。…ので。…ものだから。

なお、❶の用法は、既に奈良時代以前から見え、いっぽうの❷の用法は鎌倉時代ごろから新しく用いられた。

❶〔逆接の用法〕…ではあるが。…ものの。…けれども。…のに。万葉集 奈良―歌集 三〇七八「玉葛絶えぬ**ものから**さ寝らくは年の渡りにただ一夜のみ」訳どこまでものびひろがる葛の蔓のように私たち二人の仲は絶えることがないのだ**けれども**、残念なのは二人の共寝できるのか一年のうちにたったこの夜一晩だけであることだよ。◇七夕の晩だけ牽牛と逢う織女の立場に立って、逢瀬の乏しさを歌ったもの。

❷〔順接の用法〕…ので。…ものだから。奥の細道 江戸―紀行 末の松山「ひなびたる調子うち上げて、枕近うかしましけれど、さすがに辺土の遺風忘れざる**ものから**、殊勝に覚えらる」訳(この奥浄瑠璃は)田舎びた調子で声をはりあげて語るので、枕元で語られてはやかましいけれども、さすがに片田舎に受け継がれた芸能を忘れ去ることなく伝えている**のだから**ことさら感じ入ったことである。

発展 「ものから」は奈良時代以前から用いられて、平安時代の中ごろに和歌でも散文でも口頭語としてもさかんに使用されたが、のち文語化し、鎌倉時代以降は擬古的表現として用いられるようになり、その中で「ものから」の「から」に接続助詞「から」の原因、理由を表す場合からの誤解が生じ、❷の順接の用法が生

も

まれた。したがって、平安時代までは逆接の意としての読解で押し通して妥当であるが、鎌倉時代以降の用例については、文脈に合わせた注意深い解釈が必要である。ただし、江戸時代以降は、順接の用法が主流である。たとえば、❷の例に示した「奥の細道」の中には、もうひとつ、

弥生も末の七日、曙の空朧々として、月は有明にて光をさまれるものから、富士の峰かすかに見えて、上野、谷中の花の梢、またいつかはと心細し。

の例があり、これを逆接の用法と解する説もあるが、この時期の用例のありよう、また、表現論的観点から、この条の芭蕉の心中に、「源氏物語」「帚木」の

月は有明にて、光をさまれるものから、影さやかに見えて、なかなかをかし曙なり。

との対比的構築の意図の存在を想定するなら、やはりこれも順接の用法と見るのが妥当であろう。

もの-がら【物柄】 名詞 **物の品質。** 徒然 鎌倉一随筆 八一「つひえもなくて、ものがらのよきがよきなり」訳消耗もせず、品質が良いのが、良いものなのである。

もの-きき【物聞き】 名詞 ようすを探り聞くこと。また、その人。「ものぎき」とも。

もの-きこ・ゆ【物聞こゆ】 自動詞ヤ下二〔え／え／ゆ／ゆる／ゆれ／えよ〕「物言ふ」の謙譲語。**お話し申し上げる。** 源氏物語 平安一物語 野分「ものきこえて、大臣もほほゑみて、見奉り給ふ」訳（紫の上に）お話し申し上げて、大臣（＝源氏）はほほえんで、見申し上げなさる。

もの-ぎたな・し【物穢し】 形容詞ク〔(く)・から／く・かり／し／き・かる／けれ／かれ〕**なんとなくきたならしい。卑しげである。** 源氏物語 平安一物語 東屋「上達部の筋にて、仲らひもものぎたなき人ならず」訳公卿の血筋で、一族の人たちも卑しげな人ではない。◆「もの」は接頭語。

もの-きよげ・なり【物清げなり】 形容動詞ナリ〔なら／なり・に／なり／なる／なれ／なれ〕**なんとはなしに美しいようすだ。なんとはなしにりっぱだ。** 源氏物語 平安一物語 橋姫「掻き返す撥の音も、ものきよげにおもしろし」訳下から弦をはねて鳴らす琵琶の撥の音も、なんとはなしにりっぱで興をそそられる。◆「もの」は接頭語。

もの-きよ・し【物清し】 形容詞ク〔(く)・から／く・かり／し／き・かる／けれ／かれ〕❶**なんとなくきれいだ。** 落窪物語 平安一物語 一「をかしく、ものきよく言ひつる人かな」訳おもしろく**なんとなく上手に**話をする女房だなあ。❷**りっぱだ。** 栄花物語 平安一物語 ゆふしで「帯刀どもも、いとものきよき人の子どもをなさせ給ひつ」訳帯刀には、たいそう**りっぱな**人の子どもをおさせになった。◆「もの」は接頭語。

もの-くさ・し【物臭し】 形容詞ク〔(く)・から／く・かり／し／き・かる／けれ／かれ〕㊀**【物臭し】なんとなく臭い。変なにおいがする。** また、なんとなく怪しい。落窪物語 平安一物語 一「女君は、ほど経るままに、ものくさき部屋に臥して」訳女君は、時間が過ぎるままに、**変なにおいのする**部屋に臥せって。

㊁**【懶し】何かおっくうである。めんどうくさい。** 風姿花伝 室町一論 一「童は気を失ひて、能、ものくさく成り立ちぬれば」訳子供はやる気をなくして、能をするのが**めんどうくさく**なってしまうと。◆「もの」は接頭語。のちに「ものぐさし」。

もの-ぐるは・し【物狂はし】 形容詞シク「ものぐるほし」に同じ。

もの-ぐるひ【物狂ひ】 名詞 ❶気がおかしくなること。狂気。また、その人。物の怪などがのりうつった場合などにもいう。枕草子 平安一随筆 世の中になほいと心憂きものは「誰てふものぐるひか、『我、人にさ思はれむ』とは思はむ」訳いったいどんな**狂気じみた人**が、「自分はそのように思われたい（＝人に憎まれたい）」と思うだろうか。❷能や狂言で、気にかかる対象（尋ね求める子供、亡くした夫・妻、愛翫物など）を思い浮かべて、狂乱状態になった人。また、それを演じること。

もの-ぐるほ・し【物狂ほし】 形容詞シク〔(しく)・しから／しく・しかり／し／しき・しかる／しけれ／しかれ〕**狂おしい気持ちだ。気持ちが高ぶる。ばかげている。**「ものぐるはし」とも。徒然 鎌倉一随筆 序「心にうつりゆくよしなしごとを、そこはかとなく書きつくれば、あやしうこそものぐるほしけれ」訳心に浮かんでは消えてゆくたわいもないことを、とりとめもなく書きつけていると、（思わず熱中して）異常なほど、**狂おしい気持ちになるものだ。**◆「もの」は接頭語。

もの-げ【物気】 名詞 目に立つようなようす。**何かの気配。**

ものけたまは・る【物承る】 ▼人にものを言い掛ける時の言葉。「ものうけたまはる」の変化した語。**もしもし。** 源氏物語 平安一物語 宿木「くだもの取り寄せなどして、『ものけたまはる。これ』など起こせど、起きねば」訳くだもの（木の実、果実など）を取り寄せたりして、「もしもし、これ（をどうぞ）」などと言って（浮舟を）起こすが、起きないので。

もの-げ-な・し【物げ無し】 形容詞ク〔(く)・から／く・かり／し／き・かる／けれ／かれ〕**たいしたものでない。あまり目立たない。みすぼらしい。** 源氏物語 平安一物語 夕顔「懸想人の、いとものげなき足元を見つけられて侍らむ時」訳恋人がひどく**みすぼらしい**足もとを（相手の女に）見つけられでもしましたら。

もの-こころぼそ・し【物心細し】 形容詞ク〔(く)・から／く・かり／し／き・かる／けれ／かれ〕**なんとなく心細い。** 伊勢物語 平安一物語 九「いと暗う細きに、蔦・楓は茂り、ものこころぼそく」訳（道は）とても暗く細い上に、つたやかえでは茂って**なんとなく心細く。**◆「もの」は接頭語。

もの-ごし[1]【物越し】 名詞 間に物を隔てていること。また、特に、几帳・簾などを隔てて対すること。伊勢物語 平安一物語 九〇「『さらば、明日、ものごしにても』と言へりけるを」訳「それなら、明日、**物を隔ててでも**」と言ったのを。

参考 平安時代の上流の女性にとって、人前に姿を現すことは慎みに欠けることとされていたので、男性とは、几帳や簾を隔てて話をすることが普通だった。

もの-ごし[2]【物腰】 名詞 ❶**物の言いぶり。話しぶり。** ❷**身のこなし。振る舞い。態度。**

もの-ごのみ【物好み】 名詞 ❶**物好き。** 一風変わったことを好むこと。源氏物語 平安一物語 匂宮「今めかしくをかしきやうにものごのみせさせて」訳今風で趣があるように、**一風変わったものをお好みになら**れて。❷**選りごのみ。**

もの-ごは・し【物強し】 形容詞ク〔(く)・から／く・かり／し／き・かる／けれ／かれ〕**なんとなく堅苦しい。なんとなく打ち解けない。** 源氏物語 平安一物語 若紫「すくよかに言ひ

て、ものごはきさまし給へれば」訳（僧都は）そっけなく言って何となく堅苦しいようすをしていらっしゃるので。◆「もの」は接頭語。

もの-ごり【物懲り】 名詞 物事に懲りること。源氏物語 平安-物語 夕顔「危ふかりしものごりに、いかにせむと思ひ煩へど」訳 危なかった懲りた出来事に、どうしようかと思い悩むが。

もの-さだめ【物定め】 名詞 **物のよしあしの判定。品定め。**

もの-さび・し【物寂し】 形容詞シク｛(しく)・しから／しく・しかり／し／しき・しかる／しけれ／しかれ｝**なんとなく寂しい。うら寂しい。** 源氏物語 平安-物語 椎本「ものさびしく心細き世を経ふるは例のことなり」訳 なんとなく寂しく頼りない人生を送るのは珍しくもないことだ。◆「もの」は接頭語。

もの-さ・ぶ【物寂ぶ】 自動詞バ上二｛び／び／ぶ／ぶる／ぶれ／びよ｝❶**なんとなくさびれる。** 夜討曾我 室町-能楽 謡曲「我ら兄弟が幕の内ほどものさびたるは候はじ」訳 我ら兄弟の幕の内ほどなんとなくさびれているのはございますまい。❷**なんとなく古びて趣がある。** 十訓抄 鎌倉-説話 一「いとどものさびたる家のすのこの下に」訳 いっそう古びて趣のでている家のすのこの下に。◆「もの」は接頭語。

もの-さわが・し[*]**【物騒がし】** 形容詞シク｛(しく)・しから／しく・しかり／し／しき・しかる／しけれ／しかれ｝❶**なんとなく騒がしい。何かとあわただしい。** 源氏物語 平安-物語 若菜上「こなたかなたより参り集ひ、ものさわがしくののしるに」訳 あちこちから参集し、なんとなく騒がしく大声を上げるので。参照▶類語と使い分け⑳ ❷**せっかちだ。気が早い。** 徒然 鎌倉-随筆 一八八「あまりにものさわがし。雨やみてこそ」訳 あまりにせっかちだ。雨がやんでから（おいでなさい）。◆「もの」は接頭語。

もの-し[1]**【物仕・物師】** 名詞 ❶**熟練者。** 工芸に優れた人。❷世間のわたり方にたけている人。**やり手。** ❸**縫い物師。裁縫師。**

もの-し[2]**【物し】** 形容詞シク｛(しく)・しから／しく・しかり／し／しき・しかる／しけれ／しかれ｝❶**気にくわない。不愉快だ。目ざわりだ。** 源氏物語 平安-物語 桐壺「もとよりの憎さも立ち出でて、ものしと思したり」訳 前々からの憎しみも表に現れ出て、（源氏を）目ざわりだとお思いになった。参照▶類語と使い分け⑲ ❷**無気味だ。不吉だ。** 蜻蛉 平安-日記 上「『夢にものしく見えし』など言ひて」訳「夢で無気味に見えた」などと言って。

もの-し-げ・なり【物しげなり】 形容動詞ナリ｛なら／なり・に／なり／なる／なれ／なれ｝**不愉快そうだ。** 枕草子 平安-随筆 五月の御精進のほど「ものしげなる御気色なるも、いとをかし」訳（中宮が）不愉快そうなごようすであるのも、大変おもしろい。◆「げ」は接尾語。

もの-・す【物す】

語義の扉

形式名詞「もの」にサ変動詞「す」の付いた形が一語化したもので、「ある」「いる」「行く」「来る」「書く」「言う」など日常的な動作を婉曲に言う語。文脈のありようからどういう動作を示しているのかの判断が求められる。

一 自動詞 ❶いる。ある。❷行く。来る。❸生まれる。死ぬ。
二 他動詞（ある動作を）する。
三 補助動詞（…で）おありになる。（…て）いらっしゃる。

一 自動詞サ変｛せ／し／す／する／すれ／せよ｝❶**いる。ある。** 蜻蛉 平安-日記 中「日ごろものしつる人、今日ぞ帰りぬる」訳 数日間、いた人が、今日帰ってしまう。源氏物語 平安-物語 桐壺「いと押し立ち、かどかどしきところものし給ふ御方にて」訳 たいそう我を張り、とげとげしいところがおありになるお方であって。

❷**行く。来る。** 源氏物語 平安-物語 若紫「『いと忍びてものせむ』とのたまひて、…まだ暁におはす」訳「できるだけこっそりと行こう」とおっしゃって、…まだ朝も明けないうちにお出かけになる。源氏物語 平安-物語 野分「中将はいづこよりものしつるぞ」訳 中将（＝夕霧）はどこから来たのか。

❸**生まれる。死ぬ。** 源氏物語 平安-物語 橋姫「年ごろ経ふるに、御子のものしたまはで、心もとなかりければ」訳 何年もたつのに、（北の方に）お子様がお生まれにならないで、（八の宮は）気がかりだったので。

二 他動詞サ変｛せ／し／す／する／すれ／せよ｝**（ある動作を）する。** 土佐日記 平安-日記 一・九「心地悪あしみして、物もものしたばで」訳 気分が悪いと訴えて、何も飲んだり食べたりなさらないで。落窪物語 平安-物語 二「さる御文をだにものせさせたまへ」訳 せめてそのようなお手紙だけでもお書きください。

三 補助動詞サ変｛せ／し／す／する／すれ／せよ｝（尊敬の補助動詞「たまふ」を伴って）**（…で）おありになる。（…て）いらっしゃる。** 源氏物語 平安-物語 若紫「いで、あな幼や。いふかひなうものしたまふかな」訳 いやもう、まあ子供っぽいことよ。たわいなくいらっしゃることよ。参照▶文脈の研究 ものしたまふ

もの-すさま・じ【物凄まじ】 形容詞シク｛(しく)・しから／しく・しかり／し／しき・しかる／しけれ／しかれ｝**なんとなく興ざめである。荒涼としている。何かふさわしくない。** 源氏物語 平安-物語 若菜下「嘆きしをれ給へるころほひに、ものすさまじきやうなれど」訳 悲しみ、しょんぼりしなさっている時なので、何かふさわしくないようであるけれども。◆「もの」は接頭語。

もの-ぞ 連語 ❶**…ものだ。** ▼断定を表す。万葉集 奈良-歌集 三八五三「石麻呂にわれ物申す夏痩せに良しといふものぞ鰻むなぎ捕り食めせ」⇨ものまをす。❷**…にちがいない。** ▼強い推量を表す。竹取物語 平安-物語 かぐや姫の昇天「必ず心惑ひ給はむものぞと思ひて」訳 きっと取り乱しなさるにちがいないと思って。

もの-ぞ-かし 連語 なりたち 形式名詞「もの」＋係助詞「ぞ」＋終助詞「かし」
…ものなのだ。…に違いない。 世間胸算用 江戸-物語 浮世・西鶴「総じて物に馴れてはものおぢをせぬものぞかし」訳 だいたいにおいて何かに馴れてしまうと、物をこわがらないものなのだ。

もの-ぞこなひ【物損なひ】 名詞 物の情趣を損なうこと。**興冷めであること。** 枕草子 平安-随筆 かへる

も

年の「おはしまさねば裳(も)も着ず、袿姿(うちきすがた)にてゐたるこそ、ものぞこなひにて口惜しけれ」訳(中宮が)いらっしゃらないので裳もつけず、袿姿でいるのが、情趣を損って残念だ。

もの-たち【物裁ち】 名詞 **裁縫。**

もの-ちか・し【物近し】 形容詞ク〔(く)・から／く・かり／し／き・かる／けれ／かれ〕 **間近い。** 源氏物語 平安―物語 少女「御簾(みす)の前にだにものちかうももてなし給(たま)はず」訳(源氏は夕霧を)御簾の前にすら間近くもお寄せなさらない。◇「ものちかう」はウ音便。◆「もの」は接頭語。

もの-つくり【物作り】 名詞 耕作。また、耕作者。

もの-つつま・し【物慎まし】 形容詞シク〔(しく)・しから／しく・しかり／し／しき・しかる／しけれ／しかれ〕 **なんとなく遠慮される。気がひける。** 更級 平安―日記 宮仕へ「立ち聞き、かいまむ人の気配して、いといみじくものつつまし」訳立ち聞きし、のぞき見る人の気配がして、本当にとても遠慮してしまう。◆「もの」は接頭語。

もの-づつみ【物慎み】 名詞 **遠慮。控え目。引っこみ思案。** 源氏物語 平安―物語 夕顔「ものづつみをし給(たま)ひて、人に物思ふ気色(けしき)を見えむを」訳遠慮をなさって、人にもの思わしげなようすを見られるのを。

もの-とがめ【物咎め】 名詞 **とがめだて。**

もの-と・ふ【物問ふ】(モノトウ) 他動詞八四〔は／ひ／ふ／ふ／へ／へ〕 **占う。** 狭衣 平安―物語 二「おびたたしき物のさとしどもあれば、ものとはせ給(たま)ふに」訳たくさんの何かの前兆のお告げがあるので、占わせなさると。

もの-どほ・し【物遠し】(モノドオシ) 形容詞ク〔(く)・から／く・かり／し／き・かる／けれ／かれ〕 ❶**遠い。離れている。** 源氏物語 平安―物語 藤袴「かくものどほくては、いかが聞こえさすべからむ」訳こんなに離れていては、どうして申し上げられましょう。❷**よそよそしい。他人行儀である。** 源氏物語 平安―物語 紅葉賀「いと静かに、ものどほきさましておはするに」訳たいそう落ち着いたようすで、よそよそしいようすでいらっしゃるので。◆「もの」は接頭語。

文脈の研究　ものしたまふ

「ものす」は、婉曲的な表現として、特に『蜻蛉日記』と『源氏物語』に多くの用例が見える。また、補助動詞「たまふ」を下接して用いられる場合は、『大和物語』の、

この心かけし(思いをかけている)むすめ、こと男して(別の男ができて)、京にのぼりたりければ、聞きて、兼盛、「のぼりものしたまふる(京におのぼりになってらっしゃる)を告げたまはせで」といひたりければ、

のような「ものす」三の用法が多いが、『竹取物語』「貴公子たちの求婚」の、

日暮るるほど、例の(いつものように)集りぬ。あるいは笛を吹き、あるいは歌をうたひ、あるいは声歌(しやうが)をし、あるいは嘯(うそ)を吹き(口笛を吹き)、扇を鳴らし(扇を手で打ち鳴らして拍子をとる)などするに、翁、いでて、いはく、「かたじけなく、穢(きたな)げなる(見苦しい)所に、年月を経てものしたまふこと、きはまりたるかしこまり(この上なく恐れ入ること(でございます))」と申す。

のような場合があるので、根拠をおさえた論理的な読み取りを心がけたい。かぐや姫に求婚する貴公子たちが「日暮るるほど、例の集りぬ。」と描かれている文脈を押さえると、「年月を経てものしたまふ」の内容が明らかになり、この「ものす」が一❷の「来る」の意で、「(長いこと)お通いにいらっしゃる」の意を表出していることが判明する。

もの-ども【者共】

一 名詞 **人々。** 源氏物語 平安―物語 末摘花「内教坊・内侍所(ないしどころ)の程に、かかるものどものあるはや」訳内教坊や内侍所のあたりに、このような者たちがいることよ。

二 代名詞 **お前たち。みなの者。** ▼対称の人称代名詞。ふつう、目下の複数の者に対して用いる。平家物語 鎌倉―物語 九・木曾最期「あますな、ものども。漏らすな、若党」訳(討ち)残すな、お前たち。(討ち)漏らすな、若い者。

もの-と-も-せ-ず【物ともせず】 連語

なりたち 名詞「もの」＋格助詞「と」＋係助詞「も」＋サ変動詞「す」の未然形＋打消の助動詞「ず」

(取り立てて)**問題にしない。** 竹取物語 平安―物語 貴公子たちの求婚「人のものともせぬ所にまどひ歩(あり)けども」訳(求婚したい男たちは)普通の人が問題にしない所に(まで)うろうろと歩き回るけれども。

もの-なげか・し【物嘆かし】 形容詞シク〔(しく)・しから／しく・しかり／し／しき・しかる／しけれ／しかれ〕 **なんとなく嘆かわしい。憂鬱(ゆうつ)である。** 枕草子 平安―随筆 男は、女親亡くなりて「なほ常にものなげかしく、世の中心(ここち)に合はぬ心地して」訳やはりいつも気が晴れず、世の中が面白くない気がして。◆「もの」は接頭語。

***もの-なら-ず【物ならず】** 連語

なりたち 名詞「もの」＋断定の助動詞「なり」の未然形＋打消の助動詞「ず」

問題ではない。たいしたことではない。 土佐日記 平安―日記 一・三〇「今は和泉(いづみ)の国に来ぬれば、海賊ものならず」訳今は和泉の国(＝大阪府南部)まで来てしまったので、海賊などは問題ではない。

もの-なら・ふ【物習ふ】(モノナラウ―モノナロウ) 自動詞八四〔は／ひ／ふ／ふ／へ／へ〕 **物を学ぶ。学問をする。** 徒然 鎌倉―随筆 一三六「有房(ありふさ)、ついでにものならひはべらむとて」訳有房は、この機会に物を習いましょうといって。

もの-な・る【物馴る・物慣る】 自動詞ラ下二

{れ／るる／るれ／れよ} ❶物事に慣れて、わきまえる。習熟する。徒然 鎌倉｜随筆 二三四「かやうの事は、ものなれぬ人のあることなり」訳こういうことは、物事に慣れない人がすることである。❷なれ親しんで、くだけた態度をとる。なれなれしくする。源氏物語 平安｜物語 藤裏葉「御仲らひ、あらまほしくうち解けゆくに、さりとて、さし過ぎものなれず」訳(明石君との)御仲も理想的にうちとけてゆくが、だからといって、出すぎもせずなれなれしくもせず。

もの-に-あた・る【物に当たる】 連語 あわてふためいて物にぶつかる。枕草子 平安｜随筆 なほめでたきこと「御前に召すと聞こえたるに、ものにあたるばかり騒ぐも」訳(舞人たちは)御前にお召しがあると聞こえるとあわてふためいて物にぶつかるほど騒ぐのも。

もの-に-おそは・る【物に魘はる】 連語 (物の怪など)超人間的な恐ろしいものに脅かされる。竹取物語 平安｜物語 かぐや姫の昇天「内外なる人の心ども、ものにおそはるるやうにて、あひ戦はん心もなかりけり」訳(家の)内外にいる人の心は、何か恐ろしいものに脅かされるような状態になって、戦い合おうという気持ちもなくなったのであった。

もの-に-かん・ず【物に感ず】 連語 何かに心が動かされる。感激する。徒然 鎌倉｜随筆 四一「人、木石にあらねば、時にとりてものにかんずる事なきにあらず」訳人間は木や石のように人情を解さないものではないので、場合によって何かに心が動かされることがないわけではない。

もの-に-つ・く【物につく】 連語 (神・霊などが)取り付く。奥の細道 江戸｜紀行 出発まで「そぞろ神のものにつきて心をくるはせ」訳人の心を浮き立たせる神が(私に)取り付いて心を正常でなくならせ。

もの-に-に・ず【物に似ず】 連語 なりたち 名詞「もの」＋格助詞「に」＋動詞「にる」の未然形＋打消の助動詞「ず」

ほかに似るものがない。なみなみでない。大和物語 平安｜物語 一四八「悲しきこともものににず、よよと泣きける」訳悲しさはなみなみでなく、おいおいと泣いた。

＊もの-に-も-あら・ず【物にもあらず】 連語 なりたち 名詞「もの」＋格助詞「に」＋係助詞「も」＋ラ変動詞「あり」の未然形＋打消の助動詞「ず」

問題にもならない。源氏物語 平安｜物語 桐壺「右の大臣の御勢ひは、ものにもあらずおされ給へり」訳右大臣のご威勢は問題にもならず(左大臣に)圧倒されてしまわれた。

＊もの-に-も-に・ず【物にも似ず】 連語 なりたち 名詞「もの」＋格助詞「に」＋係助詞「も」＋動詞「にる」の未然形＋打消の助動詞「ず」

たとえようもない。比べようもない。竹取物語 平安｜物語 かぐや姫の昇天「立てる人どもは、装束の清らなること、ものにもにず」訳立っている(天)人たちは、着ている服のはなやかで美しいことがたとえようもない。

もの-ねたみ【物妬み】 名詞／—す 他動詞 サ変 何かにつけて嫉妬すること。拾遺 平安｜歌集 雑秋「ものねたみしける男離れ侍りて後に」訳何かにつけて嫉妬した男が離れていってしまいました後で。

もの-ねんじ【物念じ】 名詞／—す 自動詞 サ変 物ごとをたえ忍ぶこと。源氏物語 平安｜物語 浮舟「昔も今ももものねんじしてのどやかなる人こそ、幸ひは見果て給ふなれ」訳昔も今も物ごとをたえ忍んで気長くしている人こそ、最後まで幸せでおいでになるようだ。

もの-の 接続助詞 《接続》活用語の連体形に付く。

語義の扉
平安時代に、形式名詞「もの」と格助詞「の」が一語化して生まれた助詞で、活用する語の連体形に接続して、この語をはさんで上下に位置する文脈の内容が対立的であることを表す。

〔逆接の確定条件を表す〕…けれども、やはり。…とは言うものの。…なのに。伊勢物語 平安｜物語 二三・新古今 鎌倉｜歌集 恋三「君来むと言ひし夜ごとに過ぎぬれば頼まぬものの恋ひつつぞ経る」訳あなたが(私のもとへ)通って来ようと言って約束したどの夜も来ないままで空しく過ぎてしまったので、今ではあてにしてはいないけれども、やはりあなたを恋しく思いながら過ごしていることです。枕草子 平安｜随筆 見物は「行幸はめでたきものの、君達車などのこのましう乗りこぼれて、上下走らせなどするがなきぞ口惜しき」訳(しかし)行幸がすばらしいとはいうものの、若い貴公子たちの乗った車などが、いかにも楽しそうに乗りこぼれるほどぎゅうぎゅう詰めに乗り込んで、そのまま都大路を北へ南へと走り回らせたりすることのないのが惜しいことだ。

参考 「ものの」は、このような用法を保存したまま現代語にながれこむ助詞のひとつであるが、その成立した平安時代には、動詞に接続して用いられたものはむしろ少なく、ふたつの例のように、打消の助動詞の連体形「ぬ」、あるいは形容詞についたものが多い。時代が新しくなり、特に江戸時代に入ると、形容詞接続の例は消え、「とは言ふものの」「やうなものの」といった慣用表現として固定化されるようになり、現代語における使用状況に近づく。

もの-の-あはれ[1]【物のあはれ】 名詞 しみじみとした趣。しみじみとした深い感情。徒然 鎌倉｜随筆 一九「『もののあはれは秋こそまされ』と人ごとに言ふめれど、それもさるものにて、いまひときは心も浮き立つものは、春の気色にこそあめれ」訳「しみじみとした趣は秋がすぐれている」とだれもが言うようだけれど、それももっともなこととして、さらにいちだんと心がうきうきするものは、春の景色であるようだ。参照▶ もののあはれ 文芸／文脈の研究 もののあはれ。

もののあはれ[2] 文芸 平安時代の文芸の美的理念の一つ。自然・人生に触れて起こるしみじみした内省的で繊細な情趣。あらわな表現を避けて、洗練された繊細さを重んじる。江戸時代、国学者本居宣長がその著『源氏物語玉の小櫛』で、『源氏物語』の本質は「もののあはれ」であると唱えたのに始まる。

もの-の-かず【物の数】 連語 ❶物や人の数量。❷

文脈の研究　もののあはれ

『大和物語』、『蜻蛉日記』など平安時代の早い時期から用いられ、「あはれ」の三つの用例（二❶❷❸）からうかがえるように「をかし」「おもしろし」に代表される知的関心、表立った明るく華やかな興味の表出とは対象的に、しみじみとして心に湧出する情緒的な趣、またその情緒を理解する教養をいう語である。

『源氏物語』「御法」の、

夜もすがら（一晩中）、尊きことにうち合はせたる鼓の声、絶えずおもしろし。ほのぼのと明けゆく朝ぼらけ、霞の間より見えたる花の色いろ（いろんな色）、なほ春に心とまりぬべく匂ひわたりて（匂いが広がって）、百千鳥のさへづりも、笛の音に劣らぬ心地し（劣らない感じ）て、もののあはれもおもしろさも残らぬほどに

という文脈からも、その対極的なふたつの感興が統合的に示されている情景と解される。

〔多く打消・疑いなどの語を伴って〕数え立てるほどのもの。源氏物語 平安一物語 野分「いかで東の御方さるもののかずにて立ち並び給へらむ」訳どうして東の御方（＝花散里）が、数え立てるほどのものとして肩を並べていらっしゃるのだろうか。

*__もの-の-きこえ__【物の聞こえ】連語 世間の評判。世間のうわさ。源氏物語 平安一物語 関屋「もののきこえにはばかりて、常陸に下りしをぞ」訳（空蟬が）世間のうわさに気がねして、常陸（＝今の茨城県）に下ったことを。

*__もの-の-ぐ__【物の具】名詞 ❶（生活に必要な）道具や調度品。❷（何かを作るのに必要な）材料や用具。❸武具や武器。特に、鎧・兜などをいう。❹衣装用の衣服。

もの-の-くま【物の隈】連語 何かの陰。隠れて見えない部分。

*__もの-の-け__【物の怪・物の気】名詞（人にとりついて、病気を起こさせたり死なせたりする）悪霊。死霊（＝死者の怨霊）・生き霊（＝生きている人の怨霊）など。加持・祈禱などによって調伏（＝退治）する。

*__もの-の-こころ__【物の心】連語 ❶物事の道理。源氏物語 平安一物語 明石「もののこころを知り、来し方行く先の事うち覚え」訳物事の道理を理解し、過去のことも将来のことも心に思い浮かび。❷物事の情趣。源氏物語 平安一物語 紅葉賀「少しもののこころ知る人は涙落としけり」訳少し物事の情趣を理解する人は涙を落としたのだった。

もの-の-さとし【物の諭し】連語 神仏のお告げ。何かの前兆。源氏物語 平安一物語 明石「この雨風、いと怪しきもののさとしなりとて」訳この雨風はたいそう不思議なお告げであるといって。

もの-の-じゃうず【物の上手】（モノノジヨウズ）連語 技能に優れた才能を持つ人。その道の名人。

物の名（もののな）文芸「物名」とも。主として和歌の遊戯的な技法の一つ。一首の中に事物の名を詠み込むもので、歌の内容にはかかわりがない。たとえば、「秋近う野はなりにけり白露の置ける草葉も色変はりゆく」（『古今和歌集』）〈野は秋が近くなったなあ。もう白露が置いている草葉も色づきはじめたことであるよ。〉では、「あきちかうのはなりにけり」に「桔梗（＝ききょう）の花」を詠み込んでいるなど。『古今和歌集』などでは部立ての一つとしている。「隠し題」ともいい、その歌は「物の名の歌」「物名歌」という。

もの-の-ね【物の音】連語 楽器の音。音楽。

もの-の-はじめ【物の始め】連語 物ごとの最初。さいさき。特に、結婚など縁組みの始め。

*__もの-の-ふ__【武士】名詞 ❶朝廷に仕えるすべての官人。文武百官。万葉集 奈良一歌集 四三一七「秋野には今こそ行かめもののふの男女の花にほひ見に」訳秋の野には今こそ行こう宮仕えの男女の花に映える美しい姿を見に。◇奈良時代以前の語。「物部」とも書く。❷武人。武士。古今 平安一歌集 仮名序「たけきもののふの心をも慰むるは歌なり」訳猛々しい武人の心をも慰めるのは歌である。◇平安時代からの用法。

もののふ-の[1]【武士の】枕詞「もののふ」の「氏」の数が多いところから「八十」「五十」にかかり、それと同音を含む「矢」「岩（石）瀬」などにかかる。また、「氏」「宇治」にもかかる。万葉集 奈良一歌集 二六四「もののふの八十宇治川の網代木に」訳⇩もののふのやそうぢがはの…。

もののふの…[2] 和歌「もののふの（＝枕詞）八十宇治川の 網代木に いさよふ波の 行く方知らずも」万葉集 奈良一歌集 二六四・柿本人麻呂 訳宇治川に仕掛けてある網代の木にさえぎられて行きなずんでいる波が、これからどこへ行くのかわからないことだ。

鑑賞 人麻呂が近江の国（滋賀県）から上京する際の歌。世の中の無常を詠んだ歌とする説もある。「もののふの八十」は氏を導く序詞で、「氏」に「宇治」をかけた。「網代」は魚を捕るための仕掛けで、川の中に杭を打ち並べ、その端に簀を設けたもの。「網代木」はその杭。「いさよふ」は、停滞するの意。

もののふの…[3] 和歌「もののふの（＝枕詞）八十少女らが 汲み紛ふ 寺井の上の 堅香子の花」万葉集 奈良一歌集 四一四三・大伴家持 訳たくさんの少女たちが入り乱れて水を汲み合っている、寺の井戸のほとりに咲いているかたくりの花よ。

鑑賞 可憐なかたくりの花に少女たちを配して、うららかな山野の春を描いた歌。

もののふの…[4] 和歌「武士の 矢並つくろふ 籠手の上に 霰たばしる 那須の篠原」金塊 鎌倉一歌集 冬・源実朝 訳武士たちが、背に負っている箙に

さした矢の並びを直そうとして、背後にまわした籠手の上に霰がたたきつけ飛び散ることよ、ここ那須の篠原で。

鑑賞 「霰」の題で詠まれた歌。武士の勇壮な狩猟の風景を表現した。「籠手」は左手をおおう防具。「たばしる」は、激しく飛び散るの意。「那須の篠原」は、下野の国（栃木県）にある狩り場で、父の頼朝もこの地で狩猟を催したことがある。

もの-の-べ【物部】 名詞 ❶大和朝廷の部民の一つ。伴造である物部氏に統率されて、軍事・刑罰の任に当たった。❷律令制のもとで、刑罰の執行に当たった下級職員。

もの-は 連語
なりたち 形式名詞「もの」＋係助詞「は」
…するひょうしに。…したとたんに。 源氏物語 平安―物語 明石「月夜に出でて行道するものは、遣り水に倒れ入りにけり」訳（入道は）月夜に外に出て経を読んで行き来するひょうしに、庭の小さな流れに転げ落ちてしまった。
語法 活用語の連体形に付いて接続助詞的に用いる。多く、文末を「けり」で結ぶ。

もの-はかな・し【物はかなし】 形容詞ク｛（く）・から／く・かり／し／き・かる／けれ／かれ｝❶**なんとなく頼りない。** 蜻蛉 平安―日記 上「世の中にいとものはかなく、とにもかくにもつかで、世に経る人ありけり」訳この世の中にたいそう頼りなく、どうにもこうにも態度を決めかねて、夫婦生活を続けている人があった。❷**とりとめがない。たわいない。** 和泉式部 平安―日記「その夜おはしまして、例のものはかなき御物語せさせ給ひても」訳その夜いらっしゃって、いつものとりとめのない物語をおさせになっても。◆「もの」は接頭語。

もの-はかばか・し【物はかばかし】 形容詞シク｛（しく）・しから／しく・しかり／し／しき・しかる／しけれ／しかれ｝**どことなくてきぱきしている。しっかりしている。** 夜の寝覚 平安―物語 四「ものはかばかしく後ろ安き思ひやりもなく」訳（乳母には）しっかりしていて将来も安心できる分別もなく。◆「もの」は接頭語。

もの-はぢ【物恥】（モノハジ） 名詞 **はにかみ。** 物を恥ずかしがること。◆「もの」は接頭語。

もの-はづか・し【物恥づかし】（モノハズカシ） 形容詞シク｛（しく）・しから／しく・しかり／し／しき・しかる／しけれ／しかれ｝**なんとなく恥ずかしい。何かきまりが悪い。** 源氏物語 平安―物語 少女「かたみにものはづかしく、胸つぶれて」訳（夕霧と雲居の雁は）互いになんとなく恥ずかしく、胸がどきどきして。◆「もの」は接頭語。

もの-は-づくし【物は尽くし】 名詞 歌謡の形式の一つ。事物などの名を列挙して歌い込んだもの。国づくし、山づくしなどがある。ものづくし。

もの-ふか・し【物深し】 形容詞ク｛（く）・から／く・かり／し／き・かる／けれ／かれ｝❶**奥深い。奥まっている。** 源氏物語 平安―物語 若紫「ゆくりなう、ものふかきおまし所になむ」訳不用意であり、奥まった御座所で（恐縮でございます）。❷**思慮深い。重々しい。** 源氏物語 平安―物語 匂宮「御心ざまもものふかく」訳ご性格も思慮深く。◆「もの」は接頭語。「ものぶかし」とも。

もの-ふ・る【物旧る・物古る】 自動詞ラ上二｛り／り／る／るる／るれ／りよ｝❶**どことなく古びる。古めかしくなる。** 徒然 鎌倉―随筆 一〇「木立ものふりて、わざとならぬ庭の草も」訳木立がどことなく古びて、特に手をかけたようでもない庭の草も。❷**年をとる。年寄りじみる。** 源氏物語 平安―物語 蓬生「いとものふりたる声にて」訳たいそう年をとった声で。◆「もの」は接頭語。

もの-まう【物申】（モノモウ） 感動詞 **ごめんください。** ▼他人の家を訪問して案内をこうときにいう語。主に男性語。日本永代蔵 江戸―物語 浮世・西鶴「ものまうの声するとき」訳ごめんくださいの声がするときに。◆「ものまうす」の変化した語。

もの-まう・す【物申す】*（モノモウス） 自動詞サ四｛さ／し／す／す／せ／せ｝❶**申し上げる。**「物言ふ」の謙譲語。（言葉に出して）申し上げる。古今 平安―歌集 雑体「うちわたす遠方人にものまうす我そのそこに白く咲けるは何の花ぞも」訳はるかに見渡す遠くにいる方に申し上げる、私は。そのそこに白く咲いているのは何の花であるかと。❷（神仏に）**願い事を申し上げる。** 枕草子 平安―随筆 こころゆくもの「神・寺などにまうでてものまうさするに」訳神社や寺などに参詣して願い事を申し上げさせるときに。❸〔多く、推量の助動詞「う」「む」を下接して〕**ごめんください。もしもし。** ▼案内を請うたり、呼びかける語。宇治拾遺 鎌倉―説話 一・一二「『ものまうし さぶらはん。おどろかせ給へ』と言ふを」訳「もしもし。お起きになってください」と言うのを。◆奈良時代以前の語「ものまをす」の変化した語。

もの-まうで【物詣で】*（モノモウデ） 名詞（寺社などへの）**参詣。参拝。お参り。**

もの-まね【物真似】 名詞 ❶人や動物の声やしぐさをまねること。❷能・狂言などで、登場人物をいかにもそれらしく演じること。その役になりきること。世阿弥は、その能楽論で特に「物真似」を重視した。❸江戸時代、役者の声色や身ぶりなどをまねる芸。

もの-まねび【物学び・物真似び】 名詞 **人まね。**

もの-まめやか・なり 形容動詞ナリ｛なら／なり・に／なり／なる／なれ／なれ｝❶**誠実だ。実直だ。** 源氏物語 平安―物語 帚木「見初めつる契りばかりを捨てがたく、思ひとまる人はものまめやかなりと見え」訳夫婦となった因縁だけを捨てかねて、別れずにいる男は、誠実であるように見え。❷**堅実だ。実際的だ。** 更級 平安―日記 宮仕へ「物語のこともうち絶え忘られて、ものまめやかなるさまに心もなりはててぞ」訳物語のことも全く忘れることができて、堅実な方向に心もすっかり変わって。◆「もの」は接頭語。

もの-まゐ・る【物参る】（モノマイル） 連語 **食事を召し上がる。** 源氏物語 平安―物語 宿木「常よりもものまゐること いとどなく、臥してのみおはしますを」訳ふだんよりも食事を召し上がる量が一段と少なく、横になってばかりおいでになるのを。

もの-まを・す【物申す】（モノモオス） 自動詞サ四｛さ／し／す／す／せ／せ｝「ものまうす」に同じ。万葉集 奈良―歌集 三八五三「石麻呂にわれものまをす夏痩せに良しといふものぞ鰻捕り食せ」訳石麻呂さんに私は申し上げる、夏痩せに良いというものです。うなぎを捕ってお食べください。◆奈良時代以前の語。

もの-み【物見】* 名詞 ❶**見物。** 古今 平安―歌集 恋一・詞書「春日の祭りにまかれりけるときに、ものみに出でたりける女のもとに」訳春日神社の祭りに参りましたときに、見物に来ていた女のもとへ。❷戦場で、敵の状況などを探ること。偵察。また、その人。斥候。❸外のようすを見るために設けたもの。㋐牛車の左右の立て板に設けた窓。参照▶口絵 ㋑城などの物見台。

ものみ-ぐるま【物見車】名詞 祭礼や貴人の行列などを見物する人が乗っている牛車。

ものみ-だけ・し【物見猛し】形容詞ク {(く)・から／く・かり／し／き・かる／けれ／かれ}（好奇心が強くて）物見高い。「ものみだかし」とも。五人女 江戸一物語 浮世・西鶴「女はものみだけくて、ただ何事をも忘れ」訳女は物見高くて、すぐすべてのことを忘れ。

***もの-み・なり**【物見なり】形容動詞ナリ {なら／なり・に／なり／なる／なれ／なれ} 見物だ。みごとだ。醒睡笑 江戸一物語 咄本「ものみなる大ひげを持ち給へるあり」訳みごとな大ひげをはやしていらっしゃる方がいる。

もの-むつか・し【物難し】形容詞シク {(しく)・しから／しく・しかり／し／しき・しかる／しけれ／しかれ} ❶なんとなく嫌である。なんとなくうっとうしい。紫式部 平安一日記 寛弘五・一一・一「見所もなきふるさとの木立を見るにも、ものむつかしう思ひ乱れて」訳見所もない実家の木立を見るにつけても、なんとなくうっとうしく思い乱れて。◇「ものむつかしう」はウ音便。❷薄気味悪い。源氏物語 平安一物語 夕顔「鳥部野の方見やりたるほどなどものむつかしきも」訳（火葬場のある）鳥部野の方をはるかに見渡したときなど、薄気味悪いのも。◆「もの」は接頭語。

もの-むつかしげ・なり【もの難しげなり】形容動詞ナリ {なら／なり・に／なり／なる／なれ／なれ} なんとなく感じが悪い。むさくるしい。源氏物語 平安一物語 帚木「父の年老い、ものむつかしげに太りすぎ」訳父親が年を取って、むさくるしく太りすぎ。◆「もの」は接頭語。「げ」は接尾語。

もの-めか・し【物めかし】形容詞シク {(しく)・しから／しく・しかり／し／しき・しかる／しけれ／しかれ} ひとかどらしい。りっぱだ。ものものしい。源氏物語 平安一物語 若菜下「位など今少しものめかしき程になりなば」訳位などもう少しりっぱな程度になれば。◆「めかし」は接尾語。

もの-めか・す【物めかす】他動詞サ四 {さ／し／す／す／せ／せ} ひとかどのものとして取り扱う。重んずる。源氏物語 平安一物語 紅葉賀「はかなく見給ひけむ人をものめかし給ひて」訳ちょっとお世話した人をひとかどのものとしてお取り扱いになって。◆「めかす」は接尾語。

もの-めで【物愛で・物賞で】名詞／―す 自動詞サ変 ものごとを深く愛しほめること。ものごとにひかれること。源氏物語 平安一物語 須磨「海の中の竜王の、いといたうものめでするものにて」訳海の中の竜王が、たいそうひどく物事にひかれるものなので。

***もの-も-おぼえ-・ず**【物も覚えず】連語 なりたち 名詞「もの」＋係助詞「も」＋動詞「おぼゆ」の未然形＋打消の助動詞「ず」

❶どうしてよいかわからない。無我夢中だ。源氏物語 平安一物語 夕顔「右近はものもおぼえず、君につと添ひ奉りて、わななき死ぬべし」訳右近は無我夢中で、（夕顔の）君にじっと寄り添い申し上げ、震え死にそうである。❷道理をわきまえない。平家物語 鎌倉一物語 四・信連「ものもおぼえぬ官人どもが申しやうかな」訳道理もわきまえない役人たちの申しようだな。❸思いがけない。栄花物語 平安一物語 浦々の別れ「御身より、ただものもおぼえぬ水のさと流れ出づれば」訳お体からただもう思いがけない水がさっと流れ出したので。

***もの-もどき**【物抵悟き】名詞 何かと非難すること。

ものもの・し【物物し】形容詞シク {(しく)・しから／しく・しかり／し／しき・しかる／しけれ／しかれ} ❶堂々としている。重々しい。枕草子 平安一随筆 関白殿、黒戸より「いとものものしく、きよげに」訳たいそう重々しく、きれいで。❷おおげさだ。景清 室町一能楽 謡曲「『ものものしや』と、…切って掛かれば」訳「おおげさだな」と、…切りかかると。

もの-もひ【物思ひ】名詞「ものおもひ」の変化した語。万葉集 奈良一歌集 四四二五「防人に行くは誰が背と問ふ人を見るがともしさものもひもせず」訳⇩さきもりに…。

***もの-も・ふ**【物思ふ】自動詞ハ四 {は／ひ／ふ／ふ／へ／へ}「ものおもふ」の変化した語。万葉集 奈良一歌集 三七八二「雨隠りものもふ時に」訳長雨のために家に閉じこもり物思いをしているときに。

もの-やみ【物病み】名詞 病気。

もの-ゆか・し【物ゆかし】形容詞シク {(しく)・しから／しく・しかり／し／しき・しかる／しけれ／しかれ} なんとなく心ひかれる。何かにつけて好奇心をかきたてられる。源氏物語 平安一物語 野分「例は、ものゆかしからぬ心地に、あながちに、妻戸の御簾をひき着て」訳（夕霧は）いつもは特に好奇心もかきたてられないお気持ちだが、（今は）無理に、妻戸のところで御簾をひきかぶるようにして（奥を見ると）。◆「もの」は接頭語。

もの-ゆゑ 接続助詞《接続》活用語の連体形に付く。

語義の扉

「もの」も「ゆゑ」も形式名詞。活用語の連体形に接続する。

❶逆接の確定条件を表す。…ものなのに。…のに。

❷順接の確定条件を表す。…ものだから。…ので。

参照▶文脈の研究 ものゆゑ。

❶〔逆接の確定条件〕…ものなのに。…のに。古今 平安一歌集 秋上「秋ならであふことかたき女郎花天の河原に生ひぬものゆゑ」訳女郎花は、まるでたなばたさまのように秋でなければあうことの難しい花だ。天の川の河原に生え育つというわけでもないのに。

❷〔順接の確定条件〕…ものだから。…ので。源氏物語 平安一物語 明石「人数にもおぼされざらむものゆゑ、われはいみじき物思ひをや添へむ」訳私などはものの数にも入れていただけない存在なのだから、もしそんなことになったら大変な苦労をあじわうことにもなるであろう。

ものゆゑ-に 接続助詞《接続》活用語の連体形に付く。

語義の扉

接続助詞「ものゆえ」に格助詞「に」が加わって一語の助詞のはたらきを持つようになったもの。「ものゆゑ」と同様、逆接の確定条件、順接の確定条件を表す。

❶〔逆接の確定条件〕…のに。…けれども。古今 平安

文脈の研究　ものゆゑ

順接と逆接とは相対立する内容であるからその識別は容易なように考えられがちである。しかし、その具体的な弁別は本来、その表現の属しているひとまとまりの文脈の読解のありようによって左右されることがあるから、順接の意、逆接の意いずれか一方に決定することの難しい場合も、次の『源氏物語』「須磨」の例のように認められる。

父の入道ぞ
「聞こゆべきことなむ。あからさまに対面もがな」
と言ひけれど、承け引かざらむ**ものゆゑ**、行きかかりて、空しく帰らむ後手もをこなるべし、と屈じいたうて行かず。

「父の入道が(娘のことを)承知しそうもない**のに**、わざわざ出向いて話しあって目的も果たさずに帰ってくるその後ろ姿も見られたものではあるまい、と…」(逆接の意と見る場合)のように読解し得る一方、また、「…承知しそうもないの**だから**、わざわざ出向いて話しあって収穫もなく帰ってくる、その後ろ姿も…」(順接の意と見る場合)といった読解もじゅうぶんに可能なのである。

一歌集 春下「待つ人も来ぬ**ものゆゑに**うぐひすの鳴きつる花を折りてけるかな」訳待っていた人も来ない**のに**、うぐいすが折ってくれるなと鳴いて惜しんでいた花の枝を(その人をもてなすために)折ってしまったことよ。❷〔順接の確定条件〕…ので。…だから。平家物語 鎌倉一物語 一・祇王「参らざる**ものゆゑに**、何と御返事を申すべしとも覚えず」訳参上しないつもり**だから**、何とお返事を申してよいのかわからない。

もの-わび・し【物侘し】 形容詞 シク {(しく)・しから／しく・しかり／し／しき・しかる／しけれ／しかれ} **なんとなくわびしい。せつない。**伊勢物語 平安一物語 九「みな人**ものわびしく**て、京に思ふ人なきにしもあらず」訳そこにいる人は皆**なんとなくせつなく**て、都に恋しく思う人がいないわけではない。◆「もの」は接頭語。

もの-わらひ【物笑ひ】 モノワライ 名詞／―す 自動詞 サ変 ❶面白がって笑うこと。大声で笑うこと。落窪物語 平安一物語 二「蔵人の少将は、はなばなと**ものわらひする**人にて」訳蔵人の少将ははでに**大声で笑う**人で。❷他人をあざけり笑うこと。わらいぐさにすること。太平記 室町一物語 七「万人の**ものわらひ**とぞなりにける」訳多くの人の**わらいぐさ**になってしまった。

もの-ゑんじ【物怨じ】 モノエンジ 名詞／―す 自動詞 サ変 物事を恨むこと。**嫉妬。**「ものゑじ」とも。枕草子 平安一随筆 むとくなるもの「人の妻の、すずろなる**ものゑんじ**して隠れたるを」訳人妻が、むやみやたらに**嫉妬して**隠れてしまったのを。

もの-を[1] 接続助詞《接続》活用語の連体形に付く。
なりたち 形式名詞「もの」に間投助詞「を」の付いたかたちが一語化したもの。
❶〔逆接の確定条件〕…**のに。…けれども。**土佐日記 平安一日記 一二・二六「都出でて君に逢はむと来し**ものを**来しかひもなく別れぬるかな」訳都を出てあなたに会おうと思ってはるばるやって来た**のに**、来たかいもなくもうお別れしてしまうことですね。❷〔順接の確定条件〕…**ので。…だから。**浮世風呂 江戸一物語 滑稽「日がな一日ゐたり立ったりする**ものを**、腹もへらうぢやあねえか」訳朝から晩まで座ったり立ったりするの**だから**、腹もへるというものさ。

もの-を[2] 終助詞《接続》活用語の連体形に付く。
なりたち 形式名詞「もの」に間投助詞「を」の付いたかたちが一語化したもの。
〔感動〕…**のになあ。…のだがなあ。**源氏物語 平安一物語 若紫「雀の子を犬君が逃がしつる。伏籠のうちに籠めたりつる**ものを**」訳すずめの子を犬君(=童女の名)が逃がしてしまったの。伏籠の中にとじこめていた**のになあ**。参照▼文脈の研究 ものを。

もはら[*]【専ら】副詞 ❶**ひたすら。まったく。**古今 平安一歌集 恋五「逢ふことの**もはら**絶えぬる時にこそ」訳あの人に会うことが、**まったく**なくなってしまった今こそ。❷〔打消の語を下接して〕**少しも。全然。決して。**土佐日記 平安一日記 二・五「かく奉れれども、**もはら**風止まで」訳このように(幣を神に)差し上げたけれども、**少しも**風は止まず。

もひ イモ 名詞
㊀【盌】**水や酒を盛る器。**
㊁【水】**飲み水。**▼㊀に盛るものの意から。

も-びき【裳引き】 名詞 女性が裳の裾を長く引きずること。

もひとり-の-つかさ モイトリノツカサ 名詞
㊀【主水司】律令制で、宮内省に属し、水関係を扱う役所。宮中の飲料水・粥・氷室などのことを担当した。「しゅすいし」「もんどのつかさ」とも。
㊁【水司】律令制で、後宮の役所の一つ。職掌は㊀に準じたほか、「供御」のこともつかさどった。すいし。

も・ふ【思ふ】 モウ 他動詞 八四 {は／ひ／ふ／ふ／へ／へ}「おもふ」の変化した語。**思う。**万葉集 奈良一歌集 八五八「並みにし**もは**ば我恋ひめやも」訳並ひととおりに(あなたを)**思う**のであればわたしは恋などしようか。

もみ-えぼし【揉み烏帽子】 名詞 もんで柔らかくした烏帽子。兜の下にかぶることが多い。

もみず〔紅葉ず・黄葉ず〕⇩もみづ

もみた・ふ【紅葉たふ・黄葉たふ】 モミタウ ―トウ 連語
なりたち 動詞「もみつ」の未然形＋反復継続の助動詞「ふ」
紅葉している。万葉集 奈良一歌集 三六九七「百船の泊つる対馬の浅茅山時雨の雨に**もみたひ**にけり」訳多くの船が停泊している対馬の浅茅山は、時雨の雨にすっかり**紅葉し**たことだなあ。◆奈良時代以前の語。

もみぢ[*]【紅葉・黄葉】モミジ 名詞 ❶秋に草木の葉が赤や黄に色づくこと。また、その葉。紅葉。季秋。万葉集 奈良一歌集 一〇九四「うまさけ(=枕詞)三室の山は**もみち**しにけり」訳三室の山は**紅葉**したことだ。❷襲の色目の一つ。表は紅、裏は青。一説に、表は赤色、裏は濃い赤色。秋に用いる。紅葉襲。

文脈の研究　ものを

『源氏物語』「若紫」の、わらわやみ（熱病）の祈禱のために北山の寺に大徳を訪ねた源氏が惟光とともに小柴垣の内を垣間見する条の、

清げなる大人二人ばかり、さては童べぞ出で入り遊ぶ。中に、十ばかりにやあらむと見えて（十歳くらいかと見え）、白き衣、山吹などのなえたる着て（糊気の落ちた表着を着て）、走り来る女子、あまた見えつる子供に似るべうもあらず（大勢見えた子供たちとは比べものにならず）、いみじく生ひ先見えて（たいそう、成人したときの美しさがうかがわれて）、うつくしげなるかたちなり（可愛らしげな）。髪は扇をひろげたるやうにゆらゆらとして、顔はいと赤くすりなして立てり（顔は手でこすってとても赤くして立っている）。

と語られた童女（＝紫の君）の泣き顔の原因が、「ものを」の用例のように、

「何事ぞや。童べと腹立ちたまへるか（けんかをなさったのですか）」

とて、尼君の見上げたるに、少しおぼえたる（似ている）ところあれば、子なめると見たまふ。

「雀の子を犬君が逃がしつる。伏籠のうちに籠めたりつるものを」

とて、いと口惜しと思へり。

と明かされる。「閉じ込めておいた雀の子を犬君という童女が逃がした。とてもくやしい」という訴えである。右の訳のように「逃がしつる」の「つる」が連体形でその詠嘆性を表し、「籠めたりつるものを」の終助詞「ものを」が「それなのに」という逆接のニュアンスの強い詠嘆性を発している。これを受けた次の条の、女房のことばのうちにも「ものを」を用いた表現が見える。

このゐたる（座っていた）大人、

「例の、心なしの（また、うっかり屋さんが）、かかるわざをしてさいなまるる（責められる）こそ、いと心づきなけれ（ほんと困ったことね）。いづ方へかまかりぬる。いとをかしう、やうやうなりつるものを（とても可愛らしく、だんだんなってきましたものを）。からすなどもこそ見つくれ（（それなのにねえ）からすなどが見つけたら大変だわ）」

とて立ちて行く。髪ゆるるかにいと長く、目安き人（感じのいい人のようだ）なめり。少納言乳母とぞ人言ふめるは（呼んでいるらしい人）、この子の後ろ見なるべし（ご後見役なのだろう）。

参照▶もこそ。

参考 (1)紅葉は秋を代表する景物の一つで、平安時代、戸外での紅葉狩りや宮廷内での紅葉の賀などの行事が盛んに行われた。また、「紅葉」といえば鹿との取り合わせが有名であるが、『万葉集』を始め、それ以後の和歌集でも、鹿はカエデではなく萩の花と取り合わされることが多い。本来、萩の下葉の紅葉を踏み分けて妻恋する鹿の鳴くさまが秋の情趣を代表するものであったと思われる。(2)『万葉集』では「黄葉」と表記するのがふつうで、これは中国の詩文の影響もあるだろうが、大和地方に多い雑木の黄葉に即した用字であろう。

もみぢ-がさね【紅葉襲】モミジガサネ 名詞 襲の色目の一つ。表は紅、裏は青。一説に、表は赤色、裏は濃い赤色。秋に用いる。

もみぢ-がり【紅葉狩り】モミジガリ 名詞 **紅葉見物**。秋、山野に紅葉を尋ねて鑑賞すること。季 秋。

もみぢ-の-が【紅葉の賀】モミジノガ 連語 紅葉の季節に行う、賀の行事。

もみぢ-の-にしき【紅葉の錦】モミジノニシキ 連語 **錦のような美しい紅葉**。古今 平安｜歌集 羇旅「もみぢのにしき神のまにまに」訳⇩このたびは…。

もみぢ-ば【紅葉・黄葉】モミジバ 名詞 紅葉または黄葉した木の葉。季 秋。古今 平安｜歌集 秋下「風吹けば落つるもみぢば水清み散らぬ影さへ底に見えつつ」訳⇩かぜふけばおつるもみぢば…。◆古くは「もみちば」。

もみちばの… 和歌「黄葉の 散り行くなへに 玉梓の（＝枕詞） 使ひを見れば 逢ひし日思ほゆ」万葉集 奈良｜歌集 二〇九・柿本人麻呂 訳もみじの散って行くのとともに妻の家からの使者を見ると、あなたと会った日のことが思い出される。

鑑賞 柿本人麻呂の、亡き妻を悼む長歌の第二反歌。目の前の散る黄葉に妻の死を見て、ありし日を回想した。

もみぢば-の【紅葉の・黄葉の】モミジバノ 枕詞 木の葉が色づいてやがて散るところから「移る」「過ぐ」にかかる。万葉集 奈良｜歌集 四五九「見れど飽かずいまし君がもみちばの移りい去ゆけば悲しくもあるか」訳いつまでも見飽きずにいらっしゃった君が黄葉の葉のように散って亡くなったので悲しいことだ。◆奈良時代以前では「もみちばの」。

もみ・つ＊【紅葉つ・黄葉つ】自動詞 タ四（た／ち／つ／つ／て／て）「もみづ」に同じ。万葉集 奈良｜歌集 一五一六「秋山にもみつ木の葉の移りなば」訳秋の山に紅葉する木の葉が散ってしまったならば。◆奈良時代以前の語。

もみ・づ＊【紅葉づ・黄葉づ】モミズ 自動詞 ダ上二（ぢ／ぢ／づ／づる／づれ／ぢよ）**紅葉・黄葉する。もみじする**。古今 平安｜歌

集 冬「雪降りて年の暮れぬる時にこそつひにもみぢぬ松も見えけれ」訳雪が降って年の暮れてしまった今、最後まで紅葉しない松というものがわかったことだ。◆奈良時代以前は「もみつ」。

もみ-ふ・す【揉み伏す】 他動詞サ下二{せ/せ/す/する/すれ/せよ} **激しく責め立てて疲れさせる。** 平家物語 鎌倉―物語 九・重衡生捕「もみふせたる馬ども追っ付くべしとも覚えず」訳（源氏側の）激しく走らせて疲れさせてしまった馬たちでは追い付くことができるとも思われない。

も・む【揉む】 他動詞マ四{ま/み/む/む/め/め} ❶（手を）**強く擦り合わせる。**また、そのようにして物を柔らかくする。もむ。手を擦り合わせて激しく祈禱することにもいう。平家物語 鎌倉―物語 八・名虎「黒煙を立てて、ひともみもまれたりければ」訳（護摩をたいて）黒煙を立てて、一もみ手を擦り合わせなさったので。❷（大勢の者が）**入り乱れて押し合いへし合いする。** 平家物語 鎌倉―物語 七・倶梨迦羅落「もみにもうで火出いづる程にぞ攻めたりける」訳大勢が入り乱れ押し合いへし合いして火の出るほど激しく攻めたてたのだった。◇「もう」はウ音便。❸**馬を、鞭でせめて走らせる。** 平家物語 鎌倉―物語 九・一二之懸「ひともみもうで追っ付いて」訳ひとふりむちをあて追いついて。◇「もう」はウ音便。❹**厳しく鍛える。**▼多く受身の形で用いる。寿の門松 江戸―浄瑠 浄瑠・近松「与次兵衛にもまれて」訳与次兵衛に（色の道で）厳しく鍛えられて。

[1]**もも【百】** 名詞（数の）**百**。また、数が多いこと。「もも枝」「もも足る」などのように、接頭語的にも使う。

[2]**もも【桃】** 名詞 木の名。また、その実。古来、悪を払う力があるとされた。

[3]**もも-【百】** 接頭語 数の多いことをさす。「もも枝」「もも度」。◆多くの場合、「百」は実数ではなく、比喩的に用いられる。

もも-え【百枝】 名詞 **たくさんの枝。**

もも-か【百日】 名詞 ❶**ひゃくにち。**また、日数が長いこと。❷子供の生後百日目。また、その日に行う祝い。餅をついて祝う。枕草子 平安―随筆 心もとなきもの「五十日・ももかなどの程になりたる」訳五十日、百日の祝いなどのときになった。

[1]**もも-くさ【百草】** 名詞 **多くの草。いろいろな草。**

[2]**もも-くさ【百種】** 名詞 **多くの種類。いろいろな種類。**

*__もも-くま【百隈】__ 名詞 **多くの曲がり角。**

もも-しき【百敷・百石城】 名詞 **皇居。宮中。内裏。** 源氏物語 平安―物語 桐壺「ももしきに行き交ひ侍らむことは」訳宮中にお出入りいたしますようなことは。◆枕詞「ももしきの」が「大宮」にかかることから、「大宮」そのものを表すようになった語。

*__もも-しき-の【百敷の・百石城の】__ 枕詞「ももしき」は「ももいしき（百石木）」の変化した語。多くの石や木で造ってある意から「大宮」にかかる。万葉集 奈良―歌集 一八八三「ももしきの大宮人は暇あれや梅をかざしてここに集へる」訳宮廷に仕える人はゆとりがあるからか、梅を髪にさしてここに集まっている。

ももしきや… 和歌 百人一首「百敷や 古き軒端の しのぶにも なほあまりある 昔なりけり」続後撰 鎌倉―歌集 雑下・順徳院 訳宮中の古びた軒先に生えている忍ぶ草を見るにつけて、いくら偲んでも偲びきれない、（よく治まっていた）昔の御代であることよ。

鑑賞「しのぶ」に「忍ぶ草」と「偲ぶ」とをかけている。「昔」とは、特定せずに広く王朝時代の盛時をさす。

もも-じり【桃尻】 名詞 馬に乗るのが下手で、鞍に尻が落ち着かないこと。▼昔の桃は尻が丸くて座りが悪かったことから。徒然 鎌倉―随筆 一八八「馬など迎へにおこせたらんに、ももじりにて落ちなんは心憂かるべし」訳馬など迎えによこしたりするときに、尻がくらに落ち着かないようすで落馬でもしたらつらいだろう。

もも-だち【股立ち】 名詞 袴の両わきのあいているところを縫い止めた部分。

もも-たび【百度】 名詞 **百回。**また、多くの度数。

もも-たらず【百足らず】 枕詞 ❶百に足りない数であるところから「八十」「五十」に、また「や」「い」の音から「山田」「筏」などにかかる。万葉集 奈良―歌集 三八一二「ももたらず八十の衢に」訳たくさんの道が通じた交差点に。万葉集 奈良―歌集 三二七六「ももたらず山田の道を」訳山田の道を。

もも-ち【百箇】 名詞 **百。**また、多くの数。◆「ち」は接尾語。

ももち-だ・る【百千足る】 自動詞ラ四{ら/り/る/る/れ/れ} **十分に満ち足りている。**「ももだる」とも。古事記 奈良―史書 応神「ももちだる家庭も見ゆ」訳十分に満ち足りている家々も見える。

ももち-どり【百千鳥】 名詞 ❶**数多くの鳥。いろいろな鳥。**❷鳥の名。ちどりの別名。▼❶を「たくさんの（＝百）千鳥」と解していう。❸「稲負鳥」「呼子鳥」とともに「古今伝授」の「三鳥」の一つ。うぐいすのこととされる。

[1]**もも-づたふ【百伝ふ】** モモヅタウ―モモヅトウ 枕詞 ❶数を数えていって百に達するの意から「八十」や、「五十」と同音の「い」を含む地名「磐余」にかかる。万葉集 奈良―歌集 四一六「ももづたふ磐余の池に鳴く鴨を」訳⇩ももづたふ…。❷多くの地を伝って遠隔の地へ行くの意から遠隔地である「角鹿（＝敦賀）」「度逢」に、また、遠くへ行く駅馬が鈴をつけていたことから「鐸（＝大鈴）」にかかる。

[2]**ももづたふ…** 和歌「ももづたふ（＝枕詞） 磐余の池に 鳴く鴨を 今日のみ見てや 雲隠りなむ」万葉集 奈良―歌集 四一六・大津皇子 訳磐余の池で鳴いている鴨を見るのも今日だけで、これを最後に私は処刑されて、空高く雲間に隠れる身となるのであろうか。

鑑賞 天武天皇の第三皇子で皇位継承の有力な候補者でもあった大津皇子は、天皇の崩御後、皇太子の草壁皇子に謀反を企てたとして死を命ぜられ、自殺した。この歌は死の直前の辞世の歌で、自分の死をみつめる皇子の悲壮な心がよく表れている。「磐余の池」は、今の奈良県桜井市の西南部にあった池か。「雲隠る」は、死ぬ意の婉曲表現。

もも-とせ【百歳・百年】 名詞 **ひゃくねん。ひゃくさい。**また、多くの年月。

もも-とり【百鳥】 名詞 **多くの鳥。いろいろな鳥。**

もも-ぬき【股貫】 名詞「股貫沓」の略。ももにまでかかる革製の深ぐつ。

もも-の-つかさ【百の官】 連語 **多くの役人。**

もも-はがき【百羽掻き】 名詞 物ごとの回数が多いこと。◆鴫が何回となく羽をくちばしでかくことからのたとえ。

も

ももへ【百重】モモエ 名詞 数多くの重なり。いくえにも重なっていること。

ももよ[1]**【百世・百代】** 名詞 多くの年月。長い年月。

ももよ[2]**【百夜】** 名詞 多くの夜。

ももよせ【股寄せ】 名詞 太刀の鞘（さや）の峰の方をおおう金具。

もや[1]**【母屋】** 名詞 寝殿造りで、「廂（ひさし）」の内側にあって家屋の中心をなす部屋。参照▶口絵

もや[2] 間投助詞

語義の扉
奈良時代以前の語。終助詞「も」と間投助詞「や」とが複合して一語化したもので、体言や助詞などに接続して、強い感動の気持ちを表す。

まあ。…よ。…よなあ。古事記 奈良―史書 歌謡「置目（おきめ）もや淡海（あふみ）の置目明日よりはみ山隠りて見えずかもあらむ」訳置目の老媼（おみな）よなあ、淡海の国の置目よ、お前が淡海に帰って行ったら、明日からはその姿が山に隠れて見ることができなくなることだろうなあ。万葉集 奈良―歌集 九五「吾れはもや安見児（やすみこ）得たり皆人（みなひと）の得かてにすといふ安見児得たり」訳私は、まあ、采女（うねめ）の安見児を娶（めと）ったことだよ。皆誰もが得がたいものとしている安見児をわが妻にしたことだよ。参照▶もよ。

も-や[3] 連語 なりたち 係助詞「も」＋疑問の係助詞「や」

…も…か。…かもしれない。▼軽い疑問を表す。徒然 鎌倉―随筆 一四二「聖教（しゃうげう）のこまやかなる理（ことわり）、いとわきまへずもやと思ひしに」訳仏教の精細な道理は、あまり心得ていないかもしれないと思ったのに。

もやひ【舫ひ】モヤイ 名詞 船を他の船とつなぎとめたりすること。また、そのための綱。「むやひ」とも。

もや・ふ[*]**【舫ふ】**モヤウ 他動詞 ハ四{は/ひ/ふ/ふ/へ/へ} 船を他の船とつなぎ合わせたり、杭（くひ）につないだりする。「むやふ」とも。山家集 平安―歌集 下「もやひつつこそ夜を明かしけれ」訳船を他の船とつなぎ合わせながら夜を明かしたよ。

も・ゆ[1]**【萌ゆ】** 自動詞 ヤ下二{え/え/ゆ/ゆる/ゆれ/えよ} 草木の芽が出る。芽ぐむ。万葉集 奈良―歌集 一八四六「霜枯れの冬の柳は見る人の縵（かづら）にすべくもえにけるかも」訳霜で枯れた冬の柳は、見る人のかづら（＝髪飾り）にできるように芽が出たことだ。

も・ゆ[2]**【燃ゆ】** 自動詞 ヤ下二{え/え/ゆ/ゆる/ゆれ/えよ} ❶火が燃える。陽炎（かげろふ）が立ちのぼることや、蛍が光を放つことなどを見立てていうこともある。古事記 奈良―史書 履中「陽炎（かぎろひ）のもゆる家群（いへむら）」訳かげろうの立ちのぼっている家々。❷火が燃え盛るように心が高ぶる。万葉集 奈良―歌集 二九三二「心にはもえて思へどうつせみの人目を繁（しげ）み妹（いも）に逢（あ）はぬかも」訳心では燃えるように激しく高ぶって思うけれど、世間の人の目がうるさいのであの娘に会わないでいることだ。

もゆらに【玲瓏に】 副詞 ゆらゆらと。古事記 奈良―史書 神代「御頸珠（みくびたま）の玉の緒をもゆらに取りゆらかして」訳御首飾りの玉のひもをゆらゆらと揺らして。◆「も」は接頭語。「ゆら」は玉などが触れ合って鳴る音を表す。

も-よ 連語 なりたち 係助詞「も」＋間投助詞「よ」

ねえ。ああ…よ。▼強い感動・詠嘆を表す。万葉集 奈良―歌集 一「籠（こ）もよみ籠持ち掘串（ふくし）もよ」訳⇩こもよ…。◆奈良時代以前の語。

もよ-ぎ【萌葱・萌黄】 名詞「もえぎ」の変化した語。「もえぎ」に同じ。

もよぎ-をどし【萌葱縅】モヨギオドシ 名詞「もえぎをどし」に同じ。

もよひ【催ひ】モヨイ 名詞 準備。用意。徒然 鎌倉―随筆 一五五「とかくのもよひなく、足を踏みとどむまじきなり」訳（なしとげようと決めたことは）あれこれの準備もなく、足ぶみをしていてはならないのである。

もよほし【催し】モヨオシ 名詞 ❶促すこと。催促。勧誘。勧め。源氏物語 平安―物語 澪標「数まへさせ給はば、もよほしばかりの言（こと）を添ふるになし侍（はべ）らむ」訳（入内（じゅだい）の）人数に加えてくださるなら、お勧めの口添えをすることにいたしましょう。❷物事をひき起こすもと。原因。誘因。種。源氏物語 平安―物語 夕霧「いとどつらく、心憂き涙のもよほしに思（おぼ）さる」訳ひどくつらく、心苦しい涙の原因にお思いになる。❸召集。徴用。平家物語 鎌倉―物語 一一・土佐房被斬「これよりもよほしのなからんに」訳これ以後徴用はないだろうに。❹用意。準備。手配。源氏物語 平安―物語 橋姫「心とまらぬもよほしならめ」訳（八の宮のためには）執心の残らない用意なのであろう。

もよほし-がほ【催し顔】モヨオシガオ 名詞 促すようなようす。誘うような気配。

もよほし-がほ・なり【催し顔なり】モヨオシガオナリ 形容動詞 ナリ{なら/なり・に/なり/なる/なれ/なれ} 促すようなようすだ。誘うような気配だ。源氏物語 平安―物語 桐壺「草むらの虫の声々、もよほしがほなるも」訳草むらの虫の鳴く声々が、（涙を）誘うように聞こえるのも。

もよほし-ぐさ【催し種】モヨオシグサ 名詞 物ごとを引き起こすもと。

もよほ・す【催す】モヨオス 他動詞 サ四{さ/し/す/す/せ/せ} ❶引き起こす。誘い出す。徒然 鎌倉―随筆 一五五「春はやがて夏の気（け）をもよほし」訳（春が終わって夏が来るのではなく）春はそのまま夏の気配を誘い出し。❷促す。催促する。せきたてる。土佐日記 平安―日記 二・五「『船とく漕（こ）げ。日も良きに』ともよほせば」訳「船を急いで漕げ。天気がいいから」と（船頭を）せきたてると。❸呼び集める。召集する。集める。平治物語 鎌倉―物語 中「甲斐（かひ）・信濃（しなの）の源氏どもをもよほして上るべし」訳甲斐と信濃の源氏たちを召集して上京せよ。❹とり行う。挙行する。開催する。徒然 鎌倉―随筆 一九「公事（くじ）どもしげく、春のいそぎにとり重ねてもよほし行はるるさまぞ、いみじきや」訳宮中の行事も絶え間なく、新年を迎える支度に加えて開催し行われるようすは、実にすばらしいことだなあ。❺準備して待つ。待ちうける。待ちかまえる。雨月物語 江戸―物語 浅茅が宿「絹あまた買ひ積みて、都に行く日をもよほしける」訳絹をたくさん買い集めて、京の都へ

行く日を待ちかまえていた。

もら・す【漏らす・洩らす】〔他動詞〕サ四〔さ/し/す/す/せ/せ〕❶（水などを）漏らす。こぼす。〔古今 平安-歌集〕恋三「涙せきあへずもらしつるかな」〔訳〕涙を止めることができず、こぼしてしまったなあ。❷秘密などをひそかにほかに知らせる。〔宇津保 平安-物語〕国譲下「宣旨の前に人にもらすな」〔訳〕宣旨を下す前に人にこっそり教えるな。❸気持ちをうっかり外に現す。〔源氏物語 平安-物語〕藤裏葉「心おごりして、すきずきしき心ばへなどもらし給ふな」〔訳〕得意になって、（ほかの女に）関心のあるような気持ちなどをうっかり外に現しなさるな。❹抜かす。省く。〔源氏物語 平安-物語〕夕顔「くだくだしければ、例のもらしつ」〔訳〕煩わしくなるので、いつものとおりに省略した。❺取り逃がす。取り残す。〔平家物語 鎌倉-物語〕六・築島「一人ももらさず、三十人ばかりからめて」〔訳〕一人も取り逃がさず、三十人ばかり捕らえて。

もら・ふ【貰ふ】（モラウ―モロウ）〔他動詞〕ハ四〔は/ひ/ふ/ふ/へ/へ〕❶与えられて受け取る。また、くれるように頼む。ねだる。〔平家物語 鎌倉-物語〕三・有王「手をすりひざをかがめて魚をもらひ」〔訳〕手をすり合わせ、ひざをかがめて魚をねだり。❷他人から食事の世話を受ける。〔春雨物語 江戸-物語〕宮木が塚「縫ひ針とりて口はもらへど」〔訳〕縫い針を持って（＝裁縫仕事をして）食事の世話を受けているが。❸（嫁・婿・養子などを）迎え入れる。〔世間胸算用 江戸-物語〕浮世・西鶴「此方の娘をもらうてくださるか」〔訳〕私の娘を嫁に迎え入れてくださるか。◇「もらう」はウ音便。❹（けんか・口論などの）仲裁を引き受ける。〔八百屋お七 江戸-浄瑠〕浄瑠「押し付けがましいやうなれど、万事は我らがもらひます」〔訳〕押しつけがましいようだが、すべては私が仲裁を引き受けます。

もり[1]〔名詞〕㊀【森】樹木がこんもりと茂っている所。㊁【杜・社】神域のうちの、神霊のよりつく高い木立ち。また、それのある森。神社の森。

もり[2]【守り】〔名詞〕❶監視。また、監視人。❷子供の養育。また、養育人。子守。

もり-い・づ【漏り出づ】（モリイズ）〔自動詞〕ダ下二〔で/で/づ/づる/づれ/でよ〕漏れて出る。こぼれて外に出る。〔源氏物語 平安-物語〕関屋「車十ばかりぞ、袖口、物の色合ひなどももりいでて見えたる」〔訳〕牛車が十台ほどで、（女たちの）着物の袖口や、襲の色合いなども（車のすだれから）こぼれ出て見える。

森川許六（もりかわきょりく）〔人名〕（一六五六～一七一五）江戸時代中期の俳人。蕉門十哲の一人。本名百仲。彦根藩士。参勤交代で江戸に出たときに芭蕉に入門。帰国に際し芭蕉から「柴門の辞」を贈られた。俳文集『本朝文選』を編集。

もり-き・く【漏り聞く】〔他動詞〕カ四〔か/き/く/く/け/け〕（うわさなどによって）ひそかに聞く。それとなく聞く。〔源氏物語 平安-物語〕若紫「軽々しうもてひがめたると、人ももりきかむなど」〔訳〕軽率でまともでないことだと他人がそれとなく聞くとしたら困るなどと。

もり-・く【漏り来】〔自動詞〕カ変〔こ/き/く/くる/くれ/こ(こよ)〕漏れてくる。漏れて入ってくる。〔古今 平安-歌集〕秋上「木の間よりもりくる月の影見れば」〔訳〕⇩このまより…。

守武千句（もりたけせんく）〔書名〕俳諧集。荒木田守武作。室町時代後期（一五四〇）成立。一冊。〔内容〕神官の守武が伊勢大神宮に奉納した独吟千句。これにより俳諧の内容や形式が確立され、俳諧の独立に果たした役割は大きい。別名『飛梅千句』。

もり-べ【守部】〔名詞〕番人。特に、山野・河川・陵墓などの番人。

も・る[1]〔他動詞〕ラ四〔ら/り/る/る/れ/れ〕もぐ。もぎ取る。〔方丈記 鎌倉-随筆〕「岩梨をとり、零余子をもり、芹を摘む」〔訳〕こけももをとり、ぬかごをもぎ取り、せりを摘む。

も・る[2]【守る】〔他動詞〕ラ四〔ら/り/る/る/れ/れ〕❶番をする。見張る。〔万葉集 奈良-歌集〕九五〇「山守すゑもるとふ山に入らずは止まじ」〔訳〕山の番人を置いて見張るという山に入らないではいられない。❷（常にそばにいて）守る。守護する。〔万葉集 奈良-歌集〕三三九三「母いもれども魂そ逢ひにける」〔訳〕母が守っていても、（二人の）魂は通い会ってしまったよ。❸（人目に立たないように）見定める。（人目を）はばかる。〔万葉集 奈良-歌集〕三一二二「人目もり乏しき妹に今日だに逢はむを」〔訳〕人目をはばかってめったに会えないあなたにせめて、今日こそは会いたいのに。

参考 平安時代以後は「まもる」が用いられるようになり、「もる」は主に歌語として残った。

も・る[3]【盛る】〔他動詞〕ラ四〔ら/り/る/る/れ/れ〕❶高く積み上げる。（飲食物を器に）入れて満たす。〔万葉集 奈良-歌集〕一四二「家にあれば笥にもる飯を」〔訳〕⇩いへにあれば…。❷（酒を）飲ませる。〔忠臣蔵 江戸-浄瑠〕浄瑠「いつももらしゃった」〔訳〕（酒を）いつお飲ませになった。

も・る[4]【漏る・洩る】㊀〔自動詞〕ラ四〔ら/り/る/る/れ/れ〕❶（水・光・音などが）漏れる。こぼれる。〔源氏物語 平安-物語〕夕顔「月かげ、ひま多かる板屋、残りなくもり来て」〔訳〕月の光がすき間の多い板ぶき屋根のあらゆるところから漏れてきて。❷（秘密などが他に）知られる。ばれる。〔源氏物語 平安-物語〕藤裏葉「忍ぶとすれど、内々の事過ちも、世にもりにたるべし」〔訳〕隠そうとしても、内々の失態も、世間に知られてしまうでしょう。❸除かれる。省かれる。〔源氏物語 平安-物語〕帚木「その方を取り出でむ選びに、必ずもるまじきはいとかたしや」〔訳〕そういう方面の才能によって人を選ぶということでは、必ずはずれないような女性はほとんどいないものだ。㊁〔自動詞〕ラ下二〔れ/れ/る/るる/るれ/れよ〕❶㊀❷に同じ。〔平家物語 鎌倉-物語〕五・咸陽宮「この事もれぬるものならば」〔訳〕この事がばれてしまったならば。❷㊀❸に同じ。〔源氏物語 平安-物語〕賢木「この度の司召しにももれぬれど」〔訳〕今度の司召しにもはずれてしまったけれど。

参考 下二段型は、平安時代の中期以後に用いられている。

もろ-【諸・両】〔接頭語〕〔名詞に付いて〕❶二つの。両方の。「もろ手」「もろ刃」。❷多くの。もろもろの。「もろ人」「もろ神」。❸いっしょの。共にする。「もろ涙」「もろ持ち」

もろ-かづら【諸葛】（モロカズラ）〔名詞〕❶葵を桂の折り枝に組み合わせた飾り。賀茂の祭りのときに、飾り物として簾や柱に掛けたり、頭にかざしたりする。❷植物の名。ふたばあおいの別名。

もろ-くち【諸口・双口】〔名詞〕❶多くの人のいう言葉。世間の評判。〔宇津保 平安-物語〕国譲中「御王位だにも、下のもろくちと申すことは、え否び給はぬことなり」訳帝でさえも、下の多くの人のいう言葉は、拒絶なさることのできないものである。❷馬を引くとき、その口を左右から取って引くこと。平家物語 鎌倉－物語 九・生ずきの沙汰「あるいは乗り口に引かせ、あるいはもろくちに引かせ」訳ときには差し縄(＝馬の口に付けて引く縄)を鐙のところで取って引かせ、ときには左右の差し縄を二人で取って引かせ。対乗り口。◆「もろぐち」とも。

もろ-ごころ【諸心】 名詞 相手と心を合わせてすること。同心。

***もろ-こし【唐土】** 名詞「中国」の古名。中国南方の越の諸国の意の「諸越」の訓読からともいう。「唐土」とも。源氏物語 平安－物語 桐壺「伊勢・貫之に詠ませ給へる、やまとことの葉をも、もろこしの歌をも」訳伊勢・貫之に詠ませられた和歌でも、漢詩でも。

もろこし-ぶね【唐土船・唐船】 名詞 ❶中国から来る船。❷中国と往来する船。遣唐使船や、中国との貿易船など。

もろ-ごひ【諸恋ひ】 名詞 **互いに愛する恋。相思相愛。**

もろ-ごゑ【諸声】 名詞 大勢がいっしょに声を出すこと。また、その声。▼多く「もろごゑに」の形で副詞的に用いられる。枕草子 平安－随筆 鳥は「もろごゑに鳴きたるこそ、さすがにをかしけれ」訳(ほととぎすとうぐいすが)声を合わせて鳴いているのは、やはりそれだけのことはあって面白い。

もろ・し【脆し】 形容詞ク{(く)・から/く・かり/し/き・かる/けれ/かれ} ❶**こわれやすい。命がはかない。**万葉集 奈良－歌集 九〇二「水沫なす もろき命も」訳水の泡のようなこわれやすい命も。❷**動揺しやすい。(涙が)こぼれやすい。**源氏物語 平安－物語 橋姫「あやなくもろきわが涙かな」訳わけもなくこぼれやすいわたしの涙だなあ。

1 **もろ-て【諸手・双手・二手】** 名詞 **左右の手。両手。**

もろとも-に【諸共に】 副詞 **いっしょに。みんなそろって。**土佐日記 平安－日記 二・一六「この家に生まれし女子のもろともに帰らねば」訳この家で生まれた女の子がみんなといっしょに帰ってこないので。

2 **もろともに…** 和歌 百人一首「もろともに あはれと思へ 山桜 花よりほかに 知る人もなし」金葉 平安－歌集 雑上・行尊 訳私がお前をなつかしむのと同じように、お前も私をなつかしいものと思っておくれ、山桜よ。(このような山奥には)お前のほかに、(私の心を)知る人はいないのだよ。

鑑賞 吉野の大峰山の峰入り修行の際の感慨を詠んだ歌。

もろ-ひと【諸人】 名詞 **もろもろの人。多くの人。**「もろびと」とも。万葉集 奈良－歌集 八三二「梅の花折りてかざせるもろひとは今日の間は楽しくあるべし」訳梅の花を折って髪にさしているもろもろの人は、今日の間は楽しいに違いない。

もろ-もち【諸持ち】 名詞 力を合わせていっしょに持つこと。

もろ-もろ【諸諸】 名詞 **多くのもの。すべてのもの。多くの人々。すべての人々。**万葉集 奈良－歌集 四三七二「もろもろは幸くと申す帰り来までに」訳(故郷の)多くの人々は達者でいろと(神に)祈る、(私が)帰って来るまでは。

もろ-や【諸矢】 名詞 一回の勝負の単位として用いる、甲矢と乙矢の一対の矢。徒然 鎌倉－随筆 九二「もろやをたばさみて的に向かふ」訳二本の矢を手に挟んで持って的に向かう。

もろ-をりど【諸折り戸】 名詞 左右に開く折り戸。対片折り戸。

1 **もん【文】** 名詞 ❶**文。文章。**多く、漢詩や漢文についていう。また、学問。今昔物語 平安－説話 一〇・二四「我、もんを学せむと思ふといへども」訳自分は学問を学ぼうと思うといっても。❷「経文」「呪文(＝まじないに唱える文句)」の略。太平記 室町－物語 二四「口にもんを呪したるに」訳口に呪文をとなえたところ。

2 **もん【門】** 名詞 ❶(家の)**門。かど。**❷(町境の)**木戸。**

3 **もん【紋・文】** 名詞 ❶**模様。あや。**❷**紋所。家紋。**

4 **-もん【文】** 接尾語 ❶**銭貨の単位。**一文は一貫の千分の一。❷足袋の大きさの単位。底の長さで測り、一文は八分(＝約二・四センチ)。▼一文銭の直径を基準とするところから。

もん-こ【門戸】 名詞 ❶**家の門と戸。家の出入り口。**❷**一家。家。**❸**流派。自分の流儀。**

もん-ざい【文才】 名詞 **学問。**特に、漢学をいう。対本才。

***もんざう-はかせ【文章博士】** 名詞「もんじゃうはかせ」に同じ。

もんじ-の-ほふし【文字の法師】 連語 経文・経論の解釈にこだわっていて、実践的な仏道修行を怠っている僧。徒然 鎌倉－随筆 一九三「もんじのほふし、暗証の禅師、たがひにはかりて」訳教理ばかり学んで修行が伴わない僧と、座禅ばかりしていて学問をしない僧とが、互いに相手を推察しあって。

もん-じふ【文集】 名詞 中国の唐の白居易(＝白楽天)の漢詩文集『白氏文集』の略。七十一巻。平安時代に伝来して広く愛読され、『源氏物語』や『枕草子』などをはじめとする平安朝文学に大きな影響を与えた。

もん-じゃう【文章】 名詞 ❶**文章。**❷「文章道」の略。大学寮の学科の一つで、紀伝・詩文に関することを学ぶもの。

もんじゃう-しゃう【文章生】 名詞 大学寮で、文章道(＝紀伝・詩文に関する学科)を学んで擬文章生となり、さらに式部省の試験に合格した者。「文章の生」とも。

もんじゃう-の-しゃう【文章の生】 名詞「もんじゃうしゃう」に同じ。

***もんじゃう-はかせ【文章博士】** 名詞 大学寮で文章道(＝紀伝・詩文に関する学科)を教授する教官。試問もつかさどった。平安時代中期以後、菅原・大江の両家が独占した。「もんざうはかせ」とも。

もんじゅ【文殊】 名詞 仏教語。「文殊師利」の略。菩薩の一つ。釈迦の左の脇侍で、知恵をつかさどる。像は、ふつう、獅子に乗り、右手に知恵の剣、左手に青蓮華を持つ。「文殊菩薩」「文殊師利菩薩」とも。

もんじゅ-ぼさつ【文殊菩薩】 名詞「もんじゅ」に同じ。

もん-ぜき【門跡】 名詞 仏教語。❶一門・一派の中心であり、その伝統を継承する寺院・僧。❷皇族・貴族の出身者が住持する特定の寺院。また、その寺院の住職。
参考 一門・一派の法跡の意。❷は、昌泰二年(八九九)に宇多上皇が仁和寺で出家したのに始まる。室町時代以後は寺院の格式となり、一般の寺院より上とされた。江戸幕府は、法親王の住持する宮門跡、摂家出身者の摂家門跡、清華家出身者の清華門跡、それらに次ぐものとしての准門跡に区別した。

もんぢゅう-しょ【問注所・問註所】名詞 鎌倉・室町幕府の政務機関の一つ。元暦一年(一一八四)、源頼朝が、訴訟・裁判をつかさどる機関として設置。室町幕府では、記録・証文類の保管・鑑定の機関となった。「もんちゅうじょ」とも。

もん-と【門徒】名詞 ❶**門人。弟子。**また、仏教で、宗門を同じくする弟子や信徒、または寺院。❷「門徒宗」の略。浄土真宗の俗称。また、その信徒。

もん-どころ【紋所】名詞 各家によって定まっている紋章。家紋。定紋。

もん-び【紋日】名詞 江戸時代の遊里で、五節句や祭礼などの行事がある日。

-もん-め【匁】接尾語 ❶尺貫法の重さの単位。貫の千分の一で、一匁は約三・七五グラム。❷江戸時代の銀貨の基本単位。貫の千分の一。
参考 江戸時代、京坂地方では銀本位制で、銀貨は秤量貨幣として重さをはかって通用させたので、❶がそのまま銀貨の単位(❷)とされた。実際の相場は日によって変動し、価値は一定しないが、元禄十三年(一七〇〇)の公定交換比率は、金一両が六十匁であった。

もん-ゐん【門院】名詞 「女院」に与えられる称号で、皇居の門の名のつくもの。一条天皇の中宮彰子を「上東門院」と称したのに始まる。

や[1]【八・弥】名詞 **はち。やっつ。多くの数量。**◆多く複合語として用いる。「や重へ」「や雲」

や[2]【矢・箭】名詞 武具・狩猟具の一つ。弓弦につがえて射放つもの。篠竹で矢柄を作り、その本の部分に矢羽(主に鷲・鷹の羽を使う)と弓弦をかける矢筈を、先端には鏃をつける。用途により鏑矢・征矢・野矢などの種類がある。物事の極めて速いことにたとえることも多い。参照▶口絵

や[3]【屋・家・舎】名詞 ❶**家屋。家。建物。**❷**屋根。**竹取物語 平安―物語 竜の頸の玉「やの上に糸を染めて色々に葺かせて」訳屋根の上に糸を染めて色とりどりにふかせて。

や[4]【輻】名詞 車輪の部分の名。車軸と周囲の輪とをつなぐ放射線状の多くの細い棒。参照▶口絵

や[5] 感動詞 ❶**あっ。あれっ。**▼驚いたり、はっと気づいたりしたときなどに発する語。源氏物語 平安―物語 帚木「物におそはるる心地して、『や』と、おびゆれど」訳何かに襲われるような気がして、「あれっ」と(叫び)、おびえたが。❷**おい。やい。これ。もし。**▼呼びかけに発する語。宇治拾遺 鎌倉―説話 一・一二「や、なおこし奉りそ」訳これ、お起こし申すな。❸かけ声、または、はやし声として発する語。

や[6] 係助詞 《接続》種々の語に付く。活用語には連用形・連体形(奈良時代以前には已然形にも)に付く。文末に用いられる場合は活用語の終止形・已然形に付く。
㊀文中にある場合。(受ける文末の活用語は連体形で結ぶ。)❶〔疑問〕**…か。**源氏物語 平安―物語 若紫「あないみじや。いとあやしきさまを人や見つらむ」訳まあ大変だこと。ひどく見苦しいさまを人が見てしまっているだろうか。❷〔問いかけ〕**…か。**竹取物語 平安―物語 火鼠の皮衣「『ここにやいます』など問ふ」訳「ここにいらっしゃるのか」などと尋ねる。❸〔反語〕**…(だろう)か、いや、…ない。**徒然 鎌倉―随筆 五九「近き火などに逃ぐる人は『しばし』とやいふ」訳近所の火事などで逃げる人は「もうしばらく(待ってくれ)」などと言うだろうか、いや、言いはしない。
㊁文末にある場合。❶〔疑問〕**…か。**土佐日記 平安―日記 二・四「『たまならずもありけむを』と人言はむや」訳「(まさか)珠というほどでもなかったろうに」と他人は(かげで)言うだろうか。❷〔問いかけ〕**…か。**古今 平安―歌集 羇旅・伊勢物語 平安―物語 九「名にし負はばいざ言問はむ都鳥わが思ふ人はありやなしやと」訳⇩なにしおはばいざこととはむ…。❸〔反語〕**…(だろう)か、いや、…ない。**徒然 鎌倉―随筆 九二「師の前にて一つをおろかにせんと思はんや」訳師匠の前で(先に射る)一本を粗略にしようと思うだろうか、いや、思わない。

語法 (1)**係り結び**(結びは連体形)
●いとあやしきさまを人 や(疑問) 見つらむ(連体形)。
●近き火などに逃ぐる人は「しばし」と や(反語) いふ(連体形)。
(2)**「結び」の省略** 「や」を受けて結びとなるはずの語句が省略されて「や」で言い切った形になる場合がある。たとえば、「あやし、ひが耳にや。」(『源氏物語』)〈変だ、聞き違いだろうか。〉では、「ひが耳にや」の下に「あらむ」(「む」が結びで連体形)などが省略されている。
参考 (1)**「か」と「や」の違い**⇩か(係助詞)
(2)文末にある場合、終助詞とする説もある。

や[7] 間投助詞 《接続》文中・文末の種々の語に付く。
❶〔詠嘆〕**…だなあ。…よ。**徒然 鎌倉―随筆 七「つくづく

と一年を暮らすほどだにも、こよなうのどけしや」訳と一年を暮らすだけでも、この上なくゆったりとしている(ものである)よ。❷〔呼びかけ〕…よ。…や。源氏物語 平安―物語 常夏「朝臣や。さやうの落ち葉だに拾へ」訳朝臣よ、そういう落ち葉だけでも拾いなさい。❸〔列挙〕…と…(と)。…や…(や)。源氏物語 平安―物語 葵「女ばらのいやしからぬや、また尼などの世を背けるなども」訳女性で身分の低くない者やまた尼などという俗世を捨てた者なども。❹〔語調を整える〕上の体言を下に結び、軽い感動の意を添えて語調を整える。上が連体修飾語の場合もある。古今 平安―歌集 雑上「更級や姨捨山に照る月を」訳更級にある姨捨山に照る月を。万葉集 奈良―歌集 一三二「石見のや高角山の木の間より」訳⇩いはみのや…。❺ある場面を詠嘆の意をこめて示す。奥の細道 江戸―紀行 平泉「夏草や兵どもが夢の跡―芭蕉」訳⇩なつくさや…。

語法 切れ字の「や」 ❺の「や」は、❹から生まれた用法で、表現を切って余情を持たせる働きをする。連歌・俳諧では「切れ字」という。

参考 文末に用いられる間投助詞「や」を終助詞とする説もある。また、❸の「や」を副助詞または並立助詞とすることもある。

-や[8]【屋・家・舎】接尾語 ❶取り扱い商品名の下に付けて、その職業の家、または、人を表す。「米や」「酒や」。❷商・工業などの営業者、また、役者の屋号に用いる。「越後や」「成田や」。❸書斎の名や文人などの雅号に用いる。「鈴のや(=本居宣長の書斎の名)」

や-あはせ【矢合はせ】名詞 戦いを始めるとき、両軍が互いに開戦を通告する矢を射合うこと。

参考 多く鏑矢を用い、両軍の放つ矢が空中に響かせる激しい音を合図に開戦する。物事の始まりを「嚆矢(=鏑矢)」というのはこれによる。

やあら 感動詞 やあ。やい。▼驚いたり、しかったりするときに発する語。髭櫓 室町―狂言 狂言「やあら、おのれは憎いやつの」訳やい、おまえは憎いやつだ。

やい[1] 感動詞 おい。こら。▼高圧的に相手に呼びかけるときに発する語。文荷 室町―狂言 狂言「やい、おのれらは何をしている」訳こら、おまえらは何をしているのか。

や-い[2] 終助詞《接続》文末に付く。

なりたち 間投助詞「や」に終助詞「い」の付いたかたちが一語化したもの。

〔呼びかけ・念押し〕…よ。末広がり 室町―狂言 狂言「やい、やい、太郎冠者、あるかやい」訳おい、おい、太郎冠者、いるかよ。◆鎌倉時代以降の用法で、会話文に用いられる。

やい-ごめ【焼い米】名詞「やきごめ」のイ音便。「やきごめ」に同じ。

やい-じるし【焼い印】名詞「やきじるし」のイ音便。焼いた金属で押す印。また、それを押した形。焼き印。

やい-ば【刃】名詞「やきば」のイ音便。❶刀剣類の、焼き入れをした刃。また、その上に生じた波状の模様。❷刃物・刀剣の類の総称。❸鋭いものや、威力のあるもののたとえ。平家物語 鎌倉―物語 五・文覚荒行「飛ぶ鳥も祈り落とす程のやいばの験者とぞ聞こえし」訳飛ぶ鳥も祈り落とすぐらいの威力ある修験者と評判だった。

やいば-に-ふ・す【刃に伏す】連語 刃物で死ぬ。刃物で自殺する。雨月物語 江戸―物語 菊花の約「みづからやいばにふして」訳自分から刃物で死んで。

やう[1]【益】名詞「やく(益)」のウ音便。「やく(益)」に同じ。

やう[2]【陽】名詞 ❶ひなた。日の照らす方。山の南面。河の北岸。❷(易で)積極的、活動的な方面の象徴とする語。天・日・春・夏・東・南・火・男などをさす。対陰。

やう[3]【様】名詞

❶ようす。状態。姿。源氏物語 平安―物語 須磨「所につけたる御住まひ、やう変はりて」訳この地にふさわしいお住まいは、(都とは)ようすが変わって。❷様式。流儀。やりよう。源氏物語 平安―物語 花宴「はなばなと物し給ふ殿のやうにて」訳何事もはなやかになさる右大臣家の流儀で。❸方法。手段。竹取物語 平安―物語 蓬萊の玉の枝「その山、見るに、さらに登るべきやうなし」訳その山を見ると、いっこうに登ることができそうな方法がない。❹事情。理由。わけ。更級 平安―日記 初瀬「さるべきやうありて、秋ごろ和泉に下るに」訳しかるべき事情があって、秋ごろ和泉の国に下ると。❺〔「やうのもの」「やうのこと」の形で〕同じ類のもの。同類のこと。源氏物語 平安―物語 賢木「あやしう、やうのものと、神恨めしうおぼさるる御癖の見苦しきぞかし」訳(そう言えば)不思議なことに、(神域にある)同じ類の女君たちだと、神を恨めしくお思いになるお癖がおみぐるしいことであるよ。❻〔「言ふやう」「語るやう」などの形で、形式名詞として〕…こと。…ことには。竹取物語 平安―物語 かぐや姫の生ひ立ち「翁、言ふやう、『われ、朝ごと夕ごとに見る竹の中におはするにて、知りぬ。子となり給ふべき人なめり』とて、」訳翁が言うことには、「私が毎朝毎晩見る竹の中にいらっしゃることでわかった。(私たちの)子におなりになるはずの人であるようだ」と言って。更級 平安―日記「その国の人の出でて語るやう、『…めづらかなることにさぶらふ』と語る」訳その国の人が出て来て話すには「…希なことでございます」と話した。

-やう[4]【様】接尾語 ❶〔名詞に付いて〕…風。▼それらしく思われるものや、その様式のものの意を表す。源氏物語 平安―物語 橋姫「大きなる檜破子やうのもの、あまたせさせ給ふ」訳大きな、檜で作った弁当箱風のものを、たくさん調えてお持たせになる。❷〔活用語の連用形に付いて〕…の仕方。…の具合。▼方法や様態を表す。徒然 鎌倉―随筆 五五「家のつくりやうは、夏をむねとすべし」訳家の造り方は、夏(に暮らしやすいこと)を主とするのがよい。

やう-がう【影向】名詞/―す 自動詞サ変 仏教語。神仏が時に応じて、仮にその姿を現すこと。大鏡 平安―物語 道長下「今日この御堂に影向したまふらむ神明・冥道たちも聞こし召せ」訳今日この御堂に姿を現しなさっているであろう神や冥界の仏たちもお聞きなさい。

やう-がま・し【様がまし】形容詞シク

〔しく・しから/しく・しかり/し/しき・しかる/しけれ/しかれ〕❶何かわけがありそうだ。一言芳談 鎌倉―論「させる事もなかりける事をやうがましく思ひけるなり」訳たいしたこともなかったことを何かわけがありそうに思ったのである。❷めんどうだ。注文が多い。条件がむずかしい。呂蓮 室町―狂言 狂言「さてさて、こなたは名にやうがましい人でござる」訳それにしてもあなたは名前に注文が多い人でございます。◇「やうがましい」はイ音便。◆「がまし」は接尾語。

やう-が・り【様がり】ヨウガリ 自動詞ラ変〔ら/り/り/る/れ/れ〕**風変わりだ。おもしろい。**梁塵秘抄 平安―歌集 四句神歌「この滝はやうがる滝の、興がる滝の水」訳この滝は風変わりな滝で、おもしろい滝の水である。◆「やうがあり」の変化した語。

やう-き[1]【陽気】ヨウキ 名詞「陽」の気。万物が生まれ、活動しようとする気運。

やう-き[2]【様器・楊器】ヨウキ 名詞 語義未詳。儀式用の食器とも、食器を載せる台ともいう。

楊貴妃 ヨウキヒ 人名 (七一九～七五六)唐の玄宗皇帝の后。容貌・才知ともにすぐれ、玄宗の寵愛を受けたが、安禄山の乱で逃げる途中殺された。白居易の『長恨歌』にうたわれている。

やう-きゅう【楊弓】ヨウキュウ 名詞 遊戯用の小弓。また、それを用いた遊戯。弓の長さ二尺八寸(約八五センチメートル)、矢の長さ九寸(二七センチメートル)。的から七間半(一三・六メートル)離れて座って射る。

やう-じゃう【養生・養性】ヨウジョウ 名詞 健康の保持・増進をはかること。また、病気やけがの快復をはかること。方丈記 鎌倉―随筆「常に歩き、常に働くは、やうじゃうなるべし」訳いつも歩き、いつも働くことは、健康の保持・増進をはかることであるにちがいない。

やう-す【様子】ヨウス 名詞 ❶**状況。ありさま。**❷**なりふり。姿かたち。体裁。**❸**事の次第。事情。わけ。**一代男 江戸―物語 浮世・西鶴「名書きもなき文一つ懐にさし込み、やうすも申さず逃げてゆく」訳署名もない手紙一通を懐に押し込み、わけも言わず逃げてゆく。❹**きざし。兆候。気配。**一代男 江戸―物語 浮世・西鶴「もしまた御なかにやうすができたらば」訳もしまたおなかに(妊娠の)兆候がでたら。

やう・ず【瑩ず】ヨウズ 他動詞サ変〔ぜ/じ/ず/ずる/ずれ/ぜよ〕(絹などを)瑩貝(=貝と金属で作った、つや出しの道具)で磨く。宇津保 平安―物語 あて宮「黒紫の絹をやうぜるごと」訳(姫君の髪は)黒紫の絹を瑩貝で磨いたようで。

やう-だい*【様体・容体】ヨウダイ 名詞 ❶**姿。かたち。容姿。**蜻蛉 平安―日記 下「頭つきをかしげにて、やうだいいとあてはかなり」訳髪のようすも美しく容姿がたいそう上品である。❷**ありさま。状況。状態。**大鏡 平安―物語 師尹「事のやうだいは、…世の常の東宮のやうにもなく」訳物事の状況は、…ふつうの皇太子のようでもなく。❸**病気のようす。病状。**◇「容態」とも書く。◆「やうたい」とも。

やう-だい・なり【様体なり】ヨウダイナリ 形容動詞ナリ〔なら/なり・に/なり/なる/なれ/なれ〕**もったいぶっている。気取っている。**五人女 江戸―物語 浮世・西鶴「我が家の裏なる草花見るさへ、かくやうだいなり」訳自分の家の裏にある草花を見るのさえ、このようにもったいぶっている。

やう-でう【横笛】ヨウジョウ 名詞 **横笛**。参考「横笛」の漢音「わうてき」が「王敵」に通じるのを避けて読み替えたものとされる。

やう-な・し【益無し】ヨウナシ 形容詞ク「やくなし」のウ音便。「やくなし」に同じ。

やう-なり ヨウナリ 助動詞ナリ型

《接続》活用語の連体形や、「名詞＋の」「名詞＋が」などに付く。

未然形	連用形	終止形	連体形	仮定形	命令形
やうなら	やうなり やうに	やうなり	やうなる	やうなれ	○

語義の扉

名詞「やう(様)」に断定の助動詞「なり」が付いて一語化した語。

語法「ごとし」が漢文訓読系の文章に用いられたのに対して、「やうなり」は和文系の文章に用いられた。参照▶ごとし。

❶〔比況〕**まるで…である。…みたいである。…のようだ。**▼比喩を表す。源氏物語 平安―物語 若紫「髪は、扇をひろげたるやうに、ゆらゆらとして」訳(少女の)髪は、扇を広げたように、ゆらゆらとして。

❷〔例示〕**(たとえば)…のようだ。…のようだ。**枕草子 平安―随筆 鳥は「雀などのやうに常にある鳥ならば」訳(うぐいすが)たとえばすずめなどのように、いつもいる鳥ならば。

❸〔状態〕**…の状態にある。…のようすである。**源氏物語 平安―物語 桐壺「おのづから御心うつろひて、こよなく思し慰むやうなるも」訳自然に(帝の)お心は(藤壺へ)移って、この上もなくお気持ちが慰められるようであるのも。

❹〔「…やうに」の形で。意図・願望〕**…ように。**徒然 鎌倉―随筆 一四二「世の人の飢ゑず、寒からぬやうに、世をば行はまほしきなり」訳世の中の人が飢えることなく、寒い思いをしないように、世を治めてほしいものである。

❺〔不確かな断定・婉曲〕**…ようだ。**徒然 鎌倉―随筆 六八「筑紫に、なにがしの押領使などいふやうなる者のありけるが」訳筑紫の国に、だれそれという押領使などというような者がいたが。

やう-はな・る【様離る】ヨウハナル 連語 (世間一般と)**ようすが違う。人並みはずれている。**源氏物語 平安―物語 柏木「恥づかしきさまも、やうはなれて、かをりをかしき顔ざまなり」訳気恥ずかしくなるほどのようすも、(普通の赤ん坊と)ようすが違って、つややかな美しさのすばらしい顔立ちである。

やう-めい【揚名】ヨウメイ 名詞 名目だけで、職務や俸禄のない官職。平安時代以降、国司の介(=次官)以下に多かった。参考 いわゆる「揚名の官」の中では、『源氏物語』夕顔の巻にも見える「揚名の介」がよく知られているが、これは、年給を受ける公卿が国司を兼任できないために、近親や家臣を名目だけの介に任じたものである。

やうめい-の-すけ【揚名の介】ヨウメイノスケ 名詞 名目だけの国司の次官。

やうめい-もん【陽明門】ヨウメイモン 名詞 平安京大内裏

の東門の一つ。上東門と待賢門の間にあり、門内に近衛府があることから近衛の御門ともいう。

やう-やう【様様】名詞 **さまざま。いろいろ。種種。** ◆「様様」を音読した語。

やう-やう【漸う】副詞

語義の扉

「やうやく」のウ音便。「やうやく」が漢文訓読の語であるのに対し、「やうやう」は和文体で用いられた。現代語で用いる「ようやく」の意味は❷で、鎌倉時代以降現代に至るまで用いられるが、❶の意味は現代語にないので注意する必要がある。

❶だんだん。しだいに。
❷やっと。かろうじて。

❶**だんだん。しだいに。** 枕草子 平安―随筆 春はあけぼの「春はあけぼの。やうやう白くなりゆく山ぎは、少し明かりて」訳春は夜明け方がよい。だんだんと白くなっていく空の、山の稜線に接するあたりが、少し明るくなって。

❷**やっと。かろうじて。** 奥の細道 江戸―紀行 草加「その日、やうやう草加といふ宿にたどり着きにけり」訳その日、やっと草加という宿場にたどり着いたのだった。

やう-やう・なり【様様なり】形容動詞ナリ {なら/なり・に/なり/なる/なれ/なれ} **さまざまだ。いろいろだ。** 平家物語 鎌倉―物語 一〇・三日平氏「やうやうに慰め申しけれども」訳さまざまにお慰め申したが。

やう-やく【漸く】副詞「やうやう(漸う)」に同じ。土佐日記 平安―日記 一・一七「夜やうやく明けゆくに」訳夜がだんだん明けていくと。

やう-らく【瓔珞】名詞 仏像や天蓋(＝仏像にかざす絹の笠)などに掛ける飾り物。貴金属や珠玉などを糸で貫いて作る。

やう-りう【楊柳】名詞 やなぎ。◆「楊」はかわやなぎ、「柳」はしだれやなぎの意。

や-うれ 感動詞 **やい、おまえ。おいこら。**「やおれ」とも。▼尊大な態度で相手に呼びかけるときに発する語。宇治拾遺 鎌倉―説話 五・三「やうれ、おれらよ、召されて参るぞ」訳おいこら、お前たちよ、呼ばれて参上するのだぞ。

やえ〖八重〗⇩やへ

やお〖八百〗⇩やほ

や-おそき-と【や遅きと】連語 **…するとすぐに。** 枕草子 平安―随筆 宮にはじめてまゐりたるころ「ゐざり隠るるやおそきと上げ散らしたるに、雪降りにけり」訳(わたしが中宮のそばから)いざって姿を隠すとすぐに、(女房たちが)格子を乱暴に上げたところ、(見ると外には)雪が降っていた。

や-おもて【矢面】名詞 敵の矢の飛んで来る正面。**最前線。陣頭。**

やおら ⇩やをら

や-おれ 感動詞「やうれ」に同じ。

や-か[1]【宅】名詞 **家。家屋。**「やけ」とも。

-やか[2] 接尾語 〔擬態語の語幹的部分、形容詞の語幹、名詞に付いて〕**…の感じ。** ▼性質や状態を表す形容動詞の語幹を作る。「さはやか」「たをやか」「ちひさやか」「にほひやか」

や-かう【夜行】名詞／―す 自動詞サ変 ❶「やぎゃう」に同じ。枕草子 平安―随筆 左右の衛門の尉を「やかうし、細殿などに入り臥したる、いと見苦しかし」訳夜回りし、細殿(の女房の局)などに入り込んで寝ているのは、実に見苦しいことだ。❷夜遊び。

や-かげ【家陰・屋陰】名詞 **家のかげ。**

や-かず【矢数】名詞 ❶矢の数。特に、射た矢の命中した数。❷射手が競って矢を射て、的に当たった矢数を争うこと。特に、陰暦四、五月ごろ、京都の三十三間堂の裏縁で、日暮れから翌日の日暮れまでの一昼夜をかけて行われた大矢数が有名。季夏。❸「矢数俳諧」の略。⇩矢数俳諧

文芸 **矢数俳諧** 文芸 江戸時代初期に行われた俳諧興行の一つ。一日または一昼夜のうちに一人で詠んだ句数を競うもの。京都の三十三間堂で一昼夜かけて行われた、弓術の通し矢の大矢数にならって行われた。延宝五年(一六七七)に井原西鶴が大坂の本覚寺で行った、千六百句の独吟が最初。興味本位のもので、文学的な価値は低く、急速に衰えた。大句数。

や-かぜ【矢風】名詞 射放たれた矢が飛んで行く時に起こす風。

や-かた【屋形・館】名詞 ❶仮に構えた家。形ばかりの家。また、仮の宿所。古今 平安―歌集 大歌所御歌「水茎の(＝枕詞)岡のやかたに妹と吾と寝ての朝明の霜の降りはも」訳岡のほとりの仮に構えた家にあなたと私と寝たその翌朝の霜の降り方はまあ。❷船・牛車・腰車などの上に設けた、家の形をした構造物。参照▼口絵 ❸貴人や大名などの邸宅・宿所。また、転じて、そこにすむ貴人や大名。❹「屋形船」の略。

やかた-ぶね【屋形船】名詞「屋形❷」を設けた船。江戸時代には、主に海辺や川での船遊びに用いた。

やかた-を【矢形尾・屋形尾】名詞 鷹の尾の羽の模様の一つ。羽のまだらが矢の形、または切妻屋根の形になっているもの。

やがて【軈て・頓て】副詞

❶**そのまま。引き続いて。** 徒然 鎌倉―随筆 七三「言ひたきままに語りなして、筆にも書きとどめぬれば、やがて定まりぬ」訳言いたい放題にとりつくろって巧みに語って、それを、文章にも書き付けてしまうと、そのまま(事実として)定着してしまう。

❷**すぐに。ただちに。** 徒然 鎌倉―随筆 七一「名を聞くより、やがて面影は推しはからるる心地するを」訳名前を聞くやいなや、すぐに(その人の)顔つきは見当をつけられるような気がするが。

❸**ほかでもなく。とりもなおさず。** 枕草子 平安―随筆 宮の五節いださせ給ふに「いま二人は女院・淑景舎の人、やがてはらからどちなり」訳あとの二人は女院の女房と淑景舎の女房で、これはほかでもなく姉妹である。

❹**そっくり。そのまま全部。** 枕草子 平安―随筆 牛は「牛

は、…腹の下、足、尾の筋などは、やがて白き」訳牛は、…腹の下、足、尾の毛筋などは、そっくり白い（のがよい）。

❺まもなく。そのうち。いずれ。奥の細道 江戸―紀行 那須「やがて人里に至れば、値(あたひ)鞍壺(くらつぼ)に結び付けて馬を返しぬ」訳まもなく村里に着いたので、馬の借り賃を鞍壺に結びつけて馬を返した。◇江戸時代以降の用法。

†**やがて-とど・むる-たぐひ-あまた-はべ・り-き【やがてとどむるたぐひあまたはべりき】**
源氏物語 平安―物語 若紫「去年の夏も世におこりて、人びとまじなひわづらひしを、やがてとどむるたぐひあまたはべりき」訳去年の夏も（瘧病(わらはやみ)が）世の中におこって、行者たちがまじなっても（効きめがなく）てこずっていたのをたちどころに治した例が、数多くありました。
品詞分解 やがて＝副詞 とどむる＝動詞「とどむ」体 たぐひ＝名詞 あまた＝副詞 はべり＝動詞「はべり」用 き＝過去の助動詞「き」終

やかま・し【喧し】 形容詞 シク {(しく)・しから／しく・しかり／し／しき・しかる／しけれ／しかれ}
❶騒がしい。うるさい。冥途飛脚 江戸―浄瑠 浄瑠・近松「はて、やかましい。この忠兵衛をそれほどたはけと思ひやるか」訳えい、うるさい。この忠兵衛をそんなに愚か者と思うのか。❷わずらわしい。めんどうだ。傾城禁短気 江戸―物語 浮世「お世話をやかましうおぼし召してのことと」訳お世話をわずらわしくお思いになってのことだと。◇「やかましう」はウ音便。❸厳格だ。厳しい。浮世風呂 江戸―物語 滑稽「どのやうにやかましく申しても、折り屈(かが)みが直りませぬ」訳どのように厳しく申しても、行儀作法が直りません。

家持(やかもち) ⇩大伴家持(おほとものやかもち)

や-から【族】 名詞 ❶一族。一門。日本書紀 奈良―史書 武烈「遂(つひ)に殺されぬ。そのやからさへに及(たい)る」訳遂に殺されてしまった。その一族にまでも被害が及んだ。❷仲間。同輩。平家物語 鎌倉―物語 七・倶梨迦羅落「『きたなしや、返せ返せ』といふやから多かりけれども」訳「ひきょうだ、戻れ戻れ」という仲間が多かったが。◆「や」は家、「から」は血縁集団の意。❷は「輩」とも書く。

や-かん【野干・射干】 名詞 ❶中国の、伝説上の、きつねに似た獣。日本では、きつねの別名。❷能楽の面の一つ。きつねのような顔に作った鬼畜面。

や-き【八寸】 名詞 馬の丈(たけ)（＝肩の高さ）が四尺八寸(す)（＝約一四五センチ）あること。丈の高いたくましい馬であることを表す。平家物語 鎌倉―物語 九・宇治川先陣「やきの馬とぞ聞こえし」訳四尺八寸の丈の高いたくましい馬であると評判だった。
参考 馬の丈は、四尺あるものを標準として、それ以上は一寸(ひとき)・二寸…と「寸(き)」だけで数える。

やぎ【柳】 名詞 木の名。やなぎ。▼多く複合語として用いる。「川やぎ」「青やぎ」

やき-あ・ぐ【焼き上ぐ】 他動詞 ガ下二 {げ／げ／ぐ／ぐる／ぐれ／げよ} 焼いて燃え上がらせる。焼き尽くす。平家物語 鎌倉―物語 四・競「館(たち)に火かけやきあげて、三井寺(みゐでら)へこそ参られけれ」訳建物に火を付けて焼き尽くして、三井寺へ参られた。

やき-くさ【焼き草・焼き種】 名詞 ❶物を焼くのに使う枯れ草。火勢を助ける材料。❷つまずきの種。身を滅ぼすもと。

やき-ごめ【焼き米】 名詞 新米を炒(い)り、搗(つ)いてもみがらを取り去ったもの。いりごめ。「やいごめ」とも。

やき-たち【焼き太刀】 名詞 何度も焼きを入れて鍛えた刀。

やきたち-の【焼き太刀の】 枕詞 ❶太刀を身につけるところから、近くに接する意の「辺(へ)付かふ」にかかる。万葉集 奈良―歌集 六四一「絶ゆと言はばわびしみせむとやきたちのへつかふことは幸(さき)くやわが君」訳別れると言ったら私ががっかりするだろうと思って、私のそばに寄り添うことは結構なことでしょうか、あなた。❷太刀が鋭い意から「利(と)」にかかる。万葉集 奈良―歌集 四四七九「朝夕(あさよひ)に音(ね)のみし泣けばやきたちの利心(とごころ)も吾(あれ)は思ひかねつも」訳朝夕に声に出して泣くと鋭いしっかりした心も、私には思いも寄りません（＝持てない）。

やき-もの【焼き物】 名詞 ❶（魚・鳥・獣の肉などを）焼いて調理した料理。❷陶磁器・土器の総称。❸焼きを入れて鍛えた刃物。刀剣のたぐい。

類語と使い分け⑳

「やかましい」意味を表す言葉

現代語の「やかましい」には、音が大きくてうるさいという意味以外にも、「言葉遣いにやかましい父」のような使い方もあるが、本来の音の騒がしさを表す古語を探すと、「かしまし」「かしかまし」「かまびすし」「かまし」「みみかしがまし」といった言葉がある。また、「おびたたし」は数量・程度のはなはだしいことを表し、音量について示したとき、非常にさわがしいことを意味する。

かしまし・かしかまし・かまびすし・かまし…人の声、動物の鳴き声、楽器の音、波の音などに対して、騒がしい・うるさい・やかましいという意味を表す。

みみかしがまし…「かしかまし」に「耳」がついた言葉であって、ことさらに聞くことを強調した言い方であり、耳にうるさい、やかましいという意味を表す。「おどろおどろしく踏みとどろかす唐臼(からうす)の音も、枕上(まくらがみ)（＝枕元）とおぼゆる、あな耳かしがまし」（『源氏物語』夕顔）の場合も、いままで聞いたこともなかった唐臼の音に注目しての光源氏の感想である。

らうがはし…乱雑でごたごたしている状態を表す言葉で、人が大声で笑ったりすることを指して、騒がしい、やかましいという意味を表すことがあるが、あくまで意味の中心は、その騒がしさを、乱れてだらしがなく、不作法であるのが不快であるととらえるところにある。

ものさわがし…何となく騒がしいの意味で使われる。

や-ぎゃう【夜行】名詞／―す 自動詞 サ変 ❶**夜まわり。夜歩き。**「やかう」とも。源氏物語 平安‐物語 東屋「宿直人の、怪しき声したる、やぎゃううちして」訳宿直の人が、怪しい声がしたとき、夜まわりをして。❷「百鬼夜行」の略。種々の妖怪が列をなして夜歩きすること。栄花物語 平安‐物語 初花「路の程などに、やぎゃうの夜なども」訳路の辺りなどに、妖怪が列をなして夜歩きする夜なども。

や-ぎり【矢切り】名詞 ❶飛んでくる矢を切り払うこと。❷「しのびがへし」に同じ。

やく[1]【厄】名詞 ❶**わざわい。**❷「厄年」の略。❸**疱瘡。**◇だれでも一度はかかるとされていたところから。

やく[2]【役】名詞 ❶公用のために人民に課せられる労働。宇治拾遺 鎌倉‐説話 四・一〇「かやうのやくに催し給ふは、いかなる事ぞ」訳このような公用のための労働を負わせなさるのは、どうしたことだろう。❷**役目。職務。**源氏物語 平安‐物語 常夏「似つかはしからぬやくなり」訳似つかはしくない役目であるようだ。❸**唯一の仕事。**更級 平安‐日記 子忍びの森「そこはかなき事思ひつづくるをやくにて」訳とりとめのないことを思い続けることを唯一の仕事にして。

やく[3]【約】名詞 **約束。契約。**

やく[4]【益】名詞 **利益。効果。かい。**源氏物語 平安‐物語 薄雲「命終はり侍りなば、何のやくかは侍らむ」訳命が尽きてしまいましたら、何のかいがございましょう。参考 ウ音便で「やう」とも。平安時代は、「やくなし」の形で用いられることが多い。⇩やくなし

や・く[5]【焼く】

一 他動詞 カ四 {か／き／く／く／け／け} ❶**燃やす。焼く。**伊勢物語 平安‐物語 一二「武蔵野は今日はな焼きそ」訳武蔵野を今日は焼かないでくれ。❷**熱する。加熱する。**万葉集 奈良‐歌集 九三八「浜を良み諸も塩やく」訳浜が良いのでなるほど塩を焼く（＝熱して製塩する）。❸**悩ます。思い焦がれさせる。**万葉集 奈良‐歌集 三三七一「わが心やくも我なり愛しきやし君に恋ふるもわが心から」訳私の心を悩ますのも私自身である。いとしいあなたに恋をしているのも私の心からなのだから。

二 自動詞 カ下二 {け／け／く／くる／くれ／けよ} ❶**燃える。焼ける。**方丈記 鎌倉‐随筆「そのたび、公卿の家十六やけたり」訳その（安元の大火の）とき、公卿の家が十六軒燃えた。❷**熱せられる。熱くなる。**平家物語 鎌倉‐物語 六・入道死去「石や鉄なんどのやけたるやうに」訳石や鉄などが熱せられているように。❸**思い乱れる。思い焦がれる。**万葉集 奈良‐歌集 五「海処女らが焼く塩の思ひぞやくるわが下ごころ」訳年若い海女たちが焼く塩のように、恋に思い焦がれる私の心の底よ。

-や・ぐ 接尾語 ガ四〔名詞、形容詞の語幹などに付いて〕**…のような状態になる。…のようになる。**▼動詞をつくる。「花やぐ」「若やぐ」

やく-がひ【夜久貝・屋久貝】名詞 貝の名。夜光貝の別名。貝殻は緑色を帯び、磨くと淡紅色を呈し、螺鈿に用いたり、杯に作ったりする。

やくさ-の-かばね【八色の姓・八種の姓】名詞 家柄の尊卑を八段階に分けた姓。天武天皇の十三年（六八四）に定められた、真人・朝臣・宿禰・忌寸・道師・臣・連・稲置の八つ。「八姓」とも。

やく-し【薬師】名詞 仏教語。「薬師瑠璃光如来」の略。東方の浄瑠璃光世界に住む仏。十二の誓願を立て、これを成就して人々を病苦から救う。左手に薬の壺（または宝珠）を持ち、右手は印を結ぶ。薬師仏。薬師如来。医王仏。

（薬師）

やくし-かう【薬師講】名詞 仏教語。薬師如来の徳をたたえる法会。薬師経を百の講座に分け、一日に一講座ずつ行う。

薬師寺 寺社 今の奈良市西ノ京町にある法相宗の大本山の寺。天武天皇によって建立が起願され、持統天皇の時代にできた。初め藤原京に建てられたが、のち平城京遷都により現在地に移った。

やくし-にょらい【薬師如来】名詞「やくし」に同じ。

やくし-ぼとけ【薬師仏】名詞「やくし」に同じ。「やくしぶつ」とも。

やく-しゃ【役者】名詞 ❶ある役目に当たる人。❷能楽・歌舞伎の演技者や人形芝居の人形遣い。囃子方（＝演奏に当たる人）をいう場合もある。

やく-しゅ【薬種】名詞 漢方で、生薬の材料となる草木の類。

やく-と【役と】副詞

なりたち 名詞「役」に格助詞「と」の付いたかたちが一語化したもの。

もっぱら。そればかり。ひたすら。今昔物語 平安‐説話 二八・一八「年来和太利をやくと食ひけれども」訳長い間、（毒きのこの）和太利をひたすら食べたけれども。

やく-どし【厄年】名詞 陰陽道で、災難を避けるため忌み慎まねばならないとする年齢。ふつう、男子は数えの二十五歳と四十二歳、女子は十九歳と三十三歳といわれる。特に、四十二歳と三十三歳は大厄といわれ、その前の年を前厄、後の年を後厄という。

***やく-な・し**【益無し】形容詞 ク {(く)・から／く・かり／し／き・かる／けれ／かれ} ❶**無益である。かいがない。つまらない。**徒然 鎌倉‐随筆 一二七「改めてやくなき事は、改めぬをよしとするなり」訳改めても無益なことは改めないのをよいとするのである。❷**困ったことだ。感心できない。まずい。**大鏡 平安‐物語 道長上「御気色変はりて、『やくなし』と思したるに」訳お顔色が変わって「困ったことだ」とお思いになったが。◆「やうなし」とも。

やく-にん【役人】名詞 ❶何かの役目を持っている人。❷官職、公務に就いている人。**官吏。**❸**役者。俳優。**

やく-はらひ【厄払ひ・厄祓ひ】名詞 ❶神仏に祈って身の災難やけがれなどを払い落とすこと。厄落とし。❷節分や大晦日の夜に、「御厄払ひませう、厄落とし」と唱えて町を歩きまわり、厄払いを頼まれると厄難よけの文句を唱えて、金銭をもらい受ける者。季冬。

や-くも【八雲】名詞 ❶幾重にも重なっている雲。❷

和歌。短歌。

参考 ❷は『古事記』神代巻にある須佐之男命の歌「八雲立つ出雲八重垣妻ごみに八重垣作るその八重垣を」〈⇩やくもたつ…。〉を和歌の最古のものとするところからいう。

やくも-さす【八雲刺す】枕詞 多くの雲が勢いよくさしのぼる意から「出雲」にかかる。万葉集 奈良―歌集 四三〇「やくもさす出雲の子らが黒髪は吉野の川の沖になづさふ」訳出雲の娘たちの黒髪は吉野の川の沖に漂う。

やくも-たつ[1]【八雲立つ】枕詞 多くの雲が立ちのぼる意で、地名「出雲」にかかる。古事記 奈良―史書 神代「やくもたつ出雲八重垣妻ごみに八重垣作るその八重垣を」訳⇩やくもたつ…。

やくもたつ…[2] 和歌「八雲立つ（=枕詞）出雲八重垣 妻ごみに 八重垣作る その八重垣を」古事記 奈良―史書 須佐之男命 訳幾重にも重なって雲が立ちのぼる出雲、幾重にもめぐらした垣、妻をこもらせるためにここ出雲の国に幾重にもめぐらせた垣を作るのだ、その垣を。

鑑賞 須佐之男命は八俣の大蛇を退治し、櫛名田比売を得て出雲（島根県）の須賀に宮殿を造ることになった。その宮殿をほめたたえて詠んだ歌。『古事記』本文には、須佐之男命が須賀の宮を造ったときに、その地から雲が立ちのぼったとある。むらがり立つ雲と、宮殿を囲む幾重もの垣とが重ねられ、出雲の国で妻をめとり宮を新築した喜びが読み取れる。『古今和歌集』仮名序では、この歌を三十一文字（=和歌）の始まりだとしている。以来、和歌を「八雲」、和歌の道を「八雲の道」という。末尾の「を」は感動の間投助詞。

やくも-の-みち【八雲の道】連語 和歌の道。歌道。

や-ぐら【矢倉・櫓】名詞 ❶武器の倉庫。兵庫。❷城門や城壁の上に設ける高い建物。物見や指揮、また、矢・石などを発射するためのもの。❸㋐江戸時代、劇場の正面木戸口の上の屋根に造りつけ、座元の紋を染めた幕（櫓幕）をめぐらした建物。ここで客寄せなどの太鼓を打った。櫓は初め、官許を得た印として設けたが、後には形式的なものとなった。㋑江戸時代、相撲小屋で、櫓太鼓を打つために設けた高い台。❹一般に、木材を組んでつくる、塔状・台状のもの。船櫓・こたつ櫓など。

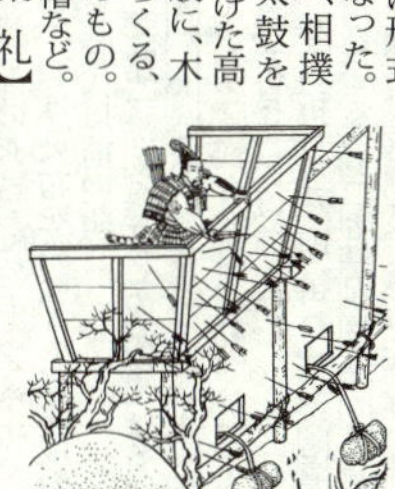
（矢 倉❷）

やく-れい【薬礼】名詞 医者に支払う治療や投薬の謝礼。

やくわう-ぼさつ【薬王菩薩】ヤクオウボサツ 名詞 仏教語。妙薬で衆生の心身の病苦を治すという菩薩。

やけ-の【焼け野】名詞 火に焼けた野原。特に、早春の野焼きをした後の野をいう。

やけの-の-きぎす【焼け野の雉子】連語 子を慈しむ深い親の心のたとえ。◆営巣中の野を焼かれたきじが、自分を犠牲にしても子を救うというところから。

やごと-な・し 形容詞ク {く・から/く・かり/し/き・かる/けれ/かれ} 「やむごとなし」に同じ。宇治拾遺 鎌倉―説話 一五・一「やごとなき人の、軍千人ばかり具しておはしつる」訳身分が高い人が、軍勢を千人ぐらい引き連れていらっしゃった。◆「やむごとなし」の撥音便「やんごとなし」の撥音「ん」が表記されない形。「やごつなし」とも。

や-ごろ【矢比・矢頃】名詞 矢を射当てるのに適当な距離。**矢の射程距離。** 平家物語 鎌倉―物語 一一・那須与一「やごろ少し遠かりければ、海へ一段ばかり打ち入れたれども」訳矢の射程距離が少し遠かったので、海へ一段（=約一一メートル）くらい（馬を）勢いよく乗り入れたのだが。

や-ざ【夜座】名詞 夜、寝ないで座っていること。特に禅宗で日没のころに行う座禅。

やさか-に【八尺瓊】名詞 大きな玉。また、多くの美しい玉を長い紐に通したもの。奈良時代以前の装身具。

やさかに-の-まがたま【八尺瓊の曲玉】名詞 ❶大きな曲玉。一説に、多くの美しい曲玉を長い紐に貫き通したもの。❷三種の神器の一つ。天の岩戸に隠れた天照大神を招き出すのに用いられたとされる勾玉。

や-さき【矢先】名詞 ❶**矢の先端。鏃。** ❷「やおもて」に同じ。平家物語 鎌倉―物語 一一・能登殿最期「能登守教経のやさきに回る者こそなかりけれ」訳能登守教経の矢おもてに回る者はなかった。❸（事の始まる）ちょうどその時。堀川波鼓 江戸―歌集 浄瑠・近松「悦ぶやさきにおのれめは」訳喜び始めるちょうどその時におまえは。

や-さけび【矢叫び】名詞 ❶矢が命中したときに射手が歓声を上げること。また、その歓声。❷合戦の初めに遠矢を射合う両軍が、互いに上げる叫び声。

やさ・し【恥し・優し】

形容詞シク {しく・しから/しく・しかり/し/しき・しかる/しけれ/しかれ}

語義の扉

動詞「痩す」が形容詞化した語で、わが身がやせ細る思いをすることから、「つらい」「気恥ずかしい」の意となり、他から見て、「慎み深い」「殊勝だ」の意味も生じた。

❶⊖身も細るほどだ。つらい。
❷⊖気恥ずかしい。きまりが悪い。
❸⊕遠慮がちだ。慎み深い。
❹⊕しとやかだ。上品だ。優美だ。
❺⊕けなげだ。殊勝だ。感心だ。

❶**身も細るほどだ。つらい。肩身が狭い。消え入りたい。たえがたい。** 万葉集 奈良―歌集 八九三「世の中を憂しとやさしと思へども飛び立ちかねつ鳥にしあらねば」訳⇩よのなかを…。

❷**気恥ずかしい。きまりが悪い。** 竹取物語 平安―物語 御門の求婚「昨日今日御門ののたまはむことにつかむ、人聞きやさし」訳ほんの昨日今日、帝がおっしゃることに従うとしたら、世間への手前きまりが悪い。参照▼類語と使い分け⑯

❸**遠慮がちだ。慎み深い。礼節がすぎる。** 大鏡 平安―物語 師尹「また人の奉り代ふるまでは置かせ給ひて、と

り動かすことはせさせ給はぬ。あまりやさしきことなりな」訳また、ほかの人が贈り物をさしあげて、それと代えるまでは置かせなさって、取り片付けることはおさせにならない。あまりに礼節がすぎることだな。
❹しとやかだ。上品だ。優美だ。源氏物語 平安―物語 蜻蛉「いと若やかに愛敬づき、やさしきところ添ひたり」訳とても若々しくかわいらしく、しとやかなところが加わっている。
❺けなげだ。殊勝だ。感心だ。平家物語 鎌倉―物語 七・実盛「あなやさし。…み方の御勢は皆落ち候ふに、ただ一騎残らせ給ひたるこそ優なれ」訳なんと殊勝なことよ。…味方の兵士は皆逃げましたのに、ただ一騎残っていらっしゃるのはりっぱなことだ。

やさし-が・る【優しがる】自動詞ラ四{ら/り/る/る/れ/れ} ❶恥ずかしそうにする。きまり悪がる。枕草子 平安―随筆 細殿に人あまたゐて「けしきばみ、やさしがりて『知らず』ともいひ」訳気取り、きまり悪がって、「知りません」と言ったり。❷風流ぶって行動する。無名抄 鎌倉―論 近年会狼藉「やさしがるにつけてもわざとびたり」訳風流ぶって行動してもわざとらしくなっている。◆「がる」は接尾語。

やさ-ば・む【優ばむ】自動詞マ四{ま/み/む/む/め/め} 情趣ありげに見える。優しそうに見える。ささめごと 室町―論「大方やうの人の心得たるは、姿のやさばみたるなり」訳大方の人が考えているのは、姿が情趣ありげに見えていることである。◆「ばむ」は接尾語。

や-ざま【矢狭間】名詞 城の櫓や塀などに設けて、矢を射たり外を見たりする穴。

や-し* 間投助詞《接続》種々の語に付く。
なりたち 間投助詞「や」に副助詞「し」の付いたかたちが一語化したもの。
〔詠嘆〕…よ。…だなあ。万葉集 奈良―歌集 一三一「よしゑやし浦はなくとも」訳⇨いはみのうみ…。◆奈良時代以前の語。
参考「し」は間投助詞とする説もある。「よしゑやし」「はしけやし」のような慣用的表現の中でしか用いられない。

やしおおり【八入折り・八塩折り】⇨やしほをり

やしおじ【八潮路】⇨やしほぢ

や-しき【屋敷】名詞 ❶家の敷地。宅地。❷家が建っている区画。また、その家。❸本宅のほかに、よそに設けた家。また、諸藩の本拠地以外に設けた藩邸。❹武家の邸宅。

やしなひ【養ひ】名詞 ❶養うこと。養育。❷食物。食事。今昔物語 平安―説話 二九・二三「昼のやしなひせむとて藪の中に入りゐるを」訳昼の食事を食べようとしてやぶの中に入ると。❸「養ひ子」の略。養子。平家物語 鎌倉―物語 六・祇園女御「忠盛取りてやしなひにせよ」訳忠盛が引き取って養子にしろ。

やしなひ-ぎみ【養ひ君】名詞 自分が養育する貴人の子。また、(乳母として)自分の育てた主人の子。

やしな・ふ【養ふ】他動詞ハ四{は/ひ/ふ/ふ/へ/へ} ❶はぐくみ育てる。養育する。竹取物語 平安―物語 かぐや姫の生ひ立ち「いと幼ければ、籠に入れてやしなふ」訳(かぐや姫が)とても小さいので、かごに入れて養育する。❷飼育する。飼う。徒然 鎌倉―随筆 一二一「およそ、珍しき鳥、あやしき獣、国にやしなはず」訳だいたい、珍しい鳥、見なれない獣は、国内では飼わない。❸活力を長く保たせる。養生する。徒然 鎌倉―随筆 七四「身をやしなひて何事をか待つ」訳からだを養生していったい何を期待するのか。

やしは-ご【玄孫】名詞 孫の孫。曾孫の子。げんそん。やしゃご。

や-しほ【八入】名詞 幾度も染め汁に浸してよく染めること。また、その染めた物。万葉集 奈良―歌集 二六二三「紅のやしほの衣」訳紅色のよく染めた衣服。◆「や」は多い意、「しほ」は布を染め汁に浸す度数を表す接尾語。奈良時代以前の語。

や-しほぢ【八潮路】名詞 多くの潮路。はるか遠い海路。延喜式 平安―格式 六月晦大祓「やしほぢの潮の八百会に」訳多くの潮路がたくさん集まるところに。◆「や」は多い意。奈良時代以前の語。

やしほ-をり【八入折り・八塩折り】名詞 幾度も繰り返して精製すること。古事記 奈良―史書 神代「やしほをりの酒を醸み」訳幾度も繰り返して精製した酒を醸造し。◆「や」は多い、「しほ」は度数、「をり」は精製の意。奈良時代以前の語。

や-しま[1]【八州・八洲・八島】名詞 日本。日本国。◆数多くの島の意から。

屋島[2] 地名 今の香川県高松市の北にある半島。古くは島だった。源平の古戦場として知られる。

やしゃ【夜叉】名詞 仏教語。古代インドの鬼神。八部衆の一つ。もと悪神であったが、後に仏法に帰依して諸天の守護神となった。毘沙門天に仕えて、北方を守護する。

や-じり【矢尻・鏃】名詞 ❶矢の先端の、対象物に突き刺さる部分。先のとがった小さな刃物を矢竹の先に取り付けたもの。多くは鉄製で、いろいろな形・種類がある。参照▶口絵 ❷矢を射当てる技量。

やじり-きり【家尻切り】名詞 ❶家・蔵などの裏手の壁を破って侵入し、盗みをはたらくこと。また、その盗賊。❷悪党。▼人をののしっていう語。

やしろ【社】名詞 ❶来臨した神を迎えまつる所。古事記 奈良―史書 崇神「天神・地祇のやしろを定めまつり給ひき」訳天つ神・国つ神の神を迎える所を定めておまつりになった。❷神をまつる建物。神社。
参考 神を迎えまつる所に仮に小屋を設けたことが「屋代」であり、その仮小屋が恒久的なものとなり、神が常住することになって❷の意を生じた。

や・す【痩す】自動詞サ下二{せ/せ/す/する/すれ/せよ} やせる。やつれる。源氏物語 平安―物語 若紫「いと白うあてにやせたれど、つらつきふくらかに」訳(尼上の顔は)たいそう白く気品があり、やせてはいるけれども、ほおのあたりはふっくらとして。

や-すい*【安寝・安眠】名詞 安らかに眠ること。安眠。◆「い」は眠りの意。

やすい-し-なさ・ぬ【安寝し寝さぬ】連語 安眠をさせない。万葉集 奈良―歌集 八〇二「いづくより来たりしものそまなかひにもとなかかりてやすいしなさぬ」訳⇨うりはめば…。

やすから-・ず【安からず】連語 ❶心中穏やかでない。おもしろくない。平家物語 鎌倉―物語 四・競「天下の笑はれぐさとならんずるこそやすからね」訳天下の笑い話の種になるだろうことはおもしろくない。❷不安だ。心配だ。方丈記 鎌倉－随筆「これを、世の人やすからず憂へあへる」訳このことを、世間の人は不安に思って嘆き合う。

やす-くに【安国】 名詞 太平に治まっている国。

やす-け-く【安けく】 なりたち 形容詞「やすし」の古い未然形＋接尾語「く」

心が安らかであること。万葉集 奈良－歌集 三七二三「あしひきの(＝枕詞)山路越えむとする君を心に持ちてやすけくもなし」訳(流罪になって)山路を越えようとしているあなたの姿を心に抱いて、心が安らかなことはありません。

やす-げ-な・し【安げ無し】 形容詞 ク 〔(く)・から／く・かり／し／き・かる／けれ／かれ〕

安心できない。落ち着かない。不安だ。源氏物語 平安－物語 須磨「やすげなき身のうれへを申す」訳不安な身の嘆きを申し上げる。

やす-げ・なり* 形容動詞 ナリ 〔なら／なり・に／なり／なる／なれ／なれ〕

㊀【安げなり】いかにも気楽そうだ。枕草子 平安－随筆 思はむ子を「これは昔のことなめり。今はいとやすげなり」訳これは昔のことであるようだ。今はとても気楽そうである。

㊁【易げなり】いかにもたやすそうだ。枕草子 平安－随筆 八月つごもり「何にかあらむして、本を切るさまぞ、やすげに、せまほしげに見ゆるや」訳何であろうか道具を使って、根元を切るようすが、いかにもたやすそうで、してみたいように見えることよ。

やす・し

一 形容詞 ク 〔(く)・から／く・かり／し／き・かる／けれ／かれ〕

㊀【安し】❶心が穏やかだ。平穏だ。不安がない。源氏物語 平安－物語 桐壺「同じ程、それより下臈の更衣たちは、ましてやすからず」訳(桐壺更衣と)同じ身分や、それより低い身分の更衣たちは、いっそう心が穏やかではなく。

❷気軽だ。軽々しい。安っぽい。源氏物語 平安－物語 橋姫「心に任せて、身をやすくも振る舞はれず」訳自分の好きなように気軽に行動することもできず。

㊁【易し】❶易しい。たやすい。容易だ。徒然 鎌倉－随筆 一〇九「過ちは、やすき所になりて、必ずつかまつることに候ふ」訳失敗は易しい所になってから、必ずいたすものでございます。◇対難し。

❷無造作だ。あっさりしている。簡素だ。枕草子 平安－随筆 御前にて人々とも「いみじうやすき息災の祈りななり」訳ずいぶん簡素な、災いよけのおまじないであるようだ。

二 補助形容詞 ク 〔(く)・から／く・かり／し／き・かる／けれ／かれ〕〔動詞の連用形について〕…しやすい。…しがちだ。▼その動作が容易に行われる意を添える。枕草子 平安－随筆 にくきもの「あなづりやすき人ならば、『のちに』とてもやりつべけれど」訳軽く扱いやすい人であるならば、「後で」と言って帰してしまうこともできるだろうが。

やす-だいじ【易大事】 名詞 何でもないように見えていて、実は油断できない一大事。

やす-の-かは【安の河】 名詞「天の安の河」の略。天上にあるという川。天の川。

やす-の-わたり【安の渡り】 名詞「安の河」の渡し場。天の川の渡船場。

やすま・る【休まる】 自動詞 ラ四 〔ら／り／る／る／れ／れ〕落ちつく。安らかになる。宇津保 平安－物語 俊蔭「朝に出いで、夕べに帰りし暇のなさもやすまりぬ」訳朝出かけ、夕方帰ってくるという余裕の無さも落ちついた。

やすみ-しし[1]【八隅知し・安見知し】 枕詞 国の隅々までお治めになっている意で、「わが大君」「わご大君」にかかる。古事記 奈良－史書 景行「高光る(＝枕詞)日の御子やすみししわが大君」訳光りかがやく太陽のような御子、天下をお治めになるわが大君よ。

やすみしし…[2] 和歌「やすみしし(＝枕詞) わご大君の 高知らす 吉野の宮は たたなづく 青垣隠り 川波の 清き河内そ 春べは 花咲きををり 秋されば 霧立ち渡る その山の いやますますに この川の 絶ゆることなく ももしきの 大宮人は 常に通はむ」万葉集 奈良－歌集 九二三・山部赤人 訳わが天皇が、高々と立派にお造りになり、お治めになるこの吉野の離宮は、重なり合った青い山々にかこまれて、川の流れが清らかなところであるよ。春には、枝がたわむほどに花が咲きみだれ、秋になると霧が立ちわたる。その山のようにますます幾重にも重なって動かず、この川のように絶えることなく、大宮人はいつもここに通うことであろう。

鑑賞 神亀二年(七二五)、作者が聖武天皇の吉野行幸に従った際の長歌。吉野の離宮の立地を誉め、大君の権威をたたえている。悠久の「山」と「川」を対比させた巧みな構成である。この長歌に付された反歌の二首は、赤人作中の傑作として特に名高い。「やすみしし」は「大君」を導く枕詞。「わご大君」は「わが大君」の意。「青垣」は、青々とした山を垣に見立てた言い方。「花咲きををり」の「ををる」はたわむこと。

やすみ-し・る[1]【八隅知る】

一 自動詞 ラ四 〔ら／り／る／る／れ／れ〕天皇として国を治める。国の隅々まで統治する。新古今 鎌倉－歌集 仮名序「今はやすみしる名をのがれて」訳今は国の隅々まで統治する(天皇という)名をのがれて。◆枕詞の「やすみしる」が変化した語。

二 枕詞「やすみしし」の変化した語で「わが大君」「わが天皇」にかかる。玉葉 鎌倉－歌集 賀「やすみしるわがすべらぎの御代にこそ」訳わが天皇の御代にこそ。

やす・む【休む・息む】

一 自動詞 マ四 〔ま／み／む／む／め／め〕❶休息する。いこう。更級 平安－日記 富士川「いと暑かりしかば、この水の面につつ見れば」訳とても暑かったので、この水のほとりに休息しながら見ると。❷心身が安らかになる。休まる。風雅 南北－歌集 雑下「民に心のやすむ間もなし」訳民衆に心の休まる間もない。❸横になる。寝る。源氏物語 平安－物語 空蟬「しばしうちやすみ給へど、寝られ給はず」訳少しの間横になりなさるが、眠ることがおできにならない。

二 他動詞 マ下二 〔め／め／む／むる／むれ／めよ〕❶休息させる。休ませる。万葉集 奈良－歌集 一二八九「青山のしげき山辺に馬やすめ君」訳青く茂った山のほとりに馬を休息させなさい、あなた。❷心身を安らかにする。ゆるやかにする。源氏物語 平安－物語 明石「神仏明らかにましまさば、この愁へやすめ給へ」訳神や仏が確かにおいでになるならば、この難儀を安らかにしてください。

やすめ-どころ【休め所】名詞 ❶短歌の第三句。❷休憩所。

やすら-か・なり【安らかなり】形容動詞ナリ {なら／なり・に／なり／なる／なれ／なれ} ❶**穏やかだ。平穏無事だ。**日本書紀 奈良―史書 崇神「国内やすらかなり」訳国の中が穏やかである。❷**心配がなく気楽だ。**更級 平安―日記 子忍びの森「わが身一つならばやすらかならましを」訳自分一人ならば気楽であろうに。❸**たやすい。容易だ。**徒然 鎌倉―随筆 五一「やすらかにゆひて参らせたりけるが」訳たやすく組み立てて差し上げたが。❹**落ち着きがある。**徒然 鎌倉―随筆 一〇「うちある調度も、昔おぼえてやすらかなるこそ、心にくしと見ゆれ」訳何気なく置いてある道具なども、古風に感じられて落ち着きがあるのは、奥ゆかしく思われる。

やすら-け・し【安らけし】形容詞ク {(く)・から／く・かり／し／き・かる／けれ／かれ} **安らかだ。平穏だ。**延喜式 平安―格式 大殿祭「平らけくやすらけく護りまつる」訳おだやかに安らかにおまもり申し上げる。

やすらはで… 和歌 百人一首 「やすらはで 寝なましものを 小夜更けて 傾くまでの 月を見しかな」後拾遺 平安―歌集 恋二・赤染衛門 訳(あなたがおいでにならないと知っていたなら)ためらわずに寝てしまったでしょうに、夜が更けて、(西の空に)傾くまでの月を見てしまったことですよ。

やすらひ【休らひ】名詞 ❶休息。休憩。❷ためらい。躊躇。

やすら・ふ【休らふ】

一 自動詞ハ四 {は／ひ／ふ／ふ／へ／へ} ❶**たたずんでいる。足を止めている。**枕草子 平安―随筆 関白殿、黒戸より「御佩刀などひきつくろはせ給ひて、やすらはせ給ふに」訳太刀の具合などをお直しになられ、足を止めておいでになると。❷**しばらくとどまる。滞在する。**平家物語 鎌倉―物語 三・医師問答「そのころ、宋朝より、すぐれたる名医わたって、本朝にやすらふことあり」訳そのころ、宋の国から優秀な名医が渡って来て、日本の国に滞在することがあった。❸**休む。休息する。休憩する。**奥の細道 江戸―紀行 出羽三山「岩に腰かけて、しばしやすらふほど」訳岩に腰をかけて、しばらく休息するうちに。❹**ためらう。躊躇する。**後拾遺 平安―歌集 恋二「やすらはで寝なましものを小夜更けて傾くまでの月を見しかな」訳⇩やすらはで…。

二 他動詞ハ下二 {へ／へ／ふ／ふる／ふれ／へよ} **休ませる。休息させる。ゆるめる。**著聞集 鎌倉―説話 三三六「貞任、くつばみをやすらへ」訳(安倍)貞任は、馬のくつわをゆるめ。

やせがへる… 俳句 「痩せ蛙 まけるな一茶 これにあり」七番日記 江戸―日記 俳文・一茶 訳やせて弱々しい蛙よ、戦いに負けるな、一茶がここについているぞ。

鑑賞 作者が弱いものに対して同情を示しただけでなく、この「痩せ蛙」は作者自身の投影ともみられよう。季語は「蛙」で、季は春。

やせ-さらぼ・ふ【痩せ曝ぼふ】自動詞ハ四 {は／ひ／ふ／ふ／へ／へ} **やせこけて、骨と皮ばかりになる。**宇治拾遺 鎌倉―説話 六・五「物も食はず過ごしたれば、影のようにやせさらぼひつつ」訳物も食わずに過ごしたので、影のようにやせこけて、骨と皮ばかりになりながら。

やせ-やせ・なり【痩せ痩せなり】形容動詞ナリ {なら／なり・に／なり／なる／なれ／なれ} **ひどく痩せている。**枕草子 平安―随筆 見ぐるしきもの「かしけやせやせなる男」訳やつれてひどく痩せている男。

や-ぜん【夜前】名詞 **昨夜。前夜。**

や-そ【八十】名詞 **八十。数の多いこと。**万葉集 奈良―歌集 一一六九「近江の海湊はやそあり」訳近江の海に港はたくさんある。

参考 「やそ川」「やそ国」「やそ隈」など、数多くの意での接頭語的な用法も多い。

や-ぞ 連語

なりたち 反語の係助詞「や」＋強意の係助詞「ぞ」

どうして…か、いや、決して…ない。▼文末に用いて強い反語の意を表す。蜻蛉 平安―日記 中「宿見れば蓬の門もさしながらあるべき物と思ひけむやぞ」訳(主がいなくなった)お屋敷を見ると、よもぎが茂った門も閉ざしたままで、すっかり荒れてしまうとはどうして思ったであろうか、いや、決して思いもよらなかった。

やそ-うぢびと【八十氏人】名詞 多くの氏族(＝同族集団)の人々。

やそ-か【八十楫】名詞 多くの櫓や櫂か。

やそ-がみ【八十神】名詞 **多くの神々。**

やそ-くに【八十国】名詞 ❶**多くの国々。**延喜式 平安―格式 鎮火祭「国のやそくに、島の八十島を生み給ひ」訳多くの国々、多くの島々をお生みになり。❷**多くの国の人々。**万葉集 奈良―歌集 四三二九「やそくには難波に集ひ舟飾り」訳多くの国の人々は難波に集まり舟を飾り。

やそ-くま【八十隈】名詞 **多くの曲がり角。すみずみ。**万葉集 奈良―歌集 一三一「この道のやそくまごとに万たびかへりみすれど」訳⇩いはみのうみ…。

やそぢ【八十・八十路】⇩やそぢ

やそ-しま【八十島】名詞 **たくさんの島。**古今 平安―歌集 羇旅「わたの原やそしまかけて漕ぎ出でぬと」訳⇩わたのはらやそしまかけて…。

やそ-せ【八十瀬】名詞 **多くの瀬。**

やそ-ぢ【八十・八十路】名詞 **八十。八十年。八十歳。**◆「ぢ」は数詞に添える接尾語。

やそ-とものを【八十伴の緒・八十伴の男】名詞 多くの部族の長。また、朝廷に仕える多くの役人。

やた-がらす【八咫烏】名詞 ❶神武天皇の東征の際、天照大神から遣わされて熊野から大和への道案内をしたという非常に大きな烏。❷中国の伝説で、太陽の中にいるという三本足の烏。また、その鳥の形の像を付けたのぼり。朝廷の儀式の際に庭上に立てる。

やたけ・なり【弥猛なり】形容動詞ナリ {なら／なり・に／なり／なる／なれ／なれ} **心が勇み立つ。心がはやりにはやる。**太平記 室町―物語 一〇「今はやたけに思ふともかなふべからず候ふ」訳今は心が勇み立ち(勝とうと)思っても勝てそうもございません。◆「いやたけなり」の変化した語。

や-たて【矢立て】名詞 ❶矢を入れる道具。「箙」

「胡籙」の類。❷「矢立ての硯」の略。陣中で用いるように、箙などの中に入れて携帯する小さな硯箱。❸携帯用の筆記用具。墨壺に筆を収納する筒の付いたもの。❷を改良して考え出された。奥の細道 江戸一紀行 旅立「これをやたての初めとして」訳これを矢立ての使いはじめとして。

や-だね【矢種】 名詞 箙などに入れてあって、すぐ射ることのできる矢。手持ちの矢。用意してある矢。

やた-の-かがみ【八咫の鏡】 名詞 ❶大きな鏡。❷三種の神器の一つ。天の岩戸に天照大神が閉じこもったときに、神々が献上した鏡。

や-ち【八千】 名詞 八千。また、数がきわめて多いこと。◆多く、他の語の上に付けて用いられる。

やち-くさ【八千草・八千種】 名詞 ❶たくさんの草。❷多くの種類。種々。さまざま。万葉集 奈良一歌集 四一六六「やちくさに草木花咲き」訳さまざまに草や木に花が咲き。

やち-たび【八千度】 名詞 八千回。また、回数のきわめて多いこと。

や-ちまた【八衢・八岐】 名詞 道が幾つにも分かれている所。万葉集 奈良一歌集 一二五「橘のかげ履む路の(=序詞)やちまたに物をそ思ふ妹に逢はずして」訳橘の木かげをふんでいく道が幾つにも分かれているように、あれこれと思い悩む。あなたと逢わないで。

やち-よ【八千代】 名詞 八千年。極めて長い年月。永遠。古今 平安一歌集 賀「わが君は千代にやちよに細れ石のいはほとなりて苔のむすまで」訳わが君は千年も八千年も長生きしてください。小石が大きな岩となって苔が生えるまでも。

や-つ[1]【八つ】 名詞 ❶八。やっつ。また、数の多いこと。❷時刻の名。およそ、現在の午前二時ごろと午後二時ごろに当たる。八つ時。

やつ[2]【奴】

一 名詞「やつこ」の変化した語。❶人や動物を軽蔑していう語。竹取物語 平安一物語 竜の頸の玉「かぐや姫てふ大盗人のやつが」訳かぐや姫という大悪党のやつが。❷「こと」「わけ」「もの」などの意。◇くだけた物言いの中で形式名詞として用いる。浮世風呂 江戸一物語 滑稽「どうも銭金といふやつはたまりませぬ」訳どうも銭金というものはたまりません。◇江戸時代の語。

二 代名詞 あいつ。こやつ。▼他称の人称代名詞。第三者を軽蔑、または、軽い親しみをこめていう語。平家物語 鎌倉一物語 四・競「親しいやつめに盗まれて候ふ」訳親しいあいつに盗まれました。

や-つか【八束・八拳】 名詞 束(=こぶし一握り)の八つ分の長さ。また、長さが長いこと。日本書紀 奈良一史書 神代上「やつかの剣を食をして」訳長い剣をお持ちになって。◆奈良時代以前の語。

や-づか【矢束】 名詞 矢の長さ。「やつか」とも。平家物語 鎌倉一物語 一一・遠矢「やづかもちっと短う候ふ」訳矢の長さもちょっと短うございます。◆「束」は長さの単位。

やつかれ【僕・吾・余・臣】 代名詞「やつこ(奴)あれ(吾)」の変化した語。わたくしめ。▼自称の人称代名詞。謙遜していう語。日本書紀 奈良一史書 安閑「また、やつかれ憂へまをすところなり」訳また、わたくしめは、嘆き申し上げるところだ。

参考 奈良時代以前は男女ともに用いた。鎌倉時代までは「やつかれ」で、その後「やつがれ」となるが、江戸時代になると、男性の古風な文語的な表現として用いられた。

や-つぎ【矢継ぎ】 名詞 矢を射たあと、次の矢を弓の弦につがえること。

やつぎ-ばや【矢継ぎ早】 名詞「矢継ぎ」の動作が敏速なこと。また、そのさま。

やつぎ-ばや・なり【矢継ぎ早なり】 形容動詞 ナリ {なら/なり・に/なり/なる/なれ/なれ} 矢を続けて射る動作が敏速だ。

や-つ-こ*【奴・臣】

一 名詞 ❶臣下。家来。召使い。方丈記 鎌倉一随筆「伴ふべき人もなく、頼むべきやつこもなし」訳連れそう妻子もなく、頼りにする召使いもない。❷やつ。▼相手をののしっていう語。万葉集 奈良一歌集 一七八三「中上り来ぬ麻呂といふやつこ」訳中上り(=国司の、在任中の上京)もして途中で上京して来ない麻呂というやつ。

二 代名詞 わたくしめ。▼自称の人称代名詞。謙遜していう語。男女ともに用いる。万葉集 奈良一歌集 四〇八二「天ざかる(=枕詞)鄙のやつこに」訳遠く離れた田舎のわたくしめに。

参考「家つ子」の意。「つ」は「の」の意の奈良時代以前の格助詞。

やっこ*【奴】 名詞「やつこ」の促音便。❶武家の下僕。中間。主人の行列には、槍や挟み箱などを持って先頭に立つ。髪を撥鬢(=両の鬢を三味線の撥先の形にそり込んだ髪型)に結い、鎌髭をはやし、寒中でも袷一枚という独特の風俗をした。❷(江戸時代初期の)侠客。男伊達。旗本奴と町奴とがあって、ともに徒党を組み派手な風俗をして、侠気を売り物にした。◆江戸時代の語。

やっこ-あたま【奴頭】 名詞 ❶江戸時代の、武家に仕えていた下男や商家の丁稚などの髪型。月代を広くそり、両鬢と後ろのうなじに残した毛でまげを短く結ったもの。❷江戸時代の、小さな男の子の髪型。両耳の上と、後頭部だけ毛髪を残し、あとはそるもの。

やつ・す【俏す・窶す】

他動詞 サ四 {さ/し/す/す/せ/せ}/自動詞 ラ下二 {せ/せ/す/する/すれ/せよ}「やつる」の他動詞形

❶(服装を)目立たないようにする。みすぼらしくする。源氏物語 平安一物語 若紫「心恥づかしき人住むなる所にこそあなれ、あやしうもあまりやつしけるかな」訳(こちらが気おくれするほど)立派な人が住んでいるという所であるようだ、みっともなくあまりにひどく(身なりを)みすぼらしくしたものだなあ。

❷出家姿に変える。僧や尼の姿にする。源氏物語 平安一物語 夢浮橋「心もなく、たちまちに形をやつしてけること、と胸つぶれて」訳前後のみさかいもなく、即座に(浮舟の)姿を尼の姿にしてしまったことよと、心が乱れて。

❸まねをする。もじる。日本永代蔵 江戸一物語 浮世・西鶴「玄宗の花軍をやつし、扇軍とて」訳玄宗皇帝の花軍というものをまねして、扇軍だといって。◇江戸時代以前の用法。

❹**略式にする。定まった行儀作法をくずす。くつろぐ。乱す。**一代男 江戸―物語 浮世・西鶴「事過ぎて、あとはやつして乱れ酒」訳事(=茶の湯)が終わって、あとはくつろいで自由な酒盛り。◇江戸時代以前の用法。❺〔江戸時代以降、「身をやつす」の形で用いられて〕**身を任せる。没入する。熱中する。**醒睡笑 江戸―物語 咄本「連歌に身をやつし」訳連歌に熱中し。五人女 江戸―物語 浮世・西鶴「人のとがめもかへりみず、外なることに身をやつしけるは…これぞあぶなし」訳人のとがめるのも聞き入れないで、人の道にはずれたことに身をまかせたのは…まったくもってあやういことだった。

歴史スコープ 「身をやつす」の表現は、平安時代から用いられ「みすぼらしい姿になる」「僧形となる」の意。江戸時代以降、「身を任せる」「没入する」の意が発生し、現代語の「憂き身をやつす」につながる表現。

やっと-な 感動詞 **よっこらしょ。どっこいしょ。よいしょ。**▼力をこめて動作するときの掛け声に発する語。末広がり 室町―狂言「『やっとな』『何とする』『やっとな』」訳「どっこいしょ」「何とする」「どっこいしょ」。

やつ-はし【八つ橋】 名詞 池・小川・湿地などに橋板を数枚続けて稲妻型に渡した橋。三河(愛知県)の、かきつばたの名所にあったものが古来名高い。

(八つ橋)

やつ-ばち【八つ撥】 名詞 ❶楽器の名。「羯鼓」の別名。また、「羯鼓」を首から胸に下げて、ばちで打ちながら踊ること。❷太鼓などの曲打ち。

やつ-ばら【奴ばら】 名詞 **やつら。**▼複数の人を卑しめていう語。竹取物語 平安―物語 竜の頸の玉「遅く来るやつばらを待たじ」訳遅く来るやつらを待たないつもりだ。◆「ばら」は複数を表す接尾語。

や-つぼ【矢壺・矢坪】 名詞 矢を射るとき、ねらいを定める目標。平家物語 鎌倉―物語 四・鵼「やつぼをいづくとも定めがたし」訳矢の目標をどこと定めるのがむずかしい。

やつめ-さす 枕詞 地名「出雲」にかかる。語義・かかる理由未詳。古事記 奈良―史書 景行「やつめさす出雲建が佩ける刀」訳出雲建が腰におびた太刀。

やつ・る*【俏る・窶る】 自動詞ラ下二 {れ/れ/る/るる/るれ/れよ} ❶**目立たなくなる。みすぼらしくなる。粗末になる。簡素になる。**源氏物語 平安―物語 若紫「いといたうやつれ給へれど、しるき御さまなれば」訳たいそうひどく目立たなくしていらっしゃるが、(普通の人でないことは)はっきりわかるごようすなので。❷**容色が衰える。見ばえがしなくなる。**源氏物語 平安―物語 玉鬘「いと若かりしほどを見しに、太り黒みてやつれたれば」訳とても若かったころを見たが、太って色が黒くなり、おとろえていたので。

参考 ❷の用例のように、平安時代には「太る」と「やつる」が矛盾なく同時に用いられる。

やつれ【俏れ・窶れ】 名詞 ❶容色が衰えること。みすぼらしくなること。また、そのようす。源氏物語 平安―物語 若菜下「何ばかりの御身のやつれにかはあらむ」訳どれほどのあなた様の(容色の)衰えようであろうか。❷(人目をくらますため)目立たない状態になること。みすぼらしくすること。また、そのようす・姿。源氏物語 平安―物語 葵「かかるやつれをそれと知られぬるが」訳このような人目を忍んだ姿を自分だと知られてしまったことが。

やつ-を【八つ峰】 名詞 **多くの峰。重なりあった山々。**

や-てい【野体】 名詞 **野暮な格好。**

や-ど【宿・屋戸】 名詞 ❶**家。家屋。**万葉集 奈良―歌集 四八八「君待つとわが恋ひをればわがやどの簾動かし秋の風吹く」訳⇩きみまつと…。❷**戸。戸口。入り口。**万葉集 奈良―歌集 一〇一三「あらかじめ君来まさむと知らませば門にやどにも珠敷かましを」訳前もってあなたがおいでになるとわかっていましたなら、門にも戸口にも珠を一面に敷いたでしょうに。❸**庭。庭先。前庭。**古今 平安―歌集 秋下「秋は来ぬ紅葉はやどに降りしきぬ道踏み分けて問ふ人はなし」訳秋が来た。紅葉は庭にいっぱい散ってしまった。しかし、その道を踏み分けて私を訪れ人は一人もいない。❹**旅先の宿。**▼一時的に泊まる家のことをさす。笈の小文 江戸―紀行 俳文・芭蕉「草臥れてやど借るころや藤の花―芭蕉」訳⇩くたびれて…。❺**主人。あるじ。**浮世風呂 江戸―物語 滑稽「わたしのやどが五十の賀」訳わたしの主人が五十歳のお祝いで。

やどかし-どり【宿貸し鳥】 名詞 鳥の名。かけすの別名。一説に、つばめ、うぐいすの別名とも。

やど・す*【宿す】 他動詞サ四 {さ/し/す/す/せ/せ} ❶**宿を貸す。宿泊させる。**方丈記 鎌倉―随筆「たとひ、広く作れりとも、誰をやどし、誰をか据ゑん」訳たとえ、広くつくったとしても、いったいだれを宿泊させ、だれを住まわせようか。❷**とどめる。残す。**竹取物語 平安―物語 仏の御石の鉢「置く露の光をだにもやどさまし」訳(もしこれが本物なら)置いた露の光ほどのわずかの光だけでも残すだろうに。❸**預けておく。**方丈記 鎌倉―随筆「いかなるわざをしてか、しばしもこの身をやどし、たまゆらも心を休むべき」訳どんなことをしたら、しばらくでも、この身を(この世に)預け、少しの間でも心を休めることができるだろうか。❹**妊娠する。はらむ。**▼「子をやどす」などの形で用いる。

やと・ふ【雇ふ・傭ふ】 他動詞ハ四 {は/ひ/ふ/ふ/へ/へ} ❶**賃金を払って人を使う。雇う。**大和物語 平安―物語 一四八「人にやとはれ、使はれもせず、いとわびしかりけるままに」訳人に雇われたり、使われたりもせず、たいそう貧しかったのにつれて。❷**借りる。利用する。**方丈記 鎌倉―随筆「舌根をやとひて不請阿弥陀仏、両三遍申してやみぬ」訳舌を借りて儀礼を整えず阿弥陀仏の名を二三回唱えてやめた。

やど-もり【宿守り】 名詞 家の番をすること。また、その人。留守番。

やどり*【宿り】 名詞 ❶旅先で泊まること。**宿泊。**また、**宿泊所。宿所。宿。**古今 平安―歌集 春下「やどりして春の山べに寝たる夜は夢のうちにも花ぞ散りける」訳⇩やどりして…。❷**住まい。住居。**特に、仮の住居にいうことが多い。徒然 鎌倉―随筆 一〇「家居のつきづきしくあらまほしきこそ、仮のやどりとは思へど、興あるものなれ」訳住居が、(住む人に)似つかわしく理想的なのは、(この世に生きている間だけの)一時的な住まいとは思うけれど、趣のあるものである。❸一時的にとどまること。また、その場所。枕草子 平安―随筆 鳥は「卯の花、花橘などにやどりをして」訳(ほととぎすが)卯の花や、橘の花などに一時的にとどまって。

やどり-ぎ【宿り木・寄生木】 名詞 ❶寄生植物の総称。❷特に、えのき・くり・けやきなどに寄生する常緑低木の名。

参考 「宿り」は、住居をさす「やど」「すみか」とは異なり、旅先の・仮のの意を含んでいる。

やどりして… 和歌 「やどりして 春の山べに 寝たる夜は 夢のうちにも 花ぞ散りける」古今 平安―歌集 春下・紀貫之 訳旅先で宿を取って春の山辺に泊まった夜は、夢の中にまで昼に見た桜の花が散っていたよ。

鑑賞 この歌は、夢と現実とが渾然一体となった幻想的な美の世界を描いたもの。「ける」は係助詞「ぞ」の結びで、助動詞「けり」の連体形。

やど・る*【宿る】 自動詞ラ四〔ら／り／る／る／れ／れ〕❶旅先で宿を取る。泊まる。宿泊する。古今 平安―歌集 冬・詞書「奈良の京にまかれりける時に、やどれりける所にて詠める」訳奈良の京に旅をしていたときに、宿泊していた所で詠んだ歌。❷住みかとする。住む。一時的に住む。源氏物語 平安―物語 夕顔「仮にても、やどれる住まひのほどを思ふに」訳たとえ、仮のものであっても、住みかとしている家のあたりを思うと。❸とどまる。源氏物語 平安―物語 東屋「あはれ、亡き魂や、やどりて見給ふらむ」訳ああ、亡くなった人の魂がここにとどまってごらんになっているだろうか。❹寄生する。源氏物語 平安―物語 宿木「いと気色ある深山木にやどりたる蔦の色」訳たいそう趣のある奥山の木に寄生しているつたの(紅葉の)色。

やな[1]【梁・簗】 名詞 川にくいを打ち並べて流れをせきとめ、一か所だけあけて竹簀を斜めに張り、そこに流れ込む魚を捕らえる仕掛け。季夏。

や-な[2] 終助詞

なりたち 間投助詞「や」に終助詞(間投助詞とも)「な」の付いたかたちが一語化したもの。

《接続》体言、形容詞の終止形、形容動詞の語幹などに付く。

〔感動〕…だなあ。…よねえ。宇治拾遺 鎌倉―説話 一・一三「さくりあげて『よよ』と泣きければ、うたてしやな」訳(子供が)しゃくりあげて「おいおい」と泣いたので、情けないことであるよ。

参考 平安時代には、用例がきわめて少なく、それも一語とみるより、「や」と「な」に分けて考えた方がよい。

やない-ばこ【柳筥・柳箱】 名詞 「やなぎばこ」のイ音便。柳の細枝をたわめて編んで作った、ふた付きの箱。文房具・冠・経巻などを入れる。ふたは物を載せる台として用いた。

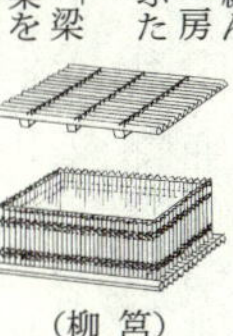
(柳 筥)

やな-う・つ【梁打つ】 連語 「梁」を仕掛ける。くいを打って梁を構え作る。万葉集 奈良―歌集 三八七「古のやなうつ人のなかりせば」訳その昔梁をかける人がなかったら。

谷中 地名 今の東京都台東区谷中。上野の北西に広がる台地。多くの寺院がある。

やなぎ【柳】 名詞 ❶木の名。枝の先が細長く、垂れ下がる。季春。❷「柳襲」の略。襲の色目の一つ。表は白、裏は青。参照▶口絵 ❸織り色の一つ。縦糸を萌葱、横を白の糸で織ったもの。

参考 細く長い柳の枝が風によくなびくのをたとえて「柳に風(と受け流す)」といい、「柳の髪」は細く長い女の美しい髪をたとえていう。

やなぎ-かづら【柳鬘】 名詞 「やなぎのかづら」に同じ。

柳多留 ⇩誹風柳多留

やなぎちり… 俳句 「柳ちり 清水かれ石 ところどころ」反古衾 江戸―句集 俳諧・蕪村 訳遊行柳を訪れてみると、その葉はすでに散り、西行が「清水流るる」と詠んだ清水もかれはてて、川床にはところどころ石が姿を現している。

鑑賞 柳は、西行が「道の辺に清水流るる柳陰しばしとてこそ立ちどまりつれ」(『新古今和歌集』)〈⇩みちのべに…。〉と詠んだ柳であり、「田一枚植ゑて立ち去る柳かな」(『奥の細道』)〈⇩たいちまい…。〉と芭蕉も訪れた柳である。「柳」そのものは春の季語であるが、この句の季語は「柳ちる」で、季は秋。なお、「ところどころ」を「とところどこ」と読む説もある。『蕪村句集』では、「柳散清水涸石処々」と漢字ばかりの句に改められている。

やなぎ-の-いと【柳の糸】 連語 細い柳の枝を糸にたとえていう語。季春。万葉集 奈良―歌集 一八五六「我が挿せるやなぎのいとを吹き乱る風にか妹が梅の散るらむ」訳私が髪に挿している柳の細い枝を吹き乱す風であの人の家の梅の花も散っていることだろうか。

やなぎ-の-かづら【柳の鬘】 連語 葉のついたままの柳の小枝をたわめて髪の飾りとしたもの。「やなぎかづら」とも。季春。

やなぎ-の-まゆ【柳の眉】 連語 ❶柳の若葉を眉にたとえていう語。「やなぎのまよ」とも。枕草子 平安―随筆 三月ばかり「さかしらにやなぎのまゆのひろごりて春のおもてを伏する宿かな」訳(細い方がよいのに)おせっかいに眉のような柳の葉が広がっていて春の面目をつぶしてしまう家だなあ。❷美人の細く美しい眉。◇「柳眉」を訓読した語。

や-な-ぐひ【胡籙・胡簶】 名詞 矢を差し入れて背に負う武具。「靫」に対して、矢の大部分が外に現れる矢立て式のもの。平胡籙・壺胡籙・狩り胡籙などの種類がある。一腰・二腰…と数える。参照▶口絵

や-なみ【矢並み】 名詞 「箙」に差した矢の並びぐあい。金槐 鎌倉―歌集 冬「武士のやなみつくろふ籠手の上に霰たばしる那須の篠原」訳⇩もののふのやなみつくろふ…。

やには-に【矢庭に】 副詞 その場で。即座に。たちどころに。平家物語 鎌倉―物語 四・橋合戦「やにはに八人切り伏せ」訳即座に八人を切って倒し。

やは[1] 副詞 どうして…(であろうか)。▼文末を連体形で結び、反語の意を表す。太平記 室町―物語 三四「にはかに構へたる城なれば、暫くもやはささふるとて」訳急いで建てた城なので、ほんのしばらくでもどうして持ちこたえるだろうかといって。◆係助詞「やは」の副

詞化した語。

や-は[2] 係助詞 《接続》種々の語に付く。文末に用いられる場合は、活用語の終止形・已然形に付く。❶〔反語〕…(だろう)**か、いや、…ない。** 枕草子 平安一随筆 清涼殿の丑寅のすみの「このごろはかやうなることやは聞こゆる」訳このごろはこのようなことは耳にするだろうか、いや、耳にすることはない。伊勢物語 平安一物語 二三「もろともに言ふかひなくてあらむやは」訳(女と)一緒にふがいない状態でいられようか、いや、いられない。❷〔疑問〕…**か。** 源氏物語 平安一物語 夕顔「いにしへもかくやは人のまどひけむ」訳昔もこのように人は迷ったのであろうか。❸〔「やは…ぬ」の形で勧誘・希望〕…**ないか。…てくれたらいいのに。**▼「やは…ぬ」の「ぬ」は打消の助動詞「ず」の連体形。源氏物語 平安一物語 東屋「みづからやはかしこに出いで給はぬ」訳ご自身であそこにおいでにならないか。

語法 係り結びの法則 「やは」は文中にも文末にも用いられるが、文中に用いられた場合は、係り結びの法則で、「や」と同様に、文末の活用語は連体形となる。

参考 係助詞「や」に係助詞「は」の付いたもの。奈良時代以前の「やも」に代わり、平安時代に多用。多くは反語の意を表し、疑問の意に用いられたのはごくまれである。

やは-あら-ぬ 連語 **なりたち** 係助詞「やは」＋補助動詞「あり」の未然形＋打消の助動詞「ず」の連体形

…**したら**(してくれたら)**いいのになあ。**▼勧誘・希望の意を表す。古今 平安一歌集 春下「ことならば咲かずやはあらぬ桜花見る我さへに静心なし」訳同じことならばいっそ咲かないでいてくれたらいいのになあ、桜の花よ、見ている私までもが心が落ち着かないことだ。

やは-か 副詞 ❶**どうして…**(だろう)**か、いや、…ではない。**▼反語の意を表す。太平記 室町一物語 一七「いかなる新田殿とものたまへ、やはかこらへ候ふや」訳どれほど強い新田殿とおっしゃっても、どうして持ちこたえることができるでしょうか、いや、できません。❷〔打消の推量表現を下接して〕**よもや。まさか。** 鳥帽子折 室町一能楽 謡曲「やはか退ひかぬことは候ふまじ」訳まさか退却しないということはないでしょう。

やは・す【和す】 他動詞 サ四 **やわらげる。平定する。帰順させる。** 万葉集 奈良一歌集 四四六五「まつろはぬ人をもやはし」訳服従しない人をも帰順させ。◆奈良時代以前の語。

や-はず【矢筈】 名詞 矢の末端の、弓の弦を掛けるくぼんだ部分。筈。参照▼口絵

やは-せ-ぬ 連語 **なりたち** 係助詞「やは」＋動詞「す」の未然形＋打消の助動詞「ず」の連体形

…**すれば**(してくれれば)**よいのに。**▼勧誘・希望の意を表す。古今 平安一歌集 夏「ほととぎす声も聞こえず山彦は外に鳴く音をこたへやはせぬ」訳(ここでは)ほととぎすの声も聞こえない。(せめて山の神である)山彦がよそで鳴いている(ほととぎすの)声を響かせてくれればよいのに。

やは-やは(と) 副詞 **しなやかに。やんわり(と)。なよなよ(と)。** 源氏物語 平安一物語 玉鬘「若やかにおほどかにて、やはやはとぞたをやぎたまへりし」訳若々しくおっとりとして、なよなよとしとやかになさっていらしたが。

やはら 副詞 「やをら」に同じ。平家物語 鎌倉一物語 九・小宰相身投「北の方やはら舷へ起き出いでて」訳北の方は静かにふなばたに立ち進み。

やはら-か・なり【柔らかなり・和らかなり】 形容動詞 ナリ ❶**柔軟だ。しなやかだ。** 源氏物語 平安一物語 空蝉「御衣のけはひやはらかなるも、いとしるかりけり」訳お衣装のきぬずれの音は、(布地が)しなやかであるため、かえってたいそうはっきりきこえた。❷(性格などが)**穏やかだ。柔順だ。おとなしい。** 徒然 鎌倉一随筆 一四一「なべて心やはらかに、情けある故に」訳(都の人は)一般に、心が穏やかで、思いやりがあるために。

やはら・ぐ[*]【和らぐ・柔らぐ】 **一** 自動詞 ガ四 ❶**温和になる。穏やかになる。** 徒然 鎌倉一随筆 一四一「寺をも住持せらるるは、かくやはらぎたる所ありて」訳寺を住職として管理なさったのは、このように温和になっているところがあって。❷**仲よくなる。むつまじくなる。** 日本書紀 奈良一史書 顕宗「兄・弟、よろこびやはらぎて」訳兄と弟が、よろこび仲よくなって。
二 他動詞 ガ下二 ❶**穏やかにする。なごやかにする。** 源氏物語 平安一物語 若菜下「天地を靡かし、鬼神の心をやはらげ」訳天地を従わせ、鬼の心もなごやかにし。❷**仲よくさせる。むつまじくさせる。** 古今 平安一歌集 仮名序「男・女の仲をもやはらげ」訳男女の仲もむつまじくさせ。❸(言葉・表現を)**わかりやすくする。平易にする。** 十訓抄 鎌倉一説話 七「梨壺の五人に仰せて、『万葉集』をやはらげられしも」訳梨壺の五人にお命じになって、『万葉集』をわかりやすくなさったのも。

やはら・ぶ【和らぶ・柔らぶ】 自動詞 バ四 **穏やかになる。穏和に見える。** 源氏物語 平安一物語 帚木「なつかしくやはらびたる形などを静かに描きまぜて」訳親しみがあって穏やかに見えている風景などを静かに描き入れて。◆「ぶ」は接尾語。

や-ひらで【八枚手】 名詞 八枚の「枚手(＝数枚の柏の葉をとじて丸い皿状にしたもの)」。また、数多くの「枚手」。

やぶ-いり【藪入り】 名詞 陰暦の正月と七月の十六日前後に、奉公人が一日ほどの休暇をもらって親元に帰ること。また、その時期。特に、正月のものをいい、七月のものは「後の藪入り」といって区別する。季春。太祇句選 江戸一句集 俳諧「やぶいりの寝るやひとりの親の側—太祇」訳薮入りで半年ぶりで生家に戻った子が、独りになった親の側に、寄り添うように寝ているよ。◆江戸時代の語。

やぶさ-か・なり【吝かなり】 形容動詞 ナリ **物惜しみしている。未練がましい。けちだ。**◆形容詞「やふさし」から生じた語。鎌倉時代以降、漢文訓読系の文章に多く見られる。

やぶさ-め【流鏑馬】 名詞 馬を走らせながら、馬上から「鏑矢(かぶらや)」で三か所に設けた的を次々に射る競技。本来は騎射戦の練習のためのもので、平安時代末期から鎌倉時代にかけ、武家社会で盛んに行われた。後、儀式化し、神事の際に行われている。季夏。

やぶ-はら【藪原】 名詞 草木が乱雑に生い茂る野原。

(流鏑馬)

やぶ・る【破る】

一 他動詞ラ四 {ら/り/る/る/れ/れ}

❶**うち砕く。こわす。裂く。** 宇治拾遺 鎌倉―説話 二・六「隔ての垣をやぶりて、それより出(い)だし奉らん」訳仕切りの垣根をこわして、そこから(死体を)お出し申し上げよう。

❷**傷つける。損なう。害する。** 徒然 鎌倉―随筆 一二九「身をやぶるよりも、心をいたましむるは、人をそこなふことなほ甚だし」訳体を傷つけることよりも、心を苦しめることの方が、人を傷つけることにおいて程度が甚だしい。

❸(敵陣を)**突破する。負かす。うち破る。** 平家物語 鎌倉―物語 九・木曾最期「そこをやぶって行くほどに、土肥次郎実平(とひのじらうさねひら)二千余騎でささへたり」訳そこを突破して行くと、(次には)土肥次郎実平が二千余騎で防ぎとめている。◇「やぶっ」は促音便。

❹(戒律・規則を)**犯す。破る。乱す。** 徒然 鎌倉―随筆 一七五「万(よろづ)の戒をやぶりて、地獄に堕(お)つべし」訳(酒を飲むと)多くの(仏道の)いましめを犯して、地獄にきっと落ちるにちがいない。

二 自動詞ラ下二 {れ/れ/る/るる/るれ/れよ}

❶**こわれる。砕ける。破れる。** 徒然 鎌倉―随筆 一八四「物はやぶれたる所ばかりを修理(しゅり)して用ゐることぞ」訳物はこわれている所だけをなおして使用するものだ。

❷**傷つく。損なわれる。** 十訓抄 鎌倉―説話 一「隋侯(ずいこう)やぶれたる蛇を見て」訳隋の王さまは傷ついている蛇を見て。

❸**成り立たなくなる。だめになる。** 徒然 鎌倉―随筆 一八八「一事を必ずなさんと思はば、他の事のやぶるるをもいたむべからず」訳一つの事を必ずなしとげようと思うならば、ほかの事がだめになることを嘆いてはならない。

❹**負ける。敗北する。敗れる。** 増鏡 室町―物語 新島守「御方(みかた)の軍(いくさ)やぶれぬ」訳天皇方の軍は敗北した。

やぶれ【破れ】 名詞 ❶破れること。壊れること。また、破れた物やその箇所。❷**失敗。破綻(はたん)。** 徒然 鎌倉―随筆 八三「よろづの事、先のつまりたるは、やぶれに近き道なり」訳何事でも、将来が行き詰まっているのは、破綻に近い道理である。

や-へ*【八重】(ヤエ) 名詞 八つ重なっていること。また、数多く重なっていること。また、そのもの。

やへ-がき【八重垣】(ヤエガキ) 名詞 (家の周囲に)幾重にも作り設けた垣根。古事記 奈良―史書 神代「八雲(やくも)立つ出雲(いづも)やへがき」訳⇨やくもたつ…。◆奈良時代以前の語。

やへ-ぐも【八重雲】(ヤエグモ) 名詞 幾重にも重なってわき立つ雲。八重棚雲(たなぐも)。源氏物語 平安―物語 橋姫「峰のやへぐも、思ひやる隔て多く、あはれなるに」訳山の峰の幾重にも重なってわき立つ雲のように、思いをはせるにも障害が多く悲しいのに。

やへ-の-しほかぜ【八重の潮風】(ヤエノシオカゼ) 連語 はるかな海原を吹き渡ってくる風。

やへ-の-しほぢ【八重の潮路】(ヤエノシオジ) 連語 はるかに遠い海路。非常に長い海路。

やへ-むぐら[1]【八重葎】(ヤエムグラ) 名詞 幾重にも生い茂っている葎(=つる草や雑草)。荒れはてた屋敷や庭などのようすを表すのに用いる。源氏物語 平安―物語 桐壺「月影ばかりぞ、やへむぐらにもさはらずさし入(い)りたる」訳月の光だけが幾重にも生い茂っている雑草にもさまたげられずにさし込んでいる。

やへむぐら…[2] 和歌 百人一首 「八重葎(やへむぐら) 茂れる宿の さびしきに 人こそ見えね 秋は来(き)にけり」 後拾遺 平安―歌集 秋・恵慶法師(ゑぎゃうほふし) 訳むぐらが生い茂っている寂(さび)しい住まいに、訪れる人は見えないけれど、秋だけは(昔のように)やって来たよ。

やへ-やま【八重山】(ヤエヤマ) 名詞 幾重にも峰が重なり合っている山。

や-ほ[1]【八百】(ヤオ) 名詞 (数の)八百(はっぴゃく)。また、数が極めて多いこと。▼多く名詞の上に付いて接頭語的に用いる。「潮のやほ会(あ)ひ(潮流が寄り集まってくる所=沖合)」「やほ日(か)」「やほ万(よろづ)」

や-ほ[2]【弥帆・矢帆】 名詞 和船の船首に張る小型の補助帆。本帆(もとほ)に重ねてはる。

や-ぼ【野暮】 名詞 世情にうとく、人情の機微を解さないこと。洗練されていないこと。また、その人。一代女 江戸―物語 浮世・西鶴「やぼはいやなり」訳洗練されていない人はいやである。◆江戸時代の語。

参考「意気(いき)」「粋(すい)」「通(つう)」に対する語。

やほ-あひ【八百会ひ】(ヤオアイ) 名詞 たくさんのものが一つに集まり出会うこと。また、その場所。特に、潮流の集まり合う所。延喜式 平安―格式 六月晦大祓「八潮道(やしほぢ)の潮のやほあひに」訳多くの潮流が集まる所に。◆奈良時代以前の語。

やほ-か【八百日】(ヤオカ) 名詞 きわめて多くの日数。

やほ-へ【八百重】(ヤオエ) 名詞 幾重にも重なり合っていること。また、はるかに遠く隔たっていること。また、その場所。

やほ-よろづ【八百万】(ヤオヨロズ) 名詞 限りなく数の多いこと。古事記 奈良―史書 神代「やほよろづの神、天(あめ)の安(やす)の河原に神集(かむつど)ひ集ひて」訳多数の神が、天の安の河原に集まって。

やま【山】 名詞

❶**地面の高く隆起している所。** 伊勢物語 平安―物語 九「そのやまは、ここにたとへば、比叡(ひえ)の山を二十(はたち)ばかり重ね上げたらむ程して」訳その山は、この京の都で例にとると、比叡山(ひえいざん)を二十ほど積み上げたような程度(の高さ)で。

❷**比叡山。** また、**比叡山延暦寺(えんりゃくじ)。** 平家物語 鎌倉―物語 四・山門牒状「やまへも奈良へも牒状(てふじゃう)をこそおくりけれ」訳比叡山へも奈良へも順に回覧する文書を

や

送ったことだ。❸庭園の築山(やまつき)。源氏物語 平安―物語 桐壺「もとの木立、やまのたたずまひおもしろき所なるを」訳以前からの木立や、築山のありさまも情趣ある所であるのを。❹墓。天皇の墓。山陵(さんりょう)。源氏物語 平安―物語 須磨「御やまに参りはべるを」訳(桐壺院(きりつぼいん)の)御陵に参拝いたしますが。❺盛り上がったり、多く積み重なったりしていること。また、そのもの。枕草子 平安―随筆 職の御曹司におはします頃、西の廂にて「雪のやま、つれなくて年もかへりぬ」訳雪の山は、平気で(＝そのまま消えずに)年もあらたまった。

やま-あひ【山間】ヤマアイ 名詞 **山と山との間。山間(さんかん)。**

やま-あらし【山嵐】 名詞 山から吹き下ろす激しい風。山おろし。

やま-あゐ【山藍】ヤマアイ 名詞 植物の名。山野の日陰に群生し、葉の汁は藍色の染料とする。「やまゐ」とも。

やまい【病】⇨やまひ

やま-うつぼ【山靫】 名詞 狩猟のときに用いる簡略な作りの矢入れ。

◆**学習ポイント㊾ 特定の意味を表す語**

一般的な語が固有名詞の言葉を示したり、特定の限定された意味を表すことが古語にはよく見られる。次はその代表的な語である。

●**固有名詞の言葉を表す例**
山(やま)＝比叡山(ひえいざん)(＝延暦(えんりゃく)寺)
寺(てら)＝三井寺(みいでら)(＝園城(おんじょう)寺)
南都(なんと)＝興福(こうふく)寺⇔北嶺(ほくれい)(延暦寺)

●**特定の限定された意味を表す例**
行ひ＝仏道修行・勤行(ごんぎょう)
遊び＝音楽の催し・管弦の遊び(平安期)
才(ざえ)＝漢学の才能・学識
祭り＝賀茂(かも)神社の祭り(葵(あおい)祭り)
花＝桜(平安時代以降)

やま-うど【山人】ヤマウド―ヤモウド 名詞「やまびと」のウ音便。「やまびと」に同じ。

*__やま-おろし【山颪】__ 名詞 山から吹き下ろす激しい風。千載 鎌倉―歌集 恋二「憂(う)かりける人を初瀬のやまおろしよはげしかれとは祈らぬものを」訳⇨うかりける…。

やまおろし-の-かぜ【山颪の風】 連語「やまおろし」に同じ。

やま-が【山家】 名詞 **山の中にある家。山里の家。**

やま-がくれ【山隠れ】 名詞 山に隠れて見えないこと。また、その場所。山かげ。拾遺 平安―歌集 春「あしびきの(＝枕詞(まくらことば))やまがくれなる桜花」訳山かげにある桜の花。

やま-かげ【山陰】 名詞 山の陰になること。また、その場所。

やま-かぜ【山風】 名詞 山からふもとへ吹き下ろす風。山おろし。また山の中を吹く風。古今 平安―歌集 秋下「吹くからに秋の草木(くさき)のしをるればむべやまかぜを嵐(あらし)といふらむ」訳⇨ふくからに…。

やま-がた【山形】 名詞 ❶鞍(くら)の「前輪(まえわ)」と「後輪(しずわ)」それぞれの中央部の、山形に高くなったところ。❷山の形を図案化したもの。紋所や、屋号の上に付ける標識などとした。

やま-かたつ-く【山片付く】 連語 **山の方に片寄る。山に沿う。**万葉集 奈良―歌集 一八四二「雪をおきて梅をな恋ひそあしひきの(＝枕詞(まくらことば))やまかたつきて家居(いへゐ)せる君」訳雪をさしおいて梅の花を恋しがるな。山の近くに寄って家を造って住んでいるあなた。

やま-がつ【山賤】 名詞 ❶(きこりや猟師など)**山里に住む身分の低い人。**源氏物語 平安―物語 夕顔「物の情け知らぬやまがつも花の陰には、なほやすらはまほしきにや」訳物の情趣も知らない山里に住む身分の低い人も花の下ではやはり休息したいものだろうか。❷❶の住む粗末な家。

やま-かづら【山鬘・山蔓】ヤマカズラ 名詞「ひかげのかずら」の別名。神事の際、髪にかけて鬘(かづら)とした。一説に「まさきのかづら」の別名とも。

やま-かは【山川】ヤマカワ 名詞 **山と川。**また、(古く山や川にいると信じられていた)山の神と川の神。万葉集 奈良―歌集 三九「やまかはも依(よ)りて仕ふる神ながら」訳山の神、川の神も従って仕える神そのままに。

やま-がは【山川】ヤマガワ 名詞 **山の中を流れる川。山あいの川。**古今 平安―歌集 秋下「やまがはに風のかけたるしがらみは流れもあへぬ紅葉(もみぢ)なりけり」訳⇨やまがはに…。

注意「やまがは」と濁って読むと「山あいの川」の意であるが、「やまかは」と清音で読むと「山と川」の意味となる。

やまがはに… 和歌 百人一首「**山川(やまがは)に 風のかけたる しがらみは 流れもあへぬ 紅葉(もみぢ)なりけり**」古今 平安―歌集 秋下・春道列樹(はるみちのつらき) 訳山あいの川に風がかけ渡した、水をせき止める柵(しがらみ)は、散りたまって流れることができないでいる紅葉であったよ。

やまがは-の【山川の】ヤマガワノ 枕詞 急流である山川の状態から「早し」「激(たぎ)つ」「音(おと)」などにかかる。万葉集 奈良―歌集 二四三二「言(こと)に出でて言はばゆゆしみやまがはの激つ心を塞(せ)かへたりけり」訳口に出して言えば不吉なので、谷川の流れのように激する心を懸命に塞き止めている。

やま-がひ【山峡】ヤマガイ 名詞 **山と山との間の谷間。山間(やまあい)。**「やまかひ」とも。

やま-から【山柄】 名詞 **山の品格。**山の素性。一説に「山のゆえに」の意とも。

*__やま-ぎは【山際】__ヤマギワ 名詞 ❶**空の、山の稜線(りょうせん)に接するあたり。**枕草子 平安―随筆 春はあけぼの「やうやう白くなりゆくやまぎは、少し明かりて」訳だんだんと白くなってゆく空の、山の稜線に接するあたりが、少し明るくなって。❷**山のほとり。山のそば。**

◆**学習ポイント㊿ 「やまぎは」と「やまのは」**

関連語「やまぎは」❶は、空の、山の稜線に接するあたりをいう。それに対して「やまのは」は、山の、空に接するあたりをいう。

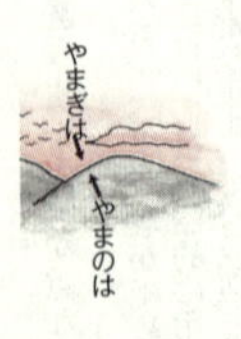

やま-くさ【山草】 名詞 ❶**山に生えている草。**「やまぐさ」とも。❷植物の名。うらじろの別名。新年の飾り物とする。季春。

やま-ぐち【山口】 名詞 ❶**山の登り口。山の入り口。** ❷鷹狩りの狩り場への入り口。❸**物事の初め。きざし。前兆。**▼猟師が山の入り口で、早くも獲物の有無を直感するということから。源氏物語 平安一物語 松風「かくこそは、すぐれたる人の**やまぐち**は、しるかりけれ」訳こんなにまで、美しい人となる**きざし**は、(幼いときから)明らかだった。

やま-ごえ【山越え】 名詞 ❶山を越えること。また、その道やその地点。❷江戸時代、関所を通らずひそかに山道を抜けて行くこと。

やま-ごもり【山籠り】 名詞 山中にこもること。特に、山寺にこもって仏道の修行をすること。源氏物語 平安一物語 夕顔「『**やまごもり**して、里に出でじ』と、誓ひたるを」訳「**山寺にこもって仏道の修行**をして、人里に出まい」と誓ったのを。

山崎 地名 今の京都府乙訓郡大山崎町。淀川の西岸に位置し、京都と大阪を結ぶ交通の要所。豊臣秀吉と明智光秀との山崎の合戦の地でもある。

山崎宗鑑 人名 (?～一五三九?)室町時代後期の連歌作者・俳人。足利義尚に仕え、出家して京都の山崎に住んだ。宗祇・宗長らと俳諧の連歌をよんだ。俳諧集『新撰犬筑波集』を編集、荒木田守武とともに俳諧を連歌から独立させる先駆者となった。

やま-さち【山幸】 名詞 **山でとれる獲物。**また、それをとる道具。対海幸。

やま-ざと【山里】 名詞 ❶**山の中にある人里。山の中の村。**後拾遺 平安一歌集 秋上「住む人もなき**やまざと**の秋の夜は月の光も寂しかりけり」訳住む人もいない**山中の人里**の秋の夜は、月の光も寂しく感じられるのだった。対村里。❷山里にある別荘。**山荘。**源氏物語 平安一物語 橋姫「宇治といふ所に、よしある**やまざと**持ち給へり」訳宇治という所に、趣のある**山荘**をお持ちになっていた。

[1]やまざとは… 和歌「山里は 秋こそことに わびしけれ 鹿の鳴く音に 目をさましつつ」古今 平安一歌集 秋上・壬生忠岑 訳山里は、秋がとりわけもの寂しいことだ。鹿の鳴く悲しげな声にたびたび目を覚まして。

鑑賞 山里はいつでも心細く寂しいが、秋は特に鹿の声に何度も目を覚まして、よりいっそう孤独感が深まり、堪えきれないほどわびしい気持ちになると言っているのである。「わびし」は、思うようにならなくてやりきれないという、失意の気持ちが根底にある。

[2]やまざとは… 和歌 百人一首「山里は 冬ぞさびしさ まさりける 人めも草も かれぬと思へば」古今 平安一歌集 冬・源宗于 訳山里は、冬には寂しさがひとしお感じられることだ。人の訪れも途絶えて、草も枯れてしまうと思うと。

鑑賞「離れ」と「枯れ」は掛け詞。

やまざと-びと【山里人】 名詞 **山里に住む人。**

やまざと-・ぶ【山里ぶ】 自動詞 バ上二 {び/び/ぶ/ぶる/ぶれ/びよ} **山里のようである。山里に住む人のように見える。**源氏物語 平安一物語 橋姫「**やまざとび**たる若人どもは、さしいらへむ言の葉もおぼえで」訳**山里に住む人のように見え**ている若い女房たちは、受け答えするような言葉も思いつかず。◆「ぶ」は接尾語。

[1]やまし 名詞 草の名。「はなすげ」の別名。「やまじ」とも。

[2]やま・し【疾し・疚し】 形容詞 シク「こころやまし」に同じ。

やま-した【山下】 名詞 **山のふもと。**また、山の草木の茂みの下かげ。

やました-かぜ【山下風】 名詞「やまおろし」に同じ。古今 平安一歌集 賀「み吉野の**やましたかぜ**に花ぞ散りける」訳吉野の**山から吹きおろすはげしい風**のために花が散っているように見える。

やました-つゆ【山下露】 名詞 山の木の枝葉からこぼれ落ちる露。**山の下草に宿る露。**季秋。万葉集 奈良一歌集 二二四一「ぬばたまの(=枕詞)黒髪山を朝越えて**やましたつゆ**に濡れにけるかも」訳黒髪山を朝越えたので、**山の下草に宿る露**にぬれてしまったなあ。

やました-とよ・む【山下響む】 連語 **山のふもとに響きわたる。**万葉集 奈良一歌集 一一六二「神名火の**やましたとよみ**行く水にかはず鳴くなり秋と言はむとや」訳神名火の**山のふもとに響きわたっ**て流れていく川でカジカが鳴いている。秋が来たと言おうとしているのだろうか。

やました-みづ【山下水】 名詞 **山のふもとを流れる水。山かげを流れる水。**古今 平安一歌集 恋一「あしひきの(=枕詞)**やましたみづ**の木隠れてたぎつ心をせきぞかねつる」訳**山かげの水**が木の陰に隠れてわき立っているように、私も(人知れず)激しく思っていた心を抑えられなかったよ。

参考「…やましたみづの」は序詞。歌では、山下水が、音はするが茂みに隠れるなどして流れが見えないということから、表に現せない、せつない恋心にたとえることが多い。

山科 地名 今の京都市東部の地名。古くから、近江(滋賀県)と大和(奈良県)を結ぶ交通の要所であり、平安時代以降、石山詣でなど東国への通路として栄えた。

山城 地名 旧国名。畿内五か国の一つ。今の京都府の南部で、平安京(=京都)のある地。古くは「山背・山代」と書いたが、桓武天皇の平安遷都のとき、「山城」と改められた。山州。城州。雍州。

やま-すが【山菅】 名詞「やますげ❶」に同じ。

やま-すげ【山菅】 名詞 ❶山野に自生している菅(=植物の名)。根が長く、葉が乱れていることを歌に詠むことが多い。◆「やますが」とも。❷植物の名。やぶらんの古名。

やますげ-の【山菅の】 枕詞 山菅の葉の状態から「乱る」「背向」に、山菅の実の意から「実」に、同音から「止まず」にかかる。万葉集 奈良一歌集 二四七四「**やますげの**乱れ恋のみせしめつつ逢はぬ妹かも年は経につつ」訳心乱れる恋ばかりをさせながら逢わないあの子であることか。年は過ぎていくのに。

やま-ずみ【山住み】 名詞 山の中や、山里に住むこと。また、その人。多く、仏道修行のために山寺にこもることをいう。源氏物語 平安一物語 若紫「頭もおろし侍りにけるを、少し奥まりたる**やまずみ**もせで」訳髪もおろしてしまいましたが、少し奥まった山住まいもしないで。対里住み。

やま-だ【山田】 名詞 山の中にある田。山間の田。

やま-だち【山立ち】 名詞 山賊。徒然 鎌倉―随筆 八七「『やまだちあり』とののしりければ」訳「山賊がいる」とどなったので。

やま-たちばな【山橘】 名詞 木の名。やぶこうじの別名。冬、赤い実をつける。季冬。

やまたづ-の【山たづの】（ヤマタヅノ） 枕詞 「やまたづ」は、にわとこの古名。にわとこの枝や葉が向き合っているところから「むかふ」にかかる。万葉集 奈良―歌集 九七一「やまたづの迎へ参出む」訳お迎えに参りましょう。

やまだ-の-そほづ【山田のそほづ】（ヤマダノソオズ） 連語 山田にあるかかし。「やまだのそほど」とも。

やま-ぢ【山路】（ヤマジ） 名詞 山の中の道。山越えの道。

やまぢきて… 俳句 「山路来て 何やらゆかし すみれ草」野ざらし 江戸―句集 俳文・芭蕉 訳山路を越えて来て、ふと紫色のすみれの花を見つけ、何とはなしに心が引かれるよ。

鑑賞 和歌では野のすみれを詠むのが普通だが、それをあえて山路のすみれにしたところが俳諧らしい。季語は「すみれ草」で、季は春。

やま-ぢさ【山萵苣】 名詞 植物の名。「えごのき」の別名。一説に、「いわたばこ（＝野草の名）」の別名とも。

やま-つと【山苞】 名詞 **山からの土産物。山里の土産。**「やまづと」とも。万葉集 奈良―歌集 四二九三「山人の我に得しめしやまつとそこれ」訳山里の人が私に受け取らせた山からの土産であるよ、これは。

やま-つ-み*【山祇】 名詞 **山を支配する神霊。山の神。**◆「つ」は「の」の意の奈良時代以前の格助詞、「み」は神・霊の意。後に「やまづみ」とも。対海神。

やま-づら【山面】 名詞 **山の表面。山のまわり。**

やまと[1]【大和・倭】 名詞 **日本。日本国。**◆奈良時代までの歴代の都が大和にあったことから。

大和[2] 地名 ❶旧国名。畿内五か国の一つ。今の奈良県。和州。倭州。❷大和の国の一地方。今の奈良県天理市南部。また、桜井・橿原市一帯、さらに奈良盆地一帯をさすこともある。

参考 (1)大和朝廷の勢力範囲が拡大するにつれて、意味がしだいに広い地域をさすようになっていった。(2)語源は、「山跡」の意、「山処」の意などとする説がある。(3)「倭」と書くのは、中国で日本国のことを「倭」と言ったところから。「大和」は、「倭」と同音の「和」に美称の「大」を付けて二字にしたもの。(4)「唐…」というのに対して、「大和…」のように、名詞の上に付けて、それが日本本来のものであること、日本風であることの意を表し、複合語をつくることが多い。「やまと琴」「やまと歌」「やまと心」など。⇩から（韓・唐）

やまと-うた*【大和歌】 名詞 ❶**日本固有の歌。和歌。**「大和言葉」「大和言の葉」とも。古今 平安―歌集 仮名序「やまとうたは、人の心を種として、よろづの言の葉とぞなれりける」訳和歌は、人の心をもととして、たくさんの言葉となったものである。対唐歌。❷奈良時代以前の大和地方の風俗歌。大和舞に合わせて歌われた。

やまと-ごころ【大和心】 名詞 ❶日本人が本来もっている、物事を処理する能力。処世上の知恵や才能。「大和魂」とも。大鏡 平安―物語 道隆「やまとごころかしこくおはする人にて」訳（藤原隆家は）処世上の知恵や才能がすぐれていらっしゃる人で。◇漢詩文・漢文の能力をいう「才」に対する語。❷日本人の優美で柔和な心情。

やまと-ごと【大和琴・倭琴】 名詞 「わごん」に同じ。

やまと-ことのは【大和言の葉】 名詞 ❶「やまとことば❶」に同じ。❷「やまとうた❶」に同じ。

やまと-ことば*【大和言葉・大和詞】 名詞 ❶**日本古来の言語。日本語。和語。**❷「やまとうた❶」に同じ。源氏物語 平安―物語 東屋「そのやまとことばだに、つきなく慣らひにたれば」訳その和歌さえ、似つかわしくないままになってしまったので。◆「大和言の葉」とも。

やまと-さう【大和相・倭相】（ヤマトソウ） 名詞 日本流の人相の見方。また、その人相見。源氏物語 平安―物語 桐壺「帝、かしこき御心にやまとさうをおほせて」訳帝は、思慮深いお心で日本流の人相見をお命じになって。

大和三山 地名 今の奈良盆地の南部にある耳成山・香具山・畝傍山の総称。

やまと-しま【大和島】 名詞 **大和の国**（奈良県）。「大和島根」とも。万葉集 奈良―歌集 二五五「天離る鄙の長道ゆ恋ひ来れば明石の門よりやまとしま見ゆ」訳⇩あまざかる…。◆瀬戸内海から大和方面を見ると、生駒・葛城連山があたかも島のように見えることから。

やまと-しまね【大和島根】 名詞 ❶「やまとしま」に同じ。❷日本国の別名。万葉集 奈良―歌集 四四八七「天地の固めし国そやまとしまねは」訳天地の神がお造りになった国であるよ。日本は。

日本武尊 人名 『古事記』『日本書紀』の伝説的英雄。景行天皇の皇子の小碓尊。九州の熊襲や東国の蝦夷を討伐し、伊勢（三重県）の能褒野で死去した。筑波で御火焼の翁と二人で一首の歌をよんだのが連歌の始まりという。「倭建命」とも書く。

やまと-だましひ*【大和魂】（ヤマトダマシイ） 名詞 ❶「やまとごころ❶」に同じ。源氏物語 平安―物語 少女「なほ才を本としてこそ、やまとだましひの世に用ひらるる方も、強う侍らめ」訳やはり漢学の学識・教養を基本にしてこそ、物事を処理する実務的な能力が世間で重んじられるということも確実でしょう。◇漢詩文・漢学の能力「才」に対していう語。❷**日本人固有の精神。**弓張月 江戸―物語 読本「事に迫りて死を軽んずるは、やまとだましひなれど」訳いざというとき死を恐れないのは、日本人固有の精神であるが。

やまと-なでしこ【大和撫子】 名詞 ❶植物の名。かわらなでしこの別名。清楚な感じの女性にたとえることがある。季夏。❷（江戸時代の国学で）日本女性の美称。

やまとには… 和歌 「大和には 群山あれど とりよろふ 天の香具山 登り立ち 国見をすれば 国原は 煙立ち立つ 海原は 鷗立ち立つ うまし国そ あきづ島（＝枕詞） 大和の国は」万葉集 奈良―歌集 二・舒明天皇 訳大和には多くの山々はあるが、

その中でもとりわけ立派に整っている天の香具山よ、その山に登り立って国見をすると、国の広々とした平地には、炊煙があちこちに立ち上がっている。池の面には、かもめがあちこち飛び交っている。ほんとうによい国であるよ。この大和の国は。

鑑賞 舒明天皇は、天智・天武両帝の父。「国見」とは、見晴らしのよいところに立って国のようす、人々の生活ぶりをながめること。穏やかで平和な大和平野の、生気に満ちたようすを描くことによって、国土の繁栄を願う、いかにも古代の大君らしい大らかな詠みぶりである。「煙」は人家の炊事の煙。「海原」は香具山近くの埴安、磐余などの池を海としてとらえたもの。「あきづ島」は、秋津島、蜻蛉島とも書き、日本の国の古名。

やまとは… **和歌**「倭は 国のまほろば たたなづく 青垣 山ごもれる 倭しうるはし」〔古事記 奈良－史書〕倭建命 **訳** 大和は国のなかで最もすぐれた国だ。重なりあう青い垣、その山々に囲まれた大和はなんと美しいことか。

鑑賞 伊吹山の神に敗れて疲れ果てた倭建命が、臨終の地、能褒野（三重県）で故郷の大和（奈良県）をしのんで詠んだ歌。過酷な東征の途上、ついに故郷に帰れずに死んで行く悲劇の英雄の望郷の思いが、哀切に伝わってくる。「青垣」は奈良盆地を囲む山々の比喩。「倭し」の「し」は強意の副助詞。

やまと-まひ【大和舞・倭舞】ヤマトマイ **名詞** ❶古代舞踊の一つ。「やまとうた❷」に合わせて舞われたもので、のちに宮廷で、大嘗会や鎮魂祭のときなどに行われた。❷神楽の一つ。伊勢神宮・春日大社などで、八人の少女が榊の枝を持って舞うもの。

大和物語 **書名** 歌物語。作者未詳。平安時代中期（九四七～九五七ころ）成立。一巻。〔内容〕和歌を中心とする百七十余編の説話があり、「姨捨山」の話などが有名である。説話文学のはじまりとなった作品である。

やま-どり【山鳥】**名詞** 野鳥の名。きじに似ている。尾が長い。〔拾遺 平安－歌集 恋三〕「あしひきのやまどりの尾のしだり尾の長々し夜をひとりかも寝む」**訳** ⇩あしひきのやまどりのをの…。〔参照▶口絵〕

参考 やまどりは昼は雌雄が一緒にいるが、夜は峰を隔てて別々に寝るという言い伝えから「独り寝」することにいい、また、雄の尾羽の長いところから「長い」こと、特に「夜が長い」ことの形容に用いる。

古典の常識 『大和物語』―「あはれ」の世界を描く

約三百首の和歌をまじえた歌物語で、天皇や僧・遊女など多彩な人物が登場する。前半は贈答歌を中心とする短編が多く、後半はやや長い語り中心の説話的作品がある。全編を通し、恋・別離・死など人生の哀歓に揺れ動く人間模様が繰り広げられる。

やまどり-の【山鳥の】**枕詞** 山鳥の尾から同音を含む「尾の上」や類音を含む「おのれ」「おのづから」に、雌雄別に寝るという言い伝えから「独り寝」にかかる。〔続千載 南北－歌集 秋上〕「やまどりの尾の上の月に」**訳** 山の頂上の月に。

やまと-ゑ【大和絵・倭絵】ヤマトエ **名詞** 日本の風景や事物を題材にした優雅な作風の絵。平安時代中期に始まった。絵巻や屏風絵などが多い。**対** 唐絵。

やま-なし【山梨】**名詞** 木の名。白い花をつけ、梨に似た小さな実がなるが、食用とはならない。

やま-なみ【山並み】**名詞** 山が連なり並んでいること。また、その山々。連山。

山上憶良 ヤマノウエノオクラ **人名**（六六〇～七三三？）奈良時代の歌人。遣唐使にしたがって唐に渡り、帰国後、筑前守などを歴任した。漢学にくわしく、儒教や仏教にも通じ、『万葉集』の「貧窮問答歌」などの人生をみつめた歌や、子を思うあたたかい父性愛の歌などが有名である。

やま-の-ざす【山の座主】**連語** 比叡山延暦寺の長。天台座主。

やま-の-しづく【山の雫】ヤマノシズク **連語** 山中の樹木などからしたたり落ちる水滴。

やま-の-たをり【山のたをり】ヤマノタオリ **連語** 山の尾根のくぼんだ所。

古典の常識 『個性的な人生歌人』―山上憶良

山上憶良は、七〇一年に遣唐少録（書記官）に任ぜられ、唐に渡った。のち伯耆守を経て、東宮（のちの聖武天皇）の侍講（教育係）となり、『類聚歌林』（散逸して現存しない）を編集した。その後筑前守となって九州に下り、大宰帥大伴旅人と親交をもち、作歌活動に励んだ。

憶良は、旅人とともに『万葉集』第三期の代表的歌人で、長歌・短歌・旋頭歌といった多様な形式のものが収められている。作品としては人生の苦悩・愛情や、社会的題材をリアルに歌った個性的なものが多く、「貧窮問答歌」は社会の矛盾を鋭く描いた名作とされる。

やま-の-にしき【山の錦】**連語** 秋の山の草木が紅葉して美しいようすを錦に見立てていう語。

***やま-の-は**【山の端】**名詞** 山の、空に接する部分。山の稜線。〔枕草子 平安－随筆 春はあけぼの〕「夕日のさしてやまのはいと近うなりたるに」**訳** 夕日がさして山の稜線がとても近くなっているところへ。⇩やまぎは

やま-の-べ【山の辺】**連語**「やまべ」に同じ。

やま-の-ゐ【山の井】ヤマノイ **連語**「やまゐ」に同じ。

やまはくれて… **俳句**「山は暮れて 野は黄昏の 薄かな」〔蕪村句集 江戸－句集〕俳諧・蕪村 **訳** 山はすでにとっぷりと暮れてしまったが、山すその野にはかすかに黄昏の光が残り、すすきの穂がほの白く見えることだ。

鑑賞 対句仕立ての「山は暮れて」「野は黄昏の」により、遠景の山々から暮色が迫って来る夕景を水墨画の趣で描き出した。季語は「薄」で、季は秋。

やまばと-いろ【山鳩色】**名詞** 染め色の名。青みがかった黄色。禁色の一つで、主として天皇の衣服の色とされる。

やまひ【病】イヤマ **名詞** ❶病気。❷欠点。短所。詩歌・文章を作る上での修辞上の欠陥。〔源氏物語 平安－物語 玉

髪「やまひ避るべき心多かりしかば」訳修辞上の欠陥を避けなければならない心得が多いので。❸苦。苦労の種。気がかり。竹取物語 平安｜物語 燕の子安貝「それをやまひにて、いと弱くなり給ひにけり」訳それを苦にして、たいそう弱ってしまわれた。

やま-びこ【山彦】名詞❶山や谷などで、声や音が反響すること。こだま。❷山の神。山の霊。

やまひ-づ-く【病付く】自動詞カ四｛か／き／く／く／け／け｝病気になる。「やまひつく」とも。平家物語 鎌倉｜物語 六・入道死去「入道相国やまひづき給ひし日よりして」訳入道相国が病気になられた日から。

やま-びと【山人】名詞❶山村に住む人。きこりや猟師、炭焼きなどにいう。❷仙人。◆「やまうど」とも。

やま-ひめ【山姫】名詞❶山を守り、山を支配する女神。秋の木の葉を染める神と思われていた。❷植物の名。「あけび」の別名。

やまふかみ… 和歌「山深み 春とも知らぬ 松の戸に たえだえかかる 雪の玉水」新古今 鎌倉｜歌集 春上・式子内親王 訳山が深いので春が来たとも気づかない山家の松の木の下にある戸に、とぎれとぎれに落ちかかる美しい玉のような雪解けのしずくよ。

鑑賞 雪に埋もれる山家へのかすかな春の訪れを、雪どけの滴で描いた絵画的な叙景歌で、殊に、下の句に作者の繊細な感覚がうかがわれる。「松の戸」を、松を材料に作った戸と解する説もある。

***やま-ぶき**【山吹】名詞❶植物の名。春、黄色の花が咲く。季春。後拾遺 平安｜歌集 雑五「七重八重花は咲けどもやまぶきのみの一つだになきぞ悲しき」訳⇩ななへやへ…。❷「やまぶきいろ❶」に同じ。❸「山吹襲」の略。襲の色目の一つ。表は朽ち葉、裏は黄。春に用いる。❹「やまぶきいろ❷」に同じ。

やまぶき-いろ【山吹色】名詞❶山吹の花の色。黄金色。❷金貨。特に大判と小判。▼色が❶であるところから。

やま-ぶし【山伏・山臥】名詞❶山中に宿ること。俗世を逃れて山中に住むこと。また、その人。❷僧や修験者が野山に寝起きして修行すること。また、その僧や修験者。参照▼口絵

やまぶしの… 歌謡「山伏の腰につけたる法螺貝の ちやうと落ちていと割れ 砕けてものを思ふころかな」梁塵秘抄 平安｜歌集 二句神歌 訳山伏の腰につけている法螺貝が、ちょうと落ちて、ていと音を立てて割れて砕ける。そのように、私の心も砕けんばかりに物思いをするこのごろであるよ。

鑑賞 恋の物思いを表現した歌。無骨な山伏と繊細な恋心の対照的な取り合わせが面白い。「山伏の…ていと割れ」は「砕けて」を導く序詞。「ちゃう」「てい」は、法螺貝の落ちて割れる音を表した擬声語。

やま-ふところ【山懐】名詞周囲を山に囲まれた奥深い所。

やま-ぶみ【山踏み】名詞／—す自動詞サ変山歩き。（寺詣でに）山を歩くこと。また、その人。源氏物語 平安｜物語 玉鬘「やまぶみし侍りて、あはれなる人をなむ見給へつけたりし」訳山歩きしまして、すばらしい方をお見つけいたしました。

やま-べ【山辺】名詞山のほとり。山の辺。

山部赤人 人名 生没年未詳。奈良時代の歌人。三十六歌仙の一人。『万葉集』第一の叙景歌人で、自然の美しさを絵画的に表現する技巧にすぐれ、特に富士山を歌った長歌と反歌は有名である。柿本人麻呂と並び称せられる。

やま-ほととぎす【山時鳥】名詞山にいるほととぎす。

やま-ぼふし【山法師】名詞比叡山延暦寺の僧兵。「やまほふし」とも。平家物語 鎌倉｜物語 一・願立「賀茂川の水、双六の賽、やまぼふし。これぞわが心にかなはぬもの」訳賀茂川の水、すごろくの目、延暦寺の僧兵。これが私の思いどおりにならないもの。対寺法師

やま-もと【山本・山元】名詞山のふもと。

山本荷兮 人名（一六四八〜一七一六）江戸時代中期の俳人。名古屋の人。名は周知。医者。芭蕉に入門して、芭蕉七部集の『冬の日』『春の日』『阿羅野（曠野）』を編集したが、のち蕉門の人と対立し、連歌師に転じ昌達と号した。

やま-もり【山守】名詞山を守ること。山の番をすること。また、その人。

やまわかれ… 和歌「山別れ とびゆく雲の 帰り来る 影見るときは なほ頼まれぬ」新古今 鎌倉｜歌集 雑下・菅原道真・大鏡 平安｜物語 時平 訳山から別れ飛んで行く雲が、また山に帰ってくる姿を見ると、やはり自分もいつか都に帰ることができるかと、頼みに思ってしまうことだ。

鑑賞「雲」と題された歌。『大鏡』の時平伝は「雲の浮きてただよふをご覧じて」と記して、この歌を伝える。時平の讒言（＝おとしいれるための悪口）によって、太宰府に配流の身となった道真の悲痛な述懐である。「なほ」に、無実の罪に苦しみもだえ、浮き雲にわずかな希望を託すほかない哀感がこめられている。

やまわけ-ごろも【山分け衣】名詞山道を踏み分けて行くときに着る衣服。特に、山伏の衣にいう。

やま-ゐ[1]【山井】名詞山中にわき水がたまって、自然にできた井戸。山の井。

やま-ゐ[2]【山藍】名詞「やまあゐ」に同じ。

やみ【闇】名詞

❶暗やみ。月の出ていない夜。闇夜。枕草子 平安｜随筆 春はあけぼの「やみもなほ、蛍の多く飛びちがひたる」訳月の出ていない夜もやはり、蛍がたくさん入り乱れて飛んでいる（のがおもしろい）。

❷（心の）乱れ。思慮分別が失われている状態。源氏物語 平安｜物語 桐壺「くれまどふ心のやみも、たへがたき片はしをだに」訳（亡き娘を思って）途方に暮れる（親の）心の乱れも、堪えがたく悲しい（が、その）一端だけでも。

❸仏教語。煩悩に迷う世界。現世。千載 鎌倉｜歌集 釈教「夢覚めむそのあかつきを待つほどのやみをも照らせ法のともし火」訳迷いから覚めるその暁を待つ間の煩悩の世界である現世を照らしてください、仏法の灯火よ。

やみ-ぢ【闇路】名詞❶夜の道。❷心が迷い、分別のつかないことのたとえ。新後撰 鎌倉｜歌集 釈教「長き夜のやみぢに迷ふ身なりとも」訳長い夜の闇路（＝分別のつかなさ）に心が迷う私であるが。❸憂き世（＝こ

の世)のたとえ。新古今 鎌倉―歌集 釈教「願はくはしばしやみぢにやすらひて」訳願うことは少しの間憂き世にとどまって。❹死者が迷いながら行く闇の道。死出の旅路。

やみ-と【暗と・闇と】副詞 むやみやたらと。

やみ-に-く・る【闇に暮る】連語 ❶日が暮れて、まっ暗になる。❷悲しみや嘆きのために分別を失う。源氏物語 平安―物語 桐壺「やみにくれて臥(ふ)し給(たま)へる程に」訳嘆きのために分別を失って悲しみにくれなさっているうちに。

やみ-に-まど・ふ【闇に惑ふ】ヤミニマドウ 連語 ❶現世のことにまどわされる。煩悩(ぼんのう)にまどう。詞花 平安―歌集 雑下「いかでわれ心の月をあらはしてやみにまどへる人を照らさむ」訳なんとかして自らが心の月をあらわして(=仏道を成就させて)煩悩にまどっている人々を照らしたいものだ。❷悲しみや嘆きのために分別心を失う。源氏物語 平安―物語 椎本「やみにまどひ給(たま)へる御あたりに」訳悲しみのために途方にくれておられる(姫君たち)のお近くに。

***やみ-の-うつつ【闇の現】**連語 暗闇(やみ)の中での現実。古今 平安―歌集 恋三「むばたまの(=枕詞(まくらことば))やみのうつつはさだかなる夢にいくらもまさらざりけり」訳暗闇の中での現実(の逢瀬(おうせ))は、はっきりとした夢の中の逢瀬に、それほどもまさってはいなかったよ。

やみ-の-よ【闇の夜】連語 ❶闇夜。月の出ていない夜。❷「闇の夜の錦(にしき)」の略。

やみのよの…和歌「闇の夜の　行く先知らず　行くわれを　いつ来(き)まさむと　問ひし子らはも」万葉集 奈良―歌集 四四三六・防人歌(さきもりのうた) 訳闇の夜のように行く先も知らないまま防人として旅立つ私であるのに、いつお帰りになるのですかと尋ねた娘よ。

鑑賞「まさ」は尊敬を表す補助動詞「ます」の未然形。「はも」は詠嘆を表す。

やみ-の-よ-の-にしき【闇の夜の錦】連語 価値のないこと。はりあいのないこと。無駄なこと。◆美しい錦も、闇夜に着たのでは見る人もなく、無意味であることから。

やみ-やみ(と)【闇闇(と)】副詞 むざむざ(と)。わけもなく。武悪 室町―狂言 狂言「蛙(かへる)かなどを踏みつぶいたやうに、やみやみと討たれた」訳蛙かなんかを踏みつぶしたように、わけもなくやられた。

や・む[1]【止む】

一 自動詞マ四{ま/み/む/む/め/め}

❶おさまる。やむ。土佐日記 平安―日記 一・一六「風・波やまねば、なほ同じ所に泊まれり」訳風や波がおさまらないので、やはり(昨日と)同じ所に停泊している。

❷途中で終わる。なくなる。起こらないままで終わる。とりやめとなる。竹取物語 平安―物語 かぐや姫の生ひ立ち「翁(おきな)、心地あしく、苦しき時も、この子を見れば、苦しきこともやみぬ」訳(竹取の)翁は、気分が悪く、苦しいときでも、この子を見ると、苦しいこともなくなってしまう。

❸(病気が)治る。(気持ちが)おさまる。平家物語 鎌倉―物語 三・赦文「法皇、御憤(いきどほ)りいまだやまず」訳法皇は、お怒りがまだおさまらない。

❹死ぬ。死亡する。源氏物語 平安―物語 手習「すべて朽木(くちき)などのやうにて、人に見捨てられて、やみなむ」訳なにもかも、(山奥の)枯れて腐った木などのような状態で、人に見捨てられて、死んでしまおう。

二 他動詞マ下二{め/め/む/むる/むれ/めよ}

❶終わらせる。とりやめる。やめる。源氏物語 平安―物語 賢木「遊びはみなやめて」訳管弦の会をすっかり終わらせて。

❷(病気を)治す。枕草子 平安―随筆 さかしきもの「かい拭(のご)ひたるやうにやめ奉りたりしかば」訳きれいにふき取ったように、(病気を)治し申し上げたので。

や・む[2]【病む】

一 自動詞マ四{ま/み/む/む/め/め} ❶病気になる。病気で苦しむ。徒然 鎌倉―随筆 五三「からき命まうけて久しくやみ居たりけり」訳あやうい命を助かって、長い間病気で苦しんでいた。❷思い悩む。万葉集 奈良―歌集 三三二九「恋ふれかも胸のやみたる」訳恋しているからか、胸が思い悩んでいる。

二 他動詞マ四{ま/み/む/む/め/め} ❶病気におかされる。体を悪くする。源氏物語 平安―物語 空蟬「をととひより腹をやみて、いとわりなければ」訳おとといから腹を悪くして、どうにもがまんできないので。❷心配する。思い悩む。(心を)痛める。伊勢物語 平安―物語 五「いといたう心やみけり」訳(男のよこした和歌に女は)たいそうひどく心を痛めた。

やむかりの…俳句「病雁の　夜寒に落ちて　旅寝かな」猿蓑 江戸―句集 俳諧・芭蕉(ばせう) 訳病気にかかったような、弱々しい雁の鳴き声が聞こえてくる。秋も深まって寒さが身にしむ今宵(こよい)、病気の雁はどこか近くに降りたって、不安な思いを抱きながら旅寝をすることだろう。

鑑賞 近江(おうみ)の国堅田(かただ)(滋賀県大津市内)での句。「病雁」に、病身であった作者自身の姿を重ね合わせている。季語は「雁・夜寒」で、季は秋。

やむごと-な・し ヤンゴトナシ 形容詞ク{(く)から/く・かり/し/き・かる/けれ/かれ}

語義の扉

「止む-事-無し」からできた語。「やめることができない」「そのままにしておけない」から「大切なもの」「尊重すべき高貴なもの」を表すようになった。

❶打ち捨てておけない。放っておけない。やむを得ない。
❷格別に大切だ。特別だ。この上ない。
❸高貴だ。尊ぶべきだ。

❶打ち捨てておけない。放っておけない。やむを得ない。蜻蛉 平安―日記 上「『うちにも、やむごとなき事あり』とて」訳「宮中に打ち捨てておけない用事がある」と言って。

❷格別に大切だ。特別だ。この上ない。並たいていでない。今昔物語 平安―説話 二八・二「摂津守(せっつのかみ)も、これらをやむごとなき者にして、後前に立ててぞつかひける」訳摂津守もこれらの兵を格別に大切な者と考えて、自分の前後に立たせて使った。

❸高貴だ。尊ぶべきだ。重々しい。源氏物語 平安―物語 桐壺「いとやむごとなききはにはあらぬが、すぐれて時め

や

き給ふありけり」訳それほど高貴な身分ではない方で、際だって帝のご寵愛を受けて栄えていらっしゃる方があった。◆「やんごとなし」「やうごとなし」「やごとなし」とも。

関連語「やむごとなし」と「あてなり」の違い
「やむごとなし」は身分を表す場合、類がないような最上のものをいう。一般的な高貴さを表す「あて(貴)なり」とはその点で異なる。

やめ【矢目】 名詞 矢の当たったところ。矢傷。平家物語 鎌倉―物語 四・橋合戦「鎧に立ったるやめを数へたりければ」訳鎧についた矢傷を数えたら、

や-も 連語
なりたち 係助詞「や」＋終助詞「も」。一説に「も」は係助詞。
❶**…かなあ、いや、…ない。**▼詠嘆の意をこめつつ反語の意を表す。万葉集 奈良―歌集 八〇三「銀も金も玉も何せむに勝れる宝子に及しかめやも」訳⇩しろかねも…。万葉集 奈良―歌集 九七八「士やもむなしかるべき」訳男子たる者、むなしく死んでよいものだろうかなあ、いや死んではならない。
❷**…かなあ。**▼詠嘆の意をこめつつ疑問の意を表す。万葉集 奈良―歌集 九五五「さす竹の(=枕詞)大宮人の家と住む佐保の山をば思ふやも君」訳大宮人が我が家として住んでいる佐保の山を思っているのかなあ、あなたは。◆奈良時代以前の語。
語法「やも」が文中で用いられる場合は、係り結びの法則で、文末の活用語は連体形となる。

やも-め【寡・鰥・寡婦】 名詞 ❶**独身の女性。**竹取物語 平安―物語 火鼠の皮衣「この翁は、かぐや姫のやもめなるを嘆かしければ」訳この翁は、かぐや姫が独身であることが嘆かわしいので。❷**独身の男性。**伊勢物語 平安―物語 一二三「昔、男、やもめにてゐて」訳昔、ある男が独身でいて。
参考「やまめ」とも。「め」は女性の意で、本来は独身女性をさしたと思われ、❷はその意味が広がった用法で、夫または妻をなくした人はもとより、未婚者にも用いられた。

やもめ-ずみ【寡住み】 名詞 夫または妻のいない状態で独りで暮らすこと。**独身生活。**

や-や[1]【稍・漸】 副詞
❶**だいぶ。ちょっと。いくらか。**▼程度が普通でないようすを表す。伊勢物語 平安―物語 八三「やや久しくさぶらひて、古のことなど思ひ出で聞こえけり」訳だいぶ長時間おそばにお仕えして、昔のことなどを思い出してお話し申し上げた。
❷**しだいに。だんだんと。やがて。**▼程度が少しずつ増していくようすを表す。奥の細道 江戸―紀行 旅立「やや年も暮れ、春立てる霞の空に白河の関こえんと」訳やがて年も暮れ、立春の霞が立ちこめている空を見るにつけても白河の関を越えようと。

や-や[2] 感動詞 ❶**これこれ。おいおい。もしもし。**▼人に呼びかけるときに発する語。源氏物語 平安―物語 夕顔「『やや』と驚かし給へど」訳「これこれ」とお起こしなさったが。❷**おやまあ。ああ。**▼はっと気がついたときや、驚いたときに発する語。枕草子 平安―随筆 殿上の名対面こそ「やや、方弘がきたなきものぞ」訳おやまあ、方弘のきたないものだ。

やや-ありて【稍有りて】 連語〔多く、促音便「ややあって」の形で〕**しばらくして。少したってから。**平家物語 鎌倉―物語 三・僧都死去「有王、涙にむせび、うつ伏して、しばしは御返事にもおよばず、ややあって、涙をおさへて申しけるは」訳有王は涙にむせび、うつぶせになってしばらくはお答えすることもできない。少したってから、涙をおさえて(俊寛に)申し上げたことには。

やや-ま-し 形容詞シク〔しく・しから/しく・しかり/し/しき・しかる/しけれ/しかれ〕**気になる。心苦しい。気がとがめる。**源氏物語 平安―物語 胡蝶「かう何やかやと聞こゆるをも、おぼすところやあらむとややましきを」訳このように何やかやと申し上げるのも、ご不快にお思いになることもあろうかと心苦しいが。

やや-む 自動詞マ四〔ま/み/む/む/め/め〕**苦労する。思いわずらう。ひどくなやむ。**源氏物語 平安―物語 宿木「いと苦しげにややみて、久しく下りて」訳(浮舟は牛車から)たいそう苦しそうに苦労して、長くかかって降りて。

ややもすれば【動もすれば】 副詞 **ともすると。どうかすると。**源氏物語 平安―物語 若菜上「いたく思ひしめりて、ややもすれば花の木に目をつけてながめやる」訳たいそう沈みこんで、どうかすると花(=桜)の木に目をやって物思いにふけりながら眺める。

ややも-せば【動もせば】 副詞「ややもすれば」に同じ。枕草子 平安―随筆 正月一日、三月三日は「つとめてはやみにたれど、なほ曇りて、ややもせば降り落ちぬべく見えたるもをかし」訳早朝はやんでいたが、まだ曇っていて、ともすると降ってきそうに見えるのも風情がある。

ややや-に【稍稍に・漸漸に】 副詞 **しだいに。ようやく。だんだんに。**

や-よ 感動詞 ❶**やあ。おい。さあ。**▼呼びかけるときに発する語。源氏物語 平安―物語 明石「思ふらむ心のほどややよいかに」訳(私を)思っているであろう心の程度は、さあ、どのくらいでしょう。❷**やれ。やんれ。**▼囃子の声、また、かけ声。二人大名 室町―狂言 狂言「京に京にはやる起上小法師、やよ」訳京にはやる起上小法師、やれ。
参考 意味・用法とも感動詞「やや」と、ほぼ同じ。また、さらに強めて「やよや」の語がある。

やよ-し 形容詞ク〔く・から/く・かり/し/き・かる/けれ/かれ〕**いよいよ多い。ますます多い。**古今 平安―歌集 雑体「わたくしの老いのかずさへやよければ」訳(任官以前の)私人としてとった年数までますます多いので。

やよひ*【弥生・三月】 イヤヨ 名詞 陰暦三月の別名。▼この月で春が終わる。◆「いやおひ(弥生ひ)」の変化した語とされる。

やよ-や 感動詞 **おいおい。これこれ。**▼呼びかけるときに発する語。源氏物語 平安―物語 明石「やよやいかにと問ふ人もなみ」訳おいおい、どうしたのだと尋ねる人もないので。

やら 副助詞《接続》体言、活用語の連体形、副詞、助詞などに付く。❶〔不確実〕**…だろうか。…だか。**▼多く疑問の語を伴う。野ざらし 江戸―句集 俳文「山路来て何やらゆかしすみれ草―芭蕉」訳⇩やまぢきて…。❷〔列挙〕**…やら…やら。**冥途飛脚 江戸―浄瑠 浄瑠・近松「腹が立つやら、憎いやら」訳腹が立つやら、憎いやら。

参考 (1)室町時代以降の語。「にやあらむ」（平安時代）→「やらむ（ん）」（平安時代の末期）→「やらう」（鎌倉・室町時代）と変化してできた。(2)❷の「やら」（「やらん」→「やら」（室町時代の末期））を「並立助詞」とする説もある。

やらう【遣らう】⇩やらふ

や-らう 連語「やらん」に同じ。◆鎌倉時代に「やらん」から変化した語。

やら-・ず【遣らず】連語

なりたち 動詞「や（遣）る」の未然形＋打消の助動詞「ず」

（動詞の連用形、およびさらに係助詞を介した形に付いて）**十分に…しきらない。最後まで…できない。** 源氏物語 平安一物語 桐壺「言ひも**やらず**、むせかへり給ふほどに、夜は更けぬ」訳（母君は悲しみのために）**最後まで言うこともできず**、むせび泣きなさっているうちに、夜はふけてしまった。

やら-・ふ【遣らふ】他動詞ハ四〔は/ひ/ふ/ふ/へ/へ〕**追い払う。追放する。** 枕草子 平安一随筆 宮仕へ人の里なども「『はや』などあまたたび**やらはる**れど」訳「早く」など、何度も**追い払わ**れるけれど。

や-らむ 連語 ⇩やらん

やらむかた-な・し【遣らむ方無し】形容詞ク〔(く)・から/く・かり/し/き・かる/けれ/かれ〕「やるかたなし❶」に同じ。▼「やるかたなし」をやや弱めた表現。源氏物語 平安一物語 桐壺「その恨み、ましてやらむかたなし」訳その恨みは、まして**晴らす方法がない**。

や-らん* 連語

なりたち 断定の助動詞「なり」の連用形「に」＋係助詞「や」＋ラ変動詞「あり」の未然形＋推量の助動詞「む」の連体形からなる「にやあらむ」の変化した形。

❶**…だろうか。…のだろうか。**▼疑問をこめた推量の意を表す。平家物語 鎌倉一物語 一・祇王「いかさま、これは『祇』といふ文字を名に付いて、かくはめでたき**やらん**」訳きっとこれは「祇」という文字を名前につけているので、このように、すばらしい運な**のだろうか**。❷**…とかいうことだ。**▼不確かなこととしていう。徒然 鎌倉一随筆 一〇九「鞠も難き所を蹴出だしてのち、やすく思へば必ず落つと侍る**やらん**」訳蹴鞠でも難しいところをうまく[illegible]だしたあと、安心していると必ず（けりそこなって、まりが）落ちる**とかいうことです**。❸**…か。**▼不確実な事柄を列挙する。平家物語 鎌倉一物語 六・横田河原合戦「かやうに波の立つ**やらん**、風の吹く**やらん**も知らぬ体にて」訳このように波が荒れる**か**、風が吹く**か**も知らないようすで。◆「やらむ」とも表記する。

やり【槍・鎗・鑓】名詞 武器の一つ。細長い柄の先端に、剣のような細い刃を付けて、両手で持ち相手を突き刺すもの。参照▼口絵

やり-いだ・す【遣り出だす】他動詞サ四〔さ/し/す/す/せ/せ〕（牛車などを）**進め出す。** 平家物語 鎌倉一物語 一一・六代被斬「一条の大路へ車**やりいだして**」訳一条の大通りへ牛車を**進め出して**。

やり-すご・す【遣り過ごす】他動詞サ四〔さ/し/す/す/せ/せ〕**後から来るものを先に行かせる。追い越させる。** 蜻蛉 平安一日記 中「**やりすごし**て、今は立ちてゆけば」訳**先に行かせ**て、そのあと立ち上がって進んでいったところ。

やり-す・つ【破り捨つ・破り棄つ】他動詞タ下二〔て/て/つ/つる/つれ/てよ〕**破って捨てる。** 徒然 鎌倉一随筆 一九「**やりすつ**べきものなれば、人の見るべきにもあらず」訳**破って捨てる**べきものなので、他人が見るはずもない。

やり-て【遣り手】名詞 ❶**牛を使う人。**牛車を動かす人。また、牛を扱うことに巧みな人。❷遊里で、遊女の監督・采配などをする年配の女。

やり-ど【遣り戸】名詞 鴨居と敷居との溝にはめて、横に引いて開閉する戸。**引き戸。** 対妻戸。

やりど-ぐち【遣り戸口】名詞「遣り戸」のある出入り口。

（遣り戸）

やり-みづ*【遣り水】名詞 寝殿造りの邸宅などで、庭に水を導き入れるようにつくった小さい流れ。参照▼口絵

参考 遣り水は、寝殿造りの庭を、寝殿と対の屋との間から廊に沿って流れ、ゆるやかに屈曲して池に注ぐ。自然の美しさを表現するとともに、夏の暑い京にあって避暑の意図をも持つ庭園設計の一つであった。

やり-よ・す【遣り寄す】他動詞サ下二〔せ/せ/す/する/すれ/せよ〕（牛車などを）**近くへ進め寄せる。** 枕草子 平安一随筆 心もとなきもの「白きしもとなど見つけたるに近く**やりよする**ほど」訳白い杖などちらちら見えてきたときに、近くに**牛車を進め寄せる**間。

や・る[1]【破る】

一 自動詞ラ下二〔れ/れ/る/るる/るれ/れよ〕**破れる。裂ける。こわれる。** 日本書紀 奈良一史書 武烈「なゐがより来ば**やれ**む柴垣」訳地震がゆれ動いて来たら**こわれる**であろう柴垣。

二 他動詞ラ四〔ら/り/る/る/れ/れ〕**破る。引きちぎる。うちこわす。** 土佐日記 平安一日記 二・一六「とまれかうまれ、とく**やりてむ**」訳とにかく、早く**破って**しまおう。

や・る[2]【遣る】

語義の扉

「物を前の方へ移動させる」「人を先方に行かせる」の意を原義とし、そこから、自分の方から他の方へ動作が及ぶ意味となり、さらに自分の心の中から心配を外に出すことから、「気を晴らす」などの意味にもなった。

一 他動詞
❶行かせる。出発させる。
❷（手紙や物を）送る。届ける。
❸気を晴らす。なぐさめる。
❹与える。払う。

二 補助動詞
❶遠く…する。はるかに…する。
❷すっかり…する。最後まで…する。…しきる。

一 他動詞ラ四〔ら/り/る/る/れ/れ〕❶**行かせる。出発させる。派遣する。** 徒然 鎌倉一随筆 五〇「人を**やり**て見するに、おほかた逢へる者なし」訳（女の鬼がいるというので）人を**行かせ**て（ようすを）見させるが、いっこうに（鬼に）会った者がいない。❷（手紙や物を）**送る。届ける。贈る。** 伊勢物語 平安一物語 一「をとこの着たりける狩衣の裾を切りて、歌を

書きてやる」訳男は、着ていた狩衣の裾を切って、歌を書いて贈る。❸晴らす。気を晴らす。なぐさめる。万葉集 奈良―歌集 三四六「酒飲みて心をやるにあにしかめやも」訳(夜光る玉であろうと)酒を飲んで心を慰めるのにどうしてまさろうか、いや、まさりはしない。❹与える。払う。徒然 鎌倉―随筆 九三「明日その値をやりて牛を取らんといふ」訳(牛を買う人は)明日その代金を払って牛を受け取ろうという。

二 補助動詞 ラ四〔ら/り/る/る/れ/れ〕〔動詞の連用形に付いて〕❶遠く…する。はるかに…する。▼その動作が遠くまで及ぶことを表す。源氏物語 平安―物語 夕顔「鳥辺野の方見やりたるほどなど」訳(火葬場のある)鳥辺野の方をはるかに見渡したときなど。❷〔多く、打消の語を下接して〕すっかり…する。最後まで…する。…しきる。▼その動作が最後まで行われたという意味を表す。源氏物語 平安―物語 桐壺「言ひもやらず、むせかへり給ふほどに」訳(母君は悲しみのために)最後まで言うこともできず、むせび泣きなさっているうちに。

関連語「やる」が自分の方から他の方へ動作が及ぶのに対して、他から自分の方へ動作が及ぶ意味を表すのが「おこす(遣す)」。対おこす。

やる[3] 助動詞 四型〔やら/やり・やっ/やる/やる/やれ/やれ・や〕《接続》動詞の連用形に付く。ラ変の補助動詞「あり」の連体形「ある」の変化した語。〔尊敬〕お…になる。…なさる。宗論 室町―狂言 狂言「そなたは善光寺へ参りやりさうななりぢゃ」訳お前は善光寺へお参りなさりそうな身なりだ。◆鎌倉時代以降の語。

やるかた-な・し【遣る方無し】形容詞ク〔(く)・から/く・かり/し/き・かる/けれ/かれ〕❶心を晴らしまぎらす方法がない。源氏物語 平安―物語 夕顔「悲しさのやるかたなく」訳悲しみの心を晴らしようがなく。❷(程度が)普通でない。並ひととおりではない。とてつもない。

やる-まい-ぞ【遣るまいぞ】連語
なりたち 動詞「やる」の終止形＋打消の推量の助動詞「まい」＋係助詞「ぞ」
逃がしはしないぞ。勝手には行かせないぞ。放さないぞ。附子 室町―狂言 狂言「あの横着者、捕らへてくれい、やるまいぞやるまいぞ」訳あの横着者を捕まえてくれ、逃がしはしないぞ逃がしはしないぞ。参考 狂言などで、人を追い込んで終わるときの決まり文句。

やれ[1] 感動詞 これ。やあ。いや。▼呼びかけたり、注意を引いたり、ふと気づいたり、思いがけないことのあったりしたときなどに発する語。八番日記 江戸―句集 俳文「やれ打つな蠅が手をすり足をする―一茶」訳⇩やれうつな…。

やれ[2] 副助詞《接続》種々の語に付く。❶〔不確か〕…か。…だろうか。釣狐 室町―狂言 狂言「往のうやれ戻らうやれ」訳帰ろうか、戻ろうか。❷〔類似した事柄の列挙〕…だとか…だとか。…やら…やら。…だの…だの。醒睡笑 江戸―物語 咄本「和泉の国には何ともをかしき名字がある。野尻のやれ、草部のやれ」訳和泉の国にはまったくおもしろい名字がある。野尻だとか、草部だとか。◆副助詞「やら」の変化した語。江戸時代の語。

やれうつな…【俳句】「やれ打つな 蠅が手をすり 足をする」八番日記 江戸―句集 俳文・一茶 訳これ、たたいてはいけない。蠅が手を擦り合わせ、足を擦り合わせて命乞いをしているではないか。
鑑賞 蠅のよくするしぐさを命乞いをする姿に見立てた。季語は「蠅」で、季は夏。

やれ-やれ(と)【破れ破れ(と)】副詞 ぼろぼろ(に)。▼着物などがひどく破れているようすを表す。宇治拾遺 鎌倉―説話 八・三「やれやれと着なしてありけり」訳ぼろぼろになったものを着ていた。

や-わたり【家渡り】名詞 転居。引っ越し。

やわらかなり〘柔らかなり・和らかなり〙⇩やはらかなり

やわらぐ〘和らぐ・柔らぐ〙⇩やはらぐ

や-を-は・ぐ【矢を矧ぐ】連語 矢を弓の弦にあてる。矢を弓につがえる。

やをら 副詞 [illegible]らと。▼物事が静かに進行するさま。宇治拾遺 鎌倉―説話 七・四「谷の底に鳥の居るやうに、やをら落ちにければ」訳谷の底に鳥がとまるように、静かに落ちたので。

やんごと-な・し 形容詞ク ⇩やむごとなし

ゆ[1]【柚】名詞 木の名。ゆず。また、ゆずの実。

ゆ[2]【湯】名詞 ❶湯。❷湯浴み。入浴。湯殿。源氏物語 平安―物語 帚木「下屋にゆにおりて」訳下屋（＝身分の低い者のいる建物）に湯浴みをしにおりて。❸温泉。万葉集 奈良―歌集 三三六八「足柄の土肥の河内に出づるゆの」訳足柄の土肥の河内に出る温泉の。❹煎じ薬。薬湯。源氏物語 平安―物語 手習「しばしゆを飲ませなどして、助け試みむ」訳しばらく薬湯を飲ませるなどして、助けてみよう。

ゆ[3]【揺】名詞 琴の奏法の一つ。弦を押さえた左手の指先で弦を揺り動かして、音の余韻にうねりをつける手法。また、その音。

ゆ[4] 格助詞《接続》体言、活用語の連体形に付く。

❶〔起点〕…から。…以来。万葉集 奈良―歌集 三一七「天地の分かれし時ゆ神さびて高く貴き駿河なる富士の高嶺を」訳⇩あめつちの…。

❷〔経由点〕…を通って。…を。万葉集 奈良―歌集 三一八「田子の浦ゆうち出でて見れば真白にそ」訳⇩たごのうらゆ…。

❸〔動作の手段〕…で。…によって。万葉集 奈良―歌集 二三九六「目ゆか汝を見むさ寝ざらなくに」訳目でおまえを見るだけなのだろうか、共寝しなかったわけでもないのに。

❹〔比較の基準〕…より。万葉集 奈良―歌集 二四三八「綱手引く海ゆまさりて深くし思ふを」訳（私は）綱手を引く海よりも（あなたを）いっそう深く思っているよ。

参考 奈良時代以前の歌語。類義語に「ゆり」「よ」「より」があったが、平安時代に入ると「より」に統一された。

ゆ[5] 助動詞下二型

《接続》四段・ナ変・ラ変の動詞の未然形に付く。⇩語法(2)

未然形	連用形	終止形	連体形	已然形	命令形
え	え	ゆ	ゆる	ゆれ	○

❶〔受身〕…れる。…られる。万葉集 奈良―歌集 一六四一「沫雪に降らえて咲ける梅の花君がりやらばよそへてむかも」訳あわ雪に降られて咲いた梅の花をあなたのもとに届けたならば、（あなたはそれを）あわ雪と思ってしまうだろうか。

❷〔可能〕…できる。万葉集 奈良―歌集 八五三「見るに知らえぬうまひとの子と」訳一目見て知ることができました、（あなたが）良い家柄の娘であると。

❸〔自発〕自然と…するようになる。…れる。万葉集 奈良―歌集 八九八「慰むる心はなしに雲隠り鳴き行く鳥の音のみし泣かゆ」訳心を慰めることもなくて、雲に隠れて鳴いて行く鳥のように自然と泣けてくることだ。

語法 (1)奈良時代以前に限って用いられ、助動詞「る」の発達に伴って衰退した。⇩らゆ
(2)「射ゆ」「見ゆ」という語のあることから、古くは上一段活用の未然形にも接続した。

注意 助動詞「る」に対応するが尊敬の意はない。

参考 (1)「おもほゆ」「おぼゆ」「聞こゆ」「見ゆ」などの「ゆ」も、もと、この助動詞であったが、これらは「ゆ」と複合した一語の動詞と考えられる。
(2)現代語の連体詞「あらゆる」「いわゆる」は、「あり」「言ふ」の未然形に、連体形の「ゆる」が接続して固定化したものである。

ゆ-あみ【湯浴み】名詞 ❶湯や水を浴びて、体を洗うこと。土佐日記 平安―日記 一・一三「ゆあみなどせむとて、あたりのよろしき所に下りて行く」訳水浴びでもしようと、そのあたりの（海の）適当な場所に下りていく。❷湯治。温泉に入って病気などを治すこと。竹取物語 平安―物語 蓬莱の玉の枝「筑紫の国にゆあみにまからむ」訳筑紫の国に湯治に参ろう。

ゆい-かい【遺戒・遺誡】名詞 遺訓。子孫や後世の人のために残す訓戒。

維摩 人名 釈迦の高弟の一人。古代中インドの毘耶離城の長者で、在家のまま菩薩道を修行し精通していたという。

ゆいま-きゃう【維摩経】名詞「維摩（＝釈迦の高弟）」が弟子に大乗仏教の教理をといたものを記した経典。

ゆいま-ゑ【維摩会】名詞「維摩経」を講ずる法会。奈良の興福寺で陰暦十月十日から七日間行われるものは、南都三会の一つとされる。維摩講。

ユウ[1]【右・有・幽・猶・遊・優】⇩いう

ゆう[2]【夕・木綿・結う】⇩ゆふ

ゆう[3]【言う】⇩いふ

ゆう-げ【遊戯】名詞／―す 自動詞サ変「ゆげ」に同じ。

幽玄 文芸 主として鎌倉・室町時代の和歌・連歌・能などでの重要な美的理念。言外に漂う奥深い情趣美をいうが、時代や人によって異なる。和歌では、藤原俊成は、美しい気品を備え、しみじみとした情趣が漂う余情美を「幽玄」とし、俊成の子の定家は幽玄から有心美を、定家の子の為家は平淡美を、正徹や連歌の二条良基は妖艶な有心美を唱えた。また、能の世阿弥は優美な美しさを「幽玄」とした。「幽玄」は江戸時代の俳諧や茶道の美的理念「さび」につながってゆく。

◆学習ポイント51

幽玄から有心へ

幽玄とは、元来は中国の老荘・仏教思想の用語で、思想の本質が奥深く微妙であることをいった語であるが、日本では美の奥深さをいう語として用いられた。静寂な調べが余韻・余情としてただよう奥深い境地のことで、その意味はさまざまに広がりながら、和歌・連歌・能など鎌倉・室町時代の芸術の基本的な精神の一つとなっていった。

和歌において幽玄体を唱えたのは藤原俊成であったが、子の定家は、余情を重んじ、高度な象徴

による妖艶な美的情趣を持つ有心の境地へと深め、有心体と称した。
有心体は、以後の和歌・連歌の理想的な標準とされた。

ゆうそく〖有識・有職〗⇩いうそく

ゆうべ〖夕べ〗⇩ゆふべ

ゆう-みゃう【勇猛】 ━ 名詞 仏教語。強く勇ましいこと。「ゆみゃう」とも。 ━ 形容動詞 語幹 ⇩ゆうみゃうなり。平家物語 鎌倉―物語 五・文覚荒行「無上の願を起こして、ゆうみゃうの行を企つ」訳この上なき願を立てて、強く勇ましい荒行を計画している。

ゆう-みゃう・なり【勇猛なり】 形容動詞 ナリ {なら/なり・に/なり/なる/なれ/なれ} 仏教語。**強く勇ましい。勇猛だ。**「ゆみゃうなり」とも。

ゆえ〖故〗⇩ゆゑ

ゆおびかなり ⇩ゆほびかなり

ゆか【床・牀】 名詞 ❶家の中で、一段高く構えてあって、寝所などにする所。源氏物語 平安―物語 空蟬「ゆかの下に二人ばかりぞ臥したる」訳一段高く構えた寝所の下に二人ほど寝ている。❷家の中で、板を張り渡した所。板の間として用いるほか、畳を敷いて家人の起居する所とする。

ゆが【瑜伽】 名詞 仏教語。心を修行により統一することによって、主観と客観が融合して一つとなった境地。仏と一つになる境地。

ゆ-がけ【弓懸け・弽】 名詞 弓を射る際に指を痛めないように用いる、革製の手袋。

ゆが-さんみつ【瑜伽三密】 名詞 仏教語。修行者が「三密行法」を行って仏・菩薩に融和し、仏と同じ境地に入ること。三密瑜伽。

ゆか・し

形容詞 シク {(しく)・しから/しく・しかり/し/しき・しかる/しけれ/しかれ}

語義の扉

動詞「行く」が形容詞化した語。心が対象に向かって行きたくなるようすをいう。心がひきつけられる対象の異なりから、文脈に従って、見たい・聞きたい・知りたい・読みたい、また、会いたい・慕わしい・懐かしい…ほかの意が生まれる。

❶見たい。聞きたい。知りたい。
❷心が引かれる。慕わしい。懐かしい。

❶**見たい。聞きたい。知りたい。**更級 平安―日記 物語「いみじく心もとなく、ゆかしくおぼゆるままに、『この源氏の物語、一の巻よりしてみな見せたまへ』と心の内に祈る」訳たいそうじれったく、見たいと思われるので、「この源氏物語を一巻から全部お見せ下さい」と心の中で祈る。徒然 鎌倉―随筆 一三七「忍びて寄する車どものゆかしきを」訳目立たないようにそっとやって来る牛車の主が知りたくて。

❷**心が引かれる。慕わしい。懐かしい。**野ざらし 江戸―句集 俳文「山路来て何やらゆかしすみれ草―芭蕉」訳⇩やまぢきて…。

ゆかし-が・る[*] 他動詞 ラ四 {ら/り/る/る/れ/れ} **見たがる。聞きたがる。知りたがる。**徒然 鎌倉―随筆 二三六「上人なほゆかしがりて、おとなしく物知りぬべき顔したる神官を呼びて」訳上人はもっと知りたがって年配で何でも知っていそうな顔をした神官を呼んで。◆「がる」は接尾語。

ゆかし-げ・なり 形容動詞 ナリ {なら/なり・に/なり/なる/なれ/なれ} **心がひかれているようすだ。見たそうだ。聞きたそうだ。知りたそうだ。**源氏物語 平安―物語 少女「大宮のいとゆかしげにおぼしたるもことわりに」訳大宮がたいそう(御元服の姿を)見たそうにお思いになるのも無理からぬことで。◆「げ」は接尾語。

ゆかし-さ 名詞 ❶心がひかれること。見たいこと・知りたいこと・聞きたいこと・欲しいことなど。❷恋しいこと。なつかしいこと。◆「さ」は接尾語。

ゆ-かたびら【湯帷子】 名詞 入浴のときや、入浴の後に着る単の着物。浴衣。季 夏。

ゆ-がみ【結髪】 名詞 「ゆ(結)ひがみ(髪)」の変化した語。馬のたてがみを点々と何か所かで束ねて結んだもの。

ゆがみ-もじ【歪み文字】 名詞 平仮名の「く」の字。参考 「こ」は、ふたつ文字。「い」は、牛の角文字。「し」は、直ぐな文字という。

ゆが・む[*]【歪む】 ━ 自動詞 マ四 {ま/み/む/む/め/め} ❶**曲がりねじれる。よじれる。**徒然 鎌倉―随筆 一七五「烏帽子ゆがみ、紐はづし」訳烏帽子はよじれ、紐はほどけ。❷**心や行いが正しくなくなる。よこしまになる。**源氏物語 平安―物語 薄雲「必ず政の直くゆがめるにも侍らず」訳必ずしも政治が正しいか、よこしまになっているかによるわけではありません。❸**発音が、なまる。**徒然 鎌倉―随筆 一四一「この聖、声うちゆがみ、あらあらしくて」訳(東国出身の)この僧は、発音がなまって、(もの言いも)粗野であって。 ━ 他動詞 マ下二 {め/め/む/むる/むれ/めよ} ❶**形を崩して曲げる。ゆがめる。**枕草子 平安―随筆 あかつきに帰らむ人は「直衣・狩衣などゆがめたりとも」訳直衣や狩衣などをゆがめて(着て)いても。❷(心や行いを)**ゆがめる。正しくなくする。道理や真実から外れさせる。**新可笑記 江戸―物語 浮世・西鶴「すぐなる心を今はゆがめて」訳正直な心を今はゆがめて。

ゆかり【縁】

名詞 ❶**かかわり。つながり。縁。関係するところ。**源氏物語 平安―物語 夕霧「心づきなく恨めしかりける人のゆかりと思し知りて」訳(落葉の宮は、何もかもあの)気にくわない恨めしいお人(=夕霧)の関係するところとお知りになって。❷**血縁。縁者。縁故。**源氏物語 平安―物語 須磨「国の内は、守のゆかりのみこそ、かしこきことにすめれど」訳国内では、国守の縁者だけがえらい者としてあがめられているようだが。

ゆき[1]【行き】 名詞 行くこと。進むこと。また、旅。

ゆき[2]【雪】 名詞 ❶雪。季 冬。七番日記 江戸―日記 俳文「ゆきとけて村一ぱいの子どもかな―一茶」訳⇩ゆきとけて…。❷**白い色。白い物。**特に、白髪。▼比喩的にいう。土佐日記 平安―日記 一・二一「わが髪のゆきと磯部の白波といづれまされり沖つ島守」訳⇩わがかみの…。

参考 雪は冬の代表的な景物である。和歌では、「降る」「消け」「消ゆ」「解く」などの語を伴うことが多く、また、「行き」との掛け詞となったり、雪を花に見立てたりもする。

ゆ-き3【斎忌・悠紀・由基】名詞 大嘗祭のとき、お供えの新しい穀物や酒などを献上するように占いで定められた、第一の国あるいは郡。

ゆき4【靫・靱】名詞 武具の一種。細長い箱型をした、矢を携行する道具で、中に矢を差し入れて背負う。◆鎌倉時代以降は「ゆぎ」。

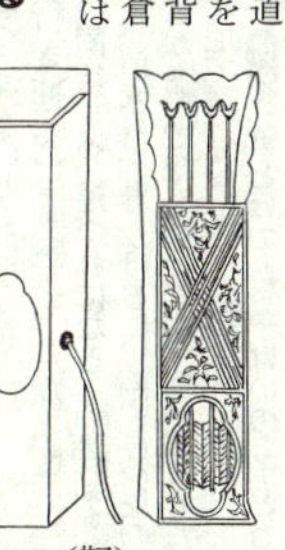
(靫)

ゆき-あか・る【行き別る】自動詞ラ下二 {れ/れ/る/るる/るれ/れよ} **別れて行く。解散して離れ離れになる。**「いきあかる」「いきわかる」とも。徒然 鎌倉-随筆 三〇「我賢げに物ひきしたため、ちりぢりにゆきあかれぬ」訳我がちに要領よく身支度をし、ちりぢりに別れて行ってしまう。

ゆき-あひ*【行き合ひ・行き逢ひ】名詞 ❶**行きあうこと。出あい。また、出あうところ。**万葉集 奈良-歌集 五四六「玉桙の(=枕詞)道のゆきあひに」訳道が出あうところに。❷**季節の変わり目。季節の境目。**新古今 鎌倉-歌集 夏「夏衣かたへ涼しくなりぬなり夜や更けぬらむゆきあひの空」訳夏衣の片側だけ涼しくなったようだ。夜がふけたのだろうか、季節の変わり目の空よ。

ゆき-あ・ふ【行き合ふ・行き逢ふ】一 自動詞ハ四 {は/ひ/ふ/ふ/へ/へ} ❶**たまたま出あう。出くわす。**徒然 鎌倉-随筆 一〇六「細道にて、馬に乗りたる女のゆきあひたりけるが」訳細道で、馬に乗った女がやって来てたまたま出あったが。❷**交差する。重なる。**山家集 平安-歌集 上「片そぎのゆきあはぬまよりもる月や」訳神殿の千木の重ならない間からもれる月の光よ。◆「いきあふ」とも。二 他動詞ハ下二 {へ/へ/ふ/ふる/ふれ/へよ} **交差させる。交わらせる。**古事記 奈良-史書 雄略「鶺鴒尾ゆきあへ」訳せきれいが尾を交わらせ。

ゆき-いた・る【行き至る】自動詞ラ四 {ら/り/る/る/れ/れ} **行き着く。到着する。**伊勢物語 平安-物語 一四「みちの国にすずろにゆきいたりにけり」訳陸奥の国にあてもなく行き着いたのだった。

ゆき-がた【行き方】名詞 ❶**行くべき方角。**❷**行方。行った方角。**

ゆき-か・つ【行きかつ】自動詞タ下二 {て/て/つ/つる/つれ/てよ} 〔打消の語を下接して〕**行くことができる。**万葉集 奈良-歌集 一一二七「おきては我はゆきかてぬかも」訳(泉の水が清いので)そのままでは私は過ぎて行くことができないよ。

ゆきかひ-ぢ【行き交ひ路・往き交ひ路】名詞 **行き来する道。行き来する途中。**

ゆき-か・ふ【行き交ふ】自動詞ハ四 {は/ひ/ふ/ふ/へ/へ} ❶**行き来する。往来する。行き違う。**方丈記 鎌倉-随筆「馬・車のゆきかふ道だになし」訳(賀茂川の河原などは)馬や車の行き来する道さえもない。❷**いつも行ったり来たりする。親しい所へ出入りする。**源氏物語 平安-物語 桐壺「百敷にゆきかひ侍らむことは」訳宮中にいつも出入りいたしますことは。❸**入れ替わりたち替わりして移って行く。過ぎ去ってまたやって来る。巡り移る。**奥の細道 江戸-紀行 出発まで「月日は百代の過客にして、ゆきかふ年もまた旅人なり」訳月日は永遠に旅をつづける旅人(のようなもの)であり、巡り移る年もまた旅人(のようなもの)である。

ゆき-かへ・る【行き返る】自動詞ラ四 {ら/り/る/る/れ/れ} ❶**往復する。**源氏物語 平安-物語 蜻蛉「荒き山路をゆきかへりしも、今は、また心憂くて」訳けわしい山道を往復するのも今は、またつらくて。❷(年月や季節が)**移行する。改まる。**万葉集 奈良-歌集 四四九〇「あらたまの(=枕詞)年ゆきかへり春立たば」訳年が改まり春になれば。◆古くは「ゆきがへる」。

ゆき-かよ・ふ【行き通ふ】自動詞ハ四 {は/ひ/ふ/ふ/へ/へ} **行き来する。往来する。**「いきかよふ」とも。徒然 鎌倉-随筆 九〇「やすら殿といふ者を知りて、常にゆきかよひしに」訳やすら殿という人を知って、いつも行き来していたが。

ゆき-く【行き来】自動詞カ変 {こ/き/く/くる/くれ/こ(こよ)} **行ったり来たりする。往来する。**万葉集 奈良-歌集 五五「亦打山ゆきくと見らむ紀人羨しも」訳亦打山を行き来するごとに見ているであろう紀伊の人がうらやましいことよ。

ゆき-くら・す【行き暮らす】他動詞サ四 {さ/し/す/す/せ/せ} **日が暮れるまで歩き続ける。一日じゅう歩く。**万葉集 奈良-歌集 一二四二「あしひきの(=枕詞)山ゆきくらし宿借らば」訳山を一日じゅう歩いて宿を借りたなら。

ゆき-く・る【行き暮る】自動詞ラ下二 {れ/れ/る/るる/るれ/れよ} **行く途中で日が暮れる。**平家物語 鎌倉-物語 九・忠度最期「ゆきくれて木の下かげを宿とせば花や今宵のあるじならまし」訳もし、行く途中で日が暮れて木の下を宿とするならば、花が今夜の宿の主人となり、もてなしてくれるだろう。

ゆき-げ1【雪気】名詞 **雪の降り出しそうな気配。雪もよい。**新古今 鎌倉-歌集 春上「空はなほ霞みもやらず風寒えてゆきげに曇る春の夜の月」訳空はまだかすみもかからず風は寒くて、雪が降り出しそうなように曇る春の夜の月よ。

ゆき-げ2【雪消・雪解】名詞「ゆき(雪)ぎ(消)え」の変化した語。❶**雪が消えること。雪どけ。また、その時。**古今 平安-歌集 冬「この川にもみぢ葉流る奥山のゆきげの水ぞ今まさるらし」訳この川にもみじ葉が流れる。山奥の雪どけの水が今増しているらしい。❷**雪どけ水。**季語 春。

ゆき-げた【行き桁】名詞 **長い縦の方向に沿って渡した桁。特に、橋桁。**

ゆき-じもの【雪じもの】副詞 **雪のように。雪めいて。**万葉集 奈良-歌集 二六二「天伝ひ来るゆきじもの行きかよひつついや常世まで」訳天から降ってくる雪のように(この御殿に)行き来しながらいよいよ長く

ゆ

いつまでも(お仕えしよう)。◆一説に「ゆき」にかかる枕詞(まくらことば)とも。「じもの」は接尾語。

ゆき-す・ぐ【行き過ぐ】自動詞ガ上二{ぎ/ぎ/ぐ/ぐる/ぐれ/ぎよ}**通り過ぎる。**万葉集 奈良一歌集 一〇六「二人行けどゆきすぎ難(かた)き秋山を」訳⇩ふたりゆけど…。

ゆき-ずり【行き摩り・行き摺り】名詞 ❶すれ違うこと。すれ違って色や匂(にお)いなどが付くこと。❷通りすがり。❸一時のでき心。かりそめ。ふとしたこと。

ゆき-ち・る【行き散る】自動詞ラ四{ら/り/る/る/れ/れ}**散り散りに別れて行く。**閑居友 鎌倉一説話「いづちやらんゆきちりぬ」訳どこへだろうか散り散りに別れて行った。

ゆき-つ・く【行き着く】自動詞カ四{か/き/く/く/け/け}
㊀【行き着く】❶(目的地に)**到着する。**徒然 鎌倉一随筆 一八八「東山に用ありて、すでにゆきつきたりとも」訳東山に用事があって、すでに到着したとしても。❷(身代や気力が)**行き詰まる。**金生木 江戸一物語 黄表「よっぽどゆきつきさうなものと思ひのほか、並に外れてお金を使ふゆゑ」訳よっぽど行き詰まっていそうなものと思いのほか、並はずれてお金を使うので。◆「いきつく」とも。❷は江戸時代の語。
㊁【行き付く】**まんべんなくつく。**枕草子 平安一随筆 能因本・正月一日は「白き物のゆきつかぬ所は」訳おしろいのまんべんなくつかないところは。

ゆき-つ・る【行き連る】自動詞ラ下二{れ/れ/る/るる/るれ/れよ}**連れだって行く。同行する。道づれになる。**徒然 鎌倉一随筆 四七「ある人、清水(きよみづ)へ参りけるに、老いたる尼のゆきつれたりけるが」訳ある人が、清水寺へお参りしたときに、年老いた尼で連れだって行ったのが。

ゆきとけて… 俳句「雪とけて 村一ぱいの 子どもかな」七番日記 江戸一日記 俳文・一茶(いっさ) 訳雪どけの季節を迎えて、冬の間家に閉じこめられていた子供たちがいっせいに戸外に出て、村いっぱいに広がり遊んでいることだ。

鑑賞 待ち遠しい遅い春を迎えた雪国の子供の、はじけるような喜びがひしひしと伝わる一句である。季語は「雪どけ」で、季は春。

ゆき-とぶら・ふ【行き訪ふ】(ユキトブラウ―ユキトブロウ)他動詞ハ四{は/ひ/ふ/ふ/へ/へ}**訪問する。見舞いに行く。**徒然 鎌倉一随筆 七六「人多くゆきとぶらふ中に、聖法師(ひじりほふし)のまじりて」訳人々が大勢訪問する中に、修行僧がまじって。

ゆき-の-たまみづ【雪の玉水】(ユキノタマミズ)連語 木の枝などに積もった雪がとけてしたたる雫(しずく)を、玉に見立てていう語。新古今 鎌倉一歌集 春上「たえだえかかるゆきのたまみづ」訳⇩やまふかみ…。

ゆき-の-やま【雪の山】連語 ❶雪を高く積み上げ山のような形にしたもの。枕草子 平安一随筆 職の御曹司におはします頃、西の廂にて「ゆきのやままで登りつたひけむこそ、いとかなしけれ」訳雪の山にまで登りつたっていったのは、じつにかわいそうなことだ。❷白髪を雪にたとえた語。拾遺 平安一歌集 雑下「老いはててゆきのやまをばいただけど」訳私はすっかり老いてしまって白髪頭になっているが。❸「雪山(せっせん)」を訓読した語。ヒマラヤ山脈。

ゆき-はな・る【行き離る】自動詞ラ下二{れ/れ/る/るる/るれ/れよ}**離れて行く。離れ離れになる。**源氏物語 平安一物語 若菜上「今なむ、この世の境を心やすくゆきはなるべき」訳今は、現世の境を安心して離れて行くことができる。

ゆき-はばか・る【行き憚る】自動詞ラ四{ら/り/る/る/れ/れ}**行きかねる。行くことを遠慮する。**万葉集 奈良一歌集 三五三「み吉野の高城(たかき)の山に白雲はゆきはばかりてたなびけり見ゆ」訳吉野の高城山に(はばまれて)白雲が行きかねてたなびいているのが見える。

ゆき-ふ・る【行き触る】自動詞ラ下二{れ/れ/る/るる/るれ/れよ}**行って触れる。行く途中で触れる。**万葉集 奈良一歌集 二一九二「わが背子が白たへ衣ゆきふればにほひぬべくももみつ山かも」訳我が夫の白い衣が行く途中で触れたら染まってしまいそうに紅葉している山だなあ。

ゆき-ぶれ【行き触れ】名詞「いきぶれ」に同じ。

ゆきふれば… 和歌「雪降れば 木毎(きごと)に花ぞ 咲きにける いづれを梅と 分きて折らまし」古今 平安一歌集 冬・紀友則(きのとものり) 訳雪が降ったので、どの木にもどの木にも白い花が咲いたことだ。いったいどれを梅の木だとして他の木と区別して折ったらよいものだろう。

鑑賞「木毎」の「木」と「毎」を合わせると「梅」の字となり、その答えは第四句の「梅」で明らかになるという趣向を含む。これは文屋康秀(ふんやのやすひで)の「吹くからに秋の草木のしをるればむべ山風を嵐といふらむ」(『古今和歌集』)〈⇩ふくからに…。〉と同一趣向。

ゆき-べ【靫部】名詞「ゆげひべ」に同じ。

ゆき-ぼとけ【雪仏】名詞 **雪で作った仏の像。雪だるま。**徒然 鎌倉一随筆 一六六「春の日にゆきぼとけを作りて」訳春の日に雪だるまを作って。季冬。

***ゆき-ま**【雪間】名詞 ❶**降った雪のとけて消えている所。**古今 平安一歌集 恋一「春日野(かすがの)のゆきまを分けて生ひ出(い)でくる」訳⇩かすがののゆきまをわけて…。季春。❷**雪の降りやんでいる間。雪の晴れ間。**源氏物語 平安一物語 薄雲「ゆきまなき吉野の山をたづねても」訳雪の晴れ間のない吉野の山に分け入ることになっても。

ゆき-まろげ【雪丸げ・雪転げ】名詞 雪遊びの一つ。雪を転がして丸め、大きなかたまりにしていく遊び。「雪転(まろ)ばし」とも。

ゆき-まろばし【雪転ばし】名詞「ゆきまろげ」に同じ。

ゆき-むか・ふ【行き向かふ】(ユキムカウ―ユキムコウ)自動詞ハ四{は/ひ/ふ/ふ/へ/へ}❶**次々と過ぎ去っては、またやって来る。**多く、年月が去来することにいう。万葉集 奈良一歌集 三二四「ゆきむかふ年の緒(を)長く仕へ来(こ)し」訳次々と過ぎ去っては、またやって来る年月長く仕えてきた。❷**出かけて行く。出向く。立ち向かって行く。**平家物語 鎌倉一物語 四・南都牒状「すべからく賊衆にゆきむかってその罪を問ふべし」訳当然、賊の者どものところに出向いてその罪を詰問しなければならない。

ゆき-めぐ・る【行き廻る・行き巡る】自動詞ラ四{ら/り/る/る/れ/れ}**あちらこちらと歩いてまわる。巡り歩く。**万葉集 奈良一歌集 三九四四「女郎花(をみなへし)咲きたる野辺をゆきめぐり」訳女郎花が咲いている野を巡り歩き。

***ゆき-もてゆ・く**【行きもて行く】連語 **どんどん行く。どんどん進める。**枕草子 平安一随筆 五月の御精進のほど「『ゆかしからぬことぞ。早く過ぎよ』と言ひて、ゆきもてゆく」訳「少しもおもしろくない。早く(馬場(むまば)という所を)通ってしまいなさい」と言って、(車を)どんどん

進める。

ゆき-も-やら-ず【行きも遣らず】〔連語〕
〔なりたち〕動詞「ゆく」の連用形＋係助詞「も」＋動詞「やる」の未然形＋打消の助動詞「ず」
さっさとは行かず。〔宇治拾遺 鎌倉―説話〕二・一〇「笛ふきて、ゆきもやらずねりゆけば」〔訳〕笛を吹きながら、さっさとは行かずゆっくりと静かに行くので。

ゆき-もよ-に【雪もよに】〔連語〕**雪の降る中に。**一説に「雪も夜に」で雪の降る夜にの意とも。〔源氏物語 平安―物語〕真木柱「心さへ空に乱れしゆきもよにひとり冴(さ)えつる片敷きの袖(そで)」〔訳〕心までがうわの空になって、雪の降る中にただ冷えきって片袖の独り寝でした。

ゆ-ぎゃう【遊行】ユギョウ
一〔名詞〕／―す〔自動詞サ変〕❶**所定めず、ぶらぶらと歩きまわること。**〔方丈記 鎌倉―随筆〕「もしつれづれなる時は、これを友としてゆぎゃうす」〔訳〕もしすることがなくて退屈な時は、これ(＝子供)を友としてぶらぶらと歩きまわる。❷仏教語。**行脚(あんぎゃ)。**僧が、人々の教化や修行のために諸国を巡り歩くこと。〔今昔物語 平安―説話〕二・八「諸(もろ)もろの比丘(びく)の有りてゆぎゃうして、一の村の中に至る」〔訳〕多くの僧がいて、行脚して、ある村の中に行き着いた。
二〔名詞〕「遊行上人(しゃうにん)」の略。鎌倉時代中期の僧一遍(いっぺん)上人を始祖とする時宗(じしゅう)遊行派の歴代の住職。特に、一遍上人のこと。

ゆき-や-る【行き遣る】〔自動詞ラ四〕{ら／り／る／る／れ／れ}〔多く、打消の語を下接して〕**どんどん行く。**〔更級 平安―日記〕竹芝寺「勢多(せた)の橋こぼれてえゆきやらず」〔訳〕勢多の橋がこわれてどんどん行くことができない。

ゆきゆきて…〔俳句〕「行き行きて 倒れ伏すとも 萩(はぎ)の原」〔奥の細道 江戸―紀行〕山中・曾良(そら)〔訳〕どこまでも行けるところまで行って、たとえ途中で力尽きて行き倒れても、そこが、はぎの花の美しく咲く野辺であるなら本望だ。
〔鑑賞〕曾良が、加賀の国(石川県)山中温泉で腹を病み、それまで一緒に旅を続けていた師の芭蕉(ばしょう)と別れて伊勢(いせ)の国(三重県)長島へ旅立った折の作。師と別れ、病身で旅立つ風流人の悲壮な覚悟が読み取れる。季語は「萩」で、季は秋。

ゆき-ゆ-く【行き行く】〔自動詞カ四〕{か／き／く／く／け／け}**どんどん進んで行く。**〔伊勢物語 平安―物語〕九「ゆきゆきて駿河(するが)の国にいたりぬ」〔訳〕どんどん進んで行って駿河の国(静岡県)に着いた。

ゆき-を-か-く【靫を懸く・靱を懸く】〔連語〕天皇からおとがめなどを受けた者の家の門に、謹慎の印として検非違使(けびいし)が「靫」を懸けて、内裏への出入りを禁止すること。

ゆ・く【行く・往く】

一〔自動詞カ四〕{か／き／く／く／け／け}
❶**出かけて行く。去って行く。進んで行く。通りすぎて行く。**〔古今 平安―歌集〕春上「春霞(はるがすみ)立つを見捨ててゆく雁(かり)は花なき里に住みやならへる」〔訳〕⇨はるがすみ…。
❷**移り行く。過ぎ去る。流れて行く。**〔伊勢物語 平安―物語〕九一「むかし、月日のゆくをさへ嘆く男、三月(やよひ)つごもりがたに」〔訳〕昔、月日が過ぎ去ることさえ嘆いていた男が、三月の終わりのころに。〔猿蓑 江戸―句集〕俳諧「ゆく春を近江(あふみ)の人と惜しみける―芭蕉」〔訳〕⇨ゆくはるを…。
❸(物事が)**思うように進む。はかどる。順調にゆく。**〔源氏物語 平安―物語〕絵合「筆のゆく限りありて、心よりは、事ゆかずなむ、思う給(たま)へられしを」〔訳〕筆が思うように進むには限度があって、心で思うほどにははかどらないと思い申されましたので。
❹**この世を去る。死ぬ。逝去(せいきょ)する。**〔万葉集 奈良―歌集〕三七八九「あしひきの(＝枕詞(まくらことば))山縵(やまかづら)の児今日ゆくとわれに告げせば帰り来(こ)ましを」〔訳〕縵児(＝娘の名)が今日死ぬと私に知らせてくれたなら、帰って来たものを。
二〔補助動詞カ四〕{か／き／く／く／け／け}〔動詞の連用形に付いて〕**いつまでも…しつづける。ずっと…する。だんだんと…する。**▼動作・状態が継続し、進行する意を表す。〔源氏物語 平安―物語〕桐壺「いとあつしくなりゆき」〔訳〕(桐壺更衣(きりつぼのかうい)の病気が)たいへん、だんだんと重くなってゆき。

ゆく-あき【行く秋】〔連語〕**過ぎ去ろうとしている秋。晩秋。**〔新古今 鎌倉―歌集〕秋下「ゆくあきの形見なるべき紅葉葉(もみぢば)も明日は時雨(しぐれ)と降りや紛(まが)はむ」〔訳〕過ぎ去ろうとしている秋の形見となるはずの紅葉も(冬になる)明日は、時雨と一緒に降り乱れて散ることであろうか。

ゆくえ【行方】⇨ゆくへ

ゆく-かた【行く方】〔名詞〕❶**進んで行く方角。行く先。**〔竹取物語 平安―物語〕蓬萊の玉の枝「いろいろの病(やまひ)をして、ゆくかたそらも覚えず」〔訳〕いろいろな病気をして、行く先すらもわからず。❷**心を晴らす方法。やるかた。**〔古今 平安―歌集〕物名「夏草の上は茂れる沼水の(＝序詞(じょことば))ゆくかたのなきわが心かな」〔訳〕夏草が表面に生い茂った沼の水がどこへも行きようがないように、やるかたのない私の気持ちであるよ。◆「ゆくがた」とも。

ゆく-さ*【行くさ】〔名詞〕**行くとき。行きしな。**〔万葉集 奈良―歌集〕四五〇「ゆくさには二人わが見しこの崎を」〔訳〕行くときには二人で見たこの崎を。◆「さ」は接尾語。〔対〕来(く)さ。

ゆく-さき【行く先】〔名詞〕❶**進んで行く先。目的地。行く手。前途。**〔伊勢物語 平安―物語〕六「ゆくさき多く、夜(よ)も更けにければ」〔訳〕目的地も遠く、夜も更けてしまったので。❷**今後の成り行き。将来。**〔伊勢物語 平安―物語〕一一「いにしへ・ゆくさきの事どもなど言ひて」〔訳〕過去や将来のことなども話して。❸**余命。**〔源氏物語 平安―物語〕帚木「かの頼もし人は、ゆくさき短かりなむ」〔訳〕あの頼りにしている人は余命が短いだろう。

ゆくさ-くさ【行くさ来さ】〔連語〕**行くときと来るとき。往復。**〔万葉集 奈良―歌集〕四五一四「ゆくさくさ障(つつ)むことなく船は早けむ」〔訳〕往復とも障害になることもなく船は早く進むだろう。◆「さ」は接尾語。

ゆく-すゑ*【行く末】ユクスエ〔名詞〕❶(はるか遠くの)**行き先。**(遠くの)**目的地。**〔新古今 鎌倉―歌集〕秋上「ゆくすゑは空もひとつの武蔵野(むさしの)に草の原より出(い)づる月影」〔訳〕行く先は空も(野と)ひとつになって見える武蔵野の草の原から出る月の光よ。❷**将来。この先。結末。**〔源氏物語 平安―物語〕桐壺「来(き)し方ゆくすゑ、思(おぼ)し召されず」訳今までのことも**この先のこと**も、お考えになることはできず。対来し方。❸余命。源氏物語 平安一物語 明石「ゆくすゑ短げなる親ばかりを」訳余命が短そうな親ばかりを。

ゆく-て【行く手】 名詞 ❶**進んで行く方向。行く先。** 壬二 鎌倉一歌集「ゆくてに霞む野辺のあけぼの」訳行く先にかすんで見える野の夜明けよ。❷**行くついで。行きがけ。** 源氏物語 平安一物語 若紫「ゆくての御事は、なほざりにも思ひなされしを」訳行きがけに言った(若紫所望の)御事は、いいかげんともお思いになったのに。

ゆくとりの【行く鳥の】 枕詞 飛ぶ鳥が群がって飛ぶところから「群がる」「争ふ」にかかる。万葉集 奈良一歌集 一九九「ゆくとりの争ふ間に」訳争っているときに。

ゆく-はる【行く春】 連語 **過ぎ去ろうとしている春。晩春。** 奥の細道 江戸一紀行 旅立「ゆくはるや鳥啼き魚の目は涙」訳⇩ゆくはるやとりなきうをの…。

1 **ゆくはるや…** 俳句「行く春や 重たき琵琶の 抱き心」五車反古 江戸一句集 俳諧・蕪村 訳行く春を惜しみながら、琵琶をかき鳴らそうと膝の上に抱き上げてみたが、何となく重く、ものうく感じられることだ。

鑑賞 古典的な優雅な世界を思わせ、また、「重たき琵琶の抱き心」には、女性をかき抱いているようななまめかしい風情の漂う一句である。季語は「行く春」で、季は春。

2 **ゆくはるや…** 俳句「行く春や 逡巡として 遅桜」蕪村句集 江戸一句集 俳諧・蕪村 訳野山は日ごとに緑を増し、もはや春は過ぎ去ろうとしている。その中で、春も暮れていくのをためらうかのように、遅咲きの桜を美しく咲かせていることだ。

鑑賞 擬人法を用いた表現。「逡巡」は、ためらうこと。黒柳召波の「ゆく春のとどまる処 遅ざくら」を改作したもの。季語は「行く春・遅桜」で、季は春。

3 **ゆくはるや…** 俳句「行く春や 鳥啼き魚の 目は涙」奥の細道 江戸一紀行 旅立・芭蕉 訳春がまさに暮れていこうとしている。惜春の情ゆえか、鳥の声も愁いに満ち、魚の目も涙にうるんでいるように思われる。そんな折、自分も親しい人々に別れ、離別の悲しみをこらえて、漂泊の旅に出ようとしている。

鑑賞『奥の細道』の旅中吟の最初のもので、千住で、見送りの人々に残す挨拶の惜別の句。惜春の情と惜別の情とを重ね合わせ、それを無心な鳥や魚の悲しみとしてとらえた。季語は「行く春」で、季は春。

ゆくはるを… 俳句「行く春を 近江の人と 惜しみける」猿蓑 江戸一句集 俳諧・芭蕉 訳美しい琵琶湖の風光を前にして、去ろうとしている春を、風雅を解する近江の人とともに惜しんだことだ。

鑑賞 句には「湖水を望みて春を惜しむ」と前書きがある。季語は「行く春」で、季は春。

***ゆく-へ【行く方】** 名詞 ❶**進んで行く方向。** 万葉集 奈良一歌集 二六四「網代木にいさよふ波のゆくへ知らずも」訳⇩もののふのやそうぢがはの…。❷**行き先。** 隅田川 室町一能楽 謡曲「人商人に誘はれて、ゆくへを聞けば逢坂の」訳人買いにさらって行かれて**行き先**を聞くと逢坂の。❸**今後の成り行き。将来。結果。** 新古今 鎌倉一歌集 雑中「風になびく富士の煙の空に消えてゆくへも知らぬわが思ひかな」訳風になびく富士山の煙が空に消えてゆくえもわからない、そのように、**今後の成り行き**も知れない私の思いであるなあ。

ゆくへなく… 和歌「ゆくへなく 月に心の 澄み澄みて 果てはいかにか ならむとすらむ」山家集 平安一歌集 西行 訳どこへ行くとも知れず、ただ月を眺めていると、心は澄みに澄んであこがれゆき、やがて身を離れてついにはどうなってしまうのであろうか。

鑑賞 広大無辺の世界と対照的な、小さな存在である一人の人間の不安感を詠んだ歌。「月」は秋の澄んだ月の光で、心の澄み渡るようすに重ね合わせる。

***ゆくへ-な・し【行く方無し】** 形容詞ク {(く)・から/く・かり/し/き・かる/けれ/かれ} ❶**どこへ行ったかわからない。行く先がわからない。** 更級 平安一日記 大納言殿の姫君「ただ今ゆくへなく飛び失せなば、いかが思ふべき」訳たった今(私が)**行く先がわからず**飛び去っていなくなってしまったならば、(あなたは)どのように思うでしょうか。❷**途方にくれる。** 源氏物語 平安一物語 明石「言はむ方なく恋しきこと、いづ方となくゆくへなき心地して」訳言いようもなく(都が)恋しいことは、どこへ行くということなく**途方にくれる**気持ちがして。

ゆくへ-も-しら-ず【行方も知らず】 連語 ❶**行方も分からない。** 源氏物語 平安一物語 浮舟「ゆくへもしらずなりにしが、大将に尋ね取られにける」訳**行方も分からなく**なってしまった(人)が、大将(=薫)に見出だされ引き取られたのだ。❷**将来どういうふうになって行くのかも分からない。** 古今 平安一歌集 恋二「わが恋はゆくへもしらず果てもなし逢ふをかぎりと思ふばかりぞ」訳私の恋は、**これからどういうふうになって行くのかも分からず**、終わりもない。だから会っている今を極みと思うだけなのだよ。◆「ゆくへもしれず」とも。

ゆくほたる… 和歌「ゆく蛍 雲の上まで 往ぬべくは 秋風吹くと 雁に告げこせ」後撰 平安一歌集 秋上・在原業平・伊勢物語 平安一物語 四五 訳飛んで行く蛍よ。もし雲の上まで行くことができるなら、地上では秋風が吹くと天上の雁に伝えておくれ。

鑑賞 秋と、秋になって到来する雁を待ちこがれる歌。『伊勢物語』では、ある男(=業平)を恋い焦がれて死んだ娘の魂を慰める歌となっている。その場合、北から渡って来る雁が、娘の魂を象徴している。「こせ」は希望を表す助動詞「こす」の命令形。

ゆく-みづ【行く水】 連語 **流れて行く水。** 伊勢物語 平安一物語 五〇「ゆくみづと過ぐる齢と散る花と」訳**流れて行く水**と、過ぎて行く年齢と、散る桜と。

ゆく-ゆく【行く行く】 副詞 ❶**行きながら。道すがら。** 土佐日記 平安一日記 一二・二八「ゆくゆく飲み食ふ」訳(海上を)**行きながら**飲み食いする。❷**行く末に。将来に。** 山家集 平安一歌集 下「ゆくゆく人を世に継がへばや」訳**将来**世をつぐようにさせたいものだ。

ゆく-ゆく(と) 副詞 ❶**悶々と。** ▼気持ちが安定しないようすを表す。万葉集 奈良一歌集 一三〇「ゆくゆくと恋痛きわが背いで通ひ来ね」訳**悶々と**恋に苦しむあなた。さあ、通っていらっしゃい。❷**すらすら(と)。ずけずけ(と)。** ▼物事が滞りなく、また、なんの遠慮もなく行われるようすを表す。源氏物語 平安一物語 賢木「何事にかは滞り給はむ、ゆくゆくと宮にも愁へ聞こえ給ふ」訳何をためらったりなさろうものか、ずけずけと宮にも訴え申し上げなさる。

ゆくら-ゆくら・なり 形容動詞 ナリ ｛なら／なり・に／なり／なる／なれ／なれ｝ ゆらゆらと揺れ動く。 万葉集 奈良―歌集 四二二〇「とをむ眉引き大船の(=枕詞)ゆくらゆくらに面影にもとな見えつつ」訳しなった(美しいあなたの)眉がゆらゆらと揺れ動き面影にむやみに見えて。

***ゆくり-か・なり** 形容動詞 ナリ ｛なら／なり・に／なり／なる／なれ／なれ｝ ❶思いがけない。突然だ。 源氏物語 平安―物語 玉鬘「ゆくりかに寄り来たるけはひに、おびえて」訳思いがけなく寄って来た気配に、おびえて。❷不用意だ。軽率だ。 源氏物語 平安―物語 夕霧「ゆくりかにあざれたることのまことにならはぬ御心地なれば」訳軽率にふざけたことに本当になれていないごようすなので。

ゆくり-な・し 形容詞 ク ｛（く）・から／く・かり／し／き・かる／けれ／かれ｝
❶思いがけない。不意だ。突然だ。 土佐日記 平安―日記 二・五「かく言ひて、眺めつつ来る間に、ゆくりなく風吹きて」訳このように歌を詠み、景色を眺めながら来るうちに、不意に風が吹いて。
❷軽はずみだ。思慮不足だ。 源氏物語 平安―物語 賢木「あたら思ひやり深うものしたまふ人のゆくりなく、かうやうなること、折々混ぜたまふを、人もあやしと見るらむかし」訳せっかくの思慮深いお方が、軽はずみにこのようなことを、時々混ぜなさるのを、女房たちも変に思うであろう。

ゆ-げ【遊戯】 名詞／―す 自動詞 サ変 ❶仏教語。心にまかせて思うままに振る舞うこと。❷心楽しく思うこと。愉快がること。 大鏡 平安―物語 後一条「『命は、今日のびぬる心地し侍り』と、いたくゆげするを」訳「寿命は、今日のびたような気がします」とひどく愉快がるのを。❸遊び楽しむこと。遊び。 今昔物語 平安―説話 一・一五「急に詠じ、伎楽を調へてゆげする事限りなし」訳急に詩歌をうたい、伎楽を合わせて遊び楽しむことこの上もない。◆古くは「ゆけ」「ゆうげ」とも。

ゆ-げた【湯桁】 名詞 湯船のまわりの桁。また、湯船。

ゆげひ【靫負】 名詞 ❶奈良時代以前、天皇の親衛隊として宮廷諸門の警固に当たった者。律令制のもとでは、衛府およびその武官をいう。❷「靫負の尉」の略。◆「ゆき(靫)お(負)ひ」の変化した語。古くは「ゆけひ」。

ゆげひ-の-じょう【靫負の尉】 名詞「衛門府」の三等官。衛門の尉。

ゆげひ-の-すけ【靫負の佐】 名詞「衛門府」の次官。衛門の佐。

ゆげひ-の-つかさ【靫負の司】 名詞「六衛府」の別名。また、特に「衛門府」をいう。

ゆげひ-の-みやうぶ【靫負の命婦】 名詞 父か兄または夫が「靫負の尉」である、五位以上の女官の呼び名。

ゆげひ-べ【靫負部】 名詞 大化の改新以前、地方の国造の子弟を召し集めて組織した、宮中を警備する天皇の親衛隊。靫部。「ゆけひべ」とも。

ゆこ【行こ】 動詞「ゆく」の連体形。「ゆご」とも。 万葉集 奈良―歌集 四三八五「ゆこ先に波なとゑらひ」訳行く先に波ようねり立つな。◆奈良時代以前の東国方言。

ゆ-さん【遊山】 名詞／―す 自動詞 サ変 野山などへ遊びに出かけること。行楽。 日本永代蔵 江戸―物語 浮世・西鶴「下向に京・大坂のゆさん」訳伊勢からの帰途に京・大坂の行楽。◆江戸時代の語。

ゆじゅん【由旬】 名詞 古代インドの距離の単位の一つ。帝王の軍隊の一日の行程をいい、六町を一里(=約六六五メートル)とし、一由旬は十六里とも、三十里とも、また、四十里ともいう。

ゆすり-み・つ【揺すり満つ】 自動詞 タ四 ｛た／ち／つ／つ／て／て｝ 全員が騒ぎ立てる。全員が動揺する。 枕草子 平安―随筆 正月に寺にこもりたるは「さばかりゆすりみちたれば」訳あれほどまで全員が騒ぎ立てたので。

ゆする[1]【泔】 名詞 洗髪や整髪に用いる湯水。また、その湯水を用いて洗髪や整髪をすること。 徒然 鎌倉―随筆 一九一「よき男の日暮れてゆするし」訳りっぱな男が日が暮れてから整髪し。

ゆ・する[2]【揺する】 一 自動詞 ラ四 ｛ら／り／る／る／れ／れ｝ ❶揺れ動く。 宇津保 平安―物語 吹上下「天地ゆすりて響く」訳天地が揺れ動いて鳴り響く。❷大騒ぎする。どよめく。 源氏物語 平安―物語 須磨「世ゆすりて、惜しみ聞こえ」訳世間は大騒ぎして、(源氏の退京を)惜しみ申し上げ。 二 他動詞 ラ四 ｛ら／り／る／る／れ／れ｝ ❶揺り動かす。ゆさぶる。 万葉集 奈良―歌集 一二三九「大海の磯もとゆすり立つ波の」訳大海の磯の底をゆさぶって立つ波の。❷(金品を)おどし取る。 膝栗毛 江戸―物語 滑稽「雲助駄賃をゆすらずして」訳人足は運び賃をおどし取らないで。◇江戸時代の語。

ゆする-つき【泔坏】 名詞「泔」を入れる器。古くは土器、後には漆器や銀器などを用いた。参照▶口絵

(泔　坏)

ゆ-ずゑ【弓末】 名詞 弓の上部。「ゆすゑ」「ゆんずゑ」とも。 万葉集 奈良―歌集 三六四「ますらをのゆずゑ振り起こせ射つる矢を」訳男が弓の上部を振り起こして射た矢を。

ゆせ-ぼさつ【勇施菩薩】 名詞 仏教語。釈迦如来に従い仕えた菩薩の一つ。出世の法をすすんで衆生に施した。「ゆぜぼさつ」とも。

***ゆた-か・なり【豊かなり】** 形容動詞 ナリ ｛なら／なり・に／なり／なる／なれ／なれ｝ ❶富み栄えている。富裕だ。豊富だ。 竹取物語 平安―物語 かぐや姫の生ひ立ち「かくて翁やうやうゆたかになり行く」訳こうして翁はだんだん富裕になっていく。❷ゆったりとしている。のびのびしている。 源氏物語 平安―物語 若菜下「高き身となりても、ゆたかに緩べる方は後れ」訳高い身分になっても、ゆったりとゆとりがある点では劣って。

ゆ-だけ[1]【弓丈】 名詞「ゆんだけ」に同じ。

ゆ-だけ[2]【裄丈】 名詞 着物の裄の長さ。着物の背縫いから袖口までの長さ。

***ゆた-け・し【豊けし】** 形容詞 ク ｛（く）・から／く・かり／し／き・かる／けれ／かれ｝ ❶(空間的に)ゆったりとしている。広々としている。 万葉集 奈良―歌集 四三六二「海原のゆたけき見つつ」訳海原が広々としているのを見ながら。❷(気持ち・態度などに)ゆとりがある。おおらかだ。 万葉集 奈良―歌集 一六一五「ゆたけき君を思ふこのごろ」訳おおらかなあなたを思うこのごろ。❸(勢いなどが)盛大だ。 源氏物語 平安―物語 若菜上「最勝王経・金剛般若

禱(いの)りである。

にゃ・寿命経など、いとゆたけき御祈りなり」訳最勝王経・金剛般若経・寿命経など、たいそう盛大な御祈禱(きとう)である。

ゆ-だち【弓立ち】名詞 弓を射るための身構えをすること。矢を放つ準備をすること。

ゆた-なり【寛なり】形容動詞ナリ{なら/なり・に/なり/なる/なれ/なれ}ゆったりとしている。万葉集 奈良―歌集 二三六七「大船のゆたにあるらむ人の児(こ)ゆゑに」訳大船のようにゆったりしているであろう他人の恋人なのに。

ゆたに-たゆたに【寛にたゆたに】連語 ゆらゆらと。▼不安定で落ち着かないようすを表す。万葉集 奈良―歌集 二三五二「わが情(こころ)ゆたにたゆたに」訳わたしの気持ちは、ゆらゆらと(不安定で落ち着かない)。

ゆた・ふ【】ユタウ―ユトウ 自動詞ハ四{は/ひ/ふ/ふ/へ/へ}たるむ。ゆるむ。平家物語 鎌倉―物語 三・有王「つぎ目現れて皮ゆたひ」訳関節が現れて皮膚がたるみ。

ゆ-たん【油単】名詞 油をひいた単(ひとえ)の布または紙。灯台や台盤などの下に敷いて床が汚れるのを防ぐ。唐櫃(からびつ)などの覆いや、旅行用の雨具にも用いた。

ゆ-つ-【斎つ】接頭語〔名詞に付いて〕神聖な。清浄な。「ゆつ桂(かつら)」「ゆつ磐群(いはむら)」「ゆつ真椿(まつばき)」。◆「つ」は「の」の意の奈良時代以前の格助詞。「五百箇(いほつ)」の変化した語で、数が多いことをとする説もある。

ゆつ-いはむら【斎つ磐群】ユツイワムラ 名詞 神聖な岩石の群れ。一説に、数多い岩石とも。◆「ゆつ」は接頭語。

ゆ-つか【弓柄・弓束】名詞 矢を射るとき、左手で握る弓の中ほどより少し下の部分。また、そこに巻く皮や布など。「ゆづか」とも。

ゆつ-かつら【斎つ桂】名詞 神聖な桂の木。一説に、枝葉が茂っている桂の木とも。◆「ゆつ」は接頭語。

弓月嶽(ゆつきがたけ) 地名 今の奈良県桜井市穴師(あなし)にある巻向(まきむく)山の最高峰の名。

ゆ-づけ【湯漬け】名詞 蒸した強飯(こわめし)を熱い湯の中につけた食べ物。

ゆつ-つまぐし【斎つ爪櫛】名詞 神聖な櫛(くし)。一説に、歯の多い櫛とも。◆「ゆつ」は接頭語。

ゆづら・ふ【譲らふ】ユズラウ―ユズロウ 他動詞ハ四{は/ひ/ふ/ふ/へ/へ}「ゆづ(譲)りあ(合)ふ」の変化した語。譲りあう。源氏物語 平安―物語 帚木「事広きにゆづらふらむ」訳事の範囲が広いので譲りあっているのだろう。

ゆづり-は【譲り葉・交譲木】ユズリハ 名詞 木の名。新しい葉が出てから古い葉が落ちるので、親から子に譲るの意にとって、新年などの祝い事の飾り物とする。「ゆづるは」とも。季春。

ゆ-づる[1]【弓弦】名詞 弓に張る弦。◆「ゆみづる」の変化した語。

ゆづ・る[2]【譲る】ユズル 他動詞ラ四{ら/り/る/る/れ/れ}❶自分のものを他人に与える。源氏物語 平安―物語 東屋「我は命をゆづりてかしづきて」訳自分は命を人に与える(=捨てる)つもりで(浮舟(うきふね)を)大切に扱って。❷他人にまかせる。源氏物語 平安―物語 東屋「思ふ人具したるは、おのづからと思ひゆづられて」訳気をつけてくれる人がついているのは、しぜんに(良縁がある)と思い(そちらに)まかせる気になって。

ゆづる-は【譲る葉・交譲葉】ユズルハ 名詞 「ゆづりは」に同じ。

ゆ-づゑ【弓杖】ユヅエ 名詞 「ゆんづゑ」に同じ。

ゆ-どの【湯殿】名詞 ❶浴室。浴場。❷入浴。紫式部日記 平安―日記 寛弘五・九・一一「御ゆどのは酉(とり)の時とか」訳ご入浴は酉の時とか。❸「おゆどの❹」に同じ。

ゆ-ば【弓場】名詞 弓を射る場所。弓の練習所。平安時代、内裏(だいり)の紫宸殿(ししんでん)の前庭の西の隅にあった。「ゆみば」とも。

ゆ-はず【弓筈・弓弭】名詞 「ゆみはず」の変化した語。弓の両端の弦をかけるところ。上の弓筈を「末筈(うらはず)」、下を「本筈(もとはず)」と呼ぶ。

ゆ-はた【纈】名詞 絞り染め。くくり染め。

ゆば-どの【弓場殿】名詞 宮中で、天皇が弓術を観覧される殿舎。校書殿(きょうしょでん)や武徳殿(ぶとくでん)を使った。

ゆひ[1]【結ひ】ユイ 名詞 ❶結ぶこと。また、結んだもの。▼領有地の境などにひもを結びつけて、しるしとした。❷田植えや刈り入れなどのとき、手伝い合うこと。また、その人々。

-ゆひ[2]【結ひ】ユイ 接尾語 束ねたものを数える。「衣(きぬ)二ゆひ」「文三ゆひ」

由比[3](ゆひ) ユイ 地名 今の静岡県庵原(いはら)郡由比町。駿河(するが)湾にのぞむ漁港。東海道五十三次の一つ。

ゆひ-つ・く【結ひ付く】ユイツク 他動詞カ下二{け/け/く/くる/くれ/けよ}結び付ける。七番日記 江戸―日記 俳文「刈り穂をそれぞれにゆひつけて」訳刈った穂をそれぞれに結び付けて。

ゆふ[1]【夕】ユウ 名詞 夕方。日暮れどき。対朝(あさ)。
参考「朝夕(あさゆふ)」「夕月(ゆふづき)」などのように複合語の中で用いられ、単独で夕方の意を表す場合は「ゆふべ」が用いられる。

ゆふ[2]【木綿】ユウ 名詞 こうぞの樹皮をはぎ、その繊維を蒸して水にさらし、細く裂いて糸状にしたもの。神事で、幣帛(へいはく)としてさかきの木などに掛ける。

ゆ・ふ[3]【結ふ】ユウ 他動詞ハ四{は/ひ/ふ/ふ/へ/へ}❶結ぶ。縛(しば)る。万葉集 奈良―歌集 三九五〇「家にてゆひてし紐(ひも)を解き放さけず」訳家で結んだ紐を解き放たずに。❷髪を調え結ぶ。髪を結う。源氏物語 平安―物語 桐壺「みづらゆひ給へる面(つら)つき、顔のにほひ、さま変へ給はむこと惜しげなり」訳(少年の髪型である)みずらに髪を結いなさった顔立ち、顔の美しさは、(元服して)童姿をお変えなさることが残念なようである。❸組み立てる。作り構える。こしらえる。徒然 鎌倉―随筆 五一「こしらへさせられければ、やすらかにゆひて参らせたりけるが」訳(水車を)造らせなさったところ、たやすく組み立てて差し上げたのだったが。❹縫う。つくろう。枕草子 平安―随筆 宮の五節いださせ給ふに「几帳(きちやう)どものほころびゆひつつ」訳几帳のぬい残したところをつくろいながら。

関連語「ゆふ」と「むすぶ」の違い
「ゆふ」も「むすぶ」も紐状のものをからみ合わせるという点で同じ意を表すが、本来、「ゆふ」は、ある形に作りなすという面が強く、「むすぶ」は、固定して離れないようにするという面が強いとみられる。

ゆふ-うら【夕占・夕卜】ユウウラ 名詞 「ゆふけ」に同じ。

ゆふ-か・く【夕掛く】ユウカク 自動詞カ下二{け/け/く/くる/くれ/けよ}夕方になる。源氏物語 平安―物語 藤裏葉「ゆふかけて、みな帰り給ふほど」訳夕方になって、みなお帰りになるころ。

参考 和歌では、「木綿掛く」とかけて用いることが多い。

ゆふ-かげ【夕影】 名詞 ❶夕暮れどきの光。夕日の光。万葉集 奈良－歌集 四二九〇「春の野に霞たなびきうら悲しこのゆふかげに鶯鳴くも」訳⇩はるののにかすみたなびき…。対朝影。❷夕暮れどきの光を受けた姿・形。源氏物語 平安－物語 紅葉賀「源氏の御ゆふかげ、ゆゆしう思されて」訳源氏の夕暮れどきの光を受けたお姿を、不吉にお思いになって。

ゆふかげ-ぐさ【夕影草・夕陰草】 名詞 夕方、物陰に咲く花。また、夕暮れの薄明かりの中に見える草。

ゆふ-かたぎぬ【木綿肩衣】 名詞 木綿で作った袖のない着物。

ゆふ-がほ[1]【夕顔】 名詞 植物の名。つる草の一種。夏の夕方、朝顔に似た白い花が開き、朝しぼむ。季夏。

夕顔[2] 人名 『源氏物語』の作中人物。三位中将の娘。頭中将に愛されて玉鬘を生むが身をかくす。光源氏に見いだされて愛されるが、物の怪のために十九歳で急死。謡曲「夕顔」に登場する。

ゆふ-かみ【木綿髪】 名詞 馬のたてがみの白いもの。「雪降り髪」とも。

ゆふ-がり【夕狩り】 名詞 夕方に行う狩り。「ゆふかり」とも。

ゆふ-ぎり[1]【夕霧】 名詞 夕方に立ち込める霧。対朝霧。

夕霧[2] 人名 『源氏物語』の作中人物。光源氏の長男。母は葵の上。源氏の教育方針によって大学寮で学び、幼なじみの頭中将の娘の雲井の雁と結婚して多くの子供ができる実直な人物だが、落葉の宮とも関係ができる。左大臣にまで昇進する。

ゆふぐれは…[1] 和歌「夕暮れは 雲のはたてに 物ぞ思ふ 天つ空なる 人を恋ふとて」古今 平安－歌集 恋一・よみ人知らず 訳夕暮れには、雲の果てを眺めて物思いをする。空のかなたの手の届かない人を恋い慕っているので。

鑑賞 身分違いの恋の断ち切れない気持ちを詠んだものの。なお、「はたて」を「旗手」と解し、雲が旗のようになびいているようすを物思いの乱れにたとえたとする説もある。

ゆふぐれは…[2] 俳句「夕暮れは 鐘をちからや 寺の秋」去来抄 江戸－論 俳論・風国 訳寂しい秋の夕暮れ、折からの寺の晩鐘の音は、私を力づけてくれるかのように聞こえてくる。

鑑賞 『初蟬』では初句「入りあひの」。最初風国はこの句を、晩鐘のさびしからぬという意に作った。それに対して去来は、それは「一己の私(=自分一人の私情)」だと批判し、このように作り直したという。季語は「秋」。

ゆふ-け[1]【夕占・夕卜】 名詞 夕方、道ばたに立って、道行く人の言葉を聞いて吉凶を占うこと。夕方の辻占。「ゆふうら」とも。◆奈良時代以前の語。

ゆふ-け[2]【夕食】 名詞 夕方の食事。夕飯。◆後には「ゆふげ」。対朝食。

ゆふ-ざ【夕座】 名詞 仏教語。法華八講や最勝講などで、朝夕行う講座のうち、夕方のもの。

ゆふ-さら-ず【夕さらず】 連語

なりたち 名詞「ゆふ」＋動詞「さる」の未然形＋打消の助動詞「ず」

夕方ごとに。毎夕。万葉集 奈良－歌集 一三七二「ゆふさらず目には見れども」訳毎夕目には見るけれど。

ゆふ-さり【夕さり】 名詞 夕方になること。夕方。伊勢物語 平安－物語 六九「ゆふさりは帰りつつ、そこに来させけり」訳夕方は帰るといつも、そこ(=斎宮の御殿)に来させた。

ゆふさり-つ-かた【夕さりつ方】 名詞 夕方のころ。古今 平安－歌集 雑上・詞書「ゆふさりつかた、帰りおはしまさむとしける折に」訳夕方のころ、お帰りになろうとしたときに。◆「つ」は「の」の意の奈良時代以前の格助詞。

ゆふ-さ・る【夕さる】 自動詞ラ四 {ら/り/る/る/れ/れ}

なりたち 名詞「ゆふ」に移動して来るという意味の動詞「さる」の付いた形が一語化したもの。

夕方になる。日暮れになる。千載 鎌倉－歌集 秋上「ゆふされば野辺の秋風身にしみて鶉鳴くなり深草の里」訳⇩ゆふさればのべのあきかぜ…。

参考 已然形「ゆふされ」に接続助詞「ば」が付いた「ゆふされば」の形で用いられることが多い。

ゆふされば…[1] 和歌 百人一首「夕されば 門田の稲葉 おとづれて 蘆のまろ屋に 秋風ぞ吹く」金葉 平安－歌集 秋・源経信 訳夕方になると、門前の田の稲葉にさやさやと音を立てて、蘆葺きの粗末なこの仮小屋に、秋風が吹いてくるよ。

ゆふされば…[2] 和歌「夕されば 野にも山にも 立つけぶり なげきよりこそ 燃えまさりけれ」大鏡 平安－物語 時平・菅原道真 訳夕方になると、野にも山にも立ち上る煙よ。その煙は、私の不幸な運命を嘆き悲しむ、嘆きという木を添えるので、いよいよ燃えさかることだ。

鑑賞 無実の罪で筑紫(福岡県)へ配流となった道真が、遠くの方に立つ煙を見て詠んだ歌。「嘆き」に「投げ木(=薪)」をかける。

ゆふされば…[3] 和歌「夕されば 野辺の秋風 身にしみて 鶉鳴くなり 深草の里」千載 鎌倉－歌集 秋上・藤原俊成 訳夕方になると、野辺を吹く秋風が身にしみて感じられ、この深草の里では、うずらがもの寂しい声で鳴いているよ。

鑑賞 『伊勢物語』百二十三段に基づいて詠まれており、女を捨てて京へ行こうとした男に対して、深草の里の女が詠んだ歌「野とならば鶉となりて鳴きをらむかり(=「狩り」と「仮」とをかける)にだにやは君は来ざらむ」〈草深い野原になったら、(私は)うずらになって鳴いておりましょう。そうしたら、ほんのちょっとでも、狩りにくらいはあなたがおいでくださるでしょうから。〉を踏まえている。

ゆふされば…[4] 和歌「夕されば 小倉の山に 鳴く鹿は 今夜は鳴かず 寝ねにけらしも」万葉集 奈良－歌集 一五一一・舒明天皇 訳夕方になるといつも小倉の山で鳴いている鹿は、今晩は鳴いていない。寝てしまったらしいなあ。

鑑賞 夕暮れにいつも聞こえる鹿の鳴き声が、今夜に限って聞こえないことへの不審の念を、思いやりの気持ちをこめて詠んでいる。この鹿の声は、牡鹿の妻恋いの鳴き声と考えられる。

ゆふ-しで【木綿四手・木綿垂で】名詞「木綿」で作った四手。

ゆふ-しほ【夕潮・夕汐】名詞 **夕方満ちてくる潮。**

ゆふ-だすき[1]【木綿襷】名詞「木綿」で作った、たすき。白くて清浄なものとされ、神事に奉仕するとき、肩から掛けて袖をたくし上げるのに用いた。歌では、「かく」を導く序詞とすることもある。

ゆふ-だすき[2]【木綿襷】枕詞 たすきは肩に掛けて結ぶものであることから「かく」「むすぶ」にかかる。蜻蛉 平安―日記 上「ゆふだすきむすぼほれつつ」訳木綿のたすきのように解けにくく。

ゆふ-たたみ【木綿畳】名詞 ❶「木綿」を折り畳むこと。また、その畳んだもの。神事に用いる。「ゆふだたみ」とも。❷枕詞「木綿畳」を神に手向けることから「たむけ」「たな」に、また、「た」の音を含む地名「田上山」にかかる。「ゆふたたみ手向けの山」「ゆふたたみ田上山」

ゆふ-だ・つ【夕立つ】自動詞タ四｛た/ち/つ/つ/て/て｝❶夕方に(風・波・雲などが)**起こり立つ。**新古今 鎌倉―歌集 羇旅「かき曇りゆふだつ波の荒ければ」訳空が一面に曇って夕方に起こり立つ波が荒いので。❷**夕立が降る。**今昔物語 平安―説話 一九・二五「にはかに空曇りてゆふだちぬ」訳急に空が曇って夕立が降った。

ゆふ-つ-かた【夕つ方】名詞 **夕方。**◆「つ」は「の」の意の奈良時代以前の格助詞。

ゆふ-づきよ【夕月夜】名詞「ゆふづくよ」に同じ。

ゆふ-づ・く*【夕づく】自動詞カ下二｛け/け/く/くる/くれ/けよ｝**夕方になる。日暮れに近づく。**源氏物語 平安―物語 常夏「ゆふづけ行く風いと涼しくて」訳(だんだんと)夕方になっていく風がとても涼しくて。◆古くは「ゆふつく」。

ゆふづく-ひ【夕づく日】名詞 **夕方の日光。夕日。**新古今 鎌倉―歌集 夏「ゆふづくひさすや庵の柴の戸に」訳夕日がさす、閉ざしてある庵の柴の戸に。対朝づく日。

ゆふ-づくよ[1]【夕月夜】名詞 ❶**夕方に空に出ている月。夕月。**❷**月が出ている日暮れ方。夕月がかかっている夜。**万葉集 奈良―歌集 一五五二「ゆふづくよ心もしのに白露の置くこの庭にこほろぎ鳴くも」訳月が出ている夕暮れ、心もうちしおれるばかりに白露が置いているこの私の家の庭で、こおろぎが鳴いているなあ。◆「ゆふづきよ」とも。

ゆふ-づくよ[2]【夕月夜】枕詞 ❶夕方の月は夜中に沈んで、暁は闇になることから「暁闇」にかかる。万葉集 奈良―歌集 三〇六四「ゆふづくよ暁闇の朝影に我が身はなりぬ汝を思ひかねて」訳月のない明け方の闇の朝影のように、私の体は痩せた。あなたを思いあまって。❷夕方の月はほの暗いところから「小暗し」と同音の地名「小倉」にかかる。「ゆふづくよ小倉の山に」

ゆふづくよ…[3]和歌「夕月夜 潮満ち来らし 難波江の あしの若葉に こゆるしらなみ」新古今 鎌倉―歌集 春上・藤原秀能 訳空には夕月がかかり、今しも潮が満ちてくるらしい。難波江のあしの若葉を越えて打ち寄せる白波よ。

鑑賞 上の句で難波江全体を巨視的にとらえ、下の句で「あしの若葉」とそれを越える「しらなみ」に焦点を絞って微視的にとらえている。「らし」は根拠ある推定で、「難波江の…」以下がその根拠を示す。

ゆふつけ-どり【木綿付け鳥】名詞 鳥の名。鶏の別名。

参考 世の中に騒乱があったときに、鶏に「木綿」を付けて、都の四境の関で鳴かせて祓えの祭事をしたところから。

ゆふ-つづ【長庚・夕星】名詞 夕方、西の空に見える金星。宵の明星。◆後に「ゆふづつ」。対明星。

ゆふつづ-の【長庚の・夕星の】枕詞「ゆふつづ」が、夕方、西の空に見えることから「夕べ」にかかる。また、「ゆふつづ」が時期によって、明けの明星として東に見え、宵の明星として西の空に見えるところから「か行きかく行き」にかかる。万葉集 奈良―歌集 九〇四「ゆふつづの夕べになればいざ寝よと」訳夕方になるとさあ寝なさいと。

ゆふ-なぎ【夕凪】名詞 夕方、海岸地帯で、海風と陸風が入れかわる間のいっとき風がやみ、波も穏やかな状態になること。

ゆふなみ-ちどり【夕波千鳥】名詞 夕方に打ち寄せる波の上を群れ飛ぶちどり。万葉集 奈良―歌集 二六六「淡海の海ゆふなみちどり汝が鳴けば心もしのに古へ思ほゆ」訳⇩あふみのうみ…。

ゆふ-ばえ【夕映え】名詞 夕方に、昼間よりも物の色などがくっきりと映えて見えること。

ゆふ-はふ・る【夕羽振る】連語 夕方、鳥が羽ばたくように、波が立つ。万葉集 奈良―歌集 一三一「朝羽振る風こそ寄せめゆふはふる波こそ来寄せ」訳⇩いはみのうみ…。対朝羽振る。

ゆふ-べ【夕べ】名詞 ❶夕暮れどき。夕方。新古今 鎌倉―歌集 春上「見渡せば山もと霞む水無瀬川ゆふべは秋となに思ひけむ」訳⇩みわたせばやまもとかすむ…。❷前日の夕方。昨夕。◆奈良時代以前は「ゆふへ」。

ゆふべ-の-ひ-に-しそん-を-あい・す【夕べの陽に子孫を愛す】連語 夕日が傾いて沈んでいくような(余命少ない)老年になっても、子や孫をかわいがる。徒然 鎌倉―随筆 七「ゆふべのひにしそんをあいして、さかゆく末を見んまでの命をあらまし」訳夕日が傾いて沈んでいくような(余命少ない)老年になっても、子や孫をかわいがって、(その彼らが)ますます栄えてゆく将来を見届けるまでの命を望み。

ゆふ-まぐれ【夕まぐれ】名詞 夕方の薄暗いこと。また、その時分。千載 鎌倉―歌集 秋上「ゆふまぐれ荻吹く風の音聞けば」訳夕方の薄暗い時分に荻に吹いてくる風の音を聞くと。◆「まぐれ」は、「目暗」の意。

ゆふ-まどひ【夕惑ひ】名詞 夕方から眠くなること。また、その眠り。「宵惑ひ」とも。

ゆふ-やみ【夕闇】名詞 月が出ていない夕方の闇。また、その時分。特に、陰暦二十日前後の夕方の闇。

ゆぶ-ゆぶ(と)副詞 ぶよぶよ(と)。ぶくぶく(と)。「ゆふゆふ(と)」とも。▼水分でふくれているようすを表す。今昔物語 平安―説話 二四・七「一身ゆぶゆぶと腫れたる者」訳全身がぶよぶよとふくれている者。

◆学習ポイント52 夕べから朝まで

ゆふべ
よひ〈宵〉
よは〈夜半〉 よなか〈夜中〉 よふけ〈夜更け〉
あかつき〈暁〉
しののめ〈東雲〉 あけぼの〈曙〉 あさぼらけ〈朝朗け〉
あした〈朝〉

古語では、夜を中心とする時間帯は、上図のように表される。

平安時代の貴族の結婚形態は、男が女のもとへ通っていく「妻問い婚」であった。男は夜、人目を忍んで女性の家に行き、一夜を共にした二人は、朝には別れなければならない。この別れが「衣衣」で、このときの悲しさやつらさを詠んだ歌が多い。

そして男は、人に姿を見られぬ「あかつき」のうちに帰っていくのも礼儀であった。

***ゆほ-びか・なり** 形容動詞ナリ {なら／なり・に／なり／なる／なれ／なれ} **豊かで広々としている。ゆったりとして穏やかだ。** 源氏物語 平安―物語 若紫「あやしく、こと所に似ずゆほびかなる所に侍る」訳不思議に、ほかの場所に似ず、ゆったりとして穏やかな所です。

ゆ-まき【湯巻き】 名詞 貴人が入浴の際に身体に巻いたもの。また入浴に奉仕する女官が、ぬれるのを防ぐために衣服の上にまとったもの。多く白の生絹を用いた。「いまき」とも。

ゆみ【弓】 名詞 ❶武器の一種。矢を射るもの。参照▼口絵 ❷弓を射ること。また、そのわざ。弓術。❸**弓の競射。** 大鏡 平安―物語 道長上「帥殿の南院にて、人々集めてゆみあそばしに」訳帥殿(=伊周)の南の御殿で、人々を集めて弓の競射をなさったときに。

参考 古くははぜなどを材にした丸木弓を用いたが、平安時代ごろから、桑の木をしんにして両側を竹で押さえ、それを籐や糸で巻いたものが作られた。製法によって、「塗籠籐」「本滋籐」「節巻き」などがある。弓の強さを表すのに「三人張りの弓」などというが、これは、三人がかりで弓に弦を張るほどの剛弓を意味する。

ゆみ-とり【弓取り】 名詞 ❶弓を使うこと。また、その人。弓を射る役。❷弓術にすぐれていること。また、その人。❸**武士。武勇の士。**▼弓矢を取ることが武士の務めであったことから。平治物語 鎌倉―物語 中「ゆみとりのならひほど、あはれにやさしきことはなし」訳武士のならわしほど、すばらしく殊勝なことはない。

ゆみ-なら・す【弓鳴らす】 連語 **弓に矢をつがえずに手で弦を引いて鳴らす。**「弓引く」とも。▼悪霊を退散させる威力があるとされた。枕草子 平安―随筆 殿上の名対面こそ「滝口のゆみならし、沓の音し、そそめき出づると」訳宮中を警護する武士たちが弓の弦を鳴らし、沓の音をさせて、ざわざわと出てくると。

ゆみ-の-けち【弓の結】 連語 射手が左右に別れて、弓の腕を競う競技。

ゆみ-ば【弓場】 名詞「ゆば」に同じ。

ゆみ-はず【弓筈・弓弭】 名詞「ゆはず」に同じ。

ゆみ-はり【弓張り】 名詞 ❶弓の弦を張ること。また、その人。❷「弓張り月」の略。❸「弓張り提灯」の略。弓のように曲げた竹に上下をひっかけて開く提灯。

(弓張り❸)

ゆみはり-づき【弓張り月】 名詞 上弦または下弦の月。弦月。◆形が弓に弦を張ったのに似ているところから。

ゆみ-ひ・く【弓引く】 連語 ❶「ゆみならす」に同じ。❷**弓に矢をつがえて射る。**❸**敵対する。反抗する。** 保元 鎌倉―物語 中「兄に向かうてゆみひき」訳兄に向かって反抗し。

ゆみ-や【弓矢】 名詞 ❶**弓と矢。また、武器。** 平家物語 鎌倉―物語 四・鵺「ゆみやを取って並びなきのみならず」訳弓矢を持っては比べる者がないほどすぐれているだけでなく。参照▼口絵 ❷**弓矢の道。武道。** 平家物語 鎌倉―物語 四・橋合戦「ただ今、ここを渡さずは、永きゆみやの疵なるべし」訳たった今、ここを渡さなければ、長い間武道の不名誉になるにちがいない。❸**弓矢を取り用いる者。**また、その家柄。**武士。** 烏帽子折 室町―能楽 謡曲「これぞゆみやの大将と申すとも、不足よもあらじ」訳これこそ武士の大将と申し上げても、まさか不足はないだろう。

ゆ-みゃう【勇猛】 名詞「ゆうみゃう」に同じ。

ゆ-みゃう・なり【勇猛なり】 形容動詞ナリ「ゆうみゃうなり」に同じ。

ゆみや-とり【弓矢取り】 名詞 弓矢を取り用いること。また、その人。**武士。** 平家物語 鎌倉―物語 九・木曾最期「ゆみやとりは、日ごろ高名をし候へども、…最期の時不覚しつれば、永き疵にて候ふなり」訳武士は、ふだん功名を立てておりましても、死にぎわのときに失態をすると、長く不名誉でございます。

ゆみや-はちまん【弓矢八幡】 ■一 名詞 戦の神である八幡神。また、八幡大菩薩。武士が信仰し、自分の言行について誓うときに唱える。その場合、下に「照覧あれ」などの語を伴う。調伏曾我 室町―能楽 謡曲「ゆみやはちまん・箱根の権現も照覧あれ」訳戦の神である八幡神・箱根権現もご覧ください。■二 副詞 **誓って。神かけて。**▼その事が真実であると誓ったり、強調したりするときにいう語。入間川 室町―狂言 狂言「ゆみやはちまん、成敗いたす」訳誓って処罰いたします。■三 感動詞 **しまった。残念無念。**▼失敗を悟ったときなどに発する語。一代男 江戸―物語 浮世・西鶴「ゆみやはちまん、大事は今だ、七左様のがさじ」訳しまった、大事なのは今だ、七左様をのがすまい。

ゆみ-を-ひ・く【弓を引く】 連語「ゆみひく」に同じ。

ゆめ[1]**【夢】** 名詞

❶夢。睡眠中に見る幻覚。〔新古今 鎌倉―歌集〕羇旅・〔伊勢物語 平安―物語〕九「駿河なる宇津の山べのうつつにもゆめにも人に逢はぬなりけり」〔訳〕⇩するがなる…。
❷夢のようなこと。▼非現実的な、または、はかないこと。〔源氏物語 平安―物語〕花宴「かの有明の君は、はかなかりしゆめを思し出でて」〔訳〕例の有明の女君は、あっけなかった夢のようなこと（＝あの一夜のこと）をお思い出しになって。
❸迷い。煩悩。〔源氏物語 平安―物語〕若紫「吹き迷ふ深山おろしにゆめさめて」〔訳〕吹き乱れる奥山から吹きおろす風につれて聞こえてくるお経の声に煩悩の夢が覚めて。

古典の常識『夢と民俗』

夢は神や仏のお告げとされ、神秘・神聖なものと考えられた。また夢の内容は、夢を見た当人はもとより、夢に出てきた人の運命に決定的な影響を与えるものとされた。そこで平安時代には、見た夢の内容を考えて吉凶を判断する「夢解き」や、悪い夢を見たときに、害を受けないようにまじないをしたり、また、まじないで悪い夢を良い夢に変えたりする「夢違へ」が行われた。

夢は恋と取り合わせて和歌に詠まれることが多かったが、夢に対する考え方は現代とは違う面もあり、夢に特定の人が現れるのは、自分がその人を強く思うというほかに、相手が自分を深く思っているからであり、自分が相手を深く思っていれば相手の夢の中に現れるとする考え方もあった。「夢」の項目の❶の用例の「駿河なる…」の歌の内容はそれを示している。これは、身（＝肉体）と心（＝精神）の分離が信じられていたことによる。古語の夢ははかないもので、現代語の希望・理想のニュアンスはない。

ゆめ[2]【努・勤】〔副詞〕

語義の扉
神聖なものに対する畏れの感情を表す「ゆゆし」と深い関係があり、物事に対しての不吉を避けることを命令するというのがもともとの意味である。
❶決して。必ず。
❷まったく。少しも。

❶〔禁止・命令表現を下接して〕決して。必ず。〔和泉式部 平安―日記〕「かかること、ゆめ人に言ふな」〔訳〕こんなことは、決して他人に言うな。

「ゆめ」と禁止の呼応（禁止の終助詞）
ゆめ寝ぬな。
（決して眠ってはいけない。）

❷〔打消の語を下接して〕まったく。少しも。〔落窪物語 平安―物語〕三「落窪の君とゆめ知らず」〔訳〕落窪の君とまったく知らない。

ゆめ-あは・す【夢合はす】〔連語〕見た夢の吉凶を判断させる。夢占いをさせる。〔宇治拾遺 鎌倉―説話〕一三・五「夢解きの女のもとに行きて、ゆめあはせてのち」〔訳〕夢を占う女のところへ行って、見た夢の吉凶を判断させたあと。

ゆめ-あはせ【夢合はせ】〔名詞〕「ゆめとき」に同じ。

ゆめ-うつつ【夢現】〔名詞〕夢と現実。また、夢か現実かはっきりせず、ぼんやりしていること。〔源氏物語 平安―物語〕明石「君、思しまはすに、ゆめうつつさまざま静かならず」〔訳〕君がお思いめぐらされると、夢も現実もさまざま安らかでなく。

ゆめ-がたり【夢語り】〔名詞〕❶夢に見たことを、覚めてから話すこと。また、その話。夢の話。〔伊勢物語 平安―物語〕六三「まことならぬゆめがたりをす」〔訳〕うその夢の話をする。❷夢物語。夢のように、はかない話。〔源氏物語 平安―物語〕夢浮橋「あさましかりし世のゆめがたりをだに、と急がるる心の」〔訳〕驚きあきれるようだった昔の世の夢物語だけでもと自然にせかれる心が。

ゆめ-かよ・ふ【夢通ふ】〔連語〕夢の中を行ったり来たりする。〔新古今 鎌倉―歌集〕冬「ゆめかよふ道さへ絶えぬ呉竹の（＝枕詞）伏見の里の雪の下折れ」〔訳〕夢の中を行ったり来たりする道までもが途絶えてしまった、伏見の里の雪による下折れの音で。

ゆめ-さらさら【夢更更】〔副詞〕〔打消・禁止の語を下接して〕決して。少しも。〔宇津保 平安―物語〕俊蔭「ゆめさらさら人に見せ給ふな」〔訳〕決して他の者にお見せになるな。

***ゆめ-ぢ**【夢路】〔名詞〕夢の中で行き通う道。また、夢に見ること。夢の中。〔古今 平安―歌集〕恋三「ゆめぢには足もやすめず通へども現に一目見しごとはあらず」〔訳〕夢の中では足も休めずに通うけれど、現実に一目会ったときの喜びのようにはいかないものだ。

ゆめ-とき【夢解き】〔名詞〕見た夢の内容によって、その夢の意味や、吉凶を判断すること。また、その人。夢占い。夢合わせ。〔更級 平安―日記〕夫の死「ゆめときも合はせしかども、そのことは一つかなはでやみぬ」〔訳〕夢占いも吉凶を判断したけれども、そんなことは一つも当たらずに終わってしまった。
〔参考〕平安時代は、夢に見たことが実現すると強く信じられ、その予知として盛んに「夢解き」が行われた。

ゆめ-に【夢に】〔副詞〕〔打消の語を下接して〕少しも。まったく。決して。「ゆめにも」とも。〔蜻蛉 平安―日記〕中「ゆめに物も言はれず」〔訳〕少しも話すことができず。

ゆめ-にも【夢にも】〔副詞〕「ゆめに」に同じ。〔源氏物語 平安―物語〕少女「ゆめにも知り給はぬ事なれば、あさましう思して」〔訳〕（大宮は）まったくご存知ないことなので、意外なこととお思いになって。

ゆめ-の-うきはし【夢の浮き橋】〔連語〕❶夢の中の通い路。夢の中で、思う人のもとへ通う道。〔菟玖波 南北―句集〕「逢ふことはまたいつかはと思ふにも涙にかへるゆめのうきはし」〔訳〕会うのはまたいつかはと思うと、覚めた後は涙にぬれる夢の通い路であるよ。❷はかない夢。転じて、はかないことのたとえ。〔新古今 鎌倉―歌集〕春上「春の夜のゆめのうきはしとだえして峰に別るる横雲の空」〔訳〕⇩はるのよのゆめのうきはし…。

ゆめ-の-かよひぢ【夢の通ひ路】〔連語〕「ゆめ

ぢ」に同じ。古今 平安―歌集 恋二「住江の岸に寄る波よるさへやゆめのかよひぢ人目避くらむ」訳⇩すみのえの…。

ゆめ-の-しるし【夢の徴】名詞 **夢に見る前兆。**

ゆめ-の-ただぢ【夢の直路】連語 **思う人の所へ行ける、夢の中のまっすぐな道。** 古今 平安―歌集 恋二「恋ひわびてうち寝る中に行き通ふゆめのただぢは現ならなむ」訳恋に思い悩んで寝る(夢の)中で(あの人の所に)行き来する夢の中のまっすぐな道は、現実であってほしいものだ。

ゆめ-の-ゆめ【夢の夢】連語 **夢の中で見る夢。** きわめてはかないことのたとえ。平家物語 鎌倉―物語 一・祇王「娑婆の栄光はゆめのゆめ、楽しみ栄えて何かせん」訳人間世界の栄華はきわめてはかないもので、裕福になり栄えてどうしようというのか。

ゆめ-の-よ【夢の世】連語 **夢のようにはかない世の中。** 更級 平安―日記 夫の死「いとかかるゆめのよをば見ずもやあらまし」訳ほんとうにこんな夢のようにはかない世の中を見ないでもすんだであろう。

ゆめ-ばかり-も【夢ばかりも】連語 〔打消・禁止の語を下接して〕**ほんの少しばかりも。ちっとも。** 十六夜 鎌倉―日記「今の世の人の子は、ゆめばかりも、身の上の事とは知らざりけりな」訳今の世の人の子は、ちっとも我が身に起こる事とは気付かなかったことだよ。

ゆめ-まくら【夢枕】名詞 **夢を見たときの枕。**

ゆめ-み【夢見】名詞 **夢を見ること。** また、**見た夢。** 吉凶などを判断するものとしていう。

ゆめみ-さわが・し【夢見騒がし】連語 **夢見が悪い。悪い夢を見て胸騒ぎがする。** 源氏物語 平安―物語 浮舟「今宵ゆめみさわがしく見えさせ給へれば」訳昨夜の夢見が悪くお見えになったので。

***ゆめ-ゆめ**【努努・勤勤】副詞 ❶〔禁止の語を下接して〕**決して。断じて。** 宇治拾遺 鎌倉―説話 一四・二「汝、ゆめゆめ女人に近づくことなかれ」訳おまえ、決して女人に近づいてはならない。❷〔打消の語を下接して〕**少しも。まったく。** 平家物語 鎌倉―物語 七・忠度都落「ゆめゆめ粗略を存ずまじう候ふ」訳少しも粗末に扱おうとは思いません。◆副詞「ゆめ(努)」を重ねて強調した語。

ゆめ-を-むす・ぶ【夢を結ぶ】連語 **夢を見る。** 源氏物語 平安―物語 明石「旅衣うらがなしさにあかしかね草のまくらはゆめもむすばず」訳(この明石の浦の)旅寝の悲しさに夜を明かしかねて、(安らかな)夢を見ることもありません。

ゆ-もじ【湯文字】名詞 女性が下着として下半身に巻きつけた布。腰巻き。◆女房詞。

ゆ-や[1]【斎屋】名詞 寺院や僧坊に設けられた、参籠するとき斎戒沐浴するための建物。休息所としても使った。

ゆ-や[2]【湯屋】名詞 ❶**浴室のある建物。湯殿。** また、**浴室。** ❷料金を取って入浴させる浴場。**銭湯。** ◇江戸時代の語。

ゆゆ・し 形容詞 シク〔(しく)・しから/しく・しかり/し/しき・しかる/しけれ/しかれ〕

語義の扉

きわめて清らかで神聖なことの意を表す「ゆ(斎)」を重ねて形容詞化した語で、直接に触ったり声に出して言ったりしてはならないようす。奈良時代以前にはもっぱら「清浄、神聖で恐れ慎しむべきだ」「不吉である」の意で用いられたが、平安時代以降はそこから、よい意味でも、悪い意味でも、程度のはなはだしさを言い表す用法にも転じた。

- ❶おそれ多い。はばかられる。神聖だ。
- ❷㊀不吉だ。忌まわしい。
- ❸甚だしい。ひととおりでない。
- ❹㊉すばらしい。りっぱだ。
- ❺㊀ひどい。とんでもない。

❶**おそれ多い。はばかられる。神聖だ。** 万葉集 奈良―歌集 一九九「かけまくもゆゆしきかも言はまくもあやにかしこき明日香の真神の原に」訳心にかけて思うのもはばかられることよ、口に出して言うのもまことにおそれ多い明日香の真神の原に。

❷**不吉だ。忌まわしい。縁起が悪い。** 更級 平安―日記 大納言殿の姫君「たちいづる天の川辺のゆかしさに常はゆゆしきことも忘れぬ」訳(牽牛と織女が)出会う天の川辺に心が引かれて、いつもは不吉なことも(今日は)忘れてしまった。

❸**甚だしい。ひととおりでない。** 徒然 鎌倉―随筆 二三六「おのおの拝みて、ゆゆしく信起こしたり」訳各人それぞれが拝んで甚だしく信仰心を起こした。

❹**すばらしい。りっぱだ。** 徒然 鎌倉―随筆 一「徒人も、舎人など賜る際はゆゆしと見ゆ」訳ふつうの貴族でも、随身などを(朝廷から)いただくような身分の人は、すばらしいと思われる。

❺**ひどい。とんでもない。** 宇治拾遺 鎌倉―説話 四・六「一二度人屋にゐんだに、人としてはよかるべきことかは。ましていくそばくの犯しをして、かく七度までは、あさましくゆゆしきことなり」訳一、二度牢屋に入るのでさえ、人としては善良であることだろうか。いうまでもなく何十回の罪を犯して、このように七度まで入ったのは、あきれたとんでもないことである。

ゆゆし-げ・なり 形容動詞 ナリ〔なら/なり・に/なり/なる/なれ/なれ〕❶**いかにも不吉な感じがする。** 更級 平安―日記 夫の死「いと黒き衣の上に、ゆゆしげなる物を着て」訳たいそう黒い衣服の上にいかにも不吉な感じがする着物を着て。❷**甚だしい感じがする。** ▼よい意味にも、悪い意味にも用いる。徒然 鎌倉―随筆 一三七「都の人のゆゆしげなるは」訳都の人で身分の高そうなのは。◆「げ」は接尾語。

由良 地名 歌枕 今の和歌山県日高郡由良町あたり。和歌で「由良の埼」として詠まれた。

ゆら・く【揺らく】自動詞 カ四〔か/き/く/く/け/け〕(玉や鈴が)**揺れて触れ合って、音を立てる。** 万葉集 奈良―歌集 四四九三「初春の初子の今日の玉箒手に取るからにゆらく玉の緒」訳初春の最初の子の日の今日の玉箒(=蚕室を掃くほうき)は、手に取っただけで揺れて触れ合って音を立てる玉の緒であることよ。◆後に「ゆらぐ」とも。

ゆら(に・と) 副詞 **からから(と)。** ▼玉や鈴が触れ合う音を表す。万葉集 奈良―歌集 二〇六五「足玉も手玉もゆらに織る服を」訳足につけた玉も手につけた玉もからからと(音を立てて)織る布を。

由良の門 地名 ❶歌枕 今の京都府宮津市、由良川の河口あたり。❷歌枕 今の紀伊半島と淡路島との海峡。

ゆらのとを… 和歌 百人一首「由良の門を 渡る舟人 かぢを絶え ゆくへも知らぬ 恋の道かな」新古今 鎌倉—歌集 恋一・曾禰好忠 訳由良の海峡を漕ぎ渡る舟人が、楫(＝櫓や櫂)を失って、行方も知れずただようように、この先どうなるかわからない私の恋の道であるなあ。

鑑賞「かぢを絶え」を「楫緒絶え(＝楫を舟に取りつける綱が切れて)」とする説もある。

ゆら・ふ ユラ—ウ ユロ—ウ

一 自動詞 ハ下二{へ/へ/ふ/ふる/ふれ/へよ}(一箇所に)とどまる。ためらう。平家物語 鎌倉—物語 四・宮御最期「後陣はいまだ興福寺の南大門にゆらへたり」訳後陣はまだ興福寺の南大門にとどまっている。

二 他動詞 ハ下二{へ/へ/ふ/ふる/ふれ/へよ}控えとどめる。今昔物語 平安—説話 二五・一三「守兵等をゆらへむがため責め討たず」訳国司は、兵士たちを控えとどめ(＝休息させ)ようとするために攻撃しない。

ゆらり(と) 副詞 ひらり(と)。ふわり(と)。▼軽やかに体を動かすようすを表す。平家物語 鎌倉—物語 一一・能登殿最期「ゆらりとび乗り給ひぬ」訳(味方の舟に)ひらりととび乗りなさった。

ゆり[1]【百合】名詞 植物の名。山野に自生するが、栽培もされた。季夏。

ゆり[2]【後】名詞 後。今後。万葉集 奈良—歌集 四〇八七「さ百合花(＝枕詞)ゆりも逢はむと思ひそめてき」訳今後も会おうと思いはじめたことだよ。◆奈良時代以前の語。

ゆり[3] 格助詞《接続》体言や体言に準ずる語に付く。〔起点〕…から。…以来。万葉集 奈良—歌集 四三二一「畏きや命被り明日ゆりや草がむた寝む」訳畏れ多い天皇のご命令を受け、明日から草と共に旅寝をするのだろうか。◆奈良時代以前の語。同義語として「ゆ」「よ」「より」があるが、平安時代以降は「より」だけが用いられるようになる。

ゆり・あ・ぐ【揺り上ぐ】他動詞 ガ下二{げ/げ/ぐ/ぐる/ぐれ/げよ}揺り動かして上げる。揺すり上げる。平家物語 鎌倉—物語 一一・那須与一「舟はゆりあげゆりすゑただよへば」訳舟は(波が)揺すり上げ揺すり下げて漂っているので。

ゆり・す・う【揺り据う】他動詞 ワ下二{ゑ/ゑ/う/うる/うれ/ゑよ}揺り動かして落ち着かせる。揺り動かして下に置く。山家集 平安—歌集 上「玉ゆりすうる蓮の浮き葉に」訳雨のしずくの玉を揺り動かして落ち着かせる蓮の浮き葉に(月が宿った)。

ゆ・る[1]【許る】自動詞 ラ上二{り/り/る/るる/るれ/りよ}❶許可される。認められる。平家物語 鎌倉—物語 一・吾身栄花「禁色・雑袍をゆり」訳禁色の衣服(を着ること)や略式の直衣(で参内すること)を許可され。❷赦免される。釈放される。宇治拾遺 鎌倉—説話 一二・二二「程なく大赦のありければ、法師もゆりにけり」訳すぐに大赦があったので、法師も赦免されてしまった。❸(才能などが)広く世間に認められる。増鏡 室町—物語 おどろの下「みな世にゆりたる古き道の者どもなり」訳みな世間に広く認められている古くからの歌の道の大家たちである。

ゆ・る[2]【揺る】

一 自動詞 ラ四{ら/り/る/る/れ/れ}❶震動する。揺れる。❷ためらう。

二 他動詞 ラ四{ら/り/る/る/れ/れ}揺すって動かす。揺する。平家物語 鎌倉—物語 二・卒都婆流「そこはかとなき藻くづどものゆられ寄りけるなかに」訳何ということもない藻くずなどが、波に揺すられて寄った中に。

ゆるがし-いだ・す【揺るがし出だす】他動詞 サ四{さ/し/す/す/せ/せ}❶揺り動かして外へ出す。❷(歌などを)苦しんで作り出す。苦吟する。枕草子 平安—随筆 五月の御精進のほど「皆けしきばみゆるがしいだすに」訳(女房たちは)皆気取って(歌を)苦しんで作り出すのに。

ゆるが・す【揺るがす】他動詞 サ四{さ/し/す/す/せ/せ}(物を)揺り動かす。ゆすぶる。枕草子 平安—随筆 こころときめきするもの「雨の音、風の吹きゆるがすも」訳雨の音や風が吹いて(物を)揺り動かすのも。

ゆるがせ・なり【忽なり】形容動詞 ナリ{なら/なり・に/なり/なる/なれ/なれ}❶なげやりだ。おろそかだ。なおざりだ。❷寛大だ。日本永代蔵 江戸—物語 浮世・西鶴「親の子にゆるがせなるは、家を乱すのもとひなり」訳親が子に対して寛大なのは、家を乱すもとである。◆古くは「ゆるかせなり」。

ゆるぎ-あり・く[*]【揺るぎ歩く】自動詞 カ四{か/き/く/く/け/け}❶体を揺すって得意げに歩き回る。枕草子 平安—随筆 うへにさぶらふ御猫は「あはれ、いみじうゆるぎありきつるものを」訳かわいそうに、たいそう体を揺すって得意げに歩き回っていたのに。❷よろよろと元気なく歩き回る。枕草子 平安—随筆 すさまじきもの「来年の国々、手を折りて打ち数へなどして、ゆるぎありきたるも」訳来年国司の交代になる国々を、指を折って数えたりして、よろよろと元気なく歩き回っているのも。

ゆる・ぐ[*]【揺るぐ】自動詞 ガ四{が/ぎ/ぐ/ぐ/げ/げ}❶揺れ動く。揺らぐ。平家物語 鎌倉—物語 五・富士川「天も響き、大地もゆるぐほどに、鬨をぞ三か度つくりける」訳天にも響き、大地も揺れ動くほどにときの声を三度あげた。❷心が動揺する。気が変わる。源氏物語 平安—物語 玉鬘「今めきたる言の葉にゆるぎ給はぬこそ、ねたき事は又あれ」訳当世風の言葉に心が動揺したりなさらないのは、憎いといえば憎いものだ。❸ゆったりとくつろぐ。大鏡 平安—物語 道長下「ゆるぎたる所のおはしまさざりしなり」訳ゆったりとくつろいだところがおありにならなかったのである。

ゆるさ-れ【許され・赦され】名詞 動詞「ゆるす」の未然形に受身の助動詞「る」が付いた「ゆるさる」の連用形の名詞化した語。許されること。許可。赦免。源氏物語 平安—物語 夕霧「同じうは、この御簾のもとにゆるされあらなむ」訳同じことならば、この御簾のところに宿ることの許可がほしい。

ゆる・し【緩し】形容詞 ク{(く)・から/く・かり/し/き・かる/けれ/かれ}❶ゆるやかだ。徒然 鎌倉—随筆 四九「速やかにすべき事をゆるくし」訳早くしなければならないことをゆるやかにし。❷(心に)厳しさがない。たるんでいる。発心 鎌倉—説話 七「心ゆるく懈怠ならん人の為に」訳心がたるんでなまけがちの人のために。

ゆるし-いろ【許し色・聴し色】名詞 身分を問わず、使用を認められた衣服の色。特に、紅や紫の淡い色をさしていう。対禁色。

ゆるし-ぶみ【赦し文】 名詞 罪を許すことを記した文書。赦免状。赦し状。

ゆる・す【緩す・許す・赦す】 他動詞 サ四 {さ/し/す/す/せ/せ} ❶**ゆるめる。ゆるくする。ゆるやかにする。** 源氏物語 平安―物語 若菜上「猫の綱、ゆるしつれば」訳猫につけた綱をゆるめたので。❷**解放する。自由にする。逃がす。** 竹取物語 平安―物語 御門の求婚「『ゆるさじとす』とて、率ておはしまさむとするに」訳「逃がさないぞ」とおっしゃって、（かぐや姫を）つれておいでになろうとすると。❸**許す。承諾する。承認する。** 源氏物語 平安―物語 桐壺「まかでなむとし給ふを、暇さらにゆるさせ給はず」訳（桐壺更衣は宮中から）退出しようとなさるけれども、（帝は）少しも休みをお許しにならない。❹**認める。評価する。**▼才能や技量などについていう。徒然 鎌倉―随筆 一五〇「つひに上手の位に至り、徳たけ、人にゆるされて」訳最後には名人の段階に達し、人格が円熟し、人からも認められて。

ゆる・なり【緩なり】 形容動詞 ナリ {なら/なり・に/なり/なる/なれ/なれ} ❶**ゆるやかだ。ゆったりとしている。** 源氏物語 平安―物語 若菜上「琴の緒もいとゆるに張りて」訳琴の糸もとてもゆるやかに張って。❷**寛大だ。おっとりとしている。** 大鏡 平安―物語 道長下「ゆるになむおはします」訳寛大でいらっしゃる。

***ゆる・ぶ【緩ぶ・弛ぶ】** 一 自動詞 バ四 {ば/び/ぶ/ぶ/べ/べ} ❶**たるむ。ゆるくなる。** 万葉集 奈良―歌集 三二六二「わが帯ゆるふ朝夕ごとに」訳私の帯はゆるくなる朝夕ごとに。❷（気持ちの張りや緊張が）**とける。気がゆるむ。怠る。** 万葉集 奈良―歌集 四〇一五「心にはゆるふことなく」訳気持ちはゆるむことなく。❸**のびのびする。**（心に）**ゆとりがある。** 源氏物語 平安―物語 末摘花「心やすき独り寝の床にて、ゆるびにけりや」訳気がねのいらない独り寝の床で、のびのびしてしまったよ。❹（暑さや寒さが）**やわらぐ。** 枕草子 平安―随筆 春はあけぼの「昼になりて、ぬるくゆるびもて行けば」訳昼になって、少しあたたかく、寒さがやわらいでいくと。

二 他動詞 バ下二 {べ/べ/ぶ/ぶる/ぶれ/べよ} ❶**ゆるめる。たるませる。** 万葉集 奈良―歌集 二九八六「梓弓引きみゆるへみ」訳梓弓を引いたりゆるめたり。❷（厳しさを）**ゆるめる。寛大にする。手心を加える。** 源氏物語 平安―物語 葵「少しゆるべ給へや」訳少し（祈禱を）おゆるめくださいよ。◆奈良時代以前には、「ゆるふ」といった。

ゆる-ゆる(と)【緩緩(と)】 副詞 ❶**ゆっくり(と)。そろそろ(と)。**▼急がないようすを表す。枕草子 平安―随筆 檳榔毛は「ゆるゆると久しく行くはいとわろし」訳（網代車が）ゆっくりと時間をかけて行くのは、たいへん見劣りがする。❷**ゆったり(と)。のんびり(と)。**▼ゆとりがあるようすを表す。源氏物語 平安―物語 行幸「桜の下襲、いと長う裾ひきて、ゆるゆるとことさらびたる御もてなし」訳桜の下襲の、たいそう長く裾をひいてゆったりと改まったようである御振る舞いは。❸**やわらかく。** 沙石 鎌倉―説話 七「かの堅かりける物、ゆるゆるとなりて、あとかたなくとけて失せにけり」訳（お腹の中にあった）あの堅かった物は、やわらかくなって、あとかたなくとけて消えてしまった。

***ゆる-らか・なり【緩らかなり】** 形容動詞 ナリ {なら/なり・に/なり/なる/なれ/なれ} ❶**ゆるやかだ。ゆっくりとしている。厳しくない。** 源氏物語 平安―物語 若菜下「ゆるらかにうち吹く風に」訳ゆるやかに吹く風に。❷**ゆったりとしている。** 枕草子 平安―随筆 七月ばかりいみじうあつければ「外の方に髪のうちたたなはりてゆるらかなる程、長さおしはかられたるに」訳（衣服の）外の方に髪が寄り合い重なって、ゆったりとしているようすで、およそ長さを推測できたが。◆「らか」は接尾語。「ゆるるかなり」とも。

ゆるる-か・なり【緩るかなり】 形容動詞 ナリ {なら/なり・に/なり/なる/なれ/なれ} ❶「ゆるらかなり❶」に同じ。枕草子 平安―随筆 清涼殿の丑寅のすみの「いとゆるるかにうち出だし給へる」訳（古歌を）たいそうゆっくりと歌い出しなさったの。❷「ゆるらかなり❷」に同じ。源氏物語 平安―物語 若紫「髪ゆるるかに、いと長く、めやすき人なめり」訳髪がゆったりと、とても長く、見た目に感じがよい人であるようだ。◆「ゆるる」は「ゆるゆる(緩緩)」の変化、「か」は接尾語。

ゆれ 受身・可能・自発の助動詞「ゆ」の已然形。

ゆゑ【故】 エユ 名詞

語義の扉

一 ことがらの根本にある理由や原因のこと。その原義から、人の素性や家柄、教養、縁故、ものごとの趣や風情のありかた、差し障りの事情や有無などについても広く用いられる。

- ❶**原因。理由。わけ。**
- ❷**素性。由緒。由来。**
- ❸**風情。趣。**
- ❹**縁故。ゆかり。**
- ❺**さしさわり。支障。**

二 体言や活用語の連体形に付いて、単独で、またしばしば「ゆゑに」の形で接続助詞のような働きを示して、原因や理由、事情を順接的、また逆接的に表す。

- ❶**…によって。…のために。**
- ❷**…なのに。**

一 ❶**原因。理由。わけ。** 徒然 鎌倉―随筆 二三六「深きゆゑあらん」訳なみたいていではないわけがあるのだろう。❷**素性。由緒。由来。** 源氏物語 平安―物語 若紫「母こそゆゑあるべけれ」訳母こそ由緒ある人なのであろう。❸**風情。趣。** 源氏物語 平安―物語 手習「造りざまゆゑある所の」訳家の作り方も風情ある所で。❹**縁故。ゆかり。** 今昔物語 平安―説話 三〇・四「もし旧き男にてありし人のゆゑなどにてもやおはしますらむと思ひつれば」訳ひょっとしたら昔の夫であった人のゆかりの人などでいらっしゃるのだろうかと思ったので。❺**さしさわり。支障。** 堤中納言 平安―物語 思はぬ方にとまりする少将「何のつつましき御さまなければ、ゆゑもなく入り給ひにけり」訳何の遠慮すべきご様子もないので、支障もなくお入りになってしまった。

二〔体言や活用語の連体形に付いて〕❶**…によって。**

…のために。▽順接的に原因・理由を表す。[徒然 鎌倉一随筆] 一四二「子ゆゑにこそ、万(よろづ)のあはれは思ひ知らるれ」[訳]子(を持つこと)によってこそ、すべての(人の)情けは思いあたって理解できるものである。❷…なのに。▽逆接的に原因・理由を表す。[万葉集 奈良一歌集] 二三二二「はなはだも降らぬ雪ゆゑ」[訳]それほどには降らない雪なのに。

[関連語] よし。

ゆゑ-だ・つ【故立つ】(ユヱダツ) [自動詞]タ四{た/ち/つ/つ/て/て} ❶**わけがありそうに振る舞う。もったいぶる。**[枕草子 平安一随筆] 故殿の御服のころ「源中将おとらず思ひて、ゆゑだち遊びありくに」[訳]源中将は(頭の中将に)負けまいと思って、もったいぶって歩きまわるので。❷**身分があるように見える。風流気があるように見える。**[堤中納言 平安一物語] よしなしごと「人のかしづくむすめを、ゆゑだつ僧、忍びて語らひけるほどに」[訳]ある人が大切に育てている娘を、身分があるように見える僧が、人目を避けて懇意につきあっているうちに。◆「だつ」は接尾語。

***ゆゑ-づ・く【故付く】**(ユヱヅク)

[一] [自動詞]カ四{か/き/く/く/け/け} **わけがありそうである。由緒ありげである。趣がある。**[徒然 鎌倉一随筆] 四四「つややかなる狩衣(かりぎぬ)に、濃き指貫(さしぬき)、いとゆゑづきたるさまにて」[訳]つやがあって美しい狩衣に濃い紫の指貫で、とても由緒がありそうである姿で。◆「づく」は接尾語。

[二] [他動詞]カ下二{け/け/く/くる/くれ/けよ} **わけありげにする。趣を添える。**[源氏物語 平安一物語] 蛍「手を今少しゆゑづけたらばと」[訳]書く文字をもう少し趣を添えたならばと。◆「づく」は接尾語。

ゆゑ-な・し【故無し】(ユヱナシ) [連語] ❶**理由がない。根拠がない。**[今昔物語 平安一説話] 三〇・七「ゆゑなく心細く思ひつづけられて」[訳]理由もなく心細くしきりに思いがめぐって。❷**情緒がない。たしなみがない。**[源氏物語 平安一物語] 宿木「ゆゑなくはあらぬをぞ、いささかの慰めにはおぼしける」[訳](古風な詠みぶりだが)情緒がなくはないのを、多少の慰めとお思いになるのだった。❸**縁故がない。無縁である。**[雨月物語 江戸一物語] 浅茅が宿「ゆゑなき人の恵みを受けて、いつまで生くべき命なるぞ」[訳]縁故がない人の恩恵を受けて、いつまで生き長らえる命なのか。

ゆゑ-ぶ【故ぶ】(ユヱブ) [自動詞]バ上二{び/び/ぶ/ぶる/ぶれ/びよ}「ゆゑづく[一]」に同じ。[平家物語 鎌倉一物語] 灌頂・大原御幸「古(ふ)りにける岩の絶え間より落ち来る水の音さへ、ゆゑび由(よし)ある所なり」[訳]年月を経た岩の切れ目から流れ落ちてくる水の音さえも、わけがありそうで情趣のある所である。◆「ぶ」は接尾語。

***ゆゑゆゑ・し【故故し】**(ユヱユヱシ) [形容詞]シク{(しく)・しから/しく・しかり/し/しき・しかる/しけれ/しかれ} **奥ゆかしく気品がある。風格がある。たしなみ深い。**[源氏物語 平安一物語] 浮舟「御手も、細かにをかしげならねど、書きざまゆゑゆゑしく見ゆ」[訳]ご筆跡もきめこまかく美しいというのではないが、書きぶりは奥ゆかしく気品あるように見える。

***ゆゑ-よし【故由】**(ユヱヨシ) [名詞] ❶**いわれ。由来。わけ。**[万葉集 奈良一歌集] 一八〇九「壮士墓(をとこづか)こなたかなたに造り置けるゆゑよし聞きて」[訳]壮士墓を(処女墓(をとめづか)の)むこうとこちらに造っておいたわけを聞いて。❷**奥ゆかしいようす。また、情趣を解する心。**[源氏物語 平安一物語] 帚木「あまりのゆゑよし、心ばせうち添へたらむをば喜びに思ひ」[訳]それ以上の奥ゆかしいようす、たしなみがそなわっているようなのをうれしく思い。

ゆゑん【所以】(ユヱン) [名詞] **理由。わけ。いわれ。**

ゆん-ぜい【弓勢】 [名詞]「ゆみせい」の撥(はつ)音便。弓を引く力(=矢を射る力)の強さ。弓を引く力量。[保元 鎌倉一物語] 中「わがゆんぜいを敵に見せん」[訳]私の弓を引く力の強さを敵に見せよう。

ゆん-だけ【弓丈】 [名詞]「ゆみだけ」の撥(はつ)音便。弓一張りの長さ。親指と人差し指とを開いた長さを五寸(=約一五センチ)とし、十五倍の七尺五寸(=約二・二五メートル)あるのが標準。「ゆだけ」とも。[平家物語 鎌倉一物語] 九・忠度最期「六野太(ろくやた)をかうで、ゆんだけばかり投げのけられたり」[訳]六野太をつかんで、弓一張りの長さぐらい投げてどかされた。

***ゆん-づゑ【弓杖】**(ユンヅヱ) [名詞]「ゆみづゑ」の撥(はつ)音便。❶戦いに疲れたときなどに、弓を杖(つゑ)に使ってもたれること。また、その弓。「ゆづゑ」とも。❷「ゆんだけ」に同じ。

***ゆん-で【弓手・左手】** [名詞]「ゆみて」の撥(はつ)音便。❶**弓を持つ方の手。左の手。**❷**左の方。左側。**[今昔物語 平安一説話] 二七・三四「女手(めて)なる時は呼び、ゆんでなる時には呼ばざりければ」[訳]右の方だったときは呼び、左の方だったときには呼ばなかったので。[対]❶❷馬手。

よ[1]【世・代】名詞

語義の扉

もともと人間の生存期間を表す語だが、そこから種々の語義が派生した。

- ❶（人の）一生。生涯。
- ❷前世・現世・来世のそれぞれ。
- ❸時代。時分。時。
- ❹御代。治世。政治。国政。
- ❺世間。世の中。社会。
- ❻俗世間。俗世。浮き世。
- ❼時流。時勢。
- ❽男女の仲。夫婦の仲。
- ❾生活。生業。境遇。

❶（人の）**一生。生涯。**古今 平安―歌集 雑下「いざここにわがよは経へなむ」訳さあここで私の一生を過ごそう。

❷前世（＝この世に生まれる前の世）・現世（＝現在の世）・来世（＝死後の世）のそれぞれ。源氏物語 平安―物語 桐壺「前のよにも御契りや深かりけむ」訳前の世においてもご宿縁が深かったのだろうか。

❸**時代。時分。時。**万葉集 奈良―歌集 九「遠きよにありけることを」訳遠い時代にあったことを。

❹**御代。治世。政治。国政。**一人の統治者が国を治める期間。古今 平安―歌集 仮名序「年は百年余り、よは十つぎになむなりにける」訳年は百年余り、治世は十代になってしまった。

❺**世間。世の中。社会。**徒然 鎌倉―随筆 一五五「よに従はん人は、先づ機嫌を知るべし」訳世間に順応しようとする人は、まず物事のしおどきを知らなくてはならない。

❻**俗世間。俗世。浮き世。**古今 平安―歌集 雑下「よを捨てて山に入ぃる人」訳⇩よをすてて…。

❼**時流。時勢。**源氏物語 平安―物語 須磨「親しう仕うまつり、よになびかぬかぎりの人々」訳親しくお仕え申し上げ、時流になびかない人々。

❽**男女の仲。夫婦の仲。**伊勢物語 平安―物語 二一「思ふかひなきよなりけり」訳愛してきたかいのない二人の仲だったなあ。

❾**生活。生業。境遇。**

よ[2]【余】名詞

❶**余り。**▼数を表す語に付いてそれより少し多いことを表す。❷**その他。それ以外。**

よ[3]【夜】名詞

夜。徒然 鎌倉―随筆 八九「ある所にてよふくるまで連歌して」訳ある所で夜が更けるまで連歌をして遊び。

よ[4]【節】名詞

❶（竹やあしなどの）**節と節の間。**竹取物語 平安―物語 かぐや姫の生ひ立ち「よごとに金ある竹を見つくる事重なりぬ」訳節と節の間ごとに黄金の入った竹を見つけることがたびたびであった。❷**節。**

参考 ❶は和歌では、「呉竹の」「なよ竹の」などの枕詞を伴って用いられることも多く、そのときは「世よ」または「夜よ」にかけて用いる。

よ[5]【予・余】代名詞

わたくし。自分。▼自称の人称代名詞。男性が用いる。奥の細道 江戸―紀行 出発まで「よもいづれの年よりか、片雲の風に誘はれて、漂泊の思ひやまず」訳わたしもいつの年からか、ちぎれ雲が風に流されるように居所を定めずにさまよいたいという気持ちが抑えられず。

よ[6] 格助詞

《接続》体言、活用語の連体形に付く。

❶〔起点〕…**から。**…**以来。**万葉集 奈良―歌集 四一六〇「天地の遠き初めよ世の中は常なきものと語り継ぎ」訳天地創造の遠い初めの時代から、世の中は無常なものだと語り継ぎ。

❷〔経由点〕…**を通って。**…**を。**万葉集 奈良―歌集 四〇五四「ほととぎすこよ鳴き渡れ」訳ほととぎすよ。ここを通って鳴きながら飛び過ぎよ。

❸〔動作の手段〕…**で。**…**によって。**万葉集 奈良―歌集 三四三九「水をたまへな妹が直手よ」訳水をいただきたい。あなたの手で直接に。

❹〔比較の基準〕…**より。**万葉集 奈良―歌集 三四一七「よそに見しよは今こそまされ」訳よそながら離れて見ていたときよりは、（こうしてお会いした）今こそ恋しさがまさることよ。

参考 奈良時代以前の歌語。類義語に「ゆ」「ゆり」「より」があったが、平安時代以降は「より」に統一された。

よ[7] 間投助詞

《接続》種々の語に付く。❸は四段・ナ変・ラ変動詞の命令形に付く。

❶〔感動・詠嘆〕…**なあ。**…**よ。**枕草子 平安―随筆 鳥は「人の言ふらむことをまねぶらむよ」訳（おうむは）人が言うようなことをまねるとかいうことだよ。

❷〔呼びかけ〕…**よ。**枕草子 平安―随筆 雪のいと高う降りたるを「少納言よ、香炉峰の雪いかならむ」訳清少納言よ、香炉峰の雪はどんなであろう。

❸〔念押し〕…**よ。**▼命令や禁止の語に付いて。枕草子 平安―随筆 虫は「今、秋風吹かむをりぞ来むとする。待てよ」訳間もなく、秋風が吹くだろうそのときに来ようと思っている。待っていろよ。

❹〔取り立て〕…**だぞ。**…**だよ。**大鏡 平安―物語 道隆「これらこそ、あるべきことよ」訳このような扱いこそ、当然のことですよ。

参考 カ変・サ変・一段・二段活用動詞の命令形の末尾の「よ」は、語源的には間投助詞の「よ」と同じものと考えられるが、命令形の一部分である。したがって、❸の用法は四段・ナ変・ラ変活用動詞に限られることとなる。また、文中用法を間投助詞、文末用法を終助詞と区別する説もある。

よ-あう【余殃】名詞

悪業を重ねた報いとして受ける災厄。先祖の悪業の報いとして子孫が受ける災厄。対余慶。

よい[1]【夜居】⇩よゐ

よい[2]【宵】⇩よひ

よ-いち【世一】名詞

天下一。平家物語 鎌倉―物語 九・宇治川先陣「いけずきといふよいちの馬には乗ったりけり」訳いけずきという天下一の馬に乗ったのだった。

[1]**ヨウ**〘要・窅・遥・腰〙⇩えう

[2]**ヨウ**〘益・揚・陽・様・養〙⇩やう

[3]**ヨウ**〘葉〙⇩えふ

[4]**よう**〘酔う〙⇩ゑふ

[5]**よう【用】** 名詞 ❶**用事。用件。所用。** 徒然 鎌倉－随筆 一七〇「ようありて行きたりとも、その事果てなば、とく帰るべし」訳用事があって人の家に行ったとしても、その用事が終わったら、すぐに帰るのがよい。❷**必要。入用。費用。** 徒然 鎌倉－随筆 五五「造作は、ようなき所をつくりたる、見るもおもしろく」訳建物は必要のない所を造っておくのが、見ても情趣があり。❸**効用。用途。** 役立つこと。許六離別詞 江戸－俳文 俳文・芭蕉「その学ぶ事二つにして、ようをなす事を一なり」訳それを学ぶ事は二つだが、効用は一つである。❹**事物の作用。はたらき。**「ゆう」とも。▼「体(=本体)」に対していう。

[6]**よう【良う・善う・能う】** 副詞「よ(良)く」のウ音便。❶**十分に。念入りに。よく。** 伊勢物語 平安－物語 二三「この女、いとよう化粧じて」訳この女は、たいそう念入りに化粧して。❷〔打消の語を下接して〕**とても(…ことができない)。**

***よう-い【用意】** 名詞／―す 自動詞 サ変 ❶**気をくばること。心づかい。気くばり。配慮。** 枕草子 平安－随筆 「ありがたきもの」「いささかのひまなくよういしたりと思ふが」訳ほんのわずかの油断もなく心づかいしたと思う人が。❷**あらかじめ備えておくこと。準備。支度。** 蜻蛉 平安－日記 中「されば論なうそこに御消息ありなむ。さるよういせよ」訳それならば言うまでもなくそこにご訪問があるだろう。そのような準備をせよ。

参考「心を用いること」が本来の意で、❷も「準備に気をくばる」の意。漢語である「用意」に当たる和語には「心しらひ」「心設け」「心用ひ」などがある。

妖艶 文芸 和歌の美的理念の一つ。上品で優美な美しさに華やかさが加わった美。現代の官能的な美とは異なる。藤原定家が、その父俊成の「幽玄」をさらに進めて唱えた理念で、『新古今和歌集』時代における主要な美的理念となった。

よう-かん【勇敢】 名詞 **勇気。粗暴。**

よう-がん【容顔】 名詞 **顔かたち。顔つき。**

よう-かん・なり【勇敢なり】 形容動詞 ナリ {なら/なり・に/なり/なる/なれ/なれ} **勇気がある。粗暴だ。** 大鏡 平安－物語 伊尹「少しようかんにあしき人にてぞおはせし」訳(兄君は)少し粗暴でよくない人でいらっしゃった。

よう-ぎ【容儀】 名詞 ❶礼儀にかなった態度や姿。❷姿かたち。

謡曲 文芸 能の詞章。演劇である能の脚本に相当する。詞章はせりふと地の文とから構成され、その文章は古歌・古詩などを引用し、縁語・掛け詞・枕詞・序詞などの修辞を駆使した、流麗優美な和文体である。多くは観阿弥・世阿弥・金春禅竹などによって作られた。謡曲は能から切り離されて単独でも謡われ、江戸時代には広く愛好された。

ようごう〘影向〙⇩やうがう

***ようさ-つ-かた【夜さつ方】** 名詞 **夜となるころ。夜。** 土佐日記 平安－日記 二・一六「今日のようさつかた、京へ上るついでに見れば」訳今日の夜、京へ上るときに見ると。◆「よさりつかた」の変化した「ようさりつかた」の音便化「ようさっつかた」の、促音の表記されない形。「つ」は「の」の意の奈良時代以前の格助詞。

よう-さり【夜さり】 名詞「よさり」に同じ。蜻蛉 平安－日記 中「ようさりものせむに、いかならむ」訳夜行こうと思うのだが、どうだろうか。◆「よさり」の変化した語。「よひ(宵)さり」のウ音便とも。

よう-しゃ【用捨】 名詞 ❶**取捨。採否。** 用いることと捨てること。毎月抄 鎌倉－論「歌の大事は詞のようしゃにてはべるべし」訳和歌において重要なことは、言葉の取捨でございましょう。❷**遠慮。手かげん。** 控えめにすること。一代男 江戸－物語 浮世・西鶴「折々あくびして、ようしゃもなく小便に立ち」訳時々あくびをして、遠慮もなく小便に立って。❸**辞退。** また、用いないこと。

ようじょう〘横笛〙⇩やうでう

よう-じん【用心】 名詞 **心構え。心づかい。** 注意をはらうこと。徒然 鎌倉－随筆 二一七「かりにも無常を観ずる事なかれ。これ第一のようじんなり」訳かりそめにも世の中の無常を悟ってはいけない。これが第一の心構えである。

よう-・す【用す】 他動詞 サ変 {せ/し/す/する/すれ/せよ} **用いる。使用する。役立てる。** 方丈記 鎌倉－随筆「牛・車をようする人なし」訳牛車を引く牛や牛車を用いる人はいない。

よう-せ-ず-は【能うせずは】 連語

なりたち 形容詞「よ(能)し」の連用形「よく」のウ音便「よう」＋サ変動詞「す」の未然形＋打消の助動詞「ず」の連用形＋係助詞「は」

❶**悪くすると。** 源氏物語 平安－物語 桐壺「坊にも、ようせずは、この御子の居給ふべきなめり」訳皇太子にも、悪くすると、この皇子(=源氏)がお立ちになるはずのようだ。❷**ひょっとすると。**▼軽い疑問を示す。枕草子 平安－随筆 すさまじきもの「おとなる子どももあまた、ようせずは孫なども這ひ歩きぬべき人の親どち、昼寝したる」訳大人になった子どもが多く、ひょっとすると孫などもはいまわっているであろう年の人の親同士が、昼寝しているの。

よう-だい【容体・容態】 名詞 **姿かたち。体つき。** また、ようす。「ようたい」「ようてい」とも。落窪物語 平安－物語 一「ようだい・頭つきをかしげにて」訳姿かたちや髪形が美しいようすで。

よう-ど【用途・用度】 名詞「ようとう」に同じ。

よう-とう【用途】 名詞 **銭。費用。経費。**「ようと」「ようど」「ようどう」とも。方丈記 鎌倉－随筆「車の力を報ふほかには、さらにようとういらず」訳運搬の車代を支払う以外には、全く費用がいらない。◆「ようど(用途)」の変化した語。

ようなり ⇩やうなり

よう-に-た・つ【用に立つ】 連語 **役に立つ。** 平家物語 鎌倉－物語 九・老馬「まして、さやうにうちとけさせ給ひては、なんのようにかたたせ給ふべき」訳ましてや、そのようにおくつろぎなさっていては、どんなお役に立たれるというのでしょうか。

よう-めい【容面】 名詞 **顔だち。顔かたち。** ◆古くは「めん(面)」を「めい」と表記した。

ようやく〘漸く〙⇩やうやく

ようよう(と・に)〘漸う(と・に)〙⇩やうやう(と・に)

よ-おぼえ【世覚え】 名詞 **世間の評判。人望。** 参照▼

-よか[1] 接尾語「やか」の変化した語。「なよよか」 文脈の研究 歌詠みの世覚え(小式部内侍)。

よか[2]【良か・善か】

一 形容詞「よし」の奈良時代以前の未然形「よけ」にあたる。**よい。よろしい。** 万葉集 奈良一歌集 三四一〇「ねもころに奥をなかねそ現在しよかば」訳 心をこめて将来を前もって心配するな、今さえよいならば。◆奈良時代以前の東国方言。

二 形容詞「よし」の連体形「よかる」が変化した「よかん」の撥音「ん」が表記されない形。**よい。よろしい。** 蜻蛉 平安一日記 下「いとよかなり。させん。なほなほ」訳 たいそうよいことだ。そうしよう。早く早く。

よ-がたり[1]【世語り】名詞 **世間の語りぐさ。世間の評判。世間話。** 徒然 鎌倉一随筆 一七二「好けるかたに心ひきて、長きよがたりともなる」訳 好んでいる方面に心がひきつけられて、長い間世間の語りぐさにもなる。

よ-がたり[2]【夜語り】名詞 夜に、談話すること。**夜ばなし。**

横川 地名 今の滋賀県大津市にある「比叡山」の連峰の北端の地。慈覚大師円仁が建立した横川中堂や根本如法塔がある。根本如法塔(「横川」とも呼ぶ)は北塔ともいい、東塔・西塔と共に比叡山三塔と呼ばれた。源信(=恵信僧都)らの高僧が隠れ住んだ所としても知られる。源信は、『源氏物語』の「横川の僧都」のモデルといわれる。

*__よから-ぬ-ひと__【よからぬ人】連語 **身分・教養の低い人。ものの道理が分からぬ人。** 徒然 鎌倉一随筆 一三九「大方、何も珍らしく、ありがたき物は、よからぬひとのもて興ずる物なり」訳 大体、なんでも珍しく、めったにない物は、身分・教養の低い人がもてはやすものなのだ。

よ-がれ【夜離れ】名詞 男が女のもとに通って来なくなること。逢瀬が途絶えること。枕草子 平安一随筆「たのもしげなきもの「心短く、人忘れがちなる婿の、つねによがれする」訳 飽きっぽく、妻のことを忘れやすい婿が、しょっちゅう通って来なくなること。

よき【斧】名詞 小型の斧。**手斧。**

よきひとの… 和歌「よき人の よしとよく見て よしと言ひし 吉野よく見よ よき人よく見」万葉集 奈良一歌集 二七・天武天皇 訳 昔の立派な人が、よい所だとよく見て、よいといったこの吉野をよく見なさい。今の立派な人もよく見なさい。

鑑賞 天武天皇が吉野の宮(=離宮)に、皇后と草壁皇子をはじめとする六皇子を率いて行幸した際の歌。壬申の乱の折にここで結束した人々が、この地をほめたことを伝え、今の皇子たちにも、今後もよく見よと諭している。「よし」と「見る」とをことば遊びのように反復させ、俳諧味あふれる調べで歌うのは、あるいはこれが、宴席で即興的に披露されたためであったか。

よき-ほど 連語 ❶人の背丈。❷人の姿や形。❸ふるまい。❹ころあい(時)。❺ものの大きさ。❻ものの量。

よき-みち【避き道・避き路】名詞 本道に支障などがあったときに通る、別の道。人目を避ける道。

よ-きやう【余慶】名詞「よけい」に同じ。

よ-きよう【余興】名詞 感興が後まで残ること。感興が尽きないこと。

よぎ・る【過る】自動詞ラ四(ら/り/る/る/れ/れ) **前を通り過ぎる。通りすがりに立ち寄る。** 源氏物語 平安一物語 若紫「よぎりおはしましける由、ただ今なむ、人申すに」訳 通りすがりに立ち寄りあそばしたということを、たった今、人が申すので。◆古くは「よきる」。

よ・く[1]【避く】

一 他動詞カ四(か/き/く/く/け/け) **さける。よける。** 後撰 平安一歌集 秋下「秋風に誘はれ渡る雁がねは物思ふ人の宿をよかなむ」訳 秋風にさそわれて渡るかりは、もの思いにふける人の家をよけてほしい。

文脈の研究 よきほど

「よきほど」「よきほどなる」「よきほどにて」などの表現は古典文学に多出しており、文脈に合わせて、人の背丈、また、姿やかたち、ふるまい、ころあい(時)、ものの大きさ、量など、いくつかの場合を生じている。

「よし❽」の『竹取物語』の例は、三寸ばかりであった児(=かぐや姫)の不思議な成長ぶりを描く場面の中のもので、

この児、養ふほどにすくすくと(ぐんぐんと)おほきになりまさる

の文の直後に位置している。したがって、「よきほどなる人」は、一人前の人としてふさわしい程度の背丈・体格を言う表現と見なされる。

この例と同じ「よきほどなる」の例は、『堤中納言物語』にも、次のように登場する。

をのこども少しやりて(遠ざけて)、透垣のつらなる群薄の繁き(しげっている)下に隠れて見れば、

「少納言の君こそ。あけやしぬらむ。出でて見給へ。」

といふ。

よき程なる童(女の子)の、様態をかしげなる、いたう萎え(着なれてとても柔らかく)過ぎて(なりすぎて)、宿直姿なる、蘇芳にやあらむ、艶やかなる衵に、うちすきたる髪の裾(髪の先端が)、小袿に映えてなまめかし(優雅に感じられる)

透垣の茂みからののぞき見に見えた女の子が「様態をかしげなる」との叙述も伴っているところから、この「よきほどなる」も、背丈を良とする描写とみなされる。

二 他動詞 カ上二{き/き/く/くる/くれ/きよ} 一に同じ。古今 平安―歌集 春下「吹く風にあつらへつくるものならばこの一本はよきよと言はまし」訳もし吹く風に希望が言えるものならば、この一本の桜はよけよと言うだろうに。参考 奈良時代以前は上二段活用のみ。後に、上二段・四段活用が並用され、鎌倉時代以降は下二段活用が用いられた。

よく[2]【良く・善く・能く】副詞 ❶**十分に。念入りに。詳しく。**竹取物語 平安―物語 御門の求婚「よく見てまゐるべき由のたまはせつるになむ」訳念入りに見てくるようにとの意向をおっしゃられたので。❷**巧みに。上手に。うまく。**宇治拾遺 鎌倉―説話 一三・九「木登りよくする法師」訳木登りを上手にする法師。❸**少しの間違いもなく。そっくり。**万葉集 奈良―歌集 一二八「わが聞きし耳によく似る葦のうれの足痛くわが背」訳私が聞いたうわさにそっくり似ている、葦の葉先のように足の弱々しいわが夫よ。❹**甚だしく。たいそう。**今昔物語 平安―説話 二七・四一「よく病みたる者の気色にて」訳甚だしく病んでいる人のようすで。❺**よくぞ。よくも。よくもまあ。**▼並々でない事を成しとげたとき、また、成しとげられなかったときに、その行為の評価に用いる。竹取物語 平安―物語 竜の頸の玉「よく捕らへずなりにけり」訳よくもつかまえなかったものだ。❻**たびたび。ともすれば。**浮世床 江戸―物語 滑稽「てめえ、よくすてきと言ふぜ」訳おまえは、たびたびすてきだと言うぜ。

よく-かい【欲界】名詞 仏教語。「三界」の一つ。欲望にとらわれた衆生の住む世界。

よく-しん【欲心】名詞 ❶**欲深な心。**❷**愛欲の心。**

よく-・す【善くす・能くす】他動詞 サ変{せ/し/す/する/すれ/せよ} ❶**十分にする。そつなくする。**万葉集 奈良―歌集 五六七「手向けよくせよ荒しその道」訳（磐国山を越えようとする日には）峠の神への供え物を十分にしなさい。険しいですよ、その道は。❷**上手にやる。巧みに演じる。**徒然 鎌倉―随筆 一五〇「よくせざらんほどは、なまじひに人に知られじ」訳（芸を）上手にやれないうちは、なまじっか人には知られまい。

よく-ぞ【良くぞ】連語 **よくもまあ。**源氏物語 平安―物語 明石「よくぞかかる騒ぎもありけると」訳よくもまあこのような騒ぎ（＝天変）もあったものだと。

よく-よく【良く良く・善く善く・能く能く】副詞 **念には念を入れて。十二分に。**徒然 鎌倉―随筆 一四五「落馬の相ある人なり。よくよく慎み給へ」訳落馬の相がある人だ。十二分に用心しなさい。

よく-よく・なり【良く良くなり・善く善くなり・能く能くなり】形容動詞 ナリ{なら/なり・に/なり/なる/なれ/なれ} **余儀ないことだ。思い余って、やむを得ずするようすだ。**花子 室町―狂言 狂言「こなたもよくよくに思し召せばこそ、女に向かうてお手を合はせらるるに」訳あなたも余儀ないことにお思いになったので、女の私に向かってお手を合わせられるのに。

よ-けい【余慶】名詞 善行の報いとして生じる吉事。先祖の善行の報いとして子孫が受ける幸せ。「よきやう」とも。対余殃。

よけく【良けく・善けく】

なりたち 形容詞「よし」の奈良時代以前の未然形＋接尾語「く」

よいこと。万葉集 奈良―歌集 九〇四「いつしかも人と成り出でて悪しけくもよけくも見むと」訳早く一人前になって、悪いこともよいことも（そのようすを）見たいと。◆奈良時代以前の語。

よ-げ・なり【好げなり・良げなり・善げなり】形容動詞 ナリ{なら/なり・に/なり/なる/なれ/なれ} **よさそうだ。よいようすだ。**宇治拾遺 鎌倉―説話 一・三「なにとなく、鬼どもが打ち上げたる拍子のよげに聞こえければ」訳何となく鬼たちが打っている手拍子がよさそうに聞こえたので。◆「げ」は接尾語。

よこ【横・緯】名詞 ❶縦に対しての横。方向では東西をいう。対縦。❷故意に曲げること。**無理非道。**一代女 江戸―物語 浮世・西鶴「年中、偽とよこと欲とを元手にして世を渡り」訳年中、うそと無理非道と強欲を元手にして、世を渡り。

よこ-がみ[1]【横上】名詞 縦長の旗の、上端に付ける横木。

よこ-がみ[2]【横紙】名詞 漉き目を横にした紙。また、漉き目を横にして紙を用いること。

よこがみ-を-やぶ・る【横紙を破る】連語 **無理を押し通す。**「よこがみをやる」とも。曾我物語 鎌倉―物語 一「田舎にて、よこがみをもやぶり」訳地方で、無理をも押し通し。◆和紙は漉き目が縦なので、横は破りにくいのに、それを無理に破ることから生じた言葉。

よこ-ぐも【横雲】名詞 **横に長くたなびく雲。**多く、和歌で用い、また、明け方の東の空にたなびく雲をいうことが多い。新古今 鎌倉―歌集 春上「春の夜の夢の浮き橋とだえして峰に別るるよこぐもの空」訳⇩はるのよのゆめのうきはし…。

よ-ごころ【世心】名詞 **異性を慕う心。男女間の情を解する心。**伊勢物語 平安―物語 六三「よごころつける女、いかで心なさけあらむ男にあひ得てしがなと思へど」訳異性を慕う心がおきた女が、なんとかして思いやりが深そうな男にめぐり会えたらなあと思うが。

よこ-さ【横さ】名詞 **横。横さま。**◆「さ」は方向を示す接尾語。奈良時代以前の語。対縦さ。

よこ-ざ【横座】名詞 ❶（貴人や主人が座る）**上座。**▼正面の座所には敷物を横向きに敷くことから。❷横側にある座席。

***よこ-さま**【横方・横様】名詞 ❶**横の方向。横向き。**❷普通ではないこと。自然でないこと。対縦方。❸**非道。不当。**◆後に「よこざま」とも。

***よこ-さま・なり**【横方なり・横様なり】形容動詞 ナリ{なら/なり・に/なり/なる/なれ/なれ} ❶**横向きだ。**枕草子 平安―随筆 八九月ばかりに「雨の脚よこさまに騒がしう吹きたるに」訳雨の降り方が横向きに激しく吹きつけているときに。❷**普通ではない。自然でない。**源氏物語 平安―物語 桐壺「よこさまなるやうにて、つひにかくなり侍りぬれば」訳自然でない状態（の死）で、とうとうこのようになりましたので。❸**正しくない。非道だ。不当だ。**源氏物語 平安―物語 若菜上「よこさまにいみじき目を見」訳不当にひどい目にあい。◆後に「よこざまなり」とも。

よこさま-の-しに【横様の死に・横方の死に】連語 **不慮の死。悲運の死。**◆「横死」を訓読した語。

よこ-しま【横しま】名詞 ❶「よこさま❶」に同じ。❷正しくないこと。**邪悪。**徒然 鎌倉―随筆 三〇「鬼神はよこしまなし」訳鬼神は邪悪ではない。◇多く「邪」と書く。

よこ-しま・なり【横しまなり】形容動詞ナリ{なら/なり・に/なり/なる/なれ/なれ}❶「よこさまなり❶」に同じ。❷正しくない。邪悪だ。◇多く「邪なり」と書く。

よこ-たは・る【横たはる】ヨコタワル ■自動詞ラ四{ら/り/る/る/れ/れ}横になる。横に伏す。源氏物語 平安一物語 藤裏葉「いたうけしきばみ、よこたはれる松の」訳とても風情のあるように横になっている松の。■自動詞ラ下二{れ/れ/る/るる/るれ/れよ}■に同じ。枕草子 平安一随筆 むとくなるもの「大きなる木の、風に吹き倒されて、根をささげよこたはれ臥せる」訳大きな木が風に吹き倒されて、根を上に向け横になり倒れている(ようす)。

よこ-た・ふ【横たふ】ヨコタウ ヨコトウ ■他動詞ハ下二{へ/へ/ふ/ふる/ふれ/へよ}横にする。横たえる。平家物語 鎌倉一物語 一・殿上闇討「よこたへ差されたりける刀をば」訳横にしお差しになった刀を。◆鎌倉・室町時代には「よこだふ」とも。■自動詞ハ四{は/ひ/ふ/ふ/へ/へ}横になる。横たわる。奥の細道 江戸一紀行 越後路「荒海や佐渡によこたふ天の河」—芭蕉 訳⇩あらうみや…。

よこ-で【横手】名詞(感動したときなどに)思わず両手のひらを打ち合わせること。◆多く「よこでをう(打つ)」という形で用いる。

よ-ごと[1]【寿詞】名詞❶天皇の御代の安泰・繁栄・長久を祈り祝う言葉。⇩寿詞 文芸。❷祈りの言葉。竹取物語 平安一物語 竜の頸の玉「『楫取りの御神、きこしめせ。…』と、よごとをはなちて起ち居」訳「海の安全を守る神よ、お聞きになってください。…」と、祈りの言葉を大声で言って立ったり座ったりして。

よ-ごと[2]【善事・吉事】名詞よい事。めでたい事。万葉集 奈良一歌集 四五一六「新しき年の始めの初春の今日降る雪のいやしけよごと」訳⇩あらたしき…。対禍事。

寿詞[3] よごと 文芸 善き言葉の意。めでたい言葉を連ねて、天皇の治世が末永く栄えることを神に代わって天皇に奏上し、祝福するもの。善い言葉を発すれば善いことがもたらされるという古代の言霊信仰に基づく。文学史の上では『出雲国造神賀詞』と『中臣寿詞』とをいう。

よこ-なば・る【横訛る】自動詞ラ四{ら/り/る/る/れ/れ}(言葉の発音が)なまる。なまりがある。「よこなまる」とも。今昔物語 平安一説話 二八・二「よこなばりたる音どもにて」訳なまっている声々で。

よこ-に-・でる【横に出る】連語 不当な事を無理に押し通す。横車を押す。「横に寝る」「横を行く」とも。

余呉の湖 地名 歌枕 今の滋賀県伊香郡余呉町にある湖。

よこ-ぶえ【横笛】名詞 管を横に構えて吹く笛。主に、雅楽などに用いる。吹き口のほかに穴が七つある笛をいう。

六 中 夕 上 五 干 次
吹き口
(横笛)

よこ-ほ・る【横ほる】ヨコオル 自動詞ラ四{ら/り/る/る/れ/れ}横たわる。古今 平安一歌集 東歌「けけれなくよこほり伏せる小夜の中山」訳思いやりなく横たわり寝ている小夜の中山よ。

よこ-め【横目】名詞❶わき見。よそ見。目だけで横を見ること。❷心変わり。他に目をつけ、心を移すこと。宇治拾遺 鎌倉一説話 九・三「思ひ交はして、又よこめすることなくて住みければ」訳互いに心ひかれ合い、その後心変わりすることがなく住んだので。❸監視。また、その役の人。きのふはけふの物語 江戸一物語 咄本「いや、よこめがあって、貴所たちにも心は許されぬ」訳いや、監視があって、あなたたちにも心を許すことはできない。

よ-ごもり【夜籠り】名詞❶夜更け。深夜。❷神仏に祈るため、一晩中寺社にこもること。

よ-ごも・る*【世籠る】自動詞ラ四{ら/り/る/る/れ/れ}❶世間知らずでいる。大鏡 平安一物語 陽成「いまだよごもりておはしけるとき」訳まだ世間知らずでいらっしゃったとき。❷若くて将来がある。源氏物語 平安一物語 明石「よごもりて過ぐす年月こそ、あいな頼みに行く末心にくく思ふらめ」訳若くて将来があって過ごす年月は、(親たちは)あてにならない望みを将来にかけて期待しているのだろうが。

よこ-や【横矢】名詞❶敵の側面から矢を射ること。また、その矢。❷城の出し塀の側面にある矢を射るための小窓。矢狭間。横矢狭間。

よこやま-へ-ろ【横山辺ろ】名詞 丘陵の連なっているあたり。◆「ろ」は接尾語。奈良時代以前の語。

よこ-れんじ【横櫺子・横連子】名詞 横に長く格子が付いている窓。

よ-ごろ【夜来・夜頃】名詞 数夜このかた。このごろ毎晩。栄花物語 平安一物語 浅緑「よごろ上らせ給ひて」訳数夜このかた参内なさって。

横井也有 ヤユウ 人名(一七〇二～一七八三)江戸時代中期の俳人。名は時般。尾張藩の重臣で文武芸能にすぐれ、俳諧はむしろ余技であったが、その軽妙洒脱な俳文集『鶉衣』がある。漢詩文集・狂歌集なども著した。

よ-ごゑ【夜声】ヨゴエ 名詞 夜中に響き渡る声。夜の高声。

よ-さ【夜さ】名詞「夜さり」の略。

よ-ざかり【世盛り】名詞❶世に時めいていること。全盛。繁栄。また、その時期。❷若い盛り。◆「よさかり」とも。

よさ-・す【寄さす】連語(「寄す」の尊敬語)お寄せになる。延喜式 平安一格式 祈年祭「御年の皇神等の前に白さく、皇神等のよさしまつらむ奥津御年を」訳穀物のみのりをつかさどる神々の前に申し上げることは、神々がお寄せ申し上げるであろう稲を。◆奈良時代以前の語。

与謝の海 地名 歌枕 今の京都府の宮津湾に突き出た天の橋立の西側の海をいう。和歌では霞・月・蜑・千鳥・松などの景物とともに詠まれた。

与謝蕪村 人名(一七一六～一七八三)江戸時代中期の俳人。姓は谷口。摂津国(=大阪)の人。江戸に出て俳諧を学んだ。各地を旅してのち京都に住み画家として身を立てた。芭蕉をしたって俳諧の復興にも力を尽くした。その句は絵画的な詩情にあふれている。『新花摘』『蕪村句集』がある。

よ-さま・なり【好様なり・善様なり】形容動詞ナリ{なら/なり・に/なり/なる/なれ/なれ}よいようすだ。「よざまなり」とも。源氏物語 平安一物語 夕霧「人の御名をよさまに言ひ直す人は難きものなり」訳人の評判をよいようすにとりなして

よ

古典の常識 『俳人・画家の両面で活躍』―与謝蕪村

早く父母を失い、江戸に出て夜半亭宋阿(早野巴人)に入門、俳諧を学んだ。二十七歳で師と死別し、以後十年間北関東や東北を旅し、絵画と俳諧に励んだ。三十六歳で京都に移るが、三十九歳から四年にわたり丹後(京都府北部)で絵画に精進した後、京都に戻った。それから十年間は画業に専念。

一七六六年、炭太祇らと俳諧の結社三菓社を結成。七〇年には夜半亭二世を継ぎ、蕉風復興を唱え、天明期の俳諧を隆盛に導いた。画家としても池大雅と「十便十宜図」を競作するなど、名声を得ている。

言う人はめったにないものである。対悪し様なり。

よ-さむ*【夜寒】名詞 晩秋のころ、ひとしお夜の寒さが感じられること。また、その寒さ・時季。季秋。猿蓑 江戸―句集 俳諧「病雁のよさむに落ちて旅寝かな―芭蕉」訳⇩やむかりの…。対朝寒。

よ-さり*【夜さり】名詞 夜となるころ。夜。▼今夜の意でも用いる。「ようさり」「よさら」「よさ」とも。竹取物語 平安―物語 燕の子安貝「さらによさりこの寮にまうで来」訳もう一度、今夜この寮に参りなさい。

よ-さん[1]【予参・預参】名詞/―す 自動詞サ変 参加すること。参会。参列。和漢朗詠集 平安―歌集 落花「晩の鶯は声々に講誦の座によさんす」訳晩春のうぐいすは声々に(鳴いて)、(文士が)詩をよみ上げる席に参加する。

よ-さん[2]【余算】名詞 残っている寿命。余命。方丈記 鎌倉―随筆「そもそも一期の月影かたぶきて、よさん、山の端に近し」訳さて私の一生も、月が傾いて山の稜線に近くなったように、寿命が終わりに近づいた。

よし[1]【由】名詞

❶理由。いわれ。わけ。徒然 鎌倉―随筆 一七〇「心づきなき事あらん折は、なかなかそのよしをも言ひてん」訳気にくわないことがあるようなときには、かえってその理由をも言ってしまうのがよい。

❷口実。言い訳。万葉集 奈良―歌集 二六八五「妹が門行き過ぎかねつひさかたの(=枕詞)雨も降らぬかそをよしにせむ」訳彼女の家の門を通過できなくなってしまった。雨でも降らないかなあ。それを口実に立ち寄ろう。

❸手段。方法。手だて。伊勢物語 平安―物語 一〇七「つれづれのながめにまさる涙川袖のみひぢてあふよしもなし」訳降りつづく雨にすることもなく物思いに沈んでいると、あなたのことがいよいよ恋しく、落ちる涙の川は水かさがまして袖はぬれますがあなたにお会いする手段とてありません。

❹事の次第。事情。いきさつ。趣旨。土佐日記 平安―日記 一二・二一「そのよし、いささかに、ものに書きつく」訳その(旅の)事情を、少しばかり紙に書き付ける。源氏物語 平安―物語 夕顔「ただおぼえぬ穢らひに触れたるよしを奏したまへ」訳ただ思いがけない穢れに触れたという旨を奏上なさってください。

❺縁。ゆかり。伊勢物語 平安―物語 一「奈良の京春日の里に、しるよしして、狩りにいにけり」訳奈良の都の春日の里に領地を所有する縁があって、鷹狩りに出かけた。

❻風情。情趣。源氏物語 平安―物語 若紫「木立いとよしあるは、何人の住むにか」訳木立がたいそう風情がある所は、どんな人が住んでいるのであろうか。

❼そぶり。ふり。徒然 鎌倉―随筆 七三「よく知らぬよしして」訳よく知らないそぶりをして。

よし[2]【葦・蘆・葭】名詞 植物の名。「あし」の別名。▼「悪し」に通ずるのを嫌っていった語。

よ・し[3]【良し・好し・善し】

語義の扉

「優れている」「美しい」などの意で、もともと対象に絶対的なプラス価値を認めて積極的に高く評価する場合に用いる(⇕「あし」)。他との比較の上での価値の認定は「よろし」が用いられる(⇕「わろし」)

一 形容詞
❶りっぱだ。上等だ。
❷美しい。きれいだ。
❸すぐれている。善良だ。賢い。
❹高貴だ。上品だ。
❺上手だ。巧みだ。
❻栄えている。豊かだ。幸せだ。
❼感じがよい。楽しい。好ましい。
❽適切だ。じゅうぶんだ。ふさわしい。
❾親しい。親密だ。

二 補助形容詞 …しやすい

一 形容詞ク{(く)・から/く・かり/し/き・かる/けれ/かれ}

❶りっぱだ。上等だ。平家物語 鎌倉―物語 一一・能登殿最期「判官を見知りたまはねば、物具のよき武者をば判官かと目をかけて、馳せまはる」訳(能登殿は)判官(=源義経)の顔をご存じないので、鎧・兜のりっぱな武士を判官かと目をつけて、走り回る。

❷美しい。きれいだ。更級 平安―日記 物語「盛りにならば、容貌も限りなくよく、髪もいみじく長くなりなむ」訳(私も)年ごろになったならば、顔かたちもこの上なく美しく、きっと髪もすばらしく長くなるだろう。

❸すぐれている。善良だ。賢い。枕草子 平安―随筆 うらやましげなるもの「女児も、男児も、法師も、よき子ども持たる人、いみじううらやまし」訳(その子が)女の子でも、男の子でも、(また)坊さん(になっている子)でもすぐれている子どもを持っている人はたいそううらやましい。

❹高貴だ。身分が高く、教養がある。上品だ。枕草子 平安―随筆 にくきもの「まことによき人のし給ひしを見しかば、心づきなしと思ふなり」訳本当に高貴な方が(品のないことを)なさったのを見たので、気にくわないと思うのだ。

❺上手だ。巧みだ。すぐれている。土佐日記 平安―日記 一・一一「この歌、よしとにはあらねど、げにと思ひて、人々忘れず」訳この歌は上手だというのではないが、(歌

の心情を)なるほどと思って、人々は忘れない。

❻栄えている。豊かだ。幸せだ。〔伊勢物語 平安―物語〕一六「貧しく経へても、なほ昔よかりし時の心ながら」〔訳〕貧しく暮らしていても、依然として昔栄えていたときの心のままで。

❼感じがよい。快い。楽しい。好ましい。〔徒然 鎌倉―随筆〕一四一「都の人は、ことうけのみよくて、まことなし」〔訳〕都の人は、口先の返事だけは感じがよくても、誠実味がない。

❽適切だ。じゅうぶんだ。ふさわしい。〔竹取物語 平安―物語〕かぐや姫の生ひ立ち「三月ばかりになるほどに、よきほどなる人になりぬれば髪あげなどとかく左右して髪あげさせ、裳着す」〔訳〕三か月ほどたつうちに、一人前の女の人としてふさわしい大きさの大人になったので髪あげの祝いなどをあれこれとして髪を結いあげ裳を着せる。〔参照▼文脈の研究〕よきほど。

❾親しい。親密だ。〔枕草子 平安―随筆〕故殿の御服のころ「よき仲なれば、聞かせてけり」〔訳〕親しい仲なので、聞かせてしまった。

〔二〕〔補助形容詞ク〕{(く)・から/く・かり/し/き・かる/けれ/かれ}〔動詞の連用形に付いて〕…しやすい。〔古今 平安―歌集〕雑下「世の憂きよりは住みよかりけり」〔訳〕(山里の暮らしはわびしかったが)俗世間よりは暮らしやすかったよ。

よし[4]【縦し】〔副詞〕❶仕方がない。ままよ。どうでも。まあよい。▼「よし」と仮に許可する意。〔万葉集 奈良―歌集〕二一一〇「人皆は萩を秋と言ふよしわれは尾花が末を秋とは言はむ」〔訳〕人はみな萩を秋の風物というが、どうでも私はすすきの穂先を秋の風物と言おう。❷〔多く、逆接の仮定条件を下接して〕たとえ。もし仮に。万が一。〔万葉集 奈良―歌集〕一四九〇「人はよし思ひ止むとも」〔訳〕人はたとえあきらめるとしても。

「よし」と逆接仮定の呼応
(逆接仮定の接続助詞)
よし思ひやむとも
(たとえ悲しみを忘れるとしても)

よ-し[5]〔間投助詞〕
なりたち 間投助詞「よ」に副助詞「し」の付いた形が一語化したもの。

《接続》形容詞の連体形、助詞などに付く。
〔感動・詠嘆〕…よ。…なあ。〔日本書紀 奈良―史書〕景行「はしきよし我家の方ゆ雲居立ち来も」〔訳〕なつかしいなあ、私の家の方から雲が立ち上がって来ることよ。

〔参考〕多く「あさもよし」「あをによし」「はしきよし」など慣用的な表現の中で用いられる。奈良時代以前の語。

***よし-あ・り**【由有り】〔連語〕❶由緒がある。わけがある。〔源氏物語 平安―物語〕桐壺「母北の方なむ、いにしへの人のよしあるにて」〔訳〕母である正妻は、古風な人で由緒ある家柄の人なので。❷奥ゆかしい趣がある。風情がある。〔源氏物語 平安―物語〕若紫「木立いとよしあるは、何人の住むにか」〔訳〕木立がたいそう風情がある所は、どんな人が住んでいるのであろうか。

吉田兼好(よしだけんこう)〔ヨシダケンコウ〕〔人名〕(一二八三?～一三五二?)鎌倉時代後期の歌人・随筆家。本名は卜部兼好。京都の吉田神社の神官の家に生まれた。後二条天皇のころ出仕したが、のち出家して東国を旅し、やがて京都に住んで、随筆『徒然草』を書いた。二条為世に和歌を学び、頓阿・浄弁・慶雲とともに「和歌四天王」とよばれた。家集に『兼好法師家集』がある。

よし-づ・く【由付く】〔自動詞カ四〕{か/き/く/く/け/け}由緒ありげである。風雅の趣がある。奥ゆかしい風情がある。〔源氏物語 平安―物語〕夕顔「かたちなどねびたれど清げにて、ただならず気色よしづきて」〔訳〕容貌などはふけているけれどきれいで、並々ではなく態度が由緒ありげであって。

義経千本桜(よしつねせんぼんざくら)〔書名〕時代物浄瑠璃。竹田出雲・三好松洛・並木千柳合作。江戸時代中期(一七四七)初演。〔内容〕平家再興をはかる知盛・維盛・教経の伝説に、源義経・静御前・佐藤忠信をからませた人形浄瑠璃の名作。のちに歌舞伎にもとり入れられた。

よしともの…〔俳句〕「義朝の心に似たり秋の風」〔野ざらし 江戸―句集〕俳文・芭蕉〔訳〕源義朝の愛妾常盤御前の塚に秋風が吹いている。義朝の悲壮な心に似た雰囲気のある寂しげな秋の風だ。

〔鑑賞〕美濃の国(岐阜県)にある常盤御前の墓を訪れた折の句。義朝は、保元の乱で父と弟を討ったが、平治の乱で敗走し、美濃路を落ちて尾張(愛知県)で最期をとげた。常盤も東国に逃げる途中、美濃の山中で殺されたとされる。季語は「秋の風」で、季は秋。

古典の常識『歌人として活躍した兼好』

下級官僚治部少輔の卜部兼顕の子に生まれ、はじめ、堀川具守家に仕えたが、その縁故で、後二条天皇の蔵人として二十歳前後から宮廷生活を経験した。多くの公卿・殿上人と接して、有職故実を吸収し、二条為世から和歌を学んだ。

三十歳ころ官を辞して自由な出家生活に入り、二度にわたって関東にくだったり、修学院や横川に隠棲したりした。

四十歳ころ京都に住んで、二条派の歌人として活躍した。勅撰集である『続千載和歌集』や『後拾遺和歌集』にも入集して、頓阿・浄弁・慶雲とともに二条派の和歌四天王とよばれた。また、『古今和歌集』の書写をしたり、『源氏物語』や順徳院の『八雲御抄』などを校合したりした。

晩年の兼好については、『園太暦』や『太平記』に足利幕府の実力者高師直との交際の記事がある。

よし-な・し【由無し】〔形容詞ク〕{(く)・から/く・かり/し/き・かる/けれ/かれ}

語義の扉
理由、由緒、方法などの意味の「よし(由)」に形容詞「なし」が付いて一語化したもの。「よしあり」(由・あり)の意味が特定的であるのに対して、この語は、「よし(由)」の意味のありかたに応じて、多義的な

よ

用法を示す。
❶理由がない。根拠がない。
❷方法がない。手段がない。
❸つまらない。とりとめがない。
❹無関係だ。縁がない。

❶**理由がない。根拠がない。**［万葉集 奈良－歌集］三四三〇「志太の浦を朝漕ぐ船は**よしなし**に漕ぐらめかもよ」［訳］志太の浦を朝漕ぐ船は**理由もなし**に漕いでいるのだろうか。
❷**方法がない。手段がない。**［霊異記 平安－説話］上「しばしば痛み苦しび、癒ゆるに**よしなし**」［訳］たびたび痛がり、苦しみ、回復するのに**方法がない**。
❸**つまらない。とりとめがない。くだらない。無意味だ。**［今昔物語 平安－説話］二八・四二「我はものへ行かむずる門出なれば、はかなき疵も打ちつけられなば**よしなし**」［訳］私は(これから)ある所へ行こうという門出のときなので、ほんの少しの傷も負ってしまったら**つまらない**。
❹**無関係だ。縁がない。**［枕草子 平安－随筆］すさまじきもの「あらぬ**よしなき**者の名乗りして来たるも」［訳］(思っていた人とは)別の**関係がない**者が名乗って来たのも。

よしなし-ごころ【由無し心】［名詞］**とりとめもない考え。たわいもない気持ち。**［更級 平安－日記］春秋のさだめ「今は、昔の**よしなしごころ**もくやしかりけりとのみ」［訳］今では、昔(＝若いころ)の**とりとめもない考え**(で過ごしてきたこと)も残念だったと。

*__よしなし-ごと【由無し事】__［名詞］**つまらないこと。たわいもないこと。**［徒然 鎌倉－随筆］序「心にうつりゆく**よしなしごと**を、そこはかとなく書きつくれば」［訳］心に浮かんでは消えてゆく**たわいもないこと**を、とりとめもなく書きつけていると。

よしなし-もの【由無し物】［名詞］**無用な物。つまらない物。**［宇治拾遺 鎌倉－説話］一三・一「この石は女どもこそ**よしなしもの**と思ひたれども」［訳］この石は女ども(＝あなた)にとっては**つまらない物**と思っているけれども。

よしなし-わざ【由無し業】［名詞］**つまらない行い。**［宇治拾遺 鎌倉－説話］一〇・一〇「などかくはするぞ。**よしなしわざ**する」［訳］なぜこのようにするのだ。**つまらない行い**をする。

吉野(よしの)［地名］❶今の奈良県吉野郡吉野町を中心に、吉野山の付近一帯。古来信仰の地として名高く、歴代天皇や貴族たちも好んでこの地を訪れ、宮滝には歴代天皇の離宮があった。平安時代の初期には金峰山寺が開かれて修験道の中心となり、南北朝時代には南朝が本拠とした。鎌倉時代以降は桜の名所。美称の接頭語を冠して「み吉野」とも呼ばれる。「芳野」とも書く。❷「吉野山」の略。

吉野川(よしのがは／ヨシノガワ)［地名］［歌枕］今の奈良県吉野郡の山中に源を発し、吉野山のふもとを流れる川。和歌山県に入って「紀の川」となる。和歌では、雪・桜などが詠み込まれ、また、同音の「よしや」を導く語ともなる。

よしの-がみ【吉野紙】［名詞］大和の国(奈良県)吉野産の紙。こうぞで極く薄くすいた紙。貴重品の包装や化粧紙に用いられた。

よしのやま…［和歌］「吉野山 やがて出でじと 思ふ身を 花散りなばと 人や待つらむ」［新古今 鎌倉－歌集］雑中・西行［訳］吉野山に分け入ってそのまま山から出まいと思うこの身を、花が散ってしまったら戻って来るだろうと、親しい人は待っているだろうか。

［鑑賞］吉野山は、俗世を離れる人が身を隠す地であるとともに、桜の名所でもあった。

吉野山(よしのやま)［地名］［歌枕］今の奈良県吉野郡吉野町にある山。修験道の本拠である金峰山寺がある。桜の名所として知られるが、また、それより古くから雪深い地、隠遁の地としても有名であった。吉野の山。吉野。

よし-ばみ【由ばみ】［名詞］**気取った態度。気取り屋。**［源氏物語 平安－物語］末摘花「今様の**よしばみ**よりはこよなう奥ゆかしう」［訳］今風の**気取った態度**よりはこの上なく上品だ。

よしばみ-ごと【由ばみ事】［名詞］**気取った振る舞い。**

よし-ば・む【由ばむ】［自動詞］マ四｛ま／み／む／む／め／め｝**由緒ありげにする。趣がありそうにする。気取る。**［源氏物語 平安－物語］明石「いたう古めきたれど、書きざま、**よしばみ**たり」［訳］ひどく古めかしい書体であるが、書きぶりは**由緒ありげにし**ている。◆「ばむ」は接尾語。

よし-み【好み・誼】［名詞］❶**親しい交わり。親交。**［平家物語 鎌倉－物語］八・緒環「いかなる姿にてもあれ、この日ごろの**よしみ**、何とてか忘るべき」［訳］どんな姿であっても、この日ごろの**親しい交わり**、どうして忘れることがあろうか。❷**関係。因縁。縁故。ゆかり。**［平家物語 鎌倉－物語］四・競「相伝の**よしみ**はさる事にて候へども」［訳］先祖代々の**因縁**はそのような事でございますが。

良岑安世(よしみねのやすよ)［人名］(七八五～八三〇)平安時代前期の漢詩人。桓武天皇の皇子。宗貞(僧正遍昭)の父。大納言。勅撰漢詩文集『経国集』の撰者の一人。漢詩文にすぐれ、『凌雲集』『文華秀麗集』などの勅撰集に作品がある。

よし-め・く【由めく】［自動詞］カ四｛か／き／く／く／け／け｝**由緒ありげに気取る。**［源氏物語 平安－物語］行幸「右大将の、さばかりおもりかに**よしめく**も」［訳］右大将が、ああして重々しくして**由緒ありげに気取るの**も。

よし-や【縦しや】［副詞］❶**仕方ない。まあいい。ままよ。**［源氏物語 平安－物語］若紫「**よしや**、命だに」［訳］**まあいい**、命さえあれば。❷**たとえ。仮に。**［古今 平安－歌集］恋五「**よしや**人こそつらからめ」［訳］**たとえ**あの人がつらくあたっても。

余情(よじやう)［文芸］平安時代以降、特に鎌倉・室町時代、和歌で重要視された美的理念の一つ。言葉で直接には表現されないが、言外に感じられる、繊細微妙なしみじみとした情趣のこと。藤原俊成・定家らによる「幽玄」「妖艶」などの理念の確立とともに、和歌の最高理念にまで高められた。和歌のほかに、連歌・能・俳諧などでも重要視された。古くは「よせい」と読む。

よし-よし【縦し縦し】［副詞］**えい、ままよ。ええ、どうともなれ。**［枕草子 平安－随筆］大進生昌が家に「**よしよし**、また仰せられかくる事もぞ侍る」［訳］**えい、ままよ**。また(やっかいな)お話があるかもしれません。◆副詞「よし」を重ねて強調した語。

よしよし・し【由由し】［形容詞］シク｛(しく)・しから／しく・しかり／し／しき・しかる／しけれ／しかれ｝**いかにも由緒ありげで奥ゆかしい。いかにも風情がある。**［源氏物語 平安－物語］明石「さやかにも見給はぬ形など、いと**よしよししう**」［訳］はっきりとはごらんにならない容貌など、たいそう由緒ありげで奥ゆかしく。◇「よしよししう」はウ音便。

よし-ゑ【縦しゑ】ヨシエ 副詞 副詞「よし」に間投助詞「ゑ」の付いたかたちが一語化したもの。**ままよ。どうともあれ。**万葉集 奈良－歌集 三二八五「心はよしゑ君がまにまに」訳(私の)心は、どうともあれ、あなたのお気持ちのままに。◆奈良時代以前の語。

よしゑ-やし【縦しゑやし】ヨシエヤシ 連語

なりたち 副詞「よしゑ」＋間投助詞「やし」

❶**ままよ。ええ、どうともなれ。**万葉集 奈良－歌集 二三七八「よしゑやし来まさぬ君を何せむに」訳ええ、どうともなれおいでにならないあなたを、何にしようというのか。❷**たとえ。よしんば。**万葉集 奈良－歌集 一三一「よしゑやし浦はなくともよしゑやし潟はなくとも」訳⇩いはみのうみ…。◆奈良時代以前の語。

よ・す【寄す】

一 他動詞 サ四 {さ/し/す/す/せ/せ} **近づける。近寄らせる。寄せる。よこす。**万葉集 奈良－歌集 三四五四「今夜だに夫よし来せね麻手小衾」訳せめて今夜だけでも夫を(私に)近づけておくれ。麻の布団よ。

二 他動詞 サ下二 {せ/せ/す/する/すれ/せよ} ❶**近づける。近寄らせる。寄せる。**万葉集 奈良－歌集 一二二三「海の底(＝枕詞)沖漕ぐ舟を辺によせむ風も吹かぬか波立たずして」訳沖を漕ぐ舟を岸辺に近づけるような風が吹かないかなあ。波は立たないままで。❷**相手に送る。贈る。寄進する。**徒然 鎌倉－随筆 二五「御堂殿の作りみがかせ給ひて、庄園多くよせられ」訳御堂殿(＝藤原道長)が(法成寺を)きれいにお造りになられて、(寺の土地として)荘園をたくさんご寄進されて。❸(心を)**寄せる。頼りにする。ゆだねる。**古今 平安－歌集 秋上「心ひとつを誰によすらむ」訳たった一つの心をだれに寄せるのだろうか。❹**口実にする。かこつける。関係づける。**源氏物語 平安－物語 手習「横川に通ふ道のたよりによせて、中将ここにおはしたり」訳横川に通う道のついでにかこつけて、中将はここにおいでになった。

三 自動詞 サ下二 {せ/せ/す/する/すれ/せよ} ❶**寄る。うち寄せる。**万葉集 奈良－歌集 二八八「わが命し真幸くあらばまたも見む志賀の大津によする白波」訳私の命が無事であったなら、ふたたび見られるであろう。志賀の大津の海岸にうち寄せる白波を。❷**攻め寄せる。敵陣に押し寄せる。**平家物語 鎌倉－物語 一一・弓流「敵やよすると遠見し給へば」訳敵が攻め寄せてくるかと遠見をなさると。

よす-が【縁・因・便】名詞

❶**頼り。ゆかり。身や心を寄せる所。**枕草子 平安－随筆 木の花は「ほととぎすのよすがとさへおもへばにや」訳(橘は)ほととぎすが身を寄せる所とまで思うからであろうか。❷(頼りとする)**縁者。夫・妻・子など。**方丈記 鎌倉－随筆「もとより妻子なければ、捨てがたきよすがもなし」訳はじめから妻子がないので、(出家にあたって)捨てにくい縁者もない。❸**手がかり。手段。便宜。**徒然 鎌倉－随筆 五八「嵐をふせぐよすがなくてはあられぬわざなれば」訳嵐を防ぐ手段がなくては生きていけないことなので。◆奈良時代以前は「よすか」。

よ-すがら【夜すがら】名詞 副詞 **夜じゅう。夜通し。**平家物語 鎌倉－物語 三・法皇被流「長きよすがら御寝もならず」訳長い夜じゅうおやすみにもなれず。◆「すがら」は接尾語。対 日すがら。

よ-すぎ【世過ぎ】名詞 **世渡り。渡世。生活。**

よすて-びと【世捨て人】名詞 俗世間を捨てて隠れ住む人。隠遁者や出家した人。

よするなみ… 和歌「寄する波 うちも寄せなむ わが恋ふる 人忘れ貝 おりて拾はむ」土佐日記 平安－日記 二・四 訳浜辺に寄せる波よ、しきりに打ち寄せてほしい。私が恋しく思っている子を忘れるという忘れ貝を。私はそれを舟から下りて拾い、あの子を忘れよう。

鑑賞 風雨で停泊中の浜辺に美しい貝や石を見つけ、任地の土佐(高知県)で亡くした幼い娘のことを思い出した。「忘れてしまおう」ということで、追慕の情のせつなさが一層際だっている。「忘れ貝」は、それを拾うと恋のつらさを忘れることができるという貝のことで、二枚貝の一片を指す。「寄せなむ」の「なむ」は未然形に付いて他に対する願望を表す終助詞で、「～してほしい」と訳す。

よせ【寄せ】名詞 ❶**信頼。信望。期待。**心を寄せること。枕草子 平安－随筆 かしこきものは「したり顔に、わが心地もいとよせありて」訳得意そうな顔で、自分の気持ちもとても期待があって。❷**後見。後ろだて。世話をする人。**源氏物語 平安－物語 桐壺「一の御子は、右大臣の女御の御腹にて、よせ重く」訳第一皇子は、右大臣の娘である女御がお生みになった方で、後見がしっかりしていて。❸**縁。縁故。ゆかり。**徒然 鎌倉－随筆 一五六「させることのよせなけれども、女院の御所など借り申す」訳これという縁はないが、女院の御所などを借り申し上げる。

よ-せい【余情】名詞 **言外に漂う情趣。余韻。**無名抄 鎌倉－論 歌半臂句事「姿に花麗極まりぬれば、又自らよせいとなる」訳歌全体の形に最高の華麗さがそなわると、また自然に余情をかもし出すこととなる。

よ-せい【余勢】名詞 ❶**残りの軍勢。**❷**ありあまった勢い。満ちあふれた気力。**

よ-せい・なり【余情なり】形容動詞 ナリ {なら/なり・に/なり/なる/なれ/なれ} **みえを張る。**諸艶大鑑 江戸－物語 浮世・西鶴「よせいなる商い咄し」訳みえを張る商売のはなし。

よせ-か・く【寄せ掛く】

一 他動詞 カ下二 {け/け/く/くる/くれ/けよ} **立てかける。もたせかける。**源氏物語 平安－物語 東屋「屏風の、袋に入れこめたる、所々によせかけ」訳屏風の、袋に入れてしまってあるのを、あちらこちらに立てかけ。

二 自動詞 カ下二 {け/け/く/くる/くれ/けよ} **攻め寄せる。押し寄せる。**太平記 室町－物語 二「唐崎の松の辺までよせかけたり」訳唐崎の松のあたりまで攻め寄せた。

よせ-ばし【寄せばし】名詞 馬をつないでおく柱。寄せ柱。

よせ-ぶみ【寄せ文】名詞 **寄進状。**寄進や寄付の旨を記し、その証拠とする文書。「よせふみ」とも。

よ-そ[1]【四十】名詞 **四十**。

よ-そ[2]【余所】名詞

❶**離れた所。別の所。**万葉集 奈良―歌集 七二六「よそにゐて恋ひつつあらずは君が家の池に住むとふ鴨にあらましを」訳離れた所にいて恋い慕っていないで(いつも一緒にいる)あなたの家の池に住むという鴨であればよかったのに。

❷**無縁なこと。**また、**無縁な人。他人。**徒然 鎌倉―随筆 七五「人に交はれば、ことばよその聞きに従ひて」訳人と交際すると、(自分の)言葉が他人の思惑に左右されて。

よそう〘寄そう・比う・装う〙⇩よそふ

よそおう〘装う〙⇩よそほふ

よそ-げ・なり【余所げなり】形容動詞ナリ {なら／なり・に／なり／なる／なれ／なれ} **よそよそしいようすだ。知らぬ顔だ。**新古今 鎌倉―歌集 冬「もみぢ葉はおのが染めたる色ぞかしよそげに置ける今朝の霜かな」訳紅葉した葉は自分(=霜)が染めた色なのだよ。それなのによそよそしいようすで置いている今朝の霜だよ。◆「げ」は接尾語。

よそ-ぢ【四十・四十路】名詞 ❶**四十**。❷**四十歳。**◆「ぢ」は数詞に付く接尾語。

よそ-ながら*【余所ながら】副詞 ❶**ほかの所にいたままで。遠く離れていながら。**大和物語 平安―物語 三一「よそながら思ひしよりも夏の夜の見果てぬ夢ぞはかなかりける」訳遠く離れていながら恋しく思っていたころよりも夏の(短い)夜の夢のような逢瀬の方がいっそうはかないものだ。❷**それとなく。間接的に。**徒然 鎌倉―随筆 一三七「雪にはおり立ちて跡つけなど、万の物、よそながら見る事なし」訳(田舎者は)雪の上には下りて立って足跡をつけるなど、すべてについて、それとなく見るということがない。

よ-そ・なり【余所なり】形容動詞ナリ {なら／なり・に／なり／なる／なれ／なれ} ❶**無縁だ。無関係だ。無関心だ。**古今 平安―歌集 雑下「光なき谷には春もよそなれば」訳日の光が射さない谷間には春も無縁なので。❷**遠く離れている。疎遠だ。身近でない。**古今 平安―歌集 恋五・伊勢物語 平安―物語 一九「天雲の(=枕詞)よそにも人のなりゆくか」訳あなたは空の雲のように遠く離れ、私に疎遠になってゆくのですね。

よそ-の-きき*【余所の聞き・外の聞き】連語 **他人の思惑。外聞。**徒然 鎌倉―随筆 七五「人に交はれば、言葉よそのききにしたがひてさながら心にあらず」訳人と交際すると、(自分の)言葉が他人の思惑に左右されて、まったく(自分の)心(からのもの)でなくなる。

よそひ[1]【装ひ】名詞 ❶**衣服。装束。整った服装。**源氏物語 平安―物語 桐壺「唐めいたるよそひは、うるはしうこそありけめ」訳中国風の装束は、りっぱだっただろう。❷**飾り。装備。**源氏物語 平安―物語 須磨「かの山里の御住みかの具は、…ことさらよそひもなく、事削ぎて」訳あの山里のお住まいで使う道具は、…ことさら飾りもなく、簡略にして。❸**準備。支度。**万葉集 奈良―歌集 三五二八「水鳥の立たむよそひに妹のらに物言はず来にて思ひかねつも」訳水鳥が飛び立つような急な出発の準備に妻にものも言わずに来てしまって、恋しさにたえられないでいるよ。

-よそひ[2]【装ひ】接尾語 (数詞に付いて) ❶衣服・調度など、そろった物を数える語。「装束一よそひ」。❷食器に盛った食べ物を数える語。「粥を三よそひ」

よそ-びと【余所人・他所人】名詞 **関係のない人。他人。**

よそ・ふ[1]【寄そふ・比ふ】他動詞ハ下二 {へ／へ／ふ／ふる／ふれ／へよ} ❶**くらべる。引き寄せてくらべる。たとえる。**源氏物語 平安―物語 桐壺「花・鳥の色にも音にもよそふべき方ぞなき」訳(桐壺更衣の美しさは)花の色にも、鳥の声にもくらべられる方法がない。❷**関係づける。かこつける。ことよせる。**古今 平安―歌集 恋三「思ふどちひとりひとりが恋ひ死なば誰によそへて藤衣着む」訳ひそかに思い合っている私たち二人のうち、どちらか一人が恋い焦がれて死んだなら、(忍ぶ仲なので)いったいだれの死にかこつけて喪服を着ようか。

関連語 「よそふ」と「なずらふ」の違い
「よそふ」に似た意味の言葉として「なずらふ」があるが、「よそふ」が、あるものにほかのものを寄せて関係づけるという意味を表すのに対して、「なずらふ」は、あるものとほかのものを同じものとして見るという意味を表す。

よそ・ふ[2]【装ふ】他動詞ハ四 {は／ひ／ふ／ふ／へ／へ} ❶**身づくろいする。飾り整える。**万葉集 奈良―歌集 一七七七「君なくはなぞ身よそはむ」訳あなたがいないならばどうしてこの身を飾りましょうか。❷**整え設ける。準備する。支度する。**源氏物語 平安―物語 絵合「女房のさぶらひに、御座よそはせて」訳女房の詰め所に御座所を準備させて。❸(飲食物を)**整え用意する。器に盛る。**平家物語 鎌倉―物語 八・猫間「飯うづだかくよそひ」訳飯を山もりに器に盛り。

よそへ【寄そへ・比へ】名詞 **たとえ。**他の物になぞらえること。

よそへ-もの【寄そへ物・比へ物】名詞 **ひきくらべる物。たとえる物。**

よそほ・し【装ほし】形容詞シク {(しく)・しから／しく・しかり／し／しき・しかる／しけれ／しかれ} **装いが整っている。美々しくりっぱだ。いかめしい。**源氏物語 平安―物語 藤裏葉「出で給ふ儀式の、いと殊によそほしく」訳お出になる儀式が、たいそう格別に美々しくりっぱで。

よそほひ*【装ひ】名詞 ❶**準備。支度。**取りそろえ整えること。平家物語 鎌倉―物語 二・大納言流罪「旅のよそほひ、こまごまと沙汰し送られたり」訳旅の支度をこまごまと指図してお送りになった。❷**整え飾った姿。身なり。装束。服装。威厳。**竹取物語 平安―物語 蓬萊の玉の枝「天人のよそほひしたる女」訳天人の身なりをしている女性。❸**ようす。姿。**徒然 鎌倉―随筆 一六二「たてこめて、捕らへつつ殺しけるよそほひ」訳戸を閉めきって、(鳥を)捕らえては殺していたようす。

よそほ・ふ【装ふ】他動詞ハ四 {は／ひ／ふ／ふ／へ／へ} ❶**正装する。**平家物語 鎌倉―物語 八・名虎「王公卿相、花の袂をよそほひ」訳王公卿相は花のような衣装で正装し。❷**化粧する。**奥の細道 江戸―紀行 松島「その気色(けし)窅然(えうぜん)として美人の顔(かんばせ)をよそほふ」訳その(松島の)景色は奥深く美しくて、美人が顔を化粧したようである。

よそ-め＊【余所目・外目】名詞 ❶よそながら見ること。それとなく見ること。万葉集 奈良‐歌集 二八八三「よそめにも君が姿を見てばこそ」訳よそながら見ることでも、あなたの姿を見たならば、そのときこそ。❷**人目。はた目**。他人から見たようす。風姿花伝 室町‐論 一「よそめにも、すは、上手(じやうず)出(い)で来たりとて、人も目に立つるなり」訳はた目にも、それ、名人が現れたといって、人々も注目するのだ。❸**傍観**。よそ事として見ること。枕草子 平安‐随筆 里にまかでたるに「よそめにては、さぞとは見給(またま)へとなむ思ふ」訳よそ事として見ることとしては、そうだ(＝きょうだいの則光(のりみつ)だ)とは見てくださいと思っている。

よそよそ-・し【余所余所し】形容詞 シク {(しく)・しから／しく・しかり／し／しき・しかる／しけれ／しかれ} ❶**関係ない。かけ離れている**。狭衣 平安‐物語 三「いとよそよそしきことをも知らせ給(たま)ひにけるかな」訳それほど関係ないことをも知っていらっしゃるのですね。❷**隔てがましい。冷たい**。狭衣 平安‐物語 二「時々など参りてよそよそしからむもてなしに」訳時々などはうかがって、隔てがましいであろう取り扱いに。

よそ-よそ・なり【余所余所なり】形容動詞 ナリ {なら／なり・に／なり／なる／なれ／なれ} ❶**無関係だ。血縁関係がない**。源氏物語 平安‐物語 浮舟「よそよそにてあしくも良くもあらむはいかがはせむ」訳(女二の宮と浮舟とは)血縁関係がないので悪かろうがよかろうがどうしようもない。❷**離れ離れだ。別々だ**。源氏物語 平安‐物語 須磨「なほ一二日(ひとひふつか)の程、よそよそに明かし暮らす折だに」訳ほんの一日か二日の間、別々に日々を過ごすときでさえ。❸**疎遠だ。よそよそしい**。今昔物語 平安‐説話 一七・四四「僧よそよそにて衣などを隔て、寝けれども」訳僧はよそよそしくして着物などで間を仕切って寝たけれども。

よそ・る【寄そる】自動詞 ラ四 {ら／り／る／る／れ／れ} ❶**自然と引き寄せられる。なびき従う**。万葉集 奈良‐歌集 三三〇五「荒山も人し寄すればよそるとぞ言ふ」訳荒山でも人が心を傾ければ自然と引き寄せられるという。❷**うち寄せる**。万葉集 奈良‐歌集 四三七九「白波のよそる浜辺に別れなば」訳白波のうち寄せる浜辺で別れてしまったら。❸**異性との噂(さうわ)を立てられる**。万葉集 奈良‐歌集 三四〇八「我によそりはしなる子らしあやに愛(かな)しも」訳私との噂を立てられどっちつかずのあの子がむしょうにかわいいものだ。

よ-だけ・し【弥猛し】形容詞 ク {(く)・から／く・かり／し／き・かる／けれ／かれ} ❶**おおげさである。仰々しい**。源氏物語 平安‐物語 行幸「御心にはいとも思(おぼ)さぬ事をだにおのづからよだけく、いかめしくなるを」訳お心の中ではそれほどともお思いにならない事さえ、自然に仰々しく、いかめしくなるのを。❷**めんどうくさい。おっくうである**。源氏物語 平安‐物語 行幸「隠(こも)り侍(はべ)れば、よろづ初々しうよだけうなりにて侍り」訳家にこもっていますので、何事も慣れない感じでおっくうになってしまいました。◇「よだけう」はウ音便。

よ-ただ【夜直】副詞 **夜通し。一晩じゅう**。「よたた」とも。古今 平安‐歌集 夏「郭公(ほととぎす)なにを憂(う)しとかよただ鳴くらむ」訳ほととぎすは何をつらいからといって一晩じゅう鳴いているのだろうか。

よ-ぢか・し【世近し】形容詞 ク {(く)・から／く・かり／し／き・かる／けれ／かれ} **余命いくばくもない。死期が近い**。源氏物語 平安‐物語 若菜下「今はむげによぢかくなりぬる心地して」訳今はひどく死期が近くなってしまった気持ちがして。

よぢり-すぢり【捩りすぢり】(ヨジリスジリ) 副詞 **身をくねらせて**。▼こらえたりもだえたりするようすを表す。宇治拾遺 鎌倉‐説話 五・七「『いかにせん、いかにせん』と、よぢりすぢりする程に」訳「どうしよう、どうしよう」と身をくねらせているうちに。

よ-つ【四つ】名詞 ❶**四。よっつ。第四。四番目**。❷**四年。四歳**。❸時刻の名。㋐「四つ時(どき)」の略。巳(み)の刻(＝午前十時)、または亥(い)の刻(＝午後十時)。㋑一時(いっとき)(＝二時間)を四等分した第四の時刻。四刻。◆「つ」は個数を表す接尾語。

よ・づ【捩づ・攀づ】(ヨズ) 他動詞 ダ上二 {ぢ／ぢ／づ／づる／づれ／ぢよ} **つかんで引き寄せる。よじる**。万葉集 奈良‐歌集 一六二七・題詞「時じき藤(ふぢ)の花と萩(はぎ)の黄葉(もみち)との二物(ふたつ)をよぢて」訳季節はずれの藤の花と萩の葉の黄葉したのと二つをよじって。

よつ-あし【四つ足・四脚】名詞 ❶足が四本あること。❷「四つ足門(もん)」の略。❸獣。

よつあし-もん【四つ足門・四脚門】名詞 丸い二本の主柱の前後に、二本ずつの袖柱(そではしら)を加えた門。平安時代には大臣以上の家に設けた格式の高い門であった。「よつあし」とも。参照▶口絵

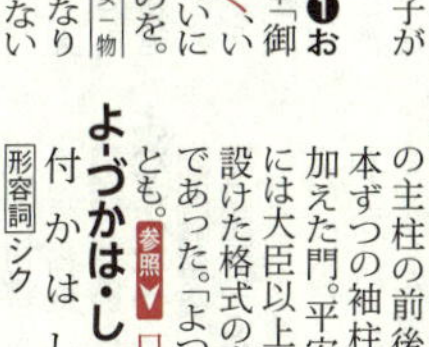

(四つ足門)

よ-づかは・し【世付かはし】(ヨヅカワシ) 形容詞 シク {(しく)・しから／しく・しかり／し／しき・しかる／しけれ／しかれ} **世間の事情に通じている。男女間の情に通じている**。源氏物語 平安‐物語 末摘花「よづかはしくよしめきなどもあらぬを」訳(女君は)男女間の事に通じて由緒ありげに振る舞うなどということもないのに。

よ-つぎ【世継ぎ・世嗣ぎ・代継ぎ】名詞 ❶跡目を相続すること。また、その人。**跡継ぎ**。❷歴代の天皇の治世を追い、それらの宮廷を中心とする事柄を次々に語り継ぐこと。また、それらを仮名文で記した歴史書。『栄花物語』および『大鏡』以下の鏡物をいう。参照▶学習ポイント14

よ-づ・く＊【世付く】自動詞 カ四 {か／き／く／く／け／け} ❶**世間一般と同じようすである。世間並みである**。源氏物語 平安‐物語 夢浮橋「紙の香(か)など、例のよづかぬまで染みたり」訳紙の香などは例によって世間並みでないほどに染みている。❷**世慣れる。世間の事に通じる**。源氏物語 平安‐物語 若菜上「御几帳(きちやう)ども、しどけなくひきやりつつ、人げ近く、よづきてぞ見ゆるに」訳御几帳などを、乱雑に片寄せたままで、人の気配が近くて世慣れて見えるので。❸**物心がつく。男女の情愛を解する**。源氏物語 平安‐物語 若紫「『この君やよづいたるほどにおはする』と思(おぼ)すらむ」訳「この姫君は、男女の情愛を解している年ごろでいらっしゃる」とお思いになるだろう。

世俗に染まる。俗っぽくなる。[徒然 鎌倉―随筆]二三「なほ九重の神さびたる有り様こそ、**よづか**ず、めでたきものなれ」[訳]やはり宮中の神々しいありさまは、**俗っぽく**なく、すばらしいものだ。

よつ-じろ【四つ白】[名詞]馬の毛色の一つ。足の四本とも膝下の毛の白いもの。

よっ-て【因って・依って・仍って】[接続詞]「よりて」の促音便。**それゆえ。そこで。だから。**「よて」「よりて」とも。▼前文で述べたことを理由・根拠として、後文に続ける。[奥の細道 江戸―紀行]日光「旅立つ暁髪を剃りて墨染めにさまをかへ、…。**よって**黒髪山の句あり」[訳]旅立つ朝に髪を剃って僧形に姿を変え、…。**それゆえ**、黒髪山の句を作る。

よつ-で【四つ手】[名詞]❶相撲で、互いに両手を差し合って組むこと。よつ。❷「四つ手網」の略。四隅を竹竿で四角く張った、魚取り用の網。❸「四つ手駕籠」の略。江戸の庶民用の駕籠。四本の竹を柱として、割り竹で粗く編んで作り、小さなたれをつけた粗末なもの。

(四つ手❸)

よつ-どき【四つ時】[名詞]「よつ❸㋐」に同じ。

よつ-の-ふね【四つの船】[連語]遣唐使船の別名。▼遣唐の大使・副使・判官・主典の四人と、その随員とが四隻の船に分乗したことからいう。

よっ-ぴ・く【能っ引く】[他動詞]カ四{か/き/く/く/け/け}弓を十分に引きしぼる。[平家物語 鎌倉―物語]一一・那須与一「与一、鏑をとってつがひ、**よっぴい**て、ひやうど放つ」[訳]与一は鏑矢を取って弓につがえ、**十分に引きしぼっ**て、ひゅうっと放つ。

[参考]「よくひく」の促音便。強調のための音便形であり、軍記物語の特徴的な表現の一つ。

よ-づま【夜妻】[名詞]**こっそりと会う女。隠し妻。**

よ-て【因て・依て・仍て】[接続詞]「よりて」の促音便「よって」の促音「っ」が表記されない形。「よって」に同じ。

よ-と【夜音】[名詞]「よおと」の変化した語。**夜に聞こえる物音。**

よど[1]【淀・澱】[名詞]**淀み。**川などの流れが滞ること。また、その場所。[万葉集 奈良―歌集]一七一四「流るる水の岩に触れよどめる**よど**に月の影見ゆ」[訳]流れる水が岩にふれてよどむ、その**淀み**に月の光が映って見える。

淀[2] [地名]今の京都市伏見区の一地区。桂・賀茂・宇治の三河川が合流して淀川となる辺りで、古くから水運の要地であった。

淀川 [地名][歌枕]桂・賀茂・宇治の三河川に、さらに木津川が合流した川の、京都南郊から大坂湾にいたる間の呼び名。古くから京都・大坂間の水運の大動脈であった。

よ-とぎ【夜伽】[名詞]夜、そばに付き添って、話し相手になるなどして退屈を慰めること。また、その人。[去来抄 江戸―論]先師評「先師難波の病床に、人々に**よとぎ**の句をすすめて」[訳]師の芭蕉は難波の病床で、人々に**夜伽**を題とした句をすすめて。

よど-せ【淀瀬】[名詞]**水のよどんだ瀬。流れのゆるやかな浅瀬。**

よ-と-も【世と共】[連語]**いつも。常々。絶えず。**[大和物語 平安―物語]一四二「『一生に男せでやみなむ』といふことを**よとも**に言ひける」[訳]「一生結婚せずに過ごしてしまおう」ということを**いつも**言っていた。

よ-どの【夜殿・寝殿】[名詞]**寝所。寝室。**「よとの」とも。

よどみ【淀み・澱み】[名詞]❶「よど」に同じ。[方丈記 鎌倉―随筆]「**よどみ**に浮かぶうたかたは、かつ消えかつ結びて」[訳](川の)**流れが滞った所**に浮かぶ泡は一方では消え、同時に一方ではできて。❷(物事が)すらすらと進まないこと。滞ること。[烏帽子折 室町―能楽]「弁舌に**よどみ**なく」[訳]言い方に**滞り**がなく。

よど・む【淀む・澱む】[自動詞]マ四{ま/み/む/む/め/め}❶**水の流れが滞る。**[万葉集 奈良―歌集]三一「ささなみの志賀の大わだ**よどむ**とも昔の人にまたも逢はめやも」[訳]⇩ささなみのしがのおほわだ…。❷(物事が)**順調に進まない。停滞する。**[万葉集 奈良―歌集]六三〇「人言の繁きによりて**よどむ**ころかも」[訳]人のうわさがうるさいので、恋が**順調に進まない**このごろであるよ。

よ-とり【代取り・世取り】[名詞]**跡取り。**家の跡目を継ぐこと。

よ-な [間投助詞]

[なりたち]間投助詞「よ」に助詞「な」の付いたかたちが一語化したもの。

《接続》種々の語に付く。

❶〔感動〕…**だなあ。**[今昔物語 平安―説話]二八・八「木立とこそ言へ、木立と言ふらむ**よな**」[訳](世間では)木立と言っているのに、(奈良の法師たちは)木立と言っているらしい**なあ**。❷〔取り立て〕…**だな。**[徒然 鎌倉―随筆]一〇六「四部の弟子は**よな**、比丘よりは比丘尼は劣り」[訳]仏の四種の弟子(=比丘、比丘尼、優婆塞、優婆夷の四種)の中では**だな**、男の僧より女の僧は劣り。

よ-なが【夜長】[名詞]夜が長いこと。また、その時節。▼多く、秋の夜にいう。[季]秋。

よ-なが・し【夜長し】[形容詞]ク{(く)・から/く・かり/し/き・かる/けれ/かれ}**夜が長い。**[古今 平安―歌集]雑下「なよ竹の**よながき**上に初霜のおきゐて物を思ふころかな」[訳]なよ竹の長い節と節の間に初霜の置いている**夜が長い**秋の夜をずっと起きていて、物思いにふけるこのごろであるよ。

[参考]和歌では「節長し」とかけて用いることが多い。

よな-よな【夜な夜な】

[一][名詞]**毎夜。**

[二][副詞]**夜ごとに。毎夜毎夜。**[宇治拾遺 鎌倉―説話]一二・二三「**よなよな**山より、からかさ程の物の、光りて御堂へ飛び入ること侍りけり」[訳]**毎夜毎夜**山から、からかさぐらいの物が、光って御堂へ飛び入ることがございました。[対]朝な朝な。

よ-な・る*【世慣る・世馴る】[自動詞]ラ下二{れ/れ/る/るる/るれ/れよ}❶**世間の事に通じる。**[徒然 鎌倉―随筆]七八「**よなれ**ず、よからぬ人の、必ずある事なり」[訳]**世間のことに通じ**ず、教養のない人が、必ずすることである。❷**男女間の交際になれる。情事を解する。**[源氏物語平安―物語 蛍「姫君の御前にて、このよなれたる物語など、な読み聞かせ給ひそ」訳姫君の御前で、この男女の交際に慣れている人の物語など、お読み聞かせなさいますな。

よ-に【世に】副詞

❶**たいそう。非常に。まったく。**枕草子 平安―随筆 木の花は「梨の花、よにすさまじきものにして」訳梨の花は、まったくおもしろみのないものとして。

❷〔打消の語を下接して〕**決して。すこしも。断じて。**後拾遺 平安―歌集 雑二「夜をこめて鳥の空音ははかるともよに逢坂の関はゆるさじ」訳⇩よをこめて…。

よ-に-あ・ふ【世に逢ふ】連語 **時勢にうまく合う。世に用いられて思いどおりになる。**大鏡 平安―物語 道隆「まことに、よにあひてはなやぎ給へりし折」訳まことに時勢にうまく合って栄えていらっしゃったとき。

よ-に-あまさ-・る【世に余さる】連語 **世間から取り残される。**方丈記 鎌倉―随筆「時を失ひ、よにあまされて期するところなきものは、愁へながらとまりをり」訳栄達の時機を失し、世間から取り残されて、あてにするところのない人は、ぼやきながらじっとしている。

よ-に-あら-じ【世に有らじ】連語 **まったくあるまい。**大鏡 平安―物語 師尹「このきこゆることどもにや、とおぼせど、のかせ給ふ事はさりともよにあらじ」訳こうして世間で噂していること(＝東宮の退位のことなど)なのだろう、とお思いになられるが、(東宮を)御退位なさることはいくら何でもまったくあるまい。

よ-に-あ・り【世に有り】連語 ❶**この世にいる。生きている。**竹取物語 平安―物語 仏の御石の鉢「この女見ではよにあるまじき心地のしければ」訳(石作りの皇子は)この女(＝かぐや姫)と結婚しないでは、生きていられそうもない気持ちがしたので。❷**世に認められている。時めいている。**鉢木 室町―能楽 謡曲「ああ降ったる雪かな。いかによにある人の、おもしろう候ふらん」訳ああ、ひどく降った雪だなあ。世に認められている人は、どんなにかおもしろく眺めているだろう。

よ-に-い・づ【世に出づ】連語 ❶**世間に出る。官職につく。**更級 平安―日記 鏡のかげ「老い衰へてよにいで交じらひしはをこがましく見えしかば」訳年をとり弱って世間に出て交際することはさしでがましく見えたので。❷**出世する。**平家物語 鎌倉―物語 一二・紺掻之沙汰「もしよにいでてたづねらるることもこそあれ」訳もしかすると出世してお探しになることがあるかもしれない。

よ-に-しら-・ず【世に知らず】連語

なりたち 名詞「よ」＋格助詞「に」＋動詞「しる」の未然形＋打消の助動詞「ず」

世の中でほかに例がない。比べるものがない。源氏物語 平安―物語 須磨「『釈迦牟尼仏の弟子』と名のりて、ゆるるかによみ給へる。またよにしらず聞こゆ」訳「釈迦牟尼仏の弟子」と名のり、経文をゆったりとおよみになる。それはまたほかに比べるものがなく(美しく)聞こえる。

よ-に-な・し【世に無し】連語

なりたち 名詞「よ」＋格助詞「に」＋形容詞「なし」

❶**この世にはいない。**源氏物語 平安―物語 若紫「故按察大納言は、よになくて久しくなり侍りぬれば」訳亡き按察大納言は、この世にいなくなって久しくなっていましたので。❷**この世に例がない。世にまたとない。**竹取物語 平安―物語 かぐや姫の生ひ立ち「この児のかたちけうらなる事よになく」訳この子(＝かぐや姫)の容貌の清らかで美しいことといったら世にまたとなく。❸**世に時めいていない。身分が低い。**平家物語 鎌倉―物語 一〇・横笛「出仕なんどをも心やすうせさせんとすれば、よになき者を思ひそめて」訳宮仕えなども心やすくさせようとするのに、身分の低い者を好きになって。

よ-に-に-・ず【世に似ず】連語

なりたち 名詞「よ」＋格助詞「に」＋動詞「にる」の未然形＋打消の助動詞「ず」

世間に類がない。たとえようもなくすばらしい。竹取物語 平安―物語 御門の求婚「かぐや姫、かたちのよににずめでたきことを、御門きこしめして」訳かぐや姫の容貌が世間に類がなく美しいことを、帝がお聞きあそばして。

よ-に-・ふ【世に経】連語

なりたち 名詞「よ」＋格助詞「に」＋動詞「ふ(経)」

❶**この世で月日を送る。生きながらえる。**蜻蛉 平安―日記 上「とにもかくにもつかで、よにふる人ありけり」訳あちこうも、どっちつかずで(態度が)決まらないで月日を送る人がいた。❷**男女の情がわかるようになる。色気づく。**後撰 平安―歌集 恋五「なびく方ありけるものをなよ竹の(＝枕詞)よにへぬものと思ひけるかな」訳心を寄せる人があったのに男女の情がわからないものと思っていたよ。❸**俗人として世を過ごす。**源氏物語 平安―物語 若菜上「よにへし時だに、人に似ぬ心ばへになり」訳俗人として世を過ごしていたときさえも、他人とはちがった性格で。

よ-に-ふ・る【世に旧る】連語

なりたち 名詞「よ」＋格助詞「に」＋動詞「ふる」

❶**世間で珍しくなくなる。周知のこととなる。**源氏物語 平安―物語 朝顔「ひととせ、中宮の御前に、雪の山つくられたりし、よにふりたる事なれど」訳先年、中宮の御殿の前庭に雪の山を作られたことは世間では珍しくなくなったことだけれど。❷**以前に結婚したことがある。**源氏物語 平安―物語 蜻蛉「あやしき女、よにふりたるなどを、持ち居るたぐひ多かり」訳身分の低い女や以前に結婚したことのあった女などを妻にしているような人々が多い。

よに-も【世にも】副詞 ❶**極めて。いかにも。**平家物語 鎌倉―物語 二・少将乞請「宰相よにも心苦しげにて」訳宰相はいかにもつらそうで。❷〔打消の語を下接して〕**決して。断じて。**万葉集 奈良―歌集 三〇八四「よにも忘れじ妹が姿は」訳決して忘れないだろうあなたの姿は。

◆副詞「よに」に係助詞「も」を付けて、意味を強めた語。

よに-よに【世に世に】副詞 **きわめて。この上なく。**宇治拾遺 鎌倉―説話 九・一「よによにねむごろにもてなして」訳この上なくていねいにもてなして。◆副詞「よに」を重ねて意味を強めた語。

よね【米】名詞 ❶**米。**土佐日記 平安―日記 一・一四「よね・酒、しばしばくる」訳米・酒をしばしば与える。❷**八十八歳。米寿。**▼「米」の字を分解すると「八十八」

よ

になるところから。

よ-の【世の】連語 ❶世間の。❷世にまたとない。この上ない。源氏物語 平安―物語 若紫「よのひがもの」訳世にまたとないひねくれ者。

***よ-の-おぼえ**【世の覚え】連語 世間の評判。源氏物語 平安―物語 桐壺「よのおぼえはなやかなる御方々にも劣らず」訳世間の評判がはなやかな御方々にも見劣りすることなく。

よ-の-おもし【世の重し】連語 国家を支える人。国家の重鎮。

よ-の-かぎり【世の限り】連語 ❶命ある限り。死ぬまで。「世の悉(ことごと)」とも。❷最期。臨終。

よ-の-かため【世の固め】連語 国家を治めること。また、その人。

***よ-の-きこえ**【世の聞こえ】連語 世間の評判。伊勢物語 平安―物語 五「二条の后(きさき)に忍びて参りけるを、よのきこえありければ」訳二条の后のもとに忍んで行ったのを、世間の評判が立ったので。

¹よ-の-ことごと【世の悉】連語「よのかぎり❶」に同じ。

²よ-の-ことごと【夜の悉】連語 夜通し。一晩じゅう。万葉集 奈良―歌集 一五五「夜はもよのことごと、昼は日のことごと」訳夜は夜通し、昼は一日中。

よ-の-さが【世の性】連語 この世のならい。世の常。源氏物語 平安―物語 葵「後れ先立つ程の定めなさは、よのさがと見給(たま)へ知りながら」訳一方が死に他方が生き残るという具合の(命の)定めなさは、この世のならいと承知しておりますが。

よ-の-しれもの【世の痴れ者】連語 大変な愚か者。世にも珍しいばか者。徒然 鎌倉―随筆 四一「よのしれものかな。かく危(あや)ふき枝の上にて、安き心ありてねぶるらんよ」訳大変な愚か者だ。このように危ない枝の上で、よくも安心して眠っていられるものだな。

世之介(よのすけ) 人名『好色一代男』の作中人物。生野(いくの)の銀山の富豪夢介(ゆめすけ)と、京都の名高い遊女との間に生まれた。七歳で恋心を起こし、放蕩(ほうとう)の末十九歳で全国好色の旅に出る。大尽(だいじん)遊びをし尽くして、六十歳で女護島(にょごがしま)に船出、行方不明となる。

よ-の-すゑ【世の末】(ヨノスエ) 連語 ❶末世(まっせ)。仏法が衰え、道徳も人情もすたれる世。徒然 鎌倉―随筆 一一九「かやうの物も、よのすゑになれば、上(かみ)さままでも入(い)りたつわざにこそ侍(はべ)れ」訳このような物も末世になると、上流社会にまで入りこむことでございます。❷晩年。源氏物語 平安―物語 朝顔「よのすゑに、さだ過ぎ、つきなき程にて」訳晩年に、盛りがすぎ、不似合いな年で。❸後世。後代。大鏡 平安―物語 基経「よのすゑになるままに、まさる事のみ出(い)でまうでくるなり」訳後世になるにつれて、すぐれたことだけが出てまいりました。

よ-の-たとひ【世の譬ひ】(ヨノタトイ) 連語 世間での言いぐさ。引き合いに出されるたとえ話。源氏物語 平安―物語 朝顔「ありつる老いらくの心げさうも、よからぬもののよのたとひとか」訳さっきの老女の心づくろいも、見苦しいものとしての世間での言いぐさになるとか。

***よ-の-ためし**【世の例】連語 ❶世のならわし。世間のしきたり。徒然 鎌倉―随筆 一三七「目の前にさびしげになりゆくこそ、よのためしも思ひ知られてあはれなれ」訳見る見る寂しくなっていくのは、世のならわしも思い知らされてしみじみとする。❷後世の人々の語りぐさ。前例。源氏物語 平安―物語 桐壺「よのためしにもなりぬべき御もてなしなり」訳後世の人々の語りぐさにもなりそうなご寵愛(ちょうあい)である。

よ-の-つね【世の常】連語 ❶世間並み。普通。徒然 鎌倉―随筆 一四二「衣食よのつねなる上に、僻事(ひがこと)せん人をぞ、まことの盗人とはいふべき」訳衣食が世間並みであるうえに、悪事をするような人を本当の盗人ということができる。❷言うもおろか。当たり前過ぎる表現。枕草子 平安―随筆 一条の院をば今内裏とぞいふ「なほいみじうめでたしと言ふもよのつねなり」訳なんといってもほんとうにすばらしいと言うのも当たり前すぎる表現である。

***よ-の-つね-なら-ず**【世の常ならず】連語 並々でない。並みひと通りでない。源氏物語 平安―物語 紅葉賀「朱雀院(すざくゐん)の行幸(ぎゃうがう)は神無月(かんなづき)の十日あまりなり。よのつねならず、おもしろかるべきたびのことなりければ」訳朱雀院への(桐壺帝(きりつぼのみかど)の)行幸は十月の十日過ぎである。並々でなく、すばらしいと期待されるこのたびのお催しであったので。

よ-の-なか【世の中】名詞

❶人の一生。万葉集 奈良―歌集 一四一〇「よのなかはまこと二代(ふたよ)は行かざらし」訳人の生涯はほんとうに二度とはないようだ。

❷現世。この世。万葉集 奈良―歌集 七九三「よのなかは空(むな)しきものと知る時し」訳⇩よのなかはむなしきものと…。

❸(天皇の)治世。政治。源氏物語 平安―物語 澪標「よのなか改まりて、ひきかへ今めかしき事ども多かり」訳治世が変わって、ひきかえ当世風なことが多い。

❹世間。社会。世の中。古今 平安―歌集 春上・伊勢物語 平安―物語 八二「よのなかにたえてさくらのなかりせば」訳⇩よのなかにたえてさくらの…。

❺世情。世間の情勢。世間の出来事。枕草子 平安―随筆 胸つぶるるもの「よのなかなどさわがしと聞こゆるころは」訳(悪疫流行の)世情などが騒がしく評判されるころは。

❻世評。世間の評判。世間の人気。大鏡 平安―物語 兼通「父殿うせたまひにしかば、よのなかおとろへなどして」訳父の殿がお亡くなりになったので、世の評判もだんだん下降気味になったりして。

❼身の上。境遇。源氏物語 平安―物語 梅枝「親なくてよのなかかたほにありとも」訳親がなくて身の上が不十分であるとしても。

❽男女の仲。夫婦の仲。伊勢物語 平安―物語 一〇二「歌はよまざりけれど、よのなかを思ひしりたりけり」訳歌は詠まなかったが、男女の仲のことについてはよくわきまえていた。

❾周囲の状況。

❿世間一般。世の常。

よのなか-ごこち【世の中心地】名詞 流行病。疫病。「よのなかここち」とも。

よのなか-さわが・し【世の中騒がし】連語 悪性の伝染病が流行して、世の中が落ち着かない。栄花物語 平安―物語 見果てぬ夢「今年よのなかさわがしう、春よりわづらふ人々多く」訳今年は伝染病が流行して世の中が落ち着かなく、春以来病みわづらう人々が多く。更級 平安—日記 その春「その春、よのなかいみじうさわがしうて、松里のわたりの月かげあはれに見し乳母も三月ついたちになくなりぬ」訳その年の春は、伝染病がひどく流行して、松里の渡し場で月に照らされた姿をしみじみと見たあの乳母も、三月一日に亡くなってしまった。◇「さわがしう」はウ音便。

[1]**よのなかに…** 和歌「世の中に 思ひやれども 子を恋ふる 思ひにまさる 思ひなきかな」土佐日記 平安—日記 一二・一一 訳世の中にある嘆きや悲しみを思ってみるけれど、亡き子をなつかしく思って嘆き悲しむ親の思いにまさる思いはないものだよ。参照▶文脈の研究

[2]**よのなかに…** 和歌「世の中に さらぬ別れの なくもがな 千代もと祈る 人の子のため」伊勢物語 平安—物語 八四 訳この世に避けられない死別などなければよいのに。母に千年も生きてほしいと祈る子のために。

鑑賞『伊勢物語』の和歌は、別居している母からの歌「老いぬればさらぬ別れのありといへばいよいよ見まくほしき君かな」〈⇩おいぬれば…。〉に対する返歌で、親を思う子の情愛がこもった歌である。『古今和歌集』には、第四句が「千代もと嘆く」となって在原業平の歌として載る。

[3]**よのなかに…** 和歌「世の中に たえて桜の なかりせば 春の心は のどけからまし」古今 平安—歌集 春上・在原業平 伊勢物語 平安—物語 八二 訳世の中に、まったく桜がなかったとしたら、春のころの人々の心はのんびりした気分であったろうに。

鑑賞 作者は、のんびりした気分にさせてくれない桜が嫌いなのではなく、桜への愛情が深いからこそ、美しく咲きはかなく散る桜を惜しんでいる。それを、反実仮想の「…せば…まし」を用いて屈折した理知的な表現で表している。

[1]**よのなかは…** 和歌 百人一首「世の中は 常にもがもな 渚漕ぐ 海人の小舟の 綱手かなしも」新勅撰 鎌倉—歌集 羇旅・源実朝 訳世の中は、いつまでも変わらないものであってほしいなあ。渚を漕いでゆく漁師の小舟の引き綱を引くようすは、しみじみと趣が深いよ。

鑑賞 本歌は『古今和歌集』東歌「陸奥はいづくはあれど塩竈の浦漕ぐ舟の綱手かなしも」。しみじみと世の無常を深く嘆じた歌。

[2]**よのなかは…** 和歌「世の中は 何か常なる 飛鳥川 昨日の淵ぞ 今日は瀬になる」古今 平安—歌集 雑下・よみ人知らず 訳この世の中は、いったい何が不変であろうか。何一つ不変なものはない。飛鳥川は、昨日淵であった所が、今日は瀬になっている。

鑑賞「飛鳥川」の「あす」は「明日」をかけて「昨日」「今日」の縁語となっている。末尾の「なる」は係助詞「ぞ」の結びで、動詞「なる」の連体形。

[3]**よのなかは…** 和歌「世の中は 空しきものと 知る時し いよよますます 悲しかりけり」万葉集 奈良—歌集 七九三・大伴旅人 訳この世はむなしいものだと悟ったときに、私はさらにいっそう、悲しいことよ。

鑑賞 大宰府に赴任して間もなく妻を亡くすなどのことがあり、それらの凶報が都から届いたようで、この世の無常をひしひしと感じて詠んだものであろう。凶事弔問の使者に与えた謝辞に添えた一首。

よのなかよ… 和歌 百人一首「世の中よ 道こそなけれ 思ひ入る 山の奥にも 鹿ぞ鳴くなる」千載 鎌倉—歌集 雑中・藤原俊成 訳世の中よ、(つらさから)逃避する道はないのだなあ。思いつめて分け入ったこの山奥にも、「その通りだ」とばかりに悲しげに鹿が鳴いているよ。

鑑賞「鹿」と「然」は掛け詞。

よのなかを… 和歌「世の中を 憂しとやさしと 思へども 飛び立ちかねつ 鳥にしあらねば」万葉集 奈良—歌集 八九三・山上憶良 訳世の中を、つらい、身も細るほどだと思うけれども、飛び立ってどこかへ行ってしまうこともできない。鳥ではないのだから。

鑑賞 長歌「貧窮問答の歌」の反歌。あきらめの気持ちが述べられている。

*__よ-は__【夜半】ワヨ 名詞 夜。夜中。新古今 鎌倉—歌集 雑上「めぐり逢ひて見しやそれとも分かぬ間に雲隠れにしよはの月影」訳⇩めぐりあひて…。

よ-はう【四方】ヨホウ 名詞 四角。方形。◆「よほう」と表記されることが多い。

よばう〘呼ばう〙⇩よばふ

よ-ばな・る【世離る】自動詞 ラ下二｛れ／れ／る／るる／るれ／れよ｝俗世間を遠く離れる。更級 平安—日記 足柄山「葵のただ三筋ばかりあるを、よばなれてかかる山中にしも生ひけむよと、人々あはれがる」訳葵がほんの三本ほどあるのを、俗世間を遠く離れてこのような山の中にも生えるのだなあと、人々はしみじみとする。

よは-の-けぶり【夜半の煙】ヨワノケブリ 連語 夜に立ちのぼる煙。火葬の煙をいう場合が多い。栄花物語 平安—物語 ゆふしで「日の本を照らしし君が岩蔭のよはのけぶりとなるぞ悲しき」訳日本の国を照らした(＝治めた)天皇が、岩かげで夜半の火葬の煙になるのは悲しいことだ。

*__夜半の寝覚__ ヨワノネザメ ⇩夜の寝覚

よはひ【齢】ヨワイ 名詞 ❶年齢。年ごろ。古今 平安—歌集 春上「年経ればよはひは老いぬしかはあれど花をし見れば物思ひもなし」訳⇩としふれば…。❷寿命。源氏物語 平安—物語 若紫「いみじう世の憂へ忘れ、よはひ延ぶる、人の御有り様なり」訳ほんとうに世のつらさを忘れ、寿命がのびる(気持ちにさせてくれる)、人(＝源氏)のごようすである。

よばひ【呼ばひ・婚ひ】ヨバイ 名詞 ❶求婚。男が女に言い寄ること。万葉集 奈良—歌集 二九〇六「他国によばひに行きて」訳他国に求婚に行って。❷(男が)女の寝所に忍んで行くこと。妻問い。◇「夜這ひ」とも書く。

よばひ-ぼし【婚ひ星・夜這ひ星】ヨバイボシ 名詞 流れ星。流星。季秋。

よば・ふ【呼ばふ】ヨバウ―ヨボウ 他動詞 ハ四｛は／ひ／ふ／ふ／へ／へ｝

❶呼び続ける。何度も呼ぶ。宇治拾遺 鎌倉—説話 九・一「後ろよりよばひて、馬を馳せて来る者あり」訳後ろから呼び続けて、馬を走らせて来る者がいる。❷言い寄る。求婚する。伊勢物語 平安—物語 六「昔、男ありけり。女のえ得まじかりけるを、年を経てよばひわたりけるを」訳昔、ある男がいた。女で男が手に入れることができそうもなかった人を、何年も言い寄り続けていたの

文脈の研究　子を恋ふる思ひにまさる思ひなきかな

『土佐日記』の「世の中に思ひやれども」の和歌は、一月十一日の条、次のような文脈の中に見える。

この、羽根といふところ問ふ童のついでにぞ、また、昔へ人を思ひ出でて、いづれの時にか忘るる。今日はまして、母の悲しがらるることは。下りし時の人の数足らねば、古歌に「数は足らでぞ帰るべらなる」といふことを思ひ出でて、人のよめる、

「羽根」という地の名にふれたこどものことばを聞いたその折　亡くなったわが子のことを思い出して　いったいいつになったら　忘れることが出来ようかと思う　この日は、特に　亡児の母　親の悲しみなさることはひととおりでない　人数が足りなくなって帰京するようだ　という表現を思い出して　ある人が(みんなに代わって)詠んだ歌は

世の中に思ひやれども子を恋ふる思ひにまさる思ひなきかな

といひつつなむ。

などと言い言いして日を暮らしたことだ

世の中のあらゆる思いのうちで、わが子、特に亡くなった子を恋い思うほど痛切な思いはないのだという言明につながる心情は、このの ち、「昔へ人の母」の心の表明として、住吉のあたりを漕行しつつ京が近づいた二月五日の条にも、次のように見える。

また、住吉のわたりをこぎゆく。ある人のよめるうた、

住吉のあたりを漕ぎ行く

今見てぞ　身をば知りぬる　住江の　松より先に　われは経にけり

しみじみとわが身の程をば知ったことだ　年久しいものの例にひかれる住の江の松でさえまだ青々としているのに　自分ははや白髪となって松より先に老いてしまっていることだなあ

ここに、昔へ人の母、一日、片時も忘れねばよめる、

片時も(亡児を)忘れることがないので詠んだ歌

住江に　船さし寄せよ　忘れ草　しるしありやと　摘みて行くべく

住の江の岸に船をさし寄せてください　忘れ草がほんとうにその名の通り、亡き児を忘れるというききめがあるかどうか　摘み取ってためして行きたいから

なお、このふたつの条に見える「昔へ人」は、多くの古典文学作品のうち、この『土佐日記』にだけ二例用いられている珍しい語。ともに、失った女児を指して用いられている。参照▶ むかしへびと(昔へ人)。

なお、このような亡児への追惜の念の表明は、この作品の諸条を貫いている。冒頭ちかくには、十二月二七日条に、

かくあるうちに、京にて生まれたりし女子、国にてにはかに失せにしかば、この頃の出で立ちいそぎを見れど、何事も言はず、京へ帰るに、女子の亡きのみぞ悲しび恋ふる。在る人びともえ堪へず。この間に、ある人の書きて出だせる歌、

こうしたことがいろいろあった中でも特に　任地で急死したので　出発のための準備を見ても　女の子がいないことばかりを悲しみ慕っている　そこに居合わせた人々も(悲しみを)堪えることができない

都へと　思ふものの　悲しきは　帰らぬ人の　あればなりけり

いよいよ都へ帰るのだと思うのに　何かにつけてもの悲しい思いのするのは　一緒に都へ帰らぬ亡き児がいるからだったのですね

また、ある時には、

あるものと　忘れつつ　なほ亡き人を　いづらと問ふぞ　悲しかりける

まだ生きているものと思って　またしても亡き児を「あの子はどこにいるの？」と尋ねたりするのが　うっかり死んでしまったことを忘れては　いかにも悲しいことですよ

と言ひける間に、

と見え、終末部の二月十六日には、

思ひ出でぬことなく、思ひ恋しきがうちに、この家にて生まれし女子の、もろともに帰らねば、いかがは悲しき。船人もみな、子たかりてののしる。かかるうちに、なほ悲しきに堪へずして、ひそかに心知れる人と言へりける歌、

(亡児を)思い出さぬ時とてなく　思い慕われるのに　一緒に帰らなかったのは　どれほど悲しいことか　子供たちも寄り集まって騒いでいる　そのように　一層悲しみが募り堪えられなくて　ひっそりと心を分けた人と語りあった歌は

生まれしも　帰らぬものを　わが宿に　小松のあるを　見るが悲しさ

この家で生まれた子さえも　あちらで死んで一緒には帰って来ないのに　留守の間に新しく生えた小松があるのを見るのがいかにも悲しいことだ

とぞ言へる。なほ飽かずやあらむ、また、かくなむ。

それでもまだ満足できなかったのだろうか

見し人の　松の千年に　見ましかば　遠く悲しき　別れせましや

死んだあの子が　千年も経るという松のように、いつまでも生きながらえていて　常に身近に見ることができるのだったならば　どうして遠い土佐の国で、あのような永遠の悲しい別れをすることがあっただろうか、そんな筈はなかったのに

忘れ難く、口惜しきこと多かれど、え尽くさず。

忘れられない残念なことが沢山あるけれど　とても書き切れない

のように見える。

を。◇「婚ふ」とも書く。参考 元来は動詞「よぶ」の未然形に、反復継続の助動詞「ふ」が付いた語だが、平安時代には一つの語(動詞)として用いられるようになった。

よ*ひ【宵】イヨ 名詞 晩。また、夜に入って間もないころ。夜の時間区分で、「ゆふべ」の次の段階。日没から夜半ごろまでをさす。古今 平安―歌集 夏「夏の夜はまだよひながら明けぬるを雲のいづこに月宿るらむ」訳⇩なつのよは…。

よび-あ・ぐ【呼び上ぐ】他動詞 ガ下二 {げ/げ/ぐ/ぐる/ぐれ/げよ} 呼び寄せる。呼びつける。更級 平安―日記 春秋のさだめ「にげ入りて、局なる人々よびあげなどせむもみぐるし」訳逃げ込んで局にいる人たちを呼び寄せなどするのもみっともない。

よび-おろ・す【呼び下ろす】他動詞 サ四 {さ/し/す/す/せ/せ} (高貴な所から)呼び寄せる。呼んで退出させる。枕草子 平安―随筆 かしこきものは「強ひてよびおろして臥したるに」訳無理やり(妻を局に)呼び寄せて寝ていると。

よび-ぐ・す【呼び具す】他動詞 サ変 {せ/し/す/する/すれ/せよ} 呼び寄せて連れ立つ。宇治拾遺 鎌倉―説話 一四・二「法師ばらよびぐして来」訳法師どもを呼び寄せて連れて来なさい。

よび-す・う【呼び据う】他動詞 ワ下二 {ゑ/ゑ/う/うる/うれ/ゑよ} 呼んで座らせる。竹取物語 平安―物語 蓬萊の玉の枝「かのうれへをしたる匠をば、かぐや姫よびすゑて」訳あの訴えをした職人を、かぐや姫は呼んで座らせて。

よび-た・つ【呼び立つ】他動詞 タ下二 {て/て/つ/つる/つれ/てよ} ❶声を張りあげて呼ぶ。呼び立てる。万葉集 奈良―歌集 四三二〇「大夫のよびたてしかば」訳勇ましい男たちが(牡鹿を)声を張りあげて呼んだので。❷呼び寄せる。義経記 室町―物語 六「よびたて申す事は別の仔細になし」訳呼び寄せ申し上げたのは特別のわけではない。

よ-ひと【世人】名詞 ❶この世の人。世間の人。古今 平安―歌集 恋三「かきくらす心の闇にまどひにき夢現とはよひと定めよ」訳悲しみにくれる心の迷いに途方にくれてしまった。あれは夢なのか現実なのかは世間の人よ、決めてくれ。❷世間並みの人。普通の人。伊勢物語 平安―物語 二「その女、よひとにはまされりけり」訳その女は、世間並みの人以上に(容貌が)すぐれていた。◆「世の人」とも。

よ*-ひとよ【夜一夜】名詞 夜通し。一晩じゅう。▼副詞的に用いる。枕草子 平安―随筆 九月ばかり、夜一夜「九月ばかり、よひとよ降り明かしつる雨の、今朝はやみて」訳九月のころ、夜通し降っていた雨が、今朝はやんで。

よび-とよ・む【呼び響む】
一 自動詞 マ四 {ま/み/む/む/め/め} 呼び声が響く。古今 平安―歌集 墨滅歌「あしひきの(=枕詞)山の山びことなって呼び声が響くのである。
二 他動詞 マ下二 {め/め/む/むる/むれ/めよ} 呼び声を響かせる。万葉集 奈良―歌集 一〇五〇「秋されば山もとどろにさ男鹿は妻よびとよめ」訳秋になると山もとどろくばかりに男鹿は妻を呼ぶ声を響かせ。

よび-と・る【呼び取る】他動詞 ラ四 {ら/り/る/る/れ/れ} そば近くに呼び寄せる。竹取物語 平安―物語 蓬萊の玉の枝「翁をよびとりて言ふやう」訳(かぐや姫が)翁を呼び寄せて言うことには。

よひ-まどひ【宵惑ひ】ヨイマドイ 名詞 夜の早いころから眠たがること。また、その人。「夕惑ひ」「宵寝惑ひ」とも。

よひ-やみ【宵闇】ヨイヤミ 名詞 月がまだ出ない宵の間の暗やみ。また、その時分。特に、陰暦十六日から二十日ごろまでの宵の暗やみ。季 秋。

よひ-よひ【宵宵】ヨイヨイ 名詞 多くの宵。宵ごと。毎晩。古今 平安―歌集 恋三・伊勢物語 平安―物語 五「人しれぬわが通ひ路の関守はよひよひごとにうちも寝ななむ」訳⇩ひとしれぬ…。

よひ-ゐ【宵居】ヨイイ 名詞 宵に起きていること。また、その時。更級 平安―日記 かどで「つれづれなる昼間、よひゐなどに」訳することもなく所在ない昼間、宵に起きているときなどに。

よ*・ぶ【呼ぶ】他動詞 バ四 {ば/び/ぶ/ぶ/べ/べ} ❶呼ぶ。更級 平安―日記 大納言殿の姫君「『をぎの葉、をぎの葉』とよばすれど」訳「荻の葉(=女性の名)、荻の葉」と供の者に呼ばせたが。❷招く。招いてごちそうする。徒然 鎌倉―随筆 二一五「最明寺の入道、ある宵の間によばるることありしに」訳最明寺の入道がある宵のうちに、招かれたことがあったが。❸名付ける。称する。笈の小文 江戸―紀行 俳文・芭蕉「旅人と我が名よばれん初時雨―芭蕉」訳⇩たびびとと…。

よ-ぶか・し【夜深し】形容詞 ク {(く)・から/く・かり/し/き・かる/けれ/かれ} まだ暗い早朝だ。深夜だ。枕草子 平安―随筆 鳥は「よぶかくうち出でたる声の、らうらうじう愛敬づきたるいみじう心のあくがれ、せんかたなし」訳まだ暗い早朝に(ほととぎすの)鳴き出した声の、気品があって美しく魅力があるのは、ひどく心がそわそわして、どうしようもない。

よぶこ-どり【呼子鳥・喚子鳥】名詞 鳥の名。人を呼ぶような声で鳴く鳥。かっこうの別名か。「古今伝授」で、「稲負鳥」「百千鳥」とともに三鳥の一つ。

よ-べ【昨夜】名詞 昨夜。ゆうべ。夜半から夜明け前までの時点では、それまでに過ぎた夜分をいい、夜明け以後の時点では、その夜明けまでの一晩をいう。「ようべ」「よんべ」とも。

よ-ほう[1]【四方】名詞 ⇩よはう

よほろ【丁】ヨホロ―ヨオロ 名詞 奈良時代以前、広く公用の夫役(=労力を徴用する課役)の対象となった、二十一歳から六十歳までの男子。律令制での「丁」も「よほろ」ということがある。◆本来は「膕」の意で、脚力を要したことからいう。後に「よぼろ」とも。

よほろ[2]【膕】ヨホロ―ヨオロ 名詞 膝の裏側のくぼんだ部分。ひかがみ。◆後に「よぼろ」とも。

よほろ-すぢ【膕筋】ヨホロスジ―ヨオロスジ 名詞 膝の裏側のくぼんだ部分にある大きな筋肉。

よみ【黄泉】名詞 死者が行って住む地下の世界。あの世。黄泉。黄泉の国。黄泉つ国。

よみ-いだ・す【詠み出だす】他動詞 サ四 {さ/し/す/す/せ/せ} 和歌を作って示す。枕草子 平安―随筆 五月の御精進のほど「みな人々よみいだして、よしあしなどさだめらるるほどに」訳人々はみな和歌を作って示して、上手下手などをお決めになっている間に。

よみ-か・く【詠み掛く・読み掛く】他動詞 カ下二

る。〔け/け/く/くる/くれ/けよ〕❶相手に和歌を作って贈り、返歌を求める。歌いかける。[源氏物語 平安―物語]帚木「すさまじきをりをり、よみかけたるこそ、ものしきことなれ」[訳]興がのらない折々に歌いかけてくるのは、不愉快なものです。❷相手に読み聞かせる。呪文などを唱える。[今昔物語 平安―説話]二四・一九「その所に船を浮かべて、海の上に物を書きて、物をよみかけて」[訳]その場所に船を浮かべて、海の上に字を書いて、(その)字に呪文を唱えて。❸読みさしにする。[太平記 室町―物語]五「人のよみかけておきたる大般若の唐櫃三つあり」[訳]人が読みさしにしておいてある大般若経の唐櫃が三つある。

よみ-がへ・る【蘇る】ヨミガエル [自動詞]ラ四〔ら/り/る/る/れ/れ〕**生き返る。蘇生する。**[源氏物語 平安―物語]夕顔「忌むことのしるしによみがへりてなむ」[訳](出家し)仏の定めた戒律を受けたおかげで生き返ったということだ。◆「黄泉」から帰るの意。

よみ-ぢ【黄泉・黄泉路】ヨミジ [名詞]❶**黄泉に行く道。**冥土へ行く道。❷「よみ」に同じ。

よみ-びと【詠み人・読み人】[名詞]和歌などの作者。詠者。

よみびと-しら-ず【詠み人知らず・読み人知らず】[連語]

[なりたち]名詞「よみびと」+動詞「しる」の未然形+打消の助動詞「ず」

和歌の撰集などで、作者が不明であることを表す語。『古今和歌集』以後の語で、本当に不明である場合と、作者がわかっていても事情があって明らかにしなかった場合とがある。

読本 [文芸]挿し絵中心の草双紙に対して、読む文章を主とした本の意。江戸時代後期の小説の一種。中国の口語体小説の影響を受けて生まれた伝奇小説で、史伝・実録・伝説などに取材して和漢混交・雅俗折衷の文体で書かれ、勧善懲悪・因果応報の思想が中心となっている。上田秋成の『雨月物語』や、滝沢馬琴の『椿説弓張月』『南総里見八犬伝』などが名高い。

よ・む [他動詞]マ四〔ま/み/む/む/め/め〕

㊀【読む】❶**順に数える。数を数える。**[万葉集 奈良―歌集]四四九二「月よめばいまだ冬なり」[訳]月日を数えると、まだ冬である。❷**声に出して唱える。**[紫式部 平安―日記]消息文「内裏の上の、源氏の物語、人によませ給ひつつ聞こしめしけるに」[訳]天皇様が、『源氏物語』をだれかに声を出して唱えさせになられながら、それをお聞きになったときに。◇「誦む」とも書く。

㊁【詠む】**和歌を作る。詩歌を作る。**[伊勢物語 平安―物語]九「かきつばたといふ五文字を句の上にすゑて、旅の心をよめ」[訳]かきつばたという五文字を句のはじめに置いて、旅における感慨を和歌に作れ。

よ-め【夜目】[名詞]夜、見ること。また、夜、物を見る目。[万葉集 奈良―歌集]一八四五「春日山霞たなびくよめに見れども」[訳]春日山はかすみがたなびいている、夜の目にも見えるほどに。

よ-も[1]【四方】[名詞]❶**東西南北。前後左右。**四方。❷**あたり一帯。いたるところ。**

よも[2] [副詞]

〔多く、打消推量の助動詞「じ」を下接して〕**いくらなんでも。まさか。よもや。**[枕草子 平安―随筆]かへる年の「よも起きさせ給はじとて、臥しはべりにき」[訳](寝ていらしたので)まさかお起きにならないだろうと、(私も)寝てしまいました。

「よも」と打消推量の呼応
よもあらじ。(打消推量)
(まさかあるまい。)

よも-あら-じ [連語]

[なりたち]副詞「よも」+ラ変動詞「あり」の未然形+打消推量の助動詞「じ」

まさか、あるまい。決して、ないだろう。[徒然 鎌倉―随筆]七三「『よもあらじ』など言ふもせんなければ」[訳]「(そんなことは)まさかあるまい」などと言ったとしてもしかたがないので。

よもぎ【蓬・艾】[名詞]❶野草の名。若葉は食用に、生長した葉の裏の綿毛は灸のもぐさとして用いる。荒廃した住居を描写する際の代表的な雑草の一つともされている。[季]春。❷襲の色目の一つ。表は萌葱、裏は濃い萌葱。一説に、表は白、裏は青とも。五月に用いる。

よもぎ-が-そま【蓬が杣・艾が杣】[名詞]よもぎが一面に生い茂って、杣山(=植林した山)のようになっている所。荒れ果てた家をいい、また、自分の家を謙遜していう。[後拾遺 平安―歌集]秋上「鳴けや鳴けよもぎがそまのきりぎりす」[訳]⇩なけやなけ…。

よもぎ-の-や【蓬の矢】[連語]よもぎの葉で作った矢。男児誕生の折、邪気を払うために天地四方を射る儀式で用いた。

よもぎ-ふ[*]【蓬生】ヨモギウ [名詞]**草深い荒れた所。**よもぎなどの雑草が生い茂っている所。[源氏物語 平安―物語]桐壺「かかる御使ひの、よもぎふの露分け入り給ふにつけても、いと恥づかしうなむ」[訳]このような御使いが、草深い荒れた所にお入りになるにつけても、ほんとうに恥ずかしく思います。

よ-も-すがら[1]【夜もすがら】[副詞]**夜通し。一晩じゅう。**[孤松 江戸―句集]俳文「名月や池をめぐりてよもすがら―芭蕉」[訳]⇩めいげつやいけをめぐりて…。◆「すがら」はその間ずっとの意の接尾語。

よもすがら…[2] [俳句]「よもすがら 秋風聞くや 裏の山」[奥の細道 江戸―紀行]全昌寺・曾良[訳]師の芭蕉と別れ一人旅になった寂しさに、床に入っても一晩中眠れず、裏山を吹き抜ける秋風の音を聞いて夜を明かしたことだ。

[鑑賞]腹を病んだ曾良は、加賀の国(石川県)山中温泉で師の芭蕉と別れ、先に同地の全昌寺に宿泊してその寂しい思いを句に託した。季語は「秋風」で、季は秋。

よもすがら…[3] [和歌][百人一首]「夜もすがら 物思ふころは 明けやらで 閨のひまさへ つれなかりけり」[千載 鎌倉―歌集]恋二・俊恵[訳]一晩中、(つれない人のことを)思い嘆いているこの頃は、夜もなかなか明けきらないで、寝室の板戸の隙間まで(朝の光をもらさず)無情であったよ。

よも-つ-ひらさか【黄泉つ平坂】 名詞 黄泉の国と現世との境にあるという坂。「よみつひらさか」とも。◆「よも」は「よみ」の変化した語。「つ」は「の」の意の奈良時代以前の格助詞。

よも-の-あらし【四方の嵐】 連語 **あたりを激しく吹く風。転じて、世間の強い風当たり。** 源氏物語 平安―物語 須磨「枕をそばだててよものあらしを聞き給ふに」訳(源氏は)枕から頭を上げて耳を澄まして、あたりを激しく吹く風をお聞きになると。

よも-の-うみ【四方の海】 連語 ❶**四方の海。** ❷**四海の内。国中。天下。** ◆「四海」を訓読した語。

よも-や 副詞 ❶(打消や打消推量の語を下接して)**まさか。決して。とても。** 竹斎 江戸―物語 仮名「風の便りに聞くよりも、よもや誠と思はねども」訳うわさに(亡くなったことを)聞くやいなや、まさか(そのことが)本当だとは思わないけれども。❷(推量・当然などの語を下接して)**きっと。おそらく。** ◆副詞「よも」に間投助詞「や」を付けて意味を強めた語。

よも-やま【四方山】 名詞 ❶**四方の山々。** ❷**あちこち。天下。** 神楽歌 平安―神楽 弓「よもやまの守りに頼む梓弓」訳天下の守りにたよりにする梓弓。❸**さまざま。雑多。** 太平記 室町―物語 五「よもやまの物語どもしけるついでに」訳さまざまの話などをしたその折に。

よ-や[1] 感動詞 **おおい。よう。** ▼強く呼びかけるときに発する語。徒然 鎌倉―随筆 八九「助けよや。猫また。よやよや」訳助けてくれ。猫まただ。おおい、おおい。◆間投助詞「よ」と「や」を重ねて、強めた語。参照▼文脈の研究 語の識別「よや」。

よ-や[2] 連語 なりたち 間投助詞「よ」+間投助詞「や」 …**よ。** ▼呼びかけるときに発する語。今昔物語 平安―説話 一九・一四「阿弥陀仏よや、おいおい。いづこにおはします」訳阿弥陀仏よ、おおいおおい。どこにおいでか。

よ-よ【世世・代代】 名詞 ❶**多くの世代。長い年月。** 方丈記 鎌倉―随筆「高き、いやしき、人の住まひは、よよを経て尽きせぬものなれど」訳身分の高い人や、低い人の住居は長い年月を経ても尽きないものだが。❷**その時、その時。** 蜻蛉 平安―日記 下「急ぎ見えしよよもありしものを」訳急いで見えたその時、その時もあったのに。❸**別々に過ごす世。それぞれの世。** 特に、男女が別れて別々に送る世をいう。伊勢物語 平安―物語 二一「おのがよよになりければ、疎くなりにけり」訳それぞれが別れて別々に送る世になったので、疎遠になってしまった。❹仏教語。過去・現在・未来のそれぞれの世。

よ-よ(と) 副詞 ❶**おいおい(と)。** ▼しゃくり上げて泣くようすを表す。大和物語 平安―物語 一四八「かなしきこと物に似ず、よよとぞ泣きける」訳悲しいことはなみなみでなく、おいおいと泣いた。❷**たらたら(と)。だらだら(と)。** ▼しずくやよだれなどがしたたり落ちるようすを表す。源氏物語 平安―物語 横笛「雫もよよと食ひぬらし給へば」訳よだれをだらだらと(たらして、たけのこを)食いぬらしなさるので。❸**ぐいぐい(と)。ごくごく(と)。がぶがぶ(と)。** ▼水・酒・汁などを勢いよく飲むようすを表す。徒然 鎌倉―随筆 八七「酒を出だしたれば、さしうけ、さしうけ、よよと飲みぬ」訳酒を出したら、(杯に)受けては受けては、ぐいぐいと飲んだ。

よ-ら【夜ら】 名詞 **夜。** ◆「ら」は接尾語。奈良時代以前の語。

より 格助詞《接続》体言や体言に順ずる語に付く。

語の識別「よや」

「よや」の『徒然草』「第八九段」の用例は、

奥山に猫またといふものありて、人を食らふ(食うそう)なる(だ)

と、はじまる有名な条の中のもの。

山ならねども、これら(このあたり)にも、猫の経上がり(化けあがって)て、猫また(猫またという怪物になって)になりて、人とることはあなる(人を食うことがあるということだ)ものを(よ)

と、言っている者のことばを聞いて真に受けた法師が、ある日、夜更けまで連歌した帰り、飼い犬が喜んで飛びついたのを、うわさの猫またと勘違いして、あわてて足も立たなくなり小川へ転び入った話の中のエピソード。

「助けよや」の「よや」は、下二段動詞「たすく」の命令形「たすけよ」の活用語尾の一部「よ」に終助詞「や」のついたもの。「猫また、よや、よや」の後半二つの「よや」はともに、急場におちいっていることを訴えようとする呼びかけのはたらきを持つ一語の感動詞。

語義の扉

体言、活用語の連体形、また連用形、副詞、助詞などに付いて、

❶動作、作用の起点を表す。
- ㋐時間的。**…から。**
- ㋑空間的。**…から。**

❷ものごとの出自、来歴を表す。**…から**

❸動作の場所、経由点を表す。
- ㋐場所。**…で。…から。**
- ㋑経由点。**…を通って。**

❹動作の方法、手段を表す。**…で。…によって。**

❺比較の基準を表す。**…より。…よりも。**

❻疑問文、打消文のなかで、「よりほか」「よりさき」「よりのち」などの形で一定の範囲に限定する意を表す。**…から。…より。…**

❼活用語の連体形について、原因、理由を表す。**…ので。…のために。…だから。**

❽活用形の連体形について、ふたつのことがらが即時的に行われることを示す。**…するや否や。**

よ

❶(動作、作用の起点)㋐(時間)…から。古今 平安－歌集 春上「今年より春知り初むる桜花散るといふことは習はざらなむ」訳今年初めて花を咲かせ春を知る桜よ、どうか散るということを他の木々から見習らわないでいてほしいことだ。㋑(空間)…から。土佐日記 平安－日記 二・二七「大津より浦戸をさして漕ぎ出で」訳大津から浦戸の港をめざして漕ぎ出した。❷(ものごとの出自、来歴、起源)…から。徒然 鎌倉－随筆 一七五「百薬の長とは言へど、万の病は酒よりこそおこれ」訳酒は百薬の長だとは言うけれども、多くの病気は、ほかでもない、この酒からおこるのだ。❸(動作の行われる場所、経由点)㋐(場所)…で。…から。源氏物語 平安－物語 梅枝「いはけなくより宮の中より生ひ出でて、身を心にまかせず」訳幼い時から宮中で成長し、自由に行動することもできず」㋑(経由点)…を通って。万葉集 奈良－歌集 一一一「古に恋ふる鳥かも弓絃葉の御井の上より三井能上従鳴き渡り行く」訳昔を恋い慕う鳥なのかなあ。弓絃葉がそばにある泉の上を通って鳴きながら飛んで行くことです。❹(動作の方法、手段)…で。…によって。万葉集 奈良－歌集 三三一四「つぎねふ山城路を他夫の馬より行くに馬従行尓己夫し徒歩より行けば歩従行者見る毎に 哭のみし泣かゆ」訳山城まで行く道をよその夫は馬で行くというのに私の夫は徒歩で行くので、それを見るたびに声をあげて泣いてしまうことだ。❺(比較の基準)…より。…よりも。万葉集 奈良－歌集 八九二「ありのことごと着そへども寒き夜すらをわれよりも和礼欲利母貧しき人の父母は飢ゑ寒ゆらむ」訳(衣を)あるだけ着重ねるのだが、それでも寒い夜であるのに、自分よりももっと貧しい人の父や母は、さぞ空腹に耐え寒がっていることだろう。❻〔平安時代以降の用法〕〔多くの場合、疑問文、打消の文の中に用いられ〕「…よりほか」「…よりさき」「…よりのち」などの形で、一定範囲に限定する意を表す。…から。…より。古今 平安－歌集 秋上「ひぐらしの鳴く山里のゆふぐれは風よりほかにとふ人もなし」訳ひぐらしの鳴くこの山里の夕暮れは物悲しさもまさり、秋風よりほかに尋ね来る人も見えないことだ。❼〔活用語の連体形に接続して〕原因、理由を表す。…のために。…だから。…のせいで。万葉集 奈良－歌集 一三四七「君に似る草と見しより草登見従我が標しめし野山の浅茅人な刈りそね」訳あなたに似た草だと知ったために私が標縄を張りめぐらしておいた野の浅茅なのです。どうぞどなたも刈り取らないでおいてください。❽〔活用語の連体形に付いて〕ふたつのことがらが即時にひき続いて行われることを表す。…するや否や。…と同時に。源氏物語 平安－物語 桐壺「命婦かしこにまうで着きて、門ひき入るるより、けはひあはれなり」訳靫負の命婦が亡くなった更衣の邸にまいり着いて、車を門の中に引き入れるや否や、しみじみとしたあたりの雰囲気であった。

より-あひ【寄り合ひ】 名詞 ❶ものや人が近寄って接すること。また、その所。万葉集 奈良－歌集 一六七「天地のよりあひの極み」訳天と地が近寄って接した所のはて。❷人が一つ所に寄り集まること。集会。会合。❸連歌・俳諧の付け合いで、前後の句を結び付ける縁となる言葉や素材。

より-うど【寄人】 名詞「よりびと」のウ音便。❶宮中の記録所・御書所や院の文殿などの職員。庶務や文書の執筆を担当する。❷「和歌所」の職員。和歌の選定に当たる。❸鎌倉・室町幕府の「政所」「問注所」「侍所」の書記役の職員。

より-か・く【縒り掛く】 他動詞カ下二〔け／け／く／くる／くれ／けよ〕よって掛ける。(糸などを)ひねって引っ掛ける。古今 平安－歌集 春上「あさみどり(=枕詞)糸よりかけて白露を玉にもぬける春の柳か」訳糸をよって掛けて、白露を玉のように並べて貫いている春の柳であるよ。

よ-りき【与力】 一 名詞／―す 自動詞サ変 加勢。助力。平家物語 鎌倉－物語 一・鹿谷「よりきの輩誰々ぞ」訳助力の(=参加した)仲間はだれとだれか。二 名詞 ❶室町時代、諸大名や有力武将に付き従う武士。後には、侍大将や足軽大将に付き従う武士。◇「寄騎」とも書く。❷江戸幕府で、諸奉行などに属し、「同心」を率いて上司の業務を補佐した役人。

より-つ・く【寄り付く】 自動詞カ四〔か／き／く／く／け／け〕❶近寄る。寄りそう。枕草子 平安－随筆 男こそ、なほいとありがたく「返りごとはさかしらにうちするものから、よりつかず」訳(男は女からの)返事はこざかしくするけれども、(女には)近寄らず。❷頼りにして近づく。身を寄せる。源氏物語 平安－物語 橋姫「いとどしく寂しく、よりつかむ方なきままに」訳いっそう寂しくなり、身を寄せるような手段もないままに。

より-て【因りて・依りて・仍りて】 接続詞「よって」に同じ。歎異抄 鎌倉－論 三「他力を頼み奉る悪人、もとも往生の正因なり。よりて、『善人だにこそ往生すれ、まして悪人は』と仰せ候ひき」訳他力を頼み申し上げる悪人は、最も往生のまことの因縁である。それゆえ「善人さえ往生するのに、まして悪人は言うまでもない」とおっしゃいました。

より-どころ【拠り所・依り所】 名詞 ❶頼りとする所。よるべ。源氏物語 平安－物語 桐壺「事ある時は、なほよりどころなく心細げなり」訳何か特別なことがあったときには、やはり頼りとする所がなく心細いようすである。❷基づく所。根拠。保元 鎌倉－物語 上「事のよりどころなきによって」訳物事の根拠がないので。

より-ふ・す【寄り臥す】 自動詞サ四〔さ／し／す／す／せ／せ〕物によりかかって横になる。枕草子 平安－随筆 すさまじきもの「あくびおのれうちしてよりふしぬる」訳あくびを自分からちょっとして物によりかかって横になってしまったようす。

より-まし【寄りまし】 名詞 修験者などが祈禱・調伏するとき、神霊や「物の怪」を一時的に乗り移らせるため、そばに座らせておく女・子供や、人形。

よりゅうど〖寄人〗⇩よりうど

より-より(に)【度度(に)】 副詞 その時その時(に)。おりおり(に)。古今 平安－歌集 仮名序「片糸の(=枕詞)よりよりに絶えずぞ有りける」訳(すぐれた歌人も)その時その時に絶えることなく(世に)出ていた。

より-ゐる【寄り居る】ヨリイル 自動詞ワ上一｛ゐ/ゐ/ゐる/ゐる/ゐれ/ゐよ｝物に寄りかかって座る。近くに寄り添って座る。源氏物語 平安―物語 若紫「中の柱によりゐて、脇息の上に経を置きて」訳中の柱に寄りかかって座って、脇息の上に経本を置いて。

よる[1]【夜】名詞 日没から日の出までの時間をいう。対昼。

よ・る[2]【因る】自動詞ラ四｛ら/り/る/る/れ/れ｝基づく。原因となる。徒然 鎌倉―随筆 九一「吉凶は人によりて、日によらず」訳吉凶は人に基づいて(決まることで)、日(のよしあし)に基づかない。

よ・る[3]【寄る・依る】自動詞ラ四｛ら/り/る/る/れ/れ｝❶近づく。近寄る。接近する。竹取物語 平安―物語 かぐや姫の生ひ立ち「あやしがりてよりて見るに、筒の中光りたり」訳不思議に思って近づいて見ると、(竹の)筒の中が光っている。❷寄り集まる。寄り合う。万葉集 奈良―歌集 四二一七「卯の花を腐す長雨の水はなによる木つみなすよらむ児ともがも」訳卯の花を腐らせる長雨の流れの先頭に寄り集まる木屑のように私のところに寄り集まる子供がほしいなあ。❸立ち寄る。訪問する。竹取物語 平安―物語 蓬萊の玉の枝「我が御家にもより給はずしておはしたり」訳ご自分のお屋敷にも立ち寄りなさらないで(かぐや姫の家に)おいでになった。❹頼る。頼りにする。すがる。古今 平安―歌集 雑体「伊勢の海人も舟流したる心地してよらむ方なく」訳(七条の后がなくなって)伊勢の漁師(=自分)も波に舟をさらわれたような気持ちになって、頼りにするようなところもなく。❺もたれかかる。寄りかかる。源氏物語 平安―物語 帚木「『あなかま』とて、脇息によりおはす」訳「ああ、やかましい」といって、脇息にもたれかかっていらっしゃる。❻(心が)寄る。傾く。万葉集 奈良―歌集 三二六七「うち靡き心は妹によりにけるかも」訳(玉藻がなびくように、私の心はあなたに傾き寄ってしまったよ。❼(神霊・物の怪などが)のり移る。とりつく。今昔物語 平安―説話 三一・七「いくばくもなく病付きて、日ごろ経てつひに失せにけり。その女のよりたるにやとぞ」訳まもなく病気になって、数日たってとうとう死んでしまった。その女(の霊)がのり移ったのであろうかと(評判になった)。

よ・る[4]【縒る・搓る・撚る】一 他動詞ラ四｛ら/り/る/る/れ/れ｝❶何本かをねじり合わせて一本にする。徒然 鎌倉―随筆 九「女の髪すじをよれる綱には」訳女の髪の毛をねじり合わせて一本にした綱には。❷ねじ曲げる。新古今 鎌倉―歌集 夏「よられつる野もせの草のかげろひて涼しく曇る夕立の空」訳日光の暑さにねじ曲げられた野原一面の草がかげってきて、涼しく曇った空から夕立が降ってきた。二 自動詞ラ四｛ら/り/る/る/れ/れ｝しわになる。古今 平安―歌集 雑体「蟬の羽の(=枕詞)ひとへに薄き夏衣なればよりなむ物にやはあらぬ」訳(蟬の羽のように)たいへん薄い夏の衣服は着なれると、しわになるような物ではないかしら。

よる-に-な・す【夜になす】連語 夜になるのを待つ。夜になるよう調節する。土佐日記 平安―日記 二・一六「よるになして、京には入らむと思へば」訳夜になるのを待って(人目をさけ)、京には入ろうと思うので。

よる-の-おとど【夜の御殿】名詞 清涼殿にある天皇の御寝所。また、中宮や東宮の御寝所や、貴人の寝所にもいう。夜の御座。「よんのおとど」とも。参照▶口絵

よる-の-おまし【夜の御座】名詞「よるのおとど」に同じ。対昼の御座。

よる-の-ころも【夜の衣】連語 夜寝るときに着る衣服。寝巻き。

よる-の-ころも-を-かへ・す【夜の衣を返す】ヨルノコロモヲカエス 連語 寝巻きを裏返しに着る。古今 平安―歌集 恋二「いとせめて恋しきときはむばたまの(=枕詞)よるのころもをかへしてぞ着る」訳とても切実に恋しいときは(夢であの人に会えるように)寝巻きを裏返しに着(て寝)ることだ。◆恋しい人に夢で会えると信じられていた。

よる-の-にしき【夜の錦】名詞 美しい錦の衣服を夜に着ても、見てくれる人もなく、暗くて見ばえもしないことから、効果がなく、むだなことのたとえ。古今 平安―歌集 秋下「見る人もなくて散りぬる奥山の紅葉はよるのにしきなりけり」訳見る人もないまま散ってしまう山奥の紅葉はむだなことであるなあ。

夜の寝覚(よるのねざめ) 書名 物語。作者未詳(菅原孝標女か)。平安時代後期(一〇五三以後)成立。三巻または五巻。[内容]関白の子の中納言と太政大臣の姫君(=寝覚の上)との恋愛問題をとり扱った作品で、『源氏物語』の影響を強くうけている。『夜半の寝覚』とも。

古典の常識 『夜の寝覚』―女主人公の心理を克明に追う

中の君(=寝覚の上)は、姉の婚約者とは知らずに中納言と結ばれ、その悲恋に苦悩する。しかし、数奇な運命をたどったのち晴れて結ばれたとき、中納言への思いが冷めていることに気付く。試練により意志の強い女性に成長する過程が描かれる。

よる-の-もの【夜の物】名詞 夜寝るときに用いる物。寝具や夜着など。

よる-は-すがら-に【夜はすがらに】連語 なりたち 名詞「よる」＋係助詞「は」＋副詞「すがらに」

一晩じゅう。夜を通して。終夜。万葉集 奈良―歌集 六一九「ぬばたまの(=枕詞)よるはすがらに赤らひく(=枕詞)日も暮るるまで嘆けども」訳(夜は)一晩じゅう、(昼は)日も暮れるまで嘆くけれども。

よる-べ*【寄る辺】名詞 ❶身を寄せる所。頼りとする所。古今 平安―歌集 恋三「よるべ無み身をこそ遠く隔てつれ」訳頼りとする所がないので私の身は遠く離れているが。❷頼みとする配偶者。源氏物語 平安―物語 玉鬘「妹たちも、年ごろ経ぬるよるべを捨てて、この御供にしたふ」訳妹たちも、長年連れ添った頼みとする配偶者を捨てて、このお供にと後を追っていく。◆古くは「よるへ」とも。

よるべ-の-みづ【依瓮の水】ヨルベノミズ 連語 神社の庭前

よ

の水がめにたくわえておく水。◆神霊が宿るといわれる。

よる-を-ひる-に-な・す【夜を昼に成す】 連語

なりたち 名詞「よる」＋格助詞「を」＋名詞「ひる」＋格助詞「に」＋動詞「なす」

夜を昼間と同じにする。昼夜の別なく行う。 竹取物語 平安―物語 燕の子安貝「よるをひるになして取らしめ給ふ」訳昼夜を問わず(子安貝を)取らせなさった。

よろい【鎧・甲】⇩よろひ

よろう【鎧う】⇩よろふ

よろこび【喜び・悦び】 名詞

❶**喜ぶこと。** 土佐日記 平安―日記 二・七「都近くなりぬるよろこびに堪へずして」訳都が近くなった喜びにこらえきれないために。

❷**喜び事。祝い事。慶事。** 徒然 鎌倉―随筆 七六「嘆きもよろこびもありて、人多く行きとぶらふ中に」訳嘆き事も喜び事もあって、人が多く訪問する中に。

❸**とくに、任官・昇進などの慶事。また、任官。昇進。** 更級 平安―日記 初瀬「たのむ人だに、人のやうなるよろこびしてばとのみ思ひわたる心地、たのもしかし」訳頼みとする夫さえ、人並みに昇進をしてくれたらとばかり思い続ける気持ちは、楽しみなことである。

❹**お礼。任官や昇進のお礼。** 枕草子 平安―随筆 よろこび奏するこそ「よろこび奏するこそをかしけれ」訳任官・叙位のお礼を申し上げるのこそ趣あるものである。

❺**お祝いの言葉。祝辞。** 古今 平安―歌集 雑上「にはかに冠賜はりければ、よろこび言ひ遣はすとて」訳急に位階(五位)をいただいたものだから、お祝いの言葉を言ってやるといって。

よろこび-まうし【慶び申し・慶び奏し】 ヨロコビモウシ 名詞 昇進・任官のお礼を申し上げること。また、その儀式。

*__よろこ・ぶ【喜ぶ・悦ぶ】__

一 自動詞バ四{ば/び/ぶ/ぶ/べ/べ} **喜ぶ。** 土佐日記 平安―日記 一・二六「風のよければ、楫取り、…船に帆上げなどよろこぶ」訳風がちょうどよいので、船頭は…船に帆を上げなどして喜ぶ。

二 自動詞バ上二{び/び/ぶ/ぶる/ぶれ/びよ} 一に同じ。万葉集 奈良―歌集 二二六四「蟋蟀の待ちよろこぶる秋の夜を」訳こおろぎが待ち喜ぶ秋の夜を。

参考 二は一の古形。平安時代には四段活用になる。

よろこぼ・ふ【喜ぼふ・悦ぼふ】 ヨロコボウ 自動詞ハ四{は/ひ/ふ/ふ/へ/へ} **すっかり喜ぶ。しきりに喜ぶ。うれしがる。** 伊勢物語 平安―物語 一四「よろこぼひて、『思ひけらし』とぞいひ居りける」訳すっかり喜んで、「思ってくれているらしい」といっていたのだった。◆動詞「よろこぶ」の未然形に継続を表す接尾語「ふ」の付いた「よろこばふ」の変化した語。

よろ・し【宜し】 形容詞シク{しく・しから/しく・しかり/し/しき・しかる/しけれ/しかれ}

❶**まずまずだ。まあよい。悪くない。** 方丈記 鎌倉―随筆「笠うち着、足ひき包み、よろしき姿したる者、ひたすらに家ごとに、乞ひありく」訳笠をかぶり、足を脚絆でくるみ、まずまずの身なりをした者が、必死で家ごとに物乞いをして歩く。

❷**好ましい。満足できる。** 万葉集 奈良―歌集 一八八五「物みなは新たしきよしただしくも人は旧きしよろしかるべし」訳物は新しいのがよい。しかしながら人だけは年とって古くなったのが好ましいにちがいない。

❸**ふさわしい。適当だ。** 土佐日記 平安―日記 一・一三「湯浴みなどせむとて、あたりのよろしき所におりて行く」訳水浴びでもしようと、そのあたりの(海の)適当な所に下りて行く。

❹**普通だ。ありふれている。たいしたことはない。** 更級 平安―日記 子忍びの森「事よろしきときこそ腰折れかかりたることも思ひ続けけれ」訳(悲しみが)たいしたことではないときは、調子のくずれた下手な歌を詠みもしたものだが。

†**よろし・う-だに-おも・ひ-きこえさ・す-べき-こと-かは【よろしうだに思ひきこえさすべきことかは】** 枕草子 平安―随筆 宮にはじめてまゐりたるころ 訳なみひととおりにさえお思い申しあげてよいことであろうか、そうではないのだ。

品詞分解 よろしう＝形容詞「よろし」用(ウ音便) だに＝副助詞 おもひ＝動詞「おもふ」用 きこえさす＝動詞「きこえさす」終 べき＝適当の助動詞体 こと＝名詞 かは＝係助詞

よろし-なへ【宜しなへ】 ヨロシナエ 副詞 **ようすがよくて。好ましく。ふさわしく。** 万葉集 奈良―歌集 一〇〇五「神さびて見れば貴くよろしなへ見れば清けし」訳(吉野の山川は)神々しくて見るといつも貴く思われ、ようすがよくて見るといつもすがすがしく思われる。◆奈良時代以前の語。

よろず【万】⇩よろづ

よろづ【万】 ヨロズ

一 名詞 ❶**万。たくさんあること。多くの数。** 古今 平安―歌集 仮名序「やまと歌は、人の心を種として、よろづの言の葉とぞなれりける」訳和歌は、人の心をもととして、たくさんの言葉となったものである。

❷**万事。あらゆること。** 竹取物語 平安―物語 かぐや姫の生ひ立ち「よろづの遊びをぞしける」訳あらゆる音楽を奏した。

二 副詞 **万事につけて。** 徒然 鎌倉―随筆 一四一「よろづえ言ひ放たず」訳万事につけて遠慮せずにきっぱりと言うことができない。

よろづ-たび【万度】 ヨロズタビ 副詞 **何度も何度も。たびたび。** 万葉集 奈良―歌集 一三一「この道の八十隈ごとによろづたびかへりみすれど」訳⇩いはみのうみ…。

よろづ-に【万に】 ヨロズニ 副詞 ❶**万事に。何かにつけて。** 徒然 鎌倉―随筆 一九「よろづにただ心をのみぞ悩ます」訳万事にただ心ばかりを悩ませる。❷**さまざまに。あれこれと。** 徒然 鎌倉―随筆 二九「よろづに過ぎにし方の恋しさのみぞせんかたなき」訳あれこれと過ぎてしまった(昔の)ころの恋しさばかりはどうしようもない(＝おさえようがない)。

万の文反古 ヨロズノフミホウグ 書名 浮世草子。井原西鶴作。江戸時代前期(一六九六)刊。五巻。(内容)西鶴の第四遺稿集。手紙文形式の小説集で、日常的なさまざまな事件や町人たちの心の中を、鋭い観察力で活写した十七章から成る。別名『西鶴文反古』。

よろづ-よ【万代・万世】 ヨロズヨ 名詞 **限りなく長い年月。永久。永遠。**

よろひ[1]【鎧・甲】名詞 ❶身につけて、刀剣類や矢などから体を守る防具。「甲冑」の総称。❷❶のうち、胴の部分を覆う防具。古代の短甲や挂甲、平安時代以降の「大鎧」「腹巻」「胴丸」「腹当て」など。特に、大鎧。参照▶口絵

-よろひ[2]【具】接尾語〔数詞に付いて〕…そろい。…組。▼家具、調度品などのそろいの物を数える語。「すずり箱一よろひ」

よろひ-ひたたれ【鎧直垂】名詞 鎧の下に着る「直垂」。普通の直垂よりも細袖に仕立て、袖口と袴の裾口には括りの緒を付ける。「よろひびたたれ」とも。参照▶口絵

よろ・ふ【鎧ふ】他動詞ハ四〔は／ひ／ふ／ふ／へ／へ〕**鎧をつける。甲冑をつける。** 平家物語 鎌倉―物語 二・西光被斬「甲冑をよろひ、弓箭を帯し馳せ集まる」訳甲冑をつけ、弓矢を持って走って集まる。

よろぼ・ふ[*]【蹌踉ふ】自動詞ハ四〔は／ひ／ふ／ふ／へ／へ〕❶**よろよろと歩く。よろめく。** 源氏物語 平安―物語 夕顔「衣の裾を物に引きかけて、よろぼひ倒れて」訳衣服の裾を物にひっかけてよろめき倒れて。❷**崩れかかる。** 源氏物語 平安―物語 末摘花「御車寄せたる中門の、いといたうゆがみよろぼひて」訳御車を寄せた中門がたいそうひどくゆがみ崩れかかって。◆古くは「よろほふ」。

よわ〖夜半〗⇩よは

よわい〖齢〗⇩よはひ

よわ-げ・なり【弱げなり】形容動詞ナリ〔なら／なり・に／なり／なる／なれ／なれ〕**弱々しいようすだ。** 源氏物語 平安―物語 夕顔「忍びやかにのたまひて、よわげに泣き給へば」訳(源氏は)ひそやかにおっしゃって、弱々しいようすでお泣きになるので。◆「げ」は接尾語。

よわ-ごし【弱腰】名詞 腰の上部のくびれた部分。

よわ・し【弱し】形容詞ク〔(く)・から／く・かり／し／き・かる／けれ／かれ〕❶**勢いが乏しい。弱い。** 平家物語 鎌倉―物語 四・橋合戦「強き馬をば上手に立てよ、よわき馬をば下手になせ」訳強い馬を川上に立てよ、弱い馬を川下にしろ。❷**能力が劣っている。** 徒然 鎌倉―随筆 一八六「乗るべき馬をばまづよく見て、強き所、よわき所を知るべし」訳乗ろうとする馬をまずよく見て、能力がまさっている所、劣っている所を知らなければならない。❸**衰弱している。** 源氏物語 平安―物語 桐壺「日々に重り給ひて、ただ五六日の程に、いとよわうなれば」訳(病気が)日に日に重くなりなさって、たった五日・六日の間に、たいそう衰弱したので。◇「よわう」はウ音便。対❶～❸強し。

よ-わた・る【夜渡る】自動詞ラ四〔ら／り／る／る／れ／れ〕**夜中に渡って行く。夜の間に通り過ぎる。** 万葉集 奈良―歌集 一六九「よわたる月の隠らく惜しも」訳夜中に渡って行く月が隠れることが残念だなあ。

与話情浮名横櫛(よわなさけうきなのよこぐし) 書名 歌舞伎脚本。九幕三十場。〔内容〕世話物。江戸の小間物屋の若旦那の与三郎と木更津の親分の妾のお富との密通から話が展開していくドラマで、源氏店の場が有名。通称「切られ与三」「お富与三郎」。

よわ-め【弱目】名詞 (病気などで)心身の弱っている時。**弱り目。**

よ-ゐ【夜居】名詞 宮中などで、夜間に、定められた部屋に寝ないで詰めていること。宿直。また、僧が加持・祈禱で徹夜すること。源氏物語 平安―物語 総角「阿闍梨も、よゐにさぶらひてねぶりたる」訳阿闍梨も、徹夜の加持・祈禱に詰めて、うたた寝していた。

よ-を-う[*]【世を憂】連語 **世の中をいやだと思う。世をいとう。** 古今 平安―歌集 雑下「わが庵は都の辰巳しかぞ住むよをうぢ山と人はいふなり」訳⇩わがいほは…。参考 和歌では、「うぢ(宇治)」をはじめ、「う」で始まる「卯の花」「浦」「空蟬」「浮き」などの「う」にも「憂」の意味を掛けて用いることがある。

よ-を-う・む【世を倦む】連語 **世の中がいやになる。** 源氏物語 平安―物語 明石「よをうみにここらしほじむ身となりてなほこの岸をえこそ離れぬ」訳世の中がいやになって、長年海辺の生活になれた身になっても、やはりこの世への執着は捨て切ることができない。

よ-を-おこな・ふ[*]【世を行ふ】連語 **世を治める。国を治める。** 徒然 鎌倉―随筆 一四二「世の人の飢ゑず、寒からぬやうに、よをばおこなはまほしきなり」訳世の中の人が飢えることなく、寒い思いをしないように、世を治めてほしいものである。

よ-を-こめ-て[1]【夜を籠めて】連語 なりたち 名詞「よ」＋格助詞「を」＋動詞「こむ」の連用形＋接続助詞「て」
まだ夜が明けないうちに。まだ暗いうちに。 後拾遺 平安―歌集 雑二「よをこめて鳥の空音ははかるともよに逢坂の関はゆるさじ」訳⇩よをこめて…。

よをこめて…[2] 和歌 百人一首「夜をこめて 鳥の空音は はかるとも よに逢坂の 関はゆるさじ」後拾遺 平安―歌集 雑二・清少納言 訳まだ夜が明けないうちに、鶏の鳴きまねをしてだまそうとしても、(中国の故事にあった函谷関なら開きましょうが、)逢坂の関は決して開かないでしょう。(うまいことをおっしゃっても、私はあなたに逢うことはありますまい。)
鑑賞 藤原行成の求愛を、中国の史書『史記』孟嘗君伝の故事を巧みに用いながら拒否した歌。『枕草子』の「頭の弁の、職にまゐり給ひて」の段に、詳しい事情が述べられている。「逢坂の関」には、男女が逢う意をかけている。

よ-を-しの・ぶ【世を忍ぶ】連語 **人目を避けて隠れる。世間に隠れて住む。** 梅児誉美 江戸―物語 人情「おれはしばらくよをしのぶ身のうへ」訳おれはしばらくの間、世間に隠れて住む身の上で。

よ-を-し・る[*]【世を知る】連語 ❶**世の中のことがわかる。世間の事情を知る。** ❷**男女間の情愛がわかる。** 源氏物語 平安―物語 夕霧「よをしりたるかたの心安きやうに折々ほのめかすも、めざましう」訳(落葉の宮が)男女間の情愛がわかっている方(ということ)で(夕霧が)気安いようすでときどき(恋心を)それとなく言うのも、(落葉の宮にとっては)心外で。❸**国を治める。** 栄花物語 平安―物語 疑ひ「殿の御前、よをしりそめさせたまひて後」訳殿(＝藤原道長)が国を治めはじめなさってのち。

よ-を-す・つ[1]【世を捨つ】連語 **俗世を捨てる。出家する。山などに隠れ住む。** 源氏物語 平安―物語 若紫「よをすてたる法師の心地にも、いみじう世の憂へ忘れ、よはひのぶる、人の御ありさまなり」訳俗世を捨ててしまった法師の気持ちにも、ほんとうに世の中のつらさを忘れ、寿命がのびる、人(＝源氏)のごようすです。

よ-を-す・つ[2]【夜を捨つ】連語 **夜であることを気にとめない。夜を楽しまない。** 枕草子 平安―随筆 ましで、臨時の祭の調楽などは『しばしや。など、さ、よをすてて急ぎ給ふ、とあり』など言えば」訳（だれかが）「ちょっとお待ちなさいよ。何でそう夜であることを気にとめないでお急ぎなさる、ということがありますよ」などと言うと。（一説に「世を捨てて」と見る見方もある）

よをすてて… 和歌「世を捨てて 山に入る人 山にても なほ憂き時は いづちゆくらむ」古今 平安―歌集 雑下・凡河内躬恒 訳俗世を捨てて山に入ってしまう人は、山に住んでもまだつらいことがあった時には、どこへ行くのだろうか。

鑑賞 詞書に、「山にいる法師のもとに送った歌」とある。俗世のつらさから逃れるため仏門に入り山で修行する僧は、それでもなお心が晴れない時は、どこへ行くのかと疑問を投げかけた歌。

よ-を-そむ・く【世を背く】連語 **俗世を捨てる。出家する。** 徒然 鎌倉―随筆 一三七「よをそむける草の庵には」訳俗世を捨てた草の庵には。

よ-を-たも・つ*【世を保つ】連語 **世の中を治める。統治。** 源氏物語 平安―物語 明石「よをたもたせたまはむに憚りあるまじく、賢く見えさせたまふ」訳（東宮は帝として）世の中をお治めあそばすのになんのさしつかえもなさそうに、賢明に見えなさる。

よ-を-つく・す【世を尽くす】連語 **一生を終える。** 宇津保 平安―物語 嵯峨院「我が娘につきて、よをつくさむとも知らず」訳私の娘といっしょに、一生を終えるだろうともわからず。

よ-を-のが・る【世を遁る】連語 **俗世間を避け隠れる。出家する。** 方丈記 鎌倉―随筆「よをのがれて山林にまじはるは、心を修めて道を行はんとなり」訳俗世を捨てて山林の中に入るのは、修養をして仏道修行を行おうとしてである。

よ-を-はな・る【世を離る】連語 **俗世を捨てる。出家する。** 源氏物語 平安―物語 夕顔「かくよをはなるるさまにものしたまへば」訳（あなたは）このように俗世を捨てた（尼の）姿でいらっしゃるので。

よ-を-はばか・る【世を憚る】連語 **世間体を気にする。世間に気がねする。** 源氏物語 平安―物語 帚木「いといたくよをはばかり、まめだち給ひけるほど」訳たいそう世間体を気にし、まじめそうになさっていたとき。

よ-を-ひ-に-つ・ぐ【夜を日に継ぐ】連語 **夜も昼もなく行う。昼夜兼行する。** 徒然 鎌倉―随筆 二四一「よをひにつぎて、この事かの事、怠らず成じてん」訳夜も昼もなく行って、このこともあのことも、なまけずにやりとげてしまおう。

よ-を-ひびか・す【世を響かす】連語 **世間に名が響きわたる。世間の評判をとる。** 源氏物語 平安―物語 紅葉賀「楽の声、鼓の音、よをひびかす」訳管弦の声や鼓の音が、世間の評判をとる。

よ-を-・ふ【世を経】連語 **年月を経過する。年を経る。** 土佐日記 平安―日記 二・九「君恋ひてよをふる宿の梅の花は」訳（昔の）主君を恋い慕って年を経た宿の梅の花は。

よ-を-むさぼ・る【世を貪る】連語 **現世の利益や欲望に執着する。** 徒然 鎌倉―随筆 七「ひたすらよをむさぼる心のみ深く」訳ただただ現世の利益や欲望に執着する心だけ強く。

よ-をり【節折り】名詞 宮中で、陰暦六月と十二月の末日に行われた儀式。天皇および皇后、皇太子の身長に合わせて折った竹で祓いを行う。

よ-を-わた・す【世を渡す】連語 ❶**世の人々を救う。** 栄花物語 平安―物語 鶴の林「仏の世に出でたまひて、よをわたしたまへる」訳仏がこの世に出現なされて、世の人々を救いなさった。❷**家の跡目を継がせる。** 世間胸算用 江戸―物語 浮世・西鶴「子孫によをわたし」訳子や孫に家の跡目を継がせ。

よ-を-わた・る【世を渡る】連語 **世の中を生きてゆく。生活する。** 沙石 鎌倉―説話 九「餅を売りてよをわたりけり」訳餅を売って生活していた。

よん-の-おとど【夜の御殿】名詞「よるのおとど」に同じ。

よん-べ【昨夜】名詞「よべ」に同じ。土佐日記 平安―日記 一・一二「よんべの泊まりより、異泊まりを追ひてゆく」訳昨夜の港から別の港に向けて行く。

ら[1]【羅】名詞 薄く織った絹布。薄絹。薄物。

-ら[2] 接尾語 ㊀【等】❶〔主として人を表す名詞・代名詞に付いて〕…たち。▼複数であることを表す。「少女ら」。❷〔名詞に付いて〕親愛の意を表す。万葉集 奈良―歌集 二一〇「頼めりし児ら」訳頼みにしていた人。❸自分を表す名詞に付いて、卑下の意を表す。万葉集 奈良―歌集 三三七「憶良らは今はまからむ」訳⇩おくららは…。❹〔相手や他人を表す名詞・代名詞に付いて〕軽蔑の意を表す。平家物語 鎌倉―物語 二・西光被斬「おのれらがやうなる下﨟の果て」訳おまえらのような卑しい身分の末。◇鎌倉時代以降の語。❺〔代名詞に付いて〕漠然とした場所・方向を表す。「ここら」「いづら」。❻〔名詞に付いて〕語調を整える。「荒野ら」「夜ら」。㊁〔形容詞の語幹などに付いて〕その状態であることを表す。「賢しら」「きよら」

ら[3] 完了の助動詞「り」の未然形。

らい-かう【来迎】名詞 仏教語。念仏行者の臨終のとき、その人を極楽浄土へ導くために、阿弥陀仏が諸菩薩を伴って迎えに来ること。◆後に「らいがう」とも。

頼山陽 人名（一七八〇～一八三二）江戸時代後期の漢学者・史家。名は襄。春水の子。江戸に出て尾藤二洲に学び、のち国学をおさめて『日本外史』を著した。詩文にすぐれ、『山陽詩鈔』『日本楽府』『日本政記』などの著書がある。

らい-し【礼紙】名詞 書状の本文を記した料紙（＝用紙）の上に巻き添える白紙。さらに、この上を包み紙で巻いて送る。

らい-・す【礼す】他動詞サ変〔せ／し／す／する／すれ／せよ〕**拝む。礼拝する。** 今昔物語 平安―説話 一・二「わが師の婆羅門を礼拝して」訳わが師の婆羅門を礼拝して。

らい-せ＊【来世】名詞 仏教語。「三世」の一つ。**死後の世界。後世。** 対前世・現世。

らい-だう【礼堂】名詞 寺の本堂の前にあって、礼拝・読経を行うための堂。礼拝堂。

らい-ばん【礼盤】名詞 仏教語。本尊の正面にある、導師が着座して礼拝・読経するための高座。「らいはん」とも。

らい-ふく【礼服】名詞 「大嘗会」や「朝賀」などの大礼のときに着た礼服。天皇はじめ五位以上の官人が着た。身分によって形や色に違いがある。参照▶口絵

らう[1]【労】名詞 ❶**骨折り。苦労。** 徒然 鎌倉—随筆 一二九「顔回は、志、人に**らう**を施さじとなり」訳(孔子の弟子の)顔回は、その心がけは、他人に**苦労**をかけまいということである。❷**功労。年功。** 源氏物語 平安—物語 真木柱「宮仕へのらうもなくて、今年加階し給へる心にや」訳宮仕えの**功労**もなくて、今年(三位に)昇進なされた(感謝の)気持ちか。❸**熟練。**経験を積むこと。行き届いた心遣い。源氏物語 平安—物語 絵合「深き**らう**なきおれ者も」訳十分な**経験を積むこと**のない愚かな者でも。

らう[2]【廊】名詞 寝殿造りなどで、建物と建物とを結ぶ、板敷きの渡り廊下。⇩細殿・渡殿

らう[3]【霊】名詞 「りやう(霊)」に同じ。

らう[4] 助動詞 特殊型《接続》活用語の終止形に付く。〔○／○／らう／らう／○／○〕〔推量〕…**ているだろう。…のだろう。…だろう。**▼原因・理由や現在の事実について推量する。閑吟集 室町—歌謡「宇治の川瀬の水車、なにと憂き世をめぐる**らう**」訳宇治川の瀬にある水車は、どうしてこのつらい世の中をまわって**いるのだろう**。◆助動詞「らむ」の変化した語。室町時代後期の語。

らう-あ・り【労あり】連語 **物事によく通じている。経験を積んでいる。** 源氏物語 平安—物語 若菜上「いとらうある心ばへども見えて」訳まことに**物事によく通じている**技量なども見えて。

らう-あん【諒闇】名詞 「りやうあん」に同じ。

らう-えい【朗詠】名詞 二句一連の漢詩文や和歌に節をつけてうたうこと。⇩朗詠 文芸

らう-がは・し【乱がはし】

形容詞 シク〔(しく)・しから／しく・しかり／し／しき・しかる／しけれ／しかれ〕

語義の扉

「乱」の音「らん」を「らう」と表記し、そこに、「…のようだ」の意を添える接尾語の「がはし」が付いてできた語。乱れているようすを表す。

❶ごたごたしている。乱雑だ。
❷騒々しい。やかましい。
❸無作法だ。だらしがない。

❶**ごたごたしている。乱雑だ。** 源氏物語 平安—物語 夕顔「**らうがはしき**大路に立ちおはしまして」訳**ごたごたしている**大通りに立っていらっしゃって。

❷**騒々しい。やかましい。** 徒然 鎌倉—随筆 五六「みな同じく笑ひののしる、いと**らうがはし**」訳みな同じように笑いわめき立てるのは、とても**騒々しい**。参照▶類語と使い分け⑳

❸**無作法だ。だらしがない。** 源氏物語 平安—物語 横笛「食ひかなぐりなどし給へば『あな**らうがはしや**』」訳(たけのこを)食いかじったりなどなさるので「あれ、**無作法だよ**」(とお笑いになる)。

らう-げ【労気】名詞 **疲労から起こる病気。**

らう-さ【老者】名詞 **老人。**「らうざ」とも。

らうじ-し・む【領じ占む】他動詞 マ下二〔め／め／む／むる／むれ／めよ〕**自分だけのものとして持つ。領有する。** 源氏物語 平安—物語 明石「入道の**らうじしめ**たる所どころ」訳(明石の)入道が**領有し**ているあちこちの土地。

らう-じゅう【郎従】名詞 **家来。従者。**

らう-しょ【領所】名詞 「りやうしょ」に同じ。

らう・す【労す】自動詞 サ変〔せ／し／す／する／すれ／せよ〕**苦労する。** 宇津保 平安—物語 俊蔭「年頃**らうせ**る父母に、琴の音を聞かせて、そのむくいとなさむ」訳長い年月**苦労し**てきた父母に、琴の音を聞かせて、その償いとしよう。

らう・ず【領ず】他動詞 サ変〔ぜ／じ／ず／ずる／ずれ／ぜよ〕「りやう(領)ず」に同じ。

らうせう-ふぢやう【老少不定】連語 仏教語。人の命ははかないもので、老人と若者のどちらが先に死ぬか定まっていないこと。平家物語 鎌倉—物語 一〇・横笛「**らうせうふぢやう**の世の中は石火の光に異ならず」訳**老人と若者のどちらが先に死ぬか定まっていない**人の一生は火打ち石の火花(のようなはかなさ)と違わない。

らう-ぜき【狼藉】名詞 ❶物が入り乱れていること。**乱雑なこと。**❷無法な行為をすること。**無礼。**

らう-ぜき・なり【狼藉なり】形容動詞 ナリ〔なら／なり・に／なり／なる／なれ／なれ〕❶**入り乱れている。乱雑だ。** 平家物語 鎌倉—物語 六・紅葉「野分はしたなう吹いて、紅葉みな吹き散らし、落葉すこぶる**らうぜきなり**」訳秋のはげしい風が無情に吹いて、紅葉をみな吹き散らし、落ち葉がはなはだしく**乱雑である**。❷**乱暴だ。無礼だ。** 平家物語 鎌倉—物語 一・殿上闇討「鈴の綱の辺に布衣の者の候ふは何者ぞ。**らうぜきなり**」訳(清涼殿の殿上の間の)鈴の綱のあたりに無紋の狩衣の者がいるのは何者だ。**無礼である**。

らう-だう【郎党】名詞 「らうどう(郎等)」に同じ。

らうた-が・る＊ 他動詞 ラ四〔ら／り／る／る／れ／れ〕**かわいく思う。かわいがる。** 枕草子 平安—随筆 にくきもの「あからさまに来たる子ども・童を見入れ**らうたがり**て」訳ちょっと遊びに来た子どもや幼子を目にかけて**かわいがっ**て。◆「がる」は接尾語。

らうた-げ・なり＊ 形容動詞 ナリ〔なら／なり・に／なり／なる／なれ／なれ〕**いかにもかわいらしい。** 源氏物語 平安—物語 若紫「つらつきいと**らうたげにて**」訳顔つきがたいそう**かわいらしく**て。◆「げ」は接尾語。

らう-た・し

形容詞 ク〔(く)・から／く・かり／し／き・かる／けれ／かれ〕

語義の扉

「労」＋「甚し」の「らういたし」から変化した語で、子どもや女性など、弱いものを、労をいとわず世話したい、いたわりたいと思う気持ちを表す。

かわいらしい。いとおしい。いじらしい。かれんだ。枕草子 平安—随筆「うつくしきもの」「をかしげなる児の、あからさまに抱きて遊ばしうつくしむほどに、かい付きて寝たる、いとらうたし」訳愛らしい赤ん坊が、ちょっと抱いてあやしてかわいがっていると、(そのまま私に)しがみついて寝てしまったのは、とてもかわいらしい。参照▼類語と使い分け③

らう-どう【郎等】 名詞 ❶家来。従者。土佐日記 平安—日記 一二・二六「らうどうまでに物かづけたり」訳家来にまでも贈り物を与えた。❷武家で、主君と血縁関係がなく、相伝の領地を持っていない家臣。平家物語 鎌倉—物語 四・源氏揃「家の子・らうどう多く討たせ」訳一族や家臣を大勢討たれ。◆「郎党」とも。対家の子。

らう-にん【浪人・牢人】 名詞 ❶郷土を離れて他国を流浪する人。浮浪者。❷主家を去り、俸禄(=職務に対する報酬)を失った武士。また、仕官せず、主家を持たない武士。浪士。❸失業中の奉公人。

らう-まい【粮米】 名詞 食糧の米。飯米。

らう-め・く【廊めく】 自動詞カ四〔か/き/く/く/け/け〕建物と建物をつなぐ渡り廊下のようになっている。枕草子 平安—随筆 五月の御精進のほど「屋のさまもはかなだちらうめきて」訳建物のようすも頼りなく見え、渡り廊下のようになっていて。◆「めく」は接尾語。

らうらう・じ 形容詞シク〔(じく)・じから/じく・じかり/じ/じき・じかる/じけれ/じかれ〕❶物慣れていて巧みだ。気がきいている。才たけている。洗練されている。源氏物語 平安—物語 若菜上「らうらうじく美しげに書き給へり」訳物慣れていて巧みにりっぱにお書きになった。❷気品があって美しい。上品でかわいらしい。魅力がある。枕草子 平安—随筆 鳥は「夜深くうちいでたる声の、らうらうじうあいぎゃうづきたる、いみじう心あくがれ、せむかたなし」訳夜が更けて鳴き出した(ほととぎすの)声の、気品があって美しく魅力があるのは、とても心ひかれて落ち着かなくなり、どうしようもない。◇「らうらうじう」はウ音便。

らう-れう【粮料】 名詞 食料。

らう-ろう【牢籠】 ■一名詞/—す自動詞サ変 ❶苦境に立つこと。❷衰えること。平家物語 鎌倉—物語 四・山門牒状「王法のらうろう、まさにこの時にあたれり」訳天子の政治が衰えることは、ちょうど今この時に当たっている。■二名詞/—す他動詞サ変 手に入れて自分の物にすること。まるめ込むこと。手もとで思い通りにすること。源氏物語 平安—物語 藤袴「おほぞうの宮仕への筋に、らうろうせむと」訳通り一遍の宮仕えにして、手もとで思い通りにしようと。

***らえ** 可能の助動詞「らゆ」の未然形。

-らか 接尾語〔擬態語、また、形容動詞の語幹などに付いて〕形容動詞の語幹を作り、そのような状態であるの意を表す。「清らか」「高らか」「安らか」

ら-がい【羅蓋】 名詞 薄絹を張った大きな日傘。貴人の頭上にさしかざす。

らかん【羅漢】 名詞「阿羅漢」の略。

らく[1]【洛】 名詞「洛陽」の略。都。特に、京都。幻住庵記 江戸—俳文 俳文・芭蕉「このたびらくに上りいまそかりけるを」訳今度京都に上っていらっしゃったのを。

-らく[2] 接尾語〔上一段動詞の未然形、上二段・下二段・カ変・サ変・ナ変動詞の終止形や、助動詞「つ」「ぬ」「ゆ」「しむ」などの終止形に付いて〕❶…すること。…することには。▼上接する活用語を名詞化する。万葉集 奈良—歌集 三三〇三「里人の我に告ぐらく」訳里人が私に告げることには。❷…ことよ。▼文末に用いて、詠嘆の意を表す。万葉集 奈良—歌集 二〇七二「夜のふけぬらく」訳夜が更けてしまったことよ。◆奈良時代以前の語。⇩く(接尾語)

らく-きょ【落居】 名詞/—す自動詞サ変 ❶落ち着くこと。物事が解決して落ち着くこと。落着。平家物語 鎌倉—物語 一・二代后「海内も静かならず、世間もいまだらくきょせず」訳国内も静かではなく、世間もまだ落ち着かない。❷裁判の決着がつくこと。事件の決着がつくこと。落着。

らく-くゎ【落花】 名詞 散り落ちる花。▼桜にいう場合が多い。

らく-ぐゎい【洛外】 名詞 都の外。特に、京都の町の外。対洛中。

らく-しゅ【落首】 名詞 時世・人物などに対する風刺や嘲弄の意味をこめて作られる、匿名の戯れ歌。

らく-しょ【落書】 名詞 時の権力者や社会を批判・風刺する、匿名の文書。人目につきやすい所にはり出したり置いたりする。「落とし文」とも。

らく-そん【落蹲】 名詞 舞楽の曲名。二人舞の「納蘇利」を一人で舞うもの。

らく-ちゅう【洛中】 名詞 都の中。特に、京都の町の中。対洛外。

らくちゅう-づくし【洛中尽くし】 名詞 京都の町並みや名所などを文章や絵に書き並べたもの。

らく-やう【洛陽】 名詞 ❶中国の河南省の都市の名。隋・唐の都として栄えた。❷転じて、京都。特に、その東半分の左京をいう。洛。京洛。

らく-ゐ【楽居】 名詞/—す自動詞サ変 楽な姿勢で座ること。世間胸算用 江戸—物語 浮世・西鶴「旦那も下人も一つにらくゐして」訳旦那も奉公人も一緒に楽な姿勢で座って。

らし[1] 助動詞 特殊型

《接続》活用語の終止形に付く。ただし、ラ変型活用の語には連体形に付く。

未然形	連用形	終止形	連体形	已然形	命令形
○	○	らし	らし(らしき)	らし	○

❶〔推定〕…らしい。きっと…しているだろう。…にちがいない。▼現在の事態について、根拠に基づいて推定する。万葉集 奈良—歌集 二八「春過ぎて夏来たるらし白栲の衣干したり天の香具山」訳⇩はるすぎてなつきたるらし…。

❷〔原因・理由の推定〕(…であるのは)…であるから…らしい。(…しているのは)きっと…というわけだろう。(…ということで)…らしい。▼明らかな事態を表す語に付

いて、その原因・理由となる事柄を推定する。〔万葉集 奈良―歌集 二二二五〕「わが背子が挿頭の萩に置く露をさやかに見よと月は照るらし」訳あなたが髪に挿した萩に置く露をはっきり見なさいということで、月は照っているらしい。

語法 **(1)連体形と已然形の「らし」**

連体形の「らし」	係助詞「ぞ」の結びとして現れるだけである。
已然形の「らし」	係助詞「こそ」の結びとして現れるだけである。

(2)奈良時代以前の連体形「らしき」 奈良時代以前の連体形には「らしき」があったが、係助詞「か」「こそ」の結びのみで、しかも用例は少ない。係助詞「こそ」の結びの場合、奈良時代以前では、形容詞型活用の語の結びはすべて連体形であるので、これも連体形とされる。

(3)「らむ」との違い⇩らむ

(4)主として奈良時代以前に用いられ、平安時代には和歌に見られるだけである。

(5)ラ変型活用の語の連体形に付く場合、活用語尾の「る」が省略されて、「あらし」「けらし」「ならし」などの形になる傾向が強い。

注意 「らし」が用いられるときには、常に、推定の根拠が示されるので、その根拠を的確にとらえることである。

[2]らし 推定の助動詞「らし」の連体形。〔古今 平安―歌集 冬〕「奥山の雪消の水ぞ今まさるらし」訳奥山の雪解けの水が今多くなっているらしい。

[3]らし 推定の助動詞「らし」の已然形。〔古今 平安―歌集 雑上〕「ぬき乱る人こそあるらし」訳糸を抜いて玉を乱れ散らす人がいるらしい。

らしき 推定の助動詞「らし」の連体形。

らしゃう-もん【羅城門・羅生門】 名詞 平安京の総門として、朱雀大路の南端に設けた門。「らじゃうもん」「らせいもん」とも。▼羅城(=都の周囲にめぐらした外郭)の門の意。

らせつ【羅刹】 名詞 仏教語。大力で足が速く、人を食うという悪鬼。後には仏教の守護神ともされるようになった。

らち【埒】 名詞 **馬場の周囲の柵。**〔徒然 鎌倉―随筆 四一〕「おのおおりて、らちの際に寄りたれど」訳(賀茂の競べ馬を見ようと)それぞれ(車から)降りて、馬場の柵のそばに寄ったけれども。

らち-あ・く【埒明く】 連語 **はかどる。決着がつく。**「らちがあく」「らちのあく」とも。〔日本永代蔵 江戸―物語 浮世・西鶴〕「らちのあく所は、一人手前より四分五厘づつ出してつくばひ」訳決着がついたときには、一人一人から四分五厘ずつ出して平身低頭し。

参考 春日の若宮神社の例祭(=御祭り)で能の奉納のとき、金春太夫が御旅所の前の「埒」を開けて神前に進んで演能したことからとも、賀茂の競べ馬のときに「埒」でせきとめられた見物人が埒を開けて入りこんだことからともいう。

らち-も-な・い【埒も無い】 連語 **むちゃくちゃである。筋が通らない。**「らっちもない」とも。〔出世景清 江戸―浄瑠 浄瑠・近松〕「はてらちもないこと。一度切ったる景清が、蘇るべきやうもなし」訳はてむちゃくちゃであることよ。一度切った景清が生き返ることができるわけもない。

らっきょ〔落居〕⇩らくきょ

ら-でん【螺鈿】 名詞 鸚鵡貝・鮑貝などの殻の真珠光をもつ部分を、薄片にして種々の形に切り、器物の木地や漆塗りの面にはめ込んで装飾とするもの。

らに【蘭】 名詞 植物の名。「ふじばかま」の別名。◆「らん(蘭)」の撥音を「に」と表記したもの。

[1]らふ【臈】 名詞 ❶僧が、出家受戒後に安居(=夏の九十日間、一室にこもって行う修行)をすませること。また、安居の功を積んだ回数。◇仏教語。❷広く、年功を積むこと。また、その順位。転じて、身分。〔源氏物語 平安―物語 胡蝶〕「勝れたる御らふどもに、かやうの事は堪へぬにやありけむ」訳すぐれたご身分の方々には、このような事は能力がないのであろうか。

[2]らふ【臘】 名詞 陰暦十二月の別名。臘月。季冬。

らふ-はつ【臘八】 名詞 臘月(陰暦十二月)八日のこと。釈尊が悟りを開いた日とされ、成道会が行われる。「らふはち」とも。

[1]らむ 助動詞 四型

《接続》活用語の終止形に付く。ただし、ラ変型活用の語には連体形に付く。

未然形	連用形	終止形	連体形	已然形	命令形
○	○	らむ	らむ	らめ	○

❶〔現在の推量〕**今ごろは…しているだろう。**▼目の前以外の場所で現在起こっている事態を推量する。〔古今 平安―歌集 春上〕「袖ひちてむすびし水の凍れるを春立つ今日の風やとくらむ」訳⇩そでひちて…。

❷〔現在の原因の推量〕…(のため)**だろう。どうして…だろう。**▼目の前の事態からその原因・理由となる事柄を推量する。〔古今 平安―歌集 秋下〕「吹くからに秋の草木のしをるればむべ山風を嵐といふらむ」訳⇩ふくからに…。〔更級 平安―日記〕竹芝寺「などや苦しき目を見るらむ」訳どうしてつらい目に遭うのだろうか。

❸〔現在の伝聞・婉曲〕…**という。…とかいう。…のような。**▼多く連体形で用いて、伝聞している現在の事柄を不確かなこととして述べる。〔枕草子 平安―随筆〕鳥は「あうむ、いとあはれなり。人の言ふらむことをまねぶらむよ」訳おうむはたいへん情趣がある。人が言うようなことを、(そっくり)まねをするとかいうことだよ。

語法 **(1)原因の推量の用法** 現在の原因の推量(❷)の用法では、「らむ」を含む文を、原因・理由を表す部分と、目の前の事態を表す部分とに分けることができ、前者には以下の二つの場合がある。

(ア)	(イ)
原因・理由を表す語句がある。 ←『古今和歌集』の用例に。	疑問語が用いられ、原因を疑う場合。 ←『更級日記』の用例に。

（ウ）原因・理由を表す語句も、疑問語もない場合。→「どうして」などの疑問の意味を補って訳す。←「ひさかたの光のどけき春の日に静心(しづごころ)なく花の散るらむ」（『古今和歌集』）〈⇩ひさかたの…。〉

(2)奈良時代以前は、上一段活用の「見る」の未然形または連用形に付いた「見らむ」という形が見られる。

(3)鎌倉時代以降には、「む」と同じく単純な推量の意も表した。

(4)「らし」との違い

らし	根拠に基づいた確実性の高い推定を表す。
らむ	現在の視界外の事態についての推量を表す。

参考 鎌倉時代以降「らん」と表記する。

ら-む[2] なりたち 連語 完了の助動詞「り」の未然形＋推量の助動詞「む」

…ているだろう。…ているような。後撰 平安一歌集 春下「あたら夜(よ)の月と花とを同じくはあはれ知れらむ人に見せばや」訳せっかくの（春の）一夜の月と花とを同じことなら情趣を理解しているような人に見せたい（ものだ）。

注意 四段動詞の已然形や、サ変動詞の未然形に接続する連語。終止形接続の助動詞「らむ」と混同しないこと。

らむ[3] 現在推量の助動詞「らむ」の連体形。竹取物語 平安一物語 かぐや姫の昇天「おぼすらむ事、何事ぞ」訳お思いになっているだろうことは、どんなことですか。

らめ 現在推量の助動詞「らむ」の已然形。古今 平安一歌集 春上「色も香もおなじ昔に咲くらめど」訳（桜の花は）今ごろは色も香りも昔と同じに咲いているだろうが。

ら-もん【羅文・羅門】名詞 立蔀(たてじとみ)や切り懸け・透垣(すいがい)などの上部に設ける飾り。細い木や竹を二本ずつ菱形(ひしがた)に交差させて組む。「らんもん」とも。

らゆ 助動詞 下二型

《接続》ナ行下二段活用の動詞の未然形に付く。

未然形	連用形	終止形	連体形	已然形	命令形
らえ	○	○	○	○	○

〔可能〕…できる。万葉集 奈良一歌集 三六六五「妹(いも)を思ひ眠(い)の寝らえぬに暁(あかとき)の朝霧隠(ごも)り雁(かり)がねぞ鳴く」訳妻を思って眠ることができないでいると暁の朝霧につつまれて雁が鳴いている。◆奈良時代以前の語。

語法 動詞「ぬ（寝）」に接続し、打消の語を伴った例しか見られない。

ら-り【乱離】名詞「らりこっぱひ」に同じ。

らり-こっぱひ【乱離骨灰】(ラリコッパイ) 名詞 めちゃくちゃになること。

ら-りょう【羅綾】名詞 薄絹と綾絹(あやぎぬ)。美しい衣服の材料となる。

らる 助動詞 下二型

《接続》上一段・上二段・下一段・下二段・カ変・サ変の各動詞型活用の語の未然形に付く。他の動詞型活用の語には「る」が付く。

未然形	連用形	終止形	連体形	已然形	命令形
られ	られ	らる	らるる	らるれ	られよ

❶〔受身〕…られる。枕草子 平安一随筆 ありがたきもの「ありがたきもの。舅(しうと)にほめらるる婿」訳めったにないもの。（それは）舅にほめられる婿。

❷〔尊敬〕…なさる。お…になる。枕草子 平安一随筆 うへにさぶらふ御猫は「『犬島へつかはせ。ただ今』と仰せらるれば」訳「（翁丸(おきなまろ)を）犬島へ追放せよ。すぐさま」と（帝(みかど)が）お命じになるので。

❸〔自発〕自然と…される。…ないではいられない。徒然 鎌倉一随筆 一九「なほ梅の匂(にほ)ひにぞ、いにしへの事も立ちかへり恋しう思ひ出(い)でらるる」訳やはり梅の香りによって、以前のことも（当時に）さかのぼって、自然となつかしく思い出される。

❹〔可能〕…することができる。…られる。▼平安時代には打消の語を下接して、「…できない」という意を表す。竹取物語 平安一物語 かぐや姫の昇天「あの国の人を、え戦はぬなり。弓矢して射られじ」訳あの国（月の世界）の人を、（相手に）戦うことはできないのだ。弓矢で射ることもできないだろう。

語法 (1)尊敬の「らる」⇩る

(2)可能の「らる」⇩る

(3)「らる」は奈良時代以前には例がなく、平安時代になってから発達した。

(4)自発（❸）・可能（❹）の意の場合には命令形の用法はない。

参考「らる（る）」の意味を見分ける目安

受身	動作の源になる人を表す「*に（格助詞）」の下に付く。	*文脈上「…に」という人を表す語が明らかな場合は省略されることもある。
尊敬	*高貴な人の動作を表す動詞に付く。	*主語が高貴な人。
自発	心情を表す*動詞に付く。	*泣く・笑ふ・驚く〈＝はっと気づく〉など。
可能	下に*打消の語を伴う。	*鎌倉時代以後は打消の語がなくても可能を表すようになる。

*「…られ給(たま)ふ」「…れ給ふ」の形で用いられる「る」「らる」は、受身か自発であり、尊敬ではない。表は一応の目安で例外もあるが、同じ意味の助動詞「る」にも当てはまる。⇩る

らるる 受身・尊敬・自発・可能の助動詞「らる」の連体

形。枕草子 平安―随筆 頭の弁の、職にまゐり給ひて「おもふ人の人にほめらるるは」訳愛する人が人にほめられるのは。

²**らるれ** 受身・尊敬・自発・可能の助動詞「らる」の已然形。徒然 鎌倉―随筆 一五「さやうの所にてこそ、万(よろづ)に心づかひせらるれ」訳そのような所でこそ、すべてのことに自然と気遣いされる(ようになるものだ)。

¹**られ** 受身・尊敬・自発・可能の助動詞「らる」の未然形。更級 平安―日記 かどで「恐ろしくて寝(い)も寝(ね)られず」訳恐ろしくて眠ることもできない。

²**られ** 受身・尊敬・自発・可能の助動詞「らる」の連用形。平家物語 鎌倉―物語 九・木曾最期「木曾(きそ)殿の最後のいくさに、女を具せられたりけり」訳木曾(義仲(よしなか))殿が、最後の合戦に女をお連れになっていた。

られ・たま・ふ【られ給ふ】ラレタマウ ―ラレタモウ 連語

なりたち 受身・尊敬・自発・可能の助動詞「らる」の連用形＋尊敬の動詞「給ふ」

［上一段・上二段・下一段・下二段・カ変・サ変の各動詞型活用の語の未然形に付いて］❶「られ」が受身の意の場合…(ら)れなさる。源氏物語 平安―物語 須磨「それにつけても、世の中にのみめでられたまへば」訳そのことにつけても(源氏は)世間から称賛されなさるばかりなので。❷「られ」が自発の意の場合…自然とお…になる。源氏物語 平安―物語 若菜下「春秋(はるあき)の行幸(ぎゃうがう)になむ、昔思ひ出(い)でられたまふこともまじりける」訳(出家をした帝(みかど)は)春と秋の行幸の折りに、自然と昔の(出家前の)ことをお思い出しになることも時々はあるのだった。❸「られ」が可能の意の場合…することがおできになる。源氏物語 平安―物語 空蟬「しばしうち休み給(たま)へど、寝られたまはず」訳少しの間横になりなさるが、眠ることがおできにならない。

られよ 受身・尊敬・自発・可能の助動詞「らる」の命令形。徒然 鎌倉―随筆 五四「験(げん)あらん僧たち、祈り試みられよ」訳霊験がありそうな僧たち、祈り試してごらんなさい。

¹**らん** 助動詞 四型 {○・○・らん・らん・らめ・○}「らむ」に同じ。◆助動詞「らむ」の「む」を、平安時代の中ごろから「ん」と発音したことから「らん」と表記されるようになったもの。⇨らむ(助動詞)

²**ら・ん** 連語 「らむ」に同じ。◆連語「らむ」の「む」を、平安時代の中ごろから「ん」と発音したことから「らん」と表記されるようになったもの。⇨らむ(連語)

蘭学事始(らんがくことはじめ) 書名 回想録。杉田玄白(げんぱく)作(大槻玄沢(おおつきげんたく)整理)。江戸時代後期(一八一五)成立。二巻。〔内容〕前野良沢(まえのりょうたく)・杉田玄白らの著書『解体新書』の出版までの翻訳の苦心談を中心に、蘭学の発達の状況を回想している。

らん-ぐひ【乱杙・乱杭】ラングイ 名詞 川・堀などの中や地上に乱雑に打ち並べた杭。縄を張り巡らして敵の攻撃の妨げとした。

らん-けい【鸞鏡】名詞 ❶裏に鸞鳥(らんちょう)(＝中国の想像上の鳥)の姿を刻んだ鏡。❷「鸞鏡調(らんけいでう)」の略。雅楽の音階である「十二律(じふにりつ)」の第九音。◆「らんきゃう」とも。

らん-ざう【乱声】ランゾウ 名詞 「らんじゃう❶」に同じ。

らん-じゃ【蘭麝】名詞 蘭の花と麝香(じゃこう)(＝麝香鹿(じゃこうじか)の雄の腹部からの分泌物(ぶんぴつぶつ)から製した香料)とを合わせた、香りの高い香(こう)。

¹**らん-しゃう**【濫觴】ランショウ 名詞 起源。物事の始め。起こり。参考 長江(ちょうこう)のような大きな河も、その水源は觴(さかずき)を濫(うか)べるほど小さな流れであるという意から。

²**らん-しゃう**【蘭省】ランショウ 名詞 中国の役所、尚書省(しょうしょしょう)の別名。日本の太政官(だいじゃうくわん)に当たる。「らんせい」とも。

らん-じゃう【乱声】ランジョウ 名詞 ❶雅楽の舞楽で用いる調べの一つ。笛に太鼓・鉦鼓(しょうこ)を合わせて急テンポで奏するので、せわしく乱雑に聞こえる。行幸の到着、舞楽の始め、相撲(すまひ)・競(くら)べ馬の勝負の決したときなどに用いられる。「らんざう」「らざう」とも。❷軍陣で、陣鉦(じんがね)や太鼓などを乱打して鬨(とき)の声をあげること。平家物語 鎌倉―物語 九・樋口被討罰「常に太鼓を打ってらんじゃうをす」訳いつも太鼓を打って鬨の声をあげる。

らんじゃ-たい【蘭奢待】名詞 聖武天皇のときに唐から献上された名香。極上の伽羅(きゃら)の香で、東大寺にも納められた。

らん-にゃ【蘭若】名詞 仏教語。「阿蘭若(あらんにゃ)」の略。修行に適した閑静な場所。また、転じて、寺。寺院。

らんのかや… 俳句 「蘭の香や てふの翅(つばさ)に たき物す」野ざらし 江戸―句集 俳文・芭蕉(ばせう) 訳らんの芳香がかおってくる。花にちょうがとまっているが、まるでその羽に香りをたきしめているようだ。

鑑賞 茶店で出会った「てふ」という名の女に、「私の名にちなんで句を作ってください」と頼まれて詠んだ句。女の白い着物をちょうの羽に見立て、においでるような女の美しさをらんの芳香にたとえた。季語は「蘭」で、季は秋。

らん-ばう【濫妨・乱妨】ランボウ 名詞／―す 他動詞サ変 乱暴して、人の物を奪い取ること。強奪すること。太平記 室町―物語 一〇「敵は大勢にてはや谷々(やつやつ)に乱れ入り、火を懸け物をらんばうし候」訳敵は大勢で早くも谷々に乱れ入り、火をつけて物を強奪しました。

らん-ばこ【覧箱】名詞 貴人に御覧に入れる文書を入れておく箱。

らん-びゃうし【乱拍子】ランビョウシ 名詞 ❶「白拍子(しらびゃうし)」などの舞の一種。❷能楽で小鼓(こつづみ)のみで囃(はや)し、特殊な足踏みで踏み回る舞の一種。

らん-ぶ【乱舞】名詞 ❶酒宴の席などで即興に歌い踊ること。特に、「五節(ごせち)」や「豊(とよ)の明かりの節会(せちゑ)」などで殿上人(てんじゃうびと)が座興に歌いながら舞うこと。また、その歌舞。❷能楽で、演技の間に行う速度の速い舞。また、能のこと。◆「らっぷ」とも。

らん-もん【羅文・羅門】名詞 「らもん」に同じ。

り[1]【利】［名詞］❶**利益。得。**［徒然 鎌倉―随筆］三八「りにまどふは、すぐれて愚かなる人なり」［訳］利益に迷うのは、たいそう愚かな人である。❷**利息。利子。利率。**❸**有利であること。都合がよいこと。**［平家物語 鎌倉―物語］九・三草合戦「平家は三千余騎、御方の御勢は一万余騎、はるかのりに候ふ」［訳］平家は三千余騎、味方の軍勢は一万余騎(であるので)、はるかに有利でございます。

り[2]【里】［名詞］律令制で、行政上の一区画。国・郡に次ぐ最下位の地方行政単位。五十戸を一里とする。

り[3]【理】［名詞］❶(物事の)**筋道。道理。**［平家物語 鎌倉―物語］一・祇王「ただりを曲げて、召し返して御対面さぶらへ」［訳］ひとえに道理を曲げて、(仏御前を)お呼び返しになって御対面なさいませ。❷**正しいと思う信念。理性。**［平家物語 鎌倉―物語］一・願立「御心の猛さ、りの強さ」［訳］御気性の激しさ、信念の強さ。

り[4]［助動詞］ラ変型

《接続》四段動詞の命令形とサ変動詞の未然形に付く。

未然形	連用形	終止形	連体形	已然形	命令形
ら	り	り	る	れ	れ

㊀〔完了〕**…た。…てしまった。**［竹取物語 平安―物語］蓬萊の玉の枝「くらもちの皇子は優曇華の花持ちて上り給へり」［訳］くらもちの皇子は優曇華の花を持って都へお上りになった。

㊁〔存続〕❶**…ている。…てある。**▼動作・作用の結果が残っていることを表す。［伊勢物語 平安―物語］九「富士の山を見れば、五月のつごもりに、雪いと白う降れり」［訳］富士の山を見ると、五月の下旬だというのに、雪がとても白く降り積もっている。❷**…ている。…てある。…し続けている。**▼動作・作用が現在続いていることを表す。［万葉集 奈良―歌集］四二九二「うらうらに照れる春日に雲雀上がり心悲しも独りし思へば」［訳］⇩うらうらに…。

語法 **完了と存続の違い**⇩たり

注意 (1)助動詞「たり」と同様の意味を表すが、接続が異なる。
(2)四段・サ変の動詞の活用語尾の音が、五十音図でいうエ段の音であれば、それに接続する「ら・り・る・れ」はこの助動詞である。

参考 (1)**助動詞「り」の成立**　助動詞「り」は、奈良時代以前に四段・サ変動詞の連用形に動詞「あり」が付いて融合し、音変化して成立した。たとえば、四段では「咲き＋あり」↓「咲けり」、サ変では「し＋あり」↓「せり」となった。その「り」の部分を助動詞と認めたものである。
(2)**「り」の接続**　「り」の上につく動詞が四段活用である場合、四段活用は已然形も命令形も同形であるので、已然形接続説と命令形接続説とがある。しかし、成立の上からは、いずれも便宜的な説明でしかない。(1)で述べたような成立の事情からである。奈良時代以前では、四段活用の、たとえば、已然形の「咲け」の「け」と命令形の「咲け」の「け」の音とが別の音であり、「咲けり」の「け」は命令形の「咲け」の「け」と同一の音であることからここでは、「り」を命令形接続としておいた。平安時代以降、この已然形と命令形が同音になったので、助動詞「り」は四段動詞の已然形に接続しているとみてもよいし、命令形に付いているとみても、さしつかえない。

〈連用形〉　　　　　〈連用形〉
行き　＋　あり　↓　行け　＋　り
　　　　　　　　　〈命令形〉

-り[5]【里】［接尾語］❶**土地の面積の単位。**一里は六町(＝約六六〇メートル)四方、すなわち三十六町歩(＝約三五ヘクタール)。❷**距離の単位。**時代により一定しないが、古くは一里は六町、後に三十六町(＝約四キロメートル)。

り[6] 完了の助動詞「り」の連用形。［徒然 鎌倉―随筆］五一「とかくなほしけれども、終にまはらで、いたづらに立てりけり」［訳］(水車を)あれこれと修繕したけれども、とうとう回転しないで、むだに立っていた。

りう【流】［名詞］❶**水の流れ。**❷**同じ系統。同じ系統の仲間。流派。**

りう-かう【流行】［名詞］／―す［自動詞］サ変 ❶世間に広く行われること。はやること。❷蕉風俳諧で、句風が時代の推移とともに変化すること。［去来抄 江戸―論］修行「不易を知らざれば基立ちがたく、りうかうを知らざれば風新たならず」［訳］永久不変の価値を知らなければ基礎を確立することができず、時代の変化を知らなければ作風が新しくならない。⇩不易流行 ［文芸］

琉球 ［地名］旧国名。西海道十二か国の一つ。今の沖縄県。奄美地方も含む。

りうくゎ-ゑん【柳花苑】［名詞］舞楽の曲名。四人の女舞であったとされる。

りう-ご【輪鼓・輪子】［名詞］❶散楽(＝おもに平安時代に行われた雑芸)の曲芸に用いる道具。鼓の胴のように、中央がくびれた形をしている。また、それを用いてする曲芸。❷❶のように中央がくびれた形。❸紋所の一つ。❶を図案化したもの。

りう-せん【流泉】［名詞］琵琶の秘曲の名。「啄木」「楊真操」とともに唐から伝えられたという琵琶の三曲の一つ。

りう-たん【竜胆】［名詞］「りんだう」に同じ。

柳亭種彦 ［人名］(一七八三～一八四二)江戸時代後期の読本・草双紙作者。江戸の人。姓は高屋、名は知久。幕臣。初めは読本を書いたが、後に歌舞伎趣味豊かな草双紙に力を注いだ。合巻『偐紫田舎源氏』『邯鄲諸国物語』のほか滑稽本・人情本などがある。

りう-はつ【柳髪】［名詞］**風になびく柳のような髪。**▼女性の、美しくてしなやかな髪にいう。

り-うん【利運・理運】［名詞］❶物事が理にかなっていること。**合理。**［平家物語 鎌倉―物語］一・御輿振「今度山門の御訴訟、りうんの条もちろんに候ふ」訳今度の延暦寺の御訴訟は、道理にかなっていることはもちろんです。❷理にかなったためぐり合わせ。幸運。〔孕常盤 江戸―浄瑠〕浄瑠・近松「源家りうんの御吉左右」訳源家の幸運の御吉報。❸運のよいのに乗じて、勝手な振舞いをすること。〔心中天網島 江戸―浄瑠〕浄瑠・近松「身に誤りあればこそだんだんの詫び言、あんまりりうん過ぎました」訳(私の)身に誤りがあるからこそ、いろいろ謝罪の言葉、あまりに勝手な振る舞いが過ぎました。

り-かん【利勘】名詞 **勘定高いこと。計算ずく。**〔日本永代蔵 江戸―物語〕浮世・西鶴「これもりかんにて、…一貫目につき何ほどと極めける」訳これも計算ずくで、…一貫目についていくらと決めた。◆江戸時代の語。

り・き 連語

なりたち 完了の助動詞「り」の連用形＋過去の助動詞「き」

…ていた。▼過去のある時点で、ある動作・作用が存続していたことを回想する。〔大鏡 平安―物語〕時平「歌の上手、管弦の道にもすぐれ給へりき」訳(時平の弟の敦忠中納言は)和歌の名人で、音楽の道にも優れなさっていた。

りき-じ【力士】名詞 ❶**力の強い男。**❷「金剛力士」の略。◆のちに「りきし」とも。

りきじ-まひ【力士舞ひ】名詞「伎楽」の舞の一つ。「金剛力士」の扮装をして、鉾などを持って舞う。

りき-じん【力人】名詞 **力の強い人。また、相撲取り。**

りき-どう【力動】名詞「力動風」の略。能楽で鬼を表現する様式の一つ。

り-ぎん【利銀】名詞 **利子。利息。**〔世間胸算用 江戸―物語〕浮世・西鶴「まんまる一年この銀を遊ばせて置きたるりぎんを」訳まる一年このお金を利用しないで置いた期間の利子を。

参考 江戸時代、主に、銀本位制であった関西で用いられた語。

りく-がふ【六合】名詞 **天地と四方。全宇宙。**

六義 文芸 ❶中国で、体裁・内容から分類した、漢詩表現の六種の形態。事柄や思いをそのまま述べる「賦」、比喩を用いて述べる「比」、事物に感じて思いを述べる「興」、民間に行われる歌謡の「風」、宮廷で謡われる「雅」、祖先の徳をたたえる「頌」の六種。❷『古今和歌集』の仮名序で❶にならって分類した、和歌の六種の形態。諷喩する「そえ歌」、たとえずにそのまま詠んだ「かぞえ歌」、ほかの物にたとえて思いを詠んだ「なずらえ歌」、思いを自然の風物になぞらえた「たとえ歌」、正しい世の中を詠んだ「ただごと歌」、祝い祝福した「いわい歌」の六種。順に❶の賦・比・興・風・雅・頌に相当するとされる。「和歌の六義」「和歌六体」ともいう。

りく-げい【六芸】名詞 中国で、士(＝中堅の役人層)以上の身分の者が学ぶべき六種の技芸。礼(＝作法)・楽(＝音楽)・射(＝弓術)・御(＝馬術)・書(＝書道)・数(＝数学)。

陸前 地名 旧国名。東山道十三か国の一つ。今の宮城県と岩手県南部。明治一年(一八六八)、陸奥の国から分割された。

陸中 地名 旧国名。東山道十三か国の一つ。今の岩手県と秋田県東部。明治一年(一八六八)、陸奥の国から分割された。

りく-ゑふ【六衛府】名詞「ろくゑふ」に同じ。

*__り・けり__ 連語

なりたち 完了の助動詞「り」の連用形＋過去の助動詞「けり」

❶(「けり」が過去の意の場合)**…ていた。…た。**▼動作・作用の存続を表す。〔伊勢物語 平安―物語〕二「その女、世人にはまされりけり」訳その女は、世間並みの人以上に(容貌が)すぐれていた。❷(「けり」が詠嘆の意の場合)**…ていたのだった。…ていたのだったのだなあ。**〔万葉集 奈良―歌集〕四二三一「撫子は秋咲くものを君が家の雪の巌に咲けりけるかも」訳なでしこは秋に咲くものなのに、あなたの家の雪の岩山に咲いていたのだったなあ。

り-けん【利剣】名詞 **鋭利な刀剣。**仏教では、煩悩や悪魔を破り砕く智恵や、仏の力などをたとえていうこともある。

り-こう【利口】名詞 ❶上手に口をきくこと。**話し上手。**❷こっけいなことを言うこと。**冗談。**❸賢明であること。**利発。**

り-こう・なり【利口なり】形容動詞ナリ {なら/なり・に/なり/なる/なれ/なれ} ❶**話し上手だ。上手に口をきく。**〔今昔物語 平安―説話〕二八・四「りこうに言ひ聞かせよ」訳上手に口をきいて言い聞かせよ。❷**こっけいだ。**〔宇治拾遺 鎌倉―説話〕序「少々は空物語もあり、りこうなる事もあり」訳少しは作り話もあり、こっけいなこともあり。❸**賢明だ。利発だ。**

り-こん【利根】名詞 賢くて、素質・能力がすぐれていること。また、気が利いていること。対鈍根。

り-こん・なり【利根なり】形容動詞ナリ {なら/なり・に/なり/なる/なれ/なれ} **賢い。能力がすぐれている。気が利いている。**〔今昔物語 平安―説話〕一・八「四人はりこんにして、先にすでに道を得たり」訳四人は能力がすぐれていて、先にもはや悟りを得ている。対鈍根なり。

り-し【律師】名詞「りっし」に同じ。◆「りっし」の促音「っ」の表記されない形。

り-しゃう【利生】名詞 仏教語。仏・菩薩が人々に利益を与えること。また、その利益。

りしゃう-はうべん【利生方便】名詞 仏教語。仏・菩薩が衆生に利益を与えるために適した方法をあれこれ考えること。また、その方法。

り-そく【理即】名詞 仏教語。天台宗で説く、悟りに至るまでの六段階を示す「六即」の最初の段階。まだ仏の教えを知らない段階。

り-ぞく【離俗】名詞 俗世間を離れて高尚な美の境地を目指すこと。◆与謝蕪村の俳諧理念。

りち【律】名詞「りつ❷」に同じ。〔源氏物語 平安―物語〕少女「りちの調べのなかなか今めきたるを、…乱れ掻い弾き給へる」訳律の曲のかえって当世風なのを、…乱れ弾きにお弾きになっている。

りち-ぎ【律義・律儀】名詞 ❶礼儀正しく義理がたいこと。**実直。**❷壮健であること。**達者。**

りち-ぎ・なり【律義なり・律儀なり】形容動詞ナリ {なら/なり・に/なり/なる/なれ/なれ} ❶**実直だ。**「りつぎなり」とも。〔本朝桜陰 江戸―浄瑠〕浮世・西鶴「この亭主は身すぎに油断なくす

り

べての事にりちぎにかまへ」訳この亭主は世渡りに油断なくすべてのことに実直にかまえ。❷壮健だ。達者だ。

りつ【律】 名詞 ❶律令制における刑罰に関する規定。刑法。❷雅楽などの音階の一種。「呂」に比べて音調が高い。「りち」とも。対呂。❸仏教語。仏教の修行者が守るべき定め。禁戒。戒律。

りつ-ぎ【律儀・律義】 名詞 仏教語。悪に陥ることを防ぐ善行。また、その善行を行うように定めた戒律。

六国史 りっこくし 文芸 奈良時代から平安時代にかけて、朝廷によって編纂された六つの歴史書。『日本書紀』『続日本紀』『日本後紀』『続日本後紀』『文徳実録』（『日本文徳天皇実録』）『三代実録』（『日本三代実録』）の六書。いずれも漢文で記された編年体の歴史書。

りっ-し[*]【律師】 名詞 仏教語。❶戒律を厳しく守る、高徳の僧。❷僧正・僧都に次ぐ僧官。僧尼の統括をつかさどる。正・権に分かれ、役人の五位に準ずる。「りし」とも。

りっ-しゃ【竪者・立者】 名詞 仏教語。仏教の理論を論議する席で、問者の質問を教理に沿って解明し答える役の僧。◆「りつ」は「竪」の慣習よみ。

立正安国論 りっしょうあんこくろん／リッショウアンコクロン 書名 仏教書。日蓮著。鎌倉時代（一二六〇）成立。一巻。〔内容〕鎌倉幕府の執権北条時頼に献じた、漢文の問答体で書いた仏教書。天災・疫病流行の原因である邪宗を禁じて、正法の『法華経』によって国を安泰にすることを説いている。

りっ-しゅう【律宗】 名詞 「南都六宗」の一つ。戒律の厳守・実践を旨とする宗派。中国で開かれ、わが国へは奈良時代に唐僧鑑真がもたらした。本山は唐招提寺。

りっ-しゅん【立春】 名詞 二十四気の一つ。暦の上で春になる日。太陽暦では二月四日ごろ。

りつ-りやう【律令】 リツリョウ 名詞 律令制国家の基本となる法律である「律①」と「令」。律はほぼ現在の刑法、令は民法・行政法に当たる。「りつれい」とも。

りつりやう-きやくしき【律令格式】 リツリョウキャクシキ 名詞 奈良・平安時代の法令の総称。また、それらを記した法典。「格」は律令の不備を補い、改正するための臨時の法令。「式」は施行規則。

りつ-りょ【律呂】 名詞 「律②」と「呂」。音楽の音階・調子。雅楽の調子の総称。「呂律」とも。

り-とく【利得】 名詞 利益。もうけ。

り-はつ【理髪】 名詞 男子の元服や女子の裳着のとき、髪を切ったり結ったりして、整えること。また、その役。

り-はつ・なり【利発なり】 形容動詞ナリ 〔なら／なり・に／なり／なる／なれ／なれ〕 ❶利口だ。賢い。日本永代蔵 江戸—物語 浮世・西鶴「この藤市、りはつにして、一代のうちにかく手まへ富貴になりぬ」訳この藤市は、利口であって、自分一代でこのように生活は、富も身分も高くなった。❷役に立つ。有益だ。日本永代蔵 江戸—物語 浮世・西鶴「りはつなる小判を長櫃の底に入れ置き」訳役に立つ小判を長櫃の底に入れておき。

り-ひ【理非】 名詞 道理にかなうことと、外れること。

り-ふ-ぎ【竪義・立義】 リュウギ 名詞 仏教語。諸大寺の法会のときに行う教義の論議で、問者の出す論題に対して答えること。また、その僧。◆「りふ」は「竪」の慣用音。

りふ-ぐわん【立願】 リュウガン 名詞／—す 自動詞サ変 神仏に願をかけること。願立て。平家物語 鎌倉—物語 四・厳島御幸「御心中に深き御りふぐわんあり」訳（上皇は）お心の中に深い御願立てがおありだ。

り-ほう【吏部・李部】 名詞 「式部省」の中国風の呼び名。「りぶ」とも。

り-もつ【利物】 名詞 仏教語。仏が衆生に利益をもたらすこと。

り-やう【利養】 リヨウ 名詞 仏教語。財物を得ようとして、私欲をむさぼること。◆多く「名聞利養」の形で使われ、世俗的欲望をいう。

りやう[1]【両】 リョウ 名詞 二つで対になっている物の双方。両方。「りやうの袖」

りやう[2]【領】 リョウ 名詞 領地。領有。「らう」とも。源氏物語 平安—物語 手習「故朱雀院の御りやうにて、宇治の院といひし所」訳故朱雀院のご領地で、宇治の院といった所。

りやう[3]【霊】 リョウ 名詞 怨霊。「らう」とも。

-りやう[4]【両】 リョウ 接尾語 ❶対になっている物を数える。「裲襠一りやう」。❷重さの単位を表す。一般に、一両は一斤の十六分の一で、二十四銖。時代により変動はあるが、律令制では十匁、約三七・五グラムに当たる。「黄金百りやう」。❸薬種などの量目の単位を表す。一両は五匁から四匁の間（＝約十五グラム）。❹江戸時代、貨幣の単位を表す。一両は金貨で四分、銀貨で四匁三分。❺反物を数える。二反で一両。❻車の台数を数える。台。「車万りやう」

-りやう[5]【領】 リョウ 接尾語 装束・鎧などの一そろいの数を数える。「三十りやうの鎧」

りやう-あん【諒闇】 リョウアン 名詞 天皇がその父母の喪に服する期間。一年とされ、臣下も服喪する。「らうあん」とも。

りやう-がい【両界】 リョウガイ 名詞 「りやうぶ①」に同じ。

りやう-がへ【両替へ】 リョウガエ 名詞／—す 自動詞サ変 ❶手数料を取って、種類の異なる貨幣を交換すること。また、その業者。❷物を金銭と交換すること。西鶴織留 江戸—物語 浮世・西鶴「かの目貫をりやうがへして、買ひ掛かりの方へ少しづつ渡して」訳あの刀の柄の金具を金銭と交換して、掛け買いをした所へ少しずつ返して。

良寛 りょうかん／リョウカン 人名 （一七五八～一八三一）江戸時代後期の歌人。本名、山本栄蔵。越後（新潟県）の人。諸国を行脚して禅を修め、帰郷して国上山の五合庵に住んだ。無欲で自然と人間を愛し逸話が多い。書道にすぐれていた。歌集『蓮の露』がある。

りやう-け【領家】 リョウケ 名詞 荘園領主のうち、地方在住の土地所有者から土地の寄進を受けて名義上の領主となった中央の貴族。

参考 地方の領主や豪族たちが、中央の権力者の保護を受けるために行ったもの。鎌倉時代に入ると、「地頭」の勢力が強くなり、領家は名義だけのものとなった。

りやうげ-の-くわん【令外の官】 リョウゲノカン 名詞 大宝令または養老令に規定された以外の官職や役所。内大臣・中納言・参議・検非違使や、蔵人所

・近衛府など多数ある。◆「令外」は、「令」の規定外の意。

りやう-げん【霊験】 名詞 「れいげん」に同じ。

りやう-じ【令旨】 名詞 皇太子や三后(=太皇太后・皇太后・皇后)から出される文書。後には、親王・法親王・王・女院などからのものにもいう。「れいし」とも。

りやう-じやう【領状・領掌】 名詞 /―す 他動詞 サ変 **仰せを承諾すること。承知すること。** 平家物語 鎌倉ー物語 八・名虎「やがて参るべき由は、りやうじやうを申しながら」訳すぐに伺う旨、承諾したことを申し上げながら。

りやうじゆ-せん【霊鷲山】 名詞 古代インドのマガダ国の首都、王舎城の東北にある山。釈迦が説法を行った地という。霊山。鷲の峰。▼禿鷲の頂(という山)の意。

りやう-しよ【領所】 名詞 **領有する土地。領地。**「らうしよ」とも。

りやう・ず*【領ず】 他動詞 サ変 {ぜ/じ/ず/ずる/ずれ/ぜよ}

語義の扉

漢語「領」(呉音はリャウ(リョウ)、漢音はレイ)を元に生まれたサ変動詞。

漢語の窓

漢字「領」のなりたちは、「令」と「頁」の会意兼形声。すっきりとした首筋やえりもとの意から、うなずく、要点を押さえておさめる、支配する、受け取る、引き連れる意。

日本語化した「領ず」は、漢語の、支配する意を受け継ぎ、土地や物などを自分のものとして所有する意(❶)、さらに、霊や魔物などがとりついて人格を支配する意(❷)を表す。

❶(土地や物などを)自分のものとする。所有する。占有する。領有する。ひとりじめにする。

❷(霊や魔物などが)とりつく。のりうつる。

❶(土地や物などを)**自分のものとする。所有する。占有する。領有する。ひとりじめにする。** 蜻蛉 平安ー日記 中「この按察使の大納言のりやうじ給ひし宇治の院」訳この按察使の大納言が占有しなさっていた宇治の院。❷(霊や魔物などが)**とりつく。のりうつる。** 源氏物語 平安ー物語 蜻蛉「鬼神も、あが君をばえりやうじ奉らじ」訳鬼や神でも、あなたさま(=浮舟)にとりつき申し上げることはあるまい。◆「りやうす」「らうず」とも。

りやう-ぜん【霊山】 名詞 「りやうじゆせん」に同じ。

梁塵秘抄 書名 歌謡集。後白河院撰。平安時代後期(一一六九以後)成立。二十巻。〔内容〕平安時代後期の神楽歌・催馬楽・今様などの歌謡類を収めてあり、当時のわらべうたなど興味深いものが少なくない。

りやう-ぶ【両部】 名詞 ❶仏教語。密教の、金剛界と胎蔵界。両界。❷「両部神道」の略。

りやうぶ-しんたう【両部神道】 名詞 神道の一派。密教の、金剛・胎蔵の両部曼荼羅の諸尊と日本の神々を関連づけ、「本地垂迹」の説を立てて説明する、神仏習合の神道。のちの多くの神道説の基となった。両部習合。

りやう-や【良夜】 名詞 ❶**月の明るく美しい夜。** また、特に、中秋の名月の夜。季秋。❷ある物事をするためによい夜。

りやうりやう-・じ 形容詞 シク {(じく)・じから/じく・じかり/じ/じき・じかる/じけれ/じかれ} ❶「らうらうじ❶」に同じ。枕草子 平安ー随筆 殿などのおはしまさで後「さやうの事にりやうりやうじかりけるが」訳そうしたことに物慣れていて巧みであった人が。❷「らうらうじ❷」に同じ。宇津保 平安ー物語 国譲上「木工は、ふくらかに愛敬づきたる人の、髪たけにていとりやうりやうじき」訳木工の君は、ふっくらとしてかわいらしい人で、髪も豊かでたいそう気品があって美しい人。

り-やく【利益】 名詞 /―す 他動詞 サ変 仏教語。(仏・菩薩・経・僧などが、その力をもって人々に)**功徳を与えること。** また、その功徳。今昔物語 平安ー説話 六・四「釈迦如来、…滅後の衆生をりやくせむと誓ひおき給へり」訳釈迦如来は、…入滅後のすべての生き物に功徳を与えようと約束しておおきになった。

[1]リユウ〖柳・流・琉〗⇩りう

[2]リユウ〖立〗⇩りふ

[3]りゆう【竜】 名詞 想像上の動物の一つ。竜。水中あるいは地中にすみ、空中を飛行し、雲や雨を起こすという。仏教では仏法の守護神とされ、中国では天子になぞらえる。「りょう」とも。

りゆう-がん【竜顔】 名詞 「天子の顔」の尊敬語。**お顔。ご尊顔。**「りょうがん」とも。

琉球 ⇩琉球

りゆうげ-さんゑ【竜華三会】 名詞 仏教語。弥勒菩薩が、枝の形が竜に似ているという竜華樹の下で、釈迦の説法にもれた衆生を救うために三回行う法会。釈迦入滅後五十六億七千万年の未来世にこの世に現れて行うという。竜華会。

りゆう-じん【竜神】 名詞 仏教語。仏法を守護する八部衆の一つ。竜を神格化したもの。雨・水・波などをつかさどる。竜王・海竜王。

りゆうじん-はちぶ【竜神八部】 名詞 仏教語。仏法を守護する八部衆(=天・竜・夜叉・乾闥婆・阿修羅・迦楼羅・緊那羅・摩喉羅伽)。そのうちで、特に重んじられる竜神を代表させていう。

柳亭種彦 ⇩柳亭種彦

りゆうとう-げきしゆ【竜頭鷁首】 名詞 「りょうとうげきしゅ」に同じ。「りゅうどうげきしゅ」「りょうどうげきす」とも。

りゆう-によ【竜女】 名詞 沙羯羅竜王(=海竜王)の娘。成仏できないとされる女の身でありながら、八歳で釈迦の前で悟りを開いたという。

りゆうび-だん【竜尾壇】 名詞 平安京大極殿の南の庭にある、ほかより一段高くなった所。

りゆう-め【竜馬】 名詞 **きわめてすぐれた馬。駿馬。**「りょうめ」とも。

りよ【呂】 名詞 雅楽などの音階の一種。「律」に比べて音調が低い。対律。

[1]リヨウ〖了・料・聊・寮〗⇩れう

[2]リヨウ〖令・両・良・領・諒・霊〗⇩りやう

[3]りよう【竜】 名詞 「りゅう」に同じ。

凌雲集【りょううんしふ】 書名 最初の勅撰漢詩集。小野岑守らの撰。平安時代前期(八一四)成立。一巻。〔内容〕嵯峨天皇の勅命で完成。平城・嵯峨・淳和の三天皇以下、作者二十四人の漢詩九十一編を作者別に集めたもの。唐詩の影響をうけた七言詩が多く、当時の漢詩の盛況がうかがえる。

りょう-がん【竜顔】 名詞 「りゅうがん」に同じ。平家 鎌倉一物語 六・小督「りょうがんより御涙をながさせ給ふ」訳(高倉天皇は)お顔から御涙をお流しになった。

りょうき-でん【綾綺殿】 名詞 平安京内裏の殿舎の一つ。宜陽殿の北、仁寿殿の東にある。天皇が入浴し、斎服を着る所。

りょう-・ず【凌ず・陵ず・掕ず】 他動詞サ変 {ぜ/じ/ず/ずる/ずれ/ぜよ} 責めさいなむ。せっかんする。更級 平安一日記 竹芝寺「この男を罪しりょうぜられば」訳この男を罰し、せっかんされるならば。

参考 この語の仮名表記は「れうず」と書かれることも多いが、虐げるの意の「凌」をサ変動詞化した語と考えられるので、この辞典では「りょうず」とした。

りょうとう-げきしゅ【竜頭鷁首】 名詞 船首にそれぞれ竜の頭と鷁の首の彫り物を飾った、二隻一対の船。平安時代、貴族が園遊のときなどに池に浮かべて船遊びをしたり、船楽を奏するための船とした。「りゅうとうげきしゅ」「りゅうどうげきしゅ」「りょうどうげきす」とも。◆「鷁」は、鷺に似た、風を恐れずによく飛ぶという中国の想像上の水鳥の名。参照▼口絵

りょう-め【竜馬】 名詞 「りゅうめ」に同じ。

りょう-ら【綾羅】 名詞 綾絹(=模様を織り出した絹の布)と薄絹。美しくて上等な布とされる。また、それで作った美しい高級な衣服。平家物語 鎌倉一物語 灌頂・大原御幸「りょうら錦繡の粧ひ」訳綾絹と薄絹に錦と刺繡を施した布で作った美しい装いで。

りょく-い【緑衣】 名詞 「ろうさう」に同じ。平家物語 鎌倉一物語 七・青山之沙汰「供の宮人おしなべてりょくいの袖をぞ絞りける」訳おそばの神官はみな緑衣の袖を涙でぬらした。

りょく-ら【緑蘿】 名詞 緑色のつたかずら。平家物語 鎌倉一物語 灌頂・大原御幸「りょくらの牆、翠黛の山」訳緑のつたかずらが生える垣根や、緑色にかすんで見える遠くの山。

りょ-ぐわい【慮外】 名詞 ❶思いがけなくてぶしつけなこと。無遠慮。無作法。また、そのように振る舞うこと。❷思いがけなくてありがたいこと。

りょ-ぐわい・なり【慮外なり】 形容動詞ナリ {なら/なり・に/なり/なる/なれ/なれ} ❶思いがけなくてぶしつけだ。無遠慮だ。無作法だ。❷思いがけなくてありがたいことだ。▼主に話し言葉に用いる。地蔵舞 室町一狂言 狂言「『身どもが酌を致さう』『これはりょぐわいにござる』」訳「私が酌をしよう。」「これは思いがけなくありがたいことでございます。」

りょ-りつ【呂律】 名詞 「りつりょ(律呂)」に同じ。

り-ゑん【梨園】 名詞 演劇界。特に歌舞伎役者の世界。

参考 唐の玄宗皇帝が梨の木の園で自ら舞楽を教えたという故事から。

りん【輪】 名詞 衣服の襟・袖口・裾などを、別の布で包んでへりを細く縁取ったもの。

りん-かう【臨幸】 名詞/―す 自動詞サ変 天子がその場所に臨むこと。臨御。

りん-き【悋気】 名詞/―す 自動詞サ変 ねたむこと。嫉妬すること。やきもち。出世景清 江戸一浄瑠 浄瑠・近松「りんきするではなけれども、浮世狂ひも年による」訳嫉妬するわけではないけれど、女に狂うのも年による(=年齢を考えなさい)。

りん-げん【綸言】 名詞 天子の言葉。みことのり。勅命。「りんめい」とも。◆「綸」は、幾本もの糸をより合わせた太い組み糸。天子の言葉は、もとは糸のように細いが、下に達するときには「綸」のように太くなる意。

りんげん-あせ-の-ごとし【綸言汗の如し】 名詞 一度体から出た汗が再び体内に戻れないように、君主の言葉も一度口から出たら取り消すことができないということ。平家物語 鎌倉一物語 三・頼豪「『天子には戯れの詞なし。りんげんあせのごとし』とこそ承れ」訳「天子には冗談の言葉はない。天子のお言葉は汗のように、一度出れば取り消せない」とうかがっている。

参考 『漢書』劉向伝の「号令汗の如し。汗は出でて反らず」による成句。

りんざい-しゅう【臨済宗】 名詞 禅宗の一派。唐の臨済義玄に始まる。日本では、栄西が宋から帰朝して、京都の建仁寺にあって、これを広めた。

りん-し【綸旨】 名詞 天皇の言葉を記載した文書。平安時代後期以降、天皇の意を受けて「蔵人」が書いて出した。「りんじ」とも。

りん-じ【臨時】 名詞 一時的なこと。源氏物語 平安一物語 賢木「りんじにもさまざまな尊きことどもをせさせたまひなどして」訳(春と秋の御読経を催すほかに)一時的なことでも、いろいろ尊い法会などをさせなさったりして。

りんじ-きゃく【臨時客】 名詞 平安時代、正月の初めに摂関大臣家が、大臣以下公卿を招いて行った饗宴。「大饗」のように定まった公式のものでないことからいう。りんじのきゃく。

りんじ-の-ぢもく【臨時の除目】 連語 春秋の定例の除目とは別に、臨時に行われる除目。「小除目」とも。

りんじ-の-まつり【臨時の祭り】 連語 神社で例祭以外に行う祭り。はじめ臨時であったものが、のちに恒例化して、名前だけ「臨時」が残ったものがあり、陰暦十一月の下の酉の日の賀茂神社の祭り、陰暦三月の中の午の日の石清水八幡宮の祭り、陰暦六月十五日の祇園社(八坂神社)の祭りなどが有名。

りん-ぜつ【輪説】 名詞 ❶雅楽の正統的でない奏法。❷故実や師伝を無視した勝手な理論・意見。気ままなやり方。「りんせつ」とも。

りん-だう【竜胆】 名詞 ❶草花の名。秋、紫色の花が咲く。根は健胃剤となる。❷襲の色目の一つ。表は蘇芳、裏は青。一説に、表は黄。秋に用いる。◆「りうたん」とも。

りん-と 副詞 ❶【凛と】(姿・態度などが)きりっと。五人女 江戸一物語 浮世・西鶴「首筋立ちのび、目の張りりんとして」訳

首すじがすらっとし、目もとがきりっとしていて。

二【厘と】きちんと。ちゃんと。▼計量が正確であるさま。世間胸算用 江戸―物語 浮世・西鶴「八匁五分ぶりんと取って」訳八匁五分をきちんと計って

りん-ね【輪廻】名詞「りんゑ」に同じ。

りん-の-て【輪の手】名詞 雅楽の箏の奏法の一つ。静搔きと早搔きとを交えて、複雑な装飾音を出すもの。

りん-めい【綸命】名詞「りんげん」に同じ。

＊**りん-ゑ【輪廻】**ネリン 名詞／―す 自動詞 サ変 ❶仏教語。車輪が無限に回転するように、衆生が三界六道の迷いの世界にさまよい、永久に生死を繰り返すこと。流転。転生。❷執念深いこと。出世景清 江戸―浄瑠璃 浄瑠・近松「ええ、りんゑしたる女かな。そこ退け」訳ええい、執念深い女だな。そこを退け。❸連歌・俳諧の付け合いで、付け句が前々句と同意・同想であること。付け合いが堂々巡りになるため、避けるべきものの一つとされる。◆「りんね」とも。

る[1] 助動詞 下二型

《接続》四段・ラ変・ナ変の各動詞型活用語の未然形に付く。他の動詞型活用の語には「らる」が付く。

未然形	連用形	終止形	連体形	已然形	命令形
れ	れ	る	るる	るれ	れよ

❶〔受身〕…れる。源氏物語 平安―物語 夕顔「物に襲はるる心地して、驚き給へれば」訳物の怪に(夢の中で)おそわれる気持ちがして、はっと目をお覚ましになると。

❷〔尊敬〕…なさる。お…になる。大鏡 平安―物語 頼忠「かの大納言、いづれの船にか乗らるべき」訳あの大納言は、どの船にお乗りになるのだろうか。

❸〔自発〕自然と…される。…ないではいられない。更級 平安―日記 かどで「見捨てたてまつる悲しくて、人知れずうち泣かれぬ」訳(薬師仏を)あとにお残し申し上げるのが悲しくて、人に知られることなくそっと泣かないではいられなかった。

❹〔可能〕…することができる。…れる。▼平安時代には打消の語を下接して、「…できない」という意を表す。伊勢物語 平安―物語 六二「涙のこぼるるに、目も見えず、物も言はれず」訳涙があふれ出て、目も見えず、物も言うこともできない。徒然 鎌倉―随筆 五五「冬はいかなる所にも住まる」訳冬はどんな所にでも住むことができる。

語法 (1)尊敬の「る」(「らる」)

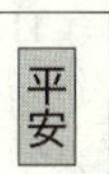

平安 ⇦ 「思す」「仰す」など尊敬を含む動詞とともに用いられた。

鎌倉・室町 敬意を含まない一般の動詞にも付くようになっていった。

(2)可能の「る」(「らる」)

奈良・平安 ⇦ 打消の助動詞「ず」を伴って用いられた。

鎌倉以降 単独でも可能の意を担うようになっていった。

(3)「る」は、奈良時代以前の例も見られるが、この時代は「ゆ」が多く、「る」の用例は多くない。

(4)自発(❸)・可能(❹)の意の場合には命令形の用法はない。

参考「る」の意味を見分ける目安⇨らる 参考

る[2] 助動詞「り」の連体形。

るい【類】名詞 ❶同類。仲間。竹取物語 平安―物語 竜の頸の玉「竜は鳴る雷のるいにこそあれ」訳竜は雷の同類であったのだ。❷一家。一族。親類。源氏物語 平安―物語 玉鬘「姉おもとはるい多くて、え出で立たず」訳姉君は一族が多くて、(都へ)とても出発できない。❸縁故。知人。更級 平安―日記 子忍びの森「頼もしう迎へとりてむと思ふるい、親族もなし」訳頼みがいがあって(私を)迎えて引き取ろうと思う知人・縁者はいない。

るい-えふ【累葉】ヨウイ 名詞「るいたい」に同じ。

るい-か【類家】名詞 代々続いている旧家。

類聚名義抄 ルイジュミョウギショウ 書名 辞書。法相宗の僧の編。平安時代後期成立。もと九巻か。〔内容〕最古の漢和辞書。仏・法・僧の三部に分け、漢字を偏・旁で分類し、音訓などを注記してある。和訓にはアクセントを示す点(＝声点)が付されたものが多く、古代日本語のアクセントを類推することができる。

るい-しん【類親】名詞 同じ血統をひく一族。親類。

るい-・す【類す】自動詞 サ変〔せ／し／す／する／すれ／せよ〕❶連れ立つ。伴う。大和物語 平安―物語 一〇三「おほかた皆違ふ方へ、院の人々るいして往にけり」訳だいたいみな

る

(方塞(かたふた)がりで)違う方角に、院の人々は連れ立っていってしまった。❷同類になる。似る。笈の小文 江戸-紀行 俳文・芭蕉「心花にあらざる時は、鳥獣にるいす」訳 心に思うことが風流でないときは、(人間は)鳥や獣と同類になる。

るい-たい【累代】 名詞 代を重ねること。代々。「累葉(るいよう)」「るいだい」とも。徒然 鎌倉-随筆 九九「るいたいの公物(くもつ)、古弊(こへい)をもちて規模(きぼ)とす」訳 代々の朝廷の御器物は、古くていたんでいることをもって模範とする。

るい-に-ふ-る【類に触る】 名詞 縁故をたどる。

るい-るい【類類】 名詞「るるい」に同じ。

る-けい【流刑】 名詞「るざい❶」に同じ。

る-ざい【流罪】 名詞 ❶「律(りつ)」の定める五刑の一つ。罪人を辺境の地または島に流して、他所への移動を禁ずる刑。死罪に次ぐ重刑で、遠流(おんる)・中流・近流がある。「流刑(るけい)」とも。❷江戸時代の刑罰の一つ。罪人を、伊豆七島・佐渡(さど)などの島に流す刑。島流し。追放より重く、死罪よりは軽い。「遠島(えんとう)」とも。

るしゃな-ぶつ【盧遮那仏】 名詞「毘盧遮那仏(びるしゃなぶつ)」の略。

る-す【留守・留主】 名詞 ❶天皇が行幸のとき、とどまって王城を守ること。また、その人。❷主人が外出したとき、とどまって家を守ること。また、その人。留守番。❸外出して不在になること。

る-てん【流転】 名詞／―す 自動詞サ変 仏教語。煩悩のために、生死(しょうじ)を繰り返して、迷いの世界をさまよい続けること。

る-にん【流人】 名詞 流罪(るざい)に処せられた人。配流(はいる)の罪人。

る-ふ【流布】 名詞／―す 自動詞サ変 **世の中に知れ渡ること。世の中に行き渡ること。** 徒然 鎌倉-随筆 二〇五「近代、このことるふしたるなり」訳 近ごろ、こうしたことが世の中に行き渡ったのである。

る-らう【流浪】(ルロウ) 名詞／―す 自動詞サ変 ❶**さすらい歩くこと。** 今昔物語 平安-説話 二六・二一「仏の道(だう)を修行(しゆぎやう)して所々にるらうするが」訳 仏道を修行し諸国をさすらい歩いているが。❷**生計の道を失って路頭に迷うこと。** 油地獄 江戸-浄瑠 浄瑠・近松「今死んでは年端(はとし)もいかぬ三人の子がるらうする」訳 今死んでは幼い三人の子が生計の道を失って路頭に迷ってしまう。

るり【瑠璃・琉璃】 名詞 ❶「七宝(しっぽう)」の一つ。青色の宝玉をいうが、ほかに白・赤・緑など種々の色のものもある。◇本来は仏教語。❷紫がかった紺色。瑠璃色。❸ガラスの古名。源氏物語 平安-物語 梅枝「沈(ぢん)の箱にるりの坏(つき)二つ据ゑて」訳 沈香の箱にガラスの坏を二つ収めて。

るる 受身・尊敬・自発・可能の助動詞「る」の連体形。竹取物語 平安-物語 貴公子たちの求婚「色好みといはるるかぎり五人」訳 当代の風流人といわれる者すべての五人。

る-るい【流類】 名詞 **仲間。たぐい。一族。**「るるい」とも。

るれ 受身・尊敬・自発・可能の助動詞「る」の已然形。徒然 鎌倉-随筆 一〇「大方は、家居(いへゐ)にこそ、ことざまはおしはからるれ」訳 だいたいのところ、家のたたずまいによって、(その家に住む人の)人柄は自然に推測される。

れ

れ[1] 完了の助動詞「り」の已然形・命令形。万葉集 奈良-歌集 三六九八「天離(あまざか)る鄙(ひな)にも月は照れれども」訳 こんな田舎にも月は照っているけれども。

れ[2] 受身・尊敬・自発・可能の助動詞「る」の未然形・連用形。更級 平安-日記 宮仕へ「知らぬ人の中にうち臥(ふ)して、つゆまどろまれず」訳 知らない人の間に横になり、少しも眠ることができない。

れい[1]**【礼】** 名詞 ❶五常の一つ。人として行わなければならない道。平家物語 鎌倉-物語 三・法印問答「あに人臣のれいたらんや」訳 (君に逆らうことは)どうして家来の行わなければならない道だろうか、いや、そうではない(道からはずれるものだ)。❷礼儀作法。礼法。❸敬意や感謝の意を表すこと。また、その言葉や贈り物。

れい[2]**【例】** 名詞

語義の扉

漢語「例」を元に生まれた名詞。

漢語の窓 漢字「例」のなりたちは、「列(レ)」と「人」の会意兼形声。同類のことがら、先例の意。

日本語化した「例」は、漢語の、先例、前例、ためしの意(❶)を受け継ぎ、先例が慣行となって、習わし、しきたりの意(❷)、いつものこと、ふだん、平常の意(❸)となり、慣行が当然となることから、あたりまえ、普通、並みの意(❹)を表す。格助詞「の」を下接して、いつものようにの意(❺)をも表す。

❶**先例。前例。ためし。**
❷**習わし。しきたり。**
❸**いつものこと。ふだん。平常。**
❹**あたりまえ。普通。並み。**
❺〔格助詞「の」を下接した形で〕**いつものよう**

に。

❶先例。前例。ためし。[源氏物語 平安―物語] 桐壺「かかるほどにさぶらひたまふ、れいなきことなれば」[訳]このような折に(宮中に)お仕えなさることは、先例がないことなので。❷習わし。しきたり。[土佐日記 平安―日記] 一二・二一「ある人、県の四年五年はてて、れいのことどもみなし終へて」[訳]ある人が、任国での四、五年の任期が終わって、習わしの事務引き継ぎなどもすべて終了して。❸いつものこと。ふだん。平常。[枕草子 平安―随筆] にくきもの「験者もとむるに、れいある所にはなくて」[訳]修験者を探し求めるが、ふだんいる所にはいなくて。❹あたりまえ。普通。並み。[更級 平安―日記] 大納言殿の姫君「心のなし、目のうちつけに、れいの猫にはあらず」[訳]気のせいか、ちょっと見たところ、普通の猫のようではなく。❺〔格助詞「の」を下接した形で〕いつものように。[源氏物語 平安―物語] 夕顔「『はしたなき程にならぬさきに』と、例の急ぎいでたまひて、かろらかにうち乗せたまへれば、右近ぞ乗りぬる」[訳](源氏の君は)「きまりが悪くならないうちに(帰ろう)」と、(夕顔の家を)いつものように急いでご出立なさって、(夕顔を)軽々と(車に)乗せておしまいになるので、右近も(一緒に)乗ってしまった。

れい[3]【鈴】[名詞] 仏具の一つ。鐘の形をし、上に柄、内側に舌がある。振って鳴らす。「りん」とも。

れい[4]【霊】[名詞] ❶たましい。霊魂。❷目には見えない不思議な力を持つもの。

れいけい-でん【麗景殿】[名詞] 平安京内裏の後宮七殿の一つ。宣耀殿の南にあり、皇后・中宮・女御などが住む。参照▼資料26

れい-げん【霊験】[名詞] ❶ご利益。祈願にこたえて神仏の示す不思議なしるし。[平家物語 鎌倉―物語] 二・一行阿闍梨之沙汰「神明のれいげんあらたなる事の尊さに」[訳]神様のご利益がはっきり現れたことのもったいなさに。❷❶のあらたかな場所。霊場。霊地。[今昔物語 平安―説話] 一三・一「所々のれいげんに参りて」[訳]あちこちの霊場に参詣して。◆「りやうげん」とも。

***れい-ざま・なり**【例様なり】[形容動詞]ナリ {なら/なり・に/なり/なる/なれ/なれ} いつものようすだ。世間一般の状態だ。[枕草子 平安―随筆] 五月の御精進のほど「塗籠の前の二間なる所をことにしつらひたれば、れいざまならぬもをかし」[訳]塗籠の前の二間続きのところを特別に飾り整えたので、いつものようすでないのもおもしろい。

れい-ざん【霊山】[名詞] 神仏を祭った神聖な山。霊験のあらたかな山。

れい-し【令旨】[名詞]「りやうじ」に同じ。

れい-しゃ【霊社】[名詞] 霊験のあらたかな神社。

れい-じん【伶人】[名詞] 音楽、特に雅楽の演奏を職とする人。楽人。

冷泉為守(れいぜいためもり) [人名] (一二六五～一三二八) 鎌倉時代の歌人。藤原為家の子で母は阿仏尼。冷泉為相の弟。曹洞宗の僧、法名は暁月。和歌にすぐれ勅撰集の『玉葉和歌集』『風雅和歌集』に入集。狂歌を好み江戸時代の狂歌の祖ともいわれる。

れい-ち【霊地】[名詞] 神仏が宿ると信じられる、神聖な土地。

れい-ぢゃう【霊場】レイジョウ [名詞]「れいち」に同じ。

***れい-なら・ず**【例ならず】[連語] ❶いつもと違っている。いつものようでない。いつになく。[枕草子 平安―随筆] 雪のいと高う降りたるを「雪のいと高う降りたるを、れいならず御格子参りて」[訳]雪がずいぶん高く降り積もっているのに、いつになく格子をお下ろし申して。❷(病気や妊娠などのために)体の状態がいつもと違っている。体調が悪い。[枕草子 平安―随筆] 胸つぶるるもの「親などの心地悪しとて、れいならぬ気色なる」[訳]親などが気分が悪いといって、いつもと違っているようすなのは。

***れい-の**【例の】[連語] ㊀〔連体修飾の用法で〕❶いつもの。あの。[蜻蛉 平安―日記] 中「昼は日一日、れいの行ひをし」[訳]昼は一日じゅう、いつもの仏前のお勤めをし。❷普通の。㊁〔連用修飾の用法で〕いつものように。いつもどおりに。[伊勢物語 平安―物語] 八三「れいの狩りしにおはします供に」[訳]いつものように狩りをしにいらっしゃるお供に。

れい-ぶつ【霊仏】[名詞] 霊験あらたかな寺・仏。

れい-む【霊夢】[名詞] 神仏のお告げによる、不思議な夢。

れう[1]【料】リョウ [名詞] ❶入用の品。材料。費用。[源氏物語 平安―物語] 少女「童・下仕へのれうなど、えならで奉れ給へり」[訳]子供や下僕の者の入用の衣服なども、何とも言えないすばらしさに仕立てて差し上げなさった。❷目的。理由。ため。[竹取物語 平安―物語] 燕の子安貝「燕の持たる子安の貝を取らむれうなり」[訳]燕の持っている子安貝を取る目的である。

れう[2]【寮】リョウ [名詞] ❶律令制で、「省」に属する役所。図書寮・大学寮・左右の馬寮など。「職」より下位、「司」より上位で、頭・助・允・属の四等官を置く。❷寺院内で、修学中の僧が寄宿する宿舎。学寮。❸江戸時代の、富裕な町人や遊女屋の別宅。

れう-ぐわい【料外】リョウガイ [名詞] 思いがけないこと。意外。

***れう-けん**【料簡・了簡】リョウケン [名詞]／―す [他動詞]サ変 ❶よく考えること。よく考えて判断すること。思慮。分別。方策。[徒然 鎌倉―随筆] 二一九「れうけんの至り、まことに興あり」[訳]実によく考えたもので、本当に面白い。❷分別してこらえること。こらえて許すこと。勘弁。我慢。堪忍。[鎌腹 室町―狂言] 狂言「身どもさへれうけんすれば、死ぬるには及ばぬことぢゃ」[訳]拙者さえ我慢すれば、死ぬ必要はないことだ。

れう-し【寮試】リョウシ [名詞] 平安時代の大学寮の試験。合格すると、擬文章生になれた。

れう-じ【聊爾】リョウジ [名詞] ❶軽率。うかつ。❷不作法。失礼なこと。[末広がり 室町―狂言] 狂言「別にれうじは申さぬ」[訳]特別に失礼なことは申さない。

れうじ・なり【聊爾なり】リョウジ [形容動詞]ナリ {なら/なり・に/なり/なる/なれ/なれ} ❶軽率だ。うかつだ。[太平記 室町―物語] 二四「国の安危、政の要須、これより先なるはなし。誰かれうじに処せん」[訳]国の存亡、政事の要点はこれより上はない。いったいだれが軽率に処置しようか。❷不作法だ。失礼だ。

れう・ず【凌ず・陵ず・捜ず】 他動詞サ変「りょうず」に同じ。

れう・もん【寮門】 名詞「寮❶」の入り口の門。

れう・り【料理】 名詞／―す 他動詞サ変 ❶**取り計らって処理すること。** 太平記 室町―物語 三二「南方へ取り奉らんとせられけるが、とかくれうりに滞って」訳南朝方へお取りたて申し上げようとなさったが、何かと取り計らいが停滞して。❷**材料に手を加えて、食べられるようにすること。調理。**また、その食べ物。

歴史物語 文芸 物語の一種。平安時代後期から鎌倉・室町時代にかけて、歴史的事実を材料として仮名文で書かれた物語。歴史上の事実や人物に対して、多くは客観的立場から批判を加え、歴史性と文学性とを兼ね備えている。重要な作品に、『栄華(花)物語』『大鏡』『増鏡』がある。

れき・れき【歴歴】 名詞 家柄・身分などが高く、格式があること。また、その人。お歴々。武家義理 江戸―物語 浮世・西鶴「この男、昔は筑後にてれきれきの武士なりけるが」訳この男は、昔は筑後で、高い身分・家柄の武士だったが。

れき・れき・たり【歴歴たり】 形容動詞タリ {たら／たり・と／たり／たる／たれ／たれ} **はっきりしている。歴然としている。** 本朝文粋 平安―漢詩 老閑行「又見ずや、東郊の秋の風に、れきれきたる白楊の声を」訳また見ないか、(洛陽の)東の郊外(の墓地)を吹く秋の風にはっきりとした白楊の木の葉が立てる音を。

れっ・けん【列見】 名詞 平安時代、六位以下の役人の昇進の当否を、大臣が面接して決める儀式。毎年陰暦二月十一日に行われた。「れけん」とも。

れよ 受身・尊敬・自発・可能の助動詞「る」の命令形。源氏物語 平安―物語 若紫「人ひとり参られよかし」訳だれかひとり(紫の上について)参りなさいよ。

連歌 文芸 詩歌の形式の一つ。五・七・五の長句と七・七の短句とを別人が交互に詠んで連ね、一つの作品とする合作文芸。和歌から派生して、平安時代末期から室町時代に盛んに行われた。初めは、長句・短句を二人で詠み合って一首とする「短連歌」であったが、平安時代末期から、長句・短句を詠み継いで連ねる「長連歌(=鎖連歌)」が作られた。ふつう、「連歌」といえば、この長連歌をさす。

長連歌は、百韻(=百句)を標準の形式とするが、五十韻・歌仙(=三十六句)・千句・万句などもある。第一句を発句、第二句を脇、第三句を第三、最終句を挙句、他の句を平句という。普通は数人が共同で一つの作品を作る。作品は句と句の付け方を中心とした、一編の変化のおもしろさが重んじられた。鎌倉時代には、滑稽を主とする無心連歌(=栗の本)と、優美な詠みぶりの有心連歌(=柿の本)とに分かれていたが、室町時代になって二条良基・心敬・飯尾宗祇らのすぐれた連歌師が現れ、芸術として完成した。宗祇以後も盛んに行われたが、形式や規則(式目)が複雑になって衰えた。しかし、次の時代の「俳諧の連歌」のもととなった。「筑波の道」とも。⇩長連歌

参考 連歌の起こりは、『古事記』にある、倭建命と御火焼の翁との唱和「新治・筑波(=ともに地名)を過ぎて幾夜か寝つる」〈新治、筑波を通り過ぎていったい幾晩寝たことか。〉「かがなべて夜には九夜日には十日を」〈日数を重ねて、夜は九晩昼は十日であることよ。〉と考えられた。連歌を「筑波の道」というのは、この唱和に基づいている。

連句 文芸「俳諧の連歌」のうち、江戸時代のもの。発句(=第一句)に始まって、二人以上数人が付け句を付けて詠み継いでいく。「連歌」とは異なり、一人で詠み通す独吟もある。構成形式には歌仙(=三十六句)・五十韻・百韻などがある。「連句」の名称は明治時代になって現れたもので、江戸時代には単に「俳諧」と呼ばれた。「れんぐ」とも。

れん・げ【蓮華・蓮花】 名詞 **蓮の花。** 仏説では、極楽浄土の池に咲き、極楽往生した人が座るとされる。仏教関係では、仏の台座に使われるほか、各種の装飾などに用いられる。季夏。

れんげ・の・ざ【蓮華の座】 連語「れんだい(蓮台)」に同じ。

れん・ざ【蓮座】 名詞「れんだい(蓮台)」に同じ。

れん・し【連枝】 名詞 **高貴な人の兄弟。**

れん・じ【櫺子・連子】 名詞「れにじ」の変化した語。**窓などに設けた格子。** 細い角材や竹を一定の間隔で、縦または横に並べて作る。また、その格子のある窓。

(櫺子)

れん・しゃ【輦車】 名詞「てぐるま」に同じ。

れん・じょ【連署】 名詞／―す 自動詞サ変 一通の文書に複数の人が署名し判を押すこと。盛衰記 鎌倉―物語 一五「足利が一門この事を聞きて、十六人れんじょして訴訟す」訳足利一門はこのことを聞いて、十六人が一通の文書に署名し判を押して訴訟する。

れん・ず【練ず】 自動詞サ変 {ぜ／じ／ず／ずる／ずれ／ぜよ} **練習を積む。練達する。慣れる。** 源氏物語 平安―物語 藤袴「宮などの、れんじ給へる人にて、いと心深きあはれを尽くし」訳宮などが、(恋の道に)練達していなさる方で、たいそう深い情けを尽くして。

れんぜん・あしげ【連銭葦毛】 名詞 馬の毛色の一種。「葦毛」に銭を連ねたような灰白色の斑点のあるもの。

[1]れん・だい【蓮台】 名詞 極楽浄土で死者がその上に座るという「蓮華座」。また、「蓮華」をかたどった仏の座る台座。蓮華の台。蓮座。蓮華の座。

[2]れん・だい【輦台・連台・蓮台】 名詞 江戸時代、川越えのとき、その上に客を乗せて人足が担ぐ台。二本の棒の上に板を渡したもの。

(輦台による川越し)

れん・ちゅう【簾中】 名詞 ❶(部屋の)すだれの

内。❷転じて、深窓の女性。貴婦人。また、公卿（くぎょう）や大名などの正妻の敬称。

れん-ぱい【連俳】 名詞 ❶「連歌（れんが）」と「俳諧（はいかい）」。❷俳諧の連句。⇨俳諧（はいかい）文芸・連句（れんく）文芸

れん-ぷ【蓮府】 名詞 大臣の別名。また、大臣の邸宅。
参考 中国の晋（しん）の大臣の王倹が家の庭に蓮（はす）を植えて愛したという故事による。

***れん-り【連理】** 名詞 二つの木の、枝が相互に連なり合い、木目（もく）（＝理）が通じて一つの木のようになること。男女・夫婦の間の深い契りをたとえていう。太平記 室町―物語 二二「いはんや**れんり**の契り浅からずして、十年（ととせ）余りになりぬるに」訳まして夫婦の間の愛情が深くて、十年余りになったので。⇨「れんりのえだ（連理の枝）」

***れんり-の-えだ【連理の枝】** 連語「連理（れんり）」の状態になった木の枝。契りの深い男女・夫婦をたとえていう。白居易（はくきょい）の『長恨歌（ちょうごんか）』の「天に在（あ）らば願はくは比翼の鳥、地に在らば願はくは連理の枝とならん」〈天に行くならばできることには翼を共有する鳥に、地上では木目がつながった木の枝（のように仲のよい夫婦）となろう。〉によって広く知られた表現。⇨「ひよくのとり（比翼の鳥）」

ろ

ろ[1] 間投助詞《接続》❶は終止した文に付く。❷は体言、形容詞の連体形に付く。
❶〔感動〕…よ。万葉集 奈良―歌集 四四二〇「草枕（くさまくら）（＝枕詞（ことば））旅の丸寝（まるね）の紐（ひも）絶えばあが手と着け**ろ**」訳旅先で着物を着たまま寝たときに紐が切れたなら、私の手だと思ってつけてくれ**よ**。❷〔感動〕…よ。…なあ。▼「ろかも」の形で用いる。万葉集 奈良―歌集 四七八「常なりし咲（ゑ）まひ振る舞ひいや日異（ひけ）に変はらふ見れば悲しき**ろ**かも」訳いつものことであった笑顔や振る舞いも、日ごとに変わっていくのを見ると、悲しいことだな**あ**。◆奈良時代以前の語。
参考 ❶を終助詞とする説もある。また、東歌に多いことから、東国方言とも考えられている。現代語の「見せろ」などの命令形語尾の「ろ」はこの「ろ」が残ったものという。❷を終助詞・接尾語とする説もある。

-ろ[2] 接尾語〔名詞に付いて〕❶強調したり、語調を整えたりする。万葉集 奈良―歌集 三四二〇「伊香保（いかほ）**ろ**の岨（そひ）の榛原（はりはら）」訳伊香保の峰の急斜面の榛原。❷親愛の気持ちを添える。◆奈良時代以前の東国方言。

ロウ[1]〔老・労・牢・郎・浪・朗・狼・廊・粮〕⇨らう

ロウ[2]〔臈・臘〕⇨らふ

ろう[3]**【楼】** 名詞 **高く造った建物**。楼閣。高殿（たかどの）。

朗詠（ろうえい） 文芸 平安時代の謡（うた）い物の一種。漢詩文のすぐれた作品や短歌に節を付けて謡うもの。貴族の宴会の席などで謡われ、管弦の伴奏がつくこともあった。朗詠の詞章を収めたものに『和漢朗詠集』『新撰（しんせん）朗詠集』などがある。

ろう-かく【楼閣】 名詞 **階を重ねた高い建物。**

ろうがわし【乱がわし】⇨らうがはし

ろう-きょ【籠居】 名詞／―す 自動詞サ変（修行・物忌み・謹慎などのために）家の中に引きこもること。平家物語 鎌倉―物語 三・公卿揃「大納言の大将両職を辞して**ろうきょせ**られたりしこと」訳大納言で大将（を兼ねる）という二つの職を辞して**家の中に引きこもって**いらっしゃったこと。

ろう-こく【漏刻・漏剋】 名詞 **水時計**。水を入れた幾つかの容器から漏れ落ちる水を下の容器に受けて、その中に立てた矢の目盛りによって時を計る装置。

（漏刻）

ろう-さう【緑衫】 ロウソウ 名詞「ろくさん（緑衫）」の変化した語。六位の役人が着る、緑色の「袍（はう）」。「緑衣（りょくい）」とも。

ろう-・ず【弄ず】 他動詞サ変｛ぜ／じ／ず／ずる／ずれ／ぜよ｝**からかう。なぶる。** 伊勢物語 平安―物語 九四「『なほ人をば恨みつべきものになむありける』とて、**ろうじ**て詠みてやれりける」訳「やはりあなたを恨まなければならなかった」といって、**からかっ**て詠んでおくった歌。

ろうたし ⇨らうたし

ろうどう【郎等】 ⇨らうどう

ろう-もん【楼門】 名詞 **二階造りの門。**

ろうろうじ ⇨らうらうじ

ろう-ろう・たり【朧朧たり】 形容動詞タリ｛たら／たり・と／たり／たる／たれ／たれ｝**ぼうっとかすんでいる。薄明るい。** 奥の細道 江戸―紀行 旅立「曙（あけぼの）の空**ろうろうと**して」訳明け方の空が**ぼうっとかすんでい**て。

ろ-かも 連語 なりたち 間投助詞「ろ」＋終助詞「かも」
「ろ（間投助詞）❷」に同じ。

ろ-ぎん【路銀】 名詞 **旅費。**

ろく【禄】 名詞 ❶**給与。俸禄（ほうろく）。扶持（ふち）。**▼古くは綿・布・穀物など、のちに領地・扶持米（ふちまい）・給金などが支給された。平家物語 鎌倉―物語 一・願立「大臣（だいじん）は**ろく**を重んじて諫（いさ）めず」訳主だった家臣は自分の**給料**を大切に考え、（下の人を）諫めるべきときに諫めない。❷**褒美。祝儀。** 伊勢物語 平安―物語 八三「大御酒（おほみき）たまひ、**ろく**たまはむとて、つかはさざりけり」訳お酒をく

だされ、ご褒美をくださろうといって、お帰しにならなかった。

ろくい【六位】⇩ろくゐ

ろくいのくろうど【六位の蔵人】⇩ろくゐのくろうど

ろくえふ【六衛府】⇩ろくゑふ

ろく-くゎんおん【六観音】名詞 仏教語。「六道」のそれぞれにあって、人々を救う六種の観音(=観世音菩薩)。千手(地獄道)、聖(餓鬼道)、馬頭(畜生道)、十一面(修羅道)、准胝(人道)、如意輪(天道)の各観音。

ろく-こん【六根】名詞 仏教語。人間の迷いの根元となる、六つの認識器官。眼(=目)・耳・鼻・舌・身・意(=心)。

ろくこん-しゃうじゃう【六根清浄】連語 仏教語。「六根」の迷いを除いて、身心ともに清浄になること。また、その境地。

ろくさい-にち【六斎日】名詞 仏教語。一か月のうち、身を慎むべき六日。一般に八日・十四日・十五日・二十三日・二十九日・三十日をいう。

1**ろく-じ**【六字】名詞 六つの文字。特に、「南無阿弥陀仏」の六字。「六字の名号」とも。

2**ろく-じ**【六時】名詞 仏教語。一昼夜を六分した六つの時刻。晨朝(=早朝)・日中・日没・初夜・中夜・後夜。それぞれの時刻に勤行を行い、これを「六時の勤め」という。

ろくじ-の-みゃうがう【六字の名号】連語「ろくじ(六字)」に同じ。

ろく-しゃく【六尺・陸尺】名詞 ❶(力仕事などをする)下男。❷駕籠を担ぐ人足。駕籠舁き。◆江戸時代の語。

ろく-じょう【鹿茸】名詞 **鹿の袋角**。初夏、古い角の落ちたあとに茸のように生えてくる新しい角。干して強壮剤とする。季夏。

ろくじ-らいさん【六時礼賛】名詞 仏教語。「六時」に阿弥陀仏を礼拝し、ほめたたえること。また、そのときに唱える偈(=仏の功徳をたたえる韻文)。

ろく-しん【六親】名詞 **六種の親族**。父・母・兄・弟・妻・子。または父・子・兄・弟・夫・妻。「りくしん」とも。

ろくじん【六塵】⇩ろくぢん

ろく-だう【六道】名詞 仏教語。すべての人が、生前の行いの報いによって、死後に必ず行くとされる六つの迷いの世界。地獄・餓鬼・畜生の三悪道と、修羅・人間・天上の三善道とからなる。「りくどう」とも。

ろくだう-ししゃう【六道四生】名詞 仏教語。「六道」を輪廻するときの四種類の生まれ方。胎生・卵生・湿生・化生。

ろくだう-の-ちまた【六道の巷】連語「ろくだうのつじ」に同じ。

ろくだう-の-つじ【六道の辻】連語 仏教語。「六道」のそれぞれへ行く分かれ道。「六道の巷」とも。

六道の辻 地名 今の京都市東山区にあった、火葬場「鳥辺山」へ通じる道の辻。

ろく-ぢ【陸地】名詞 ❶**りくち**。方丈記 鎌倉―随筆「海は傾きてろくぢをひたせり」訳(大地震で)海は傾いてりくちを水にひたした。❷**平地**。

ろく-ぢん【六塵】名詞 仏教語。「六根」に働きかけて心を汚す、六種の刺激。色・声・香・味・触・法。

ろく-つう【六通】名詞 仏教語。仏・菩薩などが備える六種の神通力。神足・天眼・天耳・他心(=他人の心を知る力)・宿命(=宿世を知る力)・漏尽(=煩悩を絶つ力)をいう。六神通。

ろく-てうし【六調子】名詞 雅楽の六つの基本的な調子。「太食調」「壱越調」「平調」「双調」「盤渉調」「黄鐘調」の六種。「りくてうし」とも。

六条御息所 人名『源氏物語』の作中人物。秋好中宮の母で、七歳年下の光源氏の愛人。激しい気性の女性で、生霊となって葵の上を殺し、死後は怨霊となって紫の上や女三の宮を悩ます。謡曲「葵上」の登場人物。

ろくでう-まゐり【六条参り】名詞 京都六条通りにある東・西両本願寺に参詣すること。

ろくどう【六道】⇩ろくだう

ろく-なり【陸なり】形容動詞ナリ {なら/なり・に/なり/なる/なれ/なれ} **まともだ。正常だ。十分だ。きちんとしている。** 心中天網島 江戸―浄瑠 浄瑠・近松「守りするなら、ろくにしや」訳子守をするならきちんとしろ。

1**ろくはら**【六波羅】名詞「六波羅探題」の略。

2**六波羅** 地名 今の京都市東山区、賀茂川の東岸一帯、五条以南、七条以北の地。六波羅蜜寺があったことからいう。平安時代、平家の居館「六波羅殿」が置かれ、平家一門の邸宅があった。鎌倉時代、承久の乱以後、「六波羅探題」が置かれた。

ろくはら-たんだい【六波羅探題】名詞 承久の乱後、鎌倉幕府が京都に置いた出先機関。また、その長官。南北にあった。朝廷との折衝に当たり、また京都・西国における幕府の行政をつかさどった。

ろく-はらみつ【六波羅蜜】名詞 仏教語。菩薩が悟りの境地に入るための六種の修行。布施・持戒・忍辱・精進・禅定・知恵の六つをいう。六度。「ろっぱらみつ」とも。

ろく-よく【六欲】名詞 仏教語。「六根」から生じる六種の欲。色欲・形貌欲・威儀姿態欲・語言音声欲・細滑欲(=肌がきめ細かくて滑らかなことに対する欲)・人相欲。

ろく-ゐ【六位】名詞 ❶律令制で位階の第六等。また、その人。六位以下は「蔵人」を除いては昇殿を許されず、平安時代中期以後は、七位以下は実際には授けられなかったので、事実上最下位の官人であった。❷「六位の蔵人」の略。

ろくゐ-の-くらうど【六位の蔵人】名詞 六位で五位相当官の「蔵人」になっている者。昇殿を許され、天皇の食事の給仕や、宮中の雑事を行う。定員は四名で、最古参者は、天皇が着用する「麹塵」の袍を賜って着用した。

ろくゑ-の-つかさ【六衛の司】名詞「ろくゑふ」に同じ。

ろく-ゑふ【六衛府】名詞 それぞれ左右の「近衛府」「兵衛府」「衛門府」の六つの武官の役所。それぞれ分担して、天皇身辺の警固や宮城の警備に当たる。六衛の司。「りくゑふ」とも。

ろ-し【路次】 名詞 （旅などの）**道筋の途中。道すがら。** 奥の細道 江戸ー紀行 草加「さりがたき餞などしたるは、さすがにうち捨てがたくて、ろしの煩ひとなれるこそ、わりなけれ」訳辞退しにくい餞別などをしてくれたのは、そうは言っても捨ててしまうこともできなくて、道中の苦労の種となったが、仕方がない。

ろ-せん【路銭】 名詞 **旅費。路銀。**

ろ-だい【露台】 名詞 ❶屋根のない板敷きの台。❷宮中の紫宸殿と仁寿殿との間にある渡殿の、屋根のない板敷きの所。節会のとき、ここで侍臣たちの乱舞が行われた。

ろ-ぢ【露地・露路】 ジロ 名詞 ❶屋根などの覆うもののない地面。❷門内や庭の通路。◇「路地」とも書く。❸茶室に至る庭の通路。❹建物と建物の間の狭い通路。◇「路地」とも書く。

六歌仙 文芸 平安時代初期の代表的な六人の歌人。『古今和歌集』の仮名序に挙げられている。僧正遍昭・在原業平・文屋康秀・喜撰法師・小野小町・大伴黒主の六人。

六百番歌合 ロッピャクバンウタアワセ 書名 鎌倉時代の歌合わせ。藤原定家ほか作。鎌倉時代（一一九三）成立。二十巻。〔内容〕藤原良経邸で建久四年（一一九三）秋に催された歌合わせで、判者は藤原俊成。藤原定家ら、当時の新旧代表的歌人十二人が、四季・恋など百題六百番合計千二百首を詠んだ。優劣の激論が展開されたことで有名である。

ろ-なう【論無う】 副詞 「ろんなく」のウ音便「ろんなう」の撥音「ん」が表記されない形。**いうまでもなく。もちろん。** 源氏物語 平安ー物語 若菜下「ろなうかよひ給へる所あらむかし」訳もちろん似ていらっしゃるところがあるであろうよ。

ろ-びらき【炉開き】 名詞 茶人の家で、夏の間使っていた風炉（＝釜をかけて湯をわかす炉）に替えて地炉（＝地上または床に切った炉）の使用を始めること。陰暦十月一日または十月の亥の日に行う。季冬。対炉塞ぎ。

ろ-ふさぎ【炉塞ぎ】 名詞 茶人の家で、冬の間使っていた地炉（＝地上または床に切った炉）をふさいで使用をやめること。陰暦三月末日に行い、この日から風炉（＝釜をかけて湯をわかす炉）を使用する。季春。対炉開き。

ろん-ぎ【論議・論義】 一 名詞／ーす 自動詞サ変 ❶**議論すること。討論。** 徒然 鎌倉ー随筆 二二六「信濃の前司行長…楽府の御ろんぎの番に召されて」訳信濃の国の前国司の行長は、…（後鳥羽院の御前で）『白氏文集』の「新楽府」の詩について討論の当番に召されて。❷仏教語。法会などで、僧が教義について問答形式で論じ合うこと。源氏物語 平安ー物語 賢木「法師ばらの才ある限り召し出でて、ろんぎせさせて聞こし召させ給ふ」訳僧たちの才能のある者だけをお呼び出しになり、教義の問答をさせなさってお聞きになられる。二 名詞 謡曲で、シテまたはほかの役と地謡とが、あるいは、シテとほかの役とが掛け合いで謡う部分。

ろん-ず【論ず】 他動詞サ変 ｛ぜ／じ／ず／ずる／ずれ／ぜよ｝

語義の扉

漢語「論」を元に生まれたサ変動詞。

漢語の窓

漢字「論」のなりたちは、「侖」と「言」の会意兼形声。正しく解き明かす、筋道をきちんと整理して説く、筋を整理して罪を決める意。

日本語化した「論ず」は、漢語の、道理を正しく解き明かす意（❶）を受け継ぎ、議論する意（❷）、さらに、議論が激化し、言い争う、非難する意（❸）をも表す。

❶（道理などを）**正しく解き明かす。**
❷**議論する。論評する。**
❸**言い争う。非難する。**

❶（道理などを）**正しく解き明かす。** 平家物語 鎌倉ー物語 一・鱸「国を治め、道をろんじ、陰陽をやはらげをさむ」訳（太政大臣というものは）国を治め道理を解き明かし、（天地の）陰陽を和合させて治める（ものである）。❷**議論する。論評する。** 源氏物語 平安ー物語 絵合「この人々、とりどりにろんずるを」訳この女房たちは、それぞれに（絵を）論評するのを。❸**言い争う。非難する。** 徒然 鎌倉ー随筆 二〇九「人の田をろんずる者、訴へに負けて」訳他人の田を（自分のものだと）言い争う者が、訴訟に負けて。

ろん-な・し【論無し】 形容詞ク ｛（く）・から／く・かり／し／き・かる／けれ／かれ｝**論ずるまでもない。言うまでもない。** 更級 平安ー日記 竹芝寺「ろんなく人の追ひて来らむと思ひて」訳言うまでもなく人が追いかけて来るだろうと思って。◆「ろなし」とも。

ろ

わ[1]【倭・和】名詞 もと、中国から日本をさして呼んだ語。のちに、日本人自身も用いるようになった。それが日本のものであることを示す語。多く、接頭語的に用いられ、「わ琴」「わ書」

わ[2]【我・吾】代名詞 わたし。▼自称の人称代名詞。万葉集 奈良―歌集 三三七「憶良らは今はまからむ子泣くらむそれその母もわを待つらむそ」訳⇩おくららは…。

わ[3] 終助詞《接続》文末に付く。〔感動・詠嘆〕…よ。…わ。止動方角 室町―狂言 狂言「おのれが世話を焼かするによって、落つまい馬からまで落つるわ」訳おまえが世話を焼かせるから、落ちるはずのない馬からまで落ちるよ。

参考 係助詞「は」の文末用法が、鎌倉・室町時代に発音どおり「わ」と表記されるようになった。現代語の「行くわ」などの「わ」と同じ。江戸時代にはほかの終助詞「い」「え」「さ」「な」が付き、「わい」「わえ」「わさ」「わな」のように用いられる。

わ[4] 間投助詞《接続》文節の切れ目に付く。〔呼びかけ〕…よ。万葉集 奈良―歌集 三三四六「小子どもいざわ出で見む」訳年少の者たちよ、さあよ出て見よう。◆奈良時代以前の語。

わ-[5]【我・吾】接頭語 相手を表す語に付いて、親愛の情や軽く見る気持ちを表す代名詞をつくる。「わ殿」「わ主」◆「和」とも書く。

わ-い* 終助詞《接続》文末に付く。〔感動〕…よ。浮世風呂 江戸―物語 滑稽「これまた小桶を並べたことわい」訳こりゃまた小桶を(たくさん)並べたことよ。◆終助詞「わ」に終助詞「い」が付いて一語化したもの。室町時代の末期以降の語。

わい-かぢ【脇楫・脇梶】名詞「わきかぢ」のイ音便。船の左右のへりに取り付けた櫓。

わい-だて【脇楯】名詞「わきだて」のイ音便。鎧の部分の名。「大鎧」の胴の右脇に当てて、すきまをふさぐもの。参照▼口絵

わい-だめ【弁別】名詞「わきだめ」のイ音便。区別。判別。差別。けじめ。貝おほひ 江戸―句集 俳論「勝ち負けのわいだめを定めむ事」訳(俳句の)勝ち負けの区別を判定することは。◆古くは「わいため」。

わい-の* 連語 なりたち 終助詞「わい」+終助詞(一説に間投助詞)「の」
〔感動を込めて念を押し〕…よねえ。…よ。冥途飛脚 江戸―浄瑠 浄瑠・近松「ほんに目元が似たわいの」訳本当に目元が似たよねえ。◆室町時代の末期以降の語。

わい-やい 連語 なりたち 終助詞「わい」+終助詞「やい」
…だよ。…よな。▼同輩・目下に対して、語気を強めて述べるのに用いる。冥途飛脚 江戸―浄瑠 浄瑠・近松「五十両が惜しければ、母御の前で言ふわいやい」訳五十両が惜しいなら、母親の前で言うよな。◆室町時代の末期以降の語。

わう【王】名詞 ❶一国の君主の称号。国王。❷天皇の子や孫で、親王宣下のない、また、臣下としての姓を賜らない男子。

わう-くわん【往還】名詞 ❶行き帰り。往復。❷道路。街道。◆「わうげん」とも。

わう-け【王気】名詞 王者にふさわしい気品。「わうげ」とも。

わうけ-づ・く【王気付く】自動詞 カ四〔か/き/く/く/け/け〕王者にふさわしい品位が備わる。源氏物語 平安―物語 柏木「父帝の御方ざまに、わうけづきて気高うこそおはしませ」訳父帝のお血筋によって、王者にふさわしい品位が備わって気品が高くていらっしゃるが。

わう-げん[1]【往還】名詞「わうくわん」に同じ。

わう-し[1]【王氏】名詞 天皇の子孫で、臣下としての姓を賜っていない人々。皇族。平家物語 鎌倉―物語 一・祇園精舎「平の姓を賜って、…たちまちにわうしを出でて人臣に連なる」訳(高望王は)平の姓を賜って、…すぐに皇族を離れて臣下の列に入る。

わう-し[2]【横死】名詞/―す自動詞 サ変 思いがけない災難で死ぬこと。非業の死。

わう-しき【黄鐘】名詞 雅楽の音階である「十二律」の第八音。

わうしき-でう【黄鐘調】名詞 雅楽の調子の一つ。「六調子」の一つで、「黄鐘」を主音とする調子。「わうじきでう」「わうしきてう」とも。

わう-じゃう[1]【王城・皇城】名詞 ❶内裏。皇居。❷都。

わう-じゃう[2]【往生】名詞/―す自動詞 サ変 ❶仏教語。死んで現世を去り極楽浄土にいって生まれること。今昔物語 平安―説話 四・三六「少し仏法を悟り因果を知りて浄土にわうじゃうする者多かりけり」訳少し仏法を悟り、因果の法則を理解して浄土に生まれ変わる者が多かった。❷死ぬこと。心中天網島 江戸―浄瑠 浄瑠・近松「いとしや光誉道清(=戒名)はわうじゃうの枕を上げ」訳かわいそうに、光誉道清は臨終の(とき)枕(から頭)を上げて。参照▼類語と使い分け⑨ ❸押しつけられて仕方なく観念すること。

往生要集 書名 仏教書。源信著。平安時代中期(九八五)成立。三巻。〔内容〕極楽往生や念仏の教えがまとめられており、浄土教の成立をうながした書。また地獄の解説は和歌・物語・謡曲など文学にも影響を与えた。

わう-じゃく[1]【往昔】名詞 遠い昔。過去。「わうせき」とも。

わう-じゃく[2]【尪弱】名詞 ❶弱々しいこと。ひ弱なこと。❷貧乏なこと。徒然 鎌倉―随筆 二〇六「わうじゃくの官人、たまたま出仕の微牛をとらるべきやうなし」訳貧乏な役人が、こんなことで思いがけず出勤用のやせ牛を取りあげられるいわれはない。

わうじゃく・たり【尪弱たり】形容動詞 タリ〔たら/たり・と/たり/たる/たれ/たれ〕❶弱々しい。か弱い。ひ弱だ。平家物語 鎌倉―物語 一一・弓流「わうじゃくたる弓を敵の取り持って」訳(張りの)弱々しい弓を敵が取って持って。❷財力も政治力もなく、貧しい。貧乏だ。

わう-ずい【黄水】名詞 胃から吐き戻す黄色い液。

「きみづ」とも。

わう-ぢ【王地】 〔名詞〕**帝王の統治する土地。**王土。

わう-ど【王土】 〔名詞〕「わうぢ」に同じ。

わう-にょうご【王女御】 〔名詞〕皇女など皇族出身で、「女御」となった女性。

わう-ばん[1]【往反・往返】 〔名詞〕／―す〔自動詞〕サ変 往復すること。**行き帰り。往来。往復。**「わうへん」とも。〔今昔物語 平安―説話〕一三・一四「ただ山寺・里に**わうばんし**て棲を定めず」〔訳〕ただ山寺と人里とを**往復して**住まいを(一箇所に)定めない。

わう-ばん[2]【椀飯・埦飯】 〔名詞〕「わんはん(椀飯)」の変化した語。❶椀に盛った飯。❷食膳を設けてもてなすこと。平安時代には殿上における公卿の集まりの際のもてなしを、鎌倉・室町時代には、正月などに行う重臣が将軍を招いてするもてなしの儀式をいう。

わう-ぼふ【王法】 〔名詞〕仏教語。(俗世における)国王が定めた法。帝王の政治。▼「仏法」に対していう語。〔平家物語 鎌倉―物語〕一・殿下乗合「これも世末になつて、**わうぼふ**の尽きぬる故なり」〔訳〕これも世が末になって**帝王の政治**が尽きたからである。

わう-みゃうぶ【王命婦】 〔名詞〕皇族出身で、「命婦」となった女性。

わう-らい【往来】 〔名詞〕❶行ったり来たりすること。**行き帰り。行き来。**❷人が行き来する道。**道路。街道。**❸**手紙のやりとり。手紙。書簡。**〔宇津保 平安―物語〕国譲中「藤壺の若宮の御許に手づから**わうらい**月日書きて」〔訳〕藤壺の若宮のおそばに、自筆で**手紙**に月日を書いて。❹**贈答。手みやげ。**〔平家物語 鎌倉―物語〕四・南都牒状「近江米二万石、北国の織延絹三千疋、**わうらい**に寄せらる」〔訳〕近江米二万石、北国の織延べ絹三千疋を**手みやげ**としてお贈りになる。❺「往来物」の略。

往来物 〔文芸〕往復手紙文例集の意味で、平安時代末の『明衡往来』に始まる。室町時代の『庭訓往来』からは、庶民教育の模範文集になり、江戸時代には寺子屋・家庭用の習字の手本や、各種の教科書の往来物が現れた。

わう-わく【枉惑】 〔名詞〕**不正。**

わ-おもと【我御許】 〔代名詞〕**あなた。お前さん。**▼対称の人称代名詞。女性に対して親しんで呼びかける語。〔今昔物語 平安―説話〕二八・一「『**わおもと**は物に狂ふか』と言へば」〔訳〕「**お前さん**は物に憑かれて気が狂ったか」と言うと。◆「わ」は接頭語。

わか[1]【若】 〔名詞〕❶**若君。**❷**少年。**

わか-[2]【若】 〔接頭語〕若々しい、幼いの意を表す。「**わか**武者」

-わか[3]【若】 〔接尾語〕男児の名に付けて、幼少の意を表す。「亀**若**」「乙**若**」

和歌[4] 〔文芸〕「倭歌」とも書く。「和」「倭」は日本の意。五音・七音を基調とする、日本独特の定型韻文。長歌(五・七・五・七…五・七・七)、旋頭歌(五・七・七・五・七・七)、短歌(五・七・五・七・七)などの歌体がある。その原型は記紀歌謡に見え、『万葉集』で確立したが、『万葉集』での主流は短歌形式であった。平安時代になると、短歌形式はますます盛んになり、一方、長歌は衰え、「和歌」は短歌の意味で用いられるようになった。「やまとうた」「三十一文字」ともいう。

わ-が【我が・吾が】 〔連語〕代名詞「わ」＋格助詞「が」

❶(「が」が主格を表して)**私が。**〔続後撰 鎌倉―歌集〕羇旅・〔金塊 鎌倉―歌集〕雑「箱根路を**わが**越え来れば伊豆の海や沖の小島に波の寄る見ゆ」〔訳〕⇩はこねぢを…。❷(「が」が連体格を表して)**私の。**〔万葉集 奈良―歌集〕四二九一「**わが**宿のいささ群竹吹く風の音のかそけきこの夕べかも」〔訳〕⇩わがやどの…。❸**自分の。**(その人)**自身の。**〔源氏物語 平安―物語〕桐壺「**わが**身はかよわく、物はかなき有り様にて」〔訳〕(桐壺更衣は)**自分自身の**身は病弱で、何となく頼りないようすで。

◆**学習ポイント** ㊸

和歌の形式

和歌の形式(＝歌体)には、古くは、長歌・旋頭歌・仏足石歌などもあったが、平安時代以降は短歌だけになっていった。

長歌…五音七音をくりかえし、末を七音で終わる、最も長い形式。

短歌…五・七・五・七・七の五句三十一音を基準にした歌。

旋頭歌…頭の三句と同じ形式を下三句でくりかえす歌の形式。五・七・七・五・七・七の六句形式。

仏足石歌体…奈良時代以前、仏会などで唱えたもので、五・七・五・七・七・七の形をなし、短歌形式の最後の句をくりかえし歌う。

わがいほは… 〔和歌〕〔百人一首〕「わが庵は　都の辰巳　しかぞ住む　世をうぢ山と　人はいふなり」〔古今 平安―歌集〕雑下・喜撰〔訳〕私の草庵は都の東南の鹿の住むような寂しい山の中だが、このように心安らかに暮らしている。それなのに、私がこの世を「憂し」と厭って宇治山に隠れ住んでいると、世間の人は言っているそうだ。

〔鑑賞〕「しかぞ住む」の「しか」は「鹿」と「然」、「うぢ山」は「う」と「憂」が掛け詞。なお、「鹿」の意味はかかっていないという説もある。

わかい-もの【若い者】 〔名詞〕❶**年の若い男子。**❷商家などの使用人で、小僧より年長で上位の者。手代。❸遊郭や茶屋などで雑用をする男の使用人。◆「若い衆」とも。

わか-うど【若人】 〔名詞〕「わかびと」のウ音便。❶**若い人。若者。**❷若い「女房」。宮仕えに不慣れな、未熟な女房。〔源氏物語 平安―物語〕葵「よき**わかうど**、童べのなり」〔訳〕美しい**若い女房**や召し使いの少女の身なりは。

わが-おほきみ【我が大君】 〔連語〕当代の天皇・皇子の尊敬語。今上天皇。「わごおほきみ」とも。

わか-かへで【若楓】 〔名詞〕❶若葉の萌え出たかえで。「わかかへるで」とも。〔季〕夏。❷襲の色目の一つ。表は薄萌葱、裏は薄紅梅で、初夏に用いる。

わがかみの… 〔和歌〕「わが髪の　雪と磯辺の　白波と　いづれまされり　沖つ島守」〔土佐日記 平安―日記〕一・二一〔訳〕私の髪の雪のような白さと、磯辺に寄せる白波の白さとではどちらがまさっているだろうか、沖の島守よ。

〔鑑賞〕紀貫之は国司としての任務で、土佐近海の海賊を取り締まったために、帰路の船旅での彼らの報復を恐れていた。その不安と海路の高波の恐怖に、すっかり髪が白髪になってしまったと嘆いた歌。

わか-ぎみ【若君】 名詞 ❶貴人の幼い子女を敬っていう語。落窪物語 平安―物語 二「互みに隔てなく物語しけるついでに、このわかぎみの御事を語りて」訳互いに打ち解けて話をしたときに、この若君のごようすを語って。❷貴人の複数の娘のうち、妹をいう語。▼姉を「姫君」と呼ぶのに対して。源氏物語 平安―物語 橋姫「姫君に琵琶、わかぎみに箏の御琴を」訳姉君には琵琶を、妹君には箏の御琴を。

わか-くさ【若草】 名詞 春に新しく出た草。▼和歌では多く、うら若い女性をたとえる。源氏物語 平安―物語 若紫「手に摘みていつしかも見む紫の根にかよひける野辺のわかくさ」訳手に摘んで早く見たいものだ、紫草(=藤壺)につながっている野辺の若草(=紫の上)を。

わかくさ-の【若草の】 枕詞 若草がみずみずしいところから、「妻」「夫」「妹」「新」などにかかる。古今 平安―歌集 春上「わかくさのつまもこもれり我もこもれり」訳⇩かすがのは…。

わか-こ【若子・若児】 名詞 **幼い子。幼児。**「わかご」とも。

わがこころ… 和歌「わが心 なぐさめかねつ 更級や 姨捨山に 照る月を見て」古今 平安―歌集 雑上・よみ人知らず・大和物語 平安―物語 一五六 訳私の心を慰めることはできなかった。更級にある、月で有名な姨捨山に照る月を見ても。

鑑賞 信濃の国(長野県)の姨捨山は、月の名所として名高い。名所の月を見て、沈んだ心を少しでも慰めようとしたのだろう。更級方面を旅した者の、旅の感傷を詠んだ歌と思われる。「かね」は不可能を表す語で、「つ」は意志的な動作に付く完了の助動詞。『大和物語』一五六段は、この歌を中心にした物語で、この山に老母を捨てた男が詠んだ歌だとしている。

わがこ-の-ほとけ【我が子の仏】 連語 **私の大切な子。**▼自分の子を、仏のように大切なものとして呼びかける語。

わがこひは… 和歌「わが恋は 松をしぐれの 染めかねて 真葛が原に 風さわぐなり」新古今 鎌倉―歌集 恋一・慈円 訳わたしの恋は、松を時雨が紅葉させようとしてできないように、あの人の心を動かすことができないで、真葛が原に風が騒いで裏葉を見せるように、恨みに心騒いでいるようだ。

鑑賞「松」をつれない恋人に、「時雨」を自身の恋の涙にたとえて、あなたのために流す恋の涙も、あなたの心を動かすことはできないという。また、「葛」は風に吹かれると白い裏葉を見せるところから、「うらみ」を暗示する。

わか-ごも【若菰】 名詞 その年に新しく生えた、しなやかなまこも(=水草の名)。季春。

わかごも-を【若菰を】 枕詞 若菰を刈る意から同音を含む地名「猟路」にかかる。

若狭 地名 旧国名。北陸道七か国の一つ。今の福井県西南部。若州。参照▼資料21

わか・し【若し】 形容詞ク {く・から/く・かり/し/き・かる/けれ/かれ}

❶**若い。幼い。年少だ。年若い。**今昔物語 平安―説話 二九・十八「わかき女の死にて臥したるあり」訳若い女で死んで横たわっている者がいる。

❷**あどけない。子供っぽい。**源氏物語 平安―物語 若紫「『少納言がもとに寝む』とのたまふ声、いとわかし」訳「少納言のところで寝よう」とおっしゃる声が、とてもあどけない。

❸**技量や考え方が未熟だ。**源氏物語 平安―物語 紅葉賀「おもしろう吹きすまし給へるに、かき合はせ、まだわかけれど、拍子たがはず、上手めきたり」訳(笛を)趣深く一心にお吹きになると、(箏の琴を)それに合わせて弾き、まだ未熟だが、拍子を間違えず、名人のように見えた。

❹**若々しい。活気がある。みずみずしい。**万葉集 奈良―歌集 一七四〇「わかかりし膚も皺みぬ」訳若々しかった肌もしわだらけになってしまった。

わか-しゅ【若衆】 名詞 ❶**若者。**特に江戸時代、元服前の前髪を結った男子。❷男色の対象となる少年。男色関係で弟分にあたる者。❸歌舞伎で、年少の役者。歌舞伎若衆。

わ-が-せ【我が背・吾が背】 名詞 女性が、夫・恋人など親しい男性をさしていう語。「わがせこ」とも。万葉集 奈良―歌集 三三九九「信濃路は今の墾道刈り株に足踏ましなむ沓はけわがせ」訳⇩しなのぢは…。対吾妹。

わ-が-せこ【我が背子・吾が背子】 名詞「わがせ」に同じ。日本書紀 奈良―史書 允恭「わがせこが来べき宵なりささがにの(=枕詞)蜘蛛の行ひ是夕著しも」訳私の夫が訪れそうな宵である。蜘蛛のしぐさで今宵ははっきりわかることよ。対吾妹子。

わがせこを… 和歌「わが背子を 大和へ遣ると 小夜更けて 暁露に わが立ち濡れし」万葉集 奈良―歌集 一〇五・大伯皇女 訳わが弟を大和へ行かせるということで、送り出した後、夜が更けてからも立ち続け、明け方の露に私はぬれてしまったことよ。

鑑賞 弟の大津皇子との別れを惜しんで詠んだ歌で、弟の身の上を思いやる姉の心情があふれている。

わがそでは… 和歌 百人一首「わが袖は 潮干に 見えぬ 沖の石の 人こそ知らね 乾く間もなし」千載 鎌倉―歌集 恋二・二条院讃岐 訳私の袖は、引き潮のときでも見えない沖の石のように、あの人は知らないでしょうが、(悲しみの涙で)濡れて乾く間もありません。

鑑賞「潮干に見えぬ沖の石の」は「乾く間もなし」を導く序詞。

わがそのに… 和歌「わが園に 梅の花散る ひさかたの(=枕詞) 天より雪の 流れ来るかも」万葉集 奈良―歌集 八二二・大伴旅人 訳わが家の庭に梅の花が散っている。いや空から雪が流れ落ちて来ているのだろうか。

鑑賞 散る梅の花を、降ってくる雪に見立てたもの。

わがそのの… 和歌「わが園の 李の花か 庭に降る はだれのいまだ 残りたるかも」万葉集 奈良―歌集 四一四〇・大伴家持 訳わが家の庭にすももの花が散っているのか。それとも、降った雪がまだ消えずにまだらに残っているのだろうか。

鑑賞 題詞に「天平勝宝二年(七五〇)三月一日のゆ

ふべに、春の苑の桃季の花をながめて作る歌二首」とあり、家持が、越中守であったときの作とわかる。一首は、すももの花びらが地上に散り敷くさまを見て、まだらに残った雪かと疑ったもの。花を雪と見立てる技巧は、平安時代以降ごくありふれた詠法となるが、ここではまだ、比喩であることを特に強調せず、あれは花か雪かと素朴に問いかける形をとっている。末句の「かも」は疑問。

わか-たう【若党】名詞 ❶若い郎等。❷若い侍。

わか-だち【若立ち】名詞 木の根株から新しい芽や枝が生えること。また、その若芽や若枝。

わか-だ・つ【若立つ】自動詞タ四〔た／ち／つ／つ／て／て〕生き生きとしている。若々しいようすである。一説に、芽ぶく。「わかたつ」とも。枕草子 平安―随筆 正月十よ日のほど「桃の木のわかだちて、いと細枝がちにさし出でたる」訳桃の木が若々しくて、非常に細長い若枝が多く伸びてさし出ている。◆「だつ」は接尾語。

わが-たつ-そま【我が立つ杣】連語 ❶私が入り立つ杣山。私が住む杣山。新古今 鎌倉―歌集 釈教「阿耨多羅三藐三菩提の仏たちわがたつそまに冥加あらせたまへ」訳全知全能の御仏たちよ。私が入り立つこの杣山に仏の加護をお与えください。❷比叡山の別名。千載 鎌倉―歌集 雑中・慈円「おほけなく憂き世の民におほふかなわがたつそまに墨染めの袖」⇩おほけなく…。◇❶の用例にあげた、伝教大師最澄が比叡山根本中堂を建立したときに作った和歌から。

わかち【分かち】名詞 ❶区別。判別。❷分別。思慮。❸事情。わけ。千本桜 江戸―浄瑠 浄瑠「天皇は始終のわかちを聞こし召し」訳天皇は一部始終の事情をお聞きになり。

わか・つ【分かつ・別つ】他動詞タ四〔た／ち／つ／つ／て／て〕❶切り離す。別々にする。大鏡 平安―物語 道長上「それをさへわかたせ給へば」訳それ（＝出ていく道）までも別々にしなさるので。❷分配する。奥の細道 江戸―紀行 末の松山「蜑の小舟漕ぎつれて、肴わかつ声々に」訳漁師の小舟が連れだって、漕ぎ帰り、（浜辺で）魚を分配する声々に。❸区別して判断する。判別する。平家物語 鎌倉―物語 三・大臣流罪「清濁をわかち、呂律を知ることなし」訳音の相違を区別し、音階を理解することがない。

わが-つま【我が夫・我が妻】連語 いとしいあなた。▼「つま」は夫婦がお互いに相手に対して親しみをこめて呼ぶ語。

わがつまは… 和歌「わが妻は いたく恋ひらし 飲む水に 影さへ見えて 世に忘られず」万葉集 奈良―歌集 四三二二・若倭部身麻呂 訳私の妻はひどく私に恋い焦がれているらしい。飲む水にその姿までもが映って見えて、とても忘れられない。

鑑賞 家に残してきた妻を思って詠んだ防人の歌。「恋ひらし」は「恋ふらし」の、「かご」は「かげ」の奈良時代以前の東国方言。

わか-どころ【和歌所】名詞 平安時代以降、勅撰和歌集の編集のために宮中に臨時に置かれた役所。村上天皇の天暦五年（九五一）、『後撰和歌集』の編集と『万葉集』の訓読のために、宮中の梨壺に置かれたのが最初。

わか-とのばら【若殿ばら】名詞 若武者たち。若い人たち。

わか-な【若菜】名詞 ❶春の初めに芽ばえたばかりの、食用にする野草。季春。古今 平安―歌集 春上「君がため春の野に出でてわかな摘むわが衣手に雪は降りつつ」訳⇩きみがためはるののにいでて…。❷正月の初めの子の日（後には七日）に、祝いとして羹にして食べる若菜。人の健康を維持し、万病を去り、邪気を除くとされる。

わかな-つみ【若菜摘み】名詞 春の野に出て若菜を摘むこと。

参考 宮中の正月の最初の子の日（後に七日）に無病息災を祈って若菜を食べる習慣から。

わが・ぬ【綰ぬ】他動詞ナ下二〔ね／ね／ぬ／ぬる／ぬれ／ねよ〕輪のように丸める。丸くたわめ曲げる。「わぐむ」とも。大和物語 平安―物語 一〇三「いと香ばしき紙に、切れたる髪をすこしかいわがねてつつみたり」訳とても香りのよい紙に、切れた髪を少し輪のように丸めて包んである。

わか-ぬし【若主】名詞 若い人の尊敬語。若いお人。

和歌の浦 地名 歌枕 今の和歌山市南部の和歌の神を祭る玉津島神社のある片男波の入り江一帯をさし、現在の新和歌浦とは別の地。古くは「若の浦」と書かれたが、『万葉集』以来歌とのかかわりが深く、「和歌の浦」に変化した。歌では、鶴が詠まれることが多く、また、「和歌の浦」の「和歌」に「若」、あるいは歌の意の「和歌」をかけることが多い。⇩わかのうらに…。

わかのうらに… 和歌「若の浦に 潮満ち来れば 潟を無み 葦辺をさして 鶴鳴き渡る」万葉集 奈良―歌集 九一九・山部赤人 訳若の浦では潮が満ちて来ると干潟がなくなるので、葦の生えているあたりへ向かって鶴が鳴いて渡って行く。

鑑賞 若の浦の情景を描いて、絵画的な雰囲気を持っている。

わかばして… 俳句「若葉して 御目の雫 ぬぐはばや」笈の小文 江戸―紀行 俳文・芭蕉 訳（唐招提寺はみずみずしい若葉に包まれている。）その若葉で盲目の尊像の涙の雫をぬぐってさしあげたい。

鑑賞 鑑真和尚に対する、芭蕉の尊敬の気持ちがうかがわれる句。季語は「若葉」で、季は夏。

わか・ぶ【若ぶ】自動詞バ上二〔び／び／ぶ／ぶる／ぶれ／びよ〕若くうぶなようすである。幼げに振る舞う。源氏物語 平安―物語 夕顔「いといたくわかびたる人にて、物にけどられぬるなめり」訳（夕顔は）たいそうひどく幼げに振る舞っている人で、物の怪に正気を奪われてしまったように見える。◆「ぶ」は接尾語。

わがふねは… 和歌「わが舟は 比良の湊に 漕ぎ泊てむ 沖辺な離りさ 夜更けにけり」万葉集 奈良―歌集 二七四・高市黒人 訳私の乗っている舟は、比良の港まで漕いで行って停泊することにしよう。（岸辺近くを漕いで）沖の方へ離れて行くな。夜がすっかり更けたことだ。

鑑賞 旅の歌人高市黒人が、舟中で、楫取りに呼びかけた歌。早く無事に比良の港に着きたいという思いが込められている。「比良」は、琵琶湖西岸の地。「な離り」の「な」は禁止の副詞。

わ-が-まま【我が儘】名詞 身勝手。自分勝手に振る舞うこと。

わ-が-まま・なり【我が儘なり】形容動詞 ナリ{なら/なり・に/なり/なる/なれ/なれ} ❶**自分の思いどおりだ。意のままだ。** ❷**思いどおりにぜいたくを尽くす。** 西鶴織留 江戸―物語 浮世・西鶴「金拵への大脇差わがままに見ゆる所」訳金で飾られた大脇差がぜいたくを尽くしているように見えるところから。

わか-み【若み】 なりたち 形容詞「わかし」の語幹＋接尾語「み」 **未熟であるので。** 後撰 平安―歌集 春上「谷寒みいまだ巣立たぬ鶯の鳴く声わかみ人のすさめぬ」訳谷は寒いし、まだ巣立っていない若いうぐいすの鳴く声が未熟であるので、人の心を楽しませないことだ。

わ-が-み【我が身・吾が身】 一 名詞 **自分の身。自分自身。** 古今 平安―歌集 秋上「月見れば千々に物こそ悲しけれわがみ一つの秋にはあらねど」訳⇨つきみれば…。 二 代名詞 ❶**わたし。われ。** ▼自称の人称代名詞。平家物語 鎌倉―物語 一一・先帝身投「わがみは女なりとも、敵の手にはかかるまじ」訳わたしは女であっても、決して敵の手にはかからないつもりだ。❷**おまえ。なんじ。** ▼対称の人称代名詞。目下の者に対していう。盛衰記 鎌倉―物語 三三『わがみはこの国の者か』と御尋ね有りけれども」訳「おまえはこの国の者か」とご質問があったけれども。

わか-みづ【若水】 名詞 平安時代から、宮中で立春の日の早朝に主水司がくんで天皇に奉る水。後に、一般に元旦に初めてくむ水をいう。年中の邪気を払うものとされる。季 春。

わか-みや【若宮】 名詞 ❶幼い皇子や皇女。皇族の子にもいう。❷本宮の祭神の子を祭った神社。また、たたりの激しい霊魂・神霊を鎮めるために、本宮の祭神の支配下に置いてその境内に祭った神社。また、本宮からほかの場所に分霊勧請した神社。新宮。

わか-むらさき[1]【若紫】 名詞 ❶植物の名。「むらさき(＝紫草)」の別名。新古今 鎌倉―歌集 恋一・伊勢物語 平安―物語 一「春日野のわかむらさきの摺り衣しのぶの乱れ限り知られず」訳⇨かすがののわかむらさきの…。❷色の名。薄い紫色。薄紫。

若紫[2] 人名 『源氏物語』の作中人物。紫の上の少女時代の呼び名。母に死別して北山で祖母に養われていた十歳のとき、光源氏に見初められる美少女。

*__わか-やか・なり__【若やかなり】 形容動詞 ナリ{なら/なり・に/なり/なる/なれ/なれ}(生気がみなぎり)**若々しい。初々しい。** 枕草子 平安―随筆 かへる年の「まいてわかやかなる女房などの、髪うるわしう、こぼれかかりて」訳まして若々しい女房などが、ひたい髪は端正で美しく、垂れかかって。◆「やか」は接尾語。

わかやぎ-だ・つ【若やぎ立つ】 自動詞 タ四{た/ち/つ/つ/て/て} **若々しく装う。若々しく振る舞う。** 枕草子 平安―随筆 小白河といふ所は「佐理の宰相なども、皆わかやぎだちて」訳佐理の宰相なども、皆若々しく振る舞って。◆「だつ」は接尾語。

*__わか-や・ぐ__【若やぐ】 自動詞 ガ四{が/ぎ/ぐ/ぐ/げ/げ} **若々しく振る舞う。若返る。** 源氏物語 平安―物語 朝顔「物あはれなる御気色を、心ときめきに思ひて、わかやぐ」訳何となく感慨深い(源氏の)ごようすを、(源氏が)心をときめかしていると思って、(典侍は)若々しく振る舞う。◆「やぐ」は接尾語。

わがやどの… 和歌「わが宿の いささ群竹 吹く風の 音のかそけき この夕べかも」万葉集 奈良―歌集 四二九一・大伴家持 訳私の家のほんの少し群がって生えている竹、その竹を吹く風で葉ずれの音がかすかに聞こえて来る、春のこの夕暮れよ。

鑑賞 大伴家持の「興によりて作れる歌」の一首。「いささ群竹」を「清らかな竹群」と解する説もある。

わか-ゆ[1]【若鮎】 名詞「わかあゆ」の変化した語。若いあゆ。

わか・ゆ[2]【若ゆ】 自動詞 ヤ下二{え/え/ゆ/ゆる/ゆれ/えよ} **若くなる。若返る。** 古今 平安―歌集 雑体「老いず死なずの薬もが君が八千代をわかえつつ見む」訳不老不死の薬があればなあ。帝の限りない御代を、私も若返りながら見よう。

わか・る【別る・分かる】 自動詞 ラ下二{れ/れ/る/るる/るれ/れよ} ❶**別々になる。分かれる。** 万葉集 奈良―歌集 三一七「天地のわかれし時ゆ」訳⇨あめつちの…。❷**別れる。離別する。** 古今 平安―歌集 離別「むすぶ手の雫に濁る山の井の飽かでも人にわかれぬるかな」訳⇨むすぶての…。❸**区別がつく。相違がはっきりする。** 源氏物語 平安―物語 帚木「中の品になむ、人の心々、おのがじしの立てたる趣も見えて、わかるべきこと、かたがたに多かるべき」訳中流階級(の女性の場合)にこそ、それぞれの心や、おのおのが考えている主義・主張も現れて、(優劣の)相違がはっきりするだろうことが、さまざまに多いにちがいない。

わかれ【別れ】 名詞 人と別れること。**別離。死別。** 伊勢物語 平安―物語 八四「世の中にさらぬわかれのなくもがな千代もと祈る人の子のため」訳⇨よのなかにさらぬわかれの…。

わかれ-じも【別れ霜】 名詞 晩春の八十八夜のころに降りる、その春最後の霜。忘れ霜。季 春。

*__わかれ-ぢ__【別れ路】 名詞 ❶**人と別れて行く道。** また、人との別れ。古今 平安―歌集 羇旅「糸による物ならなくにわかれぢの心細くも思ほゆるかな」訳(道という ものは)糸により合わせる細い片糸ではないのに、人と別れて行く道が心細く思われることよ。❷**死に別れて行く道。冥途へ行く道。死別。** 大和物語 平安―物語 一一一「この世にはかくてもやみぬわかれぢの淵瀬に誰をとひて渡らむ」訳この世に(生きている間)は、こうして(捨てられて)も済んでしまう。(三途の)川を渡るときは)冥土へ行く道の淵瀬でだれを道案内にして渡ればよいのだろう。

わかれ-の-みくし【別れの御櫛】 連語 斎宮が伊勢に下るとき、天皇が大極殿において斎宮の額髪にさす櫛。

わかわか・し【若若し】 形容詞 シク{(しく)・しから/しく・しかり/し/しき・しかる/しけれ/しかれ} ❶**いかにも若く見える。子供っぽい。幼稚である。** 源氏物語 平安―物語 夕顔「『いかでかまからむ、暗うて』と言へば『あなわかわかし』とうち笑ひ給ひて」訳「どうして参ることができましょうか、暗くて」と言うと(源氏は)「まあ、子供っぽい」とお笑いになって。❷**経験が浅い。未熟で世間知らずである。** 源氏物語 平安―物語 藤裏葉「さぶらふ人とてもわかわかしきのみこそ多かれ」訳（明石の姫君に）お仕え申し上げる人といっても、経験の浅い人ばかりが多い。

和漢混交文 文芸「和漢混淆文」とも書く。文語文の文体の一つ。和文と漢文訓読文との両方の要素が混合した文章。漢字に仮名をまぜて表記し、和文の柔らかさと漢文訓読文の力強さ・簡潔さとが一体となって表現効果を上げている。軍記物語の『保元物語』『平治物語』に始まったが、『平家物語』『太平記』で最も効果を上げた。和漢混交文はその後の文語文に大きな影響を与えた。

わかんどほり ワカンドオリ 名詞 **皇室の血統をひく人。皇族。** 源氏物語 平安―物語 末摘花「大輔命婦とて…わかんどほりの兵部大輔なる女なりけり」訳大輔の命婦といって…皇室の血統をひく人の兵部大輔である（方の）娘である。

わかんどほり-ばら【わかんどほり腹】 ワカンドオリバラ 名詞 皇族の女性を母親として生まれたこと。また、その人。

和漢朗詠集 ワカンロウエイシュウ 書名 詩歌集。藤原公任撰。平安時代中期（一〇一三ころ）成立。二巻。〔内容〕上巻は、春夏秋冬、下巻は雑と分類し、朗詠するのに適した、白居易以下の漢詩文五百八十八首、紀貫之らの和歌二百十六首を収めてある。

わき[1]**【別き・分き】** 名詞 ❶**区別。けじめ。** 万葉集 奈良―歌集 二五三六「息の緒に妹をし思へば年月の行くらむわきも思ほえぬかも」訳命をかけてあなたを恋しているので年月が流れて行く（ような）けじめもわからないことだなあ。❷**分別。思慮。** 大鏡 平安―物語 序「我は子生むわきも知らざりしに」訳私は（独身で）子供を持つ思慮も感じなかったが。

わき[2]**【脇・腋】** 名詞 ❶体のわき。**わきの下。**また、衣服の体のわきに当たる部分。❷**かたわら。横。** 今昔物語 平安―説話 一四・三五「中門のわきに終日居たりつる」訳中門の傍らで一日中すわっていた。❸能・狂言で、シテ（＝主役）の相手役。ふつう「ワキ」と書く。対仕手。❹「脇句」の略。❺**別の所。**また、別の人。心中天網島 江戸―浄瑠 浄瑠・近松「お前はどこぞわきで遊んで下さんせ」訳お前様はどこか別の所で遊んで下さい。❻**二の次。のけもの。** 一代女 江戸―物語 浮世・西鶴「本妻をわきになして思ふままなる長枕」訳本妻をのけ者にして思いどおりの（二人寝の）長枕。

わき-あけ【脇明け・腋明け】 名詞 ❶「けってき」のはうに同じ。❷年少者や女性の衣服のわきの下にあたる部分を、縫わずにあけておくこと。またその衣服。

わぎえ【吾家・我家】 ⇩わぎへ

わき-かへ・る【沸き返る・湧き返る】 ワキカエル 自動詞 ラ四{ら/り/る/る/れ/れ} ❶**煮えたぎる。** 今昔物語 平安―説話 一四・八「湯のわきかへる焰のほのほのようなゆげが。」訳湯の煮えたぎる、炎のようなゆげが。❷（水が）**激しくわき出る。** 源氏物語 平安―物語 胡蝶「思ふとも君は知らじなわきかへり岩もる水に色し見えねば」訳これほどに思ってもあなたは知らないでしょうね。激しくわき出て岩の間を漏れる水（＝わが思い）には色がありませんから。❸（心が）**激しく動揺する。** 源氏物語 平安―物語 蜻蛉「これを見つけて、せきとめたらましかば、とわきかへる心地し給へど」訳これ（＝浮舟の投身自殺）を見つけて、もしやめさせていたら、と激しく動揺するお気持ちになるけれども。

脇句* 文芸 連歌・俳諧の付け合いで、発句（第一句。五・七・五）に付ける、第二句目の七・七の句。発句の意を汲んで付け、ふつう、発句と同じ季節を詠み、体言止めにする。「脇」「脇の句」とも。

わき-ざ【脇座】 名詞 能舞台の向かって右側、脇柱の後方。ワキが座わる所。

わき-さし【脇さし】 名詞 かたわらに付き添うこと。また、その人。**従者。侍者。**「わきざし」とも。徒然 鎌倉―随筆 一一五「あなかしこ、わきさしたち、いづかたをもみつぎ給ふな」訳けっして、付き添いの者たち、どちらをも加勢しなさるな。

わき-ざし【脇差し・脇指し】 名詞 ❶引出物として用いる絹の巻物。腰に差して退出するならわしだったのでこう呼ぶ。❷主となる刀に添えて差す刀。

参考 ❷は、太刀を腰に下げて帯びた時代には、太刀に対して、差し添えとして帯などに差した刀一般をいう。江戸時代になって大小の刀を腰に差して帯びるようになると、その小刀をさしていうようになった。なお、町人も脇差しだけは帯びることを許され、武士の小刀よりもやや長いものが用いられ、道中差しとも呼ばれた。

わき-だて*【脇楯】 名詞「わいだて」に同じ。

わき-て*【分きて・別きて】 副詞 **とりわけ。特に。ことに。**「わけて」とも。古今 平安―歌集 秋下「わび人のわきて立ち寄る木のもとは頼むかげなく紅葉散りけり」訳世をはかなんで暮らす人（＝私）が、とりわけ（身を）寄せる木の下には、頼りにする木陰もなく紅葉が散っていたことよ。

わき-の-く【脇の句】 名詞「わきく」に同じ。

わき-ばしら【脇柱】 名詞 能舞台で、向かって右前方の隅にある柱。そのそばにワキが座ることからいう。

わき-ば・む【脇ばむ】 他動詞 マ四{ま/み/む/む/め/め} **いつくしむ。大切にする。** 落窪物語 平安―物語 二「わきばみ思ふ君にまさらせむ」訳いつくしみ愛する姫君よりも（落窪の君を）まさらせよう。

わき-ひら【側辺】 名詞 そば。かたわら。

わぎへ【吾家・我家】 ワギエ 名詞「わ（吾）がいへ（家）」の変化した語。**自分の家。わが家。** 古事記 奈良―史書 景行「はしけやしわぎへの方よ雲居立ち来も」訳なつかしい。私の家の方から雲がわき上がってくることよ。◆奈良時代以前の語。

わき-ま・ふ*【弁ふ】 ワキマウ 他動詞 ハ下二{へ/へ/ふ/ふる/ふれ/へよ} ❶**見分ける。判別する。** 平家物語 鎌倉―物語 三・僧都死去「ただおのづから花の散り、葉の落つるを見て、春秋をわきまへ」訳ただ自然に、花が散り、葉が落ちるのを見て、春秋を見分けて。❷**道理を理解する。心得る。** 徒然 鎌倉―随筆 七九「よくわきまへたる道には、必ず口重く、問はぬ限りは言はぬこそいみじけれ」訳よく理解した方面のことについては、必ず（相手が）聞かない限りは言わないのがりっぱである。❸**弁償する。償う。** 今昔物語 平安―説話 二〇・三二「彼の母の借れるところの稲を員のごとくわきまへて」訳その母の借りた稲を（その）数のとおり弁償して。

わき-まへ*【弁へ】 ワキマエ 名詞 ❶物事をはっきりと区別できること。**分別。判別。心得。** 源氏物語 平安―物語 紅梅「聞き知るばかりのわきまへは、何事にもいとつきなくは侍らざりしを」訳（音色のよしあしを）聞き分けるくらいの心得は、何の楽器でもたいして不案内ではございませんでしたので。❷弁償。償い。[宇治拾遺 鎌倉―説話] 一・八「おのれが金千両を負ひ給へり。そのわきまへしてこそ出で給はめ」訳(あなたは)私の金千両を借金していらっしゃる。その償いをしてお出かけ下さい。

わきまへ-し・る【弁へ知る】他動詞ラ四 {ら/り/る/る/れ/れ} **わけをよく理解する。分別する。**[枕草子 平安―随筆] 大進生昌が家に「からだにわきまへしられ侍る」訳せめてこの程度だけは、自然とわけをよく理解しました。

わ-ぎみ【我君・吾君】代名詞 **あなた。お前さん。**▼対称の人称代名詞。[今昔物語 平安―説話] 一七・四四「わぎみはまた何こへおはしますぞ」訳お前さんはまたどこへいらっしゃるのか。
参考「わぎみ(我が君)」から変化した語か。「我が君」に比べて、かなり親密な場合や相手を軽く見ている場合に使われ、口語的である。

わぎめ-こ【吾妹子】名詞「わぎもこ」に同じ。◆奈良時代以前の東国方言。

* **わぎも**【吾妹】名詞「わ(吾)がいも(妹)」の変化した語。**私の愛する人。いとしい人。**▼男性が自分の妻や恋人、また広く女性に対して親しみをこめて呼ぶ語。「わぎもこ」とも。[万葉集 奈良―歌集] 一五七三「賤しけどわぎもが屋戸し思ほゆるかも」訳粗末ではあるけれども愛する人の家が思われることだなあ。対吾が背。
参考 歌に詠まれるときは、親愛の意を表す接尾語「こ」の付いた「わぎもこ」の方が多く使われる。奈良時代以前の語。

* **わぎも-こ**【吾妹子】名詞「わぎも」に同じ。[万葉集 奈良―歌集] 四四六「わぎもこが見し鞆の浦のむろの木は常世にあれど見し人そなき」訳⇨わぎもこがみしとものうらの…。◆「わぎも(吾妹)」に親愛の意を表す接尾語「こ」が付いた形。奈良時代以前の語。

1 **わぎもこが…** 和歌「吾妹子が 植ゑし梅の木 見るごとに 心むせつつ 涙し流る」[万葉集 奈良―歌集] 四五三・大伴旅人 訳我が妻が植えた梅の木を見るごとに、胸がいっぱいになり、涙が流れることだ。
鑑賞 我が家に帰着して、任地大宰府で没した妻大伴郎女をしのんで詠んだ歌。眼前の梅の木をながめても、これを植えた妻はもうここにはいない。妻を失った寂しさ、喪失感の深さを慟哭にも似た率直さで歌い上げる。「涙し」の「し」は強意の副助詞。

2 **わぎもこが…** 和歌「吾妹子が 見し鞆の浦の むろの木は 常世にあれど 見し人ぞなき」[万葉集 奈良―歌集] 四四六・大伴旅人 訳私の妻が(往路で)目にした鞆の浦のむろの木は、今も変わらずにあるが、それを見た妻はもう今はいないことだ。
鑑賞 題詞によれば、作者が帰京の途次に詠んだ歌。行きには妻とともに目にした鞆の浦のむろの木を、帰路では一人で眺めなければならない悲しさを実感をこめて歌っている。「鞆の浦」は広島県福山市鞆町の海岸。「むろの木」は、ひのき科の「杜松」とする説が有力。「常世に」は、いつまでも変わらずの意。

わぎもこ-に【吾妹子に】枕詞 吾妹子に「逢ふ」の意から、「あふ」と同音を含む「楝の花」「逢坂山」「淡海」「淡路」などにかかる。[万葉集 奈良―歌集] 一九七三「わぎもこに楝の花は散り過ぎず今咲けるごとありこせぬかも」訳楝の花は散ってしまわないで今咲いているようにあってくれないものか。

わぎもこ-を【吾妹子を】枕詞 吾妹子を「いざ見む」「はや見む」の意から、同音の「いざみの山」「はやみ浜」にかかる。

わき-を-か・く【脇を搔く】連語 (自分の)**体のわきをかき、さする。**▼得意げに、あるいは、気負ってものを言うようすを表す。[今昔物語 平安―説話] 二五・五「いみじくしたり顔に、わきをかきていひけるをぞ」訳非常に得意げな顔で、わきをかき、さすって言ったのを。◆一説に、胸に手を当て、ひじを張るしぐさをすることともいう。

わ・く【分く・別く】

一 他動詞カ四 {か/き/く/く/け/け} ❶**区別する。分ける。**[古今 平安―歌集] 冬「雪降れば木毎に花ぞ咲きにけるいづれを梅とわきて折らまし」訳⇨ゆきふれば…。❷**判断する。理解する。**[新古今 鎌倉―歌集] 雑上「めぐり逢ひて見しやそれともわかぬ間に雲隠れにし夜半の月影」訳⇨めぐりあひて…。

二 他動詞カ下二 {け/け/く/くる/くれ/けよ} ❶**区別する。分ける。**[平家物語 鎌倉―物語] 二・阿古屋之松「日本は、昔三十三か国にてありけるを、中ごろ六十六か国にわけられたんなり」訳日本は、昔三十三か国であったのを、そう遠くない昔六十六か国に分けられたそうだ。❷**押し分けて進む。切り開いて進む。**[更級 平安―日記] 竹芝寺「野山、蘆荻のなかをわくるよりほかのことなくて」訳野や山を越え、蘆や荻の中を押し分けて進む以外のことはなくて。❸**物を分ける。分配する。**[源氏物語 平安―物語] 葵「ただ今は、ことざまにわくる御心もなくて」訳現在は、(紫の上以外の)ほかの女に分け与えるご愛情もない状態で。

わく-ご【若子】名詞 **年若い男子。**また、若者をほめていう語。幼児をさす場合もある。[万葉集 奈良―歌集] 三四五九「稲つけばかかる吾が手を今夜もか殿のわくごが取りて嘆かむ」訳⇨いねつけば…。

わぐ・む【綰ぐむ】他動詞マ四 {ま/み/む/む/め/め} 「わがぬ」に同じ。[宇治拾遺 鎌倉―説話] 一二・一二「かいわぐみて、脇に挟みて立ち去りぬ」訳(受け取った二つの衣服を)輪のように丸めて、脇に挟んで立ち去った。

わくら-ば【病葉】名詞 病害や虫害などで変色した葉。特に、夏の青葉にまじる赤や黄色に変色した葉をいう。季夏。

わくらば・なり【邂逅なり】形容動詞ナリ {なら/なり・に/なり/なる/なれ/なれ} (多く、「わくらばに」の形で副詞的に用いて)**たまたまだ。偶然だ。まれだ。**▼めったにないようすを表す。[古今 平安―歌集] 雑下「わくらばに問ふ人あらば須磨の浦に藻塩たれつつわぶと答へよ」訳たまたまに(私のことを)尋ねる人があったなら、須磨の浦で藻塩草に潮水をかけながら(涙を流して)せつなく思っていると答えてください。
参考「わくらばに」の形で副詞とする説があるが、これは、用例がほとんど「わくらばに」という連用形であること、しかも、和歌によく用いられる歌語であって、他の活用形がほとんどないことによる。しかし、「わくらばの立ち出ぃでも絶えて」（『更級日記』）〈まれな外出もなくなって。〉のような例も、少ないながら見られるので、形容動詞とする。

わくらば-の-たちいで【わくらばの立ち出で】 連語 **まれな外出。たまたまの外出。** 更級 平安｜日記 夫の死「わくらばのたちいでも絶えて、長らふべきここちもせぬままに」訳まれな外出もなくなって、長生きできそうな気持ちもしないものだから。

わくゎう-どうぢん【和光同塵】 名詞 仏教語。仏や菩薩が、この世の人々を救済するために、その威徳の光を和らげ、いろいろな姿となって俗塵に満ちたこの世に現れること。
参考 『老子』に見える「その光を和らげ、その塵に同じうす」を仏家が借用したもの。

わけ[1] 名詞
㊀【分け・別け】区別。違い。
㊁【訳】❶事情。理由。❷色恋。

わけ[2]【戯奴】 代名詞 ❶**私め。** ▼自称の人称代名詞。卑下の意を表す。万葉集 奈良｜歌集 五五二「わが君はわけをば死ねと思へかも」訳わが君は、私めを死ねと思っているからか。❷**おまえ。** ▼対称の人称代名詞。目下の者にいう。万葉集 奈良｜歌集 一四六〇「わけがためわが手もすまに春の野に抜ける茅花そ」訳おまえのために私の手も休めずに働かせて春の野で抜いたつばな（＝草の名）ですよ。

わげ【髷】 名詞 髻を束ねてさまざまな形に結ったもの。まげ。

わけ-い・づ【分け出づ】 自動詞 ダ下二 {で／で／づ／づる／づれ／でよ}（ものを）**かき分けて出る。** 徒然 鎌倉｜随筆 二四〇「みかきが原の露わけいでん有り明けの空も」訳（恋人の住む）御垣の内の庭の露を、かき分けて出ようとする月の残る夜明けの空も。

わけい・り-ぬ-べき-やう-も-な・し[†]【分け入りぬべきやうもなし】 徒然 鎌倉｜随筆 四一「埒の際に寄りたれど、ことに人多く立ち込みて、わけいりぬべきやうもなし」訳（馬場の）柵のわきに寄ったけれど、とりわけ人が多くこみあっていてかき分けて行けそうもない。
品詞分解 わけいり＝動詞「わけいる」用 ぬ＝完了の助動詞「ぬ」終 べき＝可能の助動詞「べし」体 やう＝名詞 も＝係助詞 なし＝形容詞「なし」終

わけ-い・る【分け入る】 自動詞 ラ四 {ら／り／る／る／れ／れ}（ものを）**かき分けて入る。** 奥の細道 江戸｜紀行 黒部「早稲の香やわけいる右は有磯海 ― 芭蕉」訳早稲（＝早く実る稲）の香のする稲田の穂波をかき分けて入ると右手には有磯海が見渡される。

わけ-しり【訳知り・分け知り】 名詞 男女の間の機微に通じていること。また、その人。**粋人。** ◆江戸時代の遊里語。

わ-こ【和子・若子】 名詞 **坊ちゃま。若様。** ▼貴人や目上の人の男の子を親しんで呼ぶ語。

わ-こう【倭寇】 名詞 鎌倉時代の末期から戦国時代にかけて、朝鮮半島や中国大陸沿岸を襲った日本人の海賊集団に対する中国での呼び名。

わご-おほきみ【我ご大君・吾ご大君】 連語 「わがおほきみ」に同じ。

わ-こく【和国・倭国】 名詞 **日本国。** ▼中国を意識して日本をさすときに用いる。

わ-ごぜ【我御前】 代名詞 **あなた。おまえさん。そなた。** ▼対称の人称代名詞。主に女性を親しんで呼ぶ語。平家物語 鎌倉｜物語 一・祇王「わごぜは今様は上手でありけるよ」訳お前さんは今様歌は上手であったな。◆「わ」は接頭語。

わ-ごと【和事】 名詞 上方歌舞伎で、恋愛や情事の場面を演じる演技やその演出。対荒事。

わ-ごばう【和御坊・我御房】 代名詞 **お坊さま。** ▼対称の人称代名詞。僧を親しんで呼ぶ語。今昔物語 平安｜説話 二三・一九「わごばうは命惜しくはなきか」訳お坊さまは命が惜しくはないか。◆「わ」は接頭語。

わ-ごりよ【我御寮・我御料】 代名詞 「わごれう」の変化した語。**おまえさん。そなた。あなた。** ▼対称の人称代名詞。同輩あるいはそれ以上の相手に対して、親しんで呼びかける語。男女のいずれに対しても用いる。末広がり 室町｜狂言 狂言「これは身どもがあやまった。すればわごりよは仕合はせなものぢや」訳これはわたしが間違ったことをした。すると、あなたは幸せな人だ。◆「わ」は接頭語。

わ-ごれう【我御寮・我御料】 代名詞 「わごりよ」に同じ。

わ-ごん【和琴】 名詞 わが国固有の六弦の琴。雅楽や東遊びに用いられた。大和琴。東琴。参照▼口絵

竜角

（和 琴）

わざ【業・態・技】 名詞

❶**行い。しわざ。行為。仕事。** 枕草子 平安｜随筆 ふと心おとりとかするものは「我がもてつけたるをつつみなくいひたるは、あさましきわざなり」訳自分が使い慣れている言葉を遠慮なく言うのは、情けない行為である。

❷**行事。仏事。神事。法要。** 徒然 鎌倉｜随筆 一九「なき人の来る夜とて魂まつるわざは、このごろ都にはなきを」訳亡くなった人が帰ってくる夜といって魂をまつる行事は、このごろ都では行われないけれども。

❸**事の次第。こと。** 徒然 鎌倉｜随筆 一四二「人を苦しめ、法を犯さしめて、それを罪なはん事、不便のわざなり」訳人を苦しめ、法律を犯させて、それを処罰するようなことは、かわいそうなことである。

❹**技術。技芸。方法。** 徒然 鎌倉｜随筆 二二六「武士の事・弓馬のわざは、生仏、東国の者にて、武士に問ひ聞きて、書かせけり。」訳武士のことや弓・馬など（戦闘のための）技術は、生仏（という者）が、東国の者で、武士に問い聞いて、書かせたという。

わさ-いひ【早稲飯】 名詞 早稲（＝早く実る稲）の米で炊いた飯。

わざおき【俳優】 ⇩わざをき

わざ-ごと【俳諧】 名詞 **冗談。戯れ言。**

わさ-だ【早稲田】 名詞 早稲（＝早く実る稲）が植えてある田。万葉集 奈良｜歌集 一七六八「石上布留のわさだの（＝序詞）穂に出ぃでず心のうちで恋ふる

このごろ」訳石上布留の早稲田の穂が出るようには顔色に出さないで心の中で恋しく思うこのごろであるよ。

わざ-と【態と】副詞

❶**わざわざ。**徒然 鎌倉―随筆 三二「わざとならぬ匂(にほ)ひ、しめやかにうちかをりて」訳わざわざ焚(た)いたとも思われない(香の)かおりが、もの静かに薫って。❷**格別に。取り立てて。特別に。ことさら。**枕草子 平安―随筆 すさまじきもの「人のもとにわざと清げに書きてやりつる文の返り事」訳ある人のところに特別に美しいようすに書いてやった手紙の返事。❸〔多く「の」を下接して〕**正式なさま。本格的なさま。**源氏物語 平安―物語 桐壺「わざとの御学問はさるものにて」訳本格的なご学問は言うまでもなく。

わざと-がま・し【態とがまし】形容詞シク〔(しく)・しから／しく・しかり／し／しき・しかる／しけれ／しかれ〕**ことさらに意識したようすである。わざとらしい。**「わざわざし」とも。源氏物語 平安―物語 早蕨「歌は、わざとがましく引き放ちてぞ書きたる」訳歌は、わざとらしく文字を一字ずつ離して書いてある。◆「がまし」は接尾語。

わざと-なら-・ず【態とならず】連語

なりたち 副詞「わざと」＋断定の助動詞「なり」の未然形＋打消の助動詞「ず」

ことさらでない。さりげない。自然だ。徒然 鎌倉―随筆 三二「わざとならぬ匂(にほ)ひ、しめやかにうちかをりて」訳さりげなかおりが、もの静かに薫って。

わざと-め・く【態とめく】自動詞カ四〔か／き／く／く／け／け〕**格別に心配りしているように見える。わざとらしく見える。ことさらめく。**源氏物語 平安―物語 初音「わざとめき由(よし)ある火桶(ひをけ)に」訳特別に意匠をこらして作ってあるように見えて風流な丸火鉢に。◆「めく」は接尾語。

わざ-はひ【災ひ・禍】(ワザワイ)名詞❶**災難。不運。凶事。**❷〔「や」「かな」などを伴って〕**嫌なこと。**▼不快な気持ちを述べる感動表現に用いる。大鏡 平安―物語 道兼「ものの音(ね)調子吹き出(い)づる程に、『わざはひかな、あれは舞はじ』とて」訳楽器の音調子を合わせだすころに、「いやなことだなあ、僕は舞うつもりはない」と言って。

わさ-ほ【早稲穂】名詞早稲(わせ)(＝早く実る稲)の穂。

わざわざ-・し【態態し】形容詞シク〔(しく)・しから／しく・しかり／し／しき・しかる／しけれ／しかれ〕「わざとがまし」に同じ。大鏡 平安―物語 序「(世継(よつぎ)の話は)わざわざしくことごとしく聞こゆれど」訳わざとらしく仰々しく聞こえるが。

わざ-をき【俳優】(ワザオキ)名詞こっけいな所作(しょさ)や歌舞によって神や人を楽しませるわざ。また、そのわざをする人。**役者。**「わざをぎ」とも。◆「わざ(業)を(招)き」で、神を招き、神がかりして振る舞うことが本義という。

和讃(わさん) 文芸 平安時代に始まった仏教歌謡。和文の七五調の四句からなる一単位を連ねてゆく形式で、仏の功徳(くどく)や高僧の徳をたたえる。「今様(いまよう)」の起源となるものといわれる。

わし[1] 代名詞**わたし。**▼自称の人称代名詞。主に女性が親しい間柄で用いた。曾根崎心中 江戸―浄瑠 浄瑠・近松「わしも十九の厄年(やくどし)とて」訳わたしも十九の厄年とあって。◆江戸時代の語。

わし[2] 感動詞**よいしょ。**▼歌謡の中のはやしことば。万葉集 奈良―歌集 三八七八「新羅斧(しらきをの)落とし入れわし」訳新羅斧(＝新羅風のおの)を(沼に)落とし入れ、よいしょ。◆奈良時代以前の語。

わしり-で【走り出】名詞「はしりで」に同じ。

わし・る【走る】自動詞ラ四〔ら／り／る／る／れ／れ〕❶**走(はし)る。かける。**徒然 鎌倉―随筆 七四「東西に急ぎ、南北にわしる」訳(人々は)東に西に(と)急ぎ、南に北に(と)走る。❷**あくせくする。**方丈記 鎌倉―随筆「身を知り、世を知れれば、願はず、わしらず」訳身(の程)を知り、世間(というもの)を知っているので、うらやましく思ったり、あくせくしないで。

わ・す【座す】自動詞サ四〔さ／し／す／す／せ／せ〕・サ下二〔せ／せ／す／する／すれ／せよ〕「おはす」の変化した語。「あり」「来(く)」の尊敬語。**いらっしゃる。おいでになる。**粟田口 室町―狂言 狂言「『東馬之允(とうまのじょう)はわするか』『これに候ふ』」訳「東馬之允はいらっしゃるか」「ここにおります」

わずかなり〖僅かなり・纔かなり〗⇩わづかなり

わずらう〖煩う〗⇩わづらふ

わすらむて… 和歌「忘らむて 野行(ゆ)き山行き われ来(く)れど わが父母(ちちはは)は 忘れせぬかも」万葉集 奈良―歌集 四三四四・防人歌(さきもりのうた) 訳何とか忘れようと、野を行き山を行き、私はやって来たが、どうしてもわが父母は忘れられないことだ。

鑑賞 防人として出発した作者が、父母への思いの断ちがたいことを、せつなく歌った一首。「忘らむて」の「忘ら」は、「忘る」(四段活用動詞)の未然形。「て」は「と」の奈良時代以前の東国方言。

わすらるる… 和歌 百人一首「忘らるる 身をば思はず 誓(ちか)ひてし 人の命の 惜(を)しくもあるかな」拾遺 平安―歌集 恋四・右近(うこん) 訳あなたに忘れられるわが身のことは、なんとも思いません。けれども、私を忘れないと神かけて誓ったあなたの命が(神罰で縮みはしないかと)、惜しまれることですよ。

参考『大和(やまと)物語』第八十四段にもある歌。

わずらわし〖煩わし〗⇩わづらはし

わす・る【忘る】

一 他動詞ラ四〔ら／り／る／る／れ／れ〕**つとめて忘れる。しいて忘れる。**万葉集 奈良―歌集 四三四四「わすらむて野行(ゆ)き山行きわれ来(く)れどわが父母(ちちはは)は忘れせぬかも」訳⇩わすらむて…。

二 他動詞ラ下二〔れ／れ／る／るる／るれ／れよ〕**自然に忘れる。いつの間(ま)にか忘れる。**古今 平安―歌集 雑下・伊勢物語 平安―物語 八三「わすれては夢かとぞ思ふ思ひきや雪踏み分けて君を見むとは」訳⇩わすれては…。

参考 一は奈良時代以前に用いられたが、「忘らる」(「る」は可能・自発の助動詞)の形は平安時代以降でも用いられた。

わするる-くさ【忘るる草】名詞「わすれぐさ」に同じ。

わすれ-がたみ【忘れ形見】名詞❶**忘れないように残す記念の品。**平家物語 鎌倉―物語 七・忠度都落「かかるわすれがたみを賜りおき候ひぬる上は」訳このような記念の品をいただいておきました以上は。❷**親の死後に残された子。遺児。**特に、父親の死後に残された子をいうことが多い。平家物語 鎌倉―物語 九・小宰相身投「あはれ男子(なんし)にてあれかし。浮き世のわすれがたみにも思ひおくばかり」訳（懐妊している子供は）ああ男の子であってもらいたいねえ。私はその子をこの世に残した**忘れ形見**であると心に決めておくだけ（である）。

参考 和歌では「忘れ難み」とかけることが多い。

¹わすれ-がひ【忘れ貝】（ワスレガイ） 名詞 手に持つと、恋の苦しさを忘れさせる力があるという貝。和歌では「忘る」の序詞（じょことば）を構成することが多い。万葉集 奈良－歌集 三一七五「若の浦に袖さへ濡れて**わすれがひ**拾へど妹（いも）は忘らえなくに」訳若の浦に袖まで濡らして**忘れ貝**を拾ったけれどもあの（恋しい）娘は忘れることができない。

²わすれがひ… 和歌「**忘れ貝 拾ひしもせじ 白玉を 恋ふるをだにも 形見と思はむ**」土佐日記 平安－日記 二・四 訳忘れ貝を拾ったりはしないつもりだ。真珠のように大事なあの子を恋い慕う気持ちだけでも、形見と思うことにしよう。

鑑賞 子を失った悲しさは耐え難く、忘れ貝を拾って忘れてしまおうとも思うほどだが、その悲しみに耐えて、いつまでも子をしのぼうとする親の真情のこもった歌である。「白玉」は、愛児をたとえたもの。

わすれ-ぐさ【忘れ草】 名詞 草の名。「かんぞう（萱草）」の別名。身につけると心の憂さを忘れると考えられていたところから、恋の苦しみを忘れるため、下着の紐（ひも）に付けたり、また、垣根に植えたりした。歌でも恋に関連して詠まれることが多い。「わするるくさ」とも。

わすれじの… 和歌 百人一首「**忘れじの 行く末までは 難（かた）ければ 今日を限りの 命ともがな**」新古今 鎌倉－歌集 恋三・儀同三司母（ぎどうさんしのはは） 訳（私のことを）忘れまいとおっしゃる、その遠い将来のことまでは頼みにし難いので、（このように愛されている）今日を限りに死んでしまいたいことです。

わすれ-じも【忘れ霜】 名詞「わかれじも」に同じ。

わすれては… 和歌「**忘れては 夢かとぞ思ふ 思ひきや 雪踏み分けて 君を見むとは**」古今 平安－歌集 雑下・在原業平（ありはらのなりひら） 伊勢物語 平安－物語 八三 訳出家なされたという現実をふと忘れては、夢ではないかと思う。かつて思ったであろうか、いやない。この深い雪を踏み分けてわが君にお目にかかろうとは。

鑑賞 作者在原業平が、出家隠棲（いんせい）されて境遇が変化した惟喬親王（これたかのみこ）を見舞って詠んだ歌。二句切れ。「思ひきや」とそれ以下とは倒置されている。「思ふ」はすぐ上の係助詞「ぞ」の結びで、動詞「思ふ」の連体形。「思ひきや」の「や」は反語の係助詞。「忘れては夢かとぞ思ふ」の表現は有名。

わすれ-みづ【忘れ水】（ワスレミズ） 名詞 野中の茂みの中などで人の目につかず忘られたように流れる水。後拾遺 平安－歌集 恋三「はるばると野中に見ゆる**わすれみづ**絶え間絶え間を嘆くころかな」訳野中にはるかに見える**忘れ水**のようにあなたの訪れが絶え間がちなのを嘆いています。◆和歌では「絶え絶え」などを導く序詞を構成する例が多い。

わずろう〔煩う〕 ⇨わづらふ

わ-せ【早稲・早生】 名詞 早く成熟する品種の稲。季秋。奥の細道 江戸－紀行 黒部「**わせ**の香（か）や分け入（い）る右は有磯海（ありそうみ）——芭蕉」訳**早稲**の香のする稲田の穂波の中をかき分けて入ると、右手には有磯海が見渡される。対中手（なかて）・晩稲（おくて）。

わ-せんじゃう【我先生・和先生】（ワセンジョウ） 代名詞 おまえさん。▼対称の人称代名詞。相手を親しんで、また、軽んじて呼ぶ語。宇治拾遺 鎌倉－説話 一一・一五「**わせんじゃう**はいかでこの鮭（さけ）を盗むぞ」訳**おまえさん**はどうしてこの鮭を盗むのだ。◆「わ」は接頭語。

わ-そう【我僧・和僧】 代名詞 お坊さん。▼対称の人称代名詞。僧に対して親しみをこめて呼びかける語。平家物語 鎌倉－物語 一二・泊瀬六代「**わそう**は山法師か」訳**お坊さん**は（比叡（ひえい）山の）僧兵か。◆「わ」は接頭語。

わた【海】 名詞 海（うみ）。万葉集 奈良－歌集 一三二七「**わた**の底しづく白玉」訳**海**の底に沈んでいる真珠を。◆後に「わだ」とも。

わだ【曲】 名詞 入り江など、曲がった地形の所。

わ-たう【我党・和党】（ワトウ） 代名詞 おまえ。おまえたち。▼対称の人称代名詞。相手を親しんで、また、やや見下して呼ぶ語。宇治拾遺 鎌倉－説話 三・六「**わたう**たちこそ、させる能もおはせねば」訳**おまえ**たちこそ、たいした才能もおありでないので。◆「わ」は接頭語。

わだかま・る【蟠る】

一 自動詞ラ四｛ら／り／る／る／れ／れ｝ ❶（蛇などが）とぐろを巻く。宇治拾遺 鎌倉－説話 四・五「蛇（くちなは）は、板敷きの下（しも）に、柱のもとに**わだかまり**てあり」訳蛇は、板敷きの下に、柱のもとに**とぐろを巻い**ている。❷曲がりくねる。枕草子 平安－随筆 蟻通の明神「七曲（ななわた）に**わだかまり**たる玉の」訳七曲がりに**曲がりくねっ**ている玉で。

二 他動詞ラ四｛ら／り／る／る／れ／れ｝ だまし取る。着服する。歌念仏 江戸－浄瑠 浄瑠・近松「おのれ一旦（いったん）主人の金子（きんす）を**わだかまり**」訳おまえはいったん主人の金銭を**着服し**て。

わた-ぎぬ【綿衣】 名詞 綿を入れた衣服。綿入れ。季冬。◆江戸時代の語。

わたくし【私】

一 名詞 ❶私的なこと。個人的なこと。源氏物語 平安－物語 賢木「殿上人（てんじゃうびと）どもも、**わたくし**の別れ惜しむ多かり」訳殿上人たちも**個人的**な別れを惜しむ人が多い。対公（おほやけ）。❷私心をもつこと。自己の利益をはかること。私心。八島 室町－能楽 謡曲「弓矢を取って**わたくし**なし」訳（源義経（つねよし）は）弓矢を手に持って（戦って）いるときには**私心**がない。

二 代名詞 わたくし。▼自称の人称代名詞。目上の人などに対して丁寧に言う。◆室町時代の末期以降の用法。

わたくし-ごと【私事】 名詞 個人的なこと。私的な用事。対公事（おほやけごと）。

＊わたくし-ざま【私様】 名詞 私事（わたくしごと）についての方面。源氏物語 平安－物語 帚木「**わたくしざま**の世に住まふべき心おきてを」訳**私事についての方面**で、世の中で生活していかなければならない心がけを。対公様（おほやけざま）。

わたくし-に-も【私にも】 連語 なりたち 名詞「わたくし」＋格助詞「に」＋係助詞「も」 私事（わたくしごと）としても。個人的にも。源氏物語 平安－物語 桐壺「**わたくしにも**心のどかにまかで給（たま）へ」訳**個人的にも**、のんびりとお出かけください。

わたくし-の-うしろみ【私の後ろ見】連語 将軍の後見職である執権。◆摂政・関白を「公(=天皇)の後ろ見」というのに対していう。

わたくし-もの【私物】名詞 個人の占有物として大事にするもの。源氏物語 平安―物語 桐壺「この君をば、わたくしものに思ほしかしづき給ふこと限りなし」訳 (帝は)この若君(=源氏)を、自分の大事なものとお思いになり大切にお育てなさることこの上もない。

わた-こ【綿子】名詞 真綿で作った防寒衣。季冬。

わたし-もり【渡し守】名詞 渡し船の船頭。「わたりもり」とも。

わた・す【渡す】

一 他動詞サ四 {さ/し/す/す/せ/せ}

❶**越えさせる。渡す。** 更級 平安―日記 太井川「夜ひと夜、船にてかつがつ物などわたす」訳 一晩中、船でどうにか、やっと荷物などを(向こうの岸へ)渡す。

❷**別の場所に移す。移動させる。** 源氏物語 平安―物語 若紫「今日・明日わたし奉らむ」訳 今日か明日のうちに、(私の屋敷に)お移しいたそう。

❸**浄土へ行かせる。仏教の力で人々を救う。済度する。** ▼此岸から煩悩の川を越えさせて彼岸に渡す意。仏足石歌 奈良―和歌「もろもろ救ひわたし給はな」訳 多くの人々をお救いになって、浄土へ行かせてくださいませ。

❹**与える。授ける。やる。** 宇治拾遺 鎌倉―説話 六・四「双六を打ちけるが、多く負けて、わたすべき物なかりけるに」訳 双六を打ったが、さんざん負けて、(相手に)与えることができそうな物がなかったときで。

二 補助動詞サ四 {さ/し/す/す/せ/せ} 〔動詞の連用形に付いて〕**広く…する。ずっと…する。めいめいが…する。** ▼ある動作・行為が広く、遠く及ぶ意を表す。徒然 鎌倉―随筆 一九「大路のさま、松立てわたして、はなやかにうれしげなるこそ」訳 都大路のようすは、門松をずっと立て並べて、にぎやかにうれしそうなのこそ。

わた-つ-うみ【わたつ海】名詞 海。古今 平安―歌集 秋下「草も木も色変はれどもわたつうみの浪の花にぞ秋なかりける」訳 (秋が来て)草も木も色が変わるけれども、(いつも白い)海の波の泡には(色が変わる)秋がなかったのだなあ。

参考 「わたつみ(海神)」が「海」の意に変わり、「み」が「海」と意識されて、さらに「う」が挿入されてできた語。「つ」は「の」の意の奈良時代以前の格助詞。

わた-つ-み【海神】名詞

❶**海の神。** 万葉集 奈良―歌集 三〇一「わたつみの手に巻き持てる玉ゆゑに」訳 海の神が手に巻きつけている真珠のために。

❷**海。海原。** 万葉集 奈良―歌集 一五「わたつみの豊旗雲に入り日さし」訳 ⇩わたつみの…。

参考 「海つ霊」の意。「つ」は「の」の意の奈良時代以前の格助詞。後に「わだつみ」とも。

わたつみの… 和歌「わたつみの 豊旗雲に 入り日さし 今夜の月夜 さやに照りこそ」万葉集 奈良―歌集 一五・天智天皇 訳 海上の旗のようにたなびく美しい雲に夕日がさし、真っ赤な夕焼けとなっている。今夜の月は明るく照ってほしい。

鑑賞 「入り日さし(万葉仮名で「伊理比弥之」)」には「入り日見し」、「さやに照りこそ(=清明己曾)」には「あきらけくこそ」「さやけかりこそ」の異訓がある。「こそ」は、他に対する願望の意の終助詞とするが、異説もある。しかし、いずれにしても航路の安全のために、月の明るいことを確信しつつ神に祈った歌であろう。

***わた-どの**【渡殿】名詞 二つの建物をつなぐ、屋根のある板敷きの渡り廊下。部屋を設けることもある。主として寝殿と対の屋とを結ぶ。参照▼口絵

参考 今の「廊下」と違い、部屋・簀の子を設けたものが多く、それ自体で独立した建物と意識された。ときにはそこに寝ることもあった。

わた-なか【海中】名詞 **海の中。海上。**

わた-の-かみ【海の神】連語 「わたつみ」に同じ。

わた-の-そこ【海の底】枕詞 海の奥深い所の意から「沖」にかかる。万葉集 奈良―歌集 一二二三「わたのそこ沖漕ぐ舟を辺に寄せむ風も吹かぬか波立たずして」訳 沖を漕ぐ舟を岸辺に寄せる風でも吹けばよい。波は

類語と使い分け㉑ 「私」の意味を表す言葉

現代語の「私」を意味する一人称(自称)の言葉は、相手が目上の人であるのか、同輩なのか、親しい人なのかそうでないのか、男性なのか女性なのか、あるいは改まった場面なのかくだけた場面なのかなどによって、「わたくし」「僕」「あたし」「俺」などの言葉を使い分けて用いているが、古語においても同様に使い分けていた。また、時代による変遷もあった。

あ・あれ…主に奈良時代に使われ、平安時代になると、「あ」は連体格の助詞「が」を伴った「あが」の形で使われ、「あれ」は衰えて使われなくなった。

わ・われ…奈良時代から使われていたが、平安時代以後は「わ」は「が」を伴った「わが」の形で、「われ」は「あれ」に代わって多用された。「われ」は「おまえ」といった意の二人称の語としても使われた。

まろ…平安時代は、男女・老若を問わず、親しい者同士の間で使われたが、鎌倉時代以後は皇族、特に天皇が用いた。

おのれ…平安時代から使われ、へりくだった気持ちをもって用いることが多い。また、同時にこの語は相手を指す二人称としても用いられ、目下に対して、あるいは相手をののしる場合に使った。

なにがし…男性がへりくだった、改まった気持ちで用いる。主に平安時代に用いられた。

それがし…男性が、主に対等の者に対して用いる。鎌倉時代以降使われた。

みづから…鎌倉・室町時代までは男女ともに用いたが、のちには女性だけが使った。

立たぬまで。

わた-の-はら[1]【海の原】名詞 **広々とした海。海原**うなばら。「わだのはら」とも。古今 平安―歌集 羇旅「**わたのはら**八十島やそしまかけて漕こぎ出いでぬと人には告げよ海人あまの釣つり舟」訳⇩わたのはらやそしまかけて…。

わたのはら…[2] 和歌 百人一首「わたの原 漕こぎ出いでてみれば ひさかたの(=枕詞まくらことば) 雲居くもゐにまがふ 沖つ白波しらなみ」詞花 平安―歌集 雑下・藤原忠通ふぢはらのただみち 訳大海原に舟を漕ぎ出して見渡すと、雲と見まちがえるばかりの沖の白波であることよ。

わたのはら…[3] 和歌 百人一首「わたの原 八十島やそしまかけて 漕こぎ出いでぬと 人には告げよ 海人あまの釣つり舟」古今 平安―歌集 羇旅・小野篁をののたかむら 訳「広い海原の数多くの島を目ざして船出した」と都にいる私の親しい人に告げておくれよ、漁師の釣り船(の人)よ。

鑑賞 詞書ことばがきによれば、流罪るざいによって難波なにわから隠岐おきへ船出する折に詠よんだ歌。「人」は、都に残る妻や母であろう。

わた-ばな【綿花】名詞「男踏歌をとこだふか」で舞う人が冠に飾りとしてさす、綿の造花。

わた-まし【渡座・移徙】名詞 貴人が移転することの尊敬語。**御移転。御転居。** ▼後に敬意を失い、単に転居・移転をいう。

わた-ゆみ【綿弓】名詞 繰り綿(=種をとっただけで精製していない綿)を打って、不純物を除いた柔らかな打ち綿にするための、弓に似た形の道具。弦をはじいて綿を打つ。季秋。

(綿 弓)

わたら-せ-たま-ふ【渡らせ給ふ】ワタラセタマウ―ワタラセタモウ 連語

なりたち 動詞「わたる」の未然形＋尊敬の助動詞「す」の連用形＋補助動詞「たまふ」

❶「渡る」「行く」「来く」の尊敬語。**お渡りになる。お移りになる。いらっしゃる。**源氏物語 平安―物語 桐壺「弘徽殿こきでんなどにも**わたらせたまふ**御供ともには」訳弘徽殿などに**いらっしゃる**お供にも。❷「あり」の尊敬語。**おありになる。いらっしゃる。**平家物語 鎌倉―物語 四・厳島御幸「主上ことなる御つつがも**わたらせたまは**ぬを」訳天皇には特にこれというご病気も**おありになら**ないのに。❸「あり」の尊敬語。〔補助動詞的に〕…(で)いらっしゃる。平家物語 鎌倉―物語 八・猫間「公卿くぎやうで**わたらせたまふ**」訳公卿で**いらっしゃる**。◆❷❸は鎌倉時代以降の用法。

わたらひ【渡らひ】ワタライ 名詞 世渡りすること。**暮らし向き。**また、そのための仕事。**生業。**大和物語 平安―物語 一四八「年ごろ**わたらひ**などもいと悪わろくなりて」訳数年来**暮らし向き**などもたいそう貧しくなって。

わたらひ-ごころ【渡らひ心】ワタライゴコロ 名詞 **生活のための心がけ。生計をたてる心得。**

わたら-ふ【渡らふ】ワタラウ―ワタロウ 連語

なりたち 動詞「わたる」の未然形＋反復継続の助動詞「ふ」

渡って行く。移って行く。万葉集 奈良―歌集 一三五「雲間より**わたらふ**月の惜しけども」訳雲間を**渡って行く**月のように(妻との別れは名残り)惜しいが。

わたり[1]【辺り】名詞

❶**付近。あたり。**徒然 鎌倉―随筆 八九「この**わたり**に見知れる僧なり」訳この**あたり**で見知っている僧である。❷**かた。あたり。**▼人や人々を間接的にさしていう。源氏物語 平安―物語 末摘花「すこしゆゑづきて聞こゆる**わたり**は、御耳とどめ給はぬ隈くまなきに」訳少し風情があるようにうわさのある**かた**は、(源氏が)お耳を留めなさらない所もないのに。

わたり[2]【渡り】名詞 ❶川を渡ること。また、(川の)渡し場。渡し。新古今 鎌倉―歌集 冬「駒こまとめて袖そでうちはらふ陰もなし佐野さののわたりの雪の夕暮れ」訳⇩こまとめて…。❷海の、船で渡る場所。海峡など。❸**移転。転居。引っ越し。**❹**来訪。**▼多く「御わたり」の形で、来ることの尊敬語に用いられる。平家物語 鎌倉―物語 七・忠度都落「ただ今の御**わたり**こそ、情けもすぐれて深う、あはれもことに思ひ知られて」訳ただ今のご**来訪**は、風情も格別に深く、しみじみとした情趣も特に身にしみて感じられて。

わたり-あ-ふ【渡り合ふ】ワタリアウ―ワタリオウ 自動詞 ハ四 {は/ひ/ふ/ふ/へ/へ} **相手となって戦う。斬きり合う。**太平記 室町―物語 二二「四人左右より**わたりあう**て、…切って回る」訳四人は左右から**斬り合って**、…(敵の三百余騎を)切って回る。◇「わたりあう」はウ音便。

わたり-がは【渡り川】ワタリガワ 名詞 **三途ずさんの川。**人が死んであの世に行く途中に渡るという川。◆主に和歌で用いる。

わたり-ぜ【渡り瀬】名詞 **歩いて渡れるほどの浅瀬。**

わたり-もの[1]【渡り物】名詞 ❶**先祖伝来の品物。**❷祭礼などの練り物。行列や山車だしなど。❸**舶来品。**

わたり-もの[2]【渡り者】名詞 渡り奉公(=転々と奉公先を変えること)をする者。

わたり-もり【渡り守】名詞「わたしもり」に同じ。

わた・る【渡る】

語義の扉

もともとは、「水の上をある地点からほかの地点へ移動する」という意味。これが、単に空間的にだけではなく時間的なものにも及んで「年月を過ごす」「ずっと続ける」などの意味を生じた。⇩わたら・ふ

一 自動詞
❶越える。
❷移動する。移る。
❸行く。来る。通り過ぎる。
❹月日が過ぎる。月日を過ごす。暮らす。
❺行き渡る。広く通じる。
❻〔「あり」の尊敬語〕いらっしゃる。おられる。

二 補助動詞
❶一面に…する。広く…する。
❷ずっと…しつづける。絶えず…する。

一 自動詞 ラ四（ら／り／る／る／れ／れ）

❶越える。伊勢物語 平安｜物語 九「渡守(わたしもり)、『はや舟に乗れ、日も暮れぬ』と言ふに、乗りてわたらむとするに」訳渡し舟の船頭が「早く舟に乗れ、日も暮れてしまう」と言うので、乗って渡ろうとするが。

❷移動する。移る。土佐日記 平安｜日記 一二・二一「住む館(たち)より出(い)でて、船に乗るべき所へわたる」訳住んでいる官舎から出て、船に乗ることになっている所へ移る。

❸行く。来る。通り過ぎる。枕草子 平安｜随筆 心ときめきするもの「ちご遊ばする所のまへわたる」訳赤ん坊を遊ばせている前を通り過ぎるの(は心がどきどきする)。

❹月日が過ぎる。経過する。月日を過ごす。月日を送る。暮らす。生きていく。生活する。徒然 鎌倉｜随筆 一〇八「日を消(せう)し、月をわたりて一生を送る、もっとも愚かなり」訳一日をむだに過ごし、一月をむだに過ごして一生を送るのは、実に愚かなことである。

❺行き渡る。広く通じる。及ぶ。徒然 鎌倉｜随筆 九二「このいましめ、万事にわたるべし」訳この訓戒は、すべての場合に広く通じるにちがいない。

❻〔「あり」の尊敬語〕〔多く「せ給(たま)ふ」とともに用いて〕いらっしゃる。おられる。平家物語 鎌倉｜物語 四・若宮出家「高倉の宮の御子(みこ)の宮たちのあまたわたらせ給(たま)ひ候ふなる」訳高倉の宮のお子様の宮たちが大勢いらっしゃいますそうです。

二 補助動詞 ラ四（ら／り／る／る／れ／れ）〔動詞の連用形に付いて〕

❶一面に…する。広く…する。更級 平安｜日記 かどで「夕霧立ちわたりて」訳夕霧が一面に立ちこめて。

❷ずっと…しつづける。絶えず…する。伊勢物語 平安｜物語 六「女のえ得(う)まじかりけるを、年を経てよばひわたりけるを」訳自分のものにできそうもなかった女に、何年もずっと求婚しつづけていたのを。

***わづか・なり【僅かなり・纔かなり】**ワズカナリ 形容動詞 ナリ（なら／なり・に／なり／なる／なれ／なれ）❶ほんの少しだ。少しばかりだ。非常に小さい。わずかだ。▼語幹の形で副詞的にも用いる。源氏物語 平安｜物語 夕霧「わづかなる下人(しもびと)をも言ひ調(ととの)へ」訳少しばかりの従者にも指図して統率し。竹取物語 平安｜物語 かぐや姫の昇天「わづか嘗(な)め給ひて」訳(不死の薬を)少しばかりおなめになって。❷〔「わづかに」の形で副詞的に用いて〕やっと。かろうじて。方丈記 鎌倉｜随筆「古(いに)へ見し人は、二、三十人が中にわづかに一人二人なり」訳昔会った人は、二、三十人の内、かろうじて一人か二人である。❸貧弱だ。取るに足りない。たいしたことがない。日本永代蔵 江戸｜物語 浮世・西鶴「わづかなる商人(あきんど)なるが、次第に家栄えける」訳(初めは)取るに足りない商人であるが、しだいに家は栄えた。

関連語「わづかなり」と「はつかなり」の違い

「わづかなり」は本来、数量が極めて少ないさまや、かろうじて存在するさまを表す。それに対して、「はつかなり」は、ほんのちらりと見えたり現れたりするさまや、時間的にほんのわずかなさまを表す。竹取物語 平安｜物語「臥し待ちの月はつかにさし出でたる」

わっさり(と) 副詞 気軽に。あっさり(と)。くったくなく。▼ものにこだわらないようすを表す。粟田口 室町｜狂言 狂言「わっさりと仰せつけらるるによって」訳(こだわらずに)あっさりとお言いつけになるのだから。

わっち 代名詞「わし」の変化した語。わたし。おれ。▼自称の人称代名詞。男女とも用いる。柳多留 江戸｜川柳 川柳「わっちをも請け出してよと」訳わたしも身請けしてよと。◆江戸時代の語。

わっ-ぷ【割符】 名詞「わりふ」と同じ。

わづらは・し【煩はし】ワズラワシ 形容詞 シク（しく・しから／しく・しかり／し／しき・しかる／しけれ／しかれ）

❶面倒だ。やっかいだ。複雑だ。竹取物語 平安｜物語 かぐや姫の昇天「宮仕へ仕うまつらずなりぬるも、かくわづらはしき身にてはべれば」訳帝(みかど)にお仕え申し上げないままになってしまいましたのも、このように面倒な身の上でございますので。

❷気遣いされる。気を遣う。はばかられる。けむたい。源氏物語 平安｜物語 桐壺「この御方の御いさめをのみぞ、なほわづらはしく心苦しう思ひ聞こえさせたまひける」訳(帝(みかど)は)このお方(＝弘徽殿女御(こきでんのにょうご))のご意見だけは、やはり気遣いされつらくお思い申し上げなさるのであった。

❸病気が重い。徒然 鎌倉｜随筆 四二「なほわづらはしくなりて、死ににけり」訳いっそう病気が重くなって、死んでしまった。

わづらは・す【煩はす】ワズラワス 他動詞 サ四（さ／し／す／す／せ／せ）悩ませる。苦しめる。源氏物語 平安｜物語 葵「おどろおどろしう、わづらはし聞こゆることもなけれど」訳(物の怪(け)、生霊など)ひどく恐ろしく(葵(あおい)の上を)苦しめ申し上げることもないけれど。

わづらひ【煩ひ】ワズライ 名詞 ❶苦労。心配。悩み。方丈記 鎌倉｜随筆「もし辺地(へんぢ)にあれば、往反(わうへん)わづらひ多く」訳かりに辺鄙(へんぴ)な田舎に住むと、(京都への)往復は苦労が多くて。❷病気。日本永代蔵 江戸｜物語 浮世・西鶴「人間の身はわづらひあるもの、と老い先の事案じける」訳人間の身は病気もあるのになあ、と老後のことを心配した。

わづら・ふ【煩ふ】ワズラウ｜ワズロウ

一 自動詞 ハ四（は／ひ／ふ／ふ／へ／へ）

❶苦しむ。悩む。困惑する。万葉集 奈良｜歌集 八九七「かにかくに思ひわづらひ音(ね)のみし泣かゆ」訳あれこれと思い悩み、ただもう声に出して泣けてくることだ。⇩類語と使い分け⑭

❷病気になる。病む。枕草子 平安｜随筆 にくきもの「にはかにわづらふ人のあるに、験者(げんざ)もとむるに」訳急に病気になる人がいるときに、(病気を治す)修験者(しゅげんじゃ)を探し求めるが。

❸煩わしい思いをする。苦労する。難儀する。手間や面倒をかける。源氏物語 平安｜物語 橋姫「川のこなたなれば、舟などもわづらはで、御馬にてなりけり」訳(その邸は宇治川のこちらがわなので、舟などの煩わしい手間をかけないで(薫の君は)お馬に乗って行くのだった。

二 補助動詞 ハ四（は／ひ／ふ／ふ／へ／へ）〔動詞の連用形に付いて〕…するのに困る。…するのに苦労する。…するのに悩む。更級 平安｜日記 富士川「勢多(せた)の橋みな崩れて、渡りわづらふ」訳勢多の橋がみんな崩れ落ちて、渡るのに苦労する。

わ-どの【我殿・吾殿・和殿】 代名詞 **あなた。おまえさま。**「わとの」とも。▼対称の人称代名詞。対等またはそれ以下の相手を、親しみをこめて呼ぶ語。大鏡 平安一物語 道長下「今日かかる事ども申すもわどのの聞き分かせ給へば」訳今日このような話などを申し上げるのも、おまえさまがお聞き分けになるので。◆「わ」は接頭語。

わな【罠】 名詞 ❶鳥や獣をおびきよせて生け捕りにするしかけ。❷紐などを輪の形にしたもの。

わななき-い・づ【戦慄き出づ】 自動詞 ダ下二 {で/で/づ/づる/づれ/でよ} ❶**震えながら出てくる。** 枕草子 平安一随筆 職の御曹司におはします頃、西の廂にて「侍の長なる者、…わななきいでたり」訳従者の頭である者が、…(寒さで)震えながら出てきた。❷**震えるような声や楽器の音がする。** 更級 平安一日記 春秋のさだめ「雪の降り積もり光り合ひたるに、篳篥のわななきいでたるは」訳雪が降り積もり(月光に)照り映えているところに、篳篥の震えるような音がしているのは。

＊わなな・く【戦慄く】 自動詞 カ四 {か/き/く/く/け/け} ❶(体や手足が)**震える。震え動く。** 枕草子 平安一随筆 すさまじきもの「宵より寒がりわななき居りける下衆男」訳前夜から寒がり、(ぶるぶる)震えていた身分の低い男が。❷(声や音などが)**震える。** 枕草子 平安一随筆 なほめでたきこと「神楽の笛のおもしろくわななき吹きすまされて」訳神楽の笛がすばらしく震え(ながら)澄んだ音色に吹かれて。❸**ざわざわと乱れ動く。さわめく。** 落窪物語 平安一物語 二「下臈の、物見むと、わななき騒ぎ笑ふこと限りなし」訳身分の低い者(たち)が、見物しようと、ざわめき大騒ぎして笑うことこの上ない。❹(髪の毛などが)**ほつれて、ばさばさになる。** 枕草子 平安一随筆 かへる年の「髪なども…所々わななき散りぼひて」訳髪なども…あちらこちらほつれて、ばさばさになり散らばって。

わに【鰐】 名詞 ❶動物の名。爬虫類の「わに」。❷「鮫」の古名。

わに-ぐち【鰐口】 名詞 ❶神殿や仏殿の正面の軒につり下げておく、中空・円盤状の鳴り物。多くは銅製で、下部が「わに」の口のように長く裂けている。❷非常に危険な場所。または、場合。❸恐ろしい人のうわさ。悪意のある、世間の評判。

(鰐口❶)

わぬ【吾・我】 代名詞 **われ。わたし。**▼自称の人称代名詞。◆奈良時代以前の東国方言。

わ-ぬし【我主・吾主・和主】 代名詞 **そなた。おまえ。**▼対称の人称代名詞。対等またはそれ以下の相手に対して用いる語。徒然 鎌倉一随筆 一三五「わぬしの問はれん程の事、何事なりとも答へ申さざらむや」訳おまえが尋ねなさるくらいのことは、何事であっても、お答え申し上げないことがあろうか、いや、お答え申し上げよう。◆「わ」は接頭語。

わび¹【侘び】 名詞 ❶わびしく思うこと。気がめいること。**気落ち。** 万葉集 奈良一歌集 六四四「今は吾はわびそしにける」訳もう私は気落ちがしてしまった。❷茶道・俳諧などで、閑寂な趣。参照▶わび 文芸

わび² 文芸 俳諧・連歌・茶道などの美的理念の一つ。簡潔さの中にある閑寂・枯淡の情趣のこと。蕉風俳諧の「さび」に通じるもので、茶道では、千利休によって、閑寂な趣を味わう「わび茶」が完成された。

わび³【侘び】 動詞「わぶ」の未然形・連用形。

わび-うた【侘び歌】 名詞 苦しい心や悩ましい気持ちをつれない相手に訴える歌。竹取物語 平安一物語 貴公子たちの求婚「わびうたなど書きておこすれども」訳苦しい気持ちを訴える歌などを(かぐや姫に)書いてよこすけれども。

わび-こと 名詞 ㊀【侘び事・侘び言】思い煩うこと。思い悩んで嘆くこと。また、恨みがましい言葉。**恨みごと。愚痴。** 源氏物語 平安一物語 藤袴「様々なる、人々の御わびごとも多かり」訳いろいろな、人々のお恨みごとも多い(のである)。㊁【詫び事・詫び言】❶辞退すること。また、その言葉。**断り。** 三人夫 室町一狂言 狂言「終に歌などを詠うだ事はござらぬ。これは、な、御わびことを申し上げまする」訳まだ歌など詠んだことはございません。これ(＝歌を詠むこと)は、なあ、ご辞退を申し上げます。❷謝罪すること。また、その言葉。**おわび。** 胸突 室町一狂言 狂言「某も思はず強う当たった。そのわびことに今までの利分をばまけておまさうぞ」訳わたしも思いがけず強く応対した。そのおわびに今までの利息をまけてさしあげよう。◆「わびごと」とも。

わび-ごゑ【侘び声】 名詞 悲しげな力のない声。

わび・し【侘びし】 形容詞 シク {しく・しから/しく・しかり/し/しき・しかる/しけれ/しかれ}

❶**つらい。やりきれない。** 枕草子 平安一随筆 うらやましげなるもの「やうやう暑くさへなりて、まことにわびしくて、など、かからでよき日もあらむものを、何しにまうでつらむと」訳(参詣の坂道の途中で)だんだん暑くまでなってきて、とてもつらくて、どうして、こんなふうでない、(ほかに参詣に)ふさわしい吉日もあるだろうに、何のためにお参りしたのだろうと。❷**興ざめだ。つまらない。がっかりするさま。情けない。物足りない。** 徒然 鎌倉一随筆 一〇「前栽の草木まで心のままならず作りなせるは、見る目も苦しく、いとわびし」訳庭の植え込みの草木まで自然のままでなくそれらしく作り上げてあるのは、見た目も不快で、とても興ざめだ。❸**困ったことだ。閉口するさま。** 宇治拾遺 鎌倉一説話 一・一二「『や、な起こし奉りそ。幼き人は寝入り給ひにけり』と言ふ声のしければ、あなわびしと思ひて」訳「これ、お起こし申すな。幼い人はすっかり寝てしまわれたのだ」という声がしたので、ああ困ったことだと思って。❹**もの寂しい。心細い。** 古今 平安一歌集 秋上「山里は秋こそことにわびしけれ鹿の鳴く音に目を覚ましつつ」訳⇒やまざとはあきこそことに…。❺**貧しい。みすぼらしい。** 今昔物語 平安一説話 二五・一一「此奴、糸哀れに此の質を免したり。身のわびしければ、盗みをもし、命や生くとて質をも取にこそ有れ。悪がるべき事にも非ず」訳こいつは殊勝にも人質をゆるした。自分が貧しいので、どろぼうまでもし、命が助

わ

かりたいために人質をも取ったのであろう。憎むべきではない。

関連語 **「わびし」と「さびし」の違い**
「わびし」が思うようにならない、やりきれないといった失意や落胆の念が根底にあるのに対して、「さびし」は、何かが失われて物足りない、活気がなくなりさびれているという欠如の感じが根底にある。

わびし-げ・なり【侘びしげなり】［形容動詞］ナリ｛なら／なり・に／なり／なる／なれ／なれ｝❶**いかにもみすぼらしい。**［枕草子 平安―随筆］うへにさぶらふ御猫は「あさましげなる犬の、わびしげなるが」［訳］あきれるほどひどいようすの犬で、いかにもみすぼらしいのが。❷**心細い感じだ。**［枕草子 平安―随筆］にくきもの「蚊の細声にわびしげに名のりて」［訳］蚊がかぼそい声で心細い感じに鳴いて。

わびし・む【侘びしむ】［他動詞］マ下二｛め／め／む／むる／むれ／めよ｝❶**寂しがらせる。せつなく思わせる。**［山家集 平安―歌集］上「人の心をわびしめて時雨るる音は」［訳］人の心を寂しがらせて時雨の降る音は。❷**困らせる。**［宇治拾遺 鎌倉―説話］一四・一二「手をすりければ、よくわびしめてのちに」［訳］手をすり合わせて懇願したので、十分困らせた後に。

[1]**わびし-ら-に**【侘びしらに】［副詞］**わびしそうに。**［古今 平安―歌集］雑体「わびしらに猿な鳴きそ」［訳］⇩わびしらに…。

[2]**わびしらに…** **和歌** 「わびしらに 猿な鳴きそ あしひきの（＝枕詞）山のかひある 今日にやはあらぬ」［古今 平安―歌集］雑体・凡河内躬恒［訳］猿よ、心細げに鳴いてくれるな。山の谷間にいるお前たちにとって、今日は（法皇の御幸で）鳴きがいのある日ではないのか。

鑑賞 宇多法皇の大堰川御幸の折、「猿、山の峡に叫ぶ」という題をお出しになった。そのとき詠まれた歌の一つである。「な～そ」は懇願する気持ちを含んだ禁止を表す。「あしひきの山の」までは「かひ」の序詞である。また、「かひ」は「峡（＝谷）」と「甲斐」をかけている。「やは」は反語表現。法皇が御幸された日の、晴れがましさが猿に託されて詠まれた。

わび-し・る【侘び痴る】［自動詞］ラ下二｛れ／れ／る／るる／るれ／れよ｝**つらい目にあって、ぼけたようになる。**［方丈記 鎌倉―随筆］「かくわびしれたる者どもの、歩くかと見れば」［訳］このようにつらい目にあってぼけたようになっている者たちが、歩いているかと思うと。

わ-ひと【我人・吾人・和人】［代名詞］**おまえ。そち。**▼対称の人称代名詞。目下の者に対して用いる。［平家物語 鎌倉―物語］一一・嗣信最期「わひとどもは、砥浪山のいくさに追ひ落とされ」［訳］おまえたちは、砥浪山の合戦で追い落とされて。◆「わ」は接頭語。

[1]**わび-なき**【侘び鳴き】［名詞］寂しそうに鳴くこと。

[2]**わびぬれば…** **和歌** **百人一首** 「わびぬれば 今はた同じ 難波なる みをつくしても 逢はむとぞ思ふ」［後撰 平安―歌集］恋五・元良親王［訳］つらい思いに嘆き苦しんでいる今は、難波にある、舟の水路を示す「澪標」ということばのように、この身をつくしてもあなたにお逢いしようと思う。

鑑賞 作者と、宇多天皇の女御である京極御息所との密事が露見したときに、御息所に贈った歌。「みをつくし」に「澪標」と「身を尽くし」とをかけている。

[2]**わびぬれば…** **和歌** 「わびぬれば 身を浮き草の 根を絶えて 誘ふ水あらば いなむとぞ思ふ」［古今 平安―歌集］雑下・小野小町［訳］落ちぶれて我が身が嫌になっていますから、浮き草の根がないように、私も誘いの水さえあれば、どこへでも行こうと思います。

鑑賞 三河掾に任命された文屋康秀が「私の任地を視察にきませんか」と冗談まじりに小町を誘ったときの返歌。「浮き草」と「憂き」が掛け詞。「根を絶えて」の「を」は主格を表し、「絶え」は自動詞。「根がなくて（流れてゆくように）」と訳す。根無しの浮き草のような人生を嘆き、誘いに応じるふりを見せているが、誘ったほうも本気で誘ったわけではなく、応える側も心底行こうとは思っていない。いわば、大人同士の会話の楽しみといった雰囲気のある歌。

わび-ね【侘び寝】［名詞］寂しく寝ること。

わび-ひと【侘び人】［名詞］❶**つらい目にあって、悲嘆にくれている人。**また、落ちぶれて逆境にある人。［古今 平安―歌集］哀傷「藤衣はつるる糸はわびひとの涙の玉の緒をとぞなりける」［訳］（喪が終わり）喪服からほつれる糸は（父を亡くし）悲嘆にくれている人（＝私）の涙の玉を貫き通すひもになっていたのだなあ。❷**貧しい人。困窮者。**［今昔物語 平安―説話］二八・一五「わびひとの粮少し申さむがために参りたるなり」［訳］貧しい人の食料を少し分けていただきたいがために参上したのである。◆「わびびと」とも。

わ・ぶ【侘ぶ】

語義の扉

失意・困惑・落胆などの思いどおりにならないさまを示し、困り果てて悲しく思う、つらく思う意を表すのを原義とし（一❶❷❸❹）、のちに困り果てて許しを乞う、謝る意（❺）や、その失意・欠落感に望ましい価値を見出して行き、室町・江戸時代の連歌や俳諧の「わび・さび」の「わび」といわれる境地に通じる意（❻）も生じた。

一 自動詞
- ❶気落ちする。悲観する。
- ❷困る。当惑する。
- ❸つらく思う。せつなく思う。寂しく思う。
- ❹落ちぶれる。貧乏になる。まずしくなる。
- ❺わびる。謝る。
- ❻静かな境地を楽しむ。わび住まいをする。

二 補助動詞
- …しづらくなる。…しかねる。…しきれない。

一 ［自動詞］バ上二｛び／び／ぶ／ぶる／ぶれ／びよ｝❶**気落ちする。悲観する。嘆く。悩む。**［伊勢物語 平安―物語］九「限りなく遠くも来にけるものかなと、わびあへるに」［訳］この上もなく遠くまでもまあ来てしまったものだなあと、互いに嘆き合っていると。❷**困る。困惑する。当惑する。**［源氏物語 平安―物語］花宴「いといたう強ひられて、わびにて侍り」［訳］まったくたいそう(酒を)無理強いされて、困っております。

❸つらく思う。せつなく思う。寂しく思う。[古今 平安一歌集] 雑下「わくらばに問ふ人あらば須磨の浦に藻塩たれつつわぶと答へよ」[訳]たまたまに(私のことを)尋ねる人があったなら、須磨の浦で藻塩草に潮水をかけながら(涙を流して)せつなく思っていると答えてください。

❹落ちぶれる。貧乏になる。まずしくなる。[古今 平安一歌集] 仮名序「あるは、昨日は栄えおごりて、時を失ひ、世にわび」[訳]ある場合には、昨日は栄えて思い上がっていたのに、(今日は)時の流れに合わないで勢力がなくなり、世間で落ちぶれて。

❺わびる。謝る。[宇治拾遺 鎌倉一説話] 一一・三「『ただ許し給はらむ』とわびければ」[訳]「ともかく許しをいただきたい」と謝ったので。◇「詫ぶ」とも書く。

❻静かな境地を楽しむ。わび住まいをする。閑寂な情趣を感じとる。[松風 室町一能楽] 謡曲「ことさらこの須磨の浦に心あらん人は、わざともわびてこそ住むべけれ」[訳]特にこの須磨の海岸では、情趣のわかる人は、わざとでもわび住まいをして住みつくであろう。

[二][補助動詞]バ上二{び/び/ぶ/ぶる/ぶれ/びよ}〔動詞の連用形に付いて〕…しづらくなる。…しかねる。…しきれない。[伊勢物語 平安一物語] 七「京にありわびて東に行きけるに」[訳](ある男が)都に住みづらくなって東国へ行ったところ。

[関連語] わびし。

わぶ・る【侘ぶる】[自動詞]ラ下二{れ/れ/る/るる/るれ/れよ} わびしく思う。気落ちする。[万葉集 奈良一歌集] 三七五九「思ひわぶれて寝る夜しぞ多き」[訳]思い悩みわびしく思って寝る夜が多いことだ。

わ-みこと【吾尊・和尊】[代名詞]おまえ。▼対称の人称代名詞。対等またはそれ以下の者を親しんで呼ぶ語。[今昔物語 平安一説話] 二七・三七「わみことの目には見ゆや」[訳]おまえの目には見えるか。◆「わ」は接頭語。

わら-うだ【藁蓋・円座】ワロウダ [名詞]「わらふだ」の変化した語。「ゑんざ」に同じ。

わら-うづ【藁沓】ワラウズ―ワロウズ [名詞]わらを編んで作った履物。「わらぐつ」とも。[宇津保 平安一物語] 国譲下「狩衣にわらうづ履きて」[訳]旅装束にわらで編んだ履物をはいて。

わら-ぐつ【藁沓】[名詞]「わらうづ」に同じ。

[参考]「わらぐつ」→「わらうづ」→「わらんづ」→「わらぢ」と変化して、「わらぢ」の語ができた。

わら-しべ【藁稭】[名詞]「わらすぢ」に同じ。

わら-すぢ【藁筋】ワラスジ [名詞]わらの茎。「わらしべ」「わらすべ」とも。

わら-すべ【藁稭】[名詞]「わらすぢ」に同じ。

¹わらは【童】ワラワ [名詞]

❶(元服前の)子供。▼束ねないで下げ垂らした髪型をしている。多く十歳前後の子供をいう。[枕草子 平安一随筆] 小白河といふ所は「まだわらはなる君など、いとをかしくておはす」[訳]まだ(元服前の)子供である君達など、たいそうかわいくていらっしゃる。

❷召使いの少年・少女。▼「殿上童」「小舎人童」「牛飼ひ童」など。[土佐日記 平安一日記] 一・二一「使はれむとて、つきて来るわらはあり」[訳]使ってもらおうとして、ついて来る少年がいる。

❸寺の召使いの少年。稚児。[徒然 鎌倉一随筆] 五三「わらはの法師にならんとする名残とて」[訳]稚児が法師になろうとする最後の別れということで。

❹「五節の舞姫」に付き従う少女。

²わらは【妾】ワラワ [代名詞]わたくし。▼自称の人称代名詞。女性がへりくだっていう語。[平家物語 鎌倉一物語] 一一・副将被斬「思ひ変へずして育てて、わらはが形見に御覧ぜよ」[訳](この子への)愛情を変えないで育てて、わたくしの形見として見守ってください。

[参考]「童」のように幼稚で未熟な者が原義。平安時代の末期以降の語。江戸時代になると謙称の意識が失われ、多く、武家の女性が目下の者に対する自称として用いるようになる。

わらは-あそび【童遊び】ワラワアソビ [名詞]子供の遊び。子供っぽい遊び。

わらは-おひ【童生ひ】ワラワオイ [名詞]幼少時代の生い立ち。[枕草子 平安一随筆] かへる年の「仲忠がわらはおひのあやしさをせちに仰せらるるぞ」[訳]仲忠(=『宇津保物語』の主人公)の幼少時代の生い立ちのいやしさをしきりにおっしゃる(のよ)。

わらは-か・す【笑はかす】ワラワカス [他動詞]サ四{さ/し/す/す/せ/せ} 笑わせる。[宇治拾遺 鎌倉一説話] 一四・一一「物語はせじ、ただわらはかさんとあるは」[訳]物語はしないで、ともかく笑わせようということは。◆「かす」は接尾語。

わらは・ぐ【童ぐ】ワラワグ [自動詞]ガ下二{げ/げ/ぐ/ぐる/ぐれ/げよ} 子供らしいようすをする。子供じみる。[源氏物語 平安一物語] 朝顔「小さきは、わらはげて喜び走るに」[訳]小さい女の子は、子供らしいようすをして喜んで走るときに。

わらは-ごこち【童心地】ワラワゴコチ [名詞]子供ごころ。童心。

わらは-ごと【童言】ワラワゴト [名詞]子供っぽい言葉。

わらは-てんじゃう【童殿上】ワラワテンジョウ [名詞]平安時代、元服前の貴族の子弟が、宮中の作法見習いのために、特に許されて殿上に奉仕すること。この少年を「上童」または「殿上童」という。

＊わらは-な【童名】ワラワナ [名詞]元服前の名。幼名。

わらは-べ【童部】ワラワベ [名詞]❶子供。子供たち。▼単数にも複数にも用いる。[源氏物語 平安一物語] 若紫「何事ぞや。わらはべと腹立ち給へるか」[訳]何事か。子供たちとけんかしなさったのか。❷貴族の家や寺に使われる子供の召使い。❸愚妻。▼自分の妻をへりくだっていう語。[大鏡 平安一物語] 道隆「翁らがわらはべのさやうに侍らましかば」[訳]翁(=自分)たちの愚妻がもしそのようでございましたならば。◆後に「わらんべ」「わらべ」とも。

わらは-まひ【童舞】ワラワマイ [名詞]子供が舞う舞。稚児舞。また、「五節の童」の舞。

わらは-め【童女】ワラワメ [名詞]女の子。少女。

わらは-やみ【瘧・瘧病】ワラワヤミ [名詞]子供に多い病気で熱病の一つ。発熱・悪寒が間隔をおいて起こるもので、マラリアに近い熱病という。おこり。[源氏物語 平安一物語] 若紫「わらはやみにわづらひ給ひて」[訳](源氏は)わらはやみにおかかりになって。

わらはれ-ぐさ【笑はれ種】ワラワレグサ [名詞]物笑いの種。笑われる材料。

わらび【蕨】[名詞]植物の名。早春に出る巻いている若葉を「早蕨」といい、食用にする。

わら・ふ【笑ふ・咲ふ】ワラウ・ワロウ

一 自動詞ハ四{は/ひ/ふ/ふ/へ/へ} ❶笑う。蜻蛉 平安―日記 中「あさましうをかしけれど、露ばかりわらふ気色も見せず」訳非常におかしいけれども、少しも笑うようすを見せない。❷（比喩的に）つぼみが開く。果実が熟してさける。

二 他動詞ハ四{は/ひ/ふ/へ} あざける。あざわらう。ばかにして笑う。万葉集 奈良―歌集 三八二一・左注「その愚をわらひき」訳その（娘の）愚かなことをあざわらった。

わら・ふだ【藁蓋・円座】ワロウダ 名詞「ゑんざ」に同じ。「わらふた」「わらうだ」とも。

わら・べ【童】名詞「わらはべ」に同じ。

わら・らか・なり【笑らかなり】形容動詞ナリ{なら/なり・に/なり/なる/なれ/なれ} 陽気だ。にこやかだ。源氏物語 平安―物語 蛍「人ざまのわららかに、け近く物し給へば」訳人がらが陽気で、親しみやすくていらっしゃるから。◆「らか」は接尾語。

わらわ【童・妾】⇩わらは

わらわやみ【瘧・瘧病】⇩わらはやみ

わらん・べ【童部】名詞「わらはべ」の撥音便。❶「わらはべ❶」に同じ。太平記 室町―物語 二〇「煙に迷へる女・わらんべども、追っ立てられて」訳（大火の）煙に右往左往している女や子供は、追い立てられて。❷「わらはべ❷」に同じ。

わり・ご【破籠・破子】名詞 ひのきの白木の薄板で作った、食物の容器。内部に仕切りがあり、かぶせ蓋をする。現代の弁当箱に当たる。また、それに入れた食物。

（破籠）

わり・さま【わり様】代名詞 おまえさん。▼対称の人称代名詞。対等またはそれ以下の相手にいう。◆「われさま」の変化した語。江戸時代の語。

わり・な・し

形容詞ク{（く）・から/く・かり/し/き・かる/けれ/かれ}

語義の扉

「わり」は「ことわり（理）」。これに「なし（無し）」が付いて一語の形容詞となったもの。道理に合わないようすや、そういうものごとに出会って、困ったり苦しんだりする気持ちを表す。転じて、それほどに程度がはなはだしいようすについて、「ひととおりでない」「ひどい」の意（❺）を表し、さらに鎌倉時代以降には「この上なくすぐれている」（❻）の意にも用いられる。

❶㊀道理に合わない。
❷㊀何とも耐え難い。たまらなくつらい。
❸㊀仕方がない。どうしようもない。
❹㊀無理やりだ。むやみやたらだ。
❺㊀ひどい。甚だしい。
❻㊉この上なくすぐれている。何ともすばらしい。

❶**道理に合わない。分別がない。**源氏物語 平安―物語 桐壺「わりなくまつはさせ給ふあまりに」訳（帝が桐壺更衣を）分別なく（おそばに）お付き添わせになるあまりに。

❷**何とも耐え難い。たまらなくつらい。言いようがない。苦しい。**枕草子 平安―随筆 節分違へなどして「節分違へなどして夜深く帰る、寒きこと、いとわりなく」訳節分の日の方違えなどして夜更けに帰るとき、寒いことは、まったく何とも耐え難く。

❸**仕方がない。どうしようもない。**奥の細道 江戸―紀行 草加「あるはさりがたき餞などしたるは、さすがにうち捨てがたくて、路次の煩ひとなれるこそわりなけれ」訳あるいは辞退しにくい餞別などをくれたのは、そうは言っても捨ててしまうことはできなくて、道中の苦労の種となったが仕方がない。

❹**無理やりだ。むやみやたらだ。**徒然 鎌倉―随筆 一三七「若く末なるは、宮仕へに立ち居、人のうしろにさぶらふは、さまあしくも及び懸らず、わりなく見んとする人もなし」訳年若く身分の低い人々は、主人のお世話に立ったり座ったりしており、人のうしろに控えてる人は体裁悪く寄りかかったりせず無理やりに見ようとする人もいない。

❺**ひどい。甚だしい。この上ない。**枕草子 平安―随筆 清涼殿の丑寅のすみの「ひがおぼえをもし、忘れたるところもあらば、いみじかるべきことと、わりなうおぼし乱れぬべし」訳（『古今和歌集』の和歌について）記憶違いをしていたり、忘れてしまった部分があるならば、大変なことだと、きっとひどく心配なさったにちがいない。◇「わりなう」はウ音便。

❻**この上なくすぐれている。何ともすばらしい。**平家物語 鎌倉―物語 一〇・千手前「優にわりなき人にておはしけり」訳優雅でこの上なくすぐれている人でいらっしゃった。◇❺の甚だしさがよい意味に使われるようになって生じた。

関連語「わりなし」に近い意味の言葉に「あやなし」がある。「わりなし」が自分の心の中で筋が通らないさまを表すのに対して、「あやなし」は対象の状態について筋が通らないさまを表す。

わり・ふ【割り符】名詞 ❶木・竹片に文字などを記し、二つに割って双方が半分ずつ持ち、後に合わせて証拠とするもの。❷後日の証拠とする文書や品。割符。

わり・まつ【割り松】名詞 細かく割った松の薪。▼特に灯火用のものをいう。

＊わ・る【割る・破る】

一 自動詞ラ下二{れ/れ/る/るる/るれ/れよ} ❶**割れる。裂ける。砕ける。壊れる。**枕草子 平安―随筆 月のいとあかきに「水晶などのわれたるやうに」訳水晶などが砕けたように。❷**分かれる。離れ離れになる。**詞花 平安―歌集 恋上「瀬を早み岩にせかるる滝川のわれても末に逢はむとぞ思ふ」訳⇩せをはやみ…。❸**思い乱れる。**万葉集 奈良―歌集 二八九四「わが胸はわれてくだけて利心もなし」訳私の心は思い乱れて悩んで、しっかりした心もない。

二 他動詞ラ四{ら/り/る/る/れ/れ} ❶**割る。裂く。砕く。壊す。**万葉集 奈良―歌集 四一一九「石戸わる手力もがも」訳岩の戸を割る腕力があったらいいなあ。❷**分ける。分配する。**宇津保 平安―物語 藤原の君「女房の曹司には、廊のめぐりにしたるをなむ、わりつつ賜へりける」

訳女房の部屋には、渡り廊下のまわりに造ったのを、分配してお与えになった。❸押し分ける。かき分ける。平治物語 鎌倉―物語 中「『寄りあへや、組まん』とて、真中にわって入り」訳「近寄れ、組み討ちしよう」と言って、(悪源太は)真ん中に押し分けて入って。

わる・し【悪し】 形容詞ク{(く)・から/く・かり/し/き・かる/けれ/かれ}「わろし」の変化した語。「わろし」に同じ。枕草子 平安―随筆 御かたがた、君たち『『それは人に従ひてこそ』と申せば、『そがわるきぞかし』」訳(清少納言が)「それは相手によりけりです」と申し上げると、(中宮は)「それ(=相手によって信念を曲げること)が、よくないのだよ」

われ【我・吾】 代名詞

❶**私。**▼自称の人称代名詞。平家物語 鎌倉―物語 九・木曾最期「われは討ち死にせんと思ふなり」訳私は討ち死にしようと思うのだ。

❷**自分。その人自身。**平家物語 鎌倉―物語 九・木曾最期「大勢のなかにとりこめて、われうっとらんとぞすすみける」訳大勢のなかにおしこめて、自分こそ討ち取ろうと進み出た。

❸**おまえ。**▼対称の人称代名詞。対等または目下の者に対して用いる。平安時代の末期以後の用法で、後に相手を卑しめていうのに用いられた。宇治拾遺 鎌倉―説話 一〇・一〇「われは京の人か」訳おまえは京の人か。

われ-か【我か】 連語

なりたち 代名詞「われ」＋係助詞「か」

❶**自分のことか。自分なのか。**古今 平安―歌集 恋四「人を訪ふともわれかとおもはむ」訳私でない人を(あなたは)訪れるのだとしても、自分のことかと思うことにしよう。❷「我か人か」の略。源氏物語 平安―物語 賢木「われかの心地して、死ぬべくおぼさる」訳自分なのか他人なのか区別もつかないようなぼんやりした心地で、自然と死んでしまいそうにお思いになる。

***われ-か-の-けしき【我かの気色】** 連語 自他の区別もつかないほど我を失っているようす。**正体のない状態。**源氏物語 平安―物語 夕顔「汗もしとどになりて、われかのけしきなり」訳汗びっしょりになって、正体のない状態である。◆「われか」は「我か人か」の略。

***われ-か-ひと-か【我か人か】** 連語 自分なのか他人なのか区別できないほど心が乱れぼんやりしているようす。古今 平安―歌集 雑下「あまびこの(=枕詞)訪れじとぞ今は思ふわれかひとかと身をたどる世に」訳(私は)訪ねて行くまいと、今は思っている。(あなたが)自分なのか他人なのか区別できないほど心が乱れてぼんやりとあれこれ考えているときなので。

われから[1] 名詞 海藻に付着する小さな節足動物の名。伊勢物語 平安―物語 五七「海人の刈る藻に宿るてふ(=序詞)われから身をも砕きつるかな」訳海人が刈る藻に宿るというわれからのように、自分から求めて我が身を悩ませてしまったことですよ。

参考 和歌では「我から」とかけて用いることが多い。

われ-から[2]**【我から】** 連語

なりたち 代名詞「われ」＋格助詞「から」

❶**自分のせいで。我ゆえ。**源氏物語 平安―物語 夕顔「『よし、これも、われからなり』と恨み、かつは語らひ暮らし給ふ」訳「しかたがない、これ(=夕顔が素性を明かさないこと)も、自分のせいである」と(源氏は夕顔を)恨み、一方では(彼女と)親しく話をして一日中過ごしなさる。❷**自分から。みずから。**古今 平安―歌集 恋五「海人の刈る藻に住む虫の(=序詞)われからと音をこそ泣かめ世をば恨みじ」訳海人が刈る藻に住む虫にわれからと(いう虫がいるが、私の不幸は)自分から(招いたのだ)と声をあげて泣きこそしようが、世間を恨んだりするつもりはない。

われこそは… 和歌「我こそは　新島守よ　隠岐の海の　荒き波風　心して吹け」増鏡 室町―物語 後鳥羽院 訳私こそが、新しく来た島の番人である。隠岐の海の荒い波や風よ、今からは気をつけてもっと穏やかに吹くのだぞ。

鑑賞 鎌倉幕府打倒を企てた後鳥羽院が、承久の変に敗れ、隠岐に流されたときの歌。帝王らしい力強さにあふれる歌い振りとは裏腹な、配所での孤独な生活をしのばせて、深い悲しみを誘う。

われ-ごゑ【破れ声】 名詞 **がらがら声。**

***われ-さか・し【我賢し】** 形容詞シク{(しく)・しから/しく・しかり/し/しき・しかる/しけれ/しかれ} **りこうぶっている。**源氏物語 平安―物語 椎本「われさかしう思ひしづめ給ふにはあらねど」訳りこうぶって気持を落ち着けなさるというのではないけれど。◇「われさかしう」はウ音便。

われ-たけ・し【我猛し】 形容詞ク{(く)・から/く・かり/し/き・かる/けれ/かれ} **得意になっている。偉ぶっている。**源氏物語 平安―物語 帚木「われたけく言ひそし侍るに」訳得意になって言い過ぎますと。◆後に「われだけし」とも。

われ-だのみ【我頼み】 名詞 **ひとりよがり。うぬぼれ。**源氏物語 平安―物語 帚木「あるまじきわれだのみにて、見直し給ふ後瀬もやとも」訳あってはならないひとりよがりで、見直しなされて後の機会もあろうかと。

われ-て【破れて】 副詞 **無理に。強いて。たって。**伊勢物語 平安―物語 六九「男、われて『逢はむ』といふ」訳男は、たって「会おう」と(女に)言う。

われ-と【我と】 連語

なりたち 代名詞「われ」＋格助詞「と」

自分自身で。自分から。大鏡 平安―物語 師尹「ひたぶるにとられむよりは、われとや退きなまし」訳強引に(皇太子の位を)とられるとしたら、それよりは、自分から辞退してしまったらよかろうか。

われときて… 俳句「我と来て　遊べや親の　ない雀」おらが春 江戸―句集 俳文・一茶 訳こちらに来て、母を亡くした私と遊ぼうよ。巣から落ちて親と離れてしまった子雀よ。

鑑賞 母を亡くして継母のもとで過ごしたつらい少年時代を回想して詠んだ句。季語は「雀の子」で、季は春。

われ-どち【我どち】 名詞 **自分たちどうし。仲間どうし。**枕草子 平安―随筆 説経の講師は「われどち言ふことも、何事ならむとおぼゆ」訳(貴公子たちが)仲間どうしで話すことも、どんな事がらであろうと思われる。

われ-と-は-なし-に【我とはなしに】 連語

なりたち 代名詞「われ」＋格助詞「と」＋係助詞「は」＋形容詞「なし」の終止形＋接続助詞「に」

わが身の上と同じではないのに。古今 平安―歌集 夏「ほととぎすわれとはなしに卯の花の(=枕詞)うき世の中に鳴き渡るらむ」訳ほととぎすはわが身の上と同

わ

じではないのに、どうして（つらさに泣く私と同じように）つらいこの世の中を鳴いて渡っているのだろう。

われ-なら-な-く-に【我ならなくに】連語

なりたち 代名詞「われ」＋断定の助動詞「なり」の未然形＋打消の助動詞「ず」の古い未然形「な」＋接尾語「く」＋接続助詞「に」

私ではないのに。私ではないものを。 古今 平安｜歌集 恋四「陸奥(みちのく)のしのぶもぢずり誰(たれ)ゆゑに乱れそめにしわれならなくに」訳⇩みちのくの…。

**われ-に-も-あら-ず*【我にもあらず】連語

なりたち 代名詞「われ」＋断定の助動詞「なり」㊊＋係助詞「も」＋補助動詞「あり」㊍＋打消の助動詞「ず」

自分が自分であるという気がしない。うわの空である。 茫然自失している。竹取物語 平安｜物語 蓬萊の玉の枝「御子(みこ)はわれにもあらぬ気色(けしき)にて、肝(きも)消えゐ給(たま)へり」訳（くらもちの）皇子(みこ)は茫然自失のようすで、非常に驚きお座りになっている。

われ-のみ-や… 和歌「我のみや　あはれと思はむ　きりぎりす　鳴く夕かげの　大和(やまと)なでしこ」古今 平安｜歌集 秋上・素性(そせい) 訳私だけがこれを見て、しみじみ美しいと思うのだろうか。こおろぎが鳴く夕べに、夕日の中に咲く大和なでしこの美しさよ。

鑑賞 なでしこの花は『万葉集』以来歌に多く詠まれ、秋の七草の一つにも数えられてきた。平安時代になると、夏に歌われることが多くなるが、この歌では『万葉集』と同様、秋の花として詠まれている。きりぎりす（＝今のこおろぎ）の寂しい鳴き声と、夕日の輝きによって、花の美しさが強調された。だれでもこのなでしこを見たら、あわれと思うのに、自分一人で味わうのが惜しいというのである。「や」は反語。

***われは-がほ**【我は顔】(ワレハガオ) 名詞 我こそはと思い上がっている顔つき。**得意顔。**

***われは-がほ-なり**【我は顔なり】(ワレハガオナリ) 形容動詞ナリ｛なら／なり・に／なり／なる／なれ／なれ｝**得意顔だ。** 源氏物語 平安｜物語 帚木「直人(なほびと)の、上達部(かんだちめ)などまでなりのぼりたる、われはがほにて家のうちを飾り」訳平凡な家柄の人で、上達部などまで出世した人が、得意顔に家の中を飾り立てて。

われはもや… 和歌「我はもや　安見児(やすみこ)得たり　皆人(みなひと)の　得がてにすといふ　安見児得たり」万葉集 奈良｜歌集 九五・藤原鎌足(ふぢはらのかまたり) 訳私はまあ安見児を妻として得た。だれもが皆得がたいものにしている、安見児を妻とすることができた。

鑑賞 内大臣であった作者が、臣下との結婚が禁じられていた采女(うねめ)を、自分一人が妻となし得た喜びを誇った歌。おそらく宴席で歌われたのであろう。

われ-ぼめ【我褒め】名詞 **自慢。自賛。**

われ-もかう【吾木香・吾亦紅・地楡】(ワレモコウ) 名詞 ❶植物の名。晩秋、暗紅紫色の長球形の花が咲く。季秋。❷織物の文様の一つ。❶の花を図案化したもの。❸襲(かさね)の色目の一つ。表は紫黒色または紅白、裏は青色。

われ-ら【我等・吾等】代名詞 ❶**私たち。我々。** ▼自称の人称代名詞。複数を表す。平家物語 鎌倉｜物語 一・祇王「いざわれらもついてみん」訳さあ、私たちも（名前に「祇」という字を）つけてみよう。❷**私。我。** ▼自称の人称代名詞。単数を表す。やや卑下した気持ちを含む。宇治拾遺 鎌倉｜説話 一三・五「夢は取るといふ事のあるなり。この君の御夢、われらに取らせ給(たま)へ」訳夢は自分のものにするということがあるそうだ。この君の御夢を私に取らせてください。◆「ら」は接尾語。

われ-われ【我我】一 代名詞 ❶**我ら。私たち。** ▼自称の人称代名詞。複数を表す。❷**私。** ▼自称の人称代名詞。単数を表し、へりくだっていう。きのふは 江戸｜物語 咄本「われわれは、ちとよそへ参り候ふ程に」訳私は、ちょっとよそへ参りますから。❸**おまえたち。** ▼対称の人称代名詞。複数を表す。

二 名詞 **めいめい。おのおの。各自。** 世間胸算用 江戸｜物語 浮世・西鶴「近年、われわれが働きにて」訳近年、めいめいの働きによって。

¹わ-ろ【和郎】名詞 ❶**子供。召使いの子供。** ❷**やろう。やつ。** ▼人をののしっていう語。

²わ-ろ【我ろ・吾ろ】代名詞 **われ。私。** ▼自称の人称代名詞。万葉集 奈良｜歌集 四三四三「わろ旅は旅とおめほど」訳私の旅はこれが旅というものだと思うけれども。◆「ろ」は接尾語か。奈良時代以前の東国方言。

わろうだ【藁蓋・円座】⇩わらふだ

わろ・し【悪し】形容詞ク｛(く)・から／く・かり／し／き・かる／けれ／かれ｝

語義の扉

ほかと比較してよくないようす、普通よりも劣っているようすを表す。現代語の「悪い」（古語「悪(あ)し」）ほどの強い意味ではない。

❶よくない。好ましくない。
❷見栄えがしない。見劣りがする。
❸下手だ。つたない。
❹貧しい。

❶**よくない。好ましくない。感心できない。** 枕草子 平安｜随筆 ふと心おとりとかするものは「男も女も、ことばの文字いやしうつかひたるこそ、よろづのことよりまさりてわろけれ」訳男でも女でも、言葉遣いを下品につかったのは、どんなことにもまして好ましくない。

❷**見栄えがしない。見劣りがする。みっともない。美しくない。** 枕草子 平安｜随筆 春はあけぼの「昼になりて、ぬるくゆるびもていけば、火桶(ひをけ)の火も白き灰がちになりてわろし」訳昼になって、だんだん生暖かく、（寒さが）やわらいでいくと、丸火鉢の炭火も白い灰が目立つ状態になって、みっともない。

❸**下手だ。つたない。上手でない。** 宇治拾遺 鎌倉｜説話 三・六「年ごろはわろく描きけるものかな」訳長年の間、（絵を）下手に描いていたものだなあ。

❹**貧しい。** 大和物語 平安｜物語 一四八「年ごろ渡らひなどもいとわろくなりて」訳数年来暮らし向きなどもたいそう貧しくなって。

参考 平安時代から鎌倉・室町時代にかけては「わろし」の対義語は「よろし」、「あし」の対義語は「よし」であるととらえてよい。

語の歴史 「あし」は奈良時代から、「わろし」は平安時代から用例が見いだされる。「わろし」から転じた「わるし」は、平安時代から並行して現れ、やがて「あし」

「わろし」の両者を吸収するかたちで現代語につながる。

わろ-びと【悪人】 名詞 身分や地位の低い人。

わろ-び・る【悪びる】 自動詞 ラ下二{れ/れ/る/るる/るれ/れよ} **わるびれる。** 平家物語 鎌倉―物語 二・西光被斬「わろびれたる景気もなし」訳 わるびれたようすもない。

***わろ-・ぶ【悪ぶ】** 自動詞 バ上二{び/び/ぶ/ぶる/ぶれ/びよ} **悪く見える。見劣りがする。** 源氏物語 平安―物語 総角「さぶらふ限りの女房の容貌・心ざま、いづれとなくわろびたるなく」訳 (明石の中宮に)お仕え申し上げるすべての女房の容姿や気だては、どの方がいいということもなく、(すべて)見劣りがする方はなく。◆「ぶ」は接尾語。

わろ-もの【悪者】 名詞 **つまらぬ者。教養のない者。**

わわ・く 自動詞 カ下二{け/け/く/くる/くれ/けよ} **破れ乱れる。ぼろぼろになる。** 万葉集 奈良―歌集 八九二「綿もなき布肩衣の海松のごとわわけさがれる」訳 ⇩かぜまじり…。◆奈良時代以前の語。

わわ・し【騒し】 形容詞 シク{(しく)・しから/しく・しかり/し/しき・しかる/しけれ/しかれ} ❶**騒がしい。やかましい。** 増鏡 室町―物語 秋のみ山「行列を争ひて、随身もわわしくののしれば」訳 (左大将と右大将が)行列(の順番)を争って、お供の者も騒がしく大声をあげるので。❷**口うるさい。口やかましい。** 引括り 室町―狂言 狂言「あのおかみ様は…殊の外わわしうござる程に」訳 あの奥様は…格別に口うるさうございますので。◇「わわしう」はウ音便。

わ-をとこ【吾男・和男】 代名詞 **おまえ。あんた。**▼対称の人称代名詞。対等またはそれ以下の男性に対して、親しみをこめ、あるいは軽んじていう語。今昔物語 平安―説話 二九・六「わをとこは何事いはむと思ふぞ」訳 おまえはどんなことを言おうと思うのか。◆「わ」は接頭語。対吾女。

わ-をんな【吾女・和女】 代名詞 **おまえ。あんた。**▼対称の人称代名詞。対等またはそれ以下の女性に対して、親しみをこめ、あるいは軽んじていう語。義経記 室町―物語 七「あはれ、わをんなは詮なき事を思ふなり」訳 ああ、おまえはつまらないことを思うものだ。◆「わ」は接頭語。対吾男。

わん-ばう【縕袍】 名詞 ❶布子の綿入れ。どてら。❷粗末な衣服。

ゐ[1]【井】 名詞 ❶泉または流水から飲み水をくみとる所。「走り井」とも。万葉集 奈良―歌集 三八〇七「安積山影さへ見ゆる山の井の浅き心をわが思はなくに」訳 安積山の、ものの影まで見える澄んだ山の水をくみとる所のように、浅い心で(私はあなたを)思っていないのに。❷**掘り抜き井戸。** 深く穴を掘って地下水をくみあげる所。伊勢物語 平安―物語 二三「昔、田舎わたらひしける人の子ども、ゐのもとに出でて遊びけるを」訳 昔、田舎で生計を立てていた人の子供たちが、井戸のところに出て遊んでいたが。

ゐ[2]【亥】 名詞 ❶「十二支」の第十二。❷時刻の名。今の午後十時、および、その前後二時間。一説に、午後十時から後の二時間。❸方角の名。北北西。

ゐ[3]【猪】 名詞 動物の名。いのしし・豚の総称。特に、いのしし。

-ゐ[4]【位】 接尾語 官位の等級を表す。一位から八位までそれぞれ正と従の二階に分かれ、四位以下は、さらに上・下があって四階に分かれる。しかし、七位以下は平安時代中期以降は実際には与えられなかった。「正一位」「従五位下」

ゐ[5]【居】 動詞「ゐ(居)る」の未然形・連用形。

ゐ[6]【率】 動詞「ゐ(率)る」の未然形・連用形。

ゐ-あか・す【居明かす】 他動詞 サ四{さ/し/す/す/せ/せ} **起きたまま夜を明かす。徹夜する。** 万葉集 奈良―歌集 八九「ゐあかして君をば待たむぬばたまの我が黒髪に霜は降るとも」訳 夜を明かして(私は)あなたを待とう。私の黒髪に霜が降ろうとも。

ゐ-い・る【居入る】 自動詞 ラ四{ら/り/る/る/れ/れ} (部屋などの)**中に入って座る。座り込む。** 枕草子 平安―随筆 にくきもの「ゐいりて調度うち散らしぬる、いとにくし」訳 (かわいがった子供が)部屋の中に座り込んで手回りの道具を散らかしてしまうのは、とてもしゃくにさわる。

ゐ-かか・る【居懸かる・居掛かる】 自動詞 ラ四{ら/り/る/る/れ/れ} **座って(物に)寄りかかる。もたれかかる。** 徒然 鎌倉―随筆 二三八「膝にゐかかれば」訳 (女が私の)ひざに寄りかかるので。

ゐ-かく・る【居隠る】 自動詞 ラ下二{れ/れ/る/るる/るれ/れよ} (物陰に)**隠れて座る。** 源氏物語 平安―物語 須磨「柱隠れにゐかくれて、涙を紛らはし給へるさま」訳 柱の陰に隠れて座って、涙をかくそうとなさるようす。

ゐ-かは・る【居替はる・居代はる】 自動詞 ラ四{ら/り/る/る/れ/れ} **居場所をかわる。交替して座る。** 源氏物語 平安―物語 夕霧「不断の経読む時かはりて、鐘うち鳴らすに立つ声も、ゐかはるも、一つにあひて」訳 昼夜絶え間なく唱える経を読む(交替の)時間になって、鐘を打ち鳴らすと、(仏前を)立つ(僧の読経の)声も、交替して座る(僧の読経の)声も、一つに重なって。

ゐ-き【位記】 名詞 位階を与える旨を記して、位階を受ける者に渡す公文書。「位の文」とも。

ゐ-ぎ【威儀】 名詞 礼にかなった品位のある動作。また、そのために生ずる威厳や、それを現すための作法。

ゐぎ-の-おもの【威儀の御膳】 連語 「節会」での天皇の正式な食膳。

ゐぎ-の-みこ【威儀の親王】 連語 天皇の即位式で、玉座のかたわらに並び、天皇の威儀を整える役をする親王。

ゐ-ぐつ【藺履】 名詞 藺草で編み、紙の緒を付けた、裏なしの草履。

ゐ-くび【猪頸・猪首】 名詞 ❶(いのししの首のように)人の首が太く短いこと。また、その首。❷かぶとをややあお向けにかぶること。▼首が短く見えることからいい、敵の矢を恐れない勇ましいかぶり方とされた。

ゐ-くび・なり【猪頸なり・猪首なり】 形容動詞 ナリ{なら/なり・に/なり/なる/なれ/なれ} ❶**首が太く短い。** 諸艶大鑑 江戸―物語 浮世・西鶴「この男、背短にて、ゐくびにして」訳 この男は、背が低くて、首が太く短いようすで。❷(かぶとのかぶり方が)**少しあお向けぎみだ**(後ろ下がりだ)。▼首が短く見えることからいい、敵の矢を恐れない勇ましいかぶり方とされた。平家物語 鎌倉―物語 九・一二之懸「甲ゐくびに着ないて」訳 かぶとを少しあお向けぎみにかぶって。

ゐ-こぼ・る【居溢る】イコボル 自動詞 ラ下二 {れ/れ/る/るる/るれ/れよ} (人が多くて)**座りきれずにあふれる。** 平家物語 鎌倉一物語 一二・教訓状「縁にゐこぼれ、庭にもひしとなみゐたり」訳縁側に座りきれずにあふれ、庭にもびっしりと並んで座っていた。

ゐ-こ・む【居籠む・居込む】イコム 一 他動詞 マ下二 {め/め/む/むる/むれ/めよ} **詰め込んで座らせる。** 紫式部 平安一日記 寛弘五・九・一〇「いま、里より参る人々は、なかなかゐこめられず」訳新たに、実家から参上した女房たちは、(すでに大勢の人がいるので)とても詰めこんで座らせられなくて。 二 自動詞 マ下二 {め/め/む/むる/むれ/めよ} **ぎっしり詰まって座る。** 大鏡 平安一物語 道長下「ゐこめたりつる人も皆くづれ出づるほどにまぎれて」訳ぎっしり詰まって座っていた人たちも皆一度に散って出てくるのにまぎれて。

ゐ-こん【遺恨】イコン 名詞 ❶**悔いを残すこと。心残り。遺憾。** 大鏡 平安一物語 道長下「ゐこんのわざをもしたりけるかな」訳心残りなことをしてしまったなあ。❷**いつまでも恨みに思うこと。忘れられない憎しみ。** 平家物語 鎌倉一物語 一・鹿谷「家嫡にてましましけるが、超えられ給ひけるこそゐこんなれ」訳(徳大寺殿は)家の嫡子でいらっしゃったが、(昇進を平宗盛に)越されなさったのは忘れられない憎しみである。

ゐざり-い・づ【居ざり出づ】イザリイヅ 自動詞 ダ下二 {で/で/づ/づる/づれ/でよ} **座ったまま膝で進み出る。退出する。** 枕草子 平安一随筆 野分のまたの日こそ「母屋よりすこしゐざりいでたる」訳家の中心の部屋から少し外に座ったまま膝で進み出ている人が。

ゐざり-い・る【居ざり入る】イザリイル 自動詞 ラ四 {ら/り/る/る/れ/れ} **座ったまま膝で入る。** 源氏物語 平安一物語 末摘花「奥ざまへ、ゐざりいり給ふさま」訳奥の方へ座ったまま膝で入りなさるようすが。

ゐざり-よ・る【居ざり寄る】イザリヨル 自動詞 ラ四 {ら/り/る/る/れ/れ} **座ったまま膝で進み寄る。** 源氏物語 平安一物語 末摘花「とかうそそのかされて、ゐざりより給へるけはひ」訳あれやこれや勧められて、座ったまま膝で進み寄りなさっているようすは。

***ゐ-ざ・る**【居ざる】イザル 自動詞 ラ四 {ら/り/る/る/れ/れ} ❶**座ったまま、膝や尻などで移動する。いざる。膝行する。** 源氏物語 平安一物語 賢木「御衣をすべしおきて、ゐざり退き給ふに」訳お召し物を脱ぎすべらして、いざってしりぞきなさると。❷(船などが)**のろのろと進む。** 土佐日記 平安一日記 二・九「船を引きつつのぼれども、川の水なければ、ゐざりにのみぞゐざる」訳船を引いては引いてはのぼるけれども、川の水がないので、のろのろと進むだけである。

ゐ-しづま・る【居鎮まる・居静まる】イシヅマル 自動詞 ラ四 {ら/り/る/る/れ/れ} **席について静かになる。** 枕草子 平安一随筆 小白河といふ所は「講師のぼりぬれば、みなゐしづまりて」訳(法会の)講師が講壇にのぼったので、皆、席について静かになって。

ゐ-じゅん【違順】イジュン 名詞 仏教語。**逆境と順境。不満足と満足。** 徒然 鎌倉一随筆 二四二「とこしなへにゐじゅんに使はるる事は、ひとへに苦楽のためなり」訳いつまでも逆境と順境に支配されることは、いちずに苦を離れて楽を求めるからである。

ゐ-しょ【位署】イショ 名詞 官位・姓名を公文書に記すこと。また、その書式。

ゐ-ずまひ【居住まひ】イズマイ 名詞 **座った姿勢。座り方。** 座った状態。枕草子 平安一随筆 碁を「劣りたる人の、ゐずまひもかしこまりたる気色にて」訳身分が劣っている人が、座った姿勢もかしこまったようすで。

ゐ-せき【井堰・堰】イセキ 名詞 用水をほかへ引くために、木・土・石などで川水をせき止めた所。「井手」とも。

ゐ-たけ【居丈】イタケ 名詞 **座高。** 座ったときの高さ。「ゐだけ」とも。

ゐたけ-だか【居丈高】イタケダカ 名詞 ❶**座高が高いこと。** ❷背をそらせて、威圧的な態度をとること。

ゐたけ-だか・なり【居丈高なり】イタケダカナリ 形容動詞 ナリ {なら/なり・に/なり/なる/なれ/なれ} ❶**座高が高い。座ったときに背が高いようす。** 栄花物語 平安一物語 根合はせ「ゐたけだかに髪少なにて」訳座高が高く、髪が少なくて。❷**背をそらせて、威圧的な態度だ。** 義経記 室町一物語 三「ゐたけだかになりて申しける」訳背をそらせて、威圧的な態度になって申した。

ゐ-た・つ【居立つ・居起つ】イタツ 自動詞 タ四 {た/ち/つ/つ/て/て} **座ったり立ったりする。** 落ち着かないようすにいう。▼熱心に世話するようすや、源氏物語 平安一物語 葵「院などゐたちてのたまはせ」訳(桐壺)院などは座ったり立ったりして(=気をもんで)おおせられて。

ゐだ-てん【韋駄天】イダテン 名詞 仏教語。仏法の守護神の一つ。非常に足が速いといわれている神。

(韋駄天)

ゐ-ちょく【違勅】イチョク 名詞 ─す 自動詞 サ変 天皇の命令にそむくこと。今昔物語 平安一説話 二二・一「天皇の御ためにも、ややもすればゐちょくす」訳天皇の御ためにも、どうかすると天皇の命令にそむく。

ゐ-つ・く【居着く】イツク 自動詞 カ四 {か/き/く/く/け/け} ❶**居続ける。長居する。** 枕草子 平安一随筆 成信の中将は「やがてゐつきて、もの言ふなり」訳そのまま居続けて、話をしているようだ。❷**住みつく。定住する。** 宇治拾遺 鎌倉一説話 三・一五「むつかしき事ありと言ひ伝へて、大かた人もゐつかねば、そこはただの塚一つぞある」訳気味が悪いことがあると言い伝えられて、まったく人も住みつかないので、そこはただの塚が一つあるばかりである。

***ゐ-づつ**【井筒】イヅツ 名詞 井戸の地上の部分に木・石で作った囲い。もとは桶のような円筒状のものをいったが、後には井の字型のものをいう。井桁。伊勢物語 平安一物語 二三「筒井つのゐづつにかけし」訳⇩つつゐつの…。

[1]**ゐ-で**【井手・堰】イデ 名詞「ゐせき」に同じ。

[2]**井手** イデ 地名 歌枕 今の京都府綴喜郡井手町。やまぶきと蛙の名所として和歌によく詠まれる。

ゐ-て-たてまつ・る【率て奉る】イテタテマツル 連語

なりたち 動詞「ゐる」の連用形＋接続助詞「て」＋謙譲の補助動詞「たてまつる」

お連れ申し上げる。 枕草子 平安一随筆 関白殿、二月二十一日に「大納言殿の御桟敷より、松君ゐてたてまつる」訳大納言殿の御桟敷から、松君を(こちらに)お連れ申し上げる。

ゐ

***ゐなか**【田舎】(イナカ) 名詞 ❶**都から離れた土地。地方。鄙**(ひな)**。**❷〔接頭語的に用いて〕**野卑**(やひ)**・粗暴であること。**増鏡 室町―物語 秋のみ山「いとすくよかなるゐなか侍(さぶらひ)めくもの」訳たいそう無骨な田舎侍らしく見える者が。

ゐなか-うど【田舎人】(イナカウド) 名詞「ゐなかびと」に同じ。

ゐなか-せかい【田舎世界】(イナカセカイ) 名詞 **辺境の土地。地方。田舎。**更級 平安―日記 初瀬「一代に一度(ひとたび)の見物(みもの)にて、ゐなかせかいの人だに見るものを」訳（大嘗会(だいじやうえ)の御禊(ごけい)は）天皇一代に一度の（価値のある）見もので、地方の人でさえ（上京して）見るものなのに。

ゐなか-だ・つ【田舎だつ】(イナカダツ) 自動詞タ四{た/ち/つ/つ/て/て} **田舎じみる。田舎めく。田舎くさい。**枕草子 平安―随筆 すさまじきもの「ゐなかだちたる所に住む者どもなど、みな集まり来て」訳田舎じみた所に住む者たちなどが、みな集まって来て。◆「だつ」は接尾語。

ゐなか-びと【田舎人】(イナカビト) 名詞 **田舎の人。田舎に住む人。**「ゐなかうど」とも。

***ゐなか-・ぶ**【田舎ぶ】(イナカブ) 自動詞バ上二{び/び/ぶ/ぶる/ぶれ/びよ} **田舎じみる。ひなびる。**徒然 鎌倉―随筆 一五「ゐなかびたる所、山里などは、いと目なれぬことのみぞ多かる」訳田舎じみた所や、山里などは、たいそう見慣れないことばかり多い。◆「ぶ」は接尾語。

ゐ-ながら【居ながら】(イナガラ) 副詞 **座ったまま。その場で。即座に。**平家物語 鎌倉―物語 九・知章最期「立ちも上がらず、ゐながら討ち死にしてんげり」訳立ち上がりもせず、座ったまま戦死してしまった。

ゐ-なが・る【居流る】(イナガル) 自動詞ラ下二{れ/れ/る/るる/るれ/れよ} 「ゐなむ」に同じ。太平記 室町―物語 一二「十方より所末の車馬の客、二、三千も有らんと覚たるが左右にゐながれて」訳あちこちから集ってきた車馬の客は、二、三千もいるかと思われたのが左右に並んで座って。

***ゐなか-わたらひ**【田舎渡らひ】(イナカワタライ) 名詞 田舎を回って生計を立てること。現在の行商の類。一説に、地方官のことども。また、経済的事情により、都に住むべき貴人やその子が田舎に住んでいることとも。伊勢物語 平安―物語 二三「田舎わたらひしける人」訳地方暮らしをしている人。

ゐ-なほ・る【居直る】(イナオル) 自動詞ラ四{ら/り/る/る/れ/れ} ❶**座り直す。居ずまいを正す。**源氏物語 平安―物語 若菜上「宮も、ゐなほり給(たま)ひて、御物語し給ふ」訳蛍兵部卿宮(ほたるのひやうぶきやうのみや)も、座り直しなさって、（夕霧と）お話をなさる。❷**急に態度を変える。いなおる。**愚管抄 鎌倉―論 三「『心うく、口惜しき事に候ふかな』と申させ給(たま)ひける時、ゐなほらせ給ひて」訳「情けなく、残念なことでございますねえ」と申し上げなさったときに、急に態度を変えなさって。

***ゐ-な・む**【居並む】(イナム) 自動詞マ四{ま/み/む/む/め/め} **並んで座る。いならぶ。**「いながる」とも。枕草子 平安―随筆 殿などのおはしまさで後「見証(けんぞ)の人など、いと多くゐなみて」訳審判の人など、たいへん大勢並んで座って。

ゐ-なら・ふ【居慣らふ】(イナラウ) 自動詞ハ四{は/ひ/ふ/ふ/へ/へ} **座り慣れる。**源氏物語 平安―物語 東屋「かかる物の外(と)には、まだゐならはず」訳このような物（=遣(や)り戸）の外には、まだ座り慣れない。

ゐ-なり【居成り】(イナリ) 名詞 ❶そのままそこに居ること。❷住んでいるままの（家の）状態。

ゐ-・ぬ【率寝】(イヌ) 他動詞ナ下二{ね/ね/ぬ/ぬる/ぬれ/ねよ} **連れていって一緒に寝る。共寝する。**古事記 奈良―史書 神代「鴨(かも)著(ど)く島にわがゐねし妹(いも)は忘れじ」訳（海上はるかな）鴨の寄りつく島で、わたしが連れていって一緒に寝た妻のことは忘れまい。

ゐ-ねう【囲繞・囲遶】(イニョウ) 名詞／―す 他動詞サ変 ❶仏教語。法会(ほうえ)のとき、多くの僧たちが尊像の周囲を回って礼拝(らいはい)すること。❷**取り囲むこと。**▼古くは、尊敬の対象への敬意をもって行われることが多い。平家物語 鎌倉―物語 三・有王「四、五百人の所従・眷属(けんぞく)にゐねうせられてこそおはせしが」訳（昔、俊寛は）四、五百人の従者や配下の者たちに取り囲まれていらっしゃったが。

ゐ-の・く【居退く】(イノク) 自動詞カ四{か/き/く/く/け/け} **立ち退(の)く。立ち去る。**今昔物語 平安―説話 一九・一八「聖人(しやうにん)ゐのかむとする時に」訳聖人が立ち退こうとするときに。

ゐ-の-こ【亥の子】(イノコ) 名詞 ❶陰暦十月の最初の亥の日。この日の亥の刻（=午後十時ごろ）に「亥の子の祝い」と称してもちを食べると、万病を払い多産をもたらすとされた。❷「亥(ゐ)の子餅(もち)」の略。

ゐのこ-もち【亥の子餅】(イノコモチ) 名詞「ゐのこ❶」に食べるもち。また、その日。「ゐのこもちひ」とも。

ゐのこ-もちひ【亥の子餅】(イノコモチイ) 名詞「ゐのこもち」に同じ。

ゐのしし-むしゃ【猪武者】(イノシシムシャ) 名詞 考えもなく、むやみに敵に突進する武者。

井原西鶴(いはらさいかく)(イハラサイカク) 人名（一六四二～一六九三）江戸時代前期の俳人・浮世草子作者。本名は平山藤五。大坂の富裕な商家に生まれた。初め談林派の俳諧(はいかい)で活躍したが、四十一歳のとき浮世草子を創始し、好色物（『好色一代男』など）・武家物（『武家義理物語』など）・町人物（『日本永代蔵(えいたいぐら)』『世間胸算用(むねさんよう)』など）約二十編の作品を発表し、現実社会の裏表を深みのある文章で鋭く描いた。

古典の常識

『鋭い現実認識に立つ人間描写』―井原西鶴(いはらさいかく)

経済都市大坂の商家に生まれた西鶴は、若いときから商用で全国を旅して見聞を広めた。また鶴永(かくえい)と号して俳諧師(はいかいし)としても活躍し、その文学的基盤を築いた。しかし、俳諧師としては、矢数(やかず)俳諧に見られる一昼夜で四千句を独吟するなどの前衛的傾向が強く、伝統を重んじる貞門派から異端扱いをされた。

散文的で叙事的性格の濃い西鶴の俳諧は、四十一歳のとき、近代小説の原型ともいわれる浮世草子の起点となった『好色一代男』として実を結んだ。以後、町人社会を背景に活発化した出版業の波にのり、好色物・武家物・町人物と呼ばれる数々の作品を発表し高く評価された。いずれも、俳諧的な発想に従った含蓄(がんちく)の豊かな簡潔な文章で、現実社会の表裏とそこにうごめく人間の悲喜劇を鋭く大胆に描き出している。

その生涯を精力的に創作に傾けた西鶴は、五十二歳のとき大坂の草庵(そうあん)で病没した。

ゐ

ゐ-ふたぎ【韻塞ぎ】名詞「ゐんふたぎ」に同じ。

ゐまち-づき【居待ち月】名詞 ❶陰暦十八日の夜の月。陰暦十七日の「立ち待ちの月」よりやや遅く十九日の「臥ふし待ちの月」よりやや早く月の出があり、座って月の出を待つというところからこの名がある。季語としては、特に、八月十八日の夜の月をいう。居待ちの月。居待ち。季 秋。❷枕詞 地名「明石あかし」にかかる。月を待って夜を明かすことからとも、十八日の夜の月が明るい意からともいう。「ゐまちづき明石」

ゐ-まは・る【居回る・居廻る】自動詞 ラ四 {ら/り/る/る/れ/れ} 車座になる。まるく輪になって座る。宇治拾遺 鎌倉 説話 一・三「ゐまはりて、酒のみあそびて」訳（鬼たちが）車座になって、酒を飲み歌ったりおどったりして。

[1]**ゐや**【礼】名詞 敬うこと。礼儀。敬意。敬礼。「うや」とも。日本書紀 奈良 史書 允恭「『何ぞ常のゐやを失へる』とのたまふ」訳（天皇は、皇后に）「どうしていつもの礼儀（にあった行為）をなくしているのか」とおっしゃる。

[2]**ゐ-や**【居屋】名詞 住む家。住居。

ゐや-しろ【礼代】名詞 敬意を表するしるしとして贈る品物。「ゐやじろ」とも。

ゐや-な・し【礼無し】形容詞 ク {(く)・から/く・かり/し/き・かる/けれ/かれ} 無礼である。古事記 奈良 史書 景行「西の方に熊曾建くまそたける二人あり。これ伏まつろはずゐやなき人どもなり」訳西の方に熊曾の国の勇猛な者が二人いる。これは朝廷に服従せず無礼な者どもである。

ゐや・ぶ【礼ぶ・敬ぶ】他動詞 バ上二 {び/び/ぶ/ぶる/ぶれ/びよ} 礼を尽くす。敬う。「ゐやまふ」とも。日本書紀 奈良 史書 用明「何ぞ国つ神を背きて、他神あたしかみをゐやびむ」訳どうしてわが国の神に背いて、他国の神を敬おうか（敬うつもりはない）。◆「ぶ」は接尾語。

ゐや・まふ【礼ふ・敬ふ】他動詞 ハ四 {は/ひ/ふ/ふ/へ/へ} 「ゐやぶ」に同じ。日本書紀 奈良 史書 崇神「朕われ、神をゐやまふこと、なほ未だ尽ことごとくならずや」訳私が神を敬うことは、やはりまだ完全ではないのか。

ゐや-やか・なり【礼やかなり】形容動詞 ナリ {なら/なり・に/なり/なる/なれ/なれ} 礼儀正しいさま。土佐日記 平安 日記 二・一五「家の人の出いで入いり憎げならずゐややかなり」訳（宿として泊まった）家の人の立ち居振る舞いは感じがよくて礼儀正しい。◆「やか」は接尾語。

ゐやゐや・し【礼礼し】形容詞 シク {(しく)・しから/しく・しかり/し/しき・しかる/しけれ/しかれ} 丁寧で礼儀正しい。うやうやしい。源氏物語 平安 物語 真木柱「『…あなかしこ』と、ゐやゐやしく書きなし給たまへり」訳（玉鬘たまかずらは）「…あなかしこ」と、（源氏への返事を、意識して）丁寧で礼儀正しくお書きになった。

ゐ-よ・る【居寄る】自動詞 ラ四 {ら/り/る/る/れ/れ} 座ったまま、膝ひざを進めて近寄る。にじり寄る。源氏物語 平安 物語 帚木「近くゐよれば、君も目覚まし給たまふ」訳近くに膝を進めるので、（源氏の）君も目をお覚ましになる。

ゐよゐよとうばうよ… 歌謡「ゐよゐよ蜻蛉とうばうよ 堅塩かたしほ参らむさてゐたれ 働かで簾篠すだれしのの先に馬の尾より合はせて かい付けて 童冠者わらはくわざ ばらに繰くらせて遊ばせむ」梁塵秘抄 平安 歌集 四句神歌 訳じっとしていろ、じっとしていろよ、とんぼよ。固まった塩をあげよう、そのままとまっていろよ、動かないで。簾に使う篠竹の先に馬のしっぽの毛をより合わせて、そこへおまえをくくりつけ、子供や若者たちにあやつらせて遊ばせよう。

鑑賞 とんぼと親しげに遊ぶ童心の世界を詠んだ歌。とんぼと塩の取り合わせは、ほかの童謡にも「塩焼いて食わそ」「塩買うてねぶらしょ」などとある。

[1]**ゐる**【居る】

語義の扉

座る、座っている、じっと動かないでいるさまを原義とし、特定の場所に長時間とどまる、居つく意や、帝みかどや后きさき、春宮とうぐうなど特定の高い位に就く意を表す。また、「腹立つ」に対して、「腹がゐる」のかたちで、怒りがおさまる意も表す。人について用いられるこのような場合のほか、古語に特有の用法として、雲、霞、塵、ほこりなどの現象、虫、鳥、蟬などの動物、水草などの植物について、その存在、滞留を、また船舶の停泊などについていう。

一 自動詞
- ❶座る。腰をおろす。
- ❷動かないでいる。じっとしている。
- ❸とどまる。滞在する。
- ❹ある地位に就く。
- ❺おさまる。静まる。
- ❻（雲・霞・塵・ほこりなどが）ある。（虫・鳥・蟬などが）いる。（水草などが）ある。（船舶などが）停泊している。

二 補助動詞 ずっと…ている。…しつづける。

一 自動詞 ワ上一 {ゐ/ゐ/ゐる/ゐる/ゐれ/ゐよ}

❶**座る。腰をおろす。座っている。** 伊勢物語 平安 物語 九「その沢のほとりの木の陰に下りゐて」訳その沢のほとりの木の陰に、馬から降りて座って。

❷**動かないでいる。じっとしている。とまる。** 徒然 鎌倉 随筆 一〇「寝殿に、鳶とびゐさせじとて縄を張られたりけるを」訳寝殿に、鳶をとまらせまいとして（大臣が屋敷の者に命じて）縄をお張りになっていたのを。

❸**とどまる。滞在する。居つく。** 枕草子 平安 随筆 殿などのおはしまさで後「久しう里にゐたり」訳長い間、里にとどまっていた。

❹**ある地位に就く。就任する。** 源氏物語 平安 物語 葵「前坊せんばうの姫君、斎宮さいぐうにゐ給たまひにしかば」訳前の皇太子のお姫様が、斎宮の地位に就きなさったので。

❺**おさまる。静まる。静かになる。** 平家物語 鎌倉 物語 九・生ずきの沙汰「梶原かぢはら、このことばに腹がゐて」訳梶原は、この（＝高綱の）言葉で怒りがおさまって。

❻（雲・霞・塵・ほこりなどが）**ある。**（虫・鳥・蟬などが）**いる。**（水草などが）**ある。**（船舶などが）**停泊している。** 万葉集 奈良 歌集 三一二六「纏向まきむくの痛足あなしの山に雲ゐつつ雨は降れども濡れつつそ来こし」訳痛足の山に雲がかかって雨は降るけれども（私は）濡れながら（あなたのもとへ）来たのです。蜻蛉 平安 日記 兼家病む「たえぬるか影だにあらばとふべきをかたみの水は水草みくさゐにけり」訳途絶えてしまった（あの人の）影でも映ったならば（本心を）問いたいのだけど思い出の水には水草がういてしまっている」枕草子 平安 随筆 虫は

「蝿こそにくきもののうちに入れつべく、愛敬なきものはあれ。人々しう、かたきなどにすべきもののおほきさにはあらねど、秋など、ただよろづの物にゐ、顔などにぬれ足してゐるなどよ。人の名につきたる、いとうとまし」訳蝿こそ憎らしいものの中に入れたいほどで、可愛げのないものはない。人間並みに敵にまわすほどの大きさではないけれど、秋などに、(寄って来て)むやみに何でもとまって、顔なんかに湿っぽい足でとまったりなんてね(ほんとうにいやらしい)。人の名前についているのは、とてもいやな感じだ。万葉集 奈良 歌集 二八三一「みさごゐる渚にゐる船の夕潮を待つらむよりはわれこそ益され」訳みさごがいる渚に停泊している船が(満ちてくる)夕潮を待っているのより、わたしは(あなたを待っている気持ちが)まさっているのです」

二 補助動詞 ワ上一 {ゐ/ゐ/ゐる/ゐる/ゐれ/ゐよ}〔動詞の連用形に付いて〕**ずっと…ている。…しつづける。** 徒然 鎌倉 随筆 三二「物の隠れよりしばし見ゐたるに」訳物陰からしばらく見つづけていると。

関連語「居り」は、ある状態でいつづける意。

ゐる[2]【率る】イル 他動詞 ワ上一 {ゐ/ゐ/ゐる/ゐる/ゐれ/ゐよ}

語義の扉

この語は接続助詞「て」を伴って、「ゐて」として、動詞や敬語の補助動詞を下接して「ゐて歩く」とか「ゐて奉る(=お連れ申す)」のように用いられた。

❶**伴う。引き連れる。連れる。**
❷**身につけて持つ。携帯する。**

❶**伴う。引き連れる。連れる。** 伊勢物語 平安 物語 六「やうやう夜も明け行くに、見ればゐて来し女もなし」訳だんだんと夜も明けていくので、見ると連れて来た女もいない。

❷**身につけて持つ。携帯する。携える。** 増鏡 室町 物語 むら時雨「内侍所・神璽・宝剣ばかりをぞ、忍びてゐてわたさせ給ふ」訳(後醍醐天皇は)八咫の鏡・八尺瓊の曲玉・天の叢雲の剣(の三種の神器)だけを、こっそりと携えてお移りあそばす。

参考 ワ行上一段活用の動詞は、「率る」のほかには「居る」「率ゐる」「用ゐる」のみ。「率ゐる」は「引き」+「率る」、「用ゐる」は「持ち」+「率る」によって成立したとされる。

ゐ-れい【違例】イレイ 名詞 ❶**通常の例と違うこと。前例のないこと。** 神皇正統記 南北 史書 後鳥羽「践祚の初めのゐれいに侍りしかど」訳皇位継承の初めの通常の例と違うことでございましたが。❷**病気。** 平家物語 鎌倉 物語 六・入道死去「入道相国ゐれいの御心地とてとどまり給ひぬ」訳入道相国(=平清盛)が病気のごようすだということで、(宗盛の源氏追討への出発を)中止なさった。

ゐ-わか・る【居分かる・居別る】イワカル 自動詞 ラ下二 {れ/れ/る/るる/るれ/れよ} **分かれて座る。** 枕草子 平安 随筆 殿などのおはしまさで後「方の人、男・女ゐわかれて」訳左方、右方の人が、(それぞれ)男も女も分かれて座って。

ゐん[1]【院】イン 名詞

❶**周囲に垣をめぐらした、大きな構えの建物。宮殿・役所・寺院・貴族の邸宅など。** 源氏物語 平安 物語 夕顔「このゐんの預りの子、睦ましく使ひたまふ若き男」訳この寺院の留守番の子で、親しくお使いになっている若い下男。

❷(上皇・法皇・女院の)**御所。** 徒然 鎌倉 随筆 五〇「今日はゐんへ参るべし」訳今日は上皇の御所に参上するだろう。

❸〔上皇・法皇・女院の尊敬語〕源氏物語 平安 物語 葵「かくゐんにも聞こしめしのたまはするに」訳このように(桐壺)院までお聞きあそばしおっしゃるにつけて。

ゐん[2]【韻】イン 名詞 漢字の字音のうち、頭子音(=初めの子音)を除いた残りの音。

参考 頭子音を除いた残りの音とは、たとえば「山(san)」ならば、sを除いたanをいう。漢詩では、一定の句の末尾に同じ韻をもつ字を置くのがきまりで、句末の韻(=脚韻)をそろえることを「押韻」あるいは「韻を踏む」という。

ゐん-がう【院号】インゴウ 名詞 退位した天皇、または皇太后・准后(=天皇の母)などに贈る称号。嵯峨院(=嵯峨天皇)・東三条院(=円融天皇の女御、皇太后藤原詮子)・建礼門院(=安徳天皇の母)など。

ゐん-ざん【院参】インザン 名詞 /―す 自動詞 サ変 院の御所に参上すること。平家物語 鎌倉 物語 二・座主流「太政入道もこの事申さんとて、ゐんざんせられけれども」訳太政入道(=清盛)もこの事を申し上げようと思って、院の御所に参上しなさったが。

ゐん-し【院司】インシ 名詞「院の庁」の職員の総称。上皇・法皇・女院などの院の御所に仕える職員。「ゐんじ」「ゐんづかさ」「ゐんのつかさ」とも。

ゐん-じゅ【院主】インジュ 名詞 ❶**寺院の主。住職。** ❷禅宗で、「監主(=寺の監督役)」の旧名。

ゐん-ぜん【院宣】インゼン 名詞 上皇・法皇の命令を伝える公文書。院の宣旨。

ゐん-ちゅう【院中】インチュウ 名詞 **院の御所。院の御所の中。** 仙洞。

ゐん-づかさ【院司】インヅカサ 名詞「ゐんし」に同じ。

ゐん-の-うへ【院の上】インノウエ 連語「上皇」の尊敬語。上皇様。

ゐん-の-ごしょ【院の御所】インノゴショ 連語 **上皇・法皇の御所。** 仙洞。

ゐん-の-ちゃう【院の庁】インノチョウ 連語 上皇・法皇が政務を執る所。

ゐん-の-べったう【院の別当】インノベットウ 連語「院司」の最高の地位。また、その人。一人とは限らなかった。

ゐん-の-みかど【院の帝】インノミカド 連語 **上皇。**

ゐん-ふたぎ【韻塞ぎ】インフタギ 名詞 平安時代の貴族が行った遊戯の一種。漢詩の中の押韻している字を隠し、それを当てさせるもの。「ゐふたぎ」とも。⇩ゐん(韻)参考

ゐん-もり【院守】インモリ 名詞 **院の番人。**

ゐ

ゑ[1]【会】ヱ 名詞 人々が集まって行う会(かい)。また、その行事。▼法会(ほうえ)・節会(せちえ)などをいうが、多く仏事を行う法会をさす。

ゑ[2] 間投助詞 《接続》種々の語に付く。文の間にも終わりにも位置する。

語義の扉
奈良時代以前の語。体言、活用語の終止形、感動詞などに接続して、詠嘆し、嘆息する気持ちを表す。副詞「縦(よ)し」を強調する慣用句的な詠嘆表現「よしゑ」「よしゑやし」を構成した用法が多い。

…よ。…だなあ。 万葉集 奈良-歌集 八一九「世の中は恋繁しゑや古飛斯宜志恵夜かくしあらば梅の花にもならましものを」訳この人の世は人を恋う心が募るばかりでつらいことだなあ。いっそのこと梅の花にでもなってしまえたらいいのにと思われることだ。万葉集 奈良-歌集 三三一七「馬買はば妹(いも)徒歩(かち)ならむよしゑやし石は踏むとも吾はふたり行かむ」訳馬を買ったら私はそれに乗って行けるがお前は歩くことになるだろう。たとえ、まあ、石を踏んで行くことになったとしても(それでいい)、わたしたちは二人で歩いて行くことにしよう。

ゑ[3]【飢】ヱ ワ行下二段動詞「う(飢う)」の連用形「うゑ」の変化した語。日本書紀 奈良-史書 推古「飯(いひ)にゑて臥(こや)せるその旅人(たびと)あはれ」訳食べ物に飢えて倒れているその旅人(たびびと)は気の毒だ。

ゑ-あはせ【絵合はせ】エアワセ 名詞「物合(ものあ)はせ」の一種。左右に分かれて、双方から絵を出し合い、その優劣を争う遊び。

ゑ-が【垣下】エガ 名詞「ゑんが」に同じ。「ゑんが」の撥音(はつおん)「ん」が表記されない形。

ゑ-かう*【回向・廻向】エコウ 名詞/―す 自動詞 サ変 仏教語。❶自分が行った善行功徳(くどく)を他人にめぐらし、ともに浄土に往生するように願うこと。源氏物語 平安-物語 若菜下「避(さ)りがたき御ゑかうのうちには、まづこそはとあはれになむ」訳必ずしなければならない(日々の)御回向の中には、第一に(私のことを)念じてくださるだろうと思うとしみじみと感じいり(ます)。❷(読経をしたり、念仏を唱えたりして)死者の冥福(めいふく)を祈ること。供養。平家物語 鎌倉-物語 一〇・三日平氏「いつしか経よみ念仏して、『過去精霊(しやうりやう)一仏浄土へ』とゑかうしけるこそあはれなれ」訳早くも経を読み念仏を唱えて、「死んだ人々の霊魂が西方浄土へ(生まれ変わるように)」と冥福を祈ったのは哀れである。❸法事などの終わりに唱える回向文(えこうもん)(=法要の功徳を一切の人々に回(めぐ)らすために唱える経文)。また、それを唱えること。源氏物語 平安-物語 総角「ゑかうの末つ方(かた)の心ばへ、いとあはれなり」訳回向文の終わりの言葉の意味は、感慨深く感じる。

ゑ-がち・なり【笑勝ちなり】エガチナリ 形容動詞 ナリ {なら/なり・に/なり/なる/なれ/なれ} 笑顔になりがちである。にこにこしている。枕草子 平安-随筆 にくきもの「なでふことなき人の、ゑがちにてものいたう言ひたる」訳特にこれということのない人が、にこにこしてむやみにしゃべっているの(はしゃくにさわる)。

恵慶(ゑぎやう) エギョウ 人名 生没年未詳。平安時代中期の歌人。花山院・藤原頼忠(ふじわらのよりただ)をはじめ平兼盛(かねもり)・清原元輔(もとすけ)ら多くの歌人と交際した。『拾遺和歌集』以下の勅撰(ちょくせん)集に入集し、家集に『恵慶法師集』がある。

ゑ-し【絵師・画師】エシ 名詞 絵かき。職名としては、律令制の中務(なかつかさ)省画工(えだくみ)の司(つかさ)に属する画工、また、平安時代末期以後の院や幕府の絵所に属する画工がある。

ゑ-じ【衛士】エジ 名詞 宮中の警備のために、諸国の「軍団」から交替で徴集された兵士。「衛門府(えもんふ)」と左右の「衛士府(えじふ)」に配属された。平安時代には、雑役に駆使された。「監使(かんし)」とも。

ゑ-しゃく【会釈】エシャク 一 名詞/―す 自動詞 サ変 ❶仏教語。矛盾するように見える教えの間に相通じる根本の意味を見いだし、解き明かすこと。❷**理解し解釈すること。** 無名抄 鎌倉-論 式部赤染勝劣事「予こころみにこれをゑしゃくす」訳私がためしにこれを解釈する。❸思いやること。配慮。❹言いわけすること。申し開き。❺応対すること。挨拶すること。
二 名詞 愛敬(あいきょう)。愛想がよいこと。

ゑしゃ-ぢゃうり*【会者定離】エシャジョウリ 連語 仏教語。(この世は無常なもので)出会う者は必ず別れる運命にあるということ。平家物語 鎌倉-物語 一〇・維盛入水「生者必滅(しやうじやひつめつ)、ゑしゃぢゃうりは憂き世の習ひにて候ふなり」訳生ある者は必ず死ぬということ、出会う者は必ず別れる運命にあることは、つらいこの世のきまりでございます。

恵心(ゑしん)[1] エシン ⇨源信(げんしん)

ゑ-しん[2]【回心・廻心】エシン 名詞/―す 自動詞 サ変 仏教語。仏教を信じ、改心すること。平家物語 鎌倉-物語 一〇・戒文「ゑしんすれば往生をとぐ」訳仏を信じ、改心すれば浄土に行くことがかなう。

ゑ-ず【怨ず】エズ 他動詞 サ変 {ぜ/じ/ず/ずる/ずれ/ぜよ}「ゑんず」の撥音(はつおん)「ん」が表記されない形。「ゑんず」に同じ。土佐日記 平安-日記 一・一八「歌主(うたぬし)、いと気色(けしき)悪(あ)しくてゑず」訳歌の作者は、ひどく機嫌が悪くて恨み言を言う。

ゑ-そらごと【絵空事】エソラゴト 名詞 虚偽や誇張が多いことのたとえ。

越後(ゑちご) エチゴ 地名 旧国名。北陸道七か国の一つ。今の新潟県の佐渡島(さどがしま)を除いた地域。古くは越(こし)の国の一部で「越の道の後(しり)」と呼ばれたが、天武(てんむ)天皇のときに三分されて一国となった。参照▼資料21

ゑちごやに… 俳句「越後屋に きぬさく音や 衣更(ころもがへ)」五元集 江戸-句集 俳諧・其角(きかく) 訳呉服店の越後屋からは、夏の袷(あわせ)を仕立てるために絹地を引き裂くさわやかな音が聞こえてくる。いよいよ衣替えの季節だな。

鑑賞 越後屋は江戸駿河(するが)町にあった呉服店で江戸随一の大店(おおだな)。今の三越百貨店の前身。「衣更」は陰暦四月一日と十月一日に行い、綿入れから袷に、袷から綿入れにとそれぞれ替えた。ここでは前者。絹地を裂く音に、さわやかな夏の到来を感じた句。季語は「衣更」で、季は夏。

越前【ゑちぜん】地名 旧国名。北陸道七か国の一つ。今の福井県の北半部。古くは越の国の一部で「越の道の前」と呼ばれたが、天武天皇のときに三分されて一国となった。参照▼資料21

越中【ゑっちゅう】地名 旧国名。北陸道七か国の一つ。今の富山県。古くは越の国の一部で「越の道の中」と呼ばれたが、天武天皇のときに三分されて一国となった。参照▼資料21

ゑ-つぼ【笑壺】名詞 笑い興じること。

ゑつぼ-に-い・る【笑壺に入る】連語 上機嫌になって、笑いころげる。宇治拾遺 鎌倉―説話 一四・一一「ある人みなながら、すずろにゑつぼにいりにけり」訳そこにいる人は残らず全員、思いがけず笑いころげてしまった。

*__ゑ-ど__【穢土】名詞 ❶仏教語。**煩悩に汚れたこの世。娑婆。苦界。** 平家物語 鎌倉―物語 一・祇王「かやうにゑどを厭ひ、浄土を願はんと深く思ひ入れ給ふこそ」訳このように煩悩に汚れたこの世を嫌い、浄土(に生まれ変わること)を願おうと深く考え込んでいらっしゃるのは。対浄土。❷糞の別名。

ゑ-どころ【絵所・画所】名詞 平安時代以降、宮廷の調度の模様や装飾の絵画制作の事をつかさどった役所。また、そこに所属する絵師。鎌倉時代以降、大社寺も宮廷の例にならって絵所を設け、室町幕府・江戸幕府もこれにならった。江戸幕府は直属の美術方を画所と称した。

ゑ-ぬ【狗】名詞「ゑのこ」に同じ。

ゑ-の-こ【狗】名詞 **犬の子。小犬。**「ゑぬ」とも。

ゑ-はう【恵方】名詞 年ごとに吉と定められる方角。その年の干支の歳徳神のいる方角。季春。

参考「恵方」は江戸時代以降一般化した表記で、それまでは「吉方」「兄方」といった表記が多い。

ゑはう-だな【恵方棚】名詞 その年の「恵方」に向けて作る、歳徳神をまつる棚。◆「吉方棚」とも表記する。季春。

ゑは・す【酔はす】他動詞サ四{さ/し/す/す/せ/せ} **酔わせる。** 枕草子 平安―随筆 関白殿、二月二十一日に「肴などあれば、ゑはさまほしけれど」訳酒の肴などがあるので、(使者を)酔わせたくはあったけれども。

ゑ-ばみ【餌食み】名詞 ❶**えさ。** ❷えさを食べること。

ゑひ【酔ひ】名詞 (酒などに)酔うこと。また、何かに夢中になって我を忘れること。

ゑひ-あ・く【酔ひ飽く】自動詞カ四{か/き/く/く/け/け} **ひどく酔う。** 土佐日記 平安―日記 一二・二二「上中下、(みな)ゑひあきて」訳身分の上の人も中の人も下の人も、(みな)ひどく酔っぱらって。

ゑひ-さまた・る【酔ひさまたる】自動詞ラ下二{れ/れ/る/るる/るれ/れよ} **酔って乱れる。酔って正体を失う。** 今昔物語 平安―説話 二八・四「一人うるはしき者もなく、ゑひさまたれて」訳一人としてきちんとした者もなく、酔って正体を失って。

ゑひ-し・ぬ【酔ひ死ぬ】自動詞ナ変{な/に/ぬ/ぬる/ぬれ/ね} **死にそうなほど酔う。** 今昔物語 平安―説話 二八・二「未だ車に一度も乗らざりける者どもにて、かくぞ悲して(=悲しくの誤記か)ゑひしにたりける」訳まだ一度も牛車に乗ったことがなかった者たちで、このようにつらい思いをして死にそうなほど酔ってしまったのは。

ゑひ-し・る【酔ひ痴る】自動詞ラ下二{れ/れ/る/るる/るれ/れよ} **酒に酔って正体がなくなる。酔いしれる。** 土佐日記 平安―日記 一二・二四「ありとある上下、わらはまでゑひしれて」訳その場にいるすべての身分の高い者も、低い者も、子供まで、酒に酔って正体がなくなって。

ゑひ-なき【酔ひ泣き】名詞 酒に酔って泣くこと。

ゑ-ふ[1]【衛府】名詞 ❶律令制で、宮中の護衛や行幸の際の警護に当たった役所の総称。はじめ衛門府・左右の衛士府・左右の兵衛府の五衛府であったが、その後変遷を経て、平安時代初期には左右の近衛府・左右の衛門府・左右の兵衛府の六衛府となった。❷各衛府に所属する武官。

ゑ・ふ[2]【酔ふ】自動詞ハ四{は/ひ/ふ/ふ/へ/へ} ❶**酔う。心を奪われる。** 竹取物語 平安―物語 かぐや姫の昇天「猛く思ひつる宮つこまろも、物にゑひたる心地して、うつ伏しに伏せり」訳勇猛に(戦おうと)思っていた竹取の翁も、何かに酔った気分になって、うつ伏せに伏している。❷**中毒する。** 今昔物語 平安―説話 二八・一八「毒茸を食へども、つゆゑはぬ人のありけるなりけり」訳毒きのこを食べても、少しも中毒しない人がいたのであった。

ゑ-ぶくろ【餌袋】名詞 ❶鷹狩りのときに携行する、鷹のえさや獲物を入れる容器。❷菓子や乾飯などを入れて運ぶ袋。蜻蛉 平安―日記 中「ゑぶくろなる物取り出でて食ひなどする程に」訳餌袋の中にある食べ物を取り出して、食べたりなどするうちに。

ゑふ-づかさ【衛府司】名詞 ❶「衛府」の役所。❷「衛府」の役人。

ゑ-ぶっし【絵仏師】名詞 大寺院の絵所に属して、仏画の制作や仏像の彩色などを仕事とした画家。

ゑふ-の-かみ【衛府の督】名詞 律令制で、「六衛府」の長官の総称。近衛の大将、兵衛および衛門の督をいう。

ゑふ-の-くらうど【衛府の蔵人】名詞 律令制で、「六衛府」の武官で「蔵人」を兼任する者。◆「蔵人」は「くらんど」とも。

ゑふ-の-すけ【衛府の佐】名詞 律令制で、「六衛府」の次官の総称。近衛の中・少将、兵衛および衛門の佐をいう。

ゑ-ほん【絵本】名詞 ❶絵の手本。❷江戸時代、挿し絵を主とする通俗的な読み物。絵草子。

ゑ-ま【絵馬】名詞 神社や寺に奉納する、板に描いた馬の絵。祈願や、それがかなえられたお礼に、神馬の代わりに奉納した。後には、馬以外の絵を描いたものもいう。「ゑうま」「ゑん(む)ま」とも。

（絵 馬）

ゑまき-もの【絵巻物】名詞 物語や寺社の縁起、高僧の伝記などを絵にした巻き物。文章と場面の絵とから成り立つ。平安時代から鎌倉時代にかけて多く作られた。代表的なものとしては、『源氏物語絵巻』がある。

*__ゑま・し__【笑まし】形容詞シク{しく・しから/しく・しかり/し/しき・しかる/しけれ/しかれ} **ほほえましい。** 源氏物語 平安―物語 藤裏葉「見るにゑましく、世の中忘るる心地ぞし

給ふ」訳(源氏の姿を)見るとほほえましく、つらい世の中を忘れる気持ちがしなさる。

***ゑまひ**【笑まひ】名詞 ❶ほほえみ。微笑。❷花のつぼみがほころぶこと。

***ゑま-ふ**【笑まふ】連語 なりたち 動詞「ゑむ」の未然形＋反復継続の助動詞「ふ」

❶にこにこする。ほほえむ。万葉集 奈良―歌集 四〇一一「情には思ひ誇りてゑまひつつ渡る間に」訳心の中では誇りに思ってほほえみながら月日を過ごす間に。❷花のつぼみがほころびる。◆奈良時代以前の語。

ゑみ【笑み】名詞 ❶にこにこすること。ほほえみ。❷花のつぼみが開いたり、果実が熟して口を開けたりすること。源氏物語 平安―物語 夕顔「白き花ぞ、おのれひとりゑみの眉開けたる」訳白い花が、自分ひとり花を開き心配事がなくなり喜んでいる。

ゑみ-こだ・る【笑みこだる】自動詞ラ下二 {れ/れ/る/るる/るれ/れよ} 笑い崩れる。宇治拾遺 鎌倉―説話 一・三「横座の鬼盃を左の手にもちてゑみこだれたるさま、ただこの世の人のごとし」訳上座の鬼が杯を左の手に持って笑い崩れているようすは、まるでこの世の人間のようである。

ゑみ-さか・ゆ【笑み栄ゆ】自動詞ヤ下二 {え/え/ゆ/ゆる/ゆれ/えよ} 顔じゅうに笑みを浮かべる。源氏物語 平安―物語 明石「老い忘れ齢延ぶる心地してゑみさかえて」訳老いを忘れ、寿命が延びる気持ちがして顔じゅうに笑みを浮かべて。

ゑみ-ひろご・る【笑み広ごる】自動詞ラ四 {ら/り/る/る/れ/れ} 満面に笑みを浮かべる。笑い崩れる。源氏物語 平安―物語 宿木「伊勢の海うたひたまふ御声のあてにをかしきを、女ばら物の背後に近づき参りて、ゑみひろごりてゐたり」訳「伊勢の海」をおうたいになる(匂宮の)お声が気品高くすばらしいので、女房たちは物の後ろに近寄り参って、満面に笑みを浮かべて座っている。

ゑみ-ま・ぐ【笑み曲ぐ】自動詞ガ下二 {げ/げ/ぐ/ぐる/ぐれ/げよ} うれしくて笑いがこぼれる。(口や眉が)曲がるほど相好を崩す。落窪物語 平安―物語 二「口は耳もとまでゑみまげてゐたり」訳口は耳もとまで曲がるほど相好を崩していた。

ゑみ-ゑみ(と)【笑み笑み(と)】副詞 にこにこ(と)。著聞集 鎌倉―説話 六〇三「年寄りたるうばの、ゑみゑみとしたる形をあらはして見えけり」訳年のいった老女が、にこにことした姿をあらわして見えた。

ゑ・む【笑む】自動詞マ四 {ま/み/む/む/め/め} ❶ほほえむ。にっこりとする。微笑する。源氏物語 平安―物語 蜻蛉「少しゑみ給へる御顔、言はむかたなくうつくしげなり」訳少しほほえんでいらっしゃるお顔は、言いようもなくかわいらしい。❷花のつぼみがほころぶ。花が咲く。曾丹集 平安―歌集 序「花のゑめるを見れば」訳花が咲いているのを見ると。

ゑ-もん 名詞 ㊀【衛門】「衛門府」の略。㊁【右衛門】「右衛門府」の略。◇「右衛門」と書いても「ゑもん」と読む。

ゑもん-の-かみ【衛門の督】名詞 律令制で、「衛門府」の長官。左右衛門府にそれぞれ一名ずつ置かれ、中納言や参議が兼任することが多い。特に、右衛門の督をさすこともある。

ゑもん-の-すけ【衛門の佐】名詞 律令制で、「衛門府」の次官。左右にそれぞれ一名ずつ置かれる。特に、右衛門の佐をさすこともある。

ゑもん-ふ【衛門府】名詞 律令制で、「六衛府」の一つ。宮城の諸門および大内裏の警備担当の役所。左右に分かれていた。

ゑ-やう【絵様】名詞 ❶絵の下書き。❷模様。画面。図案。

ゑら・く 自動詞カ四 {か/き/く/く/け/け} 喜び楽しむ。日本書紀 奈良―史書 神代上「いかにぞ天鈿女命かくゑらくやとおもほして」訳どうして天鈿女命はこのように喜び楽しむのかと(天照大神は)お思いになって。

ゑら-ゑら 副詞 〔多く、「に」を下接して〕騒ぎ笑い楽しむさま。万葉集 奈良―歌集 四二六六「紐解き放けて千年寿き寿きとよもしゑらゑらに仕へまつるを見るが貴さ」訳衣の紐を解き放って、(大君の)千年の御代を祝い、いっせいに大声でお祝いの声をあげ、騒ぎ笑い楽しんでお仕え申し上げる。これを見るのは貴いことだ。

ゑ・る【彫る】他動詞ラ四 {ら/り/る/る/れ/れ} ❶彫刻する。彫る。また、物の表面に刻みを入れ、金銀や宝石・貝殻などをはめ込む。仏足石歌 奈良―和歌「玉にゑりつく」訳(仏の足形を)りっぱな石に彫りつける。❷えぐる。くりぬく。今昔物語 平安―説話 一六・二「大きなる松の木を伐りて、これを船の形にゑりて」訳大きな松の木を伐って、これを船の形にくりぬいて。

ゑ-わら・ふ【ゑ笑ふ】自動詞ハ四 {は/ひ/ふ/ふ/へ/へ} 声を立てて笑う。枕草子 平安―随筆 宮にはじめてまゐりたるころ「つつましげならず、物言ひ、ゑわらふ」訳遠慮しているふうでもなく、物を言ったり、声を立てて笑う。

ゑん-あう【鴛鴦】名詞 おしどりの雄(＝鴛)と雌(＝鴦)。また、おしどり。おしどりの雌雄が常に一緒にいることから仲むつまじい男女または、夫婦をたとえていう語。「をし(鴛鴦)」とも。

ゑんあう-の-ちぎり【鴛鴦の契り】連語 おしどりが、常に雌雄一緒にいることから夫婦仲のむつまじいことをたとえていう語。浦島太郎 室町―物語 御伽「たがひにゑんあうのちぎり浅からずして、明かし暮らさせ給ふ」訳お互いに夫婦仲のむつまじさも浅くはなく、日々をお過ごしなさる。

ゑん-が【垣下】名詞 ❶宮中や公卿の家で催される饗宴で、正客の相手として、ともにもてなしを受ける人。また、その人の座る席。相伴をする人。「かいもと」とも。❷「垣下の舞」の略。「垣下の座」で演じられる舞。◆「ゑんか」「ゑが」とも。

ゑんが-の-ざ【垣下の座】連語 朝廷などでの饗宴のとき、相伴の者や舞人・楽人などが着座する所。

***ゑん-ごく**【遠国】名詞「をんごく」に同じ。

ゑん-ざ【円座】名詞 敷物の一種。藁・がま・すげ・まこもなどを渦巻き状に平らに編んで作ったもの。「藁蓋・わらうだ」とも。

ゑん-ず【怨ず】エンズ 他動詞サ変〔ぜ/じ/ず/ずる/ずれ/ぜよ〕**恨む。恨み言をいう。**「ゑず」「ゑにす」とも。枕草子 平安―随筆 にくきもの「言ひ知らせぬをばゑんじ、そしり」訳話して聞かせないのを恨み、悪く言って。

ゑん-どん【円頓】エンドン 名詞 仏教語。いっさいを欠けることなく円満に備え、速やかに悟って成仏じょうぶつに至ること。天台宗で、自宗の教義、根本経典である法華けほ経をさす。

(円 座)

ゑん-りよ【遠慮】エンリョ 名詞 ❶**先を見通した深い考え。**保元 鎌倉―物語 中「はげたる矢をさしはづす、ゑんりよの程こそ神妙なれ」訳弓につがえた矢をはずす、先を見通した深い考えは殊勝なことである。❷**他人に対して言動を控え目にすること。気がねすること。**圖 罪人 室町―狂言「ゑんりよなしに言うてみよ」訳気がねなしに言ってみろ。❸江戸時代、武士・僧侶そうりょに対する刑罰の一種。軽い謹慎刑で、閉門させるが、潜くぐり戸は引き寄せておくだけでよく、夜間のそこからの出入りは許した。

を[1] オ 名詞 ㊀【峰】**山の高い所。尾根。峰**みね。対谷たに。㊁【丘・岡】**おか。**

を[2]【尾】オ 名詞 ❶**(動物の)尾。**拾遺 平安―歌集 恋三「あしひきの山鳥のをのしだりをの長々し夜よをひとりかも寝む」訳⇨あしひきのやまどりのをの…。❷(動物の尾のように)長く伸びたもの。特に、山の裾すその長く伸びたところ。古今 平安―歌集 春上「春霞はるがすみ峰にもをにも立ち隠しつつ」訳春霞が峰にも山の裾にもかかって(山桜を)隠していることよ。

を[3]【男】オ 名詞 ❶(動物の)**おす。**(植物の)**雄花。**◇「牡・雄」とも書く。❷**男**おとこ。**男性。**❸**夫**おっと。古事記 奈良―史書 垂仁「をと兄せといづれか愛はしき」訳夫と兄と、どちらがいとおしいか。◇「夫」とも書く。対❶～❸女め。

を[4]【麻・苧】オ 名詞 ❶**麻**あさ**の別名。**❷**麻**、または苧からむしの茎の皮で作った糸。

を[5]【緒】オ 名詞 ❶**糸。紐**ひも。古事記 奈良―史書 神代「太刀がをもいまだ解かずて」訳太刀のひももまだ解かないで。❷**弓や楽器の弦。つる。**枕草子 平安―随筆 無名といふ琵琶の御琴を「弾くにはあらで、をなどを手まさぐりにして」訳(琵琶わびを)弾くのではなくて、弦などを手なぐさみにして。❸**鼻緒。**枕草子 平安―随筆 四月、祭の頃「屐子けいし・履くつなどに、『をすげさせ。裏をさせ』などもてさわぎて」訳高下駄たかげたや履などに「鼻緒を通して(ください)。裏を張って(ください)」などとあれこれ大騒ぎして。❹**長く続くこと。また、長く続くもの。**万葉集 奈良―歌集 五八七「あらたまの(=枕詞まくらことば)年のをを長く我も思はむ」訳何年もずっと長く私も思おう。

を[6] オ 感動詞 **はい。**▼女性が応答や、承諾する意を表すのに用いる語。源氏物語 平安―物語 行幸「『いづら、この近江あふみの君、こなたへ』と召せば、『を』と、いとけざやかに聞こえて」訳「どこにいますか、この近江の君、こちらに」とお呼びよせになると、「はい」と、とてもはっきりと申し上げて。

を[7]

語義の扉

㊀間投助詞
文中に用いられる場合(❶❷)。
❶〔意志、願望、命令の表現を伴って〕強調。…ね。…よ。…さ。
❷〔「体言＋を＋形容詞語幹＋み(=接尾語)」の形で〕原因。理由。…が…なので。
文末に用いられる場合(❸❹)。
❸感動、詠嘆。…ことよ。…だなあ。…のになあ。
❹強調、確認。…よ。…さ。…ね。

㊁格助詞〔体言、活用語の連体形に付いて〕
❶動作、作用の対象。…を。
❷動作の起点。…を。…から。
❸動作の経過点。…を。
❹継続する動作の時間。…を。…の間を。
❺同義の関係にある名詞と動詞の間に用いて、慣用表現をつくる。「寝いを寝ぬ」「哭ねを泣く」

㊂接続助詞〔活用語の連体形、まれに体言に接続して〕
❶単純な接続。…たところ。
❷順接の確定条件。…ので。…から。
❸逆接の確定条件。…のに。けれども。

㊀間投助詞《接続》種々の語に付く。❶〔文中で、意志、願望、命令表現を伴って用いられて〕強調の意を表す。**…ね。…よ。…さ。**万葉集 奈良―歌集 二六〇三「心をし君に奉まつる思へればよしこのころは恋ひつつをあらむ恋乍乎将有」訳私は、心をすっかりあなたに差し上げてしまったつもりでいるのだから、まあ、しかたがないもうしばらくのあいだは恋い慕うことばかりでね、じっとしていよう。蜻蛉 平安―日記 下『迅とし装束

まづぞうち泣かれける。さうきて彼処へを参れ』とて、いそがしやりたりければ、訳「今すぐ装束をつけて、あちらへね、参上しなさい」と言ってせき立てて行かせたのだが、何とも涙がこぼれて仕方なかった。

❷〔「体言＋を＋形容詞語幹＋み(＝接尾語)」の形で〕原因、理由を表す。…が…なので。万葉集 奈良―歌集 二九三八「人言を繁み言痛み人言乎繁三毛人髪三わが背子を目には見れども逢ふよしもなし」訳人の噂がとてもうるさいので、あの方の姿を目に見ることはできても、二人で逢う手だてのないことだ。

❸〔文末に用いられて〕感動・詠嘆の気持ちを表す。…ことよ。…だなあ。…のになあ。後撰 平安―歌集 秋中「秋の田のかりほの庵の苫をあらみわが衣手は露にぬれつつ」訳⇩あきのたの…。古事記 奈良―史書 神代「ここに、伊耶那岐の命先づ、『あなにやし、えをとめを阿那迩夜志、愛袁登売袁』と言ひ、後に妹伊耶那美の命、『あなにやし、えをとこを阿那迩夜志愛袁登古袁』と言ひき」訳そこで(今度は)伊耶那岐の命が先に「なんとまあすばらしい娘であることよ」と言い、そのあと妻の伊耶那美の命が「なんとまあいとしいお方なのでしょう」と言った。古今 平安―歌集「思ひつつ寝ればや人の見えつらむ夢と知りせば覚めざらましを」訳⇩おもひつつ…。

❹〔文末に用いられて〕強調・確認の気持ちを表す。…よ。…さ。…ね。万葉集 奈良―歌集 三〇〇二「あしひきの山より出づる月待つと人には言ひて妹待つ吾を妹待吾乎」訳山から出てくる月を待っているのだと人には言って、実は逢引の約束をしたあの娘のやってくるの待っているこの私なのだよ。

二 格助詞《接続》体言や体言に準ずる語に付く。間投助詞「を」から転じて、格助詞そしての用法をもつようになった語で、体言、活用語の連体形について連用修飾語をつくる。

❶動作作用の対象を表す。…を。徒然 鎌倉―随筆 一八「人はおのれをつづまやかにて、おごりを退けて財をを持たず、世をむさぼらざらむぞいみじかるべき」訳人というものは自分の生活を質素倹約にて、ぜいたくをやめて財宝を所有せず、世俗的な名誉や利用を得ようと欲ばらないのがたいそう立派なことであろう。

❷動作の起点を表す。…を。…から。源氏物語 平安―物語 須磨「さりとて、都を遠ざからむも、古里覚束なかるべきを、人わるくぞ思し乱るる」訳かといって都から遠くへだたってしまうのも気がかりであろうからなどと、みっともないほど思い悩んでおられる。

❸動作の経過点を表す。…を。土佐日記 平安―日記 一・三〇「寅卯の時ばかりに、沼島といふ所を過ぎて、たな川といふ所を渡る」訳午前五時ごろに、沼島という所を通り過ぎて、たな川という所を通る。

❹継続する動作の時間を示す。…を。…の間を。拾遺 平安―歌集 恋三「あしひきの山鳥の尾のしだり尾の長長し夜を長永夜乎一人かも寝む」訳⇩あしひきの…。

❺同義の関係にある名詞と動詞の間に用いて、慣用表現をつくる。「寝を寝ぬ」「哭を泣く」など。万葉集 奈良―歌集 四〇〇四「家思ふと寝を寝ず居れば伊弥受乎礼婆鶴が鳴く葦辺も見えず春の霞に」訳家を恋しく思って寝ることもできずに居ると、鶴の鳴いているのが聞こえてくる。(見やると)その鳴いている葦辺も見えないほど春の霞の立ちこめていることだ。

三 接続助詞《接続》活用語の連体形に付く。まれに体言に付く。格助詞「を」から転じて、接続助詞としての用法をもつようになった語で、活用語の連体形、まれに体言に接続して、

❶〔前後のことがらを単純に結びつける場合〕単純な接続関係を表す。…たところ。大鏡 平安―物語 序「『きむぢが姓は何ぞ』と仰せられしかば、『夏山となむ申す』と申ししを、やがて繁樹となむつけさせたまへりし」訳(貞信公が)「お前の姓は何というか」とおっしゃったので、「夏山と申します」と申し上げたところ、そのまま、ただちに(「夏山」からの縁で)「繁樹」と名前をつけてしまわれたのでした。

❷順接の確定条件を表す。…ので。…から。源氏物語 平安―物語 桐壺「『若宮の、いとおぼつかなく、露けきなかに過ぐしたまふも心苦しうおぼさるるを迅く参りたまへ』など、はかばかしうものたまはせやらず」訳(命婦は、帝の仰せ言として)「若宮がとても気がかりな状態で、涙でしめりがちな人々の中で暮らしておいでなのもいたわしく思われるので、(どうか)早く参内なさってください」などと、きちんとすべておっしゃることもできず。

❸逆接の確定条件を表す。…のに。…けれども。古今 平安―歌集 秋下「白露の色はひとつをいかにして秋の木の葉を千千に染むらむ」訳白露の色は透き通った色一色であるのに、いったいどんなふうに秋の木々の葉をいろいろな色に染めてしまうのだろうか。注意 接続助詞「を」が体言に付いた、まれな例。「ひとつ」は「千千」の数詞による対照がなされている。徒然 鎌倉―随筆 一三九「八重桜は、奈良の都にのみありけるを、このごろぞ、世に多くなりはべるなる」訳八重咲きの桜は、もとは奈良の都にだけあったのだけれども、このごろになって世間に多くなったのだそうです。

を-[8]【小】 オ 接頭語 ❶〔名詞に付いて〕小さい、細かい意を表す。「を太刀」「を舟」。❷〔名詞に付いて〕語調を整える。「を田」「を野」。❸〔形容詞や動詞の連用形に付いて〕少し、わずかの意を表す。「を暗し」「を止む」

を-[9]【雄】 オ 接頭語〔名詞に付いて〕雄々しい、勇ましい意を表す。「を心」「をたけび」

をい イオ 感動詞「おい」に同じ。

をいをい オイオイ 感動詞「おいおい」に同じ。

をう ウオ 感動詞「おう」に同じ。

を-うと【夫】 オウト 名詞「をひと(夫)」のウ音便。おっと。

***をうな【女】** オウナ 名詞「をみな」のウ音便。おんな。女性。古今 平安―歌集 仮名序「強からぬはをうなの歌なればなるべし」訳(小野小町の歌が)強くないのは女性の歌であるからであろう。

をう-をう オウオウ 感動詞「おうおう」に同じ。

をか【丘・岡】 オカ 名詞 周囲より小高くなっている土地。おか。

を-かきつ【小垣内】 オカキツ 名詞 垣根の内。垣内。◆「を」は接頭語。

[1]をかし【犯し】 オカシ 名詞 罪を犯すこと。また、罪。源氏物語 平安―物語 明石「前の世の報いか、この世のをかしか」訳(命がなくなろうとするのは)前世の報いか、この世で犯した罪(のせい)か。

をか・し[2] 形容詞 シク {(しく)・しから／しく・しかり／し／しき・しかる／しけれ／しかれ}

語義の扉

古くは❶の「こっけいだ」の意味で使われていたが、平安時代になってから、対象に対する興味・賞美という、美的・情緒的な用法が主流になる。鎌倉時代以降はまた、「こっけいだ」の意味になる。

❶ こっけいだ。おかしい。変だ。
❷ ㊉興味深い。心が引かれる。
❸ ㊉趣がある。風情がある。
❹ ㊉美しい。優美だ。愛らしい。
❺ ㊉すぐれている。見事だ。すばらしい。

❶**こっけいだ。おかしい。変だ。**今昔物語 平安ー説話 二八・四二「妻『をかし』と思ひて、笑ひてやみにけり」訳妻は「こっけいだ」と思って、笑って(責めるのを)やめた。❷**興味深い。心が引かれる。おもしろい。**徒然 鎌倉ー随筆 一九「また、野分の朝こそをかしけれ」訳また、台風の(あった)翌朝(のありさま)は興味深い。❸**趣がある。風情がある。**枕草子 平安ー随筆 春はあけぼの「まいて雁などの連ねたるが、いと小さく見ゆるは、いとをかし」訳いうまでもなく雁などが連なって(飛んで)いるのが、とても小さく見えるのは、たいそう趣がある。❹**美しい。優美だ。愛らしい。**源氏物語 平安ー物語 若紫「けづることをうるさがり給へど、をかしの御髪や」訳髪をとかすことをめんどうがりなさるけれど、美しい御髪だこと。❺**すぐれている。見事だ。すばらしい。**更級 平安ー日記 大納言殿の姫君「笛をいとをかしく吹き澄まして、過ぎぬなり」訳笛をとても見事に一心に吹いて、通り過ぎて行ってしまったようだ。

をかし[3] 文芸 「あはれ」とともに、平安時代における文学の基本的な美的理念。「あはれ」のように対象に入り込むのではなく、対象を知的・批評的に観察し、鋭い感覚で対象をとらえることによって起こる情趣。清少納言の『枕草子』は「をかし」の文学の代表とされる。⇨あはれ 文芸

をかし-が・る 自動詞 ラ四 {ら／り／る／る／れ／れ} **おもしろがる。興味深く思う。**更級 平安ー日記 竹芝寺「『もろこしが原にやまと撫子しも咲きけむこそ』など、人々をかしがる」訳「(中国という意味の名の)唐土が原に大和撫子が咲いていようとは」などと、人々はおもしろがる。◆「がる」は接尾語。

をかし-げ・なり 形容動詞 ナリ {なら／なり・に／なり／なる／なれ／なれ} **いかにも趣がある。いかにも愛らしい。いかにもすばらしい。**枕草子 平安ー随筆 うつくしきもの「いとをかしげなるおよびにとらへて、大人などに見せたる、いとうつくし」訳(幼児が塵を)たいそう愛らしい指につまんで、大人などに見せている、(その姿は)たいそうかわいらしい。◆「げ」は接尾語。

をかし-ば・む 自動詞 マ四 {ま／み／む／む／め／め} **興趣深く見える。風流めく。**源氏物語 平安ー物語 夕霧「なよよかにをかしばめる事を、好ましからず思す人は」訳「ものやわらかで風流めいていることに、興味をお持ちでない人が。◆「ばむ」は接尾語。

をかしみ 文芸 和歌や俳諧などの滑稽や洒落。古くは『万葉集』の戯笑歌や『古今和歌集』の俳諧歌などに見られ、後には俳諧の連歌や狂歌・川柳などに受け継がれた。

をかし-やか・なり 形容動詞 ナリ {なら／なり・に／なり／なる／なれ／なれ} **いかにも風情がある。**源氏物語 平安ー物語 総角「時々、をりふし、をかしやかなるほどに聞こえ交はしたまひし年ごろよりも」訳あの時この時、機会があるにつけていかにも風情があるようすで手紙を互いに差し上げたりしあいなさった年月よりも。◆「やか」は接尾語。

を-かしら【尾頭】 名詞 ❶**尾と頭。**❷**尾から頭までの長さ。**

をか・す＊【犯す・侵す】 他動詞 サ四 {さ／し／す／す／せ／せ} ❶**法律・道徳などを破る。悪事を行う。**源氏物語 平安ー物語 須磨「八百万神もあはれと思ふらむをかせる罪のそれとなければ」訳多くの神々も(私を)あわれと思うだろう、犯した罪がこれといってないのだから。❷**(心や体を)害する。損なう。**また、**女性に乱暴する。**徒然 鎌倉ー随筆 一二三「病にをかされぬれば、その愁へ忍びがたし」訳病気で(体が)損なわれてしまうと、その苦しみは耐えがたい。❸**(他の領分を)不当に奪う。侵略する。**大和物語 平安ー物語 一四七「異国の人の、いかでかこの国の土をばをかすべき」訳他国の人が、どうしてこの国の土地を不当に奪ってよいものか、いや、よくない。

を-かぢ【小楫】 名詞 楫。◆「を」は接頭語。

をか-づけ【陸着け】 名詞 荷物を陸路で輸送して届けること。

をか-び【岡傍】 名詞 「をかべ」に同じ。◆「び」は接尾語。

をか-べ【岡辺】 名詞 **丘のあたり。丘のほとり。**「をかへ」「をかび」とも。万葉集 奈良ー歌集 一八二〇「梅の花咲けるをかべに家居をれば」訳梅の花の咲いている丘のあたりに住んでいるので。

を-かみ【尾髪】 名詞 馬の尾とたてがみ。また、特に、尾。「をがみ」とも。

をが・む【拝む】 自動詞 マ四 {ま／み／む／む／め／め} ❶**(神仏に)礼拝する。おがむ。**源氏物語 平安ー物語 夕顔「『南無当来導師』とぞをがむなる」訳「南無当来導師」と拝んでいるらしい。❷**拝顔する。お目にかかる。**伊勢物語 平安ー物語 八三「しひて御室にまうでてをがみ奉るに」訳(雪の中を)無理に(出家した親王の)御庵室に参上して拝顔申し上げると。❸**嘆願する。懇願する。**

をか-め【岡目・傍目】 名詞 他人の行為をわきから見ていること。傍観。

をぎ【荻】 名詞 草の名。水辺や湿地に群生し、秋、黄褐色の穂を出す。薄に似ている。秋風にそよいで葉ずれの音を立てるものとされた。季秋。

をぎ-びと【招ぎ人】 名詞 祈禱をして物の怪を招き寄せる修験者。「をきびと」とも。

荻生徂徠 人名 (一六六六〜一七二八)江戸時代中期の儒学者。物茂卿とも。朱子学を学び、新しい古文辞学派という学派を開き、門下から太宰春台・服部南郭が出た。八代将軍吉宗に求められて『政談』(四巻)を書き、講義もした。

を・く【招く】 他動詞 カ四 〔か／き／く／く／け／け〕 **招き寄せる。呼び寄せる。** 万葉集 奈良―歌集 八一五「正月立ち春の来たらばかくしこそ梅を**をき**つつ楽しき終へめ」訳正月になって春が来たならばこのように梅の花を**招き寄せ**ては楽しいことの限りを尽くそう。

を-ぐし【小櫛】 名詞 櫛。◆「を」は接頭語。

を-ぐな【童男】 名詞 **男の子。男児。**

を-くに【小国】 名詞 小さな国。また、国。◆「を」は接頭語。

を-ぐら・し【小暗し】 形容詞 ク 〔（く）・から／く・かり／し／き・かる／けれ／かれ〕 **うす暗い。ほの暗い。** 蜻蛉 平安―日記 中「空車引き続きて、…いと**をぐらき**中より来るも」訳荷車が連なって、…ひどく**うす暗い**(木立の)中から来るの(を見て)も。◆「を」は接頭語。

小倉百人一首（をぐらひゃくにんいっしゅ） 書名 和歌集。藤原定家の撰。鎌倉時代(一二三五か)成立。一巻。〔内容〕天智天皇から順徳院に至る間の歌人百人の秀歌を一首ずつ集めたもの。江戸時代以後、習字の手本や歌がるたとして広く親しまれた。

古典の常識

『小倉百人一首』―遊び道具でもある、身近な和歌のテキスト

撰者である鎌倉時代の歌人藤原定家の、京都小倉山の山荘の障子(＝今のふすま)の色紙形(＝色紙の形に切った紙)に書かれていたことから、この名がある。

歌人必見の書となったばかりでなく、後世の文学にも大きな影響を与えた。江戸時代には歌がるたとなり一般にも普及し、また、習字の手本としても使われた。

[1]をぐらやま… 和歌 「小倉山あらしの風の寒ければ紅葉の錦着ぬ人ぞなき」大鏡 平安―物語 頼忠・藤原公任 訳小倉山や嵐山から吹き下ろす山風が寒いので、紅葉の落ち葉が人々の衣に散りかかって、錦の衣を着ない人はだれもいないことだ。

鑑賞「紅葉の錦」は、衣に散りかかった色とりどりの紅葉を、精巧な色模様を織りだした美しい絹織物に見立てた表現。「小倉山」は紅葉の名所。「あらし」は山を吹く強い風の意と嵐山をかける。

[2]をぐらやま… 和歌 百人一首 「小倉山峰のもみぢ葉心あらば今ひとたびのみゆき待たなむ」拾遺 平安―歌集 雑秋・藤原忠平 訳小倉山の峰の紅葉よ、もしお前に物の趣を解する心があるならば、もう一度の行幸があるまで(散らないで)待っていてくれよ。

[3]小倉山（をぐらやま） 地名 歌枕 ❶今の京都市の北西郊の嵯峨にある山で、保津川を挟んで「嵐山」と対する。紅葉の名所であり、藤原定家がここの山荘で『百人一首』を選んだといわれることでも知られる。和歌では、「紅葉」「鹿」を詠み込むことが多く、また、「小暗し」の「をぐら」をかけることもある。小倉の山。⇨[1]をぐらやま…。⇨[2]をぐらやま…。❷『万葉集』巻八で「夕されば小倉の山に鳴く鹿は…」〈⇨ゆふさればをぐらのやまに…。〉と詠まれた山で、今の奈良県桜井市付近の山というが、未詳。「小椋山」とも書く。

を-ぐるま【小車】 名詞 車。また、小さい車。◆「を」は接頭語。

を-け【麻笥】 名詞 「績み麻」を入れておく器。檜の薄板を曲げて円筒形に作る。「麻小笥」とも。

（麻　笥）

をこ【痴・烏滸・尾籠】 形容動詞語幹 ⇨をこなり。

宇治拾遺 鎌倉―説話 一一・六「我がしたることを、人々騒ぎあひたり、**をこ**のことかな」訳私がやったことなのに、人々が騒ぎあっている(のは)、**ばかげた**ことだなあ。

をこ-がま・し

【痴がまし・烏滸がまし・尾籠がまし】 形容詞 シク 〔（しく）・しから／しく・しかり／し／しき・しかる／しけれ／しかれ〕

語義の扉

「をこ」は痴・烏滸・尾籠。「がまし」は形容詞をつくる接尾語。

❶**ばかげている。みっともない。**▼いかにも愚かに見え、笑いものになりそうなようす。徒然 鎌倉―随筆 七三「世俗の虚言をねんごろに信じたるも、**をこがましく**」訳世間のうそを正直に信じているのも、**ばかげていて**。

❷**出過ぎている。さしでがましい。** 更級 平安―日記 鏡のかげ「老い衰へて世に出で交じらひしは**をこがましく**見えしかば」訳年をとり弱って世間に出て交際することは、**さしでがましく**見えたので。

関連語 愛嬌がまし／あざれがまし／痴れがまし／好きがまし／ついでがまし／ねぢけがまし／恥ぢがまし／へだてがまし／わざとがまし。

をこ-が・る【痴がる】 他動詞 ラ四 〔ら／り／る／る／れ／れ〕 **ばからしいと思う。ばかにする。** 宇治拾遺 鎌倉―説話 二・一二「この聞く男ども、**をこがり**あざけりて」訳これを聞く男たちは、**ばからしいと思い**嘲笑して。◆「がる」は接尾語。

を-ごころ【雄心】 名詞 **男らしく、勇気のある心。雄々しい心。**

をこつ・る【誘る】 他動詞 ラ四 〔ら／り／る／る／れ／れ〕 **だまし誘う。だましすかす。機嫌をとる。** 大鏡 平安―物語 道兼「あやにくがりすまひ給へど、よろづに**をこつり**、祈りをさへして、教へ聞こえさするに」訳(道兼の長男は)いやがり抵抗なさったけれど、いろいろと**だましすかし**、祈禱までして(舞を)お教え申し上げるのに。

を-ごと【小琴】 名詞 **琴。小さい琴。**◆「を」は接頭語。

ヲコト点（をことてん） 文芸 「乎己止点」とも書く。漢文を訓読するために漢字に付けた、点・線・かぎ形などの符号。現在の返り点・送り仮名に当たるものや、助動詞、音読・訓読の別などを示した。漢字の四隅や中央に朱や青で書き入れ、たとえば、漢字の右上に点があれば「…ヲ」と読む。平安時代初期から鎌倉時代にかけて、僧の間で経典を読むために盛んに行われた。いろいろな形式があるが、その一つの博士家点では、右肩の上・中の点が「ヲ」「コト」を表したのでこの名称がある。「テニヲハ点」「テニハ点」とも、単に「点」ともいう。

をこ・なり【痴なり・烏滸なり・尾籠なり】オコナリ 形容動詞 ナリ {なら/なり・に/なり/なる/なれ/なれ} 愚かだ。間が抜けている。ばかげている。源氏物語 平安一物語 須磨「行きかかりてむなしう帰らむ後ろ手も、をこなるべし」訳(明石まで)出かけて行って、無駄骨を折って帰ってくる後ろ姿も、間が抜けているだろう。

をこ-め・く【痴めく】オコメク 自動詞 カ四 {か/き/く/く/け/け} ばかげて見える。ふざける。源氏物語 平安一物語 常夏「をこめい給へる大臣にて、ほほゑみてのたまふ」訳ふざけなさる大臣なので、ほほえんでおっしゃる。◇「をこめい」はイ音便。◆「めく」は接尾語。

をご-め・く【蠢く】⇩おごめく

をこ-ゑ【痴絵・烏滸絵】オコエ 名詞 こっけいなことを風刺的に描いた絵。戯画。

をさ[1]【長】サオ 名詞 頭。長。

をさ[2]【筬】サオ 名詞 機織りの道具の一つ。細く薄い竹片を櫛の歯のように長方形の枠に並べ入れたもの。縦糸をその目に通し、横糸を織り込むごとに動かして織り目を密に整える。

(筬)

をざさ-はら【小笹原】オザサハラ 名詞 笹の生い茂った原。笹原。「をざさがはら」とも。

をさな【幼】オサナ 形容詞 語幹 ⇩をさなし。源氏物語 平安一物語 若紫「いで、あなをさなや。言ふかひなうものし給ふかな」訳いやもう、まあ子供っぽいことよ。たわいなくいらっしゃることよ。

をさな-おひ【幼生ひ】オサナオイ 名詞 幼いときの生い立ち。幼いころのようす。

をさな-げ・なり【幼げなり】オサナゲナリ 形容動詞 ナリ {なら/なり・に/なり/なる/なれ/なれ} いかにも幼そうだ。あどけないようすだ。枕草子 平安一随筆 うつくしきもの「八つ、九つ、十ばかりなどの男児の、声はをさなげにて文読みたる、いとうつくし」訳八、九、十歳くらいの男の子が、声はいかにも幼そうなようすで漢籍を読んでいるのは、とてもかわいらしい。◆「げ」は接尾語。

をさな-ごこち【幼心地】オサナゴコチ 名詞 子供心。

をさ-な・し【幼し】オサナシ 形容詞 ク {(く)・から/く・かり/し/き・かる/けれ/かれ}

❶小さい。幼少である。幼い。竹取物語 平安一物語 かぐや姫の生ひ立ち「いとをさなければ、籠に入れて養ふ」訳(かぐや姫が)とても小さいので、かごに入れて養育する。

❷幼稚だ。子供っぽい。土佐日記 平安一日記 二・四「女児のためには、親をさなくなりぬべし」訳(死んだ)女の子のことをおもうために、親は(分別なく)幼稚になってしまうのだろう。

関連語 「をさなし」「いとけなし」「いはけなし」はともに幼いの意を表すが、「をさなし」は成熟していない面、「いとけなし」は年齢が少ない面、「いはけなし」は物心がつかず頼りない面をいうことが多い。

をさな-な【幼名】オサナナ 名詞 元服以前の名。

をさな・ぶ【幼ぶ】オサナブ 自動詞 バ上二 {び/び/ぶ/ぶる/ぶれ/びよ} 幼げに見える。子供じみる。狭衣 平安一物語 二「恨み給ふけはひ、をさなびて、ふくらかに愛敬づき、愛しげに見え給ふ」訳恨みなさるようすは、幼げに見えて、ふっくらと魅力があって、愛らしく見えなさる。◆「ぶ」は接尾語。対大人ぶ。

をさな-め【幼目】オサナメ 名詞 幼児の目。幼いときに見たこと。

をさま・る*オサマル 自動詞 ラ四 {ら/り/る/る/れ/れ}

㊀【治まる・修まる】❶(世の中が)平穏になる。平家物語 鎌倉一物語 七・主上都落「をさまれる世だにもかくのごとし」訳平穏になった世の中でさえもこのようである。❷(乱れた気持ちや苦痛などが)しずまる。落ち着く。源氏物語 平安一物語 夕霧「ある限り、心もをさまらず、物覚えぬ程なり」訳すべての女房は、心も落ち着かず、物も考えられないありさまである。

㊁【収まる・納まる】❶きちんと入る。かたづく。決着する。❷消える。なくなる。弱くなる。源氏物語 平安一物語 帚木「月は有り明けにて、光をさまれるものから、影さやかに見えて」訳月は有り明けの月で、光は弱くなっているとはいうものの、月の形ははっきりと見えて。

をさ・む【治む・修む／収む・納む】オサム 他動詞 マ下二 {め/め/む/むる/むれ/めよ}

㊀【治む・修む】

❶統治する。治める。平定する。徒然 鎌倉一随筆 一二二「今の世には、これをもちて世ををさむること、やうやく愚かなるに似たり」訳今の世では、これ(文学や音楽)で世の中を治めることは、しだいにおろかなことと考えるようになった。

❷正しくする。落ち着かせる。徒然 鎌倉一随筆 一一〇「身ををさめ、国を保たん道も」訳わが身を正しくし、国政を持ちこたえるような道も。

❸(病気などを)なおす。治療する。日本書紀 奈良一史書 神代上「その病ををおさむる方を定む」訳その病を治療する方法を定める。

㊁【収む・納む】

❶しまう。納める。収納する。貯蔵する。源氏物語 平安一物語 鈴虫「はかばかしきさまのは、みな、かの三条の宮の御蔵にをさめさせ給ふ」訳価値のあるようなものは、みな、あの三条の宮のお蔵にお納めさせなさる。

❷葬る。埋葬する。源氏物語 平安一物語 桐壺「限りあれば、例の作法にをさめ奉るを」訳(ものには)限度があるので、決まったやり方で(桐壺更衣の遺体を)埋葬し申し上げるのを。

をさ-め【長女】オサメ 名詞 宮中で雑用に従事する下級の女官。一説に、それらの長である老女とも。

をさめ-どの【納め殿】オサメドノ 名詞 金銀・調度・衣服などを収納しておく所。内裏では宜陽殿に歴代の宝物などを納めた。

小沢蘆庵（をざはろあん）オザワロアン 人名 (一七二三～一八〇一)江戸時代後期の歌人。名は玄仲。冷泉為村に和歌を学んだ。独自の平易な語を用いて深い心を歌いあげる「ただこと歌」を主張した。歌論書に『ちりひじ』、家集に『六帖詠草』がある。

をさ-をさ オサオサ 副詞

❶〔打消の語を下接して〕**ほとんど。あまり。めったに。なかなかどうして。** 徒然 鎌倉－随筆 一九「冬枯れの気色こそ、秋にはをささおとるまじけれ」訳冬枯れの風景こそ、秋にはほとんど劣らないだろう。❷**しっかりと。きちんと。はっきりと。** 宇津保 平安－物語 藤原の君「よろづの人の『婿になり給へ』と、をさをさ聞こえ給へども、さも物し給はず」訳多くの人が「婿におなりなさい」と、はっきりと申し上げなさるけれども、そのようにもなさらない。

を・さを・さ・し【長長し】 形容詞 シク〔(しく)・しから/しく・しかり/し/しき・しかる/しけれ/しかれ〕**しっかりしている。きちんとしている。** 伊勢物語 平安－物語 一〇七「若ければ、文もをさをさしからず、言葉も言ひ知らず」訳(女は)若いので、手紙(の書き方)もしっかりしていないし、言葉も適切な使い方を知らない。

をし[1]【鴛鴦】 名詞 おしどりの古名。

を・し[2] 形容詞 シク〔(しく)・しから/しく・しかり/し/しき・しかる/しけれ/しかれ〕
㊀【惜し】**残念だ。心残りだ。手放せない。惜しい。** 宇治拾遺 鎌倉－説話 一・一三「この花の散るををしうおぼえさせたまふか」訳この桜の花が散るのを残念だとお感じになるのか。◇「をしう」はウ音便。
㊁【愛し】**いとしい。かわいい。** 続後撰 鎌倉－歌集 雑中「人もをし人も恨めしあぢきなく世を思ふゆゑに物思ふ身は」訳⇩ひともをし…。

をし[3] 感動詞「おし」に同じ。

をし・かは【韋】 名詞 なめし皮。

を・しき【折敷】 名詞 杉やひのきの片木(=薄くはいだ板)で作った角盆、または隅切り盆(=四角形の各隅を切り落とした形の盆)。食器を載せ、また、神への供え物を載せるのに用いる。◆「を(折)りし(敷)き」の変化した語。

(折　敷)

をしけ・く【惜しけく】 なりたち 形容詞「をし」の奈良時代以前の未然形＋接尾語「く」
惜しいこと。 日本書紀 奈良－史書 雄略「山辺の小島子ゆゑに人てらふ馬の八匹はをしけくもなし」訳山の辺の小島子(=女性の名)のためには、人が自慢する馬八頭ぐらいは惜しいことはない。

をしけ・し【惜しけし】 形容詞 ク〔(く)・から/く・かり/し/き・かる/けれ/かれ〕**惜しい。** 源氏物語 平安－物語 胡蝶「むらさきのゆゑに心をしめたればふちに身なげむ名やはをしけき」訳紫草のゆかりの方(=玉鬘)のために心をすべて奪われているので、淵に身を投げたといううわさ(が立てられて)もなんの惜しいことがあろうか、いや、惜しくはない。

をしげ・なり【惜しげなり】 形容動詞 ナリ〔なら/なり・に/なり/なる/なれ/なれ〕**いかにも惜しいようだ。名残惜しいようだ。** 源氏物語 平安－物語 桐壺「さま変へたまはむことをしげなり」訳(童姿から髪型や服装を変えて成人に)姿を変えなさることがいかにも惜しいようだ。◆「げ」は接尾語。

を・して 連語 ❶**…に命じて。…に。** 平家物語 鎌倉－物語 八・竹生島詣「あるいは方士をして不死の薬を尋ね給ひしに」訳あるいは神仙の術を行う者に命じて不死の薬を捜し求めなさった時に。❷(方法・手段を表して)**…によって。…でもって。…で。** 徒然 鎌倉－随筆 三八「身の後には、金をして北斗をささふとも」訳自分の死後には、黄金でもって北斗星を支えるほどであっても(=それほど財産を残しても)。

をし・どり【鴛鴦】 名詞 水鳥の名。**おしどり。**

をしどり・の【鴛鴦の】 枕詞 おしどりが水に浮くことから「浮き」と同音の「憂き」にかかる。

をし・ふ【教ふ】 他動詞 ハ下二〔へ/へ/ふ/ふる/ふれ/へよ〕❶(導くために)**教える。さとす。** 方丈記 鎌倉－随筆「仏のをしへ給ふおもむきは」訳仏が教えさとしなさる趣意は。❷**告げ知らせる。** 七番日記 江戸－日記 俳文「大根引き大根で道ををしへけり——一茶」訳冬の畑で農夫が大根を引き抜いている。通りがかりの人に道を聞かれて、農夫は抜いたばかりの大根でさし示しながら道を教えているよ。

をしへ・な・す【教へ為す】 他動詞 サ四〔さ/し/す/す/せ/せ〕**巧みに教え込む。** 源氏物語 平安－物語 若菜上「いと幼げにものし給ふめるを、うしろやすくをしへなし給へかし」訳(女三の宮は)いかにも幼そうなお方ですから、先々安心できるようによく教え込んであげてください。

をし・む【惜しむ】 他動詞 マ四〔ま/み/む/む/め/め〕
㊀【惜しむ】❶**惜しく思う。物惜しみをする。** 枕草子 平安－随筆 職の御曹司におはします頃、西の廂にて「御仏供のおろしたべむと申すを、この御坊たちのをしみ給ふ」訳(仏への)お供え物のおさがりをいただこうと申し上げるのを、このお坊様たちが物惜しみなさる。❷**名残り惜しく思う。残念がる。** 猿蓑 江戸－句集 俳諧「行く春を近江の人とをしみける——芭蕉」訳⇩ゆくはるを…。
㊁【愛しむ】**深く愛する。大切に思う。いつくしむ。いとおしく思う。** 古今 平安－歌集 離別「をしむらむ人の心を知らぬまに秋の時雨と身ぞふりにける」訳私を深く愛しているというあなたの気持ちを知らないうちに、秋の時雨が降るとともに、私の身もすっかり年老いてしまったよ。
参考 「をしむ」は形容詞「をし」の動詞形。「惜しむ」は現在でも使われるが、「愛しむ」は全く使われない。

をし・もの【食し物】 名詞 **召し上がり物。** 貴人の飲食物。

を・しゃう【和尚】 名詞 ❶仏教語。禅宗・浄土宗で、修行を積んだ高徳の僧。❷僧侶。また、座頭など、剃髪した者。❸茶道の宗匠や武道の師匠など、技芸にひいでた人。

を・す[1]【小簾】 名詞 **すだれ。小さいすだれ。** ◆「を」は接頭語。

を・す[2]【食す】 他動詞 サ四〔さ/し/す/す/せ/せ〕「飲む」「食ふ」「着る」「(身に)着く」の尊敬語〕❶**お召しになる。召し上がる。** 古事記 奈良－史書 仲哀「献り来し御酒ぞ乾さずをせ」訳献上して来たお酒ですよ。残さずに召し上がれ。❷「統ぶ」「治む」の尊敬語〕**統治なさる。お治めになる。** 万葉集 奈良－歌集 四〇〇六「天皇のをす国なれば」訳天皇のお治めになる国なので。◆奈良時代以前の語。

を・せなが・なり【を背長なり】 形容動詞 ナリ〔なら/なり・に/なり/なる/なれ/なれ〕**胴が長い。胴長だ。** 源氏物語 平安－物語 末摘花「居丈の高う、をせながに見えたまふに」訳(末摘花の容姿は)座高が高く、胴長にお見えなさるので。◆「を」は接頭語。

を-だ【小田】名詞 田。◆「を」は接頭語。

を-たち【小太刀】名詞 小さい太刀。こだち。◆「を」は接頭語。

を-だまき【苧環】名詞 紡いだ麻糸を、内側が空洞になるようにして繰り返し球状に巻いたもの。和歌では、「繰り返す」「賤し」を導く序詞を構成することが多い。伊勢物語 平安一物語 三二「いにしへの倭文のをだまき繰り返し昔を今になすよしもがな」訳古代の倭文織物を織るために繰り返し巻いた苧環、それではないが、もう一度たぐり寄せて(仲むつまじかった)昔を今に戻す方法があったらなあ。

(苧環)

をち[1]【彼方・遠】名詞 ❶**遠く隔たった場所。遠方。かなた。**古今 平安一歌集 離別「白雲の八重に重なるをちにても」訳白雲が幾重にも重なる遠方であっても。対此方。❷**それより以前。昔。**拾遺 平安一歌集 雑賀「昨日よりをちをば知らず」訳昨日よりそれ以前のことはわからないが。❸**それより以後。将来。**万葉集 奈良一歌集 三七二六「このころは恋ひつつもあらむ玉匣(=枕詞)明けてをちよりすべなかるべし」訳この数日は恋しながらもこうしているでしょう。夜が明けた後から は(あなたがいなくなって)どうにもしようがないでしょう。

をち[2]【復ち】名詞 **もとに戻ること。若返ること。**

を-ぢ ㊀【小父・老翁】**年寄りの男。おきな。** ㊁【伯父・叔父】**父母の兄弟。**

***をち-かた**【彼方・遠方】名詞 **遠くの方。向こうの方。あちら。**大鏡 平安一物語 伊尹「をちかたに所々煙の立つを御覧じて」訳遠くの方にあちらこちら煙が立ちのぼっているのをご覧になって。対この方。

をちかた-のべ【彼方野辺】名詞 **遠くの方にある野。**

をちかた-びと【彼方人・遠方人】名詞 **遠くにいる人。向こうにいる人。**古今 平安一歌集 雑体「うちわたすをちかたびとに物申すわれ」訳はるかに見渡す遠くにいる方に申し上げる、私は。

***をち-かへ・る**【復ち返る】自動詞ラ四{ら/り/る/る/れ/れ} ❶**若返る。**万葉集 奈良一歌集 三〇四三「露霜の消やすきわが身老いぬともまたをちかへり君をし待たむ」訳露や霜のように消えやすいわが身が年老いてしまってもまた若返りあなたを待とう。❷**元に戻る。繰り返す。**更級 平安一日記 東山なる所「誰に見せ誰に聞かせむ山里のこの暁もをちかへる音も」訳だれに見せだれに聞かせようか。山里のこの暁も、繰り返す(ほととぎすの)声も。

***をち-こち**【彼方此方・遠近】名詞 ❶**あちらこちら。**万葉集 奈良一歌集 九二〇「ももしきの(=枕詞)大宮人もをちこちにしじにしあれば」訳宮中に仕える人もあちらこちらに大勢いるので。❷**将来と現在。**万葉集 奈良一歌集 六七四「真玉付く(=枕詞)をちこちかねて言はいへど」訳将来も現在もあわせて(大切にすると)言葉では言うけれども。

をちこち-びと【彼方此方人・遠近人】名詞 **遠くの人や近くの人。あちらこちらの人。そこここの人。**新古今 鎌倉一歌集 羇旅・伊勢物語 平安一物語 八「信濃なる浅間の嶽に立つ煙をちこちびとの見やはとがめぬ」訳信濃にある浅間山に立ちのぼる煙をあちらこちらの人は見て怪しまないのだろうか(いや、怪しむ)。

をち-ど【越度】名詞 **あやまち。失敗。手落ち。**◆「をつど」とも。

***をぢ-な・し** 形容詞ク{(く)・から/く・かり/し/き・かる/けれ/かれ} ❶**臆病である。意気地がない。**竹取物語 平安一物語 竜の頸の玉「をぢなき事する船人にもあるかな」訳意気地のないことをする(=言う)船人だなあ。❷**劣っている。下手だ。つたない。**日本書紀 奈良一史書 欽明「わが国をぢなく弱し」訳わが国は劣っていて弱い。

を・つ【復つ】自動詞タ上二{ち/ち/つ/つる/つれ/ちよ} **元に戻る。若返る。**万葉集 奈良一歌集 三三一「わが盛りまたをちめやも」訳私の元気盛んな時期が再び戻って来るだろうか、(いや戻って来ないだろうよ)。

をつ-かい【越階】名詞 位階の順序を飛び越えて昇進すること。

を-つかみ【小摑み】名詞 つかめる程度に伸びた髪。ざんぎり頭。「をっかみ」とも。

をつつ【現】名詞 **今。現在。**「をつづ」とも。

をつ-ど【越度】名詞 「をちど」に同じ。

をても-このも【彼面此面】名詞 「をちおも(遠面)このおも(此面)」の変化した語。**あちら側とこちら側。かなたこなた。あちこち。**

をと【彼方・遠】名詞 「をち(彼方)」に同じ。

をとこ【男】名詞

❶**若い男。元服して一人前になった男。**義経記 室町一物語 一「十九にてをとこになして、鎌田三郎正近とぞ申しける」訳十九歳で元服して、鎌田三郎正近と申した。

❷**男。成人男性。**土佐日記 平安一日記 一二・二一「をとこもすなる日記といふものを」訳男も書くという日記というものを。

❸**夫。恋人である男。**更級 平安一日記 太井川「乳母なる人はをとこなどもなくなして」訳乳母である人は夫なども亡くして。

❹**在俗男性。**徒然 鎌倉一随筆 九〇「そのやすら殿は、をとこか法師か」訳そのやすら殿という人は、在俗男性か僧侶か。

❺**召使いの男性。下男。**源氏物語 平安一物語 若紫「をとこどもぞ御簾の外にありける」訳下男たちが御簾の外にいた。

関連語 「をとこ」と「をのこ」の違い
「をとこ」は、古くは「をとめ」と対応して年若い男性をさし、のちに広く「をんな」に対するものとして性差を意識して用いるようになった。これに対し、類義語「をのこ」は、男性を意味しても性の意識は少なく、「をとこ」が「夫」を意味することがあるのに対して、「夫」の意味はない。

をとこ-あるじ【男主】名詞 **亭主。主人。**「をとこしゅう」とも。

をとこ-がた【男方】名詞 ❶男女の二組みに分かれたときの、男の方。男組。❷(その女に対して)男

を

側。また、夫側・恋人側。

をとこ-が-た-つ【男が立つ】 連語 **男としての面目が立つ。男としての名誉が保たれる。** 梅児誉美 江戸―物語 人情「おめえをお由さんの方へ一旦帰さねえけりゃあ、をとこがたたねえ」訳お前をお由さんの方へ一度帰さなければ、男としての面目が立たない。

をとこ-ぎみ【男君】 名詞 ❶貴族の男性、または子息の尊敬語。源氏物語 平安―物語 柏木「日さしあがる程に生まれ給ひぬ。をとこぎみと聞き給ふに」訳日が昇るころにお生まれになった。男君とお聞きになって。対女君。❷貴族の婿・夫の尊敬語。枕草子 平安―随筆 すさまじきもの「家のうちなるをとこぎみの来ずなりぬる、いとすさまじ」訳その家の人となったお婿さんが通って来なくなってしまったのは、とても興ざめである。

をとこ-きんだち【男公達・男君達】 名詞 **貴族の息子たち。貴公子たち。**

をとこ-ぐるま【男車】 名詞 男性の乗る牛車。対女車。

をとこ-じもの【男じもの】 副詞 **男であるのに。** 万葉集 奈良―歌集 四八一「わきはさむ子の泣くごとにをとこじもの負ひみ抱きみ」訳わきに抱いた子が泣くたびに男であるのに背負ったり抱いたりして。◆「じもの」は接尾語。

をとこ-しゅう【男主】 名詞「をとこあるじ」に同じ。

をとこ-だて【男伊達・男達】 名詞 男としての信義を重んじ、男の面目を立てるためには身を捨てて顧みないこと。また、そのような男。侠客。

をとこ-だふか【男踏歌】 名詞 男性による「踏歌」。平安時代に陰暦正月十四日に宮中で行われた行事。催馬楽を歌いながら集団で舞うもの。季春。

*__をとこ-で【男手】__ 名詞 **漢字。**「男文字」とも。▼古く、男が多く用いたところからいう。◆「て」は文字・筆跡の意。対女手。

をとこ-に-な-る【男に成る】 連語 **男子が成人する。元服して一人前の男になる。** 大鏡 平安―物語 道長下「殿の君達のまだをとこにならせたまはぬ」訳殿(=道長)のお子様方でまだ元服しなさらない(方々は)。

をとこ-まひ【男舞】 名詞 ❶女が男装して演ずる舞。鳥羽天皇のとき、「白拍子」が始めたという。❷能の舞の一種。武士・山伏などの姿で、面をつけずに舞うもの。

をとこ-みこ【男御子】 名詞 **皇子。親王。**「をのこみこ」とも。対女御子。

*__をとこ-みや【男宮】__ 名詞 **男の皇族。皇子。**

をとこ-もじ【男文字】 名詞「をとこで」に同じ。

男山 地名 今の京都府八幡市にある山。山頂に石清水八幡宮がある。

をとこ-ゑ【男絵】 名詞 語義未詳。平安時代の中国風の力強い絵か。一説に、男の姿を描いた大和絵とも。

をどし【縅・威】 名詞 鎧の「札(=鉄や革で作った小さな板)」を糸・革ひもなどでつづり合わせること。また、そのようにしたもの。材料によって糸縅・革縅・綾縅など、つづり方によって荒目・毛引き・敷き目など、色によって緋縅・黒革縅・萌黄縅・卯の花縅などの種類がある。参照▼口絵

をど-す【縅す】 他動詞サ四 {さ/し/す/す/せ/せ} 鎧の「札(=鉄や革で作った小さな板)」を糸・革ひもなどでつなぎ合わせる。保元 鎌倉―物語 上「黒唐綾を太くたたみてをどしたる大荒目の鎧」訳黒地の唐綾を太く畳み重ねて、札をつなぎ合わせた大荒目の鎧。

をと-つ-ひ【一昨日】 名詞 **おととい。いっさくじつ。** ◆「をと(彼方)つひ(日)」の意。「つ」は「の」の意の奈良時代以前の格助詞。

をと-め【少女・乙女】 名詞 ❶**年若い娘。未婚の娘。**「をとめこ」とも。❷**五節の舞姫。**

をとめ-こ【少女子】 名詞「をとめ❶」に同じ。「をとめご」とも。

をとめ-さび【少女さび】 名詞 年若い娘らしいようすや振る舞いをすること。

をとめら-に【少女らに】 枕詞「少女に会う」意から「相坂」「ゆきあひ」にかかる。万葉集 奈良―歌集 二一一七「をとめらに行相の早稲刈る時になりにけらしも萩の花咲く」訳季節の変わり目の早稲(=早く実る稲)を刈る時節になったらしいな。萩の花が咲いている。

*__をど-る【踊る・躍る】__ 自動詞ラ四 {ら/り/る/る/れ/れ} ❶**飛び跳ねる。跳ね上がる。はやく動く。** 枕草子 平安―随筆 にくきもの「蚤もいと憎し。衣の下にをどりありきてもたぐるやうにする」訳蚤もとてもしゃくにさわる。着物の下で飛び跳ねまわって、(着物を)持ち上げるようにする(のが)。❷**舞踊をする。おどる。**

を-なは【苧縄】 名詞 麻糸をより合わせて作った縄。◆「を」は接頭語。

を-の[1]【小野】 名詞 **野。野原。**

をの[2]【斧】 名詞 木を切ったり割ったりする道具。**おの。**

をのいれて… 俳句「斧入れて 香に驚くや 冬木立」秋しぐれ 江戸―句集 俳諧・蕪村 訳葉を落とし尽くした冬の木立。枯れ木と思って斧を打ち込むと、生命をもつ木の香りが漂って来た。鑑賞 嗅覚から冬木立の内に脈打つ生命を発見した鋭い感覚の句である。季語は「冬木立」で、季は冬。

を-の-こ【男子・男】 名詞

❶**男。男子。** 徒然 鎌倉―随筆 一「下戸ならぬこそをのこはよけれ」訳酒が飲めない人でないのが男としてはよいのである。

❷**男の子。男児。** 徒然 鎌倉―随筆 一〇七「すべてをのこをば、女に笑はれぬやうにおほしたつべしとぞ」訳だいたい男の子は、女から笑われないように育てなければならないという。

❸**殿上人。殿上に出仕する男性。** 枕草子 平安―随筆 うへにさぶらふ御猫は「猫を御ふところに入れさせ給ひて、をのこども召せば」訳(帝は)猫をご自分のふところにお入れになられて、殿上人たちをお呼び寄せになると。

❹**召使いの男性。下男。** 源氏物語 平安―物語 夕顔「この院の預かりの子、睦ましく使ひたまふ若きをのこと」訳この寺院の留守番の子で、親しくお使いになっている若い下男と。

関連語 ⇩をとこ。

をのこ-ご【男子】 オノコゴ 名詞 ❶男の子。男児。枕草子 平安一随筆 うつくしきもの「八つ、九つ、十ばかりなどのをのこごの、声は幼げにて文読みたる、いとうつくし」訳八、九、十歳ぐらいの男の子が、声はいかにも幼そうなようすで漢籍を読んでいるのは、とてもかわいらしい。対女子。❷男。男性。源氏物語 平安一物語 少女「むつましき人なれど、をのこごにはうち解くまじきものなり」訳仲の良い人ではあっても、男性には気を許してはいけないものである。

をのこ-みこ【男御子】 オノコミコ 名詞「をとこみこ」に同じ。

をのこやも… 和歌「士やも むなしくあるべき 万代に 語り継ぐべき 名は立てずして」万葉集 奈良一歌集 六・山上憶良 訳男子たるものが、空しく終わってよいものだろうか。万世に語り継ぐほどの名は立てないで。

鑑賞 作者山上憶良の病気が重くなった時の歌。『万葉集』の左注によると、憶良が涙を拭き悲嘆して、この歌を口ずさんだとある。「士」は一般的にいう男子。「名」は、名声、名誉をいう。「立名」は、男子大望の一つである。憶良は、文官としての名声を望んでいた。名を立てる努力はしたものの、何の効果もなく終わっていくことの嘆きを詠んだ歌である。

をの-の-え-くつ【斧の柄朽つ】 オノノエクツ 連語 気付かないうちに長い年月がたってしまうことのたとえ。源氏物語 平安一物語 松風「千年も見聞かまほしき御ありさまなればをののえもくちぬべけれど」訳(人々は)いつまでも見聞きしていたい(源氏の)ごようすなので、気付かないうちに長い時間も過ごしてしまいそうだけれど。

参考 中国の晋の王質が、山中で仙人の童子の囲碁を見ているうちに、持っていた斧の柄が腐ってしまい、村へ帰ると、すでに長い年月が過ぎ、知人がみないなくなっていたという故事による。

小野小町 をののこまち オノノコマチ 人名 生没年未詳。平安時代前期の女流歌人。六歌仙の一人。『古今和歌集』に十八首、優美で技巧にとむ和歌がある。美人ではなやかな恋愛生活を送ったことから「小町伝説」を生み、謡曲などにも登場する。私家集に『小町集』がある。

古典の常識 『伝説的な美人』—小野小町

小野篁の孫、出羽の国の郡司の娘など諸説あるが、家系は不明である。八百二十年ごろに生まれ、仁明・文徳の後宮に仕えた采女(女官)であったらしい。『古今和歌集』以下の勅撰集に六十余首の歌があり、その多数が恋歌である。自らの恋愛体験を深化させあでやかさの中に哀切感が漂う歌風である。

出自不明なことから数々の伝説が生まれ、歌のイメージと作者を重ねて、絶世の美女小町像ができあがった。さらに老いた小町が各地をさまよいついには白骨と化したという説話も生まれ、『通小町』『卒都婆小町』などの謡曲となった。

小野道風 をののたうふう オノノトウフウ 人名 (八九四〜九六六)平安時代中期の書家。正しくは「みちかぜ」。篁の孫。醍醐・朱雀・村上の三天皇に仕えた。典雅な和風書体の創始者で藤原佐理・藤原行成とともに三蹟の一人。

小野篁 をののたかむら オノノタカムラ 人名 (八〇二〜八五二)平安時代前期の漢詩人・歌人。岑守の子。参議に昇進。学問・詩文の才は抜群で、『令義解』の撰に参加、漢詩文は『経国集』、和歌は『古今和歌集』以下の勅撰集に入集した。また、篁を主人公にした説話が多い。

を-の-へ【尾の上】 オノエ 名詞 山や丘の頂。峰。後拾遺 平安一歌集 春上「高砂のをのへの桜咲きにけり外山の霞立たずもあらなむ」訳⇩たかさごの…。◆「を(峰)のうへ(上)」の変化した語。

を-の-わらは【男の童】 オノワラワ 名詞 ❶男の子。❷召使いの男の子。対女の童。

を-は【尾羽】 オハ 名詞 鳥の尾と羽。

をば¹【伯母・叔母】 オバ 名詞 父母の姉妹。

を-ば² なりたち 連語 格助詞「を」＋係助詞「は」からなる「をは」が濁音化した形。…を。▼「を」によって示された動作・作用の対象を「は」によって特に取り立てて強調する。伊勢物語 平安一物語 六「あばらなる蔵に、女をば奥に押し入れて」訳荒れている蔵に、女を奥の方に押し込めて。

をは-うちから-す【尾羽打ち枯らす】 オハウチカラス 連語 落ちぶれて生活が苦しくなる。▼特に浪人者にいう。武道伝来記 江戸一物語 浮世・西鶴「この里に、ねぐらの鳥のをはうちからし」訳この村里を寝る場所とした鳥が尾羽を傷つけたように、落ちぶれて生活が苦しくなり。◆鷹が尾羽を傷つけてみすぼらしくなることから。

姨捨山 をばすてやま オバステヤマ 地名 歌枕 今の長野県千曲市と東筑摩郡筑北村にまたがる。冠着山の別称。古くから月の名所とされた。

参考 姨捨山は、親のようにして暮らしてきた伯母を、妻にそそのかされて山に捨てるという姨捨伝説の山としても有名であり、『大和物語』や『今昔物語集』にその説話がみえる。⇩わがこころ…。

を-ばな【尾花】 オバナ 名詞「秋の七草」の一つ。すすきの花穂。季秋。◆形が獣の尾に似ていることからいう。

を-はり¹【終はり】 オワリ 名詞 ❶物事が終わること。終わり。おしまい。最後。❷人の一生の最後。臨終。源氏物語 平安一物語 薄雲「今はをはりの行ひをせむとて籠もりたるが」訳今は人生の最後の勤行をしようと思って(山に)籠っていた僧で。

尾張² をはり オワリ 地名 旧国名。東海道十五か国の一つ。今の愛知県西半部。尾州。参照▼資料21

を-は-る【終はる】 オワル 自動詞ラ四 {ら/り/る/る/れ/れ} ❶終わる。済む。万葉集 奈良一歌集 八九四「事をはり還らむ日は」訳任務が終わり帰るような日は。❷死ぬ。往生する。平家物語 鎌倉一物語 三・僧都死去「その庵の内にてつひにをはり給ひぬ」訳その庵の中でとうとう亡くなりなさった。

をはん-ぬ【畢んぬ・了んぬ】 オワンヌ 連語 なりたち 動詞「をはる」の連用形＋完了の助動詞「ぬ」からなる「をはりぬ」の撥音便。❶終わった。平家物語 鎌倉一物語 三・大塔建立「六年に修理をはんぬ」訳（高野山の多宝塔を）六年かかって修理が終わった。❷〔動詞・助動詞の連用形に付いて〕…てしまった。…た。▼その動作が完了したことを表す。平家物語 鎌倉―物語 一〇・請文「摂州一の谷にしてすでに誅せられをはんぬ」訳摂津の国の一の谷でもう殺されてしまった。

をび・く【誘く】他動詞カ四〔か/き/く/く/け/け〕**だましてさそう。あざむいて引き寄せる。**太平記 室町―物語 一四「遠矢を射させてぞをびきける」訳遠矢を射させて（敵を）引き寄せた。

を-ふ[1]【麻生】名詞 **麻原。麻の生えている土地。**

を・ふ[2]【終ふ】一自動詞ハ下二〔へ/へ/ふ/ふる/ふれ/へよ〕**終わる。果てる。**万葉集 奈良―歌集 一七六「天地と共にをへむと思ひつつ仕へ奉りし心違ひぬ」訳天地（が終わる）とともに（奉仕も）終わろうと思いつづけてお仕え申し上げた志とは違ってしまった。

二他動詞ハ下二〔へ/へ/ふ/ふる/ふれ/へよ〕**終える。果たす。**徒然 鎌倉―随筆 一〇八「命ををふる期、たちまちに至る」訳命を終える時期は、突然にやって来る。

を-ぶね【小舟】名詞 **舟。小舟。**◆「を」は接頭語。

を-み[1]【小忌】名詞 ❶大嘗会・新嘗会などのとき、神事に奉仕する官人が特に厳しく心身を清め、けがれに触れないようにすること。「小忌人」。また、その人。小忌人。❷「小忌衣」を着て奉仕する。また、その人。小忌人。❷「小忌衣」の略。◆「を（小）い（忌）み」の変化した語。

を-み[2]【麻績】名詞 麻を細く裂き、より合わせて糸にすること。また、それを仕事とする人。◆「麻績み」の変化した語。

を…み[3] ⇨を（間投助詞）

をみ-ごろも【小忌衣】名詞 大嘗会や新嘗会などの大祭に奉仕する人々が、けがれに触れないように装束の上に着る衣服。白布に草や小鳥などの模様を「青摺り」し、右肩に赤い紐を二本垂らした。

をみな【女】名詞 **若く美しい女性。女。**万葉集 奈良―歌集 四三一七「秋野には今こそ行かめもののふの男をみなの花にほひ見に」訳秋の野に今こそ行こう。宮仕えの男性や女性が花に美しく映えるのを見に。

をみなへし【女郎花】名詞 ❶秋の七草の一つ。おみなえし。夏から秋にかけて、枝先に黄色の小さな花がたくさん咲く。和歌では、女性をたとえていうことが多い。季秋。❷襲の色目の一つ。表は縦糸が青で横糸が黄、裏は青。秋に着用する。

をみなへし-あはせ【女郎花合はせ】名詞 物合わせの一つ。左右二組みに分かれた双方が女郎花の花に歌を添えて出し合い、優劣を競う遊び。

を-むかひ【峰向かひ】名詞 谷を隔てて峰と峰とが向かい合っていること。

をむな【女】名詞「をんな」に同じ。

を-め・く【喚く】自動詞カ四〔か/き/く/く/け/け〕**大声で叫ぶ。わめく。**枕草子 平安―随筆 正月十よ日のほど「猿のやうにかいつきてをめくもをかし」訳（木の上にいる子が）猿のように（木に）しがみついてわめくのも、おもしろい。

を-もち-て 連語

なりたち 格助詞「を」＋動詞「もつ」の連用形＋接続助詞「て」

❶**…を使って。…でもって。**竹取物語 平安―物語 火鼠の皮衣「歩み疾うする馬をもちて走らせむかへさせ給ふ時に」訳足の速い馬を使って、走らせて迎えさせなさる時に。❷**…でありながら。…であって。**徒然 鎌倉―随筆 一三四「不堪の芸をもちて堪能の座に列なり」訳下手な芸でありながら達人の座に並び。

を-も-て 連語「をもちて」の促音便「をもって」の促音「っ」が表記されない形。❶「をもちて」に同じ。❷**…をもって。**▼ある事柄を取り立てて示す。徒然 鎌倉―随筆 二「おほやけの奉り物は、おろそかなるをもてよしとす」訳天皇のお召しになる物は、簡素なのをもってよいこととする。

を-や[1] 連語

なりたち 格助詞「を」＋係助詞「や」

…を…か。宇治拾遺 鎌倉―説話 一・三「瘤は福のものなれば、それをや惜しみ思ふらん」訳瘤は幸福をもたらすものであるから、（じいさんは）それを惜しく思っているのだろうか。

語法「や」を受ける文末の活用語は、連体形になる。

を-や[2] 連語

なりたち 間投助詞「を」＋間投助詞「や」

❶〔文末に用いて〕**…じゃないか。…だなあ。**▼強い詠嘆・感動を表す。源氏物語 平安―物語 末摘花「さればよ、言ひ寄りにけるをや」訳思ったとおりだ、言い寄ったのだなあ。❷〔「いはんや…（において）をや」の形で〕**…はなおさらだ。**方丈記 鎌倉―随筆「いかにいはんや、七道諸国をや」訳（飢饉による死者は都周辺でも無数にいたが）まして、七道の諸国はなおさらだ。

を-やまだ【小山田】名詞 **山あいの田。山田。**◆「を」は接頭語。

を-やみ【小止み】名詞（雨や雪が）**少しの間やむこと。**後撰 平安―歌集 恋一「をやみせず雨さへ降れば」訳少しの間もやむこともしないで雨まで降るので。

をやみ-な・し【小止みなし】形容詞ク〔(く)・から/く・かり/し/き・かる/けれ/かれ〕（雨や雪が）**少しもやむことがない。とぎれない。**源氏物語 平安―物語 明石「あさましくをやみなきころのけしきに」訳恐ろしいほど雨が少しもやむことがないこのごろのようすに。

を-や・む【小止む】自動詞マ四〔ま/み/む/む/め/め〕（雨や雪が）**しばらくの間やむ。とぎれる。**源氏物語 平安―物語 賢木「雨少しをやみぬる程に」訳雨が少しの間やんだころに。◆「を」は接頭語。

をり[1]【折】名詞

❶**その時。その場合。**枕草子 平安―随筆 にくきもの「急ぐことあるをりに来て長言するまらうと」訳急用がある時にやって来て、長話をする客（はしゃくにさわる）。

❷**季節。時季。**更級 平安―日記 梅の立枝「これが花の咲かむをりは来こむよ」訳この（梅の）花の咲くであろう季節には来ようと思うよ。

を・り[2]【居り】一自動詞ラ変〔ら/り/り/る/れ/れ〕／補助動詞ラ変

一自動詞ラ変 ❶**座っている。腰をおろしている。**万葉集 奈良―歌集 九

○四「立てれどもをれどもともに戯れ」訳(わが子は)立っていても座っていても(親と)一緒に遊び興じ。❷いる。存在する。万葉集 奈良―歌集 三三八〇「埼玉の津にをる舟の」訳埼玉の船着き場にある舟が。
二 補助動詞 ラ変{ら/り/り/る/れ/れ}〔動詞の連用形に付いて〕…し続ける。…している。伊勢物語 平安―物語 四五「つれづれとこもりをりけり」訳(喪中のため)しみじみとものさびしく引きこもっていた。

をり-あか・す【居り明かす】 他動詞 サ四{さ/し/す/す/せ/せ} その場にいて夜を明かす。寝ずに夜明かしする。拾遺 平安―歌集 雑秋「いざかくてをりあかしてむ冬の月春の花にも劣らざりけり」訳さあ、このように(月を見ながら)寝ずに夜を明かしてしまおう。冬の月は春の花にも劣らなかったのだなあ。

をり-えだ【折り枝】 名詞 折り取った木の枝。また、造花をつけた枝。

をり-えぼし【折り烏帽子】 名詞 上の部分を、折り畳んだ形の烏帽子。風折り烏帽子など。対立て烏帽子。参照▶口絵

をり-か・く【折り掛く・折り懸く】 一 自動詞 カ下二{け/け/く/くる/くれ/けよ}(波などが)しきりに寄せる。寄せては返す。新古今 鎌倉―歌集 春下「岩根越す清滝川の速ければ波をりかくる岸の山吹」訳岩を越えて流れる清滝川の(流れが)速いので波がしきりに寄せては返す岸の山吹(の花よ)。二 他動詞 カ下二{け/け/く/くる/くれ/けよ}❶折り曲げて掛ける。梁塵秘抄 平安―歌集 二句神歌「賤の男が篠をりかけて干す衣」訳身分の低い男が篠竹を折って(そこに)掛けて干す衣。❷折ったままにしておく。折り曲げたままにする。愚管抄 鎌倉―論 五「鎧の上の矢どもをりかけて」訳鎧の上に突き刺さった矢などを折ったままにしておいて。

をり-かへ・す【折り返す】 他動詞 サ四{さ/し/す/す/せ/せ} ❶二重に折る。折って重ねる。万葉集 奈良―歌集 二九三七「白たへの(=枕詞)袖をりかへし」訳袖を折って重ね。❷繰り返して行う。❸引き返す。

***をり-から【折柄】** 一 名詞 それにふさわしいとき。ちょうどそのとき。徒然 鎌倉―随筆 四一「をりからの思ひかけぬ心地して」訳ちょうどそのときの、思いがけない気持ちがして。二 副詞 ちょうどそのときに。折しも。源氏物語 平安―物語 賢木「何ばかりの事にもあらぬに、をりから物あはれにて」訳(和歌は)たいした出来ばえでもないのに、(父の死の直後という)折しも何となく感慨深くて。

をり-く【折り句】 名詞 和歌・俳諧の遊戯的な技巧の一つ。⇩折り句 文芸

をり-ごと【折り琴】 名詞 折りたたみのできる琴。

をり-し・く【折り頻く】 自動詞 カ四{か/き/く/く/け/け}(波などが)くり返し立つ。しきりに寄せる。新古今 鎌倉―歌集 春上「をりしく波にまかせてぞ見る」訳(むしろをしきりに織るかのように)くり返し立つ波にまかせて眺めていることだ。◆和歌では「織り頻く」とかけて用いることが多い。

***をり-しも【折しも】** 副詞 なりたち 名詞「をり」に副助詞「しも」の付いたかたちが一語化したもの。
ちょうどそのとき。折も折。徒然 鎌倉―随筆 一九「をりしも雨風うちつづきて心あわたたしく散り過ぎぬ」訳(桜の花も咲き始めたころ)ちょうどそのとき雨や風が続いて気ぜわしくすっかり散ってしまった。

をり-しも-あれ【折しもあれ】 連語「をりしも」を強めた言い方。後拾遺 平安―歌集 春上「をりしもあれいかに契りて雁がねの花の盛りに帰りそめけむ」訳折も折、いかに決まったこととはいえ、雁は桜の花の盛りに帰ることを始めたのだろう。

をりしり-がほ【折知り顔】 名詞 時節をいかにもわきまえているようすをしていること。

をりしり-がほ・なり【折知り顔なり】 形容動詞 ナリ{なら/なり・に/なり/なる/なれ/なれ} いかにもその時節をわきまえているようだ。源氏物語 平安―物語 葵「御前など参り集まる程、をりしりがほなる時雨うちそそぎて」訳御前駆の者たちが参集して来るころに、いかにもこうした時節をわきまえているような時雨が降りかかって。

折りたく柴の記 書名 伝記。新井白石作。江戸時代中期(一七一六以後)成立。三巻。〔内容〕祖父母や両親のことから、将軍家宣の補佐としての政治上の業績や、退職するまでを回顧して、平易な和漢混交文でつづった自叙伝。

をり-に-つ・く【折に付く】 連語 その時節時節に応ずる。場所がらに順応する。枕草子 平安―随筆 頃は「頃は、…十一、二月、すべてをりにつけつつ、一年ながらをかし」訳時節は、…十一、十二月、すべてその時節時節に応じて一年全部が趣深い。

をり-は【折り羽】 名詞 遊戯の一つ。双方が十二個ずつの駒を持ち、竹筒に入れた二個の賽を振り出して目の数だけ駒を取り合い、多く取った方を勝ちとする。折り羽双六。

をり-は・ふ【折り延ふ】 他動詞 ハ下二{へ/へ/ふ/ふる/ふれ/へよ} 長く続ける。いつまでも続ける。時間を延ばす。蜻蛉 平安―日記 中「鶯ぞをりはへて鳴くにつけて、おぼゆるやう」訳鶯がいつまでも続けて(=時節をはずして)鳴くにつけて、思われることは。◆多く「をりはへ」や「をりはへて」の形で用いる。

をり-びつ【折り櫃】 名詞 檜の薄板を折り曲げて作った箱。四角・六角・円形など、さまざまな形がある。肴・菓子などを入れるのに使う。

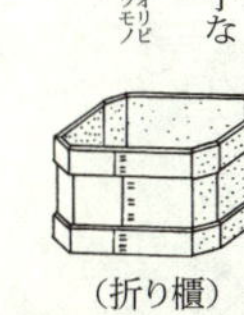
(折り櫃)

をりびつ-もの【折り櫃物】 名詞「折り櫃」に入れた食べ物。

をり-ふし【折節】

一 名詞 ❶その場合場合。その時々。土佐日記 平安―日記 一二・二七「ある人々、をりふしにつけて、漢詩ども、時に似つかはしきいふ」訳そこにいる人々は、その場合場合に応じて、漢詩で、そのときに似つかわしいのを朗詠する。❷季節。時候。徒然 鎌倉―随筆 一九「をりふしのうつりかはるこそ、ものごとにあはれなれ」訳季節が移り変わっていくようすこそ、なにごとにつけても趣深いものである。
二 副詞 ❶ちょうどそのとき。平家物語 鎌倉―物語 九・宇治川先

陣「谷々の氷うちとけて、水はをりふしまさりたり」訳谷々の氷が解けて、水かさはちょうどそのとき増していた。
❷ときどき。たまに。奥の細道 江戸―紀行 汐越の松「をりふしあはれなる作意など聞こゆ」訳ときどき趣深い趣向など(の句をよんでいるのが)聞こえる。

をりめ-だか【折り目高】（オリメダカ）名詞 ❶衣服などの折り目が高くはっきりついていること。折り目正しいこと。❷行儀作法がきちんとしていること。

をりめ-だか・なり【折り目高なり】（オリメダカナリ）形容動詞ナリ{なら/なり・に/なり/なる/なれ/なれ} ❶衣服の折り目が高くはっきりしている。膝栗毛 江戸―物語 滑稽「洗濯布子の糊こはきををりめだかに着なして」訳洗濯した綿入れで糊がきいたのを折り目が高くはっきりとしたようすで着て。❷折り目正しい。礼儀・作法がきちんとしている。武道伝来記 江戸―物語 浮世・西鶴「よろづにをりめだかなる生まれつきながら」訳すべてに折り目正しい生まれつきそのままに。

をり-をり【折折】（オリオリ）一名詞 その時々。そのつど。竹取物語 平安―物語 かぐや姫の昇天「恋しからむをりをり、取り出いでて見給へ」訳恋しく思うようなその時々、(この手紙を)取り出してご覧になってください。二副詞 機会があるごとに。たびたび。ときどき。源氏物語 平安―物語 明石「入道にも、をりをり語らはせ給ふ」訳(明石の)入道にも、機会があるごとにご相談なさる。

をりをり-に【折折に】（オリオリニ）副詞 しだいしだいに。だんだん。方丈記 鎌倉―随筆「齢は歳々にたかく、栖は、をりをりに狭し」訳年齢は年ごとに増してゆき、住居は(移り変わるたびに)しだいしだいに狭くなる。

を・る【折る】（オル）一自動詞ラ四{ら/り/る/る/れ/れ} (波が)寄せては返す。万葉集 奈良―歌集 一一六八「今日もかも沖つ玉藻は白波の八重をるが上に乱れてあらむ」訳今日もまた沖の美しい藻は、白波がいくえにも寄せては返すその上に散り乱れていることであろうか。二他動詞ラ四{ら/り/る/る/れ/れ} 折る。折り曲げる。折り取る。古今 平安―歌集 秋下「心あてにをらばやをらむ初霜の置きまどはせる白菊の花」訳⇩こころあてに…。三自動詞ラ下二{れ/れ/る/るる/るれ/れよ} ❶折れ曲がる。曲がる。源氏物語 平安―物語 松風「前栽どものをれ伏したるなど」訳前庭の花壇の草花などが折れ曲がり倒れているのなど。❷続き具合が悪くなる。腰が折れる。▼和歌で、第三句(=腰の句)と第四句とがうまくつづかなくなること。紫式部 平安―日記 消息文「腰はなれぬばかりをれかかりたる歌を詠み出いで」訳腰の句が離れてしまうほど、第四句との続き具合が悪くなっている歌を詠み出して。

をれ-かへ・る【折れ返る】（オレカエル）自動詞ラ四{ら/り/る/る/れ/れ} ❶(木や草などが)曲がりしなったり、もとに戻ったりする。源氏物語 平安―物語 野分「をれかへり、露もとまるまじく吹き散らすを」訳(強風で萩の枝が)しなり、一滴の露も残らないほどに吹き散らしている(ようす)を。❷舞で、自由自在に身を操り、袖をひるがえす。

をれ-ふ・す【折れ伏す】（オレフス）自動詞サ四{さ/し/す/す/せ/せ} (木や草などが)折れて倒れる。源氏物語 平安―物語 松風「前栽どものをれふしたるなど繕はせ給ふ」訳植え込みがいくつも折れて倒れたりしているのなど手入れをさせなさる。

をろが・む【拝む】（オロガム）自動詞マ四{ま/み/む/む/め/め} 拝む。礼拝する。日本書紀 奈良―史書 推古「畏みて仕へ奉らむをろがみて仕へ奉らむ」訳慎んで(天皇に)お仕え申し上げよう。拝んでお仕え申し上げよう。◆「をが(拝)む」の古い形。奈良時代以前の語。

をろ-た【峰ろ田】（オロタ）名詞 丘の上の田。山の田。

をろ-ち【大蛇】（オロチ）名詞 大きな蛇。大蛇。うわばみ。

をを・し【雄雄し・男男し】（オオシ）形容詞シク{(しく)・しから/しく・しかり/し/しき・しかる/しけれ/しかれ} いかにも男らしい。勇ましい。源氏物語 平安―物語 柏木「いと健よかに重々しく、ををしきけはひして」訳(夕霧は)とてもきまじめで落ち着いており、いかにも男らしいようすでいて。対女女し・女し。

ををり【撓り】（オオリ）名詞 花がたくさん咲くなどして、枝がたわみ曲がること。

をを・る【撓る】（オオル）自動詞ラ四{ら/り/る/る/れ/れ} (たくさんの花や葉で)枝がしなう。たわみ曲がる。万葉集 奈良―歌集 九二三「春べは花咲きををり」訳⇩やすみしし…。◆奈良時代以前の語。

をん-ごく【遠国】（オンゴク）名詞 (都から)遠く離れた国。「ゑんごく」とも。

をんぞうゑ-く【怨憎会苦】（オンゾウエク）名詞 仏教語。「八苦」の一つ。自分が恨み憎む人や、忌み嫌う物に出会う苦しみ。

をん-でき【怨敵】（オンデキ）名詞 恨みのある敵。あだ。かたき。「をんてき」とも。

をんな【女】（オンナ）名詞

語義の扉

「をみな」の「み」が撥音化したもの。「をうな」「をむな」とも。平安時代以降の語。❷のように、物語で「をとこ」と対で用いられるときには、男と愛情関係を持つ女をさすことが多い。

❶女。成人した女性。徒然 鎌倉―随筆 八「久米の仙人の、物洗ふをんなの脛の白きを見て」訳久米の仙人が、物を洗う女のすねの白いのを見て。
❷妻。恋人である女。源氏物語 平安―物語 夕顔「男は田舎にまかりて、をんななむ若く事好みて」訳夫は田舎に赴き、(都に残った)妻は若くて風流事を好んで。
注意「おんな」は「おみな(嫗)」から転じた語で、「老女」。

をんな-あるじ【女主】（オンナアルジ）名詞 女主人。一家の主人である女性。対男主。

をんな-がた【女方】（オンナガタ）名詞 一❶女のいる所。特に、宮中で、女房の詰め所である台盤所。❷女の側。女のほう。源氏物語 平安―物語 夕顔「をんながたもあやしう、様違ひたる物思ひをなむしける」訳女のほうも不思議に、ようすの違ったもの思いをするのだった。

二【女形・女方】歌舞伎で、女の役を演じる男の役者。

をんな-かぶき【女歌舞伎】 名詞 江戸時代初期の女性芸人による歌舞伎。遊女歌舞伎。出雲の阿国に歌舞伎の人気に追随し、諸国の遊女たちが模倣したもの。全国的な流行を見たが、風紀を乱すとの理由から幕府に禁止され、代わって若衆歌舞伎が現れた。

をんな-ぎみ【女君】 名詞 ❶貴族の娘の尊敬語」姫君。「めぎみ」とも。蜻蛉 平安―日記 下「源宰相兼忠とか聞こえし人の御娘の腹にこそ、をんなぎみいとうつくしげにてものし給ふなれ」訳源宰相兼忠とか申し上げた人のご息女のお子さまに、姫君がたいそうかわいらしいようすでいらっしゃるとかいう(ことです)。❷「貴人の妻の尊敬語」落窪物語 平安―物語 二「男君もをんなぎみも御心のどやかによくおはすれば」訳男君(=少将)も女君(=落窪の姫)もお気持ちが穏やかでりっぱでいらっしゃるので。対❶❷男君。

をんな-きんだち【女公達・女君達】 名詞 姫君。貴族の娘。

をんな-ぐるま【女車】 名詞 女房などの乗る牛車。対男車。

をんな-ご【女子】 名詞 **女の子。少女。娘。** 源氏物語 平安―物語 若紫「走り来たるをんなご、あまた見えつる子どもに似るべうもあらず」訳走って来た少女は、(かわいらしくて)大勢見えていた子供たちに似るはずもない(=並々でない)。対男子。

女殺油地獄 書名 世話物浄瑠璃。近松門左衛門作。江戸時代前期(一七二一)初演。〔内容〕大坂の油屋河内屋の放蕩息子与兵衛が、遊びの金に困り同業の豊島屋の女房お吉を殺して金を奪ったが、ついに捕らえられた実話を事件後わずか二か月で上演した作品。歌舞伎にも劇化された。

女三の宮 人名『源氏物語』の作中人物。朱雀院の第三皇女で、幼稚で頼りないが上品で美しい。朱雀院の願いで光源氏は妻に迎えるが、柏木と密通し、薫を生む。のちに出家する。

をんな-し【女し】 形容詞 シク {(しく)・しから/しく・しかり/し/しき・しかる/しけれ/しかれ} **女らしい。** 源氏物語 平安―物語 夕霧「いと貴にをんなしう、なまめいたるけはひし給へり」訳(落葉の宮は)たいそう気品があって女らしく、みずみずしく優美な容貌をしていらっしゃった。◇「をんなしう」はウ音便。対雄雄し。参考「をんなし」が女性に対して用いる語であるのに対し、「めめ(女女)し」は、男性に対して、柔弱さを非難する語である。

***をんな-で【女手】** 名詞 **平仮名。**「女文字」とも。◆「て」は文字・筆跡の意。古く、女が多く用いたところからいう。対男手。

をんな-てがた【女手形】 名詞 江戸時代、女性が関所を通るのに必要とした通行証。年齢・人相・旅行目的・旅行先などを男子よりも詳細に記載してあった。

をんな-でら【女寺】 名詞 ❶**尼寺。**❷**女子を教える寺子屋。** 女の師匠が教えた。日本永代蔵 江戸―物語 浮世・西鶴「をんなでらへも遣らずして筆の道を教へ」訳女子を教える寺子屋へも(娘を)行かせないで手習いを教えて。

をんな-どち【女どち】 名詞 **女性どうし。**◆「どち」は接尾語。

をんな-にて【女にて】 連語 なりたち 名詞「をんな」＋格助詞「にて」

❶(男性である自分が)**女性の身になって。女性として。** 源氏物語 平安―物語 手習「をんなにて馴れ仕うまつらばやとなむおぼえはべる」訳(男性である自分が)女性の身になって(すばらしい兵部卿宮の)おそばに親しんでお仕え申したいものよ、と思います。❷(相手の男性を)**女性と思って。女性として。** 源氏物語 平安―物語 帚木「添ひ臥したまへる御灯影いとめでたく、をんなにて見たてまつらまほし」訳寄り添って横になっていらっしゃる灯火に照らされた(源氏の)お姿は、たいへんすばらしく、(その方を)女性として拝見したい(ほどである)。

をんな-の-すぢ【女の筋】 連語 **情事。女性との関係。** 源氏物語 平安―物語 手習「をんなのすぢにつけて、まだ識りとらず、あやまつことなし」訳女性との関係では、まだ世間から非難を受けていないし、過失を犯したこともない。

をんな-はらから【女同胞】 名詞 (同じ母から生まれた)**女のきょうだい。姉妹。**

をんな-ぶみ【女文】 名詞 **女性の書いた手紙。**

をんな-みこ【女御子】 名詞 **皇女。内親王。**「女宮」とも。対男御子。

をんな-みや【女宮】 名詞「をんなみこ」に同じ。

をんな-めか・し【女めかし】 形容詞 シク {(しく)・しから/しく・しかり/し/しき・しかる/しけれ/しかれ} **女らしい。** 今昔物語 平安―説話 二三・二四「然こそ細やかにをんなめかしけれども」訳あのようにほっそりとして女らしいけれども。◆「めかし」は接尾語。

***をんな-もじ【女文字】** 名詞「をんなで」に同じ。

をんな-わらは【女童】 名詞 **女の子。少女。**「めのわらは」とも。土佐日記 平安―日記 一・一一「ありけるをんなわらはなむ、この歌を詠める」訳先程の女の子が、この歌を詠んだ。◆女と子供、あるいは女子供の意になる場合もある。

をんな-ゑ【女絵】 名詞 ❶語義未詳。男女の風流の世界を描いた物語絵などか。一説に大和絵とも。❷美人画。女性の姿を描いた絵。

をん-りやう【怨霊】 名詞 恨みをもってたたる死霊、または生き霊。

***をん-る【遠流】** 名詞 流罪のうち最も重い刑罰。京から最も遠隔の地である伊豆・安房・常陸・佐渡・隠岐・土佐などに流す。

ん 助動詞 四型 {○／○／ん／ん／め／○}「む」に同じ。◆平安時代の中期ごろから助動詞「む」を「ん」と発音したことから「ん」と表記されるようになったもの。⇩む

んす[1] 助動詞 サ変型《接続》四段・ナ変動詞の未然形に付く。{んせ・んしょ／んし／んす／んす／んすれ／んせ・んし}〔尊敬〕…なさる。お…になる。丹波与作 江戸一浄瑠 浄瑠・近松「江戸三界(さんがい)へ行かんして、いつ戻らんすことぢゃやら」訳江戸くんだりへお出かけになって、いつお戻りになることであるやら。◆「しゃんす」の変化した語。江戸時代の遊里語。

んす[2] 助動詞 サ変型《接続》動詞型活用語の連用形に付く。{んせ・んしょ／んし／んす／んす／んすれ／んせ・んし}「ます」の変化した語。〔丁寧〕…ます。油地獄 江戸一浄瑠 浄瑠・近松「これからすぐに曾根崎(そねざき)へ、叶(かな)はぬ用とて、ござりんした」訳これからすぐに曾根崎(=遊郭)へ、どうしても行かなければならない用事があるといって出かけました。◆江戸時代の遊里語。

んず 助動詞 サ変型 {○／○／んず／んずる／んずれ／○}「むず」に同じ。◆平安時代の中期ごろから助動詞「むず」の「む」を「ん」と発音したことから「んず」と表記されるようになったもの。⇩むず

参考 (1)平安時代より用いられた語。鎌倉時代以後、転じて「うず」とも用いられた。(2)奈良時代には同意の語として「むとす」が用いられており、「んず」の語源として考えられる。しかし、「むとす」→「んず」の変化はあり得ないとして、「む」の連用形「み」(他の活用形から推測された語形)にサ変動詞「す」が付いた「みす」の転とする説もある。(3)『枕草子』に「『その事させむとす』『言わむとす』『何とせむとす』といふ『と』文字を失ひて、ただ『言はむずる』『里へ出でむずる』など言へば、やがていと悪(わろ)し〈ふと心おとりとかするものは〉」とあり、平安時代には「むとす」と比べて悪い言い方とされていたことが分かる。

んず-らん 連語「むずらむ」に同じ。◆「むず」の「む」・「らむ」の「む」を、平安時代の中期ごろから「ん」と発音したことから「んずらん」と表記されるようになったもの。⇩むずらむ

んずる 推量の助動詞「んず」の連体形。

んずれ 推量の助動詞「んず」の已然形。

ん-と-す 連語「むとす」に同じ。◆連語「むとす」の「む」を、平安時代の中期ごろから「ん」と発音したことから「んとす」と表記されるようになったもの。⇩むとす

ん

資料編

動詞・形容詞・形容動詞活用表

動詞活用表

「語幹・語尾」欄の（　）は、語幹と語尾との区別がないことを示している。

種類		例語	語幹・語尾	未然形	連用形	終止形	連体形	已然形	命令形
正格活用	四段	咲く	咲・く	か	き	く	く	け	け
		騒ぐ	騒・ぐ	が	ぎ	ぐ	ぐ	げ	げ
		思ふ	思・ふ	は	ひ	ふ	ふ	へ	へ
		知る	知・る	ら	り	る	る	れ	れ
	上一段	見る	（見る）	み	み	みる	みる	みれ	みよ
		射（い）る	（射る）	い	い	いる	いる	いれ	いよ
		居（ゐ）る	（居る）	ゐ	ゐ	ゐる	ゐる	ゐれ	ゐよ
	上二段	起（お）く	起・く	き	き	く	くる	くれ	きよ
		恥づ	恥・づ	ぢ	ぢ	づ	づる	づれ	ぢよ
		強（し）ふ	強・ふ	ひ	ひ	ふ	ふる	ふれ	ひよ
		恨（うら）む	恨・む	み	み	む	むる	むれ	みよ
		老（お）ゆ	老・ゆ	い	い	ゆ	ゆる	ゆれ	いよ
		古（ふ）る	古・る	り	り	る	るる	るれ	りよ

◆動詞活用における注意

㊀活用についての注意

四段 ⑴五十音図の行の、ア・イ・ウ・エの**四段**に活用。
⑵所属語は、カ・ガ・サ・タ・ハ・バ・マ・ラ行にある。

上一段 ⑴五十音図の行の、**上**半分のイ段の**一段**だけに活用。

⑵語幹と語尾との区別がない。（複合語を除く。）

⑶所属語⇩文法用語辞典「上一段活用」。

⑷「いる（射る・鋳る）」はア行ではなく、ヤ行に活用する。「ゐる（居る・率る）」はワ行に活用する。

上二段 ⑴五十音図の行の、**上**半分のイ・ウの**二段**に活用。
⑵所属語は、カ・ガ・タ・ダ・ハ・バ・マ・ヤ・ラ行にある。

下一段 ⑴五十音図の行の、**下**半分のエ段の**一段**だけに活用。
⑵所属語は「ける（蹴る）」の一語だけ。（現代語の「蹴る」は五段活用）。

下二段 ⑴五十音図の行の、**下**半分のウ・エの**二段**に活用。

⑵所属語は、五十音図の各行と、ガ・ザ・ダ・バの各行にある。

⑶「う（得）・づ（出）・ふ（経）・ぬ（寝）」などは、語幹と語尾との区別がない。

⑷ア行の語は「う（得）」（およびその複合語）だけ。ワ行の語は「う（植）う・う（飢）う・

種類		語例		活用を考えるときに下に続けてみる語（下接語例）：ず	たり	○	とき	ども・ば	○
変格活用	カ行変格	来(く)	（来）	こ	き	く	くる	くれ	こ こよ
	サ行変格	為(す)	（す）	せ	し	す	する	すれ	せよ
		信ず	信・ず	ぜ	じ	ず	ずる	ずれ	ぜよ
	ナ行変格	死ぬ	死・ぬ	な	に	ぬ	ぬる	ぬれ	ね
	ラ行変格	有(あ)り	有・り	ら	り	り	る	れ	れ
正格活用	下一段	蹴(け)る	（蹴る）	け	け	ける	ける	けれ	けよ
	下二段	得(う)	（得）	え	え	う	うる	うれ	えよ
		交(ま)ず	交・ず	ぜ	ぜ	ず	ずる	ずれ	ぜよ
		出(い)づ	出・づ	で	で	づ	づる	づれ	でよ
		経(ふ)	（経）	へ	へ	ふ	ふる	ふれ	へよ
		冷(ひ)ゆ	冷・ゆ	え	え	ゆ	ゆる	ゆれ	えよ
		植(う)う	植・う	ゑ	ゑ	う	うる	うれ	ゑよ

す（据）う」だけ。

カ変
(1)**カ行**のイ・ウ・オの三段に**変格**の活用をする。
(2)所属語は「く（来）」（およびその複合語）だけ。（「来(きた)る」はラ行四段。）

サ変
(1)**サ行**のイ・ウ・エの三段に**変格**の活用をする。
(2)所属語は「す（為）」（およびその複合語）と「おはす」「います」。

ナ変
(1)**ナ行**のア・イ・ウ・エの四段に**変格**の活用をする。
(2)所属語は「し（死）ぬ・い（往）ぬ」の二語だけ。（「死す」はサ変。）

ラ変
(1)**ラ行**のア・イ・ウ・エの四段に**変格**の活用をする。
(2)終止形はイ段で終わる。（他の活用はウ段で終わる。）
(3)所属語は「あ（有）り・を（居）り・はべ（侍）り・いますがり（いまそがり）」の四語だけ。

三 音便

◆四段・ナ変・ラ変の連用形は、音便形になることがある。

〈イ音便〉 咲きて→咲いて
〈ウ音便〉 歌ひて→歌うて
〈撥(はつ)音便〉 飲みて→飲んで
死にたり→死んだり
〈促音便〉 打ちて→打って
ありて→あって

◆ラ変の連体形は撥音便になることがある。
あるなり→あんなり

形容詞・形容動詞活用表

〈　〉は、認めない説もあるもの。

種類		例語	語幹・語尾	未然形	連用形	終止形	連体形	已然形	命令形
形容詞	ク活用	清（きよ）し	清・し	〈く〉 から	く かり	し	き かる	けれ	かれ
	シク活用	美（うつく）し	美・し	〈しく〉 しから	しく しかり	し	しき しかる	しけれ	しかれ
		いみじ	いみ・じ	〈じく〉 じから	じく じかり	じ	じき じかる	じけれ	じかれ
形容動詞	ナリ活用	静（しづ）かなり	静か・なり	なら	なり に	なり	なる	なれ	なれ
	タリ活用	堂々（だうだう）たり	堂々・たり	たら	たり と	たり	たる	たれ	たれ
活用を考えるときに下に続けてみる語（下接語例）				ず	なる（動詞） けり	○	とき	ども ば	○

形容詞

◆「から／かり／かる／かれ」や「しから／しかり／しかる／しかれ」は**補助活用**（カリ活用）といわれる。

◆奈良時代以前には、未然形と已然形に「け・しけ」の形があった。

◆平安時代、「多し」には、カリ活用の終止形「多かり」と已然形「多かれ」が用いられた。

◆連用形や連体形は、ウ音便（美しくなる→美し**う**なる）・イ音便（清きこと→清**い**こと）・撥（はつ）音便（清かるなり→清か**ん**なり）になることがある。

形容動詞

◆活用は、連用形「―に／―と」を除けば、ラ変動詞型である。

◆ナリ活用の連体形は、撥音便（静かなるめり→静か**ん**めり）になることがある。

資料2 助動詞・助詞一覧

一、＊の語は、奈良時代以前特有の助動詞。
二、（ ）は、奈良時代以前の活用形や、例の少ない活用形、そのようにも表記されるものなどである。
三、（ ）は、認めない説もあるもの。

助動詞一覧

種類	助動詞	未然形	連用形	終止形	連体形	已然形	命令形	活用型	主な意味・用法	主な接続	注意
受身 尊敬 自発 可能	る らる	れ られ	れ られ	る らる	るる らるる	るれ らるれ	れよ られよ	下二型	受身（レル・ラレル） 尊敬（オ…ニナル） 自発（自然ト…レル） 可能（レル・デキル）	未然形	▽自発・可能の場合には命令形はない。 ▽「れ給ふ・られ給ふ」は尊敬ではなく、自発かその他。
	＊ゆ ＊らゆ	え らえ	え ○	ゆ ○	（ゆる） ○	（ゆれ） ○	○ ○		受身（レル・ラレル） 自発（自然ト…レル） 可能（レル・デキル）		▽「らゆ」は可能の用法だけである。
使役 尊敬	す さす しむ	せ させ しめ	せ させ しめ	す さす しむ	する さする しむる	すれ さすれ しむれ	せよ させよ しめよ	下二型	使役（セル・サセル） 尊敬（ナサル・オ…ニナル）	未然形	▽「せ給ふ・させ給ふ・しめ給ふ」は二重敬語（地の文では最高敬語）が多いが、使役の場合もある。
尊敬	＊す	さ	し	す	す	せ	せ	四段型	尊敬（ナサル・オ…ニナル）	未然形	
過去	き	（せ）	○	き	し	しか	○	特殊型	過去（タ）	連用形	▽未然形「せ」は、「…せば…まし」の形だけである。
	けり	（けら）	○	けり	ける	けれ	○	ラ変型	伝聞的過去（タトイウ・タ） 詠嘆（タヨ）		▽詠嘆の用法は和歌・俳句に多い。 ▽未然形「けら」は「けらく」「けらずや」の形で見られるが、用例は少ない。

種類	助動詞	未然形	連用形	終止形	連体形	已然形	命令形	活用型	主な意味・用法	主な接続	注意
完了	**つ**	て	て	つ	つる	つれ	てよ	下二型	完了（タ・テシマッタ） 確述・強意（キット…スル・必ズ…スル） 並列（…タリ…タリ…）	連用形	▽確述・強意は「つべし」「ぬべし」「てむ」「なむ」など。 ▽並列は「…つ…つ」「…ぬ…ぬ」の形になる。鎌倉時代以降の用法。
	ぬ	な	に	ぬ	ぬる	ぬれ	ね	ナ変型			
	たり	たら	たり と	たり	たる	たれ	たれ	ラ変型	存続（テアル・テイル・タ） 完了（タ・テシマッタ）		▽「…たり…たり」の形で並列を表す。鎌倉時代以降の用法。
	り	ら	り	り	る	れ	れ			命令形（已然形） 未然形	▽接続は、四段動詞の命令形（上代。平安時代以降は、已然形と見てもよい。）、サ変には未然形。
推量	**む（ん）**	（ま）	○	む（ん）	む（ん）	め	○	四段型	推量（ウ・ダロウ） 意志（ウ・ヨウ） 仮定・婉曲（トシタラ・ノヨウニ） 適当・勧誘（ガヨイ）	未然形	▽一人称が主語の場合は意志、その他は推量が多い。 ▽「こそ…め」は適当・勧誘の意になることが多い。 ▽仮定・婉曲は連体形の用法である。 ▽未然形「ま」はすべて「まく」という用法。
	むず（んず）	○	○	むず（んず）	むずる（んずる）	むずれ（んずれ）	○	サ変型			
	べし	〈べく〉 べから	べく べかり	べし	べき べかる	べけれ	○	ク型	推量（ニチガイナイ） 意志（ウ・ヨウ） 可能（デキル） 適当・勧誘（ガヨイ） 当然・義務・予定（ハズダ・ベキダ）	終止形	▽「べからず」など打消を伴った場合は、多く、可能を表す。 ▽「べらなり」は平安時代、「べし」に相当する漢文訓読系の語で、和文には少ない。
	べらなり	○	（べらに）	べらなり	べらなる	べらなれ	○	ナリ型	推量（ヨウダ）		

資 2

推定	**らし**	○	○	らし	らし（らしき）	らし	○	特殊型	根拠のある推定（タシカニ…ラシイ）	終止形	▽平安時代になると古語化し、歌語として用いられた。
									現因・理由の推定（デアルカラ…ラシイ・トイウワケダロウ）		
	めり	○	（めり）	めり	める	めれ	○	ラ変型	視覚に基づく推定（ノヨウニ見エル） 婉曲（ヨウダ）		▽平安時代の初めからの語。 ▽聴覚に基づく推定の助動詞「なり」とは対照的である。
過去推定	**けらし**	○	○	けらし	けらし（けらしき）	けらし	○	特殊型	過去の推定（タヨウダ） 過去の詠嘆（タナア）	連用形	▽過去の助動詞「けり」の連体形「ける」＋推定の助動詞「らし」。
推定伝聞	**なり**	○	（なり）	なり	なる	なれ	○	ラ変型	聴覚に基づく推定（ヨウダ） 伝聞（トイウ・ソウダ）	終止形	▽視覚に基づく推定の助動詞「めり」とは対照的である。
現在推量	**らむ（らん）**	○	○	らむ（らん）	らむ（らん）	らめ	○	四段型	現在の、推量（テイルダロウ）／原因の推量（ダロウ）／伝聞・婉曲（トイウ・ノヨウダ）	終止形	▽多く、伝聞・婉曲は連体形の用法。 ▽過去推量の助動詞「けむ」とは対照的である。
過去推量	**けむ（けん）**	（けま）	○	けむ（けん）	けむ（けん）	けめ	○	四段型	過去の、推量（タロウ） 伝聞（タトイウ） 原因の推量	連用形	▽伝聞は連体形の用法。 ▽現在推量の助動詞「らむ」とは対照的である。 ▽未然形「けま」は、すべて「けまく」という用法。
反実仮想	**まし**	（ませ） ましか	○	まし	まし	ましか	○	特殊型	反実仮想（タラ…ダロウニ） ためらい（シタモノダロウカ）	未然形	▽「ませば…まし」「ましかば…まし」や、「せば…まし」の形に注意。
打消	**ず**	（な） （ず） ざら	（に） ず ざり	（ぬ） ず	ぬ ざる	ね ざれ	ざれ	特殊型	打消（ナイ）	未然形	

種類	助動詞	未然形	連用形	終止形	連体形	已然形	命令形	活用型	主な意味・用法	主な接続	注意
打消推量	**じ**	○	○	じ	じ	(じ)	○	特殊型	打消の推量・意志（ナイダロウ・ナイツモリダ）	未然形	▽推量の助動詞「む」の打消に相当する。
	まじ	〈まじく〉 まじから	まじく まじかり	まじ	まじき まじかる	まじけれ	○	シク型	打消の推量・意志（ナイダロウ・ナイツモリダ）／不可能の推量（デキソウニナイ）／不適当（テハナラナイ）	終止形	▽推量の助動詞「べし」の打消に相当する。
断定	**なり**	なら	なり に	なり	なる	なれ	(なれ)	ナリ型	断定（ダ・デアル） 存在（「なり」だけの用法。ニアル・ニイル）	体言	▽「なり」は連体形にも付く。
	たり	たら	たり と	たり	たる	たれ	たれ	タリ型			
希望	**まほし**	〈まほしく〉 まほしから	まほしく まほしかり	まほし	まほしき まほしかる	まほしけれ	○	シク型	希望（タイ）	未然形	
	たし	〈たく〉 たから	たく たかり	たし	たき たかる	たけれ	○	ク型		連用形	▽平安時代末期以後の語。
比況	**ごとし**	〈ごとく〉	ごとく	ごとし	ごとき	○	○	ク型	比況（ノヨウダ） 例示（ヨウダ）	格助詞「の・が」	▽「ごとし」は連体形や体言（ただし、体言に付く用法は、中世以降。）にも付く。「やうなり」は連体形にも付く。 ▽「ごとし・ごとくなり」は漢文訓読体に用いる。
	ごとくなり	ごとくなら	ごとくなり ごとくに	ごとくなり	ごとくなる	ごとくなれ	ごとくなれ	ナリ型			
	やうなり	やうなら	やうなり やうに	やうなり	やうなる	やうなれ	○	ナリ型			
反復継続	＊**ふ**	は	ひ	ふ	ふ	へ	へ	四段型	反復（シテハ…スル） 継続（シ続ケル）	未然形	▽平安時代になると動詞に吸収されて一語化した。

資 2

助詞一覧

1 格助詞（体言や、体言に準ずる語に付く）

助詞	主な意味・用法	注意
の・が	連体形修飾語（ノ） 主語（ガ・ノ） 同格（デ） 体言の意味を含んだ動き（準体助詞とも）（ノモノ・ノコト）	▽「の」には比喩（ひゆ）の用法（ノヨウニ）もある。
を	動作の対象（ヲ） 動作の相手（ニ・ト） 経過する場所・時間（ヲ） 動作の起点（カラ・ヲ通ッテ）	▽経過の場所や、動作の起点の用法は移動の意の自動詞を伴（ともな）う。
に	時間・場所（ニ） 動作の帰着点（ニ） 変化の結果（ニ） 動作の目的（ノタメニ） 動作の対象（ニ） 動作をさせる相手（ニ） 原因・理由（ニヨリ） 比較の基準（ト比べテ） 強意	▽「強意の用法は「開きに開きぬ」などで、連用形接続。同じ用法は格助詞「と」にもある。 ▽「動作の目的の用法の場合は連用形接続。
へ	動作の方向（ノ方ニ） 動作の帰着点（ニ）	
と	動作の共同者（トトモニ） 引用（ト）　目的（トシテ） 変化の結果（ト・ニ） 比喩（ひゆ）（ノヨウニ） 比較の基準（ト比べテ） 強意	▽引用の用法の場合は文の形や会話をも受ける。 ▽強意の用法は「ありとある」などで、連用形接続。同じ用法は格助詞「に」にもある。
より・から	動作・作用の起点（カラ） 経過点（ヲ通ッテ） 手段・方法（デ） 原因・理由（ニヨッテ） 即時（スルトスグニ）	▽「より」には比較の基準の用法（ヨリ）もある。 ▽平安時代までは「より」が一般的。
にて	場所（デ） 手段・方法（デ） 原因・理由（ニヨッテ） 資格（トシテ）	
して	使役の対象（ニ命ジテ） 手段・道具（デ・デモッテ） 動作の共同者（トトモニ）	

2 接続助詞（活用語に付く）

助詞	主な意味・用法	注意
ば	順接 ［未然形に付いて］ 仮定条件（タラ・ナラ） ［已然形に付いて］ 確定条件　①原因・理由（ノデ）　②偶然の条件（タトコロ・ト）　③恒常条件（トキハイツモ）	▽未然形に付くか、已然形に付くかによって、仮定か確定かに分かれる。 ▽「をば」の「ば」は、係助詞「は」が濁音化したもの。
と とも	逆接 仮定条件（タトエ…テモ）	▽「と・とも＝仮定」 「ど・ども＝確定」　である。
ど ども	逆接 確定条件（ケレドモ）	
が	逆接の確定条件（ノニ） 単純な接続（ガ）	▽平安時代末期以後の語。
に	逆接の確定条件（ノニ） 順接の確定条件（ノデ・タトコロ） 単純な接続（ト・トコロ）	▽一つの語に逆接・順接の両用法がある。
を		

格助詞から転じたもの（が・に・を）

助詞	主な意味・用法	注意
ものの ものから ものを ものゆゑ （に）	逆接の確定条件 （ノニ・モノノ・ケレド）	▽「ものから・ものを・ものゆゑ（に）」は順接の確定条件（ノデ・ダカラ）の場合もある。
て	物事の継起・並行（テ・テイテ） 順接（ノデ） 逆接（テモ・ノニ） 状態（デ） 補助動詞に続ける（テ）	▽逆説は前後の文脈で決まる。
して	対等並列（デ） 状態（デ） 原因・理由（タメニ） 逆接（ノニ）	▽逆接は前後の文脈で決まる。
で	打消の接続（ナイデ）	▽「で＝ずて」と理解するとよい。
つつ	動作の反復・継続（シ続ケテ） 動作の並行（ナガラ）	▽和歌の末尾の「つつ」は詠嘆を余情として残す表現。
ながら	動作の存続・並行（ノママ・ナガラ） 逆接（ノニ・ケレドモ）	▽並行の用法は二つの動作の同時進行を表す。

3 副助詞（種々の語に付く）

助詞	主な意味・用法	注意
だに	類推（サエ） 最小限の希望（セメテ…ダケデモ）	▽「すら」は平安時代になるとあまり用いられなくなる。 ▽「さへ」は室町時代末期から「だに・すら」に近い意味をも表すようになる。 ▽「だに・サエ、すら・デモ、さへ・マデモ」と覚えておくとよい。
すら	類推（サエ） 最小限の希望（セメテ…ダケデモ）	
さへ	添加（ソノ上…マデモ） 最小限の限定（セメテ…ダケデモ）	
のみ	限定（ダケ） 強調（タダモウ・ヒタスラ）	▽強調は「のみ」だけの、範囲・程度は「ばかり」だけの用法である。
ばかり	範囲・程度（ホド・クライ） 限定（ダケ）	
など （なんど）	例示（ナド） 婉曲(えんきょく)（ナンカ・ナド） 引用（ナドト）	
まで	範囲・限定（マデ） 程度（クライニ・ホドマデ）	▽程度の用法は「ばかり」と異なり、程度の甚だしさを表す。 ▽「より」は格助詞だが、「まで」は副助詞。
し しも	強調	▽強調の度合いは「しも」が強い。 ▽肯定にも否定にも用いられる。

4 係助詞（種々の語に付く）

助詞	主な意味・用法	結びの活用形	注意
は	取り立て・強調（ハ）	終止形	▽「は」「も」はその文に一定の拘束力を与えるので、係助詞とされる。
も	列挙・並列（モ） 添加（モマタ） 強調（モマア） 類推（サエモ）	終止形	
こそ	強調（強意）	已然形	▽いわゆる「係り結び」を作る。 ▽意味・用法は強調と疑問に大別できる。 ▽「結び」は省略されたり、消滅したりすることもある。
ぞ		連体形	
なむ （なん）		連体形	

助詞	主な意味・用法	結び	注意
や やは か かは	疑問（カ） 反語（カ、イヤ…デハナイ）	連体形	▽「やは・かは」は反語を表すことが多い。

5 終助詞（文末に用いられる）

助詞	主な意味・用法		注意
な	禁止	強い禁止（…スルナ）	▽「な…そ」より禁止が強い。 ▽動詞・動詞型助動詞の終止形（ラ変・ラ変型動詞の連体形）に付く。
そ		［「な…そ」の形で］ 禁止（シテクレルナ）	▽「な…そ」の形に注意。この「な」は禁止の副詞。
ばや	願望	自己の希望（タイ）	▽ともに願望を表すが、自分へか相手へかの違いがある。
なむ		他に対する願望（テクレ・テホシイ）	
てしが てしがな にしが にしがな	願望	自己の願望（デキタラ…タイナア）	▽「てしが」の系列と、「にしが」の系列とがある。 ▽清音の「てしか・てしかな・にしか・にしかな」の形もある。
もが もがな がな	願望	希望（モシ…ガアレバナア…トイイナア）	▽「もがな」は平安時代以降の語。上代の「もがも」に取って代わった。
か かな かも	詠嘆（ナア・ヨ）		▽「かも」は奈良時代以前に、「かな」は平安時代以降に用いられた。
な			▽念押しの用法（ヨ・ネ）もある。 ▽文の終止した形に付く。
も			▽主に奈良時代以前に用いられた。
かし	念押し（ヨ・ネ）		▽「…ぞかし」の形で用いられることが比較的多い。

6 間投助詞（文節の末尾に付く）

助詞	主な意味・用法	注意
を	詠嘆（ナア）　強調（ネ）	▽「…を…み」の形に注意。
や	詠嘆（ナア・ヨ） 呼びかけ（ヨ）	
よ		

資料3

区別のまぎらわしい言葉一覧

語	種別	識別法	用例
か	疑問の係助詞	文意より判断。 断定の助動詞「なり」の連用形「に」に付く「か」は、疑問の意となることが多い。	徒然草 仏は如何なるものにか候ふらむ。 訳 仏とはどのようなものでございましょうか。
	反語の係助詞	文意より判断。	徒然草 命ばかりはなどか生きざらん。 訳 命だけはどうして助からないことがあろうか、いや、助かるにちがいない。
	詠嘆の終助詞	「…も…か」の形は、詠嘆の意となることが多い。	万葉集 苦しくも降り来る雨か 訳 つらくも降ってくる雨だなあ。
けれ	形容詞の已然形活用語尾の一部	形容詞の語幹または、終止形に相当する形の語が上接する。	徒然草 あやしうこそものぐるほしけれ。 訳 異常なほど狂おしい気持ちになるものだ。
	四段動詞の已然形活用語尾＋完了の助動詞「り」の已然形・命令形	「れ」の上が四段動詞である。	万葉集 忘れ貝寄せ来て置けれ沖つ白波 訳 忘れ貝を（岸に）寄せて来て置いていけ、沖の白波よ
	過去の助動詞「けり」の已然形	活用語の連用形に付く。	徒然草 その跡大きなる堀にてありければ、 訳 その跡が大きな堀であったので、
	希望の助動詞「たし」の已然形の一部	「…たけれ」となっている。	徒然草 帰りたければ、ひとりつい立ちて行きけり。 訳 帰りたいので、ひとり、ついと立って行った。
	希望の助動詞「まほし」の已然形の一部	「…まほしけれ」となっている。	源氏物語 皇子は、かくてもいと御覧ぜまほしけれど、 訳 皇子は、このような状況でもずっと御覧になっていたいけれども、
	打消推量の助動詞「まじ」の已然形の一部	「…まじけれ」となっている。	徒然草 冬枯れの気色こそ秋にはをさをさおとるまじけれ。 訳 冬枯れの様子こそ、秋にはほとんど劣らないであろう。
し	サ変動詞「す」の連用形	「し」が動作を示す語であるか、または、「おはし」の「し」。	源氏物語 あやしき業（わざ）をしつつ、 訳 失礼なことをくり返しやって、
	過去の助動詞「き」の連体形	上接語が活用語の連用形。	徒然草 まはりをきびしく囲ひたりしこそ、 訳 周囲を厳重に囲ってあったのこそ、

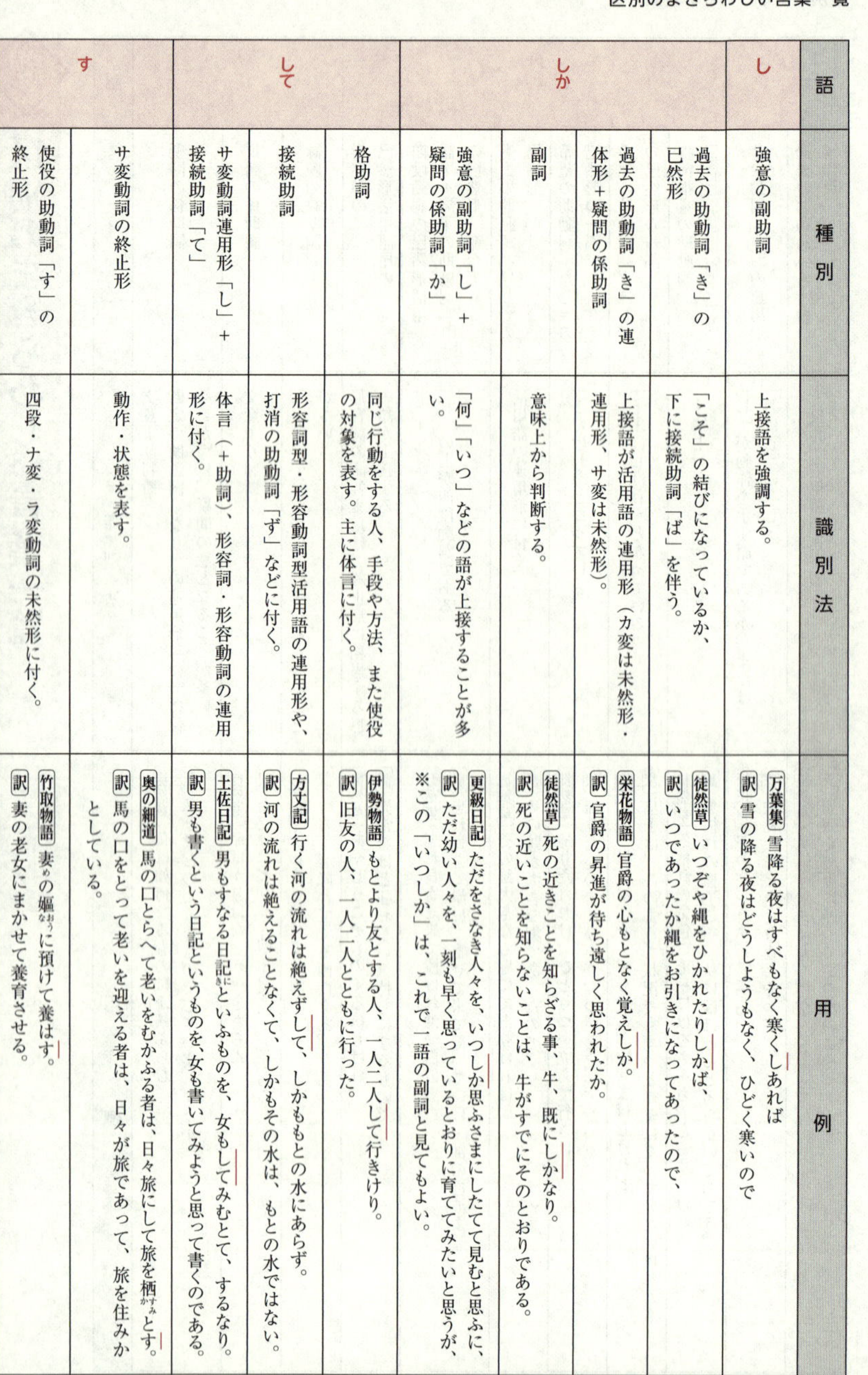

語	種別	識別法	用例
し	強意の副助詞	上接語を強調する。	万葉集 雪降る夜はすべもなく寒くしあれば 訳 雪の降る夜はどうしようもなく、ひどく寒いので
	過去の助動詞「き」の已然形	「こそ」の結びになっているか、下に接続助詞「ば」を伴う。	徒然草 いつぞや縄をひかれたりしかば、 訳 いつであったか縄をお引きになってあったので、
しか	過去の助動詞「き」の連体形＋疑問の係助詞	上接語が活用語の連用形（カ変は未然形・連用形、サ変は未然形）。	栄花物語 官爵の心もとなく覚えしか。 訳 官爵の昇進が待ち遠しく思われたか。
	副詞	意味上から判断する。	徒然草 死の近きことを知らざる事、牛、既にしかなり。 訳 死の近いことを知らないことは、牛がすでにそのとおりである。
	強意の副助詞「し」＋疑問の係助詞「か」	「何」「いつ」などの語が上接することが多い。	更級日記 ただをさなき人々を、いつしか思ふさまにしたてて見むと思ふに、 訳 ただ幼い人々を、一刻も早く思っているとおりに育ててみたいと思うが、 ※この「いつしか」は、これで一語の副詞と見てもよい。
して	格助詞	同じ行動をする人、手段や方法、また使役の対象を表す。主に体言に付く。	伊勢物語 もとより友とする人、一人二人して行きけり。 訳 旧友の人、一人二人とともに行った。
	接続助詞	形容詞型・形容動詞型活用語の連用形や、打消の助動詞「ず」などに付く。	方丈記 行く河の流れは絶えずして、しかももとの水にあらず。 訳 河の流れは絶えることなくて、しかもその水は、もとの水ではない。
	サ変動詞連用形「し」＋接続助詞「て」	体言（＋助詞）、形容詞・形容動詞の連用形に付く。	土佐日記 男もすなる日記といふものを、女もしてみむとて、するなり。 訳 男も書くという日記というものを、女も書いてみようと思って書くのである。
す	サ変動詞の終止形	動作・状態を表す。	奥の細道 馬の口とらへて老いをむかふる者は、日々旅にして旅を栖とす。 訳 馬の口をとって老いを迎える者は、日々が旅であって、旅を住みかとしている。
	使役の助動詞「す」の終止形	四段・ナ変・ラ変動詞の未然形に付く。	竹取物語 妻の嫗に預けて養はす。 訳 妻の老女にまかせて養育させる。

語	識別	見分け方	例文
せ	サ変動詞「す」の未然形	体言（＋助詞）に付く。	徒然草 めでたしと見る人の、心劣りせらるる本性見えんこそ、口惜しかるべけれ。 訳 立派だと思っている人が幻滅の感じられる本性をあらわすようなことは、何とも残念なことである。
	過去の助動詞「き」の未然形	「せば…まし」の形をとる。	古今集 世の中にたえて桜のなかりせば春の心はのどけからまし 訳 世の中に桜が全くないものならば、春という季節の中にあって、人はのどかな心でいられるだろうに。
	使役・尊敬の助動詞「す」の連用形	活用語の未然形に付く。	平家物語 門をひらかれずとも、このきはまで立ち寄らせ給へ。 訳 開門なさらずとも、この近くまでお立ち寄りください。
たる	完了・存続の助動詞「たり」の連体形	活用語の連用形に付く。	枕草子 紫だちたる雲の細くたなびきたる。 訳 紫がかった雲が細くたなびいている。
	断定の助動詞「たり」の連体形	体言に付く。	平家物語 清盛（きよもり）、嫡男たるによって、その跡をつぐ。 訳 清盛は嫡男であるので、その跡をつぐ。
	タリ活用形容動詞の連体形活用語尾	主語になりえない漢語が上接する。	平家物語 漫々たる海上（かいしょう）なれば、いづちを西とは知らねども、 訳 広々としている海上なので、どちらの方向が西とはわからないが、
て	完了の助動詞「つ」の未然形・連用形	活用語の連用形に付き、下に「き」「けり」「む」などの助動詞がくることが多い。	伊勢物語 この男かいまみてけり。 訳 この男は、物のすき間からのぞき見てしまった。
	接続助詞	活用語の連用形に付き、原因・理由・逆接などを表す。	土佐日記 大津より浦戸をさして漕（こ）ぎ出づ。 訳 大津より浦戸をめざして漕ぎ出す。
と	タリ活用形容動詞の連用形活用語尾	主語になりえない漢語が上接する。	奥の細道 佳景寂寞（じゃくまく）として心澄み行くのみ覚ゆ。 訳 素晴らしい風景がひっそり静まり返って、心が澄んでいくのを感じる。
	断定の助動詞「たり」の連用形	体言に付く。	方丈記 それ、人の友とあるものは富めるをたふとみ、ねんごろなるを先とす。 訳 そもそも、人の友人としては裕福な者を重んじ、懇意な者を先に考える。
	副詞の一部	文意より判断する。	伊勢物語 夜のほのぼのと明くるに、泣く泣く帰りにけり。 訳 夜がほのぼのと明けるころに、泣く泣く帰っていった。
	格助詞	体言や引用句（「……」の部分）のあとに付く。	徒然草 「もののあはれは秋こそまされ」と人ごとに言ふめれど、 訳 「しみじみとした情趣は秋がすぐれている」と人はだれもが言うようだが、

語	種別	識別法	用例
とも	格助詞「と」＋係助詞「も」	体言や、体言に準ずる語、引用句（「……」の部分）などに付く。	更級日記 あはれに人はなれて、いづこともなくておはする仏かな、 訳 なんとまあ、人里離れて所もかまわぬ様子で立っていらっしゃる仏様だなあ、
	接続助詞	動詞・助動詞・形容動詞の終止形、形容詞の連用形、打消の助動詞「ず」の連用形に付く。	徒然草 かばかりになりては、飛び降るるとも降りなん。 訳 これくらいになれば、飛び降りても、降りてしまえるだろう。 ※この例は、「飛びおるとも」となるべきだが、この時代には連体形が終止形相当のものとして用いられた。
な	完了の助動詞「ぬ」の未然形	活用語の連用形に付く。	平家物語 世しづまり候ひなば、勅撰(ちょくせん)の御沙汰(ごさた)候はんずらん。 訳 世の中が静かになってしまったら、勅撰の御沙汰がございましょう。
	副詞	多く「な…そ」の形をとる。	徒然草 かくな恨み給ひそ。 訳 そのように恨みなさるな。
	終助詞（禁止）	動詞型活用語の終止形（ラ変型活用語は連体形）に付く。	徒然草 あやまちすな。心して降りよ。 訳 失敗するな。注意して降りよ。
	終助詞（詠嘆）	文末に付く。	古今集 花の色は移りにけりな 訳 花の色（私の美しさ）は色あせてしまったのだなあ
なむ（なん）	確述の助動詞「ぬ」の未然形＋推量・意志の助動詞「む」の終止形・連体形	活用語の連用形に付く。	更級日記 髪もいみじく長くなりなむ。 訳 髪もきっと、たいそう長くなるだろう。
	係助詞	結びが連体形になっている。	伊勢物語 昔人は、かくいちはやきみやびをなむしける。 訳 昔の人は、こんなにはげしい風流事をしたということだ。
	終助詞	活用語の未然形に付く。	源氏物語 惟光(これみつ)とく参らなむと思(おぼ)す。 訳 惟光朝臣(あそん)が早く来てほしいとお思いになる。
	ナ変動詞の未然形活用語尾「な」＋推量・意志の助動詞「む」の終止形・連体形	ナ変動詞の語幹「死」または「往」が上接する。	徒然草 長くとも四十に足らぬほどにて死なんこそ、めやすかるべけれ。 訳 長くても四十歳以前に死ぬようなことこそ、見苦しくない（生き方というものだ）。
なり	四段動詞「なる」の連用形	その語が事物の動作や存在を表す。	徒然草 時のまの煙ともなりなんとぞ、うち見るより思はるる。 訳 一時の間の煙ともなってしまうであろうと、ちょっと見るとすぐに思われる。

語	識別	接続・見分け方	用例
なり	ナリ活用形容動詞の連用形・終止形活用語尾	上接語は、物事の性質や状態を表す語で、独立させても主語とはならない。	【徒然草】蚊遣り火(かやりび)ふすぶるもあはれなり。 訳 蚊遣り火をいぶすのも趣深いものである。
	断定の助動詞「なり」の連用形・終止形	体言または活用語の連体形に付く。	【徒然草】少しのことにも、先達はあらまほしき事なり。 訳 ちょっとしたことにも、先導者はあってほしいものである。
	推定・伝聞の助動詞「なり」の連用形・終止形	活用語の終止形（ラ変型活用語は連体形）に付く。	【枕草子】明けはてぬなり。帰りなむ。 訳 夜が明けてしまったようである。帰ろう。
に	副詞の一部	上接語＋「に」で自立語となり、活用がなく、連用修飾語となる。	【土佐日記】この川、飛鳥川(あすかがは)にあらねば、淵瀬さらに変はらざりけり。 訳 この川は飛鳥川ではないので、淵も瀬も全然変わっていなかったよ。
	ナリ活用形容動詞の連用形活用語尾	上接語は、物事の性質や状態を表す語で、独立させても主語とはならない。	【徒然草】同じ心ならん人としめやかに物語りして、 訳 同じ心を持っているような人と、しんみりと話をして、
	ナ変動詞の連用形活用語尾	上接語がナ変動詞の語幹になっている。	【伊勢物語】奈良の京春日(かすが)の里に、しるよしして、狩りにいにけり。 訳 奈良の京春日の里に、領地がある関係で、狩りに出かけたそうだ。
	完了の助動詞「ぬ」の連用形	活用語の連用形に付く。	【古今集】わが宿の池の藤波(ふぢなみ)咲きにけり 訳 わが家の池のそばの藤の花がすっかり咲いてしまったことだ
	断定の助動詞「なり」の連用形	体言や、活用語の連体形に付く。	【徒然草】人の見るべきにもあらず。 訳 他人が見るにふさわしい価値あるものでもない。
	格助詞	体言や、活用語の連体形に付く。	【伊勢物語】水無瀬(みなせ)といふ所に、宮ありけり。 訳 水無瀬というところに、宮があったということだ。
	接続助詞	活用語の連体形に付く。「に」の前に体言が補えない。	【土佐日記】家に至りて、門(かど)に入(い)るに、月明ければ、いとよくありさま見ゆ。 訳 家に到着して門を入ると、月光が明るいので、たいそうよく様子が見える。
にて	断定の助動詞「なり」の連用形＋接続助詞「て」	体言や、活用語の連体形に付く。	【更級日記】たれもいまだ都なれぬほどにてえ見つけず。 訳 だれもまだ、都になれていない時なので、（『源氏物語』の本など）見つけることができない。
	格助詞	体言や、活用語の連体形に付く。時・所・手段などを示す。	【奥の細道】千住(せんじゅ)といふところにて船をあがれば、 訳 千住というところで船から上がると、
	ナリ活用形容動詞連用形活用語尾＋接続助詞「て」	形容動詞の語幹が上接する。	【源氏物語】頰つきいとらうたげにて、眉(まゆ)のわたりうちけぶり、 訳 顔つきがたいそうかわいらしく、まゆのあたりがぼうっとしていて、
ぬ	完了の助動詞「ぬ」の終止形	活用語の連用形に付く。	【伊勢物語】はや船に乗れ、日も暮れぬ。 訳 早く船に乗れ、日も暮れてしまう。

語	種別	識別法	用例
ぬ	打消の助動詞「ず」の連体形	活用語の未然形に付く。	**土佐日記** かれこれ、知る知らぬ、送りす。 **訳** あの人この人、知っている人知らない人、みんなが見送りする。
	ナ変動詞の終止形活用語尾	ナ変動詞の語幹が上接する。	**千載集** あはれことしの秋もいぬめり **訳** ああ、今年の秋も過ぎ去ってしまうようだ
ね	完了の助動詞「ぬ」の命令形	活用語の連用形に付く。	**源氏物語** この思ひおきつる宿世(すくせ)違(たが)はば、海に入りね。 **訳** 私が心に決めておいた宿命と違っていたら、海に入ってしまえ。
	打消の助動詞「ず」の已然形	下に「ば」「ど」「ども」などがくることがある。	**徒然草** 変化(へんげ)の理(ことわり)を知らねばなり。 **訳** 一切のものは絶えず変化するものだという道理を知らないからである。
ばや	接続助詞「ば」＋係助詞「や」	未然形（仮定条件のとき）に付くか、已然形（確定条件のとき）に付く。	**古今集** 思ひつつ寝(ぬ)ればや人の見えつらむ **訳** 恋しい人を思いつつ寝たので、あの人が夢に現れたのであろう
	自己の希望を表す終助詞	文末にあり、活用語の未然形に付く。	**更級日記** いかで見ばやと思ひつつ、 **訳** なんとかして見たいものだと思いながら、
らむ（らん）	ラ行四段・ラ変動詞の未然形活用語尾＋推量の助動詞「む」の終止形・連体形	動詞の語幹が上接する。	**徒然草** 定めて習ひあることに侍らん。 **訳** きっと、わけがあることでございましょう。
	推量の助動詞「らむ（らん）」の終止形・連体形	活用語の終止形（ラ変型活用語は連体形）に付く。	**古今集** 春立つ今日の風やとくらむ **訳** 立春の今日の風が、とかしていることであろう
	完了の助動詞「り」の未然形＋推量の助動詞「む」の終止形・連体形	四段動詞の命令形、サ変動詞の未然形に付く。	**徒然草** 生けらんほどは、武に誇るべからず。 **訳** 生きているであろう間は、武勇を誇ってはいけない。
る	自発・受身・可能・尊敬の助動詞「る」の終止形	四段、ナ変、ラ変動詞の未然形に付く。	**更級日記** 南ははるかに野の方見やらる。 **訳** 南は、はるかに遠くまで野原が視界に入る。
	完了の助動詞「り」の連体形	四段動詞の命令形、サ変動詞の未然形に付く。	**奥の細道** 痩(や)せ骨の肩にかかれる物、まづ苦しむ。 **訳** やせた肩にかかっている荷物の重さに、まず苦しむ。

資料4 係り結びのまとめ

1 係り結びの基本とその用例

係り	働き	結び	例文と口語訳	結びの解説
こそ	強調（強意）	已然形	例 和歌こそ、なほをかしきものなれ。（徒然草） 訳 和歌こそ、なんといっても趣のあるものである。	断定の助動詞「なり」の已然形
ぞ		連体形	例 よろづの遊びをぞしける。（竹取物語） 訳 あらゆる管弦の遊びを楽しんだ。	過去の助動詞「けり」の連体形
なむ（なん）			例 もと光る竹なむ一すぢありける。（竹取物語） 訳 根もとが光る竹が一本あった。	過去の助動詞「けり」の連体形
や・やは	疑問または反語		例 人やある、人やある。（平家物語） 訳 誰かいるか、誰かいるか。	ラ変動詞「あり」の連体形
か・かは			例 いづれか歌を詠まざりける。（古今和歌集） 訳 だれが歌を詠まなかったか、いや、みな詠んだ。	過去の助動詞「けり」の連体形

2 係り結びの留意事項

①結びが省略されることがある。

例 これなむ都鳥。――断定の助動詞「なり」の連体形「なる」の省略。

訳 これは都鳥である。

②結びが消滅することがある。

例 たとひ耳鼻こそ切れ失すとも、命ばかりはなどか生きざらん。――本来ならば「こそ」の結びとして「切れ失すれ」となるべきところを、接続助詞の「とも」が下に来たために、已然形結びになっていない。

訳 たとえ耳や鼻が切れてなくなっても、命だけはどうして生き（続け）ないことがあろうか。

③「たれ」「など」「なに」「いかが」「いかで」などの語がある場合は、係助詞が使われていなくても、その結びは連体形となる。

例 夕べは秋となに思ひけん。――「なに」とあるので、過去推量の助動詞「けん」は連体形。

訳 夕べ（のすばらしさ）は秋（がいちばんだ）とどうして思っていたのだろうか。

④「こそ…已然形、…」と、已然形で文が終止せず、そのまま下に文が続くときは、逆接としての意となる。

例 中垣こそあれ、一つ家のやうなれば、

訳 中垣こそあるけれども、一つの家のようであるので、

資料5 敬語について

一 敬語とは

会話や文章で、話し手（または書き手）が聞き手（または読み手）あるいは話題の人物に対して敬意を表すときに用いる語を敬語という。敬語を使う場合には、次のような要素がはたらいていると考えられる。

①社会的地位（上下）
②年齢（上下）
③親しさ（親疎）
④自分の側のものか、相手の側のものか

つまり、敬語は、話し手（書き手）が聞き手（読み手）や話題の人物に対してどう思い、どのような心の持ち方で接するかで決まるといえる。その心の持ち方とは、敬う気持ち、慎み深くする気持ち、礼儀を意識した気持ち、改まった気持ち、優しい気持ち、あるいはよそよそしくさえある気持ちなどいろいろあるが、それらをまとめて「敬意」とよぶ。日本語、特に古文では、主語や目的語が表現されないことが多い。そのようなとき、主語や目的語をとらえるのに、敬語が手掛かりになる場合が多い。

二 敬語の種類

敬語は、口語も文語も、次の三種類に分類されている。

①**尊敬語**　話し手（書き手）が、話題に出てくる人物の動作・状態・所有などを表す言葉について用い、敬意を表すもの。

②**謙譲語**　話し手（書き手）が、話題に出てくる人物のうち、動作をする人や自分自身について用い、動作の対象となる人に敬意を表すもの。

③**丁寧語**　話し手（書き手）が、自分の話し方（書き方）を丁寧にして、聞き手（読み手）に敬意を表すもの。

以上のことを、次の例文で確かめてみよう。

「長月（ながつき）二十日のころ、ある人にさそはれ(1)たてまつりて、明くるまで月見ありくこと(2)侍りしに、(3)おぼし出づる所ありて、案内（あない）せさせて入り(4)給ひぬ。」（『徒然草』三二段）

この文で、書き手は作者（吉田兼好）、話題に上っている人は、A「ある人」と、Bその従者と、C作者である。

――(1)は、書き手（作者）が話題の人物A「ある人」に敬意を表すために、話題の人物C（作者）の動作に謙譲の補助動詞「たてまつる」を付けている。

――(2)は、丁寧語「侍り」によって、書き手（作者）が読み手（読者）に敬意を表している。

――(3)は話題の人物A「ある人」の動作だが、「思い出づ」というふつうの動詞のかわりに、「おぼし出づ」という尊敬の動詞を用いて、書き手（作者）が「ある人」に敬意を表している。

――(4)は尊敬の補助動詞「給ふ（たま）」によって、書き手（作者）の「ある人」に対する敬意を表したもの

図1　尊敬語

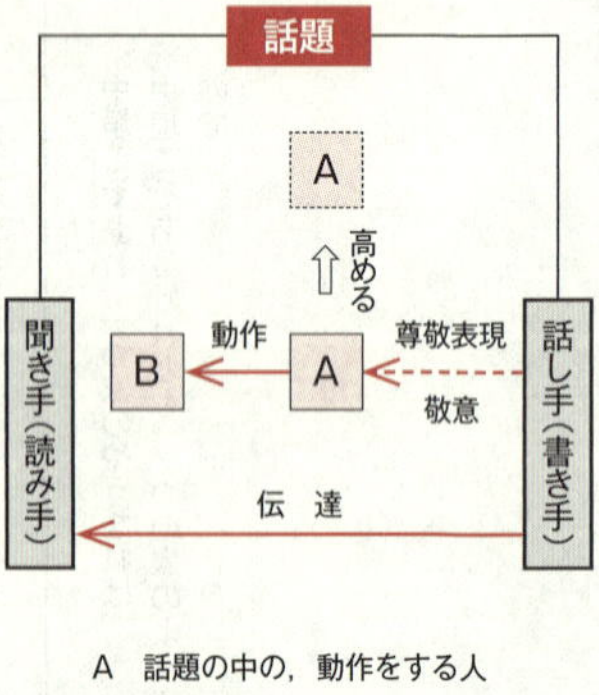

A　話題の中の，動作をする人
B　話題の中の，動作を受ける人

図2　謙譲語

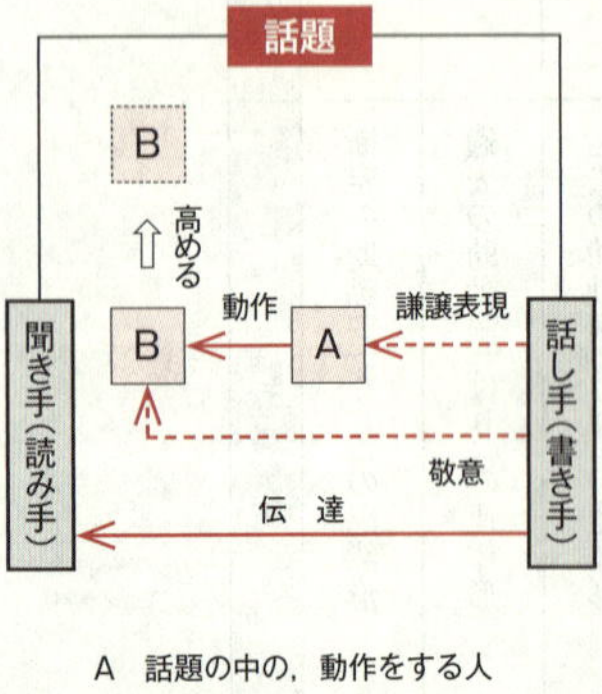

A　話題の中の，動作をする人
B　話題の中の，動作を受ける人

である。

以上の関係をつかんで口語訳すると、次のようになる。

訳 九月二十日のころ、ある人におさそいいただ(1)いて、夜が明けるまで月を見て歩きまわることが(2)ございましたが、その人が(3)思い出された所(家)があって、(従者に)取り次ぎを請わせて、(その家に)(4)お入りになった。

三 敬語一覧 ⇩次ページ

四 注意すべき敬語

(1) 二方向に対する敬語

話し手(書き手)が、動作をする人と、その動作の対象となる人の両方に敬意を表す言い方がある。これは、話題の中に身分の高い人が二人いる場合に行われ、古文には多く見られる用法である。

「(かぐや姫が)いみじく静かに、公(おほやけ)に御文(おんふみ)たてまつり給ふ」(『竹取物語』)

訳 まことに静かに、帝(みかど)にお手紙をさしあげなさる。

この文の場合、書き手(作者)は、「たてまつる」という謙譲語を用いて、かぐや姫の手紙の受取人である帝に敬意を表すとともに、尊敬の補助動詞「給ふ」によって、動作をするかぐや姫にも敬意を表している。

(2) 最高敬語

会話文以外の文で、天皇や皇后など特に身分の高い人を敬うときに、尊敬語を二つ重ねて使うことがあるが、これを最高敬語という。敬語を重ねるところから、「二重敬語」ともいう。天皇や皇后の動作の場合、主語を示さずに最高敬語で示すことがあるので注意しよう。⇩文法用語辞典「最高敬語」

「御簾(みす)をたかくあげたれば、笑はせ給ふ」(『枕草子(まくらのそうし)』)

訳 御簾を高く巻き上げたところ、(中宮は)お笑いになる。

(3) 自敬表現

天皇などの高貴な人が、会話の中で自分の動作に尊敬表現を用いることがあり、これを自敬表現という。この表現は、古い時代にかぎられている。⇩文法用語辞典「自敬表現」

図3 丁寧語

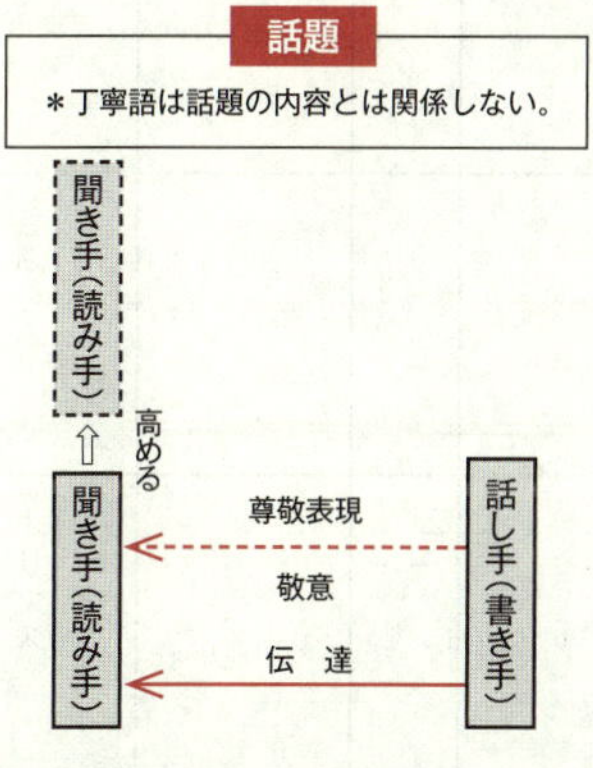

話題
＊丁寧語は話題の内容とは関係しない。
聞き手(読み手)
高める
聞き手(読み手)
尊敬表現
敬意
伝 達
話し手(書き手)

図4 二方向に対する敬語

話題
B
A
高める
高める
動作
B
A
尊敬表現
敬意
謙譲表現
敬意
伝 達
聞き手(読み手)
話し手(書き手)

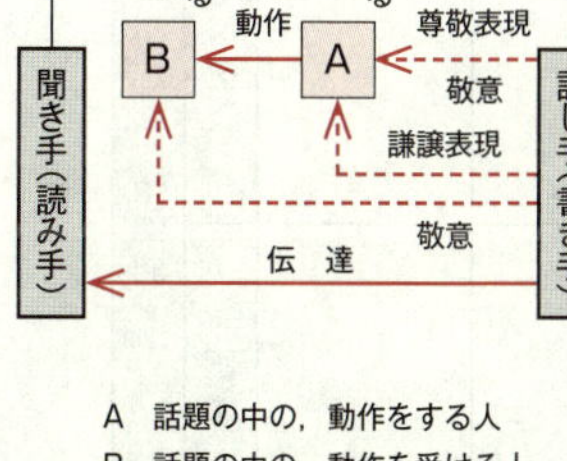

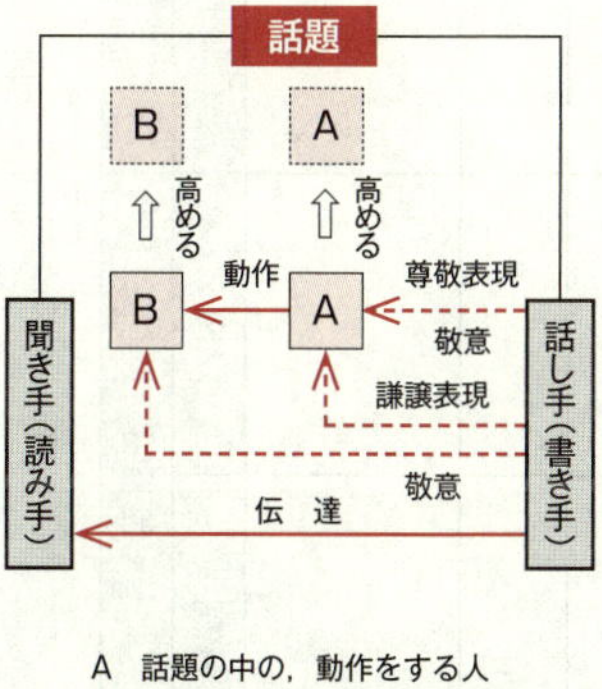

A 話題の中の，動作をする人
B 話題の中の，動作を受ける人

敬語一覧

品詞	通常の語	尊敬語 語	尊敬語 訳語	謙譲語 語	謙譲語 訳語	丁寧語 語	丁寧語 訳語
接頭語		おほみ／おほん おん／お／み 御(ご・ぎょ) 尊／貴／高／芳		拙／愚／拝 卑／弊／小			
接尾語		君／殿／様					
代名詞		御身／貴殿／君		おのれ／わらは まろ			
動詞	す なす	遊ばす	ナサル	致す／つかまつる つかうまつる	サセテイタダク シテサシアゲル	致す	イタシマス
	あり	おはす おはします います／ます まします	イラッシャル			はべり さぶらふ さうらふ	アリマス オリマス ゴザイマス
	行く 来	おはす おはします います／ます まします	イラッシャル	参る まうづ	アガル 参上スル		
	行く 離れ去る			まかる まかづ	退出スル		
	言ふ	仰す のたまふ のたまはす	オッシャル	申す／聞こゆ 聞こえさす 奏す／啓す	申シアゲル		
	思ふ	おもほす／おぼす おぼしめす	オ思イニナル	存ず	存ジマス		

動詞							補助動詞		助動詞
聞く 飲む／食ふ	呼ぶ 着る／乗る 飲む／食ふ 見る	寝（ぬ）	与ふ	受く もらふ	聞く 受く	仕ふ 伺候する			
きこす きこしめす	召す 見（め）す（看（め）す）	大殿ごもる	たまふ／たうぶ たぶ／たまはす				給（たま）ふ（四段活用） たぶ／たうぶ おはす おはします います		る らる す さす しむ
オ聞キニナル 召シアガル	オ呼ビニナル オ召シニナル 召シアガル ゴ覧ニナル	オヤスミニナル	クダサル オ与エニナル				オ…ニナル オ…ナサル …テイラッシャル		オ…ニナル オ…ナサル …レル …ラレル
			奉る／奉らす 参らす	たまはる たばる	承る	さうらふ／さぶらふ はべり	たてまつる まうす きこゆ きこえさす まゐらす	給ふ（下二段活用）	
			サシアゲル	イタダク 頂戴（ちょうだい）スル	ウカガウ ウケタマワル	オソバニ仕エル オソバニ控エル	オ…申シアゲル …イタス …テサシアゲル	…サセテイタダク	
							はべり さぶらふ さうらふ		
							マス （…デ）ゴザイ マス		

古語類語一覧

古語にはいくつかの類語があるものがある。ここには知っておきたい類語の例を掲げている。なお、本文にはコラム「類語と使い分け」がある。（赤字の語は肯定的な意味を持つもの。）

現代語	古語
明るい	あかし・あきらかなり・うららかなり・はればれし・ほがらかなり
あきらかだ	あからさまなり・あきらけし・うららかなり・さだかなり
あきらめる	おもひたゆ・おもひはなる
あきれる	あさむ・うはぐむ
開ける	あく・はだく
上げる	あぐ・もたぐ
浅い	あさし・あさはかなり・あさまなり
あさはかだ	あうなし・こころあさし・ふつつかなり
あざやか	あざあざ(と)・けざやかなり・はなやかなり
与える	あたふ・えさす・とらす
あたたかい	あたたけし・ぬるし
あたり	へろ・ほど・めぐり
あちらこちら	かたがた・このもかのも・ここかしこ・をちこち
あつかましい	あこぎなり・おもなし・はぢなし
集まる	つどふ・すだく
あなどる	あなづる・おもひあなづる
危ない	あやふし・さがし
あやしい	あやし・くすし・けし
あらあらしい	あらあらし・あらけなし・あららかなり
争う	あらがふ・あらそふ・すまふ
あわてる	まどふ・あわつ
言い争う	あらがふ・あらそふ・ろんず
いいかげんだ	おろかなり・おろそかなり・なのめなり・なほざりなり・はかなし
言うまでもない	いふべくもあらず・さらなり・さらにもあらず
いかる	いきどほる・いきまく・はらだつ・ほとほる
いそがしい	あわたたし・せはし
いただく	たうばる・たばる・たまはる
いたわる	いたつく・いたはる・いとふ・ねぐ
一途だ	ねんごろなり・ひたぶるなり
意地悪だ	あやにくなり・さがなし
いつも	あけくれ・じゃうぢゅう・ときとなく
移動する	ありく・うつる・わたる
いとしい	あはれなり・いとほし・うつくし・かなし・はし・をし
いやだ	うたてし・うとまし・こころうし
いらっしゃる	おはす・おはします・ます・います・まします
浮かぶ	うかぶ・うかむ・うかる・うく
薄い	あさし・あはし・うすし
美しい	いうなり・うるはし・えんなり・きよげなり・なまめかし・まばゆし・よし・をかし
うっとうしい	いぶせし・むつかし
うまい	あまし・いし・うまし
生まれる	ある・うまる・むまる
うるさい	かしまし・こちたし
縁起が悪い	いまいまし・いまはし
多い	おほかり・おほし・こちたし・しげし
おおげさだ	おどろおどろし・ことごとし
おおざっぱだ	あららかなり・おほぞうなり
遅れる	おくる・おそなはる・さがる
幼い	いとけなし・いはけなし・をさなし
治める	さだむ・しる・ぢす・まつりごつ・をさむ

惜しい あたらし・をし
おそろしい けおそろし・すごし・むくつけし
おだやかだ あんをんなり・おいらかなり・しめやかなり・なごやかなり・なだらかなり・やはらかなり
落ち着く おもひしづまる・をさまる
おちぶれる あぶる・おちゆく・おつ・なりはつ
落ちる あゆ・おつ
おっとりしている おいらかなり・おほどかなり・ここし・こめかし
終わる はつ・やむ・をはる・をふ
選ぶ えらぶ・えらむ・える
演奏する あそぶ・かきならす・かなづ
遠慮する つつむ・はばかる
老いる おゆ・あうよる
おどろく あさむ・おどろく・きもつぶる・たまぎる
思いがけない すずろなり・ゆくりなし
隠れる いかくる・かくる・こもる
かしこい かしこし・さかし・さとし
悲しい あはれなり・かなし
がまんする しのぶ・たふ・ねんず
かわいい あはれなり・いとし・いとほし・うつくし・かなし・らうたし・をし
かわいがる いつくしむ・うつくしむ・かなしがる
かわいそうだ いとほし・かはゆし・こころぐるし・かたはらいたし
頑固だ かたくなし・かたくななり
感動する あはれがる・かんず・めづ
期待する ごす・たのむ
気味悪い うたて・うとまし・けうとし・すごし・むくつけし・むつかし
求婚する いふ・よばふ
競争する きしろふ・きほふ
禁じる いさむ・いましむ
くやしい ねたし・ねんなし・むやくし
けなす いひけつ・くたす・そしる・もどく
恋しい こひし・ともし・なつかし
高貴だ あてなり・けだかし・たかし・やむごとなし
交際する あひかたらふ・かたらふ・まじはる
心細い はかなし・わびし
断る いなぶ・いなむ・さへなふ
好ましい あらまほし・いし・なつかし・よろし
困る こうず・わぶ
こわす こほつ・そんず・やぶる
栄える さかゆ・にぎはふ・はなやぐ・ときめく
さそう いざなふ・さそふ
さとる おもひとく・こころう
さびしい あはれなり・けどほし・さうざうし・さびし・すごげなり・すごし・つれづれなり
さまよう うかる・さすらふ・ただよふ・まどふ
さわがしい おびたたし・かしかまし・かまびすし・らうがはし
さわぐ さわぐ・ののしる
さわやかだ さはやかなり・すがすがし
残念だ くちをし・くやし・ほいなし
しかる いましむ・さいなむ
親しい こころやすし・こまかなり・ねんごろなり
しっかりしている したたかなり・はかばかし・ふつつかなり
実用的だ まめなり・まめまめし
しなやかだ たをやかなり・なよよかなり・なよらかなり・やはらかなり
死ぬ いたづらになる・うす・かひなくなる・かくる・きゆ・きえいる・きえはつ・さる・たゆ・ばうず・はかなくなる・はつ・みまかる・むなしくなる・をはる
宿泊する とどまる・とまる・やどる
出発する いづ・いでたつ・たつ
じょうずだ うるせし・たへなり・よし
承諾する うけがふ・がへんず
上品で美しい あてなり・あてやかなり・

なまめかし・らうらうじ

調べる あらたむ・ぎんみす・けみす

すぐれている うるさし・かしこし

すばらしい いたし・いみじ・うまし・めづらし・めでたし・ゆゆし

誠実だ まことし・まめなり・まめやかなり

せまい さし・すぼし・せし・せばし

世話をする あつかふ・かしづく・かへりみる・みる・もてあつかふ

育つ おひいづ・おひたつ・おひなる

備える ぐす・そなふ・とりぐす

そびえる そばだつ・そびく・そびゆ

尊敬する あがむ・あふぐ

確かだ さだかなり・まさし

食べる くふ・たうぶ・はむ

だます あざむく・すかす・たばかる・はかりごつ・はかる

頼りない あだなり・たづきなし・はかなし

中途半端だ なかぞらなり・なかなかなり・はしたなし

治療する いたはる・つくろふ

疲れる こうず・つかる

都合が悪い びんあし・びんなし・ふびんなり

つまらない あぢきなし・くちをし・はかなし

つらい いたし・いたまし・うし・からし・くるし・つらし・わびし

抵抗する あらそふ・すまふ

体裁が悪い はしたなし・ひとわろし

適当な あるべき・さるべき

でしゃばる うちいづ・さいまくる・さしいづ

てつだう たすく・みつぐ

同意する どうず・なびく

どうしようもない あへなし・じゅつなし・すべなし

到着する いきつく・いたる・きつく・ちゃくす・つく

動揺する うかる・さわぐ・まどふ

遠い とほし・はるかなり・はるけし

とぼける うそぶく・おぼめく

治る いゆ・おこたる

亡くなる うす・かくる・きえいる・たえいる・はつ・みまかる

悩む おもひあまる・おもひわぶ・こがす・まどふ・もだゆ・わづらふ

似合っている あふ・つきづきし

におう くんず・かをる・にほふ

にくらしい いまいまし・けにくし・[illegible]

[illegible] [illegible]

ねたし・ねたげなり

逃げる にぐ・のがる

似る あやかる・あゆ・おぼゆ・かよふ・にる

望ましい あらまほし・ねがはし

のんびりしている たゆし・のどけし・のびらかなり

はかない かりそめなり・むなし・もろし

激しい あらし・いかし・けはし・たけし・とし

はずかしい かはゆし・まばゆし・やさし

はっきりしている あきらかなり・あきらけし・あらはなり・さやかなり・しるし・はかばかし・はなやかなり

はっきりしない おぼおぼし・おぼつかなし・おぼめかし・おぼろなり・そこはかとなし

はてしない かぎりなし・きはなし・まんまんたり

はなはだしい あながちなり・いたし・いみじ・おびたたし・ゆゆし・わりなし

離れる かる・さかる・はなる

晴れがましい はえばえし・はればれし

反抗する さかふ・すまふ

ひねくれている ねぢけがまし・ひがひがし

現代語	古語
不安だ	うしろめたし・おぼつかなし・おぼめかし・こころもとなし・やすげなし
不快だ	あぢきなし・こころうし・にがし・むつかし・ものし
ふざける	あざる・あだふ・そばふ・たはる
無事だ	たひらかなり・なだらかなり・またし
普通だ	おぼろけなり・ただなり・なのめなり・なほし・なみなみなり・よろし
不愉快だ	うたてあり・うたてし・こころうし・にがし・にがにがし・むつかし・ものし
分配する	あかつ・くばる・わかつ・わく
分別がある	おとなし・こころあり
へただ	あし・つたなし・てづつなり・わろし
変だ	あやし・いな・けし
訪問する	おとづる・おとなふ・こととふ・せうそこす・たづぬ・とふ・とぶらふ
ほめる	ほむ・めづ
ぼんやりしている	おぼつかなし・こころもとなし
まじめだ	まめなり・まめまめし・まめやかなり
貧しい	ともし・むとくなり・わびし
ますます	いとど・いや・うたた・うたて・さらさら・じゅうじゅう・なほ・なほなほ
間違う	あやまつ・あやまる・たがふ
招く	さうず・しゃうず・をく
満足する	あく・こころゆく
見苦しい	かたくなし・かたくななり・さまあし
みすぼらしい	けもなし・すぼし・ものげなし・わびし
夢中になる	おぼる・はやる
無理だ	あながちなり・わりなし
珍しい	ありがたし・けうなり・めづらかなり
面倒だ	むつかし・わづらはし
もったいない	あたらし・かしこし
物足りない	さうざうし・さびし
やかましい	かしまし・かしかまし・かまびすし・かまし・みみかしがまし・ものさわがし・らうがはし
約束する	かたむ・ちぎる・ちかふ・ひきあふ・むすぶ
やわらかだ	たをやかなり・なごし・なよよかなり・やはらかなり
優美だ	あてやかなり・いうなり・えんなり・なまめかし
有名だ	音に聞く・名に(し)負ふ
豊かだ	たのもし・にぎははし・ゆたかなり・ゆたけし
用意する	いそぐ・まうく
用心する	いましむ・こころおく・こころす
幼稚だ	はかなし・わかわかし
予想する	あらます・はかる
乱暴だ	あらあらし・あらけなし・らうぜきなり
理解する	おもひとる・こころう・わきまふ
立派だ	うまし・はづかし・めでたし・をかし
冷淡だ	つれなし・なさけなし
若い	わかし・うらわかし・ほどなし
別れる	あかる・わかる
悪い	あし・わろし
私	あ・あれ・わ・われ・まろ・おのれ・なにがし・それがし・みづから

現代語と意味の異なる言葉一覧

語	品詞	昔の意味	共通の意味	現代の意味
あした	名詞	朝・翌朝		明日
あらまし	名詞	願望・期待・予想	概略	だいたい（副詞的）
いそぎ	名詞	支度・準備		急ぐこと
かげ（影）	名詞	光・姿・形 面影	光による影	
かたち	名詞	容姿・姿	物の形	
ついで	名詞	順序・順番	機会	
つとめて	名詞	早朝 翌朝		〈別語＝副詞〉努力して
ふみ	名詞	書物・漢詩	手紙	
ふるさと	名詞	旧都・なじみの土地や住まい	生まれ故郷	
おどろく	動詞	目を覚ます 気がつく	びっくりする	
とぶらふ	動詞	訪問する 見舞う	故人を供養する	

語	品詞	昔の意味	共通の意味	現代の意味
にほふ	動詞	美しく色づく	においがする	
ののしる	動詞	大声で騒ぐ うわさする		口汚く非難する
まもる	動詞	じっとみつめる	防ぐ	
むすぶ	動詞	露や霜ができる	つなぐ	
あたらし	形容詞	もったいない 惜しい		新鮮な
あやし	形容詞	不思議だ 不都合だ		疑わしい 異様だ
ありがたし	形容詞	めったにない 難しい		もったいない うれしく思う
いたし	形容詞	はなはだしい 素晴らしい	痛い	
いとほし	形容詞	気の毒だ・嫌だ	かわいい	
うつくし	形容詞	かわいい 立派だ	美しい	

資 7

現代語と意味の異なる言葉一覧

おとなし	形容詞	大人らしい 思慮深い		落ち着いている 静かだ
かしこし	形容詞	おそれ多い 素晴らしい	賢い	
かなし	形容詞	かわいい いとしい	悲しい	
こころぐるし	形容詞	気の毒だ 痛々しい		すまない
さうざうし	形容詞	物足りない 心寂しい		騒々しい
すさまじ	形容詞	興ざめだ 不調和だ	ものすごい	
はしたなし	形容詞	中途半端だ 体裁が悪い		品がない
はづかし	形容詞	(相手が)立派だ (相手が立派で)気恥ずかしい		体裁が悪い てれくさい
むつかし	形容詞	気味が悪い 面倒だ		困難だ わかりにくい
めざまし	形容詞	気にくわない	素晴らしい	

めでたし	形容詞	素晴らしい 見事だ	喜ばしい	
やさし	形容詞	恥ずかしい 優美だ		親切で情が深い 〈別語〉簡単だ
あからさまなり	形容動詞	突然だ ほんの少しだ	露骨だ	
あながちなり	形容動詞	強引だ・一途だ・はなはだしい		〈副詞〉必ずしも
いたづらなり	形容動詞	むなしい	無駄に	〈別語＝名詞〉悪ふざけ
おろかなり	形容動詞	いいかげんだ	愚かだ	
さながら	副詞	そのまま 全部・全然	まるで あたかも	
せめて	副詞	しいて・切実に	少なくとも …だけでも	
なかなか	副詞	中途半端に かえって		ずいぶん
やうやう	副詞	だんだん 次第に	ようやく やっと	
やがて	副詞	そのまま すぐに	まもなく	

資料8 歴史的仮名遣いと読み方一覧

一、本表は、歴史的仮名遣いの読み方を掲げたものである。
二、上段は発音（読み方）、中段は歴史的仮名遣い、下段は代表的な語例である。

発音	かな	語例
イ	ひ	あひだ（間）　あたひ（値） いひ（飯）　かひ（貝） こひし（恋し）　まよひ（迷ひ）
	ゐ	ゐど（井戸）　ゐなか（田舎） ゐのこ（亥子）　ゐる（居る） ゐん（院）
ウ	ふ	あふ（会ふ・逢ふ・合ふ） あがなふ（贖ふ） うたふ（歌ふ）　うばふ（奪ふ） そのふ（園生）
エ	へ	いへ（家）　うへ（上） かへる（返る）　なへ（苗）
	ゑ	ゑかう（回向）　ゑむ（笑む） ゑふ（酔ふ）　ゑる（彫る） ゑんりょ（遠慮） すゑ（末・季）　せちゑ（節会）
オ	ほ	いほり（庵）　おほし（多し） きほふ（競ふ）　こほり（氷） しほ（潮・汐）
	ふ	あふぐ（仰ぐ）　あふひ（葵） たふる（倒る）　あふり（障泥）
	を	をか（丘）　をりふし（折節） をがむ（拝む）　をとめ（少女） をのこ（男）　かをる（薫る） めをと（夫婦）
カ	くゎ	くゎいし（懐紙） くゎし（菓子） くゎかく（過客） くゎじつ（花実） くゎんず（観ず）

発音	かな	語例
ガ	ぐゎ	ぐゎいじん（外人） ぐゎんにち（元日） ほんぐゎん（本願）
ジ	ぢ	ぢごく（地獄）　ぢぶつ（持仏） ぢもく（除目）　ふぢ（藤）
ズ	づ	づだ（頭陀）　あづき（小豆） はづ（恥づ）
ワ	は	かはや（厠）　まはる（回る） やはらぐ（柔らぐ） みぎは（汀）　よは（夜半） わらは（童・妾）
オー	あう	あうう（奥羽）　あうむ（鸚鵡）
	あふ	あふ（会ふ）　あふ（合ふ） あふぎ（扇）
	わう	わう（王）　わうし（横死） わうらい（往来）
	はう	いはうほど（言はうほど）
コー	かう	かう（香）　かうい（更衣） かうがい（笄） かうさつ（高札） かうぶり（冠）
	かふ	かふ（買う）　かふおつ（甲乙） かふち（河内）
	くゎう	くゎういん（光陰） くゎうじん（荒神） くゎうせん（黄泉）
	こふ	こふ（恋ふ・乞ふ・請ふ） いこふ（息ふ）
ゴー	がう	がうぶく（降伏） がうりき（強力・躍力）

発音	かな	語例
	がふ	いちがふ（一合）　まがふ（紛ふ）
	ごふ	ごふくゎ（業火）
ソー	さう	さうし（草子）　さうす（相す） さうず（候ず） さうぞく（装束） けさう（懸想）
ゾー	ざう	ざうし（曹司）　ざうか（造花） ざうり（草履）
	ざふ	ざふごん（雑言）
トー	たう	たう（党）　たうじ（当時） たうしゃう（党上） にったう（入唐）
	たふ	たふ（塔）　たふとぶ（尊ぶ） たふのや（答の矢）
ドー	だう	だうしん（道心） だうし（導師） みだう（御堂）
ノー	なう	なう（脳）　ぼんなう（煩悩）
	なふ	なふじゅ（納受） まじなふ（呪なふ）
	なほ	なほし（直衣）
	のふ	きのふ（昨日）
	わう	しんわう（親王）
ホー	はう	はう（袍）　はうげ（放下） はうし（拍子）　はうじ（方士） はうちょう（庖丁）
	はふ	はふ（法）　はふる（放る）
	ほふ	ほふし（法師）
	ほほ	ほほ（朴・頬）

ボー	ばう	ばう(房)　ばうず(坊主)　ばうず(亡ず)　ばうしゃ(茅舎)
	ぼふ	きゅうぼふ(窮乏)　ちりぼふ(散りぼふ)
ポー	ぱう	はっぱう(八方)
	ぱふ	りっぱふ(立法)
	ぽふ	せっぽふ(説法)
モー	まう	まうく(設く)　まうご(妄語)　まうし(孟子)　まうす(申す)　まうじゃ(亡者)
ユー	いう	いうげん(幽玄)　いうぢょ(遊女)　いうそく(有識)　いうひつ(右筆・祐筆)
	いふ	いふ(言う)
	ゆふ	ゆふ(結ふ)　ゆふ(木綿)　ゆふぐれ(夕暮れ)
ヨー	やう	やうす(様子)　やうやく(漸く)　やうじゃう(養生)　やうりう(楊柳)
	えう	えうなし(要なし)
	えふ	まんえふしふ(万葉集)
	ゑふ	ゑふ(酔ふ)
ロー	らう	らうたし　らうどう(郎等)　らうにん(浪人)
	らふ	らふ(臘)　げらふ(下臈)
	ろふ	かげろふ(陽炎・蜻蛉・蜉蝣)　つくろふ(繕ふ)
キュー	きう	きう(九)　きうしゅ(旧主)　きうぢ(灸治)　きうり(久離)　きうもん(糾問・糺問)
	きふ	きふ(急)　きふじ(給仕)
ギュー	ぎう	ぎう(牛)

キョー	きゃう	きゃう(京・経)　きゃうがい(境界)　きゃうぜん(饗膳)
キョー	けう	けうやう(孝養)　けうくん(教訓)　けうら(清ら)
	けふ	けふ(今日)　けふそく(脇息)
ギョー	ぎゃう	ぎゃうじゃ(行者)　どうぎゃう(童形)
	げう	こんげう(今暁)
	げふ	げふ(業)
シュー	しう	しうく(秀句)　しうと(舅・姑)
	しふ	しふねし(執念し)　こきんわかしふ(古今和歌集)
ジュー	じう	じう(獣・蹂)　じうなん(柔軟)
	じふ	じふにし(十二支)　せんじふ(選集)
	ぢゅう	ぢゅうじ(住持)
ショー	しゃう	しゃうじ(生死・障子)　しゃうぶ(菖蒲)　がくしゃう(学生)
	せう	せうし(笑止)　せうしゃう(少将)　せうじん(小人・少人)　せうそこ(消息)
	せふ	かうせふ(交渉)
ジョー	じゃう	じゃうらん(上覧)　じゃうじゅ(成就)
	ぢゃう	ぢゃう(定)　ぢゃうぶ(丈夫)
	ぜう	ぜうらん(擾乱)
	でう	さんでう(三条)
	でふ	いちでふ(一帖)
チュー	ちう	うちう(宇宙)　ちうや(昼夜)

チョー	ちゃう	ちゃう(帳)　ちゃうず(長ず・打ず)
	てう	てうづ(手水)　てうど(調度)　てうもく(鳥目)
	てふ	てふ(蝶)　てふ(喋)　こひすてふ(恋すてふ)
ニュー	にう	にうわ(柔和)　にふだう(入道)
	にふ	はにふ(埴生)
ニョー	ねう	ねう(尿)
ヒュー	ひう	ひうが(日向)
ヒョー	ひゃう	ひゃうゑ(兵衛)　ひゃうぢゃう(兵仗)
	へう	へうたん(瓢箪)　へうり(表裏)
ビョー	びゃう	びゃうざ(病者)　びゃうぶ(屏風)　せいびゃう(精兵)
ミョー	べう	べう(廟)
	みゃう	みゃうが(冥加)　みゃうじ(名字)　みゃうぶ(命婦)
	めう	めうおん(妙音)　しんめう(神妙)　めうと(夫婦)
リュー	りう	りうきう(琉球)　せんりう(川柳)
	りふ	りふぐゎん(立願)
リョー	りゃう	りゃうげ(領家)　りゃうごし(両腰)　けりゃう(仮令)　ごりゃう(五両)
	れう	れう(寮)　れうち(療治)　れうけん(料簡・了簡)
	れふ	れふ(猟)

資

9

資料9 字音仮名遣い対照表

一、本表は、現代仮名遣いと歴史的仮名遣いによる漢字音の表記を対照したものである。

二、上段は現代仮名遣い、中段は歴史的仮名遣い（現代仮名遣いと一致するものも掲げた）、下段は代表的な漢字である。

現代	歴史的	代表的漢字
あ		
アイ	あい	哀挨隘愛
い		
イ	い	已以夷伊衣依易異移意
	ゐ	位囲威為畏偉遺韋慰緯
イキ	ゐき	域
イツ	いつ	一壱逸溢
イン	いん	音引因印咽姻寅陰飲慇隠
	ゐん	尹員韻院
え		
エ	え	衣依
	ゑ	会絵回廻恵壊懐衛穢
エイ	えい	永泳英栄営詠影鋭叡
	ゑい	衛（この字のみ）
エツ	えつ	悦謁閲
	ゑつ	越
エン	えん	延沿炎婁煙塩演縁燕艶
	ゑん	円宛苑怨垣園媛援猿遠
お		
オ	お	於
	を	汚烏悪乎
オウ	あう	央桜奥賜
	あふ	凹圧押
	おう	応欧謳齣
	わう	王往枉皇凰黄横
オク	おく	奥億憶臆
	をく	屋（この字のみ）
オツ	おつ	乙
	をつ	越（この字のみ）
オン	おん	音恩陰飲隠厭
	をん	苑怨温園遠穏
か		
カ	か	下可加何仮価佳河苛架個夏家嫁
	くゎ	化花靴火果和科華過貨菓渦課寡
ガ	が	牙我賀雅駕餓
	ぐゎ	瓦画臥（三字のみ）
カイ	かい	刈介改戒海界皆階開解
	くゎい	会灰回快怪槐懐
ガイ	がい	亥咳害涯街慨鎧
	ぐゎい	外（この字のみ）
カク	かく	各角客格覚較確鶴
	くゎく	画拡郭廓獲穫
カツ	かつ	渇喝割轄
	くゎつ	括活闊滑
ガツ	ぐゎつ	月（この字のみ）
カン	かん	干皐甘函姦看陥乾韓勘寒問感漢
	くゎん	官完冠巻貫慣喚款勧観瀧寛関還
ガン	がん	含岩岸眼雁顔
	ぐゎん	丸元玩頑願
き		
キュウ	きう	九鳩久灸旧休求糾救球
	きふ	及泣急給
	きゅう	弓窮宮
ギュウ	ぎう	牛（この字のみ）
キョウ	きゃう	向狂京卿饗強竟境経軽警驚
	きょう	共供恭恐凶胸興
	けう	叫校孝教橋
	けふ	夾狭協脇
ギョウ	ぎゃう	行珊形仰
	ぎょう	凝（この字のみ）
	げう	暁堯僥楽
	げふ	業
こ		
コウ	かう	亢巧交好行考更幸香降高航康
	かふ	合閤甲
	くゎう	広光皇荒黄鉱曠
	こう	工功攻口公孔後肯洪紅控溝構興
	こふ	劫
ゴウ	がう	号剛拷強毫郷豪
	がふ	合
	ぐゎう	轟（この字のみ）
	ごう	后恒逅
	ごふ	劫桑（二字のみ）
し		
ジ	じ	示次寺字自児寧耳似侍時慈辞磁
	ぢ	地治持
ジキ	じき	食（この字のみ）
	ぢき	直（この字のみ）
ジク	ぢく	竺軸
ジツ	じつ	日実
	ぢつ	昵（この字のみ）
シュウ	しう	州舟秀秋修祝収囚周臭週愁就蹴
	しふ	始執留集襲
	しゅう	宗崇終衆
ジュウ	じう	柔獣
	じふ	入十什汁拾渋
	じゅう	充銃従縦
	ぢゅう	住重
ジョ	じょ	如序助徐叙

現代仮名遣い	字音仮名遣い	漢字
	ぢょ	女除(二字のみ)
ショウ	しゃう	上正生性笙庄床声尚相省荘装将唱萬精聖障
	しょう	升松昇承称勝踊鐘
	せう	小少抄昭詔消逍笑焼焦蕉薫
	せふ	妾捷渉摂
ジョウ	じゃう	上成城盛状浄常情譲
	じょう	冗丞乗尉縄
	ぢゃう	丈杖定諜貞場
	でう	条
	でふ	帖畳
ジョク	じょく	辱
	ぢょく	濁(この字のみ)
ジン	じん	人仁尽甚訊尋腎
	ぢん	沈陣塵(三字のみ)
す		
ズ	ず	主受珠数誦
	づ	図豆厨頭
スイ	すい	水吹垂衰粋酔睡
ズイ	ずい	随階瑞
そ		
ソウ	さう	争早草倉相荘装桑笙鱗騒
	さふ	挿(この字のみ)
	そう	走宋宗奏送僧層
ゾウ	ざう	造象像蔵臓
	ざふ	雑(この字のみ)
	ぞう	増憎贈
ち		
チュウ	ちう	丑宙昼鋳
	ちゅう	中虫沖忠注柱衷
チャウ	ちゃう	丁打庁頂町長帳張挺停聴
	ちょう	重徴懲澄寵
	てう	鳥朝銚講超
	てふ	帖諜蝶
つ		
ツイ	つい	対追堆墜
と		
トウ	たう	刀当到党唐堂島桃討悼盗湯糖蹈
	たふ	答塔踏
	とう	冬投豆登頭東等凍透桶痘筒読統
ドウ	だう	堂道導
	どう	同胴動童働銅憧
に		
ニュウ	にう	柔(この字のみ)
	にふ	入(この字のみ)
	にゅう	乳(この字のみ)
ニョウ	ねう	尿繞鏡
の		
ノウ	なう	悩脳嚢
	なふ	納
	のう	能農濃
ひ		
ビュウ	びう	謬(この字のみ)
ヒョウ	ひゃう	平兵拍評
	ひょう	氷憑
	へう	表漂
ビョウ	びゃう	平病屏
	べう	苗秒描猫廟
ほ		
ホウ	はう	包芳放訪邦庖砲
	はふ	法(仏教以外で)
	ほう	朋奉封峰逢崩豊蓬
	ほふ	法(仏教で)
ボウ	ばう	亡望卯坊房膨
	ぼう	某剖眸貿謀
	ぼふ	乏(この字のみ)
み		
ミョウ	みゃう	名命明翼
	めう	妙
も		
モウ	まう	亡妄望孟猛
	もう	耗蒙朦
ゆ		
ユイ	ゆい	唯遺
ユウ	いう	友右有幽遊優
	いふ	邑
	ゆう	勇裕雄融
よ		
ヨウ	えう	夭幼要揺耀
	えふ	葉
	やう	羊洋陽楊様養影
	よう	用庸踊容擁鷹
り		
リュウ	りう	柳竜流硫留
	りふ	立笠粒
	りゅう	竜隆
リョウ	りゃう	令領両良涼量霊
	りょう	竜陵稜綾
	れう	了料漁聊寮療
	れふ	猟(この字のみ)
ル		
ルイ	るい	涙累塁類
ろ		
ロウ	らう	老牢労郎朗狼浪廊
	らふ	臈臘
	ろう	弄楼漏籠

資料10

文法用語辞典

あ行

誂え 他に対する願望。平安時代には「なむ」という終助詞が使われた。たとえば「惟光とく参らなむとおぼす」(『源氏物語』)〈惟光が早くこちらに参上してほしいと(光源氏は)お思いになる。〉のように、未然形(この場合は「参ら」という四段動詞の未然形)に付いている「なむ(ん)」がそれで、「…てほしい」と訳す。

イ音便 「書きて」「泳ぎて」「差して」が、発音しやすいように「書いて」「泳いで」「差いて」と表現されることがある。このように、四段動詞の連用形が下に接続助詞「て」などを伴うとき、発音の便宜上「き」「ぎ」「し」が「い」となることを、「イ音便」という。なお「イ音便」は動詞だけでなく、形容詞の連体形にもみられ、たとえば「若き」が「若い」、「美しき」が「美しい」と表現される場合などが、その例である。

意志の助動詞 話し手や書き手の意志を表す助動詞。現代語で「(手紙を)書こう」というようなとき、古文では「書かむ」などと表現する。この「む」は本来、推量の助動詞でもあり、「雨降らむ」〈雨が降るだろう。〉のように推量を表す場合もあるが、書き手や話し手の意志を表す場合にも使われる。意志を表す助動詞には「む」のほかに、「毎度ただ得失なく、この一矢に定むべし」(『徒然草』)〈毎回ただ成功と失敗に関係なく、この一本の矢で決めよう。〉という文中にみられる「べし」がある。また、打消の意味を含んだ「じ」「まじ」(いずれも「…まい」と訳す)などの語もある。

已然形 活用形の一つで、「已に然り」、つまり、すでに実現して確定していることを表し、「未然形」に対する形。已然形には次のような用法がある。

(1)下に接続助詞「ど」「ども」が付いて、逆接の確定条件(…けれども)を表す。⇩確定条件・逆接の確定条件

(2)下に接続助詞「ば」が付いて、順接の確定条件(…ので・…であるから)を表す。⇩確定条件・順接の確定条件

(3)係助詞「こそ」の係り結びの結びとなって、文を終止する。⇩係り結び

一般条件 ⇩恒常条件

ウ音便 発音のしやすさから、「匂ひて」「飛びて」「飲みて」が「匂うて」「飛うで」「飲うで」と表現されることがある。このように、ハ行・バ行・マ行の四段動詞の連用形が下に接続助詞「て」などを伴うとき、「ひ」「び」「み」が「う」となることを「ウ音便」という。「ウ音便」は動詞だけでなく形容詞にもみられ、「白く」が「白う」、「恋しく」が「恋しう」と表現される場合などが、その例である。

受身の助動詞 「ありがたきもの、舅にほめらるる婿。また姑に思はるる嫁の君」(『枕草子』)〈めったにないもの。(それは)舅にほめられる婿。また、姑にかわいがられるお嫁さん。〉の「らるる」「るる」のように、他からの動作・作用を受ける意を表す助動詞をいう。口語では「れる」「られる」が受身を表すが、古文では「る」「らる」がそれに当たる。なお、古文の受身表現は、生物がその主語となるのが普通である。

受ける 「黒き雲にはかに出で来ぬ」(『土佐日記』)〈黒い雲が急に出て来た。〉の「雲」という語(被修飾語)は、「黒き」という語(連体修飾語)を受けている。また「出で来ぬ」という語句は「にはかに」という語(連用修飾語)を受けている。このような修飾語・被修飾語という語句相互の関係のうち、被修飾語のはたらきをさしていう。

打消の助動詞 「ゆく河の流れは絶えずして、しかももとの水にあらず」〈流れていく川の流れは絶えることがなくて、なおその上に、以前からあった水ではない。〉「風烈しく吹きて、静かならざりし夜」〈風が強く吹いて、静かではなかった夜。〉(ともに、『方丈記』)の「ず」や「ざり」のように、動作・作用の存在や、状態・性質を否定する語を打消の助動詞という。「ず」のほかにも、打消と同時に推量(または意志)の意味を含む「じ」「まじ」(いずれも「…まい」と訳す)という語もある。

詠嘆 詠嘆とは深い感動のこと。これを表すには、「か」「かな」「かも」「な」「も」(いずれも終助詞)、「や」「よ」「を」(いずれも間投助詞)、「けり」(助動詞)などの語や、体言止め・連体止めという修辞法が用いられる。

婉曲 「大事を思ひたたん人は、去りがたく、心にかからん事の本意を遂げずして、さながら捨つべきなり」(『徒然草』)〈出家遁世など一大事を決心するような人は、逃れ難く、心にかかるようなことの本来の志を遂げずに、すっかり捨てるべきである。〉の、「思ひたたん」「かからん」の「ん」は、ともに「ような」と訳すことができる。このような、おだやかな遠回しの表現を婉曲という。婉曲を表す語には「む(ん)」「らむ」「けむ」「めり」などの助動詞や、副助

詞」などがある。

遠称 ⇩指示代名詞

音便 「書きて→書いて」「学びて→学んで」のように、語中・語末の音が、発音の便宜の上から、もとの音とは異なる音に変わること。「イ」音に変わるもの（＝イ音便）、「ウ」音に変わるもの（＝ウ音便）、はねる音（撥音）「ん」に変わるもの（＝撥音便）、つまる音（促音）「っ」に変わるもの（＝促音便）の四種がある。動詞にはイ音便・ウ音便・撥音便・促音便の四種のすべてがあり、形容詞にはイ音便・ウ音便・撥音便の三種、ナリ活用形容動詞には撥音便がある。また、音便は、「べし」「まじ」などの特定の助動詞に現れることもあり、「さきはひ→さいはひ」のように名詞にも現れることがある。「学んで」のように、下に連なる語が濁音化（連濁）することもある。⇩イ音便・ウ音便・促音便・撥音便

か行

回想の助動詞 ⇩過去の助動詞

係り 修飾語・被修飾語の関係など、上の語句が下の語句に係ること。「係り結び」における係助詞を意味することもある。

係り受け 文節相互の関係で、修飾語（「係る」ことば）と被修飾語（「受ける」ことば）との関係をいうが、広くは主語と述語の関係も「係り受け」の一つとして考えることがある。

係り助詞 ⇩係助詞

係り捨て ⇩結びの消滅

係り結び 文語で、文の終止法の一つ。文は「主語（部）＋述語（部）」が基本形で、述語（部）には活用語の終止形が用いられ、そこで文を終止するのが普通である。たとえば「雨降る」という文の場合、文を終止する活用語は述語の「降る」で終止形である。ところが主語である「雨」の下に「こそ」という係助詞が使われると、文を終止する活用語は終止形「降る」ではなく、已然形「降れ」となる。このような特殊なことばの関係を「係り結び」という。なお、係り結びを構成する係助詞には「こそ」のほかに「ぞ」「なむ」「や」「か」があるが、これらの係助詞が使われた場合は、「こそ」の場合のように已然形で文を結ぶのではなく、連体形で結ぶ。▼資料4

係る 文節相互の関係の一つで、修飾語・被修飾語という関係の、修飾語の働きをいう。たとえば「横笛いみじうをかし」（『枕草子』）〈横笛はたいそう魅力的だ。〉という文の、「いみじう」という修飾語が「をかし」という被修飾語を修飾している関係をさしていう。

カ行変格活用 動詞の活用の種類の一つ。「こ・き・く・くる・くれ・こよ（こ）」と活用するもの。属する語は「来」一語だけ。略して「カ変」ともいう。▼資料1

格 名詞・代名詞が文中の他の語に対して持つ資格のこと。たとえば同じ芭蕉の「梅白し昨日や鶴を盗まれし」（『野ざらし紀行』）〈梅が白く美しく咲いているのに鶴の姿が見えないのは、昨日盗まれたのかしら。〉「梅が香にのっと日の出る山路かな」（『炭俵』）〈⇩うめがかに…〉という二つの句の「梅」は、前者が主語という資格を持つのに対して、後者は連体修飾語という資格を持つ。格は多く格助詞によって示されるが、前者のように、格助詞の表れないこともある。

確述の助動詞 その事柄が確実に起こることを強調するために用いられる完了の助動詞「つ」または「ぬ」をいう。ただし、ふつうは推量の助動詞とともに「つべし」「ぬべし」「つらむ」「ぬらむ」「てむ」「なむ」などの形で用いられる。

格助詞 名詞・代名詞・活用語の連体形などに付いて、それらの語がどのような資格で下の語と関係しているかを示す助詞。格助詞には、上の語が主語となる格であることを示す主格（の・が）と、同じく体言を修飾する格であることを示す連体格（の・が）、同じく用言を修飾する格であることを示す連用格（に・を・へ・と・より・から・にて・して）がある。

確定条件 ある事柄がすでにそうなっており、それが下の事柄の条件になっていることを表す表現のしかた。次の例文中(ア)は順接の場合、(イ)は逆接の場合である。

(1)《已然形＋接続助詞「ば」または「ど」》の形。

(ア)「いと幼ければ、籠に入れて養ふ」（『竹取物語』）〈（かぐや姫が）とても幼いので、かごに入れて養育する。〉

(イ)「船路なれど、馬のはなむけす」（『土佐日記』）〈船旅だけれど、馬のはなむけをする。〉

(2)《接続詞を用いる》形。

(ア)「さて、宇治の里人を召して、こしらへさせられければ」（『徒然草』）〈そこで、宇治の土地の住民をお呼びになって、（水車を）お造らせになったところ。〉

(イ)「…。しかれども、ひねもすに波風立たず」（『土佐日記』）〈…。しかしながら、一日中波風は立たない。〉

過去推量の助動詞 過去の事柄を推量する意味を表す助動詞。「五年

六年のうちに、千年や過ぎにけむ、かたへはなくなりにけり」(『土佐日記』)〈五、六年の間に、千年が過ぎてしまったのであろうか、(池のほとりの松の)半分はなくなってしまっていた。〉の「けむ」がそれに当たり、「…たのであろう」などと訳す。

過去の助動詞　過去にある動作・作用が行われたり、存在したりしたことを表す助動詞。「ほとりに松もありき」(『土佐日記』)〈付近に松もあった。〉、「むかし、男ありけり」(『伊勢物語』)〈昔、男がいたそうだ。〉の、「き」「けり」がそれで、「き」は自分の体験を過去の事柄として述べる場合に、「けり」は他人から聞いた話を過去の事柄として述べる場合や詠嘆を表す場合に用いられる。

活用　動詞・形容詞・形容動詞・助動詞の規則的な語形変化のこと。活用の種類とその見分け方などについては左記のとおり。

活用の種類と見分け方

⑴**動詞**　該当の動詞に打消の助動詞「ず」を付けてみて、次のように見分ける。

❶ア段の音に付く場合→四段活用
❷イ段の音に付く場合→上二段活用
❸エ段の音に付く場合→下二段活用

これ以外の、上一段活用(十数語)・下一段活用(蹴る一語)・カ変(来一語)・サ変(す・おはす)・ナ変(死ぬ・往ぬ)・ラ変(あり・居り・侍り・いますがり)は、暗記すること。

⑵**形容詞**　該当の形容詞に動詞「なる」を付けてみて、次のように見分ける。

❶「…くなる」→ク活用
❷「…しくなる」→シク活用

⑶**形容動詞**　該当の形容動詞に、動詞の場合と同様に、打消の助動詞「ず」を付けてみて、次のように見分ける。

❶「…ならず」→ナリ活用
❷「…たらず」→タリ活用

活用形　動詞・形容詞・形容動詞・助動詞の、活用によって生じたそれぞれの語形のこと。活用形には次の六つがある。

(ア)未然形＝ある状態や行為がまだそうなっていないことを表す。
(イ)連用形＝用言に連なる。「き」「けり」「つ」「ぬ」「たり」などの助動詞にも連なる。
(ウ)終止形＝文がそこで終止することを表す。
(エ)連体形＝体言に連なる。
(オ)已然形＝ある状態や行為がすでにそうなっていることを表す。
(カ)命令形＝命令・放任の意味を表す。

活用語　ことばの使われ方により、一定の法則にのっとって語形変化する語。動詞・形容詞・形容動詞・助動詞の総称。

活用語尾　動詞・形容詞・形容動詞が一定の法則にのっとって語形変化するとき、その語の変化する部分。たとえば「咲く」の「く」の部分。

仮定条件　ある事柄がまだそうなっておらず、そのことが下の事柄の条件になっていることを表す表現のしかた。次の例文中(ア)は順接の場合、(イ)は逆接の場合である。

⑴用言または助動詞などを用いる表し方
(ア)《未然形＋接続助詞「ば」》の形。
「悪人の真似とて人を殺さば、悪人なり」(『徒然草』)〈悪人の真似であるといって人を殺したとしたら、(その人は)悪人である。〉
(イ)《動詞終止形・形容詞連用形＋接続助詞「とも」「と」》の形。
「唐の物は、薬の外は、なくとも事欠くまじ」(『徒然草』)〈中国の物は、薬の外は、なくても事欠くまい。〉

⑵接続詞を用いる表し方
(ア)「さらば」「しからば」などを用いる。
「和歌一つづつ仕うまつれ。さらば許さむ」(『紫式部日記』)〈(お祝いの)和歌を一首ずつお詠み申せ。そうしたら許そう。〉
(イ)「さりとも」を用いる。
「…、さりとも、まかりて仰せ賜はむ」(『竹取物語』)〈…、そうであったとしても、退出して(帝の)お言葉を伝え聞かせよう。〉

可能の助動詞　ある動作ができるという意味を表す助動詞。「抜かんとするに、大方抜かれず」(『徒然草』)〈抜こうとするが、まったく抜くことができない。〉の「れ」のように、下に打消の助動詞を伴った「る」「らる」がそれである。なお、「べし」も可能を表すことがある。

カ変　⇨カ行変格活用

上一段活用　動詞の活用の種類の一つ。すべての活用形が五十音図のイ段音により活用するもの。属する語は、「着る」「似る」「煮る」「干る」「見る」「顧みる」「鑑みる」「試みる」「射る」「鋳る」「居る」「率る」「率ゐる」「用ゐる」など。
▼資料1

上二段活用　動詞の活用の種類の一つ。語尾が五十音図のイ段とウ段にわたって活用するもの。たとえば「過ぐ」という動詞は、「過ぎ・過ぎ・過ぐ・過ぐる・過ぐれ・過ぎよ」と活用する。
▼資料1

カリ活用　形容詞の活用の一つ。たとえば「いかにもののあはれもなからん」(『徒然草』)〈どんなにかものの情趣というものもないことであろう。〉の「なから」のように、形容詞が下に助動詞を伴うような場合の、本来の形容詞にラ変動詞「あり」を付けて活用する、補助活用としての活用の仕方のこと。「多し」については、他の形容詞の補助活用では活用しない終止形と已然形も、それぞれ「多かり」「多かれ」と活用し、全活用形にわたって活用する。▼資料1

感動詞 品詞の一つ。感動詞には次のようなものがある。

(1)〔感動〕「あなめでたや」(『徒然草』)〈ああ、りっぱなことだなあ。〉の「あな」のように、感動を表すもの。ほかに、「あっぱれ」「あはや」「あはれ」「すは」などの語がある。

(2)〔呼びかけ〕「いざ給へ、出雲拝みに」(『徒然草』)〈さあ、いらっしゃい、出雲神社の参拝に。〉の「いざ」のように、呼びかけを表すもの。ほかに、「いかに」「いで」「なう」「やよ」などの語がある。

(3)〔応答〕「『えい』と答へたりければ、僧たち笑ふ事限りなし」(『宇治拾遺物語』)〈「はい」と返事したので、僧たちは笑うことこの上もない。〉の「えい」のように、応答を表すもの。ほかに「いな」「いなや」などの語がある。

間投助詞 助詞の一つ。たとえば「閑かさや岩にしみ入る蝉の声」(『奥の細道』)〈⇩しづかさや…。〉の「や」のように、文中や文末にあって、感動や呼びかけを表したり、語調を整えたりする助詞。「や」のほか、「よ」「を」がこれに属する。

願望の助動詞 ⇩希望の助動詞

完了の助動詞 助動詞の一つで、動作・作用の完了や確述(強意)、また存続などを表す助動詞。「つ」「ぬ」「たり」「り」の四語がこれに属する。

「秋田、なよ竹のかぐや姫とつけつ」(『竹取物語』)〈秋田は、なよ竹のかぐや姫と、(名を)つけた。〉

「はや舟に乗れ、日も暮れぬ」(『伊勢物語』)〈早く舟に乗れ、日も暮れてしまう。〉

「屋の内は暗き所なく光満ちたり」(『竹取物語』)〈屋内は暗い所もなく光がみちている。〉

「露落ちて、花残れり」(『方丈記』)〈露が(先に)落ちて、花が(後まで)残っている。〉

既定条件 ⇩確定条件

希望の助動詞 助動詞の一つで、動作・作用・状態の実現を願う気持ちを表すもの。「少しのことにも、先達はあらまほしき事なり」(『徒然草』)〈ちょっとしたことにも、指導者はあってほしいものである。〉の「まほしき」(終止形＝まほし)や、「家にありたき木は、松・桜」(『徒然草』)〈家にありたい木は、松・桜(である)。〉の「たき」(終止形＝たし)がそれで、願望の助動詞ともいう。

基本形 活用語が活用するとき、その基本となる形。ふつうは終止形と同じである。

客語 他動詞の前にあって、「…を」の形をとり、その他動詞が表す動作・作用の対象を表す語。「目的語」ともいう。たとえば「野山にまじりて竹を取りつつ、よろづのことに使ひけり」(『竹取物語』)〈野山に分け入って竹を採取しては、いろいろな道具を作ることに使っていた。〉の「取り」は他動詞で、「竹を」という客語を伴って他動詞としての働きをしている。ただし、格助詞を略した例もある。

逆接 上に述べる事柄と下に述べる事柄が、一致していなかったり、互いに反していたりする文のつながり方。

逆接の確定条件 「いとはつらく見ゆれど、志はせむとす」(『土佐日記』)〈(相手の態度は)とても薄情にみえるけれど、お礼の贈り物はしようと思う。〉の場合のように、接続助詞「ど」などを用い、すでにそうなっていることを下の事柄の条件として、逆接の関係で結びつける表現のしかた。

逆接の仮定条件 「けうとくもなりにける所かな。さりとも、鬼なども、我をば見許してむ」(『源氏物語』)〈気味が悪くなってしまった所だなあ。そうであっても、鬼なども、きっと私のことは見逃してくれるだろう。〉のように、接続詞「さりとも」などを用い、上に述べる事柄を仮のこととして、下の事柄の条件として逆接の関係で結びつける表現のしかた。

客体敬語 ⇩謙譲語

逆態接続 ⇩逆接

旧仮名遣い ⇩歴史的仮名遣い

強意の助動詞 ⇩確述の助動詞

近称 ⇩指示代名詞

ク活用 形容詞の活用の一つ。「友とするにわろきもの、七つあり」(『徒然草』)〈友とするのに悪いものが、七つある。〉の「わろき」(終止形＝わろし)のように、「なる」を付けて活用させたときに、「なる」のすぐ上が「わろク―なる」のように「ク」になる活用。▼資料1

敬語 話し手が、相手の人に敬意を表したり、書き手が、話題の人物に対して敬意を表したりするときに用いる語。「尊敬語」「謙譲語」「丁寧語」の三種類がある。またこれらを、敬意の向けられる対象がはっきりわかるように、「主体敬語」「客体敬

語」「対者敬語」ともいう。▼資料5

敬語動詞 その動詞自体に敬意が含まれている動詞。たとえば「文徳天皇と申す帝おはしましき」（『大鏡』）〈文徳天皇と申し上げる帝がいらっしゃった。〉の「おはします」（尊敬語）、「申す」（謙譲語）、また「明くるまで月見歩く事侍りしに」（『徒然草』）〈夜が明けるまで（あちらこちら）月を見歩くことがございましたが。〉の「侍り」（丁寧語）などがその例である。

形式名詞 実質的な意味を表さず、形式的に用いられる名詞のこと。たとえば、「ある人、弓射る事を習ふに」（『徒然草』）の「事」のようなもの。形式名詞にはこのほかに、「ところ」「ほど」「まま」「もの」「ゆゑ」「をり」などがある。

係助詞 その助詞を含む文節を中心に、強調（強意）・疑問・反語などを表し、述語の活用形を終止形のほか、連体形や已然形で結ばせる力をもつ助詞。「係り助詞」ともいう。「は」「も」「ぞ」「なむ」「こそ」「や」「か」「やは」「かは」などがこれに属する。

形容詞 品詞の一つで、ものの性質・状態などを表し、単独で文節や述語となることができ、活用語で終止形の末尾が「…し」となる語。たとえば「神楽こそなまめかしく、おもしろけれ」（『徒然草』）〈神楽こそ優雅で、趣深いものである。〉の「なまめかしく」「おもしろけれ」など。形容詞の活用には、「おもしろくなる」のように「なる」をつけて活用させたとき、「なる」のすぐ上が「く」になる「ク活用」と、「なまめかしくなる」のように「なる」のすぐ上が「シク」になる「シク活用」の二種類がある。

形容動詞 品詞の一つで、ものの性質・状態などを表し、単独で文節や述語となることができ、活用語で終止形の末尾が「…なり」または「…たり」となる語。形容動詞の活用には、「大路のさま、松立てわたしてはなやかにうれしげなるこそ、またあはれなれ」（『徒然草』）〈（元旦の）都大路のようすは、門松をずらりと立て並べて、にぎやかにうれしそうなのこそ、また趣深いものである。〉の「はなやかに」「うれしげなる」「あはれなれ」のように、終止形の末尾が「なり」となる「ナリ活用」と、「漫漫たる海上なれば、いづちを西とは知らねども」（『平家物語』）〈広々としている海上であるので、どの方向を西とは知らないけれども。〉の「漫漫たる」（終止形＝漫漫たり）のように、終止形の末尾が「たり」となる「タリ活用」の二種類がある。

現在の推量の助動詞 現在起こっている事柄について、断定せず推量する意味を表す助動詞。「憶良らは今はまからむ子泣くらむそを負ふ母も吾を待つらむぞ」（『万葉集』）〈⇩おくらは…〉の、「子泣くらむ」「待つらむ」の二つの「らむ」がそれで、「いまごろは…しているだろう」と訳す。

謙譲語 話し手（書き手）が、自分の話題の中に登場する人物の動作に用い、自分または自分の側に属する人を低めることによって、動作の受け手を高め、受け手に敬意を表すことば。客体敬語ともいい、「聞こゆ」「奉る」「参る」「申す」などの動詞や補助動詞がある。また、「思ふ」「見る」「聞く」などの語に付いて話し手が自らを低める意味を表す下二段活用の補助動詞「給ふ」もある。▼資料5

恒常条件 ある条件のもとできまった結果になることを表す表現のしかた。「一般条件」「恒時条件」ともいう。

(1)順接の場合＝「…と、いつも」あるいは「…と、必ず」の意味。

「疑ひながらも念仏すれば、往生す」（『徒然草』）〈疑いながらでも念仏を唱えると、必ず往生する。〉

(2)逆接の場合＝「…ても」あるいは「たとえ…ても、必ず」の意味。

「その子・孫までは、はふれにたれど、なほなまめかし」（『徒然草』）〈その子供や孫までは、落ちぶれてしまっていても、やはり上品である。〉

呼応 陳述の副詞が、後に来る一定の語と関係しあうこと。たとえば「問ひつめられて、え答へずなりはべりつ」（『徒然草』）〈問いつめられて、答えられなくなってしまいました。〉の「え」は陳述（呼応または叙述ともいう）の副詞で、「答へず」の「ず」（打消）と呼応して、不可能の意味を表す、というような関係。

呼応の副詞 ⇩陳述の副詞

語幹 用言（動詞・形容詞・形容動詞）の活用で、形の変わらない部分。形の変わる部分を「活用語尾」という。たとえば「日暮らし、硯（すずり）にむかひて」（『徒然草』）の「むかふ」という動詞は、「むかは・むかひ・むかふ・むかふ・むかへ・むかへ」と活用するが、「むか」が語幹、「は・ひ・ふ・へ」が活用語尾。

語尾 ⇩活用語尾

固有名詞 人名・地名・書名・寺社名など、それ一つしかない名を表す名詞。「平清盛」「栗栖野」「徒然草」「仁和寺」など。

さ行

最高敬語 会話文以外の文（地の文という）で、帝や后など最高階級の人に対して最高度の敬意を表す語。「おはします」「おぼしめす」「聞こしめす」「ご覧ず」「たまはす」「のたまはす」「…せ給

ふ」「…させ給ふ」などの語をいう。このうち「…せ給ふ」「…させ給ふ」などのように「せ」や「させ」という尊敬の助動詞に「給ふ」という尊敬語を重ねることによって最高度の敬意を表す表現法を「二重敬語」という。ただし、二重敬語がすべて最高敬語ではない。

サ行変格活用 動詞の活用の種類の一つ。「せ・し・す・する・すれ・せよ」と活用するもの。属する語は、「す」とその複合語、および「おはす」「います」。略して「サ変」ともいう。『土佐日記』の「男もすなる日記といふものを、女もしてみむとてするなり」〈男も書くという日記というものを、女(である私)も書いてみようと思って書くのである。〉には、「すなる」の「す」(終止形)、「してみむ」の「し」(連用形)、「するなり」の「する」(連体形)と、サ変動詞が三回現れる。

サ変 ⇩サ行変格活用

サ変複合動詞 サ変動詞「す」が、上にくる他の語と複合してできた動詞。たとえば「あやまちすな。心しておりよ」(『徒然草』)〈失敗するな。用心して(木から)降りろ。〉の「心す」は「心」という名詞と「す」というサ変動詞が複合してできた複合動詞だが、このほかにも形容詞や形容動詞に「す」がついてできた複合動詞などもある。「久しうす」「もっぱらにす」などが、その例である。

使役の助動詞 だれかに、何かをさせる意味を表す助動詞。「す」「さす」「しむ」が、これに属する。例は次のとおり。「妻の嫗にあづけて養はす」(『竹取物語』)〈妻である老女に預けて養育させる。〉「名を、御室戸斎部の秋田をよびて、つけさす」(『竹取物語』)〈名を、御室戸斎部の秋田をよんで、つけさせる。〉

「めでたき祝ひのなかに、涙を流し心を傷ましむ」(『平家物語』)〈めでたい祝いのなかに、涙を流し心を悲しませる。〉

シク活用 形容詞の活用の一つ。「和歌こそ、なほをかしきものなれ」(『徒然草』)〈和歌こそ、なんといっても趣深いものである。〉の「をかし」(終止形=をかし)は、「なる」を付けて活用させると、「をかシク—なる」のように「なる」のすぐ上が「シク」になる。このような活用をいう。「あやし」「おそろし」「やさし」「さびし」「よろし」「いみじ」などが、その例。

自敬表現 会話文の中で、天皇など身分の高い人が自身に対して敬意を表している表現のこと。次のような例がそれである。「一目見たまひし御心にだに忘れたまはぬに」(『竹取物語』)〈一目ご覧になったみ心にさえお忘れなさらないのに。〉は、物語中における帝の言葉の一節であるが、自分の動作などに「たまひ」「御」「たまは」という敬語が使われている。

指示代名詞 事物・場所・方向をさし示す代名詞のこと。たとえば「この気色尊く見えて候ふ」(『徒然草』)〈このようすは尊く見えました。〉、「かなたの庭に、大きなる柑子の木の、枝もたわわになりたるが」(『徒然草』)〈あちらの庭に、大きなみかんの木で、枝もたわむほどになっているのが。〉の「こ」「かなた」はそれぞれ事物や方向をさしている。なお、指示代名詞は、書き手(話し手)から見て、その隔たりの意識のしかたによって、近称(「こ」「これ」「ここ」など)、中称(「そ」「それ」「そこ」など)、遠称(「か」「かれ」「かしこ」など)、不定称(「いづれ」「なに」「いづこ」など)に分けられる。

自称 ⇩人称代名詞

指定の助動詞 ⇩断定の助動詞

自動詞 その語自身で主語の動作や作用を表す動詞のこと。それに対して、目的語を必要とし、その語の表す動作・作用が他者に対して働きかけをしている動詞を「他動詞」という。たとえば「風烈しく吹きて、静かならざりし夜」(『方丈記』)〈風が強く吹いて、静かではなかった夜。〉、「笛をいとおもしろく吹きて」(『伊勢物語』)〈笛を実に感動的に吹いて。〉の、二つの文中にある「吹く」という動詞は、前者が目的語を必要としない語(自動詞)であるのに対して、後者は「…を」という目的語を必要とする語(他動詞)である。なお、この辞典では品詞の種類の表示に、「自動詞」「他動詞」として、その別を示してある。

自発の助動詞 「自然にそのようになる」の意を表す助動詞。「いにしへのことも立ちかへり恋しう思ひ出でらるる」(『徒然草』)〈以前のことも(当時に)さかのぼって自然と懐しく思い出されてくる。〉の「らるる」がその例。「る」「らる」がこれに属する。

下一段活用 動詞の活用の種類の一つ。すべての活用形が五十音図のエ段により活用するもの。属する語は文語では「蹴る」一語だけ。

下二段活用 動詞の活用の種類の一つ。語尾がウ段とエ段にわたって活用するもの。たとえば「出づ」という動詞は、「出で・出で・出づ・出づる・出づれ・出でよ」と活用する。

終止形 活用形の一つで、文を言い切るときに用いられる活用形。たとえば「まだ暁より足柄を越ゆ」(『更級日記』)〈まだ夜明け前から足柄を越える。〉の「越ゆ」など。

終止法 文の終わり方。文は終止形で終わるのが普通だが、係り結びの法則によって連体形や已然形で終わるものや、命令形で終わるものがある。

修飾語 文節の相互の関係で、前の方にあって、後の文節の意味・内容を詳しく説明している文節。たとえば「大井川の水」の「大井川の」は「水」という体言を修飾している。また「むかし、男、かたゐなかにすみけり」（『伊勢物語』）〈昔、ある男が、不便な土地に住んでいた。〉の「むかし」「かたゐなかに」は、ともに「すみけり」という用言を修飾している。「大井川の」のような場合を連体修飾語、「むかし」「かたゐなかに」のような場合を連用修飾語という。修飾語が二文節以上からなる場合、修飾部ということもある。

終助詞 文の終わりにあり、願望・禁止・詠嘆などを表す助詞。「ばや」「なむ」「な」「てしか」「にしが」「もが」「もがな」「かな」「かも」「かし」などが、これに属する。

主格 文の中で、名詞・代名詞を含む文節が、述語となる文節の表す動作・作用・状態などの主体者となっている関係。文節では、「うぐひすの鳴く」のように「の」「が」の格助詞を付けて表現するが、「月おもしろし」のように助詞が省略される場合が多い。

主語 「男ありけり」の「男」のように、「なにが」にあたる文節を主語という。主語が二文節以上からなる場合、主部ということもある。

主体敬語 ⇩尊敬語

述語 「男ありけり」の「ありけり」のように、「どうする」「どんなだ」「なんだ」にあたる文節を述語という。述語が二文節以上からなる場合、述部ということもある。

順接 上に述べる事柄と下に述べる事柄が、順当な関係でつながっている文や句のつながりかた。順態接続。

順接の確定条件 前に述べられている事柄がすでにそうなっており、順当な関係で次の事柄の条件になっていることを表す表現のしかた。「京には見えぬ鳥なれば、みな人見知らず」（『伊勢物語』）〈都では見かけない鳥なので、（その場にいる）人はみんなよく知らない。〉のように、活用語の已然形の下に接続助詞「ば」を用いて示す。

順接の仮定条件 ある事柄がまだそうなっておらず、そのことが次の事柄の条件になっていることを表す表現のしかた。「悪人の真似とて人を殺さば、悪人なり」（『徒然草』）〈悪人の真似であるといって人を殺したとしたら、（その人は）悪人である。〉のように、活用語の未然形の下に接続助詞「ば」を用いて示す。

準体言 意味の上で体言として用いられている、用言や他の単語についた助動詞の連体形のこと。連体形のこの用法を準体法という。たとえば「人の語るを聞くに」〈人が語ることを聞くと。〉の「語る」は四段活用動詞連体形だが、意味の上では「語ること＝話」を示している。

準体助詞 他の語について、体言と同じ資格を与える助詞のこと。一般には、格助詞に含められている。たとえば「さては、扇のにはあらで、海月のななり」（『枕草子』）〈それでは、扇の（骨）ではなくて、くらげの（骨）であるようだ。〉の二つの「の」。

順態接続 ⇩順接

準体法 ⇩準体言

条件法 上に述べる事柄が下に述べる事柄の条件になっているような表現のしかた。仮定条件と確定条件と恒常条件がある。それぞれの項目参照。

助詞 品詞の一つ。付属語で活用がなく、主に自立語について、文節の関係を示したり、ある意味をつけ加えたりする。助詞の種類とはたらきは次のとおりである。

(1)格助詞…その語（格助詞）を含む文節が下の文節に対してどのような資格であるかを示す。

(2)接続助詞…その語（接続助詞）を含む文節と下の文節との関係を示す。

(3)副助詞…上の語に意味をつけ加え、副詞のようなはたらきをする。

(4)係助詞…上の語に意味をつけ加えたり、文末の結び方を限定したりするはたらきをする。

(5)終助詞…文末で、願望・禁止・詠嘆・強調などのはたらきをする。

(6)間投助詞…語句の末尾に付いて、詠嘆・感動・強調を示したり、語調を整えたりするはたらきをする。

▼資料2

叙述の副詞 ⇩陳述の副詞

助動詞 品詞の一つ。付属語で活用があり、主として用言について、受身・完了・推量など、種々の意味をつけ加える。

自立語 単語のうち、単独で文節となることができる語。活用のある動詞・形容詞・形容動詞と、活用のない名詞・副詞・連体詞・接続詞・感動詞の八つの品詞が、これに属する。

推定・伝聞の助動詞 周囲の音・声・状況や相手の話など聴覚によって推定する意と、他の人から伝え聞いている意とを表す助動詞。「なり」がこれに属する。推定および伝聞の用例は次のとおり。

推定…「明けはてぬなり」の「なり」

「明けはてぬなり。帰りなむ」(『枕草子』)〈夜が明けてしまったようである。帰宅しよう。〉

伝聞…「すなる」の「なる」

「男もすなる日記といふものを、女もしてみむとてするなり」(『土佐日記』)〈男も書くという日記というものを、女(である私)も書いてみようと思って書くのである。〉

推定の助動詞　ある根拠に基づいてあることを推量する意を表す助動詞をいう。「…らしい」と訳せる「らし」、視覚による推定の「めり」、聴覚による推定の「なり」などがこれに属する。

推量の助動詞　過去・現在・未来のあることを想像したり、確かでないことを推し量ったりする意を表す助動詞。「む」「むず」「まし」「べし」「らむ」「けむ」のほか、打消の意味を含んだ「じ」「まじ」がある。

数詞　「一」「二」のように、数を表す名詞のこと。

正格活用　⇩変格活用

接続　語と語、文節と文節、文と文のつながりかた。

接続語　接続助詞を含む文節で、後にくる文節の理由や条件を示しているもの。たとえば「京には見えぬ鳥なれば、みな人見知らず」(『伊勢物語』)〈都では見かけない鳥なので、(その場にいる)人はみんなよく知らない。〉の「鳥なれば」が接続語で、後の「見知らず」の理由を示している。なお、「接続詞」を接続語に含める場合もある。

接続詞　活用のない自立語で、文や文節、語をつなぐはたらきをする語。接続詞には次のようなものがある。

(1)並列の意を表すもの…また・および・ならびに

(2)添加の意を表すもの…なほ・かつ・しかも・しかうして

(3)選択の意を表すもの…または・あるいは・あるは・もしくは

(4)条件を表すもの

(ア)順接…かくて・かかれば・しからば・しかして・よって・ゆゑに

(イ)逆接…かかれども・されど・さるを・しかるに・しかれども・ただし

接続助詞　主として活用する語について文節を構成し、いろいろな関係で後の文節に続けていくはたらきをする助詞。はたらきの上から分類すると次のようになる。

(1)条件をもたない単純な接続を示すもの…て・して・で・つつ・ながら

(2)順接の確定条件を示すもの…ば(已然形につく)・に・を・て

(3)順接の仮定条件を示すもの…ば(未然形につく)

(4)逆接の確定条件を示すもの…ど・ども・が・に・を・ながら・ものから

(5)逆接の仮定条件を示すもの…と・とも

接頭語　常にある語の上につき、その語と一つになって一単語を構成するもの。「御遊び」の「御」、「うち泣く」の「うち」、「か弱し」の「か」など。

接尾語　常にある語の下につき、その語と一つになって一単語を構成するもの。「木曾殿」の「殿」、「心もとながる」の「がる」、「うれしさ」の「さ」など。

挿入句　上の文節や下の文節の内容を補足説明する形で、文の途中にはさみこまれた文または文節。たとえば「世に語り伝ふること、まことはあいなきにや、多くはみな虚言なり」(『徒然草』)〈世間で語り伝えていることは、真実はつまらないのであろうか、多くはみなうそのことである。〉という文は「世に語り伝ふること、多くはみな虚言なり」が筆者の言いたいことで、「まことはあいなきにや」は挿入句。

促音便　タ行・ハ行・ラ行の四段動詞やラ変動詞の連用形が下に接続助詞「て」などを伴うとき、発音の便宜上「ち」「ひ」「り」が「っ」となること。「勝ちて」「思ひて」「語りて」「ありて」が「勝って」「思って」「語って」「あって」となるなど。

尊敬語　話し手(書き手)が、自分が話題としている、ある動作をする人物(動作主とか為手とかいう)に直接に尊敬の意を表すために用いる語。たとえば「おはする所は六条京極わたりにて」(『源氏物語』)〈おでかけになる所は六条京極あたりで。〉の「おはする」は「行く」「来」の尊敬語で、作者が「行く」人に対して直接敬意を表している。尊敬語は、動詞・補助動詞・助動詞・接頭語・接尾語・名詞・代名詞などにある。なお、敬意の対象を考えるうえから主体敬語ということもある。

尊敬の助動詞　尊敬の意を表す助動詞。「る」「らる」および上代語の「す」(四段型)がこれに属する。また、本来使役の助動詞である「す」「さす」「しむ」が尊敬の補助動詞「たまふ」といっしょになって、「せたまふ」「させたまふ」「しめたまふ」の形で敬意の強い尊敬の意味を表す。

存続の助動詞　動作・作用が完了しないで継続していることを表す助動詞。「筒の中光りたり」(『竹取物語』)〈筒の中が光っている。〉、「道知れる人もなくて、迷ひ行きけり」(『伊勢物語』)〈道を知っている人もいなくて、迷いながら行った。〉の「たり」「る(終止形「り」)」がそれで、「…ている」と訳す。

た行

体言　自立語で活用がなく、単独で主語になることができる語。これに属する品詞は名詞(代名詞や数詞を含む)のみ。◆実体を表す言葉の意。

体言止め　文の終わりを体言(＝名詞)で言い切る表現法。「心なき身にもあはれは知られけり鴫立つ沢の秋の夕暮れ」(『新古今和歌集』)〈⇩こころなき…。〉のように、特に和歌や俳句で用いられ、余情・詠嘆の気持ちを表す効果がある。『新古今和歌集』には体言止めの歌が多い。

対者敬語　⇩丁寧語

対称　⇩人称代名詞

対等語　互いに対等の関係で並んでいる二つ以上の文節のこと。たとえば「神楽こそなまめかしく、おもしろけれ」(『徒然草』)〈神楽こそ優雅で、趣深いものである。〉の「なまめかしく」と「おもしろけれ」など。並立語ともいう。なお、この関係を「対等の関係」または「並立の関係」という。

対等の関係　⇩対等語

代名詞　人や事物の名を言わずに、直接それらをさし示す語。人称代名詞と指示代名詞とがある。

他称　⇩人称代名詞

他動詞　目的語を必要とし、その語の表す動作・作用が他者に対して働きかけをしている動詞。たとえば「笛をいとおもしろく吹きて」(『伊勢物語』)〈笛を実に感動的に吹いて。〉、「風烈しく吹きて、静かならざりし夜」(『方丈記』)〈風が強く吹いて、静かではなかった夜。〉の、二つの文中にある「吹く」という動詞は、前者が「…を」という目的語を必要とする語であるのに対して、後者は目的語を必要としない語である。前者を「他動詞」といい、後者を「自動詞」という。なお、この辞典では見出しの後に、「他動詞」「自動詞」の別を示してある。

タリ活用　形容動詞の活用の一つで、終止形が「―たり」の形になるもの。たとえば「漫漫たる海上なれば」(『平家物語』)〈広々としている海上であるので。〉の「漫漫たる」(終止形＝漫漫たり)は、「漫漫」という漢語に断定の助動詞「たり」がついて一語となったものである。このように状態や性質を表す漢語に「たり」がついて、「―たら・―たり(―と)・―たり・―たる・―たれ・―たれ」と活用するものをいう。

断定の助動詞　ある事柄を、「…である」と言い定める意味を表す助動詞。「なり」「たり」がこれに属する。「月の都の人なり」(『竹取物語』)〈月の都の人である。〉の「なり」、「田園悉く一家の進止たり」(『平家物語』)〈荘園はことごとく一家の支配するところである。〉の「たり」がその例。

中止法　文を連用形でいったん中止し、下の文節に続けていく、連用形の用法。たとえば「神楽こそなまめかしく、おもしろけれ」(『徒然草』)〈神楽こそ優雅で、趣深いものである。〉では、連用形の「なまめかしく」でいったん中止し、下の「おもしろけれ」に対等の関係で文が続いている。

中称　⇩指示代名詞

陳述の副詞　後にくる打消の語・禁止を表す語・推量の助動詞などと呼応して用いられる副詞。「呼応(または叙述)の副詞」ともいう。たとえば「御胸つとふたがりて、つゆまどろまれず、明かしかねさせたまふ」(『源氏物語』)〈御胸がつまったまま、全然うとうと眠ることもできず、夜明けをお待ちかねになっていらっしゃる。〉の「つゆ」は、この場合「ちょっと」の意味ではなく、下に「ず」という打消の語を伴って「全然」の意味になる。陳述の副詞には次のようなものがある。

(1)打消表現と呼応する副詞…あへて・いさ・いまだ・え・さらに・ゆめ
(2)禁止表現と呼応する副詞…かまへて・な・ゆめ・ゆめゆめ
(3)推量表現と呼応する副詞…いかばかり・けだし・さだめて
(4)疑問・反語表現と呼応する副詞…いかが・いかで・いかに・など・まさに
(5)仮定表現と呼応する副詞…いやしくも・たとひ・もし・よし・よしや
(6)願望表現と呼応する副詞…いかで・なにとぞ・願はくは・ひとへに
(7)打消推量の表現と呼応する副詞…よも・をさをさ
(8)比況表現と呼応する副詞…あたかも・さながら・さも・なほ
(9)適当・当然表現と呼応する副詞…まさに・すべからく

丁寧語　話し手が聞き手に対して丁寧な言い方をするために用いる語。文語では「侍り」「候ふ」の二語がそれで、通常、会話文にしか現れない。地の文に現れるのは、後世である。また、敬意の対象を考えるうえから、「対者敬語」ということもある。

伝聞・推定の助動詞　⇩推定・伝聞の助動詞。

動詞　自立語で活用があり、動作・作用・存在を表す語。活用の種類は九つ。▼資料1

倒置 主語・述語、修飾語・被修飾語などの順序を変えること。倒置によって意味を強め、感動を深めることができる。たとえば、「山里は冬ぞさびしさまさりける人めも草もかれぬと思へば」(『古今和歌集』)〈⇨やまざとは…。〉では、「山里は冬ぞさびしさまさりける」と「人めも草もかれぬと思へば」の位置が逆になっている。

独立語 他の文節と直接的な関係をもたず、独立した文節。たとえば「少納言よ、香炉峰の雪いかならむ」(『枕草子』)〈清少納言よ、香炉峰の雪はどんなであろう。〉の「少納言よ」。

独立動詞 ⇨補助動詞

な行

ナ行変格活用 動詞の活用の種類の一つ。「な・に・ぬ・ぬる・ぬれ・ね」と活用するもの。属する語は「死ぬ」「往ぬ」の二語だけ。略して「ナ変」ともいう。

ナ変 ⇨ナ行変格活用

ナリ活用 形容動詞の活用の一つ。「静かなる暁」〈静かな夜明け前〉の「静かなる」(終止形＝静かなり)のように、「―なら・―なり(―に)・―なり・―なる・―なれ・―なれ」と活用するもの。

二重敬語 ⇨最高敬語

人称代名詞 人をさし示す代名詞のこと。「我が背子が振る手を見むと」(『万葉集』)〈私の夫が振る手を見ようと。〉の「我」のような語をいい、例文のような自称(一人称)のほか、対称(二人称)、他称(三人称)、不定称などの種類がある。「人代名詞」ともいう。

は行

派生語 単語に接頭語または接尾語がついて別の一単語になったもの。

撥音便 音便の一つ。語中・語尾の「び」「み」「に」「る」などが、発音の便宜上撥音(「ん」)になること。バ行・マ行の四段動詞やナ変動詞の連用形が接続助詞「て」などを伴うときや、ラ変動詞の連体形が「めり」「なり」などの助動詞を伴うときに起こる。「呼びて」が「呼んで」に、「あるめり」が「あ(ん)めり」になるなど。

反語 表現法の一つ。「花は盛りに、月は隈なきをのみ見るものかは」(『徒然草』)〈桜の花は満開のときに、月は満月のときにだけ見るものであろうか、いや、そうではない。〉のように、一度疑問の形で問いかけ、それに対して反対の意味を誘導して、強調する表現。「いかで」「いかでか」「いかにか」「いかが」などの副詞、「や」「か」「やは」「かは」「やも」「かも」などの助詞で表すことができる。

反実仮想 現在の事実に反する事柄を仮定し想像すること。たとえば「やがてかけこもらましかば、口惜しからまし」(『徒然草』)〈(その家の主人が客人を送った後)すぐに掛け金をかけて閉じこもったならば、残念なことだったろうに。〉においては、実際はその家の主人は客人を送りだした後、「妻戸をいま少しおしあけて、月見る気色なり」〈開き戸をもう少しおし開けて月を見るようすである。〉と、すぐに中に引きこもってしまったわけではなかった。このような表現をいう。反実仮想を表すには「ましかば…まし」「ませば…まし」「せば…まし」のようなパターンがある。

反射代名詞 ⇨反照代名詞

反照代名詞 前に述べたものに戻り、自身やそのもの自体を指し示す代名詞。たとえば「人はおのれをつづまやかにし」(『徒然草』)〈人は自分自身を質素にし。〉の「おのれ」など。ほかに「おの」「われ」などがある。

反復継続の助動詞 上代に用いられた「ふ」がそれで、たとえば「しはぶかひ鼻びしびしに」(『万葉集』)〈何回も咳をしては鼻汁をすすり〉の「ひ」のように、動作の、反復を表す。また「ふ」には継続を表す用法もある。

比況の助動詞 あるものを、似ている他のものに比較してたとえるときに用いる助動詞。「ただ春の夜の夢のごとし」(『平家物語』)〈ちょうど春の夜の夢のよう(にはかないもの)だ。〉の「ごとし」がその例。比況の助動詞にはこのほかに「ごとくなり」「やうなり」がある。

品詞 単語をその文法的性質によって分類したもの。古典文法では、動詞・形容詞・形容動詞・名詞・副詞・連体詞・接続詞・感動詞・助動詞・助詞、の十品詞に分類して考える。

品詞の転成 もとの品詞から他の品詞に転じること。たとえば「ゆく河の流れは絶えずして」(『方丈記』)の「流れ」は、もと「流る」という下二段動詞の連用形であるが、ここでは名詞として使われている。ほかに、形容詞から名詞化した「遠く」「近く」、動詞から連体詞化した「ある」、動詞から接続詞化した「および」などがある。

複合語 二つ以上の語が結びついて一単語となったもの。たとえば「山里は冬ぞさびしさまさりける」(『古今和歌集』)〈⇨やまざとは…。〉の、「山」と「里」とから成る「山里」など。名詞だけでなく、動詞、形容詞、その他にもある。

複合動詞 ある語と動詞が結びついて一語の動詞となったもの。名詞＋動詞の「名づく」、形容詞語幹＋動詞の「近寄る」などもあるが、多くは、動詞＋動詞の「思ひ立つ」「見交はす」などについていう。

複合動詞の用法 動詞＋動詞の複合動詞の中には、複合することによって下の動詞の意味が異なってくるものがある。たとえば、「おそろしげに暗がりわたれり」（『更級日記』）〈おそろしいまでに、ずっと木暗い道が続いていた〉「わたる」は「越える」などの意味ではなく、動詞の連用形に付いて、時間的・空間的に連続する意（ずっと…する）を表している。

このような語にはほかに、「澄ます（＝精神を集中して…する）」「返る（＝ひどく…する）」「わぶ（＝…しづらくなる）」「散らす（＝やたらに…する）」など、いくつかあるので注意しよう。

副詞 自立語で活用がなく、おもに用言を修飾する語。副詞は意味や用法の上から、ふつう次の三つに分類されている。

(1)情態（状態）の副詞…主として動詞を修飾し、情態を表す。かく・さ・しばし・たちまち・つひに・やがて、など。

(2)程度の副詞…用言を修飾し、その程度を表す。いと・いよいよ・きはめて・すべて・ただ・はなはだ・やうやう・よに、など。

(3)陳述の副詞（呼応の副詞）…下に打消や疑問などの語を伴い、叙述の仕方を明らかにする副詞。いまだ・え・いかが・いかに・いかで・たとひ・あるいは・さも、など。

副詞の呼応 ⇨陳述の副詞

副詞法 形容詞や形容動詞の連用形が副詞のように下の用言を修飾する用法。たとえば「いとはつらく見ゆれど」（『土佐日記』）〈とても薄情に見えるけれど。〉の「つらく」は「つらし」という形容詞の連用形であるが、この場合、副詞のように「見ゆれ」という用言を修飾している。

副助詞 上の語に意味を添え、副詞のようなはたらきをする助詞。「だに」「すら」「さへ」「のみ」「ばかり」「など」「まで」「し」「しも」がこれに属する。

付属語 常に自立語についてその機能をはたす語。具体的には助詞と助動詞をさす。

普通名詞 名詞の種類の一つ。同じ性質や種類の事物の名を表す語。「山」「川」など。

不定称 ⇨指示代名詞・人称代名詞

文節 文を、意味上から不自然でないように可能な限り小さく区切った単位をいう。たとえば、『徒然草』の序段を文節に分けてみると次のようになる。「つれづれなる／ままに／日暮らし／硯に／向かひて／心に／うつりゆく／よしなしごとを／そこはかとなく／書きつくれば／あやしうこそ／ものぐるほしけれ」

自立語は単独で一文節となることができ、助詞・助動詞はそれが付属した自立語とともに一文節となる。また、補助動詞は一文節となるが、上の文節と結び付いて一つの文節と同じように働く。

文節相互の関係 文節と文節とのつながりかた。具体的には次のようなものがある。

(1)主語・述語の関係 (2)修飾・被修飾の関係 (3)接続の関係 (4)並立（対等）の関係 (5)補助の関係 (6)独立の関係

文の成分 文を構成する要素としての単位で、一文節から成るものと、二文節以上から成るもの（部と呼ぶ）とがある。それらは、主語・主部、述語・述部、修飾語・修飾部、接続語・接続部、独立語・独立部の五成分に分けられる。

並立語 ⇨対等語

並立助詞 対等（＝並立）の関係を構成するために用いられる助詞。「雨降る日と照る日と」（『枕草子』）〈雨が降る日と照る日と。〉の「と」や、「ありやなしやと」（『伊勢物語』）〈健在であるかどうかと。〉の「や」など。ただし、一般には、「と」は格助詞の一用法、「や」は間投助詞の用法の一つと見る。

並列助詞 ⇨並立助詞

変格活用 動詞の活用の種類の一つで、四段活用などの規則正しい活用（＝正格活用）に対して、規則的でないものをいう。変格活用には、カ行変格活用・サ行変格活用・ナ行変格活用・ラ行変格活用の四種類がある。

放任法 「山野にかばねをさらさばさらせ」（『平家物語』）〈山野に死骸を放置するのならば放置してもよい。〉の「さらさばさらせ」のように、相手の自由な解釈に任せるという表現法。

補助活用 形容詞の本来の活用（ク活用・シク活用）を補うための活用で、カリ活用のこと。

補助形容詞 形容詞の本来の用法ではなく、動詞のような働きをし、補助的な意味を添えるもの。たとえば「なし」で、存在の否定でなく、単に否定の意味に用いられている用法がそれ。「故郷もこひしくもなし」（『平家物語』）〈都も恋しくもない。〉。

補助語 前の語句に補助的意味を添える役割をする語句。たとえば「桜の花の散り侍りけるを見てよみける」（『古今和歌集』）〈桜の花が散りましたのを見て詠んだ。〉の「侍りけるを」。補助語に対して、前の語句（この場合は「散り」）を被補助語という。

補助動詞 本来の動詞としての意味を失い、ほかの語に付いて助動詞のような働きをする動詞のこと。たとえば「女御更衣あまたさぶらひ給ひける中に」（『源氏物語』）〈女御や更衣がたくさんお仕えなさっていた中に。〉の「給ひ」。本来の意味で用いられている動詞を「本動詞」という。

補助動詞の分類
補助動詞は用法上から、次のように分類することができる。

⑴体言＋断定の助動詞「なり」の連用形「に」（「にて」）に付いて指定の「である」の意を表す。
「人、木石にあらねば」（『徒然草』）〈人は木や石（のように非情）ではないから〉
「是はこのあたりに住む女にて候」（『紅葉狩』謡曲）〈私はこの付近に住む女です〉

⑵形容詞・形容動詞の連用形に付いて「ある」の意味を表す。
「優しうまします」〈優しくていらっしゃる〉
「あはれに侍り」〈しみじみとした思いでございます〉

⑶動詞の連用形に付いて敬意を表し、また複合動詞を作る。
「頼みまゐらす」〈御信頼申し上げる〉
「歌ひすます」〈うまく歌いおおせる〉

⑷動詞に接続助詞「て」の付いたものに付く。
「着きて候」〈着きました〉

補助用言 その語としての本来の意味を失い、ほかの語について助動詞のような働きをする用言のこと。補助動詞と補助形容詞。

本動詞 ⇩補助動詞

ま行

万葉仮名 奈良時代、主として『万葉集』において、日本語の表記の際、本来は表意文字である漢字を、表音文字として用いた仮名のこと。「山」を「也麻」、「現」を「卯槌」と書いたのが、その例である。

未然形 活用形の一つで、ある状態や行為がまだそうなっていないことを表す。

結び 「係り結び」の際、前にある「係助詞」を受ける活用語のこと。原則として、「結び」の語をもって文が終止する。

結びの解消 ⇩結びの消滅

結びの消去 ⇩結びの消滅

結びの消滅 係り結びで、結びの語が現れないこと。結びの流れ、結びの解消、結びの消去などともいう。たとえば「たとひ耳鼻こそ切れ失すとも、命ばかりはなどか生きざらん」（『徒然草』）〈たとえ耳や鼻が切れてなくなっても、命だけはどうして助からないことがあろうか、いや、助かるはずだ。〉という文の場合は、本来ならば「こそ」の結びとして「切れ失すれ」となるべきところだが、文を下に続けるために接続助詞の「とも」を用いたことによって、已然形の結びがなくなっている。⇩係り結び

結びの省略 係り結びで、結びの語が省略されていること。たとえば「これなむ都鳥」（『伊勢物語』）〈これは都鳥である。〉では、断定の助動詞「なり」の連体形「なる」が省略されていると考えられる。省略されている語句は文の前後から判断できるが、特に「…にや」「…にこそ」の結び「あらむ」「あらめ」の省略が多い。

結びの流れ ⇩結びの消滅

名詞 自立語で活用がなく、主に事物の名を表し、その語だけで主語や目的語になることができる語。名詞には次の五つの種類がある。
⑴普通名詞…同じ性質や種類の事物の名を表す語。
⑵固有名詞…人名や地名など固有の名を表す語。
⑶数詞…数を表す語。
⑷形式名詞…形式的に使われる名詞。
⑸代名詞…人や事物の名を言わず、それらを直接さす語。

命令形 活用形の一つで、命令・放任の意味を表す。

目的語 ⇩客語

や行

用言 動作・作用、性質・状態を表し、活用があり、単独で述語になりうる語。動詞・形容詞・形容動詞がこれに属する。

四段活用 動詞の活用の種類の一つ。語尾がア段・イ段・ウ段・エ段にわたって活用するもの。たとえば「書く」という動詞は「書か・書き・書く・書く・書け・書け」と活用する。ほかに、「咲く」

「語る」などが、これに属する。

ら行

ラ行変格活用 動詞の活用の種類の一つ。「ら・り・り・る・れ・れ」と活用するもの。属する語は「あり」「をり」「はべり」「いますがり（いまそがり）」の四語。略して「ラ変」ともいう。

ラ変 ⇩ラ行変格活用

歴史的仮名遣い 主として平安時代中期以前の仮名の用い方を基準にした仮名づかい。中世以降長い間、藤原定家の定めた、「定家仮名遣い」が用いられてきたが、明治時代以降は、江戸時代の契沖や楫取魚彦の研究成果に基づき、平安時代中期以前の仮名遣いである「歴史的仮名遣い」が採用され、今日に至っている。「旧仮名遣い」ともいう。

連語 いくつかの単語がまとまって一つの意味を表すもの。たとえば「飽かなくに」は、もともと「飽か」（四段動詞未然形）＋打消の助動詞「ず」の古い未然形「な」＋接尾語「く」＋助詞「に」という構成の語だが、きまった使われ方をするので連語とする。ほかに「だにあり」「さるべき」「（ば）こそあらめ」「もこそ」などがある。

連体格 文節相互の関係において、体言を修飾する資格。たとえば「梅が枝に」〈梅の枝に〉の「梅が」。文の成分上は連体修飾語になる。

連体形 活用形の一つで、おもに体言に続いていく活用形。

連体詞 活用のない自立語で、連体修飾語としてだけ用いられる語のこと。たとえば「ある人」の「ある」、「あらゆる」「いはゆる」など。

連体修飾語 下の体言（＝名詞）を詳しく説明するために修飾している文節。たとえば「白き鳥」の「白き」、「来る音」の「来る」など。

連体止め（連体形終止・連体形止め） 係助詞を用いずに、文末を連体形で結び、余情を表出する技法。たとえば「雀の子を犬君が逃がしつる」（『源氏物語』）〈すずめの子を犬君（＝童女の名）が逃がしてしまったの。〉など。

連体法 活用語の連体形が体言を修飾する用法。たとえば「きよげなる大人二人ばかり」（『源氏物語』）〈美しい女房が二人ほど。〉の「きよげなる」（ナリ活用形容動詞連体形）は、「大人」という体言を修飾している。

連濁 二つの単語が結合して複合語を作るとき、下の語の最初の音が濁音に変わること。たとえば「山」と「里」が結合して一語となった「やまざと」の「ざと」など。

連文節 ある文において、連続している「A」文節と「B」文節が、「AB」のかたちで一つの文節のような働きをするもの。なお、「A」という文節と「BC」という連文節のまとまったものや、「AB」という連文節と「CD」という連文節のまとまったものも、連文節という。たとえば、「翁竹を取ること久しくなりぬ」（『竹取物語』）〈翁は、竹を取ることが、長い間続いた。〉という文で、「竹を取る」も連文節であり、「竹を取ること」も連文節であり、「久しくなりぬ」も連文節であり、「竹を取ること久しくなりぬ」も連文節である。

連用格 文節相互の関係において、用言を修飾する資格。たとえば「山寺にかきこもりて」（『徒然草』）〈山寺にひきこもって。〉の「山寺に」。文の成分上は連用修飾語になる。

連用形 活用形の一つで、おもに用言に続いていく形の活用形。現在では複合動詞とされる「求め歩く」の「求め」などについて、古くは「求め」が用言「歩く」に連なると見て、そう呼んだのである。

連用修飾語 下の用言を修飾している文節。たとえば「にはかに出で来ぬ」の「にはかに」、「いとをかし」の「いと」など。

連用法 ⇩副詞法

資料11 和歌の修辞

一 枕詞

①ある特定の語句を言い起こしたり、語調を整えたりするために、その語句の前に用いられる決まった言葉。

②古くは実質的な意味を持った修飾語であったものが、形式化し、意味を失ったもの。

③大部分は五音。⇩資料12「枕詞について」

二 序詞

①ある語句を導き出すために前置きとして用いられる表現技法。

②枕詞と異なり、固定的でなく、作者によって自由に創作される。

［序詞の種類］

語句の導き方によって、三種に大別できる。

⑴意味の関連で導くもの

3あしひきの山鳥の尾のしだり尾の長々し夜をひとりかも寝む

▼「あしひきの…しだり尾の」が序詞で、山鳥のたれ下がった尾が長いことから、「長々し」を導いている。

46由良の門を渡る舟人かぢを絶えゆくへも知らぬ恋の道かな

▼「由良の門を…かぢを絶え」が序詞で、舟人がかじをなくしてどこへ行くのかわからないということから、「ゆくへも知らぬ」を導いている。

49みかきもり衛士のたく火の夜は燃え昼は消えつつ物をこそ思へ

▼「みかきもり衛士のたく火の」が序詞で、衛士のたく火が夜は燃えて昼は消えていることから、「夜は燃え昼は消えつつ」を導いている。

⑵掛け詞で導くもの

16立ち別れいなばの山の峰に生ふるまつとし聞かば今帰り来む（松／待つ）

▼「いなばの山の峰に生ふる」が「松」を導く序詞で、同時に「待つ」の掛け詞にもなっている。なお、「いなば」は「往なば」と「因幡」の掛け詞でもある。

58有馬山猪名の笹原風吹けばいでそよ人を忘れやはする（そよ(風)／それよ）

▼「有馬山猪名の笹原風吹けば」が「そよ(=風のそよぐ音)」を導く序詞で、同時に「それよ」の意の「そよ」の掛け詞となっている。

88難波江の葦のかりねのひとよゆゑみをつくしてや恋ひわたるべき（刈り根／仮り寝）

▼「難波江の葦の」が「刈り根」を導く序詞で、同時に「仮り寝」の掛け詞にもなっている。なお、「ひとよ」は「一節」と「一夜」、「みをつくし」は「澪標」と「身を尽くし」の掛け詞になっている。

⑶同音の反復で導くもの

18住江の岸に寄る波よるさへや夢の通ひ路人目避くらむ

▼「住江の岸に寄る波」が序詞で、同音の「よる(夜)」を導いている。

27みかの原わきて流るるいづみ川いつ見きとてか恋しかるらむ

▼「みかの原…いづみ川」が序詞で、同音の「いつ見」を導いている。

一、和歌の上に示した数字は、『小倉百人一首』の歌番号である。

二、『小倉百人一首』の和歌の訳は、本文に載せている。

51かくとだにえやはいぶきのさしも草
さしも知らじな燃ゆる思ひを

▼「いぶきのさしも草」が序詞で、同音の「さしも」を導いている。なお、「いぶき」は「言ふ」と「伊吹」の掛け詞で、さらに「思ひ」の「ひ」に「火」を掛けている。

[訳すときの注意点] 序詞は原則として訳すが、その場合、「〜のように」「その〜ではないが」などと語を補って訳すとよい。また、次の例のようにすぐ次の語を導かず、語を隔てて導く場合もあるので注意しよう。

48風をいたみ岩うつ波のおのれのみ砕けて
物を思ふころかな

▼「風をいたみ岩うつ波の」は「おのれのみ」を飛び越えて、「砕け」を導き出している。

92わが袖は潮干に見えぬ沖の石の人こそ
知らね乾く間もなし

▼「潮干に見えぬ沖の石の」は「人こそ知らね」を飛び越えて、「乾く間もなし」を導き出している。

三 掛け詞

①同じ音で意味の異なる語（同音異義語）を利用して、一つの語に二重の意味を持たせる表現技法。

②文脈が複雑になり、意味内容が豊かになる。

9花の色は移りにけりないたづらに
わが身世にふる（経る／降る）ながめ（眺め／長雨）せし間に

▼「ふる」が「経る」と「降る」、「ながめ」が「眺め（=ぼんやり物思いにふける）」と「長雨」の掛け詞になっている。

60大江山いく野（行く野／生野）の道の遠ければまだ
ふみ（文／踏み）もみず天の橋立

▼「いく野」が「行く野」と地名の「生野」、「ふみ」が「文（=手紙）」と「（天の橋立を）踏み」の掛け詞になっている。

97来ぬ人をまつ（待つ／松）ほの浦の夕なぎに焼くや藻
塩の身もこがれつつ

▼「まつ」が「（人を）待つ」と「松帆の浦」の「松」の掛け詞になっている。

四 縁語

①ある語を中心に、それと関連する語を意識的に用いる表現技法。

②連想の広がりによって、歌全体のイメージが豊かで複雑になる。

19難波潟短き葦の節の間も逢はでこの世を
過ぐしてよとや

▼「節」「世（↓節）」が、「葦」の縁語。

72音に聞くたかしの浜のあだ波はかけじや
袖の濡れもこそすれ

▼「音」「浜」「かけ」「濡れ」が、「波」の縁語。

89玉の緒よ絶えなば絶えねながらへば忍ぶ
ることの弱りもぞする

▼「絶え」「ながらへ」「弱り」が、「緒」の縁語。

五 本歌取り

①有名な古歌（本歌）の語句を意識的に取り込む技法で、新しい作歌創造のための修辞法として『新古今和歌集』時代（鎌倉時代）に盛んに用いられた。

②本歌を連想させることによって、歌の内容が重層的になり、余情、余韻が深まる。

[本歌]
み吉野の山の白雪積もるらしふるさと寒く
なりまさりける　（古今和歌集・冬）

↓[本歌取り]

94み吉野の山の秋風小夜更けてふるさと寒

く衣打つなり

▼本歌の白雪におおわれた冬の吉野を踏まえて、それを秋風の吹く吉野に置きかえ、新たに寒々と響く衣を打つ音を詠み入れ、晩秋の寂しさを出している。

［本歌］

松島や雄島の磯に漁せし海人の袖こそかくは濡れしか（後拾遺和歌集・恋）

←［本歌取り］

90見せばやな雄島の海人の袖だにも濡れにぞ濡れし色は変はらず

▼本歌の海人の袖の濡れ具合と作者の袖の濡れ具合が同じようだといっているのを踏まえて、でも、私の場合は悲しみの血の涙で色まで変わってしまったと悲しみを強調している。

［本歌］

浅茅生の小野の篠原忍ぶとも人知るらめやいふ人なしに（古今和歌集・恋）

←［本歌取り］

39浅茅生の小野の篠原忍ぶれどあまりてなどか人の恋しき

▼本歌の片思いの切なさを踏まえて、秘めてきた恋心を積極的に歌いあげている。

六 倒置法

●文節の正常な順序を入れ替えて語勢を強め、感動を強調する技法。

23月見れば千々に物こそ悲しけれ／わが身一つの秋にはあらねど

41恋すてふわが名はまだき立ちにけり／人知れずこそ思ひそめしか

▼いずれも上句と下句が倒置になっている。

七 擬人法

●ある事柄を人間の行為や状態に見立てて表現する技法。

11わたの原八十島かけて漕ぎ出でぬと人には告げよ海人の釣り舟

▼「釣り舟」を擬人化して「告げよ」と言っている。

26小倉山峰のもみぢ葉心あらば今ひとたびのみゆき待たなむ

▼「もみぢ葉」を擬人化して「待たなむ」と言っている。

八 体言止め

①第五句（結句）を体言（名詞）で止める技法。

②体言に続くはずの述語部分が途切れた感じとなり、そこから余情、余韻が生じる。

29心あてに折らばや折らむ初霜の置きまどはせる白菊の花

31朝ぼらけ有り明けの月と見るまでに吉野の里に降れる白雪

九 句切れ

●第五句（結句）以外の句で意味上区切れること。

［初句切れ］

42契りきな／かたみに袖を絞りつつ末の松山波越さじとは

［二句切れ］

2春過ぎて夏来にけらし／白妙の衣干すてふ天の香具山

［三句切れ］

28山里は冬ぞさびしさまさりける／人めも草もかれぬと思へば

［四句切れ］

78淡路島かよふ千鳥の鳴く声に幾夜寝ざめぬ／須磨の関守

十 歌枕

①古来繰り返し和歌に詠み込まれ、特定のイメージが固定した諸国の名所。

②そのイメージを利用して、和歌に余情を持たせるために用いた。⇩資料13「歌枕地図」

資料12

枕詞について

枕詞をかかり方（続き方）によって分類し、例を挙げて、かかり方を解説した。

→の下は、その枕詞がかかる語句である。

一 意味の上からのかかり方

(1)形容（修飾）するもの

葦が散る →難波

葦の花が散る実景から、「葦が散る」と形容して、葦が多い土地である「難波」にかかる。

高照らす →日

「高い空で照り輝く」と形容して「日」にかかる。

真菰刈る →大野河原・堀江・淀

「真菰を刈る」と形容して、真菰が多い土地の名などにかかる。

(2)連想によるもの

唐衣 →着る・裁つ・裾・袖・紐

「唐衣」が衣服の一種であるところから、衣服に関連する語にかかる。

草枕 →旅・結ぶ・ゆふ・かりそめ・露

旅では草を枕にして寝ることから、「旅」や旅寝に関する語などにかかる。

真澄鏡・真澄鏡 →(ア)見る　(イ)清し・照る・面影・磨ぐ　(ウ)蓋・掛く

鏡は人が見るものであるところから(ア)に、鏡の性質（曇りがない、姿が映る、磨ぐなど）から(イ)に、鏡には蓋があり、紐を付けた台に掛けたことから(ウ)に、それぞれかかる。

夕月夜 →暁闇・小倉

夕方の月は早く沈んで暁には闇になるところから「暁闇」に、また、夕方の月はほの暗いところから、「小暗し」と同音の「小倉」にかかる。（掛け詞で「夕方の月が入る」の「入る」にかけて、「入佐の山」「入野」にもかかる。）

(3)たとえによるもの

五月蠅なす →騒ぐ・荒ぶる神

（「なす」は、…のようにの意の接尾語）五月ごろの騒々しい蠅のようにというたとえから、騒がしいことや邪悪な神などにかかる。

白妙（栲）の →衣・袖・袂・雪・雲・波

栲で織った白い布のようなという意で、衣服に関連する語や、白い色のものを表す語にかかる。

玉の緒の →絶ゆ・思い乱る

玉を貫き通す緒が細くて絶えやすいことから、弱さ・もろさなどを表す語にかかる。主に恋の情緒についていう。

(4)同じ意味の語を反復するもの

秋津島 →やまと（大和・日本）

「秋津島」は大和または日本の意。

細蟹の →蜘蛛・いと

「細蟹」は蜘蛛の意。

二 掛け詞によるかかり方

梓弓 →春

「弓を張る」の「張る」に、季節の「春」をかけたもの。（連想によって、「引く」「射る」など、弓に関連する語にかかる。）

粗金の →土

「粗金の槌（＝精錬していない金属を鍛える鉄の槌）」の「槌」に「土」をかけたもの。

三 同音・類音の反復によるかかり方

荒磯波 →あり（有り・在り）

語頭の「あり」を反復する形で、同音の「あり」にかかる。

栂の木の →つぎつぎ

「つが」を反復する形で、類音の語の「つぎつぎ」にかかる。

柞葉の →母

語頭の「はは」を反復する形。

水茎の →水城（堀に水をたたえた砦）

「みづくき」を反復する形で、類似の音の「みづき」にかかる。

主な枕詞一覧

上段は主な枕詞、下段はその枕詞が導く主な語である。

枕詞	導く語
茜さす	君・日・昼・紫
秋風の	千江・吹く・山吹
秋津島	大和
朝霞	春日・ほのか・八重
朝露の	命・置く・消
あしひきの	山・峰
梓弓	いる(入る・射る)
	音・すゑ・つる
	はる(春・張る)
	ひく
天雲の	行く・たゆたふ
	よそ・別れ
天離る	鄙・向かふ
天伝ふ	入り日・日
天飛ぶや	雁・軽・領巾
新玉の	月・年・春・日
青丹よし	奈良
鯨取り	海・灘・浜
石の上	古る・降る・布留
石走る	近江・神南備山
	滝・垂水
うたかたの	憂き・消ゆ
うち日さす	宮・都
うつせみの	命・人・身・世
うばたまの	黒・闇・夢・夜
味(旨)酒の	三室・三輪
沖つ波	競ふ・頻く・高し
かきつばた	咲く・匂ふ
	につらふ
かぎろひの	春・心燃ゆ
神風や(の)	五十鈴川・伊勢
	御裳濯川
唐衣	かへす・着る・裾・袖・裁
	つ・袂・紐
	かりそめ・旅・ゆふ
草枕	露・結ぶ・夕
葛の葉の	うら・恨み
呉竹の	節・世・代・夜
紅の	飽く・浅葉・色
	うつし・ふり出づ
言さへく	韓・百済
隠り口の	初(泊)瀬
細蟹の	いと・蜘蛛
小波や(の)	近江・志賀
敷島の	大和
敷き妙(栲)の	家・衣・袖・手枕・袂・床・
	枕
白雲の	かかる・立つ、絶ゆ
白波の	打ち・かへる
	浜・よる
不知火(の)	筑紫
白妙(栲)の	帯・雲・衣・袖・襷
	袂・波・羽・紐・雪
	富士の高嶺(高根)
住江(吉)の	松・待つ・きし
そらみつ	大和
高砂の	尾上・松・待つ
高照らす	日
玉かぎる	日・夕・ほのか
	磐垣淵
玉勝間	逢ふ・安倍
玉葛(蔓)	遠長く・絶ゆ・長し・花・
	延ふ・実
魂きはる	命・内・幾世
玉櫛笥(匣)	あく・箱・ふた・身
玉襷	畝火・掛く
玉梓(章)の	使ひ・通ふ・言・妹
玉の緒の	絶ゆ・継ぐ・長し・短し・
	思ひ乱る
玉藻刈る	沖・敏馬・をとめ
垂乳根の	母・親
千早振る	宇治・神
津の国の	難波・見つ
露霜の	置く・消・秋
飛ぶ鳥の	明日香(飛鳥)・早く
夏草の	思ひしなゆ・野島・仮
夏衣	薄し・裁つ・ひとへ
弱竹の	とをよる・世・夜
鳴る神の	音
鳰鳥の	かづく・葛飾・なづさふ
ぬばたまの	妹・黒・髪・夢・今宵・闇・
	夕・夜
春霞	春日・立つ・井
久方の	天・天・雨・雲
	月・光・空・都
冬籠り	春・張る
真木柱	太し
真澄鏡	掛く・影・清し
	照る・磨ぐ
	見る・向かふ
水茎の	あと・水城・流れ
水鳥の	鴨・青葉・立つ
群鳥の	朝立つ・群立つ
もののふの	氏・宇治・八十
もみぢ葉の	赤・朱・移る・過ぐ
百敷の	大宮
百伝ふ	磐余・敦賀・八十
八雲立つ	出雲
八隅知し	わが大君・わご大君
若草の	妻・夫・新・若
吾妹子に	淡路・逢坂山・楝の花・
	淡海

資 13

資料13 歌枕地図

歌枕とは、古歌の中に多くよみこまれた諸国の名所の名である。その地を実際には訪れなくても、自分の歌によみこむことで、古歌の印象を重ね合わせるという効果をねらって用いられた。

主な歌枕と、その歌枕がよみこまれた歌

明石の浦 兵庫県明石市

ほのぼのと明石の浦の朝霧に島がくれゆく舟をしぞ思ふ（古今和歌集）

淡路島 兵庫県

淡路島かよふ千鳥の鳴く声に幾夜寝覚めぬ須磨の関守（金葉和歌集）

逢坂の関 京都府と滋賀県との境

これやこの行くも帰るも別れては知るも知らぬも逢坂の関（後撰和歌集）

天の香具山 奈良県桜井市

ひさかたの天の香具山この夕べ霞たなびく春立つらしも（万葉集）

生野 京都府福知山市

大江山生野の道の遠ければまだふみもみず天の橋立（金葉和歌集）

因幡の山 鳥取県東部

立ち別れ因幡の山の峰に生ふるまつとし聞かば今帰り来む（古今和歌集）

宇治（川） 京都府宇治市

朝ぼらけ宇治の川霧たえだえにあらはれわたる瀬々の網代木（千載和歌集）

白河の関 福島県白河市

都をば霞とともに立ちしかど秋風ぞ吹く白河の関（後拾遺和歌集）

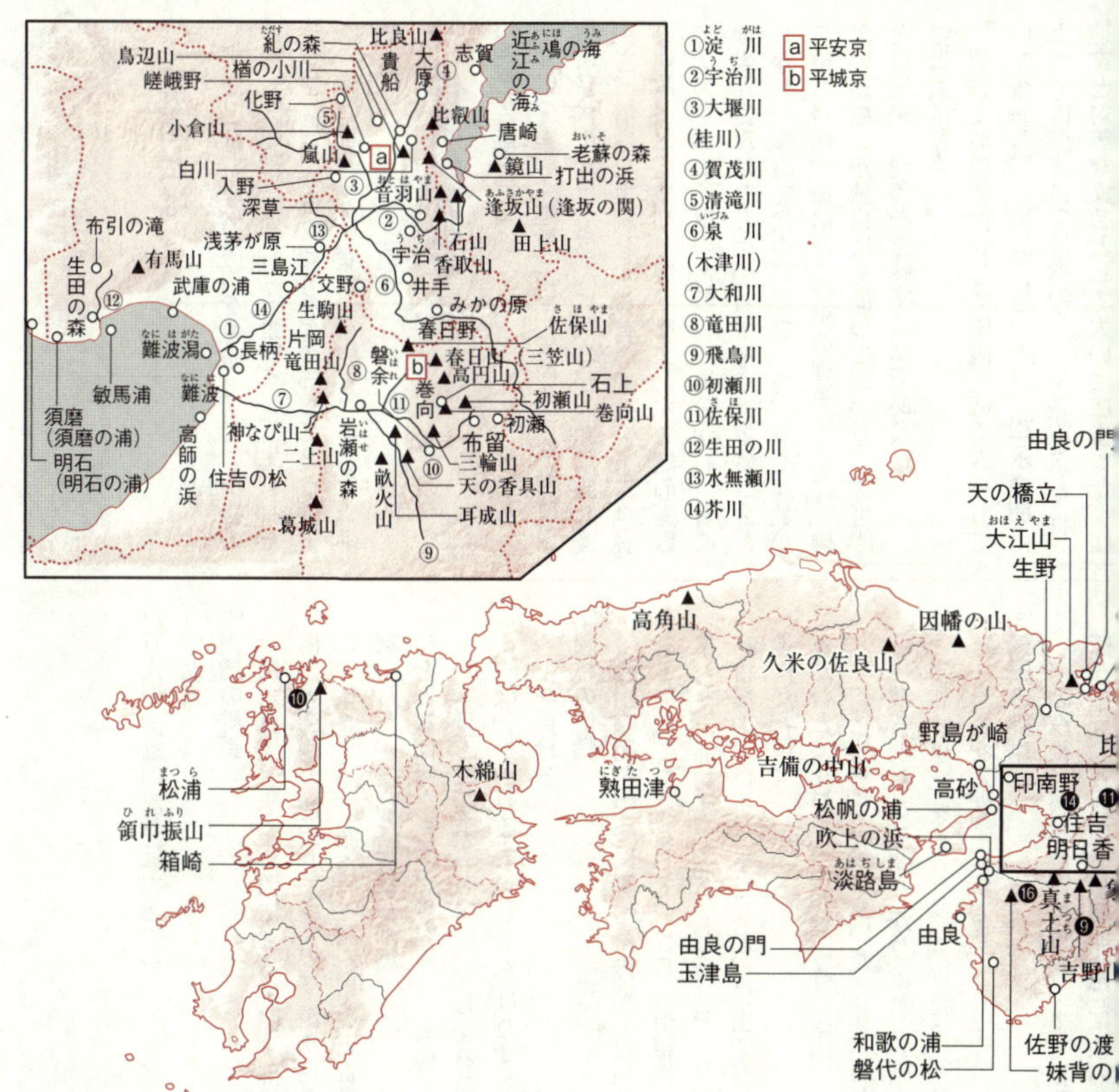

末の松山 ▶ **宮城県多賀城市**
君をおきてあだし心をわがもたばすゑの松山波も越えなむ　（古今和歌集）

高砂 ▶ **兵庫県高砂市**
誰をかも知る人にせむ高砂の松も昔の友ならなくに　（古今和歌集）

田子の浦 ▶ **静岡県富士市の富士川河口**
田子の浦にうち出でてみれば白妙の富士の高嶺に雪は降りつつ　（新古今和歌集）

勿来の関 ▶ **福島県いわき市**
吹く風をなこその関と思へども道もせに散る山桜かな　（千載和歌集）

宮城野 ▶ **仙台市郊外**
宮城野の露吹きむすぶ風の音に小萩がもとを思ひこそやれ　（源氏物語）

吉野山 ▶ **奈良県吉野郡**
み吉野の山の秋風小夜更けてふるさと寒く衣打つなり　（新古今和歌集）

和歌の浦 ▶ **和歌山市南部**
わかの浦に潮満ち来れば潟を無み葦辺をさして鶴鳴きわたる　（万葉集）

小倉山 ▶ **京都市右京区**
小倉山峰のもみぢ葉心あらば今ひとたびのみゆき待たなむ　（拾遺和歌集）

姨捨山 ▶ **長野県千曲市**
わが心慰めかねつ更級や姨捨山に照る月を見て　（古今和歌集）

資料14

俳諧入門

俳諧とは

俳諧とは、卑俗滑稽を主眼とした「俳諧の連歌」の略称で、これを基礎として生まれた「**発句**」「**連句**」「**俳文**」などを総称していう。また、狭い意味では「発句」をいう。(⇩本文「俳諧」)

俳諧の歴史

〔連歌から俳諧へ〕

連歌(⇩本文「連歌」)は平安時代末から鎌倉・室町時代にかけて盛んになるが、和歌的な優美さ、情趣を主調とする**有心連歌**(⇩本文「有心連歌」)と、機知と笑いを主とする**無心連歌**(⇩本文「無心連歌」)との二つに分かれ、有心連歌が盛んになるにつれて無心連歌は衰えた。しかし、室町時代中期になって、無心連歌から出た滑稽で卑俗な「**俳諧の連歌**」(⇩本文「俳諧の連歌」)が独自に発展していった。「俳諧」とは元来、滑稽を意味する語である。

〔近世の俳諧〕

それまで連歌に対して価値を低くみられていた俳諧は、江戸時代に入り、**松永貞徳**によって俳諧式目(=俳諧のルール)が定められ、連歌と対等な文芸として大いに広まった。江戸時代の俳諧の流れは大きく分けると次のようである。

(1)貞門の俳諧

松永貞徳とその一門による俳諧。俳言(=俗語・漢語)を使用して通俗性・滑稽性を出し、見立てや縁語・掛け詞を用い、古歌を利用した、上品な滑稽が基調。

▼**しをるるは何か杏子の花の色**　貞徳

「杏子」に「案ず」を掛け、「しをるる」には「しおれる」と「しょんぼりする」意を掛ける。

(2)談林の俳諧

西山宗因を中心に興った俳諧。貞門俳諧を不徹底であるとして、さらに滑稽性を追求した。非現実のおかしさ、もじりによる古典のパロディー化など、自由で奇抜な趣向が特徴。

▼**ながむとて花にもいたし頸の骨**　宗因

「ながむとて花にもいたく馴れぬれば散る別れこそ悲しかりけれ」(『新古今和歌集』)をもじり、「いたく(=ひどく)」を「痛く」に転じた。

(3)蕉風の俳諧

宗因没後の談林俳諧に代わって、**松尾芭蕉**が確立した作風(=**蕉風・正風**)による俳諧。滑稽、自由を主としながら、閑寂、枯淡の境地に達し、「さび・しをり・軽み」などの文芸世界を作り上げた。

▼**閑かさや岩にしみ入る蟬の声**　芭蕉

閑寂の境地と作者の感性が一つに溶け合い、閑寂の境地に達した作。

▼**梅が香にのっと日の出る山路かな**　芭蕉

早春の山路の風情を平明に表現した「軽み」の句。

(4)天明俳諧

芭蕉没後の俳諧の革新を目的として、天明期(一七八一～八九)に「蕉風復帰」の動きが活発となり、その中心は**与謝蕪村**であった。蕪村の句は絵画的で、印象鮮明な表現に特徴がある。

▼**春の海終日のたりのたりかな**　蕪村

「のたりのたり」の語が、のどかな春の海を印象鮮明にとらえている。

▼**菜の花や月は東に日は西に**　蕪村

菜の花畑の夕景を絵画的にとらえた句。

(5)化政期の俳諧

文化・文政期(一八〇四～三〇)には、俳諧は大衆の間に普及し、その中で活躍したのが**小林一茶**である。一茶は俗語・方言を自由に用い、生活に根ざした庶民的で人間味あふれる句を作った。

▼**痩せ蛙負けるな一茶これにあり**　一茶

弱者への深い同情と一茶自身の姿が蛙

に投影されている。

雪とけて村一ぱいの子どもかな　一茶

▼遅い春を迎えた雪国の子供たちの喜びがひしひしと伝わってくる。

〔俳諧から俳句へ〕

明治に入り、**正岡子規**は俳諧の革新を企てた。江戸時代末期の俳諧の傾向を「月並み調」(⇨本文「月並み調」)として批判し、連句から発句を独立させて「**俳句**」と称し、この芸術的位置を高めた。これによって、発句は性格をかえて近代俳句として再生し、普及した。

《俳諧展開図》

和歌
↓
連歌
↓　　　　　　↓
無心連歌　　有心連歌
↓
俳諧の連歌（室町時代中期から）
↓
俳諧（江戸時代）
(1)貞門の俳諧（初期―松永貞徳）
(2)談林の俳諧（前期―西山宗因）
(3)蕉風の俳諧（元禄期―松尾芭蕉）
〈芭蕉没後〉
(4)天明俳諧（中期―与謝蕪村）
(5)化政期の俳諧（後期―小林一茶）
↓
俳句（明治時代以降）

俳諧の修辞

(1)季語　**季題**ともいい、季節を代表する風物を表す語。一句中に必ず詠み込むこととされた。

〈春〉　**花ぐもり田にしのあとや水の底**　丈草

〈夏〉　**五月雨を集めて早し最上川**　芭蕉

〈秋〉　**月天心貧しき町を通りけり**　蕪村

〈冬〉　**鰒喰うて其後雪の降りにけり**　鬼貫

ただし、季語が表す季節は**陰暦**のものなので、現代の季節感とは多少ずれていると いう点に注意しよう。

〈春〉　太陽暦（新暦）の一～三月ごろ

〈夏〉　太陽暦（新暦）の四～六月ごろ

〈秋〉　太陽暦（新暦）の七～九月ごろ

〈冬〉　太陽暦（新暦）の十～十二月ごろ

(2)句切れ　一句の途中で意味のうえで切れ、余韻や余情を生じさせる。

〔初句切れ〕「五。七・五」のように初句で句切れるもの。

柿ぬしや　梢は近き嵐山　去来

〔二句切れ〕「五七。五」のように第二句で句切れるもの。

万歳の舞声聞ゆ　梅が門　几董

〔句の中間切れ〕　七音の部分が、「四。三」か「三。四」のように意味のうえから切れるもの。

風流の初めや　奥の田植歌　芭蕉

(3)切れ字　一句の中で意味上切れるところに用いられる語。「**断字**」ともいう。

〔助動詞〕　けり・ず・じ・ぬ・つ・らんなど。

十団子も小粒になりぬ　秋の風　許六

鳥かごの憂き目見つらん　時鳥　季吟

〔助詞〕　かな・もがな・ぞ・や・よ・かなど。

橘や　定家机のありどころ　杉風

大の字に寝て涼しさよ　寂しさよ　一茶

〔形容詞〕　し（終止形活用語尾）

ゆりあまた束ねて涼し　伏見舟　召波

〔動詞〕　け・せ・へ・れ（各段活用語の命令形活用語尾）

けふばかり人も年よれ　初時雨　芭蕉

〔副詞〕　いかに

生きんとて殺すはいかに　薬喰　文考

主な季語一覧

一、この表は、主な季語を季節と内容によって分類して示している。
二、現代の感覚とは異なった季節に分類されている語に注意しよう。

	新年	春	夏
時候	元日・元旦 去年今年・正月 人日・新春・新年 年明る・年立つ 初春・松の内	暖か・雨水 うららか・如月 啓蟄・木の芽時 春暁・夏近し 長閑・八十八夜 花冷え・春寒 彼岸・日永 弥生・行く春 余寒・立春	秋近し・暑き日 卯月・夏至 来ぬ秋・皐月 涼し・梅雨明け
天文	お降り 今朝の空・初茜 初明り・初霞 初空・初日 初日の出	淡雪・朧月 陽炎・霞・風光る 東風・春風 春雷・菜種梅雨 鰊曇り・初雷 花曇り・春嵐 春雨・春日 春日和・別れ霜 忘れ霜	青嵐・朝焼け 油照り・炎天 風薫る・雷 喜雨・雲の峰
地理	初景色 初晴 初比叡 初富士 若菜野	凍て解け 浮き氷 冴え返る・残雪 春泥・雪崩 苗代・逃げ水 残る氷・春の海 水温む・焼け野 山笑ふ・雪解け 雪間・流氷	赤潮・青田 青野・泉・卯波 植ゑ田・草茂る 五月富士・滴り
行事・生活	鏡餅・書初・賀状・門松 独楽・左義長・雑煮・注連飾 七種・子の日・年始・羽子板 初荷・初詣・初夢・羽子 春着・万歳・若水	伊勢参り・磯遊び・梅見 御水取り・風車・菊根分け 草の餅・桑摘み・桜狩り 桜餅・挿し木・潮干狩り 田打ち・薪能・凧 種蒔き・茶摘み・接ぎ木 摘み草・野焼く・畑打つ 花見・針供養・彼岸会 雛祭り・麦踏み・山焼く	袷・扇・葵祭・雨ごひ 甘茶・鵜飼ひ・薄物・団扇 打ち水・梅干・かたびら 土用干・蚊帳・蚊遣火
動物	伊勢海老 初鴉 初雀 初鶏 嫁が君	あさり・うぐひす うそ・蚕・蛙・帰雁 きじ・こまどり・桜貝 桜鯛・さざえ・さへづり 鹿の角落つ・しじみ 白魚・雀の子・つばめ 鳥帰る・蝶・猫の恋 蜂・はまぐり・ひばり 百千鳥・やどかり・若鮎	雨蛙・鮑・油虫・蚊 あめんぼう・鮎・あり 青蛙・岩魚・芋虫・空蝉 かたつむり・鹿の子
植物	柑子・粥草・ごぎゃう 昆布・しだ・すずしろ すずな・だいだい・なづな 七種・はこべ・福寿草 ほとけの座・ゆづり葉・若菜	青麦・馬酔木・うど・梅 海棠・木の芽・草の芽・紅梅 こぶし・桜・桜草・石楠花 すみれ・せり・たんぽぽ 沈丁花・つくし・つつじ・椿 梨の花・菜の花・のり ひじき・ふきのたう 藤・桃の花・柳・山吹 よもぎ・嫁菜・若草・蕨	麻・あぢさゐ・葵・あやめ 青梅・青桐・青葉・いちご いばら・卯の花・瓜・杜若 柿の花・かび・桐の花

夏	秋	冬
梅雨冷え・土用 入梅・白夜 半夏生・短夜 水無月・麦の秋 夜の秋・立夏	秋深し・朝寒 朝冷え・残暑 新涼・仲秋 長月・二百十日 葉月・肌寒 ひややか・文月 冬近し・冬隣 身にしむ・夜寒 夜長・立秋	大晦日・神無月 寒の入・寒の内 小春・冴ゆる 霜月・霜夜・小寒 底冷え・師走 節分・大寒・短日 除夜・冬至 年越し・年の夜 行く年・立冬
五月闇・五月雨 涼風・梅雨 虹・日盛り 旱・麦の風 夕立・夕焼け	秋風・天の川 雨の月・十六夜 稲光・稲妻 いわし雲・霧 十五夜・月・露 三日月・流れ星 後の月・野分 初嵐・星月夜 名月・良夜	あられ・凍雲 風花・から風 寒月・寒雷・北風 こがらし・寒空 時雨・しまき 霜・すきま風 初時雨・初雪 吹雪・冬うらら みぞれ・雪
清水・雪渓・滝 田に水引く 出水・土用波 夏野・旱畑 日焼け田	色づく・落し水 刈り跡・刈り田 不知火・高潮 田の面・野の錦 野を染むる 初潮・花園 花畑・花野 盆波・水澄む 山の錦・山粧ふ	薄氷・枯れ野 寒の水・狐火 朽ち野・氷 霜崩れ・霜柱 垂氷・つらら 初氷・氷面・冬田 冬野・水涸るる 霧氷・山枯るる 山眠る
灌仏会・行水・祇園祭 草刈り・更衣・早乙女 菖蒲湯・納涼・田植ゑ・端午 粽・ところてん・日がさ 単衣・昼寝・風鈴・ゆかた	秋彼岸・葦刈り・稲刈り 盂蘭盆・送り火・かかし 門火・利酒・菊供養・草市 鮭打ち・鹿寄せ・新そば 新米・大文字・茸狩り 七夕・魂祭・中元・重陽 月見・灯籠・鳴子・濁り酒 稲架・墓参り・花火・豊年 星祭・迎へ火・虫籠	行火・埋み火・神楽・重ね着 粕汁・風邪・熊手・里神楽 七五三・十夜・霜焼け すす払ひ・炭・炭俵・たき火 足袋・たまご酒・除夜の鐘 頭巾・年忘れ・酉の市 日向ぼこ・火鉢・蒲団 豆まき・餅つき・厄払ひ 雪かき・雪見・ゑびす講
閑古鳥・くひな・金魚 くも・くらげ・毛虫 紙魚・蟬・のみ・初鰹 蠅・蛇・蛍・ほととぎす 水澄まし・めだか	赤とんぼ・いなご いわし・馬肥ゆる 落ち鮎・蜉蝣 かじか・かまきり・雁 きつつき・きりぎりす 小鳥・こほろぎ・さんま 鹿・鈴虫・鳥・初雁 ひぐらし・みみず鳴く 渡り鳥・ゐのしし	穴熊・鮟鱇 磯千鳥・いるか・うさぎ 狼・牡蠣・鴨・寒雀 狐・鯨・熊・氷下魚 笹鳴き・鷹・狸・たら 千鳥・鶴来る・なまこ 隼・ふぐ・ふくろふ ぶり・水鳥・みみづく 都鳥・鷲・をしどり
くちなし・けし・木の下闇 早苗・百日紅・しそ しゃくやく・竹の子・なすび 夏木立・なでしこ・ねむの花 葉桜・牡丹・夕顔・若葉	茜草・あけび・朝顔 芋・落ち穂・をみなへし・柿 かへで・烏瓜・桔梗・菊 きのこ・木の実・草の実・栗 すいか・すすき・そばの花 どんぐり・梨・南天の実 萩・ぶだう・へちま ほほづき・まつたけ 曼珠沙華・紅葉・りんだう	落ち葉・かぶ・返(帰)り花 枯れ葦・枯れ木・枯れ葉 枯れ尾花・寒菊・寒椿 寒梅・かんぺう・茎菜 木の葉・早梅・さざんか 水仙・大根・茶の花・人参 ねぎ・枯れ芭蕉・びはの花 葉牡丹・冬枯れ・冬木立 冬芽・万両・紅葉散る

資料16 用例出典一覧

一、本表は、この辞典の本文中で掲載している用例の正式な題名と、その成書年代・ジャンルを掲げている。
二、略称の五十音順に配列し、読みがなは現代仮名遣いとした。

略称	書名（読み）	時代	ジャンル
会津地蔵	会津地蔵（あいづじぞう）	室町	狂言
葵上	葵上（あおいのうえ）	室町	能・謡曲
我駒	我駒（あがこま）	平安	催馬楽
赤染衛門集	赤染衛門集（あかぞめえもんしゅう）	平安	和歌集
秋しぐれ	秋しぐれ（あきしぐれ）	江戸	俳諧集
悪太郎	悪太郎（あくたろう）	室町	狂言
あけ烏	あけ烏（あけがらす）	江戸	俳諧集
阿古屋松	阿古屋松（あこやまつ）	室町	能・謡曲
朝比奈	朝比奈（あさひな）	室町	狂言
吾妻鏡	吾妻鏡（あずまかがみ）	鎌倉	歴史書
東日記	東日記（あずまにっき）	江戸	俳諧集
吾妻問答	吾妻問答（あずまもんどう）	室町	連歌論書
麻生	麻生（あそう）	室町	狂言
安宅	安宅（あたか）	室町	能楽
敦盛	敦盛（あつもり）	室町	能・謡曲
天草伊曾保	天草本伊曾保物語（あまくさぼんいそほものがたり）	安桃	キリシタン版
油地獄	女殺油地獄（おんなごろしあぶらのじごく）	江戸	浄瑠璃
天草平家	天草本平家物語（あまくさぼんへいけものがたり）	安桃	キリシタン版
阿弥陀が池	阿弥陀が池新寺町（あみだがいけしんてらまち）	江戸	歌舞伎
荒小田	荒小田（あらおだ）	江戸	俳諧集
あらたま	あらたま	大正	歌集
曠野	曠野（あらの）	江戸	俳諧撰集
蟻通	蟻通（ありどおし）	室町	能楽
合柿	合柿（あわせがき）	室町	狂言
粟田口	粟田口（あわたぐち）	室町	狂言
阿波鳴渡	夕霧阿波鳴渡（ゆうぎりあわのなると）	江戸	浄瑠璃
伊賀越	伊賀越道中双六（いがごえどうちゅうすごろく）	江戸	浄瑠璃
生田敦盛	生田敦盛（いくたあつもり）	室町	能楽
生玉心中	生玉心中（いくたましんじゅう）	江戸	浄瑠璃
十六夜	十六夜日記（いざよいにっき）	鎌倉	紀行文
石山寺縁起	石山寺縁起絵巻（いしやまでらえんぎえまき）	鎌倉	寺社縁起絵巻
和泉式部	和泉式部日記（いずみしきぶにっき）	平安	日記
和泉式部集	和泉式部集（いずみしきぶしゅう）	平安	和歌集
伊勢集	伊勢集（いせしゅう）	平安	和歌集
伊勢物語	伊勢物語（いせものがたり）	平安	物語
伊曾保	伊曾保物語（いそほものがたり）	安桃	キリシタン版
一言芳談	一言芳談（いちごんほうだん）	鎌倉	仏教書
一代男	好色一代男（こうしょくいちだいおとこ）	江戸	浮世草子
一代女	好色一代女（こうしょくいちだいおんな）	江戸	浮世草子
一休ばなし	一休咄（いっきゅうばなし）	江戸	仮名草子
一茶発句集	一茶発句集（いっさほっくしゅう）	江戸	俳諧集
一心二河	一心二河白道（いっしんにがびゃくどう）	江戸	歌舞伎
一寸法師	一寸法師（いっすんぼうし）	江戸	御伽草子
井筒	井筒（いづつ）	室町	能・謡曲
井筒業平	井筒業平河内通（いづつなりひらかわちがよい）	江戸	浄瑠璃
田舎荘子	田舎荘子（いなかそうじ）	江戸	滑稽本
今鏡	今鏡（いまかがみ）	平安	歴史物語
今参	今参（いままいり）	室町	狂言
今宮心中	今宮の心中（いまみやのしんじゅう）	江戸	浄瑠璃
妹背山	妹背山婦女庭訓（いもせやまおんなていきん）	江戸	浄瑠璃
入間川	入間川（いるまがわ）	室町	狂言
韻塞	韻塞（いんふたぎ）	江戸	俳諧集
右京大夫	建礼門院右京大夫集（けんれいもんいんうきょうのだいぶしゅう）	鎌倉	和歌集
浮世床	浮世床（うきよどこ）	江戸	滑稽本
浮世風呂	浮世風呂（うきよぶろ）	江戸	滑稽本
浮世物語	浮世物語（うきよものがたり）	江戸	仮名草子
雨月物語	雨月物語（うげつものがたり）	江戸	物語
牛飼	牛飼（うしかい）	江戸	俳諧
宇治拾遺	宇治拾遺物語（うじしゅういものがたり）	鎌倉	説話集
鶉衣	鶉衣（うずらごろも）	江戸	俳文集
虚実情夜桜	虚実情夜桜（うそとまことなさけのよざくら）	江戸	洒落本
歌念仏	五十年忌歌念仏（ごじゅうねんきうたねんぶつ）	江戸	浄瑠璃
歌の大むね	歌の大武根（うたのおおむね）	江戸	歌論書
内沙汰	内沙汰（うちざた）	室町	狂言
卯月紅葉	ひぢりめん卯月紅葉（ひぢりめんうづきのもみじ）	江戸	浄瑠璃
宇津保	宇津保物語（うつほものがたり）	平安	物語
靫猿	靫猿（うつぼざる）	室町	狂言
うひ山ぶみ	うひ山ぶみ（うひやまぶみ）	江戸	国学書
梅児誉美	春色梅児誉美（しゅんしょくうめごよみ）	江戸	人情本

資

略称	書名（読み）	時代	分野
浦島太郎	浦島太郎	室町	御伽草子
恨の介	恨の介（うらみのすけ）	江戸	仮名草子
瓜盗人	瓜盗人（うりぬすっと）	室町	狂言
雲林院	雲林院（うりんいん）	室町	能楽
栄花物語	栄花物語（えいがものがたり）	平安	歴史物語
江口	江口（えぐち）	室町	能・謡曲
犬子集	犬子集（えのこしゅう）	江戸	俳諧集
夷大黒	夷大黒（えびすだいこく）	室町	狂言
夷毘沙門	夷毘沙門（えびすびしゃもん）	室町	狂言
箙	箙（えびら）	室町	能楽
烏帽子折	烏帽子折（えぼしおり）	室町	能・謡曲
延喜式	延喜式（えんぎしき）	平安	法令集
笈日記	笈日記（おいにっき）	江戸	俳論書
笈の小文	笈の小文（おいのこぶみ）	江戸	俳諧紀行
大磯虎	大磯虎稚物語（おおいそのとらおさなものがたり）	江戸	浄瑠璃
大鏡	大鏡（おおかがみ）	平安	歴史物語
奥の細道	奥の細道（おくのほそみち）	江戸	紀行文
小栗判官	当流小栗判官（とうりゅうおぐりはんがん）	江戸	浄瑠璃
幼稚子	幼稚子敵討（おさなごのかたきうち）	江戸	歌舞伎
落窪物語	落窪物語（おちくぼものがたり）	平安	物語
お茶の水	お茶の水（おちゃのみず）	室町	狂言
鬼貫	鬼貫句選（おにつらくせん）	江戸	俳諧集
鬼の継子	鬼の継子（おにのままこ）	室町	能・狂言
伯母が酒	伯母が酒（おばがさけ）	室町	狂言
女郎花	女郎花（おみなえし）	室町	能・謡曲
折々草	折々草（おりおりぐさ）	江戸	紀行文
女腹切	長町女腹切	江戸	浄瑠璃
貝おほひ	貝おほひ（かいおおい）	江戸	俳諧集
歌意考	歌意考（かいこう）	江戸	歌論書
海道記	海道記（かいどうき）	鎌倉	紀行文
懐風藻	懐風藻（かいふうそう）	奈良	漢詩集
歌学提要	歌学提要（かがくていよう）	江戸	歌論書
柿山伏	柿山伏（かきやまぶし）	室町	狂言
花鏡	花鏡（かきょう）	室町	芸能論
神楽歌	神楽歌（かぐらうた）	平安	宗教
景清	景清（かげきよ）	室町	能・謡曲
花月草紙	花月草紙（かげつそうし）	江戸	随筆
蜻蛉	蜻蛉日記（かげろうにっき）	平安	日記文学
鹿島紀行	鹿島紀行（かしまきこう）	江戸	紀行文
柏崎	柏崎（かしわざき）	室町	能・謡曲
蚊相撲	蚊相撲（かずもう）	室町	狂言
鐘の音	鐘の音（かねのおと）	室町	狂言
金生木	莫切自根金生木（きるなのねからかねのなるき）	江戸	草双紙
鎌腹	鎌腹（かまばら）	室町	狂言
神鳴	神鳴（かみなり）	室町	狂言
賀茂翁家集	賀茂翁歌集（かもおうかしゅう）	江戸	和歌集
唐糸さうし	唐糸さうし（からいと）	江戸	御伽草子
から檜葉	から檜葉（ひば）	江戸	俳諧集
雁盗人	雁盗人（かりぬすっと）	室町	狂言
枯尾花	枯尾花（かれおばな）	江戸	俳諧集
閑居友	閑居友（かんきょのとも）	鎌倉	仏教説話集
閑吟集	閑吟集（かんぎんしゅう）	室町	歌謡
勧進帳	勧進帳	江戸	歌舞伎
寛保四年歳	寛保四年宇都宮歳旦帖（かんぽうよねんうつのみやさいたんじょう）	江戸	俳諧集
義経記	義経記（ぎけいき）	室町	軍記物語
北の山	北の山（きたやま）	江戸	俳諧
狐塚	狐塚（きつねづか）	室町	狂言
きのふは	きのふはけふの物語（ものがたり）	江戸	仮名草子・噺本
狂言記	狂言記（きょうげんき）	江戸	狂言台本集
玉葉	玉葉和歌集（ぎょくようわかしゅう）	鎌倉	和歌集
清重	清重（きよしげ）	室町	幸若舞
清経	清経（きよつね）	室町	能・狂言
去来抄	去来抄（きょらいしょう）	江戸	俳論書
許六離別詞	許六離別詞（きょりくりべつのことば）	江戸	俳文
金槐	金槐和歌集（きんかいわかしゅう）	鎌倉	和歌集
金葉	金葉和歌集（きんようわかしゅう）	平安	和歌集
愚管抄	愚管抄（ぐかんしょう）	鎌倉	史論書
句兄弟	句兄弟（くきょうだい）	江戸	俳諧集
鬮罪人	鬮罪人（くじざいにん）	室町	狂言
熊野御本地	熊野の御本地のそうし（くまのごほんじ）	室町	物語草子
鞍馬天狗	鞍馬天狗（くらまてんぐ）	室町	狂言
栗焼	栗焼（くりやき）	室町	狂言
黒塚	黒塚（くろづか）	室町	能・謡曲
傾城買	傾城買四十八手（けいせいかいしじゅうはって）	江戸	洒落本
傾城禁短気	傾城禁短気（けいせいきんたんき）	江戸	浮世草子
源氏十二段	源氏十二段長生島台（げんじじゅうにだんちょうせいしまだい）	江戸	歌舞伎
源氏物語	源氏物語（げんじものがたり）	平安	物語
幻住庵記	幻住庵記（げんじゅうあんき）	江戸	俳文

16

資 16

略称	出典名	時代	ジャンル
元服曾我	元服曾我（げんぷくそが）	室町	能・謡曲
玄峰集	玄峰集・庭の巻（げんぽうしゅう・にわのまき）	江戸	俳諧集
恋衣	恋衣（こいごろも）	明治	和歌集
恋重荷	恋重荷（こいのおもに）	室町	能・謡曲
柑子	柑子（こうじ）	室町	狂言
甲陽軍鑑	甲陽軍鑑（こうようぐんかん）	江戸	軍書
古今	古今和歌集（こきんわかしゅう）	平安	和歌集
古今正義	古今和歌集正義（こきんわかしゅうせいぎ）	江戸	注釈書
古今六帖	古今和歌六帖（こきんわかろくじょう）	平安	和歌集
国性爺	国性爺合戦（こくせんやかっせん）	江戸	浄瑠璃
御口伝	後鳥羽院御口伝（ごとばいんごくでん）	鎌倉	歌論書
五元集	五元集（ごげんしゅう）	江戸	俳諧集
腰祈	腰祈（こしいのり）	室町	狂言
古事記	古事記（こじき）	奈良	歴史書
古事記伝	古事記伝（こじきでん）	江戸	注釈書
五車反古	五車反古（ごしゃほうぐ）	江戸	俳諧集
後拾遺	後拾遺和歌集（ごしゅういわかしゅう）	平安	和歌集
後撰	後撰和歌集（ごせんわかしゅう）	平安	和歌集
国歌八論	国歌八論（こっかはちろん）	江戸	歌論書
五道冥官	五道冥官（ごどうのみょうかん）	江戸	歌舞伎
五人女	好色五人女（こうしょくごにんおんな）	江戸	浮世草子
子盗人	子盗人（こぬすびと）	室町	狂言
昆布売	昆布売（こぶうり）	室町	狂言
古本説話集	古本説話集（こほんせつわしゅう）	平安	説話集
薦獅子	薦獅子集（こもじししゅう）	江戸	俳諧集
今悔	今悔（こんかい）	室町	狂言
今昔物語	今昔物語集（こんじゃくものがたりしゅう）	平安	説話集
西鶴置土産	西鶴置土産（さいかくおきみやげ）	江戸	浮世草子
西鶴織留	西鶴織留（さいかくおりどめ）	江戸	浮世草子
西行桜	西行桜（さいぎょうざくら）	室町	能・謡曲
賽の目	賽の目（さいのめ）	室町	狂言
嵯峨日記	嵯峨日記（さがにっき）	江戸	日記
酒ほがひ	酒ほがひ（さかほがひ）	明治	和歌集
狭衣	狭衣物語（さごろもものがたり）	平安	物語
ささめごと	ささめごと	室町	連歌論書
察化	察化（さっか）	室町	狂言
雑々集	雑々集（ざつざつしゅう）	平安	仏教書
薩摩歌	薩摩歌（さつまうた）	江戸	浄瑠璃
佐渡狐	佐渡狐（さどぎつね）	室町	狂言
佐渡嶋日記	佐渡嶋日記（さどしまにっき）	江戸	芸能論
讃岐典侍	讃岐典侍日記（さぬきのすけのにっき）	平安	日記文学
早桃	早桃（さもも）	昭和	句集
更級	更級日記（さらしなにっき）	平安	日記文学
更科紀行	更科紀行（さらしなきこう）	江戸	俳諧紀行
申楽談儀	申楽談儀（さるがくだんぎ）	室町	能楽書
猿源氏	猿源氏草紙（さるげんじぞうし）	室町	御伽草子
猿座頭	猿座頭（さるざとう）	室町	狂言
猿蓑	猿蓑（さるみの）	江戸	俳諧集
山家集	山家集（さんかしゅう）	平安	和歌集
三冊子	三冊子（さんぞうし）	江戸	俳論書
三代実録	日本三代実録（にほんさんだいじつろく）	平安	歴史書
三道	三道（さんどう）	室町	芸能論
三人夫	三人夫（さんにんぶ）	室町	狂言
三人法師	三人法師（さんにんほうし）	室町	御伽草子
三宝絵詞	三宝絵詞（さんぼうえことば）	平安	仏教説話集
散木	散木奇歌集（さんぼくきかしゅう）	平安	和歌集
柹蔭	柹蔭集（しいんしゅう）	大正	歌集
詞花	詞花和歌集（しかわかしゅう）	平安	和歌集
史記抄	史記抄（しきしょう）	室町	注釈書
磁石	磁石（じしゃく）	室町	狂言
二千石	二千石（じせんせき）	室町	狂言
地蔵舞	地蔵舞（じぞうまい）	室町	狂言
信田	信田（しだ）	室町	幸若舞
七番日記	七番日記（しちばんにっき）	江戸	日記
七編人	七編人（しちへんじん）	江戸	滑稽本
十訓抄	十訓抄（じっきんしょう）	鎌倉	説話集
志道軒伝	風流志道軒伝（ふうりゅうしどうけんでん）	江戸	物語
止動方角	止動方角（しどうほうがく）	室町	狂言
自然居士	自然居士（じねんこじ）	室町	能・謡曲
暫	暫（しばらく）	江戸	歌舞伎
清水	清水（しみず）	室町	狂言
若木詩抄	中華若木詩抄（ちゅうかじゃくぼくししょう）	江戸	注釈書
沙石	沙石集（しゃせきしゅう）	鎌倉	説話集
赤光	赤光（しゃっこう）	大正	歌集
拾遺	拾遺和歌集（しゅういわかしゅう）	平安	和歌集
秀句傘	秀句傘（しゅうくがらかさ）	室町	狂言
宗論	宗論（しゅうろん）	室町	狂言
出世景清	出世景清（しゅっせかげきよ）	江戸	浄瑠璃

略称	出典名	時代	分野
洒呑童子	洒呑童子	江戸	浄瑠璃
春栄	春栄（しゅんえい）	室町	能・謡曲
春色雪の梅	春色雪の梅（しゅんしょくゆきのうめ）	江戸	人情本
春風馬堤曲	春風馬堤曲（しゅんぷうばていのきょく）	江戸	俳体詩集
正法眼蔵	正法眼蔵（しょうぼうげんぞう）	鎌倉	仏教書
正像末	正像末浄土和讃（しょうぞうまつじょうどわさん）	鎌倉	声明
正徹物語	正徹物語（しょうてつものがたり）	室町	歌論書
将門記	将門記（しょうもんき）	平安	軍記物語
性霊	性霊集（しょうりょうしゅう）	平安	漢詩集
諸艶大鑑	諸艶大鑑（しょえんおおかがみ）	江戸	浮世草子
続古今	続古今和歌集（しょくこきんわかしゅう）	鎌倉	和歌集
続後撰	続後撰和歌集（しょくごせんわかしゅう）	鎌倉	和歌集
続拾遺集	続拾遺集（しょくしゅういしゅう）	鎌倉	和歌集
続千載	続千載和歌集（しょくせんざいわかしゅう）	南北	和歌集
続日本紀	続日本紀（しょくにほんぎ）	平安	歴史書
続日本後紀	続日本後紀（しょくにほんこうき）	平安	歴史書
諸国ばなし	西鶴諸国ばなし（さいかくしょこく）	江戸	浮世草子
書生気質	当世書生気質（とうせいしょせいかたぎ）	明治	小説
白雄句集	白雄句集（しらおくしゅう）	江戸	俳諧集
白河紀行	白河紀行（しらかわきこう）	室町	紀行文
新可笑記	新可笑記（しんかしょうき）	江戸	浮世草子
新古今	新古今和歌集（しんこきんわかしゅう）	鎌倉	和歌集
新後撰	新後撰和歌集（しんごせんわかしゅう）	鎌倉	和歌集
新拾遺	新拾遺和歌集（しんしゅういわかしゅう）	南北	和歌集
心中重井筒	心中重井筒（しんじゅうかさねいづつ）	江戸	浄瑠璃
心中天網島	心中天網島（しんじゅうてんのあみじま）	江戸	浄瑠璃
心中万年草	心中万年草	江戸	人形浄瑠璃
心中刃は氷	心中刃は氷の朔日（しんじゅうやいばはこおりのついたち）	江戸	浄瑠璃
心中宵庚申	心中宵庚申（しんじゅうよいこうしん）	江戸	浄瑠璃
新続古今	新続古今和歌集（しんしょくこきんわかしゅう）	室町	和歌集
新千載	新千載和歌集（しんせんざいわかしゅう）	南北	和歌集
新撰都曲	新撰都曲（しんせんみやこぶり）	江戸	俳諧集
新雑談集	新雑談集（しんぞうたんしゅう）	江戸	俳諧集
新勅撰	新勅撰和歌集（しんちょくせんわかしゅう）	鎌倉	和歌集
神皇正統記	神皇正統記（じんのうしょうとうき）	南北	歴史書
新花摘	新花摘（しんはなつみ）	江戸	俳諧集
新版歌祭文	新版歌祭文（しんぱんうたざいもん）	江戸	人形浄瑠璃
新葉集	新葉和歌集（しんようわかしゅう）	南北	和歌集
神霊矢口渡	神霊矢口渡（しんれいやぐちのわたし）	江戸	人形浄瑠璃
末広がり	末広がり（すえひろがり）	室町	狂言
菅原伝授	菅原伝授手習鑑（すがわらでんじゅてならいかがみ）	江戸	浄瑠璃
助六	助六所縁江戸桜（すけろくゆかりのえどざくら）	江戸	歌舞伎
鱸庖丁	鱸庖丁（すずきぼうちょう）	室町	狂言
隅田川	隅田川（すみだがわ）	室町	能・謡曲
炭俵	炭俵（すみだわら）	江戸	俳諧集
住吉物語	住吉物語（すみよしものがたり）	平安	物語
井華集	井華集（せいかしゅう）	江戸	俳諧集
盛衰記	源平盛衰記（げんぺいせいすいき）	鎌倉	軍記物語
醒睡笑	醒睡笑（せいすいしょう）	江戸	仮名草子・噺本
世間胸算用	世間胸算用（せけんむなざんよう）	江戸	浮世草子
雪玉集	雪玉集（せつぎょくしゅう）	室町	和歌集
摂待	摂待（せったい）	室町	能・謡曲
摂津風土記	摂津国風土記	奈良	地誌
節分	節分（せつぶん）	室町	狂言
千載	千載和歌集（せんざいわかしゅう）	鎌倉	和歌集
千本桜	義経千本桜（よしつねせんぼんざくら）	江戸	浄瑠璃
雑談	雑談集（ぞうたんしゅう）	鎌倉	説話集
雑兵	雑兵物語（ぞうひょうものがたり）	江戸	兵法書
曾我会稽山	曾我会稽山（そがかいけいざん）	江戸	浄瑠璃
曾我物語	曾我物語（そがものがたり）	鎌倉	軍記物語
続膝栗毛	続膝栗毛（ぞくひざくりげ）	江戸	滑稽本
続虚栗	続虚栗（ぞくみなしぐり）	江戸	俳諧集
曾丹集	曾丹集（そたんしゅう）	平安	和歌集
素堂家集	素堂家集（そどうかしゅう）	江戸	俳諧集
卒都婆小町	卒都婆小町（そとばこまち）	室町	能・謡曲
曾根崎心中	曾根崎心中（そねざきしんじゅう）	江戸	浄瑠璃
戴恩記	戴恩記（たいおんき）	江戸	歌学書
太祇句選	太祇句選（たいぎくせん）	江戸	俳諧書
大経師	大経師昔暦（だいきょうじむかしごよみ）	江戸	浄瑠璃
太平記	太平記（たいへいき）	室町	軍記物語
太平記忠臣	太平記忠臣講釈（たいへいきちゅうしんこうしゃく）	江戸	浄瑠璃
竹取物語	竹取物語（たけとりものがたり）	平安	物語
竹子	竹子（たけのこ）	室町	狂言
竹の里歌	竹の里歌（たけのさとうた）	明治	和歌集
七夕	七夕（たなばた）	室町	御伽草子
旅寝論	旅寝論（たびねろん）	江戸	俳諧論
玉勝間	玉勝間（たまかつま）	江戸	随筆
玉の小櫛	源氏物語玉の小櫛（げんじものがたりたまのおぐし）	江戸	注釈書

略称	書名	時代	分類
為兼卿	為兼卿和歌抄（ためかねきょうわかしょう）	鎌倉	和歌集
歎異抄	歎異抄（たんにしょう）	鎌倉	仏教書
丹波与作	丹波与作待夜の小室節（たんばのよさくまつよのこむろぶし）	江戸	浄瑠璃
親任	親任（ちかとう）	室町	能楽
千切木	千切木（ちぎりぎ）	室町	狂言
竹斎	竹斎（ちくさい）	江戸	仮名草子
竹生島	竹生島（ちくぶじま）	室町	能楽
千曲川旅情	千曲川旅情の歌（ちくまがわりょじょうのうた）	明治	詩
千里集	千里集（ちさとしゅう）	平安	和歌集
父終焉日記	父の終焉日記（ちちのしゅうえんにっき）	江戸	日記
千鳥	千鳥（ちどり）	室町	狂言
茶壺	茶壺（ちゃつぼ）	室町	狂言
忠臣蔵	仮名手本忠臣蔵（かなでほんちゅうしんぐら）	江戸	浄瑠璃
調伏曾我	調伏曾我（ちょうぶくそが）	室町	能・謡曲
千代尼句集	千代尼句集（ちよにくしゅう）	江戸	俳諧集
著聞集	古今著聞集（ここんちょもんじゅう）	鎌倉	説話集
月夜の卯兵	月夜の卯兵衛（つきようへい）	江戸	俳文
机の銘	机の銘（つくえのめい）	江戸	俳文
土筆	土筆（つくづくし）	室町	狂言
菟玖波	菟玖波集（つくばしゅう）	南北	連歌集
筑波問答	筑波問答（つくばもんどう）	室町	連歌論書
堤中納言	堤中納言物語（つつみちゅうなごんものがたり）	平安	物語
貫之集	貫之集（つらゆきしゅう）	平安	和歌集
釣狐	釣狐（つりぎつね）	室町	狂言
徒然	徒然草（つれづれぐさ）	鎌倉	随筆
定家	定家（ていか）	室町	能・謡曲

略称	書名	時代	分類
定家卿百首	定家卿藤川百首（ていかきょうふじかわひゃくしゅ）	鎌倉	和歌集
亭子院歌合	亭子院歌合（ていじいんのうたあわせ）	平安	和歌集
天徳歌合	天徳四年内裏歌合（てんとくよねんだいりうたあわせ）	平安	歌合
東海道名所	東海道名所記（とうかいどうめいしょき）	江戸	仮名草子
東関紀行	東関紀行（とうかんきこう）	鎌倉	紀行文
道成寺	道成寺（どうじょうじ）	室町	能・謡曲
道成寺現在	道成寺現在蛇鱗（どうじょうじげんざいうろこ）	江戸	義太夫
土佐日記	土佐日記（とさにっき）	平安	日記
俊頼髄脳	俊頼髄脳（としよりずいのう）	平安	歌学書
とはずがたり	とはずがたり	鎌倉	日記
飛越	飛越（とびこえ）	室町	狂言
朝長	朝長（ともなが）	室町	能・謡曲
吃り	吃り（ども）	室町	狂言
虎明・粟田口	虎明本・粟田口（とらあきぼん・あわたぐち）	室町	狂言
鳥追舟	鳥追舟（とりおいぶね）	室町	能・謡曲
鳥の道	鳥の道（とりのみち）	江戸	俳文
鈍根草	鈍根草（どんこんそう）	室町	狂言
中務内侍	中務内侍日記（なかつかさのないしのにっき）	鎌倉	日記文学
長塚節歌集	長塚節歌集（ながつかたかしかしゅう）	昭和	和歌集
難波土産	難波土産（なにわみやげ）	江戸	演劇書
鍋八撥	鍋八撥（なべやつばち）	室町	狂言
南京新唱	南京新唱（なんきょうしんしょう）	大正	歌集
男色大鑑	男色大鑑（なんしょくおおかがみ）	江戸	浮世草子
二十四孝	本朝二十四孝（ほんちょうにじゅうしこう）	江戸	浄瑠璃
仁勢	仁勢物語（にせものがたり）	江戸	仮名草子
日葡辞書	日葡辞書（にっぽじしょ）	江戸	辞書

略称	書名	時代	分類
日本永代蔵	日本永代蔵（にっぽんえいたいぐら）	江戸	浮世草子
日本書紀	日本書紀（にほんしょき）	奈良	歴史書
二枚絵	心中二枚絵双紙（しんじゅうにまいえぞうし）	江戸	浄瑠璃
抜殻	抜殻（ぬけがら）	室町	狂言
塗師	塗師（ぬし）	室町	狂言
布引滝	源平布引滝（げんぺいぬのびきのたき）	江戸	浄瑠璃
禰宜山伏	禰宜山伏（ねぎやまぶし）	室町	狂言
猫の草子	猫の草子（ねこのそうし）	江戸	御伽草子
根無草後編	根無草後編（ねなしぐさこうへん）	江戸	滑稽本
寿の門松	山崎与次兵衛寿の門松（やまざきよじべえねびきのかどまつ）	江戸	浄瑠璃
年中行事歌	年中行事歌合（ねんじゅうぎょうじうたあわせ）	南北	和歌集
野ざらし	野ざらし紀行（のざらしきこう）	江戸	俳諧紀行
俳諧風体抄	近来俳諧風体抄（きんらいはいかいふうていしょう）	江戸	俳論書
博多小女郎	博多小女郎波枕（はかたこじょろうなみまくら）	江戸	浄瑠璃
萩大名	萩大名（はぎだいみょう）	室町	狂言
白馬	白馬（はくば）	江戸	俳諧集
白楽天	白楽天（はくらくてん）	室町	能・謡曲
馬口労	馬口労（ばくろう）	室町	狂言
羽衣	羽衣（はごろも）	室町	能・謡曲
橋弁慶	橋弁慶（はしべんけい）	室町	能・謡曲
芭蕉庵再興	洛東芭蕉庵再興記（らくとうばしょうあんさいこうき）	江戸	俳諧書
芭蕉書簡	芭蕉書簡（ばしょうしょかん）	江戸	書簡
鉢かづき	鉢かづき（はちかづき）	江戸	御伽草子
八句連歌	八句連歌（はちくれんが）	室町	狂言
鉢木	鉢木（はちのき）	室町	能楽
八番日記	八番日記（はちばんにっき）	江戸	俳諧集

八犬伝	南総里見八犬伝	江戸	読本
初蝉	初蝉（はつぜみ）	江戸	俳諧集
艶容女舞衣	艶容女舞衣（はですがたおんなまいぎぬ）	江戸	浄瑠璃
花子	花子（はなご）	室町	狂言
蛤の草紙	蛤の草紙（はまぐりのそうし）	江戸	御伽草子
浜松中納言	浜松中納言物語（はままつちゅうなごんものがたり）	平安	物語
腹立てず	腹立てず（はらたてず）	室町	狂言
孕常盤	孕常盤（はらみときわ）	江戸	浄瑠璃
春雨物語	春雨物語（はるさめものがたり）	江戸	読み本
春の日	春の日（はるのひ）	江戸	俳諧集
反魂香	傾城反魂香（けいせいはんごんこう）	江戸	浄瑠璃
班女	班女（はんじょ）	室町	能・謡曲
比丘貞	比丘貞（びくさだ）	室町	狂言
髭櫓	髭櫓（ひげやぐら）	室町	狂言
膝栗毛	東海道中膝栗毛（とうかいどうちゅうひざくりげ）	江戸	滑稽本
常陸風土記	常陸国風土記（ひたちのくにふどき）	奈良	地誌
引括り	引括り（ひっくくり）	室町	狂言
孤松	孤松（ひとつまつ）	江戸	俳文
火の島	火の島（ひのしま）	昭和	和歌集
雲雀山	雲雀山（ひばりやま）	室町	能・謡曲
百日曾我	百日曾我（ひゃくにちそが）	江戸	浄瑠璃
武悪	武悪（ぶあく）	室町	狂言
風雅	風雅和歌集（ふうがわかしゅう）	南北	和歌集
風姿花伝	風姿花伝（ふうしかでん）	室町	能楽論
風俗文選	風俗文選（ふうぞくもんぜん）	江戸	俳諧集
風来六部集	風来六部集（ふうらいろくぶしゅう）	江戸	狂文集
武家義理	武家義理物語	江戸	浮世草子
藤袋草子	藤袋の草子（ふじぶくろそうし）	室町	御伽草子
富士松	富士松（ふじまつ）	室町	狂言
附子	附子（ぶす）	室町	狂言
文相撲	文相撲（ふずもう）	室町	狂言
布施無経	布施無経（ふせないきょう）	室町	狂言
蕪村句集	蕪村句集（ぶそんくしゅう）	江戸	俳諧集
ふたつ腹帯	ふたつ腹帯（はらおび）	江戸	浄瑠璃
二人大名	二人大名（ふたりだいみょう）	室町	狂言
仏師	仏師（ぶっし）	室町	狂言
仏足石歌	仏足石歌（ぶっそくせきか）	奈良	和歌
武道伝来記	武道伝来記（ぶどうでんらいき）	江戸	浮世草子
懐硯	懐硯（ふところすずり）	江戸	浮世草子
船弁慶	船弁慶（ふなべんけい）	室町	能・謡曲
船渡聟	船渡聟（ふなわたしむこ）	室町	狂言
夫木抄	夫木和歌抄（ふぼくわかしょう）	鎌倉	和歌集
文荷	文荷（ふみにない）	室町	狂言
文反故	万の文反古（よろずのふみほうぐ）	江戸	浮世草子
文山立	文山立（ふみやまだち）	室町	狂言
文化句帖	文化句帖（ぶんかくじょう）	江戸	俳諧書
文正草子	文正草子（ぶんしょうぞうし）	江戸	御伽草子
文政句帖	文政句帖（ぶんせいくじょう）	江戸	俳諧書
文蔵	文蔵（ぶんぞう）	室町	狂言
文武二道	文武二道万石通（ぶんぶにどうまんごくどおし）	江戸	草双紙
平家女護島	平家女護島（へいけにょごのしま）	江戸	浄瑠璃
平家物語	平家物語（へいけものがたり）	鎌倉	軍記物語
平治物語	平治物語	鎌倉	軍記物語
弁内侍	弁内侍日記（べんのないしのにっき）	鎌倉	日記
保元	保元物語（ほうげんものがたり）	鎌倉	軍記物語
法師が母	法師が母（ほうしがはは）	室町	狂言
棒縛	棒縛（ぼうしばり）	室町	狂言
方丈記	方丈記（ほうじょうき）	鎌倉	随筆
庖丁聟	庖丁聟（ほうちょうむこ）	室町	狂言
茫々頭	茫々頭（ぼうぼうがしら）	室町	狂言
法妙童子	法妙童子（ほうみょうどうじ）	江戸	御伽草子
反古衾	反古衾（ほごふすま）	江戸	俳諧集
発心	発心集（ほっしんしゅう）	鎌倉	説話集
堀川波鼓	堀川波鼓（ほりかわなみのつづみ）	江戸	和歌集
堀河百首	堀河院御時百首和歌（ほりかわいんおんときひゃくしゅわか）	平安	和歌集
本朝桜陰	本朝桜陰比事（ほんちょうおういんひじ）	江戸	浄瑠璃
本朝文粋	本朝文粋（ほんちょうもんずい）	平安	漢詩文集
毎月抄	毎月抄（まいげつしょう）	鎌倉	歌論書
枕草子	枕草子（まくらのそうし）	平安	随筆
増鏡	増鏡（ますかがみ）	室町	歴史物語
松風	松風（まつかぜ）	室町	能・謡曲
万葉集	万葉集（まんようしゅう）	奈良	物語
箕被	箕被（みかずき）	室町	狂言
水掛聟	水掛聟（みずかけむこ）	室町	狂言
壬二	壬二集（みにしゅう）	鎌倉	和歌集
壬生大念仏	傾城壬生大念仏（けいせいみぶのだいねんぶつ）	江戸	歌舞伎
御裳濯河歌	御裳濯河歌合（みもすそがわうたあわせ）	鎌倉	和歌集
武蔵曲	武蔵曲（むさしぶり）	江戸	俳諧集

略称	書名	時代	分類
胸突	胸突（むねつき）	室町	狂言
無名抄	無名抄（むみょうしょう）	鎌倉	歌論書
無名草子	無名草子（むみょうぞうし）	鎌倉	評論
紫式部	紫式部日記（むらさきしきぶにっき）	平安	日記
明月記	明月記（めいげつき）	鎌倉	日記
冥途飛脚	冥途の飛脚（めいどのひきゃく）	江戸	浄瑠璃
伽羅先代萩	伽羅先代萩（めいぼくせんだいはぎ）	江戸	歌舞伎
和布刈	和布刈（めかり）	室町	能・謡曲
もくあみ	元のもくあみ（もとのもくあみ）	江戸	仮名草子
餅酒	餅酒（もちさけ）	室町	狂言
物くさ太郎	物くさ太郎（ものくさたろう）	江戸	御伽草子
盛久	盛久（もりひさ）	室町	能・謡曲
八百屋お七	八百屋お七恋緋桜（やおやおしちこいのひざくら）	江戸	浄瑠璃
薬水	薬水（やくすい）	室町	狂言
八島	八島（やしま）	室町	能・謡曲
柳多留	柳多留（やなぎだる）	江戸	句集
柳多留拾遺	柳多留拾遺（やなぎだるしゅうい）	江戸	句集
大和物語	大和物語（やまとものがたり）	平安	物語
鑓権三	鑓の権三重帷子（やりのごんざかさねかたびら）	江戸	浄瑠璃
遊子方言	遊子方言（ゆうしほうげん）	江戸	洒落本
雪女	雪女五枚羽子板（ゆきおんなごまいはごいた）	江戸	浄瑠璃
雪の尾花	雪の枯尾花（ゆきのかれおばな）	江戸	俳諧
行宗卿集	大蔵卿行宗卿集（おおくらきょうゆきむねきょうしゅう）	平安	歌集
弓張月	椿説弓張月（ちんせつゆみはりづき）	江戸	読本
熊野	熊野（ゆや）	室町	能楽
夜討曾我	夜討曾我（ようちそが）	室町	能・謡曲

略称	書名	時代	分類
用明天皇	用明天皇職人鑑（ようめいてんのうしょくにんかがみ）	江戸	歌舞伎
吉野静	吉野静（よしのしずか）	室町	能・謡曲
四谷怪談	東海道四谷怪談（とうかいどうよつやかいだん）	江戸	歌舞伎
淀鯉	淀鯉出世滝徳（よどごいしゅっせのたきのぼり）	江戸	浄瑠璃
米市	米市（よねいち）	室町	狂言
頼朝浜出	頼朝浜出（よりともはまいで）	江戸	浄瑠璃
夜の寝覚	夜の寝覚（よるのねざめ）	平安	物語
羅生門	羅生門（らしょうもん）	室町	能・謡曲
霊異記	日本国現報善悪霊異記（にほんこくげんぽうぜんあくりょういき）	平安	説話集
良寛歌集	良寛歌集（りょうかんかしゅう）	江戸	和歌集
梁塵秘抄	梁塵秘抄（りょうじんひしょう）	平安	歌謡集
蓼太句	蓼太句集（りょうたくしゅう）	江戸	俳句集
連歌毘沙門	連歌毘沙門（れんがびしゃもん）	室町	狂言
連理秘抄	連理秘抄（れんりひしょう）	南北	連歌論書
六地蔵	六地蔵（ろくじぞう）	室町	狂言
六百番歌合	六百番歌合（ろっぴゃくばんうたあわせ）	鎌倉	和歌集
呂蓮	呂蓮（ろれん）	室町	狂言
和漢朗詠集	和漢朗詠集（わかんろうえいしゅう）	平安	歌謡集
椀久二世	椀久二世物語（わんきゅうにせのものがたり）	江戸	浮世草子

古典文学史年表

一、年号の下の書名は、その年の成立または刊行を示している。
二、算用数字は、上欄の年号の下二ケタを示している。
三、※印は、成立年代未詳を示している。

時代	西暦（和暦）	文学作品（作者・撰者名）	文学史的事項	国内史	外国史
大和・飛鳥・奈良時代（上代）	〔大和・飛鳥時代〕 六〇七推古一五 六三〇舒明二 六四五（大化一） 七〇一（大宝一）	＝大和時代は三五〇年ころから五九二年まで、飛鳥時代は五九二年から七一〇年まで。記事は六〇〇年以降＝	〈神話・伝説〉 〈歌謡と長短歌〉 天智天皇（六二六―七一） 稗田阿礼（?） 大津皇子（六六三―八六） 額田王（?） 持統天皇（六四五―七〇二）	04『十七条憲法』の制定 07小野妹子を隋に派遣する ―遣隋使の始まり 07法隆寺の建立 30遣唐使の始まり 45大化の改新 72壬申の乱 01大宝律令の成立	18隋の滅亡・唐の建国 22イスラム教の布教開始 ―ムハンマド 27唐、太宗の貞観の治 46『大唐西域記』（玄奘） 〔唐三彩盛ん〕 63百済の滅亡 76新羅、朝鮮半島統一 98渤海の建国（―九二六）
	〔奈良時代〕 七一二（和銅五） 七二〇（養老四） 七三三（天平五） 七五一（天平勝宝三） 七七二（宝亀三） 七九三（延暦一二）ころ	『古事記』（太安万侶） 『日本書紀』（舎人親王ら） 『出雲国風土記』（出雲臣広嶋ら） 『懐風藻』（淡海三船説など） ※『万葉集』（大伴家持ほか） 『歌経標式』（藤原浜成） ※『高橋氏文』（?）	柿本人麻呂（?） 高市黒人（?） 志貴皇子（?―七一六?） 太安万侶（?―七二三） 大伴旅人（六六五―七三一） 山上憶良（六六〇―七三三?） 山部赤人（?） 舎人親王（六七六―七三五） 高橋虫麻呂（?） 大伴家持（七一八?―八五） 淡海三船（七二二―八五）	10元明天皇、平城京に遷都 13風土記撰上の詔 23三世一身の法 27渤海国使の来朝 35吉備真備ら唐の文物献上 41国分寺・国分尼寺の建立 52東大寺、大仏開眼供養 66弓削道鏡、法王になる 70道鏡、下野に流される 84桓武天皇、長岡京に遷都	10唐、節度使を設置する 12唐、玄宗皇帝の即位 21ころ『貞観政要』（呉兢） 46『蒙求』（李瀚） 55安史の乱おこる 62李白（七〇一）没『李太白集』 70杜甫（七一二）没『杜工部集』 70唐で阿倍仲麻呂（六九八?―）没 〔唐詩の盛行〕
七九四	〔平安時代〕 七九七（延暦一六）	『続日本紀』（菅野真道ら）	〈史書〉 （唐文化の模倣）	94桓武天皇、平安京に遷都 02坂上田村麻呂、蝦夷平定	

資

平安時代（中古）

年代	作品（作者）
八〇七（大同二）	『古語拾遺』（斎部広成）
八一四（弘仁五）	『凌雲集』（小野岑守ら）
八一八（弘仁九）	『文華秀麗集』（藤原冬嗣ら）
八二〇（弘仁一一）ころ	※『文鏡秘府論』（空海）
八二二（弘仁一三）ころ	『日本霊異記』（景戒）
八二七（天長四）	『経国集』（良岑安世ら）
八三三（天長一〇）	『令義解』（清原夏野ら）
八三五（承和二）ころ	『性霊集』（真済）—空海の言説。
八四〇（承和七）	『日本後紀』（藤原緒嗣ら）
八六九（貞観一一）	『続日本後紀』（藤原良房ら）
八七九（元慶三）	『文徳実録』（藤原基経ら）
八八〇（元慶四）ころ	『都市文集』（都良香）
	※『竹取物語』（？）
	※『伊勢物語』（？）
九〇〇（昌泰三）	『菅家文草』（菅原道真）
九〇一（延喜元）	『三代実録』（藤原時平ら）
九〇五（延喜五）	『古今和歌集』（紀友則・紀貫之ら）
九二三（延長元）	
九三一（承平一）	『倭名類聚抄』（源順）
九三五（承平五）	『土佐日記』（紀貫之）
九四〇（天慶三）ころ	※『将門記』（？）
	※『後撰和歌集』（大中臣能宣ら）

菅野真道（七四一—八一四）

〈漢詩文〉
藤原冬嗣（七七五—八二六）
小野岑守（七七八—八三〇）
清原夏野（七八二—八三七）
良岑安世（七八五—八三〇）
空海（七七四—八三五）
小野篁（八〇二—八五二）
藤原良房（八〇四—八七二）
小野小町（？）
在原業平（八二五—八八〇）
文屋康秀（？）
都良香（八三四—八七九）

〈伝奇物語〉

〈歌物語〉
僧正遍昭（八一六—八九〇）
菅原道真（八四五—九〇三）

〈和歌〉
壬生忠岑（？）
源宗于（？—九三九？）
紀友則（？）
藤原時平（八七一—九〇九）
紀貫之（八七二？—九四五？）
凡河内躬恒（？）

〈日記〉

05最澄、天台宗を開く
06空海、真言宗を開く
14最初の勅撰漢詩集なる
16空海、金剛峰寺を建立
20最澄『顕戒論』—天台宗
34最後の遣唐使が渡航する
42承和の変—橘逸勢ら謀反
49唐の商人、大宰府に着く
57藤原良房、太政大臣になる
66応天門の変—伴善男流罪
84藤原基経、関白になる
94遣唐使の廃止
01菅原道真、大宰府に左遷
05勅撰和歌集の始まり
27『延喜式』が完成
30藤原忠平、摂政となる
35平将門の乱が始まる
38空也上人が念仏宗唱える
51梨壺に和歌所を設置する

06『長恨歌』（白居易）
43ヴェルダン条約
45唐の武宗、廃仏を断行
46白居易（楽天）（七七二—）没
75唐で黄巣の乱おこる
07唐の滅亡
［中国で五代十国の争乱］
26高麗、新羅を滅ぼす

平安時代（中古）

	※『平中物語』	（?）
	※『大和物語』	（?）
九七四（天延二）	※『蜻蛉日記』	（藤原道綱母）
	※『宇津保物語』	（源　順?）
	※『落窪物語』	（源　順?）
	※『拾遺和歌集』	（花山院か）
	※『枕草子』	（清少納言）
	※『和泉式部日記』	（和泉式部）
一〇〇四（寛弘一）か	※『源氏物語』	（紫　式部）
一〇一〇（寛弘七）か	※『紫式部日記』	（紫　式部）
一〇一三（長和二）か	※『和漢朗詠集』	（藤原公任）
	※『御堂関白記』	（藤原道長）
	※『栄華（花）物語（正編）』	（?）
一〇五三（天喜一）ころ	※『浜松中納言物語』	（菅原孝標女か）
	※『夜の寝覚』	（菅原孝標女か）
一〇六〇（康平三）ころ	※『更級日記』	（菅原孝標女）
	※『本朝文粋』	（藤原明衡）
一〇七三（延久五）か	※『成尋阿闍梨母集』	（成尋阿闍梨の母）
	※『宇治大納言物語』	（源　隆国）
	※『狭衣物語』	（六条斎院宣旨か）
一〇八六（応徳三）	※『後拾遺和歌集』	（藤原通俊）
一〇九二（寛治六）ころ	※『栄華（花）物語（続編）』	（?）
一一〇九（天仁二）ころ	※『讃岐典侍日記』	（讃岐典侍）
	※『今昔物語集』	（?）
	※『大鏡』	（?）

〈物語文学〉
源　順（九一一—八三）
清原元輔（九〇八—九〇）
大中臣能宣（九二一—九一）
藤原道綱母（九三六?—九五）

〈日記・随筆
物　語〉
清少納言（九六六?—?）
紫式部（?—?）
和泉式部（九七九?—?）
能　因（九八八—?）
小式部内侍（九九八?—一〇二五）
藤原公任（九六六—一〇四一）
赤染衛門（?—?）
菅原孝標女（一〇〇八—?）
源　隆国（一〇〇四—七七）
六条斎院宣旨（?—一〇九二）
藤原通俊（一〇四七—九九）
源　俊頼（一〇五五—一一二九）
讃岐典侍（一〇七九?—?）

〈説話文学〉

85源信が『往生要集』完成
00藤原道長の娘彰子中宮に
05陰陽師、安倍晴明が死去
12源信、称名念仏を始める
16藤原道長、摂政となる
18一家三后、道長の栄華
51前九年の役おこる
69荘園券契所（記録所）設置
83後三年の役おこる
86［院政時代］（—一一八五）
※京都で田楽が大流行する
［武士階級の興隆］
98源義家、昇殿を許される
13僧徒の強訴を武士が収束
24中尊寺の金色堂落成

60宋の建国（太祖）
62神聖ローマ帝国の成立
79宋の太宗が中国を統一
84『太平御覧』（李昉ら）が完成
04宋、契丹と澶淵の盟結ぶ
18ノルマン、南イタリア侵入
［中国で羅針盤・火薬の発明］
［中国で木版印刷の普及］
37セルジュークトルコ建国
※『岳陽楼記』（范仲淹）
54東西教会が分裂に向かう
66ノルマンのイギリス征服
69王安石、新法で政治改革
77カノッサの屈辱（ハインリヒ四世）
※『赤壁の賦』（蘇軾）
84『資治通鑑』（司馬光）
96第一回十字軍出発
01蘇軾（東坡）（一〇三六—）没
［宋代の都市生活の繁栄］
15金の建国（—一二三四）

平安時代（中古）・鎌倉時代（中世）

年代

一一二七（大治二）
一一五一（仁平一）か
一一六九（嘉応一）か
一一七〇（嘉応二）
一一八七（文治三）
〔鎌倉時代〕
一二〇〇（正治二）ころ
一二〇四（元久一）
一二〇五（元久二）
一二一二（建暦二）ころ
一二一二（建暦二）
一二一三（建暦三）ころ
一二二〇（承久二）
一二三二（貞永一）
一二三五（文暦二）
一二三五（嘉禎一）か
一二五一（建長三）
一二五二（建長四）

作品

『金葉和歌集』（源 俊頼）
※『詞花和歌集』（藤原顕輔）
※『とりかへばや物語』（?）
※『梁塵秘抄』（後白河院）
『今 鏡』（藤原為経）
『千載和歌集』（藤原俊成）
※『水 鏡』（中山忠親か）
※『山家集』（西 行）
※『堤中納言物語』（小式部ら）
※『無名草子』（藤原俊成女か）
『秋篠月清集』（藤原良経）
『新古今和歌集』（藤原定家ら）
『無名抄』（鴨 長明）
『方丈記』（鴨 長明）
※『金槐和歌集』（源 実朝）
※『宇治拾遺物語』（?）
『愚管抄』（慈 円）
※『保元物語』（?）
※『平治物語』（?）
※『平家物語』（信濃前司行長か）
『建礼門院右京大夫集』（建礼門院右京大夫）
『新勅撰和歌集』（藤原定家）
※『小倉百人一首』（藤原定家か）
『明月記』（藤原定家）
※『源平盛衰記』（?）
『続後撰和歌集』（藤原為家）
『十訓抄』（六波羅二臈左衛門入道）

作者

〈歴史物語〉
藤原基俊（?—一一四二）
藤原顕輔（一〇九〇—一一五五）
西 行（一一一八—九〇）
中山忠親（一一三一—九五）
寂 蓮（一一三九?—一二〇二）
藤原俊成（一一一四—一二〇四）
藤原良経（一一六九—一二〇六）
鴨 長明（一一五五?—一二一六）
源 実朝（一一九二—一二一九）
〈軍記物語〉
藤原雅経（一一七〇—一二二一）
慈 円（一一五五—一二二五）
藤原家隆（一一五八—一二三七）
藤原定家（一一六二—一二四一）
橘 成季（?）
藤原俊成女（一一七一?—一二五四?）
弁内侍（?）
藤原為家（一一九八—一二七五）
藤原基家（一二〇三—八〇）
阿仏尼（?—一二八三）

日本の出来事

32 平忠盛、昇殿を許される
52 平清盛、厳島神社を修復
56 保元の乱おこる
59 平治の乱おこる
67 平清盛、太政大臣になる
85 壇の浦の戦い、平家の滅亡
89 奥州藤原氏の滅亡
92 源頼朝、征夷大将軍
98 後鳥羽上皇の院政
03 北条時政、源頼家を幽閉
19 源実朝暗殺され、源氏滅ぶ
21 承久の乱おこる
24 北条泰時、執権となる
27 道元帰国、曹洞宗を開く
32 『貞永式目』の制定
44 越前永平寺の創建—道元
53 日蓮、法華宗を開く

世界の出来事

27 北宋滅び、南宋建国
〔高麗青磁が隆盛期に入る〕
50 ころパリ大学創設
50 ころアンコールワット完成
※『アーサー王物語』
※『トリスタンとイゾルデ』
※『ニーベルンゲンの歌』
〔「朱子学」なる〕
00 朱熹（朱子）（一一三〇—）没
06 チンギス・ハン、蒙古統一
15 英、マグナ・カルタ承認
19 チンギス・ハン西征を開始
27 チンギス・ハン（一一六七?—）没
30・75?・仏『ばら物語』ロリス他
41 独、ハンザ同盟始まる
43 ポルトガル王国の承認
53 仏、ソルボンヌ大学創立

鎌倉時代（中世）

年	作品（作者）
一二五四（建長六）	『古今著聞集』（橘成季）
	※『弁内侍日記』（弁内侍）
一二六五（文永二）	『続古今和歌集』（藤原基家ら）
	※『吾妻鏡』（？）
一二七八（弘安一）	『続拾遺和歌集』（藤原為氏）
一二八〇（弘安三）ころ	※『十六夜日記』（阿仏尼）
一二八三（弘安六）	『沙石集』（無住）
一二九二（正応五）ころ	※『中務内侍日記』（中務内侍）
一三〇三（嘉元一）か	※『新後撰和歌集』（二条為世）
一三一〇（延慶三）ころ	※『とはずがたり』（後深草院二条）
一三一二（正和一）	『玉葉和歌集』（京極為兼）
一三二〇（元応二）	『続千載和歌集』（二条為世）
一三三一（元弘一）ころ	※『徒然草』（吉田兼好）
一三二六（嘉暦一）ころ	※『続後拾遺和歌集』（二条為藤）

藤原為氏（一二二二―八六）
中務内侍（？）
無住（一二二六―一三一二）
京極為兼（一二五四―一三三二）
二条為冬（？―一三三五）

68北条時宗、執権となる
74文永の役、元軍の来襲
75ころ「金沢文庫」創立
81弘安の役、元軍の来襲
82日蓮（一二二二―）没
93『蒙古襲来絵詞』
99元僧、一山一寧の来日
21後醍醐天皇の親政始まる
24正中の変、日野資朝ら
33鎌倉幕府の滅亡
〔南北朝時代〕

65イギリス議会制の起源
71マルコ・ポーロの東方旅行
79モンゴル、南宋を滅ぼす／
81元の建国、世祖（忽必烈）
※『十八史略』（曾先之）
98『東方見聞録』（マルコ・ポーロ）
02フランス三部会を開く
〔イタリア・ルネッサンス〕
※伊『神曲』（ダンテ）
〔ヨーロッパ商業都市おこる〕
〔元、雑劇の流行〕

室町時代（中世）

【室町時代】

年	作品（作者）
一三三九（暦応二）	『神皇正統記』（北畠親房）
一三四九（貞和五）ころ	※『風雅和歌集』（光厳院）
	※『連理秘抄』（二条良基）
一三五六（延文一）	『菟玖波集』（救済・二条良基）
一三五七（延文二）ころ	※『筑波問答』（二条良基）
一三五八（延文三）か	※『吉野拾遺』（藤原吉房？）
一三五九（延文四）	※『新千載和歌集』（二条為定）
一三六四（貞治三）	『新拾遺和歌集』（二条為明・頓阿）
	※『井蛙抄』（頓阿）
一三七〇（応安三）	※『太平記』（小島法師？）

二条為世（一二五〇―一三三八）
〈五山文学〉
虎関師錬（一二七八―一三四六）
吉田兼好（一二八三？―一三五二？）
北畠親房（一二九三―一三五四）
〈連歌〉
二条為定（一二九三―一三六〇）
二条為明（一二九五―一三六四）
頓阿（一二八九―一三七二）
小島法師（？―一三七四）
宗良親王（一三一一―？）

36『建武式目』の制定
38足利尊氏、征夷大将軍
38室町幕府開く（―一五七三）
41幕府、元に天竜寺船派遣
42幕府、五山十刹を定める
※五山版の刊行―木版印刷
69明の太祖、倭冦の制止要請

39英・仏、百年戦争（―一四五三）
※『抒情詩集』（ペトラルカ）
53『デカメロン』（ボッカチオ）
※『水滸伝』（施耐庵？）
※『三国志演義』（羅貫中）
68元、北へ帰り、明建国
69ティムール帝国成立

室町時代(中世)

一三七六(永和二)ころ
一三八一(永徳一)
一三八四(至徳元)
一四〇〇(応永七)ころ
一四二三(応永三〇)
一四二四(応永三一)
一四三九(永享一一)
一四五〇(宝徳二)か
一四六四(寛正五)ころ
一四七〇(文明二)ころ
一四七二(文明四)
一四八八(長享二)
一四九五(明応四)
一五一八(永正一五)
一五三二(天文一)ころ
一五四〇(天文九)

※『増鏡』(二条良基か)
『新葉和歌集』(宗良親王)
『新後拾遺和歌集』(二条為遠ら)
※『曾我物語』(?)
※『福富草子』(?)
※『義経記』(?)
※『風姿花伝(花伝書)』(世阿弥)
※『鉢かづき』(?)
※『文正草子』(?)
『能作書(三道)』(世阿弥)
『花鏡』(世阿弥)
※『高砂』『羽衣』(世阿弥)
※『隅田川』(観世元雅)
『新続古今和歌集』(飛鳥井雅世)
※『正徹物語』(正徹)
※『ささめごと』(心敬)
※『吾妻問答』(飯尾宗祇)
『花鳥余情』(一条兼良)
※『浄瑠璃御前物語』(?)
※『節用集』(?)
『水無瀬三吟百韻』(宗祇・肖柏・宗長)
『新撰菟玖波集』(宗祇)
『閑吟集』(?)
※『犬筑波集』(山崎宗鑑)
『守武千句』(荒木田守武)

二条良基(一三二〇-八八)
二条為遠(一三四一-一三八一)
〈お伽草子〉
〈謡曲・狂言〉
観世元雅(?-一四三二)
世阿弥(一三六三?-一四四三?)
飛鳥井雅世(一三九〇-一四五二)
正徹(一三八一-一四五九)
〈浄瑠璃〉
心敬(一四〇六-七五)
一条兼良(一四〇二-八一)
一休宗純(一三九四-一四八一)
飯尾宗祇(一四二一-一五〇二)
一条冬良(一四六四-一五一四)
三条西実隆(一四五五-一五三七)

78足利義満、室町に移る
92南北朝の合一なる
97足利義満、金閣寺を造営
01第一回の遣明船派遣
04足利義満、明と勘合貿易
19朝鮮の対馬襲撃—応永の外寇
39上杉憲実、足利学校再興
41嘉吉の変
57太田道灌、江戸城を完成
67応仁の乱始まる(-一四七七)
73足利義政、征夷大将軍辞す
〔東山文化〕
88加賀の一向一揆(-一五八〇)
89足利義政、「銀閣」上棟
〔戦国時代〕
09大徳寺大仙院本堂なる
20北条氏綱、検地を実施
26今川氏親「仮名目録」制定
31加賀に一向一揆おこる
43鉄砲が種子島に伝来

78ローマ教会の大分裂
78『剪燈新話』(瞿佑)
92李氏(李成桂)朝鮮建国
※『カンタベリー物語』(チョーサー)
02明、永楽帝の即位
05明の鄭和、南海遠征(-一四三三)
19チェコ、フス戦争(-一四三六)
31ジャンヌ・ダルク処刑
36フィレンツェ大聖堂完成
46朝鮮、訓民正音(諺文)公布
※グーテンベルク活版印刷
53東ローマ帝国の滅亡
55英、バラ戦争(-一四八五)
〔ルネッサンスの美術〕
79スペイン王国の成立
79アステカ「太陽の暦石」
〔ヨーロッパ活版印刷普及〕
92コロンブス新大陸到達
98バスコ・ダ・ガマ、インド航路発見
17ルターの宗教改革運動
18『伝習録』(王陽明)
22マゼラン隊、世界周航成功
22ころ『三国志演義』(羅貫中)
28王陽明(一四七二-)没
33インカ帝国の滅亡
41カルバンの宗教改革

室町時代（中世）

〔安土桃山時代〕
一五八六（天正一四）
一五九三（文禄二）
一六〇〇（慶長五）

『詠歌大概抄』（細川幽斎）
『伊曾保物語』（天草版）

山崎宗鑑（？）
荒木田守武（一四七三―一五四九）
〈俳諧〉

49 ザビエル、鹿児島に上陸
53 信玄・謙信の川中島合戦
68 織田信長入京、全国統一へ
73 室町幕府の滅亡
82 本能寺の変、信長没
85 大坂城、ほぼ完成
98 豊臣秀吉（一五三六―）没
00 関ヶ原の戦い

43 コペルニクス、地動説発表
58 英、エリザベス一世即位
67 ころ『水滸伝』
70 ころ『西遊記』（呉承恩）
※『唐詩選』（李攀竜）
88『随想録』（モンテーニュ）
00『ヘンリー四世』（シェークスピア）
00『ハムレット』（シェークスピア）
00 英、東インド会社を設立

一六〇三

江戸時代（近世）

〔江戸時代〕
一六〇九（慶長一四）？
一六一四（慶長一九）か
一六二三（元和九）ころ
一六二三（元和九）
一六三二（寛永九）ころ
一六三六（寛永一三）ころ
一六四三（寛永二〇）
一六四九（慶安二）
一六五四（承応三）
一六六一（寛文一）
一六六一（寛文一）ころ
一六六六（寛文六）
一六七〇（寛文一〇）
一六七二（寛文一二）
一六七三（延宝一）
一六七四（延宝二）
一六八一（天和一）

※『恨の介』（？）
※『阿弥陀胸割』（？）
※『竹斎』（烏丸光広か）
『醒睡笑』（安楽庵策伝）
※『二人比丘尼』（鈴木正三）
※『可笑記』（如儡子）
『新増犬筑波集』（松永貞徳）
『挙白集』（木下長嘯子）
『紅梅千句』（松永貞徳ら）
『因果物語』（鈴木正三）
※『万葉集管見』（下河辺長流）
『伽婢子』（浅井了意）
『本朝通鑑』（林羅山ら）
『貝おほひ』（松尾芭蕉）
『源氏物語湖月抄』（北村季吟）
『枕草子春曙抄』（北村季吟）
『西鶴大矢数』（井原西鶴）

〈阿国歌舞伎〉
細川幽斎（一五三四―一六一〇）
〈古浄瑠璃〉
〈仮名草子〉
烏丸光広（一五七九―一六三八）
安楽庵策伝（一五五四―一六四二）
木下長嘯子（一五六九―一六四九）
松永貞徳（一五七一―一六五三）
鈴木正三（一五七九―一六五五）
林羅山（一五八三―一六五七）
石川丈山（一五八三―一六七二）
西山宗因（一六〇五―八二）

03 徳川家康、征夷大将軍に
07 林羅山、儒官となる
09 薩摩藩、琉球出兵首里陥落
15 大坂夏の陣、豊臣氏滅亡
36 長崎の出島が完成
37 天草四郎の島原の乱
40・41 宗門改めと鎖国完成
51 由井正雪の慶安の変
57 明暦の大火で江戸が一新
59 武蔵下総結ぶ両国橋完成
63 清の冊封使が琉球を訪問
68 足利学校の再建整備なる
71 山崎闇斎が垂加神道創始
72 河村瑞賢、航路海運確立
73 越後屋、薄利多売で大繁盛

※『金瓶梅』（王世貞？）
05『ドン・キホーテ』（セルバンテス）
16 シェークスピア（一五六四―）没
28 独、ハーベー血液循環説
37 仏、『方法叙説』（デカルト）
42 英、ピューリタン革命
44 明の滅亡、清朝の支配
52 蘭英戦争始まる
61 仏、ルイ十四世の親政
62 鄭成功（一六二四―）没
64 仏、西インド会社を創設
67 英、『失楽園』（ミルトン）
68『守銭奴』（モリエール）
73 仏、モリエール（一六二二―）没
73 清、三藩の乱おこる
79『聊斎志異』（蒲松齢）

資

江戸時代（近世）

年	作品（作者）
一六八二(天和二)	『好色一代男』(井原西鶴)
一六八三(天和三)	『虚栗』(榎本其角)
一六八四(天和四)	『冬の日』(山本荷兮)
一六八五(貞享二)	『野ざらし紀行』(松尾芭蕉)
一六八六(貞享三)	『西鶴諸国ばなし』(井原西鶴)
	『出世景清』(近松門左衛門)
	『好色五人女』(井原西鶴)
	『本朝二十不孝』(井原西鶴)
	『春の日』(山本荷兮)
一六八八(元禄一)	『武家義理物語』(井原西鶴)
一六八八(元禄一)	『日本永代蔵』(井原西鶴)
一六八九(元禄二)	※『更科紀行』(松尾芭蕉)
	『阿羅野』(山本荷兮)
一六九〇(元禄三)ころ	※『笈の小文』(松尾芭蕉)
一六九一(元禄四)	『猿蓑』(向井去来・野沢凡兆)
一六九二(元禄五)	『世間胸算用』(井原西鶴)
一六九四(元禄七)	『炭俵』(志太野坡ら)
	※『奥の細道』(松尾芭蕉)
一六九四(元禄七)ころ	※『去来抄』(向井去来)
一六九八(元禄九)	『続猿蓑』(服部沾圃ら)
一七〇二(元禄一五)	『三冊子』(服部土芳)
一七〇三(元禄一六)	『曾根崎心中』(近松門左衛門)
一七〇六(宝永三)	『風俗文選』(森川許六)
一七〇九(宝永六)	『笈の小文』(松尾芭蕉)
一七一一(宝永八)	『冥途の飛脚』(近松門左衛門)
一七一二(正徳二)	『読史余論』(新井白石)
一七一五(正徳五)	『国姓(性)爺合戦』(近松門左衛門)
一七一五(正徳五)	『世間子息気質』(江島其磧)
一七一六(享保一)	『折たく柴の記』(新井白石)

〈浮世草子〉
下河辺長流(一六二四?-八六)
浅井了意(一六一二?-九一)
井原西鶴(一六四二-九三)
松尾芭蕉(一六四四-九四)
向井去来(一六五一-一七〇四)
北村季吟(一六二四-一七〇五)
榎本其角(一六六一-一七〇七)
山本荷兮(一六四八-一七一六)
〈浄瑠璃と歌舞伎〉
〈赤本〉
〈八文字屋本〉
近松門左衛門(一六五三-一七二四)
服部土芳(一六五七-一七三〇)
各務支考(一六六五-一七三一)
上島鬼貫(一六六一-一七三八)
志太野坡(一六六二-一七四〇)
紀海音(一六六三-一七四二)
〈黒本・青本〉
竹田出雲(?-一七四七)
佐久間柳居(一六八六-一七四八)
〈読本〉―上方―

84 河村瑞軒、淀川治水工事
84 貞享暦の採用きまる
85 琉球貿易額を制限する
87 「生類憐れみの令」公布
88 大坂堂島に米穀取引所
90 江戸湯島に聖堂落成
91 林信篤、大学頭に就任
94 柳沢吉保、老中格となる
02 赤穂浪士、吉良邸討ち入り
09 新井白石、幕府に登用
15 長崎貿易制限令を定める
16 徳川吉宗、将軍となる

87 ニュートン万有引力理論
88 英、無血の名誉革命なる
89 露・清ネルチンスク条約
94 英、イングランド銀行設立
01 スペイン継承戦争
07 英、大ブリテン王国成立
10 独、マイセンで陶磁器制作
13 ユトレヒト条約の成立
15 仏、ルイ十四世(太陽王)没
19 『ロビンソン漂流記』(デフォー)

17

江戸時代（近世）

年	作品	作家・ジャンル	日本の出来事	世界の出来事
一七二〇（享保五）	『心中天の網島』（近松門左衛門）		20洋書の輸入禁止を緩和	23清、キリスト教を禁止
一七二一（享保六）	『女殺油地獄』（近松門左衛門）		23幕府、足高の制を定める	26『ガリバー旅行記』（スウィフト）
一七二七（享保一二）	『仏兄七久留万』（上島鬼貫）		24大坂に町人学校の懐徳堂	31『マノン・レスコー』（プレボー）
一七三二（享保一七）	『駿台雑話』（室鳩巣）		28ベトナムから象が来る	
一七三二（享保一七）ころ	『俳諧七部集』（佐久間柳居）		32享保の大飢饉―西日本	
一七三八（元文三）	『難波土産』（三木貞成）		38大坂に銅座を置く	
一七三九（元文四）	『常山紀談』（湯浅常山）		39因幡と伯耆で大一揆発生	39『唐宋八家文読本』（沈徳潜）
			42「公事御定書」の制定	40墺、継承戦争起こる
			43青木昆陽の策で甘藷奨励	48『法の精神』（モンテスキュー）
一七四六（延享三）	『菅原伝授手習鑑』（竹田出雲ら）		46「加賀騒動」起こる	49フランクリンの避雷針
一七四七（延享四）	『義経千本桜』（竹田出雲ら）		55安藤昌益、平等論を展開	51仏、『百科全書』の刊行
一七四八（寛延一）	『仮名手本忠臣蔵』（並木千柳ら）		58宝暦事件で竹内式部逮捕	56七年戦争の勃発
一七四九（寛延二）	『英草紙』（都賀庭鐘）			
一七五三（宝暦三）	『嵯峨日記』（松尾芭蕉）			
一七六三（宝暦一三）か	※『石上私淑言』（本居宣長）			
一七六四（明和一）	『歌意考』（加茂真淵）	賀茂真淵（一六九七―一七六九）	64平賀源内、火浣布つくる	64英、紡績機の発明
一七六五（明和二）	『誹風柳多留』（呉陵軒可有ら）			
一七六八（明和五）	『西山物語』（建部綾足）			
一七六八（明和五）	『雨月物語』（上田秋成）			
一七七〇（明和七）ころ	※『遊子方言』（田舎老人多田爺）	〈洒落本〉		
一七七五（安永四）	『金々先生栄花夢』（恋川春町）	〈黄表紙〉	72田沼意次、老中となる	73ボストン茶会事件
一七七七（安永六）	『新花摘』（与謝蕪村）	与謝蕪村（一七一六―八三）	74『解体新書』の出版	74『若きウェルテルの悩み』（ゲーテ）
一七七九（安永八）	『群書類従』（塙保己一）刊行開始	〈川柳・狂歌〉	78ロシア艦蝦夷厚岸に来る	76アメリカ合衆国独立宣言
一七八三（天明三）	『万載狂歌集』（四方赤良・朱楽菅江）	柄井川柳（一七一八―九〇）	82天明の大飢饉始まる	81清、『四庫全書』完成
	『江戸生艶気樺焼』（山東京伝）	朱楽菅江（一七三八―九八）	83浅間山の大爆発と惨害	84『フィガロの結婚』上演
一七八五（天明五）	『詞の玉緒』（本居宣長）		87老中松平定信寛政の改革	89フランス大革命始まる
一七八七（天明七）	『鶉衣』（横井也有）	〈国学〉	88京都の大火二条城も焼失	91モーツァルト（一七五六―）没
一七九五（寛政七）	『玉勝間』（本居宣長）	本居宣長（一七三〇―一八〇一）	90朱子学以外の教授禁止	92『紅楼夢』刊（曹雪芹ら）
一七九六（寛政八）	『源氏物語玉の小櫛』（本居宣長）		97昌平坂学問所を官学校に	

江戸時代（近世）

一七九八（寛政一〇）
一八〇二（享和二）
一八〇五（文化二）
一八〇八（文化五）
一八〇八（文化五）ころ
一八〇九（文化六）
一八一一（文化八）
一八一四（文化一一）
一八一八（文政一）
一八一九（文政二）
一八二五（文政八）
一八二九（文政一二）
一八二九（文政一二）
一八三〇（天保一）
一八三二（天保三）
一八三九（天保一〇）
一八四〇（天保一一）
一八四二（天保一三）
一八四三（天保一四）
一八四九（嘉永二）
一八五三（嘉永六）
一八五七（安政四）
一八五九（安政六）
一八六〇（安政七）
一八六四（文久四）

『古事記伝』（本居宣長）
『うけらが花』（加藤千蔭）
『桜姫全伝曙草紙』（山東京伝）
『加茂翁家集』（加茂真淵）
※『春雨物語』（上田秋成）
『浮世風呂』（式亭三馬）
『椿説弓張月』（滝沢馬琴）
『六帖詠草』（小沢蘆庵）
『東海道中膝栗毛』（十返舎一九）
『浮世床』（式亭三馬）
『花月草紙』（松平定信）
『おらが春』（小林一茶）
『東海道四谷怪談』（鶴屋南北）
『日本外史』（頼山陽）
『偐紫田舎源氏』（柳亭種彦）
『桂園一枝』（香川景樹）
『春色梅児誉美』（為永春水）
『櫨園集』（中島広足）
『勧進帳』（三世並木五瓶）
『南総里見八犬伝』（滝沢馬琴）
『雲萍雑志』（？）
『白縫譚』（柳下亭種員ら）
『与話情浮名横櫛』（瀬川如皐）
『七偏人』（梅亭金鵞）
『柳橋新誌』（成島柳北）
『三人吉三郭初買』（河竹黙阿弥）
『草径集』（大隈言道）

〈読本〉-江戸-
上田秋成（一七三四-一八〇九）
〈滑稽本〉
山東京伝（一七六一-一八一六）
式亭三馬（一七七六-一八二二）
四方赤良（一七四九-一八二三）
小林一茶（一七六三-一八二七）
鶴屋南北（一七五五-一八二九）
良寛（一七五八-一八三一）
十返舎一九（一七六五-一八三一）
頼山陽（一七八〇-一八三二）
柳亭種彦（一七八三-一八四二）
香川景樹（一七六八-一八四三）
為永春水（一七九〇-一八四三）
滝沢馬琴（一七六七-一八四八）
鹿持雅澄（一七九一-一八五八）
柳下亭種員（一八〇七-五六）
中島広足（一七九二-一八六四）

99本居宣長、もののあはれ論
00伊能忠敬、測量の旅出発
04喜多川歌麿、手鎖五〇日の刑
08間宮林蔵、樺太の島を確認
13高田屋嘉兵衛の送還
15『蘭学事始』成立
18貨幣の改鋳行わる
21大日本沿海輿地全図完成
28シーボルト事件
33天保の大飢饉始まる
37大塩平八郎の乱
39蛮社の獄、蘭学者を弾圧
41水野忠邦天保の改革始める
42～47禁令の頻発と庶民反発
51ジョン万次郎の帰国
53ペリーの艦隊、浦賀入港
54日米和親条約を結ぶ
58福沢諭吉、私塾を開く
58～59安政の大獄
64幕府第一回長州征討
67大政奉還・王政復古

04独、カント（一七二四-）没
04ナポレオン皇帝となる
05トラファルガーの海戦
06神聖ローマ帝国の滅亡
07フルトンの蒸気船成功
14ウィーン会議開催
16『セビリアの理髪師』初演
23アメリカ、モンロー主義
27ベートーベン（一七七〇-）没
30英、蒸気機関車営業開始
32独、ゲーテ（一七四九-）没
37英、チャーチスト運動
40清、アヘン戦争
42清、南京不平等条約締結
42仏、スタンダール（一七八三-）没
48フランス二月革命勃発
51清、太平天国の乱
61アメリカ、南北戦争
63リンカーン奴隷解放宣言
66ノーベル、ダイナマイト発明
67マルクス『資本論』刊行

資料18

年号対照表（五十音順）

一、年号を現代仮名遣いの五十音順に従って配列している。但し一字めが同字のものはまとめて示している。

二、読みが二通りある場合には、一般的な方で立て、必要に応じて空項目を立てている。

三、数字はその年号の継続した西暦年代を示している。

四、時代区分は通説に従っている。

年号	読み	西暦	時代
あ			
安永	あんえい	一七七二〜八一	江戸
安元	あんげん	一一七五〜七七	平安
安政	あんせい	一八五四〜六〇	江戸
安貞	あんてい	一二二七〜二九	鎌倉
安和	あんわ（な）	九六八〜七〇	平安
え			
永延	えいえん	九八七〜八九	平安
永観	えいかん	九八三〜八五	平安
永久	えいきゅう	一一一三〜一八	平安
永享	えいきょう	一四二九〜四一	室町
永治	えいじ	一一四一〜四二	平安
永正	えいしょう	一五〇四〜二一	室町
永承	えいしょう	一〇四六〜五三	平安
永祚	えいそ	九八九〜九〇	平安
永長	えいちょう	一〇九六〜九七	平安
永徳	えいとく	一三八一〜八四	北朝
永仁	えいにん	一二九三〜九九	鎌倉
永保	えいほう	一〇八一〜八四	平安
永万	えいまん	一一六五〜六六	平安
永暦	えいりゃく	一一六〇〜六一	平安
永禄	えいろく	一五五八〜七〇	室町
永和	えいわ	一三七五〜七九	北朝
延応	えんおう	一二三九〜四〇	鎌倉
延喜	えんぎ	九〇一〜二三	平安
延久	えんきゅう	一〇六九〜七四	平安
延享	えんきょう	一七四四〜四八	江戸
延慶	えんきょう	一三〇八〜一一	鎌倉
延元	えんげん	一三三六〜四〇	南朝
延長	えんちょう	九二三〜三一	平安
延徳	えんとく	一四八九〜九二	室町
延文	えんぶん	一三五六〜六一	北朝
延宝	えんぽう	一六七三〜八一	江戸
延暦	えんりゃく	七八二〜八〇六	奈良 平安
お			
応安	おうあん	一三六八〜七五	北朝
応永	おうえい	一三九四〜一四二八	室町
応長	おうちょう	一三一一〜一二	鎌倉
応徳	おうとく	一〇八四〜八七	平安
応仁	おうにん	一四六七〜六九	室町
応保	おうほう	一一六一〜六三	平安
応和	おうわ	九六一〜六四	平安
か			
嘉永	かえい	一八四八〜五四	江戸
嘉応	かおう	一一六九〜七一	平安
嘉吉	かきつ	一四四一〜四四	室町
嘉慶	かきょう	一三八七〜八九	北朝
嘉元	かげん	一三〇三〜〇六	鎌倉
嘉祥	かしょう	八四八〜五一	平安
嘉承	かじょう	一一〇六〜〇八	平安
嘉禎	かてい	一二三五〜三八	鎌倉
嘉保	かほう	一〇九四〜九六	平安
嘉暦	かりゃく	一三二六〜二九	鎌倉
嘉禄	かろく	一二二五〜二七	鎌倉
乾元	かんげん	一三〇二〜〇三	鎌倉
寛永	かんえい	一六二四〜四四	江戸
寛延	かんえん	一七四八〜五一	江戸
寛喜	かんぎ	一二二九〜三二	鎌倉
寛元	かんげん	一二四三〜四七	鎌倉
寛弘	かんこう	一〇〇四〜一二	平安
寛治	かんじ	一〇八七〜九四	平安
寛正	かんしょう	一四六〇〜六六	室町
寛政	かんせい	一七八九〜一八〇一	江戸
寛徳	かんとく	一〇四四〜四六	平安
寛仁	かんにん	一〇一七〜二一	平安
寛平	かんぴょう	八八九〜九八	平安
寛文	かんぶん	一六六一〜七三	江戸
寛保	かんぽう	一七四一〜四四	江戸
寛和	かんわ（な）	九八五〜八七	平安
観応	かんおう（のう）	一三五〇〜五二	北朝
元慶	がんぎょう	八七七〜八五	平安
き			
久安	きゅうあん	一一四五〜五一	平安
久寿	きゅうじゅ	一一五四〜五六	平安
享徳	きょうとく	一四五二〜五五	室町
享保	きょうほう	一七一六〜三六	江戸
享禄	きょうろく	一五二八〜三二	室町
享和	きょうわ	一八〇一〜〇四	江戸
慶雲	きょううん	七〇四〜〇八	飛鳥
け			
慶安	けいあん	一六四八〜五二	江戸
慶雲	けいうん→きょううん		
慶応	けいおう	一八六五〜六八	江戸
慶長	けいちょう	一五九六〜一六一五	安土桃山 江戸
建永	けんえい	一二〇六〜〇七	鎌倉
建久	けんきゅう	一一九〇〜九九	平安 鎌倉
建治	けんじ	一二七五〜七八	鎌倉
建長	けんちょう	一二四九〜五六	鎌倉
建徳	けんとく	一三七〇〜七二	南朝
建仁	けんにん	一二〇一〜〇四	鎌倉
建保	けんぽう	一二一三〜一九	鎌倉
建武	けんむ	一三三四〜三八	南北
建暦	けんりゃく	一二一一〜一三	鎌倉
乾元	けんげん	一三〇二〜〇三	鎌倉
元永	げんえい	一一一八〜二〇	平安
元応	げんおう	一三一九〜二一	鎌倉
元亀	げんき	一五七〇〜七三	室町
元久	げんきゅう	一二〇四〜〇六	鎌倉
元慶	げんけい→がんぎょう		
元享	げんこう	一三二一〜二四	鎌倉
元弘	げんこう	一三三一〜三四	南朝
元治	げんじ	一八六四〜六五	江戸
元中	げんちゅう	一三八四〜九二	南朝
元徳	げんとく	一三二九〜三一	北朝
元仁	げんにん	一二二四〜二五	鎌倉
元文	げんぶん	一七三六〜四一	江戸
元暦	げんりゃく	一一八四〜八五	平安
元禄	げんろく	一六八八〜一七〇四	江戸
元和	げんわ（な）	一六一五〜二四	江戸
こ			
弘安	こうあん	一二七八〜八八	鎌倉
弘化	こうか	一八四四〜四八	江戸
弘治	こうじ	一五五五〜五八	室町
弘長	こうちょう	一二六一〜六四	鎌倉
弘仁	こうにん	八一〇〜二四	平安
弘和	こうわ	一三八一〜八四	南朝
康安	こうあん	一三六一〜六二	北朝
康永	こうえい	一三四二〜四五	北朝
康応	こうおう	一三八九〜九〇	北朝
康元	こうげん	一二五六〜五七	鎌倉
康治	こうじ	一一四二〜四四	平安
康正	こうしょう	一四五五〜五七	室町
康平	こうへい	一〇五八〜六五	平安
康保	こうほう	九六四〜六八	平安
康暦	こうりゃく	一三七九〜八一	北朝
康和	こうわ	一〇九九〜一一〇四	平安
興国	こうこく	一三四〇〜四六	南朝
さ			
斉衡	さいこう	八五四〜五七	平安
し			
至徳	しとく	一三八四〜八七	北朝

18

資

治安（じあん） 一〇二一～二四 平安
治承（じしょう） 一一七七～八一 平安
治暦（じりゃく） 一〇六五～六九 平安
朱鳥（しゅちょう） 六八六 飛鳥
寿永（じゅえい） 一一八二～八四 平安
正安（しょうあん） 一二九九～一三〇二 鎌倉
正応（しょうおう） 一二八八～九三 鎌倉
正嘉（しょうか） 一二五七～五九 鎌倉
正慶（しょうきょう） 一三三二～三四 北朝
正元（しょうげん） 一二五九～六〇 鎌倉
正治（しょうじ） 一一九九～一二〇一 鎌倉
正中（しょうちゅう） 一三二四～二六 鎌倉
正長（しょうちょう） 一四二八～二九 室町
正徳（しょうとく） 一七一一～一六 江戸
正平（しょうへい） 一三四六～七〇 南朝
正保（しょうほう） 一六四四～四八 江戸
正暦（しょうりゃく） 九九〇～九五 平安
正和（しょうわ） 一三一二～一七 鎌倉
昭和（しょうわ） 一九二六～一九八九 昭和
昌泰（しょうたい） 八九八～九〇一 平安
承安（じょうあん） 一一七一～七五 平安
承応（じょうおう） 一六五二～五五 江戸
承久（じょうきゅう） 一二一九～二二 鎌倉
承元（じょうげん） 一二〇七～一一 鎌倉
承徳（じょうとく） 一〇九七～九九 平安
承平（じょうへい） 九三一～三八 平安
承保（じょうほう） 一〇七四～七七 平安
承暦（じょうりゃく） 一〇七七～八一 平安
承和（じょうわ） 八三四～四八 平安
貞永（じょうえい） 一二三二～三三 鎌倉
貞応（じょうおう） 一二二二～二四 鎌倉
貞観（じょうがん） 八五九～七七 平安
貞享（じょうきょう） 一六八四～八八 江戸
貞元（じょうげん） 九七六～七八 平安
貞治（じょうじ） 一三六二～六八 北朝
貞和（じょうわ） 一三四五～五〇 北朝
（仁→にん）
神亀（じんき） 七二四～二九 奈良
神護景雲（じんごけいうん） 七六七～七〇 奈良

す

朱鳥（すちょう）→しゅちょう

た

大永（だいえい） 一五二一～二八 室町
大化（たいか） 六四五～五〇 飛鳥
大治（だいじ） 一一二六～三一 平安
大正（たいしょう） 一九一二～二六 大正
大同（だいどう） 八〇六～一〇 平安
大宝（たいほう） 七〇一～〇四 飛鳥

ち

（治→じ）
長寛（ちょうかん） 一一六三～六五 平安
長久（ちょうきゅう） 一〇四〇～四四 平安
長享（ちょうきょう） 一四八七～八九 室町
長元（ちょうげん） 一〇二八～三七 平安
長治（ちょうじ） 一一〇四～〇六 平安
長承（ちょうしょう） 一一三二～三五 平安
長徳（ちょうとく） 九九五～九九 平安
長保（ちょうほう） 九九九～一〇〇四 平安
長暦（ちょうりゃく） 一〇三七～四〇 平安
長禄（ちょうろく） 一四五七～六〇 室町
長和（ちょうわ） 一〇一二～一七 平安

て

（貞→じょう）
天安（てんあん） 八五七～五九 平安
天永（てんえい） 一一一〇～一三 平安
天延（てんえん） 九七三～七六 平安
天応（てんおう） 七八一～八二 奈良
天喜（てんぎ） 一〇五三～五八 平安
天慶（てんぎょう） 九三八～四七 平安
天元（てんげん） 九七八～八三 平安
天治（てんじ） 一一二四～二六 平安
天授（てんじゅ） 一三七五～八一 南朝
天正（てんしょう） 一五七三～九二 安土桃山
天承（てんしょう） 一一三一～三二 平安
天長（てんちょう） 八二四～三四 平安
天徳（てんとく） 九五七～六一 平安
天仁（てんにん） 一一〇八～一〇 平安
天平（てんぴょう） 七二九～四九 奈良
天平感宝（てんぴょうかんぽう） 七四九 奈良
天平勝宝（てんぴょうしょうほう） 七四九～五七 奈良
天平神護（てんぴょうじんご） 七六五～六七 奈良
天平宝字（てんぴょうほうじ） 七五七～六五 奈良
天福（てんぷく） 一二三三～三四 鎌倉
天文（てんぶん） 一五三二～五五 室町
天保（てんぽう） 一八三〇～四四 江戸
天明（てんめい） 一七八一～八九 江戸
天養（てんよう） 一一四四～四五 平安
天暦（てんりゃく） 九四七～五七 平安
天禄（てんろく） 九七〇～七三 平安
天和（てんわ（な）） 一六八一～八四 江戸

と

徳治（とくじ） 一三〇六～〇八 鎌倉

に

仁安（にんあん） 一一六六～六九 平安
仁治（にんじ） 一二四〇～四三 鎌倉
仁寿（にんじゅ） 八五一～五四 平安
仁平（にんぴょう） 一一五一～五四 平安
仁和（にんわ（な）） 八八五～八九 平安

は

白雉（はくち） 六五〇～五四 飛鳥

ふ

文安（ぶんあん） 一四四四～四九 室町
文永（ぶんえい） 一二六四～七五 鎌倉
文応（ぶんおう） 一二六〇～六一 鎌倉
文化（ぶんか） 一八〇四～一八 江戸
文亀（ぶんき） 一五〇一～〇四 室町
文久（ぶんきゅう） 一八六一～六四 江戸
文治（ぶんじ） 一一八五～九〇 平安
文正（ぶんしょう） 一四六六～六七 室町
文政（ぶんせい） 一八一八～三〇 江戸
文中（ぶんちゅう） 一三七二～七五 南朝
文保（ぶんぽう） 一三一七～一九 鎌倉
文明（ぶんめい） 一四六九～八七 室町
文暦（ぶんりゃく） 一二三四～三五 鎌倉
文禄（ぶんろく） 一五九二～九六 安土桃山
文和（ぶんわ（な）） 一三五二～五六 北朝

へ

平治（へいじ） 一一五九～六〇 平安
平成（へいせい） 一九八九～ 平成

ほ

保安（ほうあん） 一一二〇～二四 平安
保延（ほうえん） 一一三五～四一 平安
保元（ほうげん） 一一五六～五九 平安
宝永（ほうえい） 一七〇四～一一 江戸
宝亀（ほうき） 七七〇～八一 奈良
宝治（ほうじ） 一二四七～四九 鎌倉
宝徳（ほうとく） 一四四九～五二 室町
宝暦（ほうれき） 一七五一～六四 江戸

ま

万延（まんえん） 一八六〇～六一 江戸
万治（まんじ） 一六五八～六一 江戸
万寿（まんじゅ） 一〇二四～二八 平安

め

明応（めいおう） 一四九二～一五〇一 室町
明治（めいじ） 一八六八～一九一二 明治
明徳（めいとく） 一三九〇～九四 北朝
明暦（めいれき） 一六五五～五八 江戸
明和（めいわ） 一七六四～七二 江戸

よ

養老（ようろう） 七一七～二四 奈良
養和（ようわ） 一一八一～八二 平安

り

暦応（りゃくおう） 一三三八～四二 北朝
暦仁（りゃくにん） 一二三八～三九 鎌倉

れ

霊亀（れいき） 七一五～一七 奈良
（暦→りゃく）

わ

和銅（わどう） 七〇八～一五 飛鳥奈良

18

資

資料18

年号対照表

一、本表は、飛鳥時代以降の時代、年号、天皇を西暦と共に示している。飛鳥時代以前と明治時代以降は略している。
二、同時代の重要人物は、摂政・関白、将軍・執権、あるいはそれに準ずる人物、また、文化史的な重要人物を示している。
また、※印は、文化史上の時期を示している。
三、天皇欄の（　）は代数、〈　〉は北朝天皇代数を示している。重要人物欄の（　）は将軍代数、〈　〉は執権代数を示している。

時代区分	時代	西暦	年号	西暦	天皇	在位	同時代の重要人物
上代／上世／上古	飛鳥	592～710	｜		推古(33)	592～628	聖徳太子
							小野妹子
			｜		舒明(34)	629～641	
			｜		皇極(35)	642～645	蘇我入鹿
			大化	645～650	孝徳(36)	645～654	藤原鎌足
			白雉	650～654			
			｜		斉明(37・皇極)	655～661	
			｜		天智(38)	668～671	
			｜		弘文(39)	671～672	
			｜		天武(40)	673～686	
			朱鳥	686			
			｜		持統(41)	690～697	
			｜		文武(42)	697～707	
			大宝	701～704			藤原不比等
			慶雲(きょううん)	704～708			
			和銅	708～715	元明(43)	707～715	
			霊亀	715～717	元正(44)	715～724	
			養老	717～724			阿倍仲麻呂
			神亀	724～729	聖武(45)	724～749	

18

奈良 710～79				
天平（てんぴょう）	729～749			行基（ぎょうき）
天平感宝（てんぴょうかんぽう）	749			
天平勝宝（てんぴょうしょうほう）	749～757	孝謙（こうけん）(46)	749～758	鑑真（がんじん）
天平宝字（てんぴょうほうじ）	757～765	淳仁（じゅんにん）(47)	758～764	藤原仲麻呂（ふじわらのなかまろ）
天平神護（てんぴょうじんご）	765～767	称徳（しょうとく）(48・孝謙)	764～770	弓削道鏡（ゆげのどうきょう）
神護景雲（じんごけいうん）	767～770			
宝亀（ほうき）	770～781	光仁（こうにん）(49)	770～781	
天応（てんおう）	781～782			
延暦（えんりゃく）	782～806	桓武（かんむ）(50)	781～806	最澄（さいちょう）／空海（くうかい）
大同（だいどう）	806～810	平城（へいぜい）(51)	806～809	
弘仁（こうにん）	810～824	嵯峨（さが）(52)	809～823	
天長（てんちょう）	824～834	淳和（じゅんな）(53)	823～833	
承和（じょうわ）	834～848	仁明（にんみょう）(54)	833～850	
嘉祥（かしょう）	848～851			
仁寿（にんじゅ）	851～854	文徳（もんとく）(55)	850～858	
斉衡（さいこう）(さいこう)	854～857			
天安（てんあん）(てんなん)	857～859			
貞観（じょうがん）	859～877	清和（せいわ）(56)	858～876	藤原良房（ふじわらのよしふさ）
元慶（がんぎょう）	877～885	陽成（ようぜい）(57)	876～884	
仁和（にんな）(にんわ)	885～889	光孝（こうこう）(58)	884～887	藤原基経（ふじわらのもとつね）
寛平（かんぴょう）	889～898	宇多（うだ）(59)	887～897	菅原道真（すがわらのみちざね）
昌泰（しょうたい）(しょうたい)	898～901			藤原時平（ふじわらのときひら）

延喜	901～923	醍醐(60)	897～930	
延長	923～931			
承平（じょうへい（しょうへい））	931～938	朱雀(61)	930～946	藤原忠平 平将門
天慶	938～947			藤原純友
天暦	947～957	村上(62)	946～967	
天徳	957～961			
応和	961～964			
康保	964～968			
安和	968～970	冷泉(63)	967～969	
天禄	970～973	円融(64)	969～984	藤原頼忠
天延	973～976			
貞元	976～978			
天元	978～983			
永観	983～985			
寛和	985～987	花山(65)	984～986	藤原兼家
永延	987～989	一条(66)	986～1011	
永祚	989～990			
正暦（じょうりゃく（しょうりゃく））	990～995			
長徳	995～999			藤原道長
長保（ちょうほ（ちょうほう））	999～1004			
寛弘	1004～1012			
長和	1012～1017	三条(67)	1011～1016	
寛仁	1017～1021	後一条(68)	1016～1036	藤原頼通
治安	1021～1024			

中古

平安

794〜（1185〜1192）

元号	期間	天皇	在位	人物
万寿（まんじゅ）	1024〜1028			
長元（ちょうげん）	1028〜1037			
長暦（ちょうりゃく）	1037〜1040	後朱雀（ごすざく）(69)	1036〜1045	
長久（ちょうきゅう）	1040〜1044			
寛徳（かんとく）	1044〜1046			
永承（えいしょう）	1046〜1053	後冷泉（ごれいぜい）(70)	1045〜1068	
天喜（てんぎ）	1053〜1058			
康平（こうへい）	1058〜1065			
治暦（じりゃく）（ちりゃく）	1065〜1069			
延久（えんきゅう）	1069〜1074	後三条（ごさんじょう）(71)	1034〜1072	
承保（じょうほう）	1074〜1077	白河（しらかわ）(72)	1072〜1087	
承暦（じょうりゃく）	1077〜1081			
永保（えいほう）	1081〜1084			源義家（みなもとのよしいえ）
応徳（おうとく）	1084〜1087			※院政期（1086〜1185）
寛治（かんじ）	1087〜1094	堀河（ほりかわ）(73)	1087〜1107	
嘉保（かほう）	1094〜1096			
永長（えいちょう）	1096〜1097			
承徳（じょうとく）（しょうとく）	1097〜1099			
康和（こうわ）	1099〜1104			
長治（ちょうじ）	1104〜1106			
嘉承（かしょう）	1106〜1108			
天仁（てんにん）	1108〜1110	鳥羽（とば）(74)	1107〜1123	
天永（てんえい）	1110〜1113			
永久（えいきゅう）	1113〜1118			平忠盛（たいらのただもり）

資

年号	西暦	天皇	在位	人物
元永(げんえい)	1118～1120			
保安(ほうあん)	1120～1124			
天治(てんじ)	1124～1126			
大治(だいじ(たいじ))	1126～1131			
天承(てんしょう)	1131～1132			
長承(ちょうしょう)	1132～1135	崇徳(すとく)㊵	1123～1142	
保延(ほうえん)	1135～1141			
永治(えいじ)	1141～1142			
康治(こうじ)	1142～1144			
天養(てんよう)	1144～1145			
久安(きゅうあん)	1145～1151	近衛(このえ)(76)	1142～1155	
仁平(にんぺい(にんぴょう))	1151～1154			
久寿(きゅうじゅ)	1154～1156			
保元(ほうげん)	1156～1159	後白河(ごしらかわ)(77)	1155～1158	
平治(へいじ)	1159～1160			源義朝(みなもとのよしとも) 平清盛(たいらのきよもり)
永暦(えいりゃく)	1160～1161	二条(にじょう)(78)	1158～1165	
応保(おうほう)	1161～1163			
長寛(ちょうかん)	1163～1165			
永万(えいまん)	1165～1166			
仁安(にんあん)	1166～1169	六条(ろくじょう)(79)	1165～1168	
嘉応(かおう)	1169～1171			
承安(じょうあん(しょうあん))	1171～1175			
安元(あんげん)	1175～1177	高倉(たかくら)(80)	1168～1180	法然(ほうねん)
治承(じしょう)	1177～1181			

18

資

年号	期間	天皇	在位	将軍・執権
養和（ようわ）	1181～1182	安徳（あんとく）(81)	1180～1185	
寿永（じゅえい）	1182～1184	後鳥羽（ごとば）(82)	1183～1198	
元暦（げんりゃく）	1184～1185			
文治（ぶんじ）	1185～1190			
建久（けんきゅう）	1190～1199			源頼朝（みなもとのよりとも）(1)
正治（しょうじ）	1199～1201	土御門（つちみかど）(83)	1198～1210	
建仁（けんにん）	1201～1204			
元久（げんきゅう）	1204～1206			源頼家（みなもとのよりいえ）(2) 北条時政（ほうじょうときまさ）〈1〉
建永（けんえい）	1206～1207			
承元（じょうげん）	1207～1211			
建暦（けんりゃく）	1211～1213	順徳（じゅんとく）(84)	1210～1221	
建保（けんぽう）	1213～1219			源実朝（みなもとのさねとも）(3)
承久（じょうきゅう）	1219～1222	仲恭（ちゅうきょう）(85)	1221～1221	北条義時（ほうじょうよしとき）〈2〉
貞応（じょうおう）	1222～1224	後堀河（ごほりかわ）(86)	1221～1232	
元仁（げんにん）	1224～1225			
嘉禄（かろく）	1225～1227			
安貞（あんてい）	1227～1229			
寛喜（かんき（かんぎ））	1229～1232			
貞永（じょうえい）	1232～1233	四条（しじょう）(87)	1232～1242	北条泰時（ほうじょうやすとき）〈3〉
天福（てんぷく）	1233～1234			
文暦（ぶんりゃく）	1234～1235			
嘉禎（かてい）	1235～1238			

鎌倉時代

(1185～1192)～1333

年号	西暦	天皇	在位	人物
暦仁(りゃくにん)	1238～1239			
延応(えんおう)(えんのう)	1239～1240			
仁治(にんじ)	1240～1243			北条経時(ほうじょうつねとき)〈4〉
寛元(かんげん)	1243～1247	後嵯峨(ごさが)(88)	1242～1246	北条時頼(ほうじょうときより)〈5〉／道元(どうげん)
宝治(ほうじ)	1247～1249			親鸞(しんらん)
建長(けんちょう)	1249～1256			日蓮(にちれん)
康元(こうげん)	1256～1257	後深草(ごふかくさ)(89)	1246～1259	
正嘉(しょうか)	1257～1259			
正元(しょうげん)	1259～1260			
文応(ぶんおう)	1260～1261			
弘長(こうちょう)	1261～1264	亀山(かめやま)(90)	1259～1274	
文永(ぶんえい)	1264～1275			北条時宗(ほうじょうときむね)〈8〉
建治(けんじ)	1275～1278	後宇多(ごうだ)(91)	1274～1287	
弘安(こうあん)	1278～1288			北条貞時(ほうじょうさだとき)〈9〉
正応(しょうおう)	1288～1293	伏見(ふしみ)(92)	1287～1298	
永仁(えいにん)	1293～1299			
正安(しょうあん)	1299～1302	後伏見(ごふしみ)(93)	1298～1301	
乾元(けんげん)	1302～1303			
嘉元(かげん)	1303～1306	後二条(ごにじょう)(94)	1301～1308	
徳治(とくじ)	1306～1308			
延慶(えんきょう)(えんぎょう)	1308～1311			
応長(おうちょう)	1311～1312	花園(はなぞの)(95)	1308～1318	
正和(しょうわ)	1312～1317			北条高時(ほうじょうたかとき)〈14〉
文保(ぶんぽう)	1317～1319			
元応(げんおう)	1319～1321			

資

中世

南北朝時代

1336～1392

南朝	西暦
延元(えんげん)	1336～1340
興国(こうこく)	1340～1346
正平(しょうへい)	1346～1370
建徳(けんとく)	1370～1372
文中(ぶんちゅう)	1372～1375
天授(てんじゅ)	1375～1381
弘和(こうわ)	1381～1384

南朝天皇	在位
後醍醐(ごだいご)(96)	1318～1339
後村上(ごむらかみ)(97)	1339～1368
長慶(ちょうけい)(98)	1368～1383

北朝	西暦
正慶(しょうきょう)	1332～1333?(4?)
建武(けんむ)	1334～1338
暦応(りゃくおう)	1338～1342
康永(こうえい)	1342～1345
貞和(じょうわ)	1345～1350
観応(かんおう)	1350～1352
文和(ぶんな(ぶんわ))	1352～1356
延文(えんぶん)	1356～1361
康安(こうあん)	1361～1362
貞治(じょうじ)	1362～1368
応安(おうあん)	1368～1375
永和(えいわ)	1375～1379
康暦(こうりゃく)	1379～1381
永徳(えいとく)	1381～1384
至徳(しとく)	1384～1387

北朝天皇	在位
光厳(こうごん)〈1〉	1331～1333
光明(こうみょう)〈2〉	1336～1348
崇光(すこう)〈3〉	1348～1351
後光厳(ごこうごん)〈4〉	1352～1371
後円融(ごえんゆう)〈5〉	1371～1382

足利尊氏(あしかがたかうじ)(1)
足利義詮(あしかがよしあきら)(2)
足利義満(あしかがよしみつ)(3)

年号	西暦	人物
元亨	1321～1324	
正中(しょうちゅう)	1324～1326	日野資朝(ひのすけとも)
嘉暦(かりゃく)	1326～1329	
元徳(げんとく)	1329～1331	
元弘(げんこう)	1331～1334	
建武(けんむ)	1334～1336	楠木正成(くすのきまさしげ)

後醍醐(ごだいご)(96) 1318～1339

18

室町時代

1336～1573

元号	期間
元中(げんちゅう)	1384～1392
嘉慶(かきょう(かけい))	1387～1389
康応(こうおう)	1389～1390
明徳(めいとく)	1390～1394
応永(おうえい)	1394～1428
正長(しょうちょう)	1428～1429
永享(えいきょう)	1429～1441
嘉吉(かきつ)	1441～1444
文安(ぶんあん)	1444～1449
宝徳(ほうとく)	1449～1452
享徳(きょうとく)	1452～1455
康正(こうしょう)	1455～1457
長禄(ちょうろく)	1457～1460
寛正(かんしょう)	1460～1466
文正(ぶんしょう)	1466～1467
応仁(おうにん)	1467～1469
文明(ぶんめい)	1469～1487
長享(ちょうきょう)	1487～1489
延徳(えんとく)	1489～1492
明応(めいおう)	1492～1501
文亀(ぶんき)	1501～1504
永正(えいしょう)	1504～1521

天皇	在位
後亀山(ごかめやま)(99)	1383～1392
後小松(ごこまつ)〈6〉(100)	1382～1412
称光(しょうこう)(101)	1412～1428
後花園(ごはなぞの)(102)	1428～1464
後土御門(ごつちみかど)(103)	1464～1500
後柏原(ごかしわばら)(104)	1500～1526

将軍・人物
足利義持(あしかがよしもち)(4)
足利義量(あしかがよしかず)(5)
足利義教(あしかがよしのり)(6)
足利義勝(あしかがよしかつ)(7)
足利義政(あしかがよしまさ)(8)
一休宗純(いっきゅうそうじゅん)
足利義尚(あしかがよしひさ)(9)
足利義稙(あしかがよしたね)(10)
足利義澄(あしかがよしずみ)(11)
足利義稙(あしかがよしたね)(10・再)

資

年号	期間
大永	1521～1528
享禄	1528～1532
天文	1532～1555
弘治	1555～1558
永禄	1558～1570
元亀	1570～1573
天正	1573～1592
文禄	1592～1596
慶長	1596～1615
元和	1615～1624
寛永	1624～1644
正保	1644～1648
慶安	1648～1652
承応	1652～1655
明暦	1655～1658
万治	1658～1661

安土桃山 1573～1603

天皇	在位
後奈良(105)	1526～1557
正親町(106)	1557～1586
後陽成(107)	1586～1611
後水尾(108)	1611～1629
明正(109)	1629～1643
後光明(110)	1643～1654
後西(111)	1654～1663

人物
足利義晴(12)
足利義輝(13)
足利義栄(14)
足利義昭(15)
武田信玄
上杉謙信
織田信長／明智光秀
豊臣秀吉
徳川家康(1)
※慶長期（1596～1615）
徳川秀忠(2)
徳川家光(3)
伊達政宗
徳川家綱(4)
徳川綱吉(5)

18

近世

江戸時代

1603～1868

元号	年
寛文（かんぶん）	1661～1673
延宝（えんぽう）	1673～1681
天和（てんな）	1681～1684
貞享（じょうきょう）	1684～1688
元禄（げんろく）	1688～1704
宝永（ほうえい）	1704～1711
正徳（しょうとく）	1711～1716
享保（きょうほう）	1716～1736
元文（げんぶん）	1736～1741
寛保（かんぽう（かんぽ））	1741～1744
延享（えんきょう）	1744～1748
寛延（かんえん）	1748～1751
宝暦（ほうれき）	1751～1764
明和（めいわ）	1764～1772
安永（あんえい）	1772～1781
天明（てんめい）	1781～1789
寛政（かんせい）	1789～1801
享和（きょうわ）	1801～1804
文化（ぶんか）	1804～1818

天皇	在位
霊元（れいげん）(112)	1663～1687
東山（ひがしやま）(113)	1687～1709
中御門（なかみかど）(114)	1709～1735
桜町（さくらまち）(115)	1735～1747
桃園（ももぞの）(116)	1747～1762
後桜町（ごさくらまち）(117)	1762～1770
後桃園（ごももぞの）(118)	1770～1779
光格（こうかく）(119)	1779～1817

- ※元禄期（1688～1704）
- 徳川家宣（とくがわいえのぶ）(6)
- 徳川家継（とくがわいえつぐ）(7)
- 徳川吉宗（とくがわよしむね）(8)
- ※享保期（1716～1736）
- 徳川家重（とくがわいえしげ）(9)
- 徳川家治（とくがわいえはる）(10)
- 田沼意次（たぬまおきつぐ）
- 徳川家斉（とくがわいえなり）(11)
- 松平定信（まつだいらさだのぶ）
- ※化政期（1804～1830）

18

文政	1818～1830	
天保	1830～1844	
弘化	1844～1848	
嘉永	1848～1854	
安政	1854～1860	
万延	1860～1861	
文久	1861～1864	
元治	1864～1865	
慶応	1865～1868	

仁孝(120)	1817～1846
孝明(121)	1846～1866

徳川家慶(12)
水野忠邦
徳川家定(13)
徳川家茂(14)
井伊直弼
※安政期（1854～1860）
勝海舟
徳川慶喜(15)

資料19

古典文学と宗教

一 日本人と宗教

縄文時代の人々は、山や海や太陽などすべての自然物や自然現象に霊魂があると考え、崇拝した。生殖や豊穣を願い、女性をかたどった土偶を祭ったり、死者の霊を恐れて、祭ったりした。

弥生時代に農業の始まりに伴い、太陽・雨・風など農業に密接な関連のあるものが神として祭られ、また祖先崇拝が始まり、氏神が成立した。邪馬台国の女王卑弥呼は、このころの呪術的宗教の巫女で、太占（＝鹿の肩甲骨を焼き、表面に生じたひび割れの形によって吉凶や神意を占う）や盟神探湯（＝沸騰した湯の中に手を入れ、火傷の有無により正邪を判定する）によって神意をうかがい、国を統治した。

六世紀に大陸から仏教が伝わると、古墳時代までの固有の呪術的宗教が「神道」という形でまとまり、伊勢神宮や出雲大社などもできていった。外来宗教である仏教が優位を占めるようになると、神社に付属する神宮寺という寺が建立され、神仏習合（＝神道と仏教の教義を取り合わせて折衷すること）が行われ、明治初年まで続いた。

二 神道

神道の原初的形態は、『古事記』『日本書紀』『祝詞』などによってうかがえる。古く、神社は社殿を持たず、聖地を定めてそこに神霊を迎え、祭りを行った。後に社殿を設けることとなり、律令時代に入ってからは、朝廷に神祇官が置かれ神社神道が整えられた。

神仏習合は、仏教の立場からは、仏が民衆を救うために仮の神の姿をとって現れるとした。これを「本地垂迹」という。

本地垂迹の代表的なものに八幡信仰がある。『徒然草』などに現れる石清水八幡宮は、もと石清水寺であったものが、宇佐八幡として信仰を集めていた八幡神を勧請（＝霊を分けて移し祭ること）し、改修ののち成立したものである。朝廷や武家に守護神として長く信仰された。

鎌倉時代以降、本地垂迹説と反本地垂迹説の両派が盛衰を繰り返し明治維新まで続いた。

三 仏教

釈迦が紀元前五世紀にインドで始め、アジアを東進して伝来した。人間的苦悩を克服した境地に入った者を仏陀とし、だれでも修行によって仏陀になれると説いた。

仏教の宗派は数多く、奈良時代には三論宗・法相宗・律宗・華厳宗などが行われていた。平安時代初期に伝教大師最澄と弘法大師空海が唐から天台宗と真言宗を伝え、平安貴族の信仰を獲得する。平安時代中期以後、浄土思想が広まる。浄土とは、阿弥陀如来の世界である西方極楽浄土である。仮のすみかである現世から、真の安楽の地である死後の来世にいくことを極楽往生という。極楽往生を願う浄土思想を背景にした浄土信仰が広まり、貴族の女性などの間で石山寺、清水寺、長谷寺への参詣が流行した。『蜻蛉日記』『更級日記』などに、その様子が書かれている。のち、鎌倉時代に法然の浄土宗、親鸞の浄土真宗、一遍の時宗などが生まれた。

【天台宗】

平安時代初期に最澄が比叡山延暦寺に開いた。のちに密教化して台密とよばれ、貴族の信仰を集めた。

【真言宗】

平安時代初期に空海が高野山金剛峰寺と京都の東寺に開いた。加持祈禱による現世利益

（この世での仏のめぐみ）の追求、万物の平等無差別などを説いた。貴族が病気平癒をはじめとして祈願成就を願ったことが『源氏物語』など、多くの作品に記されている。真言宗系の密教を東密といい、天台宗系の台密とともに、祈禱を重視し、呪文や儀式を持つ山岳仏教として発展した。

【浄土宗】

鎌倉時代に法然が開いた。総本山は京都の知恩院。南無阿弥陀仏と念仏を唱えれば、すべての人々が極楽に往生できると説いた。

【浄土真宗】

鎌倉時代に法然の弟子の親鸞が開いた。親鸞は『教行信証』を著し、阿弥陀への信心だけで往生が約束されると説いた。親鸞の語録に『歎異抄』がある。

【時宗】

鎌倉時代に一遍が開いた。総本山は相模国の清浄光寺（遊行寺）。一遍は全国各地を遊行し、念仏を唱えながら鉦・太鼓に合わせて踊る、「踊念仏」を始め、普及に努めた。

【日蓮宗】

法華宗とも。鎌倉時代に日蓮が開いた。総本山は甲斐の久遠寺。南無妙法蓮華経と唱えることで、人々は救われると説いた。日蓮は辻説法によって他宗を攻撃し、国難を予言して流罪となった。

【禅宗】

鎌倉時代に栄西が臨済宗を、道元が曹洞宗を、江戸時代に隠元が黄檗宗を伝えた。座禅を中心とした修行により、心の本性が明らかにされて悟りが得られると説く。文学と関わりが深く、五山文学を生んだ。鎌倉時代末期以降、天龍寺をはじめとする京都の五山の僧侶によって、漢詩文や注釈書が書かれた。

四 仏教説話と本地物

仏教を広めるため教義を易しく説いた話や霊験譚など、仏教の思想や信仰が盛り込まれている話を、仏教説話という。これらの話は『日本霊異記』『三宝絵詞』『今昔物語集』などに収められている。また、本地垂迹説の影響によって書かれた作品は本地物といわれ、社寺縁起、高僧伝、『物ぐさ太郎』をはじめとする御伽草子などがある。

五 作品の舞台としての寺社

物語や日記の舞台となった寺院や神社は多い。当時のそれらは一種の社交の場であり、大衆の情報交換の場であった。「賀茂の祭り」の行事・行列の見物も、そのようなレクリエーションの一つとなっていて、『源氏物語』などの物語や日記文学、また『徒然草』などの随筆の、有名な場面となっている。

六 無常観と隠者文学

【無常観】

鎌倉・室町時代の「隠者文学」を貫くものは無常観である。無常観は、「諸行は無常である（この世の一切の物・事は生滅・変化して、とどまらない）」とする仏教の世界観だが、それを人の生に結び付けて、無常＝死を意味するようにもなった。

【隠者文学】

この無常観を背景に、平安時代末期から鎌倉・室町時代にかけて隠者文学の担い手となったのが、出家して現実社会を逃れた『山家集』の西行、『方丈記』の鴨長明、『徒然草』の吉田兼好らである。かれらの出家の動機は、西行は別として、仏道への積極的な情熱からというよりも、現世の身分・地位・立場から離れた、隠者という中間的な場に身を置くことによって、自由を手に入れるためであった。隠者文学は、とりあえず安定している身分を捨てることによって、野たれ死にの自由を含む、自由という立場から書かれた、いわば命がけの作品であった。

七 キリスト教

イエス=キリストが始め、唯一絶対の神を信じて救いを得ようとするもので、イエズス会のフランシスコ=ザビエルによって伝来した。戦国時代、民衆の間に広まったが、秀吉以後、禁止・弾圧された。室町時代末期以降、宣教師によって、日本語に翻訳または日本語で書かれた読み物・宗教書などが出版された。これをキリシタン文学という。

資料20

時刻・方位・干支

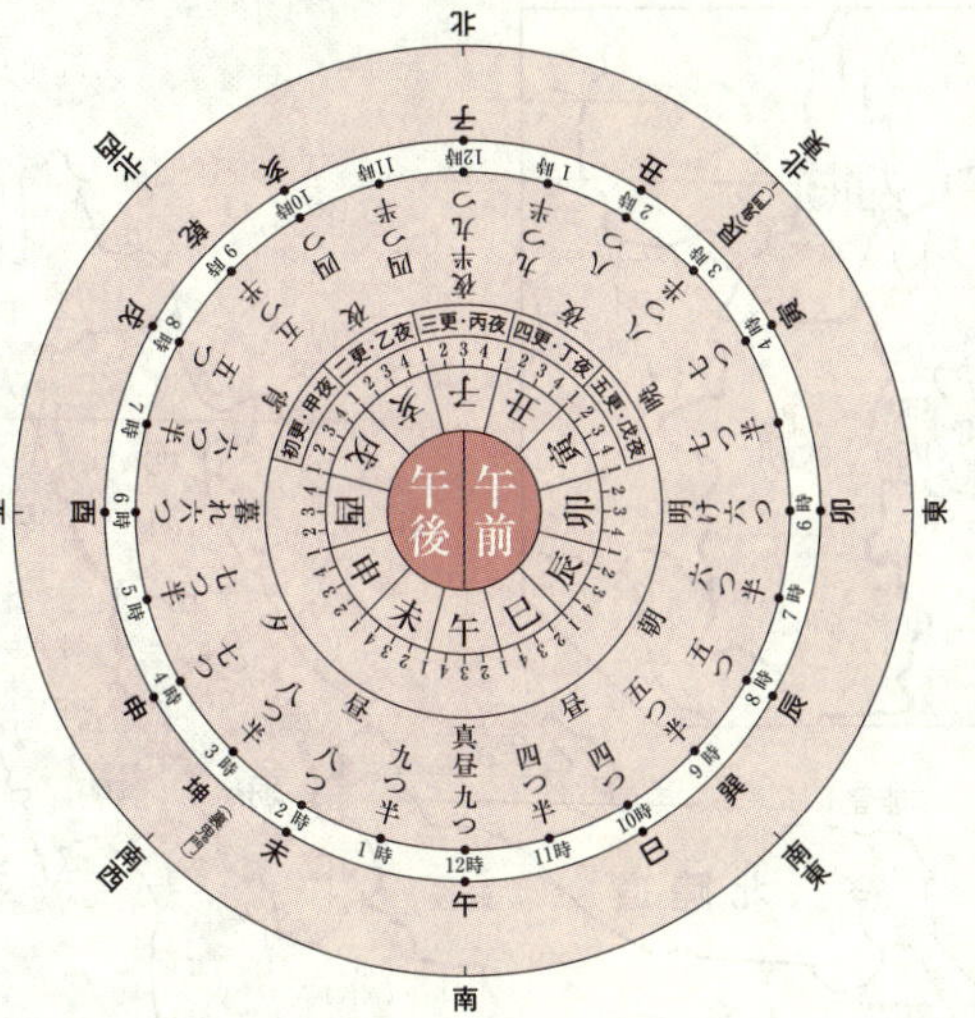

十干

中国古来の学説で、天地の間をめぐり動いて万物を組成するとされる木・火・土・金・水の五行を、それぞれ兄（陽）・弟（陰）に分け、甲・乙・丙…など十の文字に当てたもの。「きのえ」「きのと」「ひのえ」…と読む。

五行	兄弟	十干
木（モク）	兄	木の兄（きのえ）＝甲（カフ）
	弟	木の弟（きのと）＝乙（オツ）
火（クワ）	兄	火の兄（ひのえ）＝丙（ヘイ）
	弟	火の弟（ひのと）＝丁（テイ）
土（ド）	兄	土の兄（つちのえ）＝戊（ボ）
	弟	土の弟（つちのと）＝己（キ）
金（ゴン）	兄	金の兄（かのえ）＝庚（カウ）
	弟	金の弟（かのと）＝辛（シン）
水（スイ）	兄	水の兄（みづのえ）＝壬（ジン）
	弟	水の弟（みづのと）＝癸（キ）

干支

十干と十二支の組み合わせを「干支（えと・かんし）」といい、六十組できる。年の順番では六十一年目にもとにもどり、数え年六十一歳（満六十歳）を還暦（かんれき）という。

時刻

わが国の時法には、古く定時法と不定時法の二種があった。定時法は一日を十二等分するもので、一時（ひととき）は二時間に当たる。不定時法は昼と夜をそれぞれ六等分するもので、季節により、一時の長さが異なる。これは江戸時代に広く行われていた。

方位

三百六十度を十二等分して、それぞれに十二支を当てはめ、北を「子（ね）」、南を「午（うま）」などと呼んだ。また、北東を「艮（うしとら）」、南東を「巽（たつみ）」、南西を「坤（ひつじさる）」、北西を「乾（いぬい）」と呼んだ。陰陽道（おんみょうどう）では、艮を「鬼門」、坤を「裏鬼門」と称し、不吉な方角とした。

十二支

一年十二か月を表す子・丑・寅…など十二の文字にそれぞれ動物名を当てはめて、「ね」「うし」「とら」…と読むもの。時刻・方位を示すのに用いる。

十二支	読み	動物	十二支	読み	動物
子（シ）	ね	（鼠）（ねずみ）	午（ゴ）	うま	（馬）
丑（チウ）	うし	（牛）	未（ビ）	ひつじ	（羊）
寅（イン）	とら	（虎）	申（シン）	さる	（猿）
卯（バウ）	う	（兎）（うさぎ）	酉（イウ）	とり	（鶏）（にわとり）
辰（シン）	たつ	（竜）	戌（ジュツ）	いぬ	（犬）
巳（シ）	み	（蛇）（みずち）	亥（ガイ）	ゐ	（猪）（いのしし）

1 甲子（きのえね）	11 甲戌（きのえいぬ）	21 甲申（きのえさる）	31 甲午（きのえうま）	41 甲辰（きのえたつ）	51 甲寅（きのえとら）
2 乙丑（きのとうし）	12 乙亥（きのとゐ）	22 乙酉（きのととり）	32 乙未（きのとひつじ）	42 乙巳（きのとみ）	52 乙卯（きのとう）
3 丙寅（ひのえとら）	13 丙子（ひのえね）	23 丙戌（ひのえいぬ）	33 丙申（ひのえさる）	43 丙午（ひのえうま）	53 丙辰（ひのえたつ）
4 丁卯（ひのとう）	14 丁丑（ひのとうし）	24 丁亥（ひのとゐ）	34 丁酉（ひのととり）	44 丁未（ひのとひつじ）	54 丁巳（ひのとみ）
5 戊辰（つちのえたつ）	15 戊寅（つちのえとら）	25 戊子（つちのえね）	35 戊戌（つちのえいぬ）	45 戊申（つちのえさる）	55 戊午（つちのえうま）
6 己巳（つちのとみ）	16 己卯（つちのとう）	26 己丑（つちのとうし）	36 己亥（つちのとゐ）	46 己酉（つちのととり）	56 己未（つちのとひつじ）
7 庚午（かのえうま）	17 庚辰（かのえたつ）	27 庚寅（かのえとら）	37 庚子（かのえね）	47 庚戌（かのえいぬ）	57 庚申（かのえさる）
8 辛未（かのとひつじ）	18 辛巳（かのとみ）	28 辛卯（かのとう）	38 辛丑（かのとうし）	48 辛亥（かのとゐ）	58 辛酉（かのととり）
9 壬申（みづのえさる）	19 壬午（みづのえうま）	29 壬辰（みづのえたつ）	39 壬寅（みづのえとら）	49 壬子（みづのえね）	59 壬戌（みづのえいぬ）
10 癸酉（みづのととり）	20 癸未（みづのとひつじ）	30 癸巳（みづのとみ）	40 癸卯（みづのとう）	50 癸丑（みづのとうし）	60 癸亥（みづのとゐ）

資

資料21

旧国名・都道府県名対照地図

現在の日本国の領土のうち、島嶼(とうしょ)部などの一部を省略している。

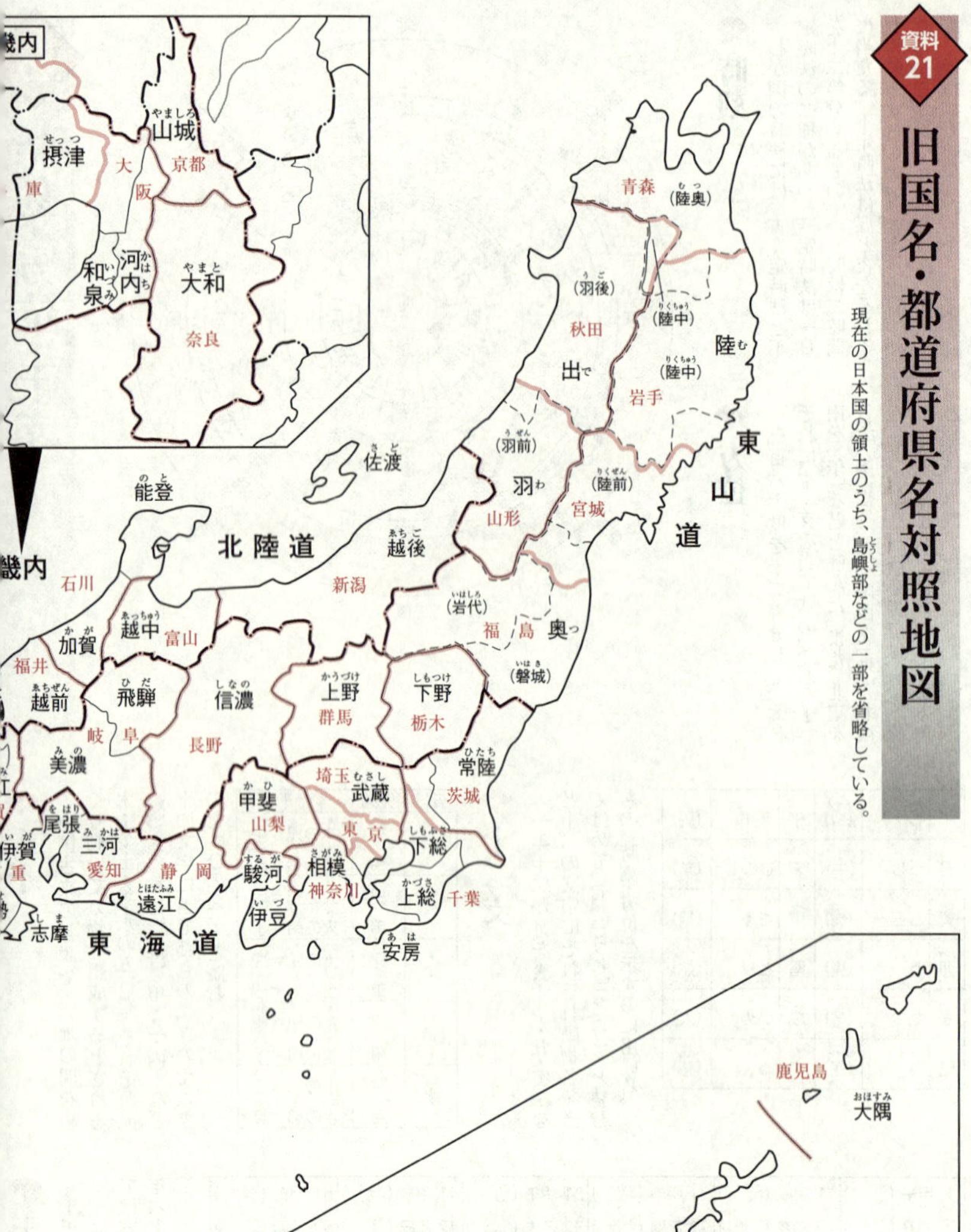

畿内
山城(やましろ)
京都
摂津(せっつ)
大阪
庫
河内(かわち)
和泉(いずみ)
大和(やまと)
奈良

青森
(陸奥(むつ))
(羽後(うご))
秋田
(陸中(りくちゅう))
陸奥(むつ)
(陸中(りくちゅう))
出羽(でわ)
岩手
東山道
(羽前(うぜん))
(陸前(りくぜん))
宮城
山形
佐渡(さど)
能登(のと)
北陸道
越後(えちご)
畿内
石川
新潟
(岩代(いわしろ))
福島
越中(えっちゅう)
富山
加賀(かが)
福井
(磐城(いわき))
上野(こうづけ)
下野(しもつけ)
飛騨(ひだ)
信濃(しなの)
越前(えちぜん)
群馬
栃木
岐阜
長野
美濃(みの)
常陸(ひたち)
埼玉
武蔵(むさし)
甲斐(かい)
茨城
尾張(おはり)
山梨
東京
三河(みかわ)
下総(しもうさ)
伊賀(いが)
重
愛知
静岡
駿河(するが)
相模(さがみ)
神奈川
上総(かずさ)
千葉
遠江(とおたふみ)
伊豆(いず)
志摩(しま)
東海道
安房(あわ)

鹿児島
大隅(おおすみ)
沖縄
琉球(りゅうきゅう)

21

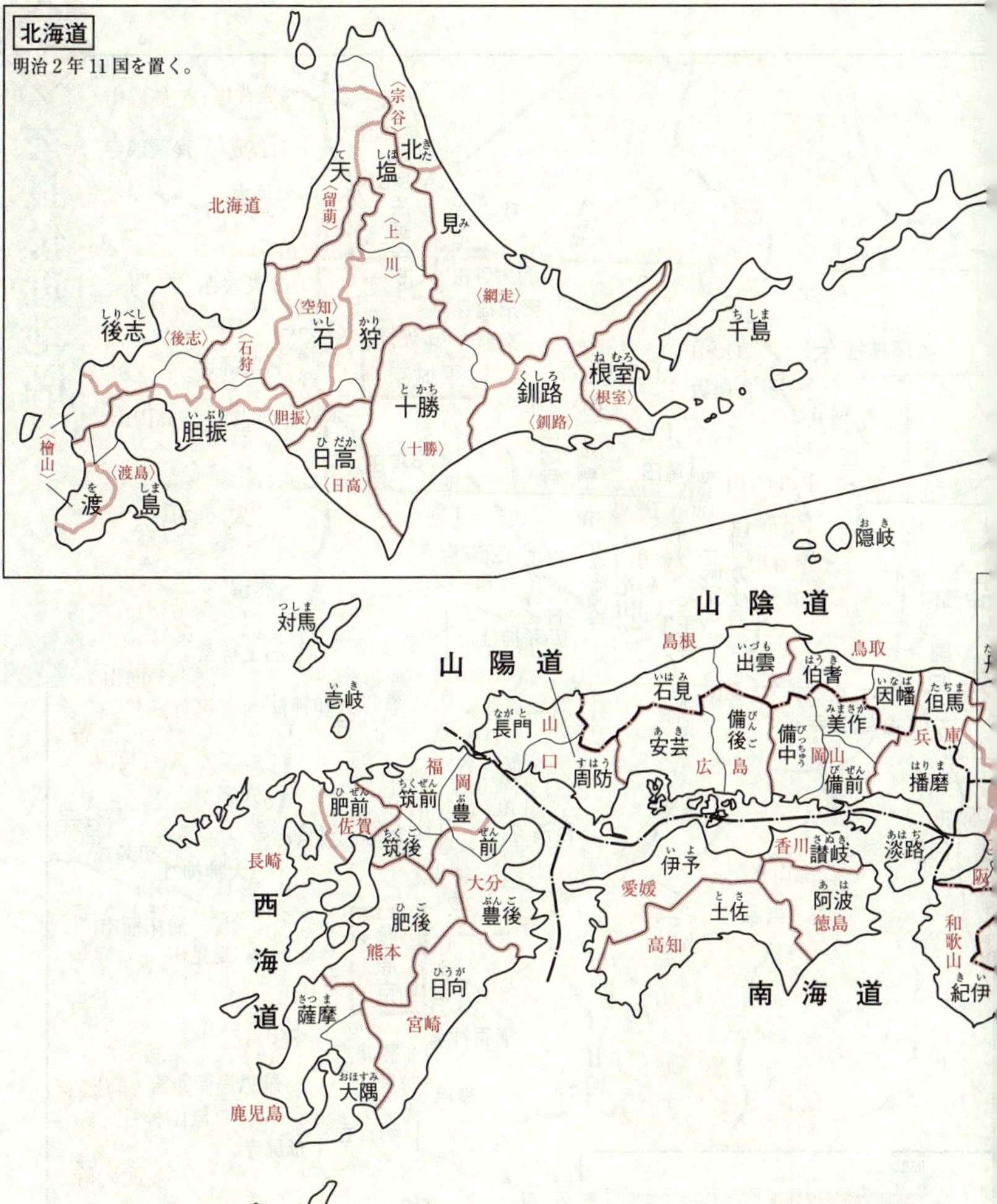

北海道

明治２年 11 国を置く。

〈宗谷〉
北見
天塩
〈留萌〉
北海道
〈上川〉
〈網走〉
〈空知〉
後志
〈後志〉
〈石狩〉
石狩
千島
十勝
釧路
根室
〈根室〉
胆振
〈胆振〉
〈釧路〉
〈檜山〉
〈十勝〉
日高
〈渡島〉
〈日高〉
渡島

隠岐
山陰道
対馬
島根
鳥取
山陽道
出雲
伯耆
石見
壱岐
因幡
但馬
長門
山口
備後
備中
美作
安芸
兵庫
福岡
周防
広島
岡山
播磨
肥前
筑前
豊前
備前
佐賀
筑後
淡路
長崎
香川
讃岐
伊予
大分
西
愛媛
阿波
大阪
肥後
豊後
土佐
徳島
和歌山
海
熊本
高知
日向
南海道
紀伊
道
薩摩
宮崎
大隅
鹿児島

凡　例

――・―― 七道・畿内の境界

――――― 国の境界

――――― 現在の都道府県の境界（北海道は支庁の境界／赤字は都道府県名）

－－－－－ 明治元年に出羽・陸奥を（　）内の７国に分けた時の境界

資料22

奈良付近地図

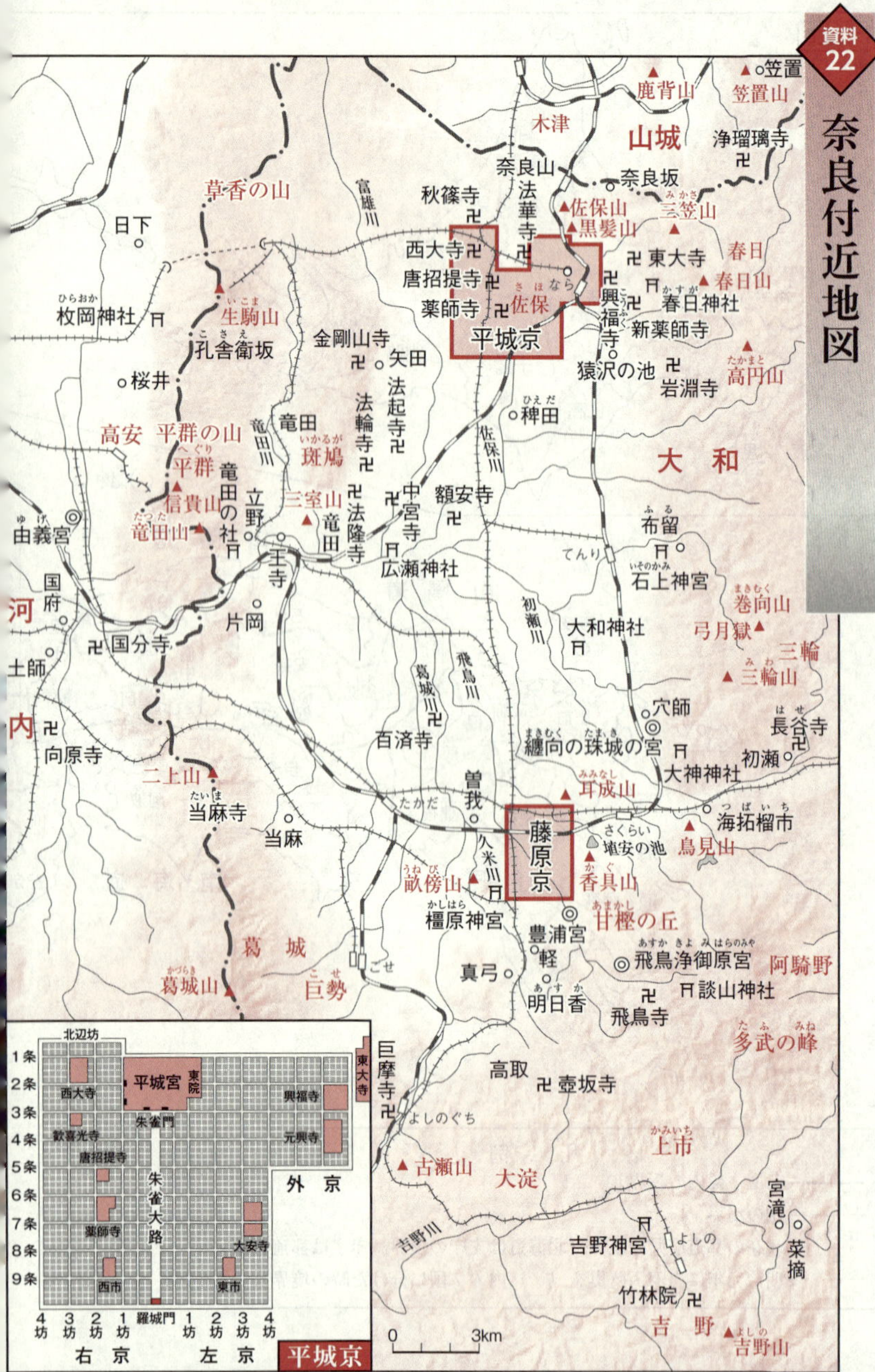

22

資

資料23

京都付近地図

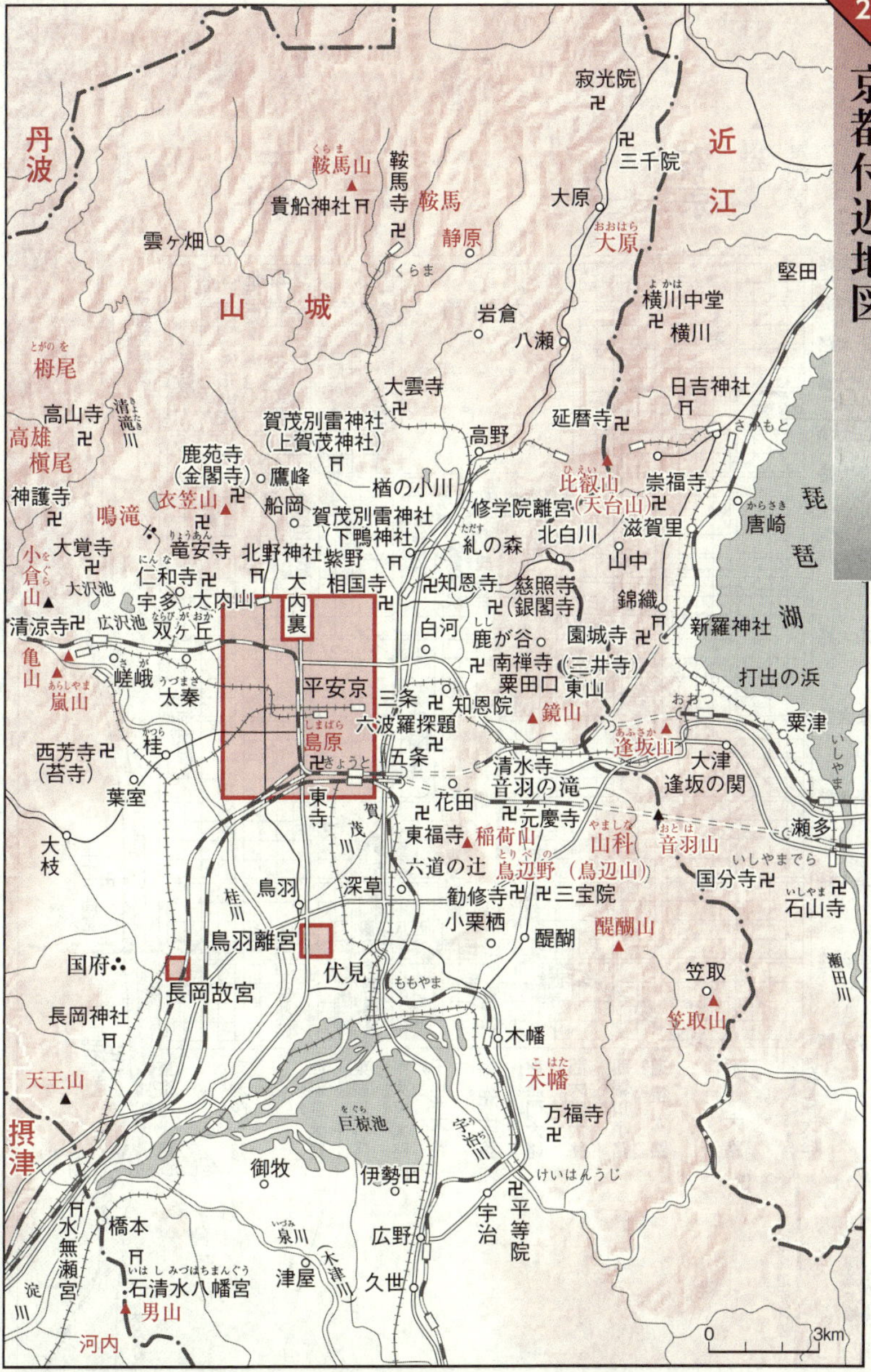

丹波
近江
寂光院
三千院
大原
大原
鞍馬山
鞍馬寺
鞍馬
貴船神社
静原
雲ヶ畑
くらま
山城
堅田
横川中堂
横川
岩倉
八瀬
栂尾
日吉神社
大雲寺
高山寺
清滝川
延暦寺
賀茂別雷神社
(上賀茂神社)
高野
さかもと
高雄
槇尾
鹿苑寺
(金閣寺)
鷹峰
比叡山
崇福寺
樒の小川
神護寺
衣笠山
鳴滝
船岡
賀茂別雷神社
(下鴨神社)
修学院離宮
(天台山)
からさき
唐崎
琵琶湖
滋賀里
小倉山
大覚寺
竜安寺
北野神社
紫野
糺の森
北白川
山中
大沢池
仁和寺
相国寺
知恩寺
慈照寺
(銀閣寺)
錦織
宇多
大内山
大内裏
清涼寺
広沢池
双ヶ丘
白河
鹿が谷
園城寺
新羅神社
亀山
嵯峨
南禅寺
(三井寺)
打出の浜
嵐山
太秦
平安京
三条
粟田口
東山
知恩院
鏡山
おおつ
六波羅探題
島原
粟津
西芳寺
(苔寺)
桂
逢坂山
大津
きょうと
五条
清水寺
音羽の滝
逢坂の関
いしやま
葉室
東寺
賀茂川
花田
元慶寺
瀬多
大枝
東福寺
稲荷山
山科
音羽山
いしやまでら
六道の辻
鳥辺野(鳥辺山)
国分寺
桂川
鳥羽
深草
勧修寺
三宝院
石山寺
小栗栖
鳥羽離宮
醍醐
醍醐山
瀬田川
国府
伏見
ももやま
笠取
長岡故宮
笠取山
長岡神社
木幡
木幡
天王山
万福寺
巨椋池
宇治川
摂津
御牧
伊勢田
けいはんうじ
平等院
宇治
橋本
水無瀬宮
泉川
広野
石清水八幡宮
津屋
(木津川)
久世
淀川
男山
河内
0 3km

資料24

平安京地図

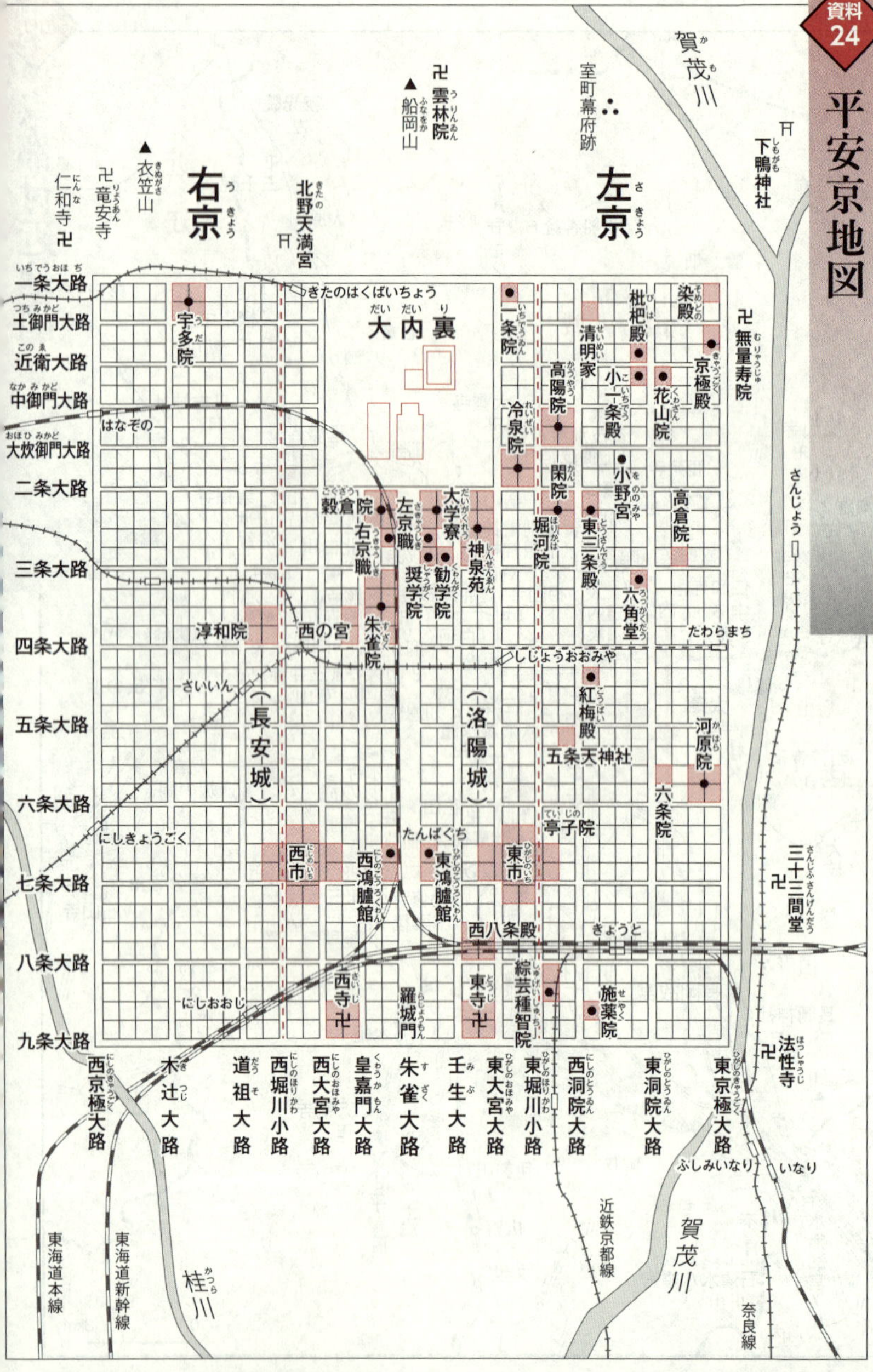

賀茂川
室町幕府跡
下鴨神社
雲林院
船岡山
衣笠山
仁和寺
竜安寺
北野天満宮
右京
左京
一条大路
土御門大路
近衛大路
中御門大路
大炊御門大路
二条大路
三条大路
四条大路
五条大路
六条大路
七条大路
八条大路
九条大路
きたのはくばいちょう
大内裏
宇多院
一条院
清明家
枇杷殿
染殿
京極殿
無量寿院
高陽院
小一条殿
花山院
冷泉院
閑院
小野宮
高倉院
はなぞの
穀倉院
左京職
右京職
大学寮
勧学院
奨学院
神泉苑
堀河院
東三条殿
六角堂
さんじょう
淳和院
西の宮
朱雀院
たわらまち
しじょうおおみや
さいいん
紅梅殿
長安城
洛陽城
河原院
五条天神社
六条院
にしきょうごく
たんばぐち
亭子院
西市
西鴻臚館
東鴻臚館
東市
三十三間堂
西八条殿
きょうと
西寺
羅城門
東寺
綜芸種智院
施薬院
にしおおじ
法性寺
西京極大路
木辻大路
道祖大路
西堀川小路
西大宮大路
皇嘉門大路
朱雀大路
壬生大路
東大宮大路
東堀川小路
西洞院大路
東洞院大路
東京極大路
ふしみいなり
いなり
近鉄京都線
東海道本線
東海道新幹線
桂川
奈良線

資

24

資料25

大内裏図

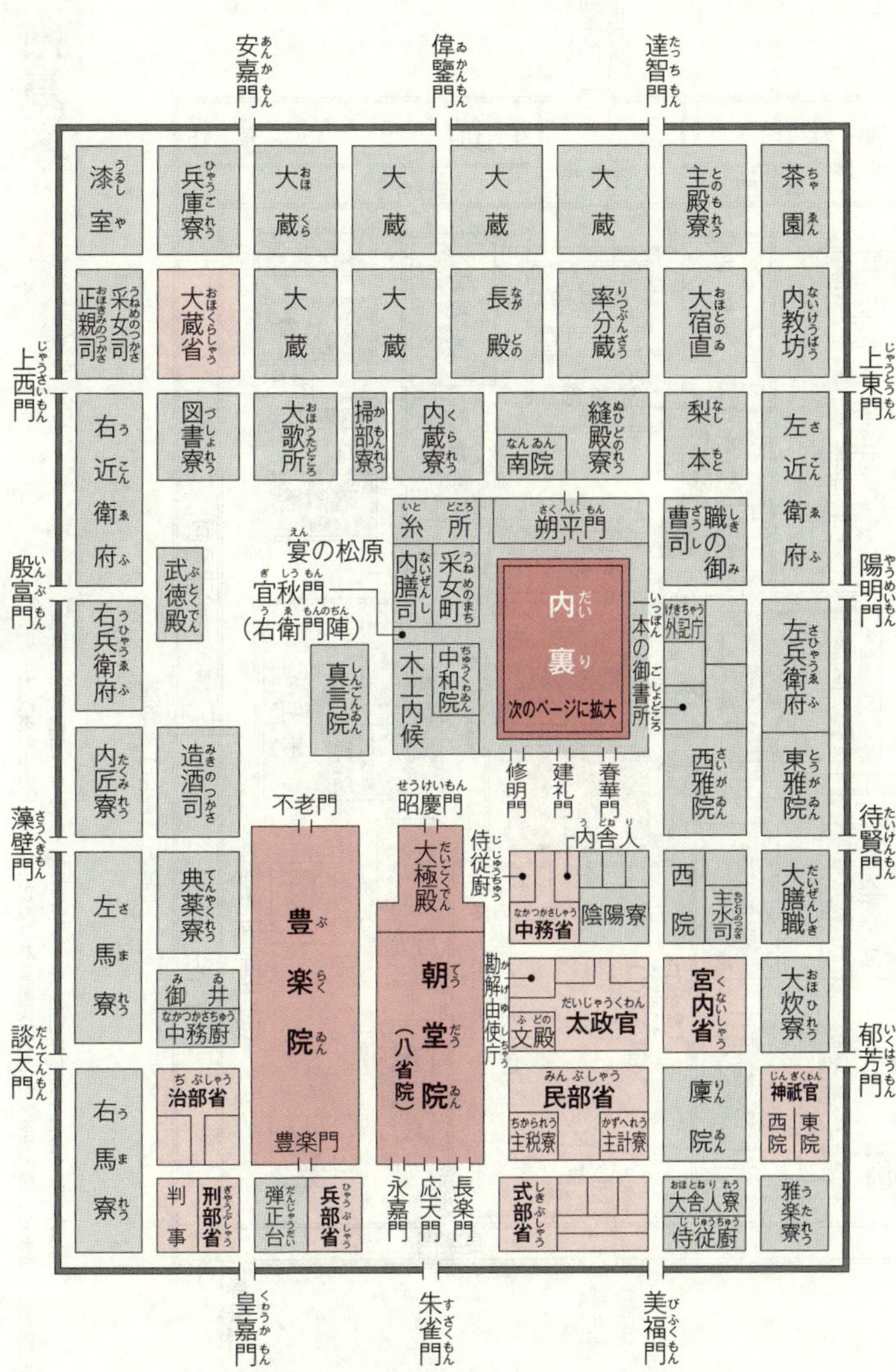

南北約10町、東西約8町。天皇の居所である内裏、大内裏の正庁である朝堂院や二官・八省（　）、犯罪を取り締まる弾正台、左右の衛府などの官庁が並んでいた。

資

資料26 内裏図

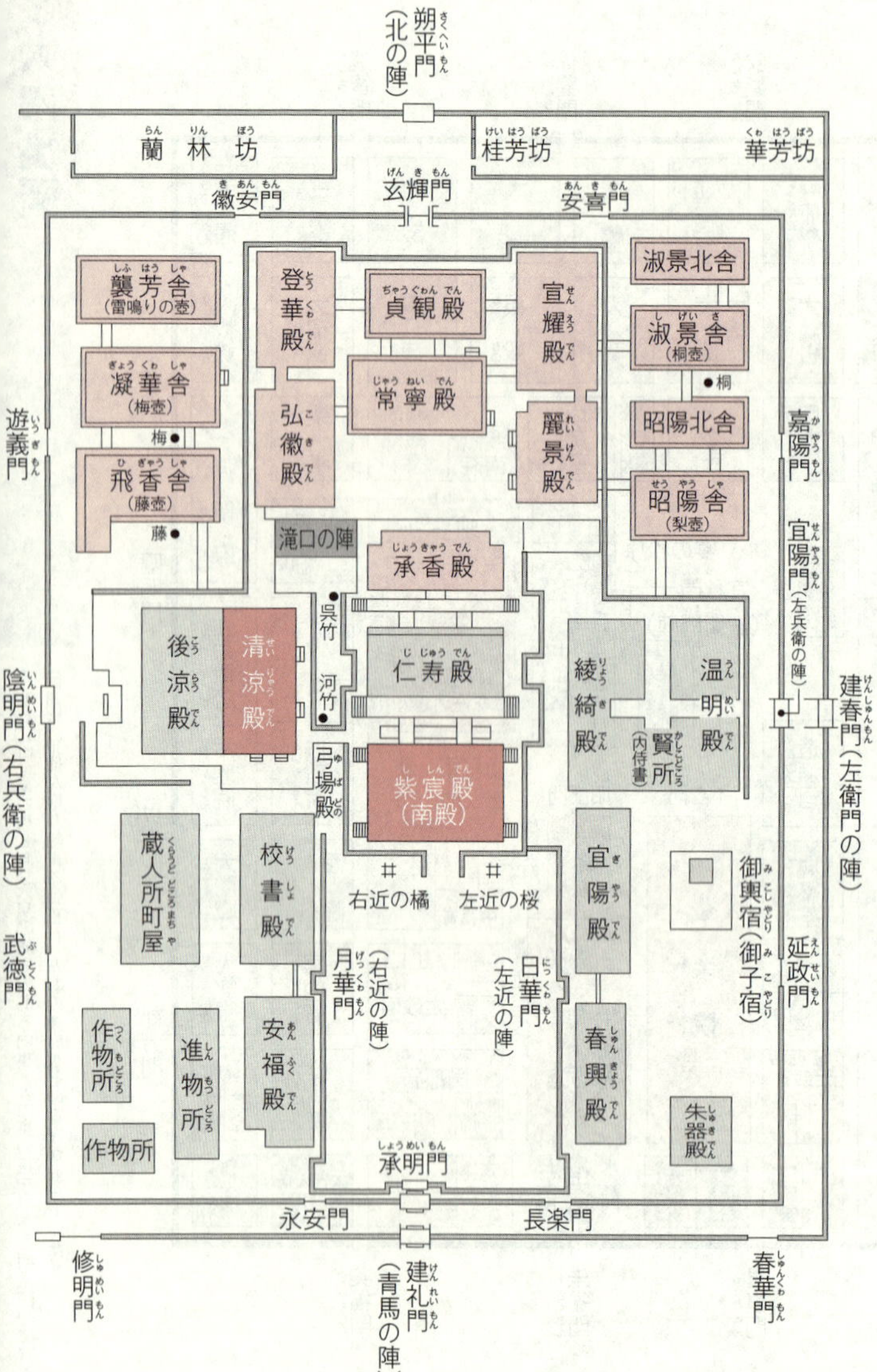

大内裏の中の一部分で、正殿である紫宸殿、始めは天皇の居所であった仁寿殿、その後天皇の常の御座所となる清涼殿などがあった。□は後宮十二舎（七殿五舎）。

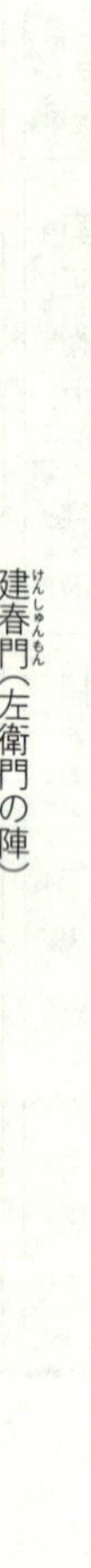

朔平門（北の陣）
蘭林坊
桂芳坊
華芳坊
徽安門
玄輝門
安喜門
襲芳舎（雷鳴りの壺）
凝華舎（梅壺）
梅
飛香舎（藤壺）
藤
登華殿
弘徽殿
貞観殿
常寧殿
宣耀殿
麗景殿
淑景北舎
淑景舎（桐壺）
桐
昭陽北舎
昭陽舎（梨壺）
遊義門
嘉陽門
宣陽門（左兵衛の陣）
滝口の陣
承香殿
呉竹
河竹
後涼殿
清涼殿
仁寿殿
綾綺殿
温明殿
賢所（内侍所）
陰明門（右兵衛の陣）
建春門（左衛門の陣）
弓場殿
紫宸殿（南殿）
蔵人所町屋
校書殿
宜陽殿
御輿宿（御子宿）
右近の橘
左近の桜
武徳門
月華門（右近の陣）
日華門（左近の陣）
延政門
作物所
進物所
安福殿
春興殿
朱器殿
作物所
承明門
永安門
長楽門
修明門
建礼門（青馬の陣）
春華門

資料25

大内裏（だいだいり）

内裏（だいり）　天皇の居所。

朝堂院（ちょうだうゐん）　大内裏の正庁。

二官・八省　神祇官（じんぎかん）・太政官（だいじゃうかん）。中務省（なかつかさしゃう）・式部省（しきぶしゃう）・治部省（ちぶしゃう）・民部省（みんぶしゃう）・兵部省（ひゃうぶしゃう）・刑部省（ぎゃうぶしゃう）・大蔵省（おほくらしゃう）・宮内省（くないしゃう）。

弾正台（だんじゃうだい）　犯罪を取り締まる役所。

資料26

内裏（だいり）

紫宸殿（ししんでん）　正殿。

仁寿殿（じじゅうでん）　始め、天皇の居所。

清涼殿（せいりゃうでん）　天皇の常の御座所。

後宮十二舎　七殿五舎。

資

資料27 官位相当表

位＼官	神祇官	太政官	省・左弁官局									
			中務省	中宮職	大舎人寮・図書寮	内蔵寮・縫殿寮	陰陽寮	＊内匠寮	式部省	大学寮	治部省	雅楽寮・玄蕃寮・＊諸陵寮
正一位・従一位		太政大臣										
正二位・従二位		左大臣 右大臣 ＊内大臣										
正三位		大納言										
従三位		＊中納言										
正四位		＊参議	卿						卿		卿	
従四位	伯	大弁		大夫								
正五位		中弁 少弁	大輔						大輔		大輔	
従五位	大副	少納言	少輔 大監物 侍従	亮	△頭	△頭	頭	頭	少輔	頭 ＊△文章博士	少輔	頭
正六位	少副	大史	△大丞 大内記		△助			助	大丞	助 明経博士	大丞	助
従六位	大・少祐		少丞	大・少進		△助	助		少丞		少丞	
正七位		△大外記 少史	大録		△大允		陰陽・天文博士	大允	大録	大允 助教・＊明法博士	大録	大允
従七位		△少外記			△少允	△允	允 陰陽師 暦・漏刻博士	少允		少允 音・書・算博士		少允
正八位	大史		少録	大属					少録		少録	
従八位	少史		少属		△大・少属	△大属	大属	大・少属		大・少属		大・少属
初位						△少属	少属					

一、本表は、『養老令』に基づいて作成し、令下の官を加えている。
二、＊は令外の官、△はのちに位階が昇格したものであることを示している。

京																					
八																					
								右弁官局													
民部省	主計寮・主税寮	兵部省	隼人司	刑部省	囚獄司	大蔵省	織部司	宮内省	大膳職	木工寮	大炊寮・主殿寮・*掃部寮	典薬寮	正親司・造酒司	内膳司	采女司	主水司	弾正台	左・右近衛府	左・右衛門府	左・右兵衛府	左・右馬寮・左・右兵庫寮
																		大将			
卿		卿		卿		卿		卿													
																	△尹	中将			
大輔		大輔		大輔 大判事		大輔		大輔	大夫								△弼	少将	△督		
少輔	頭	少輔		少輔		少輔		少輔	亮	頭	頭	頭							△佐	督	頭
大丞	助	大丞	正	大丞 中判事	正	大丞	正	大丞		助		*侍医	正	奉膳	正		大・少忠			△佐	助
少丞		少丞		大丞 少判事		少丞		少丞	大進		助	助				正		△将監	大尉		
大録	大允	大録		大録		大録		大録	少進	大允		医博士					大疏		少尉	△大尉	大允
	少允									少允	允	允 医者	佑	典膳				△将曹		△少尉	少允
少録		少録	佑	少録	佑	少録	佑	少録	大属						佑	佑	少疏		大志		
	大・少属								少属	大・少属	大属	大属							少志	大・少志	大・少属
			令史		令史		令史				少属	少属	令史	令史	令史	令史					

位＼官	京官								地方官		
	*修理職	*斎宮寮	*斎院司	東宮坊	*検非違使庁	*勘解由使庁	*蔵人所	内侍司	左・右京職	大宰府	国司（大国）
正一位 従一位											
正二位 従二位							別当				
正三位											
従三位								尚侍		帥	
正四位				傅							
従四位	大夫			大夫	別当	長官	頭	典侍			
正五位									△大夫	△大弐	
従五位	亮	頭	長官	亮、学士	佐	次官	五位	掌侍	亮	少弐	守
正六位		助								大監	介
従六位	大・少進		次官	大・少進	大尉	判官	六位		大進	少監	
正七位		△大允			少尉				少進	大典	大掾
従七位		△少允	判官			主典				博士	少掾
正八位	大属			大属	大志				大属	少典	
従八位	少属	△属	主典	少属	少志				少属		大・少目
初位										令史	

四等官表

役所＼階級	長官（かみ）	次官（すけ）	判官（じょう）	主典（さかん）
神祇官	伯	副	祐	史
太政官	大臣	大納言 中納言	少納言 弁	外記 史
省	卿	輔	丞	録
職・坊	大夫	亮	進	属
寮	頭	助	允	属
司・監	正		佑	令史
弾正台	尹	弼	忠	疏
近衛府	大将	中将 少将	将監	将曹
衛門府 兵衛府	督	佐	尉	志
検非違使	別当	佐	尉	志
勘解由使	長官	次官	判官	主典
蔵人所	別当 頭	五位	六位	
内侍司	尚侍	典侍	掌侍	
大宰府	帥	弐	監	典
国司	守	介	掾	目

資料28

和歌・歌謡・俳句索引

一、この索引は、本文中に見出し項目として収録されている和歌・歌謡・俳句を引くためのものである。〈小倉百人一首は 百人一首 で示している。〉
二、和歌・歌謡と俳句とを分けて別に示している。
三、本文の見出し項目の掲載ページを示している。用例としても収録されているものは、その項目名を示している。
四、同音の見出し項目がある場合は、漢字や品詞名などを補足している。❶❷❸…は語義番号を示している。
五、原則として最初の五音節で示し、同出典が並び同音の場合は、六音節め以降を補って示している。
六、和歌・歌謡は五十音順に配列している。俳句は、松尾芭蕉・与謝蕪村・小林一茶・その他の四つに分類し、各々五十音に配列している。
七、和歌・歌謡には、出典を略称で示している。俳句の三人以外の作品には、作者名を示している。

【和歌・歌謡】

あ行

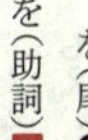

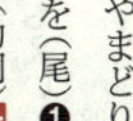

か行

な行

資

は行

ま行

資

【俳句】

松尾芭蕉

与謝蕪村

小林一茶

その他

百人一首索引

一、この索引は、本文中に見出し項目として載っている、小倉百人一首を引くためのものである。
二、小倉百人一首に付された歌番号順に配列し、作者と掲載ページを示している。
三、五十音順で引きたい場合は、和歌・歌謡・俳句索引を利用されたい。

1 秋の田の かりほの庵の 苫を粗み わが衣手は 露に濡れつつ 天智天皇……9
2 春過ぎて 夏来にけらし 白妙の 衣干すてふ 天の香具山 持統天皇……887
3 あしひきの 山鳥の尾の しだり尾の 長々し夜を ひとりかも寝む 柿本人麻呂……21
4 田子の浦に うち出でて見れば 白妙の 富士の高嶺に 雪は降りつつ 山部赤人……643
5 奥山に 紅葉踏み分け 鳴く鹿の 声聞く時ぞ 秋はかなしき 猿丸太夫……183
6 鵲の 渡せる橋に 置く霜の 白きを見れば 夜ぞ更けにける 大伴家持……258
7 天の原 振りさけ見れば 春日なる 三笠の山に 出でし月かも 阿倍仲麻呂……46
8 わが庵は 都の辰巳 しかぞ住む 世をうぢ山と 人はいふなり 喜撰……1167
9 花の色は 移りにけりな いたづらに わが身世にふる ながめせし間に 小野小町……875
10 これやこの 行くも帰るも 別れては 知るも知らぬも 逢坂の関 蟬丸……443
11 わたの原 八十島かけて 漕ぎ出でぬと 人には告げよ 海人の釣り舟 小野篁……1177
12 天つ風 雲の通ひ路 吹き閉ぢよ 乙女の姿 しばしとどめむ 遍昭……44
13 筑波嶺の 峰より落つる みなの川 恋ぞ積もりて 淵となりぬる 陽成院……705
14 陸奥の しのぶもぢずり 誰ゆゑに 乱れそめにし 我ならなくに 源融……1017
15 君がため 春の野に出でて 若菜摘む わが衣手に 雪は降りつつ 光孝天皇……327
16 立ち別れ いなばの山の 峰に生ふる まつとし聞かば 今帰り来む 在原行平……652
17 ちはやぶる 神代も聞かず 竜田川 韓紅に 水くくるとは 在原業平……685
18 住江の 岸に寄る波 よるさへや 夢の通ひ路 人目避くらむ 藤原敏行……585
19 難波潟 短き葦の 節の間も 逢はでこの世を 過ぐしてよとや 伊勢……794
20 わびぬれば 今はた同じ 難波なる みをつくしても 逢はむとぞ思ふ 元良親王……1180
21 今来むと 言ひしばかりに 長月の 有り明けの月を 待ち出でつるかな 素性……118
22 吹くからに 秋の草木の しをるれば むべ山風を 嵐といふらむ 文屋康秀……927
23 月見れば 千々に物こそ 悲しけれ わが身一つの 秋にはあらねど 大江千里……702
24 このたびは 幣も取りあへず 手向山 紅葉の錦 神のまにまに 菅原道真……431
25 名にし負はば 逢坂山の さねかづら 人に知られで くるよしもがな 藤原定方……791
26 小倉山 峰のもみぢ葉 心あらば 今ひとたびの みゆき待たなむ 藤原忠平……1196
27 みかの原 わきて流るる いづみ川 いつ見きとてか 恋しかるらむ 藤原兼輔……1009
28 山里は 冬ぞさびしさ まさりける 人めも草も かれぬと思へば 源宗于……1101
29 心あてに 折らばや折らむ 初霜の 置きまどはせる 白菊の花 凡河内躬恒……398
30 有り明けの つれなく見えし 別れより 暁ばかり 憂きものはなし 壬生忠岑……58
31 朝ぼらけ 有り明けの月と 見るまでに 吉野の里に 降れる白雪 坂上是則……16
32 山川に 風のかけたる しがらみは 流れもあへぬ 紅葉なりけり 春道列樹……1100
33 ひさかたの 光のどけき 春の日に 静心なく 花の散るらむ 紀友則……901
34 誰をかも 知る人にせむ 高砂の 松も昔の 友ならなくに 藤原興風……677

35 人はいさ 心も知らず ふるさとは 花ぞ昔の 香ににほひける 紀貫之 …… 910
36 夏の夜は まだ宵ながら 明けぬるを 雲のいづこに 月宿るらむ 清原深養父 …… 786
37 白露に 風の吹きしく 秋の野は 貫きとめぬ 玉ぞ散りける 文屋朝康 …… 555
38 忘らるる 身をば思はず 誓ひてし 人の命の 惜しくもあるかな 右近 …… 1174
39 浅茅生の 小野の篠原 忍ぶれど あまりてなどか 人の恋しき 源等 …… 15
40 忍ぶれど 色に出でにけり わが恋は 物や思ふと 人の問ふまで 平兼盛 …… 528
41 恋すてふ わが名はまだき 立ちにけり 人知れずこそ 思ひそめしか 壬生忠見 …… 434
42 契りきな かたみに袖を 絞りつつ 末の松山 波越さじとは 清原元輔 …… 682
43 逢ひ見ての 後の心に くらぶれば 昔は物を 思はざりけり 藤原敦忠 …… 39
44 逢ふことの 絶えてしなくは なかなかに 人をも身をも 恨みざらまし 藤原朝忠 …… 40
45 あはれとも 言ふべき人は 思ほえで 身のいたづらに なりぬべきかな 藤原伊尹 …… 36
46 由良の門を 渡る舟人 かぢを絶え ゆくへも知らぬ 恋の道かな 曾禰好忠 …… 1122
47 八重葎 茂れる宿の さびしきに 人こそ見えね 秋は来にけり 恵慶法師 …… 1099
48 風をいたみ 岩うつ波の おのれのみ 砕けて物を 思ふころかな 源重之 …… 265
49 みかきもり 衛士のたく火の 夜は燃え 昼は消えつつ 物をこそ思へ 大中臣能宣 …… 1009
50 君がため 惜しからざりし 命さへ 長くもがなと 思ひけるかな 藤原義孝 …… 327
51 かくとだに えやはいぶきの さしも草 さしも知らじな 燃ゆる思ひを 藤原実方 …… 252
52 明けぬれば 暮るるものとは 知りながら なほ恨めしき 朝ぼらけかな 藤原道信 …… 12
53 嘆きつつ 独り寝る夜の 明くる間は いかに久しき ものとかは知る 藤原道綱母 …… 779

54 忘れじの 行く末までは 難ければ 今日を限りの 命ともがな 儀同三司母 …… 1175
55 滝の音は 絶えて久しく なりぬれど 名こそ流れて なほ聞こえけれ 藤原公任 …… 640
56 あらざらむ この世のほかの 思ひ出に 今ひとたびの 逢ふこともがな 和泉式部 …… 54
57 めぐり逢ひて 見しやそれとも 分かぬ間に 雲隠れにし 夜半の月かな 紫式部 …… 1050
58 有馬山 猪名の笹原 風吹けば いでそよ人を 忘れやはする 大弐三位 …… 62
59 やすらはで 寝なましものを 小夜更けて 傾くまでの 月を見しかな 赤染衛門 …… 1094
60 大江山 いく野の道の 遠ければ まだふみもみず 天の橋立 小式部内侍 …… 202
61 いにしへの 奈良の都の 八重桜 けふ九重に にほひぬるかな 伊勢大輔 …… 104
62 夜をこめて 鳥の空音は はかるとも よに逢坂の 関はゆるさじ 清少納言 …… 1147
63 今はただ 思ひ絶えなむ とばかりを 人づてならで 言ふよしもがな 藤原道雅 …… 120
64 朝ぼらけ 宇治の川霧 たえだえに あらはれわたる 瀬々の網代木 藤原定頼 …… 16
65 恨みわび ほさぬ袖だに あるものを 恋に朽ちなむ 名こそ惜しけれ 相模 …… 167
66 もろともに あはれと思へ 山桜 花よりほかに 知る人もなし 行尊 …… 1084
67 春の夜の 夢ばかりなる 手枕に かひなく立たむ 名こそ惜しけれ 周防内侍 …… 888
68 心にも あらで憂き世に ながらへば 恋しかるべき 夜半の月かな 三条院 …… 405
69 嵐吹く 三室の山の もみぢ葉は 竜田の川の 錦なりけり 能因 …… 54
70 寂しさに 宿を立ち出でて 眺むれば いづくも同じ 秋の夕暮れ 良暹法師 …… 481
71 夕されば 門田の稲葉 おとづれて 蘆のまろ屋に 秋風ぞ吹く 源経信 …… 1117
72 音に聞く たかしの浜の あだ波は かけじや袖の 濡れもこそすれ 祐子内親王家紀伊 …… 194

73 高砂の 尾上の桜 咲きにけり 外山の霞 立たずもあらなむ　大江匡房……637

74 憂かりける 人を初瀬の 山おろしよ はげしかれとは 祈らぬものを　源俊頼……132

75 契りおきし させもが露を 命にて あはれ今年の 秋も去ぬめり　藤原基俊……682

76 わたの原 漕ぎ出でてみれば ひさかたの 雲居にまがふ 沖つ白波　藤原忠通……1177

77 瀬を早み 岩にせかるる 滝川の われても末に 逢はむとぞ思ふ　崇徳院……603

78 淡路島 かよふ千鳥の 鳴く声に 幾夜寝ざめぬ 須磨の関守　源兼昌……35

79 秋風に たなびく雲の 絶え間より 漏れ出づる月の 影のさやけさ　藤原顕輔……8

80 長からむ 心も知らず 黒髪の 乱れて今朝は 物をこそ思へ　待賢門院堀河……771

81 ほととぎす 鳴きつる方を 眺むれば ただ有り明けの 月ぞ残れる　藤原実定……964

82 思ひわび さても命は あるものを 憂きに堪へぬは 涙なりけり　道因……227

83 世の中よ 道こそなけれ 思ひ入る 山の奥にも 鹿ぞ鳴くなる　藤原俊成……1139

84 長らへば またこの頃や しのばれむ 憂しと見し世ぞ 今は恋しき　藤原清輔……776

85 夜もすがら 物思ふころは 明けやらで 閨のひまさへ つれなかりけり　俊恵……1143

86 嘆けとて 月やは物を 思はする かこち顔なる わが涙かな　西行法師……780

87 村雨の 露もまだ干ぬ 槙の葉に 霧立ちのぼる 秋の夕暮れ　寂蓮法師……1046

88 難波江の 葦のかりねの ひとよゆゑ みをつくしてや 恋ひわたるべき　皇嘉門院別当……794

89 玉の緒よ 絶えなば絶えね ながらへば 忍ぶることの 弱りもぞする　式子内親王……669

90 見せばやな 雄島の海人の 袖だにも 濡れにぞ濡れし 色は変はらず　殷富門院大輔……1014

91 きりぎりす 鳴くや霜夜の さむしろに 衣片敷き ひとりかも寝む　藤原良経……334

92 わが袖は 潮干に見えぬ 沖の石の 人こそ知らね 乾く間もなし　二条院讃岐……1168

93 世の中は 常にもがもな 渚漕ぐ 海人の小舟の 綱手かなしも　源実朝……1139

94 み吉野の 山の秋風 小夜更けて ふるさと寒く 衣打つなり　藤原雅経……1030

95 おほけなく 憂き世の民に おほふかな わが立つ杣に すみぞめの袖　慈円……204

96 花さそふ 嵐の庭の 雪ならで ふりゆくものは わが身なりけり　藤原公経……874

97 来ぬ人を まつほの浦の 夕なぎに 焼くや藻塩の 身もこがれつつ　藤原定家……430

98 風そよぐ ならの小川の 夕暮れは みそぎぞ夏の しるしなりける　藤原家隆……264

99 人もをし 人も恨めし あぢきなく 世を思ふゆゑに 物思ふ身は　後鳥羽院……912

100 百敷や 古き軒端の しのぶにも なほあまりある 昔なりけり　順徳院……1081

学研 全訳古語辞典 改訂第二版

2003年12月12日 初版発行
2014年 2 月10日 改訂第二版第 1 刷発行
2021年 3 月30日 第 2 刷発行

監　修　　金田一　春彦
編　者　　小久保　崇明
発行人　　代田　　雪絵
編集人　　代田　　雪絵

発行所　　株式会社　学研プラス
　　　　　〒141-8415 東京都品川区西五反田2-11-8
印刷所　　大日本印刷株式会社
製本所　　加藤製本印刷株式会社

この本に関する各種お問い合わせ先
本の内容については、下記サイトのお問い合わせフォームよりお願いします。
https://gakken-plus.co.jp/contact/
在庫については　Tel 03-6431-1199(販売部直通)
不良品(落丁、乱丁)については　Tel 0570-000577
学研業務センター　〒354-0045 埼玉県入間郡三芳町上富279-1
上記以外のお問い合わせは　Tel 0570-056-710(学研グループ総合案内)

コラム索引

古語の常識

類語と使い分け

日本語のこころ